Schwintowski/Brömmelmeyer (Hrsg.)
Praxiskommentar zum Versicherungsvertragsrecht

Praxiskommentar zum Versicherungsvertragsrecht

3. Auflage 2017

herausgegeben von:

Prof. Dr. **Hans-Peter Schwintowski**,

Univ.-Prof., Lehrstuhl für Bürgerliches Recht, Handels-, Wirtschafts- und Europarecht, Humboldt Universität zu Berlin

und

Prof. Dr. **Christoph Brömmelmeyer**,

Univ.-Prof., Geschäftsführender Direktor des Frankfurter Instituts für das Recht der Europäischen Union, Lehrstuhl für Bürgerliches Recht und Europäisches Wirtschaftsrecht, Europa-Universität Viadrina Frankfurt (Oder)

Zitiervorschlag:
Schwintowski/Brömmelmeyer/*Bearbeiter*, PK-VersR, § Rn

Hinweis
Die Ausführungen in diesem Werk wurden mit Sorgfalt und nach bestem Wissen erstellt. Sie stellen jedoch lediglich Arbeitshilfen und Anregungen für die Lösung typischer Fallgestaltungen dar. Die Eigenverantwortung für die Formulierung von Verträgen, Verfügungen und Schriftsätzen trägt der Benutzer. Herausgeber, Autoren und Verlag übernehmen keinerlei Haftung für die Richtigkeit und Vollständigkeit der in diesem Buch enthaltenen Ausführungen.

Anregungen und Kritik zu diesem Werk senden Sie bitte an
kontakt@zap-verlag.de
Autoren und Verlag freuen sich auf Ihre Rückmeldung.

www.zap-verlag.de
Alle Rechte vorbehalten.
© 2017 ZAP Verlag GmbH, Rochusstraße 2–4, 53123 Bonn

Satz: Cicero Computer GmbH, Bonn
Druck: Kösel GmbH & Co. KG, Altusried
Umschlaggestaltung: gentura, Holger Neumann, Bochum
ISBN 978-3-89655-837-4

Das Werk einschließlich aller seiner Teile ist urheberrechtlich geschützt. Jede Verwertung außerhalb der engen Grenzen des Urheberrechtsgesetzes ist ohne Zustimmung des Verlages unzulässig und strafbar. Das gilt insbesondere für Vervielfältigungen, Übersetzungen, Mikroverfilmungen und die Einspeicherung und Verarbeitung in elektronische Systeme.

Bibliografische Information der Deutschen Nationalbibliothek
Die Deutsche Nationalbibliothek verzeichnet diese Publikation in der Deutschen Nationalbibliografie; detaillierte bibliografische Daten sind im Internet abrufbar über http://dnb.d-nb.de.

Vorwort zur 3. Auflage

Das Privatversicherungsrecht entwickelt sich mit hoher Dynamik. Im Zentrum steht das materielle Versicherungsvertragsrecht, das Gegenstand des VVG ist. Die hier in 3. Auflage vorgelegte Kommentierung bildet den aktuellen Stand der Entwicklung ab. Die Kommentierung wendet sich vor allem an die praktisch tätigen Versicherungsjurist/innen, insbesondere also an die Fachanwält/innen für Versicherungsrecht, die Jurist/innen in den Rechtsabteilungen der Versicherungsunternehmen, aber natürlich auch an die Richter/innen, die sich, zunehmend auch in Spezialsenaten, mit Fragen des Versicherungsvertragsrechts beschäftigen.

Die hohe Geschwindigkeit der Entwicklung hat es erfordert, dass die Kommentierung in Teilbereichen sehr grundlegend überarbeitet und vertieft worden ist – das betrifft etwa Fragen des Quotenmodells oder des Vermittlerrechtes, der Lebens- aber auch der Krankenversicherung. Geringfügige Veränderungen im Autorenkreis sind Ausdruck unterschiedlicher, beruflicher Belastungen, ohne dass dadurch die Kontinuität des Werkes infrage gestellt wurde.

Konzeptionell will das Werk, wie auch die Vorauflagen, eine Hilfestellung für die Praxis sein. Deswegen ist das Werk von einer Fülle von Praxishinweisen durchzogen. Ergänzende Hinweise aus der Praxis auf Vertiefungen, Ergänzungen, Streichungen oder Weiterführungen sind ausdrücklich sehr erwünscht. Richten Sie Ihre Anregungen bitte an die Herausgeber. Die Musterbedingungen haben wir nicht vollständig abgedruckt und auch nicht kommentiert, weil die in der Praxis verwendeten AVB heute, im Wettbewerb von Anbieter zu Anbieter, stark variieren können – sie verlieren zunehmend ihren gesetzesähnlichen Charakter und werden stattdessen zu Produktbausteinen innerhalb individueller werdender Produktkonzepte. Damit nehmen sie ihre Aufgabe im Rahmen individueller Risikovorsorgekonzepte stärker wahr, als dies in der Vergangenheit auf regulierten Versicherungsmärkten der Fall gewesen ist. Zugleich bedeutet dies, dass eine Quasikommentierung von AVB immer seltener sach- und praxisgerecht ist. Es geht deshalb in der vorliegenden Kommentierung hauptsächlich darum die Prinzipien und Grundsätze herauszuarbeiten, die bei der Formulierung von AVB zu beachten sind. Einer der wichtigsten Grundsätze dieser Art ist das **Transparenzgebot**, dem vor allem in der Klauselrechtsprechung des EuGH und des BGH ein immer größerer Raum zugewiesen wird. Hintergrund dieser Entwicklung ist der schärfer werdende Wettbewerb auf den Versicherungsmärkten und der Versuch, Informationsasymmetrien aufgrund intransparenter AVB als solche zu identifizieren und zu überwinden.

Ähnlich wie im Industriegeschäft deuten sich auch im Jedermanngeschäft Entwicklungen an, die zu einer individualisierten Produktgestaltung beitragen könnten. Auslöser ist das Internet und die Geschwindigkeit, mit der heute große Datenmengen verarbeitet werden können. Das in vielen Versicherungszweigen auch heute noch dominierende Kombiprodukt wird als Folge der technischen Entwicklungen in Zukunft zunehmend von einem Produkt verdrängt werden, dass sich den **individuellen** Wünschen und Bedürfnissen des Kunden öffnet und sich diesen Bedürfnissen im Zeitablauf auch anpasst. Als Folge hiervon wird

Vorwort zur 3. Auflage

es in Zukunft die empfohlenen Bedingungswerke, die heute noch den Markt kennzeichnen, immer seltener geben. An ihre Stelle werden vorformulierte und standardisierte empfohlene Einzelklauseln treten, mit deren Hilfe den individuellen Wünschen und Bedürfnissen des Kunden je nach Lebenssituation entsprochen werden kann und wird.

Dieser Entwicklung wird durch das Konzept der hier vorliegenden Kommentierung ein stückweit vorgegriffen. Es wird in der Kommentierung deutlich, dass die Produktgestalter im Versicherungswesen auf die Grundprinzipien und die Leitbilder des Gesetzes zurückgreifen und sich dabei immer stärker von vorformulierten Produktpaketen verabschieden. Infolgedessen werden die Produktgestalter innerhalb der Versicherungsunternehmen auf die Grundsätze und Prinzipien, die der Kommentar zu entwickeln und darzustellen versucht, zurückgreifen. Umgekehrt wird der Beratungsbedarf für die Kunden steigen, insbesondere, weil im Einzelfall zu klären ist, welche Klauseln eigentlich den notwendigen Versicherungsschutz in einer bestimmten Lebenssituation abbilden und ob die Klauseln verständlich und klar formuliert sind.

Der Kommentar wendet sich ausdrücklich auch an diejenigen, die **Versicherungen vermitteln**. Ihnen widmet das Gesetz einen eigenständigen Abschnitt. Das Versicherungsvermittlerrecht wird immer wichtiger, weil es durch eigenständige Informations- und Dokumentationspflichten unterfüttert und untermauert wird. Vermittler müssen sich mit diesem Rechtsgebiet beschäftigen, weil sie sonst Gefahr laufen, für verursachte Schäden womöglich zu haften, vor allem aber Gefahr laufen, ihre Reputation als kompetenter Sachwalter und Berater ihres Kunden zu verspielen. Die vorliegende Kommentierung widmet dem Versicherungsvermittlerrecht breiten Raum und gibt gerade in diesem Bereiche eine Fülle von Praxishinweisen, die es dem Versicherungsvermittler ermöglichen, seinem Hauptgeschäft, dem Vermitteln von Versicherungen, sach- und fachgerecht nachzugehen. Versicherungsvermittler sollen nicht etwa zu Jurist/innen ausgebildet werden. Aber: ihnen soll mithilfe der vorliegenden Kommentierung die Vermittlungsarbeit erleichtert und der Vermittlungserfolg erhöht werden. Aus der Sicht eines Versicherungsvermittlers ist es heute unabdingbar, zumindest einen Kommentar zum Versicherungsvertragsgesetz zwar nicht permanent unter dem Arm, aber doch zumindest im Büro griffbereit zu haben. Wir würden uns freuen, wenn es dieser Kommentar wäre.

Die Herausgeber

Berlin, im November 2016

Inhaltsübersicht

	Seite
Vorwort	V
Inhaltsübersicht	VII
Autorenverzeichnis	XI
Bearbeiterverzeichnis	XIII
Literaturverzeichnis	XV
Abkürzungsverzeichnis	XXXI

Gesetz über den Versicherungsvertrag (Versicherungsvertragsgesetz – VVG)

Einleitung				1
Teil 1	**Allgemeiner Teil**		**§§ 1 – 99**	21
Kapitel 1	**Vorschriften für alle Versicherungszweige**		**§§ 1 – 73**	21
	Abschnitt 1	Allgemeine Vorschriften	§§ 1 – 18	21
	Abschnitt 2	Anzeigepflicht, Gefahrerhöhung, andere Obliegenheiten	§§ 19 – 32	198
	Abschnitt 3	Prämie	§§ 33 – 42	427
	Abschnitt 4	Versicherung für fremde Rechnung	§§ 43 – 48	468
	Abschnitt 5	Vorläufige Deckung	§§ 49 – 52	517
	Abschnitt 6	Laufende Versicherung	§§ 53 – 58	543
	Abschnitt 7	Versicherungsvermittler, Versicherungsberater		570
		Unterabschnitt 1 Mitteilungs- und Beratungspflichten	§§ 59 – 68	570
		Unterabschnitt 2 Vertretungsmacht	§§ 69 – 73	624
Kapitel 2	**Schadensversicherung**		**§§ 74 – 99**	636
	Abschnitt 1	Allgemeine Vorschriften	§§ 74 – 87	636
	Abschnitt 2	Sachversicherung	§§ 88 – 99	789
	Anhang 1	Allgemeine Hausrat Versicherungsbedingungen (VHB 2010)		833
	Anhang 2	Allgemeine Wohngebäude Versicherungsbedingungen (VGB 2010 – Wert 1914)		889

Inhaltsübersicht

			Seite
Teil 2	Einzelne Versicherungszweige . . . . §§ 100 – 208		931
Kapitel 1	Haftpflichtversicherung . . . . §§ 100 – 124		931
	Abschnitt 1	Allgemeine Vorschriften . . . . . . §§ 100 – 112	931
	Anhang	Allgemeine Versicherungsbedingungen für die Haftpflichtversicherung (AHB 2015)	1062
	Abschnitt 2	Pflichtversicherung . . . . §§ 113 – 124	1084
Kapitel 2	Rechtsschutzversicherung . . . . §§ 125 – 129		1278
	Anhang	Allgemeine Bedingungen für die Rechtsschutzversicherung (ARB 2012)	1336
Kapitel 3	Transportversicherung . . . . §§ 130 – 141		1377
	Anhang 1	DTV-Güterversicherungsbedingungen 2000/2011 – Volle Deckung	1423
	Anhang 2	DTV-Güterversicherungsbedingungen 2000/2011 – Eingeschränkte Deckung	1441
	Anhang 3	DTV-Verkehrshaftungsversicherungs-Bedingungen für die laufende Versicherung für Frachtführer, Spediteure und Lagerhalter 2003/2011	1459
	Anhang 4	Allgemeine Bedingungen für laufende Versicherung gegen Zoll- und Abgabenforderungen 2005/2008	1469
	Anhang 5	DTV – Allgemeine Deutsche Seeschiffsversicherungsbedingungen 2009	1474
Kapitel 4	Gebäudefeuerversicherung . . . . §§ 142 – 149		1518
	Anhang 1	Bestimmungen für einen Regressverzicht der Feuerversicherer bei übergreifenden Schadensereignissen	1543
	Anhang 2	Verzeichnis der dem Regressverzichtabkommen der Feuerversicherer beigetretenen Versicherungsunternehmen	1546

Inhaltsübersicht

				Seite
Kapitel 5	Lebensversicherung		§§ 150 – 171	1565
	Anhang	Allgemeine Bedingungen für die kapitalbildende Lebensversicherung		1807
Kapitel 6	Berufsunfähigkeitsversicherung		§§ 172 – 177	1825
	Anhang 1	Allgemeine Bedingungen für die Berufsunfähigkeits-Versicherung		1918
	Anhang 2	Allgemeine Bedingungen für die Berufsunfähigkeits-Zusatzversicherung		1940
	Anhang 3	Anhang zur Kündigung und Beitragsfreistellung Ihrer Versicherung		1950
Kapitel 7	Unfallversicherung		§§ 178 – 191	1951
	Anhang 1	Allgemeine Unfallversicherungs-Bedingungen (AUB 2014)		2035
	Anhang 2	Allgemeine Bedingungen für die Unfallversicherung mit garantierter Beitragsrückzahlung (AB UBR 2016)		2058
Kapitel 8	Krankenversicherung		§§ 192 – 208	2085
	Anhang 1	Musterbedingungen 2009 für die Krankheitskosten und Krankenhaustagegeldversicherung (MB/KK 2009 – Stand 2013)		2274
	Anhang 2	Musterbedingungen 2009 für die Krankheitskosten- und Krankenhaustagegeldversicherung (MB/KK 2009 – Stand 2017)		2289
	Anhang 3	Musterbedingungen 2009 für die Krankentagegeldversicherung (MB/KT 2009 – Stand 2013)		2303
	Anhang 4	Allgemeine Versicherungsbedingungen für den Basistarif (MB/BT 2009 – Stand 2017)		2315

Inhaltsübersicht

			Seite
Teil 3	Schlussvorschriften	§§ 209 – 216	2359

Verordnung über Informationspflichten bei Versicherungsverträgen (VVG-Informationspflichtenverordnung – VVG-InfoV) . . . . §§ 1 – 7   2411

Verordnung über die Versicherungsvermittlung und -beratung (VersVermV)   2463

	Abschnitt 1	Sachkundeprüfung . . . . §§ 1 – 4a	2464
	Abschnitt 2	Vermittlerregister . . . . §§ 5 – 7	2474
	Abschnitt 3	Anforderungen an die Haftpflichtversicherung nach § 34d Abs. 2 Nr. 3 der Gewerbeordnung . . . . §§ 8 – 10	2478
	Abschnitt 4	Informationspflichten . . . . § 11	2482
	Abschnitt 5	Zahlungssicherung des Gewerbetreibenden zugunsten des Versicherungsnehmers; Überwachung des Provisionsannahmeverbots für Versicherungsberater . . . . §§ 12 – 17	2485
	Abschnitt 6	Straftaten und Ordnungswidrigkeiten . . . . § 18	2494
	Abschnitt 7	Schlussbestimmungen . . . . §§ 19 – 20	2496

Gewerbeordnung (GewO) – Auszug   2497

Verordnung (EG) Nr. 593/2008 des Europäischen Parlaments und des Rates vom 17. Juni 2008 über das auf vertragliche Schuldverhältnisse anzuwendende Recht (Rom I)   2555

Kapitel I	Anwendungsbereich	Art. 1, 2	2565
Kapitel II	Einheitliche Kollisionsnormen	Art. 3 – 18	2569
Kapitel III	Sonstige Vorschriften	Art. 19 – 28	2599
Kapitel IV	Schlussbestimmungen	Art. 29	2607

Stichwortverzeichnis   2609

Autorenverzeichnis

Prof. Dr. Christoph Brömmelmeyer
Univ.-Prof., Geschäftsführender Direktor des Frankfurter Instituts für das Recht der Europäischen Union, Lehrstuhl für Bürgerliches Recht und Europäisches Wirtschaftsrecht, Europa-Universität Viadrina Frankfurt (Oder)

PD Dr. Martin Ebers
Humboldt-Universität zu Berlin, Vertretungsprofessor an der Europa-Universität Viadrina Frankfurt (Oder)

Florian Hammel
Rechtsanwalt, Fachanwalt für Versicherungsrecht, Fachanwalt für Erbrecht, München

Dr. Philipp A. Härle
Rechtsanwalt, Fachanwalt für Versicherungsrecht, Fachanwalt für Bank- und Kapitalmarktrecht, Berlin

Prof. Dr. Johannes Heyers, LL. M.
Westfälische Wilhelms-Universität, Münster

Gabriele Hillmer-Möbius
Rechtsanwältin, Referentin Rechtsschutz Gesamtverband der Deutschen Versicherungswirtschaft e.V., Berlin

Prof. Dr. Christian Huber
Uni.-Prof., Lehrstuhl für Bürgerliches Recht Wirtschaftsrecht und Arbeitsrecht, RWTH Aachen

Dr. Michael Hübsch
Ltd. Ministerialrat, Bayerisches Staatsministerium für Arbeit und Soziales, Familie und Integration

Andreas Kloth
Rechtsanwalt, Fachanwalt für Versicherungsrecht, Dortmund

Arnim Krause
Rechtsanwalt, Fachanwalt für Versicherungsrecht, Fachanwalt für Miet- und Wohnungseigentumsrecht, Dortmund

Dr. Leander D. Loacker, M.Phil.
Rechtswissenschaftliches Institut, Universität Zürich

Eva Mechtel
Rechtsanwältin, Fachanwältin für Transport- und Speditionsrecht, München

Stephan Michaelis, LL. M.
Rechtsanwalt, Fachanwalt für Versicherungsrecht, Fachanwalt für Handels- und Gesellschaftsrecht, Hamburg

Autorenverzeichnis

Kai-Jochen Neuhaus
Rechtsanwalt, Fachanwalt für Versicherungsrecht, Fachanwalt für Miet- und Wohnungseigentumsrecht, Dortmund

Kathrin Pagel
Rechtsanwältin, Fachanwältin für Versicherungsrecht, Hamburg

Dr. Knut Pilz
Rechtsanwalt, Fachanwalt für Versicherungsrecht, Berlin

Dr. Christian Pisani, LL. M. (London)
Rechtsanwalt, Dozent für Versicherungsrecht an der Hagen Law School, München

Sebastian Retter
Rechtsanwalt, Fachanwalt für Versicherungsrecht, Fachanwalt für Medizinrecht, Berlin

Doron Rubin
Wissenschaftlicher Mitarbeiter, Lehrstuhl für Bürgerliches Recht und Europäisches Wirtschaftsrecht, Europa-Universität Viadrina Frankfurt (Oder)

Alexander Sajkow
Rechtsanwalt, Berlin

Prof. Dr. Hans-Peter Schwintowski
Univ.-Prof., Lehrstuhl für Bürgerliches Recht, Handels-, Wirtschafts- und Europarecht, Humboldt Universität zu Berlin

Bearbeiterverzeichnis

§§ 1 – 18	Ebers
§§ 19 – 22	Härle
§§ 23 – 27	Loacker
§§ 28 – 32	Schwintowski
§§ 33 – 42	Pilz
§§ 43 – 48	Hübsch
§§ 49 – 58	Schwintowski
§§ 59 – 73	Michaelis
§§ 74 – 87	Kloth/Krause
§§ 88 – 99	Hammel
§§ 100 – 112	Retter
§§ 113 – 124	Huber
§§ 125 – 129	Hillmer-Möbius
§§ 130 – 141	Mechtel/Pisani
§§ 142 – 149	Pagel
§§ 150 – 171	Ortmann/Rubin
§§ 172 – 177	Neuhaus
§§ 178 – 208	Brömmelmeyer
§ 209	Pisani
§§ 210 – 216	Klär/Heyers
VVG-InfoV	Sajkow
VersVermV	Michaelis
GewO	Michaelis
Rom I	Pisani

Literaturverzeichnis

Amelung, Managed Care. Neue Wege im Gesundheitsmanagement, 5. Aufl., Wiesbaden 2011

Armbrüster, Privatversicherungsrecht, Tübingen 2013; zitiert: *Armbrüster*, Rn

Armbrüster/Baumann, Aktuelle Rechtsfragen der Beratungspflichten von Versicherern und Vermittlern (§§ 6, 61 VVG), Karlsruhe 2009; zitiert: *Armbrüster*, Aktuelle Rechtsfragen der Beratungspflichten von Versicherern und Vermittlern, S.

Aumüller, Neue Rechtsentwicklungen in der privaten Krankenversicherung, Frankfurt am Main 1996; zitiert: *Aumüller*, Neue Rechtsentwicklungen in der privaten Krankenversicherung, S.

Bach (Hrsg.), Neue Rechtsentwicklungen in der privaten Krankenversicherung, Karlsruhe 1997

Bach/Langheid, Aktuelle Rechtsfragen der Versicherungspraxis, 2. Aufl. 1990; zitiert: *Bach/Langheid*, Aktuelle Rechtsfragen der Versicherungspraxis, S. 76

Bach/Moser (Hrsg.), Private Krankenversicherung, 5. Aufl., München 2015; zitiert: *Bearbeiter*; in: Bach/Moser, PKV, § Rn

Backes, Die Insolvenz des Versicherungsunternehmens, Karlsruhe 2003; zitiert: *Backes*, Die Insolvenz des Versicherungsunternehmens, 2003, S.

Bamberger/Roth (Hrsg.), Kommentar zum Bürgerlichen Gesetzbuch, 3. Aufl., München 2012 zitiert: *Bearbeiter*, in: Bamberger/Roth, § BGB Rn

Barg, Die vorvertragliche Anzeigepflicht des Versicherungsnehmers im VVG 2008, Berlin 2008 zitiert: *Barg*, Die vorvertragliche Anzeigepflicht des Versicherungsnehmers im VVG 2008, S.

Bartmuß, Lückenfüllung im Versicherungsvertrag, VersWissStud. Bd. 17, Baden-Baden 2001 zitiert: *Bartmuß*, VersWissStud. Bd. 17, S.

Basedow et al. (Hrsg.), Der Allgemeine Teil des Versicherungsvertragsgesetzes 2006 – ausgewählte Fragen, Versicherungswissenschaftliche Studien (VersWissStud.) Bd. 29, Baden-Baden 2005; zitiert: *Bearbeiter*, in: VersWissStud. Bd. 29, S.

Basedow et al. (Hrsg.), Transparenz und Verständlichkeit – Berufsunfähigkeitsversicherung und Unfallversicherung – Reform des Versicherungsvertragsgesetzes, VersWissStud. Bd. 15, Baden-Baden 2000; zitiert: *Bearbeiter*, in: VersWissStud Bd. 15, S.

Basedow et al. (Hrsg.), Lebensversicherung – Altersvorsorge – Private Krankenversicherung – Versicherung als Geschäftsbesorgung – Gentests – Der Ombudsmann im Privatversicherungsrecht, VersWissStud. Bd. 25, Baden-Baden 2004; zitiert: *Bearbeiter*, in: VersWissStud. Bd. 25, S.

Basedow/Fock (Hrsg.), Europäisches Versicherungsvertragsrecht I, Tübingen 2002; zitiert: *Bearbeiter*, in: Basedow/Fock, Europäisches Versicherungsvertragsrecht I, S.

Literaturverzeichnis

Baumann/Sandkühler, Das neue Versicherungsvertragsgesetz, München 2008; zitiert: *Baumann/Sandkühler*, S.

Baumbach/Hopt, Handelsgesetzbuch, 37. Aufl., München 2016; zitiert: *Bearbeiter*, in: Baumbach/Hopt, § HGB Rn

Baumbach/Lauterbach/Albers/Hartmann, Zivilprozessordnung, 75. Aufl., München 2016 zitiert: *Bearbeiter*, in: Baumbach/Lauterbach/Albers/Hartmann, § ZPO Rn

Baumgärtel/Laumen/Prütting, Handbuch der Beweislast im Privatrecht, Bd. 5, 3. Aufl., Köln 2009; zitiert: *Bearbeiter*, in: Baumgärtel/Laumen/Prütting, Handbuch der Beweislast im Privatrecht, Bd. 5, § Rn

Beckmann/Matusche-Beckmann (Hrsg.), Versicherungsrechts-Handbuch, 3. Aufl., München 2015; zitiert: VersR-Hdb/*Bearbeiter*, § Rn

Beck'scher Online-Kommentar BGB; zitiert: Beck-OK/*Bearbeiter*, § BGB Rn [Stand:]

Beenken/Sandkühler, Das neue Versicherungsvermittlergesetz, Freiburg 2007

Benkel/Hirschberg, Berufsunfähigkeits- und Lebensversicherung, ALG und BUZ Kommentar, 2. Aufl., München 2011; zitiert: *Benkel/Hirschberg*, ALB, § Rn

Bergeest/Labes (Hrsg.), Liber amicorum für Gerrit Winter, Karlsruhe 2007; zitiert: *Bearbeiter*, in: FS Winter, S.

Bielefeld/Marlow (Hrsg.), Ein Leben mit der Versicherungswissenschaft. Festschrift für Helmut Schirmer, Karlsruhe 2005; zitiert: *Bearbeiter*, in: FS Schirmer, S.

Boetius, Die Pflicht zu wirtschaftlichem Verhalten des Versicherungsnehmers bei Kostenversicherungen – Konsequenzen des BGH-Urteils vom 12.3.2003 – IV ZR 278/01 – für die PKV, Karlsruhe 2004; zitiert: *Boetius*, Die Pflicht zu wirtschaftlichem Verhalten des Versicherungsnehmers bei Kostenversicherungen, S.

Boetius, Handbuch der versicherungstechnischen Rückstellungen – Handels- und Steuerbilanzrecht der Versicherungsunternehmen, Köln 1996; zitiert: *Boetius*, Hdb. der versicherungstechnischen Rückstellungen, S.

Boetius, Neue Wege zur Kostensteuerung im Gesundheitswesen – eine Aufgabe für die private Krankenversicherung, Karlsruhe 1996; zitiert: *Boetius*, Neue Wege zur Kostensteuerung im Gesundheitswesen, S.

Boetius, Private Krankenversicherung, München 2010; zitiert: *Boetius*/Bearbeiter, PKV, § Rn

Böhme, Allgemeine Bedingungen für die Rechtsschutzversicherung, ARB Kommentar, 12. Aufl., Karlsruhe 2007; zitiert: *Böhme*, § Rn

Bork, Allgemeiner Teil des Bürgerlichen Gesetzbuches, 3. Aufl., Tübingen 2011; zitiert: *Bork*, BGB AT, Rn

Brandner, Die überschießende Umsetzung von Richtlinien, Frankfurt 2003

Brehm, Berner Kommentar, 4. Aufl., Bern 2013, Art. Rn

Literaturverzeichnis

Brömmelmeyer, Der Tarifwechsel in der privaten Krankenversicherung, VersWissStud., Bd. 38, Baden-Baden 2010; zitiert: *Brömmelmeyer,* VersWissStud., Bd. 38, S.

Brömmelmeyer, Der Verantwortliche Aktuar in der Lebensversicherung, VersWissStud. Bd. 14, Baden-Baden 2000; zitiert: *Brömmelmeyer,* VersWissStud. Bd. 14, S.

Bruck, Das Privatversicherungsrecht, Mannheim/Berlin/Leipzig 1930

Bruck/Möller (hrsg. von *Baumann/Beckmann/K.Johannsen/R.Johannsen*), Großkommentar zum VVG, 9. Aufl. 2009; zitiert: *Bearbeiter*, in: Bruck/Möller, § Rn oder *Bearbeiter*, in: Bruck/Möller, KV Anm.

Bruns, Privatversicherungsrecht, München 2015

Bürger, Zum Wettbewerb um Bestandskunden in der kapitalgedeckten Privaten Krankenversicherung, Karlsruhe 2005

Bürkle, Compliance in Versicherungsunternehmen, 2. Aufl., München 2015; zitiert: *Bearbeiter*, in: Bürkle, Compliance in Versicherungsunternehmen, § Rn

Burmann/Heß/Stahl, Versicherungsrecht im Straßenverkehr: KfZ-Versicherungsrecht, Kraftfahrthaftpflicht-, Kasko- und Unfallversicherung, 2. Aufl., München 2010; zitiert: *Burmann/Heß/Stahl*, Versicherungsrecht im Straßenverkehr, Rn

Buschbell/Hering, Handbuch Rechtsschutzversicherung, 6. Aufl. 2015; zitiert: *Buschbell/Hering*, § Rn

Büßer, Das Widerrufsrecht des Verbrauchers, Frankfurt am Main 2001

BVZL, Der deutsche Zweitmarkt für Kapitallebensversicherungen, S.

Caninenberg, Die Sportveranstaltungsausfallversicherung, Frankfurt 1988

Dauses, Handbuch des EU-Wirtschaftsrechts, 40. Aufl., München 2016

Deutsch, Das neue Versicherungsvertragsrecht, 6. Aufl., Karlsruhe 2007; zitiert: *Deutsch*, Das neue Versicherungsvertragsrecht, Rn

Diederichsen/Canaris (Hrsg.), Festschrift für Karl Larenz zum 80. Geburtstag, München 1983 zitiert: *Bearbeiter*, in: FS Larenz, S.

Dietz, Wohngebäudeversicherung, 3. Aufl., Karlsruhe 2014

Dohrenbusch/Merten/Kützner, Psychologische Begutachtung in der Berufsunfähigkeit, Frankfurt 2014

Drees/Koch/Nell (Hrsg.), Aktuelle Probleme des Versicherungsvertrags-, Versicherungsaufsichts- und Versicherungsvermittlerrechts, Karlsruhe 2016; zitiert: *Bearbeiter*, in: Drees/Koch/Nell, S.

Dreher, Die Versicherung als Rechtsprodukt, Tübingen 1991

Ebenroth/Boujong/Joost/Strohn, Handelsgesetzbuch, 3. Aufl., München 2014; zitiert: *Bearbeiter*, in: Ebenroth/Boujong/Joost/Strohn, § Rn

Ebers, Die Überschussbeteiligung in der Lebensversicherung, VersWissStud. Bd. 18, Baden-Baden 2001

Literaturverzeichnis

Ebers, Die Reform des VVG vor dem Hintergrund des Gemeinschaftsrechts. Überlegungen zur Umsetzung der Informations- und Beratungspflichten, VersWissStud. Bd. 26, Baden-Baden 2004

Ehlers, DTV-Güterversicherungsbedingungen 2000, 2. Aufl., Karlsruhe 2003; zitiert: *Ehlers*, DTV-Güterversicherungsbedingungen 2000, Ziff. Rn

Ehrenzweig, Versicherungsvertragsrecht, Wien/Leipzig 1935

Eichler, Versicherungsrecht, Karlsruhe 1966

Entzian, Versicherungsfremde Geschäfte, Karlsruhe 1999

Erman, BGB Kommentar, 14. Aufl., Köln 2014; zitiert: *Bearbeiter*, in: Erman, § BGB Rn

Fahr/Kaulbach/Bähr/Pohlmann, Versicherungsaufsichtsgesetz, 5. Aufl., München 2012; zitiert: *Bearbeiter*, in: Fahr/Kaulbach/Bähr/Pohlmann, § VAG Rn

Fenyves/Kronsteiner/Schauer, Kommentar zu den Novellen zum VersVG, Wien 1998; zitiert: *Fenyves/Kronsteiner/Schauer*, § Rn

Feyock/Jacobsen/Lemor, Kraftfahrtversicherung, 3. Aufl., München 2009; zitiert: *Feyock/Jacobsen/Lemor*, Kraftfahrtversicherung, § AKB Rn oder Feyock/Jacobsen/Lemor, Kraftfahrtversicherung, Teil Rn

Filthaut, Haftpflichtgesetz, Kommentar zum Haftpflichtgesetz und zu den konkurrierenden Vorschriften des Delikts- und vertraglichen Haftungsrechts, 7. Aufl., München 2006; zitiert: *Filthaut*, HaftPflG, § Rn

Führer/Grimmer, Einführung in die Lebensversicherungsmathematik, Karlsruhe 2006; zitiert: *Führer/Grimmer*, Einführung in die Lebensversicherungsmathematik, S.

Ganster, Die Prämienzahlung im Versicherungsrecht, Frankfurt am Main 2008; zitiert: *Ganster*, Die Prämienzahlung im Versicherungsrecht, 2008, S.

Ganter u.a. (Hrsg.), Münchener Kommentar zur Insolvenzordnung, InsO, Bd. 1: §§ 1–79, Insolvenzrechtliche Vergütungsverordnung (InsVV), 3. Aufl., München 2013; zitiert: MüKo/*Bearbeiter*, § InsO Rn

GDV (Hrsg.), Statistisches Taschenbuch 2015, S. 48 ff.

Gebauer/Wiedmann, Zivilrecht unter europäischem Einfluss, 2. Aufl., Stuttgart 2010; zitiert: Gebauer/Wiedmann/*Bearbeiter*, Zivilrecht unter europäischem Einfluss, Kap. Rn

Geigel, Der Haftpflichtprozess, mit Einschluss des materiellen Haftpflichtrechts, 27. Aufl., München 2015; zitiert: *Bearbeiter*, in: Geigel, Haftpflichtprozess, Kap. Rn

Gerathewohl (Hrsg.), Rückversicherung – Grundlagen und Praxis, Bd. I 1976, Bd. II 1979, Karlsruhe; zitiert: *Gerathewohl*, Rückversicherung, S.

Gola/Schomerus, BDSG, 12. Aufl., München 2015; zitiert: *Gola/Schomerus*, § BDSG Rn

Goll/Gilbert/Steinhaus, Handbuch der Lebensversicherung, 11. Aufl., 1992; zitiert: *Goll/Gilbert/Steinhaus*, Hdb. Lebensversicherung, S.

Gottwald, Insolvenzrechts-Handbuch, 5. Aufl., München 2015

Literaturverzeichnis

Greger/Zwickel, Haftungsrecht des Straßenverkehrs, 5. Aufl., Berlin 2014; zitiert: *Greger/ Zwickel*, Haftungsrecht des Straßenverkehrs, § Rn

Greiner/Gross/Nehm/Spickhoff (Hrsg.), Neminem Laedere, Aspekte des Haftungsrechts, Festschrift für Gerda Müller, Köln 2009; zitiert: *Bearbeiter*, in: FS Müller, 2009, S.

Grieß/Zinnert, Der Versicherungsmakler: Position und Funktion aus rechtlicher und wirtschaftlicher Sicht, 3. Aufl., Karlsruhe 1997; zitiert: *Grieß/Zinnert*, S.

Grimm, Unfallversicherung, 5. Aufl., München 2013

Große/Müller-Lutz/Schmidt (Hrsg.), Versicherungsenzyklopädie, Bd. 5, 4. Aufl., Wiesbaden 1991; zitiert: Große/Müller-Lutz/Schmidt/*Bearbeiter*, Versicherungsenzyklopädie Bd. 5, S.

Grote, Die Rechtsstellung der Prämien-, Bedingungs- und Deckungstreuhänder nach dem VVG und dem VAG, Karlsruhe 2002

Gruber, Internationales Versicherungsvertragsrecht, Karlsruhe 1999; zitiert: *Gruber*, Internationales Versicherungsvertragsrecht, 1999, S.

Grundmann/Medicus/Rolland (Hrsg.), Europäisches Kaufgewährleistungsrecht, Köln/ Berlin 2000; zitiert: *Bearbeiter*, in: Grundmann/Medicus/Rolland, Europäisches Kaufgewährleistungsrecht, S.

Günther, Betrug in der Sachversicherung, 2. Aufl., Karlsruhe 2013

Halm/Engelbrecht/Krahe (Hrsg.), Handbuch des Fachanwalts Versicherungsrecht, 5. Aufl., Köln 2015; zitiert: *Bearbeiter*, in: Hdb. FA VersR, Kap. Rn

Halm/Kreuter/Schwab, Allgemeine Kraftfahrtbedingungen (AKB), 2. Aufl., München 2015, zitiert: *Schwab*, AKB, §

Hanau/Arteaga/Rieble/Veit, Entgeltumwandlung, 3. Aufl., Köln 2014

Harbauer, Rechtsschutzversicherung, ARB-Kommentar, 8. Aufl., München 2010; zitiert: Harbauer/*Bearbeiter*, § ARB Rn

Hauck/Noftz (Hrsg.), Sozialgesetzbuch (SGB) X, Kommentar, Stand 2016, zitiert. Hauck/Noftz/*Bearbeiter*, SGB X, § Rn

Hefermehl/Köhler/Bornkamm, Wettbewerbsrecht, 25. Aufl., München 2007; zitiert: *Bearbeiter*, in: Hefermehl/Köhler/Bornkamm, § UWG Rn

Hegnon, Der Tatbestand der Gefahrerhöhung im Versicherungsrecht, 1993

Heidel/Hüßtege/Mansel/Noack (Hrsg.), Bürgerliches Gesetzbuch – BGB, 3. Aufl., Baden-Baden 2016; zitiert: AnwK-BGB/*Bearbeiter*, § Rn

Heiss, Treu und Glauben im Versicherungsvertragsrecht, 1989

Heldrich/Koller (Hrsg.), Festschrift für Claus-Wilhelm Canaris zum 70. Geburtstag, München 2007; zitiert: *Bearbeiter*, in: FS Canaris, S.

Herdter, Der Gruppenversicherungsvertrag, Karlsruhe 2010

Literaturverzeichnis

Herrmann (Hrsg.), Reform des Versicherungsvertragsrechts, Erster Nürnberger Versicherungstag, 2003

Hilgenhövel, Die gewohnheitsrechtliche Erfüllungshaftung des Versicherers für Auskünfte seiner Agenten, Frankfurt am Main 1995

Hofmann, Die neue Kfz-Versicherung, Heidelberg 1994

Hofmann, Privatversicherungsrecht, 4. Aufl., München 1998; zitiert: *Hofmann*, Privatversicherungsrecht, § Rn

Holzhauser, Versicherungsvertragsrecht, München 1999; zitiert: *Holzhauser*, Versicherungsvertragsrecht, Rn

Honsell (Hrsg.), Berliner Kommentar zum VVG, Heidelberg 1999; zitiert: BK/*Bearbeiter*, § Rn

Honsell/Vogt/Schnyder, Kommentar zum schweizerischen VVG, Basel 2001; zitiert: *Bearbeiter*, in: Honsell/Vogt/Schnyder, Art. Rn

Huber, Das neue Schadensersatzrecht, Bonn 2003; zitiert: *Huber*, Das neue Schadensersatzrecht, § Rn

Hübner/Helten/Albrecht (Hrsg.), Recht und Ökonomie der Versicherung. Festschrift für Egon Lorenz zum 60. Geburtstag, Karlsruhe 1994; zitiert: *Bearbeiter*, in: FS E. Lorenz, 1994, S.

Ihle, Der Informationsschutz des Versicherungsnehmers, Hamburg 2006; zitiert: *Ihle*, Der Informationsschutz des Versicherungsnehmers, S.

Immenga/Mestmäcker (Hrsg.), Wettbewerbsrecht Bd. 2: GWB, Kommentar zum Deutschen Kartellrecht, 5. Aufl., München 2014; zitiert: Immenga/Mestmäcker/*Bearbeiter*, GWB, § Rn

Isensee, Verfassungsgarantie privatversicherungsrechtlicher Strukturen, in: Liber amicorum für Jürgen Pölss, München 2009, S. 81 ff.

Jabornegg, Die vorläufige Deckung, Wien 1991; zitiert: *Jabornegg*, Die vorläufige Deckung, S.

Jagodzinski, Rechtsschutzversicherung und Rechtsverfolgung, Bonn 1994; zitiert: *Jagodzinski*, Rechtsschutzversicherung und Rechtsverfolgung, S.

Jarass/Pieroth, Grundgesetz für die Bundesrepublik Deutschland: GG, 14. Aufl. 2016; zitiert: *Bearbeiter*, in: Jarass/Pieroth, Art. GG Rn

juris, Praxiskommentar BGB; zitiert: jurisPK-BGB/*Bearbeiter*, § BGB Rn

Kärger, Kfz-Versicherung nach dem neuem VVG, Münster 2008; zitiert: *Kärger*, Kfz-Versicherung nach dem neuem VVG, § Rn

Keppel, Die Pflichthaftpflichtversicherung nach der VVG-Reform, Hamburg 2010, S.

Kisch, Der Versicherungsschein, Wiesbaden 1935; zitiert: *Kisch*, Der Versicherungsschein, S.

Literaturverzeichnis

Kisch, Die Lehre von der Versicherungsgefahr, München 1920; zitiert: *Kisch*, Die Lehre von der Versicherungsgefahr, S.

Klimke, Die halbzwingenden Vorschriften des VVG, Berlin 2004; zitiert: *Klimke*, Die halbzwingenden Vorschriften des VVG, S.

Kloth, Die private Unfallversicherung, München 2008; zitiert: *Kloth*, Unfallversicherung, Rn

Kortüm, Die Gefahrerhöhung in der Kraftfahrzeughaftpflicht- und Kaskoversicherung, Karlsruhe 2013

Küppersbusch/Höher, Ersatzansprüche bei Personenschäden, 12. Aufl., München 2016; zitiert: *Küppersbusch/Höher*, Ersatzansprüche bei Personenschäden, Rn

Kurzendörfer, Einführung in die Lebensversicherung, 3. Aufl., Karlsruhe 2000; zitiert: *Kurzendörfer*, Einführung in die Lebensversicherung, S.

Labes, Schiedsgerichtsvereinbarungen in Rückversicherungsverträgen, Berlin 1996; zitiert: *Labes*, Schiedsgerichtsvereinbarungen in Rückversicherungsverträgen, S.

Lachmann, Handbuch für die Schiedsgerichtspraxis, 3. Aufl., Berlin 2008; zitiert: *Lachmann*, Handbuch für die Schiedsgerichtspraxis, Rn

Landmann/Rohmer, Gewerbeordnung und ergänzende Vorschriften: GewO, Kommentar, 72. Aufl., München 2016; zitiert: *Bearbeiter*, in: Landmann/Rohmer, GewO, § Rn

Langer/Rosenow, Konsumentenschutz bei der Vermittlung von Versicherungsverträgen in der Schweiz und Europa, Liber amicorum Bernd Stauder, Baden-Baden 2006; zitiert: *Langer/Rosenow*, in: Liber Amicorum Stauder, S.

Langheid, VVG-Reform und Verbraucherschutz, Schriftenreihe Münsteraner Reihe Nr. 105, 2007; zitiert: *Langheid*, VVG-Reform und Verbraucherschutz, S.

Langheid/Wandt u.a. (Hrsg.), Münchener Kommentar zum Versicherungsvertragsgesetz: VVG, Bd. 1: §§ 1–99 VVG, 2. Aufl., München 2016; zitiert: MüKo/*Bearbeiter*, Internationales Versicherungsvertragsrecht Rn oder MüKo/*Bearbeiter*, Rückversicherungsrecht, Rn

Langheid/Wandt u.a. (Hrsg.), Münchener Kommentar zum Versicherungsvertragsgesetz: VVG, Bd. 3: §§ 192–215 VVG, 2. Aufl., München 2016; zitiert: MüKo/*Bearbeiter*, § VVG Rn

Larenz/Wolf/Neuner, Allgemeiner Teil des BGB, 11. Aufl., München 2016; zitiert: *Bearbeiter*, in: Wolf/Neuner/Larenz, BGB AT, § Rn

Lauterbach et al. (Hrsg.), Gesundheitsökonomie, 3. Aufl., Wiesbaden 2013; zitiert: *Bearbeiter*, in: Lauterbach, Gesundheitsökonomie

Lehmann, Der Versicherungsvertrag und die Versicherungs-Treuhand aus ökonomischer und ermittlungsrechtlicher Sicht, Versicherungswissenschaftliche Studien (VersWissStud.) Bd. 5, Baden-Baden 1997; zitiert: *Lehmann*, VersWissStud. 5, S.

Lemcke, in: FS Wälder, 2009, S.

Literaturverzeichnis

Lentz, Die Dogmatik der Versicherung für fremde Rechnung, Hamburg 2015

Leverenz, Rechtliche Aspekte zum Versicherungsgeschäft im Internet, Karlsruhe 2001; zitiert: *Leverenz*, Rechtliche Aspekte zum Versicherungsgeschäft im Internet, S.

Leverenz, Vertragsschluss nach der VVG-Reform, Karlsruhe 2008

Lindenmeyer/Möhrig, Nachschlagewerk des BGH, München

Littbarski, AHB – Haftpflichtversicherung, Kommentar, München 2001; zitiert: *Littbarski*, AHB, § Rn

Looschelders (Hrsg.), Düsseldorfer Vorträge zum Versicherungsrecht, Karlsruhe 2015; zitiert: *Looschelders*, Düsseldorfer Vorträge, S.

Looschelders, Schuldrecht Allgemeiner Teil, 14. Aufl., Köln 2016; zitiert: *Looschelders*, Schuldrecht AT, Rn

Looschelders/Pohlmann (Hrsg.), Versicherungsvertragsgesetz Kommentar, 2. Aufl., Köln 2011; zitiert: Looschelders/Pohlmann/*Bearbeiter*, § Rn

Looschelders/Roth, Juristische Methodik im Prozess der Rechtsanwendung, Berlin 1996

Lorenz (Hrsg.), Abschlussbericht der Kommission zur Reform des VVG vom 19.4.2004, VersR-Schriftenreihe, Bd. 25

Ludewig, Auf dem Weg zu neuen Rahmenbedingungen für den Krankenversicherungsmarkt, Baden-Baden 2014, S. 22 ff.

Lüer/Schwepcke, Rückversicherungsrecht, München 2013; zitiert: Lüer/Schwepcke/*Bearbeiter*, § Rn

Maenner, Theorie und Praxis der Rückwärtsversicherung, Karlsruhe 1986

Mahlmann (Hrsg.), Gleichbehandlungsrecht, Baden-Baden 2007; zitiert: *Bearbeiter*, in: Mahlmann, Gleichbehandlungsrecht, S.

Maier, Die Vorschläge der Reformkommission für ein neues Versicherungsvertragsrecht. Ein Jahrhundertwerk am Horizont?, Karlsruhe 2005

Mankowski, Beseitigungsrechte, Tübingen 2003

Männer (Hrsg.), Langfristige Versicherungsverhältnisse – Ökonomie – Technik – Institutionen, Karlsruhe 1997; zitiert: *Bearbeiter*, in: Männer, Langfristige Versicherungsverhältnisse – Ökonomie – Technik – Institutionen, S.

Männle, Die Richtlinie 2001/17/EG über die Sanierung und Liquidation von Versicherungsunternehmen und ihre Umsetzung ins deutsche Recht, Karlsruhe 2007

Marko, Private Krankenversicherung: nach GKV-WSG und VVG-Reform, 2. Aufl., München 2010; zitiert: *Marko*, Private Krankenversicherung, Rn

Marlow/Spuhl, Das Neue VVG kompakt, 4. Aufl., Karlsruhe 2010

Martin, Sachversicherungsrecht, 3. Aufl., München 1992; zitiert: *Martin*, Kapitel Rn

Mauntel, Bedarfs- und produktbezogene Beratung beim Abschluss von Lebensversicherungsverträgen, Karlsruhe 2004

Meier/Baumann/Werding, Modelle zur Übertragung individueller Alterungsrückstellungen bei Wechsel privater Krankenversicherer, Karlsruhe 2005

Meixner/Steinbeck, Das neue Versicherungsvertragsrecht, München 2008; zitiert: *Meixner/ Steinbeck*, Das neue Versicherungsvertragsrecht, § Rn oder Rn, S.

Meyer, Erneuerung des Versicherungsvertragsgesetzes – Versichertenschutz in den USA – Rechnungslegung von Versicherungsunternehmen, VersWissStud. Bd. 6, Baden-Baden 1997; zitiert: *Meyer*, VersWissStud. 6, S.

Meyer, VVG-Reform – Abschlussbericht. Rückzug des Staates aus sozialen Sicherungssystemen, VersWissStud. Bd. 29, Baden-Baden, 2005; zitiert: *Meyer*, VersWissStud. 29, S.

Micklitz (Hrsg.), Verbraucherrecht in Deutschland, 2005; zitiert: *Bearbeiter*, in: Micklitz, Verbraucherrecht in Deutschland, S.

Micklitz/Tonner, Vertriebsrecht. Haustür-, Fernabsatzgeschäfte und elektronischer Geschäftsverkehr (§§ 312–312f; 355–359 BGB). Handkommentar, Baden-Baden 2002; zitiert: Hk-VertriebsR/*Bearbeiter*, § BGB Rn

Millauer, Rechtsgrundsätze der Gruppenversicherung, Karlsruhe 1954

Möhrle, Laufende Versicherung, Karlsruhe 1994

Motive zum VVG, hrsg. vom Bundesaufsichtsamt für das Versicherungs- und Bausparwesen, Nachdruck 1963; zitiert: *Motive*, Nachdruck 1963, S.

Müller-Colllin, Die Allgemeinen Deutschen Seeversicherungsbedingungen (ADS) und das AGB-Gesetz, Hamburger Reihe A, Karlsruhe 1994

Musielak, Kommentar zur ZPO, 13. Aufl., München 2016; zitiert: *Musielak*, § ZPO Rn

Naumann/Brinkmann, Die private Unfallversicherung in der anwaltlichen Praxis, 2009; zitiert: *Naumann/Brinkmann*, Die private Unfallversicherung in der anwaltlichen Praxis, § Rn

Neuhaus, Die vorvertragliche Anzeigepflichtverletzung in Recht und Praxis, Karlsruhe 2014; zitiert: *Neuhaus*, Die vorvertragliche Anzeigepflichtverletzung in Recht und Praxis

Neuhaus/Kloth, Praxis des neuen VVG, 2. Aufl., Münster 2008

Neumann, Abkehr vom Alles-oder-nichts-Prinzip, Berlin 2004

Niederleithinger, Das neue VVG, Erläuterungen Texte Synopse, Baden-Baden 2007; zitiert: *Niederleithinger*, Das neue VVG, Rn

Ortmann, Kapitalanlage deutscher und britischer Lebensversicherer, VersWissStud. Bd. 21, Baden-Baden 2002; zitiert: *Ortmann*, VersWissStud. Bd. 21, S.

Ortmann, Informationsdefizite und Finanzplanung bei der Erwerbs- und Alterssicherung, VersWissStud. Bd. 29, Baden-Baden 2002; zitiert: *Ortmann*, VersWissStud. Bd. 29, S.

Ortmann, Kostenvergleich von Altersvorsorgeprodukten, VersWissStud. Bd. 37, Baden-Baden 2010; zitiert: *Ortmann*, VersWissStud. Bd. 37, S.

Palandt, Bürgerliches Gesetzbuch, 75. Aufl., München 2016; zitiert: Palandt/*Bearbeiter*, § BGB Rn oder Art. Rn

Literaturverzeichnis

Pardey, Berechnung von Personenschäden, 4. Aufl., Heidelberg 2010; zitiert: *Pardey*, Berechnung von Personenschäden, Rn

Pataki, Der Geschäftsbesorgungsgedanke im Versicherungsvertragsrecht, Karlsruhe 1998

Peters, Handbuch der Krankenversicherung, Teil II, SGB V, Bd. 4, 84. Erg.-Lieferung, Stuttgart 2016; zitiert: *Bearbeiter*, in: Peters, Handbuch KV, Teil Bd., § Rn

Pfeiffer, Einführung in die Rückversicherung, 5. Aufl., Wiesbaden 1999

Pielow, Gewerbeordnung: GewO, 2. Aufl., München 2016; zitiert: *Bearbeiter*, in: Pielow, § Rn

Pilz, Missverständliche AGB, Karlsruhe 2010; zitiert: *Pilz*, Missverständliche AGB, 2010, S.

PKV-Verband (Hrsg.), Zahlenbericht der privaten Krankenversicherung, 2014

Präve, Versicherungsbedingungen und AGB-Gesetz, München 1998

Prölss, Versicherungsaufsichtsgesetz (VAG), 12. Aufl., München 2005; zitiert: Prölss/*Bearbeiter*, § VAG Rn

Prölss/Martin, Versicherungsvertragsgesetz, 29. Aufl., München 2015; zitiert: Prölss/Martin/*Bearbeiter*, § Rn

Prüßmann/Rabe, Seehandelsrecht, 5. Aufl., München 2016; zitiert: *Prüßmann/Rabe*, Seehandelsrecht, § Rn

Prütting (Hrsg.), Fachanwaltskommentar Medizinrecht, 4. Aufl., München 2016

Prütting/Wegen/Weinreich(Hrsg.), BGB Kommentar, 11. Aufl., Köln 2016; zitiert: *Bearbeiter*, in: Prütting/Wegen/Weinreich, Art. Rn

Rathje, Die betriebliche Altersversorgung in KMU nach Altersvermögensgesetz und Alterseinkünftegesetz, Köln 2007

Rebmann u.a. (Hrsg.), Münchener Kommentar zum BGB, Bd. 2 §§ 241 bis 432, 7. Aufl., München 2016; zitiert: MüKo/*Bearbeiter*, § BGB Rn

Reiff, Versicherungsvermittlerrecht im Umbruch, Karlsruhe 2006

Reinhardt, Die Gefahrerhöhung im deutschen Privatversicherungsrecht, Die VVG-Reform zwischen der Lösung alter Probleme und neuen Fragen, Karlsruhe 2015; zitiert: *S. Reinhardt*, Die Gefahrerhöhung im deutschen Privatversicherungsrecht.

Rengeling/Middeke/Gellermann, Handbuch des Rechtsschutzes in der EU, 3. Aufl., München 2014; zitiert: *Bearbeiter*, in: Rengeling/Middeke/Gellermann, Handbuch des Rechtsschutzes in der EU

Renger, Die Verantwortung des Treuhänders in der PKV, Karlsruhe 1997

Riesenhuber (Hrsg.), Europäische Methodenlehre, 3. Aufl., Berlin 2015; zitiert: *Bearbeiter*, in: Riesenhuber, Europäische Methodenlehre, S.

Riesenhuber, System und Prinzipien des Europäischen Vertragsrechts, Berlin 2003

Ritter, Das Recht der Seeversicherung, 2. Bd., Hamburg 1924; zitiert: *Ritter*, Das Recht der Seeversicherung, §

Römer, Informationspflichten der Versicherer, 1998

Römer, Der Prüfungsmaßstab bei der Mißstandsaufsicht nach § 81 VAG und der AVB-Kontrolle nach § 9 AGBG, Karlsruhe 1996

Römer/Langheid (Hrsg.), Versicherungsvertragsgesetz, 4. Aufl., München 2014; zitiert: Römer/Langheid/*Bearbeiter*, § Rn

Rüffer/Halbach/Schimikowski (Hrsg.), Versicherungsvertragsgesetz, 3. Aufl., Baden-Baden 2015; zitiert: Rüffer/Halbach/Schimikowski/*Bearbeiter*, § Rn

Rüthers, Rechtstheorie, 9. Aufl., München 2016; zitiert: *Rüthers*, Rechtstheorie, Rn

Säcker/Rixecker (Hrsg.), Münchener Kommentar zum BGB, Bd. 1, 7. Aufl., München 2015; zitiert: MüKo/*Bearbeiter*, § BGB Rn

Säcker/Rixecker (Hrsg.), Münchener Kommentar zum BGB, Bd. 10: Internationales Privatrecht, Rom I-Verordnung, Rom II-Verordnung, Einführungsgesetz zum Bürgerlichen Gesetzbuch (Art. 1–24), 5. Aufl., München 2010; zitiert: MüKo/*Bearbeiter*, Art. Rom-I-VO Rn

Säcker/Rixecker (Hrsg.), Münchener Kommentar zum BGB, Bd. 11: Internationales Wirtschaftsrecht Art. 25–245 EGBGB, 6. Aufl., München 2015; zitiert: MüKo/*Bearbeiter*, Art. EGBGB Rn

Sachs (Hrsg.), Grundgesetz, 7. Aufl., München 2014; zitiert: *Bearbeiter*, in: Sachs, Art. Rn

Sahmer, Richterliche Überprüfung der Beitragsanpassung in der privaten Krankenversicherung, Karlsruhe 2000

Saremba, Die Gefahrerhöhung im deutschen und US-amerikanischen Versicherungsrecht, Karlsruhe 2010; zitiert: *Saremba*, Die Gefahrerhöhung im deutschen und US-amerikanischen Versicherungsrecht, S.

Schilasky, Einschränkung der freien Rechtsanwaltswahl in der Rechtsschutzversicherung, Karlsruhe 1998

Schimikowski, Versicherungsvertragsrecht, 5. Aufl., München 2014; zitiert: *Schimikowski*, Versicherungsvertragsrecht, Rn

Schimikowski/Höra, Das neue Versicherungsvertragsgesetz, Freiburg 2007

Schmalzl, Die Berufshaftpflichtversicherung des Architekten und Bauunternehmers, 2. Aufl., München 2006

Schmidt, Die Obliegenheiten, Karlsruhe 1953

Schmidt, Entwicklungen und Erfahrungen auf dem Gebiet der Versicherung, Karlsruhe 1984

Stelkens/Bonk/Sachs, Verwaltungsverfahrensgesetz, 8. Aufl., München 2014; zitiert: *Bearbeiter*, in: Stelkens/Bonk/Sachs, § VwVfG Rn

Literaturverzeichnis

Schönfeldt, Das Recht der laufenden Versicherung, Diss., Göttingen 1924

Schubach/Jannsen, Private Unfallversicherung: Kommentar zu den AUB 2008 und den §§ 178 ff. VVG, München 2010; zitiert: Schubach/Jannsen/*Bearbeiter*, Private Unfallversicherung, AUB Rn

Schulze, Common Frame of Reference and Existing EC Contract Law, 2009; zitiert: *Bearbeiter*, in: Schulze, Common Frame of Reference and Existing EC Contract Law (2009), S.

Schulze/Dörner (u.a.) (Hrsg.), Bürgerliches Gesetzbuch, Handkommentar, 8. Aufl., Baden-Baden 2014; zitiert: Hk-BGB/*Bearbeiter*, § Rn

Schulze/Ebers/Grigoleit (Hrsg.), Informationspflichten und Vertragsschluss im Acquis communautaire, Tübingen 2003; zitiert: *Bearbeiter*, in: Schulze/Ebers/Grigoleit, Informationspflichten und Vertragsschluss im Acquis communautaire, S.

Schulze/Zuleeg (Hrsg.), Handbuch Europarecht, 3. Aufl., Baden-Baden 2015; zitiert: *Bearbeiter*, in: Schulze/Zuleeg, Hdb. Europarecht, § Rn

Schumacher, Der Rückkaufswert von Lebensversicherungen, Karlsruhe 2012; zitiert: *Schumacher*, Der Rückkaufswert von Lebensversicherungen, Karlsruhe 2012, S.

Schwepcke, Rückversicherung – Grundlagen zum aktuellen Wissen, ein Leitfaden zum Selbststudium, 2. Aufl., Karlsruhe 2004; zitiert: *Schwepcke*, Rückversicherung, S.

Schwind/Wolf/Dresp/Fabian/Fath, Pensionskassen – Grundlagen und Praxis, München 2011; zitiert: *Bearbeiter*, in Schwind/Wolf/Dresp/Fabian/Fath

Simitis (Hrsg.), Bundesdatenschutzgesetz, 8. Aufl., Baden-Baden 2014; zitiert: *Bearbeiter*, in: Simitis, § BDSG Rn

Sodan, Private Krankenversicherung und Gesundheitsreform, 2. Aufl., Berlin 2007, S.

Soergel, Kommentar zum BGB, Bd. 10 Einführungsgesetz, 13. Aufl., Stuttgart – Berlin – Köln – Mainz 2012; zitiert: Soergel/*Bearbeiter*, Art. Rn

Spallino, Haftungsmaßstab bei Gefälligkeit, Karlsruhe 2016, S.

Späte, Haftpflichtversicherung, Kommentar zu den Allg. Versicherungsbedingungen für die Haftpflichtversicherung (AHB), München 1993; zitiert: *Späte*, AHB, § Rn

Spielmann, Aktuelle Deckungsfragen in der Sachversicherung, 3. Aufl., Karlsruhe 2014

Staudinger, BGB Kommentar, 14. Aufl., Berlin 1993 ff.; zitiert: Staudinger/*Bearbeiter*, § BGB Rn

Staudinger, Einl. IPR; Art. 3–6 EGBGB (Internationales Privatrecht – Allgemeiner Teil) Kommentar, Berlin 2003; zitiert: Staudinger/*Bearbeiter*, Einl. zum IPR, Rn

Staudinger/Halm/Wendt (Hrsg.), Fachanwaltskommentar Versicherungsrecht, Köln 2013; zitiert: *Bearbeiter*, in: Staudinger/Halm/Wendt, § Rn

Sternberg, „Systemwettbewerb" zwischen Gesetzlicher und Privater Krankenversicherung, 2015, S. 19–74;

Literaturverzeichnis

Stiefel/Maier, Kraftfahrtversicherung, 18. Aufl., 2010; zitiert: Stiefel/Maier/*Bearbeiter*, Kraftfahrtversicherung, § AKB Rn

Stockmeier/Huppenbauer, Motive und Erläuterungen zu den AUB 99, 2000

Terbille (Hrsg.), Münchener Anwaltshandbuch Versicherungsrecht, 3. Aufl., München 2013; zitiert: MAH-VersR/*Bearbeiter*, § Rn

Terbille/Höra, Münchner Anwaltsbuch Versicherungsrecht, 3. Aufl., München 2013; zitiert: Terbille/Höra/*Bearbeiter*, § Rn

Thomas/Putzo, ZPO, Zivilprozessordnung mit Gerichtsverfassungsgesetz, den Einführungsgesetzen und europarechtlichen Vorschriften, 29. Aufl., München 2008; zitiert: Thomas/Putzo/*Bearbeiter*, § ZPO Rn

Thüsing/von Medem, Vertragsfreiheit und Wettbewerb in der privaten Krankenversicherung, Berlin 2008, S.

Thume/de la Motte, Transportversicherungsrecht, 2. Aufl., München 2011; zitiert: *Bearbeiter*, in: Thume/de la Motte, Transportversicherungsrecht, Kap. § Rn

Trölsch, Die Obliegenheit in der Seeversicherung, Hamburger Reihe A, Karlsruhe 1998

Ulmer/Brander/Hensen, AGB-Recht, Kommentar zu den §§ 305, 310 BGB und zum Unterlassungsklagengesetz, 12. Aufl., Köln 2016; zitiert: *Bearbeiter*, in: Ulmer/Brander/Hensen, AGB-Recht, §

van Bühren, Handbuch Versicherungsrecht, 6. Aufl., Bonn 2014; zitiert: *Bearbeiter*, in: v. Bühren, Hdb. VersR, § Rn

van Bühren/Plote, Rechtsschutzversicherung (ARB), Kommentar, 3. Aufl., München 2013 zitiert: v. Bühren/Plote/*Bearbeiter*, § Rn

Veith/Gräfe/Gebert (Hrsg.), Der Versicherungsprozess – Ansprüche und Verfahren Praxishandbuch, 3. Aufl., Baden-Baden 2016; zitiert: Veith/Gräfe/*Bearbeiter*, § Rn

Voit/Neuhaus, Berufsunfähigkeitsversicherung, 3. Aufl., München 2014; zitiert: *Voit/Neuhaus*, BUV, Rn oder S.

von Bork/Hoeren/Pohlmann (Hrsg.), Recht und Risiko – Festschrift für Helmut Kollhosser, Karlsruhe 2004; zitiert: *Bearbeiter*, in: FS Kollhosser, Bd., S.

von Hein/Baetge/von Hinden (Hrsg.), Die richtige Ordnung, Festschrift für Jan Kropholler zum 70. Geburtstag, 2008; zitiert: *Bearbeiter*, in: FS Kropholler S.

von Kottwitz, Die laufende Versicherung, Hamburg 1976

Wallrabenstein, Allgemeines Gleichbehandlungsgesetz. Private Krankenversicherung und Gesundheitsreform. Schwachstellen der VVG-Reform, VersWissStud. Bd. 34, Baden-Baden 2009

Wandt, Änderungsklauseln in Versicherungsverträgen, Karlsruhe 2000

Wandt, Versicherungsrecht, 6. Aufl., München 2016; zitiert: *Wandt*, Versicherungsrecht, Rn

Wandt, Verbraucherinformation und Vertragsschluss nach neuem Recht, Karlsruhe 1995

Literaturverzeichnis

Wandt/Reiff/Looschelders, Kontinuität und Wandel des Versicherungsrechts. Festschrift für Prof. Dr. Egon Lorenz zum 70. Geburtstag, Karlsruhe 2004; zitiert: *Bearbeiter*, in: FS E. Lorenz, 2004, S.

Wandt/Reiff/Looschelders/Bayer (Hrsg.), Versicherungsrecht, Haftungs- und Schadensrecht. Festschrift für Egon Lorenz zum 80. Geburtstag, Karlsruhe 2014; zitiert: *Bearbeiter*, in: FS E. Lorenz, 2014, S.

Weber/Münch (Hrsg.), Haftung und Versicherung, 2. Aufl., Basel 2015; zitiert: *Bearbeiter*, in: Weber/Münch, Haftung und Versicherung, Kap. Rn

Wehling/Präve, Versicherungsvertragsrecht, Berlin, 2008; zitiert: *Wehling/Präve*, Versicherungsvertragsrecht, S.

Werber, Die Gefahrerhöhung im deutschen, schweizerischen, französischen, italienischen, schwedischen und englischen Versicherungsvertragsrecht, Karlsruhe 1967

Wernink, Die gewohnheitsrechtliche Erfüllungshaftung der Versicherer für die Auskünfte ihrer Agenten, Frankfurt, 2003

Weyers/Wandt, Versicherungsvertragsrecht, 5. Aufl., Köln 2009; zitiert: *Weyers/Wandt*, Versicherungsvertragsrecht, Rn

Wiedmann/Gebauer (Hrsg.), Zivilrecht unter europäischem Einfluss. Die richtlinienkonforme Auslegung des BGB und anderer Gesetze – Erläuterungen der wichtigsten EG-Verordnungen, Karlsruhe 2005; zitiert: *Bearbeiter*, in: Wiedmann/Gebauer, Zivilrecht unter europäischem Einfluss, Kap. Rn

Willoweit (Hrsg.), Rechtswissenschaft und Rechtsliteratur im 20. Jahrhundert, Mit Beiträgen zur Entwicklung des Verlages C.H. Beck, München 2007; zitiert: *Bearbeiter*, in: Willoweit, Rechtswissenschaft und Rechtsliteratur im 20. Jahrhundert, S.

Winter, Versicherungsaufsichtsrecht, Kritische Betrachtungen, Karlsruhe 1997; zitiert: *Winter*, Versicherungsaufsichtsrecht, Kritische Betrachtungen, 1997, S.

Witzleb/Ellger/Mankowski/Merkt/Remien (Hrsg.), Festschrift für Dieter Martiny zum 70. Geburtstag, Tübingen 2014; zitiert: *Bearbeiter*, in: FS Martiny, S.

Wolf/Horn/Lindacher, AGB-Gesetz, München 2008; zitiert: *Wolf/Horn/Lindacher*, AGB-Gesetz, § Rn

Wolf/Neuner, Allgemeiner Teil des BGB, 11. Aufl., München 2016; zitiert: *Bearbeiter*, in: Wolf/Neuner, BGB AT, § Rn

Wussow, Unfallhaftpflichtrecht, 16. Aufl., Köln 2014; zitiert: *Wussow*, Unfallhaftpflichtrecht, Kap. Rn

Zinnert, Recht und Praxis des Versicherungsmaklers, Karlsruhe 2008; zitiert: *Zinnert*, Versicherungsmakler, S.

Zöller, ZPO, 32. Aufl., München 2016; zitiert: Zöller/*Bearbeiter*, § ZPO Rn

Zweifel/Eisen, Versicherungsökonomie, 2. Aufl., Berlin 2013, § Rn

Zwermann-Milstein, Grund und Grenzen einer verfassungsrechtlich gebotenen gesundheitlichen Mindestversorgung, Baden-Baden 2015, S. 328 ff.

Abkürzungsverzeichnis

a.A.	anderer Ansicht
a.a.O.	am angegebenen Ort
a.E.	am Ende
a.F.	alte Fassung
ABE	Allgemeine Bedingungen für die Elektronikversicherung
ABEH	Allgemeine Bedingungen für die erweitere Haushaltversicherung
ABL	Allgemeine Bedingungen für die Sachversicherung landwirtschaftlicher Betriebe, Wirtschaftsgebäude und deren Inhalt sowie Wohngebäude
abl.	ablehnend
ABMG	Allgemeine Bedingungen für die Maschinen- und Kaskoversicherung von fahrbaren oder transportablen Geräten
ABN	Allgemeine Bedingungen für die Bauleistungsversicherung durch Auftraggeber
ABRV	Allgemeine Bedingungen für die Reiserücktrittskostenversicherung
Abs.	Absatz
ABU	Allgemeine Bedingungen für die Bauleistungsversicherung von Unternehmerleistungen
AB UBR	Allgemeine Bedingungen für die Unfallversicherung mit garantierter Beitragsrückzahlung
AbzG	Abzahlungsgesetz
abzgl.	abzüglich
AcP	Archiv für die civilistische Praxis
ADS	Allgemeine Deutsche Seeversicherungsbedingungen
AEB	Allgemeine Bedingungen für die Einbruchdiebstahlversicherung
AERB	Allgemeine Bedingungen für die Einbruchdiebstahl- und Raubversicherung
AEUV	Vertrag über die Arbeitsweise der Europäischen Union
AFB	Allgemeine Bedingungen für die Feuerversicherung
AG	Amtsgericht/Aktiengesellschaft
AGB	Allgemeine Geschäftsbedingungen
AGG	Allgemeines Gleichbehandlungsgesetz
AGlB	Allgemeine Bedingungen für die Glasversicherung
AHagB	Allgemeine Hagelversicherungs-Bedingungen
AHB	Allgemeine Versicherungsbedingungen für die Haftpflichtversicherung
ähnl.	ähnlich
AKB	Allgemeine Bedingungen für die Kfz-Versicherung
AktG	Aktiengesetz

Abkürzungsverzeichnis

ALG II	Arbeitslosengeld II
allg.	allgemein
Alt.	Alternative
AltZertG	Gesetz über die Zertifizierung von Altersvorsorgeverträgen
AMB	Allgemeine Bedingungen für die Maschinenversicherung von stationären Maschinen
AMBUB	Allgemeine Bedingungen für die Maschinen-Betriebsunterbrechungsversicherung
AMG	Gesetz über den Verkehr mit Arzneimitteln
AMoB	Allgemeine Bedingungen für die Montageversicherung
AMPreisV	Arzneimittelpreisverordnung
amtl.	amtlich
Anm.	Anmerkung
Antirassismus-Richtlinie	Richtlinie 2000/43/EG des Rates vom 29. Juni 2000 zur Anwendung des Gleichbehandlungsgrundsatzes ohne Unterschied der Rasse oder der ethnischen Herkunft
AnwBl	Anwaltsblatt (Zs.)
AO	Abgabenordnung
AOK	Allgemeine Ortskrankenkasse
ARB	Allgemeine Bedingungen für die Rechtsschutzversicherung
ArbG	Arbeitsgericht
Art.	Artikel
AStB	Allgemeine Bedingungen für die Sturmversicherung
AUB	Allgemeine Unfallversicherungs-Bedingungen
Aufl.	Auflage
ausführl.	ausführlich
Ausn.	Ausnahme
AVB	Allgemeine Versicherungsbedingungen
AWB	Allgemeine Bedingungen der Leitungswasserversicherung
Az.	Aktenzeichen
BaFin	Bundesanstalt für Finanzdienstleistungsaufsicht
BAG	Bundesarbeitsgericht
BÄO	Bundesärzteordnung
BauR	Baurecht (Zs.)
BayObLG	Bayerisches Oberstes Landesgericht
BB	Betriebsberater (Zs.)
BB-BUZ	Besondere Bedingungen für die Berufsunfähigkeits-Zusatzversicherung
BBG	Bundesbeamtengesetz
Bd.	Band
BDSG	Bundesdatenschutzgesetz
Begr.	Begründung

Abkürzungsverzeichnis

Beschl.	Beschluss
BetrAVG	Gesetz zur Verbesserung der betrieblichen Altersversorgung
BfA	Bundesagentur für Arbeit
BFH	Bundesfinanzhof
BFHE	Entscheidungen des Bundesfinanzhofs
BG	Berufsgenossenschaft
BGB	Bürgerliches Gesetzbuch
BGB-InfoV	Verordnung über Informations- und Nachweispflichten nach bürgerlichem Recht
BGBl	Bundesgesetzblatt
BGH	Bundesgerichtshof
BGHSt	Sammlung der Entscheidungen des BGH in Strafsachen
BGHZ	Sammlung der Entscheidungen des BGH in Zivilsachen
BinSchG	Binnenschiffahrtsgesetz
BJagdG	Bundesjagdgesetz
BK	Berliner Kommentar
BKV	Bundesverband Deutscher Versicherungskaufleute e.V.
BMELV	Bundesministerium für Ernährung, Landwirtschaft und Verbraucherschutz
BMF	Bundesministerium der Finanzen
BMJ	Bundesministerium der Justiz
BPflV	Verordnung zur Regelung der Krankenhauspflegesätze
BRAGO	Bundesrechtsanwaltsgebührenordnung
BRAK	Bundesrechtsanwaltskammer
BRAO	Bundesrechtsanwaltsordnung
BR-Drucks	Bundesrats-Drucksache
BSG	Bundessozialgericht
bspw.	beispielsweise
BT-Drucks	Bundestags-Drucksache
BU	Berufsunfähigkeit
Buchst.	Buchstabe
BUV	Berufsunfähigkeitsversicherung
BUZ	Berufsunfähigkeitszusatzversicherung
BVerfG	Bundesverfassungsgericht
BVerfGE	Sammlung der Entscheidungen des BVerfG
BVerwG	Bundesverwaltungsgericht
BVerwGE	Sammlung der Entscheidungen des BVerwG
BVG	Bundesversorgungsgesetz
BVZL	Bundesverband Vermögensanlagen im Zweitmarkt Lebensversicherungen
BWE	Besondere Bedingungen für die Versicherung weiterer Elementarschäden

Abkürzungsverzeichnis

bzgl.	bezüglich
bzw.	beziehungsweise
ca.	circa
CD	Compact-Disc
CD-ROM	Compact-Disc-Read-Only-Memory
CR	Computer und Recht (Zs.)
d.h.	das heißt
DAR	Deutsches Autorecht (Zs.)
DB	Der Betrieb (Zs.)
DeckRV	Deckungsrückstellungsverordnung
demggü.	demgegenüber
ders.	derselbe
Diss.	Dissertation
DÖV	Die öffentliche Verwaltung (Zs.)
Dritte Richtlinie Schaden	Richtlinie 92/49/EWG des Rates vom 18. Juni 1992 zur Koordinierung der Rechts- und Verwaltungsvorschriften für die Direktversicherung (mit Ausnahme der Lebensversicherung) sowie zur Änderung der Richtlinien 73/239/EWG und 88/357/EWG (Dritte Richtlinie Schadenversicherung)
DStR	Deutsches Steuerrecht (Zs.)
e.V.	eingetragener Verein
EFZG	Entgeltfortzahlungsgesetz
EGBGB	Einführungsgesetz zum Bürgerlichen Gesetzbuch
EGMR	Europäischer Gerichtshof für Menschenrechte
EGV	Vertrag zur Gründung der Europäischen Gemeinschaft
EGVVG	Einführungsgesetz zum Versicherungsvertragsgesetz
Einf.	Einführung
EMRK	Europäische Menschenrechtskonvention
EStG	Einkommensteuergesetz
etc.	et cetera
EU	Europäische Union
EuGH	Gerichtshof der Europäischen Gemeinschaften
EuRV	Einbruchdiebstahl- und Raubversicherung
EUV	Vertrag über die Europäische Union (nach Lissabon)
EU-VR	EU-Vermittlerrichtlinie
EUZW	Europäische Zeitschrift für Wirtschaftsrecht
evtl.	eventuell
EWG	Europäische Wirtschaftsgemeinschaft
EWR	Europäischer Wirtschaftsraum

Abkürzungsverzeichnis

E-Commerce-Richtlinie	Richtlinie 2000/31/EG des Europäischen Parlaments und des Rates vom 8. Juni 2000 über bestimmte rechtliche Aspekte der Dienste der Informationsgesellschaft, insbesondere des elektronischen Geschäftsverkehrs, im Binnenmarkt („Richtlinie über den elektronischen Geschäftsverkehr")
f.	folgende
FamFG	Gesetz über das Verfahren in Familiensachen und in den Angelegenheiten der freiwilligen Gerichtsbarkeit
FamG	Familiengericht
Fernabsatz-RL I	Richtlinie 1997/7/EG des Europäischen Parlaments und des Rates vom 20. Mai 1997 über den Verbraucherschutz bei Vertragsabschlüssen im Fernabsatz
Fernabsatz-RL II	Richtlinie 2002/65/EG des Europäischen Parlaments und des Rates vom 23. September 2002 über den Fernabsatz von Finanzdienstleistungen an Verbraucher und zur Änderung der Richtlinie 90/619/EWG des Rates und der Richtlinien 97/7/EG und 98/27/EG
FernabsG	Fernabsatzgesetz
ff.	fortfolgende
FG	Finanzgericht
FGO	Finanzgerichtsordnung
Fn	Fußnote
FS	Festschrift
GBA	Grundbuchamt
GBl	Gesetzblatt
GbR	Gesellschaft bürgerlichen Rechts
GDV	Gesamtverband der Deutschen Versicherungswirtschaft
geb.	geboren
gem.	gemäß
Gender-Richtlinie	Richtlinie 2004/113/EG des Rates vom 13. Dezember 2004 zur Verwirklichung des Grundsatzes der Gleichbehandlung von Männern und Frauen beim Zugang zu und bei der Versorgung mit Gütern und Dienstleistungen
GenG	Genossenschaftsgesetz
GewArch	Gewerbearchiv (Zs.)
GewO	Gewerbeordnung
GewStG	Gewerbesteuergesetz
GG	Grundgesetz
ggf.	gegebenenfalls
ggü.	gegenüber
GKG	Gerichtskostengesetz

Abkürzungsverzeichnis

GKV	Gesetzliche Krankenversicherung
GKV-WSG	GKV-Wettbewerbsstärkungsgesetz
GmbH	Gesellschaft mit beschränkter Haftung
GmbHG	Gesetz betreffend die Gesellschaften mit beschränkter Haftung
GoA	Geschäftsführung ohne Auftrag
GoÄ	Gebührenordnung für Ärzte
GOZ	Gebührenordnung für Zahnärzte
GPR	Zeitschrift für Gemeinschaftsprivatrecht
GPSG	Gesetz über technische Arbeitsmittel und Verbraucherprodukte
grds.	grundsätzlich
GrS	Großer Senat
GRUR-RR	Gewerblicher Rechtschutz und Urheberrecht Rechtsprechungs-Report (Zs.)
GV NW	Gesetz- und Verordnungsblatt des Landes Nordrhein-Westfalen
GVBl	Gesetz- und Verordnungsblatt
GVG	Gerichtsverfassungsgesetz
GWB	Gesetz gegen Wettbewerbsbeschränkungen
h.L.	herrschende Lehre
h.M.	herrschende Meinung
HAG	Heimarbeitsgesetz
HaustürWG	Haustür-Widerrufsgesetz
HB	Handbuch
HGB	Handelsgesetzbuch
hinsichtl.	hinsichtlich
HintO	Hinterlegungsordnung
HOAI	Honorarordnung für Architekten und Ingenieure
HPflG	Haftpflichtgesetz
HRGZ	Hanseatische Rechts- und Gerichts-Zeitschrift
Hrsg.	Herausgeber
Hs.	Halbsatz
i.d.F.	in der Fassung
i.d.R.	in der Regel
i.E.	im Einzelnen
i. Erg.	im Ergebnis
i.H.	in Höhe
i.H.d.	in Höhe der
i.H.e.	in Höhe eines/einer
i.H.v.	in Höhe von
i.R.d.	im Rahmen des/der
i.S.d.	im Sinne des/der
i.S.e.	im Sinne eines/r

Abkürzungsverzeichnis

ISRS	Industrie Strafrechtsschutz Versicherung
i.S.v.	im Sinne von
ITA	Institut für Transparenz in der Altersvorsorge
i.Ü.	im Übrigen
i.V.	in Vertretung
i.V.m.	in Verbindung mit
IHK	Industrie- und Handelskammer
inkl.	inklusive
insb.	insbesondere
insg.	insgesamt
IPR	Internationales Privatrecht
IPrax	Praxis des Internationalen Privat- und Verfahrensrechts (Zs.)
JBl	Justizblatt
JMBl	Justizministerialblatt
JStG	Jahressteuergesetz
JZ	Juristenzeitung
Kap.	Kapitel
Kfz	Kraftfahrzeug
KfzPflVV	Kraftfahrzeug-Pflichtversicherungsverordnung
KfzUnfEntschV	Verordnung über den Entschädigungsfonds für Schäden aus Kraftfahrzeugunfällen
Kfz-Haftpflicht-versicherungs-Richtlinie	Richtlinie 2009/103/EG des Europäischen Parlaments und des Rates vom 16. September 2009 über die Kraftfahrzeug-Haftpflichtversicherung und die Kontrolle der entsprechenden Versicherungspflicht (kodifizierte Fassung)
KG	Kammergericht/Kommanditgesellschaft
KGaA	Kommanditgesellschaft auf Aktien
KGK	Kammer Gericht Report (Zs.)
Klausel-Richtlinie	Richtlinie 93/13/EWG des Rates vom 5. April 1993 über missbräuchliche Klauseln in Verbraucherverträgen
KLV	Kapitallebensversicherung
krit.	kritisch
km	Kilometer
Komm.	Kommentierung
K&R	Kommunikation und Recht (Zs.)
KSchG	Kündigungsschutzgesetz
KStG	Körperschaftsteuergesetz
KTS	Zeitschrift für Insolvenzrecht
KWG	Kreditwesengesetz
LAG	Landesarbeitsgericht
LAGE	Sammlung der Entscheidungen der Landesarbeitsgerichte

Abkürzungsverzeichnis

Lebensversicherungs-Richtlinie	Richtlinie 2002/83/EG des Europäischen Parlaments und des Rates vom 5. November 2002 über Lebensversicherungen
lfd.	laufend/e
Lfg.	Lieferung
LG	Landgericht
lit.	litera
Lit.	Literatur
LK	Leipziger Kommentar
LNR	LexisNexis Recht (Online Datenbank)
Ls.	Leitsatz
LSG	Landessozialgericht
LuftFzgG	Gesetz über Rechte an Luftfahrzeugen
LuftVG	Luftverkehrsgesetz
LuftVZO	Luftverkehrszulassungsordnung
LVA	Landesversicherungsanstalt
m. Anm.	mit Anmerkung
m.E.	meines Erachtens
m.w.N.	mit weiteren Nachweisen
MaBV	Makler- und Bauträgerverordnung
max.	maximal
MB/KK	Musterbedingungen Krankheitskosten- und Krankenhaustagegeldversicherung
MB/KT	Musterbedingungen Krankenhaustagegeldversicherung
MB/PV	Musterbedingungen Pflegekrankenversicherung
MDR	Monatsschrift des deutschen Rechts (Zs.)
MDStV	Mediendienstestaatsvertrag
MindestzuführungsV	Verordnung über die Mindestbeitragsrückerstattung bei Pensionsfonds
Mio.	Millionen
MitbestG	Mitbestimmungsgesetz
MMR	Multimedia und Recht (Zs.)
Mrd.	Milliarden
MüKo	Münchener Kommentar
MuSchG	Mutterschutzgesetz
n.F.	neue Fassung
n.rkr.	nicht rechtskräftig
n.v.	nicht veröffentlicht
NJOZ	Neue Juristische Online Zeitschrift
NJW	Neue Juristische Wochenschrift (Zs.)
NJW-RR	NJW-Rechtsprechungsreport (Zs.)
NotBZ	Zeitschrift für die notarielle Beratungs- und Beurkundungspraxis

Abkürzungsverzeichnis

Nr.	Nummer
NStZ	Neue Zeitschrift für Strafrecht
NVersZ	Neue Zeitschrift für Versicherung und Recht
NZA	Neue Zeitschrift für Arbeitsrecht
NZI	Neue Zeitschrift für Insolvenzrecht
NZV	Neue Zeitschrift für Verkehrsrecht
o.	oder
o.a.	oben angeführt
o.Ä.	oder Ähnliches
OEG	Opferentschädigungsgesetz
o.g.	oben genannte/r
OFD	Oberfinanzdirektion
OGH	Oberster Gerichtshof
OHG	offene Handelsgesellschaft
OLG	Oberlandesgericht
ÖOGH	Österreichischer Oberster Gerichtshof
openJur	Juristische Datenbank (www.openjur.de)
OVG	Oberverwaltungsgericht
p.a.	per anno
PAngV	Preisangabenverordnung
PartG	Partnerschaftsgesetz
PartGG	Gesetz zur Schaffung von Partnerschaftsgesellschaften
PFKapAV	Pensionsfonds-Kapitalanlagenverordnung
PflichtV	Pflichtversicherung
PflVG	Pflichtversicherungsgesetz
PHi	Zeitschrift für Produkt- und Umwelthaftung und deren Versicherung
PKautV	Personenkautionsversicherung
PKH	Prozesskostenhilfe
PKV	Private Krankenversicherung
PKW	Personenkraftwagen
ProdHaftG	Gesetz über die Haftung für fehlerhafte Produkte
PSV	Pensions-Sicherungs-Verein
pVV	positive Vertragsverletzung
RBerG	Rechtsberatungsgesetz
rd.	rund
RDG	Gesetz über außergerichtliche Rechtsdienstleistungen – Rechtsdienstleistungsgesetz
Rdn	Randnummer/intern
RDV	Recht der Datenverarbeitung (Zs.)

Abkürzungsverzeichnis

Rechtsschutz-versicherungs-Richtlinie	Richtlinie 87/344/EWG des Rates vom 22. Juni 1987 zur Koordinierung der Rechts- und Verwaltungsvorschriften für die Rechtsschutzversicherung
RechVersV	Versicherungsunternehmens-Rechnungslegungsverordnung
RefE	Referentenentwurf
RegE	Regierungsentwurf
RfB	Rückstellung für Beitragsrückerstattung
RG	Reichsgericht
RGBl	Reichsgesetzblatt
rgm.	regelmäßig
RGZ	Sammlung der Entscheidungen des Reichsgerichts in Zivilsachen
RiAG	Richter am Amtsgericht
Richtlinie über irreführende und vergleichende Werbung	Richtlinie 2006/114/EG des Europäischen Parlaments und des Rates vom 12. Dezember 2006 über irreführende und vergleichende Werbung (kodifizierte Fassung)
Richtlinie über unlautere Geschäftspraktiken	Richtlinie 2005/29/EG des europäischen Parlaments und des Rates vom 11. Mai 2005 über unlautere Geschäftspraktiken im binnenmarktinternen Geschäftsverkehr zwischen Unternehmen und Verbrauchern
RiLG	Richter am Landgericht
RiStBV	Richtlinien für das Straf- und Bußgeldverfahren
RIW	Recht der Internationalen Wirtschaft (Zs.)
RL	Richtlinie
Rn	Randnummer/extern
RpflG	Rechtspflegergesetz
RR	Rechtsprechungsreport
r+s	recht und schaden (Zs.)
Rspr.	Rechtsprechung
RVG	Rechtsanwaltsvergütungsgesetz
RVO	Reichsversicherungsordnung
S.	Seite/Satz
s.	siehe
s.a.	siehe auch
s.o.	siehe oben
s.u.	siehe unten
ScheckG	Scheckgesetz
SchiffsrechteG	Schiffsrechtegesetz
SchlH	Schleswig Holstein
SchwbG	Schwerbehindertengesetz
Senatsurt.	Senatsurteil
SG	Sozialgericht
SGB	Sozialgesetzbuch

Abkürzungsverzeichnis

sog.	sogenannte (r, s)
SP	Schaden-Praxis (Zs.)
st. Rspr.	ständige Rechtsprechung
StGB	Strafgesetzbuch
str.	streitig
StPO	Strafprozessordnung
StVG	Straßenverkehrsgesetz
StVO	Straßenverkehrsordnung
StVZO	Straßenverkehrszulassungsordnung
SV	Sachverständiger
TranspR	Transportrecht (Zs.)
u.	und
u.a.	unter anderem/und andere
u.Ä.	und Ähnliches
u.U.	unter Umständen
Überbl.	Überblick
UKlaG	Unterlassungsklagengesetz
UmweltHG	Umwelthaftungsgesetz
Unterabs.	Unterabsatz
Unterlassungs-klagen-Richtlinie	Richtlinie 2009/22/EG des Europäischen Parlaments und des Rates vom 23. April 2009 über Unterlassungsklagen zum Schutz der Verbraucherinteressen (kodifizierte Fassung)
UrhG	Urhebergesetz
Urt.	Urteil
USt	Umsatzsteuer
UStG	Umsatzsteuergesetz
UStR	Umsatzsteuerrichtlinien
usw.	und so weiter
UWG	Gesetz gegen den unlauteren Wettbewerb
v.	vom/vor
v.a.	vor allem
VAG	Versicherungsaufsichtsgesetz
VBL	Versorgungsanstalt des Bundes und der Länder
VBLS	Satzung der Versorgungsanstalt des Bundes und der Länder
VerBaFin	Veröffentlichungen der Bundesanstalt für Finanzdienstleistungsaufsicht
VerBAV	Veröffentlichungen des Bundesaufsichtsamtes für das Versicherungs- und Bausparwesen
VerbrKG	Verbraucherkreditgesetz
VerglO	Vergleichsordnung
VergVO	Vergütungsverordnung

Abkürzungsverzeichnis

VermBG	Vermögensbildungsgesetz
Versicherungs-vermittler-Richtlinie	Richtlinie 2002/92/EG des Europäischen Parlaments und des Rates vom 9. Dezember 2002 über Versicherungsvermittlung
VersG	Versteigerungsgesetz
VersR	Zeitschrift für Versicherungsrecht
VersR-RR	VersR-Rechtsprechungs-Report (Zs.)
VersRdsch	Versicherungsrundschau – Zeitschrift für das Versicherungswesen
VersSumme	Versicherungssumme
VersVermV	Verordnung über die Versicherungsvermittlung und -beratung
Verw.	Verwaltung
VG	Versicherungsgeber
VGB	Allgemeine Wohngebäude-Versicherungsbedingungen
VGH	Verwaltungsgerichtshof
VHB	Allgemeine Hausrat Versicherungsbedingungen
VN	Versicherungsnehmer
vgl.	vergleiche
VglO	Vergleichsordnung
VO	Verordnung
Vorbem.	Vorbemerkung
vorl.	vorläufig/er
VR	Versicherer
VRR	VerkehrsRechtsReport (Zs.)
VRS	Verkehrsrechts-Sammlung (Zs.)
VuR	Verbraucher und Recht (Zs.)
VV	Versicherungsvertrag
VVaG	Versicherungsverein auf Gegenseitigkeit
VVG	Versicherungsvertragsgesetz
VVG-E	Entwurf eines Gesetzes zur Reform des Versicherungsvertragsrechts
VVG-InfoV	VVG-Informationspflichtenverordnung
VVR	Verkehrrechtsreport (Zs.)
VW	Versicherungswirtschaft (Zs.)
VwGO	Verwaltungsgerichtsordnung
VwVfG	Verwaltungsverfahrensgesetz
WEG	Wohnungseigentumsgesetz
WG	Wechselgesetz
wg.	wegen
WM	Wertpapiermitteilungen (Zs.)
WP	Wirtschaftsprüfer
WRP	Wettbewerb in Recht und Praxis (Zs.)
WuM	Wohnungswirtschaft und Mietrecht (Zs.)

z.B.	zum Beispiel
z.T.	zum Teil
zzt.	zurzeit
ZEuP	Zeitschrift für Europäisches Privatrecht
zfs	Zeitschrift für Schadensrecht
ZfV	Zeitschrift für Versicherungswesen
ZGS	Zeitschrift für das gesamte Schuldrecht
Ziff.	Ziffer
ZIP	Zeitschrift für Wirtschaftsrecht
ZLW	Zeitschrift für Luft- und Weltraumrecht
ZPO	Zivilprozessordnung
ZRP	Zeitschrift für Rechtspolitik
ZRQuotenV	Verordnung über die Mindestbeitragsrückerstattung in der Lebensversicherung
Zs.	Zeitschrift
zust.	zustimmend
ZVersWiss	Zeitschrift für die gesamte Versicherungswissenschaft
ZVG	Gesetz über die Zwangsversteigerung und Zwangsverwaltung
ZVR	Zeitschrift für Verkehrsrecht
zzgl.	zuzüglich

Gesetz über den Versicherungsvertrag (Versicherungsvertragsgesetz – VVG)

Vom 23.11.2007 (BGBl. I, S. 2631); zuletzt geändert durch Art. 15 des Gesetzes v. 19.2.2016 (BGBl. I, S. 254)

Einleitung

Übersicht

	Rdn
A. Entwicklung des VVG	1
I. Die Reform des VVG	1
1. Überblick	1
2. Reformziele	3
3. Grundzüge der Reform	5
4. Intertemporaler Anwendungsbereich	8
5. Anpassung von AVB an das neue VVG	10
II. Weitere Reformen	11
B. Unionsrecht und VVG-Reform	13
I. Der Einfluss des Unionsrechts	14
II. Auslegung der deutschen Umsetzungsnormen	18
1. Richtlinienkonforme Auslegung	19
2. Richtlinienorientierte Auslegung	21
C. Begriff der privatrechtlichen Versicherung	23
D. Rechtsnatur des Versicherungsvertrags	29
I. Vertrag sui generis; Gefahrtragungs- und Geldleistungstheorie	29
II. Versicherung als Geschäftsbesorgung	31
III. Rechtsprechung	32
IV. Regelungen im VVG	33
E. Leitbilder	34
F. Anwendungsbereich des VVG und Verhältnis zu anderen Gesetzen	38
I. VVG	38
II. EGVVG	40
III. VAG	41
IV. BGB	44
V. HGB	45
VI. AGG	46

A. Entwicklung des VVG

I. Die Reform des VVG

1. Überblick

Das VVG aus dem Jahr 1908 erwies sich aufgrund gewandelter Lebensverhältnisse und Wertvorstellungen, aber auch aufgrund europäischer Entwicklungen in zunehmendem Maße als reformbedürftig. **Ende der 90er-Jahre** bildete sich ein breiter Konsens für eine Gesamtreform (vgl. *Hübner*, ZVersWiss 2002, 87; *Präve*, NVersZ 2000, 201; *Römer*, VersR 2000, 661; *Schmidt*, NVersZ 1999, 401; *Schimikowski*, r+s 2000, 353). Das BMJ setzte im

1

Einleitung

Jahr **2000** eine **Kommission zur Reform des Versicherungsvertragsrechts** ein, die am **19.4.2004** in ihrem Abschlussbericht umfangreiche Neuregelungen vorschlug (Reformkommission, Abschlussbericht 2004, VersR-Schriften Bd. 25). Die Bundesregierung legte am **11.10.2006** einen darauf basierenden RegE vor (BT-Drucks 16/3945), der unter Berücksichtigung der Beschlussfassung des Rechtsausschusses (BT-Drucks 16/5862) mit kleineren Änderungen verabschiedet und am **29.11.2007** als **„Gesetz zur Reform des Versicherungsvertragsrechts"** im Bundesgesetzblatt verkündet wurde (BGBl I, S. 2631). Art. 1 dieses Gesetzes unterzieht das VVG einer grundlegenden Reform.

2   Nachfolgend ist die alte und neue Regelungsstruktur gegenübergestellt.

Übersicht: Neuregelung des Versicherungsvertragsgesetzes

Regelungsbereich	VVG a.F.	VVG n.F.
Allgemeine Vorschriften	§§ 1 bis 15a VVG	§§ 1 bis 18 VVG
Anzeigepflicht, Gefahrerhöhung, Obliegenheiten	§§ 16 bis 34a VVG	§§ 19 bis 32 VVG
Prämie	§§ 35 bis 42 VVG	§§ 33 bis 42 VVG
Versicherung für fremde Rechnung	–	§§ 43 bis 48 VVG
Vorläufige Deckung	–	§§ 49 bis 52 VVG
Laufende Versicherung	–	§§ 53 bis 58 VVG
Versicherungsvermittler, Versicherungsberater	§§ 43 bis 48 VVG	§§ 59 bis 73 VVG
Fernabsatzverträge	§§ 48a bis 48e VVG, Anlage zu § 48b VVG	–
Schadensversicherung – Allgemeiner Teil	§§ 49 bis 80 VVG	§§ 74 bis 87 VVG
Feuerversicherung	§§ 81 bis 107c VVG	§§ 142 bis 149 VVG
Hagelversicherung	§§ 108 bis 115a VVG	–
Tierversicherung	§§ 116 bis 128 VVG	–
Transportversicherung	§§ 129 bis 148 VVG	§§ 130 bis 141 VVG
Haftpflichtversicherung	§§ 149 bis 158k VVG	§§ 100 bis 124 VVG
Rechtsschutzversicherung	§§ 158l bis 158o VVG	§§ 125 bis 129 VVG
Lebensversicherung	§§ 159 bis 178 VVG	§§ 150 bis 171 VVG
Berufsunfähigkeitsversicherung	–	§§ 172 bis 177 VVG

Einleitung

Regelungsbereich	VVG a.F.	VVG n.F.
Krankenversicherung	§§ 178a bis 178o VVG	§§ 192 bis 208 VVG
Unfallversicherung	§§ 179 bis 185 VVG	§§ 178 bis 191 VVG
Schlussvorschriften	§§ 186 bis 194 VVG	§§ 209 bis 216 VVG

2. Reformziele

Der Gesetzgeber verfolgte mit der VVG-Reform vornehmlich das Ziel, *„das Versicherungsvertragsrecht mit der rechtspolitischen und -tatsächlichen Entwicklung der letzten Jahrzehnte wieder in Einklang zu bringen"* (Begr. BT-Drucks 16/3945, S. 47). Damit verbunden war die **Kodifizierung richterrechtlicher Grundsätze**, die stärkere Rückbindung einzelner Regelungen an das allgemeine Zivilrecht sowie die **Verbesserung des Verbraucherschutzes** unter Berücksichtigung verfassungsrechtlicher und unionsrechtlicher Vorgaben. 3

Das reformierte VVG ist dennoch **kein Verbraucherschutzgesetz im klassischen Sinn** (hierzu *Niederleithinger*, VersR 2006, 437, 438). Die zwingenden und halbzwingenden Vorschriften des VVG schützen nicht nur natürliche Personen, die zu einem nicht gewerblichen Zweck handeln (§ 13 BGB), sondern **sämtliche Versicherungsnehmer**. Unter den Schutzbereich der Vorschriften fallen somit **auch Unternehmer** (§ 14 BGB). Dies gilt selbst für diejenigen Normen, die – wie z.B. die Informationspflichten (§ 7 VVG) und das allgemeine Widerrufsrecht (§ 8 VVG) – aufgrund unionsrechtlicher Vorgaben in ihrem Anwendungsbereich auf Verbraucherverträge hätten beschränkt werden können. Die Regierungsbegründung führt hierzu aus: *„Eine Beschränkung auf Verbraucher i.S.d. § 13 BGB, wie sie bzgl. der Informationen nach der Fernabsatzrichtlinie II möglich wäre, erscheint nicht sachgerecht. Zu dem dort ausgeklammerten Personenkreis, der einen Versicherungsvertrag in Ausübung der gewerblichen oder selbstständigen Tätigkeit schließt, gehören auch kleine Unternehmer und Freiberufler; ihr Schutzbedürfnis ist in aller Regel aber nicht geringer als das eines Verbrauchers"* (BT-Drucks 16/3945, S. 59 f.). **Vom Schutzbereich ausgenommen** sind lediglich VV über ein **Großrisiko** i.S.d. § 210 Abs. 2 VVG (vgl. §§ 6 Abs. 6, 7 Abs. 5, 8 Abs. 3 Nr. 4; 65, 210 Abs. 1 VVG), da VN bei derartigen Verträgen regelmäßig über eigene Sachkunde verfügen oder auf unabhängige Berater zurückgreifen können. Das VVG schützt damit sämtliche VN in Sachlagen, in denen typischerweise ein **strukturelles Ungleichgewicht** der Vertragspartner anzunehmen ist (zur verfassungsrechtlichen Dimension vgl. BVerfGE 89, 214, 231 – Bürgschaftsverträge; BVerfGE 114, 73 – Überschussbeteiligung in der Lebensversicherung). 4

3. Grundzüge der Reform

Große Teile des VVG sind durch die Reform neugestaltet worden (Überblick bei *Langheid*, NJW 2007, 3665 und 3745; *Niederleithinger*, VersR 2006, 437; *Römer*, VersR 2006, 740 und 865; *Schwintowski*, ZRP 2006, 139). Hierzu zählen im **Allgemeinen Teil** die neuen Beratungs- und Informationspflichten der VR (§§ 6, 7 VVG i.V.m. VVG-InfoV), die Ab- 5

Einleitung

schaffung des sog. Policenmodells (§ 7 Rdn 15), die Einführung eines allgemeinen Widerrufsrechts (§§ 8, 9 VVG), die Reduzierung der Kündigungsfrist bei befristeten Verträgen von bisher fünf auf drei Jahre (§ 11 Rdn 3) sowie der Fortfall besonderer Verjährungsfristen (vgl. 2. Aufl., § 15 Rn 2). Im Recht der Obliegenheiten wurde das Alles-oder-Nichts-Prinzip zugunsten der Relevanzrechtsprechung aufgegeben, bei vorzeitiger Vertragsbeendigung gilt nicht mehr das Prinzip der Unteilbarkeit der Prämie (§ 39 VVG). Die VVG-Reform führte darüber hinaus zur Kodifizierung der bislang ungeregelten vorläufigen Deckung (§§ 49 ff. VVG) und laufenden Versicherung (§§ 53 ff. VVG). Die Regelungen zum Versicherungsvermittlerrecht (§§ 59 ff. VVG) waren bereits vor der VVG-Reform weitestgehend durch das am 22.5.2007 in Kraft getretene Gesetz zur Neuregelung des Versicherungsvermittlerrechts (BGBl I 2006, S. 3232) geregelt worden. Für Sachversicherungen wurde ein allgemeines, beiderseitiges Recht zur Kündigung nach Eintritt des Versicherungsfalls eingeführt (§ 92 VVG).

6 Im **Besonderen Teil** (Einzelne Versicherungszweige) wird dem Geschädigten bei einer **Pflichtversicherung** in bestimmten Fällen ein Direktanspruch gegen den VR eingeräumt (§ 115 VVG). Der RegE (BT-Drucks 16/3945) hatte demgegenüber noch einen allgemeinen Direktanspruch gegen den VR vorgesehen. Nachdem der Direktanspruch des Geschädigten im Zuge der Beratungen des Rechtsausschusses (BT-Drucks 16/5862) auf einzelne Fälle beschränkt wurde, waren weitere Änderungen erforderlich, um eine Schlechterstellung des Geschädigten im Vergleich zur früheren Rechtslage zu verhindern. Das neue VVG wurde daher noch vor seinem Inkrafttreten durch Art. 3 des Zweiten Gesetzes zur Änderung des Pflichtversicherungsgesetzes und anderer versicherungsrechtlicher Vorschriften vom 10.12.2007 (BGBl I, S. 2833; verkündet am 17.12.2007) geändert (vgl. i.E. die Beschlussempfehlung und den Bericht des Rechtsausschusses, BT-Drucks 16/6827, S. 6 ff.). Auch die Haftpflichtversicherung erfuhr einige gravierende Neuerungen (vgl. § 105 Rdn 1 ff.). Von der Reform besonders betroffen war die **Lebensversicherung**, die nach den Vorgaben des BVerfG (BVerfGE 114, 73 = VersR 2005, 1127; vgl. auch BVerfG, VersR 2006, 489) mit Blick auf die Überschussbeteiligung (§§ 153 ff. VVG) und den Rückkauf (§ 169 VVG) grundlegend modernisiert wurde. Die **Berufsunfähigkeitsversicherung** wurde erstmals gesetzlich geregelt (§§ 172 ff. VVG).

7 Die novellierten Regelungen zur **Krankenversicherung** (§§ 192 ff. VVG) im besonderen Teil des VVG galten nur **übergangsweise für das Jahr 2008**. Am 1.1.2009 sind die auf Art. 43 GKV-Wettbewerbsstärkungsgesetz (BGBl I 2007, S. 378; geändert durch Art. 6 des Gesetzes vom 20.7.2007, BGBl I 2007, S. 1595; aufgehoben und ersetzt durch Art. 10, 11 des Gesetzes zur Reform des Versicherungsvertragsrechts) beruhenden Neuregelungen in Kraft getreten. Neu ist insb. die Einführung eines Basistarifs (hierzu *Sodan*, NJW 2007 1313, 1319 f.) sowie die Anrechnung und Übertragung von Alterungsrückstellungen (§ 204 VVG, geändert durch das Gesetz zur strukturellen Weiterentwicklung der Pflegeversicherung vom 28.5.2008, BGBl I, S. 874). Das BVerfG hat die Regelungen des GKV-Wettbewerbsstärkungsgesetzes als verfassungsgemäß eingestuft (BVerfG, VersR 2009, 957 = NJW 2009, 2033).

4. Intertemporaler Anwendungsbereich

Das neue VVG gilt für sämtliche Verträge, die seit dem 1.1.2008 geschlossen worden sind (**Neuverträge**). Für Verträge, die vor diesem Zeitpunkt geschlossen wurden (**Altverträge**), ist das neue VVG gem. Art. 1 Abs. 1 EGVVG seit dem **1.1.2009** grundsätzlich anwendbar. Der Gesetzgeber will auf diese Weise praktische Schwierigkeiten vermeiden und die Rechtsstellung des VN generell, also auch im Rahmen von Altverträgen, stärken (BT-Drucks 16/3945, S. 118). Derjenige, der aus der Anwendung des neuen VVG eine für ihn günstige Rechtsposition ableiten will, ist darlegungs- und beweisbelastet, dass der VV erst im Jahr 2008 zustande gekommen ist (OLG Hamm, VersR 2014, 485). Bei der Anwendung der Übergangsvorschriften ist nach **verfassungskonformer Auslegung** allerdings stets zu berücksichtigen, dass eine **echte (retroaktive) Rückwirkung** gegen das Rechtsstaatsprinzip des GG verstößt. **Nicht anwendbar auf Altverträge** (auch nicht nach dem 1.1.2009) sind daher von vornherein diejenigen Vorschriften, die einen zum Zeitpunkt der Verkündung des neuen VVG bereits abgeschlossenen Sachverhalt betreffen:

8

– Dementsprechend richten sich bei Altverträgen die **Voraussetzungen der vorvertraglichen Anzeigepflicht** weiterhin nach den §§ 16 Abs. 1, 17 Abs. 1 VVG a.F. (BT-Drucks 16/3945, S. 118; zur eingeschränkten Fortgeltung der früheren Rechtsfolgenregelungen vgl. Rdn 9).
– Auch für **vorvertragliche Beratungs- und Informationspflichten** ist bei Altverträgen davon auszugehen, dass sich sowohl die Feststellung einer Pflichtverletzung als auch die Rechtsfolgen nach altem Recht bestimmen, selbst wenn die Pflichtverletzung erst nach dem 1.1.2009 gerichtlich festgestellt wird (vgl. auch § 6 Rdn 19).
– Entsprechendes muss für das neue **Widerrufsrecht** (§ 8 VVG) gelten: Da § 8 VVG vertragsabschlussbezogen dem VN eine Überlegungsfrist einräumen will und insb. die Widerrufsfrist nach § 8 Abs. 2 VVG an die Erfüllung vorvertraglicher Informationspflichten geknüpft ist (hierzu § 8 Rdn 30 ff.), gilt diese Vorschrift nur für Neuverträge (zur Rechtslage für Altverträge i.E. § 8 Rdn 8 ff.). Auch die in § 9 VVG neu geregelten **Rechtsfolgen des Widerrufs** gelten nur für Neuverträge, da die Vorschrift (insbesondere die in § 9 S. 1 VVG vorgesehene Belehrungspflicht; hierzu § 9 Rdn 18) erkennbar an vorvertragliche Pflichten anknüpft.
– **Beratungs- und Informationspflichten während der Vertragslaufzeit** (§ 6 Abs. 4 VVG; § 7 Abs. 3 VVG i.V.m. § 6 VVG-InfoV) gelten dagegen seit dem 1.1.2009 auch für Altverträge.

Für **Altverträge**, auf die nach Art. 1 Abs. 1 EGVVG grundsätzlich das neue VVG anzuwenden ist, gelten darüber hinaus die folgenden **Ausnahmen**:

9

– Ist ein Versicherungsfall bei einem Altvertrag bis zum 31.12.2008 eingetreten, so bleibt „insoweit" das alte VVG maßgeblich (Art. 1 Abs. 2 EGVVG). Umstritten ist, wie diese Formulierung zu verstehen ist. Teilweise wird angenommen, dass bei Eintritt eines Versicherungsfalls bis zum 31.12.2008 das frühere VVG insgesamt mit seinen **materiell-rechtlichen** wie **prozessualen Vorschriften** Anwendung findet, da eine Geltungsbeschränkung allein auf vertragsrechtliche Regelungen im Gesetz nicht vorgenommen worden sei (OLG Hamm, VersR 2009, 1345, 1346 zu § 215 VVG n.F.). Nach **a.A.** ist der Anwendungsbereich von Art. 1 Abs. 2 EGVVG dagegen auf materiell-rechtliche Vorschriften beschränkt (OLG Köln, VersR 2009, 1347 zu § 215 VVG n.F.); zum Ganzen § 215 Rdn 20. Auch ansonsten ist Vieles ungeklärt, so z.b. die Frage, ob sich die **Rechtsfolgen einer vorvertraglichen Anzeigeverpflichtung** für Altverträge weiterhin nach §§ 16 ff. VVG a.F. richten, wenn der Versicherungsfall bis zum 31.12.2008 eingetreten ist (hierfür LG Dortmund, VersR 2010, 515 m.w.N.; dagegen KG Berlin, VersR 2014, 181; differenzierend *Marlow*, VersR 2010, 516; vgl. auch § 19 Rdn 154).

- Die Vorschriften über die Vertretungsmacht des Versicherungsvertreters (§§ 69 bis 73 VVG) und der in § 73 VVG erfassten Vermittler waren bereits vom 1.1.2008 an auf Altverträge anwendbar (Art. 2 Nr. 1 EGVVG).
- Die frühere Regelung zur Klagefrist (§ 12 Abs. 3 VVG a.F.) ist nach Art. 1 Abs. 4 EGVVG weiterhin anzuwenden, wenn die Frist vor dem 1.1.2008 gesetzt worden ist. Nach diesem Zeitpunkt kann die Klagefrist des § 12 Abs. 3 VVG a.F. dagegen nicht mehr wirksam gesetzt werden (BGH, VersR 2012, 470, Rn 12 ff.). Besondere Übergangsregelungen bestehen nach Art. 3 EGVVG auch für die **Verjährung** (Art. 3 Abs. 1 bis 3 EGVVG) sowie für **Fristen**, die für die Geltendmachung oder den Erwerb oder Verlust eines Rechtes maßgebend sind (Art. 3 Abs. 4 EGVVG).
- In der **Lebensversicherung** waren die Regelungen zur Überschussbeteiligung (§ 153 VVG 2008) bereits seit dem 1.1.2008 anwendbar (Art. 4 Abs. 1 S. 2 EGVVG; hierzu § 153 Rdn 5), die geänderte Berechnung der Rückkaufswerte (§ 169 VVG 2008) gilt dagegen ausschließlich für Neuverträge (Art. 4 Abs. 2 EGVVG). In der Berufsunfähigkeitsversicherung sind die §§ 172, 174 bis 177 VVG 2008 nicht auf Altverträge anzuwenden (Art. 4 Abs. 3 EGVVG).
- In der **Krankenversicherung** galten die §§ 192 bis 208 VVG 2008 bereits vom 1.1.2008 für Altverträge, wenn der VR den VN die aufgrund Art. 1 Abs. 3 EGVVG geänderten AVB und Tarifbestimmungen unter Kenntlichmachung der Unterschiede spätestens einen Monat vor dem Zeitpunkt in Textform mitgeteilt hat, zu dem die Änderungen wirksam werden sollen (Art. 2 Nr. 2 EGVVG). Seit dem 1.1.2009 gelten dagegen die auf dem GKV-Wettbewerbsverstärkungsgesetz beruhenden Neuregelungen (vgl. Rdn 7).
- Besondere Übergangsregelungen bestehen schließlich für Rechte der Gläubiger von Grundpfandrechten **in der Gebäudeversicherung** (Art. 5 EGVVG).

5. Anpassung von AVB an das neue VVG

10 AVB konnten unter bestimmten Voraussetzungen bis zum 31.12.2008 einseitig durch den VR dem neuen Recht angepasst werden (Art. 1 Abs. 3 EGVVG; *Neuhaus*, r+s 2007, 441). Eine Pflicht zur Anpassung bestand nicht (*Hövelmann*, VersR 2008, 612, 613). **Nicht angepasste** oder **fehlerhaft angepasste AVB**, die gegen zwingende oder halbzwingende Vorschriften des VVG verstoßen, sind jedoch nach den betreffenden Vorschriften des VVG, § 307 Abs. 1 S. 1 BGB bzw. § 134 BGB **unwirksam** (BGH, VersR 2011, 1550, Rn 19; *Weidner*, r+s 2008, 368, 370; *Neuhaus*, r+s 2007, 441, 444 f.). Nach § 6 Abs. 4 S. 1 VVG muss der VR den VN zudem darüber **informieren**, welche AVB nach neuem Recht keinen Bestand mehr haben und welche Regelung an ihre Stelle tritt, da anderenfalls die Gefahr besteht, dass der VN sich an unwirksame Klauseln irrig gebunden sieht (*Weidner*, r+s 2008, 368, 371; Looschelders/Pohlmann/*Pohlmann*, Vorbem. B Rn 55; a.A. *Hövelmann*, VersR 2008, 612, 613 f.).

Beispiel
In Altverträgen kann sich der VR bei einer Obliegenheitsverletzung, die nach § 28 Abs. 2 VVG n.F. zu beurteilen ist, nicht auf (teilweise) Leistungsfreiheit berufen, wenn die betreffende Klausel nicht an das neue VVG angepasst wurde und weiterhin auf § 6 VVG a.F. verweist. In diesem Fall ist die betreffende Klausel nämlich gem. § 307 Abs. 1 S. 1 BGB unwirksam, ohne dass die sich daraus ergebende Vertragslücke geschlossen werden kann, sodass es an einer wirksamen Vereinbarung über die (nach neuem Recht geänderten) Rechtsfolgen einer Obliegenheitsverletzung fehlt (BGHZ 191, 159 = VersR 2011, 1550 [zu § 11 VGB 88]; OLG Brandenburg, r+s 2013, 24; *Armbrüster*, VersR 2012, 9; *Pohlmann*, NJW 2012, 188; *Günther/Spielmann*, VersR 2012, 549).

II. Weitere Reformen

Seit der VVG-Reform sind neben den bereits erwähnten Änderungen zur Krankenversicherung (vgl. Rdn 7) weitere Gesetzesänderungen in Kraft getreten. Mit dem „Gesetz zur Anpassung der Vorschriften des Internationalen Privatrechts an die Verordnung (EG) Nr. 593/2008" vom 25.6.2009 (BGBl I, S. 1574) wurden die **Vorschriften zum Internationalen Versicherungsvertragsrecht** (Art. 7 bis 15 EGVVG, Art. 27 bis 36 EGBGB) aufgehoben und durch die Rom-I-Verordnung abgelöst (vgl. hierzu die Kommentierung des EGVVG; *Looschelders/Smarowos*, VersR 2010, 1). Gleichzeitig wurde § 210 Abs. 2 VVG (**Definition der Großrisiken**) geändert sowie ein neuer § 216 VVG (**Prozessstandschaft bei Versicherermehrheit**) eingefügt. Die Änderungen sind seit dem 17.12.2009 in Kraft. Hervorzuheben ist ferner die durch das Gesetz zur Umsetzung der Verbraucherkreditrichtlinie vom 29.7.2009 (BGBl I, S. 2355) neu eingeführte **Musterwiderrufsbelehrung**, die in der Anlage zum VVG geregelt wird und seit dem 11.6.2010 in Kraft ist (hierzu § 8 Rdn 63 ff., 71 ff.), sowie die mit dem Gesetz zur Änderung versicherungsrechtlicher Vorschriften vom 24.4.2013 (BGBl I, S. 932, ber. S. 2584) am 1.5.2013 in Kraft getretene Novellierung der **§§ 9, 192, 202, 204, 205 VVG**. Weitere Änderungen erfolgten mit dem Gesetz zur Beseitigung sozialer Überforderung bei Beitragsschulden in der Krankenversicherung vom 15.7.2013 (BGBl I, S. 2423) in **§ 193 VVG**. Daneben wurden die §§ 6, 8, 49 und 211 VVG mit dem Gesetz zur **Umsetzung der Verbraucherrechterichtlinie** vom 20.9.2013 (BGBl I, S. 3642) an die geänderten Normen des BGB angepasst.

Mit dem **Lebensversicherungsreformgesetz** vom 1.8.2014 (BGBl I, S. 1330) wurden die gesetzlichen Vorgaben für Lebensversicherungen mit Wirkung zum 7.8.2014 geändert (dazu *Reiff*, ZRP 2014, 198 ff.; *Schwintowski/Ortmann*, VersR 2014, 1401 ff.). Die Neuregelungen betreffen vor allem die Beteiligung der VN an Bewertungsreserven (§ 153 Abs. 3 VVG; s. dort) sowie die in die VVG-InfoV neu aufgenommene Verpflichtung zum gesonderten Ausweis von Effektivkosten in der Lebensversicherung (vgl. § 2 VVG-InfoV Rdn 16 f.). Das der Umsetzung der Solvabilitäts-II-RL 2009/138 dienende **Gesetz zur**

Einleitung

Modernisierung der Finanzaufsicht über Versicherungen v. 1.4.2015 (BGBl I S. 434) reformierte grundlegend das Aufsichtsrecht mit Wirkung zum 1.1.2016; im VVG wurden dagegen nur Folgeänderungen vorgenommen, um Verweisnormen auf das VAG anzupassen. Zuletzt geändert wurde das VVG durch das Gesetz zur Umsetzung der Richtlinie über **alternative Streitbeilegung in Verbraucherangelegenheiten** und zur Durchführung der Verordnung über **Online-Streitbeilegung in Verbraucherangelegenheiten** v. 9.2.2016 (BGBl I S. 254), indem § 215 VVG novelliert wurde (s. dort).

B. Unionsrecht und VVG-Reform

13 Die Integration zahlreicher EU-Richtlinien in das VVG und die Erstreckung unionsrechtlicher Vorgaben auf Sachverhalte, die nicht im Anwendungsbereich der Richtlinien liegen (sog. überobligatorische bzw. erweiternde oder **überschießende Umsetzung**), führt zu einer verstärkten **Europäisierung des Privatversicherungsrechts**. Von dieser überschießenden Umsetzung betroffen sind insb. die Beratungspflichten (§ 6 Rdn 6 f.), die Informationspflichten (§ 7 Rdn 9 f.) sowie das Widerrufsrecht (§ 8 Rdn 3). Für das neue VVG stellt sich damit in besonderem Maße die Frage, inwieweit das Unionsrecht auf Privatversicherungsverträge ausstrahlt und bei der Rechtsanwendung zu berücksichtigen ist.

I. Der Einfluss des Unionsrechts

14 Zwar hat die Europäische Union bislang von einer Harmonisierung des Privatversicherungsrechts Abstand genommen. Die Bemühungen der Europäischen Kommission um eine Vereinheitlichung des allgemeinen materiellen Versicherungsvertragsrechts waren bislang nicht von Erfolg gekrönt (näher BK/*Roth*, Europ. VersR, Rn 108 ff.). Die von der Europäischen Kommission geförderte Project Group Restatement of European Insurance Contract Law hat jedoch Grundregeln des Europäischen Versicherungsvertragsrechts (Principles of European Insurance Contract Law, PEICL) entworfen, die eines Tages als optionales Instrument zur Verfügung stehen könnten (Principles of European Insurance Contract Law [PEICL], prepared by the Project Group „Restatement of European Insurance Contract Law" [2009], Text ohne Kommentierung abrufbar unter www.restatement.info; hierzu *Armbrüster*, ZEuP 2008, 775; *Ebers*, ERPL 2010, 1037 ff.; vgl. ferner den Final Report of the Commission Expert Group on European Insurance Contract Law, abrufbar unter http://ec.europa.eu/justice/contract/files/expert_groups/insurance/final_report_en.pdf).

15 Bereits nach heutiger Rechtslage wird das deutsche Privatversicherungsrecht in zunehmendem Maße **durch europäische Richtlinien überlagert** (vgl. *Beckmann*, ZEuP 1999, 809; *Ebers*, VersWissStud. Bd. 26, S. 123 ff.; *Feyock/Jacobsen/Lemor*, Kraftfahrtversicherung, 1. Teil Rn 28 ff.; *Herrmann*, in: Bruck/Möller, Einf. B; *Jung*, in: Schulze/Zuleeg, Handbuch Europarecht, § 20 Rn 166 ff.; *Lenzing*, in: Basedow/Fock, Europäisches Versicherungsvertragsrecht I, S. 139 ff.; VersR-Hdb/*Mönnich* § 2).

Einleitung

Überblicksartig ergibt sich folgendes Bild:

16

EU-Richtlinien	Umsetzung im deutschen Recht (Auszug)
Allgemeine Regelungen	
Art. 10 und 11 RL 2000/31/EG (E-Commerce-Richtlinie)	§§ 126 bis 126b, 312e BGB; Art. 246 § 3 EGBGB; § 8 Abs. 4 VVG
RL 2002/65/EG (Fernabsatz-RL II)	§§ 7 bis 9 VVG, VVG-InfoV
Art. 12 bis 13 RL 2002/92/EG (Versicherungsvermittler-Richtlinie) IDD (Versicherungsvertriebs-RL 2016/97) (umzusetzen bis zum 23.2.2018)	§§ 6, 59 bis 68 VVG; § 11 VersVermV
RL 93/13/EWG (Klausel-Richtlinie)	§§ 305 bis 310 BGB
Spezielle Versicherungszweige	
Art. 31, 43 RL 92/49/EWG (Dritte Richtlinie Schaden), jetzt: Art. 183–184 Solvabilität-II-RL 2009/138/EG	§ 7 VVG; VVG-InfoV
Art. 35, 36 i.V.m. Anhang III RL 2002/83/EG (Lebensversicherungs-Richtlinie), jetzt: Art. 185–186 Solvabilität-II-RL 2009/138/EG	§§ 7 bis 9, 152, 154, 155 VVG; VVG-InfoV
RL 2009/103/EG (Kfz-Haftpflichtversicherungs-Richtlinie, kodifizierte Fassung)	§§ 113 ff. VVG; PflVG; KfzPflVV
RL 87/344/EWG (Rechtsschutzversicherungs-Richtlinie), jetzt: Art. 198 ff. Solvabiltitäts-II-RL 2009/138/EG	§§ 125 ff. VVG
Weitere Regelungen	
ADR-RL 2013/11/EU	§ 215 VVG
RL 2000/43/EG (Antirassismus-Richtlinie); RL 2004/113/EG (Gender-Richtlinie)	§§ 19 bis 22 AGG
RL 2005/29/EG (Richtlinie über unlautere Geschäftspraktiken); RL 2006/114/EG (Richtlinie über irreführende und vergleichende Werbung)	UWG
RL 2009/22/EG (Unterlassungsklagen-Richtlinie, kodifizierte Fassung)	UKlaG

Neben diese Richtlinien tritt die **Verordnung Nr. 1286/2014** über Basisinformationsblätter für verpackte Anlageprodukte und für Kleinanleger und Versicherungsanlageprodukte (**PRIIP-VO**), die **ab dem 31.12.2016** unmittelbar gilt, ohne dass es einer Umsetzung bedarf (dazu § 7 Rdn 5 ff.).

17

II. Auslegung der deutschen Umsetzungsnormen

18 Im Unterschied zu Verordnungen sind die für das Versicherungsvertragsrecht relevanten Richtlinien (vgl. Rdn 16) im privatrechtlichen Horizontalverhältnis (insb. im Rechtsverhältnis zwischen VN und VR) **nicht unmittelbar anwendbar**. Denn anderenfalls müssten einer Vertragspartei u.U. die vom nationalen Recht gewährten Rechte genommen oder neue Pflichten auferlegt werden, obwohl diese selbst keine Verantwortung für das staatliche Versagen bei der Umsetzung trifft. Die unionsrechtlichen Vorgaben sind jedoch bei der Auslegung des deutschen Rechts zu berücksichtigen. Dabei ist zwischen der richtlinienkonformen und der richtlinienorientierten Auslegung zu unterscheiden.

1. Richtlinienkonforme Auslegung

19 Das unionsrechtliche **Gebot der richtlinienkonformen Auslegung** gilt nur für Sachverhalte, die in den Regelungsbereich der betreffenden Richtlinie fallen. Nach der Rechtsprechung des EuGH ist i.R.d. Auslegung unter den anerkannten Methoden im Zweifel diejenige anzuwenden, die zu einem Ergebnis im Einklang mit den Festlegungen der Richtlinie und zur vollen Wirksamkeit des Unionsrechts führt (vgl. EuGH, NJW 2004, 3547, Rn 114). Der Grundsatz der richtlinienkonformen Auslegung beschränkt sich nicht auf die Normen, die zur Umsetzung der Richtlinie vom nationalen Gesetzgeber erlassen wurden, sondern verlangt, *„dass das nationale Gericht das gesamte nationale Recht berücksichtigt, um zu beurteilen, inwieweit es so angewendet werden kann, dass es nicht zu einem der Richtlinie widersprechenden Ergebnis führt"* (EuGH, NJW 2004, 3547, Rn 115). Allgemein hat der **BGH** in seiner Quelle-Folgeentscheidung klargestellt, dass der vom EuGH geprägte Grundsatz der richtlinienkonformen Auslegung von den nationalen Gerichten nicht nur eine Auslegung im engeren Sinne, sondern zugleich eine **richtlinienkonforme Rechtsfortbildung** verlangt (BGH, NJW 2009, 427, 428 f., Rn 21 ff.; hierzu *Pfeiffer*, NJW 2009, 412 ff.; *Gebauer*, GPR 2009, 82 ff.). Der für das Versicherungsvertragsrecht zuständige IV. Zivilsenat hat sich dieser Ansicht angeschlossen (BGHZ 201, 101 = VersR 2014, 817, Rn 20 ff.). Der Wortlaut einer nationalen Norm bildet insoweit keine zwingende Auslegungsgrenze, wenn seine Überschreitung nach allgemeinen methodischen Grundsätzen gerechtfertigt ist. Um den unionsrechtlichen Vorgaben Rechnung zu tragen, ist daher auch eine **teleologische Reduktion**, die **Analogie** und die Ergänzung spezifischer Vorschriften durch **Anwendung zivilrechtlicher Generalklauseln** in Betracht zu ziehen. Eine richtlinienkonforme Rechtsfortbildung setzt nach Auffassung des BGH eine planwidrige Regelungslücke voraus, die jedenfalls dann vorliegt, wenn der deutsche Gesetzgeber ausdrücklich eine konkrete Umsetzungsabsicht bekundet (BGH, NJW 2009, 427, 429, Rn 22 ff.) oder wenn das angestrebte Ziel einer richtlinienkonformen Umsetzung durch die Regelung nicht erreicht wurde, und ausgeschlossen werden kann, dass der Gesetzgeber die Regelung in gleicher Weise erlassen hätte, wenn ihm bekannt gewesen wäre, dass sie nicht richtlinienkonform ist (BGHZ 201, 101 = VersR 2014, 817, Rn 23). Ist selbst eine richtlinienkonforme Rechtsfortbildung nicht möglich, kommen nach der Francovich-Rechtsprechung des EuGH nur noch **Staatshaftungsansprüche** des Geschädigten in Betracht (hierzu *Mankowski/Höl-*

scher/Gerhardt, in: Rengeling/Middeke/Gellermann, Handbuch des Rechtsschutzes in der EU, § 38 Rn 137 ff.).

Deutsche Gerichte können dem EuGH Zweifelsfragen zur Auslegung im Wege des Vorabentscheidungsverfahrens vorlegen (Art. 267 Abs. 2 AEUV), für letztinstanzlich entscheidende Gerichte besteht eine **Vorlagepflicht** (Art. 267 Abs. 3 AEUV). Der Einzelne hat **keinen Anspruch auf Erzwingung eines Vorlageverfahrens** (EuGH, 6.10.1982 – Rs. 283/81, Slg. 1982, 3415 Rn 9; EuGH, 28.4.1998 – Rs. C-116/96 REV, Slg. 1998, I-1889). Nach deutschem Verfassungsrecht kommt jedoch eine **Verfassungsbeschwerde** in Betracht, wenn ein letztinstanzlich entscheidendes Gericht seine Vorlagepflicht willkürlich verletzt. In diesem Fall liegt nach ständiger Rechtsprechung des BVerfG ein Verstoß gegen den in Art. 101 Abs. 1 S. 2 GG verankerten Anspruch auf den gesetzlichen Richter vor (BVerfGE 13, 339; 73, 339, 366; BVerfGE 75, 223, 245; BVerfGE 82, 159, 192 ff.; BVerfG NJW 1994, 2017; NVwZ 2001, 1267, 1268 m.w.N.). Das Recht auf den gesetzlichen Richter (Art. 101 Abs. 1 S. 2 GG) ist aber erst dann verletzt, wenn die **Nichtvorlage an den EuGH willkürlich** war, also, wenn sie „bei verständiger Würdigung der das Grundgesetz bestimmenden Gedanken nicht mehr verständlich erscheint und offensichtlich unhaltbar ist." (BVerfGE 29, 198, 207). Das BVerfG hat diesen Maßstab durch drei Fallgruppen konkretisiert, in denen eine Nichtvorlage an den EuGH offensichtlich unhaltbar ist, nämlich (1) bei grundsätzlicher Verkennung der Vorlagepflicht, (2) bei bewusstem Abweichen von der Vorlagebereitschaft, sowie (3) bei Unvollständigkeit der Rechtsprechung (zusammenfassend BVerfG, NJW 2011, 1427, Rn 104; vertiefend *Kokott/Henze/Sobotta*, JZ 2006, 633 ff.; *Roth*, NVwZ 2009, 345 ff.; *Finck/Wagner*, NVwZ 2014, 1286 ff.). Ein Verstoß gegen Art. 101 Abs. 1 S. 2 GG liegt insb. bei **unzureichender Auseinandersetzung mit dem Unionsrecht** vor, also dann, wenn das letztinstanzlich entscheidende Gericht die streitgegenständliche Problematik allein nach nationalen Maßstäben bewertet und sich nicht mit den relevanten unionsrechtlichen Regelungen und der Rechtsprechung des EuGH auseinandersetzt (BVerfG, NJW 2001, 1267; NVwZ 2004, 1224). Diese Grundsätze hat das BVerfG auch für das **Versicherungsrecht** in mehreren Entscheidungen bestätigt (BVerfG, VersR 2014, 609; VersR 2014, 1485; VersR 2015, 876).

2. Richtlinienorientierte Auslegung

Soweit nationale Vorschriften die Vorgaben einer Richtlinie über deren unionsrechtlich vorgeschriebenen Anwendungsbereich hinaus übernommen haben (sog. **überschießende Umsetzung**), besteht demgegenüber nach h.M. **kein** unionsrechtlicher Zwang zur richtlinienkonformen Auslegung (*Bärenz*, DB 2003, 375; *Mayer/Schürnbrand*, JZ 2004, 545 m.w.N.; *Habersack/Mayer*, in: Riesenhuber, Europäische Methodenlehre, § 15 Rn 49 ff.; a.A. *Roth*, in: Grundmann/Medicus/Rolland, Europäisches Kaufgewährleistungsrecht, S. 119). Aus innerstaatlichem Recht, insb. aus dem Rechtsstaatsprinzip und dem Gleichheitsgrundsatz kann sich jedoch ergeben, dass die mitgliedstaatlichen Gerichte zu einer **richtlinienorientierten Auslegung** verpflichtet sind, denn anderenfalls käme es zu einer gespaltenen Auslegung zwischen den Bereichen des nationalen Rechts, die unmittelbar der Richtlinie unterfallen, und den Bereichen, die im nationalen Recht überobligatorisch

Einleitung

angeglichen wurden. Der BGH hat eine solche gespaltene Auslegung für Haustürgeschäfte ausdrücklich abgelehnt (NJW 2002, 1881, 1884 [unter II.3.]; vgl. aber BGH, NJW 2009, 427, 429 [Rn 27 f.]: richtlinienkonforme Rechtsfortbildung nur für Verbrauchsgüterkaufverträge, nicht dagegen für sonstige Kaufverträge; BGH, VersR 2014, 817, Rn 29 ff.: richtlinienkonforme Rechtsfortbildung nur für Lebens- und Rentenversicherungen, nicht aber für sonstige VV). Nichts Anderes kann für das **VVG** gelten: Soweit der Reformgesetzgeber die Vorgaben des Unionsrechts überschießend umgesetzt hat (z.B. bei den Beratungspflichten, vgl. § 6 Rdn 6 f.; bei den Informationspflichten, vgl. § 7 Rdn 9 f.; beim Widerrufsrecht, vgl. § 8 Rdn 3), wird eine generelle Übereinstimmung mit den zugrundeliegenden Richtlinien angestrebt.

22 Eine **Vorlage an den EuGH** ist auch bei überschießender Umsetzung zulässig (EuGH, 28.3.1995 – C-346/93, Slg. 1995, I-615; hierzu *Kohler*, ZEuP 1996, 452; *Gebauer*, in: Wiedmann/Gebauer, Zivilrecht unter europäischem Einfluss, Kap. 3 Rn 24). Die Gerichte sollten von dieser Möglichkeit Gebrauch machen. Ob nach nationalem Recht sogar eine Vorlagepflicht der letztinstanzlichen Gerichte an den EuGH besteht, ist umstritten (dafür: *Hess*, RabelsZ 66 [2002], 470, 487 f.; dagegen: *Brandner*, Die überschießende Umsetzung von Richtlinien, S. 135).

C. Begriff der privatrechtlichen Versicherung

23 Der Begriff der „Versicherung" wird in zahlreichen europäischen und deutschen Rechtsnormen verwendet, aber nicht legal definiert. Auch das VVG verzichtet bewusst auf eine Definition, *„da sie auf der Grundlage der aktuellen Versicherungsformen bestimmt werden müsste und damit unbeabsichtigt zukünftige Entwicklungen der Versicherungsprodukte vom Anwendungsbereich des Versicherungsvertragsgesetzes ausgeschlossen werden könnten."* (Begr. BT-Drucks 16/3945, S. 56; vgl. auch Motive S. 69 f.). Der Begriff der Versicherung ist insofern keine Summe begrifflich fixierter Merkmale, die als notwendige und hinreichende Bedingungen erfüllt sein müssen, um die Anwendung des VVG zu gestatten, sondern ein bestimmter, vom Gesetzgeber **normativierter Vertragstypus** (Prölss/Martin/*Prölss*, 28. Aufl., § 1 Rn 16; Prölss/Martin/*Armbrüster*, § 1 Rn 26; *Dreher*, Die Versicherung als Rechtsprodukt, S. 66 ff.; BK/*Dörner*, Einl. Rn 37; s.a. BK/*Schwintowski*, § 1 Rn 17 ff.; rechtsvergleichend: *Schmidt-Salzer*, in: FS E. Lorenz, 1994, S. 587 ff.). Teilweise wird der Ansatz, einen übergreifenden, für alle Gesetze einheitlichen Begriff der Versicherung zu bestimmen, gänzlich abgelehnt (Looschelders/Pohlmann/*Pohlmann*, § 1 Rn 6).

24 Nach der **Rechtsprechung des BGH** liegt ein Versicherungsvertragsverhältnis vor, wenn sich jemand als VR durch einen Vertrag gegen Entgelt verpflichtet, einem anderen, dem VN, eine vermögenswerte Leistung für den Fall eines ungewissen Ereignisses zu erbringen, das damit übernommene wirtschaftliche Risiko auf eine Mehrzahl von der gleichen Gefahr bedrohter Personen verteilt wird und der Risikoabsicherung eine auf dem Gesetz der großen Zahl beruhende Kalkulation zugrunde liegt (st. Rspr., vgl. nur BGH, NJW 1995, 324; NJW-RR 1991, 1014; VersR 1968, 138; VersR 1964, 497, 498; VersR 1962, 976). Diese Definition deckt sich im Wesentlichen mit der des **BVerwG** (BVerwG, VersR 1993, 1217 m.w.N.) und des damaligen **BAV** (Beschlusskammer-Entscheidungen, VerBAV 1987, 512, VerBAV 1984, 26).

VV sind nach dieser Definition durch die folgenden **Einzelmerkmale** gekennzeichnet: 25
– Privatrechtlicher Vertrag
– Absicherung eines ungewissen Risikos
– Kalkulatorischer Zusammenschluss von Einzelrisiken nach dem Gesetz der großen Zahl
– Entgeltlichkeit der Versicherungsleistung
– Verpflichtung zur Leistung im Versicherungsfall.

Die vorstehend genannten Kriterien decken sich nur z.T. mit der in § 1 VVG niedergelegten 26 Begriffsbestimmung; insb. der von der Rechtsprechung geforderte planmäßige, kalkulatorische Zusammenschluss nach dem Gesetz der großen Zahl wird in § 1 VVG nicht genannt (vgl. auch § 1 Rdn 8). Im Schrifttum wird daher z.T. davon ausgegangen, dass es sich bei diesen Merkmalen überwiegend um versicherungstechnische Zweckmäßigkeiten handelt, die keinen Einfluss auf die Anwendbarkeit des VVG haben (Looschelders/Pohlmann/ *Looschelders*, Vorbem. A Rn 10; Looschelders/Pohlmann/*Pohlmann*, § 1 Rn 24 ff.). Jedenfalls dürfen die vorstehend genannten Kriterien angesichts des bewusst offen gehaltenen Anwendungsbereichs des VVG (vgl. Rdn 23) weder kumulativ noch abschließend begriffen werden. Vielmehr handelt es sich um Merkmale, die eine **wertende Zuordnung** erforderlich machen und z.T. sogar fehlen können, ohne damit die Anwendung des VVG auszuschließen (Prölss/Martin/*Armbrüster*, § 1 Rn 26 m.w.N.). Liegt nach einer Gesamtbetrachtung kein VV vor, so kann im Einzelfall auf die Vorschriften des VVG dennoch ergänzend zurückgegriffen werden, wenn der Vertrag **Versicherungselemente** enthält (so z.B. bei der Kfz-Vermietung, vgl. BGH, VersR 1976, 61; BGHZ 70, 304 = VersR 1978, 467; VersR 1981, 349; BGHZ 162, 39 = VersR 2005, 414; hierzu Prölss/Martin/*Armbrüster*, § 1 Rn 14; zu den vertragstypischen Pflichten der Vertragsparteien vgl. i.E. § 1 Rdn 4 ff.).

Folgende Rechtsverhältnisse sind **keine Versicherungsverträge**, sodass die Regelungen 27 des VVG nicht zur Anwendung gelangen:
– **Versicherungsverhältnisse der Sozialversicherung**, denn deren Leistungen werden bislang nicht auf der Grundlage eines privatrechtlichen Vertrags erbracht, sondern *kraft Gesetzes* (§ 40 SGB I). Sollten Träger der Sozialversicherung in Zukunft zusätzliche Versicherungsleistungen auf vertraglicher Grundlage erbringen, wäre das VVG dagegen anwendbar (VVG-Kommission, Abschlussbericht 2004, VersR-Schriften Bd. 25, S. 9);
– **Spiel, Wette, Lotterie** denn bei diesen Verträgen sichert der Veranstalter nicht ein reales Risiko ab; vielmehr wird vom Veranstalter ein künstliches Risiko geschaffen, während der Spieler darauf spekuliert, dass sich dieses Risiko nicht realisiert;
– **Prozessfinanzierung gegen Erfolgsbeteiligung**, wenn der Prozesskostenfinanzierer bei Prozessverlust kein Entgelt erhält (BAV Beschlusskammerentscheidung, wiedergegeben bei *Müller-Güldemeister/Rollmann*, NJW 1999, 3540; vgl. ferner *Dethloff*, NJW 1999, 2227; *Fritzsche/Schmidt*, NJW 1999, 2998; *Grunewald*, BB 2000, 729);
– **Verträge mit Hilfs- und Unterstützungskassen**, die ihren Mitgliedern keinen Rechtsanspruch, sondern nur die Chance einer Risikoentlastung zuweisen (BVerwG, VerBAV 1963, 24).

Ebers 13

Einleitung

28 **Garantieversprechen** und **entgeltliche Bürgschaftsverträge** werden von der h.M. nicht als VV betrachtet, da die Risikoabsicherung nicht im Rahmen einer Gefahrengemeinschaft nach dem Gesetz der großen Zahl erfolgt (BK/*Dörner*, Einl. Rn 47). Nach **a.A.** sollen einzelne Vorschriften des VVG dagegen anwendbar sein, da beide Merkmale nicht in § 1 VVG erwähnt werden (Looschelders/Pohlmann/*Looschelders*, Vorbem. A Rn 22; Looschelders/Pohlmann/*Pohlmann*, § 1 Rn 33; Prölss/Martin/*Armbrüster*, § 1 Rn 15; vgl. auch *Armbrüster*, VersR 2015, 1453). Die **Kautionsversicherung** ist vom BGH insolvenzrechtlich nicht als Versicherung, sondern als Geschäftsbesorgungsvertrag i.S.d. §§ 675 ff. BGB qualifiziert worden (BGH, VersR 2006, 1637; ZIP 2007, 543). Nach **a.A.** handelt es sich dagegen um einen VV, denn derartige Verträge sichern das Insolvenzrisiko des VN ab, indem sich der Kautionsversicherer bereit erklärt, im Rahmen eines bestimmten Limits Bürgschaften zugunsten der Gläubiger des VN zu übernehmen (*Thomas/Dreher*, VersR 2007, 731; zustimmend VersR-Hdb/*Herrmann* § 39 Rn 123c). Beschränkt sich ein Vertrag auf eine **reine Kapitalanlagetätigkeit**, ohne irgendein biometrisches Risiko abzusichern, liegt **keine Lebensversicherung** vor (*Schaaf*, VersR 2015, 17). Ist die Risikoabsicherung im Vergleich zur Renditeerwartung von marginaler Bedeutung, liegt zwar ein Lebensversicherungsvertrag vor. Dieser stellt sich jedoch bei wirtschaftlicher Betrachtung zugleich als Anlagegeschäft dar. Der VR ist daher nicht nur nach §§ 6, 7 VVG zur Beratung und Information verpflichtet, sondern zudem zu einer Aufklärung nach den Regeln des Kapitalanlagerechts (BGHZ 194, 39 = VersR 2012, 1237, Rn 53; BGH, VersR 2012, 1237; OLG Köln, VersR 2014, 1238; kritisch *Armbrüster*, NJW 2014, 497, 500; *Werber*, VersR 2014, 412, 415 f.).

D. Rechtsnatur des Versicherungsvertrags

I. Vertrag sui generis; Gefahrtragungs- und Geldleistungstheorie

29 Die Rechtsnatur des VV ist streitig. Die **h.L.** sieht im VV einen **gegenseitigen Vertrag eigener Art** (vgl. BK/*Dörner*, Einl. Rn 49; VersR-Hdb/*Lorenz*, § 1 Rn 149; *Baumann*, in: Bruck/Möller, § 1 Rn 191). Dem ist zuzustimmen. **Besonderheiten** gelten allerdings, wenn der VN Mitglied in einem **VVaG** wird. In diesem Fall weist das Rechtsverhältnis sowohl **versicherungsvertragliche** als auch **mitgliedschaftliche Komponenten** auf. Aus der mitgliedschaftlichen Stellung können sich daher zusätzliche Rechte für die Mitglieder gem. §§ 171 ff. VAG ergeben, so etwa bzgl. der Überschussbeteiligung (vgl. § 194 VAG). Die zwischen der AG und dem VVaG bestehenden Strukturunterschiede sind freilich im Laufe der Zeit weitgehend beseitigt worden (BVerwGE 100, 115 [unter 2.c.bb.]; *Kaulbach*, in: Fahr/Kaulbach/Bähr, vor § 15 VAG Rn 3 ff.; *Hübner*, in: Frankfurter Vorträge zum Versicherungswesen, Heft 13, 1986, S. 5 ff.). Der VVaG funktioniert heutzutage wie ein Prämienversicherer (zuletzt *Schwintowski*, ZVersWiss 2007, 449, 454 f.).

30 Seit Langem wird darüber gestritten, worin die **Leistung des VR** besteht. Im Schrifttum stehen sich traditionell zwei Theorien ggü.: Nach der **Gefahrtragungstheorie** (u.a. vertreten von *Möller*, in: Bruck/Möller, 8. Aufl., § 1 Anm. 40 ff.; *Deutsch*, Das neue Versicherungsvertragsrecht, Rn 174) ist die Leistung des VR in der Gefahrtragung zu sehen. Der Leistungsinhalt besteht in der Organisation der „Gefahrengemeinschaft", in einer eventuellen Rückversicherungsnahme und in der Bildung von Rücklagen. Nach der **Geldleistungstheorie** (u.a. vertreten von OLG Karlsruhe, NJW-RR 1988, 151; LG Frankfurt, VersR 1999, 702; *Hofmann*, Privatversicherungsrecht, § 2 Rn 20; Prölss/Martin/*Armbrüster*, § 1 Rn 132) ist der VR dagegen nur zu einer durch den Eintritt des Versicherungsfalls aufschiebend bedingten Versicherungsleistung (meistens in Form einer Geldleistung, ggf. auch durch Freistellung von Schäden) verpflichtet. Der Theorienstreit hat **praktische Bedeutung**, wenn es um die Frage geht, ob der VR im Rahmen eines gescheiterten VV gem. § 346 Abs. 2 BGB bzw. § 818 Abs. 2 BGB Wertersatz fordern kann (hierzu § 1 Rdn 17).

II. Versicherung als Geschäftsbesorgung

Eine neuere Theorie sieht im VV dagegen einen **Geschäftsbesorgungsvertrag mit Treuhandcharakter auf dienstvertraglicher Grundlage** gem. § 675 BGB (*Schünemann*, JZ 1995, 430; *Lehmann*, VersWissStud. 5, S. 19 ff.; *Meyer*, VersWissStud. 6, S. 11 ff.; dagegen *Pataki*, Der Geschäftsbesorgungsgedanke im Versicherungsvertragsrecht, S. 13 ff., 124 ff.; Prölss/Martin/*Armbrüster*, § 1 Rn 130). Der VR habe daher die Pflicht, die ihm anvertrauten Interessen des Geschäftsherrn (VN) umfassend zu wahren. Nach wiederum anderer Ansicht stellt der VV ein **„Hedge"-ähnliches Geschäft** mit Geschäftsbesorgungselementen dar (*Schwintowski*, JZ 1996, 702; dagegen *Pataki*, Der Geschäftsbesorgungsgedanke im Versicherungsvertragsrecht, S. 13 ff., S. 205 ff.). Weitere Theorien wurden speziell zum überschussberechtigten Lebensversicherungsvertrag entwickelt (*Basedow*, ZVersWiss 1992, 419 [Partiarisches Rechtsverhältnis]; *Ebers*, VersWissStud. Bd. 18, S. 249 ff. [Schuldverhältnis mit Bestimmungsvorbehalt gem. § 315 BGB]; vgl. auch vor §§ 150 ff. Rdn 88).

31

III. Rechtsprechung

Der **BGH** hat die Frage nach der Rechtsnatur des VV bislang ausdrücklich offengelassen (BGHZ 128, 54 = VersR 1995, 77 [unter IV. zur Lebensversicherung]; für einen Geschäftsbesorgungsvertrag dagegen OLG Nürnberg, VuR 1991, 274, 277 [zur Unfallversicherung]; a.A. OLG Hamburg, VersR 1990, 475, 477 [zur Lebensversicherung]). Nach Auffassung des **BVerfG** folgt aus dem Grundsatz der Privatautonomie (Art. 2 Abs. 1 GG) nicht zwangsläufig, dass der VV als Geschäftsbesorgungsvertrag anzusehen ist (BVerfG, VersR 2006, 961 [unter B.I.3.a. zur Unfallversicherung]).

32

IV. Regelungen im VVG

Das **VVG trifft keine Aussage**, wie der VV rechtlich einzuordnen ist. Auf den Gedanken der **Gefahrtragungstheorie** wird zurückgegriffen, soweit das VVG von einer Risikoabsicherung spricht (§ 1 S. 1 VVG) und dem VR bei vorzeitiger Vertragsbeendigung einen Anspruch auf diejenigen Prämienteile einräumt, die dem zeitanteilig vom VR getragenen Risiko entsprechen (§§ 9 Abs. 1 S. 1; 39 S. 1 VVG; hierzu § 1 Rdn 18). § 1 S. 1 VVG enthält mit dem Hinweis auf die bei Eintritt des Versicherungsfalls zu erbringende Leistung zugleich einen positiv-rechtlichen Anhaltspunkt für die **Geldleistungstheorie**. Nach der

33

Regierungsbegründung soll die in § 1 S. 1 VVG getroffene Formulierung „*ein bestimmtes Risiko* [...] *abzusichern*" darüber hinaus sicherstellen, dass neben den anerkannten Organisationsformen des VV mit zweiseitigem Leistungsaustausch sowie der Zugehörigkeit zu einem VVaG auch die **Geschäftsbesorgungstheorie** als denkbare Organisationsform vom Anwendungsbereich des VVG erfasst wird, wenn es sie in Zukunft geben sollte (Begr. BT-Drucks 16/3945, S. 56). Das neue VVG trifft damit **bewusst keine Entscheidung** zur Rechtsnatur des VV. Im Unterschied zum (gescheiterten) Gesetzesentwurf der SPD-Bundestagsfraktion vom 2.7.1997 (BT-Drucks 13/8163, abgedr. in VersR 1997, 946) wird dem VV insb. nicht die Rechtsnatur eines Geschäftsbesorgungsvertrags aufgezwungen (zu den Gründen *Basedow*, VersWissStud. Bd. 29, S. 45, 48).

E. Leitbilder

34 Das VVG legt **keine zwingenden gesetzlichen Leitbilder oder Standardverträge** für VV im Allgemeinen oder für einzelne Versicherungsarten im Besonderen fest (Begr. BT-Drucks 16/3945, S. 51; s.a. *Brömmelmeyer*, VersR 2003, 939).

35 Der **Inhalt des VV** kann durch Vertragsvereinbarungen, insb. durch AVB **grds. frei ausgestaltet** werden.

36 Das VVG enthält allerdings eine Reihe von Vorschriften, die entweder von den Vertragsparteien überhaupt nicht abgeändert werden können (**zwingende Normen**) oder jedenfalls nicht zum Nachteil des VN bzw. geschützter Dritter abdingbar sind (**halbzwingende Normen**). Am Ende einer jeden Kommentierung wird nachfolgend – soweit relevant – auf die Abdingbarkeit gesondert hingewiesen.

37 Die vertragsgegenständlichen Allgemeinen Versicherungsbedingungen (**AVB**) unterliegen zudem einer allgemeinen **Kontrolle** durch die **§§ 305 bis 310 BGB** (vgl. § 7 Rdn 26 ff.; § 18 Rdn 5). In diesem Rahmen können sämtliche Normen des **VVG** eine **Leitbildfunktion** entfalten, die bei der Auslegung, Einbeziehung, Inhaltskontrolle und Lückenfüllung von AVB zu berücksichtigen ist (vgl. BGH, VersR 2007, 1690 [unter II.3.b. zu den vorvertraglichen Anzeigepflichten]; VersR 1982, 482 [unter IV. zur Schadensversicherung]; VersR 2003, 187 [unter III.2.a.]; VersR 2003, 1389 [unter 2.a. zur privaten Haftpflichtversicherung]; VersR 1985, 129 [unter I. zur Hausrat-, Feuer-, Hagel- sowie Tierversicherung]; LG Hamburg, TranspR 2005, 221 [unter 2.d. zur Speditionsversicherung]).

F. Anwendungsbereich des VVG und Verhältnis zu anderen Gesetzen

I. VVG

38 Das VVG regelt als besonderes Schuldrecht die aus einem privaten VV entstehenden **schuldrechtlichen Rechtsbeziehungen** zwischen VR und VN. Das Gesetz gilt für sämtliche privatrechtlichen VV (zum Begriff Rdn 23 ff.), auch für die nicht speziell geregelten. Für die Anwendung des VVG ist es grds. unerheblich, ob die relevanten Vertragsbestim-

mungen über den Versicherungsschutz in den Vertragsbedingungen oder in der Vereinssatzung niedergelegt werden; in beiden Fällen müssen die Vorschriften des VVG beachtet werden (Begr. BT-Drucks 16/3945, S. 56). **Keine Anwendung** findet das VVG auf die Rückversicherung und die Seeversicherung (§ 209 VVG, s. dort; vgl. auch Rdn 45). Für sog. Großrisiken i.S.d. § 210 Abs. 2 VVG ist das VVG abdingbar (§ 210 Abs. 1 VVG) oder findet im Einzelfall keine Anwendung (§§ 6 Abs. 6, 7 Abs. 5, 8 Abs. 3 Nr. 4, 65 VVG). Gem. § 211 Abs. 1 VVG finden bestimmte Vorschriften des VVG aus Praktikabilitätsgründen keine Anwendung auf Pensionskassen, kleinere VVaG und Lebens- und Unfallversicherungen mit kleineren Beträgen. Pensionskassen werden gem. § 211 Abs. 2 VVG von weiteren Vorschriften des VVG ausgenommen, um den Besonderheiten der betrieblichen Altersversorgung Rechnung zu tragen. Pflichtversicherungen bei Innungsunterstützungskassen und Berufsgenossenschaften werden im Unterschied zu früher (§ 190 VVG a.F.) dagegen vom VVG erfasst; soweit derartige Versicherungsverhältnisse bei Inkrafttreten des neu gefassten VVG bereits bestanden, bleibt es jedoch bei der Nichtanwendbarkeit des VVG (Art. 6 EGVVG).

Die in § 8 Abs. 2 VVG erwähnte **Musterwiderrufsbelehrung** wird in der **Anlage zum VVG** geregelt, die seit dem 11.6.2010 in Kraft ist. Das VVG wird darüber hinaus durch eine Reihe weiterer Gesetze und Verordnungen ergänzt. So werden z.B. die in § 7 VVG vorgesehenen Informationspflichten durch die **VVG-InfoV** konkretisiert. Die **Versicherungsvermittlungsverordnung** (VersVermV) sieht in § 11 VVG statusbezogene Informationspflichten des Versicherungsvermittlers ggü. dem VN vor. Für die **Kfz-Pflichtversicherung** finden sich Spezialregelungen v.a. im PflVG sowie in der KfzPflVV und KfzUnfEntschV.

39

II. EGVVG

Das EGVVG regelt in den Art. 1 bis 6 die **Übergangsvorschriften** zum VVG-Reformgesetz (hierzu Rdn 8 ff.). Vor dem 17.12.2009 enthielt das EGVVG darüber hinaus in den Art. 7 bis 15 Vorschriften zum Internationalen Versicherungsvertragsrecht, die durch die Art. 27 ff. EGBGB a.F. ergänzt wurden. Diese Vorschriften wurden jedoch durch das „Gesetz zur Anpassung der Vorschriften des Internationalen Privatrechts an die Verordnung (EG) Nr. 593/2008" vom 25.6.2009 (BGBl I, S. 1574) aufgehoben: Das auf VV mit Auslandsberührung anzuwendende Recht bestimmt sich künftig für alle Verträge, die seit dem 17.12.2009 geschlossen wurden, nach der **Rom I-Verordnung** (zu den Einzelheiten vgl. die Kommentierung zum EGVVG).

40

III. VAG

Das im Jahre 2015 mit Wirkung zum 1.1.2016 grundlegend reformierte Versicherungsaufsichtsgesetz (vgl. Rdn 12) regelt die **staatliche Aufsicht** über Versicherungsunternehmen. Das Gesetz enthält nur vereinzelt Vorschriften, die unmittelbar auf den VV einwirken, so z.B. die Normen zur Bestandsübertragung und Umwandlung (§§ 13, 14 VAG), zum VVaG (§§ 171 ff. VAG) und zur Insolvenz (§§ 311 ff. VAG). Die Vorschriften des VVG verweisen

41

Einleitung

z.T. auf die Normen des VAG (vgl. z.B. §§ 16 Abs. 2, 154 Abs. 1 S. 2, 169 Abs. 4 S. 1, 192 Abs. 7, 203 Abs. 1 und 2 VVG). In der Lebensversicherung kann der VN i.R.d. Überschussbeteiligung (§ 153 Abs. 1 VVG) auch die Einhaltung der Mindestzuführungsquote zur Rückstellung für Beitragsrückerstattung verlangen (§ 2 Abs. 1[a] S. 1 KLV 2008; §§ 140 Abs. 2, 145 Abs. 2 VAG i.V.m. MindZV). Allgemeine Querbezüge zwischen Versicherungsaufsicht und VV ergeben sich schließlich daraus, dass die BAFin im Wege der Missstandsaufsicht (§ 298 VVG) eine Inhaltskontrolle von AVB vornehmen kann (BVerwG, NJW 1998, 3216, 3217 = VersR 1998, 1137, 1138; hierzu *Ebers*, VersWissStud. 18, S. 107 f., 124 ff.; vgl. auch *Römer*, Der Prüfungsmaßstab bei der Missstandsaufsicht nach § 81 VAG und der AVB-Kontrolle nach § 9 AGBG, 1996).

42 Der einzelne VN kann sich durch eine **Beschwerde (Art. 17 GG)** gegen Fehlentscheidungen oder Untätigkeit der **Aufsichtsbehörde (BAFin)** wehren (vgl. Prölss/*Schmidt*, § 81 VAG Rn 56). Der VN hat zwar einen Anspruch darauf, dass sich die Aufsichtsbehörde inhaltlich mit seinem Anliegen befasst (BVerfGE 2, 230); es besteht dagegen **kein Anspruch auf eine bestimmte Entscheidung**, denn die BAFin nimmt ihre Aufgaben und Befugnisse nur im öffentlichen Interesse wahr (§ 294 Abs. 8 VAG, § 4 Abs. 4 FinDAG; VG Frankfurt, VersR 2004, 1397; vgl. auch EuGH, VersR 2005, 101 m. Anm. *Grothe*; BGHZ 162, 49 = NJW 2005, 742).

43 Ein **Verstoß gegen aufsichtsrechtliche Vorschriften** hat nicht automatisch die Nichtigkeit des Rechtsgeschäfts gem. § 134 BGB zur Folge. Nach Auffassung des BGH führt insb. eine zwischen Versicherungsvermittler und VN getroffene Provisionsteilungsabrede, die gegen ein aufgrund von § 298 Abs. 4 VAG erlassenes **Provisionsabgabeverbot** verstößt, nicht zur Nichtigkeit nach § 134 BGB (BGHZ 159, 334 = VersR 2004, 1029 zur Lebensversicherung; Übersicht zum Meinungsstand bei *Armbrüster/Schilbach*, r+s 2016, 109, 116 f.). Nach h.M. sind VV, die ein Versicherungsunternehmen unter Verstoß gegen § 8 VAG **ohne Geschäftserlaubnis** anbietet, ebenfalls als wirksam zu betrachten (vgl. *Armbrüster/Schilbach*, r+s 2016, 109, 115). Auch ein Verstoß gegen das in § 15 VAG verankerte **Verbot versicherungsfremder Rechtsgeschäfte** führt nach h.M. nicht zur Nichtigkeit gem. § 134 BGB (OLG Hamm, r+s 2003, 292 [unter II.]; LG Berlin, VersR 2002, 1227 [unter 2.b.]; *Entzian*, Versicherungsfremde Geschäfte, S. 9 ff.; *Heinrich*, VersR 1997, 1169; *Rittner*, VersR 1994, 5; **a.A.** OLG Hamburg, VerBAV 2000, 163 [unter 1.a.]).

IV. BGB

44 Die Vorschriften des **Bürgerlichen Gesetzbuches** finden grds. auf sämtliche privatrechtlich geschlossenen VV Anwendung, soweit nicht im **VVG spezielle Vorschriften** enthalten sind, die den Bestimmungen des BGB als leges specialis vorgehen (*Beckmann*, in: Bruck/Möller, Einf. A Rn 147 ff.; zur früheren Rechtslage vgl. BK/*Dörner*, Einl. Rn 35 ff.; BK/*Schwintowski*, § 1 Rn 36). Auf VV anwendbar sind insb. die Vorschriften über die Geschäftsfähigkeit (§§ 104 ff. BGB), Anfechtung (§§ 119 ff. BGB; vgl. aber § 22 Rdn 2 f.), allgemeine Nichtigkeitsgründe (wie z.B. § 138 BGB), Auslegung (§§ 133, 157 BGB), Vertragsschluss (§§ 145 ff. BGB; vgl. § 7 Rdn 14), die Regelungen zur Stellvertretung

(§§ 164 ff. BGB; der Umfang der Vertretungsmacht wird dagegen nicht durch den Vollmachtgeber, sondern die §§ 69 bis 73 VVG bestimmt), zur Verjährung (§§ 199 ff. BGB; vgl. § 15 Rdn 2 ff.) sowie der Grundsatz von Treu und Glauben (§ 242 BGB; vgl. § 1 Rdn 14 ff.). Auch die Regelungen zum AGB-Recht (§§ 305 ff. BGB; vgl. § 7 Rdn 26 ff.), zur culpa in contrahendo (§ 311 Abs. 2 bis 3 BGB; vgl. § 6 Rdn 16 und § 7 Rdn 66 ff.) und zum außerordentlichen Kündigungsrecht (§ 314 BGB; vgl. aber § 11 Rdn 6 ff.) sind anwendbar. Da der VV ein gegenseitiger Vertrag ist (vgl. Rdn 29), gelten ferner die §§ 320 ff. BGB (Prölss/Martin/*Armbrüster*, § 1 Rn 150; anders *Schwintowski*, JZ 1996, 703). **Sonderregelungen** bestehen z.b. für die Fälligkeit von Geldleistungen des VR (§ 14 VVG), für die Rückabwicklung bei Widerruf (§ 9 Rdn 1) und für den Prämienzahlungsverzug (§§ 37 ff. VVG).

V. HGB

Das Handelsgesetzbuch kommt **subsidiär** zur Anwendung, also nur insoweit, als das VVG oder die ergänzenden privatversicherungsrechtlichen Sondergesetze keine speziellen Regelungen enthalten (*Beckmann*, in: Bruck/Möller, Einf. A Rn 164; VersR-Hdb/*Lorenz*, § 1 Rn 29). Die **Transportversicherung** wird am Rande erwähnt (§ 363 Abs. 2 HGB). Die vom Anwendungsbereich des VVG ausgenommene **Seeversicherung** (§ 209 VVG) wurde früher in den §§ 778 bis 900 HGB a.F. geregelt. Mit der VVG-Reform wurden diese Vorschriften aufgehoben, da die Normen aufgrund allgemeiner Bedingungswerke, die sich an den internationalen Regelungen und Usancen orientieren, keine praktische Bedeutung hatten (vgl. Begr. BT-Drucks 16/3945, S. 115). Die **bilanzrechtlichen Vorschriften** für Versicherungsunternehmen (vgl. insb. §§ 341 bis 341p HGB; RechVersV) können mittelbar für den VV von Bedeutung sein, so insb. für überschussberechtigte Lebensversicherungsverträge (vgl. § 153 Rdn 15 ff.).

45

VI. AGG

Das Allgemeine Gleichbehandlungsgesetz (AGG) ist nach heftigen politischen Kontroversen am 18.8.2006 in Kraft getreten (zur Diskussion um die versicherungsrechtlichen Vorschriften *Riesenhuber/Franck*, JZ 2004, 529, 533 ff.; *Sodan*, ZVersWiss 2004, 539; *Präve*, VersR 2004, 39). Für VV sind v.a. die Regelungen zum **zivilrechtlichen Benachteiligungsverbot (§§ 19 bis 22 AGG)** von Bedeutung (zu den Übergangsregelungen für Verträge, die vor dem 22.12.2007 begründet wurden, s. § 33 Abs. 4 AGG; *Armbrüster*, VersR 2006, 1297, 1306). Da die betreffenden Normen auf der RL 2000/43/EG (sog. Antirassismus-Richtlinie) und der RL 2004/113/EG (sog. Gender-Richtlinie) beruhen, müssen die Vorschriften richtlinienkonform bzw. richtlinienorientiert (vgl. Rdn 19 ff.) ausgelegt werden (hierzu *Wagner/Potsch*, JZ 2006, 1085). Gem. § 19 Abs. 1 Nr. 2 AGG ist eine Benachteiligung bei der **Begründung, Durchführung** und **Beendigung** zivilrechtlicher Schuldverhältnisse, die eine privatrechtliche Versicherung zum Gegenstand haben, *unzulässig*, wenn sie aus Gründen der Rasse, der ethnischen Herkunft, des Geschlechts, der Religion, einer Behinderung, des Alters oder der sexuellen Identität erfolgt. Die Vorschrift erfasst neben

46

der **diskriminierenden Vertragsverweigerung** auch Schlechterstellungen innerhalb eines bestehenden Versicherungsverhältnisses (z.B. durch **Vertragsanpassungsklauseln**) sowie die **benachteiligende Ausübung von Gestaltungsrechten**. Eine unterschiedliche Behandlung aus Gründen der Rasse oder ethnischen Herkunft kann grds. nicht gerechtfertigt werden; sonstige Differenzierungen (also solche des Geschlechts, der Religion, einer Behinderung, des Alters oder der sexuellen Identität) können dagegen unter den Voraussetzungen des § 20 AGG zulässig sein (vgl. *Thüsing/v. Hoff*, VersR 2007, 1 ff.; *Beckmann*, in: Bruck/Möller, Einf. A Rn 175 ff.). Eine **geschlechtsbezogene Differenzierung** bei Prämien und Bedingungen war unter den Voraussetzungen des § 20 Abs. 2 S. 1 AGG a.F. grundsätzlich zulässig. Nachdem der EuGH die zugrundeliegende Richtlinienbestimmung (Art. 5 Abs. 2 Gender-Richtlinie) mit Wirkung zum 21.12.2012 für ungültig erklärte (EuGH, VersR 2011, 377), sah sich der deutsche Gesetzgeber gezwungen, § 20 Abs. 2 S. 1 AGG a.F. aufzuheben und mit § 33 Abs. 5 AGG n.F. eine Übergangsvorschrift einzufügen, aus der sich entnehmen lässt, dass das Verbot geschlechtsbezogener Differenzierung erst für ab dem 21.12.2012 begründete Versicherungsverhältnisse gilt (ausf. *Beyer/Britz*, VersR 2013, 1219 ff.).

47 Bei einem Verstoß gegen § 19 Abs. 1 Nr. 2 AGG können dem diskriminierten (potenziellen) VN nicht nur **Beseitigungs- und Unterlassungsansprüche** (§ 21 Abs. 1 AGG), sondern auch **Schadensersatzansprüche** wegen entstandener materieller und immaterieller Schäden (§ 21 Abs. 2 S. 1 und 3 AGG) zustehen. Ungeklärt ist, ob der Versicherungskunde u.U. einen **Anspruch auf Abschluss eines VV** hat, wenn der VR in diskriminierender Weise einen Vertragsschluss verweigert (für einen solchen Anspruch MüKo/*Thüsing* § 21 AGG Rn 17 ff.; a.A. *Armbrüster*, VersR 2006, 1297).

Teil 1
Allgemeiner Teil

Kapitel 1
Vorschriften für alle Versicherungszweige

Abschnitt 1
Allgemeine Vorschriften

§ 1 VVG Vertragstypische Pflichten

Der Versicherer verpflichtet sich mit dem Versicherungsvertrag, ein bestimmtes Risiko des Versicherungsnehmers oder eines Dritten durch eine Leistung abzusichern, die er bei Eintritt des vereinbarten Versicherungsfalles zu erbringen hat. Der Versicherungsnehmer ist verpflichtet, an den Versicherer die vereinbarte Zahlung (Prämie) zu leisten.

Übersicht

	Rdn
A. Normzweck	1
B. Norminhalt	4
I. Vertragstypische Pflichten des Versicherers (§ 1 S. 1 VVG)	4
1. Absicherung eines bestimmten Risikos	4
2. Verpflichtung zur Leistung im Versicherungsfall	10
II. Vertragstypische Pflichten des Versicherungsnehmers (§ 1 S. 2 VVG)	11
III. Treu und Glauben	14
IV. Rückabwicklung gescheiterter Versicherungsverträge	17

A. Normzweck

§ 1 VVG umschreibt in allgemeiner Weise die **vertragstypischen Pflichten** der Vertragsparteien für alle Arten von Versicherungen (Begr. BT-Drucks 16/3945, S. 56). Welche Leistungen im Einzelnen zu erbringen sind, bestimmt sich letztlich nach dem zugrunde liegenden Vertrag (VV), den Allgemeinen Versicherungsbedingungen (AVB), den Vorschriften des VVG sowie ergänzend nach den privatversicherungsrechtlichen Sondergesetzen, dem BGB und weiteren Normen (vgl. Einf. vor § 1 Rdn 38 ff.; zum Vertragsschluss § 7 Rdn 14 ff.). 1

Die Vorschrift regelt weder den **Begriff** noch die **Rechtsnatur des VV** (Einf. vor § 1 Rdn 23, 33), sondern begnügt sich damit, die **typischen Vertragspflichten** der Vertragsparteien festzulegen. Die in § 1 VVG typisierten Merkmale können jedoch herangezogen werden, um den **Anwendungsbereich des VVG** näher zu bestimmen. 2

Im Unterschied zu früher differenziert der neu gefasste § 1 VVG nicht mehr zwischen der **Schadensversicherung** und der **Personenversicherung**. Die Gegenüberstellung dieser 3

Begriffe war sachlich unzutreffend, denn auch eine Personenversicherung (z.B. Krankenversicherung) kann eine Schadensversicherung beinhalten (Begr. BT-Drucks 16/3945, S. 56). Die **Gesetzessystematik des VVG** orientiert sich daher nicht mehr an dieser Unterscheidung. Stattdessen werden im Zweiten Teil des VVG unter der Überschrift „Einzelne Versicherungszweige" die Regelungen der einzelnen Sparten in den Kap. 1 – 8 nebeneinander gestellt (hierzu *Römer*, VersR 2006, 865).

B. Norminhalt

I. Vertragstypische Pflichten des Versicherers (§ 1 S. 1 VVG)

1. Absicherung eines bestimmten Risikos

4   Nach § 1 S. 1 VVG verpflichtet sich der VR mit dem VV, ein bestimmtes Risiko des VN oder eines Dritten abzusichern.

5   Das abzusichernde Risiko muss im Eintritt eines ungewissen, **wirtschaftlich nachteiligen Ereignisses** liegen, z.B. im Eintritt eines Schadens oder einem sonstigen negativen Ereignis wie Tod oder Krankheit begründet sein. Der VV unterscheidet sich hierin von anderen Chancenverträgen, etwa dem Spiel, der Wette oder der Lotterie (§§ 762, 763 BGB), die nicht darauf abzielen, sich vor den nachteiligen Folgen eines ungewissen Ereignisses zu schützen, sondern bei denen das Risiko gerade den eigentlichen Anreiz zum Vertragsschluss bietet (*Eichler*, Versicherungsrecht, S. 20; *Dreher*, Die Versicherung als Rechtsprodukt, S. 73).

6   Nach dem Grundgedanken des Versicherungsvertragsrechts sind nur **ungewisse Risiken** versicherbar (BGHZ 84, 268 = VersR 1982, 841 [unter III.]). Ungewiss ist der Ereigniseintritt, wenn unklar ist, ob ein bestimmtes Ereignis überhaupt eintritt (so z.B. in der Schadensversicherung) oder in zeitlicher Hinsicht nicht vorhergesagt werden kann, wann das zu erwartende Ereignis tatsächlich eintreten wird (so z.B. in der Todesfallversicherung). Wie § 2 Abs. 2 VVG zeigt, muss die Ungewissheit nicht objektiv bestehen, es genügt vielmehr eine rein **subjektive** Ungewissheit der Vertragsparteien über die Realisierung der versicherten Gefahr (§ 2 Rdn 1).

7   Die **Risikoabsicherung** muss nach der Rechtsprechung **selbstständiger Gegenstand des VV** sein und nicht bloße Nebenleistungspflicht im Rahmen einer Vertragsbeziehung mit anderem Leistungsschwerpunkt (BGH, VersR 1995, 344 [unter II.2.a.]; BVerwGE 77, 253 = VersR 1987, 701 [unter 1.g.]). Neben die Risikoabsicherung können jedoch **weitere Haupt- oder Nebenleistungspflichten** treten (vgl. VVG-Kommission, Abschlussbericht 2004, VersR-Schriften Bd. 25, S. 8). Der VV kann insb. als **gemischter Vertrag** ausgestaltet werden. Dies betrifft insb. VV mit einer bedeutenden Sparkomponente, wie z.B. die kapitalbildende Lebensversicherung, die Unfallversicherung mit Beitragsrückgewähr oder die mit Alterungsrückstellungen kalkulierte Krankenversicherung. Unselbständige Garantie- oder Instandhaltungsversprechen in Kauf- oder Werkverträgen sind dagegen keine VV.

Nach Auffassung der Rechtsprechung beruht die Versicherung auf der **Bildung einer Risikogemeinschaft** (polypersonaler Bezug) sowie auf der **Planmäßigkeit des Versicherungsgeschäfts**. In § 1 VVG werden diese Kriterien nicht genannt; die normative Grundlage für diese beiden Kriterien bleibt dementsprechend unklar (vgl. VersR-Hdb/*Lorenz*, § 1 Rn 118). Nach BGH, VersR 1962, 974, 976 gehört es zum VV, „*dass durch die Prämienzahlung das vom Versicherer übernommene Risiko auf eine Mehrzahl durch die gleiche Gefahr bedrohter Personen verteilt wird (mindestens nach der Vorstellung des Versicherers verteilt werden soll) und der Risikoübernahme eine auf dem Gesetz der großen Zahl beruhende Kalkulation zugrunde liegt.*" Diese Merkmale sollen nach Ansicht des BGH dazu dienen, den VV **von entgeltlichen Bürgschaftsverträgen** oder **Garantieverträgen abzugrenzen**. Gleichwohl kennt die Versicherungspraxis zahlreiche Fälle, in denen ein Risiko ohne entsprechende statistische Grundlagen versichert wird. Einzelrisiken werden zwar häufig dem Gesetz der großen Zahl angenähert, indem mehrere VR gemeinsam das Risiko tragen (Beispiel: Atompool). Zwingend ist dies jedoch nicht. Versicherbar sind grds. **auch singuläre Risiken**, die nicht nach dem Gesetz der großen Zahl kalkulierbar sind (wie hier Looschelders/Pohlmann/*Looschelders*, Vorbem. A Rn 10; Rüffer/Halbach/Schimikowski/ Brömmelmeyer, § 1 Rn 7).

8

Die vom VR zu erbringende Risikoabsicherung ist **keine eigenständige Leistungspflicht** i.S.d. § 241 BGB (BK/*Dörner*, Einl. Rn 53; VersR-Hdb/*Lorenz*, § 1 Rn 133 ff.). Der VN kann auf die Art der Risikoverwaltung, etwa hinsichtlich der Anlage seiner Prämienzahlungen, keinen Einfluss ausüben und besitzt auch keinen einklagbaren Anspruch. Er erwirbt ein einklagbares Recht erst im Versicherungsfall (zur Rückabwicklung gescheiterter VV vgl. Rdn 17).

9

2. Verpflichtung zur Leistung im Versicherungsfall

Der VR ist nach § 1 S. 1 VVG verpflichtet, im Versicherungsfall die vereinbarte Versicherungsleistung zu erbringen. Wann ein Versicherungsfall vorliegt, richtet sich nach dem VVG sowie nach den AVB, die den Begriff des Versicherungsfalls z.T. selbstständig definieren. Die Leistung des VR besteht i.d.R. in Geld. In der **Schadensversicherung** hat der VR den konkret eingetretenen Schaden zu ersetzen, während er in der **Summenversicherung** die vertraglich vereinbarte Geldsumme auszuzahlen hat. Die Versicherungsleistung kann aber auch in einer geldwerten Dienstleistung bestehen (so z.B. im Bereich „Managed Care" in der Krankenversicherung, vgl. § 192 Abs. 3 VVG). Geldleistungen des VR werden im Versicherungsfall nicht sofort fällig (§ 14 VVG).

10

II. Vertragstypische Pflichten des Versicherungsnehmers (§ 1 S. 2 VVG)

Der VN muss an den VR nach § 1 S. 2 VVG die vereinbarte **Zahlung (Prämie)** leisten. Der Begriff „Zahlung" umfasst neben der Prämie auch die bei einem VVaG zu entrichtenden Beiträge (Begr. BT-Drucks 16/3945, S. 56). Zur Prämienfälligkeit vgl. §§ 33 ff. VVG; zum Prämienzahlungsverzug s. §§ 37 ff. VVG. Die VR wird Eigentümer des ihm überlassenen Vermögens und kann mit den Prämien grds. „nach freier unternehmerischer Entschei-

11

dung" verfahren (BVerfG, VersR 2005, 1127, 1133 = NJW 2005, 2376, 2380 – Überschussbeteiligung in der Lebensversicherung).

12 Ob der VN neben der Prämie **weitere Leistungen** erbringen muss (z.B. eine Gebühr für die Ausfertigung des Versicherungsscheins oder die Übermittlung der Vertragsbestimmungen), bestimmt sich nach den gesetzlichen Vorschriften (vgl. § 3 Abs. 5 VVG, § 7 Abs. 4 VVG) sowie nach den AVB.

13 Der VN muss die gesetzlichen und im Vertrag näher bestimmten **Obliegenheiten** erfüllen. Eine schuldhafte Obliegenheitsverletzung kann zur teilweisen oder vollständigen Leistungsfreiheit des VR führen (§ 28 Abs. 2 bis 4 VVG).

III. Treu und Glauben

14 Das Versicherungsverhältnis wird in besonderem Maße von Treu und Glauben beherrscht (BGH, VersR 2013, 841; VersR 1989, 843; BGHZ 40, 387, 388; RGZ 146, 221; RGZ 124, 343, 345). Der Grundsatz **bindet sowohl den VR als auch den VN**. Bei einem VV sind die Vertragsparteien in besonderem Maße voneinander abhängig und auf ein loyales Zusammenwirken angewiesen (Prölss/Martin/*Armbrüster*, Einl. Rn 245 ff.; BK/*Dörner*, Einl. Rn 92 ff.). Auf beiden Seiten bestehen **Informationsasymmetrien**. Während der VN versicherungstechnische und -rechtliche Zusammenhänge i.d.R. nicht durchschaut und angesichts des abstrakten Charakters der Versicherung einer intensiven Beratung und Information bedarf, ist der VR auf die Mitwirkung des VN angewiesen, um das zu versichernde Risiko einschätzen, die Prämie kalkulieren und die Versicherungsleistung im Versicherungsfall erbringen zu können.

15 **Gesetzliche Ausprägung** des Grundsatzes von Treu und Glauben sind die Beratungs- und Informationspflichten des VR (§§ 6, 7 sowie VVG-InfoV) sowie die in §§ 19 Abs. 1, 23, 30, 31 VVG normierten Anzeige- und Auskunftspflichten des VN.

16 Der Grundsatz von Treu und Glauben wird von der Rechtsprechung **auch ggü. dem Geschädigten in der Haftpflichtversicherung** angewandt (BGH, VersR 1959, 256; OLG Braunschweig, VersR 1966, 969).

IV. Rückabwicklung gescheiterter Versicherungsverträge

17 Die Rückabwicklung gescheiterter VV richtet sich vorrangig nach den Regelungen des Versicherungsvertragsgesetzes. Soweit das VVG keine konkrete Rechtsfolge ausspricht, stellt sich die vor dem Hintergrund der Gefahrtragungs- und Geldleistungstheorie (Einf. vor § 1 Rdn 30) zu beantwortende Frage, ob der VR vom VN **Wertersatz** für eine während der Vertragsdauer erbrachte Risikoabsicherung verlangen kann:
– Nach der **Gefahrtragungstheorie** erbringt der VR bereits vor Eintritt des Versicherungsfalls eine Leistung, nämlich die „Gefahrtragung" bzw. die Absicherung eines ungewissen Risikos. Dementsprechend muss sich der VN bei der bereicherungsrechtlichen Rückabwicklung den genossenen Versicherungsschutz anrechnen lassen (in diesem Sinne BGHZ 201, 101 = VersR 2014, 817, Rn 45 [zur Rückabwicklung von

Verträgen nach Widerspruch gem. § 5a VVG 1994]; AG München, VersR 1992, 1117 [zum minderjährigen VN]).
– Folgt man der **Geldleistungstheorie**, so beschränkt sich die rechtliche Verpflichtung des VR dagegen auf die bloße Geldleistung im Versicherungsfall. Für die Rückabwicklung eines unwirksamen VV hätte dies zur Folge, dass der VR ohne Eintritt des Versicherungsfalls keine Leistung erbracht hat und dementsprechend auch keinen Wertersatz vom VN fordern kann (in diesem Sinne OLG Karlsruhe, NJW-RR 1988, 151 [zur Irrtumsanfechtung durch den VN]; LG Hamburg, VersR 1988, 460; LG Frankfurt, VersR 1999, 702 [jeweils zum minderjährigen VN]; AG Eschweiler, r+s 2003, 99 [zum VN unter Betreuung]).

Das **VVG** folgt weder der einen noch der anderen Theorie, sondern **differenziert** stattdessen danach, aus welchem Grund der VV vorzeitig beendet wird (zu den Vertragslösungsrechten vgl. allgemein § 11 Rdn 5 ff., 53): 18
– Bei einem **Widerruf des Versicherungsnehmers (§ 8 VVG)** hat der VR – entsprechend der Gefahrtragungstheorie – einen Anspruch auf Wertersatz für den während der Widerrufsfrist gewährten Versicherungsschutz, wenn der VN auf diese Rechtsfolge hingewiesen wurde und zugestimmt hat, dass der Versicherungsschutz vor Ende der Widerrufsfrist beginnt (§ 9 S. 1 VVG; zur Lebensversicherung vgl. § 152 Rdn 6; zur Rückabwicklung von Verträgen, die nach dem Policenmodell [§ 5a VVG 1994] abgeschlossen wurden, vgl. § 8 Rdn 15).
– Entsprechendes gilt, wenn der **VR** den VV vorzeitig durch Ausübung eines besonderen **Kündigungsrechts** beendet, so z.B. bei Verletzung einer vertraglichen Obliegenheit (§ 28 Abs. 1 VVG) oder einer Anzeigepflicht (§ 19 Abs. 3 S. 2 VVG), einer Gefahrerhöhung (§ 24 VVG) oder bei Zahlungsverzug des VN (§ 38 Abs. 3 VVG). Auch in diesen Fällen kann der VR gem. **§ 39 S. 1 VVG** den Teil der vereinbarten Prämie beanspruchen, der dem vom VR zeitanteilig getragenen Risiko entspricht.
– Bei einer rückwirkenden Vertragsbeendigung durch **Anfechtung des VN** besteht demgegenüber kein Anspruch des VR auf Wertersatz, da die vertragliche Gefahrtragung durch den VR ex tunc entfällt (Begr. BT-Drucks 16/3945, S. 72; zur Lebensversicherung vgl. Begr. BT-Drucks 16/3945 S. 101; § 169 Rdn 17). Auch bei **anfänglicher Nichtigkeit** (z.B. gem. §§ 104, 134, 138 BGB) scheidet ein Anspruch des VR auf Wertersatz (§ 818 Abs. 2 BGB) mangels Gefahrtragung aus (BK/*Dörner*, Einl. Rn 56; VersR-Hdb/ *Lorenz*, § 1 Rn 137 ff.; *Baumann*, in: Bruck/Möller, § 1 Rn 195).
– **Ausnahmen** sind in §§ 39 Abs. 1 S. 2, 169 Abs. 1 VVG (Rücktritt bzw. Anfechtung durch den VR) sowie in §§ 74 Abs. 2, 78 Abs. 3, 80 Abs. 3 VVG (Nichtigkeit des VV) vorgesehen. Da in diesen Fällen ein Fehlverhalten des VN vorliegt, kann der VR vom VN Wertersatz verlangen.

§ 2 VVG Rückwärtsversicherung

(1) Der Versicherungsvertrag kann vorsehen, dass der Versicherungsschutz vor dem Zeitpunkt des Vertragsschlusses beginnt (Rückwärtsversicherung).

(2) Hat der Versicherer bei Abgabe seiner Vertragserklärung davon Kenntnis, dass der Eintritt eines Versicherungsfalles ausgeschlossen ist, steht ihm ein Anspruch auf die Prämie nicht zu. Hat der Versicherungsnehmer bei Abgabe seiner Vertragserklärung davon Kenntnis, dass ein Versicherungsfall schon eingetreten ist, ist der Versicherer nicht zur Leistung verpflichtet.

(3) Wird der Vertrag von einem Vertreter geschlossen, ist in den Fällen des Absatzes 2 sowohl die Kenntnis des Vertreters als auch die Kenntnis des Vertretenen zu berücksichtigen.

(4) § 37 Abs. 2 ist auf die Rückwärtsversicherung nicht anzuwenden.

Übersicht

	Rdn
A. Normzweck	1
B. Norminhalt	6
I. Rückwärtsversicherung (§ 2 Abs. 1 VVG)	6
1. Begriff der Rückwärtsversicherung	6
2. Vereinbarung der Rückwärtsversicherung	8
II. Kenntnis der Vertragsparteien (§ 2 Abs. 2 VVG)	13
1. Begriffe	13
2. Kenntnis des Versicherers	16
3. Kenntnis des Versicherungsnehmers	18
4. Kenntnis beider Vertragsparteien	23
III. Kenntnis des Vertreters und des Vertretenen (§ 2 Abs. 3 VVG)	26
IV. Ausschluss der Prämieneinlösungsklausel (§ 2 Abs. 4 VVG)	28
C. Rechtsfolgen	29
D. Prozessuales	32

A. Normzweck

1 Ein VV kann **Versicherungsschutz** nicht nur für die Zukunft gewähren (Vorwärtsversicherung), sondern **nach § 2 Abs. 1 VVG** auch oder ausschließlich **für den Zeitraum vor Vertragsschluss** (Rückwärtsversicherung). Nach dem Grundgedanken des Versicherungsrechts sind allerdings **nur ungewisse Risiken** versicherbar, nicht dagegen nach Umfang und Zeitpunkt bereits feststehende Schäden (BGHZ 84, 268 = VersR 1982, 841 [unter III.]). Die Ungewissheit über den Eintritt bzw. Nichteintritt des Versicherungsfalls muss **zumindest subjektiv** für die Vertragsparteien bei Abgabe ihrer Willenserklärung bestehen. Ist dies nicht der Fall, haben die Vertragsparteien nach **§ 2 Abs. 2 VVG** keinen Anspruch auf Leistungen aus der Rückwärtsversicherung. Wird der VV von einem **Vertreter** geschlossen, ist nach **§ 2 Abs. 3 VVG** sowohl die Kenntnis des Vertreters als auch die Kenntnis des Vertretenen zu berücksichtigen. **§ 2 Abs. 4 VVG** stellt klar, dass § 37 Abs. 2 VVG nicht auf die Rückwärtsversicherung anzuwenden ist. Der VR ist daher auch dann

zur Leistung aus der Rückwärtsversicherung verpflichtet, wenn die Erst- oder Einmalprämie bei Eintritt des Versicherungsfalls noch nicht gezahlt worden ist.

Der **Anwendungsbereich** der Vorschrift erstreckt sich auf sämtliche Versicherungszweige (BGH, VersR 1990, 618 [unter 1.b.]). In der **Lebensversicherung** ist jedoch eine Rückwärtsversicherung des eigenen Lebens für die Zeit vor Antragstellung bereits begrifflich ausgeschlossen (BGHZ 84, 268, 276 = VersR 1982, 841 [unter II.4.]; bestätigt durch BGHZ 111, 44, 49 = VersR 1990, 729 [unter I.2.]; ausführl. *Benkel*, VersR 1991, 953). Möglich ist indessen die Rückwärtsversicherung des eigenen Lebens für den Zeitraum zwischen Antragstellung und Vertragsschluss (vgl. §§ 130 Abs. 2, 153 BGB) sowie die Rückwärtsversicherung fremden Lebens (vgl. § 150 Abs. 1 BGB; zum Ganzen vgl. BGH, VersR 1990, 618 [unter 1.b.]; OLG Köln, VersR 1997, 51). Eine Rückwärtsversicherung ist ferner in der **Berufsunfähigkeitsversicherung** sowie in der **Berufsunfähigkeits-Zusatzversicherung** (BUZ) möglich (OLG Karlsruhe, VersR 2006, 350, 351; OLG Nürnberg, VersR 2012, 50, 52). Zwar bilden BUZ und Hauptversicherung nach § 9 BB-BUZ eine Einheit. Daraus folgt, dass der VR das mit der Zusatzversicherung verbundene Risiko in der Regel erst nach Abschluss des Hauptvertrags tragen will (OLG Nürnberg, VersR 2012, 50, 52). Dennoch kann eine Auslegung des Vertrags ergeben, dass die Parteien für den Versicherungsschutz gegen Berufsunfähigkeit einen materiellen Versicherungsbeginn vereinbart haben, der zeitlich vor der Antragstellung liegt (OLG Nürnberg, VersR 2012, 50, 52). Sonderregelungen bestehen gem. § 196 Abs. 2 VVG für die **Krankentagegeldversicherung** (s. § 196 Rdn 6) und gem. s. § 198 Abs. 1 VVG für die **Kindernachversicherung** (s. § 198 Rdn 7).

Die **Auslegungsregel des § 10 VVG** (s. § 10 Rdn 1 ff.) führt zu einer Rückwärtsversicherung für einen Teil des Tages des Vertragsschlusses, wenn der VV ohne Angabe des materiellen Versicherungsbeginns nach Mitternacht geschlossen wird.

Eine Rückwärtsversicherung kann gem. § 5 VVG auch bei **abweichendem Versicherungsschein** zustande kommen (vgl. BGHZ 84, 268 = VersR 1982, 841 [unter II.5.]).

Rückwärtsversicherung und **vorläufige Deckung** (§§ 49 ff. VVG) schließen sich *nicht* aus (BGH, VersR 1990, 618 [unter 1.b.]; OLG Düsseldorf, r+s 1994, 85). § 52 Abs. 1 S. 1 VVG verhindert eine Mehrfachversicherung. Nach dieser Vorschrift hat der materielle Beginn der Rückwärtsversicherung als Hauptversicherung zur Folge, dass die vorläufige Deckung beendet wird. Besteht im Rahmen einer Rückwärtsversicherung eine Leistungsfreiheit des VR nach § 2 Abs. 2 S. 2 VVG, so ist zu prüfen, ob für den VN zum maßgebenden Zeitpunkt ggf. vorläufiger Deckungsschutz bestand (*Rixecker*, zfs 2011, 156).

B. Norminhalt

I. Rückwärtsversicherung (§ 2 Abs. 1 VVG)

1. Begriff der Rückwärtsversicherung

6 Eine Rückwärtsversicherung liegt vor, wenn Versicherungsschutz (**materieller Versicherungsbeginn**) vor dem Zeitpunkt des Vertragsschlusses (**formeller Versicherungsbeginn**) gewährt wird. Hiervon zu unterscheiden ist der **technische Versicherungsbeginn**, also der Zeitpunkt, zu dem die Prämienzahlungspflicht des VN beginnt. Liegt nach den Vertragsvereinbarungen allein der technische, nicht aber der materielle Versicherungsbeginn vor Vertragsschluss, ist keine Rückwärtsversicherung vereinbart worden, sondern eine bloße Rückdatierung.

7 Im VV kann die Vorwärtsversicherung mit der Rückwärtsversicherung kombiniert werden (**gemischte Vor- und Rückwärtsversicherung**). Nach § 2 Abs. 1 VVG ist auch die **reine Rückwärtsversicherung** möglich, also eine Versicherung, die Versicherungsschutz allein für den Zeitraum vor Vertragsschluss gewährt (Begr. BT-Drucks 16/3945, S. 56).

2. Vereinbarung der Rückwärtsversicherung

8 Die Rückwärtsversicherung muss grds. vereinbart werden (zu gesetzlichen Sonderregelungen vgl. Rdn 2 f.). Der VR muss nach **§ 7 VVG, § 1 Abs. 1 Nr. 12 VVG-InfoV** (Informationspflichten bei allen Versicherungszweigen) den VN vor Vertragsschluss darauf hinweisen, wann der Vertrag beginnt und ab welchem Zeitpunkt Versicherungsschutz besteht.

9 **Keine Rückwärtsversicherung** wird vereinbart, wenn die Vertragsunterlagen eindeutige Hinweise darauf enthalten, dass Versicherungsschutz erst ab Zustandekommen des Vertrages bestehen soll (OLG Hamm, VersR 1984, 152 [unter 1.]; OLG Köln, VersR 1992, 1457; AG München, VersR 1992, 1126).

10 Werden **keine ausdrücklichen Vereinbarungen** getroffen, muss der Versicherungsantrag nach §§ 133, 157 BGB ausgelegt werden (OLG Hamm, VersR 2003, 185 [unter I.1.]). Seit BGHZ 84, 268 = VersR 1982, 841 ist anerkannt, dass von einer Rückwärtsversicherung auszugehen ist, wenn im **Versicherungsantrag ohne nähere Erläuterung** als Versicherungsbeginn ein **vor Vertragsschluss liegendes Datum** genannt wird. Bei einer solchen Datierung wird i.d.R. nicht nur der technische, sondern auch der **materielle Versicherungsbeginn** i.S.e. Rückwärtsversicherung nach vorn verlegt. Der BGH hat hierzu in seiner Grundsatzentscheidung (BGH, VersR 1982, 841 [unter II.3.]) ausgeführt: „*Bei der Prüfung der Frage, was der Versicherungsnehmer bei seinem Antrag i.d.R. meint, muß von dem üblichen Wortsinn und den regelmäßig bestehenden Interessen des Erklärenden ausgegangen werden. Dem durchschnittlichen Versicherungsnehmer liegt erfahrungsgemäß der Gedanke ganz fern, unter „Vertragsbeginn" etwas anderes zu verstehen als den Beginn des Versicherungsschutzes, also den „materiellen" Versicherungsbeginn. Dahin allein gehen i.d.R. auch seine Interessen. Es kann bei lebensnaher Betrachtung nicht angenommen werden, der Versicherungsnehmer wolle im Zweifel lediglich einen früheren Beginn seiner*

28 Ebers

Prämienzahlungen ohne eine irgendwie geartete Gegenleistung des Versicherers erreichen. (...) Diese im Regelfall vorliegende Interessenlage muß auch Ausgangspunkt der Auslegung der Willenserklärung des Versicherungsnehmers sein."

Abweichende AVB, die eine Rückwärtsversicherung ausschließen, stehen einer solchen Auslegung nicht entgegen, denn die Vereinbarung über den materiellen Versicherungsbeginn hat als **Individualabrede** nach § 305b BGB stets Vorrang vor Allgemeinen Geschäftsbedingungen (vgl. BGHZ 84, 268 [unter II.2.a.]; BGHZ 111, 44, 48 = VersR 1990, 729 [unter I.2.]; OLG Karlsruhe, VersR 2006, 350 [unter II.A.]; OLG Frankfurt am Main, VersR 1993, 1134; OLG Köln, VersR 1997, 51 [unter 2.b.]; a.A. OLG Nürnberg VersR 1990, 1112).

11

In **Ausnahmefällen** kann der VN daran interessiert sein, den technischen Versicherungsbeginn vorzuverlegen, obwohl er für die zurückliegende Zeit trotz Prämienzahlung keinen Versicherungsschutz erhält, so z.B. in der **Lebensversicherung**, wenn der VN bei seinem Alter anderenfalls nicht versicherbar gewesen wäre (BGH, VersR 1984, 630 [unter III.]) oder in der **Krankenversicherung**, um eine Abkürzung der Wartezeiten (§ 197 VVG; § 2 Abs. 1 S. 1 MB/KK 2009) zu erreichen und eine niedrigere Prämie des jüngeren Eintrittsalters bei der Prämienberechnung zugrunde zu legen (BGH, VersR 1982, 841, 843). Ob in der Krankenversicherung von einer Rückwärtsversicherung auszugehen ist, wenn die Parteien ohne nähere Erläuterung einen „Versicherungsbeginn" vor Vertragsschluss vereinbaren, hat der BGH allerdings ausdrücklich offen gelassen (BGH, VersR 1982, 841, 843). Von einer Rückwärtsversicherung ist jedenfalls dann auszugehen, wenn überhaupt keine Wartezeiten vorgesehen sind und sich auch das Eintrittsalter des VN durch die Vorverlegung nicht ändert (OLG Karlsruhe, VersR 1992, 1123; OLG Hamm, VersR 2003, 185 [unter I.1.b.]; Prölss/Martin/*Armbrüster*, § 2 Rn 12; BK/*Baumann*, § 2 Rn 16; nach **a.A.** soll eine Rückwärtsversicherung nach § 2 MB/KK 76/94/2009 stets ausgeschlossen sein: OLG Nürnberg, VersR 1990, 1112; OLG Köln, VersR 1992, 1457). Aber selbst wenn diese Voraussetzungen nicht gegeben sind, ist abweichend von § 2 Abs. 1 MB/KK 2009 von einer (konkludent) vereinbarten Rückwärtsversicherung auszugehen, wenn der VR nicht **ausdrücklich klarstellt**, dass vor Vertragsschluss kein Versicherungsschutz bestehen soll (zutreffend *Brömmelmeyer*, § 197 Rn 7; a.A. Prölss/Martin/*Armbrüster*, § 2 Rn 11). Der Nachweis, dass dem VN die AVB rechtzeitig zugegangen sind, reicht hierfür nicht aus. Insoweit ist nämlich zu berücksichtigen, dass der VN unter dem Begriff „Versicherungsbeginn" grds. den materiellen Versicherungsbeginn versteht (vgl. Rdn 10). AVB, die von diesem Verständnis abweichen, müssen vom VR nach § 6 VVG erläutert werden (vgl. § 6 Rdn 22), denn vom VN kann nicht erwartet werden, dass er das Kleingedruckte liest und daher weiß, dass seiner Erklärung ein vom sonst maßgeblichen allgemeinen Sprachgebrauch abweichender Erklärungswert zukommen soll (Rüffer/Halbach/Schimikowski/ *Brömmelmeyer*, § 2 Rn 9). Lehnt man eine konkludent geschlossene Rückwärtsversicherung ab, so müsste der VN bei unterbliebener Aufklärung über den materiellen Versicherungsbeginn wegen Verstoßes gegen die in § 6 Abs. 1 VVG vorgesehene Beratungspflicht nach §§ 280 Abs. 1, 249 BGB jedenfalls so gestellt werden, als wäre ihm von Anfang an materieller Versicherungsschutz gewährt worden (MüKo/*Muschner*, § 2 VVG Rn 10).

12

II. Kenntnis der Vertragsparteien (§ 2 Abs. 2 VVG)

1. Begriffe

13 **Kenntnis** als das Gegenteil von subjektiver Ungewissheit setzt die Fähigkeit voraus, zu beurteilen, ob ein Versicherungsfall eingetreten ist oder nicht (BGH, VersR 2000, 1133 [unter II.4.a.]). Grob fahrlässige Unkenntnis reicht nicht aus. Der Tatbestand des § 2 Abs. 2 VVG ist daher nicht erfüllt, wenn dem VN lediglich Tatsachen bekannt sind, die den möglichen Schluss nahe legen, ein Versicherungsfall könne bereits eingetreten sein. Solange der VN selbst einen solchen Schluss nicht zieht, hat er noch keine Kenntnis vom Versicherungsfall (BGH, VersR 2015, 89, Rn 16). Der Tatrichter muss vielmehr im Rahmen der Beweiswürdigung aufgrund der Umstände des Einzelfalls unter Berücksichtigung der Erkenntnisfähigkeiten eines durchschnittlichen VN die Überzeugung gewinnen, dass der VN tatsächlich positive Kenntnis vom Versicherungsfall hatte (BGH, VersR 2015, 89, Rn 17).

14 § 2 Abs. 2 VVG stellt im Unterschied zu früher bzgl. der Kenntnis der Vertragsparteien nicht mehr auf den Vertragsschluss, sondern auf den **Zeitpunkt der Abgabe der Vertragserklärungen** ab. Vertragserklärung ist die auf den Abschluss des VV gerichtete bindende Willenserklärung (Angebot oder Annahme; vgl. § 7 Rdn 42). Das neue VVG kodifiziert damit die frühere Rechtsprechung, dass bei einer Rückwärtsversicherung § 2 Abs. 2 S. 2 VVG a.F. für alle nach Abgabe des Versicherungsantrags eingetretenen Versicherungsfälle stillschweigend abbedungen wird (vgl. BGHZ 117, 213, 215 = VersR 1992, 484; BGHZ 111, 29, 33 = VersR 1990, 618, 619; BGHZ 111, 44, 50 f. = VersR 1990, 729, 730). Damit soll *„dem eigentlichen Zweck der Rückwärtsversicherung, das Risiko des Versicherungsnehmers für die Zeit zwischen Antrag und Vertragsschluss abzusichern, Rechnung getragen"* werden (Begr. BT-Drucks 16/3945, S. 56).

15 Führt nach den **AVB** bereits **fahrlässige Unkenntnis** des VN zum Ausschluss der Rückwärtsversicherung, ist zu prüfen, ob eine überraschende Klausel (§ 305c Abs. 1 BGB) oder eine unangemessene Benachteiligung (§ 307 Abs. 1 BGB) vorliegt. Derartige AVB sind aufgrund des Irreführungsverbots insbesondere dann unwirksam, wenn sie dazu führen, dass eine vom VR in der Werbung oder bei Vertragsschluss in Aussicht gestellte Rückwärtsversicherung praktisch leerläuft (ähnlich VersR-Hdb/*Beckmann*, § 28 Rn 109; vgl. auch OLG Koblenz, VersR 2011, 1042, Rn 35).

2. Kenntnis des Versicherers

16 Weiß der VR bei Abgabe seiner Vertragserklärung, dass der **Eintritt eines Versicherungsfalls gänzlich ausgeschlossen** ist, steht ihm nach § 2 Abs. 2 S. 1 VVG auch kein Prämienzahlungsanspruch zu, da er seine Leistung (§ 1 S. 1 VVG: Absicherung eines ungewissen Risikos) nicht erbringen kann. Weiß der VR, dass der **Versicherungsfall bereits eingetreten** ist, muss er dennoch die vertraglich vereinbarte (Geld-) Leistung erbringen. Dies ergibt sich im Umkehrschluss zu § 2 Abs. 2 S. 2 VVG.

Sind vor Vertragsschluss **mehrere Versicherungsfälle** eingetreten und hat der VR nicht 17
von allen Kenntnis, fällt der Prämienzahlungsanspruch nicht schematisch weg, sondern
reduziert sich entsprechend (vgl. Begr. BT-Drucks 16/3945, S. 56).

3. Kenntnis des Versicherungsnehmers

Weiß der VN bei Abgabe seiner Vertragserklärung, dass ein **Versicherungsfall schon** 18
eingetreten ist, ist der VR gem. § 2 Abs. 2 S. 2 VVG hinsichtlich dieses Versicherungsfalls
nicht zur Leistung verpflichtet. Der VR soll davor geschützt werden, dass der VN an ihn
mit dem Ziel der Manipulation herantritt (BGHZ 111, 29, 33 = VersR 1990, 618 [unter
I.3.]; *Maenner*, Theorie und Praxis der Rückwärtsversicherung, S. 212 ff.). Grob fahrlässige
Unkenntnis des VN reicht nicht aus (vgl. Rdn 13). Der Verlust des Leistungsanspruchs
erstreckt sich zudem nur auf die dem VN bekannten Versicherungsfälle (Begr. BT-Drucks
16/3945, S. 57).

Maßgeblicher Zeitpunkt für die Kenntnis vom Eintritt des Versicherungsfalls ist die Abgabe 19
der Vertragserklärung. Der VR bleibt daher weiterhin zur Leistung verpflichtet, wenn nach
dem **Antragsmodell** (hierzu § 7 Rdn 16) vorgegangen wird und der VN nach Abgabe
seiner bindenden Willenserklärung vom Eintritt des Versicherungsfalls erfährt.

Nimmt der VR den **Antrag des VN verspätet oder unter Abweichungen** an, erlischt der 20
ursprüngliche Antrag des VN (§§ 146, 148, 150 BGB), das Angebot geht dann vom VR aus,
die Annahme des VN erfolgt konkludent durch Prämienzahlung bzw. bei abweichendem
Versicherungsschein nach § 5 VVG. Erfährt der VN nach Abgabe seines erloschenen
Antrags vom Eintritt des Versicherungsfalls, müsste der VR nach dem Wortlaut des § 2
Abs. 2 S. 2 VVG eigentlich leistungsfrei werden. Nach vorzugswürdiger Auffassung ist in
diesem Fall jedoch von einer **stillschweigenden Abbedingung des § 2 Abs. 2 S. 2 VVG**
auszugehen (*Klimke*, VersR 2005, 595; Prölss/Martin/*Armbrüster*, § 2 Rn 28; zum früheren
Recht OLG Hamm, r+s 1987, 75, 76; BK/*Baumann*, § 2 Rn 55; **a.A.** OLG Saarbrücken,
VersR 2004, 1306), denn Verzögerungen bei der Bearbeitung des Versicherungsantrags
und abweichende Versicherungsscheine dürfen nicht zulasten des VN gehen. Da der VN
an seinen ursprünglichen Antrag gebunden war, besteht keine Manipulationsgefahr.

Beim **Invitatio-Modell** (hierzu § 7 Rdn 20) gibt der VN zunächst keine Vertragserklärung 21
(Angebot) ab, sondern nimmt das Angebot des VR zu einem späteren Zeitpunkt (ausdrücklich
oder durch Prämienzahlung) an. Allein dieser Zeitpunkt ist für die Kenntnis des VN
ausschlaggebend. § 2 Abs. 2 S. 2 VVG wird i.d.R. nicht stillschweigend abbedungen im
Zeitraum zwischen invitatio ad offerendum des VN und seiner Annahmeerklärung (str.,
a.A. Prölss/Martin/*Armbrüster*, § 2 Rn 29; Römer/Langheid/*Rixecker*, § 2 Rn 7; vgl. im
Einzelnen *Klimke*, VersR 2005, 595, 597 ff.).

Weiß der VN vom **Nichteintritt des Versicherungsfalls**, richten sich die Rechtsfolgen 22
nach § 80 VVG (s. § 80 Rdn 11 ff.; Begr. BT-Drucks 16/3945, S. 57).

4. Kenntnis beider Vertragsparteien

23 Wissen beide Vertragsparteien, dass der **Versicherungsfall nicht eingetreten** ist, ist der Vertrag als Rückwärtsversicherung unwirksam, da es am Merkmal der Ungewissheit fehlt (MüKo/*Muschner*, § 2 VVG Rn 46; a.A. Prölss/Martin/*Armbrüster*, § 2 Rn 18, 33). Die Parteivereinbarung kann dennoch als bloße Rückdatierung (zum Begriff vgl. Rdn 6) wirksam sein, wenn eine Auslegung ergibt, dass der VR die Prämie für den zurückliegenden Zeitraum erhalten soll und der VN ein nachvollziehbares Interesse daran hat, allein den technischen Versicherungsbeginn vorzuverlegen (Prölss/Martin/*Armbrüster*, § 2 Rn 33).

24 Wissen beide Vertragsparteien bei Abgabe ihrer Willenserklärung, dass der **Versicherungsfall eingetreten** ist, liegt ebenfalls kein VV vor, da es auch insoweit am Merkmal der Ungewissheit fehlt (BK/*Baumann*, § 2 Rn 31). Die zwischen den Vertragsparteien getroffene Abrede ist dann als Vertrag sui generis zu qualifizieren, jedoch sind insoweit die von der Rechtsprechung entwickelten Grundsätze zu beachten: Die Übernahme eines bereits feststehenden, beiden Parteien bekannten Schadens auf Kosten der Versichertengemeinschaft ist nach **§ 138 BGB** jedenfalls dann sittenwidrig, wenn sich die Leistung des VR als willkürliches persönliches Geschenk darstellt (BGHZ 111, 29, 35 = VersR 1990, 618, 619; LG Stuttgart, VersR 1973, 455; Prölss/Martin/*Armbrüster*, § 2 Rn 45; einschränkend Römer/Langheid/*Rixecker*, § 2 Rn 54 [keine Sittenwidrigkeit, wenn VR ein verständliches, billigenswertes Interesse am Abschluss des Vertrages hat]; a.A. Rüffer/Halbach/Schimikowski/*Brömmelmeyer*, § 2 Rn 48 [grds. keine Sittenwidrigkeit bei der Versicherungsaktiengesellschaft]). Kein Verstoß gegen die guten Sitten liegt dagegen vor, wenn die Rückwärtsversicherung lediglich der **Konkretisierung** einer schon zuvor gegebenen Zusage dient (OLG Düsseldorf, VersR 1995, 460 zur vorläufigen Deckungszusage) oder der VR wegen vorvertraglichen Verschuldens (§ 311 Abs. 2 BGB; §§ 6, 7 VVG) dem VN ohnehin schadensersatzpflichtig wäre (BGHZ 84, 268 = VersR 1982, 841 [unter III.3.]; BGHZ 111, 29 = VersR 1990, 618 [unter 2.c.aa.]; OLG Hamm, VersR 1989, 946 [unter III.]).

25 Können noch weitere Versicherungsfälle eintreten oder bekanntwerden, ist der VV unter entsprechender Prämienminderung gültig (vgl. Motive zum VVG, S. 73 f.).

III. Kenntnis des Vertreters und des Vertretenen (§ 2 Abs. 3 VVG)

26 Wird der VV von einem Vertreter geschlossen, kommt es für die Anwendung des § 2 Abs. 2 VVG nicht nur auf die Kenntnis des Vertreters an, sondern nach **§ 2 Abs. 3 VVG** auch auf die Kenntnis des Vertretenen. **§ 2 Abs. 3 VVG** geht damit **über § 166 Abs. 1 BGB hinaus** (vgl. BGHZ 117, 213 = VersR 1992, 484 [unter 3.]): Der VR wird selbst dann von seiner Leistungspflicht gem. § 2 Abs. 2 S. 2 VVG befreit, wenn nur der VN, nicht aber der für ihn tätige Vertreter Kenntnis vom Eintritt des Versicherungsfalls hatte.

27 Die Vorschrift gilt **nur bei rechtsgeschäftlicher Vertretung** (BGH, VersR 2000, 1133 [unter 4.b.]), nicht aber bei gesetzlicher Vertretung (Prölss/Martin/*Armbrüster*, § 2 Rn 35; *Johannsen*, in: Bruck/Möller, § 2 Rn 19; a.A. MüKo/*Muschner*, § 2 VVG Rn 66; zur früheren Rechtslage *Maenner*, Theorie und Praxis der Rückwärtsversicherung, S. 171; Motive, S. 74 f. hinsichtlich nicht voll Geschäftsfähiger; vgl. auch LG Köln, VersR 1976, 159:

Kenntnis des Ehegatten vom Eintritt des Versicherungsfalles schadet dem VN nur, wenn der Ehegatte als sein Vertreter den VV abgeschlossen hat). Im Unterschied zu früher (§ 2 Abs. 3 VVG a.F.) ist in der Neufassung nicht mehr ausdrücklich die Zurechnung des Wissens eines **Vertreters ohne Vertretungsmacht** aufgeführt. Dies ist auch nicht erforderlich: Handelt ein Vertreter ohne Vertretungsmacht, kann ein wirksamer VV nur zustande kommen, wenn das Handeln des Vertreters genehmigt wird. In diesem Fall muss sich der Vertretene aber sowieso das Wissen des Vertreters zurechnen lassen (zutreffend *Johannsen*, in: Bruck/Möller, § 2 Rn 19; vgl. auch BGH, NJW 2000, 2273 zu § 166 BGB). Bei der Versicherung für fremde Rechnung (§§ 43 ff. VVG) muss sich der VN nach § 47 Abs. 1 VVG auch die **Kenntnis der versicherten Person** zurechnen lassen. Gleiches gilt für die Lebensversicherung (§ 156 VVG), die Berufsunfähigkeitsversicherung (§§ 176, 156 VVG), die Unfallversicherung (§ 179 Abs. 3 VVG) sowie die Krankenversicherung (§ 193 Abs. 2 VVG).

IV. Ausschluss der Prämieneinlösungsklausel (§ 2 Abs. 4 VVG)

Nach dem Einlösungsprinzip (§ 37 Abs. 2 VVG) ist der VR nicht zur Leistung verpflichtet, wenn die Erst- oder Einmalprämie bei Eintritt des Versicherungsfalls noch nicht gezahlt ist. Dies steht im Widerspruch zum Wesen der Rückwärtsversicherung (Begr. BT-Drucks 16/3945, S. 57). § 37 Abs. 2 VVG ist deshalb – im Einklang mit der Rechtsprechung zum früheren VVG (BGH, VersR 1979, 709 [unter I.1.]) – nicht auf die Rückwärtsversicherung anzuwenden. Bei einer kombinierten Vorwärts- und Rückwärtsversicherung ist fraglich, ob das Einlösungsprinzip zumindest für die Vorwärtsversicherung gilt, also dann zum Tragen kommt, wenn Versicherungsschutz sowohl vor als auch nach Vertragsschluss gewährt wurde, der Versicherungsfall aber erst nach Vertragsschluss eintritt, ohne dass zuvor die Erstprämie gezahlt worden ist. In diesen Fällen muss durch Auslegung ermittelt werden, ob die Parteien eine Unterbrechung des Versicherungsschutzes für die Zeit zwischen Vertragsschluss und Zahlung der Erstprämie wollten; ist dies der Fall und wurde der VN ordnungsgemäß belehrt (§ 37 Abs. 2 S. 2 VVG), so bestehen keine Bedenken, das Einlösungsprinzip jedenfalls auf die Vorwärtsversicherung anzuwenden (wie hier MüKo/*Muschner*, § 2 VVG Rn 72; **a.A.** Prölss/Martin/*Armbrüster*, § 2 Rn 43).

C. Rechtsfolgen

Zu den Rechtsfolgen bei Kenntnis der Vertragsparteien vom Eintritt bzw. Nichteintritt des Versicherungsfalls vgl. die vorstehenden Ausführungen (s. Rdn 13 ff.).

Der VN bleibt auch bei der Rückwärtsversicherung nach § 19 Abs. 1 S. 2 VVG zur **Anzeige gefahrerheblicher Umstände** verpflichtet, von denen der VN nach Antragstellung Kenntnis erlangt und nach denen der VR gefragt hat (vgl. zum früheren Recht BGHZ 111, 44 = VersR 1990, 729 [unter II.]). Dagegen kann vom VN beim Antragsmodell **nicht verlangt** werden, einen zwischen Antragstellung und Annahme eingetretenen **Versicherungsfall** von sich aus **anzuzeigen**, denn anderenfalls würde der VR den Antrag nicht annehmen, sodass die Rückwärtsversicherung nicht mehr ihren eigentlichen Zweck, das Risiko des

VN für die Zeit zwischen Antrag und Vertragsschluss abzusichern (vgl. Begr. BT-Drucks 16/3945, S. 56), erfüllen könnte. Das neue VVG trägt dem insoweit Rechnung, als der VN in der Phase zwischen Antrag und Annahme gem. § 19 Abs. 1 S. 2 VVG nur noch dann zur Offenbarung gefahrerheblicher Umstände verpflichtet ist, wenn der VR ihn mit (weiteren) Fragen konfrontiert. In diesem Fall ist der VN auch bei Beantragung einer Rückwärtsversicherung nicht berechtigt, seine Kenntnis von einem zwischenzeitlich eingetretenen Versicherungsfall zu verschweigen (MüKo/*Muschner*, § 2 VVG Rn 60 ff.; Looschelders/Pohlmann/*Schneider* § 2 Rn 26; **a.A.** noch die Vorauflage, Rn 29; VersR-Hdb/*Knappmann*, 2. Aufl., 2009, § 14 Rn 40). Kommt der VN seiner Anzeigeobliegenheit nach und meldet einen Versicherungsfall, darf der VR jedoch nur Konsequenzen für die zugleich beantragte Vorwärtsversicherung ziehen (wie hier VersR-Hdb/*Knappmann*, 3. Aufl., 2015, § 14 Rn 49). Gleiches gilt, wenn der VN seine Pflicht zur Nachmeldung verletzt. Auch in diesem Fall sind die Rechte des VR auf die Zeit nach Vertragsschluss beschränkt (zutreffend Prölss/Martin/*Armbrüster*, § 2 Rn 38). Für die Zeit zwischen Antrag und Vertragsschluss muss demgegenüber Versicherungsschutz gewährt werden. § 2 Abs. 2 S. 2 VVG will gerade für diese Phase sicherstellen, dass der VR für einen zwischenzeitlich eingetretenen Versicherungsfall einstehen muss.

31 Den Vertragsparteien kann nach Kenntnis vom Eintritt eines Versicherungsfalls ein **Kündigungsrecht** nach den jeweils maßgeblichen Vorschriften zustehen, z.B. nach § 92 VVG bei der Sachversicherung (Begr. BT-Drucks 16/3945, S. 57; Prölss/Martin/*Armbrüster*, § 2 Rn 41). Bei **Nichtbestehen oder Wegfall des versicherten Interesses** bestimmt sich die Pflicht des VN zur Prämienzahlung nach § 80 VVG. Die Regeln über den **Wegfall der Geschäftsgrundlage (§ 313 BGB)** finden dagegen keine Anwendung (KG, VersR 1952, 124 [für den Fall, dass der VR ausdrücklich davon ausging, dass kein Schadensfall bekannt gewesen sei]).

D. Prozessuales

32 Die Kenntnis vom Nichteintritt bzw. Eintritt des Versicherungsfalls hat zu **beweisen**, wer sich auf sie beruft (BGH, VersR 2000, 1133 [unter II.1.]). Wird im Versicherungsschein ohne nähere Erläuterung als Vertragsbeginn ein vor Vertragsschluss liegendes Datum genannt, so ist dies ein starkes Indiz für das Vorliegen einer Rückwärtsversicherung (vgl. Rdn 10).

§ 3 VVG Versicherungsschein

(1) Der Versicherer hat dem Versicherungsnehmer einen Versicherungsschein in Textform, auf dessen Verlangen als Urkunde, zu übermitteln.

(2) Wird der Vertrag nicht durch eine Niederlassung des Versicherers im Inland geschlossen, ist im Versicherungsschein die Anschrift des Versicherers und der Niederlassung, über die der Vertrag geschlossen worden ist, anzugeben.

(3) Ist ein Versicherungsschein abhanden gekommen oder vernichtet, kann der Versicherungsnehmer vom Versicherer die Ausstellung eines neuen Versicherungsscheins verlangen. Unterliegt der Versicherungsschein der Kraftloserklärung, ist der Versicherer erst nach der Kraftloserklärung zur Ausstellung verpflichtet.

(4) Der Versicherungsnehmer kann jederzeit vom Versicherer Abschriften der Erklärungen verlangen, die er mit Bezug auf den Vertrag abgegeben hat. Benötigt der Versicherungsnehmer die Abschriften für die Vornahme von Handlungen gegenüber dem Versicherer, die an eine bestimmte Frist gebunden sind, und sind sie ihm nicht schon früher vom Versicherer übermittelt worden, ist der Lauf der Frist vom Zugang des Verlangens beim Versicherer bis zum Eingang der Abschriften beim Versicherungsnehmer gehemmt.

(5) Die Kosten für die Erteilung eines neuen Versicherungsscheins nach Absatz 3 und der Abschriften nach Absatz 4 hat der Versicherungsnehmer zu tragen und auf Verlangen vorzuschießen.

Übersicht

	Rdn
A. Normzweck	1
B. Verhältnis zu anderen Vorschriften	4
C. Norminhalt	7
I. Anspruch auf Übermittlung des Versicherungsscheins (§ 3 Abs. 1 VVG)	7
1. Rechtsanspruch	7
2. Inhalt des Versicherungsscheins	9
3. Form des Versicherungsscheins	13
4. Rechtsfolgen bei fehlender oder verzögerter Übermittlung	17
II. Niederlassung des Versicherers im Ausland (§ 3 Abs. 2 VVG)	18
III. Ausstellung eines neuen Versicherungsscheins (§ 3 Abs. 3 VVG)	19
IV. Abschriften (§ 3 Abs. 4 VVG)	22
1. Anspruch des Versicherungsnehmers auf Abschriften (§ 3 Abs. 4 S. 1 VVG)	22
2. Fristhemmung (§ 3 Abs. 4 S. 2 VVG)	27
V. Kosten (§ 3 Abs. 5 VVG)	28
D. Prozessuales	29
E. Abdingbarkeit	32

A. Normzweck

Dem VN soll der Versicherungsschein (untechnisch: **Versicherungspolice**) zur Verfügung stehen, damit er sich über seine Rechte und Pflichten unterrichten kann (Motive zum VVG, S. 76; Begr. BT-Drucks 16/3945, S. 57). **§ 3 Abs. 1 VVG** begründet daher zugunsten des VN einen **Rechtsanspruch auf Übermittlung des Versicherungsscheins**, dessen Inhalt in § 3 Abs. 2 VVG für einen Spezialfall konkretisiert wird. **§ 3 Abs. 3 VVG** regelt den Anspruch des VN auf Ersatzausstellung, wenn der Versicherungsschein abhandengekommen ist oder vernichtet wurde. Nach **§ 3 Abs. 4 VVG** kann der VN Abschriften der Erklärungen verlangen, die er mit Bezug auf den Vertrag abgegeben hat. Der Anspruch auf Abschriften soll dem VN neben dem Versicherungsschein ein weiteres Beweismittel an die Hand geben (*Kisch*, Der Versicherungsschein, S. 40). Die in Abs. 3 und 4 geregelten Ansprüche werden in **§ 3 Abs. 5 VVG** durch eine Kostenregelung ergänzt.

1

2 **§ 3 Abs. 1 VVG** weicht vom früheren Recht (§ 3 Abs. 1 VVG a.F.) ab. § 3 Abs. 2 bis 5 VVG stimmen im Wesentlichen mit dem bisherigen Recht überein (vgl. Begr. BT-Drucks 16/3945, S. 57). Der **Versicherungsschein** muss im Unterschied zu früher nicht mehr in Papierform als Urkunde mit eigenhändiger oder nachgebildeter Unterschrift ausgestellt werden. Vielmehr reicht nach neuem Recht auch die **Übermittlung in Textform** (§ 126b BGB). In der Regierungsbegründung (BT-Drucks 16/3945, S. 57) heißt es: *„Der Versicherungsschein soll dem Versicherungsnehmer zur Verfügung stehen, damit er sich über seine Rechte und Pflichten unterrichten kann (...). Daneben soll er auch als Beweismittel dienen. Er gibt jedoch nicht immer erschöpfend Auskunft über die Rechtsbeziehungen zwischen Versicherer und Versicherungsnehmer, sodass der Informationszweck im Vordergrund steht. Diesem kann aber auch genügt werden, wenn der Versicherungsschein dem Versicherungsnehmer in Textform zur Verfügung gestellt wird. (...) Wegen der Bedeutung des Versicherungsscheins für den Versicherungsnehmer soll dieser aber berechtigt sein, den Versicherungsschein in Papierform, also als Urkunde zur Verfügung gestellt zu bekommen."*

3 Der Versicherungsschein erfüllt damit in erster Linie eine **Informations- und Dokumentationsfunktion**. Die **Beweisfunktion** tritt dagegen im neuen Recht stark zurück, denn der Textform kommt keine besondere Beweiskraft zu (vgl. Rdn 31). Wird der Versicherungsschein (ggf. auf Verlangen des VN) als Urkunde in Papierform mit Unterschrift des VR ausgestellt, greifen jedoch die Vorschriften über den Urkundenbeweis (§ 416 ZPO; Rdn 30). Der als Urkunde ausgestellte Versicherungsschein kann weiter gehende Funktionen haben. Manche halten ihn stets für einen Schuldschein i.S.d. §§ 371, 952 BGB (*Knops*, in: Bruck/Möller, § 3 Rn 6; Prölss/Martin/*Rudy*, § 3 Rn 1), andere jedenfalls dann, wenn er die in § 4 Abs. 2 VVG vorgesehene Einlösungsklausel enthält (Prölss/Martin/*Prölss*, 27. Aufl., 2004, § 3 Rn 45). **Verkehrsfähig** ist der Versicherungsschein indessen selbst dann nicht, wenn er als Urkunde in der Form des § 4 VVG ausgestellt wird (BK/*Schwintowski*, § 3 Rn 2).

B. Verhältnis zu anderen Vorschriften

4 Der **Abschluss eines VV** erfordert **keine Übermittlung des Versicherungsscheins** (Motive zum VVG, S. 75; BGH, NJW 1951, 313; OLG Frankfurt am Main, VersR 2003, 1523; OGH, VersR 1967, 148). Die in § 3 VVG geregelte Verpflichtung setzt vielmehr einen ohne den Versicherungsschein bereits zustande gekommenen VV voraus, dessen Inhalt nachträglich dokumentiert werden soll (Looschelders/Pohlmann/*Schneider*, § 3 Rn 10). Dies schließt nicht aus, dass die Übermittlung des Versicherungsscheins beim **Antragsmodell** (hierzu § 7 Rdn 16 ff.) zugleich eine konkludente Annahme eines Angebots des VN zum Abschluss eines VV darstellt. In diesem Fall ist der Versicherungsschein sowohl Vertragserklärung des VR als auch Dokumentation des nunmehr abgeschlossenen VV. Der Versicherungsschein kann andererseits auch vor Zustandekommen des VV übermittelt werden. Der VR kann daher den Versicherungsschein beim **Invitatio-Modell** (hierzu § 7 Rdn 20 ff.) bereits mit seinem Angebot versenden. In diesem Fall darf der Versicherungsschein aber nicht den Anschein erwecken, dass bereits Versicherungsschutz besteht; dem VN muss vielmehr im Versicherungsschein, in einem Begleitschreiben oder in der vorbereiteten Annahmeerklärung die Annahmebedürftigkeit klar vor Augen geführt werden (*Leve-*

renz, Vertragsschluss nach der VVG-Reform, Rn 4/66). Bei Übermittlung des Versicherungsscheins vor der Vertragsannahme durch den VN besteht die **Gefahr des Missbrauchs**, wenn der VN das Angebot des VR nicht annimmt. Der VR kann die Risiken jedoch eindämmen, indem er z.B. auf dem Versicherungsschein deutlich darauf hinweist, dass der Versicherungsschein nur i.V.m. dem Bestätigungsschreiben als Nachweis über das Zustandekommen des VV gilt (*Leverenz*, Vertragsschluss nach der VVG-Reform, Rn 4/65).

Seit der VVG-Reform knüpfen sich an die Übersendung des Versicherungsscheins weit reichende Rechtsfolgen: Solange der Versicherungsschein dem VN nicht vorliegt, beginnt die **Widerrufsfrist nicht zu laufen** (§ 8 Abs. 2 S. 1 VVG, s. § 8 Rdn 30). Auch die **Prämienzahlungspflicht** des VN wird nicht fällig (§§ 33, 152 Abs. 3 VVG). Widerrufliche Versicherungsverträge entfalten damit bis zur Übersendung des Versicherungsscheins keine vollen Rechtswirkungen (vgl. § 8 Rdn 66).

§ 4 VVG betrifft den Versicherungsschein auf den Inhaber. § 5 VVG regelt den Fall, dass der Inhalt des Versicherungsscheins vom Antrag des VN oder von den getroffenen Vereinbarungen abweicht (Genehmigungsfiktion). Steht der Versicherungsschein im Widerspruch zu den AVB, ist für den Vertragsinhalt nach § 5 Abs. 2 bis 3 VVG der Versicherungsschein bzw. der Versicherungsantrag entscheidend (OLG Brandenburg, 11.4.2007 – 13 U 132/06 unter II Rn 17). Der VN hat nach § 7 Abs. 4 VVG während der Vertragslaufzeit einen Anspruch auf Übermittlung der Vertragsbestimmungen einschließlich der AVB. Bei der Versicherung für fremde Rechnung sind an den Besitz des Versicherungsscheins besondere Rechtsfolgen geknüpft (§§ 44, 45 Abs. 2 VVG; für die Krankenversicherung s. § 194 Abs. 4 VVG). Da der Rechtsverkehr bei der laufenden Versicherung eines dokumentierten Nachweises über das versicherte Einzelrisiko bedarf, hat der VR gem. § 55 VVG auf Verlangen des VN eine Einzelpolice auszuhändigen, die als Versicherungsschein i.S.d. Gesetzes gilt; soweit in § 55 VVG nicht etwas anderes bestimmt ist, gilt für die Einzelpolice § 3 VVG (§ 55 Rdn 2). Nach § 69 Abs. 1 Nr. 3 VVG gilt der Versicherungsvertreter als bevollmächtigt, die vom VR ausgefertigten Versicherungsscheine oder Verlängerungsscheine dem VN zu übermitteln. In der Pflichtversicherung muss der VR nicht nur den Versicherungsschein, sondern auch eine Bescheinigung i.S.d. § 113 Abs. 2 VVG ausstellen (für die Kfz-Haftpflichtversicherung vgl. §§ 5 Abs. 6 PflVG, 23 Abs. 3 FZV). In der Kfz-Haftpflichtversicherung ist § 3 VVG nicht auf die Doppelkarte (§ 5 Abs. 6 PflVG) anwendbar (LG Düsseldorf, VersR 1976, 749).

C. Norminhalt

I. Anspruch auf Übermittlung des Versicherungsscheins (§ 3 Abs. 1 VVG)

1. Rechtsanspruch

§ 3 Abs. 1 VVG verleiht dem VN einen Rechtsanspruch auf Übermittlung des Versicherungsscheins. Die Verpflichtung zur Übermittlung des Versicherungsscheins besteht bei sämtlichen VV, **auch bei kurzfristigen Verträgen**, insb. bei vorläufiger Deckung (vgl.

§ 3 VVG

§ 49 Abs. 1 S. 1 VVG). Im Unterschied zu früher (§ 15a VVG a.F.) können die Vertragsparteien **nicht mehr** auf die Übermittlung **verzichten** (§ 18 VVG; Ausnahmen: § 210 VVG). Ändert sich der Inhalt des VV, so ist über den neuen Vertrag ein (ersetzender) Versicherungsschein auszustellen (BK/*Schwintowski*, § 3 Rn 6). Versicherungsscheine sind deshalb auch Nachträge (BGH, VersR 2004, 893, 894; OLG Hamm, VersR 1993, 169), Verlängerungsscheine oder Aufhebungsurkunden (*Möller*, in: Bruck/Möller, 8. Aufl., § 5 Anm. 4).

8 Der Anspruch auf den Versicherungsschein besteht erst bei einem **bereits abgeschlossenen VV**. Der Versicherungsschein muss dem VN übermittelt werden, d.h. ihm zugehen.

2. Inhalt des Versicherungsscheins

9 Welchen Inhalt der Versicherungsschein haben muss, wird in § 3 Abs. 1 VVG nicht näher geregelt. Das VVG schreibt nur für besondere Sachlagen **Pflichtinformationen** vor, die im Versicherungsschein selbst aufzuführen sind (§§ 3 Abs. 2, 5 Abs. 2 S. 2, 126 Abs. 1 VVG; vgl. auch §§ 37 Abs. 2, 51 Abs. 1 VVG: Information des VN durch gesonderte Mitteilung in Textform oder durch einen auffälligen Hinweis im Versicherungsschein).

10 Da § 3 Abs. 1 VVG vorrangig Informations- und Dokumentationszwecke erfüllen soll (Rdn 2 f.), muss der Versicherungsschein (wie nach früherem Recht) den bereits zustande gekommen **VV bestätigen** und den **VN über den wesentlichen Vertragsinhalt** informieren (wie hier *Knops*, in: Bruck/Möller, § 3 Rn 4 und 9). Der Versicherungsschein muss daher den Vertragsschluss dokumentieren und Angaben enthalten über die beteiligten Vertragsparteien, den Versicherten und den Bezugsberechtigten, das versicherte Interesse, die versicherte Gefahr, die Laufzeit des VV, den Umfang der Leistungen und die Leistungsvoraussetzungen einschließlich besonderer Leistungsausschlüsse. Eine **vollständige Dokumentation** des Vertragsinhalts ist dagegen **nicht erforderlich**, denn dem Informations- und Dokumentationsinteresse des VN wird durch die in § 7 VVG vorgeschriebene Übermittlung der Vertragsbestimmungen und Pflichtinformationen nach der VVG-InfoV ausreichend Rechnung getragen (a.A. MüKo/*Armbrüster*, § 3 VVG Rn 15; Rüffer/Halbach/Schimikowski/*Brömmelmeyer*, § 3 Rn 18, demzufolge der gesamte Inhalt des VV erschöpfend wiedergeben werden muss).

11 **Erklärungen des VR**, die nicht im Versicherungsschein selbst niedergelegt sind, sondern diesem beigefügt sind, können Bestandteil des Versicherungsscheins werden, wenn auf sie im Versicherungsschein **ausdrücklich Bezug** genommen wird (BGH, VersR 1989, 395 [unter I.1.]; OLG Hamm, VersR 1996, 829 [unter 2.]; vgl. auch BGHZ 147, 373 = VersR 2001, 839 [unter I.3.b.] sowie VersR 2002, 88 [unter I.]: Rückkaufswerttabelle als Bestandteil des Versicherungsscheins). Im Versicherungsschein nicht ausdrücklich genannte Leistungsarten werden selbst dann nicht Vertragsinhalt, wenn der Versicherungsschein auf das Gesamtbedingungswerk mit seinen vielfältigen Leistungsarten verweist (LG Hamburg, VersR 2009, 389 f.; LG Dortmund, r+s 2014, 520).

12 Auf einem einzigen Versicherungsschein können mehrere Versicherungen zugleich dokumentiert werden (sog. **gebündelte Versicherung**, vgl. *Wandt*, in: Hdb. FA VersR, 1. Kap. Rn 88). Mehrere VR müssen im Versicherungsschein nicht alle namentlich genannt sein,

sofern deutlich wird, dass der VR nicht als alleiniger VR auftritt, sondern als Vertreter aller beteiligten Gesellschaften (OLG Hamburg, VersR 1984, 980).

3. Form des Versicherungsscheins

Abweichend vom früheren Recht wird für den Versicherungsschein die **Textform (§ 126b BGB)** zugelassen. Die Textform setzt für Verträge, die vor dem 13.6.2014 abgeschlossen wurden, eine Erklärung voraus, die durch eine Urkunde (d.h. durch ein herkömmliches Papierdokument) oder auf eine andere zur dauerhaften Wiedergabe in Schriftzeichen geeignete Weise (elektronisches Dokument) abgegeben wird. Ferner muss die Person des Erklärenden genannt und der Abschluss der Erklärung durch Nachbildung der Namensunterschrift oder anders erkennbar gemacht werden. Ausreichend ist somit die Übersendung des Versicherungsscheins in einer **E-Mail**, auf einer **Diskette** oder **CD-Rom** (vgl. die Beschlussempfehlung des Rechtsausschusses zum Schuldrechtsmodernisierungsgesetz, BT-Drucks 14/7052, S. 195), aber auch per **Computerfax** oder herkömmlichem **Telefax** (vgl. die Regierungsbegründung zum Formvorschriftenanpassungsgesetz, BT-Drucks 14/ 4987, S. 19). Für Verträge, die seit dem 13.6.2014 abgeschlossen wurden, gilt demgegenüber aufgrund des Gesetzes zur Umsetzung der VerbrRRL vom 20.9.2013 (BGBl I S. 3642) die neue Fassung des § 126b BGB. Danach verlangt die Textform nur noch eine auf einem dauerhaften Datenträger abgegebene lesbare Erklärung, in der die Person des Erklärenden genannt wird. Das Erfordernis der Nachbildung der Namensunterschrift ist demgegenüber entfallen. Ansonsten gilt wie bisher, dass der Versicherungsschein in Papierform, auf einem digitalen Medium (USB-Stick, CD-Rom, Speicherkarten, Festplatten) oder in einer E-Mail zur Verfügung gestellt werden kann (vgl. Begr. zum Gesetz zur Umsetzung der VerbrRRL, BT-Drucks 17/12637, S. 44). Wird der Versicherungsschein auf einer Webseite zum **Download** bereitgestellt, so wird der Versicherungsschein erst dann i.S.d. § 3 Abs. 1 VVG übermittelt, wenn der VN diesen herunterlädt oder ausdruckt (vgl. im Kontext vorvertraglicher Informationspflichten § 7 Rdn 40; ähnlich MüKo/*Armbrüster*, § 3 VVG Rn 25: Download reicht aus, wenn technisch sichergestellt ist, dass der VN den Versicherungsschein herunterladen muss; nach **a.A.** reicht selbst das Herunterladen nicht aus, da § 3 Abs. 1 VVG eine „Übermittlung" durch den VR verlangt; Prölss/Martin/*Rudy*, § 3 Rn 3).

Der VR muss den Versicherungsschein **auf Verlangen des VN als Urkunde** übermitteln, also in Form eines herkömmlichen Papierdokuments (Begr. BT-Drucks 16/3945, S. 57). Eine eigenhändige Unterschrift des VR ist nicht erforderlich, denn die Vorschrift setzt keine Schriftform (§ 126 BGB) voraus. Aus dem Sinnzusammenhang (Urkunde als ggü. der Textform höheres Formerfordernis) ergibt sich aber für die vor dem 13.6.2014 abgeschlossenen Verträge, dass der Abschluss der Erklärung wie bei der Textform (§ 126b BGB a.F.) **zumindest durch eine Nachbildung der Namensunterschrift** kenntlich gemacht werden muss (wie hier MüKo/*Armbrüster*, § 3 VVG Rn 29; **a.A.** Looschelders/Pohlmann/ *Schneider*, § 3 Rn 21).

Der VR ist berechtigt, den Versicherungsschein auch **ohne Verlangen des VN** als Urkunde auszustellen, denn die Voraussetzungen der Textform können stets durch höhere Formerfordernisse erfüllt werden (vgl. die Regierungsbegründung zum Formvorschriftenanpassungsgesetz, BT-Drucks 14/4987, S. 20).

16 Hiervon zu unterscheiden ist die Frage, ob vom VN ein **Medienbruch** in Kauf genommen werden muss (Beispiel: Der VV wird auf herkömmlichem Wege in Schriftform geschlossen, der Versicherungsschein wird auf einer CD-Rom zugesendet). In diesen Fällen kann es an einem Zugang des Versicherungsscheins fehlen, wenn der VR aufgrund der bisherigen Geschäftsgepflogenheiten nicht mit entsprechenden Empfangsvorrichtungen beim VN rechnen kann (vgl. MüKo/*Einsele*, § 126b BGB Rn 12 und § 126 BGB Rn 28; zur Beweiskraft des Versicherungsscheins vgl. Rdn 30 f.).

4. Rechtsfolgen bei fehlender oder verzögerter Übermittlung

17 Bei widerruflichen VV beginnt die **Widerrufsfrist** nach § 8 Abs. 2 S. 1 VVG frühestens mit Zugang des Versicherungsscheins. Die **Prämienzahlungspflicht** des VN wird nach § 33 Abs. 1 VVG erst nach Ablauf von 14 Tagen nach Zugang des Versicherungsscheins fällig; in der Lebensversicherung beträgt die Frist 30 Tage (§ 152 Abs. 3 VVG). Befindet sich der VR mit der Aushändigung des Versicherungsscheins in Verzug (§ 286 BGB), kann der VN gem. **§ 280 Abs. 2 BGB** Schadensersatz wegen Verzögerung der Leistung verlangen (allg. zu den Verzugsvoraussetzungen s. § 14 Rdn 30 ff.).

II. Niederlassung des Versicherers im Ausland (§ 3 Abs. 2 VVG)

18 § 3 Abs. 2 VVG greift ein, wenn der VV durch eine **Niederlassung des VR im Ausland** abgeschlossen wird. In diesem Fall muss der VR seine Anschrift und Niederlassung nicht nur vorvertraglich dem VN mitteilen (vgl. § 7 VVG i.V.m. § 1 Abs. 1 Nr. 1, 3 VVG-InfoV, s. § 1 VVG-InfoV Rn 18, 20), sondern (auch) im Versicherungsschein dokumentieren. Verletzt der VR diese Pflicht und entstehen dem VN hierdurch Kosten, kann er diese nach **§ 280 Abs. 1 BGB** (ggf. i.V.m. § 7 VVG) ersetzt verlangen (Rüffer/Halbach/Schimikowski/*Brömmelmeyer*, § 3 Rn 25; Prölss/Martin/*Rudy*, § 3 Rn 7).

III. Ausstellung eines neuen Versicherungsscheins (§ 3 Abs. 3 VVG)

19 Der VN hat nach **§ 3 Abs. 3 S. 1** VVG einen Anspruch auf **Ausstellung eines neuen Versicherungsscheins**, wenn der Originalversicherungsschein abhandengekommen oder vernichtet worden ist. Für das Abhandenkommen ist nicht auf das zu § 935 BGB entwickelte Begriffsverständnis abzustellen; auch der freiwillige Verlust wird erfasst (Bsp.: Der VN wirft den Versicherungsschein weg). Der VN kann – trotz der von § 3 Abs. 1 VVG abweichenden Formulierung – darüber hinaus die **Übermittlung** des Ersatzversicherungsscheins verlangen (zutreffend Rüffer/Halbach/Schimikowski/*Brömmelmeyer*, § 3 Rn 26). Die Kosten für die Ausstellung (und Übermittlung) eines neuen Versicherungsscheins muss der VN tragen (§ 3 Abs. 4 VVG).

20 Stimmt der Inhalt des neuen Versicherungsscheins irrtümlicherweise nicht mit dem Originalversicherungsschein überein, wird der ursprüngliche Vertragsinhalt nicht geändert. § 5

Abs. 1 VVG ist in diesen Fällen nicht entsprechend anzuwenden (OLG Karlsruhe, VersR 1992, 1121). Allenfalls kann in der Übersendung des Ersatzversicherungsscheins ein Änderungsangebot gesehen werden. In diesem Fall kann der VR aber dieses Angebot wegen Inhaltsirrtums anfechten (OLG Karlsruhe, VersR 1992, 1121).

Unterliegt der Versicherungsschein der **Kraftloserklärung**, ist der VR nach § 3 Abs. 3 S. 2 VVG erst nach der Kraftloserklärung zur Ausstellung verpflichtet. Der Kraftloserklärung unterliegen insb. abhanden gekommene oder vernichtete Versicherungsscheine auf den Inhaber (§ 4 Abs. 1 VVG i.V.m. 808 Abs. 2 S. 2 BGB), Einzelpolicen (§ 55 Abs. 2 S. 1 VVG) sowie Orderpolicen (§ 365 Abs. 2 S. 1 HGB). Die Kraftloserklärung erfolgt im Wege des Aufgebotsverfahrens (§§ 466 ff. FamFG = §§ 1003 ff. ZPO a.F.). 21

IV. Abschriften (§ 3 Abs. 4 VVG)

1. Anspruch des Versicherungsnehmers auf Abschriften (§ 3 Abs. 4 S. 1 VVG)

Nach § 3 Abs. 4 S. 1 VVG kann der VN jederzeit vom VR Abschriften der Erklärungen fordern, die er selbst (oder sein Vertreter) mit Bezug auf den VV abgegeben hat. Im Unterschied zu früher (vgl. § 3 Abs. 3 S. 2 VVG a.F.) ist der VR nicht mehr verpflichtet, den VN auf sein Recht auf Abschriften **hinzuweisen**, da ein solcher Hinweis angesichts der neuen Informationspflichten „weniger wesentlich" erscheint (Begr. BT-Drucks 16/3945, S. 57). 22

Der **Rechtsanspruch** besteht, solange das Versicherungsverhältnis noch nicht beendet und vollständig abgewickelt ist (OLG Köln, r+s 1989, 171). Geht es dem Anspruchsberechtigten gerade um die Überprüfung, ob und inwieweit eine (ordnungsgemäße) Abwicklung aller vertraglichen Verpflichtungen erfolgt ist, kann der VR dem Auskunftsbegehren allerdings nicht entgegenhalten, durch die Erbringung von Versicherungsleistungen an die jeweils bezugsberechtigten Personen sei eine vollständige Beendigung des Versicherungsverhältnisses eingetreten (OLG Saarbrücken, NJW-RR 2010, 1333 f.). 23

Die Vorschrift erfasst sämtliche Erklärungen, die vom VN **mit Bezug auf den Vertrag** abgegeben worden sind. Hierzu zählen insb. der Versicherungsantrag bzw. (beim Invitatio-Modell) die Annahmeerklärung des VN, die Bezeichnung eines Begünstigten, die Änderung und der Widerruf einer Bezugsberechtigung, der Widerruf oder die Kündigung des VV, Abtretungs- und Verpfändungserklärungen, Anzeigen sowie Auskünfte oder Erklärungen über den Gesundheitszustand (BK/*Schwintowski*, § 3 Rn 44; Römer/Langheid/*Rixecker*, § 3 Rn 6). **Nicht erfasst** sind dagegen Schadensprotokolle, ärztliche Atteste oder Gutachten, die sich der VR erstatten lässt (Motive zum VVG, S. 76; LG Dresden, Urt. v. 27.11.2013 – 8 S 269/13; Prölss/Martin/*Rudy*, § 3 Rn 9; **a.A.** OLG Köln, r+s 1991, 254 [Schadensberechnung eines Sachverständigen]) und Zeugenaussagen. Auskunftsansprüche können sich jedoch aus anderen Anspruchsgrundlagen ergeben, so z.B. aus §§ 242, 666 BGB (OLG Saarbrücken, NJW-RR 2010, 1333, 1334; zum Anspruch des VN auf Einsicht in Sachverständigengutachten s. *Armbrüster*, VersR 2013, 944 ff.; zu den Einsichtsrechten in der Krankenversicherung s. § 202 Rdn 2 ff.). 24

25 **Anspruchsinhaber** ist der VN, sein Gesamtrechtsnachfolger (OLG Köln, r+s 1989, 171) oder sein Rechtsnachfolger gem. § 95 VVG. Der Anspruchsinhaber muss substanziiert darlegen, von welchen seiner schriftlichen Erklärungen er eine Abschrift begehrt (OLG Karlsruhe, r+s 2002, 475 [unter 4.]).

26 Die **§§ 810, 811 BGB, § 46 HGB** werden nicht durch § 3 Abs. 4 S. 1 VVG verdrängt (OLG Köln, r+s 1989, 171).

2. Fristhemmung (§ 3 Abs. 4 S. 2 VVG)

27 Die in § 3 Abs. 4 S. 2 VVG vorgesehene Fristhemmung **tritt ein**, wenn der VN Abschriften i.S.d. § 3 Abs. 4 S. 1 VVG fordert; sie **endet** mit dem Zugang der Abschriften beim VN. Die Fristhemmung **erstreckt sich** auf sämtliche Rechtshandlungen, die an eine bestimmte Frist gebunden sind. Hierzu zählen insb. der Widerruf nach § 8 VVG, die Kündigung (§ 11 VVG) sowie die Geltendmachung einer Klage gegen den VR gem. §§ 195 ff. BGB (s. § 15 Rdn 5). Die Frist wird nur dann gehemmt, wenn der VN die Abschriften benötigt, um die betreffende Rechtshandlung vorzunehmen (h.M.; Prölss/Martin/*Rudy*, § 3 Rn 10).

V. Kosten (§ 3 Abs. 5 VVG)

28 Der VN trägt nach § 3 Abs. 5 VVG die Kosten für die **Ausstellung eines neuen Versicherungsscheins** und der **Abschriften**. Die Kosten sind auf Verlangen des VR vorzuschießen. Im Umkehrschluss ergibt sich, dass der VR die Kosten des Originalversicherungsscheins zu tragen hat (*Möller*, in: Bruck/Möller, 8. Aufl., § 3 Anm. 17). § 3 Abs. 5 VVG ist jedoch abdingbar, denn die Vorschrift wird in § 18 VVG nicht aufgeführt. Die Parteien können daher vereinbaren, dass der VR dem VN auch die Kosten des Originalversicherungsscheins in Rechnung stellen darf; eine klauselmäßige Überwälzung dieser Kosten wäre indessen gem. § 307 Abs. 2 Nr. 1 BGB unwirksam, da der VR nach § 3 Abs. 1 VVG zur Übermittlung des Versicherungsscheins verpflichtet ist (zutreffend MüKo/*Armbrüster*, § 3 VVG Rn 64). Der VR muss den VN zudem gem. § 2 Abs. 1 Nr. 2 VVG-InfoV über sämtliche Kosten informieren, die dem VN entstehen können, auch wenn sich diese nicht in der Prämie niederschlagen.

D. Prozessuales

29 Der Zugang des Versicherungsscheins ist von demjenigen **darzulegen** und zu **beweisen**, der sich hierauf beruft, i.d.R. also vom VR (vgl. auch § 8 Rdn 49).

30 Wird der Versicherungsschein (ggf. auf Verlangen des VN) als **Urkunde in Papierform** mit (eigenhändiger oder nachgebildeter) Unterschrift des VR ausgestellt, so gilt für ihn – wie allgemein für private Vertragsurkunden (vgl. BGH, NJW 1999, 1702) – nach § 416 ZPO die (widerlegbare) **Vermutung der Vollständigkeit und Richtigkeit** (BGH, VersR 2012, 354, Rn 27; OLG München, VersR 2008, 1521; OLG Saarbrücken, VersR 1997, 863). Erklärungen und Feststellungen in Anlagen, die nicht Bestandteil des Versicherungsscheins sind (vgl. Rdn 10–11), können daher den Versicherungsschutz nicht beschränken.

Handelt es sich bei dem Versicherungsschein dagegen um ein **elektronisches Dokument**, 31
so unterliegt die Erklärung den Vorschriften über den Beweis durch Augenschein (§§ 371,
372 ZPO; Staudinger/*Hertel*, § 126b BGB Rn 38). Der Beweis wird gem. § 371 Abs. 1 S. 2
ZPO durch Vorlage oder Übermittlung der Datei angetreten. Der **Beweiswert** elektronischer
Dokumente, die unsigniert sind oder nur eine einfache elektronische Signatur (§ 2 Nr. 1
SigG) aufweisen, ist aufgrund der Manipulationsmöglichkeiten **gering** (vgl. jurisPK-BGB/
Junker, § 126b BGB Rn 28 ff.).

E. Abdingbarkeit

§ 3 Abs. 1 bis 4 VVG sind **halbzwingend** (§ 18 VVG). Der Anspruch auf Übermittlung 32
des Versicherungsscheins steht damit – anders als früher (§ 15a VVG a.F.; Motive zum
VVG, S. 76) – nicht mehr zur Disposition der Parteien. Auch der Anspruch des VN auf
Ausstellung eines Ersatzversicherungsscheins (§ 3 Abs. 3 VVG) und auf Abschriften (§ 3
Abs. 4 VVG) darf nicht zum Nachteil des VN eingeschränkt werden. Die in § 3 Abs. 5
VVG normierte Kostenregelung ist demgegenüber dispositiv, denn die Vorschrift wird in
§ 18 VVG nicht aufgeführt. Dementsprechend können die Parteien individualvertraglich
vereinbaren, dass der VR dem VN auch die Kosten des Originalversicherungsscheins in
Rechnung stellen darf (vgl. Rdn 28).

§ 4 VVG Versicherungsschein auf den Inhaber

(1) Auf einen als Urkunde auf den Inhaber ausgestellten Versicherungsschein ist
§ 808 des Bürgerlichen Gesetzbuchs anzuwenden.

(2) Ist im Vertrag bestimmt, dass der Versicherer nur gegen Rückgabe eines als
Urkunde ausgestellten Versicherungsscheins zu leisten hat, genügt, wenn der Versicherungsnehmer erklärt, zur Rückgabe außerstande zu sein, das öffentlich beglaubigte
Anerkenntnis, dass die Schuld erloschen sei. Satz 1 ist nicht anzuwenden, wenn der
Versicherungsschein der Kraftloserklärung unterliegt.

Übersicht

	Rdn
A. Normzweck	1
B. Norminhalt	3
I. Versicherungsschein auf den Inhaber (§ 4 Abs. 1 VVG)	3
II. Leistung nur gegen Rückgabe des Versicherungsscheins (§ 4 Abs. 2 VVG)	7
C. Abdingbarkeit	9

A. Normzweck

§ 4 Abs. 1 VVG soll die Gestaltung des Versicherungsscheins zu einem reinen Inhaberpapier unterbinden (BGH, VersR 2000, 709 [unter 2.a.]; OLG Hamm, NJW-RR 1993, 296). 1
Die Vorschrift verweist daher auf § 808 BGB und stellt damit klar, dass der **auf den
Inhaber ausgestellte Versicherungsschein** kein Wertpapier mit Inhaberklausel ist, son-

dern zu einem **Namenspapier mit Inhaberklausel** (qualifizierten Legitimationspapier) wird. **§ 4 Abs. 2 VVG** regelt den Sonderfall, dass der VR nach dem VV nur gegen Rückgabe des Versicherungsscheins zu leisten hat.

2   Die Vorschrift bezieht sich nur auf Versicherungsscheine, die **als Urkunde** ausgestellt werden. Wird der Versicherungsschein in Textform (z.B. als E-Mail) ausgestellt (vgl. § 3 Rdn 13), ist der Anwendungsbereich der Norm dagegen nicht eröffnet, denn das Wertpapierrecht des BGB geht von der Körperlichkeit der Wertpapiere aus (Begr. BT-Drucks 16/3945, S. 57).

B. Norminhalt

I. Versicherungsschein auf den Inhaber (§ 4 Abs. 1 VVG)

3   Behält sich der VR vor, an den jeweiligen Inhaber des Versicherungsscheins zu leisten (Beispiel: § 12 Abs. 1 KLV 2008 und § 8 Abs. 2 KLV 2012), treten gem. § 4 Abs. 1 VVG die Wirkungen des § 808 BGB ein: Der VR kann mit **schuldbefreiender Wirkung** an den Inhaber der Urkunde leisten, auch wenn dieser zum Empfang der Leistung nicht berechtigt ist (§ 808 Abs. 1 BGB). Die **Legitimationswirkung** des § 808 Abs. 1 S. 1 BGB erstreckt sich auf die **vertraglich versprochene Leistung**. In der **Lebensversicherung** gehört hierzu nicht nur die Versicherungssumme, sondern auch die Leistung des **Rückkaufswerts** nach Kündigung des Vertrages, denn das Recht auf den Rückkaufswert ist nur eine andere Erscheinungsform des Rechts auf die Versicherungssumme (BGH, VersR 2009, 1061 [unter II.1.]). Daher erstreckt sich die Legitimationswirkung des Versicherungsscheins auch auf das **Kündigungsrecht** zur Erlangung des Rückkaufswerts (BGH, VersR 2009, 1061 [unter II.1.]). Der VR kann den Inhaber des Versicherungsscheins daher nach § 808 BGB als zur Kündigung berechtigten ansehen, wenn dieser die Auszahlung des Rückkaufswerts erstrebt. Nach Auffassung des BGH hat die Auszahlung des Rückkaufswerts an den Inhaber des Versicherungsscheins selbst dann befreiende Wirkung, wenn dem VR mit dem Versicherungsschein eine **gefälschte Kündigungserklärung** des VN vorgelegt wird (BGH, VersR 2009, 1061 [unter II.2.b.bb]).

4   Die Legitimationswirkung erstreckt sich auch auf Personen, die als Vertreter für einen anderen auftreten (OLG Koblenz, VersR 2002, 873, 874) sowie auf unerkannt geschäftsunfähige VN (OLG Saarbrücken, VersR 2015, 305, 307).

5   Der VR kann die Leistung davon abhängig machen, dass der Inhaber ihm seine **Berechtigung nachweist** (§ 808 Abs. 2 S. 1 BGB). Der VR muss jedoch die Berechtigung, Verfügungsbefugnis oder Vertretungsmacht des Inhabers **nicht prüfen** (BGH, VersR 2010, 936, Rn 15; OLG Hamm, VersR 1996, 615; OLG Köln, VersR 1990, 1338). Eine **Ausnahme** gilt nach der Rechtsprechung allerdings dann, wenn der VR die Nichtberechtigung des Inhabers positiv gekannt oder die Leistung sonst gegen Treu und Glauben bewirkt hat (BGH, VersR 1999, 700 [unter 2.a.]). In diesem Fall wirkt die Leistung an den Nichtberechtigten nicht schuldbefreiend. Ob die Liberationswirkung auch **bei grob fahrlässiger Unkenntnis** des VR entfällt, ist streitig (dafür: OLG Karlsruhe, NVersZ 1999, 67, *Knops*, in:

Bruck/Möller, § 4 Rn 4; dagegen: OLG Köln, VersR 1990, 1338; OLG Hamm, VersR 1996, 615; OLG Düsseldorf, VersR 2006, 1391; OLG Koblenz, VersR 2006, 1338; offen gelassen BGH, VersR 2010, 936, Rn 18; BGH, VersR 1999, 700 [unter 2.b.]; OLG Koblenz, NVersZ 2002, 212 [unter 1.c.]).

Der VR muss sich nicht auf die Liberationswirkung berufen. Er kann die ausgezahlte Versicherungssumme auch nach den §§ 812 ff. BGB zurückverlangen und an den wahren Berechtigten auszahlen (BGH, NJW 1988, 700; OLG Düsseldorf, NJW-RR 2006, 1470; OLG Hamm, OLGR 1992, 167). 6

II. Leistung nur gegen Rückgabe des Versicherungsscheins (§ 4 Abs. 2 VVG)

Hat der VR nach dem VV nur gegen Rückgabe des Versicherungsscheins zu leisten, muss der Versicherungsschein vorgelegt werden, anderenfalls darf der VR nicht leisten (BK/ Schwintowski, § 4 Rn 6; Beispiel: § 11 Abs. 1 KLV 2008, abgedr. in Anh. 1 zu §§ 150 bis 171). Auch der Rückkaufswert ist in diesem Fall nur gegen Rückgabe des Versicherungsscheins zu zahlen (LG Köln, r+s 1977, 45). Nach § 371 S. 1 BGB kann der VR auch nach Auszahlung der VersSumme die Rückgabe des Versicherungsscheins verlangen. Der VR kann auf die Vorlage des Versicherungsscheins verzichten und stattdessen die Vorlage einer (aktuellen) schriftlichen Zustimmungserklärung des VN akzeptieren (BGH, VersR 2006, 394). 7

Ist der VN zur Rückgabe außerstande, so genügt nach **§ 4 Abs. 2 S. 1 VVG** das öffentlich beglaubigte Anerkenntnis (§ 129 Abs. 1 S. 1 BGB), dass die Schuld erloschen ist. Nach **§ 4 Abs. 2 S. 2 VVG** gilt dies jedoch nicht, wenn der Versicherungsschein der Kraftloserklärung unterliegt (vgl. hierzu § 808 Abs. 2 S. 2 BGB; §§ 466 ff. FamFG). 8

C. Abdingbarkeit

Wird der Versicherungsschein als Urkunde auf den Inhaber ausgestellt, treten die Rechtsfolgen des § 808 BGB **zwingend** ein (Motive zum VVG, S. 65). Durch AVB können aber an die Inhaberschaft des Versicherungsscheins **weitere Rechtsfolgen** geknüpft werden. Nach § 12 Abs. 1 KLV 2008 und § 8 Abs. 2 KLV 2012 (abgedr. in Anh. 1 zu §§ 150 bis 171 VVG) hat der VR das Recht, den Inhaber des Versicherungsscheins nicht nur zum Empfang der Leistung als legitimiert anzusehen, sondern auch, über sonstige Rechte aus dem VV zu verfügen. Hierin liegt kein Verstoß gegen § 307 BGB bzw. § 9 AGBG a.F. (vgl. BGH, VersR 2000, 709). 9

§ 5 VVG   Abweichender Versicherungsschein

(1) Weicht der Inhalt des Versicherungsscheins von dem Antrag des Versicherungsnehmers oder den getroffenen Vereinbarungen ab, gilt die Abweichung als genehmigt, wenn die Voraussetzungen des Absatzes 2 erfüllt sind und der Versicherungsnehmer

nicht innerhalb eines Monats nach Zugang des Versicherungsscheins in Textform widerspricht.

(2) Der Versicherer hat den Versicherungsnehmer bei Übermittlung des Versicherungsscheins darauf hinzuweisen, dass Abweichungen als genehmigt gelten, wenn der Versicherungsnehmer nicht innerhalb eines Monats nach Zugang des Versicherungsscheins in Textform widerspricht. Auf jede Abweichung und die hiermit verbundenen Rechtsfolgen ist der Versicherungsnehmer durch einen auffälligen Hinweis im Versicherungsschein aufmerksam zu machen.

(3) Hat der Versicherer die Verpflichtungen nach Absatz 2 nicht erfüllt, gilt der Vertrag als mit dem Inhalt des Antrags des Versicherungsnehmers geschlossen.

(4) Eine Vereinbarung, durch die der Versicherungsnehmer darauf verzichtet, den Vertrag wegen Irrtums anzufechten, ist unwirksam.

Übersicht

	Rdn
A. Normzweck	1
B. Anwendungsbereich und Verhältnis zu anderen Vorschriften	4
I. Allgemeines	4
II. Antrags- und Invitatio-Modell	5
III. Widerrufsrecht nach § 8 VVG	7
IV. Einbeziehung von AVB	8
C. Norminhalt	9
I. Versicherungsschein	9
II. Antrag des Versicherungsnehmers oder Vereinbarung	10
III. Abweichung vom Antrag oder getroffenen Vereinbarungen	13
IV. Widerspruch (§ 5 Abs. 1 VVG)	14
1. Ausübung des Widerspruchrechts	14
2. Rechtsfolgen	17
V. Ordnungsgemäße Rechtsbelehrung (§ 5 Abs. 2 VVG)	20
VI. Rechtsfolgen bei nicht ordnungsgemäßer Rechtsbelehrung (§ 5 Abs. 3 VVG)	24
VII. Irrtumsanfechtung (§ 5 Abs. 4 VVG)	26
D. Prozessuales	28
E. Abdingbarkeit	29

A. Normzweck

1   Die durch die VVG-Reform geringfügig geänderte Vorschrift regelt wie bislang die Fälle, in denen der Versicherungsschein vom Antrag des VN bzw. von den getroffenen Vereinbarungen abweicht. § 5 VVG ist **lex specialis** zu **§ 150 Abs. 2 BGB** (h.M., vgl. OLG Hamm, VersR 1989, 946): Der vom Antrag des VN abweichende Versicherungsschein gilt nicht als Ablehnung, verbunden mit einem neuen Antrag. Abweichungen gelten vielmehr nach **§ 5 Abs. 1 VVG** als genehmigt, wenn der VN nicht innerhalb eines Monats nach Zugang des Versicherungsscheins in Textform widerspricht (sog. **Billigungsklausel**). Die Vorschrift dient der **Rechtssicherheit** (BGH, VersR 1976, 477). Um einen Streit über das Bestehen und den wirklichen Inhalt des VV zu vermeiden, wird die Zustimmung des VN zum abweichenden Versicherungsschein **unwiderleglich** nach Ablauf eines Monats **fingiert**. § 5 Abs. 1 VVG findet daher auf **alle Abweichungen** Anwendung ohne Rücksicht darauf,

ob der VN durch die Abweichung begünstigt oder benachteiligt wird (BGH, VersR 1976, 477; OGH, VersR 2007, 1015; Römer/Langheid/*Rixecker*, § 5 Rn 1; **a.A.** Prölss/Martin/ *Rudy*, § 5 Rn 7: Bei günstigen Abweichungen gelten die allgemeinen Vorschriften).

§ 5 Abs. 2 und 3 VVG enthalten dagegen eine **Schutzvorschrift zugunsten des VN**; sie betreffen nur solche Abweichungen, die den VN benachteiligen (BGH, VersR 2016, 1044, Rn 12 ff.; BGH, VersR 1995, 648 [unter I.a.]; Rüffer/Halbach/Schimikowski/*Brömmelmeyer*, § 5 Rn 9; **a.A.** Prölss/Martin/*Rudy*, § 5 Rn 7; Looschelders/Pohlmann/*Schneider*, § 5 Rn 16). Ist der abweichende Inhalt des Versicherungsscheins für den VN nachteilig, gilt die Genehmigungsvermutung nur, wenn der VR nach **§ 5 Abs. 2 VVG** auf die Abweichungen besonders **hingewiesen** und den VN darüber **belehrt** hat, dass ohne seinen Widerspruch die Abweichung als Genehmigung gilt. Verletzt der VR diese Belehrungspflicht, ist die Abweichung für den VN unverbindlich und der Inhalt des Antrags nach **§ 5 Abs. 3 VVG** als vereinbart anzusehen (**sog. umgekehrte Billigungsklausel**). 2

Der VN kann sich vom VV nicht nur durch Widerspruch (§ 5 Abs. 1 VVG), sondern u.U. auch durch **Anfechtung (§§ 119 ff., 123 BGB)** lösen. 3

B. Anwendungsbereich und Verhältnis zu anderen Vorschriften

I. Allgemeines

Die Vorschrift ist nur auf **Anträge und vertragliche Vereinbarungen** anwendbar, nicht aber auf einseitig zu treffende Bestimmungen, wie z.B. eine **Bezugsberechtigung**, die gem. § 159 VVG ohne Zustimmung des VR erfolgen kann (OLG Frankfurt am Main, NVersZ 1999, 468). Wird in den AVB vereinbart, dass das Bezugsrecht zweiseitig durch Antrag und Annahme eingeräumt werden soll, ist § 5 VVG jedoch anwendbar (LG Dortmund, 27.9.2007 – 2 O 209/07, n.v. [unter 2.]). 4

II. Antrags- und Invitatio-Modell

§ 5 VVG ist auf das **Antragsmodell** (hierzu § 7 Rdn 16) uneingeschränkt anwendbar. Nimmt der VR das Angebot des Versicherungsinteressenten **verspätet** an, also zu einem Zeitpunkt, zu dem der Interessent keine Annahme mehr erwarten durfte (§ 147 Abs. 2 BGB) oder nach Ablauf der Annahmefrist (§ 148 BGB), ist der **Antrag erloschen** (§ 146 BGB) und die Annahmeerklärung des VR gilt gem. § 150 Abs. 1 BGB als neuer Antrag. Nach Auffassung der Rechtsprechung findet § 5 VVG deshalb keine Anwendung, wenn ein vom ursprünglichen Antrag abweichender Versicherungsschein zusammen mit dem Antrag des VR übersendet wird (BGH, VersR 1973, 409 [unter IV.]; VersR 1986, 986; OLG Frankfurt am Main, VersR 1972, 727; OLG Köln, VersR 1983, 849). Dem ist grundsätzlich zuzustimmen (wie hier MüKo/*Armbrüster*, § 5 VVG Rn 6). Erforderlich ist indessen, dass der VN auch in diesen Fällen vom VR auf die Abweichungen hingewiesen wird, denn anderenfalls wäre der VN bei Annahme des Antrags ohne sein Wissen an einen Vertrag gebunden, der von seinem ursprünglichen Antrag erheblich abweicht (Prölss/Martin/*Rudy*, § 5 Rn 2; BK/*Schwintowski*, § 5 Rn 7). Ein Teil des Schrifttums befürwortet daher eine 5 entsprechende Anwendung des § 5 Abs. 2 und 3 VVG: Der VR müsse den VN analog § 5 Abs. 2 S. 2 Hs. 2 VVG über die einzelnen Abweichungen belehren, anderenfalls komme analog § 5 Abs. 3 VVG der Vertrag mit dem Inhalt des ursprünglich (erloschenen) Antrags zustande, wenn der VN diesen annehme (*Klimke*, VersR 2005, 595; *ders.*, VersR 2011, 1244, 1247; Prölss/Martin/*Rudy*, § 5 Rn 2). Problematisch an dieser Ansicht ist, dass sie eine (konkludente) Annahmeerklärung des VN voraussetzt, die zumeist nicht vorliegen dürfte, da das Unterlassen eines Widerspruchs gegen eine Prämieneinzahlung keinen Erklärungswert hat (MüKo/*Armbrüster*, § 5 VVG Rn 6). Abgesehen hiervon besteht für eine Analogie mangels Regelungslücke kein Bedürfnis. Nach neuem Recht ergibt sich eine **Belehrungspflicht** nämlich **unmittelbar aus § 6 Abs. 1 VVG** (zustimmend Looschelders/Pohlmann/*Schneider*, § 5 Rn 10; MüKo/*Armbrüster*, § 5 VVG Rn 6): Wird der VN nicht darüber aufgeklärt, dass der Versicherungsschein als neuer Antrag zu werten ist, der von seinem ursprünglichen Antrag abweicht, so ist der VR gem. § 6 Abs. 5 VVG zum Schadensersatz verpflichtet. Der VN ist dann im Ergebnis so zu stellen, wie er bei rechtzeitiger Annahme seines ursprünglichen Antrags stünde.

6 Beim **Invitatio-Modell** (hierzu § 7 Rdn 20) findet § 5 VVG keine Anwendung, wenn der VR im Anschluss an die Invitatio des VN ein bindendes Angebot erstellt, das zusammen mit dem Versicherungsschein an den VN versandt wird, denn § 5 VVG setzt einen bindenden Antrag des VN voraus (LG Dortmund, zfs 2015, 154). Weicht der Antrag des VR von der Invitatio des VN ab, trifft den VR jedoch eine Belehrungspflicht gem. § 6 VVG. Wird der VN von einem Makler vertreten, ist der VR grds. nicht zur Beratung verpflichtet (§ 6 Abs. 6 VVG; zu Ausnahmen § 6 Rdn 65). Stattdessen obliegt dem Makler die Prüfung und Überwachung, ob das vom VR vorgelegte verbindliche Vertragsangebot der Invitatio des VN entspricht. Anders liegen die Fälle, in denen der VR den Versicherungsschein nachträglich (im Anschluss an die Annahmeerklärung des VN) übersendet, denn in diesen Konstellationen liegt bei Zugang des Versicherungsscheins ein bereits geschlossener VV vor. Einer Anwendung des § 5 VVG steht dementsprechend nichts im Wege.

III. Widerrufsrecht nach § 8 VVG

7 Das Widerrufsrecht nach § 8 VVG besteht grds. **neben dem Widerspruchsrecht nach § 5 Abs. 1 VVG** (Begr. BT-Drucks 16/3945, S. 57). Der VR muss daher bei abweichendem Versicherungsschein nicht nur eine Rechtsbelehrung gem. § 5 Abs. 2 VVG erteilen, sondern auch eine Widerrufsbelehrung gem. § 8 Abs. 2 S. 1 Nr. 2 VVG. Hat der VN sein Widerrufsrecht nach § 8 VVG ausgeübt, fehlt es an einer wirksamen Willenserklärung des VN und auch an einem wirksamen VV. § 5 VVG findet dann keine Anwendung. Im Einzelnen ist jedoch **durch Auslegung zu ermitteln**, ob der VN von seinem Widerspruchsrecht (§ 5 Abs. 1 VVG) oder von seinem Widerrufsrecht (§ 8 VVG) Gebrauch machen wollte (vgl. auch § 8 Rdn 5).

IV. Einbeziehung von AVB

Die Einbeziehung von AVB in den VV bestimmt sich nach neuem Recht nach den §§ **305 ff. BGB** (vgl. § 7 Rdn 26 ff.). Ungeklärt ist, ob AVB ausnahmsweise über § 5 VVG in den VV einbezogen werden können (vgl. *Schimikowski*, r+s 2007, 309, 311; zur früheren Rechtslage BGH, VersR 1969, 723 [unter II.]; VersR 1986, 672 [unter II.]; zur Einbeziehung geänderter AVB s. BGH, VersR 1973, 176; OLG Hamm, VersR 1997, 306; OLG Frankfurt am Main, VersR 1998, 1540). Nach dem Wortlaut des § 5 VVG käme eine nachträgliche Einbeziehung der AVB beim **Antragsmodell** in Betracht, wenn der VR den Antrag des VN durch Übersendung des Versicherungsscheins nebst AVB annimmt, eine ordnungsgemäße Rechtsbelehrung gem. § 5 Abs. 2 VVG erteilt und der VN nicht von seinem Widerspruchsrecht Gebrauch macht. Auf diese Weise würde jedoch das durch die VVG-Reform abgeschaffte, unionsrechtswidrige Policenmodell (vgl. § 7 Rdn 15; § 8 Rdn 12) „durch die Hintertür" wieder eingeführt werden. Nach vorzugswürdiger Auffassung **entfalten die §§ 7 VVG, 305 Abs. 2 Nr. 2 BGB** daher ggü. § 5 VVG eine **Sperrwirkung** (zustimmend *Knops*, in: Bruck/Möller, § 5 Rn 17; Prölss/Martin/*Rudy*, § 5 Rn 1; nach a.A. ist § 5 VVG lex specialis ggü. § 305 Abs. 2 Nr. 2 BGB, so Rüffer/Halbach/Schimikowski/*Brömmelmeyer*, § 5 Rn 11; *Schimikowski*, r+s 2007, 309, 311, der die Einbeziehung allerdings einer Kontrolle nach § 307 Abs. 2 Nr. 1 BGB unterziehen will).

C. Norminhalt

I. Versicherungsschein

Die Vorschrift setzt einen Versicherungsschein (§ 3 VVG) voraus, dessen Inhalt vom Antrag des VN oder von den geschlossenen Vereinbarungen abweicht. Der Begriff des Versicherungsscheins ist **weit** zu interpretieren. Erfasst werden nicht nur die **Originalversicherungspolice**, sondern auch **Nachträge**, **Verlängerungsscheine** und **Aufhebungsurkunden** (vgl. BGH, VersR 1960, 129; OLG Hamm, VersR 1993, 169; OGH, VersR 2005, 1415; zum Ersatzversicherungsschein vgl. Rdn 12). Auf **Briefe**, die den Versicherungsschein begleiten oder ergänzen, ist § 5 Abs. 1 VVG analog anwendbar (OLG Hamm, VersR 1996, 829; OLG Hamm, VersR 1989, 946; OGH, VersR 1950, 100), denn anderenfalls könnte der VR § 5 VVG umgehen, indem er Abweichungen vom Antrag in den Begleitbrief aufnähme (BK/*Schwintowski*, § 5 Rn 5). Auch **Rückkaufswerttabellen**, die dem VN als Anlage zum Versicherungsschein zugesendet werden, sind Bestandteil des Versicherungsscheins i.S.d. § 5 VVG (BGH, VersR 2002, 88 [unter I.]).

II. Antrag des Versicherungsnehmers oder Vereinbarung

Die Vorschrift setzt einen **wirksamen Antrag des VN** i.S.d. §§ 145 ff. BGB bzw. **eine wirksame Vereinbarung** voraus. Anträge und Vereinbarungen können ausdrücklich oder konkludent, schriftlich oder mündlich abgegeben bzw. getroffen werden.

11 Der **Antrag des VN** muss hinreichend bestimmt sein (OGH, VersR 1988, 1144; VersR 1985, 603). Hierfür reicht es aus, wenn der Inhalt der Offerte nach den Regeln der §§ 133, 157 BGB bzgl. der wesentlichen Vertragspunkte eine objektiv verständliche Regelung enthält (MüKo/*Kramer*, § 145 BGB Rn 4 ff.). Bei der Frage, ob der Antrag genügend bestimmt ist, sind die Besonderheiten des Versicherungsrechts zu beachten. Im Antrag müssen nicht alle Einzelheiten des VV aufgeführt sein. Es genügt, wenn sich der Antrag des VN auf die vom VR übermittelten Informationen bezieht (§ 7 VVG) oder der Antrag **zumindest konkludent** auf den geltenden Versicherungstarif verweist, soweit aus den Umständen ersichtlich ist, dass der VN mit dem Normaltarif einverstanden ist. **Kein Antrag** liegt vor, wenn das Angebot des VN erloschen ist oder der VN eine invitatio ad offerendum abgegeben hat (vgl. Rdn 6).

12 § 5 VVG ist auch dann anwendbar, wenn der Versicherungsschein von den **getroffenen Vereinbarungen**, also einem bereits geschlossenen Vertrag abweicht. Nach OLG Karlsruhe, VersR 1992, 1121 müssen aber vor Übersendung des Versicherungsscheins konkrete Absprachen über eine Vertragsänderung stattgefunden haben. § 5 VVG ist daher nicht auf einen **Ersatzversicherungsschein** (vgl. § 3 Abs. 3 VVG; s. § 3 Rdn 19 ff.) anwendbar, der **ohne vorausgegangene Vertragsänderung** von einem bestehenden Vertrag abweicht (OLG Karlsruhe, VersR 1992, 1121).

III. Abweichung vom Antrag oder getroffenen Vereinbarungen

13 Ob und inwieweit eine Abweichung des Versicherungsscheins vom Antrag oder den getroffenen Vereinbarungen vorliegt, ist nach den **allgemeinen Auslegungsregeln (§§ 133, 157 BGB)** zu ermitteln. Eine Abweichung liegt nicht schon vor, „*wenn der Inhalt des Versicherungsscheins nicht in allen Punkten das getreue Spiegelbild eines Antrags ist*" (AG München, VersR 1992, 1126; Looschelders/Pohlmann/*Schneider*, § 5 Rn 15; restriktiv Rüffer/Halbach/Schimikowski/*Brömmelmeyer*, § 5 Rn 18). Der **Inhalt** des Antrags und der getroffenen Vereinbarungen ergibt sich nicht nur aus den verwendeten Formularen, sondern **auch aus mündlichen Erklärungen des VN**, die ggü. dem Versicherungsvertreter abgegeben werden (§ 69 Abs. 1 Nr. 1 und 2 VVG; OLG Köln, VersR 2009, 488; OLG Saarbrücken, VersR 2012, 1120, 1122; für die frühere Rechtslage ergab sich dies aus der sog. Auge-und-Ohr-Rechtsprechung, vgl. BGH, NVersZ 2002, 59 [unter II.1.]). Für die Auslegung sind auch die in § 7 VVG und der VVG-InfoV normierten **vorvertraglichen Informationspflichten** zu beachten: Da vorvertragliche Informationen den Vertragsinhalt im Zweifel ergänzen (§ 7 Rdn 62), greift i.d.R. § 5 VVG, wenn der Versicherungsschein von den vorvertraglichen Informationen abweicht (zum früheren Recht s. BK/*Schwintowski*, § 5 Rn 10).

> **Beispiele:**
> Eine **Abweichung liegt vor**, wenn im Versicherungsschein ein anderer Versicherungsbeginn angegeben wird als im Antrag des VN (BGHZ 84, 268 = VersR 1982, 841 [unter II.]; OLG Karlsruhe, VersR 1993, 1519); wenn die Laufzeit des VV abweicht (LG Aachen, r+s 1989, 206), wenn der Versicherungsschein Monats- statt Jahresprämien ausweist (OGH, VersR 1961, 476); wenn der Deckungsumfang durch den Versicherungsschein reduziert oder erweitert wird (OGH, VersR 2007, 1015); wenn der Versicherungsschein eine andere Versiche-

rungssumme enthält (LG Bielefeld, r+s 1994, 115; **a.A.** LG Augsburg/LG Nürnberg-Fürth, r+s 1994, 116); wenn der Versicherungsschein Risikoausschlüsse enthält, die sich nicht aus den AVB ergeben (LG München I, VersR 2012, 93, 96); wenn im Versicherungsschein die Einstufung in eine Schadensfreiheitsklasse (entgegen dem Antrag) nur unter Vorbehalt erfolgt (AG Solingen, zfs 2013, 512, 513), wenn nach Beitragsfreistellung in der Lebensversicherung eine erneute Gesundheitsprüfung verlangt wird (OLG Hamm, VersR 1993, 169).

Keine Abweichung liegt dagegen vor, wenn der Versicherungsschein zugunsten des VN vom Antrag abweicht, der VN jedoch das wirklich Gewollte erkannt hat; dann ist – unabhängig von der Regelung des § 5 VVG – nach den Grundsätzen der falsa demonstratio der wahre Wille des Erklärenden maßgebend (vgl. BGH, VersR 2016, 1044, Rn 17; BGH, VersR 1995, 648 [unter 2]).

IV. Widerspruch (§ 5 Abs. 1 VVG)

1. Ausübung des Widerspruchrechts

Widerspruchsberechtigt ist der VN oder sein Rechtsnachfolger (§ 1922 BGB). Bei mehreren VN ist jeder Einzelne berechtigt, der Widerspruch wirkt zugunsten aller. Der Widerspruch ist eine Willenserklärung, der VN muss daher geschäftsfähig sein. **Adressat** des Widerspruchs ist der VR oder sein Vertreter (§ 69 Abs. 1 VVG). **14**

Der **Widerspruch bedarf keiner Begründung**. Aus der Willenserklärung des VN muss lediglich hervorgehen, dass der VN die Abweichung nicht genehmigt. In besonderen Sachlagen muss durch **Auslegung** ermittelt werden, ob tatsächlich ein Widerspruch i.S.d. § 5 Abs. 1 VVG vorliegt. Widerspricht der VN einer sich aus dem Versicherungsschein ergebenden Abänderung, auf die der VR nicht gem. § 5 Abs. 2 VVG hingewiesen hat, so kommt der VV trotz Widerspruchs nach § 5 Abs. 3 VVG auf der Grundlage des Antrags des VN zustande, denn der VN will in aller Regel nicht von der gesetzlichen Regelung des § 5 Abs. 3 VVG abweichen (BGHZ 84, 268 = VersR 1982, 841; OLG Köln, r+s 1995, 283). Je nach den Umständen des Einzelfalls kann die Willenserklärung des VN auch als Anfechtungserklärung (§§ 119, 123 BGB) oder Widerruf i.S.d. § 8 VVG zu deuten sein. **15**

Der Widerspruch muss **in Textform** erfolgen (§ 126b BGB, i.e. zur Textform § 3 Rdn 13). Die **einmonatige Widerspruchsfrist** ist an den Zugang (§ 130 Abs. 1 BGB) des Versicherungsscheins geknüpft. Für die Fristberechnung gelten die §§ 187 Abs. 1, 188 Abs. 2, 193 BGB. Eine **Fristversäumung** kann grds. nicht entschuldigt werden, denn es handelt sich um eine gesetzliche **Ausschlussfrist** (Prölss/Martin/*Rudy*, § 5 Rn 11; Römer/Langheid/*Rixecker*, § 5 Rn 14; BK/*Schwintowski*, § 5 Rn 20; **a.A.** *Möller*, in: Bruck/Möller, 8. Aufl., § 5 Anm. 13). **Nach Fristablauf** ist aber eine **Anfechtung** wegen Irrtums (§ 5 Abs. 4 VVG) möglich; auch das allgemeine Widerrufsrecht kann unter den Voraussetzungen des § 8 VVG ausgeübt werden. **16**

2. Rechtsfolgen

Bei einem **ordnungsgemäßen Widerspruch** gelten die Abweichungen als nicht genehmigt. Weicht der Versicherungsschein vom Antrag des VN ab, kommt aufgrund des Wider- **17** spruchs kein VV zwischen VN und VR zustande. Lag bereits ein VV vor, bleibt es bei dessen ursprünglichen Inhalt.

18 **Fehlt ein (form- und fristgemäßer) Widerspruch**, bestimmt sich der Inhalt des VV nach § 5 Abs. 1 VVG ausschließlich nach dem Inhalt des Versicherungsscheins, wenn die Abweichung **für den VN günstig** ist (BGH, VersR 2016, 1044, Rn 12 ff.; BGH, VersR 1989, 395 [unter I.1.]; VersR 1976, 477; OLG Nürnberg, VersR 1989, 1078). Dies gilt auch dann, wenn keine ordnungsgemäße Rechtsbelehrung erfolgt ist, denn nach h.M. gilt § 5 Abs. 2 VVG als Schutzvorschrift nur für Abweichungen, die für den VN ungünstig sind (str.; vgl. Rdn 2). Die Genehmigung wirkt auf den Zeitpunkt des Vertragsschlusses zurück (h.M., vgl. Prölss/Martin/*Rudy*, § 5 Rn 14). Ist die Abweichung **für den VN nachteilhaft**, greift die Genehmigungsfiktion des § 5 Abs. 1 VVG nur dann, wenn eine ordnungsgemäße Rechtsbelehrung nach § 5 Abs. 2 erfolgt ist. Fehlt es hieran, ist die Abweichung für den VN unverbindlich und der Inhalt des Antrags nach 5 Abs. 3 VVG als vereinbart anzusehen.

19 Enthält der Versicherungsschein **z.T. günstige, z.T. ungünstige Abweichungen** oder hängt es vom Lauf der Dinge ab, ob sich eine Abweichung als günstig oder ungünstig erweist, so kommt es nach OGH, VersR 2007, 1015 auf die **Perspektive des VN** an (vgl. auch *Koziol*, JBl 1981, 574, 578; *Schreiber*, VersR 1994, 760, 764).

> **Beispiel (nach OGH, VersR 2007, 1015)**
> Der VR stellt eine All-Risk-Police aus, die im Gegensatz zum Antrag des VN auch das Risiko „Überschwemmung" abdeckt. Der VN zahlt eine entsprechend höhere Prämie. Im Jahr 2008 wird der versicherte Betrieb des VN durch Hochwasser überschwemmt. Die Abweichung ist ex ante betrachtet für den VN sowohl günstig (erweiterter Deckungsschutz) als auch ungünstig (höhere Prämien). Entscheidend ist jedoch allein die subjektive Bewertung des VN. Diese ergibt, dass die Abweichung für den VN ex post günstig ist. Der VN kann vom VR nach § 5 Abs. 1 VVG die Deckung der durch die Überschwemmung eingetretenen Schäden verlangen.

V. Ordnungsgemäße Rechtsbelehrung (§ 5 Abs. 2 VVG)

20 Der VR unterliegt **Rechtsbelehrungspflichten**, wenn der Versicherungsschein zum Nachteil des VN von dessen Antrag oder den getroffenen Vereinbarungen abweicht. § 5 Abs. 2 VVG sieht eine generelle Belehrungspflicht vor, die durch spezielle Belehrungspflichten ergänzt wird: Der VR muss den VN nach **§ 5 Abs. 2 S. 1 VVG** zunächst im Allgemeinen auf die Abweichungen und darauf hinweisen, dass Abweichungen als genehmigt gelten, wenn der VN nicht innerhalb eines Monats nach Zugang des Versicherungsscheins in Textform widerspricht. Der VN soll durch diesen **Hinweis** darüber aufgeklärt werden, dass die Genehmigung **durch bloßen Zeitablauf fingiert** wird. Der Hinweis muss „bei Übermittlung des Versicherungsscheins" erfolgen. Da Formerfordernisse nicht vorgesehen sind, kann die Belehrung auch mündlich erfolgen (zutreffend Rüffer/Halbach/Schimikowski/*Brömmelmeyer*, § 5 Rn 25); der VR hat jedoch eine ordnungsgemäße Belehrung zu beweisen (vgl. Rdn 28).

Nach **§ 5 Abs. 2 S. 2 VVG** ist darüber hinaus im Besonderen auf jede Abweichung durch einen **auffälligen Hinweis** im Versicherungsschein aufmerksam zu machen. Weicht der Inhalt des Versicherungsscheins von den mündlichen Erklärungen des VN ab, die ggü. dem Versicherungsvertreter abgegeben werden (s. Rdn 13), muss der Versicherungsschein auch solche Abweichungen hervorheben. Diese Hinweise müssen **im Versicherungsschein** selbst aufgenommen werden, denn anderenfalls könnte die Mitteilung vom VN übersehen werden (Begr. BT-Drucks 16/3945, S. 57; anders dagegen die frühere Rechtslage, vgl. § 5 Abs. 2 S. 2 VVG a.F.: Hinweis durch besondere schriftliche Mitteilung oder durch auffälligen Vermerk im Versicherungsschein). 21

Die Belehrung nach § 5 Abs. 2 S. 2 VVG muss **in auffälliger Form** erfolgen, also durch grafische Gestaltung (Schrifttyp, Schriftfarbe, Fettdruck, Umrandung, Einrückungen, Symbole) besonders hervorgehoben werden. Entscheidend ist, dass die Hinweise bereits beim **flüchtigen Durchlesen** auffallen (OLG Karlsruhe, VersR 1992, 227). Nach OLG Köln, r+s 1995, 283 reicht es daher nicht aus, wenn die Abweichung mit einem vorangestellten Sternchen kenntlich gemacht wird und erst am Ende des Versicherungsscheins in gleicher Farbe und Drucktype der Hinweis „weicht vom Antrag ab" erfolgt. Nach LG Heidelberg (VersR 1992, 227, bestätigt durch OLG Karlsruhe, VersR 1992, 227) soll dagegen ein farblich nicht hervorgehobenes Doppelkreuz ausreichen, wenn der Hinweis als eigener Absatz vom laufenden Text abgesondert und durch Fettdruck so gestaltet ist, dass er ins Auge springen muss. 22

Keine Belehrungspflicht besteht, wenn der VN nach § 242 BGB nicht schutzbedürftig ist, so beispielsweise, wenn der VR bereits vor Antragstellung hinreichend deutlich macht, er werde ein bestimmtes Risiko auf keinen Fall übernehmen und der VN dennoch entsprechende Deckung beantragt (LG Dortmund, ZfV 2015, 154, 155). 23

VI. Rechtsfolgen bei nicht ordnungsgemäßer Rechtsbelehrung (§ 5 Abs. 3 VVG)

Verletzt der VR die in § 5 Abs. 2 VVG normierten Belehrungspflichten, ist die Abweichung für den VN unverbindlich und der **Inhalt des Antrags** wird nach § 5 Abs. 3 VVG Vertragsinhalt (sog. umgekehrte Billigungsklausel). § 5 Abs. 3 VVG gilt jedoch nur für Abweichungen, die für den VN ungünstig sind. Die Beurteilung, ob eine Abweichung für den VN vorteilhaft oder nachteilig ist, muss dabei mit Blick auf den Schutzcharakter der Vorschrift subjektiv aus der Warte des VN erfolgen (vgl. Rdn 19). 24

Ein **Verschulden des VR ist nicht erforderlich**. Die Rechtsfolgen des § 5 Abs. 3 VVG treten auch dann ein, wenn der VR die Abweichung nicht erkannt hat und deshalb den Hinweis nach § 5 Abs. 2 VVG unterlässt (BGH, VersR 1987, 663). Dies gilt auch dann, wenn der Versicherungsschein mündliche Ergänzungen, die der VN ggü. dem Versicherungsvertreter abgegeben hat (s. Rdn 13), nicht berücksichtigt (BGH, NVersZ 2002, 59 [unter II.1.]). 25

VII. Irrtumsanfechtung (§ 5 Abs. 4 VVG)

26 Das Recht des **VN**, seine Willenserklärung bei einem abweichenden Versicherungsschein wegen **Irrtums gem. § 119 BGB** anzufechten, darf nach § 5 Abs. 4 VVG nicht abbedungen werden. Gleiches gilt für die Anfechtung wegen **arglistiger Täuschung gem. § 123 BGB**. Ein nach § 119 Abs. 1 BGB beachtlicher Inhaltsirrtum liegt vor, wenn sich der VN über den Inhalt des Versicherungsscheins geirrt hat. Nach BK/*Schwintowski*, § 5 Rn 36 soll der VN darüber hinaus zur Anfechtung berechtigt sein, wenn er sich über den Lauf der Widerspruchsfrist geirrt hat, nicht wusste, dass ein Widerspruch überhaupt möglich ist oder sich über die rechtlichen Konsequenzen seines Schweigens irrte. Nach Prölss/Martin/*Rudy*, § 5 Rn 22 ist dagegen ein **Irrtum des VN über die Bedeutung des Schweigens** irrelevant. Dem ist zuzustimmen. Ein Rechtsfolgenirrtum ist grds. unbeachtlich, wenn er nicht die sich aus dem Inhalt des Geschäfts ergebenden, sondern die kraft Gesetzes eintretenden Rechtsfolgen betrifft (BGH, NJW 2002, 3100, 3103).

27 Auch der **VR** kann den VV nach § 119 BGB anfechten, unbeachtlich ist jedoch der reine **Kalkulationsirrtum** bei der Prämienberechnung, es sei denn, ein Erklärungs- oder Inhaltsirrtum kann vom VR im Einzelnen nachgewiesen werden (OLG Frankfurt am Main, VersR 1996, 1353). Aus der **Anfechtungserklärung** muss sich **eindeutig** der Wille ergeben, das Geschäft gerade wegen des Willensmangels nicht bestehen lassen zu wollen (BGH, VersR 1995, 648 [unter 1.b.]). An dieser Voraussetzung fehlt es, wenn der VR den Vertrag fortsetzen und nur die bei Vertragsschluss irrtümlich vereinbarte Rückkaufswerttabelle gegen eine neue tarifgemäße Rückkaufswerttabelle ersetzen möchte (BGH, VersR 2002, 88).

D. Prozessuales

28 Beruft sich der VR auf die Genehmigungsfiktion nach § 5 Abs. 1 VVG, muss er den Zugang des Versicherungsscheins beweisen. Er trägt ferner die **Beweislast** dafür, den VN ordnungsgemäß nach § 5 Abs. 2 VVG belehrt zu haben (OGH, VersR 1988, 199; VersR 2002, 1310). Der VN muss demgegenüber beweisen, dass der Inhalt des Versicherungsscheins von seinem Antrag bzw. den getroffenen Vereinbarungen abweicht; dies gilt insb. für eine den schriftlichen Antrag ergänzende mündliche Erklärung des VN auf erweiterten Versicherungsschutz (BGH, VersR 2002, 1089).

E. Abdingbarkeit

29 § 5 Abs. 1 bis 3 VVG ist **nicht zum Nachteil des VN** abdingbar (§ 18 VVG). Anfechtungsrechte nach allgemeinem Recht sind unabdingbar (§ 5 Abs. 4 VVG).

| § 6 VVG | Beratung des Versicherungsnehmers |

(1) Der Versicherer hat den Versicherungsnehmer, soweit nach der Schwierigkeit, die angebotene Versicherung zu beurteilen, oder der Person des Versicherungsnehmers

und dessen Situation hierfür Anlass besteht, nach seinen Wünschen und Bedürfnissen zu befragen und, auch unter Berücksichtigung eines angemessenen Verhältnisses zwischen Beratungsaufwand und der vom Versicherungsnehmer zu zahlenden Prämien, zu beraten sowie die Gründe für jeden zu einer bestimmten Versicherung erteilten Rat anzugeben. Er hat dies unter Berücksichtigung der Komplexität des angebotenen Versicherungsvertrags zu dokumentieren.

(2) Der Versicherer hat dem Versicherungsnehmer den erteilten Rat und die Gründe hierfür klar und verständlich vor dem Abschluss des Vertrags in Textform zu übermitteln. Die Angaben dürfen mündlich übermittelt werden, wenn der Versicherungsnehmer dies wünscht oder wenn und soweit der Versicherer vorläufige Deckung gewährt. In diesen Fällen sind die Angaben unverzüglich nach Vertragsschluss dem Versicherungsnehmer in Textform zu übermitteln; dies gilt nicht, wenn ein Vertrag nicht zustande kommt und für Verträge über vorläufige Deckung bei Pflichtversicherungen.

(3) Der Versicherungsnehmer kann auf die Beratung und Dokumentation nach den Absätzen 1 und 2 durch eine gesonderte schriftliche Erklärung verzichten, in der er vom Versicherer ausdrücklich darauf hingewiesen wird, dass sich ein Verzicht nachteilig auf seine Möglichkeit auswirken kann, gegen den Versicherer einen Schadensersatzanspruch nach Absatz 5 geltend zu machen.

(4) Die Verpflichtung nach Absatz 1 S. 1 besteht auch nach Vertragsschluss während der Dauer des Versicherungsverhältnisses, soweit für den Versicherer ein Anlass für eine Nachfrage und Beratung des Versicherungsnehmers erkennbar ist. Der Versicherungsnehmer kann im Einzelfall auf eine Beratung durch schriftliche Erklärung verzichten.

(5) Verletzt der Versicherer eine Verpflichtung nach Absatz 1, 2 oder 4, ist er dem Versicherungsnehmer zum Ersatz des hierdurch entstehenden Schadens verpflichtet. Dies gilt nicht, wenn der Versicherer die Pflichtverletzung nicht zu vertreten hat.

(6) Die Absätze 1 bis 5 sind auf Versicherungsverträge über ein Großrisiko im Sinn des § 210 Absatz 2 nicht anzuwenden, ferner dann nicht, wenn der Vertrag mit dem Versicherungsnehmer von einem Versicherungsmakler vermittelt wird oder wenn es sich um einen Vertrag im Fernabsatz im Sinn des § 312c des Bürgerlichen Gesetzbuchs handelt.

Übersicht

	Rdn
A. Grundlagen	1
I. Normzweck	1
II. Das Modell der anlassbezogenen Beratung	3
III. Entstehungsgeschichte – Vorgaben des Unionsrechts	5
1. Versicherungsvermittler-RL 2002/92/EG	5
2. Versicherungsvertriebs-RL 2016/97 (IDD)	8
a) Überblick	8
b) Wohlverhaltensregeln, insb. Offenlegung von Provisionen	9
c) Allgemeine Beratungspflichten	10
d) Gesteigerte Beratungspflichten bei Versicherungsanlageprodukten	13

    IV. Verhältnis zu anderen Vorschriften 15
        1. Informationspflichten 15
        2. Haftung für falsche Aufklärung oder Beratung 16
        3. Hinweis- und Belehrungspflichten 17
        4. Verhältnis zu §§ 59 ff. VVG 18
    V. Zeitlicher Anwendungsbereich 19
B. Norminhalt 20
    I. Vorvertragliche Beratung (§ 6 Abs. 1 VVG) 20
        1. Anlass zur Beratung 21
            a) Überblick 21
            b) Schwierigkeit, die angebotene Versicherung zu beurteilen 22
            c) Person des VN und dessen Situation 23
            d) Erkennbarkeit 24
            e) Sonderfall „Vertragswechsel" 26
        2. Umfang der Fragepflicht 27
        3. Umfang der Beratungspflicht 30
        4. Grenzen der Beratung 33
    II. Dokumentationspflichten (§ 6 Abs. 1 S. 2, Abs. 2 VVG) 35
        1. Sinn und Zweck der Dokumentationspflichten 35
        2. Anwendbarkeit 36
        3. Anforderungen an die Dokumentation (§ 6 Abs. 2 S. 1 VVG) 37
        4. Mündliche Beratung (§ 6 Abs. 2 S. 2 und 3 VVG) 41
    III. Beratungs- und Dokumentationsverzicht (§ 6 Abs. 3 VVG) 43
        1. Regelungsgehalt 43
        2. Unionsrechtliche Vorgaben 44
    IV. Beratungspflichten während der Vertragslaufzeit (§ 6 Abs. 4 VVG) 45
        1. Voraussetzungen und Umfang der Beratungspflichten (§ 6 Abs. 4 S. 1 VVG) . 45
            a) Grundsätze 45
            b) Anlass zur Beratung 46
            c) Einführung neuer Versicherungsbedingungen und Tarife 47
            d) Eintritt des Versicherungsfalls 48
            e) Unwirksame Kündigung 49
            f) Vertragswechsel 50
        2. Beratungsverzicht (§ 6 Abs. 4 S. 2 VVG) 51
    V. Schadensersatzpflicht des Versicherers (§ 6 Abs. 5 VVG) 52
        1. Normstruktur 52
        2. Voraussetzungen 53
            a) Pflichtverletzung 53
            b) Vertretenmüssen 55
            c) Vermögensschaden 56
        3. Rechtsfolgen 57
            a) Wahlrecht des VN: Vertragsaufhebung oder Vertragsanpassung 57
            b) Mitverschulden des Versicherungsnehmers (§ 254 BGB) 59
            c) Einwand des Rechtsmissbrauchs 60
        4. Verjährung 61
    VI. Bereichsausnahmen (§ 6 Abs. 6 VVG) 62
        1. Großrisiken und Rückversicherung 62
        2. Vermittlung durch Makler 63
        3. Fernabsatzverträge 66
C. Rechtsfolgen 68
    I. Gewohnheitsrechtliche Erfüllungshaftung 68
    II. Weitere Rechtsfolgen 71
D. Abdingbarkeit 72
E. Übersicht: Schadensersatzansprüche des VN gem. § 6 Abs. 5 VVG 73

A. Grundlagen

I. Normzweck

Die Bestimmung ist durch die VVG-Reform **neu eingefügt** worden. **Beratungspflichten** waren bereits zuvor in der Rechtsprechung anerkannt, ohne dass hierfür eine Rechtsgrundlage normiert war (Überblick bei *Dörner*, in: Karlsruher Forum 2000, 2001, S. 39 ff.; *Kieninger*, AcP 199 [1999], 190; *Römer*, VersR 1998, 1313; ders., Informationspflichten der Versicherer; *Schirmer*, r+s 1999, 133 ff., 177 ff.; speziell zu den nachvertraglichen Beratungspflichten *Armbrüster*, in: FS Schirmer, S. 1). § 6 verpflichtet den VR nunmehr **kraft Gesetzes**, den VN vor Vertragsschluss bzw. während der Vertragslaufzeit zu beraten, wenn hierfür aufgrund der konkreten Umstände ein Anlass besteht. Der Rückgriff auf § 242 BGB und die Figur eines (konkludent geschlossenen) Beratungsvertrags zur Begründung von Beratungspflichten ist damit weitgehend entbehrlich geworden (vgl. aber Rdn 16, 65, 67). [1]

§ 6 Abs. 1 VVG regelt die vorvertraglichen Beratungspflichten. Nach § 6 Abs. 2 VVG hat der VR den erteilten Rat und die Gründe hierfür zu dokumentieren und dem VN vor Abschluss des Vertrags in Textform zu übermitteln. § 6 Abs. 3 VVG legt die Voraussetzungen fest, unter denen auf eine Beratung und Dokumentation verzichtet werden kann. § 6 Abs. 4 VVG regelt die Beratungspflichten während der Vertragslaufzeit. Nach § 6 Abs. 5 VVG ist der VR bei einem schuldhaften Beratungspflichtverstoß ggü. dem VN zum Schadensersatz verpflichtet. § 6 Abs. 6 VVG legt Bereichsausnahmen fest, in denen die Beratungspflichten nicht zur Anwendung kommen. [2]

II. Das Modell der anlassbezogenen Beratung

Die in § 6 VVG geregelten Beratungspflichten greifen nicht abstrakt ein, vielmehr müssen sie nach § 6 Abs. 1 S. 1 VVG (vorvertragliche Beratung) bzw. § 6 Abs. 4 VVG (Beratung während der Vertragsdauer) stets durch einen **konkreten Anlass** ausgelöst werden. Das neue Recht basiert damit – entgegen der vom Bundesrat geäußerten Kritik (vgl. BT-Drucks 16/3945, S. 125) – auf dem Modell einer **anlassbezogenen Beratung**, das bereits zuvor in der Rechtsprechung entwickelt wurde (zusammenfassend *Kieninger*, AcP 198, 190, 195 f.). Danach ist es grds. Sache des VN, sich auf der Grundlage der (standardisierten) vorvertraglichen Informationen und AVB in eigener Verantwortung um den Versicherungsschutz zu kümmern, der seinen Wünschen und Bedürfnissen entspricht. Nach BGH, VersR 1981, 621 [unter 3.] kann es *„nicht Sache des Versicherers und der für ihn handelnden oder verhandelnden Personen sein, umfangreiche Befragungen durchzuführen, um festzustellen, ob für den VN möglicherweise eine andere als die beantragte Versicherungsart vorteilhafter ist; er wird vielmehr nur dann aufklären müssen, wenn er erkennen oder mit der nahe liegenden Möglichkeit rechnen muss, dass der Antragsteller aus mangelnden versicherungsrechtlichen oder versicherungstechnischen Kenntnissen nicht die für ihn zweckmäßigste Vertragsgestaltung gewählt hat"*. [3]

4 Inwieweit sich nach neuem Recht dieses **Regel-Ausnahme-Verhältnis** – auch unter dem Eindruck der Versicherungsvermittler-RL und der Versicherungsvertriebs-RL, die beide grds. von einer Beratungspflicht ausgehen (Rdn 5, 10) – umkehren wird, bleibt abzuwarten. Aufgrund der Vielzahl der unbestimmten Rechtsbegriffe und der Einflüsse des Unionsrechts lässt sich die Rechtsprechungsentwicklung schwer abschätzen. Jedenfalls ist anzunehmen, dass Beratungspflichten – auch mit Blick auf die neu eingeführten Dokumentationspflichten – künftig eine größere Rolle in der Versicherungspraxis spielen werden.

III. Entstehungsgeschichte – Vorgaben des Unionsrechts

1. Versicherungsvermittler-RL 2002/92/EG

5 § 6 VVG dient auch der **Umsetzung der Versicherungsvermittler-RL 2002/92/EG**. Nach Art. 12 Abs. 3 S. 1 der Richtlinie sind sowohl Makler als auch Ein- und Mehrfirmenvertreter zur Beratung des VN verpflichtet (*Ebers*, VersWissStud. 26, S. 123, 144; *Römer*, VersR 2006, 740, 742; *Langer/Rosenow*, in: Liber Amicorum *Stauder*, S. 195, 214; **a.A.** *Reiff*, VersR 2007, 717, 726; i.E. Rn 35). Die RL enthält aber nur äußerst unbestimmte Vorgaben, denn in Art. 12 Abs. 3 wird nicht festgelegt, ob Beratungspflichten stets oder nur anlassbezogen entstehen und welche Anforderungen im Einzelnen zu erfüllen sind, um die Wünsche und Bedürfnisse des VN zu ermitteln und einen entsprechenden Rat zu erteilen. Insoweit verbleibt den Mitgliedstaaten ein erheblicher Gestaltungsspielraum, der jedoch vom EuGH wieder eingeengt werden kann (*Micklitz*, in: Herrmann, Reform des Versicherungsvertragsrechts, S. 173, 190). Die RL betrifft von ihrem Anwendungsbereich her nur Versicherungsmakler und Versicherungsagenten. Die Versicherungsvermittlung durch den VR oder dessen angestellte Vermittler wird demgegenüber nicht geregelt (Art. 2 Nr. 3 Abs. 2).

6 Die RL war bis zum 15.1.2005 umzusetzen. Der deutsche Gesetzgeber hat die Beratungspflichten der Versicherungsvermittler erst durch das am 22.5.2007 in Kraft getretene **Gesetz zur Neuregelung des Versicherungsvermittlerrechts** vom 19.12.2006 (BGBl I 2006, S. 3232) in den §§ 42a ff. VVG a.F. (jetzt §§ 59 ff. VVG) geregelt. Zu den Rechtsfolgen bei verspäteter Richtlinienumsetzung, insb. zur richtlinienkonformen Auslegung vgl. Gebauer/Wiedmann/*Gebauer*, Zivilrecht unter europäischem Einfluss, Kap. 3 Rn 17 ff. Durch die **VVG-Reform** wurden die Beratungspflichten auf die VR erstreckt. In der Regierungsbegründung (BT-Drucks 16/3945, S. 58) heißt es hierzu: „*Zwar ist die Vermittlerrichtlinie auf die Versicherungsvermittlung durch den Versicherer oder dessen angestellte Vermittler nicht anzuwenden. Für das Versicherungsvertragsrecht macht es aber keinen Sinn, dem für Rechnung eines Versicherers handelnden selbstständigen Vermittler Pflichten im Interesse des Versicherungsnehmers aufzuerlegen, die der Versicherer nicht haben soll.*" § 6 VVG bezweckt somit, einen **Gleichlauf** zwischen den Beratungspflichten der Vermittler und der VR herzustellen.

7 Die Versicherungsvermittler-RL ist damit in § 6 VVG **überschießend umgesetzt** worden. Die Vorschrift ist **richtlinienorientiert** auszulegen (Einf. vor § 1 Rdn 21). Da die Pflichten nach § 6 VVG grds. keinen geringeren Umfang haben sollten als diejenigen der Vermittler (Rdn 6), ist eine gespaltene Auslegung zwischen den Bereichen des nationalen Rechts, die unmittelbar der Richtlinie unterfallen, und den Bereichen, die im nationalen Recht überobligatorisch angeglichen wurden, abzulehnen (so auch Pohlmann, VersR 2009, 327, 330). Zweifelsfragen zur Auslegung können dem EuGH vorgelegt werden (*Basedow*, Vers-WissStud. 29, S. 45, 52). Dies betrifft etwa die Frage, ob das Modell einer anlassbezogenen Beratung mit dem Unionsrecht vereinbar ist, in welchem Umfang die Wünsche und Bedürfnisse des VN zu ermitteln sind, sowie das grds. Problem, ob die in § 6 Abs. 3 VVG vorgesehene Möglichkeit eines Beratungsverzichts (vgl. Rdn 44) richtlinienkonform ist.

2. Versicherungsvertriebs-RL 2016/97 (IDD)

a) Überblick

Infolge der am 20.1.2016 verabschiedeten Versicherungsvertriebs-RL 2016/97 (auch: IDD = Directive on Insurance Distribution) werden sich die rechtlichen Rahmenbedingungen für den Versicherungsvertrieb in Deutschland erneut ändern. Die **bis zum 23.2.2018 umzusetzende IDD** revidiert die Versicherungsvermittler-RL in einigen entscheidenden Punkten. Sie gilt im Unterschied zur Versicherungsvermittler-RL für den gesamten Versicherungsvertrieb (Art. 1 Abs. 2, Art. 2 Abs. 1 Nr. 1 und Erwägungsgrund (7) IDD) und damit auch für den Direktvertrieb und den Vertrieb durch Arbeitnehmer des VR. VR unterliegen demnach (wie nach § 6 VVG) ähnlichen Beratungspflichten wie Vermittler. Die RL gilt nach Art. 2 Abs. 1 Nr. 1 IDD ausdrücklich auch für Internet-Vergleichsplattformen, wenn der Kunde anschließend die Möglichkeit hat, einen VV direkt oder indirekt abzuschließen; ausgenommen sind nur solche Websites, die von öffentlichen Stellen oder Verbraucherverbänden betrieben werden und die nicht das Ziel verfolgen, Verträge abzuschließen, sondern die lediglich auf dem Markt verfügbare Versicherungsprodukte vergleichen (zur gegenwärtigen Rechtslage vgl. BGH, VersR 2014, 497; *Schwintowski*, VersR 2015, 1062 ff.). Neben die IDD treten die in der **PRIIP-VO 1286/2014** geregelten Informationspflichten, die bereits ab dem 31.12.2016 zu beachten sind (hierzu § 7 Rdn 5).

8

b) Wohlverhaltensregeln, insb. Offenlegung von Provisionen

Art. 17 IDD normiert zunächst allgemeine **Wohlverhaltensregeln**. VR und Vermittler müssen nach Art. 17 Abs. 1 IDD beim Vertrieb ehrlich, redlich und professionell im **bestmöglichen Interesse des Kunden** handeln. Die **Vergütung** der Versicherungsvertreiber darf nach Art. 17 Abs. 3 IDD nicht in einer Weise erfolgen, die mit dieser Pflicht kollidiert. Durch die Vergütung dürfen insbesondere keine Anreize geschaffen werden, einem Kunden ein bestimmtes Versicherungsprodukt zu empfehlen, obwohl der Versicherungsvertreiber ein anderes, den Bedürfnissen des Kunden besser entsprechendes Versicherungsprodukt anbieten könnte. Zur Konkretisierung des in der IDD niedergelegten Kollisionsverbots liegt es nahe, auf aufsichtsrechtliche Vorschriften wie die Versicherungs-Vergütungsverordnung (BGBl 2016 I S. 763) zurückzugreifen, bevor die EIOPA konkretere Maßstäbe entwickelt hat (*Teichler*, VersR 2016, 1088, 1089). Ein **Verbot der Provisionsvermittlung** ist demgegenüber – entgegen ursprünglichen Vorschlägen (hierzu *Reiff*, VersR 2015, 649, 650) – **nicht mehr vorgesehen**. Die Mitgliedstaaten können ein derartiges Verbot dennoch vor-

9

schreiben (Art. 22 Abs. 3 IDD). Im Unterschied zu Vorentwürfen gibt es auch **keine allgemeine Pflicht zur Offenlegung der Vermittlerprovisionen** im Bereich der **Nicht-Lebensversicherung**. Vielmehr muss den Kunden in der Regel nur mitgeteilt werden, ob die Vergütung auf der Basis eines vom Kunden zu zahlenden Honorars oder einer Provision oder einer Kombination beider Modelle erfolgt und durch wen die Vergütung erfolgt (Art. 19 Abs. 1 lit. d-e IDD). Verschärfte Anforderungen gelten für **Versicherungsanlageprodukte (wie z.B. fondsgebundene und kapitalbildende Lebensversicherungen)**, die in Art. 2 Abs. 1 Nr. 17 IDD ähnlich definiert werden wie in der PRIIP-VO 1286/2014 (dazu, insb. zur Frage, ob kapitalbildende Lebensversicherungen unter den Begriff „Versicherungsanlageprodukt" fallen, § 7 Rdn 5). Nach Art. 29 Abs. 1 Unterabs. 1 lit. c IDD müssen die (potenziellen) Kunden rechtzeitig vor Abschluss eines derartigen Vertrags **über sämtliche Kosten und verbundenen Gebühren** informiert werden. Die Kosten sind nicht nur in „aggregierter Form" als Gesamtbetrag auszuweisen, sondern – sofern der Kunde dies verlangt – auch in Form einer Einzelaufstellung nach Posten (Art. 29 Abs. 1 Unterabs. 2 IDD). Für Versicherungsanlageprodukte besteht damit künftig eine **Provisionsoffenlegungspflicht** (so auch VersR-Hdb/*Mönnich*, § 2 Rn 171 [zur Kompromissfassung des Rates v. 7.11.2014]).

c) Allgemeine Beratungspflichten

10 Art. 20 IDD normiert **Beratungspflichten**. Nach Art. 20 Abs. 1 Unterabs. 1 IDD müssen Versicherungsvertreiber (VR und Vermittler) vor Abschluss eines Versicherungsvertrags stets die Wünsche und Bedürfnisse des Kunden anhand dessen Angaben ermitteln (sog. **Wunsch- und Bedürfnistest**, vgl. Erwägungsgrund (44)). Nach Art. 20 Abs. 1 Unterabs. 2 IDD gilt: *„Jeder angebotene Vertrag muss den Wünschen und Bedürfnissen des Kunden hinsichtlich der Versicherung entsprechen."* Die neue Richtlinie geht damit wie die Versicherungsvermittler-RL 2002/92/EG (str.; vgl. Rdn 5, 44) davon aus, dass **bei sämtlichen VV** zumindest rudimentäre **Frage- und Beratungspflichten** bestehen. Anderenfalls könnte überhaupt nicht sichergestellt werden, dass jedes angebotene Versicherungsprodukt, wie Art. 20 Abs. 1 Unterabs. 2 IDD verlangt, stets den Wünschen und Bedürfnissen des Kunden entspricht. Die IDD ist insoweit missverständlich formuliert, als sie erst in Art. 20 Abs. 1 Unterabs. 3 von einer „*Beratung*" spricht (ebenfalls missverständlich: Art. 30 Abs. 2 Unterabs. 2 S. 1 IDD, wo von einer Vermittlung „*ohne Beratung*" die Rede ist). Da der angebotene Vertrag nach Art. 20 Abs. 1 Unterabs. 2 IDD auch ohne (besondere) Beratung den Wünschen und Bedürfnissen des Kunden entsprechen muss, bestehen bei jedem VV zumindest teilweise Beratungspflichten in Form von Frage- und Aufklärungspflichten (wie hier *Beyer*, VersR 2016, 293, 296). Weitergehende Pflichten bestehen, wenn vor Abschluss eines Vertrags eine **(besondere) Beratung** erfolgt. Dann muss der Versicherungsvertreiber nach Art. 20 Abs. 1 Unterabs. 3 IDD eine **persönliche Empfehlung** an den Kunden richten, in der erläutert wird, warum ein bestimmtes Produkt den Wünschen und Bedürfnissen des Kunden am besten entspricht (**Begründungspflicht**). Diese Beratungspflichten werden in Art. 23 IDD durch **Dokumentationspflichten** abgerundet.

Für den Vertrieb von **Nichtlebensversicherungsprodukten** verpflichtet Art. 20 Abs. 5–8 IDD zudem zur Übermittlung eines **standardisierten Informationsblatts**. Für Lebensversicherungsverträge, die zugleich Versicherungsanlageprodukte sind, folgt die Pflicht zur Übermittlung eines standardisierten Informationsblatts dagegen bereits aus der PRIIP-VO 1286/2014 (dazu § 7 Rdn 5). **11**

Die in Art. 18–20 IDD normierten Auskünfte brauchen nach Art. 22 Abs. 1 Unterabs. 1 IDD **nicht erteilt** werden, wenn es sich bei dem abzuschließenden Vertrag um eine Versicherung für **Großrisiken** handelt. Den Mitgliedstaaten bleibt es aber nach Art. 22 Abs. 2 IDD unbenommen, strengere Vorschriften beizubehalten oder zu erlassen, sofern diese mit dem Unionsrecht vereinbar sind. Insbesondere können die Mitgliedstaaten die in Art. 20 Abs. 1 Unterabs. 3 IDD genannte (besondere) Beratung für den Vertrieb jedes Versicherungsprodukts oder für bestimmte Arten von Versicherungsprodukten verbindlich vorschreiben. **12**

d) Gesteigerte Beratungspflichten bei Versicherungsanlageprodukten

Verschärfte Anforderungen gelten wiederum für **Versicherungsanlageprodukte** (zum Begriff § 7 Rdn 5): Nach Art. 30 IDD bestehen vor allem **gesteigerte Fragepflichten**. Der VR bzw. Vermittler muss den (potentiellen) Kunden nach Art. 30 Abs. 2 Unterabs. 1 IDD insbesondere über seine Kenntnisse und Erfahrungen im Anlagebereich in Bezug auf das angebotene Produkt befragen, um beurteilen zu können, ob der in Betracht gezogene Vertrag für den Kunden angemessen ist. Ist der VR bzw. Vermittler aufgrund der erhaltenen Informationen der Ansicht, dass das Produkt für den (potentiellen) Kunden unangemessen ist, muss nach Art. 30 Abs. 2 Unterabs. 2 IDD eine diesbezügliche **Warnung** ausgesprochen werden. Erbringt der VR bzw. Vermittler eine (besondere) Beratung, sind nach Art. 30 Abs. 1 Unterabs. 1 IDD zudem die finanziellen Verhältnisse des Kunden und seine Anlageziele zu erfragen, damit das empfohlene Versicherungsanlageprodukt der Risikotoleranz des Kunden sowie seiner Fähigkeit Verluste zu tragen entspricht. Außerdem muss dem Kunden vor Vertragsschluss nach Art. 30 Abs. 5 Unterabs. 2 IDD auf einem dauerhaften Datenträger eine **Geeignetheitserklärung** übermittelt werden, in der die erbrachte Beratungsleistung und die Art und Weise, in der diese den Präferenzen, Zielen und anderen kundenspezifischen Merkmalen entspricht, aufgeführt sind. Nach Art. 30 Abs. 6 IDD wird der **Europäischen Kommission** die Befugnis übertragen, delegierte Rechtsakte zu erlassen, um Einzelheiten der Frage-, Beratungs- und Dokumentationspflichten festzulegen. **13**

Die Mitgliedstaaten können nach Art. 22 Abs. 1 Unterabs. 2 IDD vorsehen, dass die für Versicherungsanlageprodukte vorgesehenen Auskünfte einem **professionellen Kunden** (Art. 4 Abs. 1 Nr. 10 Richtlinie 2014/65/EU) **nicht erteilt** zu werden brauchen. **14**

IV. Verhältnis zu anderen Vorschriften

1. Informationspflichten

15 Die im VVG geregelten Beratungspflichten (§§ 6, 60, 61 VVG) treten neben die Informationspflichten (§§ 7, 154, 155 VVG; VVG-InfoV). Während **Informationspflichten** auf eine einzelfallunabhängige, standardisierte Weitergabe von Informationen abzielen, geht es bei den **Beratungspflichten** um eine auf den konkreten Fall bezogene Kenntnisverschaffung und eine Empfehlung im Einzelfall. Den VR trifft insb. eine **Informationsbeschaffungspflicht** (Fragepflicht). Eine Beratung setzt voraus, dass der Beratende seine Empfehlung erst ausspricht, nachdem er sich zuvor über die individuellen Wünsche und Bedürfnisse des Kunden informiert hat.

2. Haftung für falsche Aufklärung oder Beratung

16 Der Rückgriff auf § 6 VVG erübrigt sich, wenn der VR oder sein Vermittler von sich aus eine Beratung gewährt haben. Unabhängig vom Bestehen einer anlassbezogenen Beratungspflicht ist nämlich in der Rechtsprechung anerkannt, dass der VR in jedem Fall eine sorgfältige Beratung schuldet, wenn er tatsächlich den VN berät (BGH, NJW 1964, 245; KG, VersR 2007, 731; LG Flensburg, r+s 1995, 350; LG Köln, r+s 1993, 229). Der VN darf auf die **tatsächlich gewährte Beratung** und Aufklärung vertrauen. Der VR haftet daher für falsche Aufklärung oder Beratung – unabhängig von den Voraussetzungen des § 6 VVG – auf **Schadensersatz** gem. §§ 280 Abs. 1, 241 Abs. 2 ggf. i.V.m. § 311 Abs. 2 BGB bzw. nach den Grundsätzen der Erfüllungshaftung (Rdn 68 ff.). Darüber hinaus kann in besonderen Sachlagen, die von § 6 VVG nicht erfasst werden, weiterhin auf die allgemeine Generalklausel von Treu und Glauben (§ 242 BGB) zurückgegriffen werden (vgl. Rdn 65, 67). In Ausnahmefällen können zudem die zum **Kapitalanlagerecht** entwickelten Aufklärungspflichten einschlägig sein (vgl. BGHZ 194, 39 = VersR 2012, 1237, Rn 53; BGH, VersR 2012, 1237; OLG Köln, VersR 2014, 1238; im Einzelnen Einf. vor § 1 Rdn 28).

3. Hinweis- und Belehrungspflichten

17 Von den Beratungspflichten sind ferner Hinweis- und Belehrungspflichten zu unterscheiden, die im VVG zahlreich vorgesehen sind (vgl. §§ 5 Abs. 2, 8 Abs. 2 S. 1 Nr. 2, 9 S. 1, 19 Abs. 5 S. 1 und Abs. 6 S. 2, 25 Abs. 2 S. 2, 37 Abs. 2 S. 2, 38 Abs. 3 S. 2 letzter Halbs., 40 Abs. 1 S. 2, 51 Abs. 1, 52 Abs. 1 S. 2, 128 S. 2, 154 Abs. 2, 166 Abs. 3, 186 VVG). Im Unterschied zu den Beratungspflichten i.S.d. §§ 6, 60, 61 VVG wird ein **Verstoß** gegen Hinweis- und Belehrungspflichten i.d.R. nicht mit einem Schadensersatzanspruch, sondern obliegenheitsmäßig durch den **Verlust einer Rechtsposition** sanktioniert.

4. Verhältnis zu §§ 59 ff. VVG

§ 6 VVG betrifft nur die Beratungspflichten des VR. Nimmt der VR für die Akquisition von VV die Dienste von **Versicherungsvertretern (§ 59 Abs. 2 VVG)** in Anspruch, so treffen auch den Vertreter für den Zeitraum vor Vertragsschluss gem. § 61 VVG Frage-, Beratungs- und Dokumentationspflichten, die den Vertreter bei Nichterfüllung ebenfalls zum Schadensersatz verpflichten (§ 63 VVG). Die sowohl dem VR als auch dem Vermittler obliegende Beratungspflicht ist dem VN ggü. nur einmal zu erfüllen, denn der Versicherungsvertreter erfüllt durch die Beratung und Dokumentation zugleich die Pflichten des VR nach § 6 Abs. 1 S. 1 VVG (Begr. BT-Drucks 16/3945, S. 58; ausführl. *Werber*, VersR 2008, 285). VR und Versicherungsvertreter haften dem VN bei Beratungsmängeln gem. § 426 BGB als Gesamtschuldner (*Langheid*, NJW 2007, 3665, 3666; Looschelders/Pohlmann/*Pohlmann*, § 6 Rn 27 ff.). Die nach Vertragsschluss eingreifenden Beratungspflichten treffen nach § 6 Abs. 4 VVG dagegen nur den VR, nicht jedoch den Versicherungsvertreter. Wird der VV von einem **Versicherungsmakler (§ 59 Abs. 3 VVG)** vermittelt, ist nicht der VR (§ 6 Abs. 5 VVG), sondern allein der Makler vor und ggf. auch nach Vertragsschluss zur Beratung verpflichtet (§ 60 VVG; zu Ausnahmen vgl. Rdn 65).

V. Zeitlicher Anwendungsbereich

Die Vorschrift gilt für sämtliche Verträge, die seit dem 1.1.2008 geschlossen worden sind (**Neuverträge**). Für **Altverträge** ist demgegenüber zu unterscheiden (vgl. Einf. vor § 1 Rdn 8): § 6 VVG kommt nicht zur Anwendung, soweit es um die Verletzung und Sanktionierung vorvertraglicher Beratungspflichten geht (OLG Saarbrücken, VersR 2011, 1556, 1557). Die in § 6 Abs. 4 VVG normierten **Beratungspflichten während der Vertragslaufzeit** gelten demgegenüber seit dem 1.1.2009 auch für Altverträge.

B. Norminhalt

I. Vorvertragliche Beratung (§ 6 Abs. 1 VVG)

Der VR muss den VN nach **§ 6 Abs. 1 S. 1 VVG** nach dessen Wünschen und Bedürfnissen befragen (**Fragepflicht**) und auf dieser Grundlage beraten (**Beratungspflicht**); die Gründe für jeden zu einer bestimmten Versicherung erteilten Rat sind anzugeben (**Begründungspflicht**). Nach **§ 6 Abs. 1 S. 2 VVG** ist dies unter Berücksichtigung der Komplexität des angebotenen VV zu dokumentieren (**Dokumentationspflicht**). Da der VN nach dem Sinn und Zweck der Norm eine informierte Entscheidung treffen soll, sind die Frage-, Beratungs- und Begründungspflichten **vor Abgabe der Vertragserklärung des VN** zu erfüllen (zutreffend MüKo/*Armbrüster*, § 6 VVG Rn 115; *Meixner/Steinbeck*, Das neue Versicherungsvertragsrecht, § 1 Rn 32; *Wandt*, Versicherungsrecht Rn 268; **a.A.** Rüffer/Halbach/Schimikowski/*Münkel*, § 6 Rn 28; *Römer*, VersR 2006, 740, 743). Das Beratungsprotokoll kann demgegenüber, wie sich aus § 6 Abs. 2 VVG ergibt, auch nach Abgabe des Antrags des VN übermittelt werden, solange der Antrag noch nicht zu einem Vertragsschluss geführt hat (i.E. Rdn 40).

Ebers 63

1. Anlass zur Beratung

a) Überblick

21 Die in § 6 Abs. 1 VVG normierten Frage-, Beratungs-, Begründungs- und Dokumentationspflichten entstehen nicht automatisch, sondern erst dann, wenn ein **Anlass zur Beratung** des VN besteht (vgl. Rdn 3 f.). Durch diese Einschränkung soll gewährleistet werden, dass keine allumfassende Beratungspflicht entsteht (*Römer*, VersR 2006, 740, 743). Die Umstände, die eine Beratungspflicht auslösen, müssen ferner **für den VR erkennbar** sein. Dies geht zwar nicht aus dem Wortlaut, jedoch aus der Gesetzesbegründung und § 6 Abs. 5 S. 2 VVG hervor. Ist nämlich ein Umstand, der Anlass für die Frage- und Beratungspflicht gibt, nicht erkennbar, so kann der Verstoß keinen Schadensersatzanspruch auslösen, weil es an einem Verschulden fehlt (*Reiff*, Versicherungsvermittlerrecht im Umbruch, S. 80; *Stöbener*, ZVersWiss 2007, 465, 468 f.; nach **a.A.** ist die Erkennbarkeit nicht i.R.d. Verschuldens relevant, sondern Voraussetzung der Beratungspflicht; so MüKo/*Armbrüster*, § 6 VVG Rn 88 f.; Looschelders/Pohlmann/*Pohlmann*, § 6 Rn 53; Prölss/Martin/*Rudy*, § 6 Rn 5). Der VR muss allerdings nach § 6 Abs. 5 S. 2 VVG im Streitfall beweisen, dass der Anlass der Frage- und Beratungspflicht für ihn nicht erkennbar war (Rdn 55). In der Regierungsbegründung zu § 42c VVG a.F. (BT-Drucks 16/1935, S. 24) heißt es: *„Eine Pflicht, den Kunden nach seinen Wünschen und Bedürfnissen zu befragen, soll nur insoweit gelten, als aufgrund der konkreten Umstände für den Versicherungsvermittler ein erkennbarer Anlass dazu besteht. Hierunter ist keine eingehende Ermittlungs- und Nachforschungstätigkeit zu verstehen, sondern es soll lediglich eine angabenorientierte Beratung sichergestellt werden. Hinsichtlich des Anlasses werden als Kriterien beispielhaft die Schwierigkeit, die angebotene Versicherung zu beurteilen, die Person des Versicherungsnehmers und dessen Situation genannt."*

b) Schwierigkeit, die angebotene Versicherung zu beurteilen

22 Nach § 6 Abs. 1 S. 1 VVG ist der VR insb. dann zur Beratung verpflichtet, wenn der **VN Schwierigkeiten hat, die angebotene Versicherung zu beurteilen**. Entscheidend ist insoweit, ob die betreffende Versicherung nach Art, Umfang oder Komplexität beim durchschnittlichen VN einen Beratungsbedarf auslöst. Dabei soll es nach der Gesetzesbegründung darauf ankommen, ob es sich bei der vom VN gewünschten Versicherung um ein einfaches Standardprodukt oder um einen komplizierten VV handelt (BT-Drucks 16/1935, S. 24, zu § 42c VVG a.F.). Während der VN bei einfachen, stark typisierten Verträgen häufig keine grundlegende Beratung benötigt, weil er selbst sachkundig ist (vgl. OLG Hamm, VersR 2010, 1215: Keine Beratungspflicht bei Versicherung eines Ersatzfahrzeugs und Kundenwunsch *„Versicherung wie bisher"*), kann der VN bei **komplizierten Verträgen** eine auf seine besonderen Verhältnisse eingehende Beratung erwarten. Dies betrifft v.a. die **Lebensversicherung** (BT-Drucks 16/1935, S. 24, zu § 42c VVG a.F.). Im Unterschied zu früher müssen die VN vor Abschluss eines Lebensversicherungsvertrags daher nicht nur in besonderen Konstellationen (vgl. z.B. BGH, VersR 1998, 1093 [fremdfinanzierte Lebensversicherung]; OLG Oldenburg, VersR 1998, 220 [Beratung bei ausdrücklicher Nachfrage des VN]), sondern stets befragt und beraten werden (zustimmend *Reiff*, VersR 2007, 717, 725; für das frühere Recht forderte bereits *Schwintowski* [VuR 1997, 83] eine anleger- und objektgerechte Beratung). Bei **Nettopolicen** muss der VR über den Unterschied zur Bruttopolice aufklären und vor allem deutlich auf den Umstand hinweisen, dass der Kunde bei der Nettopolice auch dann zur Zahlung der (vollen) Vergütung verpflichtet bleibt, wenn der vermittelte Versicherungsvertrag nach kurzer Zeit beendet wird (BGH, VersR 2014, 1328, Rn 33; BGH, VersR 2014, 877, Rn 14; BGHZ 199, 216 = VersR 2014, 240, Rn 16, 27). Auch bei der **Krankenversicherung** besteht i.d.R. ein Anlass zur Beratung. Eine Frage- und Beratungspflicht besteht ferner bei VV, die derart **komplizierte Klauselwerke oder Vertragsbestandteile** enthalten, dass der VN angesichts der Komplexität die ihm zur Verfügung stehenden Informationsquellen (standardisierte Informationen gem. § 7 VVG und der VVG-InfoV, AVB, Werbebroschüren) nicht sachgerecht auswerten und nicht den Vertrag wählen kann, der seinen Wünschen und Bedürfnissen entspricht. Dies war in Ansätzen bereits zum früheren VVG anerkannt. Nach BGH, VersR 1989, 472 muss der VR den VN beraten, wenn die Bestimmung der richtigen VersSumme (hier: Ermittlung des Versicherungswerts 1914) so schwierig ist, dass sie einem Laien unmöglich ist und selbst Sachverständige zu unterschiedlichen Ergebnissen kommen können. Die Instanzgerichte lehnten demgegenüber eine spontane Beratungspflicht über AVB ohne entsprechende Nachfrage ab (OLG Düsseldorf, VersR 1998, 845); diese Einschränkung dürfte jedoch in dieser Allgemeinheit nach neuem Recht keinen Bestand mehr haben (im Ergebnis auch MüKo/*Armbrüster*, § 6 VVG Rn 45). Bei **neuartigen Versicherungsprodukten** ist ferner eine Aufklärung über die anders- und neuartige Funktionsweise der betreffenden Versicherung erforderlich (OLG Stuttgart, VersR 2013, 482, 483).

c) Person des VN und dessen Situation

Nach § 6 Abs. 1 S. 1 VVG trifft den VR ferner dann eine Frage- und Beratungspflicht, wenn nach der Person des VN und dessen Situation hierfür Anlass besteht. Zu den **persönlichen und situativen Umständen** zählen v.a. der Wissensstand des Kunden über Geschäfte der vorgesehenen Art, seine persönlichen Verhältnisse (z.B. verfügbares freies Einkommen, Personenstand, Alter, Beruf) sowie sämtliche tatsächlichen und rechtlichen Umstände, die erfahrungsgemäß auf einen bestimmten Versicherungsbedarf hindeuten. Maßgeblich ist das **Leitbild des durchschnittlichen VN** (vgl. BGHZ 123, 83 = VersR 1993, 957 [unter III.1.b.]) unter Berücksichtigung des konkreten Einzelfalls. Ggü. **besonders schutzbedürftigen VN** können gesteigerte Frage- und Beratungspflichten entstehen, so etwa ggü. jungen, geschäftlich unerfahrenen VN (OLG Koblenz, VersR 1997, 1226, 1228), ggü. VN, die aufgrund ihres Alters eine eingeschränkte Reaktions- und Aufnahmefähigkeit haben, ggü. VN, die eine bestimmte gewerbliche Tätigkeit ausüben (BGH, VersR 2014, 625, Rn 27) und ggü. VN, die über keine ausreichenden deutschen Sprachkenntnisse verfügen (vgl. OLG Karlsruhe, VersR 1988, 486; **a.A.** OLG Köln, VersR 1990, 1381). In der Krankenversicherung können das Lebensalter und/oder vorhandene Vorerkrankungen einen Beratungsanlass begründen (vgl. LG Stuttgart, VersR 2002, 835, 836). Umgekehrt kann das Beratungsbedürfnis gemindert sein, wenn der VN über besondere Sachkunde verfügt (vgl. Rdn 34).

d) Erkennbarkeit

24 Ein Beratungsbedarf ist für den VR ohne Weiteres **erkennbar**, wenn nach Art, Umfang oder Komplexität der betreffenden Versicherung davon auszugehen ist, dass der durchschnittliche VN Schwierigkeiten hat, die angebotene Versicherung zu beurteilen. Bei den Tatbestandsmerkmalen *„Person des VN und dessen Situation"* stellt sich dagegen die schwierige Frage, wann die persönlichen und situativen Umstände des Kunden für den VR so deutlich hervortreten, dass eine Befragung und Beratung des VN unumgänglich wird (vgl. hierzu *Dörner*, in: Karlsruher Forum 2000, 2001, S. 54 ff.; Ihle, Der Informationsschutz des Versicherungsnehmers, S. 243 ff.). Ein Beratungsbedarf ist ohne Weiteres erkennbar, wenn der Kunde seine Wünsche und Bedürfnisse, seine persönliche Situation und insb. seinen Versicherungsbedarf von sich aus erläutert. Gleiches gilt, wenn der **VN konkrete Fragen stellt** oder einen **generellen Wunsch nach Beratung äußert** (z.B. mit den Worten: *„Ich will rundum abgesichert sein"*; vgl. OLG Frankfurt am Main, NVersZ 2002, 400; LG Bochum, r+s 2000, 85; OLG Köln, VersR 1993, 1385). Ein erkennbarer Beratungsanlass besteht ferner bei **offensichtlichen Fehlvorstellungen des Versicherungskunden:** Erkennt der VR (oder sein Agent), dass der VN in zentralen Punkten (Deckungsumfang, Obliegenheiten) falsche Vorstellungen hegt oder muss er mit der nahe liegenden Möglichkeit eines derartigen Irrtums rechnen, muss er den Irrtum korrigieren (BGHZ 2, 87, 90; BGHZ 40, 22 = VersR 1963, 768, 769; OLG Hamm, VersR 1992, 49, 50; OLG Köln, VersR 1990, 1381, 1382; OLG Frankfurt am Main, VersR 1987, 579; OGH, VersR 1998, 482, 484). Dies gilt erst recht, wenn der Agent den Irrtum selbst hervorgerufen hat (BGH, NJW 1964, 244, 245; OLG Hamm, VersR 1984, 853, 854).

25 Schließlich sind in der Rechtsprechung Frage- und Beratungspflichten bei **erkennbarer Verfehlung des Versicherungszwecks** anerkannt worden, also, wenn der VR weiß oder zumindest damit rechnen muss, dass der vom VN beantragte Versicherungsschutz seinen individuellen Versicherungsbedarf zu verfehlen droht (BGH, VersR 1975, 77, 78; OLG Köln, r+s 1986, 273; r+s 1999, 272, 274; LG Bochum, r+s 2000, 85). Dies betrifft zunächst die Fälle, in denen dem VR bzw. seinem Agenten bei Ausfüllung des Antragsformulars, im Rahmen eines Gesprächs oder anlässlich einer Begehung **konkrete Umstände** bekanntwerden, die auf einen bestimmten Versicherungsbedarf hindeuten. Darüber hinaus muss der VR den VN aber auch dann befragen und beraten, wenn zwar keine individuellen Anhaltspunkte auf einen bestimmten Versicherungsbedarf hindeuten, der Kunde sich aber erkennbar in einer Risikosituation befindet, in der **typischerweise ein solcher Bedarf besteht** (wie hier *Dörner*, in: Karlsruher Forum 2000, 2001, S. 55).

> **Beispiele**
> Der Vermittler, der vor Abschluss einer **Hausratversicherung** im Haus des Kunden besonders wertvolle Gegenstände entdeckt, muss auf die Gefahr einer möglichen Unterdeckung hinweisen (BT-Drucks 16/1935, S. 24 zu § 42c VVG a.F.; vgl. auch OLG Köln, r+s 1996, 149, 150). Der VR ist dagegen nicht zur Überprüfung der Örtlichkeiten auf atypische Risiken verpflichtet, es sei denn, es bestehen besondere Hinweise für den VR, die die Vermutung

eines atypischen Risikos begründen (OLG Oldenburg, r+s 1996, 31). Nach BGH, VersR 1975, 77, 78 ist der Inhaber eines Dachdeckerbetriebs bei Vertragsschluss darüber aufzuklären, dass der Versicherungsschutz einer üblichen **Betriebshaftpflichtversicherung** nicht das Risiko aus der Vermietung von Gerüsten umfasst. Betreibt der VN einen Rohrreinigungsservice, muss der VR (bzw. sein Agent) zu einer gesonderten Haftpflichtversicherung von Abwasserrisiken raten (OLG Köln, r+s 1986, 273). Der VR muss den Kunden vor Abschluss einer **Kfz-Haftpflicht- oder Kaskoversicherung** von sich aus darauf hinweisen, dass der Schutz auf Europa beschränkt ist und nicht für die asiatische Türkei gilt, wenn ein türkischer Kunde die Versicherung abschließt (BGHZ 40, 22, 27 = VersR 1963, 768, 769; OLG Hamm, VersR 1991, 1238; OLG Frankfurt am Main, VersR 1998, 1103; OLG Karlsruhe, VersR 1988, 486; OGH, VersR 1995, 943). Ggü. einem deutschen Kunden besteht dagegen keine Hinweispflicht, es sei denn, der Kunde erwähnt, dass er mit dem Kfz in absehbarer Zeit ins außereuropäische Ausland fahren will (OLG Koblenz, NVersZ 1999, 430 f.).

e) Sonderfall „Vertragswechsel"

Bei einem Vertragswechsel ist der **VN in besonderem Maße beratungsbedürftig**, denn in diesen Fällen will der Kunde meist einen nahtlosen Übergang und im Zweifel seinen bisherigen Schutz nicht verschlechtern (vgl. OLG Koblenz, VersR 2007, 482; OLG Hamm, VersR 2000, 441; OLG Stuttgart, VersR 1999, 1268; OLG Köln, VersR 1994, 342; i.E. *Dörner*, in: Karlsruher Forum 2000, 2001, S. 50 ff.). 26

Beispiele
Wünscht der Kunde einen **Vollkaskoversicherungsschutz** mit gleichem Versicherungsumfang wie bisher, so trifft den VR eine Beratungspflicht, wenn der Versicherungsschutz des neuen Vertrags hinter dem alten Vertrag zurückbleibt (vgl. OLG Koblenz, VersR 2007, 482). Wechselt der Kunde von der gesetzlichen in die **private Krankenversicherung**, so muss der VR über die wesentlichen Strukturunterschiede beraten und auf die Tatsache hinweisen, dass die private Versicherung in einigen Fällen weniger Leistungen umfasst als die gesetzliche. Über Leistungsbeschränkungen, die für den überwiegenden Teil der VN nicht von Bedeutung sind, muss der VR dagegen erst aufklären, wenn ein Anlass besteht, so z.B., wenn der VN konkret zu erkennen gegeben hat, an einem Versicherungsschutz für eine **künstliche Befruchtung** (vgl. OLG Stuttgart, VersR 1999, 1268) oder an der umfassenden Hinzuziehung von **Heilpraktikern** interessiert zu sein (OLG Köln, VersR 1991, 1279, 1280). Der VR muss den VN zudem darüber informieren, dass ein Wechsel von der privaten in die gesetzliche Krankenversicherung in fortgeschrittenem Alter i.d.R. ausgeschlossen ist (§ 3 Abs. 1 Nr. 5 VVG-InfoV) und ein Wechsel innerhalb der privaten Krankenversicherung in fortgeschrittenem Alter mit höheren Beiträgen verbunden und ggf. auf den Standardtarif bzw. den Basistarif beschränkt sein kann (§ 3 Abs. 1 Nr. 6 VVG-InfoV). Ein Krankenversicherer, der einen privat krankenversicherten VN abwirbt, muss darauf hinweisen, welche Konsequenzen ein Vertragswechsel (insb. mit Blick auf nicht übertragbare Alterungsrückstellungen) hat (OLG München, VersR 2012, 1292, 1294; OLG Frankfurt a.M., r+s 2009, 218, 219 f.). Nach a.A. (OLG Saarbrücken, VersR 2011, 1556, 1557 f.) muss der VN dagegen nicht über die fristgebundene Anpassung des Versicherungsschutzes wegen altersbedingten Wegfalls der Beihilfeberechtigung eines Kindes unterrichtet werden.

2. Umfang der Fragepflicht

Der Umfang der Fragepflicht **variiert**. Bei gezielten, klar artikulierten Fragen kann sich die Befragung und Beratung auf ein Minimalmaß reduzieren (BT-Drucks 16/1935, S. 24 27 zu § 42c VVG a.F.). Gleiches gilt, wenn der VN offensichtlichen Fehlvorstellungen unterliegt; in diesem Fall kann sich der VR zumeist darauf beschränken, die Fehlvorstellung zu korrigieren. Bittet der VN um eine umfassende Beratung, so ist es dagegen **Aufgabe des VR** (bzw. seines Agenten), möglichst erschöpfend die **Wünsche und Bedürfnisse des VN zu ermitteln**, damit eine vollständige Beratung gewährt werden kann (*Römer*, VersR 1998, 1313, 1320; a.A. *Stöbener*, ZVersWiss 2007, 465, 472 [VR kann umfassende Beratung ablehnen, jedoch muss er den eingeschränkten Umfang der Beratung deutlich machen]). Bestehen Anhaltspunkte, dass der vom VN beantragte Versicherungsschutz seinen individuellen Versicherungsbedarf zu verfehlen droht, so ist es ebenfalls Aufgabe des VR, i.R.d. vom Kunden grob umrissenen Vertragszwecks die für den beabsichtigten Vertragsschluss relevanten Umstände zu ermitteln. Bei komplexen Versicherungsprodukten (wie z.B. bei der Lebens- und Krankenversicherung) besteht unabhängig von konkret geäußerten Wünschen stets die Pflicht, die Bedürfnisse des VN zu erfragen.

28 Eine ordnungsgemäße Beratung setzt voraus, dass der VR zunächst den **Zweck** erfragt, den der Kunde mit der Versicherung verfolgt. Dieser liegt regelmäßig in der **Absicherung eines bestimmten Lebensrisikos**. Besonderheiten bestehen bei überschussberechtigten Lebensversicherungsverträgen, da es bei dieser Vertragsform i.d.R. nicht nur um eine Risikoabsicherung, sondern auch um die verzinsliche Anlage von Kapital geht (*Ebers*, VersWissStud. Bd. 18, S. 250). Für die Auswahlentscheidung ist relevant, ob der Kunde primär an einer Risikovorsorge oder an einer Kapitalanlage interessiert ist, welche Investitionsziele der Kunde verfolgt, insb. ob der Kunde an der Rentabilität seiner Investition oder an der Erhaltung des investierten Kapitals, an der Liquidität oder aber an bedarfsgerechter Versorgung interessiert ist, ob der VN eine Alters- oder Hinterbliebenenvorsorge anstrebt oder den Lebensversicherungsvertrag nur zur Absicherung eines Kreditgeschäfts benötigt (vgl. *Mauntel*, Bedarfs- und produktbezogene Beratung beim Abschluss von Lebensversicherungsverträgen, S. 200). In diesem Rahmen kann auch die Frage eine Rolle spielen, ob der VN eine Lebensversicherung primär zu Steuersparzwecken verwenden will (vgl. OLG Hamm, VersR 1988, 623).

29 Der VR muss sich darüber hinaus über die **persönlichen Verhältnisse und die Situation** des VN informieren, wenn aufgrund der konkreten Umstände ein Beratungsbedarf für den VR erkennbar ist. Hierzu zählen v.a. das verfügbare Einkommen des VN, der Personenstand und das Alter des VN sowie sämtliche situativen Umstände, die für die Wahl der richtigen Versicherung von Bedeutung sind (vgl. speziell zur Lebensversicherung wiederum *Schwintowski*, VuR 1997, 83, 88 ff.).

3. Umfang der Beratungspflicht

30 Der VR muss den Kunden auf der Grundlage der bekannten oder erfragten Angaben beraten und die Gründe für jeden zu einer bestimmten Versicherung erteilten Rat angeben. Die Beratung erfordert dabei – anders als bei einem Makler – **keine vergleichende Betrachtung** und **Auswahl der am Markt angebotenen VV**, sondern bezieht sich allein auf die von ihm angebotenen VV (vgl. Rdn 33). Insoweit muss der VR jedoch grds. ermitteln,

ob und in welcher Ausgestaltung ein eigenes Produkt dem Bedarf des Kunden entspricht (*Armbrüster*, ZVersWiss 2008, 425, 429). Hieraus folgt, dass der VR ggf. von einem bestimmten von ihm angebotenen VV **abraten** muss, wenn sich dieser für den VN als nicht notwendig darstellt (**a.A.** Rüffer/Halbach/Schimikowski/*Münkel*, § 6 Rn 22; *Stöbener*, ZVersWiss 2007, 465, 475).

Für den **Umfang** der Beratungspflicht kommt es nach § 6 Abs. 1 S. 1 VVG auch auf das Verhältnis zwischen Beratungsaufwand und der vom VN zu zahlenden **Prämie** an. In der Regierungsbegründung (BT-Drucks 16/1935, S. 24, zu § 42c VVG a.F.) wird hierzu ausgeführt, dass es sich bei einer geringen Prämienhöhe regelmäßig um ein wenig komplexes Standardprodukt handeln wird. Insb. die Vermittlung eines einfachen Standardprodukts mit einer jährlichen Prämie von 60,00 EUR erfordere meist keine langwierige Beratung. Diese Einschränkung ist im Gesetzgebungsverfahren zu Recht kritisiert worden, denn auch bei **Versicherungen mit niedriger Prämie** kann ein erhöhter Beratungsaufwand erforderlich werden, so z.B. bei Haftpflichtversicherungen, die i.d.R. niedrige Prämien aufweisen, bei denen jedoch eine mangelhafte Beratung **existenzielle Folgen** für den VN haben kann (vgl. *Niederleithinger*, VersR 2006, 437, 439; *Reiff*, VersR 2007, 717, 725 f.; *Römer*, VersR 2006, 740, 743; *Schwintowski*, ZRP 2006, 139, 141). Die Regierungsbegründung (BT-Drucks 16/1935, S. 24 zu § 42c VVG a.F.) erwähnt indessen klarstellend, dass auch bei niedriger Prämie „*ein erhöhter Beratungsaufwand aufgrund der übrigen in § 42c Abs. 1* [Anm. jetzt §§ 6 Abs. 1 S. 1, 61 Abs. 1 S. 1 VVG] *genannten Kriterien erforderlich sein*" kann. Der Umfang der geschuldeten Beratung bestimmt sich daher nicht nur nach dem Verhältnis zwischen Beratungsaufwand und Prämie, sondern auch nach dem Beratungsanlass. Mit anderen Worten: Ein unangemessenes Verhältnis zwischen Beratungsaufwand und Prämie führt nicht per se zu einer Reduktion der Beratungspflichten. Zu weit führt daher die Auffassung, dass der VN nur in dem Umfang Beratung verlangen könne, in dem ein durchschnittlicher VN bereit wäre, die Kosten der Beratung auch dann zu tragen, wenn der VR sie als Zusatzleistung separat vom VV anbieten würde (so aber *Armbrüster*, ZVersWiss 2008, 425, 430). Entscheidend ist vielmehr eine Abwägung zwischen Beratungsanlass auf der einen Seite und dem Verhältnis zwischen Beratungsaufwand und Prämienhöhe auf der anderen (ähnlich *Pohlmann*, VersR 2009, 327, 329, die es für „*kaum denkbar*" hält, dass diese Abwägung zugunsten des VR ausgeht).

31

Eine ordnungsgemäße Beratung setzt voraus, dass der VR den VN **über das Versicherungsprodukt selbst**, über die betreffenden Kosten, über die ihm immanenten Risikoausschlüsse und Obliegenheiten und darüber aufklärt, welche Risiken durch das Produkt letztlich abgedeckt sind bzw. welche Risiken nicht abgedeckt sind. Die Aufklärung muss sich **auf diejenigen Punkte beziehen**, denen üblicherweise oder von dem betreffenden VN erkennbar **wesentliche Bedeutung** beigemessen wird. Der VR ist dagegen nicht verpflichtet, sämtliche Bedingungen des VV zu erläutern und auf entfernt liegende, nur in ganz wenigen Einzelfällen bei besonderer Konstellation akut werdende Möglichkeiten einzugehen (OLG Stuttgart, VersR 1999, 1268 [unter 3.a.]).

32

Beispiele
Der VR muss den VN über das **Bestehen einer Deckungslücke** informieren, wenn ein Anlass hierzu besteht (BGH, VersR 1979, 709 [unter II.]; OLG Stuttgart, NJW-RR 1986, 904, 905; OLG Köln, VersR 1993, 304). Der VR muss zwecks **Vermeidung einer Unterversicherung** in der Feuerversicherung die Unterschiede zwischen „Neuwert" und „Zeitwert" erläutern (OLG Köln, VersR 1997, 1530; OLG Koblenz, r+s 1997, 93, 94). Ist die Bestimmung des Versicherungswerts besonders schwierig, muss der VR hierauf hinweisen und den VN über die **Gefahren einer falschen Festsetzung** aufklären, ggf. ist die Hinzuziehung eines Sachverständigen zu empfehlen (BGH, VersR 1989, 472; OLG Koblenz, VersR 2001, 51). Bietet der VR **unterschiedliche Tarife** an, müssen dem Kunden deren Vor- und Nachteile erläutert werden (BGH, VersR 1981, 621, 623 unter 3.). Nach Ansicht des OGH (OGH, VersR 1995, 119) muss der VR den VN auf die **Möglichkeit eines prämiengünstigeren Spezialtarifs** hinweisen; dies gilt selbst dann, wenn dieser Tarif zum Zeitpunkt des Vertragsschlusses noch nicht angeboten wird, aber für den VR absehbar ist, dass er einen derartigen Tarif in Kürze anbieten wird. Der VN, der erkennbar **sofortigen Deckungsschutz** anstrebt, muss darüber aufgeklärt werden, dass hierfür nicht das Einreichen des Antrags ausreicht (BGH, VersR 1978, 457 [unter II.1.]). Der VR muss den VN über die speziellen Nachteile und Risiken einer **fremdfinanzierten Lebensversicherung** aufklären (BGHZ 111, 117 = VersR 1990, 744). Weiß der VR, dass die Finanzierung eines Realkredits durch eine Lebensversicherung wegen der bei Vertragsabschluss bestehenden Zinssituation unweigerlich zu einem Verlust führen muss, so verletzt er seine Aufklärungspflicht, wenn er dieses Kreditfinanzierungsmodell trotzdem empfiehlt (BGH, VersR 1998, 1093; dazu *Kieninger*, NVersZ 1999, 118).

4. Grenzen der Beratung

33 **Keine Beratungspflicht** besteht im Hinblick auf **Konkurrenzangebote**. Der VR hat den VN nur insoweit zu beraten und aufzuklären, als er für ein bestimmtes Risiko Versicherungsschutz anbietet (BT-Drucks 16/1935, S. 24 zu § 42c VVG a.F.; zum früheren Recht vgl. OLG Saarbrücken, VersR 1999, 1367; OLG Hamm, VersR 1995, 1345; vgl. ferner OLG Köln, r+s 1995, 84). Der VR hat den VN daher z.B. nicht auf die Möglichkeit einer Zusatzversicherung hinzuweisen, die ein Mitbewerber anbietet. Er ist auch nicht verpflichtet, den VN darauf hinzuweisen, dass der Kunde seinen Bedarf bei einem anderen VR passender, umfassender oder kostengünstiger decken könnte.

34 Ggü. **sachkundigen VN** kann das Beratungsbedürfnis gemindert sein oder sogar gänzlich entfallen (vgl. OLG Düsseldorf, 1998, 845 [Sachkunde eines Marketingdirektors]; OLG Köln, VersR 1996, 1265 [Fahrzeugversicherung für einen VN, der seit 27 Jahren im Vermietgeschäft mit Lkw tätig ist]; OLG Hamm, VersR 1998, 356 [Inhaber eines Schuhgeschäfts, der mit Kfz-Versicherungen vertraut ist]; OLG Hamm, VersR 1992, 49 [Festlegung des aktuellen Werts eines Grundstücks durch Immobilienverwalter als VN]; LG Lübeck, r+s 1992, 387 [Sachkunde eines GmbH-Geschäftsführers]; i.E. *Schirmer*, r+s 1999, 133, 137; **a.A.** MüKo/*Armbrüster*, § 6 VVG Rn 161: Beratungspflicht fällt nach neuem VVG auch ggü. sachkundigen VN nicht weg, sondern kann lediglich gem. § 6 Abs. 3 VVG ausgeschlossen werden). Gleiches gilt, wenn sich der VN sachkundiger Personen bedient (OLG Saarbrücken, VersR 2006, 923; OLG Oldenburg, VersR 1993, 1226 m. Anm. Engler). Selbst ein Kaufmann verfügt allerdings über keine Sachkunde, wenn spezielle Kenntnisse benötigt werden, die zwar in der Ausbildung zum Versicherungskaufmann, nicht jedoch in

der allgemeinen kaufmännischen Ausbildung vermittelt werden (BGH, VersR 1979, 709 [unter II.]). Die **Beratungspflicht** des VR kann **nur insoweit entfallen, wie die Sachkunde des VN und der von ihm ggf.** eingeschalteten Personen **reicht** (*Schirmer/Höhne*, VersR 1998, 661, 665). Den VR trifft daher auch ggü. dem sachkundigen VN eine Frage- und Beratungspflicht, wenn dieser konkrete Fragen stellt oder offensichtlichen Fehlvorstellungen unterliegt.

II. Dokumentationspflichten (§ 6 Abs. 1 S. 2, Abs. 2 VVG)

1. Sinn und Zweck der Dokumentationspflichten

Die in § 6 Abs. 1 S. 2, Abs. 2 VVG vorgesehenen Dokumentationspflichten erfüllen eine **Doppelfunktion**: Einerseits soll das Beratungsprotokoll die Beratungsqualität erhöhen, indem der **Inhalt des Beratungsgesprächs** abgebildet und somit gewährleistet wird, dass keine wesentlichen Entscheidungskriterien übersehen werden. Andererseits dient das Beratungsprotokoll der Dokumentation und damit auch der Bewältigung späterer **Beweisprobleme**. Ein Verstoß gegen die Dokumentationspflichten kann dementsprechend Beweiserleichterungen zugunsten des VN rechtfertigen (BT-Drucks 16/1935, S. 26 zu § 42e VVG a.F.; i.E. Rdn 54). 35

2. Anwendbarkeit

Der VR ist zu einer Dokumentation nur dann verpflichtet, wenn eine Beratungspflicht besteht. Die Dokumentationspflicht besteht nicht nur bei **Vertragsabschluss**, sondern in analoger Anwendung des § 6 Abs. 2 VVG auch dann, wenn es zu **weitgehenden Vertragsänderungen** kommt, die es erforderlich erscheinen lassen, die Deckungsbedürfnisse des VN neu festzustellen und zu überdenken (OLG Karlsruhe, VersR 2013, 885, 886 [zur Herabsetzung der Versicherungssumme in einer Inhaltsversicherung]; zustimmend Prölss/Martin/*Rudy*, § 6 Rn 52). 36

3. Anforderungen an die Dokumentation (§ 6 Abs. 2 S. 1 VVG)

Der VR hat gem. § 6 Abs. 2 S. 1 VVG dem VN „**den erteilten Rat und die Gründe hierfür**" in Textform zu übermitteln. Eine Dokumentation der **gestellten Fragen** wird demgegenüber nach dem Wortlaut des § 6 Abs. 2 S. 1 VVG nicht verlangt. Stellt man allein auf diese Vorschrift ab, so ließe sich dem Beratungsprotokoll nicht entnehmen, ob der VR bzw. sein Agent die richtigen Fragen gestellt hat (*Basedow*, VersWissStud. Bd. 29, S. 45, 51, bezweifelt aus diesem Grund die Effektivität der Dokumentationspflichten). Weitergehende Dokumentationspflichten ergeben sich jedoch aus **§ 6 Abs. 1 S. 2 VVG**, denn diese Vorschrift verweist vom Wortlaut her („*Er hat dies*") pauschal auf § 6 Abs. 1 S. 1 VVG und damit auch auf die Pflicht, den VN nach seinen Wünschen und Bedürfnissen zu befragen. Folgt man dem, so muss der VR auch die gestellten Fragen protokollieren (so jetzt auch Rüffer/Halbach/Schimikowski/*Münkel*, § 6 Rn 26; **a.A.** offenbar *Schwintowski*, in: Bruck/Möller, § 6 Rn 31), sodass eine **Beweislasterleichterung** zugunsten des VN in Betracht 37 kommt, wenn der VR in einem Prozess nicht in der Lage ist, den Fragekatalog des Beratungsgesprächs vorzulegen.

38 In das Beratungsprotokoll müssen **sämtliche Aspekte** aufgenommen werden, die **Gegenstand der Beratung** waren. Dazu zählen (i) persönliche Daten des VN, Angaben zum VR und dessen Erfüllungsgehilfe sowie Datum, Ort, Art und Umstände der Beratung, (ii) das abzusichernde Risiko, (iii) die Wünsche und Bedürfnisse des VN, (iv) die Befragung des VN durch den VR, (v) die angebotenen Versicherungsprodukte, sofern verschiedene angeboten werden, sowie (vi) die Empfehlung für ein bestimmtes Versicherungsprodukt und die Gründe für diese Empfehlung (MüKo/*Armbrüster*, § 6 VVG Rn 122–129). Grundsätzlich genügt eine **stichwortartige Wiedergabe** dieser Punkte (Prölss/Martin/*Rudy*, § 6 Rn 36; Römer/Langheid/*Rixecker*, § 6 Rn 21). Ein **schematisches Ankreuzen** bestimmter Themenbereiche ohne Erläuterung, welche Punkte besprochen wurden, und ohne Angaben, welche Motivation der Beratung zugrunde lag und was die wesentlichen Gründe für den erteilten Rat waren, stellt demgegenüber **keine zulängliche Dokumentation** dar (OLG München, VersR 2012, 1292; Rüffer/Halbach/Schimikowski/*Münkel*, § 6 Rn 26).

39 Die Beratung muss **klar und verständlich** dokumentiert werden. Dies bedeutet u.a., dass sie in deutscher Sprache oder in einer anderen von den Parteien vereinbarten Sprache erfolgen muss (BT-Drucks 16/1935, S. 25 zu § 42d VVG a.F.; vgl. auch Art. 13 Abs. 1 Buchst. c) Versicherungsvermittler-RL). Zum Kriterium „klar und verständlich" s. i.E. § 7 Rdn 46. Das Beratungsprotokoll muss in **Textform (§ 126b BGB)** übermittelt werden (zur Textform vgl. § 3 Rdn 13). Da niedrigere Formerfordernisse durch höhere Formen erfüllt werden können, kann die Dokumentation auch in Schriftform (§ 126 Abs. 1 BGB) oder elektronischer Form (§ 126a BGB) erfolgen.

40 Das Beratungsprotokoll muss „**vor dem Abschluss des Vertrags**" übermittelt werden. Im Unterschied zu § 7 Abs. 1 VVG ist es somit nicht erforderlich, dass das Beratungsprotokoll dem VN „vor Abgabe von dessen Vertragserklärung" zugeht (hierzu § 7 Rdn 42). Die Übermittlung kann daher **auch nach Abgabe des Antrags des VN** erfolgen, solange der Antrag – etwa durch Übersendung der Versicherungspolice – noch nicht zu einem Vertragsschluss geführt hat (BT-Drucks 16/1935, S. 25 zu § 42d VGG a.F.; zustimmend *Römer*, VersR 2006, 740, 743; krit. *Reiff*, VersR 2007, 717, 727).

4. Mündliche Beratung (§ 6 Abs. 2 S. 2 und 3 VVG)

41 Nach § 6 Abs. 2 S. 2 VVG dürfen die Angaben auch **mündlich** übermittelt werden, wenn der VN dies wünscht oder vorläufige Deckung gewährt wird. Mit der Zulassung der mündlichen Übermittlung wird lediglich eine **Ausnahme vom Textformerfordernis** ermöglicht, die inhaltlichen Anforderungen an eine Beratung bleiben demgegenüber bestehen (BT-Drucks 16/1935, S. 25 zu § 42d VVG a.F.). Die Vorschrift entspricht Art. 13 Abs. 2 S. 1 Versicherungsvermittler-RL.

42 Werden die Angaben zur Beratung mündlich übermittelt, muss das Beratungsprotokoll nach § 6 Abs. 2 S. 3 VVG dem VN **unmittelbar nach Vertragsschluss in Textform** zur Verfügung gestellt werden. Die Pflicht zur nachträglichen Übermittlung des Beratungsprotokolls **entfällt**, wenn weder der in Aussicht genommene VV, der Gegenstand der Befragung und Beratung nach § 6 Abs. 1 S. 1 VVG war, noch ein anderer VV zustande kommt (vgl. Begr. BT-Drucks 16/3945, S. 58). Eine Falschberatung kann allerdings auch in diesen Fällen einen Schadensersatzanspruch nach § 6 Abs. 5 VVG auslösen; der VN muss den Beweis dann aber ohne das Beratungsprotokoll führen. Eine nachträgliche Übermittlung des Beratungsprotokolls ist ferner bei der **vorläufigen Deckung** entbehrlich, soweit es sich bei dem Vertrag um eine Pflichtversicherung (§ 113 VVG) handelt, also bspw. um eine Kfz-Haftpflichtversicherung. Bei sonstigen Verträgen über vorläufigen Versicherungsschutz (z.B. bei der Kaskoversicherung) muss das Beratungsprotokoll dagegen selbst dann nachträglich übermittelt werden, wenn später ein Hauptvertrag (mit entsprechender Beratungsinformation) zustande kommt (krit. *Maier*, r+s 2006, 485, 487, der zu Recht darauf hinweist, dass zwei Beratungsdokumentationen im Normalfall eher verwirrend als aufklärend wirken).

III. Beratungs- und Dokumentationsverzicht (§ 6 Abs. 3 VVG)

1. Regelungsgehalt

§ 6 Abs. 3 VVG eröffnet die Möglichkeit, durch eine Vereinbarung auf die Beratung und/ oder die Dokumentation zu verzichten. Die Verzichtserklärung muss zum Gegenstand einer **gesonderten Vereinbarung** gemacht werden; der Verzicht darf daher weder in das Antragsformular noch in die Verbraucherinformation integriert werden. Die Verzichtserklärung muss ferner vom Kunden **unterschrieben** werden; erforderlich ist somit die Einhaltung der **Schriftform (§ 126 Abs. 1 BGB)**. Standardisierte, vorformulierte Verzichtsklauseln sind demgegenüber nach § 307 BGB unwirksam (wie hier *Dörner*, VersWissStud. 34, S. 137, 143; *Franz*, VersR 2008, 298, 300; Prölss/Martin/*Rudy*, § 6 Rn 40; *Schimikowski*, r+s 2007, 133, 136 f. [zu § 7 VVG]; a.A. Rüffer/Halbach/Schimikowski/*Münkel*, § 6 Rn 32; *Gaul*, VersR 2007, 21, 23; *Blankenburg*, VersR 2008, 1446, 1449 ff.). Ein standardisiertes Verzichtsverfahren, das dem VN systematisch angetragen wird, stellt zudem einen Missstand i.S.d. §§ 294 Abs. 2, 298 Abs. 1 S. 2 VAG dar, denn das VVG geht davon aus, dass grds. eine Beratung und deren Dokumentation zu erfolgen hat (ähnlich *Armbrüster*, ZVersWiss 2008, 425, 432). § 6 Abs. 3 VVG verpflichtet den VR darüber hinaus zur **Rechtsbelehrung**: Der VN muss in der Verzichtserklärung ausdrücklich darauf hingewiesen werden, dass sich ein Verzicht nachteilig auf seine Möglichkeit auswirken kann, gegen den VR einen Schadensersatzanspruch nach § 6 Abs. 5 VVG geltend zu machen. Die bloße Wiedergabe des Gesetzeswortlauts reicht für einen solchen Hinweis nicht aus; dem VN muss vielmehr deutlich gesagt werden, dass er bei einem Verzicht sämtliche Schadensersatzansprüche gegen den VR verliert (zutreffend *Meixner/Steinbeck*, Das neue Versicherungsvertragsrecht, 2008, § 1 Rn 40; Rüffer/Halbach/*Schimikowski*, § 6 Rn 33; **a.A.** Prölss/Martin/*Rudy*, § 6 Rn 41; Looschelders/Pohlmann/*Pohlmann*, § 6 Rn 90).

2. Unionsrechtliche Vorgaben

44 Umstritten ist, ob § 6 Abs. 3 VVG gegen **europäisches Recht** verstößt. Nach Ansicht von *Reiff*, VersR 2007, 717, 726, soll keine Richtlinienwidrigkeit vorliegen, da die Versicherungsvermittler-RL in **Art. 12 Abs. 3 S. 1** nur Dokumentationspflichten vorschreibe und diese Pflichten nur bestünden, wenn eine Beratung tatsächlich erfolgt sei (so auch MüKo/ *Armbrüster*, Vor §§ 6, 7 VVG Rn 35; Prölss/Martin/*Rudy*, § 6 Rn 1). Dem kann nicht gefolgt werden. Zwar verpflichtet Art. 12 Abs. 3 S. 1 die Vermittler vordergründig allein zur Dokumentation der Wünsche und Bedürfnisse des VN. Eine Verpflichtung zur Dokumentation macht aber nur bei korrespondierenden Beratungspflichten einen Sinn. Im Schrifttum wird daher überwiegend davon ausgegangen, dass Art. 12 Abs. 3 S. 1 nicht nur Makler, sondern **auch Ein- und Mehrfirmenvertreter** zur Beratung des VN verpflichtet (*Ebers*, VersWissStud. 26, S. 123, 144; *Römer*, VersR 2006, 740, 742; *Langer/Rosenow*, in: Liber Amicorum Stauder, S. 195, 214). Die **Möglichkeit eines Beratungsverzichts** ist in der Versicherungsvermittler-RL **nicht** vorgesehen. Die Vorschrift wird daher im Anwendungsbereich der RL für **europarechtswidrig** gehalten (*Dörner/Staudinger*, WM 2006, 1710, 1711; *Römer*, VuR 2007, 94, 95; differenzierend *Schwintowski*, ZRP 2006, 139, 141: Richtlinie lässt keinen Beratungsverzicht zu, wohl aber die Dokumentation, dass der VN keine Beratung wünscht). Andererseits ordnet die RL aber im Unterschied zu vielen verbraucherschützenden Richtlinien (vgl. z.B. Art. 25 Verbraucherrechte-RL 2011/ 83/EU; Art. 6 Abs. 1 Klausel-RL 93/13/EWG; Art. 12 Abs. 1 Fernabsatz-RL II 2002/65/ EG) nicht an, dass die in ihr vorgesehenen Bestimmungen **zwingender Natur** sind. Deutsche Gerichte sollten daher dem EuGH gem. Art. 267 Abs. 2 AEUV (hierzu Einf. vor § 1 Rdn 22) die **Frage vorlegen**, ob ein Beratungs- und Dokumentationsverzicht mit Art. 12 Abs. 3 S. 1 Versicherungsvermittler-RL vereinbar ist.

IV. Beratungspflichten während der Vertragslaufzeit (§ 6 Abs. 4 VVG)

1. Voraussetzungen und Umfang der Beratungspflichten (§ 6 Abs. 4 S. 1 VVG)

a) Grundsätze

45 § 6 Abs. 4 S. 1 VVG verpflichtet den VR zur Beratung des VN **während der Dauer des Versicherungsverhältnisses**, soweit hierfür ein Anlass besteht, der für den VR erkennbar ist. Derartige Beratungspflichten bestehen nur für den VR, nicht jedoch für den Versicherungsvertreter (i.E. BT-Drucks 16/3945, S. 59). Wird der VV von einem Versicherungsmakler vermittelt, ist der VR nicht zur nachvertraglichen Beratung verpflichtet (§ 6 Abs. 5 VVG), jedoch können dem Makler aufgrund des Maklervertrags Beratungspflichten obliegen. Die Beratung umfasst – wie bei der vorvertraglichen Beratung – **Frage-, Beratungs- und Begründungspflichten**. Eine **Dokumentation** der Beratung ist dagegen **nicht erforderlich** (vgl. aber Rdn 36), wenngleich dies zu Beweiszwecken sinnvoll ist. Die Beratungspflichten nach § 6 Abs. 4 VVG bestehen nur **während der Vertragslaufzeit**, nicht dagegen nach Vertragsende (vgl. *Stöbener*, ZVersWiss 2007, 465, 479 f.; *Armbrüster*, ZVersWiss 2008, 425, 433; beide mit Hinweis auf die Diskussion, ob Lebensversicherer verpflichtet sind, ehemalige VN auf höhere Rückkaufswerte hinzuweisen; vgl. hierzu auch § 169 Rdn 52).

b) Anlass zur Beratung

Ein Anlass zur Beratung kann sich aus unterschiedlichen Umständen ergeben. Nach der Regierungsbegründung können sowohl **tatsächliche** als auch **rechtliche Veränderungen** eine Beratung des VN während der Dauer des Vertragsverhältnisses erforderlich machen (BT-Drucks 16/3945, S. 59). § 6 Abs. 4 S. 1 VVG setzt nicht voraus, dass die Initiative für eine Beratung während laufender Vertragszeit vom VN ausgehen muss (*Römer*, VersR 2006, 740, 743; anders dagegen die Forderung des GDV, Stellungnahme vom 15.5.2007 zum RefE, S. 64). Erforderlich ist jedoch, dass der Anlass für den VR **erkennbar** ist. Der VN muss nicht eigens um Überprüfung des Versicherungsschutzes bitten (vgl. OLG Köln, VersR 1993, 1385). Es reicht aus, wenn der VR anhand der ihm vorliegenden Informationen erkennen kann, dass der vom VN gewünschte Versicherungsschutz nicht mehr gewährleistet ist (vgl. OLG Saarbrücken, r+s 1997, 208, 210). 46

Beispiele
Ein Hausratsversicherer ist nicht verpflichtet, den VN nach Abschluss des Vertrages von sich aus auf die **Gefahr einer Unterversicherung** hinzuweisen, wenn sich der VN in den AVB selbst über die Frage eines ausreichenden Versicherungsschutzes informieren und eine Beratung hätte verlangen können (OLG Stuttgart, VersR 2009, 1536). Der VR muss den VN jedoch auf die Notwendigkeit der Erhöhung der Versicherungssumme hinweisen, wenn sein Agent anlässlich eines Besuchs beim VN von umfangreichen werterhöhenden Ausbauten oder von einer gefahrerhöhenden Nutzungsänderung erfährt (vgl. *Armbrüster*, in: FS Schirmer, 2005, S. 1, 10; BGH, NJW 1964, 244, 245). Der VR muss auch dann vor der Gefahr einer Unterversicherung warnen, wenn der VN die Herabsetzung der Versicherungssumme anstrebt (OLG Karlsruhe, VersR 2013, 885). Teilt der VN mit, dass sich die Anschrift des versicherten Betriebs geändert hat, muss der VR darauf hinweisen, dass bei einer **Betriebsverlegung** (z.B. nach § 4 Nr. 1 AFB 87) kein Versicherungsschutz mehr besteht (BGH VersR 1987, 147 unter I.3.; OLG Hamm, VersR 1994, 718; VersR 1999, 709). Teilt der VN dem Krankheitskostenversicherer einen vorübergehenden Wegzug ins Ausland mit, ist der VR zu einer Aufklärung über die Möglichkeiten einer Anwartschaftsversicherung verpflichtet (OLG Saarbrücken, zfs 2013, 163).
Wird eine Kapitallebensversicherung zum Zwecke der Ablösung eines Baudarlehens abgeschlossen und zeichnet sich in Folge eines unerwarteten Rückgangs der Überschüsse eine **Finanzierungslücke** beim VN ab, muss der VR hierauf hinweisen (BT-Drucks 16/3945, S. 59; i.E. *Armbrüster*, in: FS Schirmer, 2005, S. 10). Wird der vereinbarte **Deckungsschutz** aufgrund neuer Rechtsvorschriften **lückenhaft**, muss der VR nachfragen und den VN beraten, so z.B., wenn gesetzliche Haftpflichtregeln im Nachhinein verschärft werden (*Schirmer*, r+s 1997, 133, 136; restriktiver LG Köln, r+s 1997, 235, 237).

c) Einführung neuer Versicherungsbedingungen und Tarife

Nach BGHZ 81, 345, 348 = VersR 1982, 37, 38 ist der VR ggü. Altkunden zum **Hinweis** auf eine zwischenzeitliche **Änderung des Bedingungs- und Tarifwerks im Neugeschäft** verpflichtet, wenn zwischen den Parteien konkrete Verhandlungen über eine Vertragsverlängerung oder -änderung geführt werden. Dies gilt nach Ansicht der Instanzgerichte 47 jedoch nur, wenn die neuen Versicherungsbedingungen für den VN ausschließlich günstiger sind (OLG Bamberg, VersR 1998, 833 [unter 2.a.]; OLG Düsseldorf, VersR 1997, 1134 [unter 2.]; OLG Hamm, VersR 2000, 1231 [unter 2.]) und nicht zu einer Erhöhung des vom VR übernommenen Risikos führen würden (OLG Bamberg, VersR 1998, 833, 834; OLG Saarbrücken, VersR 1989, 245 [unter 3.]; a.A. LG Bad Kreuznach, NJW-RR 1991, 1503, 1504). Teile des Schrifttums gehen dagegen zu Recht davon aus, dass der VR in einer Verhandlungssituation stets zum Hinweis auf abweichende AVB verpflichtet ist (*Armbrüster*, ZVersWiss 2008, 425, 433; Prölss/Martin/*Rudy*, § 6 Rn 50; *Schwintowski*, in: Bruck/Möller, § 6 Rn 40). Ob Hinweispflichten des VR auf geänderte oder neue AVB auch dann bestehen, wenn keine Verhandlungen stattgefunden haben, ist umstritten (für eine Hinweispflicht *Fausten*, VuR 2003, 366, 372 ff.; *Schwintowski*, in: Bruck/Möller, § 6 Rn 40; dagegen OLG Düsseldorf, VersR 1997, 1134 [unter 2.]; *Armbrüster*, ZVersWiss 2008, 425, 433; Prölss/Martin/*Rudy*, § 6 Rn 50).

d) Eintritt des Versicherungsfalls

48   Der VR muss zutreffende Angaben über den Bestand und den Umfang des Versicherungsschutzes für den konkret eingetretenen Versicherungsfall machen (*Armbrüster*, in: FS Schirmer, 2005, S. 12; vgl. OLG Köln, VersR 1999, 1364, 1365). Anlass zur Beratung besteht auch dann, wenn für den VR erkennbar ist, dass der VN seine Obliegenheiten im Versicherungsfall missachtet, es sei denn, diese ergeben sich leicht verständlich aus den AVB (*Franz*, VersR 2008, 298, 299). Der VR muss den VN zudem auf die Möglichkeit einer Nachversicherung aufmerksam machen, wenn sich die VersSumme nach Eintritt eines Versicherungsfalls um den Betrag der Entschädigung vermindert (BGH, VersR 1985, 129 [unter II.2.]).

e) Unwirksame Kündigung

49   Eine unwirksame Kündigung des VN ist vom VR **zurückzuweisen**; der VR muss den VN unverzüglich über den Mangel **belehren** (nach **a.A.** folgt diese Pflicht nicht aus § 6 Abs. 4 VVG, sondern aus § 242 BGB; ausführlich § 11 Rdn 32 ff.). Hat die Kündigung eines VV Auswirkungen auf den Deckungsumfang eines anderen VV, muss der VR den VN über den Eintritt und die Folgen der Unterversicherung **beraten** (OLG Köln, r+s 1994, 185, 186).

f) Vertragswechsel

50   Will der VN die Krankenversicherung oder die Berufsunfähigkeitsversicherung **wechseln**, so muss der VR über die gesundheitlichen Voraussetzungen eines Wechsels beraten und ggf. von einem Wechsel abraten (vgl. OLG Frankfurt, 13.12.2007 – 12 U 214/06 unter II.1.d. zur Maklerhaftung).

2. Beratungsverzicht (§ 6 Abs. 4 S. 2 VVG)

Der VN kann nach § 6 Abs. 4 S. 2 VVG durch schriftliche Erklärung (§ 126 Abs. 1 BGB) auf eine Beratung verzichten. Ein solcher Verzicht ist aber **nicht generell** zulässig, sondern nur im „Einzelfall". Für eine Vielzahl von Verträgen vorformulierte Verzichtserklärungen sind daher unzulässig und nach § 307 Abs. 2 Nr. 1 BGB unwirksam (zustimmend *Blankenburg*, VersR 2008, 1446, 1449; Rüffer/Halbach/Schimikowski/*Münkel*, § 6 Rn 41).

51

V. Schadensersatzpflicht des Versicherers (§ 6 Abs. 5 VVG)

1. Normstruktur

§ 6 Abs. 5 VVG enthält für Schadensersatzansprüche des VN eine **eigenständige Anspruchsgrundlage**, die § 280 Abs. 1 BGB nachgebildet ist: Verstößt der VR gegen die in § 6 Abs. 1, 2 oder 4 VVG normierten Pflichten, so ist er gem. **§ 6 Abs. 5 S. 1 VVG** dem VN zum Ersatz des hieraus entstehenden Schadens verpflichtet. Nach **§ 6 Abs. 5 S. 2 VVG** ist der Anspruch ausgeschlossen, wenn der VR darlegen und beweisen kann, dass er die Pflichtverletzung nicht i.S.d. §§ 276 ff. BGB zu vertreten hat. Dem VN können neben dem Schadensersatzanspruch weitere Ansprüche zustehen, so insb. Ansprüche aus gewohnheitsrechtlicher Erfüllungshaftung (i.E. Rdn 68 ff.).

52

2. Voraussetzungen

a) Pflichtverletzung

Voraussetzung für das Bestehen eines Schadensersatzanspruchs ist zunächst das Vorliegen einer Pflichtverletzung. Der VR muss gegen die in § 6 Abs. 1, 2 VVG geregelten vorvertraglichen Frage-, Beratungs-, Begründungs- oder Dokumentationspflichten oder gegen die nach § 6 Abs. 4 VVG bestehenden Pflichten verstoßen haben. Eine derartige **Pflichtverletzung** liegt vor, wenn objektiv gesehen ein Anlass zur Beratung besteht und der VR die Wünsche und Bedürfnisse des Versicherungsinteressenten nicht bzw. nur unzureichend ermittelt, einen ungeeigneten oder unzureichenden Versicherungsschutz empfiehlt, seinen Rat nicht begründet oder das Beratungsgespräch unrichtig dokumentiert (nach der VVG-Reformkommission sollte die Verletzung der Dokumentationspflicht dagegen für sich allein keine Schadensersatzpflicht des VR auslösen; vgl. Abschlussbericht, Erläuterungen zu § 6 Abs. 4 VVG-Entwurf).

53

Die **Beweislast** für das Vorliegen der Pflichtverletzung trägt der VN. Die Regierungsbegründung weist allerdings darauf hin, dass insoweit die von der Rechtsprechung entwickelten Grundsätze der Beweislastverteilung nach Gefahren- und Verantwortungsbereichen (vgl. Palandt/*Grüneberg*, § 280 Rn 37) herangezogen werden können und ein Verstoß gegen die Dokumentationspflichten zudem **Beweiserleichterungen** zugunsten des VN rechtfertige (BT-Drucks 16/1935, S. 25 f. zu § 42e VVG a.F.; vgl. auch Rdn 35). Der VN muss daher i.d.R. nur vortragen, dass objektiv gesehen ein Anlass zur Beratung bestand und der VR gegen die in § 6 VVG normierten Frage-, Beratungs- oder Dokumentationspflichten

54

verstoßen hat. Der VR muss dann seinerseits im Rahmen seiner sekundären Darlegungslast den behaupteten Verstoß substantiiert bestreiten und durch die Vorlage des Beratungsprotokolls beweisen, wie der VN im Einzelnen beraten worden ist (BGH, VersR 2011, 622, Rn 11 ff.; OLG Saarbrücken, VersR 2010, 1181, 1182; LG Saarbrücken, VersR 2013, 759, juris Rn 23). Kann der VR das **Beratungsprotokoll nicht vorlegen**, so kann dies Beweiserleichterungen zugunsten des VN bis hin zu einer Beweislastumkehr nach sich ziehen (BGH, VersR 2015, 107, Rn 18). Ist ein erforderlicher Hinweis von wesentlicher Bedeutung überhaupt nicht, auch nicht im Ansatz, dokumentiert worden, so muss grundsätzlich der Beratungspflichtige beweisen, dass dieser Hinweis erteilt wurde (BGH, VersR 2015, 107, Rn 18). Gelingt ihm dieser Beweis nicht, so ist zugunsten des VN davon auszugehen, dass der betreffende Hinweis auch nicht erteilt wurde. Wird ein **Beratungsprotokoll vorgelegt**, so besteht die Vermutung, dass die Beratung wie dokumentiert stattgefunden hat und eine nicht dokumentierte Beratung auch nicht erfolgt ist (vgl. OLG München, VersR 2012, 1292, juris Rn 33 ff.; OLG Frankfurt a.M., 30.1.2014, 12 U 146/12, juris Rn 27; Rüffer/Halbach/Schimikowski/*Münkel*, § 6 Rn 47; **a.A.** *Brand*, VersR 2015, 10, 17: Nur grobe Dokumentationsfehler des VR dürfen eine Beweislastumkehr zur Folge haben).

b) Vertretenmüssen

55 Gem. **§ 6 Abs. 5 S. 2 VVG** ist der Schadensersatzanspruch des VN **ausgeschlossen**, wenn der VR die Pflichtverletzung **nicht zu vertreten** hat. Der VR muss sich das Verschulden eines Versicherungsvertreters nach § 278 BGB zurechnen lassen. Dies gilt unabhängig davon, ob es sich um einen unselbstständigen oder selbstständigen Vertreter handelt (OLG München, VersR 2012, 1292; *Armbrüster*, ZVersWiss 2008, 425, 434 f.). § 6 VVG ist halbzwingendes Recht (§ 18 VVG). Der VR kann sich daher nicht für schuldhaft begangene Beratungsfehler, auch nicht seiner Erfüllungsgehilfen (§ 278 BGB), freizeichnen (Begr. BT-Drucks 16/3945, S. 59). Das Vertretenmüssen des VR oder das seines Erfüllungsgehilfen wird gem. § 6 Abs. 5 S. 2 VVG **widerlegbar vermutet**. Der VR muss daher im Streitfall auch beweisen, dass der Anlass der Frage- bzw. Beratungspflicht für ihn nicht **erkennbar** war (*Reiff*, Versicherungsvermittlerrecht im Umbruch, S. 80; zur Erkennbarkeit vgl. i.E. Rdn 24 f.). Nach **a.A.** gehört die Erkennbarkeit des Beratungsanlasses dagegen nicht zum Vertretenmüssen, sondern bereits zu den Tatbestandsvoraussetzungen der Beratungspflicht (so z.B. MüKo/*Armbrüster*, § 6 VVG Rn 88 f.; Looschelders/Pohlmann/*Pohlmann*, § 6 Rn 53, 116; Prölss/Martin/*Rudy*, § 6 Rn 5). Folgt man dieser Auffassung, so müsste der VN darlegen und u.U. auch beweisen, dass der Anlass zur Beratung für den VR erkennbar war.

c) Vermögensschaden

56 Die Pflichtverletzung muss zu einem Vermögensschaden beim VN geführt haben (BGHZ 115, 221 [unter II.3.]; BGH, NJW 2000, 1254, 1256 [unter II.3.c.]; str.; nach **a.A.** bedarf es jedenfalls für die Vertragsaufhebung keines Vermögensschadens: *Fleischer*, AcP 200 [2000], 91, 111; *Grigoleit*, NJW 1999, 900). Entspricht der abgeschlossene VV trotz der

Pflichtverletzung den Wünschen und Bedürfnissen des VN, so liegt kein Schaden vor. An der erforderlichen **Kausalität** zwischen Pflichtverletzung und Vermögensschaden fehlt es, wenn der VR eine Falschauskunft des Vertreters noch so rechtzeitig korrigiert hat, dass dem VN ein angemessener Zeitraum verblieb, sich anderweitig um Versicherungsschutz zu bemühen (LG Köln, VersR 1985, 381).

3. Rechtsfolgen

a) Wahlrecht des VN: Vertragsaufhebung oder Vertragsanpassung

Der VN ist so zu stellen, wie er ohne Beratungspflichtverletzung stünde. I.d.R. kann nicht ohne Weiteres festgestellt werden, wie sich der VN bei ordnungsgemäßer Beratung verhalten hätte. Insb. bei vorvertraglichen Beratungsfehlern bleibt häufig unklar, ob es zum Abschluss desselben VV, zum Abschluss eines anderen VV mit demselben VR oder einem Dritten oder überhaupt nicht zu einem Vertragsabschluss gekommen wäre. Die Rechtsprechung legt daher eine **Kausalitätsvermutung** zugrunde und räumt dem Geschädigten ein **Wahlrecht** ein (vgl. MüKo/*Emmerich*, § 311 BGB Rn 267 ff.; *Dörner*, in: Karlsruher Forum 2000, 2001, S. 56 ff.): 57

– Der VN kann **Aufhebung des Vertrags** verlangen, sofern der Schaden im Zustandekommen eines nachteiligen VV besteht (BGHZ 115, 213, 221 = VersR 1992, 101 [unter II.3.b.]; NJW 2000, 1254, 1256 [unter II.3.c.]). Der VN kann in diesem Fall Rückzahlung der Prämien und Ersatz für etwaige Aufwendungen bei Vertragsschluss verlangen (vgl. OLG Oldenburg und LG Osnabrück, VersR 1998, 220); auch ein entgangener Gewinn ist zu ersetzen (OLG Düsseldorf, VersR 2001, 705 f. [unter 4.]). Eine Vertragsaufhebung macht jedoch nur Sinn, wenn **der Versicherungsfall noch nicht eingetreten** ist.

– Der VN kann sich auch darauf berufen, dass er bei ausreichender Beratung einen **anderen Vertrag mit ausreichender Risikodeckung** abgeschlossen hätte. In diesem Fall ist der VN so zu stellen, wie er bei Abschluss eines beratungsgerechten VV stünde (BGHZ 40, 22 = VersR 1963, 768 [unter II.4.]; BGHZ 108, 200 = VersR 1989, 948 [unter II.2.b.aa.]). Der VN erhält somit de facto Deckungsschutz, jedoch muss er sich im Wege der Vorteilsanrechnung die **Differenzprämie anrechnen** lassen, die sich bei zutreffender Bemessung der VersSumme oder bei Einschluss sonstiger Deckungserweiterungen nach richtiger Beratung ergeben hätte (BGH, VersR 2011, 623; BGH, VersR 1989, 472, 473; OLG Saarbrücken, r+s 1998, 384, 385).

Nach st. Rechtsprechung greift dabei die **Vermutung**, dass sich der VN bei ordnungsgemäßer Beratung **ausreichend versichert** hätte (BGH, VersR 1989, 472, 473; OLG Hamm, r+s 2001, 334, 336; OLG Saarbrücken, r+s 1998, 384, 385; OLG Karlsruhe, VersR 1990, 889 [unter I.1.c.bb.]; i.E. *Ihle*, Der Informationsschutz des Versicherungsnehmers, S. 217 ff.; außerhalb des Versicherungsrechts verlangt die Rechtsprechung dagegen neuerdings vom Geschädigten den Beweis, dass ein günstigerer Vertrag geschlossen worden wäre, vgl. BGHZ 168, 35 = NJW 2006, 3139, 3141 [unter II.2.b.]). Die Vermutung ist **widerlegt**, wenn der vom VN gewünschte Versicherungsschutz zum Zeitpunkt des 58

Vertragsschlusses auf dem gesamten Versicherungsmarkt nicht zu erlangen war (OLG Düsseldorf, r+s 1998, 361, 362; OLG Köln, VersR 1990, 1381, 1382). Gleiches gilt, wenn der VR beweisen kann, dass der VN einen umfangreicheren Schutz aufgrund der damit verbundenen höheren Prämie nicht vereinbart hätte (BGH, VersR 2014, 861, Rn 12).

b) Mitverschulden des Versicherungsnehmers (§ 254 BGB)

59 Ein Mitverschulden des VN ist gem. § 254 BGB zu berücksichtigen. Dem VN kann in aller Regel nicht vorgeworfen werden, dass er einer **falschen Auskunft** vertraut hat (BGH, VersR 1998, 905 [unter III.]). Weniger restriktiv ist die Rechtsprechung dagegen, wenn die **Pflichtverletzung in einem Unterlassen** liegt. In diesen Fällen soll ein Mitverschulden bereits dann vorliegen, wenn sich der VN anhand der ihm zur Verfügung stehenden Informationsquellen (insb. vorvertragliche Informationen, AVB, Versicherungsschein) nicht ausreichend über den Umfang des Versicherungsschutzes informiert (BGHZ 40, 22 = VersR 1963, 768 [unter II.6.]; OLG Köln, VersR 1998, 180, 181; VersR 1997, 1530, 1531). Diese Annahme ist jedoch widersprüchlich, denn soweit der VR zur Beratung verpflichtet ist, kann nicht zugleich eine Obliegenheit des VN zur Selbstinformation bestehen (vgl. *Grigoleit*, Vorvertragliche Informationshaftung, S. 258 f.; Prölss/Martin/*Prölss*, Vorbem. II Rn 15). Nach vorzugswürdiger Ansicht kommt ein Mitverschulden daher erst dann in Betracht, wenn die Fehlvorstellung des VN weiter reicht als die jeweilige Beratungspflicht und auch nicht bei ordnungsgemäßer Aufklärung beseitigt worden wäre (*Grigoleit*, Vorvertragliche Informationshaftung, S. 258 f.).

c) Einwand des Rechtsmissbrauchs

60 In besonderen Fällen kann der Schadensersatzanspruch dazu führen, dass dem VN der Einwand des Rechtsmissbrauchs zusteht. So kann sich der VR z.B. nicht auf eine Unterversicherung berufen (§ 75 VVG), wenn er eine ihm obliegende Beratungspflicht in diesem Punkt verletzt (Begr. BT-Drucks 16/3945, S. 78; OLG Hamm, r+s 1995, 390; OLG Celle, VersR 1995, 333; OLG Karlsruhe, r+s 1994, 264).

4. Verjährung

61 Für die Verjährung von Schadensersatzansprüchen aus § 6 VVG gelten die §§ 195, 199 BGB (s. § 15 Rdn 7 ff.). Die **3-jährige Verjährungsfrist** beginnt nach § 199 Abs. 1 BGB mit dem Schluss des Jahres, in dem der Anspruch entstanden ist und der VN **Kenntnis** oder grob fahrlässige Unkenntnis von den anspruchsbegründenden Umständen und der Person des Schuldners hatte. Bei einem pflichtwidrigen Unterlassen einer Aufklärung hat der Geschädigte erst dann Kenntnis, wenn er die Umstände kennt, aus denen sich die Rechtspflicht zur Aufklärung ergibt (vgl. BGH, ZIP 2003, 1782; VersR 2002, 995). Für die Dauer der Verjährungsfrist ist zudem § 199 Abs. 3 BGB zu beachten (hierzu § 15 Rdn 15).

VI. Bereichsausnahmen (§ 6 Abs. 6 VVG)

1. Großrisiken und Rückversicherung

Nach § 6 Abs. 6 VVG sind VV über ein Großrisiko i.S.d. § 210 Abs. 2 VVG vom Anwendungsbereich des § 6 VVG ausgenommen. Die Beratungspflichten gelten nach § 209 VVG auch nicht für die Rückversicherung. Dies steht im Einklang mit Art. 12 Abs. 4 der Versicherungsvermittler-Richtlinie. 62

2. Vermittlung durch Makler

Bei einer Vermittlung durch einen **Versicherungsmakler (§ 59 Abs. 3 VVG)** sind § 6 Abs. 1 bis 5 VVG ebenfalls nicht anzuwenden, denn der VR darf bei Einschaltung eines Versicherungsmaklers davon ausgehen, dass der Makler die ihm ggü. dem VN obliegenden Beratungspflichten erfüllt (Begr. BT-Drucks 16/3945, S. 58). Gleiches gilt, wenn eine Vermittlung ausnahmsweise durch einen **Versicherungsberater (§ 59 Abs. 4 VVG)** erfolgt, da auch diesem Beratungspflichten wie einem Versicherungsmakler obliegen (§ 68 S. 1 VVG; Begr. BT-Drucks 16/3945, S. 58). **Gelegenheitsvermittler i.S.d. 34d Abs. 9 GewO** sind demgegenüber nicht zur Beratung verpflichtet (§ 66 VVG); dementsprechend greift auch nicht die Bereichsausnahme des § 6 Abs. 6 VVG (*Schwintowski*, in: Bruck/Möller, § 6 Rn 7; a.A. Looschelders/Pohlmann/*Pohlmann*, § 6 Rn 20). 63

§ 6 Abs. 6 VVG greift nur dann ein, wenn bereits der ursprüngliche Vertrag von einem Makler vermittelt wurde. Die Ausnahmeregelung gilt dagegen nicht, wenn der Vertrag durch einen Vermittler zustande kommt und der VN erst während der Vertragslaufzeit einen Versicherungsmakler einschaltet (BGH, VersR 2013, 841, Rn 21). 64

Ungeklärt ist, ob die Bereichsausnahme auch dann eingreift, wenn der **VN einem erkennbaren Irrtum unterliegt** oder der Makler dem Versicherungsunternehmen ggü. seine **fehlende eigene Sachkunde** offen legt. Nach vorzugswürdiger Auffassung betrifft die in § 6 Abs. 6 VVG normierte Bereichsausnahme nur die Pflichten aus § 6 VVG, nicht jedoch jene aus Treu und Glauben (*Stöbener*, ZVersWiss 2007, 465, 479; *Armbrüster*, ZVersWiss 2008, 425, 427; vgl. auch *Schirmer/Höhne*, VersR 1998, 661, 665). Der VR bleibt daher nach § 242 BGB zur Beratung verpflichtet, wenn die Fehlvorstellung des VN bzw. die fehlende Sachkunde des Maklers für den VR erkennbar ist, z.B. dann, wenn der VR dem Versicherungsantrag entnehmen kann, dass das vom VN gewünschte Bezugsrecht nicht zu verwirklichen ist (OLG Saarbrücken, VersR 2011, 1441). Unabhängig hiervon haftet der VR jedenfalls für eine falsche Aufklärung und Beratung nach §§ 280 Abs. 1, 241 Abs. 2 ggf. i.V.m. 311 Abs. 2 BGB, ohne dass es auf die Voraussetzungen des § 6 VVG ankäme (vgl. Rdn 16; str.). Eine **Schutzlücke** ergibt sich ferner dann, wenn der VN nach erfolgter Vertragsvermittlung **keine laufende Betreuung durch den Makler** erhält. Da die Bereichsausnahme für die Vermittlung von Maklern lediglich eine überflüssige Doppelberatung verhindern soll (vgl. Rdn 63), ist § 6 Abs. 6 VVG in diesen Fällen **teleologisch zu reduzieren**: Der VR ist zur Beratung während der Vertragslaufzeit (§ 6 Abs. 4 VVG) auch dann verpflichtet, wenn der Makler nicht bzw. nicht mehr die laufende Betreuung des 65

VN übernimmt, und dieser Umstand für den VR erkennbar ist (*Armbrüster*, Aktuelle Rechtsfragen der Beratungspflichten von Versicherern und Vermittlern, 2009, S. 19 f.; Prölss/Martin/*Rudy*, § 6 Rn 70). Parallel hierzu trifft den Makler die Pflicht, den VR zu informieren, wenn er die laufende Betreuung nicht oder nicht mehr übernimmt (in dieselbe Richtung *Armbrüster*, Aktuelle Rechtsfragen der Beratungspflichten von Versicherern und Vermittlern, 2009, S. 21).

3. Fernabsatzverträge

66 Die in § 6 Abs. 1 bis 5 VVG normierten Pflichten entfallen nach § 6 Abs. 6 VVG ferner bei Fernabsatzverträgen (**§ 312c BGB**). Die Bereichsausnahme erfasst nach teleologischer Auslegung nicht nur Fernabsatzverträge **mit Verbrauchern** (§ 13 BGB), sondern **auch mit Unternehmern** (§ 14 BGB; *Funke*, VersR 2008, 163, 165). Die Regierungsbegründung rechtfertigt die in § 6 Abs. 6 VVG vorgesehene Bereichsausnahme mit dem Hinweis, dass bei ausschließlicher Verwendung von Fernkommunikationsmitteln die Frage- und Beratungspflichten nicht erfüllt werden könnten und ein VN, der auf diesem Weg einen Vertrag schließt, sich bewusst sei, dass er von dem VR zwar die notwendigen Informationen, jedoch keine Beratung erhalten werde (BT-Drucks 16/3945, S. 58). Dies ist nicht nachvollziehbar. Gerade das Internet bietet zahlreiche Möglichkeiten, Beratungselemente in die Konfiguration einer Homepage zu integrieren und den Kunden durch einen bestimmten Fragenkatalog zu einem bestimmten Produkt zu führen (vgl. *Leverenz*, Rechtliche Aspekte zum Versicherungsgeschäft im Internet, S. 77). Da die IDD auch den Vertrieb von VV über Websites erfasst (vgl. Rdn 8), ist § 6 Abs. 6 VVG ohnehin bei Umsetzung der Richtlinie aufzuheben.

67 Der in § 6 Abs. 6 VVG geregelte Ausschluss greift nur hinsichtlich der Pflichten aus § 6 Abs. 1 bis 5 VVG. Die bislang aus **Treu und Glauben (§ 242 BGB)** hergeleiteten Aufklärungspflichten sollen dagegen nicht beschränkt werden. Auch Direktversicherer im Fernabsatz sind daher weiterhin bei erkennbarem Anlass (insb. bei erkennbaren Fehlvorstellungen des VN; vgl. OLG Köln, VersR 1998, 180) gem. § 242 BGB zur Aufklärung verpflichtet (*Stöbener*, ZVersWiss 2007, 465, 478).

C. Rechtsfolgen

I. Gewohnheitsrechtliche Erfüllungshaftung

68 Umstritten ist, ob der VN bei einem Beratungspflichtverstoß nicht nur **Schadensersatzansprüche** nach § 6 Abs. 5 VVG gegen den VR geltend machen kann (Rdn 52 ff.), sondern ob daneben – wie nach früherem Recht – die **Grundsätze der gewohnheitsrechtlichen Erfüllungshaftung** herangezogen werden können (zum früheren Recht RGZ 147, 186, 188; BGHZ 40, 22 = VersR 1963, 768 [unter I.2.]; BGHZ 108, 200 = VersR 1989, 948 [unter II.2.b]; KG, zfs 2007, 574 [unter II.2.]; OLG Celle, VersR 2008, 60 [unter 3.]; OLG Hamm, VersR 1987, 351 [unter 1.]; OLG Köln, r+s 1986, 195 [unter 3.]; krit. zur Erfüllungshaftung: *Hilgenhövel*, Die gewohnheitsrechtliche Erfüllungshaftung des Versi-

cherers für Auskünfte seiner Agenten; *Kollhosser*, r+s 2001, 89). Während die Instanzgerichte für das neue VVG zu Recht an der Erfüllungshaftung festhalten (LG Saarbrücken, VersR 2014, 317, Rn 22; OLG Frankfurt/M., VersR 2012, 342), wird im Schrifttum zum Teil vertreten, dass die gesetzliche Neuregelung an die Stelle der Erfüllungshaftung getreten ist und diese verdrängt (*Armbrüster*, ZVersWiss 2008, 425, 434; *Fricke*, VersR 2015, 1090; *E. Lorenz*, in: FS Canaris, Bd. I, 2007, S. 757, 775;; Rüffer/Halbach/Schimikowski/*Münkel*, § 6 Rn 43; Römer/Langheid/*Rixecker*, § 6 Rn 3). Dieser Auffassung ist nicht zu folgen (wie hier *Schwintowski*, in: Bruck/Möller, § 6 Rn 5; *Schimikowski*, r+s 2012, 577, 582; *Koch*, in FS E. Lorenz, 2014, S. 199 ff.; vgl. auch Looschelders/Pohlmann/*Pohlmann*, § 6 Rn 15). Nichts deutet darauf hin, dass der Gesetzgeber mit § 6 Abs. 5 VVG die gewohnheitsrechtliche Erfüllungshaftung abschaffen wollte. Vielmehr sollte allein die bislang auf die culpa in contrahendo und pVV gestützte Schadensersatzhaftung kodifiziert und die Versicherungsvermittler-RL umgesetzt werden. Für einen Rückgriff auf die Grundsätze der Erfüllungshaftung besteht i.Ü. auch nach der VVG-Reform ein Bedürfnis, da diese besonderen Voraussetzungen und eigenen Rechtsfolgen unterliegt.

Macht der Versicherungsvertreter vor oder nach Vertragsschluss **falsche Angaben** über den Inhalt des VV oder die Bedeutung einzelner Versicherungsbedingungen, so gilt der VV nach den Regeln der Erfüllungshaftung ungeachtet entgegenstehender Klauseln mit dem Inhalt als zustande gekommen, der den Erklärungen des Versicherungsvertreters entspricht. Die Erfüllungshaftung greift auch dann ein, wenn der Agent erkennbar **falsche Vorstellungen** des VN **nicht berichtigt**. In diesem Fall wird der Vertrag in der Weise umgestaltet, dass er mit den irrigen Leistungserwartungen des VN übereinstimmt (BGHZ 40, 22 = VersR 1963, 768 [unter I.2.]; BGHZ 108, 200 = VersR 1989, 948 [unter II.2.b.]; OLG Karlsruhe, r+s 1998, 13 [unter 2.c.]). Bei der Erfüllungshaftung handelt es sich um eine Ausdehnung der Vertragserfüllung, nicht jedoch um einen Schadensersatzanspruch. Die Frage, ob der Agent **Vertretungsmacht** hatte, spielt insofern keine Rolle; **entscheidend** ist allein, dass der Versicherungsvertreter **im Lager des VR** steht und in Erfüllung der dem VR obliegenden Beratungs- und Informationspflichten handelt (vgl. BGHZ 108, 200 = VersR 1989, 948 [unter II.2.b.]; Prölss/Martin/*Kollhosser*, 27. Aufl., 2004, § 43 Rn 29 f. und 35: Haftung aus „Vertrauensstellung"; BK/*Gruber*, § 43 Rn 32). Der VR haftet daher sowohl für Auskünfte seiner **Angestellten** als auch für Auskünfte des (einfach oder mehrfach) gebundenen **Versicherungsvertreters**, obwohl Letzterer kein echter Vertreter i.S.d. § 164 BGB ist, sondern nach wie vor Vermittler, der keine Abschlussvollmacht hat. Denn auch ein solcher Versicherungsvertreter ist hinsichtlich der Beratungs- und Informationspflichten **Erfüllungsgehilfe des VR** (Begr. BT-Drucks 16/3945, S. 58; für das frühere Recht krit. *Wernink*, Die gewohnheitsrechtliche Erfüllungshaftung, S. 84). Der VR haftet dem ggü. nicht für Auskünfte von **Versicherungsmaklern** und deren Angestellten, da sie Vertreter des VN sind (OLG Oldenburg, r+s 1995, 107 [unter II.1.]; LG Köln, zfs 1983, 79).

Ein **Verschulden des VR** oder seines Agenten wird nicht vorausgesetzt (BGHZ 40, 22, 26 = VersR 1963, 768), jedoch muss bei unterlassener Aufklärung das Beratungsbedürfnis erkennbar sein (*Ihle*, Der Informationsschutz des Versicherungsnehmers, S. 227). Die Haftung des VR ist ausgeschlossen, wenn den **VN ein erhebliches eigenes Verschulden** trifft (BGH VersR 1963, 768 [unter I.2.]; VersR 1972, 530 [unter VII.]; OLG Koblenz, VersR 2007, 482 [unter II.2.]).

Beispiele
Gibt der Versicherungsvertreter die Auskunft, der Versicherungsschutz umfasse auch **Sturmflutschäden**, obwohl nach den AVB des VR nur Sturmschäden versichert sind, so erstreckt sich der Versicherungsschutz dennoch auf einen Sturmflutschaden (RGZ 86, 128). Klärt der Versicherungsagent den erkennbar beratungsbedürftigen VN (vgl. Rdn 25) nicht darüber auf, dass der Versicherungsschutz der **Kfz-Haftpflichtversicherung** Schäden in der Republik Nord-Zypern nicht erfasst, so besteht für dieses Gebiet gleichwohl Versicherungsschutz; Geschädigte eines Verkehrsunfalls in Nord-Zypern haben daher gem. § 3 Nr. 1 PflVG a.F. (jetzt § 115 Abs. 1 S. 1 Nr. 1 VVG) einen Direktanspruch gegen den VR (BGHZ 108, 200 = VersR 1989, 948). Wirbt ein **privater Rentenversicherer** mit einer **Überschussbeteiligung**, die wegen veränderter Lebenserwartung der Bevölkerung für den VR erkennbar unrealistisch ist, so hat der VN nach OLG Koblenz, VersR 2000, 1357 einen Erfüllungsanspruch auf die zugesicherte Überschussbeteiligung; nach OLG Düsseldorf, VersR 2001, 705 haftet der VR aus culpa in contrahendo auf Rückzahlung der Prämien und Ersatz entgangener Anlagerendite (zu beiden Urteilen s. *Schwintowski/Ebers*, ZVersWiss 2002, 393, 437 ff.; **a.A.** OLG Düsseldorf, NVersZ 2001, 354 = VersR 2002, 299 [Ls.]: nur negatives Interesse). Erklärt der Versicherungsagent auf Nachfrage des Versicherten (Arbeitnehmers) fälschlicherweise, dass der zu seinen Gunsten abgeschlossene private Rentenversicherungsvertrag bei Arbeitgeberwechsel mit keiner **Tarif- und Bedingungsänderung** verbunden ist, so steht dem Versicherten nach OLG Celle, VersR 2008, 60 ein vertraglicher Primäranspruch aus Erfüllungshaftung zu. **Keine Haftung** besteht dagegen für pauschale Anpreisungen, denen kein Erklärungswert beigemessen werden kann (vgl. OLG Frankfurt am Main, r+s 2000, 84: Bezeichnung einer Lebensversicherung als „gute Geldanlage"). Ein die Haftung ausschließendes erhebliches Eigenverschulden ist anzunehmen, wenn die Auskunft des Agenten klaren und eindeutigen Versicherungsbedingungen widerspricht, die dem VN bei Antragstellung vorlagen (BGHZ 40, 22 = VersR 1963, 768; OLG Köln, r+s 1991, 113, 114; OLG Hamburg, r+s 1990, 283).

II. Weitere Rechtsfolgen

71 Ein Verstoß gegen Beratungspflichten kann zur Folge haben, dass der **VV ganz oder teilweise unwirksam** ist, z.B. wegen Intransparenz (§ 307 Abs. 1 S. 2 BGB), Anfechtung (§§ 142 Abs. 1, 123 BGB) oder Widerruf (§ 8 VVG). Ein Rücktritt nach § 324 BGB kommt dagegen bei einem Beratungsverstoß nicht in Betracht (*Mankowski*, ZGS 2003, 91), wohl aber eine **Kündigung aus wichtigem Grund** gem. § 314 BGB (*Dörner*, in: FS Lorenz, 2004, S. 195, 201 ff.; vgl. auch § 11 Rdn 8).

D. Abdingbarkeit

72 § 6 VVG ist **halbzwingend** (§ 18 VVG; vgl. aber Rdn 43 f., 51).

E. Übersicht: Schadensersatzansprüche des VN gem. § 6 Abs. 5 VVG

Prüfungsschritte	Beweislast
(Vorvertragliches) Schuldverhältnis (§ 311 BGB)	VN
Bestehen einer Beratungspflicht (§ 6 Abs. 1 VVG)	VN muss beweisen, dass objektiv gesehen ein Anlass zur Beratung bestand; ggf. Beweislastverteilung nach Gefahren- und Verantwortungsbereichen.
Beratungsverzicht (§ 6 Abs. 3 VVG), Bereichsausnahmen (§ 6 Abs. 6 VVG)	VR
Verletzung der Beratungspflicht (§ 6 Abs. 5 S. 1 VVG)	VN muss vortragen, dass der VR gegen Beratungspflichten verstoßen hat. VR muss durch Vorlage des Beratungsprotokolls beweisen, dass und wie der VN beraten worden ist.
Verschulden des VR (§ 6 Abs. 5 S. 2 VVG)	Verschulden des VR wird widerlegbar vermutet. Der VR kann sich durch den Beweis entlasten, dass ein Anlass zur Beratung für ihn nicht erkennbar war.
Wahlrecht des VN zwischen Vertragsauflösung oder Vertragsanpassung	Haftungsausfüllende Kausalität ist vom VN zu beweisen, jedoch greift die Vermutung beratungsrichtigen Verhaltens.
Mitverschulden des VN (§ 254 BGB)	VR
Verjährung (§§ 194 ff. BGB)	VR trägt die Beweislast für Beginn und Ablauf der Verjährung. VN hat ggf. die Voraussetzungen einer Hemmung (§ 15 VVG, §§ 203 ff. BGB) zu beweisen.

§ 7 VVG Information des Versicherungsnehmers

(1) Der Versicherer hat dem Versicherungsnehmer rechtzeitig vor Abgabe von dessen Vertragserklärung seine Vertragsbestimmungen einschließlich der Allgemeinen Versicherungsbedingungen sowie die in einer Rechtsverordnung nach Absatz 2 bestimmten Informationen in Textform mitzuteilen. Die Mitteilungen sind in einer dem eingesetzten Kommunikationsmittel entsprechenden Weise klar und verständlich zu übermitteln. Wird der Vertrag auf Verlangen des Versicherungsnehmers telefonisch oder unter Verwendung eines anderen Kommunikationsmittels geschlossen, das die Information in Textform vor der Vertragserklärung des Versicherungsnehmers nicht gestattet, muss die Information unverzüglich nach Vertragsschluss nachgeholt werden; dies gilt auch,

wenn der Versicherungsnehmer durch eine gesonderte schriftliche Erklärung auf eine Information vor Abgabe seiner Vertragserklärung ausdrücklich verzichtet.

(2) Das Bundesministerium der Justiz und für Verbraucherschutz wird ermächtigt, im Einvernehmen mit dem Bundesministerium der Finanzen und durch Rechtsverordnung ohne Zustimmung des Bundesrates zum Zweck einer umfassenden Information des Versicherungsnehmers festzulegen,

1. welche Einzelheiten des Vertrags, insbesondere zum Versicherer, zur angebotenen Leistung und zu den Allgemeinen Versicherungsbedingungen sowie zum Bestehen eines Widerrufsrechts, dem Versicherungsnehmer mitzuteilen sind,
2. welche weiteren Informationen dem Versicherungsnehmer bei der Lebensversicherung, insbesondere über die zu erwartenden Leistungen, ihre Ermittlung und Berechnung, über eine Modellrechnung sowie über die Abschluss- und Vertriebskosten und die Verwaltungskosten, soweit eine Verrechnung mit Prämien erfolgt, und über sonstige Kosten mitzuteilen sind,
3. welche weiteren Informationen bei der Krankenversicherung, insbesondere über die Prämienentwicklung und -gestaltung sowie die Abschluss- und Vertriebskosten und die Verwaltungskosten, mitzuteilen sind,
4. was dem Versicherungsnehmer mitzuteilen ist, wenn der Versicherer mit ihm telefonisch Kontakt aufgenommen hat und
5. in welcher Art und Weise die Informationen zu erteilen sind.

Bei der Festlegung der Mitteilungen nach S. 1 sind die vorgeschriebenen Angaben nach der Richtlinie 92/49/EWG des Rates vom 18.6.1992 zur Koordinierung der Rechts- und Verwaltungsvorschriften für die Direktversicherung (mit Ausnahme der Lebensversicherung) sowie zur Änderung der Richtlinien 73/239/EWG und 88/357/EWG (ABl EG Nr. L 228 S. 1), der Richtlinie 2002/65/EG des Europäischen Parlaments und des Rates vom 23.9.2002 über den Fernabsatz von Finanzdienstleistungen an Verbraucher und zur Änderung der Richtlinie 90/619/EWG des Rates und der Richtlinien 97/7/EG und 98/27/EG (ABl EG Nr. L 271 S. 16) sowie der Richtlinie 2002/83/EG des Europäischen Parlaments und des Rates vom 05.11.2002 über Lebensversicherungen (ABl EG Nr. L 345 S. 1) zu beachten.

(3) In der Rechtsverordnung nach Absatz 2 ist ferner zu bestimmen, was der Versicherer während der Laufzeit des Vertrags in Textform mitteilen muss; dies gilt insbesondere bei Änderungen früherer Informationen, ferner bei der Krankenversicherung bei Prämienerhöhungen und hinsichtlich der Möglichkeit eines Tarifwechsels sowie bei der Lebensversicherung mit Überschussbeteiligung hinsichtlich der Entwicklung der Ansprüche des Versicherungsnehmers.

(4) Der Versicherungsnehmer kann während der Laufzeit des Vertrags jederzeit vom Versicherer verlangen, dass ihm dieser die Vertragsbestimmungen einschließlich der Allgemeinen Versicherungsbedingungen in einer Urkunde übermittelt; die Kosten für die erste Übermittlung hat der Versicherer zu tragen.

(5) Die Absätze 1 bis 4 sind auf Versicherungsverträge über ein Großrisiko i.S.d. § 210 Absatz 2 nicht anzuwenden. Ist bei einem solchen Vertrag der Versicherungsnehmer eine natürliche Person, hat ihm der Versicherer vor Vertragsschluss das anwendbare Recht und die zuständige Aufsichtsbehörde in Textform mitzuteilen.

Übersicht

	Rdn
A. Grundlagen	1
I. Normzweck	1
II. Vorgaben des Unionsrechts	2
1. Solvabilitäts-II-RL 2009/138/EG und Fernabsatz-RL II 2002/65/EG	2
2. PRIIP-VO 1286/2014	5
3. Versicherungsvertriebs-RL 2016/97 (IDD)	7
III. Umsetzung im deutschen Recht	8
IV. Verhältnis zu anderen Vorschriften	11
V. Zeitlicher Anwendungsbereich	13
VI. Zustandekommen von Versicherungsverträgen nach neuem Recht	14
1. Grundsätze	14
2. Unzulässigkeit des Policenmodells	15
3. Antragsmodell	16
4. Invitatio-Modell	20
5. Vorschlagsmodell	24
6. Bewertung	25
VII. Einbeziehung von AVB in den Vertrag	26
1. Grundsätze	26
2. Privatkundengeschäft	29
a) Hinweispflicht	30
b) Möglichkeit zumutbarer Kenntnisnahme	31
c) Einverständnis des Kunden	32
d) Maßgeblicher Zeitpunkt	33
3. Unternehmerischer Geschäftsverkehr	34
4. Gescheiterte Einbeziehung der AVB vor Vertragsschluss	35
B. Norminhalt	36
I. Vorvertragliche Informationspflichten (§ 7 Abs. 1 VVG)	36
1. Allgemeine Anforderungen (§ 7 Abs. 1 S. 1 VVG)	36
a) Umfang der Informationspflichten	36
b) Informationsberechtigter	38
c) Formerfordernisse	40
d) Zeitpunkt der Informationserteilung	42
2. Klare und verständliche Informationen (§ 7 Abs. 1 S. 2 VVG)	46
3. Telefonischer Vertragsschluss (§ 7 Abs. 1 S. 3 Hs. 1 VVG)	49
4. Informationsverzicht (§ 7 Abs. 1 S. 3 Hs. 2 VVG)	50
II. Ermächtigung zum Erlass der VVG-InfoV (§ 7 Abs. 2 und Abs. 3 VVG)	52
III. Recht des Versicherungsnehmers auf Übermittlung der Vertragsbestimmungen während der Vertragslaufzeit (§ 7 Abs. 4 VVG)	54
IV. Ausnahme für Großrisiken (§ 7 Abs. 5 VVG)	59
C. Rechtsfolgen	60
I. Nichteinbeziehung und Inhaltskontrolle von Klauseln	60
II. Bindungswirkung vorvertraglicher Erklärungen	62
III. Verlängerung der Widerrufsfrist	64
IV. Anfechtungsrechte	65
V. Ansprüche aus §§ 280 Abs. 1, 241 Abs. 2, 311 Abs. 2 BGB	66
1. Grundsätze	66
2. Schuldhafte Pflichtverletzung	67
3. Vertragsaufhebung bei Verstoß gegen vorvertragliche Informationspflichten?	68
a) Keine Sperrwirkung der Widerrufsregeln	69
b) Kausalitätsvermutung	70
4. Verstoß gegen Informationspflichten während der Vertragslaufzeit	71

VI. Ansprüche aus § 823 Abs. 2 BGB 72
VII. Kollektive Rechtsbehelfsmöglichkeiten 73
VIII. Aufsichtsrechtliche Maßnahmen 74
D. Prozessuales 75
E. Abdingbarkeit 76

A. Grundlagen

I. Normzweck

1 § 7 VVG regelt im Zusammenspiel mit der VVG-InfoV aufgrund unionsrechtlicher Vorgaben die **Informationspflichten**, die ein VR **vor Vertragsschluss und während der Vertragslaufzeit** zu erfüllen hat. Nach **§ 7 Abs. 1 VVG** müssen die erforderlichen Informationen sowie die Vertragsbestimmungen dem VN „*rechtzeitig vor Abgabe von dessen Vertragserklärung*" übermittelt werden. Durch diese Formulierung wird klargestellt, dass das frühere sog. Policenmodell (hierzu Rdn 15) nicht mehr zulässig ist (Begr. BT-Drucks 16/3945, S. 48, 60). Der VN soll eine **informierte Entscheidung** treffen, bevor er sich durch die Abgabe einer bindenden Willenserklärung für oder gegen einen bestimmten VV entscheidet. Eine **nachträgliche Übermittlung der Unterlagen** ist nur **ausnahmsweise** gestattet, insb. bei ausdrücklichem Verzicht des VN (§ 7 Abs. 1 S. 3 Hs. 2 VVG). **§ 7 Abs. 2** und **Abs. 3 VVG** ermächtigen das BMJV zum Erlass der VVG-InfoV. **§ 7 Abs. 4 VVG** räumt dem VN ein Recht auf Übermittlung der Vertragsbestimmungen während der Vertragslaufzeit ein. Die in § 7 Abs. 1 bis 4 VVG vorgesehenen Informationspflichten sind ggü. sämtlichen VN zu erfüllen. Nach **§ 7 Abs. 5 VVG** werden lediglich VV über ein Großrisiko vom Anwendungsbereich ausgenommen.

II. Vorgaben des Unionsrechts

1. Solvabilitäts-II-RL 2009/138/EG und Fernabsatz-RL II 2002/65/EG

2 § 7 VVG dient der Umsetzung der **Dritten RL Schaden 92/49/EWG** und der **Lebensversicherungs-RL 2002/83/EG** (beide RL wurden mittlerweile durch die Solvabilitäts-II-RL 2009/138/EG ersetzt) sowie der **Fernabsatz-RL II 2002/65/EG**. Die Vorschrift harmonisiert im Wege der überschießenden Umsetzung die unionsrechtlichen Vorgaben.

3 Die in den Richtlinien geregelten Informationspflichten sind weder von ihrem **Anwendungsbereich** noch **inhaltlich** aufeinander abgestimmt. Während der Unionsgesetzgeber für **Lebensversicherungsverträge** umfangreiche Informationen vor Abschluss und während der Laufzeit des VV fordert (Art. 185 Solvabilitäts-II-RL 2009/138/EG; zuvor: Art. 36 und Anhang III Lebensversicherungs-RL 2002/83/EG; Art. 31 i.V.m. Anhang II Dritte RL Leben 92/96/EWG), beschränken sich die Regelungen zur **Schadensversicherung** auf einige wenige Informationspflichten (Art. 183–184 Solvabilitäts-II-RL 2009/138/EG; zuvor: Art. 31, 43 Abs. 2 und 3 Dritte RL Schaden 92/49/EWG). Die Fernabsatz-RL II erfasst demgegenüber mit ihren detaillierten vorvertraglichen Informationspflichten (Art. 3, 5) querschnittsartig sämtliche Versicherungszweige und „ergänzt" auf diese Weise insb. die zur Schadensversicherung nur rudimentär festgelegten Informationspflichten. Die Richtlinie findet jedoch nur auf **Fernabsatzverträge** mit Verbrauchern Anwendung (vgl. die synoptische Gegenüberstellung der Informationsregelungen bei *Ebers*, VersWissStud. 26, 2004, S. 123, 136 ff.).

Alle drei Richtlinien weisen zudem einen **unterschiedlichen Harmonisierungsgrad** auf. Die Dritte RL Schaden und die Lebensversicherungs-RL basieren auf dem **Herkunftslandprinzip** (hierzu *Jung*, in: Schulze/Zuleeg, Hdb. Europarecht, § 20 Rn 78 ff.), allerdings ist bis heute ungeklärt, inwieweit dieses Prinzip auf das Versicherungsvertragsrecht ausstrahlt (vgl. Prölss/*Armbrüster*, DZWIR 1993, 449, 455 ff.; *Lorenz*, VersRdsch 1995, 8). Die für Lebensversicherungsverträge normierten Informationspflichten sind zwar im Sinne einer **Mindestharmonisierung** geregelt (EuGH, VersR 2015, 702, Rn 26), die Mitgliedstaaten dürfen zum Schutz der VN aber nicht unbegrenzt strengere, über die RL hinausgehende Informationspflichten vorsehen. Nach **Art. 185 Abs. 7 Solvabilitäts-II-RL 2009/138/EG** (zuvor: Art. 36 Abs. 3 Lebensversicherungs-RL) sind zusätzliche, in der Richtlinie nicht vorgesehene Informationspflichten vielmehr nur dann zulässig, wenn diese Angaben „*für das tatsächliche Verständnis der wesentlichen Bestandteile der Versicherungspolice durch den Versicherungsnehmer notwendig sind*". Der EuGH hat diese Norm im Fall **Axa Royale Belge** restriktiv interpretiert und eine belgische Regelung für unwirksam erklärt, nach der ein Lebensversicherer den VN darüber aufklären musste, dass eine Kündigung, eine Herabsetzung der VersSumme oder eine Ausübung des Rückkaufsrechts zu dem Zweck, eine andere Lebensversicherung abzuschließen, im Allgemeinen für den VN nachteilig ist (EuGH, EuZW 2002, 377; hierzu *Schwintowski*, VuR 2002, 296; *Langheid*, NJW 2003, 399; zu den Auswirkungen vgl. § 2 VVG-InfoV Rn 5). Deutlich liberaler ist demgegenüber das Urteil **Nationale-Nederlanden Levensverzekering** (EuGH, VersR 2015, 702, Rn 34). Dort stellte der Gerichtshof klar, dass über die RL hinausgehende Informationspflichten, die auf allgemeinen Grundsätzen des nationalen Rechts beruhen, jedenfalls dann nicht zu beanstanden sind, wenn „*die verlangten Angaben klar, genau und für das tatsächliche Verständnis der wesentlichen Bestandteile der Versicherungspolice durch den VN notwendig sind und eine ausreichende Rechtssicherheit bieten*". Die in der Fernabsatz-RL II normierten Informationspflichten sind demgegenüber nicht abschließender Natur, sondern unterliegen ohne vergleichbare Einschränkung einer **Mindestharmonisierung**. Nach **Art. 4 Abs. 2 Fernabsatz-RL II** dürfen die Mitgliedstaaten bis zu einer weiteren Harmonisierung „*strengere Bestimmungen über die Anforderungen an eine vorherige Auskunftserteilung aufrechterhalten oder erlassen, wenn diese Bestimmungen mit dem Gemeinschaftsrecht im Einklang stehen*."

2. PRIIP-VO 1286/2014

Weitere Änderungen ergeben sich durch die **PRIIP-VO 1286/2014** (Verordnung Nr. 1286/2014 über Basisinformationsblätter für verpackte Anlageprodukte für Kleinanleger und Versicherungsanlageprodukte), die **ab dem 31.12.2016** unmittelbar gilt, ohne dass es einer Umsetzung bedarf. Nach Art. 13 Abs. 1 PRIIP-VO 1286/2014 muss Kleinanlegern künftig vor Abgabe ihrer Willenserklärung ein **europaeinheitliches Basisinformationsblatt** zur Verfügung gestellt werden, das höchstens drei DIN A4-Seiten umfasst (Art. 6 Abs. 4 S. 1

PRIIP-VO 1286/2014). Die VO gibt in Art. 6–8 nicht nur den Inhalt der Informationen, sondern auch deren Struktur und Reihenfolge im Einzelnen vor. Sie gilt allerdings nur für **Versicherungsanlageprodukte**. Diese werden in Art. 4 Nr. 2 PRIIP-VO definiert als Versicherungsprodukte, die einen Fälligkeitswert oder einen Rückkaufswert bieten, der vollständig oder teilweise, direkt oder indirekt Marktschwankungen ausgesetzt ist. Erfasst werden damit nicht nur **fondsgebundene**, sondern auch traditionelle **kapitalbildende Lebensversicherungen** (wie hier VersR-Hdb/*Mönnich*, § 2 Rn 165; MüKo/*Reiff*, Vor § 59 VVG Rn 44; a.A. *Beyer*, VersR 2016, 293, 295; offenlassend *Matusche-Beckmann*, in: Dauses, EU-Wirtschaftsrecht, 38. EL, September 2015, E.VI., Rn 210). Ausgenommen vom Anwendungsbereich sind nach Art. 2 Abs. 2 PRIIP-VO insbesondere Nicht-Lebensversicherungsprodukte (lit. a), Lebensversicherungsverträge, deren vertragliche Leistungen nur im Todesfall oder bei Arbeitsunfähigkeit infolge von Körperverletzung, Krankheit oder Gebrechen zahlbar sind (lit. b), zertifizierte Altersvorsorgeprodukte (lit. e), amtlich anerkannte betriebliche Altersversorgungssysteme (lit. f) sowie individuelle Altersvorsorgeprodukte, für die nach nationalen Recht ein finanzieller Beitrag des Arbeitgebers erforderlich ist (lit. g). Die vorgesehenen Informationen sind nicht nur Verbrauchern, sondern auch Unternehmern gegenüber zu erteilen, sofern diese **Kleinanleger** im Sinne von Art. 4 Nr. 6 PRIIP-VO sind.

6 Bei einer Verletzung der Informationspflichten kommen nach der Verordnung sowohl **zivilrechtliche Schadensersatzansprüche** (Art. 11 PRIIP-VO) als auch **aufsichtsrechtliche Sanktionen** (Art. 15 ff. PRIIP-VO) in Betracht (zum Rechtsfolgenregime ausführlich *Poelzig*, ZBB 2015, 108, 113 ff.).

3. Versicherungsvertriebs-RL 2016/97 (IDD)

7 Weitere Informations- und Beratungspflichten sind in der bis zum 23.2.2018 umzusetzenden **Versicherungsvertriebs-RL 2016/97 (IDD)** vorgesehen (dazu § 6 Rdn 8 ff.). Während die PRIIP-VO eine Pflicht zur Übermittlung von **standardisierten Produktinformationsblättern** nur für Versicherungsanlageprodukte (also vor allem Lebensversicherungen) vorsieht (s. Rdn 5), wird diese Pflicht in Art. 20 Abs. 5–8 IDD auf **Sachversicherungen** erstreckt.

III. Umsetzung im deutschen Recht

8 Der deutsche Gesetzgeber überführte die in der Dritten RL Schaden und Dritten RL Leben (jetzt: Solvabilitäts-II-RL) vorgeschriebenen Informationspflichten durch das **3. DurchführungsG/EWG zum VAG vom 21.7.1994** (BGBl I, S. 1630, berichtigt S. 3134) zunächst in eine Regelung, die den Informationskatalog öffentlich-rechtlich (§ 10a i.V.m. Anlage D, Abschnitt I und II VAG a.F.), die Rechtsfolgen bei Missachtung hingegen (auch) privatrechtlich ausgestaltete (§ 5a VVG 1994; sog. Policenmodell; hierzu Rdn 15). Die Vorgaben der Fernabsatz-RL II wurden demgegenüber durch das **Gesetz zur Änderung der Vorschriften über Fernabsatzverträge bei Finanzdienstleistungen vom 2.12.2004** (BGBl I,

S. 3102) in § 48b VVG 2004 und einer entsprechenden Anlage umgesetzt; die Regelungen betrafen nur den Fernabsatz mit Verbrauchern (vgl. auch § 8 Rdn 20).

Die **VVG-Reform** führte zur Aufhebung der früheren Vorschriften. In § 7 VVG und der VVG-InfoV werden **sämtliche Informationspflichten zusammengefasst**, die sich aus EU-rechtlichen Vorgaben für alle Versicherungszweige ergeben (Begr. BT-Drucks 16/3945, S. 59). Dies sind zum einen die Angaben, die bisher in § 10a i.V.m. Anlage D Abschnitt I bis II VAG geregelt waren (vgl. Begr. BT-Drucks 16/3945, S. 121). Zum anderen handelt es sich um die in § 48b VVG 2004 (in der Fassung des Gesetzes zur Änderung der Vorschriften über Fernabsatzverträge bei Finanzdienstleistungen vom 2.12.2004, BGBl I, S. 3102) und der entsprechenden Anlage normierten Informationspflichten. Zwar gelten diese Pflichten – so die Regierungsbegründung – nur für Fernabsatzverträge: *„Der überwiegende Teil dieser Informationen ist aber für die Versicherungsnehmer unabhängig von der Vertriebsform für ihre Entscheidung über den Abschluss eines Versicherungsvertrags von Bedeutung."* (Begr. BT-Drucks 16/3945, S. 59). Aus diesem Grund werden die Vorgaben der Fernabsatz-RL II in § 7 VVG und der VVG-InfoV auf sämtliche VV erstreckt.

9

Der deutsche Gesetzgeber hat die Vorgaben der Fernabsatz-RL II damit **überschießend umgesetzt**. § 7 VVG ist im Anwendungsbereich der jeweils einschlägigen Richtlinien **richtlinienkonform** und ansonsten **richtlinienorientiert** auszulegen (Einf. vor § 1 Rdn 18 ff.). Zweifelsfragen zur Auslegung können bzw. müssen dem EuGH vorgelegt werden (Einf. vor § 1 Rdn 20, 22). Dies betrifft v.a. die Frage, zu welchem Zeitpunkt die vorvertraglichen Informationen und Vertragsbestimmungen ausgehändigt bzw. übersendet werden müssen, um das Erfordernis der „rechtzeitigen" Übermittlung i.S.d. § 7 Abs. 1 S. 1 VVG zu erfüllen (hierzu Rdn 42 ff.) sowie das grundsätzliche Problem, ob die in § 7 Abs. 1 S. 3 VVG vorgesehene Möglichkeit eines Informationsverzichts gegen unionsrechtliche Vorgaben verstößt (hierzu Rdn 50). Für die **Lebensversicherung** wird zu klären sein, ob die VVG-InfoV mit Art. 185 Abs. 7 Solvabilitäts-II-RL bzw. mit Art. 36 Abs. 3 Lebensversicherungs-RL (hierzu Rdn 4) vereinbar ist (i.E. § 2 VVG-InfoV Rdn 4).

10

IV. Verhältnis zu anderen Vorschriften

Die Informationspflichten des § 7 VVG werden **durch die VVG-InfoV** (Einzelheiten s. dort) **konkretisiert**. Für die Lebensversicherung enthalten die §§ 154, 155 VVG zusätzliche Regelungen. Der VR kann nicht nur zur Information, sondern gem. § 6 VVG auch zur **Beratung** des VN verpflichtet sein (zur Abgrenzung s. § 6 Rdn 15). Die **Einbeziehung vorformulierter Versicherungsbedingungen** in den VV bestimmt sich nicht nach § 7 VVG, sondern nach den **§§ 305 ff. BGB** (str.; vgl. Rdn 26 f.; § 5 Rdn 8).

11

In der **betrieblichen Altersversorgung** müssen Versorgungsanwärter und Versorgungsempfänger, die nicht zugleich VN sind, **gem. § 10a Abs. 2 VAG** nach Maßgabe der Anlage D VAG informiert werden (vgl. auch Rdn 39).

12

V. Zeitlicher Anwendungsbereich

13 Die in § 7 VVG geregelten Informationspflichten gelten für Verträge, die seit dem 1.1.2008 abgeschlossen worden sind (**Neuverträge**); für diese Verträge ist allerdings zusätzlich § 7 VVG-InfoV zu beachten (hierzu § 7 VVG-InfoV Rdn 1). Für **Altverträge** ist demgegenüber zu unterscheiden (i.E. Einf. vor § 1 Rdn 8): Die in § 7 VVG und in der VVG-InfoV geregelten **vorvertraglichen Informationspflichten** finden auf Altverträge keine Anwendung. Sowohl die Feststellung einer vorvertraglichen Pflichtverletzung als auch die Rechtsfolgen bestimmen sich daher nach altem Recht (MüKo/*Armbrüster*, § 7 VVG Rn 21). Die in § 7 Abs. 3 VVG i.V.m. § 6 VVG-InfoV normierten **Informationspflichten während der Vertragslaufzeit** gelten dagegen seit dem 1.1.2009 auch für Altverträge. Gleiches gilt für das in § 7 Abs. 4 VVG vorgesehene Recht des VN auf Übermittlung der Vertragsbestimmungen während der Vertragslaufzeit.

VI. Zustandekommen von Versicherungsverträgen nach neuem Recht

1. Grundsätze

14 Das VVG enthält keine Vorschriften darüber, wie ein VV zustande kommt. Dies bestimmt sich (wie früher) nach den **§§ 145 bis 155 BGB** (Begr. BT-Drucks 16/3945, S. 48; *Niederleithinger*, VersR 2006, 437, 440; zum elektronischen Geschäftsverkehr VersR-Hdb/*Dörner*, § 9 Rn 11 ff.; *Micklitz/Ebers*, VersR 2002, 641, 646 ff.). Die **VVG-Reform** verändert gleichwohl die Vertragsschlussmodalitäten.

2. Unzulässigkeit des Policenmodells

15 Nach dem **früher üblichen Policenmodell** (§ 5a VVG 1994 [in der Fassung des 3. DurchführungsG/EWG zum VAG vom 21.7.1994, BGBl I, S. 3102]) gab der VN durch Übersendung der ausgefüllten Formulare einen Antrag ab, ohne zuvor die Verbraucherinformationen und AVB erhalten zu haben. Die Annahme durch den VR erfolgte i.d.R. durch Übersendung der Versicherungspolice und nachträgliche Übermittlung der Informationen. Nach § 5a VVG 1994 galt der Vertrag gleichwohl als abgeschlossen, wenn der VN nicht innerhalb von vierzehn Tagen nach Erhalt der vollständigen Unterlagen widersprochen hatte (vgl. im Einzelnen § 8 Rdn 11 ff.). Diese Vorgehensweise ist **nach neuem Recht nicht mehr zulässig**. Die Regierungsbegründung führt insoweit aus, dass das Policenmodell dem berechtigten Interesse des VN an einer möglichst frühzeitigen Information über den Inhalt des angestrebten Vertrags nicht hinreichend Rechnung trage; außerdem sei die Vereinbarkeit des Policenmodells mit EU-rechtlichen Vorgaben, insb. der Fernabsatz-RL II, nicht zweifelsfrei (Begr. BT-Drucks 16/3945, S. 60). Die VR müssen daher nach § 7 Abs. 1 S. 1 VVG die erforderlichen Informationen und AVB „rechtzeitig" vor Abgabe der Willenserklärung des VN übermitteln. Kann dies nicht sichergestellt werden, so muss die bisherige Reihenfolge der Vertragserklärungen aufgegeben werden.

3. Antragsmodell

Bei einfachen, typisierten VV können die erforderlichen Informationen bereits i.R.d. ersten Kontaktaufnahme übermittelt werden, sodass nach dem traditionellen Antragsmodell vorgegangen werden kann. Nach dem Antragsmodell geht das **Angebot** zum Abschluss eines VV vom VN aus, indem dieser nach vorheriger Information das vom VR zur Verfügung gestellte Antragsformular ausfüllt und unterzeichnet. Die **Annahme** des Angebots durch den VR erfolgt i.d.R. **ausdrücklich** durch Übermittlung des Versicherungsscheins, der den Vertragsschluss bestätigt (vgl. § 3 Rdn 4). Ein **konkludentes Verhalten** des VR kann ebenfalls zum Vertragsschluss führen. Die Entgegennahme der Erstprämie oder die Einlösung eines Verrechnungsschecks ist für sich genommen allerdings noch keine Annahmeerklärung (BGH, VersR 1975, 1090 [unter I.3.]; VersR 1983, 121 [unter II.]), wohl aber die Einziehung der Prämie nach einiger Zeit (BGH, VersR 1975, 1090 [unter I.3.]). Auch das **Schweigen** des VR auf ein Vertragsangebot ist i.d.R. nicht als Annahme zu werten (BGH, VersR 1987, 923). In der **Kfz-Haftpflichtversicherung** gilt der Antrag des Kunden jedoch gem. § 5 Abs. 3 S. 1 PflVG als angenommen, wenn der VR ihn nicht innerhalb einer Frist von zwei Wochen ab Eingang schriftlich ablehnt.

16

Bei komplexen VV (insb. bei Lebens- und Krankenversicherungen) sowie in Situationen, in denen aufgrund der Umstände des Einzelfalls ein Anlass zur Beratung besteht (vgl. § 6 Rdn 22 f.), könnte sich das **Antragsmodell als ungeeignet** erweisen. In der Praxis wird es trotz fortgeschrittener EDV-Technik (entsprechender Software und mobilem Drucker) häufig nicht möglich sein, dem VN bereits im ersten Gespräch alle relevanten Unterlagen zur Verfügung zu stellen (*Gaul*, VersR 2007, 21; *Honsel*, VW 2007, 359). Das Antragsmodell erfordert zudem eine ausgefeilte Logistik, um zum richtigen Zeitpunkt die richtigen Informationen übermitteln zu können, sowie eine entsprechende Kontrolle der Mitarbeiter und Vermittler. Versicherungsunternehmen sind beim Antragsmodell verstärkt dem Risiko ausgesetzt, dass der Vertrieb nicht die aktuellen, für den VV einschlägigen Informationen und AVB aushändigt. Auch das in § 7 Abs. 1 S. 1 VVG vorgesehene **Rechtzeitigkeitskriterium** könnte es erforderlich machen, dem Kunden nach Überlassung der Unterlagen noch einige Tage Bedenkzeit einzuräumen (str., vgl. Rdn 44). Insoweit ist beim Antragsmodell in vielen Fällen ein weiterer Besuch des Außendienstmitarbeiters beim Kunden unumgänglich.

17

Antragsmodell – zeitlicher Ablauf

18

1. Gespräch des Vermittlers mit dem Kunden: Befragung und Beratung des Kunden, Dokumentation des Gesprächs
2. Kunde erhält das Antragsformular sowie sämtliche Vertragsbedingungen und die gesetzlich vorgeschriebenen Informationen
3. Ggf. Bedenkzeit des Kunden, zweites Beratungsgespräch des Vermittlers mit dem Kunden
4. **Angebot des Kunden** durch Unterzeichnung und Übermittlung des Antragsformulars; Bestätigung des Erhalts der erforderlichen Unterlagen (Vertragsbedingungen, gesetzlich vorgeschriebene Informationen), Beantwortung von Risikofragen und Abgabe der Erklärung zum Datenschutz

5. Risikoprüfung durch den VR
6. **Annahme des VR** durch Übersendung der Police

19 Das im Schrifttum vorgeschlagene **Modell der bedingten Antragserklärung** (*Baumann*, VW 2007, 1955; zustimmend *Herrmann*, in: Bruck/Möller, § 7 Rn 70 bis 73) ist demgegenüber ein **verkapptes Policenmodell** und daher **unzulässig** (i. Erg. wie hier *Leverenz*, Vertragsschluss nach der VVG-Reform, 2008 Rn 4/115; Rüffer/Halbach/Schimikowski/*Brömmelmeyer*, § 1 Rn 53; Looschelders/Pohlmann/*Pohlmann*, § 7 Rn 71). Bei diesem Modell stellt der VN einen Antrag unter der aufschiebenden Bedingung (§ 158 Abs. 1 BGB), dass ihm die erforderlichen Vertragsinformationen nachträglich innerhalb einer bestimmten Frist zur Verfügung gestellt werden. Übermittelt der VR diese Informationen fristgerecht, so soll der VN an seinen Antrag gebunden sein, wenn er nicht von seinem Widerrufsrecht Gebrauch macht. Dem VN wird damit – wie nach § 5a VVG 1994 – eine Widerrufslast aufgebürdet. Dies ist mit der Grundentscheidung des Reformgesetzgebers nicht zu vereinbaren. Der VN soll seine informierte Entscheidung aktiv, nicht passiv treffen. Genau aus diesem Grunde wurde das Policenverfahren abgeschafft.

4. Invitatio-Modell

20 Eine viel diskutierte Alternative zum Antragsmodell ist das Invitatio-Modell (hierzu *Gaul*, VersR 2007, 21, 24 ff.; *Schimikowski*, VW 2007, 715; *Leverenz*, Vertragsschluss nach der VVG-Reform, 2008, Rn 4/42 ff.). Bei diesem Modell teilt der Kunde dem VR seine Wünsche und Bedürfnisse mit, ohne sich bindend zu erklären. Er gibt eine bloße **invitatio ad offerendum** ab. Der VR erstellt **auf dieser Grundlage ein verbindliches Angebot**, das zusammen mit den erforderlichen Unterlagen an den VN übersandt wird. Der Kunde nimmt sodann das Angebot des VR an.

21 Das Invitatio-Modell weist den **Vorteil** auf, dass die Informationen und AVB dem Kunden stets vor Abgabe seiner Willenserklärung übermittelt werden können. Da der Kunde zunächst nur eine invitatio ad offerendum abgibt, verbleibt ihm ausreichend Zeit, um sich auf der Grundlage des Angebots des VR und der übermittelten Informationen für oder gegen einen Vertrag zu entscheiden, vorausgesetzt, der VR setzt den VN nicht durch eine zu kurz bemessene Annahmefrist (§ 147 BGB) unter Druck. Bei komplizierten Verträgen und Klauselwerken könnte dagegen eine weitere Beratung des Versicherungsinteressenten erforderlich werden (vgl. § 6 Rdn 22). Das Invitatio-Modell könnte v.a. im **Makler-Vertrieb** große praktische Bedeutung erlangen. Soweit der Makler aufgrund einer entsprechenden Vollmacht den Kunden rechtlich wirksam vertreten kann, ist der Makler auch zur Entgegennahme der Vertragsinformationen ermächtigt (vgl. auch Rdn 38). Der VN muss sich insoweit die Kenntnis des bevollmächtigten Maklers nach **§ 166 Abs. 1 BGB** zurechnen lassen. Im Innenverhältnis zum VN obliegt dem Makler insb. die Prüfung und Überwachung, ob das vom VR vorgelegte verbindliche Vertragsangebot auch den in der Angebotsanforderung (Invitatio) im Detail festgelegten Wünschen entspricht.

22 Das Invitatio-Modell ist **derzeit mit erheblicher Rechtsunsicherheit** belastet, denn die Vorschriften des VVG, insb. zum Widerruf (§ 8 Rdn 31, 44), zu den vorvertraglichen

Anzeigepflichten (§ 19 Rdn 101) und zur Prämienfälligkeit (§ 33 Rdn 7) sind nicht auf dieses Modell zugeschnitten (vgl. auch § 5 Rdn 6). Problematisch ist darüber hinaus, dass der VV beim Invitatio-Verfahren erst durch die **Annahmeerklärung des VN** zustande kommt. Vor diesem Zeitpunkt besteht für den Versicherungsinteressenten kein Versicherungsschutz. Der Vertragsschluss kann allerdings ggf. auch **konkludent** erfolgen, sofern der VN die Erstprämie überweist (*Gaul*, VersR 2007, 21, 24). Eine konkludente Annahmeerklärung ist ferner dann in Betracht zu ziehen, wenn der Versicherungskunde eine **Einzugsermächtigung erteilt und den Prämieneinzug widerspruchslos duldet**. Dagegen reicht die bloße Duldung der Lastschrift nicht aus, wenn der VN die Einzugsermächtigung bereits zum Zeitpunkt der invitatio erteilt hat. In diesem Fall steht die Einzugsermächtigung nämlich unter der stillschweigenden aufschiebenden Bedingung, dass von ihr erst nach Zustandekommen des Vertrags Gebrauch gemacht werden darf (wie hier *Gaul* VersR 2007, 21, 24; *Leverenz*, Vertragsschluss nach der VVG-Reform, 2008 Rn 4/78; *Wandt*, Versicherungsrecht, Rn 254). Das **Schweigen des VN** auf ein Vertragsangebot ist erst recht nicht als Annahme zu werten. Da der VN nach der Grundentscheidung des Reformgesetzgebers eine informierte, aktive Entscheidung treffen soll, darf die Annahme des VN nach Ablauf einer bestimmten Frist gem. § 307 Abs. 2 BGB auch **nicht durch AGB fingiert** werden (i.Erg. wie hier *Marlow/Spuhl*, Das Neue VVG kompakt, S. 12 f.; *Leverenz*, Vertragsschluss nach der VVG-Reform Rn 4/79; *Wandt*, Versicherungsrecht Rn 254; a.A. *Schimikowski*, VW 2007, 715; Rüffer/Halbach/Schimikowski/*Brömmelmeyer*, § 1 Rn 56 [mit der Einschränkung, dass der VN bereits vor Abgabe seiner auf die Fiktionsklausel gerichteten Willenserklärung die erforderlichen Informationen erhalten muss; unter dieser Voraussetzung wird das Invitatio-Verfahren für den VR freilich sinnlos]).

Invitatio-Modell – zeitlicher Ablauf

23

1. Gespräch des Vermittlers mit dem Kunden: Befragung des Kunden bzgl. seiner Wünsche und Bedürfnisse, Dokumentation des Gesprächs
2. Kunde unterzeichnet eine unverbindliche Aufforderung zur Abgabe eines Angebots (invitatio ad offerendum), Beantwortung von Risikofragen und Abgabe der Erklärung zum Datenschutz
3. Risikoprüfung durch den VR
4. **Angebot des VR** mit allen Unterlagen, Bedingungen und Informationen
5. **Annahmeerklärung des Kunden** mittels Unterschrift bzw. konkludenter Handlung

5. Vorschlagsmodell

Im Schrifttum wird daher über ein drittes Modell nachgedacht, das als Vorschlagsverfahren bezeichnet wird (*Honsel*, VW 2007, 359). Bei diesem Modell gibt der **VR** im Anschluss an die invitatio ad offerendum des Kunden noch kein verbindliches Angebot ab, sondern unterbreitet auf der Grundlage der Kundenangaben einen **unverbindlichen Vorschlag**. Der bindende Antrag geht dementsprechend vom Kunden aus. Zwar könnten auf diese Weise die Dokumentationsanforderungen vom Versicherungsvertrieb weitgehend auf den VR verlagert werden (*Honsel*, VW 2007, 359). **Nachteilig** ist indessen, dass sich Vertrags-

24

schluss und Versicherungsschutz zeitlich nach hinten verlagern, sodass die entstehenden Lücken durch vorläufige Deckungszusagen überbrückt werden müssten.

6. Bewertung

25 Für welches Modell sich die Praxis auch immer entscheiden mag: Die VR müssen den Versicherungskunden gem. § 1 Abs. 1 Nr. 12 VVG-InfoV **informieren, wie der VV zustande kommt**. Der Vertragsschlussmechanismus muss aus sich heraus verständlich sein. Ist dies nicht der Fall, muss der VN darüber aufgeklärt werden, ob die Rücksendung des ausgefüllten Antragformulars eine invitatio ad offerendum, ein bindendes Angebot oder aber die Annahme eines Angebots des VR darstellt (vgl. LG Magdeburg, NJW-RR 2003, 409 [unter 1.a. zu § 2 Abs. 2 Nr. 2 FernAbsG]). Entsprechendes gilt für **Vertragsabschlüsse im elektronischen Geschäftsverkehr** (vgl. Art. 246c Nr. 1 EGBGB; hierzu *Dörner*, AcP 202, 363, 378; *Leverenz*, VersR 2003, 698, 701). Derartige Angaben zum Vertragsschlussverfahren entfalten – wie sonstige Informationen auch (vgl. Rdn 62) – eine **Bindungswirkung**: Soll nach den Auskünften des VR der VV z.B. bereits mit Absendung des ausgefüllten Antragsformulars durch den VN geschlossen sein, dann kann sich der VR nicht darauf berufen, den Antrag des VN nie angenommen zu haben, wenn dieser auf Erfüllung besteht (Beispiel nach MüKo/*Wendehorst*, 6. Aufl., 2012, § 312c BGB Rn 138). I.Ü. ist freilich die objektive Rechtslage entscheidend.

VII. Einbeziehung von AVB in den Vertrag

1. Grundsätze

26 Da das Policenmodell durch die VVG-Reform abgeschafft worden ist, richtet sich die **Einbeziehung** vorformulierter Versicherungsbedingungen seit dem 1.1.2008 grds. **nach den allgemeinen Regeln des AGB-Rechts**, also nach den **§§ 305 ff. BGB** (*Schimikowski*, r+s 2007, 309; VersR-Hdb/*Beckmann*, § 10 Rn 55 ff.; zur Einbeziehung von AVB im Internet VersR-Hdb/*Dörner*, § 9 Rn 51 ff.; *Micklitz/Ebers*, VersR 2002, 641, 646 ff.).

27 **§ 7 Abs. 1 VVG** regelt demgegenüber nicht die Frage, wie Vertragsbedingungen Bestandteil eines VV werden, sondern allein die „Information des Versicherungsnehmers" (vgl. die amtliche Überschrift). Für die Erfüllung der in § 7 VVG aufgestellten Informationspflichten und der in § 305 Abs. 2 BGB geregelten Einbeziehungsvoraussetzungen gelten daher autonome Maßstäbe. Ein Verstoß gegen § 7 Abs. 1 VVG führt **nicht automatisch zur Nicht-Einbeziehung** der AVB (str.; zur insoweit gleich gelagerten Diskussion im Fernabsatzrecht und E-Commerce vgl. VersR-Hdb/Dörner, § 9 Rn 57 f.; MüKo/*Wendehorst*, § 312d BGB Rn 13). **§ 7 Abs. 1 S. 3 Hs. 2 VVG** ist auch nicht lex specialis zu § 305 Abs. 2 BGB (zutreffend *Wandt*, Versicherungsrecht Rn 292; Looschelders/Pohlmann/*Pohlmann*, § 7 Rn 78 ff.; **a.A.** LG Saarbrücken, r+s 2013, 275, 277; *Gaul*, VersR 2007, 21, 24; *Leverenz*, Vertragsschluss nach der VVG-Reform Rn 3/78). Ein Verzicht des VN gem. § 7 Abs. 1 S. 3 Hs. 2 VVG auf vorvertragliche Informationsübermittlung hat daher nicht zur Folge, dass

eine nachträgliche Überlassung der AVB genügt. Ob AVB nach **§ 5 VVG** Vertragsbestandteil werden können, ist umstritten (vgl. § 5 Rdn 8).

Sonderregelungen für die AVB-Einbeziehung bestehen lediglich für die **vorläufige Deckung** (§ 49 Abs. 2 VVG) und für die **nachträgliche Bedingungsanpassung** in der Lebens-, Berufsunfähigkeits- und Krankenversicherung (§§ 164 Abs. 2, 176, 203 Abs. 3 bis 4 VVG). Diese Vorschriften, insb. die Regelung des § 49 Abs. 2 S. 1 VVG zur vorläufigen Deckung, sind jedoch nicht verallgemeinerungsfähig (*Wandt*, Versicherungsrecht Rn 186, 292; **a.A.** *Marlow/Spuhl*, Das Neue VVG kompakt, S. 14). 28

2. Privatkundengeschäft

Handelt es sich bei dem VN um einen Verbraucher (§ 13 BGB), ist **§ 305 Abs. 2 BGB** zu beachten. Die Vorschrift bindet die Einbeziehung der AVB an **drei Voraussetzungen**: den ausdrücklichen Hinweis, die Möglichkeit zumutbarer Kenntnisnahme und das Einverständnis des Kunden. 29

a) Hinweispflicht

Der Hinweispflicht (§ 305 Abs. 2 Nr. 1 BGB) kann problemlos Genüge getan werden, indem der VR im vorformulierten Antragsformular (oder in seinem verbindlichen Antrag) ausdrücklich auf die AVB hinweist. Der Hinweis muss so platziert und gestaltet sein, dass er von einem Durchschnittskunden **auch bei flüchtiger Betrachtung** nicht übersehen werden kann (vgl. BGH, NJW-RR 1987, 112, 114). Der VR muss zudem präzise angeben, welche AVB dem konkreten VV zugrunde liegen sollen, die bloße Überlassung des gesamten AVB-Werks auf einer CD reicht daher nicht aus (*Schimikowski*, r+s 2007, 309, 310). Unzureichend ist ferner die Aushändigung der Informationen oder des Produktinformationsblatts, da sich § 305 Abs. 2 Nr. 1 BGB auf den vollständigen Inhalt der AVB bezieht (MüKo/*Armbrüster*, § 7 VVG Rn 158). Bei **Onlinegeschäften** kann der Hinweis durch eine entsprechende Information auf der Webseite des Anbieters erfolgen. 30

b) Möglichkeit zumutbarer Kenntnisnahme

Die dem VN zu verschaffende Möglichkeit zumutbarer Kenntnisnahme (§ 305 Abs. 2 Nr. 2 BGB) ist nur gewährleistet, wenn der AVB-Text dem Kunden **in verständlicher und lesbarer Form zugänglich** gemacht wird (Palandt/*Grüneberg*, § 305 BGB Rn 37, 39; Hk-BGB/*Schulte-Nölke*, § 305 BGB Rn 16). Der VR muss dem Kunden ein Exemplar des Klauselwerks aushändigen oder zusenden. Bei **Onlinegeschäften** reicht es für die Einbeziehung aus, wenn die Klauseln über einen auf der Bestellseite gut sichtbaren Link aufgerufen und ausgedruckt werden können (BGH, VersR 2007, 1436 [unter II.1.a.]). Bei fernmündlichem Vertragsschluss **verzichtet** der Kunde i.d.R. **konkludent** auf die Kenntnisverschaffung, wenn der Verwender auf seine AGB hingewiesen und der Kunde gleichwohl keinen Wunsch nach Übermittlung der AGB geäußert hat (MüKo/*Basedow*, § 305 BGB Rn 67; Palandt/*Grüneberg*, § 305 BGB Rn 35; **a.A.** AG Krefeld, NJW-RR 1997, 245 [nur ausdrücklicher Verzicht]). 31

c) Einverständnis des Kunden

32 Das erforderliche Einverständnis des Kunden (§ 305 Abs. 2 letzter Hs. BGB) liegt i.d.R. vor, wenn ihm die Kenntnisnahme der AVB in zumutbarer Weise möglich war und es zum Vertragsschluss gekommen ist (Palandt/*Grüneberg*, § 305 BGB Rn 41).

d) Maßgeblicher Zeitpunkt

33 Die Einbeziehungsvoraussetzungen des § 305 Abs. 2 Nr. 1 bis 2 BGB müssen nach h.M. gewährleistet sein, **bevor** der Kunde eine verbindliche Vertragserklärung abgibt (OLG Köln, WM 1993, 369; LG Frankfurt, NJW-RR 1992, 441, 442; MüKo/*Basedow*, § 305 BGB Rn 76 f.; a.A. Staudinger/*Schlosser*, § 305 BGB Rn 149). Werden die AVB erst nach Abgabe der Willenserklärung des VN übermittelt, sind die Einbeziehungsvoraussetzungen nicht erfüllt (*Hermann*, in: Bruck/Möller, § 7 Rn 16; nach **a.A.** werden AVB zumindest dann Vertragsbestandteil, wenn sie nach der Willenserklärung des VN, aber vor Übersendung der Police zugesendet werden; so *Schimikowski*, r+s 2007, 309, 311; zustimmend MüKo/*Armbrüster*, § 7 VVG Rn 160).

3. Unternehmerischer Geschäftsverkehr

34 Im unternehmerischen Geschäftsverkehr (§ 14 BGB) sind die Einbeziehungsvoraussetzungen des AGB-Rechts nicht besonders streng, da § 305 Abs. 2 BGB keine Anwendung findet (§ 310 Abs. 1 BGB). AVB können auch durch **schlüssiges Verhalten** einbezogen werden (vgl. BGH, NJW 1985, 1838, 1839; BGHZ 102, 293, 294 = NJW 1988, 1210, 1212). Insbesondere bei branchenüblichen AVB besteht ein Indiz für einen konkludenten Einbeziehungswillen, wenn nicht besondere Umstände entgegenstehen (OLG Koblenz, VersR 2003, 851). Auch im unternehmerischen Geschäftsverkehr muss indessen zumindest Klarheit darüber bestehen, welche Klauseln für den konkreten Vertrag gelten sollen (*Schimikowski*, r+s 2007, 309, 310).

4. Gescheiterte Einbeziehung der AVB vor Vertragsschluss

35 Scheitert die Einbeziehung der AVB, kommt der VV gem. § 306 Abs. 1 BGB ohne AVB zustande. Die entstehenden Vertragslücken sind gem. § 306 Abs. 2 BGB unter Rückgriff auf das dispositive Gesetzesrecht zu schließen. Ist dies nicht möglich, muss im Einzelfall eine ergänzende Vertragsauslegung erfolgen (BGHZ 96, 18, 26). AVB können aber durch eine **nachträgliche Einbeziehungsvereinbarung** Vertragsbestandteil werden (BGH, NJW-RR 1987, 113, 114). An eine solche Vereinbarung werden außerhalb des Versicherungsrechts strenge Anforderungen gestellt, denn eine nachträgliche Einbeziehung von AGB führt regelmäßig zu einer Verschlechterung der Rechtsstellung des Kunden. Die Rechtsprechung verlangt daher eine **ausdrückliche Zustimmung** des Kunden (BGH, NJW 1984, 1112; KG, NJW-RR 1994, 1265; hierzu MüKo/*Basedow*, § 305 BGB Rn 79 f.). Diese Maßstäbe gelten auch im Versicherungsrecht (für eine deutliche Absenkung der Anforderungen dagegen *Schimikowski*, r+s 2007, 309, 311; vgl. auch *Hermann*, in: Bruck/Möller,

§ 7 Rn 16: Stillschweigende Einbeziehung, wenn der VN die fehlende Einbeziehung der AVB beanstandet hat). Soweit die AVB für den VN vorteilhaft sind, ist nach hier vertretener Auffassung jedoch eine **konkludent getroffene Einbeziehungsvereinbarung** durch Prämienzahlung des VN anzunehmen (str.; nach **a.A.** ist der VR gem. § 280 BGB verpflichtet, den VN so zu stellen, als seien die dem VN günstigen, seinen Leistungsanspruch begründenden AVB Vertragsbestandteil geworden; vgl. *Schimikowski*, r+s 2007, 309, 311; VersR-Hdb/*Präve*, 1. Aufl., § 10 Rn 136; *Armbrüster*, r+s 2008, 493, 503, befürwortet dagegen eine analoge Anwendung des § 49 Abs. 2).

B. Norminhalt

I. Vorvertragliche Informationspflichten (§ 7 Abs. 1 VVG)

1. Allgemeine Anforderungen (§ 7 Abs. 1 S. 1 VVG)

a) Umfang der Informationspflichten

Der VR muss dem VN nach § 7 Abs. 1 S. 1 VVG die Vertragsbestimmungen einschließlich der AVB sowie die in der VVG-InfoV normierten vorvertraglichen Informationen in Textform zur Verfügung stellen. Der Begriff „Vertragsbestimmungen" erfasst nicht nur die vorformulierten Vertragsbedingungen, sondern **sämtliche Bedingungen** des Vertrags. Der VR muss daher auch mündlich getroffene Abreden über essentialia negotii (Leistungsumfang, Prämie) und etwaige individuelle Nebenabreden in Textform übermitteln. Die vorvertraglichen Informationspflichten werden in **§§ 1 bis 5 VVG-InfoV** näher festgelegt (Einzelheiten s. dort). 36

Die in § 7 Abs. 1 VVG i.V.m. §§ 1 bis 5 VVG-InfoV geregelten vorvertraglichen Informationspflichten bestehen vor jedem **Neuabschluss** eines VV. Gleiches gilt bei **individualvertraglicher Änderung eines bestehenden VV**, denn § 7 Abs. 1 VVG bezieht sich auf sämtliche Vertragserklärungen und nicht nur auf den ersten (vertragsbegründenden) Antrag (*Leverenz*, Vertragsschluss nach der VVG-Reform, 3/19). Vertragsänderungen, die automatisch oder in Ausübung eines einseitigen Anpassungsrechts erfolgen, unterfallen dagegen nur dann den Anforderungen des § 7 Abs. 1 VVG, wenn sie derart bedeutsam sind, dass sie auch Gegenstand eines neuen Versicherungsvertrags sein könnten (anders noch die Voraufl.; MüKo/*Armbrüster*, § 7 VVG Rn 53). Dies gilt beispielsweise für erhebliche Deckungserweiterungen, für den Abschluss von Zusatzversicherungen oder für eine erhebliche Aufstockung der Versicherungssumme. Eine **Laufzeitverlängerung** eines VV zu gleichen Bedingungen aufgrund einer entsprechenden Klausel in den AVB führt demgegenüber nicht zum Eingreifen der Informationspflichten (vgl. auch Art. 1 Abs. 2 Fernabsatz-RL II; EuGH, 4.3.2004 – C-264/02 Rn 27 ff. [zur Verbraucherkredit-Richtlinie]). 37

b) Informationsberechtigter

38 **Informationsberechtigter** ist der VN. Der VN kann eine natürliche oder juristische Person sein. § 7 VVG schützt nicht nur Verbraucher (§ 13 BGB), sondern auch Unternehmer (§ 14 BGB), solange kein VV über ein Großrisiko vorliegt (§ 7 Abs. 5 S. 1 i.V.m. § 210 Abs. 2 VVG). Das in § 4 VVG-InfoV vorgesehene Produktinformationsblatt ist dagegen nur einem Verbraucher (§ 13 BGB) zu übermitteln (§ 4 Abs. 1 VVG-InfoV). Wird der VV durch einen **Versicherungsvertreter** vermittelt, muss der VR dafür sorgen, dass der Vertreter alle vorgeschriebenen Unterlagen dem VN rechtzeitig übermittelt (vgl. Begr. BT-Drucks 16/3945, S. 59). Bedient sich der VN eines **Versicherungsmaklers**, erfüllt der VR seine Informationspflichten gegenüber dem VN gem. § 166 BGB (analog) durch Übermittlung an den Makler, wenn dieser mit entsprechender Abschlussvollmacht ausgestattet ist oder als Wissensvertreter des VN fungiert (MüKo/*Armbrüster*, § 7 VVG Rn 13; Römer/Langheid/*Langheid*, § 7 Rn 19). Ob sich der VR eine entsprechende Vollmachtsurkunde vorlegen lassen muss, ist noch ungeklärt (dagegen Römer/Langheid/*Langheid*, § 7 Rn 19). Leitet der Makler die Informationen nicht rechtzeitig an den VN weiter, richten sich die Rechtsfolgen nach dem Innenverhältnis zwischen Makler und VN.

39 Ggü. **versicherten Personen** bestehen keine Informationspflichten nach § 7 Abs. 1 VVG, VVG-InfoV. Bei **Gruppenversicherungen**, die z.B. von Unternehmen abgeschlossen werden, um die betriebliche Altersvorsorge ihrer Arbeitnehmer sicherzustellen, oder von Banken, die Restschuldversicherungen für ihre Darlehensnehmer aufnehmen, ist dementsprechend zu unterscheiden: Bei einer **echten Gruppenversicherung** ist nur die Gruppenspitze als VN anzusehen. Die einzelnen Gruppenmitglieder werden dagegen nicht VN, sondern nur Versicherte. Der VR muss dementsprechend allein die Gruppenspitze, nicht aber die Versicherten nach § 7 Abs. 1 VVG, VVG-InfoV informieren (*Leverenz*, Vertragsschluss nach der VVG-Reform, 2008 Rn 3/7 ff.; Rüffer/Halbach/Schimikowski/*Schimikowski*, § 7 Rn 11; *Franz*, VersR 2008, 1565 ff.; **a.A.** *Marlow/Spuhl*, S. 16 [analoge Anwendung des § 7 Abs. 1 VVG]). Für die betriebliche Altersversorgung sind allerdings die speziellen Informationspflichten in § 10a Abs. 2 VAG i.V.m. Anlage D zu beachten. Darüber hinaus können im Innenverhältnis zwischen Gruppenspitze und Versicherten weitergehende Informationspflichten bestehen (hierzu *Franz*, VersR 2008, 1565, 1569 ff.). Bei einer **unechten Gruppenversicherung** werden die Versicherten dagegen zugleich VN. Bei Einbeziehung eines jeden neuen Versicherten entsteht ein neuer VV, vor dessen Abschluss rechtzeitig informiert werden muss.

c) Formerfordernisse

40 Die erforderlichen Unterlagen sind in **Textform (§ 126b BGB)** zu übermitteln. Zulässig sind damit herkömmliche Papierdokumente, aber **auch elektronische Dokumente**, wie z.B. E-Mails, Disketten oder CD-ROM (vgl. § 3 Rdn 13). Auf einer Webseite bereitgestellte Informationen erfüllen für sich genommen nicht die Anforderungen des § 7 Abs. 1 VVG, da Webseiten keine dauerhaften Datenträger im Sinne des § 126b BGB sind (vgl. Begr. zu § 126b BGB, BT-Drucks 17/12637, S. 44) und es zudem an der erforderlichen Übermittlung an den VN fehlt (zur Fernabsatz-RL 97/7 vgl. EuGH, NJW 2012, 2637; für die AVB-Einbeziehung reicht dagegen nach § 305 Abs. 2 Nr. 2 BGB der bloße Link auf die Vertragsbedingungen, vgl. Rdn 31). Die Textform ist jedoch dann gewahrt, wenn der VN die Informationen herunterlädt oder ausdruckt, da sie in diesem Fall dauerhaft abrufbar sind (wie hier MüKo/*Armbrüster*, § 7 VVG Rn 106; vgl. auch BGH, NJW 2014, 2857, Rn 19; KG, NJW 2006, 3215, 3217; OLG Hamburg, NJW-RR 2007, 839, 840; str., nach **a.A.** muss die Information von vornherein in dauerhaft gespeicherter Form zur Verfügung stehen, da § 126b BGB einen dauerhaften Datenträger bereits bei „*Abgabe*" der Erklärung verlangt; im Einzelnen MüKo/*Einsele*, § 126b BGB Rn 11). In diesem Fall trägt freilich der VR die Beweislast dafür, dass der VN die Informationen tatsächlich ausgedruckt oder in dauerhafter Form gespeichert hat (vgl. BGH, NJW 2014, 2857, Rn 20).

Das Textformerfordernis ist mit Art. 36, Anhang III Abs. 2 Lebensversicherungs-RL (jetzt Art. 185 Abs. 6 Solvabilitäts-II-RL 2009/138) zu vereinbaren (*Fricke*, VersR 2001, 925; *Micklitz/Ebers*, VersR 2002, 641, 657; vgl. auch Art. 1:306 Acquis Principles, Contract I, 2007, S. 52 f.; deutsche Fassung der Principles in ZEuP 2007, 896; **a.A.** BAV VerBAV 1999, 219 = NVersZ 1999, 556). 41

d) Zeitpunkt der Informationserteilung

Die erforderlichen Unterlagen müssen dem VN gem. § 7 Abs. 1 S. 1 VVG „**rechtzeitig vor Abgabe von dessen Vertragserklärung**" übermittelt werden. Mit dem Begriff „**Vertragserklärung**" ist die auf den Abschluss des VV gerichtete bindende Willenserklärung des VN (Angebot oder Annahme) gemeint. Die Vorschrift orientiert sich am Wortlaut des § 312c Abs. 1 BGB a.F. (Begr. BT-Drucks 16/3945, S. 60). Der Bundesrat hatte dagegen angeregt, das Wort „Vertragserklärung" durch die gebräuchliche Formulierung „Willenserklärung" zu ersetzen (BT-Drucks 16/3945, S. 125; hierzu die Gegenäußerung der Bundesregierung, BT-Drucks 16/3945, S. 130; zum Fernabsatzrecht vgl. Staudinger/*Thüsing*, § 312c BGB Rn 18). 42

Der in § 7 Abs. 1 S. 1 VVG festgelegte **Zeitpunkt der Informationsübermittlung** beruht auf unionsrechtlichen Vorgaben. Nach Art. 3 Abs. 1 und Art. 5 Abs. 1 Fernabsatz-RL II müssen die Informationen und AVB „*rechtzeitig bevor der Verbraucher durch einen Fernabsatzvertrag oder durch ein Angebot gebunden ist*" übermittelt werden. Was „**rechtzeitig**" bedeutet, wird in der Fernabsatz-RL II nicht näher festgelegt. Auch § 7 Abs. 1 S. 1 VVG überlässt die Auslegung dieses unbestimmten Rechtsbegriffs der Rechtsprechung, da sich keine konkretisierende, für alle Einzelfälle passende Beschreibung finden lässt (vgl. die Regierungsbegründung zu § 2 Abs. 2 FernabsG, BT-Drucks 14/2658, S. 38). Die Vorschrift legt **keine Mindestfristen** fest (*Schimikowski*, r+s 2007, 133, 134; zum Fernabsatzrecht Palandt/*Grüneberg*, Art. 246b § 1 EGBGB Rn 3; **a.A.** Hk-VertriebsR/*Micklitz*, § 312c BGB Rn 32 [drei Tage]). Maßgeblich ist vielmehr eine **Einzelfallbetrachtung** (OLG Brandenburg, 24.6.2015, 11 U 135/14, juris Rn 113; *Frank*, VersR 2008, 298, 303; *Leverenz*, Vertragsschluss nach der VVG-Reform, 2008, Rn 3/52, 60; *Schimikowski*, r+s 2007, 133, 134; **a.A.** MüKo/*Armbrüster*, § 7 VVG Rn 62: Rechtzeitigkeitskriterium hat keine eigenständige Bedeutung). 43

44 Entscheidend ist eine am Sinn und Zweck der Informationspflichten orientierte Auslegung: Die Übermittlung der Informationen ist rechtzeitig, wenn sie dem VN eine **informierte Entscheidung** vor Abgabe seiner bindenden Willenserklärung ermöglicht. Dies ist nur möglich, wenn dem VN nach Übermittlung der Verbraucherinformationen noch eine Zeitspanne verbleibt, in der die Informationen bei der Entscheidungsfindung berücksichtigt werden können. Wie lang die erforderliche Zeitspanne sein darf, bemisst sich nach **Art, Umfang, Komplexität und Bedeutung** des VV: Bei transparenten Standardprodukten mit kurzen AVB reicht es i.d.R. aus, wenn sämtliche Unterlagen unmittelbar vor Unterzeichnung des Antrags ausgehändigt werden. **Bei komplexen Versicherungsprodukten** und bei der **Absicherung existenzieller Risiken** kann es dagegen erforderlich sein, dem VN nach Übersendung der Informationsunterlagen noch eine gewisse **Bedenkzeit** vor Abgabe seines Angebots einzuräumen (*Schimikowski*, r+s 2007, 133, 135; *Leverenz*, Vertragsschluss nach der VVG-Reform, 2008, Rn 3/60; *Wandt*, Versicherungsrecht Rn 284). Nach a.A. soll eine solche Bedenkzeit dagegen entbehrlich sein, da es der Versicherungskunde in der Hand hat, ob er eine Willenserklärung abgibt (*Stadler*, VW 2006, 1339, 1340; *Funck*, VersR 2008, 163; zustimmend MüKo/*Armbrüster*, § 7 VVG Rn 62 ff.; differenzierend Rüffer/Halbach/Schimikowski/*Brömmelmeyer*, § 1 Rn 50 ff., der zwar gegen eine Bedenkzeit ist, andererseits aber fordert, dass Informations- und Antragszeitpunkt nicht so miteinander verknüpft werden, dass der Kunde de facto auf die Informationsverarbeitung verzichten müsste, um einen Antrag noch rechtzeitig stellen zu können).

45 Die **deutschen Gerichte** müssen den Begriff „rechtzeitig" auslegen. In Zweifelsfällen ist eine **Vorlage an den EuGH** gem. Art. 267 Abs. 2 AEUV möglich. Letztinstanzlich entscheidende Gerichte sind zur Vorlage nach Art. 267 Abs. 3 AEUV verpflichtet, soweit der persönliche und sachliche Anwendungsbereich der einschlägigen Richtlinien eröffnet ist. Denn der EuGH hat in anderen Zusammenhängen ausdrücklich hervorgehoben, dass die Mitgliedstaaten nicht selbst darüber entscheiden dürfen, zu welchem Zeitpunkt Verbraucherinformationen zu übermitteln sind; dies bestimmt sich allein nach unionsrechtlichen Maßstäben (EuGH, Rs. C-264/02, EuZW 2004, 287 [Rn 23, 29 zur Verbraucherkredit-RL]; Schlussanträge des GA Tizzano Rn 41 ff.). Nichts Anderes gilt für die Auslegung der Fernabsatz-RL II, der Lebensversicherungs-RL und der Dritten RL Schaden bzw. der Solvabilitäts-II-RL (*Ebers*, in: Micklitz, Verbraucherrecht in Deutschland, S. 253, 261; *Dörner/Staudinger*, WM 2006, 1710, 1712).

2. Klare und verständliche Informationen (§ 7 Abs. 1 S. 2 VVG)

46 Sämtliche Informationen sind nach § 7 Abs. 1 S. 2 VVG in einer dem eingesetzten Kommunikationsmittel entsprechenden Weise klar und verständlich abzufassen. Die Kriterien der Klarheit und Verständlichkeit beruhen auf dem **Grundsatz der Transparenz**, der sich in einer Reihe von EG-Richtlinien zum Verbraucherschutz mittlerweile zu einem Prinzip verdichtet hat (vgl. Art. 2:206 Acquis Principles, Contract I, S. 95 ff.; deutsche Fassung in ZEuP 2007, 896). „Klarheit" und „Verständlichkeit" ergänzen einander und lassen sich nur schwer voneinander abgrenzen. Informationen sind **klar formuliert**, wenn keine Mehrdeutigkeiten, Missverständnisse und Zweifel entstehen. Informationen sind **verständlich**, wenn der durchschnittliche VN (vgl. BGHZ 123, 83 = VersR 1993, 957 [unter III.1.b.]) den Sinngehalt der betreffenden Information verstehen kann. Die Kriterien der „Klarheit und Verständlichkeit" umfassen sowohl eine formale als auch eine sprachlich-inhaltliche Komponente: In **formaler Hinsicht** muss der VR durch die äußere Gestaltung sicherstellen, dass der VN die vertragswesentlichen Rechte und Pflichten erfassen kann. Zweifel an der Klarheit und Verständlichkeit bestehen, wenn die Informationen unübersichtlich aufgebaut sind, keine Gliederung erkennen lassen, ein schwer lesbares Schriftbild oder einen ggü. der Bedeutung des Rechtsgeschäfts unangemessenen Umfang aufweisen. Zum anderen müssen die Informationen auch in **sprachlich-inhaltlicher Hinsicht** klar und verständlich formuliert werden. Insoweit sind Fachbegriffe, verschachtelte, lange Satzstrukturen oder unpräzise, lückenhafte Aussagen soweit wie möglich zu vermeiden (zu den Grenzen des Transparenzgebots im Versicherungsrecht BGHZ 147, 371 = VersR 2001, 841 [unter III.3.b.]; *Römer*, in: FS Lorenz, 2004, S. 615 ff.). Fanden die wesentlichen Vertragsverhandlungen in **ausländischer Sprache** statt, so ist der VN in dieser Verhandlungssprache zu informieren (vgl. LG Köln, NJW-RR 2002, 1491 zur Haustürwiderrufsbelehrung; str.; zum AGB-rechtlichen Transparenzgebot *Schäfer*, JZ 2003, 879 ff.; zu weit *Micklitz*, ZEuP 1999, 875, 884: Informationen müssen in einer für den Verbraucher verständlichen [Landes-] Sprache abgefasst werden). Unberührt hiervon bleibt die Informationspflicht gem. § 1 Abs. 1 Nr. 18 VVG-InfoV.

Für die Darstellungsform ist nach § 7 Abs. 1 S. 2 VVG auch das eingesetzte **Kommunikationsmittel** zu berücksichtigen. Die Informationen müssen insoweit mediengerecht aufbereitet werden und den spezifischen Möglichkeiten der jeweils eingesetzten Kommunikationsform Rechnung tragen (vgl. Beck-OK/*Schmidt-Räntsch*, Art. 246b § 1 EGBGB Rn 52 [Stand: 13.6.2014]; Hk-VertriebsR/*Micklitz*, § 312c BGB Rn 50). 47

Das Transparenzgebot wird auf der Grundlage von § 7 Abs. 2 S. 1 Nr. 5 VVG durch die VVG-InfoV konkretisiert. Nach **§ 4 VVG-InfoV** ist sämtlichen Informationen ein **Produktinformationsblatt** voranzustellen, das die wesentlichen Informationen zusammenfasst und die maßgeblichen Einzelheiten des VV in kurzer, prägnanter und verständlicher Weise erläutert (hierzu *Präve*, VersR 2008, 151, 157). Eine bestimmte Reihenfolge für die spartenübergreifenden Informationen wird dagegen im Unterschied zum Vorentwurf nicht mehr von der VVG-InfoV vorgegeben (Einzelheiten s. dort). 48

3. Telefonischer Vertragsschluss (§ 7 Abs. 1 S. 3 Hs. 1 VVG)

Nach § 7 Abs. 1 S. 3 Hs. 1 VVG können die vorvertraglichen Informationen **ausnahmsweise nach Abgabe der Willenserklärung** des VN übermittelt werden, wenn der VV auf Verlangen des VN telefonisch geschlossen wird. Gleiches gilt bei anderen Kommunikationsmitteln, die eine Übermittlung in Textform in technischer Hinsicht nicht gestatten. Die Vorschrift entspricht Art. 5 Abs. 2 Fernabsatz-RL II. Der VR muss dem VN die Informationen „unverzüglich" nach Abschluss des VV in Textform übermitteln. „**Unverzüglich**" bedeutet nach der Legaldefinition des § 121 Abs. 1 S. 1 BGB „*ohne schuldhaftes Zögern*" (MüKo/*Armbrüster*, § 7 VVG Rn 84); das Gesetz legt also keine starre Frist fest (anders 49 noch die 2. Auflage, § 7 Rn 41). Bei fernmündlicher Kommunikation ist zusätzlich § 5 VVG-InfoV zu beachten. Die **Einbeziehung von AVB** beurteilt sich allein nach § 305 ff. BGB, nicht jedoch nach § 7 Abs. 1 S. 3 Hs. 1 VVG (str.; nach **a.A.** ist die Vorschrift lex specialis ggü. § 305 Abs. 2 BGB, so Rüffer/Halbach/Schimikowski/*Schimikowski*, § 7 Rn 17). Für die Einbeziehung von AVB bei fernmündlichem Vertragsschluss gelten jedoch deutlich reduzierte Anforderungen (vgl. i.E. Rdn 31).

4. Informationsverzicht (§ 7 Abs. 1 S. 3 Hs. 2 VVG)

50   Nach § 7 Abs. 1 S. 3 Hs. 2 VVG ist eine nachträgliche Übermittlung der Informationen ferner dann zulässig, wenn der **VN durch eine gesonderte schriftliche Erklärung** auf eine Information vor Abgabe seiner Vertragserklärung verzichtet. Ein solcher Verzicht soll nach der Regierungsbegründung bei sämtlichen Versicherungsverträgen möglich sein (BT-Drucks 16/3945, S. 60). Der Gesetzgeber rechtfertigt die Möglichkeit eines Informationsverzichts mit dem Hinweis auf den „mündigen Verbraucher" (Begr. BT-Drucks 16/3945, S. 48) und der Bemerkung, dass die Fernabsatz-RL II ebenso wie die Versicherungsvermittler-RL (hierzu § 6 Rdn 44) die Zulässigkeit einer Verzichtserklärung offenlasse (Begr. BT-Drucks 16/3945, S. 60). Dies ist unzutreffend. Art. 12 Abs. 1 Fernabsatz-RL II besagt ausdrücklich, dass der Verbraucher auf die ihm durch die Richtlinie eingeräumten Rechte **nicht verzichten kann.** § 7 Abs. 1 S. 3 Hs. 2 VVG ist daher unionsrechts**widrig**, soweit der Anwendungsbereich der Fernabsatz-RL II eröffnet ist (wie hier *Dörner/Staudinger*, WM 2006, 1710, 1712; *Schimikowski*, r+s 2007, 133, 136 f.; **a.A.** *Brömmelmeyer*, VersR 2009, 584, 587 f.). Darüber hinaus kommt auch ein Verstoß gegen Art. 36 Abs. 1 Lebensversicherungs-RL (jetzt Art. 185 Abs. 1 Solvabilitäts-II-RL 2009/138) in Betracht, denn diese Norm schreibt eine Übermittlung der Verbraucherinformationen vor, ohne dass eine Verzichtsmöglichkeit vorgesehen wäre (zustimmend MüKo/*Armbrüster*, § 7 VVG Rn 83). Eine **richtlinienkonforme Neufassung** der Vorschrift erscheint unumgänglich.

51   Die Verzichtserklärung muss in jedem Fall zum Gegenstand einer gesonderten schriftlichen Vereinbarung gemacht werden. Durch dieses Kriterium soll *verhindert* werden, *„dass ein Verzicht des Versicherungsnehmers formularmäßig vereinbart wird."* (Begr. BT-Drucks 16/3945, S. 60). Vorformulierte Verzichtsklauseln verstoßen daher gegen § 307 Abs. 2 Nr. 1 BGB (str.) und begründen zudem einen Missstand i.S.d. § 81 VAG (*Römer*, VersR 2006, 740, 742; *Schimikowski*, r+s 2007, 133, 136; **a.A.** *Gaul*, VersR 2007, 21, 23; *Wandt*, Versicherungsrecht, Rn 285, 289). Die **Einbeziehung von AVB** beurteilt sich auch bei einem Informationsverzicht allein nach §§ 305 ff. BGB. § 7 Abs. 1 S. 3 Hs. 2 VVG ist nicht lex specialis ggü. § 305 Abs. 2 BGB (*Wandt*, Versicherungsrecht Rn 292; **a.A.** LG Saarbrücken, r+s 2013, 275, 277; *Gaul*, VersR 2007, 21, 24; *Leverenz*, Vertragsschluss nach der VVG-Reform Rn 3/78).

II. Ermächtigung zum Erlass der VVG-InfoV (§ 7 Abs. 2 und Abs. 3 VVG)

52   Die VVG-InfoV konkretisiert die in § 7 VVG geregelten Informationspflichten. Die erforderliche Rechtsgrundlage für den Erlass der VVG-InfoV findet sich in § 7 Abs. 2 und 3

VVG. Das BMJV ist hiernach ermächtigt, im Einvernehmen mit dem BMF die Informationspflichten durch eine Rechtsverordnung zu regeln, ohne dass es hierfür einer Zustimmung des Bundesrats bedürfte. Das neue VVG orientiert sich damit am Vorbild des BGB und der BGB-InfoV (zu den verfassungsrechtlichen Anforderungen bei Umsetzung europäischen Richtlinienrechts durch Rechtsverordnungen vgl. *Saurer*, JZ 2007, 1073).

§ 7 Abs. 2 VVG stellt allgemeine Maßstäbe auf, die bei der Regelung der vorvertraglichen Informationspflichten vom Verordnungsgeber zu beachten sind (hierzu Begr. BT-Drucks 16/3945, S. 60 f.). § 7 Abs. 3 VVG enthält demgegenüber eine Verordnungsermächtigung für die während der Vertragslaufzeit zu erteilenden Informationen (Begr. BT-Drucks 16/3945, S. 61). 53

III. Recht des Versicherungsnehmers auf Übermittlung der Vertragsbestimmungen während der Vertragslaufzeit (§ 7 Abs. 4 VVG)

Der VN kann nach § 7 Abs. 4 VVG während der Laufzeit des VV jederzeit vom VR die Übermittlung der Vertragsbestimmungen einschließlich der AVB in Form einer Urkunde verlangen. Die Vorschrift dient der Umsetzung von Art. 5 Abs. 3 Fernabsatz-RL II. Nach dem **Sinn und Zweck** der Regelung soll der VN die Möglichkeit erhalten, sich Gewissheit darüber zu verschaffen, welche Bedingungen für seinen Vertrag gelten und in die Lage versetzt werden, seine Rechte effektiv ausüben zu können. 54

Mit dem Begriff „**Urkunde**" wird an § 126 BGB angeknüpft. Eine Unterzeichnung der Urkunde ist aber nicht erforderlich (Begr. BT-Drucks 16/3945, S. 61), denn auch die Fernabsatz-RL II verlangt lediglich eine Übermittlung in Papierform. Der Anspruch steht dem VN während der **gesamten Laufzeit** des VV zu. Der VN kann die Vertragsbedingungen auch noch in der Abwicklungsphase verlangen, solange die beiderseitigen Pflichten aus dem Vertrag noch nicht vollständig erfüllt worden sind (vgl. Begr. BT-Drucks 16/3945, S. 61). 55

Der VN kann die Vertragsbestimmungen **jederzeit** verlangen. Auch eine **mehrfache Anforderung** der Unterlagen ist zulässig (arg. ex § 7 Abs. 4 letzter Hs. VVG), denn der VN muss in der Lage sein, sich die Vertragsbedingungen ein weiteres Mal zu beschaffen, wenn ihm die übersandte Urkunde abhandengekommen ist. Fordert der VN ständig neue Urkunden ohne triftigen Grund, so liegt hierin aber ein rechtsmissbräuchliches Verhalten. Die **Kosten für die erstmalige Übermittlung** der Vertragsbedingungen trägt gem. § 7 Abs. 4 letzter Hs. VVG der VR. 56

Der VN kann seinen Anspruch im Wege der **Leistungsklage** durchsetzen. **Schadensersatzansprüche** gem. § 280 Abs. 1 BGB kommen in Betracht, wenn dem VN aus der Unkenntnis der Vertragsbestimmungen ein Schaden erwachsen ist. Dies wird i.d.R. nicht der Fall sein. 57

Der VN kann während der Vertragslaufzeit nicht nur die Vertragsbestimmungen, sondern unter den Voraussetzungen des § 3 Abs. 3 bis 4 VVG auch die Ausstellung eines neuen Versicherungsscheins sowie Abschriften der von ihm abgegebenen Erklärungen verlangen (vgl. § 3 Rdn 19 ff.). 58

IV. Ausnahme für Großrisiken (§ 7 Abs. 5 VVG)

59 § 7 Abs. 5 S. 1 VVG stellt in Übereinstimmung mit unionsrechtlichen Vorgaben (Art. 43 Abs. 2 Unterabs. 3 Dritte RL Schaden; jetzt: Art. 184 Abs. 1 Unterabs. 3 Solvabilitäts-II-RL 2009/138) klar, dass die in § 7 Abs. 1 bis 4 VVG vorgesehenen Informationspflichten nicht für einen Vertrag über ein Großrisiko (§ 210 Abs. 2) gelten (dazu *Freitag*, r+s 2008, 96 ff.). Mit der Ausnahmevorschrift des §7 **Abs. 5 S. 2 VVG** wird den Erfordernissen des Art. 31 Abs. 2 Dritte RL Schaden (jetzt Art. 183 Abs. 2 Solvabilitäts-II-RL 2009/138) entsprochen.

C. Rechtsfolgen

I. Nichteinbeziehung und Inhaltskontrolle von Klauseln

60 Ein **Verstoß** gegen § 7 VVG, §§ 1 bis 5 VVG-InfoV **führt nicht automatisch zur Nichteinbeziehung der AVB** (vgl. Rdn 27). Werden aber die AVB dem VN nicht vor Abgabe seiner Willenserklärung übermittelt (vgl. § 7 Abs. 1 S. 1 VVG i.V.m. § 1 Abs. 1 Nr. 6 Buchst. a) VVG-InfoV), so liegen i.d.R. auch nicht die Einbeziehungsvoraussetzungen des **§ 305 Abs. 2 Nr. 2 BGB** (Möglichkeit zumutbarer Kenntnisnahme; hierzu Rdn 31) vor.

61 Ein Verstoß gegen § 7 VVG, §§ 1 bis 5 VVG-InfoV kann auch dazu führen, dass die vom VR verwendeten AVB überraschend sind (**§ 305c BGB**) oder gegen das Transparenzgebot (**§ 307 Abs. 1 S. 2 BGB**) verstoßen. Umgekehrt kann eine an sich ungewöhnliche oder intransparente Klausel in den VV wirksam einbezogen werden, wenn der VN aufgrund vorvertraglicher Informationen die inhaltliche Bedeutung und Tragweite der Klausel erkennen kann (BGHZ 131, 55 = NJW 1996, 191, 193 [unter II.3.c.]; BGHZ 116, 1 = NJW 1992, 179 [unter II.4.]; NJW 1992, 1097; hierzu Lindacher, NJW 1997, 2741; vgl. auch Römer, VersR 2007, 618 f.). Ob diese Rechtsprechung mit der **Klausel-RL 93/13/EWG** vereinbar ist, erscheint indessen fraglich, denn die RL bezweckt nicht nur eine individuelle Transparenz, sondern auch die Gewährleistung des Binnenmarkts durch Vergleichbarkeit der Vertragskonditionen von in- und ausländischen Anbietern (**Markttransparenz**). Klauselwerke müssen daher **aus sich selbst verständlich** sein und nicht erst durch individuelle Hinweise des Verwenders bei Vertragsschluss. Demgegenüber hält der EuGH die Herstellung von Transparenz außerhalb einer Klausel offenbar für zulässig, denn nach dem Kásler-Urteil muss die Transparenzkontrolle „*einschließlich der vom Darlehnsgeber im Rahmen der Aushandlung eines Darlehnsvertrags bereitgestellten Werbung und Informationen*" erfolgen (EuGH, NJW 2014, 2335, Rn 74).

II. Bindungswirkung vorvertraglicher Erklärungen

62 Detaillierte Informationen im vorvertraglichen Stadium präformieren die Erwartungen der VN. Je umfangreicher der VN über die wesentlichen Merkmale der Versicherungsleistung (§ 1 Abs. 1 Nr. 6 VVG-InfoV), den zu zahlenden Preis (§ 1 Abs. 1 Nr. 7 ff. VVG-InfoV) und die AGB informiert wird, desto eher kann er erwarten, dass er den VR „beim Wort" nehmen kann und die betreffenden Angaben verbindlich sind. Vorvertragliche Informationen **ergänzen daher im Zweifel den Vertragsinhalt** (vgl. *Hoffmann*, ZIP 2005, 829, 836; Meller-Hannich, Verbraucherschutz im Schuldvertragsrecht, 2005, S. 212 ff.). Im Versicherungsrecht werden die in der Vertragsanbahnungsphase geweckten Erwartungen zudem durch spezifische Sanktionen geschützt: Unrichtige, für den VN vorteilhafte Angaben können nach den Grundsätzen der **culpa in contrahendo** (Rdn 66; § 6 Rdn 16) und der Rechtsfigur der **Erfüllungshaftung** (vgl. § 6 Rdn 68 ff.) verbindliche Wirkung für den Vertragsinhalt erlangen.

Durch die (überobligatorische) Umsetzung der Fernabsatz-RL II und die zahlreich vorgesehenen Informationspflichten verstärkt sich dieser Effekt, denn auch das **Europäische Verbraucherrecht** basiert auf dem Grundsatz, dass öffentliche Aussagen, die ein Unternehmer vor Abschluss eines VV über die spezifischen Eigenschaften der von ihm erbrachten Dienstleistung macht, vertraglich bindend sind (vgl. Art. 2:207[3], 4:105 der Grundregeln des bestehenden Vertragsrechts der Europäischen Gemeinschaft, ZEuP 2007, 896; *Riesenhuber*, System und Prinzipien des Europäischen Vertragsrechts, S. 359 ff.). 63

III. Verlängerung der Widerrufsfrist

Verletzt der VR die in § 7 VVG, §§ 1 bis 5 VVG-InfoV normierten vorvertraglichen Informationspflichten, so beginnt die Widerrufsfrist gem. § 8 Abs. 2 S. 1 Nr. 1 VVG nicht zu laufen; zur umstrittenen Frage, ob auch eine fehlerhafte Information den Beginn der Widerrufsfrist hindert (vgl. § 8 Rdn 39). **Der VR kann die Widerrufsfrist nur in Gang setzen, indem er die Informationen nachträglich übermittelt.** Zu den Rechtsfolgen des erklärten Widerrufs vgl. § 9 VVG sowie für die Lebensversicherung §§ 152 Abs. 2, 169 VVG. 64

IV. Anfechtungsrechte

Der VN kann bei einem Verstoß gegen vorvertragliche Informationspflichten neben dem Widerrufsrecht auch Anfechtungsrechte geltend machen. Eine Anfechtung nach **§ 119 Abs. 1 BGB** wird jedoch regelmäßig scheitern, da zumeist die Voraussetzungen eines Erklärungs- oder Inhaltsirrtums nicht vorliegen (Hk-VertriebsR/*Micklitz*, § 312c BGB Rn 127). Denkbar ist zumindest ein Irrtum über verkehrswesentliche Eigenschaften (**§ 119 Abs. 2 BGB**). Nur in seltenen Ausnahmefällen werden die Voraussetzungen einer zur Anfechtung berechtigenden arglistigen Täuschung gem. **§ 123 BGB** nachzuweisen sein. 65

V. Ansprüche aus §§ 280 Abs. 1, 241 Abs. 2, 311 Abs. 2 BGB

1. Grundsätze

Bei zumindest fahrlässiger Verletzung vor- oder nachvertraglicher Informationspflichten kommen darüber hinaus Schadensersatzansprüche gem. §§ 280 Abs. 1, 241 Abs. 2 ggf. i.V.m. § 311 Abs. 2 BGB in Betracht (wie hier Begr. BT-Drucks 16/3945, S. 60; *Dörner/* 66

Staudinger, WM 2006, 1710, 1713; *Schimikowski*, r+s 2007, 133, 137; **str.**; zum Fernabsatz und E-Commerce Grigoleit, WM 2001, 597 ff.; MüKo/*Wendehorst*, § 312d BGB Rn 19; allgemein zu den Informationspflichten des BGB *Hoffmann*, ZIP 2005, 829 ff.). Für die Voraussetzungen und Rechtsfolgen eines Anspruchs aus §§ 280 Abs. 1, 241 Abs. 2 ggf. i.V.m. 311 Abs. 2 BGB gilt grds. das vorstehend (§ 6 Rdn 53 ff.) Gesagte. Dabei sind allerdings folgende Besonderheiten zu beachten:

2. Schuldhafte Pflichtverletzung

67 Der Verstoß gegen Informationspflichten nach § 7 VVG i.V.m. §§ 1 bis 6 VVG-InfoV stellt i.d.R. eine vom VR zu vertretene Pflichtverletzung dar. Im Unterschied zu Beratungspflichten, die erst durch den konkreten Anlass ausgelöst werden (§ 6 Rdn 3, 21 ff.), ist der Umfang der Informationspflichten **aufgrund der VVG-InfoV für den VR erkennbar**. Da von Gewerbetreibenden eine umfassende Kenntnis der Normen bzgl. des eigenen Tätigkeitsbereichs verlangt wird (MüKo/*Grundmann*, § 276 BGB Rn 73), ist für einen Rechtsirrtum kein Raum (*Hoffmann*, ZIP 2005, 829, 837 m.w.N. [zur BGB-InfoV]).

3. Vertragsaufhebung bei Verstoß gegen vorvertragliche Informationspflichten?

68 Bei einem Verstoß gegen vorvertragliche Informationspflichten (§ 7 VVG; §§ 1 bis 5 VVG-InfoV) stellt sich die Frage, ob der VN – wie bei einem Verstoß gegen Beratungspflichten (§ 6 Rdn 57) – **Aufhebung des Vertrags** verlangen kann.

a) Keine Sperrwirkung der Widerrufsregeln

69 Nach hier vertretener Auffassung entfalten die **Widerrufsregeln** des VVG **keine Sperrwirkung ggü. möglichen Ansprüchen aus culpa in contrahendo** (str.; wie hier Looschelders/Pohlmann/*Looschelders*, § 7 Rn 54; zum Fernabsatzrecht *Rott*, BB 2005, 53, 59; Hk-VertriebsR/*Micklitz*, § 312c BGB Rn 131 ff.; **a.A.** *Funk*, VersR 2008, 163, 164; zum Fernabsatzrecht *Hoffmann*, ZIP 2005, 829, 834). Denn zum einen weisen beide Rechtsinstitute eine **unterschiedliche Schutzrichtung** auf. Während das Widerrufsrecht dem VN eine Bedenkzeit gewähren soll, innerhalb derer die Entscheidung für den Abschluss eines VV ohne Angabe von Gründen rückgängig gemacht werden kann, basiert die culpa in contrahendo auf der schuldhaften Verletzung vorvertraglicher Pflichten. Zum anderen sind die Mitgliedstaaten nach Art. 11 Abs. 1 Fernabsatz-RL II sowie Art. 4 Abs. 3 EUV, 288 Abs. 3 AEUV verpflichtet, einen Verstoß gegen unionsrechtlich vorgegebene Informationspflichten „**wirksam, verhältnismäßig und abschreckend**" zu sanktionieren (hierzu s. *Schwintowski*, in: Schulze/Ebers/Grigoleit, Informationspflichten und Vertragsschluss im Acquis communautaire, S. 267 ff.; *Micklitz*, in: Reich/Micklitz, Europäisches Verbraucherrecht, 2003, § 29). Die bloße Verlängerung der Widerrufsfrist (§ 8 Abs. 2 S. 1 VVG) trägt diesem Gebot nicht ausreichend Rechnung, denn diese Sanktion greift nicht bei Verträgen, bei denen überhaupt kein Widerrufsrecht besteht (§ 8 Abs. 3 VVG). Zudem führt der Widerruf unter den Voraussetzungen des § 9 Abs. 1 S. 1 VVG nur zur Rückabwicklung ex nunc (hierzu

§ 9 Rdn 3 ff.). Eine Vertragsaufhebung im Wege der culpa in contrahendo muss daher grds. möglich sein.

b) Kausalitätsvermutung

Nicht jeder Verstoß gegen § 7 VVG, §§ 1 bis 5 VVG-InfoV führt jedoch zu einem Anspruch auf Vertragsauflösung (str.). Die von der Rechtsprechung zu den Beratungspflichten entwickelte **Kausalitätsvermutung** (§ 6 Rdn 58) kann nicht ohne Weiteres auf Informationspflichtverstöße gem. § 7 VVG, §§ 1 bis 5 VVG-InfoV übertragen werden. Sie greift nur dann, wenn die betreffenden Informationen für den VN typischerweise **entscheidungserheblich** sind. Bei Beratungspflichtverstößen ist dieses Kriterium automatisch erfüllt, denn der VR muss nach § 6 VVG nur über diejenigen Punkte beraten, denen üblicherweise oder von dem betreffenden VN erkennbar wesentliche Bedeutung beigemessen wird (§ 6 Rdn 32). Die in der VVG-InfoV geregelten Pflichten betreffen demgegenüber auch Angaben, die i.d.r. nicht auf den vorvertraglichen **Willensbildungsprozess** einwirken (i.E. wie hier zur BGB-InfoV Hk-VertriebsR/*Micklitz*, § 312c BGB Rn 135 ff., der bei geringfügigen Verstößen allerdings schon eine Pflichtverletzung ablehnt). Dies betrifft z.B. Anbieterkennzeichnungspflichten (§ 1 Abs. 1 Nr. 1 bis 4 VVG-InfoV), mit Ausnahme der Identität des VR, da diese für den Vertragsabschluss entscheidend sein kann; zusätzlich anfallende Kosten (§ 1 Abs. 1 Nr. 8 VVG-InfoV), soweit sich diese im üblichen Rahmen bewegen; Informationen zum Rechtsweg (§ 1 Abs. 1 Nr. 19 bis 20 VVG-InfoV), denn diese Informationen werden i.d.R. nur für die Rechtsverfolgung relevant. Bei einem Verstoß gegen diese Pflichten kann nicht im Wege einer Kausalitätsvermutung unterstellt werden, dass der VN bei ordnungsgemäßer Information vom Vertragsschluss abgesehen hätte. **Entscheidungserheblich** sind dagegen insb. die wesentlichen Merkmale der Versicherungsleistung (§ 1 Abs. 1 Nr. 6 VVG-InfoV); der Gesamtpreis (§ 1 Abs. 1 Nr. 7 VVG-InfoV); die Vertragslaufzeit und Vertragsbeendigungsmöglichkeiten (§§ 1 Abs. 1 Nr. 13 bis 15 VVG-InfoV). Dementsprechend muss bei einem Verstoß gegen diese Informationspflichten auch die Kausalitätsvermutung gelten.

4. Verstoß gegen Informationspflichten während der Vertragslaufzeit

Ein Verstoß gegen **Informationspflichten während der Vertragslaufzeit** (§ 7 Abs. 4 VVG; § 6 VVG-InfoV) begründet Schadensersatzansprüche, wenn der VN infolge unzureichender Informationen an der Ausübung seines Widerrufsrechts oder an der Geltendmachung sonstiger Ansprüche gehindert worden ist und dadurch einen **Rechtsverlust** erlitten hat. Der VN ist dann so zu stellen, als hätte er sich entsprechend der ihm geschuldeten Informationen verhalten, also seine Rechte gewahrt.

VI. Ansprüche aus § 823 Abs. 2 BGB

Ob dem VN darüber hinaus Ansprüche auf Schadensersatz gem. § 823 Abs. 2 BGB i.V.m. §§ 7 Abs. 1 VVG, VVG-InfoV zustehen können, ist umstritten. Nach zutreffender Ansicht ist dies zu bejahen: Da die im VVG und in der VVG-InfoV vorgesehenen Informationspflichten auch dem Individualschutz des VN dienen, handelt sich bei diesen Normen um Schutzgesetze i.S.d. § 823 Abs. 2 BGB (Looschelders/Pohlmann/*Pohlmann*, § 7 Rn 60; **a.A.** *Präve*, VersR 2008, 151, 152; MüKo/*Armbrüster*, § 7 VVG Rn 145).

VII. Kollektive Rechtsbehelfsmöglichkeiten

73 Bei einem systematischen Verstoß gegen die Informationspflichten nach § 7 VVG und der VVG-InfoV kommen nicht nur individual vertragliche Sanktionen, sondern auch kollektive Rechtsbehelfsmöglichkeiten in Betracht. Ein Informationspflichtenverstoß kann durch das **UWG** geahndet werden, denn die betreffenden Normen sind Marktverhaltensregelungen i.S.d. **§ 4 Nr. 11 UWG** (h.M. zur BGB-InfoV, vgl. OLG Hamburg, WRP 2007, 674 [unter 1.b.]; KG, NJW-RR 2007, 1050 [unter II.1.]; OLG Jena, GRUR-RR 2006, 283 [unter 3.]; s.a. BGH, NJW 2006, 2633 [unter II.1. zu §§ 6 TDG, 10 Abs. 2 MDStV]). Verbraucherverbände können auf Beseitigung und Unterlassung (§ 8 UWG) sowie unter den (strengen) Voraussetzungen des § 10 UWG auf Gewinnabschöpfung (gerichtet auf Herausgabe des Gewinns an den Bundeshaushalt) klagen. Mitbewerber können bei einem fahrlässigen oder vorsätzlichen Handeln ferner Schadensersatz nach § 9 UWG geltend machen. Anspruchsberechtigte Stellen, insb. Verbraucherverbände, können daneben Unterlassungsansprüche nach **§ 2 UKlaG** durchsetzen; das UKlaG ist neben dem UWG anwendbar (OLG Jena, GRUR-RR 2006, 283 [unter 2.]).

VIII. Aufsichtsrechtliche Maßnahmen

74 Der Verstoß gegen Informationspflichten kann einen aufsichtsrechtlichen Missstand i.S.d. §§ 294 Abs. 2, 298 Abs. 1 S. 2 VAG begründen. Ein **Missstand** liegt insb. vor, wenn den Vorgaben des § 7 VVG i.V.m. VVG-InfoV systematisch zuwidergehandelt wird und der VR i.d.R. keine, oder nur unzureichende, Informationen erteilt (*Präve*, VersR 2008, 151, 152). Dasselbe gilt, wenn das Policenmodell (hierzu Rdn 15) von den Versicherungsunternehmen standardmäßig aufrechterhalten wird (*Römer*, VersR 2006, 740). Bei nachhaltiger, schwerwiegender Verletzung von Informationspflichten kann als **Ultima Ratio** ein Widerruf der Erlaubnis des VR zum Geschäftsbetrieb durch die Aufsichtsbehörde in Betracht kommen (Begr. BT-Drucks 16/3945, S. 60).

D. Prozessuales

75 Der Beweis für einen Verstoß gegen die in § 7 VVG und VVG-InfoV geregelten Informationspflichten muss grds. von demjenigen erbracht werden, der aus der Nichterfüllung Rechte herleitet, i.d.R. also vom VN bzw. von dem klagenden Verbraucherverband. Soweit es um die Verlängerung der Widerrufsfrist geht, greift zugunsten des VN die Beweislastumkehr des § 8 Abs. 2 S. 3 VVG (§ 8 Rdn 49).

E. Abdingbarkeit

§ 7 VVG ist **halbzwingend** (§ 18 VVG; vgl. aber Rdn 50 f.). 76

§ 8 VVG Widerrufsrecht des Versicherungsnehmers

(1) Der Versicherungsnehmer kann seine Vertragserklärung innerhalb von 14 Tagen widerrufen. Der Widerruf ist in Textform gegenüber dem Versicherer zu erklären und muss keine Begründung enthalten; zur Fristwahrung genügt die rechtzeitige Absendung.

(2) Die Widerrufsfrist beginnt zu dem Zeitpunkt, zu dem folgende Unterlagen dem Versicherungsnehmer in Textform zugegangen sind:
1. der Versicherungsschein und die Vertragsbestimmungen einschließlich der Allgemeinen Versicherungsbedingungen sowie die weiteren Informationen nach § 7 Abs. 1 und 2 und
2. eine deutlich gestaltete Belehrung über das Widerrufsrecht und über die Rechtsfolgen des Widerrufs, die dem Versicherungsnehmer seine Rechte entsprechend den Erfordernissen des eingesetzten Kommunikationsmittels deutlich macht und die den Namen und die ladungsfähige Anschrift desjenigen, gegenüber dem der Widerruf zu erklären ist, sowie einen Hinweis auf den Fristbeginn und auf die Regelungen des Absatzes 1 Satz 2 enthält.

Der Nachweis über den Zugang der Unterlagen nach Satz 1 obliegt dem Versicherer.

(3) Das Widerrufsrecht besteht nicht
1. bei Versicherungsverträgen mit einer Laufzeit von weniger als einem Monat,
2. bei Versicherungsverträgen über vorläufige Deckung, es sei denn, es handelt sich um einen Fernabsatzvertrag im Sinn des § 312c des Bürgerlichen Gesetzbuchs,
3. bei Versicherungsverträgen bei Pensionskassen, die auf arbeitsvertraglichen Regelungen beruhen, es sei denn, es handelt sich um einen Fernabsatzvertrag im Sinn des § 312c des Bürgerlichen Gesetzbuchs,
4. bei Versicherungsverträgen über ein Großrisiko im Sinn des § 210 Absatz 2.

Das Widerrufsrecht erlischt, wenn der Vertrag von beiden Seiten auf ausdrücklichen Wunsch des Versicherungsnehmers vollständig erfüllt ist, bevor der Versicherungsnehmer sein Widerrufsrecht ausgeübt hat.

(4) Im elektronischen Geschäftsverkehr beginnt die Widerrufsfrist abweichend von Absatz 2 Satz 1 nicht vor Erfüllung auch der in § 312i Absatz 1 Satz 1 des Bürgerlichen Gesetzbuchs geregelten Pflichten.

(5) Die nach Absatz 2 Satz 1 Nr. 2 zu erteilende Belehrung genügt den dort genannten Anforderungen, wenn das Muster der Anlage zu diesem Gesetz in Textform verwendet wird. Der Versicherer darf unter Beachtung von Absatz 2 Satz 1 Nr. 2 in Format und

Schriftgröße von dem Muster abweichen und Zusätze wie die Firma oder ein Kennzeichen des Versicherers anbringen.

Übersicht

Rdn

A. Grundlagen	1
I. Normzweck	1
II. Entstehungsgeschichte – Vorgaben des Unionsrechts	2
III. Anwendungsbereich und Verhältnis zu anderen Vorschriften	4
IV. Rechtslage für Altverträge	8
1. Übergangsrecht	8
2. Gesetz vom 17.12.1990	10
3. Gesetz vom 21.7.1994	11
a) Richtlinienwidrigkeit des § 5a Abs. 2 S. 4 VVG 1994	12
b) Richtlinienwidrigkeit des Policenmodells?	17
4. Gesetz vom 2.12.2004	20
B. Norminhalt	21
I. Widerrufsrecht des Versicherungsnehmers (§ 8 Abs. 1 VVG)	21
1. Allgemeines	21
2. Widerrufserklärung	25
3. Formerfordernisse	28
4. Widerrufsfrist	29
II. Beginn der Widerrufsfrist (§ 8 Abs. 2 VVG)	30
1. Überblick	30
2. Zugang des Versicherungsscheins	34
3. Zugang der Vertragsbestimmungen	36
4. Zugang der erforderlichen Informationen	39
5. Zugang einer ordnungsgemäßen Widerrufsbelehrung	40
a) Allgemeines	40
b) Grundsatz der Transparenz	41
c) Belehrung über das Bestehen des Widerrufsrechts und den Beginn der Widerrufsfrist	43
d) Belehrung über die Ausübung des Widerrufsrechts	45
e) Belehrung über die Rechtsfolgen des Widerrufs	46
f) Name und Anschrift des Widerrufsadressaten	47
g) Zeitpunkt der Widerrufsbelehrung	48
6. Beweislast für den Zugang der Unterlagen	49
7. Rechtsfolgen bei unterlassener Übermittlung der Unterlagen	50
8. Verwirkung?	51
III. Ausschluss des Widerrufsrechts (§ 8 Abs. 3 VVG)	54
1. Laufzeit unter einem Monat (§ 8 Abs. 3 S. 1 Nr. 1 VVG)	55
2. Vorläufige Deckung (§ 8 Abs. 3 S. 1 Nr. 2 VVG)	57
3. Pensionskassen (§ 8 Abs. 3 S. 1 Nr. 3 VVG)	58
4. VV über ein Großrisiko (§ 8 Abs. 3 S. 1 Nr. 4 VVG)	59
5. Vollständige Erfüllung vor Ausübung des Widerrufsrechts (§ 8 Abs. 3 S. 2 VVG)	60
IV. Widerrufsfrist im E-Commerce (§ 8 Abs. 4 VVG)	61
V. Muster für die Widerrufsbelehrung (§ 8 Abs. 5 VVG)	63
C. Rechtsfolgen	66
I. Rechtslage während der Widerrufsfrist	66
II. Rechtsfolgen des erklärten Widerrufs	67
III. Rechtsfolgen bei unterlassener oder nicht ordnungsgemäßer Widerrufsbelehrung	68
D. Abdingbarkeit	70
E. Musterwiderrufsbelehrung	71
I. Angaben zum Widerrufsrecht	73
II. Angaben zu den Widerrufsfolgen	77
III. Besondere Hinweise	80
IV. Ort, Datum und Unterschrift des Versicherungsnehmers	81

A. Grundlagen

I. Normzweck

§ 8 VVG räumt dem VN ein **allgemeines Widerrufsrecht** bei VV ein. Der VN kann von einer bindenden Willenserklärung bzw. einem VV Abstand nehmen, **ohne dass dafür ein bestimmter Grund vorliegen muss** (anders als z.B. bei der außerordentlichen Kündigung, vgl. § 11 Rdn 5 ff.). Nach § 8 Abs. 1 VVG kann der VN seine Vertragserklärung innerhalb von 14 Tagen widerrufen. Die Widerrufsfrist beginnt nach **§ 8 Abs. 2 VVG**, wenn der VN den Versicherungsschein (§ 3 VVG), die Vertragsbedingungen, die weiteren vorvertraglichen Informationen (§ 7 VVG; VVG-InfoV) sowie die Widerrufsbelehrung erhalten hat. **§ 8 Abs. 3 VVG** regelt Fälle, in denen das Widerrufsrecht nicht besteht bzw. ausgeschlossen ist. **§ 8 Abs. 4 VVG** enthält eine Sonderregel für den elektronischen Geschäftsverkehr. **§ 8 Abs. 5 VVG** verweist auf die in der Anlage zum VVG geregelte Musterwiderrufsbelehrung, die durch das Gesetz zur Umsetzung der Verbraucherkreditrichtlinie vom 29.7.2009 (BGBl I, S. 2355) erstmals eingeführt wurde und seit dem 11.6.2010 in Kraft ist (Abdruck und Kommentierung der Musterwiderrufsbelehrung unter Rdn 71 ff.).

1

II. Entstehungsgeschichte – Vorgaben des Unionsrechts

Die Vorschrift stellt eine eigenständige Regelung des deutschen Gesetzgebers dar, sie dient aber auch der **Umsetzung der Fernabsatz-RL II** (vgl. Begr. BT-Drucks 16/3945, S. 61) und darüber hinaus – soweit § 8 VVG auf Lebensversicherungsverträge anwendbar ist (Rdn 4) – der Umsetzung der **Solvabilitäts-II-RL 2009/138/EG** (zuvor: Lebensversicherungs-RL 2002/83/EG; Zweite Lebensversicherungs-RL 90/619/EWG). Die in beiden Richtlinien vorgesehenen Widerrufsrechte verfolgen – ebenso wie sonstige Widerrufsrechte im Unionsrecht – den Zweck, dem Berechtigten eine Bedenkzeit zu gewähren, innerhalb derer die Entscheidung für den Abschluss eines VV noch einmal überdacht werden kann (sog. *cooling-off-Periode*; zur Systematik der europäischen Widerrufsrechte vgl. Art. 5:101 ff. der Grundregeln des bestehenden Vertragsrechts der Europäischen Gemeinschaft, ZEuP 2007, 896; *Büßer*, Das Widerrufsrecht des Verbrauchers, 2001; *Loos*, ZEuP 2007, 5). Die Fernabsatz-RL II und die Solvabilitäts-II-RL sind inhaltlich nicht aufeinander abgestimmt; insb. das Widerrufsrecht wird in beiden Richtlinien unterschiedlich ausgestaltet. **Art. 6 Fernabsatz-RL II** sieht zugunsten des Verbrauchers bei Fernabsatzverträgen ein zweiwöchiges Widerrufsrecht vor, dessen Frist erst dann beginnt, wenn der Verbraucher die Vertragsbedingungen, die von der Richtlinie vorgeschriebenen Informationen sowie die Widerrufsbelehrung erhält. Liegen diese Voraussetzungen nicht vor, ist das Widerrufsrecht zeitlich unbegrenzt (VersR-Hdb/*Dörner*, § 9 Rn 15; *Micklitz/Ebers*, VersR 2002, 641, 652). Nach **Art. 186 Solvabiltitäts-II-RL** (zuvor: Art. 35 Lebensversicherungs-RL i.V.m. Art. 17 Fernabsatz-RL II) besteht bei Lebensversicherungsverträgen dagegen ein 30-tägiges Widerrufsrecht („Rücktrittsrecht") von dem Zeitpunkt an, zu dem der VN davon in Kenntnis gesetzt wird, dass der Vertrag geschlossen ist. Das Widerrufsrecht der Fernabsatz-RL II basiert zudem auf dem Konzept der **Vollharmonisierung** (vgl. Erwägungsgrund 13 der

2

Richtlinie; *Schinkels*, GPR 2005, 109). Für die in der Fernabsatz-RL II normierten Informationspflichten bleibt es dagegen bei einer Mindestharmonisierung (vgl. § 7 Rdn 4).

3   Die **VVG-Reform** führte zur Aufhebung der zuvor geltenden Widerrufs-, Widerspruchs- und Rücktrittsvorschriften (vgl. Rdn 8 ff.). Um die bestehende Rechtszersplitterung bei den Lösungsrechten von einem VV nicht fortzuführen, statuiert § 8 VVG ein **allg. Widerrufsrecht**. Die Vorschrift ersetzt insb. das in § 5a VVG 1994 geregelte Policenmodell (vgl. § 7 Rdn 1, 15). Der neue § 8 VVG orientiert sich inhaltlich an § 48c Abs. 1 bis 4 VVG 2004, jedoch gilt die Vorschrift nicht nur für Verbraucherverträge im Fernabsatz, sondern für alle natürlichen und juristischen Personen unabhängig von der Vertriebsform (zu den Gründen vgl. § 7 Rdn 9). Der deutsche Gesetzgeber hat die Vorgaben der Fernabsatz-RL II damit **überschießend umgesetzt**. § 8 VVG dient damit nicht nur der Umsetzung europäischer Richtlinien, sondern stellt eine eigenständige Regelung des deutschen Gesetzgebers für alle VV dar, also auch für solche, die nicht in den Anwendungsbereich der vorgenannten Richtlinien fallen. § 8 VVG ist im Anwendungsbereich der jeweils einschlägigen Richtlinien (Fernabsatz-RL II; Solvabilitäts-II-RL) **richtlinienkonform** und ansonsten **richtlinienorientiert** auszulegen (Einf. vor § 1 Rdn 18 ff.; wie hier *Wandt/Ganster*, VersR 2007, 1034 [in Fn 9]; *Wandt*, Versicherungsrecht, Rn 311). Zweifelsfragen zur Auslegung können bzw. müssen dem EuGH vorgelegt werden (Einf. vor § 1 Rdn 20, 22).

III. Anwendungsbereich und Verhältnis zu anderen Vorschriften

4   § 8 VVG regelt die **Voraussetzungen des Widerrufs** für sämtliche VV (zu Ausnahmen Rdn 54 ff.). Das Widerrufsrecht gilt nur für VV, nicht jedoch für andere Verträge, insbesondere nicht für Verträge über Versicherungsvermittlung wie z.B. Maklerverträge (i.E. *Reiff*, VersR 2016, 757, 760). Für Lebensversicherungsverträge gelten Sonderregelungen zur Widerrufsfrist (§ 152 Abs. 1), ansonsten findet § 8 VVG Anwendung. Die **Rechtsfolgen des Widerrufs** bestimmen sich nach § 9 VVG und ergänzend nach §§ 355, 357a BGB (vgl. § 9 Rdn 10 ff.) sowie – für die Lebensversicherung – nach §§ 152 Abs. 2, 169 (s. dort). Für den Widerruf einer **Krankheitskostenpflichtversicherung** gilt § 205 Abs. 6 VVG analog (LG Berlin, VersR 2014, 236).

5   Das Widerrufsrecht nach § 8 VVG besteht grds. **neben dem Widerspruchsrecht nach § 5 VVG** (Begr. BT-Drucks 16/3945, S. 57; vgl. § 5 Rdn 7). Kommt der Vertrag nach § 5 VVG zustande, muss der VN sowohl über das Widerspruchsrecht (§ 5 Abs. 2 VVG) als auch über das Widerrufsrecht (§ 8 Abs. 2 S. 1 Nr. 2 VVG) belehrt werden. Dem VN können neben dem Widerrufsrecht weitere Vertragslösungsrechte zustehen, so insb. **Anfechtungsrechte** (vgl. Rdn 23), **Kündigungsrechte** (vgl. Rdn 23) und Ansprüche auf **Vertragsauflösung wegen eines Verstoßes gegen Beratungs- und Informationspflichten** (§ 6 Rdn 57; § 7 Rdn 68 ff.).

6   Dem VN können darüber hinaus **Widerrufsrechte** nach **anderen Vorschriften** zustehen. Wird ein **Verbraucherdarlehensvertrag** durch eine **Restschuldversicherung** abgesichert, kann der Darlehnsnehmer den Darlehensvertrag unter den Voraussetzungen des § 495 Abs. 1 BGB widerrufen. In diesem Fall ist er nach §§ 358 Abs. 2, 360 Abs. 1 S. 1 BGB

auch an seine auf Abschluss der Restschuldversicherung gerichtete Willenserklärung nicht mehr gebunden, da die Restschuldversicherung entweder als verbundener Vertrag i.S.d. § 358 Abs. 3 BGB (BGHZ 184, 1 = VersR 2010, 469) oder als zusammenhängender Vertrag i.S.d. § 360 Abs. 2 BGB (Palandt/*Grüneberg*, § 360 Rn 3) einzuordnen ist. Die Rechtsfolgen des Widerrufs richten sich in diesen Fällen für den Restschuldversicherungsvertrag nach den Vorschriften des VVG (BGHZ 184, 1 = VersR 2010, 469, Rn 15). Umgekehrt führt der Widerruf des Restschuldversicherungsvertrags nach § 9 Abs. 2 VVG zur Rückabwicklung des Darlehensvertrags (dazu § 9 Rdn 22 ff.). **Kapitallebensversicherungsverträge**, die zum Zwecke der Tilgungsaussetzung neben dem **Darlehensvertrag** abgeschlossen werden, sind zwar nach Ansicht des BGH keine verbundenen Verträge i.S.d. § 358 Abs. 3 BGB a.F. (BGH, VersR 2015, 1233). Sie sind jedoch zusammenhängende Verträge i.S.d. § 360 BGB, so dass der Widerruf des Darlehensvertrags nach § 360 Abs. 1 S. 1 BGB ebenfalls die Beendigung des Versicherungsvertrags zur Folge hat (vgl. *Kessen*, jurisPR-BKR 11/2015 Anm. 3).

Eine vertraglich vereinbarte **unterjährige Zahlungsweise von Versicherungsprämien** ist keine Kreditgewährung in Form eines entgeltlichen Zahlungsaufschubs i.S.d. § 506 Abs. 1 BGB (BGHZ 196, 150 = VersR 2013, 341); gleiches gilt für eine gesonderte Kostenausgleichsvereinbarung zwischen VR und VN (OLG Braunschweig, VersR 2015, 436). Der VN kann den VV in diesen Fällen nur nach § 8 VVG widerrufen, nicht jedoch nach Verbraucherkreditrecht. Die Regelungen zum Widerrufsrecht bei **außerhalb von Geschäftsräumen geschlossenen Verträgen** und **Fernabsatzverträgen (§ 312g BGB)** finden ebenfalls keine Anwendung auf VV (§ 312 Abs. 6 BGB); der VN kann den VV daher bei diesen besonderen Vertriebsformen nur nach § 8 VVG widerrufen. 7

IV. Rechtslage für Altverträge

1. Übergangsrecht

Die Widerrufsregelungen des neuen VVG sind auf sämtliche VV anwendbar, die **ab dem 1.1.2008** geschlossen wurden. Will der VN aus der Anwendbarkeit des § 8 VVG n.F. eine für ihn günstige Rechtsposition ableiten, so ist er darlegungs- und beweisbelastet, dass der VV erst im Jahr 2008 zustande gekommen ist (OLG Hamm, VersR 2014, 485). Für Verträge, die vor diesem Zeitpunkt geschlossen wurden (Altverträge), gelten je nach Abschlusszeitpunkt unterschiedliche Rechtsvorschriften (vgl. auch Einf. vor § 1 Rdn 8): Für die **vor dem 1.1.1991** geschlossenen Verträge besteht überhaupt kein Widerrufsrecht. Auf die zwischen dem **1.1.1991 bis 28.7.1994** abgeschlossenen VV findet dagegen § 8 Abs. 4 VVG 1990 (in der Fassung des Gesetzes vom 17.12.1990 zur Änderung versicherungsrechtlicher Vorschriften, BGBl I, S. 2864) Anwendung (Rdn 10). Für die zwischen dem **29.7.1994 bis 31.12.2007** geschlossenen VV sind die §§ 5a, 8 Abs. 4 bis 5 VVG 1994 anzuwenden (Rdn 11). Eine rückwirkende Anwendung dieser Vorschriften auf VV, die vor dem 29.7.1994 geschlossen wurden, ist ausgeschlossen (KG, r+s 2003, 98 [zu § 8 Abs. 4 VVG 1994]). Auf VV, die zwischen dem **8.12.2004 bis 31.12.2007** geschlossen wurden, 8 sind (zusätzlich) die §§ 5a Abs. 1 S. 2, 8 Abs. 5 S. 1, 48a bis e VVG 2004 anzuwenden (Rdn 20).

9 Die **früheren Vorschriften** (insb. § 5a und § 8 Abs. 4–5 VVG 1994) haben immer noch **praktische Bedeutung**, soweit der VN zu keinem Zeitpunkt eine Belehrung erhalten hat. In diesem Fall steht dem VN nämlich bei Lebens- und Rentenversicherungen ein zeitlich unbefristetes Vertragslösungsrecht zu (vgl. Rdn 12 ff.).

2. Gesetz vom 17.12.1990

10 Mit dem **Gesetz vom 17.12.1990 zur Änderung versicherungsrechtlicher Vorschriften** (BGBl I, S. 2864) wurde dem VN erstmals in **§ 8 Abs. 4 VVG 1990** die Möglichkeit eingeräumt, seine auf den Abschluss eines VV gerichtete Willenserklärung binnen zehn Tagen zu widerrufen; die Vorschrift gilt nur für Verbraucherverträge mit mehr als einjähriger Laufzeit. Durch die Einführung des Widerrufsrechts sollte der Verbraucherschutz verbessert und dem Umstand Rechnung getragen werden, dass VV gem. § 6 Nr. 2 HaustürWG (jetzt § 312 Abs. 6 BGB) vom Anwendungsbereich der Haustürgeschäftsregeln ausgenommen werden (vgl. Beschlussempfehlung und Bericht des Finanzausschusses, BT-Drucks 11/8321, S. 12; *Beckmann*, ZEuP 1999, 809, 829 f.). Nach § 8 Abs. 4 S. 4 VVG 1990 sind die VN schriftlich über ihr Widerrufsrecht zu belehren. Die Belehrung muss, damit sie ihren Zweck erreichen kann, *„inhaltlich möglichst umfassend, unmissverständlich und aus der Sicht der Verbraucher eindeutig sein [...]. Weiterhin erfordert der Zweck einer solchen Vorschrift, dem auch der Sinngehalt des Wortes ‚Belehrung' entspricht, eine Form der Belehrung, die dem Aufklärungsziel Rechnung trägt. Deshalb kann nur eine Erklärung, die darauf angelegt ist, den Angesprochenen aufmerksam zu machen und das Wissen, um das es geht, zu vermitteln, als Belehrung angesehen werden"* (BGH VersR 1996, 221, 222; VersR 1996, 313, 314). Eine nicht ordnungsgemäße Belehrung hat zur Folge, dass die Widerrufsfrist nicht zu laufen beginnt (BGH, VersR 2013, 1513, Rn 22). Das Widerrufsrecht erlischt jedoch nach analoger Anwendung der § 7 Abs. 2 S. 3 VerbrKrG und § 2 Abs. 1 S. 4 HWiG nach beiderseits vollständiger Erbringung der Leistung (BGH, VersR 2013, 1513, Rn 25 ff.).

3. Gesetz vom 21.7.1994

11 Durch das **3. DurchführungsG/EWG zum VAG vom 21.7.1994** (BGBl I, S. 1630, berichtigt S. 3134) wurde das Widerrufsrecht in **§ 8 Abs. 4 VVG 1994** in einigen Punkten geändert. Gleichzeitig wurde für Lebensversicherungsverträge in **§ 8 Abs. 5 VVG 1994** nach den Vorgaben des Art. 15 Abs. 1 der Zweiten Lebensversicherungs-RL 90/619/EWG (jetzt Art. 35 Abs. 1 Lebensversicherungs-RL 2002/83/EG) anstelle des Widerrufs ein 14-tägiges Rücktrittsrecht eingeführt. Beide Vorschriften sind jedoch **nur dann anwendbar**, wenn der Vertrag nach dem sog. **Antragsmodell** geschlossen worden ist (§ 8 Abs. 6 VVG 1994; zum Antragsmodell vgl. § 7 Rdn 16). Für das in der Praxis damals **übliche Policenmodell** gilt dagegen **§ 5a VVG 1994**: Hat der VR nicht (wie beim sog. Antragsmodell) die erforderlichen Verbraucherinformationen und AVB zusammen mit dem auszufüllenden Antragsfor-

mular übermittelt, so gilt der Vertrag nach § 5a Abs. 1 VVG 1994 gleichwohl als abgeschlossen, wenn der VN nicht innerhalb von vierzehn Tagen nach Erhalt der vollständigen Unterlagen widersprochen hat. Nach § 5a Abs. 2 S. 4 VVG 1994 erlischt das Widerspruchsrecht ein Jahr nach Zahlung der Erstprämie, auch wenn vorher keine Vertragsunterlagen oder AVB übersandt worden sind. Nach Auffassung der deutschen Gerichte und einem Großteil des Schrifttums sollte diese Ausschlussfrist selbst dann gelten, wenn der VN zu keinem Zeitpunkt über sein Widerspruchsrecht belehrt worden ist (OLG Düsseldorf, VersR 2001, 837, 838; *Römer/Langheid*, 2. Aufl., 2003, § 5a Rn 44; *Terbille*, in: MAH VersR, 1. Aufl., § 2 Rn 45).

a) Richtlinienwidrigkeit des § 5a Abs. 2 S. 4 VVG 1994

§ 5a Abs. 2 S. 4 VVG 1994 ist **mit dem Unionsrecht nicht zu vereinbaren.** Wie der EuGH im Fall Endress entschieden hat, verstößt die zeitliche Befristung des Widerspruchsrechts bei fehlender oder fehlerhafter Belehrung gegen Art. 15 Abs. 1 Zweite Lebensversicherungs-RL 90/619/EWG i.V.m. Art. 31 Abs. 1 Dritte Lebensversicherungs-RL 92/96/EWG, da ein Verbraucher sein Widerrufsrecht nicht ausüben kann, wenn es ihm nicht bekannt ist (EuGH, VersR 2014, 225 – [Endress], mit Verweis in Rn 27 ff. auf EuGH, NJW 2002, 281 – [Heininger]). Im Anschluss daran entschied der **BGH**, dass VN, die im Wege des Policenmodells zwischen dem 29.7.1994 und dem 31.12.2007 einen Lebens- oder Rentenversicherungsvertrag oder Zusatzversicherungen zur Lebensversicherung abgeschlossen haben, ihr Widerspruchsrecht nach § 5a Abs. 1 VVG 1994 auch noch nach Jahren ausüben und nach § 812 Abs. 1 S. 1 Alt. 1 BGB Bereicherungsansprüche geltend machen können, wenn sie nicht ordnungsgemäß über das Widerspruchsrecht belehrt worden sind und/oder die Verbraucherinformationen oder die Versicherungsbedingungen nicht erhalten haben (BGHZ 201, 101 = VersR 2014, 817; dagegen erhobene Verfassungsbeschwerden blieben erfolglos; BVerfG, VersR 2016, 1037): § 5a Abs. 2 S. 4 VVG 1994 ist im Wege der teleologischen Reduktion im Anwendungsbereich der Zweiten und Dritten Lebensversicherungs-RL nicht anzuwenden (BGHZ 201, 101 = VersR 2014, 817, Rn 17 bis 34). Bei unterlassener oder fehlerhafter Belehrung steht dem VN daher ein **zeitlich unbegrenztes Widerspruchsrecht** zu. Wird das Widerspruchsrecht ausgeübt, erfolgt die Rückabwicklung über das Bereicherungsrecht nach § 812 Abs. 1 S. 1 Alt. 1 BGB (vgl. Rdn 15).

Auch die in **§ 8 Abs. 4 S. 4 VVG 1994** und **§ 8 Abs. 5 S. 4 VVG 1994** getroffene Regelung, nach welcher das Vertragslösungsrecht des VN bei nicht ordnungsgemäßer Belehrung einen Monat nach Zahlung der ersten Prämie erlischt, findet im Bereich der Lebens- und Rentenversicherung und der Zusatzversicherung zur Lebensversicherung keine Anwendung (BGH, VersR 2015, 224). Der VN kann daher bei nicht ordnungsgemäßer Belehrung sein Vertragslösungsrecht unbefristet ausüben; die Rückabwicklung erfolgt dann nach § 346 BGB (BGH, VersR 2015, 224, Rn 12).

Auf die von den Lebensversicherungs-RL **nicht erfassten VV** finden die Vorschriften des VVG 1994 dagegen uneingeschränkt Anwendung (BGHZ 201, 101 = VersR 2014, 817, Rn 27; BGH, VersR 2015, 224, Rn 24); erlischt bei diesen Verträgen das Widerspruchsrecht nach § 5a Abs. 2 S. 4 VVG 1994, werden die für den VV geltenden AVB selbst dann

Vertragsbestandteil, wenn der VR sie dem VN bislang nicht übergeben hat (BGH, VersR 2015, 965).

15 Der **Rückgewähranspruch des VN nach § 812 Abs. 1 S. 1 Alt. 1 BGB** bei nicht ordnungsgemäßer Belehrung über das gem. § 5a Abs. 1 VVG 1994 bestehende Widerspruchsrecht umfasst der Höhe nach nicht alle gezahlten Prämien. Der VN muss sich bei der bereicherungsrechtlichen Rückabwicklung vielmehr den bis zur Vertragsauflösung genossenen **Versicherungsschutz anrechnen** lassen; der Wert des Versicherungsschutzes kann dabei unter Berücksichtigung der Prämienkalkulation bemessen werden (BGHZ 201, 101 = VersR 2014, 817, Rn 45). Darüber hinaus muss sich der VN die vom VR bei Auszahlung des Rückkaufswerts einbehaltene und an das Finanzamt abgeführte **Kapitalertragssteuer** nebst Solidaritätszuschlag als Vermögensvorteil anrechnen lassen (BGH, VersR 2015, 1104, Rn 41 ff.). Handelt es sich nicht um eine klassische, sondern um eine fondsgebundene Lebensversicherung, so muss sich der VN ferner diejenigen Verluste bereicherungsmindernd anrechnen lassen, die bei Anlage der **Spareanteile** im Fonds entstanden sind (BGH, VersR 2016, 33, Rn 35 ff.; dazu *Heyers*, NJW 2016, 1357 ff.). Hinsichtlich der **Abschluss- und Verwaltungskosten** sowie etwaiger Ratenzahlungszuschläge kann sich der VR dagegen nicht gem. § 818 Abs. 3 BGB auf den Wegfall der Bereicherung berufen (BGH, VersR 2015, 1101, Rn 41 ff.; VersR 2015, 1104, Rn 46 ff.). Der Konditionsanspruch des VN umfasst nicht nur die – nach Abzug des Wertsatzes für den genossenen Versicherungsschutz verbleibenden – Versicherungsprämien, sondern nach § 818 Abs. 1 Alt. 1 BGB auch die durch den VR hieraus gezogenen **tatsächlichen Nutzungen** (BGH, VersR 2015, 1101, Rn 45; VersR 2015, 1104, Rn 50; VersR 2016, 33, Rn 41 ff.). Insoweit liegt die Darlegungs- und Beweislast jedoch zunächst beim VN (BGH, VersR 2015, 1101, Rn 46; VersR 2015, 1104, Rn 51; VersR 2016, 33, Rn 48 ff.).

16 Die regelmäßige **dreijährige Verjährungsfrist** (§ 195 BGB) beginnt für den auf Rückgewähr der Prämien gerichteten Bereicherungsanspruch erst mit dem Schluss des Jahres, in welchem der VN den Widerspruch erklärt (BGH, VersR 2015, 700 m.w.N. zum Streitstand in Rn 20).

b) Richtlinienwidrigkeit des Policenmodells?

17 Ob das Policenmodell (§ 5a Abs. 1 VVG 1994) als solches richtlinienwidrig ist und der VN daher auch bei ordnungsgemäßer Widerspruchsbelehrung einen **Herausgabeanspruch nach § 812 Abs. 1 S. 1 Alt. 1 BGB** hat, ist bislang ungeklärt, da der EuGH diese Frage in seinem Endress-Urteil offengelassen hat (EuGH, VersR 2014, 225, Rn 20) und sich der BGH sowie die Instanzgerichte beharrlich weigern, diese Frage dem EuGH vorzulegen. Nach hier vertretener Ansicht verstößt § 5a Abs. 1 VVG 1994 gegen den in **Art. 36 Abs. 1 Lebensversicherungs-RL** (zuvor: Art. 31 Abs. 1 Dritte Lebensversicherungs-RL) und in **Art. 31, 43 Dritte Schadensversicherungs-RL** normierten Grundsatz, dass der VN ordnungsgemäß unterrichtet werden muss, bevor er seine Willenserklärung abgibt (*Ebers*, in: Micklitz, Verbraucherrecht in Deutschland, S. 253 ff.; *Schwintowski*, VuR 1996, 223, 238 f.; *Berg*, VuR 1999, 335, 339 ff., 342; *Lenzing*, in: Basedow/Fock, Europäisches Versicherungsvertragsrecht I, S. 139, 165; *Rehberg*, VersWissStud. 23, S. 112 ff., 116 f.; *Dörner*,

VersWissStud. 34, S. 137, 145; **a.A.** Prölss/Martin/*Prölss*, 27. Aufl., 2004, § 5a Rn 8; *Reiff*, VersR 1997, 267, 271; *Schirmer*, VersR 1996, 1045, 1056; *Wandt*, Verbraucherinformation und Vertragsschluss nach neuem Recht, 1995, S. 31). Auch die **Europäische Kommission** vertritt die Auffassung, dass § 5a VVG 1994 den Richtlinienvorgaben widerspricht, und hatte aus diesem Grunde ein **Vertragsverletzungsverfahren** gegen Deutschland eingeleitet, das unter dem Az. 2005/5046 geführt, jedoch am 5.6.2008 eingestellt wurde, da das Policenmodell mit dem neuen VVG abgeschafft worden ist. **Generalanwältin Sharpston** hatte im Verfahren Endress ebenfalls erhebliche Bedenken gegen das Policenmodell angemeldet (EuGH v. 11.7.2013, Rs. C-209/12 [Endress], ECLI:EU:C:2013:472, Rn 62). Auch das **BVerfG** betont, dass erhebliche Zweifel an der Richtlinienkonformität des Policenmodell bestehen; die unterlassene Vorlage durch ein letztinstanzlich entscheidendes Gericht wurde als „*offensichtlich unhaltbare*" Handhabung der Vorlagepflicht und damit als Verstoß gegen den „*gesetzlichen Richter*" i.S.d. Art. 101 Abs. 1 S. 2 GG gewertet (BVerfG, VersR 2014, 609, Rn 39 ff.; VersR 2014, 1485, Rn 31 ff.). Der **BGH** hält dessen ungeachtet an seiner Ansicht fest, dass die richtige Anwendung der Richtlinien „*außer Zweifel*" stehe (BGHZ 202, 102 = VersR 2014, 1065, Rn 16). Einer Vorlage an den EuGH bedürfe es, so der BGH, schon deswegen nicht, weil es einem VN nach Treu und Glauben (§ 242 BGB) wegen widersprüchlichen Verhaltens verwehrt sei, nach jahrelanger Durchführung des VV von seinem Vertragslösungsrecht Gebrauch zu machen (BGHZ 202, 102 = VersR 2014, 1065, Rn 32 ff.) und auch nach der EuGH-Rechtsprechung eine missbräuchliche Berufung auf Gemeinschaftsrecht nicht gestattet sei (BGH, VersR 2014, 1065, Rn 42; vertiefend *Roth*, VersR 2015, 1 ff.; *Looschelders*, VersR 2016, 7 ff.).

Der BGH verkennt damit seine aus Art. 267 Abs. 3 AEUV folgende **Vorlagepflicht**. Der Umstand, dass das Rechtsmissbrauchsverbot ein allgemeiner Grundsatz des Unionsrechts ist, reicht für sich genommen nicht aus, um eine Vorlage an den EuGH entbehrlich zu machen. Da die Anwendung dieses Verbots im Unionsprivatrecht immer noch ungeklärt ist (vgl. Rdn 52), wäre eine **Vorlage an den EuGH zwingend erforderlich** gewesen. Im Ergebnis sprechen nämlich überwiegende Argumente dafür, dass die Annahme einer Verwirkung mit Sinn und Zweck der verbraucherschützenden Widerrufsrechte nicht zu vereinbaren ist (vgl. Rdn 53). Die gegen das BGH-Urteil erhobene Verfassungsbeschwerde wegen Verletzung der Vorlagepflicht wurde dennoch nicht vom BVerfG zur Entscheidung angenommen. Obwohl sich der EuGH bislang in keinem einzigen Fall mit der Frage beschäftigt hat, ob verbraucherschützende Widerrufsrechte nach nationalem Recht dem Einwand des Rechtsmissbrauchs unterliegen dürfen, hielt das BVerfG die Annahme des BGH, der EuGH habe die Maßstäbe der Verwirkung in seiner Rechtsprechung hinreichend geklärt, für verfassungsrechtlich vertretbar (BVerfG, VersR 2015, 693). Der BGH legt dementsprechend dem EuGH nach wie vor nicht die Frage vor, ob das Policenmodell richtlinienwidrig ist (BGH, VersR 2015, 876, Rn 12 ff.).

18

Dies kann und sollte die Instanzgerichte jedoch nicht daran hindern, ein Vorabentscheidungsverfahren mit folgenden Vorlagefragen einzuleiten:
1. Sind Art. 31 Abs. 1 und Anhang II.A. der Dritten Lebensversicherungs-Richtlinie 92/96/EWG bzw. Art. 36 Abs. 1 und Anhang III.A. der konsolidierten Lebensversicherungs-

19

Richtlinie 2002/83/EG dahin auszulegen, dass diese Vorschriften einer Regelung – wie § 5a Abs. 1 VVG a.F. – entgegenstehen, nach der ein VN die vorgeschriebenen vorvertraglichen Informationen erst nach Abgabe seiner Willenserklärung und somit erst nach seiner Wahl eines VR erhält?

2. Falls die erste Frage zu bejahen ist: Ist das unionsrechtliche Verbot des Rechtsmissbrauchs dahin auszulegen, dass einem VN bei nicht rechtzeitiger Übermittlung der Verbraucherinformationen nach innerstaatlichen Rechtsvorschriften – wie § 242 BGB – wegen widersprüchlichen Verhaltens die Berufung auf die Unwirksamkeit des VV versagt werden darf, weil er den Vertrag jahrelang durchgeführt hat, oder verstößt ein solcher Ausschluss gegen Sinn und Zweck der vorvertraglichen Informationspflichten (Art. 31 Abs. 1 und Anhang II.A. der Dritten Lebensversicherungs-Richtlinie 92/96/EWG bzw. Art. 36 Abs. 1 und Anhang III.A. der konsolidierten Lebensversicherungs-Richtlinie 2002/83/EG) sowie die praktische Wirksamkeit des Rücktrittsrechts (Art. 15 Abs. 1 der Zweiten Lebensversicherungs-Richtlinie 90/619 bzw. Art. 35 Abs. 1 der konsolidierten Lebensversicherungs-Richtlinie 2002/83/EG)?

4. Gesetz vom 2.12.2004

20 Durch das **Gesetz zur Änderung der Vorschriften über Fernabsatzverträge bei Finanzdienstleistungen vom 2.12.2004** (BGBl I, S. 3102) wurden die Vorschriften der Fernabsatz-RL II erstmals umgesetzt (hierzu *Schneider*, VersR 2004, 696). Die Widerrufsfrist für Lebensversicherungsverträge wurde in **§§ 5a Abs. 1 S. 2, 8 Abs. 5 S. 1 VVG 2004** auf dreißig Tage erweitert, mit den **§§ 48a bis e VVG 2004** wurden Sonderregelungen für den Fernabsatz von Versicherungen mit Verbrauchern geschaffen.

B. Norminhalt

I. Widerrufsrecht des Versicherungsnehmers (§ 8 Abs. 1 VVG)

1. Allgemeines

21 § 8 Abs. 1 S. 1 VVG räumt jedem VN das Recht ein, seine **Vertragserklärung** (zum Begriff § 7 Rdn 42) **innerhalb von 14 Tagen zu widerrufen**. Die Vorschrift setzt die Konstellation eines (zumindest geplanten) Vertragsabschlusses voraus: Der VN muss eine bindende Willenserklärung abgegeben haben, die auf den Abschluss eines VV gerichtet ist. Der VN kann sich sowohl in der Rolle des Antragenden befinden (sog. Antragsmodell; vgl. § 7 Rdn 16) als auch in der Rolle des Annehmenden (so insb. beim sog. Invitatio-Modell; vgl. § 7 Rdn 20). Beide Fälle werden von § 8 Abs. 1 S. 1 VVG erfasst (vgl. Rdn 31).

22 Ein Widerrufsrecht des VN besteht nicht nur bei einem **Neuabschluss**, sondern auch bei **individualvertraglicher Änderung eines bestehenden VV**, denn § 8 Abs. 1 S. 1 VVG bezieht sich auf sämtliche Vertragserklärungen und nicht nur auf den ersten (vertragsbegründenden) Antrag (i.Erg. wie hier Looschelder/Pohlmann/*Looschelders/Heinig*, § 8 Rn 27; **a.A.** *Armbrüster*, r+s 2008, 493, 494: Nur wesentliche Vertragsänderungen lösen ein Widerrufsrecht aus). Vertragsänderungen, die automatisch oder in Ausübung eines einseitigen Anpassungsrechts erfolgen, lösen dagegen nur dann ein Widerrufsrecht aus, wenn sie derart bedeutsam sind, dass sie auch Gegenstand eines neuen VV sein könnten. Dies gilt beispielsweise für erhebliche Deckungserweiterungen, für den Abschluss von Zusatzversicherungen oder für eine erhebliche Aufstockung der Versicherungssumme. In diesem Fall bezieht sich das Widerrufsrecht nach § 8 VVG aber nur auf die geänderten Teile, nicht jedoch auf den Rest des VV (BGH, VersR 2012, 1375, Rn 9). Die **vorläufige Deckungszusage** ist ein ggü. dem Hauptvertrag selbstständiger Vertrag, der i.d.R. nicht widerrufen werden kann (vgl. § 8 Abs. 3 S. 1 Nr. 2 VVG; hierzu Rdn 57). Der VN kann jedoch den Hauptvertrag widerrufen und damit erreichen, dass auch der Vertrag über die vorläufige Deckung endet (§ 52 Abs. 3 VVG).

Auch **nichtige Willenserklärungen** oder **nichtige Verträge** können widerrufen werden (BGH, NJW 2010, 610 [zum Widerruf von Fernabsatzgeschäften]). Das Widerrufsrecht ist unabhängig davon gegeben, ob die Willenserklärung des VN oder der Vertrag wirksam ist, denn der Sinn des Widerrufsrechts besteht darin, dem VN ein an keine materiellen Voraussetzungen gebundenes, einfach auszuübendes Recht zur einseitigen Lösung vom Vertrag in die Hand zu geben, das neben den allgemeinen Rechten besteht (vgl. BGH, NJW 2010, 610). Bereits **gekündigte VV** können ebenfalls widerrufen werden, wenn der VN nicht ordnungsgemäß über sein Widerrufsrecht belehrt worden ist und daher den Vertrag aus Unwissenheit zunächst nur kündigt (BGH, VersR 2014, 817, Rn 36 [zu § 5a VVG 1994]). 23

Ob das Widerrufsrecht selbstständig **abtretbar** ist, wurde höchstrichterlich noch nicht entschieden. Größtenteils wird davon ausgegangen, dass Widerrufsrechte unselbstständige Gestaltungsrechte sind und nur zusammen mit dem Hauptrecht übertragen werden können (MüKo/*Roth/Kieninger*, § 413 BGB Rn 12; Müko/*Fritsche*, § 355 BGB Rn 28; **a.A.** *Mankowski*, Beseitigungsrechte, S. 989 ff.); jedenfalls ist eine unwirksame (isolierte) Abtretung des Widerrufsrechts aber nach § 140 BGB in eine wirksame Ermächtigung zur Ausübung des Widerrufsrechts nach § 185 Abs. 1 BGB umzudeuten (BGH, NJW 1998, 896, 897 [zur Mietvertragskündigung]). Tritt der VN pauschal „sämtliche Rechte aus dem VV" ab, gehen die Rechte aus § 8 VVG nicht automatisch auf den Zessionar über, da das Widerrufsrecht kein Nebenrecht i.S.d. § 401 Abs. 1 BGB ist (vgl. OLG Karlsruhe, r+s 1992, 325 [zum Kündigungsrecht]). Eine ausdrückliche oder konkludente Mitübertragung ist demgegenüber möglich (BGH, NJW 1973, 1794 [zum vertraglichen Rücktrittsrecht]), soweit kein Abtretungsverbot (vgl. § 17 VVG) besteht. Ein Übergang des Widerrufsrechts auf einen Unternehmer (§ 14 BGB) ist grds. nicht ausgeschlossen (str.; **a.A.** *Ulmer/Masuch*, JZ 1997, 654, 660; zustimmend MüKo/*Fritsche*, § 355 BGB Rn 28), denn das Widerrufsrecht ist nicht höchstpersönlicher Natur. Bei wirksamer Abtretung steht das Widerrufsrecht allein dem Zessionar zu (vgl. OLG Karlsruhe, r+s 1992, 325). 24

2. Widerrufserklärung

25 Der VN muss den Widerruf **ggü. dem VR** oder dessen Repräsentanten (z.B. Abschlussvertreter) erklärt haben. Der Widerruf nach § 8 Abs. 1 S. 1 VVG ist eine einseitige empfangsbedürftige Willenserklärung. Der VN muss durch sie zum Ausdruck bringen, dass er seine Willenserklärung, die auf einen Vertragsschluss gerichtet war, zurücknimmt. Das Wort „Widerruf" muss nicht verwandt werden (i.E. *Martis/Meinhof*, MDR 2004, 5 m.w.N.). **Ausreichend ist** z.B., wenn der Berechtigte erklärt, vom VV Abstand zu nehmen bzw. zurückzutreten, nach erneuter Überlegung die Versicherungsleistung keinesfalls in Anspruch nehmen oder vom VV nichts mehr wissen zu wollen. Eine als „*Widerruf*" bezeichnete Erklärung kann u.U. **als Anfechtung** i.S.d. §§ 119, 123 BGB **ausgelegt** werden. Während der VN bei erfolgtem Widerruf nach § 9 Abs. 1 S. 1 VVG bei ordnungsgemäßer Belehrung nur die auf die Zeit nach Zugang des Widerrufs entfallenden Prämienanteile zurückfordern kann, wirkt eine Anfechtung ex tunc, sodass der VN alle bisher gezahlten Prämien einschließlich Zinsen verlangen kann (vgl. Begr. BT-Drucks 16/3945, S. 72; i.E. § 1 Rdn 18). Die Anfechtung ist insoweit für den VN günstiger. Ein nach § 8 VVG **unzulässiger Widerruf** kann nach § 140 BGB zudem **in eine Kündigung** zum nächst möglichen Termin **umgedeutet** werden (so bereits zum früheren Recht OLG Karlsruhe, VersR 2006, 1625 [unter II.2.b.]; LG Berlin, VersR 2002, 695). Vgl. auch § 11 Rdn 15 ff.

26 Sind bei einem Vertrag **mehrere VN** beteiligt, ist das Bestehen eines Widerrufsrechts für jede Person gesondert zu bestimmen. Ob die Wirkungen des Widerrufs für alle Personen einheitlich eintreten, und zwar auch dann, wenn das Widerrufsrecht nur einem Beteiligten zusteht, ist ungeklärt (vgl. MüKo/*Fritsche*, § 355 BGB Rn 30). Bei einer **Versicherung für fremde Rechnung** (§§ 43 ff.) steht das Widerrufsrecht dem VN zu, es sei denn, der Versicherte ist im Besitz des Versicherungsscheins (§ 44 Abs. 2 VVG).

27 Ein **Teilwiderruf** ist zulässig, sofern der VV ausnahmsweise teilbar ist. Der vom Widerruf betroffene Teil ist dann nach § 9 VVG (für Lebensversicherungen: §§ 152, 169 VVG) rückabzuwickeln, während der Rest des Vertrags wie geplant durchgeführt wird. Widerspricht dieses Ergebnis dem Parteiwillen (§§ 133, 157 BGB), muss sich das Widerrufsrecht nach dem Rechtsgedanken des § 139 BGB auf den gesamten VV erstrecken (MüKo/*Wendehorst*, 6. Aufl., 2012, § 312d BGB Rn 90; AG Münster, r+s 2000, 1 [zu § 5a VVG 1994]).

3. Formerfordernisse

28 Der VN muss den Widerruf **formgerecht** erklären. Die Erklärung muss nach § 8 Abs. 1 S. 2 VVG **in Textform** (§ 126b BGB; hierzu § 3 Rdn 13) erfolgen. Zulässig sind damit herkömmliche Papierdokumente, Faxnachrichten, aber auch elektronische Dokumente, wie z.B. E-Mails. Eine mündliche Widerrufserklärung genügt dagegen nicht den Formanforderungen. Da niedrigere Formerfordernisse stets durch höhere Formen erfüllt werden können, kann die Erklärung auch in Schriftform (§ 126 BGB) oder elektronischer Form (§ 126a BGB) abgegeben werden. Der Widerruf braucht **keine Begründung** zu enthalten.

4. Widerrufsfrist

Der Widerruf muss zudem **fristgerecht** erklärt werden. Nach § 8 Abs. 1 S. 1 VVG beträgt die Frist **14 Tage**, für Lebensversicherungsverträge gilt dagegen ein 30-tägiges Widerrufsrecht (§ 152 Abs. 1 VVG). Die Berechnung der Widerrufsfrist richtet sich nach §§ 187 Abs. 1, 188 Abs. 2, 1. Alt., 193 BGB. Zur Fristwahrung genügt die rechtzeitige Absendung (§ 8 Abs. 1 S. 2 VVG), nicht erforderlich ist somit ein Zugang der Widerrufserklärung beim VR innerhalb der Widerrufsfrist. Geht die Widerrufserklärung auf dem Weg zum Empfänger verloren, darf der VN seine Erklärung unverzüglich fristwahrend wiederholen (OLG Dresden, NJW-RR 2000, 354 [zum VerbrKrG]). 29

Praxistipp
Der VN trägt die Beweislast für die fristgerechte Absendung der Widerrufserklärung; darüber hinaus muss er beweisen, dass seine Erklärung zugegangen ist. Der VN sollte daher die Widerrufserklärung per Übergabe-Einschreiben mit Postrückschein versenden, sofern der normale Postweg gewählt wird.

II. Beginn der Widerrufsfrist (§ 8 Abs. 2 VVG)

1. Überblick

Der Beginn der Widerrufsfrist setzt nach § 8 Abs. 2 VVG voraus, dass der VN den Versicherungsschein (vgl. Rdn 34 f.), die Vertragsbedingungen (Rdn 36 ff.), die nach § 7 i.V.m. VVG-InfoV erforderlichen Informationen (Rdn 39) sowie die Widerrufsbelehrung (Rdn 40 ff.) erhalten hat. Sämtliche Voraussetzungen müssen **kumulativ** vorliegen, erst dann beginnt die Widerrufsfrist zu laufen. Der Zugangsnachweis muss im Zweifel vom VR erbracht werden (Rdn 49). Solange nicht sämtliche Unterlagen dem VN zugegangen sind, ist der VV grds. zeitlich unbegrenzt widerrufbar (Rdn 50 f.). 30

§ 8 Abs. 2 VVG ist auf das **Antragsmodell** zugeschnitten, also auf Konstellationen, in denen der VN ein bindendes Angebot abgibt (hierzu § 7 Rdn 16). Die Vorschrift passt dagegen nicht für das sog. **Invitatio-Modell** (hierzu § 7 Rdn 20): Teilt der Kunde dem VR seine Wünsche und Bedürfnisse mit, ohne sich bindend zu erklären, und versendet der VR daraufhin mit seinem Angebot die Versicherungspolice nebst AVB, den erforderlichen Informationen und der Widerrufsbelehrung, so kann die Widerrufsfrist – trotz des Wortlauts des § 8 Abs. 2 VVG – mangels bindender Willenserklärung des VN noch nicht zu laufen beginnen. Die Widerrufsfrist wird daher beim Invitatio-Modell frühestens in Gang gesetzt, **wenn die Annahmeerklärung des VN beim VR zugeht** (*Gaul*, VersR 2007, 21, 25; *Wandt*, Versicherungsrecht Rn 305; nach **a.A.** soll die Widerrufsfrist dagegen bereits mit Abgabe der Annahmeerklärung beginnen: *Knops*, in: Bruck/Möller, § 8 Rn 34; zur Widerrufsbelehrung in diesen Fällen vgl. Rdn 44). 31

Die erforderlichen Unterlagen müssen dem VN in **Textform** (§ 126b BGB) zugehen. Zulässig sind damit herkömmliche Papierdokumente, aber **auch elektronische Dokumente**, wie z.B. E-Mails, Disketten oder CD-ROM (i.E. § 3 Rdn 13). Auf einer Homepage abrufbare Informationen gehen dem VN erst dann in Textform zu, wenn er die Informationen ausdruckt oder herunterlädt (KG, NJW 2006, 3215, 3217; OLG Hamburg, NJW-RR 32

2007, 839, 840; vgl. auch § 3 Rdn 13 und § 7 Rdn 40). Dem VN müssen die übermittelten Unterlagen für die Dauer der Widerrufsfrist verbleiben (vgl. BGH, NJW 1998, 540, 542 [zum VerbrKrG]); die Widerrufsfrist wird daher z.b. nicht in Gang gesetzt, wenn der VR die Widerrufsbelehrung unmittelbar nach Unterzeichnung wieder an sich nimmt (OLG Koblenz, WM 2002, 2460 [zum VerbrKrG]).

33 Erfolgt ein **sukzessiver Zugang der erforderlichen Unterlagen**, kommt es auf den Einzelfall an, ob die Anforderungen des § 8 Abs. 2 VVG erfüllt sind. Erhält der VN die Versicherungsbedingungen erst nach der Übersendung des Versicherungsscheins, reicht eine frühere Widerrufsbelehrung anlässlich der Übersendung des Versicherungsscheins nicht aus, um die Widerrufsfrist in Gang zu setzen (AG Münster, r+s 2000, 1 ff. [zu § 5a VVG 1994]; Looschelders/Pohlmann/*Looschelders/Heinig*, § 8 Rn 57; **a.A.** *Knops*, in: Bruck/Möller, § 8 Rn 41). Der VR muss den VN vielmehr bei Übersendung der AVB noch einmal über sein Widerrufsrecht belehren.

2. Zugang des Versicherungsscheins

34 § 8 Abs. 2 S. 1 Nr. 1 VVG weicht von den Richtlinienvorgaben ab. Während die **Fernabsatz-RL II** in Art. 6 Abs. 1 Unterabs. 2 Spiegelstrich 1 für den Fristbeginn auf den **Vertragsschluss** abstellt, beginnt die Widerrufsfrist nach § 8 Abs. 2 S. 1 Nr. 1 VVG erst mit **Zugang des Versicherungsscheins**. Zwar fallen „Vertragsschluss" und „Zugang des Versicherungsscheins" in den meisten Fällen zusammen, denn i.d.R. gibt der VN ein Vertragsangebot ab, das der VR durch Ausfertigung und Zusendung des Versicherungsscheins annimmt (Antragsmodell). Zu **Abweichungen** kommt es dagegen in einer Reihe von Fällen, in denen der Vertrag schon zustande gekommen ist, **ohne dass der Versicherungsschein übermittelt** worden ist, so z.B. wenn ein Versicherungsvertreter mit Abschlussvollmacht (§ 71 VVG) den Antrag des VN mündlich annimmt, ein Kfz-Haftpflichtversicherungsvertrag nach Ablauf von zwei Wochen gem. § 5 Abs. 3 S. 1 PflVG durch Schweigen des VR zustande kommt, oder nach dem Invitatio-Modell vorgegangen wird (Beispiele nach *Niederleithinger*, VersR 2006, 437). In all diesen Konstellationen wird der im Unionsrecht vorgesehene **Fristbeginn (Vertragsschluss) bis zum Zugang des Versicherungsscheins** hinausgeschoben. Die deutsche Regelung ist insoweit **für den VN günstiger**. Die Regierungsbegründung rechtfertigt dies mit Transparenz- und Rechtssicherheitsargumenten (BT-Drucks 16, 3945, S. 61 f.): *„Abweichend vom bisherigen § 48c Abs. 2 VVG stellt § 8 Abs. 2 VVG-E für den Fristbeginn nicht auf den Abschluss des Vertrags ab, da dieser Zeitpunkt für den Versicherungsnehmer häufig unklar sein wird. Die für beide Vertragsparteien unverzichtbare Eindeutigkeit in diesem Punkt wird dadurch erreicht, dass auf den Zugang des Versicherungsscheins abgestellt wird."*

35 Dabei wird indessen übersehen, dass die **Fernabsatz-RL II** auf eine **vollständige Harmonisierung der Widerrufsrechte** abzielt (vgl. Rdn 2). Die Mitgliedstaaten dürfen von den Vorgaben der Richtlinie auch nicht zugunsten des Verbrauchers (VN) abweichen (**a.A.** Prölss/Martin/*Armbrüster*, § 8 Rn 11). Im Zweifelsfall muss der EuGH entscheiden, ob § 8 Abs. 2 S. 1 Nr. 1 VVG unionsrechtskonform ist. Ein Verstoß gegen Art. 186 Abs. 1

Solvabiltitäts-II-RL (zuvor: Art. 35 Abs. 1 Lebensversicherungs-RL) liegt dagegen i.d.R. nicht vor, denn nach dieser Norm beginnt die Widerrufsfrist, wenn der VN davon in Kenntnis gesetzt wird, dass der VV geschlossen ist. Diese Unterrichtung erfolgt jedoch üblicherweise durch Übersendung des Versicherungsscheins (vgl. VVG-Reformkommission, Abschlussbericht 2004, VersR-Schriften Bd. 25, S. 24).

3. Zugang der Vertragsbestimmungen

Der VR ist gem. § 7 Abs. 1 S. 1 VVG dazu verpflichtet, dem VN **rechtzeitig vor Abgabe** von dessen Vertragserklärung die Vertragsbestimmungen einschließlich der AVB zu übermitteln (s. dort Rdn 46 ff.). Ein **Verstoß** gegen diese Pflicht hat gem. § 8 Abs. 2 S. 1 Nr. 1 VVG ein **Hinausschieben der Widerrufsfrist** zur Folge. 36

Offen bleibt nach dem Gesetzeswortlaut, ob die Widerrufsfrist auch dann in Gang gesetzt wird, wenn **einzelne (unwesentliche) Vertragsbestimmungen fehlen**. Während § 48c Abs. 2 S. 2 VVG 2004 noch ausdrücklich hervorgehoben hatte, dass die Widerrufsfrist erst dann beginnt, wenn dem VN die AVB und die erforderlichen Informationen „vollständig" mitgeteilt worden sind, verzichtet das neue VVG auf eine entsprechende Klarstellung. In der Regierungsbegründung heißt es aber, dass die Widerrufsfrist erst dann zu laufen beginne, wenn dem VN „**sämtliche**" vorgeschriebenen Unterlagen und Informationen zugegangen sind (BT-Drucks 16/3945, S. 62). Auch die Fernabsatz-RL II differenziert in Art. 6 Abs. 1 Unterabs. 2 Spiegelstrich 2 nicht zwischen wesentlichen und unwesentlichen Informationen. 37

Ob die Versicherungsbedingungen zugleich **transparent und wirksam** sein müssen, ist ebenfalls ungeklärt. Für die frühere Rechtslage wurde dies überwiegend mit der Begründung *abgelehnt*, dass der VN ausreichend durch die §§ 305 ff. BGB geschützt sei (BGH, NJW 2005, 3559 [unter B.IV.1.c.]; OLG Nürnberg, VersR 2004, 182 [unter I.2.b.]; OLG Celle, VersR 2003, 1113 [unter 2.]; LG Berlin, VersR 2004, 1544; für die neue Rechtslage auch *Armbrüster*, r+s 2008, 493, 495; Looschelders/Pohlmann/*Looschelders/Heinig*, § 8 Rn 43). Aus dem Sinn und Zweck der Widerrufsrechte (Bedenkzeit für eine informierte Entscheidung; vgl. Rdn 2) ergibt sich jedoch, dass die Widerrufsfrist nur durch **zutreffende, klare und verständliche Informationen** in Gang gesetzt werden kann. Zu diesen Informationen zählen zweifelsohne auch die Vertragsbestimmungen. Ein zeitlich unbegrenztes Widerrufsrecht, das den VV insgesamt beträfe, könnte allerdings gegen Art. 6 Abs. 1 letzter Hs. Klausel-RL (umgesetzt in § 306 Abs. 1 BGB) verstoßen, denn nach dieser Bestimmung bleibt der VV bei unwirksamen Klauseln i.Ü. wirksam, wenn er ohne die missbräuchlichen Klauseln bestehen kann. Mitgliedstaatliche Gerichte sollten bzw. müssen daher dem EuGH die Frage vorlegen, wie der Widerspruch zwischen Fernabsatz-RL II und Klausel-RL aufzulösen ist. 38

4. Zugang der erforderlichen Informationen

39 Der Beginn der Widerrufsfrist setzt nach § 8 Abs. 2 S. 1 Nr. 1 VVG den Zugang der in § 7 Abs. 1 bis 2 VVG-InfoV detailliert geregelten Informationen voraus. Die Informationen müssen dem VN **vollständig** übermittelt werden, erst dann beginnt die Widerrufsfrist (vgl. Rdn 37; wie hier Rüffer/Halbach/Schimikowski/*Schimikowski*, § 8 Rn 7). Aus dem Sinn und Zweck der Vorschrift, dem VN eine informierte Entscheidung zu ermöglichen, ergibt sich wiederum, dass die Widerrufsfrist nur durch **zutreffende, klare und verständliche Informationen** in Gang gesetzt werden kann (str.; wie hier *Leverenz*, Vertragsschluss nach der VVG-Reform Rn 3/85; AG Berlin-Lichtenberg, VersR 2003, 451 [zu § 5a VVG 1994]) Nach **a.A.** soll ein Widerrufsrecht dagegen nur bestehen, wenn die unrichtige oder nicht hinreichend verständliche Information für die Entscheidung des VN typischerweise bedeutsam ist (*Armbrüster*, r+s 2008, 493, 495 f.).

5. Zugang einer ordnungsgemäßen Widerrufsbelehrung

a) Allgemeines

40 Der Beginn der Widerrufsfrist setzt gem. § 8 Abs. 2 S. 1 Nr. 2 VVG eine ordnungsgemäße Widerrufsbelehrung voraus. Verwendet der VR das in der Anlage zum VVG geregelte, seit dem 11.6.2010 geltende **Widerrufsbelehrungsmuster**, so genügt seine Belehrung gem. § 8 Abs. 5 VVG den gesetzlichen (deutschen) Anforderungen (vgl. aber Rdn 64). Verwendet der VR einen **eigenen Text**, so ergeben sich die allgemeinen Erfordernisse für eine ordnungsgemäße Belehrung aus § 8 Abs. 2 S. 1 Nr. 2 VVG. Eine ordnungsgemäße Belehrung muss danach stets **folgende Voraussetzungen** erfüllen:

b) Grundsatz der Transparenz

41 Die Belehrung muss **dem VN seine Rechte** entsprechend den Erfordernissen des eingesetzten Kommunikationsmittels **deutlich machen** (ausführl. *Martis/Meinhof*, MDR 2004, 8). Das Deutlichkeitserfordernis beruht auf dem Grundsatz der Transparenz, der sich aufgrund der europäischen Richtlinien zum Verbraucherschutz auch im deutschen Verbraucherrecht gefestigt hat (i.E. § 7 Rdn 46). **Inhaltlich** müssen die erforderlichen Angaben in klarer und verständlicher Sprache abgefasst werden und ohne Weiteres aus sich heraus verständlich sein. Da vom durchschnittlichen VN nicht erwartet werden kann, dass er mit juristischen Fachausdrücken vertraut ist, muss der VR solche Begriffe im Zweifel erläutern. Problematisch ist daher die Auffassung des BGH, dass der Widerrufsberechtigte nicht darüber belehrt werden muss, was unter dem Begriff „Textform" zu verstehen ist (BGH, VersR 2015, 876 [zu § 5a VVG 1994]; vgl. auch OLG München, NJW-RR 2005, 573, 574 [zu § 355 BGB]; zustimmend Looschelders/Pohlmann/*Looschelders/Heinig*, § 8 Rn 50). Eine Vorlage an den EuGH wird vom BGH nicht in Betracht gezogen. Der BGH verkennt damit, dass die Frage, ob der Begriff der „Textform" erläuterungsbedürftig ist, nur vom EuGH entschieden werden kann, da es um den Gehalt des unionsrechtlichen Transparenzgebots geht. Zwar hat der EuGH zur Klausel-RL 93/13 klargestellt, dass es auch bei der Transparenzkontrolle darauf ankommt, ob ein „normal informierter, angemessen aufmerksamer und verständiger Durchschnittsverbraucher" die Informationen und ihre praktische wirtschaftliche Bedeutung einschätzen kann (EuGH, NJW 2014, 2335, Rn 74). Welche Fähigkeiten vom Verbraucher zu erwarten sind, bedarf indessen der weiteren Konkretisierung (vertiefend *Pfeiffer*, NJW 2011, 1). Rechtsvergleichend betrachtet zeigen sich deutliche Unterschiede bei der Frage, inwieweit juristische Fachbegriffe zulässig sind (dazu *Niglia*, The Transformation of Contract in Europe, 2003, S. 192 ff.). Gerade deswegen muss dem EuGH die Gelegenheit gegeben werden, das bei der Transparenzkontrolle zugrunde zu legende Leitbild weiter zu konkretisieren. Die Musterwiderrufsbelehrung (abgedr. in Rdn 71) trägt dem Transparenzgebot demgegenüber Rechnung und erläutert an konkreten Beispielen, was unter der Textform zu verstehen ist (vgl. Rdn 73).

In **formaler** Hinsicht muss die Widerrufsbelehrung dem VN gesondert präsentiert oder drucktechnisch so stark hervorgehoben werden, dass sie dem VN beim Durchblättern der sonstigen Vertragsunterlagen nicht entgehen kann (BGH, VersR 2004, 497 [unter 3.d. zu § 5a VVG 1994]). Eine gesonderte Belehrung i.S.e. eigenständigen Formulars ist daher nicht notwendig, soweit sichergestellt ist, dass die Widerrufsbelehrung ins Auge springt. Unzureichend ist eine Widerrufsbelehrung insbesondere dann, wenn sie nur mit großer Mühe lesbar ist, weil die Schrift extrem klein ist und jegliche Untergliederung des Textes fehlt (BGH, NJW 2011, 1061, Rn 19 [zu § 312d BGB a.F.]; VersR 2014, 824, Rn 17). Etwas anderes gilt, wenn die Belehrung abweichend vom übrigen Text im Fettdruck erfolgt und der VN gesondert auf sein Widerrufsrecht hingewiesen wird. In diesem Fall sind eine kleine Schriftgröße und eine fehlende Untergliederung unschädlich, da ein durchschnittlicher VN, der fettgedruckt auf sein Widerrufsrecht aufmerksam gemacht wird, den gesamten Abschnitt lesen wird (BGH, VersR 2014, 824, Rn 17). Folgt der fettgedruckten Belehrung ein weiterer, ebenfalls fettgedruckter Absatz mit sonstigen Hinweisen, so ist die Belehrung allerdings unzureichend (BGH, VersR 2013, 1513, Rn 15). 42

c) **Belehrung über das Bestehen des Widerrufsrechts und den Beginn der Widerrufsfrist**

Der VR muss den VN zunächst über das **Bestehen des Widerrufsrechts** informieren, also darüber, dass der VN seine Vertragserklärung innerhalb von 14 Tagen widerrufen kann. Eine Widerrufsbelehrung, die lediglich über die Pflichten des VN, nicht jedoch über dessen wesentliche Rechte informiert, entspricht nicht den Anforderungen des Gesetzes (BGHZ 172, 58 = NJW 2007, 1946 [zu §§ 312 Abs. 2, 355 Abs. 2 BGB]). § 8 Abs. 2 S. 1 Nr. 2 VVG fordert darüber hinaus eine **Belehrung über den Beginn der Widerrufsfrist**. Ein **konkretes Datum** muss (und kann auch häufig) nicht genannt werden, aber der VR muss zutreffend und widerspruchsfrei das **Ereignis** benennen, das den Fristbeginn auslöst (etwa „Fristbeginn nach Aushändigung dieser Unterlagen" oder „nach Zugang des Versicherungsscheins, der Vertragsbestimmungen, der sonstigen Informationen und der Widerrufsbelehrung"; vgl. BGH, VersR 2015, 829, Rn 18). Der VN muss nicht ausdrücklich auf die Fristberechnung gem. § 187 Abs. 1 BGB hingewiesen werden (BGH, VersR 2015, 829, Rn 18). **Unzureichend** ist dagegen der Hinweis, dass der VN die Erklärung „innerhalb von 43 zwei Wochen" widerrufen könne (vgl. BGH, NJW 1996, 1964 [zum AbzG]) oder die Bezeichnung des Fristbeginns mit den Worten „ab heute", da diese Formulierung beim VN den unzutreffenden (vgl. § 187 Abs. 1 BGB) Eindruck nahelegt, bei der Fristberechnung werde dieser Tag mitgezählt (BGHZ 126, 56 = NJW 1994, 1800 [unter 3. zum AbzG]).

44 Geht der Antrag zum Abschluss eines VV nicht vom VN (**Antragsmodell;** vgl. § 7 Rdn 16), sondern vom VR aus (so z.B. beim **Invitatio-Modell**; vgl. § 7 Rdn 20), darf der VN nicht nur abstrakt darüber informiert werden, dass die Widerrufsfrist mit Zugang seiner Annahmeerklärung beim VR beginnt, denn der genaue Zeitpunkt des Zugangs und damit Fristbeginns ist dem VN unklar (vgl. BGH, NJW-RR 2009, 1275, 1276 [zum HaustürWG]; **a.A.** Looschelders/Pohlmann/*Looschelders/Heinig*, § 8 Rn 67). Dem VN sollte daher ein „**Sicherheitszuschlag**" gegeben werden, z.B. mit den Worten: „Nach Absendung Ihrer Annahmeerklärung können Sie Ihre Erklärung innerhalb von 20 Tagen widerrufen" (vgl. auch *Gaul*, VersR 2007, 21, 25 f.; *Schimikowski*, VW 2007, 715, 716 mit anderen Formulierungsvorschlägen; Prölss/Martin/*Armbrüster*, § 8 Rn 23, fordert dagegen eine mit einer Zugangsbestätigung verbundene Belehrung). Nach **a.A.** beginnt die Widerrufsfrist beim Invitatio-Modell dagegen bereits mit Abgabe der Vertragserklärung des VN (vgl. Rdn 31). Folgt man dieser Ansicht, so reicht es aus, dass der VR auf diesen Umstand hinweist (*Knops*, in: Bruck/Möller, § 8 Rn 34). Die **Musterwiderrufsbelehrung** enthält dagegen überhaupt keine Angaben und ist deshalb unzureichend (Looschelders/Pohlmann/*Looschelders/Heinig*, § 8 Rn 66). Verwendet der VR seit dem 11.6.2010 das Widerrufsbelehrungsmuster, so genügt zwar seine Belehrung gem. § 8 Abs. 5 S. 1 VVG den gesetzlichen (deutschen) Anforderungen. Die Musterwiderrufsbelehrung verstößt jedoch gegen Richtlinienrecht und darf daher im Anwendungsbereich der Richtlinien nicht angewendet werden (vgl. Rdn 64 f.).

d) Belehrung über die Ausübung des Widerrufsrechts

45 Der VR muss den VN auch darüber informieren, wie der VN seine auf den Vertragsschluss gerichtete Willenserklärung widerrufen kann. Aus der Belehrung muss insb. hervorgehen, dass der Widerruf **ohne Angabe von Gründen** möglich ist und dass die **rechtzeitige Absendung** des Widerrufs zur Fristwahrung genügt (vgl. BGH, VersR 2004, 497 [unter 3. zu § 5a VVG 1994]). Der VR muss zudem darüber informieren, dass der Widerruf in **Textform** erfolgen muss; dabei ist anhand konkreter Beispiele (z.B. Brief, Fax, E-Mail) zu erläutern, was unter dem Begriff „Textform" zu verstehen ist (vgl. Rdn 41).

e) Belehrung über die Rechtsfolgen des Widerrufs

46 Die Belehrung über die Rechtsfolgen des Widerrufs muss **nicht in einer wörtlichen Wiedergabe** des § 9 VVG (bei Lebensversicherungen: §§ 152, 169 VVG) bestehen, **unzureichend ist aber** der bloße Gesetzesverweis. Erforderlich sind vielmehr Angaben über die ggf. zurückzuzahlenden Versicherungsleistungen, über den (rückwirkenden) Wegfall von Leistungsansprüchen sowie über etwaige Ansprüche auf Prämienrückgewähr oder -nachzahlung (Prölss/Martin/*Armbrüster*, § 9 Rn 20; einschränkend OLG Brandenburg,

VersR 2016, 377, 380: Keine Belehrungspflicht hinsichtlich der zurückzuerstattenden Beträge, wenn der VV vor dem 11.6.2010, also vor Einführung des Widerrufsbelehrungsmusters abgeschlossen wurde). Dem VN muss ferner deutlich gemacht werden, dass sich sein Widerruf nach § 9 Abs. 2 VVG auch auf mit dem VV zusammenhängende Verträge auswirkt. Das Widerrufsbelehrungsmuster (abgedr. in Rdn 71) trägt diesen Vorgaben Rechnung, indem die Rechtsfolgen des Widerrufs konkret erläutert werden (vgl. Rdn 77 ff.).

f) Name und Anschrift des Widerrufsadressaten

Die Belehrung muss Namen und Anschrift des Widerrufsadressaten enthalten. Durch das Gesetz zur Umsetzung der Verbraucherkreditrichtlinie vom 29.7.2009 (BGBl I, S. 2355) wurde klargestellt, dass eine **ladungsfähige** Anschrift angegeben werden muss. Die bloße Angabe einer Postfachanschrift ist daher nicht ausreichend (vgl. auch OLG Koblenz, NJW 2006, 919 [zu § 14 Abs. 4 BGB-InfoV]).

g) Zeitpunkt der Widerrufsbelehrung

Ungeklärt ist, zu welchem **Zeitpunkt** die Widerrufsbelehrung erteilt werden muss. Nach BGH, NJW 2002, 3396, 3398 (zu § 355 Abs. 2 BGB a.F.) darf die Widerrufsbelehrung nicht vor Abgabe der Willenserklärung des Widerrufsberechtigten, sondern erst danach oder zumindest zeitgleich erteilt werden, da bei einer vorzeitigen Belehrung das mit zunehmendem zeitlichen Abstand immer größer werdende Risiko verbunden ist, dass der Widerrufsberechtigte sie zum Zeitpunkt der Abgabe seiner Vertragserklärung wieder vergessen hat. Diese Ausführungen sind jedoch auf das Versicherungsrecht nicht übertragbar, denn § 7 VVG i.V.m. § 1 Abs. 1 Nr. 13 VVG-InfoV und die zugrunde liegenden Richtlinien **verlangen eine Widerrufsbelehrung rechtzeitig vor Abgabe** der Willenserklärung des VN. Demzufolge ist nicht zu beanstanden, wenn der VN (insb. beim Invitatio-Modell) bereits vor Abgabe seiner Vertragserklärung sämtliche Unterlagen nebst Widerrufsbelehrung erhält (wie hier *Knops*, in: Bruck/Möller, § 8 Rn 39; **a.A.** OLG Brandenburg, VersR 2016, 377, 380; LG Offenburg, VersR 2016, 377; Prölss/Martin/*Armbrüster*, § 8 Rn 25; Looschelders/Pohlmann/*Looschelders/Heinig*, § 8 Rn 54 ff.).

6. Beweislast für den Zugang der Unterlagen

Die Beweislast für den Zugang der erforderlichen Unterlagen trägt nach **§ 8 Abs. 2 S. 2 VVG** der **VR**. Der Zugangsbeweis kann dadurch erbracht werden, dass sich der VR den Zugang sämtlicher Unterlagen vom VN unterschreiben lässt (vgl. Begr. BT-Drucks 16/3945, S. 62; skeptisch *Brand*, VersR 2015, 10, 13). Weiter heißt es in der Regierungsbegründung: „*Eine* **Vermutung** *für den Zugang des Versicherungsscheins, der AVB sowie der anderen notwendigen Informationsunterlagen kann in Betracht kommen, wenn der Versicherungsnehmer bereits mehrfach die Prämie bezahlt hat und erst danach den Widerruf mit der Behauptung erklärt, die Unterlagen seien ihm nicht zugegangen.*" Dies erscheint zu weitgehend. Die bloße Prämienzahlung kann für sich genommen noch nicht die Vermutung für den Zugang der Vertragsunterlagen begründen (wie hier *Armbrüster*, r+s 2008,

493, 498). Vorzugswürdig erscheint die Auffassung des OLG Karlsruhe, VersR 2006, 1524 [unter II.2.b. zu § 5a VVG 1994]: Der VR hat den Nachweis geführt, wenn sich der Zugang aus „*der* **Gesamtschau der Indizien**, *d.h. dem Zugang des Versicherungsscheins, der Ablauforganisation der Beklagten bei Versendung der Unterlagen, der auf den konkreten Versicherungsvertrag bezogenen Angaben der Urkundenversandliste, dem Fehlen von Beanstandungen bei den übrigen Versendungen am selben Tage und den vagen und unplausiblen Angaben des Klägers in der mündlichen Verhandlung*" ergibt. Bleibt der Sachvortrag des VN trotz Hinweis des zuständigen Gerichts (§ 139 ZPO) **widersprüchlich**, kann die Behauptung des VR, er übermittle zusammen mit dem Versicherungsschein regelmäßig die AVB, Verbraucherinformationen und die Widerrufsbelehrung, ggf. zum Nachweis des Zugangs ausreichen (vgl. AG Bonn, VersR 1999, 1096 [zu § 5a VVG 1994] m. Anm. *Eberhardt*). Widersprüchlich ist der Vortrag des VN insbesondere dann, wenn er den Zugang der Vertragsunterlagen bestreitet, obwohl er die Versicherungsscheinnummer kennt (OLG Hamm, VersR 2012, 745 [zu § 5a VVG a.F.]; zum Nachweis des Zugangs elektronischer Erklärungen vgl. *Mankowski*, NJW 2004, 1901; *Wietzorek*, MMR 2007, 156).

7. Rechtsfolgen bei unterlassener Übermittlung der Unterlagen

50 Die Widerrufsfrist beginnt nicht zu laufen, wenn einzelne oder sämtliche Unterlagen fehlen. Gleiches gilt bei irreführenden, unverständlichen Informationen oder bei nicht ordnungsgemäßer Widerrufsbelehrung. Der EuGH hat in der Rechtssache Hamilton insoweit hervorgehoben, dass die fehlerhafte Widerrufsbelehrung der vollständig unterbliebenen Belehrung gleichzusetzen ist, da beide den Widerrufsberechtigten im Hinblick auf sein Widerrufsrecht irreführen (EuGH, NJW 2008, 1865, 1867 Rn 35). Das Widerrufsrecht ist in all diesen Fällen **zeitlich unbefristet**. Der VR kann **jedoch** die versäumte Übermittlung der Unterlagen **nachholen** und dadurch die 14-tägige Widerrufsfrist in Gang setzen (wie hier *Knops*, in: Bruck/Möller, § 8 Rn 40). Unabhängig hiervon kann ein Verstoß gegen vorvertragliche Informationspflichten allerdings zur Aufhebung des VV nach c.i.c. führen (str.; i.E. § 7 Rdn 68 ff.).

8. Verwirkung?

51 Ungeklärt ist, ob das nach § 8 Abs. 2 VVG zeitlich unbegrenzte Widerrufsrecht vom VN **verwirkt (§ 242 BGB)** werden kann (zur früheren Rechtslage vgl. BGHZ 201, 101 = VersR 2014, 817, Rn 38 ff. [zu § 5a Abs. 2 S. 4 VVG 1994]; BGHZ 202, 102 = VersR 2014, 1065, Rn 32 ff. [zu § 5a Abs. 1 VVG 1994]; BGH, VersR 2015, 224, Rn 29 [zu § 8 Abs. 4–5 VVG 1994). Nach ständiger Rechtsprechung ist ein Recht verwirkt, wenn der Rechtsinhaber über einen längeren Zeitraum hinweg von seinem Recht keinen Gebrauch macht (Zeitmoment) und dadurch bei der Gegenseite den berechtigten Eindruck erweckt, mit der Beanspruchung des Rechts werde in Zukunft nicht mehr zu rechnen sein (Umstandsmoment); vgl. BGH, NJW 2006, 219 f. **Außerhalb des Versicherungsrechts** gehen einige Instanzgerichte bereits dann von einer Verwirkung aus, wenn der Verbraucher den Widerruf erst nach mehreren Jahren erklärt (OLG Hamm, MDR 1999, 537: ein Jahr; OLG München,

WM 2001, 680: neun Jahre; vgl. i.E. *Schmidt-Kessel*, ZGS 2002, 313; *Domke*, BB 2005, 1582; *Brönneke*, MMR 2004, 127). Der BGH hat demgegenüber für Haustürgeschäfte betont, dass ein längerer Zeitablauf (z.B. von zehn Jahren) für sich genommen nicht genügt, um eine Verwirkung anzunehmen (BGH, NJW-RR 2005, 180, 182; NJW-RR 2007, 257, 259; vgl. auch OLG Frankfurt am Main, NJW-RR 2001, 1279: Keine Verwirkung nach neun Jahren); vielmehr müsse der Unternehmer auch berechtigterweise darauf vertraut haben, dass der Verbraucher sein Widerrufsrecht nicht ausüben werde (BGH, NJW-RR 2007, 257, 259). Für das **neue VVG** wird überwiegend angenommen, dass dem VN eine Berufung auf fehlenden Fristbeginn aufgrund unzulässiger Rechtsausübung jedenfalls verwehrt ist, wenn er von dem Bestehen seines Widerrufsrechts positiv wusste, dennoch sein Recht aber nicht ausübt (MüKo/*Eberhardt*, § 8 VVG Rn 34; Rüffer/Halbach/Schimikowski/*Schimikowski*, § 8 Rn 12; ähnlich, wenngleich zurückhaltender, Looschelders/Pohlmann/*Looschelders/Heinig*, § 8 Rn 62 f.; nach **a.A.** soll ein treuwidriges Verhalten bereits dann vorliegen, wenn der VN über viele Jahre hinweg Prämien gezahlt und gar Versicherungsleistungen entgegengenommen hat, so Römer/Langheid/*Rixecker*, § 8 Rn 18). Nach hier vertretener Ansicht kommt eine Verwirkung des Widerrufsrechts – über die spezialgesetzlich in § 8 Abs. 3 S. 2 VVG geregelten Fälle hinaus (vgl. Rdn 60) – demgegenüber allenfalls in besonderen Ausnahmefällen in Betracht (zutreffend Prölss/Martin/*Armbrüster*, § 8 Rn 62). Mittlerweile wird dies auch vom BGH so gesehen. Nach Ansicht des VIII. Zivilsenats kommt ein Ausschluss des Widerrufsrechts wegen Rechtsmissbrauchs oder unzulässiger Rechtsausübung (§ 242 BGB) bei einem Fernabsatzgeschäft nur ausnahmsweise – unter dem Gesichtspunkt besonderer Schutzbedürftigkeit des Unternehmers – etwa bei arglistigem oder schikanösem Verhalten des Verbrauchers in Betracht (BGH, VersR 2016, 929).

Ob das Widerrufsrecht nach **europäischem Recht** durch die Annahme der Verwirkung begrenzt werden darf, ist offen. Der EuGH hat in einer Vielzahl von Urteilen auf die Figur des Rechtsmissbrauchs zurückgegriffen (vertiefend *Baudenbacher*, ZfRV 2008, 205 ff.), bislang fehlen jedoch Entscheidungen, die sich mit der Verwirkung des Widerrufsrechts auseinander setzen. Generalanwalt Poiares Maduro hatte in seinen Schlussanträgen vom 21.11.2007 die Auffassung vertreten, dass die Haustürgeschäfts-RL die Mitgliedstaaten nicht daran hindert, *„im Rahmen ihres Ermessensspielraums eine Frist festzusetzen, innerhalb deren das Widerrufsrecht wirksam ausgeübt werden kann und die zu dem Zeitpunkt beginnt, zu dem nachgewiesen ist, dass der Verbraucher Kenntnis von seinem Recht erlangt hat oder hätte erlangen können."* (Rs. C-412/06 – Hamilton Rn 34; krit. hierzu *Kulke*, VuR 2008, 22). Der EuGH ist demgegenüber in seinem Urteil auf eine mögliche Verwirkung nicht eingegangen, da er das Widerrufsrecht bereits aus anderen Gründen als erloschen ansah (EuGH, NJW 2008, 1865; hierzu *Ebers*, VuR 2008, 270).

52

Gegen die Anwendung des Rechtsinstituts der Verwirkung spricht bereits der Umstand, dass der VR die Widerrufsbelehrung nachholen und dadurch klare Verhältnisse schaffen kann (*Knops*, in: Bruck/Möller, § 8 Rn 50). Auch der EuGH hat in der Rechtssache Heininger betont, dass der Belehrungspflichtige seinem eigenen Bedürfnis nach Rechtssicherheit ohne Schwierigkeit dadurch Rechnung tragen kann, dass er seiner Rechtspflicht zur Beleh-

53

rung nachkommt (EuGH, NJW 2002, 281, 282 f.). Darüber hinaus ist zu bedenken, dass die Pflicht zur Widerrufsbelehrung nicht nur eine Obliegenheit, sondern eine echte Rechtspflicht ist (BGHZ 169, 109 = NJW 2007, 357 [unter Rn 40 ff. zum HaustürWG]). Wenn aber der VN über die zu seinen Gunsten bestehende Rechtslage zwingend aufzuklären ist, wäre es als treuwidrig anzusehen, wenn sich der VR auf das Rechtsinstitut der Verwirkung berufen könnte, obwohl er selbst durch seine unterlassene Widerrufsbelehrung die Kenntnis des VN und damit die Ausübung des Widerrufsrechts verhindert hat. Die Annahme einer Verwirkung steht schließlich im Wertungswiderspruch zu der gesetzlichen Vorgabe, dass der VN nicht auf sein Widerrufsrecht verzichten kann (vgl. Rdn 70). Da der VN sein Widerrufsrecht nicht einmal durch Abgabe einer ausdrücklichen Willenserklärung abbedingen kann, darf er dieses Recht auch nicht durch eine tatsächliche Handlung verlieren (vgl. *Schürnbrand*, JZ 2009, 133, 137 f.).

III. Ausschluss des Widerrufsrechts (§ 8 Abs. 3 VVG)

54 Die Vorschrift regelt **Ausnahmen**, in denen das Widerrufsrecht dem VN nicht oder nicht mehr zusteht. Die Ausnahmen beruhen vorwiegend auf der Fernabsatz-RL II (Begr. BT-Drucks 16/3945, S. 62). Da § 8 Abs. 3 VVG auch für Lebensversicherungsverträge gilt, müssen zusätzlich die Vorgaben der Solvabilitäts-II-RL 2009/138 (zuvor: Lebensversicherungs-RL 2002/83/EG) beachtet werden.

1. Laufzeit unter einem Monat (§ 8 Abs. 3 S. 1 Nr. 1 VVG)

55 Nach § 8 Abs. 3 S. 1 Nr. 1 VVG (§ 48c Abs. 4 VVG a.F.) besteht kein Widerrufsrecht bei Versicherungen mit einer Laufzeit von weniger als einem Monat. Unter die Regelung fallen v.a. kurzfristige Reiseversicherungen, aber auch VV über eine vorläufige Deckung (§§ 49 ff. VVG), soweit der Versicherungsschutz nur für einen Zeitraum von weniger als einem Monat gewährt wird (Begr. BT-Drucks 15/2946, S. 30 zu § 48c Abs. 4 VVG 2004). Bei der Anwendung der Vorschrift ist zu beachten, dass das Widerrufsrecht nicht zum Nachteil des VN abbedungen oder umgangen werden darf (§ 18 VVG). Eine **unzulässige Umgehung** liegt insb. dann vor, wenn ein VV mit einer Laufzeit von weniger als einem Monat durch eine Verlängerungsklausel automatisch verlängert wird, ohne dass hierfür ein sachlicher Grund erkennbar ist. Das Widerrufsrecht ist daher in solchen Fällen nicht ausgeschlossen (vgl. Begr. BT-Drucks 15/2946, S. 30 zu § 48c Abs. 4 VVG 2004).

56 § 8 Abs. 3 S. 1 Nr. 1 VVG dient der Umsetzung von **Art. 6 Abs. 2 Buchst. b) Fernabsatz-RL II**. Die Bereichsausnahme greift nach der Richtlinie allerdings nur „bei Reise- und Gepäckversicherungen oder bei ähnlichen kurzfristigen Versicherungspolicen mit einer Laufzeit von weniger als einem Monat". Soweit hieraus geschlossen wird, dass der VV nicht nur kürzer als einem Monat, sondern auch den genannten Reiseversicherungen ähnlich sein muss (so *Schneider*, VersR 2004, 696, 704; *Rott*, BB 2005, 53, 62; *Knops*, in: Bruck/Möller, § 8 Rn 52), kann dem nicht gefolgt werden. Die Richtlinie erwähnt Reise- und Gepäckversicherungen **nur beispielhaft**, da gerade diese Versicherungen i.d.R. für einen Zeitraum von weniger als einem Monat abgeschlossen werden. Die zitierte Formulierung

bezieht sich insoweit auf die Vertragsdauer, **nicht jedoch auf den Vertragstyp** (vgl. auch die Gesetzesbegründung zu § 48c Abs. 4 VVG 2004, BT-Drucks 15/2946, S. 30). § 8 Abs. 3 S. 1 Nr. 1 VVG ist auch mit Art. 186 Abs. 2a Solvabilitäts-II-RL 2009/138/EG (zuvor: Art. 35 Abs. 2 Lebensversicherungs-RL 2002/83/EG) vereinbar, denn nach dieser Vorschrift kann das Widerrufsrecht nach nationalem Recht bei Verträgen mit einer Laufzeit von höchstens sechs Monaten entfallen.

2. Vorläufige Deckung (§ 8 Abs. 3 S. 1 Nr. 2 VVG)

Gem. § 8 Abs. 3 S. 1 Nr. 2 VVG (früher §§ 5a Abs. 3 S. 3, 8 Abs. 4 S. 5 VVG 1994) ist das Widerrufsrecht auch bei vorläufiger Deckung (vgl. §§ 49 ff. VVG) ausgeschlossen, denn ein Widerrufsrecht widerspräche dem Sinn und Zweck des vorläufigen Deckungsschutzes (Begr. BT-Drucks 16/3945, S. 62). Der VN kann daher **allein den Hauptvertrag** widerrufen. § 52 Abs. 3 VVG stellt klar, dass ein Widerruf des Hauptvertrags automatisch das Ende der vorläufigen Deckung nach sich zieht, ohne dass es einer zusätzlichen Erklärung des VN bedarf. **Fernabsatzverträge** (§ 312c BGB) über vorläufige Deckungszusagen können dagegen im Einklang mit der Fernabsatz-RL II widerrufen werden, es sei denn, der Widerruf ist nach § 8 Abs. 3 S. 1 Nr. 1 VVG (Laufzeit unter einem Monat) ausgeschlossen (krit. *Maier*, r+s 2006, 485, 489).

57

3. Pensionskassen (§ 8 Abs. 3 S. 1 Nr. 3 VVG)

§ 8 Abs. 3 S. 1 Nr. 3 VVG (früher §§ 5a Abs. 1 S. 2, 8 Abs. 5 S. 5 VVG 1994) schließt das Widerrufsrecht für VV aus, die mit einer Pensionskasse abgeschlossen werden und auf arbeitsvertraglichen Regelungen beruhen, denn insoweit besteht wegen der arbeitsvertraglichen Vorgaben kein Recht auf freie Wahl des VR (vgl. die Begründung des Finanzausschusses zu § 8 Abs. 5 S. 5 VVG 1994, BT-Drucks 12/7595, S. 111). Aufgrund der Vorgaben der Fernabsatz-RL II gilt der Ausschluss jedoch wiederum nicht für die im Fernabsatz (§ 312c BGB) geschlossenen VV. § 211 Abs. 2 Nr. 1 enthält aus Klarstellungsgründen eine § 8 Abs. 3 S. 1 Nr. 3 VVG entsprechende Regelung für regulierte Pensionskassen.

58

4. VV über ein Großrisiko (§ 8 Abs. 3 S. 1 Nr. 4 VVG)

Nach § 8 Abs. 3 S. 1 Nr. 4 VVG besteht in Übereinstimmung mit den unionsrechtlichen Regelungen kein Widerrufsrecht für VV über ein Großrisiko i.S.d. § 210 Abs. 2 VVG.

59

5. Vollständige Erfüllung vor Ausübung des Widerrufsrechts (§ 8 Abs. 3 S. 2 VVG)

Nach § 8 Abs. 3 S. 2 VVG (§ 48c Abs. 3 VVG a.F.) erlischt das Widerrufsrecht, wenn der Vertrag von beiden Vertragsparteien auf ausdrücklichen Wunsch des VN vollständig erfüllt wird, bevor der VN sein Widerrufsrecht ausgeübt hat. Die Vorschrift ist Ausdruck des Verbots **venire contra factum proprium**. Fordert der VN vor Ablauf der Widerrufsfrist die Erfüllung des VV und entspricht der VR diesem Wunsch, so wäre die Ausübung des

60

Widerrufsrechts rechtsmissbräuchlich. Die Vorschrift entspricht **Art. 6 Abs. 2 Buchst. c) Fernabsatz-RL II**. Die **Lebensversicherungs-RL** (jetzt: Solvabilitäts-II-RL) enthält zwar keinen entsprechenden Ausschlussgrund; jedoch handelt es sich bei dem Verbot widersprüchlichen Verhaltens um einen im Gemeinschaftsrecht anerkannten Grundsatz (vgl. *Pfeiffer/Ebers*, in: Research Group on the Existing EC Private Law [eds.], Principles of the Existing EC Contract Law [Acquis Principles], Part 1, 2007, Art. 2:101 Rn 7), der in gleicher Weise auch bei Lebensversicherungsverträgen Geltung beanspruchen kann. **Vollständige Erfüllung** liegt erst vor, wenn beide Vertragsparteien sämtliche Vertragspflichten erfüllt haben. Die vollständige Erfüllung setzt mindestens voraus, dass der VN die Prämie vollständig gezahlt hat und durch den VR kein Versicherungsschutz mehr zu gewähren ist (BVerfG, r+s 2014, 6). Das Widerrufsrecht ist daher noch nicht ausgeschlossen, solange der VV läuft und deshalb Versicherungsschutz für zukünftige Versicherungsfälle gewährt wird. Ist der Versicherungsfall eingetreten, muss dem VN zudem die geschuldete Leistung vollständig erbracht worden sein (LG Offenburg, VersR 2012, 1417, 1418; dazu *Reusch*, VersR 2013, 1364 ff.). Ungeklärt ist, ob § 8 Abs. 3 S. 2 VVG **trotz Nichterfüllung von Nebenpflichten** (insb. der Informationspflichten nach § 7 VVG) eingreifen kann, sofern der VR die Hauptleistungspflichten vollständig erbracht hat. Nach vorzugswürdiger Ansicht (MüKo/*Wendehorst*, 6. Aufl., 2012, § 312d BGB Rn 50, 54 f.) verlangt die Regelung zumindest die Kenntnis des VN, dass die sofortige Abwicklung des VV zum Ausschluss des Widerrufsrechts führt. Der VR kann sich daher nur dann auf § 8 Abs. 3 S. 2 VVG berufen, wenn er **den VN auf diese Rechtsfolge rechtzeitig aufmerksam** gemacht hat (a.A. *Armbrüster*, r+s 2008, 493, 500). Auch das seit dem 11.6.2010 geltende Widerrufsbelehrungsmuster sieht einen solchen Hinweis vor (Rdn 80). Die beiderseitige Vertragserfüllung vor Ablauf der Widerrufsfrist führt zudem nur dann zum Verlust des Widerrufsrechts, wenn sie auf einen **ausdrücklichen Wunsch des VN**, also auf dessen Initiative zurückgeht. Die bloße Zustimmung des VN ist dagegen nicht ausreichend (arg. e contrario ex § 356 Abs. 4 S. 1 BGB).

IV. Widerrufsfrist im E-Commerce (§ 8 Abs. 4 VVG)

61 § 8 Abs. 4 VVG (§ 48b Abs. 6 S. 2 VVG a.F.) enthält eine **Sonderregel für den elektronischen Geschäftsverkehr**. Hiernach beginnt die Frist zur Ausübung des Widerrufsrechts abweichend von § 8 Abs. 2 S. 1 VVG erst dann, wenn der VR zusätzlich die Pflichten aus § 312i Abs. 1 S. 1 BGB erfüllt hat. Die dort normierten Pflichten gelten für sämtliche Verträge im elektronischen Geschäftsverkehr; sie können jedoch nach Maßgabe des § 312i Abs. 2 S. 2 BGB ggü. einem VN, der kein Verbraucher (§ 13 BGB) ist, teilweise abbedungen werden.

62 Die Regelung dient der Umsetzung der **E-Commerce-RL 2000/31/EG**. Zwar sieht die Richtlinie kein eigenständiges Widerrufsrecht vor; der deutsche Gesetzgeber wäre daher nicht verpflichtet gewesen, die Widerrufsfrist hinauszuschieben (aus diesem Grunde krit. *Schneider*, K&R 2001, 344, 348). § 8 Abs. 4 VVG trägt jedoch der Forderung Rechnung, einen Verstoß gegen die im elektronischen Geschäftsverkehr bestehenden Pflichten „**wirksam, verhältnismäßig und abschreckend**" zu sanktionieren (Art. 20 S. 2 E-Commerce-

RL). Welche weiteren Sanktionen die Verletzung von Pflichten im E-Commerce nach sich zieht, lässt § 312i BGB indessen offen (vgl. BT-Drucks 14/6040, S. 173 ff.). In Betracht kommt insb. eine Haftung aus culpa in contrahendo gem. §§ 280 Abs. 1, 241 Abs. 2, 311 Abs. 2 BGB (VersR-Hdb/*Dörner*, § 9 Rn 30 ff., 64).

V. Muster für die Widerrufsbelehrung (§ 8 Abs. 5 VVG)

§ 8 Abs. 5 VVG verweist auf die in der **Anlage zum VVG geregelte Musterwiderrufsbelehrung** (abgedr. unter Rdn 71), die durch das Gesetz zur Umsetzung der Verbraucherkreditrichtlinie vom 29.7.2009 (BGBl I, S. 2355) erstmals eingeführt wurde und **seit dem 11.6.2010 in Kraft** ist. Ursprünglich sollte das Muster zur Widerrufsbelehrung nach dem Vorbild des § 14 BGB-InfoV a.F. in einer Verordnung geregelt werden (vgl. 1. Aufl., § 8 Rn 48 f.). Die Erfahrungen mit der BGB-InfoV haben indessen gezeigt, dass die in der Verordnung enthaltenen Muster nicht ausreichen, um den beteiligten Wirtschaftskreisen die erforderliche Rechtssicherheit zu geben (vgl. BT-Drucks 16/11643, S. 66). Wegen des Verordnungscharakters hatten die Gerichte die Möglichkeit, die Muster als den Vorgaben des BGB und damit als der Verordnungsermächtigung widersprechend anzusehen. Der Gesetzgeber hat daher den Regelungsgehalt der BGB-InfoV mit Gesetz vom 29.7.2009 größtenteils in das EGBGB überführt und das VVG um die Anlage „Muster für die Widerrufsbelehrung" ergänzt. Die Musterwiderrufsbelehrung erlangt damit den **Rang eines formellen Gesetzes**. Damit soll es nach der Regierungsbegründung den Gerichten verwehrt sein, die Muster als unwirksam zu verwerfen (BT-Drucks 16/11643, S. 74). 63

In jedem Fall sind die Vorgaben der **Fernabsatz-RL II** und der **Solvabilitäts-II-RL** zu beachten, soweit der Anwendungsbereich dieser Richtlinien eröffnet ist. Kommt ein Gericht zu dem Schluss, dass die Musterwiderrufsbelehrung nicht den europäischen Vorgaben entspricht, ist nach der neueren BGH-Rechtsprechung (hierzu Einf. vor § 1 Rdn 19) eine teleologische Reduktion vorzunehmen, so dass nicht § 8 Abs. 5 S. 1 VVG i.V.m. der Musterwiderrufsbelehrung, sondern allein § 8 Abs. 2 S. 1 Nr. 2 VVG in richtlinienkonformer Weise anzuwenden ist. Folgt man dem, so kann sich der VR in diesen Fällen nicht auf die gesetzliche Fiktion des § 8 Abs. 5 S. 1 VVG berufen. Hat ein Gericht Zweifel daran, ob die Musterwiderrufsbelehrung den europäischen Vorgaben entspricht, kommt eine Vorlage an den EuGH gem. Art. 267 Abs. 2 AEUV in Betracht; letztinstanzlich entscheidende Gerichte sind gem. Art. 267 Abs. 3 AEUV zu einer Vorlage verpflichtet (Vorbem. 14). **Zweifel an der Richtlinienkonformität der Musterwiderrufsbelehrung** bestehen insbesondere mit Blick auf die Angaben zum Beginn der Widerrufsfrist beim Invitatio-Modell (vgl. Rdn 75). 64

§ 8 Abs. 5 S. 1 VVG enthält eine **gesetzliche Fiktion**: Verwendet der VR das in der Anlage zum VVG vorgebebene Widerrufsbelehrungsmuster in Textform, so genügt seine Belehrung den in § 8 Abs. 2 S. 1 Nr. 2 VVG genannten Anforderungen. **§ 8 Abs. 5 S. 2 VVG** gestattet dem VR, in Format und Schriftgröße von dem Muster abzuweichen und Zusätze wie die Firma oder ein Kennzeichen des VR anzubringen. In diesem Fall ist jedoch das Transparenzgebot zu beachten: Die eingeschränkt zulässige Individualisierung steht 65 unter dem Vorbehalt, dass die Belehrung gem. § 8 Abs. 2 S. 1 Nr. 2 VVG „deutlich gestaltet" ist (hierzu Rdn 41). § 8 Abs. 5 S. 2 VVG hat **abschließenden Charakter**. Andere als die ausdrücklich genannten Abweichungen oder Zusätze dürfen nicht erfolgen (BT-Drucks 16/11643, S. 146). Entspricht die Widerrufsbelehrung nicht dem Widerrufsbelehrungsmuster, kann sich der VR nicht auf die gesetzliche Fiktion des § 8 Abs. 5 S. 1 VVG berufen. In diesem Fall muss im Einzelnen geprüft werden, ob die Belehrung den gesetzlichen Anforderungen entspricht (hierzu Rdn 40–47).

C. Rechtsfolgen

I. Rechtslage während der Widerrufsfrist

66 Bis zur Ausübung des Widerrufsrechts ist der VV **schwebend wirksam**, sodass während der noch laufenden Widerrufsfrist ein wirksamer VV besteht (vgl. BT-Drucks 15/2946, S. 31 zu § 48c Abs. 5 VVG 2004; *Dörner/Staudinger*, WM 2006, 1710, 1713). Daher bestehen auf beiden Seiten **Erfüllungsansprüche**: Der **VN** ist berechtigt, bei **Eintritt des Versicherungsfalls während der Widerrufsfrist** vom VR die vereinbarte Leistung zu fordern. Nimmt der VN die Versicherungsleistung in Anspruch, so **kann** dies allerdings zum **Ausschluss des Widerrufsrechts** nach § 8 Abs. 3 S. 2 VVG führen (s. Rdn 60) bzw. (bei erfolgtem Widerruf) den Anspruch auf Prämienrückzahlung gem. § 9 Abs. 1 S. 2 letzter Hs. VVG mindern (s. dort Rdn 4). Der **VR** kann vom VN während der Widerrufsfrist die vereinbarten Prämien fordern. Nach § 33 Abs. 1 VVG wird die Fälligkeit der Prämie jedoch auf den Zeitpunkt hinausgeschoben, zu dem im Normalfall die Widerrufsfrist abläuft: Der VN hat hiernach eine einmalige Prämie oder, wenn laufende Prämien vereinbart sind, die erste Prämie erst nach Ablauf von 14 Tagen (in der Lebensversicherung, vgl. § 152 Abs. 3 VVG: 30 Tage) nach Zugang des Versicherungsscheins zu zahlen (§ 33 Rdn 4). Nach diesem Zeitpunkt ist der VN nicht mehr berechtigt, die Prämienzahlungen zu verweigern (Looschelders/Pohlmann/*Looschelders/Heinig*, § 8 Rn 39; **a.A.** *Knops*, in: Bruck/Möller, § 8 Rn 4; zur Frage, inwieweit eine **Vorverlagerung der Prämienfälligkeit durch AVB** zulässig ist vgl. *Wandt/Ganster*, VersR 2007, 1034).

II. Rechtsfolgen des erklärten Widerrufs

67 Die Rechtsfolgen des form- und fristgerecht erklärten Widerrufs bestimmen sich nach § 9 VVG sowie ergänzend nach den §§ 355, 357a BGB (vgl. § 9 Rdn 10 ff.; für die Lebensversicherung gelten die §§ 152 Abs. 2, 169 VVG).

III. Rechtsfolgen bei unterlassener oder nicht ordnungsgemäßer Widerrufsbelehrung

68 Die Pflicht zur Widerrufsbelehrung ist nicht nur eine Obliegenheit, deren Nichterfüllung zum **Hinausschieben der Widerrufsfrist** führt, sondern aufgrund der Entscheidungen des EuGH in Sachen „Schulte" und „Crailsheimer Volksbank" (vgl. EuGH, NJW 2005, 3551

und 3555) eine **echte Rechtspflicht** (BGHZ 169, 109 = NJW 2007, 357 [unter Rn 40 ff.]; OLG Bremen, NJW 2006, 1210, 1212 ff.; OLG München, NJW 2006, 1811, 1814 ff.; *Habersack*, JZ 2006, 91, 93; *Hoffmann*, ZIP 2005, 1985, 1991; *Staudinger*, NJW 2005, 3521, 3524; *Jungmann*, NJW 2007, 1562). Der Verstoß gegen Widerrufsbelehrungspflichten kann daher zu **Schadensersatzansprüchen** nach §§ 280 Abs. 1, 241 Abs. 2, 311 Abs. 2 BGB führen. Zu ersetzen sind auf dieser Grundlage sämtliche Schäden, die bei ordnungsgemäßer Widerrufsbelehrung nicht entstanden wären.

Bei einem systematischen Verstoß gegen Widerrufsbelehrungspflichten kommen auch **kollektive Rechtsbehelfsmöglichkeiten** in Betracht. Ein Verstoß gegen Widerrufsbelehrungspflichten kann insb. durch das Lauterkeitsrecht gem. **§§ 3, 8 bis 10 UWG** geahndet werden (vgl. BGH, NJW 1993, 1013; BGHZ 109, 127 = NJW 1990, 181). Darüber hinaus kommen **Unterlassungsansprüche** nach **§ 2 UKlaG** in Betracht. Auch **aufsichtsrechtliche Maßnahmen** können ergriffen werden (**§ 298 VAG** = § 81 VAG a.F.; vgl. auch § 7 Rdn 73 f.).

69

D. Abdingbarkeit

§ 8 VVG enthält aufgrund seiner Schutzfunktion einseitig zwingendes Recht (§ 18 VVG); von der Vorschrift kann also **nicht zum Nachteil des VN** abgewichen werden. Der VN kann auf sein Widerrufsrecht nicht verzichten (*Armbrüster*, r+s 2008, 493, 500). Die Widerrufsfrist darf auch nicht vertraglich verkürzt werden. Dem VN bleibt es freilich unbenommen, das Widerrufsrecht schlicht nicht auszuüben, sondern vielmehr am Vertrag festzuhalten.

70

E. Musterwiderrufsbelehrung

Muster für die Widerrufsbelehrung

71

Widerrufsbelehrung

Widerrufsrecht

Sie können Ihre Vertragserklärung innerhalb von [14][(1)] Tagen ohne Angabe von Gründen in Textform (z.B. Brief, Fax, E-Mail) widerrufen. Die Frist beginnt, nachdem Sie den Versicherungsschein, die Vertragsbestimmungen einschließlich der Allgemeinen Versicherungsbedingungen, die weiteren Informationen nach § 7 Abs. 1 und 2 des Versicherungsvertragsgesetzes in Verbindung mit den §§ 1 bis 4 der VVG-Informationspflichtenverordnung und diese Belehrung jeweils in Textform erhalten haben[(2)]. Zur Wahrung der Widerrufsfrist genügt die rechtzeitige Absendung des Widerrufs. Der Widerruf ist zu richten an:[(3)]

Widerrufsfolgen

Im Falle eines wirksamen Widerrufs endet der Versicherungsschutz, und wir erstatten Ihnen den auf die Zeit nach Zugang des Widerrufs entfallenden Teil der Prämien, wenn Sie zugestimmt haben, dass der Versicherungsschutz vor dem Ende der Widerrufsfrist beginnt. Den Teil der Prämie, der auf die Zeit bis zum Zugang des Widerrufs entfällt, dürfen wir in diesem Fall einbehalten; dabei handelt es sich um [einen Betrag in Höhe von ...][(4),(5)] Die Erstattung zurückzuzahlender Beträge erfolgt unverzüglich, spätestens 30 Tage nach Zugang des Widerrufs. Beginnt der Versicherungsschutz nicht vor dem Ende der Widerrufsfrist, hat der wirksame

Widerruf zur Folge, dass empfangene Leistungen zurückzugewähren und gezogene Nutzungen (z.B. Zinsen) herauszugeben sind.[6]

Besondere Hinweise

Ihr Widerrufsrecht erlischt, wenn der Vertrag auf Ihren ausdrücklichen Wunsch sowohl von Ihnen als auch von uns vollständig erfüllt ist, bevor Sie Ihr Widerrufsrecht ausgeübt haben.
(Ort), (Datum), (Unterschrift des Versicherungsnehmers).[7]

Gestaltungshinweise:
1 Für die Lebensversicherung lautet der Klammerzusatz: „30".
2 Bei Verträgen im elektronischen Geschäftsverkehr (§ 312i Abs. 1 Satz 1 des Bürgerlichen Gesetzbuchs) ist vor dem Punkt am Satzende Folgendes einzufügen: „jedoch nicht vor Erfüllung unserer Pflichten gemäß § 312i Abs. 1 Satz 1 des Bürgerlichen Gesetzbuchs in Verbindung mit Artikel 246c des Einführungsgesetzes zum Bürgerlichen Gesetzbuche".
3 Hier sind einzusetzen: Name/Firma und ladungsfähige Anschrift des Widerrufsadressaten. Zusätzlich können angegeben werden: Telefaxnummer, E-Mail-Adresse und/oder, wenn der Versicherungsnehmer eine Bestätigung seiner Widerrufserklärung an den Versicherer erhält, auch eine Internet-Adresse.
4 Der Betrag kann auch in anderen Unterlagen, z.B. im Antrag, ausgewiesen sein; dann lautet der Klammerzusatz je nach Ausgestaltung: „den im Antrag/im ... auf Seite .../ unter Ziffer ... ausgewiesenen Betrag".
5 Bei der Lebensversicherung ist ggf. folgender Satz einzufügen: „Den Rückkaufswert einschließlich der Überschussanteile nach § 169 des Versicherungsvertragsgesetzes zahlen wir Ihnen aus."
6 Wird der Versicherungsvertrag mit einem zusammenhängenden Vertrag abgeschlossen, ist am Ende des Absatzes zu „Widerrufsfolgen" folgender Satz anzufügen:
„Haben Sie Ihr Widerrufsrecht nach § 8 des Versicherungsvertragsgesetzes wirksam ausgeübt, sind Sie auch an einen mit dem Versicherungsvertrag zusammenhängenden Vertrag nicht mehr gebunden. Ein zusammenhängender Vertrag liegt vor, wenn er einen Bezug zu dem widerrufenen Vertrag aufweist und eine Dienstleistung des Versicherers oder eines Dritten auf der Grundlage einer Vereinbarung zwischen dem Dritten und dem Versicherer betrifft. Eine Vertragsstrafe darf weder vereinbart noch verlangt werden."
7 Ort, Datum und Unterschriftsleiste können entfallen. In diesem Falle sind diese Angaben entweder durch die Wörter „Ende der Widerrufsbelehrung" oder durch die Wörter „Ihr(e) [einsetzen: Firma des Versicherers]" zu ersetzen.

72 Das in der Anlage zum VVG geregelte Muster für die Widerrufsbelehrung ist im Zusammenhang mit § 8 Abs. 5 S. 1 VVG zu lesen: Verwendet der VR das Widerrufsbelehrungsmuster, so genügt seine Belehrung den gesetzlichen (deutschen) Anforderungen. Diese gesetzliche Fiktion greift indessen nicht ein, soweit das Muster gegen **europäische Vorgaben** verstößt (i.E. Rdn 64, 75). Das Widerrufsbelehrungsmuster unterscheidet sachlich zwischen Angaben zum Widerrufsrecht, Angaben zu den Widerrufsfolgen sowie weiteren besonderen Hinweisen.

I. Angaben zum Widerrufsrecht

Der VN wird in **Satz 1** zunächst darüber belehrt, dass er seine Vertragserklärung innerhalb von 14 Tagen ohne Angabe von Gründen in Textform (z.B. Brief, Fax, E-Mail) widerrufen kann. Ein solcher Hinweis steht in Einklang mit § 8 Abs. 2 S. 1 Nr. 2 VVG und den zugrundeliegenden Richtlinien. Gestaltungshinweis 1 berücksichtigt, dass die Widerrufsfrist bei Lebensversicherungsverträgen 30 Tage beträgt (§ 152 Abs. 1 VVG).

73

Satz 2 enthält Informationen zum **Fristbeginn**. Danach beginnt die Widerrufsfrist, nachdem der VN den Versicherungsschein, die Vertragsbestimmungen einschließlich die AVB, die weiteren Informationen sowie die Widerrufsbelehrung in Textform erhalten hat. Bei Verträgen im elektronischen Geschäftsverkehr ist Gestaltungshinweis 2 zu beachten.

74

Die in Satz 2 vorgesehene Belehrung über den Fristbeginn trägt den Besonderheiten des **Invitatio-Modells** (hierzu § 7 Rdn 20 ff.) nicht ausreichend Rechnung. Geht der Antrag zum Abschluss eines VV vom VR aus, so kann die Widerrufsfrist mangels bindender Willenserklärung des VN noch nicht zu laufen beginnen. Es genügt daher nicht, wenn der VR in der (vor Abgabe der Vertragserklärung des VN zu übermittelnden) Widerrufsbelehrung darauf hinweist, dass die Widerrufsfrist bereits nach Erhalt der erforderlichen Unterlagen zu laufen beginnt. Eine solche Widerrufsbelehrung vermittelt nämlich den unzutreffenden Eindruck, dass die Widerrufsfrist schon vor Abgabe bzw. Zugang (zum Meinungsstreit Rdn 31) der Willenserklärung des VN beginnt. Dies ist **mit dem Unionsrecht nicht vereinbar**. Nach Art. 3 Abs. 1 Nr. 3 Buchst. a) **Fernabsatz-RL II** ist der VN über die Widerrufsfrist zu informieren. Der VR muss daher klar und deutlich das Ereignis benennen, das den Fristbeginn auslöst (i.E. Rdn 43 f.). Die Musterwiderrufsbelehrung verstößt zudem gegen Art. 185 Abs. 3 lit. j, 186 Abs. 1 Unterabs. 1 Solvabilitäts-II-RL 2009/138 (zuvor: Art. 35 Abs. 1 Unterabs. 1 und Art. 36 Abs. 1 i.V.m. Anhang III.A.a.13 Lebensversicherungs-RL). Hiernach muss der VN darüber informiert werden, dass die Widerrufsfrist mit dem Zeitpunkt beginnt, zu dem der VN davon in Kenntnis gesetzt wird, dass der Vertrag geschlossen ist. VR können sich daher nicht auf die gesetzliche Fiktion des § 8 Abs. 5 S. 1 berufen, wenn der VV dem Anwendungsbereich der Richtlinien unterfällt und nach dem Invitatio-Modell abgeschlossen wird (i.E. Rdn 64; i.Erg. ähnlich Prölss/Martin/*Armbrüster*, Vor Anl. VVG Rn 2: Teleologische Reduktion des § 8 Abs. 5 S. 1 VVG beim Invitatio-Modell dahingehend, dass die Verwendung des Musters nicht zur Erfüllung der Anforderungen des § 8 Abs. 2 S. 1 Nr. 2 VVG genügt).

75

Satz 3 enthält den Hinweis, dass zur Wahrung der Frist die rechtzeitige Absendung des Widerrufs genügt. Nach **Satz 4** muss in der Widerrufsbelehrung ferner angegeben werden, wem gegenüber der Widerruf zu erklären ist. Einzelheiten ergeben sich aus Gestaltungshinweis 3.

76

II. Angaben zu den Widerrufsfolgen

Der zweite Abschnitt der Musterwiderrufsbelehrung enthält die nach § 8 Abs. 2 S. 1 Nr. 2 VVG notwendige Belehrung zu den Rechtsfolgen eines wirksamen Widerrufs. In den

77

Sätzen 1–3 wird der VN über die gemäß § 9 Abs. 1 S. 1 VVG im Falle des Widerrufs eintretenden Rechtsfolgen informiert (i.E. BT-Drucks 16/11643, S. 149 f.). Der VN wird insbesondere darüber belehrt, dass sich sein Anspruch auf Prämienrückgewähr auf die nach Zugang des Widerrufs gezahlten Prämienteile beschränkt, wenn er zugestimmt hat, dass der Versicherungsschutz vor Ende der Widerrufsfrist beginnt. Der VR muss nach dem Widerrufsbelehrungsmuster auch angeben, welchen **Betrag** er im Falle des Widerrufs einbehalten kann. Da der Widerrufszeitpunkt ex ante unbekannt ist, kann der VR anstelle eines konkreten Betrags auch die **Berechnungsmodalitäten** angeben, nach denen dieser Betrag anhand der Monats- oder Jahresprämie berechnet wird. In der Regierungsbegründung (BT-Drucks 16/11643, S. 150) heißt es hierzu: *„Da der Zeitpunkt eines eventuellen Widerrufs bei Aushändigung der Belehrung üblicherweise nicht bekannt ist, wird eine Bezifferung regelmäßig nur dergestalt erfolgen können, dass der für einen bestimmten Zeitabschnitt zu entrichtende Betrag (z.B.: „X Euro pro Tag") oder Prämienanteil („1/30 der Monatsprämie [X Euro] pro Tag" oder „1/360 der Jahresprämie [X Euro] pro Tag") genannt wird."* Nach Gestaltungshinweis 4 kann der Betrag auch in anderen Unterlagen, z.B. im Antrag, ausgewiesen werden. In der Lebensversicherung ist der VN nach Gestaltungshinweis 5 zudem darauf hinzuweisen, dass auch der Rückkaufswert einschließlich der Überschussanteile nach § 169 VVG ausgezahlt werden. Nach Gestaltungshinweis 6 muss die Widerrufsbelehrung ferner auf die gemäß **§ 9 Abs. 2 VVG** eintretenden Rechtsfolgen hinweisen, wenn der VV mit einem zusammenhängenden Vertrag abgeschlossen wird.

78 Die in den Sätzen 1 bis 3 vorgesehene Belehrung steht im **Einklang mit den europäischen Vorgaben**. § 9 Abs. 1 S. 1 VVG verstößt nach hier vertretener Auffassung nicht gegen die **Fernabsatz-RL II** (str.; i.E. § 9 Rdn 6–7 und 19); daher ist auch eine Belehrung, die auf die nach § 9 Abs. 1 S. 1 VVG eintretenden Rechtsfolgen hinweist, unionsrechtlich nicht zu beanstanden.

79 **Satz 5** berücksichtigt den Sonderfall, dass dem VN vor Ablauf der Widerrufsfrist kein Versicherungsschutz gewährt worden ist. Da sich in diesem Fall die Rechtsfolgen des Widerrufs nicht nach § 9 Abs. 1 S. 1 VVG, sondern nach §§ 357 Abs. 1, 346 ff. BGB richten, kann der VN geleistete Zahlungen in vollem Umfang zurückverlangen und ggf. auch Zinsen fordern (vgl. § 9 Rdn 12). Der VR wird demgegenüber in der Regel vor Beginn des Versicherungsschutzes keine Leistungen an den VN erbringen, so dass er auch keine Erstattungsansprüche hat.

III. Besondere Hinweise

80 Nach **§ 8 Abs. 3 S. 2 VVG** erlischt das Widerrufsrecht, wenn der Vertrag von beiden Vertragsparteien auf ausdrücklichen Wunsch des VN vollständig erfüllt ist, bevor der VN sein Widerrufsrecht ausübt (hierzu Rdn 60). Die Musterwiderrufsbelehrung sieht daher vor, dass der VN durch einen besonderen Hinweis vor dieser Rechtsfolge gewarnt wird (BT-Drucks 16/11643, S. 50).

IV. Ort, Datum und Unterschrift des Versicherungsnehmers

Nach § 8 Abs. 2 S. 2 VVG trägt der VR die Beweislast für den Zugang der erforderlichen Unterlagen (vgl. Rdn 49). Unterschreibt der VN die Widerrufsbelehrung, so kann der VR durch dieses Dokument den **Beweis über den Zugang der Widerrufsbelehrung** erbringen (BT-Drucks 16/11643, S. 150). Dass dem VN auch die sonstigen Unterlagen (Versicherungsschein, Vertragsbestimmungen, erforderliche Informationen) rechtzeitig zugegangen sind, muss im Zweifel dagegen vom VR gesondert dargelegt und bewiesen werden. 81

§ 9 VVG Rechtsfolgen des Widerrufs

(1) Übt der Versicherungsnehmer das Widerrufsrecht nach § 8 Abs. 1 aus, hat der Versicherer nur den auf die Zeit nach Zugang des Widerrufs entfallenden Teil der Prämien zu erstatten, wenn der Versicherungsnehmer in der Belehrung nach § 8 Abs. 2 Satz 1 Nr. 2 auf sein Widerrufsrecht, die Rechtsfolgen des Widerrufs und den zu zahlenden Betrag hingewiesen worden ist und zugestimmt hat, dass der Versicherungsschutz vor Ende der Widerrufsfrist beginnt; die Erstattungspflicht ist unverzüglich, spätestens 30 Tage nach Zugang des Widerrufs zu erfüllen. Ist der in Satz 1 genannte Hinweis unterblieben, hat der Versicherer zusätzlich die für das erste Jahr des Versicherungsschutzes gezahlten Prämien zu erstatten; dies gilt nicht, wenn der Versicherungsnehmer Leistungen aus dem Versicherungsvertrag in Anspruch genommen hat.

(2) Hat der Versicherungsnehmer sein Widerrufsrecht nach § 8 wirksam ausgeübt, ist er auch an einen mit dem Versicherungsvertrag zusammenhängenden Vertrag nicht mehr gebunden. Ein zusammenhängender Vertrag liegt vor, wenn er einen Bezug zu dem widerrufenen Vertrag aufweist und eine Dienstleistung des Versicherers oder eines Dritten auf der Grundlage einer Vereinbarung zwischen dem Dritten und dem Versicherer betrifft. Eine Vertragsstrafe darf weder vereinbart noch verlangt werden.

Übersicht

	Rdn
A. Grundlagen	1
I. Überblick	1
II. Normzweck	3
III. Unionsrechtliche Vorgaben	5
1. Richtlinienkonformität des § 9 Abs. 1 S. 1 VVG	6
2. Richtlinienwidrigkeit des § 9 Abs. 1 S. 2 VVG	8
3. Nichtumsetzung des Art. 7 Abs. 5 Fernabsatz-RL II	9
IV. Ergänzende Anwendung der §§ 355, 357a BGB	10
1. Grundsätze	10
2. Fallgruppen	12
a) Kein Versicherungsschutz vor Ablauf der Widerrufsfrist	12
b) Versicherungsschutz ohne ausdrückliche Zustimmung des VN	13
c) Ansprüche des Versicherers auf nicht gezahlte Prämien	14
B. Norminhalt	15
I. Ansprüche des VN auf Prämienrückgewähr nach Widerruf (§ 9 Abs. 1 S. 1 VVG)	15
1. Voraussetzungen	15
a) Materieller Versicherungsschutz vor Ablauf der Widerrufsfrist	16

       b) Zustimmung des Versicherungsnehmers 17
       c) Rechtsbelehrung 18
    2. Fälligkeit 20
 II. Rechtsfolgen bei unterlassener Belehrung des VN (§ 9 Abs. 1 S. 2 VVG) 21
III. Zusammenhängende Verträge (§ 9 Abs. 2 VVG) 22
C. Prozessuales 26

A. Grundlagen

I. Überblick

1 Die Ausübung des in **§ 8 VVG** geregelten **Widerrufsrechts** lässt die Bindung des VN an die auf den Vertragsschluss gerichtete Erklärung und damit auch die durch den Vertragsschluss begründeten Pflichten entfallen und ein **Rückabwicklungsverhältnis** entstehen. Im Unterschied zu früher richtet sich die Rückabwicklung nicht mehr nach Bereicherungsrecht (vgl. BGH, VersR 2004, 497 [unter 4. zu § 5a VVG 1994]), sondern **nach § 9 VVG** sowie **ergänzend nach den §§ 355, 357a BGB** analog (Rdn 10 ff.). Dem VN steht nach § 9 Abs. 1 S. 1 VVG in jedem Fall ein Anspruch auf Rückzahlung der Prämienanteile zu, die auf die Zeit nach Zugang des Widerrufs fallen. Der Widerruf wirkt sich mithin wie eine Kündigung ex nunc aus. Für Lebensversicherungsverträge enthalten die §§ 152 Abs. 2, 169 VVG Sonderregelungen (vgl. Rdn 3 f.; § 152 Rdn 6 ff.). § 9 VVG findet für **Altverträge** keine Anwendung (vgl. Einf. vor § 1 Rdn 8).

2 § 9 Abs. 1 VVG übernimmt sachlich unverändert die Vorschrift des **§ 48c Abs. 5 VVG 2004**, die durch das Gesetz zur Änderung der Vorschriften über Fernabsatzverträge bei Finanzdienstleistungen (BGBl 2004 I, S. 3102; hierzu § 8 Rdn 20) in das VVG eingefügt worden ist. § 9 Abs. 2 VVG wurde mit Wirkung zum 1.5.2013 durch das Gesetz zur Änderung versicherungsrechtlicher Vorschriften (BGBl I 2013, 932) eingefügt, um die Fernabsatz-RL II vollständig umzusetzen.

II. Normzweck

3 § 9 Abs. 1 VVG konkretisiert die **Ansprüche des VN auf Prämienrückgewähr** und trifft zugleich eine Entscheidung darüber, unter welchen Voraussetzungen der VR **Wertersatz** für den während der Widerrufsfrist gewährten Versicherungsschutz fordern kann: Der Anspruch des VN auf Prämienrückgewähr beschränkt sich nach **§ 9 Abs. 1 S. 1 VVG** auf die Prämienanteile, die auf die Zeit **nach Zugang der Widerrufserklärung** entfallen. Vor diesem Zeitpunkt entrichtete Prämien sind dagegen nicht zurückzuerstatten, wenn der VN vom VR entsprechend belehrt wurde und zugestimmt hat, dass der Versicherungsschutz vor Ende der Widerrufsfrist beginnt. Dies entspricht dem Gedanken der **Gefahrtragungstheorie** (§ 1 Rdn 17): Hat der VR während der Widerrufsfrist Versicherungsschutz gewährt, so stellt diese Risikoabsicherung eine Leistung dar, für die der VR bei Widerruf Wertersatz verlangen kann. Aus diesem Grund sind nur die für die Zukunft gezahlten, „**noch nicht verbrauchten**" Prämien vom VR zurück zu gewähren. Die Regelung trägt darüber hinaus dem Umstand Rechnung, dass dem VN nach neuer Rechtslage bei fehlendem Zugang der erforderlichen Unterlagen (§ 8 Abs. 2 Nr. 1 VVG; s. dort Rdn 21 ff.) ein **zeitlich unbegrenztes Widerrufsrecht** zur Verfügung steht: „*Insb. dann, wenn der VN seine Vertragserklärung erst nach vielen Monaten oder sogar Jahren widerruft, wäre es nicht zu rechtfertigen, dass der VR sämtliche gezahlten Prämien zurückzahlen muss, obwohl er seine Leistung erbracht hat und im Schadensfall sehr wahrscheinlich auch trotz einer möglicherweise nicht vollständigen Erfüllung der Informationspflichten in Anspruch genommen worden wäre.*" (Begr. BT-Drucks 15/2946, S. 30 f. zu § 48c Abs. 5 VVG 2004). Bei **Widerruf eines Lebensversicherungsvertrags** steht dem VN nach § 152 Abs. 2 VVG zusätzlich der Rückkaufswert einschließlich der Überschussanteile nach § 169 VVG zu (vgl. § 152 Rdn 6 f.).

Wurde der VN vom VR nicht über sein Widerrufsrecht, die Rechtsfolgen des Widerrufs und den zu zahlenden Betrag belehrt, so sieht **§ 9 Abs. 1 S. 2 VVG** als Sanktion vor, dass der VR zusätzlich die für das erste Jahr des Versicherungsschutzes gezahlten Prämien i.H.e. **Jahresprämie** zurückzahlen muss. Die **Rückerstattungspflicht entfällt jedoch** bei Verträgen, bei denen der Versicherungsfall eingetreten ist, wenn der VN bereits Versicherungsleistungen in Anspruch genommen hat. Bei **Widerruf eines Lebensversicherungsvertrags** hat der VN ein Wahlrecht, wenn die Rechtsbelehrung unzureichend war und er noch keine Leistung in Anspruch genommen hat: Er kann entweder die für das erste Versicherungsjahr ab Zugang des Widerrufs gezahlten Prämien zurückverlangen oder den ungezillmerten Rückkaufswert einschließlich etwaiger Überschussanteile fordern, je nach dem, was für ihn günstiger ist (vgl. § 152 Rdn 8). 4

III. Unionsrechtliche Vorgaben

§ 9 VVG dient der Umsetzung der **Fernabsatz-RL II** (Begr. BT-Drucks 16/3945, S. 62) und ist daher soweit wie möglich richtlinienkonform auszulegen (Einf. vor § 1 Rdn 19). Da sich die Vorschrift auch auf Verträge bezieht, die nicht im Fernabsatz geschlossen worden sind, sind die Vorgaben der Richtlinie überschießend umgesetzt worden. Insoweit kommt eine richtlinienorientierte Auslegung in Betracht (Einf. vor § 1 Rdn 21); eine Vorlage an den EuGH ist möglich (Einf. vor § 1 Rdn 22). 5

1. Richtlinienkonformität des § 9 Abs. 1 S. 1 VVG

Gegen die Richtlinienkonformität des § 9 Abs. 1 S. 1 VVG ist im Schrifttum **eingewendet** worden, dass die Vorschrift das wirtschaftliche Risiko des VR bei einer Informationspflichtverletzung auf null reduziere, wenn wenigstens die Belehrung erfolge und vom VR nachgewiesen werden könne (*Niederleithinger*, VersR 2006, 437, 443 [zum RefE vom 13.3.2006]; ähnlich *Schneider*, VersR 2004, 696, 704 f. [zu § 48c Abs. 5 VVG 2004]). Da der VR die vor Zugang des Widerrufs gezahlten Prämien nach § 9 Abs. 1 S. 1 VVG einbehalten könne, bleibe der Vertrag für die Vergangenheit letztlich wirksam. Der VR müsse nur hinnehmen, dass der VV vorzeitig ende. Das Widerrufsrecht „verkomme" damit zu einem bloßen Kündigungsrecht und **stelle kaum eine angemessene Sanktion** für Informationspflichtverletzungen dar. Dies sei mit Art. 11 Fernabsatz-RL II nicht zu vereinbaren, denn nach dieser 6

Vorschrift seien die Mitgliedstaaten verpflichtet, bei einem Verstoß gegen Informationspflichten wirksame Sanktionen vorzusehen.

7 **Stellungnahme:** Dieser Argumentation kann nicht gefolgt werden. Der deutsche Gesetzgeber hat von der in Art. 7 Abs. 2 Fernabsatz-RL II vorgesehenen Wahlmöglichkeit der Mitgliedstaaten, die Vergütungspflicht bei Widerruf eines VV gänzlich auszuschließen, keinen Gebrauch gemacht, und **folgt stattdessen dem Regelungskonzept des Art. 7 Abs. 1 und 3 Fernabsatz-RL II.** Hiernach kann der Anbieter (VR) vom Verbraucher (VN) eine Zahlung für eine vor dem Widerruf des Vertrags erbrachte Dienstleistung verlangen, wenn der VN ordnungsgemäß belehrt wurde und der Vertragsausführung ausdrücklich zugestimmt hat. Die Fernabsatz-RL II knüpft die Wertersatzpflicht des VN **allein an diese Voraussetzungen**, nicht jedoch an die Erfüllung der sonstigen Informationspflichten. Den Mitgliedstaaten ist es daher gestattet, Informationspflichtverletzungen auf andere Weise „wirksam, verhältnismäßig und abschreckend" (Art. 11 S. 3 Fernabsatz-RL II) zu sanktionieren. Da ein Verstoß gegen die in § 7 VVG geregelten vorvertraglichen Informationspflichten nicht nur durch die Verlängerung des Widerrufsrechts sanktioniert wird (vgl. § 8 Abs. 2 S. 1 Nr. 1 VVG), sondern darüber hinaus Ansprüche des VN aus culpa in contrahendo gem. §§ 280 Abs. 1, 241 Abs. 2, 311 Abs. 2 BGB auslöst (§ 7 Rdn 66 ff., 69 insb.), kann den Vorgaben der Fernabsatz-RL II adäquat Rechnung getragen werden.

2. Richtlinienwidrigkeit des § 9 Abs. 1 S. 2 VVG

8 Problematisch erscheint indessen die Regelung des § 9 Abs. 1 S. 2 VVG. Der VR hat hiernach bei fehlender Widerrufsbelehrung nur die für das erste Jahr des Versicherungsschutzes gezahlten Prämien zu erstatten. Dies führt bei VV, die erst im Laufe des zweiten Versicherungsjahrs oder später widerrufen werden, **zu unangemessenen Ergebnissen.** Widerruft der VN bspw. im dritten Versicherungsjahr, erhält er zwar die Versicherungsprämie des ersten Versicherungsjahrs und die anteilige Prämie für den nicht in Anspruch genommenen Versicherungsschutz des dritten Versicherungsjahrs, nicht jedoch die Prämie für das zweite Jahr. Der Verstoß gegen die Belehrungspflicht wird damit für den VR mit zunehmender Vertragslaufzeit wirtschaftlich attraktiver. Dies ist mit **Art. 7 Abs. 3 S. 1 Fernabsatz-RL II nicht zu vereinbaren**, denn nach dieser Vorschrift darf eine Zahlung „nur" verlangt werden, wenn der VN nach Art. 3 Abs. 1 Nr. 3 Buchst. a) Fernabsatz-RL II ordnungsgemäß über sein Widerrufsrecht, die Widerrufsfrist und die Modalitäten für dessen Ausübung sowie über den bei Widerruf zu zahlenden Betrag vor Abgabe seiner Willenserklärung unterrichtet worden ist (i.E. wie hier: *Dörner/Staudinger,* WM 2006, 1710, 1714; *Schwintowski,* ZRP 2006, 139, 141; *Armbrüster,* r+s 2008, 493, 502). Angesichts des klaren Gesetzeswortlauts erscheint eine **richtlinienkonforme Auslegung nicht möglich** (a.A. Prölss/Martin/*Armbrüster,* § 9 Rn 29; *Reusch,* VersR 2013, 1364, 1370). Auf der Grundlage der neueren BGH-Rechtsprechung (BGH, NJW 2009, 427; hierzu Einf. vor § 1 Rdn 19) kommt aber eine **teleologische Reduktion** in Betracht (zutreffend Looschelders/Pohlmann/*Looschelders/Heinig,* § 9 Rn 30), denn der Gesetzgeber wollte eine richtlinienkonforme Regelung schaffen. Folgt man dem, so muss im Anwendungsbereich der Fernab-

satz-RL II auf die §§ 355, 357a BGB zurückgegriffen werden. Unabhängig hiervon ist die Vorschrift vom deutschen Gesetzgeber **aufzuheben und durch eine neue Regelung** zu ersetzen: Der VR sollte ohne ordnungsgemäße Belehrung zur vollen Prämienrückerstattung verpflichtet sein. Da der Gesetzgeber mit § 9 Abs. 1 VVG eine einheitliche Regelung für sämtliche Verträge unabhängig von der Vertriebsform schaffen wollte, müsste die Neuregelung generell – also nicht nur für Fernabsatzverträge – gelten. Deutsche Gerichte dürfen § 9 Abs. 1 S. 2 VVG nicht unbesehen anwenden, letztinstanzlich entscheidende Gerichte sind bei Fernabsatzverträgen zu einer Vorlage an den EuGH verpflichtet.

3. Nichtumsetzung des Art. 7 Abs. 5 Fernabsatz-RL II

Ist der Verbraucher (VN) ordnungsgemäß belehrt worden, so muss er die vom Anbieter 9 (VR) erhaltenen Leistungen nach Art. 7 Abs. 5 Fernabsatz-RL II unverzüglich, spätestens innerhalb von 30 Kalendertagen ab Absendung der Widerrufserklärung zurückerstatten. Der deutsche Gesetzgeber hat diese Vorgaben nicht umgesetzt. Hierin liegt ebenfalls ein **Verstoß** gegen die Fernabsatz-RL II, denn aufgrund der Vollharmonisierung der Widerrufsrechte (vgl. § 8 Rdn 2) darf der Gesetzgeber **auch nicht zugunsten des Verbrauchers** von den Vorgaben der Richtlinie abweichen (i.Erg. wie hier *Dörner/Staudinger*, WM 2006, 1710, 1714; **a.A.** Looschelders/Pohlmann/*Looschelders/Heinig*, § 9 Rn 24).

IV. Ergänzende Anwendung der §§ 355, 357a BGB

1. Grundsätze

§ 9 VVG regelt nur **Teilaspekte der Rückabwicklung.** Soweit die Vorschrift nicht einschlägig ist, sind die allg. Regelungen des BGB zum Widerruf anzuwenden (vgl. Begr. BT-Drucks 16/3945, S. 62). Zwar betreffen die §§ 355 ff. BGB nur das verbraucherschützende Widerrufsrecht, während das aus § 8 VVG folgende Widerrufsrecht sämtlichen VN zusteht. Im Unterschied zu § 8 VVG differenzieren die §§ 355 ff. BGB darüber hinaus nach bestimmten Vertriebsformen. Jedoch ist in Fällen, in denen § 9 VVG nicht greift, eine analoge Anwendung der §§ 355 ff. BGB geboten, da sich auf diese Weise die im VVG bestehenden Lücken sachgerechter schließen lassen, als durch einen Rückgriff auf die §§ 812 ff. BGB (Prölss/Martin/*Armbrüster*, § 9 Rn 2).

Vor Umsetzung der Verbraucherrechte-RL 2011/83 begründete der Widerruf nach dem 11 BGB ein besonders ausgestaltetes Rücktrittsrecht (h.M.: MüKo/*Masuch*, 6. Aufl., 2012, § 355 BGB Rn 12, 35 f.; **a.A.** *Reimer*, AcP 203, 1 [„*anfechtungsähnliches Gestaltungsrecht*"]), auf das gem. § 357 Abs. 1 BGB a.F. die Vorschriften über den Rücktritt (§§ 346 ff. BGB) Anwendung fanden. Mit der Umsetzung der Verbraucherrechte-RL 2011/83 (BGBl 2013 I, 3642) wurden die ursprünglich einheitlich normierten Widerrufsrechte zugunsten einer stärker vertikal differenzierenden Regelung aufgebrochen (*Wendehorst*, NJW 2014, 557, 583). Außerdem wurde die problematische Verknüpfung der Rechtsfolgen eines Widerrufs mit den Rechtsfolgen eines Rücktritts aufgegeben (BT-Drucks 17/12637, S. 64). Hiervon abgesehen bleibt es im Wesentlichen bei der früheren Rechtslage: Durch die wirksame Ausübung des Widerrufsrechts wird das ursprüngliche Schuldverhältnis nicht aufgehoben, sondern nur inhaltlich verändert: Es entsteht ein **Abwicklungs- und Rückgewährschuldverhältnis** (BGH, NJW 2007, 2110, 2111) mit dem Ziel, den ursprünglichen Zustand – oder zumindest einen dem ursprünglichen Zustand wirtschaftlich gleichwertigen Zustand – wiederherzustellen. Welche konkreten Verpflichtungen der Parteien sich aus dem Widerruf ergeben, hängt davon ab, in welchem Stadium der Vertragsdurchführung der Widerruf erfolgt. Noch nicht erfüllte Leistungsansprüche **erlöschen** (Befreiungswirkung des Widerrufs), hinsichtlich bereits erbrachter Leistungen entsteht gem. § 357a BGB eine **Pflicht zur Rückgewähr** der empfangenen Leistungen bzw. zum **Wertersatz**.

2. Fallgruppen

a) Kein Versicherungsschutz vor Ablauf der Widerrufsfrist

12   Die §§ 355, 357a BGB (für Verträge, die vor dem 13.6.2014 abgeschlossen wurden: §§ 357 Abs. 1, 346 ff. BGB a.F.) kommen nach der Gesetzesbegründung insb. dann zur Anwendung, wenn dem VN **vor Ablauf der Widerrufsfrist kein materieller Versicherungsschutz** (zum Begriff § 2 Rdn 6) gewährt wurde. Dies ist insb. dann der Fall, wenn die Vertragsparteien einen Versicherungsbeginn vereinbart haben, der nach Ablauf der Widerrufsfrist liegt. In diesem Fall bestimmen sich die Rechtsfolgen des Widerrufs nicht nach § 9 Abs. 1 S. 1 VVG, sondern nach § 357a BGB (Begr. BT-Drucks 16/3945, S. 62). Der VN kann daher geleistete Zahlungen in vollem Umfang nach § 357a Abs. 1 BGB zurückverlangen. Der VR wird demgegenüber vor Beginn des Versicherungsschutzes in der Regel keine Leistungen an den VN erbringen, so dass er auch keine Erstattungsansprüche hat.

b) Versicherungsschutz ohne ausdrückliche Zustimmung des VN

13   Eine Anwendung der §§ 355, 357a BGB kommt ferner in Betracht, wenn dem VN **ohne ausdrückliche Zustimmung** Versicherungsschutz vor Ende der Widerrufsfrist gewährt wurde. Da § 9 Abs. 1 S. 2 VVG eine Rückerstattung für die vor Zugang der Widerrufserklärung geleisteten Prämien nur bei fehlender Belehrung, nicht aber bei mangelnder Zustimmung des VN vorsieht, ist von einer **Regelungslücke** auszugehen, die über die §§ 355, 357a BGB zu schließen ist. Eine **analoge Anwendung des § 9 Abs. 1 S. 2 VVG** scheidet dagegen wegen Richtlinienwidrigkeit (vgl. Rdn 8) aus (a.A. Prölss/Martin/*Armbrüster*, § 9 Rn 26). Nach richtiger Ansicht sind dabei die Wertungen des § 9 Abs. 1 S. 1 VVG und Art. 7 Abs. 3 S. 2 Fernabsatz-RL II zu beachten: Da der VN nur bei ausdrücklicher Zustimmung zur Vertragsausführung zum Wertersatz verpflichtet ist, kann der VN die gezahlten Prämien gem. § 357a Abs. 1 BGB in vollem Umfang zurückverlangen, ohne Wertersatz für geleisteten Versicherungsschutz nach § 357a Abs. 2 S. 1 BGB analog leisten zu müssen.

c) Ansprüche des Versicherers auf nicht gezahlte Prämien

14   Ungeregelt ist schließlich die Frage, ob der VR ggü. dem VN einen **eigenständigen Anspruch auf nicht gezahlte Prämien** hat, wenn der VN im **Rückstand mit den Prämi-**

enzahlungen war und den VV widerruft. Da § 9 Abs. 1 S. 1 VVG nur den Anspruch des VN auf Prämienrückzahlung betrifft, ist wiederum auf die §§ 355, 357a BGB unter Berücksichtigung der Wertungen des § 9 Abs. 1 S. 1 VVG und Art. 7 Abs. 3 Fernabsatz-RL II zurückzugreifen: Der VR kann gem. § 357a Abs. 2 S. 1 BGB von dem VN Wertersatz für einen vor Widerruf erbrachten Versicherungsschutz verlangen, wenn der VN ordnungsgemäß unterrichtet wurde und der Vertragsausführung zugestimmt hat (wie hier *Knops*, in: Bruck/Möller, § 9 Rn 24; nach **a.A.** soll der vertragliche Anspruch dagegen fortbestehen, *Armbrüster*, r+s 2008, 493, 501). Etwas anderes gilt dagegen für den **Zahlungsverzug mit der Erstprämie**: Ist der VR nach § 37 Abs. 2 VVG bei Eintritt des Versicherungsfalls nicht zur Leistung verpflichtet, besteht mangels Risikoabsicherung auch kein Wertersatzanspruch.

B. Norminhalt

I. Ansprüche des VN auf Prämienrückgewähr nach Widerruf (§ 9 Abs. 1 S. 1 VVG)

1. Voraussetzungen

Der VR muss dem VN nach erfolgtem Widerruf (§ 8 VVG) gem. § 9 Abs. 1 S. 1 VVG in jedem Fall diejenigen Prämien zurückerstatten, die auf die Zeit **nach Zugang der Widerrufserklärung** entfallen. **Vor diesem Zeitpunkt entrichtete Prämien** sind dagegen nicht zurückzuerstatten, wenn folgende Voraussetzungen **kumulativ vorliegen**: 15

a) Materieller Versicherungsschutz vor Ablauf der Widerrufsfrist

Dem VN muss vor Ablauf der Widerrufsfrist materieller Versicherungsschutz (zum Begriff § 2 Rdn 6) gewährt worden sein. Ist dies nicht der Fall, so bestimmen sich die Rechtsfolgen des Widerrufs nicht nach § 9 Abs. 1 S. 1 VVG, sondern nach §§ 355, 357a BGB (Rdn 12). Der VR hat in diesem Fall die geleisteten Prämienzahlungen in vollem Umfang zurückzuerstatten. 16

b) Zustimmung des Versicherungsnehmers

Die Vorschrift verlangt zweitens eine **Zustimmung des VN**, dass der Versicherungsschutz vor Ende der Widerrufsfrist beginnt. Umstritten ist, ob bereits der im Versicherungsantrag angegebene Versicherungsanfang als Zustimmung gewertet werden kann. Aus Art. 7 Abs. 3 S. 2 Fernabsatz-RL II ergibt sich, dass die Zustimmung **ausdrücklich** zu erfolgen hat. Der VN muss daher dem VR sein Einverständnis deutlich und unmissverständlich erklärt haben. Konkludente Erklärungen oder allgemeine Klauseln in den AVB des VR, wonach der materielle Versicherungsbeginn vor Ende der Widerrufsfrist beginnt, können nicht genügen (wie hier *Knops*, in: Bruck/Möller, § 9 Rn 15, **a.A.** *Funck*, VersR 2008, 163, 166; *Armbrüster*, r+s 2008, 493, 502; *Wandt*, Versicherungsrecht, Rn 319 ff.). Insofern stellt auch die Zahlung der Erst- oder Einmalprämie keine Zustimmung dar. Liegt eine ausdrückliche 17

Zustimmung nicht vor, kann der VN gem. § 357a Abs. 1 BGB die gezahlten Prämien in vollem Umfang zurückverlangen, ohne dass der VR Wertersatz für geleisteten Versicherungsschutz beanspruchen kann (Rdn 13).

c) Rechtsbelehrung

18 Der VN muss nach § 9 Abs. 1 S. 1 VVG auf das **Widerrufsrecht**, die **Rechtsfolgen des Widerrufs** und den **zu zahlenden Betrag** hingewiesen worden sein. Eine solche Belehrung muss nach §§ 7 Abs. 2 VVG i.V.m. 1 Abs. 1 Nr. 13 VVG-InfoV ohnehin erfolgen, und zwar „**vor Abgabe der Vertragserklärung**" des VN (§ 7 Abs. 1 VVG). Ein späterer Hinweis des VR, der noch rechtzeitig vor Beginn des materiellen Versicherungsbeginns erfolgt, reicht demgü. nicht aus, um einen Anspruch des VR auf die vor Zugang der Widerrufserklärung geleisteten Prämien zu begründen. Denn nach Art. 7 Abs. 3 S. 1 Fernabsatz-RL II kann der VR vom VN eine Zahlung nur verlangen, wenn er nachweisen kann, dass der VN über den zu zahlenden Betrag gem. Art. 3 Abs. 1 Nr. 3 Buchst. a) der Richtlinie ordnungsgemäß unterrichtet worden ist. **Art. 3 Abs. 1 Nr. 3 Buchst. a)** verlangt jedoch seinerseits eine Unterrichtung „*rechtzeitig bevor der Verbraucher durch einen Fernabsatzvertrag oder durch ein Angebot gebunden ist*". In der **Belehrung über den zu zahlenden Betrag** können die Berechnungsmodalitäten abstrakt beschrieben werden (*Funck*, VersR 2008, 163, 166). Die Nennung eines konkreten Betrags ist nämlich nicht möglich, da der Widerrufszeitpunkt ex ante unbekannt ist. Auch das in der Anlage zum VVG geregelte **Widerrufsbelehrungsmuster** trägt dem Rechnung: Der VR kann entweder in seiner Widerrufsbelehrung einen konkreten Betrag angeben oder dem VN einen Weg aufzeigen, den Betrag anhand der mitgeteilten Monats- oder Jahresprämie zu errechnen (vgl. § 8 Rdn 77).

19 § 9 Abs. 1 S. 1 VVG geht über den Wortlaut des **Art. 7 Abs. 3 S. 1 Fernabsatz-RL II** hinaus, denn letztere Vorschrift verlangt nur eine Information über den zu zahlenden Betrag, nicht aber eine Belehrung über das Widerrufsrecht und die Rechtsfolgen des Widerrufs. Teilweise wird daher vertreten, dass § 9 Abs. 1 S. 1 VVG für Fernabsatzverträge richtlinienkonform dahin zu reduzieren sei, dass eine ordnungsgemäße Belehrung lediglich den vom VN im Fall des Widerrufs zu zahlenden Betrag bezeichnen müsse (*Wandt/Ganster*, VersR 2008, 425, 431; zustimmend Rüffer/Halbach/Schimikowski/*Schimikowski*, 1. Aufl., 2009, § 9 Rn 6; anders aber die 3. Aufl., § 9 Rn 7). Dem ist nicht zu folgen. Zum einen ist bereits zweifelhaft, ob das Prinzip der Vollharmonisierung greift, denn dieses gilt nach der Fernabsatz-RL II nur für das Widerrufsrecht (vgl. § 8 Rdn 2), nicht aber für die Informationspflichten (vgl. § 7 Rdn 4). Zum anderen gestattet Art. 7 Abs. 2 Fernabsatz-RL II den Mitgliedstaaten, eine Zahlungspflicht des Verbrauchers umfassend auszuschließen. Dementsprechend muss es auch möglich sein, erhöhte Anforderungen an die Zahlungspflicht zu stellen (zutreffend *Armbrüster*, r+s 2008, 493, 501).

2. Fälligkeit

20 Nach **§ 9 Abs. 1 S. 1 letzter Hs. VVG** muss der VR dem VN die geschuldeten Prämienanteile **unverzüglich, spätestens 30 Tage nach Zugang des Widerrufs** erstatten; die Vor-

schrift entspricht Art. 7 Abs. 4 Fernabsatz-RL II. Nach Ablauf der 30-Tagefrist kommt der VR **automatisch in Verzug**. Der VN kann daher ab diesem Zeitpunkt vom VR einen etwaig entstandenen Verzugsschaden gem. §§ 280 Abs. 1 und 2, 286 BGB verlangen (vgl. auch Rdn 9).

II. Rechtsfolgen bei unterlassener Belehrung des VN (§ 9 Abs. 1 S. 2 VVG)

Die Vorschrift regelt die Rechtsfolgen für den Fall, dass der in § 9 Abs. 1 S. 1 VVG genannte Hinweis unterblieben ist oder jedenfalls nicht vom VR bewiesen werden kann. Nach Sinn und Zweck greift § 9 Abs. 1 S. 2 VVG darüber hinaus dann ein, wenn der Hinweis nicht ordnungsgemäß oder nicht zeitgerecht erfolgt ist (zutreffend Prölss/Martin/*Armbrüster*, § 9 Rn 24; Looschelders/Pohlmann/*Looschelders/Heinig*, § 9 Rn 27). Hat der VR den VN in der Widerrufsbelehrung nach § 8 Abs. 2 S. 1 Nr. 2 VVG nicht (ordnungsgemäß) auf sein Widerrufsrecht, die Rechtsfolgen des Widerrufs und den zu zahlenden Betrag hingewiesen, so kann der VN nach § 9 Abs. 1 S. 2 VVG zusätzlich die für das **erste Jahr des Versicherungsschutzes** gezahlten Prämien verlangen, es sei denn, der VN hat Leistungen aus dem VV in Anspruch genommen. Eine Rückzahlung der Prämien, die für die folgenden Jahre des Versicherungsschutzes gezahlt worden sind, kommt dagegen nach § 9 Abs. 1 S. 2 VVG nicht in Betracht. Die Vorschrift ist **richtlinienwidrig**, denn nach Art. 7 Abs. 3 S. 1 Fernabsatz-RL II darf eine Zahlung vom VN „nur" verlangt werden, wenn der VN ordnungsgemäß unterrichtet worden ist (i.E. Rdn 8). 21

III. Zusammenhängende Verträge (§ 9 Abs. 2 VVG)

Der VN soll von der Geltendmachung seines Widerrufsrechts nicht dadurch abgehalten werden, dass er an einen weiteren Vertrag gebunden bleibt, der für ihn isoliert betrachtet keine Bedeutung mehr hat. **§ 9 Abs. 2 S. 1 VVG** ordnet daher an, dass der Widerruf nach § 8 VVG zugleich zur Folge hat, dass der VN auch an einen mit dem VV zusammenhängenden Vertrag nicht mehr gebunden ist. 22

Nach **§ 9 Abs. 2 S. 2 VVG** setzt ein **zusammenhängender Vertrag** zunächst voraus, dass er einen (tatsächlichen oder wirtschaftlichen) Bezug zu dem widerrufenen VV aufweist. Ein solcher Bezug liegt vor, wenn der zusammenhängende Vertrag im Verhältnis zum widerrufenen Vertrag den Charakter eines **Nebenvertrags** hat (MüKo/*Eberhardt*, § 9 VVG Rn 31; Römer/Langheid/*Rixecker*, § 9 Rn 25; nach **a.A.** reicht ein kausaler Zusammenhang aus; so Palandt/*Grüneberg*, § 360 Rn 2; MüKo/*Habersack*, § 360 BGB Rn 4). Hat ein VN mehrere Versicherungen (z.B. eine Hausratversicherung und eine Fahrradversicherung) abgeschlossen, handelt es sich daher nicht zwangsläufig um zusammenhängende Verträge (Begr., BT-Drucks 17/11469). Erforderlich ist vielmehr, dass der zusammenhängende Vertrag von dem widerrufenen Vertrag abhängig bzw. diesem untergeordnet ist. Unerheblich ist demgegenüber, ob beide Verträge in einem engen zeitlichen Zusammenhang geschlossen werden. 23

24 Der zusammenhängende Vertrag muss ferner mit **demselben VR** oder mit einem **Dritten** auf der Grundlage einer Vereinbarung zwischen diesem Dritten und dem VR geschlossen worden sein. Diese Einschränkung dient dazu, unbeteiligte Dritte vor einem Widerrufsdurchgriff zu schützen. Schließt der VN eine **gesonderte Kostenausgleichsvereinbarung** mit dem VR selbst ab, liegt unzweifelhaft ein zusammenhängender Vertrag i.S.d. § 9 Abs. 2 S. 2 VVG vor (BGH, VersR 2014, 567, Rn 39). Gleiches gilt für die Vermittlung sog. **Nettopolicen** durch einen **Versicherungsvertreter**: In diesem Fall sind Nettopolice und Vergütungsvereinbarung ebenfalls zusammenhängende Verträge, da der Vertreter aufgrund des Agenturvertrags, also einer Vereinbarung zwischen ihm und dem VR, tätig wird (*Reiff*, VersR 2016, 757, 763; Römer/Langheid/*Rixecker*, § 9 Rn 29). Umstritten ist, ob ein zusammenhängender Vertrag auch dann vorliegt, wenn ein **Versicherungsmakler** für die Vermittlung von Nettopolicen eine Vergütungsvereinbarung mit dem VN trifft. Nach einer Ansicht liegt in diesem Fall kein zusammenhängender Vertrag vor, da der Versicherungsmakler nicht aufgrund einer Vereinbarung zwischen ihm und dem VR tätig wird (Römer/Langheid/*Rixecker*, § 9 Rn 28). Nach anderer Ansicht sind die von einem Makler vermittelte Nettopolicenversicherung und die getroffene Vergütungsvereinbarung dagegen als zusammenhängende Verträge i.S.d. § 9 Abs. 2 VVG zu betrachten (*Reiff*, VersR 2016, 757, 764). Dem ist zuzustimmen. Zum einen besteht auch zwischen dem Versicherungsmakler und dem VR ein Schuldverhältnis, das regelmäßig durch einen Kooperationsvertrag oder ein Rahmenabkommen rechtsgeschäftlich ausgestaltet wird (*Reiff*, VersR 2016, 757, 764). Zum anderen ist der Versicherungsmakler kein unbeteiligter Dritter, der vor einem Widerrufsdurchgriff zu schützen ist. Der Makler weiß vielmehr, dass die Vergütungsvereinbarung gerade wegen des VV abgeschlossen wird. Schließlich ist die ratio des § 9 Abs. 2 VVG (vgl. Rdn 22) zu beachten. Könnte der VN nur den VV widerrufen, ohne dass die Vergütungsvereinbarung entfiele, bestünde die Gefahr, dass der VN angesichts der hohen Abschlusskosten von vornherein auf die Ausübung seines Widerrufsrechts verzichtet (*Reiff*, VersR 2016, 757, 764). Auch dies spricht dafür, Vergütungsvereinbarung und Nettopolice als zusammenhängende Verträge i.S.d. § 9 Abs. 2 VVG zu betrachten, unabhängig davon, ob die Vermittlung durch einen Versicherungsvermittler oder einen Versicherungsmakler erfolgt.

25 Die wirksame Ausübung des in § 8 VVG normierten Widerrufsrechts hat nach § 9 Abs. 2 S. 1 VVG automatisch die Beendigung des zusammenhängenden Vertrags zur Folge. Diese Rechtsfolge bedarf indessen der Korrektur. Hat der VN weiterhin ein Interesse an dem zusammenhängenden Vertrag, muss es ihm möglich sein, die Wirkungen des Widerrufs auf den Hauptvertrag zu beschränken, wenn der Zusatzvertrag ohne den widerrufenen Vertrag durchgeführt werden kann (Begr., BT-Drucks 17/11469, S. 13). Für die Rückabwicklung des zusammenhängenden Vertrags sind die Vorschriften entsprechend anwendbar, die gelten würden, wenn der zusammenhängende Vertrag widerrufen worden wäre (so die Regierungsbegründung zu § 360 BGB, BT-Drucks 17/12637, S. 66).

C. Prozessuales

Der VR trägt die **Beweislast** dafür, dass die Voraussetzungen einer bloßen Teilrückerstattung nach § 9 Abs. 1 S. 1 VVG vorliegen (vgl. Art. 7 Abs. 3 S. 1 Fernabsatz-RL II). Er muss also im Zweifel beweisen, dass der VN auf das Widerrufsrecht, die Rechtsfolgen des Widerrufs und den zu zahlenden Beitrag hingewiesen worden ist und zugestimmt hat, dass der Versicherungsschutz vor Ende der Widerrufsfrist beginnt. 26

§ 10 VVG   Beginn und Ende der Versicherung

Ist die Dauer der Versicherung nach Tagen, Wochen, Monaten oder einem mehrere Monate umfassenden Zeitraum bestimmt, beginnt die Versicherung mit Beginn des Tages, an dem der Vertrag geschlossen wird; er endet mit Ablauf des letzten Tages der Vertragszeit.

Die Vorschrift enthält eine **Auslegungsregel für Beginn und Ende der materiellen Versicherungsdauer** (zum Begriff § 2 Rdn 6). Fehlt bei einem VV die Abrede, zu welcher Stunde der Versicherungsschutz beginnen bzw. enden soll, gilt nach § 10 VVG die sog. **Mitternachtsregelung**: Der Versicherungsschutz beginnt um 0.00 Uhr des Tages, an dem der Vertrag geschlossen wird und endet um 24.00 Uhr des letzten Tages der Vertragszeit. Die Vorschrift folgt damit den §§ 187 Abs. 2 S. 1, 188 Abs. 1 BGB. 1

§ 7 VVG a.F. stellte demggü. auf den Mittag (12.00 Uhr) des bezeichneten Tages ab (**Mittagsregelung**). Dies führte jedoch bei einzelnen Versicherungssparten zu praktischen Problemen und Deckungslücken. Die Mittagsregelung wurde daher aufgegeben (Begr. BT-Drucks 16/3945, S. 62 f.). 2

Seinem Wortlaut nach regelt § 10 VVG nicht nur die **Uhrzeit**, sondern auch den Tag des Versicherungsbeginns. Bereits zum früheren Recht war jedoch anerkannt, dass die Vorschrift lediglich die genaue Uhrzeit, nicht aber den Tag des materiellen Versicherungsbeginns regelt und es ist nicht davon auszugehen, dass § 10 VVG hiervon abweichen wollte (*Wandt/Gaul*, VersR 2007, 1034, 1037). Die Vorschrift **kann nicht auf sonstige zugangsbedürftige Willenserklärungen angewendet** werden und **auch nicht auf die Berechnung von sonstigen Fristen** wie z.B. Zahlungs-, Rücktritts- oder Kündigungsfristen (BGH, VersR 1990, 258 [unter 2.]). Der frühere Meinungsstreit, ob § 7 VVG a.F. bei Auseinanderfallen von Vertragsschluss und Haftungsbeginn analog anwendet werden kann (dafür Prölss/Martin/*Prölss*, 27. Aufl., 2004, § 7 Rn 1; dagegen *Möller*, in: Bruck/Möller, 8. Aufl., § 7 Anm. 5), hat für das neue Recht an Bedeutung verloren, da § 10 VVG die Mitternachtsregelung zugrunde legt. 3

§ 10 VVG ist eine **Auslegungsregel**, die Vertragsparteien können daher die Dauer der Versicherung (in den Grenzen des § 11 VVG, s. dort) frei festlegen. In AVB vorgesehene Mittagsregelungen können beibehalten bzw. bei Neuabschlüssen vereinbart werden. Ein praktisches Bedürfnis für die Mittagsregelung besteht insb. in Versicherungszweigen, in 4

Ebers 151

denen Versicherungsfälle (z.B. Einbruchdiebstahl- oder Glasbruchschäden) häufig nachts vorkommen und mangels Zeugen nicht genau bestimmt werden kann, ob der Schadensfall vor oder nach Mitternacht eingetreten ist (vgl. Begr. BT-Drucks 16/3945, S. 63).

5 § 10 VVG führt zu einer **Rückwärtsversicherung** für einen Teil des Tages des Vertragsschlusses, wenn der VV ohne Angabe des materiellen Versicherungsbeginns nach Mitternacht geschlossen wird. Nach § 2 Abs. 2 S. 2 VVG wird der VR jedoch leistungsfrei, wenn der VN bei Abgabe seiner Vertragserklärung davon Kenntnis hatte, dass ein Versicherungsfall schon eingetreten ist.

§ 11 VVG Verlängerung, Kündigung

(1) Wird bei einem auf eine bestimmte Zeit eingegangenen Versicherungsverhältnis im Voraus eine Verlängerung für den Fall vereinbart, dass das Versicherungsverhältnis nicht vor Ablauf der Vertragszeit gekündigt wird, ist die Verlängerung unwirksam, soweit sie sich jeweils auf mehr als ein Jahr erstreckt.

(2) Ist ein Versicherungsverhältnis auf unbestimmte Zeit eingegangen, kann es von beiden Vertragsparteien nur für den Schluss der laufenden Versicherungsperiode gekündigt werden. Auf das Kündigungsrecht können sie einvernehmlich bis zur Dauer von zwei Jahren verzichten.

(3) Die Kündigungsfrist muss für beide Vertragsparteien gleich sein; sie darf nicht weniger als einen Monat und nicht mehr als drei Monate betragen.

(4) Ein Versicherungsvertrag, der für die Dauer von mehr als drei Jahren geschlossen worden ist, kann vom Versicherungsnehmer zum Schluss des dritten oder jedes darauf folgenden Jahres unter Einhaltung einer Frist von drei Monaten gekündigt werden.

Übersicht

	Rdn
A. Grundlagen	1
I. Normzweck	1
II. VVG-Reform	3
III. Systematik der gesetzlichen Kündigungsrechte, Verhältnis des § 11 VVG zu anderen Vorschriften	5
1. Überblick	5
2. Kündigung gem. § 314 BGB	6
3. Weitere Möglichkeiten der Vertragsbeendigung	13
4. Abgrenzung	15
IV. Kündigung von Versicherungsverträgen – Allgemeine Anforderungen	18
1. Kündigungsberechtigter	19
2. Zugang der Kündigungserklärung; Erklärungsempfänger	25
3. Form	29
4. Inhalt	30
5. Umdeutung	31
6. Zurückweisungspflicht des VR	32
7. Rücknahme der Kündigung	37

Verlängerung, Kündigung §11 VVG

B. Norminhalt 38
   I. Vertragsverlängerung (§ 11 Abs. 1 VVG) 38
   II. Kündigungsrecht beider Vertragsparteien bei unbefristeten VV (§ 11 Abs. 2 VVG) 43
   III. Kündigungsfrist (§ 11 Abs. 3 VVG) 46
   IV. Kündigungsrecht des VN bei befristeten Versicherungsverträgen (§ 11 Abs. 4 VVG) 49
C. Abdingbarkeit 52
D. Übersicht: Kündigungsrechte im Versicherungsrecht 53

A. Grundlagen

I. Normzweck

Die Norm dient dem **Schutz des VN vor übermäßig langer Vertragsbindung**. Nach § 11 Abs. 1 VVG kann bei einem zeitlich befristeten VV eine automatische Verlängerung bis zu einem Jahr vereinbart werden. Auf diese Weise soll sichergestellt werden, dass der VN nur für jeweils ein weiteres Jahr gebunden ist, wenn er nicht fristgerecht kündigt. **§ 11 Abs. 2 VVG** begründet bei zeitlich unbefristeten Versicherungsverträgen für beide Vertragsparteien ein ordentliches Kündigungsrecht für den Schluss der laufenden Versicherungsperiode. **§ 11 Abs. 3 VVG** bestimmt zum Schutz des VN, dass vertraglich vereinbarte Kündigungsfristen für beide Vertragsparteien übereinstimmen müssen und nicht weniger als einen Monat und nicht mehr als drei Monate betragen dürfen. **§ 11 Abs. 4 VVG** sieht zugunsten des VN bei zeitlich unbefristeten VV ein ordentliches Kündigungsrecht zum Ende des dritten und jedes folgenden Versicherungsjahres vor. 1

Informationspflichten: Der VR muss den VN vor Vertragsschluss darüber informieren, welche Laufzeit und ggf. Mindestlaufzeit der VV aufweist (§ 1 Abs. 1 Nr. 14 VVG-InfoV) sowie darüber aufklären, wie lange der Versicherungsschutz andauert und unter welchen Bedingungen der VN den VV einseitig beenden kann (§ 1 Abs. 1 Nr. 15 VVG-InfoV). Auch das Produktinformationsblatt muss Hinweise zur Vertragslaufzeit sowie zu den Möglichkeiten einer Beendigung des VV enthalten (§ 4 Abs. 2 Nr. 9 VVG-InfoV). 2

II. VVG-Reform

Die Vorschriften des VVG zur Laufzeit und Kündigung von VV sind im Laufe der letzten 100 Jahre immer wieder geändert worden (Abdruck und Erläuterung der früheren Vorschriften bei BK/*Gruber*, § 8 Rn 1 ff.; vgl. auch VersR-Hdb/*Johannsen*, § 8 Rn 92 ff.; zu den Übergangsvorschriften vgl. 2. Aufl., § 11 Rn 4 f.). § 11 VVG basiert auf **§ 8 Abs. 1 bis 3 VVG a.F.** Im Unterschied zu früher (§ 8 Abs. 3 VVG a.F.) kann sich der VN von einem befristeten VV nach neuem Recht nicht erst nach fünf Jahren, sondern bereits nach **drei Jahren** lösen (§ 11 Abs. 4 VVG). Die früheren Regelungen zum Widerruf und Rücktritt (**§ 8 Abs. 4 bis 6 VVG a.F.**) sind entfallen, da das Widerrufsrecht des VN nunmehr in §§ 8, 152 VVG geregelt ist (s. Begr. BT-Drucks 16/3945, S. 63). 3

Auch nach neuem Recht bleibt es grds. der freien Entscheidung der Vertragsparteien überlassen, für welchen Zeitraum sie einen VV schließen wollen (vgl. die Begr. BT-Drucks 16/3945, S. 48). Das neue VVG legt **keine absolute höchstzulässige Laufzeit** für VV fest 4

Ebers 153

(Beschlussempfehlung des Rechtsausschusses, BT-Drucks 16/5862, S. 98 f.). VV mit einer (vorformulierten) Laufzeit von bis zu drei Jahren sind ohne weiteres zulässig, denn eine solche Laufzeit weicht nicht i.S.d. § 307 Abs. 2 Nr. 1 BGB vom Grundgedanken der in § 11 Abs. 4 VVG getroffenen Regelung ab (zum früheren Recht vgl. BGH, VersR 1995, 1185 [unter I.3.c.]). Versicherungsverträge **mit einer Dauer von mehr als drei Jahren** sind ebenfalls nicht zu beanstanden, denn der VN wird durch das in § 11 Abs. 4 VVG vorgesehene Kündigungsrecht vor einer langfristigen Vertragsbindung geschützt (str.; wie hier *Johannsen*, in: Bruck/Möller, § 11 Rn 14; anders offenbar MüKo/*Kieninger*, 5. Aufl., 2007, § 307 BGB Rn 160; zum früheren Recht vgl. BGHZ 127, 35 = VersR 1994, 1049 [Unzulässigkeit einer Zehnjahresklausel in der Unfallversicherung ohne (!) Kündigungsmöglichkeit]).

III. Systematik der gesetzlichen Kündigungsrechte, Verhältnis des § 11 VVG zu anderen Vorschriften

1. Überblick

5   Die in § 11 Abs. 2 bis 4 VVG geregelten **ordentlichen Kündigungsrechte** werden durch Sonderregelungen verdrängt. **Spezielle Vorschriften** bestehen für die **vorläufige Deckung** (ordentliches Kündigungsrecht beider Vertragsparteien gem. § 52 Abs. 4 VVG), die **Lebens- und Berufsunfähigkeitsversicherung** (ordentliches Kündigungsrecht des VN gem. §§ 168, 176 VVG; kein ordentliches Kündigungsrecht dagegen für den VR, vgl. § 166 Rdn 5; a.A. BK/*Gruber*, § 8 Rn 17) und die **Krankenversicherung** (ordentliches Kündigungsrecht des VN gem. § 205 VVG; Ausschluss der ordentlichen Kündigung des VR gem. § 206 VVG, vgl. aber Rdn 10). Für die ordentliche Kündigung bedarf es regelmäßig keines besonderen Grundes. **Außerordentliche Kündigungsrechte** kommen dagegen in Betracht, wenn ein wichtiger Grund vorliegt, der die Auflösung des VV rechtfertigt (zu den Kündigungsrechten vgl. die Übersicht Rdn 53).

2. Kündigung gem. § 314 BGB

6   Die skizzierten Kündigungsmöglichkeiten werden i.R.d. jeweiligen Kommentierung erörtert. Besondere Hervorhebung verdient an dieser Stelle das Recht zur **Kündigung aus wichtigem Grund (§ 314 BGB)**, das früher von der Rechtsprechung aus den ungeschriebenen Regeln der positiven Vertragsverletzung hergeleitet wurde und durch das Schuldrechtsmodernisierungsgesetz zum 1.1.2002 kodifiziert worden ist. Das Kündigungsrecht nach § 314 BGB tritt bei in Vollzug gesetzten Dauerschuldverhältnissen an die Stelle des Rücktrittsrechts nach §§ 323 ff. BGB (MüKo/*Gaier*, § 314 BGB Rn 3, 11; vgl. BGH, NJW 1987, 2006; str. aber im Verhältnis zu § 324 BGB; MüKo/*Ernst*, § 324 BGB Rn 3).

7   Ein zur Kündigung berechtigender **wichtiger Grund** kann bestehen bei schweren Störungen der Vertrauensgrundlage und vergleichbaren sonstigen Gefährdungen der Durchführung des VV sowie bei weitreichender Verletzung von Schutzpflichten. Ein Verschulden des anderen Teils ist (wie schon nach früherer Rechtslage) weder erforderlich noch ausrei-

chend (vgl. die Regierungsbegründung zum Schuldrechtsmodernisierungsgesetz, BT-Drucks 14/6040, S. 178).

Ein wichtiger Grund für die **Kündigung durch den VN** liegt insb. vor, wenn der VR den Versicherungsschutz verweigert (BGH, VersR 1972, 970), vom Vertrag unberechtigt zurücktritt (OLG Oldenburg, VersR 1995, 819), die Übermittlung des Versicherungsscheins unzumutbar lange hinauszögert (OLG Düsseldorf, VersR 1954, 587, 588) oder in schwerwiegender Weise Beratungs- bzw. Informationspflichten verletzt (vgl. § 6 Rdn 71). Bloße Meinungsverschiedenheiten über die Auslegung des VV reichen dagegen nicht aus (OLG Celle, VersR 1952, 283 f.). Auch eine wirtschaftliche Notlage, verbunden mit dem Risiko, die Eröffnung eines Insolvenzverfahrens beantragen zu müssen, fällt in den Risikobereich des VN und berechtigt diesen grundsätzlich nicht zur außerordentlichen Kündigung (OLG Köln, BeckRS 2011, 26656).

8

Eine **Kündigung durch den VR** kommt nur in Betracht, wenn versicherungsrechtliche Bestimmungen zur außerordentlichen Kündigung **keine abschließende Regelung des Pflichtverstoßes** vorsehen (BGH, VersR 1985, 54 [unter II.3.]; Prölss/Martin/*Armbrüster*, Vor § 11 Rn 7).

9

Für die **private Krankversicherung** ist darüber hinaus im Hinblick auf ihre soziale Funktion ein wichtiger Grund zur Kündigung erst dann gegeben, wenn der VN aus Eigennutz **in besonders schwerwiegender Weise** die Belange des VR verletzt (BGH, VersR 2007, 1260 [unter B.I.2.a.]). Das ist z.B. der Fall, wenn der VN Leistungen erschleicht oder zu erschleichen versucht (BGH, VersR 2012, 219, Rn 29), insb. durch falsche Angaben über die Voraussetzungen eines Entschädigungsanspruchs (BGH, VersR 1985, 54), Einreichen falscher Belege (BGH, VersR 2012, 219, Rn 33; OLG Saarbrücken, VersR 1996, 362; OLG Koblenz, r+s 1995, 234) oder Verschweigen einer bereits erfolgten Schadensregulierung (OLG Köln, VersR 1991, 410). In der Krankheitskostenvollversicherung verbietet § 206 Abs. 1 S. 1 VVG eine außerordentliche Kündigung nur wegen Prämienverzugs; eine Kündigung durch den VR wegen anderer schwerer Vertragsverletzungen des VN ist demgegenüber nach Ansicht des BGH unter den Voraussetzungen des § 314 BGB möglich (BGH, VersR 2012, 219, Rn 13 ff.; a.A. Prölss/Martin/*Voit*, § 206 Rn 7 m.w.N. zum Streitstand). Kündigt der VR den Vertrag aus wichtigem Grund, so verbleibt dem VN immerhin die Möglichkeit des Wechsels in den Basistarif eines anderen VR.

10

> **Beispiele**
> Eine fristlose Kündigung in der **Krankentagegeldversicherung** kann nicht auf § 314 BGB gestützt werden, wenn der VN zwar während einer behaupteten Arbeitsunfähigkeitszeit tatsächlich an wenigen Tagen (nicht vollschichtig) arbeitete, das Vertragsverhältnis jedoch seit Jahrzehnten störungsfrei verlief und der VR sich selbst unredlich verhielt, weil er Detektive beauftragte, ohne zuvor stichhaltige Anhaltspunkte für eine Arbeitsaufnahme des VN zu haben (LG Dortmund, NJW-RR 2010, 1258; vgl. auch BGH, VersR 2009, 1189). Der VR ist berechtigt, eine **Berufsunfähigkeitsversicherung** aus wichtigem Grund zu kündigen, wenn der VN sowohl dem VR als auch den ihn begutachtenden Ärzten gegenüber gesundheitliche Beschwerden vortäuscht, um sich Versicherungsleistungen zu erschleichen (OLG Saarbrücken, VersR 2014, 1491).

§ 11 VVG   Verlängerung, Kündigung

11 Die Kündigung muss innerhalb einer **angemessenen Frist** nach Kenntnis des Kündigungsgrunds ausgesprochen werden, anderenfalls erlischt das Kündigungsrecht nach § 314 Abs. 3 BGB (BGH, VersR 1985, 54, 55; OLG Hamm, VersR 2007, 236, 238; Prölss/Martin/ *Armbrüster*, Vor § 11 Rn 13; a.A. Römer/Langheid/*Rixecker*, § 11 Rn 17).

12 **Praxistipp**
Kündigungsklauseln, die dem VR das Recht zur außerordentlichen Kündigung unterhalb der Schwelle des § 314 BGB einräumen, sind gem. § 307 Abs. 2 Nr. 1 BGB unwirksam (BGH, NJW-RR 2003, 1635 m. Anm. *v. Westphalen*, NJW 2004, 1993, 1997). Auch die im VVG geregelten außerordentlichen Kündigungsrechte dürfen durch AVB nicht umgangen werden. Zulässig ist damit **allein eine transparente Konkretisierung** der bereits gesetzlich bestehenden außerordentlichen Kündigungsrechte, nicht aber die Einräumung neuer außerordentlicher Kündigungsrechte.

3. Weitere Möglichkeiten der Vertragsbeendigung

13 Die Vertragsparteien können sich von einem VV einseitig lösen, so z.B. durch **Widerruf des VN** (§§ 8, 152 VVG), **Anfechtung** (§§ 119 bis 123 BGB), **Vertragsaufhebung im Rahmen eines Schadensersatzanspruchs** (vgl. § 6 Rdn 57; § 7 Rdn 68 ff.) oder durch **Rücktritt des VR** (§ 19 Abs. 2 S. 1 VVG; § 37 Abs. 1 VVG).

14 Ein VV kann ferner durch **einverständliche Vertragsaufhebung** beendet werden. Der Aufhebungsvertrag kann mündlich oder konkludent geschlossen werden (vgl. OLG Hamm, VersR 1985, 853). Ein Angebot auf vorzeitige Vertragsaufhebung bedarf grds. der Annahme durch die andere Partei; **bloßes Schweigen** reicht hierfür i.d.R. nicht aus, auch die Voraussetzungen des § 151 S. 1 BGB liegen regelmäßig nicht vor (BGH, VersR 1987, 923; r+s 1989, 69; vgl. aber OLG Koblenz, r+s 1993, 68 [Schweigen des VN als Annahme eines Angebots auf Vertragsauflösung, wenn der VN in der Vergangenheit beharrlich das Ziel verfolgt hat, sich von dem VV zu lösen]; zur Frage, inwieweit eine unwirksame Kündigung als Angebot zum Abschluss eines Aufhebungsvertrags anzusehen ist, vgl. Rdn 31).

4. Abgrenzung

15 Willenserklärungen des VN, die auf eine Vertragsbeendigung abzielen, müssen in aller Regel **ausgelegt** werden. Erklärt der VN nur ganz allgemein, dass er den VV als beendet betrachte, sind grds. sämtliche in Rdn 5 ff. aufgeführten Vertragslösungsrechte in Betracht zu ziehen. Aber auch ansonsten kann es unter Zugrundelegung des Leitbilds des durchschnittlichen VN (vgl. BGHZ 123, 83 = VersR 1993, 957 [unter III.1.b.]) **nicht auf die Wortwahl** ankommen: Der VN unterscheidet im Allgemeinen nicht zwischen Widerruf, Anfechtung, Rücktritt, Vertragsaufhebung im Rahmen eines Schadensersatzanspruchs, Kündigung und einverständlicher Vertragsaufhebung. Nicht die Wortwahl, sondern die **dem Erklärungsempfänger erkennbare Interessenlage** des Erklärenden sind daher für die Auslegung entscheidend: Widerruf, Anfechtung, Rücktritt und Vertragsaufhebung im Rahmen eines Schadensersatzanspruchs zielen auf die Rückabwicklung des VV (zur Abgrenzung zwischen Widerruf und Anfechtung vgl. § 8 Rdn 25). Kündigung und Vertragsaufhebung kommen dagegen in Betracht, wenn der VN den VV für die Zukunft beenden möchte.

Abgrenzung zwischen Kündigung und Vertragsaufhebung: Eine **Kündigung des VN zum nächstmöglichen Termin** stellt i.d.R. kein Angebot auf einverständliche Vertragsaufhebung dar, denn regelmäßig widerspricht es dem Interesse des VN, „*zu einem Beliebigen, vom Vertragspartner frei wählbaren, ihm selbst aber noch unbekannten Zeitpunkt den Versicherungsschutz durch eine Aufhebung des Vertrags zu verlieren, ohne zugleich und zeitgerecht Vorsorge für anderweitigen (neuen oder auch nur geänderten) Versicherungsschutz treffen zu können*" (BGH, VersR 1999, 576 [zur Kfz-Vollkaskoversicherung]). Eine **verspätete Kündigungserklärung des VN** kann dagegen sehr wohl als Angebot zur vorzeitigen Vertragsbeendigung gedeutet werden, das jedoch der Annahme durch den VR bedarf (BGH, VersR 1987, 923; vgl. auch Rdn 14, 31). 16

Deutlich **höhere Anforderungen** gelten dagegen für **Willenserklärungen des VR**, denn von einem Unternehmer kann besondere juristische Sachkunde verlangt werden. Eine unwirksame Kündigung des VR kann daher nicht als Antrag auf Vertragsaufhebung ausgelegt oder umgedeutet werden, wenn der VR beharrlich den Standpunkt vertritt, seine Kündigung sei wirksam (OLG Hamm, VersR 1985, 853). 17

IV. Kündigung von Versicherungsverträgen – Allgemeine Anforderungen

Für die Kündigung von VV sind nach der Rspr. Besonderheiten zu beachten, die für sämtliche Kündigungsrechte gleichermaßen gelten (ausführlich *Ebnet*, NJW 2006, 1697; *Leverenz*, VersR 1999, 525): 18

1. Kündigungsberechtigter

Zur Kündigung berechtigt sind grds. nur die **Vertragspartner**. Dies gilt auch für die Versicherung für fremde Rechnung; der Versicherte hat kein Kündigungsrecht (§§ 44, 45 VVG; s. dort). In der Lebensversicherung ist nur der VN, nicht aber der Bezugsberechtigte zur Kündigung berechtigt (§ 168 Rdn 7). Das Kündigungsrecht kann zusammen mit den Deckungsansprüchen grds. abgetreten werden (vgl. BGH, NJW 1973, 1793, 1794). Hat der VN sein Kündigungsrecht abgetreten, kann er den VV selbst dann nicht kündigen, wenn der Abtretungsempfänger zur Rückübertragung verpflichtet ist (OLG Karlsruhe, r+s 1992, 325). 19

Mehrere VN müssen **gemeinsam** kündigen (Prölss/Martin/*Armbrüster*, Vor § 11 Rn 16). 20

Die **Kündigung durch Dritte** erfordert ein Handeln im Namen des Vertretenen und Vertretungsbefugnis. 21

Bei **Vertretung des VN** muss nach § 174 S. 1 BGB eine Vollmachtsurkunde im Original oder in notariell beglaubigter Ausfertigung vorgelegt werden; beglaubigte Abschriften, Fotokopien oder Faxe reichen nicht aus (OLG Hamm, VersR 1991, 663; vgl. auch BVerfG, NJW 2007, 3117). Dies gilt auch für den **Versicherungsmakler**, denn der Maklervertrag 22

Ebers

berechtigt nicht ohne weiteres zur Kündigung bestehender VV (OLG Hamm, r+s 1992, 143).

23 **Praxistipp**
Liegt der Kündigungserklärung keine **Vollmachtsurkunde** bei, kann der VR die Kündigung unverzüglich (§ 121 Abs. 1 BGB) zurückweisen; die Kündigung des VN ist dann nach § 174 S. 1 BGB unwirksam. Weist der VR die Kündigungserklärung nicht unverzüglich zurück (z.b., weil sie drei Tage bei dem Sachbearbeiter unbearbeitet liegengeblieben ist), ist die Kündigung dagegen wirksam (OLG Hamm, VersR 1991, 663).

24 Die **Vertretung des VR** ergibt sich zumeist aus dem Handelsregister, sodass eine gesonderte Vollmacht zur Kündigung **i.d.R. nicht erforderlich** ist (LG Baden-Baden, r+s 1993, 90; Römer/Langheid/*Rixecker*, § 11 Rn 9); **anders aber**, wenn ein Prokurist des VR kündigt, der laut Register nur gemeinsam mit einem Vorstandsmitglied zur Vertretung berechtigt ist (AG Rastatt, VersR 2002, 963; vgl. auch LG Saarbrücken, zfs 2006, 99).

2. Zugang der Kündigungserklärung; Erklärungsempfänger

25 Die Kündigung muss dem Vertragspartner zugehen, um wirksam zu werden (§ 130 BGB). Der Erklärende muss den rechtzeitigen Zugang der Kündigung beweisen (zu den Beweisanforderungen s. *Ebnet*, NJW 2006, 1697).

26 **Kündigt der VN**, so genügt nach § 69 Abs. 1 Nr. 2 VVG der Zugang der Kündigungserklärung beim Versicherungsvertreter.

27 **Kündigt der VR**, muss die Kündigung grds. **jedem VN ggü.** erklärt werden, wenn der VV mehrere VN umfasst. Bei Veräußerung einer fremden Sache kann der VR nach § 95 Abs. 3 VVG ggü. dem Veräußerer kündigen, wenn er von dem Eintritt des Erwerbers noch keine Kenntnis hat (vgl. § 95 Rdn 17).

28 Zessionare, Pfandgläubiger, Bezugsberechtigte und Versicherte sind nicht automatisch zur Entgegennahme von Kündigungserklärungen bevollmächtigt (Prölss/Martin/*Armbrüster*, Vor § 11 Rn 20).

3. Form

29 Die Kündigung ist grds. **formfrei**, aus Beweisgründen sollte die Kündigung jedoch schriftlich erfolgen. Eine bestimmte Form ist im VVG nur für die Kündigung durch den VR wegen Zahlungsverzugs mit der Folgeprämie vorgesehen (§ 38 VVG). In der Praxis wird in den AVB zumeist vereinbart, dass Erklärungen des VN schriftlich erfolgen müssen. Dies ist zulässig (arg. ex § 309 Nr. 13 BGB), soweit das Kündigungsrecht nicht durch das VVG zum Schutz des VN zwingend oder halbzwingend ausgestaltet worden ist. Für die ordentliche Kündigung des VN nach § 11 Abs. 2 und 4 VVG kann daher wegen § 18 VVG keine Schriftform vereinbart werden (Prölss/Martin/*Armbrüster*, Vor § 11 Rn 21). Für das Kündigungsrecht des VN in der Lebensversicherung (§ 168 VVG) ist dagegen eine gewillkürte Schrift- oder Textform zulässig (§ 171 VVG).

4. Inhalt

Aus der Kündigungserklärung muss zweifelsfrei hervorgehen, dass sich der Erklärende endgültig für die Zukunft vom Vertrag lösen möchte (zur Auslegung von Kündigungserklärungen vgl. Rdn 15 ff.). Eine **Teilkündigung** ist **regelmäßig unzulässig**, da sie auf eine Vertragsänderung hinausläuft, die grds. nur im Einverständnis beider Vertragspartner erfolgen kann (BGH, VersR 1993, 743). Gesetzliche **Ausnahmen** enthalten §§ 29, 205 Abs. 1 S. 2 und Abs. 5 VVG. Eine Teilkündigung kann auch vertraglich vereinbart werden (vgl. z.B. § 12 Abs. 1 ALB 2012; § 9 Abs. 1 KLV 2008). Hiervon abgesehen ist eine Teilkündigung möglich, wenn mehrere selbstständige VV gebündelt werden, z.b. Kfz-Haftpflicht-, Kasko-, Autoschutzbrief- und Kfz-Unfallversicherung (G.4.1. AKB 2008; vgl. auch BGH, NJW 1986, 1103: Kfz-Haftpflicht- und Kaskoversicherung als selbstständige Verträge). Bei kombinierten (verbundenen) Versicherungen, bei denen in einem einheitlichen VV aufgrund eines einheitlichen Bedingungswerks mehrere Gefahren gedeckt werden (z.B. Hausrats- und Wohngebäudeversicherung), ist eine isolierte Kündigung dagegen unzulässig.

30

5. Umdeutung

Ein nach § 8 VVG **unzulässiger Widerruf** (vgl. OLG Karlsruhe, VersR 2006, 1625 [unter II.2.b.]; LG Berlin, VersR 2002, 695 [zu § 5a VVG a.F.]) oder eine **unwirksame Anfechtung** des VN (OLG Hamm, VersR 1981, 275) können nach § 140 BGB in eine ordentliche oder ggf. auch in eine außerordentliche Kündigung zum nächst möglichen Zeitpunkt umgedeutet werden. Auch eine **unwirksame Kündigung** kann unter den Voraussetzungen des § 140 BGB in ein wirksames Ersatzgeschäft umgedeutet werden (*Bach*, VersR 1977, 881). Nach Auffassung der Rechtsprechung ist eine **unzulässige außerordentliche Kündigung des VN** regelmäßig in eine ordentliche Kündigung umzudeuten (OLG Köln, r+s 1993, 69, 70; OLG Düsseldorf, NVersZ 2001, 571 [unter 2.]; OLG Hamm, VersR 2013, 489, 490). Die **verfrühte oder verspätete Kündigung des VN** wirkt dagegen nach § 140 BGB automatisch zum nächstmöglichen Termin und muss nicht wiederholt werden (str.; vgl. Prölss/Martin/*Armbrüster*, Vor § 11 Rn 25 f.); nach a.A. (BGH, VersR 1987, 923) kann in der verspäteten Kündigung darüber hinaus ein Angebot zur einvernehmlichen vorzeitigen Aufhebung des VV liegen.

31

6. Zurückweisungspflicht des VR

Der VR ist nach h.M. dazu verpflichtet, den VN bei einer unvollständigen, formunwirksamen, verspäteten oder aus einem anderen Grund ungültigen Kündigung **unverzüglich über den Mangel zu belehren**, sobald er diesen hätte erkennen können (BGH, VersR 2013, 305, Rn 27 ff.; OLG Hamm, VersR 2013, 489 f.; OLG Karlsruhe, VersR 2012, 310, 312; OGH, VersR 1991, 367; i.E. *Leverenz*, VersR 1999, 525, 531 f.). Für das neue Recht ergibt sich diese **Rechtsbelehrungspflicht aus § 6 Abs. 4 VVG** (zustimmend MüKo/*Fausten*, § 11 VVG Rn 124; **a.A.** BGH, VersR 2015, 230, Rn 11; Prölss/Martin/*Armbrüster*, Vor § 11 Rn 29: § 242 BGB).

32

33 Rechtsprechung und Literatur stellen an den **Inhalt des Zurückweisungsschreibens strenge Anforderungen**: Der VR darf die Kündigung nicht unkommentiert zurückweisen, sondern muss seinen Vertragspartner über den Unwirksamkeitsgrund aufklären (OLG Koblenz, r+s 1998, 397; LG Köln, r+s 1991, 243). Der VR muss den VN aber nicht über wirksame Kündigungsalternativen informieren (*Rogler*, r+s 2007, 140, 142; **a.A.** LG Saarbrücken, VersR 1965, 945).

34 Die Zurückweisung muss **unverzüglich**, also ohne schuldhaftes Zögern (§ 121 Abs. 1 BGB) erfolgen. Die Gerichte billigen dem VR i.d.r. nur eine kurze Frist von wenigen Tagen (OLG Hamm, VersR 1991, 663) bzw. von einer Woche zu (LG München I VersR 1990, 1378).

35 Die Pflicht des VR, eine unwirksame Kündigung formell zurückzuweisen, **entfällt lediglich**, wenn der VN nicht schutzwürdig ist, z.B. weil er die Unwirksamkeit der Kündigung offensichtlich kennt (vgl. OLG Koblenz, VersR 1999, 875 [unter 1.b.]). Grob fahrlässige Unkenntnis lässt die Rechtsbelehrungspflicht dagegen nicht entfallen (OLG Karlsruhe, r+s 2002, 75, 76; **a.A.** LG Köln, r+s 1991, 243; AG Berlin-Neukölln, VersR 2000, 877). Nach OLG Karlsruhe, r+s 2002, 75, 76 trifft den VR die **Beweislast** für den Zugang des Zurückweisungsschreibens (**a.A.** AG Frankfurt, VersR 1999, 1006; *Ebnet*, NJW 2006, 1697, 1699).

36 Rechtsfolgen: Die **Instanzgerichte** gehen überwiegend davon aus, dass eine (an sich unberechtigte) Kündigung des VN zur Beendigung des Versicherungsverhältnisses führt, wenn der VR seine Zurückweisungspflicht verletzt hat (OLG Düsseldorf, VersR 2004, 996 [unter 3.a.]; OLG Karlsruhe, r+s 2002, 75, 76; LG Köln, r+s 1991, 243; OGH VersR 1991, 367). Nach Ansicht des **BGH** (VersR 2013, 305, Rn 29; r+s 2013, 424, Rn 3) und des **BSG** (r+s 2007, 144) richten sich die Rechtsfolgen der unterlassenen Zurückweisung dagegen nach dem **Schadensersatzrecht** (so auch *Leverenz*, VersR 1999, 525; *Rogler*, r+s 2007, 140, 142 f.). Dem ist zuzustimmen. Da der VR eine Beratungspflicht i.S.d. § 6 Abs. 4 VVG verletzt hat, ist er nach § 6 Abs. 5 VVG so zu stellen, wie er gestanden hätte, wenn der VR auf eine unwirksame Kündigung ordnungsgemäß reagiert hätte (nach **a.A.** liegt eine Verletzung einer vertraglichen Nebenpflicht vor; so BGH, VersR 2013, 305, Rn 29). Abweichend hiervon können AVB natürlich weiterhin vorsehen, dass eine Kündigung wirksam wird, wenn der VR sie nicht unverzüglich zurückweist (so z.B. §§ 28 Nr. 1 VHB 92/84; 20 Nr. 2 AERB 87; 20 Nr. 2 AFB 87).

7. Rücknahme der Kündigung

37 Eine Kündigung kann nicht einseitig zurückgenommen werden. In der „Rücknahme" kann aber ein **Angebot auf Vertragsverlängerung** über den Kündigungstermin hinaus gesehen werden (OLG Karlsruhe, VersR 1981, 646). Der Erklärungsempfänger muss das Angebot zumindest konkludent annehmen, z.B. indem der VR nach dem Kündigungstermin die Prämie weiterhin entgegennimmt (OGH, VersR 1978, 752; nach OLG Köln, VersR 1983, 527 ist die Abbuchung der Versicherungsprämie dagegen ein rein technischer Vorgang, dem für sich allein kein Erklärungswert zukommt).

B. Norminhalt

I. Vertragsverlängerung (§ 11 Abs. 1 VVG)

Zeitlich befristete VV weisen in der Praxis häufig sog. Verlängerungsklauseln auf: Der VV verlängert sich über die vereinbarte Zeit hinaus, wenn er nicht von einer Vertragspartei gekündigt wird. Derartige Verlängerungsklauseln sind zulässig. Nach § 11 Abs. 1 VVG darf sich aber die **Verlängerung nicht auf mehr als ein Jahr** erstrecken. Der durch die VVG-Reform geringfügig geänderte Wortlaut der Vorschrift stellt nunmehr klar, dass die Norm **alle auf bestimmte Zeit geschlossenen Verträge mit Verlängerungsklausel** erfasst und nicht nur VV, die stillschweigend verlängert werden (Begr. BT-Drucks 16/3945, S. 63). 38

Im Unterschied zu früher sind befristete VV mit Verlängerungsklauseln zudem am Maßstab des **§ 11 Abs. 3 VVG** zu kontrollieren (Rdn 46). Die vereinbarten **Kündigungsfristen** müssen daher **für beide Vertragsparteien** übereinstimmen; der VV darf keine Kündigungsfristen von weniger als einem Monat und mehr als drei Monaten vorsehen. 39

Eine vereinbarte Laufzeitverlängerung ist nach § 11 Abs. 1 VVG unwirksam, „soweit" sie sich auf mehr als ein Jahr erstreckt. Ein **Verstoß gegen § 11 Abs. 1 VVG** führt daher nicht zur vollständigen Unwirksamkeit der Klausel, sondern bewirkt nur, dass sich die Verlängerung auf ein Jahr erstreckt (i.Erg. wie hier *Johannsen*, in: Bruck/Möller, § 11 Rn 9). 40

Ist die vereinbarte **Verlängerung zulässig**, bewirkt das **Schweigen** der Vertragsparteien, dass der bisherige VV mit demselben Vertragsinhalt fortgesetzt wird. Es kommt kein neuer VV zustande (BGH, NJW 2002, 2170 [zum Mietrecht]; OLG Saarbrücken, VersR 1989, 245 [zum Versicherungsrecht]; anders die frühere Rspr. zum Mietrecht, vgl. RGZ 86, 60, 62; RGZ 97, 79, 81; BGH, NJW 1975, 40). Daher gelten für den verlängerten VV **weiterhin die ursprünglich vereinbarten AVB**, und zwar selbst dann, wenn der VR inzwischen neue Bedingungen entwickelt hat und diese AVB Neuabschlüssen generell zugrunde legt (OLG Saarbrücken, VersR 1989, 245). Dementsprechend sind auch die vorvertraglichen Informationspflichten (§ 7 VVG) sowie die Anzeigepflichten (§ 19 VVG) nicht bei einer Verlängerung erneut zu erfüllen. 41

Eine **Verlängerungsklausel im Versicherungsschein** kann nach § 5 Abs. 3 VVG unbeachtlich sein, wenn der VN ausdrücklich einen befristeten VV beantragt hat und der VR bei Übersendung des Versicherungsscheins auf die Abweichungen zwischen Antrag und Versicherungsschein nicht hinweist (OLG Frankfurt am Main, zfs 1990, 239). Für die **Kfz-Haftpflichtversicherung** ist die Vertragsverlängerung gesetzlich in § 5 Abs. 5 PflVG geregelt. Hiernach verlängert sich das Versicherungsverhältnis um jeweils ein Jahr, wenn es nicht spätestens einen Monat vor Ablauf schriftlich gekündigt wird. 42

II. Kündigungsrecht beider Vertragsparteien bei unbefristeten VV (§ 11 Abs. 2 VVG)

43 § 11 Abs. 2 VVG regelt für beide Vertragsparteien die ordentliche Kündigung unbefristeter VV. Die Vorschrift betrifft nur VV, die auf **unbestimmte Zeit** eingegangen sind. Das Kündigungsrecht bei befristeten VV mit Verlängerungsklausel richtet sich daher nicht nach § 11 Abs. 2 VVG, sondern nach § 11 Abs. 4 VVG. Sonderregelungen gelten für die Lebens-, Berufsunfähigkeits- und Krankenversicherung (vgl. Rdn 5). Verlängert sich ein ursprünglich befristeter Vertrag mangels gegenteiliger Willensäußerung nach Ablauf der Zeit, **ohne dass ein Verlängerungszeitraum** bestimmt wäre, **wandelt sich** das Versicherungsverhältnis jedoch in eine Versicherung auf unbestimmte Zeit (OGH, VersR 2003, 90; zustimmend Prölss/Martin/*Armbrüster*, § 8 Rn 5; Rüffer/Halbach/Schimikowski/*Muschner*, § 11 Rn 41).

44 Die ordentliche Kündigung ist nach **§ 11 Abs. 2 S. 1 VVG** für beide Vertragsparteien **nur für den Schluss der laufenden Versicherungsperiode** (§ 12 VVG; s. dort) möglich; hiervon darf nicht zum Nachteil des VN abgewichen werden (§ 18 VVG). Vertragliche Vereinbarungen zur Kündigungsfrist müssen darüber hinaus § 11 Abs. 3 VVG entsprechen. Für die Ausübung des Kündigungsrechts gelten i.Ü. die allgemeinen Anforderungen (vgl. Rdn 18 ff.).

45 Nach **§ 11 Abs. 2 S. 2 VVG** können die Vertragsparteien einvernehmlich bis zur Dauer von zwei Jahren auf eine Kündigung verzichten. Eine solche Vereinbarung kann nur durch Individualabrede („einvernehmlich") getroffen werden (**a.A.** Prölss/Martin/*Armbrüster*, § 11 Rn 6; Looschelders/Pohlmann/*Schneider*, § 11 Rn 39). Von § 11 Abs. 2 S. 2 VVG darf nicht zum Nachteil des VN abgewichen werden (§ 18 VVG).

III. Kündigungsfrist (§ 11 Abs. 3 VVG)

46 Nach § 11 Abs. 3 VVG müssen die **vereinbarten Kündigungsfristen** für beide Vertragsparteien übereinstimmen. Hierdurch soll eine Übervorteilung des VN durch unterschiedliche Fristen vermieden werden (vgl. den Abschlussbericht der VVG-Reformkommission, 1.2.2.7.2.). Die Vorschrift stimmt mit § 8 Abs. 2 S. 2 VVG a.F. überein. Durch die Verlagerung in einen gesonderten Absatz wird klargestellt, dass sich der Anwendungsbereich der Vorschrift nicht nur auf unbefristete VV erstreckt (so die h.M. zum früheren Recht, vgl. BK/*Gruber*, § 8 Rn 10), sondern **auch auf befristete Verträge** (Begr. BT-Drucks 16/3945, S. 63).

47 Die Frist darf nicht kürzer als einen Monat und nicht länger als drei Monate sein. Insoweit sichert die Regelung dem VN einen gewissen Zeitraum für die Suche nach neuem Versicherungsschutz und verhindert zugleich eine Bindung durch unangemessen lange Kündigungsfristen von mehr als drei Monaten (vgl. Abschlussbericht der VVG-Reformkommission, 1.2.2.7.2.).

48 Treffen die Vertragsparteien **keine Vereinbarung zur Kündigungsfrist**, kann mit einmonatiger Frist zum Ende der Versicherungsperiode gekündigt werden (*Möller*, in: Bruck/Möller, 8. Aufl., § 8 Anm. 16; *Johannsen*, in: Bruck/Möller, 9. Aufl., § 11 Rn 10).

IV. Kündigungsrecht des VN bei befristeten Versicherungsverträgen (§ 11 Abs. 4 VVG)

Ein VV, der über eine Dauer von mehr als drei Jahren geschlossen worden ist, kann vom VN nach § 11 Abs. 4 VVG zum Ende des dritten oder jedes folgenden Versicherungsjahres gekündigt werden. Die Regelung kann nicht zum Nachteil des VN abbedungen werden (§ 18 VVG). In der Lebens- und Berufsunfähigkeitsversicherung wird § 11 Abs. 4 VVG durch die §§ 168, 176 VVG verdrängt (vgl. Rdn 5 und § 168 Rdn 4). Die Vorschrift regelt nur die Kündigung von Verträgen mit längerer Laufzeit als drei Jahren, gibt aber keine absolute Höchstlaufzeit vor (vgl. Rdn 4). 49

Ob ein VV **über eine Dauer von mehr als drei Jahren** geschlossen worden ist, bemisst sich nach der **formellen Vertragsdauer** (zum Begriff § 2 Rdn 6), nicht jedoch nach dem Zeitraum, für den Versicherungsschutz gewährt wird (Prölss/Martin/*Armbrüster*, § 11 Rn 8). Das Kündigungsrecht besteht zum Schluss des dritten und jeden darauffolgenden Jahres. Die **Kündigungsfrist** beträgt drei Monate. Für die Ausübung des Kündigungsrechts gelten die allgemeinen Anforderungen (Rdn 18 ff.). 50

Im Unterschied zu früher (vgl. § 8 Abs. 3 VVG a.F.) besteht bei befristeten VV **kein ordentliches gesetzliches Kündigungsrecht zugunsten des VR**. Der VR kann sich aber ein den Vorschriften der Abs. 2 und 3 entsprechendes Recht in seinen AVB vorbehalten (Begr. BT-Drucks 16/3945, S. 63). In der Lebens-, Berufsunfähigkeits- und Krankenversicherung ist dies jedoch nicht möglich (vgl. § 166 Rdn 5). 51

C. Abdingbarkeit

§ 11 Abs. 1 VVG ist unabdingbar. § 11 Abs. 2 bis 4 können **nicht zum Nachteil des VN** abbedungen werden (§ 18 VVG). In AVB getroffene Vereinbarungen über die Laufzeit, Verlängerung und Kündigung eines VV sind darüber hinaus am Maßstab der §§ 305 ff. BGB zu messen (zu Laufzeitklauseln vgl. Rdn 4, zu Kündigungsklauseln Rdn 12). 52

D. Übersicht: Kündigungsrechte im Versicherungsrecht

Seit der VVG-Reform stellt sich das System der gesetzlichen Kündigungsrechte – schematisch vereinfacht – wie folgt dar: 53

Ordentliche Kündigungsrechte

- Beiderseitiges Kündigungsrecht bei unbefristeten Versicherungsverträgen (§ 11 Abs. 2 VVG; bei vorläufiger Deckung § 52 Abs. 4 VVG)
- Kündigungsrecht des VN bei befristeten Versicherungsverträgen (§ 11 Abs. 4 VVG)
- Kündigungsrecht des VN in der Lebens- und Berufsunfähigkeitsversicherung (§§ 168, 176 VVG)
- Kündigungsrecht des VN in der Krankenversicherung (§ 205 VVG)

Außerordentliche Kündigungsrechte
- Beiderseitiges Kündigungsrecht
  - Kündigung aus wichtigem Grund (§ 314 BGB)
  - Kündigung nach Versicherungsfall in der Sachversicherung (§ 92 VVG) und Haftpflichtversicherung (§ 111 VVG)
- Kündigungsrecht des VR wegen Verletzung vorvertraglicher Anzeigepflichten (§ 19 Abs. 3 S. 2 VVG), Gefahrerhöhung (§ 24 VVG), Obliegenheitsverletzung (§ 28 Abs. 1 VVG; für die laufende Versicherung s. § 58 Abs. 2 VVG), Zahlungsverzugs bei Folgeprämie (§ 38 Abs. 3 VVG), Verletzung der Anmeldepflicht bei laufender Versicherung (§ 54 Abs. 2 VVG), nach Veräußerung der versicherten Sache (§ 96 Abs. 1 VVG)
- Kündigungsrecht des VN wegen Prämienerhöhung oder Reduzierung des Versicherungsschutzes (§§ 19 Abs. 6 S. 1, 25 Abs. 2, 40 VVG), bei teilweiser Kündigung durch den VR (§ 29 Abs. 2 VVG), bei Leistungsverweigerung des VR (§ 56 Abs. 2 VVG laufende Versicherung; § 131 Abs. 2 VVG Transportversicherung)
- Kündigungsrecht des Erwerbers einer versicherten Sache (§ 96 Abs. 2 VVG)

§ 12 VVG   Versicherungsperiode

Als Versicherungsperiode gilt, falls nicht die Prämie nach kürzeren Zeitabschnitten bemessen ist, der Zeitraum eines Jahres.

1   § 12 VVG trifft keine Regelung zur Fälligkeit der Prämie, sondern zur **Dauer der Versicherungsperiode**. Versicherungsperiode ist der Zeitabschnitt, nach welchem die Prämie bemessen wird (Motive, S. 84). Die Versicherungsperiode ist i.d.R. nicht mit dem Kalenderjahr identisch. Die Dauer der Versicherungsperiode kann in unterschiedlichen Zusammenhängen relevant werden, so insb. bei vorzeitiger Auflösung eines VV (vgl. §§ 11 Abs. 2 S. 1, 29 Abs. 2 S. 2, 39 Abs. 1 S. 1, 92 Abs. 2 S. 3 und Abs. 3, 96 Abs. 2 S. 1, 165 Abs. 1 S. 1 und Abs. 3 VVG).

2   Nach § 12 VVG beträgt die Versicherungsperiode **ein Jahr**, es sei denn, die Prämie wird nach kürzeren Zeitabschnitten bemessen (z.B. in Form einer Monatsprämie). Inwieweit eine kürzere Versicherungsperiode vereinbart ist, bemisst sich nicht nur nach der vereinbarten Zahlungsweise, sondern auch nach der vereinbarten Bemessungsgrundlage für die Prämie (*Johannsen*, in: Bruck/Möller, § 12 Rn 3). Haben die Parteien eine **unterjährige Ratenzahlung** vereinbart, so liegt darin keine ggü. § 12 VVG abweichende kürzere Bemessung der Versicherungsperiode (OLG Köln, r+s 1992, 260; *Hadding*, VersR 2010, 697, 699). Eine vertraglich vereinbarte unterjährige Zahlungsweise von Versicherungsprämien ist auch **keine Kreditgewährung** in Form eines entgeltlichen Zahlungsaufschubs i.S.d. § 506 Abs. 1 BGB (BGHZ 196, 150 = VersR 2013, 341; § 8 Rdn 7; a.A. Voraufl., § 12 Rn 4 ff.). Dem VN steht daher kein Widerrufsrecht nach Verbraucherkreditrecht zu.

3   Die Versicherungsperiode kann von den Vertragsparteien **grds. frei** vereinbart werden, denn § 12 VVG wird in § 18 VVG nicht erwähnt. Die Vorschrift ist **jedoch halbzwingend**,

wenn der Begriff der Versicherungsperiode in anderen halbzwingenden Vorschriften verwendet wird (vgl. zum früheren Recht OLG Hamm, VersR 1981, 725 [zu § 40 Abs. 1 a.F. = § 39 Abs. 1 n.F.]).

§ 13 VVG Änderung von Anschrift und Name

(1) Hat der Versicherungsnehmer eine Änderung seiner Anschrift dem Versicherer nicht mitgeteilt, genügt für eine dem Versicherungsnehmer gegenüber abzugebende Willenserklärung die Absendung eines eingeschriebenen Briefes an die letzte dem Versicherer bekannte Anschrift des Versicherungsnehmers. Die Erklärung gilt drei Tage nach der Absendung des Briefes als zugegangen. Die Sätze 1 und 2 sind im Fall einer Namensänderung des Versicherungsnehmers entsprechend anzuwenden.

(2) Hat der Versicherungsnehmer die Versicherung in seinem Gewerbebetrieb genommen, ist bei einer Verlegung der gewerblichen Niederlassung Absatz 1 Satz 1 und 2 entsprechend anzuwenden.

Übersicht

	Rdn
A. Normzweck	1
B. Norminhalt	4
I. Zugangsfiktion nach § 13 VVG	4
II. Zugang nach allgemeinen Regeln	9
C. Rechtsfolgen	12
D. Prozessuales	13
E. Abdingbarkeit	15

A. Normzweck

§ 13 VVG enthält – abweichend von § 130 BGB – zugunsten des VR eine **gesetzliche Zugangsfiktion**, um den rationellen Betrieb im Massengeschäft zu erleichtern: Sendet der VR seine Willenserklärung in Form eines eingeschriebenen Briefs an die ihm zuletzt bekannte Anschrift des VN, so „gilt" diese Willenserklärung nach § 13 Abs. 1 S. 2 VVG drei Tage nach Absendung bei dem VN als zugegangen. Auf diese Weise soll verhindert werden, dass der VR „*erforderliche Willenserklärungen gegenüber dem Versicherungsnehmer nicht abgeben kann, weil er dessen Anschrift nicht kennt*" (BGH, VersR 1990, 881 [unter II.3.]). 1

§ 13 VVG entspricht § **10 VVG a.F.**: Im Unterschied zu früher stellt § 13 Abs. 1 S. 2 VVG für den Zugang jedoch nicht mehr auf die regelmäßige Beförderung des eingeschriebenen Briefs ab, sondern auf den Ablauf der Dreitagesfrist, um Streitigkeiten über die Dauer der regelmäßigen Beförderung auszuschließen. § 13 Abs. 1 S. 3 VVG ist neu hinzugefügt worden, da Namensänderungen in den letzten Jahrzehnten zugenommen haben (Begr. BT-Drucks 16/3945, S. 63). 2

3 § 13 VVG ist als **Ausnahmevorschrift** zu § 130 BGB **eng auszulegen**, eine analoge, erweiternde Anwendung zugunsten des VR kommt daher grds. nicht in Betracht (*Römer/ Langheid*, 2. Aufl., 2003, § 10 Rn 1).

B. Norminhalt

I. Zugangsfiktion nach § 13 VVG

4 § 13 Abs. 1 S. 1 VVG setzt voraus, dass sich die **Anschrift** des VN **geändert** hat. Der VN muss seine Wohnung aufgegeben und in eine andere Wohnung gezogen sein. Auf **Fälle vorübergehender Abwesenheit** ist § 13 VVG nicht anwendbar, die Willenserklärung des VR kann jedoch nach allg. Regelungen zugegangen sein (BGH, VersR 1971, 262; VersR 1996, 742). Ist die Anschrift des VN bereits bei Vertragsschluss unrichtig gewesen, kommt eine (analoge) Anwendung des § 13 VVG ebenfalls nicht in Betracht, denn die Vorschrift setzt eine nachträgliche Adressenänderung voraus und ist als Ausnahmevorschrift grds. eng auszulegen (wie hier OGH, VersR 1984, 794, 795; *Johannsen*, in: Bruck/Möller, § 13 Rn 4; **a.A.** Prölss/Martin/*Armbrüster*, § 13 Rn 5).

5 Der Anschriftenänderung gleichgestellt sind Fälle, in denen sich der **Name** (**§ 13 Abs. 1 S. 3 VVG**) oder die **gewerbliche Niederlassung** (**§ 13 Abs. 2 VVG**) des VN geändert haben.

6 Der VR kann sich auf die gesetzliche Zugangsfiktion nur dann berufen, wenn der VN eine **rechtzeitige Mitteilung** unterlassen hat. Auf ein Verschulden des VN kommt es nicht an. Eine neue Anschrift im Briefkopf kann als Mitteilung ausreichen (Prölss/Martin/*Armbrüster*, § 13 Rn 9). Der VR muss sich die **Kenntnis eines Versicherungsvertreters** nach § 70 VVG zurechnen lassen und kann sich auf § 13 VVG auch dann nicht berufen, wenn er auf andere Weise von der Änderung der Anschrift Kenntnis erlangt hat (BGH, VersR 1990, 881 [unter II.3.]).

7 Die Zugangsfiktion setzt ferner voraus, dass der VR seine Willenserklärung mit einem **eingeschriebenen Brief** an die **letzte dem VR bekannte Adresse** versendet hat. § 13 VVG ist auf einfache Briefe nicht entsprechend anwendbar (OLG Hamburg, VersR 1980, 38).

8 Die Zugangsfiktion erstreckt sich auf **Willenserklärungen** des VR (wie z.B. Rücktritt, Kündigung, Anfechtung) sowie auf **rechtsgeschäftsähnliche Handlungen** (wie z.B. Mahnung oder Leistungsablehnung; BGH, VersR 1975, 365 [unter III.]). Erfasst werden jedoch nur Erklärungen des VR **nach Vertragsschluss** (LG Bonn, r+s 90, 42; OGH, VersR 68, 610; vgl. auch OLG Hamm, VersR 1978, 1107), die Vorschrift findet daher **keine Anwendung** auf die Zusendung von Erklärungen (z.B. Versicherungsscheinen), mit denen der Antrag des VN erst angenommen werden soll (str.; wie hier *Römer/Langheid*, 2. Aufl., 2003, § 10 Rn 2; **a.A.** [für eine analoge Anwendung] Prölss/Martin/*Armbrüster*, § 13 Rn 8; MüKo/*Fausten*, § 13 VVG Rn 19 ff.).

II. Zugang nach allgemeinen Regeln

Sind die Tatbestandsmerkmale des § 13 VVG nicht erfüllt, richtet sich der **Zugang nach den allgemeinen Regeln** (BGH, VersR 1971, 262). **Zugegangen** ist eine Willenserklärung, sobald sie derart in den Machtbereich des Empfängers gelangt ist, dass bei Annahme gewöhnlicher Verhältnisse damit zu rechnen ist, er könne von ihr Kenntnis erlangen (BGHZ 67, 271 = NJW 1977, 194).

> **Praxistipp**
> Erhält der VN einen **Benachrichtigungsschein**, dass eine Sendung per Einschreiben beim Postamt hinterlegt worden ist, reicht dies für den Zugang nicht aus, denn die Benachrichtigung weist nur auf das Bereitliegen zur Abholung hin, enthält aber keinen Hinweis auf den Absender, sodass der Empfänger nicht weiß, um was es geht (BGH, NJW 1998, 976, 977 [unter II.1.]; OLG Köln, VersR 2006, 1212 [unter II.1.]).

Den VN trifft keine allgemeine Pflicht, **Empfangsvorkehrungen** für Erklärungen zu treffen (BGH, VersR 1971, 262; VersR 1996, 742). Der VR muss nach Kenntnis des nicht erfolgten Zugangs i.d.R. einen **erneuten Zustellungsversuch** unternehmen (OLG Köln, VersR 2006, 1212). Nach **§ 242 BGB** muss sich der VN jedoch in bestimmten Fällen so behandeln lassen, als ob ihm die Erklärung zugegangen sei, so z.B., wenn er den **Zugang bewusst vereitelt oder verzögert** hat oder wenn er mit dem Eingang rechtsgeschäftlicher Erklärungen rechnen muss und nicht dafür sorgt, dass diese ihn erreichen (BGH, NJW 1998, 976, 977 [unter II.2.]). Letzteres ist bspw. nach Absendung einer Schadensanzeige an den VR der Fall.

C. Rechtsfolgen

Sind die Voraussetzungen des § 13 Abs. 1 S. 1 VVG erfüllt, greift nach **§ 13 Abs. 1 S. 2 VVG** als Rechtsfolge eine Zugangsfiktion: Die Erklärung gilt drei Tage nach Absendung des Briefes als zugegangen.

D. Prozessuales

Der VR muss für die **Zugangsfiktion (§ 13 Abs. 1 S. 2 VVG)** nicht beweisen, dass das Schriftstück unter der alten Anschrift zugestellt wurde (OGH, VersR 1978, 431); es genügt, wenn der VR die Absendung des eingeschriebenen Briefs und das Verstreichen der Dreitagesfrist beweist. Der VN muss demgegenüber substantiiert darlegen, dass und wie er den VR über seine neue Anschrift informiert hat (vgl. *Johannsen*, in: Bruck/Möller, § 13 Rn 11).

Richtet sich der **Zugang nach den allgemeinen Regeln**, so ist grds. der **VR** für den Zugang bzw. den Zeitpunkt des Zugangs **beweispflichtig** (BGHZ 24, 308). Die Absendung einer Willenserklärung begründet **keinen Beweis des ersten Anscheins**, denn es bestehen keine Erfahrungssätze, in welcher Zeit Postsendungen den Empfänger zu erreichen pflegen (BGH, VersR 1964, 375; OLG Hamm, VersR 1973, 147).

E. Abdingbarkeit

15 Die Vorschrift ist **dispositiv**, bei AVB sind aber die Vorgaben des BGB zu beachten: Nach § 308 Nr. 6 BGB ist eine in AVB getroffene Zugangsfiktion unwirksam, wenn es sich um Erklärungen „von besonderer Bedeutung" handelt. Nach § 309 Nr. 12 BGB sind AVB unwirksam, die die Beweislast im Zusammenhang mit dem Zugang von Erklärungen für den VN nachteilig ändern.

§ 14 VVG Fälligkeit der Geldleistung

(1) Geldleistungen des Versicherers sind fällig mit der Beendigung der zur Feststellung des Versicherungsfalles und des Umfanges der Leistung des Versicherers notwendigen Erhebungen.

(2) Sind diese Erhebungen nicht bis zum Ablauf eines Monats seit der Anzeige des Versicherungsfalles beendet, kann der Versicherungsnehmer Abschlagszahlungen in Höhe des Betrags verlangen, den der Versicherer voraussichtlich mindestens zu zahlen hat. Der Lauf der Frist ist gehemmt, solange die Erhebungen infolge eines Verschuldens des Versicherungsnehmers nicht beendet werden können.

(3) Eine Vereinbarung, durch die der Versicherer von der Verpflichtung zur Zahlung von Verzugszinsen befreit wird, ist unwirksam.

Übersicht

	Rdn
A. Grundlagen	1
I. Normzweck	1
II. Anwendungsbereich	5
B. Norminhalt	7
I. Fälligkeit von Geldleistungen des Versicherers (§ 14 Abs. 1 VVG)	7
1. Geldleistungen – Fälligkeit anderer Leistungen des Versicherers	7
2. Notwendige Erhebungen	10
3. Beendigung der Erhebungen	12
4. Mitwirkung des Versicherungsnehmers	14
5. Behördliche Ermittlungsverfahren	17
II. Anspruch des Versicherungsnehmers auf Abschlagszahlungen (§ 14 Abs. 2 VVG)	22
III. Anspruch des VN auf Verzugszinsen (§ 14 Abs. 3 VVG)	27
C. Rechtsfolgen	28
I. Allgemeine Rechtsfolgen	28
II. Ansprüche des Versicherungsnehmers aus Verzug (§ 286 BGB)	29
1. Voraussetzungen des Verzugs	30
a) Nichtleistung trotz Fälligkeit	30
b) Mahnung	31
c) Vertretenmüssen der Nichtleistung	32
d) Beweislast	33
2. Rechtsfolgen des Verzugs	34
a) Schadensersatz gem. §§ 280 Abs. 1 bis 2, 286 BGB	34
b) Gesetzliche Verzugszinsen gem. § 288 BGB	35
c) Sonstiges	36
D. Abdingbarkeit	37

A. Grundlagen

I. Normzweck

Die Vorschrift trägt dem **Interesse des VR** Rechnung, nach Eintritt des Versicherungsfalls prüfen zu können, ob und in welcher Höhe er zur Leistung verpflichtet ist. Geldleistungen des VR werden daher nicht „sofort" (§ 271 Abs. 1 BGB) mit Eintritt des Versicherungsfalls fällig, sondern nach **§ 14 Abs. 1 VVG** erst mit Beendigung der „notwendigen Erhebungen". 1

Auch das **Interesse des VN** an einer zügigen Durchsetzung seines Leistungsanspruchs wird berücksichtigt: Die Rechtsprechung fingiert die Fälligkeit, wenn der VR keine oder keine notwendigen Erhebungen anstellt oder die Erhebungen ohne Grund in die Länge zieht (Rdn 13). **§ 14 Abs. 2 VVG** räumt dem VN zudem einen Anspruch auf Abschlagszahlungen ein, wenn die Erhebungen nicht nach Ablauf eines Monats seit Anzeige des Versicherungsfalls beendet worden sind. 2

Hat der VR trotz Fälligkeit nicht geleistet, kommt er unter den zusätzlichen Voraussetzungen des **§ 286 BGB in Verzug** und hat den entstandenen Schaden zu ersetzen (Rdn 29 ff.); dieser umfasst nach **§ 14 Abs. 3 VVG** zwingend die gesetzlichen Verzugszinsen nach §§ 288, 247 BGB. Für die Sachversicherung gilt darüber hinaus § 91 VVG (vgl. auch Rdn 29). 3

Der VN kann vor Eintritt der Fälligkeit seine Ansprüche gegen den VR nicht im Wege der Klage durchsetzen. Auch die 3-jährige Verjährungsfrist (§ 195 BGB) beginnt frühestens mit Eintritt der Fälligkeit zu laufen (§ 15 Rdn 8). 4

II. Anwendungsbereich

§ 14 VVG ist **nur** auf **Geldleistungen** anwendbar. Die Fälligkeit anderer Leistungen des VR bestimmt sich dagegen nach anderen Maßstäben (vgl. Rdn 7). 5

Ungeklärt ist, ob § 14 VVG auf **Direktansprüche Dritter** (§ 115 VVG, § 3 Nr. 1 PflVG a.F.) angewendet werden kann (offengelassen von BGH, VersR 2009, 128, Rn 10). Nach einer Ansicht betrifft § 14 VVG nur das Vertragsverhältnis zwischen VN und VR, § 14 VVG soll daher nicht auf Direktansprüche anwendbar sein (*Römer/Langheid*, 2. Aufl., 2003, § 11 Rn 2; i.Erg. auch OLG Saarbrücken, NZV 1991, 312, 313). Gegen diese Auffassung spricht indessen, dass auch dem Pflichtversicherer eine angemessene Frist zur Prüfung des Versicherungsfalls zuzubilligen ist (*Hasse*, NVersZ 2000, 497, 500). Die Vorschrift gilt daher auch, wenn Dritte Ansprüche aufgrund einer Pflichtversicherung erheben (KG Berlin, VersR 2009, 1262; Römer/Langheid/*Rixecker*, § 14 Rn 4; Looschelders/Pohlmann/*Schneider*, § 14 Rn 8; wiederum anders Prölss/Martin/*Armbrüster*, § 14 Rn 6: Der VR kommt vor Abschluss der notwendigen Erhebungen jedenfalls mangels Verschulden nicht in Verzug). 6

B. Norminhalt

I. Fälligkeit von Geldleistungen des Versicherers (§ 14 Abs. 1 VVG)

1. Geldleistungen – Fälligkeit anderer Leistungen des Versicherers

7 Nach § 14 Abs. 1 VVG werden Geldleistungen des VR mit Beendigung der notwendigen Erhebungen fällig. Die Vorschrift ist nur auf **Geldleistungen** anwendbar. Die **Fälligkeit anderer Leistungen des VR**, die nicht in Geld bestehen, bestimmt sich nicht nach § 14 VVG, sondern nach den sonstigen Regelungen des VVG, den Parteivereinbarungen sowie § 271 BGB (vgl. Begr. BT-Drucks 16/3945, S. 63). Nicht unter die Vorschrift fallen ferner Zahlungsansprüche, die keinen Zusammenhang mit einem Erhebungen erfordernden Versicherungsfall haben, so insb. Ansprüche auf Prämienrückerstattungen oder auf Verzugszinsen (OLG Oldenburg, VersR 2013, 845, 846; Römer/Langheid/*Rixecker*, § 14 Rn 2). Gleiches gilt für die Erstattung eines Rückkaufswerts einer Lebensversicherung (OLG Oldenburg, VersR 2013, 845, 846; Prölss/Martin/*Armbrüster*, § 14 Rn 1; **a.A.** Looschelders/Pohlmann/*Schneider*, § 14 Rn 6).

8 In der **Haftpflichtversicherung** umfasst der Versicherungsschutz die Prüfung der Haftpflichtfrage, die Abwehr unberechtigter Schadensersatzansprüche und die Freistellung des VN von berechtigten Schadensersatzverpflichtungen (§ 100 VVG; Ziff. 5.1. AHB 2014). Alle drei Leistungspflichten sind **Teil einer einheitlichen Vertragspflicht** und unterliegen **einer gemeinsamen Verjährung** (BGH, NJW 1960, 1346; VersR 2004, 1043 [unter II.1.]). Die Ansprüche werden fällig, wenn der VN ernsthaft von einem Dritten wegen eines im Deckungsbereich des VV liegenden Schadenereignisses auf Ersatz in Anspruch genommen wird (BGH, VersR 1976, 477 [unter III.4.]). Dies ist nicht erst dann der Fall, wenn der Dritte gerichtliche Schritte zur Durchsetzung seines Anspruchs ergriffen hat; es genügt vielmehr die **außergerichtliche Aufforderung** zur Zahlung von Schadensersatz oder zur Anerkennung der Schadensersatzforderung (BGH, VersR 2004, 1043 [unter II.1.a.]; OLG Karlsruhe, VersR 2006, 538 [unter II.]). Für die Fälligkeit von Freistellungsansprüchen gilt i.Ü. § 106 VVG (s. § 106 Rdn 42).

9 In der **Rechtsschutzversicherung** hat der VR nach Eintritt des Versicherungsfalls für die Wahrnehmung der rechtlichen Interessen des VN zu sorgen (§ 125 VVG; Ziff. 1 ARB 2012). Die **Pflicht zur Sorgeleistung** wird fällig, wenn sich die Notwendigkeit der Wahrnehmung der rechtlichen Interessen des VN so konkret abzeichnet, dass er mit der Entstehung entsprechender Kosten rechnen muss (OLG Hamburg, VersR 1999, 1012; OLG Hamm, r+s 1999, 28; OLG Köln, VersR 1991, 295; **a.A.** OLG Frankfurt am Main, VersR 1991, 66). Der **Anspruch auf Kostenerstattung** wird fällig, wenn der VN wegen der Kosten in Anspruch genommen wird (BGH VersR 2006, 404 [unter III.1.b.]; VersR 1999, 706 [unter 2.b.]). Hat der VN die Kostenschuld bereits beglichen, **wandelt** sich sein Befreiungsanspruch **in einen Zahlungsanspruch** um; ein früherer Eintritt der Fälligkeit (und Verjährung) ist damit aber nicht verbunden, es kommt allein auf den Zeitpunkt der Inanspruchnahme des VN wegen der Kosten an (BGH VersR 2006, 404 [unter III.1.b.]).

Da es in der Rechtsschutzversicherung **keinen generellen, einheitlichen Anspruch** auf Versicherungsschutz gibt, können die Fälligkeit und damit die Verjährung der Ansprüche auseinanderfallen. Ist der allgemeine Anspruch auf Sorgeleistung verjährt, kann der VR aber später entstandenen Einzelansprüchen auf Kostenerstattung mit der Verjährungseinrede begegnen (OLG Hamm, VersR 1997, 231; OLG Karlsruhe, VersR 1992, 735; **a.A.** OLG Stuttgart, VersR 1992, 954; *Wegener*, VersR 1991, 1121).

2. Notwendige Erhebungen

Notwendige Erhebungen sind Maßnahmen, die ein durchschnittlich sorgfältiger VR des entsprechenden Versicherungszweigs anstellen muss, um den Versicherungsfall, seine Leistungspflicht und den Umfang der von ihm zu erbringenden Leistungen zu prüfen und abschließend festzustellen (OLG Saarbrücken, r+s 2006, 385, 386; OLG Karlsruhe, r+s 1993, 443). Die Prüfung erstreckt sich nicht nur darauf, ob und in welchem Umfang der VR zur Leistung verpflichtet ist, sondern umfasst auch die Frage, wem ggü. die Leistungspflicht besteht (OLG Saarbrücken, VersR 2004, 1301). Zu den notwendigen Erhebungen gehört auch die – durch konkrete Anhaltspunkte veranlasste – Prüfung der Vertragswirksamkeit und damit die Frage, ob Gründe für einen Rücktritt oder eine Anfechtung wegen Verletzung vorvertraglicher Anzeigepflichten vorliegen (OLG Hamm, VersR 2015, 1497).

10

Liegen die erforderlichen Unterlagen dem VR vor, ist diesem noch eine gewisse **Überlegungsfrist** zuzugestehen. Dem VR obliegt aber eine **Beschleunigungspflicht**; er ist verpflichtet, den Versicherungsfall zügig zu prüfen und über seine Leistungspflicht alsbald zu entscheiden (OLG München, VersR 1965, 173; OLG Frankfurt am Main, VersR 1986, 1009; OLG Saarbrücken, VersR 1996, 1494 [unter II.1.]), i.d.R. sind **zwei bis drei Wochen ausreichend** (BGH, VersR 1974, 639 [unter I.1.]; OLG Hamburg, VersR 1967, 392; OLG Saarbrücken, r+s 2006, 385, 386). Bei einem zweifelhaften Versicherungsfall ist eine Prüfung der Leistungspflicht über mehrere Monate statthaft (OLG Schleswig, VersR 1996, 93). Bei Großschäden ist dagegen zu berücksichtigen, dass allein durch Zeitablauf bei der Schadensfeststellung erhebliche zusätzliche Schäden auftreten können, daher ist eine zügige Bearbeitung geboten (OLG Hamm, VersR 1994, 717; VersR 1987, 602).

11

3. Beendigung der Erhebungen

Die Leistung des VR wird mit **Beendigung der Erhebungen** fällig. Die Erhebungen sind beendet, wenn der VR erklärt, die Leistungspflicht ganz oder teilweise anzuerkennen. Gleiches gilt bei einer endgültigen Deckungsablehnung; lehnt der VR die geschuldete Geldleistung zu Unrecht ab, wird die Leistung mit Zugang des Schreibens über die **endgültige Deckungsablehnung** fällig (BGH, VersR 1990, 153; VersR 2002, 472 [unter 1.c.]; VersR 2007, 537 [unter II.2.b.]). Nach a.A. (OLG Köln, NVersZ 2001, 34, 36 [unter III.1.]) genügt der Antrag des VR auf Klageabweisung zum Eintritt der Fälligkeit. Nach OLG Köln (OLG Köln, VersR 1987, 1210) ist von einer Beendigung der Erhebungen selbst dann auszugehen, wenn die Deckungsablehnung mit einem Vergleichsangebot einhergeht. Der

12

VR kann nach endgültiger Deckungsablehnung nicht mehr die Durchführung eines Sachverständigenverfahrens verlangen (OLG Köln, NVersZ 2002, 222). Der VR kann sich auch nicht mehr darauf berufen, dass gegen den VN ein Ermittlungsverfahren geführt wird (BGH, VersR 2007, 537; OLG Hamm, VersR 1994, 1419).

13 **Fiktion der Fälligkeit**: Stellt der VR keine oder keine notwendigen Erhebungen an oder zieht er die Erhebungen ohne Grund in die Länge, so ist nach ständiger Rechtsprechung für die Fälligkeit der Zeitpunkt maßgebend, an dem die Erhebungen bei korrektem Vorgehen beendet gewesen wären (OLG Saarbrücken, r+s 2006, 385, 386; OLG Hamm, NVersZ 2001, 163, 164). Der VN muss **beweisen**, dass die angeblich oder erweislich andauernden Erhebungen nicht mehr nötig sind (OGH, VersR 1985, 652).

4. Mitwirkung des Versicherungsnehmers

14 Der VR ist bei Durchführung der notwendigen Erhebungen auf die **Mitwirkung des VN** angewiesen. Die fehlende Mitwirkung des VN kann nach der Rechtsprechung zum **Hinausschieben der Fälligkeit führen**: Der VN muss den Versicherungsfall zumindest angezeigt haben (vgl. § 30 VVG); vor Anzeige des Versicherungsfalls tritt i.d.R. keine Fälligkeit ein (OLG Hamm, VersR 1991, 869; anders jedoch, wenn die Leistungspflicht des VR schon im Vertrag **kalendermäßig festgelegt** wird, wie z.B. bei der Lebensversicherung auf den Erlebensfall). Ist der VN aufgrund der Vertragsbedingungen oder einer entsprechenden Aufforderung des VR gehalten, bestimmte Unterlagen dem VR zur Prüfung einzureichen, und unterbleibt diese Mitwirkung, wird die Geldleistung ebenfalls nicht fällig (BGH, VersR 2002, 698 [unter 2.a.]; OLG Saarbrücken, VersR 2004, 1301). Ist die **Informationsbeschaffung** für den VN **unmöglich oder unzumutbar**, haben die Erhebungen aber als beendet zu gelten, sodass dem Eintritt der Fälligkeit nichts mehr im Wege steht (OGH VersR 1979, 170; OLG Oldenburg VersR 1995, 90).

15 **Beispiele**
Keine Fälligkeit
– vor Vorlage des Erbscheins, wenn sich anders die Anspruchsberechtigung des VN nicht sicher feststellen lässt (OLG Karlsruhe, VersR 1979, 564);
– vor Einsicht in die Krankenunterlagen, wenn eine entsprechende Obliegenheit besteht, diese Einsicht zu ermöglichen (LG Schweinfurt, VersR 1990, 617);
– vor Entbindung des behandelnden Arztes von dessen Schweigepflicht (LG Berlin, VersR 2014, 230, 231);
– vor Eingang der vom VR angeforderten Unterlagen über den Beginn des Versicherungsfalls in der Krankentagegeldversicherung (OLG Saarbrücken, VersR 2004, 1301);
– vor Abschluss eines vereinbarten Sachverständigenverfahrens (OLG Hamburg, VersR 2009, 1485; OLG Hamm, VersR 1990, 1384; VersR 1989, 906; OGH, VersR 1990, 1139);
– vor Entscheidung des Ärzteausschusses in der Unfallversicherung (BGH, VersR 1971, 433 [unter IV.]).

Fälligkeit
– wenn der VN bedingungsgemäß vorzulegende Originalrechnungen nicht mehr vorlegen kann, weil sie auf dem Postweg an den VR verloren gegangen sind (OLG Oldenburg, VersR 1995, 90);

– wenn der VR seine Erhebungen unnötig hinauszögert, z.B. indem er dem VN nicht verdeutlicht, welche konkreten Informationen zur weiteren Aufklärung erforderlich sind (OLG Hamm, zfs 2013, 217).

Verletzt der VN seine **Mitwirkungspflichten**, kann dies bei entsprechenden vertraglichen Vereinbarungen gem. §§ 28 Abs. 2 bis 4, 30 Abs. 2 VVG zur Leistungsfreiheit des VR führen. Liegen diese Voraussetzungen nicht vor oder bleibt der VR nach § 28 Abs. 2 S. 2 VVG zumindest teilweise zur Leistung verpflichtet, stellt sich die Frage, wann die Ansprüche des VN fällig werden. Eine unterlassene Mitwirkung des VN hat rgm. zur Folge, dass die Erhebungen des VR nicht abgeschlossen werden können, und auch die **Verjährungsfrist mangels Fälligkeit hinausgeschoben** wird (vgl. § 15 Rdn 8). Der VN hätte es damit in der Hand, den Beginn der Verjährungsfrist nach Belieben hinauszuzögern. Nach Ansicht einiger **Instanzgerichte** soll daher in Fällen, in denen die Ursachen für die Verzögerung in der Sphäre des VN liegen, die Verjährung mit dem Schluss des Jahres beginnen, in welchem der Anspruch des VN ohne dessen Verschulden fällig geworden wäre (OLG Hamm, VersR 1991, 869 [unter 2.a.]; OLG Hamburg, r+s 1986, 55; LG Baden-Baden, VersR 1994, 852 [unter 6.]). Nach Auffassung des **BGH** kann dagegen *„nicht auf ein etwaiges Verschulden des Versicherungsnehmers abgestellt werden. Andernfalls würde ein dem Gesetz in diesem Zusammenhang fremdes Merkmal eingeführt, das auch nicht verlässlich genug die Feststellung des maßgeblichen Zeitpunkts gestatten würde"* (VersR 2002, 698 [unter 2.a.aa.]; zuvor VersR 1987, 1235 [unter 3.]). Eine **Vorverlegung des Verjährungsbeginns** soll daher nach Ansicht des BGH nur in Betracht kommen, wenn der VN rechtsmissbräuchlich handelt (zustimmend, auch für die neue Rechtslage, Rüffer/Halbach/Schimikowski/*Muschner*, § 14 Rn 13; *Johannsen*, in: Bruck/Möller, § 15 Rn 12). Diese Ausführungen können seit der Schuldrechtsmodernisierung keine Geltung mehr beanspruchen, denn das **neue Verjährungsrecht** stellt in § 199 Abs. 1 BGB für den Verjährungsbeginn auf subjektive Faktoren (Kenntnis bzw. grob fahrlässige Unkenntnis) ab (§ 15 Rdn 9). **Vorzugswürdig** erscheint daher die **Auffassung**, dass Fälligkeit bei Kenntnis oder grob fahrlässiger Unkenntnis des VN zu dem Zeitpunkt eintritt, zu welchem die Erhebungen des VR ohne das schuldhafte Verhalten des VN beendet gewesen wären (zustimmend Looschelders/Pohlmann/*Schneider*, § 14 Rn 23).

5. Behördliche Ermittlungsverfahren

Behördliche Ermittlungsverfahren können die **Fälligkeit hinausschieben**, soweit das Ergebnis der Ermittlungen Einfluss auf die Zahlungspflicht des VR haben kann (BGH, VersR 1991, 331 [unter II.2.]; OGH, VersR 2006, 291). Das Ermittlungsverfahren muss sich **nicht notwendigerweise** gegen den VN oder seinen Repräsentanten richten (BGH, VersR 1974, 639 [zur Lebensversicherung]; OLG Köln, NVersZ 2002, 222, 223 [unter II.2. zur Kfz-Versicherung]). Nicht ausreichend ist dagegen, dass das Ermittlungsergebnis in irgendeiner Weise für den VR nützlich sein könnte (zutreffend *Johannsen*, in: Bruck/Möller, § 14 Rn 8). Erforderlich ist vielmehr, dass **konkrete Anhaltspunkte** dafür vorhanden sind, dass der VN oder sein Repräsentant an den zu ermittelnden Straftaten beteiligt sein könnte.

18 Der VR muss die Möglichkeit zur **Einsichtnahme in amtliche Ermittlungsakten haben**; vor diesem Zeitpunkt tritt grds. keine Fälligkeit ein (OLG Hamm, r+s 1988, 31; LG Wiesbaden, VersR 1995, 332; AG Frankfurt, VersR 2005, 1073 m. Anm. *Rixecker*, zfs 2005, 196). Dem VR ist jedoch der Einwand fehlender Fälligkeit versagt, wenn er seine Ermittlungen **nicht nach Kräften beschleunigt**, z.b. durch wiederholtes und nachdrückliches Bemühen um Akteneinsicht (BGH, r+s 1993, 188, 189; OLG Hamm, VersR 1987, 602).

19 In vielen **Sachversicherungsbedingungen** ist vorgesehen, dass der VR seine Leistungen aufschieben kann, solange ein behördliches oder strafgerichtliches Verfahren gegen den VN oder seinen Repräsentanten aus Anlass des Versicherungsfalls läuft (vgl. A. § 14 Nr. 4 Buchst. b) VHB 2008 – Quadratmetermodell/Versicherungssummenmodell; A. § 14 Nr. 5 Buchst. b) VGB 2008 – Wert 1914; A. § 9 Nr. 5 Buchst. b) AERB 2008; A. § 8 Nr. 4 Buchst. b) AGlB 2008; A. § 9 Nr. 5 Buchst. b) AFB 2008). Die Rechtsprechung hat **Aufschubklauseln in AVB** bislang nicht beanstandet (BGH, VersR 1991, 331; OLG Köln, r+s 1996, 265; OLG Hamm, VersR 1994, 717; OLG Oldenburg, VersR 1998, 1502; anders aber LG Frankfurt, VersR 1985, 976). Die Fälligkeit setzt in diesen Fällen aber nicht voraus, dass das Verfahren formell eingestellt und rechtskräftig wird; **ausreichend** ist vielmehr eine **vorläufige Einstellung**, wenn im Anschluss für den VR kein Anlass mehr besteht, seine eigenen Ermittlungen fortzusetzen (BGH, NVersZ 1999, 142 [zu § 24 Nr. 4b VHB 84]). Klauseln, die auf die Dauer oder allgemein auf den Abschluss eines Ermittlungsverfahrens abstellen, müssen nach diesen Grundsätzen ausgelegt werden. Eine solche Auslegung ist nicht möglich bei AVB, die (wie z.B. §§ 16 Nr. 5b AFB 87, 23 Nr. 5b VGB 88) die Leistung des VR bis zum Abschluss eines rechtskräftigen Verfahrens hinausschieben. Derartige Klauseln verstoßen gegen §§ 307, 308 Nr. 1 BGB, denn der VR darf sich in AVB keine unangemessenen Fristen für die Erbringung seiner Leistung vorbehalten (wie hier *Johannsen*, in: Bruck/Möller, § 14 Rn 17; *Gaul*, NVersZ 1999, 458).

20 In besonders gelagerten Einzelfällen kann Fälligkeit bereits nach **Akteneinsicht** oder nach **Auskunft der ermittelnden Behörde** eintreten.

Beispiele
Nach OLG Saarbrücken, r+s 2006, 385 f. darf der VR die Auszahlung einer Lebensversicherungssumme nicht vom Abschluss sachverständiger Ermittlungen über die Unfallursache abhängig machen, wenn **nach Akteneinsicht kein objektiver Anhaltspunkt** für eine Selbsttötung des Versicherten besteht.
Nach OGH, VersR 2006, 291 darf der VR die **rechtskräftige Erledigung eines Strafverfahrens** nicht abwarten, wenn die ermittelnde Behörde erklärt, dass in der den VR interessierenden Richtung nicht mehr ermittelt werde.

21 Bei **Wiederaufnahme des Ermittlungsverfahrens** soll nach einer Ansicht zu keinem Zeitpunkt Fälligkeit eingetreten sein (*Martin*, VersR 1978, 392; LG Bonn, VersR 1990, 303). Andere gehen davon aus, dass nur eine auflösend bedingte Fälligkeit eingetreten sei, die entfalle, wenn weitere Erhebungen notwendig würden (Prölss/Martin/*Armbrüster*, § 14 Rn 17; BK/*Gruber*, § 11 Rn 13). Beide Auffassungen sind aus Gründen der Rechtssicherheit abzulehnen, denn der Zeitpunkt der Fälligkeit muss eindeutig feststehen. Die Wiederauf-

nahme eines Ermittlungsverfahrens beseitigt daher nicht rückwirkend eine Fälligkeit, die infolge der vorläufigen Einstellung eines Ermittlungsverfahrens eingetreten ist (zutreffend *Johannsen*, in: Bruck/Möller, § 14 Rn 18; *Asmus*, NVersZ 2000, 361, 365; zur Frage, ob durch die Wiederaufnahme der Ermittlungen für die Zukunft die Verzugsfolgen entfallen, vgl. OLG Hamm, VersR 1989, 584).

II. Anspruch des Versicherungsnehmers auf Abschlagszahlungen (§ 14 Abs. 2 VVG)

Nach § 14 Abs. 2 S. 1 VVG kann der VN eine Abschlagszahlung verlangen, wenn die notwendigen Erhebungen nach Ablauf eines Monats seit Anzeige des Versicherungsfalls immer noch nicht beendet sind. Nach § 14 Abs. 2 S. 2 VVG ist die Monatsfrist jedoch gehemmt, solange die Erhebungen infolge eines Verschuldens des VN nicht beendet werden können. Eine schuldhafte Verzögerung liegt insb. vor, wenn der VN keine hinreichenden Auskünfte gibt oder den Sachverständigen nicht benennt. Die **Beweislast** für das Vorliegen einer vom VN verschuldeten Hemmung liegt **beim VR** (Römer/Langheid/*Rixecker*, § 14 Rn 15). Nach a.A. soll die Beweislast entsprechend § 6 Abs. 3 VVG a.F. (§ 28 VVG n.F.) dem VN auferlegt werden, wenn die Hemmung durch den VN objektiv feststeht (BK/*Gruber*, § 11 Rn 21). 22

Der Anspruch auf Abschlagszahlungen setzt voraus, dass die **Leistungspflicht zumindest dem Grunde nach feststeht** (BGHZ 96, 88 = VersR 1986, 77 [unter III.4.a]). Dementsprechend besteht kein Anspruch, solange gegen den VN ein behördliches Verfahren läuft und die Möglichkeit völliger Leistungsfreiheit besteht (OLG Hamm, VersR 1987, 1008; VersR 1994, 717; OLG Köln, r+s 1995, 265, 267). 23

Die **Abschlagszahlung wird fällig**, wenn die Monatsfrist abgelaufen ist und der VN ggü. dem VR zum Ausdruck bringt, dass er umgehend sein Geld haben möchte. Hierfür reicht **jedes Zahlungsverlangen**. Der VN muss nicht ausdrücklich eine Abschlagszahlung verlangen, ausreichend ist auch die Aufforderung, die volle Entschädigung zu zahlen, oder die Übersendung eines Sachverständigengutachtens zur Schadenshöhe (OLG Hamm, r+s 1997, 356, 357; OLG Köln, r+s 1989, 142, 143). Der VN kann die Abschlagszahlung bereits vor Ablauf der Monatsfrist verlangen, die Fälligkeit tritt dann jedoch erst mit Ablauf der Monatsfrist ein (LG Essen, VersR 1973, 558; Prölss/Martin/*Armbrüster*, § 14 Rn 23). 24

Die **Höhe der Abschlagszahlung** richtet sich danach, was dem VN zum Zeitpunkt der Fälligkeit mit Sicherheit zusteht (BGH, VersR 1986, 77 [unter III.4.a.]). Der VR muss von sich aus die vom VN zur Verfügung gestellten Unterlagen prüfen und unverzüglich die **Höhe des Mindestschadens** feststellen (OLG Hamm, r+s 1994, 23). Stellt sich bei Fortgang der Erhebungen heraus, dass dem VN weitergehende Geldleistungen zustehen, muss der VR weitere Abschlagszahlungen leisten (OLG Hamm, r+s 1994, 23). Geleistete Abschlagszahlungen sind auf die Gesamtforderung gem. §§ 362 ff. BGB anzurechnen. 25

26 Leistet der VR nach Ablauf der Monatsfrist trotz Aufforderung des VN nicht, kommt er unter den Voraussetzungen des § 286 BGB in Verzug und muss den **Verzugsschaden** ersetzen (vgl. Rdn 29 ff.).

III. Anspruch des VN auf Verzugszinsen (§ 14 Abs. 3 VVG)

27 Nach § 14 Abs. 3 VVG kann der Anspruch des VN auf Verzugszinsen (§§ 288, 247 BGB) nicht abbedungen werden. Es kann somit auch **kein Zinssatz unterhalb der gesetzlichen Zinsen** vereinbart werden. I.Ü. sind die §§ 286 ff. BGB in den allgemeinen Grenzen (§§ 138, 242 BGB; für vorformulierte Klauseln: § 308 Nr. 1 und 2, 309 Nr. 7, 307 BGB) abdingbar.

C. Rechtsfolgen

I. Allgemeine Rechtsfolgen

28 Der VN kann vor Abschluss der notwendigen Erhebungen i.S.d. § 14 Abs. 1 VVG seinen Geldleistungsanspruch mangels Fälligkeit nicht im Wege der Klage durchsetzen. Auch eine Klage auf Feststellung der Eintrittspflicht dem Grunde nach ist ausgeschlossen (OLG Hamm, VersR 1991, 1369 [unter 3.]). Dementsprechend beginnt die 3-jährige Verjährungsfrist (§ 195 BGB) frühestens zu laufen, wenn der VR nach § 14 Abs. 1 VVG die notwendigen Erhebungen beendet hat bzw. bei korrektem Vorgehen hätte beenden müssen.

II. Ansprüche des Versicherungsnehmers aus Verzug (§ 286 BGB)

29 Hat der VR trotz Fälligkeit nicht geleistet, kommt er unter den zusätzlichen Voraussetzungen des § 286 BGB in Verzug und muss den entstandenen Schaden ersetzen. Etwas Anderes gilt in der Sachversicherung: Gem. § 91 VVG hat der VN – unabhängig von der Fälligkeit der Versicherungsleistung und den Verzugsvoraussetzungen – nach Ablauf eines Monats seit Anzeige des Versicherungsfalls einen Anspruch auf Verzinsung der vom VR zu zahlenden Entschädigung i.H.v. 4 % p.a. Die Geltendmachung eines weitergehenden, unter den Voraussetzungen der §§ 286 ff. zu ersetzenden Verzugsschadens wird nicht durch § 91 VVG ausgeschlossen (vgl. § 91 Rdn 7 ff.).

1. Voraussetzungen des Verzugs

a) Nichtleistung trotz Fälligkeit

30 Der Verzug setzt neben der Fälligkeit der Leistung voraus, dass die geschuldete Leistung noch nicht erbracht ist (vgl. §§ 362 ff. BGB). Erbringt der VR seine **Leistung unter Vorbehalt**, ist zu unterscheiden: Im Regelfall ist davon auszugehen, dass der VR mit seinem Vorbehalt lediglich die Wirkung des § 814 BGB ausschließen und sich die Möglichkeit offenhalten will, das Geleistete nach § 812 BGB zurückzufordern (BGH, NJW 1984, 2826 [unter I.2.a.]). Ein solcher Vorbehalt, der z.B. mit den Worten „ohne Anerkennung

einer Rechtspflicht" geäußert werden kann, stellt die Erfüllung nicht infrage, denn der VN hat nur ein Recht auf die Leistung, nicht jedoch auf Anerkennung des Bestehens seiner Forderung. **Keine Erfüllung i.S.d. § 362 BGB tritt dagegen ein**, wenn der Vorbehalt dem VN die Beweislast für das Bestehen der Forderung aufbürdet (BGH, NJW 1984, 2826 [unter I.2.a.]).

b) Mahnung

Der VN muss den VR **gemahnt** haben (§ 286 Abs. 1 S. 1 BGB). Da die Mahnung nicht an eine bestimmte Form gebunden ist, genügt **auch schlüssiges Handeln**, sofern es bestimmt und eindeutig genug ist. Die Mahnung muss nach Fälligkeit der Leistung erfolgen, eine Mahnung vor Fälligkeit ist wirkungslos (BGH, NJW 1992, 1956). Die Mahnung kann aber mit der Handlung verbunden werden, die die Fälligkeit begründet (BGH, NJW 2001, 3115). Nach § 286 Abs. 1 S. 2 sind der Mahnung die **Erhebung einer Leistungsklage** (§§ 253 f. ZPO) und die **Zustellung eines Mahnbescheides** (§§ 693 ff. ZPO) gleichgestellt. Nach § 286 Abs. 2 Nr. 3 BGB kommt der VR auch in Verzug, wenn er die **Leistung ernsthaft und endgültig verweigert** (vgl. BGH, VersR 1990, 153). § 286 Abs. 3 BGB findet keine Anwendung, da der Anspruch des VN auf die Versicherungsleistung keine Entgeltforderung ist (OLG Koblenz, VersR 2011, 70, 71; Looschelders/Pohlmann/*Schneider*, § 14 Rn 47; a.A. *Hasse*, NVersZ 2000, 497, 500 f.). Nach § 286 Abs. 2. Nr. 4 BGB können **besondere Umstände** bei Abwägung der beiderseitigen Interessen den sofortigen Verzugseintritt rechtfertigen, z.B., wenn der VR durch die eigene Ankündigung des Leistungstermins einer Mahnung des VN zuvorkommt (**sog. Selbstmahnung**; vgl. BGH, NJW-RR 1997, 623; LG Münster, VersR 1989, 844) oder wenn sich aus dem Vertragsinhalt die besondere Dringlichkeit der Leistung ergibt.

31

c) Vertretenmüssen der Nichtleistung

Der VR kommt nach § 286 Abs. 4 BGB nicht in Verzug, wenn er darlegen und beweisen kann, dass er das Ausbleiben der Leistung nicht zu vertreten hat. Anerkannt ist, dass ein **unverschuldeter Rechtsirrtum** den Schuldnerverzug ausschließt. An den **Entlastungsbeweis** werden jedoch **strenge Anforderungen** gestellt (BGH, VersR 2007, 537 [unter II.1.a.aa.] m.w.N.). Es reicht nicht aus, dass sich der VR seine eigene Rechtsauffassung nach sorgfältiger Prüfung und sachgemäßer Beratung gebildet hat. Unverschuldet ist der Irrtum vielmehr erst dann, wenn der VR nach sorgfältiger Prüfung der Sach- und Rechtslage mit einem Unterliegen im Rechtsstreit nicht zu rechnen brauchte, so z.B. wenn seine Rechtsauffassung der h.M. entsprach und diese sich erst später wandelte (BGH, NJW 1972, 1046; VersR 2007, 537, Rn 15 f.). Ein normales Prozessrisiko entlastet den VR dagegen nicht; insb. bei Beweisfragen bildet ein fehlendes Verschulden des VR die Ausnahme (BGH, VersR 2007, 537, Rn 15 f.). Auch das **Risiko eines Tatsachenirrtums** liegt grds. beim VR. Leistet der VR z.B. aufgrund eines Irrtums über das Fälligkeitsdatum oder aufgrund einer sonstigen falschen Einschätzung des Sachverhalts nicht, hat er das Ausbleiben der Leistung i.d.R. zu vertreten. Eine **Entlastung** kommt **nur ausnahmsweise** in

32

Betracht, wenn der VR den Sachverhalt gründlich überprüft hat und dabei zu dem überzeugenden Ergebnis kommen konnte, dass auch unter Berücksichtigung der Frage der Beweislast mit einem Verlust des Deckungsprozesses nicht zu rechnen ist (OLG Stuttgart, r+s 1994, 313).

d) Beweislast

33   Die Beweislast für die Voraussetzungen des § 286 BGB trägt der VN. Das Verschulden des VR wird gem. § 286 Abs. 4 BGB vermutet; es obliegt dem VR, sich zu entlasten. Der VR hat zudem ggf. die Bewirkung der Leistung, ihre Rechtzeitigkeit, die fehlende Annahmebereitschaft des VN und die Beendigung des Verzuges (BGH, NJW 1969, 875) zu beweisen.

2. Rechtsfolgen des Verzugs

a) Schadensersatz gem. §§ 280 Abs. 1 bis 2, 286 BGB

34   Der VN hat gegen den VR einen Anspruch auf Schadensersatz **wegen Verzögerung der Leistung** gem. §§ 280 Abs. 1 bis 2, 286 BGB. Der Anspruch umfasst insb. die **Kosten der Rechtsverfolgung**, sofern sie nach Verzugseintritt entstanden sind (BGH, NJW 1985, 324). **Vor Verzug** entstandene Anwaltskosten oder Mahnkosten sind daher **nicht ersatzfähig** (OLG Köln, VersR 1983, 922; AG Köln, VersR 1994, 1170; OLG Saarbrücken, VersR 2000, 358). Soweit **verzugsbedingte Prozess- und Vollstreckungskosten** nicht den (vorrangigen) Kostentragungsregeln des Prozessrechts unterfallen, kommt ebenfalls der Ersatz nach §§ 280 Abs. 1 bis 2, 286 BGB in Betracht, z.B. bei Klageerhebung in unverschuldeter Unkenntnis der zwischenzeitlichen Leistung.

b) Gesetzliche Verzugszinsen gem. § 288 BGB

35   Der VN hat nach **§ 288 Abs. 1 BGB** einen Anspruch auf Verzinsung i.H.v. fünf Prozentpunkten über dem Basiszinssatz (§ 247 BGB). § 288 Abs. 2 BGB findet keine Anwendung (OLG Koblenz, VersR 2011, 70, 71). Der Basiszinssatz ändert sich zum 1.1. und 1.7. eines jeden Jahres; er beträgt seit dem 1.7.2016 -0,88 %. Gem. **§ 288 Abs. 3 BGB** kann der VN bei einer vertraglichen Vereinbarung höhere Zinsen verlangen. Einen weiteren Verzugsschaden geltend zu machen, ist nach **§ 288 Abs. 4 BGB** nicht ausgeschlossen. Dafür ist der VN aber beweisbelastet.

c) Sonstiges

36   Der VN kann unter den Voraussetzungen der §§ 280 Abs. 3, 281 BGB **Schadensersatz statt der Leistung** verlangen und im Einzelfall zur **Kündigung nach § 314 BGB** berechtigt sein (vgl. § 11 Rdn 8).

D. Abdingbarkeit

§ 14 Abs. 1 VVG ist **dispositives Recht**, die Vereinbarung abweichender Fälligkeitszeitpunkte ist daher zulässig (BGH, NJW 2000, 2021, 2022 [unter 2.c.]). Der VN muss nach § 1 Abs. 1 Nr. 6b VVG-InfoV vor Vertragsschluss darüber **informiert** werden, wann Leistungen des VR fällig werden. Bei **Fälligkeitsvereinbarungen in AVB** ist § 308 Nr. 1 BGB zu beachten. Hiernach sind AVB unwirksam, durch die sich der VR unangemessene Fristen für die Erbringung seiner Leistung vorbehält. Klauseln, die wie §§ 16 Nr. 5b AFB 87, 23 Nr. 5b VGB 88 vorsehen, dass die Versicherungsleistung bis zum rechtskräftigen Abschluss eines behördlichen oder strafgerichtlichen Verfahrens aufgeschoben wird, verstoßen gegen diesen Grundsatz (vgl. Rdn 19). 37

Nach **§ 14 Abs. 3 VVG** kann der Anspruch des VN auf Verzugszinsen (§§ 288, 247 BGB) nicht abbedungen werden (vgl. Rdn 27). 38

§ 15 VVG Hemmung der Verjährung

Ist ein Anspruch aus dem Versicherungsvertrag beim Versicherer angemeldet worden, ist die Verjährung bis zu dem Zeitpunkt gehemmt, zu dem die Entscheidung des Versicherers dem Anspruchsteller in Textform zugeht.

Übersicht

	Rdn
A. Grundlagen	1
I. Normzweck	1
II. Anwendungsbereich	2
1. Verhältnis zu § 203 BGB	3
2. Sondergesetzliche Regelungen	5
III. Allgemeine Verjährungsregelungen des BGB	7
1. Verjährungsbeginn	7
a) Entstehung des Anspruchs	8
b) Subjektive Voraussetzungen	9
aa) Allgemeines	9
bb) Kenntnis von den anspruchsbegründenden Umständen	10
cc) Grob fahrlässige Unkenntnis	11
dd) Kenntnis von der Person des Schuldners	12
ee) Zurechnung der Kenntnis dritter Personen	13
2. Dauer der Verjährungsfrist	14
3. Verjährungshemmung nach § 203 BGB	16
4. Weitere Regelungen zur Verjährungshemmung	20
5. Unzulässigkeit der Verjährungseinrede	22
a) Verzicht auf die Verjährungseinrede	23
b) Unzulässige Rechtsausübung	24
B. Norminhalt	25
I. Anspruch aus dem Versicherungsvertrag	25
II. Anmeldung des Anspruchs beim Versicherer	27
1. Anmeldung durch den Anspruchsteller	27
2. Anmeldung von Dritten oder für Dritte	30

III. Entscheidung des Versicherers 31
   1. Abschließende Stellungnahme des Versicherers 32
   2. Zugang in Textform 33
   3. Ausnahmen 34
IV. Wiederaufnahme der Verhandlungen 37
C. Rechtsfolgen 38
D. Prozessuales 41
E. Abdingbarkeit 42

A. Grundlagen

I. Normzweck

1 § 15 VVG will den **VN vor** den **Nachteilen der Verjährung bei lang andauernden Verhandlungen** mit dem VR **schützen** (OLG Hamm, VersR 93, 1473 [zu § 12 Abs. 2 VVG a.F.]; BGH, VersR 1991, 878 [unter II.1.b zu § 3 Nr. 3 S. 3 PflVG a.F., der § 12 Abs. 2 VVG a.F. nachgebildet ist]). Die Verjährung wird daher in der Schwebezeit zwischen Anmeldung des Anspruchs und Entscheidung des VR gehemmt.

Überblick zum Verjährungsrecht:
- **Beginn**: Schluss des Jahres der Anspruchsentstehung und Kenntnis/grob fahrlässige Unkenntnis (§ 199 Abs. 1 BGB),
- **Dauer**: drei Jahre (§ 195 BGB) – Verjährungshöchstfristen gem. § 199 Abs. 2 bis 4 BGB,
- **Hemmung** (§§ 203 bis 209 ff. BGB) – § 15 VVG,
- **Ablaufhemmung** (§§ 210, 211 BGB),
- **Neubeginn**, früher Unterbrechung genannt (§ 212 BGB).

II. Anwendungsbereich

2 § 15 VVG kommt neben den allgemeinen Verjährungsregelungen des BGB (§§ 195 bis 211 BGB) zur Anwendung (vgl. Begr. BT-Drucks 16/3945, S. 64).

1. Verhältnis zu § 203 BGB

3 Damit stellen sich **Konkurrenzprobleme** im Verhältnis zu § 203 BGB, denn die Verjährung wird i.d.R. zwischen Anmeldung des Anspruchs und Zugang der Entscheidung des VR nicht nur nach § 15 VVG, sondern auch gem. § 203 BGB gehemmt sein (i.E. Rdn 16). Unterschiede bestehen aber insoweit, als die Verjährungshemmung nach **§ 15 VVG** nur durch eine Entscheidung des VR in **Textform** beendet werden kann (Rdn 33), während nach **§ 203 BGB** eine **formlose Erklärung** reicht (vgl. Begr. BT-Drucks 14/6040, S. 112). Im Einzelfall kann allerdings auch § 203 BGB für den VN günstiger sein: Erfolgen die Verhandlungen erst am Ende der Verjährungsfrist, so bewirkt die in § 203 S. 2 BGB vorgesehene Ablaufhemmung, dass dem VN nach dem Ende der Verhandlungen noch ein Zeitraum von drei Monaten zur Klageerhebung verbleibt. Nach § 15 VVG endet die Verjährungshemmung dagegen bereits mit Zugang der Entscheidung des VR (Rdn 31 ff.).

Stellungnahme: Da § 15 VVG die Hemmungsregeln **zum Schutz der VN erweitern**, nicht jedoch beschränken soll, kommen die Hemmungstatbestände der §§ 15 VVG, 203 BGB uneingeschränkt **nebeneinander zur Anwendung** (wie hier *Johannsen*, in: Bruck/Möller, § 15 Rn 23; vgl. auch MüKo/*Grothe*, § 203 BGB Rn 13; Staudinger/*Peters*, § 203 BGB Rn 20).

Praxistipp
In der Zeit zwischen der Anzeige des Versicherungsfalls und dem Zugang der endgültigen Entscheidung des VR kann die Verjährung sowohl nach § 15 VVG als auch nach § 203 BGB gehemmt sein.

2. Sondergesetzliche Regelungen

Nach § 3 Abs. 4 S. 2 VVG ist die Verjährung gehemmt, wenn der VN Abschriften fordert. Die Hemmung endet mit dem Zugang der Abschriften (vgl. § 3 Rdn 27). Für die **Pflichtversicherung** sind zudem die §§ 115 Abs. 2, 116 Abs. 2 VVG zu beachten. Die früheren Verjährungsvorschriften zur Kfz-Haftpflichtversicherung (§ 3 Nr. 3 PflVG a.F.) sind dem ggü. aufgehoben worden, da sich die betreffenden Regelungen nunmehr in den §§ 115, 116 VVG wieder finden (vgl. Begr. BT-Drucks 16/3945, S. 123).

Eine Verjährungshemmung tritt auch ein, wenn der VN beim **Versicherungsombudsmann** Beschwerde einlegt (§ 12 S. 1 der Verfahrensordnung des Versicherungsombudsmanns, abgedr. in NVersZ 2002, 296); die Hemmung endet nach § 204 Abs. 2 BGB sechs Monate nach dem Ende des Verfahrens (hierzu *Römer*, NVersZ 2002, 289). Eine (erfolglose) Beschwerde bei der **BAFin** führt dagegen nicht zur Verjährungshemmung (AG Köln, VersR 1993, 215).

III. Allgemeine Verjährungsregelungen des BGB

1. Verjährungsbeginn

Das Verjährungsrecht basiert auf einer **3-jährigen Regelverjährungsfrist** (§ 195 BGB), die nach § 199 Abs. 1 BGB erst mit dem Schluss des Jahres (31.12. um 24 Uhr) zu laufen beginnt, in dem der Anspruch entstanden ist (Rdn 8) und der Gläubiger von den anspruchsbegründenden Voraussetzungen und der Person des Schuldners Kenntnis erlangt hat oder grob fahrlässig in Unkenntnis geblieben ist (Rdn 9 ff.).

a) Entstehung des Anspruchs

Ein Anspruch ist i.S.d. § 199 BGB **entstanden**, sobald er erstmals geltend gemacht und notfalls im Wege der Klage durchgesetzt werden kann (h.M.). Erforderlich ist daher – wie bereits nach früherem Recht – die **Fälligkeit des Anspruchs** (BGH, VersR 1999, 706 [unter 2.a]; VersR 1990, 189 [unter 3.b.]; VersR 1987, 1235 [unter 3]; VersR 1983, 673). Werden Leistungen, die ein VR aus Anlass eines Versicherungsfalls schuldet, zu **unterschiedlichen Zeiten** fällig, laufen für die einzelnen Teilleistungen auch unterschiedliche Verjährungsfristen (BGH, VersR 2007, 537 m.w.N.). Die Fälligkeit von **Geldleistungen des VR** bestimmt sich nach § 14 Abs. 1 VVG, soweit durch Parteivereinbarungen kein anderer Fälligkeitszeitpunkt vereinbart wurde. Entscheidend ist damit der Zeitpunkt, zu dem der VR die notwendigen Erhebungen beendet hat bzw. bei korrektem Vorgehen hätte beenden müssen (vgl. § 14 Rdn 12 f.). Unterlässt der VN **gebotene Mitwirkungshandlungen**, indem er z.B. den Versicherungsfall nicht anzeigt oder erforderliche Unterlagen nicht zur Verfügung stellt, so tritt nach § 14 VVG keine Fälligkeit der Geldleistung des VR ein. Dementsprechend wird zugleich die Verjährungsfrist hinausgeschoben, es sei denn, dem VN ist vorsätzliches oder grob fahrlässiges Verhalten vorzuwerfen (str.; vgl. § 14 Rdn 16). In diesem Fall beginnt die Verjährung mit dem Schluss des Jahres, in welchem die Erhebungen des VR ohne das besonders schuldhafte Verhalten beendet gewesen wären. Die Darlegungs- und Beweislast für ein solches Verhalten trägt der VR, der sich auf die Einrede der Verjährung beruft. Verschulden scheidet jedenfalls aus, wenn der VN unfallbedingt gehindert war, die zur Feststellung der Leistungspflicht erforderlichen Handlungen vorzunehmen (BGH, VersR 2002, 698 [unter 2.a.]). Die Fälligkeit **anderer Leistungen des VR** richtet sich nach sonstigen Regelungen des VVG (zur Haftpflichtversicherung vgl. § 106 VVG), den Parteivereinbarungen sowie § 271 BGB (vgl. § 14 Rdn 7 ff.). Zur Fälligkeit der **Prämienforderungen** s. § 33 VVG.

b) Subjektive Voraussetzungen

aa) Allgemeines

9   Nach § 199 Abs. 1 Nr. 2 BGB beginnt die Regelverjährung erst dann, wenn der Gläubiger **Kenntnis oder grob fahrlässige Unkenntnis** von den anspruchsbegründenden Umständen und der Person des Schuldners hatte. Das neue Recht unterscheidet sich hierin grundlegend von der früheren Rechtslage, denn nach **altem Recht** kam es für die Berechnung der Verjährungsfrist **nur auf objektive Elemente** an (BGH, VersR 1994, 337 [unter 2.c.]). Soweit die frühere Rechtsprechung für den Verjährungsbeginn auf den Zeitpunkt abstellte, zu dem der Gläubiger die anspruchsbegründenden Tatsachen kannte (BGH, VersR 1994, 337 [unter 2.b.]), ist dieses Kriterium nicht ohne Weiteres mit grob fahrlässiger Unkenntnis gleichzusetzen.

bb) Kenntnis von den anspruchsbegründenden Umständen

10 Die Kenntnis von den anspruchsbegründenden Umständen ist zu bejahen, wenn dem Gläubiger die dem Anspruch zugrunde liegenden Tatsachen **im Wesentlichen** bekannt sind. Für die Kenntnis ist nicht entscheidend, dass der Gläubiger die Umstände in rechtlicher Hinsicht zutreffend würdigt (BGH, NJW-RR 2005, 1148, 1149 [unter II.2.c.]; NJW 1996, 117, 118 [unter II.1.b.]; OLG Bamberg, NJW-RR 2006, 1406). Vielmehr reicht für den Verjährungsbeginn im Allgemeinen eine solche Kenntnis aus, die es dem Gläubiger erlaubt, eine **hinreichend aussichtsreiche**, wenn auch nicht risikolose Klage zu erheben (BGH, NJW 2000, 953 m.w.N. [unter II.1.a.]). Geht es jedoch um eine **unsichere und zweifelhafte Rechtslage**, die selbst ein rechtskundiger Dritter nicht zuverlässig einzuschätzen vermag,

so kann sich der Verjährungsbeginn wegen Rechtsunkenntnis dagegen hinausschieben (BGHZ 160, 216, 231 f. = NJW 2005, 429, 433; NJW-RR 2008, 1237 f., Rn 7; NJW 2014, 3713, 3715, Rn 35).

cc) Grob fahrlässige Unkenntnis

Grob fahrlässige Unkenntnis liegt vor, wenn der Gläubiger es in ungewöhnlich sorgfaltswidriger Weise versäumt, die zur Durchführung seines Anspruchs erforderlichen Informationen zu beschaffen oder zur Kenntnis zu nehmen. An einen **Verbraucher** (§ 13 BGB) sind geringere Anforderungen zu stellen als an einen **Unternehmer** (§ 14 BGB), vgl. *Mansel*, NJW 2002, 89, 91. Für Schadensersatzansprüche wegen Verletzung von Beratungspflichten (§ 6 Abs. 1 VVG) gilt, dass keine grob fahrlässige Unkenntnis des VN vorliegt, wenn das überlassene Informationsmaterial sehr komplex ist (BGH, VersR 2012, 1110, Rn 27). 11

dd) Kenntnis von der Person des Schuldners

Von der Person des Schuldners hat der Gläubiger Kenntnis, wenn ihm dessen Namen und Anschrift vorliegen (BGH, NJW 1998, 989), sodass eine Klagezustellung möglich wäre. Grob fahrlässige Unkenntnis ist gegeben, wenn Name und Anschrift ohne langwierige Nachforschung ermittelt werden könnten. 12

ee) Zurechnung der Kenntnis dritter Personen

Grds. müssen die subjektiven Voraussetzungen des § 199 Abs. 1 Nr. 2 BGB in der Person des Gläubigers vorliegen (Palandt/*Ellenberger*, § 199 BGB Rn 24). **Allerdings** hat die Rechtsprechung zu § 852 Abs. 1 BGB a.F. aus dem Rechtsgedanken des § 166 Abs. 1 BGB abgeleitet, dass auch die Kenntnis eines „**Wissensvertreters**" genügt. Ob diese Rechtsprechung unverändert auf § 199 Abs. 1 Nr. 2 BGB übertragen werden kann (differenzierend: Beck-OK/*Henrich/Spindler*, § 199 BGB Rn 34 ff. [Stand: 1.8.2016] m.w.N.), obwohl diese Vorschrift nicht nur deliktische, sondern seit der Schuldrechtsmodernisierung auch vertragliche und bereicherungsrechtliche Ansprüche erfasst, hat der BGH bislang offen gelassen (BGH, NJW 2007, 1584, 1587). 13

2. Dauer der Verjährungsfrist

Die regelmäßige Verjährungsfrist beträgt **drei Jahre** (§ 195 BGB). Da § 199 Abs. 1 BGB den Beginn der Regelverjährung u.a. von subjektiven Kriterien abhängig macht, werden in § 199 Abs. 2 bis 4 BGB **Höchstfristen** für den Fall vorgesehen, dass der Gläubiger diese Kenntnis (leicht fahrlässig) niemals erlangt, denn anderenfalls wäre der Verjährungsbeginn auf unabsehbare Zeit hinausgeschoben. Die Regelungen zur **Hemmung, Ablaufhemmung und zum Neubeginn der Verjährung** sind nach h.M. aber auf die in §§ 199 Abs. 2 bis 4 BGB normierten Verjährungshöchstfristen anwendbar (vgl. *Fischinger*, VersR 2006, 1475 ff. m.w.N.). Die Höchstfristen können daher unter den Voraussetzungen der §§ 15 VVG, 203 ff. BGB hinausgeschoben sein bzw. neu beginnen. 14

15 Schadensersatzansprüche wegen Verletzung nicht-höchstpersönlicher Rechtsgüter (Beispiel: Verstoß gegen **Beratungs- oder Informationspflichten**) verjähren spätestens zehn Jahre ab Anspruchsentstehung, d.h. mit Schadenseintritt, oder 30 Jahre ab Vornahme der Verletzungshandlung (§ 199 Abs. 3 BGB). **Ansprüche nicht schadensersatzrechtlicher Art** (z.B. Erfüllungsansprüche, Ansprüche auf Prämienrückgewähr gem. § 9 VVG oder auf Herausgabe einer ungerechtfertigten Bereicherung) verjähren spätestens zehn Jahre ab Entstehung des Anspruchs, ohne dass es auf die Kenntniserlangung i.S.d. § 199 Abs. 1 Nr. 2 BGB ankommt (§ 199 Abs. 4 BGB).

3. Verjährungshemmung nach § 203 BGB

16 § 203 BGB ist neben § 15 VVG anwendbar (Rdn 4). Nach **§ 203 S. 1 BGB** ist der Lauf der Verjährungsfrist bei Verhandlungen zwischen dem Schuldner und dem Gläubiger so lange gehemmt, bis eine Partei die Fortsetzung der Verhandlungen verweigert. Der Begriff „**Verhandlungen**" ist nach BGH, VersR 2007, 705 [unter II.1.a.] **weit auszulegen**: *„Danach genügt für ein Verhandeln jeder Meinungsaustausch über den Schadensfall zwischen dem Berechtigten und dem Verpflichteten, sofern nicht sofort und eindeutig jeder Ersatz abgelehnt wird. Verhandlungen schweben schon dann, wenn der in Anspruch genommene Erklärungen abgibt, die dem Geschädigten die Annahme gestatten, der Verpflichtete lasse sich auf Erörterungen über die Berechtigung von Schadensersatzansprüchen ein.*" Dies ist jedenfalls dann der Fall, wenn der VR nach Einreichung der Schadensanzeige an den VN **Nachfragen zu Art und Höhe** des Anspruchs richtet (vgl. BGH, NJW VersR 1975, 440 [zu § 14 Abs. 2 StVG a.F.]; OLG Hamm, r+s 1998, 184 [zu § 852 Abs. 2 BGB a.F.]). Verjährungshemmung tritt ferner ein, wenn der VN seinen Anspruch bei dem VR angemeldet hat und der VR die Bearbeitung **nicht umgehend** mit dem Hinweis auf fehlende Ersatzfähigkeit zurückweist, denn in diesem Fall kann der VN berechtigterweise annehmen, dass der VR den gemeldeten Versicherungsfall entsprechend dem Grundgedanken des § 14 VVG prüft (wie hier *Voßieck*, Forum Versicherungsrecht 2006, S. 236).

17 Im Verhältnis zwischen VN und Gläubiger bewirkt die bloße Schadensanzeige beim VR dagegen keine Verjährungshemmung, denn der VN will hierdurch nur seinen versicherungsvertraglichen Obliegenheiten nachkommen (vgl. *Maixner*, DStR 2007, 1144).

18 Die **Hemmung endet**, wenn eine der Parteien durch klares und eindeutiges Verhalten den Abbruch der Verhandlungen zum Ausdruck bringt (BGH, NJW 2004, 1654, 1655 [unter II.2.]). Im Unterschied zu § 15 VVG setzt § 203 BGB keine Entscheidung des VR in Textform voraus. Hieraus folgt zum einen, dass der Abbruch der Verhandlungen **auch mündlich oder konkludent** erfolgen kann. Zum anderen kann die Verjährungshemmung nach § 203 BGB nicht nur vom VR, sondern auch vom VN beendet werden: Bleibt der VN untätig („**Einschlafen lassen**"), so gelten die Verhandlungen nach § 203 BGB als beendet ab dem Zeitpunkt, zu dem nach Treu und Glauben der nächste Verhandlungsschritt zu erwarten gewesen wäre (BGH, NJW 2009, 1806 = VersR 2009, 945 [Rn 10 ff.]).

19 Nach dem Ende der Verhandlungen tritt nach **§ 203 S. 2 BGB** eine besondere Ablaufhemmung ein, sodass die Verjährung frühestens drei Monate nach Beendigung der eigentlichen

Verjährungshemmung eintreten kann. Die weiteren Rechtsfolgen der Hemmung richten sich nach § 209 BGB (s. Rdn 38).

4. Weitere Regelungen zur Verjährungshemmung

Für die **Verjährungshemmung durch Rechtsverfolgung** (§ 204 BGB) ist zu beachten, dass eine **Teilklage** die Verjährung nur i.H.d. eingeklagten Teilanspruchs unterbricht, und zwar auch dann, wenn der Anspruch insgesamt dargelegt und die Klageerweiterung auf den Rest vorbehalten wird (RGZ 77, 213, 215; BGH, VersR 1959, 22). Gleiches gilt für die **verdeckte Teilklage**, also eine bezifferte Klage, bei der weder für den Gegner noch das Gericht erkennbar ist, dass die bezifferte Forderung nicht den Gesamtschaden abdeckt (BGHZ 151, 1 = VersR 2002, 1253 [unter 2.a.] m. krit. Anm. *Meyer*; NJW 2002, 3067). Eine auf Rückforderung des Vorschusses gerichtete **Klage des VR unterbricht nicht** die Verjährung des Entschädigungsanspruchs des VN (OLG Köln, VersR 1990, 373). Durch die **Zustellung eines Mahnbescheids** im Mahnverfahren (§ 204 Nr. 3 BGB) wird die Verjährung nur dann gehemmt, wenn der geltend gemachte Anspruch im Mahnbescheid gem. § 690 Abs. 1 Nr. 3 ZPO **hinreichend individualisiert** ist (OLGR Köln, 2006, 550). Die eingetretene Hemmung entfällt durch Stillstand des Verfahrens, wenn der Kläger den Prozess nicht weiter betreibt (OLG Düsseldorf, VersR 2001, 696).

Die Verjährung kann darüber hinaus durch vereinbarte Leistungsverweigerungsrechte (§ 205 BGB), durch höhere Gewalt innerhalb der letzten sechs Monate (§ 206 BGB) und weitere Vorschriften (§§ 207 ff. BGB) gehemmt sein, die für den Versicherungssektor aber nur untergeordnete Bedeutung haben.

5. Unzulässigkeit der Verjährungseinrede

Die Erhebung der Verjährungseinrede ist unzulässig, wenn der Schuldner auf die Geltendmachung der Einrede verzichtet oder den Gläubiger in sonstiger Weise an der rechtzeitigen Verjährungshemmung durch Rechtsverfolgung (§ 204 BGB) abgehalten hat.

a) Verzicht auf die Verjährungseinrede

Ein Verzicht auf die Einrede der Verjährung war vor Inkrafttreten des Schuldrechtsmodernisierungsgesetzes wegen § 225 S. 1 BGB a.F. nur bei bereits verjährten Forderungen zulässig (BGH, VersR 1998, 124 [unter II.3.b.]). Wirksam war dieser Verzicht nur dann, wenn der Verzichtende von dem Ablauf Kenntnis hatte oder mit der Möglichkeit der Verjährung rechnete (BGH, VersR 1979, 646 [unter II.2.a.]; OLG Hamm, VersR 1994, 1106). Nach **heutiger Rechtslage** kann dagegen auch ein **vorheriger Verzicht** in den Grenzen des § 202 Abs. 2 BGB Wirkung entfalten (MüKo/*Grothe*, § 202 BGB Rn 73). Erklärt eine der Parteien, bis zu einem bestimmten Zeitpunkt auf die Erhebung der Einrede der Verjährung zu verzichten, kann die Verjährung unabhängig hiervon wegen schwebender Verhandlungen zwischen den Parteien gehemmt sein (BGH, NJW 2004, 1654).

b) Unzulässige Rechtsausübung

24 Die Erhebung der Verjährungseinrede kann im Einzelfall als **unzulässige Rechtsausübung** gegen § 242 BGB verstoßen (hierzu MüKo/*Grothe*, Vor § 194 BGB Rn 16). Der Einwand der unzulässigen Rechtsausübung ist nur gerechtfertigt, wenn der Schuldner den Gläubiger durch einen **groben Verstoß gegen Treu und Glauben** von der rechtzeitigen Verjährungshemmung durch Rechtsverfolgung (§ 204 BGB) abgehalten hat. **Kein Verstoß** liegt jedenfalls vor, wenn der VR den VN nicht über die drohende Verjährung aufklärt, da grds. keine Aufklärungspflicht des VR besteht (BGH, VersR 1981, 328; OLG Hamm, VersR 1987, 1081); anders jedoch, wenn der VR den VN durch unrichtige oder unvollständige Auskunft von der Rechtsverfolgung abgehalten hat (OLG Karlsruhe, VersR 1992, 1206).

B. Norminhalt

I. Anspruch aus dem Versicherungsvertrag

25 § 15 VVG bezieht sich (ebenso wie § 12 VVG a.F.) nur auf **Ansprüche aus dem VV** (vgl. Begr. BT-Drucks 16/3945, S. 64). Welche Ansprüche hierzu zählen, war für das frühere Recht umstritten (vgl. Prölss/Martin/*Prölss*, 27. Aufl., 2004, § 12 Rn 5 ff.; *Römer/Langheid*, 2. Aufl., 2003, § 12 Rn 4 ff.). **Für das neue Recht** hat dieser Meinungsstreit geringere Bedeutung, da das VVG keine speziellen Verjährungsfristen mehr festlegt und § 203 BGB i.d.R. ergänzend eine Verjährungshemmung bewirkt (s. Rdn 4).

26 Im Unterschied zu § 12 Abs. 2 VVG a.F. spricht der neue § 15 VVG nicht mehr vom „Versicherungsnehmer", sondern vom „Anspruchsteller". Damit wird klargestellt, dass die Vorschrift sowohl **Ansprüche des VN** als auch **Ansprüche dritter Personen** (insb. Pfandgläubiger, Zessionare) erfasst.

II. Anmeldung des Anspruchs beim Versicherer

1. Anmeldung durch den Anspruchsteller

27 Die Verjährung wird gehemmt, sobald der Anspruch beim VR angemeldet worden ist. Dies ist der Fall, wenn der Anspruchsteller ausdrücklich oder konkludent seine Forderung ggü. dem VR geltend macht. Die Anmeldung des Anspruchs **unterliegt keinen Formerfordernissen** und kann auch mündlich erfolgen (jedoch nicht ratsam, da der VN die Voraussetzungen der Verjährungshemmung beweisen muss, s. Rdn 41). i.d.R. genügt die **Anzeige des Versicherungsfalls** (BGH, VersR 1978, 313 [unter I.2.]; OGH, VersR 1993, 1039). Der VN muss seine Ansprüche nicht genau bezeichnen oder beziffern. Es reicht aus, wenn er sein **Verlangen nach Versicherungsschutz dem Grunde nach** äußert (BGH, VersR 1978, 313 [unter I.2.]). Solange die Anmeldung nicht ausdrücklich auf bestimmte einzelne Ansprüche beschränkt ist, wird der Lauf der Verjährungsfrist hinsichtlich sämtlicher Ansprüche gehemmt (OLG München, r+s 1997, 48; BGH, VersR 1985, 1141 [zu § 852 BGB a.F.]).

Meldet der VN einen Unfall **ohne weitere Angaben** und beantwortet er Fragen des VR zum Unfallhergang nicht, so liegt nach OLG Düsseldorf, r+s 1992, 322 in der Schadensanzeige keine Anmeldung des Anspruchs. Dem ist nicht zu folgen, denn der VR hat die Möglichkeit, die abschließende Regulierung zurückzustellen und den VN mit hemmungsbeseitigender Wirkung zu bescheiden (vgl. Rdn 35). 28

In der **Unfallversicherung** besteht die Besonderheit, dass der VR mehrere Leistungen verspricht (vgl. Ziff. 2 AUB 2008: Invaliditätsleistung, Übergangsleistung, Tagegeld etc.), für die jeweils unterschiedliche Voraussetzungen gelten. Die ordnungsgemäße Meldung eines Unfalls beim VR kann daher nach OLG Hamm, VersR 1993, 1473 nicht ohne Weiteres als verjährungshemmende Anmeldung sämtlicher Leistungsansprüche gewertet werden, es sei denn, der VR kann aufgrund der ihm zugegangenen Unterlagen erkennen, welchen Anspruch der VN geltend machen will. Liegt eine mit einer **Haftpflichtversicherung verbundene Insassenunfallversicherung** vor, so kann die Meldung des Unfalls und des Todes des VN sowie der Verletzung eines weiteren Insassen nach OGH, VersR 1993, 1039 nur als Anmeldung von Ansprüchen aus dem gesamten Versicherungsverhältnis und somit auch aus der Unfallversicherung verstanden werden. 29

2. Anmeldung von Dritten oder für Dritte

Für den **VN** und den **Mitversicherten**, die ihre Ansprüche selbstständig geltend machen können, ist **getrennt** zu prüfen, ob Ansprüche angemeldet worden sind (BGH, VersR 1964, 477; OLG Karlsruhe, VersR 1986, 1180). Meldet der VN einen Verkehrsunfall und wird in der Schadensanzeige der mitversicherte Fahrer namentlich benannt, so sind i.d.R. zugleich die Ansprüche des Mitversicherten angemeldet worden (OLG Karlsruhe, VersR 1986, 1180; OGH, VersR 1981, 71; anders, wenn für den VR unklar bleibt, welche Person Ansprüche aus dem Versicherungsverhältnis ableitet, vgl. OGH, 1979, 95). Macht der **Geschädigte** in der **Kfz-Haftpflichtversicherung** Ansprüche ggü. dem VR geltend, erhebt er damit aber nicht zugleich den Deckungsanspruch des VN; die Verjährung wird selbst dann nicht gehemmt, wenn der VN dem Geschädigten die Adresse seines VR und seine Versicherungsnummer mitteilt (OLG Koblenz, VersR 1975, 442). 30

III. Entscheidung des Versicherers

Die Verjährung ist nach § 15 VVG bis zu dem Zeitpunkt gehemmt, zu dem die Entscheidung des VR dem Anspruchsteller in Textform zugeht. 31

1. Abschließende Stellungnahme des Versicherers

Erforderlich ist eine **eindeutige, abschließende Stellungnahme** des VR zum Grund und Umfang der Leistungspflicht (BGHZ 88, 174 = NJW 1983, 2699 [unter 2.b.]; VersR 1991, 878 [unter II.1.a.]; OLG München, VersR 1982, 173; OLG Hamburg, r+s 1986, 55; OLG Köln, r+s 1991, 254; OGH, VersR 1975, 362). Auch eine **positive Entscheidung des VR** entfaltet eine hemmungsbeendende Wirkung (BGH, VersR 1991, 878 [unter II.1.a.]). 32

Voraussetzung ist allerdings eine **klare und umfassende Erklärung** des VR (BGH, VersR 1991, 878 [unter II.1.d.]). Zwar muss sich der VR in seiner Entscheidung nicht für jeden in Betracht kommenden Schadensposten auch betragsmäßig festlegen. Vielmehr reicht es aus, dass er sich bereit erklärt, über die etwa schon bezifferten Schäden hinaus auch die weiteren nach Lage der Dinge in Betracht kommenden Schadensposten zu regulieren. Verbleiben im Einzelfall aber über die Tragweite einer positiven Erklärung des VR **in wesentlichen Punkten Zweifel**, dann liegt eine abschließende Entscheidung nicht vor: *„Dem Erfordernis der Eindeutigkeit und Endgültigkeit der Erklärung ist nur dann genügt, wenn die Reaktion des Versicherers zweifelsfrei erkennen lässt, dass er gegen den Grund des Anspruchs keine Einwendungen erhebt und dass er auch die Höhe künftiger Anforderungen jedenfalls dann nicht beanstanden werde, wenn sie belegt werden kann"* (BGH, VersR 1991, 878 [unter II.2.]). Die Entscheidung darf sich daher nicht nur auf Einzelposten beziehen. Ein **Teilanerkenntnis** oder eine **Teilzahlung** verbunden mit einem Abrechnungsschreiben reichen nur aus, wenn die verbleibenden Ansprüche ausdrücklich abgelehnt werden (BGH, VersR 1996, 369 [unter II.2.b.]; KG, VersR 2007, 98).

2. Zugang in Textform

33 Die Entscheidung des VR muss im Unterschied zu früher nicht mehr schriftlich erfolgen (§ 12 Abs. 2 VVG a.F.), zumindest aber in **Textform** (**§ 126b BGB**; zu den Anforderungen § 3 Rdn 13). Die bloße **Zahlung ohne Abrechnungsschreiben** ist daher nicht ausreichend (vgl. BGH, VersR 1992, 604; VersR 1996, 369 [unter II.2.b.bb.]; a.A. OLG München, r+s 1992, 5). Ebenso wenig genügt ein Schreiben des Geschädigten, mit welchem er eine mündliche Ablehnung durch den VR bestätigt (vgl. BGH, VersR 1997, 637 [unter II.1.b.]). Der vom VR erhobene **Widerspruch gegen einen Mahnbescheid** des VN hemmt die Verjährung als ablehnende Entscheidung des VR, sobald die Mitteilung des Gerichts über den Widerspruch dem Prozessbevollmächtigten des VN zugeht (OLG Köln, r+s 2003, 274). **Adressat der Entscheidung** ist der Anspruchsinhaber, i.d.R. also der VN (OLG Köln, r+s 2003, 274) bzw. zur Vertretung befugte Personen. Handelt es sich um Ansprüche eines Versicherten, Bezugberechtigten oder Realgläubigers, ist die Entscheidung ihnen ggü. abzugeben.

3. Ausnahmen

34 In Ausnahmefällen kann die Hemmungswirkung auch **ohne Entscheidung** des VR entfallen. Die bloße Untätigkeit des VN während eines längeren Zeitraums („**Einschlafen der Verhandlungen**") reicht hierfür aber noch nicht aus (BGH, VersR 1977, 335 [unter II.2. zu § 3 Nr. 3 PflVG a.F.]; OLG Düsseldorf, VersR 1999, 873 [unter 2.a. zu § 12 Abs. 2 VVG a.F.]; nach OLG Hamm, VersR 1977, 1155 [unter I.6.b.], soll die Hemmung dagegen in dem Zeitpunkt enden, zu dem die Antwort des VN zu erwarten gewesen wäre). § 15 VVG verlangt zum Schutz des VN eine Entscheidung des VR. Die zu § 203 BGB entwickelten Grundsätze (s. Rdn 18) können insoweit nicht übertragen werden. Der Schutzgedanke des § 15 VVG verliert erst dann seine Berechtigung, wenn der VN die von ihm zunächst

angemeldeten Ansprüche inzwischen **offensichtlich nicht mehr weiterverfolgt** (BGH, VersR 1977, 335; OLG Düsseldorf, VersR 1999, 873).

Reagiert der VN nicht auf Schreiben des VR, so kann der VR den VN mit hemmungsbeseitigender Wirkung mit dem Hinweis bescheiden, er könne sich aufgrund des ihm bisher unterbreiteten Sachvortrags (noch) nicht zu einer Schadensersatzleistung entschließen (BGH, VersR 1977, 335 [unter II.3.b. zu § 3 Nr. 3 PflVG a.F.]; OLG Hamburg, r+s 1986, 55, 56; OLG Karlsruhe, VersR 1988, 351). Nach OLG Saarbrücken, (3.5.2006 – 5 U 578/00, LNR 2006, 20299 [unter II.A.6. – in VersR 2007, 780 nicht abgedruckt]) gelten dagegen strengere Anforderungen: „*Da es ein Versicherer jedoch jederzeit in der Hand hat, durch eine ablehnende Entscheidung Klarheit zu schaffen, ist Voraussetzung der Versagung einer Berufung auf die Verjährungshemmung zumindest ein illoyales Verhalten des Versicherungsnehmers auf eine Mitwirkungsaufforderung des Versicherers hin.*" 35

Beispiele 36
Nach OLG Düsseldorf (OLG Düsseldorf, VersR 1999, 873) entfällt die Verjährungshemmung ohne abschließende Entscheidung des VR, wenn ein rechtskundiger VN (hier: RA) zunächst an einer zügigen Abwicklung eines Brandschadens interessiert ist, dann aber den Kontakt für drei Jahre abreißen lässt.
Gleiches gilt nach OLG Hamm (OLG Hamm, r+s 1991, 289), wenn der VN telefonisch einen Schadensfall in der Kaskoversicherung anzeigt, dann aber vier Jahre nichts mehr von sich hören lässt.

IV. Wiederaufnahme der Verhandlungen

Erneute Verhandlungen hemmen die Verjährung, wenn der VR zu erkennen gibt, er betrachte die Frage seiner **Leistungspflicht wieder als offen** und werde daher nach Prüfung der Ansprüche abschließend entscheiden (OLG Düsseldorf, VersR 1999, 873 [unter 3.]; OLG Hamm, VersR 2001, 1269; OLG Frankfurt, MDR 2010, 326). In diesem Fall ist die Verjährungsfrist solange gehemmt, bis der VR erneut in Textform entschieden hat (vgl. OLG Hamm, VersR 1994, 465). Die Verjährungshemmung bezieht sich jedoch **nur** auf Ansprüche aus dem Versicherungszweig, **über den erneut verhandelt** wird (vgl. OLG Hamm, VersR 1992, 729). 37

C. Rechtsfolgen

Die Rechtswirkungen der Hemmung richten sich nach § 209 BGB. Die **Hemmung bewirkt**, dass während ihrer Dauer die Verjährungsfrist nicht beginnt (vgl. OLG Köln, VersR 1987, 1210) oder nicht weiterläuft. Die Hemmung ist keine Frist i.S.d. §§ 186 ff. BGB (h.M.). Die Hemmung beginnt daher mit dem ersten Tag, an dem der Hemmungsgrund eingetreten ist, und sie endet mit dem letzten Tag seines Wegfalls. Die Hemmung wird **taggenau** bestimmt, § 191 BGB ist nicht anwendbar. 38

Beispiel
Tritt die Hemmung im Lauf des 15.8. ein und fällt im Lauf des 15.9. weg, wird die Verjährungsfrist nicht um einen Monat, sondern um 32 Tage verlängert (nach Staudinger/*Peters*, § 209 Rn 2).

39 In der **Pflichtversicherung** wirken Hemmung, Ablaufhemmung und Neubeginn der Verjährung nach § 115 Abs. 2 S. 4 VVG im Verhältnis zum VR auch ggü. dem ersatzpflichtigen VN (oder Versicherten, vgl. BGH, VersR 1972, 271 zu § 3 Nr. 3 S. 4 PflVG a.F.) und umgekehrt.

40 Erklärt sich ein VR auf die Schadenmeldung irrtümlich für zuständig und klärt er diesen Irrtum später nicht auf, so ist er dem Anspruchsteller zum **Schadensersatz** verpflichtet, wenn dieser infolgedessen seinen Anspruch gegen den richtigen VR verjähren lässt (BGH, r+s 1996, 425).

D. Prozessuales

41 Der Schuldner, der die Einrede der Verjährung nach § 214 BGB erhebt, trägt die **Darlegungs- und Beweislast** für Beginn und Ablauf der Verjährung und damit auch für die Kenntnis des Gläubigers gem. § 199 Abs. 1 Nr. 2 BGB (BGH, VersR 2007, 1090 [unter II.3.b.bb.]). Der Gläubiger hat dagegen die Voraussetzungen einer Hemmung (§ 15 VVG, §§ 203 bis 208 BGB), Ablaufhemmung (§§ 210, 211 BGB) und eines Neubeginns (§ 212 BGB) zu beweisen. Eine erst in **zweiter Instanz erhobene Verjährungseinrede** ist zuzulassen, wenn die zugrunde liegenden Tatsachen unstreitig sind (OLG Celle, NJW-RR 2006, 1530).

E. Abdingbarkeit

42 § 15 VVG ist **halbzwingend**, d.h. zum Nachteil des VN nicht abdingbar (§ 18 VVG). Abweichungen zum Nachteil des VN sind lediglich bei Großrisiken möglich (§ 210 VVG). Die allgemeinen Verjährungsregeln (§§ 195 ff. BGB) sind demgegenüber grds. abdingbar (*Grote/Schneider*, BB 2007, 2689, 2701). Die Verjährungsfristen können daher im Unterschied zu früher (vgl. § 15a VVG a.F.) in den Grenzen des AGB-Rechts zulasten des VN verkürzt werden.

43 Eine nach dem Vorbild des § 12 Abs. 3 VVG a.F. in AVB vereinbarte Ausschlussfrist ist demgegenüber wegen des Verstoßes gegen das geänderte Leitbild gem. § 307 Abs. 2 Nr. 1 BGB unwirksam (h.M.; *Neuhaus*, r+s 2007, 441, 443; *Marlow/Spuhl*, Das Neue VVG Kompakt, S. 5; *Grote/Schneider*, BB 2007, 2689, 2701).

---

§ 16 VVG Insolvenz des Versicherers

(1) Wird über das Vermögen des Versicherers das Insolvenzverfahren eröffnet, endet das Versicherungsverhältnis mit Ablauf eines Monats seit der Eröffnung; bis zu diesem Zeitpunkt bleibt es der Insolvenzmasse gegenüber wirksam.

(2) Die Vorschriften des Versicherungsaufsichtsgesetzes über die Wirkungen der Insolvenzeröffnung bleiben unberührt.

Übersicht

	Rdn
A. Normzweck	1
B. Norminhalt	6
I. Insolvenz des Schadensversicherers (§ 16 Abs. 1 VVG)	6
II. Insolvenz des Lebens-, Kranken-, Pflege- und Unfallversicherers (§ 16 Abs. 2 VVG)	12
C. Abdingbarkeit	14

A. Normzweck

§ 16 VVG regelt die Rechtsfolgen, die sich bei Insolvenz des VR für den VV ergeben. **1**
Die Vorschrift hat aufgrund der Aufsicht durch die BaFin **kaum praktische Bedeutung**.
Deregulierungs- und Internationalisierungstendenzen, aber auch neue unbekannte Risiken
(etwa in der Umweltschadensversicherung) machen Insolvenzen von Versicherungsunternehmen aber wahrscheinlicher. In der Kfz-Haftpflichtversicherung (§§ 13 ff. PflVG) sowie
in der Lebens- und Krankenversicherung (§§ 124 ff. VAG) sind Insolvenzen demgegenüber
aufgrund der zwingend einzurichtenden Sicherungsfonds weitgehend ausgeschlossen.

Die Vorschrift dient dem **Schutz der VN**. Nach § **16 Abs. 1 VVG** endet das Versicherungs- **2**
verhältnis abweichend von § 103 InsO erst mit Ablauf eines Monats seit der Eröffnung des
Insolvenzverfahrens; bis zu diesem Zeitpunkt bleiben VV ggü. der Insolvenzmasse wirksam. Durch diese Einmonatsfrist soll der VN die Möglichkeit haben, sich anderweitigen
Versicherungsschutz verschaffen zu können (Motive, S. 88). § **16 Abs. 2 VVG** verweist
auf die vorrangig geltenden Insolvenzvorschriften des VAG und gewährleistet auf diese
Weise einen ausreichenden Schutz der VN.

Sonderregelungen bestehen ggü. dem **Hypothekengläubiger**. Hier bestimmt § 143 Abs. 2 **3**
VVG abweichend von § 16 Abs. 1 VVG, das die Beendigung des Versicherungsverhältnisses unter bestimmten Voraussetzungen erst mit dem Ablauf von zwei Monaten wirksam
wird. Bei der **Pflichthaftpflichtversicherung** endet das Versicherungsverhältnis demgegenüber nicht – wie in § 16 Abs. 1 VVG vorgesehen – ab Insolvenzeröffnung, sondern ab
Anzeige durch den Insolvenzverwalter (§ 117 Abs. 6 VVG; s. dort § 117 Rdn 96 f.).

Kündigungsrechte werden durch § 16 VVG nicht ausgeschlossen (Begr. BT-Drucks 16/ **4**
3945, S. 64). Das Versicherungsverhältnis kann daher vor Eröffnung des Insolvenzverfahrens oder während der Monatsfrist (§ 16 Abs. 1 VVG) aus anderen Gründen erlöschen. Der
VN kann (auch als Mitglied eines VVaG, vgl. BGHZ 1, 334) das Versicherungsverhältnis
bereits bei einer wesentlichen nachträglichen Verschlechterung der finanziellen Lage des
VR nach § 314 Abs. 1 BGB kündigen (Prölss/Martin/*Armbrüster*, § 16 Rn 10; BK/*Gruber*,
§ 13 Rn 16).

Die Vorschrift ist durch die **VVG-Reform** sachlich nicht geändert worden. § 16 VVG **5**
entspricht § **13 VVG a.F.** (Begr. BT-Drucks 16/3945, 64).

B. Norminhalt

I. Insolvenz des Schadensversicherers (§ 16 Abs. 1 VVG)

6 **§ 16 Abs. 1 VVG** gilt für alle VV, für die das VAG keine abweichenden Regelungen über die Wirkungen der Insolvenzeröffnung trifft. Die Vorschrift erfasst damit nahezu sämtliche **Schadensversicherungen** (*Johannsen*, in: Bruck/Möller, § 16 Rn 10); ausgenommen sind lediglich Unfallversicherungen mit Prämienrückgewähr i.S.d. §§ 316 S. 1 Nr. 4, 161 VAG sowie Haftpflicht- und Unfallrenten i.S.d. §§ 316 S. 1 Nr. 5, 162 VAG. Die Vorschrift findet nur Anwendung, wenn über das Vermögen des VR das **Insolvenzverfahren** eröffnet wurde, nicht jedoch, wenn der Vertrag aus anderen Gründen (z.B. durch eine Kündigung) endet.

7 Das **Versicherungsverhältnis endet** nach § 16 Abs. 1 VVG mit Ablauf eines Monats seit Eröffnung des Insolvenzverfahrens; bis zu diesem Zeitpunkt bleibt es der Insolvenzmasse ggü. wirksam. Der VN muss bis zur Beendigung des Versicherungsverhältnisses die für diese Zeit **anteilige Prämie** zahlen und auch seine Obliegenheiten erfüllen. Hat der VN die Prämie vor Insolvenzeröffnung gezahlt, so kann er zu viel gezahlte Prämien gem. § 39 Abs. 2 VVG (s. § 39 Rdn 8) unter Abzug der für diese Zeit aufgewendeten Kosten zurückfordern. Diese Forderung ist aber nur eine schlichte Insolvenzforderung. Hat der VN die Prämie versehentlich nach Insolvenzeröffnung und nach Beendigung des VV gezahlt, so steht ihm ein anteiliger Bereicherungsanspruch zu, der gem. § 55 Abs. 1 Nr. 3 InsO Masseverbindlichkeit ist (*Johannsen*, in: Bruck/Möller, § 16 Rn 12). Prämienrückzahlungsansprüche genießen nur dann eine vorrangige Behandlung, wenn der VV vor Eröffnung des Insolvenzverfahrens nicht zustande gekommen ist oder aufgehoben wurde (§ 315 Abs. 1 Nr. 2 VAG).

8 **Versicherungsfälle**, die bis zum Ende der Monatsfrist eintreten, begründen eine Entschädigungspflicht des VR. Für Versicherungsfälle nach Ablauf der Monatsfrist hat der VR dagegen nicht mehr einzustehen (BK/*Gruber*, § 13 Rn 11).

9 Seit der Umsetzung der **Zwangsliquidations-RL 2001/17/EG** (aufgehoben und ersetzt durch die Solvabilitäts-II-RL 2009/138/EG) durch das am 17.12.2003 in Kraft getretene Gesetz zur Umsetzung aufsichtsrechtlicher Bestimmungen zur Sanierung und Liquidation von Versicherungsunternehmen und Kreditinstituten (BGBl I 2003, S. 2478) werden **Versicherungsforderungen** auch in der Schadensversicherung **vorrangig befriedigt** (hierzu *Heiss/Gölz*, NZI 2006, 1; *Männle*, Die Richtlinie 2001/17/EG über die Sanierung und Liquidation von Versicherungsunternehmen und ihre Umsetzung ins deutsche Recht; zur früheren Rechtslage BK/*Gruber*, § 13 Rn 8 ff. und 15): Versicherungsunternehmen müssen für alle Versicherungen ein **Sicherungsvermögen** schaffen, das in ein Vermögensverzeichnis einzutragen ist (§§ 125 ff. VAG). Versicherungsforderungen sind aus den eingetragenen Vermögenswerten **vor den anderen Insolvenzgläubigern** zu bedienen (§ 315 Abs. 1 VAG). Zu diesen Versicherungsforderungen zählen „Forderungen der Versicherten, Begünstigten oder geschädigten Dritten, die einen Direktanspruch gegen das Versicherungsunternehmen haben" (§ 315 Abs. 1 Nr. 1 VAG). Die bevorrechtigten Forderungen haben untereinander denselben Rang (§ 317 Abs. 2 VAG). Die aus dem Sicherungsvermögen

nicht befriedigten (Teil-) Forderungen nehmen hinsichtlich des Restvermögens als einfache Insolvenzforderungen an der Vermögensverteilung teil (str.; vgl. *Heiss/Gölz*, NZI 2006, 1, 5).

In der **Kfz-Haftpflichtversicherung** können Ansprüche aus Kraftfahrzeugunfällen gegen den Halter, den Eigentümer oder den Fahrer des Fahrzeugs bei Insolvenz des VR auch gegen den Entschädigungsfonds gerichtet werden (§ 12 Abs. 1 Nr. 4 PflVG), also gegen die Verkehrsopferhilfe e.V. (vgl. § 1 der Verordnung über den Entschädigungsfonds für Schäden aus Kraftfahrzeugunfällen vom 14.12.1965, BGBl I, S. 2093).

Dem VN steht wegen der Beendigung des Vertrages **ein Schadensersatzanspruch nach § 103 Abs. 2 Satz 1 InsO** analog zu (*Backes*, Die Insolvenz des Versicherungsunternehmens, 2003, S. 140, 190 f.; MüKo/*Fausten*, § 16 VVG Rn 31; Looschelders/Pohlmann/ *Klenk*, § 16 Rn 12; **a.A.** Prölss/Martin/*Armbrüster*, § 16 Rn 6; *Johannsen*, in: Bruck/Möller, § 16 Rn 14; Rüffer/Halbach/Schimikowski/*Muschner*, § 16 Rn 8). Geht man von einem solchen Schadensersatzanspruch aus, so hat der VN einen Anspruch auf Erstattung der Differenz zwischen der bisher gezahlten Prämie und der bei einer anderen Gesellschaft zu zahlenden Prämie bis zu dem Zeitpunkt, der als früheste Beendigung des Versicherungsverhältnisses vorgesehen war.

II. Insolvenz des Lebens-, Kranken-, Pflege- und Unfallversicherers (§ 16 Abs. 2 VVG)

Nach § 16 Abs. 2 VVG i.V.m. § 316 S. 1 Nr. 1–4 VAG erlöschen Lebensversicherungen, substitutive Krankenversicherungen, private Pflegepflichtversicherungen sowie Unfallversicherungen mit Prämienrückgewähr bereits durch Eröffnung des Insolvenzverfahrens. Gleiches gilt gem. § 316 S. 1 Nr. 5 VAG für Verträge der Allgemeinen-, der Kfz-Haftpflicht- und der Kfz-Unfallversicherung, wenn aus ihnen Rentenleistungen geschuldet sind. Hinsichtlich der Prämienzahlungspflicht und der Rückforderung gezahlter Prämien gilt dasselbe wie bei der Schadensversicherung (Rdn 7).

Die **Höhe der Forderung** bestimmt sich nach dem **Anteil am Sicherungsvermögen**, insb. nach der **Deckungsrückstellung** (§§ 316 S. 2 i.V.m. 125 Abs. 2 VAG). Bestehen neben dem Anspruch auf das Sicherungsvermögen weitere Ansprüche, erwerben die Versicherten (Anspruchsberechtigten) nach h.M. einen Schadensersatzanspruch analog § 103 Abs. 2 InsO (*Backes*, Die Insolvenz des Versicherungsunternehmens, 2003, S. 140; **a.A.** *Johannsen*, in: Bruck/Möller, § 16 Rn 18). Derartige über das Sicherungsvermögen hinausgehende Ansprüche sind jedoch nur einfache Insolvenzforderungen (Prölss/*Lipowsky*, § 77b VAG Rn 3).

C. Abdingbarkeit

§ 16 VVG ist **zwingendes** Recht (Prölss/Martin/*Armbrüster*, § 16 Rn 9; BK/*Gruber*, § 13 Rn 18).

§ 17 VVG | Abtretungsverbot bei unpfändbaren Sachen

Soweit sich die Versicherung auf unpfändbare Sachen bezieht, kann eine Forderung aus der Versicherung nur auf solche Gläubiger des Versicherungsnehmers übertragen werden, die diesem zum Ersatz der zerstörten oder beschädigten Sachen andere Sachen geliefert haben.

Übersicht

	Rdn
A. Normzweck	1
B. Norminhalt	3
I. Abtretungsverbot gem. § 17 VVG	3
II. Weitere gesetzliche Abtretungs- und Verpfändungsverbote	5
III. Vertragliche Abtretungs- und Verpfändungsverbote	8
C. Rechtsfolgen	10

A. Normzweck

1 Forderungen aus einer Versicherung können **grds. abgetreten** und **verpfändet** werden. Nach § 400 BGB kann eine Forderung allerdings nicht abgetreten werden, soweit sie der Pfändung nicht unterworfen ist. **§ 17 VVG modifiziert diesen Grundsatz**: Bezieht sich der Versicherungsanspruch auf eine unpfändbare Sache (§ 811 ZPO), so kann der Anspruch zumindest an einen Gläubiger übertragen werden, der dem VN zum Ersatz der zerstörten oder beschädigten Sachen andere Sachen geliefert hat. Dementsprechend kann auch ein Pfandrecht unter diesen Voraussetzungen bestellt werden (§ 1274 Abs. 2 BGB).

2 Die Vorschrift entspricht dem früheren § 15 VVG a.F. Das in § 98 VVG a.F. geregelte Abtretungsverbot in der Feuerversicherung wurde dagegen aufgehoben, da entsprechende Regelungen in AVB getroffen werden können (Begr. BT-Drucks 16/3945, S. 83).

B. Norminhalt

I. Abtretungsverbot gem. § 17 VVG

3 § 17 VVG setzt voraus, dass sich eine Forderung aus einem VV auf eine unpfändbare Sache bezieht. **Unpfändbare Sachen** sind die in **§ 811 ZPO** aufgeführten Sachen (RGZ 135, 159, 160) sowie Haustiere (§ 811c ZPO). Nicht erfasst werden demgegenüber Versicherungsansprüche bzgl. Sachen, die nur gem. § 865 Abs. 2 ZPO der Mobiliarpfändung entzogen sind (RGZ 135, 159, 160). Die Unpfändbarkeit ist **für den Einzelfall** zu bestimmen. Soweit die Forderung den Wert der unpfändbaren Sache übersteigt, ist der darüber hinausgehende Betrag auch abtretbar und pfändbar (Römer/Langheid/*Rixecker*, § 17 Rn 2).

4 I.Ü. ist die Forderung nach § 17 VVG nur an bestimmte Personen abtretbar: **Zessionar** kann nur ein Gläubiger des VN sein, der dem VN zum Ersatz der zerstörten bzw. beschädigten Sachen andere Sachen geliefert hat. Der Gläubiger muss dem VN den Besitz an diesen Sachen verschaffen (Prölss/Martin/*Armbrüster*, § 17 Rn 16).

II. Weitere gesetzliche Abtretungs- und Verpfändungsverbote

Weitere Abtretungs- und Verpfändungsverbote ergeben sich aus sonstigen gesetzlichen Vorschriften (§§ 400, 1274 Abs. 2 BGB): In der **Lebensversicherung** unterliegen **Rentenversicherungsverträge**, die zur Versorgung eines früheren Arbeitnehmers oder seiner unterhaltsberechtigten Angehörigen abgeschlossen wurden, nach **§ 850 Abs. 3b ZPO** einem Pfändungsschutz innerhalb der in § 850c ZPO genannten Pfändungsgrenzen. Derartige VV können als Direktversicherung (§ 1 Abs. 2 BetrAVG) vom Arbeitgeber zugunsten des Arbeitnehmers, aber auch von ihm selbst abgeschlossen worden sein. § 850 Abs. 3b ZPO ist nicht anwendbar auf Selbstständige, Freiberufler und Nichterwerbstätige (BGH, NJW-RR 2008, 496, 497; OLG Frankfurt am Main, VersR 1996, 614). Die Vorschrift erfasst nur Renten, nicht dagegen einmalige Kapitalleistungen (BGH, NJW-RR 2009, 211, 212). Ansprüche aus **Kapitallebensversicherungen** werden von der Vorschrift selbst dann nicht erfasst, wenn zugunsten des VN ein Rentenwahlrecht besteht, dieses aber noch nicht wirksam ausgeübt wurde (BFH, BB 2007, 2275).

Reine Todesfallversicherungen, deren Versicherungssumme 3.579,00 EUR nicht übersteigt, sind nach **§ 850b Abs. 1 Nr. 4 ZPO** bedingt pfändbar, also nur dann, wenn die Vollstreckung in das sonstige Vermögen des Schuldner nicht zu einer vollständigen Befriedigung geführt hat oder voraussichtlich nicht führen wird und wenn nach den Umständen des Falles, insb. nach der Art des beizutreibenden Anspruchs und der Höhe der Bezüge, die Pfändung der Billigkeit entspricht (§ 850b Abs. 2 ZPO). Wird der Freibetrag i.H.v. 3.579,00 EUR überschritten, so ist allein der übersteigende Teil der Versicherungssumme unbeschränkt pfändbar (BGH, r+s 2008, 120). Ansprüche aus **kapitalbildenden gemischten Lebensversicherungen** werden nach § 850b Abs. 1 Nr. 4 ZPO **nicht privilegiert** (BGHZ 35, 261 = NJW 1961, 1720); diese Beschränkung verstößt nicht gegen Art. 3 Abs. 1 GG (BVerfG, NJW 2004, 2585, 2586). Der VN kann bei diesen Verträgen aber jederzeit für den Schluss der laufenden Versicherungsperiode verlangen, dass seine Versicherung in eine den Anforderungen des § 851c Abs. 1 ZPO entsprechende Versicherung umgewandelt wird (§ 167 VVG; s. dort).

Leistungen aus **Krankenversicherungen** sind nach **§ 850b Abs. 1 Nr. 4 ZPO** – wie reine Todesfallversicherungen (hierzu Rdn 6) – ebenfalls nur bedingt pfändbar. Ausnahmen kommen nur bei der Tageldversicherung in Betracht (Prölss/Martin/*Armbrüster*, § 17 Rn 6). Renten aus einer **Unfallversicherung** unterliegen gem. **§ 850b Abs. 1 Nr. 1 ZPO** ebenfalls einer bedingten Pfändung (BGHZ 70, 206 = VersR 1978, 447). Todesfallsummen in der Unfallversicherung sind dagegen in vollem Umfang abtretbar und pfändbar, da sie weder von § 850b Abs. 1 Nr. 1 ZPO noch von § 850 Abs. 1 Nr. 4 ZPO erfasst werden (Prölss/Martin/*Armbrüster*, § 17 Rn 8). Ansprüche aus einer **kapitalbildenden gemischten Lebensversicherung**, die mit einer **unselbstständigen Berufsunfähigkeits-Zusatzversicherung** verbunden ist, können selbst dann abgetreten werden, wenn die Ansprüche aus der Zusatzversicherung nach § 850b Abs. 1 Nr. 1 ZPO unpfändbar sind (BGH, VersR 2010, 375, 377, Rn 14).

III. Vertragliche Abtretungs- und Verpfändungsverbote

8 Die Abtretbarkeit und damit Verpfändbarkeit von Versicherungsforderungen kann auch **durch AVB beschränkt oder ausgeschlossen** werden (§§ 399, 1274 Abs. 2 BGB). In der Praxis sind derartige Klauseln häufig anzutreffen, denn der VR möchte verhindern, dass ihm eine unübersehbare Vielzahl von Gläubigern gegenüber tritt (vgl. BGH, VersR 1983, 945). Für eine Reihe von Versicherungen ist in den AVB vorgesehen, dass Versicherungsansprüche, die noch nicht endgültig festgestellt worden sind bzw. noch nicht fällig sind, nur mit **Zustimmung des VR** abgetreten oder verpfändet werden dürfen (vgl. z.B. Ziff. 28 S. 1 AHB 2008; A.2.14.4 AKB 2008; 12.3 AUB 2008; vgl. auch § 17 Abs. 7 ARB 2008: Abtretung nur mit „schriftlichem" Einverständnis). Für andere Versicherungen findet sich dagegen die Formulierung, dass eine Abtretung oder Verpfändung erst nach **schriftlicher Anzeige ggü. dem VR** wirksam wird (vgl. z.B. § 13 Abs. 4 KLV 2008). Derartige Klauseln bewirken, dass eine abredewidrige Abtretung ggü. jedermann **(absolut) unwirksam** ist (zur Lebensversicherung BGHZ 112, 387 = VersR 1991, 89; VersR 1992, 561).

9 **Ausnahmen** gelten, wenn der VV für beide Teile ein **beiderseitiges Handelsgeschäft** ist. Dann ist die Abtretung einer Geldforderung nach § 354a HGB trotz vertraglichen Abtretungsverbots gleichwohl wirksam (vgl. OLG Köln, NVersZ 2002, 270 [zu § 3 Abs. 4 AKB]). Seit der VVG-Reform gelten zudem Sonderregelungen für die **Haftpflichtversicherung**. Nach § 108 Abs. 2 VVG darf die Abtretung des in § 100 VVG normierten Freistellungsanspruchs an den geschädigten Dritten nicht mehr durch AVB ausgeschlossen werden (s. § 108 Rdn 19 ff.). Ziff. 28 S. 2 AHB 2008 stellt daher klar, dass eine Abtretung an den geschädigten Dritten zulässig ist. Individualvertragliche Abtretungsverbote bleiben aber auch in Zukunft in der Haftpflichtversicherung möglich (Begr. BT-Drucks 16/3945, S. 87).

C. Rechtsfolgen

10 Abtretungen und Pfändungen, die gegen § 17 VVG oder sonstige gesetzliche Abtretungs- und Pfändungsverbote verstoßen, sind **absolut unwirksam**. Gleiches gilt für Abtretungen und Pfändungen, die gegen ein vertragliches Abtretungsverbot verstoßen (vgl. Rdn 8).

11 Eine **wirksame Abtretung** bewirkt nach § 398 S. 2 BGB, dass der neue Gläubiger (Zessionar) an die Stelle des bisherigen Gläubigers (VN; Zedent) tritt. Der Zessionar kann somit die abgetretene Forderung im eigenen Namen ggü. dem VR geltend machen. Nach § 404 BGB kann der VR aber dem Zessionar alle Einwendungen (z.B. Obliegenheitsverletzungen) entgegensetzen, die zur Zeit der Abtretung ggü. dem VN begründet waren. I.Ü. bleibt der VV zwischen VN und VR bestehen (BGH, VersR 1956, 276). Der VN hat daher weiterhin seine Pflichten (Prämienzahlung) und Obliegenheiten zu erfüllen, ihm stehen nach wie vor Gestaltungsrechte aus dem Vertrag (z.B. Kündigungsrechte) zu. Der VR muss eine Mahnung oder Kündigung ggü. dem VN erklären (OLG Frankfurt am Main, VersR 1996, 90).

12 Zahlt der VR an den Zessionar, so löst dies den Übergang von Ansprüchen gegen Dritte nach **§ 86 VVG** aus (BGHZ 105, 365 = VersR 1989, 74, 76 [zu § 67 VVG a.F.]). Hat

der VR die Versicherungsleistung in Unkenntnis eines leistungsbefreienden Tatbestands unmittelbar an den Zessionar gezahlt, richtet sich der bereicherungsrechtliche Herausgabeanspruch ausschließlich gegen den VN (BGHZ 105, 365 = VersR 1989, 74; NJW 1989, 900; Prölss/Martin/*Armbrüster*, § 17 Rn 22; **a.A.** *Dörner*, NJW 1990, 473).

§ 18 VVG | Abweichende Vereinbarungen

Von § 3 Abs. 1 bis 4, § 5 Abs. 1 bis 3, den §§ 6 bis 9 und 11 Abs. 2 bis 4, § 14 Abs. 2 S. 1 und § 15 kann nicht zum Nachteil des Versicherungsnehmers abgewichen werden.

§ 18 VVG listet jene **halbzwingenden Bestimmungen** auf, die nur zugunsten, nicht aber zulasten des VN vertraglich geändert werden können. Vergleichbare Bestimmungen finden sich in §§ 32, 42, 67, 87, 112, 129, 171, 175, 191, 208 VVG. Die Vorschrift entspricht § 15a VVG a.F. Im **Unterschied** zu früher werden in § 18 VVG jedoch zusätzlich § 3 Abs. 1 und 3 VVG (s. § 3 Rdn 32) sowie die in §§ 6, 7 VVG geregelten Beratungs- und Informationspflichten (vgl. aber §§ 6 Abs. 3, 7 Abs. 1 S. 3 VVG) als halbzwingende Vorschriften aufgeführt, um abweichende Vereinbarungen zum Nachteil des auch insoweit schutzbedürftigen VN auszuschließen (Begr. BT-Drucks 16/3945, S. 64). Der Gesetzgeber hat zudem die frühere Formulierung aufgegeben, dass sich der VR auf abweichende Vereinbarungen zum Nachteil des VN „nicht berufen" könne. Hierdurch wird klargestellt, dass zum Nachteil des VN abweichende Vereinbarungen **unwirksam** sind. Daher kann sich auch der VN nicht auf eine für ihn nachteilige Regelung berufen (Rüffer/Halbach/Schimikowski/ *Brömmelmeyer*, § 18 Rn 5; MüKo/*Fausten*, § 18 VVG Rn 31 f.; **a.A.** *Beckmann*, in: Bruck/ Möller, Einf. A Rn 128; sowie die frühere Rechtslage, vgl. BGH, VersR 1951, 67, 68; Prölss/Martin/*Prölss*, 27. Aufl., 2004, Vorbem. I Rn 4). 1

Die Vorschrift gilt nach § 210 Abs. 1 VVG **nicht für Großrisiken** i.S.d. § 210 Abs. 2 VVG und auch nicht für laufende Versicherungen. 2

§ 18 VVG ist auch anwendbar auf Vereinbarungen, die nach Eintritt des Versicherungsfalls getroffen werden (BGH, VersR 1988, 1013; OLG Hamm, r+s 1992, 77 [beide Entscheidungen zu §§ 6, 15a VVG a.F.]; *Johannsen*, in: Bruck/Möller, § 18 Rn 6; **a.A.** Prölss/Martin/ *Armbrüster*, § 18 Rn 3). Die Vorschrift erfasst darüber hinaus nicht nur individualvertragliche und vorformulierte Vereinbarungen, sondern auch **einseitige Verzichtserklärungen** des VN, soweit die Initiative hierzu vom VR ausgeht (anders OLG Hamm, r+s 1992, 77, 78 [zu §§ 6, 15a VVG a.F.]; Prölss/Martin/*Armbrüster*, § 18 Rn 1: VN muss auch dann geschützt werden, wenn er aus eigenem Antrieb verzichtet). Ob eine Vereinbarung **zum Nachteil des VN** von den halbzwingenden Vorschriften abweicht, beurteilt sich unter Einbeziehung aller Umstände, die sich für den VN vorteilhaft oder nachteilig auswirken können. Nach h.M. ist dabei eine **Saldierung der Vor- und Nachteile** vorzunehmen (OLG Hamm, VersR 2006, 61, 62; OLG Hamm, NVersZ 2000, 517; Prölss/Martin/*Armbrüster*, § 18 Rn 4 ff.; Römer/Langheid/*Rixecker*, § 18 Rn 3; *Klimke*, Die halbzwingenden Vorschriften des VVG, S. 56 ff.; **a.A.** *Gebauer*, NVersZ 2000, 7, 13). 3

4 § 18 VVG ist **lex specialis** ggü. § **134 BGB** (BGH, VersR 1967, 845 [unter III. zu § 15 VVG a.F.]; BGH, VersR 2005, 404 [unter 4. zu § 178 VVG a.F.]). Die Abweichung von halbzwingenden Vorschriften hat daher nicht die Nichtigkeit des ganzen VV zur Folge. An die Stelle der abweichenden Regelung treten vielmehr die gesetzlichen Bestimmungen.

5 Ist eine AVB-Klausel nach § 18 VVG nicht zu beanstanden, kann sie gleichwohl wegen Verstoßes gegen die §§ **307 ff. BGB** unwirksam sein (h.M., vgl. BGH, r+s 2009, 1061).

Abschnitt 2
Anzeigepflicht, Gefahrerhöhung, andere Obliegenheiten

§ 19 VVG | Anzeigepflicht

(1) Der Versicherungsnehmer hat bis zur Abgabe seiner Vertragserklärung die ihm bekannten Gefahrumstände, die für den Entschluss des Versicherers, den Vertrag mit dem vereinbarten Inhalt zu schließen, erheblich sind und nach denen der Versicherer in Textform gefragt hat, dem Versicherer anzuzeigen. Stellt der Versicherer nach der Vertragserklärung des Versicherungsnehmers, aber vor Vertragsannahme Fragen im Sinn des Satzes 1, ist der Versicherungsnehmer auch insoweit zur Anzeige verpflichtet.

(2) Verletzt der Versicherungsnehmer seine Anzeigepflicht nach Absatz 1, kann der Versicherer vom Vertrag zurücktreten.

(3) Das Rücktrittsrecht des Versicherers ist ausgeschlossen, wenn der Versicherungsnehmer die Anzeigepflicht weder vorsätzlich noch grob fahrlässig verletzt hat. In diesem Fall hat der Versicherer das Recht, den Vertrag unter Einhaltung einer Frist von einem Monat zu kündigen.

(4) Das Rücktrittsrecht des Versicherers wegen grob fahrlässiger Verletzung der Anzeigepflicht und sein Kündigungsrecht nach Absatz 3 Satz 2 sind ausgeschlossen, wenn er den Vertrag auch bei Kenntnis der nicht angezeigten Umstände, wenn auch zu anderen Bedingungen, geschlossen hätte. Die anderen Bedingungen werden auf Verlangen des Versicherers rückwirkend, bei einer vom Versicherungsnehmer nicht zu vertretenden Pflichtverletzung ab der laufenden Versicherungsperiode Vertragsbestandteil.

(5) Dem Versicherer stehen die Rechte nach den Absätzen 2 bis 4 nur zu, wenn er den Versicherungsnehmer durch gesonderte Mitteilung in Textform auf die Folgen einer Anzeigepflichtverletzung hingewiesen hat. Die Rechte sind ausgeschlossen, wenn der Versicherer den nicht angezeigten Gefahrumstand oder die Unrichtigkeit der Anzeige kannte.

(6) Erhöht sich im Fall des Absatzes 4 Satz 2 durch eine Vertragsänderung die Prämie um mehr als zehn Prozent oder schließt der Versicherer die Gefahrabsicherung für den nicht angezeigten Umstand aus, kann der Versicherungsnehmer den Vertrag innerhalb

eines Monats nach Anfechtung der Mitteilung des Versicherers ohne Einhaltung einer Frist kündigen. Der Versicherer hat den Versicherungsnehmer in der Mitteilung auf dieses Recht hinzuweisen.

Übersicht

	Rdn
A. Normzweck	1
B. Norminhalt	13
I. Anzeigepflicht (§ 19 Abs. 1 VVG)	13
1. „Versicherungsnehmer"	14
2. „in Textform gefragt"	21
a) Fragen des Versicherers	21
aa) Grundlagen	21
bb) Textform	25
cc) Auslegung	26
dd) AGB-Kontrolle	28
ee) Zeitraum	33
ff) Unklare Fragen	34
gg) Weite Fragen	36
hh) Fragen mit Wertungen	43
ii) Fragen gegen gesetzliches Verbot oder höherrangiges Recht	45
jj) Bisherige Rechtsprechung	50
b) Fragen durch den Versicherungsvermittler	61
c) Nachfrageobliegenheit (Risikoprüfungsobliegenheit)	76
3. „Gefahrumstände, die erheblich sind"	82
4. „die ihm bekannten Gefahrumstände"	89
5. „anzuzeigen"	95
6. „bis zur Abgabe seiner Vertragserklärung"	99
7. „nach der Vertragserklärung"	102
II. Rücktrittsrecht (§ 19 Abs. 2 VVG)	106
1. „Verletzt der Versicherungsnehmer seine Anzeigepflicht"	106
2. „zurücktreten"	107
III. Ausschluss des Rücktrittrechts, Kündigungsrecht (§ 19 Abs. 3 VVG)	111
1. „Rücktrittsrecht ausgeschlossen"	111
2. „kündigen"	119
IV. Ausschluss des Rücktritts- und Kündigungsrechts, Vertragsanpassungsrecht (§ 19 Abs. 4 VVG)	123
1. „Rücktrittrecht und Kündigungsrecht ausgeschlossen"	123
2. „andere Bedingungen"	125
V. Belehrung, Ausschluss der Rechte des Versicherers (§ 19 Abs. 5 VVG)	130
1. „hingewiesen"	130
2. „VR mit Kenntnis von den nicht angezeigten Gefahrumständen"	136
VI. Kündigungsrecht des Versicherungsnehmers, Belehrung (§ 19 Abs. 6 VVG)	143
1. „Erhöht sich die Prämie oder schließt der Versicherer die Gefahrabsicherung aus"	143
2. „hinzuweisen"	145
C. Prozessuale Hinweise	146
I. Beweislast	146
II. Rechtswidrige Informationsgewinnung	150
III. Übergangsvorschriften	152
D. Abdingbarkeit	157

A. Normzweck

Die Vorschrift regelt die vorvertragliche Anzeigepflicht des künftigen VN. Sie bezweckt, **1** dem **Interesse des VR**, das zu versichernde Risiko zutreffend einschätzen zu können, und dem **Interesse des VN**, den Versicherungsschutz nicht rückwirkend zu verlieren, ausgewogen Rechnung zu tragen (vgl. *Römer*, VersR 2006, 740). Dementsprechend sind die Rechtsfolgen einer Anzeigepflichtverletzung in § 19 VVG abschließend geregelt (Begr. BT-Drucks 16/3945, S. 64).

2   **Funktion der privaten Versicherung** ist, das Risiko des einzelnen VN auf eine Vielzahl von gleich gefährdeten VN zu verlagern (zu aufsichtsrechtlichen Vorgaben vgl. MüKo/ *Langheid*, § 19 VVG Rn 5 ff.). Der VR ist daher darauf angewiesen, vom künftigen VN diejenigen Informationen zu erhalten, die ihm eine sachgerechte Beurteilung ermöglichen, ob und zu welchen Konditionen er den VV abschließen soll (vgl. Begr. BT-Drucks 16/ 3945, S. 64). Um dieses Ziel zu erreichen, sahen die **§§ 16 ff. VVG a.F.** eine weit gehende Privilegierung der Rechtsstellung des VR vor, die von den Regelungen über culpa in contrahendo (§ 311 Abs. 2 und 3 BGB), Fehlen der Geschäftsgrundlage (§ 313 BGB), Rücktritt (§§ 346 ff. BGB), Eigenschaftsirrtum (§ 119 Abs. 2 BGB) und Vertragsstrafe abwichen (dazu *Harke*, ZVersWiss 2006, 391 [„*Garantiehaftung für culpa in contrahendo*"]). Die mit dieser Privilegierung des VR verbundenen harten Folgen für den VN waren jedoch nicht in jedem Fall angemessen. Ein u.U. erst nach mehreren Jahren rückwirkender Verlust des Versicherungsschutzes kann den VN erheblich in seiner Lebensplanung einschränken oder in seiner wirtschaftlichen Existenz bedrohen. Um den berechtigten Interessen des VN hinreichend Rechnung zu tragen, hat der Gesetzgeber die **Rechtsstellung des VN gestärkt** (Begr. BT-Drucks 16/3945, S. 64).

3   Bisher musste der VN dem VR bis zum Vertragsschluss ungefragt alle ihm bekannten gefahrerheblichen Umstände anzeigen (§ 16 Abs. 1 S. 1 VVG a.F.). Ob ein Umstand gefahrerheblich war, bestimmte sich (wie heute) nach der dem VN unbekannten Beurteilungsperspektive des individuellen VR. Daher musste der VN, dem keine Fragen schriftlich oder nur mündlich gestellt wurden, auch **ungefragt** alle ihm bekannten Umstände anzeigen, wenn er nicht Gefahr laufen wollte, seine Anzeigepflicht zu verletzen. Die Anzeigepflicht ist nunmehr auf Fragen beschränkt, die der VR in **Textform** gestellt hat (§ 19 Abs. 1 S. 1 VVG). Nach der Gesetzesbegründung (BT-Drucks 16/3945, S. 64) ist

> „die wichtigste Neuerung darin zu sehen, dass der Versicherungsnehmer grundsätzlich nur solche ihm bekannten Umstände anzeigen muss, nach denen der Versicherer in Textform gefragt hat. Das Risiko einer Fehleinschätzung, ob ein Umstand gefahrrelevant ist, liegt also nicht mehr beim Versicherungsnehmer."

4   Wenn der VR wie in der Praxis weithin üblich dem VN schriftlich Fragen gestellt hat, vermutete § 16 Abs. 1 S. 3 VVG a.F., dass der erfragte Umstand gefahrerheblich und daher anzuzeigen ist. Insb. aus Sinn und Zweck der Vermutungsregelung wurde der Schluss gezogen, dass der VR berechtigt war, auch nicht gefahrerhebliche Umstände zu erfragen. Ob aus dem Wegfall der Vermutungsregelung folgt, dass der VR **nur noch konkrete Fragen** stellen darf, ist allerdings umstritten (vgl. Rdn 36 ff.).

5   Über erfragte Umstände hinaus war der VN zur **spontanen Anzeige** nicht erfragter Umständen verpflichtet (dazu VersR-Hdb/*Knappmann*, § 14 Rn 26 ff.). Ein Rücktrittsrecht stand dem VR nach § 18 Abs. 2 VVG a.F. zwar nur im Fall der Arglist zu (vgl. BGH, VersR 1984, 25 [Nichtanzeige des Leerstandes eines Gebäudes]; OLG Koblenz, VersR 1998, 1226

[Nichtanzeige einer zehn Jahre zurückliegenden operativen Entfernung eines bösartigen Melanoms]). Bis zur Entscheidung BGH, VersR 2004, 1297 war allerdings umstritten, wer hierfür die Beweislast zu tragen hat (vgl. OLG Karlsruhe, VersR 1997, 861, 862 einerseits; *Knappmann*, r+s 1996, 81, 82 andererseits). Nach BGH, VersR 1986, 1089, 1090 fehlte es bei nicht erfragten Umständen schon an einer Anzeigepflicht, es sei denn, dass die Anzeige als selbstverständlich angesehen wurde:

> „Anderes kann nur für solche – nicht ausdrücklich (oder erkennbar konkludent mit-) erfragten Umstände gelten, von denen sich sagen lässt, dass ihre ungefragte Mitteilung allgemein oder zumindest in den betreffenden Verkehrskreisen als selbstverständlich angesehen wird, sodass es einer speziellen Nachfrage eben nicht einmal bedarf."

Die Neuregelung der vorvertraglichen Anzeigepflicht hat **§§ 16 Abs. 1 S. 1, 18 Abs. 2 VVG a.F.** *nicht* übernommen. § 21 Abs. 5 VVG in der Fassung des Referentenentwurfs vom 13.3.2006, wonach dem VR die Rechte nach den § 19 Abs. 2 bis 4 VVG zustehen, wenn er nachweist, dass der VN eine Anzeige arglistig unterlassen hat, wurde nicht Gesetz. Zwar kommt eine arglistige Täuschung (§ 22 VVG, § 123 BGB) in Betracht (näher dazu § 22 Rdn 6). Allerdings dürfte dem VR der Nachweis einer arglistigen Täuschung schwer fallen, da der VN aufgrund der Regelung in § 19 Abs. 1 S. 1 VVG noch mehr als schon nach altem Recht davon ausgehen darf, dass der branchenerfahrene VR bei der Fragestellung seine Interessen umfassend zu wahren weiß (so bereits BGH, VersR 1986, 1089, 1090; *Schimikowski/Höra*, Das neue Versicherungsvertragsgesetz, S. 123).

6

Die Anzeigepflicht besteht anders als bisher nur noch **bis zum Zeitpunkt der Vertragserklärung**. Danach ist der VN zur Anzeige gefahrerheblicher Umstände nur verpflichtet, wenn der VR erneut in Textform nachfragt.

7

Die Rechtsstellung des VN wird erheblich durch die **Neufassung der Rechtsfolgen einer Anzeigepflichtverletzung** verbessert. Die Möglichkeit des VR vom VV zurückzutreten wurde erheblich eingeschränkt. Während der VR nach § 16 Abs. 2 S. 1 VVG a.F. schon bei leichter Fahrlässigkeit zum Rücktritt berechtigt war, steht jetzt dem VR ein **Rücktrittsrecht** nur bei **vorsätzlicher** und eingeschränkt bei **grob fahrlässiger** Anzeigepflichtverletzung zu. Bei **einfach fahrlässiger** oder **schuldloser** Anzeigepflichtverletzung, kann der VR den VV lediglich mit Wirkung für die Zukunft **kündigen**.

8

Der VR soll sich nach einer Anzeigepflichtverletzung nicht in jedem Fall, sondern nur dann vom VV lösen können, wenn er andernfalls keinen VV geschlossen hätte. Dementsprechend sind das **Rücktrittsrecht**, das auf einer nicht vorsätzlichen Anzeigepflichtverletzung beruht, und das **Kündigungsrecht** nunmehr **ausgeschlossen**, wenn der VR den VV auch bei Kenntnis der nicht angezeigten Umstände, wenn auch zu anderen Bedingungen, geschlossen hätte. Die anderen Bedingungen werden auf Verlangen des VR rückwirkend, bei einer schuldlosen Anzeigepflichtverletzung ab der laufenden Versicherungsperiode Vertragsbestandteil. Der VN kann dann den VV unter den Voraussetzungen des § 19 Abs. 6 VVG **kündigen**. Demgegenüber konnte der VR vom Beginn der laufenden Versicherungsperiode eine der Gefahr entsprechende höhere Prämie vom VN verlangen (§ 41 Abs. 1 VVG a.F.) oder den VV kündigen (§ 41 Abs. 2 VVG a.F.), falls er das erhöhte Risiko nach seinen Grundsätzen nicht übernommen hätte. Das setzte jedoch voraus, dass der VN ohne

9

Verschulden seine Anzeigepflicht verletzt hat. Ein Kündigungsrecht stand dem VN auch dann nicht zu, wenn er den VV zu der erhöhten Prämie nicht übernommen hätte.

10 Neu ist auch, dass dem VR die Rechte nach § 19 Abs. 2 bis 4 VVG nur zustehen, wenn er den VN durch gesonderte Mitteilung in Textform auf die Folgen einer Anzeigepflichtverletzung **hingewiesen** hat (§ 19 Abs. 5 S. 1 VVG).

11 Die Rechte sind wie bisher ausgeschlossen, wenn der VR den nicht angezeigten Gefahrumstand oder die Unrichtigkeit der Anzeige **kannte** (§ 19 Abs. 5 S. 2 VVG).

12 Von Bedeutung ist, dass der VR seine Rechte nunmehr innerhalb einer **Ausschlussfrist** von fünf Jahren und in der privaten Krankenversicherung (wie bisher) innerhalb von drei Jahren geltend machen muss. Bei vorsätzlichem oder arglistigem Handeln muss der VR seine Rechte innerhalb von zehn Jahren geltend machen.

> **Hinweis**
> Den Fragen des VR wird ggü. der früheren Rechtslage wesentlich mehr Bedeutung zukommen. Umstände, nach denen der VR nicht fragt, dürften künftig nur noch in sehr engen Grenzen dazu führen, dass der VR vom VV zurücktreten kann oder leistungsfrei wird. Der VR sollte daher seinen Fragenkatalog sorgfältig überprüfen.

B. Norminhalt

I. Anzeigepflicht (§ 19 Abs. 1 VVG)

13 Der VN hat bis zur Abgabe seiner Vertragserklärung die ihm bekannten Gefahrumstände, die für den Entschluss des VR, den VV mit dem vereinbarten Inhalt zu schließen, erheblich sind und nach denen der VR in Textform gefragt hat, dem VR anzuzeigen. Stellt der VR nach der Vertragserklärung des VN, aber vor Vertragsannahme Fragen, ist er auch insoweit zur Anzeige verpflichtet. § 19 Abs. 1 VVG begründet wie bisher § 16 Abs. 1 VVG a.F. keine „echte Rechtspflicht", sondern eine **gesetzliche Obliegenheit** (Begr. BT-Drucks 16/3945, S. 64). Zur Rechtsnatur und Abgrenzung von Obliegenheiten vgl. *Wandt*, in: Halm/Engelbrecht/*Krahe*, Hdb. FA VersR, Rn 532 ff.). § 28 VVG ist unanwendbar, auch dann, wenn eine entsprechende Regelung in AVB aufgenommen wird (Looschelders/Pohlmann/*Looschelders*, § 19 Rn 1).

1. „Versicherungsnehmer"

14 Die Anzeigepflicht trifft den VN (§ 19 Abs. 1 VVG). Bei mehreren VN trifft sie **jeden einzelnen VN**. Kommt nur **ein** von mehreren VN der Anzeigepflicht vollumfänglich nach, sind aber die Rechte des VR nach § 19 Abs. 2 bis 4 VVG ausgeschlossen (§ 19 Abs. 5 S. 2 VVG).

15 Wird der VV von einem **Vertreter** des VN geschlossen, bestimmt sich die Anzeigepflicht nach § 20 VVG.

16 Der VN muss für das Verhalten des **Wissenserklärungsvertreters** einstehen (OLG Koblenz, VersR 2004, 849, 850; OLG Dresden, VersR 2006, 1526 [jeweils zu § 22 VVG, § 123 BGB), Nichtzulassungsbeschwerde durch BGH, 18.11.2002 – IV ZR 355/02 [n.v.]

zurückgewiesen). Wissenserklärungsvertreter ist, wer vom VN mit der Erfüllung von dessen Obliegenheiten und zur Abgabe von Erklärungen anstelle des VN betraut worden ist (BGH, VersR 1993, 960 [zu § 6 VVG a.F.]).

Die **Kenntnis eines Repräsentanten** wird dem VN zugerechnet (vgl. BGH, r+s 1997, 294; VersR 1989, 1089). Repräsentant ist, wer in dem Geschäftsbereich, zu dem das versicherte Risiko gehört, aufgrund eines Vertretungs- oder ähnlichen Verhältnisses an die Stelle des VN getreten ist (BGH, VersR 1996, 1229 [zu § 6 VVG a.F.]). 17

Bei der Versicherung für **fremde Rechnung** bestimmt § 47 Abs. 1 VVG, dass grds. (zur Ausnahme vgl. § 47 Abs. 2 VVG) das Verhalten des Versicherten zu berücksichtigen ist, soweit die Kenntnis und das Verhalten des VN von rechtlicher Bedeutung sind. Die Klausel einer D&O-Versicherung, wonach einem Versicherten keine bei einem anderen Versicherten bestehende Tatsachen zugerechnet werden, schließt einen Rücktritt des VR nicht aus, wenn die Rücktrittsvoraussetzungen beim VN vorliegen (z.B. Verschweigen von Scheingeschäften und Bilanzfälschungen durch den Vorstandsvorsitzenden einer AG, vgl. OLG Düsseldorf, VersR 2006, 785; vgl. auch *Lange*, ZIP 2006, 1680). 18

Für die **Lebensversicherung** (§ 156 VVG) und **Krankenversicherung** (§ 193 Abs. 2 VVG) ist bei der Versicherung auf die Person eines anderen auch deren Kenntnis und Verhalten zu berücksichtigen, soweit nach diesem Gesetz die Kenntnis und das Verhalten des VN von rechtlicher Bedeutung ist. Zur **Unfallversicherung** vgl. § 179 Abs. 1 VVG. 19

Das Verhalten des **Verhandlungsgehilfen** muss sich der VN gem. § 278 BGB grds. nicht zurechnen lassen. Anderes gilt nur dann, wenn ausnahmsweise über die grds. abschließenden Regelungen in §§ 19 bis 22 VVG hinaus ein Leistungsverweigerungsrecht aus § 242 BGB aufgrund eines Anspruchs aus culpa in contrahendo (§§ 280 Abs. 1, 311 Abs. 2 BGB) oder aus unerlaubter Handlung in Betracht kommt (BGH, VersR 1989, 465 [in mittelbarer Täterschaft begangener Betrug zulasten des VR]). Eine unzutreffende Diagnose des Arztes muss sich der VN nicht zurechnen lassen (BGH, VersR 1989, 689). 20

2. „in Textform gefragt"

a) Fragen des Versicherers

aa) Grundlagen

Die Anzeigepflicht ist ausschließlich auf Fragen in Textform beschränkt. Der VN muss daher gefahrerhebliche Umstände, nach denen der VR **nicht oder nur mündlich** gefragt hat, *nicht* anzeigen. 21

Der VN ist *nicht* zur **spontanen Anzeige** gefahrerheblicher Umstände verpflichtet (Looschelders/Pohlmann/*Looschelders*, § 19 Rn 16; Prölss/Martin/*Armbrüster*, § 19 VVG Rn 39; MüKo/*Langheid*, § 19 VVG Rn 54; *Voit/Neuhaus*, BUV, S. 444). Nach bisheriger Rechtslage war der VN über erfragte Umstände hinaus zur Anzeige auch nicht erfragter Umständen verpflichtet (dazu VersR-Hdb/*Knappmann*, § 14 Rn 26 ff.). Ein Rücktrittsrecht stand dem VR nach § 18 Abs. 2 VVG a.F. im Fall der Arglist zu (vgl. BGH, VersR 1984, 22

25; OLG Koblenz, VersR 1998, 1226). Nach BGH, VersR 1986, 1089, 1090 fehlte es bei nicht erfragten Umständen schon an einer Anzeigepflicht, es sei denn, dass die Anzeige als selbstverständlich angesehen wurde. Eine §§ 16 Abs. 1 S. 1, 18 Abs. 2 VVG a.F. entsprechende Regelung fehlt nunmehr. Vielmehr wurde § 21 Abs. 5 VVG in der Fassung des Referentenentwurfs vom 13.3.2006

> „(5) Hat der Versicherungsnehmer Kenntnis von erheblichen Gefahrumständen, nach denen der Versicherer nicht in Textform gefragt hat, so stehen dem Versicherer die Rechte nach den Absätzen 2 bis 4 zu, wenn er nachweist, dass der Versicherungsnehmer eine Anzeige arglistig unterlassen hat."

nicht Gesetz.

23 Ob dem VR dann noch das Recht zusteht, den VV wegen arglistiger Täuschung (§ 22 VVG, § 123 BGB) anzufechten, ist zweifelhaft (näher dazu § 22 Rdn 10 ff.). Selbst wenn diese Frage bejaht wird, dürfte dem VR der Nachweis einer arglistigen Täuschung schwer fallen, da der VN aufgrund der Regelung in § 19 Abs. 1 S. 1 VVG noch mehr als schon nach altem Recht davon ausgehen darf, dass der branchenerfahrene VR bei der Fragestellung seine Interessen umfassend zu wahren weiß (so bereits BGH, VersR 1986, 1089, 1090).

Beispiel nach der Pressemitteilung des BMJ vom 5.7.2007
„Wohnungseigentümer A gibt beim Abschluss einer Hausratversicherung nicht an, dass sich im Erdgeschoss des Hauses ein Hotel (mit der Folge erhöhten Publikumsverkehrs) befindet. Wird in seine Wohnung eingebrochen, kann sich die Versicherung auf diesen Umstand nur berufen, wenn sie den Versicherungsnehmer vor dem Vertragsschluss ausdrücklich danach gefragt hatte, ob sich in dem Haus Gewerbebetriebe befinden. Ein Rücktritt der Versicherung vom Vertrag kommt zudem nur dann in Betracht, wenn A die Existenz des Hotels vorsätzlich verschwiegen hatte."

24 Hat im vorstehenden Beispiel der VR dem VN **keine Fragen** oder **mündliche Fragen** gestellt, konnte der VR nach bisheriger Rechtslage vom VV zurücktreten, wenn der VN zumindest leicht fahrlässig seine Anzeigepflicht verletzt hat. Nach jetziger Rechtslage stehen dem VR keine Rechte zu, da es schon am objektiven Tatbestand der Anzeigepflichtverletzung fehlt. Hat der VR **schriftlich Fragen** gestellt, deren Beantwortung aber nicht die Angabe, dass sich im Erdgeschoss des Hauses ein Hotel befindet, erwarten lässt, konnte der VR vom VV nur zurücktreten, wenn der VN arglistig gehandelt hat (vgl. BGH, VersR 1984, 25 [Kein Rücktrittsrecht hinsichtlich der Nichtanzeige des Leerstands eines Gebäudes]). Der VR hat die Beweislast getragen, dass dem VN keine Arglist zur Last fällt (BGH, VersR 2004, 1297). Nach jetziger Rechtslage kommt ein Rücktrittsrecht des VR nicht in Betracht. Ob der VR den VV aufgrund arglistiger Täuschung anfechten kann, ist zweifelhaft (näher dazu § 22 Rdn 6). Hat der VR schriftlich eine Frage gestellt, deren Beantwortung die Angabe des Hotels erwarten lässt, konnte der VR nach bisheriger Rechtslage vom VV zurücktreten, wenn der VN zumindest leicht fahrlässig seine Anzeigepflicht verletzt hat. Nach jetziger Rechtslage kann der VN vom VV nur zurücktreten, wenn der VN grob fahrlässig oder vorsätzlich gehandelt hat. Hat der VN grob fahrlässig gehandelt, ist ein Rücktrittsrecht ausgeschlossen, wenn der VR den VV auch bei Kenntnis der nicht angezeigten Umstände, wenn auch zu anderen Bedingungen, geschlossen hätte.

bb) Textform

Textform bezieht sich auf Antragsfragen des VR, nicht auf Antworten des VN (MüKo/ *Langheid*, § 19 VVG Rn 96). Sie setzt nach § 126b BGB voraus, dass die Erklärung in einer Urkunde oder auf andere zur dauerhaften Wiedergabe in Schriftzeichen geeignete Weise abgegeben wird, die Person des Erklärenden genannt und der Abschluss der Erklärung durch Nachbildung der Namensunterschrift oder anders erkennbar gemacht werden. Eigenhändige Unterschrift ist nicht erforderlich. Diesen Anforderungen genügen Verkörperungen auf Papier, Diskette, CD-Rom, auch in E-Mails oder Computerfax. *Nicht ausreichend ist, wenn die Fragen ausschließlich auf einer Homepage enthalten sind* (Looschelders/Pohlmann/*Looschelders*, § 19 Rn 20). Es reicht auch nicht aus, wenn der Versicherungsvertreter dem VN die Fragen lediglich vorliest oder lediglich Gelegenheit gibt, das Antragsformular in seinem Laptop zu lesen (KG, 23.5.2014 – 6 U 210/13). Allein dadurch werden die Fragen dem VN nicht in einer zur dauerhaften Wiedergabe geeigneten Weise abgegeben. Erforderlich ist, dass dem VN die Fragen etwa auf CD, DVD, USB-Stick, E-Mail, Festplatte aufgrund durchgeführtem Download, durch Ausdruck etc. zur Verfügung gestellt werden (OLG Köln, 3.8.2007 – 6 U 60/07 m.w.N. [zu §§ 312c, 355 BGB]). Andernfalls würde die Informations- und Dokumentationsfunktion der Textform nicht erreicht (vgl. BT-Drucks 14/4987, S. 19 und BT-Drucks 16/3945, S. 64). Weitergehend das KG (23.5.2014 – 6 U 210/13): *„Gesundheitsfragen sind bei mündlicher Befragung durch den Versicherungsvertreter und der Aufnahme der Antworten in dessen Laptop allenfalls dann in Textform gemäß § 19 Abs. 1 VVG gestellt, wenn die Fragen in einer Art und Weise mit dem Versicherungsnehmer durchgegangen worden sind, die einer sorgsamen, nicht unter Zeitdruck stehenden und gegebenenfalls durch klärende Rückfragen ergänzten Lektüre gleichsteht, der Versicherungsvertreter dem Versicherungsnehmer die Fragen also zu „eigenverantwortlicher (mündlicher) Beantwortung" vorgelesen hat (vgl. BGH zu § 16 Abs. 1 S. 3 VVG a.F.: Urt. v. 11.7.1990 – IVa ZR 156/89, Rn 18–21, 24, VersR 1990, 1002; Urt. v. 13.3.1991 – IV ZR 218/90 Rn 15–17, VersR 1991, 575; Urt. v. 24.11.2010 – IV ZR 252/08 Rn 25 f., VersR 2011, 338) und wenn dem Versicherungsnehmer die Fragen vor der Unterzeichnung des Antrags in dauerhaft lesbarer Form zur Verfügung gestellt worden sind."*. Jedenfalls ist zu berücksichtigen, dass die einem rechnergestützten Verfahren immanenten Fehlerquellen (insb. Gefahr von Missverständnissen) im Zweifel zulasten desjenigen gehen, der sich eines solchen Verfahrens bedient (OLG Bremen, VuR 2006, 433 [zu Antragsfragen im Laptop des Versicherungsvermittlers]). Noch nicht geklärt ist, ob Antragsfragen im **Tele-Underwriting**, bei dem die Gesundheitsfragen telefonisch abgefragt werden und sodann ein Protokoll zur Gegenzeichnung übersandt wird, wirksam gestellt werden (**dafür** Bornemann/Schwer/Hefer, VW 2008, 574 ff.; Römer/Langheid/*Langheid*, § 19 Rn 58; **dagegen** Marlow/Spuhl, Rn 159).

cc) Auslegung

Die **Auslegung** von Antragsfragen richtet sich nach der Auslegung von **AGB** (OLG Saarbrücken, VersR 2006, 1482; 1483; Looschelders/Pohlmann/*Looschelders*, Vorbemerkung B. Rn 8; Prölss/Martin/*Prölss*, § 16 Rn 21, 44). Inhalt und Umfang der Fragen ist durch

Auslegung zu ermitteln. Maßgeblich ist das **Verständnis eines durchschnittlichen VN** (vgl. BGH, r+s 1989, 5, 6; OLG Hamm, r+s 1994, 122; *Römer*, r+s 1998, 45, 46).

27 Fragen sind **eng** auszulegen (Looschelders/Pohlmann/*Looschelders*, § 19 Rn 22). Nach BGH, VersR 1990, 1382 [BUZ] erfasst die Frage „*Krankenhaus-, Heilstätten- oder Kurbehandlungen (auch Entziehungskuren), Operationen, Gewebsentnahmen, Strahlenbehandlungen*" nicht stationäre Untersuchungen zur Abklärung einer medizinisch noch nicht gesicherten Diagnose. Fragt aber der VR nach ärztlichen Untersuchungen ist diese auch dann anzuzeigen, wenn dem VN das Ergebnis der Untersuchung nicht bekannt ist (OLG Karlsruhe, NVersZ 2002, 499). Die Frage nach bestehenden anderweitigen Versicherungen erfasst nicht anderweitige beantragte Versicherungen (OLG Hamm, VersR 1993, 1135 [BU]). Auf die Frage nach gekündigten Vorverträgen müssen nicht durch Rücktritt beendete Vorverträge angezeigt werden (OLG Köln, r+s 1993, 72, 73 [Krankenversicherung]). Der Frage, ob sich ein Gebäude noch im Bau befindet und ob es sich um ein Wochenend- und/oder Ferienhaus handelt, kann der VN nicht entnehmen, dass er anzeigen muss, dass das Gebäude bewohnt oder unbewohnt ist (BGH, VersR 1984, 25 [Feuerversicherung]). Wenn sich die Formulierung der Fragen im Versicherungsantrag eindeutig auf das Versicherungsobjekt bezieht und nicht erkennbar ist, dass über den Wort- und Sinnzusammenhang hinaus auch Vorschäden an Drittobjekten Gegenstand der Antragsfrage gewesen sein könnten, müssen diese nicht angegeben werden (OLG Hamm, VersR 1990, 1272 [Hausratsversicherung]).

dd) AGB-Kontrolle

28 **Vertragsbedingungen in Antragsformularen** unterliegen grds. der AGB-Kontrolle gem. §§ **305 ff. BGB** (BGHZ 116, 387 [zur Klausel „*Für die Richtigkeit der Angaben bin ich allein verantwortlich, auch wenn ich den Antrag nicht selbst ausgefüllt habe. Der Vermittler darf über die Erheblichkeit von Antragsfragen oder Erkrankungen keine verbindlichen Erklärungen abgeben*"]; BGH, VersR 1982, 841, 842 [zum Begriff „*Vertragsbeginn*"]; MüKo/Basedow, § 307 BGB Rn 177).

29 Das OLG Düsseldorf (VuR 2000, 322) hat die Formulierung im Antragsformular zum Abschluss einer Krankenversicherungsversicherung „*Ich verpflichte mich, alle Heilbehandlungen (einschließlich Beratungen und Untersuchungen), alle Veränderungen im Gesundheitszustand, alle Veränderungen hinsichtlich der beruflichen Tätigkeit ..., die bis zur Annahme des Antrags eintreten, dem Versicherer unverzüglich mitzuteilen*" der Inhaltskontrolle unterworfen.

30 Umstritten ist, ob **Antragsfragen** als solche der AGB-Kontrolle unterliegen (**dafür**: OLG Frankfurt am Main, VersR 1990, 1103; wohl auch BGH, VersR 1999, 1481 [zur Frage „*Geschäfts-/Betriebsart*" im Antragsformular unter Hinweis auf BGHZ 123, 83, 85 = VersR 1993, 957]; Looschelders/Pohlmann/*Looschelders*, Vorbemerkung B. Rn 8 ff.; **dagegen**: OLG Saarbrücken, VersR 2006, 1482; OLG Bremen, VersR 1996, 314; *Präve*, Versicherungsbedingungen und AGB-Gesetz, S. 47 Rn 114; *Heinemann*, VersR 1992, 1319, 1321).

Nicht überzeugend ist das Argument, dass Antragsfragen mangels Regelungsgehalt keine Vertragsbedingungen seien. Die Antragsfragen des VR bestimmen Inhalt und Umfang der Antworten des VN, nach denen der VR beurteilt, ob und zu welchen Konditionen (Höhe der Prämie, Vereinbarung einer Risikoausschlussklausel) er den VV mit dem VN abschließen soll. Maßgeblich ist die Beurteilungsperspektive des individuellen VR (§ 16 Abs. 1 S. 1 VVG). Daher wird man den Antragsfragen jedenfalls eine mittelbare Wirkung auf den konkreten VV nicht absprechen können. Das ist ausreichend, um Antragsfragen der AGB-Kontrolle zu unterwerfen, da die Rechtsprechung den Begriff der Vertragsbedingungen (§ 305 Abs. 1 S. 1 BGB) sehr weit auslegt (vgl. BGHZ 133, 187 [zum Hinweis im Einzelhandelsmarkt]; BGHZ 141, 126 = VersR 1999, 971 [zur Einverständniserklärung mit Telefonwerbung]). Ferner ergibt sich aus § 309 Nr. 12b) BGB, dass nicht nur rechtsgeschäftliche Erklärungen, sondern auch Tatsachenbestätigungen der AGB-Kontrolle unterliegen können (vgl. *Wolf/Horn/Lindacher*, AGB-Gesetz, § 11 Nr. 15 Rn 19 [zu Wissenserklärungen]).

Der Streit ist vor dem Hintergrund bedeutsam, ob Antragsfragen dem **Transparenzgebot** 31 gem. § 307 Abs. 1 S. 2 BGB genügen müssen. Soweit § 305c BGB nicht eingreift, hat ein Verstoß gegen das Transparenzgebot die Unwirksamkeit der Antragsfrage zur Folge (zur Teilunwirksamkeit vgl. OLG Düsseldorf, VuR 2000, 322). Dem VR stehen dann keine Rechte aus § 19 Abs. 2 bis 4 VVG zu, da den VN keine spontane Anzeigepflicht trifft (Rdn 22; zur alten Rechtslage vgl. OLG Hamm, 1991, 1184, 1185, **a.A.** BK/*Voit*, § 18 Rn 2). Auch für eine Reduzierung der Antragsfrage auf ihren Kernbereich (dazu BK/*Voit*, § 16 Rn 31 ff.) ist dann kein Raum (zur Frage der Leistungsbeschreibung i.S.v. § 307 Abs. 1 S. 3 BGB vgl. MüKo/*Basedow*, § 307 BGB Rn 186 ff. [zu AVB]).

Eine Transparenzkontrolle von Antragsfragen erscheint auch sinnvoll. Je mehr Antragsfragen von der Rechtsprechung ausdrücklich für zulässig erklärt werden, desto besser können VR Antragsfragen gestalten, Versicherungsvermittler geschult werden und desto mehr wird es VN möglich, aber auch von VN zu erwarten sein, Antragsfragen vollständig und richtig zu beantworten. 32

ee) Zeitraum

Fragen insbesondere nach Krankheiten, Gesundheitsstörungen und Beschwerden sollten 33 sich auf einen bestimmten Zeitraum beziehen (vgl. OLG Hamm, NJW-RR 1991, 1184, 1185). Ist im Antragsformular nach einem bestimmten Zeitraum gefragt, kann bei chronischen Erkrankungen auch eine vor dem Zeitraum liegende Diagnose von Bedeutung sein (OLG Karlsruhe, Beschl. v. 2.3.2015 – 9 U 14/14 –, juris [Verdachtsdiagnose Morbus Crohn, die auch dann vorhanden ist, wenn VN im erfragten Zeitraum ohne Beschwerden lebt]).

ff) Unklare Fragen

Unklare Fragen sind **zugunsten des Versicherungsnehmers** auszulegen (OLGR Jena 34 2006, 706 [BUZ]; OLG Bremen, VuR 2006, 433 [BU]; LG Braunschweig, VersR 1987,

301 [Krankenhaustagegeldversicherung]; zur Kasuistik vgl. auch BK/*Voit*, § 16 Rn 31 ff.; Prölss/Martin/*Prölss*, § 16 Rn 21).

35 Wenn aus Sicht des durchschnittlichen VN **mindestens zwei vertretbare Auslegungen** möglich sind, *genügt* der VN seiner Anzeigepflicht, wenn die Antwort einer **Deutung** entspricht (Prölss/Martin/*Prölss*, § 16 Rn 21 unter Hinweis auf § 305c Abs. 2 BGB). Nach OLG Frankfurt am Main (OLG Frankfurt am Main, VersR 1992, 41, 42 [Unfallversicherung]), fehlt es jedenfalls an einer vorsätzlichen Falschbeantwortung, wenn der VN die Frage „*Wurden gleichzeitig bei anderen Gesellschaften Unfallanträge gestellt?*", i.S.v. Unfallentschädigungsanträge und nicht i.S.v. Unfallversicherungsanträge versteht. Dagegen ist der Begriff der Berufsunfähigkeit nicht mehrdeutig. Bei der Berufsunfähigkeit im privatversicherungsrechtlichen Sinne handelt es sich um einen eigenständigen Rechtsbegriff, der weder mit Dienstunfähigkeit noch mit Berufsunfähigkeit oder Erwerbsunfähigkeit i.S.d. gesetzlichen Rentenversicherungsrechts gleichgesetzt werden kann (BGH, VersR 2007, 821).

gg) Weite Fragen

36 Weite Fragen werden gestellt, wenn diese auch nicht gefahrerhebliche Umstände umfassen. Sie sind nur dann zulässig, wenn sie dem **Transparenzgebot gem. § 307 Abs. 1 S. 2 BGB** genügen.

37 Die Rechtsprechung vor Inkrafttreten der VVG Reform hat weite Antragsfragen, bspw. nach **Krankheiten, Gesundheitsstörungen** oder **Beschwerden**, regelmäßig *nicht* beanstandet (BGH, VersR 2000, 1486, VersR 1994, 1457, 1458; VersR 1994, 711, 712 [vom VN werde keine unzulässige Wertung abverlangt]; OLG Saarbrücken, VersR 2006, 1482; OLG Frankfurt am Main, r+s 2000, 477 [nicht zu weit gestellt]; vgl. auch BGH, VersR 2007, 821) zur weiten Antragsfrage „*Sind Sie in den letzten 5 Jahren untersucht, beraten oder behandelt worden? Weshalb?*"). Nach BGH (VersR 1994, 711, 712 soll die Antragsfrage „*Leiden oder litten Sie an Krankheiten, Störungen und Beschwerden: ... c) der Verdauungsorgane? (z.B. Magen-/Darmgeschwüre, Blutungen, Gelbsucht, Leber- und Gallenblasenleiden, Bauchspeicheldrüsenerkrankungen)*" unbeschadet des Klammerzusatzes jede Gesundheitsbeeinträchtigung, die nicht offenkundig belanglos ist oder alsbald vergeht, erfassen.

38 Demgegenüber hat das OLG Hamm (OLG Hamm, NJW-RR 1991, 1184, 1185) Zweifel, ob zeitlich bis zur Geburt zurückführende Fragen nach Krankheiten, Störungen und Beschwerden **überhaupt gestellte Fragen** i.S.v. §§ 16 f. VVG a.F. sind. Da es § 18 Abs. 2 VVG a.F. nicht anwendet (**a.A.** BK/*Voit*, § 18 Rn 2), kommt es zur Anzeigepflichtverletzung gem. § 16 Abs. 1 VVG a.F.

39 Ob der VN nach Inkrafttreten der VVG Reform **konkrete Fragen** nach gefahrerheblichen Umständen stellen muss, ist umstritten (**dafür:** *Rixecker*, zfs 2007, 369, 370 [gewisse Konkretisierung]; *Rixecker*, Stellungnahme vor dem Rechtsausschuss des Deutschen Bundestages, 18.3.2007, S. 4 f.; Looschelders/Pohlmann/*Looschelders*, § 19 Rn 21 [hinreichend bestimmt]; wohl auch *Reusch*, VersR 2007, 1313, 1314 [bestimmter Umstand]; **dagegen**:

MüKo/*Langheid*, § 19 VVG Rn 55; *Marlow/Spuhl*, Das Neue VVG kompakt, S. 38 [keine weiter gehende Konkretisierung als bisher]; *Voit/Neuhaus*, BUV, S. 451 ff.). Dagegen spricht, dass der Wortlaut des § 19 Abs. 1 S. 1 VVG keine solche Einschränkung ausdrücklich vorsieht. Dafür spricht, dass § 19 Abs. 1 S. 1 VVG bezweckt, das Risiko einer Fehleinschätzung, ob ein Umstand gefahrrelevant ist, nicht mehr dem VN aufzuerlegen (Begr. BT-Drucks 16/3945, S. 64). Je konkreter eine Frage gestellt wird, desto mehr wird diesem Zweck entsprochen. Der VN muss nur noch diejenigen Umstände anzeigen, die gefahrerheblich sind und nach denen der VR ausdrücklich gefragt hat. Folglich müssen sich die Fragen des VR auf gefahrerhebliche Umstände beziehen. Zwar war auch nach § 16 Abs. 1 S. 1 VVG a.F. die Anzeigepflicht auf gefahrerhebliche Umstände beschränkt. Allerdings wurde nach § 16 Abs. 1 S. 1 VVG a.F. vermutet, dass ein Umstand, nach dem der VR ausdrücklich gefragt hatte, gefahrerheblich ist. Die Vermutung der Gefahrerheblichkeit setzt voraus, dass sich die Frage des VR auch auf nicht gefahrerhebliche Umstände beziehen kann (vgl. BGH, VersR 2000, 1486 [Frage nach Gesundheitsstörungen]; Prölss/Martin/ *Prölss*, § 16 Rn 6). Mit Wegfall der Vermutungsregelung fehlt die Rechtfertigung dafür, dass sich Fragen auch auf nicht gefahrerhebliche Umstände beziehen dürfen.

Nicht zufrieden stellend ist, Fälle dieser Art erst auf der Ebene des Verschuldens zu lösen. 40 Da beim Verschulden regelmäßig von äußeren Tatsachen auf innere Tatsachen geschlossen werden muss, wird das Ergebnis verfälscht, wenn Antworten auf sehr weit gestellte Fragen berücksichtigt werden. So wird der umsichtige VN, der bemüht ist, die Fragen des VR entsprechend ihrem Wortlaut umfassend zu beantworten und daher auch völlig belanglose Gesundheitsstörungen angibt, damit rechnen müssen, dass ihm später vorgeworfen wird, grob fahrlässig oder vorsätzlich gehandelt zu haben, da er zwar harmlose, nicht aber eine weniger harmlose Gesundheitsstörungen angegeben hat.

Letztendlich geht es um die Vermeidung von Extrempositionen. Einerseits ist eine gewisse 41 Abstraktionshöhe der Fragen unabdingbar, um dem Versicherungsgeschäft als Massengeschäft Rechnung zu tragen. Andererseits dürfte oftmals von vornherein feststehen, dass der durchschnittliche VN allumfassende Fragen, etwa Gesundheitsfragen nach „*Krankheiten, Beschwerden, Störungen Behandlungen oder Leiden*", nicht vollständig und richtig beantworten kann (vgl. OLG Hamm, NJW-RR 1991, 1184, 1185).

Nach *Rixecker* (*Rixecker*, zfs 2007, 369, 370) ist bei Gesundheitsfragen die Frage „*Krank-* 42 *heiten*" hinreichend bestimmt. Fragen außerhalb von Krankheiten, etwa nach „*Beschwerden*", „*Störungen*", „*Leiden*" bedürfen einer gewissen Konkretisierung auf gesundheitliche Beschwerden bestimmter, grob umschriebener Art (zu einzelnen Anzeigepflichten vgl. auch *Voit/Neuhaus*, BUV, S. 456 – 473).

hh) Fragen mit Wertungen

Fragen, die vom VN Wertungen abverlangen, sind **unzulässig** (OLG Frankfurt am Main, 43 VersR 1975, 632; OLG Oldenburg, VersR 1994, 1169; *Möller*, in: Bruck/Möller, § 16 Rn 25; VersR-Hdb/*Knappmann*, § 14 Rn 23; **a.A.** BK/*Voit*, § 16 Rn 33; Römer/Langheid/ *Langheid*, §§ 16, 17 Rn 30 [zu OLG Oldenburg, VersR 1994, 1169]).

44 Das OLG Frankfurt am Main (OLG Frankfurt am Main, r+s 2007, 66) hat entschieden, dass die (weite) Frage nach derzeit bestehenden Krankheiten, Beschwerden oder Gesundheitsstörungen dem VN keine Wertung abverlange. Nach OLG Oldenburg (OLG Oldenburg, 1.12.1993 – 2 U 102/93, VersR 1994, 1169) fehlt es an einer ausdrücklichen Frage i.S.d. § 16 VVG a.F., wenn die Antwort auf die Frage ein Werturteil des VN erfordert. Die Frage *„Nahmen oder nehmen Sie gewohnheitsmäßig Medikamente (Schmerzmittel, Beruhigungsmittel, Schlafmittel), Alkohol, Drogen?"*, nötigt dem VN die Bewertung ab, was unter dem unklaren und nicht eindeutig definierbaren Begriff „*gewohnheitsmäßig*" zu verstehen ist.

ii) Fragen gegen gesetzliches Verbot oder höherrangiges Recht

45 Fragen nach **unentdeckten Straftaten** sind *unzulässig*, da das Gesetz niemand verpflichtet, gegen sich selbst Strafanzeige zu erstatten (vgl. BGH, VersR 1986, 1089). *Anders* verhält es sich, wenn der VN **wegen einer Straftat bereits verurteilt** worden ist (vgl. BGH, VersR 1991, 1404).

46 Die rechtliche Bewältigung von **prädiktiven Gesundheitsinformationen**, namentlich **Gentests**, steht noch am Anfang (dazu näher Nationaler Ethikrat, Prädiktive Gesundheitsinformationen beim Abschluss von Versicherungen, VersR 2007, 472 [Auszug]; *Lorenz*, VersR 2007, 471; *Lindner*, MedR 2007, 286; *Katzenmeier/Arnade/Franck*, ZMGR 2004, 139; *Buyten/Simon*, VersR 2003, 813; *Lorenz*, VersR 1999, 1309; VersR-Hdb/*Knappmann*, § 14 Rn 27 ff.). Der Nationale Ethikrat (S. 18) unterscheidet Prognose von der Prädiktion wie folgt:

> „Unter einer Prognose versteht man eine Aussage über den weiteren Verlauf einer vergangenen oder gegenwärtig bestehenden Erkrankung. Demgegenüber gibt die Prädiktion die Wahrscheinlichkeit für das Auftreten einer Krankheit an, die bisher noch nicht ausgebrochen beziehungsweise mit gängigen medizinischen Verfahren nicht zu erkennen ist. Allerdings gibt es Übergänge zwischen Prognose und Prädiktion; zum Beispiel kann eine inzwischen ausgeheilte Krankheit ein erhöhtes Risiko für das Wiederauftreten derselben oder das Auftreten einer anderen Erkrankung anzeigen."

47 Den Abschluss von Personenversicherungsverträgen von prädiktiven Gesundheitsinformationen abhängig zu machen, verstößt gegen das **Recht auf informationelle Selbstbestimmung** (Art. 2 Abs. 1 i.V.m. Art. 1 Abs. 1 GG).

48 Hiervon ist die Frage zu unterscheiden, ob Antragsfragen, die auf Offenlegung von bereits durchgeführten prädiktiven Gesundheitsinformationen abzielen, zulässig sind und Antworten verwertet werden dürfen. Die Mitgliedsunternehmen des Gesamtverbands der Deutschen Versicherungswirtschaft e.V. haben eine **freiwillige Selbstverpflichtungserklärung** mit Wirkung bis zum 31.12.2011 abgegeben:

> „Die Versicherungsunternehmen erklären sich bereit, die Durchführung von prädiktiven Gentests nicht zur Voraussetzung eines Vertragsabschlusses zu machen. Sie erklären weiter, für private Krankenversicherungen und für alle Arten von Lebensversicherungen einschließlich Berufsunfähigkeits-, Erwerbsunfähigkeits-, Unfall- und Pflegerentenversicherungen bis zu einer Versicherungssumme von weniger als 250.000,00 EUR bzw. einer Jahresrente von weniger als 30.000,00 EUR auch nicht von ihren Kunden zu verlangen, aus anderen Gründen

freiwillig durchgeführte prädiktive Gentests dem Versicherungsunternehmen vor dem Vertragsabschluss vorzulegen. In diesen Grenzen verzichten die Versicherer auf die im Versicherungsvertragsgesetz verankerte vorvertragliche Anzeigepflicht gefahrerheblicher Umstände. Die Versicherungsunternehmen werden in diesen Fällen von den Kunden dennoch vorgelegte Befunde nicht verwerten."

Das LG Bielefeld (LG Bielefeld, VersR 2007, 636 [Krankenversicherung]) hat entschieden, dass ein vorgelegter Befund, der einen **genetischen Defekt** zum Gegenstand hat, aufgrund der Vereinbarung des GdV *nicht* verwertet werden darf. Das gelte auch dann, wenn der genetische Defekt und die dadurch hervorgerufenen genetischen Veränderungen auch anders als durch einen Gentest, etwa durch eine Blutuntersuchung, feststellbar oder festgestellt worden sind. Allein die Diagnosemethode, durch die eine genetische Veränderung festgestellt wird, ändere nichts daran, dass nach der Selbstverpflichtung der Befund der genetischen Veränderung nicht bei der Risikobewertung verwertet werden darf.

jj) Bisherige Rechtsprechung

Die Rechtsprechung vor Inkrafttreten der VVG-Reform ist **nur in engen Grenzen übertragbar**. Das gilt zunächst im Hinblick auf die vollkommen neu geregelten Rechtsfolgen einer Anzeigepflichtverletzung. Das gilt aber auch im Hinblick auf die Voraussetzungen einer Anzeigepflichtverletzung, da einerseits der VN zur (spontanen) Anzeigepflicht nicht mehr von sich aus verpflichtet ist, und andererseits Antragsfragen in Textform dem **Transparenzgebot** gem. § 307 Abs. 1 S. 2 BGB bzw. einer gewissen Konkretisierung genügen müssen.

Auf die Frage nach Krankheit, Beschwerde oder Störung muss der VN **Alkoholmissbrauch und Drogenkonsum** nicht ohne Weiteres angeben. Das bloße Bewusstsein des VN, viel und regelmäßig zu trinken, ist noch nicht ausreichend (OLG Saarbrücken, VersR 2007, 193, 194 f.). **Anfälligkeit für Suchterkrankung** ist nicht mit Erkrankung gleich zu setzen (OLG Düsseldorf, VersR 1998, 349 [zu Alkoholiker, der seit über fünf Jahren „trocken" auf die Frage „*Sind Sie zurzeit vollkommen gesund?*"]). Die Fragen „*Nehmen oder nahmen Sie in den letzten zehn Jahren Drogen, Medikamente, Betäubungs- oder Rauschmittel? Wurden Sie wegen der Folgen von Alkoholgenuss in den letzten Jahren beraten oder behandelt?*", erfasst eine ärztliche Beratung, die im Zusammenhang mit einer medizinisch-psychologischen Untersuchung (MPU) aufgrund eines Entzugs der Fahrerlaubnis steht (OLG Koblenz, VersR 2005, 1671, 1672 m.w.N.). Die nur mit einem Antwortfeld für „*Ja*" oder „*Nein*" verbundene Frage „*Nahmen oder nehmen Sie Drogen, Betäubungs- oder Rauschmittel? Wurden oder werden Sie wegen der Folgen von Alkoholgenuss beraten oder behandelt?*", in einem Fragebogen ist nach dem OLG Stuttgart (OLGR Stuttgart 2007, 753) nicht hinreichend verständlich, wenn sie vom Versicherungsvermittler dem Antragsteller lediglich vorgelesen wurde und die Frage direkt nach mehreren ineinander verschachtelten Fragen nach Untersuchungen, Beratungen und Behandlungen in den letzten fünf Jahren und nach der Frage, warum untersucht, beraten oder behandelt worden sei, gestellt wird. Dies gilt jedenfalls dann, wenn der Versicherungsvermittler den Fragebogen anhand der Antworten des Antragstellers ausfüllt und diesem sodann zur Unterschrift ohne ausdrückli-

52 Der VN hat seine Anzeigepflicht verletzt, wenn er einen mit Medikamenten behandelten erhöhten **Blutdruck** nicht angegeben hat (OLG Saarbrücken, VersR 2007, 193, 195 [im Antragsformular wurde auf Frage „*Leiden oder litten Sie an Krankheiten, Störungen oder Beschwerden [z.B. Herz oder Kreislauf, Atmungs-, Verdauungs-, Harn- oder Geschlechtsorgane, Wirbelsäule, Nerven, Psyche, Blut, Zucker, Fettstoffwechsel, Geschwülste oder sonstige Krankheiten]? Wann, woran, wie lange, Folgen?*", mit „nein" beantwortet]).

Eingangstext: che Aufforderung, den Fragenkatalog nochmals durchzulesen und die Antworten zu überprüfen, vorlegt.

53 Die Gesundheitsfrage nach Untersuchungen in den letzten fünf Jahren erfasst auch eine **psychiatrische Begutachtung** (BGH, VersR 2007, 821 [BU]). Unerheblich ist, dass sich die Antragstellerin nicht aus eigener Sorge um ihre Gesundheit einer ärztlichen Untersuchung unterzogen hat.

54 Wird im Antrag auf Abschluss einer Lebensversicherung mit BUZ die Frage nach Gesundheitsstörungen oder Beschwerden verneint, obwohl der VN wegen Beschwerden im **Halswirbelsäulen- und im Schulter-Hals-Bereich** ärztlich verordnete Fangopackungen, Massagen und Krankengymnastik erhielt, hat er seine vorvertragliche Anzeigepflicht verletzt (OLG Frankfurt am Main, r+s 2000, 477).

55 Die im Antragsformular des VR einer BUZ formulierte Frage „*Haben in den letzten fünf Jahren ärztliche oder andere Behandlungen, Krankenhaus-, Heil- oder Kuraufenthalte stattgefunden, oder wurde die regelmäßige Einnahme von Medikamenten verordnet*" ist nach KG, NJW-RR 2005, 1616 eindeutig und differenziert nicht nach Anlass, Dauer oder Zweck des Aufenthalts. Sie erfasst auch Krankenhausaufenthalte, die der **Abklärung von Beschwerden** dienen, selbst wenn sich die zuerst gestellte Diagnose einer Apnoe bzw. einer Narkolepsie nicht bestätigen.

56 Eine Anzeigepflichtverletzung liegt vor, wenn der beim Vertragsschluss 16 Jahre alte VN, Auszubildender im Maurerberuf, in den Angaben zu seinem Gesundheitszustand verschwiegen hat, dass er ein Jahr vor dem Vertragsschluss wegen einer **Blockierung im LWS- Bereich** *krankengymnastisch* behandelt wurde und bei ihm ein halbes Jahr zuvor eine Haltungsschwäche diagnostiziert wurde. Unerheblich ist, dass der VN die Beschwerden als pubertätsbedingt und daher nicht gefahrerheblich angesehen hat (OLG Koblenz, VersR 2004, 228 [BU]).

57 Wenn der Antragsteller bei Abschluss eines privaten Krankenversicherungsvertrages im Antragsformular die Frage nach Krankheiten und Beschwerden in den letzten drei Jahren verneint, obgleich er sich während dieser Zeit mehrfach wegen **Rückenbeschwerden** in ärztlicher Behandlung befunden hat, verletzt er seine Anzeigepflicht. Dies gilt auch dann, wenn während der ärztlichen Behandlungen keine Krankschreibung erfolgte, ihm keine Medikamente verschrieben wurden und sich die Beschwerden nach kurzfristigen (Behandlungs-) Maßnahmen (z.B. Bewegungstherapie) besserten. Bei Rückenbeschwerden, die nicht nach kurzer Zeit wieder vergehen, handelt es sich jedenfalls dann um einen anzeigepflichtigen Umstand, wenn diese Beschwerden Anlass für ärztliche Untersuchungen oder Behandlungen waren. Unerheblich ist, ob die Beeinträchtigungen bereits zu einem be-

stimmten Befund mit Krankheitswert geführt haben oder der Antragsteller den Beschwerden Krankheitswert zugemessen hat (vgl. OLG Celle, VersR 2005, 1381, vgl. auch OLG Saarbrücken, VersR 2007, 93 und OLGR Saarbrücken 2004, 592 jeweils zu Rückbeschwerden mit Arbeitsunfähigkeit; OLG Hamm, r+s 1991, 104 zu Rückenbeschwerden, die mit der Diagnose Verschleißerscheinungen vorübergehend ärztlich behandelt wurden, und deren Schmerzen nach medikamentöser Behandlung zunächst folgenlos abgeklungen sind).

Bei Abschluss einer Krankheitskostenversicherung ist auf die Frage nach „Gesundheitsstörungen oder Beschwerden" ein **unerfüllter Kinderwunsch** anzugeben, wenn dieser Anlass für Untersuchungen und Behandlungen des Antragstellers war und nicht ausgeschlossen ist, dass die Kinderlosigkeit ihre Ursache (auch) in der Konstitution des Antragstellers hat (OLG Karlsruhe, r+s 2004, 247). 58

Die Antragsfrage des **Kfz-Kaskoversicherers** nach „Anzahl der Fahrten nach Südost- oder Osteuropa pro Jahr" ist nicht richtig beantwortet, wenn der VN „zwei- bis dreimal im Jahr" angibt, tatsächlich aber der Pkw wie von Anfang an geplant durch einen Mitarbeiter des VN ganz überwiegend in Polen genutzt wird (LG Köln, VersR 2005, 973 [Vollkaskoversicherungsvertrag]). 59

Dem VR steht ein Rücktrittsrecht wegen Nichtangabe von **Vorschäden** an Drittobjekten im Versicherungsantrag nicht zu, wenn sich die Formulierung der Fragen im Versicherungsantrag eindeutig auf das Versicherungsobjekt bezieht und nicht erkennbar ist, dass über den Wort- und Sinnzusammenhang hinaus auch Vorschäden an Drittobjekten Gegenstand der Antragsfrage gewesen sein könnten (OLG Hamm, VersR 1990, 1272). 60

b) Fragen durch den Versicherungsvermittler

Mit der Regelung in §§ 69 Abs. 1 Nr. 1, 69 Abs. 3 S. 2, 70 VVG ist die Rechtsprechung zur **Auge und Ohr-Doktrin** Gesetz geworden (Begr. BT-Drucks 16/3945, S. 77). Die bisherige **Auge und Ohr-Rechtsprechung** dürfte weiterhin mit der Maßgabe gelten, dass der VN auch im Fall der Arglist (§ 18 Abs. 2 VVG a.F.) nicht zur Anzeige erheblicher Gefahrumstände gehalten ist. 61

Der Versicherungsvermittler gilt als bevollmächtigt, Anträge, die auf den Abschluss eines VV gerichtet sind, und deren Widerruf sowie die vor Vertragsschluss abzugebenden Anzeigen und sonstigen Erklärungen vom VN entgegenzunehmen (§ 69 Abs. 1 Nr. 1 VVG). Nach § 70 S. 1 VVG steht die **Kenntnis des Versicherungsvermittlers** der Kenntnis **des VR** gleich, soweit nach diesem Gesetz die Kenntnis des VR erheblich ist. 62

Dies gilt gem. § 70 S. 2 VVG nicht für die Kenntnis des Versicherungsvermittlers, die er **außerhalb seiner Tätigkeit** als Vertreter und **ohne Zusammenhang** mit dem betreffenden Versicherungsvermittler erlangt hat. Keine Zurechnung erfolgt somit, wenn der den VV vermittelnden Mutter Arztbesuche und Erkrankungen des Antragstellers unabhängig von konkreten Angaben anlässlich der Antragsaufnahme bekannt gewesen sind (OLG Celle, VersR 2005, 1381; vgl. auch BGH, VersR 1990, 150; OLG Koblenz, VersR 2001, 45; OLG Hamm, r+s 1999, 11; AG Mannheim, VersR 1997, 1131 [Vermittler als Ehemann]). 63

64 Zum **Unterbevollmächtigten** vgl. OLG Hamm, NJW-RR 2003, 608. Bei Angaben ggü. **Empfehlern** oder **Tippgebern** erfolgt keine Zurechnung. Das gilt auch Angaben ggü. einer **Hotline** des VR, da diese nicht bei der Antragsaufnahme tätig wird (vgl. LG Saarbrücken, zfs 2005, 242). Allerdings muss für den VN erkennbar sein, dass die Hotline für Antragsfragen nicht zuständig ist. Ergibt sich etwa aus den dem VN überlassenen Unterlagen nicht die für die Antragsfragen zuständige Abteilung des VR und nimmt die Hotline Angaben des VN kommentarlos entgegen, kann dem VN gegen den VR ein Anspruch aus §§ 280 Abs. 1, 311 Abs. 2 BGB zustehen.

65 Das Wissen von **Versicherungsmaklern** wird dem VR grds. nicht zugerechnet, da er im Lager des VN steht (BGH, VersR 2008, 809 [auch zu §§ 123, 166 BGB]; BGH, VersR 2008, 242; OLG Köln, r+s 2004, 95). Besondere Umstände, die eine Zurechnung rechtfertigen, können vorliegen, wenn sich der VR die Antragsfragen des Versicherungsmaklers zu Eigen gemacht hat (OLG Hamm, 3.11.2010 – I-20 U 38/10, VersR 2011, 469; LG Dortmund, 26.9.2013 – 2 S 20/13) oder der VR den Versicherungsmakler gerade im Hinblick auf die vorvertraglichen Anzeigepflichten bevollmächtigt hat. Eine Duldungsvollmacht ist ausreichend (*Rolfs*, in: Bruck/Möller, § 19 Rn 76; **a.A.** MüKo/*Langheid*, § 19 VVG Rn 94), nicht aber der Umstand, dass der Versicherungsmakler Antragsformulare des VR zur Verfügung hat (BGH, VersR 2008, 809; BGH VersR, VersR 1999, 1481).

66 Wenn der Versicherungsvermittler das Antragsformular ausgefüllt hat, lässt sich **allein mit dem Antragsformular** nicht beweisen, dass der VN unvollständige oder unrichtige Angaben gemacht hat, sofern dieser substantiiert behauptet, den Versicherungsvermittler mündlich zutreffend unterrichtet zu haben. Dann muss vielmehr der VR beweisen, dass der VN den Versicherungsvermittler mündlich nicht zutreffend unterrichtet hat. Dieser Beweis ist regelmäßig nur durch die Aussage des Versicherungsvermittlers zu führen (BGH, VersR 2001, 1541; VersR 1996, 1529; BGHZ 107, 322, 325 = VersR 1990, 710).

67 Hat der Versicherungsvermittler das Antragsformular **selbst ausgefüllt** und die Fragen **ganz oder teilweise nicht vorgelesen**, so sind die Fragen insoweit nicht i.s.d. § 19 Abs. 1 S. 1 VVG gestellt worden. Sie sind nicht einmal zu Kenntnis des VN gelangt, wenn das Antragsformular allein zur Unterzeichnung vorgelegt wird (BGH, VersR 1996, 1529; VersR 1996, 152; NJW-, RR 1994, 1049; VersR 1991, 575 [jeweils zu § 16 Abs. 1 S. 3 VVG a.F.]). Die **ungeprüfte Unterschrift** unter das Formular stellt grds. keine Anzeigepflichtverletzung dar (OLG Hamm, r+s 1999, 10; **a.A.** OLG Koblenz, VersR 2004, 849, 850).

68 Entsprechendes gilt, wenn der Versicherungsvermittler die Fragen nicht vorgelesen hat, sondern nur **mit eigenen Worten wiedergegeben** hat (OLGR Stuttgart 2007, 753).

69 Die Fragen sind darüber hinaus nicht in Textform i.s.d. § 19 Abs. 1 S. 1 VVG gestellt worden, wenn der VR die Fragen **ausschließlich vorgelesen** hat. Anders verhält es sich, wenn der VR das von ihm ausgefüllte (bzw. teilweise nicht ausgefüllte) Formular nicht nur zur Unterzeichnung, sondern mit der ausdrücklichen Bitte um vorherige Durchsicht und Überprüfung seiner Eintragungen vorgelegt hat (vgl. BGH, NJW-RR 1994, 1049). Voraussetzung ist aber auch dann, dass den Anforderungen an die Textform gem. § 129b BGB genügt wird.

Werden dem VN **komplizierte Fragen vorgelesen**, erbringt der Inhalt des Formulars 70
nicht den Beweis einer unvollständigen oder unzutreffenden Beantwortung, wenn der VN
substantiiert vorträgt, wie er die vorgelesenen Fragen verstanden und wahrheitsgemäß
beantwortet hat. Der VR hat dann nachzuweisen, dass die Befragung einer sorgsamen,
nicht unter Zeitdruck stehenden und ggf. durch klärende Rückfragen ergänzten Lektüre der
Fragen gleichgesetzt werden kann (BGH, VersR 1990, 1002; vgl. auch OLGR Stuttgart
2007, 753).

Der Versicherungsvermittler darf Fragen im Antragsformular nicht durch einschränkende 71
Bemerkungen relativieren. Wenn der Versicherungsvermittler **durch einschränkende Bemerkungen zu den Fragen verdeckt**, was auf die jeweilige Frage anzugeben und in das
Formular aufzunehmen ist, stehen dem VR keine Rechte aus § 19 Abs. 2 bis 4 VVG
zu. Das ist etwa der Fall, wenn der Versicherungsvermittler auf die Angabe des VN zu
Rückenschmerzen antwortet, dass es sich hierbei um eine Bagatelle, um eine Volkskrankheit handele, die eigentlich jeder habe und die man nicht in den Antrag aufnehmen müsse
(BGH, VersR 2001, 1541). Entsprechend hat das OLG Saarbrücken (OLG Saarbrücken,
VersR 2007, 826) entschieden, dass der Versicherungsvermittler dem Antragsteller die
Fragen plausibel erläutern muss und sich der VR am VV festhalten lassen muss, wenn der
Versicherungsvermittler Sinn und Zweck einer Frage verdeckt hat.

Bei Antragsfragen des Versicherungsvermittlers durch ein **rechnergestütztes Abfrageprogramm**, das den Voraussetzungen der Textform gem. § 126b BGB genügt (dazu Rdn 25), 72
gehen Fehler im Zweifel zulasten des VR (vgl. OLG Bremen, VuR 2006, 433).

Es ist nicht Sache des Antragstellers, den Versicherungsvermittler hinsichtlich der von 73
diesem gegebenen **Auskünfte** zu **kontrollieren** (BGH, VersR 2002, 425; BGH, VersR
2001, 1541; OLG Hamm, VersR 2005, 773).

Keine Wissenszurechnung findet aber statt, wenn der VN und der Versicherungsvermittler 74
zulasten des VR **kollusiv zusammengewirkt** (§ 138 BGB) haben. Das setzt voraus, dass
der VN von dem treuwidrigen Verhalten des Versicherungsvermittlers ggü. dem von ihm
vertretenen Versicherungsvermittler weiß (vgl. BGH, VersR 2002, 425). Eine Wissenszurechnung findet auch beim **Missbrauch der Vertretungsmacht** (§ 242 BGB) nicht statt.
Voraussetzung hierfür ist, dass der Versicherungsvermittler von seiner Vertretungsmacht in
ersichtlich verdächtiger Weise Gebrauch macht, sodass beim VN begründete Zweifel entstehen müssen, ob nicht ein Treueverstoß des Vertreters ggü. dem Vertretenen vorliegt.
An die Evidenz des Vollmachtsmissbrauchs ist ein strenger Maßstab anzulegen, der der
besonderen Stellung des Versicherungsvermittlers Rechnung trägt (vgl. BGH, VersR 2002,
425 f. für den Fall, dass der VN bei Antragstellung für eine Risikolebens- und Berufsunfähigkeitszusatzversicherung dem Versicherungsvermittler von psychischen und psychosomatischen Störungen berichtet hat und dem VN erklärt hat, dass die Beschwerden nicht in
den Versicherungsantrag aufgenommen werden müssten).

§§ 69 Abs. 1 Nr. 1, 69 Abs. 3 S. 2, 70 VVG betrifft nach dem Wortlaut den Versicherungs- 75
vermittler, nicht den vom VR hingezogenen Arzt. Nach der Rechtsprechung waren die
Grundsätze der „Auge-und-Ohr-Doktrin" anwendbar, wenn im Auftrag des VR ein Arzt

zur Erstellung eines ärztlichen Zeugnisses oder zum Ausfüllen eines Formulars zu Gesundheitsfragen hinzugezogen wurde (vgl. BGH, VersR 2001, 620; VersR 1993, 170; NJW 1992, 828; VersR 1990, 77). Bei der Aufnahme der *„Erklärung vor dem Arzt"* steht der Arzt einem Versicherungsvermittler bei Aufnahme des Versicherungsantrags gleich. Was dem Arzt zur Beantwortung der vom VR vorformulierten Fragen gesagt ist, ist dem VR gesagt, selbst wenn der Arzt die ihm erteilten Antworten nicht in die Erklärung aufnimmt (vgl. BGH, VersR 1990, 77; MDR 1988, 387; Looschelders/Pohlmann/*Looschelders*, § 19 Rn 44). Der BGH hat bislang offen gelassen, ob sich der VR das Wissen des Arztes aus früheren Behandlungen des Antragstellers zurechnen lassen muss.

c) Nachfrageobliegenheit (Risikoprüfungsobliegenheit)

76 Nach ständiger Rechtsprechung des BGH muss der VR beim VN nachfragen, wenn dieser bei Antragstellung ersichtlich unvollständige oder unklare Angaben macht (BGH, 11.5.2011 – IV ZR 148/09; 5.3.2008 – IV ZR 119/06 m.w.N.). Aufgrund solcher Angaben ist dem Versicherer eine ordnungsgemäße Risikoprüfung nicht möglich. Diese soll die Schaffung klarer Verhältnisse in Bezug auf den Versicherungsvertrag schon vor Vertragsschluss gewährleisten und darf deshalb nicht auf die Zeit nach Eintritt des Versicherungsfalles verschoben werden (BGH, 11.5.2011 – IV ZR 148/09; 5.3.2008 – IV ZR 119/06 m.w.N.). Unterlässt der VR eine ihm obliegende Rückfrage und sieht er insoweit von einer ordnungsgemäßen Risikoprüfung ab, so ist es ihm im Weiteren nach Treu und Glauben verwehrt, gestützt auf die Unvollständigkeit der Angaben des VN wirksam vom Versicherungsvertrag zurückzutreten (BGH, 11.5.2011 – IV ZR 148/09; 5.3.2008 – IV ZR 119/06 m.w.N.).

77 Der VR darf das Risiko nicht ungeprüft übernehmen. Er ist gehalten durch **sofortige und umfassende Antragsprüfung** einen für den korrekt die Antragsfragen beantwortenden VN voraussehbar bestandskräftigen Versicherungsschutz zu begründen (BGH, NJW 1996, 1409; NJW 1994, 1534).

Zwar darf der VR vom VN erwarten, dass er auf konkrete Fragen auch konkret antwortet. Enthalten die Angaben des VN aber **offensichtlich unvollständige, unklare oder widersprüchliche Angaben**, hat der VR die Obliegenheit nachzufragen (BGH, VersR 1996, 486; VersR 1995, 60; VersR 1993, 871; VersR 1992, 603; KG, NJWE-VHR 1996, 26; OLG Stuttgart, VersR 2005, 819). Kenntnisse des Versicherungsvermittlers sind dem VR zuzurechnen (§§ 69 Abs. 1 Nr. 1, 69 Abs. 3 S. 2, 70 VVG; zur alten Rechtslage OLG Hamm, VersR 2002, 342). Die Nachfrageobliegenheit setzt nicht voraus, dass sich die Unklarheiten im Antrag des VN gerade auf den geltend gemachten Rücktrittsgrund beziehen. Ist ein Gefahrumstand, den der VR zum Anlass der Rücktrittserklärung genommen hat, bei Vertragsschluss vom VN nicht angezeigt worden, wäre er aber an den Tag gekommen, falls der VR Unvollständigkeiten im Hinblick auf andere Gefahrumstände nachgegangen wäre, so steht dem VR kein Rücktrittsrecht zu (BGH, VersR 1992, 603; OLG Nürnberg, VersR 1999, 609). Eine Nachfrageobliegenheit kann sich auch dann ergeben, wenn die Antwort des Antragstellers erkennbar eine **subjektive Wertung** beinhaltet (OLG Hamm, VersR 2003, 758 [zur Antwort *„Bagatellerkrankungen"*]).

Beispiel (OLG Karlsruhe, 7.10.2002 – 12 U 159/01)
„Die Beklagte hat nicht nachgewiesen, dass der Kläger Frage 3 des Antragsformulars, ob in den letzten drei Jahren ambulante Behandlungen, Beratungen oder Untersuchungen durch Heilbehandler stattfanden, falsch beantwortete. Zwar sind die Kreuze nicht richtig gesetzt. Der Kläger wurde in den letzten drei Jahren vor Antragstellung untersucht. Trotzdem ist „Nein" angekreuzt. Dagegen ist die Frage nach einer Ausheilung bejaht. Außerdem ist handschriftlich vermerkt: „ALLG. VORSORGE O.B. ". Die Antworten sind in sich offensichtlich widersprüchlich."

Die Nachfrageobliegenheit besteht auch noch **nach Vertragsschluss**. Hat der VR nach Vertragsschluss entdeckt, dass der VN in seinem Antrag auf Abschluss einer Krankenversicherung eine kurz zuvor durchgeführte MRT der HWS verschwiegen hat, und bietet er ihm gegen Zahlung eines Risikozuschlags die Fortführung des VV an, so wird dadurch eine Nachfrageobliegenheit des VR dahin begründet, dass er den VN zu befragen hat, **ob die übrigen Angaben** im seinerzeitigen Versicherungsantrag zutreffend waren. Bejaht der VN diese Frage uneingeschränkt, so ist der VR nicht zu weiteren Nachforschungen bei Dritten (Ärzten und Versicherungen) verpflichtet (OLG Oldenburg, VuR 2005, 152). 78

Der VR verliert das Recht zur Arglistanfechtung nicht schon deshalb, weil er seine Nachfrageobliegenheit verletzt hat (BGH, 11.5.2011 – IV ZR 148/09). 79

Eindeutige Antworten begründen keine Nachfrageobliegenheit, auch wenn sie falsch sind (BGH, VersR 1995, 901). Gibt der VN auf Nachfrage des VR an, dass eine angegebene „colitis" ausgeheilt sei, besteht kein Anlass für den VR, die Richtigkeit der Mitteilung zu prüfen (OLG Saarbrücken, VersR 2006, 824). 80

Sind die Gesundheitsfragen *„Sind Sie in den letzten zehn Jahren untersucht, beraten, behandelt oder operiert worden? Wann und weshalb, beanspruchte Ärzte"* mit *„ja"* angekreuzt worden und nur der Hausarzt, aber **nicht der Grund der Behandlungen** angegeben, muss der VR nachfragen (OLG Saarbrücken, VersR 2006, 1482). Werden in einem Antrag nur **Rückenschmerzen** angegeben, kann der VR gehalten sein, nachzufragen (BGH, VersR 1995, 80). Nach OLG Koblenz (VersR-RR 2003, 315) begründet die Angabe im Antragsformular *„Leichte-Rückgradverkrümmung-Routineuntersuchung"* keine Nachfrageobliegenheit. Eine entdeckte falsche Angabe, die der VR mit Risikozuschlag hinnimmt, muss von ihm zum Anlass genommen werden, den VN zur Richtigkeit der weiteren Angaben zu befragen (OLG Oldenburg, VersR 2005, 921). Hat der VN die Antragsfrage nach Untersuchungen, Beratung und Behandlung in den letzten fünf Jahren bejaht und als Behandlung eine Operation wegen eines **Bänderabrisses** angegeben, so löst dies nach OLG Frankfurt am Main (OLG Frankfurt am Main, r+s 2000, 477) keine Nachfragepflicht des VR aus, ob **weitere Behandlungen** stattgefunden haben. 81

3. „Gefahrumstände, die erheblich sind"

Anzuzeigen sind die Gefahrumstände, die für den **Entschluss des VR**, den VV mit dem vereinbarten Inhalt zu schließen, **erheblich** sind (§ 19 Abs. 1 S. 1 VVG). In Betracht kommen objektive und subjektive Umstände. Zu den erheblichen Umständen gehören Umstände, die für die Wahrscheinlichkeit des Eintritts des versicherten Risikos oder die 82

Höhe der bei einem Versicherungsfall zu leistenden Entschädigung bedeutsam sind oder sein können (Risikogefahr), auch indizierende Umstände (MAH-Versicherungsrecht/*Terbille*, § 2 Rn 93), die lediglich den Rückschluss auf das zu tragende Risiko zulassen (vgl. OLG Karlsruhe, NVersZ 2002, 499). Ferner gehören hierzu Umstände, die die Gefahr begründen, dass der VR zu Unrecht in Anspruch genommen wird, etwa die Nichtangabe weiterer Versicherungsverträge (Vertragsgefahr), Hierzu gehört nicht Umstände in Ansehung auf die Prämiengefahr (VersR-Hdb/*Knappmann*, § 14 Rn 14; a.A. Römer/Langheid/*Langheid*, §§ 16, 17 Rn 21),

83 Die **Frage des VR nach einem bestimmten Gefahrumstand** soll nach der Gesetzesbegründung dafür sprechen, dass dieser Gefahrumstand für die Entschließung des VR erheblich ist (BT-Drucks 16/3945, S. 64). Allerdings darf dies nicht den Blick davor verstellen, dass die Vermutungsregelung i.S.v. § 16 Abs. 1 S. 3 VVG a.F. weggefallen ist (Terbille/Terbille, MAH-Versicherungsrecht, § 2 Rn 93). Grds. hat daher der VR die Erheblichkeit darzulegen und nachzuweisen (VersR-Hdb/Knappmann, § 14 Rn 14). Das gilt entsprechend der bisherigen Rechtsprechung nicht, wenn die Gefahrerheblichkeit auf der Hand liegt (MüKo/*Langheid*, § 119 VVG Rn 65; VersR-Hdb/*Knappmann*, § 14 Rn 14; MAH-Versicherungsrecht/*Terbille*, § 2 Rn 93). Nach BGH (BGH, NVersZ 2001, 69) ist das der Fall, wenn es sich um eine Gesundheitsstörung handelt, die offenkundig als leicht einzuordnen ist, nicht wiederholt aufgetreten ist und deshalb von vorne keinen Anhalt dafür bietet, dass die Risikoeinschätzung des Versicherers hinsichtlich des auf Dauer angelegten Versicherungsvertrages von Bedeutung sein könnte.

84 Erheblich sind diejenigen Gefahrumstände, die zum Zeitpunkt der Vertragserklärung des VN nach den **Grundsätzen des jeweiligen VR für die Einordnung in die Risiko- und Tarifgrundsätze** maßgeblich sind (vgl. VersR-Hdb/*Knappmann*, § 14 Rn 9). Nach § 16 Abs. 1 S. 2 VVG a.F. waren die Gefahrumstände erheblich, die geeignet waren, auf den Entschluss des VR Einfluss auszuüben. Ohne Bedeutung war, ob der Umstand allgemein nach den den Betrieb des betreffenden Versicherungszweigs beherrschenden Anschauungen dem VR hätte Anlass bieten können, den Abschluss des Versicherungsvertrags schlechthin oder mit dem vorgesehenen Inhalt abzulehnen (BGH, VersR 84, 629). Allerdings war nicht erforderlich, dass der VR die konkreten Umstände tatsächlich berücksichtigt hätte. Ausreichend war, dass die Geschäftsgrundsätze des VR Anhaltspunkte dafür bieten, dass Umstände der fraglichen Art für seinen Entschluss bedeutsam sind (OLG Saarbrücken, VersR 1994, 847, 848; OLG Köln, r+s 1995, 242; VersR-Hdb/*Knappmann*, § 14 Rn 14 m.w.N.). Aufgrund des geänderten Wortlauts wird der Schluss gezogen, dass sich die Anforderungen verschärft haben (Looschelders/Pohlmann/*Looschelders*, § 19 Rn 27; a.A. *Rolfs*, in: Bruck/Möller, § 19 Rn 63; anders *Neuhaus*, r+s 2008, 45, 47). Bei Antragstellung muss der VR seine Risikoprüfungsgrundsätze nicht offen legen (*Marlow/Spuhl*, Das Neue VVG kompakt, S. 38). Will der VR aber Rechte aus der Anzeigepflichtverletzung herleiten, muss er darlegen und nachweisen, dass er den Vertrag bei Kenntnis des verschwiegenen Umstandes nicht oder jedenfalls nicht so abgeschlossen hätte (*Rixecker*, zfs 2007, 369, 370; *Marlow/Spuhl*, Das Neue VVG kompakt, S. 39; MAH-Versicherungsrecht/*Terbille*, § 2 Rn 94; **a.A.** wohl *Reusch*, VersR 2007, 1313, 1318). Nicht ausreichend ist der Vortrag,

dass der VR alle Krankheitsursachen vom Versicherungsschutz auszuschließen pflegt (BGH, VersR 1984, 855; vgl. zur Beweislast auch Rdn 146 ff.).

Darüber hinaus müssen die Gefahrumstände nach der Gesetzesbegründung **objektiv vorliegen** (BT-Drucks 16/3945, S. 64). Hierfür wird jedoch nur in engen Grenzen Raum sein, da § 19 Abs. 1 S. 1 VVG ausdrücklich auf die Beurteilungsperspektive des VR abstellt. An der objektiven Gefahrerheblichkeit fehlt es, wenn der Umstand unter keinem Aspekt geeignet ist, die Vertragsentscheidung eines verständigen VR zu beeinflussen (Looschelders/Pohlmann/*Looschelders*, § 19 Rn 24; a.A. *Neuhaus*, r+s 2008, 45, 47, der auf die Sicht eines VR mit durchschnittlich strenger Risikoprüfung abstellt). 85

Die Gesetzesbegründung führt als Beispiel Fragen auf, die sich auf einen **sehr lange zurückliegenden Zeitraum** beziehen (BT-Drucks 16/3945, S. 64). Die Rechtsprechung hierzu war nicht einheitlich. Nach OLG Saarbrücken (VersR 2007, 193, 194) soll der VR zeitlich unbegrenzte Gesundheitsfragen stellen dürfen. Je länger eine verschwiegene Erkrankung zurückliegt, desto belangvoller muss sie sein, um die Rechtsfolgen einer Verletzung der vorvertraglichen Anzeigeobliegenheit auszulösen: 86

> „Dass die Beklagte den Zeitraum, auf den sich die Gesundheitsfragen beziehen, zeitlich und sachlich nicht eingegrenzt hat, führt zu keiner anderen Beurteilung. Für einen Versicherer können auch gesundheitliche Leiden, die länger als fünf Jahre vor Antragstellung – in manchen Fällen auch solche, die länger als zehn Jahre zuvor – aufgetreten, dann aber zunächst als geheilt betrachtet worden sind, von Bedeutung für die Einschätzung des zu übernehmenden Risikos sein, weil sie gesundheitliche Anlagen und Dispositionen oder verborgene Gefahren aufzeigen können. Allerdings schwindet mit der Zeit die Erinnerung eines Jeden an gesundheitliche Störungen, an Beschwerden und Krankheiten. Auch darf ein Versicherungsinteressent viele gesundheitliche Beeinträchtigungen, die sich lediglich vorübergehend vor langer Zeit gezeigt haben und seither nicht mehr aufgetreten sind, eher als in den letzten Jahren aufgetretene als nicht (mehr) belangvoll einschätzen. Daher kann sich in einem solchen Fall einer zeitlich und sachlich unbeschränkten Frage die Anzeigeobliegenheit frühere Zeiträume betreffend schon objektiv auf solche Krankheiten beschränken, die schwer gewogen haben oder die physisch oder psychisch belastend behandelt worden sind, oder bei denen auch für einen medizinischen Laien die Sorge nahe liegt, dass sie noch in die Zukunft wirken oder sich jederzeit wieder aktualisieren können."

Nach OLG Hamm (OLG Hamm, NJW-RR 1991, 1184, 1185) ist dagegen zweifelhaft, ob zeitlich bis zur Geburt zurückführende Fragen nach Krankheiten, Störungen und Beschwerden überhaupt gestellte Fragen i.S.v. § 16 VVG a.F. sind. Zu einem entsprechenden Ergebnis wird man kommen, wenn vorausgesetzt wird, dass die Fragen konkret gestellt werden müssen oder dem Transparenzgebot genügen müssen. 87

Wenn der VR im Antragsformular **in einer ersten Gesundheitsfrage** nach ärztlichen oder anderen Behandlungen in den letzten fünf Jahren und unmittelbar im Anschluss daran **in weiteren Gesundheitsfragen** ohne zeitliche Eingrenzung nach Krankheiten fragt, muss der VN auch schwer wiegende Krankheiten oder Gesundheitsstörungen nicht angeben, wenn sie länger als fünf Jahre zurückliegen (vgl. OLG Oldenburg, VersR 1998, 835). 88

4. „die ihm bekannten Gefahrumstände"

89 Die Verletzung der Anzeigepflicht setzt **Kenntnis der Fragen** des VR voraus. Fehlt es an der Kenntnis, liegt schon objektiv keine Anzeigepflichtverletzung vor. Die **Beweislast** für die Kenntnis des VN obliegt dem VR (OLG Karlsruhe, Beschl. v. 2.3.2015 – 9 U 14/14, juris).

90 Die Kenntnis muss sich auf die **Fragen des VR in Textform** beziehen.
Beispiel (OLG Koblenz, VersR 2004, 849)
„Ist der Antragsteller beim Ausfüllen des Antragsformulars nicht zugegen und wird ihm dieses lediglich ausgefüllt zur Unterschriftsleistung vorgelegt, so trifft ihn, wenn schwere und risikoreiche Erkrankungen vorliegen (hier: Primär sklerosierende Cholangitis und Colitis ulcerosa), auch ohne Kenntnis der Gesundheitsfragen des Versicherers die spontane Pflicht, seine offenkundig gefahrerheblichen Vorerkrankungen und ihre Behandlung mitzuteilen."
Diese Begründung für eine Anzeigepflichtverletzung ist nach der VVG Reform nicht mehr hinreichend, da eine spontane Anzeigepflicht des VN nicht mehr besteht.

91 Zur Kenntnis, wenn der **Versicherungsvermittler** dem VN in Textform gestellte Fragen des VR nicht oder nicht zutreffend stellt vgl. Rdn 61 ff.

92 **Kennen müssen** genügt *nicht,* ebenso wenig wie **grob fahrlässige Unkenntnis** (BGH, VersR 1994, 711; NJW 1984, 884; OLGR Saarbrücken 2005, 341; OLG Bremen, r+s 1992, 31; OLG Karlsruhe, Beschl. v. 2.3.2015 – 9 U 14/14, juris). Daher liegt auch dann keine Kenntnis vor, wenn dem Antragsteller ein Gefahrumstand zunächst bekannt war, dann aber seinem Gedächtnis wieder entfallen ist. Das OLG Oldenburg (NJW-RR 1991, 1186; **a.A.** MAH-Versicherungsrecht/*Terbille*, § 2 Rn 97) hat entschieden, dass es an der Kenntnis fehlen kann, wenn der VN einen früher erhobenen Befund nie wieder in seinem Bewusstsein oder Gedächtnis aktualisiert hat. Der Antragsteller ist allerdings gehalten, sich an Umstände zu erinnern, soweit ihm dies bei angemessener Gedächtnisanstrengung möglich ist. Nach OLG Saarbrücken, VersR 2007, 193, 195 trifft den Antragsteller dabei **in gewissem Umfang eine Nachfrage- und Erkundigungspflicht**.

93 Kenntnis des VN kann sich aus eigener **körperlicher Wahrnehmung** ergeben. Das gilt auch dann, wenn der Antragsteller seine Beschwerden noch nicht zum Anlass genommen hat, sich in ärztliche Behandlung zu geben oder den Beschwerden keinen Krankheitswert beimisst (OLGR Saarbrücken 2005, 341). Bloße Verdachtsmomente oder geringfügige und vorübergehende Umstände muss der Antragsteller nicht angeben (BGH, VersR 1994, 711).

94 Kenntnis ergibt sich insb. aus **Angaben der den VN vorher behandelnden Ärzte** (OLG Brandenburg, 17.12.2009 – 12 W 57/09). Hat der Arzt dem VN einen Befund oder eine Diagnose mitgeteilt, muss er diese dem VR auf eine entsprechende Frage bei Antragstellung mitteilen. Es ist nicht Sache des VN, die Mitteilungen des Arztes zu bewerten und auf ihre Richtigkeit einzuschätzen (BGH, VersR 1994, 711; vgl. aber OLG Brandenburg, 17.12.2009 – 12 W 57/09). Hat ein VN bestimmte Medikamente verordnet bekommen, wird es oftmals nahe liegen, dass Kenntnis vorliegt.

5. „anzuzeigen"

Die Anzeige des Antragstellers ist keine Willenserklärung, sondern **Wissenserklärung**. Die Anzeigepflichtverletzung als solche hindert nicht das Zustandekommen des VV (OLG Schleswig, VersR 1983, 286; Prölss/Martin/*Prölss*, §§ 16, 17 Rn 32). 95

Der Antragsteller muss die in Textform gestellten Fragen des VR **vollständig und richtig** beantworten, soweit seine Kenntnis (dazu Rdn 89 ff.) reicht (BGH, VersR 2007, 821). Einer ausdrücklichen Klarstellung im Gesetz entsprechend § 17 Abs. 1 VVG a.F. bedarf es im Hinblick auf den neuen Wortlaut des § 19 Abs. 1 VVG nicht mehr (Begr. BT-Drucks 16/3945, S. 65). 96

Bei der **Vertragsänderung** können erneut gestellte Fragen des VR zu beantworten sein. Ist die Vertragsänderung von vornherein im VV selbst angelegt, wird sie mit der Risikoprüfung abgedeckt, die der VR bei Vertragsschluss vorgenommen hat. Daher hat der VR keinen Anlass, später erneut Gesundheitsfragen zu erstellen (vgl. *Römer*, r+s 1998, 45, 46). Der VN muss erneut gestellte Fragen nicht beantworten. Anders verhält es sich bei Vertragsänderungen, auf die der VN **keinen Anspruch** hat. Nach BGH, VersR 1993, 213 sind die Regelungen über die vorvertragliche Anzeigepflicht anwendbar, wenn neue oder erhöhte Gefahren in einen bereits bestehenden VV einbezogen werden sollen, oder wenn die VersSumme erhöht oder die Vertragsdauer verlängert werden soll. Dann hat der VR grds. ein erkennbares und anerkennenswertes Interesse an einer Prüfung der aktuellen Gefahrenlage. Dementsprechend fehlt es an einem solchen Interesse, wenn ein Änderungsvertrag für eine Lebens- und Berufsunfähigkeitszusatzversicherung geschlossen wird, mit dem die Leistungspflicht des VR nicht erweitert wird (BGH, VersR 1994, 39). 97

Der VN muss nach OLG Saarbrücken (OLG Saarbrücken, VersR 2007, 826) seiner Anzeigeobliegenheit nachkommen, wenn er in einem ersten Antrag Gefahrumstände verneint und der VR sodann in einem neuen Antrag nach Gefahrumständen fragt. Mit **früheren Angaben** ggü. dem Versicherungsvermittler oder dem VR vor Erhalt des neuen Antrags genügt er nicht seiner Anzeigeobliegenheit. 98

6. „bis zur Abgabe seiner Vertragserklärung"

Maßgeblicher Zeitpunkt für die Anzeigeobliegenheiten ist die **Abgabe der Vertragserklärung**. Vertragserklärung ist die auf den Vertragsschluss gerichtete Willenserklärung des VN und damit regelmäßig der Antrag des VN (BT-Drucks 16/3945, S. 65). 99

Demgegenüber war bei § 16 VVG a.F. der Zeitpunkt des Vertragsschlusses maßgeblich. Die Privilegierung des § 18 Abs. 2 VVG a.F. galt nur bis zum Zeitpunkt der Antragstellung (BGH, VersR 1984, 884; Prölss/Martin/*Prölss*, § 18 Rn 4). Die Vorverlegung auf den Zeitpunkt der Abgabe der Vertragserklärung durch den VN bezweckt dem Umstand Rechnung zu tragen, dass der durchschnittliche VN davon ausgehen wird, seiner Anzeigeobliegenheit nachgekommen zu sein, wenn er die ihm vorgelegten Fragen beantwortet hat (BT-Drucks 16/3945, S. 65). 100

§ 19 VVG

101 Die Gesetzesformulierung ist auf das **Antragsmodell** abgestimmt (BT-Drucks 16/3945, S. 65). Sie bereitet beim **Invitatiomodell** Schwierigkeiten (*Weidner*, r+s 2007, 138, 139), bei dem nicht der VN mit Zusendung des Antragsformulars, sondern der VR mit Zusendung des Versicherungsscheins, der AVB und Verbraucherempfehlung das Angebot abgibt, auf das der VN die Annahme erklärt. Allerdings wird auch beim Invitatiomodell der durchschnittliche VN davon ausgehen, dass er mit der Beantwortung der ihm vorgelegten Fragen seiner Anzeigeobliegenheit nachgekommen ist. Der Zweck der Regelung trifft auf das Antrags- und Invitatiomodell gleichermaßen zu. Daher ist beim Invitatiomodell Vertragserklärung i.S.v. § 19 Abs. 1 VVG **die Anfrage des VN** an den VR (*Marlow/Spuhl*, Das Neue VVG kompakt, S. 37). Andernfalls würde der Normzweck der Vorverlegung des Zeitpunkts verfehlt. Nach **a.A.** (VersR-Hdb/*Knappmann*, § 14 Rn 38; MüKo/*Langheid*, § 19 VVG Rn 52) wird danach differenziert, ob sich der VR mit der Antragsannahme durch den Antragsteller noch einmal bestätigen lässt, dass die im Zusammenhang mit der Invitatio abgegebenen Erklärungen zutreffend sind. Ist das der Fall, wird in der Antragsannahme die Vertragserklärung des VN gesehen, andernfalls in der invitatio.

7. „nach der Vertragserklärung"

102 Stellt der VR nach der Vertragserklärung des VN, aber vor Vertragsannahme Fragen nach Gefahrumständen, ist der VN auch insoweit zur Anzeige verpflichtet (**Nachmeldeobliegenheit**).

103 Bisher musste der VN auch gefahrerhebliche Umstände, die zwischen Antragstellung und Vertragsschluss auftreten oder bekannt werden, anzeigen (vgl. OLG Düsseldorf, NVersZ 1999, 217 [kurz nach Antragstellung festgestellte Schwangerschaft]). Allerdings war der VR nicht zum Rücktritt berechtigt, wenn eine ordnungsgemäße Anzeige den Entschluss des VR, den Antrag anzunehmen, aus Zeitgründen nicht mehr hätte beeinflussen können (BGH, VersR 1984, 884). Hat der VR nicht auf die Anzeigepflicht auf nach Antragstellung eingetretene Umstände hingewiesen, konnte der Anzeigepflichtige sich u.U. auf einen Rechtsirrtum berufen (OLG Hamm, VersR 1996, 441; vgl. auch OLG Jena, r+s 2007, 295; Prölss/Martin/*Prölss*, §§ 16, 17 Rn 15). Teilweise ist in den Antragsformularen die Nachmeldung auf **schwer wiegende** Gefahrumstände begrenzt. Eine entsprechende Begrenzung hat zunächst auch die Reformkommission erwogen, dann aber zugunsten der Belehrung des VN und erneut zu stellenden Antragsfragen wieder aufgegeben.

104 Eine **Belehrung im Antragsformular**, wonach der VN nach Antragstellung bis zum Vertragsschluss bekannt werdende Änderungen unverzüglich nachzumelden hat, ist **nicht** ausreichend (Begr. BT-Drucks 16/3945, S. 65); *Marlow/Spuhl*, Das Neue VVG kompakt, S. 37; *Rixecker*, zfs 2007, 369, 370). Damit geht diese Regelung über die bisherige Rechtsprechung hinaus.

105 In der gesonderten Nachfrage muss der VR den VN durch gesonderte Mitteilung in Textform auf die Folgen einer Anzeigepflichtverletzung **belehren** (*Marlow/Spuhl*, Das Neue VVG kompakt, S. 37).

II. Rücktrittsrecht (§ 19 Abs. 2 VVG)

1. „Verletzt der Versicherungsnehmer seine Anzeigepflicht"

Der Antragsteller verletzt seine Anzeigepflicht, wenn er die in Textform gestellten Fragen des VR **nicht vollständig oder richtig** beantwortet, soweit seine Kenntnis (dazu Rdn 89 ff.) reicht (BGH, VersR 2007, 821). Der Umfang der Anzeigepflicht bestimmt sich nach der Reichweite der gestellten Frage (dazu Rdn 21 ff.). Sind die Angaben des Antragstellers **offensichtlich unvollständig, unklar oder widersprüchlich**, trifft den VR eine Nachfrageobliegenheit (dazu Rdn 76 ff.). Der Antragsteller muss die schriftlichen Fragen des VR nicht schriftlich beantworten (so bereits die Reformkommission). Ist die schriftliche Antwort des Antragstellers unvollständig oder unrichtig, kann der Antragsteller vorbringen, die Frage mündlich vollständig und richtig beantwortet zu haben. Nach der Rechtsprechung vor der Reform trägt der VN die sekundäre Darlegungslast, der VR die Beweislast (vgl. Rdn 66 ff.; BGH, r+s 1994, 444; MüKo/*Langheid*, § 19 VVG Rn 96 f.). 106

2. „zurücktreten"

Verletzt der VN (vorsätzlich oder grob fahrlässig) seine Anzeigepflicht nach § 19 Abs. 1 VVG, kann der VR vom VV **zurücktreten**. Ein Rücktrittsrecht besteht nicht, wenn die Voraussetzungen der § 19 Abs. 3 VVG (dazu Rdn 111 ff.) und 4 (dazu Rdn 123 ff.) vorliegen. 107

Der Rücktritt ist ggü. dem **VN** zu erklären (§ 349 BGB). Eine Rücktrittserklärung kann in eine Kündigungserklärung **umgedeutet** werden (*Marlow/Spuhl*, Das Neue VVG kompakt, S. 39), nicht aber in eine Anfechtungserklärung wegen arglistiger Täuschung, da die Anfechtung weitergehende Rechtsfolgen als der Rücktritt hat (BGH, 9.4.1997 – IV ZR 73/96, NJW-RR 1997, 1112, 1113; *Römer*, r+s 1998, 45, 47). Eine Anfechtung wegen arglistiger Täuschung kann nicht in einen Rücktritt oder eine Kündigung umgedeutet werden (OLG Celle, 7.7.2016 – 8 U 240/15; OLG Hamm, 27.5.1987 – 20 U 335/86; OLG Köln, 16.9.1992 – 5 W 34/92). Die Bedingungen für die Ausübung des Rücktrittsrechts sind in § 21 VVG geregelt. 108

Rechtsfolge des Rücktritts ist, dass der VV **ex tunc** beseitigt wird. Nach § 346 Abs. 1 BGB sind im Fall des Rücktritts die empfangenen Leistungen zurückzugewähren. § 39 Abs. 1 S. 2 VVG bestimmt, dass dem VR die **Prämie** bis zum Wirksamwerden der Rücktrittserklärung zusteht (BT-Drucks 16/3945, S. 66). Im Fall des Rücktritts nach Eintritt des Versicherungsfalls ist der VR nicht zur Leistung verpflichtet (vgl. § 21 Abs. 2 VVG). 109

Der **unberechtigte Rücktritt** von einem Versicherungsvermittler kann den VN berechtigen, den VV fristlos zu kündigen und bei schuldhaftem Verhalten aufgrund positiver Vertragsverletzung (§ 280 Abs. 1 BGB) Schadensersatz wegen der dadurch bedingten zusätzlichen Aufwendungen zu fordern (OLG Oldenburg, r+s 1995, 472, 473; LG Bielefeld, VersR 2007, 636; BK/*Voit*, § 20 Rn 24). Anderes kann dann gelten, wenn der VN den Rücktritt durch falsche Angaben zu Gefahrumständen mit veranlasst hat (LG Dortmund, 1.2.2007 – 2 O 465/06). 110

III. Ausschluss des Rücktrittrechts, Kündigungsrecht (§ 19 Abs. 3 VVG)

1. „Rücktrittsrecht ausgeschlossen"

111 Während nach §§ 16 Abs. 3, 17 Abs. 2 VVG a.F. ein **Rücktrittsrecht des VR** nur bei fehlendem Verschulden des VN ausgeschlossen war, **entfällt** jetzt das Rücktrittsrecht auch **bei einfacher Fahrlässigkeit des VN**, da dem Gesetzgeber in diesem Fall eine so weit reichende Sanktion, wie sie das Rücktrittsrecht darstellt, nicht gerechtfertigt erschien (BT-Drucks 16/3945, S. 65).

112 Dem VR steht ein Rücktrittsrecht zu, wenn der VN nicht nachweisen kann, dass er **weder vorsätzlich noch grob fahrlässig** seine Anzeigepflicht verletzt hat (§ 19 Abs. 3 S. 1 VVG). Bei grober Fahrlässigkeit gilt das nur, wenn der VN nicht nachweisen kann, dass der VR den VV bei wahrheitsgemäßen und vollständigen Antworten abgeschlossen hätte (§ 19 Abs. 4 S. 1 VVG).

113 Maßgeblich ist der **zivilrechtliche Vorsatzbegriff**. Vorsatz setzt das Wollen der Obliegenheitsverletzung im Bewusstsein der Verhaltensnorm voraus (vgl. BGH, VersR 1993, 960 [zu § 6 VVG a.F.]). Bedingter Vorsatz ist ausreichend. Aus der Kenntnis des Gefahrumstands folgt nicht notwendig, dass der VN auch vorsätzlich gehandelt hat. Der Vorsatz muss sich auch darauf erstrecken, dass der Gefahrumstand für den Entschluss des VR, den VV mit dem vereinbarten Inhalt zu schließen, erheblich war.

114 An Vorsatz kann es bspw. fehlen, wenn der VN sich nach überwundener Erkrankung vollkommen **gesund fühlte** oder der Ansicht war, dass es sich bei seiner Erkrankung um ein unwesentliches Alltagsleiden gehandelt habe.

115 Fahrlässigkeit liegt vor, wen der VN die im Verkehr erforderliche Sorgfalt außer Acht lässt (§ 276 Abs. 2 BGB). **Grobe Fahrlässigkeit liegt vor**, wenn die im Verkehr erforderliche Sorgfalt in besonders schwerem, ungewöhnlich hohem Maß außer Acht gelassen wird. Das ist der Fall, wenn der VN einfachste, ganz nahe liegenden Überlegungen nicht angestellt hat und dasjenige nicht beachtet hat, was unter den gegebenen Umständen jedem einleuchten musste (vgl. BGH, NJW 1994, 2094).

116 Am **Verschulden** kann es bspw. **fehlen**, wenn der VN aufgrund einer ärztlichen Mitteilung davon ausgehen durfte, dass er gesund ist (BGH, VersR 2007, 821 [BU]; VersR 2004, 1457 [KLV]). Auch bei länger zurückliegenden Erkrankungen kann jedenfalls bei nicht schwer wiegenden Erkrankungen ein Verschulden fehlen.

> **Beispiel (BGH, VersR 2007, 821)**
> Die Gesundheitsfrage nach Untersuchungen in den letzten fünf Jahren erfasst eine psychiatrische Begutachtung. Unerheblich ist, dass sich die Antragstellerin nicht aus eigener Sorge um ihre Gesundheit einer ärztlichen Untersuchung unterzogen hat. Ein Rücktrittsrecht scheitert aber daran, dass die Anzeige ohne Verschulden unterblieben ist. Das vom gerichtlichen Sachverständigen im Jahr 1994 erstellte Gutachten kommt zu folgenden Ergebnissen: „Grundstimmung, affektive Resonanz oder Schwingungsbreite sowie das Gesamtverhalten während der Exploration wiesen bei meiner Untersuchung keine Anzeichen einer Depression auf. Ein krankheitswertiger Anankasmus mit Verlangsamung des Leistungsverhältnisses und Entscheidungsunfähigkeit hat sich in meiner Untersuchung nicht abgezeichnet. Insgesamt komme ich zu dem Ergebnis, dass meine Untersuchung keinen Anhalt für eine Dienstunfähig-

keit aus psychiatrischer Sicht ergeben hat." Da die Untersuchung keine pathologischen Befunde ergeben hatte, folgte daraus für VN nicht die Erkenntnis, (weiterhin) an einer gesundheitlichen Störung zu leiden. Vielmehr wurde sie in ihrem Standpunkt bestätigt, nicht (mehr) an einer Depression und auch an keiner anderen psychischen Erkrankung zu leiden.

Ist das Rücktrittsrecht ausgeschlossen, weil der VN die Anzeigepflicht weder vorsätzlich noch grob fahrlässig verletzt hat, kann der VR nach § 19 Abs. 3 S. 2 VVG den VV unter Einhaltung einer Frist von einem Monat mit Wirkung für die Zukunft **kündigen** (§ 19 Abs. 3 S. 2 VVG). 117

Bei der **laufenden Versicherung** (§ 56 Abs. 1 VVG) und der **Transportversicherung** (§ 131 Abs. 1 VVG) ist das Rücktrittsrecht des VR nach § 19 Abs. 2 VVG ausgeschlossen. Stattdessen kann der VR innerhalb eines Monats von dem Zeitpunkt an, zu dem er Kenntnis von dem nicht oder unrichtig angezeigten Umstand hat, den VV kündigen und die Leistung verweigern. Der VR bleibt aber zur Leistung verpflichtet, wenn der nicht oder unrichtig angezeigte Umstand nicht ursächlich für den Eintritt des Versicherungsfalls oder den Umfang der Leistungspflicht war. 118

2. „kündigen"

Wenn der VN die **Anzeigepflicht weder vorsätzlich noch grob fahrlässig verletzt** hat, hat der VR das Recht, den VV unter Einhaltung einer Frist von einem Monat zu kündigen (§ 19 Abs. 3 S. 2 VVG). Aus § 19 Abs. 4 S. 2 Halbs. 2 VVG und § 194 Abs. 1 S. 3 VVG folgt, dass der VR den VV nicht nur bei einfacher Fahrlässigkeit, sondern auch bei schuldloser Anzeigepflichtverletzung kündigen kann (*Marlow/Spuhl*, Das Neue VVG kompakt, S. 39; *Knappmann*, VVR 2007, 451, 452). Ein Kündigungsrecht besteht dann *nicht*, wenn der VR den VV **anpassen** kann (§ 19 Abs. 4 S. 1 VVG). Das Kündigungsrecht besteht nur dann, wenn der VN nicht nachweisen kann, dass der VR den VV bei wahrheitsgemäßen und vollständigen Antworten abgeschlossen hätte (§ 19 Abs. 4 S. 1 VVG). 119

Die **Monatsfrist** ist nach der Gesetzesbegründung (BT-Drucks 16/3945, S. 65) notwendig, um dem VN die Möglichkeit zu geben, sich anderweitig Versicherungsschutz zu verschaffen. 120

Eine **Sonderregelung** enthält § 194 Abs. 1 S. 3 VVG **für die Krankenversicherung**. Danach sind § 19 Abs. 3 S. 2 und Abs. 4 VVG *nicht* anwendbar. Folglich steht dem VR bei schuldloser oder einfach fahrlässiger Anzeigepflichtverletzung weder ein Kündigungsrecht noch ein Vertragsanpassungsrecht zu. 121

Da die Kündigung nur **ex nunc** wirkt, muss der VR für einen bereits eingetretenen Schadensfall leisten. 122

IV. Ausschluss des Rücktritts- und Kündigungsrechts, Vertragsanpassungsrecht (§ 19 Abs. 4 VVG)

1. „Rücktrittrecht und Kündigungsrecht ausgeschlossen"

123 Nach der Gesetzesbegründung kann für den VN nicht nur der Rücktritt, sondern auch die Kündigung des Vertragsverhältnisses insb. bei einer Personenversicherung, gravierende Nachteile haben (BT-Drucks 16/3945, S. 65). Der Ausschluss des Rücktrittsrechts des VR ist allerdings unbillig, wenn der VN seine Anzeigepflicht vorsätzlich verletzt hat. Dem VR kann nicht zugemutet werden, an einem VV mit einem VN festgehalten zu werden, der seine Anzeigepflicht bewusst verletzt hat (Begr. BT-Drucks 16/3945, S. 65). Daher sind das Rücktrittsrecht wegen grob fahrlässiger Verletzung und das Kündigungsrecht nach § 19 Abs. 3 S. 2 VVG **ausgeschlossen**, wenn der VR den VV **auch bei Kenntnis der nicht angezeigten Umstände** – wenn auch zu anderen Bedingungen – **geschlossen hätte** (§ 19 Abs. 4 S. 1 VVG).

124 Ob der VR den VV auch bei Kenntnis der nicht angezeigten Umstände zu gleich bleibenden oder anderen Bedingungen geschlossen hätte, bestimmt sich **nach seinen Geschäftsgrundsätzen**. Da dem VN die Geschäftsgrundsätze des VR unbekannt sind, trifft den VR insoweit eine *sekundäre Darlegungslast* (*Rixecker*, zfs 2007, 369, 371; *Knappmann*, VRR 2007, 451, 452).

2. „andere Bedingungen"

125 Sind das Rücktrittsrecht und Kündigungsrecht nach § 19 Abs. 4 S. 1 VVG ausgeschlossen, werden die Bedingungen, zu denen der VR in Kenntnis der nicht angezeigten Umstände den VV geschlossen hätte, **Vertragsbestandteil**, sobald der VR dem VN eine entsprechende Erklärung zugehen lässt (§ 19 Abs. 4 S. 2 VVG). Die anderen Bedingungen werden folglich nicht von selbst Vertragsbestandteil. Eine Ausnahme gilt für die **Krankenversicherung**. Nach § 194 Abs. 1 S. 3 VVG sind § 19 Abs. 3 S. 2 und Abs. 4 VVG nicht anzuwenden, wenn der VN die Verletzung der Anzeigepflicht nicht zu vertreten hat (näher dazu vgl. § 194 Rdn 6).

126 **Andere Bedingungen** sind insb. Prämienerhöhungen oder Risikoausschlüsse. Maßgeblich sind die Geschäftsgrundsätze **zum Zeitpunkt des Vertragsschlusses** (*Marlow/Spuhl*, Das neue VVG kompakt, S. 41).

127 Noch ungeklärt ist, ob dem VN ein **Wahlrecht** zusteht, wenn der VR dem VN bei Kenntnis der nicht angezeigten Umstände unterschiedliche Bedingungen (etwa Risikozuschlag *oder* Risikoausschluss) angeboten hätte. Dafür spricht, dass die Geschäftsgrundsätze zum Zeitpunkt des Vertragsschlusses maßgeblich sind. Nach dem Gesetzeszweck soll der VR so gestellt werden, wie er bei richtiger und vollständiger Information vor Vertragsschluss stünde. Dagegen spricht, dass es der VN andernfalls in der Hand hätte, den Risikozuschlag nur zu zahlen, wenn sich das verschwiegene Risiko auch tatsächlich realisiert hat (Looschelders/Pohlmann/*Looschelders*, § 19 Rn 64). Nach *Knappmann* (*Knappmann*, VVR

2007, 451, 452) entspricht ein solches Wahlrecht des VN nach dem Eintritt des Versicherungsfalls nicht dem System des Versicherungsvertragsrechts.

Das Vertragsänderungsrecht des VR besteht nach dem Wortlaut des § 19 Abs. 4 S. 2 VVG **unabhängig davon, ob der Versicherungsfall bereits eingetreten ist oder nicht.** Das kann zu widersprüchlichen Ergebnissen führen (*Rixecker*, zfs 2007, 369, 371). Hätte der VR bei richtiger und vollständiger Anzeige des VN den VV nicht geschlossen, könnte der VR den VV mit Wirkung für die Zukunft kündigen und wäre für einen bereits eingetretenen Versicherungsfall nicht leistungsfrei (§ 19 Abs. 3 S. 2 VVG). Hätte der VR dagegen den VV nur mit einer **Risikoausschlussklausel** geschlossen und wird diese auf Verlangen des VR Vertragsbestandteil, ist er leistungsfrei, wenn der VN einfach fahrlässig gehandelt hat. Das gilt sogar dann, wen der VN schuldlos gehandelt hat und der Versicherungsfall in der laufenden Versicherungsperiode eingetreten ist. Da nach der Gesetzesbegründung § 19 Abs. 4 VVG die Rechtsstellung des schuldlos und einfach fahrlässig handelnden VN verbessern soll, darf die Regelung des § 19 Abs. 3 S. 2 VVG nicht umgangen werden. § 19 Abs. 4 S. 2 VVG ist daher dahin teleologisch zu reduzieren, dass die Risikoausschlussklausel nicht rückwirkend Vertragsbestandteil wird (*Marlow/Spuhl*, Das neue VVG kompakt, S. 44; vgl. auch *Knappmann*, VRR 2007, 451, 452 f. „... Risikoausschluss zumindest bei einem schuldlosen VN erst zu dem Zeitpunkt Vertragsbestandteil werden, zu dem der VR es verlangt.").

Die anderen Bedingungen werden **bei einfach fahrlässiger** Anzeigepflichtverletzung **rückwirkend** Vertragsbestandteil (§ 19 Abs. 4 S. 2 Halbs. 1 VVG). Nach der Gesetzesbegründung würde die Rückwirkung bei einer nicht zu vertretenden Anzeigepflichtverletzung auch unter Berücksichtigung der berechtigten Interessen des VR zu einer unbilligen Schlechterstellung des VN ggü. § 41 Abs. 1 VVG a.F. führen (BT-Drucks 16/3945, S. 66). Daher werden die anderen Bedingungen bei **nicht zu vertretender** Anzeigepflichtverletzung erst ab der **laufenden Versicherungsperiode** (§ 19 Abs. 4 S. 2 Halbs. 2 VVG) Vertragsbestandteil.

V. Belehrung, Ausschluss der Rechte des Versicherers (§ 19 Abs. 5 VVG)

1. „hingewiesen"

Der VR hat den VN vollständig und zutreffend über die Folgen einer Anzeigepflichtverletzung zu **belehren**. Die Rechtsprechung, wonach der Rücktritt keine Belehrung voraussetzt, ist daher überholt (dazu OLG Düsseldorf, NVersZ 2002, 554 und OLG Saarbrücken, VersR 1991, 872). Die Belehrungspflicht betrifft nicht die Anfechtung (*van Bühren*, ZAP 2007, 1397, 1404).

Die Belehrung bedarf der gesonderten Mitteilung in **Textform** (§ 126b BGB). Es reicht nicht aus, wenn die Fragen lediglich im Internet oder im Notebook des Versicherungsvermittlers enthalten sind (**a.A.** *Marlow/Spuhl*, Das Neue VVG kompakt, S. 40 [eine Belehrung im Laptop des Agenten ist ausreichend]; zust.: MüKo/*Langheid*, § 119 VVG Rn 67). Allein dadurch werden die Fragen dem VN noch nicht in einer zur dauerhaften Wiedergabe geeigneten Weise abgegeben. Erforderlich ist, dass der VN die Fragen etwa auf CD, DVD, USB-Stick, Festplatte aufgrund durchgeführtem Download, Email, durch Ausdruck etc. zur Verfügung gestellt werden (vgl. OLG Köln, 3.8.2007 – 6 U 60/07 m.w.N. [zu §§ 312c, 355 BGB]). Andernfalls würde die Dokumentationsfunktion des § 126b BGB (vgl. BT-Drucks 14/4987, S. 19) und die mit der Einführung der Textform in § 19 Abs. 1 S. 1 VVG intendierte Rechtssicherheit (BT-Drucks 16/3945, S. 64) nicht erreicht.

132 Die Belehrung muss den formellen und materiellen Voraussetzungen des Abs. 5 genügen. In formeller Hinsicht ist nicht erforderlich, dass die Belehrung in einem Extrablatt enthalten ist (BGH, 27.4.2016 – IV ZR 372/15; BGH, 9.1.2013 – IV ZR 197/11 zu § 28 Abs. 4 VVG unter Bezugnahme auf § 19 Abs. 5 VVG; KG, 23.5.2014 – 6 U 210/13; OLG Stuttgart, 17.4.2014 – 7 U 253/13; LG Dortmund, 17.12.2009 – 2 O 399/09; *Rüffer/Halbach/Schimikowski*, § 19 Rn 31; Rixecker, zfs 2007, 37; *Marlow/Spuhl*, Das Neue VVG kompakt, S. 40; VersR-Hdb/*Knappmann*, § 14 Rn 8; *Knappmann*, VRR 2007, 451; Losschelders/Pohlmann/*Looschelders*, § 19 Rn 66; MüKo-VVG/*Langheid*, § 119 Rn 160; *Schimikowski/Höra*, Das neue Versicherungsvertragsgesetz, S. 123; *Grothe/Schneider*, BB 2007, 2689, 2692; *Leverenz*, VersR 2008, 709, 712; offen gelassen OLG Brandenburg, 17.12.2009 – 12 W 57/09; a.A. Bruck/Möller/*Rolfs*, § 19 Rn 115; *Voit/Neuhaus*, BUV, M Rn 66; *Neuhaus*, r+s 2008, 45, 52; *Funck*, VersR 2008, 163, 166; *Reusch*, VersR 2007, 1319). Die Belehrung muss dann **drucktechnisch so gestaltet sein, dass sie sich deutlich vom übrigen Text abhebt und vom VN nicht übersehen werden kann** (BGH, 27.4.2016 – IV ZR 372/15; OLG Celle, 7.7.2016 – 8 U 240/15 zu einer nicht ausreichenden Belehrung; OLG Hamm, 13.2.2015 – 20 U 169/14 unter Hinweis auf die Gesetzesmaterialien und Relevanzrechtsprechung; OLG Stuttgart, 17.4.2014 – 7 U 253/13; OLG Stuttgart, 13.3.2014 – 7 U 216/13; OLG Stuttgart, 9.7.2012 – 7 U 23/12 mit NZB-Beschluss des BGH v. 11.9.2013 – IV ZR 253/12; OLG Brandenburg, 17.12.2009 – 12 W 57/09; OLG Naumburg 23.6.2011 – 4 U 94/10; *Marlow/Spuhl*, Das Neue VVG kompakt, S. 40; Looschelders/Pohlmann/*Looschelders*, § 19 Rn 66; Grothe/Schneider, BB 2007, 2689, 2692; *Leverenz*, VersR 2008, 709, 712).

133 Die Belehrung wird ihrer Warnfunktion gerecht, wenn sie dem VN im **unmittelbaren zeitlichen und räumlichen Zusammenhang mit den an ihn gerichteten Fragen** zur Kenntnis gebracht wird (BGH, 9.1.2013 – IV ZR 197/11; KG, 23.5.2014 – 6 U 210/13; OLG Stuttgart, 17.4.2014 – 7 U 253/13).Umstritten ist, ob der Text zur Belehrung vor den Antragsfragen (VersR-Hdb/*Knappmann*, § 14 Rn 8; *Schimikowski*, r+s 2009, 353, 356) oder vor der Unterschrift stehen muss. Nicht ausreichend ist die Belehrung inmitten des Antragsformulars (LG Dortmund, 17.12.2009 – 2 O 399/09).

Eine Doppelbelehrung, in der der VR zunächst unmittelbar im räumlichen Zusammenhang mit den gestellten Gesundheitsfragen (und hier ergänzend durch eine gesondert zu unterschreibende Erklärung) auf die möglichen Folgen der Verletzung der gesetzlichen Anzeigepflicht allgemein hinweist und diese sodann an einer genau bezeichneten Stelle im Einzelnen erläutert, ist mit dem Belehrungserfordernis des § 19 Abs. 5 VVG vereinbar (BGH, 27.4.2016 – IV ZR 372/15). **(Weiter-)Verweisung** auf umfangreiches Bedingungswerk ist nicht ausreichend. Erforderlich ist, dass die (Weiter-)Verweisung nicht übersehen werden kann und den Fundort konkret benennt (OLG Stuttgart, 17.4.2014 – 7 U 253/13; OLG Stuttgart, 13.3.2014 – 7 U 216/13).

Welchen konkreten **Inhalt und Umfang** die Mitteilung haben muss, ist im Einzelnen noch nicht vollständig geklärt. Die bloße Wiedergabe des Gesetzeswortlauts reicht nicht aus (Looschelders/Pohlmann/*Looschelders*, § 19 Rn 67 m.w.N.). Nach **e.A.** reicht es aus, wenn der VN knapp und präzise auf die Rechte des VR im Fall einer Anzeigepflichtverletzung (Rücktritt, Kündigung oder Vertragsanpassung) und den damit jeweils verbundenen Rechtsfolgen hingewiesen wird (Looschelders/Pohlmann/*Looschelders*, § 19 Rn 67; *Marlow/Spuhl*, Das Neue VVG kompakt, S. 54 f.; *Neuhaus*, r+s 2008, 45, 52). Nach **a.A.** müssen Voraussetzung und Rechtsfolgen der einzelnen Rechte des VR detailliert dargestellt werden (Beckmann/Matusche-Beckmann/*Knappmann*, § 14 Rn 9; *Reusch*, VersR 2007, 1313, 1320; zweifelnd LG Dortmund, 17.12.2009 – 2 O 399/09). Dagegen spricht, dass gerade eine detaillierte Darstellungen der Warnfunktion der Belehrung entgegenstehen kann (Looschelders/Pohlmann/*Looschelders*, § 19 Rn 67). Nicht erforderlich, aber auch unschädlich ist es, wenn auf die Möglichkeit der Anfechtung (§ 22 VVG) hingewiesen wird (LG Dortmund, 17.12.2009 – 2 O 399/09; HK/*Schimikowski*, § 19 Rn 32). Dem VN müssen die nachteiligen Folgen der Ausübung von Rücktritts-, Kündigungs- oder Vertragsanpassungsrecht aufgezeigt werden. Die Belehrung ist aber wirksam, wenn bei Darstellung der Rechtsfolgen der **Vertragsanpassung** nicht ausdrücklich darauf verwiesen wird, dass kein Versicherungsschutz für einen bereits eingetretenen Versicherungsfall besteht, wenn durch Vertragsanpassung rückwirkend ein Risikoausschluss Vertragsbestandteil wird (BGH, 27.4.2016 – IV ZR 372/15; KG, 23.5.2014 – 6 U 210/13). Ausreichend sei der Hinweis, dass bei fahrlässiger Verletzung der Anzeigepflicht die anderen Bedingungen rückwirkend Vertragsbestandteil werden. Dadurch werde hinreichend deutlich, dass die Gefahr der rückwirkenden Einführung eines Risikoausschlusses bestehe, was dann zwangsläufig mit dem Verlust des Versicherungsschutzes für bereits eingetretene Versicherungsfälle verbunden sei (BGH, a.a.O.).

Das OLG Stuttgart (17.4.2014 – 7 U 253/13) hat entschieden, dass die Formulierung:

„Falls Sie die gestellten Fragen falsch oder unvollständig beantworten, kann die H. Leben vom Vertrag zurücktreten, ihn anfechten, ihn kündigen, ihn anpassen oder die Leistung verweigern (bitte beachten Sie dazu die ausführlichen Hinweise in der Mitteilung nach § 19 Abs. 5 VVG über die Folgen einer Verletzung der gesetzlichen Anzeigepflicht)."

und an anderer Stelle:

„Bitte lesen Sie unbedingt die Schlusserklärung sowie die Mitteilung nach § 19 Abs. 5 VVG über die Folgen einer Verletzung der gesetzlichen Anzeigepflicht, die wichtiger Bestandteil dieses Vertrages ist. Sie machen sie mit Ihrer Unterschrift zum Inhalt dieses Antrages."

nicht ausreichend ist, weil inhaltlich auf die Folgen einer Anzeigepflichtverletzung nicht ausreichend hingewiesen und belehrt wird. Das OLG Brandenburg (17.12.2009 – 12 W 57/09) hat die drucktechnisch abgesetzte und umrandete Belehrung

„Bitte beantworten Sie die Erklärungen ... und die Angaben zum Gesundheitszustand vollständig und richtig. Geben Sie auch solche Umstände an, denen Sie nur geringe Bedeutung beimessen. Nur so stellen Sie sicher, dass ihr Versicherungsschutz auch tatsächlich wirksam

ist. Verletzen Sie diese vorvertragliche Anzeigepflicht vorsätzlich oder grob fahrlässig, kann die N je nach Verschuldungsgrad vom Vertrag zurücktreten, ihn anfechten oder kündigen und gegebenenfalls Leistungen verweigern. Beachten Sie hierzu die gesonderte Belehrung nach § 19 Abs. 5 VVG auf den Folgeseiten."
für missverständlich angesehen, da in ihr der Eindruck erweckt wird, dass die Rechtsfolgen des Rücktritts, etc. nur bei einer vorsätzlichen oder grob fahrlässigen Verletzung der Anzeigepflicht eintreten könnten.

135 Die Belehrung ist **Wirksamkeitsvoraussetzung**. Die Belehrung hat so **rechtzeitig** zu erfolgen, dass der VN seine Anzeigepflicht noch erfüllen kann (vgl. Begr. BT-Drucks 16/3945, S. 66; Looschelders/Pohlmann/*Looschelders*, § 19 Rn 65; *Marlow/Spuhl*, Das Neue VVG kompakt, S. 54 f.; *Neuhaus*, r+s 2008, 45, 52). Bei nachträglichen Fragen i.S.d. § 19 Abs. 1 S. 2 VVG bedarf es seiner erneuten Belehrung (Looschelders/Pohlmann/*Looschelders*, § 19 Rn 65). Unterbleibt die Belehrung, erfolgt sie nicht rechtzeitig, ist sie unrichtig oder nicht vollständig, stehen dem VR trotz Anzeigepflichtverletzung des VN keine Rechte aus § 19 Abs. 2 bis 4 VVG zu (LG Dortmund, 17.12.2009 – 2 O 399/09). Verletzt der VN seine Anzeigepflicht nach § 19 Abs. 1 VVG arglistig, so kann der VR auch dann vom Vertrag zurücktreten, wenn er den VN nicht entsprechend den Anforderungen des § 19 Abs. 5 VVG belehrt hat (BGH, 12.3.2014 – IV ZR 306/13; vgl. auch HK-VVG/*Schimikowski*, § 19 Rn 32 unter Hinweis auf die amtliche Begründung zu § 28 Abs. 4 [BT-Drucks 16/3945, S. 69]; **a.A.** VersR-Hdb/*Knappmann*, § 14 Rn 12).

2. „VR hat Kenntnis von den nicht angezeigten Gefahrumständen"

136 Das Kündigungsrecht ist gem. § 19 Abs. 5 S. 2 VVG ausgeschlossen, wenn der VR bereits bei Antragsstellung **Kenntnis von dem nicht angezeigten Umstand** hatte. Grob fahrlässige Kenntnis steht Kenntnis nicht gleich. Erforderlich ist sichere und zuverlässige Kenntnis (BGH, VersR 2000, 1486). Bloßer Verdacht nicht aus. Der VR muss allerdings trifft aber ggf. Obliegenheit nachzugragen (vgl. Rdn 76 ff.). Hat der VR Kenntnis aufgrund der Angaben der VN, fehlt es bereits an der Verletzung der Anzeigepflicht. Daran fehlt es auch, wenn der Versicherungsvermittler aufgrund der Angaben des VN Kenntnis hat, da dessen Kenntnis nach § 70 S. 1 VVG der Kenntnis des VR gleichsteht (dazu Rdn 61 ff.).

137 § 19 Abs. 5 S. 2 VVG entspricht §§ 16 Abs. 3, § 17 Abs. 2 VVG a.F. Daher müssen die Grundsätze der bisherigen Rechtsprechung auch weiterhin Gültigkeit beanspruchen (Looschelders/Pohlmann/*Looschelders*, § 19 Rn 69).

138 Dem VR sind alle Daten über einen VN bekannt, **die er in Datenbanken gespeichert hat**, soweit Anlass besteht, sie abzurufen (BGH, NJW-RR 2003, 1603 [zu Überprüfung von alten VV]; VersR 1993, 1089; VersR 1992, 217; VersR 1990, 258; OLG Hamm, r+s 1998, 473). Ein **Anlass, Daten abzurufen**, besteht, wenn der Antragsteller im Antrag auf den Abschluss oder die Änderung eines VV hinreichend deutlich auf das Vorhandensein der Daten in der Datensammlung des VR hinweist.

139 Hat der VR Kenntnis von falschen Angaben des VN in einem neuen Antrag, muss er auch alte VV überprüfen. Ein (Lebens-) Versicherer kann sich der dokumentierten Kenntnis von

bestehenden Verträgen nicht dadurch entziehen, dass er mehrere Verträge, in denen dieselbe Person versichert ist und auf deren Gesundheitsverhältnisse es für Rücktritt und Arglistanfechtung ankommt, **in verschiedenen Abteilungen so verwaltet**, als handele es sich bei diesen um jeweils selbstständige Unternehmen, die nichts miteinander zu tun haben (BGH, NJW-RR 2003, 1603).

Mit dem Hinweis auf Daten in einer **Datensammlung eines anderen VR** genügt der Antragsteller seiner Anzeigeobliegenheit, wenn sich der VR im Antragsformular die Einwilligung des Antragstellers hat geben lassen, im Verbund mit dem anderen VR die Daten des Antragstellers zu sammeln (BGH, VersR 1993, 1089, 1090).

Der Kommissionsvorschlag (Abschlussbericht der Kommission zur Reform des Versicherungsvertragsrechts, 19.4.2004, S. 40), nach dem sich der VR die **Kenntnis eines anderen VR** von Daten des VN zurechnen lassen muss, wenn er Veranlassung hatte und in der Lage war, die bei dem anderen VR gespeicherten Daten abzurufen (§ 32 VVGR), wurde nicht Gesetz.

Dateiabfragen berühren nur die Aufklärungsobliegenheiten des VN, wenn sich der VR dadurch umfassende und vollständige Kenntnis über die aufzuklärende Tatsache verschaffen kann und verschafft hat. Erkenntnismöglichkeiten des VR in der **Uniwagnis-Datei** (seit dem Jahr 1993 eingerichtetes Hinweis- und Informationssystem der Versicherungswirtschaft [HIS]), lassen nach dem BGH (BGH, VersR 2007, 481) die Aufklärungsobliegenheiten des VN jedenfalls derzeit unberührt.

VI. Kündigungsrecht des Versicherungsnehmers, Belehrung (§ 19 Abs. 6 VVG)

1. „Erhöht sich die Prämie oder schließt der Versicherer die Gefahrabsicherung aus"

Erhöht sich im Fall des § 19 Abs. 4 S. 2 VVG durch eine Vertragsänderung die Prämie um mehr als 10 % oder schließt der VR die Gefahrabsicherung für den nicht angezeigten Umstand aus, kann der VN den VV innerhalb eines Monats nach Zugang der Mitteilung des VR ohne Einhaltung einer Frist **kündigen**. Diese Regelung entspricht § 40 VVG (§ 31 VVG a.F.).

Dem VN steht auch dann nur ein Kündigungsrecht zu, wenn es **rückwirkend zu einer erheblichen Prämienerhöhungen** gekommen ist. Der VN kann sich daher seiner Zahlungsverpflichtung für die Vergangenheit nicht durch entziehen, dass er den Vertrag kündigt. Verletzt der VN leicht fahrlässig seine Anzeigepflicht, kann der VR den VV kündigen (§ 19 Abs. 3 S. 2 VVG). Ist die Kündigung ausgeschlossen (§ 19 Abs. 4 S. 1 VVG) kann der VR sein Vertragsänderungsrecht geltend machen. Er erhält rückwirkend die höhere Prämie i.S.v. § 19 Abs. 4 S. 2 Halbs. 1 VVG. Das gilt auch dann, wenn der VN den VV kündigt.

2. „hinzuweisen"

145 Der VR hat in seiner Mitteilung der Vertragsänderung den VN auf das Kündigungsrecht hinzuweisen.

C. Prozessuale Hinweise

I. Beweislast

146 Die Beweislast für den **objektiven Tatbestand** der Anzeigepflichtverletzung trägt der **VR** (§ 69 Abs. 3 S. 2 VVG). Der VR hat daher darzulegen und nachzuweisen, dass der VN im maßgeblichen Zeitraum bekannte und erfragte Gefahrumstände nicht angezeigt hat (vgl. *Voit/Neuhaus*, BUV, S. 441). Das gilt auch hinsichtlich der Kenntnis des VN von den erheblichen Gefahrumständen (LG Bielefeld, VersR 2007, 636; MAH-Versicherungsrecht/ *Terbille*, § 2 Rn 97). Nach OLG Hamm (OLG Hamm, VersR 1994, 1333) hat der VN substantiiert vorzutragen, warum er keine Kenntnis von dem nicht oder falsch angezeigten Umständen gehabt hat.

147 Zum objektiven Tatbestand der Anzeigepflichtverletzung gehört auch die **Erheblichkeit** des Gefahrumstands. Daher hat der VR vorzutragen und nachzuweisen, dass ein Gefahrumstand erheblich ist (*Rixecker*, zfs 2007, 369, 370; *Marlow/Spuhl*, Das Neue VVG kompakt, S. 39; **a.A.** wohl *Reusch*, VersR 2007, 1313, 1318). Hierzu wird der VR seine Risikoprüfungsgrundsätze offen zu legen haben. Die Beweislast des VR ergibt sich aus dem Wortlaut von § 19 Abs. 1 S. 1 VVG und aus dem Wegfall der Regelung gem. § 16 Abs. 1 S. 2 und 3 VVG a.F. Dem steht nicht die Regelung des § 19 Abs. 4 VVG entgegen, für die der VN die Beweislast trägt. Denn der Ausschlussgrund des § 19 Abs. 4 VVG setzt eine Anzeigepflichtverletzung voraus, an der es aber bereits fehlt, wenn der Gefahrumstand nicht erheblich ist. Die Neuregelung dürfte insoweit regelmäßig zu keiner Abweichungen ggü. der alten Rechtslage führen. Denn auch nach bisheriger Rechtsprechung musste der VR seine Risikoprüfungsgrundsätze dann offen legen, wenn die Gefahrerheblichkeit eines nicht vollständig oder richtig angezeigten Umstandes nicht auf der Hand lag. Ausreichend ist nicht schon der pauschale Vortrag, dass der VR den Antrag nicht angenommen hätte. Vielmehr musste der VR seine Risikoprüfungsgrundsätze auch tatsächlich offen legen (OLG Hamm, r+s 1994, 281; LG Bielefeld, VersR 2007, 636).

148 Die Prüfung, ob ein Vermittler bei Antragstellung **Versicherungsvermittler** des VR war, ist durch die Neuregelungen des § 59 VVG (§ 42a VVG a.F.), die Informationspflicht gem. § 11 Abs. 1 Nr. 3 VersVermV und die notwendige Eintragung in das Vermittlerregister gem. §§ 5 S. 1 Nr. 3 VersVermV, 34d GewO erheblich erleichtert worden. Die Beweislast, dass ein Vermittler bei Antragsaufnahme nicht Versicherungsvermittler des VR war, trägt der VR (vgl. OLG Saarbrücken, NJW-RR 2006, 1467 [zur Auge- und Ohr-Rechtsprechung]).

149 Der **VN** trägt die Beweislast, dass ihn an der Obliegenheitsverletzung **keine grobe Fahrlässigkeit oder Vorsatz** trifft. Handelt der VN nicht vorsätzlich, trägt er die Beweislast, dass der VR den VV auch bei wahrheitsgemäßen und vollständigen Antworten geschlossen hätte. Allerdings trifft den VR die sekundäre Darlegungslast. Er muss dem VN ermöglichen, die anderweitige Vertragsabschlussbereitschaft zu beweisen und dafür seine Risikogrundsätze offen legen (*Rixecker*, zfs 2007, 369, 371; *Marlow/Spuhl*, Das Neue VVG kompakt, S. 41).

II. Rechtswidrige Informationsgewinnung

Das BVerfG (BVerfG, VersR 2006, 1669) hat entschieden, dass **generelle Ermächtigungen**, von allen VR, Ärzten, Krankenhäusern, und Arbeitgebern sachdienliche Auskünfte zu den gesundheitlichen Verhältnissen eines VN einzuholen, gegen Art. 2 Abs. 1 GG i.V.m. Art. 1 Abs. 1 GG verstoßen. Folglich müssen die VR ihre Bedingungen abändern. Noch ungeklärt ist, ob der Prozessvortrag zur Anzeigepflichtverletzung insoweit unbeachtlich ist, wie er sich aus Auskünften ergibt, denen eine generelle Ermächtigung zugrunde liegt. Die ZPO kennt zwar kein allgemeines Sachverwertungsverbot, wenn die Informationsgewinnung rechtswidrig war (vgl. OLG Hamburg, 19.12.2006 – 9 W 105/06). Allerdings kommt ein **Beweisverwertungsverbot** hinsichtlich der rechtswidrig erlangten Informationen in Betracht. Das ist hinsichtlich der Verwertung eines Privatgutachtens bei einer heimlich eingeholten DNA-Analyse im Vaterschaftsanfechtungsverfahren (BGH, NJW 2005, 497) und im arbeitsgerichtlichen Verfahren (VGH Baden-Württemberg, NJW 2001, 1082) bejaht worden. Ein **Beweiserhebungsverbot** kommt in Betracht, wenn das Beweisergebnis einem Beweisverwertungsverbot unterliegen würde. Ist aber **dem Beweiserhebungsverbot zuwider** eine Beweisaufnahme durchgeführt worden, folgt daraus nicht notwendig ein Beweisverwertungsverbot. Das ist nur dann der Fall, wenn die Beweiserhebung ein verfassungsrechtlich geschütztes Recht einer Partei verletzt, ohne dass dies zur Gewährleistung eines i.R.d. Güterabwägung als höherwertig einzuschätzenden Interesses der anderen Partei oder eines anderen Rechtsträgers nach dem Grundsatz der Verhältnismäßigkeit gerechtfertigt erscheint (BGH, NJW 2006, 1657 [heimlich eingeholte DNA-Analyse im Vaterschaftsanfechtungsverfahren]; BVerfG, NJW 2002, 3619, 3624; BGH, NJW 2003, 1727, 1728 [zur Zeugenvernehmung des heimliche Mithörers von Telefonaten]).

Soweit der VN seine Mitwirkung i.R.d. im Urteil des BVerfG (VersR 2006, 1669) aufgezeigten verfassungsrechtlich unbedenklichen Verfahrensweisen, etwa der Erteilung einer Einzelermächtigung, verweigert, kann es an der **Fälligkeit** der Versicherungsleistung gem. § 14 VVG fehlen. Im Einzelfall ist denkbar, dass die Voraussetzung einer **Beweisvereitelung** (§§ 444, 427 ZPO) vorliegen, wenn der VN seine Mitwirkung verweigert.

III. Übergangsvorschriften

§§ 19 ff. VVG gelten für alle Neuverträge, die ab dem 1.1.2008 abgeschlossen worden sind (Art. 1 Abs. 1 EGVVG).

Für **Altverträge**, die vor dem 1.1.2008 abgeschlossen worden sind, finden §§ 16 ff. VVG a.F. mit einer **Übergangsfrist von einem Jahr befristet bis zum 31.12.2008** Anwendung (Art. 1 Abs. 1 EGVVG).

154 Ab dem 1.1.2009 gelten für Altverträge §§ 16 ff. VVG a.F. im Hinblick auf die **Tatbestandsregelungen**, die bei Abschluss des VV zu beachten waren, und §§ **19 ff.** VVG im Hinblick auf die **Rechtsfolgenregelungen** (LG Dortmund, VersR 2010, 515; Looschelders/Pohlmann/*Looschelders*, § 19 Rn 5; *Marlow/Spuhl*, Das Neue VVG kompakt, S. 61; *Marlow*, VersR 2010, 516 ff.; *Grote/Finkel*, VersR 2009, 312 ff.). In der Gesetzesbegründung (BT-Drucks 16/3495, S. 118) wird hierzu ausgeführt:

> „Darüber hinaus können auf Altverträge solche Vorschriften des neuen VVG nicht zur Anwendung kommen, die – wie z.B. neue Publizitätsvorschriften, Anzeigepflichten – beim Abschluss des Vertrags zu beachten sind; es bedarf keiner gesetzlichen Klarstellung, dass in diesen Fällen stattdessen die zum Zeitpunkt des Vertragsschlusses geltenden Vorschriften zu beachten sind. So sind z.B. für die Beurteilung der Frage, ob bei Altverträgen eine vorvertragliche Anzeigepflichtverletzung vorliegt, die bisherigen Regelungen von § 16 Abs. 1, § 17 Abs. 1 VVG weiterhin maßgeblich; tritt der Versicherungsfall erst nach dem 31.12.2008 ein, bestimmen sich aber die Rechtsfolgen nach dem neuen VVG."

155 Entsprechendes gilt, wenn zwar die Antragsfragen im Jahr 2007 beantwortet wurden, aber der VV im Jahr 2008 geschlossen wurde (Looschelders/Pohlmann/*Looschelders*, § 19 Rn 5; *Marlow/Spuhl*, Das Neue VVG kompakt, S. 46).

156 Tritt der Versicherungsfall bis zum 31.12.2008 ein, gelten weiterhin die §§ **16 ff.** VVG a.F. (Art. 1 Abs. 2 EGVVG).

D. Abdingbarkeit

157 Von § 19 VVG kann **nicht zum Nachteil des VN** abgewichen werden (§ 32 S. 1 VVG). Allerdings kann für Anzeigen, zu denen der VN verpflichtet ist, **Schrift- oder Textform vereinbart** werden (§ 32 S. 2 VVG). Nach LG Dortmund (LG Dortmund, 10.7.2014 – 2 O 261/13; r+s 2014, 545) ist eine Regelung in den Versicherungs- und Tarifbedingungen eines Kfz-Haftpflichtversicherers, wonach bei unzutreffenden Angaben im Versicherungsantrag zu Merkmalen der Beitragsberechnung rückwirkend der Beitrag gilt, der den tatsächlichen Merkmalen entspricht, unwirksam.

§ 20 VVG Vertreter des Versicherungsnehmers

Wird der Vertrag von einem Vertreter des Versicherungsnehmers geschlossen, sind bei der Anwendung des § 19 Abs. 1 bis 4 und des § 21 Abs. 2 Satz 2 sowie Abs. 3 Satz 2 sowohl die Kenntnis und die Arglist des Vertreters als auch die Kenntnis und die Arglist des Versicherungsnehmers zu berücksichtigen. Der Versicherungsnehmer kann sich darauf, dass die Anzeigepflicht nicht vorsätzlich oder grob fahrlässig verletzt worden ist, nur berufen, wenn weder dem Vertreter noch dem Versicherungsnehmer Vorsatz oder grobe Fahrlässigkeit zur Last fällt.

Übersicht

	Rdn
A. Normzweck	1
B. Norminhalt	3
I. „Vertreter des Versicherungsnehmers"	3
II. „Kenntnis und Arglist"	7
III. „vorsätzlich oder grob fahrlässig"	9
C. Abdingbarkeit	12

A. Normzweck

Die Vorschrift **erweitert die Wissens- und Verschuldenszurechnung**. Nach § 166 Abs. 1 BGB ist allein Kenntnis und Kennenmüssen des Vertreters beachtlich. Anderes gilt nur für den Fall der Weisung des Vertretenen (§ 166 Abs. 2 BGB). Dagegen ist nach § 20 S. 1 VVG Kenntnis und Arglist sowohl des Vertreters als auch des Vertretenen beachtlich. Hintergrund ist, dass der VR ein schützenswertes Interesse hat, das Risiko zutreffend einschätzen zu können (vgl. § 19 Rdn 1 f.), und der Vertretene über die erfragten Gefahrumstände regelmäßig am besten Bescheid weiß (MüKo/*Muschner*, § 20 VVG Rn 1; *Rolfs*, in: Bruck/Möller, § 20 Rn 1).

Der Gesetzesbegründung zufolge stimmt § 20 VVG in der Sache mit **§ 19 VVG a.F.** überein (BT-Drucks 16/3495, S. 66; vgl. aber Rdn 4). Grund der redaktionellen Abweichungen ist die Änderungen des bisherigen § 16 VVG a.F. in § 19 VVG. Der Fall der Arglist wird nur noch in § 21 Abs. 2 S. 2, Abs. 3 S. 2 VVG-E erfasst (Begr. BT-Drucks 16/3495, S. 66).

1

2

B. Norminhalt

I. „Vertreter des Versicherungsnehmers"

Die Vorschrift gilt für die **rechtsgeschäftliche Vertretung**. Sie gilt auch für den **Vertreter ohne Vertretungsmacht** (Looschelders/Pohlmann, § 20 Rn 2; Römer/Langheid, § 20 Rn 1; **anders** *Rolfs*, in: Bruck/Möller, § 20 Rn 9). Die Unterscheidung von Bevollmächtigtem und Vertreter ohne Vertretungsmacht wurde aufgegeben, da sie überflüssig erschien (Begr. BT-Drucks 16/3495, S. 66). Da die Wirksamkeit des VV von der Genehmigung des Vertretenen abhängt, besteht die Anzeigeobliegenheit bis zur Genehmigung fort (MüKo/*Muschner*, § 20 VVG Rn 5; vgl. auch BK/*Voit*, § 19 Rn 5; *Möller*, in: Bruck/Möller, § 6 Anm. 65).

3

Nach dem Wortlaut gilt die Vorschrift anders als § 19 VVG a.F. auch für **den gesetzlichen Vertreter**. Gegen die Erstreckung auf den gesetzlichen Vertreter spricht, dass § 20 VVG nach der Gesetzesbegründung in der Sache mit § 19 VVG a.F. übereinstimmen soll (BT-Drucks 16/3495, S. 66), der gerade nicht für den gesetzlicher Vertreter galt (*Rolfs*, in: Bruck/Möller, § 20 Rn 5, 8; Looschelders/Pohlmann, § 20 Rn 2; *Barg*, Die vorvertragliche Anzeigepflicht des Versicherungsnehmers im VVG 2008, S. 31 ff.). Allerdings trifft der Normzweck der Vorschrift jedenfalls grds. auch auf den gesetzlichen Vertreter zu (so auch MüKo/*Muschner*, § 20 VVG Rn 3; Römer/Langheid, § 20 Rn 1).

4

Beispiel
Der Vater hat für seinen minderjährigen Sohn eine Fahrradversicherung abgeschlossen. Es tritt ein Schadensfall ein, den der VR reguliert. Der Vater stirbt. Die Mutter schließt für ihren Sohn eine neue Fahrradversicherung ab und verneint die Frage nach Vorschäden. Wenn zwar nicht die Mutter, aber der Sohn, Kenntnis vom Vorschaden hat, dann ist die Anzeigeobliegenheit nach § 20 VVG, nicht aber nach § 166 Abs. 1 BGB verletzt.

Der **Versicherungsvermittler** ist grds. **nicht Vertreter** i.S.d. Vorschrift (vgl. BGH, 19.9.2001 – IV ZR 235/00, VersR 2001, 1498,1499; Langheid/Wandt/*Muschner*, § 20 Rn 3; Römer/Langheid, § 20 Rn 1; **a.A.** OLG Hamburg, VersR 1951, 46; Prölss/Martin/*Armbrüster*, § 20 Rn 2).

5   Zurechnung der Kenntnisse eines Dritten, der kein Vertreter ist, kommt nicht bei der bloßen **Hilfsperson**, aber beim **Wissenserklärungsvertreter** in Betracht (MüKo/*Muschner*, § 20 VVG Rn 6).

6   Die Regelung in § 20 VVG über Vertreter des VN findet wie bisher (§ 19 VVG a.F.) auf die **Anfechtung** nach § 22 i.V.m. § 123 BGB keine Anwendung (Begr. BT-Drucks 16/3495, S. 66; Looschelders/Pohlmann, § 20 Rn 4; Römer/Langheid, § 20 Rn 3). Bei der Anfechtung kommt Zurechnung nach § 166 BGB in Betracht (MüKo/*Muschner*, § 20 VVG Rn 4).

II. „Kenntnis und Arglist"

7   Wird der VV von einem Vertreter des VN geschlossen, sind bei § 19 Abs. 1 bis 4 VVG und § 21 Abs. 2 S. 2 sowie Abs. 3 S. 2 VVG Kenntnis und Arglist des Vertreters und des VN zu berücksichtigen. Bei juristischen Personen ist das zuständige Organ maßgeblich. Besteht das Organ aus mehreren Personen, ist Kenntnis jeder einzelnen Person maßgeblich (MüKo/*Muschner*, § 20 VVG Rn 3 m.w.N.).

8   Die Anzeigepflicht nach § 19 Abs. 1 VVG ist nicht verletzt, wenn der VN und der Vertreter über Teilkenntnisse verfügen, die nur zusammengenommen, nicht aber isoliert einen Umstand als anzeigepflichtigen Gefahrumstand erscheinen lassen (*Rolfs*, in: Bruck/Möller, § 20 Rn 13).

III. „vorsätzlich oder grob fahrlässig"

9   Der VN kann sich nach § 20 S. 2 VVG darauf, dass die Anzeigepflicht nicht vorsätzlich oder grob fahrlässig verletzt worden ist, nur berufen, wenn **weder dem Vertreter noch dem VN** Vorsatz oder grobe Fahrlässigkeit zur Last fällt.

10 Das Rücktrittsrecht des VR nach § 19 Abs. 3 S. 1 VVG ist nur dann ausgeschlossen, wenn weder der VN noch der Vertreter vorsätzlich oder grob fahrlässig die Anzeigepflicht verletzt haben. Der Zeitpunkt der Vertragsanpassung hängt nach § 19 Abs. 4 S. 2 VVG davon ab, ob der VN die Pflichtverletzung zu vertreten hat. Umstritten ist, ob hierauf § 20 S. 2 VVG entsprechend anwendbar ist (dafür Looschelders/Pohlmann, § 20 Rn 8; dagegen *Rolfs*, in: Bruck/Möller, § 20 Rn 17).

Ein Verschulden kann auch darin liegen, dass der VN den Vertreter **nicht hinreichend über die Gefahrumstände informiert hat** (OLG Hamm, 24.10.1961 – 7 U 85/61, VersR 1962, 511 f.; Looschelders/Pohlmann, § 20 Rn 9). **11**

C. Abdingbarkeit

Von § 20 VVG kann **nicht zum Nachteil des VN** abgewichen werden (§ 32 S. 1 VVG). **12**

§ 21 VVG   Ausübung der Rechte des Versicherers

(1) Der Versicherer muss die ihm nach § 19 Abs. 2 bis 4 zustehenden Rechte innerhalb eines Monats schriftlich geltend machen. Die Frist beginnt mit dem Zeitpunkt, zu dem der Versicherer von der Verletzung der Anzeigepflicht, die das von ihm geltend gemachte Recht begründet, Kenntnis erlangt. Der Versicherer hat bei der Ausübung seiner Rechte die Umstände anzugeben, auf die er seine Erklärung stützt; er darf nachträglich weitere Umstände zur Begründung seiner Erklärung angeben, wenn für diese die Frist nach Satz 1 nicht verstrichen ist.

(2) Im Fall eines Rücktrittes nach § 19 Abs. 2 nach Eintritt des Versicherungsfalles ist der Versicherer nicht zur Leistung verpflichtet, es sei denn, die Verletzung der Anzeigepflicht bezieht sich auf einen Umstand, der weder für den Eintritt oder die Feststellung des Versicherungsfalles noch für die Feststellung oder den Umfang der Leistungspflicht des Versicherers ursächlich ist. Hat der Versicherungsnehmer die Anzeigepflicht arglistig verletzt, ist der Versicherer nicht zur Leistung verpflichtet.

(3) Die Rechte des Versicherers nach § 19 Abs. 2 bis 4 erlöschen nach Ablauf von fünf Jahren nach Vertragsschluss; dies gilt nicht für Versicherungsfälle, die vor Ablauf dieser Frist eingetreten sind. Hat der Versicherungsnehmer die Anzeigepflicht vorsätzlich oder arglistig verletzt, beläuft sich die Frist auf zehn Jahre.

Übersicht

	Rdn
A. Normzweck	1
B. Norminhalt	4
I. Frist, Form und Inhalt (§ 21 Abs. 1 VVG)	4
1. „innerhalb eines Monats"	4
a) Fristbeginn	5
b) Kenntnis des Versicherers	10
2. „schriftlich"	17
3. „begründen"	18
4. Erklärungsempfänger	21
II. Kausalität (§ 21 Abs. 2 VVG)	22
III. Ausschlussfrist (§ 21 Abs. 3 VVG)	32
C. Abdingbarkeit	36
D. Prozessuale Hinweise	37

A. Normzweck

1 Die Vorschrift regelt in § 21 Abs. 1 VVG, innerhalb welcher **Frist**, mit welcher **Form** und mit welchem **Inhalt** der VR bei einer Verletzung der Anzeigepflicht seine Rechte geltend machen muss. § 21 Abs. 1 S. 1 VVG verweist auf § 19 Abs. 2 bis 4 VVG und damit auf den Rücktritt (§ 19 Abs. 2 VVG), die Kündigung (§ 19 Abs. 3 S. 2 VVG) und die Vertragsänderung (§ 19 Abs. 4 S. 2 VVG). Die Frist beträgt einen Monat (§ 21 Abs. 1 S. 1 VVG) und beginnt ab Kenntnis von der Verletzung der Anzeigepflicht (§ 21 Abs. 1 S. 2 VVG). Beides entspricht der bisherigen Rücktrittsregelung (§ 20 Abs. 1 S. 1 und 2 VVG a.F.). Die kurze Frist bezweckt, dem VN alsbald Klarheit zu verschaffen, ob und mit welchem Inhalt ein durch eine Obliegenheitsverletzung des VN belastetes Versicherungsverhältnis weiter aufrechterhalten wird (vgl. BGH, VersR 1996, 742; VersR 1989, 1249, 1250; OLG Nürnberg, VersR 1999, 609). Um dem Interesse des VN nach Rechtsklarheit Rechnung zu tragen, sieht das Gesetz Schriftform (§ 21 Abs. 1 S. 1 VVG) und die Angabe der Gründe, auf die der VR das von ihm erklärte Recht stützt (§ 21 Abs. 1 S. 3 Hs. 1 VVG) vor (Begr. BT-Drucks 16/3495, S. 66). Der VR kann Gründe innerhalb der Frist nach § 21 Abs. 1 S. 1 VVG nachschieben (§ 21 Abs. 1 S. 3 Hs. 2 VVG). Damit soll vermieden werden, dass die schriftliche Erklärung des VR überfrachtet wird. Ferner soll dem VR die Möglichkeit gegeben werden, zusätzliche Erkenntnisse, die für das von ihm geltend gemachte Recht relevant sind, geltend zu machen (Begr. BT-Drucks 16/3495, S. 66).

2 § 21 Abs. 2 VVG bestimmt, dass die Leistungsfreiheit des VR im Fall des Rücktritts von der **Kausalität** der Anzeigepflichtverletzung für den Eintritt des Versicherungsfalls und den Umfang der Leistungspflicht des VR abhängt. Ist das nicht der Fall, bleibt der VR zur Leistung verpflichtet (OLG Köln, 16.11.2012 – 20 U 15/11). Denn dann hat sich das Risiko verwirklicht, dass der VR bereits beim Abschluss des VV vorhergesehen und kalkuliert hat (BK/*Voit*, § 21 Rn 1). Die Vorschrift ist neu formuliert worden, stimmt aber in der Sache mit § 21 VVG a.F. überein (BT-Drucks 16/3495, S. 66). Wie bisher hat der VN den Beweis fehlender Kausalität zu führen. Die Vorschrift entspricht den Regelungen des § 26 Abs. 3 Nr. 1 VVG über die Leistungsfreiheit wegen Gefahrerhöhung und des § 28 Abs. 3 S. 1 VVG über die Verletzung einer vertraglichen Obliegenheit. Im Fall der Arglist entfällt das Kausalitätserfordernis entsprechend § 28 Abs. 3 S. 2 VVG aus Gründen der Generalprävention (Begr. BT-Drucks 16/3495, S. 66; anders noch die Reformkommission [§ 23 Abs. 2 KomV]).

3 Die **generelle Ausschlussfrist** in § 21 Abs. 3 S. 1 VVG von fünf Jahren für die Geltendmachung der Rechte nach § 19 Abs. 2 bis 4 VVG durch den VR ist neu. Sie trägt dem Interesse des VN Rechnung, in einem überschaubaren Zeitraum Sicherheit zu erlangen, dass der VV mit dem vereinbarten Inhalt Bestand hat. Eine Rückabwicklung bzw. rückwirkende Anpassung des VV nach vielen Jahren kann zu unzumutbaren Belastungen des VN führen, denen keine hinreichenden schutzwürdigen Interessen des VR gegenüberstehen (Begr. BT-Drucks 16/3495, S. 66). Die VVG-Kommission hat entsprechend § 178k S. 1 VVG a.F. (Krankenversicherung) eine Ausschlussfrist von drei Jahren und nur für die Lebens- und Berufsunfähigkeitsversicherung eine Frist von fünf Jahren vorgesehen. Eine einheitliche Frist von drei Jahren außerhalb der Krankenversicherung erschien dem Gesetzgeber aufgrund der ggü. dem bisherigen Recht verbesserten Rechtsstellung des VN nicht angezeigt. Eine relativ kurz bemessene Ausschlussfrist für die Rechte des VR könnte einen Anreiz für VN bieten, eine gefahrrelevante Tatsache in der Erwartung zu verschweigen oder unrichtig anzuzeigen, dass sie dem VR innerhalb dieser Frist nicht zur Kenntnis kommen wird. Die kurze Frist wurde bei der Krankenversicherung aufgrund ihrer besonderen sozialen Bedeutung beibehalten (§ 194 Abs. 1 S. 4 VVG). Die Ausschlussfrist verlängert sich im Fall einer **vorsätzlichen oder arglistigen Pflichtverletzung des VN** nach **§ 21 Abs. 3 S. 2 VVG** entsprechend § 124 Abs. 3 BGB auf zehn Jahre. Die Bestimmung, die erst auf Beschlussempfehlung und Bericht des Rechtsausschusses (DB-Drucks 16/5862) in das Gesetz aufgenommen worden ist, soll aus generalpräventiven Gründen verhindern, dass der vorsätzlich handelnde VN von der kurzen Ausschlussfrist profitiert.

B. Norminhalt

I. Frist, Form und Inhalt (§ 21 Abs. 1 VVG)

1. „innerhalb eines Monats"

Die Frist für den Rücktritt (§ 19 Abs. 2 VVG), die Kündigung (§ 19 Abs. 3 S. 2 VVG) und die Vertragsänderung (§ 19 Abs. 4 S. 2 VVG) beträgt einen Monat (§ 21 Abs. 1 S. 1 VVG). Sie berechnet sich nach §§ 187 ff. BGB einschließlich § 193 BGB (BGH, VersR 1990, 258; OLG Stuttgart, VersR 2007, 340). § 10 VVG ist nicht anwendbar (BGH, VersR 1990, 258 zu § 7 VVG a.F.). 4

a) Fristbeginn

Die Frist beginnt mit dem Zeitpunkt, zu dem der **VR** von der Verletzung der Anzeigepflicht, die das von ihm geltend gemachte Recht begründet, **Kenntnis** erlangt hat (§ 21 Abs. 1 S. 2 VVG). 5

Gegenstand der Kenntnis muss der Tatbestand der **Verletzung der Anzeigepflicht** sein. Zum Tatbestand gehört auch die Kenntnis des VN vom nicht angezeigten Umstand (BGH, VersR 2000, 1486; VersR 1991, 170, 172; VersR 1983, 25). 6

Umstritten ist, ob der VR darüber hinaus auch die für die weiteren Voraussetzungen des jeweils geltend gemachten Rechts maßgeblichen Umstände kennen muss (**dafür:** Looschelders/Pohlmann/*Looschelders*, § 21 Rn 3; MüKo/*Muschner*, § 21 Rn 7; *Marlow/Spuhl*, Das Neue VVG kompakt, 3. Aufl., S. 56; **dagegen:** *Rixecker*, zfs 2007, 369, 371; Rüffer/Halbach/*Schimikowski*, § 21 Rn 3, 5; *Rolfs*, in: Bruck\Möller, § 21 Rn 24). Dagegen spricht, dass nach der Gesetzesbegründung § 20 Abs. 1 S. 2 VVG a.F. übernommen werden sollte (BT-Drucks 16/3945, S. 66). Danach war nur Kenntnis der Anzeigepflichtverletzung maßgeblich. Kenntnis vom Verschulden war nicht erforderlich (LG Berlin, r+s 1976, 25; BK/*Voit*, § 20 Rn 6; Prölss/Martin/*Prölss*, § 20 Rn 3). Auch dürfte der Zeitpunkt, wann der VR Kenntnis von den das jeweilige Gestaltungsrecht begründenden Umständen hatte, regelmäßig nicht zuverlässig festgestellt werden können. Allerdings kann die Gestaltungs- 7 rechtserklärung des VR ggf. nach § 140 BGB umzudeuten sein (dazu Looschelders/Pohlmann/*Looschelders*, § 21 Rn 3 und § 19 Rn 58).

Hinweis
Dem VR ist zu empfehlen, die Rücktritts- oder Kündigungserklärung mit einer hilfsweise erklärten Vertragsänderung zu verbinden (für die Zulässigkeit einer solchen Bedingung auch: Looschelders/Pohlmann/*Looschelders*, § 21 Rn 3; *Marlow/Spuhl*, Das Neue VVG kompakt, 3. Aufl., S. 56; *Rixecker*, zfs 2007, 369, 371; *Reuschle*, VersR 2007, 1313).

8   Liegen **mehrere Anzeigepflichtverletzungen** vor, beginnt die Frist mit Kenntnis des VR von der jeweiligen Anzeigepflichtverletzung. Allerdings kann der VR seine Gestaltungsrechte nicht nacheinander ausüben. Das gilt jedenfalls dann, wenn der VR das Rücktritts- oder Kündigungsrecht ausgeübt hat. Im Fall der Kündigung ist der VV mit Wirkung für die Zukunft beendet, im Fall des Rücktritts wird der VV mit Wirkung für die Vergangenheit beendet. Wenn ein VV bspw. durch Kündigung wirksam beendet worden ist, besteht kein Schuldverhältnis, das durch einen Rücktritt nochmals beendet werden könnte. Das wird aber auch für den Fall der Vertragsänderung gelten müssen. Andernfalls bestünde der Wertungswiderspruch, dass der VN im Fall der Vertragsänderung schlechter als im Fall der Kündigung stünde. Dies widerspräche dem Zweck des Vertragsänderungsrechts (§ 19 Abs. 4 S. 1 VVG), der zu einer Besserstellung der Rechtsstellung des VN führen sollte (Begr. BT-Drucks 16/3945, S. 65).

9   Die Frist beginnt *nicht* schon neu, wenn der VR bei ein und derselben Anzeigepflichtverletzung **neue Umstände** erfährt, die eine andere Bewertung des Verschuldens rechtfertigen (**a.A.** *Marlow/Spuhl*, Das Neue VVG kompakt, S. 41, 45). Hierfür spricht der Wortlaut von § 21 Abs. 1 S. 2 VVG, der auf den Zeitpunkt der Anzeigepflichtverletzung abstellt, zu dessen objektiven Tatbestand nicht das Verschulden gehört (vgl. LG Berlin, r+s 1976, 25; BK/*Voit*, § 20 Rn 6; Prölss/Martin/*Prölss*, § 20 Rn 3). Ferner bezweckt die kurze Frist alsbald Klärung herbeizuführen, ob der VR das Vertragsverhältnis beenden oder fortsetzen möchte. Hinzu kommt, dass der VR bereits Anhaltspunkte für ein Verschulden hat, da die Kenntnis des VN von den Gefahrumständen zum objektiven Tatbestand gehört. Das gilt erst Recht, wenn sich der VR bereits für ein Gestaltungsrecht entschieden hat. Andernfalls müsste bspw. der VN, dessen VV fortgesetzt wird, allein schon vor dem Hintergrund der weiter gehenden Rechtsfolgen eines Rücktritts Klage erheben, um über die Rechtskraft eines Urteils Rechtssicherheit zu erhalten.

b) Kenntnis des Versicherers

10 Kenntnis erfordert **zuverlässige Kunde** von der Anzeigepflichtverletzung (vgl. OLG Hamm, r+s 1990, 37; VersR 1990, 76; OLG Köln, r+s 1985, 230; OLG München, VersR 1986, 156). Das ist der Fall, wenn der VR so viel an entsprechenden Tatsachen in Erfahrung gebracht hat, dass die Erklärung des Rücktritts nicht als voreilige oder nur vorsorgliche Maßnahme erscheint, sondern die notwendige Konsequenz darstellt (vgl. OLG Köln, VersR 1992, 1252). Ein bloßer Verdacht reicht nicht aus (BGH, VersR 2000, 1486; VersR 1999, 217; VersR 1991, 170, 172; VersR 1989, 1249, 1250).

Nach OLG Hamm (r+s 1990, 37; VersR 1987, 150; vgl. auch OLG Schleswig, 18.1.1989 – 9 U 157/87 und nachfolgend BGH, VersR 1990, 729) liegt zuverlässige Kunde bei nicht richtigen oder unvollständigen Angaben des VN über den Gesundheitszustand regelmäßig erst vor, wenn der VR **Auskünfte der behandelnden Ärzte** eingeholt hat. 11

Eine **ärztliche Auskunft**, in der ausgeführt wird, dass die der Erkrankung des VN zugrunde liegende Symptomatik schon seit Jahren bestanden habe, jedoch vom VN ausreichend kompensiert habe werden können, begründet nach BGH (BGH, VersR 2000, 1486) noch nicht eine die Rücktrittsfrist auslösende Kenntnis des VR von der Verletzung der Anzeigeobliegenheit, da die Kenntnis des VN von der Erkrankung damit noch nicht sicher festgestellt ist. 12

Dem VR ist eine angemessen Zeit zur Prüfung, etwa für Rückfragen bei Ärzten, einzuräumen (vgl. BGH, VersR 1991, 170). Sofern aber das einem VR bereits vorliegende Tatsachenmaterial vor Augen führt, dass ein Gestaltungsrecht wegen Obliegenheitsverletzung des VN ernstlich in Betracht kommt, kann der VR die Wahrung der einmonatigen Frist nicht dadurch beeinflussen, dass er die zur Vervollständigung seiner Kenntnisse für geboten erachteten Rückfragen zunächst unterlässt (BGHZ 108, 326; BGH, VersR 1999, 217, 219; BGH, NVersZ 2001, 69). Insoweit trifft ihn eine **Nachfrageobliegenheit**. Fragt der Versicherer nicht innerhalb einer angemessenen Zeit nach, beginnt die Monatsfrist mit dem Zeitpunkt, zu dem er bei ordnungsgemäßer Rückfrage die erforderliche Kenntnis erlangt hätte (BGHZ 108, 326, 329; Looschelders/Pohlmann/*Looschelders*, § 21 Rn 4). 13

Maßgeblich ist der **Zeitpunkt**, zu dem der **zuständige Sachbearbeiter des VR**, d.h. der Mitarbeiters, zu dessen Aufgaben es gehört, den Tatbestand der Verletzung der vorvertraglichen Anzeigeobliegenheit festzustellen, **Kenntnis hat** (BGH, VersR 1996, 742; OLG Stuttgart, VersR 2007, 340; OLG Stuttgart, VersR 1990, 76; OLG Köln, VersR 1974, 849; Looschelders/Pohlmann/*Looschelders*, § 21 Rn 2). Der Zeitpunkt des **zentralen Posteingangs** des VR ist nicht entscheidend(OLG Stuttgart, VersR 2007, 340; Looschelders/Pohlmann/*Looschelders*, § 21 Rn 2; **a.A.** OLG Nürnberg, VersR 1990, 1337 [unter Hinweis auf BGH, VersR 1989, 1249] mit der Begründung, dass Risiko und Laufzeit der Verteilung der eingehenden Post an einzelne Fachabteilungen und Sachbearbeiter der VR zu tragen habe; vgl. auch *Hövel*, VersR 2008, 315 [mit dem Vorschlag einer unwiderlegbaren Vermutung eine Woche nach Zugang]). Nicht entscheidend ist, ob und wann nach Feststellung der Anzeigepflichtverletzung durch die damit beauftragte Stelle eine andere mit der endgültigen Prüfung und Entscheidung über den Rücktritt beauftragte Stelle Kenntnis von der Obliegenheitsverletzung erlangt. Daher ist Kenntnis der **Bezirksdirektion** ausreichend, wenn diese nicht nur für die Bearbeitung der Leistungsanträge zuständig ist, sondern auch damit betraut ist, bei einem Verdacht auf Verletzung der vorvertraglichen Anzeigeobliegenheit Ermittlungen vorzunehmen, den Tatbestand festzustellen und die Hauptverwaltung hierüber mit einem Formular zu unterrichten (BGH, VersR 1996, 742, 743). Auf eigene Organisationsmängel kann sich der VR nicht berufen (vgl. *Rixecker*, zfs 2007, 369, 370). 14

Zur Kenntnis von Informationen über den VN, die in **Datenbanken** des VR oder eines anderen VR gespeichert sind, vgl. Kommentierung zu § 19 (§ 19 Rdn 138 ff.). 15

16 Kenntnisse des VV werden dem VR nach Maßgabe des § 70 S. 1 VVG **zugerechnet** (vgl. BGH, VersR 1988, 234, 235).

2. „schriftlich"

17 Der VR muss die ihm nach § 19 Abs. 2 bis 4 VVG zustehenden Rechte im Interesse der Rechtssicherheit (Begr. BT-Drucks 16/3945, S. 66) schriftlich geltend machen (§ 126 BGB). Andernfalls ist die Kündigung unwirksam (§ 125 BGB). Die Rechte müssen ausdrücklich erklärt werden und dürfen nicht relativiert werden (vgl. OLG Köln, 4.5.2016 – 20 W 44/15).

3. „begründen"

18 Der VR hat bei Ausübung seiner Rechte die Umstände anzugeben, auf die er seine Erklärung stützt. Vor der VVG Reform war umstritten, ob der Rücktritt zu begründen ist (vgl. etwa OLG Köln, r+s 1992, 326; *Römer*, r+s 1998, 45, 47; Prölss/Martin/*Prölss*, § 20 VVG Rn 9a). Die Begründung ist Wirksamkeitsvoraussetzung. Sie muss nicht zutreffen sein, damit die Erklärung wirksam ist. Sie muss aber über eine formelhafte Bezugnahme hinausgehen (*Rixecker*, zfs 2007, 369, 370).

19 Der VR darf **nachträglich** weitere Umstände zur Begründung seiner Erklärung angeben, wenn für diese die Frist nach § 21 Abs. 1 S. 1 VVG nicht verstrichen ist (§ 21 Abs. 1 S. 3 VVG). Damit sollte eine „Überfrachtung" der schriftlichen Erklärung des VR vermieden werden und dem VR die Möglichkeit eingeräumt werden, zusätzliche Erkenntnisse, die für das von ihm geltend gemachte Recht relevant sind, geltend zu machen (Begr. BT-Drucks 16/3945, S. 66).

20 Umstritten ist, ob der VR auch noch nach Ablauf eines Monat seit Ausübung des Gestaltungsrechts weitere Umstände nachschieben kann. Das ist dann der Fall, wenn sich die Formulierung „für diese" nicht auf „Erklärung" sondern auf „weitere Umstände" bezieht (dafür: vgl. Looschelders/Pohlmann/*Looschelders*, § 21 Rn 5 ff. [bis zur letzten mündlichen Verhandlungen im Prozess]; *Marlow/Spuhl*, Das Neue VVG kompakt, 3. Aufl., S. 59; MüKo/*Muschner*, § 21 VVG Rn 40 ff.; dagegen. Rüffer/Halbach/*Schimikowski*, § 21 Rn 7 f.; *Lange*, r+s 2008, 56, 60; *Neuhaus*, r+s 2008, 45, 53; *Reusch*, VersR 2007, 1313, 1321 m.w.N. zur bisherigen Rechtsprechung).

> **Hinweis**
> Dem VR ist zu empfehlen, das Gestaltungsrecht erneut auszuüben, wenn ihm weitere Umstände bekannt werden, die ihm erst nach Ablauf eines Monats seit Ausübung des Gestaltungsrechts bekannt werden. Auch in diesem Fall ist darauf zu achten, dass das Gestaltungsrecht innerhalb eines Monats seit Kenntnis der weiteren Umstände ausgeübt wird.

4. Erklärungsempfänger

21 Der Rücktritt ist ggü. dem VN zu erklären (§ 349 BGB). Sind bei einem VV mehrere VR oder VN beteiligt, so kann das Rücktrittsrecht nur von allen und ggü. allen ausgeübt werden (§ 351 BGB). Nach dem Tod des VN sind Adressat des Rücktrittsrechts dessen

Erben oder der Testamentsvollstrecker, Nachlassverwalter oder Nachlasspfleger (vgl. OLG Oldenburg, VersR 1994, 968; OLG Stuttgart, VersR 1982, 797; BK/*Voit*, § 20 Rn 14). Der VN kann eine Empfangsvollmacht erteilen. Eine Regelung in den AVB ist zulässig (BGH, VersR 1982, 746, 747; OLG Stuttgart, VersR 1982, 797).

II. Kausalität (§ 21 Abs. 2 VVG)

Im Fall des Rücktritts gem. § 19 Abs. 2 VVG nach Eintritt des Versicherungsfalls ist der VR nicht zur Leistung verpflichtet, es sei denn, die Verletzung der Anzeigepflicht bezieht sich auf einen Umstand, der weder für den Eintritt oder die Feststellung des Versicherungsfalls noch für die Feststellung oder den Umfang der Leistungspflicht des VR ursächlich ist (§ 21 Abs. 2 S. 1 VVG). Das **Kausalitätserfordernis** entfällt aus Gründen der Generalprävention (Begr. BT-Drucks 16/3945, S. 66) im Fall der Arglist (§ 21 Abs. 2 S. 2 VVG).

§ 21 Abs. 2 S. 1 VVG stimmt in der Sache mit **§ 21 VVG a.F.** überein. Die redaktionellen Abweichungen waren vor dem Hintergrund der Parallelregelung des § 28 Abs. 3 VVG erforderlich (Begr. BT-Drucks 16/3945, S. 66).

Voraussetzung ist, dass der Versicherungsfall vor dem Rücktritt eingetreten ist (BGH, VersR 2001, 1014). Bei gedehnten Versicherungsfällen ist auf den Beginn abzustellen (BGH, VersR 1971, 810, 811). Bei gedehnten Versicherungsfällen bleibt der VR über den Zeitpunkt des Rücktritts leistungspflichtig (BGH, VersR 1997, 742; BGH, VersR 1971, 810; MüKo//*Muschner*, § 21 VVG Rn 52 m.w.N.).

Die Kausalität muss zwischen dem nicht richtig oder vollständig angezeigten Gefahrumstand und dem Eintritt oder Feststellung des Versicherungsfalls bzw. Eintritt oder Umfang der Leistungspflicht bestehen.

> **Beispiel (BGH, VersR 2007, 821)**
> „*Wenn die Revision weiter darauf abstellt, aus dem gerichtlichen Gutachten ergäben sich jedenfalls eine Wespenstichallergie und ein durchlittener Magen-Darm-Infekt, was die Klägerin in den Antragsformularen nicht angegeben habe, so hat die Beklagte ihren Rücktritt darauf nicht gestützt. Überdies sind insoweit die Voraussetzungen des § 21 offensichtlich; die unterbliebene Anzeige hat keinen Einfluss auf den Eintritt des Versicherungsfalles und den Umfang der Leistung der Beklagten gehabt.*"

Es kommt *nicht* darauf an, ob der VR den VV nicht oder nicht zu den gleichen Bedingungen geschlossen hätte, wenn er den anzeigepflichtigen Gefahrumstand gekannt hätte (BGH, VersR 1985, 154, 155).

Maßstab der Kausalität ist die Äquivalenztheorie, nach h.M. unter Berücksichtigung der Adäquanztheorie (OLG Hamm, VersR 1992, 1206, 1207; LG Köln, NJW-RR 1995, 1496, 1497; Looschelders/Pohlmann/*Looschelders*, § 21 Rn 14; MüKo/*Muschner*, § 21 VVG Rn 53; a.A. VersR- Hdb/*Knappmann*, § 14 Rn 80; Prölss/Martin/*Prölss*, § 21 Rn 2). **Mitursächlichkeit** ist ausreichend (BGH, VersR 2002, 425; BGH, VersR 1990, 297, 298; OLG Köln, r+s 1994, 315).

An der Kausalität fehlt es häufig bei Gefahrumständen, die das **subjektive Risiko** betreffen. Das ist etwa bei nicht angezeigten Vorschäden, Vorversicherungen oder anderen Versicherungen der Fall (BGH, VersR 1996, 830 [Falschangabe über Nettoeinkommen]; BGH, VersR 1985, 154; BGH, VersR 1977, 660 [Verschweigen einer weiteren Krankenhaustagegeldversicherung]; OLG Hamm, r+s 1990, 168; Looschelders/Pohlmann/*Looschelders*, § 21 Rn 17 unter Hinweis, dass BGH, VersR 1990, 384 dem nicht entgegensteht; a.A.: MüKo/*Muschner*, § 21 VVG Rn 56; Prölss/Martin/*Prölss*, § 21 Rn 4).

29 Dagegen können auch **indizierende Umstände** zur Kausalität führen. Solche Umstände sind zwar für den Versicherungsfall selbst nicht ursächlich geworden, lassen aber den Schluss auf das Vorliegen eines ursächlichen Gefahrumstands zu. Sie sind dann zu berücksichtigen, wenn der VR den Nachweis erbringt, dass er Ermittlungen durchgeführt und dann den Gefahrumstand in Erfahrung gebracht hätte (OLG Karlsruhe, NVersZ 2002, 499; OLG Düsseldorf, VersR 2001, 1408; OLG Hamburg, VersR 1988, 396; OLG Köln, r+s 1991, 354; offen gelassen BGH, VersR 1980, 762; Looschelders/Pohlmann/*Looschelders*, § 21 Rn 18; MüKo/*Muschner*, § 21 VVG Rn 54; a.A. OLG Köln, VersR 1989, 505). Umstände, die wie symptomatische Beschwerden oder Krankenhausaufenthalte, lediglich auf eine tatsächliche Erkrankung hinweisen, sind dann ursächlich für den Eintritt des Versicherungsfalls, wenn sie eindeutig zur Feststellung eines vertragserheblichen Zustands geführt haben würden und Letzterer für den Versicherungsfall ursächlich war (OLG Karlsruhe, NVersZ 2002, 499; OLG Hamburg, VersR 1988, 396; OLG Köln, r+s 1991, 354).

30 Kommt der **Kausalitätsgegenbeweis** zur Anwendung, bleibt der Rücktritt wirksam, sodass das Versicherungsverhältnis für die Zukunft beendet ist (OLG Hamm, Urt. v. 3.2.2015 – 26 U 153/13, VersR 2016, 580; OLG Frankfurt am Main, VersR 2005, 1429). Der VR wird (lediglich) für den eingetretenen Versicherungsfall zur Leistung verpflichtet. Für einen zukünftigen Versicherungsfall ist der VR leistungsfrei.

> **Hinweis**
> Da der Rücktritt wirksam bleibt, empfiehlt es sich neben der Leistungsklage zusätzlich Feststellungsklage zu erheben.

31 In der Privathaftpflichtversicherung (§ 117 Abs. 2 VVG) und der Gebäudeversicherung (§ 143 Abs. 2 VVG) bleibt der VR ggü. Dritten zur Leistung auch dann verpflichtet, wenn Kausalität vorliegt. Den Besonderheiten bei der Transportversicherung trägt § 131 Abs. 1 S. 2 VVG, den Besonderheiten bei der Lebensversicherung § 169 Abs. 1, Abs. 2 S. 3 VVG Rechnung (näher dazu § 131 Rn 1 ff., § 169 Rn 1 ff.). Für das **Anfechtungsrecht** gilt § 21 VVG nicht (vgl. BGH, VersR 2005, 1065).

III. Ausschlussfrist (§ 21 Abs. 3 VVG)

32 Die Rechte des VR nach § 19 Abs. 2 bis 4 VVG **erlöschen nach Ablauf von fünf Jahren nach Vertragsschluss** (§ 21 Abs. 3 S. 1 Hs. 1 VVG). Dem Kommissionsvorschlag lag noch eine Ausschlussfrist von drei Jahren zugrunde (§ 23 Abs. 3 S. 1 KomV). Hat der VN die Anzeigepflicht **vorsätzlich oder arglistig** verletzt, beläuft sich die Ausschlussfrist auf **zehn Jahre**.

33 Das gilt auch für die **Lebensversicherung**. Demgegenüber war nach § 163 S. 1 VVG a.F. das Rücktrittsrecht erst ausgeschlossen, wenn seit Vertragsabschluss mehr als zehn Jahre vergangen sind. Hatte der VN die Anzeigepflicht arglistig verletzt, blieb das Rücktrittsrecht bestehen. In der **Krankenversicherung** beträgt die Ausschlussfrist wie schon vorher drei Jahre (§ 194 Abs. 1 S. 4 VVG). Hat der VN die Anzeigepflicht vorsätzlich oder arglistig verletzt, beläuft sich die Frist auf zehn Jahre. Demgegenüber blieb nach § 178k S. 2 VVG a.F. das Rücktrittsrecht bestehen, wenn der VN arglistig gehandelt hatte.

Die Rechte des VR nach § 19 Abs. 2 bis 4 VVG erlöschen *nicht*, wenn der Versicherungsfall **vor Ablauf der Frist** eingetreten ist (§ 21 Abs. 3 S. 1 Hs. 2 VVG). Dadurch soll verhindert werden, dass der VN missbräuchlich einen bereits eingetretenen Versicherungsfall erst nach Ablauf der Frist anzeigt. Diese Regelung, die erst auf Beschlussempfehlung und Bericht des Rechtsausschusses (DB-Drucks 16/5862) in das Gesetz aufgenommen worden ist, ist im Einzelnen umstritten. Nach **e.A.** soll sich die Regelung in § 21 Abs. 3 S. 1 Hs. 2 VVG auch auf die Zehnjahresfrist des § 21 Abs. 3 S. 2 VVG erstrecken (OLG Stuttgart, 23.6.2014 – 7 U 51/14; offen gelassen in BGH, 25.11.2015 – IV ZR 277/14, dazu *Felsch*, r+s 2016, 321; vgl. auch *Knappmann*, VRR 2007, 451, 453; Looschelders/Pohlmann/ *Looschelders*, § 21 Rn 26; MüKo/*Muschner*, § 21 Rn 65). Nach **a.A.** setzt § 21 Abs. 3 S. 1 Hs. 2 VVG nur die Fünfjahresfrist außer Kraft, während die Zehnjahresfrist des § 21 Abs. 3 S. 2 VVG ebenso wie die des § 124 Abs. 3 BGB die Geltendmachung der Rechte des VR absolut begrenzt (Prölss/Martin/*Armbrüster*, § 21 Rn 45; *Rolfs*, in Bruck/Möller, § 21 Rn 49; Rüffer/Halbach/*Schimikowski*, § 21 Rn 23). Nach **a.A.** ist die Zehnjahresfrist in § 21 Abs. 3 S. 2 VVG eine absolute Begrenzung für jedwede Geltendmachung der Rechte aus § 19 Abs. 2 bis 4 VVG, unabhängig davon, ob der VN grob fahrlässig, vorsätzlich oder arglistig gehandelt hat (*Marlow/Spuhl*, das neue VVG kompakt, Rn 222). Letzterer Auffassung ist der Vorzug zu geben, da sie Widersprüche vermeidet und den Motiven des Gesetzgebers Rechnung trägt. Die in § 21 Abs. 3 VVG getroffene Fristenregelung für die Wahrnehmung der Rechte des Versicherers aus § 19 Abs. 2 bis 4 VVG ist auf die für die **Arglistanfechtung** geltende Zehnjahresfrist des § 124 Abs. 3 BGB und die Rechtsfolgen ihrer Versäumnis ohne Einfluss (BGH, 25.11.2015 – IV ZR 277/14).

Der Eintritt des Versicherungsfalls setzt das Vorliegen der vertragsmäßigen Bedingungen für die Leistungspflicht des VR voraus. Entscheidend ist der **objektive Eintritt** des Versicherungsfalls, nicht der Zeitpunkt der Geltendmachung des Leistungsanspruchs (OLG Braunschweig, 2.12.2015 – 3 U 62/14).

C. Abdingbarkeit

Von § 21 VVG kann **nicht zum Nachteil des VN** abgewichen werden (§ 32 S. 1 VVG).

D. Prozessuale Hinweise

Der VR trägt die Beweislast für den **Zugang der Erklärung**, mit der die Rechte nach § 19 Abs. 2 bis 4 VVG geltend gemacht werden (OLG Hamm, r+s 1990, 37; *Rolfs*, in: Bruck/ Möller, § 21 Rn 59). Ein vom Postboten hinterlassener Benachrichtigungsschein über den Einschreibebrief, in dem das Gestaltungsrecht ausgeübt wird, ersetzt nicht dessen Zugang (BGH, VersR 1971, 262; OLG Köln, r+s 1991, 290). Der VN muss sich aber nach Treu und Glauben so behandeln lassen, als sei ihm die Rücktrittserklärung rechtzeitig zugegangen, wenn er den rechtzeitigen Zugang eines Einschreibebriefes durch sein Verhalten vereitelt. Das kann der Fall sein, wenn er sich trotz erhaltener Benachrichtigung nicht in zumutbarer Weise um die Abholung des Einschreibebriefes bemüht (OLG Köln, r+s 1991, 290; vgl. auch OLG Hamm, r+s 1990, 37). Eine allgemeine Pflicht, Empfangsvorkehrungen für Erklärungen zu treffen, besteht nicht. Allerdings muss derjenige, der aufgrund bestehender oder angebahnter vertraglicher Beziehungen mit dem Zugang rechtserheblicher Erklärungen zu rechnen hat, geeignete Vorkehrungen treffen, dass ihn derartige Erklärungen auch erreichen. Erforderlich ist, dass der Sorgfaltsverstoß innerhalb der (vor)vertraglichen Beziehungen so schwer wiegt, dass es gerechtfertigt ist, den Adressaten nach Treu und Glauben so zu behandeln, als habe ihn die infolge seiner Sorgfaltsverletzung nicht zugegangene Willenserklärung doch erreicht (BGH, VersR 1998, 472 m.w.N.; vgl. auch OLG Köln, r+s 1991, 290 [verneint bei einwöchiger Abwesenheit]).

38 Der VN trägt für die **Kenntnis** des VR von der Anzeigepflichtverletzung und damit auch für den Zeitpunkt der Kenntniserlangung die Beweislast (*Rixecker*, zfs 2007, 369, 370 unter Hinweis auf die insoweit nicht eindeutigen Formulierung; *Rolfs*, in: Bruck/Möller, § 21 Rn 62; Looschelders/Pohlmann/*Looschelders*, § 21 Rn 10; vgl. auch BGH, VersR 2002, 425; VersR 1991, 179; VersR 1991, 170, 171; VersR 1980, 762; OLG Stuttgart, VersR 2007, 340). Da der VN regelmäßig über keine Kenntnisse der Verwaltungsabläufe, insb. der Postverteilung, im Geschäftsbereich des VR verfügt, obliegt dem VR insoweit eine sekundäre Darlegungslast (OLG Stuttgart, VersR 2007, 340; *Marlow/Spuhl*, Das Neue VVG kompakt, S. 57; Looschelders/Pohlmann/*Looschelders*, § 21 Rn 10).

39 Den Beweis fehlender **Kausalität** hat wie nach § 26 Abs. 3 Nr. 1 VVG und § 28 Abs. 3 S. 1 VVG der VN zu führen (Begr. BT-Drucks 16/3945, S. 67). Behauptet der VN, dass der Versicherungsfall erst nach fünf Jahren eingetreten ist, hat der VR zu beweisen, dass der Versicherungsfall vorher eingetreten ist (*Marlow/Spuhl*, Das Neue VVG kompakt, 3. Aufl., S. 60).

§ 22 VVG Arglistige Täuschung

Das Recht des Versicherers, den Vertrag wegen arglistiger Täuschung anzufechten, bleibt unberührt.

Übersicht

	Rdn
A. Normzweck	1
B. Norminhalt	6
I. Artlistige Täuschung	6
1. Täuschung	6
2. Arglist	11
3. Einzelfälle	14
4. Täuschung Dritter	24
5. Täuschung gegenüber Dritten	28
6. Vertragsänderung und -aufhebung	33
II. Nachprüfungsobliegenheit	36

III. Kausalität 40
IV. Anfechtungsfrist 44
V. Anfechtungserklärung 47
VI. Anfechtungsbegründung 50
C. Rechtsfolge 52
D. Ausschluss des Anfechtungsrechts 58
E. Prozessuale Hinweise 60
F. Abdingbarkeit 63

A. Normzweck

Die Vorschrift bezweckt die **Entschließungsfreiheit des VR zu schützen**. Sie stimmt sachlich mit § 22 VVG a.F. überein (Begr. BT-Drucks 16/3945, S. 67). 1

Der Gesetzgeber bezweckte in den Vorschriften über die Anzeigepflichtverletzung die Interessen des VR und VN ausgewogen zu berücksichtigen. Daher sind die **Rechtsfolgen der Anzeigepflichtverletzung in §§ 19 bis 22 VVG abschließend geregelt** (Begr. BT-Drucks 16/3945, S. 64, zu 22 VVG a.F.; BGH, 25.11.2015 – IV ZR 277/14; BGH, 7.7.2007 – IV ZR 5/06; vgl. auch BGH, VersR 1991, 1404; VersR 1989, 465; VersR 1984, 630, 631; OLG Saarbrücken, VersR 1997, 863). § 22 VVG stellt klar, dass §§ 19 bis 21 VVG das Recht des VR unberührt lassen, den VV wegen arglistiger Täuschung (§ 123 BGB) anzufechten (Begr. BT-Drucks 16/3945, S. 67). 2

Nur soweit §§ 19 bis 22 VVG nicht eingreifen oder andere geschützte Interessen des VR nicht abschließend behandeln, kommen darüber hinausgehende Sanktionen in Betracht (BGH, 25.11.2015 – IV ZR 277/14; BGH, VersR 2007, 630; BGH, VersR 1984, 630; BGH, VersR 1984, 630; BGH, VersR 1984, 630; BGH, VersR 1989, 465; BGH, VersR 1991, 1404). Daher entfalten §§ 19 bis 21 VVG **Sperrwirkung ggü. Anfechtung wegen Irrtums gem. § 119 BGB** (vgl. BGH, r+s 1986, 299), nicht aber ggü. Anfechtung wegen Drohung (Looschelders/Pohlmann/*Looschelders*, § 22 Rn 3; zur Drohung ausführlich *Prölss*, NVersZ 2000, 153). Auch Ansprüche des VR gegen den VN aus **Pflichtverletzung bei Vertragsschluss** (§ 280 Abs. 1 und 3, § 282, § 241 Abs. 2, § 311 Abs. 2 BGB) kommen grundsätzlich nicht in Betracht, wenn der VN bei Anbahnung des VV über einen gefahrerheblichen Umstand täuscht, (BGH, 25.11.2015 – IV ZR 277/14; BGH, 7.7.2007 – IV ZR 5/06). 3

Entsprechend steht dem VR gegen dem Leistungsbegehren des VN ein von der Frist des § 124 BGB unberührtes **Leistungsverweigerungsrecht** (§ 242 BGB) nur insoweit zu, wie §§ 19 bis 22 nicht eingreifen oder andere geschützte Interessen des VR nicht abschließend behandeln. Zum Leistungsverweigerungsrecht aufgrund Anspruchs aus Verschulden bei Vertragsverhandlungen (§§ 280 Abs. 1, 311 Abs. 2 BGB) vgl. BGH, r+s 2007, 233, 234; BGH VersR 1984, 630, 631; zum Leistungsverweigerungsrecht aufgrund Anspruchs aus unerlaubter Handlung, insb. aus §§ 826, 823 Abs. 2 BGB, vgl. BGH, 25.11.2015 – IV ZR 277/14; BGH, 7.7.2007 – IV ZR 5/06; BGH, VersR 1991, 1404, 1405; BGH, VersR 1989, 465, 466). 4

> **Beispiel (BGH, VersR 1989, 465)**
> Veranlasst der Ehemann seine Ehefrau zum Abschluss einer Lebensversicherung, um sie zu ermorden, so kann darin ein in mittelbarer Täterschaft begangener Betrug zulasten des VR liegen. Ist der Ehemann bei Abschluss des Vertrages als Verhandlungsgehilfe seiner Frau

aufgetreten, so müssen die Erben der Ehefrau sich diesen Betrug nach § 278 BGB zurechnen lassen. Das führt wegen Verschuldens bei Vertragsverhandlungen zur Freistellung des VR von der zugesagten Leistung.

5   Eine **Belehrung** entsprechend § 19 Abs. 5 VVG ist nach der Rechtsprechung nicht erforderlich (vgl. BGH, 12.3.2014 – IV ZR 306/13; *van Bühren*, ZAP 2007, 1397, 1404). Auch das Rücktrittsrecht wegen arglistiger Anzeigepflichtverletzung setzt keine Belehrung voraus (vgl. § 19 Rn 129; BGH, 12.3.2014 – IV ZR 306/13; dagegen *Schwintowski*, VuR 2015, 190–191).

B. Norminhalt

I. Artlistige Täuschung

1. Täuschung

6   Die Täuschung muss sich auf **Tatsachen**, nicht notwendig auf Gefahrumstände beziehen. Der Gesetzgeber hat die bisherige Beschränkung in § 22 VVG a.F. auf Täuschung über Gefahrumstände ausdrücklich aufgegeben (Begr. BT-Drucks 16/3945, S. 67: *„Die bisherige Beschränkung des § 22 VVG auf eine Täuschung über Gefahrumstände entspricht nicht dem Sinn und Zweck der Regelung"*). Damit hat der Gesetzgeber eine Unklarheit beseitigt. Zwar hat bereits die ältere Rechtsprechung zu § 22 VVG a.F. vereinzelt die Anfechtung aufgrund Täuschung wegen anderer Umstände als Gefahrumstände zugelassen (BGH, VersR 1965, 28; BGH, VersR 1964, 1189). Allerdings sprach die Rechtsprechung zur Sperrwirkung der 16 ff. VVG a.F. für eine Beschränkung der Anfechtung auf Gefahrumstände (vgl. BGH, 8.2.1989 – IVa ZR 197/87).

7   **Täuschungshandlung** ist das Vorspiegelung falscher oder Verschweigen wahrer Tatsachen ggü. dem VR zum Zwecke der Erregung oder Aufrechterhaltung eines Irrtums (BGH, 24.11.2010 – IV ZR 252/08; BGH, r+s 2007, 234).

8   **Fragen** müssen vollständig und richtig beantwortet werden (Palandt/*Heinrichs*, § 123 BGB Rn 5a). **Unklarheiten bei der Fragestellung** gehen zulasten des VR (vgl. OLG Nürnberg, 2.5.2006 – 8 U 597/06, r+s 2006, 409, wonach die Frage, ob der Antragsteller in den letzten zehn Jahren ärztlich untersucht, beraten, behandelt oder operiert worden ist, klar ist).

9   Soweit der VN auf ausschließlich mündlich gestellte Fragen, zu deren Beantwortung er nicht verpflichtet ist, **falsche Angaben** macht, oder von sich aus ungefragt falsche Angaben macht, kann eine Anfechtung wegen arglistiger Täuschung in Betracht kommen (VersR-Hdb/*Knappmann*, § 14 Rn 126; *Marlow/Spuhl*, Das Neue VVG kompakt, 3. Aufl., S. 46 f.; MüKo/*Müller-Frank*, § 22 Rn 8).

10 Umstritten ist, ob dem VR ein Anfechtungsrecht zusteht, wenn der VN einen Umstand, den der VR **nicht oder nur mündlich erfragt** hatte, **arglistig verschwiegen** hat (spontane Anzeigepflicht). Der Gesetzgeber (Begr. BT-Drucks 16/3945, S. 64) hat hierzu ohne nähere Begründung ausgeführt:

„Das Verschweigen eines gefahrerheblichen Umstandes, den der Versicherer nicht oder nur mündlich nachgefragt hat, kann bei Arglist des Versicherungsnehmers ein Anfechtungsrecht des Versicherers nach § 123 BGB begründen (vgl. § 22 VVG-E)."
Allerdings muss der VN nach der abschließenden Spezialregelung des § 19 Abs. 1 VVG nur solche Gefahrumstände angeben, nach denen der VR in Textform ausdrücklich gefragt hat. Der über Rechtsfolgen einer Anzeigepflichtverletzung belehrte durchschnittliche VN wird daher regelmäßig davon ausgehen, mit Beantwortung der Fragen des VR alles Erforderliche getan zu haben (vgl. *Schimikowski*, r+s 2009, 353, 354). Es kann dem VN in der Regel nicht als Verstoß gegen Treu und Glauben angelastet werden, wenn er den Fragenkatalog des VR als abschließend ansieht und keine weitergehenden Überlegungen dazu anstellt, welche Umstände für den VR darüber hinaus von Interesse sein könnten (OLG Celle, 9.11.2015 – 8 U 101/15). Andernfalls stünde der VN vor der mitunter schwierig zu beantwortenden Frage, ob er dem Schweigen des VR trauen darf. Daher kommt ein Anfechtungsrecht nicht in Betracht, soweit der VN auf eine nicht gestellte Frage arglistig schweigt (VersR-Hdb/*Knappmann*, § 14 Rn 126; *Rixecker*, zfs 2008, 340; *Marlow/Spuhl*, Das Neue VVG kompakt, 3. Aufl., S. 46 f.; *Weiberle*, VuR 2008, 170, 171). Nach a.A. kommt eine aus Treu und Glauben sich ergebende **spontane Anzeigepflicht in engen Grenzen** in Betracht. Teilweise wird eine spontane Anzeigepflicht angenommen, wenn Umstände bestehen, die zwar offensichtlich gefahrerheblich, aber so ungewöhnlich sind, dass eine auf sie abzielende Frage nicht erwartet werden kann (OLG Celle, 9.11.2015 – 8 U 101/15). Nach anderer Ansicht muss es sich um die Mitteilung außergewöhnlicher und besonders grundlegender Informationen handeln, die das Aufklärungsinteresse des VR so grundlegend berühren, dass sich dem VN ihre Mitteilungsbedürftigkeit aufdrängen musste (OLG Hamm, 27.2.2015 – 20 U 26/15 unter Hinweis auf BGH, 19.5.2011 – IV ZR 254/10 zu § 28 VVG). Nach anderer Ansicht soll es ausreichen, wenn Gefahrerheblichkeit auf der Hand liegt oder evident ist (OLG Karlsruhe, 3.12.2015 – 12 U 57/15; MüKo/*Müller-Frank*, § 22 VVG Rn 6; vgl. auch Looschelders/Pohlmann/*Looschelders*, § 22 Rn 6 f.; *Rolfs*, in: Bruck/Möller, § 22 Rn 10; *Reusch*, VersR 2008, 1179 ff.; *Günther/Spielmann*, r+s 2008, 133, 134; *Neuhaus*, r+s 2008, 45, 54; *Grote/Schneider*, BB 2007, 2689, 2693; *Franz*, VersR 2008, 298, 306).

2. Arglist

Der VN muss vorsätzlich handeln, indem er **bewusst und willentlich auf die Entscheidung des Versicherers einwirkt.** Falsche Angaben in einem Versicherungsantrag allein rechtfertigen den Schluss auf eine arglistige Täuschung nicht; einen allgemeinen Erfahrungssatz des Inhalts, dass eine bewusst unrichtige Beantwortung einer Antragsfrage immer und nur in der Absicht erfolgt, auf den Willen des Versicherers einzuwirken, gibt es nicht (BGH, 24.11.2010 – IV ZR 252/08; BGH, 28.2.2007 – IV ZR 331/05; bereits BGH, 13.5.1957 – II ZR 56/56). In subjektiver Hinsicht setzt die Annahme von Arglist vielmehr zusätzlich voraus, dass der VN erkennt und billigt, dass der VR seinen Antrag bei Kenntnis des wahren Sachverhalts gar nicht oder nur zu anderen Konditionen annehmen werde (BGH, 24.11.2010 – IV ZR 252/08 [BUZ]; BGH, 28.2.2007 – IV ZR 331/05 [Unfallversicherung]; BGH, 22.2.1984 – IVa ZR 63/82 [BUZ]; KG, VersR 2004, 723 [BUZ]; OLG Hamm, VersR 2000, 878, 879 [BUZ]; OLG Koblenz, NVersZ 1999, 472 [BUZ]; OLG Düsseldorf, VersR 1995, 35, 36 [BUZ]). Denn häufig werden Fragen aus falsch verstandener Scham, aus Gleichgültigkeit, aus Trägheit oder in der Annahme der Unerheblichkeit unrichtig beantwortet (OLG Koblenz, NVersZ 2001, 74). In subjektiver Hinsicht setzt die Annahme von Arglist vielmehr zusätzlich voraus, dass der VN erkennt und billigt, dass der VR seinen Antrag bei Kenntnis des wahren Sachverhalts nicht oder nur zu anderen Konditionen annehmen werde (BGH, VersR 1985, 156, 157 [BUZ]; VersR 1987, 91 [BUZ]; NJW-RR 1991, 411, 412 [BU]).

Beispiel (BGH, r+s 2007, 234)
Im Versicherungsantrag hat der VN auf eine entsprechende Frage eine weitere, seit 1996 bestehende Unfallversicherung angegeben, nicht aber einen seit April 2001 erworbenen ADAC-Schutzbrief, der neben einer Auslandskrankenversicherung auch eine Auslandsunfallversicherung einschloss. Im Juni 2001 erlitt er mit seinem Pkw einen Verkehrsunfall, bei dem er sich schwere Kopf- und Brustverletzungen zuzog, die nach Behauptung des VN zur Invalidität führten. Auch in der Schadenmeldung gab er den Schutzbrief nicht an. Das OLG hat die Voraussetzungen einer arglistigen Täuschung schon deshalb als erfüllt angesehen, weil der VN die Angabe des Schutzbriefes wider besseres Wissen „und damit" arglistig unterlassen habe. Diese Voraussetzung für eine wirksame Anfechtung des Vertrages durch den VR hätte das OLG nur bejahen dürfen, wenn es zuvor Feststellungen dazu getroffen hätte, dass der VN beim Ausfüllen des Versicherungsantrages im Bewusstsein handelte, nur durch ein Verschweigen der durch den Schutzbrief ebenfalls bestehenden Unfallversicherung werde er den Unfallversicherer zu einem Vertragsabschluss zu den vereinbarten Bedingungen oder zu einem Vertragsabschluss überhaupt bewegen können.

12 Bereicherungs- oder Schädigungsabsicht ist nicht erforderlich (KG, VersR 2004, 723). Eine arglistige Täuschung kann vorliegen, wenn der VN Fragen „**ins Blaue hinein**" beantwortet, ohne das **Fehlen einer zuverlässigen Beurteilungsgrundlage** offen zu legen (KG, r+s 2007, 333, 334; OLG Koblenz, VersR 2004, 849, 851 [zur Nichtzulassungsbeschwerde: BGH, 18.11.2002 – IV ZR 355/02]; nicht versicherungsrechtlich BGH, NJW 2001, 2326; NJW 1980, 2460; NJW 1981, 1441).

Beispiel (KG, r+s 2007, 333)
Eine arglistige Täuschung liegt vor, wenn der Antragsteller einer BUZ, die dieser für seine Tochter als versicherte Person abschließen will, ohne sich vorher bei seiner Tochter entsprechend zu erkundigen oder den VR auf sein seine fehlende Beurteilungsgrundlage hinzuweisen, „ins Blaue hinein" Gesundheitsfragen falsch beantwortet, indem er eine Behandlung wegen Heroinkonsums nicht angibt.

13 **Objektive Falschangaben** indizieren nicht schon eine arglistige Täuschung (insoweit missverständlich OLG Frankfurt am Main, VersR 2001, 1097, 1098 [Lebensversicherung]. Allerdings kann von äußeren Tatsachen auf die innere Tatsache einer Täuschungsabsicht geschlossen werden (KG, r+s 2005, 256). Erforderlich ist eine Würdigung der gesamten Umstände. Indizien für die Arglist können Art, Umfang und Bedeutung der unrichtigen oder unvollständigen Angaben, das Persönlichkeitsbild des VN, dessen Bildungsstand, die Art der gestellten Fragen und besondere Umstände bei der Ausfüllung des Versicherungsantrages sein (OLG Karlsruhe, VersR 2006, 205 [BUZ]; OLG Saarbrücken, VersR 1996, 488,

489 [BUZ]; vgl. auch OLG Köln, VersR 1973, 1161; zur Verharmlosung einer Erkrankung s. BGH, VersR 1997, 94, 95 [BUZ]).

3. Einzelfälle

Werden **schwere oder erkennbar chronische Erkrankungen** verschwiegen, rechtfertigt dies i.d.R. den Rückschluss auf arglistiges Verhalten (KG, r+s 2005, 256; OLG Koblenz, NVersZ 2001, 74; OLG Hamburg, VersR 1971, 902; OLG Saarbrücken, VersR 2006, 824 zu colitis ulcerosa [LV]). Beim Verschweigen **weniger gewichtiger Gesundheitsstörungen** bei Angabe erheblicher Krankheiten kann i.d.R. *nicht* auf Arglist geschlossen werden (vgl. Empfehlung des Ombudsmanns, 14.6.2005 – 1521/2004-S [BU]). 14

I.d.R. liegt auch bei **mehrfacher und längerfristiger ärztlicher Behandlung** keine Arglist vor, wenn der VN von dem behandelnden Arzt derart unterrichtet wurde, dass schmerzhafte Veränderungen im Wirbelsäulenbereich altersgerecht seien und der VN nicht krankgeschrieben wurde (Empfehlung des Ombudsmanns, 10.11.2003 – 8371/2002-S [BU]). An der Arglist kann es auch fehlen, wenn der VN medikamentös behandelte **Herzbeschwerden** und **Bluthochdruck** verschweigt (OLG Koblenz, VersR 1995, 689, 690). 15

Das KG (KG, VersR 2006, 1628) hat entschieden, dass ein arglistiges **Verschweigen von Rückenschmerzen** bei Abschluss einer Berufsunfähigkeitszusatzversicherung auch bei nach Behauptung des VN üblichen und leichten und vom Versicherungsvertreter für nicht erheblich gehaltenen Beschwerden vorliegt, wenn der VN bei der Ausfüllung des Versicherungsantrages wegen der Beschwerden bereits mehrere Wochen krankgeschrieben war und im Antragsformular auch nach bloßen Störungen und Beschwerden oder allgemein nach Behandlungen, Beratungen und Untersuchungen gefragt wurde. Tragfähig dürfte in erster Linie sein, dass der VN eine Behandlung verschwiegen hat. 16

Nach KG, r+s 2005, 256 soll für Arglist sprechen, wenn **weiter zurückliegende ausgeheilte Krankheiten** angegeben, spätere oder noch aktuelle Beschwerden aber verschwiegen werden. Das ist zweifelhaft, soweit auf die zeitliche Abfolge der Erkrankungen abgestellt wird, da beim durchschnittlichen VN in erster Linie die Schwere der Erkrankung das Erinnerungsvermögen bestimmen dürfte. 17

Das OLG Saarbrücken (OLG Saarbrücken, VersR 2006, 1482) hat entschieden, dass Arglist vorliegt, wenn der VN aufgrund einer Überweisung seines Hausarztes (auch Facharzt für Psychotherapie) eine **Psychologin aufgesucht** hat und wegen Depressionen und Angststörungen wiederholt und über längere Zeiträume behandelt worden ist. Dem VN, einem RA, musste sich aufdrängen, dass diesen Episoden i.R.d. gestellten Antragsfragen Erheblichkeit zukam. Dies ist ihm auch dadurch vor Augen geführt worden, dass sein Krankenversicherer für die Krankentagegeldversicherung (u.a.) wegen neurotischer und depressiver Störungen einen Risikozuschlag von 50 % in dem relevanten Zeitraum erhoben hat. Dass der VN im Antragsformular und in der Erklärung vor dem Arzt hierüber keine Angaben machte und nur eine geringfügige Anomalie des dritten Lendenwirbels (ausgeheilt), eine durchlittene und ausgeheilte Lungenentzündung sowie einen erlittenen und ebenfalls ausgeheilten Fersenbeinbruch angegeben hat, zeigt, dass er sich bewusst war, was als Störung seiner 18

Gesundheit anzusehen war. Das KG (KG, VersR 2006, 1393) hat Arglist verneint, wenn der Antragsteller einer BUZ zwar auf die Frage nach psychischer Leiden und Nerven- oder Geisteskrankheiten eine ambulante Behandlung bei einem Neurologen wegen eines aus Sicht des Arztes bestehenden reaktiven depressiven Syndroms nicht angegeben hat, er aber den Arzt wegen Schlafstörungen aufgesucht hat, der Arzt ihm die Diagnose nicht mitgeteilt, sondern nur ein Schlafmittel verordnet und eine Gesprächstherapie durchgeführt hat sowie nach der Art der Behandlung dem Antragsteller gezielt nicht den Eindruck vermittelt hat, psychisch krank zu sein.

19 Arglist liegt nicht vor, wenn im Antragsformular nach **Vorversicherung** und nicht nach Vorversicherungen gefragt ist, der VN die vor Antragstellung gekündigte Vorversicherung bei einem anderen VR angibt, nicht aber einen von ihm selbst gekündigten zeitlich davor liegenden weiteren VV bei dem VR, bei dem er nunmehr den Antrag stellt (OLG Celle, VersR 2006, 921 [Rechtsschutzversicherung]). Gegen Arglist des VN spricht es, wenn dieser einen Vorvertrag bei demselben VR nicht angibt, der erst 15 Monate vor Antragstellung beendet wurde, und von dem er annehmen darf, dass er sich in den Datenbeständen des VR befindet, auf die dieser ohnehin Zugriff nehmen kann (OLG Celle, VersR 2006, 921). Nach OLG Hamm, r+s 1988, 347 stellt die bloße Nichtbeantwortung der Frage nach weiterer Unfallversicherungen nicht ohne Weiteres eine arglistige Täuschung dar (zur Anfechtung einer Hausratsversicherung wegen arglistiger Täuschung aufgrund falscher Angaben zu Vorversicherungen und Vorschäden s. OLG Köln, r+s 2001, 468). Auf Arglist kann geschlossen werden, wenn der VN zwar im Antragsformular die Frage nicht beantwortet, aber mündlich ggü. dem Versicherungsvertreter nur einen bereits dem VR bekannten von mehreren Vorversicherer angibt (vgl. LG Berlin, VersR 2003, 456). Auf entsprechende Frage im Antragsformular des Hausratsversicherers hat die VN auch Vorversicherungen des Ehemannes anzugeben, wenn der zuvor durch den Ehemann versicherte Hausrat mit dem identisch ist, der nunmehr durch die Ehefrau versichert werden soll (OLG Frankfurt am Main, VersR 2005, 1429 vgl. auch OLG Saarbrücken, VersR 2006, 254 zur Geschäfts-Inhaltsversicherung).

20 Zur arglistigen Täuschung, wenn der VN über das **Vorliegen der persönlichen Voraussetzungen** für den Abschluss des VV (Zugehörigkeit zu öffentlichen Dienst) falsche Angaben macht (vgl. OLG Hamm, VersR 1982, 85).

21 Die **deutliche Verharmlosung eines Krankheitsbildes** (Erkältung und Pollenallergie statt Asthmaleiden) und die Nennung eines Arztes, der den VN früher wegen harmloser Erkrankungen behandelt hat und das Verschweigen des Arztes, der ihn danach wegen Asthma behandelte, sind nach OLG Köln, r+s 1992, 355 Indizien für eine arglistige Täuschung.

22 Das KG (KG, NJW-RR 1999, 100) hat Arglist bejaht, wenn der Antragsteller bei einer Feuerversicherung eine **massiv angedrohte Brandstiftung** eines Mitbewerbers eines benachbarten Lokals **verschweigt**.

23 Eine arglistige Täuschung kann beim **Verschweigen einer Haftstrafe** liegen (BGH, VersR 1991, 1404, 1405 [Feuerversicherung]). Sie liegt nicht schon dann vor, wenn der VN

bislang noch unentdeckte strafbare Handlungen verschweigt (vgl. BGH, VersR 1986, 1089, 1990 [Feuerversicherung]).

4. Täuschung Dritter

Hat ein Dritter die arglistige Täuschung verübt, ist eine Willenserklärung nur anfechtbar, wenn der **VN oder Versicherte die Täuschung kannte oder hätte bekannt sein müssen** (§ 123 Abs. 2 S. 1 BGB). **Dritter** i.S.d. Vorschrift ist immer der **Versicherungsagent** (VersR-Hdb/*Knappmann*, § 14 Rn 130), regelmäßig der **Versicherungsmakler** (BGH, 12.3.2014 – IV ZR 306/13, BGHZ 200, 286–293; BGH, Beschl. v. 12.3.2008 – IV ZR 330/06), soweit er nicht mit Wissen und Wollen dem VR obliegende Aufgaben übernimmt (BGH, 11.7.2012 – IV ZR 164/11, BGHZ 194, 39 m.w.N.; BK/*Voit*, § 22 Rn 25 m.w.N.). Dritter ist nicht derjenige, dessen Verhalten dem VN zugerechnet wird, namentlich Organe, Stellevertreter (VersR-Hdb/*Knappmann*, § 14 Rn 129; BK/*Voit*, § 22 Rn 21 m.w.N.) und Verhandlungsgehilfen (BGH, r+s 1990, 95; VersR 1989, 465, 466). Wenn die Anfechtung auf einer Pflichtverletzung des Versicherungsmaklers beruht, kommt ein Schadensersatzanspruch gegen diesen in Betracht (BGH, 23.10.2014 – III ZR 82/13 zur fehlerhaften Einschätzung des Maklers über die Nichtangabe von Vorerkrankungen).

Verhandlungsgehilfe des VN ist jedenfalls derjenige, der bei den maßgeblichen Verhandlungen als Wortführer des VN auftritt (BGH, r+s 1990, 95). Nach dem BGH (VersR 1989, 465, 466 [Vorinstanz OLG Hamm, VersR 1988, 458]; zust. Prölss/Martin/*Prölss*, § 22 Rn 1; Römer/Langheid/*Langheid*, § 22 Rn 15) sind maßgebliche Verhandlungen nicht erforderlich. Verhandlungsgehilfe ist schon derjenige, der mit Willen des Schuldners bei der Erfüllung der diesem obliegenden Verbindlichkeiten als Hilfsperson tätig geworden ist (dagegen BK/*Voit*, § 22 Rn 22). Ein Anfechtungsrecht steht entsprechend § 166 Abs. 2 BGB dem VR auch zu, wenn der VN dem Stellvertreter bewusst Informationen vorenthalten hat, sodass der Stellvertreter den VR unbewusst einen Irrtum erregt oder aufrechterhalten hat (BK/*Voit*, § 22 Rn 21).

Die Regelung in **§ 20 über Vertreter des VN** findet wie bisher (h.M.: BK/*Voit*, § 22 Rn 21 m.w.N.; a.A. Römer/Langheid/*Langheid*, § 19 Rn 3) **auf die Anfechtung keine Anwendung** (BT-Drucks 16/3495, S. 66; VersR-Hdb/*Knappmann*, § 14 Rn 129).

Bei der **Versicherung für fremde Rechnung** sind nach § 47 Abs. 1 VVG auch die Kenntnis und das Verhalten des Versicherten zu berücksichtigen (zur Einschränkung vgl. § 47 Abs. 2 S. 1 VVG). Die Klausel einer D&O-Versicherung, wonach einem Versicherten keine bei einem anderen Versicherten bestehende Tatsachen zugerechnet werden, schließt einen Rücktritt des VR nicht aus, wenn die Rücktrittsvoraussetzungen beim VN (Verschweigung von Scheingeschäften und Bilanzfälschungen durch den Vorstandsvorsitzenden einer AG) vorliegen (OLG Düsseldorf, VersR 2006, 785; *Lange*, ZIP 2006, 1680).

5. Täuschung gegenüber Dritten

28 Die **Auge und Ohr-Doktrin** gem. §§ 69 Abs. 1 Nr. 1, 69 Abs. 3 S. 2, § 70 VVG gilt auch bei der Anfechtung (VersR-Hdb/*Knappmann*, § 14 Rn 126a).

29 Daher liegt *keine* arglistige Täuschung vor, wenn der VN dem VR alles dargelegt (§§ 69 Abs. 1 Nr. 1, 70 S: 1 VVG), diesem aber die **Ausfüllung des Fragebogens überlassen** und nur unterschrieben hat (BGH, MDR 1983, 472; OLG Hamm, NJW-RR 1991, 609; OLG Hamm, r+s 1990, 320). Das OLG Frankfurt am Main (OLG Frankfurt am Main, r+s 2000, 517) hat eine arglistige Täuschung bejaht, wenn der VN „blind" einen vom Versicherungsmakler ausgefüllten Versicherungsantrag unterzeichnet hat, ohne zuvor nach seinem Gesundheitszustand befragen worden zu sein.

30 Die **Zurechnung der Kenntnis des Versicherungsvertreters** setzt voraus, dass dieser bei der Entgegennahme des Antrags in Ausübung der Stellvertretung für den VR tätig geworden ist. Daran soll es regelmäßig fehlen, wenn der Versicherungsvertreter dem VR bei Antragstellung als rechtsgeschäftlicher Vertreter des VN ggü. tritt (BGH, VersR 2001, 1498).

31 Ein zum Nachteil des VR arglistiges oder **kollusives Zusammenwirken** des VN mit dem Versicherungsvertreter schließt die Zurechnung der Kenntnisse aus (Begr. BT-Drucks 16/3495, S. 77; BGH, VersR 1993, 1089 [BUZ]; vgl. auch OLG Hamm, r+s 2005, 236 [BU]). Der VR trägt die Beweislast für die Kollusion (OLG Hamm, r+s 1993, 442 [Manipulationen durch Rückdatierung eines Fahrzeugversicherungsvertrages]). Der bloße Hinweis auf eine zwischen VN und Versicherungsvertreter bestehenden Duzfreundschaft, deren Zustandekommen nicht geklärt ist, ist für ein kollusives Zusammenwirken nicht ausreichend (BGH, VersR 1984, 630 [BUZ]). Das OLG Köln (OLG Köln, r+s 1991, 320; VersR 1998, 351) hat entschieden, dass zwar keine arglistige Täuschung vorliege, wenn der VN eine im Antragsformular nicht erwähnten Vorerkrankungen dem Versicherungsvertreter ggü. mündlich erwähnt und einer Auskunft des Versicherungsvertreters, die Krankheiten brauchten nicht angegeben zu werden, vertraut hat. Anders gelte aber, wenn der VN erkennt, dass die Vorgehensweise des Versicherungsvertreters, die Frage nach Vorerkrankungen im Antragsformular zu verneinen, objektiv falsch ist, weil die Anzeigepflicht bzgl. der Vorerkrankungen offensichtlich ist und die Erklärung des Versicherungsvertreters, bei den Krankheiten handele es sich um „Kleinigkeiten", die nicht in den Antrag aufgenommen zu werden bräuchten, offensichtlich falsch ist. Anderes gelte auch, wenn der VN nicht auf die Auskunft des Versicherungsvertreters, die Vorerkrankungen seien nicht anzeigepflichtig, vertraut, sondern es im Bewusstsein der Anzeigepflichtigkeit und im Einvernehmen mit dem Versicherungsvertreter gewollt und gebilligt hat, dass dieser die Gefahrumstände im Antragsformular nicht erwähnt.

32 Das arglistige Verhalten des gesetzlichen Vertreters eines Minderjährigen muss sich dieser zurechnen lassen, auch wenn eine Genehmigung des VV durch das FamG (§§ 1643 Abs. 1, 1822 Nr. 5 BGB) nicht vorliegt. Soweit der VV deshalb zunächst schwebend unwirksam ist, ist nach OLG Dresden (OLG Dresden, VersR 2006, 1526) spätestens mit Geltendmachung der Ansprüche aus dem VV der Schwebezustand beendet.

6. Vertragsänderung und -aufhebung

Die Anfechtung wegen arglistiger Täuschung kommt auch bei einer **Vertragsänderung** in Betracht. Voraussetzung ist, dass bei der Vertragsänderung die Anzeigepflichten neu entstehen. Das ist der Fall, wenn der VN keinen Anspruch auf die Vertragsänderung hat (BGH, VersR 1993, 1089 [Erhöhung des Leistungsumfangs bei der BUZ]). 33

Beispiel (*Römer*, r+s 1998, 45, 46)
VN hat keinen Anspruch auf Vertragsänderung, wenn er eine Lebensversicherung zunächst beitragsfrei stellt und sodann später den Vertrag wieder in der ursprünglichen Form wieder aktivieren möchte.

Die Vertragsänderung ist von der **Vertragsaufhebung** abzugrenzen. Abweichenden Vereinbarungen von VN und VR kann als Abänderung des bestehenden VV oder als Aufhebung des bestehenden VV und Abschluss eines neuen VV zu qualifizieren sein. Von einer Vertragsaufhebung kann nicht schon deshalb ausgegangen werden, weil ein neuer Versicherungsschein ausgestellt worden ist. Aufgrund der weit reichenden Folgen der Ersetzung bestehenden Versicherungsschutzes durch einen neuen VV, muss ein dahin gehender Vertragswille bei Änderung oder Verlängerung eines bestehenden VV eindeutig zum Ausdruck kommen (OLG Saarbrücken, 16.5.2007 – 5 U 590/06 [Verlängerung der Laufzeit einer Risikolebensversicherung bei Anpassung der Prämie]). 34

Eine Anfechtung wegen arglistiger Täuschung kann rechtsmissbräuchlich sein, wenn der VN bei Vertragsumstellung Gesundheitsfragen falsch beantwortet, die der VR nicht nochmals erneut stellen darf, weil der VN einen Anspruch auf Vertragsänderung hat (OLG Köln, r+s 1992, 355; vgl. auch *Römer*, r+s 1998, 45, 47). 35

II. Nachprüfungsobliegenheit

Nach ständiger Rechtsprechung des BGH muss der VR beim künftigen VN nachfragen, wenn dieser bei Antragstellung **ersichtlich unvollständige oder unklare Angaben** macht (BGH, 11.5.2011 – IV ZR 148/09; BGH, VersR 2008, 668 m.w.N.). Auf Grund solcher Angaben ist dem VR eine ordnungsgemäße Risikoprüfung nicht möglich. Diese soll die Schaffung klarer Verhältnisse in Bezug auf den VV schon vor Vertragsschluss gewährleisten und darf deshalb nicht auf die Zeit nach Eintritt des Versicherungsfalls verschoben werden. Unterlässt der VR eine ihm obliegende Rückfrage und sieht er insoweit von einer ordnungsgemäßen Risikoprüfung ab, so ist es ihm nach Treu und Glauben verwehrt, gestützt auf die Unvollständigkeit der Angaben des VN wirksam vom VV zurückzutreten (BGH, 11.5.2011 – IV ZR 148/09; BGH, VersR 2008, 668; BGHZ 117, 385 [388]). 36

Nach früherer Rechtsprechung konnte sich ein VN auch bei arglistiger Verletzung seiner Anzeigeobliegenheit auf die Verletzung einer Nachfrageobliegenheit durch den VR berufen. Der VR musste **rückfragen**, wenn ihm die Antworten des Antragstellers vor Augen führten, dass dieser seiner Anzeigeobliegenheit (verschuldet oder unverschuldet) noch nicht genügt hatte und ihm daher eine sachgerechte Risikoprüfung nicht möglich war. Sonst wurde der VR als der durch Sachwissen und Geschäftserfahrung überlegene Partner seiner Stellung nicht gerecht (vgl. insb. *Römer*, r+s 1998, 45, 49 zum Sinn und Zweck der 37

Risikoprüfungsobliegenheit). Dabei wurde dem VR das Wissen des mit der Erstellung des ärztlichen Zeugnisses **beauftragten Arztes**, das dieser aus früheren Behandlungen erlangt hat, bei arglistigem Verschweigen von Gesundheitsumständen nicht zugerechnet. An dieser Rechtsprechung hat der BGH ausdrücklich nicht festgehalten (BGH, 11.5.2011 – IV ZR 148/09; noch offen gelassen BGH, 10.10.2001 – IV ZR 6/01 und BGH, 7.5.2001 – IV ZR 254/00). Der VR verliert das Recht zur Arglistanfechtung nicht schon deshalb, weil er seine Nachfrageobliegenheit verletzt hat (BGH, 11.5.2011 – IV ZR 148/09; BGH, 4.7.2007 – IV ZR 170/04; BGH, 15.3.2006 – IV ZA 26/05).

38 Allerdings geht es zu weit, den arglistig handelnden VN schlechthin schutzlos zu stellen (vgl. auch *Schwintowski*, VuR 2015, 190–191). Wenn der VR die arglistige Täuschung des VN erkannt hat und trotzdem den Antrag des VN angenommen hat, fehlt es bereits an der täuschungsbedingten Fehlvorstellung, jedenfalls an der Kausalität zwischen Täuschung und Abschluss des VV. Dem muss es gleich stehen, wenn der VN aufgrund einer offenkundig unvollständig oder fehlerhaft beantworteten Antragsfragen erkannt hat, dass eine arglistige Täuschung des VN in Betracht kommt.

39 Hat der **VR nach Vertragsschluss festgestellt**, dass der VN in seinem Antrag auf Abschluss einer Krankenversicherung eine kurz zuvor durchgeführte **MRT der HWS verschwiegen** hat, und bietet er ihm gegen Zahlung eines Risikozuschlags die Fortführung des VV an, so wird dadurch eine Nachfrageobliegenheit des VR dahin begründet, dass er den VN zu befragen hat, ob die übrigen Angaben im seinerzeitigen Versicherungsantrag zutreffend waren. Bejaht der VN diese Frage uneingeschränkt, so ist der VR nicht zu weiteren Nachforschungen bei Dritten (Ärzten und Versicherungen) verpflichtet (OLG Oldenburg, VersR 2005, 921).

III. Kausalität

40 Die arglistige Täuschung muss nach § 123 Abs. 1 BGB für die auf den Vertragsschluss gerichtete Willenserklärung des VR kausal gewesen sein (BGH, 24.11.2010 – IV ZR 252/08; Römer/Langheid/*Langheid*, § 22 Rn 5 m.w.N.). Das ist der Fall, wenn der VR seine Willenserklärung ohne die Täuschung überhaupt nicht abgegeben oder in anderer Form erklärt hätte (BGH, 23.10.2014 – III ZR 82/13). An der Kausalität fehlt es daher nicht, wenn der VR den VV zwar auch ohne die Täuschung geschlossen hätte, dann aber eine Leistungsbeschränkung vereinbart hätte (OLG Köln, VersR 1996, 831, 832).

41 An der Kausalität fehlt es, wenn der **unrichtige oder unvollständige Umstand** dem VR vor Vertragsschluss **bekannt** war (Looschelders/Pohlmann/*Looschelders*, § 22 Rn 11; **a.A.** BK/*Voit*, § 22 Rn 32: Es fehlt bereits an der täuschungsbedingten Fehlvorstellung). Entscheidend ist die Kenntnis der zuständigen Abteilung (OLG Köln, r+s 1998, 96, 97, zur Kenntnis aufgrund im Datenbestand gespeicherte Vorversicherungen, Vorschäden und Kündigung vgl. OLG Hamm, r+s 1998, 473, 474; ferner zur Kenntnis vgl. § 19 Rdn 136 ff.).

42 An der Kausalität kann es fehlen, wenn die unrichtig oder unvollständig beantwortete Frage einen tatsächlich **nicht gefahrerblichen Umstand** betrifft (BK/*Voit*, § 22 Rn 31 f.).

§ 21 Abs. 2 S. 1 VVG ist nicht anwendbar. Daher muss die arglistige Täuschung **nicht** für den Eintritt oder die Feststellung des Versicherungsfalls oder für die Feststellung oder den Umfang der Leistungspflicht des VR **ursächlich** sein (BGH, 1.6.2005 – IV ZR 46/04, VersR 2005, 1065, 1066; OLG Frankfurt am Main, VersR 1980, 449; OLG Saarbrücken, VersR 2001, 1368; OLG Köln, NVersZ 2001, 500; LG Berlin, VersR 2001, 177). 43

IV. Anfechtungsfrist

Die Anfechtung muss binnen **Jahresfrist** erklärt werden (§ 124 Abs. 1 BGB). Die Anfechtung ist ausgeschlossen, wenn seit der Abgabe der Willenserklärung **zehn Jahre** verstrichen sind (§ 124 Abs. 3 BGB). Auch bei vorsätzlicher und/oder arglistiger Anzeigepflichtverletzung ist zehn Jahre die absolute Höchstgrenze (*Neuhaus*, jurisPR-VersR 1/2016 Anm. 1). Die Fristenregelung des § 21 Abs. 3 VVG für die Wahrnehmung der Rechte des VR aus § 19 Abs. 2 bis 4 VVG gilt nicht direkt oder entsprechend für die Arglistanfechtung (BGH, Urt. v. 25.11.2015 – IV ZR 277/14). 44

Die Frist beginnt mit dem Zeitpunkt, in welchem der VR die Täuschung entdeckt (§ 124 Abs. 2 BGB). Ein bloßer Verdacht oder ein Kennenmüssen genügen ebenso wenig wie der Umstand, dass der VR möglicherweise schon damals vermittels weiterer Nachforschungen die Täuschung hätte aufdecken können (vgl. OLG Köln, r+s 1998, 96, 97 unter Hinweis auf BGH, WM 1973, 751; *Rolfs*, in: Bruck/Möller, § 22 Rn 3; MüKo/*Müller-Frank*, § 22 VVG Rn 49). 45

Bei mehreren Verträgen (KLV mit BUZ und RLV) hat der VR, der zunächst nur einen VV anficht, Anlass nachzuforschen, ob bei ihm noch andere Verträge bestehen, die aus dem gleichen Grund angefochten werden können. Unterlässt er dies, so soll die Frist auch im Hinblick auf diese Verträge laufen (BGH, 10.9.2003 – IV ZR 198/02, r+s 2003, 468; a.A. Prölss/Martin/*Armbrüster*, VVG § 22 Rn 37). 46

V. Anfechtungserklärung

Der VR muss die Anfechtung gegenüber dem VN erklären (§ 143 BGB). Er kann **die Anfechtung mit oder nach Rücktrittserklärung erklären** (OLG Köln, r+s 2001, 468; LG Arnsberg, r+s 2003, 157). Ein erklärter Rücktritt schließt die spätere Anfechtung nicht aus (Prölss/Martin/*Armbrüster*, VVG § 22 Rn 29 f.). Das gilt auch bei unwirksamem Rücktritt (BGH VersR 1957, 351, 352). Eine Anfechtung ist aber ausgeschlossen, wenn der VR zunächst den Rücktritt erklärt und sodann den VN in Kenntnis des Anfechtungsgrundes erneut versichert (OLG Saarbrücken, VersR 1997, 863, 867 [Krankenhaustagegeldversicherung]). 47

Die Anfechtungserklärung muss **eindeutig** sein (Looschelders/Pohlmann/*Looschelders*, § 22 Rn 30; Prölss/Martin/*Prölss*, § 22 Rn 13 m.w.N. aus der älteren Judikatur). Sie muss unzweideutig den Willen erkennen lassen, den VV gerade wegen des Willensmangels nicht bestehen lassen zu wollen (BGH, VersR 2002, 88; VersR 1995, 648 [beide zur Irrtumsanfechtung bei KLV]). Die bloße Verweigerung der Leistung reicht nicht aus (Loo- 48 schelders/Pohlmann/*Looschelders*, § 22 Rn 18). Erklärt der VR, die bei Abschluss eines Rentenversicherungsvertrags irrtümlich vereinbarte Rückkaufswerttabelle durch eine neue tarifgemäße Tabelle ersetzen zu wollen, deutet dies darauf hin, dass er den Vertrag fortsetzen will (BGH, VersR 2002, 88).

49 Eine unwirksame Anfechtung enthält als „minus" eine Kündigung und kann daher in eine solche umgedeutet werden (Prölss/Martin/*Armbrüster*, § 22 VVG Rn 29; a.A. BK/*Voit* § 22 Rn 35).

Eine Rücktrittserklärung kann nicht in eine Anfechtungserklärung wegen arglistiger Täuschung **ausgelegt oder umgedeutet** werden, da die Anfechtung weiter gehende Rechtsfolgen als der Rücktritt hat (BGH, NJW-RR 1997, 1112, 1113; *Römer*, r+s 1998, 45, 47).

VI. Anfechtungsbegründung

50 Noch *nicht* geklärt ist, ob die Anfechtungserklärung **begründet** werden muss (dagegen MüKo/*Müller-Frank*, § 22 VVG Rn 41 – zu § 22 VVG a.F.: Römer/Langheid/*Langheid*, § 22 Rn 17; anders BK/*Voit*, § 22 Rn 36 „jedenfalls dann, wenn VN nach einer Begründung fragt"; offen gelassen OLG Hamm, VersR 1988, 458, 459). Aus § 21 Abs. 1 S. 3 VVG, nach dem die Rücktrittserklärung zu begründen ist, wird man weder eine Begründungspflicht noch das Fehlen einer Begründungspflicht ableiten können. I.d.R. wird der VR seine Anfechtungserklärung spätestens auf Nachfrage des VN begründen.

51 Ein **Nachschieben von Gründen** ist nur innerhalb der Frist des § 124 BGB zulässig (OLG Frankfurt, 5.7.2010 – 7 U 118/09 [BUZ] unter Hinweis auf BGH, 22.10.2003 – VIII ZR 361/02; OLG Hamm, 10.5.1989 – 20 U 284/88 [Feuerversicherung]; OLG Hamm, VersR 1988, 458, 459 [KLV]; OLG Hamm, 24.6.1988 – 20 U 306/87). Der BGH (r+s 1990, 310 [Vorinstanz: OLG Hamm, 10.5.1989 – 20 U 284/88]) hat hierzu ausgeführt:

„Das Berufungsurteil führt weiter rechtsfehlerfrei aus, auch die im Antrag fehlende Erwähnung des nicht abgeschlossenen Prozesses gegen die Vorversicherung P. begründe die Anfechtung nicht, zumal dieser Umstand gemäß § 124 BGB verspätet zur Begründung der Anfechtung nachgeschoben worden sei."

C. Rechtsfolge

52 Der VV ist gem. § 142 Abs. 1 BGB **von Anfang an nichtig** (BGHZ 163, 148). Der VR kann sich auf die Anfechtung gegenüber Dritte (Zessionar, Pfändungsgläubiger, Bezugsberechtigter, Versicherter) berufen (Prölss/Martin/*Armbrüster*, VVG § 22 Rn 39). Anderes gilt nach § 143 Abs. 4 S. 1 VVG für den Hypothekengläubiger.

53 Das OLG Nürnberg hat seine Rechtsprechung, wonach ausnahmsweise die Rückwirkung der Anfechtung unterblieb, in denen evident oder unstreitig ist, dass zwischen dem arglistig verschwiegenen Umstand und dem Eintritt des Versicherungsfalls kein ursächlicher Zusammenhang besteht, aufgegeben (OLG Nürnberg, 2.5.2006 – 8 U 597/06, VersR 2006, 1627).

54 Dem VR stehen die **Prämien** bis zum Wirksamwerden der Anfechtungserklärung zu (§ 39 Abs. 1 S. 2 VVG). Der VN kann nicht die von ihm in der Vergangenheit gezahlten Prämien

zurückverlangen (vgl. BGH, VersR 2005, 1065, 1066 zu § 40 Abs. 1 VVG a.F.). Demgegenüber wird der VR leistungsfrei (§ 142 Abs. 1 BGB). Erbrachte Leistungen kann er gem. § 812 Abs. 1 S. 1 BGB zurückverlangen (vgl. BGH, VersR 2005, 1065; OLG Köln, r+s 2001, 468; OLG Saarbrücken, VersR 2001, 751, 752).

Die **Teilanfechtung** eines einheitlichen VV ist möglich, wenn der nach Wegfall des angefochtenen Teils verbleibende Rest bei objektiver und vom Parteiwillen unabhängiger Betrachtungsweise als selbstständiges und unabhängig von dem angefochtenen Teil bestehenden Rechtsgeschäfts denkbar ist (OLG Saarbrücken, VersR 1996, 488, 489 [BUZ]; OLG Saarbrücken, VersR 1997, 863, 864 [Krankenhaustagegeldversicherung]). 55

Bei einer **Vertragsänderung** kann die Anfechtung wegen arglistiger Täuschung nur die Änderungen erfassen (BGH, VersR 1993, 1089 [Erhöhung des Leistungsumfangs bei der BUZ]). Daher kann der VR trotz durchgreifender Anfechtung zur Leistung aus dem (nicht geänderten) VV zur Leistung verpflichtet sein (OLG Saarbrücken, 16.5.2007 – 5 U 590/06 [Verlängerung der Laufzeit einer Risikolebensversicherung bei Anpassung der Prämie]). Das LG Hannover (LG Hannover, VersR 1991, 1281) hat die Nichtigkeit des gesamten VV angenommen, wenn der VN bei einer bestehenden Krankentagegeldversicherung bewusst falsche Angaben macht, um den Abschluss eines VV über die Erhöhung des Krankentagegeldes zu erreichen. Vereinbaren VR und VN die Aufhebung eines bestehenden VV und den Abschluss eines neuen VV, kann die Anfechtung gem. § 139 BGB nicht nur den neuen VV, sondern auch die Aufhebungsvereinbarung erfassen, sodass der alte VV wieder auflebt (OLG Saarbrücken, 16.5.2007 – 5 U 590/06). 56

Wenn die Anfechtung auf einer Pflichtverletzung des **Versicherungsmaklers** beruht, kommt ein Schadensersatzanspruch gegen diesen in Betracht (BGH, 23.10.2014 – III ZR 82/13, Empfehlung, Vorerkrankungen nicht anzugeben).Der VN ist darlegungs- und beweisbelastet, welchen Verlauf die Dinge ohne die Pflichtverletzung genommen hätten und wie sich die Vermögenslage des Anspruchstellers ohne die Pflichtverletzung darstellen würde. Den Makler trifft die Darlegungs- und Beweislast, dass der VN sich über die aus der Aufklärung und Beratung folgenden Verhaltensempfehlungen hinweggesetzt hätte und deshalb der Schaden auch bei vertragsgerechter und pflichtgemäßer Aufklärung und Beratung eingetreten wäre, insoweit greift Vermutung aufklärungsrichtigen Verhaltens (BGH, 23.10.2014 – III ZR 82/13). 57

D. Ausschluss des Anfechtungsrechts

Der VR kann auf das Anfechtungsrecht **verzichten**. Ein Verzicht liegt nicht schon dann vor, wenn der VR über die Schadenshöhe verhandelt (KG, r+s 1998, 471, 472). Ein Verzicht liegt auch noch nicht in der bloßen Einziehung der Prämie, auch dann nicht wenn die Prämie erst eingezogen wird, nachdem der VR die Anfechtung erklärt hat (OLG Köln, VersR 1998, 85, 86). Kündigt dagegen der VR den VV in Kenntnis des Anfechtungsrechts, kann im Einzelfall ein Verzicht vorliegen (BK/*Voit*, § 22 Rn 41). **Verwirkung** des Anfechtungsrechts kommt in Betracht, wenn der VR den VN in ganz ungewöhnlicher Weise in der Annahme bestärkt hat, den VV nicht anzufechten (vgl. BGH, NJW 1971, 1795, 1800). 58

Das Anfechtungsrecht kann ausnahmsweise nach **Treu und Glauben** ausgeschlossen sein (OLG Köln, 9.1.1992 – 5 U 12/91, VersR 1992, 1252, VN beantwortet bei Vertragsumstellung Gesundheitsfragen falsch, die VR aber nicht nochmals stellen darf, weil VN einen Anspruch auf Vertragsänderung hat).

59 Ein **im Voraus vertraglich vereinbarter Ausschluss** der Anfechtung wegen arglistiger Täuschung ist mit dem von § 123 BGB bezweckten Schutz der freien Selbstbestimmung unvereinbar und deshalb unwirksam, wenn die Täuschung von dem Geschäftspartner selbst oder von einer Person verübt wird, die nicht Dritter im Sinne des § 123 Abs. 2II BGB ist. Das gilt auch im Verhältnis des Erklärenden zu durch die Vertragserklärung begünstigten Dritte (BGH, 21.9.2011 – IV ZR 38/09; BGH, 17.1.2007 – VIII ZR 37/06, VersR 2007, 1084).

E. Prozessuale Hinweise

60 Der **VR** trägt die **Beweislast für die arglistige Täuschung** (BGH, VersR 1991, 1404; r+s 1987, 172, 173; NJW 1957, 988; KG, r+s 2005, 256; OLG Koblenz, VersR 1992, 229; OLG München, r+s 1992, 176; Empfehlung des Ombudsmanns, 29.1.2004 – 5790/2003-S).

Der VN muss bewusst auf die Entscheidung des VR Einfluss nehmen wollen und sich bewusst sein, dass dieser bei wahrheitsgemäßen Angaben den VV nicht oder nur unter erschwerten Bedingungen abschließen werde (BGH, VersR 2007, 785, 786; Looschelders/Pohlmann/*Looschelders*, § 22 Rn 30). Da es sich beim Bewusstsein des VN um eine innere Tatsache handelt, kann in der Praxis der Beweis regelmäßig nur durch einen Indizienbeweis geführt werden. Die äußeren Tatsachen hat der VR zu beweisen. Der VN hat die Gründe für die Falschbeantwortung darzulegen und einer Nachprüfung zugänglich zu machen (BGH, VersR 1997, 94, 95; KG, r+s 2005, 256; OLG Saarbrücken, VersR 2006, 254; OLG Frankfurt am Main, NVersZ 2001, 115, 116; OLG München, VersR 2000, 711, 712). Der VR trägt die Beweislast für die **Kausalität** (BK/*Voit*, § 22 Rn 33).

61 Der **VR** trägt die Beweislast für den **Zugang** der Anfechtungserklärung. Der **VN** trägt die Beweislast für **Verfristung**, also dass Anfechtung erst nach Ablauf der Frist des § 124 Abs. 1 BGB erklärt worden ist (OLG Hamm, 28.3.2014 – 20 U 166/08; OLG Köln, 13.11.1996 – 5 U 6/96 unter Hinweis auf BGH, NJW 1992, 2348 [nicht versicherungsrechtlich]).

62 Das OLG Saarbrücken (OLG Saarbrücken, VersR 2006, 681) hat entschieden, dass von einem **erfahrenen Versicherungsvertreter**, der nicht erkennbar am Abschluss provisionswirksamer Verträge „*um jeden Preis*" interessiert ist, und der bei dem Abschluss anderer VV zu einem Ausschluss führende Vorerkrankungen in aller Ausführlichkeit aufgenommen hat, nicht erwartet werden kann, dass er sich an den genauen Ablauf eines Jahre zurückliegenden Antragsgesprächs erinnert, wohl aber ihm grds. geglaubt werden kann, wenn er eine bestimmte regelmäßige Befragung von Versicherungsinteressenten und eine redliche Dokumentation ihrer Antworten bekundet. Diese Rechtsprechung ist problematisch, da sie nicht ohne Weiteres mit den tradierten Beweisregeln in Einklang zu bringen ist. Allerdings

wird man künftig berücksichtigen können, ob und inwieweit der Versicherungsvertreter (auch in anderweitiger Hinsicht) seiner Dokumentationsverpflichtung (§ 61 VVG) nachgekommen ist.

F. Abdingbarkeit

Von § 22 VVG kann **nicht zum Nachteil des VN** abgewichen werden (§ 32 S. 1 VVG). Ein im Voraus vereinbarter Ausschluss des Anfechtungsrechts aus § 123 Abs. 1 BGB ist unwirksam, wenn die Täuschung vom Geschäftspartner selbst oder von einer Person verübt wird, die nicht Dritter im Sinne des § 123 Abs. 2 BGB ist (BGH 21.9.2011 – IV ZR 38/09 m.w.N.). 63

§ 23 VVG Gefahrerhöhung

(1) Der Versicherungsnehmer darf nach Abgabe seiner Vertragserklärung ohne Einwilligung des Versicherers keine Gefahrerhöhung vornehmen oder deren Vornahme durch einen Dritten gestatten.

(2) Erkennt der Versicherungsnehmer nachträglich, dass er ohne Einwilligung des Versicherers eine Gefahrerhöhung vorgenommen oder gestattet hat, hat er die Gefahrerhöhung dem Versicherer unverzüglich anzuzeigen.

(3) Tritt nach Abgabe der Vertragserklärung des Versicherungsnehmers eine Gefahrerhöhung unabhängig von seinem Willen ein, hat er die Gefahrerhöhung, nachdem er von ihr Kenntnis erlangt hat, dem Versicherer unverzüglich anzuzeigen.

Übersicht

	Rdn
A. Grundlagen	1
I. Normzweck	1
II. Terminologie und Systematik	8
B. Norminhalt	13
I. Gefahrerhöhung: Allgemeines	13
II. Gefahrerhöhung durch leerstehende Immobilien?	17
III. Gefahrerhöhung durch Nutzungsänderung?	19
IV. Gefahrerhöhung durch geänderte Umstände aufseiten des VN?	23
V. Gefahrerhöhung durch nachteilige Absichten Dritter?	28
VI. Nachhaltigkeitskriterium: Eignung zur Dauerhaftigkeit	30
VII. Maßgeblicher Zeitpunkt	48
VIII. Möglichkeit der Gefahrkompensation	53
IX. Gefahrerhöhung und Allgemeine Versicherungsbedingungen	60
X. Subjektive Gefahrerhöhung (§ 23 Abs. 1 VVG)	77
1. Vornahme oder Gestattung einer Gefahrerhöhung	77
2. Arglistiger Kenntnisentzug	79
3. Verschulden	84
4. Mangelnde Zustimmung des Versicherers	95
5. Gefahrerhöhung durch Unterlassen	96
XI. Nachträglich erkannte, subjektive Gefahrerhöhung (§ 23 Abs. 2 VVG)	101
1. Vorbemerkungen	101
2. Nachträgliches Erkennen der Gefahrerhöhung	103

  3. Anzeigefrist 105
  4. Anzeige und anzeigepflichtiger Personenkreis 109
 XII. Objektive Gefahrerhöhung (Abs. 3) 112
  1. Fehlende Veranlassung durch den Versicherungsnehmer 112
  2. Anzeigefrist 118
  3. Anzeige und anzeigepflichtiger Personenkreis 120
 XIII. Die Gefahrerhöhung in den einzelnen Versicherungssparten 122
 XIV. Abgrenzungen 132
C. Rechtsfolgen 141
D. Prozessuales 142
E. Abdingbarkeit 144
F. Arbeitshilfen 145
 I. Einteilung der Gefahrerhöhungen i.S.d. § 23 VVG nach deren Eintrittsgrund 145
 II. Einteilung der Gefahrerhöhungen i.S.d. § 23 VVG nach dem Obliegenheitsgegenstand ... 146
 III. Einteilung der Gefahrerhöhung i.S.d. § 23 VVG nach Rechtsfolgen und deren Grundlage 147

A. Grundlagen

I. Normzweck

1 **Gefahr ist die Möglichkeit der Entstehung eines Bedarfs** (Bruck, Das Privatversicherungsrecht, S. 55). Ihre richtige Einschätzung ist für den VR nicht nur, aber gerade in Hinblick auf die Prämiengestaltung von größter Bedeutung. Den §§ 23 ff. VVG kommt deshalb vorrangig eine **Äquivalenzsicherungsfunktion** zu, die eine angemessene Relation zwischen der aufgrund des VV geschuldeten Prämie und des in ihm verkörperten Bedarfspotenzials gewährleisten soll (dazu etwa BGH VersR 2012, 1300). Gleichzeitig dienen die Vorschriften aber auch den Interessen des Versicherungsnehmerkollektivs, was sich insb. in der durch sie ermöglichten **Prämienoptimierungsfunktion** zeigt (Prölss, in: FS Larenz, S. 487, 497). Diese wird hergestellt, indem der VR aufgrund der §§ 23 ff. VVG nicht gehalten ist, schon vor Vertragsschluss – gleichsam „*sicherheitshalber*" – jede denkbare ungünstige Risikoentwicklung von vornherein in die Prämienkalkulation einfließen zu lassen oder sie auch nur in den AVB explizit zu benennen bzw. zu umschreiben. In der Praxis kann dies allerdings zu dem Problem führen, dass dem VN gar nicht klar ist, worin konkret eine Gefahrerhöhung liegt. In der Reformdiskussion wurde deshalb unter Anführung von Transparenzerwägungen vereinzelt gefordert, Sanktionen für Gefahrerhöhungen von einer vorherigen Vereinbarung zwischen dem VR und dem VN abhängig zu machen, wie dies etwa in der Lebensversicherung der Fall ist (vgl. Rdn 124). Dem lässt sich freilich entgegenhalten, dass damit eine wesentliche Funktion der Gefahrerhöhungsregeln, nämlich die Gewährung einer gesetzlich begründeten Reaktionsmöglichkeit des VR – auch und gerade – auf von ihm nicht bedachte oder nach den Umständen nicht zu bedenkende Gefahrentwicklungen, entwertet werden würde (zur Verwandtschaft des § 23 VVG mit § 313 BGB s. Rdn 4). Davon abgesehen wird den §§ 23 ff. VVG eine **Verhaltenssteuerungsfunktion** zugeschrieben (*Winter*, FS Möller, 1972, 537, 541; Prölss/Martin/*Armbrüster*, § 23 Rn 3 m.w.N.; S. *Reinhardt*, Die Gefahrerhöhung im deutschen Privatversicherungsrecht, 2015, 6).

2 Eine nach den §§ 23 ff. VVG relevante, nachteilige Entwicklung des potenziellen Versicherungsbedarfs (**Gefahrerhöhung**) kann jedenfalls zwei Ursprünge haben: Der Eintritt des

Versicherungsfalls an sich wird wahrscheinlicher (**Eintritts-** oder **Grundgefahr**) oder der zu erwartende Umfang desselben wird größer (**Umfangs-** oder **Auswirkungsgefahr**; vgl. dazu schon *Kisch*, Die Lehre von der Versicherungsgefahr, S. 480). Ob darüber hinaus die erhöhte Wahrscheinlichkeit einer ungerechtfertigten Inanspruchnahme des VR (**Vertragsgefahr** oder sog. **moralisches Risiko**) eine Gefahrerhöhung darstellt, ist streitig (dagegen m.w.N.: T. Honsell, VersR 1982, 112, 114 f.; mit der h.M. dafür: Prölss/Martin/*Armbrüster*, § 23 Rn 4; *Wandt*, Versicherungsrecht Rn 860 a.E.), spielt jedoch in der Praxis vielfach eine untergeordnete Rolle (vgl. Terbille/Höra/*W. Schneider*, § 9 Rn 223). Sofern man die Möglichkeit einer Gefahrerhöhung durch ungünstige Entwicklung der Vertragsgefahr bejaht, kommen insb. **subjektive Umstände** in der Person des VN in Betracht. Dies kann bspw. der Fall sein, wenn der Feuerversicherer Kenntnis von einer psychotherapeutischen Behandlung des VN wegen Pyromanie erlangt. Aber auch die **Mehrfachversicherung**, für die (im Bereich der Schadensversicherung) die §§ 77 ff. VVG sowie Sonderbestimmungen in den AVB zu beachten sind, soll ein Beispiel dafür sein (instruktiv Römer/Langheid/*Langheid*, § 23 Rn 42; eine Gefahrerhöhung durch Abschluss einer weiteren Berufsunfähigkeitsversicherung allerdings verneinend: OLG Hamm, VersR 1993, 1135). Die nach h.M. (s. MüKo/*Wrabetz/Reusch*, § 23 VVG Rn 23) **dreifache Stoßrichtung** der Regelungen über die Gefahrerhöhung gegen eine Steigerung der Eintritts-, Umfangs- und Vertragsgefahr zeigt Auswirkungen auf ihre **Definition** (s. Rdn 13), die auch unter dem Regime des VVG 2008 keine gesetzliche, sondern eine rechtsprechungsgeprägte bleibt. 3

Nach allgemein zivilrechtlichem Verständnis wäre bei Eintritt einer Gefahrerhöhung nach einem bestimmten Zeitpunkt (s. dazu Rdn 48) zunächst aufgrund der damit einhergehenden Beeinträchtigung der Äquivalenz von Leistung und Gegenleistung an eine **Störung der Geschäftsgrundlage** i.S.d. § 313 BGB zu denken. In der Tat stellen die §§ **23 ff. VVG** eine **spezialgesetzliche Ausprägung** dieses Gedankens dar (vgl. MüKo/*Wrabetz/Reusch*, § 23 VVG Rn 1 m.w.N.). Besonders anschaulich wird die **teleologische Verwandtschaft** (vgl. auch BGH VersR 1963, 429; BGHZ 7, 311, 318 = VersR 1952, 387: „*Sonderfall der Veränderung der Geschäftsgrundlage*") durch den neu eingefügten § 25 VVG, der – ganz i.S.d. von § 313 BGB primär angestrebten **Anpassung des Vertrages** – dem VR anstelle einer Kündigung die Erhöhung der Prämie oder den Ausschluss der Versicherung der erhöhten Gefahr zur Wahl stellt. Prägend ist ferner im Bereich des allgemeinen Vertrags-, wie im speziellen Versicherungsvertragsrecht das **Unzumutbarkeitskriterium**, welches voraussetzt, dass ein Festhalten am Vertrag zu untragbaren, insb. mit der (hier vorrangig: Prämien-) Gerechtigkeit nicht in Einklang zu bringenden Ergebnissen führen würde (vgl. BGH, NJW 1958, 1772). Hier wie dort ist für die Beurteilung der Unzumutbarkeit die **(primär vertragliche) Risikoverteilung** besonders zu berücksichtigen – Umstände, deren Fehlen oder Wegfall von vornherein in den Risikobereich des VR fällt, müssen deshalb außer Betracht bleiben (vgl. allg. *Looschelders*, Schuldrecht AT, 12. Aufl., Rn 756). Auch die **gesetzliche Risikoverteilung** ist stets zu beachten. So ist etwa für eine Berufung auf § 313 BGB kein Raum, wo (wie in der Krankenversicherung, vgl. Rdn 122) das VVG 4 bewusst dem VR das Risiko bestimmter nachträglicher Gefahrerhöhungen zuweist (vgl. BGH VersR 2012, 980; LMK 2012, 335528 [*Armbrüster*]; *Forschner*, ZJS 2013, 108).

5 Das mit den §§ 23 ff. VVG erreichte Ergebnis liegt – gleichsam i.S.e. gesetzlich fingierten *clausula rebus sic stantibus* – in der **Fixierung der Risikolage** (vgl. Prölss/Martin/*Prölss*, 28. Aufl., § 23 Rn 11) zu einem bestimmten Zeitpunkt (zu diesem s. Rdn 48). Insgesamt kann man von einer **doppelfunktionalen Natur der Gefahrerhöhungsregelungen** sprechen, die einerseits eine sinnvolle **Prämienkalkulation** ermöglichen und andererseits im Fall nachteiliger Veränderungen der als fixiert angenommenen Risikolage ein rechtliches **Reaktionsinstrumentarium** zur Verfügung stellen. Insofern sichern sie gleichermaßen Aktion wie Reaktion des VR.

6 Eine Reaktionsmöglichkeit im Fall unerwartet ungünstiger Risikolage können grds. auch die **vorvertraglichen Anzeigepflichten** gem. § 19 VVG zur Folge haben, weshalb auch insoweit eine teleologische Verwandtschaft gegeben ist (zum Ganzen auch *Heiss*, Verswiss. Studien 46, 2014, 55, 57 ff.). Während aber die Anzeigepflichten die angemessene Risiko- und damit Prämieneinstufung überhaupt erst ermöglichen, sollen die §§ 23 ff. VVG die Richtigkeit einer solchen Einstufung dauerhaft sicherstellen. Gemeinsam mit den vertraglichen Obliegenheiten i.S.d. § 28 VVG bilden sie eine **Klammer**, innerhalb derer die Risikokalkulation des VR erfolgen kann.

7 Obwohl bei der **vorläufigen Deckung** (§ 49 VVG) eine genaue Risikoprüfung unterbleibt, sind die Gefahrerhöhungsregelungen auch dort anwendbar (s. bereits zum Anwendungsbereich des VVG a.F. *Möller*, in: Bruck/Möller, § 23 Rn 7 mit Nachweis auf die Rspr. des RG).

II. Terminologie und Systematik

8 Die Terminologie im Bereich der Gefahrerhöhung ist teilw. uneinheitlich und nicht immer überzeugend. Gebräuchlich ist zunächst die Unterscheidung zwischen **subjektiver** (§ 23 Abs. 1 VVG) und **objektiver** (§ 23 Abs. 3 VVG) Gefahrerhöhung. Der erste Terminus soll die Fälle vom VN gewollter Gefahrerhöhungen, der zweite die unabhängig von seinem Willen eingetretenen erfassen. Eine gewisse **Zwischenstellung** nehmen dabei die vom VN vorgenommenen oder gestatteten Gefahrerhöhungen ein, die von ihm nicht als solche erkannt wurden (§ 23 Abs. 2 VVG). Sie werden weitgehend der subjektiven Gefahrerhöhung zugeordnet (so etwa Marlow/Spuhl/*Marlow*, Das Neue VVG kompakt, Rn 249: „**nachträglich erkannte, schuldlose subjektive Gefahrerhöhung**"), sind aber jedenfalls bei rechtsfolgenorientierter Betrachtung ein Unterfall der objektiven Gefahrerhöhung (s. dazu die Schemata in Rdn 145 ff.). Tatsächlich würde sich (auch mit Blick auf das seltene praktische Vorkommen dieser Konstellation) nicht nur eine Beseitigung des „*Sondertatbestandes*" des § 23 Abs. 2 VVG unter gleichzeitiger Ergänzung eines der beiden „*Grundtatbestände*" empfehlen, sondern auch eine einheitliche terminologische Erfassung. Die begriffsmäßige Zuordnung des § 23 Abs. 2 VVG zur subjektiven (häufig auch als „*willkürliche*", „*gewillkürte*" oder „*freiwillige*" bezeichneten) Gefahrerhöhung ist im Ergebnis nicht überzeugend, weil es dem Tatbestand mit Blick auf das Element „*Gefahrerhö-*

hung" gerade am charakteristischen Willenselement fehlt. Andererseits kann eine solche Zuordnung für sich immerhin die den Tatbeständen des § 23 Abs. 1 und 2 VVG gemeinsame **Mitwirkung des VN** an der Gefahrerhöhung in Anspruch nehmen.

Die für § 23 Abs. 1 VVG a.F. noch verwendete, wiewohl einhellig als *„wenig schön"* (*R.* 9 *Schmidt*, Die Obliegenheiten, 1953, S. 198) oder *„wenig deutlich"* (*Wandt*, Versicherungsrecht Rn 856) kritisierte, veraltete Bezeichnung der **Gefahrstandspflicht** sollte mit dem VVG 2008 endgültig aufgegeben werden.

Von der Gefahrerhöhung zu unterscheiden ist der **Gefahrwechsel**, der etwa vorliegt, wenn 10 der Berufshaftpflichtversicherte einen anderen als den ursprünglich versicherten Beruf ausübt. Die Regelungen über die Gefahrerhöhung sind hierauf nicht anzuwenden. Geht mit dem Gefahrwechsel ein Wegfall des (ursprünglich) versicherten Interesses einher, ist § 80 Abs. 2 VVG zu beachten (vgl. auch *Wandt*, Versicherungsrecht Rn 867).

Der u.a. in § 57 Abs. 1 VVG verwendete Begriff der **Gefahränderung** ist mit jenem 11 der Gefahrerhöhung **nicht deckungsgleich** (a.A. *Schwintowski*, § 57 Rdn 5; vgl. aber die Formulierung von § 132 Abs. 1 VVG: „*... die Gefahr erhöhen oder in anderer Weise ändern* ..."). Auf den **Gefahrwegfall** gelangen die §§ 23 ff. nicht zur Anwendung (vgl. BGH, VersR 1989, 351: Bereits vor dem Unfall gegebene, vollständige und dauerhafte Arbeitsunfähigkeit des Versicherten in der Unfallversicherung).

Die **Gefahrminderung** als begriffliches Gegenstück zur Gefahrerhöhung ist im Anwen- 12 dungsbereich der §§ 41 VVG S. 1 (Herabsetzung der Prämie) und § 158 Abs. 3 VVG (Gefahränderung in der Lebensversicherung) von Belang. Für die §§ 23 ff. VVG ist sie in Zusammenhang mit der **Gefahrkompensation** (dazu Rdn 53) zu prüfen.

B. Norminhalt

I. Gefahrerhöhung: Allgemeines

Eine Begriffsbestimmung ergibt sich infolge Fehlens einer Legaldefinition im Rückgriff 13 auf die ständige BGH-Rechtsprechung (BGHZ 7, 311, 317 = NJW 1952, 1291; BGHZ 2, 360 = NJW 1951, 714; VersR 1951, 67), die in Fortführung der Judikatur des RG (RGZ 156, 113; RGZ 150, 48; RGZ 73, 360) erging und nach der die Gefahrerhöhung zusammengefasst und an die mit Inkrafttreten des VVG 2008 geänderte Rechtslage angepasst wie folgt definiert werden kann:

> **Definitionsvorschlag**
> Unter **Gefahrerhöhung** versteht man eine nach Abgabe der Vertragserklärung des (späteren) VN eintretende, wesentliche Änderung gefahrerheblicher Umstände, wie sie zu diesem Zeitpunkt tatsächlich bestanden haben. Gefahrerheblichkeit setzt voraus, dass eine grds. Eignung vorhanden ist, einen neuen Zustand erhöhter Gefahr zu schaffen, der seinerseits geeignet ist, für eine gewisse Dauer die Wahrscheinlichkeit von Eintritt oder Ausmaß des Versicherungsfalls oder einer ungerechtfertigten Inanspruchnahme des VR ungünstig zu beeinflussen.

Die Gefahrerhöhung kann durch den Wegfall ursprünglich vorhandener, dem VV zugrunde 14 gelegter günstiger Umstände (Demontage einer Alarmanlage – vgl. § 6 Nr. 4a AERB 87; Abweichung von der Betriebsbeschreibung – vgl. Abschn. A § 12 Buchst. b) AERB 2010) oder durch das Hinzutreten neuer, ungünstiger Umstände (ein Haus verwahrlost völlig) bedingt sein, wobei für ihre Bejahung/Verneinung der erläuternden oder ergänzenden **Auslegung des Willens der Parteien**, insb. anhand der maßgeblichen AVB zentrale Bedeutung zukommt (vgl. auch § 27 VVG 2. Alt.: *„... wenn nach den Umständen als vereinbart anzusehen ist, dass die Gefahrerhöhung mitversichert sein soll."*). Auch kann derselbe Umstand (z.B. die täglich im Bett gerauchte „Einschlafzigarette") in einem Versicherungsverhältnis eine Gefahrerhöhung darstellen (z.B. in der Hausratversicherung) während dies in einem anderen nicht der Fall ist (z.B. in der reinen Erlebensversicherung). Es kommt somit ausschließlich auf die Möglichkeit einer Auswirkung auf das **konkret versicherte Risiko** an (sich anschließend *Segger/Degen*, in: Staudinger/Halm/Wendt, § 23 Rn 20). Dies ist typischer- aber nicht notwendigerweise der Fall, wenn sich der einer Gefahrerhöhung zugrunde liegende Sachverhalt bei entsprechender Kenntnis des VR in einer **erhöhten Prämie** oder einem **Gefahrausschluss** niederschlagen würde (vgl. insofern auch **§ 25 VVG** sowie unten § 27 Rdn 6). Problematisch erscheint, dass die Rspr. **zunehmend exklusiv** darauf abstellt (vgl. zuletzt BGH VersR 2012, 1300 sowie weitere Nachw. bei Prölss/Martin/*Armbrüster*, § 23 Rn 25), ob der VR (bei Kenntnis der Gefahrerhöhung) den Vertrag nicht oder nicht zu der vereinbarten Prämie abgeschlossen hätte. Tatsächlich sollte dieser Aspekt auf eine (freilich wichtige) Indizfunktion beschränkt bleiben, da daraus anderenfalls einseitige Beurteilungen und Unwägbarkeiten für den VN, der die Risikoprüfungsgrundsätze und Geschäftspolitiken des VR insofern nicht zu kennen braucht, resultieren können (vgl. auch unten Rdn 16 und 19).

15 Bei der Beurteilung einer Gefahrerhöhung i.S.d. § 23 VVG muss **§ 27 VVG** immer mitbedacht werden. Neben der dort ausdrücklich verankerten Beachtlichkeit des Parteiwillens, die zur **Mitversicherung** einer bestimmten Gefahrerhöhung führen kann, wird auch eine **Erheblichkeitsschwelle** normiert, unterhalb derer die §§ 23 ff. VVG nicht zur Anwendung gelangen (dazu jeweils § 27 Rdn 3 ff.). Die Abgrenzung gestaltet sich gerade bei der Frage der Mitversicherung mitunter durchaus diffizil (Römer/Langheid/*Langheid*, § 23 Rn 18 § a.E.: *„Richterrecht"*). Soweit im Folgenden von Gefahrerhöhung die Rede ist, ist ohne gesonderten Hinweis ausschließlich jene gemeint, die oberhalb der Erheblichkeitsschwelle und außerhalb der Mitversicherung einzuordnen ist.

16 Sachverhalte, bei denen das Vorliegen einer Gefahrerhöhung zu prüfen ist, weisen des Öfteren eine **beachtliche Bandbreite an Aspekten** auf, die innerhalb desselben Sachverhaltes für und gegen eine Gefahrerhöhung sprechen. Den Ausschlag für oder gegen eine Gefahrerhöhung muss dabei eine **wertende Gesamtbetrachtung aller Umstände** geben (BGH, VersR 2004, 895; vgl. auch MüKo/*Wrabetz/Reusch*, § 23 VVG Rn 25: *„Ob eine Gefahrerhöhung im Einzelfall vorliegt, ist eine Wertungsentscheidung."*; ebenso *Segger/Degen*, in: Staudinger/Halm/Wendt, § 23 Rn 16). **Ausgangspunkt** ist stets die Vertragsauslegung und dabei die Frage, welches Risiko(niveau) übernommen wurde (BGH VersR 2010, 944).

II. Gefahrerhöhung durch leerstehende Immobilien?

Besonders deutlich wird die Bandbreite berücksichtigenswerter Aspekte in den Fällen **leer stehender Gebäude oder Wohnungen**: Für sich genommen stellt nämlich das Leerstehen in der Wohngebäudeversicherung keineswegs notwendig eine Gefahrerhöhung dar, wenn man einmal bedenkt, dass damit Risiken, die typischerweise mit der Benutzung/Bewohnung einhergehen, wie etwa solche durch die Verwendung elektrischer Geräte, den Betrieb von Kaminen, durch Rauchen, Anzünden von Kerzen etc. geringer werden (vgl. OLG Celle, zfs 2009, 694; ferner OLG Rostock, VersR 2008, 72; OLG Köln, r+s 1986, 11: Gefahrerhöhung verneint bei Leerstehen von zwei rückseitig gelegenen Anbauten eines Wohngebäudes; unter bes. Voraussetzungen bejaht allerdings in OLG Saarbrücken, NJW-RR 2004, 1339 für leer stehende Zweitwohnung; vgl. weiter BGH, VersR 2005, 218 und zuletzt OLG Oldenburg, VersR 2016, 918). Anderes kann freilich gelten, wenn **ungünstige Umstände hinzutreten**, wie bspw. der **erhöhte Anreiz** für die **Inbesitznahme durch Obdachlose, Hausbesetzer** etc., die nach allg. Erfahrungsgrundsätzen die Wahrscheinlichkeit der Beeinträchtigung des versicherten Interesses erhöhen (vgl. BGH, VersR 1982, 466: Gefahrerhöhung bejaht bei abgelegener Objektlage am Ortsrand und augenfälliger Verwahrlosung; OLG Karlsruhe, VersR 1997, 1225: wegen fehlender Kenntnis des VN vom einsetzenden Verrottungs- und Verwilderungsprozess verneint; LG Darmstadt, zfs 2005, 352 [m. Anm. *Rixecker*, a.a.O., 353]: bejaht bei Verwahrlosung und jahrelangem Leerstehen infolge Todes der letzten Bewohner; vgl. weiter OLG Koblenz, VersR 2005, 1283; OLG Rostock, VersR 2008, 72: Gefahrerhöhung nur bei nach außen tretendem Verwahrlosungszustand des leer stehenden Gebäudes). Auch der **wiederholt unbefugte Aufenthalt** von unbeaufsichtigten Kindern und Jugendlichen kann eine Gefahrerhöhung darstellen (vgl. OLG Hamm, VersR 2006, 113; OLG Köln, VersR 1998, 1233: Gefahrerhöhung aus Beweisgründen verneint, wenn der VN Kenntnis von unbefugten Aufenthalten zwar im Rahmen polizeilicher Vernehmungen angibt, im Zuge der Schadensregulierung aber bestreitet). Gleiches gilt für eine **längere Nichtbeheizung** während der kalten Jahreszeit (vgl. OLG Hamm, VersR 1990, 86; weitere Fälle: LG Köln, VersR 1977, 466; OLG Hamm, VersR 1985, 378; OLG Düsseldorf, VersR 1997, 231; LG Bonn, zfs 2007, 158: Einstellung der Heizungsanlage auf „*Frostwächter*"; zuletzt OLG Oldenburg, VersR 2016, 918: maßgeblich für die notwendige Häufigkeit der Kontrolle der tatsächlichen Funktionsfähigkeit einer Heizungsanlage ist die Verkehrsanschauung und Lebenserfahrung insbesondere hinsichtlich des Alters der Anlage; s. zum Ganzen auch Veith/Gräfe/*Hoenicke*, § 2 Rn 253). 17

Demgegenüber kann weder von einem dauerhaften Leerstand noch von einer Gefahrerhöhung ausgegangen werden, wenn sich die bisherigen Mieter eines Wohnobjekts zwar aufgrund einer über sie verhängten U-Haft längere Zeit nicht mehr in demselben aufhalten können, allerdings weder endgültig ausgezogen sind noch ihren Hausrat aus dem Objekt entfernt haben und das Sozialamt die Miete bezahlt (OLG Celle, zfs 2009, 694). Bisweilen wird den Nachteilen des Leerstands mit der **Vereinbarung von Obliegenheiten** zu begegnen gesucht (vgl. Rdn 68); ein Bsp. dafür ist die (problematische) sog. „**72-Stunden-Klausel**", die namentlich in Österreich verbreitet ist. Nach ihr sind ab 72-stündiger Abwe- 18 senheit sämtlicher Gebäudebewohner, alle Wasserzuleitungen abzusperren und ggf. geeignete Maßnahmen gegen Frostschäden zu treffen. Eine fallweise Begehung genügt demgegenüber ausdrücklich nicht (s. aus der Rspr. etwa öOGH 7 Ob 16/11w vom 16.2.2011, Zak 2012, 223). Für Deutschland s. demgegenüber etwa § 14 Nr. 1 lit. b-c VGB 2010 [Wohnfläche] und Rdn 63. Zu beachten sind auch die **Herbeiführungsregeln**: Bei Nichtabsperrung bzw. -entleerung der wasserführenden Leitungen eines leer stehenden Hauses und gleichzeitig fehlender Beheizung wurde – gestützt auf **§ 81 Abs. 2 VVG** – eine Kürzung des VN-Anspruchs auf null (OLG Hamm, VersR 2013, 101; OLG Frankfurt, VersR 2013, 356) bzw. bei auf „*Frostwächterniveau*" eingestellter Heizanlage um 80 Prozent (OLG Brandenburg, r+s 2013, 24) für angemessen erachtet.

III. Gefahrerhöhung durch Nutzungsänderung?

19 Klar ist, dass die **geänderte Gebäudenutzung** eine Gefahrerhöhung darstellen kann (vgl. BGH, VersR 1966, 721: fabrikmäßige Herstellung chemischer Erzeugnisse in einem Wohnhaus). Problematisch erscheint aber, ob dies (wie von der Rspr. angenommen) etwa in der Feuerversicherung schon ganz grds. bei nachträglicher Einrichtung eines bordellartigen Betriebs („**Privatclub**") der Fall ist, ohne dass es auf die vorherige (angezeigte) Nutzung ankäme (s. aber LG Köln, VersR 1999, 1363, das eine Gefahrerhöhung u.a. deshalb bejaht, weil bei der vorherigen Nutzung als Einfamilienhaus die Besucherzahl gegenüber der späteren Nutzung als „*Privatclub*" signifikant geringer war). Demnach wird eine Gefahrerhöhung in der Rechtsprechung in den „Bordell-Fällen" **ganz generell bejaht** und zwar insb. unter Hinweis auf **Berührungspunkte zum kriminellem Milieu** (bestätigt in BGH, VersR 2012, 1300; OLG Hamm, r+s 2015, 235) und damit bspw. verbundene „*unkalkulierbare Brandgefahren*" (vgl. OLG Düsseldorf, r+s 1996, 147: Bezeichnung des Objekts im Versicherungsantrag als „Hotel Garni", tatsächlich bordellartiger Betrieb; Unbeachtlichkeit des Umstandes, dass der Brand von einem Nachbargebäude ausging). Dies würde indes die Richtigkeit der Hypothese voraussetzen, dass es tatsächlich in Bordellbetrieben statistisch häufiger zu Bränden oder vergleichbaren Schädigungen kommt als in anderen gewerblichen Beherbergungsbetrieben, was etwa in Fällen (immerhin) angezeigter Nutzung als „Bar", „Table-Dance-Lokal" oder „Diskothek" durchaus zweifelhaft sein kann. Jedenfalls sollte dem VN der Einwand der fehlenden objektiven Gefahrerheblichkeit (§ 27 Rdn 6) offenstehen. Der BGH stellt in explizitem Gegensatz zu der hier vertretenen Meinung bei der nachträglichen Nutzung als Bordell nicht auf die Erhöhung der Grund- oder Umfangsgefahr (vgl. Rdn 2), sondern darauf ab, dass „*Versicherer dieses Risiko jedenfalls entweder gar nicht oder zu deutlich höheren Tarifen versichern*" (BGH, VersR 2012, 1300, 1301). Dem zugrunde liege die (als plausibel eingeschätzte) „*Annahme von Versicherungsunternehmen, der Betrieb eines Bordells stelle aufgrund des damit oft verbundenen kriminellen Milieus eine Gefahrerhöhung dar*" (BGH, VersR 2012, 1300, 1301). Nach hier vertretener Auffassung besteht bei dieser Argumentation die Gefahr, tendenziell **zu einseitig bzw. zu exklusiv auf versichererseitige Einschätzungen** und Praktiken bei der Risikoprüfung abzustellen. Ihnen kann jedoch im Rahmen der §§ 23 VVG ff. nur **Indizfunktion** zukommen, den Ausschlag geben können sie für sich alleine genommen nicht (Looschelders/Pohlmann/

Looschelders, § 23 Rn 11; ebenso *Segger/Degen*, in: Staudinger/Halm/Wendt, § 23 Rn 22; Veith/Gräfe/*Hoenicke*, § 2 Rn 248). Ebenso wenig machen sie eine **Gesamtabwägung** entbehrlich (BGH, VersR 2004, 895). Sie sind Ausgangs- und nicht Endpunkt der Beurteilung (s. Rdn 16). Zu befürworten wäre eine sorgfältige **Überprüfung der empirischen Richtigkeit** der behaupteten Gefahrerhöhung anhand des konkreten Einzelfalls; bloße Einschätzungen und Prognosen des VR müssen widerleglich bleiben, der Empirie sollte im Rahmen der §§ 23 VVG ff. der Vorrang vor der Geschäftspolitik gebühren (vgl. auch Rdn 14; klar a.A. BGH, VersR 2012, 1300, 1301: auf statistische Wahrscheinlichkeiten komme es nicht an, maßgeblich seien die Tarifierungs- und Geschäftsgrundsätze). Dies sollte insbesondere (aber keineswegs nur) für die genannten Fälle gelten, bei denen der VR schon Kenntnis von einer Risikolage hatte, die mit jener nach erfolgter Nutzungsänderung vergleichbar war (zur gesteigerten Brandgefahr etwa bei Diskotheken-Betrieben BGH, VersR 2004, 895). Der BGH scheint demgegenüber pauschal auf Branchengrundsätze abzustellen und erachtet das Fehlen einer **Beweiserhebung** hinsichtlich der Risikoprüfungs- bzw. Vertragsschlussgrundsätze des konkreten Versicherers bei Bordellbetrieben als unproblematisch (BGH, VersR 2012, 1300, 1301;. zur Anzeigepflicht für Bordellbetriebe im Rahmen des **§ 19 VVG** schon, nach VVG a.F., BGH, VersR 1989, 398 sowie, nach geltendem Recht, BGH, VersR 2012, 1300).

Die **zeitweilige Vermietung** oder sonstige Überlassung eines Hauses an Feriengäste wird man im Zweifel nicht als anzeigepflichtige Gefahrerhöhung ansehen können; dafür spricht auch nicht die (ohnehin problematische) Annahme, Feriengäste würden sich aufgrund mangelnden Interesses am Gebäudeerhalt generell unvorsichtiger verhalten (so jeweils überzeugend OLG Oldenburg, VersR 2016, 918).

Für erhebliches **Medienaufsehen** haben Fälle gesorgt, in denen Versicherer unter Verweis auf eine Gefahrerhöhung Gebäudeversicherungen zu kündigen versucht hatten, weil der VN in den versicherten Gebäuden **Flüchtlinge** untergebracht hatte (vgl. etwa Die Zeit, Verlassen statt versichert, Ausgabe v. 14.4.2015). Der GDV sah sich zu einer Stellungnahme veranlasst (vgl. v. *Fürstenwerth*, Flüchtlinge: Wir sind in der Verantwortung, Kolumne vom 14.4.2015; abrufbar unter www.gdv.de). Tatsächlich wird man das Vorliegen einer Gefahrerhöhung in diesen Fällen selbstverständlich nicht nach der Flüchtlingseigenschaft, sondern nach den allgemein üblichen Faktoren wie etwa Widmungszweck und Eignung des Unterbringungsortes, Anzahl der untergebrachten Personen, Nachhaltigkeit der Gefahrerhöhung (siehe Rdn 30) usw. zu beurteilen haben.

Zur Gefahrerhöhung in der **Feuerversicherung** eingehend *Wussow*, VersR 2001, 678 und eingehend MüKo/*Wrabetz/Reusch*, § 23 VVG Rn 171 ff.

IV. Gefahrerhöhung durch geänderte Umstände aufseiten des VN?

Sehr sorgsamer Prüfung bedarf die Frage, in welchen Konstellationen die Veränderung von Umständen, die in der Person des VN begründet sind (sog. **subjektive Umstände**) zu einer Gefahrerhöhung führen können, was zunächst – sofern die Gefahr ausschließlich in einer ungerechtfertigten Inanspruchnahme des VR besteht – vorausgesetzt, dass man eine 3-fache

Stoßrichtung der Gefahrerhöhungsregeln überhaupt anerkennt (dazu bereits Rdn 3; anders offenbar VersR-Hdb/*Hahn*, § 20 Rn 3). So sollen **Alkoholismus** (vgl. Prölss/Martin/*Armbrüster*, § 23 Rn 21) und **kriminelle Neigungen** eine Gefahrerhöhung darstellen können (so noch *Möller*, in: Bruck/Möller, § 23 Rn 8: „*Neigung zu Brandlegungen oder anderen Ungesetzlichkeiten*"). Gerade Letzteres wird aber nur selten eine konkrete Gefahrerhöhung begründen können, wenn man die entsprechenden „Neigungen" nicht allzu vorschnell als relevant erachtet (vorbildlich insofern OLG Schleswig, VersR 1984, 954: *„Mit dem Hinweis auf die Vorverurteilungen ist somit nicht die ständige Gefahr der Begehung neuer Straftaten dargelegt."*). Zweifelhaft erscheint auch, ob man aus einer Verurteilung wegen Brandstiftung hinsichtlich irgendeines Gebäudes tatsächlich mit hinreichender Sicherheit auf eine Erhöhung der Gefahr der Eigenbrandstiftung und damit auf die gesteigerte Wahrscheinlichkeit ungerechtfertigter Inanspruchnahme des VR schließen kann.

24 Demgegenüber nicht zu bezweifeln ist die grds. Gefahrerhöhungseignung von nachträglich eingetretener **Fehlsichtigkeit** des VN etwa in der Kfz-Haftpflichtversicherung. Ebenfalls klar ist, dass diese Gefahr durch Einsatz eines Sehbehelfs kompensiert (dazu Rdn 52 ff.) werden kann. Die Rechtsprechung (vgl. nur BGH, VersR 1965, 654; OLG Koblenz, VersR 1972, 921) verlangt für die Bejahung einer Gefahrerhöhung ein **dauerhaftes** Fahren ohne einen solchen Sehbehelf.

Hinweis
Solange in der Rechtsprechung eine Gefahrerhöhung erst dann als gegeben erachtet wird, wenn feststeht, dass der fehlsichtige VN **ständig** ohne Brille, Kontaktlinsen und dergleichen das versicherte Kfz gesteuert hat, werden die Rechtsfolgen der Gefahrerhöhungsregelungen kaum jemals eintreten, weil der entsprechende Beweis vom VR regelmäßig nur sehr schwer erbracht werden kann.

25 Harrer (BK/*Harrer*, § 23 Rn 38 a.E.) schlägt deshalb eine **Änderung der Beweislastverteilung** dahingehend vor, als der VN das bloß ausnahmsweise Fahren ohne Sehbehelf zu beweisen habe. Dieser Vorschlag ist freilich mit dem allgemeinen Grundsatz, wonach der VR das Vorliegen der Gefahrerhöhung zu beweisen hat (vgl. Rdn 143) schwerlich vereinbar (zur Vertiefung: *Feyock/Jacobsen/Lemor*, Kraftfahrtversicherung, § 2b AKB Rn 75 ff. und Vorbemerkung Abschnitte D. und E. Rn 1 ff.).

26 Auch für die Bejahung einer Gefahrerhöhung durch VN, die an **Epilepsie** (OLG Stuttgart, VersR 1997, 1141; vgl. allg. zur Problematik *Warzelhan/Krämer*, NJW 1984, 2620) oder **Schizophrenie** (OLG Hamm, VersR 1985, 751; VersR 2000, 46: Verneint bei „nur" zwei aufeinander folgenden Fahrten) leiden, **alkoholisiert** sind (schon in BGHZ 7, 311, 322 = NJW 1952, 1291 verneint bei einer „einmaligen Trunkenheitsfahrt" des VN; ebenso BGH, VersR 1971, 808 bei Überlassung des Kfz an durch Alkoholgenuss fahruntauglichen Fahrer; ganz unabhängig davon zu beachten [s. Rdn 74] ist allerdings die „**Trunkenheitsklausel**" i.S.d. § 2b Abs. 1 Buchst. e) AKB 2004 bzw. D.2.1 i.V.m. D.3 AKB 2008 bzw. D.1.2/D.1.3 i.V.m. D.2 AKB 2015; vgl. i.Ü. § 5 Abs. 1 Nr. 5 KfzPflVV) oder **unter Medikamenteneinfluss** stehen (OLG Düsseldorf, VersR 2005, 348: Fahrt nach vorangegangener, überdosierter Einnahme eines Psychopharmakons), setzt die Rechtsprechung für die Bejahung einer Gefahrerhöhung ein **wiederholtes** Fahren trotz dieser Gebrechen voraus. Auch **Übermüdung** kommt nach der Judikatur als Gefahrerhöhung nur in Betracht, wenn es sich um eine

ständige handelt (verneint in BGH, VersR 1971, 433: Überschreitung der täglichen Lenk- und Arbeitszeiten eines Lastzugfahrers bei gleichzeitig „nur" zweimaliger Nichteinhaltung der Mindestruhezeiten).

Persönliche (Charakter-)Eigenschaften des VN sollten nur ausnahmsweise eine Gefahrerhöhung begründen können (siehe zuvor Rdn 23). Für bloße **Absichten** oder **Pläne** des VN muss dies in noch gesteigertem Maße gelten. Gefahrerhöhungen setzen eine **Auswirkung in der Realität** voraus (ebenso *Prölss*, VersR 2004, 576: „*Erfordernis der realen Gegenwärtigkeit*", und Prölss/Martin/*Armbrüster*, § 23 Rn 35 ff.; S. *Reinhardt*, ZVersWiss (2014) 505, 510 f.: „*nach außen erkennbare Ernsthaftigkeit des Entschlusses*"), bloß **gedachte Risikoerhöhungen** sind demggü. schon rechtspraktisch kaum zu handhaben und jedenfalls regelmäßig mit zu vielen Unsicherheitsfaktoren behaftet: Die einmal erwogene Sachbeschädigung muss keineswegs umgesetzt, vielmehr kann von dem Plan ohne Weiteres abgerückt werden. Überhaupt wird vielfach die erforderliche „Stabilisierung auf erhöhtem Niveau" fehlen, zumal ein reiner Plan ohne jede Vorbereitungs- oder Ausführungshandlung selten geeignet sein wird, die Grundlage eines selbstständigen natürlichen Gefahrenverlaufs zu schaffen – daher zu Recht eine Gefahrerhöhung verneinend OLG Köln, r+s 1990, 421 bei bloßer **Absicht einer Nutzungsänderung** (Sexclub statt Bowling-Center). Dennoch soll schon die „manifest gewordene" Absicht des VN, den Versicherungsfall herbeizuführen, eine Gefahrerhöhung darstellen können (Prölss/Martin/*Prölss*, 28. Aufl., § 23 Rn 22 a.E.). Die Rechtsprechung haben v.a. sog. **Brandreden** (Ankündigung oder ernsthafte Erwägung bzw. Aufforderung zu einer Brandstiftung) beschäftigt (dazu Sieg, VersR 1995, 369; Gefahrerhöhung bejaht in OLG Schleswig, VersR 1992, 1258 bei sich über einen längeren Zeitraum wiederholender, ernst zu nehmender Darstellung einer Brandstiftungsmethode, die keine Spuren hinterlasse; vgl. weiter etwa LG Hannover, VersR 1958, 12; OLG Celle, VersR 1961, 364; LG Bonn, NJW-RR 87, 867: Bejaht bei ggü. der Ehegattin geäußertem Wunsch des VN, sein Haus möge abbrennen; zu Recht einschränkend bei unter Alkoholeinfluss getätigten Äußerungen OLG Düsseldorf, VersR 1997, 231 unter Verweis auf OLG Hamm, VersR 1994, 1419).

V. Gefahrerhöhung durch nachteilige Absichten Dritter?

Besondere Zurückhaltung ist weiter bei der Qualifikation von Plänen oder Absichten Dritter (regelmäßig **Drohungen** im Zuge von **Erpressungen** oder **Nötigungen**) als (objektive) Gefahrerhöhung geboten (vgl. dazu eingehend *Prölss*, NVersZ 2000, 153, 156 ff.). So hat der BGH in seiner Entscheidung, VersR 1999, 484 bei der Drohung des verlassenen Ehemannes, sich und das Haus der Gattin (VN) in die Luft zu sprengen, zu Recht festgestellt, dass sich eine solche Drohung primär gegen die Person des VN richte und (in casu) nicht mit ausreichender Sicherheit feststehe, ob es dem Drohenden tatsächlich auf die Zerstörung des Gebäudes ankomme, was aber Voraussetzung für einen neuen Zustand erhöhter Gefahr sei. Demgegenüber wurde früher teilweise recht pauschal eine Anzeigepflicht des VN im Fall von Kenntnis von Brandreden Dritter befürwortet (so LG Kassel, r+s 1977, 84; auch OLG Düsseldorf, VersR 1963, 56 hat eine Anzeigepflicht bei ernst zu nehmenden [hierfür komme es auf die Grundsätze der Lebenserfahrung an] Sprengdrohungen des Ehegatten bejaht). Gelegentlich wird bei Drohungen Dritter deren **Mitversicherung** i.S.d. § 27 VVG 2. Alt. (dazu § 27 Rdn 4 ff.) übersehen: So wäre etwa der in der Hausratversicherung enthaltene Schutz vor Vandalismusschäden weitgehend entwertet, wenn der auf Herbeiführung des Versicherungsfalls gerichtete (bloße) **Entschluss** des Dritten eine anzeigepflichtige objektive Gefahrerhöhung darstellen würde – zu Recht verneint daher von OLG Karlsruhe, VersR 1998, 625, nach dem eine relevante Gefahrerhöhung ausscheidet, wenn zwar der Eintritt des Versicherungsfalls durch den Entschluss des Dritten objektiv wahrscheinlicher, aber im versicherungsrechtlichen Sinn das Risiko nicht erhöht wird, weil die Gefahr vorsätzlicher Beschädigung durch Dritte von Anfang an (mit-)versichert war (s. auch MüKo/*Wrabetz/Reusch*, § 23 VVG Rn 105 a.E.; *Reusch*, VersR 2011, 13, 14 ff.; *Looschelders/Weckmann*, VersR 2010, 1446, 1447 f.). Eine Mitversicherung der fraglichen Gefahrerhöhung kann ferner v.a. dann vorliegen, wenn die angedrohte Herbeiführung des Versicherungsfalls durch Dritte *nicht* wirksam von der Deckung ausgeschlossen werden könnte (vgl. nur *Prölss*, NVersZ 2000, 153, 159, der deshalb den Entschluss eines Dritten zur Brandstiftung grds. als mitversicherte Gefahrerhöhung in der Feuerversicherung ansieht; ebenso VersR-Hdb/*Hahn*, § 20 Rn 26 a.E.). Demgegenüber kann bei einer Versicherung des Einbruchdiebstahls- und/oder Vandalismusrisikos eine objektive Gefahrerhöhung zu bejahen sein, wenn dem VN zum Zweck der **Schutzgelderpressung** mehrfach telefonisch die Beschädigung des Versicherungsgegenstands angedroht wird und die Bedrohung zumindest einmal in die Tat umgesetzt wird (vgl. BGH, VersR 2010, 1032). Vor jeglicher Realisierung eines bloß angedrohten Übels kann jedoch von einer Kenntnis des VN, nach der sich die Gefahrenlage nachhaltig ungünstig verändert hat, keine Rede sein, zumal „ein allgemeiner Erfahrungssatz, dass Schutzgelderpresser regelmäßig bereit sind, ihre Drohung im Falle der Nichtzahlung des Erpressungsopfers wahr zu machen" nicht existiert (BGH, VersR 2010, 1032). Wenn hingegen im Zuge der Erpressungsversuche ein Versicherungsfall eintritt und noch dazu die Drohungen fortgesetzt bzw. intensiviert werden, besteht jedenfalls eine Anzeigepflicht gegenüber dem VR. Diesem steht ein Kündigungsrecht gem. § 24 Abs. 2 VVG sowie (davon unabhängig) in der Sachversicherung aufgrund des eingetretenen Versicherungsfalls (§ 92 VVG) zu. Eine auf **rechtspolitische Gründe** gestützte Übernahme der erpressungsbedingt erhöhten Gefahr durch den VR wird sowohl von Lehre als auch Rspr. abgelehnt (vgl. *Reusch*, VersR 2011, 13, 20 f.; *Looschelders/Weckmann*, VersR 2010, 1446, 1448; BGH, VersR 2010, 1032).

29 In jüngerer Zeit haben in diesem Zusammenhang auch drohende **Terroranschläge** an Bedeutung gewonnen. Eine Gefahrerhöhung durch die Ereignisse des 11. Sept. 2001 wurde betreffend eine Ausfallversicherung von sportlichen Großereignissen in einer Entscheidung des LG München (NVersZ 2002, 454) **verneint** (dagegen *Langheid*, NVersZ 2002, 433; wohl auch VersR-Hdb/*Hahn*, § 20 Rn 27; **a.A.** *Beckmann*, ZIP 2002, 1125); vgl. aber auch den Parallelfall des LG Köln, r+s 2005, 345 (zur Frage der Gefahrerhöhung zweifelnd, im Ergebnis jedoch offen lassend, wenngleich das Kündigungsrecht des VR aus anderem Grund, nämlich wegen eines vorangegangenen Bestätigungsschreibens über die Aufrechterhaltung des Vertrages und der damit verbundenen Verwirkung ebenfalls verneinend). Grds. wird eine terroristische Bedrohung rechtlich wie eine „sonstige" Drohung Dritter zu

behandeln sein, was im spezifischen Fall der Ausfallversicherung von Großereignissen in Anbetracht der Tatsache, dass solche Risiken dort keineswegs neu, wenn nicht sogar typischerweise Versicherungsgegenstand sind, tendenziell eher für eine mitversicherte und damit **gegen eine unversicherte Gefahrerhöhung** spricht (differenzierend, aber im Ergebnis ebenfalls gegen eine unversicherte Gefahrerhöhung MüKo/*Wrabetz/Reusch*, § 23 VVG Rn 240 f.; i.Ü. vgl. eingehend *Caninenberg*, Die Sportveranstaltungsausfallversicherung, 201 ff. sowie allg. zu Ausschlussklauseln für Terrorrisiken *Fricke*, VersR 2002, 6).

VI. Nachhaltigkeitskriterium: Eignung zur Dauerhaftigkeit

Die Rechtsprechung fordert für das Vorliegen einer Gefahrerhöhung die **Eignung** des betroffenen Umstandes, die Risikolage für zumindest eine **gewisse Dauer** ungünstig zu verändern (**Nachhaltigkeit**). Hier tritt die bereits erörterte Äquivalenzsicherungsfunktion (Rdn 1) deutlich zutage, die es verbietet, Verschiebungen der Risikolage auf ein höheres Niveau folgenlos hinzunehmen. Dies erscheint wegen des fehlenden Prämienäquivalents dem VR und der Versichertengemeinschaft ggü. unzumutbar. Darauf aufbauend könnte man sagen: Eine Gefahrerhöhung liegt nur dann vor, wenn sie (wäre sie dem VR bekannt) den Abschluss des VV insofern beeinflussen würde, als dieser gar nicht oder nicht zu vorliegenden Konditionen (insb. Prämie, Reichweite der Risikoausschlüsse) zustande kommen würde (vgl. auch § 27 Rdn 6). Eine nur **momentan** ungünstige Veränderung der Risikolage wird solchen Einfluss regelmäßig nicht zeigen. Entsprechend der bis heute maßgeblichen, bilderreichen Beschreibung der Eignung zur Dauerhaftigkeit ist eine solche nach BGH (BGHZ 7, 311, 318 = VersR 1952, 387) zu bejahen, wenn *„die Gefahrenlage auf ein neues, höheres Niveau emporsteigt, auf dem sie sich ebenso wie auf dem bisherigen stabilisieren und die Grundlage eines neuen, natürlichen Gefahrenverlaufs bilden kann"* (zum Ganzen s. auch MüKo/*Wrabetz/Reusch*, § 23 VVG Rn 35 ff.; *Armbrüster*, Privatversicherungsrecht, Rn 1129).

Demnach stellt etwa das **einmalige „Legen" eines Haustürschlüssels** unter eine Fußmatte mangels Eignung, die Gefahrenlage auf erhöhtem Niveau zu stabilisieren (OLG Köln, r+s 1990, 421), keine Gefahrerhöhung dar, während dies bei andauernder dortiger „Verwahrung", die ein Zurücksinken der Gefahrenlage auf ihr ursprüngliches Niveau durch Wegnahme des Schlüssels verhindert, durchaus der Fall wäre. Auch das **einmalige Zurücklassen** eines **Notebooks**, einer **Digitalkamera** und dergleichen in einem Kfz ist noch keine Gefahrerhöhung (wohl aber i.d.R. grob fahrlässig i.S.d. § 81 Abs. 2 VVG; vgl. für viele – noch zu § 61 VVG a.F. – etwa AG Berlin-Tempelhof-Kreuzberg, VersR 2007, 206); anderes gilt wiederum, wenn das Stadium der **Gewohnheit** erreicht wird (ebenso *Segger/Degen*, in: Staudinger/Halm/Wendt, § 23 Rn 32). Bei dauerhaft, aber nur **verborgen** zurückgelassenen Gegenständen (z.B. permanente Aufbewahrung des **Kfz-Scheines,** Zulassungsbescheinigung Teil I, im Handschuhfach bzw. hinter der Sonnenblende, vgl. noch OLG Celle, VersR 2008, 204 [mit krit. Anm. *M. Schmid,* 471] – Gefahrerhöhung bejaht; zu Recht verneint bei bloß gelegentlicher Aufbewahrung hinter der Sonnenblende in OLG Koblenz, r+s 2002, 448; ebenso bei nicht erwiesener, dauerhafter Aufbewahrung OLG Karlsruhe, r+s 2015, 226; eine Gefahrerhöhung selbst bei dauernder Aufbewahrung des

Kfz-Scheins im Fahrzeug zu Recht verneinend *M. Schmidt*, VersR 2008, 471; ebenso OLG Bremen, SVR 2011, 259; OLG Oldenburg, VersR 2011, 256 und OLG Hamm, r+s 2013, 373; wohl auch LG Dortmund, VuR 2010, 319; offen lassend OLG Celle, r+s 2011, 107; s. allg. zur Problematik Rüffer/Halbach/Schimikowski/*Karczewski*, § 23 Rn 29 ff.) stellen sich regelmäßig schwierige und nicht immer ausreichend beleuchtete **Fragen des Kausalitäts(gegen)beweises** i.S.d. § 26 Abs. 3 Nr. 1 (Kausalität bei Fahrzeugdiebstahl unter Verwendung eines im Kfz versteckten Zweitschlüssels bejaht in OLG Koblenz, VersR 1998, 233), die nach Einführung des **Proportionalitätsprinzips** (s. dazu § 26 Rdn 16) noch schwieriger zu beurteilen sein können (vgl. auch BGH, VersR 1986, 962). Die diesbezüglich v.a. im Bereich der Herbeiführung des Versicherungsfalls (§§ 81, 103 VVG) weitläufige Rechtsprechung ist keineswegs einheitlich (s. die Übersichten bei Römer/Langheid/ *Langheid*, § 81 Rn 67 ff. und die Analyse von MüKo/*Wrabetz/Reusch*, § 23 VVG Rn 131 ff.). Die Schwierigkeit der Kausalitätsfragen sollte nicht zu ihrer allzu leichtfertigen Bejahung verleiten. So ist etwa im Fall des im Fahrzeug befindlichen Kfz-Scheines zu beachten, dass dieser Umstand „*nur in einer verschwindend geringen Anzahl der Entwendungsfälle überhaupt eine Rolle spielt*" (zutreffend LG Dortmund, VuR 2010, 319). Demgegenüber stellen sich Kausalitätsprobleme von vornherein nicht, wenn sich der Kfz-Schein nur **zufällig** bzw. ausnahmsweise im Entwendungszeitpunkt im Fahrzeug befunden hat und deshalb eine nachhaltige Gefahrerhöhung ausscheidet (LG Berlin, Schaden-Praxis 2015, 124).

> **Praxistipp**
> Die zentrale Bedeutung des Nachhaltigkeitskriteriums kann **anwaltliche Belehrungspflichten** gegenüber dem Mandanten begründen. Dementsprechend kann Anlass dazu bestehen, dem Mandanten gegenüber die Implikationen insbesondere mit Blick auf eine evtl. Leistungsfreiheit verständlich darzustellen. Behauptet der VR im Widerspruch zur Mandantenschilderung die Verwirklichung des Nachhaltigkeitskriteriums, so ist dies selbstverständlich in geeigneter Form zu bestreiten. Bei Bestehen einer Belehrungspflicht ist die **Dokumentation** ihrer Erfüllung vorteilhaft. Anderenfalls besteht die Gefahr wegen behaupteter pflichtwidriger Unterlassung dieser Belehrung in Anspruch genommen zu werden (so geschehen in OLG Celle, VRR 2011, 108 [im Ergebnis wegen Zweifeln an der Kausalität der behaupteten Pflichtverletzung erfolglos]).

32 Die Nachhaltigkeitsanforderungen sind auch für gefahrerhöhungsbezogene **Vereinbarungen** maßgeblich; so wird man bspw. im Bereich der sog. **Nichtrauchertarife** in der Lebensversicherung eine Gefahrerhöhung bei bloß einmaligem Tabakkonsum ebenso verneinen müssen (a.A. LG Coburg, NJOZ 2007, 2231, 2232; vgl. § 27 Rdn 3) wie bei einem einmaligem Verstoß gegen die Garagierungspflicht bei entsprechenden **Garagentarifen** (ebenso jeweils *Armbrüster*, r+s 2013, 209, 215 f. m.w.N.). Zur Frage der Gefahrerhöhung durch nachhaltig gestörte Datenübermittlung bei sog. **Telematik-Tarifen** in der Kfz-Versicherung (*Klimke*, r+s 2015, 217, 223 f.).

33 Es wurde bereits oben (s. Rdn 30) klargestellt, dass es für die Bejahung eines Gefahrerhöhungssachverhaltes *nicht* auf seine **tatsächliche Dauer**, sondern darauf ankommt, ob er überhaupt **geeignet** ist, eine dauerhafte (Verschiebungs-) **Wirkung** auf die gedanklich fixierte Risikolage zu entfalten (anschaulich bereits OLG Celle, VersR 1955, 169). Dies kann ohne weiteres nicht nur bei sich wiederholenden, sondern auch bei bloß **einmaligen**

Vorgängen zu bejahen sein (vgl. BGH, VersR 1951, 67: Einmalige Beimischung von Benzin in einer Reinigungsanlage, wenn Reste aus technischen Gründen einige Zeit in der Anlage verbleiben). Demgegenüber wird eine Gefahrerhöhung bei nur punktuellen **Gefahrsteigerungen**, also solchen, die die Gefahr nur für einen von vornherein absehbar kurzen Zeitraum erhöhen (LG Karlsruhe, r+s 1986, 170) regelmäßig zu verneinen sein (vgl. BK/ *Harrer*, § 23 Rn 5: *„spricht für die Annahme, dass eine Risikoänderung im üblichen Sinn vorliegt"*). Weil es somit nicht zwingend, wenngleich wohl überwiegend auf die Dauer des der Gefahrerhöhung zugrundeliegenden Vorgangs ankommt, könnte man besser verständlich von einem **Nachhaltigkeitskriterium** sprechen. Damit würde auch der Unterschied zwischen einer bloß **ursachen-** und der hier maßgeblichen **wirkungsorientierten Betrachtung** des Gefahrerhöhungssachverhaltes stärker hervortreten. Außerdem leuchtet es bei einem solchen Verständnis eher ein, dass selbst eine Ursache von sehr kurzer zeitlicher Ausprägung bei nachhaltigen Konsequenzen ohne weiteres als Gefahrerhöhung zu qualifizieren ist (ebenso *Segger/Degen*, in: Staudinger/Halm/Wendt, § 23 Rn 32).

Die Rechtsprechung (vgl. etwa BGHZ 23, 142, 147), die bisher überwiegend nur auf die Dauer des zugrunde liegenden Vorgangs abstellt, hat als „Richtschnur" zur Unterscheidung zwischen irrelevanter Gefahrsteigerung und relevanter Gefahrerhöhung in Anlehnung an § 23 Abs. 2 VVG a.F. geprüft, ob eine Anzeige der Gefahrerhöhung schon aus zeitlichen Gründen sinnlos gewesen wäre, was der Fall sei, wenn wegen der kurzen Dauer des Zustands erhöhter Gefahr faktisch keine Möglichkeit zur Anzeige bestanden habe. Bejahendenfalls liege i.d.R. *keine* Gefahrerhöhung vor. Eine darauf abstellende Unterscheidung ist aus mehreren Gründen, insb. aber darum zu kritisieren, weil es jedenfalls im Anwendungsbereich des § 23 Abs. 1 VVG, dessen Stoßrichtung im Unterschied zu § 23 Abs. 2 VVG auf Unterlassung und nicht auf Anzeige abzielt, *nicht* auf die Möglichkeit der Erwirkung einer Einwilligung ankommt (ablehnend auch Prölss/Martin/*Armbrüster*, § 23 Rn 34, diesbezüglich eindeutig auch BGHZ 7, 311, 319 = NJW 1952, 1291; **krit.** ferner BGH, VersR 1971, 407, 408: *„kein ausnahmslos geltender Maßstab"*). 34

Die zentrale Bedeutung des Erfordernisses der Eignung, die Gefahrenlage nicht nur momentan, sondern **nachhaltig** ungünstig zu verändern, liegt in seiner **Ausschlusswirkung** (zust. Rüffer/Halbach/Schimikowski/*Karczewski*, § 23 Rn 13): Nicht nur die Fälle bloß kurzfristiger Gefahrsteigerung, sondern die Gefahrerhöhungssanktionen insgesamt sollten nämlich – zugunsten anderer, sachadäquaterer – Normen ausgeschlossen sein, wenn der betroffene Umstand die Risikolage *nicht* nachhaltig ungünstig beeinflusst hat. Insofern ist das Nachhaltigkeitselement durchaus auch durch die berechtigten Interessen des VN legitimiert (treffend *Wandt*, Versicherungsrecht Rn 863). Gerade das Verhältnis zu den Herbeiführungsregeln (vgl. §§ 81, 103 VVG bzw. §§ 61, 152 VVG a.F.) hat die Rechtsprechung in diesem Zusammenhang intensiv beschäftigt. Ihre Intention, die §§ 23 ff. VVG a.F. ggü. den – grds. nebeneinander anwendbaren (vgl. zu dieser sog. **„Einwendungskonkurrenz"** etwa *Matusche-Beckmann*, in: Bruck/Möller, § 23 Rn 68; MüKo/*Wrabetz/ Reusch*, § 23 VVG Rn 126; *Segger/Degen*, in: Staudinger/Halm/Wendt, § 23 Rn 104; Rüffer/Halbach/Schimikowski/*Karczewski*, § 23 Rn 5; OLG Karlsruhe, r+s 2015, 226; OLG Brandenburg, r+s 2013, 24; für ein Nebeneinander bereits RGZ 150, 48 sowie *Kisch*, 35

Hb II, S. 561) – Normen über die Herbeiführung des Versicherungsfalls zurückhaltend heranzuziehen, mag bisweilen überdeutlich zum Ausdruck gelangt sein. Allerdings: Im Kern hatte die Zurückhaltung eindeutig ihre Berechtigung, wenn man sich vor Augen hält, dass nach der Rechtslage im Anwendungsbereich des VVG a.F. schon eine **einfach fahrlässige** Gefahrerhöhung zur vollen Leistungsfreiheit führte („Alles-oder-Nichts-Prinzip"), während der Tatbestand des § 61 VVG a.F. zumindest eine **grob fahrlässige** oder nach § 152 VVG a.F. **vorsätzliche** Herbeiführung des Versicherungsfalls für dieselbe Rechtsfolge voraussetzte. Auch nach heutiger Rechtslage wäre nicht einzusehen, warum ein VN in Anwendung der Gefahrerhöhungsregelungen einen Versicherungsschutz wegen grob fahrlässiger Ingangsetzung einer zum Versicherungsfall führenden Ursachenkette verlieren sollte, wenn § 103 VVG diesen ausdrücklich erst bei vorsätzlicher Herbeiführung entfallen lässt (überzeugend *Wandt*, Versicherungsrecht Rn 865).

36 Hätte man demnach in den vom VN herbeigeführten Versicherungsfällen regelmäßig und ohne Nachhaltigkeitskriterium – auch – eine Gefahrerhöhung bejaht, wäre innerhalb der Schadensversicherung wenig Anwendungsbereich für die §§ 61, 152 VVG a.F. verblieben, weil sich die VR naheliegender Weise überwiegend auf eine Obliegenheitsverletzung i.S.d. § 23 VVG berufen hätten. Dies wiederum hätte vielfach zu einer **Aushöhlung der Herbeiführungsregeln**, die auch dogmatisch auf einem ganz anderen Gedanken, nämlich auf einem subjektiven Risikoausschluss anstatt einer sanktionierten Obliegenheitsverletzung beruhen (dazu nur *Lorenz*, VersR 2000, 2; bei grober Fahrlässigkeit teilw. **a.A.** *Neumann*, Abkehr vom Alles-oder-Nichts-Prinzip, S. 169 f.), geführt, die höchst problematisch wäre (ebenso schon BGHZ 2, 360, 365). Bei allem darf indes nicht vergessen werden, dass Risiken i.V.m. Gefahrerhöhungen grds. solche sind, die vom VV erfasst sind, während Risiken in Zusammenhang mit der Herbeiführung des Versicherungsfalls von vornherein ausgeschlossen und daher auch nicht steigerungsfähig sind (zu alldem eingehend *Werber*, Die Gefahrerhöhung im deutschen, schweizerischen, französischen, italienischen, schwedischen und englischen Versicherungsvertragsrecht, S. 28 ff.).

37 Es ist zu fragen, ob sich an den obigen Überlegungen infolge der **Abschaffung des „Alles-oder-Nichts-Prinzips"** im Bereich der Gefahrerhöhung und der nunmehr nicht mehr zur Leistungsfreiheit führenden **einfachen Fahrlässigkeit** etwas geändert hat. Diese Frage ist weitgehend zu verneinen: Es bleibt dabei, dass einmalig auftretende Umstände, die **zugleich** ungeeignet sind, eine bestimmte Nachhaltigkeit in ihrer ungünstigen Auswirkung auf die Risikolage zu entwickeln, nicht in das System und die Grundprinzipien der Gefahrerhöhungsregeln „passen". Gerade für die **einmalige Trunkenheitsfahrt** wurde dies von der Rechtsprechung früher besonders betont (vgl. BGHZ 7, 311, 322 = NJW 1952, 1291: *„So verständlich auch das in der neueren Rechtsprechung einiger Instanzgerichte hervorgetretene Bestreben ist, dem Unwesen der Trunkenheit am Steuer durch Entziehung des Versicherungsschutzes entgegenzutreten, so kann dies doch nicht in der Weise geschehen, dass diese Fälle in den Begriff der Gefahrerhöhung hineingepresst werden."*; zur Trunkenheitsklausel s. Rdn 74).

38 Dessen ungeachtet könnte man die Trunkenheitsfahrt argumentativ theoretisch zunächst durchaus unter den Gefahrerhöhungstatbestand fallen lassen, indem man etwa die Anforde-

rungen an die Nachhaltigkeit wegen der **besonders ausgeprägten Risikosteigerung** schon nach kurzer oder einmaliger Fahrt als erfüllt erachten würde (verfehlt LG Karlsruhe, VersR 1952, 176, wo auf die mehrstündige Dauer des **Rauschzustandes** abgestellt wird, obwohl allein die **Fahrt** in diesem Zustand eine Gefahrerhöhung darstellt und es daher nur auf diese ankommen kann). Ein Bedarf für eine Änderung der BGH-Rechtsprechung besteht jedoch nicht, weil im Bereich der Kfz-Haftpflichtversicherung (zu der in den AKB-Empfehlungen enthaltenen *„Trunkenheitsklausel"* bereits Rdn 26 und unten Rdn 74) ebenso wie in der Kraftfahrt-Unfallversicherung (vgl. A.4.10.2 AKB 2008 bzw. A.4.12 AKB 2015) vertragliche Regelungen Abhilfe schaffen und in der Kfz-Kaskoversicherung die Berufung des VR auf die **Herbeiführung des Versicherungsfalls** durch den VN **sachgerechter** ist (s. nur Rdn 43).

Dementsprechend wird auch die nach einem Kfz-Defekt erfolgende, **einmalige Fahrt zur Werkstatt** von der Rechtsprechung (vgl. nur BGHZ 23, 142, 146) als unerhebliche Gefahrerhöhung gewertet. Wenn vor der Fahrt zur Werkstatt aber bereits ein anderweitiger Gebrauch stattgefunden hat, soll hingegen Gefahrerhöhung vorliegen (OLG Saarbrücken, r+s 2003, 147). **39**

Unterschiede in der Beweislastverteilung bei Gefahrerhöhung und Herbeiführung des Versicherungsfalls: Wenngleich die Regelung der (quotalen) Leistungsfreiheit bei grober Fahrlässigkeit in § 26 Abs. 1 S. 2 VVG und § 26 Abs. 2. S. 2 Halbs. 2 VVG im Grundsatz derjenigen in § 81 Abs. 2 VVG entspricht, bleiben erneut zwei wichtige Unterschiede: **40**

Nur innerhalb des § 81 Abs. 2 VVG ist der VR für die **grobe Fahrlässigkeit** des VN **beweispflichtig**; i.R.d. Leistungsfreiheit wegen Gefahrerhöhung wird dies (wie i.Ü. auch wegen Verletzung einer vertraglichen Obliegenheit; § 28 Abs. 2 VVG) **gesetzlich vermutet**. Das könnte in der Praxis auf Versichererseite Anreize für die Ablehnung der Anspruchsbefriedigung schaffen (**a.A.** wohl MüKo/*Wrabetz/Reusch*, § 23 VVG Rn 128). Zur Begründung (vgl. BT-Drucks 16/3945, S. 80) wird die bereits aufgezeigte unterschiedliche Rechtsnatur (Obliegenheitsverletzung vs. Risikoausschluss) herangezogen. **41**

Des Weiteren liegt aus Sicht des VN ein essenzieller Unterschied in der **Beweislastverteilung** hinsichtlich der **Kausalität**: Im Bereich der Herbeiführung ist sie vom VR zu beweisen, im Bereich der Gefahrerhöhung vom VN zu entkräften (s. § 26 Rdn 17). **42**

Wenn nun bspw. im Fall des **einmaligen Fahrens** unter Einfluss eines **Psychopharmakons** (vgl. Rdn 26) der VR seine Leistungsfreiheit aus der Kaskoversicherung auf § 26 Abs. 1 VVG stützen könnte, weil die Einmaligkeit der Fahrt dem nicht entgegenstünde, würde er sich viele Probleme „ersparen", die ihn beim Nachweis der groben Fahrlässigkeit, insb. auf deren subjektiver Seite (das „schlechthin unentschuldbare Fehlverhalten" wird von der Rechtsprechung besonders betont – vgl. Prölss/Martin/*Armbrüster*, § 81 Rn 39), i.R.d. Herbeiführungsregeln treffen. Das kann nicht richtig sein, weshalb als Fazit bleibt: Das Kriterium der Nachhaltigkeit ist auch künftig sinnvoll und notwendig, um die versichererseitige Berufung auf eine Gefahrerhöhung in Fällen auszuschließen, die entweder überhaupt irrelevant sind (kurzfristige oder einmalige, folgenlos gebliebene Gefahrsteigerungen) oder in denen die Regeln über die Herbeiführung des Versicherungsfalls i.S.d. §§ 81, 103 VVG **43** sachgerechter erscheinen (vgl. auch MüKo/*Wrabetz/Reusch*, § 23 VVG Rn 130 a.E.; *Segger/Degen*, in: Staudinger/Halm/Wendt, § 23 Rn 36 a.E.) und es andernfalls zur Aushöhlung ihres Anwendungsbereiches bzw. zu einer nicht überzeugenden Ausdehnung des Anwendungsbereichs der Gefahrerhöhungsregelungen käme (Gefahrerhöhung jedoch zu Recht bejaht etwa in LG Hagen, Schaden-Praxis 2009, 336 für ein vom VN regelmäßig ohne Betätigung des werkseitig als Diebstahlssicherung vorgesehenen Lenkungsschlosses in einer unversperrten Garage abgestelltes, gegen Diebstahl versichertes Motorrad).

44 Dennoch wäre es freilich falsch, von einem ganz grds. Vorrang der Tatbestände der §§ 81, 103 VVG auszugehen. Dazu muss nur an Konstellationen gedacht werden, in denen zwar der Nachweis für die grobe Fahrlässigkeit desjenigen Verhaltens nicht erbracht werden kann, welches den Versicherungsfall konkret herbeigeführt hat, aber immerhin feststeht, dass der VN dieses schon früher wiederholt (folgenlos) an den Tag gelegt hat – wer etwa in einem Heuschober jahrelang bei Kerzenlicht arbeitet, mag den dadurch bedingten Feuerversicherungsfall z.B. wegen Augenblicksversagens nicht grob fahrlässig herbei geführt haben; eine Gefahrerhöhung i.S.d. § 23 Abs. 1 VVG kann dennoch vorliegen (vgl. in diesem Zusammenhang auch OLG Koblenz, VersR 2002, 1145; OLG Düsseldorf, VersR 2000, 1393).

45 Aufgrund des **prinzipiellen Nebeneinanders von Herbeiführungs- und Gefahrerhöhungsregeln** (dazu auch *Spielmann*, VersR 2006, 317, 324 ff.), welches bei Verfehlung des Nachhaltigkeitskriteriums jedenfalls durchbrochen wird, erscheint es sinnvoll, Letzterem die aufgezeigte **Ausschlussfunktion** beizumessen. Neuere Literaturstimmen gehen demggü. – allerdings unter Bezugnahme auf das in der Judikatur vorzufindende, rein zeitlich dimensionierte Kriterium – von einer bloßen **Indizfunktion** (BK/*Harrer*, § 23 Rn 5; ihm folgend VersR-Hdb/*Hahn*, § 20 Rn 4 a.E.) oder überhaupt von der **Ungeeignetheit dieses Kriteriums** aus (Römer/Langheid/*Langheid*, § 23 Rn 27). Ins Treffen wird dort (vgl. VersR-Hdb/Hahn, § 20 Rn 4 a.E.) v.a. geführt, die (oberlandesgerichtliche) Rechtsprechung gerate „*in Schwierigkeiten*", wenn sie etwa bei **Brandreden** Mehrmaligkeit oder einen zeitlichen Abstand zwischen diesen und dem Versicherungsfall zur Bejahung der Gefahrerhöhung fordere. Dem ist entgegenzuhalten, dass es in solchen Fällen bloß nach innen gerichteter Absichten nach hier vertretener Auffassung regelmäßig schon an der für eine Gefahrerhöhung notwendigen **Auswirkung auf die Realität** fehlt (s. Rdn 27). Was schließlich die von den genannten Stimmen ebenfalls angeführten **Trunkenheitsfälle** angeht, so ist erneut der fehlende Bedarf für eine Erstreckung der Gefahrerhöhungsregelungen – auch – auf diese Fälle zu unterstreichen (vgl. Rdn 38 und 43).

46 Wegen Verfehlung des Dauer- bzw. Nachhaltigkeitskriteriums stellen demnach **keine Gefahrerhöhung** dar: die **kurzfristige Abdeckung des Hausdaches** wegen Reparaturarbeiten (BGH, VersR 1992, 606; ebenso OLG Oldenburg, NJW-RR 1992, 289), der unmittelbar vor einem Auszug erfolgende **Austausch eines Haustürknaufs** durch eine einfache Klinke (BGH, r+s 1993, 362 [dort allerdings als „mitversichert" i.S.v. § 29 VVG S. 1 a.F. erachtet]), das Zurücklegen einer kurzen Strecke mit einem **abgefahrenen Reservereifen** nach einer Reifenpanne (OLG Hamm, VersR 1988, 1260; zu typischen anderen Fällen, insb. in der **Kfz-Haftpflichtversicherung** s. bereits Rdn 26 und 129 f.).

Die Rechtsprechung zum VVG a.F. beurteilte die Nachhaltigkeit bisweilen nach **subjektiven Kriterien** auf Seite des VN (vgl. dazu noch die 3. Aufl. von *Weyers/Wandt*, Versicherungsvertragsrecht Rn 648 m.w.N.), insb. nach der von ihm **beabsichtigten** Nutzungsdauer. Dies scheint abgesehen von den damit einhergehenden Beweisschwierigkeiten schon wegen der Tatsache problematisch, dass von einer bloßen Absicht, die nicht in die Tat umgesetzt wird, regelmäßig keine konkrete Gefahrerhöhung ausgeht (vgl. auch bereits Rdn 27). Die Rechtsprechung sieht dies wohl anders (vgl. BGHZ 23, 142: Schon der Entschluss zur mehrtägigen Weiternutzung soll eine willkürliche Gefahrerhöhung darstellen; im Ausgangsfall wurde dieser Entschluss allerdings „erfolgreich" in die Tat umgesetzt). Vorzugswürdig erschiene ein Abstellen auf **objektive Kriterien** wie etwa die konkrete Beschaffenheit des Defekts (man denke nur an fehlende Brems- oder Lenkfunktionen) oder der sonstigen Risikoerhöhung (z.B. unsachgemäße Beladung). 47

VII. Maßgeblicher Zeitpunkt

Die **Abgabe der Vertragserklärung** des VN ist jener Zeitpunkt, ab dem eine Gefahrerhöhung entweder zu unterlassen (§ 23 Abs. 1 VVG) oder (nach entsprechender Kenntnis) anzuzeigen (§ 23 Abs. 2 und 3 VVG) ist. Mit der Verwendung des Vertragserklärungsbegriffs greift das VVG 2008 eine Terminologie europarechtlicher Provenienz auf, wie sie etwa im Zuge der Umsetzung der Fernabsatz-RL im BGB Platz gegriffen hat (vgl. § 312c Abs. 1 BGB). Wiewohl in Bezug auf ihre Vereinbarkeit mit der deutschen Zivilrechtsdogmatik kritisiert (vgl. BR-Drucks 707/1/06, S. 1: *„verfehlt"*), ist ihr Gehalt doch unumstritten: Gemeint ist die auf den Vertragsabschluss gerichtete Willenserklärung (s. MüKo/*Wrabetz/Reusch*, § 23 VVG Rn 47). Dies kann – je nach gewähltem Abschlussmodell (s. dazu § 7 Rdn 14 ff.) – Antrag oder Annahme des VN sein. 48

Ggü. der bisherigen Rechtslage ändert sich nur auf den ersten Blick, nämlich insofern etwas, als § 23 VVG a.F. noch auf den **Zeitpunkt des Vertragsschlusses** abstellte. Allerdings waren durch die Anordnung des § 29a VVG a.F. schon bisher die Gefahrerhöhungsregeln **auch während des Zeitraums zwischen Stellung und Annahme des Versicherungsantrags** anwendbar, weshalb sich im Ergebnis keine inhaltliche Abweichung zwischen alter und neuer Rechtslage ergibt (ebenso *Segger/Degen*, in: Staudinger/Halm/Wendt, § 23 Rn 41), wenn man einmal davon absieht, dass die jetzige Formulierung alle Arten des Vertragsabschlusses erfasst, wohingegen § 29a VVG a.F. offensichtlich auf das Policenmodell (§ 7 Rdn 15) zugeschnitten war. 49

Für die Beurteilung einer Gefahrerhöhung entscheidend ist somit grds. die **tatsächliche** Risikolage im Zeitpunkt der Abgabe der Vertragserklärung (**Ist-Zustand**; vgl. etwa OLG Köln, zfs 2008, 340). Deshalb stellt auch ein dauernd im Fahrzeug verwahrter Kfz-Schein (Zulassungsbescheinigung Teil I) in der **Kaskoversicherung** nach zutreffender Ansicht (s. im Übrigen Rdn 31 und § 27 Rdn 3) keine Gefahrerhöhung dar, wenn diese Verwahrung bei einem VR-Wechsel schon vor der Abgabe der VN-Vertragserklärung praktiziert wurde (OLG Celle, r+s 2011, 107; anders noch OLG Koblenz, VersR 1998, 233 [zum VVG a.F.]). Voraussetzung dafür ist allerdings, dass man bei der Kfz-Kaskoversicherung auf den Ist- 50

Zustand abstellt. Teile der Rspr. und Lit. wollen sie jedoch dem Maßstab für die **Kfz-Haftpflichtversicherung** unterwerfen, der hiervon anerkanntermaßen abweicht (**Soll-Zustand**; s. Rdn 129; allgemein zur Vertiefung des Zeitpunkts des Eintritts einer Gefahrerhöhung: *Prölss*, VersR 2004, 576).

51 Klargestellt wird durch die n.F. des § 23 VVG auch das **Verhältnis der Gefahrerhöhungsregeln zu den vorvertraglichen Anzeigepflichten** i.S.d. § 19 VVG: Letztere hat der VN – vom Fall des § 19 Abs. 1 S. 2 VVG abgesehen – grds. **bis** zur Abgabe seiner Vertragserklärung zu erfüllen, Erstere sind **danach** maßgeblich. Zu einer **parallelen Anwendung** (welche jedoch von *Matusche-Beckmann*, in: Bruck/Möller, Vor. § 23 Rn 5 grds. verneint wird) kann es kommen, wenn der VR nach Abgabe der Vertragserklärung des VN nach gefahrerheblichen Umständen fragt (§ 19 Abs. 1 S. 2 VVG), die tatsächlich gegeben sind und mit denen die Verwirklichung einer Gefahrerhöhung i.S.d. § 23 VVG verbunden ist (wie hier Looschelders/Pohlmann/*Looschelders*, § 19 Rn 7 sowie Rüffer/Halbach/Schimikowski/*Karczewski*, § 23 Rn 3; MüKo/*Wrabetz/Reusch*, § 23 VVG Rn 72 und 107 ff.; *Armbrüster*, Privatversicherungsrecht, Rn 1163. Im Anwendungsbereich des VVG a.F. war die Lehre ebenfalls gespalten: für ein Nebeneinander von Anzeigepflichten und Gefahrerhöhungsregeln etwa BK/*Voit*, § 16 Rn 40 und Römer/Langheid/*Langheid*, 2. Aufl., § 29a Rn 2; für eine ausschließliche Anwendbarkeit der §§ 23 ff. VVG a.F. hingegen Prölss/Martin/*Prölss*, 27. Aufl., § 29a Rn 1).

52 Macht der VR von seinem Fragerecht *keinen* Gebrauch, stellt sich die Frage, ob Gefahrerhöhungen, die zwischen Abgabe der Vertragserklärung und Vertragsschluss eintreten, nach § 19 VVG jedoch *nicht* anzeigepflichtig waren, Sanktionen nach den §§ 24 ff. VVG nach sich ziehen können. Diese Frage kann nach hier vertretener Auffassung zwar nicht generell verneint werden, doch werden Gefahrumstände, die eine Gefahrerhöhung gem. § 23 VVG darstellen und nach denen der VR weder vor Abgabe der Vertragserklärung des VN noch vor Vertragsschluss gefragt hat, vielfach als **mitversichert** i.S.d. § 27 VVG 2. Alt. zu qualifizieren sein (vgl. dazu näher § 27 Rn 6 f. und MüKo/*Wrabetz/Reusch*, § 23 VVG Rn 74 a.E.; zur Vertiefung der vorvertraglichen Anzeigepflichten: Reusch, VersR 2007, 1313).

VIII. Möglichkeit der Gefahrkompensation

53 Die in § 23 VVG enthaltenen Pflichten des VN stellen gesetzliche **Dauerobliegenheiten** dar, die ab Abgabe seiner Vertragserklärung bis zum Ende der materiellen Vertragsdauer (Haftungsdauer) bestehen. Als **Richtschnur** für die gesetzlich fixierte Risikolage gilt das **Risikoniveau** bei Entstehung der Obliegenheiten. Solange diese Richtschnur nicht überschritten wird, liegt keine Gefahrerhöhung vor (vgl. *Matusche-Beckmann*, in: Bruck/Möller, § 23 Rn 9). Weil es demnach auf eine **gesamthafte Betrachtung** der Risikolage ankommt (BGH, VersR 2004, 895; VersR 1990, 881; BGHZ 79, 156 = VersR 1981, 245 m. Anm. *Boldt* [869] und *Honsell* [1094]), muss eine Gefahrerhöhung nicht schon vorliegen, wenn zwar ein bestimmter Umstand zu einer ungünstigen Veränderung derselben führt, ein anderer aber wiederum eine günstige Entwicklung mit sich bringt (vgl. BGH, VersR 1975,

845: Aufstellen eines Gerüstes an einem Geschäftsgebäude bei gleichzeitiger Sicherung durch einen Nachtwächter). Zu prüfen ist demnach, ob es in solchen Konstellationen durch Aufrechnung aller neu eingetretenen Umstände zu einer Gefahrkompensation kommt, die eine Gefahrerhöhung i.S.d. § 23 VVG ausschließt (verneint in OLG Frankfurt am Main, 12 U 233/07 [unveröff.] für einen zur Verhinderung des Eindringens von Unbefugten in ein unbewohntes Gebäude mit offenstehenden Fensteröffnungen und entfernter Eingangstür vom VN errichteten Bauzaun). Dazu reicht es nicht aus, wenn die **Kompensationswirkung** bloß **teilweise** eintritt (daher Gefahrerhöhung bejaht von OLG Hamm, VersR 1999, 1409 für Wohngebäudeversicherung bei leichter Beheizung und täglicher Kontrolle eines leerstehenden Gebäudes durch einen Hausmeister, wenn die Wasser führenden Leitungen während der Wintermonate nicht entleert sind und es zu einem Wasserrohrbruch kommt, s. zum Ganzen auch Rdn 17). **Fehlgeschlagene Kompensationsmaßnahmen** können aber i.R.d. **Verschuldensprüfung** gem. § 24 Abs. 1 VVG sowie § 26 Abs. 1 und 2 VVG berücksichtigungswürdig erscheinen.

> **Praxistipp**
> In Anbetracht des vom VN im Deckungsprozess zu führenden Beweises einer Kompensationswirkung sollte seitens der Rechtsvertretung nicht vergessen werden, hierfür infrage kommende Umstände schon im Zuge der Prozessvorbereitung durch gezielte Recherche/Befragung in Erfahrung zu bringen, um ein zeitgerechtes und substanziiertes Vorbringen im Verfahren sicherzustellen.

Die **Möglichkeit der Gefahrkompensation** lässt sich aus § 24 Abs. 3, 2. Alt. VVG ableiten, der die Ausübung des Kündigungsrechts bei **Wiederherstellung** der vor der Gefahrerhöhung bestehenden Gefahrenlage ausschließt. Wiewohl rechtlich gleichgestellt, bestehen faktische Unterschiede: Während der Gefahr erhöhende Umstand bei der Kompensation bestehen bleibt und lediglich ein anderer, die Risikolage insgesamt günstig beeinflussender Umstand vorliegt, entfällt der Gefahr erhöhende Umstand bei der Wiederherstellung zur Gänze. **54**

Gefahrmindernde Umstände, die zur Gefahrkompensation führen, können **vor** oder **während** des Vorhandenseins Gefahr erhöhender Umstände eintreten (BGHZ 79, 156 = VersR 1981, 245 m. Anm. *Boldt* [869] und *Honsell* [1094]; ebenso Römer/Langheid/*Langheid*, § 23 Rn 34). Im Fall der einer Gefahrerhöhung **vorhergehenden Gefahrminderung** kann dem VN gem. § 41 VVG ein **Recht auf Prämienherabsetzung** zustehen. Ob dieses damit ein **Wahlrecht** darstellt, ist streitig, wohl aber zu bejahen (**a.A.** *T. Honsell*, VersR 1981, 1094, 1096). Jedenfalls unrichtig wäre es, dem VN, der bereits erfolgreich die Herabsetzung der Prämie geltend gemacht hat, aufgrund deselben Gefahr mindernden Umstandes auch noch die Berufung auf eine durch diesen eingetretene Gefahrkompensation zuzugestehen (**a.A.** *Martin*, Sachversicherungsrecht, N III Rn 18). Vielmehr ist in solchen Fällen davon auszugehen, dass ein erfolgreiches Verlangen nach § 41 VVG eine Berufung auf die Gefahr kompensierende Wirkung desselben Umstandes hindert (ebenso wohl BGHZ 79, 156, 160 = NJW 1981, 926). **55**

Fraglich ist, ob im **nachträglichen Wegfall** eines gefahrkompensierenden Umstandes eine objektive oder subjektive Gefahrerhöhung erblickt werden soll (zu den Begrifflichkeiten Rdn 8), was insb. wegen des **Eintrittszeitpunktes der Leistungsfreiheit** (vgl. § 26 Abs. 1 **56** und Abs. 2 VVG) bedeutsam ist. **Abweichend von der h.M.** sollte eine Betrachtung, die von den **Gefahrerhöhenden** und nicht von den **Gefahr kompensierenden** Umständen ausgeht, den Ausschlag für eine objektive oder subjektive Gefahrerhöhung geben (wie hier MüKo/*Wrabetz/Reusch*, § 23 VVG Rn 43). Denn nur die Vermeidung (§ 23 Abs. 1 VVG) oder Anzeige (§ 23 Abs. 2 und 3 VVG) der Gefahrerhöhung schuldet der VN von Gesetzes wegen und nicht deren Kompensation (ein Anspruch darauf kommt schon aufgrund der Ausgestaltung der Gefahrerhöhungsregelungen als Obliegenheiten nicht in Betracht; teilw. [wenig überzeugend] abweichend BGHZ 50, 385 = VersR 1968, 1153: Eine Handlungspflicht könne sich schon aus der Natur des Versicherungsverhältnisses ergeben; im hier vertretenen Sinne jedoch BGH, VersR 1987, 653; VersR 1982, 33; VersR 1981, 245). Wenn daher der VN ohne Einwilligung des VR eine Gefahrerhöhung vornimmt oder gestattet, diese aber zu kompensieren versucht und dabei scheitert, indem etwa der eingeteilte Nachtwächter nicht zum Dienst erscheint, sollte es nach hier vertretener Auffassung grds. bei der **Bejahung subjektiver Gefahrerhöhung** bleiben (a.A. Prölss/Martin/*Armbrüster*, § 23 Rn 29). Auf diese Weise kommt es weder darauf an, ob man eine Gefahrerhöhung durch Unterlassen anerkennt (so aber Prölss/Martin/*Prölss*, 28. Aufl., § 23 Rn 17) noch darauf, ob der Wegfall des Gefahr kompensierenden Umstandes „unverschuldet" erfolgte oder nicht (so aber Römer/Langheid/*Langheid*, § 23 Rn 36 a.E.). Da die Kompensation mangels gesonderter Vereinbarung nicht geschuldet wird, kann sie immer nur dazu führen, dass eine Gefahrerhöhung nicht eintritt oder beseitigt wird; i.Ü. steht dem VN regelmäßig die Möglichkeit der Einwilligungserwirkung oder der Anzeigeerstattung zur Verfügung.

57 Ebenso sollte es bei der **Anzeigepflicht von Gefahrerhöhungen** bleiben, die in ihrem Eintrittszeitpunkt nicht erkannt (§ 23 Abs. 2 VVG) oder nicht veranlasst wurden (§ 23 Abs. 3 VVG), wenn und sobald der VN Kenntnis von ihnen hat – solange durch andere Umstände Kompensationswirkung besteht, liegt gar keine Gefahrerhöhung vor und auch die Anzeigepflicht wird nicht ausgelöst. Nach der hier vorgeschlagenen Lösung gehen deshalb **fehlgeschlagene Kompensationsversuche** oder **falsche Einschätzungen hinsichtlich der Kompensationswirkung** von (bspw. untauglichen oder weggefallenen) Umständen zulasten des VN. Sie sind allerdings wie bereits vorgeschlagen (vgl. Rdn 53), i.R.d. Verschuldensprüfung gem. § 24 Abs. 1 VVG sowie § 26 Abs. 1 und 2 VVG angemessen zu berücksichtigen.

58 Wie bereits aufgezeigt (Rdn 53), ist bei der Beurteilung der Gefahrkompensation eine gesamthafte Betrachtung der Risikolage geboten (vgl. auch *Martin*, Sachversicherungsrecht, N III Rn 18; *Wandt*, Versicherungsrecht Rn 866). Erforderlich ist daher nach der Rechtsprechung des BGH (VersR 2004, 895; VersR 1990, 881; BGHZ 79, 156 = VersR 1981, 245 m. Anm. *Boldt* [869] und *Honsell* [1094]) **keine Neutralisierung** („Stoßrichtungsgleichheit") der aufgetretenen Gefahrerhöhung durch eine ihr korrespondierende Gefahrkompensierung (so aber *T. Honsell*, VersR 1981, 1094, 1096), sondern nur eine **im Ganzen nicht ungünstigere Risikolage**. Entscheidend soll dafür sein, ob der VR den Abschluss des VV abgelehnt oder von der Zahlung einer höheren Prämie abhängig gemacht hätte, wenn er die später tatsächlich eingetretenen Veränderungen gekannt hätte (BGH, VersR 1990, 881). Bei **kombinierten Versicherungen** (z.B. Wohngebäudeversicherung,

Hausratversicherung) wird man richtigerweise zumindest eine **Gefahridentität** (vgl. MüKo/*Wrabetz/Reusch*, § 23 VVG Rn 45: gewisser innerer Zusammenhang) zwischen Gefahr erhöhenden und kompensierenden Umständen verlangen müssen, weil etwa eine erhöhte Feuergefahr nicht durch eine niedrigere Leitungswasserschadengefahr kompensiert werden kann.

Sofern man die Möglichkeit der Gefahrkompensation – was geboten scheint (s. Rdn 54) – aus dem Gesetz ableitet, gilt aufgrund des gem. § 32 VVG halb zwingenden Charakters der gegenständlichen Vorschriften, dass die **Kompensationsmöglichkeit nicht durch AVB eingeschränkt** oder **ausgeschlossen** werden darf (s. auch MüKo/*Wrabetz/Reusch*, § 23 VVG Rn 46). Bedenklich sind daher Bestimmungen wie jene des Abschn. A § 17 Nr. 1 Buchst. c VHB 2010 [Quadratmetermodell], die für die Kompensation einer durch Unbewohntheit bedingten Gefahrerhöhung konkret die Beaufsichtigung durch eine volljährige Person während der Nachtstunden zu verlangen scheint (dazu auch unten Rdn 64). Unbedenklich sind bloß **klarstellende** oder **exemplifizierende** AVB wie etwa § 12 AFB 2010 und § 12 AERB 2010 (jeweils Abschn. A). 59

IX. Gefahrerhöhung und Allgemeine Versicherungsbedingungen

Aufgrund der wegen § 32 VVG **halb zwingenden Natur** der gesamten Gefahrerhöhungsregeln dürfen in den AVB enthaltene Bestimmungen, die entweder konkrete Gefahrerhöhungssachverhalte benennen oder Rechtsfolgen für sie vorsehen (s. im Detail die Übersichten von MüKo/*Wrabetz/Reusch*, § 23 VVG Rn 134 ff.), nicht zum Nachteil des VN vom gesetzlichen Modell abweichen. Der Prüfungsmaßstab für die **Nachteiligkeit** ergibt sich dabei nach h.M. (*Prölss*, VersR 1988, 347, 348; OLG Hamm, VersR 1992, 1338; LG Köln, VersR 1990, 1381) aus einer **Gesamtbetrachtung** der vom legistischen Leitbild abweichenden, einheitlichen Regelung (keineswegs aber der gesamten AVB), die sich bei Saldierung aller Vor- und Nachteile nicht für die **Mehrheit der Fälle** zum Nachteil der VN auswirken darf. Auf die Auswirkung im konkreten Einzelfall des betroffenen VN kommt es regelmäßig nicht an (vgl. auch OLG Schleswig, VuR 2007, 22: „*abstrakte Gesamtwürdigung ohne Rücksicht auf den vorliegenden Einzelfall*"; vgl. ferner MüKo/*Wandt*, § 32 VVG Rn 12 ff.; **a.A.** *Ebers*, § 18 Rn 4; *Martin*, Sachversicherungsrecht, N IV Rn 1; zur allg. Vertiefung der vertraglichen Gestaltungsmöglichkeiten vgl. S.*Reinhardt*, Die Gefahrerhöhung im deutschen Privatversicherungsrecht, 2015, 209 ff.). 60

Wegen § 32 S. 2 VVG unbedenklich ist eine in den AVB vorgesehene Pflicht des VN, Anzeigen gem. § 23 Abs. 2 und 3 VVG in **Text-** oder **Schriftform** zu erstatten (ebenso MüKo/*Wrabetz/Reusch*, § 23 VVG Rn 287). Demgegenüber verstoßen strengere Zugangserfordernisse, wie etwa die Übermittlung solcher Anzeigen durch **eingeschriebenen Brief** unzweifelhaft gegen § 309 Nr. 13 BGB (dazu MüKo/*Kieninger*, § 309 BGB Nr. 13 Rn 5). 61

Gänzlich unproblematisch sind AVB-Bestimmungen, nach denen bestimmte Sachverhalte keine Gefahrerhöhung darstellen sollen, obwohl dies nach dem gesetzlichen Modell der Fall wäre. Hier sind z.B. die §§ 6 Nr. 3 der AWB 87, AStB 87 und AFB 87 zu nennen, die die §§ 23 ff. VVG für vorschriftsmäßige Anlagen des Zivilschutzes und für Zivilschutz- 62 übungen für unanwendbar erklären. Gleiches gilt für den versichererseitigen **Verzicht** auf bestimmte Rechtsfolgen wie insb. Leistungsfreiheit.

63 Keinen Bedenken begegnet ferner die **demonstrative** Nennung von Sachverhalten, die (unabhängig davon) nach dem gesetzlichen Leitbild den Tatbestand der Gefahrerhöhung erfüllen würden. Solche **Klarstellungen** sind im Gegenteil mit Blick auf die erhöhte Rechtssicherheit zu begrüßen (beispielhaft sind § 15 VGB 2010 [Wohnfläche] und § 17 VHB 2010 [Quadratmetermodell], jeweils Abschnitt A, zu nennen). Darüber hinaus lassen derartige Klarstellungen oft **Rückschlüsse** darauf zu, was gem. § 27 VVG 2. Alt. „nach den Umständen als vereinbart" und damit als mitversichert anzusehen ist. Fraglich kann sein, ob ein als Fall einer Gefahrerhöhung genannter Sachverhalt Rückschlüsse auf solche Sachverhalte zulässt, die qualitativ-quantitativ hinter ihm zurückbleiben (argumentum maiori ad minus). Grds. ist dies zu bejahen.

> **Praxisbeispiel (vgl. OLG Hamm, VersR 1998, 1152)**
> Der VR weist im Rahmen von auf der Rückseite des Versicherungsscheins aufgedruckten „Wichtigen Hinweisen" darauf hin, dass es als wesentliche Erhöhung der Gefahr gilt, wenn die Wohnung länger als 60 Tage ununterbrochen unbewohnt und unbeaufsichtigt bleibt.
> Der VN lässt die Wohnung weniger als 60 Tage unbewohnt und unbeaufsichtigt.
> Bei diesen (s. z.B. Abschnitt A § 17 Nr. 1 Buchst. c) VHB 2010 [Quadratmetermodell]) und ähnlichen Fällen wird man von einer nach den Umständen vereinbarten **Mitversicherung** (§ 27 VVG 2. Alt.) von Sachverhalten unterhalb der 60-Tage-Grenze ausgehen können. Diese mögliche **Rückschlusswirkung** gilt es bei solchen, v.a. bei besonders „großzügigen" Vereinbarungen daher allgemein zu bedenken.
> Unabhängig davon ist immer zu prüfen, ob durch die entsprechenden AVB-Bestimmungen nicht gegen § 32 VVG verstoßen wird (vgl. dazu etwa OLG Celle, zfs 2009, 694, das zwischen leerstehenden und [bloß] nicht genutzten Wohnobjekten differenziert).

64 Wegen § 32 VVG S. 1 **unzulässig** sind Bestimmungen in AVB, die zu einer **Ausdehnung** des Anwendungsbereichs der gesetzlichen Gefahrerhöhungsregeln führen würden (instruktiv OLG Hamm, VersR 1987, 1105). Daraus folgt, dass der Qualifikation eines Sachverhalts als Gefahrerhöhung im Rahmen von Vereinbarungen zwischen VN und VR immer nur **deklarative**, nicht aber **konstitutive** Bedeutung zukommen kann. Es bleibt daher im Streitfall zu prüfen, ob eine **unzulässige Ausweitung** oder eine **zulässige Klarstellung** bzw. **Exemplifizierung** des gesetzlichen Leitbilds für den betroffenen VV vorliegt (unzulässig erscheint etwa auch ein Verständnis des Abschnitt A § 17 Nr. 1 Buchst. c) VHB 2010 [Quadratmetermodell], wonach eine andere als die dort vorgesehene **Möglichkeit der Gefahrkompensation** ausgeschlossen ist [zur Problematik bereits zuvor Rn 55 und MüKo/ *Wrabetz/Reusch*, § 23 VVG Rn 219 a.E.] – darauf weist *Matusche-Beckmann*, in: Bruck/ Möller, § 23 Rn 71 zu Recht hin). Mit anderen Worten: Ob tatsächlich eine Gefahrerhöhung i.S.d. § 23 VVG gegeben ist, bleibt selbst bei entsprechender Vereinbarung **im Einzelfall zu prüfen**. Mit der demnach bloß deklarativen Wirkung geht einher, dass als Gefahrerhöhung benannte Sachverhalte regelmäßig weder **abschließend** (a.A. noch *Möller*, in: Bruck/ Möller, § 23 Rn 17: „*im Zweifel abschließend*") sind, noch einen **Beweis** – auch nicht auf erste Sicht (**a.A.** noch Prölss/Martin/*Prölss*, 27. Aufl., § 23 Rn 20; wie hier nun Prölss/ Martin/*Armbrüster*, § 23 Rn 45) – für die Verwirklichung eines Gefahrerhöhungstatbestandes darstellen. Für die **Lebensversicherung** gilt – praktisch wenig relevant – wegen

§ 158 Abs. 1 VVG anderes. Zusammenfassend könnte man sagen, dass die u.U. wichtigste Konsequenz der Nennung von Gefahrerhöhungssachverhalten in AVB darin liegt, Rückschlüsse für deren Beurteilung nach § 27 VVG 2. Alt. zu ermöglichen. Dies kann jedoch naheliegender Weise nie zu einer „Erheblichkeit" von Umständen führen, die schon gem. § 27 VVG 1. Alt. „unerheblich" sind (so aber VersR-Hdb/*Hahn*, § 20 Rn 54).

Sofern für den Fall von Gefahrerhöhungen **Prämienanpassungsklauseln** (vgl. den Platzhalter in Abschn. A § 10 Nr. 2 VHB 2010 [Quadratmetermodell] und allg. *Armbrüster*, r+s 2013, 209, 211 und 217 f.) vereinbart sind, dürfen diese insb. nicht nachteilig von den Vorgaben des § 25 VVG abweichen. So wird etwa ein Prämienerhöhungsrecht ausscheiden, wenn es nicht binnen eines Monats ab Kenntnis des VR von der Gefahrerhöhung ausgeübt wird (§ 25 Abs. 1 S. 2 VVG). Die früher geführte Diskussion, ob solche Prämienanpassungsklauseln an sich schon für den VN eine nachteilige Abweichung von den Regelungen der (objektiven) Gefahrerhöhung darstellen (so VersR-Hdb/*Hahn*, § 20 Rn 55) hat durch die gesetzgeberische Wertung, die in der Einführung des § 25 VVG zum Ausdruck gelangt, ihre Bedeutung verloren. 65

Umstritten war früher auch die Frage der **Anwendbarkeit des § 31 VVG a.F.** (heute: § 40 VVG) bei ausschließlich gefahrerhöhungsbedingten Prämienerhöhungen. Im Ergebnis wurde überwiegend eine (unmittelbare) Anwendbarkeit bejaht (vgl. BK/*Harrer*, § 31 Rn 5; ebenso Prölss/Martin/*Prölss*, 27. Aufl., § 27 Rn 3; a.A. noch *Schirmer/Marlow*, VersR 1997, 782, 784; widersprüchlich Römer/Langheid/*Langheid*, 2. Aufl., § 31 Rn 27 i.V.m. §§ 23 bis 25 Rn 41). Die grundsätzliche Anwendbarkeit des § 40 VVG auf Gefahrerhöhungssachverhalte, bei denen der VR aufgrund einer Anpassungsklausel die Prämie erhöht oder einen Rabatt entfallen lässt, sollte nach hier vertretener Auffassung bejaht werden (ebenso *Kortüm*, Die Gefahrerhöhung in der Kraftfahrzeughaftpflicht- und Kaskoversicherung, 2013, 62 f.; a.A. wohl Römer/Langheid/*Rixecker*, § 40 Rn 1: Verdrängung durch § 25 Abs. 2 VVG), weil damit keine Erweiterung des Deckungsumfangs an sich, sondern nur die Nichtberufung auf bestimmte Rechtsfolgen wie insb. Leistungsfreiheit einhergeht (vgl. [noch zum VVG a.F.] Prölss/Martin/*Prölss*, 27. Aufl., § 27 Rn 3 und § 31 Rn 1). Dass solche Klauseln wegen § 32 VVG S. 1 nicht zum Nachteil des VN von den §§ 23 bis 27 VVG abweichen dürfen, wurde bereits erwähnt (Rdn 65 und 144). Unbedenklich – weil für den VN vorteilhaft – ist es, wenn ein VR, der sich im Gefahrerhöhungsfall auf eine Anpassungsklausel beruft, dem Kündigungsrecht des VN gem. § 40 Abs. 1 S. 1 VVG ausgesetzt ist, ohne dass es dafür auf die 10 %-Grenze des § 25 Abs. 2 S. 1 VVG ankäme. Mit Blick auf das Fehlen jeglichen Schwellenwertes sowie wegen der nach § 40 VVG weiter (zurück-) gehenden Wirkung des Kündigungsrechts des VN (vgl. demggü. § 25 Rdn 13) ist § 40 VVG für den VR weniger vorteilhaft als § 25 VVG, der dem VR regelmäßig (in bedenklicher Weise – vgl. § 25 Rdn 6) weitreichende Anpassungsmöglichkeiten bietet. 66

Fraglich ist, ob dem VR bei Gefahrerhöhungen, die (auch) unter eine Anpassungsklausel fallen, ein **Wahlrecht** zwischen der Berufung auf Letztere oder auf die gesetzlichen Reaktionsmöglichkeiten, insb. auf jene nach § 25 VVG zukommt. Dies wird zu bejahen sein, weil die Situation dem Grunde nach mit derjenigen bei Konkurrenz der §§ 23 ff. VVG mit vertraglichen Sicherheitsvorschriften vergleichbar ist, wo es dem VR regelmäßig auch unbenommen bleiben soll, sich auf den jeweils günstigeren Rechtsbehelf zu berufen (Rdn 69).

Unabhängig davon bleibt im Einzelfall jedoch zu prüfen, ob die Existenz der Anpassungsklausel nicht überhaupt für eine „mitversicherte" Gefahr spricht (Rdn 95; zur allgemeinen Vertiefung der Anpassungsproblematik: *Wandt*, Änderungsklauseln in Versicherungsverträgen Rn 70 ff. und 124 ff.).

67 Bei **Wegfall** oder **Nichteintritt** Gefahr erhöhender Umstände, die dem VV prämienwirksam zugrunde gelegt wurden, ist **§ 41 VVG** zu beachten.

68 Da nicht nur gesetzliche, sondern auch vertragliche Obliegenheiten i.S.d. **§ 28 VVG**, insb. sog. **Sicherheitsvorschriften** die Vermeidung von Gefahrerhöhungen zum Gegenstand haben können (für die Feuerversicherung, bei der Sicherheitsvorschriften naturgemäß herausragende Bedeutung zukommt, s. MüKo/*Wrabetz/Reusch*, § 23 VVG Rn 190; MAH-VersR/W. Schneider, § 9 Rn 191 ff.), kann ein und derselbe Sachverhalt sowohl in den Anwendungsbereich der §§ 23 ff. VVG als auch in den vertraglicher Vereinbarungen fallen. Dementsprechend geht die h.M. (Rn MüKo/*Wrabetz/Reusch*, § 23 Rn 113; BK/*Schwintowski*, § 6 Rn 12, *R. Schmidt*, Die Obliegenheiten, S. 215: „*Obliegenheitskonkurrenz*") und Rechtsprechung (BGH, VersR 2011, 1550; BGH VersR 1987, 921; OLG Köln, VersR 2010, 1592) – § 32 VVG a.F. vor Augen – zutreffend von einem grds. **Nebeneinander** der gesetzlichen Gefahrerhöhungs- und der vertraglichen Gefahrvorbeugungsobliegenheiten aus (ebenso etwa Looschelders/Pohlmann/*Looschelders*, § 23 Rn 6). Einige der sich aus dieser Konkurrenz früher ergebenden Streitfragen sind unter dem Regime des VVG 2008 hinfällig geworden: So ist bspw. aufgrund der **Harmonisierung der Verschuldensvoraussetzungen für die Leistungsfreiheit** das Auftreten der Frage nicht mehr denkbar, ob der VR im Fall vereinbarter Leistungsfreiheit wegen grob fahrlässiger Verletzung einer vertraglichen Sicherheitsvorschrift damit gleichzeitig auf die Geltendmachung von Leistungsfreiheit wegen bloß einfach fahrlässiger Gefahrerhöhung verzichtet, sofern mit der Verletzung einer Sicherheitsvorschrift eine Gefahrerhöhung verbunden ist (für einen *Verzicht*: *Martin*, VersR 1988, 209, 218; für die allgemeine Maßgeblichkeit des Verschuldensmaßstabes der vertraglichen Obliegenheit: Prölss/Martin/*Prölss*, 27. Aufl., § 32 Rn 2; für die Maßgeblichkeit des vertraglichen Verschuldensmaßstabes, sofern dieser für den VN günstiger ist: BGH, VersR 1997, 485; ähnlich schon BGH, VersR 1994, 1465; **a.A.** Römer/Langheid/*Langheid*, 2. Aufl., § 32 Rn 5; zum Ganzen aus Sicht des geltenden Rechts: VersR-Hdb/*Hahn*, § 20 Rn 5a).

69 In anderen Konstellationen bleibt das Problem der **Konkurrenz** zwischen §§ 23 ff. VVG und vertraglichen Obliegenheiten aufgrund der nur mit Blick auf die Leistungsfreiheit, nicht aber auf das **Kündigungsrecht** gegebenen Harmonisierung der Verschuldensvoraussetzungen weiter entscheidungsbedürftig. Demnach ist etwa eine **Kündigung** wegen **Gefahrerhöhung gem. § 23 Abs. 1 VVG** wegen einfacher Fahrlässigkeit binnen Monatsfrist möglich (§ 24 VVG Abs. 1), wegen Verletzung einer vertraglichen Obliegenheit i.S.d. § 28 Abs. 1 VVG aber ausgeschlossen. Hier stellt sich die Frage, ob dem VR bei einem Verhalten, das gleichermaßen eine Gefahrerhöhung wie eine Verletzung vertraglicher Obliegen-

heiten darstellt, auch bei einfacher Fahrlässigkeit ein Kündigungsrecht zukommt. Dies ist nach hier vertretener Auffassung wohl auch künftig zu bejahen (vgl. zur alten Rechtslage BGHZ 4, 369, 377 = VersR 1952, 81, 82: Es ist dem VR „*unbenommen, die ihm günstigeren Rechtsbehelfe zu wählen*"), weshalb eine Verletzung vor Eintritt des Versicherungsfalls zu erfüllender Obliegenheiten, bei gleichzeitiger Verwirklichung des § 23 Abs. 1 VVG, ein **Kündigungsrecht schon bei einfacher Fahrlässigkeit** begründet (s. auch MüKo/*Wrabetz/ Reusch*, § 23 VVG Rn 122).

Der BGH (VersR 1994, 1465) verlangte allerdings bei **unterschiedlichen Verschuldensvoraussetzungen** für die **Leistungsfreiheit** schon im Anwendungsbereich des VVG a.F., dass dem VN im Ergebnis klar vor Augen geführt wird, welcher **Verschuldensmaßstab** konkret gelten soll. Andernfalls ging er von einer **unklaren Klausel** i.S.d. § 305c Abs. 2 BGB aus (dazu **krit.** Römer/Langheid/*Langheid*, 2. Aufl., § 32 Rn 5; vgl. in diesem Zusammenhang auch Martin, VersR 1988, 209, 218).

Eine weitere Abweichung ggü. vertraglichen Obliegenheiten besteht darin, dass nur im Bereich der Gefahrerhöhung (§ 26 Abs. 3 Nr. 2 VVG) grds. (vgl. aber § 26 Rdn 20 f.) die **Ausübung des Kündigungsrechts** Voraussetzung für Leistungsfreiheit sein soll (vgl. Begr. BT-Drucks 16/3945, S. 69).

Entsprechend dem zuvor Ausgeführten erscheint es nach hier vertretener Auffassung angebracht, dem VR die Wahl der (gesetzlichen oder vertraglichen) Anspruchsgrundlage zu überlassen, weshalb es jedenfalls bei ausschließlicher Berufung des VR auf die Verletzung einer vertraglichen Obliegenheit, mag sie auch zugleich eine Gefahrerhöhung darstellen, auf eine Kündigung nicht ankommt.

Verhaltensabhängige Risikobeschreibungen und **Risikobeschränkungen** werden von den §§ 23 ff. VVG regelmäßig nicht berührt. Dies leuchtet ein, weil eine von vornherein **ausgeschlossene** Gefahr grds. nicht Gegenstand einer Gefahrerhöhung sein kann, bei der es notwendig um die Erhöhung **versicherter** Gefahren geht (treffend *Martin*, Sachversicherungsrecht, N IV Rn 36). Risikoausschlüssen, die an den **nachträglichen** Eintritt Gefahr erhöhender Umstände **außerhalb eines bestimmten Verhaltens des VN** anknüpfen, steht typischerweise § 32 VVG S. 1 entgegen (zum Ganzen auch Prölss/Martin/*Armbrüster*, § 23 Rn 116). Es erscheint auch denkbar, dass sich das Problem **verhüllter Obliegenheiten** stellen kann (dagegen aber *Martin*, Sachversicherungsrecht Rn 37).

Die in der Kfz-Haftpflichtversicherung üblichen **Verwendungs-** (s. D.1.1 i.v.M. D.3 AKB 2008 bzw. D.1.1.1 i.V.m. D.2 AKB 2015; vgl. zu dieser Klausel im Gefahrerhöhungskontext OLG Karlsruhe, VersR 1986, 1180: Aufbauten für Fastnachtsumzüge auf landwirtschaftlichen Zugmaschinen) und **Schwarzfahrtenklauseln** (s. D.1.2 i.v.M. D.3 AKB 2008 bzw. D.1.1.2 i.V.m. D.2 AKB 2015) stellen nach ganz h.M. (vgl. nur *Feyock/Jacobsen/ Lemor*, Kraftfahrtversicherung, Vorbemerkung Abschnitte D. und E. Rn 1 ff.; *Wandt*, Versicherungsrecht Rn 902) Obliegenheiten und keine Risikoausschlüsse dar. Ihnen kommt nach der Rechtsprechung (BGH, VersR 1987, 921; VersR 1986, 693) der Charakter einer **abschließenden Spezialregelung** zu, die die §§ 23 ff. VVG **verdrängt** (ebenso schon BGHZ 1, 159, 161 = VersR 1951, 99; BGHZ 35, 39 = VersR 1961, 662). Für die **Führer-**

schein- (s. D.1.3 i.v.M. D.3 AKB 2008 bzw. D.1.1.3 i.V.m. D.2 AKB 2015) und die **Trunkenheitsklausel** (s. D.2.1 i.v.M. D.3 AKB 2008 bzw. D.1.2. i.V.m. D.2 AKB 2015) kann nichts Anderes gelten (ebenso MüKo/*Wrabetz/Reusch*, § 23 VVG Rn 140). Manche Literaturstimmen (Prölss/Martin/*Prölss*, 27. Aufl., § 32 Rn 1 a.E.) bejahen eine solche Verdrängungswirkung allgemein bei Obliegenheiten, die auf Unterlassung bestimmter gefährlicher Handlungen gerichtet sind.

75 In der **D&O-Versicherung** enthalten die AVB für die Vermögensschaden-Haftpflichtversicherung von Unternehmensleitern und leitenden Angestellten (**ULLA**) abschließende Regelungen, die die die gesetzlichen Gefahrerhöhungsregeln verdrängen, sofern sie wie Nr. 9.2.1 ULLA den VN begünstigen (so BGH, VersR 2012, 1506 [noch zum VVG a.F. und für einen Fall außerhalb des Großrisikosektors] mit Anm. *Koch*; *Wirth/Kubala*, r+s 2013, 17). Wird hingegen zum Nachteil des VN von den gesetzlichen Gefahrerhöhungsregeln abgewichen, so ist dies außerhalb des Großrisikosektors jedenfalls unwirksam; dies gilt etwa für eine Klausel, nach der der Versicherungsschutz mit Abschluss der Liquidation oder mit Beginn des neuen Beherrschungsverhältnisses (über den VN) automatisch erlischt, wenn der VN selbst freiwillig liquidiert oder neu beherrscht wird (BGH VersR 2012, 1506). Vgl. zum Ganzen auch schon *Lange* (AG 2005, 459) und *Ihlas* (MüKo/*Ihlas*, D&O-Versicherung Rn 186 ff.). Zur (zu bejahenden) Frage, inwiefern ein Wechsel in der Kontrolle über den VN (**Neubeherrschung**) im Allgemeinen eine Gefahrerhöhung darstellt, eingehend Koch (VersR 2012, 1508, 1510 ff.).

76 Zur **Kreditversicherung** vgl. die Ausführungen im Folgenden (s. Rdn 113).

X. Subjektive Gefahrerhöhung (§ 23 Abs. 1 VVG)

1. Vornahme oder Gestattung einer Gefahrerhöhung

77 Die in § 23 Abs. 1 VVG enthaltene Obliegenheit setzt zunächst die **Vornahme** einer Gefahrerhöhung durch den VN oder ihm zurechenbare Personen (zu solchen **Repräsentanten** s. § 28 Rdn 142) voraus (zur **Gestattung** s. Rdn 82). Sie ist freilich etwa auch vom Versicherten (vgl. §§ 47, 156, 193 Abs. 2 VVG) zu beachten. Die Vornahme ist ohne **Willentlichkeit** nicht denkbar, wobei sich Letztere – wie aus § 23 Abs. 2 VVG folgt – nicht auf die Gefahrerhöhung selbst, sondern nur auf die **tatsächlichen Umstände** beziehen muss, die zu einer Gefahrerhöhung führen. Damit bedeutet Willentlichkeit in diesem Zusammenhang Handeln im Wissen um tatsächliche Gefahrumstände, deren rechtliche Dimension (Gefahrerhöhung) nicht erkannt zu werden braucht (s. auch MüKo/*Wrabetz/ Reusch*, § 23 VVG Rn 50). Diese ist freilich für das **Verschulden** beachtlich (vgl. § 26 Rdn 6 f.).

BGHZ 50, 385, 388 = VersR 1968, 1153:

> „Bei einem solchen Handeln ist eine subjektive (finale) Beziehung zwischen dem Verhalten und dem Erfolg schon dadurch gegeben, dass sich die Handlung auf eine Änderung der Gefahrenlage beziehen muss. [...] Der Tatbestand des § 23 Abs. 1 VVG, der ‚subjektiven‘, ‚gewollten‘ oder ‚gewillkürten‘ Gefahrerhöhung ist nur erfüllt, wenn der Versicherungsnehmer die Gefahrenlage durch gewolltes Eingreifen ändert. [...] Eine gewollte Gefahrerhöhung

setzt notwendig das Bewusstsein der vorgenommenen oder gestatteten Änderung der Gefahrenlage voraus. [...] Wer von einer Änderung der Gefahrumstände nichts weiß, kann die Änderung auch nicht gestatten. Für den dem Gestatten gleichgeordneten Begriff des Vornehmens gilt nichts Anderes."

Nach der Rechtsprechung erfordert die Verwirklichung des § 23 Abs. 1 VVG (zielgerichtetes Eingreifen in die Gefahrenlage) also **positive Kenntnis** von den gefahrändernden Umständen (verneint etwa in OLG Köln, VersR 1987, 1026 bei unsachgemäßem und gegen feuerpolizeiliche Vorschriften verstoßendem Einbau eines Kamins; bejaht hingegen in OLG Celle, VersR 2010, 67: Nach Vertragsschluss vom VN selbst bewerkstelligter Einbau eines Holzofens in unmittelbarer Nähe zu Holzlatten und unter Nichtbeachtung der einschlägigen Sicherheitsvorschriften zu den dafür erforderlichen Mindestabständen sowie fehlende Abnahme durch den Bezirksschornsteinfeger; ebenso verneint in OLG Karlsruhe, VersR 2014, 326 für Fahrzeugeinbauten, die einen mangelhaften Fahrzeugzustand zur Folge haben, wenn diese Mangelhaftigkeit dem VN unbekannt ist). Sofern früher (vgl. etwa BGH, NJW 1963, 1053) die subjektive Gefahrerhöhung auch ohne solche Kenntnis bejaht wurde, ist davon Abstand genommen worden. Indem nunmehr positive Kenntnis verlangt wird, reicht jedenfalls **bloß fahrlässige Unkenntnis** nicht mehr für die Bejahung der „Vornahme" einer Gefahrerhöhung aus (s. etwa MüKo/*Wrabetz/Reusch*, § 23 VVG Rn 273; aus der Rspr. für viele OLG Köln, VersR 2007, 204; ferner OLG Koblenz, VersR 2009, 1619: positive Kenntnis von alterstypischen Vorbeschädigungen an Dachschindeln verneint). Damit stellen sich zwei Probleme: Einerseits entsteht ein Bedarf dahingehend, die Anwendung der Gefahrerhöhungsregelungen auch in denjenigen Fällen zu eröffnen, in denen der VN nur deshalb über keine positive Kenntnis verfügte, weil er sich dieser geradezu mutwilligbewusst entzog und andererseits ist die Frage zu klären, worin das Verschulden bei der Vornahme überhaupt begründet ist (dazu Rdn 84).

2. Arglistiger Kenntnisentzug

Das zuerst genannte Problem löst die Rechtsprechung durch Etablierung der Figur des **arglistigen Entzugs von der Kenntnis** (vgl. MüKo/*Wrabetz/Reusch*, § 23 VVG Rn 52). Nach ihr wird derjenige, der sich der Kenntnis arglistig entzieht, so behandelt, als hätte er positive Kenntnis gehabt (vgl. BGH, VersR 1971, 407 m. abl. Anm. *E. Hofmann*, VersR 1971, 661). Dafür sind nach der Rechtsprechung (BGH, a.a.O.; ferner VersR 1982, 793 sowie OLG Köln, VersR 1990, 1226) im Bereich der **Kfz-Haftpflichtversicherung**, wo der Frage besondere Bedeutung zukommt, **drei Kriterien** erforderlich:

Der VN muss
- sowohl mit der Möglichkeit rechnen, dass das versicherte Fahrzeug Mängel aufweist, die die Verkehrssicherheit beinträchtigen
- als auch damit, dass es für den Versicherungsschutz auf die Mängelkenntnis ankommt und
- eine Überprüfung des versicherten Fahrzeugs deshalb nicht veranlasst haben, um den Versicherungsschutz nicht zu gefährden.

80 Die **judikativen Anforderungen** an das Kriterium des arglistigen Kenntnisentzuges sind damit sehr hoch (verneint etwa in BGH, VersR 1975, 461). Insb. reicht es für seine Verwirklichung nicht aus, wenn der VN „nur" in *„bodenlosem Leichtsinn"* handelt (so wörtlich BGH, VersR 1982, 793).
In der **Lehre** stieß das Kriterium auf Kritik (vgl. BK/*Harrer*, § 23 Rn 28 a.E.: *„wenig glückliche Schöpfung"*) v.a. in denjenigen Fällen, wo es darum ging, ob VN, die das versicherte Fahrzeug gewissermaßen „schon aus Prinzip" weder jemals zur Werkstatt bringen noch auch nur oberflächlich überprüfen, sich damit arglistig der Kenntnis der (bei entsprechend langen Intervallen durchaus wahrscheinlichen) nicht mehr gegebenen Verkehrssicherheit entziehen.

81 **Die Kritik ist zumindest partiell relativierungsfähig**: Zunächst ist es nämlich sinnvoll, (gewohnt) hohe Anforderungen an die Arglist zu stellen, um zu vermeiden, dass z.B. ein VN, der sein versichertes Fahrzeug nur wegen eines finanziellen Engpasses nicht zur Werkstatt bringt, ohne an die Gefährdung des Versicherungsschutzes auch nur zu denken, vorschnell wie derjenige behandelt wird, der tatsächlich Kenntnis von bspw. mangelhaften Bremsen hat und dies bei der Benutzung in Kauf nimmt. Abgesehen von diesem Fall ist der VR jedenfalls im Anwendungsbereich des (freilich in der Haftpflichtversicherung durch den [abdingbaren] § 103 VVG verdrängten) § 81 VVG bei Sachverhalten, in denen der VN wissen musste, dass sein Verhalten die Wahrscheinlichkeit des Eintritts des Versicherungsfalls oder dessen Umfang vergrößert, ausreichend geschützt (ebenso s. auch MüKo/*Wrabetz/Reusch*, § 23 VVG Rn 146; vgl. i.Ü. BGH, VersR 1980, 180). Schließlich hindert ihn auch nichts daran, im Wege vertraglicher Obliegenheiten bestimmte Untersuchungs- und Prüfpflichten vorzusehen (explizit angeregt von BGH, VersR 1968, 1153, 1154). Die neuere Rechtsprechung (krit. dazu BK/*Harrer*, § 23 Rn 12 a.E.; anders noch BGH, VersR 1968, 590 m.w.N.) lehnt jedenfalls zu Recht eine **allgemeine Prüfpflicht des Fahrzeugzustandes** ab (BGH, VersR 1975, 461; BGHZ 50, 385 = VersR 1968, 1153; ferner etwa OLG Koblenz, VersR 1997, 303: Grobe Fahrlässigkeit bei unterlassenem „genaueren Hinschauen" auf die **Reifenprofiltiefe** verneint; weiter OLG Düsseldorf, VersR 2003, 1408: Gefahrerhöhung verneint bei jeweils ungleicher Reifenabnutzung; allg. wird für eine Obliegenheitsverletzung gem. § 23 Abs. 1 VVG wohl **„besondere Auffälligkeit"** verlangt (s. etwa OLG Köln, VersR 2007, 204; ferner OLG Köln, r+s 1990, 192; OLG Düsseldorf, DAR 2004, 391; MüKo/*Wrabetz/Reusch*, § 23 VVG Rn 54 ff. schlagen überhaupt vor, die entsprechenden Fälle grds. anhand des Verschuldenselements zu entscheiden). *Prölss* (FS 50 Jahre BGH, Bd. II, S. 551, 596 f.) meint demggü., bei Unterlassung **jeglicher** Überprüfung könne meist von billigender Inkaufnahme des Gefahrerhöhungserfolges und damit von **bedingtem Vorsatz** des VN bei der Gefahrerhöhungsvornahme ausgegangen werden, weshalb in diesen Fällen regelmäßig subjektive Gefahrerhöhung vorliege. Zum unabhängig davon in der Kfz-Haftpflichtversicherung maßgeblichen **Soll-Zustand** s. Rdn 129.

82 § 23 Abs. 1 VVG verbietet sowohl die Vornahme einer Gefahrerhöhung als auch die **Gestattung** derselben durch den VN oder ihm zurechenbare Personen. Eine Gestattung ist unstreitig zu bejahen, wenn der VN aktiv eine **Einwilligung** zur Vornahme erteilt. Dem soll es nach einer Meinung (vgl. VersR-Hdb/*Hahn*, § 20 Rn 14 m.w.N.) gleichstehen, wenn

der VN passiv bleibt und die Vornahme durch Dritte bloß **duldet** (vgl. zur Terminologie *R. Schmidt*, Die Obliegenheiten, S. 204, zum Ganzen *Matusche-Beckmann*, in: Bruck/Möller, § 23 Rn 30 m.w.N.). Fraglich scheint, inwieweit der VN verpflichtet sein soll, sich gegen Vornahmen Dritter zu wehren, denen er nicht zugestimmt hat (vgl. auch *Segger/Degen*, in: Staudinger/Halm/Wendt, § 23 Rn 56; *S. Reinhardt*, ZVersWiss (2014) 505, 509 f.: bloße Gleichgültigkeit genügt nicht). Die Antwort hängt – auch – davon ab, ob man eine **Gefahrerhöhung durch Unterlassen** (dazu Rdn 96 ff.) oder nur durch aktives Tun anerkennt. In vielen dieser Fälle wird man aufgrund der (wie in Rdn 56 dargestellt) grds. nicht bestehenden Pflicht zur Beseitigung einer Gefahrerhöhung eine objektive Gefahrerhöhung und damit eine **Anzeigepflicht** des VN (§ 23 Abs. 3 VVG) annehmen können (so etwa im Fall eines von Einbrechern entfernten Vorhängeschlosses: BGH, VersR 1982, 33). In anderen Fällen kann ein **Untersagen** ausreichen (BGH, VersR 1975, 1017; VersR 1969, 27: vom Fahrzeughalter verbotene Benutzung des verkehrsunsicheren Fahrzeugs). Dies kann aber anders liegen, wenn der VN um die **fortgesetzte Nichtbeachtung** des seinerseits ausgesprochenen Verbots weiß. Demgegenüber definitiv zu weitgehend erscheint es nach hier vertretener Auffassung, dem VN bei nicht gestatteten Gefahrerhöhungen durch Dritte **ohne Weiteres** ein **rechtliches Vorgehen** dagegen abzuverlangen und andernfalls Duldung anzunehmen. Für eine Handlungspflicht darauf abzustellen, wie sich jemand in der gleichen Situation ohne Versicherungsschutz verhalten hätte (so *Wandt*, Versicherungsrecht Rn 872 a.E.) scheint insofern nicht ganz unproblematisch, als diese Personen sich gerade aufgrund des fehlenden Versicherungsschutzes tendenziell eher zur Wehr setzen werden müssen als solche, die den Schutz genießen. Auf diese Weise könnte in der Rechtspraxis teilweise eine **nicht (mehr) gerechtfertigte Gefahrbeseitigungspflicht** zulasten des VN angenommen werden. Dies gilt es zu vermeiden (vgl. auch MüKo/*Wrabetz/Reusch*, § 23 VVG Rn 58).

Zur **Zurechnung** einer **Gestattung durch Dritte** vgl. im Folgenden (s. Rdn 93).

3. Verschulden

Das von der maßgeblichen Rechtsprechung aufgestellte Erfordernis der **positiven Kenntnis** von den Gefahr erhöhenden Umständen hat nicht nur die Einführung des Kriteriums des arglistigen Entzugs von derselben notwendig gemacht, sondern bereitet auch im Bereich des Verschuldens (das weitgehend für den Eintritt von Rechtsfolgen erforderlich ist) mitunter Probleme: Dort bleibt für ein Verschulden, insb. für die wegen § 26 Abs. 1 VVG (Leistungsfreiheit) so wichtige Abgrenzung zwischen einfacher und grober Fahrlässigkeit nicht mehr viel übrig. Mehrheitlich wird nämlich mit der Bejahung positiver Kenntnis auch die Verschuldensfrage bejaht sein, denn Verschulden kann vor dem Hintergrund der Rechtsprechung nur mehr **Vornahme trotz Kenntnis der geänderten Gefahrumstände** bedeuten, die eben überwiegend vorwerfbar sein wird. Dies zeigt sich auch daran, dass etwa die erst nachträglich erkannte, zunächst schuldlos vorgenommene oder gestattete Gefahrerhöhung in der Rechtspraxis schon im zeitlichen Anwendungsbereich des VVG a.F. ein „*Schattendasein*" fristete (vgl. Prölss/Martin/*Prölss*, 27. Aufl., § 25 Rn 3: „*praktisch bedeutungslos*"), weil das Nichterkennen des Gefahrerhöhungscharakters trotz Kenntnis der zugrunde liegenden Umstände regelmäßig schuldhaft ist.

85 Nur in **Sonderfällen** mag dies anders liegen: So wird es etwa typischerweise am Verschulden mangeln, wenn der VN oder ihm zurechenbare Personen die Gefahrerhöhung vorgenommen haben, indem sie eine vertragliche Obliegenheit erfüllten (z.B. Dachrenovierung; s.a. Rdn 46). Hier wird richtigerweise eine Einwilligung des VR (Rdn 95) angenommen werden können (ebenso VersR-Hdb/*Hahn*, § 20 Rn 6 Fn 31), eine dennoch erfolgende Berufung des VR auf eine Verletzung des § 23 Abs. 1 VVG erschiene treuwidrig i.S.d. § 242 BGB (*venire contra factum proprium*). Im Übrigen vgl. auch die Ausführungen in § 26 VVG in (s. § 26 Rdn 6).

86 Weiter und unabhängig davon kann in bestimmten Konstellationen die **irrige Annahme** einer versichererseitig erfolgten Einwilligung in die Gefahrerhöhung zumindest entschuldbar und damit jedenfalls nicht grob fahrlässig sein (vgl. allg. OLG Hamm, VersR 1976, 257; BGH VersR 2014, 1313). Zum Vertrauen auf die Beurteilung durch Sachverständige oder auf die Wirksamkeit von Gegenmaßnahmen zur Gefahrerhöhung vgl. die Ausführungen in § 24 VVG (s. § 24 Rdn 6).

87 Aufgrund der wegen des Rechtsprechungserfordernisses positiver Kenntnis der Gefahrumstände im Ergebnis letztlich bestehenden **Aushöhlung des Verschuldenselementes** verwundert es nicht, wenn nach der Rechtslage im Anwendungsbereich des VVG a.F. in die richterliche Kenntnisprüfung teilweise – inkonsequent – Verschuldenselemente miteingeflossen sind (s. Rdn 47).

88 Bedeutsam ist eine **konsequente Trennung** aber schon wegen der **Beweislastverteilung**: Während der VR für die **Willentlichkeit** beweispflichtig ist, vermuten die §§ 24 Abs. 1 VVG und § 26 Abs. 1 und 2 VVG hinsichtlich des **Verschuldens** (zumindest) grobe Fahrlässigkeit des VN und ist dieser insofern gegenbeweispflichtig (dazu § 24 Rdn 19, § 26 Rdn 6 ff. und 14). Sofern die Judikatur bisher im Ergebnis versucht hat, dem VN die Bürde des Beweises fehlenden Verschuldens dadurch zu erleichtern, indem sie besonders strenge Anforderungen an den vom VR zu erbringenden Beweis der positiven Tatsachenkenntnis gestellt und diesem wie gezeigt auch Verschuldenselemente beigemengt hat (vgl. *E. Hofmann*, VersR 1971, 661, 662), läuft dieser Versuch nach neuer Rechtslage (vermutete grobe Fahrlässigkeit) ohnehin ins Leere.

89 Um dem Verschuldenselement bei einer Obliegenheitsverletzung gem. **§ 23 Abs. 1 VVG** „neuen Sinn" zu geben, wurde in der Lehre vorgeschlagen, das von der Vornahme zu unterscheidende Verschulden im **vorwerfbaren Nichterkennen des Gefahrerhöhungscharakters** zu erblicken (deutlich *Prölss*, VersR 2003, 669, 674: „*Das Verschulden bezieht sich nicht auf die Herbeiführung [der Gefahrerhöhung], sondern auf die falsche Einschätzung des Gefahr erhöhenden Charakters der Gefahr erhöhenden Umstände*"). Dem ist (auch mit Blick auf die Frage **vorsätzlichen Handelns**, vgl. BGH, VersR 2014, 1313; s.a. § 26 Rdn 6) uneingeschränkt zuzustimmen, weshalb es bei mangelnder Vorwerfbarkeit des Nichterkennens bei der „reinen" Vornahme einer Gefahrerhöhung bleiben sollte, die als solche – anders als Gefahrerhöhungen i.S.d. § 23 Abs. 2 und 3 VVG (vgl. § 24 Rdn 9) – keine Rechtsfolgen nach sich zieht (s.a. § 24 Rdn 6; zum Verschuldenserfordernis bei Obliegenheiten grundlegend *R. Schmidt*, Die Obliegenheiten, S. 257 ff.). Freilich kann eine solche ursprünglich schuldlose subjektive Gefahrerhöhung nachträglich zu einer anzeige-

pflichtigen Gefahrerhöhung gem. § 23 Abs. 2 VVG werden, dann nämlich, wenn sich das zunächst (schuldlose) Nicht-Erkennen der Gefahrerhöhung nachträglich in positive Kenntnis von derselben wandelt (s. Rdn 103).

Eine nur im Zeitpunkt von Vornahme oder Gestattung schuldlose, aber immerhin nachträglich erkannte Gefahrerhöhung begründet die **Anzeigepflicht** gem. § 23 Abs. 2 VVG. 90

Aus der Maßgeblichkeit des **§ 276 BGB** für die Beurteilung des **Verschuldens** (vgl. schon Prölss/Martin/*Prölss*, 27. Aufl., § 6 Rn 116; ferner etwa *Armbrüster*, Privatversicherungsrecht, Rn 1137; a.A. *Wandt*, Versicherungsrecht Rn 878 [mit Verweis auf den Obliegenheitscharakter]; offen lassend MüKo/*Wrabetz/Reusch*, § 23 VVG Rn 268) bei Verletzung des § 23 VVG folgt zunächst, dass für die Verschuldensbejahung **Zurechnungsfähigkeit** des VN (oder ihm gleichgestellter Personen) erforderlich ist und **verminderte Schuldfähigkeit** in Form von erheblich verminderter Einsichts- und Hemmungsfähigkeit die Voraussetzungen groben Verschuldens entfallen lassen kann (vgl. BGH, NJW 1985, 2648; zur Bedeutung von Urteils- und Einsichtsfähigkeit mit Blick auf die Quotelung nach § 26 VVG Rüffer/Halbach/Schimikowski/*Karczewski*, § 26 Rn 5). 91

Weiter folgt aus der Anwendbarkeit der Wertungen des § 276 Abs. 2 BGB, dass diejenige **Sorgfalt** als geschuldet zu erachten ist, die von Personen **aus dem Verkehrskreis des Obliegenheitsunterworfenen** erwartet wird (vgl. R. Schmidt, Die Obliegenheiten, S. 259). Damit kann es bei der Verschuldensprüfung je nach Lage des Falls einen erheblichen Unterschied machen, ob der VN, der bspw. sein Fahrzeug trotz Verkehrsunsicherheit weiterbenutzt, Kfz-Mechaniker oder Führerscheinneuling ist (unterschiedliche Folgenabschätzung; vgl. zum Einfluss der Verschuldensprüfung auf die festzustellende „Schwere der Schuld", § 26 Rdn 7); die Judikatur rückt bisweilen konkret-individuelle Verhältnisse stark in den Vordergrund (vgl. § 28 Rdn 58). 92

Ebenso wie dem VN im Bereich der **Vornahme** einer Gefahrerhöhung **Drittverhalten** (Repräsentantenhaftung; vgl. § 28 Rdn 142 ff.) zuzurechnen sein kann, steht im Bereich der **Kenntnis** einer Gefahrerhöhung seiner Kenntnis **Drittwissen** (Repräsentanten- oder Wissensvertreterhaftung; in OLG Köln, r+s 1990, 192 verneint bei Ehefrau, die das Fahrzeug während mehrmonatiger Abwesenheit des VN benutzt; i.Ü. s. § 28 Rdn 138 ff.) gleich (vgl. BGH, VersR 1971, 538; VersR 1969, 1086; OLG Koblenz, VersR 1983, 870). Da **Gestattung** (vgl. Rdn 82) ein der Vornahme und nicht der Kenntnis der Gefahrerhöhung gleichgestelltes Verhalten ist, bedarf es für ihre Zurechnung ggü. dem VN der **Repräsentanten- und nicht bloß der Wissensvertretereigenschaft** (vgl. OLG Hamm, VersR 1981, 227 [zur Frage der möglichen Zurechnung der Gefahrerhöhungskenntnis durch Wissensvertreter allerdings offen lassend] s. zur Thematik schon Hofmann, NJW 1975, 2181, 2183 f.). Bei der **Versicherung für fremde Rechnung** ist gem. § 47 Abs. 1 VVG auch die Kenntnis oder Arglist des **Versicherten** von Bedeutung (Looschelders/Pohlmann/*Looschelders*, § 23 Rn 29). 93

Für die bei subjektiver Gefahrerhöhung denkbaren Rechtsfolgen **Kündigung** (§ 24 VVG) und **Prämienanpassung** bzw. **Gefahrausschluss** (§ 25 VVG) ist wegen § 24 Abs. 1 VVG 94 zumindest **einfache Fahrlässigkeit** aufseiten des VN erforderlich. Die Rechtsfolge **Leistungsfreiheit** kann ab grober Fahrlässigkeit (quotal) eintreten; § 26 Abs. 1 S. 2 VVG.

4. Mangelnde Zustimmung des Versicherers

95 Eine wirksame versichererseitige Zustimmung zur Gefahrerhöhung kann im Wege der **Genehmigung** nachträglich oder im Wege der **Einwilligung** von vornherein vorliegen, obwohl der Wortlaut des § 23 Abs. 1 und 2 VVG genau genommen nur die letztgenannte Möglichkeit erfasst. Im Fall der Genehmigung tritt eine Verzichtswirkung ein (dem folgend *Segger/Degen*, in: Staudinger/Halm/Wendt, § 23 Rn 83), die Einwilligung hat Tatbestandsausschlusswirkung. Von einer Einwilligung kann bei Gefahrerhöhungen, die durch **Erfüllung vertraglicher Obliegenheiten** bedingt sind (Rdn 68), ebenso auszugehen sein wie bei aus AVB zu ziehenden **Rückschlüssen** a maiori ad minus (Rdn 63). Auch **Prämienanpassungsklauseln** (Rdn 65 f.) lassen solche Rückschlüsse zu. Auf die **Möglichkeit** der Einholung einer Einwilligung für den VN kommt es nicht an (so schon *Möller*, in: Bruck/Möller, § 23 Rn 10). Ihrer Rechtsnatur als einseitige, empfangsbedürftige und grds. formfreie Willenserklärung entsprechend sind auf die Zustimmung die allgemeinen Regelungen, insb. hinsichtlich **Zugang** (§§ 130 ff. BGB) und **Anfechtung** (§§ 119 ff. BGB) anwendbar.

5. Gefahrerhöhung durch Unterlassen?

96 § 23 Abs. 1 VVG verbietet die Vornahme oder Gestattung von Gefahrerhöhungen, weshalb es dort (anders als in § 23 Abs. 2 und 3 VVG) um eine **Unterlassungspflicht** geht. Daraus und aus der Verwendung des Begriffs „Vornahme" könnte man schließen, dass eine Verletzung dieser Obliegenheit nur durch ein **aktives Tun**, nicht aber durch Unterlassen in Betracht kommt. Die herrschende **BGH-Rechtsprechung** (vgl. nur BGHZ 79, 156, 160 = VersR 1981, 245; tendenziell anders noch BGHZ 50, 385, 388 = VersR 1968, 1153) sieht dies so und **verneint (abgesehen vom Kfz-Bereich;** s. Rdn 100) eine subjektive Gefahrerhöhung durch Unterlassen (s. allgemein MüKo/*Wrabetz/Reusch*, § 23 VVG Rn 62 ff.).

97 Die **Lehre** hat diesen Ansatz der herrschenden Rechtsprechung überwiegend kritisiert (vgl. nur Römer/Langheid/*Langheid*, §§ 23 Rn 32: *„Umdenken der Rechtsprechung wünschenswert";* eingehend *Martin*, Sachversicherungsrecht, N III Rn 8 ff.; *Martin*, VersR 1988, 209; *Hegnon*, Der Tatbestand der Gefahrerhöhung im Versicherungsrecht, S. 84 ff.; *Holzhauser*, Versicherungsvertragsrecht Rn 141; BK/*Harrer*, § 23 Rn 12; zu Letzterem krit. VersR-Hdb/*Hahn*, § 20 Rn 12 Fn 56: *„Zirkelschluss";* die beschriebene Kritik differenzierend Prölss/Martin/*Armbrüster*, § 23 Rn 105 ff.; gegen die Möglichkeit subj. Gefahrerhöhungen durch Unterlassen zuletzt S. *Reinhardt*, ZVersWiss (2014) 505 ff.). Teilweise wurde empfohlen, weniger auf das Unterlassen als vielmehr darauf abzustellen, ob der VN durch das unterlassene zielgerichtete Eingreifen in die – andernfalls weiterhin ungünstige (Beseitigung) oder sich ungünstig entwickelnde (Verhütung) – Gefahrenlage typische Pflichten vernachlässigt habe (*Schimikowski*, Versicherungsvertragsrecht Rn 203 a.E.) oder ob jemand, der nicht versichert ist, bei geringem Beseitigungsaufwand anders gehandelt hätte (*Prölss*, ZVers-

Wiss 2001, 471, 496; generell [d.h. ohne Bezugnahme auf den Beseitigungsaufwand] für eine Beurteilung anhand des hypothetischen Maßstabes des Nicht-Versicherten *Wandt*, Versicherungsrecht Rn 872). Beide Ansätze führen jedoch zu (neuen) **Abgrenzungsschwierigkeiten**: Während der erstgenannte überhaupt erheblicher Präzision bedarf, birgt der letztgenannte zumindest die Gefahr, dass dem VN in der Rechtspraxis zu weitgehende Pflichten auferlegt werden könnten, verhält sich doch jemand ohne jeglichen Versicherungsschutz in Anbetracht der ihn unmittelbar treffenden Konsequenzen u.U. wesentlich vorsichtiger als jemand, der Versicherungsschutz genießt. Insofern ist es nur folgerichtig, wenn die Rechtsprechung (vgl. OLG Koblenz, VersR 2009, 1619) bspw. im Bereich der Wohngebäudeversicherung weder eine Pflicht des VN bejaht, das Dach des versicherten Objektes regelmäßig durch einen Fachmann auf seinen ordnungsgemäßen Zustand prüfen zu lassen oder die dort befindlichen Dachschindeln in einem festen Turnus vorsorglich austauschen zu lassen.

Wiewohl nach hier vertretener Ansicht eine Gefahrerhöhung durch Unterlassen grds. vorstellbar erscheint, überzeugt doch im Ergebnis die **Zurückhaltung** des BGH (ähnlich VersR-Hdb/*Hahn*, § 20 Rn 13). Denn eines gilt es jedenfalls zu vermeiden, nämlich dass im Wege einer Aufweichung des Unterschieds zwischen subjektiver und objektiver Gefahrerhöhung eine **generelle Gefahrvermeidungspflicht** für den VN entsteht (zust. Rüffer/Halbach/Schimikowski/*Karczewski*, § 23 Rn 19). Der Gesetzgeber hat durch § 23 Abs. 3 VVG klar zum Ausdruck gebracht, dass denjenigen VN, der eine von anderer Seite gegen seinen Willen herbeigeführte Gefahrerhöhung nicht beseitigt, ausgleicht oder mindert, nur die Pflicht zur Anzeige trifft (deutlich BGHZ 79, 156 = VersR 1981, 245). Wenn indessen nicht nur die Anzeige, sondern (im Wege der Vornahme durch Unterlassen) auch die Beseitigung der ohne Willen und Zutun des VN eingetretenen Gefahrerhöhung geschuldet würde, wäre der **gesetzgeberischen Privilegierung** jenes VN, der die Gefahrerhöhung gar nicht abwehren konnte, zumindest teilweise nicht Rechnung getragen (in diesem Sinn auch OLG Hamm, r+s 1992, 261, 262). Mit Blick auf die Regeln zur Herbeiführung des Versicherungsfalls (§§ 81, 103 VVG) wird der VN zur Vermeidung von deren Sanktionen ohnehin den ohne Weiteres zumutbaren Aufwand in Kauf nehmen müssen (vgl. OLG Oldenburg, VersR 1997, 999), sodass das Problem auch von dieser Seite entschärft wird. *Prölss* (in: FS 50 Jahre BGH, Bd. II, S. 551, 598) empfiehlt, den Maßstab des *„Minimalaufwandes"* auf den Anwendungsbereich des § 23 Abs. 1 VVG zu erstrecken und Letzteren jedenfalls dort für die Vornahme durch Unterlassen zu eröffnen, wo der VN selbst diesen geringfügigen Aufwand gescheut hat.

Unbedenklich erscheint eine **Gleichstellung von Tun und Unterlassen** (und damit ein Verständnis des Begriffs „Vornahme" i.S.v. „Verursachung") nach hier vertretener Auffassung, wenn der VN etwa **vertraglich** zur Einhaltung gewisser Sicherheitsstandards (z.B. Verwendung einer Alarmanlage) verpflichtet ist und die sonstigen Voraussetzungen der Gefahrerhöhung, insb. das Dauer- bzw. Nachhaltigkeitskriterium erfüllt sind (so zutreffend schon Werber, Die Gefahrerhöhung im deutschen, schweizerischen, französischen, italienischen, schwedischen und englischen Versicherungsvertragsrecht, 1967, 38). Hier liegt eine **Erhaltungsverpflichtung** vor, die grds. durch unterlassene Wartung, Überprüfung etc.

verletzt werden kann. Auch das **Risikoniveau** wurde unter Zugrundelegung der Gefahrenlage bei Einhaltung der spezifischen Sicherheitsstandards fixiert (s. Rdn 5). Andere Literaturstimmen gehen wesentlich weiter, indem sie eine Verletzung des § 23 Abs. 1 VVG durch Unterlassen schon annehmen, wenn sich eine Handlungspflicht aus der *„Natur des Versicherungsverhältnisses"* ergebe (vgl. *Martin*, VersR 1988, 209, 214).

100 Im Bereich der **Kfz-Haftpflichtversicherung** bestehen in Anbetracht der dortigen Maßgeblichkeit des vom VN zu erhaltenden *„Soll-Zustandes"* Abweichungen (vgl. Rdn 129).

XI. Nachträglich erkannte, subjektive Gefahrerhöhung (§ 23 Abs. 2 VVG)

1. Vorbemerkungen

101 Im Unterschied zur Obliegenheit gem. § 23 Abs. 1 VVG, die auf das **Verbot** der Setzung eines bestimmten Verhaltens gerichtet ist, geht es bei § 23 Abs. 2 VVG um das **Gebot** der Abgabe einer **Wissenserklärung**. Mit § 23 Abs. 3 VVG hat diese Obliegenheit, die in der Literatur (s. Rdn 8) weitgehend der subjektiven Gefahrerhöhung zugeordnet wird, den fehlenden Willen des VN oder ihm zurechenbarer Personen hinsichtlich des **Eintritts** der Gefahrerhöhung gemein, hebt sich aber dadurch von ihr ab, als die anzeigepflichtige Gefahrerhöhung in § 23 Abs. 2 VVG Folge einer – zumindest in Kenntnis der Gefahr erhöhenden Umstände erfolgten – Verletzung des § 23 Abs. 1 VVG ist, während jene des § 23 Abs. 3 VVG – vom VN unbeeinflussbar (vgl. *Wandt*, Versicherungsrecht Rn 871) – *„von außen"* kommt.

102 Die **Anzeigepflicht** gem. § 23 Abs. 2 VVG knüpft eng an den Tatbestand des § 23 Abs. 1 VVG an, weshalb für die Tatbestandsmerkmale **Vornahme**, **Gestattung** und **fehlende Zustimmung des VR** das oben Ausgeführte gilt (vgl. Rdn 77 ff.).

2. Nachträgliches Erkennen der Gefahrerhöhung

103 Eine Obliegenheitsverletzung i.S.d. § 23 Abs. 2 VVG setzt **objektiv** voraus, dass der VN oder ihm zurechenbare Personen (dazu Rdn 110) über **positive Kenntnis vom Gefahrerhöhungscharakter** eines Umstandes verfügen, der mit ihrem Willen – aber zunächst ohne diese Kenntnis – eingetreten ist (vgl. aus der – spärlichen – Judikatur: OLG Celle, VersR 1955, 169; am Rande ebenso BGH, VersR 1969, 177). Damit tritt ein **wesentlicher Unterschied** zur Kenntnis von der Gefahrerhöhung im Zusammenhang mit § 23 Abs. 1 VVG zutage: Da sie im Bereich des § 23 Abs. 2 VVG **objektives Tatbestandsmerkmal** ist, kann **fahrlässige Unkenntnis** des Gefahrerhöhungscharakters keine Rechtsfolgen zeigen (OLG Rostock, VersR 2008, 72; BGH, VersR 1999, 484; OLG Frankfurt am Main, VersR 1955, 517, 518). Darauf, ob der VN bei gehöriger Sorgfalt Kenntnis von der Gefahrerhöhung hätte haben müssen, kommt es demnach (anders als bei Verletzungen von § 23 Abs. 1 VVG) nicht an. Der VR hat sowohl Wissen um die Gefahr erhöhenden tatsächlichen Umstände wie auch um deren Gefahrerhöhungscharakter zu beweisen (vgl. OLG Celle, VersR 1955, 169, 170).

Praxistipp
Der vom VR zu führende Beweis der positiven Kenntnis des VN kann bisweilen schwer zu erbringen sein. Mancher VN erleichtert die Beweisführung allerdings „unfreiwillig", indem er bspw. im Deckungsprozess im Ergebnis vorbringt, er habe versucht, die Gefahrerhöhung durch Räumungsklage zu beseitigen (so geschehen in LG Köln, VersR 1999, 1363 und dort mit Recht als versicherungsnehmerseitige Einräumung von Kenntnis gewertet).

Der VN, der sich der Kenntnis **arglistig entzieht**, wird erneut (vgl. Rdn 79 ff. m.w.N.) so behandelt, als hätte er positive Kenntnis gehabt. 104

3. Anzeigefrist

Die Anzeigepflicht gem. § 23 Abs. 2 VVG ist verletzt, wenn der VN oder ihm zurechenbare Personen (zu diesen Rdn 110) die Anzeige der Gefahrerhöhung ggü. dem VR nicht **unverzüglich** nach positiver Kenntnis vom Gefahrerhöhungscharakter erstatten. Diese Form des „Verschuldens" ist als **Tatbestandselement** der nachträglich erkannten, subjektiven Gefahrerhöhung keineswegs deckungsgleich mit jenem, das für die Berufung auf die Rechtsfolge der (gänzlichen bzw. teilweisen) **Leistungsfreiheit** erforderlich ist (vgl. § 26 Abs. 2 VVG): Ersteres markiert den zeitlichen Rahmen ordnungsgemäßer Obliegenheitserfüllung und dient damit der **Bestimmung der Anzeigefrist** im konkreten Einzelfall, Letzteres liegt im **Ausmaß der Vorwerfbarkeit** ihrer Nichteinhaltung. 105

Unverzüglichkeit sollte grds. i.S.d. Legaldefinition des § 121 Abs. 1 S. 1 BGB verstanden werden, also „*ohne schuldhaftes Zögern*" bedeuten. Einschränkungen sind allerdings geboten, wenn es darum geht, ob dem VN – wie dem Anfechtungsberechtigten gem. § 121 VVG BGB – das Recht zustehen soll, sich eine gewisse Zeit zur Überlegung zu nehmen oder den **Rat eines Rechtskundigen** einzuholen (vgl. etwa OLG Oldenburg, NJW 2004, 168). Dies wäre i.R.d. § 23 Abs. 2 VVG nicht sinnvoll, geht es doch hier um **Äquivalenzsicherung** (Rdn 1) und nicht um Versicherungsnehmerschutz. Wenig überzeugend sind auch **fixe Fristen** für die Beurteilung der Unverzüglichkeit (a.A. Römer/Langheid/*Langheid*, § 23 Rn 75: „*maximal drei Werktage bis zum Eingang beim VR*"; wohl auch OLG Rostock, VersR 2008, 72: „*i.d.R. eine Frist bis zur Obergrenze von zwei Wochen*"; wie hier Rüffer/Halbach/Schimikowski/*Karczewski*, § 23 Rn 7). Es wird deshalb im Wege einer revisiblen Rechtsfrage (vgl. MüKo/*Kramer*, § 121 BGB Rn 8) weiterhin nach **Würdigung aller Umstände des konkreten Einzelfalls** zu entscheiden sein, ob tatsächlich eine schuldhafte Verzögerung der Anzeige vorlag (ebenso Segger/Degen, in: Staudinger/Halm/Wendt, § 23 Rn 65 sowie zuletzt S. *Reinhardt*, Die Gefahrerhöhung im deutschen Privatversicherungsrecht, 2015, 55). Durch diese Flexibilität wird es dem Richter jedenfalls in „**Härtefällen**" wie etwa plötzlicher schwerer Erkrankung, kurzfristiger Ortsabwesenheit oder längerer Handlungsunfähigkeit des VN nach einem Unfall ermöglicht, sachadäquate Entscheidungen zu treffen (ebenso MüKo/*Wrabetz/Reusch*, § 23 VVG Rn 95). Die damit im Einzelfall möglicherweise einhergehende Rechtsunsicherheit ist hinzunehmen. 106

Da es § 23 Abs. 2 VVG an einer § 121 Abs. 1 S. 2 BGB bzw. § 377 Abs. 4 HGB vergleichbaren Sonderbestimmung fehlt, ist davon auszugehen, dass es für die **Rechtzeitigkeit** der Anzeige unter Abwesenden i.S.d. (analog anwendbaren) § 130 Abs. 1 BGB ausschließlich 107 auf ihren **Zugang** ankommt (vgl. zu den Voraussetzungen einer analogen Anwendung des § 121 Abs. 1 S. 2 VVG: Staudinger/*Singer*, § 121 BGB Rn 12). Ungeachtet dessen hätte der Gesetzgeber nach hier vertretener Ansicht durch eine klare Anordnung die **Abgabe** der Anzeige zur Fristwahrung genügen lassen sollen, da Gründe für eine zusätzliche Fristverkürzung durch die Beförderungszeit nicht ersichtlich sind (vgl. allg. nur *Bork*, BGB AT Rn 913).

Davon unabhängig besteht freilich die Möglichkeit, in AVB eine für den VN günstigere Fristbestimmung (§ 32 VVG) vorzusehen.

108 Für die Rechtsfolgen **Kündigung** (§ 24 VVG) und **Prämienanpassung bzw. Gefahrausschluss** (§ 25 VVG) ist wegen § 24 Abs. 2 VVG **kein Verschulden** erforderlich (str.; der hier vertretenen Meinung nun explizit folgend *Wandt*, Versicherungsrecht Rn 875 ff.; a.A. noch MüKo/*Wrabetz/Reusch*, § 23 VVG Rn 271; zur hier vertretenen Auffassung s. die Kommentierung bei § 24 Rdn 9 ff.). Die Rechtsfolge **Leistungsfreiheit** kann ab grober Fahrlässigkeit (quotal) eintreten; § 26 Abs. 2 S. 2 VVG.

4. Anzeige und anzeigepflichtiger Personenkreis

109 **Inhalt** und **Form**: Als **empfangsbedürftige Wissenserklärung** (Rdn 101) muss die Anzeige gem. § 23 Abs. 2 VVG die Tatsachen enthalten, aus denen sich die eingetretene Gefahrerhöhung für den VR ableiten lässt. Ein Rechtsfolgewille ist nicht erforderlich. Von der grds. bestehenden **Formfreiheit** kann durch vertragliche Vereinbarung, insb. durch AVB abgewichen werden (zur Unbedenklichkeit wegen § 32 S. 2 VVG bereits Rdn 61). Da es jedoch nur auf die **tatsächliche Kenntnis** des VR ankommen kann, bleibt die nicht gewahrte Anzeigeform ohne nachteilige Rechtsfolge. Die Wahl etwa der **Text-** oder **Schriftform** wird daher primär im Interesse des VN liegen, der sich damit eine **geeignete Beweisgrundlage** schaffen kann. Wegen der ausschließlichen Maßgeblichkeit der tatsächlichen Kenntnis des VR (vgl. §§ 24 Abs. 3, 26 Abs. 2 S. 1 VVG) **entfällt** eine Anzeigepflicht in Fällen, in denen der VR diese Kenntnis bereits anderweitig, insb. von nicht zur Anzeige verpflichteten Dritten erlangt hat.

110 Wegen der gem. § 32 S. 1 VVG halb zwingenden Natur der Gefahrerhöhungsregeln kann der **anzeigepflichtige Personenkreis** nicht zuungunsten des VN vertraglich erweitert werden. Anzeigepflichtig sind der VN und Personen, deren Verhalten seinem **gleichsteht** (dies gilt für **gesetzliche Vertreter**, insb. **Vertretungsorgane juristischer Personen** und den mit Vermögenssorge des VN betrauten **Betreuer** gem. § 1902 BGB – OLG Nürnberg, VersR 2002, 1232; ferner für den **Nachlass-** und den **Insolvenzverwalter** innerhalb seines Wirkungsbereiches – zu alledem § 28 Rdn 142) oder deren Kenntnis ihm **zugerechnet** (insb. **Wissenserklärungsvertreter** – vgl. § 28 Rdn 147) werden kann. Den **Versicherten** in einer Versicherung für fremde Rechnung kann die Anzeigepflicht ebenso treffen (vgl. § 47 Abs. 1 VVG; grds. ablehnend hingegen OLG Hamm, VersR 1981, 870, 872) wie den **Erwerber der veräußerten Sache** (§ 95 Abs. 1 VVG; beachte BGH, VersR 1982, 466 [Nachfolgeentscheidung zur zuvor zitierten des OLG Hamm]: Der Erwerber übernimmt die versicherte Sache „in der Rechtslage", in der sie sich im Zeitpunkt des Überganges

befand – sofern schon der Veräußerer gegen die Anzeigepflicht verstoßen hat, steht die Anzeigefrist nicht erneut offen; eine Versäumung durch den vorherigen Eigentümer muss sich der Erwerber zurechnen lassen – ebenso LG Köln, VersR 1999, 1363). Gleiches gilt für **Erben** und **sonstige Gesamtrechtsnachfolger** (BK/*Harrer*, § 27 Rn 4).

Keine Anzeigepflicht besteht etwa für **Zessionar** und **Pfandgläubiger** (vgl. bereits zum VVG a.F. *Möller*, in: Bruck/Möller, § 27 Rn 9). 111

XII. Objektive Gefahrerhöhung (Abs. 3)

1. Fehlende Veranlassung durch den Versicherungsnehmer

§ 23 Abs. 3 VVG knüpft (bei aller sonstigen Unterschiedlichkeit, dazu sogleich) an die Tatbestandsmerkmale von § 23 Abs. 1 und 2 VVG an. So gilt bspw. für den **Gefahrerhöhungsbegriff** und den dafür **maßgeblichen Zeitpunkt** sowie für die **Kenntnis von der Gefahrerhöhung** das oben Ausgeführte (vgl. Rdn 13 ff. und 78). Eine bloße **Vermutung** von Tatsachen, die als Gefahrerhöhung zu werten wären, genügt nicht für die Bejahung von Kenntnis aufseiten des VN (vgl. OLG Hamm, r+s 2013, 373: vermutete Schlüsselentwendung durch einen Bekannten des VN). 112

Der auffallende **Unterschied** ggü. § 23 Abs. 1 und 2 VVG liegt darin, dass der Eintritt der Gefahrerhöhung in einer vom VN nicht beeinflussbaren Weise eingetreten ist (vgl. Rdn 101). Zu solchen **objektiven Gefahrerhöhungen** können etwa **Klimaveränderungen** und andere **Naturgewalten** oder haftungs- und Kosten verschärfende **Gesetzesänderungen**, die eine Gefahrerhöhung mit sich bringen (bedeutsam ist Letzteres v.a. in der Haftpflicht- und Rechtsschutzversicherung; dazu eingehend *Werber*, VersR 1991, 522; beachte aber Ziff. 3.2. AHB 2015; dazu sogleich) zählen. Diese betreffen typischerweise nicht nur einzelne, sondern mehrere VV (zum damit häufig gegebenen Spannungsfeld zwischen Gefahrerhöhungen und „*Veränderungen allgemeiner Art*" schon *Werber*, VersR 1976, 897). Unabhängig davon ist aber auch an vom VN unbeeinflussbare und diesem nicht zurechenbare **Gefahrerhöhungen durch Dritte** zu denken, und zwar selbst wenn sie nur den spezifischen VV betreffen. Entscheidend ist, dass die objektive Gefahrerhöhung aus Sicht der VN-Sphäre „*von außen*" kommt (Rdn 101). Dies soll bspw. in der **Kreditversicherung** für Kenntnisse über die **negative finanzielle Situation** des Abnehmers eines im Factoringgeschäft tätigen VN zu bejahen sein (so *Fortmann*, VersR 2014, 956 unter Bezugnahme auf OLG VersR 2014, 953). Bei einer Kreditversicherung für Kraftstofflieferungen an Tankstellenpächter kann eine objektive Gefahrerhöhung in Betracht kommen, wenn die Pächter teilw. als Zwischenhändler agieren und dabei an ein Unternehmen liefern, von dessen **Zahlungsunfähigkeit** sie Kenntnis erlangt haben. Zu prüfen bleibt, ob bereits der Abschluss einer entsprechenden Zwischenhändlervereinbarung eine subjektive Gefahrerhöhung darstellt (s. jeweils BGH VersR 2010, 944). 113

Gegenstand der Obliegenheit gem. § 23 Abs. 3 VVG ist (wie bei § 23 Abs. 2 VVG) eine **Anzeigepflicht**. **Änderungen der Rechtslage** berühren jedoch ungeachtet ihrer gefahrerhöhenden Eigenschaften in bestimmten Versicherungszweigen den Versicherungsanspruch 114 nicht, weshalb dort den Rechtsfolgen der **Kündigung** (vgl. insb. Ziff. 21 AHB 2015 sowie zum strittigen – nach hier vertretener Ansicht: zu verneinenden – Verschuldenserfordernis bei einer Kündigung gem. § 24 VVG die dortige Kommentierung bei Rdn 9 ff.) und des § 25 VVG (**Prämienanpassung bzw. Gefahrausschluss**) besondere Bedeutung zukommen kann, um die Äquivalenzsicherungsfunktion zu wahren. Dies zeigen die folgenden Klauseln aus dem Bereich der **Haftpflichtversicherung**:

Ziff. 3.2. AHB 2015:
„Der Versicherungsschutz erstreckt sich auch auf Erhöhungen des versicherten Risikos durch Änderung bestehender oder Erlass neuer Rechtsvorschriften. Der Versicherer kann den Vertrag jedoch unter den Voraussetzungen von Ziff. 21 kündigen."

Ziff. 21 AHB 2015:
„Bei Erhöhungen des versicherten Risikos durch Änderung bestehender oder Erlass neuer Rechtsvorschriften ist der Versicherer berechtigt, das Versicherungsverhältnis unter Einhaltung einer Frist von einem Monat zu kündigen. Das Kündigungsrecht erlischt, wenn es nicht innerhalb eines Monats von dem Zeitpunkt an ausgeübt wird, in welchem der Versicherer von der Erhöhung Kenntnis erlangt hat."

115 Die gem. § 23 Abs. 3 VVG bestehende **Anzeigepflicht** (selbst) von Gefahrerhöhungen, die ausschließlich in gemeinhin **bekannten Veränderungen allgemeiner Umstände** begründet sind (Änderungen der Rechtslage sind keineswegs das einzige Beispiel hierfür), vermag rechtspolitisch nicht zu überzeugen. Sie hätte deshalb im Zuge des VVG 2008 entfallen sollen (so wie in § 27 Abs. 3 öVersVG; dazu *Fenyves/Kronsteiner/Schauer*, § 27 Rn 3). Auch die einmonatige Kündigungsfrist ab Kenntnis der Gefahrerhöhung erscheint in solchen Fällen nicht sachgerecht (ebenso schon *Prölss*, ZVersWiss 2001, 471, 496).

116 Zur Zulässigkeit von **Prämienanpassungsklauseln** in Fällen objektiver Gefahrerhöhung vgl. die vorstehenden Ausführungen (s. Rdn 65).

117 In der **Transportversicherung** gelten Sonderregeln (vgl. den abdingbaren § 132 Abs. 3 VVG, der ein Kündigungsrecht wegen Gefahrerhöhung ausschließt), außerdem sind Abweichungen in den AVB (z.B. DTV-Güter, ADS Güterversicherung) häufig (dazu *Thume/De la Motte*, Transportversicherungsrecht, S. 187 Rn 209).

2. Anzeigefrist

118 Für die **Rechtzeitigkeit** der Anzeigepflichterfüllung gilt das zu § 23 Abs. 2 VVG Ausgeführte: Die Mitteilungspflicht des § 23 Abs. 3 VVG ist verletzt, wenn der VN oder ihm zurechenbare Personen (hierzu s. Rdn 110) die Anzeige der objektiven Gefahrerhöhung ggü. dem VR nicht **unverzüglich** nach positiver Kenntnis vom Gefahrerhöhungscharakter erstatten (zum Unverzüglichkeitskriterium s. Rdn 106). Solche positive Kenntnis von einer objektiven Gefahrerhöhung wird man etwa bei Schädigungen im Gefolge von wiederholten Schutzgelderpressungen ab dem Zeitpunkt der ersten Schädigung annehmen können (vgl. *Reusch*, VersR 2011, 13, 20; BGH, VersR 2010, 1032, 1033).

119 Ebenso (a.A. die wohl h.M. – siehe die Nachw. in Rdn 108) ist für die – ggü. § 23 Abs. 2 VVG identischen – Rechtsfolgen **Kündigung** (§ 24 VVG) und **Prämienanpassung bzw.**

Gefahrausschluss (§ 25 VVG) wegen § 24 Abs. 2 VVG **kein Verschulden** erforderlich (s. schon zur alten Rechtslage Römer/Langheid/*Langheid*, 2. Aufl., §§ 27 bis 28 Rn 2: „*Der bloße Tatbestand der objektiven Gefahrerhöhung berechtigt den Versicherer, sich vom Risiko zu trennen.*"). Die Rechtsfolge **Leistungsfreiheit** kann ab grober Fahrlässigkeit (quotal) eintreten, § 26 Abs. 2 S. 2.

3. Anzeige und anzeigepflichtiger Personenkreis

Zu **Rechtsnatur, Form** und **Inhalt** der Anzeige vgl. die vorstehenden Ausführungen (s. Rdn 109). 120

Der **Kreis anzeigepflichtiger Personen** entspricht demjenigen gem. § 23 Abs. 2 VVG (dazu Rdn 110). 121

XIII. Die Gefahrerhöhung in den einzelnen Versicherungssparten

Die in den §§ 23 ff. VVG enthaltenen Regelungen über die Gefahrerhöhung sind – entsprechend ihrer systematischen Stellung im Allgemeinen Teil des VVG – prinzipiell in **allen Versicherungssparten** anwendbar. Dies gilt für die **Krankenversicherung** wegen § 194 Abs. 1 S. 2 VVG grds. nicht. Aufgrund dieses Anwendungsausschlusses stellt die Geschlechtsänderung bei **Transsexuellen** keine Gefahrerhöhung dar, die den VR bspw. zu einer erhöhten Prämie gem. § 25 VVG berechtigen würde (vgl. BGH, VersR 2012, 980; LMK/*Armbrüster* 2012, 335528). Auch eine Berufung auf **§ 313 BGB** (vgl. Rdn 4) scheidet diesfalls aus (BGH, VersR 2012, 980; *Forschner*, ZJS 2013, 108). 122

In der **Unfallversicherung**, bei nach früherer Rechtslage strittig war, ob die §§ 23 ff. VVG anwendbar sind (dafür zu Recht *Claßen*, VersR 1990, 837 m.w.N.), gilt gem. § 181 Abs. 1 VVG nur die Änderung von Umständen als Gefahrerhöhung, die als solche in Textform (§ 126b BGB) vereinbart wurden (halbzwingend, § 191 VVG). Bedeutsam sind in diesem Zusammenhang AVB-Regelungen wie etwa jene zum **Berufswechsel** (vgl. § 6 AUB 94 und Ziff. 6.2. AUB 2010), die allerdings nach h.M. (vgl. MüKo/*Wrabetz/Reusch*, § 23 VVG Rn 250 a.E.; differenzierend Prölss/Martin/*Knappmann* AUB 2010, § Ziff. 6 Rn 7 f.), die allgemeinen Gefahrerhöhungsregeln verdrängen. Zum Ganzen auch S. *Reinhardt*, Die Gefahrerhöhung im deutschen Privatversicherungsrecht, 2015, 204 ff. 123

In der **Lebensversicherung** gilt gem. § 158 Abs. 1 VVG dasselbe Vereinbarungserfordernis wie in der Unfallversicherung (ebenfalls halb zwingend, § 171 S. 1 VVG). Von dieser Vereinbarungsmöglichkeit wird allerdings in den ALB (bisher und soweit ersichtlich) vergleichsweise zurückhaltender Gebrauch gemacht. Eine wichtige Ausnahme sind spezielle **Nichtrauchertarife** (s.a. Rdn 31; ferner etwa *Armbrüster*, Privatversicherungsrecht, Rn 1126), deren Vereinbarung ebenso wie die Rechtsfolgen ihrer Verletzung nach den §§ 23 ff. VVG zu beurteilen sind. Stehen entsprechend qualifizierte Klauseln mit diesen VVG-Vorgaben in Widerspruch, soll eine Lückenfüllung gem. § 306 Abs. 2 BGB durch dispositives Gesetzesrecht aufgrund des Vereinbarkeitserfordernisses ausscheiden (vgl. nur *Armbrüster*, r+s 2013, 209, 213 und 216). 124

§ 23 VVG Gefahrerhöhung

125 Bei Geltendmachung einer Gefahrerhöhung sind die **Ausschlussfristen** des § 158 Abs. 2 VVG zu beachten (dazu etwa *Armbrüster*, Privatversicherungsrecht, Rn 1942).

126 Problematisch ist die – von § 181 VVG abweichende – Erstreckung der Geltung des Vereinbarungserfordernisses auch auf **Gefahrminderungen** (§ 158 Abs. 3 VVG). Aufgrund der regelmäßig fehlenden Vereinbarung wird nämlich eine Prämienherabsetzung i.S.d. § 41 VVG ganz überwiegend ausscheiden und es im Ergebnis bei der unbefriedigenden Situation des § 164a VVG a.F. bleiben. Ein ggü. der Unfallversicherung (Rdn 123) unterschiedlicher Regelungsbedarf ist nicht ersichtlich.

127 Für die erstmals eigenständig geregelte **Berufsunfähigkeitsversicherung** ist § 176 VVG zu beachten.

128 In der **Transportversicherung** ergeben sich Besonderheiten aus der Anwendung des § 132 VVG (vgl. dazu Rdn 117; s.a. S. *Reinhardt*, Die Gefahrerhöhung im deutschen Privatversicherungsrecht, 2015, 198 ff.).

129 Im Bereich der **Haftpflichtversicherung**, in der die gesetzlichen Gefahrerhöhungsregeln teilweise zugunsten des VN abbedungen sind (vgl. § 1 Nr. 2b i.V.m. § 8 Abs. 2 AHB 99; Ziff. 3.1 Abs. 2 AHB 2015: **Erstreckung des Versicherungsschutzes** (mit Ausnahmen) auch auf Erhöhungen und Erweiterungen der in der Police genannten Risiken; i.Ü. s. auch Ziff. 13 AHB 2015), kommt der **Kfz-Haftpflichtversicherung** herausragende praktische Bedeutung zu (s. Rdn 74 und 131; im Übrigen die Überblicke bei *Burmann*, NJW-Spezial 2015, 329 und *Knappmann*, VRR 2014, 44; im Detail *Kortüm*, Die Gefahrerhöhung in der Kraftfahrzeughaftpflicht- und Kaskoversicherung, 2013, 87 ff.). Gleichzeitig nimmt sie eine **Sonderstellung** ein. Das zeigt sich u.a. etwa daran, dass dort (ebenso wie – zumindest nach Teilen der Rspr. und Lit. (**str.**) – in der **Kaskoversicherung**: BGH, VersR 1969, 177; OLG Koblenz, VersR 1998, 233 [jedenfalls soweit keine besondere individuelle Risikoprüfung erfolgt sei]; OLG Celle, r+s 2007, 449; MüKo/*Wrabetz/Reusch* § 23 Rn 160 f.; anders aber [v.a. unter Verweis auf die Risikoprüfungsmöglichkeit im Kaskobereich] OLG Celle, r+s 2011, 107) – in Abweichung von der allgemeinen Grundregel (vgl. Rdn 50) – nicht eine Fixierung der Risikolage im Zeitpunkt der Abgabe der Vertragserklärung stattfindet (**Ist-Zustand**), sondern auf den **Soll-Zustand**, d.h. auf den verkehrssicheren und den gesetzlichen Bestimmungen entsprechenden Zustand des versicherten Fahrzeugs abgestellt wird (Römer/Langheid/*Langheid*, § 23 Rn 72; vgl. BGH, VersR 1990, 80; LG Düsseldorf, Schaden-Praxis 2009, 118). Damit soll u.a. die fehlende Risikoprüfung in diesem Zweig kompensiert und die Bevorzugung jener VN vermieden werden, deren Fahrzeug schon im Zeitpunkt der Abgabe ihrer Vertragserklärung erhebliche Mängel aufwies (vgl. BGHZ 50, 392, 394; s. auch MüKo/*Wrabetz/Reusch*, § 23 VVG Rn 141 und 160). Konsequenterweise ist deshalb auch eine Gefahrerhöhung infolge **üblicher** Abnutzung denkbar (wenn auch nicht notwendig vorliegend), die ansonsten regelmäßig **mitversichert** i.S.d. § 27 VVG ist (BGH, VersR 1969, 1011; dazu auch Rdn 9; beachte i.Ü. § 26 Rdn 26). Zu den – die §§ 23 ff. VVG verdrängenden – **Sonderregeln in den AKB** vgl. die vorstehenden Ausführungen (s. Rdn 74).

Zur Gefahrerhöhung in der **Hausratversicherung** siehe den Überblick bei Veith/Gräfe/ *Drenk*, § 3 Rn 181 ff.

Beispiele aus der Rechtsprechung

Gefahrerhöhungseignung grds. **verneint** bei
- wiederholtem Fahren mit abgemeldetem Fahrzeug (BGH, VersR 1986, 693)
- Mitführen eines mangelhaften Reservereifens (BGH, VersR 1968, 1033)
- Einsatz von Winterreifen im Sommer (BGH, VersR 1969, 365)
- einmaligem Überladen eines Lkw (OLG Hamm, VersR 1991, 50)
- einmaliger Inbetriebnahme eines Fahrzeuges ohne Bremsleuchten (LG Karlsruhe, r+s 1986, 170)
- einmaligem Einstellen eines Schleppers (ohne dessen Batterie abzuklemmen) in einer Scheune, in der leicht entzündliche Stoffe gelagert werden (BGH, VersR 2014, 1313: zwar der Beurteilung des Berufungsgerichts vorbehalten, aber eine Gefahrerhöhung stark bezweifelnd)
- Abstellen eines Kippanhängers auf einer Tankstelle über Nacht (keine Erhöhung der Diebstahlsgefahr; OLG Hamm, VersR 1958, 79)
- Weiterbenutzung eines Pkw nach Verlust der (zweiten) Keyless-Go-Karte (allerdings Anzeigepflicht; OLG Celle, VersR 2005, 640 mit Hinweisen auf abw. Rechtsprechung; anders etwa OLG Nürnberg, VersR 2003, 1032)
- Verlust des Fahrzeugschlüssels (OLG Hamm, VersR 1994, 1416: „Der Verlust eines Schlüssels als solches kann das Risiko eines Diebstahls nur dann erhöhen, wenn es möglich ist, dass der Schlüssel von Dritten gefunden werden kann und dass dieser Dritte den Schlüssel mit dem versicherten Fahrzeug in Verbindung bringt.")
- Vermietung eines Einfamilienhauses an Dritte (grds. in der Feuerversicherung keine Gefahrerhöhung ggü. Eigennutzung: BGHZ 145, 393 = VersR 2001, 94 mit i.Ü. krit. Anm. *E. Lorenz* [96] und *Wolter* [98])
- bloß einfachem statt *„doppeltem"* Abschließen einer Werkstatttür (OLG Frankfurt am Main, r+s 2002, 512)
- dauerhafter Verwahrung der Fahrzeugpapiere im kaskoversicherten Fahrzeug (OLG Bremen, SVR 2011, 259; OLG Oldenburg, VersR 2011, 256 und OLG Hamm, r+s 2013, 373; für Nachweise auf die gegenteilige Rspr. s. Rdn 31)
- Abstellen eines verschlossenen Fahrzeuges auf dem Parkplatz eines Vorortbahnhofs, wobei sich Kfz-Schein und Zweitschlüssel im kaskoversicherten Fahrzeug befinden (OLG Karlsruhe, r+s 2015, 226).

Gefahrerhöhungseignung grds. **bejaht** bei
- „frisiertem" Mofa (BGH, VersR 1990, 80)
- defekten Bremsen (OLG Hamm, r+s 1989, 207; LG Aachen, r+s 1990, 361); ein Defekt – ausschließlich – der Handbremse genügt (BGH, VersR 1972, 872)
- § 36 Abs. 2 StVZO nicht genügenden (abgefahrenen) Reifen (BGH, VersR 1969, 919; OLG Köln, NJW-RR 2006, 1181)
- „getuntem" Pkw (OLG Koblenz, VersR 2007, 534)
- Ausstattung eines Pkw mit nicht zugelassenen Breitreifen und Sportfahrwerk (Gefahrerhöhung hinsichtlich Diebstahl in der Kfz-Kaskoversicherung bejaht – OLG Rostock, Schaden-Praxis 2005, 203)
- hochmotorisiertem (kaskoversicherten) Sportwagen mit Reifen mit einer Profiltiefe von lediglich 1mm (LG Passau, VRR 2013, 32; s. zur Profiltiefe auch Rdn 81)
- Verlust des Fahrzeugschlüssels, aber nur sofern sich aus den Umständen das objektive Risiko ergibt, dass Dritte Zugriff auf den Schlüssel haben können (in casu offen gelassen von OLG Hamm, r+s 2013, 373; s.a. OLG Düsseldorf, r+s 1991, 78).

Weitere Judikaturbeispiele bereits vorstehend (s. Rdn 26 ff.).

XIV. Abgrenzungen

132 Aufgrund der Tatsache, dass die §§ 23 ff. VVG eine spezialgesetzliche Ausprägung des allg. zivilrechtlichen Gedankens der Störung der Geschäftsgrundlage darstellen (s. Rdn 4), ist innerhalb ihres Anwendungsbereiches eine Berufung auf **§ 313 BGB** ausgeschlossen.

133 Fehlendes versichertes Interesse: Sofern der Eintritt einer Gefahrerhöhung auch eine Verwirklichung des **§ 80 Abs. 2 VVG** darstellt, werden die Regelungen der §§ 23 ff. VVG verdrängt (vgl. Rdn 11 m.w.N.).

134 Herbeiführung des Versicherungsfalls: Zwischen den §§ 23 ff. VVG und dem § 81 VVG bzw. § 103 VVG besteht **Einwendungskonkurrenz** (s. ausführl. Rdn 35 ff.). Die diesbezügliche Abgrenzung, die etwa im Bereich der **Beweislastverteilung** für **Kausalität** und **Verschulden** von besonderer Bedeutung ist (Rdn 41 ff.), erfolgt primär anhand des Dauer- bzw. Nachhaltigkeitskriteriums (s. Rdn 30), das dazu führt, dass z.B. Fälle des sog. „Augenblickversagens" regelmäßig nur unter § 81 VVG subsumierbar sind (dazu eingehend *Looschelders*, VersR 2008, 1, 5 ff.).

135 Vgl. auch die vorstehenden Ausführungen zur **Anzeigepflicht gem. § 19 VVG** (s. dazu Rdn 51 f.); zur **Verletzung vertraglicher Obliegenheiten i.S.d. § 28 VVG** (s. dazu Rdn 68 ff. und § 27 Rdn 6), zu **Risikobeschreibungen** und **Risikobeschränkungen** (s. dazu Rdn 73) und zur **Prämienherabsetzungsanspruch gem. § 41 VVG** (s. dazu Rdn 55).

136 Die Eröffnung eines **Insolvenzverfahrens** über das Vermögen des VN stellt wohl keine Gefahrerhöhung i.S.d. §§ 23 ff. VVG dar, es sind die Bestimmungen des allg. Insolvenzrechts anzuwenden. Die frühere Sonderbestimmung des § 14 VVG a.F. ist entfallen.

137 Bei **Veräußerung der versicherten Sache gem. § 95 VVG** treffen den Erwerber die aus § 23 VVG erfließenden Pflichten und zwar so, wie sie im Zeitpunkt des Übergangs bestanden (s. dazu Rdn 110).

138 Sofern man eine Gefahrerhöhung durch **Mehrfachversicherung** überhaupt anerkennt (dazu Rdn 3), sollen die für die Schadensversicherung relevanten **§§ 77 ff. VVG** innerhalb ihres Anwendungsbereiches die §§ 23 ff. VVG verdrängen (so Prölss/Martin/*Armbrüster*, § 23 Rn 22 mit Hervorhebung des Umstandes, dass dies im Bereich der Summenversicherung anders sein kann).

139 Für die **laufende Versicherung** gilt § 57 VVG.

140 Zu **Sonderregelungen** in den **einzelnen Versicherungszweigen** vgl. vorstehende Ausführungen (s. Rdn 122 ff.).

C. Rechtsfolgen

141 Bei Verwirklichung eines der drei Tatbestände des § 23 VVG sind grds. **vier Rechtsfolgen** denkbar, an deren Eintritt und Ausgestaltung jeweils verschiedene Voraussetzungen, insb. auf Verschuldensebene geknüpft werden. Es sind dies **Kündigung** (§ 24 VVG), **Prämienerhöhung** (§ 25 Abs. 1, 1. Alt. VVG), **Gefahrausschluss** (§ 25 Abs. 1, 2. Alt. VVG) oder

Leistungsfreiheit (§ 26 VVG). Nur die Leistungsfreiheit bedarf dabei zumindest grober Fahrlässigkeit aufseiten des VN.

Zu den Rechtsfolgen nach bisherigem Recht eingehend und rechtsvergleichend *Schmidt*, (R. *Schmidt*, Entwicklungen und Erfahrungen auf dem Gebiet der Versicherung, S. 427, 444 ff.).

D. Prozessuales

Der **VN ist beweispflichtig** für: Die **Gefahrkompensation** dahingehend, dass ein zur Kompensation geeigneter Gefahr mindernder Umstand vorlag (vgl. BGHZ 79, 156, 159 = VersR 1981, 245; VersR 1975, 845); die **Kenntnis des VR** von der Gefahrerhöhung gem. § 24 Abs. 3 VVG oder § 26 Abs. 2 S. 1 VVG; das **Nichtvorliegen von Vorsatz und grober Fahrlässigkeit** bei Kündigung/Prämienanpassung/Gefahrausschluss wegen subjektiver Gefahrerhöhung (§ 24 Abs. 1 S. 1 VVG); **mangelnde grobe Fahrlässigkeit** bei Leistungsfreiheit gem. § 26 Abs. 1 S. 2 VVG; **fehlenden Vorsatz und mangelnde grobe Fahrlässigkeit** bei Leistungsfreiheit gem. § 26 Abs. 2 S. 2 i.V.m. § 26 Abs. 1 S. 2 VVG; **Unverzüglichkeit** der Anzeigepflichterfüllung gem. § 23 Abs. 2 und 3 VVG; den **Kausalitätsgegenbeweis** gem. § 26 Abs. 3 Nr. 1 VVG; die **Versäumung der Kündigung** durch den VR gem. § 26 Abs. 3 Nr. 2 VVG.

142

Der **VR ist beweispflichtig** für: Das Vorliegen **subjektiver, objektiver** oder **nachträglich erkannter Gefahrerhöhung** (vgl. für viele OLG Karlsruhe, r+s 2015, 226); die **Gefahrkompensation** dahin gehend, dass trotz Vorliegens Gefahr mindernder Umstände den Gefahr erhöhenden ein höheres Gewicht zukommt und sich die Gefahr im Ganzen erhöht hat (BGHZ 79, 156, 159 = VersR 1981, 245); die **einfache Fahrlässigkeit** des VN bei Kündigung/Prämienanpassung/Gefahrausschluss wegen subjektiver Gefahrerhöhung (§ 24 Abs. 1 S. 2 VVG); die **Verletzung der Anzeigepflichten** gem. § 23 Abs. 2 und 3 VVG, d.h. insb. das Vorliegen von **positiver Kenntnis** von den Gefahr erhöhenden Umständen oder **arglistigem Entzug** von derselben; den **Vorsatz** bei Leistungsfreiheit gem. § 26 Abs. 1 S. 1 VVG; den **Zeitpunkt der Gefahrerhöhung**; den **Zeitpunkt des Eintritts des Versicherungsfalls** dahingehend, dass er entweder nach Vornahme oder Gestattung der Gefahrerhöhung gem. § 23 Abs. 1 VVG oder mehr als einen Monat nach dem (fiktiven) Zugang der Anzeige (§ 26 Abs. 2 S. 1 VVG) eingetreten ist; die **Schwere des Verschuldens** des VN gem. § 26 Abs. 1 S. 1 VVG.

143

E. Abdingbarkeit

Von den Regelungen der §§ 23 ff VVG. kann grds. (abgesehen von § 32 S. 2 VVG) aufgrund deren **halbzwingender Natur** nicht zum Nachteil des VN abgewichen werden; § 32 S. 1 VVG. Dies ist insb. bei in **AVB** enthaltenen (Gefahr vorbeugenden bzw. mindernden) Obliegenheiten, die konkrete Gefahrerhöhungssachverhalte benennen oder Rechtsfolgen für sie vorsehen, zu bedenken (dazu eingehend oben Rdn 60 ff.). Bspw. darf dem VN keine zusätzliche Beweislast auferlegt, Rechtsfolgen verschärft oder die Gefahrkompensation

144

ausgeschlossen werden. Zur Zulässigkeit von in AVB enthaltenen Bestimmungen über die **Form** von Anzeigen des VN bereits oben (s. Rdn 61).

F. Arbeitshilfen

I. Einteilung der Gefahrerhöhungen i.S.d. § 23 VVG nach deren Eintrittsgrund

145

Subjektive (= veranlasste) Gefahrerhöhungen	
§ 23 Abs. 1 und 2 VVG	
Eintritt der Gefahrerhöhung infolge willentlicher Vornahme oder Gestattung der gefahrerhöhenden Umstände	
§ 23 Abs. 1 VVG	§ 23 Abs. 2 VVG
Keine Kenntnis vom Gefahrerhöhungscharakter erforderlich (in diesem Fall allerdings sanktionslos)	(Nachträgliche) Kenntnis von Gefahrerhöhung erforderlich
Objektive (= nicht veranlasste) Gefahrerhöhung	
§ 23 Abs. 3 VVG	
Eintritt der Gefahrerhöhung vom Willen des VN unabhängig; Kenntnis von Gefahrerhöhung erforderlich	

II. Einteilung der Gefahrerhöhungen i.S.d. § 23 VVG nach dem Obliegenheitsgegenstand

146

Gewollte Gefahrerhöhung
§ 23 Abs. 1 VVG
Inhalt der Obliegenheit: **Verbot** von Vornahme oder Gestattung einer Gefahrerhöhung ohne Zustimmung des VR
Ungewollte Gefahrerhöhung
§ 23 Abs. 2 und 3 VVG
Inhalt der Obliegenheit: **Gebot** der Anzeigeerstattung an den VR

III. Einteilung der Gefahrerhöhung i.S.d. § 23 VVG nach Rechtsfolgen und deren Grundlage

147

Rechtsfolge	Obliegenheiten gem. § 23 Abs. 1 VVG	Obliegenheiten gem. § 23 Abs. 2 und 3 VVG	
Kündigung	§ 24 Abs. 1 und 3 VVG	§ 24 Abs. 2 und 3 VVG	Rechts-grundlage
Prämienanpassung/ Gefahrausschluss	§ 25 VVG		
Leistungsfreiheit	§ 26 Abs. 1 und 3 VVG	§ 26 Abs. 2 und 3 VVG	

§ 24 VVG Kündigung wegen Gefahrerhöhung

(1) Verletzt der Versicherungsnehmer seine Verpflichtung nach § 23 Abs. 1, kann der Versicherer den Vertrag ohne Einhaltung einer Frist kündigen, es sei denn, der Versicherungsnehmer hat die Verpflichtung weder vorsätzlich noch grob fahrlässig verletzt. Beruht die Verletzung auf einfacher Fahrlässigkeit, kann der Versicherer unter Einhaltung einer Frist von einem Monat kündigen.

(2) In den Fällen einer Gefahrerhöhung nach § 23 Abs. 2 und 3 kann der Versicherer den Vertrag unter Einhaltung einer Frist von einem Monat kündigen.

(3) Das Kündigungsrecht nach den Absätzen 1 und 2 erlischt, wenn es nicht innerhalb eines Monats ab der Kenntnis des Versicherers von der Erhöhung der Gefahr ausgeübt wird oder wenn der Zustand wiederhergestellt ist, der vor der Gefahrerhöhung bestanden hat.

Übersicht

	Rdn
A. Normzweck	1
B. Norminhalt	2
I. Vorbemerkungen	2
II. Kündigung bei Verletzung des § 23 Abs. 1 VVG	5
III. Kündigung bei Gefahrerhöhungen gem. § 23 Abs. 2 oder 3 VVG	9
IV. Erlöschen des Kündigungsrechts gem. § 23 Abs. 3 VVG	13
1. Kündigungserklärungsfrist (§ 23 Abs. 3, 1. Alt. VVG)	14
2. Gefahrkompensation; Wiederherstellung der ursprünglichen Gefahrenlage (2. Alt.)	17
C. Prozessuales	19
D. Abdingbarkeit	21

A. Normzweck

§ 24 VVG räumt dem VR in Fällen von Verletzungen der in § 23 Abs. 1 bis 3 VVG geregelten Obliegenheiten ein **Kündigungsrecht** ein, das je nach konkret verletzter Obliegenheit und Verschuldensgrad **fristlos** oder **fristgebunden** ausgeübt werden kann.

1

B. Norminhalt

I. Vorbemerkungen

2 Die (außerordentliche) Kündigung i.S.d. § 24 ist die **empfangsbedürftige**, einseitige, grds. formlose Willenserklärung des VR, die auf die Beendigung des Versicherungsverhältnisses für die Zukunft gerichtet ist. Die Rechtsgestaltungswirkung kann **nie rückwirkend**, sondern (im Fall der fristlosen Kündigung) frühestens mit sofortiger Wirkung eintreten. Sie ist von der Abgabe ggü. und dem Zugang bei dem VN abhängig, weshalb die Kündigung nicht zulässig ist, wenn im Zeitpunkt ihres Wirksamwerdens (Zugang) die ursprüngliche Risikolage bereits wiederhergestellt ist (§ 24 Abs. 3, 2. Alt. VVG; dazu u. Rdn 17). Im Zusammenhang mit der Empfangsbedürftigkeit kann die – die §§ 130 ff. BGB modifizierende – Zugangsregel des **§ 13 VVG** bedeutsam sein.

3 Sofern in einem einheitlichen VV eine Mehrheit von Personen oder Gegenständen versichert, und die Berechtigung zur **Kündigung bloß teilweise** gegeben ist, ist **§ 29 VVG** zu beachten, der allerdings (wie schon nach alter Rechtslage – a.A. BK/*Harrer*, § 30 Rn 6) wegen seiner fehlenden Nennung in § 32 VVG dispositiv ist.

4 Hinsichtlich des **Prämienanspruchs** ist insb. **§ 39 VVG** zu beachten, der den schon bisher zweifelhaften (vgl. nur *Heiss*, VersR 1989, 1125) **Grundsatz der Unteilbarkeit der Prämie** endgültig aufgibt (vgl. § 40 VVG a.F.). Die Prämie gebührt dem VR demnach nur anteilig bis zum Zeitpunkt der Vertragsbeendigung (*S. Reinhardt*, Die Gefahrerhöhung im deutschen Privatversicherungsrecht, 2015, 141 m.w.N.). Zu den etwa in der Lebensversicherung bestehenden Sonderregeln vgl. die Kommentierung zu § 39 VVG (s. § 39 Rdn 5).

II. Kündigung bei Verletzung des § 23 Abs. 1 VVG

5 Im Fall **einfach fahrlässiger** subjektiver Gefahrerhöhung gewährt § 24 Abs. 1 VVG dem VR ein Kündigungsrecht, wobei eine **einmonatige Kündigungsfrist** einzuhalten ist. Im Gegensatz zur Leistungsfreiheit gem. § 26 Abs. 1 VVG setzt die Rechtsfolge Kündigung also keine **grobe Fahrlässigkeit** voraus. Liegt diese oder **Vorsatz** vor, kann die Kündigung **fristlos**, d.h. mit sofortiger Wirkung erfolgen. Das Ausreichen einfacher Fahrlässigkeit kann v.a. in jenen Fällen für den VR relevant werden, in denen die Verletzung einer vertraglichen Obliegenheit vor Eintritt des Versicherungsfalls gleichzeitig eine Gefahrerhöhung darstellt und wegen § 28 Abs. 1 VVG eine Kündigung ausschließlich wegen der vertraglichen Obliegenheitsverletzung ausgeschlossen ist (**krit.** dazu *Marlow*, VersR 2007, 43). Freilich sehen schon bisher einige AVB Sanktionslosigkeit für bloß einfach fahrlässig verursachte Obliegenheitsverletzungen vor (vgl. Begr. BT-Drucks 16/3945, S. 69 und allg. zur Problematik s. § 23 Rdn 68 ff.).

6 Der **Privilegierung** des **einfach fahrlässig** handelnden VN, die in der einmonatigen Kündigungsfrist zum Ausdruck kommt, liegt die Überlegung zugrunde, dass es ihm in Anbetracht des geringen Verschuldens ermöglicht werden soll, noch während der materiellen Versicherungsdauer **Deckungsersatz** zu organisieren (vgl. etwa *Matusche-Beckmann*, in: Bruck/Möller, § 24 Rn 12). Fällt dem VN nicht einmal einfache Fahrlässigkeit zur Last, bleibt die

solcherart „reine" Gefahrerhöhung (s. § 23 Rdn 89) rechtsfolgenlos (ebenso *Felsch*, r+s 2007, 485, 487; a.A. *Segger/Degen*, in: Staudinger/Halm/Wendt, § 24 Rn 10). Einfache Fahrlässigkeit kann insb. zu verneinen sein, wenn der VN auf das Urteil eines Sachverständigen oder die Wirksamkeit einer Gegenmaßnahme zur Gefahrerhöhung vertrauen durfte (Looschelders/Pohlmann/*Looschelders*, § 24 Rn 10).

Die gem. § 24 Abs. 1 VVG gegebene Abhängigkeit der Kündigungsfrist vom Verschuldensgrad kann in der Praxis zu dem Problem führen, dass ein Kündigungsrecht (in Annahme vermeintlicher grober Fahrlässigkeit) fristlos ausgeübt wird, obwohl die Voraussetzungen dafür fehlen. Die Rechtsprechung (OLG Köln, r+s 1990, 421) hat eine **Umdeutung** einer unzulässig fristlosen Kündigung in eine fristgemäße abgelehnt, sofern der VR nicht erklärt habe, dass die Kündigung hilfsweise unter Einhaltung der Monatsfrist erfolgen solle. **Das überzeugt nicht** (für eine Umdeutung auch Römer/Langheid/*Langheid*, § 24 Rn 2; *Segger/ Degen*, in: Staudinger/Halm/Wendt, § 24 Rn 9; a.A. MüKo/*Wrabetz/Reusch*, § 24 VVG Rn 21 nach denen regelmäßig kein Grund bestehe, dem VR entgegen zu kommen). Vielmehr wird regelmäßig kein Zweifel daran bestehen, dass der VR das Vertragsverhältnis **auf alle Fälle** zur Beendigung bringen will (vgl. BGH, NJW 1981, 976), weshalb die Voraussetzungen für eine Umdeutung – die im Prozess freilich eingewendet werden sollte – **überwiegend zu bejahen** sein werden (zu den Voraussetzungen instruktiv OLG Hamm, VersR 1986, 759; überhaupt gegen das Erfordernis einer Umdeutung: VersR-Hdb/*Hahn*, § 20 Rn 35).

7

Praxistipp 8
Um Rechtsunsicherheiten zu vermeiden, sollte die Kündigung (je nach konkreter Beschaffenheit der Gefahrerhöhung) entweder von vornherein, gewissermaßen „freiwillig", unter Einhaltung einer einmonatigen Kündigungsfrist oder zumindest unter **hilfsweiser Erklärung** einer solchen erfolgen.

III. Kündigung bei Gefahrerhöhungen gem. § 23 Abs. 2 oder 3 VVG

Inwieweit es für das Bestehen eines Kündigungsrechts nach § 23 Abs. 2 VVG darauf ankommt, ob der VN oder ihm zurechenbare Personen (s. § 23 Rdn 110) ihre **Anzeigepflichten** gem. § 23 Abs. 2 oder 3 VVG **verletzt** haben, ist umstritten. Der Wortlaut stellt abstrakt auf das Vorliegen einer Gefahrerhöhung i.S.d. § 23 Abs. 2 oder 3 VVG ab und erwähnt – auffallend anders als in § 24 Abs. 1 VVG – eine Pflichtverletzung nicht als Anwendungsvoraussetzung. Dennoch wird von der wohl h.M. (eingehend ebenso *Matusche-Beckmann*, in: Bruck/Möller, § 24 Rn 14; MüKo/*Wrabetz/Reusch*, § 23 VVG Rn 271 und § 24 VVG Rn 11; explizit wie hier nun aber *Wandt*, Versicherungsrecht Rn 875 ff.;), insb. unter Verweis auf die Begründung des seinerzeitigen Kommissionsentwurfs eine schuldhafte Anzeigepflichtverletzung als jedenfalls erforderlich erachtet. Entgegen dieser Auffassung wird hier (wie schon seit der Erstauflage: vgl. § 23 Rdn 108 und 119) an der Meinung festgehalten, dass es für das Kündigungsrecht auf ein Verschulden nicht ankommen sollte (ebenso zuletzt *Armbrüster* r+s 2013, 209, 214; *ders.*, Privatversicherungsrecht, Rn 1151 a.E.: objektives Bestehen einer Anzeigepflicht genügt; ferner etwa *Unberath*,

9

NZV 2008, 537, 539 und wohl auch Marlow/Spuhl/*Marlow*, Das Neue VVG kompakt, Rn 257).

10 Dies schon vor dem Hintergrund, dass ein VR, dem ggü. bspw. eine erhebliche objektive Gefahrerhöhung fristgerecht angezeigt wird, bei Annahme eines Verschuldenserfordernisses keine Möglichkeit hätte, sich unter Berufung auf die unstrittige Gefahrerhöhung durch Kündigung vom Vertrag zu lösen, denn an einem Verschulden des VN mangelt es in diesem Fall. Auch eine Vertragsanpassung käme (da sie die Möglichkeit einer Kündigung voraussetzt; s. § 25 Rdn 4) nicht in Betracht. Und sollte es zum Eintritt des Versicherungsfalls kommen, könnte sich der VR auch nicht auf Leistungsfreiheit berufen, da die von § 26 Abs. 2 VVG vorausgesetzte Anzeigepflichtverletzung nicht vorliegt. Sinn und Zweck der durch § 23 Abs. 2 und 3 VVG normierten Anzeigepflicht, nämlich dem VR gerade die Möglichkeit zu geben, auf die veränderte Gefahrenlage zu reagieren, könnten bei einem solchen Verständnis nicht mehr verwirklicht werden. Man müsste sich nach der grundsätzlichen Berechtigung dieser Anzeigepflicht fragen. Ungeachtet dessen ist von der VVG-Reformkommission (s. deren Abschlussbericht, S. 41) ein gesamthafter Ausschluss des Kündigungsrechts bei erfüllter Anzeigepflicht bewusst in Kauf genommen worden. Zumindest im RegE (BT-Drucks 16/3945, S. 67) findet sich darauf allerdings kein Hinweis mehr.

11 Unabhängig davon, ob man der hier vertretenen Auffassung oder jener folgt, die generell ein Verschuldenserfordernis für die Kündigung bejaht, ist die Zulässigkeit eines Kündigungsrechts wie jenem, das in **Ziff. 21 AHB 2015** (s. auch § 23 Rdn 114) aus gutem Grund enthalten ist und gerade kein Verschulden voraussetzt, nicht in Zweifel zu ziehen. Dies deshalb, weil gem. § 27 VVG auf mitversicherte Gefahrerhöhungen (und solche, die durch Änderung bestehender oder Erlass neuer Rechtsvorschriften bedingt sind, sind eben gem. Ziff. 3.2 AHB 2015 explizit mitversichert) § 24 VVG nicht anzuwenden ist und damit eine Abweichung von der letztgenannten Bestimmung zum Nachteil des VN i.S.d. § 32 (s. dazu § 23 Rdn 60) gar nicht vorliegen kann.

12 Zuzugeben ist der Gegenmeinung zur hier vertretenen Auffassung, wonach das Kündigungsrecht des § 24 Abs. 2 VVG (so wie zuvor jenes in § 27 Abs. 1 VVG a.F. – dazu Römer/Langheid/*Langheid*, 2. Aufl., §§ 27, 28 Rn 2; BK/*Harrer*, § 27 Rn 2) schon durch das bloße Vorliegen einer Gefahrerhöhung i.S.d. § 23 Abs. 2 oder 3 VVG gerechtfertigt ist, dass damit im Anwendungsbereich der Letzteren die Gestaltungsrechte des VR (Kündigung und Vertragsanpassung) als echte **gesetzliche Reaktionsmöglichkeit auf die geänderte Geschäftsgrundlage** (Marlow/Spuhl/*Marlow*, Das Neue VVG kompakt, Rn 252) ausgestaltet sind und nicht mehr nur als Sanktion für Obliegenheitsverletzungen verstanden werden können. Dies erscheint jedoch weniger problematisch (vgl. Marlow/Spuhl/*Marlow*, Das Neue VVG kompakt, S. 71, der grds. von dieser Unterscheidung ausgeht) als das zuvor beschriebene Ergebnis. I.Ü. ist hinsichtlich des von einer Kündigung nach § 24 Abs. 2 VVG betroffenen VN zu beachten, dass die Befristung derselben es regelmäßig ermöglichen wird, Deckungsersatz zu besorgen, sodass – anders als aufseiten des VR – ein besonderes Schutzbedürfnis nicht erkennbar ist.

IV. Erlöschen des Kündigungsrechts gem. § 23 Abs. 3 VVG

§ 23 Abs. 3 VVG normiert für alle genannten Kündigungsrechte zwei Negativ-Voraussetzungen, deren Vorliegen die Ausübung des Kündigungsrechts ausschließt. Diese sind inhaltlich ggü. der Rechtslage im Anwendungsbereich des VVG a.F. unverändert, allerdings nunmehr zu Recht in einem einheitlichen Tatbestand zusammengefasst. 13

1. Kündigungserklärungsfrist (§ 23 Abs. 3, 1. Alt. VVG)

Das Kündigungsrecht kann vom VR nur **binnen eines Monats ab Kenntnis** einer Gefahrerhöhung nach § 23 Abs. 1, 2 oder 3 VVG ausgeübt werden. Damit wird der in § 314 Abs. 3 BGB enthaltene Gedanke auch im Bereich der Gefahrerhöhung aufgegriffen, wonach mit einer solchen **Ausschlussfrist** einerseits rasch die Klärung der Verhältnisse herbeigeführt werden soll und andererseits bei längerem Zuwarten des VR mit der Ausübung des Kündigungsrechts die Fortführung des Vertragsverhältnisses regelmäßig nicht mehr als unzumutbar anzusehen sein wird (vgl. allg. MüKo/*Gaier*, § 314 BGB Rn 20; zum **Unzumutbarkeitsgedanken** bei der Gefahrerhöhung s. hier § 23 Rdn 4; zur **Genehmigungsfiktion** s. hier § 26 Rdn 23). 14

Der **Fristenlauf beginnt** mit hinreichender Kenntnis des VR von den die Gefahrerhöhung bedingenden Umständen. Woher dieses Wissen stammt, ist belanglos (vgl. schon im Anwendungsbereich des VVG a.F. *Möller*, in: Bruck/Möller, § 24 Rn 10; für die nunmehrige Rechtslage ebenso MüKo/*Wrabetz/Reusch*, § 24 VVG Rn 15; *Segger/Degen*, in: Staudinger/Halm/Wendt, § 24 Rn 21), weshalb es insb. nicht erforderlich ist, dass sie dem VR vom VN verschafft wird. Der Kenntnis des VR ist die jener Personen gleichgestellt, deren Wissen ihm zurechenbar ist (dazu *Matusche-Beckmann*, in: Bruck/Möller, § 24 Rn 17), insb. also die des **Versicherungsvertreters** (vgl. § 70 Rn 10 – dort auch zur Frage der Wissenszurechnung innerhalb des Versicherungskonzerns; s. ferner zur Zurechnung des Wissens von zuständigen Sachbearbeitern OLG Stuttgart, VersR 2007, 340). 15

Da § 24 VVG lediglich ein Recht gewährt, aber selbstverständlich keine Pflicht des VR begründet, ist ein **Verzicht** – wie allgemein bei Obliegenheitsverletzungen (vgl. § 28 Rdn 11) – auf das gesetzliche Kündigungsrecht ohne Weiteres möglich. 16

2. Gefahrkompensation; Wiederherstellung der ursprünglichen Gefahrenlage (2. Alt.)

Die **Ausübung** des Kündigungsrechts ist ausgeschlossen, wenn sich die Risikolage entweder wegen Gefahrkompensation (dazu § 23 Rdn 53) bei gesamthafter Betrachtung nicht oder bloß unerheblich (dazu § 27 Rdn 3) nachteilig verändert hat oder wenn der Zustand erhöhter Gefahr entfallen ist oder beseitigt wurde (Wiederherstellung der ursprünglichen Gefahrenlage; vgl. auch § 23 Rdn 54). Da die **Beendigungswirkung** bei der **fristlosen Kündigung** mit deren Zugang eintritt, kommt hierfür nur eine zeitlich vorher erfolgte Kompensation oder Beseitigung der Gefahrerhöhung in Betracht. Demgegenüber tritt die **Beendigungswirkung** bei **Kündigung unter Einhaltung der Kündigungsfrist** erst nach 17 deren Ablauf ein, weshalb eine (kündigungsausschließende) Kompensation oder Wiederherstellung innerhalb der Kündigungsfrist und damit **auch nach Zugang** möglich sein soll (so Prölss/Martin/*Prölss*, 27. Aufl., § 24 Rn 3; ebenso MüKo/*Wrabetz/Reusch*, § 24 VVG Rn 18). In Anbetracht des schon aus dem Wortlaut ersichtlichen Abstellens des § 24 Abs. 3, 1. Alt. auf die **Ausübung des Kündigungsrechts** und nicht auf den **Eintritt der Beendigungswirkung** ist die gegenteilige Ansicht mindestens ebenso vertretbar (abl. auch Rüffer/Halbach/Schimikowski/*Karczewski*, § 24 Rn 6; ebenso, mit abw. Begründung, BK/*Harrer*, § 24 Rn 4; *Matusche-Beckmann*, in: Bruck/Möller, § 24 Rn 19; a.A. [Wiederherstellung innerhalb Monatsfrist genügt] Prölss/Martin/*Armbrüster*, § 24 Rn 11).

18 Nach hier vertretener Auffassung sollte eine Kompensation oder Beseitigung der Gefahrerhöhung **nach** wirksamer **Ausübung** des Kündigungsrechts, sowohl aus Praktikabilitätsgründen sowie deshalb generell unbeachtlich sein, weil es dem VR unbenommen bleiben soll, an einer Beendigung des VV festzuhalten, auch wenn sich der VN unter dem Eindruck der Kündigungsmitteilung wieder rechtskonform verhält und die Gefahrerhöhung durch Kompensation des bestehenden oder Wiederherstellung des ursprünglichen Zustands entfällt (ebenso Looschelders/Pohlmann/*Looschelders*, § 24 Rn 16, der allerdings auf die Möglichkeit hinweist, dass der VR im Einzelfall durch **§ 242 BGB** an einer Berufung auf die bereits erfolgte Kündigung gehindert sein kann).

C. Prozessuales

19 **Beweislast für Verschulden**: Entsprechend der im Bereich der Leistungsfreiheit wegen Gefahrerhöhung gem. § 23 Abs. 2 oder 3 VVG (§ 26 Abs. 2 VVG) maßgeblichen Beweislastverteilung muss sich der VN im Bereich der Kündigung wegen **subjektiver** Gefahrerhöhung bei sonstiger gesetzlicher Fiktion von beiden Verschuldensformen (Vorsatz, grobe Fahrlässigkeit) entlasten (arg. § 24 Abs. 1 VVG: *„es sei denn"*). Gelingt dies, hat der VR einfache Fahrlässigkeit zu beweisen (zust. Rüffer/Halbach/Schimikowski/*Karczewski*, § 24 Rn 3).

Das Kündigungsrecht gem. § 24 Abs. 2 VVG besteht nach hier vertretener Auffassung entgegen der wohl h.M. **verschuldensunabhängig** (s.o. Rdn 9).

20 **Sonstige Beweislast**: Der VN ist für die (ihm vorteilhafte) **Versäumung** der Kündigungserklärungsfrist gem. § 24 Abs. 3 VVG beweispflichtig, für den **Zugang** der Kündigungserklärung ist derjenige beweispflichtig, der sich auf die Kündigungswirkung beruft, regelmäßig also der VR (i.Ü., insb. zur Beweislast hinsichtlich der **Gefahrkompensation**, s. § 23 Rdn 142 ff.).

D. Abdingbarkeit

21 § 24 VVG ist **halbzwingender Natur** (§ 32 S. 1 VVG). Jedenfalls unzulässig ist deshalb etwa die vertragliche **Vereinbarung einer längeren Ausschlussfrist** als der gem. § 24 Abs. 3 VVG oder einer **fristlosen Kündigungsmöglichkeit** auch bei bloß einfach fahrlässiger Verletzung des § 23 Abs. 1 VVG. Unbedenklich erscheint demggü. das Gewähren einer

Auslauffrist (Hinausschieben der Beendigungswirkung auf einen späteren Zeitpunkt) bei fristloser Kündbarkeit gem. § 24 Abs. 1 S. 1 VVG, wie dies auch im allg. Zivilrecht anerkannt ist (vgl. MüKo/*Gaier*, § 314 BGB Rn 22; vgl. i.Ü. MüKo/*Wrabetz/Reusch*, § 24 VVG Rn 25).

Im Bereich der **laufenden Versicherung** (§ 57 Abs. 3 VVG) sowie der **Transportversicherung** (§ 132 Abs. 3 VVG) ist das Kündigungsrecht gem. § 24 VVG ausgeschlossen (zu Sonderregelungen in anderen Versicherungssparten s.o. § 23 Rdn 122 ff.). 22

§ 25 VVG Prämienerhöhung wegen Gefahrerhöhung

(1) Der Versicherer kann anstelle einer Kündigung ab dem Zeitpunkt der Gefahrerhöhung eine seinen Geschäftsgrundsätzen für diese höhere Gefahr entsprechende Prämie verlangen oder die Absicherung der höheren Gefahr ausschließen. Für das Erlöschen dieses Rechtes gilt § 24 Abs. 3 entsprechend.

(2) Erhöht sich die Prämie als Folge der Gefahrerhöhung um mehr als zehn Prozent oder schließt der Versicherer die Absicherung der höheren Gefahr aus, kann der Versicherungsnehmer den Vertrag innerhalb eines Monats nach Zugang der Mitteilung des Versicherers ohne Einhaltung einer Frist kündigen. Der Versicherer hat den Versicherungsnehmer in der Mitteilung auf dieses Recht hinzuweisen.

Übersicht

	Rdn
A. Normzweck	1
B. Norminhalt	4
I. Prämienerhöhung, Gefahrausschluss (§ 25 Abs. 1 VVG)	4
II. Kündigungsrecht des Versicherungsnehmers (§ 25 Abs. 2 VVG)	12
C. Prozessuales	16
D. Abdingbarkeit	17

A. Normzweck

Entgegen seiner unvollständigen Überschrift räumt § 25 VVG dem VR nicht nur ein **Recht auf Prämienerhöhung** (§ 25 Abs. 1, 1. Alt. VVG), sondern auch ein **Ausschlussrecht** hinsichtlich der erhöhten Gefahr ein (§ 25 Abs. 1, 2. Alt. VVG). Indem einer Vertragspartei damit ein Anspruch auf **Anpassung des Vertrages** eingeräumt wird, tritt neuerlich die teleologische Verwandtschaft der Gefahrerhöhungsregeln zur Störung der Geschäftsgrundlage i.S.d. § 313 BGB zutage. Ein offensichtlicher Unterschied dazu besteht jedoch schon insofern, als die beiden Ansprüche des VR gem. § 25 Abs. 1 VVG nicht davon abhängen, ob eine Anpassung möglich oder zumutbar ist. Vielmehr hat der VR zunächst ein generelles und unbeschränktes Wahlrecht (vgl. Begr. BT-Drucks 16/3945, S. 68) dahingehend, entweder den Vertrag zu beenden (Kündigung gem. § 24 VVG) oder ihn gem. § 25 VVG anzupassen. Obwohl die Einführung einer Anpassungsmöglichkeit zu begrüßen ist, bleibt ihre konkrete Ausgestaltung **kritikwürdig**; dies gilt insb. für ein abzulehnendes, generelles Recht des VR, einen rückwirkenden Gefahrausschluss herbeizuführen (dazu ausführl. 1

Loacker, VersR 2008, 1285 und sogleich; zuletzt eingehend *Heiss*, Verswiss. Studien 46, 2014, 55, 59 ff.).

2 Die **Anpassung der Prämie** löst ab einem bestimmten Ausmaß, der **Gefahrausschluss** grds. ein **Kündigungsrecht** des VN aus.

3 § 25 VVG stellt das **Pendant zu § 19 Abs. 4, 6 VVG** (vgl. § 41 VVG a.F.) dar, das dem VR in bestimmten Fällen von Anzeigepflichtverletzungen ein (Prämien-) Anpassungsrecht gibt, das allerdings im Bereich der Gefahrerhöhung nicht anwendbar ist. Mit der Neuschaffung dieses Gegenstücks wurde ggü. der alten Rechtslage eine sachlich ungerechtfertigte Lücke (so schon *R. Schmidt*, Die Obliegenheiten, S. 209) geschlossen.

B. Norminhalt

I. Prämienerhöhung, Gefahrausschluss (§ 25 Abs. 1 VVG)

4 Die Prämienerhöhung oder der Gefahrausschluss können gem. § 25 Abs. 1 S. 1 VVG „*an [die] Stelle*" einer Kündigung treten. Deswegen kann hinsichtlich der **Grundlage** dieser Ansprüche auf die der Kündigung (s. § 24 Rdn 5 ff.) verwiesen werden. Das gilt für die **positiven Voraussetzungen** (Obliegenheitsverletzung gem. § 23 Abs. 1 VVG; Gefahrerhöhung gem. § 23 Abs. 2 oder 3 VVG) ebenso wie für die **negativen Voraussetzungen** (Ausschlussfrist und Gefahrkompensation bzw. Wiederherstellung des ursprünglichen Zustandes gem. § 24 Abs. 3 VVG; § 25 Abs. 1 S. 2 VVG; zum Begriff der Gefahrerhöhung s. § 23 Rdn 13).

5 Unter **Geschäftsgrundsätzen** werden jene Prinzipien und Kriterien verstanden, von denen sich der VR insb. bei seiner Risikoprüfung und bei der Gestaltung seiner Produktpalette leiten lässt (s. zuletzt auch S. *Reinhardt*, Die Gefahrerhöhung im deutschen Privatversicherungsrecht, 2015, 143). Dazu gehören bspw. Geschäftsplan und faktische Betriebsübung (vgl. aus der Rspr. etwa OLG Köln, VersR 1991, 871). Hinsichtlich dieser Grundsätze trifft den VR eine **Substanziierungslast** (**zur Offenlegung der Grundsätze** *Segger/Degen*, in: Staudinger/Halm/Wendt, § 25 Rn 8). Nach dem **Wortlaut** des § 25 VVG sind die Geschäftsgrundsätze bei der Vertragsanpassung nur für die Prämienerhöhung, nicht aber für den Gefahrausschluss von Bedeutung (*Wandt*, Versicherungsrecht Rn 889; MüKo/*Wrabetz/ Reusch*, § 25 VVG Rn 10; **ebenso nun** Marlow/Spuhl/*Marlow*, Das Neue VVG kompakt, Rn 259; *Segger/Degen*, in: Staudinger/Halm/Wendt, § 25 Rn 7). Nach *Looschelders* (Looschelders/Pohlmann/*Looschelders*, § 25 Rn 3) kommen jedoch aus **teleologischen Gründen** beide Ausprägungen des Anpassungsrechts grds. nur bei entsprechender **Rechtfertigung durch die Geschäftsgrundsätze** des VR in Betracht. Für ein entsprechend **gebundenes Ermessen** hatte sich schon *Loacker* (*Loacker*, VersR 2008, 1285, 1291) ausgesprochen (ihm folgend nun *Kortüm*, Die Gefahrerhöhung in der Kraftfahrzeughaftpflicht- und Kaskoversicherung, 2013, 66; a.A. Prölss/Martin/*Armbrüster*, § 25 Rn 6). Die Ausführungen der folgenden Rdn stehen unter der (regelmäßig verwirklichten) **Prämisse**, dass der VR auch die erhöhte Gefahr nach seinen Geschäftsgrundsätzen überhaupt versichert hätte.

§ 25 Abs. 1 VVG gewährt wie § 24 VVG ein einseitiges Gestaltungsrecht, dessen Wirkung 6
aber **vertragsändernd** statt vertragsaufhebend ist. Die Prämienerhöhung und der alternativ
mögliche Gefahrausschluss sind von einer – empfangsbedürftigen – **Mitteilung des VR**
abhängig. Nach dem Wortlaut des § 25 Abs. 1 S. 1 VVG kann die Wirkung der Prämienerhöhung oder des Gefahrausschlusses (in klarer Abweichung zur Kündigung) jedoch auch **rückwirkend**, nämlich „*ab dem Zeitpunkt der Gefahrerhöhung*" (§ 25 Abs. 1 S. 1 VVG) eintreten (vgl. Begr. BT-Drucks 16/3945, S. 68; ebenso *Kortüm*, Die Gefahrerhöhung in der Kraftfahrzeughaftpflicht- und Kaskoversicherung, 2013, 60). Dies stellt im Grunde einen Widerspruch zur Konzeption des § 25 VVG dar, wonach die beiden durch ihn begründeten Gestaltungsrechte „*an [die] Stelle einer Kündigung*" (§ 25 Abs. 1 S. 1 VVG) treten sollen. Da eine Kündigung des VR wie gezeigt frühestens **sofortige**, d.h. fristlose Wirkung zeigen kann, wäre richtigerweise auch im Bereich der Prämienanpassung und des Gefahrausschlusses eine **Rückwirkung abzulehnen** und mit Zugang der Mitteilung über die Anpassung anzusetzen gewesen. Ob sich die Möglichkeit der **rückwirkenden** Prämienerhöhung in einer Abnahme der Vertragskündigungen niederschlagen wird, die man dafür ins Treffen führen könnte, ist zu bezweifeln. Für die Möglichkeit der Rückwirkung spricht allenfalls die Tatsache, dass der VR im Fall der Vertragsanpassung auch ein erhöhtes Risiko trägt bzw. u.U. schon getragen hat. Bei genauerer Betrachtung trifft dies in den Fällen subjektiver Gefahrerhöhung freilich nicht immer zu, da der VR bei nur einfacher Fahrlässigkeit ohnehin immer zur vollen Leistung und bei grober Fahrlässigkeit zumindest zu teilweiser Leistung verpflichtet ist (*Loacker*, VersR 2008, 1285, 1288; ebenso MüKo/*Wrabetz/Reusch*, § 25 VVG Rn 9).

Da die Bestimmung des Zeitpunkts der Gefahrerhöhung (für den der VR beweispflichtig ist) in praxi regelmäßig schwierig sein kann, wird Letzterer bisweilen schon aus Beweisgründen gut beraten sein wird, die Anpassung „sicherheitshalber" erst mit Zugang der entsprechenden Mitteilung vorzunehmen.

Insgesamt ist die gesetzgeberische Ausgestaltung des § 25 VVG als **missglückt** zu bezeich- 7
nen. Neben der **unzureichenden Reaktionsmöglichkeit des VN** auf die vom VR einseitig
herbeiführbare Anpassung (s. Rdn 12) mutet v.a. die Möglichkeit des **rückwirkenden Gefahrausschlusses** besonders bedenklich an. Könnte der VR – wie dies der Wortlaut des § 25 Abs. 1 S. 1 VVG zunächst nahe legt – tatsächlich nach Belieben von ihr Gebrauch machen, käme es zu einer höchst problematischen Situation: Der VR, der regelmäßig erst im Zuge des Versicherungsfall Kenntnis von der (vorangegangenen) Gefahrerhöhung erhält, könnte die versicherungsnehmerfreundlichen Neuerungen des § 26 VVG (Abkehr vom Alles-oder-Nichts-Prinzip etc.; dazu § 26 Rdn 3 ff.) leer laufen lassen, indem er sich in diesen Fällen auf die nachträgliche und rückwirkende Einfügung eines entsprechenden Gefahrausschlusses beruft (sich anschließend *Kortüm*, Die Gefahrerhöhung in der Kraftfahrzeughaftpflicht- und Kaskoversicherung, 2013, 64). Dessen einmal ungeachtet erscheint ein einseitiges Gestaltungsrecht mit Rückwirkung bei **aleatorischen Verträgen** und einer solchen Informationslage schon ganz grds. bedenklich; mit guten Gründen wird deshalb etwa ein **Anfechtungsrecht** des VR wegen Irrtums hinsichtlich der Gefahrenlage durch die §§ 19 ff. VVG verdrängt.

8 Aus teleologischen und systematisch-logischen Erwägungen ist jedenfalls eine **restriktive Auslegung** des § 25 Abs. 1 S. 1, **2. Alt.** VVG geboten, die einen **nachträglichen Gefahrausschluss** nur dann als zulässig erscheinen lässt, wenn damit die Anwendung des § 26 VVG nicht unterlaufen wird (vgl. *Loacker*, VersR 2008, 1285, 1290; a.A. *Segger/Degen*, in: Staudinger/Halm/Wendt, § 25 Rn 6; Rüffer/Halbach/Schimikowski/*Karczewski*, § 25 Rn 2). Folgt man diesem Ansatz, dann sind zwei Konstellationen zu unterscheiden: Solange der gefahrerhöhungsbedingte Versicherungsfall noch *nicht* eingetreten ist, ist der VR bei Vorliegen der sonstigen Voraussetzungen in seiner Wahl zwischen Prämienerhöhung und Gefahrausschluss grds. **frei** (ebenso MüKo/*Wrabetz/Reusch*, § 25 VVG Rn 14; zur hier befürworteten Bindung an die Geschäftsgrundsätze s. Rdn 5). Sofern der VR demgegenüber erst im Zuge des Versicherungsfalls Kenntnis von der diesem zugrunde liegenden Gefahrerhöhung erlangt, so sollte für die Frage des Entfalls der Leistungspflicht ausschließlich § 26 VVG maßgeblich und ein rückwirkender Gefahrausschluss regelmäßig nicht möglich sein (wie hier *Saremba*, Die Gefahrerhöhung im deutschen und US-amerikanischen Versicherungsrecht, S. 195; hinsichtlich der Versicherung von Sachgesamtheiten differenzierend MüKo/*Wrabetz/Reusch*, § 25 VVG Rn 17). Überhaupt ist nach hier vertretener Auffassung **§ 242 BGB** zu beachten, der das obige Ergebnis stützt: Eine Berufung des VR auf das nachträgliche Ausschlussrecht in Kenntnis des gefahrerhöhungsbedingt eingetretenen Versicherungsfalls wird nämlich regelmäßig als unzulässige Rechtsausübung einzustufen und damit treuwidrig sein (im Detail s. *Loacker*, VersR 2008, 1285, 1291). Zur Bindung an die konkreten **Geschäftsgrundsätze** des Versicherers vgl. vorstehende Ausführungen (s. Rdn 5).

9 Andere wollen nachträglichen Gefahrausschlüssen in der eben beschriebenen Konstellation erst ab dem Zeitpunkt des Zugangs des Verlangens des VR auf Vertragsänderung Wirkung zubilligen, sie also auf ex nunc-Wirkung beschränken (so Marlow/Spuhl/*Marlow*, Das Neue VVG kompakt, Rn 260; sich anschließend Looschelders/Pohlmann/*Looschelders*, § 25 Rn 6 a.E.; *Armbrüster*, Privatversicherungsrecht, Rn 1139 a.E.; dazu auch Prölss/Martin/*Armbrüster*, § 25 Rn 8; einen prägnanten Überblick über die wichtigsten in der Literatur vertretenen „Korrekturmöglichkeiten" des § 25 VVG gibt *Heiss*, Verswiss. Studien 46, 2014, 55, 64 f.) oder sprechen sich überhaupt für eine unbeschränkte Implementierungsmöglichkeit rückwirkender Ausschlüsse aus (so Römer/Langheid/*Langheid*, § 25 Rn 5, allerdings mit der – zentralen – Einschränkung, dass es für bereits eingetretene Versicherungsfälle bei der Maßgeblichkeit von § 26 VVG bleiben müsse).

6.4 Was das **Prämienerhöhungsrecht** des § 25 Abs. 1 S. 1, **1. Alt.** VVG betrifft, an Stelle dessen der VR nach *Wrabetz/Reusch* (MüKo/*Wrabetz/Reusch*, § 25 VVG Rn 19) entgegen dem Wortlaut der Bestimmung insb. auch **Selbstbeteiligungen** oder **Selbstbehalte** vorsehen könne, so sollte dieses in beiden der obigen Konstellationen zur Verfügung stehen, vorausgesetzt, dass der VR die erhöhte Gefahrerhöhung nach seinen Geschäftsgrundsätzen überhaupt versichert hätte (sich anschließend Prölss/Martin/*Armbrüster*, § 25 Rn 7), was allerdings regelmäßig der Fall sein wird. Dessen ungeachtet ist das Recht auf Prämienerhöhung (wie jenes zum nachträglichen Gefahrausschluss) nach hier vertretener Auffassung stets anhand der Grundsätze von **Treu und Glauben** und den sich daraus ergebenden

Schranken zu beurteilen. Zur Bindung an die konkreten **Geschäftsgrundsätze** des Versicherers vgl. vorstehende Ausführungen (s. Rdn 5).

Unabhängig davon, dass sich die Anpassungswirkung nach dem in § 25 VVG verfolgten Modell nicht nach der Kündigungswirkung gem. § 24 VVG bestimmt, ist es im Unterschied zur Mitteilung über eine Prämienerhöhung nach **§ 40 VVG** nicht erforderlich, dass die Mitteilung gem. § 25 VVG dem VN schon einen Monat **vor** Eintritt der Anpassungswirkung zugeht (§ 40 Abs. 1 S. 3). 10

Zum **Verhältnis** zwischen **§ 25 VVG** und **§ 40 VVG** vgl. bereits die Kommentierung zu § 23 VVG (s. § 23 Rdn 66). 11

II. Kündigungsrecht des Versicherungsnehmers (§ 25 Abs. 2 VVG)

§ 25 Abs. 2 VVG räumt dem VN bei Gefahrausschluss oder Prämienerhöhungen von **über 10 %** (der Vorschlag der Reformkommission setzte demggü. noch eine Erhöhung von über 20 % voraus – vgl. § 27 Abs. 2 VVG des Vorschlags) ein **Kündigungsrecht** ein. Der Sache nach vergleichbar mit § 24 Abs. 3 VVG muss es binnen einer **einmonatigen Kündigungserklärungsfrist** ausgeübt, d.h. dem VR oder ihm zurechenbaren Personen zugegangen sein. Eine **Kündigungsfrist** ist nicht vorgesehen, (arg. § 25 Abs. 2 S. 1 VVG: „*ohne Einhaltung einer Frist*"), weshalb es am VN liegt, ob nach dem Beendigungszeitpunkt (etwa aufgrund eines anderen, günstigeren Vertrags) weiterhin Deckungsschutz besteht oder nicht. 12

Problematisch ist der **Zeitpunkt des Eintritts der Beendigungswirkung**. Nach dem Wortlaut und weil darin ein elementares Charakteristikum der Kündigung liegt, wirkt die Beendigung grds. **nur ex nunc**. Das bedeutet, dass der VN im Fall von auf den Zeitpunkt der subjektiven Gefahrerhöhung zurückwirkenden Prämienerhöhungen (und dieser Zeitraum kann sehr lang sein!) diese bis zur wirksamen Ausübung seines Kündigungsrechts schuldet und die Erhöhungswirkung durch sein Kündigungsrecht nicht vollständig beseitigen kann. In der Literatur ist dies als „*wertungswidersprüchlich*" und den VN unnötig benachteiligend kritisiert worden (*Kortüm*, Die Gefahrerhöhung in der Kraftfahrzeughaftpflicht- und Kaskoversicherung, 2013, 62 f.; a.A. Prölss/Martin/*Armbrüster*, § 25 Rn 7; vgl. allg. auch Römer/Langheid/*Langheid*, § 25 Rn 5). Immerhin hat es der VR aber auch im Fall rückwirkender Erhöhungen nur beschränkt in der Hand, durch späte Mitteilung den Zeitraum erhöhter Prämienzahlungspflichten zu verlängern (dazu schon Präve, ZfV 1994, 168, 235). Davor schützt nämlich in gewissem Maße (von Beweisproblemen einmal abgesehen) § 25 Abs. 1 S. 2 VVG i.V.m. § 24 Abs. 3 VVG, wonach das Anpassungsrecht nur innerhalb eines Monats ab Kenntnis des VR von der Gefahrerhöhung ausgeübt werden kann und ansonsten erlischt. Sollte der Gesetzgeber (was angesichts der klar abweichenden Formulierung in § 40 Abs. 1 VVG geradezu ausgeschlossen erscheint) beabsichtigt haben, eine Kündigung (auch) mit Wirkung für den Zeitpunkt zu ermöglichen, zu dem andernfalls die Erhöhungswirkung eintritt, so hat der Wortlaut des § 25 Abs. 2 S. 1 VVG dieses Anliegen absolut verfehlt. Die Zweifel an der wirklichen Intention des Gesetzgebers werden jedoch noch verstärkt, indem in den Materialien (vgl. Begr. BT-Drucks 16/3945, S. 66) zu dem ggü. 13

§ 25 Abs. 2 VVG im Wesentlichen identischen § 19 Abs. 6 VVG, der ebenfalls ein Gegenkündigungsrecht normiert, ausgeführt wird, dass dieses jenem in § 40 VVG (das aber wiederum klar abweichend ausgestaltet ist!) entspreche.

Nach *Wrabetz/Reusch* (MüKo/*Wrabetz/Reusch*, § 25 VVG Rn 23) liege hinsichtlich der fehlenden zeitlichen Befristung der Geltendmachung der VR-Rechte eine Gesetzeslücke vor, die eine analoge Anwendung des **§ 21 Abs. 3 VVG** nahe lege (Erlöschen der Rechte des VR nach Ablauf von fünf bzw. zehn Jahren nach Vertragsschluss; dagegen Prölss/Martin/*Armbrüster*, § 25 Rn 5).

Tatsächlich besteht jedoch Grund zu der Befürchtung, dass sich der Gesetzgeber in keineswegs überzeugender Weise (vielleicht unter Annahme des – vermeintlich: s. Rdn 6 – erst durch Prämienerhöhung begründeten Versicherungsschutzes) für ein Kündigungsmodell entschieden hat, das es dem VN nicht ermöglicht, zu verhindern, rückwirkend zum Schuldner (u.U. über viele Jahre) erhöhter Prämien zu werden (keine Bedenken hiergegen bei Prölss/Martin/*Armbrüster*, § 25 Rn 5 und Rüffer/Halbach/Schimikowski/*Karczewski*, § 25 Rn 6). Die Schranken des § 242 BGB sind nach hier vertretener Auffassung freilich auch in diesem Fall zu beachten.

14 Bei unterlassener oder nicht möglicher Kündigung stellt die erste Prämie nach Prämienerhöhung oder Gefahrausschluss ganz regelmäßig eine **Folgeprämie** i.S.d. § 38 VVG dar, weil durch die (beiderseitige) Nichtkündigung der Wille der Partei(en) zutage tritt, den bestehenden VV nicht zu beenden, sondern nur abzuändern.

15 Den VR trifft gem. § 25 Abs. 2 S. 2 VVG eine **Belehrungspflicht** hinsichtlich des Kündigungsrechts des VN. Die Materialien (Begr. BT-Drucks 16/3945, S. 68) verweisen wenig hilfreich auf die Regelungen der §§ 19 Abs. 5 VVG und § 40 Abs. 1 VVG. Erfüllt der VR seine Belehrungspflicht nicht oder nicht ordnungsgemäß, stellt sich die **Frage nach der Sanktion**. In der Literatur wird vertreten (vgl. *Wandt*, Versicherungsrecht Rn 892), dass eine mangelhafte Belehrung den **Lauf der Erklärungsfrist** für die Kündigung des VN *nicht* auslöse. In Anbetracht dessen, dass zumindest nach dem Wortlaut des § 25 VVG nur die Vertrags-, insb. die Prämienanpassung, nicht aber die Kündigung des VN Rückwirkung entfalten kann, ist dies (allein) jedoch unbefriedigend, weshalb nach h.M. auch Schadensersatzansprüche aus § 280 Abs. 1 BGB in Betracht zu ziehen sind (Looschelders/Pohlmann/*Looschelders*, § 25 Rn 7; Marlow/Spuhl/*Marlow*, Das Neue VVG kompakt, Rn 261 a.E.; MüKo/*Wrabetz/Reusch*, § 25 VVG Rn 28; Prölss/Martin/*Armbrüster*, § 25 Rn 9; Segger/Degen, in: Staudinger/Halm/Wendt, § 25 Rn 10; *Wandt*, Versicherungsrecht Rn 892). **Versicherungsnehmerfreundlich** wäre es gewesen, den Anspruch des VR aus seinem Anpassungsrecht **von der Erfüllung der Belehrungspflicht abhängig zu machen** – so wie dies in § 19 Abs. 5 S. 1 VVG geschehen ist (hierfür schon *Loacker*, VersR 2008, 1285, 1288; dagegen insb. Marlow/Spuhl/*Marlow*, Das Neue VVG kompakt, Rn 261 dortige Fn 20).

C. Prozessuales

16 Der VR ist insb. für den **Zeitpunkt der Gefahrerhöhung** und die Entsprechung der **Prämienerhöhung** zu seinen Geschäftsgrundsätzen (Substanziierungslast) beweispflichtig.

Zur **Beweislastverteilung** vgl. bereits die Kommentierung in § 23 VVG (s. § 23 Rdn 142 f.).

D. Abdingbarkeit

§ 25 VVG ist **halbzwingender Natur** (§ 32 S. 1; für Beispiele unzulässiger Abweichungen zum Nachteil des VN s. § 23 Rdn 65 und 144). **17**

§ 26 VVG Leistungsfreiheit wegen Gefahrerhöhung

(1) Tritt der Versicherungsfall nach einer Gefahrerhöhung ein, ist der Versicherer nicht zur Leistung verpflichtet, wenn der Versicherungsnehmer seine Verpflichtung nach § 23 Abs. 1 vorsätzlich verletzt hat. Im Fall einer grob fahrlässigen Verletzung ist der Versicherer berechtigt, seine Leistung in einem der Schwere des Verschuldens des Versicherungsnehmers entsprechenden Verhältnis zu kürzen; die Beweislast für das Nichtvorliegen einer groben Fahrlässigkeit trägt der Versicherungsnehmer.

(2) In den Fällen einer Gefahrerhöhung nach § 23 Abs. 2 und 3 ist der Versicherer nicht zur Leistung verpflichtet, wenn der Versicherungsfall später als einen Monat nach dem Zeitpunkt eintritt, zu dem die Anzeige dem Versicherer hätte zugegangen sein müssen, es sei denn, dem Versicherer war die Gefahrerhöhung zu diesem Zeitpunkt bekannt. Er ist zur Leistung verpflichtet, wenn die Verletzung der Anzeigepflicht nach § 23 Abs. 2 und 3 nicht auf Vorsatz beruht; im Fall einer grob fahrlässigen Verletzung gilt Absatz 1 Satz 2.

(3) Abweichend von den Absätzen 1 und 2 Satz 1 ist der Versicherer zur Leistung verpflichtet,

1. soweit die Gefahrerhöhung nicht ursächlich für den Eintritt des Versicherungsfalles oder den Umfang der Leistungspflicht war, oder
2. wenn zur Zeit des Eintrittes des Versicherungsfalles die Frist für die Kündigung des Versicherers abgelaufen und eine Kündigung nicht erfolgt war.

Übersicht

	Rdn
A. Normzweck	1
B. Norminhalt	3
I. Leistungsfreiheit bei Verletzung des § 23 Abs. 1 VVG	3
II. Leistungsfreiheit bei Verletzung des § 23 Abs. 2 oder 3 VVG	13
III. Weitere Voraussetzungen der Leistungsfreiheit (§ 26 Abs. 3 VVG)	16
1. Kausalitätserfordernis (§ 26 Abs. 3 Nr. 1 VVG)	16
2. Kündigungsmöglichkeit (§ 26 Abs. 3 Nr. 2 VVG)	20
C. Prozessuales	24
D. Abdingbarkeit	28

§ 26 VVG

A. Normzweck

1 § 26 VVG begründet vollständige oder teilweise **Leistungsfreiheit** als Sanktion für Obliegenheitsverletzungen i.S.d. § 23 Abs. 1 bis 3 VVG, sofern diese zumindest grob fahrlässig erfolgten und die in § 26 Abs. 3 VVG genannten Ausschlussgründe nicht vorliegen.

2 Leistungsfreiheit stellt eine (verzichtsfähige) **peremptorische Einrede** dar – sie erfordert eine Berufung auf diese Rechtsfolge, eine Prüfung von Amts wegen erfolgt nicht (h.M.: vgl. nur MüKo/*Wandt*, § 28 VVG Rn 257 und BGH, VersR 1974, 689; **a.A.** noch Prölss/Martin/*Prölss*, 27. Aufl., § 6 Rn 86; dagegen überzeugend *Heiss*, in: Bruck/Möller, § 28 Rn 148). Als Einrede hebt die Leistungsfreiheit die betroffene Leistungspflicht des VR auf, beendet oder berührt aber den VV i.Ü. nicht, weshalb sie insb. auf die **Prämienzahlungspflicht** des VN keinen Einfluss hat.

B. Norminhalt

I. Leistungsfreiheit bei Verletzung des § 23 Abs. 1 VVG

3 Der VR kann sich hinsichtlich eingetretener Versicherungsfälle auf (teilweise) Leistungsfreiheit wegen subjektiver Gefahrerhöhung berufen, sofern den VN oder ihm zurechenbare Personen daran **Verschulden** in Form zumindest **grober Fahrlässigkeit** trifft (zur Problematik der Verschuldensdeterminierung im Bereich der Gefahrerhöhung s. bereits § 23 Rdn 84).

4 **Einfache Fahrlässigkeit** wird – in Abweichung von der Rechtslage nach VVG a.F. – generell nicht mit Leistungsfreiheit sanktioniert, sodass in diesen Fällen **voller Leistungsanspruch** besteht.

5 Die **Kausalität** der Gefahrerhöhung für den Versicherungsfall wird vermutet und ist vom VN zu entkräften (vgl. auch Rdn 17).

6 **Vorsätzliche subjektive Gefahrerhöhung** – für deren Vorliegen der VR darlegungs- und beweispflichtig ist – berechtigt zu **vollständiger Leistungsfreiheit**. An solchem **Vorsatz** kann es insb. fehlen, wenn dem VN Beurteilungsfehler in Hinblick auf den gefahrerhöhenden Charakter der fraglichen Umstände unterlaufen sind oder wenn er fälschlich von Gefahrkompensation oder einer Einwilligung des VR ausgegangen ist; erforderlich ist also jedenfalls ein **Bewusstsein hinsichtlich der gefahrerhöhenden Konsequenzen** (so BGH VersR 2014, 1313 unter Berufung auf Looschelders/Pohlmann/*Looschelders*, § 26 Rn 4; ebenso OLG Karlsruhe, VersR 2014, 326 und Prölss/Martin/*Armbrüster*, § 26 Rn 3). Demnach ist Vorsatz bei bewusster und gewollter Vornahme oder Gestattung zu bejahen (Looschelders/Pohlmann/*Looschelders*, § 26 Rn 4; ebenso *Segger/Degen*, in: Staudinger/Halm/Wendt, § 26 Rn 5). **Bedingter Vorsatz** (dazu auch § 23 Rdn 81), der vorliegt, wenn eine Gefahrerhöhung für möglich gehalten und gebilligt wurde (*Heyers*, NJW 2015, 633), genügt.

7 **Teilweise (quotale) Leistungsfreiheit** kann vom VR insoweit geltend gemacht werden, als es dem VN nicht gelingt, sich von der vermuteten groben Fahrlässigkeit der Obliegen-

heitsverletzung zu entlasten (zu dieser Vermutung krit. Schwintowski, ZRP 2006, 139, 140: „*insoweit verschlechtert sich die Lage für die Versicherten*"). Grobe Fahrlässigkeit wird insb. bei einem gesteigerten Maß an **objektiver Erkennbarkeit** und **Vermeidbarkeit** der Gefahrerhöhung zu bejahen sein (Looschelders/Pohlmann/*Looschelders*, § 26 Rn 6). In diesem Fall gelangt das mit dem VVG 2008 etablierte **Quotensystem** zur Anwendung, wie es – nach dem Vorbild des § 14 Abs. 2 des schweizerischen VVG (dazu § 28 Rn 60 und *Heiss*, in: Bruck/Möller, § 28 Rn 186) – in **§ 28 VVG** Niederschlag gefunden hat. Den Ausschlag für die maßgebliche **Leistungsfreiheitsquote** gibt dabei die sog. „**Schwere der Schuld**" im konkreten Einzelfall (s. § 28 Rdn 62), für deren Vorliegen grds. der VR beweispflichtig ist. Für sie sind subjektive Eigenschaften des die Gefahr Erhöhenden, also etwa dessen ggf. **eingeschränkte Urteils- und Einsichtsfähigkeit**, ebenso von Belang wie **Verhaltensbesonderheiten** wie bspw. ausgesuchte Rücksichtslosigkeit und ähnlich Negatives (Rüffer/Halbach/Schimikowski/*Karczewski*, § 26 Rn 5) oder auch Positives wie bspw. hehre Motive oder Wiedergutmachungsanstrengungen (s. § 28 Rdn 76 und 78).

Die **Leistungsfreiheitsquote** ist grds. **einzelfallbezogen** und ohne starre Vorgaben zu ermitteln (LG Münster, VersR 2009, 1615 = r+s 2009, 501, dazu *Günther*, r+s 2009, 492 und *Baumann*, r+s 2010, 51; abzulehnen ist jedenfalls die Ansicht (vgl. etwa Rüffer/Halbach/Schimikowski/*Karczewski*, § 26 Rn 6), nach der im Regelfall eine Kürzung von 50 % sach- und interessengerecht sei (sog. „**Mittelwert-Modell**"; dazu § 28 Rdn 67 f.); wie hier abl. auch OLG Saarbrücken, r+s 2012, 392: Einzelfallgerechtigkeit statt „50 % auf Alles" sowie OLG Düsseldorf VersR 2011, 1388: kein Ausgehen von einem Mittelwert von 50 %). **Soziale Gesichtspunkte**, **wirtschaftliche Verhältnisse** des VN oder **allgemeine Billigkeitserwägungen** sollen bei der Festsetzung der Versicherungsleistung nicht in Betracht zu ziehen sein (so *Looschelders*, VersR 2008, 1, 6 m.w.N.; **a.A.** [für das schweizerische VVG]: *Hönger/Süsskind*, in: Honsell/Vogt/Schnyder, Art. 14 Rn 35; ebenso für das deutsche Recht *Schwintowski*, § 28 Rdn 65; Rüffer/Halbach/Schimikowski/*Karczewski*, § 26 Rn 6). Demgegenüber kann die angemessene Berücksichtigung von **Zufalls-** oder **Dritteinflüssen** zu einer **Senkung**, die **leichte Prognostizierbarkeit** der Gefahrerhöhungsfolgen für den VN oder der **wiederholte Verstoß** gegen die in § 23 VVG normierten Obliegenheiten hingegen zu einer **Erhöhung** der Leistungsfreiheitsquote führen (vgl. weitere bei *Hönger/Süsskind*, in: Honsell/Vogt/Schnyder, Art. 14 Rn 34). Eine **Kürzung auf null** ist in besonderen Fällen möglich (vgl. BGH VersR 2011, 1037 – mit Blick auf § 81 Abs. 2 VVG; s.a. § 28 Rn 64 ff.). Das Vorhandensein entlastender Umstände spricht gegen die Bejahung eines solchen Ausnahmefalles (BGH, a.a.O.). **Einzelfallgerechtigkeit** bleibt das Ziel jeder Quotelung. Die Ausbildung **pauschalierter Kürzungsquoten** steht damit nicht notwendig in Widerspruch (vgl. § 28 Rdn 82).

Für die Bestimmung der Quote (zur Frage ihrer **Pauschalierbarkeit**: § 28 Rdn 63, 74 und 82), die nach erfolgter Beurteilung nach den oben beispielhaft dargestellten Aspekten im Ergebnis davon abhängt, ob der Verschuldensgrad eher bei einfacher Fahrlässigkeit oder eher bei (ggf. bedingtem) Vorsatz anzusiedeln ist (ebenso *Matusche-Beckmann*, in: Bruck/Möller, § 26 Rn 14), gelten die gleichen Grundsätze wie bei § 28 Abs. 2 S. 2 Halbs. 1 VVG und § 81 Abs. 2 VVG (vgl. deshalb die dortigen Kommentierungen sowie das **Quotelungs-**

schema bei § 28 Rdn 83). Die jedenfalls in den ersten Jahren nach Inkrafttreten des VVG 2008 bestehenden **Rechtsunsicherheiten** (vgl. MüKo/*Wrabetz/Reusch*, § 23 VVG Rn 269) in Zusammenhang mit der Anwendung und Ermittlung der Leistungsfreiheitsquote waren dem Gesetzgeber durchaus bewusst (vgl. Begr. BT-Drucks 16/3945, S. 69), eine Abkehr vom *„Alles-oder-Nichts-Prinzip"* (dazu nur *Armbrüster*, Das Alles-oder-nichts-Prinzip im Privatversicherungsrecht, S. 12 ff.; zu Alternativen 60 ff.) schien ihm jedoch anders nicht zu bewerkstelligen (dies abl. etwa noch *Prölss*, VersR 2003, 669, 671 ff. und *Langheid*, VVG-Reform und Verbraucherschutz, S. 23, 33 f.; positiv hingegen *Maier*, in: Die Vorschläge der Reformkommission für ein neues Versicherungsvertragsrecht. Ein Jahrhundertwerk am Horizont?, S. 67, 81 f.). Mittlerweile hat sich eine hilfreiche Kasuistik herausgebildet (dazu § 28 Rdn 61 und 84 ff.). Zum sog. **„Goslarer Orientierungsrahmen"** *Nugel* (MDR 2010, 597) und *Nehm* (zfs 2010, 12).

10   Bei einem hochmotorisierten, kaskoversicherten Sportwagen mit Reifen mit einer Profiltiefe von lediglich 1 mm wurde – gestützt auf § 26 VVG – eine Kürzung von 75 % für angemessen erachtet (LG Passau, VRR 2013, 32; s. zur Profiltiefe auch § 23 Rdn 81).

11   – Zum **Quotensystem** im Allgemeinen vgl. die eingehenden Ausführungen bei **§ 28 VVG** (s. § 28 Rdn 60 ff.) samt Hinweis auf die **Sonderregelungen** in **§ 4 PflVG** und in den **§§ 5 Abs. 3, 6 KfzPflVV**.
– **Zur weiteren Vertiefung:** *Terbille*, r+s 2001, 1; *Kurzka*, VersR 2001, 698; *Prölss*, VersR 2003, 669; *Armbrüster*, VersR 2003, 675; *Römer*, in: Basedow, Verswiss. Studien 29, S. 13 ff.; *Baumann*, r+s 2005, 1; *Terbille*, ZGS 2005, 161; *Langheid*, VVG-Reform und Verbraucherschutz, S. 23, 32 ff.; *Weidner/Schuster*, r+s 2007, 363; K. *Maier*, r+s 2007, 89; *Marlow*, VersR 2007, 43; *Heß/Burmann*, NJW-Spezial 2007, 159; eingehend *Nugel*, Sonderbeilage MDR 22/2007, 23; *Neuhaus/Kloth*, Praxis des neuen VVG (2007) 63 ff.; *Günther/Spielmann*, r+s 2008, 133; *Looschelders*, VersR 2008, 1, 6; *Unberath*, NZV 2008, 537; *Nugel*, MDR 2008, 1320; *Veith*, VersR 2008, 1580; *Schimikowski*, VersR 2009, 1304; *Günther*, r+s 2009, 492; *Baumann*, r+s 2010, 51; *Nugel*, MDR 2010, 597; *Saremba*, Die Gefahrerhöhung im deutschen und US-amerikanischen Versicherungsrecht, 2010, S. 176; *Rindsfus*, MRW 2011, 8; *Nugel*, Kürzungsquoten nach dem VVG, 2012; *Heiss*, Verswiss. Studien 42, 2012, S. 191 ff.; *Böhm/Nugel*, MDR 2012, 693; *Böhm/Nugel*, MDR 2013, 1328; *Heß*, r+s 2013, 1; *Brand*, FS Lorenz III, 2014, S. 55 ff.; *Döll*, DAR 2014, 351; S. *Reinhardt*, Die Gefahrerhöhung im deutschen Privatversicherungsrecht, 2015, 176 ff.

12   Für den Eintritt des Versicherungsfalls erst **nach** einer subjektiven Gefahrerhöhung, die ihrerseits Nachhaltigkeit und damit regelmäßig eine gewisse Dauer voraussetzt (§ 23 Rdn 30), ist erneut der VR beweispflichtig (§ 23 Rdn 143).

II. Leistungsfreiheit bei Verletzung des § 23 Abs. 2 oder 3 VVG

13   § 26 Abs. 2 VVG legt die Voraussetzungen für die Einrede der Leistungsfreiheit in Fällen **erst nachträglich erkannter** oder **objektiver Gefahrerhöhung** fest und orientiert sich an § 26 Abs. 1 VVG, was die Sanktionslosigkeit einfacher Fahrlässigkeit, die zur Quotelung

berechtigende grobe Fahrlässigkeit und den zum gänzlichen Entfall der Leistungspflicht führenden Vorsatz betrifft. Das Verschulden (s. dazu auch § 23 Rdn 105) verkörpert sich dabei aber in der **Vorwerfbarkeit der nicht unverzüglich erfolgten Anzeigeerstattung**. Es erscheint fragwürdig, inwieweit sich tatsächlich eine sinnvolle und praktikable Abgrenzung zwischen einfach und grob fahrlässig nicht unverzüglich erfolgter Anzeige treffen lässt. Dies gilt für die Abstufung innerhalb der groben Fahrlässigkeit *„nach der Schwere der Schuld"* umso mehr (ebenso Looschelders/Pohlmann/*Looschelders*, § 26 Rn 17 m.w.N.).

Die **Beweislast** ist ggü. jener im Anwendungsbereich des § 26 Abs. 1 VVG ebenfalls verändert, weil im Rahmen von § 26 Abs. 2 VVG **beide** sanktionsbegründenden Verschuldensgrade, also Vorsatz **und** grobe Fahrlässigkeit (§ 26 Abs. 2 VVG verweist auf den gesamten des § 26 Abs. 1 S. 2 VVG) vom VN zu widerlegen sind, wenn und soweit es um den Anspruch auf die volle Versicherungsleistung geht (krit. gegen diese Beweislastverteilung *Schwintowski*, ZRP 2006, 139, 140 und *Felsch*, r+s 2007, 485, 488: *„systemwidrig und regelrecht verunglückt [...] möglicherweise sogar ein bloßes Redaktionsversehen"*; dagegen wiederum Looschelders/Pohlmann/*Looschelders*, § 26 Rn 15 und MüKo/*Wrabetz/ Reusch*, § 26 VVG Rn 16 ff.).

14

Die Einrede der Leistungsfreiheit kommt grds. nur in Betracht, wenn sich der Versicherungsfall **mehr als einen Monat** nach der Verletzung einer Anzeigepflicht ereignet hat (§ 26 Abs. 2 S. 1 VVG). Die einmonatige Frist dient dazu, den VR mit jenem gleichzustellen, demgegenüber die Gefahrerhöhung ordnungsgemäß angezeigt wurde, und der den Vertrag deshalb mit Ablauf der einmonatigen Kündigungsfrist gem. § 24 Abs. 2 VVG hätte beenden können. Als **fiktiver Beginnzeitpunkt** für die Monatsfrist gilt jener, zu dem die Gefahrerhöhungsanzeige dem VR spätestens hätte zugegangen sein müssen. Da eine Anzeigepflichtverletzung wie gezeigt (vgl. § 23 Rdn 109) nicht denkbar ist, wenn der VR bereits auf anderem Wege **Kenntnis** von der Gefahrerhöhung erlangt hat, leuchtet ein, dass sich ein VR **nicht** auf Leistungsfreiheit berufen kann, wenn er zu diesem fiktiven Beginnzeitpunkt schon über das entsprechende Wissen verfügte, trotzdem nicht gekündigt und sich der Versicherungsfall nach Ablauf der einmonatigen Kündigungsfrist ereignet (vgl. § 26 Abs. 3 Nr. 2 VVG).

15

III. Weitere Voraussetzungen der Leistungsfreiheit (§ 26 Abs. 3 VVG)

1. Kausalitätserfordernis (§ 26 Abs. 3 Nr. 1 VVG)

Die Abweichung der §§ 25 Abs. 3, 28 Abs. 2 VVG a.F. ggü. § 26 Abs. 3 VVG ist eigentlich offensichtlich: Während früher grds. **jeder** Einfluss einer Gefahrerhöhung auf die Leistungspflicht des VR schädlich war, soll dies nach dem **Wortlaut** der neuen Bestimmung nur mehr der Fall sein, **soweit** eine Kausalität zwischen Gefahrerhöhung und Eintritt des Versicherungsfalls bzw. Ausmaß der Leistungspflicht gegeben war, d.h. genauer: Nicht auszuschließen ist. Ein solches Verständnis bedeutet einen **Wandel**, nämlich vom gänzlichen Ausschluss der Leistungspflicht bei jeder Form von Kausalität (auch bloß mitwirkender) hin zu einem **Proportionalitätsprinzip**, das die auf Verschuldensebene schon dargestellte Abkehr vom „Alles-oder-nichts-Prinzip" konsequenterweise auch auf Kausalitäts-

16

ebene umsetzt (vgl. ebenso schon § 25 Abs. 3 öVersVG; wie hier *Saremba*, Die Gefahrerhöhung im deutschen und US-amerikanischen Versicherungsrecht, S. 165; s. auch *Heiss*, ELR 2012, 105). Sachlich ist dies uneingeschränkt zu begrüßen. Dem Gesetzgeber scheint eine Änderung ggü. der alten Rechtslage jedoch nicht bewusst gewesen zu sein (vgl. BT-Drucks 16/3945, S. 68: „*entsprechend dem geltenden Recht*"). Auch im Schrifttum scheint teilw. nicht von einer Änderung der Rechtslage ggü. dem VVG a.F. ausgegangen zu werden (vgl. etwa *Matusche-Beckmann*, in: Bruck/Möller, § 26 Rn 26: Haftung des VR bleibt nur bestehen, „*wenn* die Gefahrerhöhung ohne Einfluss auf den Eintritt des Versicherungsfalles oder den Umfang der Leistungspflicht des VR war"; demgegenüber wie hier nun wohl Rüffer/Halbach/Schimikowski/*Karczewski*, § 26 Rn 19 (Fn 3); ebenso schon MüKo/*Wrabetz/Reusch*, § 26 VVG Rn 26; Prölss/Martin/*Armbrüster*, § 26 Rn 4 und § 28 Rn 244; und wohl auch Looschelders/Pohlmann/*Looschelders*, § 26 Rn 23; offenlassend *Segger/Degen*, in: Staudinger/Halm/Wendt, § 26 Rn 16).

17 In Anbetracht der (wie bisher) **vermuteten** Kausalität (arg. „*soweit*") sollte die neue Regelung nach hier vertretener Auffassung dazu führen, dass einem VN, der i.R.d. von ihm zu führenden **Kausalitätsgegenbeweises** immerhin erfolgreich darlegen kann, dass ein bestimmter Teil des Schadensumfangs nicht auf einer Verletzung des § 23 Abs. 1 bis 3 VVG beruht, für diesen Teil der **volle Leistungsanspruch** zusteht (ebenso nun S. *Reinhardt*, Die Gefahrerhöhung im deutschen Privatversicherungsrecht, 2015, 163). Sofern er sich i.Ü. nicht des Vorwurfs grober Fahrlässigkeit entlasten kann, gelangt die festgelegte Quote nur auf den **restlichen Teil**, also jenen zur Anwendung, bei dem die Kausalitätsvermutung greift.

> **Beispiel**
> Der VN hätte ohne Vornahme der Gefahrerhöhung Anspruch auf die volle Schadensleistung i.H.v. 100.000,00 EUR. Die vermutete grobe Fahrlässigkeit kann er nicht widerlegen, es wird wegen der Schwere der Obliegenheitsverletzung eine Leistungsfreiheitsquote von 60 % bestimmt. Nach richterlicher Feststellung wäre ein Schaden im Umfang von 30.000,00 EUR auch ohne die vorgenommene Gefahrerhöhung eingetreten.
> Hinsichtlich des Anspruchsteils, auf den die Gefahrerhöhung keinen Einfluss hatte, kann der VR Leistungsfreiheit nicht einredeweise geltend gemacht werden, er besteht zu 100 % zugunsten des VN (= 30.000,00 EUR). Auf die Differenz, das sind im obigen Beispiel 70.000,00 EUR, ist die Leistungsfreiheitsquote i.H.v. 60 % (42.000,00 EUR) anzuwenden, sodass sich daraus ein weiterer Anspruch i.H.v. 28.000,00 EUR ergibt.
> Insgesamt besteht **nach der hier vorgeschlagenen Berechnungsweise** ein Anspruch des VN auf 58.000,00 EUR.
> Vgl. auch das **Quotelungsschema** in § 28 VVG (s. § 28 Rdn 83).

18 Der versicherungsnehmerseitig zu führende **Kausalitätsgegenbeweis** wird regelmäßig (wenn auch nicht notwendig) darin bestehen, die Darstellungen des VR zu Ursachen für Eintritt und Umfang der Leistungspflicht zu widerlegen (vgl. auch § 28 Rdn 101 ff.). Bei auf **Anzeigepflichtverletzungen** gestützten Einreden des VR kann es nicht auf die Kausalität dieser Verletzungen, sondern nur auf jene der zugrunde liegenden Gefahrerhöhung ankommen (zutreffend S. *Reinhardt*, Die Gefahrerhöhung im deutschen Privatversicherungsrecht, 2015, 163). **Zweifel** gehen wegen der Vermutung der Kausalität (vgl. *Matusche-Beckmann*, in: Bruck/Möller, § 26 Rn 27) **zulasten des VN**. Im Bereich der **subjektiven**

Gefahrerhöhung (§ 23 Abs. 1) hat die Rspr. besonders die Kausalität von verborgen aufbewahrten Schlüsseln, Fahrzeugpapieren und dergleichen in Diebstahls- und Einbruchsfällen beschäftigt (vgl. § 23 Rdn 31). Der Einwand **rechtmäßigen Alternativverhaltens** soll bei der Kausalitätsprüfung unbeachtlich sein (OLG Karlsruhe NJW-RR 1988, 212; Terbille/Höra/*Steinbeck/Terno*, § 2 Rn 180).

Der **Kausalitätsgegenbeweis** ist (ebenso wie in § 28 Abs. 3 S. 1 VVG) nicht nur bei grob fahrlässiger, sondern auch bei **vorsätzlicher** Obliegenheitsverletzung eröffnet. Nicht überzeugend ist, dass der Kausalitätsgegenbeweis – anders als im Fall der Verletzung vertraglicher Obliegenheiten; 28 Abs. 3 S. 2 – nach dem Wortlaut des § 26 Abs. 3 Nr. 1 VVG sogar in Fällen **arglistiger**, d.h. **in betrügerischer Absicht** erfolgter Verstöße gegen § 23 VVG eröffnet ist. Wenngleich praktische Fälle nicht häufig sein mögen, leuchtet eine **unterschiedliche Behandlung** der Verletzung vertraglicher und gesetzlicher Obliegenheiten nicht ein (s.a. Looschelders/Pohlmann/*Looschelders*, § 26 Rn 19: „*planwidrige Regelungslücke*"). Entweder der ins Treffen geführte **Generalpräventionsbedarf** (vgl. BT-Drucks 16/3945, S. 69) liegt **grds.** vor oder nicht. Vor dem Hintergrund der außerhalb der Gefahrerhöhungsregelungen durchweg erkennbaren Wertung des Gesetzgebers bestünde eine Lösungsmöglichkeit im Wege ergänzender Rechtsfortbildung darin, durch Vornahme einer **Gesamtanalogie** (dazu anschaulich etwa Looschelders/*Roth*, Juristische Methodik im Prozess der Rechtsanwendung, S. 304 ff.) den Kausalitätsgegenbeweis in Arglistfällen auch i.R.d. Gefahrerhöhung auszuschließen (dafür auch Römer/Langheid/*Langheid*, § 26 Rn 9; *Segger/Degen*, in: Staudinger/Halm/Wendt, § 26 Rn 17; *Wolf*, in: Staudinger/Halm/Wendt, § 57 Rn 9 [mit Blick auf § 57 Abs. 2 Nr. 3]; a.A. Rüffer/Halbach/Schimikowski/*Karczewski*, § 26 Rn 19).

Wrabetz/Reusch (MüKo/*Wrabetz/Reusch*, § 26 VVG Rn 35) befürworten eine analoge Anwendung des § 28 Abs. 3 S. 2 VVG auch für die Fälle des **arglistigen Entzugs von der Kenntnis** der Gefahrerhöhung (dazu § 23 Rdn 79). Streng genommen ist dies insofern nicht völlig unproblematisch, als sich § 28 Abs. 3 S. 2 VVG auf das *Verschulden* bezieht, während die Rechtsprechungsschöpfung des arglistigen Kenntnisentzugs auf das *Wissen* abstellt, ohne gleichzeitig über das Verschulden eine Aussage zu treffen. Letzteres liegt im Bereich des § 23 Abs. 1 VVG in der Vornahme der Gefahrerhöhung trotz (diesfalls: fiktiver) positiver Kenntnis (s. § 23 Rdn 84). Ein Ausschluss des Kausalitätsgegenbeweises kraft Analogie ist nur dort denkbar, wo (auch) diese Vornahme arglistig erfolgte. Auf die freilich fehlende praktische Relevanz solcher Konstellationen wurde bereits hingewiesen.

2. Kündigungsmöglichkeit (§ 26 Abs. 3 Nr. 2 VVG)

Anders als § 28 VVG verlangt § 26 Abs. 3 Nr. 2 VVG bei sonstigem Ausschluss der Leistungsfreiheit die (noch mögliche) **Ausübung des Kündigungsrechts** im Zeitpunkt des Eintritts des Versicherungsfalls. Begründet wird dies damit (Begr. BT-Drucks 16/3945, S. 68), dass sich ein VR, der anstelle einer Kündigung bereits von seinem Prämienanpassungs- oder Gefahrausschlussrecht i.S.d. § 25 VVG Gebrauch gemacht hat, nicht auch auf Leistungsfreiheit berufen können soll. Neben der solcherart unzulässigen Berufung auf

Leistungsfreiheit bei gleichzeitiger Ausübung des Vertragsanpassungsrechts (s. insofern jeweils Abschn. B § 9 Ziff. 5 c) cc) AERB 2010, AFB 2010, VGB 2010 [Wohnflächenmodell], VHB 2010 [Quadratmetermodell]) bleibt die trotz Kenntnis einer Verletzung des § 23 VVG nicht erfolgte Kündigung (**Fristversäumung**; vgl. § 24 Rdn 14) ein weiterer Anwendungsfall für den Ausschluss der Leistungsfreiheit.

21 Sofern der VR **erst nach Eintritt des Versicherungsfalls** von der diesem zugrunde liegenden Gefahrerhöhung erfährt, sollte die **tatsächliche Ausübung** des Kündigungsrechtes für die Leistungsfreiheit hinsichtlich dieses Versicherungsfalles wie schon im Anwendungsbereich des VVG a.F. (vgl. BGH, VersR 1997, 485 = r+s 1997, 120; OLG Schleswig, r+s 1997, 425; VersR 1986, 1231 [unter II 2 a bb]) keine Voraussetzung sein (ebenso MüKo/ *Wrabetz/Reusch*, § 26 VVG Rn 38 m.w.N.). Der Wortlaut des § 26 Abs. 3 Nr. 2 VVG bezieht das Kriterium der (tatsächlichen) Ausübung jedenfalls nur auf jene Konstellationen, in denen die Kündigungsfrist bei Eintritt des Versicherungsfalls bereits abgelaufen war (zutreffend *Matusche-Beckmann*, in: Bruck/Möller, § 26 Rn 33).

22 Nach hier vertretener Meinung ist eine Kündigung in der in Rn 19 beschriebenen Konstellation nur erforderlich, um sich auch hinsichtlich weiterer, nach Ablauf der Kündigungsfrist eintretender Versicherungsfälle aufgrund derselben (andauernden) Gefahrerhöhung auf Leistungsfreiheit berufen zu können (ebenso *Schimikowski*, Versicherungsvertragsrecht Rn 206 a.E.).

23 Zuzustimmen ist der Auffassung (vgl. Prölss/Martin/*Prölss*, 27. Aufl., § 25 Rn 1), wonach im Verstreichen lassen der Kündigungsfrist eine **Genehmigung** der jeweiligen Gefahrerhöhung durch den Versicherer zu sehen ist, wenn er vor Eintritt des Versicherungsfalls rechtzeitig kündigen hätte können. Eine solche Genehmigungsfiktion geht jedoch weiter als die Annahme eines durch § 26 Abs. 3 Nr. 2 VVG bloß gesetzlich ausgestalteten *venire contra factum proprium* (so aber *Matusche-Beckmann*, in: Bruck/Möller, § 26 Rn 33 und Rüffer/Halbach/Schimikowski/*Karczewski*, § 26 Rn 20): Letzteres wäre nämlich zu verneinen, wenn ein VR, der sich bereits früher auf Leistungsfreiheit berufen hat, sich bei Eintritt eines weiteren Versicherungsfalles (ohne den VV gekündigt zu haben) wegen derselben Gefahrerhöhung neuerlich auf Leistungsfreiheit beruft. Einen Rechtsschein, aus der zugrunde liegenden Gefahrerhöhung keine dem VN nachteiligen Rechtsfolgen herbeiführen zu wollen, wird man hier nicht annehmen können, weshalb einer Berufung auf Leistungsfreiheit (nur) aus dieser Perspektive nichts im Wege stünde und damit ein Ergebnis erzielt würde, das mit § 26 Abs. 3 Nr. 2 VVG offensichtlich nicht zu vereinbaren ist.

C. Prozessuales

24 Die **Beweislast** für das Vorliegen der jeweiligen **Verschuldensgrade** wurde bereits oben angesprochen (vgl. Rdn 6 ff. und 14); für die nicht gegebene **Kausalität** ist der **VN** ebenso beweispflichtig wie für die **Versäumung der Kündigungsfrist** durch den VR (insb. aufgrund dem Versicherungsfall vorangehender Gefahrerhöhungskenntnis); der **VR** hat demggü. etwa den **Zeitpunkt der Anzeigepflichtverletzung** als fiktiven Beginnzeitpunkt für die Berechnung der Monatsfrist gem. § 26 Abs. 2 VVG darzulegen.

Zur Leistungsfreiheit wegen Gefahrerhöhung bei Verträgen, mit denen mehrere Personen oder Gegenstände versichert sind, s. **§ 29 Abs. 3 VVG**. 25

Ggü. dem **Direktanspruch** des geschädigten Dritten in der **Pflichtversicherung** kann Leistungsfreiheit wegen Verletzung der Gefahrerhöhungsregeln nicht eingewendet werden; § 117 Abs. 1 VVG. 26

Zu **Sonderbestimmungen** hinsichtlich der Leistungsfreiheit in den **einzelnen Versicherungssparten** vgl. die Hinweise in den Ausführungen zu § 23 VVG (s. § 23 Rdn 122 ff.). 27

D. Abdingbarkeit

§ 26 VVG ist halbzwingend (§ 32 S. 1 VVG), weshalb es bspw. unzulässig ist, in AVB kausalitätsunabhängige Leistungsfreiheit für Gefahrerhöhungssachverhalte vorzusehen oder Leistungsfreiheit schon bei einfacher Fahrlässigkeit eintreten zu lassen etc. 28

§ 27 VVG Unerhebliche Gefahrerhöhung

Die §§ 23 bis 26 sind nicht anzuwenden, wenn nur eine unerhebliche Erhöhung der Gefahr vorliegt oder wenn nach den Umständen als vereinbart anzusehen ist, dass die Gefahrerhöhung mitversichert sein soll.

Übersicht

	Rdn
A. Normzweck	1
B. Norminhalt	2
I. Unerhebliche Gefahrerhöhung (§ 27 1. Alt. VVG)	3
II. Mitversicherte Gefahrerhöhung (§ 27 2. Alt. VVG)	4
C. Prozessuales	11
D. Abdingbarkeit	12

A. Normzweck

§ 27 VVG stellt (gewissermaßen katalysierend) klar, dass bestimmte Gefahrerhöhungen nicht den Gefahrerhöhungsregeln unterfallen und damit die Rechtsfolgen Kündigung, Prämienanpassung bzw. Gefahrausschluss sowie Leistungsfreiheit nicht eintreten sollen. Insofern kommt in der Vorschrift auch die angestrebte Abgrenzung der Gefahrerhöhung ggü. dem vom VR zu tragenden **Änderungsrisiko** zum Ausdruck (zu Letzterem schon *Jannott*, in: FS R. Schmidt, S. 407; *Werber*, VersR 1976, 897). Systematisch hätte der Inhalt der Norm, der zu § 23 VVG immer „hinzugelesen" werden muss, ohne weiteres in dessen Tatbestand aufgehen können. Manche halten indessen die Bestimmung überhaupt für überflüssig (MüKo/*Wrabetz/Reusch*, § 27 VVG Rn 3; dagegen *Heyers*, NJW 2015, 633). 1

B. Norminhalt

2 Die Vorschrift enthält ggü. § 29 VVG a.F. keine inhaltlichen Änderungen (Begr. BT-Drucks 16/3945, S. 69), weshalb die dazu ergangene Rechtsprechung weiterhin Geltung beanspruchen kann.

I. Unerhebliche Gefahrerhöhung (§ 27 1. Alt. VVG)

3 Nur **erhebliche** Gefahrerhöhungen sollen nach § 27 1. Alt. VVG die Rechtsfolgen der §§ 23 bis 26 VVG nach sich ziehen können. An Erheblichkeit mangelt es, wenn die Gefahrerhöhung die **Wahrscheinlichkeit der Risikoverwirklichung** in Bezug auf Eintritt oder Umfang eines Versicherungsfalls nur **unwesentlich erhöht** *oder* **nur geringfügig nachteilig verändert**, was u.a. mithilfe *„sachgemäßer vernünftiger Versicherungstechnik"* beurteilt werden soll (krit. Römer/Langheid/*Langheid*, § 23 Rn 16: *„unpraktikabel"*). Damit ist nicht die Praxis der Risikoeinstufung oder Prämienberechnung des einzelnen VR, sondern die des **Querschnitts der VR** ausschlaggebend (*Holzhauser*, Versicherungsvertragsrecht Rn 140). Die **Vergrößerung einer Wohnung** soll deshalb für sich genommen keine Gefahrerhöhung darstellen, zumal mit der Wohnfläche nicht die versicherte Gefahr anwachse (OLG Hamm, r+s 2000, 293); ebenso wenig die **geringfügige Überladung** eines Ultraleichtflugzeuges um weniger als 40 kg in der Kaskoversicherung (LG Hamburg, ZLW 2004, 111). Keine erhebliche Gefahrerhöhung soll auch der Umzug von einer Wohnung ohne gefahrerhebliche Umgebung in eine solche mit dieser (hier: Schreinerei) sein (OLG Köln, VersR 2001, 580). Gleiches wird man für den **einmaligen Tabakkonsum** bei vereinbartem Nichtrauchertarif (ebenso *Armbrüster*, r+s 2013, 209, 216; a.A. [verfehlt] LG Coburg, NJOZ 2007, 2231, 2232: *„reicht aus, dass in dem maßgeblichen Zeitraum von 2 Jahren auch nur ein Zigarette konsumiert wurde"*; vgl. auch § 23 Rdn 31 und für eine Kritik an den gängigen Nichtraucher-Definitionen *Loacker*, HAVE 2011, 351, 356 f.) oder für den einmaligen Verstoß gegen die **Garagierungspflicht** bei Garagentarifen vertreten müssen. Ob das **Hinzutreten neuer Wohnungsmiteigentümer** wegen der dadurch im Prozessfall bedingten, höheren Anwaltskosten eine erhebliche Gefahrerhöhung in der Rechtsschutzversicherung darstellt, soll eine Frage des Einzelfalls, insb. der Anzahl neuer Miteigentümer sein (vgl. OLG Karlsruhe, r+s 2001, 69). Ob mit dem dauerhaften Verwahren des **Kfz-Scheins** (Zulassungsbescheinigung Teil I) innerhalb des versicherten Fahrzeugs eine erhebliche Gefahrerhöhung verbunden ist, ist in der Rspr. umstritten, nach hier vertretener Auffassung aber zu bezweifeln (*dafür:* OLG Celle, VersR 2008, 204; *dagegen:* OLG Bremen, SVR 2011, 259; OLG Oldenburg, VersR 2011, 256; OLG Hamm, r+s 2013, 373; *offen lassend:* OLG Celle, r+s 2011, 107; siehe im Übrigen § 23 Rdn 31; zur Vertiefung: S. *Reinhardt*, Die Gefahrerhöhung im deutschen Privatversicherungsrecht, 2015, 93 ff.).

II. Mitversicherte Gefahrerhöhung (§ 27 2. Alt. VVG)

§ 27 2. Alt. VVG stellt eine **Auslegungsregel** dar (im Ergebnis wohl wie hier MüKo/ *Wrabetz/Reusch*, § 27 VVG Rn 11; **a.A.** BK/*Harrer*, § 29 Rn 3: Grundlage für objektive Risikoverteilung; die unterschiedliche Qualifizierung ist für die Beweislastverteilung bedeutsam – s. Rn 11), nach der **mitversicherte** Gefahrerhöhungen ebenfalls sanktionslos bleiben sollen. Für die Abgrenzung hat sich eine Reihe von Kriterien herausgebildet, die jedoch erheblichen Wertungsspielraum offen lassen, weshalb zu Recht konstatiert wurde, dass die **Differenzierung** letztlich dem **Richterrecht** unterfällt (so Römer/Langheid/*Langheid*, § 23 Rn 18). Zentrale Bedeutung kommt demnach den (relevanten) **Umständen des jeweiligen Einzelfalls** zu (*Looschelders/Weckmann*, VersR 2010, 1446, 1447). 4

Bei der Vertragsauslegung kommt es auf das an, wovon **beide** Parteien ausgegangen sind. Insofern zeigt sich erneut die Verwandtschaft zu § 313 BGB (dazu § 23 Rdn 4). Den **begründeten Erwartungen des VN** muss in diesem Zusammenhang Rechnung getragen werden (vgl. BGHZ 42, 295 = VersR 1965, 29; OLG Köln, VersR 2001, 5809). Dies kann bspw. bei Gaststättenversicherungen für die Mitversicherung von (einmaligen) Schädigungen im Gefolge von (in der Branche nicht seltenen) Schutzgelderpressungen zu beachten sein (vgl. BGH VersR 2010, 1032, 1033 und eingehend § 23 Rdn 28; S. *Reinhardt*, ZVersWiss (2014) 505, 514: i.d.R. mitversichert). 5

Besondere Bedeutung bei der Prüfung der Frage der **Mitversicherung** kommt **§ 19 VVG** zu (dazu auch MüKo/*Wrabetz/Reusch*, § 27 VVG Rn 12). Umstände, nach denen der VR weder vor Abgabe der Vertragserklärung des VN noch danach in Textform (§ 126b BGB) gefragt hat, werden rgm. (sofern sie Gefahrerhöhungen darstellen) mitversichert sein, weil dem VR andernfalls die Möglichkeit eröffnet würde, die hohen Anforderungen des § 19 VVG im Wege der Berufung auf die Gefahrerhöhungsregeln zu unterlaufen (vgl. auch § 23 Rdn 51 f.). Anderes ist in Fällen **arglistigen Verschweigens** von nicht in Textform gestellten Fragen denkbar (§ 22 VVG). 6

Sofern sich der VR darauf beruft, nach einem bestimmten Umstand in Textform gefragt zu haben (vgl. in diesem Zusammenhang auch Abschnitt A § 12 Buchst. a) AERB 2010), kann vom VN immer noch die fehlende **objektive Gefahrerheblichkeit** eingewendet werden.

Bei allem kann der Tatsache, dass ein bestimmter Umstand seitens des VR nicht nachgefragt wurde, mit Blick auf die Mitversicherung nicht schon per se gefahrerhöhungsausschließende Wirkung zukommen, zumal anderenfalls der Intention der §§ 23 ff. VVG nicht ausreichend Rechnung getragen würde, wonach der VR davon entlastet sein soll, jede auch nur entfernt vorstellbare Gefahrerhöhung schon im Vorhinein mitzubedenken (zust. Rüffer/Halbach/Schimikowski/*Karczewski*, § 27 Rn 1; weiter gehend aber wohl *Matusche-Beckmann*, in: Bruck/Möller, § 23 Rn 7). § 19 VVG ist auch nicht heranzuziehen, wenn sich aus den AVB bereits **klare Verhaltenspflichten** zur Vermeidung bestimmter Gefahrerhöhungen ergeben (Zur Vertiefung der **Mitversicherungsproblematik**: S. *Reinhardt*, Die Gefahrerhöhung im deutschen Privatversicherungsrecht, 2015, 101 ff; *Looschelders/Weckmann*, VersR 2010, 1446, 1447 f.; *Beckmann*, ZIP 2002, 1125, 1128 ff.; *Langheid*, NVersZ 7

2002, 433, 435 ff.; *Prölss*, NVersZ 2000, 153, 157 ff.; *Prölss*, in: FS 50 Jahre BGH, Bd. II, S. 551, 594 f.).

8 Ungeachtet dessen lassen sich aus **AVB-Bestimmungen** oftmals **Rückschlüsse** auf die Mitversicherung von Gefahrerhöhungen innerhalb bestimmter Grenzen ziehen (s. dazu § 23 Rdn 63 und – für den Bereich der **Haftpflichtversicherung** – § 23 Rdn 114 und 129).

9 Mitversicherung liegt nach ganz h.M. (vgl. nur Prölss/Martin/*Armbrüster*, § 27 Rn 4) auch im Fall **unausweichlicher** oder das allgemeine **Durchschnittsrisiko** kennzeichnender Gefahrerhöhungen vor. Dazu werden etwa **übliche Abnutzungserscheinungen** gehören, wobei in der Kfz-Haftpflichtversicherung die beschriebenen Abweichungen gelten (vgl. § 23 Rdn 129). Auch ein etwas **riskanteres Fahrverhalten** ist (selbstverständlich vorbehaltlich der Herbeiführungsregeln) grds. mitversichert (*Klimke*, r+s 2015, 217, 220 und 223, dort auch zur Vereinbarkeit sog. **Telematik-Tarife** mit den Regeln der §§ 23 ff. VVG) Zur – je nach Lage des Einzelfalls differenziert zu betrachtenden – Gefahrerhöhungseignung bei Sachverhalten nach dem Modell „**Begleitetes Fahren mit 17**" s. *Lang/Stahl/Huber* (NZV 2006, 449, 454 f.). Bejaht wurde Mitversicherung auch bei nur **vorübergehender Abdeckung eines Daches** mit Planen während Reparaturarbeiten (BGH, VersR 1992, 606). Ebenso bei **Aufstellen von Flaschenkisten** zur Leergutaufnahme hinter der Theke als Brandrisiko in der Feuerversicherung (OLG Hamm, VersR 1990, 1230). Schließlich auch beim unmittelbar vor dem Wohnungsauszug erfolgten **Austausch eines Haustürknaufs** gegen eine einfache Klinke (BGH, r+s 1993, 362). Eine Gefahrerhöhung, die Folge einer (als „Krankheit" versicherten) **Transsexualität** des VN ist, wäre selbst bei – in der Krankenversicherung freilich ausgeschlossener (vgl. § 23 Rdn 122) – Anwendbarkeit der §§ 23 ff. VVG als mitversichert zu erachten (BGH VersR 2012, 980).

10 Mitversicherung ist ferner anzunehmen, wenn die Sanktionierung der zu beurteilenden Gefahrerhöhung den **Versicherungsschutz der Mehrheit der VN entwerten** würde. Dies ist etwa der Fall, wenn die Gefahrerhöhung auf Umständen beruht, deren Ausschluss von der Versicherung wegen § 307 BGB unwirksam wäre (*Prölss*, ZVersWiss 2001, 471, 495).

C. Prozessuales

11 **Beweislastverteilung:** Entsprechend der allgemeinen Grundregel (vgl. § 23 Rdn 143), wonach der VR für das Vorliegen einer Gefahrerhöhung beweispflichtig ist (vgl. etwa OLG Karlsruhe, VersR 2003, 1124), trifft ihn grds. – der dafür vorausgesetzte – Nachweis ihrer **Erheblichkeit** (h.M.; vgl. etwa MüKo/*Wrabetz/Reusch*, § 27 VVG Rn 20; krit. *Heyers*, NJW 2015, 633). Strittig ist die Beweispflicht für das Vorliegen von **Mitversicherung**, die nach wohl überwiegender Meinung den VN treffen soll (vgl. *Matusche-Beckmann*, in: Bruck/Möller, § 27 Rn 14 sowie bereits RGZ 150, 48; differenzierend hingegen Prölss/Martin/*Armbrüster*, § 27 Rn 7 m.w.N.). Eine andere Meinung, die allerdings § 27 2. Alt. VVG nicht (wie hier) als Auslegungsregel, sondern als Grundlage objektiver Risikoverteilung sieht (vgl. oben Rdn 4), erachtet demggü. den VR für die fehlende Mitversicherung als beweispflichtig (Looschelders/Pohlmann/*Looschelders*, § 27 Rn 9; Römer/Langheid/ *Langheid*, § 27 Rn 4; Rüffer/Halbach/Schimikowski/*Karczewski*, § 27 Rn 1; *Segger/Degen*,

in: Staudinger/Halm/Wendt, § 27 Rn 5; ebenso bereits zur Rechtslage im Anwendungsbereich des VVG a.f. BK/*Harrer*, § 29 Rn 4).

Nach hier vertretener Auffassung trifft eine diesbzgl. **Darlegungs- und Beweislast** den, der sich auf die Notwendigkeit ergänzender Vertragsauslegung beruft (im Ergebnis wie hier MüKo/*Wrabetz/Reusch*, § 27 VVG Rn 20; vgl. allg. MüKo/*Busche*, § 157 BGB Rn 58 mit Verweis auf BGHZ 111, 110, 115 f. = NJW 1990, 1720, 1723; a.A. *Segger/Degen*, in: Staudinger/Halm/Wendt, § 27 Rn 5).

D. Abdingbarkeit

§ 27 VVG ist **halbzwingender Natur** (§ 32 S. 1 VVG). Eine unerhebliche oder nach der Auslegungsregel des § 27 2. Alt. VVG mitversicherte Gefahrerhöhung kann deswegen nicht im Vereinbarungswege mit den Sanktionen der §§ 24 bis 26 VVG versehen werden. Dem VN steht es auch im Fall vereinbarter Gefahrerheblichkeit eines bestimmten Umstandes offen, dessen Unerheblichkeit oder Mitversicherung nachzuweisen und damit nachteiligen Rechtsfolgen die Grundlage zu entziehen (ebenso MüKo/*Wrabetz/Reusch*, § 27 VVG Rn 21). 12

§ 28 VVG Verletzung einer vertraglichen Obliegenheit

(1) Bei Verletzung einer vertraglichen Obliegenheit, die vom Versicherungsnehmer vor Eintritt des Versicherungsfalles gegenüber dem Versicherer zu erfüllen ist, kann der Versicherer den Vertrag innerhalb eines Monats, nachdem er von der Verletzung Kenntnis erlangt hat, ohne Einhaltung einer Frist kündigen, es sei denn, die Verletzung beruht nicht auf Vorsatz oder grober Fahrlässigkeit.

(2) Bestimmt der Vertrag, dass der Versicherer bei Verletzung einer vom Versicherungsnehmer zu erfüllenden vertraglichen Obliegenheit nicht zur Leistung verpflichtet ist, ist er leistungsfrei, wenn der Versicherungsnehmer die Obliegenheit vorsätzlich verletzt hat. Im Fall einer grob fahrlässigen Verletzung der Obliegenheit ist der Versicherer berechtigt, seine Leistung in einem der Schwere des Verschuldens des Versicherungsnehmers entsprechenden Verhältnis zu kürzen; die Beweislast für das Nichtvorliegen einer groben Fahrlässigkeit trägt der Versicherungsnehmer.

(3) Abweichend von Absatz 2 ist der Versicherer zur Leistung verpflichtet, soweit die Verletzung der Obliegenheit weder für den Eintritt oder die Feststellung des Versicherungsfalles noch für die Feststellung oder den Umfang der Leistungspflicht des Versicherers ursächlich ist. Satz 1 gilt nicht, wenn der Versicherungsnehmer die Obliegenheit arglistig verletzt hat.

(4) Die vollständige oder teilweise Leistungsfreiheit des Versicherers nach Absatz 2 hat bei Verletzung einer nach Eintritt des Versicherungsfalles bestehenden Auskunfts- oder Aufklärungsobliegenheit zur Voraussetzung, dass der Versicherer den Versiche-

rungsnehmer durch gesonderte Mitteilung in Textform auf diese Rechtsfolge hingewiesen hat.

(5) Eine Vereinbarung, nach welcher der Versicherer bei Verletzung einer vertraglichen Obliegenheit zum Rücktritt berechtigt ist, ist unwirksam.

Übersicht

	Rdn
A. Normzweck	1
B. Norminhalt	7
I. Abkehr vom Alles-oder-Nichts-Prinzip	7
II. Kündigung (§ 28 Abs. 1 VVG)	10
1. Obliegenheiten vor Versicherungsfall	10
2. Kündigung nicht bei nur fahrlässiger Obliegenheitsverletzung	14
3. Kündigungsfrist	16
4. Beweislast	19
III. Leistungsfreiheit bei Vorsatz (§ 28 Abs. 2 VVG)	20
1. Allgemeines	20
2. Im Vertrag bestimmt	22
3. Obliegenheiten – Rechtsnatur	28
4. Abgrenzung Risikoausschlüsse, verhüllte Obliegenheiten und Ausschlussfristen	31
5. Verletzung der Obliegenheit	37
6. Leistungsfreiheit	41
7. Vorsatz	45
IV. Quotelung bei grober Fahrlässigkeit	56
1. Grundsätze	56
2. Grobe Fahrlässigkeit	57
3. Kürzung entsprechend der Schwere des Verschuldens	60
a) Grundsätze	60
b) § 6 KfzPflVV	64
4. Kürzungsquoten	65
a) Schweizer Modell	65
b) Das Mittelwertmodell	67
c) Leistungskürzung auf Null	69
d) Individuelle Gesamtbetrachtung	74
e) Quotelungsschema	81
5. Einzelfälle	84
a) Kfz-Versicherung	84
b) Sachversicherung	85
c) Personenversicherung	86
V. Kausalitätsgegenbeweis	87
1. Kausalität erforderlich bei grober Fahrlässigkeit und Vorsatz	87
2. Nachweis der Kausalität – Grundsätze	90
3. Einfluss auf Eintritt oder Feststellung des Versicherungsfalls	93
4. Einfluss auf Feststellung oder Umfang der Leistungspflicht des Versicherers	99
5. Beweislast	101
VI. Arglist	106
VII. Belehrungspflichten des Versicherers	123
VIII. Zurechnung fremden Wissens	138
1. Repräsentantenhaftung	142
2. Wissenserklärungsvertreter	147
3. Wissensvertreter	151
C. Prozessuales	154
D. Abdingbarkeit	157
E. Prüfungsschema	158

A. Normzweck

Das VVG differenziert zwischen gesetzlichen Obliegenheiten (z.B. Anzeige- und Aufklärungspflicht: §§ 30, 31 VVG) und solchen, die zwischen VN und VR vertraglich vereinbart werden (z.B. Einschalten der Alarmanlage). § 28 VVG bezieht sich auf die vertraglich vereinbarten Obliegenheiten. Häufig werden gesetzliche Obliegenheiten, wie etwa die Anzeige- und Aufklärungspflicht (§§ 30, 31 VVG) vertraglich – zusätzlich – vereinbart, um auf diese Weise die Sanktionen des § 28 VVG auch auf diese gesetzlich sanktionslos gestalteten Obliegenheiten zu erstrecken (Prölss/Martin/*Armbrüster*, § 28 Rn 1). Die Norm sorgt bei Verletzung vertraglich vereinbarter Obliegenheiten für einen angemessenen Interessenausgleich auf der Rechtsfolgenseite. Bestimmt der VV, dass der VR bei Verletzung einer vom VN zu erfüllenden vertraglichen Obliegenheit **nicht zur Leistung verpflichtet** ist, so gilt dies nur dann, wenn der VN die Obliegenheit **vorsätzlich** verletzt hat. Auch in diesem Fall bleibt der VR zur Leistung verpflichtet, wenn und soweit die Obliegenheitsverletzung keinen Einfluss (**Kausalität**) auf die dem VR obliegende Leistung hatte. Damit ist das bis zum 31.12.2007 geltende **Alles-oder-Nichts-Prinzip** (vertiefend: *Schwintowski*, Rechtswissenschaft und Rechtsliteratur im 20. Jahrhundert, S. 503; *Schwintowski*, VuR 2008, 1) **überwunden**. Nur dann, wenn der VN **arglistig** gehandelt hat, bleibt der VR – unter Berücksichtigung von Treu und Glauben – **leistungsfrei** (§ 28 Abs. 3 VVG). 1

Im Fall einer **grob fahrlässigen** Verletzung der Obliegenheit folgt die Norm seit 1.1.2008 dem **Quotensystem**. Der VR ist berechtigt, seine Leistung in einem der Schwere des Verschuldens des VN entsprechenden Verhältnis zu kürzen. Das entspricht der Konzeption von § 81 Abs. 2 VVG und ermöglicht im Einzelfall Entscheidungen, die den jeweiligen Schutzinteressen des VN und des VR Rechnung tragen (Begr. BT-Drucks 16/3945, S. 69, 80). 2

Damit knüpft das deutsche Recht an eine Regelung des **schweizerischen VVG** an (Art. 14 Abs. 2), wonach dann, wenn der VN das Ereignis grob fahrlässig herbeigeführt hat, der VR berechtigt ist, seine Leistung in einem dem Grade des Verschuldens entsprechenden Verhältnisse zu kürzen (vertiefend: *Hönger/Süsskind*, in: Honsell/Vogt/Schnyder, Art. 14 Rn 34 ff.). 3

§ 28 VVG schränkt die Sanktionen für vertragliche Obliegenheitsverletzungen i.S.e. Vertragsparität herstellenden Äquivalenzkonzeptes ein und gleicht das Konzept an die **allgemeinen Grundsätze** für Vertragsverletzungen (§§ 280, 311a BGB) an (Begr. BT-Drucks 16/3945, S. 68). Die im früheren Alles-oder-Nichts-Prinzip angelegte taktische „Doppelbestrafung" des VN (Verstoß gegen Art. 103 GG) wird durch das Kausalitätsprinzip (§ 28 Abs. 3 VVG) überwunden. 4

Die Sanktionsregelung des § 28 VVG bei Verletzung vertraglich vereinbarter Obliegenheiten ist allerdings **unwirksam**, wenn der VR von der Möglichkeit der Vertragsanpassung nach Art. 1 Abs. 3 EGVVG keinen Gebrauch gemacht hat. In diesem Fall kann der VR bei grob fahrlässiger Verletzung vertraglicher Obliegenheiten kein Leistungskürzungsrecht (§ 28 Abs. 2 S. 2 VVG) geltend machen (BGH, VersR 2011, 1550; OLG Dresden, r+s 2015, 233; dazu *Armbrüster*, VersR 2012, 9; *Nugel*, JurisPR-VerkR 3/2012 Anm. 4; *Günther/* 5

Spielmann, VersR 2012, 549; im Zweifel muss VR beweisen, dass der Versicherungsfall vor dem 1.1.2009 eingetreten ist: OLG Oldenburg, VersR 2012, 1501; dazu *Münkel*, JurisPR-VersR 6/2012 Anm. 2). Auf die Verletzung gesetzlicher Obliegenheiten (beispielsweise § 81 Abs. 2 VVG) kann sich der VR weiterhin berufen (BGH VersR 2011, 1512 Ls. 2). Insoweit liegt keine Abweichung zum Nachteil des VN (§ 32 VVG) vor. Auch die Verhaltensobliegenheit selbst bleibt wirksam bestehen, jedenfalls wenn sie aus sich heraus verständlich und sinnhaft ist (Römer/Langheid/*Rixecker*, § 28 Rn 8). D.h., der VN bleibt zu einem bestimmten Verhalten verpflichtet; verletzt er diese Pflicht, so kann dies im Rahmen der §§ 81, 82 VVG gewichtet werden. Die Sanktionsfolge des § 28 VVG scheidet allerdings aus (Römer/Langheid/*Rixecker*, § 28 Rn 8). Daneben kann der VR bei arglistiger Täuschung des VN leistungsfrei werden (VOmbudsmann vom 24.2.2012 – 09432/2011-L; Römer/Langheid/*Rixecker*, § 28 Rn 5).

6 Die Norm verzichtet auf eine Definition des Begriffs der Obliegenheit, weil sonst dessen Weiterentwicklung durch die Rechtsprechung erschwert würde (Begr. BT-Drucks 16/3945, S. 68). I.Ü. könnte durch eine solche Definition das Problem der Abgrenzung zwischen Risikoausschlüssen und **verhüllten Obliegenheiten** (wohl trotzdem) nicht gelöst werden (Begr. BT-Drucks 16/3945, S. 68).

B. Norminhalt

I. Abkehr vom Alles-oder-Nichts-Prinzip

7 Grundgedanke des seit 1.1.2008 geltenden Konzeptes: Bloß **fahrlässige Obliegenheitsverletzungen lösen keine Leistungsfreiheit beim VR** aus. Die daraus für alle Versicherten möglicherweise resultierenden Prämiensteigerungen nimmt das Gesetz bewusst in Kauf – Fahrlässigkeit kann „jedem einmal passieren" – dafür soll man versichert sein (so der in der VVG-Reformkommission entwickelte Grundkonsens).

8 Ferner wird die **Relevanzrechtsprechung** (seit BGH, VersR 1969, 651; zu den Anwendungsvoraussetzungen s. BGH, VersR 2004, 1117) ins Gesetz überführt. Das gilt auch für die mit der Relevanzrechtsprechung verbundene **Belehrungspflicht** bei Auskunftsobliegenheiten (seit BGH, VersR 1970, 241).

9 **An die Stelle** des damit aufgegebenen **Alles-oder-Nichts-Prinzips** tritt seit dem 1.1.2008 das dem schweizerischen VVG (Art. 14 Abs. 2) entlehnte **Quotensystem**. Seither gilt: Der VR kann seine Leistung in einem der Schwere des Verschuldens des VN entsprechenden Verhältnis kürzen; der VN muss das Nichtvorliegen der groben Fahrlässigkeit beweisen. Voraussetzung ist, nicht nur bei Vorsatz, sondern auch bei grober Fahrlässigkeit, dass die Obliegenheitsverletzung ursächlich war. Obliegenheitsverletzungen, die *nicht* ursächlich sind, die sich weder auf Eintritt oder Feststellung des Versicherungsfalls noch auf Feststellung oder Umfang der Leistungspflicht des VR auswirken, bleiben sanktionslos, weil beim VR kein Vermögensnachteil eintritt, der zu kompensieren wäre. Das schließt allerdings die **Verfolgung einer Obliegenheitsverletzung als Straftat** nicht aus. Vielfach dürfte die Verletzung des Straftatbestandes zugleich den Vorwurf der **Arglist** erfüllen und somit auch

nach § 28 Abs. 3 VVG zur zivilrechtlichen **Leistungsfreiheit des VR** führen (§ 28 Abs. 3 S. 2 VVG). Formelhaft kann fest gehalten werden, dass der VN keinen Versicherungsschutz hat, handelt er vorsätzlich gegen eine ihn treffende Obliegenheit. Begeht er die Obliegenheitsverletzung grob fahrlässig, kann der VR schuldangemessen seine Leistung kürzen, während bei leichter Fahrlässigkeit der volle Versicherungsschutz gegeben ist (Rüffer/Halbach/Schimikowski/*Felsch,* § 28 Rn 258; VersR-Hdb/*Marlow,* § 13 Rn 1; *Heiss,* in: Bruck/Möller, § 28 Rn 5; Looschelders/Pohlmann/*Pohlmann,* § 28 Rn 4; *Looschelders,* VersR 2008, 1 ff.; *Heß/Burmann,* NZV 2009, 7; *Veith,* VersR 2008, 1580 f.; *Pohlmann,* VersR 2008, 437; *Günther/Spielmann,* r+s 2008, 133 und 177; *Unberath,* NZV 2008, 537; *Stahl,* NZW 2009, 265).

II. Kündigung (§ 28 Abs. 1 VVG)

1. Obliegenheiten vor Versicherungsfall

Verletzt der VN eine vertraglich vereinbarte Obliegenheit **vor Eintritt des Versicherungsfalls,** kann der VR innerhalb eines Monats, nachdem er von der Verletzung Kenntnis erlangt hat, ohne Einhaltung einer Frist kündigen. Die Kündigung muss innerhalb eines Monats nach Kenntnis dem VN zugegangen (§ 130 BGB) sein. Der VR kann, muss dies aber nicht tun. Die Kündigung ist – anders als bis zum 31.12.2007 – **keine Voraussetzung für die Leistungsfreiheit** des VR, da eine Kündigung nicht immer im Interesse des VN liegt (Begr. BT-Drucks 16/3945, S. 69; Römer/Langheid/*Rixecker,* § 28 Rn 56; Prölss/Martin/*Armbrüster,* § 28 Rn 169; differenzierend in der Begründung; Rüffer/Halbach/Schimikowski/*Felsch,* § 28 Rn 140 ff.). Das Gesetz will dem VR die Möglichkeit eröffnen, den Vertrag trotz grob fahrlässiger oder vorsätzlicher Obliegenheitsverletzung mit dem VN fortzusetzen und damit die Fälle erfassen, in denen der VR davon ausgeht, dass die Obliegenheitsverletzung ein einmaliger, wenngleich schwerer Ausrutscher war, der aber an einer ansonsten positiven Fortbestehensprognose des Vertragsverhältnisses nichts ändert. Für manche Branchen, etwa die KrankenV oder die FrachtführerhaftpflichtV, ist dieses geradezu typisch (so Prölss/Martin/*Armbrüster,* § 28 Rn 171 unter Hinweis auf BGH, VersR 2005, 266, 268). Der VN kann die Kündigung nach § 174 BGB mangels Originalvollmacht zurückweisen (BGH, VersR 1994, 938; MüKo/*Wandt,* § 28 VVG Rn 182 m.w.N.). 10

Mit dieser Regelung knüpft das Gesetz an einen **Kündigungsverzicht** für einfach fahrlässige Obliegenheitsverletzungen an, die vor dem 1.1.2008 in vielen Bedingungswerken der VR verankert waren (Begr. BT-Drucks 16/3945, S. 69). Die Beweislast für das Fehlen von Vorsatz und grober Fahrlässigkeit liegt wie bis zum 31.12.2007 beim VN (Begr. BT-Drucks 16/3945, S. 69). 11

Das Gesetz gewährt die Kündigungsmöglichkeit nur bei vertraglichen Obliegenheiten, die vor Eintritt des Versicherungsfalls zu erfüllen sind. Wirklich konsequent ist dies nicht, denn ein VN, der seine **nach Eintritt des Versicherungsfalls** zu erfüllende Aufklärungspflicht nicht oder nicht hinreichend erfüllt, verletzt damit ebenfalls seinen Vertrag mit dem VR. Warum der VR im ersten Fall kündigen, im Zweiten hingegen nicht kündigen darf, ist nicht leicht nachzuvollziehen. 12

13 Welche Obliegenheiten der VN **vor** Eintritt des Versicherungsfalls zu erfüllen hat, ergibt sich aus dem mit dem VR geschlossenen Vertrag – i.d.R. aus den AVB und gelegentlich aus besonderen ergänzenden Bedingungswerken oder Klauseln (BGH, NJW-RR 1996, 981; BGH, VersR 1988, 267; Römer/Langheid/*Rixecker*, § 28 Rn 19). Gemeint sind die Obliegenheiten zur Verminderung der Vertragsgefahr (Nichtanzeige der Mehrfachversicherung: § 77 VVG) sowie die vielfältigen **Gefahr vorbeugenden** Obliegenheiten, wie sie etwa für die Kfz-Pflichtversicherung in § 5 KfzPflVV geregelt sind. Häufig wird auf gesetzliche oder behördliche **Sicherheitsvorschriften** Bezug genommen. Schafft die Obliegenheitsverletzung zugleich einen dauerhaften Zustand erhöhter Gefahr, ist § 28 VVG neben den Regeln über die Gefahrerhöhung (§§ 23 bis 27 VVG) anwendbar (BGH, VersR 1994, 1465; BGH, VersR 1987, 921). Bei **gedehnten** Versicherungsfällen, etwa in der Krankheitskostenversicherung, tritt der Versicherungsfall am Beginn des gedehnten Zeitraums, der sodann fortdauert, ein (BGH, VersR 1984, 630).

2. Kündigung nicht bei nur fahrlässiger Obliegenheitsverletzung

14 Der VR hat das Recht zur **fristlosen Kündigung**, wenn die Obliegenheitsverletzung auf **Vorsatz** oder **grober Fahrlässigkeit** beruht. Handelt der VN demgegenüber fahrlässig, verletzt er also die im Rechtsverkehr erforderliche Sorgfalt nicht in besonders schwerem Maße, so liegt darin keine Enttäuschung des Vertrauens zwischen ihm und dem VR. Bei Vorsatz oder grober Fahrlässigkeit soll sich der VR wegen enttäuschten Vertrauens vom VN lösen können, auch um sich vor künftiger, ungerechtfertigter Inanspruchnahme zu schützen (BGH, VersR 1989, 1250, 1252).

15 Für die **private Krankenversicherung** gilt die Sonderregelung des § 206 VVG, wonach die Kündigung einer Krankheitskostenversicherung, mit dem die Versicherungspflicht (§ 193 Abs. 3 VVG) erfüllt wird, im Grundsatz nicht möglich ist. Die Kündigung aus **wichtigem Grund** (etwa bei Abrechnungsbetrug oder Bedrohung) nach § 314 BGB ist davon unberührt (BGH VersR 2012, 219; Römer/Langheid/*Langheid*, § 206 Rn 3). Die Rspr. geht aber davon aus, dass das Recht zur fristlosen Kündigung jedenfalls dann nicht besteht, wenn der Obliegenheitsverstoß folgenlos war und den VN nur ein geringes Verschulden trifft (BGH, VersR 1992, 477, 478; BGH, VersR 1989, 1250, 1252 m.w.N.). Diese Grundsätze sind nunmehr Gegenstand der gesetzlichen Konzeption, da der VR ohnehin erst dann kündigen kann, wenn die Obliegenheitsverletzung auf Vorsatz oder grober Fahrlässigkeit beruht. Bei älteren und kranken VN, die anderweitig keinen Versicherungsschutz mehr finden, wird man sagen müssen, dass eine Kündigung aus wichtigem Grund i.d.R. schon dann ausscheidet, wenn die Obliegenheitsverletzung folgenlos bleibt, es sei denn, der VN versucht Leistungen zu erschleichen (BGH, VersR 1985, 54; OLG Saarbrücken, VersR 1996, 362; OLG Koblenz, r+s 1995, 234; OLG Köln, VersR 1991, 410; ähnlich Rüffer/Halbach/Schimikowski/*Felsch*, § 28 Rn 143; MüKo/*Wandt*, § 28 VVG Rn 205).

3. Kündigungsfrist

Der VR kann innerhalb eines Monats, nachdem er von der Verletzung **Kenntnis** erlangt 16 hat, ohne Einhaltung einer weiteren Frist kündigen. Die Frist beginnt, wenn der VR den objektiven Tatbestand der Obliegenheitsverletzung kennt (BGH, VersR 1965, 29, 30); **Kennenmüssen** genügt *nicht* (OLG Frankfurt am Main, VersR 1971, 71, 72; OLG Köln, VersR 1960, 649, 650). Die **Schadensanzeige** kann im Einzelfall Kenntnis vermitteln (OLG Celle, 1990, 261, 262; OLG Hamm, VersR 1962, 511, 512).

Wird aus dem bereits dem VR vorliegendem **Tatsachenmaterial** deutlich, dass eine Kündi- 17 gung ernstlich in Betracht kommt, darf der VR die Frist nicht hinauszögern, indem er die zur Vollständigkeit seiner Kenntnis gebotene **Rückfrage** unterlässt (BGH, VersR 1989, 1249, 1250). Die **Frist beginnt** mit dem Zeitpunkt, in dem der VR über den objektiven Tatbestand der Obliegenheitsverletzung Klarheit erhalten hätte (OLG Köln, VersR 2000, 1217). Bei **Fristversäumung** verliert der VR das außerordentliche Kündigungsrecht (OLG Hamm, VersR 1999, 1265).

Befassen sich **Polizei oder StA** mit Ermittlungen, die auch die Feststellung eines als 18 Obliegenheitsverletzung zu wertenden Sachverhalts umfassen, darf der VR nicht die **Einstellung** des Verfahrens oder die Rechtskraft des Urteils abwarten (OLG Hamm, VersR 1959, 282, 283).

4. Beweislast

Die Beweislast für die rechtzeitige Kündigung obliegt dem **VR** (BGH, VersR 1981, 921). 19 Der **VN** ist beweispflichtig für die Behauptung, dass der VR früher als einen Monat vor Zugang der Kündigung Kenntnis von der Obliegenheitsverletzung hatte (OLG Köln, VersR 1960, 649, 650). Ferner muss der VN den Entlastungsbeweis dafür führen, dass er die Obliegenheit weder vorsätzlich noch grob fahrlässig verletzt hat. Gelingt ihm dies nicht (**non liquet**), so hat der VR das Kündigungsrecht.

III. Leistungsfreiheit bei Vorsatz (§ 28 Abs. 2 VVG)

1. Allgemeines

Bestimmt der Vertrag, dass der VR bei der Verletzung einer vom VN zu erfüllenden 20 vertraglichen Obliegenheit nicht zur Leistung verpflichtet ist, ist er nur leistungsfrei, wenn der VN die **Obliegenheit vorsätzlich verletzt** hat. Die bis zum 31.12.2007 geltende Differenzierung zwischen Obliegenheiten vor und solchen nach Eintritt des Versicherungsfalls ist *„sachlich nicht geboten und führt zu einer unnötigen Komplizierung"*, gilt deshalb seit dem 1.1.2008 nicht mehr (Begr. BT-Drucks 16/3945, S. 69).

Entsprechend der Kündigungsregelung (§ 28 Abs. 1 VVG) tritt bei nur einfacher Fahrlässig- 21 keit des VN keine Leistungsfreiheit des VR ein (Begr. BT-Drucks 16/3945, S. 69). Bei vorsätzlicher Obliegenheitsverletzung ist der VR – vorbehaltlich des Kausalitätserfordernisses nach § 28 Abs. 3 VVG – stets vollständig **leistungsfrei** (Begr. BT-Drucks 16/3945,

S. 69). Die **Beweislast** für Vorsatz trägt der VR, wenn er Leistungen insgesamt vermeiden will (Begr. BT-Drucks 16/3945, S. 69; BGH, VersR 2014, 699 Rn 19; zust. Rüffer/Halbach/Schimikowski/*Felsch*, § 28 Rn 151; Prölss/Martin/*Armbrüster*, § 28 Rn 193; Römer/Langheid/*Rixecker*, § 28 Rn 67).

2. Im Vertrag bestimmt

22 Der VR kann sich nur dann auf Leistungsfreiheit berufen, wenn die Obliegenheiten im Vertrag bestimmt sind (BGH, NJW-RR 1996, 981, 983; BGH, VersR 1988, 267, 269). Bei mehreren zusammengefassten selbstständigen Verträgen ist die Frage der wirksamen Bestimmung für jede einzelne Sparte getrennt zu prüfen (OLG Karlsruhe, BeckRS 2013, 02009). Die **Bestimmung im Vertrag** muss **wirksam** sein, d.h. die Einbeziehungsvoraussetzungen der §§ 305 ff. BGB müssen vorliegen (BGH, VersR 1999, 565). Die Bestimmung im VV muss die Vereinbarung, also das durch die Obliegenheit Gebotene oder zu Unterlassende **deutlich erkennen** lassen (BGH, VersR 1990, 384). Deshalb gibt es **stillschweigend** oder **konkludent** vereinbarte Obliegenheiten mit der Rechtsfolge der Leistungsfreiheit nicht (BGH, VersR 1988, 267, 269). Auch bloße **Beschreibungen** des versicherten Risikos sind regelmäßig *keine* Obliegenheiten (BGH, VersR 1993, 830, 832).

23 Hat der VR seine AVB für Altverträge mit Wirkung zum 1.1.2009 – anders als in Art. 1 Abs. 3 EGVVG vorgesehen – nicht dem neuen VVG (in Kraft seit 1.1.2008) angepasst, ist die Regelung, wonach bei Verletzung vertraglich vereinbarter Obliegenheiten Leistungsfreiheit eintritt, unwirksam (BGH, VersR 2011, 1550; ähnlich OLG Brandenburg, r+s 2013, 24). Die Obliegenheiten als solche – z.B. auch die gesetzlichen Obliegenheiten (§§ 30, 31 VVG) bestehen fort, enthalten aber keine Sanktion bei ihrer Verletzung. D.h. in diesen Fällen bestimmt der Vertrag – im Gegensatz zu § 28 Abs. 2 VVG – gerade nicht, dass der VR bei Verletzung einer vom VN zu erfüllenden vertraglichen Obliegenheit nicht zur Leistung verpflichtet ist. Sanktionen für das Fehlverhalten des VN können sich allerdings aus **anderen Vorschriften**, nämlich solchen ergeben, die keine wirksame vertragliche Vereinbarung einer Sanktion voraussetzen, wie etwa die §§ 26, 81, 82 VVG. Das bedeutet, der VR kann sich weiterhin auf die Verletzung gesetzlicher Obliegenheiten berufen (BGH, VersR 2011, 1550 Ls. 2; Römer/Langheid/*Rixecker*, § 28 Rn 8).

24 Ausnahmsweise kann eine Obliegenheit **wesentliche Rechte** des VN so einschränken, dass darin eine unangemessene Benachteiligung (§ 307 BGB) liegt (Römer/Langheid/*Rixecker*, VVG § 28 Rn 22). Das gilt etwa, wenn zur Erhaltung des Versicherungsschutzes auch bei kurzfristigem Verlassen des Hauses alle erdenklichen Verschlussvorrichtungen aktiviert werden müssen (BGH VersR 1990, 896). Das Gleiche gilt für Unterlagen, die voneinander getrennt aufzubewahren waren, obwohl sie bei Verlust jederzeit wieder beschafft werden konnten (OLG Hamm, VersR 2003, 239). Auch die Bindungswirkung eines rechtskräftigen Strafurteils kann wegen benachteiligender Beweislastregelung (§ 309 Nr. 12 BGB) unwirksam sein (OLG Hamm, ZfS 2003, 29). Eine davon zu unterscheidende Frage ist, ob der VR aus anderen Gründen leistungsfrei werden kann, z.B. durch **arglistige Täuschung** (BGH, VersR 1991, 1129, 1130; Römer/Langheid/*Rixecker*, VVG § 28 Rn 23) oder durch

kollusives Zusammenwirken des VN mit dem Haftpflichtgläubiger (BGH, VersR 1987, 1182: leichtfertige Anerkennung des Anspruchs; so auch VOmbudsmann vom 24.2.2012 – 09432/2011-L; Römer/Langheid/*Rixecker*, VVG § 28 Rn 5).

Wird in den AVB lediglich vereinbart, dass der VN die **Sorgfalt eines ordentlichen Kaufmanns** zu wahren habe, so genügt dies den Anforderungen an eine vertraglich vereinbarte Obliegenheit nicht (BGH, VersR 1972, 85, 86). Es genügt nicht, dass der VR zur Erläuterung „Verhaltensregeln" den AVB beifügt, jedenfalls dann, wenn diese von den AVB abweichen. In diesen Fällen bleibt für den VN unklar, welche der (gegensätzlichen) Regelungen letztlich gelten soll (OLG Saarbrücken, NJW-RR 2004, 1339). Besondere gesetzliche Vorschriften (§ 18 GenDG) können der Vereinbarung einer Obliegenheit, genetische Untersuchungen etwa zu dulden, entgegenstehen (Römer/Langheid/*Rixecker*, VVG § 28 Rn 21). Sonderregelungen enthält § 213 VVG, der die Befugnis des VR, gesundheitliche Daten zu erheben, ordnet und begrenzt. Die Bestellung eines eigenen Rechtsanwaltes stellt noch keine Obliegenheitsverletzung nach § 7 Abs. 2 Ziff. 5 AKB dar, allerdings dann, wenn der Anwalt damit die Prozessführung des HaftpflichtVR „durchkreuzt" (LG Dortmund, VuR 2009, 319; dazu *Elsner*, JurisPR-VerkR 24/2009 Anm. 6; die Frage wurde bisher vom BGH – BGH, NJW 1981, 1952 – offen gelassen).   25

Vereinbaren die Parteien in einem Kfz-Mietvertrag eine Haftungsreduzierung für den Mieter nach Art der Vollkaskoversicherung mit Selbstbeteiligung, darf dieser darauf vertrauen, dass die Reichweite des mietvertraglich vereinbarten Schutzes im Wesentlichen dem Schutz entspricht, den er als Eigentümer des Kfz und als VN in der Vollkaskoversicherung genießen würde (BGH, NJW 2005, 1183; BGH, VersR 2011, 1524 Rn 11; BGH, NJW 1981, 1211; BGH, NJW 1982, 987; BGH, NJW-RR 1986, 51; BGH, NJW 2012, 2501; BGH, r+s 2013, 12). Eine Klausel ist deshalb nach § 307 BGB unwirksam, wenn sie den Mieter verpflichtet, bei einem Unfall die Polizei hinzuzuziehen, und die vereinbarte Haftungsbeschränkung ohne Rücksicht auf ein Verschulden des Mieters oder die Relevanz der Obliegenheitsverletzung für das Interesse des VR entfällt (BGH, r+s 2013, 12; BGH, NJW 2012, 2501; BGH, VersR 2011, 1524). Die unwirksame Klausel kann in diesen Fällen durch Rückgriff auf § 28 Abs. 2, 3 VVG geschlossen werden, da eine vertraglich vereinbarte Haftungsfreistellung in einem Kfz-Mietvertrag nach den Grundsätzen der Kaskoversicherung auszugestalten ist (BGH, VersR 2011, 1524; BGH, NJW 2012, 2501; BGH, r+s 2013, 12).   26

Obliegenheiten bleiben **unverbindlich**, wenn sie auf Vorschriften Bezug nehmen, die nicht jedermann bekannt oder zumindest leicht und zumutbar zugänglich sind, etwa Regelungen der Zentralverbände des Handwerks (BGH, VersR 1990, 878, 888). Das soll auch für den Bezug auf Sicherheitsvorschriften gelten (OLG Saarbrücken, VersR 1992, 741). Ausreichend ist dagegen die Bezugnahme auf gesetzliche oder andere Vorschriften, sofern diese von zuständiger Stelle aufgrund gesetzlicher Ermächtigung erlassen worden sind (BGH, VersR 1990, 887, 888). Dazu gehören etwa Anordnungen der Polizei oder Ordnungsbehörden zum Zwecke der Gefahrenabwehr oder auch Regelungen von Berufsgenossenschaften. Eine Klausel, wonach der **Versicherungsschutz** unter bestimmten Voraussetzungen **entfallen kann**, soll – so der BGH – hinreichend bestimmt sein, weil die Formulierung „kann"   27 lediglich zum Ausdruck bringe, dass die Leistungsfreiheit nicht automatisch aus der Obliegenheitsverletzung folge (BGH, VersR 1990, 384; zweifelnd OLG Hamm, VersR 1988, 1121). Die Duldung der Besichtigung der Wohnung des VN (nach Hausratschaden) darf Gegenstand einer Obliegenheit sein (OLG Hamm, NJW-RR 2006, 753). In den AVB für ein Wohngebäude kann vereinbart werden, das nicht genutzte Wohnhaus häufig zu kontrollieren und dort alle wasserführenden Anlagen und Einrichtungen abzusperren, zu entleeren und entleert zu halten (LG Wiesbaden, BeckRS 2011, 18763).

3. Obliegenheiten – Rechtsnatur

28 Rechtsprechung und ein Teil der Lehre gehen davon aus, dass Obliegenheiten keine einklagbaren, bei Nichterfüllung in eine Schadensersatzpflicht übergehenden Verbindlichkeiten, sondern lediglich **Voraussetzungen** für die Erhaltung des Anspruchs aus dem VV im eigenen Interesse des VN sind (RGZ 58, 342, 446; RGZ 133, 117, 122; BGHZ 24, 378, 382; BGH, VersR 1967, 27, 28; OLG Hamm, VersR 1970, 319, 320; OLG Nürnberg, VersR 1979, 561, 562; ÖOGH, VersRdsch 1968, 133, 134; Rüffer/Halbach/Schimikowski/ *Felsch*, § 28 Rn 5; Römer/Langheid/*Rixecker*, § 28 Rn 9). Demgegenüber steht die Auffassung, wonach Obliegenheiten echte **Rechtspflichten** sind (Verbindlichkeitstheorie: ÖOGH, VersSlg. Nr. 128; *Ehrenzweig*, ZVW 1931, 364–375; *Gottschalk*, JW 1927, 147; Prölss/ Martin/*Armbrüster*, § 28 Rn 71, der diese bis zur 28. Aufl. vertretene Meinung nunmehr modifiziert). Dies entspricht der vordringenden Ansicht, dass Obliegenheiten **schuldrechtliche Nebenpflichten** mit besonderen Rechtsfolgen sind (Looschelders/Pohlmann/*Pohlmann*, § 28 Rn 15; *Heiss*, in: Bruck/Möller, § 28 Rn 46; *Brömmelmeyer*, in: Bruck/Möller, § 30 Rn 12; BK/*Dörner*, § 33 Rn 3; Prölss/Martin/*Armbrüster*, § 28 Rn 71; ähnlich wohl auch MüKo/*Wandt*, vor § 28 VVG Rn 12 ff.). Für diese differenzierende Auffassung spricht zunächst einmal § 241 Abs. 2 BGB, wonach das Schuldverhältnis (VV) nach seinem Inhalt jeden Teil (VN) zur Rücksicht auf die Rechte, Rechtsgüter und Interessen des anderen Teils (VR) verpflichten kann. Anzeige (§ 30 VVG) und Aufklärung des Versicherungsfalls (§ 31 VVG) schuldet der VN auch deshalb, um den VR in die Lage zu versetzen, die Voraussetzungen seiner Einstandspflicht sachgerecht zu prüfen, indem er – mit Unterstützung des VN – Ursache und Umfang des Schadens ermittelt (BGH, r+s 2006, 185; BGH, VersR 1993, 828, 830). Davon geht auch § 28 Abs. 2 S. 2 VVG aus, denn bei grob fahrlässiger Verletzung der Obliegenheit ist der **VR** berechtigt, seine Leistung einem der Schwere des Verschuldens des VN entsprechenden Verhältnis zu kürzen. Das Verschulden des VN bezieht sich damit ersichtlich auf die Leistungssphäre des VR, d.h. der VN „schuldet" dem VR die ordnungsgemäße Erfüllung der vertraglich vereinbarten Obliegenheiten. Obliegenheiten haben folglich eine **rechtliche Doppelnatur** – sie sind Verhaltenspflichten gegen sich selbst und Rechtspflichten im Verhältnis zum VR (wie hier: BK/*Dörner*, § 33 Rn 3; *Heiss*, in: Bruck/Möller, § 28 Rn 46; *Brömmelmeyer*, in: Bruck/Möller, § 30 Rn 11; Prölss/ Martin/*Armbrüster*, § 28 Rn 71 ff.; MüKo/*Wandt*, vor § 28 VVG Rn 12 ff.; Looschelders/ Pohlmann/*Pohlmann*, § 28 Rn 6).

29 Das ändert jedoch nichts daran, dass der VR die Durchsetzung der Obliegenheiten **nicht durch Klage erzwingen** kann (BGHZ 24, 378, 382 mit Hinweis auf die Rspr. des RG;

BGH, VersR 1967, 27). Das entspricht konzeptionell den Schutzpflichten des § 241 Abs. 2 BGB, denen es nicht um die geschuldete Leistung, sondern darum geht, die Rechte und sonstigen Rechtsgüter der Gegenpartei zu schützen. Schutzgegenstand ist das Integritätsinteresse des anderen Teils, d.h. sein personen- und vermögensrechtlicher status quo (Palandt/ *Heinrichs*, § 241 BGB Rn 6). Das Schuldrecht kennt neben dem typischen Schuldverhältnis, dessen Hauptinhalt Leistungspflichten sind, seit langem Schuldverhältnisse ohne Leistungspflichten, deren einziger Inhalt Rücksichtspflichten sind. Rücksichtspflichten können – als höchstpersönliche Pflichten – weder eingeklagt noch vollstreckt werden (§ 888 Abs. 3 ZPO analog). Ihre Verletzung begründet regelmäßig einen Schadensersatzanspruch nach § 280 Abs. 1 BGB. Im Privatversicherungsrecht gelten anstelle von § 280 BGB die Sonderregelungen der §§ 28, 30, 31, 32 VVG (BGH, VersR 1967, 56, 58; BK/*Dörner*, § 33 Rn 3; *Heiss*, in: Bruck/Möller, § 28 Rn 46; *Brömmelmeyer*, in: Bruck/Möller, § 30 Rn 11; Prölss/Martin/*Armbrüster*, § 28 Rn 71 ff.; MüKo/*Wandt*, vor § 28 VVG Rn 12 ff.; Looschelders/Pohlmann/*Pohlmann*, § 28 Rn 6 ff.).

Den Parteien steht es in den Grenzen des Vollstreckungsrechts (§ 888 ZPO) frei, Verhaltensnormen als einklagbare, echte Rechtspflichten zu vereinbaren (OLG Hamm, VersR 1993, 1519; Rüffer/Halbach/Schimikowski/*Felsch*, § 28 Rn 6; Römer/Langheid/*Rixecker*, § 28 Rn 9; differenzierend: *Heiss*, in: Bruck/Möller, § 28 Rn 50). Eine in dieser Weise als Rechtspflicht vereinbarte Obliegenheit unterliegt den Regeln der Vertragsstrafe (§§ 343 ff. BGB), wenn der VR an einer derartigen Rechtspflicht seine Leistungsfreiheit knüpft (OLG Hamm, VersR 1993, 1519, 1520; Rüffer/Halbach/Schimikowski/*Felsch*, § 28 Rn 6).

4. Abgrenzung Risikoausschlüsse, verhüllte Obliegenheiten und Ausschlussfristen

Obliegenheiten sind strikt von **Risikoausschlüssen** zu unterscheiden. Risikoausschlüsse begrenzen das versicherte Risiko **objektiv**. Der VN hat keinen Versicherungsschutz, es kommt weder auf ein Verschulden des VN noch auf die Ursächlichkeit für den Eintritt des Versicherungsfalls an. Liegt demgegenüber eine Obliegenheit vor, so besteht im Grundsatz Versicherungsschutz. Nur unter bestimmten eng begrenzten Ausnahmefällen ist der VR von der Verpflichtung zur Leistung frei (BGH, VersR 2004, 1132; VersR 1993, 223, 224; VersR 1988, 267, 269). Wird eine Klausel allerdings als Obliegenheit bezeichnet, so handelt es sich regelmäßig auch um eine solche (BGH, VersR 2009, 1659; Römer/Langheid/ *Rixecker*, § 28 Rn 13). Die Abgrenzung von Obliegenheit und Risikoausschluss erfolgt nicht nach Wortlaut und Stellung einer Klausel, sondern nach ihrem materiellen Inhalt (Römer/Langheid/*Rixecker*, § 28 Rn 13). Der Fall ähnelt der **falsa demonstratio** (*Heiss*, in: Bruck/Möller, § 28 Rn 21). Es kommt darauf an, ob die Bestimmung eine individualisierende Beschreibung eines Wagnisses enthält, für das (allein) der VR Schutz gewähren will, oder ob sie in erster Linie ein bestimmtes vorbeugendes Verhalten des VN fordert, von dem es abhängt, ob er einen zugesagten Versicherungsschutz behält oder verliert.

Steht ein solches Verhalten im Vordergrund und tritt es nicht hinter objektive Voraussetzungen zurück, so liegt eine nicht immer leicht erkennbare und deshalb **verhüllte** Obliegenheit vor (BGH, 18.6.2008 – IV ZR 87/08; BGH, VersR 1986, 781; BGH, VersR 1986, 1097;

BGH, VersR 1981, 186; BGH, VersR 1969, 507). Eine Regelung in den Bedingungen einer Luftfahrt-Haftpflichtversicherung, nach der kein Versicherungsschutz besteht, wenn der Führer des Luftfahrzeugs nicht die vorgeschriebenen Erlaubnisse, erforderlichen Berechtigungen oder Befähigungsnachweise hatte, ist nicht als Risikoausschluss, sondern als **verhüllte Obliegenheit** zu qualifizieren (BGH, VersR 2014, 869; dazu *Kummer*, JurisPR-BGH ZivilR 14/2011 Anm. 3; *Schimikowski*, JurisPR-VersR 7/2014 Anm. 4; kritisch Prölss/Martin/*Armbrüster*, § 28 Rn 16 ff.; gegen Müko/*Wandt*, § 28 VVG Rn 70). Eine Klausel, die verlangt, dass Fahrzeuge auf unbewachten Parkplätzen nicht länger als 45 Minuten verlassen werden dürfen, knüpft an vorbeugendes Verhalten an – enthält also eine Obliegenheit und keinen Risikoausschluss (OLG Frankfurt a.M., VersR 2006, 115).

33 **Praxishinweis**
Hängt der Deckungsumfang von einem Verhalten des VN ab (z.B. Einschalten der Alarmanlage; Wartung der Sprinkleranlage; Abschließen der Haustür; Fahren mit Führerschein; Fahren ohne Alkohol; Einhalten von feuerpolizeilichen Vorschriften; Einhalten der Ladegrenzen bei Lkw, Verwahren von Schmuck und Bargeld in verschlossenem Behältnis) könnte der VR folgende Formulierung verwenden: *„Sie riskieren Ihren Versicherungsschutz ganz oder teilweise, wenn Sie ..."*. Will der VR dagegen einen Risikoausschluss formulieren, so könnte er sagen: *„Für Schäden durch* (jetzt müsste die Gefahr bezeichnet werden, z.B. Feuer/Sturm/Hagelschlag/Überschwemmung/Blitzschlag/Überspannung) *besteht kein Versicherungsschutz – auch dann, wenn Sie alle gesetzlichen oder behördlichen Anweisungen eingehalten und auch sonst nicht schuldhaft gehandelt haben."*

34 **Ausschlussfristen** haben ihren Schwerpunkt in der objektiven zeitlichen Risikobegrenzung und gehören deshalb zu den Risikoausschlüssen (BGH, VersR 1995, 82; BGH, 1982, 567; BGH, VersR 1978, 136, 137). Allerdings kann sich der VR nicht auf Leistungsfreiheit berufen, wenn der VN beweist, dass ihn an der Fristversäumung **kein Verschulden** trifft (BGH, VersR 1982, 567, 568). Der VN ist i.d.R. entschuldigt, wenn er die rechtzeitige Absendung des Anspruchschreibens beweisen kann (BGH, VersR 1993, 300, 301).

35 Von den Ausschlussfristen sind solche **Fristbestimmungen** zu unterscheiden, die **Anspruchsvoraussetzung** sind. Hierzu gehören insb. Fristen zur Feststellung der Invalidität; hier ist dem VN ein Entschuldigungsbeweis verwehrt (BGH, VersR 1990, 1344, 1345; BGH, VersR 1978, 1036). Fristen dieser Art können aber den **Bestimmtheitsgrundsatz** des AGB-Rechts (§ 307 BGB) verletzen (dazu BGH, VuR 1998, 193 m. Anm. *Schwintowski*). Ein VR, der sich auf Leistungsfreiheit beruft, obwohl er den Anschein erweckt, er wolle eine Entschädigung jedenfalls nicht an der Versäumung der Feststellungsfrist scheitern lassen, verstößt gegen Treu und Glauben, wenn er sich dennoch auf Leistungsfreiheit beruft (BGH, VersR 1978, 1036, 1038). Gleiches gilt für die verspätete Feststellung der Invaliditätsursache, auf die sich der VR einlässt (BGH, VersR 1974, 234, 236) oder die Fristversäumung, die auf ein Verhalten eines Angestellten des VR zurückzuführen ist (BGH, VersR 1990, 1344, 1345).

Praxishinweis
Wenn es sich um einen Risikoausschluss handelt, so ist die Klausel **eng** und jedenfalls nicht weiter **auszulegen**, als es ihr Sinn unter Beachtung ihres wirtschaftlichen Zwecks und ihrer Ausdrucksweise gebietet (BGH, VersR 2012, 253 m.w.N.; Römer/Langheid/*Rixecker*, § 28 Rn 16). Entscheidend ist das die Interpretation leitende Interesse des VN daran, dass sein Versicherungsschutz nicht weiter verkürzt wird, als der erkennbare Sinn und Zweck der

Klausel es gebietet, oder dass seine Deckung Lücken aufweist, ohne dass ihm das durch die AVB hinreichend verdeutlicht wird (BGH, VersR 2009, 1147; BGH, VersR 1999, 749; BGH, VersR 1995, 162; BGH, VersR 1994, 158; Römer/Langheid/*Rixecker*, § 28 Rn 16).

Beispiele aus der Rechtsprechung 36
(1) **Sach-Haftpflichtversicherung – Obliegenheiten**
- Lkw nicht länger als 45 Minuten unbewacht abstellen (OLG Frankfurt am Main, VersR 2006, 115);
- Schmuck und Münzen nicht unter Verschluss: § 4c ABEH (BGH, VersR 2004, 1132; OLG Koblenz, VersR 2007, 159);
- Bewachungsklausel in Warenlagerversicherung (BGH, VersR 1985, 979);
- § 1 Nr. 4b Reisegepäckversicherung (OLG Saarbrücken, VersR 1984, 1187);
- SportbootkaskoV Nr. 10 AVB (OLG Frankfurt am Main, VersR 1997, 496);
- Valorenversicherung Verwahrklausel (BGH, VersR 1989, 141; BGH, VersR 1986, 781; BGH, VersR 1985, 1042; BGH, VersR 1985, 156);
- Kofferraumklausel (BGH, VersR 1989, 141);
- Safe- und Depotklausel (BGH, VersR 1986, 781);
- Flugzeugführer verfügt nicht über vorgeschriebene Erlaubnisse, Berechtigungen oder Befähigungsnachweise (BGH, VersR 2014, 869)
- Reisegepäckversicherung (Fotoapparat in verschlossenem Behältnis, BGH, VersR 1996, 1097; oder in unbeaufsichtigt abgestelltem Pkw: BGH, VersR 1985, 854);
- Warenkreditversicherung (BGH, VersR 1993, 223);
- Haftpflichtversicherung (BGH, VersR 1973, 145);
- WassersportkaskoV (BGH, VersR 1982, 395; BGH, VersR 2011, 1148);
- Schiffsversicherung (BGH, NJW-RR 2011, 1110; OLG Hamm, NJW-Spezial 2010, 297; OLG Schleswig, ZfS 2006, 215);
- LuftfahrtkaskoV (OLG Köln, VersR 1997, 1268; OLG Düsseldorf, VersR 1996, 970);
- Bauwesenversicherung (OLG Frankfurt a.M., VersR 2010, 1450);
- TransportV (OLG Köln, r+s 1995, 410);
- FrachtführerhaftpflichtV (OLG Saarbrücken, VersR 2006, 503);
- KaskoruheV (OLG Karlsruhe, NJW-RR 2012, 127; OLG München, r+s 2011, 437).

(2) **Sach-Haftpflichtversicherung – Risikoausschlüsse**
- Pflichtwidrigkeitsklausel in Betriebs- und BerufshaftpflichtV (KG, r+s 2006, 67);
- Verschlussklausel in Diebstahlsversicherung (BGH, VersR 1972, 575);
- Hausratsversicherung verschlossene Aufbewahrung (BGH, VersR 1983, 573; zeitliche Deckung von Fahrraddiebstählen: BGH, NJW-RR 2008, 1411);
- § 1 Nr. 4 Reisegepäckversicherung (BGH, VersR 1986, 1097);
- Valorenversicherung § 1 Nr. 2a AVBS 65 (BGH, VersR 1980, 1042);
- Entschädigungsgrenzen in § 19 Nr. 3 VHB 92 sind Risikobegrenzungen (LG Dortmund, BeckRS 2015, 02577);
- Ziff. 3.4.2 AVB Wassersportfahrzeuge 1985 enthält einen Risikoausschluss (OLG Karlsruhe, BeckRS 2011, 20863);
- EinbruchdiebstahlsV (BGH, VersR 1972, 575);
- ArchitektenV (BGH, VersR 1991, 175);
- Haftpflichtausschluss für gefährliche Beschäftigungen in der HV (BGH, VersR 2012, 172);
- KrankheitskostenV (Kostenplan: BGH, VersR 1995, 328; BGH, VersR 1978, 267);
- BerufshaftpflichtV (BGH, VersR 2007, 641; BGH, VersR 1991, 176; BGH, VersR 1990, 482; BGH, VersR 1986, 647);
- LuftfahrhaftpflichtV (OLG Celle, VersR 2010 1637);
- HaftpflichtV (OLG Stuttgart, VersR 2009, 276);
- KaskoV (OLG Köln, VersR 2007, 683; OLG Karlsruhe, VersR 2005, 78);

- Kfz-HandelsV (OLG Saarbrücken, VersR 2007, 238);
- LuftfahrtkaskoV (OLG Oldenburg, VersR 1998, 839);
- Klausel in AVB einer KaskoV, nach der kein Versicherungsschutz für Schäden besteht, bei Fahrtveranstaltungen, bei denen es auf Erzielung einer Höchstgeschwindigkeit ankommt (OLG Karlsruhe, BeckRS 2014, 09286).

(3) **Personenversicherung – Obliegenheiten**
- Explosionsklausel in der BerufshaftpflichtV (BGH, VersR 1980, 153);
- Architektenhaftpflichtversicherung (BGH, VersR 1987, 174);
- Auflagenklausel in der Haftpflichtversicherung (BGH, VersR 1973, 145);
- Warenkreditversicherung (BGHZ 120, 290 = VersR 1993, 223);

(4) **Personenversicherung – Risikoausschlüsse**
- Pflichtwidrigkeitsklausel in Betriebs- und BerufshaftpflichtV (KG, r+s 2006, 67);
- AVB-Vermögen (BGH, VersR 1991, 176);
- Krankenversicherung freie Arztwahl (OLG München, VersR 1990, 614);
- Rechtsschutzversicherung (BGH, VersR 1992, 819);
- Zahnersatzleistungen nur nach Vorlage eines Heil- und Kostenplans ist eine Risikobegrenzung (LG Köln, BeckRS 2014, 19223);
- KrankheitskostenV (OLG Saarbrücken, VersR 2007, 345; OLG Hamm, VersR 1992, 687; OLG Karlsruhe, VersR 1990, 37)

5. Verletzung der Obliegenheit

37 Eine Obliegenheit ist **objektiv verletzt**, wenn der VN die ihm obliegende Handlung unterlässt oder trotz der gebotenen Unterlassung handelt (Römer/Langheid/*Rixecker*, § 28 Rn 24). Entscheidend ist immer, welche **Verhaltenspflichten** vereinbart waren und ob das konkrete Verhalten des VN den objektiven Tatbestand der Obliegenheitsverletzung erfüllt hat (OLG Koblenz, zfs 2007, 280, 281). Maßstab ist, wie ein durchschnittlicher, um Verständnis der Klausel bemühter VN ohne versicherungsrechtliche Spezialkenntnisse diese unter Berücksichtigung ihres Wortlauts, des systematischen Zusammenhangs und ihres Zwecks verstehen kann (Römer/Langheid/*Rixecker*, § 28 Rn 24). Bietet die Klausel mehrere Möglichkeiten der Risikoverringerung, so kann der VN daraus schließen, dass er dieser Obliegenheit genügt, wenn er eine Alternative wahrnimmt (BGH, VersR 2008, 1207 zu § 11 Nr. 1 VGB 88; zum Verlangen erhöhter Sicherheitsvorkehrungen bei Abwesenheit: BGH, VersR 2010, 557 zu § 5 Nr. 5 AVB Schausteller 2001). Die Auslegung kann auch davon beeinflusst sein, wie der VR oder sein Vertreter sie dem VN gegenüber im Schadensfall interpretiert (OLG Saarbrücken, VersR 2013, 180).

38 Der VR muss die objektive Verletzung der Obliegenheit beweisen, also dass der VN die Umstände und Tatsachen kannte, die es dem VR ermöglichen würden, in eine sachgemäße Prüfung der Voraussetzungen seiner Leistungspflicht einzusteigen (BGH, VersR 2008, 484; BGH, VersR 2007, 389; Römer/Langheid/*Rixecker*, VVG § 28 Rn 30 unter Hinweis auf die aufgegebene frühere Meinung, wonach der VN die Beweislast für die Erfüllung der Obliegenheit trägt, wenn diese in einem bestimmten positiven Tun bestand). Der VR muss außerdem beweisen, dass der VN den VV als solchen kannte und wusste, dass die eingetretenen Ereignisse eine Leistungsverpflichtung des VR auslösen könnten. Für eine Leistungsfreiheit des VR wegen Obliegenheitsverletzung ist kein Raum, wenn ein Versicherter begriffsnotwendig die Obliegenheit nicht schuldhaft verwirklichen kann, weil er

nicht in der Lage ist, die zu eventuellen Obliegenheitsverletzungen führenden Körperhandlungen zu steuern oder zu beeinflussen (LG Nürnberg-Fürth, r+s 2015, 299). Der Zeitpunkt, zu dem der VN den Versicherungsfall anzeigen muss, ergibt sich aus § 30 Abs. 1 VVG (Eintritt des Versicherungsfalls: zu den Einzelheiten vergleiche dort). Zu der Frage, welche Auskünfte der VR nach dem Eintritt des Versicherungsfalls verlangen kann, sind die Regelungen in § 31 VVG maßgeblich.

Kennt der VR die vom VN anzuzeigenden oder aufzuklärenden Umstände bereits, so verletzen unzulängliche Angaben des VN über diesen Umstand keine schutzwürdigen Belange des VR und können deshalb die Sanktion der Leistungsfreiheit *nicht* rechtfertigen (BGH, VersR 2005, 493). Dies gilt auch dann, wenn der VR den wahren Sachverhalt **von dritter Seite rechtzeitig erfährt** oder sich die erforderlichen Kenntnisse anderweitig verschafft hat, so dass fehlerhafte oder unvollständige Informationen durch den VR zwar das Vertrauensverhältnis zwischen VR und VN berühren, das Aufklärungs- und Informationsinteresse des VR aber nicht beeinträchtigen können (BGH, VersR 1982, 182). Es ist gerade Sinn der Aufklärungsobliegenheit, den VR in die Lage zu versetzen, sachgemäß Entschlüsse fassen zu können, d.h. die Obliegenheitsverletzung setzt ein entsprechendes **Aufklärungsbedürfnis** voraus (BGH, VersR 2005, 493; vertiefend). 39

Korrigiert der VN, bevor sich der VR erstmals mit dem Vorgang befasst, **falsche Angaben**, so fehlt es schon am objektiven Tatbestand einer Obliegenheitsverletzung (BGH, VersR 2000, 173; BGH, VersR 1968, 137). Das Gleiche gilt, wenn der VN falsche Angaben aus eigenem Antrieb vollständig und unmissverständlich korrigiert und nichts verschleiert oder zurückhält (BGH, VersR 2002, 173; BGH, VersR 1984, 453). Kommt die Korrektur zu spät, so ist die Obliegenheit verletzt und es kommt darauf an, ob und in welchem Umfang dadurch die Leistungspflicht des VR betroffen wurde (§ 28 Abs. 3 VVG). 40

6. Leistungsfreiheit

Der VR ist bei einer **vorsätzlichen Obliegenheitsverletzung** – vorbehaltlich des Kausalitätserfordernisses nach § 28 Abs. 3 VVG – stets vollständig leistungsfrei (Begr. BT-Drucks 16/3945, S. 69). Voraussetzung ist allerdings, dass sich der VR ggü. dem VN **auf die Leistungsfreiheit beruft** (BGH, VersR 2005, 492; BGH, VersR 1990, 384, 385; BGH, VersR 1974, 689; OLG Köln, VersR 1994, 1183; OLG Düsseldorf, VersR 2011, 1388; Römer/Langheid/*Rixecker*, VVG § 28 Rn 61; Prölss/Martin/*Armbrüster*, § 28 Rn 183). Ein VR, der sich nicht sogleich oder wenigstens in erster Instanz auf Leistungsfreiheit beruft, kann dieses Recht verlieren (OLG Düsseldorf, VersR 1993, 425), allerdings erst dann, wenn darin zugleich der (konkludente) Verzicht oder die Verwirkung liegt (Römer/Langheid/*Rixecker*, § 28 Rn 61; zum Verzichtswillen: BGH, VersR 2006, 57; BGH, VersR 1983, 30). Verwirkt hat der VR sein Recht dann, wenn er auf unlautere Weise versucht hat, auf einen Rechtsstreit durch Bestechung von Zeugen einzuwirken (BGH, VersR 1989, 842). Da VR sich auf Leistungsfreiheit berufen muss, ist sie, auch wenn die tatsächlichen Grundlagen dem Gericht bekannt sein sollten, im Prozess **nicht von Amts wegen** zu beachten 41

(RGJRPV 1940, 100, 101; *Heiss*, in: Bruck/Möller, § 28 Rn 148; Prölss/Martin/*Armbrüster*, § 28 Rn 183).

42 Die Leistungsfreiheit muss **im Vertrag klar und deutlich bestimmt** sein (BGH, VersR 1990, 384). Ausreichend soll die Formulierung „*kann der Versicherungsschutz entfallen*" oder „*kann leistungsfrei sein*" jedenfalls dann sein, wenn man die Leistungsfreiheit nicht automatisch eintreten lässt (BGH, VersR 1990, 384, 385; vgl. die weiteren Nachweise in Rdn 22 ff.). Bei einer nach Eintritt des Versicherungsfalles zu erfüllenden Auskunfts- oder Aufklärungsobliegenheit setzt vollständige oder teilweise Leistungsfreiheit des VR voraus, dass dieser dem VN durch gesonderte Mitteilung in Textform auf diese Rechtsfolge hingewiesen hat (§ 28 Abs. 4 VVG, vertiefend ab Rdn 123).

43 Die Leistungsfreiheit kann ggü. jedem **Rechtsnachfolger** und **Insolvenzverwalter** geltend gemacht werden (BGHZ 44, 1, 8). Der Vertrag als solcher bleibt durch die Leistungsfreiheit unberührt, sofern der VR nicht kündigt.

44 Will sich der VR nicht auf Leistungsfreiheit berufen, so kann er darauf **verzichten** (zum Verzichtswillen: BGH, VersR 2006, 57; BGH, VersR 1983, 30) oder seine Leistungsverpflichtung ausdrücklich oder konkludent **anerkennen** (BGH, VersR 1968, 293, 295; BGH, VersR 1953, 316, 318). Das ist bei vorbehaltloser Leistung oder vorbehaltloser Gewährung von Rechtsschutz in Kenntnis der Tatsachen, die die Leistungsfreiheit begründen könnten, der Fall (LG Köln, VersR 1958, 293, 294).

7. Vorsatz

45 Der VR ist leistungsfrei, wenn der VN die Obliegenheit vorsätzlich verletzt hat. Handelt es sich um eine Aufklärungsobliegenheit (vertiefend § 31 Rdn 27), muss der VR den VN durch gesonderte Mitteilung **in Textform auf die Rechtsfolge hingewiesen** haben (§ 28 Abs. 4 VVG).

46 Vorsatz ist das **Wissen und Wollen** des rechtswidrigen Erfolges. Der VN muss die tatsächlichen Voraussetzungen seiner Verhaltenspflicht gekannt und in seinen Willen aufgenommen haben (BGH, VersR 1993, 830; BGH, VersR 1979, 1117; OLG Saarbrücken, VersR 2007, 532; OLG Saarbrücken, VersR 1991, 872; OLG Hamm, VersR 1995, 291). Nicht erforderlich ist, dass der VN den Verletzungserfolg wünscht oder beabsichtigt (RGZ 57, 241). Ebenso ist der Beweggrund für die Obliegenheitsverletzung unerheblich (Römer/Langheid/Rixecker, § 28 Rn 63). Der Vorsatz braucht sich i.d.R. nur auf die Verletzung der Verhaltenspflicht zu erstrecken, *nicht* auf den daraus resultierenden Schaden (BGH, MDR 1955, 542).

47 Wie im Strafrecht umfasst der Vorsatzbegriff im Zivilrecht neben dem unbedingten auch den **bedingten Vorsatz**. Bedingt vorsätzlich handelt, wer den als möglich erkannten rechtswidrigen Erfolg billigend in Kauf nimmt (BGHZ 7, 313; BGH, NJW 1984, 801; BGH, NJW 1986, 180, 182). Ein VN, der Erklärungen „ins Blaue hinein" abgibt, handelt ebenfalls bedingt vorsätzlich (OLG Köln, VersR 2000, 224). **Bewusste Fahrlässigkeit** liegt dagegen vor, wenn der Handelnde darauf vertraut, die Obliegenheitsverletzung werde nicht eintreten (BGH, NJW 1971, 460; BGH, NJW-RR 1998, 34).

Zum Vorsatz gehört nach h.M. im Zivilrecht das Bewusstsein der Rechtswidrigkeit (Vorsatztheorie: BGHZ 69, 142; BGHZ 118, 208; BGH, NJW 2002, 3255). Die zivilrechtliche Lehre steht damit im Widerspruch zu der im Strafrecht geltenden Schuldtheorie (§§ 16, 17 StGB; BGHZ 2, 194 [GrStS]), nach der ein vorwerfbarer Verbotsirrtum die Schuld nicht beseitigt. Daraus ist allgemein abzuleiten, dass der Irrtum über grundlegende Anforderungen des Rechts (Rechtsblindheit) den Vorsatz nicht beseitigt (Palandt/*Ellenberger*, § 276 BGB Rn 11). Unerheblich sind auch der Rechtsfolgenirrtum und der Irrtum über Einzelheiten des Kausalverlaufes. Bei verminderter Schuldfähigkeit (BGH, VersR 2006, 108) kann das Bewusstsein fehlen, die Obliegenheit zu verletzen (BGH, VersR 1970, 801). Schuldunfähigkeit schließt den Vorsatz aus (MüKo/*Wandt*, § 28 VVG Rn 127; Römer/Langheid/*Rixecker*, § 28 Rn 66). Bei **Minderjährigen** soll es auf eine entsprechende Anwendung der §§ 827, 828 BGB ankommen (*Rixecker*, zfs 2011, 395; Römer/Langheid/*Rixecker*, § 28 Rn 66).

48

Vorsatz setzt voraus, dass der VN **Kenntnis** der nach Eintritt des Versicherungsfalls mitzuteilenden Umstände hatte (BGH, VersR 2007, 389). Steht fest, dass der VN zunächst Kenntnis von den dem VR mitzuteilenden Umständen hatte, wird **vorsätzliches Handeln vermutet**, wenn er diese dem VR nicht vollständig mitteilt (BGH, VersR 2007, 389; OLG Stuttgart, r+s 2006, 64).

49

Es genügt nicht, dass dem VN die **Tatsachen**, die die Obliegenheit begründen, bekannt waren, es muss ihm auch bewusst sein, dass er aufgrund dieser Tatsachen eine bestimmte **Obliegenheit** zu erfüllen hat (BGH, VersR 1979, 1117, 1119). Für dieses **Bewusstsein** ist allerdings nicht erforderlich, dass der VN die AVB im genauen Wortlaut gelesen und ihre rechtliche Bedeutung voll erfasst hat (BGH, VersR 1958, 389). Es genügt vielmehr, dass der VN den wesentlichen Kerngehalt der Norm kennt (Römer/Langheid/*Rixecker*, § 28 Rn 64).

50

Zu den grundlegenden, allgemein bekannten Verhaltensvorschriften gehört das Gebot, nach einem Verkehrsunfall die **Unfallaufnahme** durch die Polizei an Ort und Stelle abzuwarten (BGH, VersR 2000, 222; BGH, VersR 1970, 458, 459). Das gilt auch für den mitversicherten Fahrer (BGH, VersR 1958, 389). Für den **Nachtrunk** hat der BGH angenommen, dass der VN weiß, dass ein solches Verhalten verboten ist (BGH, VersR 1970, 826, 827). Dagegen ist nicht jedem bekannt, dass der Polizei nach einem Einbruchdiebstahl eine **Liste der gestohlenen Dinge** zur Verfügung zu stellen ist (Römer/Langheid/*Rixecker*, § 28 Rn 65, der davon ausgeht, dass die entsprechende Aufforderung der Polizei die fehlende Kenntnis vermittelt; strenger OLG Hamm, VersR 1992, 498). Dies gilt insb. dann, wenn der Anwalt des VN dahin beraten hat, es sei nicht so dringlich, es komme v.a. auf die Richtigkeit der Liste an (BGH, VVGE § 13 AERB Nr. 1).

51

Vorsätzliches Handeln des VN muss der **VR beweisen**. Dabei ist von dem **allgemeinen Erfahrungssatz** auszugehen, wonach sich **kein vernünftiger VN** durch die vorsätzliche Nichterfüllung von Obliegenheiten Rechtsnachteile in seinem Verhältnis zum VR zuziehen will (BGH, VersR 1979, 1117, 1119; BGH, VersR 1981, 321; OLG Koblenz, VersR 1996, 1356; Römer/Langheid/*Rixecker*, § 28 Rn 67). Beruft sich der VN zur Entschuldigung einer

52

Obliegenheitsverletzung auf Erinnerungslücken (retrograde Amnesie), muss er den Beweis dafür führen (BGH, VersR 2007, 389).

53 Umgekehrt ist der Vorsatz **ausgeschlossen**, wenn sich der VN in einem **Rechts- oder Tatsachenirrtum** befindet(Römer/Langheid/*Rixecker*, § 28 Rn 66). Ein solcher liegt nur vor, wenn sich der VN entsprechend seinen Verhältnissen um Klarstellung bemüht hat. Zu diesem Zweck muss er Erkundigungen einziehen und die Rechtslage gründlich prüfen (OLG Nürnberg, VersR 1979, 561; OLG Saarbrücken, VersR 1976, 157, 158). Dazu kann er sich an den VR wenden oder rechtlichen Rat einholen. Dabei kann sich der VN auf die Auskunft eines Anwalts verlassen, auch wenn diese objektiv falsch ist (BGH, VersR 1981, 321; BGH, VersR 1966, 153; RGZ 117, 270, 273). Ist die Rechtsauffassung nicht irrtümlich, sondern abwegig, so spricht dies eher für Vorsatz (BGH, VersR 2004, 1117).

54 Für den Fall, dass der **Anwalt** dem VN eine **falsche Auskunft** erteilt, befindet sich der VN in einem den Vorsatz ausschließenden Rechtsirrtum (OLG Nürnberg, VersR 1979, 561, 562; OLG Hamm, VK 2010, 55; OLG Dresden, InVo 2006, 227). Soweit dem VR ein Schaden durch die Falschberatung des Anwaltes entsteht, kann ein Schadensersatzanspruch des VR gegen den Anwalt nach § 311 Abs. 3 BGB in Betracht kommen. Will sich der VN auf einen Vorsatz ausschließenden Rechtsirrtum berufen, trägt er die Beweislast (BGHZ 69, 143; OLG Düsseldorf, WM 1995, 1496).

55 **Einzelfälle:**
– Kommt ein VN, der sich nach einem Verkehrsunfall in der Nacht mangels feststellungsbereiter Personen nach Ablauf der Wartefrist vom Unfallort entfernen durfte, seiner Pflicht zur unverzüglichen Ermöglichung nachträglicher Feststellungen nicht rechtzeitig nach, informiert er jedoch stattdessen seinen VR zu einem Zeitpunkt, zu dem er durch Mitteilung an den Geschädigten eine Strafbarkeit nach § 142 Abs. 2 StGB noch hätte abwehren können, begründet allein die unterlassene Erfüllung der Pflicht nach § 142 Abs. 2 StGB keine Verletzung der Aufklärungsobliegenheit (BGH, VersR 2013, 175 zugleich Fortführung von BGH, VersR 2000, 222 m. Anm. *van Bühren*, VersR 2000, 222). Ein Gericht, das in den Fällen des § 142 StGB stets **Arglist** des VN annimmt, lässt die notwendige einzelfallbezogene Betrachtung vermissen (BGH, Vers 2013, 175 Rn 29; BGH, VersR 2009, 968 Rn 9; kritisch *Tomson-Kirmse*, VersR 2013, 175).
– Verlässt der VN unerlaubt den Unfallort, geht dies regelmäßig mit konkreten Feststellungsnachteilen für den VR einher, die zum Verlust des Vollkaskoschutzes führen (OLG Naumburg, VersR 2013, 178 m. Anm. *Nugel*, JurisPR-VerkR 23/2012 Anm. 4; *Maier*, JurisPR-VersR 11/2012 Anm. 3).
– Das Gebot, nach einem Verkehrsunfall die Unfallaufnahme durch die Polizei an Ort und Stelle abzuwarten, stellt eine elementare, allgemeine und jedem Kraftfahrer bekannte Pflicht dar (BGH, VersR 2000, 222; LG Saarbrücken, BeckRS 2010, 25620).
– Nach den AKB 2008 ist der Nachweis der Voraussetzungen des § 142 StGB für den Einwand einer Obliegenheitsverletzung durch ein Entfernen vom Unfallort nicht mehr erforderlich (OLG Stuttgart, VersR 2015, 444–446; dazu *Nugel*, JurisPR-VerkR 4/2015 Anm. 4). Der Kausalitätsgegenbeweis (§ 28 Abs. 3 S. 1 VVG) scheidet aus, wenn

weder die Fahrereigenschaft noch der Zustand einer möglichen Alkoholisierung als Unfallursache sicher geklärt werden kann (OLG Stuttgart, VersR 2015, 444–446).
- Der VR ist in der Vollkaskoversicherung wegen vorsätzlicher Verletzung der vereinbarten Aufklärungsobliegenheit leistungsfrei, wenn der VN und Fahrer des Fahrzeugs die zum Unfallort herbeigerufene Mutter als Fahrerin ausgibt (KG, BeckRS 2010, 27179).
- Verlässt ein Unfallbeteiligter den Unfallort vor der Unfallaufnahme, hat er sich aber zuvor mit dem Unfallgegner in Gegenwart von Zeugen unterhalten und bestand Gelegenheit, sich das Kennzeichen des Fahrzeugs des Unfallbeteiligten zu notieren, kann eine Obliegenheitsverletzung des VN ausscheiden (AG Bonn, BeckRS 2014, 01577).
- Der WassersportkaskoVR ist wegen vorsätzlicher Verletzung der Aufklärungsobliegenheit leistungsfrei, wenn sich der VN nach der Anzeige des Diebstahls seines auf der Straße auf einem Trailer abgestellten Bootes weigert, dem VR den Schlüssel zum Sicherheitsschuh der Anhängerkupplung des Trailers auszuhändigen (KG, NJOZ 2012, 614).
- Nach § 28 Abs. 2 VVG trägt der VR für den Vorsatz des VN die Beweislast. Enthalten AVB eine entgegengesetzte Beweislastregelung (wie etwa § 17 Abs. 6 S. 1 ARB-RU2000), so führt dies nach § 32 VVG i.V.m. § 307 Abs. 1 S. 1 BGB zur Unwirksamkeit der AVB-Klauseln (BGH, BeckRS 2014, 09021; im Anschluss an BGHZ 191, 159 Rn 19).
- Liegt eine vorsätzliche Obliegenheitsverletzung vor, kann der VN dem Anspruchsverlust nur dann entgehen, wenn er dem VR den wahren Sachverhalt aus eigenem Antrieb vollständig und unmissverständlich offenbart und nichts verschleiert oder zurückhält, oder aber – soweit nicht arglistiges Verhalten vorliegt, darlegt und beweist, dass die Obliegenheitsverletzung weder für den Eintritt oder die Feststellung des Versicherungsfalles noch für die Feststellung oder den Umfang der Leistungspflicht des VR ursächlich war (OLG Karlsruhe, BeckRS 2014, 09286).
- Der VR ist leistungsfrei, wenn der VN ein von seiner Frau ausgefülltes Schadensformular **blanko unterschreibt**, in dem sie die Frage nach einem tatsächlichen **Alkoholgenuss** des VN vor einem Unfall (fälschlicherweise: 2,79 ‰) verneint (OLG Saarbrücken, VersR 2007, 532).
- Bei Vorlage einer **Stehlgutliste** können besondere Schwierigkeiten bei der Erstellung (Betriebsunterbrechung wegen Inventur bei sehr umfangreichen Entwendungen) sowohl bei der Frage der Rechtzeitigkeit als auch beim Verschulden berücksichtigt werden (OLG Koblenz, 15.12.2006 – 10 U 1678/05 [n.v.]).
- Das Verschweigen anderweitig bestehender Unfallversicherungen in der Unfallschadensanzeige ist geeignet, die berechtigten Interessen des VR ernsthaft zu gefährden (BGH, VersR 1982, 182, 183; OLG Saarbrücken, VersR 2007, 977). Bei **Mehrfachversicherungen** besteht ein besonders hoher Anreiz, sich die Verletzungen selbst zuzufügen (OLG Saarbrücken, VersR 2007, 977).
- Stellt der Anwalt im Kündigungsschutzprozess trotz guter Aussichten für einen **Abfindungsvergleich** einen überflüssigen und Kosten erhöhenden Hilfsantrag, ist dies eine die Leistungsfreiheit des Rechtsschutzversicherers begründende Obliegenheitsverlet-

zung. Der VN muss sich das Verschulden seines Anwalts (§ 166 Abs. 1 BGB analog) zurechnen lassen (OLG Köln, VersR 2004, 639).
- Der Wohngebäudeversicherer ist von der Verpflichtung zur Leistung frei, wenn der VN ein Wohnhaus erwirbt und die im Verkehrswertgutachten festgestellten **Baumängel** nicht beseitigen lässt, so dass es nach Frosteinbruch zu einem Leitungswasserschaden kommt (OLG Rostock, VersR 2004, 61).
- Allein die versäumte Schadensmeldung bei Erhalt eines Antrags auf Durchführung eines **selbstständigen Beweisverfahrens** führt nicht zur Leistungsfreiheit des Haftpflichtversicherers, wenn die Meldung bei Zustellung des Gutachtens, das zu einer Haftung des VN gelangt, nachgeholt wird (OLG Stuttgart, VersR 2004, 511).
- Der VR ist von der Verpflichtung zur Leistung frei, wenn der VN trotz **Störung der Einbruchmeldeanlage** sich nicht bemüht, sofort einen Wächter zu beauftragen, obwohl vertraglich vereinbart ist, dass bei Störung ein Wächter *ununterbrochen* anwesend sein muss (OLG Koblenz, VersR 2003, 851).
- In der **Kaskoversicherung** wird allgemein bejaht, dass beim Gebrauchtwagenkauf Falschangaben zum Kaufpreis geeignet sind, die Interessen des VR ernsthaft zu gefährden (BGH, VersR 1998, 577). Dies gilt auch bei einer Oldtimerversicherung (OLG Hamm, VersR 2003, 1169).
- Gibt der VN in der Schadensanzeige an, selbst **Lenker des Fahrzeugs** im Zeitpunkt des Unfalls gewesen zu sein, obwohl er nach seinem eigenen Vortrag keine Kenntnis hat, wer das Fahrzeug gefahren hat, und angibt, er selbst könne Fahrer oder Beifahrer gewesen sein, so wird der Kaskoversicherer wegen vorsätzlicher Obliegenheitsverletzung leistungsfrei (OLG Köln, VersR 2003, 57).
- Der **Teilkasko**-Versicherer ist wegen einer Obliegenheitsverletzung (§ 5 Abs. 2 S. 3 AKB) leistungsfrei, wenn der VN sein stillgelegtes Fahrzeug während eines längeren Aufenthalts im Ausland auf einem von der Straße frei zugänglichen Tankstellengelände abstellt, damit der Tankstellenpächter es veräußern könne, wenn sich ein Interessent findet (OLG Köln, VersR 2003, 1298).
- In der **Tierversicherung** kann der VR bei Nottötung eines Pferdes ohne seine vorherige Einwilligung leistungsfrei sein (OLG Düsseldorf, VersR 2003, 102).
- Erhöht der VN durch technische Eingriffe die Höchstgeschwindigkeit seines Motorrads, so kann hierin ein Verstoß gegen die **Führerscheinklausel** (§ 2 Nr. 2c AKB) liegen, der die Leistungsfreiheit des VR auslöst (OLG Nürnberg, VersR 2003, 191).

IV. Quotelung bei grober Fahrlässigkeit

1. Grundsätze

56 Im Fall einer grob fahrlässigen Verletzung der Obliegenheit ist der VR berechtigt, seine Leistung in einem der Schwere des Verschuldens des VN entsprechenden Verhältnis zu kürzen. Die Beweislast für das Nichtvorliegen einer groben Fahrlässigkeit trägt der VN (Römer/Langheid/*Rixecker*, § 28 Rn 73; *Looschelders*, VersR 2008, 1, 4; *Pohlmann*, VersR 2008, 437, 438). Durch dieses System der Quotelung soll das Alles-oder-Nichts-Prinzip

ersetzt werden, da dieses häufig zu ungerechten Ergebnissen geführt hat (Begr. BT-Drucks 16/3945, S. 69; vertiefend *Schwintowski*, Rechtswissenschaft und Rechtsliteratur im 20. Jahrhundert, S. 503). Der **Umfang der Leistungspflicht** des VR bei grober Fahrlässigkeit des VN soll sich nach dem **Verschuldensmaß** bestimmen: Der VR ist danach berechtigt, seine Leistung in einem Verhältnis zu kürzen, das dem Grad der groben Fahrlässigkeit des VN entspricht (Begr. BT-Drucks 16/3945, S. 69). Dies schließt eine Fallgruppenbildung, die nicht an das Verschulden, sondern das objektive Verhalten (z.b. Rotlichtverstoß) anknüpft, denklogisch aus. Entscheidend ist, ob die grobe Fahrlässigkeit im konkreten Fall nahe beim bedingten Vorsatz oder eher im Grenzbereich zur einfachen Fahrlässigkeit liegt (Begr. BT-Drucks 16/3945, S. 69). Vereinbarungen über eine pauschalierte Quotelung sind insoweit zulässig, als sie nicht mit einer Benachteiligung des VN verbunden sind (§ 32: Begr. BT-Drucks 16/3945, S. 69). Zu beachten ist, dass der VR trotz grober Fahrlässigkeit zur Leistung verpflichtet bleibt, soweit die Verletzung der Obliegenheit für die Leistungspflicht des VR **nicht ursächlich** ist (§ 28 Abs. 3 VVG). Die Verletzung muss also irgendwelche Nachteile für den VR zur Folge gehabt haben (BGH, VersR 1960, 1033).

2. Grobe Fahrlässigkeit

Die Anforderungen an das Vorliegen grober Fahrlässigkeit entsprechen denen von § 81 VVG. Im Römischen Recht war grobe Fahrlässigkeit definiert als non intellegere quod omnes intellegunt (*Ulpian*, D.50, 16, 213, 2; ähnlich *Paulus*, D.50, 16, 224 pr). Damit wird an den Vorsatzverdacht angeknüpft – die Vorsatzfolgen sollen auch bei grober Fahrlässigkeit eintreten (*Deutsch*, VersR 2004, 1485 m.w.N.). Im Entwurf I zum BGB hieß es noch, dass „*die Sorgfalt eines ordentlichen Hausvaters in besonders schwerer Weise vernachlässigt wird*" (§ 144 Abs. 2), während die II. Kommission der Meinung war, dass man grobe Fahrlässigkeit im Gesetz nicht definieren müsse (Mot. I 280). Grob fahrlässig handelt, wer die im Verkehr erforderliche Sorgfalt nach den gesamten Umständen in **ungewöhnlich hohem Maße** verletzt und unbeachtet lässt, was im gegebenen Fall jedem hätte einleuchten müssen (BGH, VersR 1999, 1004; BGH, VersR 1989, 582, 583; BGH, VersR 1989, 141, 142; BGH, VersR 1977, 465; RGZ 163, 104, 106). So ist es bspw., wenn jemand einfachste, ganz nahe liegende Überlegungen nicht anstellt (BGH, VersR 1989, 840; BGH, VersR 1986, 906, 907).

57

Grobe Fahrlässigkeit setzt neben dem **objektiv schweren Verstoß** gegen die im konkreten Fall gebotene Sorgfalt ein **subjektiv unentschuldbares Verhalten** voraus (BGH, VersR 1989, 840; BGH, VersR 1986, 254). Es muss sich dabei um ein ggü. leichter Fahrlässigkeit gesteigertes Verschulden handeln (BGH, VersR 1992, 1085; BGH, VersR 1986, 962, 963; BGH, VersR 1976, 649, 650; BGH, VersR 1977, 463). Berücksichtigung sollen dabei auch Umstände finden, die die subjektive personale Seite der Verantwortlichkeit betreffen (BGHZ 10, 14, 17; BGH, VersR 1967, 909, 910). So können subjektive Besonderheiten bei objektiv grob fahrlässigem Verhalten den Verschuldensvorwurf abschwächen (BGH, VersR 1992, 1085; BGH, VersR 1967, 909, 910, *Veith*, VersR 2008, 1580, 1581).

58

59 Daraus folgt, dass es **unterschiedliche Grade** grob fahrlässigen Verhaltens gibt, die sich aus einer Gesamtschau der objektiven und subjektiven Verhaltensvorwürfe ergibt (*Veith*, VersR 2008, 1580, 1581,1582). Der Begriff der groben Fahrlässigkeit erfordert somit eine rechtliche Abwägung und Bewertung objektiv tatsächlicher und subjektiv wertender Momente. Damit unterliegt der Begriff der groben Fahrlässigkeit der **revisionsrechtlichen Nachprüfung**, soweit die Vorinstanz entweder den Rechtsbegriff verkennt oder nicht alle festgestellten Umstände des Geschehens in seine Wertung einbezogen hat (BGH, VersR 1999, 1004; BGH, VersR 1989, 582).

3. Kürzung entsprechend der Schwere des Verschuldens

a) Grundsätze

60 Der VR ist berechtigt, seine Leistung in einem der Schwere des Verschuldens des VN entsprechenden Verhältnis zu kürzen. Dieses **Quotelungssystem** gilt für das deutsche Recht seit dem 1.1.2008 – Vorbild ist Art. 14 Abs. 2 des schweizerischen VVG. Die Beweislast für das Nichtvorliegen einer groben Fahrlässigkeit trägt der VN (§ 28 Abs. 2 VVG). Allerdings bleibt der VR zur Leistung verpflichtet, soweit die Verletzung der Obliegenheit weder für den Eintritt oder die Feststellung des Versicherungsfalles noch für die Feststellung oder den Umfang der Leistungspflicht des VR **ursächlich** ist (§ 28 Abs. 3 S. 1 VVG). Dies gilt nicht, wenn der VN die Obliegenheit **arglistig** verletzt hat (§ 28 Abs. 3 S. 2 VVG).

61 Inzwischen hat sich zu den Kürzungsquoten eine Kasuistik entwickelt (vgl. die Übersichten von *Böhm/Nugel*, MDR 2013, 1328; *Böhm/Nugel*, MDR 2012, 693 sowie von *Nugel*, MDR 2011, 1148; *Nugel*, MDR 2010, 597). Im Zentrum stehen die Kürzungsquoten in der **Kraftfahrtversicherung**. Bei **absoluter Fahruntüchtigkeit** kann es zu einer Kürzung **auf Null** kommen, allerdings nicht schematisch, sondern nur unter Abwägung der Umstände des Einzelfalles (BGH, VersR 2011, 1037; BGH, BeckRS 2012, 03581; OLG Dresden, VersR 2011, 205–206; OLG Stuttgart, NJW-RR 2011, 185–187; Kürzungsquote bei 0,93 Promille von 75 %: OLG Saarbrücken, BeckRS 2014, 22614). Bei Rotlichtverstößen liegt die Quote meist bei 50 % (Nachweise bei *Böhm/Nugel*, MDR 2013, 1328 f.). Ähnlich ist es bei der Missachtung der Durchfahrtshöhe, allerdings mit Abweichungen in Richtung ⅓ bis ⅔ (*Böhm/Nugel*, MDR 2013, 1328, 1329), das Gleiche gilt für das Fahren mit abgefahrenen Reifen (*Böhm/Nugel*, MDR 2013, 1328, 1330). Bei Entwendungen, die durch Schlüsselverlust ausgelöst werden, liegen die meisten Quoten im Bereich von 50 % mit Abweichungen nach unten und oben (*Böhm/Nugel*, MDR 2013, 1328, 1330). Relativ viele Fälle betreffen die **Frostvorsorge** mit Quoten zwischen 50–100 % (*Böhm/Nugel*, MDR 2013, 1328, 1331). Fälle, in denen die **Stehlgutliste** nach Diebstählen zu spät eingereicht wird, führen zu Quoten zwischen 20–100 % (*Böhm/Nugel*, MDR 2013, 1328, 1331).

62 Aus der Tatsache, dass der VR berechtigt ist, seine Leistung in einem der Schwere des Verschuldens des VN entsprechenden Verhältnis zu kürzen, folgt, dass es *nicht* auf den **wirklich entstandenen Schaden** beim VR ankommt. Dies bedeutet, dass der VN in einem der Schwere seines Verschuldens entsprechenden Verhältnis i.R.d. Quotelungssystems Versicherungsschutz genießt. Daraus folgt, dass umgekehrt der beim VR wirklich entstandene

Schaden zugleich auch die Höchstgrenze der Quotelung beschreibt. Denn der Sinn und Zweck des Quotensystems ist es nicht, den VN für sein grobes Fehlverhalten „zu bestrafen", sondern ihm den durch dieses Fehlverhalten zugeflossenen Vermögensvorteil, der auf Seiten des VR als Nachteil abgebildet ist und zugleich die versicherte Gemeinschaft belastet, durch Kürzung abzunehmen. Dieses aus den Wertungen der §§ 311, 241 Abs. 2, 280 Abs. 1 BGB entwickelte Konzept konkretisiert das Quotensystem des § 28 Abs. 2 VVG. Zugleich markiert es den Unterschied zum früheren „Alles-oder-Nichts"-Prinzip. Rechtspraktisch sind somit drei Schritte vorzunehmen. Zunächst einmal ist zu klären, ob der VN die vertraglich zu erfüllende Obliegenheit **grob fahrlässig** verletzt, also das unbeachtet gelassen hat, was im gegebenen Fall jedem hätte einleuchten müssen (BGH, VersR 1999, 1004; BGH, VersR 1989, 582). Im zweiten Schritt ist die Schwere des Verschuldens des VN im konkreten Einzelfall festzustellen (BGH, VersR 2011, 1037; BGH, VersR 1992, 1085). War ein stark alkoholisierter VN im Unfallzeitpunkt möglicherweise schuldunfähig, so kann er den Unfall dennoch grob fahrlässig herbeigeführt haben, wenn er während des Trinkens damit rechnen musste, dass er später unter Alkoholeinfluss mit seinem Fahrzeug fahren und dabei möglicherweise einen Unfall herbeiführen würde (BGH, r+s 2011, 376 Rn 17 m.w.N.). Schließlich darf der VR in einem dritten Schritt seine Leistung in einem der Schwere des Verschuldens des VN entsprechenden Verhältnis kürzen.

Die Beweislast für das Nichtvorliegen einer groben Fahrlässigkeit trägt der VN (§ 28 Abs. 2 VVG). Der VR seinerseits muss darlegen und beweisen, dass er seine Leistung in einem der Schwere des Verschuldens des VN entsprechenden Verhältnis kürzt. Es gibt somit keinen **ausschließlich objektiven** Maßstab für die Verhaltensanforderungen im Rechtsverkehr (Römer/Langheid/*Rixecker*, § 28 Rn 68). Vielmehr trifft den VR, unbeschadet einer entsprechenden Anwendung des § 827 S. 1 BGB, die Beweislast auch für die subjektiven Voraussetzungen der groben Fahrlässigkeit (BGH, r+s 2011, 376 Rn 19 m.w.N.; bestätigt durch BGH, VersR 2011, 1037). Die Feststellung der groben Fahrlässigkeit impliziert folglich noch nicht die (individuelle) Schwere des Verschuldens des VN. Deshalb scheiden auch verhaltensbezogene **Pauschalquoten** (etwa: bei absoluter Fahruntüchtigkeit immer 100 % Kürzung; bei Rotlichtverstoß immer 50 %) aus, zumal § 32 VVG eine den VN benachteiligende Abweichung von § 28 Abs. 2 VVG verbietet (Römer/Langheid/*Rixecker*, VVG § 28 Rn 75). Demgegenüber sind **verschuldensbezogene Pauschalquoten** durchaus zulässig (BT-Drucks 16/3945 S. 69), denn diese signalisieren nur, dass nach individueller Prüfung und Festlegung des Verschuldens (z.B. als eher leicht, mittelschwer, erheblich oder schwer) ein diesem Verschuldensgrad entsprechender prozentualer Abzug regelmäßig gerechtfertigt ist. Ausgehend von auf den **Verschuldensgrad** bezogenen Pauschalquoten (so BT-Drucks 16/3945 S. 69), ist der VR berechtigt, seine Leistung in einem der Schwere des Verschuldens des VN entsprechenden Verhältnis zu kürzen. Eine Rechtspflicht zur Kürzung besteht jedoch nicht.

b) § 6 KfzPflVV

64 Für die **Kfz-Haftpflichtversicherung** sind die **Sonderregelungen in § 4 PflVG, §§ 5 Abs. 3, 6 KfzPflVV** zu beachten. Soweit eine grob fahrlässig begangene Obliegenheitsverletzung weder Einfluss auf die Feststellung des Versicherungsfalls, noch auf die Feststellung oder den Umfang der dem VR obliegenden Leistung gehabt hat, bleibt der VR nach § 6 Abs. 2 KfzPflVV **zur Leistung verpflichtet.** Selbst bei besonders schwer wiegender vorsätzlich begangener Verletzung der Aufklärungs- oder Schadenminderungspflichten ist die Leistungsfreiheit des VR **auf höchstens 5.000,00 EUR beschränkt** (§ 6 Abs. 3 KfzPflVV). Für den Fall, dass Obliegenheitsverletzungen vor und nach Eintritt des Versicherungsfalls zusammentreffen, kann es zu einer Addition der Leistungsfreiheitsbeträge gem. § 2b Abs. 2 und § 7 I Abs. 2 AKB kommen (OLG Düsseldorf, VersR 2004, 1406; OLG Düsseldorf, VersR 2004, 1129; OLG Saarbrücken, VersR 2004, 1131). Es handelt sich um eine **Kappungsgrenze** (Römer/Langheid/*Rixecker*, § 28 Rn 88; *Maier*, r+s 2007, 89). Zunächst ist die Quote nach Umfang und Höhe festzulegen. Bis zur Höhe der Kappungsgrenze ist der Rückgriff des VR unbeschränkt, darüber hinaus beschränkt (LG Saarbrücken, zfs 2012, 628; LG Bochum, zfs 2012, 579; LAG Berlin-Brandenburg, BeckRS 2014, 71377).

4. Kürzungsquoten

a) Schweizer Modell

65 Im Schweizer Recht – das Vorbild für das deutsche Quotensystem – ist (vertiefend *Heiss*, in: Bruck/Möller, § 28 Rn 186) eine vergleichbare Kürzung bei grob fahrlässiger Herbeiführung des Versicherungsfalles seit langem bekannt (Art. 14 Abs. 2 CHVVG). Es gilt als **Faustregel,** dass sich **Kürzungsquoten** meist im Bereich zwischen 10 % und 50 % bewegen, darüber nur in Fällen von gröbstem Verschulden (*Hönger/Süsskind*, in: Honsell/Vogt/Schnyder, Art. 14 Rn 35). Dabei wird die **Quote** umso **tiefer** angesetzt, je höher der Schaden ist. Dies betrifft insb. die Haftpflichtversicherung, wo der Versicherte trotz eines relativ bescheidenen, zu seinen Lasten gehenden Bruchteiles der Schadensersatzforderung schwer getroffen werden kann, wenn der Schaden insgesamt hoch ausfällt (*Hönger/Süsskind*, in: Honsell/Vogt/Schnyder, Art. 14 Rn 35). Bei sehr großen Schadenssummen sei es angezeigt, die Höhe des Abzuges nicht in einem Verhältnis zum Gesamtschaden, sondern in einem absoluten Betrag zu bestimmen (*Hönger/Süsskind*, in: Honsell/Vogt/Schnyder, Art. 14 Rn 35). Mit Blick auf die Schweizerische Judikatur (abgedr. bei *Hönger/Süsskind*, in: Honsell/Vogt/Schnyder, Art 14 Rn 36 ff.) ist zu berücksichtigen, dass den individuellen Bemessungsfaktoren und persönlichen Verhältnissen der Anspruchsberechtigten der gebührende Platz eingeräumt werden muss. Dies kann im Einzelfall eine Abweichung von einer in einem äußerlich gleich gelagerten Fall festgelegten Kürzungsquote ohne Weiteres rechtfertigen (*Hönger/Süsskind*, in: Honsell/Vogt/Schnyder, Art. 14 Rn 35).

66 Die Schweizerischen Judikate sind für die deutsche Rechtspraxis **nur bedingt brauchbar**. Das hängt zum einen damit zusammen, dass grobe Fahrlässigkeit im deutschen Haftpflichtversicherungsrecht – anders als im schweizerischen – mitversichert ist (§ 103 VVG für die

Herbeiführung des Versicherungsfalls; § 6 Abs. 2 KfzPflVV für Obliegenheitsverletzungen). Zum anderen betreffen die schweizerischen Entscheidungen allesamt die Anrechnung des Verschuldens des VN bei der Herbeiführung des Versicherungsfalls (im deutschen Recht: § 81 VVG), nicht hingegen den Fall einer grob fahrlässigen Verletzung von Obliegenheiten (so auch *Heiss*, in: Bruck/Möller, § 28 Rn 186).

b) Das Mittelwertmodell

Die Vertreter des **Mittelwertmodells** gehen davon aus, dass zunächst eine Einstiegsgröße für die Quotelung mit 50 % veranschlagt werden sollte (Rüffer/Halbach/Schimikowski/ *Felsch*, § 28 Rn 169; *Felsch*, r+s 2007, 485, 493; *Weidner/Schuster*, r+s 2007, 363; *Langheid*, NJW 2007, 3665, 3669; LG Kassel, zfs 2011, 33; **a.A.** LG Nürnberg-Fürth, VersR 2010, 1635, 1636; LG Dortmund, VersR 2010, 1594, 1596). Im Rahmen des § 28 Abs. 2 S. 2 VVG läge es nahe anzunehmen, dass die gesetzlich vermutete grob fahrlässige Begehungsweise des VN eine solche sei, die im durchschnittlichen mittleren Bereich grober Fahrlässigkeit angesiedelt sei und daher zunächst mit einer Leistungsfreiheitsquote von 50 % korrespondiere (Rüffer/Halbach/Schimikowski/*Felsch*, § 28 Rn 169). Richtig ist, dass der VN die Beweislast für das Nichtvorliegen der groben Fahrlässigkeit trägt (§ 28 Abs. 2 letzter Hs. VVG). 67

Die Einstiegsquote von 50 % geht jedoch weit darüber hinaus, läuft nämlich auf eine „generelle Vermutung mittlerer grober Fahrlässigkeit" hinaus, die mit dem auf den Einzelfall abstellenden Gesetz nicht vereinbar ist (BGH, VersR 2011, 1037; LG Nürnberg-Fürth, VersR 2010, 1635 f.; LG Münster, VersR 2009, 1615 f.; *Rixecker*, ZVersWiss 2009, 3, 6; *Looschelders*, ZVersWiss 2009, 13, 28; Prölss/Martin/*Armbrüster*, § 28 Rn 238; *Nugel*, MDR 2008, 1320, 1321). Nach dem Wortlaut des Gesetzes und seinem Sinn und Zweck ist der VR berechtigt, seine Leistung in einem der (individuellen) Schwere des Verschuldens des VN entsprechenden Verhältnis zu kürzen. Mit diesem Wortlaut ist eine pauschale Einstiegsquote von 50 % nicht zu vereinbaren (*Heiss*, in: Bruck/Möller, § 28 Rn 192; Römer/Langheid/*Rixecker*, VVG § 28 Rn 76). Das bis zum 31.12.2007 geltende Alles-oder-Nichts-Prinzip sollte gerade nicht durch eine Art „50 % auf alles"-Prinzip, sondern durch eine einzelfallbezogene, konkret-individuelle Bestimmung der Leistungspflicht nach dem Gewicht der Vorwerfbarkeit ersetzt werden (Römer/Langheid/*Rixecker*, § 28 Rn 76; *Heiss*, in: Bruck/Möller, § 28 Rn 28). Hiervon ausgehend hat der BGH am 22.6.2011 klargestellt, dass es selbst bei einer Leistungskürzung auf **Null** einer Abwägung der Umstände des Einzelfalles bedarf (BGH, VersR 2011, 1037). Diese Grundsätze hat der BGH mit Urt. v. 11.1.2012 bestätigt (BGH, BeckRS 2012, 03581; dazu: *Ebert*, JurisPR-BGH ZivilR 4/2012 Anm. 1; *Maier*, JurisPR-VersR 2/2012 Anm. 1). 68

c) Leistungskürzung auf Null

Der Wortlaut von § 28 Abs. 2 VVG erlaubt dem VR eine Leistungskürzung, die der Schwere des Verschuldens bei der Verletzung der Obliegenheit entspricht. Daneben ist der VN nach § 81 Abs. 2 VVG berechtigt, eine vergleichbare Leistungskürzung vorzunehmen, 69 wenn der VN den **Versicherungsfall** (also nicht die Obliegenheit) grob fahrlässig herbeiführt. Im Einzelfall ist folglich zu prüfen, ob die Auswirkungen der Obliegenheitsverletzung mit denen der Herbeiführung des Versicherungsfalles wirkungsgleich sind. Auch insoweit kommt es auf die Abwägung der Umstände des Einzelfalls an (BGH, VersR 2011, 1037; bestätigt durch BGH, BeckRS 2012, 03581).

70 Der BGH hat sich am 22.6.2011 (BGH, VersR 2011, 1037) umfassend mit derjenigen Literatur und Rechtsprechung auseinandergesetzt, die eine Leistungskürzung auf **Null** in Einzelfällen, insbesondere bei absoluter Fahruntüchtigkeit, angenommen hat (z.B. OLG Stuttgart, NJW-RR 2011, 185, 186 f.; OLG Hamm, VersR 2011, 206; LG Münster, VersR 2011, 487 f.; LG Oldenburg, r+s 2010, 461, 462; LG Tübingen, zfs 2010, 394 f.; AG Bühl, SVR 2009, 424 f.; AG Bitterfeld-Wolfen mit Anm. *Nugel*, jurisPR-VerkR 20/2010 Anm. 2; MüKo/*Looschelders*, § 81 VVG Rn 125; *Baumann*, in: Bruck/Möller, § 81 Rn 127; Rüffer/Halbach/Schimikowski/*Karczewski*, § 81 Rn 99; *Nugel*, MDR 2010, 597). Demgegenüber hat der BGH die Vertreter der Auffassung zitiert, die bei grob fahrlässiger Herbeiführung des Versicherungsfalles einen vollständigen Wegfall der Leistungspflicht des VR ausschließen (KG, VersR 2011, 487; *Marlow*, VersR 2007, 43, 45; *Marlow/Spuhl*, Das neue VVG kompakt, 3. Aufl., S. 157 f.; *Schimikowski/Höra*, Das neue VVG, S. 148; *Rokas*, VersR 2008, 1457; *Kerst*, VW 2010, 501). Eine vollständige Leistungsfreiheit sei vom Gesetzgeber ausdrücklich nur für den Fall des Vorsatzes vorgesehen worden. Dies dürfe nicht durch Zulassung einer Leistungskürzung auf Null unterlaufen werden (BGH, VersR 2011, 1037 Rn 23).

71 Der BGH hat entschieden, dass eine Leistungskürzung des VR auf Null – allerdings nur in besonderen Ausnahmefällen – möglich ist (ähnlich Müko/*Looschelders*, § 81 VVG Rn 125; *Rixecker*, zfs 2009, 5, 6 f.; *Nugel*, Kürzungsquoten nach dem VVG, Rn 15). Dies könne etwa bei Herbeiführung des Versicherungsfalles im Zustand absoluter Fahruntüchtigkeit in Betracht kommen, da sich derartige Fälle in der Regel im Grenzgebiet zwischen grober Fahrlässigkeit und bedingtem Vorsatz bewegten (BGH, VersR 2011, 1037 Rn 32 unter Hinweis auf *Rixecker*, zfs 2009, 5, 6). Das Führen eines Kfz in alkoholbedingt fahruntüchtigem Zustand gehöre nach der st. Rspr. des BGH zu den schwersten Verkehrsverstößen überhaupt (BGH, VersR 2011, 1037 Rn 32 m.w.N.). Allerdings sei immer eine Abwägung der **Umstände des Einzelfalls** erforderlich, so dass nicht pauschal in jedem Fall absoluter Fahruntüchtigkeit eine Leistungskürzung auf Null vorzunehmen sei (BGH, VersR 2011, 1037 Rn 31; bestätigt durch BGH, BeckRS 2012, 03581). Habe der VN entlastende Umstände vorgetragen, die den Vorwurf der groben Fahrlässigkeit jedenfalls im subjektiven Bereich in milderem Licht erscheinen lassen und könne der VR diese nicht ausräumen, so komme nur eine anteilige Kürzung und keine vollständige Leistungsfreiheit in Betracht (BGH, VersR 2011, 1037 Rn 33).

72 Der BGH verweist für seine einzelfallbezogene und damit am Wortlaut und Sinn und Zweck des § 28 Abs. 2 VVG orientierte Kürzung auf **Null** auf den Abschlussbericht der Kommission zur Reform des VVG vom 19.4.2004 (S. 70), wo gesagt wird, „dass die Quotelung im Einzelfall auch zur vollständigen Leistungsfreiheit des VR führen" könne. Im Gesetzesentwurf zur Reform des VVG vom 20.12.2006 wurde die Möglichkeit vollstän-

diger Leistungskürzung nicht erwähnt (BT-Drucks 16/3945 S. 80). Für das Ausmaß der Leistungsfreiheit des VR, so die Gesetzesbegründung, sei entscheidend, ob die grobe Fahrlässigkeit im konkreten Fall nahe beim bedingten Vorsatz oder aber eher im Grenzbereich zur einfachen Fahrlässigkeit liege. Hieraus hat der BGH – zu Recht – entnommen, dass der Gesetzgeber die Möglichkeit einer vollständigen Leistungskürzung auch bei grober Fahrlässigkeit nicht ausschließen wollte (BGH, VersR 2011, 1037 Rn 27).

Der BGH weist ergänzend darauf hin, dass der Gesetzentwurf zunächst die Regelung enthielt, dass der VR bei Verletzung einer vom VN zu erfüllenden Obliegenheit „nur" leistungsfrei sei, wenn der VN die Obliegenheit vorsätzlich verletzt habe (BGH, VersR 2011, 1037 Rn 28). Das Wort „nur" ist auf Initiative des Rechtsausschusses des Deutschen Bundestages später gestrichen worden, weil es „überflüssig" sei (BT-Drucks 16/5862 S. 99). Dies, so der BGH – zu Recht –, lasse allein den Schluss zu, dass der Gesetzgeber, der dem Streichungsvorschlag letztlich gefolgt ist, eine vollständige Leistungskürzung bei grober Fahrlässigkeit jedenfalls nicht ausschließen wollte (BGH, VersR 2011, 1037 Rn 29 m.w.N.). Dem ist mit der wichtigen Einschränkung des BGH zuzustimmen, wonach es immer auf die Abwägung der Umstände des Einzelfalles ankomme, so dass selbst bei absoluter Fahruntüchtigkeit nicht pauschal in jedem Fall eine Leistungskürzung auf Null vorzunehmen ist (BGH, VersR 2011, 1037 Rn 33). Damit wird der Tatsache Rechnung getragen, dass vollständige Leistungskürzung im **Regelfall** Vorsatz voraussetzt und deshalb nur in jenen (seltenen) Fällen denkbar ist, die sich im „Grenzgebiet" zwischen grober Fahrlässigkeit und bedingtem Vorsatz bewegen (BGH, VersR 2011, 1037 Rn 32 unter Hinweis auf *Rixecker*, zfs 2009, 5, 6). 73

d) Individuelle Gesamtbetrachtung

Aus den Urteilen des BGH vom 22.6.2011 (BGH, VersR 2011, 1037) und 11.1.2012 (BGH, BeckRS 2012, 03581) ergibt sich zugleich die Notwendigkeit einer **individuellen** Gesamtabwägung aller Umstände des Einzelfalles. Der BGH stellt darauf ab, dass auch bei absoluter Fahruntüchtigkeit keine pauschale Leistungskürzung auf Null vorzunehmen ist (BGH, VersR 2011, 1037 Rn 33; BGH, BeckRS 2012, 03581 Rn 13). Vielmehr sei **immer** eine Abwägung der Umstände des Einzelfalls erforderlich, d.h. pauschalisierte Lösungen, die an objektive Verhaltensweisen anknüpfen, sind danach ausgeschlossen. Quoten, die nur an den schwersten Verstoß anknüpfen oder einzelne Quoten addieren oder multiplizieren, scheiden deshalb von vornherein aus (Nachweise bei Prölss/Martin/ *Armbrüster*, § 28 Rn 228–230). Das Gesetz gibt auch keine prozentualen Kürzungsschritte oder eine mathematische Kalkulation vor (Römer/Langheid/*Rixecker*, § 28 Rn 78; *Heiss*, in: Bruck/Möller, § 28 Rn 202; Rüffer/Halbach/Schimikowski/*Felsch*, § 28 Rn 166). 74

Auch große Teile der Literatur tendieren zu einer dem Wortlaut und dem Sinn und Zweck der Norm entsprechenden **wertenden Gesamtbetrachtung** (LG Dortmund, VersR 2010, 1594, 1597; Prölss/Martin/*Armbrüster*, § 28 Rn 231; MüKo/*Wandt*, § 28 VVG Rn 248 f.; Rüffer/Halbach/Schimikowski/*Felsch*, § 28 Rn 206; Looschelders/Pohlmann/*Pohlmann*, § 28 Rn 123; *Heiss*, in: Bruck/Möller, § 28 Rn 202). Bei dieser Gesamtbetrachtung ist zunächst die Schwere des Verschuldens des VN bei der Verletzung der Obliegenheit zu 75 berücksichtigen. Das gilt auch, wenn der VN mehrere Obliegenheiten nebeneinander verletzt hat oder § 81 Abs. 2 VVG mit § 28 Abs. 2 VVG konkurriert. In diesen Fällen werden „die verschiedenen Verletzungen wertend zusammengefügt und damit eine einheitliche Quote ermittelt" (*Heiss*, in: Bruck/Möller, § 28 Rn 199; Rüffer/Halbach/Schimikowski/*Felsch*, § 28 Rn 206; Römer/Langheid/*Rixecker*, § 28 Rn 78; Prölss/Martin/*Armbrüster*, § 28 Rn 231).

76 Bei der Abwägung ist die objektive Bedeutung der verletzten Obliegenheit im Rahmen der Rechtsordnung ebenso zu berücksichtigen wie die konkrete Schwierigkeit sie zu erfüllen (Römer/Langheid/*Rixecker*, § 28 Rn 79–81). Berücksichtigt werden kann die Dauer der Obliegenheitsverletzung, etwa bei Frostsicherungsmaßnahmen (OLG Saarbrücken, zfs 2011, 221; LG Frankfurt a.M., zfs 2012, 397). Auch fortgesetzte oder wiederholte Verstöße des VN gegen Obliegenheiten können das Maß der Kürzung beeinflussen (Römer/Langheid/*Rixecker*, § 28 Rn 81). Ob besondere Erfahrungen einer zur Wahrnehmung der Obliegenheit eingeschalteten Person dem VN zugerechnet werden dürfen, ist individuell zu klären (OLG Brandenburg, r+s 2013, 24). Tätige Reue und die nachträgliche Richtigstellung und Aufklärung falscher Angaben können die Schwere des Verschuldens des VN abmildern (Rüffer/Halbach/Schimikowski/*Felsch*, § 28 Rn 191–193; Römer/Langheid/*Rixecker*, § 28 Rn 81). Das gilt auch für die Frage, ob die Leistungsfreiheit für den VN eine existenzbedrohende Härte darstellt (Rüffer/Halbach/Schimikowski/*Felsch*, § 28 Rn 194).

77 Zu beachten ist das **Kausalitätsprinzip** (§ 28 Abs. 3 VVG). Nicht sämtliche die Leistungskürzung auslösende Verstöße des VN müssen sich in gleicher Weise auf die Leistung des VR auswirken; d.h. die Kürzungsquote ist in Bezug auf die bereits durch das Kausalitätserfordernis („soweit") gequotelte Versicherungsleistung zu bilden (Rüffer/Halbach/Schimikowski/*Felsch*, § 28 Rn 209; Römer/Langheid/*Rixecker*, § 28 Rn 81; *Heiss*, in: Bruck/Möller, § 28 Rn 201). Ein etwaiges **Mitverschulden** des VR an der Obliegenheitsverletzung, etwa durch missverständliches oder widersprüchliches Verhalten, ist nach § 254 BGB einzubeziehen (Rüffer/Halbach/Schimikowski/*Felsch*, § 28 Rn 196). Berücksichtigt werden soll auch der **bisherige Versicherungsverlauf**, wenn der Kunde etwa 30 Jahre schadenfrei gefahren ist und nun erstmals den VR in Anspruch nimmt (Rüffer/Halbach/Schimikowski/*Felsch*, § 28 Rn 197; zweifelnd Römer/Langheid/*Rixecker*, § 28 Rn 83).

78 Verfolgen die Obliegenheiten **unterschiedliche Zwecke** (Fahren ohne Führerschein/Fahren ohne Alkohol), muss die Verletzung beider Obliegenheiten zu einer **Gesamtsanktion** führen (Römer/Langheid/*Rixecker*, § 28 Rn 86). Ob in jedem Falle eine angemessene Erhöhung der höchsten verwirklichten Kürzungsquote zu bilden ist, lässt sich nicht pauschal beantworten – auch insoweit ist eine individuelle Gesamtbetrachtung notwendig (ähnlich Römer/Langheid/*Rixecker*, § 28 Rn 86; Prölss/Martin/*Armbrüster*, § 28 Rn 231). So macht es einen Unterschied, ob ein VN mit einem Fahrverbot für einen Monat und 0,5 ‰ Alkohol zu einer Spritztour aufbricht oder ob derselbe VN nur deshalb das Auto benutzt, weil sein minderjähriges Kind gerade gestürzt und schwer verletzt in die nahe gelegene Notfallstation des Krankenhauses gebracht werden muss. Ein VN, der eine rote Ampel überfährt, um einen Auffahrunfall eines von hinten mit hoher Geschwindigkeit herannahenden Pkw zu verhindern, und dabei schleudernd auf ein am Straßenrand aufgestelltes Verkehrsschild

prallt, dürfte selbst dann nicht grob fahrlässig gehandelt haben, wenn er sogar Alkohol im Blut gehabt haben sollte.

Aus der Perspektive der wertenden Gesamtbetrachtung kann es auch von Bedeutung sein, ob die Obliegenheitsverletzung eher auf einem Augenblicksversagen beruht oder darauf schließen lässt, dass der VN auch im Wiederholungsfalle unbeachtet lässt, was ansonsten jedem hätte einleuchten müssen (BGH, VersR 1999, 1004). 79

Für die Beurteilung, wie groß die Vorwerfbarkeit i.R.d. groben **Fahrlässigkeit** ist, können auch Faktoren wie bspw. die Dauer der Pflichtverletzung, persönliche Defizite oder aber die psychische Situation des VN in Betracht gezogen werden (*Stahl*, NZV 2009, 265, 268; *Veith*, VersR 2008, 1580 ff.). Persönliche Defizite können z.b. mangelnde Erfahrung oder zu hohes Alter sein. Aber auch die psychische Situation, wie bspw. ein Todesfall in der Familie, kann den Schuldvorwurf verringern. Andererseits können subjektiven Komponenten den Schuldvorwurf auch erhöhen. Wenn der VN wiederholt die erforderliche Sorgfalt außer Acht lässt, kann dies zu einer erhöhten Leistungskürzung führen (*Stahl*, NZV 2009, 265, 268). 80

e) Quotelungsschema

Ausgehend vom System der individuellen Gesamtbetrachtung lässt sich ermitteln, ob die Schwere des Verschuldens des VN eher in der Nähe der einfachen Fahrlässigkeit oder umgekehrt in der Nähe des bedingten Vorsatzes einzuordnen ist. In diesen Fällen, in denen der individuell vorwerfbare Gesamtschweregrad feststeht, wird man nun zu überlegen haben, in welchem Maße die Leistung des VR gegenüber dem VN zu kürzen ist. Es geht nicht mehr um die objektive Verhaltensverletzung, sondern um die daraus resultierende **Schwere des Verschuldens** mit Blick auf die Obliegenheitsverletzung. Ausgehend hiervon, sind **Pauschalquoten** geboten, um Ungleichbehandlungen (Art. 3 GG) und Verletzungen des Verhältnismäßigkeitsgrundsatzes zu vermeiden. Es ist naheliegend, dass Gerichte bei der Beurteilung der Schwere des Verschuldens nicht immer der gleichen Meinung sein werden. Wenn und soweit Gerichte aber zu dem Ergebnis gelangen, eine Obliegenheitsverletzung sei als „leicht" oder eher als „schwer" einzustufen, so wird es für die Rechtssuchenden nicht mehr nachzuvollziehen sein, wenn die Kürzungsquote für die leichte Verletzung gleich hoch ausfällt wie für die schwere Verletzung. 81

Um (womöglich willkürliche) Abweichungen dieser Art zu verhindern, wird in der Gesetzesbegründung auf die Einführung von **Pauschalquoten** hingewiesen (BT-Drucks 16/3945 S. 69). Insoweit kann es auch nicht zu einer Benachteiligung des VN im Sinne des § 32 kommen. Die Prüffolge ist somit **zweistufig**. Auf der ersten Stufe wird geprüft, ob der Verhaltensverstoß überhaupt grob fahrlässig ist. Wenn diese Frage bejaht wird, so ist nunmehr in einem zweiten Schritt zu fragen, ob es sich um leichte, mittelschwere, erhebliche, schwere oder schwerste grobe Fahrlässigkeit handelt. Auf der Ebene dieses zweiten Schrittes wird nicht mehr der Verhaltensvorwurf als solcher (Überfahren einer roten Ampel), gewichtet, sondern stattdessen gefragt, ob das Überfahren der Ampel möglicherweise deshalb leicht grob fahrlässig war, weil der Versicherungsnehmer damit einen von ihm 82 befürchteten Auffahrunfall verhindern wollte. Alternativ könnte es aber auch ein Fall der schwersten groben Fahrlässigkeit sein, wenn sich herausstellt, dass der Versicherungsnehmer sich etwa mit Freunden ein „innerstädtisches Autorennen" geliefert hat ohne überhaupt noch auf Ampel, Fußgänger oder Querverkehr zu achten. Die Gerichte werden die Verhaltensverstöße (hier: Überfahren einer roten Ampel unter bestimmten Voraussetzungen) sicherlich unterschiedlich gewichten – für das eine Gericht liegt mittelschwere und für das andere Gericht möglicherweise schwere grobe Fahrlässigkeit vor. Aber: Immer dann, wenn ein Gericht sich für die Einordnung des Verschuldens in eine der hier genannten Kategorien entschieden hat, müsste schon aus der Perspektive des Art. 3 GG die daraus resultierende Abzugsquote gleich sein. Eine solche Pauschalquote, die an das Verhalten anknüpft, lässt der einzelrichterlichen Bewertung von Sachverhalten jeden Spielraum. Wenn aber ein Gericht das Verhalten in die Verschuldenskategorie mittelschwere oder erhebliche grobe Fahrlässigkeit einordnet, so sollte es in der gesamten Republik einen im Wesentlichen gleichen Abzug geben. Dieses Konzept schwebte dem Gesetzgeber in Anlehnung an das Schweizer Recht vor, als er die Einführung von **Pauschalquoten** vorschlug. Es geht folglich nicht um eine Pauschalquote für das Überfahren von roten Ampeln oder das Fahren unter Alkohol, sondern es geht um eine pauschalierte Quote für eine leichte, mittelschwere oder schwere grobe Fahrlässigkeit. Hiervon ausgehend könnte es zweckmäßig sein, wie folgt zu quoteln:

83
1. **Leichte** Obliegenheitsverletzungen: Abzug bis 10 %;
2. **mittelschwere** Obliegenheitsverletzungen: Abzug bis 20 %;
3. **erhebliche** Obliegenheitsverletzungen: Abzug zwischen 20 % und 40 %;
4. **schwere** Obliegenheitsverletzungen: Abzug zwischen 50 % und 60 %;
5. **schwerste** Obliegenheitsverletzungen, die die Grenze zum bedingten Vorsatz berühren: Abzug zwischen 70 % und 100 %.

5. Einzelfälle

a) Kfz-Versicherung

84
– BGH, VersR 2011, 1037: Der VR kann bei grob fahrlässiger Herbeiführung in Ausnahmefällen die Leistung vollständig versagen (hier: Kürzung auf Null bei absoluter Fahruntüchtigkeit). Dazu bedarf er der Abwägung der Umstände des Einzelfalles (bestätigt von BGH, BeckRS 2012, 03581; krit. *Schäfers*, VersR 2011, 842).
– BGH VersR 2011, 1037 Rn 19: Den VR trifft unbeschadet einer entsprechenden Anwendung des § 827 S. 1 BGB die Beweislast auch für die subjektiven Voraussetzungen grober Fahrlässigkeit (m.w.N.). Diese kann zu bejahen sein, wenn ganz elementare Verhaltensregeln verletzt werden, so etwa, wenn der VN während es Alkoholgenusses damit rechnet, mit seinem Kfz zu fahren und dabei möglicherweise einen Unfall herbeizuführen. Allerdings ist immer eine Abwägung der Umstände des Einzelfalles erforderlich, so dass nicht pauschal in jedem Fall absoluter Fahruntüchtigkeit eine Leistungskürzung auf Null anzunehmen ist (ähnlich OLG Dresden: *Nugel*, JurisPR-VerkR 24/2010 Anm. 2; OLG Stuttgart: *Nugel*, JurisPR-VerkR 9/2011 Anm. 5; AG Bühl, BeckRS

2009, 88789 = *Nugel*, JurisPR-VerkR 6/2010 Anm. 3; LG Münster: *Maier*, JurisPR-VersR 7/2010 Anm. 2).
– OLG Saarbrücken, BeckRS 2014, 22614: Ein Autofahrer, der mit eine Alkoholisierung von 0,93 ‰ einen Unfall verursacht, ist gegenüber dem Kfz-HVR und dem Kasko-VR wegen grob fahrlässiger Herbeiführung des Unfalls und Obliegenheitsverletzung im Innenverhältnis zu 75 % verantwortlich, was zu entsprechender Leistungskürzung und gegebenenfalls einem Regressanspruch führt (ähnlich AG Düren: *Nugel*, JurisPR-VersR 7/2013 Anm. 5: bei 0,54 ‰ Alkohol Leistungskürzung 75 %; ähnlich LG Bochum: *Maier*, JurisPR-VersR 8/2012 Anm. 5; LG Bonn: *Nugel*, JurisPR-VerkR 14/2010 Anm. 5).
– LG Dortmund, VersR 2010, 1594: Bei der Bildung der Kürzungsquote nach § 28 Abs. 2 VVG ist eine Einzelfallprüfung ohne einen festen „Mittelwert" von 50 % als Einstiegswert geboten. Die Kürzungsquote ist in Schritten von 10 % vorzunehmen, um den Besonderheiten des Einzelfalles gerecht zu werden. Sind mehrere Obliegenheiten verletzt worden, ist die Leistungskürzung im Rahmen einer Gesamtabwägung zu bilden, bei der zuerst einzelne Kürzungsquoten zu bilden und dabei gegebenenfalls auch der vom VN geführte Kausalitätsgegenbeweis zu berücksichtigen sind (dazu *Nugel*, JurisPR-VersR 9/2010 Anm.1).
– LG Münster, VersR 2009, 1615: Bei einem „Rotlichtverstoß" ohne besondere, den VN entlastende Umstände, ist eine Leistungskürzung (§ 81 VVG) in Höhe von zumindest 50 % angemessen. Die Quotierung ist nach den besonderen Umständen des Einzelfalls vorzunehmen, ohne dass ein Einstieg mit einem Wert in Höhe von 50 % erfolgt (dazu *Nugel*, JurisPR-VerkR 1/2010 Anm. 5).
– AG Mühlheim, VRR 2011, 386: Hat sich der VN vom Unfallort entfernt und kann er sich nicht vom Vorwurf einer leichtfertig unterlassenen Untersuchung des beschädigten Pkw exkulpieren, ist der VR wegen grob fahrlässiger Obliegenheitsverletzung zu einer Kürzungsquote berechtigt. Bei einem nicht unerheblichen Fahrzeugschaden einerseits, andererseits jedoch auch einer als Augenblicksversagen zu qualifizierenden Überforderung des betagten VN, ist eine Kürzungsquote in Höhe von 50 % angemessen (dazu: *Maier*, JurisPR-VersR 1/2012 Anm. 4; ähnlich AG Hannover: *Nugel*, JurisPR-VersR 10/2013 Anm. 4).
– OLG Rostock, MDR 2009, 745: Ein Fahrzeugführer, der in Polen die Entwendung seines Fahrzeugs ermöglicht, indem er aus seinem Fahrzeug aussteigt, dabei den Schlüssel (offenbar bewusst) stecken lässt, um das Auto herum und auf die Beifahrerseite geht und sich dort mit einem Passanten unterhält, handelt grob fahrlässig (dazu *Nugel*, JurisPR-VerkR 2/2009 Anm. 4).
– LG Nürnberg-Fürth, BeckRS 2010, 22164: Das Gericht schließt sich hinsichtlich der Leistungskürzung in einem der Schwere des Verschuldens des VN entsprechenden Verhältnis der wohl überwiegend vertretenen Ansicht an, dass sich eine sogenannte Einstiegsquote von 50 %, um die sich das konkrete Verschulden ranken soll, dem Gesetz nicht entnehmen lässt.
– LG Hechingen, zfs 2013, 392: Ist der VR sowohl nach § 81 VVG als auch nach § 28 VVG wegen zweier Pflichtverletzungen mit unterschiedlicher Schutzrichtung zur

quotalen Leistungsfreiheit berechtigt, ist die Gesamtkürzungsquote nach dem Stufenmodell zu bilden (hier: Gesamtkürzungsquote 75 % – dazu *Nugel*, JurisPR-VerkR 5/2013 Anm. 1).
- AG Darmstadt 317 C 137/14 – dazu *Nugel*, JurisPR-VerkR 17/2015 Anm. 3: Kürzungsquote von 75 %, wenn der VN beim rückwärts ausparken aus einer Parkbox unter Alkoholeinfluss (0,67 ‰) ein geparktes Fahrzeug beschädigt hat.

b) **Sachversicherung**

85 – OLG Hamm, VersR 2013, 101: Wenn der VN die Heizungsanlage in einem leer stehenden Gebäude über einen längeren Zeitraum im Winter vollständig stilllegt und trotzdem die wasserführenden Leitungen weder absperrt noch entleert, ist eine Leistungskürzung im Ausnahmefall auf Null möglich (bei einem ähnlichen Fall Kürzungsquote von 80 %: OLG Brandenburg, *Neuhaus*, JurisPR-VersR 1272012 Anm. 2; Kürzungsquote 50 %: LG Bonn, *Nugel*, JurisPR-VersR 6/2011 Anm. 3).
- LG München II, NJW-RR 2015, 29: Ein VN handelt grob fahrlässig, wenn er einen Saunaschalter bedient und dadurch einen Wohnungsbrand auslöst, ohne sich vorher über dessen Funktionsweise zu informieren, obwohl dessen Beschriftung gut sichtbar in Augenhöhe angebracht ist.
- OLG Hamm, NJW-Spezial 2010, 297: Hat der VN die in den AVB der WassersportV vereinbarte Obliegenheit, eine Sicherung des Außenbordmotors vorzunehmen, grob fahrlässig verletzt, ist der VR bei einem Diebstahl zu einer quotalen Leistungskürzung berechtigt (Kürzungsquote 50 % – dazu *Nugel*, JurisPR-VersR 3/2011 Anm. 1).
- LG Oldenburg, VersR 2011, 69: Reicht der VN nach einem Raub mit einem Schaden von 20.000 EUR eine Stehlgutliste erst einen Monat nach dem Vorfall bei der Polizei ein, ist der HausratVR wegen grob fahrlässiger Obliegenheitsverletzung zu einer Leistungskürzung von 40 % berechtigt (dazu: *Nugel*, JurisPR-VersR 2/2011 Anm. 1; ähnlich LG Hannover, BeckRS 2010, 30716).
- AG Oberhausen, Urt. v. 31.5.2012 – 37 C 2505/11: Das Offenlassen eines Dachfensters trotz bekannter Unwetterwarnung berechtigt den VR im Rahmen einer Wohngebäudeversicherung zur Kürzung des Leistungsanspruchs, wenn es infolge des Unwetters zur Beschädigung des Fensters kommt.
- LG Berlin, BeckRS 2013, 03467: Lagert der VN wertvolle Tauchausrüstung in einem einsehbaren, nur mit einem Vorhängeschloss gesicherten Holzlatten-Kellerverschlag eines Mehrfamilienhauses, setzt er den versicherungsvertraglich zu fordernden Sicherheitsmaßstab so weit herab, dass von einer grob fahrlässigen Herbeiführung des Versicherungsfalles auszugehen ist. Die Leistung des VR ist entsprechend der Schwere des Verschuldens des VN zu kürzen.

c) Personenversicherung

– LG Oldenburg, r+s 2013, 83: Unterlässt es der VN grob fahrlässig die ärztlich festgestellte Arbeitsunfähigkeit dem VR unverzüglich anzuzeigen, kann das zu einer Leistungskürzung um 90 % führen (dazu: *Laux*, JurisPR-VersR 7/2013 Anm. 4). 86

V. Kausalitätsgegenbeweis

1. Kausalität erforderlich bei grober Fahrlässigkeit und Vorsatz

In Anlehnung an die **Relevanzrechtsprechung** des BGH (seit BGH, VersR 1969, 651) legt § 28 Abs. 3 VVG für die Leistungsfreiheit nach § 28 Abs. 2 VVG ein Kausalitätserfordernis fest (Begr. BT-Drucks 16/3945, S. 69). Der VR ist leistungsfrei, wenn und soweit die Obliegenheitsverletzung weder für den Eintritt oder die Feststellung des Versicherungsfalles noch für die Feststellung oder den Umfang der Leistungspflicht des VR **ursächlich** ist (Begr. BT-Drucks 16/3945, S. 69). Dies erscheint – so die Begründung des Gesetzgebers – sachlich gerechtfertigt, da der VR keinen Nachteil erleidet, wenn der VN nachweist, dass seine Obliegenheitsverletzung irrelevant ist (Begr. BT-Drucks 16/3945, S. 69). Daher entfällt auch die bis zum 31.12.2007 geltende Beschränkung des Kausalitätserfordernisses auf grob fahrlässige Verletzungen nach Eintritt des Versicherungsfalls (Begr. BT-Drucks 16/3945, S. 69). Dies bedeutet, dass vorsätzliche und grob fahrlässige Obliegenheitsverletzungen, gleichgültig, ob sie vor oder nach dem Versicherungsfall zu erfüllen sind, **keine Leistungsfreiheit** des VR bewirken, wenn und soweit sie sich auf die Leistung des VR nicht auswirken (Römer/Langheid/*Rixecker*, § 28 Rn 90). Soweit § 6 Abs. 2 Kfz-PflVV den Kausalitätsgegenbeweis nur bei grober Fahrlässigkeit zulässt, ist § 28 Abs. 3 S. 1 VVG die speziellere Regelung (Römer/Langheid/*Rixecker*, § 28 Rn 90). Dieser Kausalitätszusammenhang wirkt auf die Quotelung in § 28 Abs. 2 VVG zurück, d.h. Quotierung ist nur insoweit möglich, als die grob fahrlässige Obliegenheitsverletzung einen Vermögensnachteil beim VR bewirkt hat. Etwas anderes gilt aus Gründen der Generalprävention bei **Arglist** des VN (§ 28 Abs. 3 S. 2 VVG: Begr. BT-Drucks 16/3945, S. 69). 87

Der VR ist zur Leistung verpflichtet, soweit die Verletzung der Obliegenheit weder für den Eintritt oder die Feststellung des Versicherungsfalles noch für die Feststellung oder den Umfang der Leistungspflicht des VR **ursächlich ist** (§ 28 Abs. 3 S. 1 VVG). Das Gesetz formuliert also einen **konkreten Kausalitätsmaßstab**, d.h. die **abstrakte** Relevanz einer Obliegenheitsverletzung etwa im Sinne einer generellen Eignung, die Interessen des VN zu gefährden, genügt nicht (OLG Oldenburg, VersR 2011, 1437, 1438; KG, VersR 2011, 789, 790; OLG Naumburg, VersR 2014, 621, 622; Römer/Langheid/*Rixecker*, § 28 Rn 91; Prölss/Martin/*Armbrüster*, § 28 Rn 243; **a.A.** *Langheid*, NJW 2007, 3665, 3669). Entscheidend ist, ob der VR durch die Obliegenheitsverletzung einen (Vermögens-)Nachteil erleidet (BT-Drucks 16/3945 S. 69). Dies gilt, nach dem Wortlaut des Gesetzes, auch für den **Umfang** der Leistungspflicht des VR. Hat der VN im Verlaufe der Regulierung Angaben, die möglicherweise zunächst falsch waren, korrigiert, so dass die ursprüngliche Verletzung der Obliegenheit für den Umfang der Leistungspflicht des VR nicht ursächlich 88 geworden ist, bleibt der VR zur Leistung verpflichtet. Es geht nach dem Wortlaut des Gesetzes nicht um den Zeitpunkt der Regulierungsentscheidung (so aber wohl OLG Saarbrücken, VersR 2013, 180; Römer/Langheid/*Rixecker*, § 28 Rn 92), sondern allein um die Frage, ob die Verletzung der Obliegenheit für den Umfang der Leistungspflicht des VR **ursächlich** ist.

89 Der Umfang der Leistungspflicht wird im Zeitpunkt der Leistungsbewirkung, regelmäßig mit der Endabrechnung des VR, erkennbar. In diesem Zeitpunkt muss nach dem Wortlaut des Gesetzes die Verletzung der Obliegenheit für den Umfang der Leistungspflicht ursächlich sein. An dieser Ursächlichkeit fehlt es auch dann, wenn der VR das obliegenheitswidrige Verhalten des VN seiner Regulierungsentscheidung nicht zugrunde gelegt hat, denn in diesem Fall erleidet der VR durch die Verletzung der Obliegenheit keinen Nachteil (Römer/Langheid/*Rixecker*, § 28 Rn 93). Wird der Zweck der Aufklärungsobliegenheit – Sicherstellung einer sachgerechten Regulierung und der Loyalität des VN – in vollem Umfang im Nachhinein erreicht, so wäre eine Sanktionierung im Sinne der Leistungsfreiheit – von Arglist abgesehen – nicht mehr verhältnismäßig (so Römer/Langheid/*Rixecker*, § 28 Rn 94).

2. Nachweis der Kausalität – Grundsätze

90 Die Frage, ob die Verletzung einer Obliegenheit für den Eintritt oder die Feststellung des Versicherungsfalles oder für die Feststellung oder den Umfang der Leistungspflicht **ursächlich** ist oder nicht, entscheidet sich nach **allgemeinen Grundsätzen** (Römer/Langheid/*Rixecker*, § 28 Rn 95; Prölss/Martin/*Armbrüster*, § 28 Rn 244). Verpflichtet die Obliegenheit den VN zu einem **positiven Tun**, so lautet die Frage, ob der Versicherungsfall und die Leistungspflicht auch bei ordnungsgemäßer Erfüllung der Obliegenheit im selben Umfang eingetreten und ihre Feststellung nicht anders ausgefallen wäre (Römer/Langheid/*Rixecker*, § 28 Rn 95 unter Hinweis auf BGH, VersR 2001, 756; OLG Köln, BauR 2008, 1037). Geht es um ein obliegenheitswidriges **Unterlassen**, ist zu fragen, ob bei gebotenem Tun der Versicherungsfall oder der Aufklärungsnachteil für den VR nicht eingetreten wäre (Römer/Langheid/*Rixecker*, § 28 Rn 95). Ist nicht sicher zu klären, ob die Verletzung der Obliegenheit ein nicht hinwegzudenkende Bedingung für die vom Gesetz genannten Nachteile für den VR (**Äquivalenz**) gewesen sind, so kommt es darauf an, ob die Obliegenheitsverletzung nicht nur unter besonders eigenartigen, ganz unwahrscheinlichen und nach dem regelmäßigen Verlauf der Dinge außer Betracht zu lassenden Umständen zur Herbeiführung der Nachteile für den VR geeignet gewesen ist (**Adäquanz**: Römer/Langheid/*Rixecker*, § 28 Rn 95).

91 Daneben kommt es auch auf den **inneren Zusammenhang** zwischen der Verletzung der Obliegenheit und dem durch den VR geltend gemachten Nachteil an, also auf die Frage, ob die Obliegenheit ihrem **Schutzzweck** nach gerade dem geltend gemachten Nachteil entgegenwirken sollte (BGH, VersR 2002, 829; BGH, VersR 1997, 485; Prölss/Martin/*Armbrüster*, § 28 ab Rn 246; Römer/Langheid/*Rixecker*, § 28 Rn 95). Räumte der VV dem VN mehrere Möglichkeiten zur Erfüllung der Obliegenheit ein, ist der Kausalitätsgegenbe-

weis geführt, wenn bei der Wahl auch nur einer der Möglichkeiten der Versicherungsfall ebenfalls eingetreten wäre (OLG Karlsruhe, VersR 2012, 1249; Römer/Langheid/*Rixecker*, § 28 Rn 95; Prölss/Martin/*Armbrüster*, § 28 Rn 245).

Einfluss auf Feststellung oder Umfang der dem VR obliegenden Leistung kann die Obliegenheitsverletzung haben, wenn rechtserhebliche Umstände unaufgeklärt bleiben, falsch festgestellt oder so spät aufgeklärt werden, dass die Folgen der Verspätung nicht zu beheben sind (*Fleck*, VersR 1956, 465). Liegen keine Anhaltspunkte für einen anderen Verlauf der Schadensfeststellung bei Erfüllung der Obliegenheiten vor, fehlt es an der notwendigen Kausalität (OLG Köln, VersR 1966, 769, 771). Nicht jeder längere Zeitablauf bedeutet eine Verringerung der Möglichkeit, die Ursachen eines Schadenvorgangs **objektiv festzustellen** (OLG Köln, VersR 1966, 948, 949). Allerdings wird bei einer längeren Verzögerung einer Anzeige der Kausalitätsgegenbeweis des VN häufig misslingen, da ein längerer Zeitablauf im Allgemeinen die Möglichkeit reduziert, die relevanten Daten objektiv festzustellen (OLG München, VersR 1982, 1089; OLG Frankfurt a.M., VersR 1982, 1065, 1066). Hat der VN die fraglichen Feststellungen erschwert, ist letztlich aber *kein* **Aufklärungsnachteil** eingetreten, ist die Leistungsfreiheit nur i.H.d. vom VN verursachten Mehraufwendungen gerechtfertigt (OLG Köln, VersR 1966, 948). Ist die genaue Höhe des durch die Obliegenheitsverletzung entstandenen Mehrschadens zweifelhaft, kann das Gericht nach § 287 ZPO die Höhe der Mehraufwendungen schätzen (BGH, VersR 1966 745; OLG Köln, VersR 1968, 1135). 92

3. Einfluss auf Eintritt oder Feststellung des Versicherungsfalls

Bei der Frage, ob eine Obliegenheitsverletzung Einfluss auf die Feststellung des Versicherungsfalls gehabt hat, kommt es nicht darauf an, ob ohne Obliegenheitsverletzung das Feststellungsverfahren anders verlaufen wäre, sondern stattdessen, ob durch die Obliegenheitsverletzung die Feststellung selbst **zum Nachteil des Versicherers beeinflusst** worden ist (BGH, VersR 2001, 756; BGH, VersR 1964, 709; OLG Stuttgart, VersR 2006, 65; OLG Köln, VersR 1966, 948, 950). Das ist nicht der Fall, wenn der VN in der Kasko-Versicherung eine zu hohe Zahl von Fahrzeugschlüsseln angibt (BGH, VersR 2011, 1136). 93

Wirkt der VN **erfolglos** auf den VR ein, so ist die Obliegenheitsverletzung für die Feststellung des Umfangs des Versicherungsfalls offensichtlich *nicht* ursächlich geworden (Römer/Langheid/*Rixecker*, § 28 Rn 97). Anders ist es, wenn der VN eine fortdauernde Arbeitsunfähigkeit nicht rechtzeitig anzeigt, so dass der VR keine Möglichkeit zu Kontrollbesuchen oder Untersuchungen hat (OLG Frankfurt a.M., VersR 1980, 326). Das Gleiche gilt, wenn der VN auf Verlangen des VR eine ärztliche Nachuntersuchung nicht durchführen lässt (OLG Düsseldorf, VersR 1989, 34; LG Heidelberg, VersR 1982, 36). 94

Kausalität ist auch dann *nicht* gegeben, wenn der VN zwar versäumt, dem VR den Versicherungsfall rechtzeitig anzuzeigen, der Sachverhalt aber **durch andere Personen** so erschöpfend **aufgeklärt** wird, dass der VN selbst kein besseres Ergebnis hätte erzielen können (OLG München, VersR 1954, 529, vertiefend § 30 Rdn 23). An der Kausalität der Obliegenheitsverletzung für die Feststellung des Versicherungsfalls fehlt es auch, wenn der VR erst 95 nach Einsicht in die Bußgeldakte den Schaden begleicht (LG Frankfurt a.M., VersR 1982, 233).

96 Verschweigt der VN weitere Unfallversicherungsverträge, ist dies nicht ursächlich, wenn der Unfall und die unfallbedingten Folgen bewiesen und dem VR keine höheren Ermittlungskosten entstanden sind (BGH, VersR 2008, 241; OLG Düsseldorf, VersR 2004, 769; OLG Hamm, VersR 2001, 360; Römer/Langheid/*Rixecker*, VVG § 28 Rn 97). War ein in Deutschland wohnhafter VN zum Zeitpunkt des Unfalls lediglich im Besitz eines kroatischen Führerscheins, so soll es für den Kausalitätsgegenbeweis nicht genügen, dass der kroatische Führerschein umgeschrieben werden konnte (AG Bergheim, r+s 2015, 286). Das Gericht meint, der VN habe nicht bewiesen, dass der Unfall auch nach Umschreibung auf eine deutsche Fahrerlaubnis eingetreten wäre, obwohl eine erneute theoretische und praktische Prüfung sowie ein Sehtest nicht erforderlich gewesen wäre. Das Gericht stellt darauf ab, dass vor der Umschreibung eine Prüfung der Echtheit des kroatischen Führerscheins erfolgt wäre.

97 Ein Einfluss auf die Feststellungen des VR ist aber dann anzunehmen, wenn die in der Praxis üblichen oder in den AVB vorgesehenen **Feststellungen unmöglich gemacht** werden (LG Essen, VersR 1995, 211, 212; LG Wiesbaden, zfs 1984, 312). Dies gilt auch bei **mitwirkender Kausalität** (BGH, VersR 1969, 247; BGH, VersR 1968, 590). Berichtigt der VN allerdings falsche Angaben noch vor der Leistungsentscheidung des VR, so kommt eine Leistungskürzung mangels Ursächlichkeit nicht in Betracht (LG Dortmund, VuR 2010, 319; dazu *Maier*, JurisPR-VersR 6/2010 Anm. 3). Meldet der VN einen Sturmschaden erst zehn Monate nach dem Versicherungsfall, so ist der Kausalitätsgegenbeweis nicht mehr möglich (LG Köln, RuS 2009, 67; dazu: *Nugel*, JurisPR-VersR 5/2009 Anm. 4). Führt der VN ein Kraftfahrzeug im Zustand absoluter Fahruntüchtigkeit, ist der Gegenbeweis, dass die Obliegenheitsverletzung keinen Einfluss auf den Eintritt des Versicherungsfalles gehabt hat, erst geführt, wenn er nachweist, dass der erlittene Verkehrsunfall ein unabwendbares Ereignis gewesen ist (LG Gera, zfs 2009, 270; dazu: *Nugel*, JurisPR-VerkR 18/2009 Anm. 4).

98 Kausalität ist auch dann gegeben, wenn der VN die Begutachtung des Schadens durch den VR vereitelt, indem er vor der Besichtigung durch den VR den **Schaden behebt** (OLG Celle, VersR 1992, 1000; LG Heidelberg, VersR 1982, 36) oder die beschädigte Sache nicht aufbewahrt (LG Trier, r+s 1991, 280). Allerdings ist der VN nicht verpflichtet, den Schaden unverändert bestehen zu lassen, wenn der VR ihm nicht mitteilt, dass er die Untersuchung des Schadens beabsichtigt (OLG Hamm, VersR 1991, 923, 924). Die Grenzen der Pflicht, mit der Schadensbeseitigung zu warten, richten sich nach der Zumutbarkeit (OLG Hamm, VersR 1991, 923, 924; LG Trier, r+s 1991, 280: Vorzeitige Beseitigung eines Tierkadavers wegen Verwesung).

4. Einfluss auf Feststellung oder Umfang der Leistungspflicht des Versicherers

Die Obliegenheitsverletzung wirkt sich dann kausal auf die Feststellung der vom VR zu erbringenden Leistung aus, wenn der VN nach einem Brand durch den Abriss der Grundmauern das für die Feststellung von Brandschäden vorgesehene **Besichtigungsverfahren** an Ort und Stelle **unmöglich** macht und dadurch die Beweislage des VR verschlechtert (BGH, VersR 1961, 497, 499; OLG Frankfurt a.M., VersR 1980, 326, 327). Darüber hinaus wirken sich **fehlerhafte Auskünfte**, die der VR mit Blick auf die Feststellung seiner Leistungspflicht verlangt, regelmäßig auf den Umfang der Leistung des VR aus (vertiefend § 31 Rdn 27). Das ist anders, wenn der VR im Zeitpunkt seiner Entscheidung die wirkliche Laufleistung des gestohlenen Fahrzeugs (durch Schlüsselauslesung) kannte und damit die Auswirkung der höheren Fahrleistung ohne Weiteres berücksichtigen konnte (KG, BeckRS 2010, 28766; dazu *Nugel*, JurisPR-VersR 1/2011 Anm. 2).

99

Entfernt sich der VN unerlaubt von der Unfallstelle (§ 142 Abs. 1 StGB), geht dies regelmäßig mit konkreten Feststellungsnachweisen für den VR einher, die den Kausalitätsgegenbeweis unmöglich machen (OLG Naumburg, VersR 2013, 178; dazu *Nugel*, JurisPR-VerkR 23/2012 Anm. 4; ähnlich KG, BeckRS 20014, 23212, wo VN Zeugen benannte, die bekunden sollten er habe keinen oder wenig Alkohol getrunken; OLG Stuttgart, NJW-RR 2015, 286; dazu *Nugel*, JurisPR-VerkR 4/2015 Anm. 4 – weder Fahrereigenschaft noch mögliche Alkoholisierung als Unfallursache konnten sicher geklärt werden; ähnlich OLG Frankfurt a.M., zfs 2015, 396). Anders ist es, wenn der Tatbestand des § 142 Abs. 2 StGB erfüllt ist (BGH, VersR 2013, 175; ähnlich AG Hamm, r+s 2014, 346).

100

5. Beweislast

Macht der VN geltend, dass die Obliegenheitsverletzung keinen nachteiligen Einfluss auf die Belange des VR hatte, muss er nachweisen, dass seine Obliegenheitsverletzung im konkreten Fall **nicht kausal** war (Kausalitätsgegenbeweis: BGH, VersR 1993, 830, 832; BGHZ 41, 327, 336; OGH, VersR 2003, 885).

101

In der Praxis kann der VN diesen Negativbeweis nur so führen, dass er zunächst die sich aus dem Sachverhalt von selbst ergebenden Möglichkeiten ausräumt und alsdann abwartet, welche Behauptungen der VR über Art und Maß der Kausalität aufstellt, die der VN dann ebenfalls zu widerlegen hat (BGH, VersR 1956, 471; BGH, VersR 1960, 1033; BGH, VersR 1964, 709; BGH, VersR 2001, 756; LG Darmstadt, LSK 2013, 080731). Der VR muss offenbaren, welche Maßnahmen er bei rechtzeitiger Erfüllung der Obliegenheit ergriffen und welchen Erfolg er sich davon versprochen hätte (OLG Düsseldorf, VersR 2004, 769; OLG Nürnberg, VersR 1989, 1079, 1081; OLG Nürnberg, VersR 1992, 1511; OLG Hamburg, VersR 1990, 304; OLG Köln, BauR 2008, 1037; LG Offenburg, zfs 2013, 36). Dies muss der VN sodann widerlegen (BGH, VersR 2001, 756; BGH, VersR 1964, 709, 712). Der VN hat den Kausalitätsgegenbeweis geführt, wenn feststeht, dass der Nachteil des VR auch ohne die Obliegenheitsverletzung eingetreten wäre (OLG Nürnberg, VersR 1992, 1511). Die Einlassung des VN, er sei davon ausgegangen, sein Prozessbevollmächtig-

102

ter werde sich um die versicherungsvertraglichen Obliegenheiten kümmern und alles Erforderliche veranlassen, befreit nicht vom Vorwurf grob fahrlässigen Verhaltens (OLG Köln, VersR 2007, 351). Im Einzelfall liegt darin aber eine nachvollziehbare Begründung für eine verspätete Schadensanzeige, so dass dem VN die Möglichkeit des Kausalitätsgegenbeweises eröffnet ist (OLG Köln, VersR 2007, 351).

103 Reicht der VN eine **Stehlgutliste** bei der Polizei verspätet ein, soll der Kausalitätsgegenbeweis nicht möglich sein, trotz der allgemein bekannten schlechten Aufklärungsquote bei Diebstählen (OLG Celle, zfs 2007, 637). Anders ist es, wenn eine Individualisierung der Beute ohnehin nicht möglich und damit ein Fahndungserfolg nicht realistisch erscheint (OLG Düsseldorf, VersR 2009, 354; OLG Celle, zfs 1996, 307; OLG Köln, VersR 2005, 1531; OLG Köln, VersR 1996, 323; OLG Hamm, VersR 2002, 1233; OLG Hamm, VersR 1992, 489; OLG Düsseldorf, r+s 2003, 458). Entscheidend ist in jedem Einzelfall, ob die Aufklärung des Diebstahls im Allgemeinen und nicht nur unter besonders eigenartigen, ganz unwahrscheinlichen und nach dem regelmäßigen Verlauf der Dinge außer Betracht zu lassenden Umständen wahrscheinlich erscheint (ähnlich Römer/Langheid/*Rixecker*, § 28 Rn 98). Der VN kann auf alle zulässigen Beweismittel zurückgreifen (Römer/Langheid/*Rixecker*, § 28 Rn 99).

104 Beweist der VN, dass sich die Verletzung der Obliegenheit nur **teilweise** ausgewirkt hat, tritt die Leistungsfreiheit nicht ein, „soweit der Kausalitätsgegenbeweis geführt werden kann" (LG Dortmund, VersR 2010, 1594). Sind dem VR lediglich höhere Kosten entstanden, so beschränkt sich der Abzug auf diese Kosten (MüKo/*Wandt*, § 28 VVG Rn 297). Der etwaige Mehrschaden des VR kann nach § 287 ZPO geschätzt werden (BGH, VersR 1984, 830). Der Kausalitätsgegenbeweis ist, anders als im früheren Recht, bei allen Obliegenheiten, auch solchen, die der Erhöhung des subjektiven Risikos vorbeugen sollen, möglich. Ist ein VN krankentagegeldversichert, so dürfte seine Neigung, sich stationär behandeln zu lassen, steigen (Römer/Langheid/*Rixecker*, § 28 Rn 101). In diesem Fall muss der VN beweisen, dass der Abschluss der weiteren Versicherung keinen Einfluss darauf hatte, sich stationär behandeln zu lassen (Römer/Langheid/*Rixecker*, § 28 Rn 101 unter Hinweis auf die alte Rechtsprechung zu den Fällen, in denen der VN mehrere Krankentagegeldverträge geschlossen hatte, etwa BGH, VersR 1989, 1250; BGH, VersR 1986, 380).

105 Werden Personen bei einer Taxifahrt verletzt, obwohl der Fahrer die Erlaubnis zur Personenbeförderung nicht hat, lautet die Frage, ob diese Erlaubnis ihm ohne Weiteres erteilt worden wäre. Ist die Antwort hierauf ja, stellt sich die Frage, ob der Schaden auch bei Innehabung der Erlaubnis eingetreten wäre (Römer/Langheid/*Rixecker*, § 28 Rn 102). Erweist sich ein Verkehrsunfall, den ein Fahrer ohne erforderliche Fahrerlaubnis verursacht hat, als **unabwendbares Ereignis**, ist der Kausalitätsgegenbeweis geführt (BGH, VersR 1978, 1129; BGH, VersR 1976, 531; MüKo/*Wandt*, § 28 VVG Rn 286; Römer/Langheid/*Rixecker*, § 28 Rn 102 m.w.N.). Wird die Wasserleitung in einem leer stehenden Gebäude durch Sabotage geschädigt, fehlt es an der Kausalität der versäumten Absperrung durch den VN (BGH, VersR 1976, 143). Entscheidend ist immer, ob die Obliegenheitsverletzung für den Versicherungsfall oder dessen Umfang ursächlich gewesen ist. Diesen Beweis kann der VN nicht führen, wenn der VR zeigen kann, dass das Tun oder Unterlassen mit

statistisch höherer Wahrscheinlichkeit zum Schaden geführt hat (BGH, VersR 1972, 530; OLG Frankfurt a.M., VersR 1997, 446; MüKo/*Wandt*, § 28 VVG Rn 286; Rüffer/Halbach/ Schimikowski/*Felsch*, § 28 Rn 52; Römer/Langheid/*Rixecker*, § 28 Rn 103).

VI. Arglist

Handelt der VN bei Verletzung der Obliegenheit arglistig, ist der VR berechtigt, sich auf **Leistungsfreiheit** zu berufen, auch, wenn die Verletzung der Obliegenheit sich beim VR nicht nachteilig auswirkt (§ 28 Abs. 3 S. 2 VVG). Liegt arglistige Täuschung vor, kann der VR also auch dann die Leistung verweigern, wenn die Täuschung weder für die Feststellung des Versicherungsfalles, noch für den Umfang der Leistungspflicht ursächlich ist (OLG Hamm, VersR 2012, 356; dazu *Schimikowski*, JurisPR-VersR 4/2012 Anm. 5; *Nugel*, MDR 2014, 1177). Der Grund für diese Beschränkung des Versicherungsschutzes liegt in der notwendigen **Generalprävention** (Begr. BT-Drucks 16/3945, S. 69). Der Gesetzgeber will auf diese Weise das **Betrugsrisiko** (moral hazard) **begrenzen** (vertiefend: *Günther*, Betrug in der Sachversicherung, 2006, passim).

106

Arglist verlange neben der vorsätzlichen Obliegenheitsverletzung und über den bloßen Vorsatz hinausgehend, dass der VN/Versicherte einen gegen die **Interessen des VR gerichteten Zweck verfolge** und wisse, dass sein Verhalten den VR bei der Schadensregulierung möglicherweise beeinflussen könne (BGH, VersR 2013, 175; BGH, NJW 2001, 2326; BGH, VersR 1995, 1358; OLG Düsseldorf, r+s 2010, 58; OLG Köln, VersR 2010, 943; KG, r+s 2011, 15; LG Bonn, BeckRS 2013, 20577; OLG Naumburg, r+s 2013, 16). Bei der Prüfung, ob ein arglistiges Verhalten vorliegt, ist eine Gesamtwürdigung aller Umstände anzunehmen (BGH, VersR 2009, 968; dazu *Nugel*, JurisPR-VersR 7/2009 Anm. 1). Dabei gibt es keinen allgemeinen Erfahrungssatz, dass eine bewusst unrichtige Beantwortung einer vom VR gestellten Frage in der Absicht erfolge, die Regulierungsentscheidung des VR zu beeinflussen (BGH, VersR 2009, 968).

107

Die Regelungen in § 28 VVG belegen, dass eine letztlich auf den Grundsatz von Treu und Glauben gestützte Leistungsfreiheit auf Ausnahmefälle von **besonderem Gewicht** beschränkt bleiben muss, in denen es dem VR nicht zugemutet werden kann an der Erfüllung der von ihm übernommenen Vertragspflichten festgehalten zu werden (BGH, VersR 2013, 609 Rn 26). Entscheidend ist die Verfolgung des gegen die Interessen des VR gerichteten Zwecks (BGH, VersR 2013, 175). Die Abgrenzung zwischen dem implizit mit einer vorsätzlichen Obliegenheitsverletzung verbundenen Zweck gegenüber dem die Arglist begründenden, die Regulierungsentscheidung des VR beeinflussenden Zwecks, ist nach der Systematik des Gesetzes, seinem Sinn und Zweck und der Rechtsprechung (BGH, VersR 2013, 609) zwingend geboten, aber nicht einfach.

108

Ein VN, der die Obliegenheit wissentlich und willentlich, also vorsätzlich, oder auch bedingt vorsätzlich, verletzt oder zu verletzen versucht, verfolgt damit notwendigerweise den Zweck, eine Verhaltenspflicht gegenüber dem VR (z.B. die Aufklärungspflicht: § 31 VVG) zu verletzen. Die daraus resultierende, unvermeidliche Beeinflussung des Regulierungsverhaltens des VR ist der vorsätzlichen Verletzung der Obliegenheit immanent und

109

begründet den Arglistvorwurf noch nicht. Anderenfalls gäbe es keinen Unterschied zwischen vorsätzlicher Obliegenheitsverletzung auf der einen und arglistiger Verletzung auf der anderen Seite. Erst dann, wenn die einer vorsätzlichen Obliegenheitsverletzung immanenten Beeinflussungen des VR überschritten werden, wenn also ein gegen die Interessen des VR gerichteter spezifischer Zweck hinzutritt, ist Arglist anzunehmen (zu ähnlichen Fragen im Rahmen von § 19 Abs. 5 VVG vgl. BGH, VuR 2015, 188 mit kritischer Anmerkung *Schwintowski*).

110 Es genügt somit nicht, dass die Obliegenheitsverletzung das Verhalten des VR bei der Schadensregulierung möglicherweise beeinflussen könnte; hinzu kommen muss die Absicht, die Regulierungsentscheidung des VR in einer ganz bestimmten, den VR benachteiligenden Weise zu beeinflussen. Dies ist insbesondere dann der Fall, wenn der VN mit der Absicht handelt, sich ungerechtfertigt zu bereichern, also den VR zu betrügen. Darauf weist auch die Gesetzesbegründung hin, wonach die Beschränkung des Versicherungsschutzes im Falle der Arglist in der notwendigen Generalprävention liegt. Der Gesetzgeber will auf diese Weise das Betrugsrisiko begrenzen (BT-Drucks 16/3945 S. 65). An einer solchen, die spezifischen Interessen des Versicherers verletzenden Zweckrichtung fehlt es in aller Regel dann, wenn es dem VN gelingt den **Kausalitätsgegenbeweis** zu führen und damit zu beweisen, dass sich sein Fehlverhalten auf die wohlbegründeten Interessen des VR nicht negativ ausgewirkt hat. Etwas anderes gilt in jeden Fällen, in denen der VN den VR zu betrügen versucht, also die Obliegenheit verletzt, um sich einen rechtswidrigen Vermögensvorteil zu verschaffen. Ein VN, der mit dieser Absicht handelt, kann sich nicht darauf berufen, dass der Betrug im Versuchsstadium stecken blieb und folglich dem VR keine messbaren Vermögensnachteile zufügte. Bemüht sich allerdings der VN vor Abschluss der Regulierungsentscheidung des VR seine Täuschungshandlung aufzuklären und rückgängig zu machen, fehlt es damit letztlich an einer die Arglist begründenden Interessenverletzung des VR (BGH, VersR 1984, 453; zu eng OLG Saarbrücken, VersR 2008, 1643; dazu *Nugel*, JurisPR-VerkR 6/2009 Anm. 5).

111 Um arglistig zu handeln, muss der VN die Unrichtigkeit seiner Angaben kennen oder zumindest für möglich halten (BGH, NJW 2001, 2326). Bedingter Vorsatz genügt (RGZ 134, 53). Arglist kann auch vorliegen, wenn der VN, obwohl er mit der möglichen Unrichtigkeit seiner Angaben rechnet, **ins Blaue hinein** unrichtige Behauptungen aufstellt (BGH, NJW 1998, 302; BGH, NJW 1981, 864). Guter Glaube schließt selbst bei grober Fahrlässigkeit des Handelnden – mangels Vorsatz – Arglist aus (BGH, NJW 1980, 2460).

112 **Praxishinweis**
Ein VR, der sich auf eine arglistige Täuschung durch den VN beruft, muss nicht nur die objektive Unrichtigkeit der in der Schadenaufstellung gemachten Angaben, sondern auch das Bewusstsein des VN von der Unrichtigkeit nachweisen. Steht jedoch fest, dass der VN in einem bedeutsamen Punkt objektiv die Unwahrheit gesagt hat, wird man von ihm erwarten können, dass er eine Erklärung dafür gibt, wie es zu diesem Fehler gekommen ist. Bringt er plausible Entschuldigungsgründe vor, dann ist es allerdings Sache des VR, diese zu widerlegen. Entsprechendes gilt dann, wenn sich aus dem Inbegriff der mündlichen Verhandlung (§ 286 ZPO) Anhaltspunkte dafür ergeben, dass der VN mit seinen unrichtigen Angaben zur Schadenshöhe keine Täuschung des VR bezweckte (BGH, VersR 1981, 446).

Der VN handelt insb. dann arglistig, wenn er eine **bewusst falsche Auskunft** gibt, die einen gegen die Interessen des VR gerichteten Zweck verfolgt (BGH, VersR 1986, 77). Dies ist etwa der Fall, wenn der VN 113
- einen **Versicherungsfall vortäuscht** (Unfall mit zuvor bereits schrottreifem Kfz wird inszeniert) oder
- die **Höhe des Versicherungsfalls manipuliert** (Schäden, die zuvor schon eingetreten waren, werden als Kaskoschäden gemeldet – Zusammenwirken mit Werkstatt oder Sachverständigen in der gleichen Absicht).

Es geht um Täuschungen des VN **ggü. dem Versicherer**. Daher hat der VN Versicherungsschutz, wenn er i.R.d. Baurisiko-Klausel in der Rechtsschutzversicherung vom Verkäufer des Grundstücks über den Wert und die Eigenschaften des Grundstücks getäuscht wird (BGH, VersR 1994, 45). 114

> **Praxishinweis** 115
> Auch i.R.e. **Täuschungsversuches** ist nach Treu und Glauben ein wirksamer **Rücktritt** des VN möglich – der VN hat die Voraussetzungen dafür zu beweisen (BGH, VersR 1984, 453). Dabei handelt der VN bereits dann arglistig, wenn er sich bewusst ist, dass sein Verhalten den VR bei der Schadensregulierung möglicherweise beeinflussen kann (BGH, VersR 1987, 149; VersR 1986, 77 m.w.N.). Der vom BGH am 12.5.1993 entschiedene Fall (VersR 1993, 1351) müsste nach Neufassung der §§ 81, 28 VVG seit 1.1.2008 anders entschieden werden. Der VN, der die Schadensursache (Fritteuse in einer Strohscheune) verdecken wollte, hätte damals wegen grober Fahrlässigkeit keinen Versicherungsschutz gehabt – heute käme nach § 81 Abs. 2 VVG das Quotensystem zum Tragen. Außerdem müsste der VN nach § 28 Abs. 4 VVG über die Rechtsfolgen in Textform gesondert informiert worden sein.

Dogmatisch leitet sich die Verwirkung des Versicherungsschutzes seit dem 1.1.2008 aus § 28 Abs. 3 S. 2 VVG ab. Es genügt also, wenn der VR in den AVB Leistungsfreiheit für den Fall der Verletzung von Obliegenheiten vereinbart. Eine ausdrückliche **Verwirkungsvereinbarung,** wie sie in den früheren AVB häufig vorzufinden war (z.B. § 14 Nr. 2 AFB Fassung 1995: „*Versucht der VN den VR arglistig über Tatsachen zu täuschen, die für den Grund oder die Höhe der Entschädigung von Bedeutung sind, so ist der VR von der Entschädigungspflicht frei."*) ist seit dem 1.1.2008 nicht mehr erforderlich. Die vor dem 31.12.2007 geltenden Rechtsgrundsätze, nach denen der Leistungsanspruch auch dann verwirkt sein konnte, wenn die Leistungsfreiheit als Rechtsfolge **nicht vereinbart** war, gelten für die Fälle fort, in denen in den AVB für die Verletzung der Auskunftspflicht ausnahmsweise keine Leistungsfreiheit vereinbart ist. Für die Verwirkungsfälle spielt es deshalb keine Rolle, ob Leistungsfreiheit vertraglich vereinbart war oder nicht – die Rechtsfolgen sind gleich. 116

Allerdings hat der BGH vielfach entschieden, dass die allgemeine Verwirkung nur auf besondere Ausnahmefälle **von erheblichem Gewicht** beschränkt ist, in denen es für den VR unzumutbar wäre, sich an der Erfüllung der von ihm übernommenen Verpflichtung festhalten zu lassen (so BGH, VersR 2013, 609 Rn 26; BGH, VersR 2009, 968; dazu *Nugel*, JurisPR-VersR 7/2009 Anm. 1). So kommt eine Berufung auf die Leistungsfreiheit trotz arglistiger Täuschung des VN nicht in Betracht, wenn eine Gefährdung schutzwürdiger VR-Interessen ausgeschlossen erscheint (BGHZ 44, 1, 11 = BGH, VersR 1965, 701). Eine Verwirkung des Leistungsanspruchs infolge einer vom VN versuchten oder vollendeten 117 arglistigen Täuschung des VR greift nicht ein bei Angaben des VN, die dieser erst **nach einer Leistungsablehnung** des VR in einem Wiederaufnahmeantrag macht (BGH, VersR 2013, 609; Fortführung von BGHZ 107, 368, 370 f.).

118 Einzelfälle:
- BGH, VersR 2013, 175: Kommt der VN, der sich nach einem Verkehrsunfall erlaubt vom Unfallort entfernt hat, seiner Pflicht zur unverzüglichen Ermöglichung nachträglicher Feststellungen nicht rechtzeitig nach, informiert er jedoch stattdessen seinen VR zu einem Zeitpunkt, zu dem er durch Mitteilung an den Geschädigten eine Strafbarkeit nach § 142 Abs. 2 StGB noch hätte abwenden können, begründet allein die unterlassende Erfüllung der Pflicht nach § 142 Abs. 2 StGB keine Verletzung der Aufklärungsobliegenheit (Fortführung von BGH, VersR 2000, 222).
- OLG Hamm, r+s 2012, 288: Gibt der VN den vom VR erfragten Kaufpreis des gestohlenen Fahrzeugs unzutreffend mit 37.000 EUR (statt 27.000 EUR) an, so ist der Versuch einer arglistigen Täuschung jedenfalls dann **nicht** als bewiesen anzusehen, wenn der VN den Kaufpreis aus dem Gedächtnis hat rekonstruieren müssen, nachdem der Kaufvertrag, der sich zum Zeitpunkt des Diebstahls im Kfz befunden hatte, ebenfalls gestohlen worden war und der VN zu keinem Zeitpunkt den Versuch unternommen hatte, den für die Regulierung maßgeblichen Fahrzeugwert zu seinen Gunsten zu beschönigen.
- OLG Dresden, BeckRS 2013 00367: Im Falle der Tatbestandsverwirklichung von § 142 StGB nimmt das Gericht eine mit Arglist einhergehende Handlungsweise des VN an, wenn jegliche, auch nachträgliche Ermöglichung von unfallrelevanten Feststellungen durch den VN verhindert worden sind (ähnlich LG Saarbrücken, VuR 2011, 110; dazu *Nugel*, JurisPR-VersR 3/2011 Anm. 5; LG Detmold, NJW-RR 2013, 602; dazu *Wenker*, JurisPR-VerkR 14/2013 Anm. 3).
- LG Duisburg, r+s 2013, 541: Ein unerlaubtes Entfernen vom Unfallort schließt den Kausalitätsgegenbeweis nach § 28 Abs. 3 VVG nicht ohne Weiteres aus, da es sich nicht zwingend um ein arglistiges Verhalten gegenüber dem HaftpflichtVR handeln muss (Anschluss an LG Nürnberg-Fürth, VuR 2011, 437; LG Offenburg, zfs 2013, 36; LG Bonn, NJOZ 2013, 1500; entgegen LG Düsseldorf, MDR 2010, 1319).
- OLG Naumburg, r+s 2013, 16: Beantwortet der VN nach einem behaupteten Diebstahl seines Pkw gegenüber dem KaskoVR die Frage nach einer Unfallbeteiligung seines Fahrzeugs trotz zweier, nur wenige Monate zurückliegender, Unfälle mit erheblichem Sachschaden wahrheitswidrig mit „Nein" und streicht er weitere Detailfragen zu den Vorschäden durch mit dem Vermerk „entfällt", verletzt er die Auskunftsobliegenheit vorsätzlich und arglistig, so dass der VR in vollem Umfang leistungsfrei ist.
- OLG Düsseldorf, BeckRS 2014, 1735: Die Korrektur falscher Angaben des VN gegenüber dem VR kann nur dann die Leistungsfreiheit des VR entfallen lassen, wenn der VN seine Angaben freiwillig und rückhaltlos korrigiert, solange dem VR noch kein Nachteil entstanden ist und der VR die Unrichtigkeit auch noch nicht entdeckt hat.
- OLG Karlsruhe, NJW-RR 2013, 1191: Unterbleiben Leistungen des VR, wirken sich falsche Angaben des VN faktisch zwar nicht aus, dies belegt aber nicht, dass die Obliegenheitsverletzung des VN nicht generell geeignet war, die berechtigten Interessen

des VR ernsthaft zu gefährden (ähnlich OLG Köln, BeckRS 2014, 17044 zu einem verschwiegenen Suizidversuch).
- OLG Celle, VersR 2010, 1312; dazu *Schimikowski*, JurisPR-VersR 11/2010 Anm. 5: Es ist nicht rechtsmissbräuchlich, wenn der VR wegen arglistiger Täuschung den Versicherungsschutz voll versagt, weil der VN über 16 % des Entschädigungsbetrages zu täuschen versucht hat (ähnlich LG Ellwangen v. 1.3.2010 – 2 O 129/09; dazu *Nugel*, JurisPR-VersR 1/2011 Anm. 6)
- KG, VRR 2011, 265 (dazu *Nugel*, JurisPR-VerkR 11/2011 Anm. 5): Verschweigt der VN auf mehrfache Nachfrage einen knapp 2,5 Monate zuvor regulierten Vorschaden im Wert von 5.000 EUR, wird der Kasko-VR wegen einer arglistigen Obliegenheitsverletzung leistungsfrei (ähnlich AG Düsseldorf, Schaden-Praxis 2011, 228; dazu *Nugel*, JurisPR-VersR 10/2011 Anm. 2; LG Köln, r+s 2012, 69; dazu *Nugel*, JurisPR-VersR 6/2012 Anm. 5).
- OLG Köln, RuS 2015, 150 (dazu *Jacob*, JurisPR-VersR 10/2014 Anm. 1): Verletzt der VN arglistig eine vertragliche Obliegenheit, ist der VR auch dann leistungsfrei, wenn die § 6 Abs. 3 VVG a.F. nachgebildete Rechtsfolgenregelung nicht nach Maßgabe des Art. 1 Abs. 3 EGVVG dem neuen Recht angepasst wurde.
- Weitere Fälle: KG, BeckRS 2014, 23211 (Täuschung darüber, dass im gestohlenen Pkw ein Schlüssel und die Fahrzeugpapiere waren); LG Köln, r+s 2012. 69 (Täuschung über Kaufpreis eines Wohnwagens); LG Oldenburg, BeckRS 2012, 06444 (Täuschung über Sicherung eines Wohnwagens); OLG Hamm, BeckRS 2011, 21995 (versuchte Täuschung über angeblich gestohlenes Bargeld); LG Dortmund, BeckRS 2012, 25561 (Täuschung über zulässigen Vorsteuerabzug); KG, BeckRS 2014, 23218 (Täuschung über Kaufpreis eines Kfz); KG, BeckRS 2014, 23216 (Täuschung über Laufleistung eines Kfz); LG Karlsruhe, BeckRS 2013, 17608 (Täuschung über einen Rechnungsbetrag); LG Bonn, BeckRS 2014, 13144 (Täuschung über Vorschäden); KG, r+s 2015, 66 (Täuschung über Laufleistung eines Kfz).

V.a. darf der VR die falschen Angaben des VN nicht **treuwidrig veranlasst** haben (BGH, NJW 1971, 1126). Ein VR, der sich auf Verwirkung berufen will, darf deshalb den Versicherungsschutz oder die Anerkennung bestimmter Schadenspositionen nicht in schlechthin unvertretbarer Weise ablehnen (BGH, VersR 1976, 134, 135) und den insofern weitgehend hilflosen VN zum Gebrauch unlauterer Mittel veranlassen.

119

Die Berufung auf Leistungsfreiheit darf sich ferner nicht als **unzulässige Rechtsausübung** darstellen (BGH, VersR 1986, 77; BGH, VersR 1984, 453, 454; BGH, VersR 1957, 351; BGH, VersR 1969, 411; BGHZ 40, 387, 388 = BGH, VersR 1964, 154). *„Deren Annahme setzt aber ganz besondere Umstände des Einzelfalls voraus. Der Verlust des Versicherungsschutzes muss für den VN eine übermäßige Härte darstellen. Dabei kommt es entscheidend auf das Maß des Verschuldens an und auf die Folgen, welche dem VN bei Wegfall des Versicherungsschutzes drohen. Eine unzulässige Rechtsausübung ist regelmäßig nur dann anzunehmen, wenn die Täuschung lediglich einen geringen Teil des versicherten Schadens betrifft und bei der Billigkeitsprüfung weitere Gesichtspunkte zugunsten des VN ins Gewicht fallen. Dabei kann es eine Rolle spielen, welche Beweggründe den VN zu seiner Tat*

120

verleitet haben, insb. ob Gewinnsucht im Spiel war oder lediglich die Durchsetzung eines berechtigten Anspruchs gefördert werden sollte. Ferner ist zu berücksichtigen, inwieweit die Versagung des gesamten Versicherungsschutzes den VN in seiner Existenz bedroht." (BGH, VersR 1986, 77; BGH, VersR 1984, 453, 454; BGH, VersR 1985, 875).

121 I.d.R. führt die arglistige Täuschung zur **vollen Verwirkung** des Versicherungsschutzes. Eine nur **teilweise** Versagung der Leistung kommt in Betracht, wenn die Täuschung nur einen geringen Teil des versicherten Schadens betrifft und weitere Billigkeitsmomente zugunsten des VN ins Gewicht fallen (BGH, VersR 1993, 1351; BGH, VersR 1987, 149; BGH, VersR 1984, 453; BGH, VersR 1969, 411). In welchem Umfang der wertmäßige Einfluss der Täuschung zur Gesamtleistung des VR steht, kann man nicht schematisierend festlegen – insoweit kommt es immer auf die Gesamtschau aller Umstände an (BGH, VersR 1976, 134; BGH, VersR 1969, 411). Es spielt auch eine Rolle, ob der VN in Bereicherungsabsicht (Gewinnsucht) gehandelt hat oder ob es ihm lediglich um die Durchsetzung eines gegebenen Anspruchs gegangen ist (BGH, VersR 1993, 1351; BGH, VersR 1984, 453). In diesen Fällen wird man außerdem fragen müssen, ob ein VN, der die Sachlage falsch einschätzt und glaubt, sein Verhalten (z.B. in Brand setzen der Scheune durch Fritteuse) führe zur Leistungsfreiheit bei VR, obwohl dies so nicht ist, überhaupt arglistig handelt. Jedenfalls erreicht der VN in diesen Fällen seinen Zweck nicht, er täuscht den VR nicht, so dass die Berufung auf Leistungsfreiheit zumindest die Belehrung nach § 28 Abs. 4 VVG voraussetzt.

122 Eine **starre Grenze** gibt es für die Beurteilung der teilweisen Leistungsfreiheit *nicht* – eine Parallele zum Recht der Vertragsstrafe (§ 343 BGB) erscheint sinnvoll (OLG Hamburg, VersR 1986, 1177). Entscheidend muss es für die Grenzziehung auf den **Präventionszweck** dieser Regelungen ankommen. Die Sanktion muss so **spürbar** sein, dass der VN dazu angehalten wird, die Täuschung zu unterlassen.

VII. Belehrungspflichten des Versicherers

123 Ebenfalls auf die **Relevanzrechtsprechung** (seit BGH, VersR 1969, 651) geht die Regelung über die Belehrungspflichten des VR bei Verletzung einer vertraglich bestimmten Auskunfts- oder Aufklärungsobliegenheit nach Eintritt des Versicherungsfalls (§ 31 VVG) zurück (Begr. BT-Drucks 16/3935, S. 69). Die vollständige oder teilweise Leistungsfreiheit des VR nach § 28 Abs. 2 VVG tritt nur dann ein, wenn der VN durch eine gesonderte **Mitteilung in Textform** (§ 126b BGB) auf diese Folgen einer Obliegenheitsverletzung hingewiesen worden ist (Begr. BT-Drucks 16/3935, S. 69). Dies gilt allerdings *nicht* für die **Anzeigeobliegenheiten** nach §§ 30 und 104 VVG oder für Obliegenheiten, die nach Eintritt des Versicherungsfalls aufgrund des konkreten Ablaufs entstehen und auf die der VR daher nicht im Voraus hinweisen kann (Begr. BT-Drucks 16/3935, S. 69).

124 Vergleichbare Belehrungen verlangt die Rspr. bei **Auskunftsobliegenheiten** bereits seit Langem (erstmals BGHZ 47, 101, 107, später vielfach bestätigt: z.B. BGH, VersR 1993, 830). Grund für die Belehrungspflicht ist, dass der volle Anspruchsverlust bei vorsätzlich falschen Angaben für den VN oft eine unverhältnismäßig harte Strafe bedeutet, die zwi-

schen Vertragspartnern nicht ohne vorherige Warnung eintreten soll (BGH, NJW 1973, 365). Hat allerdings der VR keine Kenntnis vom Eintritt des Versicherungsfalls, kann auch keine Belehrungspflicht entstehen (BGHZ 48, 7; OLG Saarbrücken, r+s 1991, 15).

Die Pflicht des VR wird *nicht* dadurch aufgehoben, dass der VN **anwaltliche Beratung** in Anspruch nimmt (OLG Oldenburg, VersR 1996, 1533). 125

Der VR muss den VN darauf **hinweisen**, dass bei Verletzung der bestehenden Auskunfts- oder Aufklärungsobliegenheit vollständige (bei Vorsatz) oder teilweise Leistungsfreiheit (bei grober Fahrlässigkeit) droht. 126

> **Praxishinweis** 127
> Dem Erfordernis einer gesonderten Mitteilung in Textform genügt es, wenn der VR die Belehrung des VN in einen Schadenmeldungsfragebogen oder ein sonstiges Schreiben aufnimmt, in welchem dem VN Fragen zur Aufklärung des Versicherungsfall gestellt werden (BGH, NJW 2013, 873). In diesen Fällen muss sich die Belehrung durch ihre Platzierung und drucktechnische Gestaltung vom übrigen Text derart abheben, dass sie für den VN nicht zu übersehen ist (BGH, NJW 2013, 873).

Der VR muss – anders als vor dem 31.12.2007 – dagegen *nicht* darauf hinweisen, dass der Verlust des Versicherungsschutzes auch dann droht, wenn dem VR **keine Nachteile** durch die Verletzung der Auskunfts- oder Aufklärungsobliegenheiten entstehen (für die frühere Rechtslage: BGHZ 48, 7, 9; BGH, VersR 1976, 383), weil dies – wegen des Kausalitätserfordernisses – nicht mehr möglich ist (vgl. das Formulierungsbeispiel in Rüffer/Halbach/Schimikowski/*Felsch*, § 28 Rn 215 unter Hinweis auf den Mustertext, den der GDV empfiehlt). 128

Seit dem 1.1.2008 droht teilweise oder vollständige Leistungsfreiheit des VR nur noch bei **Kausalität** der Obliegenheitsverletzung (§ 28 Abs. 3 VVG). Diese Einschränkung *kann* der VR in die Belehrung aufnehmen – muss es aber nicht. Die uneingeschränkte Belehrung ist schlichter und unkomplizierter und führt dem VN deutlich vor Augen, dass er zur umfassenden Aufklärung des Versicherungsfalls beizutragen hat (§ 31 VVG). 129

Die Belehrung muss in **Textform** erfolgen, d.h. sie muss in einer Urkunde oder auf andere zur dauerhaften Wiedergabe in Schriftzeichen geeignete Weise abgegeben, die Person des Erklärenden genannt und der Abschluss der Erklärung durch Nachbildung der Namensunterschrift oder anders erkennbar gemacht werden (§ 126b BGB). Diesen Anforderungen genügen Verkörperungen auf Papier, Diskette, CD-ROM, aber auch in E-Mail oder einem Computerfax (LG Kleve, NJW-RR 2003, 196). 130

– Bei einer durch **E-Mail** übermittelten Erklärung genügt, dass der Empfänger sie speichern und ausdrucken kann; nicht erforderlich ist, dass tatsächlich ein Ausdruck erfolgt (Palandt/*Ellenberger*, § 126b BGB Rn 3).
– Bei Texten, die in das **Internet** eingestellt, dem Empfänger aber nicht übermittelt werden, ist Textform nur gewahrt, wenn es tatsächlich zu einem Download kommt (BT-Drucks 14/2658, S. 40; LG Kleve, NJW-RR 2003, 196; **a.A.** OLG München, NJW 2001, 2263).

Aus der Zielsetzung des § 28 Abs. 4 VVG ergibt sich die Notwendigkeit, erst dann zu belehren, wenn von dem VN Angaben zu einem konkreten Versicherungsfall erwartet 131 werden (BGH, NJW 2013, 873 Rn 18 unter Hinweis auf den ähnlichen Regelungszweck des § 19 Abs. 5 VVG und BT-Drucks 16/3945 S. 65, 66). Dies wäre nicht gewährleistet, wenn die Belehrung bereits vorsorglich für künftige Versicherungsfälle im Versicherungsschein, den AVB, sonstigen Vertragsunterlagen oder dem Produktinformationsblatt wirksam erteilt werden könnte (BGH, NJW 2013, 873 Rn 18). Die Belehrung muss von diesen Dokumenten getrennt und zeitlich erst dann erfolgen, wenn die Erfüllung eines Aufklärungs- oder Auskunftsverlangen des VR ansteht (BGH, NJW 2013, 873 Rn 18). Diesem Zweck der Belehrung kann mittels eines eigens für die Belehrung erstellten Dokuments („Extrablattes") Rechnung getragen werden; andererseits lässt es sich mit dem Gesetzeszweck ebenso vereinbaren, die anlassbezogene Belehrung auf einem Schadenmeldungsfragebogen oder in einem Schreiben zu erteilen, in welchem der VR Fragen zur Aufklärung eines Versicherungsfalls stellt (BGH, NJW 2013, 873 Rn 19). In diesen Fällen muss sich die Belehrung – so wie es früher zur Relevanzrechtsprechung anerkannt war (BGH, NJW 1967, 1756) – durch ihre Platzierung und drucktechnische Gestaltung vom übrigen Text derart abheben, dass sie für den VN nicht zu übersehen ist (BGH, NJW 2013, 873, Ls. 2; dazu: *Neuhaus*, JurisPR-VersR 3/2013 Anm. 2; ähnlich zuvor OLG Karlsruhe, VersR 2010, 1448; dazu *Nugel*, JurisPR-VersR 4/2011 Anm. 1; OLG Karlsruhe, BeckRS 2010 18561; OLG Köln, VersR 2013, 1428; dazu *Laux*, JurisPR-VersR 9/2013 Anm. 2). Ein Hinweis in der Produktinformation des VR genügt diesen Anforderungen nicht (OLG Saarbrücken, BeckRS 2014, 07927). Die Belehrung muss aber nicht wiederholt werden, wenn noch weitere Auskünfte vom VR eingeholt werden (OLG Bremen BeckRS 2012, 23494).

132 Legt der VN eine **Stehlgutliste** zu einer Zeit vor, in der er seiner Aufklärungsobliegenheit noch nachzukommen vermag, ist der VR verpflichtet nach § 28 Abs. 4 VVG zu belehren, anderenfalls kann er sich nicht auf Leistungsfreiheit berufen (OLG Karlsruhe, BeckRS 2011, 23350). Demgegenüber meint das OLG Köln (OLG Köln, BeckRS 2013, 22304; Römer/Langheid/*Rixecker*, § 28 Rn 110) es handele sich bei der Obliegenheit, der Polizei die Stehlgutliste einzureichen, nicht um eine Aufklärungs-, sondern Schadenminderungsobliegenheit im Sinne des § 82 VVG. Tatsächlich erfüllt der VN mit der Stehlgutliste sowohl seine Schadensminderungsobliegenheit nach § 82 VVG als auch seine Aufklärungsobliegenheit nach § 31 VVG, so dass in den Fällen, in denen die Belehrung nach Einreichung der Schadensmeldung noch möglich ist, § 28 Abs. 4 VVG anzuwenden ist (ähnlich *Knappmann*, VersR 2011, 724). *Rixecker* (Römer/Langheid/*Rixecker*, § 28 Rn 110) will § 28 Abs. 4 VVG nicht anwenden, meint aber, dass die Berufung des VR auf die Verletzung der Obliegenheit an § 242 BGB scheitere, wenn der VR erkenne, dass der VN seine Obliegenheit noch nicht erfüllt habe, aber noch erfüllen könne. In einem solchen Fall, auf den § 28 Abs. 4 VVG ersichtlich zugeschnitten ist, liegt es jedoch näher, die Belehrung nach § 28 Abs. 4 VVG, so wie es das OLG Karlsruhe tut, zu verlangen. Das Gleiche gilt in Fällen, in denen der VR den VN auffordert, die Schadensstelle möglichst bis zu einer Besichtigung durch einen Versicherungsvertreter unverändert zu lassen. Verändert der VN danach die Schadenstelle, so bedarf es einer Belehrung nach § 28 Abs. 4 VVG schon deshalb nicht, weil es an einer Obliegenheitsverletzung fehlt (mit etwas anderer Begründung: OLG Saarbrücken, VersR 2013, 180).

Ob **Ausländer**, die der deutschen Sprache nicht hinreichend mächtig sind, nur dann i.S.d. § 28 Abs. 4 VVG belehrt sind, wenn das in ihrer Muttersprache geschieht, ist eine bisher höchstrichterlich nicht entschiedene Frage. Der Sache nach setzt Belehrung voraus, den Text lesen und verstehen zu können. I.d.R. gehen die Gerichte davon aus, dass die Belehrung **in deutscher Sprache** erfolgen darf (OLG Saarbrücken, VersR 2006, 1208; OLG Nürnberg, VersR 1995, 1225; OLG Köln, VersR 1995, 201). Etwas anderes dürfte dann gelten, wenn der VR an der Diktion der Antwort erkennen kann, dass der ausländische VN Verständnisschwierigkeiten hat; nunmehr muss er auf die Notwendigkeit einer Vervollständigung oder Korrektur hinweisen (OLG Köln, VersR 1995, 201; Rüffer/Halbach/Schimikowski/*Brömmelmeyer*, § 28 Rn 115; Römer/Langheid/*Rixecker*, § 28 Rn 112). Aus der Tatsache, dass der VN einen ausländisch klingenden Namen hat, folgt jedoch noch nicht, dass der VR Kenntnis von mangelnden Sprachkenntnissen hat (OLG Köln, VersR 1995, 201). 133

Unabhängig von vorhandenen Sprachkenntnissen muss ein Versicherungsvertreter, der die Schadensanzeige aufnimmt, den VN noch einmal ausdrücklich belehren, bevor er dessen Angaben niederschreibt, da der VN das Schadensformular in diesem Augenblick nicht vor Augen hat (OLG München, VersR 1976, 674, 675). 134

Ist ein Vertreter beim Ausfüllen des Formulars behilflich, dann muss er zusätzlich zu der schriftlichen Belehrung im Formular in verständlicher Weise mündlich über die Folgen falscher Angaben belehren (OLG Hamm, VersR 1998, 1225). 135

Hat der VR den VN ordnungsgemäß in Textform belehrt, so ist bei erneuten, späteren Nachfragen eine **zweite Belehrung** überflüssig, da die Gefahr, dass der VN durch falsche Angaben seinen Versicherungsschutz auch dann verliert, wenn der VR keinen Nachteil erleidet, nicht besteht. Das allgemeine Bewusstsein, zur wahrheitsgemäßen und umfassenden Aufklärung des Versicherungsfalls beitragen zu müssen, kann bei einem durchschnittlichen VN, der über die drohende teilweise oder vollständige Leistungsfreiheit bereits in Textform belehrt worden ist, für den gesamten Versicherungsfall angenommen werden (so schon für die frühere Rechtslage OLG Hamm, r+s 1996, 470, 471; OLG Köln, r+s 1990, 112). 136

Verletzt der VN seine Aufklärungs- und Auskunftsobliegenheit **arglistig**, bedarf es *keiner* Belehrung (Begr. BT-Drucks 16/3945, S. 69). Das ergibt sich seit dem 1.1.2008 unmittelbar aus der Tatsache, dass sich § 28 Abs. 4 VVG nur auf § 28 Abs. 2 VVG, nicht aber auf § 28 Abs. 3 S. 2 VVG erstreckt, war aber auch früher schon allgemeine Meinung (BGH, VersR 1971, 405). Die Belehrung soll den schutzwürdigen VN vor einem unerwarteten Rechtsverlust bei falschen Angaben bewahren. Hierfür ist bei Arglist kein Raum (Begr. BT-Drucks 16/3945, S. 69; BGH, VersR 1976, 383; OLG Köln, BeckRS 2013, 09763; OLG Frankfurt a.M., BeckRS 2013, 15721; LG Saarbrücken, r+s 2014, 287). *Knappmann* (VersR 2011, 724) spricht sich dezidiert gegen die amtliche Begründung und dafür aus, dass die Hinweispflicht auch bei Arglist gelte (so auch MüKo/*Wandt*, § 28 VVG Rn 350). Dafür spricht, dass der VN durch § 28 Abs. 4 VVG noch einmal ausdrücklich auf die drohende vollständige oder teilweise Leistungsfreiheit des VR hingewiesen wird. Die Leistungsfreiheit droht erst recht bei arglistiger Obliegenheitsverletzung, so dass *Knappmann* zu Recht fragt, 137 warum der VN zwar auf das kleinere Übel (Leistungsfreiheit bei Vorsatz, es sei denn VN gelingt Kausalitätsgegenbeweis), aber nicht auf das größere Übel (prinzipielle Leistungsfreiheit bei Arglist) hinzuweisen ist. Dafür spricht auch die Entscheidung des BGH vom 4.5.2009, wonach es keinen allgemeinen Erfahrungssatz gibt, dass eine bewusst unrichtige Beantwortung einer vom VR gestellten Frage in der Absicht erfolgt, die Regulierungsentscheidung des Versicherers zu beeinflussen (BGH, VersR 2009, 968). Die gleichen Überlegungen gelten mit Blick auf § 19 Abs. 5 VVG, so dass der BGH seine dort entgegenstehende Rechtsprechung korrigieren müsste (BGH, BeckRS 2014, 06343). Gerade die Fälle des § 19 Abs. 5 VVG zeigen, wie wichtig eine Belehrung mit Blick auf arglistige Täuschungen ist, denn im Rahmen der vorvertraglichen Anzeigepflicht scheitert die Arglist in der Regel schon daran, dass der VN die Kalkulations- und Annahmegrundsätze des VR gar nicht kennt und folglich nicht wissen kann, ob er dessen Annahmeverhalten überhaupt mit seinen (falschen) Erklärungen beeinflusst.

VIII. Zurechnung fremden Wissens

138 Nach h.M. haftet der VN für eigenes, nicht aber für fremdes Verschulden. Verletzt ein Dritter Obliegenheiten, die der VN zu erfüllen hatte, belastet das den VN im Normalfall nicht (Römer/Langheid/*Rixecker*, § 28 Rn 37).

139 Allerdings muss sich der VN bei der **Versicherung für fremde Rechnung** auch die Kenntnis und das Verhalten des **Versicherten** zurechnen lassen (§ 47 Abs. 1 VVG).

140 Grds. aber gilt, dass eine Haftung für **den Erfüllungsgehilfen** (§ 278 BGB) ausgeschlossen ist (BGH, VersR 1981, 948, 950; BGH, VersR 1981, 321; BGH, VersR 1967, 990, 991; BGH, VersR 1954, 141; RGZ 117, 327; RGZ 102, 215, 217; RGZ 58, 343, 346). Das trifft in all den Fällen zu, in denen der VN die Obliegenheit **höchstpersönlich** erfüllt. Dagegen kann § 278 BGB in begrenztem Umfang, etwa im Rahmen der Vertragsverwaltung, herangezogen werden (Prölss/Martin/*Armbrüster*, § 28 Rn 95, 96; *Heiss*, in: Bruck/Möller, § 28 Rn 108; Looschelders/Pohlmann/*Pohlmann*, § 28 Rn 87).

141 Bedient er sich allerdings eines **Repräsentanten** oder eines **Wissenserklärungs- oder Wissensvertreters**, wird ihm das Verhalten dieser Dritten wie eigenes zugerechnet. Der dogmatische Streit, ob man diese Rechtsfiguren aus dem Telos des § 278 BGB ableiten kann (differenzierend *J. Prölss*, FS Canaris, 2007, 1037, 1049 ff., 1069 ff., der eine Unterscheidung zwischen der Haftung für fremdes und eigenes Handeln des Haftenden befürwortet) oder ob sich die genannten Rechtsfiguren eher aus einer Gesamtanalogie zu §§ 166, 278, 831 BGB unter Berücksichtigung der versicherungsrechtlichen Funktionen und Schutzziele ableiten lassen oder ob diese Rechtsfiguren womöglich ausschließlich richterrechtlich entwickelt worden sind, kann letztlich auf sich beruhen, da in den praktischen Ergebnissen keine Unterschiede bestehen.

1. Repräsentantenhaftung

Der VN hat nach st. Rspr. (BGH, VersR 1991, 822) für das Verhalten seines versicherungsrechtlichen Repräsentanten **wie für eigenes Verhalten** einzustehen. Ist ein Repräsentant an die Stelle des VN getreten, soll der VN nicht deshalb besser gestellt sein, weil er einen Dritten für sich handeln lässt. Dies war schon in der Rechtsprechung des Reichsgerichts anerkannt (RGZ 135, 370, 371).

142

Repräsentant ist, wer in dem Geschäftsbereich, zu dem das versicherte Risiko gehört, aufgrund eines Vertretungs- oder ähnlichen Verhältnisses an die Stelle des VN getreten ist (BGH, VersR 1989, 737; BGH, VersR 1981, 822; BGH, VersR 1969, 1086, 1087; BGHZ 24, 378, 385). Die bloße Überlassung der Obhut über die versicherte Sache reicht nicht aus, um ein Repräsentantenverhältnis anzunehmen (BGH, VersR 1989, 737; BGH, NJW-RR 2003, 1250). Der Repräsentant ist **zur Risikoverwaltung** befugt, kann also selbstständig in einem nicht ganz unbedeutenden Umfang für den VN handeln (Römer/Langheid/*Rixecker*, § 28 Rn 39). Die **Vertragsverwaltung** muss dem Dritten nicht übertragen sein; er muss also nicht auch Rechte und Pflichten aus dem VV für den VN wahrnehmen (BGH, VersR 2007; 673; BGH, VersR 1993, 828).

143

Für die Risikoverwaltung muss sich der VN der Verfügungsbefugnis und der Verantwortlichkeit für den versicherten Gegenstand **vollständig begeben haben** (BGH, VersR 1989, 737, 738). Die Risikoverwaltung erfordert also nicht nur eine **auf Dauer** angelegte Obhut über die versicherte Sache, sondern auch die Befugnis, mit Blick auf die versicherte Sache selbstständig für den VN zu handeln. Daran fehlt es, wenn ein angestellter Fahrer mit dem Fahrzeug seines Prinzipals unterwegs ist (BGH, VersR 1965, 149). Hat demgegenüber ein Angestellter dafür zu sorgen, dass die Fahrzeuge des Unternehmens in einem verkehrssicheren Zustand sind und darf er die ihm mitgeteilten Mängel aufgrund eigener Entscheidung beseitigen lassen, so ist er in diesem Bereich Repräsentant (BGH, VersR 1971, 538). Nutzt der Dritte die versicherte Sache im Wesentlichen allein und hat er ein wirtschaftliches Interesse an ihrer Erhaltung, so lässt dies in der Regel auf eine Repräsentantenstellung schließen (BGH, NJW-RR 2003, 1250; OLG Brandenburg, zfs 2010, 391; OLG Köln, VersR 2005, 1281; OLG Hamburg, VersR 2005, 221; OLG Koblenz, NJW-RR 2005, 825). Der Inhaber eines Autohauses, dem ein Kfz zum Verkauf überlassen wird, ist nicht Repräsentant (LG Nürnberg-Fürth, zfs 2013, 156). Das gilt auch bei kürzeren, sich wiederholenden Besitzüberlassungen (Römer/Langheid/*Rixecker*, § 28 Rn 40). Ebenso im Fall der bloßen Mitobhut eines Dritten (OLG Karlsruhe, VersR 1990, 1222).

144

Wird der Dritte mit der Wahrnehmung der Rechte und Pflichten aus dem VV vom VN betraut, übernimmt er die **Vertragsverwaltung**. Ist die Übertragung so umfassend, dass der Dritte an die Stelle des VN tritt, liegt zugleich **versicherungsrechtliche Repräsentanz** vor (BGH, VersR 1993, 828; zur Repräsentanteneigenschaft, wenn Abrechnungen in der Krankenversicherung gemacht werden: BGH, VersR 2012, 219). Vertragsverwaltung bedeutet, dass dem Dritten die Wahrnehmung der Rechte und/oder der Pflichten aus dem Versicherungsvertrag vom VN übertragen worden ist (Römer/Langheid/*Rixecker*, § 28 Rn 42). Eine Repräsentantenstellung kann entstehen, wenn dem Dritten die Vertragsverwal-

145

tung nur für Zeit nach Eintritt des Versicherungsfalles übertragen worden ist (*Knappmann*, VersR 1997, 261; Römer/Langheid/*Rixecker*, § 28 Rn 42). Das gilt etwa für die Person, der der VN in einem Krankheitsfall die Aufgabe übertragen hat, die Abrechnungen mit dem KrankenVR vorzunehmen (BGH, VersR 2012, 219).

146 **Einzelfälle:**
- Der **Ehegatte** oder **Lebenspartner** ist *nicht automatisch* Repräsentant, weder in der Risiko-, noch in der Vertragsverwaltung (BGH, VersR 1994, 988; BGH, VersR 1982, 463, 465; BGH, VersR 1965, 425, 429; OLG Karlsruhe, r+s 2013, 121; OLG Brandenburg, zfs 2010, 391; OLG Frankfurt a.M., OLGR 2006, 151; OLG Karlsruhe, VersR 1991, 1048; OLG Hamm, VersR 1989, 509, 510). Der Ehepartner ist aber dann Repräsentant, wenn er das versicherte Fahrzeug ständig fährt, im Besitz der Papiere und sämtlicher Schlüssel ist und jeden Fahrzeugschaden wirtschaftlich trägt (AG Düsseldorf, VersR 1990, 1229). Das Gleiche gilt, wenn er Besitzer und Halter des Fahrzeugs ist, das zu seinem Betriebsvermögen gehört und er sämtliche Kosten trägt (OLG Hamm, VersR 1996, 225).
- Die bloße **Mitobhut**, die ein Ehegatte aufgrund der ehelichen Lebensgemeinschaft an den Sachen des anderen Ehegatten hat, begründet noch *keine* Repräsentantenstellung (BGH, VersR 1965, 425, 429; OLG Karlsruhe, VersR 1991, 1048). Eine Zurechnung kann allerdings bei Ehe- und Lebenspartnern wegen ihres Miteigentums nach § 47 VVG in Betracht kommen (BGH, NJW-RR 1991, 1372; OLG Hamm, VersR 1994, 1464). Der Ehemann ist Repräsentant, wenn ihm sämtliche Versicherungsangelegenheiten einschließlich der Schadensabwicklung übertragen wurden (OLG Bremen, VersR 1998, 1149).
- Betreibt der Ehemann der VN eine von ihr gepachtete und versicherte **Gaststätte**, ist er Repräsentant, wenn er an ihrer Stelle die Obhut über die versicherte Sache ausübt (OLG Frankfurt a.M., r+s 1988, 143). Anders ist es, wenn er die Gaststätte nur vorübergehend und unselbstständig betreibt (OLG Köln, r+s 1993, 69). Der Vater, der für seinen bei der Bundeswehr dienenden Sohn die Gaststätte betreibt, ist Repräsentant (BGH, NJW-RR 1991, 1307, 1308).
- Ist der Ehemann dagegen **Geschäftsführer** im Einzelhandelsgeschäft der VN, vertritt er sie bei der Verwaltung der versicherten Gefahren, ist also ihr Repräsentant (BGH, NJW-RR 1988, 920). Ist der Ehemann dagegen nur **Angestellter** seiner Frau, scheidet eine Repräsentantenhaftung aus (OLG Hamm, VersR 1990, 1230, 1231; OLG Köln, VersR 1983, 1174).
- Die Ehefrau ist Repräsentantin, wenn sie ausschließlich den **Spezialversichertenschmuck** trägt und insoweit auch allein versicherungsrechtlich entscheidet (OLG Köln, VersR 1999, 311).
- Der Sohn der VN, der im Haus wohnt und während ihrer Abwesenheit „**nach dem Rechten sieht**", ist noch *nicht* Repräsentant (OLG Hamm, VersR 1982, 966).
- Bleibt der Vater des VN nach Übertragung des Betriebs auf die Söhne faktisch **Betriebsinhaber** (Geschäftsführer in lebenslänglich unkündbarer Stellung), so ist er Repräsentant (OLG Köln, VersR 1996, 94, 95). Dagegen ist ein **Verwalter und Betriebsleiter**,

der nur einen eingeschränkten Entscheidungsspielraum besitzt, kein Repräsentant. Entscheidend ist, ob der VN bereit und in der Lage ist, jederzeit einzugreifen, und ob er Kontrollmaßnahmen zur Überwachung des Betriebsleiters veranlasst hat, die dem VN ein Eingreifen ermöglichen (BGH, VersR 1992, 865, 866).
- Repräsentant ist auch der **Bauleiter**, jedenfalls bei größeren Bauvorhaben (BayObLG, VersR 1976, 33), *nicht* hingegen der **Schachtmeister** (OLG Celle, VersR 2001, 453). Auch der **Polier** ist bei größeren Baustellen *kein* Repräsentant (OLG Hamm, VersR 2000, 1104).
- **Mieter** oder **Pächter** eines Gebäudes sind in der Feuerversicherung regelmäßig *nicht* Repräsentant des Vermieters oder Verpächters (BGH, VersR 1989, 737; OLG Zweibrücken, VersR 2009, 541; OLG Düsseldorf, VersR 2007, 982; OLG Hamm, VersR 2002, 433; OLG München, VersR 2006, 970). Anders ist dies bei einer Maklerfirma, die ein leer stehendes Haus verwaltet (OLG Braunschweig, VersR 1971, 812). Das Gleiche gilt für den Verwalter eine **Wohnungseigentümergemeinschaft** im Verhältnis zu dem Wohnungseigentümer, wenn dieser berechtigt und verpflichtet ist, die Versicherungsangelegenheiten zu erledigen (OLG Köln, NVersZ 2001, 329; OLG Hamburg, VersR 2005, 221; OLG Brandenburg, r+s 2013, 24). Ein gelegentliches „nach dem Rechten sehen" genügt jedoch nicht (OLG Koblenz, NJW-RR 2005, 825).
- Der **RA** ist im Normalfall *nicht* Repräsentant des VN, es fehlt an der Risikoverwaltung und i.d.R. auch an der Vertragsverwaltung (BGH, NJW 1981, 1089, 1099; OLG Nürnberg, VersR 1979, 561, 562). Die Zurechnung seiner Erklärungen erfolgt im Normalfall über § 166 BGB (OLG Bamberg, r+s 1993, 173). Der Anwalt in der Rechtsschutzversicherung kann Repräsentant sein (OLG Hamm, VersR 1984, 31; LG Karlsruhe, VersR 2011, 1044). Das Gleiche gilt, wenn er vom VN mit einem Vorgehen gegen den Schuldner betraut worden ist (OLG Koblenz, VersR 2000, 178 – im Rahmen einer Warenkreditversicherung). Der **Zwangsverwalter** ist demggü. i.d.R. Repräsentant (BGH, VersR 1994, 1465).
- Der **Kfz-Fahrer** ist als solcher *kein* Repräsentant (BGHZ 33, 281, 286; OLG Köln, VersR 1992, 996; OLG Köln, VersR 1990, 1225). In der Fahrzeugübergabe liegt im Allgemeinen noch keine Übertragung der Risikoverwaltung (BGH, VersR 1993, 828).
- In der **Kfz-Kaskoversicherung** wird die Repräsentantenstellung häufiger bejaht (BGH, VersR 1996, 1229). Der Handelsvertreter ist Repräsentant, wenn er für die Unterhaltung und Verkehrssicherheit des Kfz zu sorgen hat (OLG Frankfurt am Main, VersR 1996, 838; OLG Koblenz, VersR 2001, 1507; OLG Hamm, VersR 1996, 225). Auch der Leasingnehmer kann Repräsentant sein (OLG Hamm, VersR 1996, 225; OLG Oldenburg, VersR 1996, 746). Der Sohn, der das Kfz als Eigentümer nutzt, ist Repräsentant, wenn seine Mutter nur aus versicherungstechnischen Gründen als VN fungiert (OLG Hamm, VersR 1995, 1086).

2. Wissenserklärungsvertreter

Wissenserklärungsvertreter ist, wer vom VN mit der Erfüllung seiner Obliegenheiten und zur Abgabe von Erklärungen **anstelle des VN betraut** worden ist (BGH, VersR 1993,

960). Der VN muss sich falsche Angaben dritter Personen in entsprechender Anwendung von § 166 BGB zurechnen lassen, wenn er diese Personen mit der Erfüllung seiner Obliegenheit betraut hat (st. Rspr.: BGH, VersR 1993, 960; BGH, VersR 1952, 428; RG, JW 1927, 763). Es ist *nicht* erforderlich, dass der Dritte zum rechtsgeschäftlichen Vertreter i.S.d. §§ 164 ff. BGB bestellt wird (BGH, VersR 1993, 960). Es genügt, dass der VN den Dritten mit der Erfüllung seiner Obliegenheiten ggü. dem VR betraut und dass der Dritte die Erklärungen anstelle des VN abgibt. Das pflichtwidrige Unterlassen einer gebotenen Mitteilung steht einer falschen Angabe gleich (OLG Hamm, NJW-RR 1997, 91, 92).

148 Der Grund der Zurechnung liegt darin, dass der VN den Dritten mit Aufgaben betraut hat, zu denen auch die Abgabe von Erklärungen ggü. dem VR gehören (BGH, VersR 1993, 960). Die **Zurechnung** erfolgt über **§ 166 BGB analog**, weil es sich häufig nicht um die Abgabe von Willens-, sondern von Wissenserklärungen handelt (differenzierend Prölss/Martin/*Armbrüster*, § 28 Rn 154, der mit Blick auf nicht rechtsgeschäftliche Erklärungen § 278 BGB für die maßgebliche Norm hält). Es handelt sich um eine Haftung kraft eigenen Zurechnungsgrundes (BGH, VersR 1967, 343, 344).

149 Ein **Bote** gibt lediglich fremdes Wissen weiter. Er ist *kein* Wissenserklärungsvertreter (OLG Köln, VersR 1981, 669, 670). Füllt ein Dritter ein Schadensformular aus und macht sich der VN den Inhalt zu eigen, indem er unterschreibt, gibt der VN in diesem Fall eine **eigene Erklärung** ab (BGH, VersR 1995, 281). Das gilt erst recht, wenn der Dritte das Schadensformular nach Angaben des VN ausfüllt (OLG Hamm, VersR 2000, 1135; OLG Hamm, VersR 1983, 1174).

150 **Einzelfälle:**
- Der **Ehegatte** ist *nicht* schon kraft ehelicher Lebensgemeinschaft Wissenserklärungsvertreter. Vielmehr ist erforderlich, dass der eine Ehegatte den anderen mit der Abgabe von Erklärungen ggü. dem VR betraut hat (BGH, VersR 1993, 960; OLG Brandenburg, zfs 2010, 391). Hat ein Ehegatte dem anderen die **Abwicklung des Schadens** bei der Versicherung **überlassen**, sind die Erklärungen des Ehegatten dem VN zuzurechnen (OLG Köln, VersR 2005, 1528; OLG Köln, VersR 1994, 1419; OLG Köln, VersR 1991, 95; OLG Stuttgart, r+s 1992, 331). Das Gleiche gilt für Angehörige, die der VN dem VR als Ansprechpartner benennt (OLG Dresden, VersR 2006, 1526; OLG Köln, r+s 2006, 235; OLG Hamm, NVersZ 2001, 563). Eine VN, die „blind" eine von ihrem Ehemann ausgefüllte Schadensanzeige unterschreibt, handelt arglistig, wenn dieser Vorschäden verschwiegen hat, ohne zuvor den das Fahrzeug regelmäßig benutzenden Sohn nach etwaigen Vorschäden zu befragen (OLG Saarbrücken, r+s 2011, 325).
- Betraut der VN einen **RA** mit der Abwicklung des Schadens und der Abgabe der notwendigen Erklärungen, ist der Anwalt Wissenserklärungsvertreter (OLG Koblenz, VersR 2000, 168; OLG Hamm, r+s 1996, 296; OLG Celle, VersR 1990, 376; OLG Köln, 1997, 394; OLG Köln, VersR 1981, 669).
- Beauftragt der VN seinen **Hausarzt** mit der Beantwortung bestimmter Gesundheitsfragen, ist der Arzt Wissenserklärungsvertreter (zweifelnd: OLG Hamm, VersR 1985, 1032). Das ist *nicht* der Fall, wenn der Arzt im Auftrag des VR tätig wird (OLG Frankfurt a.M., VersR 1993, 425).

3. Wissensvertreter

Wissensvertreter ist, wer in nicht ganz untergeordneter Stelle vom VN zumindest in einem Teilbereich damit **betraut** ist, an dessen Stelle für das Versicherungsverhältnis **rechtserhebliche Tatsachen zur Kenntnis zu nehmen** (in Anlehnung an BGH, VersR 2005, 218, 220; BGH, VersR 2000, 1133, 1134; BGH, VersR 1971, 538, 539; OLG Hamm, VersR 1995, 1437). In einem solchen Fall muss sich der VN das Wissen eines Dritten wie eigenes zurechnen lassen. Auch der VR kann einen Wissensvertreter einschalten (OLG Hamm, VersR 2011, 469). 151

Im Unterschied zum Wissenserklärungsvertreter **erklärt** der Wissensvertreter nichts, er weiß nur etwas, das für den VR von Bedeutung ist. Eine rechtsgeschäftliche Vertretung ist nicht erforderlich, die bloße (auch konkludente) Übertragung der Aufgabe genügt (Römer/Langheid/*Rixecker*, § 28 Rn 55). 152

Einzelfälle: 153
- Folgt der VN bei Ausfüllung der Schadensanzeige den Angaben seiner **Frau** und unterschreibt er sodann die Schadensanzeige, gibt er eine eigene Erklärung ab – die Ehefrau ist *nicht* seine Wissensvertreterin (**a.A.** OLG Celle, zfs 1988, 196). Einer VN, die eine von ihrem Ehemann ausgefüllte Schadensanzeige „blind" unterschreibt, wird es als Arglist zugerechnet, wenn dieser Vorschäden verschwiegen hat, ohne zuvor den das Fahrzeug regelmäßig benutzenden Sohn nach Vorschäden gefragt zu haben (OLG Saarbrücken, r+s 2011, 325).
- Organisiert der **Inhaber** sein **Unternehmen** so, dass Tatsachen, die von rechtlicher Bedeutung sind, nicht von ihm, sondern nur von einem bestimmten Angestellten zur Kenntnis genommen werden, muss er sich die Kenntnis des Angestellten wie die eigene zurechnen lassen (BGH, VersR 1970, 613, 614).
- Dagegen kommen **angestellte Lkw-Fahrer** wegen ihrer unselbstständigen Stellung und eingeschränkten Verantwortlichkeit weder als Repräsentanten noch als Wissensvertreter in Betracht (BGH, VersR 1971, 539).

C. Prozessuales

Die **Beweislast** für Vorsatz trägt der VR, wenn er Leistungen insgesamt vermeiden will (Begr. BT-Drucks 16/3945, S. 69). Von grober Fahrlässigkeit muss sich dagegen der VN entlasten, wenn er – trotz der objektiven Obliegenheitsverletzung – die volle Leistung des VR erhalten will (Begr. BT-Drucks 16/3945, S. 69). Für das Verschuldensmaß, nach dem sich im Fall grober Fahrlässigkeit der Umfang der Leistungspflicht bestimmt, ist der VR beweispflichtig (Begr. BT-Drucks 16/3945, S. 69; krit.: *Pohlmann*, VersR 2008, 437 ff.). Für **Altverträge** (Vertragsschluss vor 1.1.2008) galt § 6 VVG a.F. wegen der Übergangsregelung (Art. 1 Abs. 1 EGVVG) bis zum 31.12.2008 weiter. Darüber hinaus sind die Vorschriften des alten VVG anwendbar, wenn der Versicherungsfall bis zum 31.13.2008 eingetreten ist (Art. 1 Abs. 2 EGVVG). Für alle Versicherungsfälle ab 1.1.2009 gilt ausschließlich das neue VVG (unechte Rückwirkung BT-Drucks 16/3945 S. 118). In Art. 3 Abs. 3 EGVVG hat der Gesetzgeber dem VR das Recht eingeräumt, die AVB für Altverträge, 154 soweit sie von den Vorschriften des (neuen) VVG abweichen durch einseitige Bestimmung zum 1.1.2009 zu ändern. Der VR war verpflichtet die neuen Bedingungen dem VN bis spätestens einen Monat vor dem 1.1.2009 (also bis zum 1.12.2008) in Textform mitzuteilen und die Unterschiede zur früheren Bedingungslage kenntlich zu machen.

155 Macht der VR von der Möglichkeit der Vertragsanpassung nach Art. 1 Abs. 3 EGVVG keinen Gebrauch, kann er bei grob fahrlässiger Verletzung vertraglicher Obliegenheiten kein Leistungskürzungsrecht nach § 28 Abs. 2 S. 2 VVG geltend machen (BGH, VersR 2011, 1550). Auf die Verletzung gesetzlicher Obliegenheiten (§ 81 Abs. 2 VVG) kann sich der VR weiterhin berufen (BGH, VersR 2011, 1550, Ls. 2). Hat der VR seine Leistungsfreiheit zunächst nicht erkannt und fordert er seine Leistung später nach § 812 Abs. 1 S. 1 Alt. 1 BGB zurück, muss er nicht nur die objektive Verletzung der Obliegenheit und den Vorsatz des VN, sondern gegebenenfalls auch grobe Fahrlässigkeit und die Kausalität der Obliegenheitsverletzung für den Eintritt des Versicherungsfalles und den Umfang seiner Leistungspflicht sowie seine Feststellungen beweisen (OLG Hamm, r+s 2012, 253; OLG Saarbrücken, VersR 2009, 1254; OLG Stuttgart, Versicherung und Recht kompakt 2008, 85; OLG Köln, VersR 1999, 704). Weiß der VR von der Obliegenheitsverletzung und zahlt trotzdem vorbehaltslos, kann er das Geleistete nach § 814 BGB nicht zurückfordern (OLG Karlsruhe, r+s 1999, 17: das Gericht nimmt Verzicht auf Leistungsfreiheit stattdessen nicht ganz überzeugend an).

156 Wirkt der VN kollusiv mit dem Haftpflichtgläubiger zulasten des VR zusammen, so wird der VR nicht nach § 28 VVG, sondern nach Allgemeinen Grundsätzen (§§ 138, 226, 826 BGB) leistungsfrei (BGH, VersR 1987, 1182). Verwirkung scheidet aus, wenn es der VR ablehnt, den Anspruch überhaupt zu prüfen (BGH, VersR 2013, 609). Auf mitversicherte Personen sind die Quotierungsregeln unmittelbar anwendbar (§ 47 Abs. 1 VVG – *Schirmer*, VersR 2011, 289). Die Quotierung ist nach § 81 Abs. 2 VVG auch zugunsten des grob fahrlässig handelnden Mieters anzuwenden (*Schirmer*, VersR 2011, 289), so dass der Gebäudeversicherer den grob fahrlässig handelnden Mieter nur in Höhe der Kürzungsquote in Regress nehmen kann. Der Mieter eines Kfz darf nicht schlechter als der VN in der Kaskoversicherung nach dem VVG behandelt werden (*Schirmer*, VersR 2011, 289). Beim Aufwendungsersatz ist die Quotierung entsprechend heranzuziehen, wenn der VN grob fahrlässig verkannt hat, dass er die Rettungsaufwendungen nicht für geboten halten durfte (*Schirmer*, VersR 2011, 289).

D. Abdingbarkeit

157 Eine Vereinbarung, nach der der VR bei Verletzung einer vertraglichen Obliegenheit zum Rücktritt berechtigt ist, ist unwirksam (§ 28 Abs. 5 VVG). Diese Regelung ist **absolut zwingend**, während § 28 Abs. 1–4 VVG ansonsten **halbzwingend** ist (§ 32 VVG).

E. Prüfungsschema

I. Grundsätze
1. Vertraglich vereinbarte Obliegenheit oder Risikoausschluss?
2. Bei fahrlässiger Verletzung der Obliegenheit ist der VR unbeschränkt leistungspflichtig.
3. Wenn eine vor Eintritt des Versicherungsfalls zu erfüllende Obliegenheit verletzt wurde, darf der VR bei Vorsatz oder grober Fahrlässigkeit kündigen.

II. Vorsatz
1. Der VR ist leistungsfrei, wenn der VN Obliegenheit (gleichgültig, ob vor oder nach Versicherungsfall) vorsätzlich verletzt.
2. Ausnahme: Obliegenheitsverletzung wirkt sich nicht auf Leistung des VR aus (Kausalität); Beweislast: VN.
3. Bei Auskunfts- oder Aufklärungsobliegenheit setzt Leistungsfreiheit Belehrung des VN in Textform unter Hinweis auf die Leistungsfreiheit voraus.
4. Bei **Arglist** ist der VR leistungsfrei (Kausalität spielt, von Ausnahmen abgesehen, keine Rolle)

III. Grobe Fahrlässigkeit
1. Bei grob fahrlässiger Verletzung der Obliegenheit ist der VR berechtigt, seine Leistung in einem der Schwere des Verschuldens des VN entsprechenden Verhältnis zu kürzen.
2. Außer: Obliegenheitsverletzung wirkt sich nicht auf Leistung des VR aus (Kausalität), d.h. der aus der Obliegenheitsverletzung resultierende Vermögensnachteil des VR bildet die Obergrenze für die Quotierung.
3. Die Beweislast für das Nichtvorliegen der groben Fahrlässigkeit trägt der VN.
4. Die Beweislast für den Grad der groben Fahrlässigkeit (Quotelung) trägt der VR.
5. Bei Auskunfts- oder Aufklärungsobliegenheiten muss der VN auch mit Blick auf grobe Fahrlässigkeit über die drohende Rechtsfolge in Textform belehrt worden sein.

---

§ 29 VVG | Teilrücktritt, Teilkündigung, teilweise Leistungsfreiheit

(1) Liegen die Voraussetzungen, unter denen der Versicherer nach den Vorschriften dieses Abschnittes zum Rücktritt oder zur Kündigung berechtigt ist, nur bezüglich eines Teils der Gegenstände oder Personen vor, auf die sich die Versicherung bezieht, steht dem Versicherer das Recht zum Rücktritt oder zur Kündigung für den übrigen Teil nur zu, wenn anzunehmen ist, dass für diesen allein der Versicherer den Vertrag unter gleichen Bedingungen nicht geschlossen hätte.

(2) Macht der Versicherer von dem Recht zum Rücktritt oder zur Kündigung bezüglich eines Teils der Gegenstände oder Personen Gebrauch, ist der Versicherungsnehmer berechtigt, das Versicherungsverhältnis bezüglich des übrigen Teils zu kündigen. Die Kündigung muss spätestens zum Schluss der Versicherungsperiode erklärt werden, in welcher der Rücktritt oder die Kündigung des Versicherers wirksam wird.

(3) Liegen die Voraussetzungen, unter denen der Versicherer wegen einer Verletzung der Vorschriften über die Gefahrerhöhung ganz oder teilweise leistungsfrei ist, nur bezüglich eines Teils der Gegenstände oder Personen vor, auf die sich die Versicherung bezieht, ist auf die Leistungsfreiheit Absatz 1 entsprechend anzuwenden.

Übersicht

	Rdn
A. Normzweck	1
B. Norminhalt	3
I. Der (einheitliche) Versicherungsvertrag	3
II. Mehrere Gegenstände	5
III. Vertrag für übrigen Teil nicht geschlossen	7
IV. Kündigung (§ 29 Abs. 2 VVG)	9
V. Gefahrerhöhung	12
C. Abdingbarkeit	13

A. Normzweck

1 Die Norm klärt das **rechtliche Schicksal des Restvertrages**, wenn Rücktritts- oder Kündigungsgründe nur bzgl. eines Teils der Gegenstände oder Personen vorliegen, auf die sich die Versicherung bezieht (MüKo/*Wandt*, § 29 VVG Rn 1). Anders als § 139 BGB (Teilnichtigkeit bewirkt im Regelfall Gesamtnichtigkeit), steht dem VR das Recht zur Kündigung oder zum Rücktritt nur zu, wenn anzunehmen ist, dass er einen VV allein für den übrigen Teil nicht unter den gleichen Bedingungen geschlossen hätte.

Umgekehrt darf der VN, wenn der VR einen Teil des VV kündigt, den Restteil seinerseits kündigen. Ist der VR bei einer Gefahrerhöhung ganz oder teilweise leistungsfrei, ist § 29 Abs. 1 VVG entsprechend anzuwenden (§ 29 Abs. 3 VVG). Auf andere Kündigungsrechte ist § 29 VVG nicht anwendbar (für eine Analogie zu §§ 92, 96 VVG: Römer/Langheid/*Rixecker*, § 29 Rn 2).

2 Auf die Krankenversicherung ist § 29 VVG nicht anzuwenden (§ 194 Abs. 1 VVG) (der Sache nach dagegen: Prölss/Martin/*Armbrüster*, § 29 Rn 10; **a.A.** MüKo/*Wandt*, § 29 VVG Rn 4). Hat sich der VR dort vorbehalten, die Kündigung auf einzelne versicherte Personen oder Tarife zu beschränken, und macht er von dieser Möglichkeit Gebrauch, kann umgekehrt der VN innerhalb von zwei Wochen nach Zugang der Kündigung die Aufhebung des übrigen Teils der Versicherung verlangen (§ 205 Abs. 5 VVG). Die Rechtsprechung wendet teilweise in der Krankheitskosten- und Krankentagegeldversicherung den Rechtsgedanken des § 29 VVG über § 205 Abs. 5 VVG an, um dem VR den umfassenden Rücktritt bzw. die Kündigung zu verweigern, sofern sich der jeweilige Grund der Kündigung nur auf einen Teil auswirkt (so für das Erschleichen von Leistungen in der Krankentagegeldversicherung: OLG Karlsruhe, VersR 2007, 530; entgegengesetzt OLG Koblenz, VersR 2008, 1482 dazu *Fuchs*, juris-PR VersR 2/2009 Anm. 3; *Heiss*, in: Bruck/Möller, § 29 Rn 8 – auch unter Hinweis auf die Rück- und Seeversicherung [§ 209 VVG] und die laufende Versicherung [§§ 56–58 VVG]).

B. Norminhalt

I. Der (einheitliche) Versicherungsvertrag

Die Regelung setzt einen (einheitlichen) Versicherungsvertrag voraus. 3
Das Rücktritts- oder Kündigungsrecht muss sich auf einen Teil der Gegenstände oder Personen beziehen, auf die sich **die Versicherung** bezieht. Die Versicherung **meint den Versicherungsvertrag, der mehrere Gegenstände oder Personen erfasst.** Liegen demgegenüber **mehrere Verträge** vor, die sich möglicherweise **auf denselben Gegenstand** beziehen, ist § 29 Abs. 1 VVG *nicht* einschlägig – die Kündigung oder der Rücktritt bzgl. des einen Vertrages betrifft die jeweils anderen Verträge nicht (MüKo/*Wandt*, § 29 VVG Rn 8). Dies gilt auch dann, wenn mehrere VV in **einem Versicherungsschein** gebündelt sind, wie dies z.B. in der Kraftfahrtversicherung üblich ist (Haftpflicht – Kasko – Unfall – Rechtsschutz). Ob ein Vertrag oder mehrere Verträge vorliegen richtet sich zunächst einmal nach dem Parteiwillen (§§ 133, 157 BGB; Prölss/Martin/*Klimke*, § 29 Rn 2; *Heiss*, in: Bruck/Möller, § 29 Rn 14/15). Eine Luftfahrzeug-Kaskoversicherung, die mit einheitlicher Police mehrere Flugzeuge deckt, wurde als einheitlicher Versicherungsvertrag angesehen (BGH, VersR 1977, 346, 348). Das gleiche gilt für eine Paketversicherung (AG Melsungen, VersR 1988, 1014). Das gilt auch für einen Mantelvertrag (Warenkreditversicherung: BGH, NJW 1992, 2631, 2633). Zwei unterschiedliche Änderungsanträge müssen nicht den Charakter des einheitlichen Versicherungsvertrages ändern (OLH Hamm, VersR 1980, 137). Es spricht eine tatsächliche **Vermutung** dafür, dass jeder Versicherungsschein einen selbstständigen Vertrag darstellt, auch wenn mehrere am gleichen Tag ausgestellt sind und die gleiche Vertragsdauer haben (BGHZ 42, 295 = BGH, VersR 1965, 29; OLG Celle, VersR 1966, 664; OLG Nürnberg, VersR 1966, 532; KG, VersR 1997, 94). In der Rechtsprechung wird darauf hingewiesen, dass eine Lebensversicherung mit Unfallzusatzversicherung auf die verbundenen Leben von Ehepartnern **ein** VV sei (BGH, VersR 1987, 177).

Das Gleiche soll für eine **Lebensversicherung mit einer Berufsunfähigkeitsversicherung** gelten (BGH, VersR 1989, 689; KG, VersR 1997, 94). Da beide Verträge völlig selbstständig voneinander geschlossen werden und bestehen können, liegt es jedoch näher, hier zwei verschiedene VV, die nur in einer Police gebündelt sind, anzunehmen. Demgegenüber ist die typische **Hausratversicherung** ein einheitlicher VV, der mehrere Risiken (Feuer, Leitungswasser, Sturm, Glas, Einbruchdiebstahl, Privathaftpflicht) bündelt (Kombivertrag). Ob das auch dann noch gilt, wenn mit der Hausratversicherung eine Unfallversicherung verbunden wird (AG Melsungen, VersR 1988, 1014), erscheint fraglich, daran ändert auch die Wortwahl „Paketversicherung" nichts. Denkbar ist auch, dass mehrere Gegenstände in einem **Rahmenvertrag**, der aus selbstständigen Einzelverträgen besteht, zusammengefasst sind (BGH, VersR 1977, 346). § 29 Abs. 1 VVG ist immer nur dann anwendbar, wenn mehrere Gegenstände oder mehrere Personen in **einem Versicherungsvertrag** versichert sind. 4

II. Mehrere Gegenstände

5 Versichert sein müssen **mehrere Gegenstände** (z.B. mehrere Gebäude, eine Kfz-Flotte, mehrere Schiffe, mehrere Unternehmen, mehrere Waldgrundstücke, mehrere voneinander getrennte Weinberge, mehrere Tankstellen oder mehrere Lokomotiven und Eisenbahnwaggons) oder **mehrere Personen** (z.B. Eltern, Kinder und andere Familienangehörige in der Haftpflichtversicherung oder mehrere Personen in der Kollektivlebensversicherung). „Gegenstände meint Sachen, aber auch Forderungen, die ebenfalls von § 29 VVG erfasst werden (MüKo/*Wandt*, § 29 VVG Rn 12).

6 Dagegen ist § 29 Abs. 1 VVG nicht anwendbar, wenn eine **Person gegen mehrere Gefahren** versichert ist, wie bspw. bei der Kombination einer Lebensversicherung mit einer Berufsunfähigkeitsversicherung. In diesem Fall nimmt die Rechtsprechung *einen* VV an, verlangt aber Teilkündigungen, weil der Lebensversicherungsvertrag auch ohne die BUV geschlossen worden wäre (BGH, VersR 1983, 25; BGH, VersR 1989, 1249; BGH, VersR 2007, 484; OLG Düsseldorf, VersR 2001, 1408; OLG Köln, VersR 1998, 1495). Das ist im Ergebnis richtig (Prölss/Martin/*Armbrüster*, § 29 Rn 3). Allerdings handelt es sich in diesen Fällen nicht um einen einheitlichen Versicherungsvertrag, sondern um einen oder mehrere selbstständige, aber miteinander verbundene Verträge, die jeweils ein eigenes versicherungsrechtliches Schicksal haben. Aus diesem Grunde hat der VR kein Recht zu einer umfassenden, sondern nur zu einer Kündigung des jeweils betroffenen Teilvertrags (ähnlich Prölss/Martin/*Armbrüster*, § 29 Rn 3). Ob verschiedene Risiken zu einem einheitlichen Vertrag zusammengefasst sind oder ob es sich eher um gebündelte Einzelversicherungsverträge handelt, kann – in Grenzen – auch unter Rückgriff auf die Kalkulationsgrundsätze beantwortet werden. Das kann jedenfalls ein Argument sein, wenn die jeweils isolierte Versicherung deutlich teurer wäre, als im Fall ihrer Kombination (Prölss/Martin/*Armbrüster*, § 29 Rn 3). In der Sachversicherung ist normalerweise nur ein Gegenstand, z.B. der Inbegriff des Hausrats, das Gebäude, das Auto, der Maschinenpark, das Schiff, gegen mehrere Gefahren (Feuer/Leitungswasser/Sturm/Einbruch/Diebstahl/...) versichert. Damit ist der Anwendungsbereich des § 29 VVG nicht eröffnet. Geht man, etwa bei der Hausratversicherung, davon aus, dass womöglich doch mehrere Gegenstände versichert sind, stellt sich die Frage, ob der Versicherer bei Verletzung der vorvertraglichen Anzeigepflicht (§ 19 VVG) oder der Verletzung einer Obliegenheit (§ 28 VVG) tatsächlich den Restvertrag, nur für andere Gefahren, geschlossen hätte (so Römer/Langheid/*Rixecker*, § 29 Rn 5).

III. Vertrag für übrigen Teil nicht geschlossen

7 Wenn und soweit verschwiegene oder falsch angezeigte Umstände oder Gefahrerhöhungen **auf einen Teil** des Vertrages, z.B. auf eine einzelne Person oder einen einzelnen Gegenstand beschränkt werden können, steht dem VR das Recht des Rücktritts oder der Kündigung oder der Leistungsfreiheit (§ 29 Abs. 3 VVG) für den nicht betroffenen „übrigen" Teil nur zu, wenn anzunehmen ist, dass der VR den VV für diesen allein unter den gleichen Bestimmungen **nicht geschlossen** haben würde. Ist dies nicht der Fall, erfasst das Recht zum Rücktritt oder zur Kündigung den gesamten Vertrag. Trennbarkeit liegt vor, wenn

etwa verschwiegene Vorerkrankungen nur für eine Zusatzversicherung risikoerheblich waren (BGH, VersR 1983, 25; BGH, VersR 1989, 1249; OLG Düsseldorf, VersR 2001, 1408; OLG Koblenz, NVersZ 2001, 161). Das gleiche gilt, wenn sich die gefahrerhöhenden Umstände nur auf eine von mehreren versicherten Personen beziehen (BGH, VersR 1987, 117). In der Kreditversicherung kann Teilbarkeit vorliegen, wenn eine Mehrheit von Forderungen abgesichert werden sollte (BGH, NJW 1992, 26, 31). Hat der VN Vorschäden eines von mehreren versicherten Gebäuden verschwiegen, kann man, wegen des subjektiven Risikos, dennoch annehmen, dass der VN den Gesamtvertrag bei Kenntnis der Umstände mit einem solchen VN nicht geschlossen hätte (Looschelders/Pohlmann/*Klenk*, § 29 Rn 17; Römer/Langheid/*Rixecker*, § 29 Rn 6). Dass der VR den übrig bleibenden Teil des VV allein nicht geschlossen hätte, muss er **beweisen** (OLG Saarbrücken, VersR 2012, 429, 430). Abzustellen ist auf die für seinen Geschäftsbetrieb geltenden Grundsätze (Prölss/Martin/*Armbrüster*, § 29 Rn 5). Entscheidend sind die Risikoprüfungs- und Abschlussgrundsätze des betroffenen VR (Römer/Langheid/*Rixecker*, § 29 Rn 7), und zwar im Zeitpunkt der Auflösung des (Rest-)Vertrages.

Dem VR steht für die beendete Versicherungsperiode derjenige Teil der Prämie zu, der dem Zeitraum entspricht, in dem der Versicherungsschutz bestanden hat (§ 39 Abs. 1 VVG), bei Rücktritt und Anfechtung kommt es auf das Wirksamwerden der Rücktritts- und Anfechtungserklärung an (§ 39 Abs. 1 VVG). Bei Beendigung wegen vorvertraglicher Anzeigepflichtverletzung kann der VN den auf die Zeit nach der Beendigung des Versicherungsverhältnisses entfallenden Teil der Prämie unter Abzug der aufgewendeten Kosten zurückfordern (§ 39 Abs. 2 VVG). Die Prämie für den verbleibenden Restvertrag muss der VR unter Berücksichtigung des verminderten Risikos neu berechnen (Römer/Langheid/*Rixecker*, § 29 Rn 7). Insoweit bestimmt der Versicherer einseitig die Leistung, d.h., die Prämie muss im Sinne des § 315 BGB der Billigkeit entsprechen. Das ist in der Regel dann der Fall, wenn der VR im Rahmen seiner allgemeinen Geschäftspolitik für vergleichbare Risiken vergleichbare Prämien nimmt.

IV. Kündigung (§ 29 Abs. 2 VVG)

Macht der VR vom Recht zum Rücktritt/Kündigung bezüglich eines Vertragsteils Gebrauch, ist umgekehrt der VN berechtigt, das Versicherungsverhältnis bezüglich des übrigen Teils zu kündigen. Der VN, der nach § 29 Abs. 2 VVG kündigen will, muss **nicht begründen**, warum er die Kündigung ausspricht (Römer/Langheid/*Rixecker*, § 29 Rn 8). Die Kündigung muss **spätestens zum Schluss der Versicherungsperiode** (i.d.R. der Zeitraum eines Jahres: § 12 VVG), in welcher der Rücktritt oder die Kündigung des VR wirksam wird, **erklärt** werden. Erfährt der VN so kurz vor Ablauf der Versicherungsperiode von der Beendigung, dass ihm keine angemessene Überlegungsfrist mehr für eine korrekte Kündigung zu Gebot steht, ist eine Kündigung auch dann noch rechtzeitig, wenn sie jedenfalls unverzüglich auf den Zeitpunkt der Beendigung der Versicherungsperiode ausgesprochen wird (*Heiss*, in: Bruck/Möller, § 29 Rn 31; Prölss/Martin/*Armbrüster*, § 29 Rn 6).

10 § 29 VVG bezieht sich auf alle Vorschriften des Abschnitts 2 und damit auch auf Fälle der arglistigen Verletzung von Obliegenheiten (§ 28 Abs. 3 S. 2 VVG). Bei **Arglist** bzgl. eines Gegenstandes oder einer Person wird aber i.d.R. anzunehmen sein, dass der VR auch die übrigen Teile des VV „*unter den gleichen Bedingungen*" nicht geschlossen hätte (hierzu: MüKo/*Wandt*, § 29 VVG Rn 21), weil das Vertrauensverhältnis bei arglistiger Täuschung in aller Regel insgesamt gestört ist. Ob § 29 VVG auf arglistige Täuschungen, die nicht zum Rücktritt oder zur Kündigung berechtigen, sondern den Vertrag nichtig machen (§ 142 BGB) überhaupt anwendbar ist, wird nicht einheitlich beurteilt (ablehnend: OLG Saarbrücken, VersR 2012, 429, 430; **a.A.** LG Köln, VersR 1953, 356). Praktische Bedeutung dürfte der Streit nicht haben, da nach § 139 BGB das (abtrennbare) Rechtsgeschäft auch ohne den nichtigen Teil aufrechterhalten werden darf (Römer/Langheid/*Rixecker*, § 29 Rn 10; Prölss/Martin/*Armbrüster*, § 29 Rn 8).

11 Bei der Versicherung mehrerer Personen kommt es darauf an, ob der VR den VV auch ohne die Einbeziehung des betroffenen Versicherten abgeschlossen hätte (Römer/Langheid/*Rixecker*, § 29 Rn 19). Auf Teilkündigungen aus wichtigem Grund ist nicht § 29 VVG, sondern § 314 BGB anwendbar, da § 29 VVG nur den Rücktritt oder die Kündigung nach den „Vorschriften dieses Abschnitts" erfasst (Prölss/Martin/*Armbrüster*, § 29 Rn 9). In der Regel ist in diesen Fällen das gesamte Vertrauensverhältnis gestört, so dass eine Teilkündigung ohnehin ausscheidet (OLG Stuttgart, VersR 2006, 1485, 1487; vertiefend Prölss/Martin/*Armbrüster*, § 29 Rn 9).

V. Gefahrerhöhung

12 Im Fall der Leistungsfreiheit wegen **Gefahrerhöhung** (§ 26 VVG) sind die Grundsätze des § 29 Abs. 1 VVG **entsprechend** anzuwenden (§ 29 Abs. 3 VVG) (MüKo/*Wandt*, § 29 VVG Rn 41). Nach § 26 Abs. 3 Nr. 1 VVG tritt Leistungsfreiheit nur ein, soweit die Gefahrerhöhung ursächlich für den Eintritt des Versicherungsfalles oder den Umfang der Leistungspflicht des VR war. Somit verbleibt für § 29 Abs. 3 VVG nur noch ein geringer Anwendungsbereich (*Heiss*, in: Bruck/Möller, § 29 Rn 33; Prölss/Martin/*Armbrüster*, § 29 Rn 7). Hat der VN mehrere Häuser in einem VV gegen Feuer versichert, so kann der VR, wenn sich nur das Risiko eines Hauses erhöht, den Gesamtvertrag nur kündigen, wenn er beweist, dass er die übrigen Häuser nicht unter den gleichen Bedingungen versichert hätte. Durch die Worte „ganz oder teilweise" wird berücksichtigt, dass nach § 26 Abs. 1 S. 2 VVG bei grober Fahrlässigkeit eine Teilbefreiung in Betracht kommt (Begr. BT-Drucks 16/3945, S. 69).

C. Abdingbarkeit

13 Die Vorschrift ist, wie sich aus § 32 VVG ergibt, **dispositiv**. Allerdings können die Vertragsparteien nur solche AVB-Klauseln wirksam vereinbaren, die den VN nicht nach § 307 Abs. 1 Nr. 2 BGB benachteiligen (Prölss/Martin/*Armbrüster*, § 29 Rn 11).

| § 30 VVG | Anzeige des Versicherungsfalles |

(1) Der Versicherungsnehmer hat den Eintritt des Versicherungsfalles, nachdem er von ihm Kenntnis erlangt hat, dem Versicherer unverzüglich anzuzeigen. Steht das Recht auf die vertragliche Leistung des Versicherers einem Dritten zu, ist auch dieser zur Anzeige verpflichtet.

(2) Auf eine Vereinbarung, nach welcher der Versicherer im Fall der Verletzung der Anzeigepflicht nach Absatz 1 Satz 1 nicht zur Leistung verpflichtet ist, kann sich der Versicherer nicht berufen, wenn er auf andere Weise vom Eintritt des Versicherungsfalles rechtzeitig Kenntnis erlangt hat.

Übersicht

	Rdn
A. Normzweck	1
B. Norminhalt	5
I. Versicherungsfall (§ 30 Abs. 1 VVG)	5
II. Kenntnis des Versicherungsnehmers	8
III. Unverzüglich anzeigen	11
IV. Anzeige durch Dritten	19
C. Rechtsfolgen (§ 30 Abs. 2 VVG)	20
D. Prozessuales	29
E. Abdingbarkeit	33

A. Normzweck

Die Norm verpflichtet den VN unverzüglich nach Kenntnis zur Anzeige des Versicherungsfalles; Sie hat den Sinn, den VR so schnell wie möglich über den Eintritt eines Ereignisses zu unterrichten, das seine Leistungspflicht auslösen kann. Der VR soll die Möglichkeit haben, den Sachverhalt aufzuklären und Maßnahmen zur Schadensabwendung/Schadensminderung zu treffen (Römer/Langheid/*Rixecker*, § 30 Rn 1; Motive zum VVG, Nachdruck 1963, S. 104; BK/*Dörner*, § 33 a.F. Rn 1; MüKo/*Wandt*, § 30 VVG Rn 2 m.w.N.; *Brömmelmeyer*, in: Bruck/Möller, § 30 Rn 3 f.). Bei der Anzeigepflicht des VN handelt es sich um eine **Obliegenheit i.S.d. § 28** VVG, die wegen ihrer grundlegenden Bedeutung für den VR weiterhin – früher § 33 VVG – gesetzlich geregelt werden soll (Begr. BT-Drucks 16/3945, S. 70). Eine besondere Sanktionsregelung ist entbehrlich, da die AVB regelmäßig entsprechende Anzeigepflichten enthalten und somit § 28 VVG zur Anwendung kommt (Begr. BT-Drucks 16/3945, S. 70).

Die Regelung bezieht sich auch auf **Dritte**, denen das Recht auf die vertragliche Leistung des VR zusteht. Auch sie sind zur (unverzüglichen) Anzeige verpflichtet. Auf diese Weise sind Sonderregelungen für die Lebens- und Unfallversicherung (vor 1.1.2008: § 171 Abs. 2 VVG a.F.) überflüssig geworden. Der Dritte hat den Eintritt des Versicherungsfalls allerdings – anders als früher – nicht mehr *anstelle* des VN, sondern *neben ihm* anzuzeigen, wie sich aus dem Wort „auch" ergibt (*Brömmelmeyer*, in: Bruck/Möller, § 30 Rn 2). Sonderregelungen gelten – wie bisher – für die Haftpflichtversicherung (§§ 104, 119 Abs. 1 VVG).

3 In § 30 Abs. 2 VVG wird – wie bisher – geklärt, dass der VR für den Fall der Verletzung der Anzeigepflicht **Leistungsfreiheit** vereinbaren kann. Er kann sich auf diese Vereinbarung allerdings *nicht* berufen, wenn er auf andere Weise vom Eintritt des Versicherungsfalls **rechtzeitig Kenntnis** erlangt hat.

4 Der **Sinn der gesetzlichen Anzeigepflicht** erschließt sich nicht so leicht wie derjenige der Auskunfts- und Aufklärungspflicht (§ 31 VVG), denn ein VN, der seinen VR nicht in Anspruch nehmen will, ist – vom Sonderfall der Haftpflichtversicherung abgesehen – auch nicht verpflichtet, den Versicherungsfall anzuzeigen. Die Anzeigepflicht des § 30 VVG setzt gedanklich voraus, dass der VN den VR auf Leistung aus dem VV in Anspruch nehmen will. Für diesen Fall hat er den Eintritt des Versicherungsfalls nach Kenntnis unverzüglich anzuzeigen, damit der VR seine Leistungspflicht prüfen (BGH, VersR 1998, 58), etwaige Rettungsmaßnahmen anordnen (§ 82 Abs. 2 VVG) oder ergreifen kann (Motive zum VVG, S. 104). Der **redliche Versicherungsnehmer**, der für § 30 VVG Leitbild ist (BGH, VersR 1984, 29), schafft durch unverzügliche Anzeige die Voraussetzungen für die rasche, wahrheitsgemäße und vollständige Aufklärung des Versicherungsfalls unter Berücksichtigung erforderlicher Rettungsmaßnahmen und gleichzeitiger Beweissicherung. Dies dient den Interessen des VR ebenso wie den Interessen des VN, der durch seine Maßnahmen zu einer Schadensminimierung und auf diese Weise dazu beitragen kann, die Prämie für das Kollektiv so niedrig wie möglich zu halten.

B. Norminhalt

I. Versicherungsfall (§ 30 Abs. 1 VVG)

5 Versicherungsfall ist das Ereignis, mit dessen Eintritt die Leistungspflicht des VR begründet ist (Motive zum VVG, S. 70). Das ist regelmäßig der Fall, wenn sich die **versicherte Gefahr verwirklicht** (BGH, VersR 1955, 100). Die nähere Kennzeichnung des Versicherungsfalls ergibt sich i.d.R. aus den AVB, etwa aus einer Klausel in den AVB, wonach die versicherte Person dem VR die Arbeitsunfähigkeit unverzüglich nach Eintritt anzeigen muss (LG Saarbrücken, VersR 2014, 1197; zur Abgrenzung zwischen Anzeigepflichten und vertraglichen Ausschlussfristen: *Klimke*, VersR 2010, 290; MüKo/*Wandt*, § 30 VVG Rn 13). Häufig ist der Versicherungsfall auf einen Zeitpunkt, z.B. auf ein **Schadensereignis** fixiert.
- In der **Sachversicherung** ist Versicherungsfall die Einwirkung auf die versicherte Sache, z.B. durch Sturm, Feuer oder Leitungswasser.
- Bei der **Betriebsunterbrechungsversicherung** ist es das Ereignis, das die Betriebsunterbrechung herbeiführt, z.B. der Brand, Hagel oder Blitzschlag (BGH, VersR 1957, 781).
- Bei der **Vertrauensschadensversicherung** tritt der Versicherungsfall ein, wenn die versicherte Person das in sie gesetzte Vertrauen nicht unerheblich enttäuscht (BGH, VersR 1956, 250; OLG Schleswig, VersR 1958, 839).
- In der **Haftpflichtversicherung** schwankt die Rechtsprechung zwischen der Anknüpfung an das zutage tretende Schadensereignis (so BGH, NJW 1957, 1477) oder an die

Schadensursache (so BGH, NJW 1981, 870; weiterführend *Schwintowski*, VuR 1998, 35).

Der Versicherungsfall kann auch **gedehnt** sein, sich also über einen längeren Zeitraum 6
erstrecken (für die Feuerversicherung: BGH, VersR 1991, 460; BGH, VersR 1989, 840; für die Krankenversicherung BGH, VersR 1971, 810; OLG Celle, OLGZ 72, 28). Je nach Formulierung in den AVB muss der Beginn der Schadensverwirklichung, z.b. der Beginn der notwendigen Heilbehandlung, im Regelfall in den versicherten Zeitraum fallen (BGH, VersR 1981, 183; OLG Hamm, VersR 1985, 463). Für die Einzelheiten ist ein Blick in die jeweiligen AVB unabdingbar – so ist in der Krankenversicherung eine Krankenhausbehandlung innerhalb von zehn Tagen nach ihrem Beginn anzuzeigen (§ 9 Abs. 1 MB/KK 94), während ein Unfall unverzüglich nach Eintritt des Unfallereignisses (nicht erst, wenn sich dessen Folgen zeigen, anzuzeigen ist (Nr. 7.1. AUB 2008; ähnlich § 4 Abs. 1 BUZ).

Für ein Ereignis, das von einem **Risikoausschluss** erfasst wird, ist ein Versicherungsfall 7
nicht denkbar, deshalb entsteht auch keine Anzeigepflicht (MüKo/*Wandt*, § 30 VVG Rn 15; BK/*Dörner*, § 33 a.F. Rn 8). Demgegenüber kann der Versicherungsfall vorsätzlich herbeigeführt und muss folglich auch angezeigt werden, weil nicht immer feststeht, dass Leistungsfreiheit eintritt (§ 81 Abs. 1 VVG; **a.A.** MüKo/*Wandt*, § 30 VVG Rn 15). Ist der Versicherungsfall im Vertrag zeitlich festgelegt (z.B. Kapital- oder Rentenzahlung mit Eintritt des Erlebensfalles am 15.12.2025), ist das Ereignis, mit dessen Eintritt die Leistungspflicht des VR begründet ist (Motive zum VVG, S. 70), vertraglich vereinbart. Dem VR obliegt mit Eintritt dieses Datums seine Leistung; er kann folglich nur noch seine Pflicht aus dem Vertrag erfüllen – eine davor liegende Anzeigepflicht des VN geht in der zeitlichen Festlegung des Versicherungsfalles auf (BT-Drucks 16/3945, S. 70; zweifelnd *Brömmelmeyer*, in: Bruck/Möller, § 30 Rn 23; MüKo/*Wandt*, § 30 VVG Rn 16), ist also mit Erreichen des vertraglich vereinbarten Vertragszeitpunktes erfüllt.

II. Kenntnis des Versicherungsnehmers

Der VN muss **Kenntnis** vom Versicherungsfall, also von dem Ereignis haben, dessen 8
Eintritt die Leistungspflicht des VR begründet (*Nugel*, in: Staudinger/Halm/Wendt § 30 Rn 6; Rüffer/Halbach/Schimikowski/*Muschner*, § 30 Rn 4). Kenntnis ist **positives Wissen** – bloßes Kennenmüssen, also grob fahrlässige Unkenntnis, reicht nicht (BGH, VersR 2008, 905; BGH, VersR 1967, 56; **a.A.** OLG Stuttgart, VersR 1967, 465, 466). Ein VN, der keine Kenntnis von den Umständen und Tatsachen hat, die er anzeigen soll, kann, so der BGH (NJW 2007, 1126) seine **Aufklärungsobliegenheit** schon objektiv nicht verletzen, weil es nichts gäbe, worüber er nach seinem Kenntnisstand aufklären könnte. Dies gilt **in gleicher Weise bei der Anzeigepflicht**, die genau besehen ein Unterfall der Aufklärungspflicht ist, denn mit der Anzeige beginnt die Aufklärung des Versicherungsfalls. Es genügt nicht, wenn nur der Schluss naheliegt, dass der Schaden auf einer versicherten Ursache beruhen könnte (BGH, VersR 2008, 905 Rn 19; Prölss/Martin/*Armbrüster*, § 30 Rn 3). Es genügt umgekehrt das Bewusstsein, dass diese Tatsachen einen Versicherungsfall darstellen könnten (Allg. M. *Brömmelmeyer*, in: Bruck/Möller, § 30 Rn 21). Die Kenntnis muss auch das

Bestehen der Versicherung selbst umfassen (OLG Hamm, VersR 1997, 1341). Bedingt vorsätzliche Unkenntnis ist der Kenntnis gleichzusetzen (OLG Düsseldorf, VersR 1990, 411; zur Abgrenzung BGH, VersR 2008, 905; Rüffer/Halbach/Schimikowski/*Muschner*, § 30 Rn 4).

9 Der VN muss sich die Kenntnis des **Wissensvertreters** zurechnen lassen (**analog § 166 Abs. 1 BGB**; Looschelders/Pohlmann/*Looschelders*, § 30 Rn 6). Gemeint sind Personen, die, ohne bevollmächtigt zu sein, als Repräsentant des VN bestimmte Aufgaben in eigener Verantwortung erledigen und die dabei anfallenden Informationen zur Kenntnis nehmen (BGHZ 117, 104, 106 = BGH, NJW 1992, 1099). Das gilt auch für den Fall, dass VN einen Dritten mit der Anzeige des Versicherungsfalls betraut hat (Wissenserklärungsvertreter, dazu: VersR-Hdb/*Looschelders*, § 17 Rn 84 ff.). Bei der **Versicherung für fremde Rechnung** sind auch die Kenntnis und das Verhalten des Versicherten zu berücksichtigen (§ 47 Abs. 1 VVG), es sei denn, der Vertrag ist ohne sein Wissen geschlossen worden (§ 47 Abs. 2 VVG).

10 Die Kenntnis der nach Eintritt des Versicherungsfalls mitzuteilenden Umstände und Tatsachen gehört zum objektiven Tatbestand der Anzeigeobliegenheit, den der VR **zu beweisen** hat (BGH, VersR 2007, 389 für die Aufklärungsobliegenheit). Diese Grundsätze sind sowohl auf die Anzeigeobliegenheit als auch auf das Veränderungsverbot zu übertragen (BGH, VersR 2008, 905). Ein Kennenmüssen reicht nicht aus, vielmehr ist **positive Kenntnis** erforderlich (BGH, VersR 2008, 905). Anders liegt es nur dann, wenn der Tatrichter aufgrund der Umstände des Einzelfalls die Überzeugung gewinnt und darlegt, der VN habe den sich aufdrängenden Schluss auf die nahe liegende Schadensursache gezogen und deshalb erkannt, dass dem Schaden Tatsachen zugrunde liegen, die ein versichertes Ereignis beschreiben (BGH, VersR 2008, 905 Rn 20; MüKo/*Wandt*, § 30 VVG Rn 19). Hat der VN keine Kenntnis von den Umständen oder Tatsachen, läuft seine Anzeigeobliegenheit ins Leere (BGH, VersR 2008, 905). Auch eine **Erkundigungspflicht** hat der VN *nicht* (BGH, VersR 2007, 389; VersR 1993, 828; *Brömmelmeyer*, in: Bruck/Möller, § 30 Rn 22; MüKo/*Wandt*, § 30 VVG Rn 19). Hat der VN Kenntnis von den Umständen und Tatsachen, die er dem VR melden muss, weiß er aber nichts vom VV, so hat er ebenfalls keine Kenntnis. Dies ist denkbar, wenn **Eltern** (gesetzliche Vertreter) **für ihr minderjähriges Kind** bspw. eine Hausrat- oder Krankenversicherung geschlossen haben, dafür auch die Prämien zahlen und das Kind nach Eintritt der Volljährigkeit über den jeweils geschlossenen VV nicht hinreichend informieren. Ähnliches gilt in der Fremdversicherung (§ 47 Abs. 2 VVG), wenn der Vertrag ohne Kenntnis des Versicherten geschlossen worden ist oder ihm eine rechtzeitige Benachrichtigung des VN nicht möglich oder nicht zumutbar war. Auch **grob fahrlässige Unkenntnis** über das Bestehen des VV (Ehefrau sorgt für Abschluss von einer Hausratversicherung, indem sie mit Vertreter alles vorberät und vorbereitet: Ehemann unterschreibt quasi blind den Antrag und kümmert sich ansonsten um nichts) genügt *nicht* für die Kenntnis (BGH, NJW 1967, 776; **a.A.** OLG Stuttgart, VersR 1967, 466), außer die Ehefrau ist Repräsentantin des Ehemannes.

III. Unverzüglich anzeigen

Nach Kenntnis hat der VN den Eintritt des Versicherungsfalls unverzüglich anzuzeigen. Eine Anzeige **erübrigt sich**, wenn die Leistungspflicht des VR schon im VV **kalendermäßig festgelegt ist**, wie dies bei der Lebensversicherung auf den Erlebensfall zutrifft (Begr. BT-Drucks 16/3945, S. 70). Das ist auch richtig, weil die Kenntnis des VR vom Versicherungsfall die immanente Anzeige erübrigt (zweifelnd *Brömmelmeyer*, in: Bruck/Möller, § 30 Rn 23). 11

Die Anzeige des Versicherungsfalls ist **nicht formbedürftig**, kann also auch mündlich (etwa telefonisch) oder per E-Mail oder in anderer Weise konkludent erfolgen (MüKo/ *Wandt*, § 30 VVG Rn 35 unter Hinweis auf eine Vielzahl von Bedingungswerken, die inzwischen darauf explizit hinweisen). Entgegenstehende Klauseln in AVB, die Schriftform verlangen, sind nach § 32 S. 2 VVG zulässig. Aus dem Hinweis auf „Anzeigen nach diesem Abschnitt" folgt, dass auch Anzeigen von § 32 S. 1 VVG erfasst sein sollten. § 32 S. 2 VVG stellt folglich nur klar, dass die Vereinbarung von Schrift- oder Textform keine Benachteiligung ist. Dogmatisch handelt es sich bei § 32 S. 2 VVG also um eine funktionale Ergänzung von § 32 S. 1 VVG (mit etwas anderer Begründung *Brömmelmeyer*, in: Bruck/ Möller, § 30 Rn 25; MüKo/*Wandt*, § 30 VVG Rn 36). Allerdings gilt dies *nicht*, wenn der VN den Versicherungsfall dem Versicherungsvertreter als Bevollmächtigtem des VR anzeigt (§ 69 Abs. 1 Nr. 2 VVG). Denn nach § 72 VVG ist eine Beschränkung der dem Versicherungsvertreter zustehenden Vertretungsmacht durch AVB ggü. dem VN und Dritten **unwirksam**. Eine Beschränkung der Empfangsvollmacht nach § 69 Abs. 1 VVG liegt auch in einer Klausel, die für Erklärungen des VN ggü. dem **Vertreter** die Schriftform oder Textform verlangt (Begr. BT-Drucks 16/3945, S. 78). Das entspricht der früher ständigen Rechtsprechung des BGH zu vorvertraglichen Anzeigen (BGH, VersR 1988, 234 unter 3c; BGH, VersR 1999, 565, 566 unter II.2.), erweitert das Beschränkungsverbot aber über die bisherige Rechtsprechung hinaus auf die Entgegennahme von Anzeigen nach Vertragsschluss (*Brömmelmeyer*, in. Bruck/Möller; § 30 Rn 25). Ausgenommen sind die Fälle der **Arglist und der Kollusion**, ohne dass es hierfür einer ausdrücklichen Bestimmung bedarf (Begr. BT-Drucks 16/3945, S. 78). 12

Nicht ausgeschlossen sollen Klauseln sein, wonach Anzeigen des VN (z.B. die Anzeige des Versicherungsfalls) ggü. dem **VR** der **Schriftform** bedürfen. Das ist ein Wertungswiderspruch. Wenn eine formfreie Anzeige an den **Vertreter** des VR rechtlich möglich und wirksam ist, so bedeutet dies, dass dies unmittelbar für und gegen den VR wirkt. In Kenntnis dieser Wirkung wäre eine Schriftformklausel in den AVB, die die Schriftform auf den VR beschränkt, überraschend (§ 305c BGB), aber auch unangemessen nach § 307 Abs. 2 Nr. 1 BGB, weil das Abweichen der AVB von § 69 Abs. 1 Nr. 2 VVG mit wesentlichen Grundgedanken dieser gesetzlichen Regelung nicht zu vereinbaren ist. Der VR, der vom Versicherungsfall weiß, wenn er seinem **Vertreter** vom VN oder einem Dritten mündlich oder konkludent angezeigt wurde, kann nicht einwenden, er wisse von nichts, wenn dieselbe Anzeige nicht dem Vertreter, sondern ihm direkt ggü. erfolgt. Zulässig bleiben Klauseln, von Direktversicherern oder solche, in denen ausdrücklich und zwar so transparent, dass das Überraschungsmoment wegfällt, klargestellt wird, dass gegenüber 13 dem Versicherungsvertreter auch eine mündliche Anzeige ausreicht (*Brömmelmeyer*, in: Bruck/Möller, § 30 Rn 25; Looschelders/Pohlmann/*Looschelders*, § 30 Rn 14; MüKo/ *Wandt*, § 30 VVG Rn 37).

Praxishinweis
Für Anzeigen, die während der Dauer des Versicherungsverhältnisses vom VN zu erstatten sind, sollten die VR § 72 VVG zum Regelfall erheben und **auf die Schriftform verzichten**.
In den AVB kann aber formuliert werden: „*Aus Gründen der Beweiserleichterung sollten Sie den Versicherungsfall schriftlich anzeigen – E-Mail genügt*" (vertiefend Palandt/*Ellenberger*, § 127 BGB Rn 2).

14 Ein solches Vorgehen bietet sich auch deshalb an, weil der VR durch fehlerhafte Anzeige vom Versicherungsfall i.S.d. § 30 Abs. 2 VVG **anderweitig** Kenntnis erlangt, so dass etwaige Formfehler ohnehin folgenlos bleiben (so auch MüKo/*Wandt*, § 30 VVG Rn 38/ 46).

15 Der VN hat den **Eintritt des Versicherungsfalls** anzuzeigen, also die Tatsachen und Umstände mitzuteilen, aus denen der VR schließen kann, dass ein Versicherungsfall eingetreten ist (BGH, VersR 2007, 398 [für die Aufklärungspflicht]; OLG Saarbrücken, VersR 2007, 780, 783 [für die BUZ]). Eine weiter gehende Pflicht, den Versicherungsfall und seine Begleitumstände im Einzelnen wahrheitsgemäß aufzuklären, besteht im Rahmen von § 30 VVG nicht – das betrifft die Auskunftspflicht nach § 31 VVG (s.a. BGH, VersR 1969, 58, 59).

16 Die Anzeige hat **ggü. dem Versicherer** oder einer von diesem **bevollmächtigten Person**, z.B. dem Versicherungsvertreter, der nach § 69 Abs. 1 Nr. 2 VVG Empfangsvollmacht hat, zu erfolgen. Versicherungsmakler (§ 59 Abs. 3 VVG) und Versicherungsberater (§ 68 VVG) haben keine Vollmacht i.S.d. § 69 Abs. 2 VVG; diese bezieht sich nur auf die gebundenen Vertreter oder die Mehrfachvertreter.

17 Die Anzeige hat **unverzüglich**, also ohne schuldhaftes Zögern (§ 121 BGB) zu erfolgen. Unverzüglich ist nicht gleichbedeutend mit sofort (RGZ 124, 118). Wie im Anfechtungsrecht benötigt der VN eine angemessene Überlegungsfrist, wenn er überlegt, ob er den VR in Anspruch nehmen will und die Tatsachen und Umstände kennt, die den Versicherungsfall ausmachen. Obergrenze – im Anfechtungsrecht – ist i.d.R. eine Frist von zwei Wochen (OLG Hamm, NJW-RR 1990, 523; OLG Jena, OLG-NL 2000, 37). Erkrankungen und Urlaub können gewisse Verzögerungen rechtfertigen (für Arbeitsverhältnisse: LAG Köln, DB 1983, 1771). Ähnlich hat das OLG Köln entschieden (OLG Köln, VersR 2005, 1431: Die Anzeige eines Ringverlustes vier Tage nach Rückkehr aus dem Urlaub sei zu spät). In der Lebens- und Unfallversicherung können psychische Belastungen die Anzeige verzögern (RG, LZ 1913, 313). Die Anzeige des Unfalltodes am Tag der Beerdigung acht Tage nach dem Unfall sei zu spät, weil dann exhumiert werden müsse (OLG Celle, VersR 1989, 944). Die Anzeige eines Haftpflichtschadens, der 1995 entstand, sei verspätet, auch wenn der VN erst 1998 erstmals dafür in Regress genommen werde (OLG Düsseldorf, VersR 2004, 769). Eine unverzügliche Unfallmeldung sei nicht mehr anzunehmen, wenn zwischen dem Unfall und der Meldung elf Monate vergangen sind und der VN in der Zwischenzeit zur Behandlung ärztliche Leistungen in Anspruch genommen hat (OLG Köln, VersR 2008,

528; dazu *Kloth*, juris-PR- VersR 6/2008 Anm. 2). In der Haftpflichtversicherung hat der VN dem VR innerhalb einer Woche die Tatsachen anzuzeigen, die seine Verantwortlichkeit gegenüber einem Dritten zur Folge haben könnten (§ 104 Abs. 1 VVG).

Der VN muss den Versicherungsfall dem VR unverzüglich **anzeigen**. Anzeigen bedeutet, dem VR alle Umstände so mitzuteilen, dass dieser mit einer sachgemäßen Prüfung der Voraussetzungen seiner Leistungspflicht beginnen kann. Angezeigt ist ein Versicherungsfall also erst dann, wenn die Mitteilung darüber so **in den Machtbereich des Versicherers** gelangt ist, dass dieser unter normalen Verhältnissen die Möglichkeit hat, von der Anzeige Kenntnis zu nehmen (**§ 130 Abs. 1 BGB analog**). Das bloße Absenden der Anzeige genügt noch nicht – erreicht die Anzeige den VR nicht, muss sie wiederholt werden (RG, JW 1913, 274). Der VN handelt aber **ohne schuldhaftes Zögern**, wenn er die Anzeige innerhalb der Frist ordnungsgemäß absendet (**§ 121 Abs. 1 S. 2 BGB analog**). Dem VN sei nicht zuzumuten, den Zeitpunkt für die Absendung der Anzeige daran zu orientieren, wann sie dem VR zugehen werde (Prölss/Martin/*Armbrüster*, VVG § 30 Rn 8; *Brömmelmeyer*, in: Bruck/Möller, § 30 Rn 34; MüKo/*Wandt*, § 30 VVG Rn 32; a.A. Rüffer/Halbach/Schimikowski/*Muschner*, § 30 Rn 9). Verzögerungen bei der Übermittlung gehen zulasten des VR (für die Anfechtung: Palandt/*Heinrichs*, § 121 BGB Rn 4; für die Haftpflichtversicherung: § 104 Abs. 3 VVG). 18

IV. Anzeige durch Dritten

Steht das Recht auf die vertragliche Leistung des VR einem Dritten zu, ist auch dieser zur Anzeige verpflichtet. Das betrifft bspw. die Lebensversicherung, wenn einem Dritten **vertraglich** oder durch **Zession** das Recht auf die Leistung des VR zusteht (Begr. BT-Drucks 16/3945, S. 70). Auch der Dritte muss unverzüglich nach Kenntniserlangung anzeigen (Begr. BT-Drucks 16/3945, S. 70). Neben dem Dritten bleibt immer auch der VN zur Anzeige verpflichtet, sobald er Kenntnis vom Eintritt des Versicherungsfalls erlangt (Begr. BT-Drucks 16/3945, S. 70). 19

C. Rechtsfolgen (§ 30 Abs. 2 VVG)

Die Verletzung der Anzeigepflicht wird vom Gesetzgeber nicht sanktioniert – Leistungsfreiheit muss folglich **vertraglich vereinbart** werden. Fehlt eine solche vertragliche Vereinbarung, kommt Leistungsfreiheit nach § 28 VVG nicht in Betracht. Eine daneben stehende, aus allgemeinen Rechtsgrundsätzen abgeleitete Schadensersatzpflicht wegen **objektiver Pflichtverletzung** (§ 280 BGB) scheitert nicht notwendig an der Rechtsnatur der Anzeigepflicht als gesetzlicher Obliegenheit. Es ist durchaus möglich, der Anzeigepflicht eine **rechtliche Doppelnatur** zuzuweisen und sie einerseits als gesetzliche Obliegenheit ggü. dem VN und andererseits als Rechtspflicht des VN ggü. dem VR aufzufassen (so BK/*Dörner*, § 33 Rn 3, *Brömmelmeyer*, in: Bruck/Möller, § 30 Rn 13). Daraus resultiert aber **kein Schadensersatzanspruch nach § 280 BGB** (wie hier BGH, VersR 1967, 56, 58 sowie die h.M.: Römer/Langheid/*Rixecker*, § 30 Rn 11; **a.A.** BK/*Dörner*, § 33 Rn 3). Entscheidend ist die Regelungssystematik des § 28 VVG, wonach Obliegenheitsverletzungen, 20 die fahrlässig verursacht werden, keine Sanktion auslösen sollen. Für grobe Fahrlässigkeit und für Vorsatz ist das nach § 28 VVG anders (*Brömmelmeyer*, in: Bruck/Möller, § 30 Rn 48). Insoweit verdrängt der Sinn und Zweck von § 28 VVG die allgemeinen Grundsätze des § 280 BGB (insoweit missverständlich, aber im Ergebnis gleich: MüKo/*Wandt*, § 30 VVG Rn 8).

21   Dies soll für den aus dem Vertrag begünstigten **Dritten**, der nach § 30 Abs. 1 VVG zur Anzeige verpflichtet ist, **nicht gelten**, da sich die Leistungsfreiheit nicht auf den Dritten beziehen könne (so Begr. BT-Drucks 16/3945, S. 70). Es ist allerdings völlig unbestritten, dass der begünstigte Dritte (neben dem VN) die vertraglichen Obliegenheiten zu erfüllen hat (BGH, VersR 1979, 176 für die Abgabe der Schadensmeldung bei einer Fremdversicherung). Auch § 47 Abs. 1 VVG geht ausdrücklich davon aus, dass bei der Versicherung für fremde Rechnung auch die Kenntnis und das Verhalten des Versicherten zu berücksichtigen ist. Dieser ist nach § 30 Abs. 1 S. 2 VVG neben dem VN zur Anzeige verpflichtet, wenn ihm das Recht auf die vertragliche Leistung zusteht. Folglich kann sich der VR auch ihm ggü. im Grundsatz auf Leistungsfreiheit berufen, wenn dies im Vertrag so vereinbart ist. Kann der Dritte die Leistung aus dem VV nicht verlangen, sondern steht dieses Recht ausschließlich dem VN zu, so kann sich der VR gegenüber dem Dritten nicht auf Leistungsfreiheit berufen. Aus der Einbindung des Dritten in den Vertrag wird man im Einzelfall zu beurteilen haben, ob eine Anzeigepflichtverletzung ihm gegenüber sanktionslos bleiben oder eine Schadensersatzverpflichtung aus § 280 BGB im Falle des Verschuldens begründet werden soll (in diesem Sinne MüKo/*Wandt*, § 30 VVG Rn 8).

22   Der VR kann sich auf **Leistungsfreiheit** berufen, wenn er dies für den Fall der Verletzung der Anzeigepflicht **vertraglich vereinbart** hat. Dies gilt allerdings nicht, wenn der VR auf **andere Weise** vom Eintritt des Versicherungsfalls rechtzeitig **Kenntnis** erlangt (§ 30 Abs. 2 VVG). Kenntnis setzt positive Kenntnis voraus. Den VR trifft – ebenso wenig wie den VN – eine Erkundigungspflicht. Der VR muss eine **zuverlässige Nachricht** von dem Versicherungsfall erhalten haben, es genügt nicht, dass Umstände vorliegen, die die Vermutung vom Eintritt des Versicherungsfalls nahe legen (Motive zum VVG, S. 105).

23   Der VR erlangt häufig Kenntnis über den Versicherungsfall durch **Dritte**, etwa durch den Erben anstelle des Bezugsberechtigten oder durch den Geschädigten in der Haftpflichtversicherung (LG Köln, VersR 1965, 658). Erlangt der VR Kenntnis durch Einblick in eigenes Datenmaterial oder die Uniwagnis-Datei, so kann er sich nicht auf die Verletzung der Anzeigepflicht berufen, weil er auf **andere Weise** vom Eintritt des Versicherungsfalls rechtzeitig Kenntnis erlangt hat. Allerdings besteht für den VR keine Verpflichtung zur Recherche in eigenem Datenmaterial oder der Uniwagnis-Datei (BGH, VersR 2007, 629; BGH, VersR 1993, 1089; OLG Düsseldorf, VersR 1997, 1393).

24   Erlangt der VR keine Kenntnis vom Versicherungsfall, kommt Leistungsfreiheit nach § 28 Abs. 2 S. 1 VVG in Betracht, wenn diese vertraglich vereinbart ist. Dies setzt voraus, dass der VN die Anzeigeobliegenheit **vorsätzlich** verletzt hat, dass er also den VR in Anspruch nehmen wollte, von den objektiven Umständen und Tatsachen des Versicherungsfalls wusste, ebenso wie von der Existenz des VV und dass er in Kenntnis dieser Tatsachen und Umstände den Versicherungsfall dem VR nicht bzw. nicht unverzüglich anzeigen wollte.

Für den VN spricht der Erfahrungssatz, dass niemand bewusst seinen Versicherungsschutz gefährdet (BGH, VersR 1979, 1117). In diesen Fällen scheitert der Vorsatz regelmäßig an der Unkenntnis der Frist (BGH, VersR 1967, 547, 548; BGH, VersR 1979, 1117, 1119; BGH, VersR 1981, 321, 322; OLG Hamm, VersR 1982, 865; OLG Stuttgart, VersR 1980, 157, 158; OLG Düsseldorf, VersR 1995, 1301, 1302; **a.A.** für § 153 VVG a.F. LG Düsseldorf, VersR 1980, 1066). *Armbrüster* hält diese Rechtsprechung für nicht überzeugend, weil der VN zumeist eine Verletzung der Anzeigepflicht billigend in Kauf nehme, wenn er sich nicht über die Fristen informiere (Prölss/Martin/*Armbrüster*, § 30 Rn 12). Der (bedingte) Vorsatz muss sich allerdings auf die Verletzung der Anzeigepflicht beziehen; der VN muss folglich die Anzeigepflicht und die Anzeigefrist kennen und muss dennoch die Anzeige bewusst und gewollt unterlassen oder in Kauf nehmen, dass der VR vom Versicherungsfall nichts erfährt. Ein VN, der die Frist versäumt, hat zwar in aller Regel seine AVB nicht gelesen – darin allein liegt aber keine Pflichtverletzung, die Leistungsfreiheit auslösen könnte. Für eine vorsätzliche Willensrichtung genügt es deshalb nicht, wenn der VN den Versicherungsfall zwar anzeigen wollte, dies aber wegen der mit der Aufarbeitung des Versicherungsfalls (z.B. Feuerschaden oder Tod eines nahen Angehörigen) immer wieder vergisst oder wegen dringender anderer Angelegenheiten „verdrängt". Dann handelt er fahrlässig oder auch grob fahrlässig, aber nicht vorsätzlich, also mit dem Bewusstsein, die Anzeige auf keinen Fall fristgerecht abzusenden. Vorsätzlich handelt der VN bspw. dann, wenn er bewusst und gewollt verzögert absendet, um Beweismittel zu beseitigen oder zu verdecken oder um durch eine Beerdigung dafür zu sorgen, dass der VR möglicherweise auf die Obduktion verzichtet (OLG Celle, VersR 1989, 944). Aus der Tatsache, dass VN die Sache vor Einschaltung des VR reparieren lässt, folgt für sich allein noch kein Vorsatz (LG Stuttgart, r+s, 1989, 281, 282; **a.A.** Prölss/Martin/*Armbrüster*, § 30 Rn 13). In der Haftpflichtversicherung wurde Vorsatz bejaht, auch wenn VN den Anspruch des Dritten für unbegründet hielt und deshalb (irrtümlich) glaubte, nicht zur Anzeige verpflichtet zu sein (OLG Köln, VersR 2005, 1231, 1232; OLG Köln, VersR 2004, 1549, 1550). Ein VN, der glaubt er müsse den Versicherungsfall nicht mehr anzeigen, weil er dem Geschädigten seinen VR und seine Versicherungsnummer bekannt gegeben habe, handelt nicht vorsätzlich (OLG Koblenz, VersR 1975, 893, 895; OLG Düsseldorf, VersR 1995, 1301, 1302; Prölss/Martin/*Armbrüster*, § 30 Rn 13).

Handelt der VN in diesem Sinne vorsätzlich (bedingter Vorsatz genügt), bleibt der VR zur Leistung verpflichtet, soweit die Verletzung der Obliegenheit weder für den Eintritt oder die Feststellung des Versicherungsfalls, noch für die Feststellung oder den Umfang der Leistungspflicht des VR **ursächlich** ist (§ 28 Abs. 3 S. 1 VVG). Das ist nach § 30 Abs. 2 VVG regelmäßig dann der Fall, wenn der VR auf andere Weise vom Eintritt des V-Falls rechtzeitig Kenntnis erlangt hat (Römer/Langheid/*Rixecker*, § 30 Rn 14). Dass VR als Kfz-Haftpflicht-VR durch einen Geschädigten informiert wurde, soll nicht zugleich seine Kenntnis als Kasko-Versicherer begründen, obwohl VR weiß, dass das Fahrzeug seines VN in das Geschehen mit verwickelt war (OLG Düsseldorf, VersR 1997, 1353). An der Ursächlichkeit fehlt es auch dann, wenn verlässliche Feststellungen durch Dritte erfolgt sind (BGH, VersR 2001, 756). Dies gilt allerdings nicht, wenn der VN die Obliegenheit

25

arglistig verletzt hat (§ 28 Abs. 3 S. 2 VVG). Einen allgemeinen Erfahrungssatz, wonach eine bewusst unrichtige Beantwortung einer vom VR gestellten Frage immer und nur in der Absicht erfolge, auf den Willen des VR (arglistig) einzuwirken, gibt es nicht (BGH, VersR 2009, 968 unter Hinweis auf BGH, VersR 2007, 785). Muss der VR etwa wegen verspäteter Anzeige ein Unfallgeschehen noch einmal nachstellen, so würde sich die Leistungsfreiheit auf diese ursächlich aus der Obliegenheitsverletzung resultierenden Zusatzkosten beziehen – ansonsten hätte der VN Versicherungsschutz.

26 Eine Belehrung nach § 28 Abs. 4 VVG kommt nicht in Betracht, weil sich die Belehrungspflicht auf Auskunfts- oder Aufklärungsobliegenheiten (§ 31 VVG), nicht aber auf die Anzeigeobliegenheit des § 30 VVG bezieht.

27 Verletzt der VN die Anzeigeobliegenheit **grob fahrlässig**, stellt er also einfachste, ganz nahe liegende Überlegungen nicht an und beachtet nicht das, was im gegebenen Fall sonst jedem einleuchtet (BGHZ 10, 14, 16 = BGH, NJW 1953, 1139; BGHZ 89, 153, 161 = BGH, NJW 1984, 789), so ist der VR berechtigt, seine Leistung in einem der Schwere des Verschuldens des VN entsprechenden Verhältnis zu kürzen (§ 28 Abs. 2 VVG). Es gelten die allgemeinen Grundsätze (Quotierungsschema bei § 28 Rdn 83). Grobe Fahrlässigkeit kann vorliegen, wenn VN untätig bleibt, weil er die gegen ihn erhobenen Haftpflichtansprüche für unbegründet hält, statt diese Frage durch seinen VR klären zu lassen (LG Köln, VersR 1969, 765; a.A. KG, VersR 1952, 124; vergleiche auch OLG Köln, VersR 1992, 1460, 1461; Prölss/Martin/*Armbrüster*, § 30 Rn 16). Grobe Fahrlässigkeit wird bejaht, wenn VN nicht weiß, ob und bei wem er versichert ist (KG, VersR 1951, 50), auch bei vermeidbarem Rechtsirrtum über die Anzeigepflicht (LG Kaiserslautern, VersR 1965, 278, 279) oder wenn VN sich trotz folgenschweren Unfalles wochenlang nicht um die Angelegenheit kümmert (LG Köln, VersR 1965, 658; Prölss/Martin/*Armbrüster*, § 30 Rn 16 m.w.N.).

28 *Rixecker* meint, ein VN könne sich von grob fahrlässigem Verhalten bei Verletzung der Anzeigeobliegenheit nur schwerlich entlasten, denn er verletze die erforderliche Sorgfalt objektiv und subjektiv in besonders hohem Maße und beachte nicht, was unter gegebenen Umständen jedem einleuchten müsste, der die Anzeige des Versicherungsfalles unterlasse oder verzögere (Römer/Langheid/*Rixecker*, § 30 Rn 13). Es liege für jeden verständigen VN, der Leistungen seines VR in Anspruch nehmen wolle, auf der Hand, dass er ihn alsbald unterrichten und ihm so die Untersuchung des Geschehens erlauben müsse (Römer/Langheid/*Rixecker*, § 30 Rn 13). Ein VN, der Leistungen seines VR in Anspruch nehmen will, muss aber zusätzlich wissen, dass er den Versicherungsfall innerhalb einer bestimmten Frist noch anzeigen muss. Es gibt viele Fälle, in denen der VN aus unterschiedlichen Gründen annehmen kann, dass ein Dritter, beispielsweise der Geschädigte, ihm die Anzeigepflicht abgenommen hat. In einer größeren Zahl weiterer Fälle ist, zumindest nach Einschätzung des VN, nichts weiter aufzuklären, so dass der VN gar nicht auf den Gedanken kommt, mit einer verspäteten Anzeige ein Interesse des VR zu verletzen. In aller Regel ist den VN die Frist für die Anzeige nicht bewusst – das gilt auch für die Frist in § 104 VVG. Die fehlende Unkenntnis des Gesetzes oder der AVB begründet aber jedenfalls im Regelfall keine grobe Fahrlässigkeit. Grob fahrlässig handelt stattdessen erst derjenige, der nicht anzeigt, obwohl im gegebenen Fall sonst „jeder" angezeigt hätte. Man wird also in

jedem Einzelfall prüfen müssen, warum der VN nicht angezeigt hat und ob es zutrifft, dass in vergleichbaren Einzelfällen sonst „jeder" – also nahezu 100 % aller anderen VN – anzeigen. Sollte grobe Fahrlässigkeit im Einzelfall bestehen, so bleibt es – insbesondere mit Blick auf die **Quotelung** – notwendig, individuell zu überprüfen (BGH, VersR 2011, 1037), ob das objektive Gewicht der Obliegenheitsverletzung eine Kürzung über die Hälfte des Entschädigungsanspruchs hinaus wirklich rechtfertigt (zu streng: Römer/Langheid/*Rixecker*, § 30 Rn 15).

D. Prozessuales

Die **Beweislast** dafür, dass der VN den objektiven Tatbestand der **Anzeigepflicht verletzt** hat, liegt beim **VR** (Begr. BT-Drucks 16/3945, S. 69 für § 28 Abs. 2 VVG; so auch früher BGH, VersR 2006, 106; BGH, VersR 1990, 896; BGH, VersR 1986, 541; BGH, VersR 1967, 56; a.A. OLG Celle, VersR 2010, 1486). Der VR muss also beweisen, dass der VN die Umstände und Tatsachen kannte, die es dem VR ermöglichen würden, in eine sachgemäße Prüfung der Voraussetzungen seiner Leistungspflicht einzusteigen (BGH, VersR 2007, 389 für die Aufklärungspflicht). Der VR muss außerdem beweisen, dass der VN den VV als solchen kannte und somit wusste, dass die eingetretenen Ereignisse eine Leistungsverpflichtung des VR auslösen könnten. 29

Demggü. trägt der **VN** die **Beweislast** für das **Nichtvorliegen einer groben Fahrlässigkeit** (§ 28 Abs. 2 VVG). Darüber hinaus muss der VN nachweisen, inwieweit die Verletzung der Obliegenheit **kausal** gewesen ist. Der Kausalitätsgegenbeweis ist nicht geführt, wenn nicht auszuschließen ist, dass sich durch verspätete Anzeige die Schadenstelle und damit möglicherweise auch der Umfang der Leistungspflicht des VR verändert hat (OLG Koblenz, VersR 2009, 673; LG Köln, r+s 2009, 67; Römer/Langheid/*Rixecker*, § 30 Rn 14). **Arglist** muss demggü. der VR beweisen. Dieser ist auch für das Verschuldensmaß, nach dem sich im Fall grober Fahrlässigkeit der Umfang der Leistungspflicht bestimmt, beweispflichtig (Begr. BT-Drucks 16/3945, S. 69: für § 28 Abs. 2 VVG). Die Einlassung des VN, er sei davon ausgegangen, sein Prozessbevollmächtigter werde sich um die versicherungsvertraglichen Obliegenheiten kümmern und alles Erforderliche veranlassen, befreit nicht vom Vorwurf grob fahrlässigen Verhaltens (OLG Köln, VersR 2007, 351). Im Einzelfall liegt darin aber eine nachvollziehbare Begründung für eine verspätete Schadensanzeige, so dass dem VN die **Möglichkeit des Kausalitätsgegenbeweises** eröffnet ist (OLG Köln, VersR 2007, 351). 30

Bei umfangreichen und komplexen Schäden soll der VN, der von seinem VR auf seine Anzeige hin in überschaubarer Zeit nichts hört, grob fahrlässig handeln, wenn er nicht **nachfragt** (Römer/Langheid/*Rixecker*, § 30 Rn 16). § 30 VVG enthält zwar eine Anzeige-, aber keine Nachfragepflicht; insoweit kann aus mangelnder Nachfrage keine grob fahrlässige **Nichtanzeige** folgen. Dennoch kann es im Rahmen des versicherungsrechtlichen Schuldverhältnisses geboten sein, beim VR einmal nachzufragen, ob er die Anzeige möglicherweise nicht erhalten hat, wenn er sich trotz der Komplexität des Falles nicht in angemessener Zeit (sechs Wochen/acht Wochen?) meldet. Allerdings ist dies keine Rechts- 31 pflicht, weder nach § 30 VVG noch nach § 241 Abs. 2 BGB, sondern eine Maßnahme praktischer Vernunft, deren Unterlassung keine Sanktion nach sich zieht. Etwas anderes kann gelten, wenn der VN nach Anzeige des Versicherungsfalles aufgefordert wird, eine Arbeitsunfähigkeitsbescheinigung zu übersenden und später behauptet er habe dies auch getan, obwohl eine, für den VN wichtige und relevante Reaktion des VR, auf diese Bescheinigung auch nach vielen Wochen nicht vorlag (OLG Oldenburg, Urt. v. 8.4.2013 – 5 U 3/13).

> **Praxishinweis**
> In der Praxis kann dieser Beweis nur so geführt werden, dass der VN die Möglichkeit ausräumt, dass der VR einen Nachteil durch die verspätete Anzeige erlitten haben könnte. Der VR muss nun dartun, warum ihm gleichwohl ein Schaden zugefügt worden sein soll. Zu diesem Zweck muss er offenbaren, welche Maßnahmen er bei rechtzeitiger Erfüllung der Obliegenheit ergriffen und welchen Erfolg er sich davon versprochen hätte. Das muss dann der VN erneut widerlegen (BGH, VersR 2001, 756; BGH, VersR 1964, 709).

32 Beruft sich der VR zunächst nicht auf die Verletzung der Anzeigepflicht, sondern etwa erst im Berufungsverfahren, so **verwirkt** er eine damit möglicherweise eingetretene Leistungsfreiheit (OLG Düsseldorf, VersR 1993, 425; OLG Köln, r+s 1993, 407; **a.A.** OLG Hamm, VersR 1993, 601; OLG Schleswig, VersR 1994, 169, dazu *Langheid/Müller-Frank*, NJW 1993, 2652, 2654).

E. Abdingbarkeit

33 § 30 VVG ist **dispositiv** (vgl. § 32 VVG).

§ 31 VVG Auskunftspflicht des Versicherungsnehmers

(1) Der Versicherer kann nach dem Eintritt des Versicherungsfalles verlangen, dass der Versicherungsnehmer jede Auskunft erteilt, die zur Feststellung des Versicherungsfalles oder des Umfangs der Leistungspflicht des Versicherers erforderlich ist. Belege kann der Versicherer insoweit verlangen, als deren Beschaffung dem Versicherungsnehmer billigerweise zugemutet werden kann.

(2) Steht das Recht auf die vertragliche Leistung des Versicherers einem Dritten zu, hat auch dieser die Pflichten nach Absatz 1 zu erfüllen.

Übersicht

	Rdn
A. Normzweck	1
B. Norminhalt	4
I. Versicherungsfall (§ 31 Abs. 1 VVG)	4
II. Auskunftsverlangen des Versicherers	8
III. Leistungsverweigerung des Versicherers	11
IV. Auskunft durch den Versicherungsnehmer oder durch Dritten (§ 31 Abs. 2 VVG)	14
V. Kenntnis des Versicherungsnehmers	17
VI. Form der Auskunft	19
VII. Auskunft zur Feststellung des Versicherungsfalls/zum Umfang der Leistungspflicht des Versicherers	21

VIII. Auskunftsverlangen nicht erforderlich – Versicherer kennt Umstände bereits 35
IX. Korrektur falscher Auskünfte 40
X. Beschaffung von Belegen 41
C. Rechtsfolgen 43
D. Prozessuales 58

A. Normzweck

Der Normzweck von § 31 VVG besteht darin, den VR in die Lage zu versetzen, die **1**
Voraussetzungen seiner Einstandspflicht sachgerecht zu prüfen, indem er – mit Unterstützung des VN – Ursache und Umfang des Schadens ermittelt (BGH, r+s 2006, 185; BGH, VersR 1993, 828, 830; BGH, VersR 1969, 267, 268). Deshalb muss der VN berechtigte Fragen des VR vollständig und richtig beantworten (BGH, VersR 2015, 45; Vers 2000, 222; VersR 1969, 267; OLG Saarbrücken, VersR 1993, 569, 570). Verstärkt wird die **Auskunfts- und Aufklärungspflicht** durch die regelmäßig in den AVB vereinbarte **Leistungsfreiheit** bei unrichtigen oder unvollständigen Angaben. Beim Zweifel über die Richtigkeit von Angaben ist vom **redlichen VN** und nicht vom unredlichen VN **als Regelfall** auszugehen (BGH, VersR 1984, 29).

Der seit 1.1.2008 neu gefasste § 31 Abs. 2 VVG stellt – wie in § 30 Abs. 1 S. 2 VVG – **2**
klar, dass der **Dritte** die Auskunfts- und Aufklärungspflichten des VN ebenso wie dieser zu erfüllen hat, wenn ihm das Recht auf die vertragliche Leistung des VR zusteht. Damit wird die früher auf die Lebensversicherung (§ 171 Abs. 2 VVG) beschränkte Regelung nunmehr auf **alle Versicherungszweige** erstreckt (Begr. BT-Drucks 16/3945, S. 70). Für die Haftpflichtversicherung enthalten § 119 Abs. 3 VVG und § 120 VVG Sonderregelungen.

Die Auskunfts- und Aufklärungspflicht gehört – ebenso wie die Anzeigepflicht (§ 30 VVG) **3**
zu den gesetzlichen Pflichten des VN, der seinen VR auf Leistung in Anspruch nehmen will (BGH, VersR 2011, 1549; LG Berlin, VersR 2013, 736, 737; Prölss/Martin/*Armbrüster*, § 31 Rn 1; MüKo/*Wandt*, § 31 VVG Rn 11). Diese Pflichten bestehen auch dann, wenn sie – entgegen der üblichen Praxis – nicht ausdrücklich zum Gegenstand der AVB gemacht werden (*Brömmelmeyer*, in: Bruck/Möller, § 31 Rn 8 unter Hinweis auf § 280 BGB bei vorsätzlichen Pflichtverletzungen; Staudinger/Halm/Wendt/*Nugel*, § 31 Rn 1). Daran ändert die Tatsache, dass das Gesetz für die Rechtsfolge eine **vertragliche Vereinbarung** voraussetzt, nichts. Der VN kann diese Pflichten auch nicht (sanktionslos) ignorieren, weil er damit rechnen muss, dass der VR, der bisher auf eine vertragliche Sanktion verzichtet hat, dies ändert, wenn der VN seine Aufklärungspflichten vernachlässigt (skeptischer: *Schimikowski*, r+s 2000, 353, 357). Daneben droht die Kündigung nach dem Versicherungsfall (§ 92 VVG).

B. Norminhalt

I. Versicherungsfall (§ 31 Abs. 1 VVG)

Der VR kann **nach dem Eintritt des Versicherungsfalls** verlangen, dass der VN jede **4**
Auskunft erteilt, die zur Feststellung des Versicherungsfalls oder des Umfangs der Leis-

tungspflicht des VR erforderlich ist. Versicherungsfall ist das Ereignis, mit dessen Eintritt die Leistungspflicht des VR begründet ist (Motive zum VVG, S. 70). Begriff und Grenzen des Versicherungsfalls ergeben sich i.d.R. aus den AVB. Es wird sowohl an die Schadensursache als auch an das Schadensereignis angeknüpft – der Versicherungsfall kann auch gedehnt sein (vertiefend unter § 30). Der Versicherungsfall muss eingetreten sein (BGH, VersR 1955, 100).

5   **Vor Eintritt des Versicherungsfalls** kann der VR keine Auskunft verlangen (MüKo/*Wandt*, § 31 VVG Rn 16). Dies korrespondiert mit der Rettungsobliegenheit des VN (§ 82 VVG), wo die Obliegenheit erst mit dem Eintritt des Versicherungsfalls entsteht (Begr. BT-Drucks 16/3945, S. 80).

6   Eine **Vorerstreckung** auf den Zeitpunkt, in dem der Versicherungsfall unmittelbar bevorsteht, sieht das VVG nur **ausnahmsweise** im Bereich der Sachsicherung vor. Dort kann der VN – wie bei der GoA – Aufwendungen ersetzt verlangen, um einen unmittelbar bevorstehenden Versicherungsfall abzuwenden oder in seinen Auswirkungen zu mildern (§ 90 VVG). Dies ändert aber nichts daran, dass der VR Auskunft über den Versicherungsfall erst *nach* seinem Eintritt verlangen kann.

7   Der VN erteilt die **Auskunft verspätet**, wenn er die Schadensanzeige erst sieben Wochen nach einem Sturm an den VR zurückschickt und die von ihm veranlassten Reparaturarbeiten bereits fünf Tage andauern (OLG Celle, VersR 1992, 1000).

II. Auskunftsverlangen des Versicherers

8   Die Auskunftspflicht des VN entsteht durch das Verlangen des VR oder dessen Empfangsvertreter (§§ 69 Abs. 1 Nr. 2, 72 VVG), sofern der betreffenden Person entsprechende Vollmacht (Regulierungsbeauftragter, Sachverständiger) erteilt wurde (MüKo/*Wandt*, § 31 VVG Rn 21). **Verlangen** beinhaltet die Aufforderung, Auskünfte zur Feststellung des Versicherungsfalls oder zum Umfang der Leistungspflicht des VR zu machen (BGH, VersR 1993, 828; BGH, VersR 1976, 821). Die Aufforderung muss dem VN oder dem leistungsberechtigten Dritten (§ 31 Abs. 2 VVG) i.S.v. § 130 BGB zugehen (*Brömmelmeyer*, in: Bruck/Möller, § 31 Rn 22; MüKo/*Wandt*, § 31 VVG Rn 20). **Konkludentes Verlangen** durch Übersenden der Schadensanzeige genügt (OLG Köln, HRGZ 1936, 141; MüKo/*Wandt*, § 31 VVG Rn 23). Schließt der VN mit mehreren VR selbstständige, aber voneinander abhängige VV (offene Mitversicherung), kann grds. jeder VR Auskunft verlangen. Normalerweise wird aber eine **Führungsklausel** vereinbart, aus der sich im Regelfall ergibt, dass der führende VR, der dann auch zugunsten der anderen den Versicherungsfall reguliert, Auskünfte verlangen darf (§ 164 Abs. 3 BGB analog).

9   **Unaufgefordert** braucht der VN Erklärungen, die die Leistungspflicht des VR betreffen, nicht abzugeben (BGH, VersR 2011, 1549; BGH, r+s 2006, 185). Grds. darf der VN abwarten, bis der VR an ihn herantritt „und die Informationen anfordert, die er aus seiner Sicht zur Feststellung des Versicherungsfalls und des Umfangs der Leistungspflicht benötigt" (BGH, VersR 2011, 1549; BGH, r+s 2006, 185; BGH, VersR 1993, 828; OLG Karlsruhe, VersR 2006, 1206). Anerkannt ist allerdings eine – sehr restriktiv zu handha-

bende – Offenbarungspflicht des VN ohne Auskunftsverlangen des VR (BGH, VersR 2011, 1549). Es geht um die Mitteilung besonders wesentlicher Informationen, die das Aufklärungsinteresse des VR so grundlegend berühren, dass sich dem VN ihre Mitteilungsbedürftigkeit auch ohne Auskunftsverlangen aufdrängen muss (BGH, VersR 2011, 1549). In diesen „krassen" Fällen, in denen es um Dinge geht, die für jedermann erkennbar das Aufklärungsinteresse des VR in ganz elementarer Weise betreffen und deren Bedeutung daher für den VN auf der Hand liegen, widerspricht sein Berufen auf ein fehlendes vorheriges Aufklärungsverlangen Treu und Glauben (BGH, VersR 2011, 1549; Bestätigung OLG Köln, VersR 1991, 410; OLG Saarbrücken, VersR 1993, 216; Festhaltung BGH, VersR 1969, 267; BGH, VersR 2006, 258).

Diese Pflicht des VN, unaufgefordert dem VR Informationen mitzuteilen, die das Aufklärungsinteresse des VR in ganz elementarer Weise betreffen, kann sich auch aus den Vereinbarungen in den AVB ableiten (OLG Köln, VersR 1996, 280; OLG Köln, VersR 1991, 411; OLG Düsseldorf, VersR 1995, 1303). Spontane Angaben des VN vor einem Auskunftsverlangen des VR erfolgen nicht in Erfüllung einer vertraglichen Auskunftsobliegenheit (MüKo/*Wandt*, § 31 VVG Rn 29). Schaltet der VR, um die Voraussetzungen seiner Leistungspflicht festzustellen (§ 14 VVG), Detektive ein, um Fakten und Beweismittel zu sammeln, so stehen diese Ermittlungen neben § 31 VVG; der VR überprüft/besorgt sich Fakten, die der VN korrekterweise hätte wahrheitsgemäß mitteilen müssen (*Fricke*, VersR 2010, 308). Es geht dann einerseits um die Frage der Verwertbarkeit im Prozess als Beweismittel und andererseits um die Frage, ob seitens des VR noch ein Aufklärungsbedürfnis besteht, weil er den maßgeblichen Umstand bereits kennt (BGH, VersR 2007, 1267; BGH, VersR 2005, 493).

III. Leistungsverweigerung des Versicherers

Beendet der VR die zur Feststellung des Versicherungsfalls und des Umfangs der Leistung nötigen Erhebungen (§ 14 Abs. 1 VVG) durch (endgültige) **Leistungsverweigerung**, liegt darin die Erklärung an den VN, nunmehr keine weiteren Auskünfte zum Eintritt des Versicherungsfalls zu verlangen. Damit endet die Auskunftsobliegenheit des VN (BGH, VersR 1992, 345; BGH, VersR 1989, 842; OLG Hamm, r+s 1996, 218; OLG Köln, r+s 1991, 315; MüKo/*Wandt*, § 31 VVG Rn 48). Die Leistungsverweigerung kann auch **konkludent** erfolgen, z.B. durch einen Klageabweisungsantrag (BGH, VersR 1989, 842, 843; MüKo/*Wandt*, § 31 VVG Rn 49). Verweist der VR ggü. der Deckungsklage des VN darauf, dass er mangels hinreichender Aufklärung durch den VN bisher nicht in der Lage ist, seine Leistungspflicht endgültig beurteilen zu können, liegt darin keine Leistungsverweigerung, sondern im Gegenteil das Verlangen nach Auskunft. Die Gefahr, dass der VN durch Deckungsablehnung eine Klageerhebung provoziert, um sodann den Versicherungsfall nicht mehr aufklären zu müssen, besteht somit nicht (dazu BGH, NVersZ 2000, 87 m. Anm. *Knappmann*, NVersZ 2000, 68; OLG Köln, r+s 1997, 17; OLG Köln, r+s 1996, 218 u. 222; *Bach/Langheid*, Aktuelle Rechtsfragen der Versicherungspraxis, S. 76).

12 Die Auskunftspflicht **lebt wieder auf**, wenn der VR unmissverständlich zu erkennen gibt, dass er erneut in die Prüfung seiner Leistungspflicht eintritt oder wenn er (z.B. durch Grundurteil) zur Deckung des Versicherungsfalls rechtskräftig verurteilt worden ist (BGH, VersR 1991, 1129; BGH, VersR 1989, 842; MüKo/*Wandt*, § 31 VVG Rn 50). Etwaige Falschangaben, die der VN nach Leistungsverweigerung des VR gemacht hat, sind nun zu berichtigen (*Knappmann*, NVersZ 2000, 68, 69; *Brömmelmeyer*, in: Bruck/Möller, § 31 Rn 36; MüKo/*Wandt*, § 31 VVG Rn 50). Unerheblich ist, aus welchen Gründen der VR erneut in die Prüfung seiner Leistungspflicht eintritt (MüKo/*Wandt*, § 31 VVG Rn 50). Der VR ist aber aus Gründen der Klarheit und zum Schutz des VN gehalten, nach Wiederaufnahme der Regulierung ein **erneutes Auskunftsverlangen** zu stellen, wenn und soweit er weitere Auskünfte zum Zwecke der Entscheidung über die Regulierung benötigt (MüKo/*Wandt*, § 31 VVG Rn 50).

13 Hat der VR die Leistung endgültig verweigert, erlischt die Auskunftspflicht, weil der VR vom VN keine Auskunft mehr verlangt. Versucht der VN den VR durch gezielte Falschangaben umzustimmen, so verletzt er folglich nicht § 31 VVG, handelt aber u.U. **arglistig**, d.h. der VR hat die Rechte aus § 123 BGB (BGH, VersR 1992, 345; BGH, NJW-RR 1992, 160; OLG Köln, r+s 1991, 315; OLG Hamm, r+s 1992, 97 m. Anm. *Langheid*, r+s 1992, 109; *Knappmann*, NVersZ 2000, 68, 70; *Bach*, VersR 1992, 302; dag. *Lücke*, VersR 1992, 182 u. *Lücke*, VersR 1994, 128). Fehlt es an einer Obliegenheit zur Auskunft, so kann nicht an ihrer statt eine vertragliche Nebenpflicht angenommen werden, deren schlicht schuldhafte Verletzung zu Schadensersatzansprüchen führen könne (Römer/Langheid/*Rixecker*, § 31 Rn 21).

IV. Auskunft durch den Versicherungsnehmer oder durch Dritten (§ 31 Abs. 2 VVG)

14 Der VR kann vom **VN** jede Auskunft verlangen (§ 31 Abs. 1 VVG). Steht das Recht auf die vertragliche Leistung des VR einem **Dritten** zu, hat auch dieser die Pflicht, Auskunft zu erteilen. In diesem Fall bleibt die Verpflichtung des VN **neben der des Dritten** bestehen (Begr. BT-Drucks 16/3945, S. 70). Für den **Dritten**, der i.R.d. Haftpflichtversicherung einen **Direktanspruch** geltend macht, gelten in §§ 119 Abs. 3, 120 VVG Sonderregelungen.

15 Bedient sich der VN bei der Erteilung der Auskünfte eines **Wissenserklärungsvertreters** (BGHZ 122, 388), wirken dessen unrichtige oder unvollständige Auskünfte unmittelbar für und gegen den VN (**§ 166 Abs. 1 BGB analog**: OLG Köln, r+s 2000, 448; OLG Köln, r+s 1994, 245; OLG Hamm, r+s 1997, 279). „Haben mehrere VN in der Wohngebäude-Versicherung ein einheitliches Risiko versichert, besteht ein einziger, unteilbarer Versicherungsanspruch zur gesamten Hand. Obliegenheitsverletzungen, die einer der VN begeht, muss sich daher auch der andere VN zurechnen lassen" (BGH, VersR 2006, 258; BGH, r+s 1996, 146; BGH, r+s 1992, 240).

16 Bedient sich der VN eines **Repräsentanten** (zum Begriff s. § 28 Rdn 143), hat er sich dessen Pflichtverletzung, z.B. verbotene Unfallflucht nach § 142 StGB, zurechnen zu lassen (BGH, VersR 1996, 1229; BGH, VersR 1993, 828 m. Anm. *Lücke*, VersR 1993, 1098; OLG

Bremen, VersR 1998, 1149). Die **Erben** sind anstelle des VN zur Auskunft verpflichtet. Das Gleiche gilt für **Dritte**, denen das Recht auf die vertragliche Leistung zusteht, also Mitversicherte in der Fremdversicherung (§§ 43, 44 VVG) oder Bezugsberechtigte (§§ 159, 182 VVG) und schließlich auch den Abtretungsempfänger (Begr. BT-Drucks 16/3945, S. 70).

V. Kenntnis des Versicherungsnehmers

Der VN muss **Kenntnis von den Umständen** oder Tatsachen haben, die er seinem VR in 17 Erfüllung der Obliegenheit mitzuteilen hat (BGH, VersR 1966, 577, 578; MüKo/*Wandt*, § 31 VVG Rn 63). Fehlt ihm diese Kenntnis, läuft die Aufklärungsobliegenheit ins Leere. Schon objektiv kann er sie nicht verletzen, denn es gibt nichts, worüber er nach seinem Kenntnisstand seinen VR aufklären könnte (BGH, VersR 2008, 905 Rn 20; BGH, VersR 2007, 389). Anderenfalls müsste sich der VN vom Vorwurf der objektiven Verletzung einer Obliegenheit entlasten, obwohl nicht feststeht, dass er überhaupt in der Lage war, sie zu erfüllen (BGH, VersR 2007, 389; ähnlich OLG Düsseldorf, r+s 2000, 436; OLG Frankfurt am Main, NVersZ 1999, 480; OLG Hamm, NJW-RR 1990, 1310). Mitzuteilen hat der VN solche mit dem Schadensereignis in Zusammenhang stehende Tatsachen, aus denen sich die Leistungsfreiheit des VR ergeben kann (BGH, VersR 2000, 222).

Eine **Erkundigungspflicht** kann den VN im Einzelfall treffen (BGH, VersR 1993, 828 m. 18 krit. Anm. *Lücke*, VersR 1993, 1098; BGHZ 52, 86, 89 = BGH, VersR 1969, 694). Allerdings setzt dies die Kenntnis von Anhaltspunkten für Umstände voraus, die dem VR mitzuteilen sind (BGH, VersR 2007, 398; MüKo/*Wandt*, § 31 VVG Rn 65 f.). Bemerkt der VN den Unfall nicht, so verletzt er durch Entfernen vom Unfallort nicht seine Auskunftspflicht nach § 7 (I) Abs. 2 Satz 3 AKB (BGH, VersR 2007, 398). Das gilt auch, wenn es ihm nicht gelingt, den Fahrer des versicherten Fahrzeugs im Unfallzeitpunkt zu ermitteln (anders früher: OLG Köln, VersR 1995, 952). Allerdings ist der VN verpflichtet, im Hinblick auf die Frage der Unfallfreiheit „geeignete Erkundigungen anzustellen, wenn das versicherte Fahrzeug regelmäßig von einem Dritten benutzt" wurde (OLG Köln, VersR 1997, 1395). Weiß der VN, dass sein Anwalt über ein Gutachten zu Vorschäden des Fahrzeugs verfügt, muss er sich Kenntnis vom Inhalt des Gutachtens verschaffen, um dem VR die verlangten Auskünfte geben zu können (LG Trier, r+s 1991, 365). Hat der VN das Fahrzeug vor Kurzem erworben, muss er prüfen, ob Vorschäden bestanden, wenn er danach gefragt wird (OLG Köln, VersR 1991, 766). Wird der VN über den Wert eines abgebrannten Stallgebäudes befragt und hat er Hinweise, dass das Gebäude durch behördliche Verfügung abgerissen werden sollte, muss er sich über den Stand des behördlichen Verfahrens erkundigen und das Ergebnis dem VR mitteilen (BGH, VersR 1993, 828 mit Anm. *Lücke*, VersR 1993, 1089; MüKo/*Wandt*, § 31 VVG Rn 65). Die Erkundigung schuldet der VN nur, soweit sie ihm billigerweise zugemutet werden kann (MüKo/*Wandt*, § 31 VVG Rn 66; Rüffer/Halbach/Schimikowski/*Muschner*, § 31 Rn 12; BGH, VersR 1993, 828). Ein **Kennenmüssen** reicht *nicht*, vielmehr ist positive Kenntnis erforderlich (BGH, VersR 2008, 905). Anders liegt es nur dann, wenn der Tatrichter aufgrund der Umstände des Einzelfalls die Überzeugung gewinnt und darlegt, der VN habe den sich aufdrängenden Schluss auf die nahe liegende Schadensursache gezogen und deshalb erkannt, dass dem Schaden Tatsachen zugrunde liegen, die ein versichertes Ereignis beschreiben (BGH, VersR 2008, 905 Rn 20).

VI. Form der Auskunft

19 Die Auskunft nach dem Versicherungsfall ist **nicht formbedürftig** (MüKo/*Wandt*, § 31 Rn 92). Entgegenstehende Klauseln in AVB, die Schriftform verlangen, sind nach § 32 S. 2 VVG zulässig. Die Norm erstreckt, ihrem Sinn und Zweck nach, den Schutzbereich auf § 31 Abs. 1 S. 1 VVG und eröffnet zugleich für anzuzeigende Auskünfte eine Ausnahmeregelung (zu eng MüKo/*Wandt*, § 31 Rn 93; *Brömmelmeyer*, in: Bruck/Möller, VVG § 31 Rn 108). Allerdings gilt dies nicht, wenn der VN die Auskunft dem Versicherungsvertreter als Bevollmächtigtem des VR gibt (§ 69 Abs. 1 Nr. 2 VVG). Denn nach § 72 VVG ist eine Beschränkung der dem Versicherungsvertreter zustehenden Vertretungsmacht durch AVB ggü. dem VN und Dritten **unwirksam**. Davon sind Schriftformklauseln eines Direktversicherers nicht berührt. Schriftformklauseln, die ein VR mit Vertretervertrieb vorsieht, müssen klar und verständlich (§ 307 Abs. 1 S. 2 BGB) sein, weil es ansonsten für den VN **überraschend** ist, dass er die Auskunft gegenüber dem Vertreter des VR formlos, gegenüber dem VR selbst aber nur schriftlich abgeben kann (§ 305c BGB; insoweit missverständlich MüKo/*Wandt*, § 31 VVG Rn 93). Eine Beschränkung der Empfangsvollmacht nach § 69 Abs. 1 VVG liegt auch in einer Klausel, die für Erklärungen des VN ggü. dem **Vertreter** die Schriftform oder Textform verlangt (Begr. BT-Drucks 16/3945, S. 78). Ausgenommen sind die Fälle der Arglist und der Kollusion, ohne dass es hierfür einer ausdrücklichen Bestimmung bedarf (Begr. BT-Drucks 16/3945, S. 78).

20 **Praxishinweis**
Für Auskünfte, die während der Dauer des Versicherungsverhältnisses vom VN zu erstatten sind, sollten die VR § 72 VVG zum Regelfall erheben und **auf Schriftform verzichten**. In den AVB kann aber formuliert werden: *„Aus Gründen der Beweiserleichterung sollten Sie Auskünfte zum Versicherungsfall schriftlich machen – E-Mail genügt"* (vertiefend: Palandt/*Ellenberger*, § 127 BGB Rn 2).

VII. Auskunft zur Feststellung des Versicherungsfalls/zum Umfang der Leistungspflicht des Versicherers

21 Der VR kann verlangen, dass der VN jede Auskunft erteilt, die **zur Feststellung des Versicherungsfalls** oder des **Umfangs der Leistungspflicht** des VR **erforderlich** ist (§ 31 Abs. 1 S. 1 VVG). Der Zweck dieser Obliegenheit besteht – für den durchschnittlichen VN erkennbar – darin, den VR in die Lage zu versetzen, die Voraussetzungen seiner Eintrittspflicht sachgerecht zu prüfen, indem er Ursache und Umfang des Schadens ermittelt (BGH, VersR 2006, 258; BGH, VersR 2006, 108; BGH, VersR 1969, 214; BGHZ 47, 101, 105 = BGH, NJW 1967, 1226). Das schließt die Feststellung solcher mit dem Schadensereignis zusammenhängenden Tatsachen ein, aus denen sich – etwa nach § 81 Abs. 1 VVG – seine Leistungsfreiheit ggü. dem VN ergeben kann (BGH, VersR 2006, 258; BGH, VersR 1998, 228; BGH, VersR 1976, 84). *„Der VN hat daher auf entsprechendes Verlangen auch solche*

Tatsachen wahrheitsgemäß und vollständig zu offenbaren, selbst wenn die Erfüllung der Auskunftsobliegenheit eigenen Interessen widerstreitet, weil sie dem VR erst ermöglicht, sich auf Leistungsfreiheit zu berufen" (BGH, VersR 2006, 258; BGH, VersR 2000, 222).

Es ist grds. Sache des VR, welche Angaben er zur Ermittlung des Sachverhalts für erforderlich hält, um seine Entscheidung über die Leistungspflicht auf ausreichender und gesicherter Tatsachengrundlage treffen zu können (BGH, VersR 2015, 45, Ls. 1; BGH, VersR 2006, 258). *„Es genügt, dass die vom VN geforderten Angaben zur Einschätzung des subjektiven Risikos überhaupt dienlich sein können. Es kommt nicht darauf an, ob sich die Angaben nach dem Ergebnis der Prüfung als für die Frage der Leistungspflicht tatsächlich wesentlich erweisen."* (BGH, VersR 2006, 258; BGH, VersR 2000, 222). Allerdings fehlt es in diesen Fällen regelmäßig an der Kausalität (§ 28 Abs. 3 VVG, vertiefend § 28 Rdn 87). 22

Umgekehrt braucht der VN Erklärungen, die die Leistungspflicht des VR betreffen, nicht unaufgefordert abzugeben (BGH, VersR 2011, 1549 m.w.N; Ausnahmen Rdn 9). Er muss den VR **nicht von sich aus** über alle für Grund und Höhe des Versicherungsanspruchs wesentlichen Umstände in Kenntnis setzen. Er darf vielmehr abwarten, bis der VR an ihn herantritt und die Information anfordert, die er aus seiner Sicht zur Feststellung des Versicherungsfalls und des Umfangs der Leistungspflicht benötigt (BGH, VersR 2011, 1549; BGH, VersR 2006, 258; BGH, VersR 2004, 117; BGH, VersR 1993, 828; BGHZ 122, 250 = BGH, VersR 1993, 828). 23

Das **Risiko mehrdeutiger oder unvollständiger Fragen** trägt der VR (BGH, r+s 1989, 5; OLG Frankfurt a.M., VersR 1992, 41; OLG Hamburg, VersR 1977, 634). Die Auskunftsobliegenheit ist nicht verletzt, wenn die dem VN gestellten Fragen unklar sind und von ihm in der schließlich beantworteten Weise verstanden werden durften (BGH, r+s 1989, 5; Römer/Langheid/*Rixecker*, VVG § 31 Rn 11). Wird in der Schadensanzeige nach **Vorschäden des Kfz** gefragt, so sind – für den durchschnittlichen VN erkennbar – **sämtliche** Vorschäden und nicht nur der letzte gemeint (OLG Stuttgart, r+s 2006, 64; OLG Koblenz, VersR 2001, 1420; OLG Hamm, NJW-RR 1991, 33). Beantwortet der VN diese Frage mit einem Fragezeichen, so heißt das jedenfalls nicht, dass ihm von Vorschäden nichts bekannt ist (**a.A.** OLG Köln, r+s 1985, 262 – der VR muss nachfragen, was das Fragezeichen wohl bedeutet). 24

Allerdings besteht eine solche **Rückfrageobliegenheit** des VR nur **ausnahmsweise** (OLG Köln, VersR 1990, 1225; OLG Frankfurt a.M., VersR 1996, 704). Es ist vielmehr *„Sache des VN, die ihm bekannten Umstände dem VR ... vollständig zu offenbaren, nicht aber Sache des VR, durch Nachforschungen das zu ermitteln, was ihm der VN vorsätzlich verschwiegen hat"* (BGH, VersR 2007, 629; *Fricke*, VersR 2010, 308). Erkennt der VR, dass der VN glaubt, bestimmte Fragen schon beantwortet zu haben, muss er ihm die Möglichkeit geben, die aus seiner Sicht noch fehlenden Informationen nachzutragen (BGH, VersR 1976, 821, 824). 25

Auskünfte, die zur Feststellung des Versicherungsfalls oder des Umfangs der Leistungspflicht des VR **nicht erforderlich** sind, kann der VR nach § 31 Abs. 1 S. 1 VVG nicht verlangen. Insoweit verletzt der VN die Auskunftspflicht nicht, wenn er nicht antwortet 26

(BGH, VersR 1969, 267; OLG Köln, r+s 1993, 74; OLG Hamm, VersR 1978, 1061; OLG Stuttgart, VersR 1967, 466). Erteilt der VN jedoch die erforderlichen Auskünfte nicht oder nicht hinreichend, so verletzt er die Auskunftspflicht (BGH, VersR 2006, 258; BGH, VersR 1969, 214; OLG Frankfurt a.M., VersR 1996, 704; OLG Frankfurt a.M., VersR 1991, 1167; OLG Köln, VersR 1991, 183; OLG Köln, VersR 1990, 1225; OLG Saarbrücken, VersR 1990, 1143; OLG Hamm, VersR 1985, 387).

27 **Erforderlich** sind Fragen zum **Schadeneintritt** (Zeit, Ort, Ursache: BGH, VersR 1978, 76) oder auch zum **Stand eines Strafverfahrens** (BGHZ 53, 160, 163 = BGH, VersR 1970, 241). Erforderlich ist auch die Angabe von **Zeugen** (BGH, VersR 1995, 1191; OLG Hamm, VersR 1986, 882). Wichtig für die Feststellung des Umfangs der Leistungspflicht ist häufig die Frage nach dem **Vorbesitzer** (OLG Frankfurt am Main, VersR 1989, 951) oder nach dem **Lieferanten einer Sache** (LG Mannheim, zfs 1986, 375). Erforderlich sind ferner Hinweise über **Art und Umfang** des Schadens, zur **Beschaffenheit und zum Wert** der betroffenen Gegenstände (BGH, VersR 1976, 849; OLG Hamm, r+s 1991, 364; OLG Stuttgart, zfs 1991, 385). Wichtig sind auch Hinweise darauf, ob **Vorversicherungen** oder andere VV, die dasselbe Risiko abdecken, bestehen oder bestanden haben (BGH, VersR 1982, 183; BGH, VersR 1981, 625; OLG Saarbrücken, VersR 1993, 570; OLG Köln, VersR 1995, 1435). Die Frage nach **Vorschäden** ist sowohl für die Wertbemessung eines Gegenstands als auch für die Glaubwürdigkeit des VN relevant (BGH, VersR 1979, 345; OLG Hamm, VersR 1992, 729; LG Saarbrücken, VersR 2012, 98). Auch die Frage, ob **geschäftliche Beziehungen** zu einem Dritten bestehen, kann erforderlich sein (BGHZ 96, 88, 90 = BGH, NJW 1986, 1100; OLG Celle, VersR 1969, 173). An der Erforderlichkeit einer Nachuntersuchung in der BUZ kann es fehlen, wenn die Erkrankung nach derzeitigem medizinischen Kenntnisstand nicht heilbar ist (OLG Bremen, NJW 2012, 322). Die Aufklärungsobliegenheit nach E.1.3 AKB 2008 (Unfallort nicht verlassen) kann verletzt sein, auch wenn die Voraussetzungen des § 142 StGB nicht erfüllt sind (OLG Stuttgart, r+s 2015, 14). Die Auskunftsobliegenheit ist verletzt, wenn die Frage des VR nach dem Alkoholkonsum des Fahrzeugführers weder in der Schadensanzeige noch auf konkrete Nachfrage hin beantwortet wird, obwohl der VN positive Kenntnis hierüber hat (LG Paderborn, zfs 2011, 98). Im Rahmen der §§ 31, 213 VVG ist auch ein Anspruch auf Einsicht in die Patientenkartei gerechtfertigt; dem VN ist es zumutbar, sich eine Kopie des Patientenblattes zu beschaffen (BGH, VersR 1983, 264; BVerfG, NJW 2006, 1116) und diese dem VR zu übermitteln (OLG München, VersR 2013, 169). Weitere Beispiele – Auskunftspflicht **bejaht**: Anschaffungspreis Maschinen (RG, JW 1928, 1738f.), nach **Baujahr** (OLG Köln, r+s 1994, 289), nach **Laufleistung** (OLG Hamm, VersR 1992, 179; OLG Saarbrücken, VersR 2008, 1528; OLG Stuttgart, zfs 1991, 385), nach **Verkaufsabsichten** (LG Köln, r+s 1987, 31), nach **Aufenthalt vor dem Brand** (BGH, VersR 1978, 74, 77; OLG Hamm, VersR 1988, 510), nach **Standort** des Tieres (OLG Hamm, AgrarR 1991, 230, 231), nach **Anfangs- und Zielort im Güterfernverkehr** (OLG Köln, VersR 1990, 1225), nach dem **Fahrer** des Kfz (OLG Hamm, r+s 1989, 39; LG Aachen, r+s 1989, 107), nach der Benutzung des Kfz durch andere Personen (OLG Saarbrücken, r+s 2006, 236, 237), nach **mitreisenden Personen** (OLG Köln, VersR 1993, 432; OLG Hamburg, VersR

1993, 351, 352), nach **Ersatzschlüsseln** (OLG Hamm, VersR 1994, 44), nach **Verpfändung oder Übereignung** der versicherten Sache (OLG Nürnberg, VersR 1997, 484), nach **Vermögensverhältnissen** (RG, JW 1936, 3452f.; BGH, VersR 2006, 558 Rn 14; OLG Köln, VersR 2008, 1063), nach **Rechtsverhältnissen zu Dritten** (OLG Celle, VersR 1969, 173).

Rixecker (Römer/Langheid/*Rixecker*, § 31 ab Rn 29) katalogisiert fünf Fallgruppen, die in der Praxis diejenigen sind, bei denen § 31 VVG am häufigsten verletzt ist. Die erste Fallgruppe betrifft das unerlaubte Entfernen vom Unfallort, die vorliegt, wenn der objektive und subjektive Tatbestand des § 142 StGB erfüllt ist (BGH, VersR 2000, 222; OLG Karlsruhe, zfs 2008, 514; OLG Brandenburg, r+s 2007, 412). Die Obliegenheit kann auch verletzt sein, wenn einzelne Geschädigte mit dem Weggang des VN einverstanden sind (OLG Saarbrücken, zfs 2009, 396) oder eine eingeschränkte Schuldfähigkeit vorliegt (BGH, VersR 2006, 108). Die Aufklärungsobliegenheit kann in der Kasko-Versicherung auch dann verletzt sein, wenn § 142 StGB tatbestandlich nicht vorliegt, der Kasko-Versicherer aber ein Interesse an der Aufklärung haben kann (OLG Stuttgart, VersR 2015, 444). Die zweite Fallgruppe betrifft Gestattung von Besichtigungen und Untersuchungen (BGH, VersR 1961, 497: fundamentales Recht des Sachversicherers). Unstimmigkeiten zwischen dem VN und dem besichtigenden Schadensregulierer entbinden den VN nicht von der Obliegenheit (OLG Rostock, zfs 2005, 27; LG Köln, VersR 2006, 260). Die Obliegenheit ist verletzt, wenn der VN die Regulierung behindert oder verhindert (LG Göttingen, r+s 2003, 288; OLG Köln, zfs 2007, 217). In der dritten Fallgruppe geht es um das Unterlassen von Veränderungen an der Schadensstelle (OLG Hamm, VersR 2005, 644 m. Anm. *Spielmann*). Veränderungen können aber aufgrund polizeilicher Anordnungen zur Gefahrenabwehr erforderlich sein (LG Köln, VersR 2006, 1254). Gestattet der Schadensregulierer dem VN Veränderungen und überschreitet der VN diese Gestattung durch umfangreiche Beseitigungsmaßnahmen, kann eine spätere Berufung auf die Verletzung treuwidrig sein (OLG Karlsruhe, VersR 2005, 353). Die vierte Fallgruppe betrifft die Übermittlung einer Stehlgutliste, also dem Verzeichnis der abhandengekommenen Sachen, die der VN unverzüglich beim VR nach Einbruch einreichen muss. Der VN muss unverzüglich handeln, also ohne schuldhaftes Zögern – dafür kommt es auf den Zeitraum an, der für die Aufstellung der Liste objektiv benötigt wird (OLG Düsseldorf, zfs 2003, 298; OLG Saarbrücken, zfs 2004, 418; OLG Köln, zfs 2003, 458). Verzögerungen können durch Rückreise des VN aus dem Urlaub eintreten (OLG Köln, zfs 2007, 217; LG Köln, VersR 2005, 497; anders bei Gewerbetreibenden: OLG Köln, zfs 2003, 458). Der VR muss den VN nach § 28 Abs. 4 VVG über die Obliegenheiten, ihm auch die Stehlgutliste zu überlassen, unterrichten, wenn er sich auf volle oder teilweise Leistungsfreiheit berufen will (Römer/Langheid/*Rixecker*, § 31 Rn 32). In der fünften Fallgruppe geht es um **ärztliche Untersuchungen**, denen sich der VN nach Anzeige eines Vorfalles auf Verlangen des VR zu unterziehen hat. Risikoträchtige Untersuchungen mit invasiven Eingriffen, Narkosen oder Schmerzen schuldet der VN nicht (OLG Koblenz, NVersZ 2000, 472; OLG Köln, VersR 1991, 410; OLG Stuttgart, r+s 2004, 35; OLG Düsseldorf, VersR 2004, 503). Grundsätzlich darf der VR den untersuchenden Arzt bestimmen, es sei denn der VN hat plausible Gegengründe (OLG Düsseldorf, VersR 2004, 503).

29 Auskünfte, die zur Feststellung des Versicherungsfalls oder des Umfangs der Leistungspflicht des VR **nicht erforderlich** sind, kann dieser nach § 31 Abs. 1 S. 1 VVG nicht verlangen (BGH, VersR 2015, 45; BGH, VersR 1969, 267). Nicht erforderlich sind solche Auskünfte, die zur Beurteilung des jeweiligen Versicherungsfalls **nicht sachdienlich** sind (Römer/Langheid/*Rixecker*, VVG § 31 Rn 6). Insoweit kommt es auf die Einschätzung des VR an (BGH, VersR 2006, 258; Römer/Langheid/*Rixecker*, § 31 Rn 6; modifizierend *Brömmelmeyer*, in: Bruck/Möller, § 31 Rn 28–30).

30 Eine hiervon zu trennende Frage ist die, welche Fragen erforderlich oder **sachdienlich** sind – hier kann es unterschiedliche Auffassungen geben (BGH, VersR 2006, 258; BGH, NJW 1967, 1226; Römer/Langheid/*Rixecker*, § 31 Rn 6; stärker differenzierend: *Brömmelmeyer*, in: Bruck/Möller, § 31 Rn 28–30). Der VN einer Vermögensschadenshaftpflichtversicherung kann daher auf Verlangen des VR auch gehalten sein, eine eigene Stellungnahme desjenigen Mitarbeiters vorzulegen, der durch fehlerhafte Bearbeitung den Vorfall herbeigeführt haben soll (BGH, VersR 2015, 45). Zu den sachdienlichen Fragen gehören auch solche, die das **subjektive Risiko** betreffen (BGH, r+s 2006, 185; OLG Saarbrücken, r+s 1990, 140; OLG Karlsruhe, r+s 1990, 967; OLG Köln, r+s 1995, 121). Dazu gehören Angaben über **Vorversicherungen** (BGH, VersR 1982, 182; OLG Köln, VersR 1986, 545) und **Mehrfachversicherungen** (BGH, VersR 1981, 625; OLG Saarbrücken, VersR 2009, 1254; OLG Saarbrücken, VersR 2007, 977; Römer/Langheid/*Rixecker*, § 31 Rn 9). Fragt der VR allerdings **bei Antragstellung** nicht nach Vorversicherungen oder Vorschäden, so billigt er damit etwaige Schäden oder Vorversicherungen (§ 5 VVG). Eine auf Vorschäden oder Vorversicherungen zielende Frage **in der Schadensanzeige** geht damit ins Leere, da der VR etwas wissen will, worauf er bei Abschluss des Vertrages verzichtet hat (zutreffend OLG Hamm, r+s 1988, 62; OLG Hamm, r+s 1986, 267; OLG Köln, r+s 1993, 72; OLG Hamm, VersR 1978, 1060; zustimmend Römer/Langheid/*Rixecker*, § 31 Rn 10 unter Hinweis auf den systematischen Zusammenhang zu § 213 VVG). Der BGH bejaht die Erforderlichkeit der Frage nach Vorschäden ebenfalls nur dann, wenn danach auch im Antrag gefragt wurde (BGH, VersR 1982, 182).

31 Bedient sich der VN zur Ausfüllung der Schadensanzeige des **Versicherungsvertreters**, ist dieser das „**Auge und Ohr**" des VN (BGH, VersR 1988, 234; BVerwG, VersR 1998, 1137). Der VR weiß folglich, was der Versicherungsvertreter weiß (heute § 70 VVG). Kann der VN substantiiert darlegen, wie er die ihm vorgelesene Frage verstanden und dass er sie aus seiner Sicht wahrheitsgemäß beantwortet hat (BGH, NJW-RR 1990, 1359; OLG Hamm, NJW-RR 1990, 1310), ist es Sache des VR zu beweisen, dass der Vertreter bei der mündlichen Befragung des VN in gehöriger Weise vorgegangen ist.

32 Bei unvollständiger oder verkürzter Antwort ist zunächst einmal zu fragen, ob die Frage im Formular eine ausführliche Beantwortung zuließ. Wenn zu wenig Platz im Formular ist, kann nur verkürzt geantwortet werden (OLG Frankfurt am Main, VersR 1980, 326). Weist der VN in der Schadensanzeige auf einen **Diebstahl** und weiter auf seine polizeiliche (ausführliche) Diebstahlsanzeige hin, fehlt es an einer Obliegenheitsverletzung – der VR

hätte Einsicht in die Polizeiakten nehmen können oder um Übermittlung des Berichtes durch den VN bitten können (OLG Frankfurt a.M., VersR 1985, 774).

Bei **widersprüchlichen Angaben** in der Schadensanzeige muss der VR nach Treu und Glauben **rückfragen** (BGH, VersR 1997, 442; OLG Karlsruhe, NJW-RR 2003, 607; OLG Hamm, VersR 2001, 1419; LG Aachen, SP 2006, 214). In einem solchen Fall besteht für den VR **ein Anlass** für eine Nachfrage und Beratung des VN nach § 6 Abs. 4 VVG. Die entgegenstehende Entscheidung des OLG Köln (r+s 2007, 317) ist im Lichte des heutigen § 6 Abs. 4 VVG nicht mehr aufrecht zu erhalten (zu ähnlichen Unklarheiten BGH, r+s 1997, 84; OLG Karlsruhe, NJW-RR 2003, 607; OLG Hamm, VersR 1988, 394: Schadensanzeige zu niedriger Kilometerstand – Reparaturkostenrechnung aber richtiger Kilometerstand). Antwortet der VN auf die Frage, wann das Fahrzeug gekauft ist, mit „9800", so ist klar, dass es sich hier um einen Schreibfehler handeln muss. Entweder der VR fragt nach oder aber kann sich, wenn er dies nicht tut, nicht auf Verletzung von § 31 VVG berufen (BGH, VersR 1980, 159). 33

Umgekehrt ist auch der VN an Treu und Glauben gebunden. **Ausnahmsweise** hat er den VR **ungefragt zu informieren** (BGH, VersR 2011, 1549; BGH, VersR 2006, 258; BGH, VersR 1993, 828; BGH, VersR 1969, 267). Die Auskunftspflicht des VN erschöpfe sich, so der BGH, nicht in der formalistischen Beantwortung gestellter Fragen, sondern ergebe sich aus ihrem Sinn und Zweck (BGH, VersR 1993, 828). Der **Zweck der Auskunftspflicht** bestehe – für den durchschnittlichen VN erkennbar – darin, den VR in die Lage zu versetzen, die Voraussetzungen seiner Eintrittspflicht sachgerecht zu prüfen, indem er Ursache und Umfang des Schadens ermittelt (BGH, VersR 2006, 258). Folglich genügt der VN mit der Beantwortung der Formularfragen seiner Aufklärungspflicht nicht, wenn für ihn erkennbar ist, dass die Antworten zwar richtig, aber zugleich auch unvollständig und irreführend sind (BGH, VersR 1993, 828; BGH, VersR 1969, 267, 268). In einem solchen Fall muss der VN ungefragt jene Auskünfte erteilen, die zur Feststellung des Versicherungsfalls oder des Umfangs der Leistungspflicht des VR erforderlich sind. Das gilt auch dann, wenn es „um Dinge geht, die für jedermann erkennbar das Aufklärungsinteresse des VR in ganz elementarer Weise berühren und deren Bedeutung daher für den VN auf der Hand liegen" (BGH, VersR 2011, 1549; BGH, VersR 2006, 258; OLG Köln, r+s 1990, 284: Hinweis für den Krankenversicherer, dass der Unfallversicherer die Behandlungskosten überwiegend bereits beglichen hatte). 34

VIII. Auskunftsverlangen nicht erforderlich – Versicherer kennt Umstände bereits

Aufklärungsobliegenheiten dienen dem Zweck, den VR in die Lage zu versetzen, sachgemäße Entschlüsse zu fassen. „Fehlt das entsprechende Aufklärungsbedürfnis des VR deshalb, weil er einen maßgeblichen **Umstand bereits kennt**, verletzen unzulängliche Angaben des VN über diesen Umstand keine schutzwürdigen Interessen des VR und können deshalb die Sanktion der Leistungsfreiheit des VR nicht rechtfertigen" (BGH, VersR 2007, 1267; BGH, VersR 2005, 493; OLG Hamm, zfs 1993, 161; OLG Köln, VersR 1996, 449; 35

Fricke, VersR 2010, 308, der erörtert, wie mit Informationen umzugehen ist, die der VR durch einen Detektiv selbst beschafft).

36 Dies gilt auch dann, wenn der VR den wahren Sachverhalt **von dritter Seite rechtzeitig erfährt** oder sich die erforderlichen Kenntnisse anderweitig (Detektiv: *Fricke*, VersR 2010, 308) verschafft hat, so dass fehlerhafte oder unvollständige Informationen durch den VN zwar das Vertrauensverhältnis zwischen VR und VN berühren, das Aufklärungs- und Informationsinteresse des VR aber nicht beeinträchtigen können (BGH, VersR 1982, 182). Es ist gerade Sinn der Aufklärungsobliegenheit, den VR in die Lage zu versetzen, sachgemäße Entschlüsse fassen zu können, d.h. die Obliegenheit setzt ein entsprechendes **Aufklärungsbedürfnis** voraus (BGH, VersR 2005, 493; OLG Hamm, VVGE, § 7 AKB Nr. 15 u. zfs 1993, 161; OLG Köln, VersR 1996, 449).

37 Diese Grundsätze hat der BGH (BGH, VersR 2007, 481, anknüpfend an OLG Saarbrücken, VersR 2006, 1206) infrage gestellt. Auch dann, wenn der VR „den wahren Sachverhalt noch rechtzeitig erfahre oder sich die erforderlichen Erkenntnisse anderweitig verschaffen" konnte, sei der VN verpflichtet, die Aufklärungsobliegenheit zu erfüllen – anderenfalls würde sie „in ein Recht zur Lüge verwandelt". Diese Entscheidung verkennt, dass es kein **Aufklärungsbedürfnis** mehr gibt, wenn der VR, sei es von dritter Seite oder aufgrund eigener anderweitiger Recherchen, den aufzuklärenden Sachverhalt bereits kennt. In einem solchen Fall muss der VN gar nichts mehr sagen – tut er es trotzdem, erfüllt er nicht seine Aufklärungsobliegenheit, weil es nichts mehr aufzuklären gibt. Würde man ihm ggü. jetzt die Leistung verweigern, wäre der Grund nicht das Aufklärungsbedürfnis des VR, sondern die „Lüge" des VN. Die Leistungsverweigerung würde den VN bestrafen, aber nicht zur weiteren Aufklärung des Versicherungsfalls beitragen. Eine solche **Straffunktion** hat § 31 VVG *nicht*; die Funktion der Norm beschränkt sich darauf, „den Versicherer in die Lage zu versetzen, sachgemäß Entschlüsse fassen zu können" (BGH, VersR 1982, 182). Kennt der VR die maßgeblichen Umstände bereits, verletzen unzulängliche Angaben des VN **keine schutzwürdigen Belange** des VR und können deshalb die Sanktion der Leistungsfreiheit des VR nicht rechtfertigen (so BGH, VersR 2007, 1267 Rn 13; BGH, VersR 2005, 493). Richtig ist, dass § 30 Abs. 2 VVG auf § 31 VVG nicht analog anwendbar ist (BGH, VersR 1965, 1190, 1191; BGH, VersR 2005, 493, 495; OLG Hamm, VersR 1994, 590 f.; ÖOGH, VersR 1990, 803; *Rixecker*, FS Schirmer, 2005, 517 f.; Prölss/Martin/*Armbrüster*, § 31 Rn 35). Es geht nur darum, dass § 31 Abs. 1 VVG tatbestandlich nicht mehr möglich ist, weil der VN keine Auskunft erteilen kann, die noch zur Feststellung des Versicherungsfalls oder des Umfangs der Leistungspflicht des Versicherers erforderlich ist. Der VR, der schon alles weiß, könnte zwar formal immer noch Auskunft verlangen, aber diese Auskunft wäre zur Feststellung des Versicherungsfalls/Umfang der Leistungspflicht nicht mehr erforderlich. § 31 Abs. 1 VVG liegt folglich tatbestandlich nicht vor, so dass eine Analogie zu § 30 Abs. 2 VVG nicht möglich ist (in diesem Sinne BGH, VersR 2005, 493, 495; BGH, VersR 2007, 1267 Rn 13 f.; OLG Hamm, VersR 2012, 356, 358; OLG Oldenburg, VersR 2005, 782; OLG Saarbrücken, VersR 2008, 1643, 1644; LG Saarbrücken, VersR 2012, 98, 99; MüKo/*Wandt*, § 31 VVG Rn 45; Römer/Langheid/*Rixecker*, § 31 Rn 16; **a.A.** Prölss/ Martin/*Armbüster*, § 31 Rn 35 f.

Auch eine Leistungsverweigerung wegen Arglist, wie sie § 28 Abs. 3 S. 2 VVG trotz mangelnder Kausalität vorsieht, kommt für § 31 VVG in diesen Fällen nicht in Betracht, da es bereits an der Verletzung des objektiven Tatbestands der Auskunftspflicht fehlt (**a.A.** Prölss/Martin/*Armbrüster*, § 31 Rn 37 gegen *Rixecker*, FS Schirmer, 2005, 525 und OLG Brandenburg, NJW-RR 2006, 1180). § 31 VVG hat nicht die (strafrechtsrelevante) Funktion eines **Wahrheitstests**, sondern zielt ausschließlich darauf, dem Versicherer jene Informationen zu verschaffen, die er benötigt, um den Versicherungsfall zutreffend bearbeiten zu können (**a.A.** Prölss/Martin/*Armbrüster*, § 31 Rn 37). Etwas anderes kann dann gelten, wenn der VR zwar gewisse, aber **nicht notwendig umfassende und vollständige Kenntnis** (z.B. über Vorschäden oder Entschädigungsleistungen), etwa aus der **Uniwagnis-Datei** (Datenbank mit potenziellen Risikokunden aller Branchen der Versicherungswirtschaft; zur Wirkweise der Uniwagnis-Datei s. *Schwintowski*, VuR 2004, 242), erlangt hat. In einem solchen Fall bleibt die Aufklärungsobliegenheit des VN bezogen auf die nicht in der Datei ermittelten Tatsachen bestehen und kann folglich durch unrichtige Angaben in der Schadensanzeige verletzt werden. Beantwortet – wie im Fall des BGH vom 17.1.2007 (BGH, VersR 2007, 481) – ein VN die Fragen deshalb falsch, weil er der deutschen Sprache nicht mächtig ist, verletzt er damit nicht seine Aufklärungsobliegenheit in der Sache (er weiß ja nicht, was er beantwortet), wohl aber seine Obliegenheit, den VR darüber zu informieren, dass er die Schadensanzeige nicht versteht. Diese Obliegenheitsverletzung, die tatbestandlich vorliegt, dürfte im Regelfall für die Leistung des VR **nicht kausal** sein (§ 28 Abs. 3 S. 1 VVG), jedenfalls dann, wenn die zur Aufklärung des Falls erforderlichen Zahlen, Daten und Fakten noch rechtzeitig beschafft werden können.

38

Hat der VR von den für ihn maßgeblichen Umständen bereits Kenntnis, scheidet folglich eine Aufklärungspflichtverletzung objektiv aus (BGH, VersR 2007, 1267 Rn 13; BGH, VersR 2005, 493; Römer/Langheid/*Rixecker*, § 31 Rn 16 ff.). Hat er diese Kenntnisse nicht, ist er **nicht verpflichtet**, im eigenen Hause zu **recherchieren** – etwa ein eigenes Archiv oder alte Versicherungsfälle auszuwerten (KG, VersR 2003, 1119; OLG Saarbrücken, r+s 2005, 446; OLG Saarbrücken, VersR 1998, 1238; OLG Bremen, VersR 1998, 1149; OLG Braunschweig, zfs 1995, 64). Allerdings muss der VR dann recherchieren, wenn der VN ausdrücklich auf bestimmte bereits vorhandene Daten verweist (BGH, VersR 1993, 1089 für die vorvertragliche Anzeigepflicht; *Ripke*, VersR 2006, 774).

39

IX. Korrektur falscher Auskünfte

Der VN, der falsche Angaben gemacht hat, kann dem drohenden Anspruchsverlust entgehen, wenn er dem VR den wahren Sachverhalt **aus eigenem Antrieb vollständig** und unmissverständlich offenbart und nichts verschleiert oder zurückhält (BGH, VersR 2002, 173; BGH, VersR 1984, 453). Korrigiert der VN, **bevor** sich VR erstmals mit dem Vorgang befasst, fehlt es am objektiven Tatbestand einer Obliegenheitsverletzung (BGH, VersR 2002, 173; BGH, VersR 1968, 137; OLG Hamm, VersR 1982, 695; OLG Hamm, r+s 2000, 139). Der VN trägt – wie in § 28 Abs. 3 VVG – die **Beweislast** dafür, dass seine zunächst falschen Angaben zu keinem Nachteil für den VR geführt haben (BGH, VersR 2002, 173; BGH, VersR 1993, 1351; BGH, VersR 1984, 453; BGH, VersR 1975, 752). Ist VR kein

40

Nachteil entstanden, darf er sich nach Treu und Glauben nicht auf Leistungsfreiheit berufen (BGH, VersR 2002, 173 m. Anm. *Rixecker*; OLG Köln, VersR 1998, 146; Römer/Langheid/ *Rixecker*, § 31 Rn 19).

X. Beschaffung von Belegen

41 Belege kann der VR insoweit verlangen, als deren Beschaffung dem VN **billigerweise** zugemutet werden kann (§ 31 Abs. 1 S. 2 VVG). Die Beibringung von Belegen ist eine *„selbstständige, vom Prozess unabhängige Rechtspflicht des VN"* (Motive zum VVG, S. 106). Sind Belege nicht mehr vorhanden, kann sie der VR nicht verlangen (BGH, zfs 1996, 305; BGH, VersR 1989, 395). Der VN hat **keine Pflicht, vorsorglich** für den Fall, dass ein Versicherungsfall eintritt, sämtliche Belege zu sammeln und aufzubewahren (BGH, zfs 1996, 305; BGH, VersR 1989, 395; OLG Karlsruhe, VersR 1989, 986). Hat der VN Handwerker mit der Beseitigung von Sturmschäden beauftragt, kann der VR die Vorlage von **„Rapportzetteln"** verlangen, die Aufschluss über die konkret durchgeführten Dachdecker-, Maler- und Elektroarbeiten geben (OLG Köln, r+s 1988, 337). Die Kopie eines Patientenblattes kann ein Beleg sein (OLG München, VersR 2013, 169 zu § 9 Abs. 2 MB/ KK 2009).

42 Ein Fischzüchter muss keine Bestandsverzeichnisse über (wechselnde) Fischbestände führen (LG Kiel, VersR 1972, 871). Reicht der VN **gefälschte Rechnungen** ein, kann dies zur Leistungsfreiheit führen (OLG Koblenz, VersR 2006, 1120). Das Gleiche gilt, wenn der VN beim Einreichen der Belege Erläuterungen unterlässt, „deren Notwendigkeit auch einem juristisch nicht vorgebildeten VN einleuchten" musste und sich deshalb der VR falsche Vorstellungen macht (OLG Köln, VersR 1995, 1305). Der VR ist von der Leistungspflicht befreit, wenn der VN im Rahmen einer Hausrat- und Wohngebäudeversicherung wegen eines Diebstahls die **Stehlgutliste**, in der die einzelnen fehlenden Sachen genau bezeichnet und individualisierbar sind, der Polizei nicht vorgelegt hat (OLG Köln v. 19.11.2007 – 9U 193/06).

C. Rechtsfolgen

43 Die Verletzung der Auskunftspflicht wird vom Gesetzgeber nicht sanktioniert – Leistungsfreiheit muss folglich **vertraglich vereinbart** werden. Fehlt eine solche vertragliche Vereinbarung, kommt Leistungsfreiheit nach § 28 VVG nicht in Betracht. Eine daneben stehende, aus allgemeinen Rechtsgrundsätzen abgeleitete Schadensersatzpflicht wegen **objektiver Pflichtverletzung** (§ 280 BGB) scheitert nicht notwendig an der Rechtsnatur der Anzeigepflicht als gesetzlicher Obliegenheit. Es ist durchaus möglich, der Anzeigepflicht eine **rechtliche Doppelnatur** zuzuweisen und sie einerseits als gesetzliche Obliegenheit ggü. dem VN und andererseits als Rechtspflicht des VN ggü. dem VR aufzufassen (so BK/ *Dörner*, § 33 Rn 3; *Brömmelmeyer*, in: Bruck/Möller, § 30 Rn 5, 12 f., § 31 Rn 101). Daraus resultiert aber kein Schadensersatzanspruch nach § 280 BGB (h.M.: BGH, VersR 1967, 56, 58; **a.A.** BK/*Dörner*, § 33 Rn 3). Entscheidend ist die Regelungssystematik des § 28 VVG, wonach Obliegenheitsverletzungen, die fahrlässig verursacht werden, keine Sanktion

auslösen sollen. Für grobe Fahrlässigkeit und für Vorsatz ist das nach § 28 VVG anders. Insoweit verdrängt der Sinn und Zweck von § 28 VVG die allgemeinen Grundsätze des § 280 BGB (*Heiss*, in: Bruck/Möller, § 28 Rn 42; MüKo/*Wandt*, Vor § 28 VVG Rn 17; *Brömmelmeyer*, in: Bruck/Möller, § 31 Rn 101: Schadensersatz nur bei Vorsatz; Prölss/Martin/*Armbrüster*, § 31 Rn 47; LG Berlin, VersR 2013, 746).

Dies soll für den aus dem Vertrag begünstigten **Dritten**, der nach § 31 Abs. 2 VVG zur Auskunft verpflichtet ist, **nicht gelten**, da sich die Leistungsfreiheit nicht auf den Dritten beziehen könne (so Begr. BT-Drucks 16/3945, S. 70). Es ist aber völlig unbestritten, dass der begünstigte Dritte (neben dem VN) die vertraglichen Obliegenheiten zu erfüllen hat (BGH, VersR 1979, 176 für die Abgabe der Schadensmeldung bei einer Fremdversicherung). Auch § 47 Abs. 1 VVG geht ausdrücklich davon aus, dass bei der Versicherung für fremde Rechnung auch die Kenntnis und das Verhalten des Versicherten zu berücksichtigen ist. Dieser ist nach § 31 Abs. 2 VVG neben dem VN zur Auskunft verpflichtet, wenn ihm das Recht auf die vertragliche Leistung zusteht. Folglich kann sich der VR auch ihm ggü. im Grundsatz auf Leistungsfreiheit berufen, wenn dies im VV so vereinbart ist. Steht dem Dritten das Recht auf die vertragliche Leistung nicht zu, so muss im Einzelfall geklärt werden, ob seine Auskunftspflichtverletzung dem VR nach § 280 BGB Schaden zugefügt hat. 44

Verletzt der VN oder der Dritte, dem das Recht auf die vertragliche Leistung zusteht, die Auskunftspflicht, kommt Leistungsfreiheit nach § 28 Abs. 2 S. 1 VVG in Betracht, wenn dies vertraglich vereinbart ist. Dies dürfte in allen AVB ausnahmslos der Fall sein. Leistungsfreiheit setzt voraus, dass der VN/Dritte die Auskunftspflicht **vorsätzlich** verletzt hat. Auf diese Rechtsfolge muss der VR den VN durch gesonderte Mitteilung in Textform **hingewiesen haben** (§ 28 Abs. 4 VVG). Vorsatz setzt voraus, dass der VN/Dritte Kenntnis der nach Eintritt des Versicherungsfalls mitzuteilenden Umstände hatte (BGH, VersR 2007, 389). *„Steht fest, dass der VN zunächst Kenntnis von den dem VR mitzuteilenden Umständen hatte, wird vorsätzliches Handeln* **vermutet***, wenn er diese dem VR nicht vollständig mitteilt"* (BGH, VersR 2007, 389; OLG Stuttgart, r+s 2006, 64). Für die Behauptung, die Kenntnis der betreffenden Umstände nachträglich durch eine tief greifende Bewusstseinsstörung verloren zu haben (retrograde Amnesie), trägt der **VN die Beweislast** (BGH, VersR 2007, 389). Angaben **ins Blaue hinein** begründen regelmäßig den Vorwurf des bedingten Vorsatzes (OLG Köln, VersR 2000, 224, 225; OLG Saarbrücken, VersR 2007, 532 f.; OLG Karlsruhe, VersR 2008, 250; Prölss/Martin/*Armbrüster*, § 31 Rn 49). Ähnlich ist es, wenn der VN das Schadensformular **blind** unterzeichnet (OLG Saarbrücken, VersR 2007, 532; OLG Saarbrücken, VersR 2011, 1511; LG Hamburg, VersR 1987, 1189; OLG Frankfurt a.M., VersR 1980, 179; OLG Frankfurt a.M., VersR 1994, 927, 928; **a.A.** OLG Hamm, VersR 1995, 1478). Das Gleiche gilt im Falle der **Blanko-Unterzeichnung** (Prölss/Martin/*Armbrüster*, § 31 Rn 49). Dagegen fehlt es am Vorsatz, wenn das tatsächliche Verständnis des VN nicht dem objektiven Erklärungswert der Frage entspricht (OLG Hamm, VersR 2008, 1102). 45

Der VR bleibt jedoch zur Leistung **verpflichtet**, soweit die Verletzung der Obliegenheit weder für den Eintritt oder die Feststellung des Versicherungsfalls, noch für die Feststellung 46 oder den Umfang der Leistungspflicht des Versicherers **ursächlich** ist (§ 28 Abs. 3 S. 1 VVG). Die Einlassung des VN, er sei davon ausgegangen, sein Prozessbevollmächtigter werde sich um die versicherungsvertraglichen Obliegenheiten kümmern und alles Erforderliche veranlassen, ist geeignet, den Vorwurf vorsätzlicher Aufklärungspflichtverletzung zu entkräften (OLG Köln, VersR 2007, 351).

47 Der VR ist jedoch **leistungsfrei**, wenn der VN die Obliegenheit **arglistig** verletzt hat (§ 28 Abs. 3 S. 2 VVG; Römer/Langheid/*Rixecker*, § 31 Rn 28). **Arglistig** handelt der VN, wenn er den VR täuscht, also Auskünfte zum Zweck der Erregung oder Aufrechterhaltung eines Irrtums erteilt (BGH, NJW 2001, 2326). Die Täuschung kann durch positives Tun oder Unterlassen begangen werden. Sie muss widerrechtlich sein und erfordert in subjektiver Hinsicht Arglist. Arglist erfordert **Vorsatz**, aber *keine* Absicht. Allerdings ist Absicht **mehr** als Vorsatz, nämlich ein Handeln, das einen gegen die Interessen des VR gerichteten Zweck verfolgt (BGH, VersR 1986, 77, sowie dort die Nachweise in Fn 47). Die bereits im Vorsatz immanente Zweckrichtung gegen die Interessen des VR genügt für arglistiges Verhalten folglich nicht. Es muss eine über die Zweckrichtung des Vorsatzes hinausweisende Verletzung gerade der spezifischen Interessen des VR vorliegen. Der VN muss die Unrichtigkeit seiner Angaben kennen oder zumindest für möglich halten (BGH, NJW 2001, 2326). Bedingter Vorsatz genügt (RGZ 134, 53). Er ist gegeben, wenn der VN, obwohl er mit der möglichen Unrichtigkeit seiner Angaben rechnet, **ins Blaue hinein** unrichtige Behauptungen aufstellt (BGH, NJW 1998, 302; BGH, NJW 1981, 864). Auch in diesen Fällen ist für **Arglist** eine über den bedingten Vorsatz hinausweisende, spezifisch gegen den VR gerichtete Zweckverfolgung erforderlich (BGH VersR 1986, 77). Guter Glaube schließt selbst bei grober Fahrlässigkeit des Handelnden – mangels Vorsatz – Arglist aus (BGH, NJW 1980, 2460).

48 Der VN handelt folglich dann arglistig, wenn er eine **bewusst falsche Auskunft** gibt, die einen gegen die Interessen des VR gerichteten Zweck verfolgt (BGH, VersR 1986, 77). Dies ist etwa dann der Fall, wenn der VN einen Versicherungsfall vortäuscht (Unfall mit zuvor bereits schrottreifem Kfz wird inszeniert) oder die Höhe des Versicherungsfalls manipuliert (Schäden, die zuvor schon eingetreten waren, werden als Kaskoschäden gemeldet – Zusammenwirken mit Werkstatt oder Sachverständigen in der gleichen Absicht). Einer Bereicherungsabsicht bedarf es nicht; es genügt, wenn der VN lediglich Beweisschwierigkeiten zu überwinden oder die Regulierung zu erleichtern oder zu beschleunigen versucht (BGH, VersR 1994, 45; BGH, VersR 1993, 1351; BGH, VersR 1987, 149; BGH, VersR 1984, 453; BGH, VersR 1981, 446; Römer/Langheid/*Rixecker*, § 31 Rn 26). Das kann auch einem von dem VR eingeschalteten Sachverständigen gegenüber geschehen (OLG Hamm, VersR 1978, 811). Arglistig handelt ein VN, der sein marodes Unternehmen als wirtschaftlich gesund darstellt (OLG Hamm, zfs 2003, 29) oder Abrechnungen präsentiert, die einen anderen Schaden betreffen (OLG Koblenz, r+s 2003, 69) oder Abrechnungen vordatiert (OLG Düsseldorf, zfs 2009, 160) oder fingierte Belege übermittelt (KG, VersR 2005, 351; LG Frankfurt a.M., r+s 2003, 420) oder überhöhte Preise angibt (OLG Celle, zfs 2009, 275) oder Quittungen vorlegt, die nicht für den VN ausgestellt wurden (OLG Köln, VersR 2003, 101) oder rückdatiert worden sind (LG Frankfurt, r+s 2003, 420). Das

Gleiche gilt, wenn der VN Doppelversicherungen verschweigt (OLG Hamm, zfs 2007, 395) oder den Anschein des Wiedererwerbs von beschädigten Sachen erweckt (OLG Köln, VersR 2007, 493) oder ein Gutachten vorlegt, das bewusst nicht schadensbedingte Kosten enthält (OLG Köln, NJW-RR 2010, 846; Römer/Langheid/*Rixecker*, § 31 Rn 26).

Es geht um **Täuschungen des VN ggü. dem VR** – deshalb hat der VN Versicherungsschutz, wenn er i.R.d. Baurisiko-Klausel in der Rechtsschutzversicherung vom **Verkäufer** des Grundstücks über den Wert und die Eigenschaften des Grundstücks **getäuscht** wird (BGH, VersR 1994, 45). 49

Ein VR, der sich auf eine arglistige Täuschung durch den VN beruft, muss nicht nur die objektive Unrichtigkeit der in der Schadenaufstellung gemachten Angaben, sondern auch das **Bewusstsein** des VN von der Unrichtigkeit **nachweisen**. Es gibt keinen allgemeinen Erfahrungssatz des Inhalts, das eine bewusst unrichtige Beantwortung einer vom VR gestellten Frage immer und nur in der Absicht erfolgt, auf den Willen des VR einzuwirken (BGH, VersR 2009, 968). Steht jedoch fest, dass der VN in einem bedeutsamen Punkt objektiv die Unwahrheit gesagt hat, wird man von ihm erwarten können, dass er eine Erklärung dafür gibt, wie es zu diesem Fehler gekommen ist. Bringt er plausible Entschuldigungsgründe vor, dann ist es allerdings Sache des VR, diese zu widerlegen. Entsprechendes gilt dann, wenn sich aus dem Inbegriff der mündlichen Verhandlung (§ 286 ZPO) Anhaltspunkte dafür ergeben, dass der VN mit seinen unrichtigen Angaben zur Schadenshöhe keine Täuschung des VR bezweckte (BGH, VersR 1981, 446). 50

Auch im Rahmen eines Täuschungsversuches ist nach Treu und Glauben ein wirksamer **Rücktritt** des VN möglich – der VN hat die Voraussetzungen dafür zu beweisen (BGH, VersR 1984, 453). Dabei handelt der VN bereits dann arglistig, wenn er sich bewusst ist, dass sein Verhalten den VR bei der Schadensregulierung möglicherweise beeinflussen kann (BGH, VersR 1987, 149; BGH, VersR 1986, 77 m.w.N.). Der vom BGH am 12.5.1993 entschiedene Fall (BGH, VersR 1993, 1351) müsste nach Neufassung der §§ 81, 28 VVG seit 1.1.2008 anders entschieden werden. Der VN, der die Schadensursache (Fritteuse in einer Strohscheune) verdecken wollte, hätte damals wegen grober Fahrlässigkeit keinen Versicherungsschutz gehabt – heute käme nach § 81 Abs. 2 VVG das Quotensystem zum Tragen. Außerdem müsste der VN nach § 28 Abs. 4 VVG über die Rechtsfolgen in **Textform** gesondert informiert worden sein. 51

Dogmatisch leitet sich die Verwirkung des Leistungsanspruches seit dem 1.1.2008 aus § 28 Abs. 3 S. 2 VVG ab – es genügt also, wenn der VR in den AVB Leistungsfreiheit für den Fall der Verletzung von Obliegenheiten vereinbart. Eine ausdrückliche Verwirkungsvereinbarung, wie sie in den früheren AVB häufig vorzufinden war (z.B. § 14 Nr. 2 AFB Fassung 1995: „*Versucht der VN den VR arglistig über Tatsachen zu täuschen, die für den Grund oder die Höhe der Entschädigung von Bedeutung sind, so ist der VR von der Entschädigungspflicht frei.*") ist seit dem 1.1.2008 nicht mehr erforderlich. Die vor dem 31.12.2007 geltenden Rechtsgrundsätze, nach denen der Leistungsanspruch auch dann verwirkt sein konnte, wenn die Leistungsfreiheit als Rechtsfolge **nicht vereinbart** war, gelten für die Fälle fort, in denen in den AVB für die Verletzung der Auskunftspflicht ausnahmsweise **keine Leistungsfreiheit** vereinbart ist. Für die Verwirkungsfälle spielt es deshalb keine 52

Rolle, ob Leistungsfreiheit vertraglich vereinbart war oder nicht – die Rechtsfolgen sind gleich.

53 Allerdings hat der BGH vielfach entschieden, dass die allgemeine Verwirkung nur auf besondere Ausnahmefälle von **erheblichem Gewicht** beschränkt ist, in denen es für den VR unzumutbar wäre, sich an der Erfüllung der von ihm übernommenen Verpflichtung festhalten zu lassen (so BGH, VersR 1994, 45; BGH, VersR 1993, 1351; BGH, VersR 1991, 1129; BGH, VersR 1986, 77; BGH, VersR 1984, 453; BGH, VersR 1964, 154). So kommt eine Berufung auf die Leistungsfreiheit trotz arglistiger Täuschung des VN nicht in Betracht, wenn eine Gefährdung schutzwürdiger VR-Interessen ausgeschlossen erscheint (BGHZ 44, 1, 11 = BGH, VersR 1965, 701). V.a. darf der VR die falschen Angaben des VN nicht **treuwidrig veranlasst** haben (BGH, NJW 1971, 1126). Ein VR, der sich auf Verwirkung berufen will, darf deshalb den Versicherungsschutz oder die Anerkennung bestimmter Schadenspositionen nicht in schlechthin unvertretbarer Weise ablehnen (BGH, VersR 1976, 134, 135) und den insofern weitgehend hilflosen VN zum Gebrauch unlauterer Mittel veranlassen. Ein VR, der Zeugen zur Beschaffung von Belastungsmaterial besticht, kann sich nicht auf Leistungsfreiheit berufen (BGH, VersR 1989, 842).

54 Die Berufung auf Leistungsfreiheit darf sich ferner nicht als **unzulässige Rechtsausübung** darstellen (BGH, VersR 1986, 77; BGH, VersR 1984, 453, 454; BGH, VersR 1957, 351; BGH, VersR 1969, 411; BGHZ 40, 387, 388 = BGH, VersR 1964, 154). „*Deren Annahme setzt aber ganz besondere Umstände des Einzelfalls voraus. Der Verlust des Versicherungsschutzes muss für den VN eine übermäßige Härte darstellen. Dabei kommt es entscheidend auf das Maß des Verschuldens an und auf die Folgen, welche dem VN bei Wegfall des Versicherungsschutzes drohen. Eine unzulässige Rechtsausübung ist regelmäßig nur dann anzunehmen, wenn die Täuschung lediglich einen geringen Teil des versicherten Schadens betrifft und bei der **Billigkeitsprüfung** weitere Gesichtspunkte zugunsten des VN ins Gewicht fallen. Dabei kann es eine Rolle spielen, welche Beweggründe den VN zu seiner Tat verleitet haben, insb., ob Gewinnsucht im Spiel war oder lediglich die Durchsetzung eines berechtigten Anspruchs gefördert werden sollte. Ferner ist zu berücksichtigen, inwieweit die Versagung des gesamten Versicherungsschutzes den VN in seiner Existenz bedroht.*" (BGH, VersR 1986, 77; BGH, VersR 1994, 45; BGH, VersR 1984, 453, 454; BGH, VersR 1985, 875; OLG Köln, VersR 2007, 493).

55 I.d.R. führt die arglistige Täuschung aber zur **vollen Verwirkung** des Versicherungsschutzes. Eine nur **teilweise** Versagung der Leistung kommt in Betracht, wenn die Täuschung nur einen geringen Teil des versicherten Schadens betrifft und weitere Billigkeitsmomente zugunsten des VN ins Gewicht fallen (BGH, VersR 1993, 1351; BGH, VersR 1987, 149; BGH, VersR 1984, 453; BGH, VersR 1969, 411). In welchem Umfang der wertmäßige Einfluss der Täuschung zur Gesamtleistung des VR steht, kann man nicht schematisierend festlegen – insoweit kommt es immer auf die Gesamtschau aller Umstände an (BGH, VersR 1986, 77; BGH, VersR 1976, 134; BGH, VersR 1969, 411; OLG Celle, r+s 1994, 189 – wie hier Römer/Langheid/*Rixecker*, § 31 Rn 28). Es spielt auch eine Rolle, ob der VN in Bereicherungsabsicht (Gewinnsucht) gehandelt hat oder ob es ihm lediglich um die Durchsetzung eines gegebenen Anspruchs gegangen ist (BGH, VersR 1993, 1351; BGH,

VersR 1992, 1452; BGH, VersR 1984, 453; OLG Oldenburg, r+s 1993, 408). In diesen Fällen wird man außerdem fragen müssen, ob ein VN, der die Sachlage falsch einschätzt und glaubt, sein Verhalten (z.B. in Brand setzen der Scheune durch Fritteuse) führe zur Leistungsfreiheit bei VR, obwohl dies so nicht ist, überhaupt arglistig handelt. Jedenfalls erreicht der VN in diesen Fällen seinen Zweck nicht, er täuscht den VR nicht, so dass die Berufung auf Leistungsfreiheit zumindest die Belehrung nach § 28 Abs. 4 VVG voraussetzt.

Eine **starre Grenze** gibt es für die Beurteilung der teilweisen Leistungsfreiheit *nicht* – eine Parallele zum Recht der Vertragsstrafe (§ 343 BGB) erscheint sinnvoll (OLG Hamburg, VersR 1986, 1177). Entscheidend muss es für die Grenzziehung auf den **Präventionszweck** dieser Regelungen ankommen – deshalb genügt es nicht, nur den Betrag abzuziehen, der bei Aufdeckung der arglistigen Täuschung auf die Obliegenheitsverletzung entfällt. Die Sanktion muss so spürbar sein, dass der VN dazu angehalten wird, die Täuschung zu unterlassen. Umgekehrt darf die Leistungsfreiheit nicht zu einer unverhältnismäßigen wirtschaftlichen Härte führen, so dass es unbillig erschiene, dem VN eine Entschädigung vollständig zu versagen (BGH, r+s 1985, 200; BGH, VersR 1986, 77; BGH, VersR 1978, 74; BGH, VersR 1976, 134). Die „freiwillige" Aufgabe eines Täuschungsversuchs wegen belastender Indizien ändert an der Leistungsfreiheit jedoch nichts (BGH, NJW-RR 1993, 1117; Römer/Langheid/*Rixecker*, § 31 Rn 28).

56

Praxishinweis
Die VN sollten – am besten im **Produktinformationsblatt** anhand eines Fallbeispiels – darauf hingewiesen werden, dass ihnen empfindliche Sanktionen drohen, wenn sie den VR bei der Feststellung des Versicherungsfalls oder des Umfangs der Leistung arglistig täuschen. Wenn – wie bisher – Sanktionen dieser Art den VN erst im Nachhinein, nämlich im Leistungsprozess mit dem VR bekannt werden, kommt die Sanktionswirkung zu spät. Wenn der VR die Sanktion im Produktinformationsblatt oder den AVB oder dem Antrag für den VN deutlich hervorgehoben hat, dass dieser sich im Versicherungsfall darauf einstellen konnte, wird im Regelfall volle Leistungsfreiheit gerechtfertigt sein. Unternimmt der VR demggü. nichts, um die **Sanktionsfolgen transparent** zu machen, wirkt sich dies auf die Höhe der Sanktion mindernd aus.

Verletzt der VN die Auskunftsobliegenheit **grob fahrlässig**, stellt er also einfachste, ganz nahe liegende Überlegungen nicht an und beachtet nicht das, was im gegebenen Fall sonst jedem einleuchtet (BGHZ 10, 14, 16 = BGH, NJW 1953, 1139; BGHZ 89, 153, 161 = BGH, NJW 1984, 789), ist der VR berechtigt, seine Leistung in einem der Schwere des Verschuldens des VN entsprechenden Verhältnis zu kürzen (§ 28 Abs. 2 VVG). Es gelten die zu § 28 VVG entwickelten Grundsätze (vgl. § 28 Rdn 62; Prölss/Martin/*Armbrüster*, § 31 Rn 53 ff.).

57

D. Prozessuales

Der VR muss die wirksame Vereinbarung der Auskunfts- und Aufklärungsobliegenheit und den objektiven Tatbestand ihrer Verletzung beweisen (Römer/Langheid/*Rixecker*, § 31 Rn 34). Die Kenntnis der nach Eintritt des Versicherungsfalls mitzuteilenden Umstände gehört zum objektiven Tatbestand der Verletzung der Aufklärungsobliegenheit, den der VR **zu beweisen** hat (BGH, VersR 2007, 398). Der VR muss auch die Art, die Reichweite

58

und den verständigen Sinn der von ihm gestellten Fragen darlegen und beweisen (BGH, VersR 2006, 258). Der VR hat die vorsätzliche Verletzung der Obliegenheit zu beweisen, während sich der VN von grober Fahrlässigkeit entlasten muss (Römer/Langheid/*Rixecker*, § 31 Rn 35). Der VR muss ferner eine ordnungsgemäße Belehrung des VN (§ 28 Abs. 4 VVG) beweisen; der VN muss den Kausalitätsgegenbeweis führen, es sei denn der VR kann Arglist dartun (Römer/Langheid/*Rixecker*, § 31 Rn 35). Fehlt dem VN die Kenntnis über die Umstände oder Tatsachen, die dem VR in Erfüllung der Obliegenheit mitzuteilen sind, läuft die Aufklärungsobliegenheit ins Leere – schon objektiv kann sie nicht verletzt werden, denn es gibt nichts, worüber nach dem Kenntnisstand des VN der VR aufzuklären wäre (BGH, VersR 2007, 398).

59 Die gesetzliche **Beweisregel**, wonach sich der VN vom **vermuteten Vorsatz** entlasten muss, ist vor dem Hintergrund sinnvoll, dass die Kenntnis des VN von einem dem VR mitzuteilenden Umstand bereits feststeht, dieser die Mitteilung aber dennoch unterlässt (BGH, VersR 2007, 398). Steht allerdings fest, dass der VN Kenntnis von den dem VR mitzuteilenden Umständen hatte, wird vorsätzliches Handeln vermutet, wenn er diese dem VR nicht vollständig mitteilt (BGH, VersR 2007, 398). Für die Behauptung des VN, die Kenntnis der betreffenden Umstände nachträglich durch eine tief greifende Bewusstseinsstörung verloren zu haben (hier: Retrograde Amnesie) trägt der VN die Beweislast (BGH, VersR 2007, 398).

60 Hat der VN die zum äußeren Bild der Entwendung gehörenden Tatsachen durch Zeugen bewiesen, kommt es in diesem Stadium der Anspruchsprüfung auf seine Glaubwürdigkeit nicht mehr an (BGH, VersR 1999, 1535).

61 **Praxishinweise**
Nach ständiger Rechtsprechung des BGH führt ein arglistig falscher Prozessvortrag des VN nicht zur Leistungsfreiheit des VR, solange dieser an seiner Leistungsablehnung festhält (BGH, VersR 1999, 1535; BGH, VersR 1991, 1129). Die Einlassung des VN, er sei davon ausgegangen, sein Prozessbevollmächtigter werde sich um die versicherungsvertraglichen Obliegenheiten kümmern und alles Erforderliche veranlassen, kann zwar nicht vom Vorwurf grob fahrlässigen Verhaltens entlasten, im Einzelfall aber eine nachvollziehbare Begründung für eine verspätete Schadensanzeige darstellen, so dass dem VN die Möglichkeit des **Kausalitätsgegenbeweises** eröffnet ist (OLG Köln, VersR 2007, 351).

§ 32 VVG Abweichende Vereinbarungen

Von den §§ 19 bis 28 Abs. 4 und § 31 Abs. 1 Satz 2 kann nicht zum Nachteil des Versicherungsnehmers abgewichen werden. Für Anzeigen nach diesem Abschnitt, zu denen der Versicherungsnehmer verpflichtet ist, kann jedoch die Schrift- oder die Textform vereinbart werden.

Übersicht

	Rdn
A. Normzweck	1
B. Norminhalt	2
I. Abweichen zum Nachteil des Versicherungsnehmers	2
II. Schrift- oder Textform	7
C. Rechtsfolgen	12

A. Normzweck

Halbzwingende Normen schützen den VN davor, dass eine ihm durch die gesetzliche Regelung eingeräumte Rechtsposition durch Parteivereinbarung entzogen wird (*Klimke*, Die halbzwingenden Vorschriften des VVG, S. 28). Auch nach Vertragsschluss getroffene nachteilige Vereinbarungen sind unwirksam (BGH, VersR 1988, 1013; OLG Hamm, r+s 1992, 77; OLG Saarbrücken, VersR 1988, 1038). § 28 Abs. 5 VVG ist – wie der frühere § 6 Abs. 4 VVG – nicht erfasst, da sich die Unabdingbarkeit aus der Vorschrift selbst ergibt (BT-Drucks 16/3945, S. 70). Das gilt auch für nachträgliche Absprachen, die der Sache nach zu einer Umgehung einer halbzwingenden Norm führen (BGH, VersR 1988, 1013; MüKo/*Wandt*, § 32 VVG Rn 9. Ein etwaiger Vergleich zwischen VR und VN, der in Kenntnis der Unwirksamkeit einer Regelung dennoch – aus anderen Gründen – geschlossen wird, fällt nicht in den Anwendungsbereich von § 32 VVG, solange keine Umgehung vorliegt (Römer/Langheid/*Rixecker*, § 32 Rn 2). Die Unwirksamkeit einer Vereinbarung kann sich parallel auch aus den §§ 305, 306, 307 ff. BGB ergeben (BGH, VersR 2009, 769; MüKo/*Wandt*, § 32 VVG Rn 22). Eine **Vertragsstrafe** fällt nicht unter die in § 32 VVG genannten Normen, kann aber intransparent oder unangemessen nach § 307 BGB sein (OLG Stuttgart, VersR 2013, 1528).

B. Norminhalt

I. Abweichen zum Nachteil des Versicherungsnehmers

Von den §§ 19–28 Abs. 4 VVG und § 31 Abs. 1 S. 2 VVG kann **nicht** zum Nachteil des VN abgewichen werden. Darauf, ob sich der VR auf die Norm, mit der zum Nachteil des VN abgewichen wird, **beruft**, kommt es – im Gegensatz zum VVG bis 31.12.2007 – *nicht* mehr an. Seit 1.1.2008 ist die Norm objektiviert – zum Nachteil des VN kann schlechthin nicht mehr abgewichen werden. D.h., dass sich auch der VN auf eine abweichende, für ihn nachteilige, Regelung nicht berufen kann, selbst, wenn er dies möchte. Die Vereinbarung, um die es geht, darf für den VN gegenüber den genannten gesetzlichen Regelungen nicht nachteilig sein. Es kommt folglich nicht darauf an, dass der VN ohne die Vereinbarung womöglich gar keine Deckung erhalten hätte (OLG Saarbrücken, VersR 2008, 621; Römer/Langheid/*Rixecker*, § 32 Rn 3). Eine Saldierung von Vor- und Nachteilen ist in § 32 VVG nicht vorgesehen – jede Regelung zum Nachteil des VN ist unwirksam, während umgekehrt günstigere Regelungen wirksam sind und bleiben (eventuell missverständlich, Römer/Langheid/*Rixecker*, § 32 Rn 3). Eine Klausel, die den Mieter eines Kfz verpflichtet, bei jedem Unfall die Polizei hinzuzuziehen und bei Zuwiderhandlung dem Vermieter in voller

Höhe als Gesamtschuldner auf Schadensersatz zu haften, ist seit dem Inkrafttreten der Neufassung des VVG eine unangemessene Benachteiligung nach § 307 Abs. 2 Nr. 1 BGB und zugleich ein Verstoß gegen § 32 VVG (LG Hamburg, ZMR 2010, 606 Rn 39).

3 I.R.d. **Restschuldlebensversicherung** wird diskutiert, ob ein Risikoausschluss für die ersten 24 Monate bei vollständigem Verzicht auf die vorvertragliche Risikoprüfung möglich ist (*Marlow/Spuhl*, r+s 2009, 177). Der BGH hat sich bei einem ähnlichen Fall dagegen ausgesprochen (BGH, VersR 1996, 486). Als nachteilig gelten vor allem Risikoausschlüsse, die sich auch auf nicht bekannte Vorerkrankungen beziehen (BGH, VersR 2007, 1690; BGH; VersR 1994, 549; OLG Saarbrücken, OLGR 2004, 183; OLG Hamm, NJW-RR 1992, 1058). Unentschieden sind das OLG Brandenburg (OLG Brandenburg, VersR 2007, 1071) sowie das OLG Frankfurt a.M. (OLG Frankfurt a.M., VersR 2000, 1135), während das OLG Dresden (OLG Dresden, VersR 2006, 61) einen solchen Risikoausschluss, verbunden mit einem Verzicht auf eine vorvertragliche Gesundheitsprüfung, insgesamt als Begünstigung für den VN einschätzt (OLG Dresden, VersR 2006, 61: Begünstigung deshalb, weil Versicherungsschutz nach 24 Monaten trotz ernstlicher, dem VN bekannter Vorerkrankungen gewährt wurde). Für diese Auffassung spricht, dass der VR zunächst einmal frei ist, ein Produkt so zu gestalten, wie er es für richtig hält – er muss sich nur an das Transparenzgebot halten. Seinem Sinn und Zweck nach will § 32 VVG nicht die Produktgestaltungsfreiheit der VR beschränken und ist daher auf einen Fall, wie er vom OLG Dresden zu entscheiden war, nicht anwendbar (vertiefend: *Schwintowski*, VuR 2007, 27). Demgegenüber meint *Rixecker*, dass das Konzept der §§ 19 ff. VVG zum Schutz der VN eine Risikoprüfung des VR vor Vertragsschluss vorsieht – davon werde zum Nachteil des VN abgewichen (Römer/Langheid/*Rixecker*, § 32 Rn 4 unter Hinweis auf OLG Saarbrücken, VersR 2008, 621; OLG Schleswig, VersR 2007, 1071). Nach § 19 Abs. 1 VVG muss der VN allerdings nur solche Gefahrumstände dem VR anzeigen, nach denen dieser in Textform gefragt hat. Wenn VR nicht fragt, kann ihn der VN nicht dazu zwingen – eine Risikoprüfungsobliegenheit im Sinne einer kaufmännisch sinnvollen internen Risikokalkulation ist dem Versicherungsgeschäft sicherlich immanent, aber eine Rechtspflicht, Versicherungsschutz nur gegen Risikoprüfung zu gewähren, besteht nicht.

4 Die Frage kann deshalb nur sein, ob Risikoausschlüsse in Wirklichkeit verhüllte Risikoprüfungen und deshalb nachteilig für den VN sind, weil sie nicht in Textform die risikorelevanten Fragen stellen. In diesen Fällen wird immer auch das Transparenzgebot verletzt sein (§ 307 Abs. 1 BGB, vgl. BGH, VersR 2007, 1690 und das Interessenausgleichskonzept bei *Brömmelmeyer*, in: Bruck/Möller, § 32 Rn 16 f.). Ein VR, der in einer Reisekrankenversicherung die „Impfunverträglichkeit" bei einer Reise in die Tropen versichert und sodann eine Klausel formuliert, wonach kein Versicherungsschutz besteht, wenn die versicherte Person mit dem Eintritt des Versicherungsfalles rechnen musste (OLG Karlsruhe, VersR 2014, 1125), handelt widersprüchlich und damit auch intransparent (§ 307 Abs. 1 BGB), aber auch überraschend (§ 305c BGB) und sittenwidrig (§ 138 BGB). Denn der angeblich gewährte Versicherungsschutz wird generell aufgehoben, weil ein VN bei einer Reise in die Tropen immer mit Impfunverträglichkeiten rechnen muss. Man kann diesen Fall aber auch, so wie es das OLG Karlsruhe tut, als „quasi-verhüllte Risikoprüfung" und damit als

Verstoß gegen § 32 VVG einordnen (ähnlich LG Dortmund, VuR 2014, 364). Diese Fälle dürfen nicht darüber hinwegtäuschen, dass klare und verständliche Risikoausschlüsse zulässig sind und nicht gegen § 32 VVG verstoßen (OLG Dresden, VersR 2006, 61; OLG Koblenz, VersR 2008, 383).

In einer Vielzahl von Fällen haben VR ihre AVB für vor 2008 geschlossene Verträge nicht nach Art. 1 Abs. 3 EGVVG an das neue VVG angepasst. Die Frage war und ist, ob in diesen Fällen die im alten Recht vereinbarten **Rechtsfolgen** für Obliegenheitsverletzungen gegen § 32 VVG verstoßen. Das hat der BGH bejaht (BGHZ 191, 159 Rn 32 ff.). Den VR, so der BGH, war spätestens mit Verkündung des Gesetzes zur Reform des VVG im November 2007(BGBl I 2631) bekannt, dass das neue VVG gemäß Art. 1 Abs. 1 EGVVG ab 1.1.2009 auf Altverträge anzuwenden sein wird. Damit, so der BGH weiter, war klar, dass die an § 6 VVG a.F. orientierten Klauseln über die **Rechtsfolgen** der Verletzung vertraglicher Obliegenheiten im Hinblick auf §§ 28, 32 VVG, 307 Abs. 1 S. 1, Abs. 2 Nr. 2 BGB künftig unwirksam werden. Gleichzeitig habe Kenntnis von der Möglichkeit bestanden, über die Wahrnehmung der Anpassungsoption des Art. 1 Abs. 3 EGVVG selbst Vorsorge durch Anpassung der betroffenen Klauseln zu treffen. Wenn der Verwender eine derartige Möglichkeit zur Schließung einer Vertragslücke nicht ergreife und diese Lücke – etwa wegen der hiermit verbundenen Umstellungskosten – hinnehme, dann könne von einer planwidrigen Vertragslücke, die durch subsidiäre richterliche Vertragsergänzung geschlossen werden müsste, nicht mehr die Rede sein (BGHZ 191, 159 Rn 48). Der BGH hat inzwischen seine Überlegungen am 2.4.2014 bestätigt (BGH, VuR 2014, 279 Rn 23).

Das Gleiche gilt, wenn eine als Risikoausschluss ausgegebene Regelung materiell eine Verhaltenspflicht enthält und damit als vertragliche Obliegenheit zu betrachten ist. Dann stimmt die Rechtsfolge – volle Leistungsfreiheit des VR – nicht mit dem differenzierten Sanktionensystem des § 28 VVG überein – es fehlt an einer wirksamen Sanktionsvereinbarung, die Voraussetzung für § 28 Abs. 2 VVG ist; die Regelung ist folglich nach § 32 VVG für den VN nachteilig und somit unwirksam (BGH, NJW 2014, 3449 m. Anm. *Schimikowski*, Juris PR-VersR 7/2014 Anm. 4; kritisch zur Rechtsprechung des BGH bei unterlassener AVB-Anpassung: *Armbrüster*, VersR 2012, 9). Weitere Beispiele für die Verletzung von § 32 VVG wegen der Nichtanpassung an das neue VVG: LG Berlin, r+s 2011, 384; OLG Köln, VersR 2010, 1592; OLG Oldenburg, MDR 2012, 969–970 m. Anm. *Münkel*, Juris PR-VersR 6/2012 Anm. 2).

II. Schrift- oder Textform

Für Anzeigen, zu denen der VN nach den §§ 19–28 Abs. 4 VVG und § 31 Abs. 1 S. 2 VVG verpflichtet ist, kann nach § 32 S. 2 VVG die Schrift- oder die Textform vereinbart werden. Erfasst ist die vorvertragliche Anzeigepflicht (§ 19 Abs. 1 VVG), die Anzeige einer Gefahrerhöhung (§ 23 Abs. 2 und 3 VVG) sowie die Anzeige des V-Falles (§ 30 Abs. 1 VVG). Das ist richtig, obwohl § 30 Abs. 1 VVG in § 32 S. 1 VVG nicht erwähnt wird (deshalb zweifelnd *Brömmelmeyer*, in: Bruck/Möller, § 32 Rn 24). Jedoch zeigt der Wortlaut von § 32 S. 2 VVG, dass alle Anzeigen „nach diesem Abschnitt", also auch die nach § 30

Abs. 1 VVG gemeint sind. An sich darf also nicht zum Nachteil des VN abgewichen werden, deshalb in § 32 S. 2 VVG die Klarstellung, dass „jedoch" Schrift oder Textform vereinbart werden kann (Römer/Langheid/*Rixecker*, § 32 Rn 5; Prölss/Martin/*Armbrüster*, § 32 ab Rn 2). Werden diese Anzeigen ggü. dem Versicherungsvertreter als Bevollmächtigten des VR (§ 69 Abs. 1 Nr. 2 VVG) vorgenommen, ist Schriftform nicht zulässig. Nach § 72 VVG ist eine Beschränkung der dem Versicherungsvertreter zustehenden Vertretungsmacht durch AVB dem VN und Dritten ggü. **unwirksam.**

8   Wenn man demggü. der Auffassung ist, dass für Anzeigen ggü. dem VR (z.B. die Anzeige des Versicherungsfalls oder die Auskunft nach dem Versicherungsfall) **Schriftform** vereinbart werden darf, führt dies zu einem kaum auflösbaren **Wertungswiderspruch.** Zeigt der VN dem Vertreter des VR ordnungsgemäß an, wirkt dies unmittelbar für und gegen den VR. In Kenntnis dieser Wirkung wäre eine Schriftformklausel in den AVB, die die Schriftform auf den VR beschränkt, überraschend (§ 305c BGB), aber auch unangemessen (§ 307 Abs. 2 Nr. 1 BGB), weil das Abweichen der AVB von § 69 Abs. 1 Nr. 2 VVG mit wesentlichen Grundgedanken dieser gesetzlichen Regelung nicht zu vereinbaren ist. Der VR, der Kenntnis hat, wenn seinem Vertreter vom VN oder einem Dritten mündlich oder konkludent Auskunft gegeben wurde, kann nicht sagen, er wisse von nichts, wenn dieselbe Anzeige nicht dem Vertreter, sondern ihm direkt ggü. erfolgt. Dies bedeutet, dass Formklauseln praktisch weitgehend wirkungslos sind und trotz § 32 S. 2 VVG sogar verworfen werden müssen (Prölss/Martin/*Armbrüster*, § 32 Rn 4; *Brömmelmeyer*, in: Bruck/Möller, § 31 Rn 41). Für die Anzeige des Versicherungsfalles ergibt sich dies ohnehin aus § 30 Abs. 2 VVG. Hat der VR durch fehlerhafte Anzeige vom Versicherungsfall i.S.d. § 30 Abs. 2 VVG **anderweitig Kenntnis erlangt,** so bleiben etwaige Formfehler ohnehin folgenlos (so auch BGH, VersR 1966, 153, 154; ähnlich OLG Köln, VersR 1998, 1105; OLG Hamburg, VersR 1982, 1161). Der Vertreter oder Angestellte soll aber die Entgegennahme einer „formlosen" Anzeige verweigern dürfen und den VN damit auf die Einhaltung der Schriftform verweisen (AG Coburg, zfs 2009, 576 f.). Dem steht § 72 VVG entgegen, der seinem Sinn und Zweck nach nicht nur Beschränkungen der Vertretungsmacht durch AVB, sondern auch durch den Versicherungsvertreter selbst meint (**a.A.** Prölss/Martin/*Armbrüster*, § 32 Rn 5).

9   **Praxishinweis**
Für Anzeigen, die während der Dauer des Versicherungsverhältnisses vom VN zu erstatten sind, sollten die VR § 72 VVG zum Regelfall erheben und auf Schriftform verzichten. In den AVB könnte aber formuliert werden: Aus Gründen der Beweiserleichterung sollten Sie Anzeigen (jetzt sollte benannt werden, um welche Anzeigen es sich handelt) uns oder Ihrem Versicherungsvertreter schriftlich abgeben – E-Mail genügt (vertiefend: Palandt/*Ellenberger*, § 127 BGB Rn 2).

10 Ist **Schriftform vereinbart,** muss der VN die Anzeige im Regelfall eigenhändig durch Namensunterschrift oder mittels notariell beglaubigten Handzeichens unterzeichnen (§§ 127 Abs. 1, 126 Abs. 1 BGB analog). Der Schriftform genügt auch eine **E-Mail,** ein **Telefax** oder ein **Telegramm** (Palandt/*Ellenberger*, § 127 BGB Rn 2; *Leverenz*, VersR 2002, 1318, 1326 ff.; *Brömmelmeyer*, in: Bruck/Möller, § 32 Rn 32). Zwar ist eine eigenhändige Unterschrift hier **nicht** erforderlich, § 127 Abs. 2 BGB, aus der Erklärung muss sich

aber eindeutig ergeben, wer sie abgegeben hat und auf welches Versicherungsverhältnis sie sich bezieht (BGH, NJW-RR 1999,697; BGH, NJW-RR 1996, 641). Die Schriftform kann durch **elektronische** Form ersetzt werden (qualifizierte Signatur: §§ 126 Abs. 3, 126a Abs. 1, 127 Abs. 3 BGB analog).

Ist **Textform vereinbart,** muss die Erklärung in einer **Urkunde** oder auf andere zur dauerhaften Wiedergabe in Schriftzeichen geeignete Weise abgegeben, die Person der Erklärenden genannt und der Abschluss der Erklärung durch Namensunterschrift oder anders erkennbar gemacht werden (§ 126b BGB analog; *Leverenz*, VersR 2002, 1318, 1322). Ein **Einschreibbrief** kann vom VN nicht verlangt werden (§ 309 Nr. 13 BGB; Prölss/Martin/*Armbrüster*, § 32 Rn 7). **11**

C. Rechtsfolgen

Auch dann, wenn Schrift- oder Textform vereinbart ist, wirken mündliche Anzeigen nach allgemeiner Meinung gegen den VR (BGH, VersR 1966, 153; OLG Neustadt, VersR 1963, 151; RG VA 1920, Nr. 1143). Entscheidend ist, ob der VN trotz des Formfehlers rechtzeitig, richtig und vollständig unterrichtet hat. Das ergibt sich auch aus §§ 19 Abs. 5 S. 2, 26 Abs. 2 S. 1 VVG, denn die Kenntnis des VR – gleichgültig, wie sie zu dem VR gelangt ist – schließt Rücktritt, Kündigung und Leistungsfreiheit aus. **12**

Praxishinweis **13**
Neben der Kontrolle nach § 32 VVG findet diejenige der §§ 305, 306, 307 ff. BGB statt – und damit insb. auch die Unangemessenheitskontrolle und die Beurteilung nach dem **Transparenzgebot** (so bspw. OLG Brandenburg, VersR 2007, 1071).

Abschnitt 3
Prämie

§ 33 VVG Fälligkeit

(1) Der Versicherungsnehmer hat eine einmalige Prämie oder, wenn laufende Prämien vereinbart sind, die erste Prämie unverzüglich nach Ablauf von 14 Tagen nach Zugang des Versicherungsscheins zu zahlen.

(2) Ist die Prämie zuletzt vom Versicherer eingezogen worden, ist der Versicherungsnehmer zur Übermittlung der Prämie erst verpflichtet, wenn er vom Versicherer hierzu in Textform aufgefordert worden ist.

§ 33 VVG

Übersicht

	Rdn
A. Normzweck	1
B. Norminhalt	3
I. Prämie	3
II. Fälligkeit	4
1. Grundsatz	4
2. Problematische Einzelfälle	5
III. Stundung	9
IV. Rechtzeitigkeit	11
C. Prozessuales	17
D. Abdingbarkeit	21

A. Normzweck

1 § 33 VVG regelt die Fälligkeit der Prämie und ist insoweit lex specialis zu § 271 BGB. Geregelt wird hier jedoch ausschließlich die **Fälligkeit der Erst- bzw. Einmalprämie**, während für Folgeprämien, sofern nichts Abweichendes vereinbart ist, § 271 Abs. 1 BGB bzw. die Parteivereinbarung gilt (OLG Hamburg, VersR 2012, 41, 46; Prölss/Martin/*Knappmann*, § 33 Rn 3). Eine Sonderregelung besteht für die Lebensversicherung in § 152 Abs. 3 VVG. Die besondere Relevanz der Fälligkeitsregelung ergibt sich mit Blick auf die in § 37 VVG geregelten Folgen der nicht rechtzeitigen Zahlung der Prämie.

2 Durch die Gesetzesreform ist die Fälligkeitsregelung (**§ 35 VVG a.F.**) **grundlegend verändert** worden. Während nach der alten Rechtslage die Nichtaushändigung des Versicherungsscheines (Police) die Fälligkeit der Prämie nicht berührte, sondern dem VN bis zur Aushändigung lediglich ein Zurückbehaltungsrecht zustand (Prölss/Martin/*Knappmann*, 27. Aufl., § 35 Rn 6), wird nach der Neuregelung die Prämie **erst nach Aushändigung** fällig. Die neue Fälligkeitsregelung ist an § 8 VVG angepasst, der jetzt im Regelfall (abweichend hiervon 30 Tage in der Lebensversicherung [§ 152 Abs. 3 VVG]) ein vierzehntägiges **Widerrufsrecht** vorsieht. Diese Frist wird zumeist mit dem Zugang des Versicherungsscheins zu laufen beginnen (Rdn 4 ff.). Weiterhin ist § 37 VVG a.F., wonach der VR nicht ohne Weiteres von einem einmal durchgeführten Lastschriftverfahren Abstand nehmen darf, nunmehr in § 33 Abs. 2 VVG geregelt.

B. Norminhalt

I. Prämie

3 Unter dem Begriff „Prämie" sind, neben der vertraglich geschuldeten Gegenleistung für die Gewährung des Versicherungsschutzes, auch andere vertraglich vereinbarte Nebengebühren und die Versicherungssteuer zu verstehen (näher Bruck/Möller/*Beckmann*, § 33 Rn 10 ff.; MüKo/*Staudinger*, § 33 VVG Rn 7 ff.). Ebenfalls fallen hierunter die **Beiträge** bei einem VVaG. Dieses Begriffsverständnis korrespondiert mit § 1 S. 2 VVG, wo die Prämie schlicht als die „vereinbarte Zahlung" umschrieben wird. Keine Prämien, sondern Darlehen sind dagegen vereinbarte Depoteinzahlungen, aus denen später die Prämienzahlungen an den VR erfolgen sollen (BGH, VersR 1999, 313).

II. Fälligkeit

1. Grundsatz

Nach der Gesetzesreform ist die Erst- bzw. Einmalprämie nicht mehr sofort nach Vertragsabschluss fällig. Vielmehr ist die Prämie *„unverzüglich nach Ablauf von 14 Tagen* (bis zum 11.6.2010: 2 Wochen) *nach Zugang des Versicherungsscheins zu zahlen"*. Insoweit wird berücksichtigt, dass dem VN regelmäßig ein vierzehntägiges Widerrufsrecht nach § 8 Abs. 1 VVG zusteht und der Vertrag bis zum Ablauf der Widerrufsfrist schwebend wirksam ist. Die nach altem Recht umstrittene Frage, ob „sofort" in § 35 VVG a.F. mit „unverzüglich" i.S.d. § 121 Abs. 1 BGB gleichzusetzen ist (vgl. dazu Prölss/Martin/*Knappmann*, 27. Aufl., § 35 Rn 4) hat sich durch die Neufassung erledigt. „Unverzüglich" bedeutet gem. § 121 Abs. 1 S. 1 BGB **„ohne schuldhaftes Zögern"**, wobei diese Begriffsbestimmung im gesamten Privatrecht Anwendung findet (vgl. Palandt/*Ellenberger*, § 121 BGB Rn 3). Grds. ist bei Verwendung dieses Begriffes eine nach den Umständen des **Einzelfalls** zu bemessende **Prüfungs- und Überlegungsfrist** zugrunde zu legen (BGH, NJW 2005, 1869). Für den Zeitpunkt der Fälligkeit bedeutet dies hier Folgendes: Zu restriktiv und mit dem Wortlaut nicht zu vereinbaren wäre es, die Regelung dahin gehend zu verstehen, dass die Zahlung innerhalb von 14 Tagen nach Zugang des Versicherungsscheines erfolgt sein muss. Angesichts der kumulativen Verwendung des Begriffes „unverzüglich" und der vierzehntägigen Frist („unverzüglich *nach* Ablauf von 14 Tagen") dürfte eher davon auszugehen sein, dass erst ein schuldhaftes Zögern nach Ablauf der 14 Tage zur Fälligkeit führt. Somit ist eine Fälligkeit vor bzw. unmittelbar mit Ablauf der 14 Tage ausgeschlossen (**a.A.** *Funck*, VersR 2008, 163, 167, der in dem Wort unverzüglich lediglich ein „Füllwort" ohne eigenständige Bedeutung erblickt). Sie kann daher **frühestens zwei bis drei Tage nach Ablauf der Frist** eintreten. Eine weitergehende Überlegungsfrist dürfte insoweit auch nicht angebracht sein, da durch die vorherige Frist von 14 Tagen bereits ausreichend Zeit gewährt wurde. Die Fälligkeit wird somit im Regelfall zwei bis drei Tage nach Ablauf der 14 Tage eintreten.

4

2. Problematische Einzelfälle

Die Regelung des § 33 Abs. 1 VVG geht davon aus, dass mit dem Zugang des Versicherungsscheins auch die vierzehntägige Widerrufsfrist des § 8 Abs. 2 VVG zu laufen beginnt. Problematisch sind daher die Fälle, in denen – entgegen des gesetzlichen Leitbildes – mit dem Zugang des Versicherungsscheins nicht zugleich die Widerrufsfrist des § 8 Abs. 2 VVG zu laufen beginnt, etwa weil dem VN nicht alle in § 8 Abs. 2 VVG genannten Unterlagen zugegangen sind. Hier stellt sich die Frage, ob die **Fälligkeitsregelung des § 33 Abs. 1 VVG unabhängig vom Ablauf der Widerrufsfrist** des § 8 VVG ist. Vom Wortlaut des § 33 Abs. 1 VVG ausgehend, ist allein auf den Zugang des Versicherungsscheins abzustellen, auch wenn die Widerrufsfrist zu diesem Zeitpunkt noch nicht zu laufen beginnt. Evtl. ist § 33 Abs. 1 VVG aber teleologisch dahin gehend zu reduzieren, dass es für die Fälligkeit stets auf den Ablauf der Widerrufsfrist ankommt (so Rüffer/Halbach/ Schimikowski/*Karczewski*, § 33 Rn 5; MüKo/*Staudinger*, § 33 VVG Rn 19a; Looschelders/

5

Pohlmann/*Stagl*, § 33 Rn 9). Dem steht indes der erkennbare Wille des Gesetzgebers entgegen. Ausweislich der Gesetzesbegründung sollte die Fälligkeitsregelung lediglich an den **Normalfall des Ablaufs der Widerrufsfrist anknüpfen** (Begr. BT-Drucks 16/3945, S. 70). Dem ist zu entnehmen, dass der Gesetzgeber gerade nicht an den konkreten Ablauf der Widerrufsfrist anknüpfen wollte. Andernfalls hätte er dies entsprechend zum Ausdruck gebracht (ebenso *Wandt*, Versicherungsrecht, Rn 503). So hat sich der Gesetzgeber bewusst gegen eine von § 33 Abs. 1 VVG abweichende Regelung für die Fälle des § 8 Abs. 3 VVG entschieden, obwohl die Ratio des § 33 Abs. 1 VVG hier erkennbar nicht passt (Begr. BT-Drucks 16/3945, S. 70; **a.A**. MüKo/*Staudinger*, § 33 VVG Rn 19a). Hiergegen kann auch nicht eingewandt werden, dass dies zu einer Schlechterstellung des VN ggü. dem Vertragsschluss nach dem Policenmodell des § 5a VVG a.F. führt, wonach die Prämie erst mit Ablauf der Widerspruchsfrist fällig wurde (so Rüffer/Halbach/Schimikowski/*Karczewski*, § 33 Rn 5). Dabei wird ein wesentlicher Unterschied des Widerspruchsrechts nach § 5a VVG a.F. zum Widerrufsrecht des § 8 VVG übergangen. Nach § 5a VVG a.F. war der VV bis zum Ablauf des Widerspruchsrechts schwebend unwirksam (Prölss/Martin/*Prölss*, 27. Aufl., § 5a Rn 10, 56). Aus einem schwebend unwirksamen Vertrag konnte der VR keine Leistung verlangen und die Prämie konnte nicht fällig sein (Prölss/Martin/*Prölss*, a.a.O., § 5a Rn 66 f.; ähnlich OLG Hamm, VersR 1999, 1229). Beim Widerrufsrecht des § 8 VVG ist der Vertrag hingegen bis zum Ablauf der Widerrufsfrist schwebend wirksam, folglich bestehen bereits Rechte und Pflichten zwischen den Parteien. Aus diesem Grund überzeugt auch nicht der Verweis auf die Fälligkeitsregelung bei einem Vertragsschluss nach § 5 Abs. 2 VVG (so aber MüKo/*Staudinger*, § 33 VVG Rn 19a; hierzu Rdn 6). Denn in den Fällen des § 5 Abs. 2 VVG ist der Vertrag erst mit der Genehmigung wirksam geschlossen (*Wandt*, Versicherungsrecht, Rn 503). Ebenso führt ein Vergleich mit § 486 S. 1 BGB nicht zu einer Kopplung der Fälligkeit an den Ablauf der konkreten Widerrufsfrist (**a.A**. MüKo/*Staudinger*, § 33 VVG Rn 19). Anders als der Wortlaut des § 486 S. 1 BGB stellt § 33 VVG gerade nicht auf „den Ablauf der Widerrufsfrist" ab. Fälligkeit nach § 33 Abs. 1 VVG tritt daher auch dann ein, wenn die Anforderungen des § 8 Abs. 2 VVG nicht eingehalten wurden (ganz ähnlich Bruck/Möller/*Beckmann*, § 33 Rn 47 ff.).

6 **Weicht der Versicherungsschein vom Antrag** ab, ist für die Fälligkeit der **Ablauf der Monatsfrist des § 5 Abs. 2 VVG maßgeblich**. Dies folgt nach dem zuvor Gesagten daraus, dass der VV erst mit der Genehmigung wirksam wird (klarstellend daher die Gesetzesbegründung: Begr. BT-Drucks 16/3945, S. 70; vgl. bereits OLG Hamm, VersR 1982, 1042).

7 Kommt der Vertrag nach dem sog. **Invitatio-Modell** zustande (hierzu § 7 Rdn 20 ff.), geht also das Angebot vom VR aus und der VN nimmt dieses an, ist der Zeitpunkt des Eintritts der Fälligkeit ebenfalls fraglich. Zumeist übersendet der VR bereits mit seinem Angebot den „Versicherungsschein", so dass nach dem Wortlaut des § 33 Abs. 1 VVG bereits auf diesen Zeitpunkt abgestellt werden könnte. Indes liegt zu diesem Zeitpunkt mangels VV noch kein Versicherungsschein i.S.d. § 3 VVG vor, da ein durch diesen zu dokumentierender Vertrag noch gar nicht besteht (**a.A**. VersR-Hdb/*Hahn*, § 12 Rn 21). Auf diesen Zeitpunkt kann es daher nicht ankommen. Vielmehr wird der als solcher bezeichnete Versiche-

rungsschein erst mit dem Zugang der Annahmeerklärung beim VR zu diesem, so dass die Frist des § 33 Abs. 1 VVG ab diesem Zeitpunkt zu laufen beginnt (ebenso *Wandt*, Versicherungsrecht, Rn 504; ähnlich Looschelders/Pohlmann/*Stagl*, § 33 Rn 6; unklar, im Ergebnis wohl aber auch *Ganster*, Die Prämienzahlung im Versicherungsrecht, 2008, S. 281 f.). Für den VN besteht in diesen Fällen die Problematik, dass er den Zeitpunkt des Zugangs seiner Annahmeerklärung beim VR zumeist nie genau kennen wird. Um hier einen genauen Zeitpunkt für den VN festzulegen, wird man die Vereinbarung einer Zugangsfiktion als zulässig erachten müssen (hierzu Rdn 21).

Sofern ausnahmsweise gem. § 8 Abs. 3 VVG kein Widerrufsrecht des VN besteht, ist für die Ermittlung des Fälligkeitszeitpunkts trotzdem auf § 33 Abs. 1 VVG abzustellen (vgl. Rdn 5; **a.A.** Looschelders/Pohlmann/*Stagl*, § 33 Rn 7). Eine teleologische Reduktion des § 33 Abs. 1 VVG kommt ausweislich der Gesetzesbegründung nicht in Betracht (**a.A.** Looschelders/Pohlmann/*Stagl*, § 33 Rn 7). Dem VR steht es aber frei, einen hiervon abweichenden Fälligkeitszeitpunkt mit dem VN zu vereinbaren (Begr. BT-Drucks 16/3945, S. 70; *Wandt/Ganster*, VersR 2007, 1034, 1039; Rdn 21). 8

III. Stundung

Stundungsabreden können zwischen den Vertragsparteien grds. getroffen werden. Fraglich ist dann aber jeweils, ob von einer sog. „**deckenden Stundung**" auszugehen ist, ob also der VR während der Stundung schon Versicherungsschutz gewährt. Nach herrschender Auffassung ist dies jedenfalls nicht grds. anzunehmen (Prölss/Martin/*Knappmann*, § 33 Rn 7a; *Beckmann*, in: Bruck/Möller § 37 Rn 19, **weiter gehend** *Prölss*, in: 50 Jahre BGH, IV, S. 581). Vielmehr komme es auf die Auslegung im Einzelfall an. Bei Vorliegen einer Einziehungsermächtigung sei regelmäßig von einer deckenden Stundung auszugehen (OLG Hamm, VersR 1984, 231). Sachgerecht ist es hier, dem VR jedenfalls eine **Pflicht zur Klarstellung** aufzuerlegen, ob er im Fall einer Stundung Deckungsschutz gewährt. Der VN, jedenfalls wenn er Verbraucher ist, dürfte hiervon regelmäßig stillschweigend ausgehen. 9

Bei Abschluss der Stundungsabrede muss der VN klar und deutlich darüber **informiert** werden, welche Konsequenzen im Hinblick auf den Beginn des Versicherungsschutzes mit der Stundungsabrede einhergehen. Hat der VR den VN bei Vereinbarung der Stundung im Unklaren darüber gelassen, ob während des Stundungszeitraumes Deckungsschutz besteht, ist ihm die Berufung auf die Leistungsfreiheit gem. § 242 BGB verwehrt. Bei **vorläufiger Deckung** ist, entsprechend der gesetzlichen Wertung des § 51, grds. von einer deckenden Stundung auszugehen (ähnlich OLG Hamm, VersR 1984, 377; vgl. auch § 51 Rdn 1). 10

IV. Rechtzeitigkeit

Die **Rechtzeitigkeit der Zahlung** ist von der Erfüllungswirkung strikt zu unterscheiden (vgl. Prölss/Martin/*Knappmann*, § 35 Rn 15). Die Rechtzeitigkeit der Zahlung, die wegen der in § 37 VVG daran geknüpften Rechtsfolgen von besonderer Bedeutung ist, hängt allein davon ab, ob der Schuldner alles seinerseits für die Übermittlung des Geldes Erfor- 11 derliche getan hat (BGH, VersR 1964, 129; näher § 36 Rdn 2). Hinsichtlich der weiter gehenden **Erfüllung** trägt der VN, jedenfalls sofern er Verbraucher ist (§ 36 Rdn 2) und nichts Abweichendes vereinbart ist (§ 36 Rdn 4), nicht die Verzögerungsgefahr (Langheid/Rixecker/*Rixecker*, § 33 Rn 14). Die **Anforderungen** an die Rechtzeitigkeit variieren **je nach der gewählten Zahlungsart**:

12 Bei Zahlungen durch **Postanweisung** sowie **Bareinzahlungen** bei der Bank zugunsten des Kontos des VR kommt es auf den Zeitpunkt der Geldhingabe an der Einzahlungsstelle an (BGH, VersR 1964, 129).

13 Bei der Zahlung durch **Überweisungsauftrag** kommt es spätestens auf den Zeitpunkt an, an dem der Betrag vom Konto des VN abgebucht wird (BGH, VersR 1971, 216). Nicht relevant ist insoweit der Eingang der Zahlung auf dem Konto des VR (BGH, VersR 1964, 129), es sei denn, der Leistungsort liegt in Abweichung von § 36 VVG beim VR (BGH, VersR 1971, 216; s.a. § 36 Rdn 2). Ob u.U. sogar der Zeitpunkt des Eingangs des Überweisungsauftrages bei der Bank ausreicht, hat die Rechtsprechung offen gelassen (BGH, VersR 1964, 129; OLG Köln, VersR 2002, 1225; zum Streitstand Prölss/Martin/*Knappmann*, § 35 Rn 17 m.w.N.).

14 Bei Zahlungen durch **Scheck oder Wechsel** genügt als Leistungshandlung die Übergabe an die Post zur Beförderung (BGH, VersR 1969, 368). Dies gilt auch bei Übergabe an einen zur Entgegennahme berechtigten Agenten (OLG Hamm, VersR 1980, 1062). Dies gilt wegen Art. 28 Abs. 2 ScheckG auch für vordatierte Schecks (BGH, VersR 1965, 1141). Will der VR die Zahlung durch Scheck nicht gelten lassen, muss er diesen sofort zurückweisen (BGHZ 44, 178, 181).

15 Erfolgt die Prämienzahlung im **Lastschriftverfahren**, übernimmt der VR die Verantwortung für den rechtzeitigen Einzug der Prämie (BGH, VersR 1977, 1153). Es liegt dann regelmäßig eine Holschuld vor, die wegen des Vorrangs der Individualabrede (§ 305b BGB) auch dann wirksam vereinbart ist, wenn die AVB die Prämie zur Bringschuld machen (Prölss/Martin/*Knappmann*, § 33 Rn 17). Die Rechtzeitigkeit ist gewahrt, wenn das Konto des VN zum Fälligkeitstermin eine **hinreichende Deckung** aufweist (BGH, VersR 1985, 447). Bei Widerruf einer termingerechten Abbuchung ist die Rechtzeitigkeit nicht gewahrt. Anders ist dies, wenn der Widerruf durch überhöhte oder verfrühte Abbuchung des VR gerechtfertigt ist (Prölss/Martin/*Knappmann*, § 33 Rn 17). Höhe und Zeitpunkt der Erstprämie müssen durch den VR klar und verständlich angekündigt werden, damit der VN in der Lage ist, die rechtzeitige und vollständige Deckung seines Kontos sicherzustellen (vgl. BGH, VersR 1985, 447). Sind mehrere Prämien fällig und genügt das Guthaben auf dem Konto des VN nicht zur Deckung sämtlicher Prämien, gilt eine etwaige Bestimmung des VN dahin gehend, welche Prämie zuerst getilgt werden soll. Fehlt eine solche Tilgungsbestimmung, so gilt § 366 Abs. 2 BGB, falls dies nicht der Interessenlage erkennbar widerspricht. Gemäß dem **neu eingefügten § 33 Abs. 2 VVG** (§ 37 VVG a.F.) darf der VR ein einmal praktiziertes Lastschriftverfahren erst dann beenden, wenn er den VN (nachweislich) in Textform (§ 126b BGB) zur Übermittlung der Prämie aufgefordert hat. Ohne eine solche ausdrückliche Mitteilung darf sich der VN demnach weiter darauf verlassen, dass die Prämie abgebucht wird. Der VR kann nicht vom Lastschriftverfahren ohne Weiteres

Abstand nehmen, etwa weil vorher einmal das Konto nicht gedeckt war (vgl. bereits zur alten Rechtslage OLG Oldenburg, VersR 2000, 617). Keines besonderen Hinweises durch den VR bedarf es, wenn trotz vorliegender Einzugsermächtigung die Prämie noch nie eingezogen wurde. Ist zwischen den Parteien allerdings eine Holschuld vereinbart, was konkludent auch durch die Erteilung einer Einzugsermächtigung erfolgen kann, kann sich der VR hiervon nicht einseitig lösen (BGH, NJW 1984, 871; Staudinger/*Bittner*, 2009, § 270 BGB Rn 16; **a.A.** [wohl] BGH, VersR 1977, 1153; Looschelders/Pohlmann/*Stagl*, § 33 Rn 17). § 33 Abs. 2 VVG gilt insoweit nicht (BK/*Riedler*, § 37 Rn 9; **ungenau** Rüffer/Halbach/Schimikowski/*Karczewski*, § 33 Rn 20). Für diese Fälle sehen die AVB zumeist eine Kündigungsmöglichkeit des Lastschriftverfahrens vor (z.b. B. § 5 VHB 2008).

Die Leistungshandlung kann durch den VN zudem durch die Erklärung der Aufrechnung erfolgen. Zu beachten sind hierbei gesetzliche (§ 26 VAG) und vertragliche Aufrechnungsverbote. Sind Letztere in AVB vereinbart, gilt § 309 Nr. 3 BGB. Die Erfüllung tritt nach § 389 BGB zu dem Zeitpunkt ein, in welchem sich die Forderungen erstmals aufrechenbar ggü. standen. 16

C. Prozessuales

Ob bei Neuabschluss eines VV trotz nicht oder nicht rechtzeitiger Zahlung der Prämie eine Zahlungsverpflichtung des VR besteht, ist in der Praxis von der **Beweislastverteilung** abhängig. Wenn der VN den Zugang des Versicherungsscheines oder einen bestimmten Zugangszeitpunkt bestreitet, ist der VR hierfür beweispflichtig (OLG Hamm, VersR 1996, 1408). Einen solchen Beweis wird der VR i.d.R. nicht führen können. Folglich befindet sich der VN auch nicht in Verzug, da noch kein fälliger Prämienzahlungsanspruch begründet wurde. Lediglich in Ausnahmefällen wird der VN sich nach § 242 BGB nicht auf den Nichterhalt des Versicherungsseins berufen können, etwa wenn der VR ihn mehrfach gemahnt hat und ersichtlich vom Erhalt des Versicherungsseins ausging (zurückhaltend Rüffer/Halbach/Schimikowski/*Karczewski*, § 33 Rn 22). 17

Der VN trägt die **Beweislast** dafür, dass er die Zahlung der Prämie geleistet hat. Er muss auch die Rechtzeitigkeit der Zahlung beweisen, selbst wenn der VR aus ihrem Nichtvorliegen Rechte herleitet (BGH, VersR 1969, 368). Dies entspricht allgemeinen Beweislastregeln (*Beckmann*, in: Bruck/Möller, § 33 Rn 66). 18

Zur **alten Rechtslage** wurde vertreten, dass diesbezüglich nach Aushändigung des Versicherungsscheines eine **Beweislastumkehr** stattfinde, da der Aushändigung eine Quittierungswirkung zukomme (Prölss/Martin/*Knappmann*, 27. Aufl., § 35 Rn 22). Diese Auffassung ist angesichts der neuen Rechtslage überholt, da dem Versicherungsschein im Hinblick auf die neue Fälligkeitsregelung eine solche Quittierungswirkung nicht mehr zukommt. 19

Im **Lastschriftverfahren** hat zunächst der VR zu beweisen, dass er zur rechten Zeit einen ordnungsgemäßen Einziehungsversuch unternommen hat (Prölss/Martin/*Knappmann*, § 33 Rn 21). Hierzu gehört auch, dass der VR darlegen und beweisen muss, dass er den VN über konkrete Höhe und Fälligkeitszeitpunkt der Prämie genauestens unterrichtet hat. Anschließend muss der VN beweisen, dass zum Fälligkeitszeitpunkt eine hinreichende 20

Kontodeckung bestand (BGH, VersR 1977, 1153). Für den Zugang der Aufforderung nach § 33 Abs. 2 VVG trifft wiederum den VR die Beweislast.

D. Abdingbarkeit

21 § 33 Abs. 1 VVG ist auch zum Nachteil des VN **abdingbar**, da die Norm in § 42 VVG nicht erwähnt ist. Die Fälligkeit kann durch Parteivereinbarung auch auf einen vor Vertragsschluss liegenden Zeitpunkt verlegt werden (BGHZ 21, 122, 135 = NJW 1956 1634, 1637). Bei einem unwiderruflichen Vertrag ist eine Vorverlagerung des Fälligkeitszeitpunkts in AVB möglich (s.a. Rdn 8). Bei einem widerruflichen Vertrag ist eine Regelung in AVB nicht zu beanstanden, wonach die Fälligkeit auf einen Zeitpunkt vor Ablauf der Widerrufsfrist vorverlagert wird, sofern der VR ab diesem Zeitpunkt Versicherungsschutz gewährt (so z.B. B. § 2 Nr. 2 VHB 2008; näher *Ganster*, Die Prämienzahlung im Versicherungsrecht, 2008, S. 306 ff.; *Wandt/Ganster*, VersR 2007, 1034, 1039; a.A. MüKo/*Staudinger*, § 33 VVG Rn 26). Eine besondere Problematik stellt sich bei einem Vertragsschluss nach dem **Invitatio-Modell**. Dort ist der Fälligkeitszeitpunkt vom Zugang der Annahmeerklärung beim VR abhängig (Rdn 7). Der VN wird diesen Zeitpunkt regelmäßig nie (genau) kennen. Daher wird man die Vereinbarung einer Zugangsfiktion, die an die Absendung der Annahmeerklärung anknüpft, als zulässig erachten müssen. Nur so kann der VN sicher den Fälligkeitszeitpunkt der Prämie bestimmen. Zweifelhaft ist hingegen, ob eine Vereinbarung möglich ist, wonach der Versicherungsschein erst nach Zahlung der (noch nicht fälligen) Prämie zu übergeben ist. Da § 3 Abs. 1 VVG gem. § 18 VVG halbzwingend ist und der Anspruch auf Übermittlung des Versicherungsscheins aus § 3 Abs. 1 VVG lediglich einen abgeschlossenen VV voraussetzt (§ 3 Rdn 8), dürfte hier eine Abweichung zulasten des VN vorliegen (offenbar a.A. Rüffer/Halbach/Schimikowski/*Karczewski*, § 33 Rn 24).

22 **§ 33 Abs. 2 VVG** hingegen ist gem. § 42 **nicht zulasten des VN** abdingbar.

---

§ 34 VVG Zahlung durch Dritte

(1) Der Versicherer muss fällige Prämien oder sonstige ihm aufgrund des Vertrags zustehende Zahlungen vom Versicherten bei einer Versicherung für fremde Rechnung, von einem Bezugsberechtigten, der ein Recht auf die Leistung des Versicherers erworben hat, sowie von einem Pfandgläubiger auch dann annehmen, wenn er die Zahlung nach den Vorschriften des Bürgerlichen Gesetzbuchs zurückweisen könnte.

(2) Ein Pfandrecht an der Versicherungsforderung kann auch wegen der Beträge einschließlich ihrer Zinsen geltend gemacht werden, die der Pfandgläubiger zur Zahlung von Prämien oder zu sonstigen dem Versicherer aufgrund des Vertrags zustehenden Zahlungen verwendet hat.

Übersicht

	Rdn
A. Normzweck	1
B. Norminhalt	3
I. Annahmepflicht des Versicherers (§ 34 Abs. 1 VVG)	3
1. Anwendungsbereich	3
2. Rechtsfolgen	8
II. Umfang des Pfandrechts (§ 34 Abs. 2 VVG)	13
C. Abdingbarkeit	14

A. Normzweck

§ 34 VVG ändert die §§ 267, 268 BGB teilweise ab, indem der Kreis der ablösungsberechtigten Dritten erweitert wird. Die Norm dient dem Schutz der an der Aufrechterhaltung der Versicherung interessierten Personen davor, dass durch Nichtzahlung von Prämien der Versicherungsschutz entfällt (BK/*Riedler*, § 35a Rn 4). Die Interessen des VN an einem Widerspruch bzw. des VR an einer Zurückweisung der Zahlung treten hierhinter zurück. **1**

§ 34 VVG entspricht, abgesehen von einigen rein sprachlichen Änderungen, inhaltlich vollständig **§ 35a VVG a.F.** (BT-Drucks 16/3945, S. 70). Parallele Regelungen enthalten § 38 SchiffsrechteG und § 38 LuftFzgG. **2**

B. Norminhalt

I. Annahmepflicht des Versicherers (§ 34 Abs. 1 VVG)

1. Anwendungsbereich

Durch § 34 Abs. 1 VVG, der als Ausnahmevorschrift restriktiv zu interpretieren ist (Prölss/Martin/*Knappmann*, § 34 Rn 2; **a.A.** *Ganster*, Die Prämienzahlung im Versicherungsrecht, 2008, S. 381 f. [der für eine erweiternde Auslegung des § 34 VVG plädiert]), wird der Kreis der gem. § 268 BGB Ablösungsberechtigten abschließend erweitert (s. aber Rdn 7). Bei einer Versicherung für fremde Rechnung (§§ 43 ff. VVG) ist der **Versicherte** ablösungsberechtigt. **3**

Gleiches gilt für den **Bezugsberechtigten**, sofern er ein eigenes Leistungsrecht erworben hat. Dies setzt i.d.R. eine unwiderrufliche Begünstigung voraus (Prölss/Martin/*Knappmann*, § 34 Rn 3). **4**

Der **Pfandgläubiger** der Versicherungsforderung ist ablösungsberechtigt. Ausreichend ist hierfür auch ein Pfändungspfandrecht gem. § 804 ZPO, selbst wenn es durch Vollziehung eines Arrestes (§ 930 ZPO) oder durch Vorpfändung (§ 845 ZPO) entsteht (*Möller*, in: Bruck/Möller, 8. Aufl., § 35a Rn 5). Ferner genügt ein Grundpfandrecht, das sich auf die Versicherungsforderung erstreckt (Bruck/Möller/*Möller*, 8. Aufl., § 35a Rn 5). Nicht zur Ablösung berechtigt ist derjenige, der ein Pfandrecht am versicherten Gegenstand erworben hat (BK/*Riedler*, § 35a Rn 7). **5**

Nicht von § 34 Abs. 1 VVG erfasst werden der Inhaber des Versicherungsscheins gem. § 4 VVG (**a.A.** Looschelders/Pohlmann/*Stagl*, § 34 Rn 3), der Geschädigte in der Haftpflicht- **6** versicherung (**a.A.** in den Fällen, in denen ein Direktanspruch nach § 115 VVG besteht Looschelders/Pohlmann/*Stagl*, § 34 Rn 3), der Zessionar (**a.A.** *Ganster*, Die Prämienzahlung im Versicherungsrecht, 2008, S. 381 f.; Looschelders/Pohlmann/*Stagl*, § 34 Rn 3), der widerruflich Bezugsberechtigte oder die versicherte Person in der Unfall- oder Lebensversicherung (§§ 150 Abs. 2, 179 Abs. 2 VVG).

7 Obwohl § 34 Abs. 1 VVG grds. restriktiv zu handhaben ist, kommt eine analoge Anwendung für den Erwerber i.S.d. §§ 95 ff. VVG in Betracht (BK/*Dörner*, § 70 Rn 43; Prölss/Martin/*Kollhosser*, 27. Aufl., § 70 Rn 9; weiter gehend *Ganster*, Die Prämienzahlung im Versicherungsrecht, 2008, S. 331 ff., 381 f.).

2. Rechtsfolgen

8 Die Norm begründet ein Recht des geschützten Dritten, nicht aber dessen Pflicht zur Leistung, weshalb der VR von dem benannten Personenkreis keine Zahlung verlangen kann (BK/*Riedler*, § 35a Rn 12).

9 Das Ablösungsrecht der durch die Norm geschützten Personen kann durch den **Widerspruch** des VN, anders als das allgemeine Leistungsrecht Dritter gem. § 267 BGB, nicht beseitigt werden (Prölss/Martin/*Knappmann*, § 34 Rn 1).

10 Lehnt der VR die Zahlung des Dritten ab, gerät er in **Annahmeverzug**, ohne dass jedoch die Erfüllungswirkung eintritt. Hierfür muss der Dritte den Betrag gem. § 372 Abs. 1 BGB **hinterlegen** (Prölss/Martin/*Knappmann*, § 34 Rn 1).

11 Eine Pflicht des VR zur Annahme der Prämien besteht nicht. Er ist jedoch gehindert, sich auf einen Verzug des VN zu berufen, wenn ihm die Zahlung von einem berechtigten Dritten angeboten wurde (BGH, VersR 1964, 497, 500). Der Normtext ist also dahin gehend zu interpretieren, dass der VR nicht die angebotene Zahlung gegenständlich annehmen, wohl aber ihre Wirkung gegen sich gelten lassen muss.

12 Nach herrschender und zutreffender Auffassung begründet § 34 VVG kein allgemeines Recht des Zahlungsberechtigten auf **Information** im Fall des Eintritts des Verzuges (OLG Nürnberg, VersR 1974, 413; Prölss/Martin/*Knappmann*, § 35a Rn 6; BK/*Riedler*, § 35a Rn 11; **a.A.** *Möller*, in: Bruck/Möller, 8. Aufl., § 35a Rn 9; Looschelders/Pohlmann/*Stagl*, § 34 Rn 4). Ein solches kann sich jedoch aus speziellen gesetzlichen Regelungen (z.B. §§ 142 Abs. 1, 166 Abs. 4 VVG; § 34 SchiffsrechteG und § 34 LuftFzgG) oder aus besonderen Vereinbarungen ergeben. Eine solche besondere Vereinbarung kann insb. in einem Sicherungsschein getroffen werden (OLG Hamm, r+s 1988, 155, 156; vgl. BGH, VersR 2001, 135) oder sich als Nebenpflicht aus diesem ergeben (vgl. BGH, VersR 2001, 135). In Ausnahmefällen kann eine Informationspflicht des VR aus § 242 BGB folgen (OLG Düsseldorf, VersR 2003, 627 [Prämienverzug des Arbeitgebers in der betrieblichen Altersvorsorge bei unwiderruflichem Bezugsrecht; **a.A.** LG Berlin, VersR 2004, 101 bei eingeschränkt unwiderruflichem Bezugsrecht; siehe hierzu § 166 Rdn 11 ff.]). Verletzt der VR seine Informationspflicht, kann er sich nach § 280 BGB schadensersatzpflichtig machen (OLG Düsseldorf, VersR 2003, 627). In Ausnahmefällen kann einer Information durch den

VR das informationelle Selbstbestimmungsrecht des VN entgegenstehen (BVerfG, VersR 2002, 1406).

II. Umfang des Pfandrechts (§ 34 Abs. 2 VVG)

Die Norm setzt § 268 Abs. 3 BGB voraus, wonach die Forderung nach Zahlung auf den Ablösungsberechtigten übergeht. Das dingliche Pfandrecht des Dritten an der Versicherungsforderung sichert in diesem Fall auch die übergegangene Forderung (a.A. MüKo/ *Staudinger*, § 34 VVG Rn 11). 13

C. Abdingbarkeit

§ 34 VVG wird in § 42 VVG nicht genannt und ist somit grds. auch zulasten des VN **abdingbar**. Allerdings ist eine vertragliche Abbedingung von Ablösungsrecht und Pfandrechtserstreckung zulasten der nicht am Vertrag beteiligten Dritten unzulässig (Prölss/ Martin/*Knappmann*, § 34 Rn 10). 14

§ 35 VVG Aufrechnung durch den Versicherer

Der Versicherer kann eine fällige Prämienforderung oder eine andere ihm aus dem Vertrag zustehende fällige Forderung gegen eine Forderung aus der Versicherung auch dann aufrechnen, wenn diese Forderung nicht dem Versicherungsnehmer, sondern einem Dritten zusteht.

Übersicht

	Rdn
A. Normzweck	1
B. Norminhalt	2
C. Abdingbarkeit	6

A. Normzweck

§ 35 VVG ist eine Schutznorm zugunsten des VR (BGH, VersR 1987, 655). Als Ausnahmevorschrift ist sie **eng auszulegen**, z.B. bei einer gebündelten Versicherung. Die nach den Vorschriften des BGB für die Aufrechnung stets erforderliche Konnexität wird aufgeweicht. § 35 VVG entspricht sachlich § 35b VVG a.F., die Norm wurde lediglich sprachlich an die Terminologie des BGB angeglichen (BT-Drucks 16/3945, S. 71). 1

B. Norminhalt

Dem VR wird durch die Norm das **Aufrechnungsrecht** ggü. einem dritten Anspruchssteller in dem Umfang eingeräumt, wie es ihm ggü. dem VN selbst zustünde (BGH, VersR 1987, 655). Eine Einschränkung findet sich lediglich in dem Erfordernis der sog. „**qualifizierten Konnexität**", wonach die fällige Prämienforderung und der Leistungsan- 2 spruch aus **demselben VV** stammen müssen (BK/*Riedler*, § 35b Rn 10; Looschelders/Pohlmann/*Stagl*, § 35 Rn 4). Dritter i.S.d. Norm kann jeder sein, der nicht VN ist (enger österr. OGH, VersR 1989, 419 [nur Personen, bei denen der VR bei Abschluss des VV mit Ansprüchen rechnen musste, wozu der Pfandgläubiger des VN nicht gehören soll]). Etwa der Versicherte bei der Fremdversicherung oder auch der Bezugsberechtigte und der Erwerber der versicherten Sache, sofern der VR in der Monatsfrist des § 96 Abs. 1 VVG gekündigt hat und der Versicherungsfall in dieser Frist eintritt (Prölss/Martin/*Knappmann*, § 35 Rn 2). Ferner der Hypothekengläubiger nach §§ 143 ff. VVG und der Geschädigte in der Haftpflichtversicherung, selbst wenn der VN nach § 100 lediglich einen Befreiungsanspruch gegen den VR hat (MüKo/*Staudinger*, § 35 VVG Rn 3 und Rn 10).

3 Erstreckt sich die Versicherung auf mehrere Gegenstände, kann der VR die Prämien für sämtliche Gegenstände in Abzug bringen, auch wenn die Leistung nur einen bestimmten Gegenstand betrifft (BGH, VersR 1977, 346; VersR 2001, 235). Sehr weitgehend bejahte das LG Köln (LG Köln, VersR 1983, 1023) ein Aufrechnungsrecht auch dann, wenn der VR zuvor Prämienzahlungen des VN aufgrund der Annahme einer Vertragsbeendigung abgelehnt hat. Ggü. einem Dritten sollte in derartigen Fällen die Aufrechnungsbefugnis ausgeschlossen sein, da es nicht sachgerecht ist, die Annahmeverweigerung des VR zulasten des Dritten wirken zu lassen. Der mit § 35 VVG verfolgte Schutz des VR passt in einem solchen Fall nicht (**a.A.** MüKo/*Staudinger*, § 35 VVG Rn 8).

4 § 35 VVG gilt **nicht i.R.d. Pflichtversicherungen** (§ 121 VVG). Bei der **Haftpflichtversicherung** kann aus der nach § 108 Abs. 1 VVG herzuleitenden Sozialbindung der Haftpflichtversicherung nur mit solchen Forderungen aufgerechnet werden, die bereits bei Eintritt des Versicherungsfalls fällig waren (BGH, VersR 1987, 655; VersR 2001, 235). Diese Einschränkung gilt nicht für andere Versicherungszweige (BGH, VersR 2001, 235); auch nicht für die Kaskoversicherung (OLG Köln, r+s 2003, 409, 411).

5 Die Aufrechnung ist ggü. dem Dritten und nicht dem VN ggü. zu erklären (OLG Köln, r+s 2003, 409, 411). In der bloßen Reduktion der Versicherungsleistung kann im Einzelfall eine konkludente Aufrechnungserklärung zu sehen sein (großzügiger MüKo/*Staudinger*, § 35 VVG Rn 11).

C. Abdingbarkeit

6 § 35 VVG kann mangels Nennung in § 42 VVG in jeder Hinsicht abbedungen werden. Zulasten von Dritten ist dies jedoch nur dann zulässig, wenn der Dritte durch eine Vereinbarung mit dem VR in die Vereinbarung einbezogen wird (vgl. BK/*Riedler*, § 35b Rn 14).

§ 36 VVG Leistungsort

(1) Leistungsort für die Zahlung der Prämie ist der jeweilige Wohnsitz des Versicherungsnehmers. Der Versicherungsnehmer hat jedoch auf seine Gefahr und seine Kosten die Prämie dem Versicherer zu übermitteln.

(2) Hat der Versicherungsnehmer die Versicherung in seinem Gewerbebetrieb genommen, tritt, wenn er seine gewerbliche Niederlassung an einem anderen Ort hat, der Ort der Niederlassung an die Stelle des Wohnsitzes.

Übersicht

	Rdn
A. Normzweck	1
B. Norminhalt	2
C. Prozessuales	3
D. Abdingbarkeit	4

A. Normzweck

§ 36 VVG gilt für Erst- und Folgeprämien. Er stellt in Teilen eine Abänderung der §§ 269, 270 BGB dar, die der versicherungsrechtlichen Pflicht des VN zur Prämienzahlung Rechnung trägt. § 36 Abs. 1 und Abs. 2 VVG bestimmen, insoweit in Abänderung des BGB, den **jeweiligen** Wohnsitz bzw. die gewerbliche Niederlassung des Schuldners als Leistungsort (BK/*Riedler*, § 36 Rn 2). § 36 VVG entspricht § 36 VVG a.F. 1

B. Norminhalt

Die Prämienzahlung ist – im Einklang mit den Vorschriften des BGB – gem. § 36 VVG eine **qualifizierte Schickschuld**, d.h. der VN trägt die Gefahr, dass die Zahlung nicht ausgeführt wird. Die Gefahr der Verzögerung trägt er indes nicht. Gegen diese Sichtweise der bisher h.M. sind aufgrund der Rspr. des EuGH (EuGH, NJW 2008, 1935) zur Zahlungsverzugsrichtlinie (2000/35/EG) starke Bedenken erhoben worden. Danach soll der VN nunmehr generell die Verzögerungsgefahr tragen (MüKo/*Staudinger*, § 36 VVG Rn 4 ff.). Dies überzeugt, jedenfalls außerhalb des Anwendungsbereichs der Richtlinie, nicht. Gemäß Art. 2 Abs. 2 der Zahlungsverzugsrichtlinie ist deren Anwendungsbereich auf Unternehmer und öffentliche Stellen beschränkt. Nicht erfasst werden danach Verbrauchergeschäfte (Erwägungsgrund 13). Handelt es sich daher bei dem VN um einen Verbraucher, bleibt es bei dem Vorliegen einer **qualifizierten Schickschuld**. Es ist insoweit eine „gespaltene" Auslegung des nationalen Rechts geboten (*Klimke*, VersR 2010, 1264; Prölss/Martin/*Knappmann*, § 36 Rn 2; a.A. MüKo/*Staudinger*, § 36 VVG Rn 8). Hiergegen kann auch nicht eingewendet werden, dass dies mit kaum lösbaren Abgrenzungsschwierigkeiten verbunden wäre (so MüKo/*Staudinger*, § 36 VVG Rn 8), da der Gesetzgeber in § 286 Abs. 3 BGB selbst entsprechend differenziert. 2

C. Prozessuales

I.V.m. § 29 ZPO ergibt sich aus § 36 VVG für Prämienklagen des VR der aktuelle Wohnsitz bzw. die gewerbliche Niederlassung des VN als Gerichtsstand (Prölss/Martin/*Knappmann*, § 36 Rn 1). Praktisch bedeutsam ist dies für die Fälle, in denen der VN nicht in den Anwendungsbereich des § 215 Abs. 1 S. 2 VVG fällt. 3

D. Abdingbarkeit

4 § 36 VVG ist mangels Nennung in § 42 VVG abdingbar (**a.A.** Looschelders/Pohlmann/ *Stagl*, § 42 Rn 6 [der nicht zwischen Individualabreden und Vereinbarungen in AVB differenziert]). Dennoch bleiben entsprechende Vereinbarungen in AVB einer **Kontrolle nach § 307 BGB** unterworfen (vgl. § 42 Rdn 4). Insofern stellt sich die Frage, ob die Prämienzahlungspflicht durch Regelung in AVB als Bringschuld ausgestaltet werden kann (grds. bejahend BGH, VersR 1971, 216; VersR-Hdb/*Hahn*, § 12 Rn 36 f.), mit der Folge, dass der VN dann auch die Verzögerungsgefahr zu tragen hätte (nach der Ansicht von MüKo/ *Staudinger*, § 36 VVG Rn 26, hat dieser Streit aufgrund der Rspr. des EuGH keine Bedeutung mehr). Derartige Vereinbarungen finden sich z.T. in älteren AVB (z.B. § 7 Abs. 4 ARB 75). Eine solche Regelung wird zu Recht als bedenklich angesehen, da sie zur Folge hätte, dass der VN u.U. für Bearbeitungsfehler der Bank (des VR) einstehen müsste (hierauf weist *Knappmann* mit Recht hin: Prölss/Martin/*Knappmann*, § 36 Rn 3). Im Hinblick auf die einschneidenden Rechtsfolgen, die mit einer nicht rechtzeitigen Zahlung einhergehen, ist ein derart ausgedehnter Verantwortungsbereich des VN abzulehnen. Die Problematik hat auch nach der neuen Rechtslage ihre Bedeutung nicht verloren (**a.A.** 1. Aufl.). Zwar führt nur noch die schuldhafte Verzögerung die Rechtsfolgen des § 37 herbei (siehe § 37 Rdn 9) und bei einem Fehlverhalten der Bank dürfte den VN regelmäßig **kein eigenes Verschulden** treffen, indes muss sich der VN von einem mangelnden Verschulden entlasten (§ 37 Rdn 9), was nicht stets gelingen wird. Zudem wird ein Verschulden der Bank, jedenfalls wenn es sich um die Bank des VN handelt, dem VN **gem. § 278 BGB zuzurechnen** sein (Staudinger/*Löwisch*/*Caspers*, 2009, § 278 BGB Rn 75; **a.A.** hinsichtlich der Bank des VR: VersR-Hdb/*Hahn*, § 12 Rn 36 [Bank ist Erfüllungsgehilfe des VR]; BK/*Riedler*, § 36 Rn 14 [Bank ist Empfangsbote des VR]; wohl auch MüKo/*Staudinger*, § 37 VVG Rn 19 [unter Verweis auf EuGH, NJW 2008, 1935]), da diese bei Bestehen einer Bringschuld im Pflichtenkreis des VN tätig wird.

§ 37 VVG Zahlungsverzug bei Erstprämie

(1) Wird die einmalige oder die erste Prämie nicht rechtzeitig gezahlt, ist der Versicherer, solange die Zahlung nicht bewirkt ist, zum Rücktritt vom Vertrag berechtigt, es sei denn, der Versicherungsnehmer hat die Nichtzahlung nicht zu vertreten.

(2) Ist die einmalige oder die erste Prämie bei Eintritt des Versicherungsfalles nicht gezahlt, ist der Versicherer nicht zur Leistung verpflichtet, es sei denn, der Versicherungsnehmer hat die Nichtzahlung nicht zu vertreten. Der Versicherer ist nur leistungsfrei, wenn er den Versicherungsnehmer durch gesonderte Mitteilung in Textform oder durch einen auffälligen Hinweis im Versicherungsschein auf diese Rechtsfolge der Nichtzahlung der Prämie aufmerksam gemacht hat.

Übersicht

	Rdn
A. Normzweck	1
B. Norminhalt	2
I. Rücktritt bei Nichtzahlung (§ 37 Abs. 1 VVG)	2
1. Erst- oder Einmalprämie	2
2. Nicht rechtzeitige Zahlung und Teilleistungen	7
3. Vertretenmüssen	9
4. Rechtsfolge	14
II. Leistungsfreiheit des Versicherers (§ 37 Abs. 2 VVG)	16
1. Zeitpunkt der Nichtzahlung	16
2. Rechtsfolge	17
3. Rechtsbelehrung	20
C. Prozessuale Hinweise	23
D. Abdingbarkeit	24

A. Normzweck

Die Vorschrift regelt die **Rechtsfolgen** einer verspäteten Zahlung der Erst- bzw. Einmalprämie durch den VN. § 37 VVG entspricht nach seinem grds. Regelungsgegenstand § 38 VVG a.F. Die Vorschrift ist jedoch in drei wesentlichen Punkten durch die Reform geändert worden: 1

1. Nach der neuen Rechtslage setzen sowohl Rücktrittsrecht als auch Leistungsfreiheit im Versicherungsfall voraus, dass der VN schuldhaft nicht rechtzeitig gezahlt hat. Die an § 280 Abs. 1 S. 2 BGB anknüpfende Formulierung macht deutlich, dass eine gesetzliche **Verschuldensvermutung** vom VN zu widerlegen ist. Nach der alten Rechtslage kam es auf ein Verschulden nicht an (Nachweise bei Prölss/Martin/*Knappmann*, 27. Aufl., § 38 Rn 16). Der Gesetzgeber sah in Fällen der unverschuldeten Zahlungsverzögerung ein Rücktrittsrecht und die Leistungsfreiheit als unbillig an (Begr. BT-Drucks 16/3945, S. 71).

2. Weiterhin entfällt die Rücktrittsfiktion des § 38 Abs. 1 S. 2 VVG a.F. Im Hinblick auf die insgesamt verbraucherfreundliche Intention der Reform, die der Gesetzgeber auch bei dieser Streichung betont (Begr. BT-Drucks 16/3945, S. 71) ist hier zu bedenken, dass die **entfallene Rücktrittsfiktion** auch dem Interesse des VN diente, um den Zeitraum der Leistungsfreiheit des VR unter Aufrechterhaltung der Prämienzahlungspflicht des VN nicht übermäßig auszudehnen (Römer/Langheid/*Römer*, 2. Aufl., § 38 Rn 1).

3. Schließlich knüpft das Gesetz in § 37 Abs. 2 S. 2 VVG den Wegfall der Leistungspflicht des VR nunmehr an eine **qualifizierte Belehrung** des VN hinsichtlich dieser Rechtsfolge. Dies entspricht im Wesentlichen den Anforderungen, die in bestimmten Fallkonstellationen bereits zur alten Rechtslage von der Rechtsprechung aufgestellt wurden (siehe Rdn 20).

B. Norminhalt

I. Rücktritt bei Nichtzahlung (§ 37 Abs. 1 VVG)

1. Erst- oder Einmalprämie

2   § 37 VVG gilt nur für die Erst- bzw. Einmalprämie, nicht aber für die Folgeprämie. Die Rechtsfolgen der verspäteten Zahlung der Folgeprämie sind in § 38 VVG geregelt (siehe dort Rdn 19). Angesichts der deutlich unterschiedlichen Anforderungen an die Leistungsfreiheit des VR nach alter Rechtslage wurde der Abgrenzung von Erst- und Folgeprämie maßgebliche Bedeutung beigemessen (Römer/Langheid/*Römer*, 2. Aufl., § 38 Rn 3). Die Reform hat die Normen zwar angeglichen, dennoch bleibt die Abgrenzung relevant. Bei Prämienverzug in der privaten Krankenversicherung sind ausschließlich die Regelungen des § 193 Abs. 6 VVG 2008 maßgeblich (LSG BaWü, Urt. v. 18.5.2015 – L 11 KR 4414/14 ER-B [Juris]).

3   Für die Abgrenzung kommt es alleine darauf an, ob es sich um die zeitlich erste Prämie oder eine zeitlich nachfolgende handelt (BGHZ 21, 122; OLG Hamburg, VersR 1963, 819). Bei **Ratenzahlungsvereinbarungen** ist nur die erste Rate Erstprämie, alle weiteren Raten sind Folgeprämien (OLG Hamm, VersR 1982, 867). Etwas anderes gilt dann, wenn keine echte Ratenzahlung vereinbart wurde, sondern der VR lediglich **ausnahmsweise Teilleistungen** akzeptiert. Dann sind sämtliche Raten der Prämie für die erste vereinbarte Versicherungsperiode als Erstprämie anzusehen. Eine Vermutung spricht jedoch im Zweifel für die erste Variante (vgl. dazu Prölss/Martin/*Knappmann*, § 37 Rn 8 f.).

4   Bei der vorläufigen Deckung gibt es grds. zwei Erstprämien, nämlich diejenige, die zur Erlangung der vorläufigen Deckung gezahlt wird, sowie diejenige, die für den endgültigen VV gezahlt wird (vgl. § 51 Rdn 2; BK/*Riedler*, § 38 Rn 21 m.w.N.; a.A. Looschelders/Pohlmann/*Stagl*, § 37 Rn 4 [nur Prämie für die vorläufige Deckung ist Erstprämie i.S.d. § 37 VVG]). Die (gestundete) Prämie für den endgültigen VV bleibt Erstprämie, auch wenn sie die Prämie für die vorläufige Deckung beinhaltet (BGHZ 21, 122, 132).

5   Problematisch ist die Abgrenzung von Erst- und Folgeprämie, wenn ein bereits bestehender VV durch einen neuen „ersetzt" wird. Wesentlich hierbei ist, ob nach dem **Willen der Parteien** ein neuer VV begründet oder der frühere unter grds. Wahrung seiner Identität lediglich abgeändert werden sollte (OLG Hamm, VersR 1979, 413; a.A. Looschelders/Pohlmann/*Stagl*, § 37 Rn 4 [entscheidend soll sein, ob der VN nach objektiver Betrachtung durch die Prämienzahlung bestätigt, den VV zu wollen]). Dabei kann der Veränderung einzelner Merkmale des bisherigen VV (versichertes Risiko, VersSumme, Prämie, Vertragsdauer) nicht zwingend eine Indizwirkung für das Vorliegen eines neuen VV beigemessen werden (ausführl. BK/*Riedler*, § 38 Rn 9 ff.; MüKo/*Staudinger*, § 37 VVG Rn 6 ff.; *Armbrüster/Schreier*, VersR 2015, 1053). Vielmehr kommt es stets auf eine **Gesamtwertung** an (BGH, r+s 1989, 22). Auch kommt es nicht darauf an, ob ein Antragsformular oder eine Veränderungsanzeige verwendet wird oder anstelle eines Nachtrages ein neuer Versicherungsschein erstellt wird (OLG Saarbrücken, VersR 2008, 57; Prölss/Martin/*Knappmann*, § 37 Rn 4). Eine grds. Vermutung dahin gehend, dass von den Parteien im Zweifel

kein eigenständiger neuer VV gewollt ist (Prölss/Martin/Knappmann, § 37 Rn 4; offen gelassen von OLG Köln, VersR 1990, 1004), wird bei zutreffender Betrachtungsweise zumeist anzunehmen sein. Angesichts der durch die Reform zugunsten des VN geänderten Rechtslage (s.o. Gesetzesreform) besteht allerdings für diese Vermutungsregelung kein zwingendes Bedürfnis mehr.

Ist aufgrund der dargestellten Gesamtwertung von einem neuen VV auszugehen, ist die zunächst anfallende Prämie eine Erstprämie i.S.d. § 37 VVG. Regelmäßig wird deren verspätete Zahlung jedoch nur die Rechtsfolgen nach § 37 VVG hinsichtlich etwaiger durch die Vertragsänderung erweiterter Risiken auslösen (so auch Prölss/Martin/*Knappmann*, § 37 Rn 6 [allerdings unzutreffend von Kündigung sprechend]; ähnlich *Beckmann*, in: Bruck/Möller, § 37 Rn 10 wohl a.A. MüKo/*Staudinger*, § 37 VVG Rn 11). Wird der neue VV gem. § 37 Abs. 1 VVG rückabgewickelt, führt dies zum **Wiederaufleben** des ursprünglichen, abgeänderten bzw. aufgehobenen VV. Bei Leistungsfreiheit nach § 37 Abs. 2 VVG schließt § 242 BGB regelmäßig aus, dass sich der VR auf diese auch hinsichtlich des ursprünglichen VV berufen kann, da der VN andernfalls durch die mit der Vertragsänderung beabsichtigte Erweiterung des Versicherungsschutzes sachwidrig schlechter gestellt würde (Prölss/Martin/*Knappmann*, § 37 Rn 6). Der VR sollte insoweit stets „sicherheitshalber" auch die Prämie aus dem ursprünglichen VV nach § 38 VVG anmahnen (BK/*Riedler*, § 38 Rn 17).

6

2. Nicht rechtzeitige Zahlung und Teilleistungen

Hinsichtlich der Rechtzeitigkeit der Zahlung kann auf die Ausführungen zu §§ 33 und 36 VVG verwiesen werden. Entscheidend ist daher die Vornahme der Leistungshandlung durch den VN (**a.A.** mit Blick auf die Zahlungsverzugsrichtlinie MüKo/*Staudinger*, § 37 VVG Rn 15). Vor **Fälligkeit der Prämienforderung** muss der VN nicht leisten und der VR kann aus einer nicht erfolgten Zahlung keine Rechte nach § 37 VVG herleiten (Rüffer/Halbach/Schimikowski/*Karczewski*, § 37 Rn 16; **a.A.** [wohl] *Wandt/Ganster*, VersR 2007, 1024, 1035). Auch Nichtzahlungen bzw. Verspätungen hinsichtlich geringer Beträge lösen grds. die Rechtsfolgen des § 37 VVG aus (BGH, VersR 1988, 484; großzügiger Looschelders/Pohlmann/*Stagl*, § 37 Rn 9). Dies ist die „Kehrseite" der Pflicht des VR zur exakten Berechnung und Benennung der Erstprämie (dazu Prölss/Martin/*Knappmann*, § 37 Rn 13) bzw. zur qualifizierten Mahnung von Folgeprämien (§ 39 VVG a.F., § 38 VVG n.F.; siehe § 38 Rdn 9). Der Verpflichtung zur Anforderung und Anmahnung eines **exakten** Betrages entspricht jener zur unverkürzten Zahlung durch den VN (BGH, VersR 1986, 54). Richtig ist gleichwohl, dass diese Pflichten im Hinblick auf die **oft existenzbedrohenden Folgen** für den VN nicht vollständig gleichgesetzt werden sollten (vgl. *Schirmer*, AnwBl. 1988, 90). Hat der VN **nachvollziehbare Gründe** für die geringen Kürzungen, sollte dem VR die Berufung auf die Rechte aus § 37 VVG verwehrt bleiben. Zumeist wird es hier bereits an einem Verschulden des VN fehlen. Bei willkürlichen Kürzungen durch den VN ist hierfür jedoch i.d.R. kein Raum (Prölss/Martin/*Knappmann*, § 37 Rn 13). Der VR kann sich jedoch immer dann nicht auf die Rechte aus § 37 VVG berufen, wenn er eine ungenaue

7

oder missverständliche Anforderung der Erstprämie gestellt hat (Bruck/Möller/*Beckmann*, § 37 Rn 25).

8 Eine rechtzeitige Zahlung kann auch bei Vorliegen einer Aufrechnungs- oder Verrechnungslage anzunehmen sein (siehe Rdn 18). I.R.d. § 37 Abs. 1 VVG ist dabei ausreichend, dass die **Aufrechnungslage vor der Rücktrittserklärung** des VR entstanden ist. Nicht erforderlich ist es hinsichtlich des Rücktritts, dass die Verrechnungs- oder Aufrechnungslage bereits bei Fälligkeit der Prämienforderung bestand (anders und insoweit zutreffend die h.M. für die Frage der Leistungsfreiheit nach § 37 Abs. 2 VVG, s. Rüffer/Halbach/Schimikowski/*Karczewski*, § 37 Rn 11). In diesem Fall ist das Interesse des VR am Erhalt der Prämie ausreichend gewahrt (ähnlich OLG Frankfurt am Main, VersR 2006, 537 zur Kündigung nach § 39 Abs. 3 VVG a.F.). Aus diesem Grund kann die Aufrechnungslage auch dadurch entstehen, dass dem VN ein Anspruch aus dem VV wegen eines zwischenzeitlich eingetretenen Versicherungsfalls zusteht. Hat der VR daher bspw. nicht ordnungsgemäß nach § 37 Abs. 2 S. 2 VVG belehrt und besteht daher keine Leistungsfreiheit gem. § 37 Abs. 2 VVG, kann er nicht vom Vertrag gem. § 37 Abs. 1 VVG zurücktreten, sofern der Anspruch aufgrund des eingetretenen Versicherungsfalls die Prämienforderung übersteigt (siehe auch Rdn 15). Steht der Anspruch auf die Versicherungsleistung einem Dritten i.S.d. § 35 VVG (z.B. Versicherten) zu, ist das Interesse des VR an der Prämienzahlung aufgrund der für ihn bestehenden Aufrechnungsmöglichkeit ebenfalls gewahrt und ein Rücktritt kommt nicht in Betracht (zur Rechtslage, wenn ungleichartige Leistungen geschuldet sind, siehe Rdn 12).

3. Vertretenmüssen

9 Die Rechtsfolge des § 37 Abs. 1 VVG tritt nur dann ein, wenn der VN die verspätete Zahlung zu vertreten hat. Mithin obliegt dem VN für sein fehlendes Verschulden hinsichtlich einer objektiv verspäteten Zahlung die volle Darlegungs- und Beweislast (siehe auch Rdn 17).

10 Fraglich ist, in welchen Fällen sich der VN womöglich auf ein fehlendes Verschulden berufen kann. Der bloße Verweis auf ein eröffnetes Insolvenzverfahren dürfte insoweit nicht ausreichend sein. Dies gilt insb. im Bereich der privaten Haftpflichtversicherung, da die hierfür erforderlichen Mittel i.R.d. ALG II berücksichtigt sind. Ein Verschulden kann jedoch dann zu verneinen sein, wenn die entsprechenden Mittel zum Zeitpunkt der Fälligkeit der Zahlung noch nicht auf dem Konto des VN eingegangen waren.

11 Ebenfalls kann ein Verschulden zweifelhaft sein, wenn die verspätete Zahlung auf einer längeren Ortsabwesenheit des VN beruhte. Hier könnte man erwägen, eine Parallele zu den Fällen des Zugangs von Willenserklärungen gem. § 130 BGB herzustellen (vgl. etwa Palandt/*Ellenberger*, § 130 Rn 16 ff.). Allerdings schiene eine vollständige Gleichsetzung hier zweifelhaft. Der VN muss nicht, ohne besonderen Anlass, im selben Maße mit dem Fälligwerden einer Versicherungsprämie rechnen, wie er mit dem generellen Zugang von rechtsgeschäftlichen Erklärungen rechnen muss. In den Fällen einer längeren Ortsabwesenheit ist daher regelmäßig ein Verschulden des VN zu verneinen, wenn die Zahlung nach

der Rückkehr unverzüglich erfolgt. Dies gilt erst recht, wenn der VN dem VR oder seinem Vertreter die Ortsabwesenheit mitgeteilt hat, wobei der VN für eine solche Mitteilung die Darlegungs- und Beweislast trägt. Teilt der VN die Ortsabwesenheit seinem Makler mit und unterlässt dieser eine Weiterleitung der Information an den VR, muss sich der VN dieses Verschulden seines Maklers nach § 278 S. 1 BGB zurechnen lassen. Tritt in einem solchen Fall ein gem. § 37 Abs. 2 S. 1 VVG nicht versicherter Schadensfall ein, stellt dies einen Fall der Haftung des Maklers dar.

Der VN hat die Nichtzahlung ebenfalls nicht zu vertreten, wenn ihm ein **Zurückbehaltungsrecht** (§§ 273, 320 BGB) zusteht. Sofern es sich um ein Zurückbehaltungsrecht nach § 273 BGB handelt, muss der VN dies – anders als bei § 320 BGB – geltend machen (Palandt/*Grüneberg*, § 320 Rn 12). Steht dem VN daher ein Anspruch auf die Versicherungsleistung trotz Nichtzahlung der Erstprämie zu, etwa weil der VR den Hinweis nach § 37 Abs. 2 S. 2 VVG unterlassen hat, und ist der VR zzt. des Eintritts des Versicherungsfalls noch nicht vom VV zurückgetreten, kommt ein Rücktritt mangels schuldhafter Nichtleistung nicht (mehr) in Betracht. Praktische Bedeutung hat ein solches Zurückbehaltungsrecht nach § 320 BGB in den Fällen, in denen der VR (ausnahmsweise) keine Geldleistung schuldet (siehe Rdn 8 und 15). 12

Geht man vom Vorliegen einer Bringschuld des VN aus (§ 36 Rdn 2 und 4) ist eine Zurechnung eines Verschuldens der beteiligten Kreditinstitute möglich (siehe § 36 Rdn 4). 13

4. Rechtsfolge

Rechtsfolge der schuldhaft verspäteten Zahlung der Erstprämie gem. § 37 Abs. 1 VVG ist ein **Rücktrittsrecht des VR**, wobei alle Voraussetzungen im Zeitpunkt der Rücktrittserklärung vorliegen müssen. Das Rücktrittsrecht ist nicht an die allgemeinen Rücktrittsvoraussetzungen des BGB geknüpft, d.h. es ist insb. keine Nachfristsetzung erforderlich. Der VV wird mit Wirkung ex tunc rückabgewickelt (*Wandt*, Versicherungsrecht, Rn 518; **a.A.** MüKo/*Staudinger*, § 37 VVG Rn 27 [ex nunc]). Der VR erhält gem. § 39 Abs. 1 S. 3 VVG eine **angemessene Geschäftsgebühr** (§ 39 Rdn 7). Nach Abschaffung der Rücktrittsfiktion in § 38 Abs. 1 S. 2 VVG a.F. muss der VR den Rücktritt ggü. dem VN stets **erklären**. Andernfalls besteht der Vertrag fort. Dem **Schweigen des VR** kann daher regelmäßig **keine Erklärungswirkung** zukommen (a.A. Looschelders/Pohlmann/*Stagl*, § 37 Rn 16), da ansonsten der gesetzgeberische Wille, der mit der bewussten Abschaffung des § 38 Abs. 1 S. 1 VVG a.F. zum Ausdruck kommt, übergangen würde (unzutreffend daher Looschelders/ Pohlmann/*Stagl*, § 37 Rn 16). Eine an § 38 Abs. 1 S. 2 VVG a.F. orientierte Rücktrittsfiktion in AVB ist mit den §§ 307, 308 Nr. 6, 309 Nr. 12 BGB wohl nicht zu vereinbaren. 14

Fraglich ist allerdings, ob die **Rechtsfolgen des Rücktritts** nicht mitunter **einzuschränken** sind. Dass allein die schuldhafte Nichtzahlung der Prämie die Rechtsfolgen des Rücktrittsrechts auslösen soll, stößt z.T. auf Bedenken. Begründet wird dies damit, dass der VR aufgrund der Wirkungen des Rücktritts sich von seiner Leistungspflicht befreien könnte, obwohl die Voraussetzungen des § 37 Abs. 2 S. 2 VVG nicht gewahrt wurden (*Wandt*, Versicherungsrecht, Rn 518; anders MüKo/*Staudinger*, § 37 VVG Rn 27 [der entgegen den 15 allgemeinen Regeln dem Rücktritt nur ex nunc-Wirkung beimessen will]). Um dies zu vermeiden, wird teilweise das Hinweiserfordernis des § 37 Abs. 2 S. 2 VVG auf § 37 Abs. 1 VVG erstreckt (*Gitzel*, VersR 2007, 322; *Beckmann*, in: Bruck/Möller, § 37 Rn 52) oder eine Hinweispflicht des VR aus § 242 BGB angenommen (*Ganster*, Die Prämienzahlung im Versicherungsrecht, S. 279 Fn 1234). Beides überzeugt nicht. Gegen eine Anwendung des § 37 Abs. 2 S. 2 VVG auf § 37 Abs. 1 VVG sprechen die Gesetzessystematik sowie der Wortlaut („diese" Rechtsfolge) der Vorschrift. Zudem darf diese gesetzliche Wertung nicht durch die Anwendung des § 242 BGB übergangen werden. Insoweit fehlt es an einer Regelungslücke für die Annahme einer Analogie (**a.A.** *Beckmann*, in: Bruck/Möller, § 37 Rn 52) Letztlich bedarf es eines § 37 Abs. 2 S. 2 VVG entsprechenden Hinweises i.R.d. § 37 Abs. 1 VVG auch nicht. Unterlässt der VR nämlich einen Hinweis, ist er nicht nach § 37 Abs. 2 VVG leistungsfrei. Ein Rücktritt kommt dann zumeist wegen einer bestehenden Aufrechnungslage oder eines Zurückbehaltungsrechts nicht in Betracht (siehe Rdn 8 und 12).

II. Leistungsfreiheit des Versicherers (§ 37 Abs. 2 VVG)

1. Zeitpunkt der Nichtzahlung

16 Maßgeblicher Zeitpunkt für die Nichtzahlung bei § 37 Abs. 2 VVG ist der „Eintritt des Versicherungsfalles". Dieser bestimmt sich nach den getroffenen Vereinbarungen der Beteiligten und ist regelmäßig in den jeweiligen AVB definiert (BK/*Riedler*, § 38 Rn 59). Nicht maßgeblich ist „der Standpunkt eines objektiven Dritten" (so indes Looschelders/Pohlmann/*Stagl*, § 37 Rn 12 [der dies mit der Gefahr einer Umgehung von § 42 VVG begründet]). **Vor** Eintritt des Versicherungsfalles muss die Zahlung erfolgt sein. Auch hier wird insoweit auf die Leistungshandlung (siehe § 33 Rdn 11 ff. und § 36 Rdn 2) abzustellen sein. Beim sog. „gedehnten Versicherungsfall" kommt es auf den Zeitpunkt an, zu dem erstmals der Zustand des Versicherungsfalles gegeben war (BGH, VersR 1984, 630).

2. Rechtsfolge

17 Rechtsfolge der Nichtzahlung der Erstprämie zum Zeitpunkt des Eintritts des Versicherungsfalles ist die **Leistungsfreiheit des VR**. Diese Rechtsfolge tritt nur dann ein, wenn gem. § 37 Abs. 2 S. 2 VVG eine Rechtsbelehrung erfolgt (Rdn 20). Bis zur Zahlung fehlt es an einer Gefahrtragung (vgl. BGHZ 47, 352). Durch die neue Rechtslage ist jedoch auch i.R.d. § 37 Abs. 2 VVG ein **Verschulden des VN** notwendig (insoweit ist BGH, VersR 1984, 630 überholt), das ebenfalls widerleglich vermutet wird. Tritt daher der Versicherungsfall unmittelbar nach Zugang des Versicherungsscheins ein und ist dieser Zeitpunkt zugleich materieller Versicherungsbeginn, besteht Versicherungsschutz, sofern der VN die Prämie innerhalb der Frist des § 33 Abs. 1 VVG zahlt oder lediglich unverschuldet nicht gezahlt hat (VersR-Hdb/*Hahn*, § 12 Rn 58; Rüffer/Halbach/Schimikowski/*Karczewski*, § 37 Rn 16; MüKo/*Staudinger*, § 37 VVG Rn 22; **a.A.** [wohl] *Wandt/Ganster*, VersR 2007, 1024, 1035). Vor Fälligkeit der Prämie kann den VN kein Verschulden an der

Nichtzahlung treffen (**a.A.** *Wandt/Ganster*, VersR 2007, 1024, 1035, [die das Verschuldenserfordernis erst nach Eintritt der Fälligkeit für anwendbar halten]).

Ggü. dem geschädigten Dritten wird der VR in allen Pflichtversicherungen grds. nicht frei (§ 117 VVG). Die Befreiung von der Leistungspflicht kann in **Einzelfällen gegen § 242 BGB** verstoßen, etwa wenn der VR zum Zeitpunkt des Fälligwerdens der Erstprämie eine Aufrechnungsmöglichkeit hatte. In diesen Fällen ist das Interesse an dem Erhalt der ihm zustehenden Prämie ausreichend gewahrt (vgl. dazu Prölss/Martin/*Knappmann*, § 37 Rn 23 m.w.N. und Beispielen sowie Rdn 8). Gleiches gilt, wenn der VR ohne Grund Zahlungsangebote Dritter ablehnt (**a.A.** LG Köln, VersR 1980, 962). Zur Anwendung von § 242 BGB bei Vertragsänderungen siehe Rdn 6.

Ggü. dem redlichen Inhaber eines vom VR ausgestellten Sicherungsscheines kann sich der VR nur dann auf den Leistungsausschluss wegen fehlender Prämienzahlung berufen, wenn im Sicherungsschein ein **ausdrücklicher diesbezüglicher Hinweis** enthalten war (BGH, VersR 1964, 131). Zur Informationspflicht des VR siehe § 34 Rdn 12.

3. Rechtsbelehrung

Nach dem im Vergleich zum alten Recht neuen § 37 Abs. 2 S. 2 VVG ist der VR nur dann von der Leistungspflicht befreit, wenn er den VN „durch gesonderte Mitteilung in Textform oder durch einen auffälligen Hinweis im Versicherungsschein" auf diese Rechtsfolge aufmerksam gemacht hat. Eine vergleichbare Pflicht war auch zur alten Rechtslage für Fälle anerkannt, in denen der Versicherungsschutz vereinbarungsgemäß bereits vor Prämienzahlung begann, da dort wegen des dann möglichen rückwirkenden Wegfalles ein besonderes Interesse des VN bejaht wurde (vgl. dazu Römer/Langheid/*Römer*, 2. Aufl., § 38 Rn 16 ff.). Nach der zutreffenden Auffassung des Gesetzgebers besteht ein solches Bedürfnis des VN jedoch auch dann, wenn der Versicherungsschutz erst durch die Zahlung der Erstprämie beginnt (Begr. BT-Drucks 16/3945, S. 71). Aus diesem Grunde wurde das Erfordernis der Rechtsbelehrung in § 37 Abs. 2 S. 2 VVG allgemein und für alle Fälle postuliert. Bei der vorläufigen Deckung finden sich vergleichbare Regelungen in den §§ 51 Abs. 1 und 52 Abs. 1 S. 2 VVG (s. Anm. dort). Der Anwendungsbereich der vorläufigen Deckung bleibt auch in den Fällen der Vorverlagerung des Versicherungsschutzes bestehen, da der VN nicht sicher sein kann, dass sein Antrag vom VR angenommen wird und er seine Interessen somit nur durch Abschluss eines gesonderten VV über eine vorläufige Deckung wahren kann.

Die Rechtsprechung zu den Anforderungen an eine solche Belehrung nach altem Recht kann für die Interpretation der Norm übernommen werden, da auch der Gesetzgeber sich auf diese Rechtsprechung bezieht (Begr. BT-Drucks 16/3945, S. 71). Somit ist eine Belehrung auf der Rückseite des Versicherungsscheines nur dann ausreichend, wenn auf der Vorderseite in Fett- oder Großdruck auf die rückseitige Belehrung hingewiesen wird (OLG Bremen, VersR 1995, 287; LG Duisburg, Schaden-Praxis 2013, 27). Belehrungen im Antragsformular oder in der Rücktrittserklärung sind **nicht** ausreichend (OLG Celle, VersR 2000, 314). Der VN darf nicht durch unklare oder missverständliche Belehrungen über die wahre Rechtslage getäuscht werden. So muss für den VN erkennbar sein, dass nur eine **schuldhafte Nichtzahlung** der Erstprämie die Rechtsfolgen des § 37 Abs. 2 VVG auslöst, wofür der Hinweis auf das Erfordernis einer „unverzüglichen" Zahlung nicht ausreicht (vgl. BGH, VersR 2006, 913; ebenso LG Dortmund, r+s 2012, 482 [bloßer Hinweis auf rechtzeitige Zahlung ungenügend]). Der Hinweis auf die Zahlungspflicht genügt ohne Angabe der Rechtsfolge nicht (OLG Hamm, VersR 1980, 178, OLG Sachsen-Anhalt, VersR 2012, 973; [Hinweis auf die Rechtsfolgen in Folgeseiten des Verssicherungsscheins ungenügend]). Zutreffend ist allerdings auch, dass eine zu umfassende, komplizierte Belehrung vom VN u.U. nicht beachtet wird (OLG Düsseldorf, VersR 1993, 737). Die Erklärung muss mithin generell für den durchschnittlich aufmerksamen und verständigen VN klar erkennbar und verständlich sein. Ist die Belehrung danach fehlerhaft, spielt es keine Rolle, ob das Verhalten des VN hierdurch beeinflusst wurde. Der VR kann Belehrungsmängel nicht mithilfe eines Kausalitätsgegenbeweises beheben (BGH, VersR 2006, 913).

22 Wiederum, wie auch bei § 37 Abs. 1 VVG, ist der VR zur exakten Berechnung und Ankündigung der Erstprämie verpflichtet. Ungenauigkeiten und Fehler gehen zu seinen Lasten, so dass er zur Leistung verpflichtet bleibt (Prölss/Martin/*Knappmann*, § 37 Rn 29 m.w.N.).

C. Prozessuale Hinweise

23 Der VN trägt die Beweislast für die Prämienzahlung und deren Rechtzeitigkeit (§ 33 Rdn 17). Den VR trifft die Beweislast für den Zugang der korrekt bezifferten Prämienforderung (BGH, VersR 1986, 986) sowie im Rücktrittsfall für Zugang und Zeitpunkt der Rücktrittserklärung (BK/*Riedler*, § 38 Rn 100). Ist Existenz und/oder Inhalt einer vorläufigen Deckungszusage streitig, trifft den VN hierfür die Beweislast (BGH, VersR 1986, 541). Ist dagegen streitig, ob eine vorläufige Deckungszusage aufgrund einer nicht unverzüglichen Prämienzahlung des VN weggefallen ist, trifft den VR die Beweislast für den Verzug des VN (BGH, VersR 1996, 445).

D. Abdingbarkeit

24 Abweichungen **zulasten des VN** sind gem. § 42 VVG **nicht zulässig**. Bei der vorläufigen Deckungszusage ist § 37 Abs. 2 VVG regelmäßig, wie nunmehr aus § 51 VVG ersichtlich, zulasten des VR ausgeschlossen (so zu § 38 Abs. 2 VVG a.F. OLG Hamm, VersR 1984, 377; **a.A.** offenbar LG Frankfurt, VersR 1985, 658). Bei einer Stundung ist zwischen einer deckenden und einer nicht deckenden Stundung zu unterscheiden (§ 33 Rdn 9). Bei Erstgenannter ist § 37 Abs. 2 VVG abbedungen.

25 Durch sog. „**erweiterte Einlösungsklauseln**" wurde unter Geltung des § 38 Abs. 2 VVG a.F. der materielle Versicherungsschutz schon auf einen Zeitpunkt vor Prämienzahlung vorverlegt. Danach entfiel der vorverlegte Versicherungsschutz, wenn der VN nicht unverzüglich auf eine entsprechende Aufforderung des VR zahlte. Hier war § 38 Abs. 2 VVG a.F. zugunsten des VN abbedungen. Einer solchen Regelung bedarf es jetzt nicht mehr und

die nunmehr verwendeten AVB geben zumeist nur die gesetzliche Regelung des § 37 VVG wieder (z.B. § 8 BUV 2009, B. § 2 VGB 2008; zur Modifizierung der Fälligkeitsregelung des § 33 Abs. 1 in AVB s. § 33 Rdn 21). Im Rahmen einer Rückwärtsversicherung bedarf es einer Abbedingung des § 37 Abs. 2 VVG anders als nach früherem Recht nicht mehr, da § 2 Abs. 4 VVG ausdrücklich die Unanwendbarkeit von § 37 Abs. 2 VVG anordnet.

Die Abbedingung von § 37 Abs. 2 VVG beinhaltet nicht zwingend auch eine Abbedingung von § 37 Abs. 1 VVG (BK/*Riedler*, § 38 Rn 92). 26

§ 38 VVG Zahlungsverzug bei Folgeprämie

(1) Wird eine Folgeprämie nicht rechtzeitig gezahlt, kann der Versicherer dem Versicherungsnehmer auf dessen Kosten in Textform eine Zahlungsfrist bestimmen, die mindestens zwei Wochen betragen muss. Die Bestimmung ist nur wirksam, wenn sie die rückständigen Beträge der Prämie, Zinsen und Kosten im Einzelnen beziffert und die Rechtsfolgen angibt, die nach den Absätzen 2 und 3 mit dem Fristablauf verbunden sind; bei zusammengefassten Verträgen sind die Beträge jeweils getrennt anzugeben.

(2) Tritt der Versicherungsfall nach Fristablauf ein und ist der Versicherungsnehmer bei Eintritt mit der Zahlung der Prämie oder der Zinsen oder Kosten in Verzug, ist der Versicherer nicht zur Leistung verpflichtet.

(3) Der Versicherer kann nach Fristablauf den Vertrag ohne Einhaltung einer Frist kündigen, sofern der Versicherungsnehmer mit der Zahlung der geschuldeten Beträge in Verzug ist. Die Kündigung kann mit der Bestimmung der Zahlungsfrist so verbunden werden, dass sie mit Fristablauf wirksam wird, wenn der Versicherungsnehmer zu diesem Zeitpunkt mit der Zahlung in Verzug ist; hierauf ist der Versicherungsnehmer bei der Kündigung ausdrücklich hinzuweisen. Die Kündigung wird unwirksam, wenn der Versicherungsnehmer innerhalb eines Monats nach der Kündigung oder, wenn sie mit der Fristbestimmung verbunden worden ist, innerhalb eines Monats nach Fristablauf die Zahlung leistet; Absatz 2 bleibt unberührt.

Übersicht

	Rdn
A. Normzweck	1
B. Norminhalt	3
I. Bestimmung einer Zahlungsfrist (§ 38 Abs. 1 VVG)	3
1. Folgeprämie	3
2. Nicht rechtzeitige Zahlung	5
3. Fristbestimmung	8
4. Inhalt der Fristbestimmung (Qualifizierte Mahnung)	9
II. Leistungsfreiheit (§ 38 Abs. 2 VVG)	13
1. Eintritt des Versicherungsfalls	13
2. Verzug des VN	14
3. Rechtsfolge	16
III. Kündigung des Vertrags nach Fristablauf (§ 38 Abs. 3 VVG)	18
1. Umfang des Kündigungsrechts	18
2. Beseitigung der Wirkung der Kündigung	19
C. Beweislast	22
D. Abdingbarkeit	25

§ 38 VVG

A. Normzweck

1 § 38 VVG regelt die Rechtsfolgen bei verspäteten Zahlungen von **Folgeprämien** und knüpft die in diesem Fall bestehenden Rechte des VR zugunsten des VN an bestimmte, **qualifizierte Voraussetzungen**.

2 Die Vorschrift entspricht in der Sache weitgehend **§ 39 VVG a.F.** und wurde lediglich redaktionell gestrafft. Das in § 39 VVG a.F. enthaltene Schriftformerfordernis wurde in ein Textformerfordernis geändert. Eine sachliche Änderung ggü. dem alten Recht ergibt sich aus § 38 Abs. 3 S. 3 VVG, wonach der VN nunmehr, unter Aufrechterhaltung der Leistungsfreiheit des VR, hinsichtlich etwaiger vor Zahlung eingetretener Versicherungsfälle, auch nach Eintritt des Versicherungsfalles den Fortbestand des VV durch Zahlung herbeiführen kann (Begr. BT-Drucks 16/3945, S. 71). Ergänzt wird § 38 VVG in der Lebensversicherung durch § 166 VVG. Eine Sonderregel besteht für die Krankenversicherung in § 193 Abs. 6 VVG.

B. Norminhalt

I. Bestimmung einer Zahlungsfrist (§ 38 Abs. 1 VVG)

1. Folgeprämie

3 Die Folgeprämie könnte „schlicht negativ" als jede Prämie, die nicht als Erst- oder Einmalprämie zu definieren ist, ermittelt werden (ähnlich Prölss/Martin/*Knappmann*, § 38 Rn 4). Was Folgeprämie i.S.d. § 38 VVG ist, ergibt sich demnach aus einem Umkehrschluss zur Kommentierung in § 37 Rdn 3, etwa jede weitere Rate bei echter Ratenzahlung (auch innerhalb der ersten Versicherungsperiode) oder die erste Prämie bei der Umwandlung eines bestehenden VV.

4 Unzweifelhaft handelt es sich um Folgeprämien, wenn eine Prämienerhebung für eine weitere Versicherungsperiode anfiel, z.B. durch Eingreifen einer Verlängerungsklausel. Eine Folgeprämie entsteht für eine weitere Versicherungsperiode. Bei Vertragsänderungen, auch wenn ein neuer Versicherungsschein erstellt wird, handelt es sich i.d.R. um Folgeprämien.

2. Nicht rechtzeitige Zahlung

5 Vorbehaltlich abweichender vertraglicher Regelungen wird die Folgeprämie gem. § 271 BGB – § 33 VVG ist unanwendbar (siehe § 33 Rdn 1) – jeweils am ersten Tag der neuen Versicherungsperiode oder des neuen Ratenzeitraumes fällig (BK/*Riedler*, § 39 Rn 8). Das Recht des VR zur qualifizierten Mahnung in § 38 Abs. 1 VVG ist nicht an eine schuldhaft verspätete Zahlung des VN geknüpft (BGH, VersR 1968, 241). Wiederum kommt es regelmäßig auf die rechtzeitige Vornahme der Leistungshandlung, nicht auf den Eintritt des Leistungserfolges an (**a.A.** MüKo/*Staudinger*, § 38 VVG Rn 4; näher § 33 Rdn 11 ff.; § 36 Rdn 4).

Eine rechtzeitige Zahlung kann auch durch **Aufrechnung** erfolgen. Besteht eine Aufrechnungslage und kann sich der VR durch Aufrechnung befriedigen, ist von einer rechtzeitigen Zahlung auszugehen (siehe § 37 Rdn 8; OLG Frankfurt am Main, VersR 2006, 537). Dies gilt auch, wenn die Gegenforderung erst nach Fristsetzung, aber vor Ablauf der Frist entstanden ist (Rüffer/Halbach/Schimikowski/*Karczewski*, § 38 Rn 18). Entsteht die Forderung nach Fristablauf, bleibt der VR nach § 38 Abs. 2 VVG leistungsfrei, die Kündigungsmöglichkeit gem. § 38 Abs. 3 VVG entfällt allerdings (ähnlich Prölss/Martin/*Knappmann*, § 39 Rn 42 [kein Verschulden des VN]). 6

Liegt eine „echte" Stundung der Folgeprämie vor, ist diese nicht fällig und der Anwendungsbereich des § 38 VVG bereits nicht eröffnet. Ob dies der Fall ist, muss durch Auslegung ermittelt werden. Im Einzelfall kann auch lediglich ein vorläufiger Verzicht, die Prämie geltend zu machen, erklärt werden, was im Zweifel die Fälligkeit nicht berührt (vgl. zur Abgrenzung Palandt/*Grüneberg*, § 271 BGB Rn 12 ff.). I.Ü. kommt es auf den Zeitpunkt der getroffenen Stundungsabrede an (hierzu Prölss/Martin/*Knappmann*, § 38 Rn 44 ff.). Erfolgt diese nach Fristsetzung aber vor Fristablauf, wird im Zweifel der Zeitpunkt des Fristablaufs hinausgeschoben. Wird die Abrede nach Eintritt der Leistungsfreiheit getroffen, muss sich der VR darüber erklären, ob bei Zahlung der Rückstände auch für den Stundungszeitraum rückwirkend Versicherungsschutz gewährt wird. 7

3. Fristbestimmung

Bei nicht rechtzeitiger Zahlung kann der VR dem VN eine Zahlungsfrist in Textform setzen, die mindestens zwei Wochen betragen muss. Die Sonderregel des § 91 VVG a.F. für die Gebäudefeuerversicherung ist weggefallen. Für die Berechnung der Frist gelten die §§ 187 Abs. 1, 188 Abs. 2 BGB. Bei einem zusammengesetzten VV können unterschiedliche Fristen gesetzt werden, allerdings muss für den VN erkennbar sein, welche Frist für welchen VV gilt (vgl. OLG Düsseldorf, VersR 2006, 250). Wird eine Frist vor Fälligkeit der Prämie gesetzt, ist sie wirkungslos (Prölss/Martin/*Knappmann*, § 39 Rn 5). **Erklärungsgegner** ist grds. der Prämienschuldner bzw. dessen gesetzlicher Vertreter (BGH, VersR 1967, 569). Es genügt die Übergabe an eine Person, die nach objektiven Maßstäben als zum Empfang ermächtigt angesehen werden kann (BGH, VersR 1966, 723). Bei mehreren VN muss jeder separat gemahnt werden, auch wenn diese dieselbe Anschrift haben (BGH, VersR 2014, 229; a.A. *Hahn*, VersR 2014, 733). Zu Informationspflichten des VR ggü. Dritten siehe § 34 Rdn 12. Nach allg. Grundsätzen ist der Zugang (vgl. etwa BGHZ 67, 271, 275 = NJW 1977, 194) der Erklärung beim Erklärungsempfänger erforderlich (zu Beweisfragen siehe Rdn 22; Einzelfälle bei: MüKo/*Staudinger*, § 38 VVG Rn 8 ff.). Eine Zugangsfiktion besteht bei Vorliegen der Voraussetzungen des § 13 VVG (§ 13 Rdn 8). 8

4. Inhalt der Fristbestimmung (Qualifizierte Mahnung)

Nach der früher wohl h.M. war eine genaue Bezifferung des Prämienrückstandes dann entbehrlich, wenn sich die zu zahlende Prämie unschwer aus dem Versicherungsschein ergab (BK/*Riedler*, § 39 Rn 22 ff. m.w.N.). Diese Auffassung wurde allerdings mit Recht 9 als bedenklich empfunden (Römer/Langheid/*Römer*, 2. Aufl., § 39 Rn 9), da sie dem Schutzzweck der Vorschrift zuwiderlief. Nunmehr verlangt § 38 Abs. 1 S. 2 VVG ausdrücklich die Angabe der rückständigen Prämie, so dass die früher herrschende Meinung nicht mehr mit dem Wortlaut der Vorschrift vereinbar ist. Wird ein **zu hoher Prämienrückstand** angegeben, ist die Mahnung unwirksam. Die Angabe eines **zu geringen Prämienrückstandes** soll hingegen die Wirksamkeit der Mahnung nicht berühren. Sofern der VN den (zu gering) angemahnten Betrag bezahlt, genügt dies, um den Eintritt der Rechtsfolgen des § 38 VVG zu vermeiden (MüKo/*Staudinger*, § 38 VVG Rn 5). Prämienrückstände aus mehreren VV sind grds. getrennt auszuweisen (OLG Hamm, r+s 1998, 489), auch wenn in einer Globalpolice eine Gesamtprämie vereinbart ist (OLG Düsseldorf, VersR 2006, 250). Dies ist v.a. in der Kfz-Versicherung (dazu BGH, VersR 1986, 54), aber auch in der Krankenversicherung (LG Köln, r+s 1992, 352) von Bedeutung. Die fehlerhafte Angabe des Fälligkeitstermins ist unschädlich, sofern dies auf die Berechnung der Mahnfrist keine Auswirkungen hat (OLG Hamm, VersR 1976, 1032). Etwas anderes gilt natürlich dann, wenn aufgrund der fehlerhaften Angabe des Fälligkeitstermins eine Fristsetzung vor Fälligkeit erfolgt (siehe Rdn 8). Auch die **genaue zahlenmäßige Angabe** von Zinsen und Kosten ist gem. § 38 Abs. 1 S. 2 VVG Wirksamkeitsvoraussetzung. Hinsichtlich der Zinsen wird man allerdings auch die Angabe der Berechnungsmodalität als ausreichend ansehen müssen, sofern der VN diese mit zumutbaren Anstrengungen nachvollziehen kann (MüKo/*Staudinger*, § 38 VVG Rn 6).

10 Weiterhin muss der VN mit der Fristbestimmung umfassend über die in § 38 Abs. 2 und 3 VVG bestimmten Rechtsfolgen, sowie über seine ihm gem. § 38 Abs. 3 VVG offen stehenden Möglichkeiten **belehrt** werden. Nicht genügend ist die alleinige Wiedergabe des Gesetzestextes, wobei der Rechtsbegriff des Verzuges allerdings nicht näher erläutert werden muss (BK/*Riedler*, § 39 Rn 35). Wird eine Reihe von **allgemeinen Belehrungen** verwendet, die keinen Bezug zum konkreten Fall haben, genügt dies grds. nicht (vgl. BGH, VersR 1999, 1525). Der Hinweis, die Zahlung müsse innerhalb der Frist beim VR eingegangen sein, kann fehlerhaft sein, sofern es im konkreten Fall auf die Rechtzeitigkeit des Leistungshandelns und nicht auf den Zeitpunkt des Leistungserfolges ankommt (vgl. OLG Oldenburg, VersR 2002, 555). Es muss in der Rechtsbelehrung deutlich zum Ausdruck kommen, dass auch eine Zahlung nach Fristablauf (wegen § 38 Abs. 3 VVG) den Versicherungsschutz aufrechterhalten bzw. wiederherstellen kann (vgl. dazu OLG Hamm, VersR 1977, 715). Werden Prämien aus mehreren Versicherungsverhältnissen gemahnt, so darf nicht der Eindruck entstehen, der Versicherungsschutz für die einzelnen Verhältnisse hänge davon ab, dass sämtliche Prämien beglichen würden (BGH, VersR 1967, 467).

Praxistipp
Voraussetzung der Leistungsfreiheit des VR ist daher stets eine ordnungsgemäße **qualifizierte Mahnung.**

11 Diese strenge Rechtsfolge soll nur dann eingreifen, wenn keine inhaltlichen oder formalen Fehler festzustellen sind. Die Überprüfung der Rechtsbelehrung erfolgt sehr formalisiert und streng. Kleinste Nachlässigkeiten führen dazu, dass der VR nicht wegen Nichtzahlung

der Versicherungsprämie leistungsfrei ist (weitere Einzelfälle bei Prölss/Martin/*Knappmann*, § 38 Rn 25 ff.).

Neben der Fragestellung, ob dem VN überhaupt die qualifizierte Mahnung zugegangen ist, bedarf es daher einer genauesten inhaltlichen Auseinandersetzung. **12**

II. Leistungsfreiheit (§ 38 Abs. 2 VVG)

1. Eintritt des Versicherungsfalls

Gem. § 38 Abs. 2 VVG ist der VR von der Leistungspflicht befreit, wenn zum Zeitpunkt des Eintritts des Versicherungsfalls die gem. § 38 Abs. 1 VVG ordnungsgemäß bestimmte Zahlungsfrist verstrichen ist. Die Frage, wann im Einzelnen vom Eintritt des Versicherungsfalles auszugehen ist, richtet sich nach allgemeinen Grundsätzen (zu Fragen der Beweislast siehe Rdn 22). Unbeschadet der weiteren Möglichkeiten gem. § 38 Abs. 3 VVG (siehe Rdn 19) sind mit dem Fristablauf bis zum Eintritt des Versicherungsfalles zunächst keine praktischen Konsequenzen verbunden (so zutr. BK/*Riedler*, § 39 Rn 53). Bis zu diesem Zeitpunkt kann der VN also, wiederum unbeschadet der Regelungen in § 38 Abs. 3 VVG, den angeordneten Rechtsfolgen auch nach Fristablauf entgegenwirken. Zweifelhaft ist, ob dies auch dann gilt, wenn die Zahlung zwar vor Eintritt des Versicherungsfalles erfolgt, sich dieser zum Zahlungszeitpunkt aber bereits ankündigt (dazu BK/*Riedler*, § 39 Rn 55 m.w.N.). Richtig ist insoweit, dass die Zahlung nach objektiv nachprüfbarer Ankündigung eines konkreten Versicherungsfalles regelmäßig gegen § 242 BGB verstoßen dürfte, während die Zahlung kurz vor einem abstrakt risikoträchtigen Ereignis (etwa einem angekündigten Unwetter, Symptome einer Erkrankung) die Rechtsfolgen von § 38 Abs. 2 und 3 VVG zugunsten des VN beseitigt (so im Ergebnis wohl auch BK/*Riedler*, § 39 Rn 55; Prölss/Martin/*Knappmann*, § 38 Rn 39; **a.A.** MüKo/*Staudinger*, § 38 VVG Rn 17). **13**

2. Verzug des VN

Die Leistungsfreiheit des VR tritt nur bei Verzug des VN ein, setzt also insb. **Verschulden** voraus. An einem solchen kann es etwa fehlen, wenn der VN berechtigt annehmen durfte, er sei beitragsfrei geworden (Römer/Langheid/*Rixecker*, § 38 Rn 14). Kein Verschulden trifft den VN, wenn er aufgrund eines bestehenden Zurückbehaltungsrechts nicht leistet (LG Tübingen, VersR 1990, 33; siehe auch § 37 Rdn 12). Nach dem eindeutigen, auch durch den Reformgesetzgeber sachlich übernommenen Wortlaut der Norm kommt es für den Verzug i.R.d. § 38 Abs. 2 VVG auf den Zeitpunkt des Eintritts des Versicherungsfalles an. Hier muss ein Verschulden des VN vorliegen. Dass dies etwa in Fällen der Todesfallversicherung dazu führen kann, dass ein zunächst bestehender Verzug kurz vor Eintritt des Versicherungsfalles (Tod) aufgrund einer schweren, das Verschulden ausschließenden Erkrankung des VN beseitigt wird, ist als Konsequenz dieser eindeutigen gesetzlichen Regelung zu akzeptieren (krit. aber BK/*Riedler*, § 39 Rn 54). **14**

Der Verzug wird dadurch **beseitigt**, dass der VN das seinerseits Erforderliche getan hat (BGH, VersR 1969, 368). Wird auf eine andere, als die angemahnte Prämie bezahlt, berührt **15** dies den Verzug grds. nicht (BGH, VersR 1963, 376). Andererseits ist aber der Verzug mit solchen Prämien, die vom VR nicht qualifiziert angemahnt wurden, zugunsten des VN unbeachtlich (OLG Köln, r+s 1992, 398).

3. Rechtsfolge

16 Bei zum Zeitpunkt des Eintritts des Versicherungsfalls fortbestehendem Verzug ist der VR von seiner Leistungspflicht befreit. Dies gilt grds. auch bei geringen Zahlungsrückständen (siehe § 37 Rdn 7). Etwas anderes kann jedoch dann gelten, wenn der VR laufend Folgeprämien angenommen hat, und sich dann im Leistungsfall auf eine vor längerer Zeit qualifiziert gemahnte und nicht gezahlte Prämie beruft (BGH, VersR 1963, 376). Grds. verstößt die Berufung auf geringe Prämienrückstände im Leistungsfall zumeist nicht gegen § 242 BGB.

17 Bis zur Geltendmachung der Rechte aus § 38 Abs. 3 VVG durch den VR bleibt das Versicherungsverhältnis dem Grunde nach bestehen, so dass auch die Prämienzahlungspflicht des VN aufrechterhalten bleibt.

III. Kündigung des Vertrags nach Fristablauf (§ 38 Abs. 3 VVG)

1. Umfang des Kündigungsrechts

18 Nach Ablauf der gem. § 38 Abs. 1 VVG gesetzten Zahlungsfrist kann der VR das Versicherungsverhältnis fristlos kündigen. Eine Pflicht des VR zur Kündigung besteht indes nicht (Rüffer/Halbach/Schimikowski/*Karczewski*, § 38 Rn 25 [im Einzelfall eine Verwirkung des Kündigungsrechts annehmend]; zu den Folgen für den Prämienanspruch siehe § 39 Rdn 4). Die Kündigung kann auch dergestalt erfolgen, dass sie mit der Zahlungsfrist verbunden und als für den Fall von deren fruchtlosen Verstreichen wirksam erklärt wird. In beiden Fällen muss der Verzug des VN zum Kündigungszeitpunkt fortbestehen (zweifelhaft insoweit OLG Bamberg, VersR 1976, 651, wo der Ablauf der Nachfrist als entscheidender Zeitpunkt für das Fortbestehen des Verzugs genannt wird). Da die Prämienzahlungspflicht des VN hinsichtlich weiterer Folgeprämien aufrecht erhalten bleibt, kann u.U. gem. § 242 BGB eine zeitliche Grenze bestehen, bei deren Überschreiten eine nicht mit der Fristsetzung verbundene Kündigung als **unzulässig** anzusehen wäre (OLG Düsseldorf, VersR 2002, 217). Die mit der Fristsetzung verbundene Ankündigung, der VR werde das Versicherungsverhältnis nach Fristablauf kündigen, ist im Zweifel nicht als Kündigungserklärung, sondern als **Ankündigung der Ausübung des Kündigungsrechts** zu verstehen (vgl. OLG Köln, r+s 1992, 151). Wird die Kündigung mit der Fristsetzung verbunden, erweitert dies die Anforderungen an die qualifizierte Mahnung dahin gehend, dass der VN über die Rechtsfolgen der Kündigung aufgeklärt werden muss (BK/*Riedler*, § 39 Rn 58). Hinsichtlich der Zugangserfordernisse und deren Beweispflicht des VN gelten keine Besonderheiten.

2. Beseitigung der Wirkung der Kündigung

Ungeachtet der Tatsache, dass das Versicherungsverhältnis vom Zeitpunkt der Kündigungserklärung an mit Wirkung ex nunc beendet wird, räumt das Gesetz dem VN in § 38 Abs. 3 VVG die Möglichkeit ein, den VV durch nur einseitige Handlung **zwingend wiederaufleben** zu lassen. Rechtstechnisch wird die Kündigung zumeist als durch die Zahlung der offenen Beträge **auflösend bedingt** angesehen (BayObLG, zfs 1986, 317; Prölss/Martin/*Knappmann*, § 38 Rn 42; abw. offenbar BK/*Riedler*, § 39 Rn 61). Nach zutreffender Auffassung werden diese Rechtswirkungen im Zweifel dann nicht ausgelöst, wenn die rückständigen Prämien durch den VR im Wege der **Zwangsvollstreckung** erlangt oder vom VN zur Abwendung der Zwangsvollstreckung gezahlt werden (BK/*Riedler*, § 39 Rn 62; a.A. LG Duisburg, VersR 1961, 678; MüKo/*Staudinger*, § 38 VVG Rn 23). Die Regelung stellt eine **Gestaltungsmöglichkeit des VN** dar. Bei Leistungen aufgrund oder zur Abwendung von Zwangsvollstreckungsmaßnahmen kann i.d.R. nicht von einem solchen Gestaltungswillen ausgegangen werden (BK/*Riedler*, § 39 Rn 62). Selbstverständlich kann der VN in derartigen Fällen diese Rechtswirkungen aber durch Abgabe einer entsprechenden **Willenserklärung** herbeiführen (vgl. AG Alsfeld, NJW-RR 1991, 1312).

Erfolgt eine Zahlung nach Kündigung innerhalb der Monatsfrist, ist aber zu diesem Zeitpunkt bereits der Versicherungsfall eingetreten, lebt das Vertragsverhältnis wieder auf, der VR ist zur Leistung auf den **vor Zahlung eingetretenen Versicherungsfall** jedoch nicht verpflichtet (vgl. Prölss/Martin/*Knappmann*, § 38 Rn 42). Dies ist durch die neue Gesetzesfassung, die lediglich den Hinweis beinhaltet, dass § 38 Abs. 2 VVG unberührt bleibt, noch verdeutlicht worden, da § 38 Abs. 2 VVG **auch vom Fortbestehen des VV bei Leistungsfreiheit des VR** ausgeht.

Nach Ablauf der Monatsfrist ist ein Wiederaufleben des VV nur durch ausdrückliche Parteivereinbarung möglich (OLG Stuttgart, MDR 1962, 484).

C. Beweislast

Wie in anderen Zusammenhängen auch, trägt der VN die Beweislast für die Zahlung bzw. ihre Rechtzeitigkeit (siehe Rdn 5).

Der VR hat den **Strengbeweis** für den Zugang und dessen Zeitpunkt zu führen und zwar sowohl hinsichtlich der Mahnung als auch hinsichtlich der Kündigung (BGH, VersR 1956, 29; 1981, 921). Die Absendung beweist nicht den Zugang, auch nicht im Wege des Anscheinsbeweises (BGH, VersR 1964, 375). Steht der Zugang des Mahnschreibens fest, soll nach z.T. vertretener Ansicht von einem Zugang drei, spätestens vier Tagen nach Absendung auszugehen sein (LG Köln, IVH 2003, 270; a.A. Rüffer/Halbach/Schimikowski/*Karczewski*, § 38 Rn 15). Zutreffend ist insoweit, dass der VN nicht einfach gem. § 138 Abs. 4 ZPO den Zeitpunkt des Zugangs mit Nichtwissen bestreiten kann, da dieser Gegenstand seiner eigenen Wahrnehmung ist. Allerdings kann ein Bestreiten nach § 138 Abs. 4 ZPO in Betracht kommen, wenn der VN den Zeitpunkt des Zugangs vergessen hat (vgl. Zöller/*Greger*, § 138 ZPO Rn 13 f.). Es liegt in der Hand des VR, etwaige Beweisschwierigkeiten durch Verwendung eines **Einschreibens mit Rückschein** zu vermeiden

(OLG Hamm, r+s 1992, 258). Der VN kann sich grds. auf ein einfaches Bestreiten des Zuganges beschränken (OLG Hamm, VersR 1996, 1408; **a.A.** wohl LG Koblenz, zfs 1981, 208). Beruft sich der VN jedoch erst nach längerer Zeit auf den Nichtzugang (etwa nach Ablauf der Aufbewahrungspflicht für Ablieferungsscheine), obwohl er bereits Kenntnis von der Behauptung der Absendung hatte, **kann** dies zu einer **Umkehr der Beweislast** führen (BGH, VersR 1968, 241). Dabei ist jedoch zu beachten, dass es keine allgemeine Pflicht gibt, den Zugang der Mahnung in angemessener Zeit zu bestreiten (zutr. OLG Nürnberg, VersR 1992, 602; OLG Köln, r+s 2004, 316). Zulässig sei aber im besonderen Einzelfall die Annahme einer **Indizwirkung** (so Prölss/Martin/*Knappmann*, § 38 Rn 18, zweifelhaft; zur vertraglichen Abänderung der Beweislast siehe Rdn 25).

24 Streitig werden kann auch, ob ein Versicherungsfall in einen noch (§ 38 Abs. 2 VVG) oder wieder (§ 38 Abs. 3 VVG) versicherten Zeitraum fällt. Hier hat der VR im Fall des § 38 Abs. 2 VVG zu beweisen, dass der Versicherungsfall nach Ablauf der Mahnfrist eingetreten ist und sich der VN in Verzug befand, während im Fall des Wiederauflebens gem. § 38 Abs. 3 VVG der VN zu beweisen hat, dass der Versicherungsfall nach durch Zahlung herbeigeführtem Wiederaufleben eingetreten ist (so zutr. *Beckmann*, in: Bruck/Möller, § 38 Rn 89). Dafür, dass den VN an der nicht oder verspätet geleisteten Zahlung kein Verschulden trifft, muss dieser sich gem. § 286 Abs. 4 BGB entlasten.

D. Abdingbarkeit

25 Abweichungen **zulasten des VN** sind gem. § 42 VVG **nicht zulässig**. Der VR kann daher bspw. keine Abänderungen der Beweislastverteilung zulasten des VN vornehmen (zutreffend *Klimke*, Die halbzwingenden Vorschriften des VVG, 2004, S. 39 f.), was zudem regelmäßig gegen §§ 308 Nr. 6, 309 Nr. 13 BGB verstößt. Zugunsten des VN kann dagegen von § 38 VVG abgewichen werden. Insb. kann der VR auf die Leistungsfreiheit im Verzugsfalle gem. § 38 Abs. 2 VVG verzichten (dazu eingehend Prölss/Martin/*Knappmann*, § 38 Rn 43) oder es können längere als die in § 38 Abs. 3 VVG vorgesehenen Zahlungsfristen vereinbart werden.

§ 39 VVG Vorzeitige Vertragsbeendigung

(1) Im Fall der Beendigung des Versicherungsverhältnisses vor Ablauf der Versicherungsperiode steht dem Versicherer für diese Versicherungsperiode nur derjenige Teil der Prämie zu, der dem Zeitraum entspricht, in dem Versicherungsschutz bestanden hat. Wird das Versicherungsverhältnis durch Rücktritt aufgrund des § 19 Abs. 2 oder durch Anfechtung des Versicherers wegen arglistiger Täuschung beendet, steht dem Versicherer die Prämie bis zum Wirksamwerden der Rücktritts- oder Anfechtungserklärung zu. Tritt der Versicherer nach § 37 Abs. 1 zurück, kann er eine angemessene Geschäftsgebühr verlangen.

(2) Endet das Versicherungsverhältnis nach § 16, kann der Versicherungsnehmer den auf die Zeit nach der Beendigung des Versicherungsverhältnisses entfallenden Teil der Prämie unter Abzug der für diese Zeit aufgewendeten Kosten zurückfordern.

Übersicht

	Rdn
A. Normzweck	1
B. Norminhalt	3
I. Grundsatz gem. § 39 Abs. 1 S. 1 VVG	3
II. Rücktritt bei Verletzung der Anzeigepflicht und Anfechtung wegen arglistiger Täuschung	5
III. Rücktritt bei Nichtzahlung der Erstprämie	7
IV. Rückforderungsrecht des Versicherungsnehmers (§ 39 Abs. 2 VVG)	8
C. Prozessuales	9
D. Abdingbarkeit	10

A. Normzweck

§ 39 VVG regelt das **Schicksal der Prämie bei vorzeitiger Vertragsbeendigung**, wobei 1 je nach Grund der Beendigung unterschiedliche Rechtsfolgen getroffen sind. Sonderregeln bestehen in der Hagelversicherung (§ 92 Abs. 3 VVG) und in bestimmten Fällen der Nichtigkeit des VV (§§ 74 Abs. 2, 78 Abs. 3, 80 Abs. 3 VVG).

Durch die Neugestaltung des § 39 VVG ggü. **§ 40 VVG a.F.** ist der dem alten VVG 2 zugrunde liegende **Grundsatz der Unteilbarkeit der Prämie** sachlich **aufgehoben** worden. Der Gesetzgeber sah in der alten Regelung eine unangemessene Benachteiligung des VN (Begr. BT-Drucks 16/3945, S. 72). Hierdurch wurde eine Neugestaltung der ehemals in § 40 VVG a.F. enthaltenen Regelung erforderlich. Anstelle der Unteilbarkeit der Prämie wird nunmehr in § 39 Abs. 1 S. 1 VVG der Grundsatz aufgestellt, dass der VR die Prämie nur für denjenigen Zeitraum erhält, in dem er zeitanteilig auch die Risikotragung erbracht hat (Begr. BT-Drucks 16/3945, S. 72). Eine Abrechnung hat **pro rata temporis** (prt) zu erfolgen und nicht nach Kurztarif.

B. Norminhalt

I. Grundsatz gem. § 39 Abs. 1 S. 1 VVG

Durch die Neuregelung wird der Umfang, der bei **vorzeitiger Vertragsbeendigung**, z.B. 3 bei Kündigung des VR nach §§ 19 Abs. 3 S. 2, 24 Abs. 1, 28 Abs. 1, § 38 Abs. 2 VVG oder bei Kündigung durch den VN gem. §§ 19 Abs. 6, 25 Abs. 2, 96 Abs. 2 VVG vor dem Ende einer laufenden Versicherungsperiode zu zahlenden Prämie **an die Dauer des Versicherungsschutzes** geknüpft. Der Gesetzgeber sieht hierin mit Recht ein geeignetes Kriterium zur Herbeiführung eines sachgerechten Interessenausgleichs (Begr. BT-Drucks 16/3945, S. 72). Im Regelfall (zu Ausnahmen siehe Rdn 5) besteht kein Anlass dafür, dem VR über den Zeitraum der Risikotragung hinaus einen Anspruch auf die vertragliche Prämie zuzugestehen. Nicht von § 39 VVG erfasst wird hingegen die vorzeitige Beendigung des

VV aufgrund eingetretenen Versicherungsfalles (BGH, VersR 2015, 353 [zum Wegfall des versicherten Interesses aufgrund Todesfalls]).

4 Probleme mit dem von § 39 Abs. 1 S. 1 VVG aufgestellten Grundsatz ergeben sich dann, wenn die Beendigung des VV und das Ende des Versicherungsschutzes zeitlich auseinanderfallen. Hat bspw. der VR den VN nach § 38 Abs. 2 VVG qualifiziert gemahnt, aber nicht oder erst später gekündigt, kann der VR nach z.T. vertretener Ansicht mangels einer Beendigung des Vertrages weiterhin die Prämie vom VN beanspruchen, obwohl keine Leistungspflicht des VR (mehr) besteht (so *Beckmann*, in: Bruck/Möller, § 39 Rn 11; *Funk*, VersR 2008, 163, 167). Dies überzeugt nicht. Z.T. wird daher vorgeschlagen, dem VR nur einen Prämienanspruch bis zu dem Zeitpunkt zuzubilligen, der einer angemessen Überlegungsfrist für eine Kündigung entspricht (Rüffer/Halbach/Schimikowski/*Karczewski*, § 38 Rn 25; ähnlich *Wandt*, Versicherungsrecht, Rn 523; Prölss/Martin/*Knappmann*, § 39 Rn 2). Richtigerweise wird man, abgesehen von den im Gesetz vorgesehenen Ausnahmen, einen Prämienanspruch des VR nur für den Zeitraum annehmen können, in dem Versicherungsschutz bestand (in diese Richtung auch *Wandt*, Versicherungsrecht, Rn 523). Dies legt bereits der Wortlaut des § 39 Abs. 1 S. 1 letzter Halbs. VVG nahe, da der Prämienanspruch an den Zeitraum eines bestehenden Versicherungsschutzes anknüpft. Ferner ging ausweislich der Gesetzesbegründung der Gesetzgeber erkennbar davon aus, dass der VR die Prämie nur anteilig für den Zeitraum erhalten soll, in dem er ein Risiko getragen hat. So wird ausdrücklich in der Gesetzesbegründung auf „die Dauer des Versicherungsschutzes" als entscheidendes Kriterium abgestellt (Begr. BT-Drucks 16/3945, S. 72). Aufgrund der in § 39 Abs. 1 S. 1 VVG enthaltenen Wertung **verliert der VR** daher zum Zeitpunkt des **Wegfalls des Versicherungsschutzes** auch seinen **Prämienanspruch** (a.A. MüKo/*Staudinger*, § 39 VVG Rn 10 der dies als eine [unzulässige] Analogie ansieht).

II. Rücktritt bei Verletzung der Anzeigepflicht und Anfechtung wegen arglistiger Täuschung

5 Bei einer Verletzung der Anzeigepflicht durch den VN und einem daraufolgenden Rücktritt des VR gem. § 19 Abs. 2 VVG sieht es der Gesetzgeber als sachgerecht an, dem VR in Abweichung von der neuen Grundregelung des § 39 Abs. 1 S. 1 VVG die Prämienzahlung **bis zum Zeitpunkt des Wirksamwerdens des Rücktritts** zuzubilligen (Begr. BT-Drucks 16/3945). Dies hat seinen Grund darin, dass der VR nach § 21 Abs. 2 S. 1 VVG trotz des Rücktritts u.U. zur Leistung verpflichtet ist. Bei einer Anfechtung wegen arglistiger Täuschung (§ 123 BGB, § 22 VVG), nicht bei einer Anfechtung nach §§ 119, 120 BGB, gilt dies entsprechend, so dass die Prämienzahlung **bis zur Wirksamkeit der Anfechtungserklärung** zu leisten ist. Hier liegt der Grund, anders als im Fall des Rücktritts nach § 19 Abs. 2 VVG, nicht in einer etwaigen Leistungspflicht des VR (vgl. § 21 Abs. 2 S. 2 VVG), sondern in der damit einhergehenden Präventionswirkung. Ohne die Regelung des § 39 Abs. 1 S. 2 VVG wäre es dem VN weitgehend risikolos möglich, den VR arglistig zu täuschen, da er, falls die Täuschung entdeckt wird, nicht zur Prämienzahlung verpflichtet wäre. Wird die Täuschung hingegen nicht bemerkt, erhielte er Leistungen aus dem VV. Da der VR die Anfechtung gem. § 124 BGB binnen eines Jahres erklären muss, könnte

der VR durch Ausschöpfung dieser Frist den nicht von einer Gegenleistung abhängigen Prämienzahlungsanspruch bewusst verlängern. Dies ist nach richtiger Ansicht nicht mehr vom Sinn und Zweck der Vorschrift gedeckt und der Prämienzahlungsanspruch ist in Anlehnung an §§ 19 Abs. 1 S. 1, 24 Abs. 3, 28 Abs. 1 VVG auf eine angemessene Überlegungsfrist von einem Monat zu begrenzen (Prölss/Martin/*Knappmann*, § 39 Rn 6). Aus der Wertung der §§ 74 Abs. 2, 78 Abs. 3, 80 Abs. 3 VVG folgt, dass der VR ab Kenntnis der die Nichtigkeit begründenden Umstände keinen Prämienanspruch mehr haben soll. Kennt der VR daher die Anfechtbarkeit des VV, kann er nicht durch eine verzögerte Ausübung des Anfechtungsrechts seinen Prämienanspruch verlängern. Andernfalls stünde er ggü. einem von Anfang an nichtigen Vertrag besser.

Bei Anfechtungen durch den VN oder Anfechtungen durch den VR gem. §§ 119, 120 BGB verbleibt es bei dem Grundsatz des § 39 Abs. 1 S. 1 VVG. Da die Gefahrtragung durch den VR ex tunc wegfällt, bestand nie Versicherungsschutz und der VR hat keinen Prämienanspruch. Bereits gezahlte Prämien sind nach §§ 812 ff. BGB herauszugeben.

III. Rücktritt bei Nichtzahlung der Erstprämie

Tritt der VR wegen Nichtzahlung der Erst- oder Einmalprämie gem. § 37 VVG zurück, kann er eine **angemessene Geschäftsgebühr** verlangen. Die Regelung entspricht § 40 Abs. 2 S. 2 VVG a.F. Da der VR kein Risiko getragen hat, besteht auch kein Grund, ihm einen Anspruch auf Prämienzahlung zu gewähren (BK/*Riedler*, § 40 Rn 13). Die Angemessenheit der Geschäftsgebühr bemisst sich nach den typischen Aufwendungen des VR für einen entsprechenden VV. Pauschalierungen sind dem VR dabei gestattet. Die Höhe der Geschäftsgebühr kann grds. auch in AVB festgelegt werden, muss aber den Anforderungen von §§ 307 Abs. 1, 308 Nr. 7b BGB genügen.

IV. Rückforderungsrecht des Versicherungsnehmers (§ 39 Abs. 2 VVG)

Die Regelung übernimmt weitgehend § 40 Abs. 3 VVG a.F., da diese Norm bereits eine Ausnahme vom Grundsatz der Unteilbarkeit der Prämie enthielt (Begr. BT-Drucks 16/3945, S. 72). Hat der VN im **Insolvenzfall** (§ 16 VVG) bereits Prämienzahlungen geleistet, die über den Zeitpunkt der Vertragsbeendigung hinausgehen, unterliegen diese insoweit der Rückforderung. Ein Kostenabzug wird jedoch gestattet.

C. Prozessuales

Die Angemessenheit der Geschäftsgebühr hat der VR darzulegen und zu beweisen (Prölss/Martin/*Knappmann*, § 39 Rn 9). Wendet der VN gegen die Klage des VR auf vollständige Prämienzahlung ein, dem VR stehe nur eine angemessene Geschäftsgebühr zu, muss der VN die Vertragsbeendigung durch Rücktritt beweisen (BK/*Riedler*, § 40 Rn 17).

D. Abdingbarkeit

§ 39 VVG ist **halbzwingend** (§ 42 VVG).

§ 40 VVG | Kündigung bei Prämienerhöhung

(1) Erhöht der Versicherer aufgrund einer Anpassungsklausel die Prämie, ohne dass sich der Umfang des Versicherungsschutzes entsprechend ändert, kann der Versicherungsnehmer den Vertrag innerhalb eines Monats nach Zugang der Mitteilung des Versicherers mit sofortiger Wirkung, frühestens jedoch zum Zeitpunkt des Wirksamwerdens der Erhöhung, kündigen. Der Versicherer hat den Versicherungsnehmer in der Mitteilung auf das Kündigungsrecht hinzuweisen. Die Mitteilung muss dem Versicherungsnehmer spätestens einen Monat vor dem Wirksamwerden der Erhöhung der Prämie zugehen.

(2) Absatz 1 gilt entsprechend, wenn der Versicherer aufgrund einer Anpassungsklausel den Umfang des Versicherungsschutzes vermindert, ohne die Prämie entsprechend herabzusetzen.

Übersicht

	Rdn
A. Normzweck	1
B. Norminhalt	3
I. Änderung des Versicherungsvertrags (§ 40 Abs. 1 VVG)	3
1. Anpassungsklausel	3
2. Kündigungsrecht	9
3. Hinweispflicht	10
II. Verminderung des Versicherungsschutzes (§ 40 Abs. 2 VVG)	11
C. Prozessuales	12
D. Abdingbarkeit	13

A. Normzweck

1 § 40 VVG regelt die Rechte und Pflichten **bei Prämienerhöhungen** des VR unter Beibehaltung des bisherigen Versicherungsschutzes bzw. bei Verminderungen des Versicherungsschutzes ohne entsprechende Herabsetzung der Prämie aufgrund sog. „**Anpassungsklauseln**". Durch die Vorschrift soll der durch die Anpassung verursachten Äquivalenzverschiebung Rechnung getragen werden. Von § 40 VVG werden nur **vertragliche** Anpassungsklauseln erfasst (nicht also z.B. Anpassungen nach §§ 19 Abs. 6, 25 Abs. 2, 163, 203 VVG).

2 § 40 Abs. 1 S. 1 VVG stellt eine inhaltlich unveränderte Übernahme der Regelung des § 31 VVG a.F. dar. Neu sind § 40 Abs. 1 S. 2 und 3 VVG, wonach der VR zur **rechtzeitigen Belehrung** des VN über das Kündigungsrecht verpflichtet wird. Durch den ebenfalls neu eingefügten § 40 Abs. 2 VVG wird klargestellt, dass eine Prämienerhöhung auch dann vorliegt, wenn sich der **Umfang** des Versicherungsschutzes vermindert, ohne dass die Prämie entsprechend herabgesetzt wird (Begr. BT-Drucks 16/3945, S. 72).

B. Norminhalt

I. Änderung des Versicherungsvertrags (§ 40 Abs. 1 VVG)

1. Anpassungsklausel

Der Anwendungsbereich des § 40 Abs. 1 VVG ist nur dann eröffnet, wenn mit der Prämienerhöhung keine Erweiterung des vertraglichen Deckungsschutzes einhergeht. Es muss ein **Eingriff in die „Äquivalenz des Versicherungsvertrages"** vorliegen Prölss/Martin/ *Knappmann*, § 40 Rn 5). Wird der Deckungsumfang unverändert gelassen, genügen daher bereits geringfügige Prämienerhöhungen. Erfolgt mit der Prämienänderung zugleich eine Änderung des Deckungsumfanges (z.B. Erhöhung der VersSumme) handelt es sich nur insoweit um eine Anpassung i.S.d. § 40 VVG, soweit die Prämienanpassung nicht proportional zum geänderten Versicherungsschutz ist (Rüffer/Halbach/Schimikowski/*Karczewski*, § 40 Rn 3). Ob § 40 VVG auch dann anzuwenden ist, wenn die Prämienanpassung aufgrund einer Gefahrerhöhung vorgesehen ist, war zu § 31 VVG a.F. umstritten (dagegen Römer/ Langheid/*Römer*, 2. Aufl., § 31 Rn 27; dafür Prölss/Martin/*Prölss*, 27. Aufl., § 31 Rn 1; § 23 Rn 62). Da § 25 Abs. 2 VVG ein Kündigungsrecht des VN vorsieht, wenn sich die Prämie um mehr als 10 % erhöht, handelt es sich insoweit um eine Spezialregelung, welche die Anwendung von § 40 Abs. 1 VVG ausschließt (*Beckmann*, in: Bruck/Möller, § 40 Rn 10; **a.A.** 2. Aufl.; näher § 23 Rdn 66 f.)

Vorformulierte Anpassungsklauseln unterliegen der Kontrolle nach den §§ 305 ff. BGB (BGHZ 119, 55, 59 = VersR 1992, 1211). § 40 VVG gibt selbst keine inhaltlichen Kriterien für die Zulässigkeit solcher Klauseln vor und auch Rückschlüsse aus den gesetzlich geregelten Fällen von Prämienanpassungen sind nur begrenzt möglich. Um einer Kontrolle anhand von § 307 BGB standzuhalten, muss eine Anpassungsklausel eine Reihe von Kriterien aufweisen.

Um die Anforderungen an die **Transparenzkontrolle des § 307 Abs. 1 S. 2 BGB** zu erfüllen, muss die Anpassungsklausel „klar und verständlich" formuliert sein. Prämienanpassungsklauseln müssen dabei insb. dem Bestimmtheitsgebot genügen, d.h. die Voraussetzungen einer Anpassung müssen ausreichend konkretisiert sein (BGHZ 136, 394, 401 f.; näher *Pilz*, Missverständliche AGB, 2010, S. 170 f. u. S. 202 f.). Eine Klausel, die ein uneingeschränktes Abänderungsrecht enthält, dürfte dabei freilich zugleich materiell unangemessen i.S.d. § 307 Abs. 1 S. 1 BGB sein (LG Lüneburg, VersR 1998, 449; **a.A.** [wohl] BGHZ 136, 394, 401 f.; siehe auch *Pilz*, Missverständliche AGB, 2010, S. 205 ff.).

Damit die Klausel der **materiellen Angemessenheitskontrolle nach § 307 Abs. 1 S. 1 BGB** standhält, darf sie nicht eine einseitige Verschiebung des Äquivalenzinteresses zugunsten des VR ermöglichen (BGH, NJW-RR 2005, 1717 [nicht versicherungsrechtlich]; **a.A.** Römer/Langheid/*Römer*, 2. Aufl., § 31 Rn 23 [der eine Prämienerhöhung allein zur Gewinnverbesserung des VR für zulässig hält]), insb. muss eine **Pflicht des VR** zur Senkung der Prämie bei entsprechender Reduzierung der Kosten vorgesehen sein. Der VR kann nicht sein gesamtes unternehmerisches Risiko durch Anpassungsklauseln auf den VN abwälzen (Prölss/Martin/*Prölss*, 27. Aufl. § 31 Rn 7). Vielmehr muss für die Prämienanpassung ein legitimer, i.d.R. externer Grund vorliegen, etwa eine Erhöhung des Kostenaufwandes durch unkalkulierbare Veränderungen der technischen, gesellschaftlichen oder politischen Verhältnisse (vgl. dazu BVerwG, VersR 1981, 221). Daher sind auch ein erhöhter Schadenskostenbedarf oder ein gesteigerter Verwaltungsaufwand grds. als Anlass einer zulässigen Prämienerhöhung denkbar, sofern sie extern verursacht wurden (Prölss/Martin/*Knappmann*, § 40 Rn 5, der zutreffend darauf hinweist, dass die Frage der externen Verursachung oft schwer feststellbar sein wird).

7 Um den (berechtigten) Mehrbedarf des VR zu ermitteln, kann der VR verschiedene Anknüpfungspunkte in den AVB vereinbaren. So kann der VR bspw. die Prämienanpassung an die **Veränderung der Schadensquote** (Verhältnis der Prämieneinnahmen zu den Schadenzahlungen) oder an die **Erhöhung des Durchschnitts der Schadenszahlungen** innerhalb eines bestimmten Zeitraums koppeln (näher Prölss/Martin/*Knappmann*, § 40 Rn 6 ff. [auch zur Möglichkeit der Anpassung nach der Bruttoprämie]). Unbedenklich ist es dabei, wenn die Ermittlung des Mehrbedarfes ausschließlich an Unternehmenszahlen des VR anknüpft. Werden hingegen „Branchenwerte" in Bezug genommen, muss sichergestellt sein, dass es nicht zu Erhöhungen kommt, wenn die Entwicklung bei dem konkreten VR dauerhaft günstiger ist (Prölss/Martin/*Knappmann*, § 40 Rn 12 u.18). Die Prämienanpassung muss dabei **gruppenspezifisch** erfolgen, d.h. es dürfen VN einer Gruppe nicht mit höheren Prämien belastet werden, die durch höhere Kosten bei einer anderen Gruppe verursacht wurden (Prölss/Martin/*Knappmann*, § 40 Rn 13). **Geringfügige Änderungen** des Schadensbedarfs (max. 5 %) sollen den VR nicht zur Anpassung berechtigten (Rüffer/Halbach/Schimikowski/*Karczewski*, § 40 Rn 12, differenzierend Prölss/Martin/*Knappmann*, § 40 Rn 16; *Armbrüster*, r+s 2012, 376).

8 Die Anpassungsklauseln müssen zu ihrer Wirksamkeit grds. keine bestimmte Höchstgrenze für eine Prämienerhöhung vorsehen, insb. muss keine Begrenzung der Anpassung an den zum Zeitpunkt der Erhöhung geltenden Tarifbetrag vorgesehen sein. Etwas anderes gilt nach dem BVerwG (VersR 1981, 221) aber dann, wenn der VR die Prämienerhöhung anhand der bisherigen Bruttoprämie berechnet (Prölss/Martin/*Knappmann*, § 40 Rn 12 u. 17). Ferner müssen die Klauseln **kein Kündigungsrecht** vorsehen, da dieses bereits durch das Gesetz geregelt ist. Sofern ein Kündigungsrecht in der Klausel enthalten ist, macht dies ihre weitere inhaltliche Prüfung jedoch nicht entbehrlich.

2. Kündigungsrecht

9 Die Kündigung ist formlos und mit sofortiger Wirkung, frühestens aber mit Wirksamwerden der Prämienerhöhung möglich. Die Kündigung kann innerhalb eines Monats nach der mit einer Belehrung (§ 40 Abs. 1 S. 2, siehe unten Rdn 10) versehenen Mitteilung der Prämienerhöhung erklärt werden. Anschließend ist das Kündigungsrecht präkludiert. Es kommt aber eine Umdeutung gem. § 140 BGB in eine ordentliche Kündigung in Betracht. Auch bei einer **unwirksamen Prämienerhöhung** kann der VN kündigen (*Beckmann*, in: Bruck/Möller, § 40 Rn 60). Insofern wäre es dem VR auch nach § 242 BGB verwehrt, sich zu einem späteren Zeitpunkt darauf zu berufen, die eigene Prämienerhöhung sei unwirksam

gewesen und die darauf folgende Kündigung des VN habe den VV deshalb nicht beendet. Hält der VN die Prämienerhöhung bzw. die ihr zugrunde liegende Klausel für unwirksam, kann er den VR auch an den bisherigen Vertragskonditionen festhalten (zu diesem „**Wahlrecht**" des VN Römer/Langheid/*Römer*, 2. Aufl., § 31 Rn 23; a.A. BK/*Harrer*, § 31 Rn 37).

3. Hinweispflicht

Nach dem neuen § 40 Abs. 1 S. 2 VVG muss der VR den VN bei der Mitteilung der Prämienerhöhung auf das Kündigungsrecht hinweisen. Die Mitteilung muss dem VN nach § 40 Abs. 1 S. 3 VVG spätestens einen Monat vor dem Wirksamwerden der Prämienerhöhung zugehen. Die Neuregelung ist sinnvoll, damit dem VN hinsichtlich seiner Rechtsposition Klarheit verschafft wird und er sich auch neuen Versicherungsschutz beschaffen kann. Das Gesetz enthält jedoch keine Informationen zur Rechtsfolge einer fehlenden oder fehlerhaften Belehrung. Teilweise wird davon ausgegangen, dass ein Verstoß gegen § 40 Abs. 1 S. 2 VVG lediglich Schadensersatzansprüche des VN nach § 280 Abs. 1 BGB auslöst (Looschelder/Pohlmann/*Stagl*, § 40 Rn 6; offen lassend MüKo/*Staudinger*, § 40 VVG Rn 12 [der eine effektive Sanktion verlangt]). Diese Ansicht misst dem Hinweis keine konstitutive Wirkung für die Prämienerhöhung bei. Für ein derartiges Verständnis spricht eine systematische Auslegung. Sofern Belehrungen und Hinweisen konstitutive Bedeutung für die Geltendmachung von bestimmten Rechten zukommen soll, wird dies im VVG explizit angeordnet (z.B. §§ 19 Abs. 5 S. 1, 28 Abs. 4, 37 Abs. 1 VVG). Dies ist bei § 40 Abs. 1 VVG nicht der Fall. Zudem lässt sich die Parallelvorschrift des § 25 Abs. 2 VVG für diese Ansicht anführen. Die Prämienerhöhung ist dort angesichts des klaren Wortlauts nicht von der Belehrungspflicht abhängig (krit. daher § 25 Rdn 15). Allerdings darf diesen systematischen Argumenten keine zu große Bedeutung beigemessen werden, da vielmehr davon auszugehen ist, dass der Gesetzgeber das Problem übersehen hat; grds. aber Hinweisen eine konstitutive Bedeutung beimessen will. Überdies würde ein Anspruch des VN gem. § 280 Abs. 1 BGB vielfach an der fehlende Kausalität oder an Beweisschwierigkeiten scheitern (wohl a.A. Looschelder/Pohlmann/*Stagl*, § 40 Rn 6; MüKo/*Staudinger*, § 40 VVG Rn 12). Um eine ausreichende Kompensation für die Prämienanpassung anzunehmen, muss dem VN ein Kündigungsrecht zustehen, über welches er **ausreichend und rechtzeitig informiert** ist. Andernfalls ist von der Unwirksamkeit der Prämienanpassung auszugehen (ähnlich 1. Aufl. [schwebende Unwirksamkeit], im Rahmen der Anpassung nach § 203 *Klimke*, VersR 2016, 22; für „ewiges" Kündigungsrecht im Fall eines fehlenden Hinweises auf Kündigungsmöglichkeit AG Berlin-Charlottenburg, r+s 2013, 12). Ist die Belehrung ordnungsgemäß, aber verspätet nach § 40 Abs. 1 S. 3 VVG erfolgt, muss der VR die Erhöhung zum nach den AVB nächstmöglichen Zeitpunkt erneut vornehmen (für eine entsprechende Verzögerung der Kündigungsfrist MüKo/*Staudinger*, § 40 VVG Rn 12). Im Einzelfall kann bei einem Verstoß gegen § 40 Abs. 1 S. 2 und 3 VVG auch ein Anspruch nach § 280 Abs. 1 BGB in Betracht kommen.

II. Verminderung des Versicherungsschutzes (§ 40 Abs. 2 VVG)

11 Durch die neu eingefügte Regelung in § 40 Abs. 2 VVG wird klargestellt, dass auch bei einer Klausel, die eine Minderung des Leistungsumfanges bei gleichbleibender Prämie vorsieht, ein Kündigungsrecht besteht. Dies entsprach auch zum alten Recht bereits der h.M. (BK-*Harrer*, § 31 Rn 45; Römer/Langheid/*Römer*, § 31 Rn 3; **a.A.** wohl [zu § 31 a.F.]: Prölss/Martin/*Prölss*, 27. Aufl., § 31 Rn 1, der in solchen Fällen ein Kündigungsrecht innerhalb der Klausel für erforderlich hielt).

C. Prozessuales

12 Hinsichtlich der **Beweislastverteilung** gelten hier die allgemeinen zivilprozessualen Grundsätze. Diejenige Partei, die sich auf einen für sie günstigen Umstand beruft, hat deren Voraussetzungen prozessual darzulegen und zu beweisen. Der VR muss danach darlegen und beweisen, dass die Voraussetzungen der Anpassungsklausel vorliegen (zum Geheimhaltungsinteresse des VR hinsichtlich der Berechnung: BVerfG, VersR 2000, 214, 216).

D. Abdingbarkeit

13 § 40 VVG ist gem. § 42 VVG **halbzwingend**. Für die Kündigung des VN kann daher keine Form vereinbart werden, da dies sich bei generalisierender Betrachtung regelmäßig zulasten des VN auswirken würde (MüKo/*Staudinger*, § 40 VVG Rn 16; **a.A.** [zu § 31 a.F.] Römer/Langheid/*Römer*, 2. Aufl., § 31 Rn 33). Anders verhält es sich nach § 208 S. 2 VVG in der Krankenversicherung.

> **Praxishinweis**
> Damit sich der VR auf die Vertragsänderung berufen kann, bedarf es zunächst einer Überprüfung der versicherungsvertraglichen Regelung. Liegen deren Voraussetzungen vor, ist die Anpassungsklausel an § 40 VVG zu messen. Die Anpassungsklausel darf inhaltlich nicht zum Nachteil des VN von den gesetzlichen Voraussetzungen abweichen. Eine weitere Kontrolle ist nach den §§ 305 ff. BGB zusätzlich vorzunehmen.

§ 41 VVG Herabsetzung der Prämie

Ist wegen bestimmter Gefahr erhöhender Umstände eine höhere Prämie vereinbart und sind diese Umstände nach Antragstellung des Versicherungsnehmers oder nach Vertragsschluss weggefallen oder bedeutungslos geworden, kann der Versicherungsnehmer verlangen, dass die Prämie ab Zugang des Verlangens beim Versicherer angemessen herabgesetzt wird. Dies gilt auch, wenn die Bemessung der höheren Prämie durch unrichtige, auf einem Irrtum des Versicherungsnehmers beruhende Angaben über einen solchen Umstand veranlasst worden ist.

Übersicht

	Rdn
A. Normzweck	1
B. Norminhalt	2
I. Gefahrminderung	2
II. Zugang des Verlangens	3
III. Beratungspflicht	4
C. Prozessuales	5
D. Abdingbarkeit	6

A. Normzweck

§ 41 VVG gewährleistet einen sach- und interessengerechten Ausgleich für bestimmte Fälle, in denen das versicherte Risiko nicht mehr der Prämie entspricht, da gefahrrelevante Umstände entweder weggefallen, bedeutungslos geworden oder tatsächlich gar nicht vorhanden gewesen sind (vgl. Prölss/Martin/*Knappmann*, § 40 Rn 1 f.). Die Vorschrift entspricht mit geringfügigen Änderungen § 41a VVG a.F. Im Unterschied zu § 41a VVG a.F. kann der VN die Herabsetzung der Prämie ab Zugang des Verlangens beim VR beanspruchen und nicht erst für die folgende Versicherungsperiode. 1

B. Norminhalt

I. Gefahrminderung

§ 41 VVG begründet zugunsten des VN ein formfreies und unbefristet gültiges Gestaltungsrecht (näher MüKo/*Staudinger*, § 41 VVG Rn 6). Es ist im Wege einer **Gesamtschau** zu ermitteln, ob ggf. der Wegfall bestimmter Gefahr erhöhender Umstände durch das Hinzutreten anderer kompensiert wird (*Beckmann*, in: Bruck/Möller, § 41 Rn 6). Das Vorliegen der betreffenden Umstände muss i.R.d. Tarifes berücksichtigungsfähig sein, um eine Anpassung nach § 41 VVG zu ermöglichen (BK/*Riedler*, § 41a Rn 9). Eine ausdrückliche Nennung im Versicherungsschein ist dagegen nicht erforderlich, ebenso wenig wie die Offenlegung der Kalkulation ggü. dem VN (BGH, VersR 1981, 621; zu Fragen der Beweislast siehe Rdn 5). Bei der Bemessung der Neuprämie sind lediglich die ursprünglichen bzw. vermeintlichen Risikofaktoren den aktuellen bzw. tatsächlichen gegenüberzustellen (BGH, VersR 1981, 621; LG Berlin, VersR 2014, 97, 98). I.R.d. Lebensversicherung sind nur solche Minderungen der Gefahrumstände zu berücksichtigen, die nach ausdrücklicher Vereinbarung als Gefahrminderung angesehen werden (§ 158 Abs. 3 VVG). Nicht von § 41 VVG erfasst wird der Wegfall oder das Nichtbestehen des versicherten Interesses (§ 80 VVG). 2

II. Zugang des Verlangens

Maßgeblich für die Herabsetzung der Prämie ist nicht der Zeitpunkt des Wegfalls des Gefahr erhöhenden Umstandes, sondern der Zugang des Verlangens beim VR (**a.A.** 1. Aufl., § 41 Rn 4). Dieses Herabsetzungsverlangen des VN wirkt ausweislich des Wortlauts des § 41 VVG ex nunc. Da zwischen beiden Zeitpunkten mitunter eine erhebliche zeitliche 3

Differenz liegen kann, ist der vom Gesetzgeber gewählte Anknüpfungspunkt nicht unbedenklich, da der VR auf diese Weise (teilweise) einen Prämienanspruch erhält, ohne hierfür eine Gefahr getragen zu haben. Dem gesetzgeberischen Anliegen, den Prämienanspruch an den Zeitraum zu koppeln, in dem Versicherungsschutz bestand (Begr. BT-Drucks 16/3945, S. 72), wird dadurch nur unzureichend Rechnung getragen. Man wird die Regelung des § 41 VVG auch nicht ohne Weiteres damit rechtfertigen können, dass der Zeitpunkt des Wegfalls des Gefahr erhöhenden Umstandes sich in praxi nicht immer genau bestimmen lässt. Derartige Bedenken hat der Gesetzgeber bei einer Prämienerhöhung des VR wegen einer Gefahrerhöhung nicht gesehen. § 25 Abs. 1 S. 2 VVG gestattet dem VR ausdrücklich eine rückwirkende Prämienerhöhung (krit. § 25 Rdn 6 f.).

III. Beratungspflicht

4   Ist dem VR erkennbar, dass ein Gefahr erhöhender Umstand weggefallen ist oder beim VN ein Irrtum i.S.d. § 41 S. 2 VVG vorlag, trifft diesen eine Beratungspflicht nach § 6 Abs. 1 i.V.m. Abs. 4 VVG. Verletzt der VR diese Pflicht und verlangt der VN daher keine Herabsetzung der Prämie nach § 41 VVG, ist dem VN gem. § 6 Abs. 5 VVG der entstandene Schaden zu ersetzen (BGH, VersR 1981, 621, 623 f.).

C. Prozessuales

5   Der VN muss beweisen, dass die weggefallenen bzw. nicht vorhandenen Umstände prämienrelevant waren, wobei der VR nur dann wirksam bestreiten kann, wenn er seine Prämienkalkulation offenlegt oder diese dem VN bekannt ist (BK/*Riedler*, § 41a Rn 11). Der VN muss auch den Wegfall beweisen (Prölss/Martin/*Knappmann*, § 41 Rn 6), ebenso wie im Fall der irrtümlichen Angabe das tatsächliche Nichtvorliegen (Prölss/Martin/*Knappmann*, § 41 Rn 6). Ferner muss der VN den Zugang und den Zeitpunkt des Zugangs des Änderungsverlangens beweisen.

D. Abdingbarkeit

6   Eine Abbedingung **zulasten des VN** ist ausweislich der Regelung in § 42 VVG **nicht** zulässig.

---

§ 42 VVG **Abweichende Vereinbarungen**

Von § 33 Abs. 2 und den §§ 37 bis 41 kann nicht zum Nachteil des Versicherungsnehmers abgewichen werden.

1   § 42 VVG erklärt die i.R.d. Reform beibehaltenen Vorschriften für im entsprechenden Maße **halbzwingend**, auch soweit sie in Teilen abgeändert wurden.

Entscheidend für die Beurteilung der Nachteiligkeit einer Abweichung ist dabei eine generalisierende Betrachtungsweise. Ob die Abweichung für den konkreten VN im Einzelfall nachteilig ist, spielt keine Rolle (str.; wie hier OLG Dresden, VersR 2006, 62; **a.A.** RGZ 162, 238, 242 f.; § 18 Rdn 3; BK/*Gruber*, § 15a Rn 2). Nur bei einer Individualvereinbarung kommt es auf die konkrete Interessenlage des VN zzt. der Vereinbarung an. Enthält eine Regelung Abweichungen zugunsten und zulasten des VN, sind die Vor- und Nachteile zu saldieren (näher hierzu *Klimke*, Die halbzwingenden Vorschriften des VVG, 2004, S. 56 ff.). Berücksichtigungsfähig sind dabei alle Vorteile, die der VR gerade im Hinblick auf die nachteilige Abweichung gewährt (*Klimke*, Die halbzwingenden Vorschriften des VVG, 2004, S. 70 f.). Bleiben nach einer Saldierung Zweifel, ob die Vorteile die Nachteile überwiegen, geht dies zulasten des VR (*Klimke*, Die halbzwingenden Vorschriften des VVG, 2004, S. 100). 2

Weicht der VR von einer halbzwingenden Vorschrift zulasten des VN ab, führt dies nicht zur Unwirksamkeit der Vereinbarung (**a.A.** § 18 Rdn 3; § 32 Rdn 2; Rüffer/Halbach/Schimikowski/*Brömmelmeyer*, § 18 Rn 5; MüKo/*Staudinger*, § 42 VVG Rn 3). Vielmehr bleibt es, wie bereits nach altem Recht h.M., dabei, dass der VR sich lediglich auf die entsprechende Regelung nicht berufen kann. Zwar hat sich der Wortlaut der halbzwingenden Vorschriften ggü. der Formulierung vor der VVG-Reform geändert, was für die Unwirksamkeit entsprechender Vereinbarungen sprechen könnte (so Rüffer/Halbach/Schimikowski/*Brömmelmeyer*, § 18 Rn 5), indes wollte der Gesetzgeber damit keine inhaltliche Veränderung zum früheren Recht schaffen (Begr. BT-Drucks 16/2945, S. 72). Andernfalls wäre es dem VN mitunter verwehrt, sich auf die Vorschrift bei Bedarf, also wenn die Regelung im Einzelfall für ihn günstiger ist, zu berufen. Eine solche Schlechterstellung des VN entspräche nicht der Zielsetzung, die mit der Reform des VVG verfolgt wurde. Zudem spricht für dieses Verständnis die Gesetzessystematik, da an anderer Stelle ausdrücklich von der Unwirksamkeit entsprechender Vereinbarungen gesprochen wird (z.B. §§ 5 Abs. 4, 11 Abs. 1, 14 Abs. 3, 28 Abs. 5 VVG). 3

Die Inhaltskontrolle nach den §§ 307 ff. BGB wird durch § 42 VVG nicht berührt (BGH, VersR 2009, 769 [zu § 15a VVG a.F.]; § 18 Rdn 5). Bei einem Verstoß gegen § 42 VVG wird allerdings zugleich eine unangemessene Benachteiligung nach § 307 Abs. 1 S. 1, Abs. 2 BGB anzunehmen sein, sofern nicht die nach § 310 Abs. 3 Nr. 3 BGB i.R.d. § 307 Abs. 1, Abs. 2 BGB zu berücksichtigenden Einzelfallumstände, welche sich nach h.M. auch zulasten des VN auswirken können (Palandt/*Grüneberg*, § 310 BGB Rn 21), ausnahmsweise zur Wirksamkeit der Regelung führen. Für die halbzwingenden Vorschriften des VVG gilt § 310 Abs. 3 Nr. 3 BGB nicht entsprechend (*Klimke*, Die halbzwingenden Vorschriften des VVG, 2004, S. 96 f. u. S. 162 f.). Liegt ein Verstoß gegen § 42 VVG und die §§ 307 ff. BGB vor, bleiben dem VN die Vorteile, die die Anwendung des § 42 VVG ggü. einer Unwirksamkeit nach §§ 307 ff. BGB bietet, erhalten (*Klimke*, Die halbzwingenden Vorschriften des VVG, 2004, S. 168 f.). Dies folgt aus dem Schutzzweck der §§ 307 ff. BGB, deren Anwendung den VN nicht schlechter stellen soll. Ist eine Klausel mit § 42 VVG vereinbar, wird sie gewöhnlich, sieht man von zu berücksichtigenden Einzelfallumständen nach § 310 Abs. 3 Nr. 3 BGB einmal ab, nicht an § 307 Abs. 1 S. 1, Abs. 2 BGB 4 scheitern. Etwas anderes kann freilich für die von der materiellen Angemessenheit losgelöste Kontrolle nach § 307 Abs. 1 S. 2 BGB sowie für die speziellen Klauselverbote der §§ 308 f. BGB gelten (*Klimke*, Die halbzwingenden Vorschriften des VVG, 2004, S. 160 ff.).

Abschnitt 4
Versicherung für fremde Rechnung

Vorbemerkungen zu den §§ 43 bis 48 VVG

Übersicht

	Rdn
A. Begriff	1
B. Rechtsnatur	2
C. Anwendbare Rechtsvorschriften	3
I. Vorschriften des VVG	3
II. Vorschriften des BGB	4
III. Anwendbarkeit auf den Versicherten	8
D. Gesetzliches Treuhandverhältnis	9
E. Rechtspflichten des Versicherungsnehmers als Treuhänder	13
I. Verfügungsbefugnis über das Versicherungsverhältnis	13
II. Einziehungs- und Auskehrungsverpflichtung	14
III. Auskunftsanspruch des Versicherten	20
IV. Ausnahmen	21
1. Anderweitiger sicherer Anspruch des Versicherten	22
2. Aufrechnungsrecht des Versicherungsnehmers	23
3. Anrechnungsrecht des Versicherungsnehmers	24
V. Schadensersatzverpflichtung	28
F. Abgrenzungen	29
I. Eigenversicherung (Gefahrperson, Bezugsberechtigung)	29
II. Kombinierte Eigen- und Fremdversicherung	32
III. Deckung fremden Interesses für eigene Rechnung	35
IV. Dingliche Rechte an der Versicherungsforderung	36
V. Regressverzicht	37
G. Möglichkeit abweichender Vereinbarungen	38
H. Beispiele für Versicherungen für fremde Rechnung	39

A. Begriff

1 Eine Versicherung für fremde Rechnung liegt vor, wenn der VN im eigenen Namen ein **fremdes Interesse** versichert (§ 43 Abs. 1 VVG). Dies ist gegeben, wenn ohne Abschluss des VV nicht der VN, sondern ein Dritter – der **Versicherte**, dem das versicherte Interesse zusteht – den Schaden tragen müsste. Der VN ist Vertragspartner des VR. Ihn treffen alle Vertragspflichten; er muss insb. die Prämien zahlen. Gläubiger des Versicherungsanspruchs ist jedoch kraft Gesetzes der Versicherte (§ 44 Abs. 1 S. 1 VVG).

> **Praxishinweis**
> Ob ein im Versicherungsvertrag benannter „Mitversicherungsnehmer" VN oder Versicherter ist, muss durch Auslegung des Versicherungsvertrages ermittelt werden (§ 43 Rdn 8).

Beispiel
Besondere Vereinbarung zur Kfz-Versicherung (Schadensfreiheitsrabatt)
Der Mitversicherungsnehmer ist Versicherter, da allein der VN berechtigt ist, Willenserklärungen zum VV abzugeben/entgegenzunehmen und nur er die Prämien schuldet (vgl. zu den die Rechtsstellung eines VN als Vertragspartei kennzeichnenden Rechten und Pflichten § 44 Rdn 6 ff.). Der Mitversicherungsnehmer hat nur „im Übrigen" dieselben Rechte und Pflichten wie der VN.

B. Rechtsnatur

Die Versicherung für fremde Rechnung ist ein gesetzlich geregelter Sonderfall eines (echten) **Vertrages zugunsten Dritter** i.S.v. § 328 BGB (BGH, VersR 1979, 176, 178; BAG, VersR 1958, 360; OGH, VersR 1988, 502; abweichend: BGH, VersR 1988, 362, 363; OGH, VersR 2008, 1283, 1284; OGH, BeckRS 2013, 81023), da einem außerhalb der Vertragsbeziehung des VV stehenden Dritten ein Anspruch zugewendet wird. Die Besonderheiten im Hinblick auf die Verfügungsbefugnis über den Versicherungsanspruch (§ 45 Abs. 1 VVG) und die durch § 47 VVG bedingte stärkere Einbeziehung des Versicherten in das Deckungsverhältnis rechtfertigen *keine* abweichende rechtliche Einordnung.

Hinweis
Die Versicherung für fremde Rechnung ist durch zwei Besonderheiten gekennzeichnet: Zum einen müssen sich die Parteien des VV nur darüber einig sein, dass fremdes Interesse versichert werden soll. Ist dies der Fall, erwirbt der Versicherte kraft Gesetzes den Versicherungsanspruch. Zum anderen fehlt dem Versicherten – obwohl er materiell Inhaber des Versicherungsanspruchs ist – die Verfügungsbefugnis über den Anspruch. Diese ist dem VN zugewiesen (§ 45 Abs. 1 VVG).

C. Anwendbare Rechtsvorschriften

I. Vorschriften des VVG

Die Versicherung für fremde Rechnung ist in den **§§ 43 bis 48 VVG** geregelt. Diese Vorschriften gelten für alle Versicherungszweige. Sonderregelungen bestehen für die **Lebensversicherung** (§§ 150 Abs. 1–3, 156, 159, 160 VVG; vgl. zum versicherten Interesse in der Lebensversicherung *Lentz*, S. 79 ff.), die **Berufsunfähigkeitsversicherung** (§ 176 VVG) und die **Unfallversicherung** (§§ 179, 185 VVG), da in diesen Fällen – auch wenn der VN nicht die versicherte Person ist – nicht notwendig eine Versicherung für fremde Rechnung vorliegen muss (vgl. Rdn 30). Auf die **Krankenversicherung** als Versicherung für fremde Rechnung finden die §§ 193, 194 Abs. 3, 205 Abs. 6 VVG (vgl. dazu BGH, VersR 2014, 234 zum Fall eines volljährigen Mitversicherten), §§ 206–208 VVG Anwendung. Als Versicherung für fremde Rechnung gelten die **Sachinbegriffsversicherung** nach § 89 Abs. 2 VVG und die **Betriebshaftpflichtversicherung** nach § 102 Abs. 1 VVG. Daneben finden sich für die Versicherung für fremde Rechnung Regelungen in **§ 34 VVG** (Befriedigungsrecht des Versicherten ggü. dem VR), **§ 35 VVG** (Aufrechnungsrecht des VR ggü. dem Versicherten), **§ 114 Abs. 2 S. 2 VVG** (keine Wirkung einer Selbstbehaltvereinbarung des VN mit dem VR gegenüber dem Versicherten in der Pflichthaftpflichtversi-

Vorbemerkungen zu den §§ 43 bis 48 VVG

cherung) und **§ 123 VVG** (Durchbrechung des Akzessorietätsgrundsatzes zugunsten des Versicherten in der Pflichthaftpflichtversicherung).

II. Vorschriften des BGB

4 Die §§ 328 ff. BGB sind auf die Versicherung für fremde Rechnung nur insoweit anwendbar, als sich nicht aus den Sonderregelungen der §§ 43 ff. VVG Abweichendes ergibt.

5 **Anwendbar** sind: **§ 333 BGB** (BGH, VersR 1954, 297, 298; weist der Versicherte den Erwerb der Rechte zurück, ist § 80 VVG anwendbar); **§ 334 BGB** (BGH, VersR 1967, 343, 344; OLG Celle, Urt. v. 26.11.2009 – 8 U 238/08, LNR 2009, 28768), bei einer Pflichthaftpflichtversicherung ist § 123 VVG zu beachten.

> **Beachte**
> § 334 BGB ist abdingbar. Es ist deshalb stets zu prüfen, ob sich nicht aus dem Deckungsverhältnis zwischen VR und VN ergibt, dass der VR dem Versicherten (= dem Dritten i.S.d. § 334 BGB) bestimmte Einwendungen nicht entgegenhalten kann (zum Fall einer Anfechtung des VV wegen arglistiger Täuschung: *Thiel*, VersR 2009, 1492 f.).

6 **Nicht anwendbar** sind: **§ 328 Abs. 2 BGB** (a.A. BGH, VersR 2013, 853 Tz. 25), da der Rechtserwerb durch den Dritten kraft Gesetzes erfolgt (§ 44 Abs. 1 VVG), wenn sich die Parteien über die Versicherung eines fremden Interesses geeinigt haben, und dem VN kraft seiner Stellung als Vertragspartei das Recht zusteht, einer Aufhebung des VV oder einer Änderung der Versicherungsbedingungen zuzustimmen (§ 45 Rdn 2, 6; siehe auch Prölss/Martin/*Klimke*, Vor § 43 Rn 14); **§ 329 BGB** wegen § 44 Abs. 1 VVG; **§§ 330 bis 332 BGB**, da sie auf die Bezugsberechtigung zugeschnitten sind; **§ 335 BGB**, denn nach den §§ 44, 45 VVG kann dem VN nur entweder die Verfügungsbefugnis über den Anspruch zustehen und dann kann er Leistung an sich selbst verlangen oder ihm fehlt die Verfügungsbefugnis und nur der Versicherte kann die Rechte aus dem VV geltend machen.

7 Davon zu unterscheiden ist die Frage, ob der VN im Wege der gewillkürten Prozessstandschaft Klage erheben und Leistung an den verfügungsbefugten Versicherten verlangen kann (§ 45 Rdn 8).

III. Anwendbarkeit auf den Versicherten

8 Das VVG spricht rgm. nur vom VN, da es vom Normalfall einer Eigenversicherung ausgeht. Die einzelnen **VVG-Vorschriften erfassen** aber bei Vorliegen einer Fremdversicherung **vielfach auch den Versicherten**, ohne dass diese nach dem Inhalt der betreffenden Vorschrift meist selbstverständliche Folgerung noch besonders hervorgehoben wird (BGH, NJW 1988, 2803). Soweit es sich nicht um solche Rechte und Pflichten handelt, die schon ihrer Natur nach nur von den Vertragsparteien selbst wahrgenommen werden können, wie etwa das Kündigungsrecht oder die Prämienzahlungspflicht, ist der Versicherte dem VN weitgehend gleichgestellt. Nach § 47 VVG treffen die für den VN bestimmten Obliegenheiten und die sich aus ihrer Verletzung ergebenden Rechtsfolgen sowie die Risikoausschlüsse auch den Versicherten, soweit sie sich auf das durch die Fremdversicherung gedeckte Risiko beziehen (§ 47 Rdn 2). Der Versicherte muss zudem bspw. (BGHZ 26, 133, 138 ff.)

seine Ansprüche, soweit er darüber selbstständig verfügen kann, fristgerecht geltend machen (§§ 195 ff. BGB, § 15 VVG). Ist er verfügungsbefugt, kann er auch an seinem Wohnsitz Klage erheben (so auch OLG Oldenburg, VersR 2012, 887, jedenfalls wenn der Versicherte Verbraucher i.S.v. § 13 BGB ist) bzw. muss er dort verklagt werden (§ 215 VVG). Für ihn gelten sinngemäß die Vorschriften über die Mehrfachversicherung (§ 78 Abs. 1 und 2 VVG), sein Ersatzanspruch gegen einen Dritten geht auf den für ihn oder an ihn leistenden VR über (§ 86 VVG; BGH, VersR 1985, 753; 2008, 634; BAG, VersR 2009, 1528, 1529) und der Haftpflichtversicherer, der nach § 115 VVG an den Dritten geleistet hat, kann ihn nach § 116 Abs. 1 S. 2 VVG in Anspruch nehmen (vgl. dazu OLG Celle, zfs 2012, 571).

D. Gesetzliches Treuhandverhältnis

Bei einem echten Vertrag zugunsten Dritter i.S.v. § 328 Abs. 1 BGB ist der Dritte berechtigt, seinen Leistungsanspruch unmittelbar ggü. dem Versprechenden (Schuldner) geltend zu machen. Aus der Rechtsbeziehung zwischen Versprechensempfänger (Gläubiger) und Drittem ergibt sich der Rechtsgrund für die Zuwendung an den Dritten. Häufig handelt es sich dabei um ein vertragliches Verhältnis; der Gläubiger kann aber auch als Geschäftsführer ohne Auftrag handeln (Palandt/*Grüneberg*, Einf. v. § 328 BGB Rn 4). Demggü. ist bei der Versicherung für fremde Rechnung der Versicherte zwar Gläubiger der Ansprüche aus dem VV (§ 44 Abs. 1 S. 1 VVG), über die Rechte des Versicherten aus dem VV kann aber grds. nur der VN (im eigenen Namen) verfügen (§ 45 Abs. 1 VVG). Dabei hat er zu beachten, dass die **Entschädigungsleistung** des VR grds. **dem Versicherten** als dem Träger des versicherten Interesses gebührt und er gegen das Bereicherungsverbot verstieße, wenn er die Entschädigung für sich behalten würde. Demzufolge wird durch den VV für fremde Rechnung ein gesetzliches Treuhandverhältnis zwischen VN und Versichertem geschaffen, weshalb § 45 VVG dem VN das **Verfügungsrecht** über die Rechte des Versicherten aus dem VV nur **zu treuen Händen** überlässt (BGH, NJW 1998, 2537, 2538; OGH, VersR 2005, 1267, 1268; OGH, VersR 2008, 283). 9

Die **Treuhänderstellung** besteht *unabhängig* von einem zwischen dem VN und dem Versicherten begründeten Rechtsverhältnis (OLG Köln, VersR 1990, 847, 848), kann aber durch ein solches, etwa durch einen Auftrag, Arbeits-, Dienst-, Werk-, Speditions- oder Frachtvertrag, **modifiziert** werden (BGHZ 113, 151, 154 = VersR 1991, 299; BAG, NZA 1998, 376, 377). Der Versicherte muss sich die Einwendungen aus dem Innenverhältnis entgegenhalten lassen, die dem VN hieraus zustehen (BAG, NZA 1990, 701, 702). Fehlt eine solche besondere Rechtsbeziehung, ist dies für den Bestand der Versicherung ohne Bedeutung; für die Ansprüche des Versicherten gegen den VN sind dann allein die sich aus dem Treuhandverhältnis ergebenden Grundsätze maßgeblich. 10

Die Treuhänderstellung bezieht sich nach einem eingetretenen Versicherungsfall auf den **Entschädigungsanspruch**, nach Auszahlung der Versicherungsleistung an den VN auf die **Entschädigungssumme** und auf **Kulanzzahlungen** des VR. 11

Vorbemerkungen zu den §§ 43 bis 48 VVG

12 Bei der auf das **Girokonto** des VN überwiesenen Entschädigung handelt es sich daher um Treugut, mit dem ein Debitsaldo nicht verrechnet werden darf und an dem das Kreditinstitut auch kein vertragliches Pfandrecht erwirbt (OLG Düsseldorf, NJW 1986, 62).

E. Rechtspflichten des Versicherungsnehmers als Treuhänder

I. Verfügungsbefugnis über das Versicherungsverhältnis

13 **Bis zum Eintritt des Versicherungsfalls** kann der VN grds. **frei** über das Versicherungsverhältnis verfügen (BGHZ 64, 261, 264 = NJW 1975, 1273). Er kann auch frei über dessen Fortbestand entscheiden, wenn sich nicht aus einem vertraglichen Verhältnis zum Versicherten etwas anderes ergibt oder er kraft Gesetzes zum Abschluss der Versicherung verpflichtet ist. Nach Eintritt des Versicherungsfalls muss der VN die sich aus seiner Stellung als Treuhänder ergebenden Besonderheiten beachten.

II. Einziehungs- und Auskehrungsverpflichtung

14 Der VN ist aufgrund des Treuhandverhältnisses – wenn sich nicht aus einem zwischen ihm und dem Versicherten bestehenden Rechtsverhältnis etwas anderes ergibt – verpflichtet,
1. den Versicherungsanspruch ggü. dem VR geltend zu machen (**a.A.** beiläufig BGH, NJW 1998, 2449, 2450),
2. den ihm nicht zustehenden Entschädigungsbetrag einzuziehen und
3. den Entschädigungsbetrag an den Versicherten auszukehren (BGH, VersR 2011, 1435; BGH, NJW 1998, 2537, 2538; BAG, NZA 1998, 376, 377; OGH, BeckRS 2013, 81023; § 816 Abs. 2 BGB ist entgegen Brandenburgisches OLG, ZInsO 2014, 1160, nicht anwendbar, da der VN kein Nichtberechtigter ist).

15 Auch eine **kulanzweise erlangte Versicherungsleistung** muss der VN an den Versicherten herausgeben (OGH, VersR 2005, 1267).

16 Ob zwischen dem VN und dem Versicherten ein **schuldrechtlicher Vertrag** besteht, aus dem sich diese Ansprüche ebenfalls ergeben können (so für einen Arbeitsvertrag BAG, NZA 1990, 701, 702), ist **unerheblich**.

17 Mit dem **Tod des Versicherten** geht der Einziehungs- und Auskehrungsanspruch auf seine Erben über.

18 Eine **Abtretung der Versicherungsforderung** kann der Versicherte vom VN *nicht* verlangen.

19 Wird neben dem fremden **auch ein eigenes Interesse** durch den VV gedeckt, hat der VN den Bruchteil der Entschädigungssumme an den Versicherten herauszugeben, der demjenigen des Schadens des Versicherten am Gesamtschaden entspricht (OLG Karlsruhe, VersR 1976, 239, 240; OLG Bremen, VersR 1978, 315, 316).

III. Auskunftsanspruch des Versicherten

Zur Sicherung des Auskehrungsanspruchs kann der Versicherte vom VN Auskunft über die Existenz und den Inhalt der Fremdversicherung sowie ggf. Auskunft über die Höhe der Entschädigungsleistung des VN an den VR verlangen (BGH, NJW 1991, 3031, 3032; BGH, VersR 2007, 238). 20

IV. Ausnahmen

Der VN muss nicht ausnahmslos die Versicherung in Anspruch nehmen oder eine von ihm eingezogene Entschädigungsleistung an den Versicherten auskehren. Anders ist dies nur, wenn der VN *kraft Gesetzes* verpflichtet ist, die Versicherung für fremde Rechnung abzuschließen (BGHZ 113, 151, 155). In diesen Fällen muss der VN die Versicherung stets zugunsten des Versicherten in Anspruch nehmen; zudem ist der Versicherte teilweise selbst befugt, die Rechte aus der Pflichtversicherung geltend zu machen (vgl. § 2 Abs. 3 KfzPflVV, A.1.2 S. 2 AKB 2015, § 106 Abs. 2 S. 1 LuftVZO). Demggü. hat der BGH für eine für fremde Rechnung genommene Unfallversicherung (§ 179 Abs. 1 VVG) ausgeführt, dass es anzuerkennende eigene Interessen des VN gibt, die er bei der in seine Hand gelegten Durchsetzung des Versicherungsanspruchs verfolgen und berücksichtigen darf: 21

1. Anderweitiger sicherer Anspruch des Versicherten

Der VN braucht die Versicherung nicht in Anspruch zu nehmen, wenn der Verletzte (Versicherte) einen sicheren Anspruch auf volle Entschädigung hat, sei es ggü. dem eigenen Haftpflichtversicherer des VN oder ggü. dem eines schuldigen Dritten (BGHZ 64, 260, 267 = NJW 1975, 1273; zur Valorenversicherung OLG Karlsruhe, VersR 1976, 239, 240). 22

2. Aufrechnungsrecht des Versicherungsnehmers

Der VN einer Insassenunfallversicherung kann ggü. dem Anspruch des verletzten Fahrzeuginsassen (Versicherten) auf Auskehrung der vom VR gezahlten Entschädigung mit einer **Schadensersatzforderung** aufrechnen, die ihm aus demselben Unfallereignis gegen den Versicherten zusteht (BGHZ 64, 260, 265 = NJW 1975, 1273). 23

3. Anrechnungsrecht des Versicherungsnehmers

Schuldet der VN dem Versicherten aus demselben Unfallereignis **Schadensersatz**, kann er die Entschädigung aus der von ihm besorgten Unfallversicherung auf seine Haftpflichtschuld anrechnen (BGHZ 64, 260, 266 = NJW 1975, 1273). 24

Dieser Grundsatz lässt sich auf die Fälle der Versicherung für fremde Rechnung im Bereich der Schadensversicherung übertragen. So kann etwa der VN einer Sachversicherung die Entschädigungsleistung auf den **Schadensersatzanspruch** des versicherten Eigentümers gegen sich wegen Verlustes, Zerstörung oder Beschädigung der Sache anrechnen. Eine solche Anrechnung wird dabei grds. anzunehmen sein, ohne dass es dazu einer ausdrückli- 25

Vorbemerkungen zu den §§ 43 bis 48 VVG

chen Anordnung durch den VN bedarf, da der VN durch die von ihm selbst abgeschlossene und finanzierte Versicherung im Ergebnis vor Schadensersatzansprüchen des Versicherten geschützt sein will (zur Ausnahme bei der Transportversicherung § 43 Rdn 61; zur Kautionsversicherung Rdn 40) und die Versicherungsleistung damit sowohl ihm als auch dem Versicherten wirtschaftlich zugutekommen soll.

26 Die Anrechnung stellt keine Verletzung der Obliegenheit aus § 86 Abs. 2 S. 1 VVG dar, da bei einer Versicherung für fremde Rechnung zwar grds. ein Schadensersatzanspruch des Versicherten gegen den Schädiger auf den VR übergeht (Rdn 8). Der Versicherte, der die Obliegenheit zu beachten hat, hat aber die Anrechnung nicht erklärt. Der VN ist demggü. bei einer Fremdversicherung nicht verpflichtet, die Obliegenheit des § 86 Abs. 2 S. 1 VVG zu erfüllen, da er nicht Inhaber des Schadensersatzanspruchs ist.

27 Zahlt ein Arbeitgeber **Entgeltfortzahlung im Krankheitsfall**, kann er diese Aufwendungen grds. nicht mit der Entschädigungsleistung aus einer zugunsten des Arbeitnehmers abgeschlossenen Gruppen-Unfallversicherung verrechnen. Denn während sich der VN mit dem Abschluss einer Insassenunfallversicherung oder einer Schadensversicherung auch vor Schadensersatzansprüchen des Versicherten schützen will, dient der Abschluss einer Gruppen-Unfallversicherung durch einen Arbeitgeber regelmäßig nicht dazu, einen Schutz vor Entgeltfortzahlungsansprüchen des Arbeitnehmers zu bieten (BAG, NZA 1998, 376, 377).

V. Schadensersatzverpflichtung

28 Kommt der VN seiner Einziehungs- oder Auskehrungsverpflichtung nicht nach, macht er sich ggü. dem Versicherten wegen Verletzung des Treuhandverhältnisses schadensersatzpflichtig (OGH, BeckRS 2013, 81023; OLG Köln, VersR 1990, 847, 848). Hat der VN auf die Rechte des Versicherten „verzichtet" oder eine Vereinbarung im Hinblick auf die Höhe der Entschädigungsforderung getroffen, kann dem Versicherten ein Schadensersatzanspruch wegen Verletzung des gesetzlichen Treuhandverhältnisses zustehen (BGH, VersR 1963, 521, 522; vgl. § 45 Rdn 6); und zwar auch dann, wenn der VN dem Versicherten ggü. nicht zum Abschluss des VV verpflichtet war. Entsprechendes gilt, wenn dem VN ein Obliegenheitsverstoß bzw. die Verwirklichung eines Risikoausschlusses zur Last fällt, wodurch der Anspruch des Versicherten untergeht. Bei Vorliegen der jeweiligen Voraussetzungen kann der Versicherte seinen Schadenersatzanspruch auch auf § 826 BGB (LG Berlin, VersR 1984, 250, 251 f.) oder auf § 280 Abs. 1 BGB wegen Verletzung des zwischen ihm und dem VN bestehenden Schuldverhältnisses stützen (vgl. BGH, VersR 1986, 285, 286).

F. Abgrenzungen

I. Eigenversicherung (Gefahrperson, Bezugsberechtigung)

29 Bei der **Eigenversicherung** deckt der VN ein **eigenes** Interesse für **eigene** Rechnung.

Vorbemerkungen zu den §§ 43 bis 48 VVG

Bei einer Sachversicherung kann das eigene Interesse sowohl an **eigenen Sachen** als auch an **fremden Sachen** bestehen. Ob *nur* ein bei dem VN vorhandenes eigenes Interesse an einer fremden Sache versichert ist, ob ein solches Interesse *mit*versichert ist oder ob *nur* eine Versicherung für fremde Rechnung vorliegt, muss durch Auslegung des VV ermittelt werden (§ 43 Rdn 5).

Die auf eine fremde Person (**Gefahrperson**) genommene Versicherung ist Eigenversicherung, wenn sie für **eigene** Rechnung, d.h. zur Deckung eines **eigenen** Interesses abgeschlossen ist. 30

Beispiele
Unfallversicherung nach § 179 Abs. 2 VVG (vgl. § 179 Rdn 6); **Filmausfallversicherung** (OLG Köln, Urt. v. 6.11.2012 – 9 U 66/12, juris); **Restschuldversicherung** des Kreditgebers auf Krankentagegeld für den Fall der Arbeitsunfähigkeit des Kreditnehmers (LG Osnabrück, VersR 1983, 871, 872; abweichend LG Köln, VersR 1979, 569); **Lohnfortzahlungsversicherung** des Arbeitgebers.

Deckt der VN ein eigenes Interesse und wendet er seinen Versicherungsanspruch einem Dritten zu, indem er auf diesen den Anspruch und (anders als bei der Versicherung für fremde Rechnung, § 45 Abs. 1 VVG) auch die Verfügungsbefugnis überträgt, liegt zwar ein Vertrag zugunsten Dritter (§ 328 BGB; BGH, VersR 1977, 346, 347), jedoch mangels Versicherung eines fremden Interesses keine Versicherung für fremde Rechnung vor. Dies ist in der Schadensversicherung äußerst selten. In der Unfall- und Lebensversicherung gehören hierher die Fälle, in denen der VN (= Gefahrperson) einen **Bezugsberechtigten** einsetzt (§§ 159, 185 VVG). Um einen Vertrag zugunsten Dritter handelt es sich auch in den Fällen der Mitversicherung im Rahmen der Hinterbliebenenrenten-Zusatzversicherung, bei der die mitversicherte Person ab dem Zeitpunkt des Todes der versicherten Person die vereinbarte Hinterbliebenenrente verlangen kann. 31

II. Kombinierte Eigen- und Fremdversicherung

Eigenversicherung und Versicherung für fremde Rechnung können in einem VV zusammentreffen (§ 47 Rdn 8, § 43 Rdn 25). 32

Beispiele
Kfz-Haftpflichtversicherung des Halters als VN zugunsten der mitversicherten Personen (siehe auch § 47 Rdn 8; zu den Erfolgsaussichten eines Prozesskostenhilfeantrags des Versicherten, wenn ihm der Kfz-Haftpflichtversicherer als Streithelfer beigetreten ist, vgl. KG, VersR 2008, 1558, 1559);
Kfz-Kaskoversicherung, wenn das Kfz im Miteigentum des VN und eines Dritten steht (OLG Karlsruhe, VersR 2013, 1123) oder der VN (nur) wirtschaftlicher Eigentümer des Fahrzeugs ist (z.B. Leasingnehmer; § 43 Rdn 38 ff.);
Betriebshaftpflichtversicherung (§ 102 Abs. 1 VVG; BGH, VersR 1971, 1119, 1121);
Gebäudeversicherung des Eigentümers zugunsten des Mieters, Pächters, Käufers oder eines sonstigen Dritten, dem eine eigene Gefahrverwaltung übertragen worden ist (BGH, VersR 2012, 354 Tz. 24; OGH, VersR 2013, 1154 für Wohnungseigentumskäufer);
Feuerversicherung im Fall des § 89 Abs. 2 VVG;
Parkplatzversicherung bei Versicherung des eigenen Haftpflichtinteresses des VN und des Eigentums- und Besitzinteresses von Betriebsangehörigen und Besuchern (unten Rdn 40).

Vorbemerkungen zu den §§ 43 bis 48 VVG

33 Der VN kann also neben eigenem zugleich **auch fremdes Interesse** oder zunächst eigenes und **dann fremdes Interesse** (oder umgekehrt) decken.

34 Eine vom Arbeitgeber abgeschlossene **Gruppen-Unfallversicherung** zugunsten seiner Arbeitnehmer ist aber reine Fremdversicherung und deckt *nicht* zugleich das eigene Interesse des Arbeitgebers, vor Ansprüchen auf Entgeltfortzahlung im Krankheitsfall geschützt zu sein (BAG, NZA 1998, 376, 377; oben Rdn 27).

III. Deckung fremden Interesses für eigene Rechnung

35 In der Schadensversicherung kann fremdes Interesse nicht als eigenes versichert werden, da § 44 Abs. 1 VVG zwingend ist (§ 44 Rdn 26). Anders verhält es sich in der Summenversicherung (vgl. §§ 150 Abs. 2, 179 Abs. 2 VVG).

IV. Dingliche Rechte an der Versicherungsforderung

36 Die hypothekenrechtlichen Vorschriften der §§ 1128 bis 1130 BGB (über § 1192 Abs. 1 BGB auf Grund- und Rentenschuld entsprechend anwendbar) regeln Verfügungsbeschränkungen des Eigentümers als VN bzgl. der Versicherungsforderung. Es handelt sich um gesetzliche Rechte des Hypothekengläubigers an der Entschädigungsforderung, die ihren Rechtsgrund in der Hypothekenhaftung und nicht in einer Versicherung für fremde Rechnung haben. Das Gleiche gilt, wenn nicht der Nießbraucher, sondern der Eigentümer die Sache versichert hat (§§ 1045 Abs. 2, 1046 BGB).

V. Regressverzicht

37 Von der Mitversicherung eines fremden Interesses ist zu unterscheiden, wenn der VR zugunsten eines Dritten auf die Geltendmachung eines auf ihn nach § 86 VVG übergegangenen Regressanspruchs (in einem bestimmten Umfang) verzichtet. In diesen Fällen ist der Regressschuldner nicht Mitversicherter (§ 43 Rdn 51 f.).

G. Möglichkeit abweichender Vereinbarungen

38 Die §§ 43 ff. VVG sind mit Ausnahme von § 44 Abs. 1 VVG (§ 44 Rdn 26) und § 43 Abs. 3 VVG, soweit er auf § 44 Abs. 1 VVG verweist, dispositiv.

H. Beispiele für Versicherungen für fremde Rechnung

39 **Gesetzlich** zum Abschluss einer Versicherung für fremde Rechnung sind u.a. **verpflichtet**:
- der (inländische) **Halter eines Kraftfahrzeugs** zugunsten des Eigentümers und des Fahrers nach § 1 PflVG und zugunsten der Beifahrer, Omnibusschaffner, Arbeitgeber bzw. öffentlichen Dienstherren nach § 2 Abs. 2 KfzPflVV (Haftpflichtversicherung);
- der **ausländische Halter eines Kraftfahrzeugs** zugunsten des Eigentümers und des Fahrers nach § 1 Abs. 1 des Gesetzes über die Haftpflichtversicherung für ausländische Kraftfahrzeuge und Kraftfahrzeuganhänger;

Vorbemerkungen zu den §§ 43 bis 48 VVG

- **Gewerbetreibende im Bewachungsgewerbe** zugunsten der in ihrem Gewerbebetrieb beschäftigten Personen nach § 6 Abs. 1 BewachV (Haftpflichtversicherung);
- **Notarkammern** zugunsten der Notariatsverweser nach § 61 Abs. 2 BNotO (Haftpflichtversicherung) und zugunsten der durch ein vorsätzliches Handeln eines Notars in ihrem Vermögen Geschädigten nach § 67 Abs. 2 Nr. 3 S. 1 BNotO (Vertrauensschadenversicherung; BGH, VersR 2011, 1435; BGH, NJW 1998, 2537; BGHZ 113, 151, 153 = VersR 1991, 299; BGHZ 115, 275, 278 = NJW 1992, 2423; OLG Köln, NVersZ 2002, 515);
- **Luftfahrtunternehmen** zugunsten der Fluggäste nach § 50 LuftVG, § 106 LuftVZO (Unfallversicherung; BGH, VersR 1965, 1166);
- **Kliniken** zugunsten der von der klinischen Prüfung eines Arzneimittels oder eines Medizinprodukts betroffenen Person nach § 40 Abs. 1 Nr. 8, Abs. 3 ArzneimittelG bzw. § 17 Abs. 1 Nr. 9, Abs. 3 MedizinprodukteG (Unfallversicherung);
- der **Nießbraucher** zugunsten des Eigentümers nach § 1045 Abs. 1 S. 2 BGB (Sachversicherung).

Weitere Beispielsfälle:
- Mitversicherung in den verschiedenen Zweigen der Haftpflichtversicherung zugunsten der mitversicherten Personen: **allgemeine Haftpflichtversicherung** (BGH, VersR 1952, 141; OLG Düsseldorf, r+s 1998, 145, 147), **Kfz-Haftpflichtversicherung** (A.1.2 AKB 2015); **Händler-Haftpflichtversicherung** bei Verwendung eines roten Kennzeichens (BGH, VersR 1965, 149), **Betriebshaftpflichtversicherung** (BGH, NJW 1959, 243; OLG Hamburg, VersR 1985, 229, 230; OLG Stuttgart, VersR 2009, 206, 208: Fluggast ist in der Betriebshaftpflichtversicherung des Flughafenbetreibers nicht mitversichert), Tierhüter in der Tierhalter-Haftpflichtversicherung (OLG Hamm, VersR 2016, 588, 589), **Umwelthaftpflichtversicherung** (LG Dortmund, 1.4.2010 – 2 O 355/ 09, LNR 2010, 13997), **Vermögensschadenhaftpflichtversicherung** (LG Düsseldorf, VersR 1980, 81), **D&O-Versicherung (Directors' and Officers' Liability-Insurance)** zugunsten der Organe, wenn die Versicherung von der juristischen Person abgeschlossen wurde (MAH-VersR/*Sieg*, § 17 Rn 62; *Lange*, VersR 2007, 893; VersR-Hdb/*Beckmann*, § 28 Rn 1, 21, 48; s.a. § 45 Rdn 7), **Produkthaftpflichtversicherung** der pharmazeutischen Unternehmer (mitversichert sind nach den einschlägigen Versicherungsbedingungen sämtliche Betriebsangehörige), **Frachtführer-Haftpflichtversicherung** (zur CMR-Haftpflichtversicherung OLG Bremen, VersR 1998, 450 f.), **Haftpflichtversicherung des Betreuungsvereins** zugunsten seiner Mitarbeiter (§ 1908f BGB)
- Mitversicherung eines Tochterunternehmens im Rahmen einer **Vertrauensschadensversicherung** (LG München, ZIP 2008, 1085)
- **Transportversicherung** (§ 130 Abs. 1 VVG; dazu § 43 Rdn 14, 25; § 43 Rdn 28, 38, 61) des Verkäufers zugunsten des Käufers (OGH, VersRdsch. 1992, 85, 86), des Spediteurs bzw. Frachtführers zugunsten der Ladungsbeteiligten (BGH, VersR 2003, 1171, 1172; *Thume*, VersR 2008, 455, 457 f.; LG Köln, VersR 2009, 1488 zum Fall einer Geld- und Werttransportversicherung) oder einer Schwestergesellschaft zugunsten der anderen (OLG Frankfurt am Main, NJW-RR 1998, 1327)

40

Vorbemerkungen zu den §§ 43 bis 48 VVG

- **Lagerversicherung** des Lagerhalters zugunsten der Einlagerer
- **Versicherung des Kommissionsgutes** durch den Kommissionär zugunsten des Eigentümers des Gutes
- vom Zwangsverwalter eines Grundstücks genommene **Gebäudeversicherung** zugunsten des Grundstückseigentümers (LG Essen, VersR 1995, 211)
- **Feuerversicherung** (vgl. Abschnitt B § 12 AFB 2010)
- **Hausratversicherung** (vgl. § 12 VHB 2008; OLG Hamm, NJW-RR 1995, 287; OLG Karlsruhe, r+s 1998, 162, 163)
- **Glasversicherung** des Mieters zugunsten des Vermieters (*Sieg*, BB 1993, 149, 150 f.)
- Versicherung von Kundeneigentum in **Reinigungsbetrieben**
- **Automatenversicherung** des Gastwirts zugunsten des Aufstellers (*Sieg*, BB 1993, 149, 152)
- **Schlachttierversicherung** des Käufers zugunsten des Verkäufers (LG Osnabrück, VersR 1963, 448)
- **Bauwesenversicherung** des Bauherrn zugunsten der beauftragten Unternehmer (OLG Köln, Vers 1998, 184)
- **Montageversicherung** (Abschnitt B § 12 AMoB 2011; LG Essen, VersR 2016, 49)
- Mitversicherung in der **Rechtsschutzversicherung** (2.1.2 ARB 2012), in der **Verkehrs-Service-Versicherung**, in der **Schutzbriefversicherung** (vgl. bspw. A.3.2 AKB 2015), in der **Reisegepäckversicherung**
- **Restschuldversicherung** des Ehemanns als Kreditnehmer zugunsten der Ehefrau als sog. zweite Kreditnehmerin (OLG Hamm, VersR 1989, 694), eines Kreditinstituts zugunsten des Kreditnehmers (OGH, VersR 2008, 283); zur Abgrenzung vgl. Rdn 30
- **Kfz-Unfallversicherung** (**Insassenunfallversicherung**, A.4.2 AKB 2015; BGH, VersR 1968, 138, 140; vgl. auch § 48 Rdn 3)
- **Kautionsversicherung** (LG Hamburg, VersR 1951, 275)
- **Personenkautionsversicherung** (ein eigenes Interesse des VN ist nicht mitversichert; der VR kann gegen ihn nach § 86 VVG Rückgriff nehmen; BGHZ 33, 97, 102 ff. = NJW 1960, 1903; VersR 1972, 194, 195)
- Echte **Gruppenversicherungsverträge** (vgl. *Franz*, VersR 2008, 1565 f.) mit denen die Interessen der Gruppenmitglieder versichert sind – abgeschlossen durch Arbeitgeber, Berufsverbände, Kreditkartengesellschaften, Kreditinstitute, Prozessor (zugunsten von Kreditkarteninhabern), Vereine, Reiseveranstalter – in der Rechtsschutzversicherung (BGH, VersR 2013, 853), Unfallversicherung (BAG, NZA 1998, 376, 377 – s.o. Rdn 34; BGH, VersR 1965, 1166; BFH, BFHE 224, 70), (Auslands-) Krankenversicherung, Kfz-Kaskoversicherung, Haftpflichtversicherung (unzulässig in der Kfz-Haftpflichtversicherung BAV, VerBAV 1998, 15), Reiserücktrittskostenversicherung, Restschuldversicherung, Direktversicherung im Rahmen der betrieblichen Altersversorgung (OLG Hamm, VersR 2014, 737)
- **Scheckkartenversicherung** des Kreditinstituts zugunsten des Kunden (*Sieg*, BB 1993, 149, 153)
- **Kfz-Kaskoversicherung** des Leasingnehmers zugunsten des Leasinggebers (A.2.3 AKB 2015; BGH, VersR 2008, 501, 502; § 43 Rdn 43 ff., 57)

– Bei einer sog. **Parkplatzversicherung** müssen zwei Fallgestaltungen unterschieden werden: Ist die Versicherung als Kfz-Vollkaskoversicherung ausgestaltet, liegt eine Versicherung für fremde Rechnung vor (AG Saarbrücken, VersR 1978, 31). Ist sie als Haftpflichtversicherung des VN ausgestaltet und sind auch Sachen der Betriebsangehörigen und Besucher unabhängig von einer Haftpflicht des VN versichert, liegt insoweit eine Versicherung für fremde Rechnung vor, da fremdes Eigentums- und Besitzinteresse (mit-)versichert ist.

Zur Beurteilung eines Completion Bond als eines atypischen Versicherungsvertrages für fremde Rechnung vgl. OLG Köln, VersR 2008, 680 f., MüKo/*Dageförde*, § 43 VVG Rn 25.

§ 43 VVG Begriffsbestimmung

(1) Der Versicherungsnehmer kann den Versicherungsvertrag im eigenen Namen für einen anderen, mit oder ohne Benennung der Person des Versicherten, schließen (Versicherung für fremde Rechnung).

(2) Wird der Versicherungsvertrag für einen anderen geschlossen, ist, auch wenn dieser benannt wird, im Zweifel anzunehmen, dass der Versicherungsnehmer nicht als Vertreter, sondern im eigenen Namen für fremde Rechnung handelt.

(3) Ergibt sich aus den Umständen nicht, dass der Versicherungsvertrag für einen anderen geschlossen werden soll, gilt er als für eigene Rechnung geschlossen.

Übersicht

	Rdn
A. Normzweck	1
B. Norminhalt	2
I. Tatbestandsvoraussetzungen	2
1. Prüfschritte	2
2. Vertragsschluss im eigenen Namen	3
a) Handeln im eigenen Namen, Abgrenzung zur Stellvertretung	3
b) Zweifelsfälle (§ 43 Abs. 2 VVG)	5
3. Vertragsschluss für einen anderen	9
a) Versicherung eines fremden Interesses	9
b) Person des Versicherten	14
c) Bestehen bzw. Wegfall des versicherten Interesses	15
4. Vertragsschluss	18
a) Allgemeines	18
b) Anfechtbarkeit wegen Irrtums	20
c) Anfechtbarkeit wegen arglistiger Täuschung	21
II. Vermutung für Eigenversicherung (§ 43 Abs. 3 VVG)	25
1. Anwendungsbereich	25
2. Abgrenzungskriterien	27
C. Sachversicherungen	30
I. Versicherung eigener Sachen	30
1. Eigen- und/oder Fremdversicherung	30
2. Mitversicherung des Sachersatzinteresses Dritter	33
3. Mitversicherung des Sacherhaltungsinteresses Dritter	38
4. Regressverzicht	51
5. Haftungsausschluss	54

II. Versicherung fremder Sachen 55
   1. Versicherte Interessen 55
   2. Mitversicherung des Sacherhaltungsinteresses 58
   3. Mitversicherung des Sachersatzinteresses 60

A. Normzweck

1   § 43 **Abs. 1** VVG definiert die Versicherung für fremde Rechnung (Vertragsabschluss durch den VN im eigenen Namen „für einen anderen", den Versicherten). Die weiteren Absätze regeln Fragen der Auslegung des VV, nämlich
1. ob ein Vertragsschluss im eigenen oder fremden Namen vorliegt (§ 43 Abs. 2 VVG) und
2. ob die Versicherung auf eigene oder fremde Rechnung geschlossen wurde (§ 43 Abs. 3 VVG).

B. Norminhalt

I. Tatbestandsvoraussetzungen

1. Prüfschritte

2   Aus § 43 **Abs. 1 und 3** VVG ergibt sich, dass bei einer Versicherung für fremde Rechnung der Versicherte nicht ausdrücklich im VV benannt werden muss, sondern sich die Versicherung eines fremden Interesses auch aus den Umständen ergeben kann. Steht (aufgrund ausdrücklicher Benennung oder nach den Umständen) fest, dass der Antragsteller fremdes Interesse versichern wollte, ist durch Auslegung des VV zu ermitteln, ob der Antragsteller im eigenen Namen oder im Namen des Trägers des fremden Interesses gehandelt hat. Im Zweifelsfall ist nach § 43 **Abs. 2** VVG anzunehmen, dass der Antragsteller nicht als Vertreter des Interesseträgers, sondern im eigenen Namen für fremde Rechnung handeln wollte.

2. Vertragsschluss im eigenen Namen

a) Handeln im eigenen Namen, Abgrenzung zur Stellvertretung

3   Ein Handeln im eigenen Namen liegt vor, wenn der Erklärungsempfänger (VR) die vom **Antragsteller** abgegebene Erklärung nur so verstehen konnte und durfte (objektiver Empfängerhorizont), dass dieser **selbst Vertragspartner** des VV werden wollte. In diesem Fall wird die Willenserklärung dem Erklärenden selbst zugerechnet.

4   Handelt der Antragsteller **im fremden** Namen, liegt Stellvertretung vor. Es finden die §§ 164 ff. BGB Anwendung. Die Willenserklärung wird demjenigen zugerechnet, in dessen Namen der Antragsteller auftritt. § 166 BGB ist in diesen Fällen durch § 2 Abs. 3 und § 20 VVG verdrängt. Fehlt dem Handelnden die Vertretungsmacht, finden die §§ 177 ff. BGB Anwendung.

b) Zweifelsfälle (§ 43 Abs. 2 VVG)

Die Auslegungsregel des § 43 Abs. 2 VVG kommt nur unter zwei Voraussetzungen zur Anwendung:
1. Es muss feststehen, dass der **Antragsteller fremdes Interesse versichern wollte**. Dies ist nur dann der Fall, wenn eine ausdrückliche vertragliche Regelung besteht oder aufgrund der Umstände die Vermutung des § 43 Abs. 3 VVG widerlegt ist.
2. Unter Berücksichtigung der Umstände des Einzelfalles muss die vorzunehmende **Auslegung des Versicherungsvertrages zu keinem eindeutigen Ergebnis** geführt haben, ob der Antragsteller im eigenen Namen oder im Namen des Interesseträgers gehandelt hat.

Erst wenn dies der Fall ist, greift § 43 Abs. 2 VVG ein, wonach **im Zweifel keine Stellvertretung**, sondern ein Handeln im eigenen Namen für fremde Rechnung vorliegt (BGH, VersR 1997, 477, 478).

Weist der Antragsteller (der selbst auch durch einen Vertreter handeln kann, vgl. LG Osnabrück, VersR 1963, 448, 449) **nicht ausdrücklich** auf seine **Vertretereigenschaft** hin, kann danach eine solche nur angenommen werden, wenn sie im Einzelfall aus den Umständen klar hervorgeht (FG Bremen, EFG 1988, 601 f.).

Bei der Vorschrift des § 43 Abs. 2 VVG handelt es sich *nicht* um eine Rechtsvermutung i.S.d. § 292 ZPO, sondern um eine (widerlegbare) **Auslegungsregel** (BGH, VersR 1965, 274; OGH, VersR 1988, 502), neben der § 164 Abs. 1 S. 2 BGB keine Anwendung findet.

Weichen Versicherungsantrag und Versicherungsschein im Hinblick auf die Stellung als VN oder Versicherter **ab**, findet § 5 VVG Anwendung (OLG Köln, VersR 1979, 1094 [Ehefrau, die eine Versicherung für fremde Rechnung als VN beantragt hatte, wurde im Versicherungsschein – neben ihrem Ehemann als VN – nur als Versicherte aufgeführt]). Werden zwei Personen im Versicherungsschein als VN bezeichnet, kann eine Auslegung ergeben, dass nur die eine von ihnen VN, die andere dagegen Versicherte i.S.v. § 43 VVG ist (FG Bremen, EFG 1988, 601 f.).

3. Vertragsschluss für einen anderen

a) Versicherung eines fremden Interesses

Für einen anderen ist die Versicherung geschlossen, wenn das **Interesse eines Dritten**, des Versicherten, gedeckt ist. Die Bezeichnung Versicherung **für fremde Rechnung** bezeichnet den Umstand, dass der Vertragspartner des VR nicht selbst den Schaden erleidet, dieser vielmehr „auf Rechnung" eines Dritten geht. Sie enthält keine Aussage darüber, wer letztlich die Kosten der Versicherung zu tragen hat. Ob der VN als Prämienschuldner die Kosten der Versicherung vom Versicherten ersetzt verlangen kann, richtet sich nach dem zwischen ihnen bestehenden Rechtsverhältnis.

Bei einer Sachversicherung ist nach Sacherhaltungs-, Sachnutzungs- und Sachersatzinteresse zu unterscheiden (*Prölss*, r+s 1997, 221). **Sacherhaltungsinteresse** ist das Interesse, den Substanzwert der Sache im Vermögen zu haben (Prölss/Martin/*Klimke*, § 43 Rn 14).

Besteht das Interesse in der Wiederherstellung einer zerstörten Sache, kann es in Form des Wiederherstellungsinteresses vorliegen. Das Sacherhaltungsinteresse hat gewöhnlich der *Eigentümer* der Sache. Aber auch andere Personen können ein Sacherhaltungsinteresse besitzen. So etwa ein Sicherungsgeber bei einer Sicherungsübereignung, der Mieter eines Gebäudes im Hinblick auf Sachen, die zwar in das Eigentum des Vermieters übergegangen sind, an denen der Mieter aber ein Wegnahmerecht nach § 547a Abs. 1 BGB hat, der Käufer einer Sache in der Zeit vom Gefahrübergang bis zum Eigentumserwerb, ein Leasingnehmer (vgl. Rdn 38).

11 Das **Sachnutzungsinteresse** ist das Interesse des Sachnutzers, die Sache zeitweilig gebrauchen zu können (Rdn 28).

12 Unter **Sachersatzinteresse** ist das Interesse einer Person zu verstehen, bei Zerstörung, Verlust oder Beschädigung der Sache nicht dem Eigentümer ggü. schadensersatzpflichtig zu sein und einen Haftungsschaden zu erleiden (BGH, VersR 1994, 85, 86; Prölss/Martin/ *Klimke*, § 43 Rn 15). Das Sachersatzinteresse ist also durch das Haftpflichtrisiko bedingt.

13 Ein eigenes **wirtschaftliches Interesse** des VN an der Versicherung schließt das Vorliegen einer Fremdversicherung nicht aus (BVerwG, VersR 1987, 273).

b) Person des Versicherten

14 Die Person des Versicherten als Träger des versicherten Interesses braucht nicht ausdrücklich benannt zu werden; es genügt, wenn sie sich aus den Umständen ergibt (§ 43 Abs. 1 und 3 VVG). Der Versicherte muss nur aufgrund des versicherten Interesses objektiv bestimmbar sein. In der Sachversicherung ist nach den einschlägigen Versicherungsbedingungen grds. das Sacherhaltungsinteresse des rechtlichen oder wirtschaftlichen Eigentümers versichert (unten Rdn 29, 39). Anders ist dies bei der Transportversicherung (Ziff. 1 DTV-Güter 2000/2011; Rdn 61). Für sie gilt ein wirtschaftlicher Interessebegriff, wonach jedes wirtschaftliche Interesse an der versicherten Sache versichert sein kann.

c) Bestehen bzw. Wegfall des versicherten Interesses

15 Das versicherte Interesse und damit auch der Interessewegfall nach § 80 VVG sowie das Vorliegen einer Überversicherung (§ 74 VVG) sind **aus der Person des Versicherten zu beurteilen** (BGHZ 28, 137, 141 = VersR 1958, 1183).

16 Fallen die **Stellung des Versicherungsnehmers und** die des **Versicherten** durch Erbfall, Verschmelzung juristischer Personen oder Veräußerung der versicherten Sache durch den Versicherten an den VN **zusammen**, wandelt sich die Fremdversicherung in eine Eigenversicherung des VN.

17 An einem versicherten Interesse fehlt es, wenn der „Versicherte" den Erwerb der Rechte **zurückweist** (§ 333 BGB; vor §§ 43 ff. Rdn 5).

4. Vertragsschluss

a) Allgemeines

Ob und mit welchem Inhalt der VV geschlossen ist, ergibt sich (allein) aus der Vereinbarung zwischen VN und VR. Tatsachen, die den Bestand des VV berühren, sowie Willensmängel sind grds. (siehe aber § 47) aus der Person des VN zu beurteilen (OGH, VersR 1982, 687, 688). Für die Wirksamkeit des VV ist weder eine Zustimmung des Versicherten erforderlich noch braucht dieser überhaupt Kenntnis vom Vertragsschluss zu haben (OGH, VersR 1980, 936; OGH VersR 2007, 1283, 1284; OGH VersR 2008, 1283, 1284; OGH, BeckRS 2013, 81023). Gegenüber dem Versicherten bestehen keine Informationspflichten nach § 7 Abs. 1 VVG (§ 7 Rdn 39; LG Stade, VersR 2014, 58), ihm gegenüber müssen die Einbeziehungsvoraussetzungen des § 305 Abs. 2 BGB nicht erfüllt werden (LG Saarbrücken, VersR 2014, 1197) und er muss auch nicht geschäftsfähig sein. **18**

Für die **Auslegung der Versicherungsbedingungen** ist bei einer Versicherung für fremde Rechnung sowohl auf die Verständnismöglichkeiten eines durchschnittlichen VN und auf seine Interessen als auch auf die Verständnismöglichkeiten eines durchschnittlichen Versicherten und auf seine Interessen abzustellen (BGH, VersR 2013, 853 Tz. 40; BGH, VersR 2014, 1118 Tz. 16; BGH, VersR 2014, 1367 Tz. 16). **19**

b) Anfechtbarkeit wegen Irrtums

Wollte der Antragsteller als Stellvertreter handeln, führt aber die Auslegungsregel des § 43 Abs. 2 VVG zu einer Versicherung für fremde Rechnung, kann er nach § 119 Abs. 1 BGB anfechten. Die Anfechtung wegen **Inhaltsirrtums** ist nach § 43 Abs. 2 VVG – anders als nach § 164 Abs. 2 BGB – nicht ausgeschlossen. Steht das Interesse, das der VN decken wollte, nicht dem im Versicherungsschein genannten Versicherten zu, liegt ein anfänglicher Interessemangel vor. Es findet § 80 Abs. 1 VVG auch dann Anwendung, wenn der VN oder der VR anficht. Eine Anfechtung ist wegen § 43 Abs. 3 VVG nicht möglich, wenn der Antragsteller zwar eine Versicherung für fremde Rechnung gewollt, jedoch eine Eigenversicherung erklärt hat. Gehört die versicherte Sache nicht dem Versicherten, sondern dem VN, kommt die Umdeutung der Versicherung für fremde Rechnung in eine Eigenversicherung in Betracht. Der VR kann nach § 119 Abs. 1 BGB – durch Erklärung ggü. dem VN – anfechten, wenn er keine Versicherung für fremde Rechnung, sondern eine Eigenversicherung mit dem Interesseträger abschließen wollte. **20**

c) Anfechtbarkeit wegen arglistiger Täuschung

Eine wegen arglistiger Täuschung durch den **VN** erklärte Anfechtung des VR **wirkt auch ggü. dem bzw. den Versicherten** (§ 123 Abs. 1 BGB i.V.m. § 334 BGB; OLG Celle – 8 U 15/09, openJur 2009, 1234; OLG Celle – 8 U 238,08, openJur 2009, 1235; ohne Begründung auch OLG Düsseldorf, VersR 2006, 785, 786; **a.A.** OLG Saarbrücken, VersR 2012, 429, das – nicht überzeugend – die Gesamtnichtigkeit des VV durch eine entspre- **21** chende Anwendung des § 139 BGB abwenden will). Ein dem Versicherten erteilter Sicherungsschein ist ebenfalls nichtig (OLG Celle – 8 U 238/08, openJur 2009, 1235 Rn 682).

22 Hat der **Versicherte arglistig getäuscht**, kann der VR ebenfalls anfechten (§ 47 Abs. 1 VVG). Bei einer reinen Fremdversicherung (§ 47 Rdn 6) ist der VV insgesamt nichtig. Bei einer kombinierten Eigen- und Fremdversicherung (§ 47 Rdn 8) ist der Vertrag nur bezogen auf den Versicherten, der arglistig getäuscht hat, nichtig. Der selbstständige Versicherungsanspruch des VN oder weiterer versicherter Personen bleibt unberührt, es sei denn, der arglistig täuschende Versicherte war Repräsentant des VN oder des weiteren Versicherten. Der Versicherte ist in diesem Fall kein Dritter i.S.v. § 123 Abs. 2 S. 1 BGB; auf die Kenntnis des VN von der Täuschung kommt es nicht an.

23 Bei einer Täuschung **durch einen außenstehenden Dritten** kann der VR mit Wirkung ggü. dem Versicherten anfechten, wenn dieser die Täuschung kannte oder kennen musste (§ 123 Abs. 2 S. 2 BGB).

24 In allen Fällen muss der VR die **Anfechtungserklärung** ggü. dem VN abgeben (§ 44 Rdn 8, § 45 Rdn 2).

II. Vermutung für Eigenversicherung (§ 43 Abs. 3 VVG)

1. Anwendungsbereich

25 Fehlt eine ausdrückliche Regelung im VV, muss durch Auslegung ermittelt werden, welches Interesse durch die Versicherung gedeckt ist. Möglich ist die Versicherung nur eigenen Interesses (**Eigenversicherung**), nur fremden Interesses (**reine Versicherung für fremde Rechnung**; § 47 Rdn 6), die Deckung eigenen und fremden Interesses (**kombinierte Eigen- und Fremdversicherung**; vor §§ 43 ff. Rdn 32; § 47 Rdn 8) oder es kann offen sein, ob eigenes oder fremdes Interesse versichert ist (**Versicherung für Rechnung „wen es angeht"**, § 48 VVG).

> **Beispiel**
> Eine Transportversicherung (§ 130 Abs. 1 VVG) kann als Versicherung für eigene Rechnung, Versicherung für fremde Rechnung oder als Versicherung für Rechnung „wen es angeht" abgeschlossen werden (Ziff. 1.1.4 und 13 DTV-Güter 2000/2011).

26 Führt die **Auslegung** zu einem eindeutigen Ergebnis, ist für die Anwendung des § 43 Abs. 3 VVG kein Raum. Nur wenn das Auslegungsergebnis Zweifel offenlässt, greift die **widerlegbare Vermutung** des § 43 Abs. 3 VVG ein (BGH, VersR 1994, 1103, 1104). Danach wird vermutet, dass der Antragsteller (nur) eigenes Interesse versichern wollte. Die Vermutung für eine Eigenversicherung ist jedoch schwach und kann leicht widerlegt werden (BGH, VersR 1994, 1103, 1104; NJW 1991, 3031; OGH, VersR 1995, 1339, 1340). So kann sich aus den Umständen (§ 43 Abs. 3 VVG) oder sonst aus dem VV (vgl. § 48 VVG) ergeben, dass die Versicherung für einen anderen, also für fremde Rechnung geschlossen wurde. Eigen- und Fremdversicherung schließen sich dabei nicht aus. Eigenes Interesse des VN und fremdes Interesse können an ein und derselben eigenen oder fremden Sache durch denselben VV nebeneinander gedeckt sein (OLG Köln, VersR 1997, 613,

614). Auch wenn nach dem Vertragswortlaut nur ein eigenes Interesse des VN versichert ist, kann daneben stillschweigend fremdes Interesse mitversichert sein. Das Gleiche gilt für die Mitversicherung eines eigenen Interesses, wenn nach dem Wortlaut des VV nur eine Fremdversicherung besteht.

2. Abgrenzungskriterien

Ob eine Versicherung eigenes und/oder fremdes Interesse deckt, ist durch **Auslegung des** 27 **Versicherungsvertrages** unter Berücksichtigung der in den VV einbezogenen Versicherungsbedingungen und der sonstigen Umstände des Falles zu ermitteln (BGH, NJW 1991, 3031), wobei besonders die **Interessenlage** der jeweiligen Interesseträger und des VR mitzuberücksichtigen sind (BGH, VersR 1994, 1103, 1104). D.h. der Inhalt des VV kann über die Versicherungsbedingungen hinaus durch zusätzliche, auch konkludente Vereinbarungen bestimmt werden. Zudem kann eine festgestellte Vertragslücke in den Versicherungsbedingungen durch ergänzende Vertragsauslegung geschlossen werden. Dies erfordert aber hinreichend konkrete Anhaltspunkte (BGH, VersR 2001, 94, 96).

Als Erstes ist zu prüfen, welche Interessen durch die jeweilige Versicherung überhaupt 28 gedeckt werden können (versicherbare Interessen sind von den tatsächlich versicherten Interessen zu unterscheiden). In der **Sachversicherung** knüpft die Leistungspflicht des VR zumeist an den Verlust, die Beschädigung oder die Zerstörung einer Sache an. Bei diesen Versicherungen (etwa der Kasko- oder der Feuerversicherung) ist primär das **Sacherhaltungsinteresse des sachenrechtlichen Eigentümers** versichert (Rdn 30; wichtige Ausnahmen: Transportversicherung [oben Rdn 14], Betriebsunterbrechungsversicherungen). Ein Nichteigentümer hat nur in besonderen Fällen ein versicherbares Sacherhaltungsinteresse (Rdn 38 ff.). Häufig trägt er aber die Gefahr, bei Verlust, Beschädigung oder Zerstörung der Sache dem Eigentümer ggü. haftpflichtig zu sein. Ob sein sich daraus ergebendes **Sachersatzinteresse** (Rdn 12) in der Sachversicherung mitversichert ist, muss durch Auslegung des VV ermittelt werden (Rdn 32 ff.). **Sonstige Interessen**, wie etwa das Nutzungsinteresse an der Sache, das Rückzahlungsinteresse des Kreditgebers oder das Interesse des Pfandgläubigers, die Sache als Gegenstand des Pfandrechts zu erhalten, sind zwar grds. versicherbare Interessen und bilden zudem häufig das Motiv für den Abschluss der Versicherung. Die derzeit üblichen Versicherungsbedingungen in der Sachversicherung sehen jedoch eine Mitversicherung dieser Interessen nicht vor. D.h. aber nicht, dass die Versicherung ihnen im Ergebnis nicht auch zugutekommen kann. So kann etwa der Pfandgläubiger als VN nach Einziehung der Versicherungsentschädigung mit dieser auf die Wiederherstellung der Sache Einfluss nehmen.

Als Zweites ist nach den Eigentumsverhältnissen an der versicherten Sache zu unterschei- 29 den. Bei der Versicherung einer **eigenen Sache** muss festgestellt werden, ob nur das Sacherhaltungsinteresse des Eigentümers als VN oder auch fremdes Sacherhaltungs- oder Sachersatzinteresse mitversichert ist (Rdn 30 ff.). Bei der Versicherung **fremder Sachen** ist i.d.R. das Sacherhaltungsinteresse des Eigentümers versichert (Rdn 55). Ob ein ggf.

bestehendes Sacherhaltungs- oder Sachersatzinteresse des VN oder eines Dritten mitversichert ist, ist durch Auslegung des VV zu ermitteln (Rdn 58 ff.).

C. Sachversicherungen

I. Versicherung eigener Sachen

1. Eigen- und/oder Fremdversicherung

30 Bei der Versicherung eigener Sachen ist regelmäßig das **Sacherhaltungsinteresse des Versicherungsnehmers** als Eigentümer versichert.

31 Ein **Sacherhaltungsinteresse eines Dritten** an der Sache ist nur in bestimmten Fällen anzuerkennen. Ob es mitversichert ist, muss durch Auslegung des VV ermittelt werden (Rdn 27 ff., 38 ff.).

32 Ob das **Sachersatzinteresse eines Dritten**, etwa das eines berechtigten Fremdbesitzers, mitversichert ist, ist ebenfalls durch Auslegung des VV zu ermitteln (Rdn 33 ff.).

2. Mitversicherung des Sachersatzinteresses Dritter

33 Nach gefestigter Rechtsprechung des BGH kann auch in eine reine Sachversicherung das Sachersatzinteresse eines Dritten, etwa eines Mieters, einbezogen werden. Die Parteien eines VV sind grds. frei in der Gestaltung des VV. Es unterliegt ihrer Entscheidung, welches und wessen Interesse Gegenstand der Versicherung sein soll. Die Typisierung eines VV besagt – von aufsichtsrechtlichen Vorschriften abgesehen – noch nicht, dass die Ausgestaltung im Einzelnen nicht auch Elemente anderer Vertragstypen enthalten kann (BGH, VersR 2001, 94, 95; BGH, VersR 2001, 713, 714; BGH, VersR 2008, 634, 635). Ist das Sachersatzinteresse mitversichert, kann der VR den Dritten nicht in Regress nehmen.

34 Einer Mitversicherung des Sachersatzinteresses Dritter ist für Fälle zuzustimmen, in denen sich die Vertragsparteien eines Sachversicherungsvertrages ausdrücklich oder jedenfalls hinreichend konkret über die Mitversicherung eines Sachersatzinteresses geeinigt haben. Eine **stillschweigende Mitversicherung** eines Sachersatzinteresses **scheidet** demggü. nach hier vertretener Auffassung grds. **aus** (a.A. Prölss/Martin/*Klimke*, § 43 Rn 17 u. Rn 22 ff.; *Brand*, in: Bruck/Möller, § 43 Rn 39). Durch § 86 Abs. 1 VVG hat der Gesetzgeber zum Ausdruck gebracht, dass der Schädiger regelmäßig vom VR in Anspruch genommen werden kann und sich somit selbst gegen Haftpflichtfälle versichern muss (vgl. BGHZ 30, 40, 44 = NJW 1959, 1221; VersR 1962, 129, 130). Wollen die Vertragsparteien von diesem gesetzlichen Leitbild abweichen, müssen sie dies im VV ausdrücklich oder zumindest hinreichend konkret zum Ausdruck gebracht haben. Demnach kann der VR einen berechtigten Fremdbesitzer (Mieter, Pächter, Fahrer), dessen Sachersatzinteresse nicht ausdrücklich mitversichert ist, grds. (vgl. zu den Ausnahmen Rdn 35–37) unter den Voraussetzungen des § 86 VVG in Regress nehmen, wenn nicht zu seinen Gunsten zwischen VR und VN ein **Regressverzicht** (ausdrücklich oder konkludent) vereinbart wurde (Rdn 51) oder ihm ein **Haftungsausschluss** (Rdn 54) zugutekommt.

Schließt eine **GmbH** oder ein **eingetragener Verein** eine Sachversicherung ab, ist durch *Auslegung* des VV zu ermitteln, ob das Sachersatzinteresse der Gesellschafter, Geschäftsführer bzw. der Vereinsmitglieder mitversichert ist. So ist etwa in der Fahrzeugversicherung das Sachersatzinteresse der Gesellschafter und Geschäftsführer mitversichert, die gesellschaftsintern dazu berufen sind, das versicherte Fahrzeug zu nutzen (BGH, VersR 2008, 634, 635). Das Gleiche gilt in der Luftfahrzeugversicherung für das Sachersatzinteresse der Mitglieder und Organe eines Vereins, die mit der Sache bestimmungsgemäß in Berührung kommen (OLG Hamm, VersR 2013, 55).

35

Das Gleiche gilt für Sachversicherungsverträge mit Personengesellschaften (**OHG, KG, GbR, Partnerschaftsgesellschaft**) bei denen das versicherte Sacherhaltungsinteresse der Gesellschaft (mit ihrer rechtlich verselbstständigten Gesamthand als Trägerin des Gesellschaftsvermögens) und nicht den Gesellschaftern zugewiesen ist (BGH, VersR 2008, 634, 635).

36

Schließt eine **Wohnungseigentümergemeinschaft** eine Gebäudeversicherung ab, handelt es sich um eine Versicherung für fremde Rechnung zugunsten der einzelnen Wohnungseigentümer (OGH, VersR 2013, 1154; OLG Hamm, WuM 2008, 401; LG Frankfurt, zfs 2011, 459), deren Sachersatzinteresse am Gemeinschaftseigentum und am Sondereigentum der anderen Wohnungseigentümer mitversichert ist (BGH, VersR 2001, 713). Ein eigenes Interesse der Wohnungseigentümergemeinschaft ist nur versichert, soweit der VV Verwaltungsvermögen erfasst. Hat dagegen ein Miteigentümer nicht nur seinen Bruchteil, sondern die Sache insgesamt versichert (kombinierte Eigen- und Fremdversicherung), sind die übrigen Miteigentümer Versicherte (BGH, VersR 1965, 425, 427; OLG Saarbrücken, VersR 1998, 883; OLG Düsseldorf, NJW-RR 1996, 1174, 1175; OLG Hamm, NJW-RR 1995, 287, 288; OLG Schleswig, NJW-RR 1989, 280, 281; OLG Karlsruhe, VersR 1997, 104).

37

3. Mitversicherung des Sacherhaltungsinteresses Dritter

Bestimmte Gruppen von Nichteigentümern (sog. **wirtschaftliche Eigentümer**) haben ein versicherbares Sacherhaltungsinteresse: **Sicherungsgeber** einer zur Sicherheit übereigneten Sache (BGHZ 10, 376, 381; OLG Köln, SP 1996, 287 f.); **Käufer eines Grundstücks** für die Zeit nach Gefahrübergang bis zur Eintragung in das Grundbuch (BGH, VersR 2001, 53; VersR 2009, 1114 f. und BGH, VersR 2009, 1531, 1534; *Brünjes*, VersR 1995, 1416, 1418); **Mieter** an solchen Sachen, die zwar in das Eigentum des Vermieters übergegangen sind, an denen der Mieter aber ein Wegnahmerecht nach § 539 Abs. 2 BGB hat (BGH, NJW 1991, 3031; Rdn 40); **Leasingnehmer**, wenn sie – wie es in den Leasingbedingungen üblich ist (*Fischer-Czermak*, ZVR 1997, 38; zu den Grenzen BGH, BB 1998, 1126) – die Gefahr für Untergang, Verlust und Beschädigung der Leasingsache tragen (Rdn 43). Sonstige berechtigte Besitzer einer Sache haben dagegen kein eigenes Sacherhaltungsinteresse, so etwa ein **Frachtführer** im Hinblick auf das Transportgut (vgl. Ziff. 13.7 DTV-Güter 2000/2011) oder der **Mieter** eines Hausgrundstücks (sein Interesse an der Wiederherstellung des Gebäudes ist nur ein mittelbares und nicht mitversichert; BGH, NJW-RR 1988, 727, 728).

38

39 Im Regelfall hat sowohl der **rechtliche als auch der wirtschaftliche Eigentümer** ein versicherbares Sacherhaltungsinteresse i.H.d. vollen Sachwertes. Ein Sacherhaltungsinteresse des rechtlichen Eigentümers kann allenfalls dann fehlen, wenn etwa der Sicherungsgeber die gesicherte(n) Forderung(en) oder der Käufer den Kaufpreis bereits vollständig bezahlt hat (**a.A.** *Sieg*, VersR 1995, 125, 126 Fn 16 m.w.N.). Ein Vermieter wird i.d.R. an Einrichtungen, an denen dem Mieter ein Wegnahmerecht nach § 539 Abs. 2 BGB zusteht, kein Sacherhaltungsinteresse haben (*Prölss*, VersR 1994, 1404 f.; **a.A.** *Lorenz*, VersR 1994, 1104, 1105).

40 Hiervon zu unterscheiden ist die Frage, ob und in welchem Umfang **beide Interessen** (also das des rechtlichen und das des wirtschaftlichen Eigentümers) durch die jeweilige Versicherung gedeckt sind. Dies muss, falls keine ausdrückliche Regelung im VV erfolgt ist (vgl. bspw. Abschnitt A § 3 Nr. 5 AFB 2010), durch Auslegung des VV ermittelt werden (BGH, NJW 1991, 3031; vgl. zu einem Fall, in dem der Käufer eine Gebäudefeuerversicherung abgeschlossen hatte und Kaufpreiszahlung und Gefahrübergang bereits erfolgt waren BGH, VersR 2009, 1531, 1534: keine Mitversicherung eines Sacherhaltungsinteresses des Verkäufers; zu einem Fall, in dem einem Mieter ein Wegnahmerecht nach § 539 Abs. 2 BGB zustand BGH, VersR 1994, 1103, 1104; OLG Oldenburg, VersR 1996, 1364, 1365; zu einem Hofpachtfall BGH, VersR 1988, 237). Das Sacherhaltungsinteresse des wirtschaftlichen Eigentümers ist auch über die Fremdversicherung hinaus versicherbar (BGH, VersR 2009, 1114, 1115).

41 Hat bei einer **Sicherungsübereignung** der Sicherungsgeber eine Sachversicherung abgeschlossen, liegt (auch) eine Versicherung für fremde Rechnung zugunsten des **Sicherungsnehmers**, des rechtlichen Eigentümers, vor (BGHZ 10, 377, 381; BGHZ 40, 297, 301 = VersR 1964, 131); denn § 95 VVG wird in diesen Fällen zumeist (durch entsprechende Erklärung des Kreditinstituts/Sicherungsnehmers) abbedungen. Das eigene Sacherhaltungsinteresse des **Sicherungsgebers** ist mitversichert (BGHZ 10, 377, 381 zur Kfz-Kaskoversicherung; Schriftleitung, r+s 1986, 319; anders BGHZ 40, 297, 301 = VersR 1964, 131; BGH, VersR 1967, 343, 344), bewirkt aber rgm. nur den Ausschluss der Regressmöglichkeit des VR (die abweichende Ansicht von BGHZ 10, 377, 381 f. zur Feuerversicherung ist darauf zurückzuführen, dass nach § 2 AFB a.F. „*nur die dem Versicherungsnehmer gehörigen Sachen versichert*" waren). Dasselbe (mit Ausnahme der Ausführungen zu § 95 VVG) gilt bei einer vom **Eigentumsvorbehaltskäufer** abgeschlossenen Versicherung (OGH, VersR 1971, 140, jedoch nur auf die Fremdversicherung abstellend).

42 Ohne eine entsprechende Vereinbarung im VV kommt es grds. (vgl. Rdn 39) *nicht* darauf an, **in welcher Höhe** der VN bereits den **Kaufpreis gezahlt** oder den **Kreditvertrag zurückgezahlt** hat (insoweit auch *Sieg*, VersR 1995, 125, 126). Das Innenverhältnis zwischen VN und Versichertem hat auf das versicherte Interesse keinen Einfluss (*Brünjes*, VersR 1995, 1416, 1418; OLG Hamm, VersR 1988, 30; **a.A.** *Prölss*, r+s 1997, 221, 226; *Wandt*, Versicherungsrecht, Rn 678), sondern findet nur insoweit Berücksichtigung als sich nach ihm der Umfang der Auskehrungsverpflichtung des verfügungsbefugten VN (vor §§ 43 ff. Rdn 14) richtet. Ist der Versicherte (z.B. der Sicherungsnehmer/das Kreditinstitut) verfügungsbefugt, ist häufig der VR – aufgrund Vereinbarung im Versicherungsvertrag –

berechtigt, aber nicht verpflichtet, die Höhe der gesicherten Forderung vor Auszahlung der Entschädigung zu prüfen. Er leistet dann in solchen Fällen i.H.d. noch gesicherten Forderung an den Versicherten (Fremdversicherung) und i.Ü. an den VN (Eigenversicherung).

In **Leasingfällen** ist in der vom Leasingnehmer abgeschlossenen Kfz-Kaskoversicherung sowohl das Sacherhaltungsinteresse des Leasingnehmers als auch das des Leasinggebers versichert (vgl.A.2.3 AKB 2015; BGH, VersR 1993, 1223, 1224; VersR 1989, 950, 951; NJW 1988, 2803; OLG Hamm, VersR 1994, 1223; NJW-RR 1996, 1375, 1376; anders BGHZ 116, 278, 284 = NJW 1992, 683: Leasinggeber erhält Stellung als Forderungsinhaber aufgrund Abtretung). Ist der Leasinggeber selbst nicht Eigentümer des Leasinggegenstandes, ist zusätzlich das Sacherhaltungsinteresse des rechtlichen Eigentümers gedeckt (OLG Köln, SP 1996, 287, 288). Hat der VN ausnahmsweise kein eigenes versicherbares Interesse an der Leasingsache, liegt eine reine Fremdversicherung zugunsten mehrerer Versicherter, i.d.R. zugunsten des Leasingnehmers und des Leasinggebers als den wirtschaftlichen und rechtlichen Eigentümern der Sache, vor (OLG Stuttgart, r+s 1992, 331). Das mitversicherte Sacherhaltungsinteresse des Leasingnehmers erschöpft sich im Regelfall in seinem Sachersatzinteresse, so dass er grds. keine weiter gehende Entschädigung als der Leasinggeber beanspruchen kann (zu Ausnahmen Rdn 47). Auf die Höhe der Leasingraten, die der Leasingnehmer dem Leasinggeber (noch) schuldet, oder den Umstand, dass bei Vollzahlung das Kfz in das Eigentum des VN fällt, kommt es grds. nicht an (s.a. Rdn 39). Das Interesse des Leasinggebers an der Sicherung seiner Forderungen gegen den Leasingnehmer ist nicht mitversichert (BGHZ 93, 391, 396 f. = VersR 1985, 679). 43

Die **Berechnung der Entschädigung** richtet sich im Regelfall **nach den Verhältnissen des Leasinggebers** und nicht nach denen des Leasingnehmers als VN (BGH, VersR 1993, 1223, 1224; OLG Hamm, VersR 2013, 178). Dies gilt sowohl für die Berechnung der **Neupreisentschädigung** (BGH, VersR 1993, 1223, 1224) bzw. des **Wiederbeschaffungswertes** (OLG München, NJW 2013, 3728) als auch für die Bemessung der **Wiederherstellungskosten** (BGH, r+s 1991, 223; OLG Hamm, VersR 2013, 178). Der Leasingnehmer kann sich in diesen Fällen durch den Anschluss einer sog. GAP-Versicherung schützen. Eine solche Differenzkaskoklausel (sog. GAP-Deckung), die das Versicherungslückenrisiko abdeckt, welches sich daraus ergeben kann, dass der Leasingnehmer bei Verlust eines geleasten Fahrzeugs dem Leasinggeber die Ablösesumme schuldet, während der Kaskoversicherungsschutz zunächst nur den Sachverlust abdeckt und deshalb lediglich auf den Ersatz des – in aller Regel niedrigeren – Wiederbeschaffungswertes des versicherten Fahrzeugs gerichtet ist, schützt (nur) den Leasingnehmer und nicht den Leasinggeber (BGH, VersR 2014, 1367 Tz. 14). 44

Die Schadensersatzzahlung, die der Leasingnehmer für den Minderwert der zurückgegebenen Leasingsache zu leisten hat, begründet keinen steuerpflichtigen Umsatz (BGH, BB 2007, 1022, 1024). 45

Ein dem Leasinggeber zustehender **Käuferrabatt** kommt ebenfalls in Abzug. 46

47 Hat sich dagegen der Leasingnehmer im Leasingvertrag verpflichtet, die **Reparatur auf eigene Kosten** durchführen zu lassen oder ein **Ersatzfahrzeug** zu stellen, ist auf seine Verhältnisse abzustellen, wenn er die Wiederherstellungs- oder Wiederbeschaffungskosten tatsächlich trägt (OLG Frankfurt am Main, NZV 1998, 31; offen gelassen in BGH, VersR 1993, 1223, 1224 [unter 2b a.E.]; **a.A.** *Rischar*, NZV 1998, 59, 61). In diesen Fällen erschöpft sich das mitversicherte Sacherhaltungsinteresse des Leasingnehmers ausnahmsweise nicht in seinem Sachersatzinteresse.

48 Wie die **Entschädigungsleistung zu verwenden** ist, ergibt sich *nicht* aus dem VV, sondern aus den **Abreden zwischen Leasinggeber und Leasingnehmer**.

49 Haben diese keine abweichenden Vereinbarungen getroffen (vgl. aber *Fischer-Czermak*, ZVR 1997, 38, 39), muss der (aufgrund eines Sicherungsscheins verfügungsbefugte; vgl. § 44 Rdn 24) Leasinggeber, wenn er die VersSumme eingezogen hat, diese im **Teilschadensfall** für die Wiederherstellung des beschädigten Kfz zur Verfügung stellen bzw. verwenden (BGHZ 93, 391, 395 = VersR 1985, 679; 116, 278, 284 = NJW 1992, 683; NJW 2004, 1041, 1042). Ist der Leasingnehmer verpflichtet, die Reparatur auf seine Kosten ausführen zu lassen, kann er vom Leasinggeber die Auszahlung der Entschädigung verlangen, ohne dass dieser ausstehende Leasingraten in Abzug bringen darf (BGHZ 93, 391, 396 ff. = VersR 1985, 679). Lässt der Leasinggeber die Reparatur ausführen, ermäßigt sich sein Schadensersatzanspruch gegen den Leasingnehmer um den Betrag der Versicherungsleistung (OLG Köln, VersR 1986, 229, 230).

50 Wird der Leasingvertrag im **Totalschadensfall** aufgelöst, muss der Leasinggeber die Entschädigung auf seinen Schadensersatzanspruch gegen den Leasingnehmer anrechnen; wird der Leasingvertrag fortgesetzt, muss er sie für die Wiederbeschaffung eines Ersatzfahrzeugs verwenden (BGHZ 116, 278, 284 f. = NJW 1992, 683).

4. Regressverzicht

51 Der VR kann im VV darauf verzichten, nach Eintritt des Versicherungsfalls den Schädiger nach § 86 VVG in Anspruch zu nehmen. Ein solcher Regressverzicht zugunsten eines Dritten findet sich bspw. für die **Kfz-Kaskoversicherung** in **A.2.8 AKB** 2015 zugunsten des berechtigten Fahrers. Er unterscheidet sich von der Mitversicherung des Sachersatzinteresses des Dritten v.a. durch eine beschränkte Schutzwirkung zugunsten des Dritten. Der Dritte ist nur geschützt, wenn der geschädigte VN nicht von ihm, sondern vom VR Ersatz des eingetretenen Schadens verlangt. Dies wird zwar häufig der Fall sein; verpflichtet dazu ist der VN aber grds. nicht. Dem VN steht vielmehr ein Wahlrecht zu, ob er den VR oder den Schädiger in Anspruch nimmt, wenn sich nicht aus der zwischen ihm und dem Dritten bestehenden Rechtsbeziehung etwas anderes ergibt (BGH, VersR 1986, 755, 756; BGH, VersR 1991, 462, 463). Einen eigenen Anspruch gegen den VR auf Ersatz des Schadens hat der Dritte in den Fällen eines Regressverzichts nicht. Nur wenn der VN direkt vom VR Ersatz verlangt, wirkt der Regressverzicht faktisch wie eine Mitversicherung des Sachersatzinteresses des Dritten (BGH, VersR 1986, 755, 756).

Fehlt es an einer ausdrücklichen Regelung eines Regressverzichts im VV, kann eine (an einem objektiv-generalisierenden Maßstab ausgerichtete) **ergänzende Vertragsauslegung** einen **konkludenten Regressverzicht des Versicherers** ergeben. Dies wird von der Rechtsprechung für Fälle der **Gebäudefeuerversicherung** bejaht, in denen ein Wohnungsmieter (oder ein unentgeltlich Nutzungsberechtigter der Wohnung, BGH, NJW 2006, 3711) einen Brandschaden am Gebäude durch leichte Fahrlässigkeit verursacht hat (BGH, VersR 2001, 94, 96; BGH, VersR 2006, 1536; BGH, NJW-RR 2007, 684; BGH, VersR 2012, 580, 581; BGH, VersR 2013, 318 Tz. 29; MüKo/*Dageförde*, § 43 VVG Rn 17, 31 f.; sog. versicherungsrechtliche Lösung; vgl. § 86 Rdn 56 ff.). Dabei kommt es nicht darauf an,

- ob es sich um ein Mietverhältnis unter Privatleuten oder um ein gewerbliches Mietverhältnis handelt,
- ob die Versicherungsprämie offen umgelegt oder in die Miete einkalkuliert wurde (anders nur, wenn es an einer vertraglich begründeten (Mit-)Finanzierung der Versicherungsprämie durch den Mieter fehlt, vgl. BGH, VersR 2010, 536; vgl. für den Fall, dass der Vermieter die Versicherung nicht abgeschlossen hat, *Armbrüster/Hauer*, ZMR 2012, 546),
- ob der Mieter eine Haftpflichtversicherung abgeschlossen hat, aus der er Deckungsschutz beanspruchen kann (anders nur, wenn es sich um eine Pflichthaftpflichtversicherung handelt; vgl. LG Nürnberg-Fürth, VersR 2008, 1259 f., in einem Fall, in dem der Mieter den Schaden am Gebäude durch den Gebrauch eines Kfz verursacht hat).

In diesen Fällen muss der VR im Regressprozess beweisen, dass der Mieter den Brandschaden grob fahrlässig oder vorsätzlich herbeigeführt hat. Die Regelung des § 81 Abs. 2 VVG führt nach hier vertretener Auffassung nicht dazu, dass sich der Mieter bei einem grob fahrlässigen Verhalten auf einen (quotalen) Regressverzicht berufen kann, da er als Dritter – anders als VN und Versicherte – im Fall grober Fahrlässigkeit nicht vergleichbar schutzwürdig ist und deshalb insoweit eine entsprechende ergänzende Vertragsauslegung ausscheidet (OLG Koblenz, VersR 2014, 1500; so auch BGH, VersR 2012, 580 Tz. 12 ohne Begründung; vgl. auch BGH, VersR 2013, 318 Tz. 34; **a.A.** *Staudinger/Kassing*, VersR 2007, 10, 11; VersR-Hdb/*Hormuth*, § 22 Rn 96; *Piepenbrock*, VersR 2008, 319 f.; Palandt/*Weidenkaff*, § 538 BGB Rn 8; *Kloth/Neuhaus*, § 86 Rn 57; *Armbrüster*, VersR 2010, 1016, 1017; Prölss/Martin/*Klimke*, § 43 Rn 25). Für das Verhalten Dritter muss der Mieter nur einstehen, wenn sie seine Repräsentanten sind (BGH, NJW 2006, 3712, 3714). Bei Schäden am Hausrat des Vermieters besteht (für den Hausratversicherer) keine Regressbeschränkung (BGH, NJW 2006, 3714). Ebenfalls kein Regressverzicht des Gebäudeversicherers gegenüber einem Nachbarn bei einem Wasserschaden (OLG Hamm, VersR 2016, 190, 191). Auch ein Geschäftsversicherungsvertrags eines Mieters enthält keinen Regressverzicht zugunsten des Vermieters (BGH, VersR 2013, 318).

Greift der Regressverzicht bei leichter Fahrlässigkeit und hat der Mieter eine Haftpflichtversicherung abgeschlossen, findet zwischen dem Haftpflicht- und dem Feuerversicherer ein **Ausgleich analog § 78 Abs. 2 S. 1 VVG** statt (zu § 59 Abs. 2 S. 1 VVG a.F. BGH, VersR 2006, 1536; BGH, VersR 2008, 1108; BGH, VersR 2010, 477 f.; BGH, VersR 2010,

807; *Siegel*, VersR 2009, 678 ff. m.w.N.; siehe § 78 Rdn 19 ff.; Prölss/Martin/*Klimke*, § 43 Rn 35 ff.).

5. Haftungsausschluss

54 Ein Rückgriff des VR gegen den Schädiger scheidet aus, soweit dieser mit dem VN einen Haftungsausschluss vereinbart hat. Ein solcher bewirkt, dass ein Schadensersatzanspruch des VN gegen den Schädiger im Umfang der Haftungsfreistellung ausgeschlossen ist und mangels Entstehung nicht nach § 86 Abs. 1 VVG auf den VR übergehen kann. In diesen Fällen ist zu prüfen, ob der Haftungsausschluss unüblich und daher ggf. unwirksam ist bzw. ob die Vereinbarung des Haftungsausschlusses eine Obliegenheitsverletzung des VN darstellt (vgl. § 86 Abs. 2 VVG). Für Mietverträge hat der BGH klargestellt, dass ein genereller stillschweigender Haftungsausschluss für leichte Fahrlässigkeit nicht mehr anzunehmen ist (BGH, NJW 2006, 3714, 3715).

II. Versicherung fremder Sachen

1. Versicherte Interessen

55 Bei der Versicherung fremder Sachen sind die Erklärungen der Vertragsparteien im Zweifel dahin aufzufassen, dass die Interessen versichert sein sollen, die nach der objektiven Rechtslage als Gegenstand der Versicherung in Betracht kommen (BGH, VersR 2001, 53, 54; BGH, VersR 2009, 1114, 1115). Da eine Sachversicherung dem Erhalt des Sachwerts eines Gegenstandes im Vermögen dient, ist bei der Versicherung einer fremden Sache – entgegen der Vermutung des § 43 Abs. 3 VVG – im Zweifel das **Sacherhaltungsinteresse des jeweiligen Eigentümers** versichert (BGH, NJW 1988, 2803; BGH, VersR 2001, 53, 54). Zu seinen Gunsten besteht eine Versicherung für fremde Rechnung.

56 Unerheblich ist, ob dem VR bei Vertragsabschluss bekannt war, dass der Versicherungsgegenstand nicht im Eigentum des VN steht (BGH, NJW 1988, 2803, 2804); und selbst dann, wenn sich der VN irrtümlich für den Eigentümer hält, ist das **Interesse des wahren Eigentümers versichert** (OGH, VersR 1995, 1339, 1340). Dem VR ist es nämlich bei einer Sachversicherung regelmäßig gleichgültig, wem das versicherte Interesse zusteht, da sich die von ihm zu erbringende Versicherungsleistung unabhängig von der Person des VN/Versicherten am Sachwert des Versicherungsgegenstandes ausrichtet (OGH, VersR 1971, 140; OGH VersR 2005, 1267, 1268). Seine mögliche Unkenntnis vom Bestehen einer Versicherung für fremde Rechnung schadet dem VR nicht, da er auch in diesem Fall die Entschädigung leistungsbefreiend an den VN auszahlen kann (§ 45 Rdn 4). Im Hinblick auf § 45 Abs. 2 VVG muss er sich aber zur Sicherheit den Versicherungsschein vorlegen lassen.

Beispiel: Versicherung eines fremden Kfz
In der Kfz-Kaskoversicherung ist – wie sich aus A.2.3 und A.2.5 AKB 2015 ergibt – das Interesse des Eigentümers am Sachwert des Fahrzeugs versichert (st. Rspr. zu den §§ 12 ff. AKB a.F.: BGHZ 131, 288, 292 = VersR 1996, 320; BGH, VersR 1994, 85, 86). Schließt ein VN für ein fremdes Fahrzeug eine Kaskoversicherung ab, ist das Sacherhaltungsinteresse

des Eigentümers und damit fremdes Interesse gedeckt. Es liegt eine Versicherung für fremde Rechnung zugunsten des Eigentümers vor (BGH, VersR 1993, 1223, 1224). Auf die Erkennbarkeit der Eigentumsverhältnisse für den VR kommt es nicht an, denn bei einer Kaskoversicherung ist es dem VR gleichgültig, wem das versicherte Interesse zusteht, da die Entschädigung stets auf den Sachwert begrenzt ist (vgl.A.2.5.1 und A.2.5.2 AKB 2015).

Bei **Abschluss des VV durch einen Sicherungsgeber oder Leasingnehmer** liegt grds. eine **kombinierte Eigen- und Fremdversicherung** vor (Rdn 38 ff.). Die Vertragsparteien können im VV festlegen, in welchem Umfang zugunsten des Versicherten eine Fremdversicherung bestehen soll. **Wird ein versicherter Gegenstand zur Sicherung übereignet**, wird die Eigenversicherung des VN mit Ausstellung des entsprechenden Sicherungsscheins (vgl. § 44 Rdn 24 f.) durch den VR zu einer kombinierten Eigen- und Fremdversicherung, es tritt also neben die Eigenversicherung eine Versicherung für fremde Rechnung zugunsten des Sicherungsnehmers/Kreditinstituts (BGH, VersR 2008, 501, 502; BGH, NJW 2007, 290; BGH, NJW 2004, 1041, 1042; BGHZ 122, 46, 49 = NJW 1993, 1387; 40, 297, 303 = VersR 1964, 131; unklar BGHZ 93, 391, 395 = VersR 1985, 679). 57

2. Mitversicherung des Sacherhaltungsinteresses

Ein **Nichteigentümer**, der mit dem VN identisch sein kann, aber nicht muss, kann ein versicherbares Sacherhaltungsinteresse bzgl. des Versicherungsgegenstandes haben (Rdn 38). Schließt etwa ein **Sicherungsgeber**, ein **Käufer**, der noch nicht Eigentümer der Kaufsache geworden ist, oder ein **Leasingnehmer** über das Sicherungsgut, die Kaufsache oder den Leasinggegenstand eine Sachversicherung ab, ist durch die Versicherung sowohl das eigene Sacherhaltungsinteresse des VN als auch das fremde Sacherhaltungsinteresse des Eigentümers versichert. Es liegt eine **kombinierte Eigen- und Fremdversicherung** vor (vgl. Rdn 40 ff.). 58

Hat der VN (Nichteigentümer) kein eigenes Sacherhaltungsinteresse, so etwa wenn der Vater als VN für ein Fahrzeug, das sein Sohn von einem Dritten geleast hat, eine Kaskoversicherung nimmt, kann auch eine **reine Fremdversicherung zugunsten mehrerer Versicherter** (hier des Leasingnehmers und des Eigentümers der Leasingsache) vorliegen (Rdn 43, § 47 Rdn 6). Weiteres Beispiel: Mieter eines Fahrzeugs schließt zugunsten des Eigentümers des Fahrzeugs und des Inhabers eines Sicherungsscheins eine Kaskoversicherung ab (OLG Stuttgart, r+s 2011, 245). 59

3. Mitversicherung des Sachersatzinteresses

Ist kein Sacherhaltungsinteresse des VN in der von ihm abgeschlossenen Sachversicherung mitversichert, ist durch Auslegung des VV zu ermitteln, ob sein ggf. bestehendes Sachersatzinteresse mitversichert ist (OGH, VersR 1993, 1303, 1304; vgl. Rdn 33), ihm ein Regressverzicht zugutekommt (vgl. Rdn 51 ff.) oder er die Versicherungsleistung auf den Anspruch des Geschädigten anrechnen kann (Vor. §§ 43 ff. Rdn 25). 60

Die bloße Stellung als VN schließt nicht in jedem Fall die Regressmöglichkeit des VR aus. Beispiel hierfür ist die **Transportversicherung** (§ 130 Abs. 1 VVG; vor §§ 43 ff. 61

Rdn 25), deren Prämien der Transportunternehmer als VN letztlich nicht selbst trägt, da er sie seinen Kunden in Rechnung stellt. Der Transportversicherer kann – wenn er mit dem Transportunternehmer nicht ausdrücklich etwas anderes im VV vereinbart hat – beim Transportunternehmer Regress nehmen; dieser muss sich durch den Abschluss einer Verkehrshaftungsversicherung/Güterschadenhaftpflichtversicherung schützen (BGH, VersR 2003, 1171, 1172; OGH, VersR 1993, 1303, 1304; *Koller*, TranspR 2015, 173, 177; **a.A.** Prölss/Martin/*Klimke*, § 43 Rn 61). Dabei kommt es nicht darauf an, ob den Transportunternehmer eine gesetzliche Pflicht zum Abschluss einer Güterschadenhaftpflichtversicherung traf (vgl. § 7a GüKG) oder nicht (*Thume*, VersR 2004, 1222, 1225 f.).

§ 44 VVG Rechte des Versicherten

(1) Bei der Versicherung für fremde Rechnung stehen die Rechte aus dem Versicherungsvertrag dem Versicherten zu. Die Übermittlung des Versicherungsscheins kann jedoch nur der Versicherungsnehmer verlangen.

(2) Der Versicherte kann ohne Zustimmung des Versicherungsnehmers nur dann über seine Rechte verfügen und diese Rechte gerichtlich geltend machen, wenn er im Besitz des Versicherungsscheins ist.

Übersicht

	Rdn
A. Normzweck	1
B. Norminhalt	2
I. Aufspaltung von Anspruchsinhaberschaft und Verfügungsbefugnis	2
II. Rechte des Versicherten	5
1. Rechte aus dem Versicherungsvertrag	5
2. Abhängigkeit der Rechtsstellung des Versicherten von der des Versicherungsnehmers	10
3. Zwangsvollstreckung/Insolvenz	11
4. Rechtsnachfolge	13
5. Aufrechnung	14
6. Veräußerung der versicherten Sache	15
III. Verfügungsbefugnis (§ 44 Abs. 2 VVG)	17
1. Grundsatz: Keine Verfügungsbefugnis des Versicherten	17
2. Ausnahmen: Verfügungsbefugnis des Versicherten	20
a) Besitz des Versicherungsscheins	20
b) Zustimmung des Versicherungsnehmers	21
c) Fehlende Anspruchsverfolgung durch den Versicherungsnehmer	22
IV. Auswirkungen der Erteilung eines Sicherungsscheins	24
C. Abdingbarkeit	26

A. Normzweck

1 § 44 VVG regelt die Rechtsstellung des Versicherten bei einer Versicherung für fremde Rechnung, d.h. einer Versicherung, die vom VN im eigenen Namen für einen anderen (den Versicherten) geschlossen wurde (§ 43 Abs. 1 VVG).

Hinweis
Bei der Versicherung für fremde Rechnung stehen die Rechte aus dem VV dem Versicherten zu. Verfügungsbefugt ist nach der gesetzlichen Regelung in § 45 VVG aber grds. nur der VN.

B. Norminhalt

I. Aufspaltung von Anspruchsinhaberschaft und Verfügungsbefugnis

Die Versicherung für fremde Rechnung ist eine Sonderform des Vertrages zugunsten Dritter (vor §§ 43 ff. Rdn 2). Während es nach § 328 Abs. 2 BGB Auslegungsfrage ist, ob und wann dem Dritten das Recht zusteht, die Leistung vom Versprechenden fordern zu können (vgl. auch § 159 Abs. 2 und 3 VVG bei der Lebensversicherung), ist der **Versicherte**, wenn sich der VR und der VN über die Versicherung eines fremden Interesses geeinigt haben, mit Vertragsabschluss **kraft Gesetzes Inhaber der Rechte aus dem VV** (§ 44 Abs. 1 S. 1 VVG), ohne dass es hierzu in irgendeiner Form seiner Mitwirkung bedarf (BGHZ 40, 297, 301 = VersR 1964, 131). 2

Die **Verfügungsbefugnis** über diese Ansprüche steht aber – anders als nach § 328 Abs. 1 BGB – **grds. dem VN zu** (§ 45 Abs. 1 VVG), wenn nicht der VN der Verfügung durch den Versicherten zugestimmt hat oder dieser im Besitz des Versicherungsscheins ist (§ 45 Abs. 2 VVG) oder die Berufung des VN auf seine Verfügungsbefugnis rechtsmissbräuchlich wäre (Rdn 20). 3

Die Aufspaltung von materieller Rechtsinhaberschaft und formeller Verfügungsbefugnis über die Rechte aus dem VV bezweckt, dass der **VR** aus Gründen der Rechtssicherheit und der zweckmäßigen Abwicklung des VV **nur einen Ansprechpartner, den VN**, hat (OGH, VersR 1995, 1123; OGH, VersR 2008, 1283, 1284). Zudem soll sich ein VN, der sich wegen seiner Forderungen aus dem Geschäftsverhältnis mit dem Versicherten aus den versicherten Sachen befriedigen konnte (vgl. § 647 BGB, §§ 397, 623 HGB), in gleicher Weise an die Entschädigung halten können (§ 46 S. 2 VVG). 4

II. Rechte des Versicherten

1. Rechte aus dem Versicherungsvertrag

Zu den Rechten aus dem VV, die dem Versicherten zustehen, gehören der **Anspruch auf die Versicherungsleistung** und alle Rechte, die mit der Entschädigung zusammenhängen (OGH, VersR 1984, 1196). Dazu zählen insb. der Anspruch auf **Zinsen** (nach §§ 14 Abs. 4, 91, § 291 BGB, § 353 HGB), auf den **Verzugsschaden** (§ 286 BGB) einschließlich der **Verzugszinsen** (§ 288 BGB) und auf **Aufwendungsersatz** (§§ 83, 85 VVG), soweit der Aufwand vom Versicherten getragen wurde. Der Versicherte erwirbt die Rechte so, wie sie die Vertragspartner des VV gestaltet haben (§ 43 Rdn 18). 5

Der **Versicherte** ist zwar Inhaber der Rechte aus dem VV, er hat jedoch nicht die Rechtsstellung einer Vertragspartei. Er hat daher **keine Vertragspflichten** zu erfüllen, ist v.a. nicht 6

Prämienschuldner (BGHZ 40, 297, 302 = VersR 1964, 131). Es treffen ihn aber (auch) die **Obliegenheiten** und in seiner Person dürfen *nicht* die Voraussetzungen für einen **Risikoausschluss** vorliegen (§ 47 VVG).

7 Die Rechte, die mit dem Vertragsganzen zusammenhängen, stehen trotz § 44 Abs. 1 VVG stets dem **Versicherungsnehmer** zu (OGH, VersR 1984, 1196; VersR 2008, 1283, 1284). Dieser ist „**Herr des Vertrages**".

8 Der Versicherte kann daher – gleichgültig ob er die Verfügungsbefugnis über die Rechte *aus* dem VV besitzt oder nicht – keine **Gestaltungsrechte** in Bezug auf den VV ausüben, also *nicht* kündigen, anfechten (OGH, VersR 1988, 502; OGH, VersR 2008, 1283, 1284) oder zurücktreten und ist *nicht* zum Empfang derartiger Erklärungen durch den VR legitimiert (OLG Hamburg, VersR 1980, 375, 376). Er kann sich *nicht* mit dem VR über **Vertragsänderungen** einigen und somit etwa in den Fällen der §§ 74, 78 VVG *keine* Herabsetzung der VersSumme verlangen. Auch ist er *nicht* Inhaber des Anspruchs auf **Prämienrückerstattung**, da diese dem VN als Prämienschuldner zusteht.

9 Obwohl der Versicherte als Inhaber der Versicherungsforderung Eigentümer des Versicherungsscheins ist, kann er *nicht* **Übermittlung des Versicherungsscheins** und – dem gleichstehend – auch nicht die Ausstellung eines neuen Versicherungsscheins (§ 3 Abs. 3 VVG) verlangen (§ 44 Abs. 1 S. 2 VVG). Er kann auch nicht **Vorlage** des Versicherungsscheins verlangen, weil er über dieses ihm aus dem VV zustehende Recht in der Regel nicht verfügen kann (OGH, VersR 1984, 1196). Er kann *nicht* wirksam dem Inhalt des Versicherungsscheins widersprechen (**§ 5 VVG**) oder das Widerrufsrecht nach **§ 8 VVG** ausüben. Ihm ggü. bestehen die Informationspflichten nach **§ 7 VVG** nicht.

2. Abhängigkeit der Rechtsstellung des Versicherten von der des Versicherungsnehmers

10 Der VR kann gegen den Anspruch des Versicherten sowohl Einwendungen aus seinem Verhältnis zu diesem (§ 47 VVG) als auch solche aus seinem Verhältnis zum VN (§ 334 BGB) erheben. Die Rechtsstellung des Versicherten ist **akzessorisch** zu der des VN. Ist der VR ggü. dem VN leistungsfrei, ist er es grds. auch ggü. dem Versicherten.

3. Zwangsvollstreckung/Insolvenz

11 Da der Versicherte Inhaber der Rechte aus dem VV ist, können nur die **Gläubiger des Versicherten** – nicht die des VN (OLG Hamm, NJW-RR 1987, 217) – diese Ansprüche **pfänden** (§ 829 ZPO). Mit der Pfändung erlangt der Gläubiger die Rechtsstellung des Versicherten (LG Karlsruhe, VersR 2013, 352 Tz. 23). Eine **Überweisung** (§ 835 ZPO) ist *nur* zulässig, wenn der Versicherte selbst über die Ansprüche verfügen kann (OLG Hamburg, VersR 1951, 227). Ist dies nicht der Fall, können dem Gläubiger die Ansprüche erst dann überwiesen werden, wenn er den Anspruch des Versicherten auf Einwilligung in die Auszahlung (vgl. § 46 Rdn 3) ggü. dem VN erfolgreich (ggf. im Wege der Klage, vgl. OGH, VersR 1971, 140; OGH, VersR 1960, 454) durchgesetzt hat. Dazu muss er diesen Anspruch des Versicherten pfänden und sich überweisen lassen (OLG Düsseldorf, VersR

1997, 1475). Pfändung und Überweisung stoßen aber ins Leere, wenn dem Versicherten ein solcher Anspruch gegen den VN im konkreten Fall nicht zusteht. Zur Sicherung des Anspruchs auf Zustimmung kann der Gläubiger ggf. eine einstweilige Verfügung gegen den VN beantragen, die diesem eine Verfügung über die Rechte aus dem VV verbietet. Gegen eine Pfändung durch Gläubiger des VN kann der Versicherte **Drittwiderspruchsklage** nach § 771 ZPO erheben.

Wird über das Vermögen des Versicherten ein **Insolvenzverfahren** eröffnet, fallen seine Ansprüche aus dem VV in die Insolvenzmasse (§ 35 InsO). Eine Insolvenz des VN beeinträchtigt die Rechtsposition des Versicherten nicht (BGH, VersR 2014, 1118 Tz. 11, 30). 12

4. Rechtsnachfolge

Fehlt dem Versicherten die Verfügungsbefugnis, kommt eine Einzelrechtsnachfolge in die Rechte aus dem VV nicht in Betracht. Eine Gesamtrechtsnachfolge ist dagegen möglich. Daher fallen beim Tod des Versicherten seine Rechte aus dem VV in seinen Nachlass (BGH, VersR 1973, 634, 635), so dass die Rechtsstellung des Versicherten auf seine Erben übergeht (BGH, VersR 1995, 332). 13

5. Aufrechnung

Gläubiger des Versicherten können nicht wirksam (s. § 46 S. 2 VVG) gegen die Entschädigungsforderung aufrechnen, wenn dem Versicherten die Verfügungsbefugnis fehlt. Der VR soll dagegen aus der Rollenspaltung auf der Gegenseite keinen Nachteil haben; er kann mit einer Prämienforderung gegen den VN dem Versicherten ggü. aufrechnen (§ 35 VVG). 14

6. Veräußerung der versicherten Sache

Veräußert der **Versicherte** (Eigentümer) die versicherte Sache an einen Dritten, findet § 95 VVG keine Anwendung (OLG Hamm, NZV 1996, 412). Die Rechtsstellung des VN ändert sich nicht. Der Dritte rückt an die Stelle des Versicherten, da bei einer Versicherung fremder Sachen rgm. das Interesse des jeweiligen Eigentümers versichert ist (§ 43 Rdn 55). Ein Interessenwegfall (§ 80 Abs. 2 VVG) liegt nur vor, wenn der VN ausnahmsweise ausschließlich das Interesse eines bestimmten Versicherten versichert hat. Darauf, ob eine Versicherung für Rechnung „wen es angeht" (§ 48 VVG) vorliegt, kommt es nicht an. Denn es geht nicht darum, ob eigenes oder fremdes Interesse versichert ist, sondern ob in der vom VN abgeschlossenen Fremdversicherung nur das Interesse eines bestimmten Eigentümers oder des jeweiligen Eigentümers versichert sein soll. Übereignet der versicherte Eigentümer die Sache an den VN, wird aus der Fremd- eine Eigenversicherung; auch dies ist kein Anwendungsfall des § 95 VVG. 15

Veräußert der **VN** (Nichteigentümer) die versicherte Sache an einen Dritten, rückt dieser nur dann nach § 95 VVG in die Stellung als VN ein, wenn er Rechtsnachfolger des Versicherten, d.h. Eigentümer der Sache wird. Dazu kommt es nur, wenn der Alt-Eigentümer (Versicherte) der Übereignung zustimmt (§ 185 BGB) oder der Dritte gutgläubig 16

Eigentum erwirbt (§ 932 BGB). In diesem Fall wandelt sich die zugunsten des Alt-Eigentümers bestehende Fremdversicherung in eine Eigenversicherung des neuen VN um.

III. Verfügungsbefugnis (§ 44 Abs. 2 VVG)

1. Grundsatz: Keine Verfügungsbefugnis des Versicherten

17 Obwohl der Versicherte Inhaber des Versicherungsanspruchs ist, kann er – soweit nicht etwas anderes im VV vereinbart ist – über seine Ansprüche **nicht verfügen** und sie auch **nicht gerichtlich geltend machen** (§ 44 Abs. 2 VVG). Verfügungen des Versicherten sind mangels Verfügungsmacht (absolut) unwirksam (zu den Ausnahmen siehe Rdn 20 ff.). Eine Zahlungsklage des Versicherten gegen den VR ist unzulässig, da die Prozessführungsbefugnis dem VN zugewiesen ist (OLG Celle, VersR 1986, 1099). Ist für den VR ungewiss, ob die Verfügungsbefugnis dem VN oder dem Versicherten zusteht, kann er nach § 372 S. 2 BGB vorgehen (Hinterlegung beim AG).

18 Als **Verfügung** i.S.d. Gesetzes ist jeder Rechtsakt anzusehen, durch den unmittelbar oder mittelbar auf den Bestand oder die Ausgestaltung der Versicherungsforderung eingewirkt wird (OGH, VersR 2008, 1283, 1284; BGH, VersR 2014, 1118 Tz. 19). Neben der Einziehung der Versicherungsleistung zählen dazu v.a.: Annahme einer anderen Leistung statt der Entschädigungszahlung an Erfüllungs statt, Ermächtigung zur Einziehung, Erlass, Abtretung (OGH, VersR 1981, 991 f.; Abtretung an den VN aber wirksam, da in der Vereinbarung der Abtretung die Zustimmung des VN zur Verfügung des Versicherten [Rdn 21] zu sehen ist und die Abtretungsverbote in den Versicherungsbedingungen entweder nach § 108 Abs. 2 VVG unwirksam [*Dreher/Thomas*, ZGR 2009, 31, 41] oder hinsichtlich ihres Schutzzwecks nicht einschlägig sind [OLG Saarbrücken, VersR 1998, 883, 884]), Verpfändung oder Stundung der Forderung (einschließlich der Zinsen), Bestellung eines Nießbrauchs an derselben, Aufrechnung gegen oder mit der Forderung, Mahnung (auf eine vom Versicherten ggü. dem VR erklärte Mahnung findet § 182 Abs. 3 BGB Anwendung), Vergleich mit dem VR, Anerkennung von Gegenrechten des VR, Vereinbarung mit dem VR über die Schadenshöhe. Keine Verfügung stellt es dar, wenn der Versicherte den Erwerb der Rechte selbst ablehnt (§ 333 BGB).

19 Einer **Klage des Versicherten gegen den VR auf Feststellung**, dass ein VV besteht und er (der Versicherte) zum Kreis der Versicherten gehört, steht die fehlende Verfügungsbefugnis des Versicherten nicht entgegen (BGH, VersR 1983, 823, 824 f.). Keine Verfügung über die Rechte aus dem VV stellt es ferner dar, wenn der Versicherte gegen den VN eine einstweilige Verfügung beantragt oder Feststellungsklage erhebt, da der VN ihm die Forderung abstreitet. Dasselbe gilt, wenn der Versicherte Klage nach § 771 ZPO erhebt, weil Gläubiger des VN den Versicherungsanspruch gepfändet haben. Ein **Zugang von Erklärungen** des VR beim Versicherten ist grds. weder erforderlich noch ausreichend. Der Versicherte kann aber zur Erfüllung der von ihm zu beachtenden Obliegenheiten Erklärungen abgeben und insoweit auch wirksam Erklärungen des VR empfangen. Eine **Zahlung an den Versicherten** befreit den VR nicht (OLG Hamm, VersR 1988, 30; OLG Köln, VersR 2015, 1155 Tz. 24; OLG Köln – 26 O 213/13, open Jur 2015, 2205 Tz. 43; vgl. zum

seltenen Fall eines treuwidrigen Leistungsverlangens des VN OLG Düsseldorf, Urt. v. 21.10.2014 – I-4 U 146/13, juris). Dem Einklagen (Leistungs- oder Feststellungsklage) als Form der **gerichtlichen Geltendmachung** steht das Erwirken eines Mahnbescheids oder das Beantragen einer einstweiligen Verfügung gegen den VR sowie das Erwirken eines Arrests oder das Beantragen eines Beweissicherungsverfahrens gleich.

2. Ausnahmen: Verfügungsbefugnis des Versicherten

a) Besitz des Versicherungsscheins

Der Versicherte kann über seine Rechte verfügen und sie selbst gerichtlich geltend machen, wenn er den Versicherungsschein besitzt (§ 44 Abs. 2 VVG). Wegen § 44 Abs. 1 S 2 VVG wird der Versicherte i.d.R. nur mit Willen des VN in den Besitz des Versicherungsscheins gelangen. Die Legitimationswirkung des Versicherungsscheins besteht aber auch dann, wenn der Versicherte im Besitz des abhanden gekommenen Versicherungsscheins ist und dem VR ein fehlender Wille des VN zur Aushändigung des Versicherungsscheins an den Versicherten unbekannt ist. Zahlreiche Versicherungsbedingungen sehen aber vor, dass der Versicherte auch dann nicht legitimiert ist, wenn er den Versicherungsschein besitzt (Rdn 27). Eine Pflicht des VN, den Versicherungsschein an den Versicherten herauszugeben, kann sich nur aus einem zwischen ihnen bestehenden Rechtsverhältnis ergeben (§ 46 Rdn 2). Befürchtet der Versicherte eine Verfügung des VN über die Versicherungsforderung, obwohl diesem die Verfügungsmacht fehlt, kann er gegen den VN eine einstweilige Verfügung beantragen. Verweigert der VR ggü. einem verfügungsbefugten Versicherten zu Unrecht die Leistung, kann dem VN gegen den VR ein Anspruch aus § 280 Abs. 1 BGB zustehen. 20

b) Zustimmung des Versicherungsnehmers

Die Zustimmung kann der VN vor oder nach Vornahme der zustimmungsbedürftigen Verfügung des Versicherten geben (§ 185 BGB). Sie kann auch in Allgemeinen Geschäftsbedingungen, die auf das Vertragsverhältnis zwischen VN und Versichertem Anwendung finden, enthalten sein (OGH, VersR 1995, 443, 444). Ihre Erteilung kann ausdrücklich oder durch konkludentes Verhalten erfolgen. Teilweise ist in Versicherungsbedingungen geregelt, dass der Versicherte auch bei Vorliegen der Zustimmung des VN nicht verfügungsbefugt ist (Rdn 28). Ein Rechtsschutzbedürfnis für eine Klage im eigenen Namen ist beim Versicherten stets zu bejahen, da er Inhaber des materiellen Anspruchs ist. Der VN wird regelmäßig zu einer Zustimmung nur bereit sein, nachdem er wegen der ihm gegen den Versicherten zustehenden Ansprüche befriedigt ist (vgl. § 46 VVG). Unter Ehegatten kann sich eine Verpflichtung zur Zustimmung aus § 1353 Abs. 1 S. 2 BGB ergeben (LG Köln, r+s 1997, 423). Hat der VN seine Zustimmung erteilt, kann er sie, wenn der Versicherte bereits über den Entschädigungsanspruch verfügt oder ihn gerichtlich geltend gemacht hat, nicht mehr widerrufen (§ 183 Abs. 1 BGB; vgl. zu Fällen, in denen der VR auf die Zustimmung des VN konkludent verzichtet hat: OGH, VersR 2000, 478; OLG Köln – 9 U 21

94/02, openJur 2011, 26236 Tz. 14; OLG Stuttgart, VersR 2006, 1489, 1490: VR erhebt im Prozess keine Einwendungen gegen die Aktivlegitimation des Versicherten).

c) Fehlende Anspruchsverfolgung durch den Versicherungsnehmer

22 Der VR kann sich auch dann nicht auf die fehlende Verfügungsbefugnis des Versicherten berufen, wenn der VN **nach Ablehnung der Regulierung durch den VR** (ausdrücklich oder konkludent) zu erkennen gibt, dass er seinerseits von seinem Verfügungsrecht keinen Gebrauch machen will (BGHZ 115, 275, 282 = NJW 1992, 2423). Eine Berufung auf die fehlende Verfügungsmacht wäre **rechtsmissbräuchlich**. Das Gleiche gilt, wenn der VN den VR **von vornherein** nicht in Anspruch nimmt und er für die Ablehnung der Geltendmachung des Versicherungsanspruchs keine billigenswerten Gründe hat (BGH, NJW 1998, 2537, 2538; BGH, NJW 1998, 2449, 2450; BGH, NJW-RR 1987, 856 f., wonach eine dem VN drohende Prämienerhöhung kein zu respektierender Grund ist; OGH, VersR 2008, 283; OLG Hamm, VersR 2005, 934) oder der VN nach Eintritt des Versicherungsfalles wegfällt (so bei Auflösung einer GmbH; OLG Köln, VersR 1998, 1104, 1105). Kann der Versicherte in diesen Fällen unmittelbar gegen den VR klagen, ist er nicht darauf angewiesen, ggü. dem VN einen Anspruch auf Erteilung der Zustimmung (§ 44 Abs. 2 VVG) oder auf klagweise Verfolgung des Versicherungsanspruchs (vor §§ 43 ff. Rdn 14) zu erheben (BGHZ 115, 275, 282). Falls es für ihn günstiger ist, kann er sich aber auch dafür entscheiden.

23 Eine Verfügungsbefugnis des Versicherten ist dagegen bspw. *nicht* gegeben, wenn sich der VN weigert, die an ihn ausgezahlte VersSumme an den Versicherten auszukehren (BGH, VersR 1995, 332, 333), sich VN und VR über die Höhe des Schadens geeinigt haben oder der VN nur Verhandlungen des Versicherten mit dem VR zugestimmt hat (OGH, VersR 1984, 1196). Es genügt auch nicht, wenn sich VR und Versicherter über das Bestehen des Versicherungsanspruchs vorprozessual auseinander gesetzt haben, da dadurch das alleinige Verfügungsrecht des VN nicht beeinträchtigt werden kann.

IV. Auswirkungen der Erteilung eines Sicherungsscheins

24 Durch die Erteilung eines Sicherungsscheins **verstärkt sich die Rechtsposition** des Versicherten. Nach den üblicherweise mit dem Sicherungsschein verbundenen Vereinbarungen (vgl. für die Fahrzeugversicherung den „Antrag auf Ausstellung eines Kraftfahrzeug-Sicherungsscheins", für die Feuerversicherung den „Sicherungsschein für Schäden durch Feuer") kann **allein der Versicherte die Rechte** aus dem VV **ausüben** und über sie **verfügen**, insb. die Entschädigung annehmen, und zwar auch dann, wenn er nicht im Besitz des Versicherungsscheins ist (BGHZ 40, 297, 301 = VersR 1964, 131; OLG Hamm, VersR 1999, 44, 45). So ist etwa eine Abtretung des Entschädigungsanspruchs durch den VN an einen Dritten unwirksam (BGHZ 93, 391, 393 = VersR 1985, 679). Der VN kann – neben dem Versicherten – die Rechte aus dem VV in gewillkürter Prozessstandschaft **gerichtlich geltend machen**, muss aber auf Leistung an den Inhaber des Sicherungsscheins klagen (BGH, VersR 1985, 981, 982; § 45 Rdn 8). Zur leichterten Schadensabwicklung wird bspw.

aber auch vereinbart, dass Entschädigungen bis zu einem Betrag von 500 EUR an den VN gezahlt werden und Bergungs- und Abschleppkosten für das versicherte Fahrzeug ohne Zustimmung des Versicherten ausgezahlt werden können. Zu den Fällen, in denen im Sicherungsschein vereinbart wird, dass das Interesse des Sicherungsnehmers auf den Nominalbetrag der ausstehenden Forderung beschränkt ist (sog. Akzessorietätsklausel; vgl. *Hofmann*, KTS 2015, 55, 65 f.).

Mitunter verzichtet der VR im Sicherungsschein, sich auf bestimmte **Einwendungen** aus seinem Rechtsverhältnis zum VN (z.B. § 81 Abs. 1 VVG) ggü. dem Versicherten zu berufen. Andere Einwendungen, die ihm gegen den VN zustehen, sind von diesem Verzicht nicht betroffen, so dass sie der VR dem Versicherten entgegensetzen kann (BGH, VersR 1979, 176, 178; vgl. § 47 VVG). Regelmäßig übernimmt der VR auch ggü. dem Versicherten bestimmte **Benachrichtigungspflichten**, so etwa wenn der VN die Erstprämie nicht gezahlt und den Versicherungsschein nicht eingelöst hat oder der VN mit Prämien im Rückstand ist (LG Köln, VersR 2009, 1488, 1491) oder der VV als Ganzes oder teilweise gekündigt oder vorzeitig beendet wird (vgl. zur Haftung des VR BGH, VersR 2001, 235; OLG Köln, r+s 1992, 225, 226). Die Wirksamkeit einer **Kündigung des VV** durch den VN hängt nur dann von einer Zustimmung des Versicherten ab, wenn ein Zustimmungserfordernis ausdrücklich vereinbart wurde (OLG Hamm, r+s 1986, 317 f.). Für die Richtigkeit der Angaben im Sicherungsschein haftet der VR dem Versicherten (BGH, VersR 1985, 981, 982). 25

C. Abdingbarkeit

§ 44 Abs. 1 VVG ist **halbzwingend**. Eine abweichende Regelung zulasten des Versicherten kommt nicht in Betracht. Bedarf es schon bei einer Versicherung für fremde Rechnung der Zustimmung des Versicherten zu der Versicherung, wenn der VN die VersSumme an sich selbst auszahlen lassen will (§ 45 Abs. 3 VVG), kann eine Versicherung eines fremden Interesses auf eigene Rechnung (ohne Zustimmung des Interesseträgers) nicht zulässig sein. 26

§ 44 Abs. 2 VVG kann sowohl zugunsten als auch zulasten des Versicherten **abbedungen** werden. 27

Beispiel
Allgemeine Bedingungen für die Kfz-Versicherung
F.3 AKB 2015: Die Ausübung der Rechte der mitversicherten Personen aus dem VV steht nur Ihnen als Versicherungsnehmer zu, soweit nichts anderes geregelt ist. Andere Regelungen sind: Geltendmachen von Ansprüchen in der Kfz-Haftpflichtversicherung nach A.1.2, Geltendmachen von Ansprüchen durch namentlich Versicherte in der Kfz-Unfallversicherung nach A.4.2.6.

Das bedeutet: Dem Versicherten kann – aufgrund einer entsprechenden Regelung in den Versicherungsbedingungen – auch dann noch die Verfügungsbefugnis fehlen, wenn er im Besitz des Versicherungsscheins ist (BGH, NJW 1998, 2449, 2450; so geregelt z.B. in Abschnitt B § 12 Nr. 1 AMoB 2011 und in Abschnitt B § 12 VGB 2010); solche Regelungen sind mit § 307 BGB vereinbar (vgl. OLG Köln, VersR 1995, 525).

28 Sehen die Regelungen vor, dass dem *VN* die Ausübung der Rechte aus dem VV *ausschließlich* zustehen soll (z.B. 27.2 AHB 2015, F.2 S. 1 AKB 2015), kann der Versicherte auch mit dessen Zustimmung nicht über seine Ansprüche verfügen oder sie gerichtlich geltend machen (OLG Hamm, VersR 1981, 178, 179; OLG Stuttgart, r+s 1992, 331). Anders ist dies nur, wenn (auch) der VR der Geltendmachung durch den Versicherten nicht widerspricht (BGH, VersR 1978, 409) oder die Berufung des VR auf die fehlende Verfügungsbefugnis des Versicherten rechtsmissbräuchlich ist (Rdn 22; LG Karlsruhe, VersR 2013, 352 Tz. 25).

29 Bei der **Krankenversicherung** kann *ausschließlich* der *Versicherte* die Versicherungsleistung verlangen, wenn der VN ihn ggü. dem VR in Textform als Empfangsberechtigten der Versicherungsleistung benannt hat (§ 194 Abs. 4 S. 1 VVG).

30 Steht aufgrund gesetzlicher Anordnung (vgl. § 61 Abs. 2 BNotO) oder nach den vereinbarten Versicherungsbedingungen (z.B. in der Kfz-Haftpflicht- und der Kfz-Unfallversicherung, A 1.2 und A.2.6 AKB 2015) die Verfügungsbefugnis sowohl dem VN als auch dem Versicherten zu, kann es zu **widersprüchlichen Verfügungen** kommen. Da die Regelungen, die dem Versicherten eine Verfügungsbefugnis neben dem VN einräumen, die Rechtsstellung des Versicherten verbessern sollen, ist das Verfügungsrecht des VN in diesen Fällen insoweit eingeschränkt, als er nicht Verfügungen treffen kann, welche bereits entstandene Rechte des Versicherten aus dem VV beeinträchtigen. Eine Geltendmachung des Versicherungsanspruchs durch den VN (auf Leistung an sich oder an den Versicherten) ist daher möglich, solange keine gegenteilige Verfügung des Versicherten vorliegt (OGH, VersR 1960, 191, 192; **a.A.** *Lentz*, S. 156 f., m.w.N.). Er kann zudem stets auf Feststellung klagen, dass dem VR keine Rückgriffsansprüche gegen den Versicherten zustehen (BGH, VersR 1967, 1169, 1170).

> **Beispiel**
> **Rechtsschutzversicherung** (2.1.2 ARB 2012)
> Die mitversicherten Personen können ihre Ansprüche selbstständig geltend machen. Der VN kann aber der Rechtsschutzgewährung widersprechen. Auf bereits entstandene Kostenerstattungsansprüche des Versicherten hat der Widerspruch keinen Einfluss, er wirkt nur für die Zukunft. Bis zum Widerspruch besteht eine Verfügungsbefugnis des VN und des Versicherten (BGH, VersR 2014, 1118 Tz. 19; zu den Auswirkungen einer Deckungszusage des VR gegenüber dem Versicherten vgl. BGH, VersR 2014, 1118 Tz. 20 ff.).

§ 45 VVG Rechte des Versicherungsnehmers

(1) Der Versicherungsnehmer kann über die Rechte, die dem Versicherten aus dem Versicherungsvertrag zustehen, im eigenen Namen verfügen.

(2) Ist ein Versicherungsschein ausgestellt, ist der Versicherungsnehmer ohne Zustimmung des Versicherten zur Annahme der Leistung des Versicherers und zur Übertragung der Rechte des Versicherten nur befugt, wenn er im Besitz des Versicherungsscheins ist.

(3) Der Versicherer ist zur Leistung an den Versicherungsnehmer nur verpflichtet, wenn der Versicherte seine Zustimmung zu der Versicherung erteilt hat.

Übersicht

	Rdn
A. Normzweck	1
B. Norminhalt	2
I. Verfügungsbefugnis	2
1. Zuweisung an den Versicherungsnehmer (§ 45 Abs. 1 VVG)	2
a) Materiell-rechtliche Auswirkungen	3
b) Prozessuale Auswirkungen	7
2. Gesetzliche Ausnahmen (§ 45 Abs. 2 VVG)	11
3. Verzicht auf die Verfügungsbefugnis	13
4. Rechtsnachfolge	14
5. Insolvenz des Versicherungsnehmers	15
II. Zustimmung des Versicherten zur Versicherung (§ 45 Abs. 3 VVG)	16
III. Bereicherungsausgleich	17
1. Leistung an den Versicherungsnehmer	17
2. Auszahlung an den Versicherten	18
C. Abdingbarkeit	19

A. Normzweck

§ 45 regelt die Rechtsstellung des VN bei einer Versicherung für fremde Rechnung (§ 43 Abs. 1 VVG). **1**

Hinweis
Bei der Versicherung für fremde Rechnung stehen die Rechte aus dem VV dem Versicherten zu (§ 44 Abs. 1 S. 1 VVG). Verfügungsbefugt ist aber grds. nur der VN.

B. Norminhalt

I. Verfügungsbefugnis

1. Zuweisung an den Versicherungsnehmer (§ 45 Abs. 1 VVG)

Nach § 45 Abs. 1 VVG ist die Verfügungsbefugnis über die Rechte, die dem Versicherten aus dem VV zustehen, dem VN zugewiesen. Mehrere VN können über die Rechte aus dem VV nur gemeinsam verfügen. Der Versicherte ist daneben nicht verfügungsbefugt (§ 44 Rdn 17 f. zum Begriff der Verfügung). Hiervon zu unterscheiden sind die Rechte, die dem VN bereits kraft seiner Stellung als Vertragspartei zustehen. Er kann sich bspw. mit dem VR über die Aufhebung des VV einigen oder einer Änderung der Versicherungsbedingungen zustimmen. Erklärungen zum VV sind stets vom VN und ihm ggü. abzugeben; so etwa eine Prämienmahnung (§ 38 VVG) oder die Erklärung von Gestaltungsrechten (OGH, VersR 1995, 443, 444; OGH, BeckRS 2013, 81023; § 44 Rdn 7 f.). **2**

a) Materiell-rechtliche Auswirkungen

3 Kraft seiner Verfügungsbefugnis (vgl. zum Begriff der Verfügung § 44 Rdn 18) ist der VN berechtigt, verbindliche **Willenserklärungen** im Hinblick aufgrund und Höhe der Entschädigungsforderung abzugeben und zu empfangen sowie bestimmte **Zahlungsmodalitäten** zu vereinbaren. Er kann an der **Schadensfeststellung** mitwirken, insb. Sachverständige benennen oder sich an einem Sachverständigenverfahren beteiligen (LG Berlin, VersR 1984, 250, 251). Er ist zu allen die Einziehung **vorbereitenden Handlungen** berechtigt, kann den VR **mahnen** oder mit ihm einen **Vergleich** schließen. Ihm ggü. muss der VR seine **Erklärungen** abgeben (zum Rücktritt OLG Hamburg, VersR 1980, 375, 376).

4 Der VN kann Leistung der Entschädigung an sich oder an den Versicherten verlangen. Zahlung des VR an den VN ist – vorbehaltlich § 45 Abs. 2 VVG – Erfüllung des Anspruchs des Versicherten (BGH, NJW 1991, 3031, 3032; zur Auskehrungsverpflichtung des VN vgl. vor §§ 43 ff. Rdn 14).

5 Der VN kann – vorbehaltlich § 45 Abs. 2 VVG – mit dem Anspruch des Versicherten auf die Versicherungsleistung gegen eine Prämienforderung des VR aufrechnen (*Lorenz*, VersR 1997, 1267 f.; **a.A.** OLG Köln, VersR 1997, 1265, 1266; *Rischar*, NZV 1998, 59, 60). Zur Aufrechnungsmöglichkeit des VR ggü. dem Versicherten siehe § 35 VVG. Weiterhin kann sich der VN mit einer gesetzlich nicht zulässigen Aufrechnung durch den VR einverstanden erklären und anordnen, dass die Zahlung der VersSumme an den Versicherten auf Schadensersatzansprüche des Versicherten gegen ihn angerechnet wird (vor §§ 43 ff. Rdn 25).

6 Dem VN ist es nicht möglich, die vom Versicherten erworbenen Rechte aus dem VV – wie bei der Bezugsberechtigung – einseitig zu widerrufen, da er das fremde Interesse nicht auf eigene Rechnung versichern kann (§ 44 Rdn 26). Er kann aber den Versicherungsanspruch verpfänden oder abtreten (OGH, VersR 2008, 1283, 1284; Rdn 11, 20), mit dem VR in Bezug auf die Forderung einen Erlassvertrag i.S.v. § 397 Abs. 1 BGB schließen und damit auf die Forderung „verzichten" (BGH, VersR 1963, 521, 522), den VV im Ganzen aufheben, mit dem VR eine Änderung der Versicherungsbedingungen vereinbaren (BGH, VersR 2013, 853 für einen rückwirkend vereinbarten Leistungsausschluss) oder eine Feststellungserklärung zur Entschädigungshöhe abgeben (LG Berlin, VersR 1984, 250, 251). Derartige Rechtsgeschäfte sind in Ausnahmefällen nach § 138 BGB nichtig (OLG Hamburg, VersR 1960, 1132; LG Berlin, VersR 1984, 250, 251), können gegen § 242 BGB verstoßen oder können, wenn der VN ggü. dem Versicherten im Innenverhältnis nicht dazu befugt war, Schadensersatzansprüche des Versicherten auslösen (vor §§ 43 ff. Rdn 28).

b) Prozessuale Auswirkungen

7 Der VN ist berechtigt, die Rechte aus dem VV und dabei insb. den Anspruch auf Entschädigung gerichtlich geltend zu machen. Die **gerichtliche Geltendmachung** ist zwar keine Verfügung i.S.v. § 45 Abs. 1 VVG, der VN ist aber bei der Versicherung für fremde Rechnung grds. **aktiv- und passiv legitimiert**, was sich aus § 44 Abs. 2 VVG schließen lässt. Der VN kann daher einen Mahnbescheid erwirken, auf Feststellung der Leistungspflicht des VR klagen, den VR auf Leistung an sich oder an den Versicherten verklagen

(OLG Karlsruhe, VersR 1995, 1087, 1088; LG Düsseldorf – 11 O 317/13, BeckRS 2016, 08863) und daran anschließende Vollstreckungshandlungen beantragen. Er ist Schuldner der Kosten des Rechtsstreits (BGH, NJW 1998, 2449, 2450). Macht der VN die Rechte des Versicherten geltend, liegt ein Fall der **gesetzlichen Prozessstandschaft** vor (OLG Hamm, NJW-RR 1996, 1375, 1376). Klagt der VN auf Leistung an sich, ist die Klage nur begründet, wenn er entweder den Versicherungsschein vorlegt oder die Zustimmung des Versicherten behauptet und ggf. beweist (§ 45 Abs. 2 und 3 VVG).

> **Hinweis**
> Auch in der **D&O-Versicherung** (vgl. vor §§ 43 ff. Rdn 40) kann der VN die Rechte des Versicherten geltend machen kann, da er kraft Gesetzes prozessführungsbefugt ist (OLG Frankfurt, VersR 2012, 432; OLG Köln, VersR 2008, 1673, 1675; OLG Düsseldorf, Urt. v. 21.12.2006 – I-4 U 6/06, LNR 2006, 29981; OLG München, VersR 2005, 540). Davon zu unterscheiden ist die Frage, unter welchen Voraussetzungen die Klage begründet ist (*Lange*, VersR 2007, 893, 896 f.).

Macht der VN die Rechte eines selbst verfügungsbefugten Versicherten (§ 44 Rdn 20 ff.) geltend, liegt ein Fall der **gewillkürten Prozessstandschaft** vor. In diesen Fällen ist der VN nur prozessführungsbefugt, wenn er ein eigenes schutzwürdiges Interesse an der Geltendmachung des fremden Anspruchs hat. **8**

Der Versicherte ist im **Prozess des Versicherungsnehmers** gegen den VR nicht Partei; seine Vernehmung als Zeuge ist daher zulässig. Die Rechtskraft des Urteils erstreckt sich auch auf ihn. Es ist ihm möglich, im Verfahren als Nebenintervenient aufzutreten (§ 66 ZPO). Der VN kann ihm den Streit verkünden (§ 72 ZPO). **Führt der verfügungsbefugte Versicherte den Prozess**, kann der VN der Klage als Nebenintervenient beitreten und der Versicherte dem VN den Streit verkünden. **9**

Will der VN die Rechte des Versicherten aus dem VV gerichtlich geltend machen, besteht hierfür Versicherungsschutz in einer vom VN abgeschlossenen **Rechtsschutzversicherung**. Die Ausschlussklausel des 3.2.20 ARB 2012 greift in den Fällen der Versicherung für fremde Rechnung grds. nicht ein (BGH, NJW 1998, 2449, 2450 zu § 4 Abs. 2c ARB 75). Anders ist dies nur, wenn der Versicherte selbst verfügungsbefugt ist. **PKH** ist dem VN nur dann zu bewilligen, wenn sowohl in seiner als auch in der Person des Versicherten die Voraussetzungen dafür vorliegen (OLG Hamm, r+s 1991, 38; *Brand*, in: Bruck/Möller, § 45 Rn 16). Ist der Versicherte in der Lage, die Prozesskosten zu tragen, kann der VN von ihm einen Kostenvorschuss nach § 669 BGB verlangen und hat deshalb keinen Anspruch auf PKH. **10**

2. Gesetzliche Ausnahmen (§ 45 Abs. 2 VVG)

Ist ein **Versicherungsschein ausgestellt**, kann der VN die Entschädigungsleistung nur annehmen sowie die Rechte des Versicherten übertragen, wenn er im Besitz des Versicherungsscheins ist oder der Versicherte zustimmt. Mittelbarer Besitz am Versicherungsschein genügt (BGH, LM, § 13 HinterlegungsO Nr. 3). Zur Zahlung an den VN ist der VR aber nur verpflichtet, wenn dieser ihm nachweist, dass der Versicherte seine Zustimmung zur Versicherung erteilt hat (§ 45 Abs. 3 VVG; Rdn 16). **11**

12 **Annahme** ist die Entgegennahme der Zahlung, gleichgültig ob in bar, per Scheck oder Überweisung sowie jede Handlung, durch welche die Schuld des VR getilgt wird, etwa durch Aufrechnung des VN mit einer Gegenforderung aus dem VV oder durch Annahme einer Leistung an Erfüllungs statt (§ 364 Abs. 1 BGB). Nicht gleich stehen die Erhebung einer Leistungsklage, das Erwirken eines Mahnbescheids und die Beantragung von Zwangsvollstreckungsmaßnahmen (a.A. *Brand*, in: Bruck/Möller, § 45 Rn 21). **Übertragung** ist jede Form der Abtretung – Voll-, Teilabtretung, Inkasso-, Sicherungszession (BGH, LM, § 13 HinterlegungsO Nr. 3) sowie die Verpfändung. Zur „Abtretung" an den Versicherten Rdn 13.

3. Verzicht auf die Verfügungsbefugnis

13 Der VN kann durch einseitige Erklärung ggü. dem VR auf das Verfügungsrecht zugunsten des Versicherten verzichten. Erklärt der VN, „er trete seine Rechtsposition aus dem VV an den Versicherten ab", liegt hierin weder eine Abtretung der Rechte aus dem VV, da der Versicherte bereits Inhaber der Ansprüche ist (§ 44 Abs. 1 VVG), noch eine Abtretung der Verfügungsbefugnis, da diese nicht abtretbar ist (Rdn 14). Es handelt sich entweder um einen Verzicht auf die Verfügungsbefugnis (OLG Köln, VersR 1997, 1222; OGH, VersR 2008, 283) oder die Erteilung der Zustimmung i.S.v. § 44 Abs. 2 VVG (OLG Hamm, NZV 1996, 412). Ist in den Versicherungsbedingungen das Verfügungsrecht dem VN *ausschließlich* zugewiesen (§ 44 Rdn 28), kann der VN ohne Zustimmung des VR nicht auf die Verfügungsbefugnis zugunsten des Versicherten verzichten (BGHZ 41, 327, 329). In diesen Fällen ist zu prüfen, ob der Versicherte nicht dennoch ausnahmsweise seine Rechte aus dem VV selbst ggü. dem VR geltend machen kann (§ 44 Rdn 22).

4. Rechtsnachfolge

14 Eine Einzelrechtsnachfolge in die Verfügungsbefugnis ist nicht möglich, da sie nicht von der vertraglichen Stellung des VN gelöst werden kann. Sie ist daher weder pfändbar, verpfändbar noch abtretbar. Geht dagegen die Rechtsstellung des VN im Ganzen auf ein anderes Rechtssubjekt über, erwirbt der Gesamtnachfolger auch das Verfügungsrecht. So im Erbfall oder bei einem Rechtsübergang nach § 25 HGB. Ist der Versicherte Erbe des VN, wandelt sich die Versicherung für fremde Rechnung in eine Eigenversicherung um. Bei Testamentsvollstreckung hat der Testamentsvollstrecker das Verfügungsrecht auszuüben.

5. Insolvenz des Versicherungsnehmers

15 Im Insolvenzfall steht die Ausübung des Verfügungsrechts nicht dem VN als Gemeinschuldner, sondern dem Insolvenzverwalter zu (§ 80 Abs. 1 InsO; BGH, VersR 2014, 1118 Tz. 11; OLG Hamm, NZV 1996, 412; OLG Düsseldorf, VersR 2015, 1155 Tz. 20 [vorläufiger Insolvenzverwalter]; OLG Köln – 26 O 213/13, open Jur 2015, 2205 Tz. 37). Eine Ablehnung der Erfüllung des VV durch den Insolvenzverwalter nach § 103 Abs. 2 S. 1 InsO wirkt auch gegen den Versicherten (OLG Celle, VersR 1986, 1099 f.). Der Versicherte hat bzgl. der Entschädigungsforderung ein Recht zur Aussonderung nach § 47

InsO, das im Wege der Feststellungsklage durchzusetzen ist. Die Aussonderung ändert aber nichts an der Verfügungsbefugnis des Insolvenzverwalters. Hat der Insolvenzverwalter die Entschädigung zur Insolvenzmasse eingezogen, kann der Versicherte (soweit ihm ein Auskehrungsanspruch zusteht, vor §§ 43 ff. Rdn 14) Ersatzaussonderung nach § 48 S. 2 InsO verlangen, wenn der Geldbetrag in der Insolvenzmasse noch unterscheidbar vorhanden ist (BGHZ 10, 376, 384; a.A. OLG Düsseldorf – I-4 U 146/13, openJur 2014, 24635 Tz. 80: Aussonderung nach § 47 InsO); bei fehlender Unterscheidbarkeit liegt eine Masseschuld nach § 55 Abs. 1 Nr. 3 InsO vor (OLG Celle, VersR 1953, 489, 490). Hat der VN, der spätere Gemeinschuldner, die Versicherungsleistung bereits vor Eröffnung des Insolvenzverfahrens eingezogen, kann der Versicherte Aussonderung des – noch unterscheidbar vorhandenen – Betrages nach § 47 InsO verlangen (OLG Düsseldorf, NJW 1986, 62, 63), da sich die Treuhänderstellung des VN auch auf den eingezogenen Entschädigungsbetrag erstreckt. Fehlt die Unterscheidbarkeit, ist der Versicherte bloßer Insolvenzgläubiger (§§ 174, 187 ff. InsO).

II. Zustimmung des Versicherten zur Versicherung (§ 45 Abs. 3 VVG)

Ist die Versicherung für fremde Rechnung ohne den Willen des Versicherten eingegangen, könnte der Fall eintreten, dass der VN die empfangene Entschädigung nicht an den Versicherten auszukehren braucht. Einen solchen Fall der **Wettversicherung** will § 45 Abs. 3 VVG verhindern. Solange der VN die Zustimmung des Versicherten zur Versicherung nicht nachweist, ist der Anspruch auf Auszahlung der Entschädigung noch nicht fällig. Der VR kann sich – bei einer Sachversicherung – auf § 45 Abs. 3 VVG aber nur berufen, wenn er das fehlende Eigentum des VN beweist (LG Berlin, r+s 1995, 109, 110). Die Zustimmung kann ausdrücklich oder konkludent vor oder nach Eintritt des Versicherungsfalles gefordert und erteilt werden. Sicherstellen, dass bei Leistung an den VN dem Versicherten die Entschädigung tatsächlich zukommt, kann der VR nicht. Er kann insb. vom VN keinen Nachweis verlangen, dass dieser die VersSumme an den Versicherten auskehrt. Denn wie sich VN und Versicherter im Innenverhältnis auseinandersetzen und wem die VersSumme letztlich gebührt, steht mit der Leistungsverpflichtung des VR in keinem Zusammenhang (OLG Hamm, VersR 1988, 30). War kein eigenes Interesse des VN an den fremden Sachen mitversichert und gelingt dem VN der Nachweis der Zustimmung des Versicherten nicht, ist § 80 VVG anwendbar. Der VR ist nicht verpflichtet, den Nachweis der Zustimmung zu verlangen (LG Nürnberg-Fürth, VersR 1978, 73, 74). Eine Zustimmung zur Auszahlung der Entschädigung an den VN (§ 45 Abs. 2 VVG; Abschnitt B § 12 Nr. 2 VHB 2010/AFB 2012/VGB 2010) beinhaltet zugleich die Zustimmung zur Versicherung.

16

III. Bereicherungsausgleich

1. Leistung an den Versicherungsnehmer

Leistet der VR in Unkenntnis eines leistungsbefreienden Tatbestandes an den VN, richtet sich sein Rückforderungsanspruch aus § 812 BGB gegen den VN (OLG Karlsruhe, VersR

17

1995, 1301; OLG Dresden, VersR 2009, 824). Dies gilt auch dann, wenn der VN die VersSumme bereits an den Versicherten ausgekehrt hat, und unabhängig davon, ob der Versicherte im Fall des § 45 Abs. 2 VVG der Auszahlung zugestimmt hat oder nicht.

2. Auszahlung an den Versicherten

18 Hat der VR die Entschädigung an den Versicherten ausgezahlt und stand die Verfügungsbefugnis über die Rechte aus dem VV **nicht** dem Versicherten, sondern dem VN zu, muss der VR seine Leistung direkt beim Versicherten kondizieren, wenn der VN die Leistung an den Versicherten nicht als Erfüllung akzeptiert und Zahlung an sich selbst verlangt (OLG Köln, VersR 2015, 1155 Tz. 30; OLG Köln – 26 O 213/13, open Jur 2015, 2205 Tz. 51; *Brand*, in: Bruck/Möller, § 45 Rn 36). Hat der VR an einen **verfügungsbefugten Versicherten** ausgezahlt (z.B. an den Leasinggeber, dem ein Sicherungsschein ausgestellt worden war), richtet sich der Rückforderungsanspruch nicht gegen den Versicherten, sondern gegen den VN (BGHZ 122, 46, 49 ff. = NJW 1993, 1578; BGH, VersR 1993, 1007; BGH, NJW-RR 1994, 988).

C. Abdingbarkeit

19 § 45 VVG ist **dispositiv**.

20 § 45 **Abs. 2** VVG wird vertraglich z.T. dahin gehend abgeändert, dass der VN die Entschädigung annehmen und die Forderung abtreten kann, ohne im Besitz des Versicherungsscheins zu sein (z.B. Abschnitt B § 12 Nr. 1 AFB 2010/VHB 2010/VGB 2010). Die Abtretung verschafft dem Abtretungsempfänger die volle Rechtsstellung ggü. dem VR, nicht nur die Stellung des VN; die Rechtsstellung des Versicherten geht unter. VR und VN können aber auch ein Abtretungsverbot vereinbaren (OLG Hamm, VersR 2014, 737). Teilweise ist in Versicherungsbedingungen ein ausschließliches Verfügungsrecht des VN (§ 44 Rdn 28), teilweise ein ausschließliches Verfügungsrecht des Versicherten (z.B. § 10 S. 2 PkautV/Gew) vorgesehen. Die §§ 44 Abs. 2, 45 Abs. 1 und 2 VVG können auch zugunsten des Inhabers eines **Sicherungsscheins** abbedungen werden (§ 44 Rdn 24).

21 Auch § 45 **Abs. 3** VVG kann abbedungen werden. Wenn nach der gesetzlichen Regelung der VR den Nachweis der Zustimmung des Versicherten zu der Versicherung zwar fordern kann, aber nicht muss, ist nicht ersichtlich, weshalb der VR nicht bereits im VV durch Vereinbarung mit dem VN auf das Nachweiserfordernis verzichten kann.

| § 46 VVG | Rechte zwischen Versicherungsnehmer und Versichertem |

Der Versicherungsnehmer ist nicht verpflichtet, dem Versicherten oder, falls über dessen Vermögen das Insolvenzverfahren eröffnet ist, der Insolvenzmasse den Versicherungsschein auszuliefern, bevor er wegen seiner Ansprüche gegen den Versicherten in Bezug auf die versicherte Sache befriedigt ist. Er kann sich für diese Ansprüche aus der Entschädigungsforderung gegen den Versicherer und nach deren Einziehung aus der Entschädigungssumme vor dem Versicherten und dessen Gläubigern befriedigen.

Übersicht

	Rdn
A. Normzweck	1
B. Norminhalt	2
I. Zurückbehaltungsrecht (§ 46 S. 1 VVG)	2
II. Befriedigungsrecht (§ 46 S. 2 VVG)	3

A. Normzweck

§ 46 VVG regelt Ausschnitte aus dem Rechtsverhältnis zwischen VN und Versichertem, nämlich ein **Zurückbehaltungsrecht des VN am Versicherungsschein** (§ 46 S. 1 VVG) und ein **Befriedigungsrecht des VN an der Entschädigungsforderung bzw. der eingezogenen Entschädigung** (§ 46 S. 2 VVG). Darüber hinaus ist anerkannt, dass bei der Versicherung für fremde Rechnung zwischen dem VN und dem Versicherten – unabhängig von einem zwischen ihnen bestehenden vertraglichen Verhältnis – ein gesetzliches Treuhandverhältnis besteht (dazu vor §§ 43 ff. Rdn 9 ff.). 1

B. Norminhalt

I. Zurückbehaltungsrecht (§ 46 S. 1 VVG)

Der VN braucht den Versicherungsschein nur an den Versicherten herauszugeben, wenn er wegen seiner ihm in Bezug auf die versicherte Sache zustehenden Ansprüche (bei einem Lagerhalter sind das z.B. das Lagergeld und die Auslagen für den Versicherungsschutz) befriedigt worden ist. Diese Regelung hat insb. Bedeutung im Insolvenzverfahren des Versicherten (zum Anspruch auf Vorlage des Versicherungsscheins § 44 Rdn 9; zum Auskunftsanspruch über den Bestand der Fremdversicherung vor §§ 43 ff. Rdn 20, § 44 Rdn 19). § 46 S. 1 VVG setzt einen Anspruch des Versicherten gegen den VN auf Herausgabe des Versicherungsscheines voraus. Ein solcher kann sich nur aus dem Innenverhältnis dieser Personen ergeben. Fehlt er, darf der VN schon aus diesem Grund die Herausgabe verweigern. Das Zurückbehaltungsrecht des § 46 S. 1 VVG kann nicht durch Sicherheitsleistung abgewendet werden. Seine Wirkung ergibt sich aus § 274 BGB. Unabhängig vom Vorliegen der Voraussetzungen des § 46 S. 1 VVG kann sich ein Zurückbehaltungsrecht des VN aus den §§ 273, 320 BGB, § 369 HGB ergeben (OGH, VersR 1960, 454, 455). 2

II. Befriedigungsrecht (§ 46 S. 2 VVG)

Das Befriedigungsrecht des VN an der Entschädigungsforderung bzw. der eingezogenen Entschädigung besteht innerhalb wie außerhalb des Insolvenzverfahrens und gewährt dem VN ein Vorzugsrecht. Zieht der VN die Versicherungsleistung ein, kann er seine Forderungen gegen den Versicherten, die sich auf die versicherte Sache beziehen, mit der Entschädigungssumme verrechnen, bevor er sie (an den Versicherten oder die Insolvenzmasse) 3 auskehrt (OGH, VersR 1964, 1161). Auch seine Zustimmung zur Auszahlung der Entschädigung an den Versicherten (vgl. Abschnitt B § 12 Nr. 2 S. 2 AFB 2010, § 18 Nr. 2 AVB Rauchwaren-Kundeneigentum 84/94, § 8 Nr. 2 AVB Tank- und Fassleckage 87/94; OLG Oldenburg, VersR 1996, 1364, 1365; § 44 Rdn 21) kann der VN solange verweigern, bis seine Ansprüche in Bezug auf die versicherte Sache befriedigt worden sind. Bei Einzug durch den Insolvenzverwalter ist § 55 Abs. 1 Nr. 3 InsO anwendbar. Wird die Entschädigungsforderung durch einen Gläubiger des Versicherten gepfändet, ändert dies an der Verfügungsbefugnis des VN und seinem Befriedigungsrecht nach § 46 S. 2 VVG nichts. Das Aufrechnungsrecht des VR nach § 35 VVG geht dem Vorzugsrecht des VN nach § 46 S. 2 VVG vor (str.; vgl. *Brand*, in: Bruck/Möller, § 46 Rn 32).

§ 47 VVG Kenntnis und Verhalten des Versicherten

(1) Soweit die Kenntnis und das Verhalten des Versicherungsnehmers von rechtlicher Bedeutung sind, sind bei der Versicherung für fremde Rechnung auch die Kenntnis und das Verhalten des Versicherten zu berücksichtigen.

(2) Die Kenntnis des Versicherten ist nicht zu berücksichtigen, wenn der Vertrag ohne sein Wissen geschlossen worden ist oder ihm eine rechtzeitige Benachrichtigung des Versicherungsnehmers nicht möglich oder nicht zumutbar war. Der Versicherer braucht den Einwand, dass der Vertrag ohne Wissen des Versicherten geschlossen worden ist, nicht gegen sich gelten zu lassen, wenn der Versicherungsnehmer den Vertrag ohne Auftrag des Versicherten geschlossen und bei Vertragsschluss dem Versicherer nicht angezeigt hat, dass er den Vertrag ohne Auftrag des Versicherten schließt.

Übersicht

	Rdn
A. Normzweck	1
B. Norminhalt	2
I. Gleichstellung des Versicherten mit dem Versicherungsnehmer (§ 47 Abs. 1 VVG)	2
1. Anwendungsbereich	2
2. Obliegenheiten	3
3. Reine Fremdversicherung	6
4. Kombinierte Eigen- und Fremdversicherung	8
a) Obliegenheitsverletzung des Versicherten	9
b) Rechtspflicht- oder Obliegenheitsverletzung des Versicherungsnehmers	10
c) Kündigungsrecht des Versicherers nach § 28 Abs. 1 VVG	11
d) Vorliegen eines Risikoausschlusses	12
II. Ausnahmen (§ 47 Abs. 2 VVG)	14
1. Fehlendes Wissen vom Versicherungsvertrag	14
2. Fehlende Benachrichtigung des Versicherungsnehmers (§ 47 Abs. 2 S. 1 Alt. 2 VVG)	16

A. Normzweck

1 Die Vorschrift regelt, inwieweit Obliegenheiten und Risikoausschlüsse, die für den VN gelten, bei einer Versicherung für fremde Rechnung auch den Versicherten treffen. Darüber hinaus findet sie bei einer arglistigen Täuschung durch den Versicherten Anwendung.

B. Norminhalt

I. Gleichstellung des Versicherten mit dem Versicherungsnehmer (§ 47 Abs. 1 VVG)

1. Anwendungsbereich

Vorschriften, die auf **Kenntnis** abstellen, sind solche, die Obliegenheiten zum Gegenstand haben. Das **Verhalten** spielt ebenfalls bei Obliegenheiten, bei subjektiven Risikoausschlüssen und bei einer Anfechtung wegen arglistiger Täuschung eine Rolle (a.A. OLG Saarbrücken, VersR 1998, 883). Soweit im **VVG** Regelungen bzgl. Obliegenheiten und subjektiven Risikoausschlüssen getroffen sind, finden sie nach § 47 Abs. 1 VVG auch (BGH, VersR 1956, 250) auf den Versicherten Anwendung. Im **Versicherungsvertrag** kann der VN mit dem VR darüber hinaus vereinbaren, dass vertragliche Obliegenheiten auch vom (Mit-)Versicherten einzuhalten sind (BGH, VersR 1987, 924, 926; vgl. F.1 AKB 2015). Durch diese Vereinbarung wird der VV nicht zu einem (unzulässigen) Vertrag zulasten Dritter, da es sich bei Obliegenheiten nicht um einklagbare Rechtspflichten handelt (OLG Hamm, VersR 1963, 425, 426) und es am Charakter des VV als einem Vertrag zugunsten Dritter nichts ändert, wenn der Versicherte seine Rechte aus dem VV belastet mit vertraglichen Obliegenheiten zugewendet erhält. Aus dem Fehlen einer solchen Vereinbarung darf aber nicht geschlossen werden, dass vertragliche Obliegenheiten, die sich ausdrücklich nur an den VN richten, vom Versicherten nicht zu beachten sind. **§ 47 Abs. 1 VVG erstreckt nicht nur gesetzliche, sondern auch vertragliche Obliegenheiten auf den Versicherten.** Denn nach den Vorschriften des VVG ist die Kenntnis und das Verhalten des VN bei der Verletzung von Obliegenheiten von rechtlicher Bedeutung, ohne dass es darauf ankommt, ob sich die Obliegenheiten aus dem Gesetz oder dem VV (vgl. § 28 VVG) ergeben und ob die Rechtsfolgen der Obliegenheitsverletzung im Gesetz selbst oder im VV (so z.B. möglich bei §§ 30, 31 VVG) geregelt sind. Demnach gilt bei einer Versicherung für fremde Rechnung der allgemeine Grundsatz, dass sich Obliegenheiten und subjektive Risikoausschlüsse, die den VN belasten, stets auch auf den Versicherten erstrecken, wenn sie dessen versichertes Interesse betreffen (BGH, VersR 2003, 445; VersR 1971, 239, 240; BGHZ 26, 133, 137 f.). Auch bei einer **arglistigen Täuschung durch den Versicherten** findet § 47 Abs. 1 VVG Anwendung (vgl. § 43 Rdn 22; *Römer/Langheid*, § 22 Rn 24; a.A. Prölss/Martin/*Klimke*, § 47 Rn 8).

2. Obliegenheiten

Obliegenheiten können danach unterschieden werden, ob sie ein Gebot zum Tun (z.B. §§ 19, 23 Abs. 2 und 3, 30, 97 VVG) oder zum Unterlassen (z.B. 23 Abs. 1 VVG) aufstellen. **Unterlassungsobliegenheiten** sind bereits dann verletzt, wenn entweder der VN oder der Versicherte dem Gebot zuwider handelt. Bei **Tunsobliegenheiten** genügt es dagegen, wenn sie auch nur von einem von beiden erfüllt (BGH, VersR 1979, 176, 177).

4 Nicht ausreichend ist es aber, wenn der Versicherte nur dem VN und nicht dem VR den Schaden anzeigt (OLG Köln, VersR 1998, 184, 185). Wird die Auskunftspflicht verletzt, ist es unerheblich, ob der (bösgläubige) Versicherte selbst ggü. dem VR als Erklärender auftritt oder ob er sich dafür des gutgläubigen VN bedient. In beiden Fällen muss der Versicherte die Obliegenheitsverletzung gegen sich gelten lassen (OLG Hamm, zfs 1998, 58).

5 Die Obliegenheiten richten sich bei der Versicherung für fremde Rechnung rgm. sowohl an den VN als auch an den Versicherten (BGH, VersR 1979, 176, 178; **a.A.** BGHZ 122, 46, 49 = NJW 1993, 1387). Es gibt aber Obliegenheiten, die nur vom VN (z.B. die Anzeige der Veräußerung der versicherten Sache nach § 97 Abs. 1 S. 1 VVG oder des Betriebes nach den §§ 102 Abs. 2 S. 2, 97 VVG; OLG Saarbrücken, VersR 1968, 1133) oder nur vom Versicherten (z.B. § 86 Abs. 2 VVG) erfüllt bzw. verletzt werden können (BGHZ 49, 130, 136 f. = NJW 1968, 447).

3. Reine Fremdversicherung

6 Bei der Verletzung von Obliegenheiten und der Verwirklichung von Risikoausschlüssen ist zwischen reiner Fremdversicherung und kombinierter Eigen- und Fremdversicherung (dazu Rdn 8) zu unterscheiden. Eine reine Fremdversicherung liegt vor, wenn durch die Versicherung **nur das Interesse des oder der Versicherten** und nicht zugleich auch ein eigenes Interesse des VN gedeckt ist. Ein Versicherungsanspruch kann also allein in der Person des oder der Versicherten entstehen. Dies ist etwa der Fall, wenn der VN bei einer **Kfz-Kaskoversicherung** weder rechtlicher noch wirtschaftlicher Eigentümer des Fahrzeugs ist (vgl. OGH, VersR 1987, 1204; OLG Stuttgart, r+s 1992, 331; OLG Hamm, VersR 1994, 1223; VVGE, § 3 AKB Nr. 2; LG Dortmund, zfs 2014, 399), bei einer **Kfz-Haftpflichtversicherung**, wenn der VN weder Halter noch Fahrer des Fahrzeugs ist (OLG Schleswig, NZV 1997, 442; OGH, VersR 1963, 590), bei einer **Hausratversicherung** bzgl. einer gestohlenen Sache (LG Berlin, r+s 1995, 109) oder bei einem **Gruppenversicherungsvertrag**. Liegt in diesen Fällen eine **Fremdversicherung zugunsten mehrerer Versicherter** vor, wird das Bestehen des Versicherungsanspruchs eines Versicherten durch die Kenntnis und das Verhalten des anderen Versicherten nur dann beeinflusst, wenn dieser sein Repräsentant ist (OLG Stuttgart, r+s 1992, 331, 332; **a.A.** *Langheid/Grote*, VersR 2005, 1165, 1168 f. für D&O-Versicherung).

7 Bei einer **Obliegenheitsverletzung durch den Versicherten** treten gegen ihn die gleichen Wirkungen ein, wie wenn der VN die Obliegenheit verletzt hätte (§ 47 Abs. 1 VVG). **Verstößt der VN gegen eine Obliegenheit**, kann sich der VR – ebenso wie bei einem Verstoß gegen die Prämienzahlungsverpflichtung – auch ggü. dem Versicherten darauf berufen (§ 334 BGB; BGH, VersR 1991, 1404, 1406; OLG Hamm, VVGE, § 3 AKB Nr. 2). Liegen **in der Person des Versicherten** die Voraussetzungen eines **subjektiven Risikoausschlusses** (§§ 81, 103 VVG) vor, ist der VR dem Versicherten ggü. leistungsfrei bzw. kann ihm ggü. die Leistung kürzen (OLG Koblenz, VersR 2004, 1410, 1411; LG Dortmund, zfs 2014, 399).

4. Kombinierte Eigen- und Fremdversicherung

Bei einer kombinierten Eigen- und Fremdversicherung sind durch den VV sowohl das **eigene Interesse des VN** als auch **fremdes Interesse (des oder der Versicherten)** gedeckt (vor §§ 43 ff. Rdn 32). Ein Versicherungsanspruch kann in diesen Fällen in der Person des VN und in der Person des (oder der) Versicherten entstehen.

Beispiele
- **Kfz-Haftpflichtversicherung** des Halters als VN zugunsten des mitversicherten Fahrers (BGHZ, VersR 1971, 239, 241);
- **Betriebshaftpflichtversicherung** zugunsten der mitversicherten Personen (OLG Koblenz, VersR 1994, 715, 716);
- **Privathaftpflichtversicherung** zugunsten der mitversicherten Personen (OLG Düsseldorf, r+s 1998, 145, 147);
- **Hausratversicherung**, wenn sowohl eigene Sachen des VN als auch fremde versichert sind (OLG Karlsruhe, VersR 1997, 104).

a) Obliegenheitsverletzung des Versicherten

Der einheitliche VV ist gedanklich in eine Versicherung für eigene Rechnung (des VN) und eine selbstständig danebenstehende Versicherung für fremde Rechnung (des Versicherten) zu trennen. Obliegenheitsverletzungen des Versicherten wirken grds. nur gegen ihn. Der selbstständige Versicherungsanspruch des VN bleibt davon unberührt. Anders ist dies nur, wenn der Versicherte **Repräsentant** des VN war (BGH, VersR 1971, 1119, 1121; für die Wohngebäudeversicherung ausdrücklich so geregelt in Abschnitt B § 12 Nr. 3a) VGB 2010; zur Kfz-Kaskoversicherung: OLG Nürnberg, NJW-RR 1992, 360; OLG Hamm, NJW-RR 1998, 821; OLG Saarbrücken, VersR 1998, 883; OLG Karlsruhe, VersR 2013, 1123, 1125; a.A. für das österreichische Recht OGH, VersR 2013, 1331). Dies ist bei dem mitversicherten Fahrer in der Kfz-Haftpflichtversicherung grds. nicht der Fall (BGH, VersR 1996, 1229, 1230).

b) Rechtspflicht- oder Obliegenheitsverletzung des Versicherungsnehmers

Verstöße des VN gegen die Prämienzahlungsverpflichtung und/oder gegen Obliegenheiten, die ganz oder teilweise zur Leistungsfreiheit des VR führen, befreien den VR hinsichtlich der Eigenversicherung. Sie befreien ihn außerdem hinsichtlich der Fremdversicherung (ggü. dem Versicherten); bei Obliegenheitsverletzungen gilt dies jedenfalls dann, wenn sich die verletzte Obliegenheit auch auf den das Fremdinteresse des Versicherten deckenden Teil des Vertrages bezieht (§ 334 BGB; BGH, VersR 1976, 870, 871; BGHZ 44, 1, 9; BGHZ 26, 282, 287 ff.; OLG Köln, VersR 1998, 184, 185; VersR 1998, 1104, 1107; OLG Düsseldorf, VersR 1996, 1267, 1268). Bei einer **Pflichthaftpflichtversicherung** gilt § 123 VVG. In der **Kfz-Kaskoversicherung**, die von einem Sicherungsgeber oder Leasingnehmer abgeschlossen wird, verzichtet der VR mitunter ggü. dem Versicherten (Kreditinstitut, Leasinggeber) bei Ausstellung eines Sicherungsscheins auf bestimmte Einwendungen aus seinem Rechtsverhältnis zum VN (BGH, VersR 1979, 176, 178; § 44 Rdn 25). In diesen Fällen bleibt seine Leistungspflicht ggü. dem Versicherten kraft vertraglicher Vereinbarung bestehen, auch wenn sie ggü. dem VN nicht besteht. Aufgrund seiner Leistungsfreiheit ggü. dem VN kann der VR bei diesem Regress nehmen (OGH, VersR 1994, 459, 460).

c) Kündigungsrecht des Versicherers nach § 28 Abs. 1 VVG

11 Wird dem VN, der selbst keine Obliegenheitsverletzung begangen hat, der Verstoß des Versicherten nicht zugerechnet, hat der VR kein **Kündigungsrecht nach § 28 Abs. 1 VVG**, sofern nicht ausnahmsweise eine Teilkündigung des VV zulässig ist. Der Verstoß wird dem VN nur zugerechnet, wenn der Versicherte sein Repräsentant war (BGH, VersR 1960, 1107). Der VR kann sich daher ggü. dem Versicherten auch dann auf den Obliegenheitsverstoß berufen, wenn er eine Kündigung nicht ausgesprochen hat (BGH, VersR 1982, 84, 85; BGH, VersR 2003, 445). Fällt dem VN und dem Versicherten ein (gleichartiger) Verstoß zur Last, muss der VR den VV kündigen. Macht er von seinem Kündigungsrecht keinen Gebrauch, kann er sich auch ggü. dem Versicherten nicht auf die Obliegenheitsverletzung berufen (BGHZ 35, 153, 163 f.). Hat nur der VN eine Obliegenheit verletzt, wird der Versicherungsanspruch des Versicherten – wenn nicht bereits die Voraussetzungen des § 123 VVG vorliegen – nur dann beeinträchtigt, wenn der VR gekündigt hat (BGHZ 35, 153, 162).

d) Vorliegen eines Risikoausschlusses

12 Der VR ist dem **Versicherten** ggü. leistungsfrei bzw. zur Leistungskürzung berechtigt, wenn **in dessen Person** die Voraussetzungen eines subjektiven Risikoausschlusses (§§ 81, 103 VVG) vorliegen. Der Versicherungsschutz des **Versicherungsnehmers** ist in diesen Fällen nur ausgeschlossen, wenn er selbst ebenfalls den Risikoausschluss verwirklicht (BGH, VersR 1971, 239, 241) oder der Versicherte als sein Repräsentant anzusehen ist (BGH, VersR 1971, 1119, 1121; BGH – 4 StR 512/15, BeckRS 2016, 13686; OLG Hamm, NJW-RR 1998, 821; so ausdrücklich bspw. Abschnitt B § 12 Nr. 3a) VGB 2010). Eine Zurechnung des Verhaltens des mitversicherten Fahrers zulasten des VN aufgrund der Grundsätze zur Repräsentantenhaftung findet in der Kfz-Haftpflichtversicherung grds. nicht statt.

13 Liegen **in der Person des VN** die Voraussetzungen eines subjektiven Risikoausschlusses vor, ist der VR ihm ggü. (wegen § 81 VVG oder § 103 VVG) und dem Versicherten ggü. (wegen § 334 BGB) leistungsfrei bzw. zur Leistungskürzung berechtigt (vgl. BGH, VersR 1965, 425, 428). Für die Leistungspflicht ggü. Dritten gilt in der Pflichthaftpflichtversicherung § 117 VVG.

II. Ausnahmen (§ 47 Abs. 2 VVG)

1. Fehlendes Wissen vom Versicherungsvertrag

14 § 47 Abs. 2 S. 1 Alt. 1 VVG enthält eine Ausnahme zu § 47 Abs. 1 VVG. Auf die **Kenntnis** des Versicherten kommt es nicht an, wenn der VV ohne sein Wissen (und damit ohne die Möglichkeit, gefahrerhebliche Umstände mitzuteilen) abgeschlossen worden ist. Denn in diesem Fall kann man ihm keinen Vorwurf machen. Dagegen kann sich der Versicherte in Bezug auf sein **Verhalten** nicht darauf berufen, von der Versicherung nichts gewusst zu haben. Hat der Versicherte dem VN einen Auftrag zur Versicherungsnahme erteilt, mit dem VN eine Versicherungsverschaffungsklausel vereinbart oder besteht zu seinen Gunsten eine gesetzliche Versicherungspflicht, deren Bestehen im betreffenden Wirtschaftskreis allgemein bekannt ist, ist der VV mit seinem Wissen abgeschlossen worden.

§ 47 Abs. 2 S. 2 VVG enthält eine Gegenausnahme zu § 47 Abs. 2 S. 1 Alt. 1. Danach wird, selbst wenn der Versicherte von dem VV keine Kenntnis hatte, diese unwiderleglich vermutet, sofern der VN dem VR nicht bei Vertragsschluss angezeigt hat, dass er die Versicherung ohne Auftrag des Versicherten nimmt (vgl. OLG Köln, VersR 1952, 268, 270; eine solche Anzeige liegt nicht vor, wenn der VN beispielsweise eine Frage des VR nach dem Vorliegen gefahrerhebliche Umstände in der Person des Versicherten beantwortet). Der VR soll durch diese Vorschrift vor Nachteilen, die sich aus der Rollenspaltung auf der Gegenseite für ihn ergeben können, geschützt werden und sich trotz auftraglosem Handeln des VN auf Obliegenheitsverletzungen des Versicherten berufen können. Gibt dagegen der VN bei Vertragsschluss eine entsprechende Anzeige ab, ist der VR nicht schutzbedürftig, da er selbst dem Versicherten Kenntnis vom VV verschaffen und damit das Vorliegen der Voraussetzungen des § 47 Abs. 2 S. 1 VVG beseitigen kann. 15

2. Fehlende Benachrichtigung des Versicherungsnehmers (§ 47 Abs. 2 S. 1 Alt. 2 VVG)

Auf eine Verletzung der dem Versicherten obliegenden vorvertraglichen Anzeigeverpflichtung kann sich der VR nicht berufen, wenn eine rechtzeitige Benachrichtigung des VN oder des dem Versicherten bekannten VR nicht möglich oder nicht zumutbar war. 16

§ 48 VVG Versicherung für Rechnung „wen es angeht"

Ist die Versicherung für Rechnung „wen es angeht" genommen oder ist dem Vertrag in sonstiger Weise zu entnehmen, dass unbestimmt bleiben soll, ob eigenes oder fremdes Interesse versichert ist, sind die §§ 43 bis 47 anzuwenden, wenn sich aus den Umständen ergibt, dass fremdes Interesse versichert ist.

Übersicht

	Rdn
A. Normzweck	1
B. Norminhalt	2
C. Rechtsfolgen	5

A. Normzweck

Lässt sich einem VV entnehmen, dass offen bleiben soll, ob mit dem VV eigenes oder fremdes Interesse versichert sein soll, sind nach § 48 VVG die Regelungen über die 1

Versicherung für fremde Rechnung anwendbar, wenn sich aus den Umständen ergibt, dass fremdes Interesse versichert ist.

B. Norminhalt

2 Eine Aktivenversicherung (z.B. eine Gebäudeversicherung oder eine Kaskoversicherung) deckt grds. eine bestimmte Beziehung einer bestimmten Person zu einem bestimmten Gegenstand. § 48 VVG erlaubt es demgegü., im VV **offen** zu lassen, ob **eigenes oder fremdes Interesse versichert** ist. In diesen Fällen stellt sich erst im Schadensfall heraus, ob die Versicherung für eigene Rechnung des VN oder für fremde Rechnung genommen war.

3 Bei einer Versicherung für Rechnung „**wen es angeht**" können damit Interessen gedeckt werden, deren Träger ungewiss sind (so wenn die Berechtigung an der versicherten Sache unklar oder im Streit ist) oder wechseln können (BGH, VersR 1968, 42, 43) oder eine Mehrheit von Personen mit unbestimmter oder veränderlicher Beteiligung bilden (OGH, VersR 1993, 1303, 1304).

Beispiele
- **Transportversicherung** (Ziff. 13 DTV-Güter 2000/2011; BGH, VersR 1968, 42, 43; BGH, VersR 1967, 151, 152, u.U. sogar dann, wenn die Klausel „für Rechnung, wen es angeht" gestrichen wurde; OLG Frankfurt am Main, VersR 1978, 169, 170; siehe auch § 43 Rdn 61);
- **Kaskoversicherung** nach den Sonderbedingungen zur Haftpflicht- und Fahrzeugversicherung **für Kfz-Handel und -Handwerk** bei Verwendung eines roten Kennzeichens an einem betriebsfremden Fahrzeug (BGH, NJW-RR 1987, 856; OLG Köln, VersR 1990, 847, 848) oder bzgl. Fahrzeugen, die der Eigentümer in die Obhut des VN gegeben hat (BGH, VersR 1974, 535, 536; BGHZ 30, 40, 42 = NJW 1959, 1221);
- **Insassenunfallversicherung** (OGH, VersR 1974, 455);
- vom Alleineigentümer eines Wohngebäudes genommene **Wohngebäudeversicherung** zugunsten einer noch nicht bestehenden Wohnungseigentümergemeinschaft (OLG Koblenz, r+s 1996, 450, 451);
- **Reise- und Warenlagerversicherung.**

4 Davon zu unterscheiden sind die Fälle, in denen Versicherungsgegenstand eigene und fremde Sachen sind. Besteht bzgl. der Eigentumsverhältnisse Klarheit, liegt eine sog. **kombinierte Eigen- und Fremdversicherung** vor (Vor. §§ 43 ff. Rdn 32).

C. Rechtsfolgen

5 Soweit das versicherte Interesse im Schadensfall dem VN zusteht, liegt eine **Eigenversicherung** vor. Steht es einem Dritten zu, finden die Vorschriften über die Versicherung für fremde Rechnung Anwendung. **Beweispflichtig** für das Vorliegen einer Versicherung für fremde Rechnung ist **derjenige, der sich auf ihr Bestehen beruft.**

6 Ist sowohl ein Interesse des VN als auch eines des Dritten gedeckt, liegt eine kombinierte Eigen- und Fremdversicherung vor.

Vorbemerkungen zu den §§ 49 bis 52 VVG

Keine Anwendung finden Vorschriften, nach denen der Träger des versicherten Interesses bereits bei Vertragsschluss bezeichnet sein muss, und Vorschriften über die versicherungsrechtlichen Folgen einer Veräußerung der versicherten Sache (§§ 95 ff. VVG), da der jeweilige Eigentümer kraft der Regelung im VV zum Versicherten wird (OLG Koblenz, r+s 1996, 450, 451). **7**

Die **Versicherungsforderung** steht demjenigen zu, der sich im Zeitpunkt des Versicherungsfalles als Träger des versicherten Interesses erweist. **8**

Abschnitt 5
Vorläufige Deckung

Vorbemerkungen zu den §§ 49 bis 52 VVG

Übersicht
                                                                              Rdn
I. Begriff der vorläufigen Deckung 1
II. Wirtschaftliche Bedeutung 2
III. Kodifikation im VVG n.F. 4

I. Begriff der vorläufigen Deckung

Die vorläufige Deckung ist ein selbstständiger VV, der einen endgültigen VV in Aussicht nimmt, aber bereits sofortige Deckung gewährt (so die Begriffsbestimmung seit RGZ 107, 198; RGZ 113, 150; RGZ 140, 281; BGHZ 2, 87; BGH, VersR 1951, 114; BGH, VersR 1951, 195; BGHZ 21, 122; BGH, VersR 2006, 913). Sie ist nicht nur in der Erstversicherung, sondern auch in der Rückversicherung geläufig und dort am bedeutendsten in der fakultativen Einzelrückversicherung (*Gerathewohl*, Rückversicherung, S. 451 m.w.N.). **1**

II. Wirtschaftliche Bedeutung

Die vorläufige Deckung hat in einigen Versicherungszweigen erhebliche wirtschaftliche Bedeutung – sowohl für die VR als auch für die VN (Begr. BT-Drucks 16/3945, S. 50). Vielfach besteht ein erhebliches Interesse, Versicherungsschutz bereits vor Abschluss eines beabsichtigten VV zu erhalten (Begr. BT-Drucks 16/3945, S. 50). Damit wird die Zeit überbrückt, die für Verhandlungen über einen endgültigen Vertrag, für die Beibringung der notwendigen Unterlagen durch den VN, für die Prüfung des Antrags durch den VR einschließlich der Risikoprüfung und Tarifierung sowie für gesetzlich vorgeschriebene Informationen benötigt wird (Begr. BT-Drucks 16/3945, S. 50). **2**

Die vorläufige Deckung kann auch ein **Wettbewerbsmittel des VR** sein, um einen vertraglich noch nicht gebundenen Interessenten zu bevorzugten Vertragsverhandlungen mit dem betreffenden VR zu veranlassen (Begr. BT-Drucks 16/3945, S. 50). **3**

III. Kodifikation im VVG n.F.

4 Das bis 31.12.2007 geltende VVG erwähnte die vorläufige Deckung nur an einer Stelle, nämlich in § 5a Abs. 3 VVG a.F. (Prölss/Martin/*Klimke*, vor § 49 Rn 1). Auch die Bestimmungen über die Kfz-Pflichtversicherung (§ 9 KfzPflVV) enthielten einige notwendige Regelungen über die vorläufige Deckung, da der Versicherungsschutz einerseits Voraussetzung für die Zulassung ist, andererseits aber der endgültige Vertrag erst nach der Zulassung geschlossen werden kann (Begr. BT-Drucks 16/3945, S. 50; vertiefend: *Hofmann*, Die neue Kfz-Versicherung, passim). Dies war angesichts der Verbreitung und Bedeutung der vorläufigen Deckung nicht sachgerecht (Begr. BT-Drucks 16/3945, S. 50). Das VVG sieht deshalb seit dem 1.1.2008 grundlegende Bestimmungen für die vorläufige Deckung vor (§§ 49–52 VVG). Überwiegend werden die bereits vor der Reform anerkannten Grundsätze festgeschrieben (Prölss/Martin/*Klimke*, vor § 49 Rn 1). Die vorläufige Deckung wird in den §§ 6 Abs. 2, 8 Abs. 3 und 62 Abs. 2 VVG erwähnt.

§ 49 VVG Inhalt des Vertrags

(1) Bei einem Versicherungsvertrag, dessen wesentlicher Inhalt die Gewährung einer vorläufigen Deckung durch den Versicherer ist, kann vereinbart werden, dass dem Versicherungsnehmer die Vertragsbestimmungen und die Informationen nach § 7 Abs. 1 in Verbindung mit einer Rechtsverordnung nach § 7 Abs. 2 nur auf Anforderung und spätestens mit dem Versicherungsschein vom Versicherer zu übermitteln sind. Auf einen Fernabsatzvertrag im Sinne des § 312c des Bürgerlichen Gesetzbuchs ist Satz 1 nicht anzuwenden.

(2) Werden die Allgemeinen Versicherungsbedingungen dem Versicherungsnehmer bei Vertragsschluss nicht übermittelt, werden die vom Versicherer zu diesem Zeitpunkt für den vorläufigen Versicherungsschutz üblicherweise verwendeten Bedingungen, bei Fehlen solcher Bedingungen die für den Hauptvertrag vom Versicherer verwendeten Bedingungen auch ohne ausdrücklichen Hinweis hierauf Vertragsbestandteil. Bestehen Zweifel, welche Bedingungen für den Vertrag gelten sollen, werden die zum Zeitpunkt des Vertragsschlusses vom Versicherer verwendeten Bedingungen, die für den Versicherungsnehmer am günstigsten sind, Vertragsbestandteil.

Übersicht

	Rdn
A. Normzweck	1
B. Norminhalt	3
I. Vorläufige Deckung bei verminderter Information (§ 49 Abs. 1 VVG)	3
1. Allgemeine Grundsätze	3
2. Pflicht zur Gewährung vorläufiger Deckung bei der Kfz-Versicherung	6
3. Abgrenzung zur Rückwärtsversicherung	15
4. Mitteilung der Informationen nach § 7 VVG	21
II. Inhalt des Vertrags (§ 49 Abs. 2 VVG)	29
III. Anfechtungs- und Unwirksamkeitsgründe	34

A. Normzweck

§ 49 Abs. 1 S. 1 VVG stellt klar, dass es sich bei Gewährung einer vorläufigen Deckung um einen **eigenständigen Versicherungsvertrag** handelt, der von dem in aller Regel sich anschließenden Hauptvertrag zu unterscheiden ist (Begr. BT-Drucks 16/3945, S. 73). Wegen der erheblichen wirtschaftlichen Bedeutung (hierzu s. Vorb. §§ 49 bis 52 Rdn 2) wird die vorläufige Deckung (zum Begriff s. Vorb. §§ 49 bis 52 Rdn 1) im VVG 2008 erstmals gesetzlich geregelt.

Wesentliches Merkmal des Vertrags ist, dass der VR das **Risiko des VN** für einen vorübergehenden Zeitraum **bis zum endgültigen Versicherungsschutz absichert** (Begr. BT-Drucks 16/3945, S. 73). Das war auch vor dem 31.12.2007 allg. M. (BGH, VersR 1951, 166, 167; BGH, VersR 1995, 409). Damit ähnelt die vorläufige Deckung der Rückwärtsversicherung (zur Abgrenzung s. Rdn 15).

B. Norminhalt

I. Vorläufige Deckung bei verminderter Information (§ 49 Abs. 1 VVG)

1. Allgemeine Grundsätze

Die vorläufige Deckung ist ein selbstständiger Versicherungsvertrag, der sich von dem abzuschließenden Hauptvertrag unterscheidet (BT-Drucks 16/3945, S. 73). Der Abschluss des Vertrages bedarf also eines Antrages und einer Annahme – beides kann formlos geschehen (Prölss/Martin/*Klimke*, vor § 49 Rn 6). Typisch ist das Angebot des VR etwa im Antragsformular zum Hauptvertrag, vorläufigen Versicherungsschutz mit Antragsstellung oder Antragseingang zu versprechen (BGH, VersR 1996, 445; BGH, VersR 1996, 743; BGH, VersR 1999, 1266). Das Angebot auf Abschluss einer vorläufigen Deckung kann auch in der Übermittlung der AVB für den vorläufigen Deckungsschutz liegen (OLG Saarbrücken, VersR 2002, 41). Diesen Antrag des VR nimmt der VN in der Regel durch Stellung seines Antrags für den Hauptvertrag an (Prölss/Martin/*Klimke*, vor § 49 Rn 6). Das Angebot zum Abschluss über vorläufigen Deckungsschutz kann auch ausdrücklich oder konkludent vom VN ausgehen, etwa wenn er Versicherungsschutz „bis zur Vorlage der Police" begehrt (BGH, VersR 2006, 914). Bloßes Schweigen des VR auf diesen Antrag genügt nicht (Prölss/Martin/*Klimke*, vor § 49 Rn 7).

Der Versicherungsvertreter mit Abschlussvollmacht (§ 71 VVG) kann auch vorläufige Deckungen erteilen. Verfügt er, wie üblich, nur über eine eingeschränkte Vollmacht im Sinne von § 69 VVG, kann der Vertreter seine Beratungs- und Informationspflicht verletzen, wenn er den VN nicht darauf aufmerksam macht, dass er ihm den begehrten vorläufigen Deckungsschutz jedenfalls nicht erteilen kann (zum früheren Recht vgl. die Nachweise bei Prölss/Martin/*Klimke*, vor § 49 Rn 7). In einem solchen Fall kann der Vermittler zum Ersatz des aus der Fehlinformation resultierenden Schadens verpflichtet sein (§ 63 VVG). Auch den VR können vor Zustandekommen der vorläufigen Deckung besondere Hinweis- und Beratungspflichten (§ 6 VVG) treffen. Dies gilt besonders, wenn der VN erkennbar an möglichst rascher Deckung interessiert ist (MüKo/*Rixecker*, § 49 VVG Rn 31; OLG Hamm, VersR 1994, 1095; OLG Köln, VersR 1998, 190; BGH, VersR 1987, 147; vertiefend Prölss/Martin/*Klimke*, vor § 49 Rn 8).

5   Erteilt ein Vermittler ohne Vertretungsmacht eine Deckungszusage, kann eine Erfüllungshaftung des VR nach den Grundsätzen der Anscheins- und Duldungsvollmacht in Betracht kommen (BGH, VersR 1987, 147; vertiefend Prölss/Martin/*Klimke*, vor § 49 Rn 9 f.). Der VR, der dem Vermittler Antragsformulare mit vorläufigen Deckungen, Versicherungsbestätigungen oder Blankodeckungszusagen überlässt, erteilt damit konkludent Vertretungsmacht (BGH, NJW 1951, 314; BGH, VersR 1986, 1030; OLG Koblenz, VersR 1998, 312; OLG Hamburg, VersR 1996, 1137). Die Vollmacht kann sich auch aus der Duldung (OLG Düsseldorf, VersR 2004, 1170) oder auch aus einem Rechtsschein ergeben (BGH, VersR 1987, 147; BGH, VersR 1986, 131; BGH, VersR 1996, 541; OLG Hamm, NZV 1992, 491; OLG Karlsruhe, VersR 1990, 889; Römer/Langheid/*Rixecker*, § 49 Rn 7). Die vorläufige Deckung beginnt, wie vereinbart; bei Fehlen einer Vereinbarung beginnt der Versicherungsschutz sofort (Römer/Langheid/*Rixecker*, § 49 Rn 8). Nach dem Sinn und Zweck des sofortigen Versicherungsschutzes hängt dieser nicht von der Zahlung der ersten Prämie ab – § 37 Abs. 2 S. 1 VVG gilt als abbedungen (BGH, VersR 2006, 913; BGH, NJW 1967, 1800) – eine entgegenstehende Vereinbarung nach § 51 Abs. 1 VVG ist möglich (Römer/Langheid/*Rixecker*, § 49 Rn 8).

2. Pflicht zur Gewährung vorläufiger Deckung bei der Kfz-Versicherung

6   Nach § 9 Kfz-PflVV gewährt der VR in der KfzV durch Aushändigung der Versicherungsdoppelkarte vorläufigen Versicherungsschutz. Der VN hat die vorläufige Deckung entweder vorher beantragt (OLG Frankfurt a.M., VersR 1993, 147) oder er nimmt den Antrag des VR unter Verzicht auf Zugang der Annahme (§ 151 BGB) an (OLG Hamburg, VersR 1988, 258). Durch Aushändigung der sog. Doppelkarte sagt der VR den **notwendigen Kfz-Haftpflichtversicherungsschutz** für die Zulassung des Fahrzeuges zu (vgl. § 1 Kfz-PflVV). Ein vertraglicher Anspruch des VR auf Zahlung der Prämie aufgrund einer vorläufigen Deckungszusage für die Kfz-Haftpflichtversicherung besteht nicht ohne Weiteres gegen denjenigen, der die Zulassung des Fahrzeugs als Fahrzeughalter erwirkt hat. Maßgeblich ist vielmehr, welche Person in der Versicherungsdoppelkarte oder in der elektronischen Versicherungsbestätigung als VN eingetragen ist. Nur mit dieser Person kommt ein Versicherungsvertrag über die vorläufige Deckung zustande (LG Heidelberg, NJW-RR 2013, 93 Rn 17). Ist in der Doppelkarte/elektronischen Versicherungsbestätigung eine vom Fahrzeughalter unterschiedliche Person als VN eingetragen, so besteht gegen den Fahrzeughalter auch kein Anspruch aus ungerechtfertigter Bereicherung auf Ersatz für den Wert des ihm gewährten vorläufigen Versicherungsschutzes (LG Heidelberg, NJW-RR 2013, 93 Rn 23).

7   Von der **Kasko-Versicherung** ist in § 9 Kfz-PflVV keine Rede. Stellt der VN jedoch einen **einheitlichen Antrag** auf Abschluss einer Haftpflicht- und einer Fahrzeugversicherung, führt dies nach st. Rspr. des BGH (seit BGH, VersR 1986, 541) regelmäßig dazu, dass der

VR auch zur Gewährung des vorläufigen Deckungsschutzes in der Fahrzeugversicherung verpflichtet ist, wenn er nicht deutlich darauf hinweist, dass vorläufige Deckung nur in der Haftpflichtversicherung gewährt wird (bestätigt in BGH, VersR 1999, 1274). Durch die (konkludente) Gewährung vorläufigen Deckungsschutzes auch in der Fahrzeugversicherung werden Hinweise in den AKB oder auf der Doppelkarte selbst, wonach die Aushändigung der Karte nur i.R.d. Kfz-Haftpflichtversicherung als Zusage einer vorläufigen Deckung gilt, vertragsrechtlich modifiziert.

Praxishinweis 8
Nach dem von den Vertragsparteien verfolgten Zweck greift die Auslegungsregel schon dann ein, wenn der VN dem VR den Wunsch nach Kaskoversicherungsschutz in dem noch abzuschließenden Hauptvertrag telefonisch (BGH, VersR 1986, 541; VersR 1964, 840; s.a. OLG Koblenz, VersR 1998, 311; OLG Karlsruhe, VersR 2007, 238; OLG Saarbrücken, VuR 2007, 30 m. Anm. *Schwintowski*) oder sonst **mündlich mitgeteilt** hat (VersR 1999, 1274).

Die **Aushändigung der Doppelkarte/elektronische Versicherungsbestätigung** ist nur 9 dann nicht als uneingeschränkte Annahme des Antrags auf vorläufigen Deckungsschutz zu verstehen, wenn der VR dem VN durch einen an ihn gerichteten eindeutigen Hinweis unmissverständlich klar gemacht hat, dass entgegen seinem Wunsch nach Kaskoversicherungsschutz vorläufig nur das Haftpflichtrisiko gedeckt ist (BGH, VersR 1999, 1274). Die Notwendigkeit, Abweichungen vom Antrag des VN in auffälliger Weise hervorzuheben, ergibt sich dabei bereits aus § 5 Abs. 2 VVG. Entspricht der VR den Vorschriften des § 5 Abs. 2 VVG nicht, so ist die Abweichung für den VN unverbindlich und der Inhalt des Versicherungsantrags insoweit als vereinbart anzusehen (§ 5 Abs. 3 VVG).

Praxishinweis 10
Ein formularmäßiger Hinweis auf der Doppelkarte/elektronischen Versicherungsbestätigung genügt nicht. Der durchschnittliche VN nimmt nicht an, dass die Doppelkarte überhaupt eine an ihn gerichtete Willenserklärung ist (Rüffer/Halbach/Schimikowksi/*Karczewski*, § 49 Rn 11). Das gilt auch dann, wenn er die Doppelkarte liest und feststellt, dass die Kästchen über den Versicherungsschutz in der Kaskoversicherung nicht angekreuzt sind (BGH, VersR 1999, 1274). Will der VR Versicherungsschutz auf die Kfz-Haftpflichtversicherung beschränken, sollte er mit der Doppelkarte einen davon getrennten auffälligen **Warnhinweis** (vielleicht auf rotem Grund) abgeben. Händigen VR, Vermittler oder Händler dem VN die Doppelkarte mit einem solchen Warnhinweis aus, beschränkt sich Versicherungsschutz auf die Kfz-Haftpflichtversicherung. Hat der VN dessen ungeachtet auch Kaskoversicherungsschutz beantragt, stellt sich die Frage, ob VR/Vermittler/Händler nicht verpflichtet gewesen wären, den VN ausdrücklich darauf hinzuweisen, dass er mit der Doppelkarte das beantragte Ziel (Kasko) nicht erreichen könne – es stellt sich ferner die Frage, wieso der VN trotz entgegenstehenden Antrags sich mit der Kfz-Haftpflichtversicherung begnügt. Ist dies nicht angemessen aufklärbar, liegt im Aushändigen der Doppelkarte zugleich eine objektive Pflichtverletzung nach § 280 BGB mit der daraus resultierenden Verpflichtung, den positiven Schaden zu ersetzen.

Ist bei der **telefonischen Bitte** um Überlassung einer Doppelkarte einschließlich einer 11 Vollkaskoversicherung die **Höhe der Selbstbeteiligung** offen geblieben, ist diese Lücke nach § 315 BGB zu schließen (OLG Saarbrücken, VuR 2007, 30 m. Anm. *Schwintowski*; zust. Looschelders/Pohlmann/*Kammerer-Galahn*, § 49 Rn 10).

§ 49 VVG

12 **Unterlässt der Vermittler** bei Antragstellung, auf die Möglichkeit einer vorläufigen Deckung hinzuweisen, kann ein Schadensersatzanspruch wegen Verschuldens bei Vertragsverhandlungen in Betracht kommen (§ 63 VVG). Dieser ist nicht auf das Erfüllungsinteresse, sondern auf das Vertrauensinteresse gerichtet. Der VN hat zu beweisen, dass er bei richtiger Beratung noch anderweitig hätte Versicherungsschutz erlangen können (OLG Köln, r+s 1990, 325).

13 Der **Mitarbeiter einer Direktversicherung** hat am Telefon die gleichen Beratungspflichten wie ein Versicherungsvermittler (§ 6 VVG). Erkennt er, dass der VN falsche Vorstellungen über den Beginn der vorläufigen Deckung hat, ist er verpflichtet, ihn aufzuklären und ihn auf die Möglichkeit einer Sondervereinbarung aufmerksam zu machen (OLG Köln, VersR 1998, 180). War für den Vermittler nicht zu erkennen, dass der Antragsteller gerade für die Zeit zwischen den im Antrag angegebenen Beginn und dem Zugang des Antrags beim Vermittler vorläufigen Deckungsschutz erhalten wollte, kann dem Vermittler kein Beratungsverschulden angelastet werden (BGH, VersR 1982, 841; BGH, VersR 1983, 821; OLG Köln, r+s 1996, 337). Erweckt der Vermittler bei dem VN den Eindruck, der Versicherungsschutz aus einem früher abgeschlossenen VV laufe bis zum Abschluss eines neu beantragten VV ohne Unterbrechung weiter, liegt darin keine vorläufige Deckung, sondern eine Aufklärung über den Geltungsbereich des alten VV, für die der VR einzustehen hat (BGHZ 2, 87 = BGH, VersR 1951, 166).

14 **Praxishinweis**
VR/Vermittler sollten im Antrag prinzipiell danach fragen: „Wünschen Sie vorläufige Deckung? – Wenn ja, ab wann? – Soll die vorläufige Deckung den gleichen Versicherungsschutz beinhalten wie der beantragte Hauptantrag oder einen anderen Inhalt haben? – Wenn ja, dann müsste der Inhalt jetzt konkretisiert abgefragt werden." Falls die Gefahr besteht, dass der VN bei Prämienzahlungsverzug auch den Versicherungsschutz für die vorläufige Deckung verlieren könnte (§ 51 VVG), so sollte darauf auffällig hingewiesen und empfohlen werden, mindestens für die erste Prämie (§ 37 VVG), am besten aber auch für die Folgeprämien (§ 38 VVG) das Lastschriftverfahren zu vereinbaren. Weisen VR/Vermittler auf eine solche, die Rechtsposition des VN absichernde, Möglichkeit nicht hin, obwohl das Lastschriftverfahren im täglichen Geschäftsverkehr schwierigkeitslos abgewickelt und bewältigt wird, kann hierin eine objektive Pflichtverletzung i.S.v. § 280 BGB mit der Verpflichtung zum Schadensersatz liegen, durch die der VN die möglicherweise eintretende Leistungsfreiheit nach § 37 Abs. 2 VVG ganz oder teilweise kompensieren kann.

3. Abgrenzung zur Rückwärtsversicherung

15 Die vorläufige Deckung ähnelt zwar der Rückwärtsversicherung (§ 2 VVG). Die Rückwärtsversicherung gewährt jedoch nur Versicherungsschutz, wenn der **Hauptvertrag** später **zustande kommt**. Demggü. hat der VN mit der Gewährung der vorläufigen Deckung definitiv Versicherungsschutz (BGH, VersR 1956, 482). Diesen kann der VN allerdings nach den allgemeinen Vorschriften des VVG, die auch für die vorläufige Deckung gelten, ganz oder teilweise verlieren (Begr. BT-Drucks 16/3945, S. 73). Das gilt etwa bei Verletzung der vorvertraglichen Anzeigepflicht oder der Verletzung von Obliegenheiten oder der vorsätzlichen oder grobfahrlässigen Herbeiführung des Versicherungsfalls.

Ob eine vorläufige Deckung oder eine Rückwärtsversicherung gewollt ist, ist **Auslegungsfrage** (LG Hannover, VersR 1980, 350 – dort: vorläufige Deckung). Erkennen VR/Vermittler dass der VN vorläufige Deckung benötigt, ist die bloße Gewährung einer Rückwärtsversicherung eine objektive Pflichtverletzung nach § 280 BGB (BGH, VersR 1993, 821; BGH, VersR 1982, 841). Das gilt allerdings nur dann, wenn die Rückwärtsversicherung später nicht zustande kommt. Grundsätzlich gilt, dass der Antrag des VN auf Versicherungsschutz mit Antragsstellung auf eine **Rückwärtsversicherung** verweist – es sei denn, es ist erkennbar, dass der VN – unabhängig von der späteren Antragsannahme **sofortigen Versicherungsschutz** benötigt (OLG Hamm, VersR 1991, 914; OLG München, r+s 1988, 372; Römer/Langheid/*Rixecker*, § 49 Rn 4; Prölss/Martin/*Klimke*, vor § 49 Rn 7a; weitergehend *Höra*, in: Bruck/Möller, vor § 49 Rn 13). 16

Der VN kann auch daran interessiert sein, die **vorläufige Deckung für einen zurückliegenden Zeitraum** zu erhalten, etwa wenn er ein bestimmtes Haftpflicht- oder Sachrisiko abdecken will, das z.B. im Ausland liegt und bisher keinerlei Kenntnisse über einen eingetretenen Versicherungsfall hat. Dann ist die vorläufige Deckung zugleich Rückwärtsversicherung (OLG Köln, VersR 1998, 1104). Die vorläufige Deckung kann für ein Einzelrisiko neben dem Hauptvertrag vereinbart werden (LG Saarbrücken, r+s 2013, 276). 17

> **Praxishinweis** 18
> Fragt der Vermittler, ob der VN (z.B. bei HausratV) „ab heute" Versicherungsschutz verbindlich braucht, und bejaht dies der VN, liegt darin Antrag auf vorläufige Deckung. Will der Vermittler nur eine Rückwärtsversicherung anbieten, weil er z.B. keine Vollmacht für die vorläufige Deckung hat, muss er den VN nun darauf hinweisen, dass Versicherungsschutz nur dann besteht, wenn der VR den Antrag später annimmt, anderenfalls haftet der Vermittler aus § 280 BGB auf Schadensersatz.

Kreuzt der VN im Antrag „vorläufige Deckung" nicht an, will er aber trotzdem eine Rückwärtsversicherung, ist Wille des VN maßgeblich (OLG Hamm, NJW-RR 1993, 995). 19

> **Praxishinweis** 20
> In einem solchen Fall sollte in der Dokumentation geklärt werden, ob dem VN der Unterschied zwischen vorläufiger Deckung und Rückwärtsversicherung bekannt oder vom Vermittler erläutert worden ist. Wenn er Kreuzchen ohne Kenntnis von der Tragweite seines Tuns gemacht hat, deutet dies auf Beratungsverschulden des Vermittlers hin.

4. Mitteilung der Informationen nach § 7 VVG

Bei Gewährung einer vorläufigen Deckung kann vereinbart werden, dass dem VN die Informationen nach § 7 Abs. 1 und 2 VVG nicht vor Abgabe der Vertragserklärung, sondern spätestens mit der Police vom VR zu übermitteln sind. Dies ist notwendig, um den Abschluss des nur vorübergehenden Vertrags zu erleichtern (Begr. BT-Drucks 16/3945, S. 73). 21

Um den Bedürfnissen der Praxis nach Gewährung eines raschen vorläufigen Versicherungsschutzes zu entsprechen, muss beim Vertrag über vorläufige Deckung auf das Erfordernis, dem VN die AVB sowie die weiteren Informationen nach § 7 Abs. 1 VVG vor Abgabe von dessen Vertragserklärung mitzuteilen, verzichtet werden können (Begr. BT-Drucks 16/3945, S. 73). Der Verzicht liegt in einer zulässigen **Vereinbarung** zwischen VR und VN. 22

23 Diese Vereinbarung kommt **formlos**, insb. konkludent, zustande (Begr. BT-Drucks 16/3945, S. 73), denkbar auch in AVB (Römer/Langheid/*Rixecker*, § 49 Rn 9).

Praxishinweis
I.d.R. liegt in der Beantragung einer vorläufigen Deckung zugleich die Vereinbarung, die Informationen nach § 7 VVG später mitzuteilen. Für den Hauptvertrag bleibt es bei den Informationspflichten des VR nach § 7 VVG (Begr. BT-Drucks 16/3945, S. 73).

24 Die Unterlagen nach § 7 VVG – v.a. die AVB und die ergänzenden Informationen nach der VVG-InfoV – müssen dem VN **spätestens mit dem Versicherungsschein** in Textform (§ 126b BGB) übermittelt werden. Die Informationen nach § 7 VVG müssen folglich auf Anforderung früher, aber spätestens mit dem Versicherungsschein vom Versicherer übermittelt werden, weil der VN ansonsten einen Vertrag schließt, ohne dessen Inhalt kennenzulernen (wie hier Prölss/Martin/*Klimke*, § 49 Rn 6).

25 Vor Übermittlung der Police kann der VN die Unterlagen nach § 7 VVG jederzeit **anfordern** (Begr. BT-Drucks 16/3945, S. 73).

26 Unberührt bleibt die Beratungspflicht von VR und Vermittler nach §§ 6, 61, 62 VVG. Normalerweise ist der Rat zu **dokumentieren**; Die Dokumentation ist vor Abschluss des VV in Textform zu übermitteln. Bei einer vorläufigen Deckung dürfen diese Angaben **mündlich übermittelt** werden (§§ 6 Abs. 2, 62 Abs. 2 VVG). In diesen Fällen sind die Angaben dem VN jedoch unverzüglich nach Vertragsschluss in Textform zu übermitteln (§§ 6 Abs. 2, 62 Abs. 2 VVG). Dies gilt nicht für Verträge über vorläufige Deckung bei **Pflichtversicherungen** (§§ 6 Abs. 2, 62 Abs. 2 VVG). Stellt der VN – wie in der Kfz-Versicherung üblich – einen einheitlichen Antrag auf Abschluss einer Kfz-Haftpflichtversicherung und einer Fahrzeugversicherung, ist die Dokumentation für die einheitliche vorläufige Deckung, die nicht (nur) Pflichtversicherung ist, einheitlich geschuldet. Nachteile hat der VR dadurch nicht, weil sich die Dokumentation der Pflichtversicherung darauf beschränkt, dass eine solche gewollt war und dass der Inhalt einer PflichtV nicht verhandelbar ist.

27 Wird die vorläufige Deckung im **Fernabsatz** gewährt, also insb. per Brief, Telefon, Telekopie, E-Mail oder über Tele- und Mediendienste (§ 312c BGB), kann die spätere Übermittlung der Informationen nach § 7 VVG nicht vereinbart werden, weil die Fernabsatzrichtlinie II keine generelle Ausnahme für Verträge über vorläufige Deckung vorsieht (Begr. BT-Drucks 16/3945, S. 73). Dennoch ist auch in diesen Fällen eine Unterrichtung des VN durch den VR erst nach Vertragsschluss nach § 7 Abs. 1 S. 3 VVG zulässig, wenn die Vorabinformation wegen des gewünschten Kommunikationsmittels (z.B. Telefon oder SMS) nicht möglich ist oder der VN eine formgerechte Verzichtserklärung abgegeben hat (Begr. BT-Drucks 16/3945).

28 **Praxishinweis**
VR/Vermittler müssen bei Telefongesprächen ihre Identität und den geschäftlichen Zweck des VV bereits zu Beginn des Gespräches ausdrücklich offenlegen (§ 312a Abs. 1 BGB).

II. Inhalt des Vertrags (§ 49 Abs. 2 VVG)

Der Inhalt von VV wird typischerweise durch die **AVB** bestimmt. Diese werden nach § 305 Abs. 2 BGB i.d.R. **durch einen ausdrücklichen Hinweis Vertragsbestandteil**. Abweichend hiervon legt § 49 Abs. 2 S. 1 VVG fest, dass die AVB des VR auch bei Fehlen eines ausdrücklichen Hinweises Vertragsbestandteil werden. In erster Linie sind dies die vom VR für den vorläufigen Deckungsschutz üblicherweise verwendete Bedingungen (Begr. BT-Drucks 16/3945, S. 74). Gibt es solche Bedingungen nicht, gelten die Bedingungen des VR für den angestrebten Hauptvertrag (Begr. BT-Drucks 16/3945, S. 74). 29

Häufig verwenden VR unterschiedliche AVB für ähnliche Risiken. So können AVB einen **Basisversicherungsschutz** vermitteln, andere hingegen einen **Durchschnittsversicherungsschutz** und wieder andere reflektieren den **Höchststandard**. Wird bei der Vereinbarung der vorläufigen Deckung die maßgebliche Fassung der AVB nicht hinreichend genau bezeichnet, bestehen also Zweifel, welche Bedingungen für den Vertrag gelten sollen, werden die zum Zeitpunkt des Vertragsschlusses vom VR verwendeten Bedingungen, die für den VN am **günstigsten** sind, Vertragsbestandteil (§ 49 Abs. 2 S. 2 VVG). Entscheidend ist, dass ein **Zweifel** über die maßgebliche Fassung besteht. Lassen sich Zweifel durch Auslegung der Willensrichtung der Parteien unter Berücksichtigung der AVB-Texte nicht ausräumen, soll die für den VN im konkreten Fall günstigste Fassung maßgeblich sein (Begr. BT-Drucks 16/3945, S. 74). Es geht folglich um die zum Zeitpunkt des Vertragsschlusses vom Versicherer (im Allgemeinen) verwendeten Bedingungen, die für den VN „im konkreten Fall" die günstigsten sind. Es geht folglich um eine **ex-post**-Betrachtung (Prölss/Martin/*Klimke*, § 49 Rn 23 mit berechtigten Hinweisen auf die Schwierigkeiten, die diejenigen haben, die auf eine ex-ante-Betrachtung abstellen).Die von *Klimke* in Anlehnung an Wortlaut und Sinn und Zweck der Norm vorgeschlagene **konkrete ex-post-Betrachtung** führt regelmäßig zu klaren Ergebnissen. Ist ein Versicherungsfall eingetreten, sind aus dem Kreis der vom VR verwendeten Bedingungen diejenigen zugrunde zu legen, aus denen sich ein (höherer) Leistungsanspruch des VN ergibt (Prölss/Martin/*Klimke*, § 49 Rn 24). Ist kein Versicherungsfall eingetreten, gilt das Bedingungswerk, für das der VN die niedrigste Prämie bezahlen muss (Prölss/Martin/*Klimke*, § 49 Rn 24). Diese Konsequenzen ergeben sich aus Wortlaut und Sinn und Zweck der Norm – insoweit liegt „kein Rosinenpicken" vor (so aber Prölss/Martin/*Klimke*, § 49 Rn 24, der diese Wirkung im Interesse der Rechtssicherheit hinnehmen will und darauf hinweist, dass sich der VR ohne Weiteres durch eine eindeutige Gestaltung seiner Abschlusspraxis schützen könne). Enthalten die AVB keine Selbstbeteiligung, ist diese für die vorläufige Deckung nicht vereinbart, auch wenn der spätere Hauptvertrag eine solche enthält (Rüffer/Halbach/Schimikowski/*Karczewski*, § 50 Rn 4). 30

Für die **Inhaltskontrolle** gelten die allg. Grundsätze des Rechts der Allgemeinen Geschäftsbedingungen (§§ 305b–310 BGB). Zu beachten ist, dass die Inhaltskontrolle – insb. also die Angemessenheits- und Transparenzkontrolle nach § 307 BGB, auf vorformulierte Vertragsbedingungen auch dann Anwendung findet, wenn diese nur zur einmaligen Verwendung bestimmt sind, soweit der Verbraucher aufgrund der Vorformulierung auf ihren Inhalt keinen Einfluss nehmen konnte (§ 310 Abs. 3 Nr. 2 BGB). Bei der Beurteilung der 31 unangemessenen Benachteiligung (§ 307 Abs. 1 und 2 BGB) sind auch die den Vertragsschluss begleitenden Umstände, also z.b. ergänzende Erläuterungen des Vermittlers zur Geltung und Reichweite des Versicherungsschutzes zu berücksichtigen (§ 310 Abs. 3 Nr. 3 BGB).

32 Nach gefestigter Rechtsprechung des BGH sind AVB so **auszulegen**, wie sie ein durchschnittlicher VN bei verständiger Würdigung, aufmerksamer Durchsicht und Berücksichtigung des erkennbaren Sinnzusammenhangs verstehen muss; dabei kommt es auf die Verständnismöglichkeiten eines VN ohne versicherungsrechtliche Spezialkenntnisse und damit – auch – auf seine Interessen an (BGHZ 123, 83, 85 = VersR 1993, 957; BGH, VersR 2001, 489).

33 Eine **unangemessene Benachteiligung** durch eine Klausel ist im Zweifel anzunehmen, wenn sie wesentliche Rechte oder Pflichten, die sich aus der Natur des VV ergeben, so einschränkt, dass die Erreichung des Vertragszwecks gefährdet ist (§ 307 Abs. 2 Nr. 2 BGB).

> **Beispiel**
> Eine derartige Gefährdung des Vertragszwecks liegt in einer Klausel, die bei der vorläufigen Deckung in der Risikolebensversicherung verwendet wurde: „Unsere Leistungspflicht ist – soweit nicht etwas anderes vereinbart ist – ausgeschlossen für Versicherungsfälle aufgrund von Ursachen, die vor Unterzeichnung des Antrags erkennbar geworden sind, auch wenn diese im Antrag angegeben wurden".
> Der BGH (BGH, VersR 2001, 489) hat darauf hingewiesen, dass nach dieser Klausel „jeder Umstand erfasst wird, der für den Eintritt des Versicherungsfalls ursächlich, wenn auch nur mitursächlich geworden ist." Bei einer derart weiten Klausel, die auch entfernt liegende Mitursachen erfasst, ist der Vertragszweck der vorläufigen Deckung in einer Risikolebensversicherung gefährdet. Ausgeschlossen sind nämlich alle Versicherungsfälle aufgrund von (Mit-)Ursachen, die bereits vor Antragstellung bestanden. Das sind also sämtliche Erkrankungen, aber auch Unverträglichkeiten für bestimmte Medikamente, genetische Dispositionen, oder sogar die Buchung für eine Flugreise, die durch Absturz letztlich tödlich endet. Nur der plötzlich eintretende – ansonsten voraussetzungslose – Unfalltod wäre wohl noch mitversichert. Bei einer derartigen Aushöhlung der Hauptleistungspflicht des VR ist – so BGH, VersR 2001, 498 – der Vertragszweck gefährdet. Die Klausel würde ansonsten auch am Transparenzgebot scheitern, denn die Frage, welche Ursachen vom Versicherungsschutz erfasst und welche ausgeschlossen sein sollen, bleibt für den verständigen Versicherungsnehmer intransparent (OLG Saarbrücken, NVersZ 2001, 506; einschränkend OLG Koblenz, r+s 2001, 126; OLG Köln, r+s 1997, 212; OLG Saarbrücken, VersR 2008, 621).

III. Anfechtungs- und Unwirksamkeitsgründe

34 Auch für die vorläufige Deckung gelten die allgemeinen Anfechtungs- und Unwirksamkeitsgründe (OLG Hamm, VersR 1997, 1264). Die vorläufige Deckung kann wegen **Irrtums** nach § 119 BGB (OLG Hamburg, VersR 1988, 258) oder wegen **falscher Übermittlung** nach § 120 BGB (OLG Hamm, VersR 1984, 173) oder wegen **arglistiger Täuschung** nach § 123 BGB (OLG Schleswig, r+s 1995, 26) angefochten werden.

35 Datieren der VN und der Vermittler in **kollusivem Zusammenwirken** die vorläufige Deckung in Kenntnis des bereits eingetretenen Versicherungsfalls zurück, ist die vorläufige

Deckung nach § 138 Abs. 1 BGB nichtig (BGH, VersR 1986, 181). Gewährt der VR vorläufige Deckung ohne vorherige Risikoprüfung, liegt darin zugleich der Verzicht auf die vorvertraglichen Anzeigen nach den §§ 19 ff. VVG und auf das Recht zum Rücktritt; eine entgegenstehende Klausel in den AVB beschränkt die Rechte des VN in einer den Vertragszweck gefährdenden Weise und ist nach § 307 BGB unwirksam (Rüffer/Halbach/Schimikowksi/*Karczewski*, § 49 Rn 14).

§ 50 VVG Nichtzustandekommen des Hauptvertrags

Ist der Versicherungsnehmer verpflichtet, im Fall des Nichtzustandekommens des Hauptvertrags eine Prämie für die vorläufige Deckung zu zahlen, steht dem Versicherer ein Anspruch auf einen der Laufzeit der vorläufigen Deckung entsprechenden Teil der Prämie zu, die beim Zustandekommen des Hauptvertrags für diesen zu zahlen wäre.

Übersicht
                                                                                              Rdn
A. Normzweck 1
B. Norminhalt 2

A. Normzweck

Die Norm betrifft den Fall, dass der **Hauptvertrag**, der regelmäßig rückwirkend auch den Zeitraum der vorläufigen Deckung umfasst, **nicht zustande kommt**. Für diesen Fall soll es nicht zu einer einseitigen Bestimmung der Prämienhöhe durch den VR nach § 315 BGB kommen. Angesichts der Massenhaftigkeit des Versicherungsgeschäftes ist dies ein vertretbarer Ansatz, der die früher übliche Diskussion, ob der VR nach Kurztarif oder pro rata temporis abrechnen darf (VersR-Hdb/*Hermanns*, § 7 Rn 43; *Jabornegg*, Die vorläufige Deckung, S. 52 ff.), überwindet. Gemeint sind auch die Fälle, in denen der VN den Hauptvertrag mit einem anderen VR als demjenigen schließt, mit dem er die vorläufige Deckung eingegangen ist (OLG Düsseldorf, VersR 2000, 1355; Rüffer/Halbach/Schimikowksi/*Karczewski*, § 50 Rn 2; Römer/Langheid/*Rixecker*, VVG § 50 Rn 1). 1

B. Norminhalt

Der VN muss verpflichtet sein, im Falle des Nichtzustandekommens des Hauptvertrages eine Prämie für die vorläufige Deckung zu zahlen. Das setzt eine ausdrückliche oder konkludente Vereinbarung voraus. Da ein VR als Kaufmann (§ 6 HGB) typischerweise gegen Entgelt tätig ist (§ 354 HGB), ist von der Entgeltlichkeit auszugehen, wenn die Leistung des VR den Umständen nach regelmäßig nur gegen eine Vergütung zu erwarten ist (Römer/Langheid/*Rixecker*, § 50 Rn 1; Prölss/Martin/*Klimke*, § 50 Rn 2; differenzierend *Höra*, in: Bruck/Möller, § 50 Rn 2). Ob dies der Fall ist, richtet sich, so *Rixecker*, im Wesentlichen danach, ob die Gewährung vorläufiger Deckung vornehmlich im Interesse 2 des VN – wie beispielsweise in der Kraftfahrt- oder in der Haftpflichtversicherung – oder vornehmlich im Interesse des VR liegt (Römer/Langheid/*Rixecker*, § 50 Rn 1). In der Lebens-BU- und UV soll die vorläufige Deckung typischerweise vorrangig dem Vermarktungsinteresse des VR dienen, so dass in diesen Fällen keine Prämienzahlung als vereinbart gilt (Römer/Langheid/*Rixecker*, § 50 Rn 1; Prölss/Martin/*Klimke*, VVG § 50 Rn 2).

3   Im Zweifel ist aber im Einzelfall zu prüfen, ob das Prinzip der Entgeltlichkeit (§ 354 HGB/§§ 612, 632 BGB), für das wegen der Gewerbsmäßigkeit der Tätigkeit des VR eine Vermutung spricht, tatsächlich durch eigene Vermarktungsinteressen des VR verdrängt ist. Voraussetzung ist, dass der **Hauptvertrag** nicht zustande kommt; der Grund für das Nicht-Zustandekommen ist unerheblich (Römer/Langheid/*Rixecker*, § 50 Rn 3 unter Hinweis auf die entgegengesetzte Rechtsprechung zum früheren Recht; OLG Köln, VersR 1974, 898; Prölss/Martin/*Klimke*, § 50 Rn 3). Lässt sich nicht feststellen, welcher Hauptvertrag geschlossen oder welche Prämie vereinbart worden wäre, ist der hypothetische Preis der vorläufigen Deckung nach dem zum Ausdruck gekommenen Interesse des VN an einer bestimmten Absicherung maßgeblich (Römer/Langheid/*Rixecker*, VVG § 50 Rn 2). Kommen danach mehrere unterschiedliche Prämien in Betracht, gilt die günstigste als Maßstab (Römer/Langheid/*Rixecker*, § 50 Rn 2; Prölss/Martin/*Klimke*, § 50 Rn 5; *Höra*, in: Bruck/Möller, § 50 Rn 4).

4   Im Interesse der VN erschien es erforderlich, die Höhe einer vom VN zu zahlenden Prämie gesetzlich zu regeln und nicht der einseitigen Bestimmung durch den VR gem. § 315 BGB zu überlassen (Begr. BT-Drucks 16/3945, S. 74). Daher legt § 50 VVG fest, dass sich der Prämienanspruch **pro rata temporis** (*Maier*, r+s 2006, 488 f.; Prölss/Martin/*Klimke*, § 50 Rn 1), also anteilmäßig berechnet nach der Prämie bestimmt, die bei Zustandekommen des Hauptvertrags für diesen zu zahlen wäre (Begr. BT-Drucks 16/3945, S. 74).

5   Eine hiervon **abweichende Vereinbarung** zwischen VR und VN soll aber zulässig sein (Begr. BT-Drucks 16/3945, S. 74). Der VR kann z.B. eine Abrechnung nach Kurzzeittarif vereinbaren. Stützt sich diese Vereinbarung auf die AVB, ist das Transparenzgebot zu beachten (BT-Drucks 16/3945, S. 74). Die Frage, welchen Inhalt der Hauptvertrag hat, richtet sich nicht nach § 50 VVG, sondern nach den Grundsätzen des § 49 Abs. 2 VVG (ungenau insoweit: Rüffer/Halbach/Schimikowksi/*Karczewski*, § 50 Rn 4).

6   **Praxishinweis**
VR/Vermittler sollten bei vorläufiger Deckung einen vorgedruckten **Prämienhinweis** für die VN bereithalten. Dort sollte entweder stehen: *„Die Prämie für die vorläufige Deckung richtet sich zeitanteilig nach der Prämie für den Hauptvertrag, gleichgültig ob er zustande kommt."* Alternativ: *„Die Prämie für die vorläufige Deckungszusage richtet sich nach unserem speziellen Kurzzeittarif xyz. Sie beträgt für jeden angefangenen Monat xxx (EUR)"*. Ein bloßer Hinweis auf einen im Internet veröffentlichten Tarif könnte genügen, wenn sicher ist, dass der Kunde über einen Internetzugang verfügt. Allerdings müsste der Tarif im Internet transparent gestaltet sein: Umrechnungen, die der Kunde erst noch durchführen muss, führen zur Intransparenz.

7   Kommt der Hauptvertrag zustande, gibt es für § 50 VVG keinen Anwendungsbereich. Der VR kann auch in diesem Falle ein Entgelt für die vorläufige Deckung vereinbaren – in der Praxis ist es üblich, das Entgelt für die vorläufige Deckung in den den Zeitraum der

vorläufigen Deckung mit umfassenden Hauptvertrag mit einzubeziehen (Prölss/Martin/ *Klimke*, § 50 Rn 8).

§ 51 VVG Prämienzahlung

(1) Der Beginn des Versicherungsschutzes kann von der Zahlung der Prämie abhängig gemacht werden, sofern der Versicherer den Versicherungsnehmer durch gesonderte Mitteilung in Textform oder durch einen auffälligen Hinweis im Versicherungsschein auf diese Voraussetzung aufmerksam gemacht hat.

(2) Von Absatz 1 kann nicht zum Nachteil des Versicherungsnehmers abgewichen werden.

Übersicht

	Rdn
A. Normzweck	1
B. Norminhalt	3
I. Auffälliger Hinweis (§ 51 Abs. 1 VVG)	3
II. Kein Abbedingen zum Nachteil des Versicherungsnehmers (§ 51 Abs. 2 VVG)	10
III. Zahlung der Erstprämie	11
IV. Gebündelte vorläufige Deckung	12

A. Normzweck

Erteilen VR oder Vermittler bei Antragstellung vorläufige Deckung, beginnt der materielle Versicherungsschutz grds. sofort mit dem Abschluss des VV. Wird in diesem Zeitpunkt nicht ausdrücklich sofortige Zahlung der Prämie verlangt, gilt § 37 Abs. 2 VVG als stillschweigend abbedungen, die Zahlung ist bis zum Zugang der Prämienrechnung **gestundet** (BGH, VersR 2006, 913; BGH, VersR 1967, 569, 570; OLG Karlsruhe, zfs 1984, 50; OLG Hamm, zfs 1987, 926; *Gitzel*, VersR 2007, 322, 325; Römer/Langheid/*Rixecker*, § 51 Rn 1). 1

Die Regelung in § 51 Abs. 1 VVG stellt den Gleichlauf zu § 37 Abs. 2 S. 2 VVG her. Wenn ein VR die vorläufige Deckung von der Zahlung der Prämie abhängig macht – was in der Praxis zwar nicht üblich, aber rechtlich zulässig war und ist – ist der VR im Regelfall nach § 37 Abs. 2 S. 1 VVG von der Verpflichtung zur Leistung frei. Wegen der sich hieraus für den VN ergebenden Risiken muss sichergestellt werden, dass er durch einen deutlichen Warnhinweis auf die Notwendigkeit, umgehend die vereinbarte Prämie zu zahlen, aufmerksam gemacht wird (Begr. BT-Drucks 16/3945, S. 74). 2

B. Norminhalt

I. Auffälliger Hinweis (§ 51 Abs. 1 VVG)

Der VR wird (§ 51 Abs. 1 VVG) entsprechend § 37 Abs. 2 S. 2 VVG verpflichtet, den VN durch einen auffälligen Hinweis **im Versicherungsschein oder**, da bei VV über vorläufige Deckung nicht stets ein Versicherungsschein übermittelt wird, **durch gesonderte Mittei-** 3 lung in **Textform**, hierüber aufzuklären (Begr. BT-Drucks 16/3945, S. 74). Eine gesonderte Mitteilung in Textform (§ 126b BGB) ist eine von anderen Informationen zum Versicherungsvertrag getrennte Unterrichtung (Römer/Langheid/*Rixecker*, § 51 Rn 2). Den nach § 51 VVG bezweckten Warneffekt hat die Mitteilung nur, wenn sie dem VN als etwas Besonderes auffallen muss (Römer/Langheid/*Rixecker*, VVG § 51 Rn 2); das Gleiche gilt für den auffälligen Hinweis im Versicherungsschein.

4 **Praxishinweis**
Will der VR bei vorläufiger Deckung den Versicherungsschutz von der Zahlung der Prämie abhängig machen, sollte der VR/Vermittler den VN darauf in einer auffällig (z.B. rot) gestalteten gesonderten Mitteilung in Textform aufmerksam machen und dabei mit dem VN die Frage klären, ob dies im Interesse des VN ist und – wenn ja – wie denn die Prämienzahlung so sichergestellt werden kann (z.b. Lastschriftverfahren durch den VR), dass der VN vorläufige Deckung hat, wenn er sie braucht. Sollte der VN sofort Versicherungsschutz benötigen, müsste der VR/Vermittler entweder die Prämie z.B. in bar vom VN kassieren oder aber ausdrücklich darauf hinweisen, dass sofortiger vorläufiger Versicherungsschutz wegen erst späterer Zahlung der Prämie nicht möglich ist. Der VN sollte befragt werden, ob ihm dies bewusst ist und ob er trotzdem diese (zeitlich eingeschränkte) vorläufige Deckung will oder lieber einen anderen VR befragen möchte. Unterlassen VR/Vermittler Hinweise dieser Art, kann darin ein Beratungsverschulden (§ 280 Abs. 1 BGB) liegen.

5 Ein **nachträglich** gesetzter, auffälliger Hinweis im Versicherungsschein käme zu spät.

6 Aus § 51 Abs. 1 VVG folgt, dass der Beginn des Versicherungsschutzes von der Zahlung der Prämien für die vorläufige Deckung abhängig gemacht werden kann. Von der Zahlung der **Prämie für den Hauptvertrag** kann der Beginn des Versicherungsschutzes der vorläufigen Deckung folglich nicht abhängig gemacht werden. Das ergibt sich aus § 51 Abs. 2 VVG, wonach von § 51 Abs. 1 VVG nicht zum Nachteil des VN abgewichen werden kann. Danach sind Klauseln, wonach der vorläufige Versicherungsschutz von der Zahlung des Einlösungsbeitrages für die beantragte Hauptversicherung oder von der Ermächtigung zum Beitragseinzug abhängig sein soll, mit § 51 VVG nicht (mehr) zu vereinbaren. Klauseln dieser Art, wie sie in der Lebensversicherung gelegentlich verwendet worden sind, gefährden zudem den Vertragszweck (§ 307 Abs. 2 Nr. 2 BGB) und sind auch deshalb unwirksam (VersR-Hdb/*Hermanns*, § 7 Rn 38).

7 Kommt der VN mit der Zahlung der für die vorläufige Deckung ausdrücklich vereinbarten Prämie in **Verzug**, kann der VR nach § 37 Abs. 1 VVG vom VV **zurücktreten**, solange die Zahlung nicht bewirkt ist. Tritt der Versicherungsfall in dieser Phase ein, hat der VN keinen Versicherungsschutz, weil der Beginn des Versicherungsschutzes von der (bisher noch nicht erfolgten) Zahlung der Prämie abhängig gemacht wurde (§ 158 BGB). Dies gilt nur dann nicht, wenn die gesonderte Mitteilung in Textform oder der auffällige Hinweis im Versicherungsschein fehlt oder beides zu spät kommt oder etwaige individuelle Erklärungen von VR/Vermittler – etwa im Beratungsgespräch – Vorrang vor den AGB haben (§ 305b BGB).

8 Anders als im Falle des § 37 Abs. 2 S. 1 VVG kommt es nicht darauf an, ob der VN mit der Zahlung der Erstprämie in Verzug ist (Römer/Langheid/*Rixecker*, § 51 Rn 3; Prölss/Martin/*Klimke*, § 51 Rn 3; **a.A.** Looschelders/Pohlmann/*Kammerer-Galahn*, § 52 Rn 3; Rüffer/Halbach/Schimikowski/*Karczewski*, § 52 Rn 2). *Klimke* plädiert für eine Analogie

zu § 37 Abs. 2 S. 1 VVG, so dass es auch bei der vorläufigen Deckung darauf ankäme, ob der VN die Nichtzahlung der Prämie zu vertreten hatte (Prölss/Martin/*Klimke*, § 51 Rn 3; ähnlich *Höra*, in: Bruck/Möller, § 51 Rn 4). Der Wortlaut von § 51 VVG spricht dagegen. Danach kann der Beginn des Versicherungsschutzes (anders als in den Fällen des § 37 VVG) von der Zahlung der Prämie (aufschiebend bedingt) abhängig gemacht werden. Dies ist eine objektive Bedingung, bei der es nicht darauf ankommt, aus welchen Gründen der VN die Prämie nicht zahlt (wie hier Römer/Langheid/*Rixecker*, § 51 Rn 3, Müko/*Rixecker*, § 51 VVG Rn 5). Billigkeitskorrekturen können in Fällen, in denen der VN an der gewollten Zahlung der Prämie durch von ihm nicht zu beeinflussende Umstände gehindert wurde (etwa bei höherer Gewalt) über § 242 BGB vorgenommen werden.

Macht der VR/Vermittler den Beginn des Versicherungsschutzes **nicht** von der Zahlung der Prämie abhängig, gelten die allg. Grundsätze, die vor dem 1.1.2008 entwickelt wurden. Danach kann § 37 Abs. 2 VVG u.a. durch eine erweiterte Einlösungsklausel oder durch eine vorläufige Deckungszusage vertraglich ausgeschlossen werden. Nach der erweiterten Einlösungsklausel beginnt der Versicherungsschutz erst mit der Zahlung, wird aber rückwirkend gewährt, wenn unverzüglich nach Aufforderung gezahlt wird (BGH, VersR 2006, 913 m. Anm. *Hall*, Juris-PR ZivilR 34/2006 [Anm. 4]). Bei einer vorläufigen Deckungszusage ist § 37 Abs. 2 VVG von den Vertragsparteien abbedungen (BGH, VersR 2006, 913; BGH, VersR 1995, 409). 9

II. Kein Abbedingen zum Nachteil des Versicherungsnehmers (§ 51 Abs. 2 VVG)

Mit § 51 Abs. 2 VVG soll sichergestellt werden, dass die Voraussetzungen nach § 51 Abs. 1 VVG nicht zum Nachteil des VN abgedungen oder geändert werden können. Das gilt insb. für Vereinbarungen, mit deren Hilfe der Beginn der vorläufigen Deckung herausgeschoben werden soll. Das gilt auch für eine Vereinbarung, wonach die vorläufige Deckung erst mit Zahlung des Einlösungsbetrages für die beantragte Hauptversicherung oder nach Ermächtigung zum Beitragseinzug beginnen soll (vgl. § 2 der Musterbedingungen des GDV für den vorläufigen Versicherungsschutz in der Lebensversicherung; Staudinger/Halm/Wendt/ *Halbach*, § 51 Rn 7; Prölss/Martin/*Klimke*, § 51 Rn 11; Rüffer/Halbach/Schimikowski/ *Karczewski*, § 51 Rn 11; MüKo/*Rixecker*, § 51 VVG Rn 6). 10

III. Zahlung der Erstprämie

Der VN ist erst nach Ablauf einer angemessenen Zahlungsfrist (i.d.R. zwei Wochen) zur Zahlung der Erstprämie verpflichtet – bei der Berechnung der angemessenen Zahlungsfrist ist die Widerrufsfrist (zwei Wochen) von § 8 Abs. 1 VVG zu berücksichtigen (BGH, VersR 2006, 913; OLG Hamm, VersR 1999, 1224). Die Belehrung des VN muss dies berücksichtigen. 11

§ 52 VVG

Formulierungsbeispiel
"Bitte zahlen Sie die angeforderte Erstprämie spätestens binnen zwei Wochen nach Ablauf der zweiwöchigen Widerspruchsfrist. Danach beginnt der Versicherungsschutz."

IV. Gebündelte vorläufige Deckung

12 I.R.d. Belehrung ist bei gebündelten vorläufigen Deckungen (z.B. Kfz-Haftpflicht/Kasko/ Unfallschutz/Rechtschutz) darauf zu achten, dass die Prämie für jede vorläufige Deckung **getrennt ausgewiesen wird,** damit der VN bei Teilzahlungen auf den aus seiner Sicht wichtigsten Vertrag leisten kann (BGH, VersR 1986, 54).

---

§ 52 VVG Beendigung des Vertrags

(1) Der Vertrag über vorläufige Deckung endet spätestens zu dem Zeitpunkt, zu dem nach einem vom Versicherungsnehmer geschlossenen Hauptvertrag oder einem weiteren Vertrag über vorläufige Deckung ein gleichartiger Versicherungsschutz beginnt. Ist der Beginn des Versicherungsschutzes nach dem Hauptvertrag oder dem weiteren Vertrag über vorläufige Deckung von der Zahlung der Prämie durch den Versicherungsnehmer abhängig, endet der Vertrag über vorläufige Deckung bei Nichtzahlung oder verspäteter Zahlung der Prämie abweichend von Satz 1 spätestens zu dem Zeitpunkt, zu dem der Versicherungsnehmer mit der Prämienzahlung in Verzug ist, vorausgesetzt dass der Versicherer den Versicherungsnehmer durch gesonderte Mitteilung in Textform oder durch einen auffälligen Hinweis im Versicherungsschein auf diese Rechtsfolge aufmerksam gemacht hat.

(2) Absatz 1 ist auch anzuwenden, wenn der Versicherungsnehmer den Hauptvertrag oder den weiteren Vertrag über vorläufige Deckung mit einem anderen Versicherer schließt. Der Versicherungsnehmer hat dem bisherigen Versicherer den Vertragsschluss unverzüglich mitzuteilen.

(3) Kommt der Hauptvertrag mit dem Versicherer, mit dem der Vertrag über vorläufige Deckung besteht, nicht zustande, weil der Versicherungsnehmer seine Vertragserklärung nach § 8 widerruft oder nach § 5 Abs. 1 und 2 einen Widerspruch erklärt, endet der Vertrag über vorläufige Deckung spätestens mit dem Zugang des Widerrufs oder des Widerspruchs beim Versicherer.

(4) Ist das Vertragsverhältnis auf unbestimmte Zeit eingegangen, kann jede Vertragspartei den Vertrag ohne Einhaltung einer Frist kündigen. Die Kündigung des Versicherers wird jedoch erst nach Ablauf von zwei Wochen nach Zugang wirksam.

(5) Von den Absätzen 1 bis 4 kann nicht zum Nachteil des Versicherungsnehmers abgewichen werden.

Übersicht

	Rdn
A. Normzweck	1
B. Norminhalt	2
I. Gleichartiger Versicherungsschutz (§ 52 Abs. 1 S. 1 VVG)	2
II. Beendigung bei Nichtzahlung oder verspäteter Zahlung (§ 52 Abs. 1 S. 2 VVG)	11
III. Belehrung (§ 52 Abs. 1 S. 2 Hs. 2 VVG)	16
IV. Anderer Versicherer (§ 52 Abs. 2 VVG)	31
V. Widerruf/Widerspruch (§ 52 Abs. 3 VVG)	33
VI. Kündigung (§ 52 Abs. 4 VVG)	35
C. Abdingbarkeit (§ 52 Abs. 5 VVG)	37

A. Normzweck

Die Norm regelt den Zeitpunkt, zu dem die vorläufige Deckung endet, um den VN vor einem überraschenden Verlust des vorläufigen Deckungsschutzes einerseits und andererseits auch vor Doppelversicherungen zu schützen (Römer/Langheid/*Rixecker*, § 52 Rn 1). Es geht um die Fälle, in denen sich die vorläufige Deckung erledigt hat, entweder weil sie ihren Zweck erreicht hat oder nicht mehr erreichen kann (Prölss/Martin/*Klimke*, § 52 Rn 1). Dieses Schutzbedürfnis besteht generell, nicht nur bei Verbrauchern i.S.d. § 13 BGB (Begr. BT-Drucks 16/3945, S. 74). Zum anderen sollen die VR die Möglichkeit haben, den Versicherungsschutz mit Wirkung für die Zukunft wieder zu entziehen (§ 52 Abs. 4 VVG), da vorläufig Deckungsschutz für Risiken gewährt wird, die u.U. noch völlig ungeklärt sind (Begr. BT-Drucks 16/3945, S. 74).

B. Norminhalt

I. Gleichartiger Versicherungsschutz (§ 52 Abs. 1 S. 1 VVG)

Vor dem 31.12.2007 wurde davon ausgegangen, dass die vorläufige Deckung regelmäßig mit Abschluss des endgültigen Vertrags **endet** (RGZ 107, 198, 2000; BGH, VersR 1955, 738; BGH, VersR 1995, 409; BGH, VersR 2006, 913). Dieser bisher praktizierten Formel lag der Schutzgedanke, der seit 1.1.2008 im § 52 VVG ausformuliert ist, unausgesprochen zugrunde. Jetzt ist klargestellt, dass der Vertrag über vorläufige Deckung **nicht automatisch** mit dem Abschluss des Hauptvertrages endet. Vielmehr ist der Zeitpunkt maßgeblich, zu dem der VN durch den Hauptvertrag einen Versicherungsschutz erlangt, der **im Wesentlichen** dem vorläufigen Versicherungsschutz entspricht (Begr. BT-Drucks 16/3945, S. 74).

Die vorläufige Deckung endet deshalb nicht, wenn im Hauptvertrag oder in dem neuen Vertrag über vorläufige Deckung erhebliche Teile des dem VN bislang gewährten Schutzes nicht mehr versprochen werden (Römer/Langheid/*Rixecker*, § 52 Rn 4; Prölss/Martin/*Klimke*, § 52 Rn 12). So ist es etwa, wenn wesentliche Teile des Deckungsschutzes in einer Einbruchdiebstahlsversicherung, die von der vorläufigen Deckung umfasst waren, im Hauptvertrag ausgenommen werden (OLG Hamm, VersR 1982, 1042). Das Gleiche gilt, wenn der Antrag des VN auf Kfz-Haftpflicht und Kasko nur im Hinblick auf die Haftpflicht angenommen wird (BGH, VersR 1986, 986; OLG Saarbrücken, VersR 2001, 325; Prölss/Martin/*Klimke*, VVG § 52 Rn 12; MüKo/*Rixecker*, § 52 VVG Rn 6).

4 Allerdings kann der VR in diesen Fällen die vorläufige Deckung nach § 52 Abs. 4 VVG kündigen. Von dieser Kündigungsmöglichkeit kann der VR immer dann Gebrauch machen, wenn er im Hauptvertrag/weiteren Vertrag über die vorläufige Deckung möglicherweise keinen „gleichartigen Versicherungsschutz" bietet. Aus dieser Perspektive ist der Begriff „gleichartiger Versicherungsschutz" eng auszulegen. Gleichartig bedeutet nicht völlig gleich, aber eben doch gleichartig.

5 Das bedeutet zunächst einmal, dass die Hauptdeckung gegenüber der vorläufigen Deckung „gleichartig" sein muss. Das ist nicht der Fall, wenn vorläufige Deckung für Berufsunfähigkeit gewährt wurde, während sich die Hauptdeckung nur auf Erwerbsunfähigkeit bezieht (a.A. MüKo/*Rixecker*, § 52 VVG Rn 6). Auch Abweichungen über den Umfang des Deckungsschutzes können die Gleichartigkeit ausschließen, etwa dann, wenn die Versicherungssumme der Hauptdeckung deutlich niedriger ist als die Versicherungssumme der vorläufigen Deckung. Auch die Aufnahme neuer Verhaltenspflichten oder neuer Risikoausschlüsse in der Hauptdeckung berühren die Gleichartigkeit, denn in diesen Fällen hat der VN in der Hauptdeckung keinen oder nur noch sehr eingeschränkten Versicherungsschutz gegenüber der vorläufigen Deckung (a.A. Römer/Langheid/*Rixecker*, § 52 Rn 4; Prölss/Martin/*Klimke*, § 52 Rn 12).

6 Grund und Schutzgedanke des § 52 Abs. 1 VVG ist, dass die Hauptdeckung nur dann an die Stelle der vorläufigen Deckung treten soll, wenn sie „im Wesentlichen der vorläufigen Deckung entspricht" (BT-Drucks 16/3954, S. 74). Dies bedeutet, der VN muss im Wesentlichen den gleichen Versicherungsschutz haben wie mit der vorläufigen Deckung – insoweit bezahlt er die ihm dort gewährte Deckung mit seiner Prämie. Weicht der VR mit der Hauptdeckung oder der neuen vorläufigen Deckung von der alten vorläufigen Deckung ab, liegt darin das Angebot, die bestehende vorläufige Deckung zu ändern und an ihrer Stelle einen neuen, inhaltlich anderen Vertrag zu schließen. Mithilfe von § 52 Abs. 1 VVG soll dem VR nicht etwa ein einseitiges Leistungsänderungsrecht zugewiesen werden, wie auch das Kündigungsrecht in § 52 Abs. 4 VVG belegt.

7 Das bedeutet, die Abweichungen zwischen der vorläufigen Deckung und der späteren (Haupt-)Deckung dürfen nur so geringfügig sein, dass ein objektiver Betrachter die Abweichungen als vernachlässigungswürdig einstufen und infolgedessen die beiden Deckungen als gleichartig einstufen würde. Eine Gleichartigkeit in diesem Sinne ist ausgeschlossen, wenn der Inhalt des Versicherungsscheins von dem Antrag des VN oder den getroffenen Vereinbarungen abweicht (§ 5 Abs. 1 VVG). In diesem Fall kann der VN die Abweichungen genehmigen. Daneben gelten die Abweichungen als genehmigt, wenn der VR sie durch einen auffälligen Hinweis im Versicherungsschein kenntlich macht und den VN darauf hinweist, dass Abweichungen als genehmigt gelten, wenn der VN nicht innerhalb eines Monats nach Zugang des Versicherungsscheins in Textform widerspricht (§ 5 Abs. 2 VVG). Lässt der VN die ordnungsgemäß gesetzte Monatsfrist nach § 5 Abs. 2 VVG verstreichen, genehmigt er also konkludent die Abweichungen im Versicherungsschein gegenüber seinem Antrag, erkennt er damit in aller Regel zugleich den neuen Deckungsschutz als gegenüber der vorläufigen Deckung „gleichartig" an. In diesem Fall bedarf es auch aus der Perspektive von Treu und Glauben (§ 242 BGB) keiner Kündigung der vorläufigen

Deckung nach § 52 Abs. 4 VVG. Das Gleiche gilt, wenn man die Genehmigung der Abweichungen aus einem (konkludenten) Verhalten des VN vor Ablauf der Monatsfrist des § 5 Abs. 2 VVG schließen kann. Die bloße Überweisung der Erstprämie enthält eine solche konkludente Genehmigung nicht, weil der VN diese Prämie zahlt, um sich auf jeden Fall Deckungsschutz im Hauptvertrag zu sichern, ohne damit zu erklären, dass er damit auch die Abweichungen des VR genehmige – insoweit billigt ihm das Gesetz eine längere Widerspruchsfrist zu (ähnlich MüKo/*Rixecker*, § 52 VVG Rn 6; Prölss/Martin/*Klimke*, § 52 Rn 12; Rüffer/Halbach/Schimikowski/*Karczewski*, § 52 Rn 3).

Entscheidend ist der **Zeitpunkt, zu dem der Versicherungsschutz nach dem neuen Vertrag beginnt** (Begr. BT-Drucks 16/3954, S. 75). Auf diese Weise wird berücksichtigt, dass der Versicherungsschutz des neu abgeschlossenen Hauptvertrags möglicherweise erst später (z.B. bei Einlösung durch Zahlung der Erstprämie) in Kraft tritt. Ein späterer, rückwirkender **Wegfall des VV**, z.B. durch Anfechtung wegen arglistiger Täuschung, bleibt außer Betracht, führt also nicht zum Wiederaufleben der vorläufigen Deckung (Begr. BT-Drucks 16/3954, S. 74; Prölss/Martin/*Klimke*, § 52 Rn 6a). Das gilt auch, wenn der VN seine Vertragserklärung nach § 8 Abs. 1 VVG widerruft, denn bis zum Zugang einer wirksamen Widerrufserklärung ist der Versicherungsvertrag auflösend bedingt wirksam (Römer/Langheid/*Rixecker*, § 9 Rn 7; MüKo/*Rixecker*, § 52 VVG Rn 17; Prölss/Martin/*Klimke*, § 52 Rn 8; a.A. *Höra*, in: Bruck/Möller, § 52 Rn 20). Allerdings muss VN zugestimmt haben, dass der Versicherungsschutz vor Ende der Widerrufsfrist beginnt (§ 9 VVG); die Zustimmung muss zwar nicht ausdrücklich erfolgen, aber sich aus den Umständen eindeutig ergeben (Römer/Langheid/*Rixecker*, § 9 Rn 9 m.w.N.). Außerdem muss die Belehrung nach § 8 Abs. 2 VVG ordnungsgemäß gewesen sein. 8

Die Vorschrift kommt auch dann zur Anwendung, wenn die **vorläufige Deckung sachlich weiter** geht als der später vereinbarte endgültige Versicherungsschutz (Begr. BT-Drucks 16/3945, S. 75). Voraussetzung ist ein „gleichartiger Versicherungsschutz" durch den Hauptvertrag. Wird ein gänzlich anderer Hauptvertrag geschlossen (z.B. vorläufige Deckung für Risiko Leben, Hauptvertrag für Hausrat), berührt dies die vorläufige Deckung nicht. Es kann sich dann die Frage stellen, ob einer der Vertragsparteien die vorläufige Deckung nach § 52 Abs. 4 VVG kündigen will. 9

Der Vertrag über vorläufige Deckung kann auch dadurch enden, dass ein **weiterer Vertrag** über vorläufige Deckung mit gleichartigem Versicherungsschutz beginnt. Dies schließt nicht aus, eine zeitlich befristet bestehende vorläufige Deckung zu verlängern. 10

II. Beendigung bei Nichtzahlung oder verspäteter Zahlung (§ 52 Abs. 1 S. 2 VVG)

In § 52 Abs. 1 S. 2 VVG sind jene Fälle geregelt, in denen der Eintritt des **endgültigen** oder eines weiteren vorläufigen Versicherungsschutzes von der Zahlung der Prämie durch den VN abhängig ist. Hier ist im Interesse des VR auszuschließen, dass der VN durch Nichtzahlung bzw. Verzögerung der Zahlung der Prämie das Ende des vorläufigen Versicherungsschutzes hinausschiebt (Begr. BT-Drucks 16/3945, S. 75). Entscheidend ist, dass 11 die Prämie aus der Anschlussdeckung fällig ist; daran fehlt es, wenn der VN nach § 5 Abs. 1 VVG noch widersprechen kann (zum alten Recht: BGH, VersR 2006, 913; OLG Hamm, VersR 1982, 1042; Römer/Langheid/*Rixecker*, § 52 Rn 6). Der VR muss die Erstprämie ordnungsgemäß berechnet und angefordert haben (BGH, VersR 1986, 986; OLG Hamm, VersR 1999, 957; OLG Saarbrücken, VersR 2005, 215). Bei vereinbarten Lastschriftverfahren muss diese formell ordnungsgemäß sein und dem VN Gelegenheit gegeben werden, für rechtzeitige Deckung des Kontos zu sorgen (BGH, VersR 1985, 447; OLG Saarbrücken, VersR 2005, 215).

12 Problematisch sind die Fälle, in denen der VR den Beginn des Versicherungsschutzes der vorläufigen Deckung **nicht** von der Zahlung der Prämie (§ 51 VVG) abhängig gemacht hat. Dann könnte der VN theoretisch durch Nichtzahlung der Prämie für den Hauptvertrag „auf ewig" vorläufige Deckung behalten. Um dies zu verhindern, ist in diesen Fällen der Eintritt des Verzugs (durch Nichtzahlung oder verspätete Zahlung: § 286 Abs. 2 BGB) der für die Beendigung des VV über die vorläufige Deckung maßgebliche Zeitpunkt (Begr. BT-Drucks 16/3945, S. 75).

13 Für den Fall, dass der Beginn des Versicherungsschutzes von Anfang an **von der Zahlung** einer Prämie für die vorläufige Deckung **abhängig** gemacht wurde, ist § 52 VVG nicht anwendbar – es gelten die Regeln des § 51 VVG. Solange der VN die Prämie nicht zahlt, beginnt der Versicherungsschutz nicht. Insoweit muss auch kein Ende der vorläufigen Deckung geregelt werden. § 52 Abs. 1 VVG kann nur den Fall meinen, in dem zunächst eine vorläufige Deckung ohne Prämienzahlung vereinbart wurde, dann aber in einem weiteren VV über vorläufige Deckung nun Zahlung der Prämie verabredet wird. Für diesen Fall soll nicht § 51 VVG gelten, sondern § 52 VVG. Das bedeutet, dass nunmehr – trotz Nichtzahlung der vereinbarten Prämie – vorläufige Deckung besteht. Sie endet, wenn der VN mit der Prämienzahlung in Verzug gerät.

14 Vergleichbare Differenzierungen gibt es mit Blick auf den Hauptvertrag nicht. In jedem Fall **endet** der VV über vorläufige Deckung zu dem Zeitpunkt, zu dem der VN mit der **Prämienzahlung in Verzug** ist, vorausgesetzt dass der VR den VN durch gesonderte Mitteilung in Textform oder durch auffälligen Hinweis im Versicherungsschein auf diese Rechtsfolge aufmerksam gemacht hat. Damit wird an § 37 Abs. 2 S. 2 VVG angeknüpft, der für den VN eine vergleichbare Situation ergibt, die einen entsprechenden Schutz erforderlich macht (wie hier Prölss/Martin/*Klimke*, § 52 Rn 20).

15 Wird der **Versicherungsschein** dem VN **vor Zahlung der Erstprämie ausgehändigt**, endet die vorläufige Deckung erst nach Ablauf einer angemessenen Zahlungsfrist, die ggf. die Widerrufsfrist des § 8 Abs. 1 VVG zu berücksichtigen hat (BGH, VersR 2006, 913 [dort noch zu § 5a VVG a.F.] m.w.N.). Die Zahlungsfrist läuft allerdings nur, wenn der VR in der Zahlungsaufforderung auf die Rechtsfolgen hinweist, die bei nicht unverzüglicher Zahlung insb. hinsichtlich der vorläufigen Deckung eintreten (BGH, VersR 2006, 913; VersR 1985, 981). Dies gilt nicht nur dann, wenn nach den AVB (etwa § 1 Abs. 4 AKB) ein rückwirkender Verlust der vorläufigen Deckung droht (dazu BGHZ 47, 352, 361 = BGH, VersR 1967, 569; OLG Hamm, VersR 1991, 220 und OLG Hamm, r+s 1995, 403), sondern auch dann, wenn die nicht unverzügliche Zahlung der Erstprämie lediglich die

vorläufige Deckung für die Zukunft beendet (BGH, VersR 2006, 913; BGH, VersR 1973, 811). Dies hat – so der BGH (BGH, VersR 2003, 913) – seinen Grund darin, dass der VN dann, wenn ihm der Entzug bereits gewährten Versicherungsschutzes infolge verspäteter Zahlung der Erstprämie droht, in gleicher Weise schutzwürdig erscheint wie ein VN, der den Versicherungsschutz durch verspätete Zahlung einer Folgeprämie verliert. Das Belehrungserfordernis des § 38 Abs. 1 S. 2 VVG (bis 31.12.2007: § 39 Abs. 1 S. 2 VVG a.F.) gilt deshalb entsprechend (BGH, VersR 2006, 913). An diesen Grundsätzen hat sich auch im Rahmen des neuen § 52 VVG nichts geändert (wie hier: Prölss/Martin/*Klimke*, § 52 Rn 20).

III. Belehrung (§ 52 Abs. 1 S. 2 Hs. 2 VVG)

Die **Belehrung** muss nach den von der Rechtsprechung zur Belehrungspflicht nach § 39 Abs. 1 S. 2 VVG a.F. (heute § 38 Abs. 1 S. 2 VVG) entwickelten Grundsätzen **umfassend und vollständig** erfolgen (BGH, VersR 1999, 1525; BGH, VersR 1988, 484). D.h. auch, dass sie die Rechtsfolgen verspäteter Erstprämienzahlung zutreffend angeben muss. Sie muss weiter darauf hinweisen, dass die nachteiligen Rechtsfolgen nur bei verschuldeter verspäteter Zahlung eintreten und der VN bei unverschuldeter Verspätung die Möglichkeit hat, sich durch Nachzahlung der Erstprämie den Versicherungsschutz zu erhalten (BGH, VersR 2006, 913; BGH, VersR 1988, 484; OLG Hamm, VersR 1991, 220; OLG Hamm, r+s 1995, 403).

16

Bei alledem ist zu beachten, dass eine verspätete Erstprämienzahlung nur dann zum **rückwirkenden Verlust** des vorläufigen Versicherungsschutzes führen kann, wenn dies zwischen VN und VR ausdrücklich vereinbart, im Regelfall also Inhalt der vereinbarten AVB ist (BGH, VersR 2006, 913). Demgegenüber tritt ein **rückwirkender Verlust** der vorläufigen Deckung nach allgemeinen Grundsätzen **nicht** ein.

17

> **Praxishinweis**
> Will der VR erreichen, dass eine verspätete Erstprämienzahlung zum rückwirkenden Verlust vorläufigen Versicherungsschutzes führt, muss er dies
> 1. vertraglich ausdrücklich vereinbaren und
> 2. über diese schwer wiegenden Konsequenzen mit der Erstprämienanforderung belehren.
> Eine Belehrung mit dem Inhalt, *„nach den Bestimmungen eine etwa erteilte vorläufige Deckungszusage rückwirkend außer Kraft trete, wenn die Prämienzahlung nicht unverzüglich erfolge"*, genügt diesen Anforderungen nicht (BGH, VersR 2006, 913).

18

Die Belehrung muss den von der Rechtsprechung zur Belehrungspflicht nach § 39 Abs. 1 S. 2 VVG a.F. (heute: § 38 Abs. 1 S. 2 VVG) entwickelten Grundsätzen entsprechen, also umfassend und vollständig sein und hinreichend deutlich machen, dass nur eine verschuldete Verspätung der Erstprämienzahlung zum Verlust der vorläufigen Deckung führt, während bei unverschuldeter Säumnis der Versicherungsschutz durch rechtzeitige Nachzahlung erhalten bleibt (BGH, VersR 2006, 913). Der bloße Hinweis darauf, dass der Rechtsverlust eintrete, wenn die Erstprämie nicht „unverzüglich" gezahlt werde, reicht nicht aus (BGH, VersR 2006, 913; OLG Hamm, VersR 1991, 220), denn dem durchschnittlichen VN macht diese Formulierung nicht ausreichend deutlich, dass nicht schon eine objektiv verspätete

19

Zahlung zum Verlust der vorläufigen Deckung führt, sondern Verschulden des VN hinzutreten muss. Da sich die Rechtslage durch Einführung von § 52 VVG für die Beteiligten weder verbessern noch verschlechtern sollte, ist auch daran festzuhalten, dass in der Belehrung darauf hinzuweisen ist, dass der VN bei **unverschuldeter Verspätung** die Möglichkeit hat, sich durch Nachzahlung der Erstprämie den Versicherungsschutz zu erhalten (BGH, VersR 2006, 913; BGH, VersR 1988, 484). Letzterer Hinweis ist deklaratorisch, denn bei unverschuldeter gleichwohl verspäteter Zahlung endet der Vertrag über die vorläufige Deckung trotz des etwas missverständlichen Wortlauts („spätestens") nicht.

20 Die Frage, ob an die **drucktechnische Gestaltung der Belehrung** besondere Anforderungen zu stellen sind, hat der BGH offen gelassen (BGH, VersR 2006, 1913). Wenn aber schon das Gesetz selbst bei vergleichbaren Belehrungen gesonderte Mitteilungen in Textform oder auffällige Hinweise verlangt (§§ 37 Abs. 2, 51 Abs. 1, 5 Abs. 2 VVG), ist eine solche drucktechnische Hervorhebung auch für den Fall zu verlangen, in dem es um vergleichbare weit reichende, den Versicherungsschutz des VN gefährdende Verhaltensweisen geht (OLG Celle, VersR 2000, 314; Prölss/Martin/*Klimke*, § 52 Rn 21 m.w.N.). Die drucktechnische Hervorhebung ist erforderlich, weil sonst die Gefahr besteht, dass der VN den Hinweis überliest (OLG Celle, VersR 2000, 314; VersR-Hdb/*Hermanns*, § 7 Rn 69; Prölss/Martin/ *Klimke*, § 52 Rn 21; Römer/Langheid/*Rixecker*, § 52 Rn 7). Fehlt es an einem formellen oder materiellen Belehrungserfordernis, hat der Vortrag über vorläufige Deckung weiterhin Bestand (Römer/Langheid/*Rixecker*, § 52 Rn 7 unter Hinweis auf den Fall des jahrelangen Ausbleibens der Prämienzahlung: OLG Nürnberg, VersR 2008, 70).

21 Ob die Mängel der Belehrung im Einzelfall zu einer für die verspätete Prämienzahlung **ursächlichen Fehlvorstellung** des VN geführt haben, kommt es nicht an. Vielmehr verliert der VR die Möglichkeit, sich auf die Verspätung zu berufen schon deshalb, weil er es unterlässt, den VN ordnungsgemäß zu belehren. Der darin vom Gesetz zum Ausdruck gebrachte Verwirkungsgedanke soll die ordnungsgemäße Belehrung in jedem Fall sicherstellen, ohne dem VR Gelegenheit zu geben, Belehrungsmängel mithilfe eines Kausalitätsgegenbeweises zu erheben (BGH, VersR 2006, 913; Prölss/Martin/*Klimke*, § 52 Rn 24; zum Ausnahmefall, dass ein VN bei fehlender Belehrung für den Hauptvertrag mehrere Jahre lang keine Prämien gezahlt hat: OLG Nürnberg, VersR 2008, 72).

22 Erleidet der VN vor Zahlung der Prämie einen Versicherungsfall, für den er (etwa in der Fahrzeugversicherung) vorläufige Deckung hat, scheidet **ein rückwirkender Wegfall der vorläufigen Deckung** wegen Zahlungsverzuges aus (*Gitzel*, VersR 2007, 332, 325; Looschelders/Pohlmann/*Kammerer-Galahn*, § 52 Rn 17). In einem solchen Fall hat der VR seinen Anspruch auf die Prämie mit dem Anspruch des VN auf Entschädigung zu verrechnen (BGH, VersR 1985, 877; OLG Köln, VersR 1998, 1104; OLG Hamm, VersR 1996, 1408; OLG Koblenz, VersR 1995, 527). Das gilt sowohl für die Prämien in der Fahrzeug-, als auch in der KH-Versicherung (BGH, VersR 1985, 877).

23 Die VVG-Reformkommission hat – über diese Grundsätze hinausgehend – vorgeschlagen, bei vorläufiger Deckung von einer verbindlichen Zusage des VR ggü. dem VN auszugehen (Abschlussbericht vom 19.4.2004, S. 56). Der VR könne dies von einer vorherigen Zahlung abhängig machen. Wenn er darauf verzichte, handele er insoweit auf eigenes Risiko; er

soll es nicht auf den VN zurückwälzen können, indem er wegen des Zahlungsverzuges den vorläufigen Versicherungsschutz rückwirkend auch für bereits eingetretene Schäden aufkündige (Abschlussbericht vom 19.4.2004, S. 56).

Gegen eine solche Rückwirkung spreche auch der Umstand, dass die Höhe des Prämienanspruchs sich erst aus der späteren Vertragsentwicklung ergebe; ein Anspruch des VR auf Abschluss des Hauptvertrags und damit auch die Erstprämie bestehe noch nicht. Der VR müsse immer damit rechnen, dass der Hauptvertrag scheitere, und habe dann allenfalls den Anspruch auf die bis dahin regelmäßig nicht bezifferte Prämie für die vorläufige Deckung. 24

Mit diesen Überlegungen hat sich die VVG-Reformkommission **nicht durchgesetzt**. Der Gesetzgeber verweist auf die entgegenstehende Regelung in § 9 S. 2 Kfz-PflVV: „*Sofern der Versicherer den Versicherungsnehmer schriftlich darüber belehrt, kann sich der Versicherer vorbehalten, dass die vorläufige Deckung rückwirkend außer Kraft tritt, wenn bei einem unverändert angenommenen Versicherungsantrag der Versicherungsschein nicht binnen einer im Versicherungsvertrag bestimmten mindestens zweiwöchigen Frist eingelöst wird und der Versicherungsnehmer die Verspätung zu vertreten hat.*" Ein Ausschluss dieser Regelung hätte – so der Gesetzgeber – zur Folge, dass dem VR, der mit der vorläufigen Deckung in der Kfz-Versicherung eine Vorleistung erbringe, bei Nichtzahlung der Prämie keine wirksame Sanktion zur Verfügung stehen würde. Dies erscheine unangemessen; ein VN, der trotz Belehrung schuldhaft seine Zahlungspflicht verletze, sei nicht schutzwürdig (Begr. BT-Drucks 16/3945, S. 74). Die von der VVG-Reform angeführte Möglichkeit für den VR, vorläufige Deckung nur gegen Vorkasse zu gewähren, entspräche nicht den Interessen der Verbraucher und wäre im Kfz-Massengeschäft auch nicht praktikabel (Begr. BT-Drucks 16/3945, S. 74). 25

Dem ist von *Römer* (VersR 2006, 865) entgegen gehalten worden, dass die weiter geltende Regelung über den rückwirkenden Wegfall der vorläufigen Deckung unverhältnismäßig viele Probleme aufwerfe und die Gerichte überproportional beschäftige. So sei es immer wieder zweifelhaft, ob der VR den VN richtig belehrt habe (OLG Köln, VersR 1997, 350; OLG Köln, r+s 2003, 495; OLG Oldenburg, VersR 1999, 1486; OLG Hamm, r+s 1995, 403; LG Köln, r+s 2005, 98) und ob die Belehrung rechtzeitig zugegangen sei (OLG Saarbrücken, VersR 2005, 215). Gestritten wurde um die Frage, ob der VR den Antrag unverändert angenommen habe (LG Köln, r+s 2003, 100). Die Rechtzeitigkeit der Zahlung habe Fragen aufgeworfen, insb. bei Einzugsermächtigungen (BGH, VersR 1996, 445; AG Flensburg, VersR 2003, 988). Interne Abreden über die Ausgabe der Doppelkarte nur an den VN mit geringer Schadensquote (LG Köln, r+s 2003, 100), Fälligkeit der Prämie bei Verwendung des Policenmodells (OLG Köln, r+s 2003, 495; OLG Hamm, VersR 1999, 1229; LG Köln, r+s 2005, 98), korrekte Anforderung des Prämienbetrags durch den VR (OLG Köln, r+s 2003, 495) und rechtzeitiger Zugang der Prämienrechnung (OLG Saarbrücken, VersR 2005, 215) seien Gegenstand gerichtlicher Auseinandersetzung gewesen. Es könne deshalb nicht verwundern, wenn immer wieder die Frage gestellt werde, ob solch eine Regelung zulässig sei. Inzwischen habe Österreich auf den rückwirkenden Wegfall der vorläufigen Deckung ganz verzichtet (Prölss/Martin/*Knappmann*, § 1 AKB Rn 16). Dabei ist zu bedenken, dass der ÖOGH den rückwirkenden Verlust des Versicherungsschut- 26 zes bereits im Jahre 1960 für gesetzwidrig hielt (ÖOGH, VersR 1960, 659; vertiefend *Fenyves*, VersR 1985, 800).

27 Ergänzend ist darauf hinzuweisen, dass das BGB für diejenigen, die sich im Rahmen eines Schuldverhältnisses zu einer Vorleistung verpflichten (ohne dies zu müssen) keinerlei „zusätzliche Sanktionen" zur Durchsetzung der jeweils offenen Gegenleistung für nötig erachtet. Warum dies im Versicherungsrecht anders sein sollte, leuchtet nicht ein. Das gilt auch für die Haftpflichtversicherung, denn zum einen gibt es keinerlei Hinweise darauf, dass der VN nur wegen der bestehenden vorläufigen Deckung Haftpflichtschäden auslöst, in der Annahme der Rückgriff gegen ihn werde schon scheitern. Außerdem könnte man auch für Haftpflichtfälle erwägen, dem VR das Recht vorzubehalten die noch offene Prämie ggü. dem Direktanspruch des geschädigten Dritten (§ 3 Nr. 4 PflVG) zu verrechnen. Zu Recht weist *Klimke* darauf hin, dass jedenfalls der rückwirkende Wegfall der vorläufigen Deckung nur wegen Nichtzahlung der Prämie für den Hauptvertrag (also ohne Verzug) für den VN nachteilig und folglich nach § 52 Abs. 5 VVG nicht wirksam vereinbart werden könnte (Prölss/Martin/*Klimke*, § 52 Rn 38). Zulässig sei die Vereinbarung des rückwirkenden Wegfalls der vorläufigen Deckung für den Fall, dass der VN in Verzug mit der Zahlung der für den vorläufigen Deckungsschutz geschuldeten Prämie geriete, denn § 52 Abs. 2 S. 2 VVG regele die Folgen eines Verzuges der auf die vorläufige Deckung entfallenden Prämie nicht (Prölss/Martin/*Klimke*, § 52 Rn 39). Der Hinweis von *Rixecker*, dass das Wort „spätestens" in § 52 Abs. 1 S. 2 VVG klarstelle, dass die vorläufige Deckung auch früher enden könne, ändert nichts daran, dass der VN jedenfalls mit der Prämienzahlung **in Verzug** sein muss (Römer/Langheid/*Rixecker*, § 52 Rn 13 m.w.N.). Eine dahinter zurückbleibende Vereinbarung verstößt gegen § 52 Abs. 5 VVG und ist damit unwirksam.

28 Wird der rückwirkende Wegfall der vorläufigen Deckung vereinbart, ist der VN über die Rechtsfolgen der verspäteten Prämienzahlung in Textform (§ 126b BGB) umfassend und vollständig zu informieren, d.h. die Belehrung muss den Hinweis enthalten, dass der VN bei unverschuldeter Verspätung die Möglichkeit hat, sich durch Nachzahlung der ersten Prämie den Versicherungsschutz zu erhalten (BGH, VersR 2007, 1116, 1118; BGH, VersR 2006, 913, 914).

29 Das Gesetz legt den **Zeitpunkt der Belehrung** nicht ausdrücklich fest. Die Belehrung kann aber nur ihren Zweck erfüllen, wenn sie dem VN vor Fälligkeit oder im Falle der Lastschrift rechtzeitig vor dem Zeitpunkt vorliegt, in dem der VR den Erstbeitrag einzuziehen versucht (OLG Saarbrücken, VersR 2005, 215). Deshalb ist eine Belehrung im Vers-Schein verspätet, wenn der Schein erst nach diesem Zeitpunkt zugeht (OLG Saarbrücken, VersR 2005, 215). Umgekehrt darf die Belehrung auch nicht zu früh erfolgen, etwa im Antragsformular, so dass der VN sie im Fälligkeitszeitpunkt „vergessen" hat und nicht mehr berücksichtigt (Prölss/Martin/*Klimke*, § 52 Rn 22; MüKo/*Rixecker*, § 52 VVG Rn 12; VersR-Hdb/*Hermanns*, § 7 Rn 69). In der Regel erfolgt die Belehrung mit der Zahlungsaufforderung (Looschelders/Pohlmann/*Kammerer-Galahn*, § 52 Rn 13)

30 Da die Belehrung für die Vereinbarung des rückwirkenden Wegfalls der vorläufigen Deckung Voraussetzung ist, fehlt es an einer solchen Vereinbarung, wenn die Belehrung fehlt. Deshalb kann die Berufung auf die fehlende oder unzureichende Belehrung auch Jahre

nach Abschluss der vorläufigen Deckung nicht zur Verwirkung der Belehrung führen (a.A. OLG Nürnberg, VersR 2008, 70, 72). Die Leistungsfreiheit ggü. dem VN wegen Prämienzahlungsverzug schlägt nicht auf den mitversicherten Fahrer durch (OLG Naumburg, r+s 2005, 280, 282).

IV. Anderer Versicherer (§ 52 Abs. 2 VVG)

Mit § 52 Abs. 2 VVG wird klargestellt, dass die Regelung des § 52 Abs. 1 VVG über die Vertragsbeendigung auch dann gilt, wenn der VN mit einem **anderen** VR einen Hauptvertrag oder einen neuen VV über vorläufige Deckung geschlossen hat (Begr. BT-Drucks 16/3945, S. 75). Auch der weitere Vertrag mit einem anderen VR setzt Gleichartigkeit des Versicherungsschutzes voraus. Der andere VR muss die formellen und materiellen Voraussetzungen von § 52 Abs. 1 S. 2 VVG beachten, soll der Verzug mit der Prämienzahlung zur Vertragsbeendigung führen (Römer/Langheid/*Rixecker*, § 52 Rn 8). Wenn der VN einen solchen VV schließt, hat er dies dem bisherigen VR **unverzüglich** mitzuteilen (§ 52 Abs. 2 S. 2 VVG). Der VR hat ein schutzwürdiges Interesse, darüber unterrichtet zu werden, dass sein VN sich anderweitig Versicherungsschutz besorgt hat und daher das Vertragsverhältnis mit ihm beendet ist (Begr. BT-Drucks 16/3945, S. 75). Bei schuldhafter Verletzung dieser Pflicht kann nach den allg. Regeln des BGB ein Schadensersatzanspruch des VR (§ 280 Abs. 1 BGB) in Betracht kommen (Begr. BT-Drucks 16/3945, S. 75).

Die Unterrichtung des bisherigen VR ist – anders als nach dem Vorschlag der VVG-Reformkommission – keine Voraussetzung für die Beendigung der vorläufigen Deckung, da es sonst zu Mehrfachversicherungen (§§ 78, 79 VVG) kommen könnte (Römer/Langheid/*Rixecker*, § 52 Rn 8).

V. Widerruf/Widerspruch (§ 52 Abs. 3 VVG)

Mit einem Widerruf nach § 8 VVG oder einem Widerspruch nach § 5 Abs. 1 und 2 VVG wendet sich der VN kraft autonomer Meinungsbildung gegen den Hauptvertrag, wie ihn der VR vorschlägt (Begr. BT-Drucks 16/3945, S. 75). Da der Hauptvertrag offensichtlich gescheitert ist, soll dann auch der Vertrag über die vorläufige Deckung spätestens mit dem Wirksamwerden des Widerrufs oder des Widerspruchs enden (Begr. BT-Drucks 16/3945, S. 75). Eine zusätzliche Erklärung des VN über den Widerruf oder Widerspruch ist nicht erforderlich; auch eine Nachfrist – wie bei der Kündigung durch den VR nach § 52 Abs. 4 S. 2 VVG – ist hier entbehrlich, da der VN sich für das Scheitern des Hauptvertrags entscheidet und innerhalb der geltenden Widerrufs- oder Widerspruchsfrist für neue Deckung sorgen kann (Begr. BT-Drucks 16/3945, S. 75).

Erklärt der VN anstelle eines Widerrufs die **Rücknahme** seines Antrags auf Vertragsschluss, liegt eine vergleichbare Situation vor, die auch ohne ausdrückliche Regelung zu einer entsprechenden Anwendung des § 52 Abs. 3 VVG führt (Begr. BT-Drucks 16/3945, S. 75). Allerdings soll der VN (§ 52 Abs. 4 S. 2 VVG) vor einer überraschenden und übergangslosen Beendigung der vorläufigen Deckung geschützt werden. Deshalb wird die Kündigung des VR erst nach Ablauf von zwei Wochen nach Zugang wirksam. Daher ist eine Analogie abzulehnen, wenn der Abschluss des Hauptvertrages scheitert, weil der VN ein Angebot des VR **nicht rechtzeitig** annimmt (MüKo/*Rixecker*, § 52 VVG Rn 20; Prölss/Martin/*Klimke*, § 52 Rn 31). Das Gleiche gilt, wenn das Scheitern der Vertragsverhandlung auf eine Entscheidung des VR (Ablehnung des Versicherungsantrags) zurückgeht, denn diesen Zeitpunkt kann der VN nicht steuern (MüKo/*Rixecker*, § 52 VVG Rn 19; Prölss/Martin/*Klimke*, § 52 Rn 32; Looschelders/Pohlmann/*Kammerer-Galahn*, § 52 Rn 9). Nach dem Sinn und Zweck von § 52 Abs. 3 VVG geht es um Fälle, in denen der Hauptvertrag scheitert, weil sich der VN autonom gegen ihn entscheidet (Prölss/Martin/*Klimke*, § 52 Rn 30). Das ist regelmäßig dann der Fall, wenn der VN den Antrag des VR, der auch in einer verspäteten Annahme des Antrags des VN liegen kann, **ausdrücklich ablehnt** oder seinen eigenen Antrag vor Zugang nach § 130 BGB widerruft oder die Genehmigung nach § 177 BGB verweigert oder die Anfechtung des Hauptvertrages erklärt (Prölss/Martin/*Klimke*, § 52 Rn 30 m.w.N.).

VI. Kündigung (§ 52 Abs. 4 VVG)

35 Wird die vorläufige Deckung – wie häufig – auf **unbestimmte Zeit** gewährt, so hat nach § 52 Abs. 4 VVG jeder Vertragspartner das Recht, den Vertrag ohne Einhaltung einer Frist zu kündigen. Einer Begründung bedarf es nicht – das heißt auch der VR kann, anders als im alten Recht, unabhängig vom Zustandekommen des Hauptvertrages, kündigen (Prölss/Martin/*Klimke*, § 52 Rn 33). Die vorläufige Deckung endet also entweder wegen Kündigung oder, weil der endgültige Versicherungsvertrag **gescheitert** ist (so auch früher schon OLG Hamm, NJW-RR 1998, 27). Kündigt der VR, benötigt der VN kurzfristig anderweitig Versicherungsschutz. Um ihm die Möglichkeit zu geben, diesen Versicherungsschutz zu beschaffen, wird die Kündigung des VR erst zwei Wochen nach ihrem Zugang beim VN wirksam (Begr. BT-Drucks 16/3945, S. 75).

36 Ist der Vertrag über vorläufige Deckung ausnahmsweise **befristet**, endet die vorläufige Deckung automatisch mit Fristablauf, wenn die Vertragspartner nichts anderes vereinbart haben; dies ergibt sich aus allgemeinem Vertragsrecht und bedarf keiner gesetzlichen Regelung (Begr. BT-Drucks 16/3945, S. 75). Für solche Verträge über eine bestimmte Laufzeit sieht das VVG auch für den VN kein gesetzliches Kündigungsrecht vor, da hierfür mit Blick auf die Regelung in § 52 Abs. 1 VVG kein hinreichendes praktisches Bedürfnis besteht (Begr. BT-Drucks 16/3945, S. 75). Darüber hinaus sind Dauerschuldverhältnisse, zu denen eine unbefristete vorläufige Deckung gehört, ohne Einhaltung einer Kündigungsfrist jederzeit **aus wichtigem Grund** kündbar (§ 314 Abs. 1 BGB). Ein wichtiger Grund liegt vor, wenn dem kündigenden Teil unter Berücksichtigung aller Umstände des Einzelfalls und unter Abwägung der beiderseitigen Interessen die Fortsetzung des Vertragsverhältnisses bis zur vereinbarten Beendigung oder bis zum Ablauf einer Kündigungsfrist nicht zugemutet werden kann (§ 314 Abs. 1 BGB). Ob es für ein solches Kündigungsrecht aus wichtigem Grund neben den Spezialvorschriften zur vorvertraglichen Anzeigepflicht (§§ 19 ff. VVG) und zu der Verletzung von Obliegenheiten (§§ 28, 29 VVG) ein praktisches Bedürfnis gibt, wird sich erst im Zeitablauf zeigen (ähnlich Prölss/Martin/*Klimke*, § 52 Rn 33). In der Ablehnung, den Hauptvertrag zu schließen, liegt **keine konkludente Kündi-**

gung des VR (MüKo/*Rixecker*, § 52 VVG Rn 29; Prölss/Martin/*Klimke*, § 52 Rn 33). Ein genereller Wille des VR, mit Ablehnung des Hauptvertrages auch die vorläufige Deckung zu kündigen, kann nicht angenommen werden, da es vielfältige Gründe für den VR geben kann, an der vorläufigen Deckung festzuhalten, aber einen endgültigen Hauptvertrag (noch) nicht zu schließen – z.B. weil der VR davon ausgeht, dass VN den Hauptvertrag bei einem anderen VR schließen wird. Daran ändert sich nichts, auch wenn seit Ablehnung eine längere Frist verstrichen ist (offen gelassen von OLG Saarbrücken, BeckRS 2011, 08282).

C. Abdingbarkeit (§ 52 Abs. 5 VVG)

Von § 52 Abs. 1–4 VVG kann **nicht zum Nachteil des VN** abgewichen werden, weil die Vorschriften in erster Linie dem Schutz des VN dienen (Begr. BT-Drucks 16/3945, S. 75). Wie sich im Umkehrschluss aus § 52 Abs. 4 VVG ergibt, kann die vorläufige Deckung auf **bestimmte Zeit** eingegangen, also strikt befristet, werden (so auch früher OLG Hamburg, NVersZ 1999, 282). Befristungen dieser Art weichen nicht zum Nachteil des VN ab (Prölss/Martin/*Klimke*, § 52 Rn 35 m.w.N.). Die Vereinbarung einer rückwirkend außer Kraft tretenden vorläufigen Deckungszusage bei Nichtzahlung der Erstprämie des Hauptvertrages benachteiligt den VN, der mit der Prämienzahlung nicht im Verzug ist, und ist folglich unwirksam (wie hier Prölss/Martin/*Klimke*, § 52 Rn 38; **a.A.** Römer/Langheid/*Rixecker*, VVG § 52 Rn 13). 37

Abschnitt 6
Laufende Versicherung

Vorbemerkungen zu den §§ 53 bis 58 VVG

Übersicht

	Rdn
I. Begriff der laufenden Versicherung – Entwicklung	1
II. Grundgedanke der laufenden Versicherung	3
III. Kodifikation im VVG n.F.	4
IV. Praktische Bedeutung der Neuregelung	5

I. Begriff der laufenden Versicherung – Entwicklung

Die laufende Versicherung war bis zum 1.7.1990 in **§ 187 Abs. 2 VVG a.F.** zwar nicht geregelt, aber dem Kern nach definiert. Dort hieß es: „*Das Gleiche* [gemeint war die Aufhebung der Beschränkungen der Vertragsfreiheit im VVG] *gilt bei einer Schadensversicherung, die in der Weise genommen wird, dass die versicherten Interessen bei der Schließung des Vertrags nur der Gattung nach bezeichnet und erst nach ihrer Entstehung dem Versicherer einzeln aufgegeben werden (laufende Versicherung).*" Diese Regelung wurde 1990 ersatzlos gestrichen (Art. 2 Nr. 8 des zweiten Durchführungsgesetzes/EWG zum VAG 1 vom 28.6.1990 – BGBl I S. 1249). Dabei übersah der Gesetzgeber, dass die Bestimmung eine Legaldefinition der laufenden Versicherung enthielt und die Anmeldung der zu versichernden Einzelrisiken eine gesetzliche Rechtspflicht war (*Renger*, in: Bruck/Möller, vor §§ 53–58 Rn 3). Die VVG-Reformkommission hat die ersatzlose Streichung von § 187 Abs. 2 VVG 1908 als nicht sachgerecht bezeichnet (KomE S. 57) und Regelungen im Sinne der heute geltenden §§ 53–58 VVG vorgeschlagen (*Renger*, in: Bruck/Möller, vor §§ 53–58 Rn 7).

2   Im Kern geht es bei der laufenden Versicherung um die Versicherung künftig entstehender Interessen (*Renger*, in: Bruck/Möller, vor §§ 53–58 Rn 5). Die ältesten historischen Beispiele stammen aus der Seeversicherung (um 1350, vertiefend *Renger*, in: Bruck/Möller vor §§ 53–58 Rn 5). Der Gesetzgeber des VVG 1908 ging davon aus, dass die laufende Versicherung nur im Handelsverkehr von Bedeutung sei, so dass es genüge, sie von den Beschränkungen der Vertragsfreiheit zu befreien (*Renger*, in: Bruck/Möller, vor §§ 53–58 Rn 6). In den Motiven zum VVG (Nachdruck 1963, S. 247) heißt es *„soweit es sich lediglich um die Transport- und die Rückversicherung handelt, bedarf die Form der laufenden Versicherung einer näheren Regelung nicht. Es genügt, dass die Beteiligten freie Hand haben, die Versicherung so zu gestalten, wie es der Lage der Sache entspricht. Die laufende Versicherung ist indessen nicht ausschließlich für jene Versicherungszweige verwendbar, sie kann namentlich auch bei der Feuerversicherung, insb. bei der Versicherung von Waren, die in einem Lagerhaus aufbewahrt werden, Anwendung finden. Auch hier wird sie aber i.d.R. nur für größere Unternehmen sich verwerten lassen, deren Leiter der Geschäftserfahrung nicht entbehren. Hier kann es wiederum den Parteien überlassen werden, die Bestimmungen zu vereinbaren, welche der Eigenart der betreffenden Versicherungsverhältnisse entsprechen. Dem Entwurfe verbleibt daher nur die Aufgabe, für diese Verhältnisse gleichfalls die Schranken zu beseitigen, die er sonst der Vertragsfreiheit zieht. Demgemäß bestimmt der § 187 Abs. 2, dass die hierher gehörigen Vorschriften des Entwurfs bei jeder laufenden Versicherung außer Anwendung bleiben".*

II. Grundgedanke der laufenden Versicherung

3   Grundgedanke der laufenden Versicherung ist es, eine Police zur Verfügung zu stellen, die für eine Vielzahl von erst in der Zukunft entstehenden Risiken Versicherungsschutz verspricht, wenn der VN diese Risiken anmeldet (**Deklarationspflicht**). Auf der Grundlage der Anmeldungen wird die Prämie berechnet. Dies bedeutet, dass die laufende Versicherung kein Versicherungszweig, sondern eine **Versicherungstechnik** zur Bewältigung sich schnell verändernder Risikolagen beim VN (so auch VersR-Hdb/*Heiss*, § 38 Rn 183; Prölss/Martin/*Armbrüster*, vor § 53 Rn 1; *Wolf*, in: Staudinger/Halm/Wendt, vor § 53 Rn 2), etwa beim täglichen Wechsel zwischen verschiedenen Transportgütern wie Sand oder Kohle, Eisenerz, Steinen oder Buntmetallen ist. An die Stelle von täglich womöglich wechselnden Einzelpolicen tritt die laufende Versicherung. Es besteht automatisch Versicherungsschutz für alle im Rahmenvertrag bezeichneten Risiken. Der VN muss nicht vor Beginn des Risikos Versicherungsschutz beantragen und womöglich eine Deckungszusage des VR abwarten (*Ritter*, Das Recht der Seeversicherung, § 97; *Möhrle*, Laufende Versicherung,

S. 5 ff.; *v. Kottwitz*, Die laufende Versicherung, S. 1 ff.; *Ehrenzweig*, Versicherungsvertragsrecht, S. 35 ff.; *Große/Müller-Lutz/Schmidt*, Versicherungsenzyklopädie Bd. 5, S. 573 ff.; VersR-Hdb/*Heiss*, § 38 Rn 183 f.; BK/*Schauer*, Vor. § 49 bis 68a Rn 56). Infolgedessen handelt es sich nicht um eine Mehrfachversicherung, sondern um einen Rahmenvertrag, der wechselnde Risiken umfasst (RGZ 90, 5; Prölss/Martin/*Armbrüster*, vor § 53 Rn 2; zur Abgrenzung zwischen Erst- und Folgeprämie bei Generalpolicen der Transportversicherung: *Helberg*, VW 1950, 32).

III. Kodifikation im VVG n.F.

§ 187 Abs. 2 VVG a.F. wurde mit Wirkung 1.7.1990 aufgehoben. Das geltende Recht schließt die zwischenzeitlich bestehende Regelungslücke. Die Neuregelung geht allerdings **weit über das früher geltende Recht hinaus**. Die Beschränkungen auf Schadensversicherungen ist entfallen (weiterführend: *Renger*, in: Bruck/Möller, vor § 53–58 ab Rn 7). In sechs neuen Normen werden v.a. Pflichten des VN (Anmeldepflicht: § 53 VVG; Anzeigepflicht: § 56 VVG; Pflicht zur Anzeige von Gefahränderungen: § 57 VVG; Pflicht, Obliegenheiten einzuhalten: § 58 VVG) geregelt und mit Sanktionen – i.d.R. der Leistungsfreiheit des VR – verbunden. Die Gesetzesbegründung (BT-Drucks 16/3945, S. 50) weist darauf hin, dass die laufende Versicherung erhebliche Abweichungen von den Bestimmungen des Allgemeinen Teils erfordert, insb. wird das **Alles-oder-nichts-Prinzip** für die laufende Versicherung beibehalten. Auch deshalb weist die Gesetzesbegründung darauf hin, dass es *"dabei bleibt, dass alle Vorschriften für die laufende Versicherung dispositiv sind. Dies betrifft insb. die Rechtsfolgen bei einer Verletzung der Anmeldepflicht oder sonstiger Obliegenheiten."* (Begr. BT-Drucks 16/3945, S. 50). Dies bedeutet, dass die Vertragsparteien die eher strengen, am Leitbild des *"ordentlichen Kaufmanns"* (Begr. BT-Drucks 16/3945, S. 77 zu § 58) entwickelten Regelungen vertraglich verändern, z.B. dem neuen Quotensystem bei der Verletzung von Obliegenheiten (§ 28 VVG) anpassen können. Vereinbaren die Parteien keine entgegenstehenden Regelungen, so gelten allerdings die §§ 53–58 VVG.

IV. Praktische Bedeutung der Neuregelung

Die **Aufhebung des § 187 Abs. 2 VVG a.F.** mit Wirkung zum 1.7.1990 und die dadurch entstandene Lücke für die laufende Versicherung hatte bis zum 31.12.2007 **in der Praxis keinerlei Schwierigkeiten** bereitet.

In der VVG-Reformkommission wurde deshalb die Frage diskutiert, ob es nicht – so wie früher auch – genügen könne, die laufende Versicherung von den Beschränkungen der Vertragsfreiheit des VVG freizustellen (heute in § 210 VVG normiert). Zur Begründung wurde darauf verwiesen, dass die laufende Versicherung typischerweise von Gewerbetreibenden genommen werde, dass sie in großen Teilen der Transportversicherung ähnele und dass sie ansonsten einen Schwerpunkt im Recht der Seeversicherung habe. Die Kommentierung zu § 97 ADS (laufende Versicherung) von *Carl Ritter* (Ritter, Das Recht der Seeversicherung, § 97) zeige, dass es der schützenden und ordnenden Hand des Gesetzgebers nicht bedürfe.

7 Diese Auffassung hat sich in der VVG-Reformkommission nicht durchgesetzt, vielmehr hat die Mehrheit der Reformkommission dafür plädiert, eine Art **Leitbild der laufenden Versicherung** (erstmals) in ein deutsches VVG zu schreiben (kritisch *Langheid*, in: FS Wälder 2009, S. 32). Gleichzeitig weist die Gesetzesbegründung (BT-Drucks 16/3945, S. 50) darauf hin, dass „**alle Vorschriften für die laufende Versicherung dispositiv**" sind. Der Begriff der laufenden Versicherung selbst ist allerdings nicht dispositiv, weil die Parteien es „sonst in der Hand hätten, den Anwendungsbereich der zwingenden Vorschriften des VVG zu beschränken" (Looschelders/Pohlmann/*Looschelders/Gesing*, § 53 Rn 5; MüKo/*Reinhard*, vor § 53 VVG Rn 9; *Wolf*; in: Staudinger/Halm/Wendt, vor § 53 Rn 23).

8 Eine wichtige praktische Auswirkung hat die Neuregelung für die Parteien: Während man in der Vergangenheit von den die Vertragsfreiheit einschränkenden Regelungen des VVG – etwa den Regelungen zu vorvertraglichen Anzeigepflichten, zu den Gefahrerhöhungen oder zu anderen Obliegenheiten – freigestellt war und folglich keinerlei Regelungen insoweit brauchte, muss man nun **bedenken**, dass es die **dispositiven Regeln der §§ 53–58** VVG gibt. Die Normen dienen dort zur Ausfüllung von Lücken im Versicherungsvertrag und dienen als **gesetzliches Leitbild im Rahmen der Inhaltskontrolle** (§ 307 Abs. 2 Nr. 1 BGB; dazu BGHZ 120, 290, 295). Zugleich wollte der Gesetzgeber sicherstellen, dass das durch die Reform geänderte allgemeine gesetzliche Leitbild des VVG sich nicht auf die laufende Versicherung auswirkt (RegE S. 50). Daraus folgt auch, dass die Legaldefinition der laufenden Versicherung in § 53 VVG ihrerseits nicht zur Disposition steht (MüKo/ *Reinhard*, vor § 53 VVG Rn 9). Auf die See- und Rückversicherung finden die §§ 53–58 VVG keine Anwendung (§ 209 VVG). Die Beschränkungen der Vertragsfreiheit, die das VVG enthält, sind auf laufende Versicherungen nicht anzuwenden (§ 210 Abs. 1 VVG).

9 **Praxishinweis**
Die Parteien sollten in den von ihnen verwendeten Allgemeinen Versicherungsbedingungen für die laufende Versicherung klarstellen, dass die Regelungen im Bedingungswerk abschließender Natur sind und sie sollten ergänzend hinzufügen, dass bestimmte Regelungen des VVG – aller Wahrscheinlichkeit nach der Anzeigepflicht (§ 56 VVG), die Pflicht zur Anzeige von Gefahränderungen (§ 57 VVG) und die Pflicht, Obliegenheiten einzuhalten (§ 58 VVG) nicht anwendbar sein sollen. Das Gleiche gilt für die Beratungspflicht (§ 6 VVG), für die Pflicht zur Information des VN (§ 7 VVG), für das Widerrufsrecht des VN (§ 8 VVG) und für die Beratung und Information durch Versicherungsvermittler (§§ 59 ff. VVG – hierzu krit. *Flach*, RTranspR 2008, 56, 62 f.; ebenso Rüffer/Halbach/Schimikowski/*Harms*, § 53 ab Rn 9; Römer/Langheid/*Rixecker*, § 53 Rn 1).

10 Die Montage-, Transport-, Bauleistungs- und Kreditversicherung ist häufig als laufende Versicherung gestaltet. Die ED-Versicherung gibt Schutz für künftig hinzukommende Geldautomaten. In der Filmversicherung gibt es die laufende Versicherung in Form von Completion/Revenue-Bonds (*Langheid*, in: FS Wälder 2009, S. 23). Laufende Versicherungen gibt es auch im Rahmen von Industriebauten (künftig hinzukommende Glasscheiben), in der Güter- und Gütertransportversicherung (BGH, VersR 1967, 151; BGH, VersR 1986, 1202; OLG Köln, OLGR 2000, 147). Die Haftpflichtversicherung kennt die laufende Versicherung etwa nach § 7a GüKG 1989 (früher § 27 GüKG; *Bischoff*, VersR 1952, 217; vertiefend

OLG München, VersR 1982, 257 gegen OLG Frankfurt a.M., VersR 1978, 535; ferner *Schönwerth*, VersR 1978, 536. Auch die Juwelierwarenversicherung (etwa für Transporte per Post, Bahn oder Schiff) wird als laufende Versicherung geschlossen (vertiefend *Martin*, Montageversicherung, Einl. I, Anm. 4.3). Auch die Speditionsversicherung ist laufende Versicherung (BGH, VersR 1975, 419; weitere Hinweise bei Prölss/Martin/*Armbrüster*, vor § 53 Rn 5). Wird der Inbegriff von Sachen, wie in der Hausratversicherung, an einem bestimmten Ort versichert, so liegt darin keine laufende Versicherung, auch wenn Gegenstände des Hausrates gelegentlich ausgesondert und andere neu hinzugefügt werden (*Langheid*, in: FS Wälder 2009, S. 29; Prölss/Martin/*Armbrüster*, vor § 53 Rn 6 m.w.N.). Die Betriebshaftpflichtversicherung, bei der das Haftpflichtinteresse schon mit Vertragsschluss bestimmt ist, stellt keine laufende Versicherung dar (BGH, VersR 1967, 771; Prölss/Martin/ *Armbrüster*, vor § 53 Rn 6).

§ 53 VVG Anmeldepflicht

Wird ein Vertrag in der Weise geschlossen, dass das versicherte Interesse bei Vertragsschluss nur der Gattung nach bezeichnet und erst nach seiner Entstehung dem Versicherer einzeln aufgegeben wird (laufende Versicherung), ist der Versicherungsnehmer verpflichtet, entweder die versicherten Risiken einzeln oder, wenn der Versicherer darauf verzichtet hat, die vereinbarte Prämiengrundlage unverzüglich anzumelden oder, wenn dies vereinbart ist, jeweils Deckungszusage zu beantragen.

Übersicht

	Rdn
A. Normzweck	1
B. Norminhalt	2
I. Legaldefinition – Formen – Anwendungsbereiche	2
II. Versichertes Interesse – Gattung	4
III. Anmeldung der Einzelrisiken	5
C. Rechtsfolgen	8
D. Abdingbarkeit	9

A. Normzweck

Zweck der Norm ist es, eine Lücke zu schließen, die durch Änderung des VVG durch das zweite Durchführungsgesetz/EWG zum VAG vom 28.6.1990 (BGBl I, S. 1249) entstanden ist. Bis zum 1.7.1990 gab es in § 187 Abs. 2 VVG a.F. zumindest die Beschreibung der **laufenden Versicherung**. Danach war die laufende Versicherung eine *„Schadensversicherung, die in der Weise genommen wird, dass die versicherten Interessen bei der Schließung des Vertrages nur der Gattung nach bezeichnet und erst nach ihrer Entstehung dem Versicherer einzeln aufgegeben werden."* An diesen Wortlaut knüpft § 53 VVG unmittelbar an und ergänzt ihn um einige Pflichten des VN.

1

B. Norminhalt

I. Legaldefinition – Formen – Anwendungsbereiche

2 Die Vorschrift enthält eine Legaldefinition der laufenden Versicherung; sie entspricht der Definition, wie sie in § 187 VVG vor dessen Neufassung zum 1.7.1990 enthalten war (Begr. BT-Drucks 16/3945, S. 75). Sowohl für bereits bestehende, hauptsächlich aber für künftige Risiken gewähren laufende Versicherungen Versicherungsschutz in Form von General- oder Pauschalpolicen und Umsatz-, Summen- oder Abschreibepolicen (MAH-VersR/*Terbille*, § 2 Rn 192; Rüffer/Halbach/Schimikowski/*Harms*, § 53 Rn 4; vertiefend: *Ritter*, Das Recht der Seeversicherung, § 97 Anm. 5) für eine bestimmte Versicherungszeit (Begr. BT-Drucks 16/3945, S. 75). Laufende Versicherungen werden in der Feuer-, in der Montage- und Bauleistungs-, in der Filmnegativ-, in der Haftpflicht-, v.a. aber in der Binnentransportversicherung abgeschlossen (Prölss/Martin/*Armbrüster*, vor § 53 Rn 5). Die laufende Versicherung entsteht als Rahmenvertrag, bei dem das versicherte Interesse bei Vertragsschluss nur der Gattung nach bezeichnet wird. Erst nach der Entstehung dieses Rahmenvertrages können Einzelrisiken dem Versicherer aufgegeben oder angemeldet werden – der Versicherungsnehmer kann auch, wenn dies vereinbart ist, jeweils eine Deckungszusage beantragen (§ 53 VVG – vertiefend: MüKo/*Reinhard*, § 53 VVG Rn 11 ff.; Prölss/Martin/*Armbrüster*, § 53 Rn 12; Römer/Langheid/*Rixecker*, § 53 Rn 2). Der VR übernimmt von Beginn an Deckung, für die der Gattung nach beschriebenen Risiken, d.h., er garantiert Versicherungsschutz auch in den Fällen, in denen zusätzlich eine konkrete Deckungszusage erwartet wird. In diesen Fällen hat der VN regelmäßig einen Anspruch auf die Erteilung der Deckungszusage, jedenfalls wenn das Einzelrisiko der generell übernommenen Gefahr entspricht (Römer/Langheid/*Rixecker*, § 53 Rn 4; Prölss/Martin/*Armbrüster*, § 53 Rn 12; differenzierend MüKo/*Reinhard*, § 53 VVG Rn 10–12).

3 Bei **Generalpolicen** wird regelmäßig **keine VersSumme**, wohl aber ein Maximum (Höchstsumme), vereinbart. Bei **Abschreibepolicen** (dazu *Ritter*, Das Recht der Seeversicherung, § 98 Anm. 1–4) werden die jeweils ausgenutzten Beträge von einer VersSumme abgeschrieben, d.h. die VersSumme vermindert sich dadurch. Bei einer **Pauschalpolice** ist der VN im Rahmen einer von ihm bestimmten VersSumme für alle Transporte in einem bestimmten Zeitraum und einem bestimmten örtlichen Gebiet versichert.

II. Versichertes Interesse – Gattung

4 Das versicherte Interesse wird bei Vertragsschluss nur der Gattung nach bezeichnet und erst nach seiner Entstehung dem Versicherer einzeln aufgegeben. Versichertes Interesse (Begriff: § 80 VVG) kann jedes versicherbare Interesse sein, das auch zum Gegenstand einer Einzelversicherung gemacht werden kann (MüKo/*Reinhard*, § 53 VVG Rn 6). Die **Gattung** bezeichnet alle versicherten Interessen, also versicherbare Risiken im Sinne des § 1 VVG, die die Parteien in Abgrenzung zu anderen Interessen/Risiken als Gattung bezeichnen. Ist das Einzelrisiko bereits konkret entstanden und beschrieben, kann es zum Gegenstand eines Einzelversicherungsvertrages, aber nicht zu einer laufenden Versicherung

gemacht werden (MüKo/*Reinhard*, § 53 VVG Rn 7). *Reinhard* verweist auf eine Kreditversicherung, in der alle versicherten Risiken und Kunden einzeln bezeichnet sind, bei der also das versicherte Interesse bereits bei Vertragsschluss konkret feststeht (MüKo/*Reinhard*, § 53 VVG Rn 7 unter Hinweis auf *von Kottwitz*, Die laufende Versicherung, S. 165). Im Gegensatz dazu steht die Kreditversicherung mit **Pauschaldeckung**, ohne individuelle Benennung des Kunden (MüKo/*Reinhard*, § 53 VVG Rn 7). Das versicherte Interesse wird erst nach seiner Entstehung dem Versicherer einzeln aufgegeben. Der Begriff **Entstehung** ist untechnisch gemeint – erfasst werden auch Interessen, die bei Vertragsschluss bereits entstanden waren (BT-Drucks 16/3945 S. 75; MüKo/*Reinhard*, § 53 VVG Rn 8 unter Hinweis auf *von Kottwitz*, Die laufende Versicherung, S. 16 ff.). Deshalb kann eine laufende Versicherung auch eine **Rückwärtsversicherung** (§ 2 VVG) umfassen. Ein praktisches Bedürfnis hierfür besteht insbesondere beim VR-Wechsel (MüKo/*Reinhard*, § 53 VVG Rn 9; BGH, VersR 1987, 68 zur Kreditversicherung).

III. Anmeldung der Einzelrisiken

§ 53 VVG begründet die **Rechtspflicht** zur Anmeldung der Einzelrisiken, für die unter einer laufenden Versicherung Versicherungsschutz gewährt werden soll (Begr. BT-Drucks 16/3945, S. 75). Darin liegt kein Risikoausschluss (BGH, VersR 2001, 368; Römer/Langheid/*Rixecker*, § 53 Rn 4). Die Konkretisierung des versicherten Interesses erfolgt mit der Anmeldung (Begr. BT-Drucks 16/3945, S. 75). Die Anmeldung ist keine Willenserklärung, sondern Tatsachenerklärung, Erfüllungshandlung und Leistung des VN (Begr. BT-Drucks 16/3945, S. 75 f.). Je nach Versicherungszweig sowie nach Art und Kategorie der versicherten Risiken kann die Anmeldepflicht aber unterschiedlich gestaltet sein und etwa bei der Kreditversicherung auch den Fall einschließen, dass über die Bestätigung der Anmeldung hinaus für die Begründung des Versicherungsschutzes die Deckungszusage im Einzelfall vertraglich ausbedungen ist (Begr. BT-Drucks 16/3945, S. 76).

Bei der **Generalpolice** werden die Einzelsendungen in einem Beibuch (**Policenjournal**) eingetragen und dem VR in bestimmten Zeitabständen mitgeteilt (**Deklarationspflicht**). Zugunsten des VR wird häufig das Recht zur Bucheinsicht (Kontrolle der Anmeldungen) vereinbart (dazu KGJR 1931, 226; Prölss/Martin/*Armbrüster*, § 53 Rn 6 unter Hinweis auf *von Kottwitz*, Die laufende Versicherung, S. 76 ff.) Die Prämie wird i.d.R. nachträglich (oft monatlich) auf der Grundlage der Gesamtsumme der Deklarationen berechnet. In Abhängigkeit vom tatsächlichen Wert der versicherten Sachen kann eine Über- oder auch Unterversicherung vorliegen (MüKo/*Reinhard*, § 53 VVG Rn 20; Prölss/Martin/*Armbrüster*, § 53 Rn 6). Bei **Abschreibepolicen** wird die Prämie nach der vereinbarten VersSumme im Voraus berechnet. Das Gleiche gilt für **Pauschalpolicen**. Bei der DTV-Generalpolice für den Gütertransport mit Kfz Form II (Musterbedingungen des Gesamtverbands der Deutschen Versicherungswirtschaft, unter www.gdv.de) ist der VN von der Anmeldung einzelner Transporte befreit. Er zeichnet die Transporte auf und gibt die Gesamtsummen in bestimmten vereinbarten Abständen zur Prämienberechnung an (so auch DTV-Umsatzpolice für Gütertransport zu Lande, § 6B Nr. 4 SVS; Schiedsgericht, VRS 1952, 474). Bei diesen Policen wird nicht das einzelne Risiko, sondern nur die Gesamtsumme aller Risiken dem VR aufgegeben. Diese **Risikobündelung** ändert nichts am Charakter der Police als laufende Versicherung, d.h. die §§ 53–58 VVG sind auch auf diese Vertragsformen anwendbar (ausführlich: VersR-Hdb/*Heiss*, § 38 Rn 184; *Möhrle*, Laufende Versicherung, S. 12 ff.).

7   Bei der **Abschreibepolice** werden die jeweils ausgenutzten Beträge von der Versicherungssumme abgeschrieben – gebräuchlich bei der Lieferung von Gütern gleicher Art und Güte, die in verschiedenen Etappen transportiert werden (Looschelders/Pohlmann/*Looschelders/ Gesing*, § 53 Rn 24). Bei der **Pauschalpolice** ist der VN bis zur Höhe einer von ihm gewählten Versicherungssumme für alle Transporte gedeckt, die an einem und demselben Tage innerhalb des vereinbarten Bezirks stattfinden (§ 1 Nr. 6c AERB 2008; Prölss/Martin/ *Armbrüster*, § 53 Rn 8). Bei der **Summenpolice** muss der VN die einzelnen Risiken nicht anmelden, sondern nur aufzeichnen; die Gesamtsummen sind periodisch zur Prämienberechnung aufzugeben (OLG Hamburg, VersR 1953, 144; Schiedsgericht VRS 1952, 474; Prölss/Martin/*Armbrüster*, § 53 Rn 9 m.w.N.). **Stichtagsklauseln** werden vor allem bei Sachinbegriffen mit häufig wechselndem Bestand (etwa Warenlager) benutzt (Prölss/Martin/*Armbrüster*, § 53 Rn 10 m.w.N.; gegenlaufende Versicherung MüKo/*Reinhard*, § 53 VVG Rn 25). Der VN meldet typischerweise monatlich den Wert der versicherten Sachen zum Stichtag. Der Stichtagswert bezeichnet die Höchstversicherungssumme (Klausel 1705 Nr. 1). Stichtagsmeldungen, die nach Eintritt des Versicherungsfalles aber noch innerhalb der Meldefrist erfolgen, sind wirksam (BGH, VersR 1991, 921, 923; *Johannsen*, ZVersWiss 2000, 159 f.; BK/*Schauer*, § 56 Rn 21; kritisch *Wälder*, r+s 1998, 30; *Risthaus*, S. 212; Prölss/Martin/*Armbrüster*, § 53 Rn 10).

C. Rechtsfolgen

8   Die Rechtsfolgen bei der Verletzung der in § 53 VVG formulierten Anmeldepflichten ergeben sich aus § 54 VVG. Ist vertraglich – etwa bei der Kreditversicherung – vereinbart, dass für die Begründung des Versicherungsschutzes die Deckungszusage im Einzelfall erforderlich ist, so entsteht Versicherungsschutz erst mit Deckungszusage. Die Deckungszusage ist zugangsbedürftige Willenserklärung (§ 130 BGB), je nach Verkehrssitte innerhalb der beteiligten Branchen kann der VV auch zustande kommen, ohne dass die Annahme dem Antragenden ggü. erklärt zu werden braucht (§ 151 BGB).

D. Abdingbarkeit

9   Die Vorschrift ist **dispositiv**; Die in § 53 VVG enthaltene Legaldefinition der laufenden Versicherung steht ihrerseits nicht zur Disposition (MüKo/*Reinhard*, vor § 53 VVG Rn 9).

---

§ 54 VVG   **Verletzung der Anmeldepflicht**

(1) Hat der Versicherungsnehmer die Anmeldung eines versicherten Risikos oder der vereinbarten Prämiengrundlage oder die Beantragung der Deckungszusage unterlassen oder fehlerhaft vorgenommen, ist der Versicherer nicht zur Leistung verpflich-

tet. Dies gilt nicht, wenn der Versicherungsnehmer die Anmelde- oder Antragspflicht weder vorsätzlich noch grob fahrlässig verletzt hat und die Anmeldung oder den Antrag unverzüglich nach Kenntniserlangung von dem Fehler nachholt oder berichtigt.

(2) Verletzt der Versicherungsnehmer die Anmelde- oder Antragspflicht vorsätzlich, kann der Versicherer den Vertrag fristlos kündigen. Die Versicherung von Einzelrisiken, für die der Versicherungsschutz begonnen hat, bleibt, wenn anderes nicht vereinbart ist, über das Ende der laufenden Versicherung hinaus bis zu dem Zeitpunkt bestehen, zu dem die vereinbarte Dauer der Versicherung dieser Einzelrisiken endet. Der Versicherer kann ferner die Prämie verlangen, die bis zum Wirksamwerden der Kündigung zu zahlen gewesen wäre, wenn der Versicherungsnehmer die Anmeldepflicht erfüllt hätte.

Übersicht

	Rdn
A. Normzweck	1
B. Norminhalt	2
I. Leistungsfreiheit (§ 54 Abs. 1 S. 1 VVG)	2
II. Versehensklausel (§ 54 Abs. 1 S. 2 VVG)	4
III. Fristlose Kündigung (§ 54 Abs. 2 S. 1 VVG)	6
IV. Prinzip der Auslaufhaftung (§ 54 Abs. 2 S. 2 und 3 VVG)	7
C. Abdingbarkeit	8

A. Normzweck

Die Vorschrift bestimmt die Rechtsfolgen der Verletzung der Anmeldepflicht. Grundsätzlich ist der Versicherer von der Verpflichtung zur Leistung frei (§ 54 Abs. 1 VVG). Bei Vorsatz kann er den Vertrag fristlos kündigen (§ 54 Abs. 2 VVG). Für Einzelrisiken, deren Versicherungsschutz schon begonnen hat, bleibt die laufende Versicherung bestehen. Der Versicherer kann die Prämie, bis zum Zeitpunkt des Wirksamwerdens der Kündigung, verlangen (§ 54 Abs. 2 VVG). Die harte Sanktion der Leistungsfreiheit, unter Beibehaltung des „Alles-oder-nichts-Prinzips" unterstreicht die besondere Bedeutung der Anmeldepflicht, die der Versicherer entweder gar nicht oder nur mit erheblichem Aufwand (Bucheinsicht) überprüfen kann (MüKo/*Reinhard*, § 54 VVG Rn 2). Würde man demggü. die nachträgliche Anmeldung generell zulassen, läge darin der Anreiz, dem Versicherer nur solche Risiken anzumelden, bei denen der Versicherungsfall eingetreten ist (Problem des moral hazard).

B. Norminhalt

I. Leistungsfreiheit (§ 54 Abs. 1 S. 1 VVG)

Unterlässt der VN die für die Konkretisierung des versicherten Risikos erforderliche Anmeldung, fehlt die für die Gewährung von Versicherungsschutz notwendige Bestimmtheit des versicherten Interesses (Begr. BT-Drucks 16/3945, S. 76). In diesem Fall ist der VR nicht zur Leistung verpflichtet. Die Leistungsfreiheit knüpft an ein Verhalten des VN an, d.h. § 54 Abs. 1 S. 1 VVG formuliert keinen Risikoausschluss (BGH, VersR 2001, 368), sondern eine Obliegenheit des VN (OLG Koblenz, VersR 1992, 571; Rüffer/Halbach/Schimikowski/*Harms*, § 53 Rn 13), d.h. der VR kann die Anmeldung nicht im Wege der Klage durchsetzen. Die Norm ist dispositiv (Begr. BT-Drucks 16/3945, S. 50 Ziff. 6). Die Parteien können die Deklarationspflicht vertraglich als echte Rechtspflicht ausgestalten (RG H 12, 238; HG Hamburg, HGZ 1864.316 für die Seeversicherung). Bei einer laufenden Versicherung mit Generalpolice handelt es sich bei der Deklaration, die nach Durchführung des Transports vorzunehmen ist, nicht um einen Risikoausschluss (BGH, NVersZ 2001, 189; **a.A.** OLGR Köln 2000, 147). Der VR kann – auch konkludent – auf die Deklaration verzichten (RG 68.400, HG Hamburg, HGZ 1874, 40; vertiefend *Ritter*, Das Recht der Seeversicherung, § 97 Anm. 62).

3 Die Erwähnung der Prämiengrundlage berücksichtigt Besonderheiten der **Umsatzpolice**, die insb. bei der Warenkreditversicherung eine besonders weitgehende Form eines Versicherungsscheins für laufende Versicherungen darstellt (Begr. BT-Drucks 16/3945, S. 76). Ist vereinbart, dass jeweils Deckungszusagen zu beantragen sind, gilt auch bei Verletzung dieser Pflicht diese Sanktionsregelung (Begr. BT-Drucks 16/3945, S. 76).

II. Versehensklausel (§ 54 Abs. 1 S. 2 VVG)

4 Eine schuldlos oder einfach fahrlässig unterlassene oder fehlerhafte Anmeldung soll folgenlos bleiben, wenn sie vom VN unverzüglich nachgeholt oder berichtigt wird, nachdem er von seiner Pflichtverletzung Kenntnis erlangt hat (Begr. BT-Drucks 16/3945, S. 76). Fehlt der Antrag auf Gewährung einer Deckungszusage, besteht die Leistungspflicht des VR in diesem Fall „*erst nach Erteilung der Deckung*" (Begr. BT-Drucks 16/3945, S. 76). *Reinhard* verweist zu Recht darauf, dass ein VN, der die Deckungszusage nicht beantragt hat, keinen Versicherungsschutz genießen kann – ihm gegenüber ist der VR nicht nach § 54 Abs. 1 VVG, sondern in Ermangelung der Beantragung einer Deckungszusage nicht zur Leistung verpflichtet (MüKo/*Reinhard*, § 54 VVG Rn 7 unter Hinweis auf seine ausführlichen Überlegungen in § 53 Rn 13 ff.). § 54 Abs. 1 VVG klärt aber, dass ein VN, der im Rahmen der laufenden Versicherung „eigentlich" verpflichtet gewesen wäre die Deckungszusage zeitlich früher zu beantragen, dies nunmehr nach Kenntniserlangung unverzüglich nachholen darf. Eine praktische Rolle kann dies in der Kreditversicherung spielen, wo der Versicherungsnehmer die Einzelrisiken nicht lediglich anmelden kann, sondern jeweils gesondert eine Deckungszusage zu beantragen hat (MüKo/*Reinhard*, § 54 VVG Rn 6). Für diese Fälle gibt § 54 Abs. 1 VVG dem VN Rechtssicherheit; er kann die versäumte Beantragung der Deckungszusage unverzüglich nachholen und auf diese Weise (nachträglich) Deckung erlangen. Der Versicherer kann den Antrag auf Deckungszusage nicht unter Hinweis auf die Fristversäumung zurückweisen. Entspricht der Antrag auf die Deckungszusage den Gattungsmerkmalen der laufenden Versicherung, hat der Versicherer die Rechtspflicht Deckung nunmehr zu gewähren.

Für die Frage, ob die Anmeldung unterlassen oder fehlerhaft war, kommt es auf die vertraglichen Vereinbarungen an (MüKo/*Reinhard*, § 54 VVG Rn 10). Unterlassen liegt vor, wenn die Anmeldung nicht fristgerecht erfolgte; sie ist fehlerhaft, wenn sie inhaltlich nicht diejenigen Angaben enthält, die nach dem Versicherungsvertrag geschuldet sind (MüKo/*Reinhard*, § 54 VVG Rn 10, der als Beispiel auf die Anmeldung vertragsfremder Interessen, die nicht versichert sind, hinweist).

Die Verletzung der Deklarationspflicht knüpft konzeptionell an die DTV-laufende Versicherung. Dort tritt die Leistungsfreiheit nicht ein, wenn der VN mit der Sorgfalt eines ordentlichen Kaufmanns gehandelt hat und die Deklaration unverzüglich nach Entdeckung des Fehlers nachholt (Punkt 3.1.3 DTV-Güter 2000/2008 Bestimmungen für laufende Versicherung; ebenso Loschelders/Pohlmann/*Looschelders/Gesing*, § 54 Rn 6). Einer Kündigung des VV durch den VR bedarf es wie in der DTV-laufenden Versicherung nicht. Die Regelungen sind dispositiv – sie können zulasten des VN verschärft werden (Leistungsfreiheit bereits bei leicht fahrlässiger Verletzung der Deklarationspflicht); sie können aber auch zugunsten des VN abgemildert werden (etwa i.S.d. Relevanzrechtsprechung des BGH, VersR 1998, 447). Kausalität ist für die Leistungsfreiheit des VR weder bei vorsätzlicher, noch bei grob fahrlässiger Verletzung erforderlich (MüKo/*Reinhard*, § 54 VVG Rn 12). Beantragt der VN nachträglich die Gewährung einer Deckungszusage, begründet dies die Leistungspflicht des VR nach § 54 Abs. 1 S. 2 VVG „erst nach Erteilung der Deckung" (BT-Drucks 16/3945 S. 76; kritisch hierzu MüKo/*Reinhard*, § 54 VVG Rn 14, der meint, die Regelung sei sinnlos, dabei aber verkennt, dass der VN den Antrag zwar stellen kann, aber nicht stellen muss).

III. Fristlose Kündigung (§ 54 Abs. 2 S. 1 VVG)

Bei vorsätzlicher Verletzung der Anmelde- oder Antragspflicht, kann (nicht muss!) der VR den VV fristlos kündigen (§ 54 Abs. 2 S. 1; vertiefend *Ritter*, Das Recht der Seeversicherung, § 97 Anm. 87 m.w.N.). Das entspricht Punkt 3.1.4 Satz 2 DTV-Güter 2000/2008 Bestimmungen für laufende Versicherung. Die Tatsache, dass der VR zwar kündigen kann, aber nicht muss, trägt dem Umstand Rechnung, dass in einer laufenden Versicherung Einzelrisiken mit jeweils unterschiedlichen VersSummen und -Limiten versichert sind und die Verletzung einer für ein Einzelrisiko geltenden Obliegenheit nicht notwendigerweise die übrigen Einzelrisiken oder den Mantelvertrag berühren muss (Begr. BT-Drucks 16/3945, S. 77 zur gleichartigen Frage bei § 58 Abs. 1 VVG). Der VR kann nur innerhalb einer angemessenen Frist kündigen, nachdem er von dem Kündigungsgrund Kenntnis erlangt hat (§ 314 Abs. 3 BGB). Die Berechtigung, Schadensersatz zu verlangen, wird durch die Kündigung nicht ausgeschlossen (§ 314 Abs. 4 BGB; RG HGZ 1892.247; HG OG Hamburg, HGZ 1868.320, 324).

IV. Prinzip der Auslaufhaftung (§ 54 Abs. 2 S. 2 und 3 VVG)

§ 54 Abs. 2 S. 2 und 3 VVG regeln das Prinzip der **Auslaufhaftung**, das in der Warentransportversicherung gängige und notwendige Versicherungspraxis ist, aber in der Kreditversicherung bei Überschreitung des äußersten Kreditziels häufig vertragliche Einschränkungen erfährt (Begr. BT-Drucks 16/3945, S. 76). Der VR kann die Prämie für Einzelrisiken verlangen, für die der Versicherungsschutz begonnen hat und trotz fristloser Kündigung bestehen bleibt. Der VR kann ferner die Prämie verlangen, die bis zum Wirksamwerden der Kündigung zu zahlen gewesen wäre, hätte der VN seine Anmeldepflicht erfüllt. Damit wird dem Äquivalenzprinzip zwischen Prämie und Deckungsschutz Rechnung getragen, das heißt, der VR bekommt Prämie für den Zeitraum, in dem er Deckungsschutz gewährt hat, jedoch keine Prämie, wenn und soweit er kein Risiko trägt (hierzu kritisch, aber nicht überzeugend: MüKo/*Reinhard*, § 54 VVG Rn 17).

C. Abdingbarkeit

8 Die Vorschrift ist **dispositiv** (BT-Drucks 16/3945 S. 50).

---

§ 55 VVG Einzelpolice

(1) Ist bei einer laufenden Versicherung ein Versicherungsschein für ein einzelnes Risiko (Einzelpolice) oder ein Versicherungszertifikat ausgestellt worden, ist der Versicherer nur gegen Vorlage der Urkunde zur Leistung verpflichtet. Durch die Leistung an den Inhaber der Urkunde wird er befreit.

(2) Ist die Urkunde abhandengekommen oder vernichtet, ist der Versicherer zur Leistung erst verpflichtet, wenn die Urkunde für kraftlos erklärt oder Sicherheit geleistet ist; eine Sicherheitsleistung durch Bürgen ist ausgeschlossen. Dies gilt auch für die Verpflichtung des Versicherers zur Ausstellung einer Ersatzurkunde.

(3) Der Inhalt der Einzelpolice oder eines Versicherungszertifikats gilt abweichend von § 5 als vom Versicherungsnehmer genehmigt, wenn dieser nicht unverzüglich nach der Übermittlung widerspricht. Das Recht des Versicherungsnehmers, die Genehmigung wegen Irrtums anzufechten, bleibt unberührt.

Übersicht

	Rdn
A. Normzweck	1
B. Norminhalt	3
I. Einzelpolice	3
II. Kraftloserklärung	6
III. Genehmigungsfiktion	9
C. Prozessuales	15
D. Abdingbarkeit	16

A. Normzweck

1 Der Versicherungsschein (Generalpolice) enthält in der laufenden Versicherung keine Angaben über die versicherten Einzelrisiken, sondern nur über das versicherte Interesse als Gattung. In dieser Form erfüllt der Versicherungsschein die typische Beweis-, Informati-

ons- und Legitimationsfunktion, die ihm sonst (§§ 3, 4 VVG) zukommt nicht (BT-Drucks 16/3945 S. 57). D.h. der Versicherungsschein in der laufenden Versicherung ist kein Verkehrsdokument – der von der Versicherung Begünstigte verfügt über kein Dokument, mit dessen Hilfe er die Versicherungsleistung an sich verlangen kann. Um der Praxis zu helfen, sehen die AVB regelmäßig vor, dass der VR dem VN auf dessen Verlangen eine Einzelpolice oder ein Versicherungszertifikat über das jeweils versicherte Einzelrisiko auszuhändigen hat (Ziff. 6.2 DTV-Güter 2000/2008; Looschelders/Pohlmann/*Looschelders/Gesing*, § 55 Rn 1). § 55 Abs. 1 VVG stellt klar, dass der Versicherer nur gegen Vorlage dieser Urkunde zur Leistung verpflichtet ist (Legitimationswirkung). Zugleich wird er durch die Leistung an den Inhaber der Urkunde befreit. Sonderregelungen für den Fall des Abhandenkommens enthält § 55 Abs. 2 VVG und Abweichungen zur Billigungsklausel (§ 5 VVG) regelt § 55 Abs. 3 VVG. Die praktische Notwendigkeit für das Ausstellen von Einzelpolicen wird besonders deutlich in der Warentransportversicherung, in der Risiken von Haus zu Haus auch für fremde Rechnung (durchstehende Risiken) versichert werden (BT-Drucks 16/3945 S. 76).

> **Beispiel (HGZ 1911.239)**
> „Waren aller Art. ... in Dampf-, Segel-, Fluss- und Schleppschiffen von ... und nach europäischen und außereuropäischen Häfen und Plätzen in durchstehendem Risiko von Haus zu Haus, ohne Rücksicht auf eventuelle Um- oder Überladungen." Werden in einem solchen Fall die Güter (Korkabfälle) von Algier nach Antwerpen verschifft, um von hier aus nach Ludwigshafen weiterbefördert zu werden, so sind sie auch in durchstehendem Risiko, insb. während ihres Umschlags in Antwerpen, versichert (*Ritter*, Das Recht der Seeversicherung, § 97 Anm. 18).

In einem Fall wie diesem hat der VR dem VN auf Verlangen über die einzelne Aufgabe eine Einzelpolice auszuhändigen, die als Versicherungsschein i.S.d. Gesetzes gilt – gemeint ist § 3 VVG – und wie jeder Versicherungsschein an Order gestellt werden kann (BT-Drucks 16/3945, S. 76). Hiervon wird insb. dann Gebrauch gemacht, wenn es sich im Einzelfall um eine Versicherung für fremde Rechnung handelt (Begr. BT-Drucks 16/3945, S. 76). Ansonsten gilt für die Einzelpolice § 3 VVG, soweit in § 55 VVG nicht etwas anderes bestimmt ist (Begr. BT-Drucks 16/3945, S. 76).

B. Norminhalt

I. Einzelpolice

Der VR hat dem VN **auf Verlangen** (so nicht der Wortlaut, aber Sinn und Zweck von § 55 VVG, Begr. BT-Drucks 16/3945, S. 76) einen Versicherungsschein für ein einzelnes Risiko (Einzelpolice) oder ein Versicherungszertifikat auszustellen. Zertifikat, auch Assekuranzzertifikat oder Versicherungszertifikat genannt, steht synonym für Einzelpolice (Looschelders/Pohlmann/*Looschelders/Gesing*, § 55 Rn 2; HGZ 1909.265: *„Werden über einzelne Deklarationen Versicherungszertifikate ausgestellt, ist solches im Beibuch zu vermerken. Mit Zeichnung derselben seitens der Versicherer gehen alle Rechte auf Schadensersatz ausschließlich auf die Inhaber solcher Zertifikate über."*). Oft trägt das Versicherungszertifikat die Inhaberklausel, so dass § 4 VVG anzuwenden ist (*Sieg*, VersR 1977, 213, 217). Die

Legitimationswirkung der Einzelpolice wird besonders relevant bei der „Versicherung für wen es angeht", da in diesen Fällen die Person des Versicherten dem VR beim Vertragsschluss nicht bekannt ist (*Sieg*, VersR 1986, 1137, 1138; *Sieg*, VersR 1977, 213, 217). Die Police ist Beweisurkunde (§ 402 BGB) und Schuldschein (§ 371 BGB).

4   Der VR ist nur gegen **Vorlage der Urkunde** zur Leistung verpflichtet. Durch die Leistung an den Inhaber der Urkunde wird er **befreit**. Der VR muss also bei Vorlage der Urkunde nicht leisten, sondern er kann es tun („nur gegen Vorlage ... verpflichtet"). Dies bedeutet, dass die Einzelpolice **qualifiziertes Legitimationspapier**, d.h. hinkendes Inhaberpapier (OLG Hamm, NJW-RR 1993, 286; BGH, VersR 2009, 1061; dazu *Münkel*, jurisPR-VersR 9/2009, Anm. 2) i.S.v. § 4 VVG i.V.m. § 808 BGB ist. Die Forderung aus dem VV folgt also nicht dem Eigentum am Versicherungsschein (ähnlich § 952 BGB: für den Fahrzeugbrief BGH, NJW 1978, 1854; für die Seeversicherung BGH, NJW 1962, 1436). Bei Leistung darf VR die Aushändigung der Einzelpolice verlangen (§ 371 BGB: Römer/Langheid/*Rixecker*, § 55 Rn 1). Wird die versicherte Sache veräußert, hat der Erwerber (§ 952 BGB) Anspruch auf Überlassung der Urkunde (Römer/Langheid/*Rixecker*, § 55 Rn 1).

5   Der VR muss weder die materielle Inhaberschaft des Anspruchs noch die Verfügungsmacht des Inhabers des Versicherungsscheins prüfen (BGH, VersR 2010, 936 Rn 15; OLG Hamm, VersR 1996, 615; OLG Köln, VersR 1990, 1338). Der VR wird von seiner Leistung **nicht befreit**, wenn er die **Nichtberechtigung** des Inhabers des Versicherungsscheins **kennt** (BGH, NJW-RR 1999, 21; BGH, NJW 2000, 2103; BGH, VersR 1999, 700; OLG Koblenz, VersR 2002, 873; OLG Hamm, VersR 1996, 615) oder infolge **grober Fahrlässigkeit** nicht kennt (OLG Köln, VersR 1990, 1338; OLG Düsseldorf, NJW 1987, 655; OLG Karlsruhe, VersR 1979, 929; offengelassen von BGHZ 28, 371).

II. Kraftloserklärung

6   Die Police (Urkunde) unterliegt der **Kraftloserklärung**, wenn sie abhandenkommt oder vernichtet ist. Es gelten die gleichen Grundsätze wie bei § 3 Abs. 3 VVG (zum Abhandenkommen zu eng: RGZ 101, 224, da § 55 Abs. 2 VVG nicht nur den unfreiwilligen Besitzverlust, wie § 935 BGB, sondern jeden Verlust meint; s.a. Motive zum VVG, S. 76; zustimmend Looschelders/Pohlmann/*Looschelders/Gesing*, § 55 Rn 6). Die Kraftloserklärung richtet sich nach §§ 946 ff., 1003 ff. ZPO.

7   Statt der Kraftloserklärung kann **Sicherheit** geleistet werden. Eine Sicherheitsleistung durch Bürgen ist ausgeschlossen. Das entspricht § 369 Abs. 4 HGB. Die Arten der Sicherheitsleistung ergeben sich aus § 232 BGB (z.B. Geld, Wertpapiere, Forderungsverpfändung oder Verpfändung beweglicher Sachen). Allerdings ist § 232 Abs. 2 BGB durch § 55 Abs. 2 VVG ausdrücklich abbedungen (Sicherheitsleistung durch Bürgen ist ausgeschlossen). Wird die geleistete Sicherheit ohne Verschulden des Berechtigten unzureichend, so ist sie zu ergänzen oder anderweitige Sicherheit zu leisten (§ 240 BGB).

8   Dies gilt auch für die Verpflichtung des VR zur Ausstellung einer **Ersatzurkunde**. Damit wird an § 3 Abs. 3 VVG angeknüpft – allerdings enthält nur § 55 Abs. 2 VVG die Möglich-

keit der Sicherheitsleistung. Der VR ist folglich erst nach Kraftloserklärung oder Sicherheitsleistung zur Ausstellung einer Ersatzurkunde verpflichtet. Eine Ersatzurkunde kann auch verlangt werden, wenn die Urkunde **vernichtet** ist. Vernichtet ist die Police nicht nur, wenn das Papier zerstört ist, sondern auch dann, wenn die Schriftzeichen beseitigt, verwischt, überklebt oder überschwärzt sind (*Kisch*, Der Versicherungsschein, S. 15).

III. Genehmigungsfiktion

Der Schutz der Billigungsklausel (§ 5 VVG) wird eingeschränkt. Weicht der Inhalt der Einzelpolice oder des Versicherungszertifikats von der abhandengekommenen oder vernichteten Einzelpolice ab, gilt der Inhalt der Ersatzurkunde als vom VN genehmigt, wenn dieser nicht **unverzüglich** nach der Übermittlung widerspricht. Die Ersatzurkunde tritt an die Stelle der abhandengekommenen Einzelpolice. Bei Abhandenkommen/Vernichtung dieser „neuen" Police gelten die gleichen Grundsätze (MüKo/*Reinhard*, § 55 VVG Rn 17). Demggü. gewährt § 5 Abs. 1 VVG eine **Monatsfrist** – unverzüglich bedeutet (§ 121 Abs. 1 BGB) **ohne schuldhaftes Zögern**. Der VN muss also nach der Übermittlung i.S.v. § 120 BGB, z.B. durch Post, Telekom oder Boten (ohne schuldhaftes Zögern) **widersprechen**. Ihm steht eine angemessene Überlegungsfrist zu. Soweit erforderlich, darf er vor dem Widerspruch den Rat eines Rechtskundigen einholen (RG HRR 31, 584 für die Anfechtung). Bei der Fristbemessung sind auch die Interessen des VR zu berücksichtigen; Obergrenze ist i.d.R. eine Frist von zwei Wochen (OLG Hamm, NJW-RR 1990, 523; OLG Jena, OLG-NL 2000, 37). Im Normalfall dürfte eine Frist zwischen drei und vier Werktagen nach Übermittlung angemessen sein. Danach gilt der Inhalt der neu übermittelten Urkunde als genehmigt.

Übermitteln ist **Realakt**, keine Willenserklärung, deshalb gilt § 130 BGB allenfalls analog. Eine Urkunde ist regelmäßig dann übermittelt, wenn der VN an ihr tatsächliche Gewalt erlangt hat (§ 854 Abs. 1 BGB).

Die besonderen Schutzvorschriften in § 5 Abs. 2 VVG (Belehrung durch auffälligen Vermerk) gelten i.R.d. laufenden Versicherung wegen der Professionalität der Beteiligten nicht. Die Regeln sind dispositiv – den Parteien steht es frei, von § 55 Abs. 3 VVG abzuweichen und stattdessen ohne Genehmigungsfiktion oder mit dem Leitbild des § 5 VVG zu arbeiten. Wenn die Parteien abweichen, sind sie an die allgemeinen Grundsätze, etwa die Regeln über die Sittenwidrigkeit (§ 138 BGB) oder über die Angemessenheit (§ 307 BGB) gebunden (BGHZ 120, 290, 295; BGH, VersR 1984, 830; BGH, VersR 1976, 480). Beim Abweichen von wesentlichen Grundgedanken der gesetzlichen Regelung im VVG kann diese Vorschrift (hier § 55 Abs. 3 VVG) zugleich als gesetzliches Leitbild bei der Inhaltskontrolle nach § 307 BGB herangezogen werden (BGHZ 120, 290, 295).

Das Recht des VN, die Genehmigung wegen **Irrtums anzufechten**, bleibt unberührt. Das entspricht § 5 Abs. 4 VVG. Der VN kann die Genehmigung anfechten, wenn er über den Lauf der Widerspruchsfrist geirrt hat, evtl. nicht wusste, dass ein Widerspruch überhaupt möglich ist, sich über die rechtlichen Konsequenzen seines Schweigens irrte oder über den Inhalt der Ersatzurkunde im Irrtum war (OLG Hamm, VA 1923 Nr. 1301; *Kisch*, Der

Versicherungsschein, S. 99; MüKo/*Reinhard*, § 55 VVG Rn 18). Die Anfechtung muss fristgerecht (§§ 121, 124 BGB) erfolgen.

13 Das Recht wegen Irrtums anzufechten, hat der VN, nicht der VR. Er ist an die Genehmigungsfiktion gebunden. Das gilt – für beide – nicht bei Anfechtung wegen **arglistiger Täuschung** (§ 123 BGB – LG Hannover, VersR 1979, 1146).

14 Erkennt der Erklärungsempfänger (VN), was der irrtümlich Erklärende (VR) in Wahrheit wollte, bedarf es **keiner Anfechtung**. In diesem Fall ist unabhängig von § 55 Abs. 3 VVG der **wahre Wille** des VR maßgeblich (falsa demonstratio non nocet: BGH, VersR 1995, 648; OLG Frankfurt a.M., VersR 1996, 1353).

C. Prozessuales

15 Die **Beweislast** für die Übermittlung der Ersatzurkunde trägt der VR (BGH, WM 1983, 826 für die Anfechtung). Der VN muss darlegen und beweisen, dass er unverzüglich nach Übermittlung der Urkunde widersprochen hat (OLG Brandenburg, NJW-RR 2002, 578). Der Widerspruch ist empfangsbedürftige Willenserklärung, d.h. der VN muss den Zeitpunkt des rechtzeitigen Zugangs beweisen (BGHZ 70, 232; 101, 49). Für Postsendungen besteht kein Anscheinsbeweis, dass eine zur Post gegebene Sendung den Empfänger auch erreicht (BGH, NJW 1964, 1176). Bei einem Einschreiben mit Rückschein genügt zum Nachweis der Zustellung der Rückschein (§ 175 ZPO). Daraus ist für das Privatrecht zu schließen, dass das Einschreiben mit Rückschein einen Anscheinsbeweis für den Zugang i.S.d. § 130 BGB begründet (wie hier: Palandt/*Heinrichs*, § 130 Rn 21).

D. Abdingbarkeit

16 Die Vorschriften über die laufende Versicherung sind zwar **dispositiv** (Begr. BT-Drucks 16/3945, S. 50). Wenn die Parteien aber § 55 Abs. 3 S. 1 VVG nicht abbedingen, gilt dies auch für § 55 Abs. 3 S. 2 VVG – das Recht des VN, die Genehmigung wegen Irrtums anzufechten, kann in diesem Fall *nicht* abbedungen werden.

§ 56 VVG   Verletzung der Anzeigepflicht

(1) Abweichend von § 19 Abs. 2 ist bei Verletzung der Anzeigepflicht der Rücktritt des Versicherers ausgeschlossen; der Versicherer kann innerhalb eines Monats von dem Zeitpunkt an, zu dem er Kenntnis von dem nicht oder unrichtig angezeigten Umstand erlangt hat, den Vertrag kündigen und die Leistung verweigern. Der Versicherer bleibt zur Leistung verpflichtet, soweit der nicht oder unrichtig angezeigte Umstand nicht ursächlich für den Eintritt des Versicherungsfalles oder dem Umfang der Leistungspflicht war.

(2) Verweigert der Versicherer die Leistung, kann der Versicherungsnehmer den Vertrag kündigen. Das Kündigungsrecht erlischt, wenn es nicht innerhalb eines Mo-

nats von dem Zeitpunkt an ausgeübt wird, zu welchem dem Versicherungsnehmer die Entscheidung des Versicherers, die Leistung zu verweigern, zugeht.

Übersicht

	Rdn
A. Normzweck	1
B. Norminhalt	2
I. Anzeigepflicht (§ 56 Abs. 1 VVG)	2
II. Kündigung durch den Versicherungsnehmer (§ 56 Abs. 2 VVG)	10
C. Prozessuales	11
D. Abdingbarkeit	13

A. Normzweck

Die Norm bezweckt den Gleichlauf zwischen der Transportversicherung und der laufenden Versicherung – der Wortlaut von § 56 VVG entspricht demjenigen von § 131 VVG. In der Transportversicherung ist es bei Verletzung der vorvertraglichen Anzeigepflicht – anders als bei § 19 Abs. 2 VVG – nicht üblich, vom VV zurückzutreten, sondern zu kündigen und die Leistung zu verweigern. Dies entspricht auch den Usancen bei der laufenden Versicherung (*Ritter*, Das Recht der Seeversicherung, § 97 Anm. 62 ff. m.w.N.). Um durch § 19 Abs. 2 VVG für die laufende Versicherung kein falsches gesetzliches Leitbild zu schaffen, erscheint es geboten, diese abweichende Praxis gesetzlich anzuerkennen (Begr. BT-Drucks 16/3945, S. 76 zu § 56 sowie S. 92 zu § 131). 1

B. Norminhalt

I. Anzeigepflicht (§ 56 Abs. 1 VVG)

Gemeint ist die vorvertragliche Anzeigepflicht nach § 19 Abs. 1 VVG. Diese vorvertragliche Anzeigepflicht ist strikt zu trennen von der Anmeldepflicht (Deklaration) des § 54 VVG. Bei der **vorvertraglichen Anzeigepflicht** geht es um die Offenbarung solcher Gefahrumstände, die für den Entschluss des VR, die laufende Versicherung als Ganzes zu schließen, erheblich sind und nach denen der VR in Textform gefragt hat (§ 19 Abs. 1 VVG). Demgegenüber geht es bei der Deklarationspflicht um die Aufgabe des durch die laufende Police gedeckten einzelnen Risikos (z.B. eines Transportes von A nach B). Es war deshalb auch vor dem 1.7.1990 allg. M., dass die Regeln über die vorvertragliche Anzeigepflicht auf die Deklarationspflicht jedenfalls keine analoge Anwendung finden können (RGZ 76, 12; OLG Hamburg, VersR 1955, 501; HGZ 1884, 56; vertiefend *Schönfeldt*, Das Recht der laufenden Versicherung, S. 25; zustimmend Looschelders/Pohlmann/*Looschelders/Gesing*, § 56 Rn 5; Prölss/Martin/*Armbrüster*, VVG § 56 Rn 1). 2

Die Regelung in § 56 VVG bezieht sich auf die **Rechtsfolgen** – daraus folgt, dass die tatbestandlichen Voraussetzungen der vorvertraglichen Anzeigepflicht, die in § 19 Abs. 1 VVG geregelt sind, auch für die laufende Versicherung Anwendung finden (zustimmend Looschelders/Pohlmann/*Looschelders/Gesing*, § 56 Rn 3). Der VN hat also bis zur Abgabe seiner Vertragserklärung die vom VR **in Textform** erfragten Gefahrumstände anzuzeigen. 3

Der VR kann nach der Vertragserklärung des VN, aber vor Vertragsannahme, erneut gefahrerhebliche Umstände abfragen. Wenn er dies tut, ist der VN auch insoweit zur Anzeige verpflichtet (§ 19 Abs. 1 S. 2 VVG). In den AVB kann, wegen der Dispositivität der laufenden Versicherung, von § 19 Abs. 1 VVG abgewichen werden. So muss der VN nach Ziff. 4.1.1 DTV-Güter 2000/2008 (wie früher) alle für die Übernahme des Versicherungsschutzes gefahrerheblichen Umstände anzeigen und darüber hinaus die gestellten Fragen wahrheitsgemäß und vollständig beantworten. Stellt VR die Fragen schriftlich, schadet VN die Nichtanzeige nur bei **Arglist** (Ziff. 4.3 Abs. 3 DTV-Güter 2000/2008; vertiefend Looschelders/Pohlmann/*Looschelders/Gesing*, § 56 Rn 3)

4   Entscheidend ist, ob der VN seine Anzeigepflicht **verletzt**. Wenn er dies tut, kann der VR nach § 19 Abs. 2 VVG zurücktreten – diese Regelung wird in § 56 Abs. 1 VVG modifiziert. An die Stelle des Rücktrittsrechtes tritt das Recht, den Vertrag zu kündigen und die Leistung zu verweigern.

5   Bei Verletzung der Anzeigepflicht kann der VR innerhalb eines Monats von dem Zeitpunkt an, zu dem er Kenntnis von dem nicht oder unrichtig angezeigten Umstand erlangt hat, den VV kündigen und die Leistung verweigern. Damit ist jede objektive Verletzung der Anzeigepflicht erfasst, ganz gleich, auf welchem Verschuldensgrad die Verletzung beruht. Die Einschränkung des Rücktrittsrechtes auf vorsätzliche oder grob fahrlässige Anzeigepflichtverletzungen wird in § 56 VVG also aufgegeben (Looschelders/Pohlmann/*Looschelders/Gesing*, § 56 Rn 8). Das entspricht dem eher gewerblichen Charakter der laufenden Versicherung – allerdings ist § 56 Abs. 1 VVG dispositiv, kann also von den Parteien i.S.d. Regeln des § 19 VVG abbedungen werden.

6   Da § 56 VVG das Rücktrittsrecht ausschließt, findet auch § 19 Abs. 4 VVG keine Anwendung, ebenso wie die daran anknüpfenden Abs. 5 und 6 (wie hier Looschelders/Pohlmann/ *Looschelders/Gesing*, § 56 Rn 8; Prölss/Martin/*Armbrüster*, § 56 Rn 2) Demgegenüber vertritt *Reinhard* die Auffassung, dass sich VR bei unterlassener Belehrung ganz generell nicht auf die Pflichtverletzung des VN berufen dürfe (unter Hinweis auf BT-Drucks 16/3945 S. 66), so dass der VR auch bei Abschluss einer laufenden Versicherung auf die Folgen einer Anzeigepflichtverletzung hinweisen müsse (MüKo/*Reinhard*, § 56 VVG Rn 6; **a.A.** Römer/Langheid/*Rixecker*, § 56 Rn 1). Das gilt ferner für § 21 VVG, der ebenfalls an das Rücktrittsrecht anknüpft. Dagegen ist § 20 VVG anwendbar, wonach bei Abschluss des VV durch einen Vertreter des VN sowohl Kenntnis und Arglist des Vertreters als auch des VN zu berücksichtigen sind (Looschelders/Pohlmann/*Looschelders/Gesing*, § 56 Rn 4; Prölss/Martin/*Armbrüster*, § 56 Rn 2). Dies bedeutet für § 56 Abs. 1 VVG, dass jede Kenntnis des Vertreters zur Verletzung der Anzeigepflicht führt, ganz gleichgültig, ob dem Vertreter grobe Fahrlässigkeit oder Vorsatz vorzuwerfen sind.

7   Ist die Anzeigepflicht objektiv verletzt, hat der VN bspw. die Frage, ob er seine Transporte mit Fachkräften durchführt, mit ja beantwortet, obwohl er ausschließlich ungelernte Gelegenheitsarbeiter beschäftigt, kann (nicht muss!) der VR kündigen und die Leistung verweigern. Der VR kann auch nur die Leistung verweigern, aber nicht kündigen – in diesem Fall kann der VN den Vertrag kündigen (§ 56 Abs. 2 VVG). Wenn der VR kündigen will, muss er es innerhalb eines Monats von dem Zeitpunkt an tun, zu dem er Kenntnis von

dem nicht oder unrichtig angezeigten Umstand erlangt hat. Bloßer Verdacht reicht für Kenntnis nicht (BGH, VersR 1991, 170). Kenntnis liegt vor, wenn der zuständige Sachbearbeiter nach dem gewöhnlichen Lauf der Dinge die Möglichkeit hatte, von der Unrichtigkeit der Beantwortung der Antragsfrage Kenntnis zu nehmen (BGH, VersR 1999, 217). Der VR muss sich die Kenntnis des Versicherungsvertreters zurechnen lassen; der Vertreter ist **Auge und Ohr** des VR (BGH, VersR 1988, 234; BVerwG, VersR 1998, 1137). Zu den schwierigen Fragen der Kenntniszurechnung im Konzernverbund vgl. BGH, VersR 1992, 217 (keine Zurechnung) sowie BGH, VersR 1993, 1089 (Zurechnung ausnahmsweise bejaht). Das Kündigungsrecht des VR kann u.U. ausgeschlossen sein, wenn er eine vor Vertragsabschluss gebotene Risikoprüfung, durch geeignete Rückfragen, unterlässt (BGH, VersR 1991, 171; BGH, VersR 1989, 1449; OLG Saarbrücken, VersR 94, 847).

Der VN muss sich (auch unwahre) Erklärungen seines Wissenserklärungsvertreters zurechnen lassen (BGHZ 122, 388, 389; OLG Köln, BeckRS 2013, 1899; OLG Düsseldorf, VersR 1999, 1106). Entscheidend sei, dass der Wille des VN zutrage trete, der Dritte solle etwas für ihn erklären (OLG Köln, BeckRS 2013, 1899 m.w.N.). Es muss sich also bei der Abgabe der Erklärungen letztlich um eine „ureigene Obliegenheit" des VN handeln (OLG Köln, BeckRS 2013, 1899). Diskutiert wird, ob eine solche „ureigene Obliegenheit" womöglich dann entfällt, wenn sich die arglistige Täuschung des Gehilfen primär gegen den VN selbst richtet (OLG Hamm, NJW-RR 1987, 1170, 1171; zustimmend MüKo/*Armbrüster*, § 123 VVG Rn 70; zweifelnd BGH VersR 1989, 465; ablehnend OLG Köln, BeckRS 2013, 1899). 8

Der VR bleibt zur Leistung verpflichtet, soweit der nicht oder unrichtig angezeigte Umstand **nicht ursächlich** für die Eintritt des Versicherungsfalls oder den Umfang der Leistungspflicht war (§ 56 Abs. 1 S. 2 VVG). So ist etwa die falsche Eigentümerangabe beim Abschluss einer Feuerversicherung nicht ursächlich (BGH, VersR 1985, 154), so dass der VR zur Leistung verpflichtet bleibt. Ähnliches gilt für unrichtige Angaben des Nettoeinkommens bei einer Krankentagegeldversicherung (OLG Hamm, VersR 1986, 864) oder bei verschwiegenen Rückenbeschwerden bei späterem Bandscheibenvorfall (OLG Hamm, VersR 1992, 1206). Auch beim Verschweigen weiterer Unfallversicherungen wurde Kausalität verneint (OLG Frankfurt a.M., VersR 1992, 41). Das Gleiche gilt bei Verschweigen von Vorversicherungen, abgelehnter Anträge und Vorschäden (etwa OLG Hamm, r+s 1993, 351; OLG Hamm, r+s 1990, 147; OLG Hamm, r+s 1989, 1; OLG Köln, r+s 1993, 72). 9

II. Kündigung durch den Versicherungsnehmer (§ 56 Abs. 2 VVG)

Verweigert der VR die Leistung ohne zu kündigen, kann nunmehr der VN den VV kündigen. Grund: Die Leistungsverweigerung erschüttert das Vertrauensverhältnis zwischen VN und VR. Deshalb kommt es nicht darauf an, ob die Ablehnung der Leistung unberechtigt war (MüKo/*Reinhard*, § 56 VVG Rn 15; Prölss/Martin/*Armbrüster*, § 56 Rn 3). Das Kündigungsrecht des VN erlischt, wenn es nicht innerhalb eines Monats von dem Zeitpunkt an ausgeübt wird, zu welchem dem VN die Entscheidung des VR, die Leistung zu verweigern, zugeht (§ 56 Abs. 2 S. 2 VVG). Zugang i.S.v. § 130 BGB ist gemeint, die Entscheidung 10 des VR muss also objektiv in den Machtbereich des VN gelangen und für diesen muss subjektiv die Möglichkeit der Kenntnisnahme bestehen.

C. Prozessuales

11 Der VR muss die Verletzung der Anzeigepflicht durch den VN **beweisen**. Der VN muss den Zugang seiner Kündigung innerhalb der Monatsfrist (§ 56 Abs. 2 VVG) beim VR beweisen. Kündigt der VR nicht, kann er trotzdem die Leistung verweigern; allerdings kann die Leistungsverweigerung, wenn der VR innerhalb eines Monats nach Kenntnis nicht kündigt, nach § 242 BGB **verwirkt** sein. Das ist denkbar, wenn der VR nach Ablauf der Monatsfrist mit dem VN weiterhin über die Abwicklung des Schadens verhandelt, so dass der VN sich darauf einrichten durfte, dass der VR die Leistungsverweigerung auch in Zukunft nicht geltend machen wird (BGHZ 43, 292; 84, 281; BGHZ 105, 298; BGH, NJW 1982, 1999).

Hinweis
Der VR sollte bei Ablauf der Monatsfrist darauf hinweisen, dass er sich das Recht der Leistungsverweigerung trotz Ablaufs der Monatsfrist vorbehält.

12 Da sich der VR auf ein ihn begünstigendes Recht (Kündigung innerhalb eines Monats) beruft, muss er bei Zweifeln über den Fristbeginn nachweisen, wann er Kenntnis von der Verletzung der Anzeigepflicht hatte. Beruft sich umgekehrt der VN darauf, dass die Kündigungsfrist (längst) abgelaufen und die Leistungsverweigerung deshalb womöglich verwirkt sei, muss er (der VN) die Kenntnis des VR von der Anzeigepflichtverletzung und damit auch den Zeitpunkt der Kenntniserlangung nachweisen (BGH, VersR 1991, 171; BGH, VersR 1980, 762; OLG Köln, VersR 1982, 1092). Der VN muss in diesem Fall Urkunden vorlegen, aus denen sich die Kenntnis des VR ergibt oder andere Beweismittel, z.B. Zeugen, benennen. Kenntnis des Versicherungsvertreters ist zugleich Kenntnis des VR – der Vertreter ist „**Auge und Ohr**" des VR (seit BGH, VersR 1988, 234).

D. Abdingbarkeit

13 Die Vorschrift ist **dispositiv**.

---

§ 57 VVG Gefahränderung

(1) Der Versicherungsnehmer hat dem Versicherer eine Änderung der Gefahr unverzüglich anzuzeigen.

(2) Hat der Versicherungsnehmer eine Gefahrerhöhung nicht angezeigt, ist der Versicherer nicht zur Leistung verpflichtet, wenn der Versicherungsfall nach dem Zeitpunkt eintritt, zu dem die Anzeige dem Versicherer hätte zugehen müssen. Er ist zur Leistung verpflichtet,

1. wenn ihm die Gefahrerhöhung zu dem Zeitpunkt bekannt war, zu dem ihm die Anzeige hätte zugehen müssen,

2. wenn die Anzeigepflicht weder vorsätzlich noch grob fahrlässig verletzt worden ist oder
3. soweit die Gefahrerhöhung nicht ursächlich für den Eintritt des Versicherungsfalles oder den Umfang der Leistungspflicht war.

(3) Der Versicherer ist abweichend von § 24 nicht berechtigt, den Vertrag wegen einer Gefahrerhöhung zu kündigen.

Übersicht

	Rdn
A. Normzweck	1
B. Norminhalt	2
I. Anzeigepflicht (§ 57 Abs. 1 VVG)	2
II. Leistungsfreiheit (§ 57 Abs. 2 VVG)	10
III. Keine Kündigung (§ 57 Abs. 3 VVG)	12
C. Prozessuales	14
D. Abdingbarkeit	16

A. Normzweck

Die Norm strebt einen **Gleichlauf zur Transportversicherung** (§ 132 VVG) an. Hier wie dort ergeben sich häufig Gefahränderungen, auf die der VN keinen Einfluss hat und denen er sich nicht entziehen kann (Begr. BT-Drucks 16/3945, S. 76 sowie S. 92 zu § 132 VVG). In diesen Fällen besteht ein berechtigtes Interesse des VN am Fortbestand des Versicherungsschutzes. Deshalb ist das Kündigungsrecht des VR (§ 57 Abs. 3 VVG) ausgeschlossen. Die Interessen des VR werden durch die Pflicht zur unverzüglichen Anzeige der Gefahränderung und der vertraglich auszubedingenden Möglichkeit der Prämienanpassung berücksichtigt (Begr. BT-Drucks 16/3945, S. 92 zu § 132 Abs. 1 VVG). 1

B. Norminhalt

I. Anzeigepflicht (§ 57 Abs. 1 VVG)

Nach der Grundregel in § 23 Abs. 1 VVG darf der VN **keine Gefahrerhöhung** vornehmen oder deren Vornahme durch einen Dritten gestatten. Dies ist bei der laufenden Versicherung anders. Hier ergeben sich für die Versicherteninteressen häufig Gefahränderungen, denen sich der VN nicht entziehen kann (Begr. BT-Drucks 16/345, S. 76). Daher beschränkt sich § 57 Abs. 1 VVG darauf zu bestimmen, dass der VN jede Gefahränderung unverzüglich dem VR **anzuzeigen** hat (Begr. BT-Drucks 16/345, S. 76). Der VN kann dem VR eine Änderung der Gefahr nur anzeigen, wenn die Gefahr durch ihn oder einen Dritten (subjektiv) oder aus anderen Gründen (objektiv) erhöht ist. Folglich ergibt sich aus § 57 Abs. 1 VVG im Umkehrschluss, dass das Gesetz dem VN die Gefahrerhöhung wie in § 132 Abs. 1 S. 1 VVG erlaubt (dies verkennt MüKo/*Reinhard*, § 57 VVG Rn 2, der aber zutreffend darauf hinweist, dass eine Verletzung des von ihm angenommenen Gefahrerhöhungsverbots „praktisch folgenlos" bleibt; wie hier Looschelders/Pohlmann/*Looschelders/Gesing*, § 57 2

§ 57 VVG

Rn 3; Prölss/Martin/*Armbrüster*, § 57 Rn 2; *Wolf*, in: Staudinger/Halm/Wendt, § 57 Rn 2; Rüffer/Halbach/Schimikowski/*Harms*, § 57 Rn 1; Römer/Langheid/*Rixecker*, § 57 Rn 1).

3 Der VN hat eine Änderung der Gefahr unverzüglich **nach Abgabe seiner Vertragserklärung** anzuzeigen – insoweit gilt § 23 Abs. 1 VVG auch für die laufende Versicherung. Der maßgebliche Zeitpunkt für das Vorliegen einer Gefahrerhöhung ist folglich **nicht der Vertragsschluss**, sondern die Abgabe der **Vertragserklärung des VN**. Dies ist i.d.R. der Zeitpunkt seiner Antragserklärung (Begr. BT-Drucks 16/3945, S. 67 zu § 23 Abs. 1 VVG). Die Gefahrerhöhung bezieht sich nicht auf die deklarierten Einzelrisiken, sondern auf die versicherten Interessen als Gattung (Looschelders/Pohlmann/*Looschelders/Gesing*, § 57 Rn 4; a.A. *Möhrle*, Laufende Versicherung, S. 107; MüKo/*Reinhard*, § 57 VVG Rn 5).

4 Eine **unerhebliche Erhöhung** der Gefahr muss nicht angezeigt werden (§ 27 VVG). Das gilt auch dann, wenn es den Umständen nach als vereinbart anzusehen ist, dass die Gefahrerhöhung mitversichert sein soll (§ 27 VVG).

5 Der Begriff der **Gefahränderung** ist mit dem Begriff der Gefahr in § 23 VVG identisch. Der Gesetzgeber verwendet – wie die Begründung zeigt – beide Begriffe synonym (so z.B. Begr. BT-Drucks 16/3945, S. 76 zu § 57 Abs. 2 VVG– dort Gefahrerhöhung, in § 57 Abs. 1 VVG: Gefahränderung). Die für § 23 VVG wichtige Differenzierung in vorgenommene (subjektive) und nicht vorgenommene (objektive) Gefahrerhöhungen spielt für § 57 VVG keine Rolle – jede Änderung der Gefahr, gleichgültig, wodurch sie eingetreten ist, ist anzuzeigen (Prölss/Martin/*Armbrüster*, § 57 Rn 1; Rüffer/Halbach/Schimikowski/*Harms*, § 57 Rn 3).

6 Nach ständiger Rechtsprechung liegt eine Gefahrerhöhung vor, wenn ein „neuer Zustand erhöhter Gefahr" geschaffen wurde, der seiner Natur nach geeignet ist, von so langer Dauer zu sein, dass er die Grundlage eines neuen, natürlichen Gefahrenverlaufs bilden kann und damit geeignet ist, den Eintritt des Versicherungsfalls generell zu fördern (seit BGHZ 2, 360 = BGH, NJW 1951, 714; BGHZ 7, 311, 317 = BGH, NJW 1952, 1291; BGHZ 23, 142, 146; BGH, VersR 1999, 484). Kurzfristige **Gefahrsteigerungen** sind danach keine Gefahrerhöhungen. Eine kurzfristige Überladung eines Lkw wäre deshalb nicht anzuzeigen, wird der Lkw wiederholt und regelmäßig überladen, muss angezeigt werden (OLG Hamm, VersR 1991, 51). Ein wochenlang unrepariertes Seitenfenster im Pkw ist eine dauerhafte Gefahrerhöhung in der Kasko-Versicherung (OLG Hamm, VersR 1996, 448).

7 Da § 57 Abs. 1 VVG subjektive wie objektive Gefahrerhöhungen erfasst und für beide nur die Anzeige verlangt, spielt die Frage, ob eine objektive Gefahrerhöhung durch **Unterlassen** (Nichtbeseitigung der Gefahrerhöhung) zu einer **subjektiven** werden kann, für § 57 VVG keine Rolle (die Rechtsprechung lehnt Gefahrerhöhungen durch Unterlassen ab: BGH, VersR 1987, 653; BGH, VersR 1981, 245; OLG Hamm, VersR 1988, 49).

8 Die Änderung der Gefahr muss **unverzüglich**, d.h. ohne schuldhaftes Zögern, angezeigt werden (§ 121 Abs. 1 BGB). Eine Überlegungsfrist ist – anders als bei einer Anfechtung – nicht erforderlich, weil keine Entscheidung (wie bei Anfechtung) zu treffen ist. Deshalb dürfte die Obergrenze (für Anfechtungen) von zwei Wochen (OLG Hamm, NJW-RR 1990,

523; OLG Jena, OLG-NL 2000, 37) zu hoch sein. Zwei bis drei Werktage dürften im Regelfall genügen (zustimmend Looschelders/Pohlmann/*Looschelders/Gesing*, § 57 Rn 6).

Anders als § 23 Abs. 2 VVG knüpft § 57 Abs. 1 VVG nicht an die **Kenntnis** der Gefahrerhöhung an. Nimmt der VN selbst (subjektiv) die Gefahrerhöhung vor, hat er automatisch Kenntnis (zustimmend Looschelders/Pohlmann/*Looschelders/Gesing*, § 57 Rn 5). Tritt die Gefahrerhöhung unabhängig vom Willen des VN (objektiv) ein, folgt aus der Natur der Sache, dass er die Gefahrerhöhung erst anzeigen kann, wenn er von ihr Kenntnis erlangt hat – § 23 Abs. 3 VVG ist zur Interpretation von § 57 Abs. 1 VVG ergänzend heranzuziehen. Kennenmüssen reicht in diesen Fällen nicht, es ist vielmehr positive Kenntnis erforderlich (BGH, VersR 1999, 484; Prölss/Martin/*Armbrüster*, § 57 Rn 2). 9

II. Leistungsfreiheit (§ 57 Abs. 2 VVG)

Hat der VN eine Gefahrerhöhung nicht angezeigt, ist der VR nicht zur Leistung verpflichtet, wenn der Versicherungsfall nach dem Zeitpunkt eintritt, zu dem die Anzeige dem VR hätte zugehen müssen (§ 57 Abs. 2 S. 1 VVG). Von diesem Grundsatz macht § 57 Abs. 2 S. 2 VVG sachlich gebotene **Ausnahmen**. Der VR bleibt zur Leistung verpflichtet, 10
- wenn ihm die Gefahrerhöhung **bekannt** war (1),
- wenn die Anzeigepflicht weder vorsätzlich noch grob fahrlässig verletzt wurde (2) oder
- wenn die Gefahrerhöhung **nicht ursächlich** für den Eintritt des Versicherungsfalls oder den Umfang der Leistungspflicht war (3).

Wenn der VR leistungsfrei ist, soll es abweichend von § 26 Abs. 1 und 2 VVG bei der laufenden Versicherung beim **Alles-oder-nichts-Prinzip** bleiben, da sich in diesem Bereich für die VN keine Unzuträglichkeiten gezeigt haben, die die Aufgabe des bis 31.12.2007 geltenden Prinzips als notwendig erscheinen ließen (Begr. BT-Drucks 16/3945, S. 76). Das Alles-oder-nichts-Prinzip wird abgemildert, weil der VR zur Leistung verpflichtet bleibt, wenn die Anzeigepflicht **fahrlässig** verletzt wurde (§ 57 Abs. 2 S. 2 Ziff. 2 VVG). Der VR bleibt auch zur Leistung verpflichtet, **soweit** die Gefahrerhöhung nicht ursächlich ist. Der Begriff „soweit" könnte zu einer Quotierung führen, wenn nämlich die Kausalität den Eintritt des Versicherungsfalls oder den Umfang der Leitungspflicht nur teilweise berührt. Die Regelungen sind dispositiv. Vertraglich kann das Quotensystem des § 26 VVG vereinbart werden. Die Parteien können auch an das Modell von § 158 VVG anknüpfen. Danach gilt als Erhöhung der Gefahr nur eine solche Änderung der Gefahrumstände, die nach ausdrücklicher Vereinbarung als Gefahrerhöhung angesehen werden soll. 11

III. Keine Kündigung (§ 57 Abs. 3 VVG)

Das Kündigungsrecht des VR ist abweichend von § 24 VVG ausgeschlossen, es widerspricht bei einer Gefahrerhöhung der Interessenlage des VN bei einer laufenden Versicherung (Begr. BT-Drucks 16/3945, S. 76). Die Parteien können etwas anders vereinbaren (Begr. BT-Drucks 16/3945, S. 76). 12

13 Da das Kündigungsrecht ausgeschlossen ist, kann es auch nicht durch eine der höheren Gefahr entsprechende Prämie ersetzt werden, wie es sonst § 25 Abs. 1 VVG vorsieht (MüKo/*Reinhard*, § 57 VVG Rn 19; Römer/Langheid/*Rixecker*, § 57 Rn 4; **a.A.** *Wolf*, in: Staudinger/Halm/Wendt, § 57 Rn 11; *Langheid*, in: FS Wälder, S. 35; Prölss/Martin/*Armbrüster*, § 57 Rn 4). Allerdings können die Parteien vereinbaren, dass anstelle der Leistungsfreiheit ab dem Zeitpunkt der Gefahrerhöhung eine den Geschäftsgrundsätzen des VR für diese höhere Gefahr entsprechende Prämie verlangt werden darf. Die Parteien können auch vereinbaren, die Versicherung der höheren Gefahr auszuschließen. Das kann sinnvoll sein, wenn ein Versicherungsfall noch nicht eingetreten ist.

C. Prozessuales

14 Der VN muss beweisen, dass er die Änderung der Gefahr **unverzüglich** angezeigt hat. Beruft sich VR auf Leistungsfreiheit, muss der VN beweisen, dass die Anzeige dem VR vor dem Versicherungsfall zugegangen ist. Der VN muss ferner die Tatsachen darlegen und beweisen, aus denen sich ergibt, dass die Anzeigepflicht weder vorsätzlich noch grob fahrlässig verletzt worden ist. Das Gleiche gilt für die tatsächlichen Grundlagen, aus denen zu schließen ist, in welchem Umfang die Gefahrerhöhung für den Eintritt des Versicherungsfalls oder den Umfang der Leistungspflicht ursächlich war.

15 **Hinweis**
Bei den Vertragsverhandlungen sollte erwogen werden, § 158 Abs. 1 VVG zum Leitbild zu nehmen. Als Erhöhung der Gefahr gelten danach nur solche Änderungen der Gefahrumstände, die nach **ausdrücklicher Vereinbarung** als Gefahrerhöhung angesehen werden sollen. Dies schafft für beide Seiten Rechtssicherheit. Zweckmäßig könnte es auch sein, anstelle der Leistungsfreiheit ab dem Zeitpunkt der Gefahrerhöhung eine den Geschäftsgrundsätzen des VR für die höhere Gefahr entsprechende Prämie zu vereinbaren. Für diesen Fall sollte erwogen werden, bei einer Prämienerhöhung ab 10 % (§ 25 Abs. 2 VVG) dem VN ein Kündigungsrecht einzuräumen.

D. Abdingbarkeit

16 Die Vorschrift ist **dispositiv**.

§ 58 VVG Obliegenheitsverletzung

(1) Verletzt der Versicherungsnehmer bei einer laufenden Versicherung schuldhaft eine vor Eintritt des Versicherungsfalles zu erfüllende Obliegenheit, ist der Versicherer in Bezug auf ein versichertes Einzelrisiko, für das die verletzte Obliegenheit gilt, nicht zur Leistung verpflichtet.

(2) Bei schuldhafter Verletzung einer Obliegenheit kann der Versicherer den Vertrag innerhalb eines Monats, nachdem er Kenntnis von der Verletzung erlangt hat, mit einer Frist von einem Monat kündigen.

Übersicht

	Rdn
A. Normzweck	1
B. Norminhalt	2
I. Leistungsfreiheit (§ 58 Abs. 1 VVG)	2
II. Kündigung (§ 58 Abs. 2 VVG)	8
C. Abdingbarkeit	9

A. Normzweck

Laufende Versicherungen werden nur in der gewerblich-kommerziellen Versicherungspraxis verwendet. Vom VN kann deshalb grds. auch in Bezug auf die Beachtung von Obliegenheiten die Sorgfalt eines ordentlichen Kaufmanns verlangt werden (Begr. BT-Drucks 16/3945, S. 76 f.). Es ist daher gerechtfertigt, für jede schuldhafte, d.h. auch für eine einfach fahrlässige Verletzung einer Obliegenheit, eine Sanktion vorzusehen (Begr. BT-Drucks 16/3945, S. 77). Dabei ist dem Umstand Rechnung zu tragen, dass in einer laufenden Versicherung Einzelrisiken mit jeweils unterschiedlichen VersSummen und -Limiten versichert sind und die Verletzung einer für ein Einzelrisiko geltenden Obliegenheit nicht notwendigerweise die übrigen Einzelrisiken oder den Mantelvertrag berühren muss (Begr. BT-Drucks 16/3945, S. 77). Der Hinweis auf die Sorgfaltspflichten des **ordentlichen Kaufmanns** (Begr. BT-Drucks 16/3945, S. 77) erklärt nicht wirklich, warum die unterschiedliche Behandlung von Obliegenheiten vor und nach dem Versicherungsfall erforderlich ist (ähnlich krit. Looschelders/Pohlmann/*Looschelders/Gesing*, § 58 Rn 3). 1

B. Norminhalt

I. Leistungsfreiheit (§ 58 Abs. 1 VVG)

Die Norm betrifft Obliegenheiten **vor Eintritt** des Versicherungsfalls, also im Wesentlichen (gesetzlich verankerte) Sicherungsvorschriften (Römer/Langheid/*Rixecker*, § 58 Rn 1). Bei Verletzung solcher Obliegenheiten ist der VR in Bezug auf ein versichertes Einzelrisiko von der Verpflichtung zur Leistung frei. Für Obliegenheiten **nach Eintritt** des Versicherungsfalls enthält § 58 VVG keine Sonderregelungen – insoweit gelten die allgemeinen Regeln in § 28 Abs. 2–5 VVG. D.h. für Obliegenheitsverletzungen nach Eintritt des Versicherungsfalls, etwa die Anzeige des Versicherungsfalls (§ 30 VVG) oder die Aufklärung des Versicherungsfalls (§ 31 VVG), gilt das in § 28 Abs. 2 VVG verankerte **Quotensystem** auch in der laufenden Versicherung. 2

Verletzt der VN seine **Anmeldepflicht** (**Deklaration**: § 54 VVG), kann dies vor und auch nach dem Versicherungsfall passieren. Die Regelungen in § 54 VVG gehen, weil sie **spezieller** sind, § 58 VVG vor (zust. Looschelders/Pohlmann/*Looschelders/Gesing*, § 58 Rn 4). 3

Gemeint sind Obliegenheiten, die sich auf ein **versichertes Einzelrisiko** beziehen. Obliegenheiten, die den **Mantelvertrag** berühren, fallen nicht unter § 58 VVG (Begr. BT-Drucks 16/3945, S. 77). Obliegenheiten, die das versicherte Einzelrisiko betreffen, können sich aus 4

Gesetz oder Vertrag ergeben – sofern der Bezug zum Einzelrisiko im Mantelvertrag hergestellt wird, sind auch diese Obliegenheiten erfasst und gemeint (Rüffer/Halbach/Schimikowski/*Harms*, § 58 Rn 2). Erfasst sind auch Obliegenheiten, die sich (gleichförmig) auf mehrere versicherte Einzelrisiken beziehen (Looschelders/Pohlmann/*Looschelders/Gesing*, § 58 Rn 6; Prölss/Martin/*Armbrüster*, VVG § 58 Rn 2). Ist die Obliegenheit nicht für ein Einzelrisiko, sondern für den Mantelvertrag vereinbart, gelten die allgemeinen Grundsätze (§ 28 VVG), sofern sie nicht abbedungen sind (§ 210 VVG; Prölss/Martin/*Armbrüster*, § 58 Rn 2).

5 Der VN muss eine vor Eintritt des Versicherungsfalls zu erfüllende Obliegenheit in Bezug auf ein versichertes Einzelrisiko schuldhaft verletzen. Das setzt die Vereinbarung dieser Obliegenheit für das Einzelrisiko voraus. Da Einzelrisiken bei der laufenden Versicherung nicht Gegenstand von Einzelvereinbarungen und Einzelpolicen sind, sondern stattdessen nur deklariert werden (§ 54 VVG), dürfte § 58 VVG in der Praxis dann Anwendung finden, wenn es sich um gesetzliche Obliegenheiten (z.B. Sicherheitsvorschriften) oder um vertragliche Obliegenheiten im Mantelvertrag mit Bezug zu Einzelrisiken handelt (MüKo/*Reinhard*, § 58 VVG Rn 4; Looschelders/Pohlmann/*Looschelders/Gesing*, § 58 Rn 6; Prölss/Martin/*Armbrüster*, § 58 Rn 2). Sind vertragliche Obliegenheiten im Mantelvertrag für Einzelrisiken vereinbart, muss nicht jede zu erfüllende Obliegenheit auch für jedes Einzelrisiko stets relevant sein, etwa wenn es sich um die Ergreifung von Sicherheitsmaßnahmen erst nach Eintritt einer bestimmten Gefahrenlage handelt (MüKo/*Reinhard*, § 58 VVG Rn 4).

6 Anders als in § 28 Abs. 2 VVG muss die **Rechtsfolge** der Leistungsfreiheit nicht im Vertrag bestimmt sein (MüKo/*Reinhard*, § 58 VVG Rn 5). Die Obliegenheit muss **schuldhaft** verletzt worden sein – anders als bei § 28 VVG genügt jeder Verschuldensgrad – auch leichte Fahrlässigkeit ist erfasst (Prölss/Martin/*Armbrüster*, § 59 Rn 3; MüKo/*Reinhard*, § 58 VVG Rn 6). Die Beweislast für das Verschulden obliegt dem VR (Prölss/Martin/*Armbrüster*, § 58 Rn 3). Für eine Beweislastumkehr (gegen den Wortlaut) sprechen keinerlei Anhaltspunkte (Prölss/Martin/*Armbrüster*, § 58 Rn 3; **a.A.** Looschelders/Pohlmann/*Looschelders/Gesing*, § 58 Rn 8). Entgegengesetzte Vereinbarungen in den AVB sind möglich.

7 Dem Sinn und Zweck der Norm entspricht es, dass Leistungsfreiheit nicht eintritt, wenn die Verletzung der Obliegenheit für den Eintritt des Versicherungsfalles nicht kausal war (Römer/Langheid/*Rixecker*, § 58 Rn 1; MüKo/*Reinhard*, § 58 VVG Rn 7; Prölss/Martin/*Armbrüster*, § 58 Rn 3; Rüffer/Halbach/Schimikowski/*Harms*, § 58 Rn 3). In einem solchen Fall hätte auch die Beachtung der Obliegenheit den Versicherungsfall nicht vermieden – das heißt für die Leistungsfreiheit des VR fehlt es am Funktionszusammenhang, denn Obliegenheiten werden nicht um ihrer selbst Willen, sondern zur Vermeidung von Versicherungsfällen vereinbart. Dem VN ist deshalb der Kausalitätsgegenbeweis auch im Rahmen des § 58 Abs. 1 VVG eröffnet (MüKo/*Reinhard*, § 58 VVG Rn 7; Rüffer/Halbach/Schimikowski/*Harms*, § 58 Rn 3). Es bedarf folglich keiner entsprechenden Vereinbarung in den AVB – sofern sie dennoch vorhanden sind, betonen sie (deklaratorisch) ein allgemeines versicherungsrechtliches Prinzip (so etwa § 18 Abs. 1 S. 2 AVB Euler Hermes Warenkreditversicherung, Fassung 2/2008).

II. Kündigung (§ 58 Abs. 2 VVG)

Unbeschadet der Auswirkungen einer Obliegenheitsverletzung in Bezug auf das betroffene Einzelrisiko muss der VR wegen der Beeinträchtigung des für den Fortbestand des Versicherungsverhältnisses notwendigen Vertrauensverhältnisses die Möglichkeit haben, die laufende Versicherung selbst mit einer angemessenen Frist zu kündigen (Begr. BT-Drucks 16/3945, S. 77). Dies gilt nicht nur für Obliegenheiten *vor*, sondern auch *nach* Eintritt des Versicherungsfalls (Römer/Langheid/*Rixecker*, § 58 Rn 2; MüKo/*Reinhard*, § 58 VVG Rn 9; Prölss/Martin/*Armbrüster*, § 58 Rn 4; *Renger*, in: Bruck/Möller, § 58 Rn 11; a.A. Looschelders/Pohlmann/*Looschelders/Gesing*, § 58 Rn 11). Das Kündigungsrecht soll bei jeder, auch der leichtesten Fahrlässigkeit, bestehen (BT-Drucks 16/3945 S. 77). Ob solche Verhaltensweisen, die jedem Menschen ohne böse Absicht unterlaufen können, tatsächlich zu einer Störung des Vertrauensverhältnisses führen können, erscheint zumindest fraglich. Anders als bei der immerhin vorsätzlichen Verletzung der Anmelde- und Antragspflicht (§ 54 Abs. 2 VVG) bleibt die Versicherung von Einzelrisiken, für die der Versicherungsschutz begonnen hat, nach § 58 Abs. 2 VVG nicht bestehen – der Vertrag endet mit Ablauf der Monatsfrist (Prölss/Martin/*Armbrüster*, § 58 Rn 4; **a.A.** *Renger*, in: Bruck/Möller, § 58 Rn 13, der für den Fortbestand des Versicherungsschutzes für die Einzelrisiken bis zum Ende ihrer Versicherungsdauer eintritt). Bei leicht fahrlässigen Verletzungen der Obliegenheit ist der VR verpflichtet darzulegen und zu zeigen, dass das für den Fortbestand des Versicherungsverhältnisses notwendige Vertrauensverhältnis tatsächlich beeinträchtigt ist. Anderenfalls könnte ein Missbrauch des dem VR eingeräumten Kündigungsrechtes vorliegen (BGH, WM 1987, 921; OLG Hamm, WM 1985, 1411 zur missbräuchlichen Kündigung von Darlehen). Unter ganz außergewöhnlichen Umständen können Kündigungen auch gegen das Schikaneverbot (§ 226 BGB) oder die guten Sitten (§ 138 BGB) verstoßen und deshalb nichtig sein (BGHZ 30, 195, 202 für den Fall einer arglistig herbeigeführten Kündigungslage).

C. Abdingbarkeit

Die Vorschrift ist **dispositiv**.

Abschnitt 7
Versicherungsvermittler, Versicherungsberater

Unterabschnitt 1
Mitteilungs- und Beratungspflichten

§ 59 VVG Begriffsbestimmungen

(1) Versicherungsvermittler im Sinn dieses Gesetzes sind Versicherungsvertreter und Versicherungsmakler.

(2) Versicherungsvertreter im Sinn dieses Gesetzes ist, wer von einem Versicherer oder einem Versicherungsvertreter damit betraut ist, gewerbsmäßig Versicherungsverträge zu vermitteln oder abzuschließen.

(3) Versicherungsmakler im Sinn dieses Gesetzes ist, wer gewerbsmäßig für den Auftraggeber die Vermittlung oder den Abschluss von Versicherungsverträgen übernimmt, ohne von einem Versicherer oder von einem Versicherungsvertreter damit betraut zu sein. Als Versicherungsmakler gilt, wer gegenüber dem Versicherungsnehmer den Anschein erweckt, er erbringe seine Leistungen als Versicherungsmakler nach Satz 1.

(4) Versicherungsberater im Sinn dieses Gesetzes ist, wer gewerbsmäßig Dritte bei der Vereinbarung, Änderung oder Prüfung von Versicherungsverträgen oder bei der Wahrnehmung von Ansprüchen aus Versicherungsverträgen im Versicherungsfall berät oder gegenüber dem Versicherer außergerichtlich vertritt, ohne von einem Versicherer einen wirtschaftlichen Vorteil zu erhalten oder in anderer Weise von ihm abhängig zu sein.

Übersicht

	Rdn
A. Normzweck	1
B. Norminhalt	3
I. Versicherungsvermittler (§ 59 Abs. 1 VVG)	3
II. Versicherungsvertreter (§ 59 Abs. 2 VVG)	4
III. Versicherungsmakler und Anscheinsmakler (§ 59 Abs. 3 VVG)	7
IV. Versicherungsberater (§ 59 Abs. 4 VVG)	24
V. Mischformen im Vertrieb	26
1. Assekuradeur	29
2. Firmenverbundener Versicherungsmakler	30
3. Strukturvertriebe	31

A. Normzweck

1 Die Vorschrift enthält Legaldefinitionen der gesetzlich vorgegebenen Vermittlertypen sowie des durch die Neuregelung ebenfalls betroffenen Versicherungsberaters. Die Vorschrift

wurde aufgrund der Vermittlerrichtlinie in das deutsche Recht eingeführt. Sie entspricht § 42a VVG a.F.

Die Vorschrift erfasst die gewerbsmäßige Versicherungsvermittlung und -beratung.

Gewerbsmäßig ist danach „jede selbstständige, planmäßige auf Dauer angelegte und mit Gewinnerzielungsabsicht vorgenommene Tätigkeit" (Römer/Langheid/*Rixecker*, § 59 Rn 2). Hierbei werden nur Vermittlungshandlungen erfasst, die auf einen konkreten Abschluss eines Versicherungsvertrages abzielen. Vorbereitende Handlungen werden von der Vorschrift nicht erfasst (vgl. Prölss/Martin/*Dörner*, § 59 Rn 1).

Praxistipp 2
Hinsichtlich aller Vertriebsformen ist es empfehlenswert, dass das Vermittlerregister im Internet eingesehen wird. Die Adresse lautet: www.vermittlerregister.info. Sofern ein Vermittler als Makler eingetragen ist, unterliegt er zumeist den strengeren Haftungskriterien. Sofern ein Vermittler als Vertreter eingetragen ist, bleibt zu erwägen, inwieweit eine Wissenszurechnung und damit eine Haftung des VR anzunehmen sein könnte.
Der Eintragung im Vermittlungsregister kommt, in Bezug auf die richtige Wahl des Vermittlertypens, eine Indizwirkung zu. Sie begründet jedoch weder guten Glauben noch eine unwiderlegliche Vermutung (Prölss/Martin/*Dörner*, § 59 Rn 7).

B. Norminhalt

I. Versicherungsvermittler (§ 59 Abs. 1 VVG)

Das Gesetz fasst unter den Oberbegriff des Versicherungsvermittlers sowohl die Versicherungsvertreter als auch die Versicherungsmakler. Nach dem sog. Grundsatz der Polarisation ist somit jeder Vermittler entweder als Versicherungsvertreter oder als Versicherungsmakler einzuordnen (vgl. MAH-VersR/*Baumann*, § 4 Rn 3). In der Vergangenheit häufig aufgetretene Zwischenstellungen bzw. Mischformen (vgl. hierzu *Matusche-Beckmann*, VersR 1995, 1391, 1392) oder eine Vermittlerstellung sui generis sind daher nicht mehr denkbar. Solche Marktteilnehmer sind entweder Vertreter oder Makler oder sie sind überhaupt keine Versicherungsvermittler, wie dies im Einzelfall bei Servicegesellschaften oder Maklerpools der Fall sein mag, sofern kein Kontakt zum Endkunden besteht. Ebenfalls keine Versicherungsvermittler sind sog. Tippgeber. Der „Tippgeber" ist nicht legaldefiniert. Als Tippgeber werden Personen bezeichnet, die z.B. eine Namenhaftmachung einer potenziellen Kundenverbindung an einen Vermittler betreiben. Datenschutzrechtliche Aspekte sind zu berücksichtigen (vgl. BaFin Schreiben vom 23.12.2014). Die Vorschriften über den Versicherungsvermittler finden somit keine Anwendung (vgl. Rüffer/Halbach/Schimikowski/*Münkel*, § 59 Rn 3). Ein Tippgeber darf selbst nicht vermitteln. Der funktionale Vermittlerbegriff aus Art. 2 Nr. 5 der Vermittlerrichtlinie wurde aufgrund der fehlenden Unterscheidung von Maklern und Vertretern als ungeeignet erachtet (BT-Drucks 16/1935, S. 22). Die Darlegungs- und Beweislast trägt derjenige, der sich auf das Vorliegen eines Vermittlertyps beruft (Prölss/Martin/*Rixecker*, § 59 Rn 7).

II. Versicherungsvertreter (§ 59 Abs. 2 VVG)

4 Der Versicherungsvertreter ist in § 59 Abs. 2 VVG legaldefiniert worden. Der Versicherungsvertreter ist aufgrund eines Geschäftsbesorgungsvertrages (sog. „Agenturvertrag") mit dem VR verpflichtet, sich um den Abschluss von Versicherungsverträgen zu bemühen (MüKo/*Reiff*, § 59 VVG Rn 27; Prölss/Martin/*Kollhosser*, § 43 Rn 5 f.). Hierin liegt die „Betrauung" i.S.d. Gesetzes, die auch durch einen Versicherungsvertreter erfolgen kann (sog. Untervermittler, näher *Schwintowski*, in: Bruck/Möller, § 59 Rn 51 ff.). Nicht ausreichend ist es, wenn ein Vermittler bloß mit Wissen und Wollen des Versicherers tätig wird (Rüffer/Halbach/Schimikowski/*Münkel*, § 59 Rn 10). In solchen Fällen liegt eine Betrauung allenfalls vor, wenn die Voraussetzungen einer Duldungs- oder Anscheinsvollmacht vorliegen (Rüffer/Halbach/Schimikowski/*Münkel*, § 59 Rn 11). Die Tatsache, dass der Vermittler mit Antragsformularen eines Versicherers ausgestattet ist, genügt insofern nicht (vgl. *Schwintowski*, in: Bruck/Möller, § 59 Rn 37). Daraus folgt aber, dass die Betrauung als solche zwar grundsätzlich durch schriftlichen Vertrag erfolgt, jedoch nicht formbedürftig ist und somit auch mündlich oder konkludent erfolgen kann. Das Betrauen verpflichtet den Versicherungsvertreter nicht zwingend zum Tätigwerden, es erfordert nur, dass der Versicherungsvertreter im Interesse seines VR tätig werden muss und seinen Weisungen insoweit unterliegt (vgl. hierzu MüKo/*Reiff*, § 59 VVG Rn 27 ff.).

5 Der Versicherungsvertreter unterliegt grds. den Regelungen der §§ 84 ff. HGB (zu den daraus resultierenden Pflichten näher *Schwintowski*, in: Bruck/Möller, § 59 Rn 39) sowie etwaigen vertraglichen Abreden. Ferner weicht die in § 59 Abs. 2 VVG enthaltene Definition insofern von derjenigen in § 84 HGB ab, als entsprechend den Vorgaben der EU-Vermittlerrichtlinie auch eine nicht-ständige Vermittlungstätigkeit („Gelegenheitsvermittler") vom Anwendungsbereich umfasst ist (vgl. BT-Drucks 16/1935, S. 22; Looschelders/Pohlmann/*Baumann*, § 59 Rn 5). § 59 Abs. 2 VVG umfasst sowohl den Ausschließlichkeits- als auch den Mehrfachvertreter (BT-Drucks. 16/1935, S. 22). Ausschließlichkeitsvertreter sind solche Vertreter, welche nur für einen VR tätig werden. Mehrfachvertreter bieten hingegen die Produkte mehrerer miteinander konkurrierender VR an (so auch Rüffer/Halbach/Schimikowski/*Münkel*, § 59 Rn 14). Bei Mehrfachvertretern wird zwischen „echten" und „unechten" Mehrfachvertretern unterschieden. Der „echte" Mehrfachvertreter bietet die Produkte mehrerer VR an, die direkt miteinander in Konkurrenz stehen. Der „unechte" Mehrfachvertreter bietet hingegen Produkte verschiedener VR an, die gerade nicht miteinander konkurrieren (MüKo/*Reiff*, § 59 VVG Rn 34). Bei der Mehrfachvertretung im Allgemeinen werden entsprechende Ausnahmen von dem generell geltenden Wettbewerbsverbot vereinbart (BGH, NJW-RR 1986, 709).

Versicherungsvertreter können sowohl natürliche als auch juristische Personen sein.

Versicherungsvertreter können Vermittlungsvertreter oder Abschlussvertreter sein. Dem Vermittlungsvertreter kommt dabei nur eine passive Vertretungsmacht gem. § 164 Abs. 3 BGB zu. Der Abschlussvertreter wird in § 71 VVG näher bezeichnet. Er verfügt über eine „aktive" Vertretungsmacht. Er kann für den VR Verträge abschließen, ändern, verlängern, kündigen oder von diesem zurücktreten. Der Abschlussvertreter ist jedoch die seltenere

Vertreterform, da die VR die Gewalt über die letzte Entscheidung damit aus der Hand geben (So auch MüKo/*Reiff*, § 59 VVG Rn 36).

Ein Versicherungsvertreter kann Haupt- oder Untervertreter sein. Der Hauptvertreter schließt seinen Geschäftsbesorgungsvertrag direkt mit dem VR ab. Bei dem Untervertreter ist zu unterscheiden zwischen dem „echten" und dem „unechten" Untervertreter. Der „echte" Untervertreter schließt seinen Vertrag direkt mit dem Hauptvertreter ab, so dass keine direkte vertragliche Beziehung zum VR besteht. Bei der „unechten" Untervertretung schließt der Hauptvertreter einen Vertrag mit dem Untervertreter im Namen des VR ab. Bei dieser Ausgestaltung verfügt der Hauptvertreter im Verhältnis zum Untervertreter allerdings über die Weisungsbefugnis (vgl. hierzu auch MüKo/*Reiff*, § 59 VVG Rn 39).

Die Aufgaben des Versicherungsvertreters beschränken sich nicht alleine auf den Vertrieb und die vorvertragliche Beratung des potenziellen VN, sondern dieser steht auch und während der Laufzeit des Versicherungsvertrages dem VN als Ansprechpartner zur Verfügung. Zur Betreuung des Vertrages hat der Versicherungsvertreter auch vom Gesetzgeber entsprechende Vollmachten erhalten (näher hierzu unter § 69; vgl. hierzu auch Rüffer/ Halbach/Schimikowski/ *Münkel*, § 59 Rn 21).

Der Versicherungsvertreter steht „im Lager" des VR. Er hat per se keine originäre Rechtsbeziehung zum VN und haftete diesem ggü. bis zur Umsetzung der EU-Vermittlerrichtlinie lediglich nach den allgemeinen Grundsätzen des § 311 Abs. 3 BGB, wobei das Provisionsinteresse des Versicherungsvertreters *nicht* ausreichte, um ein eigenes wirtschaftliches Interesse i.S.d. Norm zu begründen (BGH, VersR 1990, 157). Nach neuem Recht haftet der Vertreter freilich unabhängig davon persönlich für die Erfüllung seiner Pflichten gem. den §§ 60, 61 VVG. Die Haftungsverantwortung bezieht sich auf seine Tätigkeit bei der Vermittlung des Vertrages. Je nach Art der Pflichtverletzung kommt hier zudem entweder eine gesamtschuldnerische Haftung mit dem VR, den in § 6 VVG korrespondierende Pflichten treffen, oder aber auch gem. § 425 BGB eine ausschließliche Haftung des Vertreters in Betracht (dazu *Werber*, VersR 2007, 1153, 1154). Hierdurch wird die Eigenhaftung des Vertreters durchaus ggü. dem alten Recht erheblich erweitert.

6

III. Versicherungsmakler und Anscheinsmakler (§ 59 Abs. 3 VVG)

Der Versicherungsmakler unterscheidet sich grundlegend vom Versicherungsvertreter. Das entscheidende Abgrenzungskriterium besteht darin, dass der zuerst Genannte stets durch den Kunden beauftragt wird (vgl. auch BT-Drucks 16/1935, S. 22) „Auftraggeber" meint in § 59 Abs. 3 S. 1 VVG also den (präsumtiven) VN. Der Versicherungsmakler ist insofern nach einer grundlegenden, durch die Kodifizierung des Vermittlerrechts unberührt gebliebenen Entscheidung des BGH (BGH, VersR 1985, 930 „Sachwalter-Urteil") „treuhänderischer Sachwalter" des Kunden und als solcher mit sonstigen Beratern vergleichbar. Insofern gelten prinzipiell die Grundsätze der sog. „Expertenhaftung" (dazu allg. *Zugehör*, NJW 2000, 1601; zum Steuerberater *Gounalakis*, NJW 1998, 3593). Ferner hat dies zur Folge, dass den Versicherungsmakler im Regelfall Pflichten treffen, die über die in den §§ 60 ff. VVG geregelten deutlich hinausgehen.

7

8 Nach herrschender Meinung galt der Versicherungsmakler vor Inkrafttreten der gesetzlichen Regelung in § 42a VVG a.F./§ 59 VVG n.F. stets als Handelsmakler i.S.d. §§ 93 ff. HGB (BGH, VersR 1986, 236, 237) bzw. – bei nicht gewerbsmäßiger Tätigkeit – als Zivilmakler (BGH, VersR 1985, 930). Zugleich bestand aber Einigkeit darüber, dass das geschriebene Maklerrecht für den Berufsstand des Versicherungsmaklers nur eine sehr eingeschränkte Bedeutung besaß (vgl. etwa *Zinnert*, VersR 2000, 399, 401; *Benkel/Reusch*, VersR 1992, 1302, 1304). Vielmehr ist die Rechtsprechung – v.a. gilt dies für das prägende „Sachwalter-Urteil" – mit Recht als das Rückgrat des modernen Versicherungsmaklerrechts" bezeichnet worden (*Zinnert*, Versicherungsmakler, S. 385). Die fehlende Kongruenz zwischen geschriebenem Handelsmaklerrecht und rechtstatsächlicher Ausgestaltung der Tätigkeit des Versicherungsmaklers findet v.a. in der Tatsache Ausdruck, dass der Versicherungsmakler schon nach alter Rechtslage im Regelfall als i.S.e. Dauerschuldverhältnisses „ständig vom Versicherungsnehmer betraut" angesehen wurde (zu Harmonisierungsversuchen vgl. etwa Prölss/Martin/*Kollhosser*, § 48 Rn 4).

9 Die „Bemühungen" um eine Aufrechterhaltung der Handelsmaklereigenschaft sind nun überflüssig, da § 59 Abs. 3 VVG in jedem Fall die vorrangige Spezialnorm darstellt (VersR-Hdb/*Matusche-Beckmann*, § 5 Rn 228). Letztlich dürfte ein Rückgriff auf das ohnehin wenig passende Maklerrecht insgesamt weitgehend überflüssig sein (vgl. auch Rüffer/Halbach/Schimikowski/*Münkel*, § 59 Rn 1). Mit der Stellung als Sachwalter des Kunden verträgt es sich nicht, wenn zugleich von weit reichenden Pflichten ggü. dem VR aufgrund eines maklertypischen Doppelrechtsverhältnisses ausgegangen wird. Der Versicherungsmakler ist nicht in erster Linie ein zwischen beiden Parteien stehender Vermittler, sondern in ausgeprägtem Maße Interessenvertreter und Berater des Versicherungsnehmers.

10 Der Maklervertrag ist ein Geschäftsbesorgungsvertrag, bei dem der dienstvertragliche Charakter überwiegt, da der Makler die Herbeiführung des Vertragsschlusses mit dem Versicherer nicht als Erfolg versprechen kann (Looschelders/Pohlmann/*Baumann*, § 59 Rn 17; **a.A.** Prölss/Martin/*Kollhosser*, § 48 Rn 4). Der Maklervertrag wird i.d.R. schriftlich geschlossen. Er kann jedoch auch durch schlüssiges Verhalten zustande kommen, wobei zwei Dinge zu unterscheiden sind: An die Annahme einer Beauftragung durch den Kunden, die womöglich sogar zur Zahlung eines vermittlungsunabhängigen Beratungshonorars (zur gewerberechtlichen Rechtslage: § 34d GewO Rdn 16 ff.) verpflichtet, sind strenge Anforderungen zu stellen (eingehend *Schwintowski*, in: Bruck/Möller, § 59 Rn 83 ff.). Dies kommt regelmäßig erst dann infrage, wenn Höhe und Voraussetzungen solcher Zahlungen eindeutig vereinbart wurden.

11 Dagegen kann es zur Entstehung von Beratungsverpflichtungen des Maklers bereits genügen, wenn der Kunde eine Anfrage an diesen richtet und der Makler darauf antwortet (vgl. für den Anlagevermittler BGH, NJW-RR 2005, 1120). Beantwortet der Makler also eine Anfrage bzgl. eines zu versichernden Objekts, das aktuell nicht versichert ist, so muss er in jedem Fall auf den notwendigen Vertragsabschluss hinwirken. Andernfalls kann er aus einem konkludent abgeschlossenen Maklervertrag in Anspruch genommen werden, wenn dem Kunden ein unversicherter Schaden entsteht.

Laut Gesetz ist Versicherungsmakler nur, wer nicht von einem Versicherer oder von einem Versicherungsvertreter mit der Vermittlung betraut ist. Dies ist angesichts der Zuordnung des Maklers zum „Lager" des Kunden konsequent. Nichtsdestotrotz darf als nahezu unbestritten gelten, dass mit der Aufnahme der Vermittlertätigkeit ein Doppelrechtsverhältnis (BGH, VersR 1995, 93) entsteht und dass der Makler auch zum VR in einem gesetzlichen bzw. vertragsähnlichen Schuldverhältnis steht. Vor diesem Hintergrund entspricht es einer anerkannten Übung des Versicherungsmaklerrechts, dass die Courtage des Maklers durch den VR gezahlt wird (*Schwintowski*, in: Bruck/Möller, § 59 Rn 115 m.w.N.). Dies gilt auch dann, wenn zwischen Makler und VR keine vertraglichen Vereinbarungen bestehen, wobei in der Praxis mindestens der Abschluss von Courtagevereinbarungen absolut gängig ist. **12**

Freilich finden sich rechtstatsächlich häufig Vereinbarungen zwischen Maklern und Versicherern, die über bloße Courtagevereinbarungen deutlich hinausgehen. So werden etwa größere Makler teilw. mit Regulierungsvollmachten ausgestattet. Nicht selten sind auch Bürokostenzuschüsse oder andere Vergünstigungen, die dem Versicherungsmakler durch einzelne Gesellschaften gewährt werden. Hier gibt es eine nicht immer trennscharf zu ziehende Grenze, ab der ein vermeintlicher Makler seine Unabhängigkeit verliert und im Verhältnis zum VR „wie ein Vertreter" zu behandeln ist, was insb. dazu führt, dass sich der VR – jedenfalls bei kollusivem Zusammenwirken – das Wissen des Maklers zurechnen lassen muss. Ggü. dem Kunden bleibt freilich die strenge Maklerhaftung erhalten, und zwar jedenfalls nach § 59 Abs. 3 S. 2 VVG (zum Ganzen m.w.N. *Schwintowski*, in: Bruck/Möller, § 59 Rn 70 f.). **13**

In jedem Fall stellt sich das Problem, dass der Makler bei Annahme eines Doppelrechtsverhältnisses grds. gem. § 241 BGB zur angemessenen Wahrung der jeweiligen Interessen der anderen Partei verpflichtet ist. Problematisch ist dies immer dann, wenn die Interessen sich widersprechen, z.B. der Makler Kenntnis von einem Versicherungsbetrug des Kunden erlangt. Zunächst ist festzustellen, dass der Makler zur Beteiligung an einem rechtswidrigen Handeln des VN nicht verpflichtet ist (Looschelders/Pohlmann/*Baumann*, § 59 Rn 38). Darüber hinaus darf er sich an der Straftat des VN nicht beteiligen, da er sich ansonsten unter dem Gesichtspunkt der Mittäterschaft bzw. Teilnahme (Anstiftung oder Beihilfe) strafbar machen kann. Fraglich ist indes, ob eine weiter gehende Mitteilungspflicht des Maklers ggü. dem VR für den Fall besteht, dass der Makler erst später Kenntnis von der Straftat des VN erhält. Eine solche Pflicht ist zu verneinen, da der Versicherungsmakler ebenso wie ein RA keinen Geheimnis- bzw. Mandantenverrat begehen darf. Für eine Mitteilungspflicht besteht daher kein Raum (richtig Looschelders/Pohlmann/*Baumann*, § 59 Rn 38). **14**

Auch Regulierungsvollmachten des Maklers sind im Hinblick auf mögliche Interessenkonflikte problematisch. Denn es ist schwer vorstellbar, wie ein Makler eine ihm erteilte Regulierungsvollmacht zugleich im Interesse des VR und des VN ausüben soll. Hier sind Haftungsrisiken in die eine oder die andere Richtung vorprogrammiert. Prinzipiell ist insoweit stets von einem Vorrang der Kundeninteressen auszugehen. **15**

Im Einzelfall kann es zu Abgrenzungsschwierigkeiten zwischen Makler und Vertreter kommen. Im Innenverhältnis zwischen Vermittler und Versicherer ist die bestehende Provi- **16** sionsabrede nach den allgemeinen Regeln des BGB auszulegen (§§ 133, 157 BGB) und das tatsächlich von den Parteien Gewollte zu ergründen. Im Verhältnis des Vermittlers zum Kunden gilt hingegen stets der äußere Anschein, d.h. das Auftreten des Vermittlers (so auch *Neuhaus/Kloth*, Praxis des neuen VVG, Rn 3.17.3). Maßgeblich für die Beurteilung, ob ein Anschein gesetzt wurde, dürften die objektivierten Umstände aus der Sicht des Kunden (VN) sein. Gerade der Mehrfachagent und die in der Vergangenheit oftmals auftretenden Mischformen zwischen Vertreter- und Maklerstatus (sog. Ventillösung) führen daher nach neuer Rechtslage zur Annahme eines Maklerstatus im Außenverhältnis. Daneben ist eine Vermischung des Vermittlerstatus auch gewerberechtlich unzulässig (vgl. hierzu *Böckmann*, VersR 2009, 154).

17 Bei einem Maklerwechsel erlischt grds. der Courtageanspruch des alten Maklers und dieser geht auf den neuen Makler über. Jedoch ist im Einzelfall zu differenzieren, ob eine laufende Courtagezahlung ausschließlich ein Betreuungsentgelt darstellt oder ob sie anteilig auch noch eine Vermittlungsprovision enthält (vgl. BGH, NJW-RR 2005, 568, 569 m.w.N.; näher Prölss/Martin/*Kollhosser*, Anh. zu §§ 43–48 Rn 45 ff.).

18 Bei der Lebens- und Krankenversicherung gilt regelmäßig das System der einmaligen Abschlusscourtage, d.h. der Versicherer zahlt eine hohe Prämie nach Abschluss des Vertrages, durch die die eigentliche Vermittlungstätigkeit vollständig abgedeckt wird, so dass die in den weiteren Vertragsjahren gezahlten (niedrigeren) Zahlungen ausschließlich Betreuungstätigkeiten abdecken. Bei einjährigen Sachversicherungen mit Verlängerungsklauseln wird i.d.R. das System der gleich bleibenden Courtage praktiziert, bei der die gezahlten Prämien gleich hoch bleiben, wobei die Courtage im ersten Jahr als reine Abschlusscourtage anzusehen ist, während die Folgezahlungen sowohl ein Vermittlungs- als auch ein Verwaltungsentgelt enthalten sollen. Bei Mehrjahresverträgen gilt in der Sachversicherung dagegen regelmäßig das System der erhöhten Abschlusscourtage, wo die Folgecourtagen ggü. der im ersten Jahr gezahlten reinen Vermittlungsprämie – wie in der Lebens- und Krankenversicherung – gleich bleibend niedriger sind, nach herrschender Meinung aber – anders als bei der Lebens- und Krankenversicherung – einen Abschluss- und einen Betreuungsanteil enthalten. Sofern nichts anderes vereinbart wurde, soll bei den Folgecourtagen das Verhältnis von Vermittlungs- und Betreuungsanteil 50:50 sein (BGH, VersR 1986, 236, 237 f.).

19 Schwierig zu beurteilen und praktisch bedeutsam sind die Fälle des sog. Maklereinbruchs, bei denen ein ursprünglich durch einen Vertreter vermittelter VV auf Wunsch des VN auf einen Makler übertragen wird. Vollkommen zu Recht hat der BGH entschieden, dass in einem solchen Fall keine Ausgleichsansprüche des Vertreters entstehen, da es sich nicht um eine Teilbeendigung des Vertretervertrages handelt (BGHZ 124, 10; näher *Schwintowski*, in: Bruck/Möller, § 59 Rn 110 ff. m.w.N.). Denn es kann keinen Unterschied machen, ob der Vertrag durch den Makler gekündigt und anschließend neu abgeschlossen wird oder ob es eine Fortsetzung zu den vom Makler neu verhandelten Konditionen gibt. Das Risiko der Beendigung des Vertrages durch den VN müsse der Vertreter grds. hinnehmen.

20 Nicht beantwortet ist damit aber die Frage, ob dem Versicherungsmakler ein Anspruch auf die Betreuungscourtage zusteht, wenn er mit einem VN einen Maklervertrag abschließt

und kraft dessen auch die Betreuung von Verträgen übernimmt, die ursprünglich durch einen Vertreter vermittelt wurden. Keine Probleme ergeben sich dann, wenn – wie in der Praxis nicht selten – eine Courtagevereinbarung abgeschlossen wurde, die eine Übertragung nebst Courtagezahlung ab Vorlage des Maklerauftrags regelt. Darüber hinaus kommt es jedoch ebenso häufig vor, dass der VR die Zahlung der Betreuungscourtage verweigert und den Makler lediglich als sog. Korrespondenzmakler führt. Diese Vorgehensweise ist durch ein Urteil des OLG Hamm (24.11.2004 – 35 U 17/04) bestätigt worden. Die faktische Übernahme der Betreuung durch den Makler löse keine Courtagepflicht des Versicherers aus. Den Interessen des VN sei durch die Aufnahme des – vom VN beauftragten – Maklers als Korrespondenzmaklers Genüge getan.

Dieses Urteil verdient keine Zustimmung. Die darin geäußerte Rechtsauffassung ermöglicht es dem VR, dem Makler zugunsten des eigenen Außendienstes Wettbewerbsnachteile zuzufügen. Das Gericht beruft sich darauf, der VR könne frei entscheiden, wem er die Verwaltung und Betreuung des Vertrages anvertraue. Daran ändere sich durch die Beauftragung des Maklers nichts. Jedoch lässt das Gericht offen, welche Betreuungsleistungen noch beim Vertreter verbleiben sollen, wenn sich der VN mit sämtlichen Anliegen an den von ihm beauftragten Makler wendet. Auf diese Weise erbringt der Makler faktisch unentgeltlich die Betreuungsleistung, während der Vertreter ohne eigene Betreuungsleistung das entsprechende Entgelt erhält. Dadurch drängt der VR den Makler faktisch zur Umdeckung des Vertrages, die diesem aber häufig nicht möglich sein wird, ohne die Pflichten ggü. seinem Kunden zu verletzen. 21

Letztlich wird so die optimale Betreuung des VN vereitelt. Dies zu vermeiden ist der VR aus Rücksichtnahme ggü. seinem Vertragspartner – dem VN – verpflichtet, weshalb er im Falle des Vorliegens eines Maklervertrages die Betreuungscourtage an den vom VN beauftragten Makler zu entrichten hat. Nachteile für den VR entstehen nach der hier befürworteten Auffassung nicht, denn der Vertreter hat aufgrund der Übertragung keinen Anspruch mehr auf die Betreuungscourtage, so dass der VR nicht zur doppelten Zahlung verpflichtet ist. Der Vertreter ist seinerseits nicht mehr verpflichtet, bzgl. des entsprechenden Vertrages Betreuungsleistungen zu erbringen. 22

Das Gesetz unterwirft in § 59 Abs. 3 S. 2 VVG die sog. „Pseudo- oder Scheinmakler" den für Versicherungsmakler geltenden Vorschriften. Dies wurde auch zur alten Rechtslage vielfach angenommen (vgl. OLG Oldenburg, VersR 1999, 757). Sofern ein Vermittler durch sein Auftreten den Eindruck einer unabhängigen, dem Interesse des Kunden verpflichteten Tätigkeit erweckt, ist es angemessen, ihn in jenem Verhältnis zum Kunden einer entsprechenden Haftung zu unterwerfen. Richtigerweise finden auf den Pseudomakler nicht nur die ausdrücklichen gesetzlichen Regelungen über Versicherungsmakler Anwendung, sondern *auch* die darüber hinausgehenden, aus der Sachwalterstellung resultierenden Pflichten. Ob von einem Auftreten als Makler auszugehen ist, muss stets durch Auslegung ermittelt werden. Es genügt aus der Sicht des Kunden, dass der Anschein erweckt wurde. Im Verhältnis zum Versicherer findet jedoch die tatsächliche Rechtsstellung des Vermittlers Anwendung, so dass sich der Versicherer z.B. auch die Kenntnis seines Anscheinsmaklers zurechnen lassen muss (Prölss/Martin/*Kolhosser*, § 43 Rn 13), da die Bestimmung des § 59 23

Abs. 3 S. 2 VVG dem Kundenschutz dient (BT-Drucks 16/1935, S. 23) und mithin nicht zum Nachteil des Versicherungsnehmers wirken darf (VersR-Hdb/*Matusche-Beckmann*, § 5 Rn 224; MüKo/*Reiff*, § 59 VVG Rn 49).

IV. Versicherungsberater (§ 59 Abs. 4 VVG)

24 Die Versicherungsberater sind aufgrund ihrer Nennung in der Vermittlerrichtlinie ebenfalls dem Regelungsgehalt des neuen Vermittlerrechts unterworfen. Die Definition in § 59 Abs. 4 VVG orientiert sich an § 34e Abs. 1 GewO (vgl. BT-Drucks 16/1935, S. 23). Näheres siehe dort.

25 Nicht zu verwechseln ist der Versicherungsberater mit dem Makler auf Honorarbasis. Der Makler auf Honorarbasis ist und bleibt Vermittler, welcher nur ausnahmsweise „wie ein Versicherungsberater" beratend tätig wird bzw. für die Vermittlung einer Nettopolice ein Honorar im Gegenzug für den Verzicht auf die Courtage erhält. Der Versicherungsberater hingegen schuldet die Vereinbarung, Änderung und Prüfung von Versicherungsverträgen und ist damit ein echter Berater. Mittels des Honorars wird also nicht der Vermittlungserfolg honoriert, sondern vielmehr die eigentliche Beratung. Daneben ist der Versicherungsberater aber auch berechtigt, als Stellvertreter des VN Verhandlungen mit dem VR zu führen (z.B. über die Prämie oder die Versicherungsbedingungen) und auch die zum Versicherungsvertrag führende Willenserklärung für den VN abzugeben. Der Umfang seiner Vertretungsbefugnis ergibt sich aus der erteilten Bevollmächtigung/Beauftragung. Im Gegenzug ist es dem Versicherungsberater verboten, Provisionen oder Courtagen vom VR anzunehmen (weitere Ausführungen vgl. *Schwintowski*, in: Bruck/Möller, § 59 Rn 153 ff.).

V. Mischformen im Vertrieb

26 Es ist auch die Konstellation denkbar, dass ein Handelsvertreter (§ 84 HGB) für einen Versicherungsmakler tätig ist. Ein solcher Vertreter vermittelt selbstverständlich Verträge ggü. dem Versicherungsmaklerhaus. Obwohl er selbst Handelsvertreter ist, qualifiziert sich natürlich die Beratungsinhalte nach dem Versicherungsmaklerrecht.

27 Umgekehrt kann es auch sein, dass ein Versicherungsmakler ggü. dem Kunden berät, dann aber den Versicherungsvertrag über einen Versicherungsvertreter einreicht. Im Verhältnis zum Kunden haftet der sich als Makler ausgebende Vermittler nach dem strengeren Maklerrecht. Auf die Stellung des „formalen" Vermittlers, dem Vertreter, kommt es *nicht* an.

28 Fraglich erscheint, ob eine Trennung des Vermittlerstatus nach Sparten möglich ist. Könnte der Vermittler in einer Sparte als Makler und in der anderen als Versicherungsvertreter auftreten? Dies wäre jedoch rechtlich unzulässig. Eine gebundene Vermittlertätigkeit ist mit dem gesetzlichen Leitbild des Versicherungsmaklers, welcher seine Dienstleistung aufgrund einer objektiven Marktuntersuchung vornimmt, nicht vereinbar.

1. Assekuradeur

Weniger bekannt ist die Stellung des Assekuradeurs in der Vertriebslandschaft, die v.a. in der Transportversicherung eine große Rolle spielt (vgl. MüKo/*Reiff*, § 59 VVG Rn 37 m.w.N.). Der Assekuradeur ist mit besonderen Vollmachten des VR ausgestattet. Zumeist ist er abschlussbevollmächtigt. Überdies bestehen auch häufig Vollmachten i.R.d. Schadensregulierung für den VR und es wird meist das Inkasso für diesen durchgeführt. Der Assekuradeur ist damit Versicherungsvertreter mit besonders weit reichenden Kompetenzen. Aufgrund des Inhaltes seiner Befugnisse steht er jedoch eindeutig im Lager des VR, auch wenn er ggü. dem Kunden häufig suggeriert, dass er wie ein Makler mehrere VR vertreten kann. Insoweit ist der Assekuradeur i.d.R. Mehrfachagent. Setzt er jedoch zurechenbar den Anschein, als Makler tätig geworden zu sein, so haftet er *auch* unter den o.g. Anscheinshaftungsvoraussetzungen ggü. seinem Kunden. 29

2. Firmenverbundener Versicherungsmakler

Des Weiteren gibt es noch den firmenverbundenen Versicherungsmakler. Hierbei handelt es sich um einen Teil eines Konzerns, welcher rechtlich selbstständig besteht und an den Konzern Versicherungsschutz vermittelt. Der firmenverbundene Vermittler ist rechtstechnisch zumeist wie ein Versicherungsmakler zu behandeln. Er steht im Lager seines Kunden und vertritt seine Interessen (vertiefend *Moll-Iffland*, VW 1997, 475). 30

3. Strukturvertriebe

Ein Strukturvertrieb gestaltet sich dermaßen, dass einem Obervermittler mehrere Untervermittler angegliedert sind, welche dann wiederum mehrere weitere Untervermittler beschäftigen. In dieser Organisationsstruktur ist jeder einzelne Vermittler zur Anbindung weiterer Untervermittler berechtigt. Er partizipiert an der Tätigkeit der ihm unterstellten Vermittler durch eine Differenzprovision. Dabei treten die einzelnen Vermittler nicht unabhängig nach außen auf, sondern einheitlich i.R.d. Strukturvertriebes. 31

Strukturvertriebe können theoretisch in beiden Rechtsformen am Markt auftreten. Sie können sowohl Versicherungsvertreter, wie auch Versicherungsmakler sein. Sofern ein Strukturvertrieb wie ein Mehrfachagent auftreten will, hat er dies ggü. dem Kunden deutlich herauszustellen. Anderenfalls besteht die Gefahr der Anscheinsmaklerhaftung. 32

Da die Strukturvertriebe i.d.R. ggü. dem Kunden erläutern, dass sie eine unabhängige Beratung in Versicherungsangelegenheiten vornehmen, sind sie aufgrund ihres Außenauftrittes und Beratungsinhaltes wie ein Makler, bzw. Anscheinsmakler zu behandeln. Der Strukturvertrieb haftet daher für die Pflichtverletzungen seiner Handelsvertreter (OLG Celle, DB 2002, 2211). 33

§ 60 VVG Beratungsgrundlage des Versicherungsvermittlers

(1) Der Versicherungsmakler ist verpflichtet, seinem Rat eine hinreichende Zahl von auf dem Markt angebotenen Versicherungsverträgen und von Versicherern zu Grunde zu legen, so dass er nach fachlichen Kriterien eine Empfehlung dahin abgeben kann, welcher Versicherungsvertrag geeignet ist, die Bedürfnisse des Versicherungsnehmers zu erfüllen. Dies gilt nicht, soweit er im Einzelfall vor Abgabe der Vertragserklärung des Versicherungsnehmers diesen ausdrücklich auf eine eingeschränkte Versicherer- und Vertragsauswahl hinweist.

(2) Der Versicherungsmakler, der nach Absatz 1 Satz 2 auf eine eingeschränkte Auswahl hinweist, und der Versicherungsvertreter haben dem Versicherungsnehmer mitzuteilen, auf welcher Markt- und Informationsgrundlage sie ihre Leistung erbringen, und die Namen der ihrem Rat zu Grunde gelegten Versicherer anzugeben. Der Versicherungsvertreter hat außerdem mitzuteilen, für welche Versicherer er seine Tätigkeit ausübt und ob er für diese ausschließlich tätig ist.

(3) Der Versicherungsnehmer kann auf die Mitteilungen und Angaben nach Absatz 2 durch eine gesonderte schriftliche Erklärung verzichten.

Übersicht

	Rdn
A. Normzweck	1
B. Norminhalt	2
I. Die Beratungsgrundlage (§ 60 Abs. 1 VVG)	3
1. Personaler Anwendungsbereich	3
2. Umfang der Beratungsgrundlage	4
3. Hinweis auf Einschränkung	13
II. Hinweispflichten (§ 60 Abs. 2 VVG)	16
1. Personaler Anwendungsbereich	16
2. Gegenstand der Hinweispflichten	17
3. Zeitpunkt des Hinweises	18
III. Kundenverzicht (§ 60 Abs. 3 VVG)	19
1. Umfang der Verzichtsmöglichkeit	19
2. Form und Inhalt der Verzichtserklärung	20
C. Prozessuale Hinweise	22
D. Arbeitshilfen	23

A. Normzweck

1 Die durch das Gesetz zur Neuregelung des Versicherungsvermittlerrechts eingeführte Norm transformiert die versicherungsvertragsbezogenen Vermittlerpflichten aus Art. 12 Abs. 1 Unterabs. 2, Abs. 2 der Vermittlerrichtlinie in das deutsche Recht, wobei sie teilweise über die europarechtliche Regelung hinausgeht (Hinweispflicht nach § 60 Abs. 1 S. 2 VVG), teilweise eine nicht unbedenkliche Einschränkung der gemeinschaftsrechtlichen Vorgaben enthält (Verzichtsmöglichkeit nach § 60 Abs. 3 VVG). Die Vorschrift normiert je nach Status des Vermittlers unterschiedliche zugrunde zu legende Beratungsgrundlagen sowie Möglichkeiten der Einschränkung. Sie ergänzt die in § 11 Abs. 1 VersVermV geregelten Statusinformationen und soll dem Kunden ermöglichen, sich über etwaige Abhängigkeiten

des Vermittlers und daraus möglicherweise folgende Interessenkonflikte zu informieren (*Schwintowski*, in: Bruck/Möller, § 60 Rn 6).

B. Norminhalt

§ 60 VVG befasst sich mit der Beratungsgrundlage des Versicherungsvermittlers. In § 60 Abs. 1 VVG wird geregelt, welche gesetzlichen Leistungspflichten der Makler zu erbringen hat und erlaubt ihm im Einzelfall nach entsprechendem Hinweis ggü. dem VN hiervon abzuweichen. Sofern der Makler den VN auf eine solche Einschränkung hingewiesen hat, ergeben sich für ihn weitergehende Informationspflichten aus § 60 Abs. 2 S. 1 VVG. Die Informationspflichten des § 60 Abs. 2 VVG gelten auch für den Versicherungsvertreter, wobei § 60 Abs. 2 S. 2 VVG ausschließlich für den Versicherungsvertreter gilt. Dem VN ist es nach der Regelung des § 60 Abs. 3 VVG jedoch gestattet, auf die Informationspflichten aus § 60 Abs. 2 VVG zu verzichten.

I. Die Beratungsgrundlage (§ 60 Abs. 1 VVG)

1. Personaler Anwendungsbereich

§ 60 Abs. 1 VVG gilt ausschließlich für Versicherungsmakler und, wie sich aus § 59 Abs. 2 S. 2 VVG ergibt, auch für den sog. Scheinmakler (s. Anm. § 59 Rdn 23).

2. Umfang der Beratungsgrundlage

Der Versicherungsmakler ist Interessenvertreter des Kunden und hat diesen regelmäßig aufgrund einer ausgewogenen und objektiven Untersuchung des Marktes zu beraten (BT-Drucks 16/1935, S. 23). Dies findet in der Formulierung des Gesetzes seinen Ausdruck, dass der Makler verpflichtet ist, *„seinem Rat eine hinreichende Zahl von auf dem Markt angebotenen Versicherungsverträgen und von Versicherern zu Grunde zu legen, so dass er nach fachlichen Kriterien eine Empfehlung dahin abgeben kann, welcher Versicherungsvertrag geeignet ist, die Bedürfnisse des Versicherungsnehmers zu erfüllen."*

Der Umfang der sich aus dieser Formulierung ergebenden Pflichten ist allerdings in erheblichem Maße konkretisierungsbedürftig. So ist zunächst bereits fraglich, wie „der Markt" zu bestimmen ist, der vom Makler bei seiner Anbieter- bzw. Angebotsanalyse zu berücksichtigen ist. Sodann bedürfen die Begriffe der „hinreichenden Zahl" bzw. der „fachlichen Kriterien" einer näheren Auslegung. Die Gesetzesbegründung gibt hierüber wenig Aufschluss. Sie erwähnt lediglich, dass ausreichend auch regelmäßige Marktbeobachtungen sein können, die nicht für jeden Kunden wiederholt werden müssen (BT-Drucks 16/1935, S. 23).

Der Makler muss nur solche Verträge bei seiner Angebotsanalyse berücksichtigen, die auf dem Markt angeboten werden. Fraglich ist, inwieweit der dabei zu berücksichtigende Markt Einschränkungen unterliegt. Zum alten Recht wurde bereits vielfach die Auffassung vertreten, dass der Makler insofern grds. sämtliche im freien Dienstleistungsverkehr verfügbaren Produkte berücksichtigen müsse (vgl. *Lahno*, VW 1987, 428, 433; *Werber*, VersR 1992, 917, 922). An diesem Erfordernis einer prinzipiell umfassenden Marktanalyse ist festzuhalten. Das (teil-)kodifizierte Maklerrecht stellt die Umsetzung dessen dar, was für den Versicherungsmakler bereits aufgrund der Sachwalterrechtsprechung des BGH galt. Dieses Ergebnis wird durch den Blick auf die Beschränkungsmöglichkeit in § 60 Abs. 1 S. 2 VVG bestätigt, aus der sich im Umkehrschluss ergibt, dass bei Fehlen eines Hinweises nicht von einer eingeschränkten Vertragsauswahl auszugehen ist (ähnlich *Meixner/Steinbeck*, Das neue Versicherungsvertragsrecht, § 1 Rn 394). Der Makler hat somit prinzipiell alle auf dem deutschen Markt zugelassenen und der deutschen Versicherungsaufsicht unterliegenden Produkte bzw. Anbieter in seine Untersuchung einzubeziehen. Der Makler darf sich auf den deutschen Markt beschränken, ohne dass es eines Hinweises wegen eingeschränkter Auswahl bedarf (auch so *Weber*, VersR 2010, 553, 554; Rüffer/Halbach/Schimikowski/*Münkel*, § 60 Rn 4; anders Looschelders/Pohlmann/*Baumann*, § 60 Rn 19). Sofern es aber von der Erwartungshaltung des VN und nach der Art des Risikos üblich ist, müssen auch ausländische VR berücksichtigt werden (vgl. Weber VersR 2010, 553, 554; Prölss/Martin/*Dörner*, § 60 Rn 4).

7   Eine Eingrenzung des Maklermarktes kann sich jedoch daraus ergeben, dass – in Anlehnung an das kartellrechtliche sog. Bedarfsmarktkonzept (dazu allg. *Möschel*, in: Immenga/Mestmäcker, GWB, § 19 Rn 24 ff. m.w.N.) – der Makler nur solche Verträge bei seiner Angebotsanalyse zu berücksichtigen hat, die aus der Perspektive eines verständigen VN untereinander austauschbar sind (dafür *Schwintowski*, in: Bruck/Möller, § 60 Rn 13). Freilich haftet der Makler dann über § 63 VVG für Fehleinschätzungen, aufgrund derer er unzutreffend die Austauschbarkeit bestimmter Produkte verneint und diese folglich bei seiner Marktanalyse nicht berücksichtigt hat (*Schwintowski*, in: Bruck/Möller, § 60 Rn 13 mit Bsp.).

Es ist ausreichend, wenn der Versicherungsmakler die Marktanalyse regelmäßig vornimmt. Das bedeutet nicht, dass er eine solche für jeden VN immer wieder neu vornehmen muss, sondern er hat den Markt ständig zu beobachten, seine Auswahl anhand der Beobachtungen zu überprüfen und bei Bedarf eine Anpassung vorzunehmen (BT-Drucks 16/1935 S. 23; VersR-HdB/*Matusche-Beckmann*, § 5 Rn 291).

8   Bereits zur alten Rechtslage war umstritten, ob der Versicherungsmakler bei seiner Marktanalyse die Angebote von – praktisch zunehmend bedeutsamen – Internet- und Direktversicherern zu berücksichtigen hat. Der insoweit bestehende Interessenkonflikt ist evident, da der Makler von diesen Anbietern keine Courtage erhält. Vor diesem Hintergrund wird z.T. davon ausgegangen, dass der Makler nicht dazu verpflichtet sei, auf die Existenz von Direktversicherern hinzuweisen (*Grieß/Zinnert*, S. 134; *Beenken/Sandkühler*, S. 57 f.). Die überwiegende Auffassung zum geltenden Recht geht jedoch davon aus, dass bei nach § 60 Abs. 1 S. 1 VVG uneingeschränkter Beratungsgrundlage grds. auch Direkt- und Internetversicherer zu berücksichtigen seien (*Schwintowski*, in: Bruck/Möller, § 60 Rn 10 f.; Rüffer/Halbach/Schimikowski/*Münkel*, § 60 Rn 4 a.E.). Vermittelnd wird vorgeschlagen, dass der Makler zwar über die Existenz und die Arbeitsweise von Direktversicherern aufklären

müsse, diese sodann jedoch bei seiner Angebotsanalyse nicht einzubeziehen habe (MAH-VersR/*Baumann*, § 4 Rn 32).

Die Maklerpflichten würden überspannt werden, wenn verlangt wird, i.R.d. uneingeschränkten Beratungsgrundlage seien auch Direkt- und Internetversicherer einzubeziehen (ebenso MüKo/*Reiff*, § 60 VVG Rn 20) Denn auch die besondere Rolle des Maklers als „Sachwalter" des Kunden kann nicht so weit reichen, dass er nach erfolgter Marktanalyse dazu verpflichtet ist, durch seine Empfehlung die Unentgeltlichkeit der eigenen Tätigkeit herbeizuführen, indem er den Abschluss bei einem Direktversicherer empfiehlt. Auch ist kein berechtigtes Vertrauen des Kunden ersichtlich, kraft dessen dieser annehmen dürfte, der Makler würde auch mit Versicherern zusammenarbeiten, die ihm ggü. prinzipiell keine Vergütungsleistungen erbringen. Etwas anderes gilt hinsichtlich solcher Gesellschaften, die zwar an sich mit Versicherungsmaklern zusammenarbeiten, mit dem konkreten Makler aber keine Courtagevereinbarung abgeschlossen haben.

Nach der hier befürworteten Auffassung ist also kein Hinweis nach § 60 Abs. 2 VVG erforderlich, wenn der Versicherungsmakler Direkt- und Internetversicherer bei seiner Angebotsanalyse unberücksichtigt lässt. In Ausnahmefällen kann ein Hinweis auf die Existenz solcher Anbieter erforderlich sein, wenn es für den Makler angesichts der wirtschaftlichen Situation des Kunden ersichtlich ist, dass eine möglichst niedrige Prämienhöhe, wie sie bei Direktanbietern wegen der geringeren Vertriebskosten regelmäßig gegeben ist, das allein maßgebliche Kriterium ist. Dieser Ansatz lässt sich auf eine Parallele zu den Hinweispflichten des Rechtsanwalts auf die unentgeltliche Beratungshilfe stützen, die auch nur dann besteht, wenn ein diesbezügliches Bedürfnis anhand der – vom Kunden offenzulegenden – wirtschaftlichen Situation erkennbar ist (vgl. §§ 49a BRAO, 7 BerHG; zutr. *Fetzet*, jurisPR-VersR 5/2007 Anm. 4; MüKo/*Reiff*, § 60 VVG Rn 20; VersR-Hdb/ *Matusche-Beckmann*, § 5 Rn 288 f.; Rüffer/Halbach/Schimikowski/*Münkel*, § 60 Rn 4).   9

Ist der entsprechend eingegrenzte Markt ermittelt, stellt sich die Frage, wann der Versicherungsmakler eine hinreichende Zahl von Angeboten bzw. Anbietern berücksichtigt hat, um eine fachlichen Kriterien genügende Empfehlung abgeben zu können. Dies hängt zunächst von der einzelnen Produktsparte bzw. dem zu versichernden Risiko ab, weil teilweise nur wenige Anbieter als Risikoträger in Betracht kommen (Looschelders/Pohlmann/*Baumann*, § 60 Rn 3). Generell wird man den Begriff der hinreichenden Zahl nicht i.S.e. feststehenden Prozentsatzes der am Markt vorhandenen Anbieter begreifen können (zutr. *Schwintowski*, in: Bruck/Möller, § 60 Rn 15). Auch kann nicht per se davon ausgegangen werden, dass der Makler schlicht *alle* am Markt verfügbaren Angebote bzw. Anbieter berücksichtigen muss, denn dann wäre die Beschränkung auf eine „hinreichende Zahl" überflüssig.   10

Entscheidend ist somit die Verknüpfung des Erfordernisses einer „hinreichenden Zahl" von zu berücksichtigen Produkten bzw. Anbietern mit dem Postulat einer Empfehlung nach „fachlichen Kriterien". Insofern ergeben sich aus der Stellung des Versicherungsmakler als „Sachwalter" des Kunden und „Experte" in Versicherungsangelegenheiten (BGH, VersR 1985, 930) durchaus hohe Anforderungen (vgl. zum alten Recht Prölss/Martin/*Kollhosser*, § 48 Rn 9 m.w.N.). Den „fachlichen Kriterien" eines solchen „Expertenberufs" wird der Makler prinzipiell nur dadurch gerecht, dass er all diejenigen am Markt vorhandenen   11

Angebote bzw. Anbieter analysiert und vergleicht, bei denen ein für „die Bedürfnisse des Kunden" u.U. geeignetes Produkt verfügbar ist (ebenso jetzt MüKo/*Reiff*, § 60 VVG Rn 17). Dabei ist zu bedenken, dass der Rückgriff auf die „Bedürfnisse des Kunden" zwar eine Subjektivierung der Auswahlkriterien nahe legt, dass aber anders als in § 61 Abs. 1 VVG gerade nicht von den „Bedürfnissen und Wünschen" die Rede ist. Es geht somit weniger um rein subjektive Vorstellungen, sondern vielmehr um einen weitgehend objektivierbaren „Bedarf" (ähnlich *Baumann/Sandkühler*, S. 80) des Kunden, dem der Makler mit seiner Empfehlung gerecht werden muss. Zu den fachlichen Kriterien gehören neben dem Umfang des Deckungsschutzes auch sonstige Bedingungen, wie Tarifmerkmale, Prämienhöhe, Finanzstärke des Unternehmens und Rentabilität des Versicherungsproduktes (vgl. Rüffer/Halbach/Schimikowski/*Münkel*, § 60 Rn 4).

12 Nicht zu verwechseln ist das Vorstehende mit dem Erfordernis eines best advice, wie es im englischen Recht teilweise zu finden ist (näher zur Ausgestaltung *Werber*, VersR 1992, 917, 918 ff.). Ein fragwürdiges Verständnis dieser Figur hat im deutschen Versicherungsvermittlerrecht vielfach zu Missverständnissen geführt. Den besten Rat bzw. die beste Empfehlung kann es in dieser Absolutheit nicht geben. Auch darf der *best advice* nicht automatisch mit der Empfehlung des Produkts mit der niedrigsten Prämie gleichgesetzt werden. Vielmehr gibt es unterschiedliche Aspekte, die bei einer an „fachlichen Kriterien" zu messenden Empfehlung eine Rolle spielen, wie etwa Serviceleistungen und Regulierungsverhalten (tabellarische Übersicht bei *Baumann/Sandkühler*, S. 88 f.). Vor dem Hintergrund dieser unterschiedlichen Aspekte, deren Gewichtung keinen lückenlos objektivierbaren Maßstäben folgt, genügt eine Empfehlung fachlichen Kriterien, wenn sie mit Blick auf die Bedarfssituation des Kunden und bei Anwendung der Sorgfalt eines ordentlichen Geschäftsmannes – unter Berücksichtigung der Expertise des Maklers – als vertretbar einzustufen ist (tendenziell ähnlich VersR-Hdb/*Matusche-Beckmann*, § 5 Rn 239, die auf das gesamte Preis-Leistungs-Verhältnis abstellt). Dieses Verständnis wird mit dem Begriff des suitable advice (Looschelders/Pohlmann/*Baumann*, § 60 Rn 5; *Schwintowski*, in: Bruck/Möller, § 60 Rn 14) durchaus zutreffend gekennzeichnet. Eine Überspannung der Anforderungen an den Makler folgt hieraus nicht, denn in den gängigen Sparten wird es regelmäßig ausreichen, wenn die am Markt führenden Gesellschaften miteinander verglichen werden (ähnlich MüKo/*Reiff*, § 60 VVG Rn 21).

3. Hinweis auf Einschränkung

13 Gem. § 60 Abs. 1 S. 2 VVG gilt das Erfordernis einer umfassenden Beratungsgrundlage dann nicht, wenn der Makler vor Abgabe der Vertragserklärung – also vor der Entscheidung des Kunden für ein bestimmtes Produkt (BT-Drucks 16/1935, S. 25) – ausdrücklich auf eine eingeschränkte VR- und Vertragsauswahl hinweist. Der Hinweis kann formfrei erteilt werden. Sofern sich der Makler jedoch auf die Erteilung eines Hinweises berufen möchte, trägt er die Beweislast dafür, dass ein solcher Hinweis erfolgt ist (auch so MüKo/*Reiff*, § 60 VVG Rn 25). Dies stellt eine nicht unwesentliche Einschränkung ggü. der alten Rechtslage dar (so auch *Reiff*, VersR 2007, 717, 724), da es einem Makler somit prinzipiell möglich ist, mit nur wenigen VR zusammenzuarbeiten. In solchen Fällen mag von einer

umfassenden und unabhängigen Beratung zwar nur wenig übrig bleiben (krit. daher *Schimikowski*, VW 2005, 1912, 1913), aber dennoch ist die Vorschrift, die i.Ü. Europarechtlichen Vorgaben entspricht (dazu *Schwintowski*, in: Bruck/Möller, § 60 Rn 2), insgesamt rechtspolitisch zu begrüßen. Gerade kleinen und mittleren Maklerunternehmen wird auf diesem Wege die Fortsetzung der Maklertätigkeit bei realisierbarem Aufwand ermöglicht. Da der VN auf die Einschränkung ausdrücklich hingewiesen werden muss, bleibt es sodann ihm überlassen, ob er den aufgrund einer eingeschränkten Beratungsgrundlage empfohlenen Vertrag abschließt oder einen anderen Vermittler aufsucht. Die Hinweispflicht des Maklers ist jedoch keine Vereinbarung. Es ist dem VN daher nicht möglich, Schadensersatzansprüche nach § 63 VVG gegen den Makler geltend zu machen, wenn er mit dem Inhalt des Hinweises nicht einverstanden ist und die Leistung des Maklers aber dennoch in Anspruch genommen hat (vgl. hierzu auch Rüffer/Halbach/Schimikowski/*Münkel*, § 60 Rn 5).

Die Formulierung „im Einzelfall" ist nicht dahin gehend zu verstehen, dass Einschränkungen nach § 60 Abs. 1 S. 2 VVG nur in Ausnahmefällen möglich ist (a.A. MüKo/*Reiff*, § 60 VVG Rn 24; *Reiff*, VersR 2007, 717, 724). Etwas anderes folgt auch nicht daraus, dass der Gesetzgeber i.R.d. VVG-Novelle den Wortlaut erneut geändert hat (zutr. MAH-VersR/ *Baumann*, § 4 Rn 34 f.). Vielmehr bedeutet dies lediglich, dass der einschränkende Hinweis zu jedem einzelnen Vertrag erneut und konkret zu erteilen ist und nicht etwa in den AGB des Maklers enthalten sein darf. Der Makler kann jedoch vorformulierte Erklärungen verwenden (ebenso MAH-VersR/*Baumann*, § 4 Rn 34 f.), sofern das Transparenzgebot gewahrt ist. Ist ein Makler etwa im Schwerpunkt im Personenversicherungsgeschäft aktiv, wobei er für langjährige Kunden die Sachversicherungen häufig „mit erledigt", so ist es sinnvoll, in diesem Bereich die Tätigkeit auf wenige Anbieter zu beschränken, während im sonstigen Geschäft u.U. eine uneingeschränkte Beratung erfolgt. **14**

Im Einzelfall kann es durchaus schwierig sein, eine eingeschränkte Beratungsgrundlage von einer Marktbegrenzung (s.o.) zu unterscheiden (diff. auch *Koch*, VW 2007, 248, 249). Die Unterscheidung ist durchaus bedeutsam, da nur bei einer eingeschränkten Beratungsgrundlage eine Hinweispflicht entsteht. Die Kundeninteressen bleiben aber in jedem Fall gewahrt, da der Versicherungsmakler auch dann haftet, wenn er aufgrund einer Fehleinschätzung von einem eingeschränkten Markt ausgegangen ist und dem Kunden daraus ein Schaden aufgrund einer unzureichenden Empfehlung entsteht. Insofern ist es empfehlenswert, bewusste Markteinschränkungen stets zu begründen und zu dokumentieren, um so ggf. plausibel machen zu können, warum trotz der Nichtberücksichtigung einzelner Produkte bzw. Anbieter kein Hinweis nach § 60 Abs. 2 VVG erfolgte. **15**

II. Hinweispflichten (§ 60 Abs. 2 VVG)

1. Personaler Anwendungsbereich

§ 60 Abs. 2 S. 1 VVG gilt für Makler, die gem. § 60 Abs. 1 S. 2 VVG auf eine eingeschränkte Auswahl hinweisen und für Versicherungsvertreter. § 60 Abs. 2 S. 2 VVG gilt nur für Versicherungsvertreter. **16**

2. Gegenstand der Hinweispflichten

17 Gem. § 60 Abs. 2 S. 1 VVG besteht die – im Hinblick auf das Gemeinschaftsrecht „überschießende" (*Schwintowski*, in: Bruck/Möller, § 60 Rn 18) – Pflicht zur vollständigen Aufklärung hinsichtlich der einer erteilten Empfehlung zugrunde gelegten Marktanalyse, sofern der Makler nicht ohnehin gem. § 60 Abs. 1 S. 1 VVG vorgeht. Es sind die Namen derjenigen VR zu nennen, deren Produkte miteinander verglichen bzw. der Empfehlung zugrunde gelegt wurden. Es ist ausreichend, dass die beteiligten Verkehrskreise die Bezeichnungen der VR und deren Produkte kennen und verstehen. Abkürzungen oder Produktkürzel sind statthaft, wenn sie für den durchschnittlichen VN verständlich sind. Hat ein Ausschließlichkeitsvertreter seinen entsprechenden Status pflichtgemäß offengelegt, so ist der kumulative Hinweis, dass seiner Empfehlung nur die Produkte „seines" VR zugrunde liegen, an sich obsolet (krit. hierzu auch die Stellungnahme des BVK vom 4.4.2006, S. 9). Auch für § 60 Abs. 2 S. 2 VVG, der bereits sprachlich verfehlt ist, da er einen Hinweis darüber verlangt, ob der Vertreter für mehrere („diese") Versicherer ausschließlich tätig ist, bliebe dann kaum noch ein sinnvoller Anwendungsbereich. Hier ist eine teleologische Reduktion geboten. Die Praxis sollte jedoch die entsprechenden Hinweise erteilen, um möglichen Pflichtverstößen im Hinblick auf die *lex lata* vorzubeugen.

3. Zeitpunkt des Hinweises

18 Der Hinweis auf die eingeschränkte Markt- und Informationsgrundlage hat grds. spätestens bis zur Abgabe der zum Vertragsschluss führenden Willenserklärung des Versicherungsnehmers zu erfolgen. Bei der Vermittlung nach dem Invitatiomodell hat der Hinweis bis spätestens zur Abgabe der Invitatio zu erfolgen, da nach Abgabe der Invitatio der VN bereits so sehr auf ein konkretes Versicherungsprodukt und einen bestimmten Versicherer festgelegt ist, dass die spätere Annahme des Angebots des Versicherers reine Formalie für den VN ist und der Hinweis nach § 60 Abs. 2 VVG seine Warnfunktion durch eine Übermittlung nach der Invitatio verlieren würde (so auch Looschelders/Pohlmann/*Baumann*, § 60 Rn 22). Zu empfehlen ist eine Übermittlung des Hinweises zusammen mit der Übermittlung der Erstinformation nach § 11 VersVermV.

III. Kundenverzicht (§ 60 Abs. 3 VVG)

1. Umfang der Verzichtsmöglichkeit

19 Nach dem Gesetzeswortlaut kann der VN auf die ihm gem. § 60 Abs. 2 VVG zu erteilenden Informationen verzichten, so dass der Hinweis nach § 60 Abs. 1 S. 2 VVG auf eine eingeschränkte Beratungsgrundlage in jedem Fall erforderlich bleibt (*Schwintowski*, in: Bruck/Möller, § 60 Rn 22). Dies umfasst also die Mitteilung der Namen der VR, deren Produkte der Empfehlung zugrunde gelegt wurden, sowie bei Versicherungsvertretern die Namen der VR und eine etwaige Ausschließlichkeit. Da die Vermittlerrichtlinie eine solche Verzichtsmöglichkeit nicht vorsieht, wird die Europarechtskonformität des § 60 Abs. 3 VVG infrage gestellt (*Schwintowski*, in: Bruck/Möller, § 60 Rn 22 f.).

2. Form und Inhalt der Verzichtserklärung

Die Verzichtserklärung muss schriftlich und in einer gesonderten Erklärung erfolgen („Warnfunktion", vgl. *Schwintowski*, in: Bruck/Möller, § 60 Rn 21). Ein „Verstecken" in den AGB des Vermittlers ist demnach unzulässig (BT-Drucks 16/1935, S. 23). Vorgefertigte Verzichtserklärungen sind jedoch an sich zulässig, so lange es sich um ein gesondertes Dokument handelt und dieses eigenhändig unterschrieben ist. Andernfalls ist die Verzichtserklärung gem. § 125 S. 1 BGB als nichtig anzusehen (vgl. MüKo/*Reiff*, § 60 VVG Rn 36). 20

Angesichts der Zweifel im Hinblick auf die Vereinbarkeit mit dem Gemeinschaftsrecht sowie mit Blick auf die – vorwiegend im Zusammenhang mit der Verzichtsmöglichkeit in § 61 VVG geäußerten – grundlegenden Bedenken gegen die Zulässigkeit von Verzichtserklärungen im Bereich von „Kardinalspflichten" werden Einschränkungen des § 60 Abs. 3 VVG diskutiert. Insb. ist vorgeschlagen worden, den Verzicht nur bei Vorliegen eines nachvollziehbaren Sachgrundes zuzulassen (so *Schwintowski*, in Bruck/Möller, § 60 Rn 22), etwa wenn bereits langjährige Geschäftsbeziehungen zwischen Makler und Kunde bestehen, aufgrund derer dem Kunden die Beratungsgrundlage bekannt ist. Akzeptiert man jedoch – vorbehaltlich der eventuellen Gemeinschaftsrechtswidrigkeit – § 60 Abs. 3 VVG als geltendes Recht, so erscheint eine solche Einschränkung des Wortlautes problematisch. I.Ü. ist der Gedanke der „Zwangsinformation" unserer Rechtsordnung fremd (vgl. *Reiff*, VersR 2007, 717, 725). Die berechtigten Bedenken haben ihren Ursprung insofern wohl auch eher in Befürchtungen, es würde zur massenhaften Verwendung von Verzichtserklärungen kommen, die den Verbrauchern „untergeschoben" werden, ohne dass die inhaltliche Tragweite erkannt wird. Dem kann juristisch nur bedingt entgegengewirkt werden, sofern § 60 Abs. 3 VVG nicht insgesamt wegen eines Verstoßes gegen höherrangiges Gemeinschaftsrecht unwirksam ist. 21

C. Prozessuale Hinweise

Die Pflichten gem. § 60 VVG werden selten isoliert, sondern regelmäßig im Zusammenhang mit § 63 VVG Gegenstand eines Rechtsstreites sein (vgl. auch die Anm. § 63 Rdn 3). Den VN trifft insoweit die Beweislast dafür, dass ein Verstoß gegen eine der in den § 60 Abs. 1 bzw. 2 VVG enthaltenen Pflichten vorliegt (teilw. a.A. wohl *Schwintowski*, in: Bruck/Möller, § 60 Rn 15 f.). Steht eine solche Pflichtverletzung fest, so findet auch nach neuem Recht regelmäßig die Vermutung beratungsrichtigen Verhaltens Anwendung, so dass der Vermittler beweisen muss, dass der Schaden auch bei pflichtgemäßer Beratung eingetreten wäre (vgl. zu § 63 BT-Drucks 16/1935, S. 26). Beruft sich der Makler darauf, dass er lediglich eine eingeschränkte Auswahl bei seiner Empfehlung zugrunde gelegt hat, so ist er beweispflichtig dafür, dass er hierauf gem. § 60 Abs. 2 VVG hingewiesen hat. Da der entsprechende Hinweis gem. § 62 VVG ohnehin schriftlich zu dokumentieren ist, dürfte dieser Beweis bei ordnungsgemäßer Dokumentation regelmäßig zu führen sein. 22

D. Arbeitshilfen

23 **Muster: Verzichtserklärung**
über die eingeschränkte Markt- und Informationsgrundlage
1. Der Versicherungsmakler/-vertreter erbringt seine Beratung aufgrund einer eingeschränkten Auswahl von Versicherern. Hierüber wurde der Kunde (Versicherungsnehmer) informiert.
2. Der Kunde verzichtet auf die Mitteilung, auf welcher Markt- und Informationsgrundlage der Versicherungsmakler seine Leistungen erbringt sowie der Namen der seinem Rat zugrunde gelegten Versicherer.

(Ort, Datum)   Unterschrift des Kunden (Stempel)

---

§ 61 VVG Beratungs- und Dokumentationspflichten des Versicherungsvermittlers

(1) Der Versicherungsvermittler hat den Versicherungsnehmer, soweit nach der Schwierigkeit, die angebotene Versicherung zu beurteilen, oder der Person des Versicherungsnehmers und dessen Situation hierfür Anlass besteht, nach seinen Wünschen und Bedürfnissen zu befragen und, auch unter Berücksichtigung eines angemessenen Verhältnisses zwischen Beratungsaufwand und der vom Versicherungsnehmer zu zahlenden Prämien, zu beraten sowie die Gründe für jeden zu einer bestimmten Versicherung erteilten Rat anzugeben. Er hat dies unter Berücksichtigung der Komplexität des angebotenen Versicherungsvertrags nach § 62 zu dokumentieren.

(2) Der Versicherungsnehmer kann auf die Beratung oder die Dokumentation nach Absatz 1 durch eine gesonderte schriftliche Erklärung verzichten, in der er vom Versicherungsvermittler ausdrücklich darauf hingewiesen wird, dass sich ein Verzicht nachteilig auf die Möglichkeit des Versicherungsnehmers auswirken kann, gegen den Versicherungsvermittler einen Schadensersatzanspruch nach § 63 geltend zu machen.

Übersicht

	Rdn
A. Normzweck	1
B. Norminhalt	2
I. § 61 Abs. 1 VVG	2
1. Personaler Anwendungsbereich	2
2. Frage- und Beratungspflicht	3
3. Empfehlung und Begründung	18
4. Dokumentationspflicht	20
5. Weiter gehende Pflichten des Versicherungsmaklers	25
II. Verzichtsmöglichkeit nach § 61 Abs. 2 VVG	34
1. Allgemeines	34
2. Form und Inhalt der Verzichtserklärung	38
3. Rechtsfolgen eines wirksamen Verzichts	39
C. Prozessuale Hinweise	41
D. Arbeitshilfen	44

A. Normzweck

§ 61 VVG entspricht dem am 22.5.2007 in Kraft getretenen § 42c VVG a.F. Die Norm dient der Umsetzung von Art. 12 Abs. 3 der Vermittlerrichtlinie, wobei die Verzichtsregelung in § 61 Abs. 2 VVG eine europarechtlich fragwürdige Einschränkung enthält. § 61 VVG enthält beratungsbezogene Pflichten des Vermittlers mit dem Ziel, im Interesse des Kunden eine sachgerechte Beratung zu erreichen (vgl. auch BT-Drucks 16/1935, S. 24). Letztlich geht es darum, den Kunden durch gezielte Informationen in die Lage zu versetzen, eine privatautonome Entscheidung auf hinreichender Informationsbasis treffen zu können (vgl. *Schwintowski*, in: Bruck/Möller, § 61 Rn 3). Die durch § 62 VVG konkretisierte Dokumentationspflicht in § 61 Abs. 1 S. 2 VVG dient einerseits dazu, dem Kunden den Inhalt der Beratung zu verdeutlichen, andererseits erfüllt sie eine Beweisfunktion (*Schwintowski*, in: Bruck/Möller, § 61 Rn 4).

1

B. Norminhalt

I. § 61 Abs. 1 VVG

1. Personaler Anwendungsbereich

Die Norm gilt für sämtliche Vermittler, also für Makler und Vertreter. Sie gilt hingegen nicht für Bagatellvermittler nach § 34 Abs. 9 Nr. 1 GewO und Angestellte des VR im Werbeaußendienst (auch so Prölss/Martin/*Dörner*, § 61 Rn 6). Freilich sind die Anforderungen im Hinblick auf die Erfüllung der Pflichten bei den einzelnen Vermittlertypen teilweise höchst unterschiedlich. Für den Versicherer sind parallele, teilweise weiter gehende Pflichten in § 6 VVG geregelt. Die Tätigkeit des Vertreters ist insoweit prinzipiell als Erfüllungsleistung für den VR anzusehen, mit der Folge der Anwendbarkeit des § 278 BGB (überzeugend *Werber*, VersR 2008, 285 ff.). I.Ü. besteht eine gesamtschuldnerische Haftung. Gem. § 6 Abs. 6 VVG entfallen die Pflichten des VR, sofern der Kunde einen Versicherungsmakler beauftragt.

2

Die in § 61 Abs. 1 VVG normierten Pflichten wirken sich nach Vermittlertyp unterschiedlich aus. Für den Versicherungsmakler bestehen bereits aufgrund des mit dem VN geschlossenen Vertrages Pflichten. Bei dem Versicherungsvertreter verhält es sich anders. Durch diese Vorschrift wird zwischen dem Vertreter und dem VN gerade erst ein gesetzlichen Schuldverhältnis begründet (auch so Römer/Langheid/*Rixecker*, § 61 Rn 3).

2. Frage- und Beratungspflicht

Zunächst statuiert § 61 Abs. 1 VVG eine anlassbezogene Fragepflicht. Das Gesetz nennt als Anlässe beispielhaft (BT-Drucks 16/1935, S. 24) die Schwierigkeit bei der Beurteilung des Vertrages oder die Person des VN und dessen Situation. Durch diesen Bezug wird deutlich, dass die Beratungstätigkeit des Vermittlers stets an den individuellen Bedürfnissen und den Umständen des konkreten Einzelfalles zu orientieren ist. Dies kann zu Problemen

3

bei der Verwendung vorgefertigter Beratungsprotokolle führen. (dazu s.u. Rdn 23) Nach der Gesetzesbegründung würde das Ziel der Vorschrift verfehlt, wenn der VN ggü. dem Vermittler lediglich unzureichende Angaben macht, da in einem solchen Fall eine sachgerechte Beratung nicht möglich wäre (BT-Drucks 16/1935, S. 24). Hier wird zutr. der Zusammenhang zwischen Frage- und Beratungspflicht hergestellt. Die Fragepflicht ist kein Selbstzweck, sondern der Vermittler hat sich durch gezielte Nachfragen in die Lage zu versetzen, eine ordnungsgemäße Beratungsleistung zu erbringen, die dann letztlich in einer sachgerechten Vertragsempfehlung mündet.

4 Das Gesetz unterscheidet bzgl. des Gegenstandes der Nachfragepflicht zwischen den „Wünschen und Bedürfnissen" des Kunden. Erstere sind die subjektiven Vorstellungen, wohingegen die Bedürfnisse den objektiven Notwendigkeiten entsprechen (MAH-VersR/ *Baumann*, § 4 Rn 47). Letztlich hat der Vermittler also – durch entsprechende Nachfragen – den objektiven Bedarf des Versicherungsnehmers zu ermitteln (*Baumann/Sandkühler*, S. 80), er hat anhand der geäußerten Kundenwünsche vertiefend nachzufragen (vgl. MAH-VersR/*Baumann*, § 4 Rn 52). Plakativ formuliert: Der Kunde kennt i.d.R. seine Wünsche, nicht aber seine Bedürfnisse. Deren Ermittlung ist eine zentrale Aufgabe des Vermittlers, zu deren Erfüllung Nachfragen im absoluten Regelfall unerlässlich sind. Bei erkennbar unvernünftigen bzw. dem objektiven Bedarf widersprechenden Vorstellungen des Kunden muss der Vermittler ggf. von entsprechenden Verträgen abraten.

Dies trägt dem Umstand Rechnung, dass sich der VN gerade an den Versicherungsmakler wendet, weil er seinen objektiven Bedarf selbst nicht zuverlässig einschätzen kann. Dem Versicherungsmakler kommt somit eine Expertenstellung zu, welche ihn verpflichtet, die Situation des VN ausreichend zu untersuchen. Dabei obliegt es ihm auch zu erkennen, inwieweit es den Bedarf durch weitere gezielte Befragung zu ermitteln gilt (OLG Hamm, NJW-RR 2013, 38,40; ebenso Prölss/Martin/*Dörner*, § 61 Rn 8).

5 Der Gesetzgeber wollte die Nachfragepflicht ausweislich der Gesetzesbegründung nicht als Begründung einer Pflicht zur Erstellung einer allgemeinen Risikoanalyse oder zur Durchführung einer eingehenden Ermittlungs- und Nachforschungstätigkeit verstanden wissen (BT-Drucks 16/1935, S. 24; *Schwintowski*, in: Bruck/Möller, § 61 Rn 6, vgl. aber zum alten Recht – bzgl. des Maklers – OLG Karlsruhe, NJOZ 2007, 2207; OLG Düsseldorf, VersR 2000, 54). Es besteht somit keine Veranlassung, einen Versicherungsnehmer hinsichtlich des Abschlusses einer Personenversicherung zu befragen, wenn dieser z.B. eine Kfz-Haftpflichtversicherung anfragt. Die Nachfragepflicht beschränkt sich im Regelfall vielmehr auf den vom Kunden mitgeteilten Beratungsanlass (Looschelders/Pohlmann/*Baumann*, § 61 Rn 8). Hiervon sind Ausnahmen lediglich dann zu machen, wenn ein objektiver Versicherungsbedarf des Kunden bzgl. eines nicht angefragten Produkts für den Vermittler evident erkennbar ist. Grundsätzlich ist der Umfang der Fragepflicht von der Art, dem Umfang und der Komplexität der Versicherung aber auch dem Wunsch des VN begrenzt.

6 An die Nachfragepflicht knüpft sich eine Beratungspflicht, welche sich von der des VR nach § 6 Abs. 6 VVG unterscheidet. Die Beratungspflicht des VR entfällt bei der Beratung durch einen Versicherungsmakler. Anders liegt der Fall jedoch, z.B. wenn im Versiche-

rungsvertrag nicht deutlich hervorgehoben wurde, dass im Todesfalle i.S.v. § 10 Abs. 1 Nr. 26 EStG nur Hinterbliebene Leistungen erhalten und der VN aber seine Lebensgefährtin als Bezugsberechtigte angibt, haftet der VR wegen der Verletzung eigener Beratungspflichten trotz Einschaltung eines Versicherungsmaklers auf Schadensersatz (OLG Saarbrücken, Urt. v. 4.5.2011 – 5 U 502/10).

Die Beratungspflicht bleibt hingegen bis zum Vertragsschluss gleichwertig erhalten, wenn die Vermittlung durch einen Versicherungsvertreter erfolgt. Die Beratung muss in diesem Fall nur einmal durchgeführt werden. Dabei erfüllt der Versicherungsvertreter die Beratungspflicht des Versicherers mit (§ 422 Abs. 1 S. 1 BGB). Die Haftung erfolgt dann als Gesamtschuldner (BT-Drucks- 16/3945, S. 58). Hierbei erfolgt die Zurechnung über § 278 BGB. Diese ist bei Ausschließlichkeitsvertretern unproblematisch. Bei den sog. Mehrfachvertretern ist es ebenfalls unproblematisch sofern ein Versicherungsvertrag mit dem VR zustande kommt, wobei dieses Zustandekommen allerdings mit Beratungsfehlern behaftet ist. Sofern aber ein Beratungsfehler aufgetreten ist und die Verhandlungen gescheitert sind, bevor sie sich auf einen konkreten VR bezogen haben, kann eine Zurechnung nicht erfolgen, so dass der Versicherungsvertreter alleine haftet (so auch Römer/Langheid/*Rixecker*, § 61 Rn 5).

Die Beratungspflicht des Versicherungsmaklers ist prinzipiell ebenfalls wie auch die Nachfragepflicht anlassbezogen, womit der Gesetzgeber im Grundsatz an die bisherige Rechtsprechung des BGH anknüpft (BGH, VersR 1981, 621; dazu *Stöbener*, ZVersWiss 2007, 467 ff.). Dem Gedanken des europäischen Vermittlerrechts entspricht es jedoch allein, anders als nach der bisherigen Rechtslage von der Vermutung eines Beratungsanlasses auszugehen, die nur im Einzelfall widerlegt werden kann (so auch *Schwintowski*, in: Bruck/Möller, § 61 Rn 13). Insofern führen auch eindeutig geäußerte und konkrete Wünsche des Kunden nicht automatisch zu einer Reduzierung des Beratungsumfanges (dahingehend aber BT-Drucks 16/1935, S. 24). Der Vermittler darf nicht übersehen, dass im Zweifelsfall nicht bzw. nicht ausschließlich der Wunsch des Kunden, sondern sein objektiver Bedarf über den Umfang der erforderlichen Beratung entscheidet. Regelmäßig wird es also sinnvoll sein, durch Nachfragen zu prüfen, ob ein artikulierter Wunsch auch bedarfsgerecht ist. Etwas anderes kann gelten, wenn der Vermittler aufgrund einer längeren Geschäftsbeziehung einschätzen kann, dass der Kunde über eine hinreichende Erfahrung im Versicherungsbereich verfügt. (*Schwintowski*, in: Bruck/Möller, § 61 Rn 17 a.E.)

Teilweise wird sogar davon ausgegangen, dass der Versicherungsvermittler gegen die Pflicht aus § 61 Abs. 1 VVG verstößt, wenn er eine Beratung unterlässt, obwohl der objektiv vorhandene Beratungsanlass für ihn nicht erkennbar war. Die Nichterkennbarkeit wirke sich erst auf der Ebene des Verschuldens aus. (so zuletzt auch MüKo/*Reiff*, § 61 VVG Rn 7) Hier ist zu differenzieren. Der Vermittler kann nicht verpflichtet sein, einen vollkommen unerkennbaren Beratungsanlass zu berücksichtigen, denn dies liefe auf die Begründung einer unerfüllbaren Pflicht hinaus. Eine andere Frage ist jedoch, ob ein nicht erkannter Beratungsanlass dem Vermittler deshalb verborgen geblieben ist, weil er zuvor seine Nachfragepflicht nicht ordnungsgemäß erfüllt hat. So ist bei langfristigen Verträgen regelmäßig davon auszugehen, dass sich der Vermittler durch Nachfragen ein Bild davon machen muss, ob der Kunde die mit dem Vertrag einhergehenden wirtschaftlichen Belastungen schultern kann (vgl. dazu OLG Karlsruhe, Urt. v. 29.5.2007 – 15 U 68/04). Unterlässt er dies und schließt der Kunde einen Vertrag ab, der ihn finanziell überfordert, so liegt ein Verstoß gegen § 61 Abs. 1 S. 1 VVG vor und der Vermittler kann sich nicht darauf berufen, es sei für ihn nicht erkennbar gewesen, dass im Hinblick auf die wirtschaftliche Situation des Kunden ein Beratungsanlass bestand.

8   Inhaltlich sind die zentralen Qualitätskriterien für die Beratungsleistung des Vermittlers die Erreichung des Versicherungszwecks und die Vermeidung von Deckungslücken. So muss der Vermittler im Rahmen einer Gebäudeversicherung ggf. darauf hinwirken, dass der letztlich abgeschlossene Vertrag sämtliche Anlagerisiken abdeckt (vgl. OLG Köln, r+s 1993, 134, 135). Wünscht der Versicherungsnehmer eine sofortige (vorläufige) Deckung, so muss der Vermittler darauf hinweisen, falls eine solche durch den Vertrag nicht gewährleistet ist (vgl. OLG Köln, VersR 1998, 180). Stehen für den Kunden erkennbar bestimmte Risiken im Vordergrund oder sind diese in den entsprechenden Verkehrskreisen üblich, so muss der Vermittler entweder entsprechenden Deckungsschutz besorgen oder auf dessen Fehlen ausdrücklich hinweisen (BGH, VersR 1975, 77, 78; OLG Köln, r+s 1986, 273). Sind Umstände erkennbar, die auf eine besondere Verwendung des Versicherungsobjekts schließen lassen – etwa die Nutzung eines Kfz außerhalb der EU –, so muss der Vermittler ggf. erläutern, ob bzw. in welchem Umfang diesbezüglich Deckungsschutz besteht (OLG Frankfurt am Main, VersR 1998, 1103, str.). Obwohl der Vermittler sich grds. auf die Angaben des Kunden verlassen darf, ist eine (ggf. erläuternde) Nachfrage immer dann geboten, wenn die zutr. Beantwortung einer Frage bereits versicherungstechnischen Sachverstand erfordert (vgl. BGH, VersR 1989, 472 zur Berechnung der Versicherungssumme in der Gebäudeversicherung). Insb. kann der VN häufig nicht einschätzen, welche tatsächlichen Umstände risikorelevant sind, so dass hier ggf. entsprechende Nachfrage- und Beratungspflichten bestehen.

9   Hingegen ist der Vermittler nicht verpflichtet bzgl. der gesetzlichen Sozialversicherungen und den möglichen Nachteilen eines Wechsels in eine private Absicherung zu informieren (OLG Celle, VersR 2008, 1098). Weist der Vermittler den Versicherungsnehmer auf die Risiken seines Handelns hin, so scheidet eine Beratungspflichtverletzung regelmäßig aus (OLG Hamm, NVersZ 2001, 68).

10 Um dem dargestellten Maßstab gerecht zu werden, ist stets eine spezifische Risikoanalyse erforderlich, die von der i.R.d. § 61 Abs. 1 VVG i.d.R. nicht gebotenen allgemeinen Risikoanalyse strikt zu unterscheiden ist (zutr. *Schwintowski*, in: Bruck/Möller, § 61 Rn 25). Ob im Bereich der Sachversicherung ein Versicherungsvertrag den geeigneten und erforderlichen Versicherungsschutz für ein dem Wunsch des Kunden nach zu versicherndes Objekt bietet, kann der Vermittler nur beurteilen, wenn er sich auch in tatsächlicher Hinsicht hinreichend über das Versicherungsobjekt informiert. In der Personenversicherung muss sich der Vermittler dagegen i.d.R. ein Bild über die persönliche und wirtschaftliche Lage seines Kunden machen, bevor er diesen pflichtgemäß beraten kann. Hier wird erneut die untrennbare

Verknüpfung von Beratungs- bzw. Nachfragepflicht deutlich. Weist ein vom Vermittler empfohlener Vertrag signifikante Deckungslücken auf, die i.R.d. Beratung nicht erörtert wurden, so spricht eine Vermutung für eine Pflichtverletzung des Vermittlers. Aufgrund seiner Ermittlungen hat der Makler dann zu beurteilen, ob und welches Produkt den Anforderungen des VN gerecht wird (OLG Schleswig r+s 2012, 84; OLG Brandenburg r+s 2013, 125; OLG Koblenz IBR 2012, 176).

Freilich gibt es bei den jeweiligen Vermittlertypen erhebliche Unterschiede im Hinblick auf Gegenstand und Umfang der Beratungspflichten. Der Ausschließlichkeitsvertreter kann qua Status nur prüfen, ob und inwieweit eine Risikodeckung mit den von „seinem" Versicherer angebotenen Produkten möglich ist. Bzgl. des Mehrfachvertreters gilt Entsprechendes. Demgegenüber ist der Versicherungsmakler als Sachwalter und Interessenvertreter des Kunden prinzipiell dazu verpflichtet, den individuell geeigneten und passenden Versicherungsschutz zu besorgen. Dies hat auch in § 60 Abs. 1 S. 1 VVG Ausdruck gefunden. Zu dieser Vorschrift muss § 61 Abs. 1 S. 1 VVG beim Makler in Beziehung gesetzt werden. Der Makler schuldet letztlich die Empfehlung eines an „fachlichen Kriterien" gemessen „geeigneten" Versicherungsvertrages, so dass er sich ggf. durch Nachfragen in die Lage versetzen muss, eine dementsprechende Beratungsleistung zu erbringen. Der Makler muss insofern eine deutlich intensivere Risikoanalyse betreiben, wozu er sich im Einzelfall an den hierfür entwickelten Risikoanalysebögen orientieren kann (*Beenken/Sandkühler*, S. 71; *Schwintowski*, in: Bruck/Möller, § 61 Rn 29 ff.).

Das Gesetz weist als Kriterium für den erforderlichen Beratungsaufwand auf ein angemessenes Verhältnis zur vom VN zu zahlenden Prämie hin. Als Prämie ist dabei allerdings nicht die Jahresprämie heranzuziehen, sondern die im Durchschnitt bei Verträgen dieser Art insgesamt pro Vertrag zu erwartenden Aufwendungen. Auch eine typischerweise lange Laufzeit eines Vertrages ist daher zu berücksichtigen (vertiefend *Pohlmann*, VersR 2009, 327, 329). Jedoch ist die Geltungskraft dieser sog. „Proportionalitätsregel" fraglich (eingehend *Schwintowski*, in: Bruck/Möller, § 61 Rn 32 ff., der sogar von Europarechtswidrigkeit ausgeht). Bereits dem Wortlaut nach handelt es sich nicht um ein absolutes Kriterium („auch"). Auch in der Gesetzesbegründung wird darauf hingewiesen, dass auch bei Produkten mit niedriger Prämie ein hoher Beratungsaufwand bestehen kann. (zust. mit Bsp. *Reiff*, VersR 2007, 717, 726) Daher ist davon auszugehen, dass bei drohenden Deckungslücken der Verweis auf eine niedrige Prämienhöhe i.d.R. keine Einschränkung der Beratungspflicht rechtfertigt. Im Hinblick auf den strukturtypischen Wissensvorsprung des Vermittlers ist insofern eine Einschränkung der ansonsten Treu und Glauben entsprechenden Proportionalität von Aufwand und Vergütung geboten. Der Vermittler sollte dabei auch nicht übersehen, dass durch einzelne, für sich genommen womöglich wenig lukrative Abschlüsse eine langfristige Kundenbindung erzielt werden kann. Anders liegt der Fall bei den sog. Nettopolicen. Beim Vorliegen einer solchen, kann die zu zahlenden Prämie nicht als Indiz für den Umfang der Beratungspflicht herangezogen werden, da der Makler direkt und von der Prämie unabhängig vom VN bezahlt wird. Von der Höhe der Prämie kann demnach nur eine gewisse Indizwirkung ausgehen, wenn der Makler vom VR mit einem Teil der gezahlten Prämie bezahlt wird (vgl. auch MüKo/*Reiff*, § 61 VVG Rn 13).

13 Der Vermittler ist also gut beraten, sein Provisionsinteresse nicht allzu sehr in den Vordergrund zu rücken. So werden viele Vermittler eine allgemeine Risikoanalyse, ggf. unter Verwendung vorgefertigter Fragebögen, häufig bereits deshalb vornehmen, um möglichst viele Ansatzpunkte für potenzielle Vertragsabschlüsse zu finden. Durch die bloße Abfrage, ob sämtliche potenziellen Risiken dem Grunde nach abgedeckt sind, ist die Fragepflicht des § 61 Abs. 1 VVG aber mitnichten erfüllt. Entscheidender – und v.a. haftungsträchtiger – dürften Fragepflichten hinsichtlich einzelner einzudeckender Risiken sein, um den Umfang der konkret erforderlichen Deckung zu bestimmen. Der Eintritt eines aufgrund einer unterbliebenen Nachfrage nicht bzw. unterversicherten Schadensfalles beim VN trotz eines dem Grunde nach bestehenden Vertrages dürfte für den Vermittler eines der größten Haftungsrisiken darstellen. Der Vermittler hat also stets die konkreten Umstände des einzudeckenden Risikos zu ermitteln, wobei es ihm in der Praxis im Schadensfalle oft schwerfallen dürfte, sich darauf zu berufen, es habe für eine Beratung kein Anlass bestanden oder er habe die Deckungslücken nicht erkennen können. Maßgebliches Kriterium darf insoweit eben nicht das Prämien- bzw. Provisionsvolumen sein, sondern die Schadensträchtigkeit des zu deckenden Risikos, die somit im Ergebnis auch die Haftungsträchtigkeit für den Vermittler ausmacht.

14 Im Wege der VVG-InfoV hat der Vermittler den VN auch über die mit der Vermittlung des Versicherungsvertrages entstehenden Kosten aufzuklären. Im Bereich der Vermittlung von fondsgebundenen Lebensversicherungen hat die Aufklärung über die Kosten auch die Aufklärung über von Investmentfondsgesellschaften an einzelne Lebensversicherungen gezahlte Kickbacks zu erfolgen (*Schwintowski*, VersR 2009, 728, 732).

15 Der Versicherungsmakler kann auch verpflichtet sein, den Versicherungsnehmer darüber zu beraten, dass die von ihm gewünschte Risikoabsicherung nicht bzw. nicht zu einem vertretbaren Preis-Leistungsverhältnis am Markt erhältlich ist (vgl. *Benkel/Reusch*, VersR 1992, 1302, 1307) oder ihn über eine drohende finanzielle Überforderung aufzuklären (LG Stuttgart, r+s 2008, 132).

Sollte der VN den subjektiven Wunsch einer Umdeckung verfolgen, obliegt es dem Versicherungsmakler, den VN umfassend zu beraten und die entsprechenden Folgen eines Wechsels aufzuzeigen. Dazu gehört es auch dem VN über die Vor- und Nachteile eines Wechsels zu unterrichten (OLG Karlsruhe, VersR 2012, 856), oder ihm von einem Wechsel abzuraten (OLG Karlsruhe, zfs 2010, 507). Zudem muss der Versicherungsmakler dem VN von einer Kündigung abraten, sofern der neue Vertrag noch nicht abgeschlossen wurde (OLG Hamm, r+s 2013, 523).

Sollte der VN seinen Versicherungsbedarf ganz offensichtlich falsch einschätzen, ist sowohl der Makler als auch der Vertreter verpflichtet, dies richtigzustellen (vgl. Prölss/Martin/ *Dörner*, § 61 Rn 13.).

Ebenso obliegt es dem Vermittler bei erkennbaren Verständnisschwierigkeiten des VN in versicherungsrechtlichen Belangen, diese ihm verständlich zu machen. Der Umfang der produktbezogenen Beratung richtet sich grundsätzlich nach Art, Umfang und Komplexität des gewählten Produktes sowie den persönlichen Bedürfnissen des VN. Je höher hierbei der Informationsstand des VN ist, desto weniger umfangreich ist die Pflicht zur Beratung durch den Vermittler. Der Beratungsumfang ist also stark an die Person des VN und seinen Wissensstand geknüpft und weniger an die grundsätzliche Überschaubarkeit des Produkts und das daraus resultierende Prämienaufkommen (vgl. hierzu auch Prölss/Martin/*Dörner*, § 61 Rn 18 ff).

Halbwahre oder gar beschönigte Angaben eines Vertreters stellen einen Beratungsmangel dar (OLG Düsseldorf, VersR 2005, 62).

Nachträgliche Risikoveränderungen hat der Vermittler jedoch nicht ohne Weiteres als objektive Pflichtverletzung zu vertreten. I.d.R. hat der Vermittler von nachträglichen Veränderungen des Risikos keine Kenntnis. Dementsprechend hat er auch keinen objektiven oder subjektiven Anlass, für einen veränderten Versicherungsschutz Sorge zu tragen. Unterlässt der VN eine Information des Vermittlers, so besteht i.R.d. Betreuung keine Frage- und Beratungsverpflichtung des Kunden (a.A. *Werber*, VersR 2007, 1153). **16**

Strittig ist, inwiefern der Versicherungsvermittler bei der Vermittlung von Versicherungsschutz im Fernabsatzgeschäft, also mithin bei der Vermittlung unter Einsatz von Fernkommunikationsmittel (z.B. Internet oder Telefon), zur Beratung des Versicherungsnehmers verpflichtet ist. § 6 Abs. 6 VVG schließt in diesen Fällen Beratungspflichten des VR aus. Insofern wird vorgeschlagen, diese Vorschrift auf den Vermittler analog anzuwenden. Dem wird allerdings unter Hinweis auf den Inhalt der Vermittlerrichtlinie entgegengetreten (*Franz*, VersR 2008, 298, 299). Tatsächlich führte es zu Friktionen, nähme man beim Vermittler eine Beratungspflicht im Fernabsatzgeschäft an, denn dann träfe den Ausschließlichkeitsvertreter eine Pflicht, die beim VR keine Entsprechung findet. Ebenso ist es jedoch fragwürdig, in diesem Bereich sämtliche Beratungspflichten zu verneinen, zumal eine Beratung gerade im Internet keineswegs unmöglich ist. **17**

Der Versicherungsmakler ist verpflichtetet, den VN bei *Bestehen* eines steuerbegünstigenden Kapitallebensversicherungsvertrages die finanziellen Nachteile einer Kündigung deutlich vor Augen zu führen (OLG Saarbrücken, Urt. v. 4.5.2011 – 5 U 502/10).

Der Versicherungsmakler ist darüber hinaus verpflichtet, die geltende Rechtslage und die höchstrichterliche Rechtsprechung zu beachten und entsprechend zu beraten (OLG Frankfurt, Urt. v. 13.12.2007 – 12 U 214/06). Demgegenüber muss auf zukünftige Änderungen der Rechtslage nur hingewiesen und in die Beratung einbezogen werden, wenn diese bereits abzusehen sind (BGH, Urt. v. 27.5.2009 – III ZR 231/08; VersR 2009, 1224).

3. Empfehlung und Begründung

Am Ende der Beratung steht die Empfehlung des Vermittlers zum Abschluss eines bestimmten Produktes. Weiterhin hat der Vermittler dem VN die Gründe für jeden zu einer bestimmten Versicherung erteilten Rat mitzuteilen. Dabei wird es sich regelmäßig um den Rat handeln, ein bestimmtes Produkt abzuschließen. Allerdings gilt das Begründungserfordernis *auch* für jeden weiteren Rat, den der Vermittler im Zusammenhang mit einem **18** bestimmten Produkt erteilt (vgl. auch BT-Drucks 16/1935, S. 24). Dies kann bedeutsam werden, wenn man von weiter gehenden Pflichten des Maklers auch i.R.d. gesamten Vertragslaufzeit ausgeht (dazu unten Rdn 28).

19 Auch die Begründungspflicht ist sprachlich innerhalb des § 61 Abs. 1S. 1 VVG gefasst und insoweit anlassbezogen. Insb. ergeben sich teleologische Einschränkungen je nach Vermittlertyp. Der Ausschließlichkeitsvertreter muss nicht begründen, weshalb er ein Produkt „seines" VR empfiehlt, während beim Makler die Wahl eines bestimmten Unternehmens ein entscheidender Bestandteil des erteilten Rates ist, weshalb hier regelmäßig eine eingehende Begründung erforderlich ist (BT-Drucks 16/1935, S. 24). Insb. genügt ein Hinweis auf niedrige Prämien allein nicht. Vielmehr ist darüber hinaus auch eine Darstellung des marktbekannten Regulierungsverhaltens und der sonstigen Kundenfreundlichkeit des VR erforderlich, um die Empfehlung zu begründen. Insgesamt sind alle aus Sicht des Maklers relevanten Aspekte, die zur Auswahl des konkreten Produktes geführt haben, abzuwägen und darzustellen (vgl. auch oben Anm. zu § 60 Rdn 1 ff.).

4. Dokumentationspflicht

20 Gem. § 61 Abs. 1 S. 2 VVG wird hinsichtlich der Tätigkeiten des § 61 Abs. 1 S. 1 VVG eine Dokumentationspflicht des Vermittlers begründet. Durch den Verweis auf § 62 VVG wird gem. dem dortigen § 62 Abs. 1 VVG klargestellt, dass die Informationen „klar und verständlich" in Textform zu übermitteln sind (siehe § 62 Rdn 4). Der Umfang der Dokumentation hängt von dem Produkt selbst ab.

21 Grundsätzlich dient die Dokumentation des Beratungsgesprächs der Beweiserleichterung des Kunden bei der Geltendmachung von Schadensersatzansprüchen gegen den Vermittler. Daher ist dem Kunden die Dokumentation der Beratung am Ende der Beratung zu übergeben.

> **Praxistipp**
> Der Vermittler sollte aus eigenen Beweisgründen eine Kopie der Dokumentation anfertigen, auf welcher er sich die Richtigkeit und den Erhalt der Dokumentation durch Kundenunterschrift bestätigen lässt. Diese Kopie sollte er bis zur Verjährung von Schadensersatzansprüchen gegen ihn aufbewahren.

22 Sprachlich nicht eindeutig („dies") ist, auf welche der in § 61 Abs. 1 S. 1 VVG genannten Tätigkeiten sich die Dokumentationspflicht bezieht. Insofern ist von einem weit gehenden Anwendungsbereich auszugehen, so dass etwaige Nachfragen, die gesamte Beratung sowie die Begründung der erteilten Empfehlungen dokumentierungspflichtig sind (so auch *Reiff*, VersR 2007, 717, 726). Dabei ist auch stets zu berücksichtigen, dass die Dokumentierung nicht zuletzt dem Beweissicherungsinteresse des Vermittlers dienlich ist (Einzelheiten bei *Schwintowski*, in: Bruck/Möller, § 61 Rn 38).

23 Fraglich ist, inwieweit die Anwendung vorformulierter Beratungsprotokolle zulässig und ratsam ist. Die Gesetzesbegründung geht davon aus, dass derartige Formulare von den

Marktteilnehmern entwickelt – und auch bereits verwendet – werden und verzichtet insoweit auf konkrete Vorgaben (BT-Drucks 16/1935, S. 25).

Ein Aspekt, der hierbei Beachtung finden muss, ist das Abstellen auf die Person des VN und seine Situation in § 61 Abs. 1 S. 1 VVG. Damit wird deutlich, dass die Pflichten des § 61 Abs. 1 S. 1 VVG bzw. ihr Umfang und ihre Ausgestaltung von Faktoren des jeweiligen Einzelfalles abhängen, weshalb sie grds. auch nur unter Berücksichtigung der besonderen Umstände jedes Einzelfalles pflichtgemäß erfüllt werden können. Demzufolge müssen vorgefertigte Beratungsprotokolle in jedem Fall hinreichend Raum für handschriftliche Notizen lassen, in denen etwaige abgefragte Besonderheiten des Einzelfalles festgehalten werden können. Hiervon sollte auch in jedem Fall Gebrauch gemacht werden. Beschränkt sich ein Beratungsprotokoll auf Ankreuzungen und einige wenige auszufüllende Lücken, so besteht die Gefahr, dass die von § 61 Abs. 1 S. 1 VVG geforderte individuelle Beratung fehlschlägt (zu diesbezüglichen Beweisfragen s.u. Rdn 41 ff.). Andererseits werden gerade große Strukturbetriebe geneigt sein, ihren zahlreichen Untervermittlern möglichst detaillierte und ausführliche „Leitfäden" für die Beratung an die Hand zu geben, um Falschberatungen vorzubeugen. Aus dieser „Zwickmühle" ist ein Entkommen nur durch sorgfältige und umfassende Schulung der Vertriebsmitarbeiter möglich, so dass diese stets in der Lage sind, ein im Einzelfall womöglich erforderlich werdendes Abweichen von einem vorgefertigten Beratungsablauf sachgerecht zu bewerkstelligen und ergänzend zu dokumentieren.

Weiter unterscheiden sich zukünftig auch die Beratungsdokumentationen nach dem Vermittlerstatus. Der gebundene Versicherungsvertreter stellt dem Kunden sein Produkt dar und dokumentiert anschließend, ob das Produkt den Wünschen und Bedürfnissen des Kunden entspricht. Der Makler hingegen dokumentiert erst die Wünsche und Bedürfnisse des Kunden und erstellt dann seine Marktanalyse und gibt seine Empfehlung ab. Dieser unterschiedlichen Vorgehensweise muss auch die Dokumentation entsprechen.

Beachtet der Versicherungsvermittler jedoch seine Dokumentationspflicht nicht, kann dies zu Beweiserleichterungen oder gar zur Beweislastumkehr zugunsten des VN führen. Dabei gilt, wenn ein Hinweis vom Vermittler der von wesentlicher Bedeutung ist, nicht oder nicht im Ansatz dokumentiert worden ist, muss grundsätzlich der Versicherungsvermittler beweisen, dass dieser Hinweis erteilt worden ist (BGH, Urt. v. 13.11.2014 – III ZR 544/13).

5. Weiter gehende Pflichten des Versicherungsmaklers

Die in § 61 VVG (i.V.m. § 60 Abs. 1 VVG) geregelten Pflichten bleiben signifikant hinter den Pflichten des Versicherungsmaklers zurück, die diesen nach der zur alten Rechtslage bestehenden Sachwalter-Haftung treffen. Dies gilt insb. insofern, als diesen Grundsätzen zufolge ein Maklervertrag i.d.R. ein Dauerschuldverhältnis begründet, aus welchem den Makler grds. auch Pflichten nach Vertragsabschluss treffen, so etwa die Überwachung der laufenden Verträge auf erforderliche Anpassungen und Verlängerungen oder die Mitwirkung und Unterstützung bei Schadensanzeigen und Schadensregulierung (vgl. hierzu BGH,

VersR 2009, 1495; eingehend *Benkel/Reusch*, VersR 1992, 1304; Prölss/Martin/*Kollhosser*, § 48 Rn 4, 5; *Werber*, VW 1988, 1116; *Werber*, VersR 1992, 917, 921). Allenfalls in eng begrenzten Ausnahmefällen erschöpfen sich die Pflichten des Maklers in einer einmaligen Beschaffung von Versicherungsschutz (vgl. hierzu OLG Frankfurt am Main, VersR 2006, 1546).

26 Weder Gesetz noch Gesetzesbegründung geben vollständig Aufschluss darüber, ob und inwieweit diese Pflichten den Versicherungsmakler auch nach neuem Recht treffen. Für Versicherungsberater enthält das Gesetz in § 68 S. 2 VVG den ausdrücklichen Hinweis, dass weiter gehende Pflichten aus dem Auftragsverhältnis durch die entsprechend anwendbaren VVG Regelungen unberührt bleiben. Bei stringenter systematischer Auslegung könnte man hieraus im Umkehrschluss entnehmen, dass dies für den Versicherungsmakler nicht gilt, dass sich seine Pflichten also in den gesetzlich normierten Pflichten erschöpfen.

27 Eine solche Annahme wäre jedoch verfehlt (ebenso *Reiff*, VersR 2007, 717, 724; *Werber*, VersR 2007, 1153, 1156). Die Gesetzesbegründung weist darauf hin, dass dem gesetzlichen Begriff des Versicherungsmaklers die Vorstellung vom Interessenvertreter und Sachwalter des VN zugrunde liegt (BT-Drucks 16/1935, S. 23). Hiervon bliebe wenig übrig, würde man die Existenz von aus der Sachwalter-Stellung folgenden, weiter gehenden Pflichten des Maklers verneinen. An anderer Stelle in der Gesetzesbegründung werden die Pflichten des Maklers aus der Sachwalter-Rechtsprechung auch explizit anerkannt (BT-Drucks 16/1935, S. 26 in der Begründung zu § 65 VVG). Zudem würde es den Gedanken des neuen Vermittlerrechts konterkarieren, würde man unter Berufung auf den vermeintlich abschließenden Charakter der neuen lex lata eine signifikante Verschlechterung des Verbrauchers ggü. der alten Rechtslage begründen.

28 Unklar bleibt allein, von welchem Verhältnis zwischen der gesetzlichen Neuregelung und den von der Rechtsprechung entwickelten Pflichten die Gesetzesbegründung ausgeht (dazu auch unten § 65 Rdn 5). Richtig ist insoweit das Folgende:

29 Die vertrags- und beratungsbezogenen Pflichten der §§ 60, 61 VVG stellen einen Teil der aus der Sachwalter-Stellung des Versicherungsmaklers folgenden Pflichten dar. Sie gehen über diese jedoch nicht hinaus, sondern sind hierin vielmehr vollständig enthalten. Die weiter gehenden Pflichten des Versicherungsmaklers, die aus der Sachwalter-Stellung folgen, bleiben hiervon gänzlich unberührt. Sie treffen den Versicherungsmakler im selben Maße wie nach der alten Rechtslage und unterliegen denselben Einschränkungsmöglichkeiten (§ 280 BGB). Diese Auffassung korrespondiert i.Ü. auch mit Art. 2 Abs. 3 der Vermittlerrichtlinie, in dem von einem weiten Vermittlungsbegriff ausgegangen wird, der auch die Betreuung nach Vertragsabschluss umfasst (dazu *Werber*, VersR 2007, 1153, 1156).

30 Sofern der Maklervertrag keine abweichende Regelung enthält, ist der Makler mithin verpflichtet, den Versicherungsnehmer auch nach Abschluss des Versicherungsvertrages zu beraten. Analog § 6 Abs. 4 VVG ist die Betreuungspflicht jedoch an die Erkennbarkeit eines Beratungsanlasses gebunden. Ist ein Anlass für den Makler nicht erkennbar, so kann

vom Makler nicht verlangt werden, eine Beratungsleistung zu erbringen, wo diese i.d.R. nicht gewünscht und erforderlich ist (*Franz*, VersR 2008, 298, 299).

Im Ergebnis stellt das neue Vermittlerrecht – soweit der Versicherungsmakler betroffen ist – also eine Teil-Kodifikation der von Literatur und Rechtsprechung entwickelten Pflichten des Versicherungsmaklers dar. Die weiter gehenden Pflichten, die im Gesetz keinen unmittelbaren Niederschlag gefunden haben, bleiben jedoch vollständig aufrechterhalten. Weiter reichende Pflichten des Versicherungsmaklers können sich insb. aus den §§ 675, 663, 665 bis 670, 672 bis 674 BGB ergeben (vgl. hierzu und zu den vertraglichen Gestaltungsmöglichkeiten *Michaelis*, ZfV 2009, 147).

31

Den Versicherungsvertreter treffen demgegenüber scheinbar keine originär eigenen Pflichten nach Vertragsabschluss. Dies wird im Umkehrschluss § 6 Abs. 4 VVG entnommen, da eine vergleichbare Regelung für den Vermittler fehlt. Er ist freilich in die Erfüllung der nachvertraglichen Pflichten des VR (§ 6 Abs. 4 VVG) als dessen Erfüllungsgehilfe eingebunden.

32

Doch eine derart kategorische Ablehnung nachvertraglicher Pflichten des Vertreters ist nicht zweifellos. Der Kunde bringt dem Vertreter oft ein ähnliches Vertrauen entgegen wie einem Makler, wenngleich er sich beim Vertreter natürlich darüber im Klaren ist, dass dieser nur Produkte des bzw. der jeweils vertretenen Unternehmen anbietet. I.Ü. geht der VN i.d.R. aber davon aus, dass er bei „seinem" Versicherungsvertreter mit all seinen Versicherungsangelegenheiten „in guten Händen" ist. Auch die Vertreter vermitteln zumeist den Eindruck einer „ganzheitlichen" Betreuung des VN in all seinen Versicherungsangelegenheiten. Teilweise wird der VN durch den Vertreter in Verhandlungen mit der Gesellschaft, etwa hinsichtlich Regulierungsfragen, sogar unterstützt. Mit diesem Verständnis einher geht ein in der Branche verbreiteter (Irr-)Glaube, die akquirierten VN seien Kunden „des Vertreters", nicht solche der Gesellschaft. Vor diesem Hintergrund scheint es durchaus begründbar und dem Geist des Vermittlerrechts entsprechend zu sein, nachvertragliche Pflichten auch des Vertreters anzuerkennen, so dass dann eine gesamtschuldnerische Haftung mit dem VR anzunehmen wäre.

33

II. Verzichtsmöglichkeit nach § 61 Abs. 2 VVG

1. Allgemeines

Gem. § 61 Abs. 2 VVG kann der VN auf die „*Beratung oder die Dokumentation nach Absatz 1*" verzichten. Diese Vorschrift ermöglicht weit reichende Einschränkungen der gesetzlichen Pflichten des Vermittlers zulasten des Verbrauchers, weshalb ihre Europarechtskonformität vielfach mit beachtlichen Gründen angezweifelt wird. Das Problem liegt jedoch weniger in der normtheoretischen Funktion. Trifft ein Verbraucher auf einer hinreichenden Informationsgrundlage die privatautonome Entscheidung, dass er auf eine Beratung durch den Vermittler zu verzichten gedenkt, so spricht nichts dafür, einen solchen Verzicht nicht zuzulassen. Rechtstatsächlich gibt es jedoch die begründete Befürchtung, dass die Verzichtsregelung entgegen dem Grundgedanken der Vermittlerrichtlinie als Ent-

34

haftungsmechanismus zweckentfremdet wird, indem den Verbrauchern massenhaft vorformulierte Verzichtsklauseln „untergeschoben" werden. Dass die *lex lata*, die ja gerade der Umsetzung des europäischen Vermittlerrechts dient, eine solche Vorschrift enthält, die von den zentralen Vermittlerpflichten praktisch nichts übrig lässt, verstärkt die Zweifel an der Vereinbarkeit mit dem Gemeinschaftsrecht. In jedem Fall ist die Regelung aber streng restriktiv (europarechtskonform) auszulegen.

35 So bleibt zunächst die Nachfragepflicht dem Wortlaut des § 61 Abs. 2 VVG folgend in jedem Fall bestehen. Tatsächlich wird den Vermittler in Verzichtsfällen sogar eine gesteigerte Nachfragepflicht treffen, da er sicherstellen muss, dass die ohne Beratungsleistung vermittelte Versicherung nicht zu schweren Nachteilen für den VN führt. Insb. darf der Vermittler kein Produkt empfehlen, das erhebliche Deckungslücken oder sonstige vermeidbare Risiken aufweist. Ob dies der Fall ist, hat er ggf. durch Nachfragen zu ermitteln. In einem solchen Fall überwiegt der strukturelle Informationsvorsprung des Vermittlers und er muss den Kunden auf etwaige Nachteile hinweisen, obwohl dieser auf eine Beratung verzichtet hat. Das bedeutet, dass ein Kunde nur dann wirksam, i.e. mit haftungsbefreiender Wirkung für den Vermittler, auf eine Beratung verzichten kann, wenn er aufgrund seines Informationsstandes auch keine Beratung benötigt bzw. wenn ein bestehender Beratungsbedarf auch durch Nachfragen nicht erkennbar wird (in der Sache ähnlich *Schwintowski*, in: Bruck/Möller, § 61 Rn 42). Wird ein erkennbar ungeeignetes Produkt empfohlen, so haftet der Vermittler hierfür trotz des Vorliegens einer Verzichtserklärung, wenn die mangelnde Eignung durch Nachfragen erkennbar gewesen wäre.

36 Ferner stellt die bloße Nichtbeantwortung von Nachfragen keinen Verzicht dar (BT-Drucks 16/1935, S. 25). Ebenso wenig ist der Verzicht auf die Beratung mit dem Fall zu verwechseln, dass der Kunde nicht beraten werden will, z.B. weil er ein bestimmtes Versicherungsprodukt von einem bestimmten Versicherer zu erwerben wünscht. Im letzteren Fall fehlt es – sofern das gewünschte Produkt nicht erkennbar ungeeignet ist – an einem Beratungsanlass und der Vermittler erfüllt seine Beratungs- und Dokumentationspflicht, indem er dokumentiert, dass ein weiterer Beratungswunsch des Kunden nicht besteht. Eines Verzichts bedarf es dabei nicht (*Schwintowski*, in: Bruck/Möller, § 61 Rn 41).

37 Darüber hinaus haftet der Vermittler in jedem Fall für eine tatsächlich erbrachte Beratung, unabhängig davon, ob in deren Rahmen ein Beratungsverzicht erklärt wird. Die Regelung des § 61 Abs. 2 VVG dient nicht dazu, eine Haftungserleichterung für erbrachte Beratungen zu ermöglichen, sondern lediglich eine ungerechtfertigte Haftung des Vermittlers zu vermeiden, wenn ihm eine Beratung durch einen ausdrücklichen Wunsch des VN verwehrt wurde.

2. Form und Inhalt der Verzichtserklärung

38 Die Erklärung des VN muss schriftlich und in einer gesonderten Erklärung erfolgen, so dass eine Aufnahme in AGB unzulässig ist. Auch sonst vorformulierte Erklärungen wären AGB und würden auch an der Einbeziehungs- und Inhaltskontrolle nach den §§ 305 ff. BGB scheitern. Da es sich sowohl bei der Beratungspflicht des Versicherungsmaklers als auch bei der des Vertreters um eine Kardinalpflicht i.S.v. § 307 Abs. 2 Nr. 2 BGB handelt, welche den VN bei dessen Verzicht nach Treu und Glauben unangemessen benachteiligt, weil die Kardinalpflicht in einer den Vertragszweck gefährdenden Weise eingeschränkt würde, hält der vorformulierte Verzicht im Rahmen von AGB der Einbeziehungs- und Inhaltskontrolle nicht stand und ist somit unwirksam. Das Gleiche gilt m.E. nicht für den Verzicht auf die Dokumentationspflicht mittels einer vorformulierten Erklärung (anders Prölss/Martin/*Dörner*, § 61 Rn 35 ff).

Es ist jedoch umstritten, wie „gesonderte" zu verstehen ist. Es wird vertreten, dass „gesonderte" bedeutet, dass ein separates Dokument oder gar eine gesonderte vertragliche Vereinbarung vorliegen muss. Nach der hier vertretenen Ansicht reicht es bereits aus, wenn der Verzicht des VN für diesen deutlich zu erkennen ist. Das ist auch der Fall, wenn der Verzicht von dem übrigen Fließtext getrennt, in einem drucktechnisch hervorgehoben Abschnitt in den Vertragsunterlagen enthalten ist (näher dazu *Blankenburg*, VersR 2008, 1446 und *Franz*, VersR 2008, 298; BGH v. 9.1.2013 – IV ZR 197/11), z.B. in einem farbig unterlegten und eingerahmten Feld gesondert unterzeichnet werden kann.

Laut Gesetz muss sich in der Erklärung ein Hinweis darauf finden, dass der Beratungsverzicht negative Auswirkungen auf einen eventuellen Schadensersatzanspruch haben kann (zur sprachlichen Fehlkonstruktion der Norm *Reiff*, VersR 2007, 717, 726). Angesichts der weit reichenden Konsequenzen eines Beratungsverzichts, der letztlich den Grundgedanken des Vermittlerrechts ad absurdum führt, ist bzgl. des Inhalts der Verzichtserklärung jedoch eine differenzierte Auslegung erforderlich. § 61 Abs. 2 VVG muss insgesamt teleologisch dahingehend ausgelegt werden, dass dem VN alle Konsequenzen des Beratungsverzichtes offenbart werden müssen, nicht nur die vom Gesetz genannten möglichen Auswirkungen auf einen eventuellen Schadensersatzanspruch. Insb. muss der Vermittler auch darauf hinweisen, dass er ohne eingehende Beratung nicht gewährleisten kann, dass das abgeschlossene Produkt dem Bedarf des VN entspricht. Reduziert man die Norm auf das formelle Erfordernis der Benennung der Rechtsfolgen im Hinblick auf § 63 VVG, so besteht die Gefahr, dass dem VN formelhafte Wendungen „untergeschoben" werden, deren tatsächliche Tragweite ihm verborgen bleibt. Die möglichen Rechtsfolgen eines Verzichts müssen dem VN also insgesamt klar und verständlich (vgl. auch die Anm. zu § 62 Rdn 4) aufgezeigt werden. Andernfalls ist ein erklärter Verzicht unwirksam.

3. Rechtsfolgen eines wirksamen Verzichts

Hat der Kunde wirksam auf eine Beratung verzichtet, so kann er sich später nicht darauf berufen, der Vermittler hätte ihm ein anderes Produkt empfehlen müssen. Schadensersatzansprüche sind in diesem Fall ausgeschlossen. Dies entspricht letztlich schon dem Gedanken von Treu und Glauben (§ 242 BGB), denn es handelt sich um einen Fall des venire contra factum proprium, wenn ein Verkehrsteilnehmer zunächst auf eine angebotene Dienstleistung verzichtet, um sich dann anschließend darauf zu berufen, dieselbe (Beratungs-)Leistung sei nicht erbracht worden. Insofern hätte es der Regelung in § 61 Abs. 2 VVG nicht bedurft und der Gesetzgeber hätte nicht dazu „einladen" müssen, die Verzichts-

§ 61 VVG — Beratungs- und Dokumentationspflichten des Versicherungsvermittlers

möglichkeit zu missbrauchen. In Fällen eines „echten", freiverantwortlichen Beratungsverzichts, den sich ein vorsichtiger Vermittler ohnehin hätte bestätigen lassen, wäre eine Haftung bereits nach allg. Grundsätzen ausgeschlossen gewesen.

40 Nach der hier befürworteten Auffassung gilt die „Enthaftungswirkung" der Verzichtserklärung jedoch nur, wenn das ohne Beratung empfohlene Produkt nicht erkennbar ungeeignet war bzw. wenn der Vermittler die mangelnde Eignung durch – nicht gem. § 61 Abs. 2 VVG verzichtbare – Nachfragen nicht hätte erkennen können. Andernfalls bleibt er trotz des Verzichts zu einem Hinweis auf die mangelnde Eignung verpflichtet. Erteilt und dokumentiert er diesen, und schließt der Kunde gleichwohl den Vertrag ab, so scheidet eine Haftung freilich aus.

C. Prozessuale Hinweise

41 Fragen der Beweislastverteilung werden auch bei § 61 VVG naturgemäß v.a. im Zusammenhang mit Schadensersatzansprüchen relevant. Wiederum trifft den VN insoweit die Beweislast hinsichtlich einer Pflichtverletzung. Allerdings spricht vieles dafür, dass zumindest bei Verbrauchern eine allgemeine Vermutung i.S.e. Anscheinsbeweises für einen Frage- und Beratungsbedarf besteht. Somit ist der Vermittler beweispflichtig, wenn er sich gem. § 61 Abs. 1 VVG darauf beruft, dass im konkreten Fall kein Beratungsbedarf bestand.

42 Trägt der VN eine unvollständige Beratung unter Beweisangebot vor, und bestreitet der Vermittler dies unter Verweis auf ein ausgefülltes und vom VN unterzeichnetes, vorgefertigtes Beratungsprotokoll, so ist zweifelhaft, ob hierdurch stets eine behauptete Beratungspflichtverletzung substantiiert widerlegt ist. Gemäß den Ausführungen oben ist darauf abzustellen, ob sich aus dem ausgefüllten Formular ergibt, dass eine individuelle Beratung stattgefunden hat. Indizien hierfür können etwa handschriftliche Notizen sein, aus denen sich ergibt, dass die konkrete Situation des VN erörtert wurde. Handelt es sich dagegen lediglich um ein Formular nach „Multiple-Choice"-Art, oder lässt sich der Vermittler sogar bloß eine „vollständige und umfassende Beratung" o.Ä. bestätigen, ohne dass deren Inhalt erkennbar wird, so sind derartige Protokolle zum Gegenbeweis hinsichtlich einer behaupteten und unter Beweis gestellten Beratungspflichtverletzung ungeeignet. Ein unterzeichnetes Beratungsprotokoll kann den Gegenbeweis hinsichtlich einer behaupteten Verletzung der Pflicht zur individuellen und bedarfsgerechten Beratung nur erbringen, soweit aus ihm eine solche auch konkret hervorgeht.

43 Behauptet der VN eine Verletzung der Beratungspflicht, so kann der Vermittler dem unter Verweis auf eine Verzichtserklärung gem. § 61 Abs. 2 VVG entgegentreten. Dann ist er jedoch nicht nur hinsichtlich des Vorliegens einer solchen Erklärung, die ja ohnehin schriftlich erteilt werden muss, beweisbelastet. Er muss darüber hinaus darlegen und beweisen, dass der VN diese Erklärung in Kenntnis aller relevanten Rechtsfolgen einer solchen Erklärung (s.o. Rdn 40) abgegeben hat. Dieser Beweis kann i.d.R. damit erbracht werden, dass der VN eine (auch vorformulierte) Verzichtserklärung unterschrieben hatte. Es ist ausreichend, wenn der VN verstanden hat, dass er Rechtsnachteile in der Geltendmachung von Schadensersatzansprüchen gegen den Vermittler hinzunehmen hat, als er die Erklärung unterzeichnete. Eine geringfügig unrichtige Rechtsbelehrung dürfte daher hier unschädlich sein (andere Auffassung natürlich hinsichtlich dem Belehrungserfordernis nach § 12 Abs. 3 VVG a.F., bei welcher sehr strenge Kriterien Berücksichtigung fanden). Dennoch ist die Interessenlage hier nicht vollständig vergleichbar. Liegt demgegenüber eine wirksame Verzichtserklärung vor, und beruft sich der VN auf eine dennoch erfolgte, fehlerhafte Beratung (s.o. Rdn 37), so hat er zu beweisen, dass eine solche (falsche) Beratung trotz des ausdrücklichen Verzichts stattgefunden hat.

D. Arbeitshilfen

Muster: Checkliste für den Vermittler 44

- ☐ Kunden hinsichtlich seiner Wünsche und Bedürfnisse befragt?
- ☐ Kunden in einem angemessenen Verhältnis zwischen Beratungsaufwand und zu zahlender Prämie beraten?
- ☐ Dem Kunden am Ende der Beratung eine Empfehlung zugunsten eines Produktes mit einer entsprechenden Begründung gegeben?
- ☐ Die Beratung in Textform dokumentiert und aus Beweiszwecken vom Kunden unterschreiben lassen?
- ☐ Gegebenenfalls Beratungs- und/oder Dokumentationsverzicht vom Kunden unterschreiben lassen?

Muster: Beratungsprotokoll für die private Altersvorsorge 45

Vermittler:

Kunde:

Sonstige Gesprächsteilnehmer:

Gespräch/e vom:

I. Anlass der Beratung

Der Kunde äußerte beim Beratungsgespräch folgende Wünsche und Bedürfnisse:

		nicht wichtig	wichtig
1.	Hinterbliebenenversorgung mittels einer Todesfallleistung	☐	☐
2.	Vererbbarkeit der Ansprüche	☐	☐
3.	Sicherheit der Altervorsorge bei Arbeitslosigkeit	☐	☐
4.	Invaliditätsabsicherung	☐	☐
5.	Möglichst umfangreiche Ausnutzung staatlicher Förderung	☐	☐
6.	Möglichst umfangreiche Berücksichtigung steuerlicher Vorteile	☐	☐
7.	Garantierte Ablaufleistung	☐	☐
8.	Möglichst hohe Rendite	☐	☐

§ 61 VVG — Beratungs- und Dokumentationspflichten des Versicherungsvermittlers

II. Beratungsinhalte

Die Beratung erfolgte auf der Grundlage,
- ☐ des mit dem Kunden berechneten Versorgungsbedarfs des Kunden
- ☐ des maximalen Sparbeitrages in Höhe von _____ EUR mtl., welchen der Kunde bereit war für seine Altersvorsorge zu investieren.

Der Kunde wurde über die folgenden Dinge beraten und informiert:
1. Systemunterschiede und Besonderheiten der einzelnen Schichten der privaten Altersvorsorge
2. Steuerliche Unterschiede zwischen den einzelnen Schichten der privaten Altersvorsorge
3. Umfang der garantierten Leistungen der jeweiligen Produkte
4. Vererbbarkeit und Schutz vor Arbeitslosigkeit der einzelnen Produkte
5. Sicherheit der Leistungserbringung in der Zukunft
6. Unterschiede zwischen einer Kapital bildenden und fondsgebundenen Versicherung
7. Kursrisiken und die Möglichkeit des Totalverlustes des gezahlten Kapitals in der FLV
8. Unterschiede zwischen einer Renten- und einer Lebensversicherung
9. Beteiligung an erwirtschafteten Überschüssen der Versicherung, insbesondere dass die prognostizierten Überschussbeteiligungen nicht garantiert sind.
10. Unterschiedliche Möglichkeiten der Todesfallabsicherung
11. Umfang möglicher Zusatzversicherungen (z.B. BUZ)
12. Umfang vertraglicher Obliegenheiten und die Folgen deren Verletzung
13. Vertragliche Pflicht des Kunden zur Zahlung der Prämie

III. Sonstige Notizen und individuelle Besonderheiten

IV. Empfehlung des Vermittlers

Der Vermittler empfiehlt eine _____ Versicherung bei der _____ mit einem Jahresbeitrag in Höhe von _____ EUR aus den folgenden Gründen:
a.
b.

Ort, Datum   Unterschrift Kunde   Unterschrift Vermittler

46   **Muster: Verzichtserklärung über die Beratungs- u. Dokumentationspflicht des Versicherungsmaklers**

Kunde: _____

bezüglich folgenden Vertrages (VSNR): _____

Versicherer: _____

Rechtsbelehrung: Der Kunde ist ausdrücklich darauf hingewiesen worden, dass sich der Verzicht nachteilig auf seine Möglichkeit auswirken kann, gegen den Versicherungsvermittler einen Schadensersatzanspruch nach § 63 VVG geltend zu machen. Ferner wurde der Kunde darauf hingewiesen, dass der Versicherungsvermittler angesichts des ausdrücklichen Beratungsverzichts keine Gewähr dafür übernehmen kann, dass das empfohlene Produkt den Wünschen und Bedürfnissen des Kunden vollständig entspricht.

Der Versicherungsnehmer **verzichtet** auf

☐   eine Beratung

                             Unterschrift des Kunden

☐   die Dokumentation der Beratung.

                             Unterschrift des Kunden

Der Versicherungsmakler hat den Kunden in dem Falle, das er nur auf die Dokumentation nicht aber auch auf die Beratung verzichtet hat, über dessen Wünsche und Bedürfnisse befragt und ihn im Rahmen des sachgemäßen Ermessens mündlich beraten. Eine nur **mündliche Information** entsprach dem ausdrücklichen Kundenwunsch.

Sollte eine Regelung dieser Vereinbarung unwirksam sein oder werden, oder sich eine Regelungslücke herausstellen, berührt dies nicht die Wirksamkeit der Erklärung als Ganzem. Die unwirksame Bestimmung oder die Schließung der Lücke hat vielmehr ergänzend durch eine Regelung zu erfolgen, die dem beabsichtigtem Zwecke der Regelung am nächsten kommt.

(Ort, Datum)   Unterschrift des Kunden

§ 62 VVG   Zeitpunkt und Form der Information

(1) Dem Versicherungsnehmer sind die Informationen nach § 60 Abs. 2 vor Abgabe seiner Vertragserklärung, die Informationen nach § 61 Abs. 1 vor dem Abschluss des Vertrags klar und verständlich in Textform zu übermitteln.

(2) Die Informationen nach Absatz 1 dürfen mündlich übermittelt werden, wenn der Versicherungsnehmer dies wünscht oder wenn und soweit der Versicherer vorläufige Deckung gewährt. In diesen Fällen sind die Informationen unverzüglich nach Vertragsschluss, spätestens mit dem Versicherungsschein dem Versicherungsnehmer in Textform zu übermitteln; dies gilt nicht für Verträge über vorläufige Deckung bei Pflichtversicherungen.

Übersicht

	Rdn
A. Normzweck	1
B. Norminhalt	2
I. Zeitpunkt und Form der Informationen (§ 62 Abs. 1 VVG)	2
II. Ausnahmefälle (§ 62 Abs. 2 VVG)	6

A. Normzweck

Die Vorschrift setzt das Formerfordernis aus Art. 13 Abs. 1 der Vermittlerrichtlinie um. Tatsächlich hat die Norm zwei unterschiedliche Schutzrichtungen. Zum einen gewährleistet § 62 VVG die vollständige und übersichtliche Information des VN, welche die Grundlage für seine Entscheidung über den Abschluss eines VV sein soll, zum anderen wird aber auch (oder sogar v.a.) ein etwaiges Beweisinteresse des Vermittlers gefördert. § 62 VVG entspricht dem am 22.5.2007 in Kraft getretenen § 42d VVG a.F.

Die Vorschrift gibt vor, wie und wann die Informationen durch den Vermittler an den VN zu übermitteln sind (hierzu auch MüKo/*Reiff*, § 62 VVG Rn 1).

Die Vorschrift gilt nicht für den Bagatellvermittler nach § 34d Abs. 9 Nr. 1 GewO. Sie ist daher nur halbzwingend (Prölss/Martin/*Dörner*, § 62 Rn 1).

B. Norminhalt

I. Zeitpunkt und Form der Informationen (§ 62 Abs. 1 VVG)

2 Die Norm regelt in § 62 Abs. 1 VVG, zu welchem Zeitpunkt und in welcher Form der Vermittler dem VN die Informationen über die Markt- und Informationsgrundlage und den VR (§ 60 Abs. 2 VVG) sowie die Dokumentation über die Bedarfsermittlung, Beratung und Empfehlung (§ 61 Abs. 1 S. 2 VVG) zu übermitteln sind (Prölss/Martin/*Dörner*, § 62 Rn 1).

3 Die Informationen müssen in Textform erfolgen. Gem. § 126b BGB muss die Erklärung danach in einer Urkunde oder auf andere zur dauerhaften Wiedergabe in Schriftzeichen geeigneten Weise abgegeben, die Person des Erklärenden genannt und der Abschluss der Erklärung durch Nachbildung der Namensunterschrift oder anders erkennbar gemacht werden. Beispielhaft für die Textform ist ein Fax oder eine E-Mail. Dem Verbraucher muss es somit möglich sein, die persönlich an ihn gerichteten Informationen so zu speichern, dass er diese über einen für den Informationszweck angemessenen Zeitraum abrufen kann und die unveränderte Wiedergabe der gespeicherten Daten möglich ist.

4 Darüber hinaus müssen sie „klar und verständlich" sein. Die Bedeutung dieser Formulierung ist alles andere als eindeutig. Im Wesentlichen knüpft der Gesetzgeber an das Transparenzgebot aus § 307 BGB an. Sicher erschöpft sich dieses Merkmal nicht in dem Hinweis der Gesetzesbegründung, dass die Informationen *„in deutscher oder in einer anderen von den Parteien vereinbarten Sprache"* erfolgen müssen (BT-Drucks 16/1935, S. 25). Vielmehr muss der sachliche Gehalt der Informationen in einer für den durchschnittlichen VN verständlichen Art und Weise dargestellt werden. Dass etwa i.R.d. § 61 Abs. 2 VVG der formelhafte Hinweis auf mögliche negative Auswirkungen auf Schadensersatzansprüche nach § 63 VVG nicht ausreicht, wurde bereits dargelegt. (s.o.§ 61 Rdn 34 ff.) Hierdurch wird einem durchschnittlichen VN die gesamte Tragweite des Beratungsverzichtes nicht „klar und verständlich" bewusst gemacht.

5 Die Informationen des § 60 Abs. 2 VVG hinsichtlich einer etwaigen Einschränkung der Beratungsgrundlage sind vor Abgabe der Vertragserklärung zu erteilen. Damit wird gewährleistet, dass der VN seine Entscheidung für einen vom Vermittler angebotenen Vertrag in Kenntnis der dem Angebot zugrunde liegenden Umstände abgibt (BT-Drucks 16/1935, S. 25). Für die beratungsbezogene Dokumentation gem. § 61 Abs. 1 VVG genügt es dagegen, wenn diese vor Abschluss des Vertrages vorliegt. Unklar ist in diesem Zusammenhang die Formulierung „vor" Abschluss des Vertrages. Vor Abschluss des Vertrages ist es schon dann, wenn formal die zeitliche Abfolge eingehalten wird und der VN zunächst die beratungsbezogene Dokumentation erhält und im direkten Anschluss den Vertrag unterschreibt oder unterschreiben soll. „Vor" bedeutet dann lediglich eine formale Sekunde. Nach dem Wortlaut des Gesetzes würde ein solches Vorgehen ausreichen. Diese Vorgehensweise widerspricht jedoch massiv dem Sinn und Zweck dieser Regelung. Die Regelung dient dem Schutz des VN. Sie soll bewirken, dass der VN vor Abschluss des Vertrages die Möglichkeit erhält, sich anhand der ihm überreichten Dokumentation klar zu werden, ob

er den Vertrag auf dieser Grundlage so abschließen möchte. Um dem Schutzzweck dieser Regelung gerecht werden zu können, bedarf es nach der hier vertretenen Auffassung entgegen dem Wortlaut nicht nur einer Vorlage der Dokumentation vor Abschluss des Vertrages, sondern die Vorlage der Dokumentation „rechtzeitig" vor Abschluss des Vertrages. Rechtzeitig bedeutet vorliegend, dass die Dokumentation so frühzeitig vorliegt, dass der VN ausreichend Zeit hat, sich anhand derer zu entscheiden, ob er den Vertrag so abschließen möchte oder nicht. Dies entspricht zwar nicht dem Wortlaut, jedoch dem Sinn und Zweck dieser Regelung. Wann in diesem Zusammenhang von einer rechtzeitigen Übergabe ausgegangen werden kann, richtet sich nach der Komplexität der angefragten Versicherung. Tendenziell ist davon auszugehen, dass rechtzeitig in jedem Fall unmittelbar nach Abschluss der Beratungsleistung und in einer für den VN im konkreten Fall ausreichenden Zeit vor Abschluss des Vertrages ist.

In diesem Zusammenhang muss darüber nachgedacht werden, wann überhaupt ein Abschluss des Vertrages vorliegt. Grundsätzlich liegt der Vertragsabschluss immer dann vor, sobald hieraus rechtsgültig wechselseitige Ansprüche entstehen, also mit der Übergabe des Versicherungsscheins. Es muss aber hierbei zwischen zwei Fällen differenziert werden. Im ersten Fall stellt der VN den Antrag und der VR nimmt diesen an. Der zweite Fall beruht auf dem sog. Invitatiomodell. Dabei wird das Angebot vom VR an den VN abgegeben, welcher dieses dann annimmt.

Im Fall des Invitatiomodells beginnt mit der Übergabe des Versicherungsscheins für den VN u.U. eine Widerrufsfrist. Fraglich ist, ob der Vertrag damit im Zeitpunkt der Übergabe des Versicherungsscheins bereits als endgültig geschlossen anzusehen ist, oder ob nicht vielmehr wie auch bei der Fälligkeit der Versicherungsprämie, welche erst bei endgültigem Vertragsschluss und damit nach Ablauf der Widerrufsfrist fällig wird, auch hier ein endgültiger Abschluss des Vertrages erst mit Ablauf der Widerrufsfrist endgültig zustande gekommen ist. Nach der hier vertretenen Auffassung ist dieser Schluss im Falle des Invitatiomodells nur folgerichtig. Daraus folgt dann wiederum auch, dass für die Übergabe der Dokumentation in diesem Fall die formale Sekunde vor Übergabe des Versicherungsscheins ausreicht, da sich dieser ein Widerrufsrecht des VN anschließt, in deren Frist dieser seine Entscheidung nochmal auch anhand der Dokumentation überdenken kann und der Vertrag erst nach deren Ablauf als endgültig geschlossen anzusehen ist.

Praxistipp
Es wird im Falle des Invitatiomodells als sinnvoll erachtet, in die Dokumentation aufzunehmen, dass die Dokumentation rechtzeitig ausgehändigt wurde und dem VN ein Widerrufsrecht zusteht. Der Vermittler sollte sich dann eine Kopie von der Dokumentation anfertigen und sich diese bei Aushändigung von dem VN unterschreiben lassen.
Sollte der Versicherungsvermittler seine Dokumentationspflicht nicht beachtet haben, kann dies auch hier zu Beweiserleichterungen oder gar zur Beweislastumkehr zugunsten des VN führen. Wurde ein Hinweis, der von wesentlicher Bedeutung ist, nicht oder nicht im Ansatz dokumentiert, muss grundsätzlich der Vermittler beweisen, dass dieser Hinweis erteilt worden ist (BGH, Urt. v. 13.11.2014 – III ZR 544/13).

II. Ausnahmefälle (§ 62 Abs. 2 VVG)

6 In § 62 Abs. 2 VVG wird von dem Regelfall der Textform eine Ausnahme gemacht. So besteht die Möglichkeit, die Informationen zunächst mündlich zu erteilen und sie später in Textform zu übermitteln (Prölss/Martin/*Dörner*, § 62 Rn 1).

7 Eine mündliche Übermittlung der Informationen ist dann zulässig, wenn dies vom VN ausdrücklich gewünscht oder wenn eine vorläufige Deckung gewährt wird. In beiden Fällen sind die Dokumentierungen in Textform spätestens mit dem Versicherungsschein dem VN nachzureichen. Dies gilt dann nicht, wenn es sich um eine vorläufige Deckung bei einer Pflichtversicherung handelt. Hier stellt schon die Deckungskarte einen eigenständigen Vertrag dar, weshalb eine erneute Dokumentation für den Folgevertrag überflüssig ist (BT-Drucks 16/1935, S. 25).

8 Die Regelung geht über die Bestimmung des Art. 13 Abs. 2 der Vermittlerrichtlinie hinaus (vgl. BT-Drucks 16/1935, S. 25) und ist daher europarechtlich jedenfalls nicht unbedenklich (näher *Schwintowski*, in: Bruck/Möller, § 62 Rn 10).

Es obliegt dem Vermittler darzulegen und zugewiesen, dass er rechtzeitig und in ausreichender Form seiner Informationspflicht nachgekommen ist.

Genauso obliegt es dem Vermittler zu beweisen, dass der VN eine mündliche Information gewünscht hat.

Kommt der Vermittler seiner Informationspflicht nicht wie geschuldet nach oder kann diese nicht darlegen oder beweisen, setzt er sich dem Vorwurf aus, seiner Mitteilungs- und Dokumentationspflicht nicht nachgekommen zu sein. Dies kann dann zu einer Schadensersatzpflicht nach § 63 VVG führen (vgl. hierzu auch Prölss/Martin/*Dörner*, § 62 Rn 13 f.), wobei die Kausalität zwischen der Pflichtverletzung und dem Schaden problematisch sein kann.

§ 63 VVG Schadensersatzpflicht

Der Versicherungsvermittler ist zum Ersatz des Schadens verpflichtet, der dem Versicherungsnehmer durch die Verletzung einer Pflicht nach § 60 oder § 61 entsteht. Dies gilt nicht, wenn der Versicherungsvermittler die Pflichtverletzung nicht zu vertreten hat.

Übersicht

	Rdn
A. Normzweck	1
B. Norminhalt	4
I. Pflichtverletzung	5
II. Kausaler Schaden	15
III. Verschulden	19
IV. Vertretenmüssen	20

V. Verjährung ... 21
VI. Verhältnis zu anderen Normen ... 22
C. Prozessuales ... 25
D. Arbeitshilfen ... 30

A. Normzweck

Die Vorschrift dient ausweislich der Gesetzesbegründung der Sanktionierung von Pflichtverletzungen des Vermittlers zum Schutze des VN (BT-Drucks 16/1935, S. 25). Sie entspricht dem durch das Gesetz zur Neuregelung des Versicherungsvermittlerrechts eingefügten § 42e VVG a.F. (zur rechtspolitischen Bewertung *Abram*, VersR 2008, 724). 1

Für die Haftung des VR findet sich eine Parallelnorm in § 6 Abs. 5 VVG. Der Vertreter ist hinsichtlich der dort geregelten Beratungspflichten des VR dessen Erfüllungsgehilfe, so dass dieser für Pflichtverletzungen des Vertreters gem. § 278 BGB haftet. Die daneben durch § 63 VVG begründete eigene Haftung des Vertreters hat insofern nur eingeschränkte Bedeutung, da der VN regelmäßig den Prozess gegen den solventeren VR vorziehen wird. Jedoch kann eine – durch § 63 VVG mögliche – Erstreckung auf den Vertreter sinnvoll sein, um diesen als möglichen Zeugen „auszuschalten". 2

Für den Versicherungsmakler ergäbe sich eine entsprechende Ersatzpflicht bereits aus den allgemeinen Regelungen der §§ 280, 311 BGB. § 63 VVG ist jedoch die speziellere Vorschrift. Das allgemeine Schadensersatzrecht lebt erst dort auf, wo § 63 VVG keine Anwendung findet, also insb. bei den über die §§ 60, 61 VVG hinausgehenden Pflichten des Maklers. 3

Die Vorschrift gilt nicht bei Vermittlung von Großrisiken i.S.d. § 65 VVG und den Bagatellvermittler i.S.v. § 34d Abs. 9 Nr. 1 GewO. Hier wäre aber § 280 BGB zu beachten. § 63 VVG findet entsprechende Anwendung gem. § 68 VVG auf den Versicherungsberater, und auch der Anscheinsmakler i.S.v. § 59 Abs. 3 S. 2 VVG haftet bei Vorliegen der Voraussetzungen.

Die deliktische Haftung aus § 823 Abs. 2 BGB bleibt unberührt. Als Schutzgesetze gelten hier insb. die §§ 263, 266 StGB und § 11 VersVermV (näher hierzu Rdn 26). Problematisch ist, ob § 61 VVG ein Schutzgesetz ist.

Anders als § 6 Abs. 2 VVG von § 6 Abs. 5 VVG wird § 62 VVG vom Wortlaut des § 63 VVG nicht ausdrücklich erfasst. Bei Vorliegen des § 61 Abs. 1 VVG wird § 63 VVG jedoch über § 61 Abs. 1 S. 2 VVG erfasst, da dieser auf § 62 VVG verweist (so auch in Prölss/Martin/*Dörner*, § 63 Rn 5).

Zur Durchsetzung der Haftung verpflichtet § 34d Abs. 2 Nr. 3 GewO i.V.m. §§ 8–10 VersVermV zum Abschluss einer Berufshaftpflichtversicherung. Die Regelungen zur Pflichtversicherung finden Anwendung.

B. Norminhalt

4   Der Gesetzgeber regelt in § 63 VVG als Spezialnorm, dass der Vermittler dem VN den Schaden ersetzen muss, der dem VN dadurch entstanden ist, dass der Vermittler eine Pflicht aus den §§ 60 und 61 VVG verletzt hat.

I. Pflichtverletzung

5   Voraussetzung eines Schadensersatzanspruches des VN nach § 63 VVG ist zunächst, dass der Vermittler eine der in den §§ 60 oder 61 VVG geregelten Pflichten verletzt. Die Pflichtverletzung setzt eine Nicht- oder Schlechterfüllung der genannten Pflichten voraus (vgl. MüKo/*Reiff*, § 63 VVG Rn 9). In Betracht kommt somit zunächst ein Verstoß des Versicherungsmaklers gegen die in § 60 Abs. 1 VVG geregelte Pflicht zur umfassenden Marktanalyse. Geht man mit der hier befürworteten Ansicht davon aus, dass insoweit prinzipiell eine Pflicht zur Einbeziehung sämtlicher auf dem deutschen Markt zugelassener Anbieter bzw. Angebote erforderlich ist, liegt eine Pflichtverletzung stets vor, wenn die Tätigkeit des Versicherungsmaklers diesen Anforderungen nicht genügte.

6   Wird aufgrund dessen ein für die Bedürfnisse des VN nicht geeigneter Vertrag empfohlen, so ist grds. zwischen zwei Konstellationen zu unterscheiden: Zum einen kann der empfohlene Vertrag zwar die geeignete und erforderliche Risikoabdeckung bieten, der Makler hat jedoch einen Vertrag übersehen, der bei gleichem Leistungsumfang eine günstigere Prämie bietet. Zum anderen kann der Versicherungsmakler ein Produkt nicht berücksichtigt haben, dass einen den Bedürfnissen des VN besser entsprechenden Deckungsumfang bietet. In beiden Fällen liegt eine Pflichtverletzung vor. Unterschiede ergeben sich jedoch u.U. bei der Schadensberechnung (s.u. Rdn 15 ff.).

7   In der Sache ebenso zu behandeln sind Verletzungen der Pflicht zur Mitteilung einer eingeschränkten Beratungsgrundlage gem. § 60 Abs. 1 S. 2 bzw. Abs. 2 VVG. Die vom Versicherungsmakler erteilte Empfehlung muss unter Zugrundelegung der von ihm mitgeteilten Beratungsgrundlage und mit Blick auf die Kundenbedürfnisse als vertretbar einzustufen sein. Erklärt der Makler, er berücksichtige bei seiner Marktanalyse fünf Gesellschaften, muss seine Empfehlung sich daran messen lassen. Ist der empfohlene Vertrag bei Anlegung dieses Maßstabs nicht für die Bedürfnisse des VN geeignet, weil der Makler in Wahrheit nur zwei Gesellschaften verglichen hat, so liegt eine Pflichtverletzung vor. Dasselbe gilt, wenn der Makler überhaupt keine Einschränkung seiner Beratungsgrundlage mitteilt, eine solche tatsächlich aber vornimmt.

8   Weiterhin kommen Verstöße gegen die in § 61 VVG geregelten Pflichten als Anknüpfungspunkt eines Schadensersatzanspruches infrage. In erster Linie ist hier auf die Beratungspflicht und die mit dieser eng verzahnte Nachfragepflicht abzustellen. Der Vermittler muss zunächst durch Nachfragen die erforderlichen Informationen ermitteln, um den VN anschließend durch eine zutreffende Beratung in die Lage zu versetzen, eine selbstbestimmte Entscheidung für ein geeignetes Produkt zu treffen. Weicht die tatsächlich er-

brachte Leistung des Vermittlers hiervon ab, so handelt es sich prinzipiell um eine Pflichtverletzung.

Dabei bestehen z.T. erhebliche Unterschiede in Ansehung des Pflichtenumfangs bei den unterschiedlichen Vermittlertypen. Der Vertreter kann den Kunden nur dahingehend beraten, den geeigneten Vertrag auszuwählen, der bei dem von ihm vertretenen VR verfügbar ist. Eine Beratung hinsichtlich anderer Produkte kann der VN nicht erwarten und ihr Ausbleiben kann daher schon *per se* keine Pflichtverletzung sein. Für den Versicherungsmakler ist die Auswahl eines Versicherers und die Sondierung des Marktes nach einem geeigneten Produkt dagegen Kern seiner Tätigkeit. Somit muss seine Beratung auch in erster Linie darauf abzielen, dem Kunden die Entscheidung für ein solches geeignetes Produkt zu ermöglichen. Bei der Beratung hinsichtlich eines konkreten Produktes sind – im Ausgangspunkt für Vertreter und Makler – insb. folgende Pflichtverletzungen als Anknüpfungspunkte für einen Schadensersatzanspruch des VN denkbar (umfassend *Schwintowski*, in: Bruck/Möller, § 63 Rn 34 ff.).

Der Vermittler muss den Kunden korrekt hinsichtlich des Deckungsumfanges beraten und dabei auch auf die wesentlichen Risikoausschlüsse hinweisen und ggf. ergänzenden Versicherungsschutz anbieten (vgl. § 4 VVG-Info). Unterlässt er ein solches Angebot und tritt anschließend ein Schaden ein, der an sich versicherbar gewesen wäre, so kommt ein Schadensersatzanspruch des VN in Betracht. Dies gilt allerdings nur dann, wenn davon auszugehen ist, dass der VN bei entsprechender Beratung einen erweiterten Deckungsumfang auch in Anspruch genommen hätte. Davon ist nicht auszugehen, wenn es sich um ein völlig atypisches Risiko handelte, denn für ein solches würde der VN regelmäßig auch dann keine Vorsorge treffen, wenn ihm dies angeboten wird (vgl. aber zur Vermutung beratungsrichtigen Verhaltens unten Rdn 18). I.Ü. muss der Vermittler den VN i.d.R. ungefragt über bestehende Deckungslücken aufklären, sofern diese – was regelmäßig der Fall sein wird – für den durchschnittlichen VN nicht erkennbar sind. Andernfalls hat er einen nicht gedeckten Schaden über § 63 VVG zu ersetzen.

Hat der Makler es pflichtwidrig unterlassen, ein bestimmtes Risiko abzudecken, kann der VN von ihm verlangen, so gestellt zu werden, als hätte er den erforderlichen Versicherungsschutz erhalten. In solchen Fällen spricht der BGH von der sog. „Quasideckung" (BGH, Urt. v. 26.3.2014 – IV ZR 422/12). Der Makler hat in diesem Fall seine Pflicht zur Nachfrage durch ein Unterlassen verletzt.

Ferner muss der Vermittler den VN regelmäßig bei der Ermittlung des Versicherungswertes bzw. der Versicherungssumme unterstützen bzw. ihn entsprechend beraten. Andernfalls kann eine entstehende Unterversicherung zu einem Schadensersatzanspruch des VN führen (vgl. OLG Saarbrücken, VersR 2005, 1686; eingehend *Schwintowski*, in: Bruck/Möller, § 63 Rn 36 f. m.w.N. aus der Rechtsprechung).

Der Vermittler hat den VN außerdem umfassend und zutreffend über die Möglichkeiten zur Vereinbarung einer vorläufigen Deckung aufzuklären (vgl. etwa OLG Hamm, RuS 1999, 128; LG Köln, VersR 1985, 381). Er muss zutreffend erklären, ob und ab wann eine vorläufige Deckung besteht bzw. wie und in welchem Umfang eine solche vereinbart werden kann. Geht der VN aufgrund einer fehlerhaften oder unvollständigen Beratung unzutreffend davon aus, dass vorläufige Deckung besteht, so ist er im Schadensfalle so zu stellen, als wäre dies tatsächlich der Fall. Eine diesbezügliche Beratungspflicht kann im Einzelfall deshalb entfallen, weil ein entsprechender Beratungsanlass nicht bestand bzw. trotz pflichtgemäßer Nachfragen nicht erkennbar war.

13 In der Kfz-Versicherung muss der Vermittler darauf hinweisen, dass durch Aushändigung der Versicherungsdoppelkarte nur in der Kfz-Haftpflichtversicherung vorläufige Deckung gewährt wird, da die Fahrzeugversicherung in § 9 Kfz-PflichtVV nicht erwähnt wird (vgl. *Schwintowski*, in: Bruck/Möller, § 63 Rn 44). Unterlässt er diesen Hinweis, und stellt der VN einen einheitlichen Antrag auf Abschluss einer Kfz-Haftpflicht- und einer Kasko-Versicherung, so muss der VR den VN bei Eintritt des Versicherungsfalles im Wege des Schadensersatzes so stellen, als wäre auch für die Kasko-Versicherung vorläufige Deckung gewährt worden (BGH, VersR 1986, 541).

14 Von geringer Bedeutung für die Entstehung von Schadensersatzansprüchen sind Verstöße gegen die ebenfalls in § 61 VVG geregelte Dokumentations- bzw. Begründungspflicht. Denn wenn dem VN nach ordnungsgemäßer Beratung ein geeignetes Produkt empfohlen wird, ist kaum vorstellbar, wie ihm dann aufgrund einer fehlenden Begründung bzw. Dokumentation ein Schaden entstehen sollte.

Soweit der VN in zulässiger Weise einen Verzicht nach § 60 Abs. 3 VVG oder nach § 61 Abs. 2 VVG erklärt hat, stellen eine fehlende Information oder eine unterlassene Beratung keine Pflichtverletzung dar (Prölss/Martin/*Dörner*, § 63 Rn 10).

II. Kausaler Schaden

15 Hinsichtlich des Vorliegens eines kausalen Schadens gelten grds. keine Besonderheiten ggü. anderen zivilrechtlichen Schadensersatznormen. Nach der „Differenzhypothese" liegt ein ersatzfähiger Schaden somit vor, wenn der Wert des Vermögens des Geschädigten nach dem schädigenden Ereignis geringer ist, als er ohne dessen Eintritt gewesen wäre (BGH, NJW-RR 2006, 1403 m.w.N.). Bei § 311 BGB ist im allgemeinen Schadensrecht die Frage umstritten, ob der fahrlässig Getäuschte als Schadensersatz die Rückabwicklung des Vertrages auch dann verlangen kann, wenn kein Vermögensschaden entstanden ist, weil der Eingriff in die persönliche Entscheidungsfreiheit allein den Anspruch begründet (hierzu auch Palandt/*Grüneberg*, § 311 Rn 13 u. Rn 55). Hierauf kommt es bei § 63 VVG entgegen § 6 Abs. 5 VVG nicht an, da der Vermittler nicht Vertragspartner beim Abschluss des VV mit dem VN geworden ist. Daher kann er zur Aufhebung des Vertrages nicht verpflichtet sein. Für das Vorliegen und den Eintritt eines kausalen Vermögensschadens muss dieser gerade durch die Pflichtverletzung des Vermittlers entstanden sein. (vgl. hierzu: MüKo/ *Reiff*, § 63 VVG Rn 14 ff.).

16 Bei Verstößen des Maklers gegen § 60 Abs. 1 S. 1 bzw. S. 2 VVG besteht der Schaden daher regelmäßig in den „zu viel" gezahlten Beiträgen oder – wenn aufgrund der pflichtwidrig

eingeschränkten Beratungsgrundlage eine unzureichende Deckung bestand und daraufhin ein nicht versicherter Schaden eintritt – im Wegfall der Versicherungsleistung. Auch bei Verstößen gegen die Beratungspflicht ist der haftungsträchtigste Fall derjenige, dass es zu Deckungslücken oder zu einer Unterversicherung kommt, so dass ein ungedeckter Schaden beim VN eintritt, der „an sich" versicherbar gewesen wäre. Freilich hat sich der VN etwaige ersparte Prämienzahlungen im Wege des Vorteilsausgleichs anrechnen zu lassen.

Dagegen fehlt es an der Kausalität, wenn Versicherungsschutz für das unversichert gebliebene Risiko ohnehin nicht zu erlangen gewesen wäre (anders bei der sog. Erfüllungshaftung des VR, dazu Rdn 25). So gilt etwa für den praktisch bedeutsamen Fall, dass ein Versicherungsmakler ihm mitgeteilte Vorerkrankungen des VN in der BU- bzw. Krankenversicherung nicht in den Antrag aufnimmt, dass ein Schadensersatzanspruch des VN gegen den Makler nur besteht, wenn das Risiko in Ansehung der tatsächlich vorhandenen Vorerkrankungen überhaupt versicherbar gewesen wäre (vgl. OLG Koblenz, NJOZ 2006, 3948 ff.). 17

Freilich kann der VN u.U. mit dem Einwand gehört werden, er hätte tatsächliche Risikovorkehrungen getroffen bzw. wäre bestimmte Risiken nicht eingegangen, wenn er ordnungsgemäß über den Umfang des Versicherungsschutzes beraten worden wäre. I.Ü. gilt für die Kausalität die Vermutung, dass sich der VN beratungsrichtig verhalten hätte (BT-Drucks 16/1935, S. 26). Für den Vermittler am haftungsträchtigsten sind die Fälle, in denen beim VN ein Schaden eintritt, für den aufgrund einer Falschberatung kein Deckungsschutz besteht und gleichwohl eine Versicherungsmöglichkeit bestanden hätte. 18

Soweit dem VN ein Schaden entsteht, den er noch nicht beziffern kann, ist es dem VN möglich, Klage bzgl. der Feststellung einer zukünftigen Schadensersatzpflicht zu erheben (siehe hierzu auch Prölss/Martin/*Dörner*, § 63 Rn 16).

Der VN trägt grundsätzlich auch die Beweislast für den haftungsausfüllenden Ursachenzusammenhang, d.h. er muss beweisen, welchen Verlauf die Dinge ohne die Pflichtverletzung genommen hätten (BGH, Urt. v. 23.10.2014 – III ZR 82/13).

III. Verschulden

Das Verschulden des Vermittlers wird vermutet (OLG Frankfurt, r+s 2009,219; OLG Frankfurt, r+s 2004, 527). Der Vermittler muss gem. § 63 S. 2 VVG darlegen und ggf. beweisen, dass er eine etwaige Pflichtverletzung nicht zu vertreten hat. Ausweislich der Gesetzesbegründung liegt dem v.a. der Gedanke zugrunde, dass es dem VN regelmäßig nicht möglich sein wird, dem zur Dokumentation verpflichteten Vermittler eine Pflichtverletzung nachzuweisen (BT-Drucks 16/1935, S. 26). Richtigerweise dürfte diese Regelung bereits deshalb zwingend erforderlich sein, um Widersprüche zu § 280 BGB zu vermeiden. Diese Norm bleibt hinsichtlich sämtlicher Pflichtverletzungen, die nicht Pflichten aus den §§ 60, 61 VVG betreffen, subsidiär anwendbar (dazu gleich Rdn 22). Würde § 63 VVG demnach keine entsprechende Regelung enthalten, würde dies zu dem paradoxen Ergebnis führen, dass der Vermittler bei Verletzungen der bedeutenden Pflichten in den §§ 60, 61 19

VVG besser stünde, als bei sonstigen Pflichtverletzungen. Auch vor diesem Hintergrund ist § 63 S. 2 VVG notwendig und sachgerecht.

Der Versicherungsvertreter erfüllt i.d.R. die Beratungspflicht des VR mit. Verletzt er seine Beratungspflicht, wird bzgl. dieser Pflichtverletzung dem VR das Verschulden seines Erfüllungsgehilfen zugerechnet. Demnach haften VR und sein Vertreter als Gesamtschuldner. Der Vertreter kann seine Haftung durch Vertrag mit dem Kunden beschränken (**a.A.** aber Rüffer/Halbach/Schimikowski/*Münkel*, § 63 Rn 6).

In seltenen Fällen muss sich der VN ein Mitverschulden anrechnen lassen (OLG Brandenburg, r+s 2013, 125; OLG Hamm, VersR 2010, 388). Um einen Mitverschuldenseinwand zu vermeiden, ist der VN beispielsweise gehalten, einen überflüssig eingegangenen Vertrag zum nächsten möglichen Termin zu kündigen (vgl. auch Prölss/Martin/*Dörner*, § 63 Rn 16). Im Einzelfall kann die Verletzung einer Obliegenheit den VN zur Schadensabwendung oder Schadensminderung (§ 254 Abs. 2 BGB) verpflichten (siehe hierzu Römer/Langheid/*Rixecker*, § 63 Rn 7).

Beruft sich der Vermittler auf ein Mitverschulden des VN ist er insoweit darlegungs- und beweispflichtig (MAH-VersR/*Baumann*, § 4 Rn 92). Beruft sich ein Versicherungsmakler auf ein solches Mitverschulden, dürfte dies in der Regel schwer zu beweisen sein, da er ggü dem VN zur Interessenwahrnehmung in vollem Umfang verpflichtet ist (VersR 2011, 1441). Gegen ein Mitverschulden spricht sich der BGH erneut in IV ZR 422/12 (BGH, Urt. v. 26.3.2014 – IV ZR 422/12) unter Bezugnahme auf die Sachwalterentscheidung aus.

IV. Vertretenmüssen

20 Damit gegen den Versicherungsvermittler ein Schadensersatzanspruch besteht, muss er gem. § 63 S. 2 VVG die Pflichtverletzung auch zu vertreten haben. Dies setzt nach § 276 Abs. 1 S. 1 BGB voraus, dass der Vermittler vorsätzlich oder fahrlässig gehandelt hat (MüKo/*Reiff*, § 63 VVG Rn 13).

V. Verjährung

21 Für die Verjährung des Anspruchs aus § 63 VVG gelten die allgemeinen Regeln der §§ 194 ff. BGB (so auch Prölss/Martin/*Dörner*, § 63 Rn 19).

VI. Verhältnis zu anderen Normen

22 Teilweise wird formuliert, § 63 VVG sei hinsichtlich der Haftung des Vertreters ggü. dem VN abschließend und § 280 BGB fände lediglich beim Makler mit seinen weiter gehenden Pflichten Anwendung (*Reiff*, VersR 2007, 717, 727). Dies impliziert, dass den Vertreter im Verhältnis zum VN keinerlei weiteren Pflichten, über die in den §§ 60, 61 VVG benannten hinaus, träfen. Geht man jedoch davon aus, dass auch den Vertreter die für den VR geregelten Pflichten aus § 6 Abs. 4 VVG entsprechend treffen, so findet bei Verstößen hiergegen § 280 BGB subsidiäre Anwendung. Hinsichtlich der oben dargestellten weiter gehenden Maklerpflichten gilt dies ohnehin. Ferner greift § 280 BGB bei Verletzungen allgemeiner Treue- und Rücksichtnahmepflichten i.S.d. § 241 Abs. 2 BGB. Auch Verletzungen von Aufklärungspflichten, welche nicht unter die Beratungspflicht fallen, können weiterhin über § 280 BGB geltend gemacht werden. Die Zuordnung einer Pflichtverletzung mag in Einzelfällen dogmatisch schwierig sein, angesichts der gleichartigen Tatbestandsvoraussetzungen der beiden Normen ist sie praktisch bedeutungslos.

Unklar ist das Verhältnis der Neuregelung zur gewohnheitsrechtlich anerkannten Erfüllungshaftung des VR, gemäß der ein VV als mit dem Inhalt geschlossen gilt, der vom Vertreter ggü. dem VN erklärt wurde. Diese Haftung geht einerseits über die Schadensersatzhaftung hinaus, da bei ihrer Anwendung der VN auch Deckungsschutz für ein Risiko haben kann, das an sich nicht versicherbar gewesen wäre. Andererseits ist die Haftung enger, da sie bei erheblichem Mitverschulden des VN vollständig entfällt, während bei der Schadensersatzhaftung § 254 BGB gilt. Letztlich sprechen die besseren Gründe dafür, die Erfüllungshaftung im bisher anerkannten Umfang neben § 63 VVG bestehen zu lassen, da sich die Ausgangslage, die zu ihrer Anerkennung durch die Rechtsprechung geführt hat, nicht wesentlich verändert hat (*Schwintowski*, in: Bruck/Möller, § 63 Rn 6 ff. m.w.N. auch zur a.A.). Ferner würde es die Zielsetzung der Reform konterkarieren, den Verbraucher durch die Abschaffung der Erfüllungshaftung schlechter zu stellen. 23

Zudem können deliktsrechtliche Ansprüche bestehen, auch wenn ein Vermögensschaden eintrat. Hierzu findet § 823 Abs. 2 BGB Anwendung. Voraussetzung ist, dass ein Schutzgesetz verletzt wurde. Ein Schutzgesetz ist ein solches, welches neben dem Schutz der Allgemeinheit gerade den Schutz des Einzelnen bezweckt. So dürfte es sich sowohl bei §§ 34d, 144, 148 GewO und verschiedene Normen aus der VersVermV um Schutzgesetze handeln. Daneben kann im Einzelfall auch der Betrugstatbestand nach § 263 StGB erfüllt sein (BGH, MDR 1952, 407, 409, *Schwintowski*, in: Bruck/Möller, § 63 Rn 79 m.w.N.). 24

C. Prozessuales

Der VN hat grds. das Vorliegen einer Pflichtverletzung im Wege des Strengbeweises zu beweisen. Eine Pflichtverletzung überhaupt darlegen und beweisen zu können ist die prozessual größte Hürde für den VN. Fraglich ist, welche Bedeutung dabei der Beratungsdokumentation zukommt, dient diese nach dem Gesetzgeber doch der Beweiserleichterung des VN. Die Rechtsprechung kennt als Beweiserleichterung jedoch viele unterschiedliche Formen vom Anscheinsbeweis bis zur Beweislastumkehr. Enthält die Beratungsdokumentation dabei die Dokumentation der Pflichtverletzung, so ist der Strengbeweis gewahrt. 25

Problematisch ist hingegen der Fall, dass das Beratungsprotokoll keine Angaben über den Streitgegenstand macht (vgl. *Hirsch*, VW 2009, 846, 847). Jede Beratungsdokumentation ist dabei zunächst unvollständig, da ansonsten ein Tonbandmitschnitt erforderlich wäre, was ersichtlich nicht vom Gesetzgeber gewünscht war. Daher ist eine Beweislastumkehr nur im Fall berechtigt, wenn überhaupt keine Beratungsdokumentation angefertigt worden ist. In sämtlichen anderen Fällen, in welchen zwar eine angemessene Beratungsdokumenta- 26 tion vorliegt und die Beratungsdokumentation lediglich über den streitigen Punkt schweigt, führt die Beratungsdokumentation nur insoweit zu einer Beweiserleichterung für den Versicherungsnehmer, als dass der Versicherungsnehmer nunmehr einen Anscheinsbeweis zu erbringen hat. Alsdann liegt es am Versicherungsvermittler, diesen Anscheinsbeweis zu erschüttern. Der Vermittler kann sich mithin nicht mit einfachem Bestreiten begnügen. Ihm obliegt die subsidiäre Darlegungslast. Der Vermittler muss konkret darlegen, welcher zugrunde liegende Sachverhalt aus seiner Wahrnehmung anzunehmen ist. Gelingt dem Vermittler die Erschütterung, so trifft den Versicherungsnehmer die Pflicht zur Erbringung des Strengbeweises.

27 Hingegen kann auch eine Pflichtverletzung ggü. dem Kunden feststehen. Unklar mag nur sein, ob der Vermittler oder der VR die Pflichtverletzung verschuldet hatte. In diesem Fall muss ausnahmsweise der Vermittler beweisen, dass die Pflichtverletzung nicht aus seiner Sphäre stammt. De facto würde dies bedeuten, dass evtl. auch der Vermittler für eine Pflichtverletzung des VR einzustehen hätte.

28 Weiterhin muss der VN einen ihm entstandenen Schaden beweisen. Hinsichtlich der Kausalität greift grds. die sog. „Vermutung beratungsgemäßen Verhaltens" (vgl. oben Anm. zu § 60 Rdn 22). Der Versicherungsnehmer hat jedoch im Fall der Vermittlung unzureichenden Versicherungsschutzes darzulegen und zu beweisen, dass umfassenderer Versicherungsschutz von ihm zu erlangen gewesen wäre (OLG Koblenz, r+s 2007, 176; OLG Brandenburg, r+s 2008, 220). Der Vermittler hat ein etwaiges Nichtvertretenmüssen darzulegen und zu beweisen.

29 Sollte die Gefahr bestehen, dass der VN im Leistungsprozess ggü. dem VR keine Zahlungen erhält, so ist vorsorglich zu überprüfen, ob nicht eine Pflichtverletzung des Versicherungsvermittlers anzunehmen ist. In diesem Fall ist zwingend eine Streitverkündung ggü. dem Versicherungsvermittler auszusprechen. Nach neuer Rechtslage können dies jetzt sowohl der Versicherungsvertreter wie auch der Versicherungsmakler sein. Der Versicherungsvertreter schuldet jedoch nicht die Vertragsbetreuung (vgl. hierzu § 6 VVG, diese Pflicht trifft neuerdings den VR), während der Versicherungsmakler auch die Vertragsbetreuung als treuhänderischer Sachwalter übernimmt und haftungsrechtlich Beachtung findet.

D. Arbeitshilfen

30 **Prüfungsschema bei Schadensersatzansprüchen ggü. dem Versicherungsvermittler**
   1. Vorliegen einer objektiven Pflichtverletzung (diese können sehr vielfältig sein)
   2. Verschulden (vermutetes Vertretenmüssen des Vermittlers)
   3. Kausalität (zwischen der behaupteten Pflichtverletzung und dem eingetretenen Schaden)
   4. Schaden (Ermittlung des Vermögensnachteils)
   5. Mitverschulden (des VN oder eines Dritten)
   6. Vorteilsausgleichung (ersparte Versicherungsprämien?)
   7. Verjährung (vgl. § 195 ff. BGB)

Praxistipp 31
Es wird dringend empfohlen, die Sachwalterentscheidung des BGH zu lesen (VersR 1985, 930). Die genannten Grundsätze wurden von der Rechtsprechung (nach altem Recht) stets aufgegriffen und auf vergleichbare Sachverhalte übertragen. Mit den gesetzlichen Neuregelungen wollte der Gesetzgeber bewusst auch an der Sachwalterhaftung festhalten und hat sie dementsprechend gesetzlich konkretisiert (wenn auch mit vielen auslegungsbedürftigen Rechtsbegriffen).

§ 64 VVG Zahlungssicherung zugunsten des Versicherungsnehmers

Eine Bevollmächtigung des Versicherungsvermittlers durch den Versicherungsnehmer zur Annahme von Leistungen des Versicherers, die dieser auf Grund eines Versicherungsvertrags an den Versicherungsnehmer zu erbringen hat, bedarf einer gesonderten schriftlichen Erklärung des Versicherungsnehmers.

Übersicht

	Rdn
A. Normzweck	1
B. Norminhalt	2

A. Normzweck

Die Vorschrift stellt einen Teil der in Art. 4 Abs. 4 der Vermittlerrichtlinie geregelten Kundengeldsicherung dar, nämlich die Möglichkeit des VR, mit befreiender Wirkung an den Vermittler Zahlungen an den VN zu leisten. Konkret geht es um den Schutz des VN bei Nichtweiterleitung von Kundengeldern durch den Vermittler (BT-Drucks 16/1935, S. 26). Eine weitere Regelung zur Kundengeldsicherung findet sich in § 69 Abs. 2 VVG. 1

B. Norminhalt

Die Norm bestimmt, dass eine Geldempfangsbevollmächtigung des Vermittlers in einer gesonderten schriftlichen Erklärung erfolgen muss (vgl. zur inhaltlichen Gestaltung der Vollmacht *Beenken/Sandkühler*, S. 91). Hierdurch wird sichergestellt, dass sich ein Makler eine Inkassovollmacht *nicht* im Rahmen seiner AGB erteilen lassen kann (BT-Drucks 16/1935, S. 26). Denkbar ist freilich eine Generalvollmacht, sofern diese in einer gesonderten schriftlichen Erklärung erteilt wird. Es ist nicht erforderlich, dass für jede zu erwartende Zahlung eine separate Vollmacht erteilt wird. Gem. § 67 VVG ist die Norm zugunsten des VN halbzwingend. Trägt der VR vor, er habe befreiend an den Vermittler geleistet, so ist er hinsichtlich des Vorliegens einer ordnungsgemäßen Bevollmächtigung beweispflichtig. Zahlt der VR an einen vollmachtlosen Vermittler, so tritt mit dieser Zahlung ggü. dem VN keine Erfüllung ein – der VN kann folglich erneute Zahlung an sich verlangen (*Schwintowski*, in: Bruck/Möller, § 64 Rn 10). Bei Vorliegen einer Vollmacht tritt Erfüllung mit schuldbefreiender Wirkung für den VR gegenüber dem VN nach § 362 Abs. 1 BGB bei Leistung an den Vermittler ein. 2

3 Fraglich ist, ob der VR die Zahlung an den Vermittler durch Aufrechnung wechselseitiger Ansprüche vornehmen kann. Sofern der VN seinem Vermittler eine entsprechende Vollmacht erteilt hat, ist es für den VR nicht möglich, gegenüber dem Vermittler gegen eine Forderung aufzurechnen, die der VR gegen den VN hat. Rechtlich stellt die Zahlung an den Vermittler zwar eine Zahlung an den VN dar, es ist allerdings zu beachten, dass die Aufrechnungserklärung gem. § 388 BGB nur gegenüber dem VN erfolgen kann. Die Abgabe einer solchen Erklärung gegenüber dem Vermittler reicht nur dann aus, wenn gem. § 164 Abs. 3 BGB eine entsprechende Empfangsvollmacht besteht. Die Vollmacht nach § 64 VVG zur Entgegennahme von Geldern reicht hierfür nicht aus. (vgl. auch MüKo/*Reiff*, § 64 VVG Rn 6).

Genauso ist es beim Vorliegen einer entsprechenden Vollmacht nicht möglich, dass der VR mit der Zahlung an den Vermittler gegen eine Forderung, die der VR gegen den Vermittler hat aufrechnet. In diesem Fall fehlt es an der nach § 387 BGB erforderlichen Gegenseitigkeit (ebenso Prölss/Martin/*Dörner*, § 64 Rn 7).

§ 65 VVG Großrisiken

Die §§ 60 bis 63 gelten nicht für die Vermittlung von Versicherungsverträgen über Großrisiken im Sinn des § 210 Absatz 2.

Übersicht

	Rdn
A. Normzweck	1
B. Norminhalt	2

A. Normzweck

1 § 65 VVG nimmt bestimmte Risiken aus dem Anwendungsbereich der vertrags- und beratungsbezogenen Vermittlerpflichten gem. §§ 60, 61 VVG aus. § 65 VVG entspricht dem durch das Gesetz zur Neuregelung des Versicherungsvermittlerrechts in Kraft getretenen § 42g VVG a.F. Mit dieser Regelung wird mangels Schutzbedürftigkeit des VN bei der Vermittlung von VV über Großrisiken auf die Beratungs- und Dokumentationspflichten aus den §§ 60–63 VVG, die dem besonderen Schutz des VN dienen sollen, verzichtet (so auch Prölss/Martin/*Dörner*, § 65 Rn 3). Der VN, der ein Großrisiko versichern lässt, bedarf dieses Schutzes nicht. Er ist ein professioneller Marktteilnehmer, der in diesem Maße nicht schutzbedürftig ist, weil er selbst hinreichend geschäftskundig ist und für seine Interessen selbst sorgen kann. Auch der VN mit einem laufenden VV bedarf eines solchen Schutzes nicht. § 65 VVG befreit jedoch nicht von der Zahlungssicherheit nach § 64 VVG und auch nicht von den Pflichten, die über §§ 60–63 VVG hinausgehen. Ein entsprechender Ausschluss gilt für die Beraterpflichten des VR gem. § 6 Abs. 6 VVG (vgl. auch Rüffer/Halbach/Schimikowski/*Münkel*, § 65 Rn 1; MüKo/*Reiff*, § 65 VVG Rn 4). Durch diese

Vorschrift wird der Versicherungsmakler allerdings nicht von seinen vertraglichen Pflichten aus dem Maklervertrag mit dem VN befreit. (vgl. § 280 BGB).

B. Norminhalt

Die §§ 60–62 VVG sind gem. § 65 VVG nicht auf die Vermittlung von VV für Großrisiken i.S.d. § 210 Abs. 2 VVG anwendbar. Hierunter fallen Schienenfahrzeug-, Luftfahrzeug- und Schifffahrtskasko, Transportgüterversicherungen, Luftfahrzeug- und Schiffshaftpflichtversicherungen, sowie Kredit- und Kautionsversicherungen. Ebenfalls fallen darunter alle sonstigen Versicherungen, sofern der VN mindestens zwei der folgenden drei Merkmale überschreitet: 6.200.000,00 EUR Bilanzsumme, 12.800.000,00 EUR Nettoumsatzerlöse und/oder im Durchschnitt des Wirtschaftsjahres 250 Arbeitnehmer. Die entsprechenden VN werden i.d.R. hinreichend geschäftskundig sein, um eine Interessenwahrnehmung im Zusammenhang mit den erforderlichen VV selbst zu gewährleisten (Prölss/Martin/*Kollhosser*, § 187 Rn 2 [jetzt vgl. § 210]). Ggf. werden sie hierfür eigenes Personal unterhalten. 2

Ob es sich um ein Großrisiko handelt, ist davon abhängig, ob die Art der Versicherung i.S.d. § 210 VVG vorliegt. Sodann ist die Höhe der Versicherungsprämie unmaßgeblich. Auch eine „kleine" Kredit- oder Kautionsversicherung kann damit ein Großrisiko i.S.d. § 65 VVG darstellen. Sodann wäre trotz eines möglichen Schutzbedürfnisses des Kunden eine Beratungs- oder Dokumentationspflicht nicht anzunehmen. 3

§ 65 VVG betrifft auch nur eine ausdrückliche Regelung hinsichtlich der „Großrisiken". Die „laufende Versicherung" ist hiervon nicht erfasst. Für eine analoge Anwendung der Vorschrift besteht kein Raum. 4

Unklar ist allerdings, wie der in der Gesetzesbegründung enthaltene Hinweis zu verstehen ist, wonach auch bei Großrisiken die Verpflichtungen aus der von der Rechtsprechung begründeten Sachwalterposition des Maklers erhalten blieben (BT-Drucks 16/1935, S. 26; zum Verhältnis von Sachwalter-Rechtsprechung und neuem Recht bereits oben § 61 Rdn 26). Nach zutreffender Auffassung sind die Pflichten der §§ 60, 61 VVG in der vom BGH begründeten Sachwalterhaftung vollständig enthalten. Würde diese Sachwalterhaftung also trotz der Regelung in § 65 VVG bestehen bleiben, wie dies die Gesetzesbegründung formuliert, so wäre diese Norm für Makler im Grunde gegenstandslos. Der Hinweis in der Gesetzesbegründung kann also nur dahin gehend verstanden werden, dass die Sachwalterpflichten des Maklers insoweit bestehen bleiben, als sie über den Anwendungsbereich der §§ 60, 61 VVG hinausgehen. Dies betrifft dann v.a. solche Pflichten, die während der Vertragslaufzeit bestehen. Darüber hinaus bleiben auch die gewohnheitsrechtlich anerkannten Grundsätze der Erfüllungshaftung des VR für das Verhalten des Vermittlers bestehen (so auch *Schwintowski*, in: Bruck/Möller, § 65 Rn 3). 5

§ 66 VVG — Sonstige Ausnahmen

Die §§ 60 bis 64, 69 Abs. 2 und § 214 gelten nicht für Versicherungsvermittler im Sinn von § 34d Abs. 9 Nr. 1 der Gewerbeordnung.

1 § 66 VVG schließt die Anwendung der Vorschriften der §§ 60–64 auf nach § 34d Abs. 9 Nr. 1 GewO von der Gewerbeerlaubnispflicht befreite Vermittler aus. Diese Vermittler sind lediglich kurz über dem wirtschaftlichen Bagatellbereich tätig, und eine Anwendung der Vorschriften des VVG erscheint daher unsachgemäß. Trotz dieser Befreiung von den Vorschriften des VVG sind allerdings die allgemeinen Haftungsregeln anzuwenden. Eine Haftung des Vermittlers kann sich daher stets aus dem allgemeinen Zivilrecht ergeben (*Schwintowski*, in: Bruck/Möller, § 66 Rn 2).

2 Im Umkehrschluss stellt die Regelung fest, dass vom Anwendungsbereich der §§ 60–64 VVG und des § 214 VVG alle sonstigen, d.h. auch nicht gewerbsmäßige Vermittler, erfasst sind (zur Abgrenzung ggü. dem nicht als Vermittler anzusehenden „Tippgeber" vgl. § 34d GewO Rdn 8). Es sei mit der Zielrichtung des Kundenschutzes nicht vereinbar, wenn hier zwischen gewerblichen und nicht gewerblichen Vermittlern unterschieden würde (BT-Drucks 16/1935, S. 26). Dies ist richtig, gilt aber mindestens genauso für die angestellten Außendienstmitarbeiter, die vom Anwendungsbereich des neuen Vermittlungsrechts komplett ausgenommen wurden.

Die §§ 60–64, 69 Abs. 2 und 214 VVG sind jedoch für Bausparkassenvermittler und Restschuldvermittler gültig, obwohl diese nach § 34d Abs. 9 Nr. 2 und Nr. 3 GewO von der gewerblichen Regulierung ausgenommen sind (BT-Drucks 16/2475 S. 5).

§ 67 VVG — Abweichende Vereinbarungen

Von den §§ 60 bis 66 kann nicht zum Nachteil des Versicherungsnehmers abgewichen werden.

Übersicht

	Rdn
A. Normzweck	1
B. Norminhalt	2

A. Normzweck

1 § 67 VVG dient dem Schutz des Versicherungsnehmers. Gem. § 67 VVG sind die Normen der §§ 60–66 VVG zugunsten des VN halbzwingend. Dies bedeutet, dass zugunsten des Kunden Vereinbarungen getroffen werden können (*Schwintowski*, in: Bruck/Möller, § 67 Rn 1). Die Vorschrift gilt soweit auch für den Versicherungsberater, wie die Vorschriften in § 68 VVG für entsprechend anwendbar erklärt worden sind.

B. Norminhalt

Bedeutung hat die Bestimmung des § 67 VVG v.a. bei der Überprüfung von Versicherungsmaklerverträgen. Dies gilt insb. für Haftungsklauseln. Eine Vertragsklausel, welche den Haftungsgrund oder die Haftungshöhe aufgrund der Tatbestandsvoraussetzung der §§ 60–66 VVG beschränkt, ist rechtsunwirksam (*Schwintowski*, in: Bruck/Möller, § 67 Rn 1; a.A. *John*, VW 2009, 629). Da die vorgenannten Normen die Vermittlungsleistungen gesetzlich ausgestalten, sind hier keine abweichenden vertraglichen Regelungen möglich.

Dennoch wird vertreten, dass die Bestimmung des § 67 VVG lediglich den Haftungsgrund und nicht die Haftungshöhe betreffe. Eine Haftungsbegrenzung der Höhe sei daher rechtswirksam (Looschelders/Pohlmann/*Baumann*, § 67 Rn 3). Dieses Ergebnis ist gerade im Anbetracht der Festlegung vergleichsweise hoher Mindestversicherungssummen rechtspolitisch wünschenswert. Dennoch steht es nicht im Einklang mit den gesetzlichen Bestimmungen, die gerade eine unbegrenzte Haftung des Vermittlers vorsehen. § 67 VVG macht daher gerade vor dem Hintergrund eines Vergleichs mit anderen beratenden Berufen, wie Anwälten und Steuerberatern, bei denen eine Haftungsbegrenzung auf die Höhe der Versicherungssumme in der Berufshaftpflichtversicherung explizit gesetzlich erlaubt ist, deutlich, dass eine solche beim Versicherungsmakler unwirksam ist.

Für die Pflichten während des laufenden Vertrages fehlt eine § 67 VVG vergleichbare Regelung dagegen. Insofern ist daher die Zulässigkeit einer vertraglichen Haftungsbeschränkung innerhalb des aus dem allgemeinen Zivilrecht folgenden Rahmens (z.B. §§ 134, 138, 242, 276 Abs. 3 BGB) möglich. (a.A. *Werber*, VersR 2007, 1153). Es gilt freilich sicherzustellen, dass nicht sämtliche Beratungs- und Betreuungspflichten schlechterdings ausgeschlossen werden (BGH, VersR 2005, 406 ff.). Formularmäßige Beschränkungen oder Ausschlüsse unterliegen der AGB-rechtlichen Einbeziehungs- und Inhaltskontrolle (so auch Rüffer/Halbach/*Schimikowski*, § 67 Rn 2).

Zu beachten ist, dass ausnahmsweise nach § 210 VVG doch von den Vorschriften der §§ 60–66 VVG zum Nachteil des Versicherungsnehmers abgewichen werden darf, wenn es sich bei dem VV über ein Großrisiko i.S.d. Art. 10 Abs. 1 Satz 2 EGVVG oder um eine laufende Versicherung handelt (vgl. hierzu *Neuhaus/Kloth*, Praxis des neuen VVG, 6.3). Es ist daher bei einer Bewertung der Rechtswirksamkeit von für den Versicherungsnehmer nachteiligen Vereinbarungen immer zu prüfen, ob nicht ein Großrisiko oder eine laufende Versicherung gegeben ist.

§ 68 VVG Versicherungsberater

Die für Versicherungsmakler geltenden Vorschriften des § 60 Abs. 1 Satz 1, des § 61 Abs. 1 und der §§ 62 bis 65 und 67 sind auf Versicherungsberater entsprechend anzuwenden. Weitergehende Pflichten des Versicherungsberaters aus dem Auftragsverhältnis bleiben unberührt.

§ 68 VVG

Übersicht

	Rdn
A. Normzweck	1
B. Norminhalt	2

A. Normzweck

1 § 68 VVG setzt die vertragsrechtlichen Bestimmungen über Versicherungsberater aus Art. 12 und Art. 13 der Vermittlerrichtlinie um. Die Versicherungsberater wurden durch das Gesetz zur Neuregelung des Versicherungsvermittlerrechts erstmals in das VVG aufgenommen. Die Vorschrift entspricht § 42j VVG a.F. Die Vorschrift verbietet jegliche Einschränkung der Vertragsgrundlage. Sie stellt zudem durch § 68 S. 2 VVG klar, dass den Versicherungsberater weitergehende Pflichten treffen.

B. Norminhalt

2 Die Norm bestimmt grds. die Anwendung der für Versicherungsmakler geltenden Vorschriften auf Versicherungsberater. Allerdings ergibt sich aus der insoweit eingeschränkten Verweisungskette, dass dem Versicherungsberater eine Einschränkung seiner Beratungsgrundlage nicht erlaubt ist und dass ein Beratungsverzicht des VN ausgeschlossen ist. Dies ist nach der Gesetzesbegründung dem „besonderen Berufsbild des Versicherungsberaters" geschuldet, mit dem die Normen in § 60 Abs. 1 S. 2 VVG bzw. § 61 Abs. 2 VVG nicht zu vereinbaren seien (BT-Drucks 16/1935, S. 26). Demnach kann dem Versicherungsberater auch keine Vertretungsmacht nach den §§ 69 ff. VVG zukommen.

3 Kritisiert wird der Verweis auf § 61 Abs. 1 VVG insoweit, als damit auch ein Verweis auf eine ausschließlich anlassbezogene Frage- und Beratungspflicht erfolge, die mit der Stellung eines gegen Honorar tätig werdenden Beraters nicht zu vereinbaren sei (*Reiff*, VersR 2007, 717, 731). Auch der klarstellende Hinweis des Gesetzes, wonach weiter gehende Pflichten aus dem Auftragsverhältnis unberührt blieben, reiche insoweit nur schwerlich aus. Der Versicherungsberater ist aus seinem mit dem Kunden geschlossenen Geschäftsbesorgungsvertrag gerade verpflichtet, von einer konkreten Veranlassung und einem Preis unabhängig zu beraten (vgl. hierzu Römer/Langheid/*Rixecker*, § 68 Rn 3; Rüffer/Halbach/Schimikowski/*Münkel*, § 68 Rn 4; MüKo/*Reiff*, § 68 Rn 9).

4 Dem ist zuzustimmen, da sich bei dem ausschließlich zur durch Honorarzahlung zu vergütenden Beratung tätig werdenden Versicherungsberater nicht die Frage stellt, ob ein Anlass zur Beratung besteht. Mit denselben Erwägungen ist auch dem gesetzlich normierten Ausschluss der Möglichkeit des Beratungsverzichts zuzustimmen. Richtig dürfte es insoweit sein, diese Aspekte im Wege der – vom Gesetz ausdrücklich als solche bestimmten – entsprechenden Anwendung der Vorschriften über Versicherungsmakler zu berücksichtigen. Praktisch dürfte es ohnehin nicht vorkommen, dass ein Versicherungsberater aufgesucht wird, ohne dass Anlass, Bedarf und Wunsch nach intensiver Beratung bestehen.

5 Abzugrenzen ist der Versicherungsberater vom Versicherungsmakler, wobei Ersterer seine Tätigkeit auf Honorarbasis ggü. seinem Kunden erbringt. Am Markt existiert eine umfang-

reiche Zahl von courtagefreien Versicherungen. Der Makler bestimmt in diesen Fällen seine Courtage durch eine Honorarvereinbarung mit dem Kunden selbst. Im Unterschied zum Versicherungsberater, welcher seine Tätigkeit auch aufgrund einer Honorarvereinbarung mit dem Kunden erbringt, ist der Versicherungsmakler auf Honorarbasis aber vermittelnd tätig, d.h. er wirkt konkret unterstützend beim Abschluss des Versicherungsvertrages z.B. durch Weiterreichung des Antrages an den Versicherer mit. Der Versicherungsberater wirkt wie ein RA an der Umsetzung der Kundenwünsche und -bedürfnisse mit und kann auch aufgrund Vollmacht die Vertragsverhandlungen zum Bedingungsumfang und Prämiensatz verhandeln und ggf. rechtsverbindlich für den Versicherungsnehmer vereinbaren. Auch die Betreuung der empfohlenen Versicherungsverträge kann vom Versicherungsberater gegen Honorar erbracht werden.

Ein weiterer Unterschied zwischen dem Versicherungsberater und dem Versicherungsmakler besteht in der Beratungsgrundlage. Da der Versicherungsberater mit den VR keine Courtagevereinbarung trifft, sondern ein Beratungshonorar vom VN erhält, ist er verpflichtet die infrage stehenden Produkte aller VR anzubieten. Dies gilt auch für Produkte von Direktversicherern. Dem Versicherungsberater ist es daher anders als dem Versicherungsmakler nicht möglich, seine Produktauswahl einzuschränken. Auch eine Regelung über eine Einschränkung im Rahmen von AGB ist gem. § 307 Abs. 2 BGB unwirksam. Ebenfalls kann eine Verzichtsvereinbarung nicht getroffen werden (vgl. auch Römer/Langheid/*Rixecker*, § 68 Rn 2). 6

In § 68 S. 2 VVG wird missverständlich von einem Auftragsverhältnis gesprochen. Bei dem Vertrag zwischen dem Versicherungsberater und dem VN handelt es sich jedoch nicht um einen Auftrag i.S.d. § 662 BGB sondern um einen entgeltlichen Geschäftsbesorgungsvertrag gem. § 675 BGB (so auch MüKo/*Reiff*, § 68 Rn 7).

Die weitergehenden Pflichten aus § 68 S. 2 VVG werden in § 59 Abs. 4 VVG grob umrissen. Zu den weitergehenden Pflichten gehören aber auch jene vertraglichen Pflichten aus dem Geschäftsbesorgungsvertrag mit dem Kunden. § 68 S. 2 VVG hat insofern auch eine klarstellende Funktion, als dass die Pflichten eben aufgrund anderweitiger gesetzlicher Bestimmungen aber auch gerade vertraglicher Verpflichtungen über die genannten hinausgehen und diese auch nicht einschränken (BT-Drucks 16/1935, S. 27). Eine solche Klarstellung wäre auch in den Regelungen zum Versicherungsmakler hilfreich gewesen (*Reiff*, VersR 2007, 717, 724). Verletzt der Versicherungsberater eine solche weitergehende Pflicht und erleidet der VN dadurch einen Schaden, steht dem VN ein Schadenersatzanspruch aus § 280 Abs. 1 BGB zu. Entgegen der Haftung des § 63 VVG kann diese Haftung im Rahmen der Grenzen der §§ 305 ff. BGB begrenzt werden (vgl. hierzu auch Römer/Langheid/*Rixecker*, § 68 Rn 4).

Bezüglich des Zeitpunktes der Übergabe der Dokumentation gilt auch hier umso mehr, was bereits zuvor im Rahmen des § 62 VVG in Bezug auf den Versicherungsmakler eingehend diskutiert wurde. Der Zeitpunkt „vor" kann sich nicht lediglich darauf beziehen, dass der VN die Dokumentation zeitlich direkt vor dem Erhalt des Versicherungsscheins erhält. Der Erhalt der Dokumentation muss in dem Verhältnis zwischen Versicherungsbera- 7 ter und VN nicht nur „vor" sondern „rechtzeitig vor" Abschluss des Vertrages erfolgen. Dem Versicherungsberater obliegt aufgrund seines mit dem VN geschlossenen Vertrages, wofür er vom VN auch bezahlt wird, einen sachlich fundierten und unabhängigen Rat zu erteilen, auf dessen Grundlage der VN in der Lage ist, eine Entscheidung zu treffen. Hierzu bedarf es einmal mehr der „rechtzeitigen" Übergabe der Dokumentation. Rechtzeitig kann vorliegend in der Regel nur unverzüglich im Anschluss an den Beratungsvorgang bedeuten.

8 Der Verweis von § 68 VVG auf die Vorschrift des § 63 VVG ist dahingehend zu verstehen, dass es sich bei einer Pflichtverletzung i.S.d. § 63 VVG in Bezug auf § 68 VVG nur um eine Verletzung einer Pflicht aus § 60 Abs. 1 S. 1 VVG und § 61 Abs. 1 VVG handeln kann, da die weitergehenden Regelungen der §§ 60 und 61 VVG auf den Versicherungsberater ausweislich § 68 VVG nicht anwendbar sind.

Gem. § 68 S. 1 VVG ist auch § 65 VVG auf den Versicherungsberater anwendbar. Allerdings kann seine Wirkung auf seine Tätigkeit nur relativ gering sein, da sich § 65 VVG in Bezug auf den Versicherungsvermittler nur auf die §§ 60–63 VVG bezieht und nicht auf die über die gesetzlichen Pflichten hinaus vereinbarten Pflichten. Es entspräche auch nicht der Natur des Versicherungsberaters, wenn er einem Vertragspartner, der mit ihm einen Vertrag abschließt, weil er sich für beratungsbedürftig hält, entgegenhalten könnte, er sei aufgrund der Geltung des § 65 VVG entgegen der vertraglichen Vereinbarung nicht zur Beratung verpflichtet. Die Beratung stellt gerade eine Hauptleistungspflicht des Versicherungsberaters aus dem mit dem VN geschlossenen Vertrag dar (auch so MüKo/*Reiff*, § 68 VVG Rn 20).

Unterabschnitt 2
Vertretungsmacht

§ 69 VVG   Gesetzliche Vollmacht

(1) Der Versicherungsvertreter gilt als bevollmächtigt,

1. Anträge, die auf den Abschluss eines Versicherungsvertrags gerichtet sind, und deren Widerruf sowie die vor Vertragsschluss abzugebenden Anzeigen und sonstigen Erklärungen vom Versicherungsnehmer entgegenzunehmen,
2. Anträge auf Verlängerung oder Änderung eines Versicherungsvertrags und deren Widerruf, die Kündigung, den Rücktritt und sonstige das Versicherungsverhältnis betreffende Erklärungen sowie die während der Dauer des Versicherungsverhältnisses zu erstattenden Anzeigen vom Versicherungsnehmer entgegenzunehmen und
3. die vom Versicherer ausgefertigten Versicherungsscheine oder Verlängerungsscheine dem Versicherungsnehmer zu übermitteln.

(2) Der Versicherungsvertreter gilt als bevollmächtigt, Zahlungen, die der Versicherungsnehmer im Zusammenhang mit der Vermittlung oder dem Abschluss eines Versi-

cherungsvertrags an ihn leistet, anzunehmen. Eine Beschränkung dieser Vollmacht muss der Versicherungsnehmer nur gegen sich gelten lassen, wenn er die Beschränkung bei der Vornahme der Zahlung kannte oder infolge grober Fahrlässigkeit nicht kannte.

(3) Der Versicherungsnehmer trägt die Beweislast für die Abgabe oder den Inhalt eines Antrags oder einer sonstigen Willenserklärung nach Absatz 1 Nr. 1 und 2. Die Beweislast für die Verletzung der Anzeigepflicht oder einer Obliegenheit durch den Versicherungsnehmer trägt der Versicherer.

Übersicht

	Rdn
A. Normzweck	1
B. Norminhalt	2
I. Empfangsvollmacht	3
II. Inkassovollmacht (§ 69 Abs. 2 VVG)	7
III. Beweislast (§ 69 Abs. 3 VVG)	11
IV. Erfüllungshaftung	13
C. Abdingbarkeit	16

A. Normzweck

§ 69 VVG regelt den Umfang der gesetzlichen Vollmachten des Versicherungsvertreters. Die Vorschrift dient dem Schutz des Rechtsverkehrs (*Schwintowski*, in: Bruck/Möller, § 69 Rn 2) und der Verkehrssicherheit (Rüffer/Halbch/Schimikowski/*Münkel*, § 69 Rn 2). Sie entspricht ihrem Regelungsgehalt nach § 43 VVG a.F., wobei jedoch einige sehr bedeutsame Änderungen erfolgt sind. So wurde in § 69 Abs. 1 Nr. 1 bzw. Nr. 2 VVG ausdrücklich die „Auge-und-Ohr"-Rechtsprechung des BGH (vgl. BGH, NJW 1988, 973) berücksichtigt (BT-Drucks 16/3945, S. 77). Außerdem wurde die in der alten Regelung enthaltene Beschränkung auf einen bestimmten Versicherungszweig aufgehoben. Mit der an § 43 Nr. 4 VVG a.F. anknüpfenden Regelung in § 69 Abs. 2 VVG über die Inkassovollmacht wird § 42f Abs. 1 VVG a.F. in die Vorschrift integriert. Schließlich findet sich in § 69 Abs. 3 VVG eine Beweislastregel, die ebenfalls an die zum alten Recht entwickelte Rechtsprechung angelehnt ist (BT-Drucks 16/3945, S. 77). § 69 VVG gilt insbesondere für die selbstständigen Versicherungsvertreter nach § 59 Abs. 2 VVG, ist aber auch auf Angestellte des VR, die Versicherungsverträge vermitteln, und auf den Gelegenheitsvermittler anwendbar (vgl. Römer/Langheid/*Rixecker*, § 69 Rn 3). Es kommt dabei nicht darauf an, ob es sich um einen Vertreter mit Abschluss- oder Vermittlungsvollmacht handelt. Auch auf das Merkmal der Gewerbsmäßigkeit kommt es im Vergleich zu § 59 VVG bei den §§ 69–72 VVG nicht an (vgl. auch MüKo/*Reiff*, § 69 VVG Rn 7; Prölss/Martin/*Dörner*, § 69 Rn 3). § 69 VVG findet auf den Pseudomakler (Anscheinsmakler) Anwendung. Auch wenn auf ihn im Verhältnis zum VR die Vorschriften für den Makler Anwendung finden, wird er im Verhältnis zu seinem VR wie ein Vertreter behandelt. Bei der Anwendung auf den „Pseudoagenten" kommt es darauf an, ob eine Duldungs- oder Anscheinsvollmacht vorliegt (so auch Römer/Langheid/*Rixecker*, § 69 Rn 4 ff.). Auch Mitarbeiter branchenfremder Unternehmen, die nur die Produkte eines bestimmten VR vertreiben, gelten i.S.d. §§ 69 ff.

§ 69 VVG

VVG als Versicherungsvertreter. Zum Schutz des VN kommt es nicht darauf an, ob ein Agenturvertrag abgeschlossen wurde oder nicht (MüKo/*Reiff*, § 69 VVG Rn 8). Eine Anwendung des § 69 VVG auf den sog. Tippgeber ist hingegen ausgeschlossen. Hier kann allenfalls eine Zurechnung über § 278 BGB oder § 166 Abs. 1 BGB erfolgen (Römer/Langheid/*Rixecker*, § 69 Rn 6) oder § 59 Abs. 3 S. 2 VVG (Anscheinsmakler) findet Anwendung.

B. Norminhalt

2 Der Versicherungsvertreter hat gem. § 69 Abs. 1 VVG sowohl vor (§ 69 Abs. 1 Nr. 1 VVG) als auch nach (§ 69 Abs. 1 Nr. 2 VVG) Vertragsschluss für alle Wissens- und Willenserklärungen des VN eine weitreichende Empfangsvollmacht gem. § 164 Abs. 3 BGB, eine Übermittlungsvollmacht für Versicherungsscheine (§ 69 Abs. 1 Nr. 3 VVG) und gem. § 69 Abs. 2 VVG eine Inkassovollmacht (vgl. auch MüKo/*Reiff*, § 69 VVG Rn 1).

I. Empfangsvollmacht

3 Die Empfangsvollmacht ist eine „kraft Gesetzes" dem Versicherungsvertreter zustehende Vollmacht (BT-Drucks 16/3945 S. 77). Sie gilt auch bei der Variante des Invitatiomodells.

4 § 69 Abs. 1 VVG kodifiziert, i.V.m. § 70 VVG (vgl. § 70 Rdn 1), in Nr. 1. und Nr. 2. die „Auge-und-Ohr"-Rechtsprechung des BGH (BT-Drucks 16/3945, S. 77). Die Regelung wurde aus Gründen der Übersichtlichkeit in Erklärungen vor (§ 69 Abs. 1 Nr. 1 VVG) und nach (§ 69 Abs. 1 Nr. 2 VVG) Vertragsschluss aufgeteilt. Zuvor bestehende Lücken in der Anwendung der „Auge-und-Ohr"-Rechtsprechung wurden durch die gesetzliche Neuregelung geschlossen. Grds. erstreckt sich die Vollmacht des Vertreters demnach auf sämtliche Erklärungen und/oder Tatsachen, die im Zusammenhang mit dem Vertragsabschluss oder während der Vertragslaufzeit relevant und dem Vertreter mitgeteilt werden (vgl. zum alten Recht BGH, VersR 1993, 1089; BGH VersR1992, 217; BGH VersR 1988, 234; OLG Koblenz, VersR 1997, 352). Die in § 69 Abs. 1 Nr. 1 und 2 VVG aufgezählten Beispiele werden jeweils durch den Verweis auf „sonstige" Erklärungen ergänzt. Damit ist grds. alles, was im Zusammenhang mit dem Vertrag dem Vertreter mitgeteilt wird, auch dem VR mitgeteilt. Dies gilt auch für mündliche Erklärungen (vgl. Prölss/Martin/*Kollhosser*, § 43 Rn 17). Insb. ist mit dem in § 69 Abs. 1 Nr. 1 VVG verwendeten Begriff „Antrag" nicht bloß der Inhalt des Antragsformulars gemeint, sondern darüber hinaus sämtliche bei der Abgabe ggü. dem Vertreter mündlich abgebenen Erklärungen (*Schwintowski*, in: Bruck/Möller, § 69 Rn 22).

Die Empfangsvertretervollmacht wirkt grundsätzlich auch dann fort, wenn der Vertreter die Grenzen im Innenverhältnis zum VR überschreitet (Römer/Langheid/*Rixecker*, § 69 Rn 14).

Die Willens- oder Wissenserklärung gilt mit Abgabe an den Vertreter als zugegangen. Hierfür ist es nicht entscheidend, ob die Information vom Vertreter tatsächlich auch weitergeleitet wurde (vgl. Prölss/Martin/*Dörner*, § 69 Rn 10).

Allgemeinen Grundsätzen entsprechend (vgl. etwa BGHZ 50, 112 m.w.N.) kann sich der 5
VN dann *nicht* auf die Bevollmächtigung berufen, wenn deren bewusster Fehlgebrauch für
ihn evident war oder er mit dem Vertreter kollusiv zusammengewirkt hat. Allerdings
stellt der BGH an die Evidenz angesichts der exponierten Stellung des Vertreters erhöhte
Anforderungen (BGH, VersR 2002, 425), weshalb begründete Zweifel des VN am Bestehen
einer Bevollmächtigung nur äußerst selten anzunehmen sind. Die Beweislast für kollusives
oder evidentes Zusammenwirken trägt der VR (BGH, VersR 1986,131; OLG Hamm, r+s
1993, 442).

Die Empfangsvertretervollmacht gilt für den gesamten Zeitraum der Dauer des Versicherungsverhältnisses (MüKo/*Reiff*, § 69 VVG Rn 31), sofern der Versicherer nicht gegenüber dem Kunden die Bevollmächtigung eines Vermittlers widerrufen hat.

Dem VR ist es aufgrund der Unabdingbarkeit dieser Vollmacht nicht gestattet, diese auf schriftliche Mitteilungen zu begrenzen. Er muss vielmehr auch mündliche Erklärungen, die ggü. dem Vertreter abgegeben werden, gegen sich gelten lassen (auch so MüKo/*Reiff*, § 69 VVG Rn 25).

§ 69 Abs. 1 Nr. 3 VVG enthält eine sog. Übermittlungsvollmacht und ist praktisch bedeu- 6
tungslos, da die Versendung von Versicherungsscheinen heute nahezu ausschließlich durch
die VR erfolgt (so bereits zum alten Recht zutreffend Prölss/Martin/*Kollhosser*, § 43 Rn 23).

II. Inkassovollmacht (§ 69 Abs. 2 VVG)

§ 69 Abs. 2 VVG regelt die aufgrund der Vermittlerrichtlinie neu gefasste Kundengeldsi- 7
cherung (vgl. auch § 64 VVG). Das Erfordernis einer unterzeichneten Prämienrechnung
aus § 43 Nr. 4 VVG a.F. ist aufgehoben und durch eine gesetzliche Inkassovollmacht des
Vertreters ersetzt worden.

Sprachlich scheint sich die Regelung in § 69 Abs. 2 S. 1 VVG nur auf die Erst- bzw. 8
Einmalprämie zu beziehen (*Reiff*, VersR 2007, 717, 727). Doch wäre dieses Ergebnis mit
dem Sinn und Zweck der Vorschrift nicht in Einklang zu bringen (**a.A.** *Niederleithinger*,
VersR 2006, 437, 445). Der Wortlaut steht der Erfassung von Folgeprämien nicht zwingend
entgegen, denn auch diese stehen in einem (freilich weiten) Zusammenhang mit der Vertragsvermittlung (*Schwintowski*, in: Bruck/Möller, § 69 Rn 38). Jedenfalls ist eine analoge
Anwendung geboten, denn es ist nicht von einer bewussten Entscheidung des Gesetzgebers
auszugehen, die Folgeprämien aus dem Anwendungsbereich auszuschließen (Erg. wie hier
MüKo/*Reiff*, § 69 VVG Rn 42).

Eine Beschränkung der Inkassovollmacht muss der VN nur bei Kenntnis oder grob fahrläs- 9
siger Unkenntnis gegen sich gelten lassen. Zudem ergibt sich aus § 72 VVG, dass Beschränkungen der Vollmacht in ABG ggü. dem VN stets unwirksam sind. *Reiff* weist darauf hin,
dass hierdurch die Inkassovollmacht praktisch unabdingbar würde, da eine entsprechende
individualvertragliche Vereinbarung zwischen VR und VN nie zustande käme (MüKo/
Reiff, § 69 VVG Rn 44; *Reiff*, VersR 2007, 717, 728). Doch schließt die Unwirksamkeit
der Beschränkung ggü. dem VN gem. § 72 VVG nicht aus, dass dieser gleichwohl Kenntnis

bzw. grob fahrlässige Unkenntnis von einer im Innenverhältnis zwischen VR und Vertreter wirksamen Beschränkung hatte. Allein dies ist i.R.d. § 69 Abs. 2 S. 2 VVG jedoch maßgeblich. Somit kann es vorkommen, dass der VN eine gem. § 72 VVG ihm ggü. unwirksame Vollmachtsbeschränkung gleichwohl gem. § 69 Abs. 2 S. 2 VVG gegen sich gelten lassen muss. Solche Fälle sind etwa dann vorstellbar, wenn der VN ein im Verhältnis zu den AVB gesondertes, aber gleichwohl vorgefertigtes Formular unterzeichnet, aus dem die fehlende Inkassovollmacht ausdrücklich und klar erkennbar hervorgeht. Hier wäre eine Berufung des VN auf die Unwirksamkeit der Vollmacht ohnehin rechtsmissbräuchlich. Dagegen weist die Gesetzesbegründung zu Recht darauf hin, dass bei einem standardisierten Hinweis i.R.d. AVB regelmäßig keine grob fahrlässige Unkenntnis anzunehmen ist (BT-Drucks 16/1935, S. 26).

10   Fraglich ist, wie sich AVB-Klauseln auswirken, durch die der VR für bestimmte ihm ggü. abzugebende Erklärungen die Schriftform verlangt (vgl. § 32 S. 2 VVG). Hier droht ein Wertungswiderspruch, denn dieselbe Erklärung ggü. dem Vertreter abgegeben ist grds. gem. § 69 Abs. 1 Nr. 1 VVG formfrei wirksam. Daher wird man ein solches Schriftformerfordernis regelmäßig für überraschend i.S.d. § 305c BGB halten müssen (*Schwintowski*, in: Bruck/Möller, § 69 Rn 36).

III. Beweislast (§ 69 Abs. 3 VVG)

11   Die Beweislastregelungen in § 69 Abs. 3 VVG orientieren sich ausweislich der Gesetzesbegründung (BT-Drucks 16/3945, S. 77) an der diesbezüglichen Rechtsprechung des BGH zum alten Recht. Sie betreffen das Verhältnis zwischen VN und seinen VR oder durch einen Vertreter repräsentierten VR (Römer/Langheid/*Rixecker*, § 69 Rn 17). Demnach trägt der VN grds. die Beweislast für Abgabe und/oder Inhalt sämtlicher Willenserklärungen gem. § 69 Abs. 1 Nr. 1 und 2 VVG (zum alten Recht vgl. BGH, VersR 2002, 1089, 1090). Dagegen trifft den VR die Beweislast dafür, dass den VN bei der Antragsstellung eine Anzeige- oder Obliegenheitspflichtverletzung trifft, auf die sich der VR bei einem Rücktritt beruft (BGH, VersR 2002, 1089, 1090). Dabei reicht die Vorlage eines unvollständig ausgefüllten Antragsformulars i.d.R. nicht aus, um diesen Beweis zu erbringen (vgl. Prölss/Martin/*Kollhosser*, § 43 Rn 19b). Jedenfalls bei substantiiertem Vortrag des VN dahin gehend, er habe alle ergänzenden Fragen des Vertreters mündlich korrekt und vollständig beantwortet, muss der VR den Beweis des Gegenteils erbringen (BGH, VersR 2001, 1541). Hierfür wird ihm regelmäßig das Zeugnis des Vertreters als Beweismittel zur Verfügung stehen. Zumeist steht der Vertreter jedoch eher im Lager des Versicherers durch die Bindung des Agenturvertrages (§§ 84 ff. HGB). Zumeist sind daher die Ehepartner oder Freunde des VN geeignete und taugliche Zeugen. Der VR trägt ebenfalls die Beweislast dafür, wenn er sich auf einen den Versicherungsschutz des VN einschränkenden Versicherungsvertrag beruft (MüKo/*Reiff*, § 69 VVG Rn 47; *Schwintowski*, in Bruck/Möller/, § 69 Rn 46).

12   Bei Obliegenheitsverletzungen im Schadensfall gilt, dass der VR den Vorsatz des VN zu beweisen hat, wenn er sich auf Leistungsfreiheit beruft, während sich der VN vom Vorwurf

der groben Fahrlässigkeit entlasten muss, sofern eine Pflichtverletzung objektiv feststeht (BT-Drucks 16/3945, S. 69).

Praxistipp
Wird der Vertreter wegen einer Beratungspflichtverletzung neben dem VR mitverklagt, ist er Partei des Rechtstreites. Im Fall des Unterliegens können hierdurch höhere Kosten für die unterliegende Partei entstehen. Gleichwohl kann der Vertreter dann nicht mehr als Zeuge, sondern nur noch als Partei i.R.d. Prozesses angehört werden. Daher ggf. den Vertreter wegen Eigenhaftung mitverklagen, um ihn als Zeugen auszuschalten und als Partei einzubeziehen.

IV. Erfüllungshaftung

Nicht die Empfangsvollmacht des Vertreters, sondern seine Befugnisse im Hinblick auf die Abgabe von Erklärungen zum Umfang des Versicherungsschutzes sind Gegenstand der zum alten Recht gewohnheitsrechtlich anerkannten „Vertrauens- oder Erfüllungshaftung" des VR (zum Folgenden ausführlich *Schwintowski*, in: Bruck/Möller, § 63 Rn 6 ff.; Prölss/Martin/*Kollhosser*, § 43 Rn 29 ff.). Demnach fungiert der Versicherungsvertreter nicht nur als „Auge und Ohr" des Versicherers, sondern vielmehr auch als dessen „Mund" (vgl. *Sieg*, VersR 1998, 162).

Die gewohnheitsrechtlich anerkannte und vom BGH in ständiger Rechtsprechung bestätigte „gewohnheitsrechtliche" Erfüllungshaftung stellt eine eigenständige Anspruchsgrundlage dar. Demnach muss der VR Erklärungen seines Vertreters hinsichtlich Art oder Umfang der vertraglichen Deckung gegen sich gelten lassen. Der Vertrag wird i.S.d. dem VN günstigen, durch den Vertreter erteilten Informationen umgestaltet, ohne dass der VR zur Anfechtung berechtigt ist (vgl. BGH, VersR 1964, 36; BGH, VersR1968, 35; OLG Düsseldorf, VersR 1998, 236). Voraussetzung hierfür ist, dass den VN kein erhebliches Eigenverschulden trifft, was insb. dann der Fall sein kann, wenn die Auskünfte des Vertreters klaren Vertragsbedingungen deutlich widersprechen (BGHZ 43, 235).

Wenngleich die Gesetzesbegründung die Erfüllungshaftung nicht ausdrücklich erwähnt und, anders als bei der „Auge und Ohr" Rechtsprechung, auf ihre Kodifizierung verzichtet, ist an den soeben im Überblick dargestellten Grundsätzen auch nach neuer Rechtslage festzuhalten (eindringlich dafür *Schwintowski*, in: Bruck/Möller, § 63 Rn 6 ff.). Die Erfüllungshaftung des VR entspricht dem Grundsatz der Haftung des VR für seinen Außendienst, da der VN regelmäßig auf dessen Befugnisse und Sachkunde vertrauen darf. Dieser Grundsatz liegt auch § 69 VVG zugrunde. Die in diesem Zusammenhang ergangene Rechtsprechung ist daher beizubehalten.

C. Abdingbarkeit

Die Abbedingung der gesetzliche Vollmacht des Vertreters unterliegt den Einschränkungen nach § 72 VVG (s. Anm. § 72 Rdn 4, zum Verhältnis zu § 69 Abs. 2 S. 2 VVG s.o. Rdn 9).

| § 70 VVG | Kenntnis des Versicherungsvertreters |

Soweit nach diesem Gesetz die Kenntnis des Versicherers erheblich ist, steht die Kenntnis des Versicherungsvertreters der Kenntnis des Versicherers gleich. Dies gilt nicht für die Kenntnis des Versicherungsvertreters, die er außerhalb seiner Tätigkeit als Vertreter und ohne Zusammenhang mit dem betreffenden Versicherungsvertrag erlangt hat.

Übersicht

	Rdn
A. Normzweck	1
B. Norminhalt	3
C. Prozessuale Hinweise	6
D. Abdingbarkeit	7

A. Normzweck

1 § 70 VVG komplettiert die Übernahme der „Auge-und-Ohr"-Rechtsprechung (vgl. Anm. oben zu § 69 Rdn 4) durch die Regelung der Wissenszurechnung. § 44 VVG a.F. ist insoweit bereits nach altem Recht deutlich über seinen Wortlaut hinaus angewendet worden (BT-Drucks 16/3945, S. 77). Im Unterschied zur Regelung des § 44 VVG a.F. betrifft die Regelung des § 70 VVG jeden Versicherungsvertreter und nicht nur den Agenten, welcher nicht lediglich mit der Vermittlung von Versicherungsverträgen betraut ist. Dies gilt insbesondere für die dem Versicherungsvertreter nach § 73 VVG gleichgestellten Angestellten des VR und den Gelegenheitsvertreter. In den Fällen, in denen der VR sich anderer Hilfspersonen zur Beschaffung von Informationen bedient, erfolgt die Wissenszurechnung nach den allgemeinen Grundsätzen (vgl. hierzu Römer/Langheid/*Rixecker*, § 70 Rn 3).

Die Empfangsvertretungsmacht gem. § 69 Abs. 1 Nr. 1 und 2 VVG ist der Wissenszurechnung gem. § 70 S. 1 VVG stets vorrangig (vgl. hierzu MüKo/*Reiff*, § 70 VVG Rn 7 ff.). § 70 VVG ist jedoch zu § 166 Abs. 1 BGB als lex specialis anzusehen, da § 70 VVG bestimmte Fallkonstellationen bei der Wissenszurechnung im Verhältnis des Vertreters zum VR ausschließt.

2 Soweit eine Wissenszurechnung obsolet ist, weil Erklärungen bereits gem. § 69 Abs. 1 VVG als dem VR zugegangen gelten, sobald sie ggü. dem Vertreter abgegeben werden, ist § 70 VVG rein deklaratorischer Natur. Der originäre Anwendungsbereich findet sich dort, wo der Vertreter Kenntnisse – etwa von gefahrrelevanten Umständen – erlangt, ohne dass ihm ggü. diesbezüglich eine Erklärung des VN abgegeben wurde (zum Folgenden *Schwintowski*, in: Bruck/Möller, § 70 Rn 7 f.). Entdeckt der Vertreter also bspw. anlässlich eines Hausbesuchs beim VN, dass sich vor dessen Haus ein Gerüst befindet, so hat der VR Kenntnis von diesem gefahrerhöhenden Umstand. § 70 VVG ist also dort von Bedeutung, wo es sich nicht um empfangene Erklärungen handelt, sondern um eine optische Sinneswahrnehmung (so auch Rüffer/Halbach/*Schimikowski*, § 70 Rn 9).

B. Norminhalt

Gem. § 70 S. 1 VVG steht die Kenntnis des Vertreters der Kenntnis des VR gleich, soweit Letztere nach dem Gesetz erheblich ist. Dabei geht es v.a. um Gefahrumstände (§ 19 VVG), Gefahrerhöhungen (§ 23 VVG) oder um den Versicherungsfall betreffende Umstände (§§ 30, 31 VVG; weitere Bsp. bei *Schwintoski*, in: Bruck/Möller, § 70 Rn 10). Sofern EDV-gespeicherte Daten bei einem konzernverbundenen Unternehmen vorliegen, gelten diese als dem VR bekannt, sofern er Anlass und Möglichkeit hatte, diese abzurufen (vgl. BGH, VersR 1993, 1089). Laut Gesetzesbegründung soll die entsprechende Rechtsprechung ausdrücklich aufrechterhalten bleiben (BT-Drucks 16/3945, S. 77).   3

Eine Ausnahme von dieser grds. Zurechnung besteht nur bei Wissen, dass der Vertreter außerhalb seiner dienstlichen Tätigkeit und ohne Zusammenhang mit dem betreffenden VV erlangt hat (§ 70 S. 2 VVG). Derartiges „privates" Wissen seines Vertreters muss sich der VR nicht zurechnen lassen. Bei Kollusion und Evidenz ist eine Wissenszurechnung ebenfalls ausnahmsweise ausgeschlossen (BT-Drucks, 16/3945, S. 77).   4

Ein sog. Wissensvertreter ist danach „jeder, der nach der Arbeitsorganisation des Geschäftsherrn dazu berufen ist, im Rechtsverkehr als dessen Repräsentant bestimmte Aufgaben in eigener Verantwortung zu erledigen und die dabei erlangten Informationen zur Kenntnis zu nehmen sowie gegebenenfalls weiterzuleiten" (BGH, NJW 1992, 1099).

Die Definition ist dahin gehend zu verstehen, dass für eine Zurechnung beide Voraussetzungen, sowohl der berufliche als auch der vertragsbezogene Informationserwerb, vorliegen müssen (hierzu auch Römer/Langheid/*Rixecker*, § 70 Rn 3).

Da § 70 VVG auf der „Auge-und-Ohr"-Rechtsprechung beruht, die auf den Versicherungsmakler nicht anwendbar ist (BGH, VersR 1999, 1481, 1482; *Baumann*, NVersZ 2000, 116, 117), ist auch eine analoge Anwendung des § 70 VVG – ebenso wie bei § 69 VVG – auf den Versicherungsmakler ausgeschlossen. Verhält sich der Versicherungsvertreter hingegen nach § 59 Abs. 3 S. 2 VVG wie ein Versicherungsmakler, so bleibt er im Verhältnis zum Versicherer gleichwohl Versicherungsvertreter und eine Kenntnis ist dem Versicherer nach den §§ 69, 70 VVG zuzurechnen (Prölss/Martin/*Kollhosser*, § 43 Rn 13; vgl. auch *Schwintwoski*, in: Bruck/Möller, § 69 Rn 19). Soweit sich freilich der VN die Kenntnisse seines Maklers im Verhältnis zum VR zurechnen lassen muss, so ist die Regelung des § 70 S. 2 VVG analog auf den Versicherungsmakler anzuwenden. Eine Kenntnis des Versicherungsmaklers liegt danach nur vor, wenn er sie innerhalb seiner Tätigkeit als Versicherungsmakler erlangt hat.   5

C. Prozessuale Hinweise

Zur Beweislast vgl. oben Anmerkung zu § 69 Rdn 11 ff. Obliegt dem VR hiernach die Beweislast für das Vorliegen einer Anzeigepflichtverletzung gem. § 69 Abs. 3 VVG und beruft er sich darauf, dass bestimmte Informationen dem Versicherungsvertreter nicht zugegangen sind, dann trifft ihn die Pflicht dies zu beweisen (siehe auch Prölss/Martin/   6

Dörner, § 70 Rn 12). Beruft sich der VR darauf, es handele sich um nicht zurechenbares privates Wissen gem. § 70 S. 2 VVG, so ist er hierfür beweispflichtig.

Sollte der VN trotz unzutreffender Abgaben substantiiert behaupten, er habe den Vertreter über den zutreffenden Sachverhalt mündlich informiert, und kann der VR dies nicht widerlegen muss der VR dies gegen sich gelten lassen und liegt keine arglistige Täuschung vor (OLG Saarbrücken, VersR 2013, 1030).

Dem VR obliegt die Beweislast ebenfalls in den Fällen, in denen er sich auf Kollusion berufen möchte (auch so Prölss/Martin/*Dörner*, § 70 Rn 11).

D. Abdingbarkeit

7   Trotz der fehlenden ausdrücklichen Nennung in § 72 VVG sollte auch § 70 VVG in den dortigen Anwendungsbereich aufgenommen werden, so dass die Norm nicht durch AGB abbedungen werden kann. Auch eine abweichende Ausgestaltung dieser Norm durch Allgemeine Versicherungsbedingungen dürfte in Ansehung der älteren Rechtsprechung (Auge und Ohr) rechtsunwirksam sein. Vor der VVG-Reform wurden von den VR oftmals Schriftformklauseln verwendet, wonach der VN bei Anzeigen ggü. dem VR die Schriftform zu wahren hatte. Diese Klauseln sind zukünftig unwirksam, da der VN nunmehr auch formlos Mitteilungen ggü. dem Versicherungsvertreter übermitteln kann und das Wissen des Versicherungsvertreters dem VR dann nach § 70 VVG zugerechnet werden kann.

§ 71 VVG   Abschlussvollmacht

Ist der Versicherungsvertreter zum Abschluss von Versicherungsverträgen bevollmächtigt, ist er auch befugt, die Änderung oder Verlängerung solcher Verträge zu vereinbaren sowie Kündigungs- und Rücktrittserklärungen abzugeben.

Übersicht

	Rdn
A. Normzweck	1
B. Norminhalt	2

A. Normzweck

1   § 71 VVG regelt die Befugnisse des vormals sog. „Abschlussagenten". Die Vorschrift dient dem Schutz des VN. Sie trägt zu seiner Rechtssicherheit bei. Der Anwendungsbereich der Vorschrift bzw. ihre Bedeutung war bereits nach dem alten Recht im Hinblick auf die Grundsätze der „Auge-und-Ohr"-Judikatur des BGH bzw. den Grundsatz der Erfüllungshaftung des VR eher gering (Römer/Langheid/*Rixecker*, § 45 Rn 1). Mit dem Hinweis, dass der mit der Vermittlung betraute Versicherungsvertreter nicht zwingend auch zum Abschluss des Versicherungsvertrages oder zur Vereinbarung einer Vertragsänderung bevoll-

mächtigt ist, ist die Beibehaltung der Vorschrift jedoch zu begrüßen (*Schwintowski*, in: Bruck/Möller, § 71 Rn 4). Die Vorschrift entspricht sachlich unverändert § 45 VVG a.F.

B. Norminhalt

Die Norm gilt nur für die Versicherungsvertreter, die über eine Abschlussvollmacht verfügen und somit Abschlussvertreter sind (so auch Rüffer/Halbach/Schimikowski/*Münkel*, § 71 Rn 2). Die Abschlussvollmacht wird typischerweise als Innenvollmacht erteilt, weshalb den Grundsätzen der Anscheins- bzw. Duldungsvollmacht eine gewisse Bedeutung zukommt (BK/*Gruber*, § 45 Rn 3). Im Zweifelsfalle ist zu fragen, ob aus der Sicht des VN Anlass dafür bestand, von einer gehobenen Stellung des Vertreters in der Struktur des VR auszugehen (vgl. dazu Prölss/Martin/*Kollhosser*, § 45 Rn 2). Liegt eine solche Abschlussvollmacht vor, sei es als echte Innenvollmacht oder als Anscheins- oder Duldungsvollmacht, so gilt der Vertreter auch als zur Änderung, Verlängerung, Kündigung oder zum Rücktritt bevollmächtigt. Dabei ist es ihm auch möglich Verträge zu kündigen, die er nicht selbst abgeschlossen hat. Das lässt sich aus dem Wortlaut entnehmen. Es wird von „solcher" gesprochen und nicht von „dieser" (vgl. hierzu MüKo/*Reiff*, § 71 VVG Rn 5). Die Bevollmächtigung erstreckt sich auch auf die Berechtigung, Prämien anzumahnen oder zu stunden (vgl. dazu Rüffer/Halbach/Schimikowski/*Münkel*, § 71 Rn 3). Die Vollmacht umfasst dagegen *nicht* die Anerkennung von Entschädigungsleistungen oder die Führung von Prozessen für den Versicherer (Römer/Langheid/*Rixecker*, § 45 Rn 6).

2

Eine Einschränkung der Vollmacht kann nicht durch AVB vorgenommen werden, obwohl die Vorschrift nicht zwingend ist (vgl. dazu MüKo/*Reiff*, § 71 VVG Rn 7). Dies dient dem Schutz des VN. Eine Erweiterung der Vollmacht ist hingegen in den AVB ohne Weiteres möglich (vgl. dazu MüKo/*Reiff*, § 71 VVG Rn 7), da eine Erweiterung der Vollmacht sich nicht zum Nachteil des VN auswirken kann und es somit an einem Schutzbedürfnis fehlt.

§ 72 VVG Beschränkung der Vertretungsmacht

Eine Beschränkung der dem Versicherungsvertreter nach den §§ 69 und 71 zustehenden Vertretungsmacht durch Allgemeine Versicherungsbedingungen ist gegenüber dem Versicherungsnehmer und Dritten unwirksam.

Übersicht

	Rdn
A. Normzweck	1
B. Norminhalt	2

A. Normzweck

§ 72 VVG regelt die Zulässigkeit einer rechtsgeschäftlichen Beschränkung der gesetzlichen Vertretungsmacht. Davon unberührt bleiben hingegen Beschränkungen der Vertretungsmacht durch das Gesetz selbst wie nach § 138 Abs. 1 BGB im Falle der Kollusion (so auch

1

Prölss/Martin/*Dörner*, § 72 Rn 2). Die Vorschrift dient dem Schutz des VN vor Beschränkungen, die ihm durch den VR in seinen AVB untergeschoben werden könnten. Der Regelungsgehalt entspricht § 47 VVG a.f., wobei die Norm inhaltlich jedoch deutlich abgeändert wurde.

B. Norminhalt

2 Während nach altem Recht eine Vollmachtsbeschränkung nur bei Kenntnis oder grob fahrlässiger Unkenntnis des VN diesem ggü. Rechtswirkung entfaltete, können nach der Neuregelung Vollmachtsbeschränkungen aus AGB dem VN grds. nicht entgegengehalten werden. Die Gesetzesbegründung beruft sich hierbei ausdrücklich auf die zu § 47 VVG a.F. ergangene Rechtsprechung (BT-Drucks 16/3945, S. 78). Auch ein generelles Schriftformerfordernis für Erklärungen des VN soll hiernach – in AGB – unwirksam sein, *nicht* aber Schriftformerfordernisse für einzelne Erklärungen, etwa die Änderung eines Bezugsrechts oder die Anzeige einer Abtretung (BT-Drucks, 16/3945, S. 78).

Eine einseitige Beschränkung der Vertretungsmacht durch den VR ist nicht möglich. Eine solche kann demnach nur durch Vereinbarung, und zwar nur durch individuelle Vereinbarung im Außenverhältnis zwischen dem VN und dem VR erfolgen (*Rolfs*, in: Bruck/Möller, § 19 Rn 75; auch so: MüKo/*Reiff*, § 72 VVG Rn 12/14; Römer/Langheid/*Rixecker*, § 72 Rn 1).

Die Unwirksamkeit der Beschränkung durch AVB ist so zu verstehen, dass hierunter alle vom VR für eine Vielzahl von Fällen vorformulierten Erklärungen fallen (Prölss/Martin/ *Dörner*, § 72 Rn 5).

Die Vorschrift gilt nach der Gesetzesbegründung sowohl für Erklärungen vor als auch für Erklärungen nach Vertragsschluss (BT-Drucks 16/3945 S. 78). Der Versicherungsvertreter ist somit sowohl vor als auch nach dem Vertragsschluss „Auge und Ohr" des VR.

3 Nicht anwendbar ist die Bestimmung des § 72 VVG auf die Fälle der Arglist und der Kollusion. Dies gilt, auch ohne dass es einer ausdrücklichen Bestimmung bedarf (BT-Drucks 16/1935, S. 78). Auch unterhalb der Schwelle des kollusiven Zusammenwirkens zwischen Vermittler und VN greift die Bestimmung des § 72 VVG nicht ein, wenn der Missbrauch der Vertretungsmacht aufgrund massiver Verdachtsmomente für den VN objektiv evident war (BGH, NJW 1994, 2082; *Schwintowski*, in: Bruck/Möller, § 72 Rn 7 m.w.N.).

4 § 72 VVG bezieht sich ausschließlich auf die §§ 69, 71 VVG, lässt aber § 70 VVG aus. Dies ist mit Blick auf die Normüberschrift konsequent, da in § 70 VVG keine Vertretungsmacht geregelt wird, führt aber zu der Konsequenz, dass die Wissenszurechnung als durch AGB unbeschränkt abänderbar angesehen werden könnte. Dieses Ergebnis ist jedoch nicht hinnehmbar. Bereits zum alten Recht wurde in der Rechtsprechung zutreffend die Auffassung vertreten, dass die Entgegennahme des Antrages und die Kenntnisnahme von Erklärungen des VN einen einheitlichen, nicht aufspaltbaren Lebenssachverhalt darstellen (BGH, VersR 1992, 217). Dem würde es zuwiderlaufen, wenn man § 70 VVG mangels ausdrücklicher

Nennung in § 72 VVG als durch AGB abänderbar ansähe. Somit gilt das Verbot der Einschränkung der Vertretungsmacht durch AGB auch für die Wissenszurechnung nach § 70 VVG. Auch diese kann mithin nur individualvertraglich beschränkt werden.

§ 73 VVG Angestellte und nicht gewerbsmäßig tätige Vermittler

Die §§ 69 bis 72 sind auf Angestellte eines Versicherers, die mit der Vermittlung oder dem Abschluss von Versicherungsverträgen betraut sind, und auf Personen, die als Vertreter selbstständig Versicherungsverträge vermitteln oder abschließen, ohne gewerbsmäßig tätig zu sein, entsprechend anzuwenden.

Die Vorschrift übernimmt die bereits zum alten Recht ganz herrschende Meinung (vgl. Prölss/Martin/*Kollhosser*, § 43 Rn 11 m.w.N.), wonach die Regelungen über die gesetzliche Vollmacht bzw. Wissenszurechnung auf angestellte Mitarbeiter im Außendienst entsprechend anwendbar sind, sofern diese mit der Vermittlung oder dem Abschluss von VV betraut sind. Sie werden damit quasi durch gesetzliche Analogie dem Versicherungsvertreter gleichgestellt (Prölss/Martin/*Dörner*, § 73 Rn 1). Da es an einer Beauftragung durch den VR beim Versicherungsmakler und beim Versicherungsberater fehlt, scheidet eine Anwendung in diesen Fällen jedoch aus (*Schwintowski*, in: Bruck/Möller, § 73 Rn 3). Auch Außendienstmitarbeiter eines VR, die in einem anderen Zusammenhang mit dem Kunden in Kontakt treten, z.B. über eine Kundenhotline oder Angestellte des VR, die zur Regulierung beauftragt sind, werden ebenfalls von dieser Vorschrift nicht erfasst (so auch Prölss/Martin/*Dörner*, § 73 Rn 1; Römer/Langheid/*Rixecker*, § 73 Rn 1). Die Vorschrift dient dem Schutz des VN, da der VN zumeist nicht in der Lage ist, die internen Strukturen des VR zu durchdringen. Die Vorschrift ermöglicht dem VN, dem VR Wissen zuzurechnen. Dem VN ist es so möglich, seine Obliegenheiten gegenüber dem VR zu erfüllen, wenn er sein Wissen den Versicherungsvertretern nach § 73 VVG gleichgestellten Personen mitteilt (Römer/Langheid/*Rixecker*, § 73 Rn 1). 1

Ebenfalls gelten die §§ 69–72 VVG für nicht gewerbsmäßig tätige Vermittler. Anders als die vertrags- und beratungsbezogenen Pflichten der §§ 60, 61 VVG werden die Vollmachtsregelungen somit auf den gesamten Außendienst des VR erstreckt. 2

Durch die Vorschrift ist der Anwendungsbereich der §§ 69–72 VVG erweitert worden. Folglich haben auch die beim VR angestellten Versicherungsvermittler und Gelegenheitsvertreter eine Empfangsvollmacht nach § 69 Abs. 1 Nr. 1 und 2 VVG und eine Inkassovollmacht gem. § 69 Abs. 2 VVG (hierzu auch MüKo/*Reiff*, § 73 VVG Rn 3 f.).

Vorbemerkungen zu den §§ 74 bis 87 VVG

Kapitel 2
Schadensversicherung

Abschnitt 1
Allgemeine Vorschriften

Vorbemerkungen zu den §§ 74 bis 87 VVG

Übersicht

	Rdn
A. Allgemeines	1
B. Arten von Schadensversicherungen	3
C. Bedeutung der Schadensversicherung in der Praxis	7
D. Die Vorschriften des VVG zur Schadensversicherung	9
E. Kausalität	12
I. Äquivalenztheorie (Bedingungstheorie)	13
II. Eingrenzung durch Allgemeine Versicherungsbedingungen	14
III. Schutzzweck der Norm	15
IV. Atypische Geschehensabläufe	17
F. Beweislast in der Schadensversicherung	18
I. Grundsätzliches	18
II. Beweisführung	21
III. Beweiserleichterungen	24
1. Diebstahls-/Entwendungsfall	25
2. Fehlende Einbruchsspuren	33
3. Nachschlüsseldiebstahl	35
4. Rechtsprechungsbeispiele zum äußeren Bild bei Entwendungsfällen	37
5. Indizien für die Beurteilung der erheblichen Wahrscheinlichkeit der Vortäuschung von Entwendungsfällen	40
IV. Glaubwürdigkeitsvermutung	41
G. Übersicht: Besonderheiten der Anwendbarkeit der §§ 74 bis 87 VVG	45

A. Allgemeines

1 Die **Schadensversicherung** ist zu unterscheiden von der **Summenversicherung**. Bei der Summenversicherung spielen die Folgen eines Schadensereignisses, durch das die Leistungspflicht des VR ausgelöst wird, keine Rolle. Der VR ist verpflichtet eine **vertraglich vereinbarte Geldsumme** zu zahlen (z.B. Krankenhaustagegeld).

2 Im Gegensatz zur Summenversicherung deckt die **Schadensversicherung** bei Eintritt eines versicherten Ereignisses jeweils den konkret entstandenen und messbaren Schaden ab. Für die Höhe der Entschädigung ist zum einen die Schadenshöhe von Bedeutung, deren Höhe auch gleichzeitig die Obergrenze der Ersatzpflicht bildet. Auf der anderen Seite kommt es auch auf die jeweils vereinbarte VersSumme und sonstige vertragliche Vereinbarungen an (z.B. versichertes Interesse, Selbstbeteiligung).

B. Arten von Schadensversicherungen

Zu unterscheiden sind Schadensversicherungen **ohne spezielles Schutzobjekt** und **Objektversicherungen**, die Schäden an bestimmten Sachen, Sachgesamtheiten, Forderungen oder Anwartschaften abdecken. Erstere werden auch Passivenversicherungen genannt, weil sie das allgemeine Vermögen passiv vor Verbindlichkeiten (insb. Schadensersatzverpflichtungen ggü. Dritten) schützen sollen. Objektversicherungen werden auch Aktivenversicherungen genannt, weil sie aktiv vor den wirtschaftlichen Folgen von Schäden an bestimmten Vermögensgegenständen schützen.

Beispiele für Schadensversicherungen

Schadensversicherungen ohne spezielles Schutzobjekt (= Passivenversicherungen)	Schadensversicherungen als Objektversicherungen (= Aktivenversicherungen)
– Personenversicherungen – Krankheitskostenversicherung, die durch Krankheiten entstandene Kosten ersetzt – Unfallversicherung nur teilweise, vgl. § 8 Abs. 3 (3), VI AUB 61 (Tagegeld, Heilkosten) – Haftpflichtversicherungen – Rechtsschutzversicherungen	– Kraftfahrtversicherungen – Sachversicherungen – Hausratversicherung – Wohngebäudeversicherung – Einbruchdiebstahl- und Raubversicherung – Feuerversicherung – Hagelversicherung – Tierversicherung – Transportversicherung – Reisegepäckversicherung

Bei der Sachversicherung kann noch unterschieden werden zwischen der Versicherung von **Sachsubstanzschäden** (Zerstörung, Beschädigung oder Abhandenkommen von Sachen) und einzelnen **Vermögensfolgeschäden** (z.B. Rettungskosten, Aufräumungs-, Abbruchs-, Bewegungs- oder Schutzkosten).

Unterschieden werden kann bei der Sachversicherung ferner zwischen dem Grundsatz der Spezialität und Universalität. Der Grundsatz der Spezialität bezeichnet die Versicherung **einzelner Gefahren** (z.B. Feuer, Leitungswasser, Sturm, Hagel, Elementar, Einbruchdiebstahl, Raub), während der Grundsatz der Universalität durch eine **Allgefahrenversicherung** gekennzeichnet ist (z.B. Maschinen-, Montage-, Bauleistungs- und Transportversicherung).

C. Bedeutung der Schadensversicherung in der Praxis

Der Bestand der Schadensversicherungen wird auf ca. 298 Mio. geschätzt, wobei die Unfallversicherung mit umfasst ist. Das Beitragsvolumen beläuft sich auf rund 58,6 Mrd. EUR. Dies entspricht etwa einem Drittel der gesamten Beitragseinnahmen der deutschen Versicherungswirtschaft. Der größte Zweig der Schadensversicherung ist die Kraftfahrtversicherung. Im Jahr 2013 teilten sich die Beitragseinnahmen wie folgt auf:

Vorbemerkungen zu den §§ 74 bis 87 VVG

Kraftfahrtversicherung	22,0 Mrd. EUR
Sachversicherungen	16,7 Mrd. EUR
Allgemeine Haftpflichtversicherung	7,2 Mrd. EUR
Unfallversicherung	6,4 Mrd. EUR
Rechtschutzversicherung	3,4 Mrd. EUR

8   Dem stehen Aufwendungen der Schaden- und Unfallversicherer im Jahr 2013 für rund 23,7 Mio. Versicherungsfälle von knapp 49,7 Mrd. EUR ggü. 21,8 Mrd. EUR entfallen hierbei auf die Kraftfahrtversicherung und 15,1 Mrd. EUR auf die Sachversicherungen. Die Haftpflicht-, Unfall- und Rechtschutzversicherer erbrachten zusammen Versicherungsleistungen i.H.v. rund 10,4 Mrd. EUR (Quelle: GDV).

D. Die Vorschriften des VVG zur Schadensversicherung

9   Die **Allgemeinen Vorschriften** zur Schadensversicherung (**§§ 74 bis 87 VVG**) regeln zunächst die Fälle, in denen der Wert des versicherten Interesses (der Versicherungswert) und die VersSumme voneinander abweichen (§ 74 VVG [Überversicherung], § 75 VVG [Unterversicherung]). Ferner werden der Fall der Mehrfachversicherung und die Pflichten des VN behandelt.

10 Die §§ 74 bis 87 VVG ergänzen die Regelungen des allg. Teils (§§ 1 bis 73 VVG) für die Schadensversicherung, wobei für die **Sachversicherung** weitere Vorschriften gelten (**§§ 88 bis 99 VVG**). Hier zeigt sich die neue Systematik des VVG. Regelungen aus dem Ersten Titel des Zweiten Abschnitts des VVG a.F. wurden teilweise übernommen, soweit es die neue Systematik nicht erforderte, diese Vorschriften im Allgemeinen Teil zu behandeln (z.B. Versicherung für fremde Rechnung).

11 Auf die **Krankenversicherung** sind die §§ 74 bis 87 VVG mit Ausnahme von § 81 VVG anwendbar, soweit der Versicherungsschutz nach den Grundsätzen der Schadensversicherung gewährt wird (§ 194 Abs. 1 VVG).

E. Kausalität

12 Wie in anderen Versicherungszweigen ist auch in der Schadensversicherung zu prüfen, ob ein entstandener Schaden ursächlich auf ein versichertes Ereignis zurückgeführt werden kann. Gerade im Sachversicherungsbereich ist die Frage der Kausalität ebenso wie die daraus resultierenden Beweisschwierigkeiten von gravierender praktischer Bedeutung, weshalb diese besonderen Problemfelder an dieser Stelle dargestellt werden.

Vorbemerkungen zu den §§ 74 bis 87 VVG

I. Äquivalenztheorie (Bedingungstheorie)

Um eine Leistungspflicht des VR zu begründen, muss der Vermögensschaden auf eine versicherte Gefahr zurückzuführen sein. Dies ist dann der Fall, wenn die versicherte Gefahr nicht hinweggedacht werden kann, ohne dass der Schaden entfiele. Bei mehreren Umständen, die zusammengewirkt haben, wird angenommen, dass diese gleichwertig (äquivalent) zusammengewirkt haben. 13

II. Eingrenzung durch Allgemeine Versicherungsbedingungen

Da die Äquivalenztheorie sehr weit reicht, grenzen die im Einzelfall vereinbarten AVB genau ab, für welche Schäden und Schadenursachen der VR einstehen soll. 14

Beispiel
Der Hausratversicherer leistet u.a. Entschädigung für versicherte Sachen, die zerstört oder beschädigt werden oder abhanden kommen durch die **unmittelbare Einwirkung** des Sturmes oder Hagels auf versicherte Sachen oder auf Gebäude in denen sich versicherte Sachen befinden (§ 5 Nr. 1 Buchst. a VHB 2008). Ebenfalls auf eine **unmittelbare Einwirkung** stellen bspw. ab: § 5 Nr. 1 Buchst. d VHB 2008; 3 Nr. 3, § 4 Nr. 1 Buchst. a, d VGB 2008; § 1 Nr. 1 Buchst. a, d AStB 2008.
Eine solche Unmittelbarkeit i.S.e. unmittelbaren Einwirkung ist gegeben, wenn das Ereignis ohne Hinzutreten weiterer Ursachen die einzige oder letzte Ursache für den Schaden gewesen sein muss (vgl. zuletzt BGH, r+s 2006, 323).

Beispiel
Eine überwiegende Verursachung (vgl. Nr. 5.2.1 AUB 2014; Musterbedingungen des GDV, Stand: März 2014) ist anzunehmen, wenn die unfallfremde Verursachung hinter der versicherten Unfallursache zurückbleibt, die adäquate Unfallursache also ggü. der unfallfremden Ursache überwiegt.
Vereinbart werden kann auch, dass mitwirkende Ursachen (vgl. § 182 VVG) außer Betracht zu bleiben haben (s.a. Nr. 3 AUB 2014; Musterbedingungen des GDV, Stand: März 2014).

III. Schutzzweck der Norm

Eine weitere Einschränkung ergibt sich aus dem Normzweck der einzelnen vertraglichen Regelungen. Nach dem Zweck der Haftungsnorm ist zu ermitteln, für welche äquivalenten Ursachen der VR einzustehen hat. Auf den Schutzzweck der Norm ist auch abzustellen, wenn eine versicherte und eine nicht versicherte Ursache zusammentreffen. Gibt es für die nicht versicherte Ursache keine Ausschlussregelung, ist davon auszugehen, dass der Versicherungsanspruch in vollem Umfang besteht. 15

Etwas Anderes ergibt sich, wenn eine versicherte und eine ausgeschlossene Ursache zusammentreffen. In § 2 Nr. 4 AMB 2011 ist insoweit ausdrücklich vereinbart, dass ohne Rücksicht auf **mitwirkende Ursachen** keine Entschädigung für bestimmte Schäden geleistet wird. Nach Nr. 3 AUB 2014 ist ein **unfallfremder Mitwirkungsanteil** von mehr als 25 % zu berücksichtigen. Der VR muss nachweisen, dass eine unfallfremde Mitwirkung in dieser Höhe gegeben ist (vgl. § 182 VVG). 16

IV. Atypische Geschehensabläufe

17 Hypothetische Geschehensabläufe bleiben außer Betracht. Es kommt z.B. nicht darauf an, ob der Schaden kurze Zeit später aufgrund eines anderen nicht versicherten Umstandes eingetreten wäre. Derartige „*Reserveursachen*" sind nicht zu berücksichtigen.

F. Beweislast in der Schadensversicherung

I. Grundsätzliches

18 Der **VN**, der den Eintritt eines Schadensfalles geltend macht und Leistungen beansprucht, muss die Voraussetzungen des geltend gemachten Anspruchs beweisen.

19 Der **VR** hingegen hat die Voraussetzungen von Risikoausschlüssen zu beweisen.

20 In den AVB kann Abweichendes vereinbart werden.

II. Beweisführung

21 Der Beweis kann **direkt** mit den Beweismitteln der ZPO geführt werden (z.B. Beweis eines Autodiebstahls durch Zeugen). Daneben kommt auch die Beweisführung durch Indizien in Betracht (**indirekter Beweis**), wenn keinerlei andere Beweismittel zur Verfügung stehen (z.B. Nachweis eines Einbruchdiebstahls, der von niemandem beobachtet wurde). Die Indizien müssen **voll** bewiesen werden und den Schluss auf das Vorliegen der Haupttatsache ermöglichen (näher zum Indizienbeweis § 81 Rdn 70).

22 Auch ein **Anscheinsbeweis** ist grds. zulässig. Nach ständiger Rechtsprechung des BGH sind die Grundsätze über den Beweis des ersten Anscheins nur bei **typischen Geschehensabläufen** anwendbar, d.h. in Fällen, in denen ein bestimmter Sachverhalt feststeht, der nach der allgemeinen Lebenserfahrung auf eine bestimmte Ursache oder auf einen bestimmten Ablauf als maßgeblich für den Eintritt eines bestimmten Erfolges hinweist (ständige Rechtsprechung, vgl. BGHZ 160, 308 = BGH, VersR 2005, 272; BGHZ 100, 31 = BGH, NJW 1987, 2876; BGH, NJW 1982, 2447, 2448; BGH, VersR 1982, 1145). Dabei bedeutet Typizität nicht, dass die Ursächlichkeit einer bestimmten Tatsache für einen bestimmten Erfolg bei allen Sachverhalten dieser Fallgruppe notwendig immer vorhanden ist; sie muss aber so häufig gegeben sein, dass die Wahrscheinlichkeit, einen solchen Fall vor sich zu haben, sehr groß ist (BGH, VersR 2006, 1258 [unter II 3]; BGH, VersR 1991, 460 [unter II 2b bb]). Hat der **VN** den **Anscheinsbeweis geführt**, obliegt es dem **VR** den **Anscheinsbeweis zu erschüttern**, indem er Tatsachen voll beweist, aus denen sich eine ernsthafte atypische Möglichkeit des Geschehensablaufes ableiten lässt.

23 **Praxistipp (Alkohol im Straßenverkehr)**
Bei absoluter Fahruntüchtigkeit spricht der **Beweis des ersten Anscheins** für die Kausalität des Unfalls und damit für grobe Fahrlässigkeit. Bei relativer Fahruntüchtigkeit müssen weitere Umstände hinzukommen, um die Alkoholbedingtheit des Unfalls zu belegen.

III. Beweiserleichterungen

Um dem VN nicht in zu vielen Fällen trotz des grundsätzlichen Leistungsversprechens des VR Versicherungsschutz zu versagen, wenn der VN den Beweis auf herkömmliche Art und Weise nicht führen kann, stehen ihm in bestimmten Fallgruppen Beweiserleichterungen zu. 24

1. Diebstahls-/Entwendungsfall

Gerade im Diebstahls-/Entwendungsfall, der in der Einbruchdiebstahl- und Raubversicherung sowie in der Fahrzeug-Kaskoversicherung von besonderer Bedeutung ist, ist es das Bemühen des Täters, seine Tat möglichst unbeobachtet und unter Zurücklassung möglichst weniger Tatspuren zu begehen. Daher ist es oftmals schwierig, den Tatverlauf im Nachhinein konkret zu rekonstruieren. 25

Der VN begehrt seinen Versicherungsschutz jedoch gerade auch für solche Fälle mangelnder Aufklärung. Deshalb kann nicht angenommen werden, dass der Versicherungsschutz schon dann nicht eintreten soll, wenn der VN nicht in der Lage ist, den Ablauf der Entwendung in Einzelheiten darzulegen und zu beweisen. Die **Beweiserleichterungen** sind daher als eine dem VV innewohnende, **materiell-rechtliche Verschiebung des Eintrittsrisikos zugunsten des VN** zu verstehen (BGH, VersR 1984, 29 [unter I 1b]). Ohne diese zuzubilligenden Beweiserleichterungen wäre der Wert einer Sachversicherung, die das Diebstahlsrisiko abdeckt, infrage gestellt. Der VN bliebe oftmals schutzlos, obwohl er sich durch den Abschluss der Versicherung gerade auch für diese Fälle schützen wollte, in denen die Umstände der Entwendung nicht umfassend aufgeklärt werden können. 26

Deshalb genügt der VN seiner Beweislast, wenn er ein Mindestmaß an Tatsachen beweist, die nach ihrem äußeren Bild mit **hinreichender Wahrscheinlichkeit** auf eine Wegnahme der versicherten Sache gegen den Willen des VN schließen lassen (BGH, VersR 1995, 909; BGH, VersR 1990, 45; BGH, VersR 1987, 146; jeweils m.w.N.). Eine solche hinreichende Wahrscheinlichkeit erfordert keine überwiegende Wahrscheinlichkeit, also nicht mehr als 50%, sodass von hinreichender Wahrscheinlichkeit auch dann ausgegangen werden kann, wenn diese weniger als 50% beträgt (vgl. BGH, NJW-RR 1993, 797). 27

Zu dem Minimum an Tatsachen, die bei einem **Einbruchdiebstahl** das äußere Bild ausmachen, gehört, dass die als gestohlen bezeichneten Sachen vor dem behaupteten Diebstahl am angegebenen Ort vorhanden und danach nicht mehr aufzufinden waren (BGH, VersR 1995, 956); zudem gehört dazu, dass Einbruchspuren vorhanden sind, wenn nicht ein **Nachschlüsseldiebstahl** in Betracht kommt. Für diese Tatsachen, die erst zusammen das äußere Bild eines Einbruchdiebstahls ausmachen, muss der VN den **Vollbeweis** führen (BGH, VersR 2007, 102). Bei einem Einbruch mittels eines gestohlenen und richtigen **Schlüssels** muss der VN zudem beweisen, dass ihm der Schlüssel nicht infolge einfacher Fahrlässigkeit abhandengekommen ist (LG Köln, r+s 2005, 466). 28

Stehen die Tatsachen fest, aus denen sich das äußere Bild des Diebstahls ergibt, muss der VR Tatsachen vortragen und beweisen, die mit **erheblicher Wahrscheinlichkeit** darauf 29

Vorbemerkungen zu den §§ 74 bis 87 VVG

schließen lassen, dass der **Diebstahl nur vorgetäuscht** ist (BGH, VersR 1995, 909; BGH, VersR 1995, 956 [unter 2]; BGH, VersR 1992, 999). Dies ist eine **höhere Wahrscheinlichkeitsstufe** mit der der VR das vom VN nachgewiesene äußere Bild widerlegen muss.

30 Gelingt dem VR dies, hat der VN den **Strengbeweis** zum Nachweis des Entwendungs-/Diebstahlsfalls zu führen (BGH, VersR 1994, 45; BGH, VersR 1991, 924).

31 **Praxistipp**
Die Prüfung erfolgt also im normalen **Entwendungsfall** in drei Stufen:
1. Hat der VN das äußere Bild eines Entwendungsfalls mit **hinreichender Wahrscheinlichkeit** bewiesen?
   – Hat der VN bewiesen, dass zumindest einige der als gestohlen gemeldeten Gegenstände vor der Tat am Versicherungsort waren und danach nicht mehr?
   – Scheidet ein Nachschlüsseldiebstahl aus und sind Einbruchspuren vorhanden?
2. Hat der VR bewiesen, dass die Entwendung mit **erheblicher Wahrscheinlichkeit** nur vorgetäuscht ist?
3. Hat der VN den behaupteten Entwendungsfall im **Strengbeweisverfahren** nachgewiesen?

Das für das äußere Bild eines Diebstahls erforderliche Mindestmaß an Tatsachen ist i.R.d. Kfz-Kaskoversicherung dann gegeben, wenn der VN das Fahrzeug zu einer bestimmten Zeit an einem bestimmten Ort abgestellt hat, an dem er es später nicht mehr vorfindet.

32 Schematisch dargestellt gilt Folgendes:

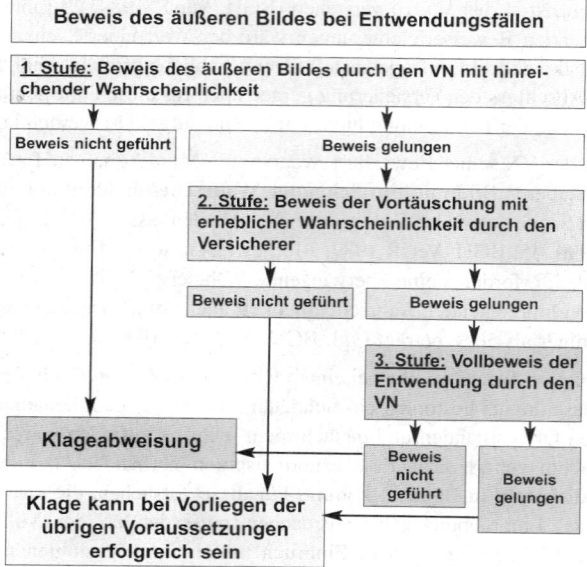

2. Fehlende Einbruchsspuren

Fehlen Einbruchspuren, kann der VN trotzdem den erleichterten Beweis führen. Dazu reicht der Nachweis aus, dass die unversicherten Begehungsweisen der Tat unwahrscheinlich sind, wenn sich daraus und aus anderen Umständen eine hinreichende Wahrscheinlichkeit für eine versicherte Begehungsweise folgern lässt (vgl. OLG München, jurisPR-VersR 1/2008 Anm. 3 [*Fuchs*]; OLG Frankfurt am Main, VersR 2001, 759; OLG Hamm, VersR 1995, 1233). Der VN muss darlegen und beweisen, dass alle denkbaren nicht versicherten Verlusttatbestände als nicht naheliegend oder unwahrscheinlich ausscheiden (OLG Köln, r+s 2000, 467 sowie VersR 1998, 48; OLG Hamm, VersR 1994, 669). Daneben muss der VN natürlich weiterhin das Abhandenkommen versicherter Sachen nachweisen. 33

Praxistipp 34
Entsprechendes gilt auch für einen Diebstahl nach Sichverbergen, der dann angenommen wird, wenn der Dieb aus einem verschlossenen Raum eines Gebäudes Sachen entwendet, nachdem er sich in dem Gebäude verborgen gehalten hatte (vgl. § 3 Nr. 2 Buchst. c VHB 2010).

3. Nachschlüsseldiebstahl

Behauptet der VN einen Nachschlüsseldiebstahl, muss er neben dem Abhandenkommen der versicherten Sachen auch beweisen, dass wiederum nicht versicherte Möglichkeiten einer Entwendung unwahrscheinlich sind. Dabei kann es sich auch um Beweisanzeichen handeln, aus denen abgeleitet werden kann, dass die Verwendung vorhandener Original- oder richtiger Schlüssel unwahrscheinlich ist. Der VN muss nicht sämtliche nicht versicherte Möglichkeiten ausschließen, da er dann den Vollbeweis erbracht hätte. Der VN genügt seiner Beweislast dann, wenn er konkrete Umstände beweist, die nach der Lebenserfahrung mit lediglich hinreichender Wahrscheinlichkeit darauf schließen lassen, dass ein Nachschlüssel benutzt wurde (BGH, VersR 1991, 297; NJW-RR 1990, 607; OLG Köln, VersR 2005, 1077; KG, 2.10.2009 – 6 U 213/08, juris). 35

Ausreichend ist es bspw., wenn nachgewiesen wird, dass die Eingangstür verschlossen war, die vorhandenen Schlüssel während des Zeitraums im Besitz der berechtigten Benutzer waren und die Tür bei der Rückkehr nur ins Schloss gezogen war (BGH, NJW-RR 1990, 607). 36

4. Rechtsprechungsbeispiele zum äußeren Bild bei Entwendungsfällen

Beispiele Nachweis eines Einbruchsdiebstahls 37
– äußeres Bild **nachgewiesen**:
  – Zum Nachweis des äußeren Bildes eines Einbruchsdiebstahls durch Aufbrechen einer Haustür gehört es nicht, dass der Profilzylinder der Tür am Tatort aufgefunden wird (OLG Hamm, VersR 2012, 436).
  – Nachweis eines Einbruchdiebstahls geführt bei vorhandenen Einbruchsspuren an einer Loggiatür und durchwühlter Wohnung (BGH, r+s 2007, 106).
  – Nachweis eines Einbruchdiebstahls geführt bei Spuren im Türbereich, die darauf hindeuten, dass außer einem Schraubendreher auch ein Werkzeug mit breiteren Auflageflächen (Geißfuß) verwendet worden ist (OLG Koblenz, r+s 2003, 504).

Vorbemerkungen zu den §§ 74 bis 87 VVG

- Unstreitiges Vorliegen von Einbruch- und Vandalismusspuren, keine Zweifel an der Glaubwürdigkeit der vorhandenen Zeugen (OLG Köln, r+s 2002, 514).
- Nachweis eines Einbruchdiebstahls geführt, wenn bei Eintreffen der Polizei umfangreiche Werkzeug-/Hebelspuren vorgefunden worden sind, die ein Sachverständiger dem Öffnen der Tür zugeordnet hat und wenn darüber hinaus in der Wohnung Fußspuren entdeckt worden sind und eine total durchwühlte Wohnung vorgefunden wurde (OLG Hamm, r+s 2001, 425).

– äußeres Bild **nicht nachgewiesen**:
- Nachweis nicht geführt, wenn Einbruchspuren fehlen und das den Zugang sichernde Vorhängeschloss so viel „Spiel" hat, dass der Riegel ohne Kraftanwendung zurückgezogen werden konnte (äußeres Bild setzt Einbruchspuren oder nicht unerhebliche körperliche Kraftentfaltung voraus; OLG Koblenz, VersR 2015, 101).
- Zum äußeren Bild eines versicherten „Einbruchdiebstahls" gehören gerade auch in sich stimmige Einbruchsspuren am Äußeren des Objekts; allein die Tatsache, dass es im Inneren das typische Bild eines Einbruchs oder Schäden gegeben haben mag, reicht für sich genommen nicht aus. Auch die theoretische Möglichkeit eines spurenlosen Eindringens des Täters in die versicherten Räume genügt nicht (OLG Köln, VersR 2013, 715).
- Nachweis eines Einbruchdiebstahls nicht geführt, wenn die eintourig verschlossene Wohnungstür durch einfachen Druck zu öffnen war (OLG Karlsruhe, r+s 2007, 23).
- Keine objektiven Spuren einer Entwendung und damit eines vollendeten Einbruchs bei Vorliegen eines versuchten Einbruchdiebstahls (OLG Köln, r+s 2002, 249).
- Kein ausreichend schlüssiger Vortrag zum äußeren Bild eines Einbruchdiebstahls (OLG Köln, r+s 2001, 205).
- VN kann den Vollbeweis dafür, dass auch nur eine einzige der von ihm als gestohlen bezeichneten Sachen vor der behaupteten Tat vorhanden und danach verschwunden war, nicht führen (OLG Hamm, r+s 2001, 159).
- Nachweis eines Einbruchdiebstahls nicht geführt, wenn das Profilzylinderschloss der Wohnungseingangstür professionell und außerordentlich exakt aufgebohrt worden ist und keinerlei Metallspäne im Bereich des Fußbodens festgestellt werden konnten und darüber hinaus der Lärm des Aufbohrens von keinem Hausbewohner wahrgenommen wurde (OLG Köln, r+s 2000, 467).
- Nachweis nicht geführt bei Vorfinden eines abgebrochenen Schlüssels im Schließzylinder der Wohnungseingangstür (OLG Düsseldorf, r+s 2000, 26).

38 **Beispiele Nachweis einer Kfz-Entwendung**
– äußeres Bild **nachgewiesen**:
- Der VN hat das äußere Bild einer Entwendung des versicherten Kfz bewiesen (OLG Frankfurt am Main, r+s 2004, 279),
  - wenn Zeugen bestätigen, dass der VN mit dem Kfz zur Arbeit gekommen ist, dass er den Abend über durchgehend gearbeitet und das Lokal nicht verlassen hat und dass er nur ganz kurz außerhalb gewesen ist und bei dieser Gelegenheit festgestellt hat, dass das Kfz nicht mehr an seinem Platz gestanden hat.
  - wenn Unterschiede in den zeitlichen Angaben des VN und von Zeugen auf Schreib- oder Übertragungsfehlern und auf ungenauer Erinnerung der Zeugen beruhen können
– äußeres Bild **nicht nachgewiesen**:
- Wurde an einem Fahrzeug die Scheibe an der Beifahrertür eingeschlagen und das Armaturenbrett zerkratzt, wurde aber offensichtlich kein Versuch unternommen, das hochwertige Fahrzeug selbst, etwa durch Überwinden der Lenkradsperre, zu entwenden, so ist das Spurenbild nicht eindeutig und lässt nach der Lebenserfahrung nicht

mit hinreichender Wahrscheinlichkeit den Schluss auf einen versicherten Diebstahlversuch im Sinne der Ziffer A. 2.2.2 AKB zu (OLG Köln, NJW-RR 2015, 90–92).
- Der Beweis des äußeren Bildes der Entwendung eines Motorrades ist nicht geführt, wenn die bei den verschiedenen Gelegenheiten aufgekommenen Ungereimtheiten und Widersprüche des zum Geschehen vernommenen Zeugen auch nach erneuter gerichtlicher Befragung nach Ansicht des Gerichts nicht ausgeräumt und einer nachvollziehbaren Erklärung zugeführt worden sind (OLG Köln, VersR 2013, 1576).
- Das Auffinden des Fahrzeuges mit Aufbruchspuren (eingeschlagene Seitenscheibe) für sich allein begründet noch nicht das äußere Bild der Entwendung, weil solche Beschädigungen auch bei einem vorgetäuschten Diebstahl vorhanden sein können (OLG Hamm, VersR 2012, 1165).
- Kfz-Entwendung; lückenhaftes äußeres Bild und Parteianhörung (OLG Düsseldorf, r+s 2001, 12).

Praxistipps 39
- Der BGH hat ausdrücklich darauf hingewiesen, dass die Frage, wie es Tätern gelingen konnte, einen Tatort mit umfangreicher Beute (zahlreichen Fellen und Pelzen) trotz hohen Entdeckungsrisikos unbemerkt und spurlos zu verlassen, nicht mehr die für das äußere Bild eines Einbruchdiebstahls maßgeblichen Mindesttatsachen, sondern darüberhinausgehende Einzelheiten der Tatausführung berührt (vgl. BGH, r+s 2007, 106).
- Bei Entwendungsfällen kommt in der Praxis oftmals die Einholung eines gerichtlichen Sachverständigengutachtens in Betracht, um bspw. abzuklären, ob tatsächliche oder nur vorgetäuschte Einbruchspuren vorhanden sind oder ob bspw. Kopierspuren an den Originalschlüsseln vorhanden sind, etc. Sowohl dem VR als auch dem VN kann insoweit nur empfohlen werden, schnellstmöglich nach dem Schadensereignis umfangreiches Lichtbildmaterial vor Ort zu erstellen. Dies gilt insb. für die Dokumentation der vorgefundenen Einbruchspuren. Der VR wird i.d.R. selber einen Sachverständigen beauftragen, wenn bspw. ein Schloss näher zu untersuchen ist oder Originalschlüssel auf Kopierspuren hin untersucht werden sollen.

5. Indizien für die Beurteilung der erheblichen Wahrscheinlichkeit der Vortäuschung von Entwendungsfällen

Indizien für die Beurteilung der erheblichen Wahrscheinlichkeit der Vortäuschung von Entwendungsfällen können sein: 40
- Kopierspuren an Originalschlüsseln (LG München, VersR 2010, 1209; a.A. OLG Düsseldorf, NJW-RR 2006, 1263 zum bloßen Vorhandensein von Kopierspuren auf zwei Originalschlüsseln).
- VN nennt keinen plausiblen Grund dafür, dass er kurz vor der angeblichen Entwendung des versicherten Fahrzeuges noch ein Wertgutachten anfertigen ließ, obwohl der Erwerb des Fahrzeuges bereits fünf Jahre zurücklag (OLG Frankfurt am Main, VersR 2003, 1169).
- Unterschiedliche Angaben zum Tatzeitraum in der Anzeige bei der Polizei und in der erst später erstellten Schadenanzeige im Zusammenspiel mit weiteren belastenden Indizien (OLG Düsseldorf, VersR 2002, 308).
- Unrichtige und widersprüchliche Angaben zu den Umständen der Entwendung (OLG Hamm, r+s 2000, 446).
- Unrichtige und widersprüchliche Angaben zu Vorschäden (OLG Hamm, zfs 1999, 161).
- Anfertigung einer Schlüsselkopie (BGH, VersR 1999, 181).

Vorbemerkungen zu den §§ 74 bis 87 VVG

- Vorstrafen nur, soweit diese im Bundeszentralregister noch nicht getilgt worden sind oder noch nicht hätten bereits getilgt werden müssen (BGH, VersR 1998, 488).
- Unrichtige und widersprüchliche Angaben zum Kilometerstand (OLG Köln, r+s 1998, 320).
- Daraus allein, dass von einem der Originalschlüssel irgendwann und unbekannt von wem auch immer Kopien angefertigt wurden, lässt sich nicht mit erheblicher Wahrscheinlichkeit schließen, der Kläger habe den Diebstahl nur vorgetäuscht (BGH, VersR 1997, 181; BGH, VersR 1996, 319; BGH, VersR 1995, 1043 [unter 2a m.w.N.]).
- Vergleichbare, strafbare Handlungen des VN oder Zeugen in der Vergangenheit mit vergleichbarem Unrechtsgehalt wie Versicherungsbetrug, Diebstahl oder Raub (BGH, VersR 1996, 575).
- Steuerhinterziehung (OLG Hamm, VersR 1995, 1046), wobei allein die Einleitung eines Verfahrens ohne rechtskräftige Verurteilung nicht zu berücksichtigen ist (BGH, VersR 1990, 173).

IV. Glaubwürdigkeitsvermutung

41 Ist es dem VN mit den beschriebenen Beweiserleichterungen nicht ausreichend möglich, die hinreichende Wahrscheinlichkeit für das äußere Bild eines Entwendungsfalls zu begründen, greift eine **weitere Beweiserleichterung** ein. Diese ist in der grundsätzlichen Glaubwürdigkeitsvermutung zu sehen.

42 So kann sich die hinreichende Wahrscheinlichkeit für einen versicherten Entwendungsfall auch aus einer alleinigen Parteianhörung des VN ergeben. Grds. wird die Glaubwürdigkeit des VN vermutet, da angenommen wird, dass der **redliche VN** der **Regelfall** ist (BGH, VersR 1984, 29 [unter I 3a]). Vom Regelfall des redlichen VN kann dann nicht mehr ausgegangen werden, wenn konkrete Tatsachen vorliegen, die den VN als unglaubwürdig erscheinen lassen oder sich doch schwerwiegende Zweifel an seiner Glaubwürdigkeit und an der Richtigkeit der von ihm aufgestellten Behauptung der Entwendung aufdrängen (BGH, VersR 1996, 575 [unter 2 m.w.N.]). Die Glaubwürdigkeit kann auch durch **Unredlichkeiten** infrage gestellt sein, die in keinem Bezug zu dem umstrittenen Versicherungsfall stehen. Solche Tatsachen müssen aber feststehen, d.h. unstreitig oder bewiesen sein. Bloße Verdächtigungen oder nur vermutete Unredlichkeiten dürfen nicht zum Nachteil des VN ausschlagen (BGH, VersR 1997, 733).

43 Folgende Punkte können **gegen** die **Glaubwürdigkeit des VN** sprechen:
- Angeblich vor sechs Jahren bei einem Einbruch als entwendet gemeldete Sonnenbank findet sich in der Wohnung des VN nun wieder (OLG Köln, r+s 2005, 509).
- **Mehrere wechselnde Erklärungen** des VN und mehrere Nachmeldungen von Diebesgut (OLG Hamm, r+s 2004, 379).
- **Falschangaben** des VN i.R.d. Schadenregulierung (falsche Laufleistung, Verschweigen einer Nachschlüssel-Anfertigung; OLG Hamm, r+s 2001, 273).
- **Verschweigen** zwei **weiterer Unfallversicherungen** mit hohen VersSummen bei Beantragung einer Unfallversicherung vier Jahre vor der behaupteten Fahrzeugentwendung.

Vorbemerkungen zu den §§ 74 bis 87 VVG

- **Diverse falsche Angaben** des VN (OLG Hamm, r+s 2001, 382).
- **Verschweigen eines Alkoholgenusses** im Rahmen einer Vollkasko-Schadenregulierung und der Rückforderung der Entschädigungsleistung durch den VR, der schon einen Pfändungs- und Überweisungsbeschluss erwirkt hat.
- **Kein Hinweis auf Raub** eines Kfz im ersten Polizeiprotokoll, dass in Polen angefertigt wurde (OLG Hamburg, r+s 2000, 99).
- **Verschweigen eines zweiten Polizeiprotokolls.**
- **Widersprüchliche Behauptungen** des VN (LG Dortmund, Schaden-Praxis 2009, 299; LG Essen, Schaden-Praxis 2009, 120; LNR 2008, 33629; OLG Köln, r+s 1986, 115; OLG Köln, r+s 1986, 116).
- Vorlage von **Scheinrechnungen** (LG Bochum v. 1.4.2015 – 4 O 345/14, juris).
- **Keine befriedigenden Angaben** zu Grund und Ort des Abstellens, **zweifelhafte Angaben zum Fahrzeugerwerb**, Widersprüche bzgl. der Finanzierung des Fahrzeuges (LG Wuppertal, Schaden-Praxis 2015, 230).
- **Rechtskräftige Verurteilung** wegen Diebstahls eines Wohnanhängers nebst Urkundenfälschung (AG Essen v. 8.1.2015 – 25 C 124/14, juris).
- **Angabe nur eines Teils der entwendeten Gegenstände** gegenüber Polizei, um später ohne plausible Erklärung noch weitere, besonders wertvolle Gegenstände als gestohlen zu melden (OLG Naumburg, VersR 2015, 316).
- **Vorstrafen wegen mehrer Vermögensdelikte**, insb. Betrug (LG Dortmund, r+s 2013, 489).
- **Verschweigen eines früheren Diebstahlsversuchs**, grob falsche Angaben zur Laufleistung, Unglaubwürdigkeit der Zeugen (OLG Celle, NZV 2013, 440).
- **Weigerung den Kaufpreis für das versicherte Fahrzeug anzugeben** sowie eine entsprechende Rechnung vorzulegen und Angabe deutlich zu hoher Kilometerstand bei Vertragsabschluss (OLG Naumburg, VersR 2014, 495).
- **Unterschiedliche Angaben** zu Kaufpreis, frühere Fahrzeugentwendungen, berufliche Tätigkeit im Kfz-Handel und Abstellort (OLG Koblenz, r+s 2013, 543).
- **Vorsätzliche falsche Angaben zur Kaufpreishöhe** (KG Berlin v. 7.8.2012 – 6 U 145/11, juris).
- **Unterschiedliche Angaben** zu Kilometerstand, Vorhandensein von Zeugen und Nichtanzeige der Überschreitung der jährlichen Fahrleistung (LG Berlin, Schaden-Praxis 2012, 331).
- **Einschlägiges Verhalten** bei einem früheren Versicherungsfall (BGH, r+s 2002, 143; OLG Köln, VersR 2002, 478).
- **Nachweisbare Falschangaben** zu bedeutenden Umständen (OLG Düsseldorf, r+s 1997, 447).
- **Schwierige Vermögenslage** (OLG Hamm, NJW-RR 1997, 159; OLG Düsseldorf, r+s 1997, 447).

Praxistipps
- Im Prozess muss zunächst der VN ausreichend vortragen. Es ist ferner Aufgabe des VN, notfalls über § 137 Abs. 4 ZPO im Rahmen eines Vortrages während der mündlichen Verhandlung seine Sicht der Dinge zu schildern. Demnach ist das Gericht nicht verpflich-

44

tet, den VN anzuhören, wenn das Gericht dies nach der Aktenlage nicht für erforderlich erachtet. Für den rechtlichen Vertreter des VN ist die Kenntnis der Regelung in § 137 Abs. 4 ZPO von besonderer Bedeutung. Das Gericht kann also schon nach Aktenlage die Klage abweisen. Bestätigt sich nach einer Anhörung des VN der aus der Aktenlage abzuleitende Eindruck, dass der VN nicht glaubwürdig ist, gilt dies erst recht. Erweist sich der VN jedoch spätestens nach einer ggf. nach § 137 Abs. 4 ZPO beantragten Anhörung als glaubwürdig, dann ist die Führung des Beweises des äußeren Bildes der Entwendung als gegeben anzusehen. Die vorbezeichnete Problematik spielt in der Praxis dann keine Rolle, wenn die Gerichte, was insb. bei Spezialkammern immer mehr zu beobachten ist, generell die Parteien nach § 141 ZPO anhören. Zu beachten ist, dass § 137 Abs. 4 ZPO nur in Anwaltsprozessen gilt und der Anwalt auch anwesend sein muss.

– Auch der Nachweis eines Einbruchsdiebstahls kann ggf. allein durch die Angaben des VN geführt werden (OLG Karlsruhe, MDR 2009, 680; OLG Hamm, VersR 2007, 1512). Der Tatrichter kann den Behauptungen und Angaben des VN (zum äußeren Bild der Kfz-Entwendung) auch dann Glauben schenken, wenn dieser ihre Richtigkeit sonst nicht beweisen kann. Dabei kann, wenn der Beweis dafür durch Beweismittel nicht erbracht ist, der Tatrichter i.R.d. freien Würdigung des Verhandlungsergebnisses (§ 286 ZPO) den Behauptungen und Angaben des VN bei dessen Anhörung gem. § 141 ZPO folgen und darauf seine Überzeugung gründen. Voraussetzung dafür ist aber immer, dass der VN glaubwürdig ist (BGH, NZV 1997, 305; OLG Düsseldorf, r+s 2007, 499).

G. Übersicht: Besonderheiten der Anwendbarkeit der §§ 74 bis 87 VVG

45 Hinsichtlich der Anwendbarkeit der allg. Vorschriften der Schadensversicherung ergeben sich teilweise Besonderheiten, auf die bei den einzelnen Regelungen hingewiesen wird. Die folgende Übersicht soll einen ersten Überblick vermitteln:

Vorschrift	Besonderheiten
§ 74 VVG – Überversicherung	Keine Geltung bei Erstrisiko- und Stichtagsversicherungen
	Keine Geltung in der Krankheitskostenversicherung
§ 75 VVG – Unterversicherung	Keine Geltung bei Erstrisikoversicherungen
§ 76 VVG – Taxe	
§ 77 VVG – Mehrere VR	
§ 78 VVG – Haftung bei Mehrfachversicherung	Gilt auch in der Sach-, Haftpflicht- und Rechtsschutzversicherung sowie der Krankenversicherung, soweit sie Schadensversicherung ist
§ 79 VVG – Beseitigung der Mehrfachversicherung	
§ 80 VVG – Fehlendes versichertes Interesse	

Vorschrift	Besonderheiten
§ 81 VVG – Herbeiführung des Versicherungsfalls	Sonderregelungen für die Haftpflichtversicherung (§ 103 VVG), die Transportversicherung (§ 137 VVG), die Unfallversicherung (§ 183 VVG) und die Krankenversicherung (§ 194 Abs. 1 S. 1 VVG)
§ 82 VVG – Abwendung und Minderung des Schadens	Nicht anwendbar auf die Unfallversicherung (§ 184 VVG)
§ 83 VVG – Aufwendungsersatz	Nicht anwendbar auf die Unfallversicherung (§ 184 VVG)
	Erweiterter Aufwendungsersatz für die Sachversicherung (§ 90 VVG)
§ 84 VVG – Sachverständigenverfahren	Ist auch auf die Unfallversicherung als Summenversicherung anwendbar (§ 189 VVG)
§ 85 VVG – Schadensermittlungskosten	§ 85 Abs. 1 und Abs. 3 VVG sind auch auf die Unfallversicherung als Summenversicherung anwendbar (§ 189 VVG)
§ 86 VVG – Übergang von Ersatzansprüchen	Für die Krankenversicherung erklärt § 194 Abs. 3 VVG die Regelungen in § 86 Abs. 1 und 2 VVG ausdrücklich für anwendbar
§ 87 VVG – Abweichende Vereinbarungen	

§ 74 VVG Überversicherung

(1) Übersteigt die Versicherungssumme den Wert des versicherten Interesses (Versicherungswert) erheblich, kann jede Vertragspartei verlangen, dass die Versicherungssumme zur Beseitigung der Überversicherung unter verhältnismäßiger Minderung der Prämie mit sofortiger Wirkung herabgesetzt wird.

(2) Schließt der Versicherungsnehmer den Vertrag in der Absicht, sich aus der Überversicherung einen rechtswidrigen Vermögensvorteil zu verschaffen, ist der Vertrag nichtig; dem Versicherer steht die Prämie bis zu dem Zeitpunkt zu, zu dem er von den die Nichtigkeit begründenden Umständen Kenntnis erlangt.

Übersicht

	Rdn
A. Normzweck	1
B. Norminhalt	8
I. Einfache Überversicherung (§ 74 Abs. 1 VVG)	8
II. Betrügerische Überversicherung (§ 74 Abs. 2 VVG)	13
C. Rechtsfolgen	14
I. Einfache Überversicherung	14
II. Betrügerische Überversicherung	15

D. Prozessuales	16
I. Beweislast	16
II. Beratungspflicht	18
E. Abdingbarkeit	19

A. Normzweck

1 Für die Bemessung der Prämie ist die VersSumme entscheidend. Übersteigt die VersSumme den zu ersetzenden Versicherungswert ist die logische Folge, dass der VN unnötige Prämien bezahlt. Im Versicherungsfall hat er dann keinen Anspruch auf die höhere Versicherungssumme, sondern nur bis zur Höhe des geringeren Versicherungswertes. Darüber hinaus besteht für den unredlichen VN ein Anreiz für die vorsätzliche Herbeiführung eines Versicherungsfalls. Insofern haben VN und VR ein Interesse an der Vermeidung einer Überversicherung.

2 Damit die VersSumme möglichst dem Versicherungswert entspricht, eröffnet § 74 VVG beiden Vertragspartnern die Möglichkeit, die VersSumme zur **Beseitigung einer Überversicherung** unter verhältnismäßiger Minderung der **Prämie anzupassen**.

3 § 74 VVG findet Anwendung, soweit ein Versicherungswert überhaupt feststellbar ist. Dies ist nur dann der Fall, wenn ein Objekt versichert ist, also ein Fall der **Aktivenversicherung** vorliegt (z.B. Wert des versicherten Einfamilienhauses, Wert der gegen Feuer versicherten Lagerhalle etc.).

4 Eine Besonderheit ergibt sich für **Erstrisikoversicherungen**, für die § 74 VVG *nicht* gilt. Hier ist jeder Schaden bis zur Höchstgrenze der VersSumme ohne Rücksicht auf den messbaren Versicherungswert zu ersetzen (z.B. § 11 Nr. 4 AFB 87/95, § 8 Nr. 6 AFB 2008 sowie § 8 Nr. 5 AFB 2010). Der VR trägt also das vollständige „erste Risiko" bis zur Höhe der VersSumme ohne Rücksicht auf den Versicherungswert. Das „zweite Risiko" trägt dann der VN, wenn der Schaden über die VersSumme hinausgeht.

5 § 74 VVG gilt ferner nicht für **Stichtagsversicherungen**, bei denen sich die Prämie nicht nach der VersSumme richtet, sondern nach dem jeweils gemeldeten Stichtagswert (s.a. BGH, VersR 1991, 921).

Die Regelung in § 51 Abs. 2 VVG a.F. für den Fall, dass die Überversicherung Folge eines Kriegsereignisses ist, ist entfallen.

6 In der **Krankheitskostenversicherung**, die Schadensversicherung ist, ist das Verbot der Übersicherung unanwendbar, weil es dort keinen Versicherungswert gibt, sondern ein offenes Schadensrisiko (OLG Frankfurt am Main, 24.5.2006 – 3 U 145/05 [n.v.] zu § 51 VVG a.F.).

7 Abgrenzung zur Mehrfachversicherung nach §§ 78 f. VVG: Die Mehrfachversicherung setzt mehrere Versicherungsverträge voraus, deren Versicherungssummen den Versicherungswert übersteigen. Mehrfachversicherung und Überversicherung können aber auch gleichzeitig vorliegen. Die Beseitigung kann dann sowohl nach § 74 VVG als auch nach § 79 VVG erfolgen.

B. Norminhalt

I. Einfache Überversicherung (§ 74 Abs. 1 VVG)

Eine **einfache Überversicherung** liegt vor, wenn die VersSumme den Wert des versicherten Interesses (Versicherungswert) erheblich übersteigt. Dies gilt sowohl für die VersSumme, die für den gesamten VV gilt, als auch für diejenige, die für einzelne Positionen vereinbart wurde.

Der Begriff der **Versicherungssumme** bezeichnet die Entschädigungsgrenze je Versicherungsfall. Möglich ist auch, dass sich die Entschädigungsgrenze je Versicherungsjahr oder VV bemisst. Die VersSumme wird vertraglich vereinbart.

Was unter dem Begriff **Versicherungswert** zu verstehen ist, ergibt sich aus § 88 VVG für die Sachversicherung allgemein, aus § 136 VVG als Sondervorschrift für die Transportversicherung. Die einfache Überversicherung muss in dem **Zeitpunkt** vorliegen, in dem die Herabsetzung von einer der Vertragsparteien geltend gemacht wird.

Erheblich ist die Überversicherung dann, wenn sie dauerhaft und nicht nur vorübergehend ist und ihre Beseitigung zu einer merklichen Prämienminderung führt. Entscheidend sind die Umstände des Einzelfalls. Es gibt keine feste Grenze, ab wann von einer erheblichen Überversicherung gesprochen werden muss. Eine Größe von 10 % kann, muss aber nicht ausreichend sein (Einzelfallbetrachtung).

Schaubild:

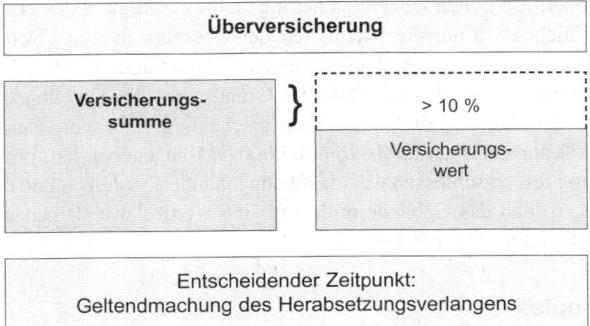

II. Betrügerische Überversicherung (§ 74 Abs. 2 VVG)

Von einer betrügerischen Überversicherung ist auszugehen, wenn der VN schon bei Vertragsschluss (BGH, NJW-RR 1991, 1305) in der unredlichen Absicht (BGH, VersR 1963, 77) gehandelt hat, sich aus der Überversicherung einen rechtswidrigen Vermögensvorteil zu verschaffen. Der **rechtswidrige Vermögensvorteil** besteht in dem Teil der Entschädigungszahlung, die in einem Versicherungsfall zu Unrecht geleistet würde. Eine **betrügeri-**

sche **Absicht des Versicherten** ist dem VN ebenso zuzurechnen wie die seines **Repräsentanten** (BGH, NJW-RR 1991, 1305).

C. Rechtsfolgen

I. Einfache Überversicherung

14 Rechtsfolge der einfachen Überversicherung ist das Recht des VR und des VN (nicht der versicherten Person) eine Herabsetzung der VersSumme unter verhältnismäßiger Minderung der Prämie mit sofortiger Wirkung zu verlangen. Das Ausübungsrecht wird nach herrschende Meinung als **Gestaltungsrecht** verstanden (BK/*Schauer*, § 51 Rn 19; *Römer/Langheid*, § 51 Rn 3; Prölss/Martin/*Kollhosser*, § 51 Rn 10). Das Herabsetzungsverlangen von VersSumme und Prämie ist durch eine einseitige empfangsbedürftige Willenserklärung geltend zu machen. Mit Zugang der Erklärung tritt eine **Wirkung für die Zukunft** ein. Die VersSumme wird auf den aktuellen Versicherungswert herabgesetzt. Die Prämie wird verhältnismäßig gemindert, was nicht bedeutet, dass sie sich in gleichem Maße vermindert wie die VersSumme, da bei der Festsetzung der neuen Prämie etwaige Tarife des VR zu berücksichtigen sind. Andere Personen, wie z.B. der Versicherte oder der Bezugsberechtigte haben kein Herabsetzungsrecht, da bei diesen kein Prämieninteresse vorliegt.

II. Betrügerische Überversicherung

15 Rechtsfolge der betrügerischen Überversicherung ist die Nichtigkeit des gesamten VV von Anfang an und nicht etwa nur die Nichtigkeit der Überversicherung. Dem VR steht die Prämie bis zu dem Zeitpunkt zu, zu dem er von den die Nichtigkeit begründenden Umständen Kenntnis erlangt (Folge des Wegfalls des Grundsatzes der Unteilbarkeit der Prämie durch die VVG-Reform; s. § 39 VVG). Eine solche liegt z.B. vor, wenn der VN als VerSumme den Grundstückskaufpreis von 305.000 DM angegeben hat, obwohl er bereits bei Antragstellung fest entschlossen war, das Wohngebäude abzureißen und das Grundstück neu zu bebauen, so daß das Gebäude mithin für ihn wertlos war (sogenannte subjektive Entwertung, OLG Schleswig, r+s 1995, 26).

D. Prozessuales

I. Beweislast

16 Beweisbelastet für die **Voraussetzungen der Herabsetzung**, also das Bestehen einer erheblichen Überversicherung und den Zugang der Erklärung im Fall der einfachen Überversicherung, ist derjenige, der die Herabsetzung verlangt. Beweisbelastet für die **unredliche Absicht** des VN oder des Versicherten im Fall der betrügerischen Überversicherung ist der VR. Der Beweis kann durch **Indizien** geführt werden (s. hierzu BGH, VersR 1963, 77, 79; BGH, VersR 1982, 689; OLG Karlsruhe, VersR 1998, 977).

Beispiele für Indizien 17
- Angabe eines erhöhten Scheinkaufpreises für die zerstörte Sache (BGH, VersR 1963, 77);
- erhebliches Missverhältnis zwischen Warenwert und dem Wert des versicherten Interesses (OLG Bremen, VersR 2004, 107);
- Brandstiftung durch den VN (BGH, VersR 1982, 689);
- hohe Verschuldung des VN (BGH, VersR 1982, 689).

II. Beratungspflicht

Zu beachten sind die Beratungspflichten des VR, die sich auch auf die Wahl einer angemessenen VersSumme erstrecken (s. §§ 6, 63 und § 75 Rdn 32 f.). Dem Einwand der Unterversicherung kann somit ein Schadensersatzanspruch wegen Verletzung von Beratungspflichten entgegenstehen. 18

E. Abdingbarkeit

Die Vorschrift des § 74 Abs. 2 Halbs. 1 VVG (der § 51 Abs. 3 Halbs. 1 VVG a.F. entspricht) ist absolut **zwingend**, während § 74 VVG **i.Ü. halbzwingend** ist (§ 87 VVG). 19

---

§ 75 VVG Unterversicherung

Ist die Versicherungssumme erheblich niedriger als der Versicherungswert zurzeit des Eintrittes des Versicherungsfalles, ist der Versicherer nur verpflichtet, die Leistung nach dem Verhältnis der Versicherungssumme zu diesem Wert zu erbringen.

Übersicht

	Rdn
A. Normzweck	1
B. Norminhalt	3
I. Versicherungssumme und Versicherungswert	3
II. Erheblichkeit	6
III. Entscheidender Zeitpunkt	8
IV. Bewusste Unterversicherung	10
1. Selbstbehalt	10
2. Entschädigungsgrenzen	12
3. Zusammentreffen von Selbstbehalt und Entschädigungsgrenzen	13
V. Vermeidung von Unterversicherung	14
1. Vertragsänderung und Vereinbarung besonderer Klauseln	14
2. Unterversicherungsverzicht (Beispiel § 11 Nr. 2 VGB 2010)	20
VI. Rechtsfolgen und Beispielberechnungen	22
C. Prozessuales	25
I. Beweislast	25
II. Beratungspflichtverletzung des VR und des Versicherungsvermittlers	27
1. Exkurs: Alte Rechtslage	27
2. Heutige Rechtslage	30
3. Folge einer Beratungspflichtverletzung	33

        4. Praxistipps zur Beratungspflicht 34
           a) Beratungspflicht während des bestehenden Versicherungsverhältnisses 34
           b) Ausnahmen 37
           c) Beratungsverzicht 39
           d) Darlegungs- und Beweislast 40
     D. **Abdingbarkeit** 45
     E. **Checkliste zur Unterversicherung** 46

A. Normzweck

1 Als logische Ergänzung zu § 74 VVG regelt die Vorschrift die Leistungspflicht des VR in dem Fall, in dem die VersSumme erheblich niedriger als der Versicherungswert zurzeit des Eintritts des Versicherungsfalles ist. Zweck ist insbesondere, dass der VN nicht Prämien spart, indem er die versicherte Sache zu einem geringerem als dem tatsächlichen Wert versichert und dann im Schadensfall doch die volle Leistung erhält. Anders als nach altem VVG (§ 56 VVG a.F.) muss die **Versicherungssumme** nicht nur niedriger, sondern **erheblich niedriger** sein, womit eine Anpassung an § 74 VVG erfolgt. Bei der Unterversicherung kann anders als bei der Überversicherung keine Vertragsanpassung verlangt werden. Stattdessen wird die Leistungspflicht des VR entsprechend dem Verhältnis zwischen VersSumme und Versicherungswert reduziert. Praktische Bedeutung kommt einer Unterversicherung im Fall einer Kürzung des Aufwendungsersatzanspruches nach § 83 VVG oder des Anspruchs auf Erstattung von Schadensermittlungskosten nach § 85 VVG bei gegebener Unterversicherung zu (s. § 83 Rdn 14 sowie § 85 Rdn 11).

2 Bei einer **Versicherung auf Erstes Risiko** kommt eine Unterversicherung **nicht** in Betracht (vgl. § 11 Nr. 4 AFB 87; § 8 Nr. 6 AFB 2008 sowie § 8 Nr. 5 AFB 2010). § 75 VVG ist in diesem Fall abbedungen (OLG Düsseldorf, VersR 2002, 183 [zu § 56 VVG a.F.]), was nach § 87 VVG möglich ist.

B. Norminhalt

I. Versicherungssumme und Versicherungswert

3 Zu den **Begriffen** VersSumme und Versicherungswert vgl. die Kommentierung zu § 74 VVG (siehe § 74 Rdn 9 f.).

4 Bei Versicherung **mehrerer Sachen** beläuft sich der Versicherungswert auf die Summe der Einzelwerte.

5 Weist der VV **mehrere VersSummen** für verschiedene Positionen aus (z.B. Waren, Vorräte etc.), ist für jede einzelne Position zu klären, ob Unterversicherung vorliegt.

II. Erheblichkeit

6 **Erheblichkeit** kann bejaht werden, wenn eine Grenze von 10 % erreicht wird, der Versicherungswert also zumindest 10 % über der VersSumme liegt (zur Taxe: BGH, VersR 2001, 749). Entscheidend sind jedoch stets die Umstände des Einzelfalls (vgl. § 74 VVG). Anhaltspunkte für ein erhebliches Unterschreiten der VersSumme ggü. dem Versicherungswert können somit zum einen die relativen Abweichungswerte, aber auch die absoluten Abweichungswerte sein. Insb. bei hohen VersSummen wird man insoweit eine Erheblichkeit auch dann bejahen können, wenn keine Grenze von 10 % erreicht wird. Maßgeblich muss dann die absolute Abweichung sein. Eine schematische Bestimmung ausgehend von einem prozentualen Wert verbietet sich. Liegt z.B. eine VersSumme im neunstelligen Bereich kann auch dann eine Erheblichkeit bejaht werden, wenn die Abweichung zum Versicherungswert weniger als 10 % beträgt. Lediglich vorbehaltlich der Einzelfallumstände kann eine Abweichung von 10 % als grobe Richtschnur dienen.

Die Regelung führt dazu, dass der VR u.U. den gesamten Schaden zu ersetzen hat, wenn die VersSumme weniger als 10 % unterhalb des Versicherungswertes liegt.

Beispiel
Ein Haus hat einen Wert zum Zeitpunkt eines Brandes von 300.000 EUR. Versichert ist es lediglich mit einer VersSumme von 280.000 EUR. Es kommt zu einem Schaden von 50.000 EUR.
Folge: Der VR muss den vollen Schaden ersetzen, da die VersSumme nicht erheblich niedriger ist als der Versicherungswert (hier: lediglich ca. 7 %). Nach § 56 VVG a.F. wäre der Anspruch anteilig auf 46.666,67 EUR reduziert worden. Bei einem Totalschaden wirkt sich die Unterversicherung nicht aus (s.u. Rdn 22, 24).

III. Entscheidender Zeitpunkt

Entscheidender Zeitpunkt für die Bestimmung einer Unterversicherung ist der **Eintritt des Versicherungsfalles**. Ursache der Unterversicherung kann also sein, dass der VN trotz werterhöhender Maßnahmen (z.B. Aus-/Umbau des versicherten Objekts, vgl. OLG Saarbrücken, VersR 2000, 358) keine Anpassung der VersSumme vorgenommen hat.

Schaubild:

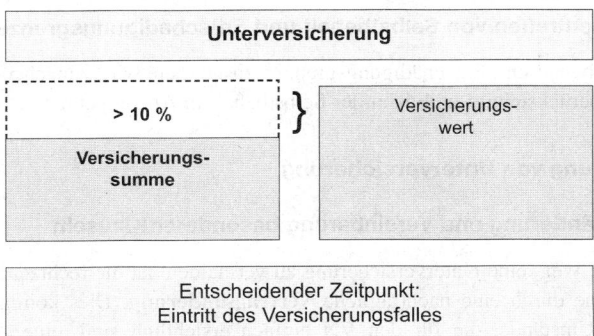

Praxistipp
Ist die Versicherung für einen Inbegriff von Sachen genommen (vgl. § 89 Abs. 1 VVG), ist die Frage der Unterversicherung für jede Gruppe getrennt zu beurteilen (OLG Köln, VersR 1993, 1101; s.a. § 89 Rdn 7 ff.).

IV. Bewusste Unterversicherung

1. Selbstbehalt

10 Dem VN ist es möglich, durch eine Vereinbarung mit seinem VR eine bewusste Unterversicherung herbeizuführen, indem bspw. ein Selbstbehalt (= Selbstbeteiligung oder Eigenbehalt) vereinbart wird. Ein solcher Selbstbehalt wird von der Entschädigung, die ohne den Selbstbehalt zu leisten wäre, abgezogen. Bei einem **prozentualen** Selbstbehalt erfolgt auch hier die Berechnung ausgehend von der Entschädigung, die ohne den Selbstbehalt zu leisten wäre. Von diesem Betrag kann dann der Selbstbehalt berechnet und abgezogen werden.

11 I.d.R. wird ein Selbstbehalt pro Versicherungsfall vereinbart (Beispiel: Kfz-Kaskoversicherung). Möglich ist aber auch, dass der Selbstbehalt auf das gesamte Versicherungsjahr bezogen wird (Beispiel: Private Krankenversicherung).

2. Entschädigungsgrenzen

12 Eine weitere Variante der bewussten Unterversicherung ist die Vereinbarung von Entschädigungsgrenzen. Zweck einer solchen Entschädigungsgrenze, die niedriger ist als die VersSumme, ist es, das Risiko für bestimmte Gefahrengruppen zu begrenzen. Ein typischer Fall ist die Vereinbarung einer Entschädigungsgrenze in der Hausratversicherung für Wertsachen und Bargeld. Üblich ist auch die Vereinbarung von Entschädigungsgrenzen im Hinblick auf Datenrettungskosten. Derartige Entschädigungsgrenzen werden i.d.R. prozentual zur VersSumme und je Versicherungsfall vereinbart. Typisches Beispiel ist § 13 VHB 2008.

3. Zusammentreffen von Selbstbehalt und Entschädigungsgrenzen

13 Treffen Selbstbehalt und Entschädigungsgrenzen zusammen, wird zunächst die Entschädigungsgrenze berücksichtigt und dann der Selbstbehalt in Abzug gebracht.

V. Vermeidung von Unterversicherung

1. Vertragsänderung und Vereinbarung besonderer Klauseln

14 Der einfachste Weg, eine Unterversicherung zu vermeiden, ist die rechtzeitige Anpassung der VersSumme durch eine nachträgliche **Vertragsänderung**. Dies kommt insb. in Betracht, wenn Umstände, die für den VN einfach ersichtlich sind, eine Anpassung der VersSumme erforderlich machen (z.B. Errichtung eines Anbaus).

15 Eine weitere Möglichkeit ist die Vereinbarung einer **Anpassungsklausel**. Hierdurch kann die VersSumme nach Maßgabe bspw. eines Prozentsatzes angepasst werden (Beispiel: Klausel 1701 zu AFB 1987).

Weiter sind **Stichtagsklauseln** üblich. Bei Inbegriffen (§ 89 VVG) mit häufig wechselndem Bestand kann vereinbart werden, dass der VN dem VR monatlich spätestens zehn Tage nach einem entsprechenden Stichtag den Wert der versicherten Sachen zum Stichtag zu melden hat. Der Inbegriff ist dann mit diesem Stichtagswert versichert, begrenzt auf die max. VersSumme. 16

Bei Vereinbarung von **Wertzuschlagsklauseln** ist die VersSumme zunächst gleich einer Grundsumme, die den Wert der versicherten Sachen für ein bestimmtes Basisjahr angibt. Hinzugerechnet wird dann ein Wertzuschlag, welcher die Preissteigerungen der versicherten Sachen vom Basisjahr bis zum aktuellen Versicherungsjahr berücksichtigt. Die Summe aus Grundsumme und Wertzuschlag ist dann die VersSumme. 17

Möglich ist auch die Vereinbarung von **Sonderbedingungen für die gleitende Neuwertversicherung** (SGlN) für den Bereich der Versicherung von Wohn-, Geschäfts- und landwirtschaftlichen Gebäuden. Üblicherweise wird der gleitende Neuwert versichert. Nach § 10 Nr. 1 Buchst. a VGB 2008 ist der gleitende Neuwert der ortsübliche Neubauwert des Gebäudes ausgedrückt in Preisen des Jahres 1914. Der VR passt den Versicherungsschutz an die Baukostenentwicklung an. Aufgrund dessen besteht Versicherungsschutz auf der Grundlage des ortsüblichen Neubauwertes zum Zeitpunkt des Versicherungsfalls. Wenn sich durch wertsteigernde bauliche Maßnahmen innerhalb der Versicherungsperiode der Wert der Gebäude erhöht, besteht bis zum Schluss der laufenden Versicherungsperiode auch insoweit Versicherungsschutz. 18

Eine Unterversicherung kann auch dadurch vermieden werden, dass sog. **Vorsorgeversicherungssummen** vereinbart werden. Dies ist üblich, wenn mehrere Positionen versichert werden, also Sachinbegriffe, für die gesonderte VersSummen vereinbart worden sind. Durch eine Vorsorgeversicherungssumme (Reserveversicherungssumme) kann dann die VersSumme bei den Positionen aufgestockt werden, bei denen eine Unterversicherung besteht. Bei der Versicherung mehrerer Positionen kann i.Ü. auch ein **Summenausgleich** vereinbart werden, sodass die Überversicherung bei einer Position zum Ausgleich einer Unterversicherung bei einer anderen Position verwandt werden kann. 19

2. Unterversicherungsverzicht (Beispiel § 11 Nr. 2 VGB 2010)

§ 11 Nr. 1 VGB 2010 (vgl. auch § 16 Nr. 3 VGB 88) erläutert, unter welchen Voraussetzungen die VersSumme in der gleitenden Neuwertversicherung als richtig ermittelt gilt. Nach § 11 Nr. 2 VGB 2010 (vgl. § 16 Nr. 4 VGB 88) erklärt der VR einen **Unterversicherungsverzicht**, wenn der gleitende Neuwert versichert und richtig ermittelt wird. Zu beachten ist, dass der VR nach den Regelungen über die Anzeigepflichtverletzungen (§ 19 VVG) vom VV zurücktreten, kündigen oder eine Vertragsanpassung vornehmen kann, wenn sich im Versicherungsfall ergibt, dass die Beschreibung des Gebäudes und seine Ausstattung von den tatsächlichen Verhältnissen bei Vertragsabschluss abweicht und die VersSumme „Wert 1914" zu niedrig bemessen wurde (vgl. § 11 Nr. 2 Buchst. b VGB 2010), also Antragsfragen falsch beantwortet wurden. Die Angaben des VN werden in einem separaten 20

Bogen erfasst. Der VN hat sich zu Größe, Ausbau und Ausstattung des Gebäudes zu äußern. Nach den Angaben des VN berechnet der VR die VersSumme (Wert 1914).

21 Ergeben sich Abweichungen zwischen den Angaben des VN und den tatsächlichen Verhältnissen, stehen dem VR die genannten Rechte zu (Rücktritt, Kündigung, Vertragsanpassung). Ferner kann er bzgl. der Differenz zwischen vereinbarter VersSumme und tatsächlichem Versicherungswert nach den Regeln der Unterversicherung leistungsfrei sein (§ 11 Nr. 2 Buchst. b VGB 2010). Der Unterversicherungsverzicht gilt auch dann nicht, wenn der der Versicherungssummenermittlung zugrunde liegende Bauzustand nach Vertragsabschluss durch wertsteigernde bauliche Maßnahmen verändert wurde und diese Veränderungen dem VR nicht unverzüglich angezeigt wurden. Der Unterversicherungsverzicht gilt aber dann doch, wenn der ortsübliche Neubauwert **innerhalb der zum Zeitpunkt des Versicherungsfalls laufenden Versicherungsperiode** durch wertsteigernde bauliche Maßnahmen erhöht wurde (vgl. § 11 Nr. 2 Buchst. c VGB 2010). Zur Entschädigungsberechnung in der gleitenden Neuwertversicherung vgl. § 13 VGB 2010.

Praxistipp
Klauseln, die den Ausschluss eines Unterversicherungsverzichts für den Fall vorsehen, dass die versicherte Sache zusätzlich anderweitig ohne Vereinbarung eines Unterversicherungsverzichts versichert ist, sind unwirksam.

VI. Rechtsfolgen und Beispielberechnungen

22 Die Gültigkeit des VV wird durch die Unterversicherung nicht berührt (OLG Karlsruhe, VersR 1979, 925). Die Leistungspflicht des VR bestimmt sich nach dem Verhältnis der VersSumme zu dem Versicherungswert zum Zeitpunkt des Eintritts des Versicherungsfalles. Zu unterscheiden sind Teilschäden und Totalschäden.

Beispiel
Versicherungssumme: 100.000 EUR
Versicherungswert: 150.000 EUR

Teilschaden i.H.v. 50.000 EUR:
Die Entschädigung berechnet sich nach folgender Formel:

$$\text{Entschädigung} = \frac{\text{Schaden} \times \text{Versicherungssumme}}{\text{Versicherungswert}}$$

$$\text{Entschädigung} = \frac{50.000 \text{ EUR} \times 100.000 \text{ EUR}}{150.000 \text{ EUR}}$$

$$\text{Entschädigung} = 33.333{,}33 \text{ EUR}$$

Der VN erhält also lediglich 33.333,33 EUR anstelle des kompletten Schadens von 50.000 EUR.
Zu beachten ist aber das obige Beispiel, das verdeutlicht, dass der VR ggf. vollständig eintrittspflichtig ist, wenn keine erhebliche Abweichung vorliegt

Totalschaden i.H.v. 150.000 EUR:

$$\text{Entschädigung} = \frac{\text{Schaden} \times \text{Versicherungssumme}}{\text{Versicherungswert}}$$

$$\text{Entschädigung} = \frac{150.000 \text{ EUR} \times 100.000 \text{ EUR}}{150.000 \text{ EUR}}$$

$$\text{Entschädigung} = 100.000 \text{ EUR}$$

Der VN erhält die der VersSumme entsprechende Entschädigung.

Bei einzelnen Positionen muss die Unterversicherung für jede einzelne Position getrennt ermittelt werden (vgl. § 11 Nr. 3 AFB 87; § 8 Nr. 5 Buchst. b AFB 2008; § 8 Nr. 4 Buchst. b AFB 2010). 23

Ist eine **Selbstbeteiligung** vereinbart worden, wird zunächst entsprechend der obigen Beispiele die Leistungspflicht des VR bestimmt. Dann wird der Selbstbeteiligungsbetrag in Abzug gebracht. Auch bei **Entschädigungsgrenzen** (z.B. § 13 VHB 2010) erfolgt die Berücksichtigung der Entschädigungsgrenze erst im Anschluss an die obige Berechnung. 24

Praxistipp
Eine Unterversicherung ist nur dann zu berücksichtigen, wenn sie erheblich ist (Versicherungswert ca. 10 % oder mehr höher als VersSumme; Einzelfall entscheidet).
Eine Unterversicherung wirkt sich nur bei einem Teilschaden aus, nicht aber bei einem Totalschaden bei dem die Höhe des Schadens und damit der Versicherungswert über der VersSumme liegt.

C. Prozessuales

I. Beweislast

Der **VR**, der sich auf eine Unterversicherung beruft, muss diese substantiiert darlegen und beweisen (OLG Hamm, zfs 2006, 462, OLG Saarbrücken, VersR 2000, 358). Der VN muss dem VR die Möglichkeit geben, durch eigene Ermittlungen festzustellen, ob der Versicherungswert unter der VersSumme liegt (LG Köln, r+s 1990, 25). 25

Der **VN** muss genügend Umstände darlegen, die es dem Gericht im Fall einer gegebenen Unterversicherung ermöglichen, die Höhe des Versicherungswertes zu ermitteln, ggf. gem. § 287 ZPO. Nur dann kann das Gericht die Höhe der Entschädigung berechnen. Liefert der VN derartige Angaben nicht, ist die Klage abzuweisen (vgl. OLG München, VersR 1991, 659). 26

II. Beratungspflichtverletzung des VR und des Versicherungsvermittlers

1. Exkurs: Alte Rechtslage

Nach alter Rechtslage trug die Verantwortung für die richtige Wahl der VersSumme und das Risiko einer Unterversicherung **grds.** der VN (BGH, VersR 1987, 601; VersR 1964, 36, 37; OLG Düsseldorf, r+s 1998, 290). Da der VN den Wert der versicherten Sache i.d.R. kennt und auch frei entscheiden kann, ob er das Risiko einer Unterversicherung in Kauf nehmen will oder nicht, trafen den VR grds. keine Beratungspflichten. In der 27

Feuerversicherung wurde die Eigenverantwortlichkeit des VN teilweise erst dann angenommen, wenn ihn der VR zuvor über den für die Versicherung maßgeblichen Wert und die möglichen Versicherungsformen aufgeklärt hatte (OLG Frankfurt am Main, VersR 2002, 1022).

28 Wenn aber die Bestimmung des richtigen Versicherungswertes für den VN als Laien schwierig war und es eines Fachmannes bedurfte, dann trafen den VR **Hinweis- und Beratungspflichten**. Gleiches galt für den Fall, dass der VR auf Wunsch des VN oder dessen Makler einen Spezialisten für die Werteinschätzung beauftragte, denn durch eine solche Anforderung machte der VN deutlich, dass er eine Beratung hinsichtlich der Ermittlung der richtigen VersSumme benötigte (vgl. KG, zfs 2007, 574).

29 Entscheidend für die Annahme einer Beratungspflicht war immer das im Einzelfall zu überprüfende **Beratungsbedürfnis** des VN in seiner konkreten Lage (OLG Hamm, VersR 1992, 50). So hingen das Bestehen und der Umfang der Beratungspflicht des VR über den richtigen Versicherungswert bei den Verhandlungen über eine **Gebäudeversicherung** zum gleitenden Neuwert nach Maßgabe der VersSumme 1914 von den jeweiligen Umständen ab (BGH, VersR 2007, 1411).

2. Heutige Rechtslage

30 Die Beratungspflicht nach altem Recht wird durch das neue VVG ausgeweitet. Nach den Regelungen des neuen VVG ist sowohl der VR als auch der Versicherungsvermittler zur Beratung **verpflichtet**. Der Grundsatz der Eigenverantwortlichkeit des VN gilt nicht mehr. Die Beratungspflicht des Versicherungsvermittlers ergab sich bereits aus § 42 Buchst. c VVG a.F. und ist nun in § 61 VVG geregelt. Der VR ist nun nach § 6 VVG verpflichtet, den VN, soweit nach der Schwierigkeit, die angebotene Versicherung zu beurteilen, oder der Person des VN und dessen Situation hierfür Anlass besteht, nach seinen Wünschen und Bedürfnissen zu **befragen**. Der VR ist ferner verpflichtet, unter Berücksichtigung eines angemessenen Verhältnisses zwischen Beratungsaufwand und der vom VN zu zahlenden Prämien zu **beraten**. Alles Nähere auch zur Dokumentation des erteilten Rates regelt § 6 VVG für den beratenden VR und § 61 VVG für den beratenden Versicherungsvermittler.

31 Insb. in der **Wohngebäudeversicherung** ist eine umfassende Beratung erforderlich. So hat der VR den VN insb. auf die Schwierigkeiten bei der Bestimmung des Versicherungswertes auf der Basis des Neuwertes 1914 sowie die Gefahren einer falschen Festsetzung (Unterversicherung) hinzuweisen (BGH, VersR 1989, 472), wobei sich die Beratungsbedürftigkeit aus den Umständen des Einzelfalls ergibt (BGH, VersR 2007, 1411). Dieser Beratungspflicht kann der VR bspw. aber auch dadurch genügen, dass er dem VN empfiehlt, einen eigenen Sachverständigen hinzuzuziehen oder indem der VR dem VN seine eigene sachkundige Beratung anbietet.

32 Weitere Rechtsprechung zur Beratungspflicht:
– Beratungspflicht bei der Ermittlung des Versicherungswertes (Aufklärung über den Begriff des Listenpreises; LG Roßlau-Dessau, r+s 2015, 295)

- Beratungspflicht bei der Ermittlung des Versicherungswertes und Hinweispflicht bezüglich der Risiken einer Unterversicherung (OLG Naumburg, r+s 2015, 26)
- Beratungspflicht bei der Bestimmung des Versicherungswertes 1914 (LG Köln, r+s 2014, 132)
- Bedarfsermittlungs- und Beratungspflicht bei der Bestimmung der VersSumme (OLG Karlsruhe, 15.1.2013 – 12 U 121/12, VersR 2013, 885)
- Pflicht zur Überprüfung der VersSumme einer bestehenden Gebäudeversicherung bei der Erstellung der Deckungsanalyse (OLG Hamm, NJW-RR 2013, 38)
- gesteigerte Beratungspflicht bei der Bestimmung des Versicherungswertes (BGH, r+s 2011, 250)
- Beratungspflicht des VR zur VersSumme (OLG Brandenburg, VuR 2008, 119)
- Beratungspflicht des VR zur VersSumme (OLG Saarbrücken, r+s 2006, 329)
- Zur Beratungspflicht eines Agenten für die Festsetzung des Wertes 1914 bei nachträglicher Vertragsumgestaltung (OLG Hamm, zfs 2006, 462)
- Beratungspflichten des VR zur VersSumme (OLG Düsseldorf, r+s 2006, 331)
- Beratungspflicht des VR bei erkennbarer Unterversicherung (LG Mainz, NJOZ 2006, 2698).

3. Folge einer Beratungspflichtverletzung

Nach §§ 6 Abs. 5, 63 VVG ist der VR/Versicherungsvermittler dem VN zum Ersatz des Schadens verpflichtet, der durch eine Verletzung der Beratungspflicht entsteht. Für den Fall der Unterversicherung bedeutet dies, dass sich der VR nicht auf eine Unterversicherung berufen kann, wenn die Unterversicherung Folge einer Beratungspflichtverletzung ist (OLG Celle v. 22.11.2012 – 8 U 178/12, juris). Es ist anzunehmen, dass der VN bei richtiger Beratung die VersSumme dem Versicherungswert auch angepasst hätte. Hiervon ist regelmäßig auszugehen (BGH, VersR 1989, 472; OLG Celle, NJW 2004, 1809). Dem Einwand der Unterversicherung kann demnach ein Schadensersatzanspruch des VN nach § 6 Abs. 5 VVG oder entsprechend nach § 63 VVG im Fall einer Verletzung der Beratungspflicht durch einen Versicherungsvermittler entgegenstehen. **Mehrprämien**, die der VN hätte zahlen müssen, sind abzuziehen (OLG Düsseldorf, r+s 2006, 331; OLG Frankfurt am Main, VersR 2006, 406).

4. Praxistipps zur Beratungspflicht

a) Beratungspflicht während des bestehenden Versicherungsverhältnisses

Die Beratungspflicht besteht nach § 6 Abs. 4 VVG auch für die **Dauer des Versicherungsverhältnisses**, was gerade in der Schadensversicherung von Bedeutung ist (Beispiel: Eine werterhöhende Baumaßnahme am versicherten Gebäude erfordert eine Anpassung der VersSumme). Eine Beratungspflicht kann aber nur ausgelöst werden, wenn der VR Kenntnis von dem Umstand erlangt, der einen Beratungsanlass bietet.

35 Erfährt der VR **nachträglich** (nach Abschluss des VV) durch seinen Schadenregulierer von der Unterversicherung, ist er verpflichtet, den Wert der Geschäftseinrichtung zu überprüfen und den VN auf die Unterversicherung hinzuweisen (KG, zfs 2007, 574).

36 Eine **periodische Nachfragepflicht** „ins Blaue hinein" lässt sich dem Gesetz nicht entnehmen. Da § 6 Abs. 4 S. 1 VVG nur auf § 6 Abs. 1 S. 1 VVG und damit nicht auf die Dokumentation verweist, muss diese nicht erfolgen. Die Vorschrift gilt nicht für Makler und auch nicht Vertreter, da das Gesetz in den §§ 59 ff. VVG keine entsprechende Pflicht bestimmt. Für Makler kann sich aber eine solche Verpflichtung aus dem Maklervertrag ergeben. Die Kenntnis des VR kann sich auch aus Umständen ergeben, die ihm in anderen Versicherungsverhältnissen bekannt werden (Beispiel: VN unterhält bei einem VR sowohl eine Wohngebäude- als auch eine Hausratversicherung; erfährt der VR nun von einer baulichen Veränderung [z.B. Anbau des Hauses], ergibt sich auch ein Anlass, den Umfang der Hausratversicherung zu überprüfen).

b) Ausnahmen

37 Die Regelungen gelten nicht für **Großrisiken**, vgl. § 6 Abs. 6 VVG, Art. 10 Abs. 1 S. 2 EGVVG. Damit sind i.d.R. auch laufende Versicherungen i.S.d. § 53 VVG ausgenommen, da es sich hierbei nur in Ausnahmefällen um kein Großrisiko handelt.

38 Eine Ausnahme besteht ferner gem. § 75 Abs. 6 VVG für **Versicherungsmakler** (Sonderregelung in § 60 Abs. 1 VVG) und bei **Fernabsatzverträgen**, wozu bspw. auch telefonische Anfragen in Service-Centern des VR zählen. Entsprechendes gilt für Versicherungsberater (§ 59 Abs. 4 VVG) und nicht gewerbsmäßig tätige Vermittler (§ 66 VVG). Des Weiteren kann im Einzelfall die Übermittlung des Rates und der Gründe dafür gem. § 6 Abs. 2 VVG mit der Informationsmitteilung gem. § 7 Abs. 1 VVG (AVB etc.) zusammenfallen, da nicht verlangt werden kann, dass der VN gekünstelt zwei Mal „bedient" wird, wenn Inhalt der Informationserteilung und Rat identisch sind (wenn bspw. nur ein einziges Produkt sinnvoll ist).

c) Beratungsverzicht

39 Nach § 6 Abs. 3 VVG kann der VN auf die Beratung und Dokumentation durch gesonderte schriftliche Erklärung verzichten. Das Pendant für Vermittler findet sich in § 61 Abs. 2 VVG, für den Verzicht auf die Information in § 7 Abs. 1 S. 3 VVG. Der Gesetzestext spricht von Beratung und Dokumentation, ein Teilverzicht ist aber als Minus zulässig. Das Gesetz sieht den Verzicht als die Ausnahme von der Regel. Macht ein VR generell oder massenhaft in bestimmten Sparten davon Gebrauch, kommen aufsichtsrechtliche Schritte in Betracht. Formal muss es sich um ein separates Schriftstück handeln, das keine anderen (Willens-) Erklärungen als den Verzicht beinhaltet und den VN über einen möglichen Anspruchsverlust belehrt. Eine Angabe von Gründen für den Verzicht schreibt das Gesetz nicht vor, sodass diese nicht erwähnt werden müssen. In der Bestandsberatung darf nicht generell im Voraus, sondern nur im jeweiligen Einzelfall verzichtet werden (§ 6 Abs. 4 S. 2 VVG).

d) Darlegungs- und Beweislast

Die Darlegungs- und Beweislast für eine ordnungsgemäße Beratung gem. § 75 Abs. 1 VVG liegt grds. beim VR. 40

Der VN hat darzulegen, warum ein Beratungsbedarf gegeben war und er hat zu beweisen, dass eine Beratungspflichtverletzung vorliegt. 41

Der VR trägt die Darlegungs- und Beweislast bzgl. eines nicht aufklärungsgemäßen Verhaltens des VN (OLG Düsseldorf, r+s 2006, 331). Auch muss der VR die Vermutung, dass der VN bei entsprechender Beratung die angemessene VersSumme gewählt hätte, durch Beweis des Gegenteils entkräften (BGH, VersR 1989, 472; OLG Saarbrücken, r+s 2002, 294). 42

Werden Dokumentationspflichten verletzt, führt dies zu Beweiserleichterungen für den VN. 43

Wurde der VV (nach der Behauptung des VN) durch einen Versicherungsagenten abgeschlossen, so hat der VN zunächst darzulegen, dass der VR bzw. dessen Agent ihn nicht über den Versicherungswert 1914 beraten bzw. seinerseits den Versicherungswert falsch ermittelt hat. Hat der VN seiner diesbezüglichen Behauptungslast genügt, so ist es Sache des VR, im Einzelnen darzulegen, dass er bzw. sein Agent den VN dennoch ausreichend bezüglich der Ermittlung des Versicherungswerts 1914 aufgeklärt hat. Erst dann kommt es auf die Beweislast des VN für eine Pflichtwidrigkeit des VR an (BGH, r+s 2011, 250). 44

D. Abdingbarkeit

§ 75 VVG ist **dispositiv** (§ 87 VVG). 45

E. Checkliste zur Unterversicherung

- ☐ Liegt eine Erstrisikoversicherung vor? Wenn ja, kommt Unterversicherung nicht in Betracht? 46
- ☐ Liegt Unterversicherung vor?
  - ☐ Wie hoch ist die VersSumme?
  - ☐ Wie hoch ist der Versicherungswert?
    Wert mehrerer Sachen ggf. addieren
  - ☐ Ist die VersSumme zumindest 10 % niedriger als der Versicherungswert?
    Bei verschiedenen VersSummen für verschiedene Positionen gesondert prüfen
  - ☐ Entscheidender Zeitpunkt: Eintritt des Versicherungsfalls
- ☐ Berechnung der Entschädigungsleistung nach folgender Formel:

$$\text{Entschädigung} = \frac{\text{Schaden} \times \text{Versicherungssumme}}{\text{Versicherungswert}}$$

- ☐ Selbstbeteiligungen und Entschädigungsgrenzen anschließend berücksichtigen
- ☐ Grund der Unterversicherung ggf. Beratungspflichtverletzung? Wenn ja, ggf. volle Eintrittspflicht des VR, da sich VR nicht auf Unterversicherung berufen kann.

§ 76 VVG Taxe

Der Versicherungswert kann durch Vereinbarung auf einen bestimmten Betrag (Taxe) festgesetzt werden. Die Taxe gilt auch als der Wert, den das versicherte Interesse bei Eintritt des Versicherungsfalles hat, es sei denn, sie übersteigt den wirklichen Versicherungswert zu diesem Zeitpunkt erheblich. Ist die Versicherungssumme niedriger als die Taxe, hat der Versicherer, auch wenn die Taxe erheblich übersetzt ist, den Schaden nur nach dem Verhältnis der Versicherungssumme zur Taxe zu ersetzen.

Übersicht

	Rdn
A. Normzweck	1
B. Norminhalt	2
C. Rechtsfolgen	5
D. Prozessuales	7
E. Abdingbarkeit	9

A. Normzweck

1 § 76 VVG ermöglicht die **konkrete Vereinbarung des Versicherungswerts** mit dem Ziel, die Feststellung der Schadensersatzhöhe zu erleichtern und Streitigkeiten über die Höhe des Versicherungswerts zu verhindern. Die **Taxe** (= der bestimmte Betrag) ist für beide Parteien bindend. Sie hat deklaratorischen und konstitutiven Charakter. Der VN muss bei einem Versicherungsfall in Form eines Totalschadens die Höhe des Versicherungswerts nicht nachweisen und kann sich auf die Taxe berufen. Die Regelung kann dazu führen, dass im Schadensfall die Entschädigung höher ausfällt als der eigentliche Schaden.

B. Norminhalt

2 Die **Vereinbarung** einer Taxe sieht keine besondere Form vor und ist daher auch **formlos** möglich. Im Zweifelfall ist durch Auslegung zu ermitteln, ob eine Taxe als vereinbart gilt. Von der Vereinbarung einer Taxe kann aber nicht schon dann ausgegangen werden, wenn der VN dem VR nicht näher begründete Wertgutachten zu seinem Hausrat gehörenden Bildern vorlegt, die „zu dem Vertrag abgelegt" werden sollten (OLG Saarbrücken, r+s 2014, 74). Eine bloße **Schätzung** des Versicherungswerts bei Vertragsschluss um anschließend die Höhe der VersSumme und die Prämie zu bemessen, reicht nicht aus. Möglich ist auch die Vereinbarung von **Zeitwert- oder Neuwerttaxen**.

3 Zur Frage, wann von einem **erheblichen Übersteigen des wirklichen Versicherungswertes** auszugehen ist, wird auf die Kommentierung zu §§ 74, 75 VVG (§ 74 Rdn 11, § 75 Rdn 1) verwiesen (s. zur Taxe OLG Hamburg, VersR 1978, 635; LG Hamburg, VersR 1978, 1136). Bei der Beurteilung, ob eine vereinbarte Taxe den wirklichen Versicherungswert erheblich übersteigt, kann keine feste Grenze bestimmt werden. Art und Zweck der Versicherung und der Grund, aus dem die Parteien im jeweiligen Fall eine Taxe vereinbart haben, sind entscheidend (BGH, VersR 2001, 749). Bei der Bestimmung der erheblichen Überhöhung sind Selbstbehalte oder Entschädigungsgrenzen nicht zu berücksichtigen (zur

Entschädigung im Totalschadensfall bei Vereinbarung einer Taxwert-Versicherung, OLG Köln, VersR 2014, 1251).

Praxistipps
- Bei einem Totalschaden ist der Taxbetrag ohne weiteren Nachweis zu zahlen.
- Wurde die Taxe derart falsch vereinbart, dass die VersSumme erheblich über den Taxwert hinausgeht, haben beide Vertragsparteien die Möglichkeit, durch einseitige Erklärung die Herabsetzung der VersSumme zu verlangen und die Prämie entsprechend zu mindern (§ 74 VVG – Überversicherung).
- Ist die VersSumme niedriger als die Taxe (§ 76 S. 3 VVG), liegt Unterversicherung vor. Dann ist unabhängig von der Frage, ob die Taxe erheblich übersetzt ist, der Schaden nur nach dem Verhältnis der VersSumme zur Taxe zu berechnen.

Die **Entschädigungsberechnung bei einem Teilschaden** folgt entsprechend der oben dargestellten Berechnung für die Unterversicherung (§ 75 Rdn 22) nach folgender Formel: 4

Beispiel
Schaden: 50.000 EUR
VersSumme: 100.000 EUR
Taxe: 150.000 EUR

$$\text{Entschädigung} = \frac{\text{Schaden} \times \text{Versicherungssumme}}{\text{Taxe}}$$

$$\text{Entschädigung} = \frac{50.000 \text{ EUR} \times 100.000 \text{ EUR}}{150.000 \text{ EUR}}$$

$$\text{Entschädigung} = 33.333,33 \text{ EUR}$$

C. Rechtsfolgen

Die Taxe gilt grds. als **fester Versicherungswert** auch zum Zeitpunkt des Eintritts des Versicherungsfalls, es sei denn sie übersteigt den wirklichen Versicherungswert erheblich. Unabhängig vom Eintritt eines Versicherungsfalles gilt die Taxe auch vorher und nachher, es sei denn sie wird aufgehoben. 5

Eine **erheblich überhöhte Taxe** ist zwar wirksam, im Versicherungsfall aber unbeachtlich. Von einer bindenden Taxe kann z.B. nicht ausgegangen werden, wenn dem angegebenen Wert von Gemälden in Höhe von 25.000 EUR ein sachverständig nach dem Verkaufspreis geschätzter Wert von 520 EUR gegenübersteht (OLG Saarbrücken, r+s 2014, 74). 6

Die Vereinbarung einer Taxe kann nach den allgemeinen Regeln angefochten werden (s.a. *Looks*, VersR 1991, 731).

D. Prozessuales

Die Partei, die sich auf die Vereinbarung einer Taxe beruft, hat zu beweisen, dass eine Taxe auch tatsächlich vereinbart worden ist. 7

Der VR muss beweisen, dass die Taxe den wirklichen Versicherungswert zum Zeitpunkt des Eintritts des Versicherungsfalls erheblich übersteigt. Der VN muss dann den echten Versicherungswert nachweisen. 8

E. Abdingbarkeit

9 Die Vorschrift ist **dispositiv**. Es kann daher vertraglich die Befugnis des VR zur Herabsetzung der Taxe vereinbart werden. Eine § 87 VVG a.F. entsprechende Regelung ist durch die neue Systematik des VVG überflüssig geworden.

§ 77 VVG Mehrere Versicherer

(1) Wer bei mehreren Versicherern ein Interesse gegen dieselbe Gefahr versichert, ist verpflichtet, jedem Versicherer die andere Versicherung unverzüglich mitzuteilen. In der Mitteilung sind der andere Versicherer und die Versicherungssumme anzugeben.

(2) Wird bezüglich desselben Interesses bei einem Versicherer der entgehende Gewinn, bei einem anderen Versicherer der sonstige Schaden versichert, ist Abs. 1 entsprechend anzuwenden.

Übersicht

	Rdn
A. Normzweck	1
B. Norminhalt	3
I. Verschiedene Arten von Mehrversicherungen	3
II. Identität des versicherten Interesses und der versicherten Gefahr	5
III. Identität des VN	7
IV. Identität von Zeit und Ort	8
V. Umfang der Anzeigepflicht	9
VI. Keine Hinweispflicht des Versicherers	14
C. Rechtsfolgen	15
D. Prozessuales	16
I. Beweislast	16
II. (Prozess-) Führungsklauseln im Fall der offenen Mitversicherung	17
III. Anfechtung wegen arglistiger Täuschung	18
E. Abdingbarkeit	19
F. Übersicht: Abgrenzung der Mehrfachversicherung von der Nebenversicherung	20

A. Normzweck

1 Die Vorschrift, die die Regelungen in **§§ 58, 90 VVG a.F.** übernimmt, normiert eine **Anzeigepflicht** im Fall des Bestehens **mehrerer Versicherungsverträge gegen dieselbe Gefahr**. Die jeweils beteiligten VR sollen so über die insgesamt bestehenden Verträge informiert werden, um sodann die Entscheidungen im Hinblick auf § 78 VVG treffen zu können.

2 Zudem soll das Risiko vermieden werden, dass der VN aufgrund der in Betracht kommenden Leistungen durch mehrere VR sorgloser mit dem versicherten Interesse umgeht. Anwendung findet § 77 VVG in der gesamten Schadensversicherung, insbesondere der Haftpflicht-, der Rechtsschutz- als auch der Krankenversicherung (soweit diese Schutz nach den Grundsätzen der Schadensversicherung gem. § 194 Abs. 1 S. 1 VVG gewährt). Keine Anwendung findet § 77 VVG bei der Summenversicherung (BGH, VersR 1989, 1250), obwohl auch hier dasselbe versicherte Risiko vorliegen kann (z.B. Tagegeld in der Kranken- oder Unfallversicherung). Durch vertragliche Vereinbarung der Anzeigepflicht als Obliegenheit kann der VR sich jedoch auch in der Summenversicherung gegen die entsprechende Risikoerhöhung schützen.

B. Norminhalt

I. Verschiedene Arten von Mehrversicherungen

Zu unterscheiden sind verschiedene Arten von Mehrversicherungen. Gemeinsam ist allen Mehrversicherungen, dass **dasselbe Interesse und dieselbe Gefahr bei verschiedenen VR** versichert sind. 3

Die Mehrfachversicherung ist eine Neben- oder Mitversicherung bei der eine **Überdeckung** gegeben ist. Die Neben- und die Mitversicherung unterscheiden sich dadurch, dass im Fall der **Mitversicherung** die VR einvernehmlich zusammenwirken. Dies ist bei der **Nebenversicherung** nicht der Fall (zur Abgrenzung s. Rdn 20). 4

Praxistipp
Hinsichtlich der Terminologie ist zu beachten, dass die frühere Doppelversicherung (§ 59 VVG a.F.) seit der VVG-Reform Mehrfachversicherung genannt wird.

II. Identität des versicherten Interesses und der versicherten Gefahr

Die Mitteilungspflicht setzt voraus, dass der VN bei mehreren VR ein Interesse gegen dieselbe Gefahr versichert hat. Hierbei ist zu beachten, dass dasselbe Interesse bei verschiedenen VR versichert werden kann, ohne das auch dieselbe Gefahr versichert ist. So ist bei der Privathaftpflicht- und der Grundstückshaftpflichtversicherung das gleiche Interesse versichert, nämlich die geltend gemachten Schadensersatzansprüche Dritter gegen den Versicherten abzuwehren oder zu decken. In der Privathaftpflichtversicherung ist aber z.B. das Risiko aus der Vermietung von Wohnungen ausgeschlossen, in der Grundstückshaftpflichtversicherung hingegen nicht (vgl. OLG Nürnberg, VersR 1997, 180; VersR 1976, 330). 5

Hieraus ergibt sich, dass Vollidentität dann anzunehmen ist, wenn Interesse und Gefahr vollständig übereinstimmen. § 77 VVG ist aber auch dann anwendbar, wenn das versicherte Interesse und die versicherte Gefahr nur teilweise identisch sind. Hier liegen Neben- und Mehrfachversicherung nur in dem sich deckenden Bereich vor, so dass z.B. bei Zeit- und Neuwertversicherung Identität nur insoweit vorliegt, als beide Versicherungen den Zeitwert abdecken. 6

Beispiele
- für Vollidentität:
    - Dieselbe Sache ist durch die Eigenversicherung des Eigentümers und die Fremdversicherung des rechtmäßigen Besitzers versichert (BGH, NJW-RR 1988, 727).
    - Ein in einer Tiefgarage abgestelltes Auto ist über die Kfz-Kaskoversicherung des Eigentümers und über die Kfz-Bewachungsversicherung des Parkplatzbetreibers versichert.

- Doppelte Rechtsschutzversicherung über den Fahrer einerseits und den Halter andererseits.
- Haftpflichtversicherungen der Zugmaschine und des Anhängers begründen für das aus beiden Fahrzeugen gebildete Gespann eine Mehrfachversicherung (BGH, VersR 2011, 105).
- Grundstück über Grundstückshaftpflichtversicherung und über Privathaftpflichtversicherung versichert (OLG Nürnberg, VersR 1976, 330).
- Zur Tierhalterhaftpflichtversicherung und allgemeiner Privathaftpflichtversicherung (OLG Nürnberg, VersR 1997, 180).
- für Teilidentität:
    - Zeitwert- und Neuwertversicherung bestehen nebeneinander.
    - Die Sache ist einzeln und auch als Teil eines Inbegriffs versichert.
    - Gleichzeitiges Bestehen einer All-Risk-Versicherung und einer Transportversicherung (BGH, NJW-RR 1988, 727).
    - Nebeneinanderbestehen einer privaten Haftpflichtversicherung und einer Sport-Haftpflichtversicherung (LG Düsseldorf VersR 1984, 477).
- für fehlende Identität
    - Eigentümer nimmt zugleich seine Sachversicherung und die Haftpflichtversicherung des Schädigers in Anspruch (BGH, MDR 1962, 283; a.A. OLG München, VersR 2005, 500).
    - Bei verschiedenen VN, wenn der eine Eigentümerinteresse und der andere sein Gebrauchs- oder Wiederherstellungsinteresse versichert hat (OLG München, VersR 1986, 1116).
    - Betriebshaftpflichtversicherung eines Flughafens und die Privathaftpflichtversicherung eines Fluggastes (OLG Stuttgart, VersR 2009, 206).

III. Identität des VN

7 Identität des VN ist in den Fällen der Mehrfachversicherungen nicht erforderlich. Eine Mehrfachversicherung ist demnach auch bei Eigen- und Fremdversicherung möglich (BGH, NJW-RR 1988, 727).

IV. Identität von Zeit und Ort

8 Nur dann, wenn die mehreren Versicherungen auch zeitlich und räumlich gleich gelagert sind, decken sie sich und § 77 VVG findet Anwendung. Es kommt hingegen nicht darauf an, wann die VV geschlossen worden sind. Hier kann es zu zeitlichen Differenzen kommen, die unschädlich sind.

V. Umfang der Anzeigepflicht

9 Der VN hat unverzüglich (§ 121 BGB) nach Abschluss **jedem VR** die andere Versicherung mitzuteilen. Hierbei sind der **andere VR** und die **VersSumme** anzugeben. Eine besondere Form ist nicht vorgegeben.

10 § 77 Abs. 1 VVG ist nur auf die Neben- und die Mehrfachversicherung anwendbar.

§ 77 Abs. 2 VVG erstreckt die Anzeigepflicht auf eine spezielle Form der **offenen Mitversicherung**, bei der der VN bei einem VR eine **Gewinnversicherung** und bei einem anderen VR eine **Substanzverlustverletzung** abschließt.

I.Ü. ist § 77 VVG auf die Fälle der Mitversicherung nicht anwendbar. Bei der Mitversicherung gelten hingegen die Regeln über die Überversicherung, soweit die Summe der Vers-Summen der einzelnen VV den Versicherungswert übersteigt. Eine Mehrfachversicherung kann nur dann vorliegen, wenn der VN das Interesse und die Gefahr nicht nur durch die Mitversicherer, sondern auch bei einem weiteren VR abdecken lässt.

Die Anzeigepflicht setzt anders als das Vorliegen einer Mehrfachversicherung keine Identität des VN voraus. Eine Anzeigepflicht kann nur dann erwartet werden, wenn Personenidentität besteht.

VI. Keine Hinweispflicht des Versicherers

Im Gesetzgebungsverfahren wurde vom Bundesrat gefordert, einen § 77 Abs. 3 VVG anzufügen. Dieser sollte folgenden Wortlaut haben:

> „Vor dem Abschluss eines Versicherungsvertrags hat der Versicherer den Versicherungsnehmer auf dessen nach den Absätzen 1 und 2 bestehende Verpflichtung hinzuweisen."

Der Bundesrat begründete den Vorschlag mit den Gedanken des Verbraucherschutzes durch den Hinweis des VR solle der VN vor aus Mehrfachversicherungen möglicherweise resultierenden Problemen gewarnt werden. Es könne nicht ausgeschlossen werden, dass sich ein mündiger Verbraucher der normierten Pflichten in den vorhergehenden Absätzen nicht hinreichend bewusst sei (vgl. BT-Drucks 16/3945, Stellungnahme des Bundesrates, S. 126/127). Eine solche Hinweispflicht wurde jedoch nicht in das Gesetz übernommen. Hierzu besteht auch kein Anlass, da die AVB nochmals ausdrücklich auf die Anzeigepflicht aufmerksam machen und auch die Rechtsfolgen der Verletzung der Anzeigepflicht separat regeln. Aber selbst, wenn derartige Hinweise in den AVB fehlen, ist aufgrund des bewussten Fehlens einer gesetzlichen Hinweispflicht kein Raum für die Annahme einer Hinweispflicht nach den Grundsätzen von Treu und Glauben.

C. Rechtsfolgen

Das Gesetz sieht keine Sanktionen vor. Es kommt also auf die konkreten vertraglichen Vereinbarungen an. Diese sehen i.d.R. ein **Kündigungsrecht** des VR bei Verletzung der Anzeigepflicht durch den VN oder eine **vollständige oder teilweise Leistungsfreiheit** des VR vor, es sei denn, der VR hat schon vor Eintritt des Versicherungsfalls Kenntnis von der anderen Versicherung erlangt. Ansonsten ergeben sich die Rechtsfolgen der Anzeigepflichtverletzung aus den allgemeinen Vorschriften (s. § 19 Rdn 106 ff.).

D. Prozessuales

I. Beweislast

16 Der **VR** hat die **Anzeigepflichtverletzung** zu beweisen. Der **VN** hat zu beweisen, dass die Anzeigepflichtverletzung **nicht auf Verschulden** beruht. Auch muss der VN beweisen, dass der VR **Kenntnis** von der Mehrfachversicherung hat.

II. (Prozess-) Führungsklauseln im Fall der offenen Mitversicherung

17 Üblich sind bei der offenen Mitversicherung (Prozess-) Führungsklauseln. Ein VR wird bevollmächtigt, entweder Willenserklärungen, Anträge, Anzeigen etc. für alle beteiligten VR nur entgegenzunehmen (passive Vollmacht) oder auch darüber hinaus im Namen der anderen VR Erklärungen abzugeben, Prozesse zu führen etc. (aktive Vollmacht). Sinn der Führungsklausel ist regelmäßig eine vereinfachte Vertragsabwicklung zu ermöglichen, die gerade unter der Leitung des führenden VR erreicht werden soll. Eine Führungsklausel in einem Transportversicherungsvertrag ermächtigt den VR auch dazu, Regressansprüche der Mitversicherer im eigenen Namen geltend zu machen (BGH, VersR 2002, 117; OLG Schleswig, NJOZ 2007, 580). Der Umfang einer (Prozess-) Führungsklausel ist im Zweifel durch Auslegung zu ermitteln (zur Reichweite einer Prozessführungsklausel bei Mitversicherung s.a. OLG Bremen, VersR 1994, 709. Vertiefend: *Lange/Dreher*, VersR 2008, 289).

III. Anfechtung wegen arglistiger Täuschung

18 Wenn ein VN einen Anspruch geltend macht und dabei den Umstand der Doppelversicherung (= Mehrfachversicherung) verschweigt, kann auch Leistungsfreiheit des VR wegen arglistiger Täuschung des VN in Betracht kommen (OLG Hamm, VersR 2007, 1221).

E. Abdingbarkeit

19 Die Vorschrift ist **dispositiv** (§ 87 VVG).

F. Übersicht: Abgrenzung der Mehrfachversicherung von der Nebenversicherung

20

Nebenversicherung	Mehrfachversicherung i.S.d. § 78 Abs. 1 VVG	Mitversicherung
– Liegt vor, wenn der VN bei mindestens zwei verschiedenen VR getrennte VV für dasselbe Interesse und in Bezug auf dasselbe Risiko abgeschlossen hat. – Der Gesamtbetrag der Vers-Summen übersteigt aber **nicht** den Versicherungswert. – Die verschiedenen VR versichern nur den bei den übrigen VR nicht gedeckten Teil des Versicherungswerts.	– Liegt vor, wenn der VN bei mindestens zwei verschiedenen VR getrennte VV für dasselbe Interesse und in Bezug auf dasselbe Risiko abgeschlossen hat. – Der Gesamtbetrag der Vers-Summen übersteigt den Versicherungswert **oder** die Summe der Entschädigungen, die von jedem einzelnen VR ohne Bestehen der anderen VV zu zahlen wäre, übersteigt den Gesamtschaden. – Entscheidender Zeitpunkt ist der Eintritt des Versicherungsfalls.	**Verdeckte Mitversicherung:** – Es gibt nur einen VV zwischen VN und VR. – VR schließt weitere VV mit anderen VR zwecks Aufteilung des Risikos (Art der Rückversicherung). **Offene Mitversicherung:** – VN schließt mit mehreren VR, die sich einverständlich auf die Deckung des Risikos einigen, mehrere selbstständige VV. – Jeder VR übernimmt eine Haftungsquote und erhält einen entsprechenden Teil der Prämie. – Aus dem Versicherungsschein muss hervorgehen, dass mehrere VR beteiligt sind, wobei es ausreichend ist, wenn unter der Rubrik „Versicherer" steht „In Vollmacht der beteiligten Gesellschaften" (OLG Hamburg, VersR 1984, 980).

(Quelle: *Neuhaus/Kloth*, Praxis des neuen VVG, S. 83)

§ 78 VVG Haftung bei Mehrfachversicherung

(1) Ist bei mehreren Versicherern ein Interesse gegen dieselbe Gefahr versichert und übersteigen die Versicherungssummen zusammen den Versicherungswert oder übersteigt aus anderen Gründen die Summe der Entschädigungen, die von jedem Versicherer ohne Bestehen der anderen Versicherung zu zahlen wären, den Gesamtschaden (Mehrfachversicherung), haften die Versicherer in der Weise als Gesamtschuldner, dass jeder Versicherer den von ihm nach dem Vertrag zu leistenden Betrag

zu zahlen hat, der Versicherungsnehmer aber insgesamt nicht mehr als den Betrag des Schadens verlangen kann.

(2) Die Versicherer sind im Verhältnis zueinander zu Anteilen nach Maßgabe der Beträge verpflichtet, die sie dem Versicherungsnehmer nach dem jeweiligen Vertrag zu zahlen haben. Ist auf eine der Versicherungen ausländisches Recht anzuwenden, kann der Versicherer, für den das ausländische Recht gilt, gegen den anderen Versicherer einen Anspruch auf Ausgleichung nur geltend machen, wenn er selbst nach dem für ihn maßgeblichen Recht zur Ausgleichung verpflichtet ist.

(3) Hat der Versicherungsnehmer eine Mehrfachversicherung in der Absicht vereinbart, sich dadurch einen rechtswidrigen Vermögensvorteil zu verschaffen, ist jeder in dieser Absicht geschlossene Vertrag nichtig; dem Versicherer steht die Prämie bis zu dem Zeitpunkt zu, zu dem er von den die Nichtigkeit begründenden Umständen Kenntnis erlangt.

Übersicht

	Rdn
A. Normzweck	1
B. Norminhalt	4
I. Mehrfachversicherung (§ 78 Abs. 1 VVG)	4
1. Erste Alternative	5
2. Zweite Alternative	10
II. Regelung zum internen Ausgleich der VR untereinander (§ 78 Abs. 2 VVG)	13
1. Allgemeines	13
2. Subsidiaritätsklauseln	16
3. Ausgleich zwischen Sach- und Haftpflichtversicherer i.R.d. Mieterregresses	18
a) Grundsätze	19
b) Berechnung des Ausgleichsanspruchs nach der 50/50-Regelung	31
c) Relative Berechnungsmethode	34
d) Stellungnahme	35
4. Verjährung des Ausgleichsanspruchs	37
5. Beweislastgrundsätze für den Ausgleichsanspruch	38
6. Auswirkungen des Regressverzichtsabkommens	39
7. Sonderregelung bei Geltung von ausländischem Recht	40
III. Betrügerische Mehrfachversicherung	41
C. Rechtsfolgen	42
I. Haftungsumfang im Außenverhältnis	42
II. Rechtsfolge für den Anspruch des VN	45
III. Rechtsfolge für die Ansprüche der VR untereinander	46
IV. Betrügerische Mehrfachversicherung	47
V. Beispielsfälle	48
D. Prozessuales	49
I. Beweislast	49
II. Verjährung	54
III. Sonstiges	55
E. Abdingbarkeit	56

A. Normzweck

1 Anknüpfend an § 77 VVG regelt § 78 VVG die Haftung im Fall der Mehrversicherung i.S.e. Mehrfachversicherung mit dem Ziel, eine **Bereicherung des VN zu verhindern**, ohne eine Mehrfachversicherung zu verbieten. Die Regelung soll der ansonsten gegebenen

Möglichkeit entgegenwirken, dass der VN für denselben Schaden eine Entschädigung erhält, die über den Schaden hinausgeht. Gleichzeitig werden die Ansprüche der VR untereinander und der Fall einer betrügerischen Mehrfachversicherung geregelt.

Anwendbar ist die Vorschrift auf die gesamte Schadensversicherung, die Sachversicherung, die Haftpflicht- und Rechtsschutzversicherung sowie die Krankenversicherung, soweit sie Versicherungsschutz nach den Grundsätzen der Schadensversicherung gewährt. 2

Der BGH hat für § 59 VVG a.F. entschieden, dass die Vorschrift **entsprechend anwendbar** ist, wenn der VN dasselbe Interesse durch zwei getrennte VV bei demselben VR versichert hat. Fällt ein Versicherungsfall unter beide VV, kann der VN insgesamt nicht mehr als den Betrag seines Schadens verlangen. Er kann jedoch die VersSumme beider VV voll ausnutzen (BGH, r+s 1991, 224). § 78 VVG, der **§ 59 VVG a.F.** weitestgehend entspricht, ist auf einen derartigen Fall entsprechend anwendbar. 3

B. Norminhalt

I. Mehrfachversicherung (§ 78 Abs. 1 VVG)

Wie unter § 77 VVG bereits dargelegt, beschreibt § 78 Abs. 1 VVG den **Begriff** der Mehrfachversicherung. Hierbei ist wie folgt zu unterscheiden: 4

1. Erste Alternative

Nach der ersten Alternative von § 78 Abs. 1 VVG müssen die **Versicherungssummen** zusammen den **Versicherungswert übersteigen**. In diesem Fall ist eine Überversicherung entstanden. § 78 VVG erfordert jedoch anders als § 74 VVG kein „*erhebliches*" Übersteigen. 5

Schaubild: 6

§ 78 Abs. 1 1. Alt		
Versicherungssumme bei Versicherer 1		
Versicherungssumme bei Versicherer 2	Summe der einzelnen Versicherungssummen übersteigt den Versicherungswert zum Zeitpunkt des Eintritts des Versicherungsfalles	
Versicherungssumme bei Versicherer 3		Versicherungswert
Versicherungssumme bei Versicherer 4	KEIN erhebliches Übersteigen erforderlich	
Versicherungssumme bei Versicherer ...		

Zum Begriff des Versicherungswerts s. die Kommentierungen zu §§ 88, 136 VVG (vgl. § 88 Rdn 4 ff., § 136 Rdn 4 ff.). **Entscheidender Zeitpunkt** für die **Feststellung des Versicherungswerts** ist der Zeitpunkt des **Eintritts des Versicherungsfalls**. Sind bei den ver- 7 schiedenen VV verschiedene Versicherungswerte angegeben, ist der höhere Versicherungswert der Summe der VersSummen ggü.zustellen.

8   Problematisch ist die Gegenüberstellung, wenn eine Versicherung einen **Inbegriff von Sachen** umfasst, die andere Versicherung aber nur einen **Teil dieser Sachen**. In einem solchen Fall muss die VersSumme der Inbegriffversicherung aufgeteilt werden, damit dann die Summe der VersSummen ermittelt und dem Versicherungswert ggü. gestellt werden kann.

9   **Praxistipp**
Vereinbarte **Selbstbehalte** sind zunächst zu berücksichtigen und abzuziehen. Führt die Berücksichtigung des Selbstbehaltes dann dazu, dass die VersSummen der VR abzgl. der Selbstbehalte in ihrer Addition den Versicherungswert nicht übersteigen, ist § 78 VVG nicht anwendbar, da die Vorschrift nach ihrem Sinn und Zweck nur dann eingreift, wenn die Summe der nach den einzelnen VVn zu zahlenden Entschädigung höher ist als der Gesamtschaden. Demnach ist die Vorschrift auch anwendbar, wenn zwar die Gesamtheit der VersSummen niedriger ist als der Versicherungswert, aber Erstrisikosummen vereinbart wurden, deren Addition den tatsächlichen Schaden übersteigt. Beträgt die bei einem VR vereinbarte Erstrisikosumme bspw. 50.000 EUR und die bei einem zweiten VR vereinbarte Erstrisikosumme 25.000 EUR und tritt ein Teilschaden von 50.000 EUR ein bei einem tatsächlichen Versicherungswert von 200.000 EUR, so ist zwar die Summe der Erstrisikosummen niedriger als der Versicherungswert. Da aber der VN nach den vereinbarten VV eine Gesamtentschädigung von 75.000 EUR erhalten würde, die höher ist als der Teilschaden von 50.000 EUR, greift § 78 VVG (s.a. Rdn 10 f.).

2. Zweite Alternative

10 Nach der zweiten Alternative in § 78 Abs. 1 VVG liegt eine Mehrfachversicherung auch dann vor, wenn die **Summe der Entschädigungen**, die von jedem VR ohne Bestehen der anderen Versicherung zu zahlen wären, den **Gesamtschaden übersteigt**.

11 Praktisch bedeutsam ist diese Alternative bei Bestehen mehrerer Haftpflichtversicherungen, bei denen kein Versicherungswert besteht und somit die erste Alternative ausscheidet. Auch wenn zwei Erstrisikoversicherungen bestehen oder eine Erstrisikoversicherung zusammen mit einer normalen Versicherung besteht, kommt das Vorliegen der zweiten Alternative in Betracht, da der ErstrisikoVR unabhängig vom Bestehen einer Unterversicherung bis zur VersSumme zahlt. Ein weiterer praktischer Anwendungsfall ist das Bestehen mehrerer Krankheitskostenversicherungen.

Schaubild: 12

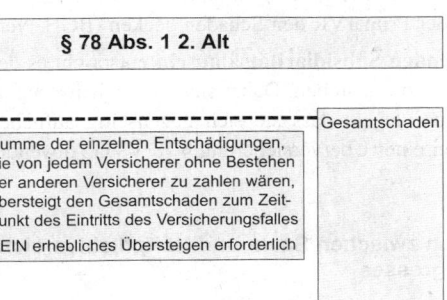

II. Regelung zum internen Ausgleich der VR untereinander (§ 78 Abs. 2 VVG)

1. Allgemeines

Die Möglichkeit des VN, die VR als Gesamtschuldner in Anspruch nehmen zu können, bedingt auf der anderen Seite die Regelung der internen Haftung der VR untereinander. Dies ist in § 78 Abs. 2 VVG geregelt.

Voraussetzung für einen internen Ausgleich ist, dass der **VR leistungspflichtig** ist. Ist der VR zum Zeitpunkt des Versicherungsfalls ganz oder teilweise leistungsfrei, besteht gegen ihn auch kein Ausgleichsanspruch, da der VR auch nicht als Gesamtschuldner mithaftet (BGH, VersR 1986, 380).

Entscheidend ist die Leistungspflicht des VR **zum Zeitpunkt des Eintritts des Versicherungsfalls** (BGH, VersR 2006, 1536). Es kommt also nicht darauf an, ob der VR nach dem Versicherungsfall aufgrund einer Obliegenheitspflichtverletzung des VN diesem ggü. leistungsfrei geworden ist. In einem solchen Fall hätte ansonsten der VN die Möglichkeit durch eine Obliegenheitspflichtverletzung nach dem Versicherungsfall eine alleinige Eintrittspflicht des anderen VR herbeizuführen. Dieses Ergebnis ist auch nicht unbillig, da dem (an sich) leistungsfreien VR die Möglichkeit bleibt, sich im Innenverhältnis dem anderen VR ggü. auf die Leistungsfreiheit in gleicher Weise zu berufen, wie ggü. dem VN selbst (mit entsprechender Beweislastverteilung, vgl. BGH, VersR 1986, 380).

2. Subsidiaritätsklauseln

Die Vereinbarung von Subsidiaritätsklauseln, nach denen der VR nur dann eintrittspflichtig ist, wenn nicht ein anderer VR für den Schaden aufzukommen hat, ist **möglich** (BGH, VersR 2004, 994). § 78 Abs. 2 VVG greift dann nicht ein. Leistet der SekundärVR ungeachtet der Klausel, geht der Anspruch des VN gegen den PrimärVR auf den SekundärVR über. Der VN ist Dritter i.S.d. § 86 Abs. 1 VVG. Im Ergebnis muss also auch in diesem Fall letztlich der PrimärVR den Schaden decken (BGH, VersR 1989, 250).

17 Bei **kollidierenden Subsidiaritätsklauseln** entspricht es dem Willen der Beteiligten, den VN nicht schutzlos zu stellen. Daher sind die gleichwertigen Subsidiaritätsklauseln ergänzend dahin auszulegen, dass sie sich gegenseitig aufheben (**Neutralisierung**), mit der Folge, dass bei einer Überversicherung § 78 VVG Anwendung findet (BGH, VersR 2014, 450). .

3. Ausgleich zwischen Sach- und Haftpflichtversicherer i.R.d. Mieterregresses

18 Zum Ausgleich zwischen Sach- und HaftpflichtVR i.R.d. Mieterregresses s.a. die Kommentierung zu § 86 (vgl. § 86 Rdn 56 ff.).

a) Grundsätze

19 Beschädigt ein Mieter das versicherte Gebäude seines Vermieters, ist der GebäudeVR ggü. seinem VN (= Vermieter) leistungspflichtig. Ein **Ersatzanspruch des Vermieters** gegen den Mieter **geht** nach § 86 Abs. 1 S. 1 VVG **auf den GebäudeVR** über.

20 Im Wege der ergänzenden Vertragsauslegung wird ein **Regressverzicht** des VR für die Fälle angenommen, in denen der Mieter einen Schaden am Gebäude des Vermieters durch **leichte Fahrlässigkeit** verursacht hat (BGH, VersR 2001, 94; BGH VersR 2001, 856; BGH, VersR 2002, 433; BGH VersR 2005, 498; BGH, VersR 2006, 1530).

21 Dem GebäudeVR ist der **Regress** auch dann **verwehrt**, wenn der Mieter eine HaftpflichtVR versicherung unterhält, die Ansprüche wegen Schäden an gemieteten Sachen deckt (BGH, VersR 2006, 1536; r+s 2001, 71).

22 Hierdurch soll vermieden werden, dass ein Regress des GebäudeVR das Mietverhältnis zwischen Vermieter und Mieter belastet. Der Vermieter ist grds. daran interessiert, das i.d.R. auf längere Zeit angelegte Vertragsverhältnis zu seinem Mieter so weit wie möglich nicht zu belasten, während der Mieter erwartet, dass er im Fall des Eintritts eines durch den GebäudeVR gedeckten Schadens, nicht in Anspruch genommen wird. Bei einer streitigen Auseinandersetzung müsste aber der Vermieter seinen GebäudeVR und der Mieter seinen HaftpflichtVR unterstützen. Im schlimmsten Fall könnte der haftpflichtversicherte Mieter den Deckungsprozess gegen den HaftpflichtVR und den Prozess gegen den GebäudeVR verlieren. Er stünde dann sogar noch schlechter als ein nicht haftpflichtversicherter Mieter. Auch darf der Mieter, der anteilig die Versicherungsprämie des GebäudeVR über die Zahlung von Nebenkosten mitfinanziert und damit als „**Quasi-VN**" zu behandeln ist, erwarten, am Gebäudeversicherungsschutz zu partizipieren. Zudem bestünde ohne einen Regressverzicht insoweit ein Wertungswiderspruch, als der GebäudeVR im Fall der leicht fahrlässigen Herbeiführung des Schadens durch den Vermieter selbst vollständig leistungspflichtig ist.

Um die Interessen des GebäudeVR, dem ein Regress gegen den Mieter verwehrt ist, zu wahren, steht ihm in dem Fall, in dem der Mieter haftpflichtversichert ist, gegen diesen HaftpflichtVR ein Anspruch auf anteiligen Ausgleich zu. Einen vollen Ausgleich im Deckungsumfang der Haftpflichtversicherung kann er nicht verlangen (BGH, r+s 2006, 500). Die Entscheidung des BGH nimmt Bezug auf § 59 Abs. 2 S. 1 VVG a.F. Diese Regelung wurde inhaltlich in § 78 Abs. 2 S. 1 VVG übernommen. Der Anspruch des GebäudeVR gegen den HaftpflichtVR auf anteiligen Ausgleich wird entsprechend den Grundsätzen der Doppelversicherung (§ 59 Abs. 2 S. 1 VVG a.F., jetzt Mehrfachversicherung) angenommen (BGH, r+s 2006, 500). 23

Voraussetzung des direkten Ausgleichsanspruchs zwischen dem GebäudeVR und dem HaftpflichtVR entsprechend § 78 Abs. 2 S. 1 VVG (= § 59 Abs. 2 S. 1 VVG a.F.) ist, dass der jeweilige Mieter als VN einen Schaden, für welchen der GebäudeVR ggü. seinem VN (= Vermieter) einzustehen hatte, schuldhaft mit **leichter Fahrlässigkeit** handelnd herbeigeführt hat. 24

Eine direkte Inanspruchnahme des HaftpflichtVR scheidet hingegen lediglich **quotal** entsprechend der Schwere des Verschuldens aus, wenn sein VN (= Mieter) **grob fahrlässig** gehandelt hat, da in diesem Fall der Rückgriff gegen den Mieter anteilig nicht ausgeschlossen ist (OLG Koblenz, VersR 2014, 1500). Dies folgt aus dem Wegfall des Alles-oder-Nichts-Prinzips. Während nach altem Recht eine direkte Inanspruchnahme des HaftpflichtVR vollständig möglich war, wenn Vorsatz oder grobe Fahrlässigkeit des Mieters anzunehmen war, gilt dies nach der VVG-Reform nur noch für den Fall des **vorsätzlichen Handelns** des Mieters. 25

Der HaftpflichtVR ist dann nicht einstandspflichtig, wenn seinem VN (= Mieter) ein Verschulden auch i.S.e. einfachen Fahrlässigkeit nicht angelastet werden kann. In einem solchen Fall haftet der VN (= Mieter) nicht, weshalb kein Haftpflichtfall zulasten des HaftpflichtVR vorliegt. 26

Folgende Fallkonstellationen sind also zu unterscheiden: 27

Mieter handelt vorsätzlich	Vollständige Regressmöglichkeit des GebäudeVR gegen den Mieter.
Mieter handelt grob fahrlässig	Quotale Regressmöglichkeit des GebäudeVR je nach Schwere des Verschuldens i.H.d. Verschuldensquote. Bei einer Verschuldensquote von 20 % ist somit ein einteiliger Regressverzicht i.H.v. 80 % anzunehmen. Der direkte Ausgleichsanspruch des GebäudeVR gegen den HaftpflichtVR analog § 78 Abs. 2 S. 1 VVG ist i.H.v. 80 % möglich.

Mieter handelt leicht fahrlässig	Regressverzicht. Im Fall des Bestehens einer Haftpflichtversicherung des Mieters: direkter Ausgleichsanspruch des GebäudeVR gegen den HaftpflichtVR analog § 78 Abs. 2 S. 1 VVG.
Mieter handelt schuldlos	Keinerlei Haftung des Mieters.

28 **Praxistipps**
Es gibt **keine Regressbeschränkung** wenn nicht der GebäudeVR sondern der **HausratVR** des Vermieters bzgl. dessen Hausratschadens regressiert. Dann ist also auch bei leichter Fahrlässigkeit ein Regress in voller Höhe möglich (BGH, GuT 2008, 216).
Der Regressverzicht des GebäudeVR bei leicht fahrlässig verursachten Schäden am Gebäude durch den Mieter erstreckt sich ebenfalls nicht auf den Direktanspruch gegen die Kfz-Haftpflichtversicherung des Mieters (OLG Nürnberg, VersR 2009, 65).

29 Was die Frage des Ausgleichs zwischen Gebäude- und HaftpflichtVR anbelangt, hat der BGH ausgeführt, dass der Ausgleich nach dem Verhältnis der jeweiligen Leistungspflicht zu erfolgen hat. Das gelte jedoch nur, soweit die Ersatzverpflichtungen deckungsgleich seien. In den Ausgleich könnten deshalb nur der **Zeitwert und die Positionen eingesetzt werden, die der HaftpflichtVR auch zu ersetzen habe** (BGH, r+s 2006, 500 [unter II 2.]).

30 Die bedauerlicherweise nicht ganz eindeutigen Ausführungen des BGH haben zwei unterschiedliche Berechnungsmethoden nach sich gezogen:

b) Berechnung des Ausgleichsanspruchs nach der 50/50-Regelung

31 Hiernach ergibt sich aus den Ausführungen des BGH (r+s 2006, 500), dass bei der Berechnung des Ausgleichsanspruchs nicht die unterschiedlichen Leistungspflichten in ein Verhältnis zueinander gesetzt werden dürfen, dass der GebäudeVR also nicht seine weiter gehende Leistungspflicht, die darauf beruht, dass er Positionen zu ersetzen hat, für welche der Schadensersatzpflichtige nach § 249 BGB nicht haftet, für welche also auch der HaftpflichtVR nicht einstehen muss, in die Berechnung einstellen darf (OLG Karlsruhe, VersR 2008, 639; OLG Koblenz, r+s 2007, 376; s.a. *Neugebauer*, VersR 2007, 623; *Schwickert*, VersR 2007, 773; *Grommelt*, r+s 2007, 230).

32 Dies führt zu einer jeweils 50 %igen Haftung von GebäudeVR und HaftpflichtVR und damit zu einem Ausgleichsanspruch des GebäudeVR in analoger Anwendung von § 79 Abs. 2 S. 1 VVG (= § 59 Abs. 2 S. 1 VVG a.F.) i.H.d. Hälfte des Betrages, den beide gemeinsam abzudecken haben. Dies ist praktisch die Hälfte der Summe aus dem Zeitwert i.S.d. Gebäudeversicherung (§ 14 VGB 88) und den zu ersetzenden „Mietsachschäden" i.S.d. Haftpflichtversicherung (§ 1 AHB 98; so OLG Köln, VersR 2007, 1411; *Neugebauer*, VersR 2007, 623; *Schwickert*, VersR 2007, 773; *Grommelt*, r+s 2007, 230; OLG Karlsruhe, VersR 2008, 639).

Beispiel
Eintrittspflicht des GebäudeVR: 6.000 EUR
Bereinigte, in die Berechnung einzustellende, Leistungspflicht: 4.000 EUR
Eintrittspflicht des HaftpflichtVR: 4.000 EUR
Ergebnis: Da die bereinigte Leistungspflicht des GebäudeVR stets der Höhe der Leistungspflicht des HaftpflichtVR entspricht, haftet jeder VR i.H.v. 50 % des Zeitwertschadens. Der Ausgleichsanspruch des GebäudeVR beträgt dann 2.000 EUR, sodass er insgesamt 4.000 EUR und damit $^2/_3$ des Gesamtschadens zu tragen hat.

$$\text{Ausgleichsanspruch des GebäudeVR} = \frac{\text{Entschädigungspflicht des HaftpflichtVR} \times \text{bereinigte Entschädigungspflicht des GebäudeVR}}{\text{Entschädigungspflicht des HaftpflichtVR} + \text{bereinigte Entschädigungspflicht des GebäudeVR}}$$

$$\text{Ausgleichsanspruch des GebäudeVR} = \frac{4.000 \text{ EUR} \times 4.000 \text{ EUR}}{8.000 \text{ EUR } (4.000 \text{ EUR} + 4.000 \text{ EUR})}$$

$$\text{Ausgleichsanspruch des GebäudeVR} = 2.000 \text{ EUR}$$

Denkbar ist, dass die Leistungspflicht des HaftpflichtVR z.B. wegen eines vereinbarten Selbstbehalts oder wegen Überschreitens der Deckungssumme hinter der des GebäudeVR zurückbleibt. Dies führt dann zu einer verhältnismäßigen Kürzung des Ausgleichsanspruchs. Denn nach § 78 Abs. 2 S. 1 VVG ist die Entschädigungspflicht „nach dem jeweiligen Vertrag" maßgebend.

Beispiel
Beträgt die Leistungspflicht des HaftpflichtVR nach dem jeweiligen Vertrag lediglich 3.500 EUR, so verkürzt sich der Ausgleichsanspruch auf 1.866,67 EUR.

$$\text{Ausgleichsanspruch des GebäudeVR} = \frac{3.500 \text{ EUR} \times 4.000 \text{ EUR}}{7.500 \text{ EUR } (3.500 \text{ EUR} + 4.000 \text{ EUR})}$$

$$\text{Ausgleichsanspruch des GebäudeVR} = 1.866,67 \text{ EUR}$$

c) Relative Berechnungsmethode

Bei der relativen Berechnungsmethode werden die ungekürzten Summen in Ansatz gebracht. Es sind die im Innenverhältnis zu tragenden Anteile der VR im Verhältnis ihrer individuellen Vertragspflichten zum Neuwertschaden zu berechnen (LG Kassel, VersR 2007, 986; LG Karlsruhe, r+s 2007, 380; s.a. *Günther*, Anm. zu BGH, VersR 2006, 1536, 1539, 1542; *Günther*, VersR 2007, 1652, der jedoch zuvor noch davon ausging, dass die analoge Anwendung von § 59 Abs. 2 S. 1 VVG a.F. zu einer hälftigen Teilung zwischen den VR führen würde, s. Anm. zu OLG Köln, VersR 2004, 593, 595; ebenso LG Köln, VersR 1982, 1165; *Wälder*, r+s 2007, 381).

§ 78 VVG

Beispiel
Eintrittspflicht des GebäudeVR: 6.000 EUR (Neuwert)
Eintrittspflicht des HaftpflichtVR: 4.000 EUR (Zeitwert)
Ergebnis: Dem GebäudeVR steht ein Ausgleichsanspruch i.H.v. 2.400 EUR gegen den HaftpflichtVR nach folgender Berechnungsformel zu.

$$\text{Ausgleichsanspruch des GebäudeVR} = \frac{\text{Entschädigungspflicht des HaftpflichtVR im Außenverhältnis}}{\text{Summe der Entschädigungspflichten im Außenverhältnis}} \times \text{Gesamtschaden}$$

$$\text{Ausgleichsanspruch des GebäudeVR} = \frac{4.000 \text{ EUR} \times 6.000 \text{ EUR}}{10.000 \text{ EUR}}$$

$$\text{Ausgleichsanspruch des GebäudeVR} = 2.400 \text{ EUR}$$

Der GebäudeVR muss somit selbst 3.600 EUR (= 60 % des Gesamtschadens) zahlen; der HaftpflichtVR 40 % = 2.400 EUR.

d) Stellungnahme

35 Die lange streitige Frage (s. die Kommentierung in der Voraufl. § 78 Rn 27 ff.) ist durch Urteil des BGH (BGH, VersR 2008, 1108, geklärt. Der BGH folgt der erstgenannten Berechnungsmethode. Danach ist bei der Vergleichsberechnung aufseiten des GebäudeVR lediglich der Haftpflichtschaden zu berücksichtigen. Dies ergebe sich bereits aus dem früherem Urteil (BGH, VersR 2006, 1536). Die relative Berechnungsmethode „*lasse den tragenden Grund für die Zubilligung des Ausgleichsanspruchs analog § 59 Abs. 2 Satz 1 VVG a.F. außer Acht und wendet die – teilweise umstrittenen – Grundsätze des Doppelversicherungsausgleichs damit auf eine nicht gegebene rechtliche Ausgangslage an.*", so der BGH. Weiter heißt es:

> „Der Ausgleichsanspruch gegen den Haftpflichtversicherer ist die interessengerechte Folge daraus, dass [...] ein Regressverzicht des Gebäudeversicherers auch dann anzunehmen ist, wenn der Mieter eine den Haftpflichtschaden deckende Versicherung hat. Die der Doppelversicherung strukturell vergleichbare Interessenlage besteht darin, dass der Mieter vor der Belastung seines Vermögens mit dem (bürgerlich-rechtlichen) Schadensersatzanspruch doppelt geschützt ist: Durch seine eigene Haftpflichtversicherung und den Regressverzicht des Gebäudeversicherers. Der Regressverzicht stellt den Mieter im Verhältnis zum Versicherer so, als sei sein Sachersatzinteresse (in Gestalt des Haftpflichtrisikos) durch den Gebäudeversicherungsvertrag mitversichert. Nur insoweit besteht Identität des versicherten Interesses in beiden Verträgen, und zwar in der Person des Mieters. Die Ausgangslage ist folglich so, als wenn der Mieter als Versicherungsnehmer in zwei Haftpflichtversicherungen Deckungsschutz genösse.
>
> Ein Ausgleich kommt deshalb nur insoweit infrage, als das Vermögen des Mieters gegen das Haftpflichtrisiko geschützt wird, sodass für die Berechnung des Anspruchs allein auf seine Person abzustellen ist.
>
> Das bedeutet, dass zum einen Gegenstand und Höhe des vom Regressverzicht betroffenen Schadensersatzanspruches (§§ 249 ff. BGB) festzustellen sind. Zum anderen ist zu prüfen, ob sich der Versicherungsschutz in der Haftpflichtversicherung des Mieters gegenständlich

damit deckt oder ob bestimmte Positionen ausgeschlossen sind. Nur soweit Deckungsgleichheit besteht, ist das versicherte Interesse identisch.

Nur dieser gemeinsam zu deckende Bereich ist im Verhältnis der Leistungspflichten gegenüber dem („doppelt versicherten") Mieter aufzuteilen. Die Leistung des GebäudeVR an den Mieter als „Quasi-VN" besteht im Regressverzicht. Auf eine darüberhinausgehende Leistungspflicht gegenüber seinem VN kommt es nicht an, weil insoweit nichts doppelt versichert ist. Sind die Leistungspflichten gleich, ergibt sich ein hälftiger Ausgleichsanspruch. Bleibt die Leistungspflicht des Haftpflichtversicherers im deckungsgleichen Bereich z.B. wegen eines Selbstbehaltes oder Überschreitens der Deckungssumme hinter der des GebäudeVR zurück, führt dies zu einer verhältnismäßigen Kürzung des Ausgleichsanspruchs." (BGH, VersR 2008, 1108).

Grafische Darstellung des Ausgleichs zwischen Sach- und HaftpflichtVR i.R.d. Mieterregresses nach der BGH-Berechnungsmethode (VersR 2008, 1108):

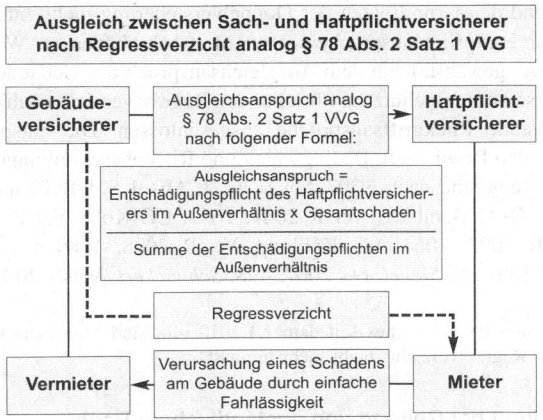

4. Verjährung des Ausgleichsanspruchs

Die Verjährung des Ausgleichsanspruchs richtet sich nach §§ 195, 198 BGB, sodass eine 3-jährige Verjährungsfrist gilt (BGH, VersR 2010, 477; OLG Koblenz, VersR 2009, 676; OLG Karlsruhe, VersR 2008, 639; OLG Köln, VersR 2007, 1411).

5. Beweislastgrundsätze für den Ausgleichsanspruch

Für den Ausgleichsanspruch des GebäudeVR gegen den HaftpflichtVR des Mieters gelten keine anderen Beweislastgrundsätze als für den Anspruch des Vermieters gegen den Mieter (BGH, VersR 2010, 477). Der Vermieter muss beweisen, dass die Schadenursache in dem der unmittelbaren Einflussnahme, Herrschaft und Obhut des Mieters unterlegenen Bereich gesetzt worden ist, während sich der Mieter umfassend hinsichtlich Verursachung und Verschulden zu entlasten hat.

Der GebäudeVR trägt als Anspruchsteller die Darlegungs- und Beweislast für das Vorliegen der tatbestandlichen Voraussetzungen und somit auch für das Vorliegen lediglich einfacher

Fahrlässigkeit des Mieters. Da jedoch die Feststellung des Verschuldensgrades der Gerichtsseite obliegt, genügt es insoweit, dass der GebäudeVR einen Sachverhalt vorträgt (und erforderlichenfalls nachweist), der einen Schluss auf einen solchen Verschuldensgrad zulässt. Soweit sich der HaftpflichtVR allerdings auf ein grob fahrlässiges oder gar vorsätzliches Verhalten des bei ihm versicherten Mieters beruft, trifft ihn die Darlegungs- und Beweislast. Der GebäudeVR ist in einem solchen Fall also nicht gehalten, die Möglichkeit eines grob fahrlässigen oder vorsätzlichen Verhaltens der Mieterseite auszuräumen (OLG Bamberg, VersR 2010, 340).

6. Auswirkungen des Regressverzichtsabkommens

39 Der Ausschluss für unter das RVA fallende Rückgriffsansprüche steht dem Ausgleichsanspruch entsprechend den Grundsätzen der Doppelversicherung nicht entgegen. Der HaftpflichtVR, der für Haftpflichtansprüche wegen Mietsachschäden an Wohnräumen grds. Versicherungsschutz gewährt, kann dem Ausgleichsanspruch des GebäudeVR nicht entgegenhalten, der Versicherungsschutz sei für unter den Regressverzicht nach dem Abkommen der FeuerVR fallende Rückgriffsansprüche ausgeschlossen. Die entsprechenden Ausschlussklauseln in den Besonderen Bedingungen und Risikobeschreibungen für die Privathaftpflichtversicherung sind nach § 307 Abs. 2 Nr. 2, Abs. 1 S. 1 BGB unwirksam (BGH, VersR 2010, 477; OLG Bamberg, VersR 2007, 1651; LG Köln, VersR 2008, 1258; LG Wiesbaden, VersR 2008, 1064; LG Koblenz, VersR 2008, 1688 **a.A.** OLG Koblenz, 29.5.2009 – 10 U 1287/08; *Siegel*, r+s 2007, 498; *Schwickert*, VersR 2007, 773).

Praxistipp
Nach dem neuesten RVA, welches seit dem 1.1.2010 gilt, sind Mietsachschäden von der Erweiterung des Regressverzichts nicht mehr umfasst.

7. Sonderregelung bei Geltung von ausländischem Recht

40 Wenn auf eine der Versicherungen ausländisches Recht anzuwenden ist, kann ein Ausgleichsanspruch nur geltend gemacht werden, wenn der dem deutschen Recht nicht unterstehende VR auch nach dem für ihn maßgeblichen Recht zur Ausgleichung verpflichtet ist (§ 78 Abs. 2 S. 1 VVG).

III. Betrügerische Mehrfachversicherung

41 Eine betrügerische Mehrfachversicherung liegt vor, wenn eine solche Mehrfachversicherung vom VN in der Absicht abgeschlossen wurde, sich dadurch einen rechtswidrigen Vermögensvorteil zu verschaffen. Es gilt das zur betrügerischen Überversicherung Gesagte entsprechend (vgl. § 74 VVG).

Bei der Feststellung des Versicherungswertes ist auf den Zeitpunkt des Vertragsschlusses abzustellen (§ 78 Abs. 3 VVG).

C. Rechtsfolgen

I. Haftungsumfang im Außenverhältnis

Liegt eine **Mehrfachversicherung** vor, haften die VR in der Weise als Gesamtschuldner, dass jeder VR den von ihm nach dem VV zu leistenden Betrag zu leisten hat, der VN aber insgesamt nicht mehr als den Betrag des Schadens verlangen kann. 42

Dies gilt für den gesetzlich geregelten Fall der Mehrfachversicherung. Hier hat der VN den Vorteil, dass er sich aufgrund der gesamtschuldnerischen Haftung an den einzelnen VR halten und von diesem die Zahlung der vollen Entschädigung fordern kann, die ihm nach dem VV gebührt. Insgesamt kann der VN aber nicht mehr verlangen als den Schadensbetrag. Er muss sich aber nicht mit der internen Haftung der VR untereinander auseinandersetzen und es steht ihm frei, an welchen VR er sich halten möchte. Dies wird i.d.R. derjenige sein, bei dem er die schnellste und höchste Entschädigungszahlung erwartet.

Die Haftungsfolgen der Neben- und Mitversicherung lassen sich aus der folgenden Übersicht ableiten: 43

Nebenversicherung	Mehrfachversicherung i.S.d. § 78 Abs. 1 VVG (früher: Doppelversicherung)	Mitversicherung
– Jeder VR haftet gesondert nach dem jeweils übernommenen Teil des Risikos.	– VR haften als Gesamtschuldner – Jeder VR hat den von ihm nach dem VV zu leistenden Betrag zu zahlen – Aber: Der VN kann insgesamt nicht mehr verlangen als den Schadensbetrag	– **Offene Mitversicherung** – Da mehrere Einzelverträge vorliegen, haften die VR nicht als Gesamtschuldner, sondern nur nach der jeweiligen Quote (OLG Hamm, VersR 1984, 149).

(Quelle: *Neuhaus/Kloth*, Praxis des neuen VVG, S. 84)

Praxistipp 44
§ 78 Abs. 2 S. 1 VVG gilt anstelle von § 426 Abs. 1 S. 1 BGB. I.Ü. gelten die §§ 423 bis 426 BGB.

II. Rechtsfolge für den Anspruch des VN

Der Anspruch des VN ist beschränkt auf den Schadensbetrag. Dieser muss konkret ermittelt werden, wobei von einer für den VN günstigsten Berechnung auszugehen ist. 45

III. Rechtsfolge für die Ansprüche der VR untereinander

Berechungsbeispiel für die Haftung der VR untereinander 46
VN unterhält bei A und B zwei Versicherungen. Bei A ist eine VersSumme von 600.000 EUR vereinbart. Bei B eine solche von 400.000 EUR. Es kommt zu einem Schaden i.H.v.

800.000 EUR. VN nimmt A i.H.v. 600.000 EUR in Anspruch, B i.H.v. 200.000 EUR. A verlangt nun von B Ausgleich.
Der Schaden ist damit von A und B im Verhältnis 600.000 EUR : 400.000 EUR zu tragen.
Der Anteil von B berechnet sich wie folgt:

$$\text{Anteil B} = \frac{400.000 \text{ EUR}}{400.000 \text{ EUR} + 600.000 \text{ EUR}}$$

Anteil B = 320.000 EUR

Anteil B = 40 % von 800.000 EUR

Der Haftungsanteil von A berechnet sich so:

$$\text{Anteil A} = \frac{600.000 \text{ EUR}}{400.000 \text{ EUR} + 600.000 \text{ EUR}}$$

Anteil A = 480.000 EUR

Anteil A = 60 % von 800.000 EUR

A muss damit im Verhältnis zu B 60 % des Schadens tragen, also 480.000 EUR. Er hat aber bereits 600.000 EUR an VN gezahlt, sodass ihm ein Erstattungsanspruch gegen B i.H.d. Differenz von 120.000 EUR zusteht. B kommt dann zusammen mit dem von ihm direkt an den VN gezahlten Betrag von 200.000 EUR auf eine gezahlte Summe von 320.000 EUR, was exakt seinem Haftungsanteil i.H.v. 40 % des Schadens entspricht.

IV. Betrügerische Mehrfachversicherung

47 Rechtsfolge der betrügerischen Mehrfachversicherung ist die Nichtigkeit des VV. Darüber hinaus steht dem VR die Prämie bis zu dem Zeitpunkt zu, zu dem er Kenntnis von den die Nichtigkeit begründenden Umständen erlangt hat.

V. Beispielsfälle

48 **Beispiele**
- Bei einem Unfall auf einem Verkehrsübungsplatz hat der HaftpflichtVR der auf dem Verkehrsübungsplatz abgestellten Fahrzeuge nach seinem Eintreten gegen den HaftpflichtVR des Fahrzeugs, dessen Fahrer den Unfall verursacht hat, einen Ausgleichsanspruch (LG Köln, NJW-RR 2005, 828).
- Der VR, der aufgrund einer Flugrückholkosten-Versicherung seinen Versicherten die Kosten erstattet hat, die durch die medizinisch notwendige und ärztliche angeordnete Rückführung aus dem Ausland mittels eines Flugzeugs entstanden sind, hat keinen Anspruch aus § 59 Abs. 2 VVG a.F. auf Beteiligung an den Kosten des Rücktransports gegen einen anderen VR, der denselben Personen als Mitgliedern eines Vereins aufgrund eines gesonderten VV Deckung für die Aufwendungen bietet, die für den Krankenrücktransport durch den Flugdienst des Vereins oder in dessen Auftrag entstehen, weil die versicherten Gefahren nicht identisch sind und damit keine Doppelversicherung vorliegt (OLG Düsseldorf, NJOZ 2004, 2007).

D. Prozessuales

I. Beweislast

Ein VR, der geltend macht, der VN habe bereits eine die max. geschuldete Versicherungsleistung von einem anderen VR erhalten, ist hierfür beweispflichtig. Der VN ist in diesem Fall darlegungspflichtig bzgl. des tatsächlich Erhaltenen. 49

Der VR, der einen Ausgleichsanspruch geltend macht, hat das Bestehen und den Umfang der Mehrfachversicherung zu beweisen. 50

Der VR, der sich ggü. dem VN auf die Geltung einer für ihn günstigen Subsidiaritätsabrede beruft, hat die Voraussetzungen für das Eingreifen dieser Klausel zu beweisen. 51

Der VR, der die Nichtigkeit des VV aufgrund einer betrügerischen Mehrfachversicherung geltend macht, hat das Vorliegen der Voraussetzungen nach § 78 Abs. 3 VVG zu beweisen. 52

Zur Beweislast im Fall des Mieterregresses s.o. (Rdn 38). 53

II. Verjährung

Der Ausgleichsanspruch nach § 78 Abs. 2 VVG unterliegt der allgemeinen Verjährung kraft §§ 195, 199 Abs. 1 BGB. Anknüpfungspunkt ist für den Verjährungsbeginn der Zeitpunkt des Schadenseintritts sowie Kenntnis bzw. grob fahrlässige Unkenntnis vom Bestehen einer Haftpflichtversicherung (s.a. unter Rdn 37). 54

III. Sonstiges

Der VN kann die im Fall einer Mehrfachversicherung eintrittspflichtigen VR als Gesamtschuldner in Anspruch nehmen. 55

Der VR kann ggü. einem Ausgleichsanspruch eines anderen VR nicht mit Prämienansprüchen oder sonstigen Ansprüchen ggü. dem VN aufrechnen.

E. Abdingbarkeit

Von § 78 Abs. 3 VVG darf **nicht zum Nachteil des VN** abgewichen werden (vgl. § 87 VVG). 56

---

§ 79 VVG Beseitigung der Mehrfachversicherung

(1) Hat der Versicherungsnehmer den Vertrag, durch den die Mehrfachversicherung entstanden ist, ohne Kenntnis von dem Entstehen der Mehrfachversicherung geschlossen, kann er verlangen, dass der später geschlossene Vertrag aufgehoben oder die Versicherungssumme unter verhältnismäßiger Minderung der Prämie auf den Teilbetrag herabgesetzt wird, der durch die frühere Versicherung nicht gedeckt ist.

(2) Absatz 1 ist auch anzuwenden, wenn die Mehrfachversicherung dadurch entstanden ist, dass nach Abschluss der mehreren Versicherungsverträge der Versicherungswert gesunken ist. Sind in diesem Fall die mehreren Versicherungsverträge gleichzeitig oder im Einvernehmen der Versicherer geschlossen worden, kann der Versicherungsnehmer nur die verhältnismäßige Herabsetzung der Versicherungssummen und der Prämien verlangen.

Übersicht

	Rdn
A. Normzweck	1
B. Norminhalt	2
I. Sofortige Mehrfachversicherung (§ 79 Abs. 1 VVG)	2
II. Nachträgliche Mehrfachversicherung (§ 79 Abs. 2 VVG)	5
C. Rechtsfolgen	7
I. Aufhebungsverlangen bzgl. des später geschlossenen Vertrages (§ 79 Abs. 1, 1. Alt. VVG)	7
II. Verlangen der Herabsetzung der Versicherungssumme (§ 79 Abs. 1, 2. Alt. VVG)	12
III. Wirksamwerden	13
IV. Nachträgliche Mehrfachversicherung (§ 79 Abs. 2 VVG)	15
D. Prozessuales	17
E. Abdingbarkeit	18

A. Normzweck

1 In Ergänzung zu § 78 VVG soll § 79 VVG verhindern, dass der VN eine unnötig hohe Prämie zahlen muss, also eine Prämie für eine höhere Versicherungsleistung, die er aufgrund der Regelung in § 78 VVG nicht erhalten kann. Die Vorschrift gibt dem VN zwei Möglichkeiten, diese Situation zu seinen Gunsten zu ändern. Er kann die Aufhebung des später geschlossenen VV oder die Herabsetzung der VersSumme unter verhältnismäßiger Minderung der Prämie auf den Teilbetrag verlangen, der durch die frühere Versicherung nicht gedeckt ist. Im Gegensatz zur Parallelvorschrift des § 74 VVG besteht bei § 79 VVG keine Erheblichkeitsschwelle.

B. Norminhalt

I. Sofortige Mehrfachversicherung (§ 79 Abs. 1 VVG)

2 Eine sofortige Mehrfachversicherung nach § 79 Abs. 1 VVG ist dann gegeben, wenn der VN den VV, durch den die Mehrfachversicherung entstanden ist, ohne Kenntnis von dem Entstehen der Mehrfachversicherung geschlossen hat.

3 Die Regelung setzt also voraus, dass bereits ein VV besteht und **durch den Abschluss des zweiten VV**, in dem dasselbe Interesse gegen dieselbe Gefahr versichert wird, **sofort eine Mehrfachversicherung entstanden** ist. Einem Neuabschluss steht es gleich, wenn ein laufender Vertrag modifiziert oder ein abgelaufener Vertrag durch einen neuen ersetzt wird. Auch die Rücknahme einer Kündigung steht dem Neuabschlusss gleich (LG Oldenburg, VersR 1998, 1009). Eine Mehrfachversicherung entsteht in der Praxis im Falle einer **Veräußerung** häufig dann, wenn der Erwerber der versicherten Sache selbst eine Versicherung über die erworbene Sache abgeschlossen hat, die bestehende Versicherung des Veräußeres mangels Kündigung nach § 95 VVG auf den Erwerber übergeht. Hier kann der Erwerber dann für den von ihm abgeschlossenen (jüngeren) Vertrag die Rechtsfolgen des § 79 Abs. 1 VVG herbeiführen.

Das Entstehen der Mehrfachversicherung muss zudem **ohne Kenntnis** des VN erfolgen. Es schadet nur positive Kenntnis. Diese muss sich auf den Umstand beziehen, dass eine Mehrfachversicherung vorliegt. Es kommt nicht darauf an, ob der VN weiß, dass zwei VV abgeschlossen sind. Das Vorliegen mehrerer VV bedeutet nicht automatisch das Vorliegen einer Mehrfachversicherung. Entscheidend ist die positive Kenntnis des VN und nicht des Versicherten. Wird der VN bei Vertragsschluss vertreten, müssen sowohl der VN als auch der Vertreter ohne Kenntnis gehandelt haben. Es schadet ansonsten bereits die positive Kenntnis einer der beiden Personen.

II. Nachträgliche Mehrfachversicherung (§ 79 Abs. 2 VVG)

Nach § 79 Abs. 2 VVG stehen dem VN dieselben Rechte wie in § 79 Abs. 1 VVG auch für den Fall zu, dass eine Mehrfachversicherung nachträglich dadurch entsteht, dass nach Abschluss mehrerer VV der **Versicherungswert gesunken** ist (§ 78 Abs. 2 S. 1 VVG). Die Regelung ist so zu verstehen, dass das Absinken des Versicherungswertes nach Abschluss des neueren VV erfolgen muss.

§ 79 Abs. 2 S. 2 VVG betrifft den seltenen Fall, dass die in § 79 Abs. 1 S. 1 VVG genannten mehreren VV **gleichzeitig** oder **im Einvernehmen der VR** geschlossen worden sind und dann nach Abschluss der Versicherungswert gesunken ist.

C. Rechtsfolgen

I. Aufhebungsverlangen bzgl. des später geschlossenen Vertrages (§ 79 Abs. 1, 1. Alt. VVG)

Im Fall der sofortigen Mehrfachversicherung nach § 79 Abs. 1 VVG steht dem VN das form- und fristfreie Recht zu, zu verlangen, dass der später geschlossene VV aufgehoben wird (§ 79 Abs. 1, 1. Alt. VVG). Maßgeblich dafür, welcher Vertrag früher bzw. später geschlossen wurde, ist der **Zeitpunkt des Vertragsschlusses** und nicht des Beginns des Versicherungsschutzes. Eine Erklärung des VR des jüngeren Vertrages, dieser sei aufgrund der Mehrfachversicherung „gegenstandslos" führt keine Vertragsaufhebung herbei. Auch eine außerordentliche Kündigung als weitere Rechtsfolge kann nicht aus § 79 Abs. 1 VVG hergeleitet werden (OLG Nürnberg, VersR 1981, 745).

Aus § 60 VVG a.F. ergab sich noch, dass das Verlangen unverzüglich ausgesprochen werden muss. Dies ist nun nicht mehr der Fall. **Das Aufhebungsverlangen ist zeitlich nicht beschränkt.** In der Begründung zu § 79 VVG heißt es ausdrücklich, dass insoweit keine unangemessene Benachteiligung des VR eintritt (Begr. BT-Drucks 16/3945, S. 79).

9 **Vollidentität:** Versichern die Mehrfachversicherungsverträge dasselbe Interesse gegen dieselbe Gefahr (vgl. § 77 Rdn 5) ist § 79 Abs. 1 Hs. 2 VVG uneingeschränkt anwendbar. Bei einer **Vollwertversicherung** (Versicherungssumme und Versicherungswert sind aufeinander abgestimmt) kann der jüngere Vertrag vollumfänglich aufgehoben werden. Liegt **keine Vollwertversicherung** vor, kann die Versicherungssumme des jüngeren Vertrages auf den Teilbetrag des Versicherungswertes herabgesetzt werden, der durch die Versicherungssumme des älteren Vertrages nicht gedeckt ist. Dementsprechend besteht auch Anspruch auf verhältnismäßige Minderung der Prämie auf den passenden Tarif des VR. Fehlt eine Einordnungsmöglichkeit erfolgt die Prämienminderung nach billigem Ermessen gemäß § 315 BGB.

10 **Teilidentität:** Decken sich das versicherte Interesse und die versicherte Gefahr nur teilweise (vgl. § 77 Rdn 5) kann der jüngere Vertrag nur aufgehoben werden, wenn jeder Versicherungsfall auch durch den älteren Vertrag gedeckt ist. Sonst muss der jüngere Vertrag so geändert werden, dass Überschneidungen beseitigt werden und der jüngere Vertrag den älteren Vertrag ergänzt. Diese Rechtsfolge bei Teilidentität ergibt sich aus dem Gesetzeszweck (vgl. Prölss/Martin/*Armbrüster*, § 79 Rn 17).

11 Sichern beide Verträge keinen bestimmten Sachwert, sondern **Aufwendungen**, wie in der Haftpflicht- oder Rechtsschutzversicherung kann mangels Versicherungswertes als Maßstab für die Anpassung oder Aufhebung nicht festgestellt werden, ob eine Überentschädigung im Versicherungsfall eintreten wird. Hier erscheint es sinnvoll, dass der jüngere Vertrag insofern geändert wird, dass bei einem künftigen Versicherungsfall die aus dem älteren Versicherungsvertrag zu zahlende Entschädigung in dem jüngeren Vertrag als Selbstbehalt mit entsprechender Prämienreduzierung anzusehen ist.

II. Verlangen der Herabsetzung der Versicherungssumme (§ 79 Abs. 1, 2. Alt. VVG)

12 Neben dem Verlangen, den später geschlossenen VV aufzuheben, hat der VN wahlweise die Möglichkeit, die Herabsetzung der VersSumme unter verhältnismäßiger Minderung der Prämie auf den Teilbetrag zu verlangen, der durch die frühere Versicherung nicht gedeckt ist. In der Praxis wird die Aufhebung des jüngeren VV nur dann sinnvoll sein, wenn durch den älteren VV das gesamte Risiko bereits voll abgedeckt ist. Andernfalls ist die Vertragsanpassung i.S.d. § 79 Abs. 1, 2. Alt. VVG sinnvoll. Danach ist die VersSumme auf den durch die frühere Versicherung nicht gedeckten Teilbetrag herabzusetzen. Die Prämie ist verhältnismäßig zu mindern, d.h. sie mindert sich im Verhältnis der ursprünglich vereinbarten VersSumme zum Verhältnis der neu vereinbarten bislang noch nicht gedeckten VersSumme.

> **Beispiel**
> Die ursprüngliche VersSumme des später abgeschlossenen Vertrags betrug 100.000 EUR, die zu zahlende Prämie 400 EUR. Beträgt der Teilbetrag, der durch die frühere Versicherung nicht gedeckt war, 60.000 EUR, so kann der VN eine Herabsetzung auf diesen Teilbetrag verlangen. Die Prämie mindert sich nach dem Verhältnis des Teilbetrags zur ursprünglichen VersSumme. Hier also auf einen Anteil von $6/10$ von 400 EUR, folglich 240 EUR.

III. Wirksamwerden

Das Verlangen des VN ist als Gestaltungsrecht einzustufen, dass durch eine einseitige empfangsbedürftige Willenerklärung ausgesprochen wird. 13

Nach § 60 Abs. 3 VVG a.F. wurde die Aufhebung des jüngeren VV oder die Anpassung der VersSumme und der Prämie erst mit Ablauf der Versicherungsperiode wirksam, in der sie verlangt wird. Nach Streichung dieser Einschränkung wird die Aufhebung des jüngeren VV mit **Zugang des Verlangens** des VN beim VR wirksam und der VV gilt ex nunc als aufgehoben. Gleiches gilt für die Herabsetzung der VersSumme bei verhältnismäßiger Minderung der Prämie. Auch hier ist der **Zugang des Verlangens beim VR** der entscheidende Zeitpunkt. 14

IV. Nachträgliche Mehrfachversicherung (§ 79 Abs. 2 VVG)

Im Fall des Entstehens einer nachträglichen Mehrfachversicherung bei Sinken des Versicherungswertes stehen dem VN die gleichen Rechte zu, wie im Fall der sofortigen Mehrfachversicherung. 15

Im Fall des § 79 Abs. 2 S. 2 VVG kann der VN nur die verhältnismäßige Herabsetzung der VersSummen und der Prämien verlangen, da die mehreren VV gleichzeitig abgeschlossen worden sind, soll nicht zulasten des ein oder anderen VR ein einseitiges Gestaltungsrecht des VN eingeräumt werden. 16

D. Prozessuales

Der VN muss das Bestehen und den Umfang der Mehrfachversicherung und auch seine fehlende positive Kenntnis beweisen. Im Fall von § 79 Abs. 2 VVG muss der VN das spätere Entstehen der Mehrfachversicherung beweisen. 17

E. Abdingbarkeit

Die Vorschrift ist **dispositiv** (§ 87 VVG). 18

---

§ 80 VVG   Fehlendes versichertes Interesse

(1) Der Versicherungsnehmer ist nicht zur Zahlung der Prämie verpflichtet, wenn das versicherte Interesse bei Beginn der Versicherung nicht besteht; dies gilt auch, wenn das Interesse bei einer Versicherung, die für ein künftiges Unternehmen oder für ein anderes künftiges Interesse genommen ist, nicht entsteht. Der Versicherer kann jedoch eine angemessene Geschäftsgebühr verlangen.

(2) Fällt das versicherte Interesse nach dem Beginn der Versicherung weg, steht dem Versicherer die Prämie zu, die er hätte beanspruchen können, wenn die Versicherung nur bis zu dem Zeitpunkt beantragt worden wäre, zu dem der Versicherer vom Wegfall des Interesses Kenntnis erlangt hat.

§ 80 VVG

(3) Hat der Versicherungsnehmer ein nicht bestehendes Interesse in der Absicht versichert, sich dadurch einen rechtswidrigen Vermögensvorteil zu verschaffen, ist der Vertrag nichtig; dem Versicherer steht die Prämie bis zu dem Zeitpunkt zu, zu dem er von den die Nichtigkeit begründenden Umständen Kenntnis erlangt.

Übersicht

	Rdn
A. Normzweck	1
B. Norminhalt	4
I. Anfänglicher Interessemangel (§ 80 Abs. 1 VVG)	4
II. Nachträglicher Interessewegfall (§ 80 Abs. 2 VVG)	7
III. Betrügerische Versicherung eines nicht bestehenden Interesses (§ 80 Abs. 3 VVG)	10
C. Rechtsfolgen	11
I. Anfänglicher Interessemangel	11
II. Nachträglicher Interessewegfall	13
III. Betrügerische Versicherung eines nicht bestehenden Interesses	14
D. Prozessuales	16
E. Abdingbarkeit	18

A. Normzweck

1 Die Vorschrift, welche § 68 VVG a.F. entspricht, regelt Fälle, in denen das versicherte Interesse von Beginn an fehlt (§ 80 Abs. 1 VVG) oder nachträglich wegfällt (§ 80 Abs. 2 VVG) und es deshalb unbillig wäre, die Prämienzahlungspflicht des VN gleichwohl (vollständig) aufrechtzuerhalten. Es ist dann das Leistungs- und Gegenleistungsverhältnis des Versicherungsvertrages gestört. Es soll vermieden werden, dass der VR die Prämienzahlung beanspruchen kann, aber kein Risiko trägt.

2 § 80 Abs. 3 VVG lehnt sich an die Regelungen zur betrügerischen Über- und Mehrfachversicherung an und regelt den Fall der Versicherung eines nicht bestehenden Interesses durch den VN in der Absicht, sich dadurch einen rechtswidrigen Vermögensvorteil zu verschaffen.

3 Anwendung findet § 80 VVG ausschließlich in der **Schadensversicherung**. Eine (analoge) Anwendung auf die **Personen- und Summenversicherung** scheidet aus. Dies gilt auch bei einer ähnlich gelagerten Interessenlage, wie z.B. bei einer Restschuldversicherung, die auch Lebensversicherung ist und vor einem Forderungsausfall bewahren will (BGH, VersR 1990, 884; zum **ruhenden Versicherungsvertrag** siehe LG Dortmund, VersR 1996, 963).

B. Norminhalt

I. Anfänglicher Interessemangel (§ 80 Abs. 1 VVG)

4 Voraussetzung nach § 80 Abs. 1 VVG ist, dass **beim Beginn** der Versicherung das versicherte **Interesse nicht besteht**. Entscheidender Zeitpunkt ist der technische Versicherungsbeginn.

> **Beispiel**
> Das versicherte Warenlager existiert bei Beginn der Vertragszeit nicht.

Gleichgestellt werden die Fälle, in denen das Interesse bei einer Versicherung, die für ein künftiges Unternehmen oder ein anderes **künftiges** Interesse genommen ist, **nicht entsteht**.

Beispiel
Warenlager geht noch vor Beginn der Vertragszeit zugrunde.

In beiden Fällen kann der VR jedoch eine **angemessene Geschäftsgebühr** verlangen.

II. Nachträglicher Interessewegfall (§ 80 Abs. 2 VVG)

Von einem nachträglichen Interessewegfall ist auszugehen, wenn ein zuvor gegebenes versichertes Interesse **nach dem Beginn der Versicherung wegfällt** und dauerhaft (OLG Hamm, VersR 1999, 50) und nicht nur vorübergehend unter keinen Gesichtspunkten mehr gegeben ist.

Eine **Gefahrverringerung** reicht nicht aus (OLG Hamm, VersR 1999, 50).

Bei **Veräußerung des Gegenstandes**, mit dem die Versicherung verbunden ist, greift § 80 VVG nicht ein, da der Erwerber an die Stelle des VN tritt (§ 95 VVG).

Beispiele für nachträglichen Interessewegfall
- Bei **Diebstahl eines Kfz** ist von einem Wegfall des Interesses erst auszugehen, wenn die **Wiederbeschaffung aussichtslos** erscheint und das Ermittlungsverfahren eingestellt worden ist (BGH, VersR 1985, 775; OLG Hamm, r+s 1992, 152) oder ungeachtet eines noch laufenden Ermittlungsverfahrens zumindest die Wiederbeschaffung des Fahrzeuges sehr unwahrscheinlich ist (OLG Düsseldorf, r+s 1994, 205).
- **Völlige Zerstörung** des gegen **Feuer** versicherten Hauses (BGH, VersR 1992, 1221). Kein Wegfall des versicherten Interesses in der **Feuerversicherung**, bei Umwandlung eines Speiserestaurants in ein Musik-Bistro (LG Köln, r+s 1991, 243).
- Sind **Sachinbegriffe** (§ 89 VVG) versichert, liegt ein Wegfall des Interesses nur vor, wenn **keine Sache** der versicherten Inbegriffe **mehr vorhanden** ist (OLG Hamm, VersR 1993, 48).
- Ein Interessenwegfall ist in der **Gebäudeversicherung** nur dann anzunehmen, wenn ein versichertes Interesse unter keinem denkbaren Gesichtspunkt mehr vorhanden ist (OLG Hamm, VersR 1999, 50).
- Bei der **Haftpflichtversicherung** liegt ein nachträglicher Interessewegfall erst vor, wenn **jede Möglichkeit** einer Haftung **ausgeschlossen** ist (vgl. Nr. 17 S. 1 AHB 2010). Ausreichend ist insoweit in der **Kfz-Haftpflichtversicherung** nicht, dass das Kfz nur vorübergehend abgemeldet wird (BGH, VersR 1981, 921). Auch ein Totalschaden reicht nicht aus. Es ist vielmehr erforderlich, dass das Fahrzeug vollständig zerstört worden ist (OLG Saarbrücken, NVersZ 2002, 124). Aber auch in der **Kfz-Kaskoversicherung** führt ein wirtschaftlicher Totalschaden nicht zum Interessenwegfall, soweit das Fahrzeug grds. noch weiter verwendet werden kann (ÖOGH, VersR 1987, 111; OLG Köln, VersR 2004, 1596; kein Interessenwegfall bei staatlicher Beschlagnahme, OLG Köln, VersR 2012, 1512).
- In der **Hausratversicherung** liegt kein Interessenwegfall bei Trennung der Ehepartner vor (LG München, VersR 1991, 809; vgl. zum Interessenwegfall bei vollständiger und dauerhafter Auflösung des versicherten Hauses: Abschnitt B § 2 Nr. 6 lit. a VHB 2010).
- In der **Sportboothaftpflichtversicherung** liegt ein Interessewegfall dann vor, wenn nach dem Sinken eines Bootes nach allgemeiner Lebenserfahrung praktisch **keine Aussicht** mehr besteht, das Boot wieder **zu finden** (AG Meldorf, VersR 1989, 1144; vgl. auch LG Hamburg, VersR 1986, 697).

- In der **Familienrechtsschutzversicherung** endet der Versicherungsvertrag nach § 26 ARB 75 wegen Wagniswegfalls, wenn auch die Eigenschaft des VN als Lohn- oder Gehaltsempfänger durch Aufnahme einer rein selbstständigen Tätigkeit vollständig endet (OLG Oldenburg, VersR 1991, 96).
- In der **Landwirtschaftsrechtsschutzversicherung** endet der Versicherungsvertrag wegen vollständigem Interessenwegfall, wenn der VN seine Tätigkeit als selbstständiger Landwirt aufgibt (LG Hannover, r+s 1993, 220).
- Ein Interessewegfall kommt auch bei **Tod des VN** in Betracht, wenn nur persönliche Risiken des VN/Erblassers versichert waren und feststeht, dass sich diese Risiken nach dem Tod **nicht mehr auswirken** können.

III. Betrügerische Versicherung eines nicht bestehenden Interesses (§ 80 Abs. 3 VVG)

10 § 80 Abs. 3 VVG setzt voraus, dass der VN ein nicht bestehendes Interesse allein deshalb versichert, um sich einen rechtswidrigen Vermögensvorteil zu verschaffen. Die Absicht muss also **kausal** für die Versicherung eines nicht existenten Interesses sein.

C. Rechtsfolgen

I. Anfänglicher Interessemangel

11 Liegen die Voraussetzungen nach § 80 Abs. 1 VVG vor, ist der VN nicht zur Zahlung der Prämie verpflichtet. Dies ist interessengerecht, da der VR seinerseits seine Leistung gar nicht erbringen kann. Geleistete Prämien können nach § 812 BGB zurückgefordert werden.

12 Als Entschädigung für seinen Aufwand, kann der VR eine **angemessene Geschäftsgebühr** verlangen (§ 80 Abs. 1 S. 2 VVG). Was angemessen ist, richtet sich nach den durchschnittlichen Kosten des VR für die Antragsbearbeitung zuzüglich beim VR entstandener Auslagen. Die angemessene Geschäftsgebühr ist beschränkt auf die Prämie, die der VR für die geringste Versicherungsdauer vorgesehen hat.

II. Nachträglicher Interessewegfall

13 Liegen die Voraussetzungen nach § 80 Abs. 2 VVG vor, steht dem VR nur eine anteilige Prämie zu. Dies ist die Prämie, die der VR hätte beanspruchen können, wenn die Versicherung nur bis zu dem Zeitpunkt beantragt worden wäre, zu dem der VR Kenntnis vom Wegfall des Interesses erlangt hat. Der VR soll also nur die Prämie erhalten, die der Dauer seiner Gefahrtragung entspricht (zeitanteilige Berechnung).

III. Betrügerische Versicherung eines nicht bestehenden Interesses

14 Ein in betrügerischer Absicht geschlossener VV zwecks Versicherung eines nicht bestehenden Interesses ist gem. § 80 Abs. 3 VVG **nichtig**. Bis zu dem Zeitpunkt, in dem der VR Kenntnis von den die Nichtigkeit begründenden Umständen erlangt, steht dem VR die Prämie zu.

Der VN kann aber etwaige nach Aufdeckung der Tat geleistete Prämien nicht zurückfordern (OLG Karlsruhe, VersR 2005, 1269). **15**

D. Prozessuales

Der **VN** hat zu beweisen, zu welchem Zeitpunkt der VR vom Wegfall des Interesses Kenntnis erlangt hat (OLG Hamm, VersR 1993, 1514). **16**

Im Fall der betrügerischen Versicherung eines nicht bestehenden Interesses hat der **VR** die Voraussetzungen des § 80 Abs. 3 VVG zu beweisen. **17**

E. Abdingbarkeit

Von § 80 VVG kann **nicht zum Nachteil des VN** abgewichen werden (§ 87 VVG). **18**

§ 81 VVG Herbeiführung des Versicherungsfalles

(1) Der Versicherer ist nicht zur Leistung verpflichtet, wenn der Versicherungsnehmer vorsätzlich den Versicherungsfall herbeiführt.

(2) Führt der Versicherungsnehmer den Versicherungsfall grob fahrlässig herbei, ist der Versicherer berechtigt, seine Leistung in einem der Schwere des Verschuldens des Versicherungsnehmers entsprechenden Verhältnis zu kürzen.

Übersicht

	Rdn
A. Normzweck	1
I. Aufgabe des Alles-oder-Nichts-Prinzips	2
II. Subjektiver Risikoausschluss	7
III. Abgrenzung	8
1. Abgrenzung zur primären Risikobeschreibung/Risikobegrenzung	9
2. Abgrenzung zum sekundären Risikoausschluss	10
3. Abgrenzung zur Obliegenheit	11
B. Norminhalt	12
I. Objektive Tatbestandsvoraussetzungen des § 81 VVG	16
1. Eintritt des Versicherungsfalles	16
2. Positives Tun oder Unterlassen	17
3. Kausalität	18
II. Subjektive Tatbestandsvoraussetzungen	19
1. Vorsätzliche Herbeiführung des Versicherungsfalls (§ 81 Abs. 1 VVG)	19
2. Grob fahrlässige Herbeiführung des Versicherungsfalls (§ 81 Abs. 2 VVG)	21
a) Begriff der groben Fahrlässigkeit	21
b) Beispiele grober Fahrlässigkeit	24
3. Abgrenzung zum bedingten Vorsatz und zur einfachen Fahrlässigkeit	29
4. Abgrenzung zum Augenblicksversagen	32
III. Zurechnung des Verhaltens Dritter	36
1. Keine gesetzliche Regelung	36
2. Repräsentant	37
a) Beispiele für Repräsentanten	40
b) Checkliste Repräsentant	41
c) Rechtsfolge der Repräsentantenstellung	42
3. Keine Zurechnung nach § 278 BGB	44

4. Mehrere Versicherungsnehmer 45
       5. Mitversicherte Person 46
  C. **Rechtsfolgen** 47
    I. Leistungsfreiheit bei vorsätzlicher Herbeiführung des Versicherungsfalls 47
    II. Leistungskürzung bei grober Fahrlässigkeit 48
       1. Abstufung der groben Fahrlässigkeit je nach Schwere des Verschuldens 51
          a) Zwei-Stufen-Modell 52
          b) Beispiel verschiedener Verschuldensstufen innerhalb der groben Fahrlässigkeit 54
          c) Kürzungskriterien 56
          d) Vorgehensweise bei der Ermittlung des Verschuldensgrades 61
          e) Art. 14 Abs. 2 VVG-CH als Orientierungshilfe 66
       2. Beispiele möglicher Verschuldensquoten 67
    III. Mehrfache Leistungskürzung bei Vorliegen mehrerer Leistungskürzungsberechtigungen des
        Versicherers 71
       1. Mögliche Vorgehensweisen zur Ermittlung einer Gesamtkürzungsquote 74
          a) Additionsmethode 75
          b) Multiplikationsmethode 76
          c) Quotenkonsumption 77
          d) Stufenmodell 78
          e) Stellungnahme 79
       2. „Gesamtstrafen-Modell" 82
  D. **Prozessuales** 86
    I. Beweislast 86
       1. Eintritt des Versicherungsfalles 86
       2. Vorsatz und grobe Fahrlässigkeit 87
          a) Vollbeweis 87
          b) Indizienbeweis 90
          c) Angreifbarkeit der tatrichterlichen Würdigung 93
    II. Schuldunfähigkeit 95
    III. Streitwert 99
    IV. Abdingbarkeit 101
       1. Vereinbarung pauschalierter Quotelungen 101
       2. AVB-Klauseln 102
    V. Sonderregelungen 107
  E. **Arbeitshilfen** 108
    I. Übersicht: Vorsatzformen 108
    II. Checkliste: Ermittlung einer konkreten Leistungsquote bei Vorliegen grober Fahrlässigkeit 110
    III. Checkliste: Berechnung der Leistungsquote bei Vorliegen mehrerer
        Leistungskürzungsberechtigungen nach dem „Gesamtstrafen-Modell" 111

A. Normzweck

1 Es stünde im krassen Widerspruch zum Grundgedanken des Versicherungsrechts, wenn der VR auch dann einzutreten hätte, wenn der VN den Versicherungsfall vorsätzlich herbeiführt, um die Versicherungsleistungen zu erlangen. Um auszuschließen, dass das Bestehen von Versicherungsschutz die Herbeiführung von Versicherungsfällen nach sich zieht, bedarf es eines Leistungsausschlusses bei Schäden, die vorsätzlich herbeigeführt werden. Hingegen führt eine grob fahrlässige Herbeiführung des Versicherungsfalls zu einer Leistungskürzungsberechtigung des VR entsprechend der Schwere des Verschuldens des VN. Die Herbeiführung des Versicherungsfalles durch einfache Fahrlässigkeit bleibt folgenlos (vgl. BT-Drucks 16/3945, S. 49).

I. Aufgabe des Alles-oder-Nichts-Prinzips

Eine der wichtigsten Änderungen im Zuge der VVG-Reform ist die Abschaffung des Alles-oder-Nichts-Prinzips. Nach dem alten VVG und der Vorgängerregelung zu § 81 VVG (§ 61 VVG a.F.) war der VR leistungsfrei, wenn der VN den Versicherungsfall vorsätzlich oder durch grobe Fahrlässigkeit herbeigeführt hatte. Auf der anderen Seite war der VR vollständig leistungspflichtig, wenn weder Vorsatz noch grobe Fahrlässigkeit angenommen wurde. Zwischen diesen beiden Alternativen gab es keine anteilige Leistungspflicht. Die bisherige Regelung befriedigte allein deswegen nicht, weil bei einem geringen Unterschied des Verschuldens – die **Grenze zwischen einfacher und grober Fahrlässigkeit** ist gerade überschritten – *gegensätzliche* Rechtsfolgen eintreten, nämlich in dem einen Fall **voller Versicherungsschutz** und in dem anderen, fast identischen Fall, **völlige Leistungsfreiheit** (vgl. BT-Drucks 16/3945, S. 49). Da das Verschulden des VN rechnerisch nicht eindeutig feststellbar ist und nur aufgrund einer Bewertung festgestellt werden kann, die immer subjektiven Einschätzungen desjenigen unterliegt, der sie vornimmt, **bedurfte es einer grundsätzlichen Korrektur**. Dies betrifft den Fall des grob fahrlässigen Handelns des VN. Hier wird eine **quotale Leistungspflicht des VR abhängig von der Schwere des Verschuldens** des VN eingeführt. Entscheidend soll sein, ob die grobe Fahrlässigkeit im konkreten Fall nahe beim bedingten Vorsatz oder aber eher im Grenzbereich zur einfachen Fahrlässigkeit liegt (vgl. BT-Drucks 16/3945, S. 79 f.).

Dies ändert nichts an dem Willen des Gesetzgebers, unredliches Verhalten mit der vollständigen Leistungsfreiheit zu sanktionieren, um keinen Anreiz zu unredlichem Verhalten zu schaffen. Durch die Einführung der Quotelung sollen Entscheidungen ermöglicht werden, die den jeweiligen Schutzinteressen des VN Rechnung tragen. Ziel ist eine bessere Einzelfallgerechtigkeit.

Gravierende Änderungen ergeben sich bereits in den Vorschriften für sämtliche Versicherungszweige. Insb. die Regelungen in §§ 26 Abs. 1, 28 Abs. 2, 82 Abs. 3, 86 Abs. 2 VVG sind vom Wortlaut her § 81 Abs. 2 VVG ähnlich.

Folgen der Abschaffung des Alles-Oder-Nichts-Prinzips

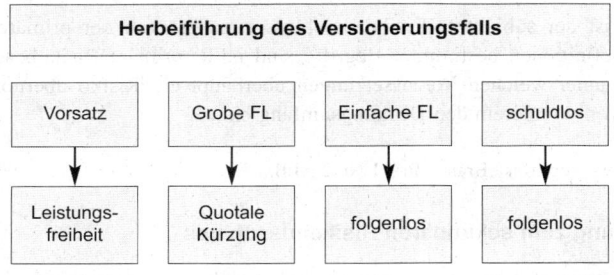

(Quelle: *Neuhaus/Kloth*, Praxis des neuen VVG, S. 84)

6 **Schematisch** lässt sich dies wie folgt darstellen:

Grobe Fahrlässigkeit			Einfache FL
Schwerer Verstoss	Normaler Verstoss	Leichter Verstoss	
Verschuldensquote 70-100 %	Verschuldensquote 35-70 %	Verschuldensquote 0-35 %	Verschuldensquote 0 %
Leistungspflicht i.H.v. 0-30 %	Leistungspflicht i.H.v. 30-65 %	Leistungspflicht i.H.v. 65-100 %	Volle Leistungspflicht

(Quelle: *Neuhaus/Kloth*, Praxis des neuen VVG, S. 16)

II. Subjektiver Risikoausschluss

7 Die Vorschrift begründet keine allgemeine Schadensverhütungspflicht des VN, sondern es handelt sich um einen subjektiven Risikoausschluss (vgl. z.B. BGH, NJW 1976, 1507 m.w.N. [zu § 61 VVG a.F.]).

III. Abgrenzung

8 Von einem **subjektiven Risikoausschluss** spricht man, wenn wie in § 81 VVG der Risikoausschluss von der Bewertung des Verhaltens des VN abhängt.

1. Abgrenzung zur primären Risikobeschreibung/Risikobegrenzung

9 Abzugrenzen ist der subjektive Risikoausschluss zunächst von der primären Risikobeschreibung. Definitionen bestimmter Begriffe sind i.d.R. primäre Risikobeschreibungen. Sie erläutern, unter welchen Voraussetzungen überhaupt ein Risiko übernommen wird, grenzen also von vornherein den Deckungsumfang ein.

Beispiel
Definition des Begriffes „Brand" in § 1 Nr. 2 AFB.

2. Abgrenzung zum sekundären Risikoausschluss

10 Bei einem sekundären Risikoausschluss ist ein an sich versichertes Ereignis durch eine gesonderte Bestimmung ausdrücklich vom Versicherungsschutz ausgenommen.

Beispiel
Ausgeschlossene Unfälle nach Ziff. 5 AUB 2008.

3. Abgrenzung zur Obliegenheit

Eine gesetzliche Definition des Begriffs „Obliegenheit" gibt es nicht. Bei Obliegenheiten handelt es sich nicht um unmittelbar erzwingbare Verbindlichkeiten, sondern um bloße Verhaltensnormen, die jeder VN beachten muss, wenn er seinen Anspruch auf Versicherungsleistungen behalten will. Die Rechtsfolgen regelt § 28 VVG. Bei der Obliegenheit wird also ein bestimmtes Verhalten zwecks Erhaltung des Versicherungsschutzes verlangt. Der grds. gegebene Versicherungsschutz kann wieder entzogen werden. Dies ist das Abgrenzungskriterium zum Risikoausschluss (vgl. BGH, VersR 2000, 969).

B. Norminhalt

Unabhängig vom Verschuldensgrad bedarf es einer **Herbeiführung** des Versicherungsfalles, was **durch aktives Tun** aber auch durch **Unterlassen** geschehen kann.

Bei einer **Herbeiführung durch Unterlassen** muss dem VN jedoch vorgeworfen werden können, dass er **geeignete Mittel zum Schutz** der versicherten Sache besitzt, die er nicht einsetzt, obwohl dies von ihm erwartet werden kann (BGH, VersR 1989, 582). Außerdem muss der VN das zum Versicherungsfall führende Geschehen gekannt haben. Dabei genügt die **Kenntnis von Umständen**, aus denen sich ergibt, dass der Eintritt des Versicherungsfalls in den Bereich der praktisch unmittelbar in Betracht zu ziehenden Möglichkeiten gerückt ist (BGH, VersR 1986, 962; VersR 1976, 649).

Es ist ausreichend, wenn das Verhalten des VN **mittelbar** zum Versicherungsfall führt.

Ein mitursächliches Verhalten des VN reicht aus (zur **Kausalität** s. Vor. §§ 74 ff. Rdn 12 ff.).

I. Objektive Tatbestandsvoraussetzungen des § 81 VVG

1. Eintritt des Versicherungsfalles

Versicherungsfall ist das Ereignis, dessen Eintritt die Pflicht des VR zur Erbringung der Versicherungsleistung begründet bzw. mit dem sich ein versichertes Risiko realisiert (vgl. MüKo-VVG/*Loschelder*, § 81 Rn 32)

2. Positives Tun oder Unterlassen

Eine Herbeiführung des Versicherungsfalles ist sowohl durch positives Tun als auch durch Unterlassen möglich. Ein Unterlassen führt dann zu einem herbeigeführten Versicherungsfall, wenn der VN mögliche, geeignete und zumutbare gefahrmindernde oder -verhütende Maßnahmen zum Schutze des versicherten Gegenstandes unterlässt (vgl. BGH, VersR 76, 649). Erforderlich ist ferner, dass der VN das ursächliche Geschehen in der Weise beherrscht haben muss, dass er die Entwicklung und die drohende Verwirklichung der Gefahr zulässt, obwohl er die geeigneten Mittel zum Schutz des versicherten Interesses in der Hand hat und bei zumutbarer Wahrnehmung seiner Belange davon ebenso Gebrauch machen könnte und sollte, wie eine nichtversicherte Person (BGH, VersR 1986, 962; BGH, VersR 1976, 649). Die Abwendung des Versicherungsfalles muss ihm möglich gewesen sein.

3. Kausalität

18 Das Verhalten des VN muss für den Versicherungsfall ursächlich gewesen sein. Bei Unterlassen muss geprüft werden, ob der Versicherungsfall auch eingetreten wäre, wenn der VN die von ihm zu erwartende Handlung vorgenommen hätte (vgl. hierzu OLG Naumburg v. 14.3.2013 – 4 U 47/12, VersR 2014, 621).

II. Subjektive Tatbestandsvoraussetzungen

1. Vorsätzliche Herbeiführung des Versicherungsfalls (§ 81 Abs. 1 VVG)

19 Voraussetzung nach § 81 Abs. 1 VVG ist eine vorsätzliche Herbeiführung des Versicherungsfalls. **Vorsatz** meint das Wissen und Wollen der Tatbestandsverwirklichung also des Eintritts des tatbestandlichen Erfolges. Das **Wissen und Wollen** des VN muss sich auf die konkrete Handlung und deren Erfolg beziehen. Es reicht aus, wenn bedingter Vorsatz vorliegt (zur Abgrenzung der Vorsatzformen und Abgrenzung zur bewussten Fahrlässigkeit s. Rdn 29 ff.).

20 **Praxistipps**
– Es muss nicht zwingend ein Schaden verursacht werden. Es ist nach dem Wortlaut schon ausreichend, wenn ein Versicherungsfall vorsätzlich herbeigeführt wird. Dies ist bspw. auch dann der Fall, wenn ein tatsächlich nicht gegebener Versicherungsfall nur vorgetäuscht wird (**fingierter Versicherungsfall**, z.B. Vortäuschen des Diebstahls eines Pkw).
– Ob ein vorsätzliches Handeln im strafrechtlichen Sinne gerechtfertigt oder entschuldigt ist, spielt für die Beurteilung i.S.v. § 81 VVG keine Rolle.

2. Grob fahrlässige Herbeiführung des Versicherungsfalls (§ 81 Abs. 2 VVG)

a) Begriff der groben Fahrlässigkeit

21 Grobe Fahrlässigkeit liegt vor, wenn die im Verkehr **erforderliche Sorgfalt** nach den gesamten Umständen **in besonders schwerem Maße verletzt** wird und schon einfachste, ganz nahe liegende Überlegungen nicht angestellt werden und das nicht beachtet wird, was im gegebenen Fall jedem einleuchten muss (Palandt/*Heinrichs*, § 276 BGB Rn 14 m.w.N. aus der Rspr.).

22 Grob fahrlässig handelt im Gegensatz zur einfachen Fahrlässigkeit auch derjenige, der in **subjektiv unentschuldbarer**, ungewöhnlicher Weise Sicherheitsvorkehrungen außer Acht lässt, deren Einhaltung unter den gegebenen Umständen jedem geboten erscheinen müsste (BGH, r+s 2003, 144 [unter II. 2 m.w.N.]; BGH, VersR 1989, 141).

23 Die grob fahrlässige Herbeiführung des Versicherungsfalls erfordert das **Bewusstsein** des VN, dass sein Verhalten dazu geeignet ist, zum Eintritt des Versicherungsfalls beizutragen bzw. die Vergrößerung des Schadens noch zu fördern. Es muss sich in subjektiver Hinsicht um ein **ggü. einfacher Fahrlässigkeit gesteigertes Verschulden** handeln (BGH, VersR 1989, 141). Konstitutionelle Schwächen können daher den VN entlasten.

Beispiele für solche konstitutionellen Schwächen
- Vergesslichkeit infolge Hirnleistungsschwäche (BGH, VersR 1989, 840)
- Niedriger IQ von 76 (OLG Düsseldorf, VersR 1996, 1493)

b) Beispiele grober Fahrlässigkeit

Feuerversicherung 24

	grobe Fahrlässigkeit bejaht	grobe Fahrlässigkeit verneint
Brand – unbeaufsichtigtes Feuer im offenen Kamin eines Freisitzes	OLG Koblenz, r+s 2003, 112	
Nachlässiger Umgang mit einem Gasofen	OLG Köln, r+s 2000, 296	
Brand eines Imbissladens hervorgerufen durch einen Plastikeimer, in den regelmäßig Aschenbecher – unter Duldung des VN – entleert wurden	LG Dresden, r+s 2000, 209	
Bedienung eines Saunaschalters ohne vorherige Information über Funktionsweise, wenn brennbares Material dort gelagert wurde	LG München II, NJW-RR 2015, 29	
Brennenlassen von Kerzen	Verlassen des Hauses für 15 Minuten, um Nachbarn zu besuchen, ohne zuvor die Kerzen an einem Adventskranz zu löschen, OLG Hamburg v. 5.5.1993 – 5 U 231/92, VersR 1994, 89	Versehentliches Brennenlassen einer Kerze an einem Adventsgesteck, wenn weitere Kerzen gelöscht wurden, BGH, 4.12.1985 – IVa ZR 130/84, VersR 1986, 254 Brennenlassen von zwei Kerzen im hinteren Teil eines Wohnmobils, wobei VN sich auf Fahrersitz in Sichtkontakt zu den Kerzen befindet, dann aber einschläft, BGH v. 2.4.1986 – IV a ZR 187/84, VersR 1986, 671

	grobe Fahrlässigkeit bejaht	grobe Fahrlässigkeit verneint
Verursachung eines Brandschadens durch Erhitzung von Fett auf einem Küchenherd bei kurzer Abwesenheit im Nebenraum		BGH v. 10.5.2011 – VI ZR 196/10, VersR 2011, 916 (Augenblicksversagen)

25 Hausratversicherung

	grobe Fahrlässigkeit bejaht	grobe Fahrlässigkeit verneint
Brand		
Glimmende Zigaretten im Müll	LG Ansbach, VersR 2000, 1274	
Rauchen im Bett	Abhängig von den Umständen des Einzelfalls, OLG Köln, VersR 2001, 365; OLG Hamm, VersR 1989, 1256; zur „Morgenzigarette" im Bett: OLG Düsseldorf, VersR 2001, 365	
	LG Oldenburg, r+s 2004, 112 (Rauchen im Bett bei Verwendung eines auf der Matratze abgestellten Aschenbechers mit Drehmechanismus begründet den Vorwurf grober Fahrlässigkeit mit der Folge der Leistungsfreiheit des VR für einen Brand durch Zigarettenglut, die beim Betätigen des Drehmechanismus auf das Bett gefallen ist)	Entsorgung von Zigaretten im Müllsack zehn Minuten nach Ende des Rauchens, BGH v. 16.5.1990 – IV ZR 334/88, VersR 1990, 893
	Zubettgehen mit brennender Zigarette und anschließendem Einschlafen, OLG Bremen v. 22.3.2012 – 3 U 53/11, juris	
	OLG Köln v. 16.9.1993 – 5 U 40/93, r+s 1994, 24	
	ständiges Rauchen unter Alkoholeinfluss im Bett und Brand aufgrund dieses Verhaltens, OLG Oldenburg v. 10.10.1990 – 2 U 117/90, r+s 1992, 208	

	grobe Fahrlässigkeit bejaht	grobe Fahrlässigkeit verneint
	Ablegen einer brennenden Zigarette auf den Rand eines auf einer Tischkante stehenden Aschenbechers mit anschließendem Verlassen des Zimmers und Vergessen der Zigarette, OLG Celle v. 10.6.1994 – 8 W 127/94, r+s 1995, 190	
Brennenlassen von Kerzen	OLG Köln, VersR 2010, 479 (Brennenlassen von fünf Kerzen in einem Kerzenständer nach Alkoholgenuss); LG Krefeld, r+s 2007, 65; LG Köln, r+s 2002, 383; OLG Oldenburg, r+s 2002, 74; OLG Nürnberg, r+s 2001, 512; OLG Oldenburg, r+s 2000, 425; OLG Düsseldorf, r+s 2000, 160;	OLG Koblenz, r+s 2002, 336 (Keine grobe Fahrlässigkeit, wenn nicht geklärt werden kann, ob Ursache des Brandes in einem Bordell eine brennende Kerze oder eine glimmende Zigarette war) VN verlässt mit quengelndem Kind das Haus, ohne die dicken Kerzen am Adventsgesteck, welche erst zu einem Viertel abgebrannt waren, zu löschen, OLG Düsseldorf v. 3.3.1998 – 4 U 49/97, NJW-RR 1998, 1636 Verlassen des Zimmers unter Löschen der Kerzen am Weihnachtsbaum bei gleichzeitigem Übersehen einer nicht im Sichtfeld des VN liegenden Kerze, LG Münster v. 13.7.1983 – 10 O 173/83, r+s 1984, 64 Keine fahrlässige Herbeiführung eines durch Kerzen am Weihnachtsbaum verursachten Brandschadens bei permanenter Anwesenheit eines Erwachsenen im Raum, LG Oldenburg v. 8.7.2011 – 13 O 3296/10, VersR 2012, 1562

	grobe Fahrlässigkeit bejaht	grobe Fahrlässigkeit verneint
Unbeaufsichtigtes Zurücklassen eines brennenden Grablichts auf dem Nachttisch bei geschlossener Tür und offenem Fenster	KG, r+s 2007, 286	
Brand durch liegen gelassenen Lötkolben	LG Hamburg, r+s 2005, 469	
Fetttopf auf eingeschalteter Herdplatte nach Verlassen des Hauses	OLG Zweibrücken, r+s 2000, 469	OLG Düsseldorf, GuT 2010, 121
Unbeaufsichtigter Öltopf	LG Karlsruhe, zfs 2008, 152	
Feuerwerkskörper im Keller	Verwenden von Feuerwerkskörpern in einem Kellerraum mit Holzmöbeln und leicht entzündbaren Kleidungsstücken, um Katze zu vertreiben und fünf bis zehn Minuten später erfolgte Kontrolle des Kellerraums, OLG Naumburg v. 28.3.2011 – 4 W 12/11, VersR 2012, 1562	
Ablage von Gegenständen auf Saunaofen	Ablegen von entflammbaren Gegenständen auf einem scheinbar abgeschalteten Saunaofen und anschließendem Verlassen der Sauna, ohne sich einer verlässlichen Abschaltung zu vergewissern, OLG Hamm, v. 15.1.2016 – 20 U 219/15, zfs 2016, 277	

	grobe Fahrlässigkeit bejaht	grobe Fahrlässigkeit verneint
Einbruch		
Belassen eines Fensters in Kippstellung	OLG Saarbrücken, VersR 2004, 1265 (bei Einbruch während zweiwöchiger Urlaubsabwesenheit und Einbruch am 12. Tag nach Urlaubsbeginn)	OLG Hamm, VersR 2001, 1234 (Verneinung aufgrund Kausalitätsfragen); LG Gießen, VersR 2002, 354
	LG Düsseldorf, VersR 2008, 347 (zweimaliges Verlassen der Wohnung bei in Kippstellung befindlichem, zur Rückfront des Hauses im Erdgeschoss gelegenem Fenster)	
	OLG Celle v. 10.6.1992 – 8 U 164/91, VersR 1993, 572 (VN verlässt die im Erdgeschoss liegende Wohnung für halbe Nacht bei in Kippstellung befindlichem, ohne Weiteres zugänglichem und einsehbarem Schlafzimmerfenster), OLG Oldenburg v. 20.3.1996 – 2 U 12/96, VersR 1997, 999 (VN verlässt nachts das Gebäude für elf Stunden bei in Kippstellung befindlichem Fenster des Abstellraums)	
Kippstellung einer Tür zwischen Wintergarten und Wohnraum beim gleichzeitigen Herunterlassen eines davor befindlichen Rollladens		OLG Karlsruhe, VersR 1997, 104
Nichtverschließen der Tür beim Verlassen der Wohnung für mehrere Stunden	OLG Köln, VersR 2008, 1206	

§ 81 VVG Herbeiführung des Versicherungsfalles

	grobe Fahrlässigkeit bejaht	grobe Fahrlässigkeit verneint
Einbruch bei ungenügender Sicherung der Wohnung	OLG Oldenburg, r+s 2005, 422; LG Koblenz, r+s 2006, 288 Belassen eines Hauptschlüssels auf dem Schreibtisch eines Betriebes und anschließender Nichtaustausch der Schlösser über einen Monat, OLG Köln v. 17.8.2004 – 9 U 170/03, zfs 2005, 506	
Einbruch bei lediglich ins Schloss gezogener, nicht abgeschlossener Wohnungstür oder geöffnetem Fenster	LG Aachen, r+s 2000, 383 Offenlassen einer ebenerdigen Terrassentür ohne Sicherungsmaßnahmen zur Nachtzeit trotz anwesendem schlafenden VN, OLG München v. 25.10.2005 – 7 U 4196/05, NJW-RR 2006, 103 Verlassen des Hauses für 30 min. bei geöffneten Fenster, OLG Köln v. 30.8.2005 – 9 U 214/04, r+s 2006, 75 Ausbau eines ebenerdigen Fensters, OLG Celle v. 14.7.2005 – 8 U 31/05, NJW-RR 2005, 1345	Abendliches Verlassen einer Wohnung für 2–3 Stunden oder tagsüber für kurze Zeit unter Zuziehung der Eingangstür ohne diese abzuschließen, OLG Nürnberg v. 7.3.1996 – 8 U 3803/95, NJW-RR 1996, 1118; OLG Düsseldorf v. 19.3.1996 – 4 U 26/95, NJW-RR 1996, 1119 2 m über dem Erdboden liegendes Schlafzimmerfenster wird bei zugezogenen Gardinen in Kippstellung belassen, (Abwesenheit einige Stunden), OLG Hamburg v. 31.3.1987 – 8 U 141/86, NJW-RR 1989, 797 Einbruch in Einfamilienhaus während 2 ½-stündiger Abwesenheit bei nicht abgeschlossener vom Nachbarhaus zu beobachtender Nebeneingangstür, OLG Schleswig, 4.3.2010 – 16 U 44/09, NJW 2010, 3248
Anschluss von Wasch- und Geschirrspülmaschine		
	Leitungswasserschaden durch unbeaufsichtigten Betrieb oder Anschluss unter Druck von Wasch- und Geschirrspülmaschine; OLG Koblenz, r+s 2001, 471	

	grobe Fahrlässigkeit bejaht	grobe Fahrlässigkeit verneint
	Befestigung des Zuleitungsschlauchs einer Waschmaschine ohne zwischengeschaltete Aquastopp-Vorrichtung mit einer Schlauchschelle an einem Wasserhahn; OLG Oldenburg, VersR 2005, 976	
	15 Jahre alter Zulaufschlauch einer Geschirrspülmaschine wird bei einwöchiger Abwesenheit unter Wasserdruck belassen; OLG Oldenburg, VersR 1996, 1492	
Sonstiges		
	Lagerung einer hochwertigen Tauchausrüstung in einem von außen einsehbaren Kellerverschlag, LG Berlin v. 5.12.2012 – 23 O 438/11, VersR 2013, 998 (Leistungskürzung 50 %)	
Einstellung eines Butlers ohne sich Zeugnisse, Referenzen oder ein Führungszeugnis vorlegen zu lassen	OLG Frankfurt am Main, r+s 2002, 247	
Raub durch unbekannte Damen in Hotelzimmer in Thailand	LG Berlin, r+s 2005, 423	
Raub – Tragen einer wertvollen goldenen Uhr in Neapel		OLG Köln, r+s 2007, 157 = VersR 2007, 1270

26 Kfz-Versicherung

	grobe Fahrlässigkeit bejaht	grobe Fahrlässigkeit verneint
Abkommen von der Fahrbahn		Abkommen von einer schmalen Fahrbahn auf den Grünstreifen, OLG Hamm, VersR 2007, 1553 (Kann der VN jedoch einen plausiblen Grund für das Abkommen von der Fahrbahn nicht angeben, kann daraus eine Beweislastumkehr erwachsen.)
		Fahrzeug gerät auf der Autobahn bei regennasser Straße ohne Einwirkung Dritter ins Schleudern und kommt von der Straße ab, LG Bielefeld, NJOZ 2007, 5082
Absicherung des Kfz gegen Wegrollen	Abstellen auf einer stark abschüssigen Rampe wenige Meter vor ihrer Einmündung in einen Fluss mit geradeaus stehender Lenkung und mit zu ¾ angezogener Handbremse ohne Einlegung eines Gangs, OLG Hamburg, r+s 2005, 57	LG Karlsruhe, NJW-RR 2008, 117 (Beweis konnte nicht geführt werden)
	Abstellen eines Lkws auf einer stark abschüssigen Rampe ohne angezogener Handbremse und ohne eingelegtem Gang, OLG Düsseldorf, r+s 2002, 230	
Ablenkung durch die Bedienung eines Autoradios		OLG Nürnberg v. 25.4.2005 – 8 U 4033/04, NJW-RR 2005, 1193
Abwehr eines Insekts		OLG Bamberg v. 20.9.1990 – 1 U 36/90, r+s 1990, 404

	grobe Fahrlässigkeit bejaht	grobe Fahrlässigkeit verneint
Alkohol	BGH v. 22.6.2011 – IV ZR 225/10, VersR 2011, 1037 (bei BAK-Wert über 1,1 ‰ = stets absolute Fahruntüchtigkeit) BGH, VersR 1991, 1367 (1,1 ‰ = absolute Fahruntüchtigkeit; Mitursächlichkeit der Alkoholisierung ist auch anzunehmen, wenn ein Tier die Fahrbahn überquerte und der VN dem Tier ausweichen wollte, OLG Düsseldorf, r+s 2008, 9) BGH, VersR 2002, 1413 (Bei relativer Fahruntüchtigkeit [0,3 bis 1,1 ‰] müssen weitere Indiztatsachen hinzukommen, die den gesicherten Rückschluss auf das Vorliegen von Fahruntüchtigkeit gestatten, wofür in erster Linie alkoholtypische Fahrfehler in Betracht kommen.) OLG Karlsruhe, VersR 2014, 1369 1,09 ‰ in Verbindung mit Ablenkung durch Vorgänge der Fahrzeugbedienung Anforderungen an die Beweisanzeichen für das Vorliegen alkoholbedingter Fahrfehler oder Ausfallerscheinungen sind umso geringer, je stärker sich der Blutalkoholgehalt der Grenze von 1,1 ‰ annähert, OLG Jena v. 27.11.2002 – 4 U 621/02, NJW-RR 2003, 320 Steht alkoholbedingte Fahruntüchtigkeit fest, spricht der Anscheinsbeweis dafür, dass der Unfall durch die relative Fahruntüchtigkeit verursacht	OLG Hamm, VersR 1988, 369 (Bei 1,3 ‰, wenn der VN nach Alkoholgenuss nicht mehr beabsichtigte selbst zu fahren und nur aufgrund besonderer Umstände doch noch einmal fuhr.)

	grobe Fahrlässigkeit bejaht	grobe Fahrlässigkeit verneint
	wurde, BGH, 24.2.1988 – IVa ZR 193/86, VersR 1988, 733	
Ausweichen vor Tieren	Ausweichen vor einem plötzlich auftauchenden Fuchs bei 120 km/h auf der Autobahn, OLG Koblenz, r+s 2004, 11; LG Marburg, r+s 2006, 188	OLG Zweibrücken, r+s 2000, 366; BGH, VersR 2007, 1531 (Bestätigung der Vorinstanz wegen eingeschränkter Überprüfung der tatrichterlichen Würdigung)
Autonomes Fahren	In Zukunft wird der Verschuldensgrad je nach Vorhandensein eines Assistenzsystems unterschiedlich zu beurteilen sein. Nutzt z.B. ein Fahrzeugführer eine automatische Einparkhilfe oder ein Spurassistenzsystem und kommt es aufgrund eines Systemfehlers zu einem Schaden, wird i.d.R. keine grobe Fahrlässigkeit angenommen werden können. Fordert aber beispielsweise ein teilautonomes Hilfssystem den Fahrer zum Eingreifen auf (sei es akustisch und/oder optisch) und unterlässt der Fahrer dieses gebotene eigene Eingreifen, wird im Einzelfall eine grobe Fahrlässigkeit angenommen werden können. Die Details der Hilfssysteme und die Umstände des Einzelfalls werden maßgeblich sein.	
Diebstahl des Fahrzeuges		
Umstände des Abstellens des Fahrzeuges	Abstellen eines Wohnwagens ohne Zugfahrzeug und Diebstahlsicherung mehrere Tage an einer viel befahrenen Straße, OLG Schleswig v. 26.11.2009 – 16 U 18/09, LNR 2009, 31637	Unverschlossenes Abstellen eines Fahrzeuges während eines kurzen Besuchs in einer ländlich geprägten Umgebung, OLG Saarbrücken, zfs 2008, 96
	Abstellen eines unverschlossenen Wohnmobils mit offener Schiebetür vor einem polnischen Getränkemarkt während des Einkaufs, OLG Hamburg, zfs 2005, 247	Gestattung der Probefahrt an einen Kaufinteressenten, der vor Antritt der Probefahrt das von ihm mitgebrachte, zum Straßenverkehr zurückgelassene Motorrad zurück lässt, OLG Köln, VersR 2008, 1640
	Abstellen eines Motorrades ohne Aktivierung der Lenkradsperre in einer unverschlossenen Garage, LG Hagen, SP 2009, 336; OGH, zfs 1999, 247	Abstellen eines hochwertigen Pkw auf einem Parkplatz in der Nähe eines Hotels in Polen, wobei der VN den Parkplatz für bewacht halten durfte, BGH, VersR 1998, 44
	Abstellen eines offenen Cabrios über Nacht im Zentrum einer Großstadt, LG Aachen, VersR 1992, 997	Parken eines Porsche für 1,5 Tage in Mailand mit eingeschalteter Alarmanlage, BGH, VersR 1996, 576

	grobe Fahrlässigkeit bejaht	grobe Fahrlässigkeit verneint
	Abstellen eines nur mit dem Lenkradschloss gesicherten Motorrades für die Dauer von sechs Tagen auf dem Parkplatz einer Autobahnraststätte, OLG Köln, VersR 1991, 1240	Parken eines Rolls-Royce in Kattowitz (Polen) zwischen 22.00 und 24.00 Uhr, OLG Hamm, r+s 1996, 430
	Ungesichertes Abstellen eines Wohnwagens für fünf Tage auf einem Autobahnparkplatz, OLG Hamburg, zfs 1988, 51	Abstellen eines Cabrios auf einem belebten Platz für weniger als eine Stunde, AG Münster, zfs 1991, 386
	Mehrtägiges Abstellen eines hochwertigen Fahrzeugs auf einem unbewachten Parkplatz, OLG Bremen, VersR 1980, 861	Unverschlossenes Abstellen eines Pkw mit den Schlüsseln im Fahrzeug in einer mit zwei Vorhängeschlössern gesicherten Halle, OLG Düsseldorf, VersR 1991, 540
	Steckenlassen des Schlüssels während des Aussteigens in Polen und anschließendes Unterhalten auf Beifahrerseite mit Passanten, OLG Rostock v. 7.11.2008 – 5 U 153/08, MDR 2009, 745	
	Trotz Verlustes einer Keyless-Go-Karte mit Fahrzeugschein parkt VN Fahrzeug nicht an einem sicherem Ort, OLG München v. 11.12.2007 – 25 U 3770/07, VersR 2008, 1105	
Diebstahl von Schlüsseln, die sich außerhalb des Fahrzeuges befinden	Einwerfen eines Fahrzeugschlüssels nach Geschäftsschluss in einen nicht besonders gesicherten Außenbriefkasten einer Werkstatt, OLG Hamm, VersR 2006, 403; OLG Celle, NJW-RR 2005, 1192; OLG Köln, VersR 2002, 604; OLG Düsseldorf, OLGR 2001, 160	Aufbewahrung des Fahrzeugschlüssels nachts unter dem Kopfkissen, OLG Celle, MDR 2008, 268
		Entwendung eines Pkw durch Eindringen in eine Wohnung durch eine zum Lüften geöffnete Haustür und Ansichnahme des Fahrzeugschlüssels bei Anwesenheit des VN im Nebenraum, OLG Karlsruhe, VersR 2007, 984
	Zurücklassen der Schlüssel in einer Jacke in einer nicht beaufsichtigten Garderobe, OLG Stuttgart, DAR 2005, 708	Aufbewahrung des Fahrzeugschlüssels in einer verschlosse-

	grobe Fahrlässigkeit bejaht	grobe Fahrlässigkeit verneint
	Zurücklassen der Schlüssel in einer Badetasche auf einer Liegewiese eines Schwimmbades, um für 15 Minuten in einem nicht in Sichtweite befindlichen Schwimmbecken zu baden, OLG Karlsruhe, SP 2002, 394	nen Werkhalle, OLG Saarbrücken, zfs 2006, 693
		Aufbewahren des Zweitschlüssels in einem unverschlossenen Spind im Privatraum einer Arztpraxis, OLG Celle, OLGR 2004, 575
	Abstellen des Pkws über Nacht vor der Wohnung in Kenntnis des Umstandes, dass der Kfz.-Schlüssel am Vorabend von einem Besucher aus der Wohnung entwendet wurde, OLG Düsseldorf, SP 2003, 104	Ablegen des Schlüssels innerhalb des Blickfeldes auf einem Restauranttresen während der VN dort selbst ununterbrochen sitzen bleibt, OLG Schleswig, NJW-RR 2004, 1337
	Verwahren eines Schlüssels in einer offenen Tonschale auf dem Tresen eines Restaurants, OLG Celle, zfs 2005, 607	Unterlassen von Sicherungsmaßnahmen nach dem Verlust einer Keyless-Go-Karte und des Fahrzeugscheins, OLG München, VersR 2008, 1105
	Zurücklassen eines Fahrzeugschlüssels in einem unbeaufsichtigten Aufenthaltsraum, obwohl abschließbarer Spind zur Verfügung steht, OLG Koblenz v. 14.5.2012, r+s 2012, 430 (Kürzungsquote 50 %)	Unterlassen der Änderung der Kodierung, wenn keine Anhaltspunkte dafür vorliegen, dass ein Finder die Schlüssel einem bestimmten Fahrzeug zuordnen kann, OLG Frankfurt am Main, r+s 2004, 279
	Mitteilung des Aufbewahrungsortes eines Ersatzschlüssels in einer Gartenlaube an fremde Person (offen gelassen in OLG Naumburg, VersR 2014, 621)	
	Ablage der Fahrzeugschlüssel auf der Theke einer Gaststätte, OLG Hamm v. 26.4.1991 – 20 U 284/90, NJW-RR 1992, 360	
	Aufhängen einer Jacke mit Autoschlüsseln in der Tasche an einer unbewachten Garderobe, OLG Frankfurt am Main v. 13.11.1991 – 17 U 78/90, VersR 1992, 817	
	Ablegen des Fahrzeugschlüssels in Hosentasche in einem	

	grobe Fahrlässigkeit bejaht	grobe Fahrlässigkeit verneint
	unverschlossenen unbeaufsichtigten Umkleideraum eines Tennisvereins, OLG Stuttgart v. 24.9.1992 – 7 U 134/92, r+s 1996, 393	
	VN belässt über mehr als fünf Stunden einen Schlüssel in einer über einen Stuhl gehängten Jacke in einer Diskothek ohne ständige Beaufsichtigung bei gleichzeitigem erheblichen Alkoholkonsum, OLG Oldenburg v. 28.2.1996 – 2 U 304/95, r+s 1996, 172	
	Belassen eines Schlüssels in Jacke in einem öffentlich zugänglichen Raum, OLG Koblenz v. 2.5.1988 – 12 U 1385/87, VersR 1991, 541	
	Abstellen einer Handtasche mit Fahrzeugschlüssel in einer Disko in einem jedermann zugänglichen Bereich, trotz Bitte an Freundin, auf die Tasche aufzupassen, OLG Saarbrücken v. 31.3.2010 – 5 U 102/09, zfs 2010, 506	
Belassen des Zündschlüssels im *unverschlossenen* Fahrzeug	OLG Koblenz, MDR 2009, 1161 Ermöglichung der Entwendung durch Aussteigen aus dem Fahrzeug in Polen, Steckenlassen des Schlüssels und Unterhaltung mit einem Passanten auf der Beifahrerseite nach Herumgehen um das Fahrzeug, OLG Rostock, MDR 2009, 745 Herbeiführung des Kfz-Diebstahls bei Probefahrt, OLG Frankfurt am Main v. 20.2.2002 – 7 U 54/01, zfs 2002, 240	Zurücklassen einer Jacke, in der sich ein Zweitschlüssel für den Pkw befindet in dem unverschlossenen Pkw auf der Rückbank, OLG Celle, SP 2010, 19 (wegen Fehlens der subjektiven Voraussetzungen wurde grobe Fahrlässigkeit verneint) Um bei einer Panne zu helfen und nicht von einer vorgetäuschten Panne ausgegangen werden musste, OLG Frankfurt am Main, MDR 2003, 632

	grobe Fahrlässigkeit bejaht	grobe Fahrlässigkeit verneint
	Außen im Kofferraum steckender Schlüssel in Ungarn und unbewachtes Zurücklassen für zwei Stunden, OLG Hamm v. 27.9.1999 – 6 U 52/99, VersR 2000, 1233	
	Belassen des Fahrzeugschlüssels hinter der Sonnenblende, OLG Hamm, 13.6.1997 – 20 U 12/97, VersR 1998, 489	
	OLG Koblenz, r+s 2008, 11;	
	OLG Koblenz, VersR 2001, 1278;	
	OLG Hamm, zfs 1991, 245;	
	OLG Hamm, VersR 1982, 1137;	
	OLG Celle, VersR 1986, 1013;	
	LG Köln, VersR 1993, 348;	
	LG Essen, zfs 1988, 321	
Belassen des Zündschlüssels im *verschlossenen* Fahrzeug	Bei Sichtbarkeit des Schlüssels von außen, BGH, VersR 1986, 962	Im verschlossenen Handschuhfach, BGH, VersR 1986, 962
	Im unverschlossenen Handschuhfach, OLG Frankfurt am Main, VersR 1988, 1122	Zurücklassen des Zweitschlüssels in der abgedeckten Mittelkonsole, LG Ingolstadt v. 9.2.2010 – 43 O 1591/09, zfs 2010, 331
	Aufbewahrung eines Notfallschlüssels in einem Versteck unter der Motorhaube, OLG Nürnberg, VersR 1994, 1417	Zurücklassen des Fahrzeugschlüssels in einer Jacke auf dem Rücksitz des unverschlossenen Kfz, OLG Celle v. 18.6.2009 – 8 U 188/08, r+s 2010, 149
	Zurücklassen einer Jacke, in der sich ein Zweitschlüssel für den Pkw befindet in dem verschlossenen Pkw, LG Koblenz, r+s 2007, 414; OLG Hamm, r+s 2007, 414	
	Belassen des Schlüssels in der Mittelarmkonsole; LG Köln, r+s 2010, 14	
Zurücklassen des Kfz-Briefes im Fahrzeug	Als Anreiz zum Diebstahl bei offener Sichtbarkeit, OLG München, VersR 1999, 1360	

	grobe Fahrlässigkeit bejaht	grobe Fahrlässigkeit verneint
Zurücklassen des Kfz-Scheins im Fahrzeug	Beim Belassen des Scheins im Handschuhfach, OLG Celle, Vers 2008, 204 (Aber: Fehlende Kausalität)	BGH v. 17.5.1995 – IV ZR 279/94, VersR 1995, 909 vgl. auch OLG Oldenburg v. 23.6.2010 – 5 U 153/09, VersR 2011, 256
Durchfahrtshöhe nicht beachtet	Nichtbeachten der Durchfahrtshöhe einer Tiefgarageneinfahrt mit Fahrrädern auf dem Dachgepäckträger, AG Potsdam, VersR 2008, 1347 Nichtbeachten der Durchfahrtshöhe mit einem Wohnmobil, OLG Oldenburg, VersR 2006, 920 Nichtbeachten der Durchfahrtshöhe einer Brückenunterführung, OLG Karlsruhe, VersR 2004, 1305 Missachtung einer Einfahrthöhe eines Parkhauses von 1,80 m mit einem 2,73 m hohen Fahrzeug trotz deutlich ausgeschilderter Einfahrthöhe, LG Köln, VersR 2013, 851 (Haftungsquote 2/3) Missachtung des Zeichens 265 nach § 41 StVO, das auf eine Höhenbegrenzung von 2,6 m hinweist mit einem kleinen Lkw mit einer Höhe von 3,5 m, OLG Düsseldorf, VersR 2013, 199	
Einschlafen am Steuer	OLG Koblenz v. 12.1.2007 – 10 U 949/06, VersR 2007, 365 OLG Hamm, VersR 1998, 1276; OLG Koblenz, VersR 1998, 1276 und BGH, VersR 1974, 593 (beide einschränkend: nur bei Hinwegsetzen über deutliche Vorzeichen der Ermüdung); OLG Oldenburg,	OLG Celle v. 3.2.2005 – 8 U 82/04, r+s 2005, 456 (keine Übermüdungsanzeichen und regelmäßiges Nachhausefahren nach der Nachtschicht) OLG München, VersR 1995, 288

	grobe Fahrlässigkeit bejaht	grobe Fahrlässigkeit verneint
	VersR 1999, 1105; LG Stendal, VersR 2003, 1170	
Geschwindigkeitsverstoß	Anfahren mit weit überhöhter Geschwindigkeit nach einem Ampelstopp, OLG Hamm, VersR 2008, 112	
	Anfahren mit weit überhöhter Geschwindigkeit, OLG Hamm, r+s 2007, 453	
	Überschreiten der zulässigen Höchstgeschwindigkeit um 100 %, OLG Nürnberg, VersR 2001, 365	
	Überschreiten der zulässigen Höchstgeschwindigkeit um ungefähr 50 % nachts auf einer Landstrasse, OLG Koblenz, VersR 2000, 720	
Medikamente/Drogen		Nachweis von Drogenwirkungen im Blut belegt die Fahruntüchtigkeit für sich noch nicht, vielmehr müssen zusätzliche aussagekräftige Beweisanzeichen hinzukommen, BGH v. 3.11.1998 – 4 StR 395/98, VersR 1999, 72
		OLG Düsseldorf v. 6.7.2004 – 4 U 222/03, VersR 2005, 348; OLG Düsseldorf v. 19.9.2000 – 4 U 2106/99, VersR 2002, 477
Rauchen im Fahrzeug	Bücken im Fahrzeug nach heruntergefallener brennender Zigarette, OLG Zweibrücken v. 10.3.1999 – 1 U 65/98, r+s 1999, 406	Rauchen im Pkw und Herauswerfen der Zigarette, OLG Stuttgart v. 20.6.1986 – 2 U 10/86, VersR 1986, 1119
Rechtsüberholen	Rechtsüberholen auf einer Autobahn bei einer Geschwindigkeit von 180 km/h, LG Potsdam v. 11.12.2006, VersR 2008, 1643	

	grobe Fahrlässigkeit bejaht	grobe Fahrlässigkeit verneint
Rotlichtverstoß	BGH, VersR 2003, 364; VersR 2003, 1561; OLG Köln, r+s 2003, 451; OLG Jena, VersR 2004, 463; OLG Rostock, r+s 2004, 58; OLG Hamm, r+s 2005, 99	OLG Koblenz, r+s 2004, 55; OLG Köln, r+s 2007, 149 = VersR 2007, 1268
	Anhalten bei Rot und anschließender Rotlichtverstoß, weil Fahrer durch optisches Signal zu irgendeiner Überzeugung gelangt, die Ampel sei auf Grünlicht umgesprungen (Irrtum über Ampelschaltung), BGH v. 29.1.2003 – IV ZR 173/01, VersR 2003, 364	
	Ungebremstes Überfahren des Rotlichts mit 60 km/h innerorts bei eingeschaltetem Tempomat, OLG München v. 28.7.2002 – 10 U 1512/02, NZV 2002, 562	
	Überfahren des Rotlichts trotz Ablenkung durch Mitfahrer und Sorge um Enkelkind, OLG Jena v. 3.12.2003 – 4 U 760/03, VersR 2004, 463	
	Überfahren einer roten Ampel, weil danebenstehendes Fahrzeug ebenfalls anfährt, OLG Köln v. 12.3.2002 – 9 U 143/01, zfs 2002, 293	
	Fahrer verwechselt Grünlicht für Fußgänger mit dem für ihn geltenden Rotlicht, OLG Köln v. 2.11.2004 – 9 U 36/04, Schaden-Praxis 2005, 350	
	Rotlichtverstoß, wenn Sichtbehinderung durch Bäume und Sträucher nicht nachgewiesen ist und wegen Fahrbahnmarkierung mit einer einmündenden Straße gerechnet werden musste, OLG Köln v.	

	grobe Fahrlässigkeit bejaht	grobe Fahrlässigkeit verneint
	25.6.2002 – 9 U 1/02, r+s 2002, 407	
	Blick auf die inzwischen rote Ampel nach Rangieren erschwert, OLG Köln v. 27.2.2007 – 9 U 1/06, VersR 2007, 1268	
	Fahrer fährt aufgrund nicht zu erkennender Ampel wegen Sonneneinwirkung über Rotlicht, OLG Dresden v. 30.5.1995 – 3 U 154/95, VersR 1996, 577	
	Einfahren in den Kreuzungsbereich bei Rotlicht als Linksabbieger infolge behaupteter Blendung und Irritation durch Verkehrs- und Ampelsituation, OLG Celle v. 27.10.1994 – 8 U 14/94, NZV 1995, 363	
	Überfahren des Rotlichts, wenn danebenstehendes Fahrzeug anfährt und Fahrer den grünen Rechtsabbiegerpfeil für sein Ampellicht hält, OLG Hamburg v. 17.11.2004 – 14 U 80/04, DAR 2005, 86	
	Anhalten bei Rotlicht zeigender Ampel und anschließender Rotlichtverstoß ohne äußere Veranlassung und nochmaligen Blick auf Ampel, OLG Hamm v. 8.9.2004 – 20 U 44/04, NZV 2005, 95	
	Anhalten bei Rotlicht und anschließender Rotlichtverstoß in irrtümlicher Annahme, Ampel zeige nun Grün, OLG Karlsruhe v. 21.11.2003 – 12 U 89/03, NJW-RR 2004, 389	
	Rotlichtverstoß infolge Ablenkung wegen der Suche nach einer bestimmten Adresse, OLG Frankfurt am Main v.	

grobe Fahrlässigkeit bejaht	grobe Fahrlässigkeit verneint
26.6.2002 – 7 U 194/01, OLGR Frankfurt 2003, 22	
Rotlichtverstoß bei behaupteter Entwicklung von Qualm im Auto und entsprechend behaupteter Ablenkung, OLG Düsseldorf v. 18.11.2008 – 24 U 131/08, VersR 2009, 509	
Ortsunkundiger Fahrer hat Orientierungsprobleme und wird durch zahlreiche Verkehrs- und Hinweisschilder sowie Werbetafeln abgelenkt, OLG Düsseldorf v. 28.10.2008 – 4 U 254/07, Schaden-Praxis 2009, 260	
Warten an roter Ampel und Ablenkung durch Kinder sowie anschließende Veranlassung durch Hupen eines anderen Fahrzeuges, ohne nochmaliges Schauen in den Kreuzungsbereich einzufahren, weil aufgrund Hupsignals irrig davon ausgegangen wurde, dass Ampel Grünlicht zeigt, OLG Koblenz v. 17.10.2003 – 10 U 275/03, VersR 2004, 728	
Rotlichtverstoß, weil danebenstehendes Fahrzeug auf Rechtsabbiegerspur ebenfalls anfährt und Fahrer Grünlicht der Ampeln für Geradeausverkehr und Rechtsabbieger verwechselt, OLG Schleswig v. 4.3.1992 – 9 U 194/90, r+s 1992, 294	
Verwechslung Rot- und Grünlicht für Geradeaus- und Abbiegespuren (Differenzierung, ob Rotlicht zunächst beachtet worden ist oder ohne jede Beachtung über Rotlicht gefahren wird, OLG Hamm v. 26.1.2009 – 20 U 166/99, NJW-RR 2000, 1477, OLG	

	grobe Fahrlässigkeit bejaht	grobe Fahrlässigkeit verneint
	Jena v. 30.10.1996 – 4 U 119/95, VersR 1997, 691, OLG München v. 28.7.1995 – 10 U 2249/95, NJW-RR 1996, 407	
	AG Köln, SP 2008, 407; LG Aurich v. 10.1.2008 – 2 O 518/07, n.v. (keine Geschwindigkeitsverringerung trotz schlechter Sicht und Unklarheit über Ampelzeichen)	
Stoppschild missachtet	OLG Köln, r+s 2010, 14 (mit Verweis auf die Bedeutung der subjektiven Komponente); OLG Koblenz, VersR 2008, 1346; OLG Hamm, r+s 2000, 53; OLG Oldenburg, VersR 1997, 611; OLG Hamm, VersR 1993, 826	Überfahren eines Stoppschildes, OLG Bremen, VersR 2002, 1502; KG, VersR 2002, 477; vgl. auch OLG Köln v. 19.2.2002 – 9 U 132/01, r+s 2003, 277, OLG Köln v. 3.11.2009 – 9 U 63/09, Juris
Telefonieren	Telefonieren mit Handy ohne Freisprechanlage, OLG Köln, r+s 2000, 494	
Überholen mit hoher Geschwindigkeit		OLG Köln v. 9.5.2006 – 9 U 64/05, r+s 2006, 415
Umdrehen während der Fahrt		OLG Saarbrücken v. 13.2.2004 – 5 W 24/04, juris
Sonstiges	Rücksichtsloses und rowdyhaftes Verhalten des VN, OLG Hamm, r+s 2000, 54	

27 **Notebookversicherung**

	grobe Fahrlässigkeit bejaht	grobe Fahrlässigkeit verneint
Zurücklassen eines Notbooks im Auto	LG Köln, VersR 2007, 990	

Wohngebäudeversicherung

	grobe Fahrlässigkeit bejaht	grobe Fahrlässigkeit verneint
Absperren des Wasserzulaufs	Verbindung einer Wasserzuleitung zur Heizungsanlage mit Schlauch und Abwesenheit für 20–30 min. (LG Gießen v. 28.3.2014, VersR 2014, 1372	Zudrehen der am Wasserschlauch befindlichen Spritze, ohne die Wasserzufuhr abzustellen (OLG Koblenz v. 7.7.2015 – r+s 2015, 464)
	Fehlende Absperrung des Zulaufschlauches einer Waschmaschine durch Aquastop und einstündige Abwesenheit, LG Osnabrück, VersR 2013, 233 (Leistungskürzung 70 %)	
Leerstand eines Hauses	Fehlende Beheizung eines länger leerstehenden Hauses ohne Wärmedämmung und Doppelverglasung während einer Frostperiode mit Temperaturen im zweistelligen Minusbereich, OLG Frankfurt a.M. v. 11.5.2012, VersR 2013, 356 (Leistungskürzung auf null)	
	Stilllegung der Heizungsanlage in einem leerstehenden Gebäude über einen längeren Zeitraum im Winter ohne Absperrung und Entleerung der wasserführenden Leitungen, OLG Hamm, 27.4.2012, VersR 2013, 101 (Leistungskürzung auf null möglich)	
	Keine Beheizung eines ungenutzt leer stehenden Gebäudes, keine Durchführung regelmäßiger Kontrollen sowie keine vollständige Entleerung der Wasserleitungen, LG Aachen v. 14.3.2014 – 9 O 48/12, VersR 2015, 360 (Leistungskürzung auf Null)	
	VN entleert die Wasserleitungen in der kalten Jahreszeit nicht, obwohl das Gebäude für längere Zeit leer steht und	

	grobe Fahrlässigkeit bejaht	grobe Fahrlässigkeit verneint
	nicht hinreichend beheizt wird (BGH. v. 12.10.2011 – IV ZR 199/10, VersR 2011, 1550; OLG Brandenburg v. 9.10.2012 – 11 U 172/11, r+s 2013, 24)	
	Keine Kontrolle der Funktion der Heizung sowie keine Entleerung der Wasserleitungen vor elftägigem Kurzurlaub, obwohl Mieter die Mietwohnung aufgegeben hat, LG Essen, v. 27.1.2016 – 18 O 63/15, r+s 2016, 243	
Ausfahren einer Markise bei Sturm	Weiteres Ausfahren einer durch Sturm bereits beschädigten Markise zum Zwecke der Reparatur ohne Abwarten einer Beruhigung der Wetterlage und anschließende weitere Beschädigung, AG Bad Dürkheim v. 19.12.2013, VersR 2015, 446	

3. Abgrenzung zum bedingten Vorsatz und zur einfachen Fahrlässigkeit

29 **Bedingter Vorsatz** liegt vor, wenn der VN den Erfolg seiner Tat konkret für möglich hält und die Verletzung eines fremden Rechtsguts billigend in Kauf nimmt, auch wenn er ihn nicht erwünscht. Entscheidend bei der Abgrenzung zur groben Fahrlässigkeit ist das voluntative Element. Während der VN beim bedingten Vorsatz den Erfolg billigend in Kauf nimmt, hofft der VN im Fall einer **groben Fahrlässigkeit** darauf, dass der Erfolg nicht eintritt (zur Abgrenzung s. Rdn 108 f.).

> **Beispiel**
> VN hantiert mit Feuerwerkskörpern in einer Scheune. Es kommt zum Brand. Handelt der VN in dem Bewusstsein, es kann zu einem Brand kommen, liegt bedingter Vorsatz vor, wenn ihm der Eintritt des Brandes gleichgültig ist. Hofft er darauf, dass nichts passieren wird, so liegt ein Fall bewusster Fahrlässigkeit vor.

30 **Einfach fahrlässig** handelt hingegen derjenige, der die im Verkehr erforderliche Sorgfalt außer Acht lässt (§ 276 Abs. 2 BGB). Wird auch dieser Fahrlässigkeitsgrad nicht erreicht, liegt kein Verschulden vor.

31 **Praxistipp**
Ob die Fahrlässigkeit im Einzelfall als einfach oder grob zu bewerten ist, ist Sache der tatrichterlichen Würdigung. Erforderlich ist eine Abwägung aller objektiven und subjektiven Tatumstände. Die tatrichterliche Würdigung entzieht sich deshalb weitgehend einer Anwen-

dung fester Regeln und ist i.R.d. Revision nur beschränkt angreifbar. Nachgeprüft werden kann nur, ob in der Tatsacheninstanz der Rechtsbegriff der groben Fahrlässigkeit verkannt worden ist oder ob beim Bewerten des Grades der Fahrlässigkeit wesentliche Umstände außer Betracht geblieben sind. Haben sich die Tatsachengerichte an diese Vorgaben gehalten, sind etwaige unterschiedliche Beurteilungen ähnlich liegender Sachverhalte hinzunehmen (BGH, VersR 2007, 1531; VersR 2003, 1250). So erklären sich bspw. auch die unterschiedlichen Bewertungen von ähnlich gelagerten Sachverhalten (z.b. Ausweichen vor einem Tier auf einer Straße oder Brennenlassen einer Kerze).

4. Abgrenzung zum Augenblicksversagen

Grobe Fahrlässigkeit kann zu verneinen sein, wenn dem VN **in subjektiver Hinsicht kein Vorwurf** gemacht werden kann, weil sich aus den Gesamtumständen ergibt, dass es sich um ein einmaliges Fehlverhalten handelt, ein sog. Augenblicksversagen („Ausrutscher"). Ein solches Augenblicksversagen allein reicht aber nicht aus, um den Vorwurf der groben Fahrlässigkeit herabzustufen, wenn die objektiven Merkmale der groben Fahrlässigkeit gegeben sind (s. hierzu BGH, VersR 2003, 364; VersR 1992, 1085). 32

Praxistipp 33
Mit dem Begriff Augenblicksversagen wird nur der Umstand beschrieben, dass der Handelnde für eine kurze Zeit die im Verkehr erforderliche Sorgfalt außer Acht lässt. Nicht jedes kurzfristige Versagen ist unter subjektiven Gesichtspunkten geeignet, den Schuldvorwurf der groben Fahrlässigkeit herabzustufen, wenn die objektiven Merkmale der groben Fahrlässigkeit gegeben sind. Vielmehr müssen weitere, in der Person des Handelnden liegende besondere (individuelle, tätigkeitsbezogene oder situative) Umstände hinzukommen, die den Grund des momentanen Versagens erkennen und in einem milderen Licht erscheinen lassen.

Die folgenden Beispiele verdeutlichen, dass in jüngster Zeit kaum noch Gerichte ein Augenblicksversagen bejaht haben.

Hinweis
Nach Wegfall des Alles-oder-Nichts-Prinzips sind die Umstände, aufgrund derer in der Vergangenheit das Vorliegen eines Augenblicksversagens diskutiert wurden, bei der Frage der Schwere des Verschuldens zu berücksichtigen.

Beispiele für Augenblicksversagen 34

	Augenblicksversagen bejaht/ grobe Fahrlässigkeit verneint	Augenblicksversagen verneint/grobe Fahrlässigkeit bejaht
Ein versehentlich nicht ganz abgesenkter Ladekran, der am Heck eines Fahrzeugs befestigt ist, stößt gegen eine Brücke	BGH, VersR 1989, 582	
Einmaliges Nichteinrasten des Lenkradschlosses	BGH, VersR 1974, 26	
Einmaliges Steckenlassen des Zündschlüssels	BGH, VersR 1986, 962	

	Augenblicksversagen bejaht/ grobe Fahrlässigkeit verneint	Augenblicksversagen verneint/grobe Fahrlässigkeit bejaht
Zurücklassen eines unverschlossenen Fahrzeugs mit einem im Zündschloss steckenden Schlüssel		LG Itzehoe, VersR 2004, 192
Abstellen eines Autos bei 10 % Gefälle allein mit Handbremsensicherung		OLG Karlsruhe, VersR 2007, 1405
Einfahrt in eine 2,50 m hohe Brückenunterführung mit einem 3,08 m hohen Wohnmobil, wenn durch drei Verkehrszeichen auf ein Verbot für Fahrzeuge mit mehr als 2,50 m Höhe hingewiesen worden ist		OLG Oldenburg, SVR 2006, 185; LG Hagen v. 22.8.2013 – 7 S 21/13
Abkommen von der Fahrbahn in einer lang gezogenen Kurve anlässlich des Wechsels einer Kassette	OLG München v. 24.1.1992 – 10 U 4963/91, NJW-RR 1992, 538	
Rotlichtverstoß		BGH, VersR 1992, 1085
Liegenlassen eines eingeschalteten Lötkolbens auf einer Holzplatte durch den 73-jährigen VN – es kommt zum Brand		LG Hamburg, r+s 2005, 469
Einfahren in die Kreuzung mit unverminderter Geschwindigkeit und Überfahren der roten Ampel trotz guter Sicht		BGH v. 8.7.1992 – IV ZR 223/91, VersR 1992, 1085
Überfahren einer roten Ampel trotz guter Sicht im Einmündungsbereich einer Autobahn		OLG Köln v. 19.11.2002 – 9 U 54/02, NZV 2003, 138
Durchfahren einer Brückenunterführung trotz Verkehrszeichen und rot-weißem Farbanstrich an der Unterseite der Brücke		OLG Karlsruhe v. 29.7.4 2004 – 19 U 94/04, VersR 2004, 1305
Ausweichen vor einem Hasen bei 90 km/h		BGH v. 18.12.1996 – IV ZR 321/95, VersR 1997, 351

	Augenblicksversagen bejaht/ grobe Fahrlässigkeit verneint	Augenblicksversagen verneint/grobe Fahrlässigkeit bejaht
Überschreiten der zulässigen Höchstgeschwindigkeit (132 km/h statt 100 km/h) wegen Übersehen eines Verkehrsschildes		OLG Karlsruhe, DAR 2007, 529
Anhalten an roter Ampel und anschließender Rotlichtverstoß in der irrigen Annahme, grüne Ampel für Geradeausverkehr gelte auch für ihn („mit Zieheffekt")	OLG Brandenburg v. 25.9.2002 – 14 U 40/02, VRS 105, 187	

Zu den Rechtsfolgen bei Vorliegen grober Fahrlässigkeit und den Auswirkungen eines Augenblicksversagens (s. Rdn 56). 35

III. Zurechnung des Verhaltens Dritter

1. Keine gesetzliche Regelung

Im Zuge der VVG-Reform wurde die Frage, inwieweit sich der VN das Verhalten eines Dritten zurechnen lassen muss, ausdrücklich unter Bezugnahme auf den von der Rechtsprechung entwickelten Begriff des Repräsentanten offen gelassen, da durch eine gesetzliche Regelung den vielfältigen Kriterien des Einzelfalls, die für die Zuordnung zur Repräsentation des VN maßgeblich sein können, nicht entsprochen werden könnte (Begr. BT-Drucks 16/3945, S. 79/80). 36

2. Repräsentant

Um die Zurechnung fremden Verhaltens zu ermöglichen, wurde der Begriff des Repräsentanten entwickelt, für dessen Fehlverhalten der VN haftet. **Repräsentant** des VN ist, wem dieser die alleinige Obhut für die versicherte Sache nicht bloß vorübergehend übertragen hat (BGH, r+s 2007, 273; r+s 2004, 376; VersR 1999, 1004; VersR 1994, 45 [unter III.]). Repräsentant kann demnach nur sein, wer befugt ist, **selbstständig** in einem gewissen, nicht ganz unbedeutenden Umfang **für den VN** zu handeln (Risikoverwaltung). 37

Es braucht *nicht* noch hinzuzutreten, dass der Dritte auch Rechte und Pflichten aus dem VV wahrzunehmen hat (sog. **Vertragsverwaltung**, s. BGH, r+s 2003, 367). 38

Übt der Dritte aber aufgrund eines Vertrags- oder ähnlichen Verhältnisses die Verwaltung des VV eigenverantwortlich aus (faktischer Betriebsinhaber), kann dies unabhängig von einer Übergabe der versicherten Sache für seine Repräsentantenstellung sprechen (BGH, 39

VersR 1993, 828, 829; BGH, VersR 1996, 1229, 1230; OLG Koblenz, VersR 2004, 642; OLG Koblenz, VersR 2001, 1507; OLG Koblenz, VersR 1999, 1231).

a) Beispiele für Repräsentanten

40 Die nachfolgenden Beispiele zeigen unterteilt nach verschiedenen Verscherungssparten, wann eine Repräsentantenhaftung bejaht und wann verneint wurde:
- **Einbruchdiebstahl- und Raubversicherung**: faktischer Betriebsleiter des Betriebs einer Komplementär-GmbH (OLG Köln, r+s 2004, 464; OLG Koblenz, VersR 2004, 642 [jeweils Repräsentant *bejaht*]);
- **Feuerversicherung**: Mieter oder Pächter eines Gebäudes des VN einer Feuerversicherung (BGH, VersR 1989, 737 [Repräsentant *verneint*]);
- **Haftpflichtversicherung**: Der bei einem Transportunternehmen angestellte Fahrer ist in der Haftpflichtversicherung grds. *nicht* Repräsentant des Frachtführers oder Spediteurs (BGH, VersR 1998, 79);
- **Hausratversicherung**: Der Ehegatte des VN in der Hausratversicherung ist dessen *Repräsentant* während der Abwesenheit des VN (OLG München, VersR 1986, 585); Ehemann ist Repräsentant bei Eigenbrandstiftung (OLG Köln, r+s 2006, 21);
- **Kfz-Kaskoversicherung**: Fahrer des Kfz-Mieters (OLG Düsseldorf, VersR 2007, 982 [Repräsentant *verneint*]). Ist der Fahrer versicherungsrechtlich nicht als Repräsentant des Mieters eines kaskoversicherten Pkw anzusehen, muss sich der Mieter dessen grob fahrlässiges Fehlverhalten nicht zurechnen lassen.

b) Checkliste Repräsentant

41 Die aufgelisteten Beispielsfälle sollen als Anhaltspunkte bei der Beurteilung dienen, ob ein Dritter Repräsentant ist oder nicht. Hilfreich kann zudem folgende Checkliste sein:
- ☐ Hat der VN dem Dritten die alleinige Obhut über die versicherte Sache übertragen?
- ☐ Ist der Dritte darüber hinaus befugt, selbstständig in einem gewissen, nicht ganz unbedeutendem Umfang für den VN zu handeln (Risikoverwaltung)?
- ☐ Ist die Übertragung von gewisser Dauer und nicht bloß vorübergehend?
- ☐ Weiteres Indiz: Übt der Dritte aufgrund Vertrages oder eines ähnlichen Verhältnisses die Vertragsverwaltung eigenverantwortlich aus?

c) Rechtsfolge der Repräsentantenstellung

42 Das Verhalten des Repräsentanten ist dem VN ohne Weiteres **zuzurechnen**, soweit es mit der versicherten Sache/dem versicherten Risiko zu tun hat.

43 In den **AVB** findet sich i.d.R. eine klarstellende Klausel, dass sich der VN die Kenntnis und das Verhalten seiner Repräsentanten zurechnen lassen muss.

3. Keine Zurechnung nach § 278 BGB

Der VN hat sich lediglich das Verhalten eines Dritten zurechnen zu lassen, der Repräsentant ist. Eine Zurechnung des Verhaltens sonstiger Dritter nach § 278 BGB scheidet aus (BGH, r+s 2006, 458; r+s 2003, 367).

4. Mehrere Versicherungsnehmer

Bei einer Mehrheit von VN schadet das Verhalten eines VN sämtlichen anderen VN in gleicher Weise, soweit eine Gesamthandsgemeinschaft (z.b. GbR, Erbengemeinschaft) anzunehmen ist. Bei einer Bruchteilsgemeinschaft (z.b. Wohnungseigentümergemeinschaft) schadet das Verhalten des einen Bruchteilseigentümers den anderen nur dann, wenn eine Repräsentantenstellung zu bejahen ist.

5. Mitversicherte Person

Entsprechend schadet ein Verhalten der mitversicherten Person dem VN nur dann, wenn die mitversicherte Person Repräsentant des VN ist. Ansonsten schadet das Verhalten der mitversicherten Person nur dieser selbst.

Praxistipp
Das Verhalten des VN schadet stets der mitversicherten Person. Ist bspw. ein Gebäude, welches den Eheleuten zu je ½ Anteil gehört, lediglich auf einen Ehepartner versichert, ist der VR ggü. beiden Ehepartnern vollständig leistungsfrei, wenn dieser VN den Schadenfall vorsätzlich herbeigeführt hat. Dies gilt auch dann, wenn das versicherte Wohnhaus der mitversicherten Person durch ein FamG zur alleinigen Nutzung zugesprochen worden ist. Im konkreten Fall hatte der VN in der Absicht, seiner von ihm getrennt lebenden Ehefrau zu schaden, das Wohnhaus in Brand gesteckt und kam dabei selbst zu Tode. Der VR war auch ggü. der Witwe (= mitversicherte Person und hälftige Miteigentümerin) leistungsfrei (vgl. OLG Hamm, 16.8.2006 – 20 U 3/06, n.v.). In einer gleich gelagerten Fallkonstellation hätte i.Ü. der VN in dem Fall, in dem ihm das Haus zur alleinigen Nutzung zugewiesen worden wäre, sich das Verhalten der mitversicherten Person nicht zurechnen lassen müssen.

C. Rechtsfolgen

I. Leistungsfreiheit bei vorsätzlicher Herbeiführung des Versicherungsfalls

Bei vorsätzlicher Herbeiführung des Versicherungsfalls ist der VR vollständig leistungsfrei.

II. Leistungskürzung bei grober Fahrlässigkeit

Als Rechtsfolge des Vorliegens von grober Fahrlässigkeit sieht das Gesetz eine **Leistungskürzungsberechtigung** des VR vor. Der VR ist berechtigt, aber nicht verpflichtet, die Leistungen in einem der Schwere des Verschuldens des VN entsprechenden Verhältnis zu kürzen. Die Regelung trägt damit dem Wegfall des Alles-oder-nichts-Prinzips Rechnung und lehnt sich sprachlich an die §§ 26 Abs. 1, 28 Abs. 2 VVG an, sodass auch auf die dortigen Kommentierungen verwiesen wird.

49 Von seinem Leistungskürzungsrecht wird der VR i.d.R. Gebrauch machen. Lediglich im Grenzbereich zur einfachen Fahrlässigkeit mag der VR in Einzelfällen von einer Leistungskürzung absehen.

50 Die Leistungskürzungsberechtigung führt zu folgenden Grundsätzen:
Verschuldensquote = Leistungskürzungsquote
Höhe der Leistungspflicht = Leistungsquote = 100 % abzgl. Leistungskürzungsquote

1. Abstufung der groben Fahrlässigkeit je nach Schwere des Verschuldens

51 Da die Höhe der Leistung praktisch der Schwere des Verschuldens folgt, ist zunächst festzulegen, wie schwer das Verschulden gewichtet werden muss. Entscheidend ist also, ob die grobe Fahrlässigkeit im Einzelfall nahe beim bedingten Vorsatz oder vielmehr nahe bei der einfachen Fahrlässigkeit anzusiedeln ist. In der Gesetzesbegründung wird schon darauf hingewiesen, dass dies mit nicht unerheblichen Problemen in der praktischen Umsetzung verbunden sein dürfte, aber letztlich diese Probleme auch nicht größer sein dürften, als die bisherigen Probleme bei der Abgrenzung grober von einfacher Fahrlässigkeit (BT-Drucks 16/3945, Begründung zu § 28 Abs. 2, S. 69). Dem ist zuzustimmen.

a) Zwei-Stufen-Modell

52 Um den Grad der groben Fahrlässigkeit in der Praxis zu ermitteln, bedarf es zunächst der grds. Feststellung, dass von grober Fahrlässigkeit ausgegangen werden muss. Hierbei hat zunächst eine Abgrenzung ggü. bedingtem Vorsatz und einfacher Fahrlässigkeit zu erfolgen (Schritt 1).

53 Anschließend ist „innerhalb" der groben Fahrlässigkeit der konkrete Verschuldensgrad zu ermitteln (Schritt 2). Hierbei ist dann entscheidend, ob im konkreten Fall die grobe Fahrlässigkeit im Grenzbereich zum bedingten Vorsatz (**hoher Verschuldensgrad**), im Grenzbereich zur einfachen Fahrlässigkeit (**niedriger Verschuldensgrad**) oder aber im „Normalbereich" der groben Fahrlässigkeit liegt (**normaler Verschuldensgrad**). Die gedankliche Aufteilung der groben Fahrlässigkeit in diese drei Fallgruppen erleichtert die Ermittlung einer angemessenen Verschuldensquote.

b) Beispiel verschiedener Verschuldensstufen innerhalb der groben Fahrlässigkeit

54 In den drei verschiedenen Fallgruppen können dann bspw. folgende Verschuldensquoten angesetzt werden, die – dies sei betont – lediglich Anhaltspunkte sind. Entscheidend bleiben die Umstände des Einzelfalls.

Beispiel
Der VN lässt aufgrund grober Fahrlässigkeit eine Kerze brennen, was zu einem kompletten Wohnungsbrand und einem Schaden von 60.000,00 EUR führt. Die Verschuldensquote wertet das Gericht mit 40 %.

Folge:
Der VR ist zu einer Leistungskürzung von 40 % berechtigt. Die Leistungspflicht beträgt demnach 60 % des versicherten Schadens = 36.000,00 EUR.

Eine Einstufung anhand einzelner Prozentpunkte ist nicht sachgerecht. Die Abstufung erfolgt in 5 %-Schritten oder auch durch Brüche. Wird grobe Fahrlässigkeit angenommen, kommt eine vollständige Leistungspflicht nicht Betracht, während eine vollständige Leistungsfreiheit möglich ist.

c) Kürzungskriterien

Bei der Ermittlung der „Schwere des Verschuldens" muss auf verschiedene **Kürzungskriterien** zurückgegriffen werden. So ist bei Beurteilung des Grades der Schwere des Verschuldens im Fall der groben Fahrlässigkeit zunächst die **Evidenz der Verhaltenspflicht** zu berücksichtigen. Je höher die Evidenz, desto höher muss der Verschuldensgrad angesetzt werden, wobei es auf die subjektiven Kenntnisse des VN ankommt.

> **Beispiel**
> Die Verpflichtung, im Fall einer Abwesenheit sämtliche Fenster der Wohnung zu schließen, ist evidenter als die Anforderungen, die an die Beaufsichtigung einer Waschmaschine gestellt werden. Im letzteren Fall wird man die Verhaltenspflichtverletzung eines Versicherungsvermittlers, der auf Sachversicherungen spezialisiert ist, jedoch höher bewerten müssen, als die eines VN ohne Spezialkenntnisse.
>
> Weitere Beispiele **objektiver Umstände**:
> - Schwere des Verstoßes (Alkohol)
> - Ausnahmesituation (Wild)
> - Gefährdung anderer VN (Rotlicht)
>
> Weitere Beispiele **subjektiver Umstände**:
> - Augenblicksversagen
> - Entlastende Umstände (z.B. schwierige Verkehrssituation, Ablenkungen [Leuchtreklame], Unerfahrenheit/Alter)
> - Rücksichtslosigkeit (Überholen, Wettrennen)

Zu beachten ist auch der Aufwand, den der VN aufbringen muss, um seine Pflicht zu beachten. Je geringer der Aufwand ist, desto erschwerender wirkt sich dies bei Ermittlung der Verschuldensquote aus.

> **Beispiel**
> Das Schließen sämtlicher Fenster bei Verlassen der Wohnung erfordert nur einen geringen Aufwand. Der Einbau einer vereinbarten Alarmanlage ist mit mehr Aufwand verbunden.

Auch die **Dauer der Pflichtverletzung** wirkt sich aus.

> **Beispiel**
> Wird die Wohnung nur für einen 5-minütigen Spaziergang verlassen und wird während dieser Zeit die Wohnungstür nur zugezogen und nicht verschlossen, kann sich dies mildernd auswirken.

Letztlich muss auch Beachtung finden, mit welchem **Risiko die Pflichtverletzung** einhergeht.

> **Beispiel**
> Wird ein Fenster im ersten Stock, welches nur mit Hilfsmitteln erreicht werden kann, in einer Kippstellung belassen, ist dies mildernd zu berücksichtigen; wird hingegen ein von der

Straßenseite aus nicht einsehbares zur Hofseite gelegenes Fenster in Kippstellung belassen, welches sich zudem in geringer Höhe befindet, wirkt dies erschwerend.

60 Sämtliche Kürzungskriterien müssen letztlich in ihrer Gesamtheit betrachtet werden. Objektive und subjektive Umstände sind dabei mit zu berücksichtigen.

d) Vorgehensweise bei der Ermittlung des Verschuldensgrades

61 Um sich den vorgeschlagenen Untergruppierungen anzunähern, kann auch derart vorgegangen werden, dass nach Feststellung des Verschuldensgrades und Bejahung von grober Fahrlässigkeit zunächst **von einer Verschuldensquote von 50 % ausgegangen** wird (so OLG Hamm. v. 25.8.2010 – I-20 U 74/10, VersR 2011, 206). Sodann kann anhand der Einzelfallumstände das **Für und Wider für Abweichungen nach oben oder unten abgewogen** werden. Der VR hat insoweit die Umstände dazulegen und zu beweisen, die für einen schwereren Verstoß sprechen sollen, der VN hingegen, die ihn entlastenden Umstände (s. hierzu auch *Nugel*, MDR-Sonderbeilage 2007, 23, 26, 27).

62 Eine **50 %ige Haftung** als generellen Ausgangspunkt für die Bestimmung des konkreten Grades der Schwere des Verschuldens anzunehmen („50/50-Modell" oder „starres Modell"), ist aber **verfehlt** (so aber *Weidner/Schuster*, r+s 2007, 363, 364; *Felsch*, SpV 2007, 65, 74; *Felsch*, r+s 2007, 485, 493; *Nugel*, MDR-Sonderbeilage 2007, 23, 26; *Armbrüster*, VersR 2003, 675). Dies gilt erst recht für die Begrenzung der Leistungspflicht des VR im Fall der groben Fahrlässigkeit auf max. 50 % (so *Baumann*, r+s 2005, 1).

63 Vielmehr ist unter Berücksichtigung sämtlicher Gesamtumstände des Einzelfalls und unter Abwägung der vorgetragenen belastenden und entlastenden objektiven und subjektiven Umstände die Verschuldensquote **flexibel** festzulegen (so nun auch LG Münster, VersR 2009, 1615). Hierbei muss das Gericht seine Überlegungen darlegen ohne, dass es von einem bestimmten Verschuldensgrad ausgehen muss. Die vorgeschlagene Einteilung der Verschuldensquoten bei Vorliegen grober Fahrlässigkeit („Fallgruppenmodell"), ist insoweit ebenfalls lediglich als Hilfsmittel aufzufassen.

64 Der Rechtsgedanke des § 254 BGB ist *nicht* anwendbar, da es nicht um die Abwägung zweier Verschuldensbeiträge geht.

65 Folgende objektive und subjektive **Bemessungskriterien** sind zu berücksichtigen:

Beispiele für objektive Umstände
- Schwere des Verstoßes (Alkohol)
- Ausnahmesituation (Wild)
- Gefährdung anderer VN (Rotlicht)
- Dauer der Pflichtverletzung
- Schwere des durch die Pflichtverletzung hervorgerufenen Risikos
- Berücksichtigung weiterer Verursachungsbeiträge
- Berücksichtigung versicherungsvertraglicher Gesichtspunkte

Beispiele für subjektive Umstände
- Augenblicksversagen
- Entlastende Umstände (z.B. schwierige Verkehrssituation, Ablenkungen [Leuchtreklame], Unerfahrenheit/Alter)
- Rücksichtslosigkeit (Überholen, Wettrennen)

- Aufwand zur Pflichterfüllung für den konkreten VN
- Häufung von Pflichtverletzungen („Wiederholungstäter")

e) Art. 14 Abs. 2 VVG-CH als Orientierungshilfe

In der Schweiz gibt es eine vergleichbare Regelung seit Längerem. So lautet Art. 14 Abs. 2 VVG-CH wie folgt:

> Hat der Versicherungsnehmer oder der Anspruchsberechtigte das Ereignis grobfahrlässig herbeigeführt, so ist der Versicherer berechtigt, seine Leistungen in einem dem Grade des Verschuldens entsprechenden Verhältnisse zu kürzen.

Die Regelung wird weitgehend positiv gesehen. Die Erfahrungen aus der Schweiz zeigen, dass eine Vielzahl der Streitfälle von grober Fahrlässigkeit bereits außergerichtlich erledigt wird (ca. 90 %). Im Fall eines Prozesses geht es in ca. 80 % der Fälle um die Frage, ob grobe Fahrlässigkeit vorliegt. In den restlichen Fällen geht es um die Höhe der Leistungsquote, die von den Instanzgerichten durchaus gravierend unterschiedlich beurteilt werden (s. hierzu auch *Armbrüster*, VersR 2003, 675).

2. Beispiele möglicher Verschuldensquoten

Entscheidend sind letztlich die **Umstände des Einzelfalls**, weshalb im Extremfall eine Bandbreite von **0–100 %** denkbar ist (s. *Neuhaus/Kloth*, Praxis des neuen VVG, 86):

Sachverhalt	Verschuldensquote
Unfall – Rotlichtverstoß	60–90 %
	LG Münster, VersR 2009, 1615: Mindestens 50 % (weiter musste sich das LG Münster nicht festlegen, da der VR lediglich i.H.v. 50 % gekürzt hatte)
	Siehe auch AG Essen v. 18.12.2009 – 135 C 209/09 (50 % – bestätigt in LG Essen v. 5.2.2010 – 10 S 32/10, zfs 2010, 393
Unfall – Stoppschild missachtet	10–50 %
Unfall – Einnicken am Steuer	20–60 %
Unfall – Alkohol	
Alkoholgehalt: 0,8 – 1,0 ‰	Kürzungsgrad 25–75 %
Alkoholgehalt: 1,0 – 1,24 ‰	Kürzungsgrad 50–75 %
Alkoholgehalt: 1,25 – 1,49 ‰	Kürzungsgrad 75–100 %

Rechtsprechungsbeispiele:
- Alkoholgehalt: 2,7 ‰ = Kürzungsgrad 100 % BGH v. 22.6.2011 – IV ZR 225/10, VersR 2011, 1037
- Alkoholgehalt: 1,29 ‰ = Kürzungsgrad 100 %, OLG Stuttgart v. 18.18.2010 – 7 U 102/10, NJW-RR 2011, 185
- Alkoholgehalt: 1,67 ‰ = Kürzungsgrad 100 %, LG Münster v. 24.9.2009 – 15 U 275/09, VersR 2011, 487
- Alkoholgehalt: 1,5 ‰ = Kürzungsgrad 100 %, LG Oldenburg v. 24.9.2010 – 13 O 1964/10, r+s 2010, 461
- Alkoholgehalt: 3,18 ‰ (bei nicht sicherer Rückrechnung) = Kürzungsgrad 100 %, OLG Dresden v. 15.9.2010 – 7 U 466/10, zfs 2010, 633
- Alkoholgehalt: 0,59 ‰ = Kürzungsgrad 50 % (Einstiegsquote 60 %/Endquote wegen entlastender Umstände 50 %), OLG Hamm v. 25.8.2010 – 20 U 74/10, VersR 2011, 206
- Alkoholgehalt: 0,55 ‰ = Kürzungsgrad 25 % (entlastende Umstände Stresssituation und Ermüdung), OLG Düsseldorf v. 23.12.2010 – 4 U 101/10, VersR 2011, 1388
- Alkoholgehalt: Übergabe des Fahrzeugschlüssels durch VN stark alkoholisierte Personen = Kürzungsbetrag 75 %, LG Bonn v. 31.7.2009 – 10 O 115/09, r+s 2010, 320
- Alkoholgehalt: 0,4 ‰ = Kürzungsgrad 50 %, LG Flensburg v. 24.8.2011 – 4 O 9/11, zfs 2011, 700
- Alkoholgehalt: 1,05 ‰ = Kürzungsgrad 80 % (alkoholbedingte Ausfallerscheinungen), KG Berlin v. 28.9.2010 – 6 U 87/10, VersR 2011, 487
- Alkoholgehalt: 0,67 ‰ = Kürzungsgrad 75 % (Rückwärtsfahren aus Parkbox gegen geparktes Fahrzeug), AG Darmstadt v. 10.6.2015 – 317 C 137/14, zfs 2015, 697
- Alkoholgehalt: 1,09 ‰ = Kürzungsgrad 75 %, OLG Karlsruhe v. 15.4.2014 – 9 U 135/13, VersR 2014, 1369)
- Alkoholgehalt: 0,93 ‰ = Kürzungsgrad 75 %, OLG Saarbrücken v. 30.10.2014 – 4 U 165/13, r+s 2015, 340
- Überlassen des Kfz-Schlüssels an einen alkoholisierten Fahrer = 75 % (LG Bonn, DAR 2010, 24)

Unfall – Ausweichen vor einem Hasen	50 %
Unfall – abgefahrene Reifen	25–50 %
Unfall – Bücken nach heruntergefallenen Gegenständen	30–60 %
Unfall – riskantes Überholen	0–25 %
Unfall – Telefonieren mit Handy ohne Freisprecheinrichtung	50–75 %
Diebstahl – Steckenlassen eines Zündschlüssels	25–50 %

Herbeiführung des Versicherungsfalles § 81 VVG

Diebstahl – Abstellen eines hochwertigen Fahrzeuges für mehrere Tage auf einem unbewachten Parkplatz	30–50 %

Rechtsprechungsbeispiele:
- Diebstahl – Schlüsselverlust ohne gegen Entwendung in Betracht kommende Schutzmaßnahmen zu ergreifen = Kürzungsgrad 100 %, LG Kleve v. 13.1.2011 – 6 S 79/10, r+s 2011, 206
- Diebstahl – Aufhängen einer Jacke mit Fahrzeugschlüssel in einem belebten Lokal = Kürzungsgrad 90 %, LG Köln v. 11.3.2010 – 24 O 283/09, Schaden-Praxis 2010, 410
- Diebstahl – Einwurf der Mieterschlüssel in den ungesicherten Briefkastenschlitz = Kürzungsgrad 50 %, AG Düsseldorf v. 29.6.2010 – 230 C14977/09, Schaden-Praxis 2011, 227
- Diebstahl – Zurücklassen eines Autoschlüssels in einem Korb im nicht geschlossenem Aufenthaltsraum, obwohl abschließbarer Raum zur Verfügung steht = Kürzungsgrad 50 %, OLG Koblenz v. 9.7.2012 – 10 U 1292/11, r+s 2012, 430

Einbruchdiebstahl – Fenster in Kippstellung	0–100 %
Einbruchdiebstahl – Tür nur ins Schloss gezogen	60–80 %

Rechtsprechungsbeispiele:
- Einbruchdiebstahl – nicht abgeschlossene, sondern zugezogene Wohnungstür bei nicht unerheblicher Abwesenheit = Kürzungsgrad 50 %, LG Kassel v. 27.5.2010 – 5 U 2 36/09, zfs 2011, 33
- Einbruchdiebstahl – Sichtbares Zurücklassen eines Notebooks auf dem Rücksitz eines Pkw = Kürzungsgrad 70 %, AG Langenfeld v. 27.4.2010 – 12 C 9/10, VersR 2010, 1449

Brand – Brennenlassen einer Kerze	0–80 %
Brand – Rauchen im Bett	0–100 %

Rechtsprechungsbeispiele:
- Brand – Brand im Keller durch Werfen von Feuerwerkskörper nach dort eingedrungener Katze = Kürzungsgrad 100 %, OLG Naumburg v. 28.3.2011 – 4 W 12/11, VersR 2012, 1562
- Brand – Unbeaufsichtigtes Erhitzen von Fett auf dem Küchenherd = Kürzungsgrad 50 %, LG Dortmund v. 20.10.2011 – 2 O 101/11, r+s 2012, 27
- Evidente Verstöße gegen Frostvorsorge = Kürzungsgrad bis zu 100 %, LG Frankfurt, VersR 2012, 718
- Fahrzeugschaden – Nichtbeachtung einer Durchfahrtshöhe = Kürzungsbetrag ²/3, LG Göttingen v. 18.11.2009 – 5 U 118/09, zfs 2010, 213
- Fahrzeugschaden (Kfz-Kaskoversicherung) – Abkommen von Fahrbahn während des Anzündens einer Zigarette = Kürzungsgrad ³/4, OLG Naumburg v. 3.12.2009 – 4 U 133/08, r+s 2010, 319
- Fahrzeugschaden – Nichtbeachtung der Durchfahrthöhe = Kürzungsgrad 50 %, LG Konstanz v. 26.11.2009 – 3 U 119/09, zfs 2010, 214 = Kürzungsgrad stets 50 %, OLG Düsseldorf v. 17.9.2012 – 24 U 54/12, VersR 2013, 199 = bei kurzfristigen momentanen Versagens auch 40 % ausreichend; Kürzungsgrad ²/3, LG Köln v. 11.4.2012 – 26 U 174/10, VersR 2013, 851 (Missachtung mehrer Hinweisschilder und Fahrzeug in seinen Maßen bekannt); Kürzungsgrad 50 %, LG Hagen v. 1.8.2012 – 7 S 31/12, NZV 2013, 37
- Kaskoversicherung – Befüllen eines Tanks mit Dieselkraftstoff = Kürzungsgrad 50 %, AG Freiburg v. 24.10.2008 – 1 C 2690/08, SVR 2010, 110

> – Kaskoversicherung – fehlerhafte Sicherung eines verladenen Pkw = Kürzungsquote 25 %, OLG Saarbrücken v. 1.12.2010 – 5 U 395/09, zfs 2011, 151
> – Kaskoversicherung und Unfall – Fahren mit Sommerreifen bei wechselhaften Witterungsverhältnissen/teilweise winterlichen Straßenverhältnissen = Kürzungsgrad null, LG Hamburg v. 2.7.2010 – 331 S 137/09, DAR 2010, 473

68 Gerade die „Klassiker" wie „Rotlichtverstoß", „Fenster in Kippstellung" oder „Brennenlassen einer Kerze" zeigen, dass die Umstände des Einzelfalls ausschlaggebend sind. Schon die bisherige Rechtsprechung zeigt, wie unterschiedlich derartige Verhaltensweisen bewertet werden. Teilweise wurde bislang sogar grobe Fahrlässigkeit gänzlich verneint. Anders als bislang werden die Gerichte aber nicht nur zwischen einfacher und grober Fahrlässigkeit zu entscheiden haben (1. Schritt), sondern eine konkrete Verschuldensquote ermitteln müssen, soweit grobe Fahrlässigkeit angenommen wird (2. Schritt).

69 Eine **Kommission des Deutschen Verkehrsgerichtstages** hat **Vorschläge für Quotelungen** für häufiger vorkommende Fallkonstellationen der groben Fahrlässigkeit erarbeitet. Diese sehen Folgendes vor:
- **Alkoholbedingte Fahruntüchtigkeit**
  - 0,3–0,5 ‰: Keine generelle Quote, sondern Beurteilung anhand des Einzelfalls
  - Ab 0,5 ‰ bis zur Grenze der absoluten Fahruntüchtigkeit: Kürzungsquote 50 %
  - Ab 1,1 ‰: Kürzungsquote 100 %
- **Drogenbedingte Fahrunsicherheit**
  - Kürzungsquote von 50–100 %
- **Überlassen des Fahrzeuges an einen Fahrer ohne Fahrerlaubnis**
  - Im privaten Bereich: Kürzungsquote 0 %
  - Im gewerblichen Bereich: Kürzungsquote 25 %
- **Missachtung eines Stoppschildes**
  - Kürzungsquote 25 %
- **Missachtung des Rotlichts**
  - Kürzungsquote 50 %
- **Verkehrsunsichere Bereifung**
  - Kürzungsquote 25 %
- **Diebstahl**
  - Schlüssel im Zündschloss: Kürzungsquote 75 %
  - sonstiger gefahrgeneigter Umgang mit Kfz-Schlüsseln: Kürzungsquote 25 %

70 **Praxistipp**
Es ist unabdingbar, die Rechtsprechung penibel zu verfolgen und eigene Datenbänke zu Verschuldensquoten aufzubauen. Hierbei müssen auch die Umstände des Einzelfalls erfasst werden, um eine Vergleichbarkeit einzelner Fälle überprüfen zu können. Nur bei Berücksichtigung sämtlicher Besonderheiten kann dann eine Parallelität zu anderen Fällen bejaht oder verneint werden. Es wird Jahre dauern, bis sich für typische Fallkonstellationen mehr oder weniger einheitliche Verschuldensquoten herauskristallisieren werden.

III. Mehrfache Leistungskürzung bei Vorliegen mehrerer Leistungskürzungsberechtigungen des Versicherers

Im Fall der grob fahrlässigen Verletzung einer vertraglichen Obliegenheit vor und auch nach Eintritt eines Versicherungsfalls sieht § 28 VVG ebenfalls eine Berechtigung des VR vor, die Leistung in einem der Schwere des Verschuldens des VN entsprechenden Verhältnis zu kürzen. Gleiches gilt bei grob fahrlässiger Verletzung der Pflicht nach § 23 Abs. 1 VVG (§ 26 Abs. 1 VVG).

Denkbar ist also, dass dem VR aus verschiedenen Gründen mehrere Leistungskürzungsberechtigungen zustehen.

Beispiel
Der VN ist Mieter einer Wohnung im 2. Obergeschoss. Wie üblich lüftet er nachts für die Dauer von mehr als elf Stunden während seiner Abwesenheit über ein in Kippstellung befindliches Schlafzimmerfenster. Aufgrund vom Vermieter veranlasster Bauarbeiten wird das Gebäude komplett eingerüstet, was der VN seinem VR nicht mitteilt. Während dieser Zeit kommt es zum nächtlichen Einbruch in die Wohnung, wobei über das Gerüst und das in Kippstellung befindliche Fenster eingedrungen wird.
Der VR hat aus zwei Gründen eine Leistungskürzungsberechtigung:
– Der Aufbau des Baugerüstes hätte dem VR mitgeteilt werden müssen (Fall der objektiven Gefahrerhöhung, vgl. BGH, VersR 1975, 845). Dem VR steht ein Leistungskürzungsrecht nach § 26 Abs. 1 VVG zu.
– Das Belassen des Fensters in Kippstellung nachts und für die Dauer von mehr als elf Stunden bei gleichzeitigem Aufbau eines Gerüstes ist grob fahrlässig (vgl. OLG Oldenburg, VersR 1997, 999), sodass dem VR ein Leistungskürzungsrecht nach § 81 VVG zusteht.

Dem VR stehen in einem solchen Fall zwei Leistungskürzungsberechtigungen entsprechend der Schwere des Verschuldens zu. Denkbar ist, dass der Grad des Verschuldens nun jeweils einzeln ermittelt wird, wobei bei der Bewertung des Grades der groben Fahrlässigkeit jeweils der objektive Gefahrerhöhungsumstand nicht hinweggedacht werden darf. Im Beispiel ist bei der Bestimmung des Grades der groben Fahrlässigkeit aufgrund des Belassens des Fensters in Kippstellung gerade das Vorhandensein eines Gerüsts von besonderer Bedeutung. Wäre kein Gerüst vorhanden gewesen, wäre schon in Bezug auf das Belassen des Fensters in Kippstellung eine grobe Fahrlässigkeit zu verneinen.

1. Mögliche Vorgehensweisen zur Ermittlung einer Gesamtkürzungsquote

Um bei mehreren Leistungskürzungsberechtigungen zu einer Gesamtkürzungsquote zu gelangen sind mehrere Ansatzpunkte denkbar.

a) Additionsmethode

Nach der Additionsmethode werden zunächst die jeweiligen **Leistungskürzungsquoten** ermittelt und sodann schlicht **addiert** um zu der Gesamtleistungskürzungsquote zu gelangen.

b) Multiplikationsmethode

76 Ausgangspunkt für die Bestimmung der Gesamtleistungskürzungsquote kann auch eine **Multiplikation der Einzelquoten** sein. Liegen bspw. zwei schwere grob fahrlässige Pflichtverletzungen vor, die jeweils eine Kürzungsquote von 70 % rechtfertigen, ergäbe dies eine Leistungspflicht i.H.v. 9 % (100 %–70 % = 30 %; $^3/_{10} \times {^3/_{10}} = 9\,\%$).

c) Quotenkonsumption

77 Bei einer zur Ermittlung der Gesamtleistungskürzungsquote ebenfalls vertretenen **Quotenkonsumption-Methode** wirkt sich lediglich diejenige Fehlhandlung des VN auf die Leistungshöhe aus die dem VR die höchste Freistellungsquote eröffnet. Weitere Fehlhandlungen werden konsumiert und fallen „unter den Tisch" (*Felsch*, SpV 2007, 65, 78).

d) Stufenmodell

78 Nach dem Stufenmodell (s. *Nugel*, MDR Sonderbeilage 2007, 23, 31), welches in ein chronologisches und ein schuldorientiertes Modell unterteilt wird, wird wie folgt vorgegangen.

Beispiel
Obliegenheitsverletzung vor dem Versicherungsfall: Leistungskürzungsquote: 40 %.
Obliegenheitsverletzung nach dem Versicherungsfall: Leistungskürzungsquote: 70 %.
Chronologisches Stufenmodell:
1. Stufe: Leistungskürzung 40 %.
2. Stufe: Rest von 60 % wird um 70 % gekürzt = 18 %
Schuldorientiertes Stufenmodell:
1. Stufe: Leistungskürzung 70 %.
2. Stufe: Rest von 30 % wird um 40 % gekürzt = 18 %

e) Stellungnahme

79 Eine schlichte Addition der beiden Leistungskürzungsberechtigungen ist nicht angemessen, wie gerade das obige Beispiel zeigt. Gerade bei Vorliegen mehrerer geringerer Leistungskürzungsberechtigungen führt eine Addition zu einer überproportionalen Gesamtleistungskürzungsquote, wodurch der VN unangemessen benachteiligt wird.

80 Die Multiplikations- und die Quotenkonsumptions-Methode begünstigt hingegen den „Mehrfachtäter". So führen beide Methoden gerade in Fällen, in denen zwei hohe Einzel-Kürzungsquoten vorliegen zu einer wenn auch eingeschränkten Leistungspflicht, obgleich die Addition der Einzel-Quoten zu einer vollständigen Leistungsfreiheit des VR führen würde.

81 Das Stufenmodell berücksichtigt nur zwei Kürzungsberechtigungen und führt bei konsequenter Fortsetzung bei drei oder mehr Leistungskürzungsquoten zu nicht mehr nachvollziehbaren Berechnungsergebnissen. Die chronologische Variante führt zusätzlich zu dem praktischen Problem, dass der chronologische Verlauf genauestens festgestellt werden muss.

2. „Gesamtstrafen-Modell"

Um zu sachgerechten Ergebnissen zu gelangen, kommt es auf eine **Gesamtbetrachtung** an. Bei der Suche nach einer **angemessenen Gesamtleistungskürzungsquote** ist von Bedeutung, wie die einzelnen Leistungskürzungsberechtigungen im Einzelfall bewertet worden wären. Im Zuge der vorzunehmenden Gesamtbetrachtung kann dann für den Einzelfall eine Gesamtquote festgelegt werden, die hinter der Summe der einzelnen Leistungskürzungsberechtigungsquoten zurückbleibt, aber auch eine Kürzungsquote von 100 % erreichen kann. Insoweit ist eine Reduzierung der Leistungspflicht auf null denkbar, wenn mehrere Leistungskürzungsberechtigungen des VR gegeben sind. 82

Ähnlich wie im Strafrecht bei der Ermittlung einer Gesamtstrafe (§ 54 StGB) empfiehlt es sich in einem ersten Schritt die höchste Kürzungsquote zu ermitteln. Im Strafrecht wird dann die „höchste Einzelstrafe = Einsatzstrafe" in einem zweiten Schritt „angemessen erhöht". Was angemessen ist, richtet sich nach den Umständen des Einzelfalles, wobei etwa die Persönlichkeit des Täters und der Zusammenhang der einzelnen Taten eine Rolle spielen. In der strafrechtlichen Praxis hat sich die „Faustregel" durchgesetzt, nach der die Hälfte der Summe der weiteren Einzelstrafen zu der Einsatzstrafe hinzuaddiert wird. So ist auch bei der Ermittlung der im Zweifel angemessenen Gesamtleistungskürzungsquote vorzugehen. Nachdem also die höchste Einzel-Kürzungsquote, die sog. **Einsatzquote** ermittelt wurde, wird in einem zweiten Schritt die Summe der weiteren Leistungskürzungsquoten ermittelt und die Hälfte dieser Summe zu der Einsatzquote hinzuaddiert. Hierdurch wird auch ausgeschlossen, dass die Gesamtleistungskürzungsquote die Summe der einzelnen Leistungskürzungsquoten erreichen kann, was unangemessen wäre. 83

Beispiel
Es werden drei Leistungskürzungsquoten von 60 %, 20 % und 10 % ermittelt.

Die **Gesamtleistungskürzungsquote** berechnet sich nach folgender Formel: 84

$$\text{Gesamtleistungskürzungsquote} = \text{Einsatzquote (= höchste Leistungskürzungsquote)} + \frac{\text{Summe der übrigen Leistungskürzungsquoten}}{2}$$

$$\text{Gesamtleistungskürzungsquote} = 60\% + \frac{30\% \, (20\% + 10\%)}{2} = 75\%$$

Das Gericht muss in den Entscheidungsgründen darlegen, wie es die Gesamtleistungskürzungsquote ermittelt hat und die einzelnen Quoten bestimmen. Nur dann kann auch überprüft werden, ob die tatrichterliche Würdigung angegriffen werden soll. 85

D. Prozessuales

I. Beweislast

1. Eintritt des Versicherungsfalles

86 Der **VN** hat zunächst den Eintritt des Versicherungsfalles nach den allg. Regeln zu beweisen (s. Vor. §§ 74 ff. Rdn 18 ff.).

2. Vorsatz und grobe Fahrlässigkeit

a) Vollbeweis

87 Der VR hat Vorsatz und grobe Fahrlässigkeit (inkl. subjektiver Erfordernisse) ohne Beweiserleichterungen voll zu beweisen (BGH, r+s 2005, 292). Hierbei hat der VR insb. die **Schwere des Verschuldens** bei grober Fahrlässigkeit darzulegen und ggf. zu beweisen.

88 Auch hinsichtlich der **Kausalität** zwischen dem Handeln des VN und dem Eintritt des Versicherungsfalles trifft den VR die Beweislast (OLG Celle, r+s 2007, 449).

89 Insoweit ergibt sich eine Abweichung zu den Regelungen in §§ 26 Abs. 1 VVG, 28 Abs. 2 VVG und auch § 82 Abs. 3 VVG, bei denen grobe Fahrlässigkeit vermutet wird. In diesen Fällen liegt nämlich eine vom VR nachgewiesene Obliegenheits- bzw. Pflichtverletzung vor. Bei § 81 VVG ist aber die grobe Fahrlässigkeit des VN der Ausnahmetatbestand, der trotz Eintritts des Versicherungsfalls zur teilweisen Leistungsfreiheit des VR führt (BT-Drucks 16/3945, Begr. zu § 81, S. 80).

b) Indizienbeweis

90 **Zeugen** und **Urkunden** werden i.d.R. als Beweismittel *nicht* zur Verfügung stehen. Auch ein **Anscheinsbeweis** kommt *nicht* in Betracht (BGH, NJW-RR 1997, 1112; BGH, VersR 1988, 683). Deshalb ist der VR auf den Indizienbeweis angewiesen.

91 Danach muss eine **Gesamtwürdigung** unter Berücksichtigung aller Umstände des Schadenereignisses stattfinden. Die vom VR zu beweisenden Indizien müssen in ihrer Gesamtschau keine unumstößliche Gewissheit ergeben, es genügt vielmehr ein für das praktische Leben brauchbarer **Grad an Gewissheit, der Zweifeln Schweigen gebietet, ohne sie völlig auszuschließen**. Die tatrichterliche Beweiswürdigung muss auf einer tragfähigen Tatsachengrundlage beruhen, und die vom Gericht gezogenen Schlussfolgerungen dürfen sich nicht als bloße Vermutungen erweisen. Eine mathematische, jede Möglichkeit eines abweichenden Geschehensablaufs ausschließende, von niemandem mehr anzweifelbare Gewissheit ist indessen nicht erforderlich (ständige Rechtsprechung des BGH, z.B. r+s 2007, 59, 60).

92 Bei der **Eigenbrandstiftung** reicht auch nicht der Nachweis erheblicher Wahrscheinlichkeit der Eigenbrandstiftung. Eine Beweislastumkehr scheidet aus (BGH, VersR 1989, 841).

Nachfolgend finden sich einige Rechtsprechungsbeispiele zu Fällen der Eigen- und/oder Auftragsbrandstiftung:

	Indizienbeweis durch VR geführt	Indizienbeweis durch VR nicht geführt
Fahrzeugbrand	OLG Köln, r+s 2002, 360; r+s 2001, 142	OLG Köln, r+s 2007, 274
Sonstige Brandschäden	OLG Düsseldorf, r+s 2002, 379; OLG Koblenz, r+s 2004, 504; OLG Braunschweig, r+s 2005, 21; OLG Düsseldorf, r+s 2005, 23; OLG Köln, r+s 2005, 25; r+s 2005, 111; KG, r+s 2005, 159; LG Bielefeld, r+s 2005, 162; LG Köln, r+s 2005, 252; KG, r+s 2005, 293; OLG Köln, r+s 2006, 21; BGH, r+s 2007, 59; OLG Karlsruhe, NJOZ 2007, 1812; OLG Düsseldorf, VersR 2008, 529	OLG Koblenz v. 31.10.2008 – 10 U 1515/07, OLGR Koblenz 2009, 162; LG Berlin, r+s 2004, 153; OLG Hamm, VersR 2000, 845; OLG Koblenz, VersR 1998, 181; OLG Celle, r+s 1990, 93

c) Angreifbarkeit der tatrichterlichen Würdigung

Die Bewertung, ob es sich im Einzelfall um einfache oder grobe Fahrlässigkeit handelt, ist Sache der tatrichterlichen Würdigung. Sie erfordert eine Abwägung aller objektiven und subjektiven Tatumstände und entzieht sich deshalb weitgehend einer Anwendung fester Regeln. Die tatrichterliche Würdigung ist mit der Revision nur beschränkt angreifbar. Nachgeprüft werden kann nur, ob in der Tatsacheninstanz der Rechtsbegriff der groben Fahrlässigkeit verkannt worden ist oder ob beim Bewerten des Grades der Fahrlässigkeit wesentliche Umstände außer Betracht geblieben sind. Haben die Tatsachengerichte hiergegen nicht verstoßen, sind etwaige unterschiedliche Beurteilungen ähnlich liegender Sachverhalte hinzunehmen (vgl. BGH, r+s 2003, 406 [unter II. 3. b]).

Beispiel
Das Berufungsgericht hielt das reflexartige Ausweichen vor einem plötzlich auftauchenden Fuchs bei einer Geschwindigkeit von 120 km/h generell nicht für grob fahrlässig. Der BGH hielt diese Wertung für zu weitgehend und für zu allgemein. Das änderte jedoch nichts daran, dass die Beurteilung des Berufungsgerichts, ein in subjektiver Hinsicht unentschuldbares Fehlverhalten nicht anzunehmen, im Rahmen seines tatrichterlichen Beurteilungsspielraums liegt und damit rechtlich nicht zu beanstanden ist (BGH, r+s 2007, 410).

Praxistipp
Dies gilt auch für die Beurteilung des Grades der Schwere des Verschuldens und für die Ermittlung einer Gesamtleistungskürzungsquote.

II. Schuldunfähigkeit

95 Liegt Schuldunfähigkeit i.S.d. § 827 BGB vor, kann sich der VR nicht auf Leistungsfreiheit berufen.

§ 827 BGB lautet:

> Wer im Zustand der Bewusstlosigkeit oder in einem die freie Willensbestimmung ausschließenden Zustand krankhafter Störung der Geistestätigkeit einem anderen Schaden zufügt, ist für den Schaden nicht verantwortlich. Hat er sich durch geistige Getränke oder ähnliche Mittel in einen vorübergehenden Zustand dieser Art versetzt, so ist er für einen Schaden, den er in diesem Zustand widerrechtlich verursacht, in gleicher Weise verantwortlich, wie wenn ihm Fahrlässigkeit zur Last fiele; die Verantwortlichkeit tritt nicht ein, wenn er ohne Verschulden in den Zustand geraten ist.

96 Die **Beweislast** dafür, dass sich der VN zum Zeitpunkt des Eintritts des Versicherungsfalles in einem solchen Zustand befand, trifft den VN ebenso wie die Beweislast dafür, dass er sich nicht in zumindest grob fahrlässiger Weise in diesen Zustand versetzt hat (BGH, VersR 2003, 1561).

97 In der Praxis ist die Frage des Vorliegens von Schuldunfähigkeit von besonderer Bedeutung, da hier faktisch weiterhin ein „Alles-oder-nichts-Prinzip" gilt. Dies hängt damit zusammen, dass im Prozess durch Einholung eines medizinischen Sachverständigengutachtens zu klären ist, ob Unzurechnungsfähigkeit i.S.v. § 827 BGB vorliegt oder nicht und dies rückwirkend auf den Zeitpunkt des Versicherungsfalles zu klären ist. Der Sachverständige wird dann i.d.R. unter Benennung einer entsprechenden Wahrscheinlichkeitsstufe mitteilen, ob aus seiner Sicht Unzurechnungsfähigkeit vorlag. Verneint er dies, obwohl nur geringe Restzweifel verbleiben, führt dies zu einer vollständigen Leistungsfreiheit des VR, wenn bspw. nicht mit letzter Gewissheit entschieden werden kann, ob der rachsüchtige und eifersüchtige Ehemann das gemeinsame Haus in einem die freie Willensbestimmung ausschließendem Zustand in Brand gesetzt hat.

Beispiele
- Von einem Ausschluss der freien Willensbestimmungsfähigkeit kann bei einem IQ von weniger als 60 ausgegangen werden (vgl. OLG Düsseldorf, VersR 1996, 1493).
- Bei einem BAK-Wert von 3,0 bis 3,3 ‰ bedarf es für einen Schluss auf Unzurechnungsfähigkeit weiterer Indizien (OLG Frankfurt am Main, r+s 2000, 364).
- Vorliegen einer schlicht depressiven Episode reicht nicht aus, um Unzurechnungsfähigkeit anzunehmen. Erforderlich für einen die freie Willensbestimmung ausschließenden Zustand ist eine schwere depressive Episode (OLG Düsseldorf, r+s 2007, 102).

98 **Praxistipp**
Nicht selten kommt es vor, dass die Klärung der Frage, ob Unzurechnungsfähigkeit i.S.v. § 827 BGB anzunehmen ist, Probleme bereitet. Das ist insb. dann der Fall, wenn die fragliche Person für eine Untersuchung durch einen gerichtlich bestellten medizinischen Sachverständigen nicht mehr zur Verfügung steht, z.B. weil sie durch einen selbst gelegten Brand ums Leben gekommen ist. Dann bleibt dem Sachverständigen keine andere Möglichkeit, als „nach Aktenlage" und in Auseinandersetzung mit den Darlegungen des behandelnden Arztes zu entscheiden. Es ist Aufgabe des VN, in einem solchen Fall möglichst umfassend zum Zustand dieser Person, insb. möglichst zeitnah zum Schadenereignis vorzutragen, um den Sachverständigen umfassend zu informieren.

III. Streitwert

Beim Rechtsstreit um die „angemessene" Leistungskürzungsquote im Fall der groben Fahrlässigkeit bestimmt sich der Streitwert **nach dem Verschuldensgrad**, den der VR außergerichtlich in Ansatz gebracht hat und abhängig vom Klagebegehren des VN.

Beispiel 1
Schaden: 10.000,00 EUR. Der VR kürzt um 60 % und zahlt außergerichtlich 4.000,00 EUR. Der VN hält eine Kürzung nur i.H.v. 20 % für gerechtfertigt und klagt demnach auf Zahlung von 4.000,00 EUR.

Beispiel 2
Wie Beispiel 1. Der VN geht selbst aber lediglich von leichter Fahrlässigkeit aus und klagt demnach auf Zahlung von 4.000,00 EUR.

Praxistipp
Da sowohl die Frage, ob einfache oder grobe Fahrlässigkeit vorliegt, als auch erst recht die Frage, welche Verschuldensquote anzunehmen ist, eine Ermessensentscheidung des Gerichts ist, gibt es mehrere Ansatzpunkte für Streitigkeiten (s. zu den Erfahrungen in der Schweiz: *Armbrüster*, VersR 2003, 675). Gerade der rechtsschutzversicherte VN wird i.d.R. volle Leistung fordern und dies damit begründen, dass allenfalls eine sich nicht auf die Leistungspflicht auswirkende einfache Fahrlässigkeit vorliegt.

IV. Abdingbarkeit

1. Vereinbarung pauschalierter Quotelungen

§ 81 VVG ist abdingbar (§ 87 VVG). Abweichende Vereinbarungen sind also zulässig. Es steht den Vertragspartnern demnach frei, Streitigkeiten über den Grad des Verschuldens und damit über die Höhe der Leistungspflicht des VR dadurch zu vermeiden, dass eine pauschalierte Quotenregelung vereinbart wird. Einschränkungen für entsprechende AVB ergeben sich lediglich aus den allgemeinen Grundsätzen (§ 307 BGB). Nimmt der VR also in seine AVB bspw. eine Regelung auf, dass ein Grad des groben Verschuldens von 10 % bis 25 % einer Leistungskürzung von 25 % entspricht, wäre dies als Benachteiligung zu sehen, da bei einem Verschulden von nur 15 % eine Kürzung von 25 % erfolgen würde. Diese bedeutet, dass lediglich Pauschalierungen zulässig sind, die dem VN eine geringere Kürzung versprechen, also etwa nur eine 25 % Kürzung trotz eines Verschuldensgrades zwischen 25 % und 50 %. Dies kann dem VR aber allenfalls als Arbeitserleichterung dienen, wobei aufsichtsrechtliche Maßnahmen in Betracht kommen, weil die geringere Kürzung zulasten der Versichertengemeinschaft geht (*Neuhaus/Kloth*, Praxis des neuen VVG, S. 65; zur Pauschalisierung s.a. *Baumann*, r+s 2010, 51, 53).

Unzulässig ist auch eine formularmäßige Vereinbarung, die einen pauschalen und generellen Haftungsvorbehalt für den Fall grober Fahrlässigkeit vorsieht. Ein solcher Vorbehalt ist mit wesentlichen Grundgedanken des § 812 Abs. 2 VVG nicht zu vereinbaren und damit nach § 307 Abs. 1 und Abs. 2 Nr. 1 BGB unwirksam (OLG Köln v. 13.1.2010 – 11 U 159/09, LNR 2010, 11282).

2. AVB-Klauseln

102 In den neuen AVB sind Zusatzklauseln entsprechend § 14 AFB 87 enthalten, die festschreiben, dass die vorsätzliche Herbeiführung des Schadens als bewiesen gilt, wenn die Herbeiführung des Schadens durch rechtskräftiges Strafurteil wegen Vorsatzes in der Person des VN festgestellt worden ist.

103 Bei einer solchen Regelung handelt es sich um eine Beweiserleichterung zugunsten des VR. Grds. hat eine strafrechtliche Verurteilung keine zwingende Bindungswirkung i.S.e. solchen Klausel, sondern stellt lediglich ein, wenn auch sehr gewichtiges, Indiz für die Annahme einer vorsätzlichen Herbeiführung des Versicherungsfalls dar.

104 Die Zulässigkeit einer solchen Klausel wurde vom BGH bereits für eine Klausel entschieden, die konkret auf eine vorsätzliche und auch grob fahrlässige Brandstiftung zugeschnitten war. Der BGH hat in Bezug auf die Bindungswirkung einer Verurteilung wegen vorsätzlicher Brandstiftung wie folgt entschieden (BGH, VersR 1982, 81):

> „Dagegen bestehen gegen die Gültigkeit der Klausel insoweit keine Bedenken, als sie im Fall einer Verurteilung des Versicherungsnehmers wegen vorsätzlicher Brandstiftung Leistungsfreiheit vorsieht. Eine solche Klausel kann weder als überraschend noch als unangemessen angesehen werden. Der durchschnittliche, juristisch nicht vorgebildete VN erwartet nicht, dass der Versicherer auch dann eine Entschädigung leistet, wenn er, der VN, wegen vorsätzlicher Brandstiftung bestraft worden ist; ihn überrascht es eher, dass nach dem Versicherungsvertragsgesetz und den AFB der Privatversicherer eine Verurteilung des Versicherers zur Leistung der Entschädigung auch dann nicht ausgeschlossen ist, wenn der VN wegen vorsätzlicher Brandstiftung bestraft worden ist. Ebensowenig kann davon die Rede sein, dass § 16 Satz 2 der Versicherungsbedingungen mit wesentlichen Grundgedanken der gesetzlichen Regelung – hier: § 61 VVG – nicht zu vereinbaren sei. Beide Regelungen beruhen auf der Überlegung, dass der VN, der den Versicherungsfall vorsätzlich herbeigeführt hat, keinen Versicherungsschutz verdient.
>
> Keineswegs liegt dem § 61 VVG die Auffassung zugrunde, es sei ein Gebot der Gerechtigkeit, dass der im Strafverfahren wegen Brandstiftung verurteilte VN im Zivilprozess eine erneute Überprüfung des ihm gemachten Vorwurfs verlangen könne. Es lässt sich demnach auch nicht feststellen, dass durch § 16 Satz 2 der Bedingungen wesentliche Rechte des VN, die sich aus der Natur des Versicherungsvertrags ergeben, so eingeschränkt würden, dass die Erreichung des Vertragszwecks gefährdet wäre."

Andere Gerichte sind der Entscheidung des BGH gefolgt (vgl. zuletzt OLG Bamberg, VersR 2003, 59).

105 Dass eine Ausdehnung einer solchen Klausel auf den **Repräsentanten** *nicht* in Betracht kommen kann, da der VN auch keinerlei Einflussmöglichkeiten auf ein Strafverfahren gegen den Repräsentanten hat, hat der BGH in der gleichen Entscheidung ausgeführt (BGH, VersR 1982, 81).

106 **Praxistipps**
Die Zulässigkeit derartiger Klauseln bleibt problematisch (OLG Hamm, r+s 2002, 423). Die Beweislast wird einseitig zulasten des VN verändert. Die Bindungswirkung, die von einer strafrechtlichen Entscheidung ausgeht, wird nur einseitig angenommen, während im umgekehrten Fall eines rechtskräftigen Freispruchs oder der Einstellung des Ermittlungsverfahrens gem. § 170 Abs. 2 StPO keine Bindung für den VR eintreten soll und sich der VR weiterhin

auf Leistungsfreiheit berufen kann. Eine unangemessene Benachteiligung des VN ist die Folge.
Dies hat erhebliche Konsequenzen für die Praxis. Spielte bislang z.b. im Fall des Nachweises einer Eigenbrandstiftung die Frage, wie ein Strafverfahren gegen den VN ausgegangen ist, keine letztlich ausschlaggebende Rolle, führt eine strafrechtliche Verurteilung wegen Vorsatzes bei Vereinbarung einer entsprechenden Klausel zu der automatischen Folge, dass Leistungsfreiheit des VR eintritt. Ohne Geltung einer derartigen Klausel prüfen die Zivilgerichte sämtliche Indizien in der erforderlichen Gesamtschau und berücksichtigen selbstverständlich eine strafgerichtliche Verurteilung wegen Vorsatzes als gewichtiges belastendes Indiz. Gleichwohl steht es dem VN offen, im Zivilprozess durch entsprechenden Sachvortrag, der möglicherweise im Strafverfahren nicht oder nicht hinreichend genug berücksichtigt wurde, dieses Indiz zu entkräften. Anders bei Vereinbarung einer entsprechenden Klausel. Dann wird der VN nur noch u.U. die Bindungswirkung der strafrechtlichen Verurteilung wegen Vorsatzes entkräften können, die ihn auch zu einer Wiederaufnahme des Strafverfahrens berechtigen würden.

V. Sonderregelungen

Zu beachten sind die Sonderregelungen bei der **Haftpflichtversicherung** (§ 103 VVG) und bei der **Transportversicherung** (§ 137 VVG). § 183 VVG enthält eine Sonderregelung für die **Unfallversicherung** zu § 81 VVG, der auf die Unfallversicherung auch als Schadensversicherung nicht anzuwenden ist. Für die **Krankenversicherung** als Schadensversicherung gilt § 81 VVG nicht (§ 194 Abs. 1 S. 1 VVG).

107

E. Arbeitshilfen

I. Übersicht: Vorsatzformen

Vorsatzform	Wissen	Wollen
dolus directus I (Absicht), voluntatives Element (Wollen) steht im Vordergrund	Täter hält die Tatbestandsverwirklichung für sicher oder für möglich	zielgerichtetes Handeln (Erfolgsstreben)
dolus directus II (direkter Vorsatz), kognitives Element (Wissen) steht im Vordergrund	sicheres Wissen bzw. sicheres Voraussehen, dass der Tatbestand verwirklicht wird	Erfolg kann vom Täter ggf. sogar unerwünscht sein.
dolus eventualis (bedingter Vorsatz)	Täter hält die Tatbestandsverwirklichung für möglich	herrschende Meinung „Einwilligungs- oder Bewilligungstheorie": Grds. voluntatives Element erforderlich, d.h. der Erfolg wird billigend in Kauf genommen

108

Vorsatzform	Wissen	Wollen
bewusste Fahrlässigkeit	Täter hält Tatbestandsverwirklichung für möglich	Täter hofft ernsthaft und nicht nur vage auf das Ausbleiben des Erfolges

109 **Beispiele zur Abgrenzung der Vorsatzformen**
- VN zündet die Scheune selbst an, um Leistungen seines Feuerversicherers zu beziehen → **Absicht**.
- VN lässt in einer Scheune eine brennende Zigarette fallen und weiß, dass es hierdurch zu einem Brand und einer Zerstörung des in der Scheune stehenden Oldtimers kommen wird → **direkter Vorsatz**, auch wenn dem VN der „Erfolg", also der Brand der Scheune und die Zerstörung des Oldtimers unerwünscht ist.
- VN lässt bewusst eine auf einem Holztisch stehende Kerze brennen und hält es für möglich, dass es beim Abbrennen der Kerze zu einem Übergreifen des Feuers auf den Tisch und damit zu einem Wohnungsbrand kommen wird. Einen solchen Brand nimmt er billigend in Kauf → **bedingter Vorsatz**.
- Hofft der VN hingegen ernsthaft und nicht nur vage, dass es zu keinem Übergreifen des Feuers auf den Tisch kommen wird, weil er darauf vertraut, dass das Feuer im Kerzenständer beim Abbrennen der Kerze ausgehen wird, liegt lediglich **bewusste Fahrlässigkeit** vor, die i.d.R. als **grobe Fahrlässigkeit** zu qualifizieren ist.

II. Checkliste: Ermittlung einer konkreten Leistungsquote bei Vorliegen grober Fahrlässigkeit

110
- ☐ Liegt grobe Fahrlässigkeit vor?
  - Berücksichtigung objektiver und subjektiver Umstände
  - Abgrenzung zum bedingten Vorsatz und zur leichten Fahrlässigkeit
- ☐ Wie hoch ist der Verschuldensgrad?
  - Kürzungskriterien
    - Objektiv:
      - Evidenz der Verhaltenspflicht
      - Objektive Schwere des Verstoßes (z.B. BAK-Gehalt)
      - Ausnahmesituation? (z.B. Wild auf der Fahrbahn)
      - Gefährdung anderer Personen? (z.B. bei Rotlichtverstößen)
      - Dauer der Pflichtverletzung
      - Objektives aus der Pflichtverletzung resultierendes Risiko
    - Subjektiv:
      - Liegt ein Augenblicksversagen vor?
      - Belastende Umstände (z.B. besondere Rücksichtslosigkeit, Teilnahme an Wettfahrten, riskante Fahrweise, Wiederholungstäter)
      - Entlastende Umstände (z.B. Unerfahrenheit, Alter, Ablenkungen)
      - Höhe des Aufwandes für Beachtung der Pflicht
  - Eingruppierung des Verstoßes in eine Verschuldensfallgruppe
    - Hohes/Mittleres/Geringes Verschulden
  - Ermittlung einer konkreten Quote anhand einer Gesamtbetrachtung (5 %-Schritte)
- ☐ Leistungsquote = 100 % abzgl. Verschuldensquote

III. Checkliste: Berechnung der Leistungsquote bei Vorliegen mehrerer Leistungskürzungsberechtigungen nach dem „Gesamtstrafen-Modell"

- ☐ Wie hoch sind die einzelnen Kürzungsquoten? (s. Checkliste oben) **111**
- ☐ Höchste Kürzungsquote = Einsatzquote
- ☐ Berechnung der Gesamtleistungskürzungsquote nach folgender Formel:

$$\text{Gesamtleistungskürzungsquote} = \text{Einsatzquote (= höchste Leistungskürzungsquote)} + \frac{\text{Summe der übrigen Leistungskürzungsquoten}}{2}$$

- ☐ Leistungsquote = 100 % abzgl. Gesamtleistungskürzungsquote

---

§ 82 VVG — Abwendung und Minderung des Schadens

(1) Der Versicherungsnehmer hat bei Eintritt des Versicherungsfalles nach Möglichkeit für die Abwendung und Minderung des Schadens zu sorgen.

(2) Der Versicherungsnehmer hat Weisungen des Versicherers, soweit für ihn zumutbar, zu befolgen sowie Weisungen einzuholen, wenn die Umstände dies gestatten. Erteilen mehrere an dem Versicherungsvertrag beteiligte Versicherer unterschiedliche Weisungen, hat der Versicherungsnehmer nach pflichtgemäßem Ermessen zu handeln.

(3) Bei Verletzung einer Obliegenheit nach den Absätzen 1 und 2 ist der Versicherer nicht zur Leistung verpflichtet, wenn der Versicherungsnehmer die Obliegenheit vorsätzlich verletzt hat. Im Fall einer grob fahrlässigen Verletzung ist der Versicherer berechtigt, seine Leistung in einem der Schwere des Verschuldens des Versicherungsnehmers entsprechenden Verhältnis zu kürzen; die Beweislast für das Nichtvorliegen einer groben Fahrlässigkeit trägt der Versicherungsnehmer.

(4) Abweichend von Absatz 3 ist der Versicherer zur Leistung verpflichtet, soweit die Verletzung der Obliegenheit weder für die Feststellung des Versicherungsfalles noch für die Feststellung oder den Umfang der Leistungspflicht ursächlich ist. Satz 1 gilt nicht, wenn der Versicherungsnehmer die Obliegenheit arglistig verletzt hat.

Übersicht

	Rdn
A. Normzweck	1
B. Norminhalt	3
I. Gesetzliche Rettungsobliegenheit (§ 82 Abs. 1 VVG)	3
1. Beginn	4
2. Dauer/Ende	10
3. Inhalt der Rettungsobliegenheit	11
II. Weisungen des VR (§ 82 Abs. 2 VVG)	14
C. Rechtsfolgen (§ 82 Abs. 3 und 4 VVG)	21
D. Prozessuales	23
E. Abdingbarkeit	25
F. Checkliste: Rettungsobliegenheit	26

§ 82 VVG

A. Normzweck

1 In der Schadensversicherung ist es von besonderer Bedeutung, dass alle denkbaren Maßnahmen getroffen werden, um einen möglichen Schaden abzuwenden oder zumindest zu minimieren. Der VN soll sich nicht schlichtweg darauf verlassen, dass der Schaden von seinem VR gedeckt werden wird. Er soll auch angehalten werden, dem Schaden nach Möglichkeit entgegen zu wirken. Eine entsprechende Rettungsobliegenheit des VN regelt § 82 Abs. 1 VVG. Der VN soll alle ihm möglichen, geeigneten und zumutbaren Maßnahmen zum Schutz des versicherten Gegenstandes ergreifen (BGH, VersR 1984, 25; BGH, MDR 1976, 827). Der VR weiß aufgrund seiner Sachkunde, wie drohenden Schäden möglichst frühzeitig entgegengewirkt werden kann oder welche Maßnahmen zwecks Minderung des Schadens einzuleiten sind. § 82 Abs. 2 VVG sieht ein entsprechendes Weisungsrecht des VR vor. Die Rechtsfolgen in § 82 Abs. 3 und 4 VVG entsprechen § 28 Abs. 2 und 3 VVG. § 82 VVG ist auf die gesamte Schadensversicherung anwendbar. Nach § 194 Abs. 1 S. 1 VVG ist die Vorschrift auch auf die Krankenversicherung anwendbar, soweit diese als Schadensversicherung ausgestaltet ist. Auf die Unfallversicherung ist § 82 VVG nicht anwendbar (§ 184 VVG).

2 **Abgrenzung zu § 81 VVG**: § 82 VVG knüpft zeitlich an § 81 VVG an. § 81 VVG regelt als subjektiver Risikoausschluss die Zeit zwischen Auftreten der konkreten Gefahr und dem Eintritt des Versicherungsfalles, § 82 VVG wird als Obliegenheit erst bei Eintritt des Versicherungfalles relevant. Im Einzelfall kann die Abgrenzung von entscheidender Bedeutung sein, da eine vorsätzliche oder grob fahrlässige Herbeiführung des Versicherungsfalles nach § 81 VVG der VR zu beweisen hat, wohingegen sich der VN vom Vorwurf grob fahrlässiger Verletzung nach § 82 Abs. 3 VVG entlasten muss, wenn die Obliegenheitsverletzung objektiv feststeht.

B. Norminhalt

I. Gesetzliche Rettungsobliegenheit (§ 82 Abs. 1 VVG)

3 Bei der Pflicht des VN, bei Eintritt des Versicherungsfalles nach Möglichkeit für die **Abwendung** und **Minderung** des **Schadens** zu sorgen und hierbei auch die Weisungen des VR, soweit für ihn zumutbar, zu befolgen sowie Weisungen einzuholen, wenn die Umstände dies gestatten, handelt es sich um eine gesetzlich normierte Obliegenheit des VN.

1. Beginn

4 Die Obliegenheit des VN beginnt „*bei Eintritt des Versicherungsfalles*".

5 In der **Sachversicherung** wird es als nicht ausreichend angesehen, dass der VN solange warten darf, bis der Versicherungsfall schon eingetreten ist. Vielmehr soll der VN auch schon mit Abwehrmaßnahmen beginnen, wenn der Versicherungsfall einzutreten droht und unmittelbar bevorsteht (**Vorerstreckungstheorie** [herrschende Meinung]: BGH, VersR

1994, 1181 [unter 5.]; VersR 1991, 459). In der **Haftpflichtversicherung** beginnt die Rettungsobliegenheit mit dem Beginn des Ereignisses, dass Ansprüche gegen den VN auslösen könnte. Der BGH hat es aber ausdrücklich offengelassen, ob die Vorerstreckungstheorie auch für die Haftpflichtversicherung gelten muss (BGH, r+s 2004, 499). Teilweise wird eine solche Vorerstreckung ausdrücklich abgelehnt (OLG Köln, r+s 2003, 12; str., s. hierzu *Schimikowski*, r+s 2003, 133). Der Wortlaut des Gesetzes „*bei*" Eintritt des Versicherungsfalles steht einer Vorerstreckung auch im Bereich der Haftpflichtversicherung nicht entgegen.

Vorerstreckung in der Haftpflichtversicherung? 6

Eine Vorerstreckung auf den Zeitpunkt, in dem der Versicherungsfall unmittelbar bevorsteht, sieht § 90 VVG für den Aufwendungsersatz bei der **Sachversicherung** nun ausdrücklich vor.

Für die **Haftpflichtversicherung** fehlt eine solche neue Regelung. Dies lässt grds. den 7 Schluss darauf zu, dass der Gesetzgeber bewusst keine entsprechende Regelung geschaffen hat und somit die Vorerstreckungstheorie nicht auf die Haftpflichtversicherung anzuwenden ist (s.a. *Langheid*, NJW 2006, 3317, 3320). In der Begründung heißt es aber auch, dass eine Ausdehnung auf andere Zweige teilweise nicht überschaubare Konsequenzen habe. Hieraus ist aber abzuleiten, dass gerade weil man die Konsequenzen nicht überschauen konnte, eine Ausdehnung auf die Haftpflichtversicherung unterblieb. Insoweit wird die Frage, ob die Vorerstreckungstheorie Geltung für die Haftpflichtversicherung hat, wohl **erst durch die zukünftige Rechtsprechung geklärt** werden (im Ergebnis ebenso *Schimikowski*, jurisPR-VersR 3/2007 [Anm. 4 unter V 4]).

Das OLG Köln lehnt eine Vorerstreckung in der Haftpflichtversicherung ab. Eine erweiternde Anwendung des § 90 VVG über die Sachversicherung hinaus würde auf eine allgemeine Schadensverhütungspflicht hinauslaufen und in den Regelungsgehalt des § 103 VVG eingreifen (OLG Köln, VersR 2015, 709). 8

In der **Feuerversicherung** ist der Zeitpunkt maßgeblich, zu dem die versicherte Gefahr 9 sich erstmals schädigend auf das versicherte Interesse auswirkt. Somit beginnt die Rettungsobliegenheit erst, wenn der Brand auf die versicherte Sache übergegriffen hat. Maßnahmen zur Rettung der versicherten Sache begründen aber einen Aufwendungsersatzanspruch nach § 90 VVG.

2. Dauer/Ende

Die Rettungsobliegenheit bleibt solange bestehen, solange der Schaden und ein versicherter 10 Folgeschaden abgewendet oder gemindert werden kann. Sie endet, sobald keine Möglichkeit mehr besteht, den Schaden in irgendeiner Form abzuwenden oder zu mindern (OLG Saarbrücken, VersR 98, 1499).

3. Inhalt der Rettungsobliegenheit

11 Der VN hat „nach Möglichkeit" für die Abwendung und Minderung des Schadens zu sorgen. Maßstab für das vom VN zu erwartende Verhalten ist das **pflichtgemäße Ermessen eines durchschnittlichen VN**. Der VN soll sich so verhalten, wie er sich verhalten würde, wenn er nicht versichert wäre. Hierbei ist der VN nicht dazu verpflichtet, Rettungsversuche zu unternehmen, die offensichtlich zweck- und sinnlos sind (BGH, VersR 85, 730, 731; VersR 1972, 1039, 1040). Die Grenze des dem VN **Zumutbaren** ergibt sich aus Treu und Glauben. Der VN braucht sich insb. keiner Gefahr für Leib und Leben auszusetzen (BGH, VersR 2006, 821; OLG Karlsruhe, VersR 1994, 468, 469).

12 Es gilt der Verhältnismäßigkeitsgrundsatz. Der VN muss keine Maßnahmen ergreifen, die außer Verhältnis zum drohenden Schaden stehen. Zu beachten ist auch, dass die Rettungsobliegenheiten häufig in den AVB oder durch Weisungen des VR konkretisiert werden.

13 In der **Haftpflichtversicherung** muss der VN der Geltendmachung begründeter Haftpflichtansprüche durch den Geschädigten nicht entgegenwirken. Der VN kann den Geschädigten auch ausdrücklich darauf hinweisen, dass er Haftpflichtansprüche geltend machen kann. Es ist dem VN lediglich versagt, den Geschädigten dazu zu animieren, unberechtigte Ansprüche geltend zu machen.

Beispiele für Rettungspflichten
- Nach einem Sturmschaden an einem Ziegeldach, durch das ungehindert Wasser in eine Halle eindringen kann, muss der VN unverzüglich von sich aus für eine provisorische Abdichtung des Dachs und Trocknungsmaßnahmen sorgen. Es reicht nicht aus, wenn er sich mit der unzureichenden Teilabdeckung der durchnässten Kartons mit Folien begnügt (OLG Düsseldorf, r+s 2001, 379).
- Zur Verpflichtung des VN, einen Maschinenschaden durch Kreditaufnahme zu mindern und zu den Anforderungen, die dabei an die Darlegungslast des VN zu stellen sind (BGH, r+s 2006, 125).

Beispiel für Schadenminderungspflichten
Obliegenheit des VN, der Polizei ein Verzeichnis der abhandengekommenen Sachen (Stehlgutliste) einzureichen, ist eine Schadenminderungsobliegenheit nach § 82 VVG (und keine Auskunfts- und Aufklärungsobliegenheit, die nach § 28 Abs. 4 VVG einer Rechtsfolgenbelehrung bedarf, OLG Köln, VersR 2014, 105).

II. Weisungen des VR (§ 82 Abs. 2 VVG)

14 Soweit für den VN zumutbar, hat er Weisungen des VR **zu befolgen** (§ 82 Abs. 2 S. 1, 1. Alt. VVG). Wenn die Umstände dies gestatten, hat der VN auch Weisungen **einzuholen** (§ 82 Abs. 2 S. 1, 2. Alt. VVG). Werden ihm **unterschiedliche** Weisungen von mehreren beteiligten VR erteilt, hat der VN nach pflichtgemäßem Ermessen zu handeln (§ 82 Abs. 2 S. 2 VVG).

Praxistipp
Die Obliegenheit, Weisungen einzuholen und zu befolgen, kann ihrem Sinn nach nur solange fortbestehen, wie der VR grds. leistungsbereit ist. Nach Versagung des Versicherungsschutzes ist der Obliegenheit nicht mehr nachzukommen (OLG Saarbrücken, r+s 2002, 381).

Die Weisungen müssen für den VN **zumutbar** sein. Dies bedeutet, dass sich der VR bei Erteilung einer Weisung nicht über berechtigte Interessen des VN, die bei Befolgung der Weisung verletzt würden, hinwegsetzen darf. Z.B. wäre dies im Kaskoschadensrecht der Fall, wenn der VR die Weisung zur Reparatur eines Pkw in einer Werkstatt erteilt, die keine Vertragswerkstatt des Kfz-Herstellers ist, und der VN damit seine Werksgarantie gefährden würde (Begr. BT-Drucks 16/3945, S. 80). Der VN muss einer Weisung nicht nachkommen, wenn die betreffende Maßnahme offensichtlich sinn- und zwecklos ist. Der VN sollte den VR aber auf seine Bedenken hinweisen (OLG Hamburg, VersR 1984, 258). 15

Weisungen können durch den VR schon **bei Vertragsschluss**, insb. i.R.d. AVB, oder **nach dem Versicherungsfall** mündlich oder auch schriftlich erteilt werden. Eine besondere Form sieht das Gesetz nicht vor. Eine Verpflichtung des VR zur Erteilung von Weisungen besteht aber nicht (OLG Jena, NJW-RR 2009, 965). 16

Erteilt der VR fehlerhafte Weisungen und entstehen daraus Schäden beim VN, steht dem VN ein Schadensersatzanspruch zu (BGH, VersR 1984, 1161 [unter II 1]). 17

Der VN hat dem VR lediglich die Möglichkeit zu eröffnen, Weisungen zu erteilen. Die ihn insoweit treffende Obliegenheit erfüllt er bereits damit, dass er eine vollständige Schadensanzeige übermittelt. Der VR kann dann entscheiden, ob er Weisungen erteilt. Er ist jedoch nicht verpflichtet, auf den VN in irgendeiner Weise im Hinblick auf die von ihm zu erfüllende Obliegenheit, nach Möglichkeit für die Abwendung und Minderung des Schadens zu sorgen, einzuwirken. Schadenbeseitigungsmaßnahmen sind vom VN in eigener Regie und eigener Verantwortung einzuleiten, sofern keine Weisungen erteilt werden. Damit trägt der VN auch das Risiko, dass tatsächlich die geeigneten Maßnahmen ergriffen werden. Allerdings kann eine hierdurch begangene Obliegenheitsverletzung nur dann zu Sanktionen führen, wenn die betreffende Obliegenheit grob fahrlässig verletzt wurde (*Weidner*, jurisPR-VersR 12/2008, Anm. 3). 18

Hat der VN den VR erfolglos um Weisungen ersucht, kann der VR bei seitens des VN getroffenen Rettungsmaßnahmen nicht die Gebotenheit in Frage stellen und den Rettungskostenersatz nach § 83 VVG verweigern (OLG Düsseldorf, r+s 2001, 379; OLG Saarbrücken, VersR 1998, 1499). 19

Haben dem VN mehrere VR **unterschiedliche Weisungen** erteilt, hat er nach „pflichtgemäßen Ermessen" zu handeln. Was letztlich vom VN erwartet werden kann, hängt von den Umständen des Einzelfalles ab. Bei einer Mehrheit von VN hat jeder die Rettungsobliegenheit zu beachten (BGH, NJW-RR 1991, 1372). Bei einer Versicherung für fremde Rechnung hat auch der Versicherte die Rettungsobliegenheit sowie die Pflichten zur Einholung und Beachtung von Weisungen zu beachten (OLG Hamburg, VersR 1984, 258). 20

> **Beispiel für Weisungen des Versicherers**
> Hat der Feuerversicherer nach einer nach einem Brandschaden aufgetretenen Chloritbelastung von versicherten Gegenständen einen Sachverständigen mit der Untersuchung des Schadens und geeigneter Sanierungsmaßnahmen beauftragt und den VN zweimal schriftlich aufgefordert, die Sanierungsvorschläge an den reinigungsfähigen Sachen durchführen zu lassen, begeht der VN eine schuldhafte Verletzung der Rettungspflicht, wenn er die Sanie-

rungsvorschläge weder beachtet noch durchführt und stattdessen eine Neuwertentschädigung verlangt (LG Düsseldorf, r+s 2001, 35).

C. Rechtsfolgen (§ 82 Abs. 3 und 4 VVG)

21 Die Rechtsfolgen der Verletzung der Rettungsobliegenheit und der Obliegenheit, die Weisungen des VR zu befolgen bzw. Weisungen des VR einzuholen, ergeben sich aus § 82 Abs. 3 und Abs. 4 VVG. Die Regelungen entsprechen den allg. Vorschriften (§ 28 VVG). Das Verhalten seines Repräsentanten hat sich der VN zurechnen zu lassen.

22 **Praxistipp**
Durch die Einführung des Kausalitätsprinzips kann der VR die Leistung aufgrund vorsätzlicher oder grob fahrlässiger Verletzung der Rettungsobliegenheit nicht verweigern oder kürzen, wenn es dem VN gelingt nachzuweisen, dass keine Kausalität gegeben ist (§ 82 Abs. 4 VVG).

Beispiel
Der VN verursacht als Pkw-Fahrer einen Verkehrsunfall, bei dem ein Motorradfahrer verletzt wird. Er setzt aber zunächst seine Fahrt fort und kommt erst nach fünf Minuten zum Unfallort zurück.

Folge:
Ein Versicherungsfall liegt vor, der die Schadensminderungspflicht auslöste. Kann der VN jetzt nachweisen, dass ein anderer Verkehrsteilnehmer, der den Unfall beobachtet hat, sofort per Handy Hilfe herbeirief und sich um den Geschädigten sowie die Absicherung der Unfallstelle kümmerte, dann kann der Kausalitätsgegenbeweis als geführt angesehen werden, denn mehr hätte der VN selber auch nicht tun können. Konstellationen, bei denen der VN die Rettungsobliegenheit in betrügerischer Absicht verletzt und von Arglist des VN auszugehen ist, dürften theoretischer Natur sein.

D. Prozessuales

23 Die objektive Obliegenheitsverletzung hat der VR zu beweisen.

24 Wie auch bei §§ 26 Abs. 1, 28 Abs. 2 VVG wird bei objektiver Tatbestandsverwirklichung von grober Fahrlässigkeit ausgegangen. Der VR muss also das Vorliegen einer vorsätzlichen Obliegenheitsverletzung beweisen, der VN muss beweisen, dass er nicht grob fahrlässig gehandelt hat. Der VR muss darlegen und beweisen, welche konkreten Maßnahmen der VN hätte ergreifen sollen. Dem VN steht es dann frei, sich zu entlasten und den Kausalitätsgegenbeweis zu erbringen, was jedoch nicht bei Arglist gilt.

E. Abdingbarkeit

25 Abweichungen **zum Nachteil des VN** sind **unwirksam** (§ 87 VVG).

F. Checkliste: Rettungsobliegenheit

- ☐ Beginn der Rettungsobliegenheit erst mit Eintritt des Versicherungsfalls (Bei Sachversicherung § 90 VVG beachten!).   26
- ☐ VN soll die Maßnahmen treffen, die er treffen würde, wenn er nicht versichert wäre. Keine offensichtlich zweck- und sinnlosen Maßnahmen einleiten.
- ☐ Grenze des zumutbaren Verhaltens: § 242 BGB
- ☐ Weisungen?
    - ☐ Besteht Veranlassung, eine Weisung des VR einzuholen? Grds. reicht vollständige Beantwortung der Schadenanzeige. VR ist dann gehalten, ggf. Weisungen zu erteilen.
    - ☐ Kein Anspruch des VN auf Erteilung von Weisungen durch den VR.
    - ☐ Ist es zumutbar, eine erteilte Weisung zu befolgen?
    - ☐ Bei unterschiedlichen Weisungen: Handeln nach pflichtgemäßem Ermessen.
- ☐ Ende der Rettungsobliegenheit, wenn keine Abwendungs- oder Minderungsmöglichkeit mehr besteht (Ende der Schadensentwicklung).
- ☐ Beruft sich der VR auf Verletzung der Rettungsobliegenheit, kann VN Kausalitätsgegenbeweis erbringen.

§ 83 VVG   Aufwendungsersatz

(1) Der Versicherer hat Aufwendungen des Versicherungsnehmers nach § 82 Abs. 1 und 2, auch wenn sie erfolglos bleiben, insoweit zu erstatten, als der Versicherungsnehmer sie den Umständen nach für geboten halten durfte. Der Versicherer hat den für die Aufwendungen erforderlichen Betrag auf Verlangen des Versicherungsnehmers vorzuschießen.

(2) Ist der Versicherer berechtigt, seine Leistung zu kürzen, kann er auch den Aufwendungsersatz nach Absatz 1 entsprechend kürzen.

(3) Aufwendungen des Versicherungsnehmers, die er gemäß den Weisungen des Versicherers macht, sind auch insoweit zu erstatten, als sie zusammen mit der sonstigen Entschädigung die Versicherungssumme übersteigen.

(4) Bei der Tierversicherung gehören die Kosten der Fütterung und der Pflege sowie die Kosten der tierärztlichen Untersuchung und Behandlung nicht zu den vom Versicherer nach den Absätzen 1 bis 3 zu erstattenden Aufwendungen.

Übersicht

	Rdn
A. Normzweck	1
B. Norminhalt	3
I. Aufwendungen des Versicherungsnehmers (§ 83 Abs. 1 S. 1 VVG)	3
II. Vorschusspflicht (§ 83 Abs. 1 S. 2 VVG)	12
III. Kürzung des Aufwendungsersatzanspruchs (§ 83 Abs. 2 VVG)	14
IV. Umfang der Aufwendungen (§ 83 Abs. 3 VVG)	16
V. Tierversicherung (§ 83 Abs. 4 VVG)	17

C. Rechtsfolgen 18
D. Prozessuales 19
E. Abdingbarkeit 22

A. Normzweck

1 Die Vorschrift ist die logische **Ergänzung zu § 82 VVG**. Aufwendungen des VN nach § 82 Abs. 1 und 2 VVG sind auch bei Erfolglosigkeit zu erstatten, wenn der VN sie den Umständen nach für geboten halten durfte und im Fall der vorangegangenen Weisung des VR auch unabhängig davon, ob sie zusammen mit der sonstigen Entschädigung die VersSumme übersteigen. Geregelt werden ferner eine Vorschusspflicht des VR und eine Kürzung des Aufwendungsersatzanspruchs entsprechend einer etwaig gegebenen Leistungskürzungsberechtigung des VR.

2 **Besonderheiten:**
– Die Einbeziehung verschiedener Kosten bei der **Tierversicherung** regelt § 83 Abs. 4 VVG.
– Für die **Sachversicherung** sieht § 90 VVG einen erweiterten Aufwendungsersatzanspruch vor, wenn der Versicherungsfall unmittelbar bevorsteht (Vorerstreckung).
– Auf die **Unfallversicherung** ist § 83 VVG nicht anwendbar (§ 184 VVG).
– In der **Krankenversicherung** ist § 83 VVG anwendbar, soweit diese als Schadensversicherung ausgestaltet ist, § 194 VVG.
– vgl. für die **Transportversicherung** § 135 VVG, für die **Seeversicherung** § 32 Abs. 1 Nr. 1 und 2 VVG und für die **Haftpflichtversicherung** § 101 Abs. 1 VVG (Rechtsschutzkosten).

B. Norminhalt

I. Aufwendungen des Versicherungsnehmers (§ 83 Abs. 1 S. 1 VVG)

3 Aufwendungen des VN i.S.d. § 83 Abs. 1 S. 1 VVG sind **Vermögensminderungen**, die er **für die Abwendung und Minderung des Schadens** gem. § 82 Abs. 1 und 2 VVG hinnehmen muss. Die Aufwendungen müssen daher **objektiv** dem Zweck der Schadensminderung/Abwendung dienen.

4 Hierunter fallen insbesondere freiwillige Vermögensopfer wie Geldleistungen, die Eingehung von Verbindlichkeiten und der Verbrauch von Sachen. Aber auch unfreiwillige Vermögenseinbußen wie die Belastung mit Verbindlichkeiten. Auch Körper- und Sachschäden gehören hierzu, wenn sie adäquate Folge der besonderen Gefahren der Rettungsmaßnahme sind und nicht auf der Verwirklichung des allgemeinen Lebensrisikos beruhen (vgl. BGH, NJW 1993, 2234; OLG Oldenburg, VersR 1990, 516). Unter § 83 VVG können auch Schäden an nicht versicherten Sachen fallen, wenn diese Schäden Folge der spezifischen Gefahren der Rettungsmaßnahme sind. Ausgeschlossen ist ein Aufwendungsersatz für die Rettung eines nicht versicherten Interesses. Die eigene Arbeitskraft kann Aufwendung sein, wenn die Tätigkeit in den beruflichen Aufgabenbereich des VN fällt und üblicherweise mit einer entsprechenden Vergütung einhergeht.

Auf **subjektive Umstände** kommt es nicht an. Es ist insoweit auch nicht entscheidend, ob der VN tatsächlich einen **Rettungswillen** in dem Sinne hatte, seine Rettungsobliegenheit nach § 82 VVG zu erfüllen. Das subjektive Moment ist jedoch insoweit von Bedeutung, als die Aufwendungen auch dann zu erstatten sind, wenn der VN diese **den Umständen nach für geboten halten** durfte. Selbst wenn also eine Aufwendung objektiv nicht geboten war, kann ein Anspruch auf Ersatz bestehen. Entscheidend ist, ob der VN aus seiner subjektiven Sicht davon ausgehen durfte, dass die Aufwendung geboten war. Geboten sind solche Maßnahmen, die Erfolg versprechen und in ihrem Aufwand nicht außer Verhältnis zum angestrebten Erfolg stehen. 5

Geht der VN **grob fahrlässig** davon aus, die Aufwendungen seien geboten, waren derartige Aufwendungen nach altem Recht nicht zu erstatten (BGH, VersR 2003, 1250; BGH, VersR 1977, 709, 711). Nach Wegfall des Alles-oder-Nichts-Prinzips gilt eine **quotale Erstattungspflicht** abhängig von der Schwere des Verschuldens des grob fahrlässig handelnden VN. 6

Für den Fall, dass ein **Dritter** die Aufwendungen getroffen hat, ist ein mögliches Verschulden des Dritten dem VN zuzurechnen, wenn der Dritte Repräsentant des VN war. 7

Auf den **Erfolg** der getätigten Aufwendungen kommt es nicht an. 8

Abzugrenzen sind die Aufwendungen von **Reflexwirkungen** einer Handlung. Eine solche Reflexwirkung hatte der BGH in einem Fall angenommen, in welchem ein Kraftfahrer nur eine Teilkaskoversicherung abgeschlossen hatte und daher bei einem Unfall nur glasbruchversichert war (BGH, VersR 1994, 1181). Der Kraftfahrer war dann, um eine Frontalkollision mit einem auf seiner Fahrbahn entgegenkommenden Fahrzeug zu vermeiden, vor einen Baum gefahren, was zu einem Totalschaden des Pkw führte. Der Kraftfahrer begehrte Ersatz des Schadens als Rettungskosten (§ 63 VVG a.F.). Der BGH hat in diesem Fall ausgeführt, die „*Rettung der Verglasung*" sei in diesem Fall ein geringfügiges Nebeninteresse neben der Rettung des eigenen Lebens und der eigenen Gesundheit. Eine etwaig beabsichtigte Rettung der Verglasung als Ziel des Ausweichens trete insoweit zurück und sei nur als **Reflexwirkung** anzusehen (BGH, VersR 1994, 1181). 9

Ebenfalls abzugrenzen sind **Schadensverhütungsaufwendungen**. Dies sind Kosten, die ergriffen werden, bevor der Schaden unmittelbar einzutreten drohte. Dies sind keine Kosten „*bei Eintritt des Versicherungsfalles*" i.S.v. § 82 Abs. 1 VVG. Derartige Aufwendungen fallen nicht unter § 83 VVG. 10

Rechtsprechung zum Aufwendungsersatz: 11
- **Transportkosten** als Rettungskosten: Kein Aufwendungsersatzanspruch für Kosten eines Charterfluges anstatt eines Linienfluges/Autofahrt bei Rückflug im Krankheitsfall (OLG Karlsruhe, r+s 2015, 365);
- Kein Anspruch auf Ersatz **vorgezogener Rettungskosten in der Haftpflichtversicherung** (OLG Köln, VersR 2015, 709);
- Zu **Schadensminderungskosten und Aufräumungs- und Abbruchkosten nach § 3 Nr. 1 und 3a AFB 87** in der Feuerversicherung (BGH, VersR 2013, 1039);

- **Abschleppkosten bei einem Totalschaden in der Kfz-Vollkaskoversicherung** sind nach § 83 Abs. 1 S. 1 VVG zu erstatten, wenn das Abschleppen in eine Werkstatt zur Restwertverwertung erfolgte, weil er nur durch Entfernen vom Unfallort und Verbringen zur Werkstatt erzielbar ist (OLG Karlsruhe, VersR 2013, 1123);
- **Rechtsanwaltskosten** für Prozessführung durch VN, wenn der Haftpflicht-VR pflichtwidrig die Deckung schon dem Grunde nach verweigert, denn VN führt den Prozess, um den Schaden nach Möglichkeit abzuwenden (AG Mannheim, r+s 2012, 73/337);
- Ein Anspruch auf Rettungskostenersatz kann nicht mit der Begründung geltend gemacht werden, die durch vom Sturm gelöste Dachziegel getroffene Markise hätte Schäden am Terrassenboden verhindert (LG Kleve, zfs 2008, 399);
- **Schaden = Rettungskosten** bei Ausweichen vor einem Tier:
  - zum Ausweichmanöver eines Motorradfahrers vor einem **Reh** (OLG Koblenz, r+s 2006, 412)
  - zum Ausweichmanöver eines Motorradfahrers vor **Kleintier** (vgl. OLG Hamm, r+s 2001, 495)
  - zum Unfallschaden als Rettungskosten bei Ausweichen vor **Haarwild** (bejahend bei **einem Reh**, OLG Köln, r+s 2000, 495; verneinend bei **Dachs** auf der Fahrbahn, OLG Bremen, r+s 2003, 276; verneinend bei Ausweichen vor einem **Fuchs**, OLG Koblenz, r+s 2004, 11; bejahend bei nächtlichem Ausweichen vor einem **Fuchs**, OLG Koblenz, VersR 2012, 54; bejahend bei **einem Reh**, OLG Köln, r+s 2006, 147, AG Lörrach, Schaden-Praxis 2014, 134; bejahend bei **zwei Rehen**, AG Bad Segeberg, 30.10.2014 – 17 C 65/14, r+s 2015, 10; verneinend bei einem **Fuchs**, LG Marburg, r+s 2006, 188; quotaler Ersatz von Rettungskosten [50 %] bei Ausweichen vor einem **Tier**, dessen **Größe nicht festgestellt** werden kann, wegen grober Fahrlässigkeit des ausweichenden VN, OLG Saarbrücken, VersR 2012, 55);
- Fahrzeugschaden durch **Ausweichen bei herabfallenden Gesteinsbrocken** kann Rettungskosten darstellen (BGH, r+s 2006, 323);
- Mehrkosten durch **qualitative Änderung der versicherten Sache** bzw. des Ersatzgutes sind keine Rettungskosten (OLG Köln, r+s 2005, 62);
- **Bremsschaden** als Rettungskosten (OLG Hamm, r+s 2004, 319);
- **Kosten der Bodensanierung** als Rettungskosten in der Feuerversicherung (LG Berlin, r+s 2004, 113);
- Von der zuständigen Behörde dem VN nach Beseitigung einer Gewässerbeeinträchtigung in Rechnung gestellte Kosten der Ersatzvornahme sind nicht vom Versicherungsschutz in der **Gewässerschadenhaftpflichtversicherung** umfasst und stellen keine Rettungskosten dar (OLG Oldenburg, r+s 2000, 407; zum Ersatz vorgezogener Rettungskosten in der Gewässerschadenhaftpflichtversicherung s.a. LG Berlin, r+s 2003, 234);
- Im Rahmen einer **Wohngebäudeversicherung** nach VGB 62 trägt der VR – nicht der VN – das Risiko, dass die Schadenbeseitigungskosten in der Zeit zwischen dem Eintritt und der Abwicklung des Schadens aufgrund geänderter Schutzvorschriften steigen (LG Aachen, r+s 2000, 208).

II. Vorschusspflicht (§ 83 Abs. 1 S. 2 VVG)

Auf Verlangen des VN hat der VR den für die Aufwendungen erforderlichen Betrag vorzuschießen. Die Höhe des Vorschusses muss ggf. **geschätzt** werden. 12

Der VN kann auch **mehrmals** einen Vorschuss verlangen. 13

III. Kürzung des Aufwendungsersatzanspruchs (§ 83 Abs. 2 VVG)

Besteht eine Leistungskürzungsberechtigung des VR, kann der Aufwendungsersatzanspruch nach § 83 Abs. 1 VVG entsprechend gekürzt werden. Diese Kürzungsbefugnis betrifft sämtliche möglichen Fälle einer gegebenen Leistungskürzungsberechtigung des VR. Bedeutsam ist insoweit die Leistungskürzungsberechtigung des VR im Fall einer Unterversicherung (§ 75 VVG). 14

> **Hinweis**
> Von besonderer Bedeutung ist jedoch die Leistungskürzungsberechtigung des VR nach § 82 Abs. 3 VVG. Besteht also der Anspruch des VN auf die Versicherungsleistung lediglich in gekürztem Umfang, ermäßigt sich auch ein entsprechender Anspruch auf Erstattung von Aufwendungen.

Besteht eine Leistungskürzungsberechtigung des VR aufgrund mehrerer Vorschriften (z.B. Unterversicherung sowie Quotelung aufgrund grob fahrlässiger Herbeiführung des Versicherungsfalls), kommt auch eine **mehrfache Quotelung** in Betracht (Begr. BT-Drucks 16/3945, S. 81). 15

IV. Umfang der Aufwendungen (§ 83 Abs. 3 VVG)

Macht der VN auf ausdrückliche Weisung des VR Aufwendungen, sind diese auch insoweit zu erstatten, als sie zusammen mit der sonstigen Entschädigung die VersSumme übersteigen (§ 83 Abs. 3 VVG). Dies ist eine Änderung ggü. dem VVG a.F. Aufwendungen, die auf Weisung des VR erfolgen, können nicht nach § 83 Abs. 2 VVG entsprechend gekürzt werden. Die Systematik des Gesetzes spricht dagegen. § 83 Abs. 2 VVG nimmt ausdrücklich nur Bezug auf § 83 Abs. 1 VVG. Demgemäß besteht kein Kürzungsrecht in Bezug auf Aufwendungen, die nach Weisung des VR getätigt werden. 16

> **Praxistipp**
> Werden gewisse Schäden vom Versicherungsschutz ausgeschlossen, erstreckt sich der Ausschluss auch auf Aufwendungen zur Abwendung entsprechender Schadensfolgen. Werden gleichwohl durch einen Regulierungsbeauftragten des VR derartige Aufwendungen veranlasst, liegt hierin zwar keine Deckungszusage, aber eine dem VR zuzurechnende Nebenpflichtverletzung. Schadensersatz ist allerdings nur zu leisten, wenn die Aufwendungskosten tatsächlich nicht zur Schadensbegrenzung erforderlich waren (OLG Koblenz, r+s 2001, 453).

V. Tierversicherung (§ 83 Abs. 4 VVG)

In § 83 Abs. 4 VVG wird klargestellt, dass bei der Tierversicherung die Kosten der Fütterung und der Pflege sowie die Kosten der tierärztlichen Untersuchung und Behandlung nicht zu den vom VR zu erstattenden Aufwendungen zählen. § 123 Abs. 1 VVG a.F. wurde 17 hier inhaltlich vollumfänglich übernommen. Die in § 123 Abs. 2 VVG a.F. vorgesehene Aufteilung der Kosten der ersten tierärztlichen Untersuchung bleibt der Vereinbarung der Vertragspartner überlassen.

C. Rechtsfolgen

18 Der VN hat einen Anspruch auf Erstattung der Aufwendungen, die der VN den Umständen nach für geboten halten durfte. Gleichermaßen besteht insoweit eine Vorschusspflicht des VR, soweit der VN einen Vorschuss verlangt. Diese Ansprüche bestehen unabhängig von dem Erfolg der Aufwendungen. Die Höhe des Aufwendungsersatzanspruches kann sich entsprechend einer Leistungskürzungsberechtigung des VR vermindern. Dies gilt jedoch nicht für Aufwendungen, die auf Weisung des VR gemacht worden sind. Hier besteht ein umfassender Aufwendungsersatzanspruch und zwar auch dann, wenn der Aufwendungsersatzanspruch zusammen mit den sonstigen Entschädigungen die VersSumme übersteigt.

D. Prozessuales

19 Der **VN** hat zu **beweisen**, dass er Aufwendungen zur Abwendung und Minderung des Schadens getätigt hat, die einen Aufwendungsersatzanspruch begründen können. Sind die Aufwendungen objektiv nicht geboten, muss der VN beweisen, dass er die Aufwendungen jedoch ohne grobe Fahrlässigkeit für geboten halten durfte. Grobe Fahrlässigkeit wird also entsprechend der Regelungen zu Obliegenheitsverletzungen insoweit vermutet. Der VN kann sich dann entlasten.

20 Macht der VN einen **Vorschussanspruch** geltend, muss er zusätzlich beweisen, dass der als Vorschuss begehrte Betrag erforderlich ist. Der Vorschuss gem. § 83 Abs. 1 S. 2 VVG ist separat einklagbar.

21 Der **Streitwert** bestimmt sich nach der Höhe des geforderten Vorschusses bzw. nach der Höhe des geltend gemachten Erstattungsbetrages.

E. Abdingbarkeit

22 Anders als § 63 VVG a.F. ist § 83 VVG **halb zwingend** (§ 87 VVG).

---

§ 84 VVG Sachverständigenverfahren

(1) Sollen nach dem Vertrag einzelne Voraussetzungen des Anspruchs aus der Versicherung oder die Höhe des Schadens durch Sachverständige festgestellt werden, ist die getroffene Feststellung nicht verbindlich, wenn sie offenbar von der wirklichen Sachlage erheblich abweicht. Die Feststellung erfolgt in diesem Fall durch gerichtliche Entscheidung. Dies gilt auch, wenn die Sachverständigen die Feststellung nicht treffen können oder wollen oder sie verzögern.

(2) Sind nach dem Vertrag die Sachverständigen durch das Gericht zu ernennen, ist für die Ernennung das Amtsgericht zuständig, in dessen Bezirk der Schaden entstanden ist. Durch eine ausdrückliche Vereinbarung der Beteiligten kann die Zuständigkeit eines anderen Amtsgerichts begründet werden. Die Verfügung, durch die dem Antrag auf Ernennung der Sachverständigen stattgegeben wird, ist nicht anfechtbar.

Übersicht

	Rdn
A. Normzweck	1
B. Norminhalt	4
I. Vertraglich vereinbartes Sachverständigenverfahren	4
1. Sinn und Zweck des Sachverständigenverfahrens	7
2. Zustandekommen eines Sachverständigenverfahrens	8
3. Umfang der Sachverständigentätigkeit	9
4. Benennung der Sachverständigen	10
5. Benennung durch das Gericht	12
6. Bestimmung des Obmanns	13
7. Entscheidung über die Schadenshöhe	14
II. Verbindlichkeit des Sachverständigenverfahrens (§ 84 Abs. 1 VVG)	15
1. Offenbare Unrichtigkeit	17
2. Erhebliches Abweichen	20
III. Befangenheit des Sachverständigen	23
1. Ablehnungsgründe	25
2. Beispiele für Befangenheit eines Sachverständigen	28
3. Zeitpunkt der Geltendmachung der Befangenheit	30
IV. Weitere Mängel	31
1. Unvermögen und Verzögerung der Feststellung (§ 84 Abs. 1 S. 3 VVG)	31
2. Gutachten außerhalb der Zuständigkeit	33
3. Gutachten beruht auf falschen Tatsachen	34
4. Mängel im Sachverständigenverfahren	35
V. Vertragliche Vereinbarung über die Benennung des Sachverständigen durch das Gericht	36
C. Rechtsfolgen	37
D. Prozessuales	39
I. Beweislast	39
II. Leistungs- oder Feststellungsklage	41
III. Mitwirkungspflicht des Versicherungsnehmers	44
E. Abdingbarkeit	45
F. Übersicht: Ablauf des Sachverständigenverfahrens	46

A. Normzweck

In Sachversicherungsverträgen finden sich i.d.R. Vereinbarungen über ein Sachverständigenverfahren (z.B. § 10 AFB 2010). Diese Vereinbarungen enthalten auch Regelungen zur **Verbindlichkeit der durch die Sachverständigen getroffenen Feststellungen.** Nach § 84 VVG sind derartige Feststellungen nicht verbindlich, wenn sie offenbar von der wirklichen Sachlage erheblich abweichen. Dann erfolgt eine Feststellung durch gerichtliche Entscheidung. Gleiches gilt für den Fall, dass die Sachverständigen die Feststellung nicht treffen können oder wollen oder sie verzögern (**§ 84 Abs. 1 VVG**). 1

§ 84 Abs. 2 VVG nimmt Bezug auf vertraglich vereinbarte Sachverständigenverfahren, bei denen die Sachverständigen durch das Gericht zu ernennen sind. Dies ist i.d.R. bei den **Sachverständigenverfahrensklauseln** (s. § 10 AFB 2010) so vereinbart, wenn eine Partei 2 auf Aufforderung der anderen einen Sachverständigen nicht binnen einer besonderen Frist benennt.

3 § 84 VVG ist auch auf die **Unfallversicherung** als Summenversicherung anwendbar (§ 189 VVG).

B. Norminhalt

I. Vertraglich vereinbartes Sachverständigenverfahren

4 Vertraglich vereinbarte Sachverständigenverfahren finden sich bspw. in folgenden **Bedingungswerken**:
- § 10 AFB 2010,
- § 10 AERB 2010,
- § 10 AStB 2010,
- § 10 AWB 2010,
- § 13 VGB 2010,
- § 15 VHB 2010,
- § 9 ABE 2010,
- § 16 ABL 2010,
- § 9 AMB 2011,
- § 9 ABMG 2011,
- § 9 ABN 2011,
- § 9 ABU 2011,
- § 10 AMoB 2011,
- § 7 AMBUB 2011.

5 Nicht anwendbar ist § 84 VVG auf **Schadenfeststellungsverträge** oder **Entschädigungsfeststellungsverträge**, mit denen sich die Parteien entweder über den Umfang des Schadens oder die Höhe der Entschädigung einigen.

6 Das in den Allgemeinen Versicherungsbedingungen der **Hagelversicherung** vorgesehene einfache Verfahren zur Schadenfeststellung in der landwirtschaftlichen Ernteversicherung stellt kein Sachverständigenverfahren im Sinne des § 84 VVG dar (OLG Köln, r+s 2012, 353).

1. Sinn und Zweck des Sachverständigenverfahrens

7 Soweit den Parteien die erforderliche Sachkunde zur Feststellung der Höhe des Schadens fehlt, soll die Durchführung eines Sachverständigenverfahrens dazu dienen, mithilfe der besonderen Kenntnisse und Fähigkeiten eines Fachmannes möglichst unkompliziert und rasch die Höhe des Schadens einvernehmlich festzustellen. Es bedarf also eines Sachverständigenverfahrens nur in Fällen, in denen diese **besondere Sachkunde erforderlich** ist.

2. Zustandekommen eines Sachverständigenverfahrens

Die Vertragsparteien können sich gemeinsam auf die Durchführung eines Sachverständigenverfahrens verständigen und ein solches vereinbaren. I.Ü. steht es dem VN frei, nach Eintritt des Versicherungsfalles zu verlangen, dass die Höhe des Schadens in einem Sachverständigenverfahren festgestellt wird (vgl. § 10 Nr. 1 AFB 2008). Es kommt auf die einzelnen Bedingungswerke an, ob ggf. auch der VR die Einleitung des Sachverständigenverfahrens verlangen kann. 8

3. Umfang der Sachverständigentätigkeit

Der genaue Umfang der Tätigkeit des Sachverständigen ergibt sich **aus den AVB**. 9

4. Benennung der Sachverständigen

Haben sich die Parteien auf ein Sachverständigenverfahren geeinigt oder der VN die Feststellung der Höhe des Schadens in einem Sachverständigenverfahren verlangt, hat jede Partei **in Textform** einen Sachverständigen zu benennen. Dabei steht auch jeder Partei das Recht zu, die jeweils andere Partei wiederum in Textform aufzufordern, den zweiten Sachverständigen zu benennen. 10

Die Benennung eines Sachverständigen ggü. der anderen Partei ist **verbindlich** und kann nicht einseitig geändert werden. Hierzu bedürfte es der Zustimmung der anderen Partei (OLG Hamm, r+s 1994, 184). Nach den Grundsätzen von Treu und Glauben kann jedoch im Einzelfall abzuleiten sein, dass sich die andere Partei auf einen anderen Sachverständigen einzulassen hat, bspw. wenn der ausgewählte Sachverständige auf Dauer erkrankt oder aus anderen gewichtigen Gründen an der Erstellung des Gutachtens für längere Zeit gehindert sein wird. 11

5. Benennung durch das Gericht

Wird auf Verlangen einer Partei der zweite Sachverständige nicht innerhalb einer bestimmten Frist nach Aufforderung benannt, kann die auffordernde Partei einen Sachverständigen durch das zuständige AG ernennen lassen. So sehen es die üblichen Sachverständigenverfahren vor. Näheres hierzu regelt § 84 Abs. 2 VVG. 12

6. Bestimmung des Obmanns

Stehen die beiden Sachverständigen fest, ernennen diese (z.B. gem. § 10 Nr. 3 lit. c AFB 2010) vor Beginn ihrer Feststellungen einen dritten Sachverständigen als Obmann. Dieser **entscheidet über strittige Punkte,** wenn die Gutachten der Sachverständigen voneinander abweichen. 13

7. Entscheidung über die Schadenshöhe

14 Der **VR** leitet dem Obmann die beiden Gutachten zu, damit der **Obmann** dann verbindlich entscheidet. Ist der Obmann nicht ordnungsgemäß gewählt, dann muss das **Prozessgericht** die Höhe der Entschädigung festsetzen (BGH, VersR 1989, 910).

II. Verbindlichkeit des Sachverständigenverfahrens (§ 84 Abs. 1 VVG)

15 Die getroffene Feststellung ist gem. § 84 Abs. 1 S. 1 VVG **nicht verbindlich**, wenn sie offenbar von der wirklichen Sachlage erheblich abweicht. Mit dieser Einschränkung soll erreicht werden, dass die getroffenen Feststellungen nur im Ausnahmefall unverbindlich sind. Dies entspricht dem Sinn und Zweck des Sachverständigenverfahrens, einen langwierigen und kostspieligen Streit zu vermeiden. Nur bei offensichtlichen Fehlentscheidungen soll etwas Anderes gelten. Ein VN kann sich nicht auf eine fehlende Bindungswirkung berufen, wenn eine ordnungsgemäße Begutachtung zu seinem Nachteil ausgegangen wäre (OLG Celle, VersR 2014, 830).

16 Die Einschränkung des § 84 Abs. 1 VVG gilt sowohl für die Feststellungen der **Sachverständigen** als auch für die Feststellungen des **Obmanns**.

1. Offenbare Unrichtigkeit

17 Bei der Beurteilung ist auf das **Gesamtergebnis** abzustellen (BGH, VersR 1987, 601; OLG Düsseldorf, r+s 2010, 108). Ist das Gutachten nur in Teilbereichen falsch, schließt dies nicht aus, dass das Gutachten i.Ü. verbindlich ist (BGH, VersR 1989, 395 [unter II]). Ob eine offenbare und erhebliche Unrichtigkeit vorliegt, richtet sich nach den bei **Abgabe des Gutachtens** vorliegenden Erkenntnissen. Entscheidend ist, dass sich die Abweichung für einen fachkundigen und unbefangenen Beurteiler bei einer gewissenhaften Prüfung offen und klar darstellt (OLG Koblenz, VersR 1997, 963; LG Düsseldorf, r+s 2002, 58). Sehen sich die Sachverständigen gleichwohl veranlasst, spätere Korrekturen vorzunehmen, sind diese unerheblich (OLG Köln, VersR 1992, 693).

18 Weitere Rechtsprechung zur Frage, wann von offenbarer Unrichtigkeit auszugehen ist:
– Dem Gutachten ist ein falscher Bewertungsmaßstab zugrunde gelegt (eingelagerte Bauteile als Vorräte, OLG Köln, r+s 2005, 251; OLG Oldenburg, VersR 1994, 1464, unrichtige Bewertungsmaßstäbe wegen falscher Auslegung der AVB);
– Dem Gutachten werden Verkaufs- anstelle von Einkaufspreisen zugrunde gelegt (OLG Hamm, VersR 1982, 357);
– Vorhandene Erkenntnisquellen wie Geschäftsbücher und Buchungsunterlagen werden nicht verwertet oder nur unzureichend ausgewertet (BGH, VersR 1978, 121; OLG Hamm, VersR 1978, 811).

19 Der Sachverständige hat aber die Möglichkeit, sein eigenes Gutachten nach den allg. Regeln (§ 119 BGB) anzufechten.

2. Erhebliches Abweichen

Die Frage, wann eine Abweichung als **erheblich** anzusehen ist, ist eine (nur beschränkt revisible) Tatfrage die anhand der **konkreten Umstände** des Einzelfalls zu entscheiden ist (BGH, VersR 1987, 601). Entscheidend ist wiederum das **Gesamtergebnis**. Wie auch in anderen Vorschriften bereitet hier der unbestimmte Rechtsbegriff „*erheblich*" Schwierigkeiten. Teilweise wurden Abweichungen von **20 – 25 %** gefordert (OLG Schleswig, VersR 54, 506; OLG München, VersR 59, 1017; OLG Braunschweig, VersR 1976, 329). Der BGH hat ausgeführt, dass es jedenfalls nicht zu beanstanden ist, wenn eine Abweichung von **weniger als 15 %** als nicht ausreichend angesehen wird (BGH, VersR 1987, 601).

Wie auch bei der Über- und Unterversicherung kann hier eine Abweichung von **bis zu 10 %** unerheblich angenommen werden. Bei größeren Summen ist im Einzelfall aber nicht auszuschließen, dass auch Abweichungen unter 10 % als erheblich anzusehen sein können.

Weitere Rechtsprechung zur Frage, wann die getroffenen Feststellungen offenbar von der wirklichen Sachlage erheblich abweichen:
- Abweichung weniger als 10 % (OLG Celle, VersR 2014, 830, Abweichung in relevanter Höhe in einzelnen Positionen genügt nicht, wenn es an einer solchen Abweichung insgesamt fehlt);
- Abweichung zumindest 10 % (LG Berlin, VersR 1979, 365);
- Abweichung i.H.v. 13,2 % (BGH, VersR 1986, 482);
- Abweichung mindestens 15 % (OLG Hamm, VersR 1988, 509, in Anlehnung an BGH, VersR 1987, 601; OLG Hamm, VersR 1994, 342);
- Abweichung mindestens 20 – 25 % (LG Köln, VersR 1980, 1066; OLG Schleswig, VersR 1981, 1001).

III. Befangenheit des Sachverständigen

Ein Gutachten kann auch dann unverbindlich sein, wenn der das Gutachten erstellende Sachverständige zu Recht wegen der Besorgnis der Befangenheit abgelehnt worden ist.

Für die Fälle der Befangenheit eines Sachverständigen gelten die allg. Grundsätze bei Schiedsgutachterverfahren (BT-Drucks 16/3945, Begründung zu § 84, S. 81), denn der Sachverständige ist nicht Schiedsrichter i.S.d. §§ 1025 ff. ZPO, sondern ein unabhängiger über den Parteien stehender **Schiedsgutachter** (BGH, VersR 1976, 821; s.a. *Gehrlein*, VersR 1994, 1009).

1. Ablehnungsgründe

Grundsätzlich kommen die gleichen Ablehnungsgründe in Betracht, **wie bei einem gerichtlich bestellten Sachverständigen** (vgl. §§ 406, 42 ZPO). Es ist aber zu berücksichtigen, dass bei einem Sachverständigenverfahren i.d.R. beide Parteien je einen Sachverständigen benennen können. Insoweit darf die Partei auch einen Sachverständigen benennen, der ihr nähersteht als der anderen Partei und von dem sie erwartet, dass er ihre Interessen i.R.d.

Vertretbaren besonders stark berücksichtigt. Ist aber der Rahmen des Vertretbaren überschritten, muss die Partei die Befugnis haben, den Sachverständigen als ungeeignet und befangen abzulehnen.

26 Allein der Umstand, dass der vom VR benannte Sachverständige für diesen schon in anderen Fällen Gutachten erstattet hat oder in Regulierungsverfahren desselben Versicherungsfalls schon tätig geworden ist, rechtfertigt keine Befangenheit (OLG Köln, VersR 1992, 849). Erst bei **völliger Abhängigkeit und Weisungsgebundenheit** des Sachverständigen oder einer **wirtschaftlichen Abhängigkeit** von einer Partei ist es gerechtfertigt, Befangenheit anzunehmen. Es muss also ein Abhängigkeits- und Unterordnungsverhältnis gegeben sein. Problematisch ist in der Praxis, wie die jeweils andere Partei überhaupt Kenntnis hiervon erhalten soll. Es steht jedoch jeder Partei frei, eine Auskunft der gegnerischen Partei darüber zu verlangen, ob und in welchem Umfang der von der gegnerischen Partei benannte Sachverständige bereits für diese tätig war oder auch in anderen Fällen noch ist. Liegen dann die Informationen vor, kann ggf. der Ablehnungsgrund geltend gemacht werden. Werden die Auskünfte verweigert, ist schon in diesem Umstand ein möglicher Ablehnungsgrund zu sehen.

27 Wenn der Sachverständige der Partei in der Weise verbunden ist, dass er bei einem der Partei besonders günstigen Ergebnis des Sachverständigenverfahrens eine **Extravergütung** erhält und der Vertrag zwischen der Partei und dem Sachverständigen aus diesem Grund gem. § 138 BGB nichtig ist, mag zwar ein Abhängigkeits- und Unterordnungsverhältnis zu verneinen sein (OLG Naumburg, r+s 2004, 65), doch ein Ablehnungsgrund ist anzunehmen.

Mehrere Tatsachen, die für sich betrachtet die Besorgnis der Befangenheit des Sachverständigen (noch) nicht rechtfertigen, können bei der **Gesamtschau** Anlass geben, an seiner Unvoreingenommenheit zu zweifeln (OLG München, VersR 2006, 1709).

2. Beispiele für Befangenheit eines Sachverständigen

Beispiele

	Befangenheit bejaht	Befangenheit verneint
Geschäftsbeziehung eines medizinischen Sachverständigen zu einer Partei	OLG Frankfurt am Main, 5.4.2005 – 8 U 229/04 [n.v.]	
Besondere **berufliche Nähe** des Sachverständigen **zu einer Partei**, die ihren Ausdruck in dem beruflichen Werdegang des Sachverständigen in der Einrichtung der Partei gefunden hat	OLG Jena, MDR 2010, 170	
Berufliche Beziehungen des Sachverständigen und der Gegenpartei zu einem Dritten		OLG Stuttgart, VersR 2010, 499
Eigenmächtige Ermittlungen des Sachverständigen **ohne Hinzuziehung der Parteien**	LG Wuppertal, VersR 2007, 1675	
Für das Sachverständigenverfahren bestehen Bedenken im Hinblick auf eine mögliche Befangenheit des Sachverständigen allenfalls dann, wenn dieser zu einer der Parteien in einem völligen **Abhängigkeits- und Unterordnungsverhältnis** steht. Ein solches Abhängigkeits- und Unterordnungsverhältnis wird man nicht schon dann annehmen können, wenn der Sachverständige der Partei in der Weise verbunden ist, dass er bei einem der Partei besonders günstigen Ergebnis des Sachverständigenverfahrens eine Extravergütung erhält.		OLG Naumburg, r+s 2004, 65

	Befangenheit bejaht	Befangenheit verneint
Ein Befangenheitsantrag gegen einen Sachverständigen ist in aller Regel dann begründet, wenn er **bereits als Privatgutachter** für eine Partei in derselben Streitsache **tätig** war. Das gilt aber dann nicht, wenn die „Gegner" nicht identisch sind.	OLG Hamm, r+s 2000, 117	
Die Ablehnung wegen Besorgnis der Befangenheit ist gerechtfertigt, wenn der vom Gericht beauftragte Sachverständige **bereits vorprozessual im Auftrag einer Partei in derselben Sache ein Gutachten** erstattet hat.	OLG Köln, r+s 2000, 130	
Das – selbst häufigere – Tätigwerden eines Sachverständigen für den HaftpflichtVR eines beklagten Arztes reicht für sich allein jedenfalls dann nicht aus, die Besorgnis der Voreingenommenheit des Sachverständigen hervorzurufen, wenn der Sachverständige Chefarzt einer Klinik und damit vom HaftpflichtVR **wirtschaftlich unabhängig** ist.		OLG Köln, VersR 1992, 849
Sachverständiger hat in gleich gelagerten Fällen für einen anderen VR bereits Privatgutachten erstattet.		OLG Hamm, VersR 1991, 1428
Ein Mitarbeiter des VR ist kein Sachverständiger im Sachverständigenverfahren und kann von diesem nicht wirksam benannt werden, da ein durch Sachkunde ausgewiesener Dritter, jenseits der Ansichten der Parteien, den Schaden bewerten soll.	BGH, VersR 2015, 182	

Praxistipps 29
Hält eine Partei einen von ihr selbst beauftragten Sachverständigen für befangen, kann sie diesen nicht ablehnen, wenn sie noch die Möglichkeit hat, ihn abzulösen (BGH, VersR 1987, 601).
Geht es um die Befangenheit eines Obmanns, sind die Anforderungen an einen möglichen Ablehnungsgrund geringer, da der Obmann zu vollständiger Objektivität verpflichtet ist.

3. Zeitpunkt der Geltendmachung der Befangenheit

Ziel des Sachverständigenverfahrens ist eine schnelle Klärung der Schadensursache und der Schadenshöhe. Um dieses Ziel nicht unnötig zu gefährden, muss die Partei, die eine Befangenheit geltend macht, den Ablehnungsgrund **so früh wie möglich nach erlangter Kenntnis** erklären. Hier kann die Zweiwochenfrist des § 1037 Abs. 2 S. ZPO entsprechend herangezogen werden. Entsprechend § 406 Abs. 2 ZPO verliert die Partei ihr Anfechtungsrecht, wenn sie von ihm zu spät Gebrauch macht (BGH, VersR 1987, 601). 30

IV. Weitere Mängel

1. Unvermögen und Verzögerung der Feststellung (§ 84 Abs. 1 S. 3 VVG)

Können oder wollen die Sachverständigen die Feststellungen nicht treffen oder verzögern sie diese, kann eine Feststellung auch durch gerichtliche Entscheidung erfolgen (§ 84 Abs. 1 S. 3 VVG). Hierunter fallen **nicht** der **Tod** oder eine **schwere Erkrankung** des Sachverständigen, da in diesem Fall das Verfahren mit einem anderen Sachverständigen fortzusetzen ist. Eine **Arbeitsüberlastung** des Sachverständigen reicht **nicht** aus. 31

Den Parteien steht es in einem solchen Fall frei, sich auf einen anderen Sachverständigen zu verständigen. Eine **nicht mehr hinzunehmende** und die Klagemöglichkeit auslösende **Verzögerung** ist anzunehmen, wenn der für die Feststellung normalerweise erforderliche Zeitraum deutlich überschritten wird. Die äußerste Vertretbarkeitsgrenze dafür, die Angelegenheit unbearbeitet liegen zu lassen, ist generell mit **max. einem halben Jahr** zu veranschlagen (**a.A.** OLG Frankfurt am Main, VersR 2003, 1566 [ein Jahr]). Diese Frist kann bei einfach gelagerten Angelegenheiten kürzer, bei komplexen und schwierigen Sachverhalten länger zu bemessen sein. 32

2. Gutachten außerhalb der Zuständigkeit

Unverbindlich ist ein Gutachten auch dann, wenn der Sachverständige außerhalb seines Zuständigkeitsbereiches tätig geworden ist. Dies kann der Fall sein, wenn der Sachverständige nur die Ursache des Schadens klären soll und sich gleichwohl auch zur Höhe der Entschädigung äußert. In diesem Fall sind die Aussagen, die außerhalb des Zuständigkeitsbereiches liegen, unverbindlich (BGH, VersR 1994, 91 [unter 1]). 33

3. Gutachten beruht auf falschen Tatsachen

34   Beruht ein Gutachten auf falschen Angaben des VN und konnte der Sachverständige die Unrichtigkeit der Angaben unschwer erkennen, sind die Feststellungen des Sachverständigen unverbindlich (OLG Hamm, VersR 1978, 811).

4. Mängel im Sachverständigenverfahren

35   Mängel im Sachverständigenverfahren selbst führen zur Unverbindlichkeit des gesamten Gutachtens, soweit die Mängel von einigem Gewicht sind (BGH, VersR 1989, 910 [unter 3]). Zu beachten sind hier insbesondere die in den AVB geregelten Verfahrensregeln.

Beispiele
- Mängel bei der Wahl des Obmanns
- Missachtung der Verfahrensregeln über die Ernennung der Sachverständigen
- Fehlerhafte Protokollierung des Wahlergebnisses
- Nicht nachvollziehbare Begründung des Gutachtens.

V. Vertragliche Vereinbarung über die Benennung des Sachverständigen durch das Gericht

36   Haben die Parteien vertraglich vereinbart, dass für die Ernennung des Sachverständigen ein Gericht zuständig sein soll, ist dies das AG, in dessen Bezirk der Schaden entstanden ist. Durch eine ausdrückliche Vereinbarung kann auch die Zuständigkeit eines anderen AG begründet werden. Entsprechend § 164 FGG ist die Verfügung, durch die dem Antrag auf Änderung der Sachverständigen stattgegeben wird, nicht anfechtbar.

C. Rechtsfolgen

37   Ist eine offenbare erhebliche Abweichung von der wirklichen Sachlage gegeben, sind die getroffenen **Feststellungen** des/der Sachverständigen **nicht verbindlich**.

38   Die Feststellung erfolgt dann durch eine **gerichtliche Entscheidung** (§ 84 Abs. 1 S. 2 VVG). Diese ist auch vor Beginn des Sachverständigenverfahrens möglich, wenn die Sachverständigen die Feststellung nicht treffen können oder wollen oder sie verzögern (s. Rdn 31).

D. Prozessuales

I. Beweislast

39   Für die offenbare erhebliche Abweichung der getroffenen Feststellungen von der wirklichen Sachlage ist diejenige Vertragspartei beweisbelastet, die sich darauf beruft (BGH, VersR 1984, 1161 [unter II 1]).

40   Kann durch die Sachverständigen ein wesentlicher Punkt nicht aufgeklärt werden, weil eine Partei die dazu erforderlichen Nachweise nicht erbringt, geht dies zulasten dieser

Partei. Werden später die Beweismittel i.R.d. Prozesses beigebracht, bleibt das Gutachten nicht angreifbar (BGH, VersR 1976, 821 [unter III 2]).

II. Leistungs- oder Feststellungsklage

Nach § 14 Abs. 1 VVG sind Geldleistungen des VR mit der Beendigung der zur Feststellung des Versicherungsfalles und des Umfanges der Leistung des VR notwendigen Erhebungen fällig. Zu diesen notwendigen Erhebungen zählt auch die Entscheidung im Sachverständigenverfahren, so dass erst nach Vorlage des Gutachtens der Anspruch fällig wird (BGH, VersR 1971, 433 [unter IV]). Eine Vorschusspflicht nach § 14 Abs. 2 VVG bleibt unberührt. Ist die Forderung aber noch nicht fällig, scheidet eine Leistungsklage aus. Etwas Anderes kann nur gelten, wenn die Fälligkeit auf andere Art und Weise herbeigeführt wird, z.b., weil der VR auch ohne Durchführung eines Sachverständigenverfahrens die Versicherungsleistung endgültig abgelehnt hat.

41

Fallbeispiele
- Haben die Parteien auf die Durchführung des Sachverständigenverfahrens verzichtet, können Leistungs- und Feststellungsklage erhoben werden (zur generellen Zulässigkeit einer Feststellungsklage s. BGH, VersR 2005, 629).
- Solange für den VN die Möglichkeit eines Sachverständigenverfahrens in Betracht kommt, bestehen gegen die Zulässigkeit einer Feststellungsklage, mit der die Regulierungsverpflichtung des VR dem Grunde nach geklärt werden soll, keine Bedenken (OLG Köln, r+s 2003, 507).
- Auch bei einem laufenden Sachverständigenverfahren kann der Geschädigte nach einem Schadensereignis gerichtlich die Feststellung begehren, dass die Kaskoversicherung dem Grunde nach eintrittspflichtig ist (OLG Frankfurt, Schaden-Praxis 2015, 94).
- Solange der VN sein Recht, zur Schadenhöhe das bedingungsgemäße Sachverständigenverfahren zu verlangen, nicht verloren hat, ist das Feststellungsinteresse für eine Klage auf Feststellung der Verpflichtung des VR zur Gewährung von Versicherungsschutz gegeben (LG Berlin, r+s 2005, 95).
- Auch wenn der VR die Entschädigung ablehnt, kann sich der VN noch auf die Feststellungsklage beschränken, um sich die Möglichkeit des Sachverständigenverfahrens offen zu halten (OLG Köln, r+s 2000, 382).
- Erhebt ein VR die **Einrede der Schiedsgutachterklausel** nach § 14 AKB, ist eine Feststellungsklage unzulässig (AG Köln, r+s 2000, 88).
- Mit der vorbehaltlosen Leistungsablehnung verliert der VR den Einwand, zuerst müsse das Sachverständigenverfahren durchgeführt werden. Dem VR ist es verwehrt, dem VN entgegenzuhalten, dass vereinbarte Sachverständigenverfahren sei noch nicht durchgeführt worden und die Versicherungsleistungen demnach noch nicht fällig (BGH, VersR 1984, 1161 [unter I 2]). Eine Leistungsklage ist dann möglich.
- Der Anspruch auf Einleitung eines Sachverständigenverfahrens kann mit der Feststellungsklage geltend gemacht werden (BGH, VersR 1971, 433).

42

Praxistipp
Es besteht die Möglichkeit, die Leistungspflicht des VR zunächst im Rahmen einer Feststellungsklage zu klären, um dann anschließend ein Sachverständigenverfahren zur Höhe durchzuführen.

43

III. Mitwirkungspflicht des Versicherungsnehmers

44 Zu beachten ist, dass der VN seinen Versicherungsschutz verlieren kann, wenn er bspw. durch einen Brand beschädigte Gegenstände entgegen der Regelungen in den AVB entsorgt, bevor der VR sie genau begutachten lassen konnte (vgl. LG Coburg, 18.10.2007 – 12 O 951/05 [n.v.] sowie OLG Karlsruhe, VersR 1998, 975). Zu beachten ist hierbei jedoch, dass Veränderungen am Schadensbild, die unumgänglich sind, vorgenommen werden dürfen. Insoweit ist das Schadensbild jedoch nachvollziehbar zu dokumentieren (z.B. durch Fotos oder Videos).

E. Abdingbarkeit

45 § 84 Abs. 1 S. 1 VVG ist halb zwingend (§ 87 VVG).

F. Übersicht: Ablauf des Sachverständigenverfahrens

46 Ablauf des Sachverständigenverfahrens am Beispiel von § 10 AFB 2008:
- Einleitung
  auf Verlangen des VN oder gemeinsame Vereinbarung
  Achtung: Andere AVB sehen teilweise vor, dass auch VR die Einleitung des Sachverständigenverfahrens verlangen kann
- Umfang
  Grds. nur über Höhe des Schadens
  Parteien können Umfang auf weitere Feststellungen zum Versicherungsfall ausdehnen
- Verfahren vor Feststellung
  Jede Partei benennt einen Sachverständigen in Textform.
  Benennt die andere Partei trotz Aufforderung binnen zwei Wochen keinen Sachverständigen, kann eine Benennung durch das AG verlangt werden.
  VR darf keinen Sachverständigen benennen, der Mitbewerber des VN ist oder in dauernder Geschäftsverbindung mit dem VR steht; ferner keine Person, die bei Mitbewerbern oder Geschäftspartnern angestellt ist oder mit ihnen in einem ähnlichen Verhältnis steht.
- Obmann
  Die benannten Sachverständigen benennen in Textform vor Beginn ihrer Feststellungen einen dritten Sachverständigen als Obmann. Einigen sich die Sachverständigen auch nach Aufforderung binnen zwei Wochen nicht, wird der Obmann auf Antrag einer Partei durch das für den Schadensort zuständige AG ernannt.
- Notwendiger Inhalt der Feststellungen
  Verzeichnis der abhanden gekommenen, zerstörten und beschädigten versicherten Sachen sowie deren nach dem VV infrage kommenden Versicherungswerte zum Zeitpunkt des Versicherungsfalls;
  Wiederherstellungs- und Wiederbeschaffungskosten;
  Restwerte, der vom Schaden betroffenen Sachen;
  Die nach dem VV versicherten Kosten.

- Verfahren nach Feststellung
Jeder Sachverständige übermittelt seine Feststellungen beiden Parteien gleichzeitig. Weichen die Feststellungen der Sachverständigen voneinander ab, übergibt der VR sie unverzüglich dem Obmann.
Obmann entscheidet über die streitig gebliebenen Punkte innerhalb der durch die Feststellungen der Sachverständigen gezogenen Grenzen und übermittelt seine Entscheidung beiden Parteien gleichzeitig.
- Verbindlichkeit der Feststellungen
Feststellungen der Sachverständigen/des Obmannes sind verbindlich, wenn nicht nachgewiesen wird, dass sie offenbar von der wirklichen Sachlage erheblich abweichen. Aufgrund der verbindlichen Feststellungen berechnet der VR die Entschädigung.
Im Fall unverbindlicher Feststellungen erfolgen die Feststellungen durch gerichtliche Entscheidung. Dies gilt auch, wenn die Sachverständigen die Feststellung nicht treffen können oder wollen oder sie verzögern.
- Kosten
Jede Partei trägt die Kosten ihres Sachverständigen. Abweichendes kann vereinbart werden.
Die Kosten des Obmannes tragen beide Parteien je zur Hälfte.

§ 85 VVG Schadensermittlungskosten

(1) Der Versicherer hat dem Versicherungsnehmer die Kosten, die durch die Ermittlung und Feststellung des von ihm zu ersetzenden Schadens entstehen, insoweit zu erstatten, als ihre Aufwendung den Umständen nach geboten war. Diese Kosten sind auch insoweit zu erstatten, als sie zusammen mit der sonstigen Entschädigung die Versicherungssumme übersteigen.

(2) Kosten, die dem Versicherungsnehmer durch die Zuziehung eines Sachverständigen oder eines Beistandes entstehen, hat der Versicherer nicht zu erstatten, es sei denn, der Versicherungsnehmer ist zu der Zuziehung vertraglich verpflichtet oder vom Versicherer aufgefordert worden.

(3) Ist der Versicherer berechtigt, seine Leistung zu kürzen, kann er auch den Kostenersatz entsprechend kürzen.

Übersicht

	Rdn
A. Normzweck	1
B. Norminhalt	6
I. Gebotene Ermittlungs- und Feststellungskosten (§ 85 Abs. 1 VVG)	6
II. Sachverständigen- und Beistandkosten (§ 85 Abs. 2 VVG)	9
III. Kürzung des Kostenersatzes (§ 85 Abs. 3 VVG)	11
C. Rechtsfolgen	12
I. Erstattung objektiv gebotener Ermittlungs- und Feststellungskosten	12
II. Hinzuziehung eines Sachverständigen oder Beistandes	13

D. Prozessuales ... 18
  I. Beweislast ... 18
  II. Erstattungsfähigkeit von Kosten für vorgerichtlich eingeholte Gutachten nach § 91 ZPO ... 20
  III. Anspruch des VN auf Einsicht in ein vom VR eingeholtes Gutachten ... 25
  IV. Andere Anspruchsgrundlagen ... 27
E. Abdingbarkeit ... 28

A. Normzweck

1 Die Aufwendungen des VN zur **Bewertung des Schadens** erhöhen den Vermögensnachteil, den der VN durch den Schadensfall erleidet. Sinn und Zweck der Regelung in § 85 Abs. 1 VVG ist, diesen **Vermögensnachteil auszugleichen**, soweit die getätigten Aufwendungen den Umständen nach geboten waren. Dies unabhängig davon, dass ggf. die Höhe der Versicherungsleistung zuzüglich der zu erstattenden Aufwendungen die VersSumme übersteigen kann. Der VN soll also auch im Hinblick auf gebotene Aufwendungen so gestellt werden wie zum Zeitpunkt vor Eintritt des Versicherungsfalles.

2 Grundsätzlich ist es **Aufgabe des VR**, den **Schaden zu prüfen und zu bewerten**. Da der VR eine Vielzahl von Schadensfällen zu regulieren hat und demgemäß die entsprechenden Erfahrungen und Vergleichsmöglichkeiten besitzt, wird er hierzu auch besser in der Lage sein als der VN. Der VR verfügt auch über Kontakte zu Sachverständigen, sodass der VN selbst keine Aufwendungen für sachverständige Hilfe aufwenden muss. Die Schadensermittlung durch den VR stellt i.d.R. eine ausreichende Verhandlungsgrundlage für die Schadensregulierung dar und macht meist eigene Aufwendungen des VN dafür überflüssig. Deshalb sind solche **Aufwendungen des VN im Allgemeinen nicht geboten** und nach § 85 Abs. 2 VVG vom VR auch nicht zu erstatten (s. Rdn 9). Die Kosten des VN für die Zuziehung eines Sachverständigen schließt aus diesem Grund § 85 Abs. 2 VVG grds. von der Erstattungspflicht aus (BGH, VersR 1982, 482 [unter IV.1.a. zu § 66 Abs. 1 VVG a.F.]).

3 Zieht der VN dennoch einen Sachverständigen oder einen Beistand hinzu, hängt es von den – aufgrund der Abdingbarkeit der Vorschrift möglicherweise abweichenden – vertraglichen Vereinbarungen ab, ob der VR verpflichtet ist, diese Kosten zu erstatten. Fordert der VR den VN ausdrücklich dazu auf, einen Sachverständigen oder Beistand hinzuzuziehen, muss er in jedem Fall die Kosten erstatten.

4 Der VR ist berechtigt, den Kostenersatz entsprechend zu kürzen, wenn ihm ein Leistungskürzungsrecht zusteht.

5 § 85 Abs. 1 und 3 VVG sind auch auf die Unfallversicherung als Summenversicherung anwendbar (§ 189 VVG).

B. Norminhalt

I. Gebotene Ermittlungs- und Feststellungskosten (§ 85 Abs. 1 VVG)

6 **Ermittlungskosten** sind Kosten, die der VN aufwendet, um die Schadensursache, den Schadenshergang und den Schadenumfang herauszufinden. Es geht darum den Schaden

als „technischen Sachverhalt" zu ermitteln. In der Regel bezieht sich dies auf technisch komplizierte Objekte wie z.b. Gebäude, Maschinen oder Warenvorräte.

Beispiel
Feststellung der Ursache eines Maschinenschadens: Reparaturkosten und Aufräum- und Abbruchkosten gehören zum Hauptschaden und sind nicht nach § 85 VVG erstattungsfähig.

Feststellungskosten betreffen Aufwendungen, die getätigt werden, um das Ausmaß und die Höhe des Schadens festzustellen. In der Regel handelt es sich um die Überprüfung von Geschäftsunterlagen, mithin kaufmännische, buchhalterische oder organisatorische Tätigkeiten. 7

Beispiel
Kosten für die Feststellung, welche weiteren Schäden durch die Explosion einer Maschine entstanden sind.

Die Aufwendung der Kosten muss den Umständen nach **geboten** gewesen sein. Anders als in § 83 Abs. 1 VVG kommt es nicht darauf an, ob der VN die Aufwendungen den Umständen nach für geboten halten durfte. Es ist also eine **objektive Sicht** (ex-ante Betrachtung) entscheidend. Die Aufwendungen müssen demnach zum Zeitpunkt ihrer Verursachung sachlich notwendig und der Höhe nach verhältnismäßig gewesen sein. 8

Praxistipp
Mit der Regelung in § 85 Abs. 1 S. 2 VVG ist die bislang nach altem Recht streitige Frage, ob der Erstattungsanspruch auf die Höhe der VersSumme begrenzt ist, entschieden. Dem VN steht ein Kostenersatz auch insoweit zu, als dieser Betrag zusammen mit der sonstigen Entschädigung die vertraglich festgesetzte VersSumme übersteigt.

II. Sachverständigen- und Beistandkosten (§ 85 Abs. 2 VVG)

Die Kosten des VN für die Hinzuziehung eines Sachverständigen oder Beistandes sind vom VR **grds. nicht zu erstatten**. Der VN kann grds. erwarten, dass der VR, der über entsprechende Erfahrungen und Sachkunde sowie Kontakten zu Sachverständigen verfügt, den Schaden auf seine eigenen Kosten ausreichend ermitteln und bewerten wird. Das Gesetz spricht von Kosten eines Sachverständigen oder eines Beistandes, ohne hier näherer Einschränkungen zu treffen. Ob es sich um technische Sachverständigengutachten oder lediglich um Kosten für Buchsachverständige handelt, ist ohne Belang. 9

Unter dem Begriff „**Beistand**" fällt der vom VN hinzugezogene Rechts- und Versicherungssachverständige sowie auch der anwaltliche Beistand. 10

III. Kürzung des Kostenersatzes (§ 85 Abs. 3 VVG)

Beim Bestehen einer Leistungskürzungsberechtigung des VR ist auch der Kostenerstattungsanspruch des VN entsprechend zu kürzen. Auf die Ausführungen zu § 83 VVG (§ 83 Rdn 14) wird verwiesen. 11

C. Rechtsfolgen

I. Erstattung objektiv gebotener Ermittlungs- und Feststellungskosten

12 Objektiv gebotene Ermittlungs- und Feststellungskosten sind vom VR zu erstatten und zwar unabhängig von der eigentlichen Schadenshöhe und der Möglichkeit, dass die Summe aus Schaden und Aufwendungen die VersSumme übersteigen könnte.

II. Hinzuziehung eines Sachverständigen oder Beistandes

13 Die Kosten des VN, die ihm durch die Zuziehung eines Sachverständigen oder eines Beistandes entstehen, hat der VR **grds.** nicht zu erstatten.

14 Etwas Anderes gilt nur dann, wenn dies ausdrücklich **vertraglich vereinbart** ist oder der VR den VN **aufgefordert** hat, einen Sachverständigen oder einen Beistand hinzuziehen (LG Bochum v. 19.11.2012 – 4 O 364/11, juris).

15 Ist vereinbart, dass der VR **einseitig** die Hinzuziehung eines Sachverständigen verlangen kann, ist der VN gezwungen, ein Gutachten einzuholen und der VR verpflichtet, die Kosten zu erstatten.

16 Stellt sich heraus, dass der VR **ausnahmsweise** nicht dazu in der Lage ist, den Schaden richtig zu ermitteln und zu bewerten und legt der VR seiner Regulierung eine unrichtige und unvollständige Schadensermittlung zugrunde, kann der VN selbst einen Sachverständigen beauftragen und hat Anspruch auf Kostenersatz (OLG Hamburg, VersR 1994, 461; LG Baden-Baden, VersR 1992, 440).

17 Hat eine Kfz-Haftpflicht- und Teilkaskoversicherung nach der Anmeldung eines Verkehrsunfallschadens und Ankündigung beabsichtigter Regulierung weder der eigenmächtigen Einholung eines Sachverständigengutachtens (Unfallgutachten zum Unschuldsnachweis) durch ihren VN zugestimmt noch die Beauftragung eines Sachverständigen selbst veranlasst, so steht dem VN kein Anspruch auf Erstattung der Sachverständigenkosten zu (AG Köln, r+s 2013, 281).

Hinweis
Einem VR kann ein auf ihn nach § 86 VVG übergegangener Schaden in Form von Sachverständigenhonoraren auch dann entstehen, wenn er den Sachverständigen selbst beauftragt hat (OLG Düsseldorf, 20.10.2005 – I 10 U 6/00 [n.v.], zu §§ 66, 67 VVG a.F.).

D. Prozessuales

I. Beweislast

18 Der **VN** hat zu beweisen, dass die Aufwendung der Ermittlungs- und/oder Feststellungskosten den Umständen nach geboten war. Auch muss der VN beweisen, dass er zu der Zuziehung eines Sachverständigen oder Beistandes vertraglich verpflichtet ist oder vom VR hierzu aufgefordert wurde.

19 Der **VR** hat eine Leistungskürzungsberechtigung i.S.v. § 85 Abs. 3 VVG zu beweisen.

II. Erstattungsfähigkeit von Kosten für vorgerichtlich eingeholte Gutachten nach § 91 ZPO

Die Erstattung von Kosten für vorgerichtlich eingeholte Gutachten kommt in Betracht, 20
wenn die Kosten zur zweckentsprechenden Rechtsverteidigung notwendig waren (§ 91 Abs. 1 S. 1 ZPO). Die Beurteilung dieser Frage hat sich daran auszurichten, ob eine **verständige und wirtschaftlich vernünftig denkende Partei** diese die Kosten auslösende Maßnahme **ex ante** als **sachdienlich** ansehen durfte. Dabei darf die Partei die zur vollen Wahrnehmung ihrer Belange erforderlichen Schritte ergreifen. Eine Erstattung der Kosten eines Privatgutachtens kommt dann in Betracht, wenn die Partei infolge fehlender Sachkenntnis nicht zu einem sachgerechten Vortrag in der Lage ist (BGH, VersR 2006, 1236; BGHZ 153, 235 = BGH, VersR 2003, 481).

Grundsätzlich sind die Kosten, die ein VR aufwendet, um vorgerichtlich die Klärung seiner 21
Leistungspflicht herbeizuführen, von ihm selbst zu tragen (OLG Rostock, VersR 2005, 855). Die Kosten vorgerichtlich veranlasster Ermittlungen können allerdings ausnahmsweise dann notwendige Kosten i.S.v. § 91 ZPO sein, wenn der VR Anlass hatte anzunehmen, dass der Versicherungsfall lediglich vorgetäuscht war, und er diesem Verdacht etwa durch Einschaltung Dritter nachgegangen war (OLG Koblenz, VersR 2007, 224). Dabei ist es nicht erforderlich, dass sich der Gutachtenauftrag auf den konkreten Prozess ausrichtet. Eine **Prozessbezogenheit** kann bspw. schon dann anzunehmen sein, wenn sich der **Verdacht eines Versicherungsbetruges** aufdrängt (BGH, VersR 2009, 563, 280; BGH, VersR 2008, 801).

Besteht der begründete **Verdacht auf ein manipuliertes Unfallereignis,** darf der VR 22
anerkanntermaßen einen eigenen Sachverständigen zur Überprüfung des gegnerischen Vortrags einschalten (BGH, NJW 2013, 1823). Ein Privatgutachten, das eine Versicherungsgesellschaft anfertigen lässt, um den Verdacht eines fingierten Versicherungsfalls zu untersuchen, ist grundsätzlich zur zweckentsprechenden Rechtsverfolgung geboten, so dass die Kosten im gerichtlichen Verfahren erstattungsfähig sind (OLG Hamm, NJW-RR 2013, 895). Die Kosten des von einem Kfz-HaftpflichtVR beauftragten Privatsachverständigen zur Klärung des Verdachts eines Versicherungsbetruges (Unfallmanipulation) sind erstattungsfähig (OLG Köln, VersR 2004, 803). Die Kosten für ein vorprozessual eingeholtes Privatgutachten sind als Kosten des Rechtsstreits erstattungsfähig, wenn das Gutachten wegen des dringenden auf konkreten Anhaltspunkten basierenden Verdachts der Abrechnung nicht unfallbedingter Schäden eingeholt wurde und der VR, um diesem Verdacht sachgerecht nachgehen zu können, auf sachverständige Unterstützung zwingend angewiesen war (LG Köln, VersR 2013, 76).

Drängt sich nach Vorlage des Gutachtens des Sachverständigen der Verdacht auf, dass der 23
Kläger die Erstattung nicht unfallbedingter Schäden durchsetzen wollte, müssen sich die Beklagten von vornherein auf einen Deckungsprozess einstellen, so dass für sie notwendig ist, sich zur Vorbereitung des zu erwartenden Rechtsstreits und des dort von Ihnen zu erbringenden Sachvortrags sachverständiger Hilfe zu bedienen. Auch wenn noch keine konkrete Klageandrohung erfolgte, stellt sich die Einholung des Sachverständigengutach-

tens bei einer solchen Sachlage trotz der Zeitspanne zwischen Einholung des Gutachtes und der Klage als **prozessbezogen** dar (BGH, VersR 2009, 280; BGH v. 18.11.2008 – VI ZB 24/08, juris; LG Essen v. 4.9.2009 – 7 T 26/09; LG Essen v. 2.8.2013 – 5 O 19/11).

24 Diese Grundsätze geltend auch für vorprozessuale Ermittlungskosten, wie Privatgutachten und **Detekteikosten**. Unschädlich ist hierbei, wenn die Ermittlungskosten als Pauschale berechnet und nicht in Einzelpositionen ausgewiesen worden ist (OLG Frankfurt/M., VersR 2014, 979).

Praxistipps
- Vorgerichtliche Ermittlungskosten sind aber nur ausnahmsweise i.S.v. § 91 ZPO erstattungsfähig und müssen zudem verhältnismäßig sein (OLG Düsseldorf, VersR 2006, 990).
- Kosten, die nach § 85 VVG zu erstatten sind, können grds. nicht über § 91 ZPO erstattet werden (vgl. OLG Düsseldorf, r+s 96, 380, zu Detektivkosten).
- Stellt sich die Vortäuschung des Schadens durch den VN heraus, hat der VR einen Anspruch auf Erstattung ihm entstandener Schadensermittlungskosten (OLG Oldenburg, VersR 1992, 1150).
- Holt der VR vorgerichtlich ein verkehrsunfallanalytisches Gutachten ein, sind diese Kosten nicht erstattungsfähig, wenn der VR den Unfallhergang aufgrund der eigenen Wahrnehmungen des Fahrers des bei ihm haftpflichtversicherten Fahrzeuges vortragen kann. Soweit die Sachdarstellung des Gegners dem entgegensteht, ist es Aufgabe des Gerichts die sich daraus ergebende Frage, auf wessen Fehlverhalten der Unfall zurückzuführen war, im Wege der Beweisaufnahme u.U. durch einen gerichtlich bestellten Gutachter zu klären. Folglich besteht für eine wirtschaftlich denkende Partei kein berechtigter Anlass, im Vorgriff darauf vor Prozessbeginn ein unfallanalytisches Privatgutachten in Auftrag zu geben (OLG Hamm, 11.6.2007 – 23 W 84/07 [n.v.]).

III. Anspruch des VN auf Einsicht in ein vom VR eingeholtes Gutachten

25 Hat der VR ein Schadensgutachten in Auftrag gegeben, steht dem VN ein Anspruch auf Vorlegung dieses Gutachtens zu (OLG Karlsruhe, r+s 2005, 385). Der WohngebäudeVR ist aus Gründen der Waffengleichheit grundsätzlich verpflichtet, dem VN **Einsicht in das zum Zwecke der Schadensermittlung eingeholte Sachverständigengutachten** zu gewähren. Dies gilt insbesondere dann, wenn die Eintrittspflicht des VR streitig ist, und dieser den VN ausdrücklich auf seine Auskunfts- und Aufklärungsobliegenheit hingewiesen hatte (AG Singen, VersR 2013, 237).

26 Der VN hat gemäß § 810 BGB einen Anspruch auf Einsichtnahme in ein Sachverständigengutachten, das der VR zur Beurteilung eines Leistungsanspruchs aus der Gebäude-Sturmversicherung hat erstellen lassen und auf dessen Grundlage die Ablehnung des Versicherungsschutzes erfolgt. Hierzu ist das Gutachten dem VN vorzulegen und ihm Gelegenheit zu geben, die erforderlichen Kenntnisse aus der Urkunde zu gewinnen (LG Oldenburg, r+s 2012, 343).

IV. Andere Anspruchsgrundlagen

27 In § 85 VVG bleiben andere Anspruchsgrundlagen grds. anwendbar. § 85 Abs. 2 VVG ist aber eine Sonderregelung ggü. §§ 675, 670, 677 ff. BGB und § 812 Abs. 1 BGB. Scheidet

eine Erstattung nach § 85 Abs. 2 VVG aus, gilt dies auch für andere Anspruchsgrundlagen (LG Dortmund, VersR 1992, 1393).

E. Abdingbarkeit

Die Vorschrift ist abdingbar. Ein **vollständiger Ausschluss** eines Kostenersatzes durch die AVB, durch den der Versicherungsschutz ausgehöhlt würde, wäre jedoch nach § 307 BGB **unwirksam** (Begr. BT-Drucks 16/3945, S. 81). 28

§ 86 VVG Übergang von Ersatzansprüchen

(1) Steht dem Versicherungsnehmer ein Ersatzanspruch gegen einen Dritten zu, geht dieser Anspruch auf den Versicherer über, soweit der Versicherer den Schaden ersetzt. Der Übergang kann nicht zum Nachteil des Versicherungsnehmers geltend gemacht werden.

(2) Der Versicherungsnehmer hat seinen Ersatzanspruch oder ein zur Sicherung dieses Anspruchs dienendes Recht unter Beachtung der geltenden Form- und Fristvorschriften zu wahren und bei dessen Durchsetzung durch den Versicherer soweit erforderlich mitzuwirken. Verletzt der Versicherungsnehmer diese Obliegenheit vorsätzlich, ist der Versicherer zur Leistung insoweit nicht verpflichtet, als er infolgedessen keinen Ersatz von dem Dritten erlangen kann. Im Fall einer grob fahrlässigen Verletzung der Obliegenheit ist der Versicherer berechtigt, seine Leistung in einem der Schwere des Verschuldens des Versicherungsnehmers entsprechenden Verhältnis zu kürzen; die Beweislast für das Nichtvorliegen einer groben Fahrlässigkeit trägt der Versicherungsnehmer.

(3) Richtet sich der Ersatzanspruch des Versicherungsnehmers gegen eine Person, mit der er bei Eintritt des Schadens in häuslicher Gemeinschaft lebt, kann der Übergang nach Absatz 1 nicht geltend gemacht werden, es sei denn, diese Person hat den Schaden vorsätzlich verursacht.

Übersicht

	Rdn
A. Normzweck	1
I. Allgemeines	1
II. Anwendungsbereich	7
B. Norminhalt	9
I. Grundkonstellation (§ 86 Abs. 1 VVG)	9
1. Anspruchsinhaber	10
2. Dritter	11
3. Übergangsfähige Ansprüche	17
4. Versicherungsleistungen	20
II. Kongruenzprinzip	24
III. Quotenvorrecht und Berechnungsbeispiele	29
IV. Mehrheit von Versicherern	33
V. Wirkungen des Übergangs	37
VI. Befriedigungsvorrecht (§ 86 Abs. 1 S. 2 VVG)	39

VII. Wahrungspflicht und Mitwirkungsobliegenheit (§ 86 Abs. 2 VVG) 40
VIII. Erweitertes Familienprivileg (§ 86 Abs. 3 VVG) 48
 IX. Regressmöglichkeit des Gebäudeversicherers gegen Mieter 56
  X. Regressmöglichkeit des Gebäudeversicherers gegen den Vermieter 65
 XI. Regressverzichtsabkommen 66
C. Rechtsfolgen 67
  I. Verletzung der Pflichten nach § 86 Abs. 2 VVG 67
 II. Eingeschränktes Recht zur Geltendmachung 68
D. Prozessuales 70
E. Abdingbarkeit 72

A. Normzweck

I. Allgemeines

1 Bei der **Schädigung des VN durch einen Dritten** ist das Verhältnis zwischen VN und VR und das Verhältnis zwischen VN und Dritten zu unterscheiden. Der geschädigte VN hat einen Anspruch auf Auszahlung der Versicherungsleistung ggü. dem VR und zugleich einen Anspruch auf Ersatz des Schadens ggü. dem Dritten.

2 § 86 VVG soll bewirken, dass der **VN nicht bereichert wird** und auf der anderen Seite der **Dritte von seiner Schadensersatzpflicht nicht befreit wird**.

3 Dass der geschädigte VN vom Schädiger nicht auf die Versicherungsleistung verwiesen werden kann, folgt bereits aus den Grundsätzen der **bürgerlich-rechtlichen Vorteilsausgleichung**. Danach ist die dem Geschädigten zufließende Versicherungsleistung auf den Schadensersatzanspruch gegen den Dritten nicht anzurechnen (vgl. Palandt/*Heinrichs*, Vor. § 249 BGB Rn 119 f., 132). Insoweit hat die Regelung in **§ 86 Abs. 1 S. 1 VVG** lediglich deklaratorischen Charakter. Konstituierenden Regelungsinhalt beinhaltet die Regelung insoweit, als verhindert wird, dass die Leistung des VR aufseiten des geschädigten VN zu einer Bereicherung führt, indem dieser zum einen die Versicherungsleistung erhält und zum anderen zusätzlich seinen Schaden vom Schädiger ersetzt erhält.

4 Das gesetzte Ziel wird dadurch erreicht, dass der VR, soweit er dem VN den Schaden ersetzt, in die Lage versetzt wird, die ursprünglichen Rechte des VN im eigenen Namen geltend zu machen und somit Regress beim Schädiger zu nehmen. Es handelt sich insoweit um ein Instrument des **versicherungsrechtlichen Vorteilsausgleichs**. Im Gegensatz zum bürgerlich-rechtlichen Vorteilsausgleich, bei dem es darum geht, ob Leistungen eines Dritten (= des VR) auf den bürgerlich-rechtlichen Schadensersatzanspruch anzurechnen sind, geht es beim versicherungsrechtlichen Vorteilsausgleich um die Frage, ob Schadensersatzansprüche des VN gegen Dritte derart auf die Versicherungsleistung angerechnet werden, dass sie auf den VR kraft Gesetzes übergehen. Mit anderen Worten: Der Vorteil des VN, der darin besteht, dass sein Schaden durch den VR reguliert wird, wird dadurch abgegolten, dass sein Ersatzanspruch gegen den Schädiger auf den VR übergeht. Diese in § 86 Abs. 1 S. 1 VVG festgelegte **Legalzession** ist die typisierte Form der Vorteilsausgleichung zwischen VN und VR.

5 Die ggü. der Regelung in **§ 67 Abs. 1 S. 3 VVG a.F.** deutlich **abweichende** Regelung in **§ 86 Abs. 2 VVG** dient der Wahrung der berechtigten Interessen des VR, sich wegen seiner dem VN erbrachten Leistung bei dem ersatzpflichtigen Dritten schadlos halten zu können. Hierbei ist der VR auf die Mitwirkung des VN angewiesen, dem wiederum entsprechende Mitwirkungsobliegenheiten auferlegt werden.

Das erweiterte **Familienprivileg** nach **§ 86 Abs. 3 VVG** soll eine mittelbare Belastung des VN verhindern (vgl. BGH, VersR 1988, 253; BGH, VersR 1971, 901). Ob es tatsächlich zu einer Belastung kommt oder nicht ist ohne Belang.

II. Anwendungsbereich

§ 86 VVG gilt für alle Bereiche der Schadensversicherung. Im Gegensatz zu § 67 VVG a.F. gilt keine Ausnahme für die Transportversicherung (s. dazu § 148 VVG a.F.).

Für die Krankenversicherung (soweit sie keine Summenversicherung ist) erklärt § 194 Abs. 3 VVG ausdrücklich § 86 Abs. 1 und 2 VVG für anwendbar.

B. Norminhalt

I. Grundkonstellation (§ 86 Abs. 1 VVG)

```
    Versicherungs-              Versicherer
      nehmer
              • VR ersetzt Schaden
              • Ersatzanspruch des VN
                gg. Dritten geht auf VN
                über
                    Dritter
```

(Quelle: *Neuhaus/Kloth*, Praxis des neuen VVG, S. 88)

1. Anspruchsinhaber

Nur der Anspruch des VN und der der versicherten Person für den Fall des Vorliegens einer Versicherung für fremde Rechnung ist übergangsfähig. Treffen Eigen- und Fremdversicherung zusammen, können beide Ansprüche übergehen.

2. Dritter

11 Der Ersatzanspruch muss sich gegen einen Dritten richten. Dies kann grds. jeder sein, der nicht VN oder versicherte Person ist.

12 Die **versicherte Person** kann aber dann Dritter sein, wenn Eigen- und Fremdversicherung zusammentreffen, der VR aber nur ggü. dem VN aus der Eigenversicherung zur Leistung verpflichtet ist und an diesen leistet (vgl. OLG Karlsruhe, VersR 2000, 1360).

13 Auch der **Repräsentant des VN** ist Dritter wenn nicht sein Sachersatzinteresse geschützt ist. Es kommt insoweit darauf an, ob und inwieweit das Interesse des VN oder der versicherten Person geschützt ist. Dies ist bspw. für den Fall des Dritten = Fahrers in der Kaskoversicherung der Fall. Auch dessen Sachersatzinteresse ist mitversichert. Dennoch kann der VR diesen in Regress nehmen, wenn er vorsätzlich gehandelt hat. Ein quotaler Regress ist möglich bei grober Fahrlässigkeit.

14 Der **VN** kann auch **selbst Dritter** sein

Beispiel
Abschluss einer Krankheitskostenversicherung durch den den Schaden herbeiführenden Arbeitgeber für seinen Arbeitnehmer.

15 **Stirbt der Dritte** und wird er vom VN beerbt, ist ein **Regress** in den Grenzen von § 86 Abs. 3 VVG **möglich** (a.A. LG Kiel, VersR 1999, 705 [analoge Anwendung von § 67 Abs. 2 VVG a.F.]).

16 Weitere Beispiele für „Dritte"
- Der Wohnungsmieter ist Dritter i.S.v. § 86 Abs. 1 S. 1 VVG.
- Ein Mit-VN eines Haftpflichtversicherungsvertrags kann nicht in Regress genommen werden, da er nicht Dritter ist (KG Berlin, r+s 2003, 321).
- Bei einem Gebäudeversicherungsvertrag, dessen VN eine Miteigentümergemeinschaft ist und der das gesamte Gebäude betrifft, ist das Sachersatzinteresse des einzelnen Miteigentümers an dem Gemeinschaftseigentum und dem Sondereigentum der anderen Wohnungseigentümer mitversichert. Der Miteigentümer ist deshalb nicht „Dritter" (BGH, r+s 2001, 254).
- In der Luftfahrtkaskoversicherung ist Träger des versicherten Sacherhaltungsinteresses die rechtliche selbstständige Gesellschaft. Es ist jedoch regelmäßig das Sachersatzinteresse der Gesellschafter als mitversichert anzusehen, die gesellschaftsintern dazu berufen sind, dass versicherte Luftfahrzeug zu nutzen. Ist dies der Fall, ist der einzelne Gesellschafter nicht Dritter im Sinne des § 86 VVG (OLG Hamm, VersR 2013, 55).

3. Übergangsfähige Ansprüche

17 Generell kommen sowohl gesetzliche als auch vertragliche Schadensersatzansprüche in Betracht (BGH, NJW-RR 1992, 283). Die folgenden Beispielsfälle zeigen, wann übergangsfähige Ansprüche zu bejahen bzw. zu verneinen sind:

18 Beispiele für übergangsfähige Ersatzansprüche
- Ausgleichsansprüche nach §§ 426, 840 BGB, § 17 Abs. 2 StVG
- Ansprüche auf Abtretung einer Forderung oder Befreiung von einer Forderung (BGH, VersR 1985, 753; entscheidend ist, dass der Anspruch zum Zeitpunkt des Übergangs auf den VR noch besteht, vgl. OLG Düsseldorf VersR 1995, 401)
- Ansprüche aus § 281 BGB

- Ansprüche auf Kostenerstattung gegen den unterlegenen Kläger im Haftpflichtprozess (OLG Köln VersR 1977, 317)
- Ansprüche auf Haverei-Beiträge
- Ansprüche auf Enteignungs- und Aufopferungsentschädigung
- Ansprüche aus § 906 Abs. 2 S. 2 BGB analog (OLG Düsseldorf VersR 2003, 455)
- Ersatzanspruch des fremdversicherten Arbeitgebers gegen den schädigenden Arbeitnehmer, soweit Letzterer den Arbeitgeber von vertraglichen Schadensersatzansprüchen eines Kunden freistellt (BAG NJW 1968, 717)
- Bereicherungsansprüche (vgl. BGH, VersR 1971, 658)
- Ansprüche aus §§ 683, 670 BGB (OLG Hamm VersR 1970, 729)
- Vertragliche Schadensersatzansprüche oder Erfüllungsansprüche
- Gewährleistungsansprüche
- Amtshaftungsansprüche (vgl. BGH, VersR 1983, 462; VersR 1981, 252)

Beispiele für nicht übergangsfähige Ersatzansprüche 19
- Eigentumsanspruch gem. § 985 BGB (a.A. Römer/Langheid/*Langheid*, § 86 Rn 16)
- Anspruch auf Freistellung von künftigen Ersatzansprüchen (BGH, VersR 1989, 730)
- Anspruch aus Garantiezusage (a.A. Römer/Langheid/*Landheid*, § 86 Rn 17)

4. Versicherungsleistungen

Voraussetzung des Anspruchsübergangs ist, dass der VR geleistet hat. Es kommt nicht darauf an, ob die Leistung **irrtümlich** erfolgt ist. 20

Als solche Versicherungsleistungen kommen Leistungen des VR in Form von Geld- oder Sachleistungen oder Leistungen in Form von Gewährung von Rechtsschutz in Betracht. 21

Liegt eine **Fremdversicherung** vor, geht der Anspruch der versicherten Person gegen den Dritten auch dann auf den VR über, wenn die **versicherte Person** von dem Bestehen der Versicherung **keine Kenntnis** hat (str., zustimmend: Prölss/Martin/*Prölss*, § 86 Rn 21; a.A. OLG München, NJW-RR 1988, 34). In dem Fall, in dem die versicherte Person ihren Schadensersatzanspruch ggü. dem Dritten bereits realisiert hat, besteht ein Anspruch des VR auf Herausgabe. 22

Soweit der VR außer der eigentlichen Versicherungsleistung Aufwendungen für den VN macht, kann ebenfalls ein Übergang des Ersatzanspruches auf den VR Folge sein. 23

Beispiele
- Kosten für Gutachten
- Kosten für Akteneinsicht
- Sachverständigenkosten (OLG Düsseldorf VersR 1992, 310)
- Kosten i.H.e. Belohnung für die Herbeischaffung gestohlener Sachen (BGH, VersR 1967, 1168)
- Rettungskosten nach § 63 VVG a.F.
- **nicht**: Regulierungskosten des Sachversicherers, die ohnehin für die Feststellung des Leistungsumfanges aufgewandt werden müssen (BGH, VersR 1962, 1103)

II. Kongruenzprinzip

Die Legalzession tritt allerdings nur ein, soweit der VR dem VN den Schaden ersetzt hat. Deshalb erstreckt sich der Forderungsübergang nicht zwangsläufig auf all die Schadenspo- 24 sitionen, die Gegenstand des Schadensersatzanspruchs des VN gegen den Schädiger sind. Der Übergang erfolgt nur insoweit, als ein Zusammenhang zwischen der Versicherungsleistung einerseits und dem Schadensersatzanspruch des VN gegen den Schädiger andererseits in dem Sinne besteht, dass der ersetzte Schaden zu dem durch den VV **abgedeckten Risiko** gehört.

25 Die **kongruenten Schäden** sind also die Schäden, die der VR im Rahmen seiner Versicherungsleistung zu erstatten hat.

26 Die **inkongruenten Schäden** sind die Schäden, die der geschädigte VN darüber hinaus gegen den Dritten geltend machen kann.

27 Praktisch bedeutsam ist die Unterscheidung in der **Kfz-Kaskoversicherung**. Der Forderungsübergang erstreckt sich nur auf die kongruenten Schäden.

28 Übersicht: kongruente/inkongruente Schäden
– **Kongruente Schäden**
  – **Reparaturkosten** (BGH, VersR 1982, 283)
  – technischer und merkantiler **Minderwert** (BGH, VersR 1982, 283)
  – **Sachverständigenkosten** (BGH, VersR 1982, 383)
  – **Abschleppkosten** (BGH, VersR 1982, 383)
  – **Umbaukosten** (z.B. Kosten für den Umbau eines Radios, LG Aachen, VersR 1988, 1151)
– **Inkongruente Schäden**
  – Ersatz von **Nutzungs- und Verdienstausfall** (BGH, VersR 1982, 283)
  – **Mietwagenkosten** (BGH, VersR 1982, 283)
  – **Prämiennachteile** (BGH, VersR 1966, 256)
  – Allgemeinen Auslagen und Spesen (**Unkostenpauschale**; BGH, VersR 1982, 283)

III. Quotenvorrecht und Berechnungsbeispiele

29 Die Aufteilung des Ersatzanspruchs gegen den Dritten unter dem VN und seinem VR stellt sich somit allein für den Bereich den kongruenten Schäden. Nur bei diesen kongruenten Schäden konkurrieren VR und VN um die Ersatzforderung gegen den Dritten in dem Fall, in dem weder der Schadensersatzanspruch noch die Versicherungsleistung ausreicht, um den kongruenten Schaden des VN in voller Höhe zu ersetzen. Nach der herrschenden **Differenztheorie** (BGH, VersR 1982, 283; zu anderen Theorien vgl. *Bost*, VersR 2007, 1199, 1202) entsteht in diesem Fall ein **Quotenvorrecht** des VN. Der Übergang der Schadensersatzforderung des VN gegen den Dritten auf den VR ist auf denjenigen Teil beschränkt, der nicht für die Schadloshaltung des VN benötigt wird. Der VR kommt also erst nach voller Entschädigung des VN in Bezug auf den kongruenten Schaden zum Zuge.

> **Beispiel**
> Ersetzt der VR seinem VN in der Kfz-Kaskoversicherung einen Betrag i.H.v. 9.000 EUR (Summe der kongruenten Schäden abzgl. Selbstbeteiligung i.H.v. 1.000 EUR), steht dem VN zunächst ein quotenbevorrechtigter Anspruch gegen den Dritten i.H.v. 1.000 EUR zu. Mit Zahlung dieses Betrages ist sein kongruenter Schaden gedeckt, sodass sein weiterer Anspruch auf Ersatz der kongruenten Schäden gegen den Dritten auf den VR übergeht. Muss sich der VN eine Mitverschuldensquote anrechnen lassen, ist dies entsprechend zu berücksichtigen. Beträgt im Beispielsfall die Mitverschuldensquote 25 %, steht dem VN grds. ein Schadenser-

satzanspruch gegen den Dritten in Bezug auf die kongruenten Schäden i.H.v. 7.500 EUR zu. I.H.v. 1.000 EUR ist er quotenbevorrechtigt. Der Restanspruch i.H.v. 6.750 EUR geht dann auf den VR im Wege der Legalzession gem. § 86 Abs. 1 S. 1 VVG über.

Das Beispiel verdeutlicht, dass nach dem **Grundsatz „Kongruenz vor Differenz"** vorzugehen ist. Zur Verdeutlichung weitere Beispiele: 30

Beispiel 1

Dem VN entstehen durch einen Verkehrsunfall, den er zu 25 % mitverschuldet hat, folgende Schäden:

Reparaturkosten	6.000 EUR
Minderwert	2.000 EUR
Sachverständigenkosten	1.000 EUR
Abschleppkosten	1.000 EUR
Nutzungs- und Verdienstausfall	3.000 EUR
Mietwagenkosten	1.500 EUR
Prämiennachteile	475 EUR
Allgemeine Kosten	25 EUR
Summe	15.000 EUR

In einem ersten Schritt sind die Schäden aufzuteilen in kongruente und inkongruente Schäden:

Kongruente Schäden		Inkongruente Schäden	
Reparaturkosten	6.000 EUR	Nutzungs- und Verdienstausfall	3.000 EUR
Minderwert	2.000 EUR	Mietwagenkosten	1.500 EUR
Sachverständigenkosten	1.000 EUR	Prämiennachteile	475 EUR
Abschleppkosten	1.000 EUR	Allgemeine Kosten	25 EUR
Summe	**10.000 EUR**	**Summe**	**5.000 EUR**

Im Hinblick auf die kongruenten Schäden steht dem VN aufgrund seines Mitverschuldens lediglich ein Anspruch i.H.v. 7.500 EUR gegen den Dritten zu.
Der VR leistet 9.000 EUR (Summe der kongruenten Schäden abzgl. 1.000 EUR Selbstbeteiligung). Der Restanspruch i.H.v. 6.500 EUR gegen den Dritten in Bezug auf die kongruenten Schäden geht auf den VR im Wege der Legalzession über.
Unberührt bleibt der Schadensersatzanspruch des VN gegen den schädigenden Dritten in Bezug auf die inkongruenten Schäden i.H.v. 3.750 EUR ($= 0{,}75 \times 5.000$ EUR).
In einer **Vergleichsberechnung** ist darauf zu achten, dass die Summen der an den VN gezahlten Beträge zusammen den Schadensersatzanspruch gegen den Dritten nicht übersteigen. Dieser beträgt im Beispielsfall aufgrund des Mitverschuldens 11.250 EUR. Hiervon entfallen entsprechend des Verhältnisses zwischen kongruenten und inkongruenten Schäden

(10.000 EUR bzw. 5.000 EUR) ²/₃ auf die kongruenten Schäden und ¹/₃ auf die inkongruenten Schadenspositionen (7.500 EUR bzw. 3.750 EUR). Dieser um den Mitverschuldensanteil gekürzte Schadensersatzanspruch gegen den Dritten verbleibt beim VN. Bzgl. der kongruenten Schäden hat der VN zusätzlich einen Anspruch gegen seinen VR i.H.v. 9.000 EUR. Aus dem gekürzten Schadensersatzanspruch (hier: 7.500 EUR) steht dem VN sein Quotenvorrecht zu. Dieses beläuft sich auf 1.000 EUR. Der restliche Anspruch i.H.v. 6.500 EUR geht auf den VR über.
Ergebnis: Der VN erhält also insgesamt 9.000 EUR des kongruenten Schadens. Ein Betrag i.H.v. 6.500 EUR geht im Wege der Legalzession auf den VR über. Dieser zahlt also im Ergebnis lediglich 2.500 EUR, da er zwar 9.000 EUR an den VN zahlen muss, aber i.H.v. 6.500 EUR bei dem Dritten Regress nehmen kann.
Der VN erhält neben der Versicherungsleistung i.H.v. 9.000 EUR einen quotenbevorrechtigten Teil i.H.v. 1.000 EUR. Von den inkongruenten Schäden erhält er aufgrund des Mitverschuldensanteils 3.750 EUR, sodass er insgesamt einen Betrag i.H.v. 13.750 EUR erhält.
Also: VN erhält 13.750 EUR. Hiervon zahlt der VR 9.000 EUR, der schädigende Dritte 4.750 EUR. Der VR hat einen auf ihn übergegangenen Anspruch gegen den Dritten i.H.v. 6.500 EUR, sodass der VR insgesamt 2.500 EUR aufwenden muss, der Dritte 11.250 EUR, was exakt seinem Haftungsanteil entspricht (75 % von 15.000 EUR).

31 **Beispiel 2**
Beträgt die Mitverschuldensquote 50 %, ergibt sich folgendes abweichendes Ergebnis:
Der VN erhält 9.000 EUR von seinem VR. In Bezug auf die kongruenten Schäden steht ihm ein Anspruch i.H.v. 5.000 EUR gegen den Dritten zu. Hiervon geht ein Teil i.H.v. 4.000 EUR auf den VR über. Bzgl. des inkongruenten Schadens beläuft sich der Anspruch des VN gegen den Dritten auf 2.500 EUR. Der VN erhält insgesamt 12.500 EUR. Der VR zahlt insgesamt 5.000 EUR, wenn er den auf ihn übergegangenen Anspruch gegen den Dritten realisiert. Der Dritte zahlt dann insgesamt 7.500 EUR, was wiederum seinem Haftungsanteil am Gesamtschaden entspricht.

32 **Beispiel 3**
Bei einer Mitverschuldensquote von 75 % ergibt sich Folgendes:
Der VN erhält insgesamt 11.250 EUR. Der VR muss 7.500 EUR tragen, der Dritte 3.750 EUR.

IV. Mehrheit von Versicherern

33 Bei dem Zusammentreffen mehrerer VR ist zu unterscheiden. Bei **Mit- und Nebenversicherung** geht ein seiner Beteiligungsquote entsprechender Teil auf jeden einzelnen VR über. Der Schadensersatzanspruch wird also entsprechend der Risikobeteiligung der VR gequotelt mit der Folge, dass jeder VR grds. nur die auf ihn entfallende Quote im eigenen Namen geltend machen kann. Dies gilt auch, wenn ein führender VR durch Vereinbarung einer entsprechenden Führungsklausel vorhanden ist (BGH, VersR 2002, 117).

34 Zahlt im Fall der **Mehrfachversicherung** der VR den auf ihn fallenden Teil der Entschädigung an den VN, erfolgt ein anteilmäßiger Übergang.

35 Das Gleiche gilt auch in dem Fall, in dem der VN bei Bestehen einer Mehrfachversicherung nur einen VR in Anspruch nimmt. Auch insoweit erfolgt ein Übergang auf den VR. Dieser kann nun entscheiden, ob er zunächst den auf ihn übergegangenen Schadensersatzanspruch verfolgt oder aber seine Ansprüche ggü. den anderen VR aus § 78 VVG. Macht er zuerst den auf ihn übergegangenen Schadensersatzanspruch gegen den Dritten geltend, muss dies

bei Berechnung der ausgleichspflichtigen Summe entsprechend berücksichtigt werden. Nur der noch offenstehende Restbetrag wird dann zwischen den VR ausgeglichen. Macht der VR zuerst seine Ausgleichsansprüche ggü. den anderen VR geltend, geht der Schadensersatzanspruch des VN von dem erstzahlenden VR weiter auf die übrigen MehrfachVR und zwar entsprechend des sich nach § 78 VVG berechnenden Anteils der internen Haftung.

Gehen im Fall der MehrfachVR mehrere VR einzeln gegen den Dritten vor und reicht dessen Vermögen nicht aus, um alle VR zu befriedigen, muss die Gesamtsumme, die von dem Dritten gezahlt wird, entsprechend § 78 VVG zwischen den MehrfachVR aufgeteilt werden. 36

V. Wirkungen des Übergangs

Auf den Übergang finden die Regelungen der §§ 401 ff. BGB Anwendung. Somit gehen auch Neben- und Sicherungsrechte des VN auf den VR über. Hierzu zählt auch der Anspruch aus einer Schuldmitübernahme (BGH, VersR 1972, 194). 37

Dem Dritten bleiben die **Einwendungen** gegen den Anspruch des VN erhalten. 38
Beispiele
– Mitverschuldenseinwand gem. § 254 BGB
– Ausgleichseinwand gem. § 426 Abs. 1 BGB, wenn der Dritte neben einem anderen als Mitschädiger in Anspruch genommen wird
– Verjährungseinwand

VI. Befriedigungsvorrecht (§ 86 Abs. 1 S. 2 VVG)

Nach § 86 Abs. 1 S. 2 VVG ist der VN bevorrechtigt zu befriedigen. Reicht bspw. das Vermögen des Schädigers (= Dritten) nicht aus, um den gesamten Ersatzanspruch zu befriedigen, dann ist zunächst der VN zu befriedigen. Erst anschließend kann der VR den auf ihn übergegangenen Anspruch verwirklichen. Das Befriedigungsvorrecht entspricht §§ 268, 426, 774 BGB. 39

VII. Wahrungspflicht und Mitwirkungsobliegenheit (§ 86 Abs. 2 VVG)

§ 86 Abs. 2 VVG normiert eine Wahrungspflicht und Mitwirkungsobliegenheit des VN **anstelle des bisherigen Aufgabeverbots** (§ 67 Abs. 1 S. 2 VVG a.F.). Der VN hat seinen Ersatzanspruch ggü. dem Dritten unter Beachtung der geltenden Form- und Fristvorschriften zu **wahren** und bei dessen Durchsetzung durch den VR soweit erforderlich **mitzuwirken**. 40

Eine Verletzung der Wahrungspflicht und Mitwirkungsobliegenheit liegt vor, wenn der VN seinen Ersatzanspruch oder ein zur Sicherung dieses Anspruchs dienendes Recht aufgibt. Ob eine solche Aufgabe angenommen werden muss, ist aus **objektiver Sicht** zu beurteilen. 41
Beispiel
Erlass, Vergleich, Verpfändung, Verzicht, Abtretung an einen anderen Dritten

42 In **subjektiver Hinsicht** muss es dem VN gerade darauf ankommen, den Ersatzanspruch oder das zur Sicherung dieses Anspruchs dienende Recht aufzugeben.

43 Kein Fall des § 86 Abs. 2 VVG liegt vor, wenn der VN schon **vor Abschluss des VV** einen Ersatzanspruch oder ein zur Sicherung des Anspruchs dienendes Recht aufgegeben hat.

44 Gibt der VN die entsprechenden Rechte **nach Abschluss des VV aber vor Eintritt des Versicherungsfalles** auf, ist fraglich, ob hiermit schon ein Verstoß gegen die Pflichten nach § 86 Abs. 2 S. 1 VVG anzunehmen ist. Ein Ersatzanspruch oder ein zur Sicherung des Anspruchs dienendes Recht besteht insoweit zum Zeitpunkt der Aufgabe noch nicht. § 86 Abs. 2 S. 1 VVG setzt aber das Bestehen derartiger Ansprüche voraus. Im Fall des **Haftungsverzichts nach Vertragsschluss, aber vor Eintritt des Versicherungsfalls** wird aber gerade nur auf **mögliche** Ersatzansprüche verzichtet. Im Unterschied zum **Vorausverzicht vor Abschluss des VV** hat der VR bei einem Haftungsverzicht nach Abschluss des VV, aber vor Eintritt des Versicherungsfalls keinerlei Einflussmöglichkeiten mehr. Im ersten Fall kann der VR selbst entscheiden, ob er den VV unter diesen Voraussetzungen überhaupt abschließt. Im zweiten Fall stellt der Verzicht des VN zumindest eine Gefahrerhöhung i.S.v. § 23 VVG dar, die zur Leistungsfreiheit gem. § 26 VVG führen kann. Eine Obliegenheitsverletzung nach § 86 Abs. 2 S. 1 VVG ist nicht anzunehmen, da zum Zeitpunkt des Verzichtes weder der Ersatzanspruch noch ein zur Sicherung des Anspruchs dienendes Recht bestand.

Beispiele
Verzichtet der VN (= Vermieter) ggü. seinen Mietern im Mietvertrag auf Schadensersatzansprüche wegen einfacher Fahrlässigkeit, stellt dies keinen Verstoß gegen § 86 Abs. 2 VVG dar. Gleiches gilt für den Fall, in dem ein solcher Verzicht nach Abschluss des Vertrages aber vor Eintritt des Versicherungsfalls ausgesprochen wird, so bspw. bei einem Mieterwechsel.

45 Da es sich um eine Obliegenheit handelt, gilt für die **Folgen einer Obliegenheitsverletzung** § 28 Abs. 2 VVG, also Leistungsfreiheit bei Vorsatz des VN, Quotelung bei grober Fahrlässigkeit und Leistungspflicht bei einfacher Fahrlässigkeit.

46 Bei vorsätzlicher Obliegenheitsverletzung wird der VR aber nur dann leistungsfrei, wenn die vorsätzliche Obliegenheitsverletzung kausal dafür ist, dass der VR keinen Ersatz von dem Dritten erlangen kann. Der VN kann also den Kausalitätsgegenbeweis erbringen um die Leistungspflicht des VR aufrechtzuerhalten.

47 I.Ü. sei auf die Kommentierungen zu §§ 28 ff. VVG verwiesen.

VIII. Erweitertes Familienprivileg (§ 86 Abs. 3 VVG)

48 Ein Übergang des Ersatzanspruches nach § 86 Abs. 1 VVG scheidet aus, wenn sich der Ersatzanspruch des VN gegen eine Person richtet, mit der er bei Eintritt des Schadens in **häuslicher Gemeinschaft** lebt. Die Regelung in § 86 Abs. 3 VVG wurde ggü. § 67 Abs. 2 VVG a.F. geändert. Privilegiert sind nicht mehr lediglich „Familienangehörige", sondern auch Personen, die mit dem VN nicht verwandt oder verschwägert sind, soweit die Voraussetzungen nach § 86 Abs. 3 VVG gegeben sind. Die Beschränkung des Regressausschlusses

auf Familienangehörige in häuslicher Gemeinschaft wurde als nicht mehr den heutigen gesellschaftlichen Verhältnissen entsprechend angesehen (Begr. BT-Drucks 16/3945, S. 82).

Praxistipp 49
Im Gegensatz zu § 67 Abs. 2 VVG a.F. handelt es sich nun nicht um einen Ausschluss des Anspruchsübergangs, sondern um einen **Regressausschluss**. Der Anspruch geht zwar über, kann aber nicht geltend gemacht werden.

Eine **häusliche Gemeinschaft** liegt vor, wenn eine nicht ganz unverbindliche Wohnge- 50
meinschaft besteht und eine auf Dauer angelegte gemeinschaftliche Wirtschaftsführung gegeben ist (BGH, VersR 1986, 333). Kurzfristige Abwesenheiten der mit dem VN zusammenlebenden Personen schaden nicht (z.b. Auslandssemester des studierenden Kindes, Bundeswehraufenthalt des Sohnes etc.).

Im Einzelfall wird nicht einfach zu entscheiden sein, ob eine häusliche Gemeinschaft vorliegt oder nicht. Folgende **Indizien** sprechen für eine häusliche Gemeinschaft:
- finanzielle Beteiligung an den Kosten des Haushalts (BGH, VersR 1980, 644)
- Dauer des gemeinsamen Wohnens (BGH, VersR 1980, 644)
- Befinden persönlicher Gegenstände in der Wohnung (BGH, VersR 1980, 1980, 644)
- Gemeinsame Nutzung der Waschmaschine (BGH, VersR 1986, 333)
- Nutzung des gemeinsamen Wohnzimmers für regelmäßige gemeinsame Fernsehabende (BGH, VersR 1986, 333)
- Gemeinsame Einnahme von Mahlzeiten (OLG Frankfurt am Main, VersR 1984, 254)
- Regelmäßige Aufenthalte und Übernachtungen im Hause eines Partners einer nichtehelichen Beziehung überwiegend an Wochenenden und Feiertagen ohne Begründung eines gemeinsamen Hausstandes rechtfertigen bei Fortbestehen eigener Wohnsitze nicht die Annahme einer häuslichen Gemeinschaft (OLG Nürnberg, r+s 2016, 50)
- vgl. auch die Rechtsprechung zu § 116 Abs. 6 S. 1 SGB X (z.B. BGH, VersR 2013, 520).

Praxistipp 51
Schon die Regelung in § 67 Abs. 2 VVG a.F. wurde teilweise über den Wortlaut hinaus auf **nicht eheliche Lebensgemeinschaften** ausgeweitet (vgl. OLG Naumburg, VersR 2007, 1405; OLG Brandenburg, r+s 2002, 275). Diese sind heute unter vorgenannten Voraussetzungen jedenfalls mit umfasst (so jetzt auch BGH, VersR 2013, 520).

Entscheidender Zeitpunkt für das Zusammenleben in häuslicher Gemeinschaft ist der 52
Eintritt des Schadens. Dies entspricht der Rechtsprechung des BGH zu § 67 Abs. 2 VVG a.F. (vgl. BGH, VersR 1971, 901).

Ausgeschlossen ist der Regress auch dann, wenn der VN zu diesem Zeitpunkt mit **Erben** 53
des Dritten in häuslicher Gemeinschaft gelebt hat (s. BGH, VersR 1985, 471 zu § 67 Abs. 2 VVG a.F.; auf den Zeitpunkt der Ausübung des Rückgriffs kommt es nun nicht mehr an).

Beerbt der VN den Dritten, kommt es hinsichtlich des Regressausschlusses darauf an, ob 54
die Voraussetzungen des § 86 Abs. 3 VVG zum Zeitpunkt des Schadenseintritts vorlagen. Ist dies nicht der Fall, kommt ein Regress gegen den VN selbst in Betracht.

55 Als **Gegenausnahme** kann der übergegangene Anspruch auch gegen die mit dem VN in häuslicher Gemeinschaft lebende Person geltend gemacht werden, wenn diese den Schaden **vorsätzlich** verursacht hat. Der Vorsatz hat sich auf den Eintritt des Schadens und nicht etwa auf die Herbeiführung des Versicherungsfalls zu beziehen.

IX. Regressmöglichkeit des Gebäudeversicherers gegen Mieter

56 Zu den Regressmöglichkeiten des GebäudeVR gegen Mieter sei zunächst auf die Kommentierung in § 78 VVG (§ 78 Rdn 19 ff.) verwiesen.

57 Der GebäudeVR kann den auf ihn übergegangenen Schadensersatzanspruch seines VN (= Vermieter) gegen den **vorsätzlich** handelnden Mieter aus §§ 535, 280 Abs. 1, 823 Abs. 1 sowie Abs. 2 BGB i.V.m. §§ 306, 306d StGB geltend machen, wenn der Mieter die Wohnung in Brand setzt und der GebäudeVR den entstandenen Schaden ggü. seinem VN (= Vermieter) reguliert. Die Schadensersatzansprüche gehen gem. § 86 Abs. 1 S. 1 VVG auf den GebäudeVR über.

58 Eine ergänzende Vertragsauslegung ergibt in der Gebäudeversicherung aber einen Regressverzicht des VR für die Fälle, in denen der Mieter einen Schaden am Gebäude durch **leichte Fahrlässigkeit** verursacht hat (BGH VersR 2001, 94; BGH VersR 2001, 856; BGH VersR 2002, 433; BGH VersR 2005, 498; BGH VersR 2006, 1530). Dies gilt auch bei Gewerberaummietverhältnissen (BGH VersR 2013, 318).

59 Dem VR ist der Regress auch dann verwehrt, wenn der Mieter eine Haftpflichtversicherung unterhält, die Ansprüche wegen Schäden an gemieteten Sachen deckt (BGH, VersR 2006, 1536; r+s 2001, 71). Der BGH hat sich damit für die versicherungsrechtliche Lösung entschieden, um das Verhältnis Vermieter – Mieter im Fall leicht fahrlässigen Verhaltens des Mieters nicht unnötig zu beeinträchtigen. Der BGH hat auch im Jahr 2014 an seiner versicherungsrechtlichen Lösung festgehalten (BGH VersR 2014, 999).

60 Ein Ausgleichsanspruch zwischen Gebäude- und HaftpflichtVR besteht nach altem wie nach neuem Recht nicht, wenn der haftpflichtversicherte Mieter einen Brandschaden grob fahrlässig verursacht hat, da hierfür kein Regressverzicht vorliegt und der GebäudeVR aus übergegangenem Recht den Schadensersatzanspruch seines VN gegen den Mieter geltend machen kann, für den der HaftpflichtVR – ohne Direktanspruch – eintrittspflichtig ist (OLG Koblenz VersR 2014, 1500, anhängig beim BGH – IV ZR 52/14).

61 Handelt der Mieter **grob fahrlässig**, geht der Ersatzanspruch des Vermieters gegen den Mieter **nur quotal** und in Abhängigkeit des Grades der Schwere des Verschuldens auf den GebäudeVR über. Der Mieter soll rechtlich so zu stellen sein wie ein VN (LG Krefeld Grundeigentum 2015, 1288). Der HaftpflichtVR des grob fahrlässig handelnden Mieters ist aber vollumfänglich zur Leistung verpflichtet (vgl. § 103 VVG). Beurteilt man bspw. den Grad der Schwere des Verschuldens i.H.v. 50 %, führt dies dazu, dass der durch das Modell des Regressverzichts ohnehin begünstigte HaftpflichtVR weiter begünstigt wird. Dies ist die Folge des **quotalen Regressverzichts** (s.a. *Staudinger/Kassing*, VersR 2007, 10; *Piepenbrock*, VersR 2008, 319).

Beispiel
Ein haftpflichtversicherter Mieter führt grob fahrlässig einen Brand herbei. Die Verschuldensquote beträgt 30 %. Der Schaden beläuft sich auf 10.000 EUR. Der GebäudeVR ist in voller Höhe eintrittspflichtig. Der HaftpflichtVR hat bedingungsgemäß Leistungen i.H.v. 6.000 EUR zu erbringen.
Ergebnis: I.H.v. 3.000 EUR geht der Schadensersatzanspruch des Vermieters gegen den Mieter auf den GebäudeVR nach § 86 Abs. 1 S. 1 VVG über.
I.H.v. 7.000 EUR gilt der Regressverzicht. Da sich dieser nach der Verschuldensquote richtet, handelt es sich um einen quotalen Regressverzicht. Hinsichtlich des Ausgleichsanspruchs des GebäudeVR gegen den HaftpflichtVR des Mieters ändert sich nach der relativen Berechnungsmethode nichts, da die Entschädigungspflicht des HaftpflichtVR im Außenverhältnis im Fall der groben Fahrlässigkeit nicht eingeschränkt ist (§ 103 VVG). Der Ausgleichsanspruch ist also exakt so groß, wie im Fall des leicht fahrlässigen Handelns des Mieters. Der Unterschied besteht nur darin, dass bei grob fahrlässigem Handeln der Mieter i.H.d. Verschuldensquote vom GebäudeVR des Vermieters in Regress genommen werden kann. Der Ausgleichsanspruch berechnet sich wie folgt:

$$\text{Ausgleichsanspruch des GebäudeVR} = \frac{\text{Entschädigungspflicht des HaftpflichtVR im Außenverhältnis}}{\text{Summe der Entschädigungspflichten im Außenverhältnis}} \times \text{Gesamtschaden}$$

$$\text{Ausgleichsanspruch des GebäudeVR} = \frac{6.000\ \text{EUR} \times 10.000\ \text{EUR}}{16.000\ \text{EUR}}$$

$$\text{Ausgleichsanspruch des GebäudeVR} = 3.750\ \text{EUR}$$

Somit kann der GebäudeVR einen Betrag i.H.v. 3.750 EUR als Ausgleich vom HaftpflichtVR des Mieters verlangen. Zusätzlich bleibt ihm die Regressmöglichkeit ggü. dem Mieter selbst i.H.v. 3.000 EUR, die ihm nicht verbleibt, wenn der Mieter lediglich leicht fahrlässig handelt.

Wichtige und zu beachtende **Grundsätze bzgl. des Mieterregresses** sind:
Beispiele mögliche Fallkonstellationen

Mieter handelt vorsätzlich	Vollständige Regressmöglichkeit des GebäudeVR gegen den Mieter.
Mieter handelt grob fahrlässig	Quotale Regressmöglichkeit des GebäudeVR je nach Schwere des Verschuldens i.H.d. Verschuldensquote. Bei einer Verschuldensquote von 20 % ist somit ein anteiliger Regressverzicht i.H.v. 80 % anzunehmen. Der direkte Ausgleichsanspruch des GebäudeVR gegen den HaftpflichtVR analog § 78 Abs. 2 S. 1 VVG ist i.H.v. 80 % möglich.
Mieter handelt leicht fahrlässig	Regressverzicht. Im Fall des Bestehens einer Haftpflichtversicherung des Mieters: direkter Ausgleichsanspruch des GebäudeVR gegen den HaftpflichtVR analog § 78 Abs. 2 S. 1 VVG.
Mieter handelt schuldlos	Keinerlei Haftung des Mieters.

Der in den konkludenten Regressverzicht einzubeziehende Personenkreis ist entsprechend § 86 Abs. 3 VVG bei Wohnraummietverhältnissen auch auf die in häuslicher Gemeinschaft mit dem Mieter lebenden Personen und bei Gewerberaummietverhältnissen auf Arbeitnehmer, freie Mitarbeiter oder sonstige Personen, die eine besondere Nähe zum versicherten (Miet-) Objekt aufweisen, zu beziehen (LG Krefeld Grundeigentum 2015, 1288; vgl. für eine Büroangestellte, die in demselben Gebäude für Gebäudeeigentümer und auch anderen Arbeitgeber arbeitet, OLG Schleswig r+s 2015, 357).

- Dem Mieter ist eine vorsätzliche oder **grob fahrlässige** Herbeiführung des Gebäudeschadens durch einen Dritten nur dann zuzurechnen, wenn der Dritte sein Repräsentant war; § 278 BGB ist nicht anzuwenden (BGH, r+s 2006, 458). Auf ein Verschulden von Kindern oder Ehegatten kommt es also nur bei Bejahung der Repräsentanten-Eigenschaft an.
- Ein Regress des GebäudeVR ist auch bei einem auf Dauer angelegten unentgeltlichen Nutzungsverhältnis anzunehmen (BGH, VersR 2006, 1533).
- Die Rechtsprechung des BGH zum Regress des GebäudeVR bei leicht fahrlässig verursachten Schäden am Gebäude durch den Mieter kann nicht auf die **Hausratversicherung** des Vermieters übertragen werden (BGH, r+s 2006, 454).
- Auf die anteilige Umlage der Gebäudeversicherungsprämie auf den Mieter kommt es nicht an.

64 **Praxistipp**
- Dem GebäudeVR steht es frei, den anteiligen Ausgleichsanspruch entsprechend § 59 Abs. 2 S. 1 VVG a.F. (= § 78 Abs. 2 S. 1 VVG) geltend zu machen und sodann bzgl. der verbleibenden Spitze unmittelbar Regress nach § 86 Abs. 1 VVG ggü. dem Schädiger zu nehmen, wenn der GebäudeVR der Meinung ist, der Schädiger habe grob fahrlässig gehandelt.
- Der Ausgleichsanspruch des GebäudeVR gegen den HaftpflichtVR des einfach fahrlässig handelnden Mieters scheitert auch nicht am **Regressverzichtsabkommen** der FeuerVR i.V.m. einer Hausrat-Feuerversicherung des Mieters (s. hierzu ausführlich unter § 78 Rdn 39).
- Für die Verjährung des Ausgleichsanspruchs gilt eine 3-jährige Verjährungsfrist (§§ 195, 199 BGB; s. hierzu § 78 Rdn 37).

Ungeklärt ist bislang die Frage, ob die Regelungen von § 86 Abs. 2 und 3 VVG beim Ausgleichsanspruch analog gelten.

X. Regressmöglichkeit des Gebäudeversicherers gegen den Vermieter

65 Die Rechtsprechung des BGH (BGH, VersR 2001,94; BGH, VersR 2001, 856; BGH, VersR 2002, 433; BGH, VersR 2005, 498; BGH, VersR 2006, 1530), nach der ein von dem Vermieter abgeschlossener Gebäudeversicherungsvertrag ergänzend dahin ausgelegt werden kann, dass er einen konkludenten Regressverzicht des VR zugunsten des Mieters enthält, der einen Brandschaden durch einfache Fahrlässigkeit verursacht hat (vgl. § 78 Rdn 19 ff.), kann nicht auf den Fall übertragen werden, dass der Vermieter einen Schaden an den versicherten Gegenständen durch leichte Fahrlässigkeit verursacht hat und der Mieter aufgrund mietvertraglicher Verpflichtungen eine Feuer-, Einbruch-, Diebstahl- und Leitungswasserversicherung abgeschlossen hat. Der Geschäftsversicherungsvertrag des Mieters, durch den er seine Geschäftseinrichtung und seinen Betriebsunterbrechungsschaden unter anderem gegen Feuer versichert, kann nicht zugunsten des Vermieters, der einen Schaden an den versicherten Gegenständen durch leichte Fahrlässigkeit verursacht hat, ergänzend dahin ausgelegt werden, dass der Versicherer auf einen Regress gegen den Vermieter verzichtet (BGH VersR 2013, 318).

XI. Regressverzichtsabkommen

In der Praxis werden häufig Schadenteilungsabkommen abgeschlossen mit dem Zweck, die Kosten einer gerichtlichen oder außergerichtlichen Prüfung der Haftpflichtfrage zum Zwecke eines Rückgriffs zu minimieren, indem die Aufwendungen geteilt werden. Solche Schadensteilungsabkommen stellen gleichzeitig einen Regressverzicht dar. I.d.R. verpflichtet sich der HaftpflichtVR im eigenen Namen, die Schäden seines VN i.H.d. Abkommensquote zu übernehmen, während sich der Vertragspartner (bspw. der GebäudeVR) verpflichtet, keine Ansprüche gegen den VN des HaftpflichtVR geltend zu machen (Pactum de non petendo zugunsten des VN des HaftpflichtVR; s. hierzu ausführlich unter § 78 Rdn 39). 66

C. Rechtsfolgen

I. Verletzung der Pflichten nach § 86 Abs. 2 VVG

Zur Obliegenheitsverletzung sei auf die Kommentierung zu § 28 VVG verwiesen (vgl. § 28 Rdn 37). 67

II. Eingeschränktes Recht zur Geltendmachung

Ein Übergang von Ersatzansprüchen, die sich gegen Personen richten, mit denen der VN zum Zeitpunkt des Schadenseintritts in häuslicher Gemeinschaft lebt, findet zwar statt, kann aber nicht geltend gemacht werden. Ausnahme: Vorsatz des Dritten. 68

Eine Umgehung des Regressprivilegs durch eine Abtretung ist nicht möglich. 69

D. Prozessuales

Der VR hat eine vorsätzliche Obliegenheitsverletzung zu beweisen. Grobe Fahrlässigkeit wird vermutet. 70

Der VR muss beweisen, dass der VN den Ersatzanspruch oder das zur Sicherung dieses Anspruchs dienende Recht aufgegeben hat und damit seine Wahrungspflicht und Mitwirkungsobliegenheit verletzt hat. Der VR ist auch beweispflichtig für das Vorliegen einer vorsätzlichen Verletzung. Grobe Fahrlässigkeit wird vermutet. I.Ü. kann der VN beweisen, dass keine grobe Fahrlässigkeit vorliegt. Verwiesen wird auf die Kommentierung zu § 28 VVG. 71

E. Abdingbarkeit

Die Vorschrift ist **halb zwingend**. 72

§ 87 VVG | Abweichende Vereinbarungen

Von den §§ 74, 78 Abs. 3, den §§ 80, 82 bis 84 Abs. 1 Satz 1 und § 86 kann nicht zum Nachteil des Versicherungsnehmers abgewichen werden.

1 Die genannten Vorschriften sind halb zwingend. Dies bedeutet, dass sich der VR auf Änderungen zum Nachteil des VN nicht berufen kann. Möglich ist aber, dass die Rechtsfolgen für den VN günstiger ausgestaltet werden. Werden Vereinbarungen getroffen, die ungünstiger sind, tritt an deren Stelle die gesetzliche Regelung. Gleichwohl ist es dem VN möglich, sich auf derartige abweichende Vertragsbestimmungen zu berufen.

2 Sämtliche Regelungen, die in § 87 VVG nicht genannt sind, sind abdingbar. Damit gilt für die allgemeinen Vorschriften zur Schadensversicherung Folgendes:

§ 74 VVG [Überversicherung]	
– Abs. 1	halb zwingend
– Abs. 2	zwingend
§ 75 VVG [Unterversicherung]	abdingbar
§ 76 VVG [Taxe]	abdingbar
§ 77 VVG [Mehrere VR]	abdingbar
§ 78 VVG [Haftung bei Mehrfachversicherung]	
– Abs. 1 und Abs. 2	abdingbar
– Abs. 3	halb zwingend
§ 79 VVG [Beseitigung der Mehrfachversicherung]	abdingbar
§ 80 VVG [Fehlendes versichertes Interesse]	halb zwingend
§ 81 VVG [Herbeiführung des Versicherungsfalles]	abdingbar
§ 82 VVG [Abwendung und Minderung des Schadens]	halb zwingend
§ 83 VVG [Aufwendungsersatz]	halb zwingend
§ 84 VVG [Sachverständigenverfahren]	
– Abs. 1 Satz 1	halb zwingend
– Abs. 1 Satz 2 und 3, Abs. 2	abdingbar
§ 85 VVG [Schadensermittlungskosten]	abdingbar
§ 86 VVG [Übergang von Ersatzansprüchen]	halb zwingend

Abschnitt 2
Sachversicherung

Vorbemerkungen zu den §§ 88 bis 99 VVG

In der Sachversicherung werden **einzelne Sachen** oder **Inbegriffe von Sachen** (zum Begriff s. § 89 Rdn 3) gegen Verlust, Beschädigung und Zerstörung – also **gegen Sachsubstanzschäden** – versichert. 1
- Im **privaten Bereich** geschieht dies v.a. i.R.d. Wohngebäudeversicherung, der Hausratversicherung sowie der Glasversicherung.
- Im **gewerblichen Bereich** sind die wichtigsten Sachversicherungen die industrielle und gewerbliche Feuerversicherung.

Nicht zur Sachversicherung gehört die **Versicherung anderer Vermögenswerte**, wie bspw. die Versicherung von Forderungen (z.B. Kreditversicherung) oder die Versicherung gegen reine Vermögensschäden, insb. also die Haftpflichtversicherung. 2

Allerdings sind auch i.R.d. Sachversicherung nicht nur die reinen Sachsubstanzschäden versichert, sondern **auch Vermögensfolgeschäden** („Kosten"), wie bspw. Rettungskosten, Aufräum- und Abbruchkosten, Bewegungs- und Schutzkosten und ggf. auch Mietverlustschäden und Betriebsunterbrechungsschäden. 3

Im **VVG a.F.** waren von den Sparten der Sachversicherung lediglich die Feuerversicherung (§§ 81 ff. VVG a.F.), die Hagelversicherung (§§ 108 ff. VVG a.F.) und Tierversicherung (§§ 116 ff. VVG a.F.) geregelt, weil nur diese Sparten damals von wirtschaftlicher Bedeutung waren (das ursprüngliche Gesetz über den Versicherungsvertrag datiert v. 30.5.1908). Später wirtschaftlich wesentlich bedeutendere Sparten waren gesetzlich hingegen nicht normiert. Dies führte dazu, dass gefordert wurde, Einzelne dieser Regelungen auf nicht geregelte Sparten, insb. auf andere Arten der Gebäudeversicherung (v.a. gegen Sturm-, Leitungswasser- und Einbruchschäden), analog anzuwenden. 4

Insb. die **Feuerversicherung** war in den §§ 81 bis 107c VVG a.F. aus historischen Gründen sehr ausführlich geregelt. Diese Regelung war nicht mehr zeitgemäß, da es zum einen Versicherungsschutz, der auf die Risiken „Brand, Explosion oder Blitzschlag" (§ 82 VVG a.F.) begrenzt ist, nicht mehr gibt und zum anderen die aktuellen VV Versicherungsschutz einerseits für Gebäude und andererseits für bewegliche Sachen gewähren, wobei der Versicherungsschutz regelmäßig weitere Risiken, über das Feuerrisiko hinaus einschließt. 5

Dieser „Geburtsfehler" wurde durch die **VVG-Reform** behoben. Nunmehr sind die Vorschriften für die Sachversicherung in einem eigenen Kapitel zusammengefasst und die Reform trägt damit der Entwicklung Rechnung. Ein Teil der Vorschriften aus den §§ 81 ff. VVG a.F. wurde in die **allgemeinen Vorschriften** über die Sachversicherung übernommen. Auf die nicht mehr zeitgemäßen Sonderregelungen zur **Tier- und Hagelversicherung** wurde in der Neufassung des VVG **verzichtet**. Gesetzlicher Sonderregelungen bedarf es insoweit nicht, da die bislang ausdrücklich gesetzlich geregelten Fragen in den Allgemeinen Versicherungsbedingungen geregelt werden können. 6

7 Wichtigste **Rechtsquelle der Sachversicherung** ist der VV, also insb. die dem Vertrag zugrunde liegenden Versicherungsbedingungen (**AVB**) als wichtigster Vertragsbestandteil. Daneben sind das **VVG** und das **BGB** wichtige Rechtsquellen. Insb. unterliegen die AVB der Inhaltskontrolle der §§ 305 ff. BGB.

> **Praxistipp**
> Die Lektüre der dem VV zugrunde liegenden Versicherungsbedingungen ist für die Fallbearbeitung insb. i.R.d. Sachversicherung unabdingbar. Einer **Klageschrift** sind die dem streitgegenständlichen VV zugrunde liegenden **AVB als Anlage** beizufügen.

§ 88 VVG   Versicherungswert

Soweit nichts anderes vereinbart ist, gilt als Versicherungswert, wenn sich die Versicherung auf eine Sache oder einen Inbegriff von Sachen bezieht, der Betrag, den der Versicherungsnehmer zur Zeit des Eintrittes des Versicherungsfalles für die Wiederbeschaffung oder Wiederherstellung der versicherten Sache in neuwertigem Zustand unter Abzug des sich aus dem Unterschied zwischen alt und neu ergebenden Minderwertes aufzuwenden hat.

Übersicht

	Rdn
A. Normzweck	1
B. Norminhalt	4
I. Versicherungswert	4
1. Versicherungswert als Zeitwert	4
2. Wiederbeschaffungspreis	7
II. Andere Vereinbarung	13
III. Zum Zeitpunkt des Eintritts des Versicherungsfalls	20
C. Prozessuales	23

A. Normzweck

1 Die Vorschrift bezieht die bisherigen Bestimmungen der §§ 52 VVG und 54 VVG sowie § 86 VVG und 88 VVG a.F. für die Feuerversicherung ein und **definiert den Versicherungswert** in Anlehnung an die §§ 86, 88 VVG a.F. **als Zeitwert der Sache zum Zeitpunkt des schädigenden Ereignisses** (Begr. BT-Drucks 16/3945, 82). Ausdrücklich enthält die Vorschrift einen Vorbehalt bzgl. einer anderen individualvertraglichen Vereinbarung. Es handelt sich bei § 88 VVG also um eine Auffangnorm.

Die Definition ist bei der Anwendung der §§ 74 bis 76, 78, 79 und 93 Abs. 1 S. 2 VVG relevant, soweit Gegenstand der Versicherung eine Sache (bewegliche Sache oder Gebäude) oder ein Inbegriff von Sachen (§ 89 VVG) ist, insb. bei der Feststellung einer Unter- oder Überversicherung (§§ 74, 75 VVG).

2 Da Versicherungsgegenstand eine Sache oder ein Inbegriff von Sachen sein muss, findet die Norm auf andere Bereiche der Schadenversicherung, bspw. die **Haftpflichtversicherung**, **keine** Anwendung.

Für die **Transportversicherung** enthält § 136 VVG eine **Sonderregelung**. 3

B. Norminhalt

I. Versicherungswert

1. Versicherungswert als Zeitwert

Ist nichts anderes vereinbart, gilt als Versicherungswert (Legaldefinition: § 74 Abs. 1 VVG) der Betrag, den der VN für die Wiederbeschaffung oder Wiederherstellung der versicherten Sache in neuwertigem Zustand (**Neuwert**) aufwenden muss, jedoch unter Abzug der Wertminderung, die sich aus Alter und Abnutzung (Abzug „neu für alt") ergibt (**Zeitwert**). Dies sind also die Kosten der Wiederbeschaffung einer gleichwertigen gebrauchten Sache (BGH, VersR 1984, 480). 4

Der Versicherungswert bildet die **Obergrenze des vom VR zu ersetzenden Schadens** (BGH, VersR 1998, 305, 306; Bruck/Möller/*Schnepp*, § 88 Rn 7) und sollte daher auch der VersSumme entsprechen, um Über- oder Unterversicherung zu vermeiden. Dies fällt grundsätzlich in den Verantwortungsbereich des VN, wobei sich insbesondere bei der Wohngebäudeversicherung Aufklärungs- und Beratungspflichten des VR ergeben können (*Armbrüster*, VersR 1997, 931 ff.) 5

Streitig ist, ob beim **Abzug „neu für alt"** nur der Zustand der zerstörten oder beschädigten Sache wertmindernd zu berücksichtigen ist, oder ob auch andere Entwertungsgründe (saisonal bedingte geringe Nachfrage, Mode usw.) zu Buche schlagen. Eine Auslegung der Vorschrift eng am Wortlaut führt jedoch zu dem Ergebnis, dass Wertschwankungen, soweit sie auf anderen Faktoren, als dem Zustand der Sache beruhen, außer Betracht bleiben, da auch die Norm auf den Zustand der Sache abstellt (*Martin*, Sachversicherungsrecht, Q III Rn 6; BK/*Dörner/Staudinger*, § 86 Rn 15; Prölss/Martin/*Armbrüster*, § 88 Rn 20; Römer/Langheid/*Langheid*, § 88 Rn 14). 6

2. Wiederbeschaffungspreis

Es handelt sich um den Betrag, den der VN aufwenden muss, um sich eine **Sache gleicher Art, Güte und Zweckbestimmung** zu kaufen. Hierbei ist auf die preisgünstigste Art und Weise der Wiederbeschaffung abzustellen, soweit diese dem VN zumutbar ist. Dabei sind auch Preisnachlässe und Rabatte zu berücksichtigen und zwar auch dann, wenn diese nur der VN aufgrund seiner individuellen Stellung erzielen kann (Römer/Langheid *Langheid*, § 88 Rn 6; *Schnepp*, in Bruck/Möller, § 88 Rn 18). Denn auch hier gilt, dass nach dem Wortlaut auf die Person des VN abzustellen ist (a.A.: Looschelders/Pohlmann/*Heyers*, § 88 Rn 7; Ausnahme: Versicherung für fremde Rechnung, §§ 43 ff.; *Schnepp*, in Bruck/Möller, § 88 Rn 9 m.w.N.). Zumutbar ist dem VN die günstigste Wiederbeschaffung dann, wenn er diese auch ohne Versicherungsschutz gewählt hätte. Sofern sich der VN die Sache bei einem Händler beschaffen muss, so umfasst der Wiederbeschaffungspreis auch die 7

Gewinnspanne des Händlers und die USt (BGH, VersR 1988, 463; Rüffer/Halbach/Schimikowski/*Halbach*, § 88 Rn 3).

8   Der vorsteuerabzugsberechtigte VN kann die **USt nicht** ersetzt verlangen (BGH, VersR 1991, 1131).

9   Es kommt nicht darauf an, wie viel der VN konkret für die Neuanschaffung bezahlt, vielmehr wird der Wiederbeschaffungspreis anhand obiger Kriterien **abstrakt ermittelt**. Es kommt grds. auch nicht darauf an, ob der VN sich überhaupt Ersatz verschafft (Ausnahme: Wiederherstellungsklausel ist vertraglich vereinbart, vgl. § 93 VVG).

10 Ist aufgrund technischer Weiterentwicklung oder aus Rechtsgründen nur ein **höherwertiger Gegenstand** erhältlich, ist dieser Preis maßgeblich und ein Abzug nicht vorzunehmen, weil die Neuanschaffung der verbesserten Sache dem VN durch den Versicherungsfall aufgezwungen wird. Umgekehrt kommen dem VR auch Preissenkungen zugute (*Martin*, Sachversicherungsrecht, Q IV Rn 16; Langheid/Wandt/*Staudinger*, § 88 Rn 5).

11 Wirkt sich das **Alter einer Sache** ausnahmsweise **wertsteigernd** aus (z.B. Antiquitäten, Oldtimer), bestimmen Alter und Abnutzung die Art und Güte der Sache. Ein altersbedingter **Minderwert** ist nicht in Abzug zu bringen (*Martin*, Sachversicherungsrecht, Q IV Rn 78 bis 82). Insb. bei Liebhaber und Sammlerstücken empfiehlt sich die Vereinbarung einer Taxe, § 76 S. 2 VVG (s.a. Langheid/Wandt/*Staudinger*, § 88 Rn 6).

12 Bei **Gebäuden** sind die Wiederherstellungskosten der ortsübliche Neubauwert zum Zeitpunkt des Versicherungsfalles inklusive Herstellungs- und Planungskosten, nicht jedoch Aufräum- und Abbruchkosten, wobei wiederum ein Abzug für Alter und Abnutzung vorzunehmen ist (OLG Hamm, NJW-RR 1993, 1312; *Schnepp*, in Bruck/Möller, § 88 Rn 24 ff.; zum Versicherungswert bei denkmalbeschützten Gebäuden vgl. *Armbrüster* in Grundeigentum 1997, 286 ff.).

II. Andere Vereinbarung

13 Die neue Vorschrift enthält zur Klarstellung einen ausdrücklichen Vorbehalt für eine **abweichende Regelung im Vertrag**. Häufig wird vertraglich durch AVB ein anderer Versicherungswert als der Zeitwert vereinbart.

14 Wichtigster Fall einer abweichenden Vereinbarung ist die **Neuwertversicherung**, bei der grds. kein Abzug „neu für alt" vorgenommen wird.

15 Hierbei wird als Neuwert **bei beweglichen Sachen** der Wiederbeschaffungspreis von Sachen gleicher Art und Güte in neuwertigem Zustand vereinbart (z.B. § 18 Nr. 2 VHB 84/92, § 12 Nr. 3 VHB 2000, § 9 Nr. 1a VHB 2008).

16 Bei **Gebäuden** ermittelt sich der Neuwert aus den ortsüblichen Wiederherstellungskosten inklusive der Architektengebühren sowie sonstiger Planungs- und Konstruktionskosten (z.B. § 5 Nr. 1a AFB 87; § 14 Nr. 1a VGB 88, § 25 Nr. 1a VGB 2000, § 10 Nr. 1a), b) VGB 2008, § 7 Nr. 1a) aa) AERB 2008).

Bei der **Hausrat- und Wohngebäudeversicherung** handelt es sich i.d.R. um Neuwertversicherungen, wobei die Zahlung des so genannten Neuwertanteils unter dem Vorbehalt der Sicherstellung der Wiederherstellung stehen kann (vgl. § 93 VVG).

Hierzu gehört auch die sog. **gleitende Neuwertversicherung**, wo die Versicherungssumme der Baupreisentwicklung angepasst wird, vgl. z.B. § 11 Nr. 1 VGB 2008 (im Einzelnen, Abschnitt „A", § 11 VGB 2008 Rn 1 ff.).

Auch der **gemeine Wert** kann, abweichend von § 88 VVG, vertraglich als Versicherungswert vereinbart sein. Mit „gemeiner Wert" ist der **objektive Substanzwert** der Sache gemeint, wobei also ein individuelles (Affektions-)Interesse des VN an der Sache unberücksichtigt bleibt. Es handelt sich hierbei um den **durchschnittlichen Wiederbeschaffungspreis**, den der VN aufwenden muss, **um sich gleichwertigen Ersatz zu beschaffen** (BGH, NJW 1984, 2166; OLG Hamm, VersR 1981, 872; OLG Oldenburg, VersR 2000, 177; Prölss/Martin/*Kollhosser*, § 52 Rn 2 f.). Dies ist insb. dann der Fall, wenn die versicherte Sache dauerhaft entwertet ist, weil sie für den VN nicht mehr zu verwenden ist bzw. weil das versicherte Gebäude zum Abbruch bestimmt oder für seinen Zweck nicht mehr zu verwenden ist. Der gemeine Wert als Versicherungswert wird in diesen Fällen jedoch regelmäßig nicht als Wiederbeschaffungspreis, sondern in den AVB als „**Verkaufspreis der Sache**" definiert (z.B. § 6 Nr. 1 VGB 62, § 14 Nr. 2 VGB 88, § 25 Nr. 1b VGB 2000; § 18 Nr. 2 VHB 84/92, § 12 Nr. 3 VHB 2000, § 9 Nr. 1c VHB 2008, § 10 Nr. 1d VGB 2008, § 7 Nr. 1a) cc) und Nr. 2a) cc) AERB 2008).

III. Zum Zeitpunkt des Eintritts des Versicherungsfalls

Maßgeblich ist der Wiederbeschaffungs- bzw. Wiederherstellungsaufwand **zur Zeit des Eintritts des Versicherungsfalles**, also nicht die ursprünglichen Kosten, die der Versicherungsnehmer für die Herstellung oder die Beschaffung der versicherten Sache hat aufwenden müssen (BGH, VersR 1997, 1232). Auch Wertschwankungen im Zeitraum des Abschlusses des Versicherungsvertrags und des Eintritts des Versicherungsfalles spielen demnach keine Rolle (*Schnepp*, in Bruck/Möller, § 88 Rn 55).

Allerdings kann durch die ursprünglichen Anschaffungskosten der Wiederbeschaffungspreis im Prozess nachgewiesen werden (OLG Hamm, r+s 1979, 263).

Das Risiko von Preissteigerungen während der Wiederherstellungs- bzw. Wiederbeschaffungszeit trägt also nach dem Wortlaut der Norm der Versicherungsnehmer, da für die Bemessung des Versicherungswerts ausdrücklich auf den **Zeitpunkt des Versicherungsfalls** abgestellt wird. (*Schnepp*, in Bruck/Möller, § 88 Rn 57, 72; **a.A.** Prölss/Martin/*Kollhosser*, § 88 Rn 30; *Hormuth*, in: Staudinger/Halm/Wendt, § 88 Rn 5, weil Preissenkungen zwischen Eintritt des Versicherungsfalls und Wiederbeschaffung umgekehrt auch dem VR zu Gute kämen). Allerdings kann vertraglich vereinbart werden, dass auch notwendige Mehrkosten infolge von Preissteigerungen versichert sind (vgl. z.B. § 15 Nr. 2 VGB 88, § 25 Nr. 5 VGB 2000, § 8 Nr. 4 VGB 2008).

C. Prozessuales

23 Wer einen anderen Versicherungswert als den Zeitwert behauptet, trägt hierfür die Beweislast. Der VN muss also beweisen, dass der Neuwert versichert ist und der VR muss beweisen, dass lediglich der gemeine Wert versichert ist, so er sich hierauf beruft.

24 Die Höhe des Schadens ist vom VN nachzuweisen, wobei § 287 ZPO analog anzuwenden ist (Langheid/Wandt/*Staudinger*, § 88 Rn 21, Looschelders/Pohlmann/*Heyers*, § 88 Rn 15).

§ 89 VVG Versicherung für Inbegriff von Sachen

(1) Eine Versicherung, die für einen Inbegriff von Sachen genommen ist, umfasst die jeweils dem Inbegriff zugehörigen Sachen.

(2) Ist die Versicherung für einen Inbegriff von Sachen genommen, erstreckt sie sich auf die Sachen der Personen, mit denen der Versicherungsnehmer bei Eintritt des Schadens in häuslicher Gemeinschaft lebt oder die zu diesem Zeitpunkt in einem Dienstverhältnis zum Versicherungsnehmer stehen und ihre Tätigkeit an dem Ort ausüben, für den die Versicherung gilt. Die Versicherung gilt insoweit als für fremde Rechnung genommen.

Übersicht

	Rdn
A. Normzweck	1
B. Norminhalt	3
I. Inbegriffsversicherung (§ 89 Abs. 1 VVG)	3
1. Inbegriff von Sachen	3
2. Beratungspflicht	16
II. Häusliche Gemeinschaft (§ 89 Abs. 2 VVG)	17
1. Allgemeines	17
2. Versicherung für fremde Rechnung (§ 89 Abs. 2 S. 2 VVG)	22
C. Rechtsfolgen	23
D. Prozessuales	24
E. Abdingbarkeit	25

A. Normzweck

1 In der Sachversicherung sind regelmäßig nicht einzelne Sachen, wie bspw. in der Maschinenversicherung, versichert sondern regelmäßig **mehrere Sachen**, die dann einen Sachinbegriff bilden, wenn sie aufgrund ihrer Zweckgebundenheit allgemein als Einheit behandelt werden. Der Versicherungsschutz erstreckt sich dann auf alle unter den Sachinbegriff fallenden Sachen, also nicht nur auf die, die zum Zeitpunkt des Vertragsabschlusses zum Inbegriff gehörten (Begr. BT-Drucks 16/3945, 82). Die Mehrheit von Sachen wird im VV dann unter einem Überbegriff (z.B. Hausrat, Betriebseinrichtung, Inventar in Gaststätten, Warenlager) zusammengefasst.

2 Damit entspricht die Regelung einem praktischen Bedürfnis und dem mutmaßlichen Willen der Parteien, indem sie klarstellt, dass die Vertragsfreiheit auch die Versicherung für einen

Inbegriff von Sachen zulässt. Die **Individualisierung** der einzelnen zur Sachgesamtheit gehörenden Sachen ist **nicht notwendig**, was insb. bei einem wechselnden Bestand, wie bei einem Warenlager oder auch beim Hausrat, erhebliche Schwierigkeiten verursachen würde.

B. Norminhalt

I. Inbegriffsversicherung (§ 89 Abs. 1 VVG)

1. Inbegriff von Sachen

Der „**Inbegriff von Sachen**" ist inhaltlich identisch mit dem des allg. Zivilrechts (z.B. § 260 BGB). Es muss sich um eine Mehrheit von selbstständigen Sachen handeln, die die Verkehrsanschauung wegen ihrer Zweckverbundenheit unter einen einheitlichen Begriff zusammenfasst und die in einer gewissen räumlichen Nähe zueinander stehen (Palandt/ *Heinrichs*, Vor. § 90 BGB Rn 5). Beim **Hausrat** sind dies bspw. alle Sachen, die einem Haushalt zur Einrichtung oder zum Gebrauch dienen, außerdem Bargeld (§ 1 Nr. 1 VHB 84/92, § 6 Nr. 2 VHB 2008). 3

In wessen **Eigentum** die versicherten Sachen stehen, die zum Inbegriff gehören, ist ohne Belang. Zum versicherten Inbegriff von Sachen können daher auch fremde Sachen gehören, z.b. bei einem Warenlager Sachen, die unter Eigentumsvorbehalt geliefert wurden oder einer Bank zur Sicherung übereignet wurden oder bei Hausrat Sachen des Mitbewohners oder des Ehepartners des VN. Soweit fremde Sachen mitversichert sind, handelt es sich um eine Versicherung für fremde Rechnung gem. § 43 VVG (OLG Bremen, VersR 1978, 315; OLG Karlsruhe, VersR 1976, 239; Prölss/Martin/*Armbrüster*, § 89 Rn 2). 4

Versichert wird der gesamte Inbegriff mit einer **einheitlichen VersSumme**. Verändert sich der Versicherungswert des Inbegriffs durch Zu- oder Abgänge von einzelnen Sachen, wird das Versicherungsverhältnis hierdurch nicht beeinträchtigt. Denn der Sachinbegriff umfasst die jeweils dazugehörigen Sachen, auch wenn Zu- und Abgänge nach dem Zeitpunkt des Vertragsschlusses stattgefunden haben. 5

Allerdings kann **Überversicherung** (§ 74 VVG) oder **Unterversicherung** (§ 75 VVG) eintreten, wenn es zu einer erheblichen Abweichung zwischen Versicherungswert und VersSumme kommt, wobei auf den Wert des gesamten Inbegriffs abzustellen ist (BGH, NJW 1964, 244). 6

Auch, wenn in einem VV **mehrere Inbegriffe** von Sachen (z.B. Warenvorräte und Gaststätteninventar) mit je eigenen VersSummen versichert sind, sind Über- und Unterversicherung für jede Sachgesamtheit getrennt zu prüfen (OLG Köln, VersR 1993, 1101; Römer/Langheid/*Langheid*, § 89 Rn 4). Dies gilt unabhängig davon, ob eine Gesamtversicherungssumme vereinbart ist oder getrennte VersSummen für die einzelnen Inbegriffe. Denn selbst wenn eine Gesamtversicherungssumme gebildet wurde, wird die Selbstständigkeit der einzelnen Inbegriffe hierdurch nicht aufgehoben. 7

8   Um einen **Zugang** handelt es sich, wenn eine Sache mit entsprechender Zweckbestimmung in den räumlichen Zusammenhang des Inbegriffs eingebracht wird.

9   Um einen **Abgang** handelt es sich, wenn eine Sache auf Dauer aus dem räumlichen Zusammenhang mit den übrigen Sachen entfernt wird (OLG Hamm, VersR 1975, 175), bspw. dadurch, dass eine zum Hausrat gehörende Sache entsorgt, verschenkt oder veräußert wird. Eine nur vorübergehende Trennung hebt den Inbegriff nicht auf, kann aber die Versicherung entfallen lassen, weil die Sache vom Versicherungsort entfernt wurde.

10 Daneben scheiden einzelne Sachen auch dann aus, wenn ihre **Zweckbestimmung dauerhaft aufgehoben** wird, bspw. dadurch, dass eine unter dem Inbegriff der Betriebseinrichtung versicherte Sache nur noch privat genutzt wird.

11 **Melden** muss der VN eine Veränderung der Zusammensetzung des Inbegriffs nicht.

   Praxistipp
   Bei einer erheblichen Wertveränderung empfiehlt sich eine Meldung, um eine Über- oder Unterversicherung zu vermeiden.

12 **Neu hinzukommende Sachen** sind ohne Weiteres mitversichert, soweit sie vom Sachinbegriff begrifflich umfasst sind. Hat der VN also seinen Hausrat versichert, bleibt der übrige Hausrat vom Versicherungsschutz umfasst, wenn einzelne Hausratsgegenstände entfernt werden; neu hinzugekommener Hausrat fällt automatisch unter den Versicherungsschutz (Langheid/Wandt/*Staudinger*, § 89 Rn 6).

13 Die Regelung in § 89 Abs. 1 VVG stellt klar, dass der Rest der Sachgesamtheit weiter versichert bleibt, wenn **einzelne Sachen entfernt** werden. Wird eine Sache auf Dauer räumlich entfernt, scheidet sie aus der Versicherung aus. Dies gilt auch dann, wenn die Sache bei der Gesamtheit verbleibt, aber veräußert wird, sofern der VN nicht weiter das Nutzungsrecht behält (z.B. Sicherungsübereignung; Römer/Langheid/*Langheid*, § 89 Rn 5).

14 Erst wenn der gesamte Inbegriff dadurch **aufhört zu existieren**, weil keine Sache des Inbegriffs mehr vorhanden ist, fällt das versicherte Interesse gem. § 82 Abs. 2 VVG weg (OLG Hamm, VersR 1975, 174; VersR 1993, 48).

15 Mit der Veräußerung einzelner Sachen geht die Versicherung nicht nach § 95 VVG auf den Erwerber über, da nicht die einzelnen Sachen versichert sind, sondern ihre Gesamtheit als Inbegriff. Lediglich wenn der **ganze Inbegriff veräußert** wird, geht gem. § 95 VVG die Versicherung auf den Erwerber über (OLG Hamm, VersR 1993, 48). Der Übergang findet auch dann statt, wenn der Umfang der Gesamtheit zum Zeitpunkt des Erwerbs stark geschrumpft ist und nur noch aus einigen wenigen Sachen oder einer einzelnen Sache besteht (OLG Hamm, VersR 1975, 174). Wird der Rest dann wieder aufgefüllt, sind die hinzugekommenen Sachen wieder automatisch mitversichert (OLG Hamm, VersR 1975, 174).

2. Beratungspflicht

16 Eine allgemeine Aufklärungspflicht des VR zur Über- oder Unterversicherung besteht nicht (*Johannsen*, in: Bruck/Möller, § 89 Rn 12, Muss der VR jedoch erkennen, dass durch

Zugänge zum Inventar eine Unterversicherung beim VN eingetreten sein könnte, so trifft den VR nunmehr eine Beratungspflicht gem. § 6 Abs. 4 S. 1 VVG. Dies kann bspw. dann der Fall sein, wenn der VN sich zum Versicherungsschutz bei Zugängen nach Abschluss des Vertrages erkundigt. (Langheid/Wandt/*Staudinger*, § 89 Rn 17). Verletzt der VR seine Beratungspflicht, so macht er sich gem. § 6 Abs. 5 S. 1 VVG schadenersatzpflichtig, d.h., der VN ist so zu stellen, als sei die Versicherungssumme entsprechend der korrekten Beratung angepasst worden (Langheid/Wandt/*Staudinger*, § 89 Rn 18).

II. Häusliche Gemeinschaft (§ 89 Abs. 2 VVG)

1. Allgemeines

Bei einem **Dienstverhältnis** handelt es sich um ein Dauerschuldverhältnis zwischen dem Dienstverpflichteten und dem VN, dem ein Dienstvertrag zugrunde liegt, wobei die Tätigkeit des Dienstverpflichteten am Versicherungsort ausgeübt werden muss; so sind etwa die Sachen von Hausangestellten mitversichert. 17

Bei Personen, die in einem Dienstverhältnis zum VN stehen, wird mangels praktischer Relevanz nicht mehr auf die Zugehörigkeit zur häuslichen Gemeinschaft abgestellt, sondern nur noch darauf, ob die Tätigkeit für den VN an einem Ort ausgeübt wird, der unter den Versicherungsschutz fällt (Begr. BT-Drucks 16/3945, S. 82). 18

Unter **häuslicher Gemeinschaft** versteht man ein nicht nur ganz vorübergehendes Verhältnis der Wohngemeinschaft, wozu gehört, dass die Beteiligten Räume und Hausrat mindestens teilweise **gemeinschaftlich** nutzen (OLG Nürnberg, VersR 1959, 283). Getrennte Schlafzimmer oder die Benutzung einer Zweitwohnung an den Werktagen ist unschädlich, wenn der VN auswärts arbeitet und die Wochenenden regelmäßig in der häuslichen Gemeinschaft verbringt (BGH, VersR 1961, 1077). Auch eine urlaubs- oder krankheitsbedingte Abwesenheit hebt die häusliche Gemeinschaft nicht auf (Langheid/Wandt/*Staudinger*, § 89 Rn 10). 19

Auch während der Erfüllung des **Wehr- oder Zivildienstes** oder der Abwesenheit zwecks einer **Berufsausbildung** besteht die häusliche Gemeinschaft fort, solange eine Rückkehr vorgesehen ist und kein eigener Haushalt gegründet wird. Dies wird in einzelnen AVB vertraglich konkretisiert (vgl. z.B. § 12 Nr. 2 VHB 84/92 für die Hausratversicherung, § 7 Nr. 2 VHB 2008). 20

Auf die **Familienzugehörigkeit** ist nach dem eindeutigen Wortlaut der Norm nicht (mehr) abzustellen (Rüffer/Halbach/Schimikowski/*Halbach*, § 89 Rn 4). 21

2. Versicherung für fremde Rechnung (§ 89 Abs. 2 S. 2 VVG)

Nach § 89 Abs. 2 S. 2 VVG gilt die Versicherung, soweit fremdes Eigentum versichert ist, als für fremde Rechnung genommen, sodass die §§ 43 bis 48 VVG Anwendung finden. 22

C. Rechtsfolgen

23 Die Rechtsfolge des § 89 VVG besteht darin, dass sich der Versicherungsschutz auf die wechselnden Einzelsachen bezieht, sofern diese zum Zeitpunkt des Versicherungsfalls zum Inbegriff gehört haben, die Einzelsache sich also unter die Merkmale des Inbegriffs subsumieren lässt und sich am Versicherungsort befand.

D. Prozessuales

24 Der VN trägt die Beweislast dafür, dass die beschädigte oder zerstörte Sache zurzeit des Versicherungsfalls zum versicherten Inbegriff gehörte (*Hormuth*, in: Staudinger/Halm/Wendt, § 89 Rn 6).

E. Abdingbarkeit

25 Die Vorschrift ist **dispositiv**. Eine Einschränkung des Anwendungsbereiches des § 89 Abs. 2 VVG durch AVB muss der Inhaltskontrolle nach § 307 BGB standhalten.

§ 90 VVG Erweiterter Aufwendungsersatz

Macht der Versicherungsnehmer Aufwendungen, um einen unmittelbar bevorstehenden Versicherungsfall abzuwenden oder in seinen Auswirkungen zu mindern, ist § 83 Abs. 1 Satz 1, Abs. 2 und 3 entsprechend anzuwenden.

Übersicht

	Rdn
A. Normzweck	1
B. Norminhalt	5
1. Aufwendungen	5
2. Begriff des unmittelbar bevorstehenden Versicherungsfalls	12
3. Höhe des Aufwendungsersatzes	20
C. Prozessuales	24
D. Abdingbarkeit	25

A. Normzweck

1 Die Vorschrift normiert die schon bislang für die Sachversicherung gesicherte Rechtsprechung, wonach ein Aufwendungsersatzanspruch des VN gem. § 83 Abs. 1 S. 1 VVG nicht erst dann entsteht, wenn der Versicherungsfall bereits eingetreten ist, sondern es ausreicht, dass der VN **Aufwendungen zur Abwehr** eines andernfalls unmittelbar bevorstehenden Versicherungsfalls oder zur Minderung des damit verbundenen Schadens tätigt (sog. Vorerstreckungstheorie; BGH, NJW-RR 1994, 1366).

2 § 82 VVG normiert die Obliegenheit, einen versicherten Schaden bei Eintritt des Versicherungsfalls nach Möglichkeit abzuwenden oder wenigstens zu mindern. Nach der Vorerstreckungstheorie sollte diese Obliegenheit den VN bereits dann treffen, wenn der Versicherungsfall unmittelbar bevorstand. Dies gilt nach dem eindeutigen Wortlaut des § 90 VVG, der allein auf § 83 VVG verweist nicht mehr (Langheid/Wandt/*Staudinger*, § 90 Rn 2 f.).

Eine **Vorverlegung der Rettungsobliegenheit** nach § 82 Abs. 1 und 2 VVG hat die Vorschrift also nicht zur Folge, da dies den VN unangemessen belasten würde. I.Ü. würde hierdurch der § 81 VVG aufgeweicht, was ebenfalls nicht beabsichtigt ist. Die Vorerstreckung bezieht sich folglich ausschließlich auf den Aufwendungsersatz (Begr., Langheid/Wandt/*Staudinger*, § 90 Rn 2 f.). 3

Sie gilt nur für die **Sachversicherung**, nicht aber für andere Zweige der Schadensversicherung, insb. auch nicht für die Haftpflichtversicherung (OLG Köln VersR 2015, 709 f.; Looschelders/Pohlmann/*Schmidt-Kessel*, § 90 Rn 2). Auch ein Anspruch des VN unter Rückgriff auf § 242 BGB dürfte dem VN wegen der abschließenden Regelung des § 90 VVG verwehrt sein (Langheid/Wandt/*Staudinger*, § 90 Rn 5 f.; Römer/Langheid/*Langheid*, § 90 Rn 3). 4

B. Norminhalt

1. Aufwendungen

Aufwendung ist jede – auch unfreiwillige – **Vermögensminderung**, die die **adäquate Folge einer Maßnahme** ist, die der VN **zur Schadensabwehr oder -minderung** gemacht hat (BGH, VersR 1977, 709; OLG Oldenburg, VersR 1990, 516). 5

Aufwendungen, die dem VN ohnehin entstanden wären, sind daher nicht ersatzpflichtig, da sie schon nicht die Folge einer Rettungsmaßnahme sind. 6

Voraussetzung des Erstattungsanspruchs ist, dass der VN ein freiwilliges Vermögensopfer erbringt, das **objektiv geeignet** erscheint, den vertraglich festgelegten Versicherungsfall abzuwenden oder dessen Auswirkungen zu mindern. War die Handlung objektiv geeignet, den Versicherungsfall abzuwenden, ist nicht erforderlich, dass der VN einen entsprechenden Rettungswillen hatte, der Rettungserfolg also subjektiv bezweckt war (BGH, NJW-RR 1994, 1366). Der Anspruch auf Aufwendungsersatz besteht selbst dann, wenn der VN nicht wusste, dass die Sache überhaupt versichert war. Es ist daher auch unerheblich, ob der VN mit seiner Maßnahme einen anderen Zweck verfolgt, als die versicherte Sache zu retten. 7

Allerdings ist es nicht ausreichend, wenn sich die Schadensabwendung lediglich als **Reflexwirkung** einer Handlung des VN ergibt. Weicht der VN bspw. einem ihm entgegenkommenden Fahrzeug aus, um die ihm drohende Gefahr für Leib und Leben abzuwenden, stellt sich die damit verbundene Rettungshandlung der Fahrzeugverglasung in der Teilkaskoversicherung als so geringfügiges Nebeninteresse dar, dass diese bloße Reflexhandlung ist (BGH, NJW-RR 1994, 1366; OLG Düsseldorf, NVersZ 2002, 505). 8

Weiß der VN jedoch, dass ihm selbst kein versicherter Schaden droht, bspw. weil er eine fremde Sache rettet, so liegt schon **objektiv keine Rettungsmaßnahme** vor, sodass Aufwendungen nicht verlangt werden können. 9

10 Nicht erforderlich ist, dass die Aufwendungen des VN erfolgreich sind, solange sie der VN den Umständen nach **für geboten halten** durfte (§ 83 Abs. 1 S. 1 VVG).

11 Unter bestimmten Voraussetzungen kann der VN sogar dann Aufwendungsersatz verlangen, wenn die Maßnahme **objektiv völlig ungeeignet** war, einen Versicherungsfall abzuwenden, bspw. weil der VN irrig annimmt, ein Versicherungsfall stünde unmittelbar bevor. Es kommt darauf an, ob der VN die Rettungshandlung für geboten halten durfte (§ 83 Abs. 1 S. 1 VVG). Dies beurteilt sich danach, ob der VN schuldlos oder nur leicht fahrlässig gehandelt hat oder ob ihm grob fahrlässiges Verhalten vorzuwerfen ist. Nur wenn der VN grob fahrlässig gehandelt hat, besteht kein Anspruch (BGH, VersR 1977, 711).

2. Begriff des unmittelbar bevorstehenden Versicherungsfalls

12 Die Aufwendungen des VN sind in dem Umfang zu ersetzen, in dem sie einen unmittelbar bevorstehenden Versicherungsfall abwenden. Der unbestimmte Begriff des unmittelbar bevorstehenden Versicherungsfalls enthält keine zuverlässige Abgrenzung in zeitlicher Hinsicht, worauf in der Vergangenheit schon der BGH hingewiesen hat (BGH, VersR 1965, 325, 326).

13 In Abgrenzung hierzu sind **Schadensverhütungskosten** nicht versichert. Um solche handelt es sich, wenn die Aufwendungen zwar zu dem Zweck erfolgen, den Versicherungsfall nicht eintreten zu lassen, dieser jedoch noch nicht unmittelbar bevorsteht, es sich also um eine allgemein gebotene Vorsichtsmaßnahme handelt (RGZ 88, 313, 315).

14 Ob ein Versicherungsfall **unmittelbar bevorsteht**, richtet sich nach der Verkehrsanschauung. Hier gilt: Je größer der drohende Schaden, desto weiter ist der Zeitraum der Unmittelbarkeit auszudehnen und kann bspw. bei einem drohenden Brandschaden an einem versicherten Gebäude, welches bspw. durch einen Waldbrand bedroht ist, sogar im Bereich von Tagen liegen.

15 Kein geeignetes Kriterium zur Beurteilung der Unmittelbarkeit ist, inwieweit den VN die Obliegenheit trifft, zur Abwendung eines Versicherungsfalles Maßnahmen zu ergreifen. Selbige Obliegenheiten treffen den VN regelmäßig nämlich schon lange, bevor der Versicherungsfall eintritt, bspw. die Instandhaltungsobliegenheiten i.R.d. Wohngebäudeversicherung, wonach der VN insb. wasserführende Anlagen, Einrichtungen und Dächer stets in ordnungsgemäßem Zustand zu erhalten und Mängel oder Schäden unverzüglich beseitigen zu lassen hat (vgl. z.B. § 11 Nr. 1b VGB 88). Diese Aufwendungen, die der VN tätigt, um seinen vertraglichen Obliegenheiten nachzukommen, muss er selbst tragen. Es handelt sich in diesen Fällen um nicht versicherte **Schadensverhütungskosten** (AG Karlsruhe, zfs 1996, 19; LG Saarbrücken, VersR 1980, 350; *Koch*, in: Bruck/Möller, § 90 Rn 3).

16 Auch lässt sich die Unmittelbarkeit nicht dadurch beurteilen, inwieweit der Versicherungsfall ohne Eingreifen des VN **unvermeidlich** eingetreten wäre, wenn man sich die Handlung des VN hinweg denkt. Auch dann wird man stets mit der hypothetischen Frage konfrontiert, ob der Geschehensablauf auch anders hätte ablaufen können, also ob bspw. weiter hinzutretende Ereignisse den Versicherungsfall noch verhindert hätten.

Man wird also das Kriterium der Unmittelbarkeit aus einer Kombination von Größe der Wahrscheinlichkeit des Eintritts des Versicherungsfalls, zeitlicher Nähe und Höhe des drohenden Schadens bilden müssen, wobei die **Verkehrsanschauung** zugrunde zu legen ist (BGH, VersR 1994, 1181; VersR 1985, 656; OLG Hamm, VersR 89, 907; zfs 1990, 226 u. 263). 17

Weitere Aufwendungen, die der VN macht, nachdem der Versicherungsfall bereits nicht mehr unmittelbar droht, muss er dann als Schadensverhütungskosten einer zeitlich entfernteren Gefahr selbst tragen. 18

Beispiel
Lässt der VN bspw. das Dach eines versicherten Gebäudes, dessen Einsturz infolge einer Schneelast unmittelbar bevorsteht, von Schnee räumen, sind die Schneeräumkosten nur insoweit zu ersetzen, als sie erforderlich waren, um die Schneelast insoweit zu beseitigen, als dass der Versicherungsfall nicht mehr unmittelbar drohte. Die Kosten, die für die restliche Schneebeseitigung anfallen, nachdem die Gefahr nicht mehr akut droht, muss der VN also selbst tragen. Ebenso muss er die weiteren Kosten tragen, die für das Abtransportieren des Schnees entstehen (vgl. hierzu auch AG Darmstadt, r+s 1988, 306).

Für Wildunfälle in der Kaskoversicherung gilt: Weicht der VN mit seinem Kfz aus, um einen Zusammenstoß mit einem Haarwild zu verhindern, so hat er einen unmittelbar bevorstehenden Versicherungsfall abgewendet. Bei der Beurteilung der Gebotenheit des Ausweichmanövers ist auf den Fahrer abzustellen (BGH, r+s 1992, 82). Bei kleinen Tieren, z.B. Hasen, dürfte es häufig schon mangels drohendem Kfz-Schaden am Versicherungsfall fehlen (Langheid/Wandt/*Staudinger*, § 90 Rn 14; AG Lörrach, Urt. v. 2.12.2013, Az.: 4 C 1368/13; z.B. auch Kürzung des Aufwendungsersatzanspruchs um 60 % bei Ausweichmanöver vor einem Fuchs, LG Trier, r+s 2010, 509 f.). 19

Steht ein Versicherungsfall unmittelbar bevor und fehlt es an der Gebotenheit des Ausweichmanövers (z.B. sehr riskantes Ausweichmanöver auf nasser Straße), so ist entsprechend der Schwere des Verschuldens eine Quotelung gem. §§ 90, 83 Abs. 2 i.V.m. § 81 Abs. 2 VVG vorzunehmen (Langheid/Wandt/*Staudinger*, § 90 Rn 14; OLG Saarbrücken VersR 2012, 55 ff.). Ein Rettungsschaden liegt im Rahmen der Vollkaskoversicherung vor, wenn der Fahrzeugführer ein Ausweichmanöver durchführt, um die Kollision mit einem anderem Fahrzeug zu vermeiden und dadurch Schäden durch verrutschte Ladung verursacht werden (OLG München, VersR 2014, 1077).

3. Höhe des Aufwendungsersatzes

Der Anspruch auf Aufwendungsersatz ist durch die vereinbarte VersSumme begrenzt. Aufwendungsersatz und sonstige Entschädigung bilden zusammen die **Höchstgrenze** des Anspruchs. 20

Nur, wenn der VN Aufwendungen auf Weisung des VR tätigt, sind die Kosten hierfür auch dann zu erstatten, wenn der Aufwendungsersatzanspruch und die sonstige Entschädigung die VersSumme übersteigen (§ 83 Abs. 3 VVG), wobei es keinen Anspruch des VN auf entsprechende Weisung des VR gibt. 21

Hammel 801

22 § 90 VVG verweist ausdrücklich nicht auf § 83 Abs. 1 S. 2 VVG, wodurch klargestellt ist, dass ein Anspruch auf Vorschuss nach § 83 Abs. 1 S. 2 VVG nicht verlangt werden kann. Wenn der VN noch Zeit hat, den **Umfang** seiner **Aufwendungen** abzuschätzen, um einen Vorschuss beziffert zu begründen, geltend zu machen oder innerhalb der allgemeinen Fälligkeitsfristen vor Eintritt des Versicherungsfalles zu erhalten, dürfte es i.d.R. bereits am Erfordernis der Unmittelbarkeit fehlen (Begr. BT-Drucks 16/3945, 83).

23 Für den Fall, dass der VR berechtigt ist, seine Leistung zu kürzen, z.b. weil der VN den Versicherungsfall grob fahrlässig herbeigeführt hat (§ 81 Abs. 2 VVG), kann er auch den Aufwendungsersatz entsprechend kürzen, wie sich aus der Verweisung auf § 83 Abs. 2 VVG ergibt.

Verletzt der VN grob fahrlässig seine Obliegenheit zur Aufwendungsminderung, indem er bspw. unangemessen hohe Kosten durch seine Rettungsbemühungen verursacht, so ist der VR zur Kürzung der Rettungskosten berechtigt (*Koch*, in: Bruck/Möller, § 90 Rn 16; vgl. auch Rdn 19).

C. Prozessuales

24 Der VN, der Kostenersatz verlangt, muss die Voraussetzungen des § 90 VVG beweisen. Er muss also zum einen beweisen, dass die getroffenen Maßnahmen geboten waren. Waren die Maßnahmen objektiv nicht geboten, macht der VN geltend, er habe sie irrigerweise für geboten gehalten, muss er den Vorwurf der groben Fahrlässigkeit ausräumen, da diese Fallkonstellation mit den Obliegenheitsverletzungen des VN vergleichbar ist, wo sich der VN ebenfalls exkulpieren muss (vgl. § 28 VVG Abs. 2 a.E.).

Auch das unmittelbare Bevorstehen des Versicherungsfalls muss der VN beweisen (Römer/Langheid/*Langheid*, § 90 Rn 7).

D. Abdingbarkeit

25 Die Regelung ist abdingbar; anders als beim Anspruch nach § 83 VVG können hier abweichende Vereinbarungen zum Nachteil des VN zugelassen werden, da der VN keine entsprechende Rettungsobliegenheit hat (Prölss/Martin/*Armbrüster*, § 90 Rn 5).

§ 91 VVG Verzinsung der Entschädigung

Die vom Versicherer zu zahlende Entschädigung ist nach Ablauf eines Monats seit der Anzeige des Versicherungsfalles für das Jahr mit 4 Prozent zu verzinsen, soweit nicht aus einem anderen Rechtsgrund höhere Zinsen verlangt werden können. Der Lauf der Frist ist gehemmt, solange der Schaden infolge eines Verschuldens des Versicherungsnehmers nicht festgestellt werden kann.

Verzinsung der Entschädigung § 91 VVG

Übersicht

	Rdn
A. Normzweck	1
B. Norminhalt	5
1. Monatsfrist	5
2. Verzinsung	6
3. Hemmung des Zinsanspruchs (§ 91 S. 2 VVG)	11
C. Abdingbarkeit	13

A. Normzweck

Die Verzinsungspflicht besteht ganz unabhängig von der Feststellung der Eintrittspflicht und der Berechnung der Höhe der Entschädigungssumme, also **unabhängig von der Fälligkeit** der Versicherungsleistung. Der VN soll für den Zeitraum dieser Ermittlungen den Mindestzins erhalten (Römer/Langheid/*Langheid*, § 91 Rn 3). 1

Auch legt der VR die voraussichtliche Schadenssumme bereits **mit Anzeige** verzinslich an (Reservierung), sodass dem VR hierdurch keine zusätzliche Belastung entsteht, wenn er die Zinsen (teilweise) an den VN auskehren muss (vgl. BGH, VersR 1984, 1137). 2

§ 91 VVG stellt somit einen **Ausgleich** dafür dar, dass nach **§ 14 VVG** die Fälligkeit des Anspruchs erst mit der Beendigung der zur Feststellung des Versicherungsfalles und Leistungsumfangs nötigen Erhebungen eintritt, auf die der VN nur begrenzt Einfluss hat. 3

Da die große Masse der Schäden jedoch innerhalb der Monatsfrist abgewickelt werden kann, soll der VR **im Massengeschäft nicht** mit der Berechnung der – dann ohnehin vernachlässigbaren – Zinsen belastet werden. 4

B. Norminhalt

1. Monatsfrist

Die Monatsfrist **beginnt mit dem Zugang** der Anzeige beim VR und **endet nach Ablauf eines Monats** (§ 188 Abs. 2 BGB). Die Zinspflicht setzt dabei nur voraus, dass ein Versicherungsfall eingetreten, Anzeige erstattet und seit Zugang der Anzeige ein Monat verstrichen ist. 5

2. Verzinsung

Die einmal begründete Verzinsung läuft grds. bis zum Tag der Zahlung der Entschädigungssumme weiter (Ausnahme: § 91 S. 2 VVG). Die Zinsen sind auch dann zu entrichten, wenn der Zinsbetrag zusammen mit der Entschädigungssumme die VersSumme überschreitet. Auch das Sachverständigenverfahren berührt die einmal entstandene Verzinsungspflicht nicht (OLG Koblenz, VersR 1997, 963, 965). 6

Eine **weiter gehende Zinspflicht** kann sich insb. aus § 288 BGB bei Verzug des VR ergeben, es sind dann also 5 % über dem Basiszinssatz, bzw. 8 % über dem Basiszinssatz zu entrichten. 7

8 Die **aus anderem Rechtsgrund**, also bspw. aus Verzug geschuldeten Zinsen werden nicht zu den aus § 91 VVG geschuldeten Zinsen addiert, sondern es ist nur der jeweils höhere Zins geschuldet (OLG Hamburg, NJW-RR 1989, 680).

9 Des Weiteren kann auch ein **vertraglich vereinbarter** Zinsanspruch bestehen (so etwa § 16 Nr. 2 AFB 87, § 24 Nr. 2 Abs. 2 VHB 84 und § 23 Nr. 2 Abs. 1 VGB 88).

10 **Fällig** wird der Zinsanspruch erst, wenn auch Entschädigungsleistung nach § 14 VVG fällig ist (BGH, VersR 1984, 1137).

3. Hemmung des Zinsanspruchs (§ 91 S. 2 VVG)

11 Der Zinsanspruch des VN ist nach § 91 S. 2 VVG gehemmt, solange dem VN schuldhafte Verzögerungen der Feststellungen angelastet werden können. Dies entspricht der Bestimmung des § 14 Abs. 2 VVG zur Fälligkeit der Geldleistung.

12 Hierbei genügt jedes Verhalten des VN, welches die Ermittlungen zu Schadensgrund und Schadenshöhe beeinträchtigt, wobei solche Behinderungen auch in der Untätigkeit des VN liegen können (OLG Hamm, VersR 1982, 1091). Das Verhalten des VN, welches zu einer Verzögerung der Feststellungen führt, muss weder zum Zeitpunkt der ansonsten möglichen Beendigung der Feststellungen noch andauern, noch kommt es auf die Dauer der Behinderung durch den VN an, sondern auf die **Dauer der Verzögerung**, zu der das Verhalten des VN führt. Allerdings muss das Fehlverhalten des VN noch während der Monatsfrist beginnen, wenn die Frist gehemmt werden soll, da eine bereits abgelaufene Frist nicht mehr gehemmt werden kann (BGH, VersR 1984, 1137; Rüffer/Halbach/Schimikowski/*Halbach*, § 91 Rn 6).

Beruft sich der VR auf Hemmung, so trägt er die Beweislast für das Verschulden des VN (Langheid/Wandt/*Staudinger*, § 91 Rn 9).

C. Abdingbarkeit

13 Die Regelung des § 91 VVG ist grds. abdingbar. Bei abweichender Regelung in den AVB zulasten des VN dürfte jedoch ein Verstoß gegen § 307 Abs. 2 BGB vorliegen, wenn in den AVB der gesetzliche Zinssatz unterschritten oder der Beginn der Verzinsungspflicht hinausgeschoben wird (Prölss/Martin/*Armbrüster*, § 91 Rn 6).

---

§ 92 VVG Kündigung nach Versicherungsfall

(1) Nach dem Eintritt des Versicherungsfalles kann jede Vertragspartei das Versicherungsverhältnis kündigen.

(2) Die Kündigung ist nur bis zum Ablauf eines Monats seit dem Abschluss der Verhandlungen über die Entschädigung zulässig. Der Versicherer hat eine Kündigungsfrist von einem Monat einzuhalten. Der Versicherungsnehmer kann nicht für

einen späteren Zeitpunkt als den Schluss der laufenden Versicherungsperiode kündigen.

(3) Bei der Hagelversicherung kann der Versicherer nur für den Schluss der Versicherungsperiode kündigen, in welcher der Versicherungsfall eingetreten ist. Kündigt der Versicherungsnehmer für einen früheren Zeitpunkt als den Schluss dieser Versicherungsperiode, steht dem Versicherer gleichwohl die Prämie für die laufende Versicherungsperiode zu.

Übersicht

	Rdn
A. Normzweck	1
B. Norminhalt	4
I. Beidseitiges Kündigungsrecht (§ 92 Abs. 1 VVG)	4
1. Eintritt des Versicherungsfalls	4
2. Fingierte und vorsätzlich herbeigeführte Versicherungsfälle	5
3. Selbstbehalt	8
4. Kündigung	10
II. Zeitpunkt der Kündigung (§ 92 Abs. 2 VVG)	16
1. Abschluss der Verhandlungen	16
2. Zeitpunkt der Wirksamkeit der Kündigungen	22
III. Hagelversicherung (§ 92 Abs. 3 VVG)	26
C. Prozessuales	30
D. Abdingbarkeit	31

A. Normzweck

Die Regelung des § 92 VVG gilt **für die gesamte Sachversicherung,** da hier ein Bedürfnis der Vertragspartner anzuerkennen ist, das Versicherungsverhältnis unmittelbar nach dem Eintritt des Versicherungsfalles beenden zu können. Gerade nach Eintritt des Versicherungsfalles erfolgt die „Nagelprobe" im VV. Der VN erkennt nach Eintritt des Versicherungsfalls, wie kundenfreundlich der VR reguliert und wie effektiv sich das Schadensmanagement des VR gestaltet (Begr., BT-Drucks 16/3945, 83). 1

Umgekehrt erkennt der VR oft erst nach Eintritt des Versicherungsfalles, dass er ein schlechtes Risiko versichert hat oder der VN seinen Aufklärungsobliegenheiten nur unzureichend nachkommt oder geneigt ist, den Schaden aufzubauschen. 2

Daher sollen beide Seiten die Möglichkeit haben, sich von einer nicht mehr gewollten Vertragsbeziehung zu diesem Zeitpunkt lösen zu können (Begr. BT-Drucks 16/3945, 83). 3

B. Norminhalt

I. Beidseitiges Kündigungsrecht (§ 92 Abs. 1 VVG)

1. Eintritt des Versicherungsfalls

Voraussetzung für die Kündigung ist zunächst der Eintritt des Versicherungsfalls. Darunter versteht man einen Schadensfall, für den der VR nach der **objektiven Leistungsbeschrei-** 4 bung im VV haftet. Subjektive Risikoausschlüsse, die zur Leistungsfreiheit des VR führen, wie die Verletzung vertraglicher Obliegenheiten (§ 28 VVG), vorvertraglicher Anzeigepflichten (§ 19 VVG), eine Gefahrerhöhung (§§ 23 ff. VVG) oder die schuldhafte Herbeiführung eines Versicherungsfalls (§ 81 VVG) ändern grds. nichts daran, dass ein Versicherungsfall eingetreten ist (Prölss/Martin/*Armbrüster*, § 92 Rn 3 f.).

2. Fingierte und vorsätzlich herbeigeführte Versicherungsfälle

5   Umstritten ist, ob auch ein durch den VN fingierter Versicherungsfall zur Kündigung nach Abs. 1 berechtigen soll. Hierbei wird teilweise differenziert zwischen dem fingierten (vorgetäuschten) Versicherungsfall und der vorsätzlichen Herbeiführung des Versicherungsfalls.

6   Im Fall des **fingierten Versicherungsfalls** fehlt es bereits an objektiven Anknüpfungspunkten in Bezug auf die Leistungspflicht des VR. Es liegt schon kein Versicherungsfall vor und daher ist der Anwendungsbereich des § 92 VVG nicht eröffnet (Prölss/Martin/*Armbrüster*, § 92 Rn 4; BK/*Dörner/Staudinger*, § 96 Rn 5; Rüffer/Halbach/Schimikowski/*Halbach*, § 92 Rn 4). Dem VR steht in diesem Fall ein Sonderkündigungsrecht aus § 280 Abs. 1 BGB sowie §§ 823 Abs. 2 BGB i.V.m. 263 StGB zu (BK/*Dörner/Staudinger*, § 96 Rn 5; Langheid/Wandt/*Staudinger*, § 92 Rn 8).

7   Ein **vorsätzlich herbeigeführter Versicherungsfall** soll hingegen grds. ein Kündigungsrecht des VN auslösen, an dessen Ausübung der VN jedoch durch die Arglisteinrede (§ 242 BGB) gehindert sein soll (Prölss/Martin/*Armbrüster*, § 92 Rn 4; BK/*Dörner/Staudinger*, § 96 Rn 5, Langheid/Wandt/*Staudinger*, § 92 Rn 7; Rüffer/Halbach/Schimikowski/*Halbach*, § 92 Rn 4).

3. Selbstbehalt

8   Ein Versicherungsfall (vgl. Rdn 4) liegt auch vor, und dementsprechend auch ein Kündigungsrecht, wenn die Schadenshöhe unstreitig unterhalb des vertraglich **vereinbarten Selbstbehalts** liegt und schon deswegen Deckung nicht besteht. Zwar ist die Motivation des Gesetzgebers für das beiderseitige Kündigungsrecht zu berücksichtigen, wonach sich aufgrund des vereinbarten Selbstbehalts für den VN keine Anhaltspunkte aus dem – nicht vorhandenen – Regulierungsverhalten des VR ergeben, die eine Kündigung rechtfertigen können (Römer/Langheid/*Langheid*, § 92 Rn 8; Looschelders/Pohlmann/*Heyers*, § 92 Rn 3; s.a. so noch in der 2. Auflage: Rüffer/Halbach/Schimikowski/*Halbach*, § 92 Rn 5, der in diesem Fall trotz Versicherungsfall ein Kündigungsrecht ablehnt).

Eine Abweichung von der auch sonst im VVG gebräuchlichen Definition (Rdn 4) des Versicherungsfalls ist jedoch nicht geboten, da im Einzelfall ohnehin das allgemeine Recht zur außerordentlichen Kündigung des Versicherungsvertrags greift und ansonsten den Vertragsparteien eine Bindung an die vereinbarte Vertragsdauer zumutbar ist (Prölss/Martin/*Armbrüster*, § 92 Rn 3).

Streiten die Vertragsparteien darüber, ob der Schaden noch unterhalb des Selbstbehaltes liegt, so ist § 92 VVG Abs. 1 ohnehin anzuwenden (Langheid/Wandt/*Staudinger*, § 92 Rn 9, Looschelders/Pohlmann/*Heyers*, § 92 Rn 3).

4. Kündigung

Beiden Vertragsparteien steht nach Eintritt des Versicherungsfalls ein Kündigungsrecht zu. Bei der Kündigung handelt es sich um eine empfangsbedürftige Willenserklärung (§ 130 Abs. 1 BGB), die mit **Zugang** beim VR oder dessen Empfangsvertreter wirksam wird (§ 164 Abs. 3 BGB).

Sofern auf Versicherungsnehmerseite **mehrere Personen** beteiligt sind, so müssen diese gemeinsam kündigen.

Eine **Form** für die Kündigungserklärung ist **nicht** vorgeschrieben.

Ein **Kündigungsgrund** muss **nicht** angegeben werden. Sofern ein Versicherungsfall i.S.d. Vorschrift vorliegt, kommt es auf die **wirklichen Kündigungsmotive** nicht an.

Hat der VR einen Kündigungsgrund angegeben, der unter eine andere Kündigungsvorschrift fällt (z.B. § 39 VVG Abs. 3), ist die **Kündigungserklärung** so **auszulegen**, dass der VR auch nur nach dieser Vorschrift kündigen will, und die Kündigung kann im Fall der Nichtigkeit nicht in eine Kündigung nach § 92 VVG umgedeutet werden (OLG Hamm, VersR 1999, 1265; Prölss/Martin/*Armbrüster*, § 92 Rn 9).

Eine **unwirksame Kündigung** des VN muss der VR nach § 242 BGB unverzüglich zurückweisen, ansonsten wird die Kündigung jedenfalls dann wirksam, wenn dem VN nicht Vorsatz oder grobe Fahrlässigkeit vorzuwerfen sind (LG München, VersR 1990, 1378; LSG Essen, VersR 2001, 1228; LG Saarbrücken, VersR 1965, 945; LG Dortmund, VersR 1969, 654).

II. Zeitpunkt der Kündigung (§ 92 Abs. 2 VVG)

1. Abschluss der Verhandlungen

Die Kündigungserklärung muss **binnen Monatsfrist** ab dem Abschluss der Verhandlungen über die Entschädigung erfolgen. Der Begriff der Verhandlungen ist weit auszulegen.

Die wichtigsten Fälle für den Abschluss der Verhandlungen sind das **Anerkenntnis** oder die Deckungsablehnung durch den VR. Sind der Entschädigungszahlung zunächst Verhandlungen vorausgegangen, die mit einer Einigung abgeschlossen wurden, ist im Zweifelsfall die Auszahlung der Entschädigung das Ende der Verhandlungen, sofern der VR nicht bereits vorher seine Leistungspflicht anerkannt hat.

Im Fall einer **Deckungsablehnung** kommt es nicht darauf an, ob die Ablehnung gerechtfertigt war, jedoch muss die Ablehnung erkennbar endgültig sein. Durch nochmalige (ergänzende) Begründung der Deckungsablehnung wird keine erneute Kündigungsfrist in Gang gesetzt (Looschelders/Pohlmann/*Heyers*, § 92 Rn 4).

19 Wird nach einer Deckungsablehnung später erneut in Verhandlungen eingetreten, z.B. weil der VN neue Tatsachen vorträgt, so wird die Kündigungsfrist erneut ausgelöst (Langheid/Wandt/*Staudinger*, § 92 Rn 14).

20 Für den Fall, dass der VN zunächst den Schaden meldet und dann infolge beiderseitigen **Stillschweigens** die Verhandlungen nicht fortgeführt werden, enden die Verhandlungen zu dem Zeitpunkt, zu dem für einen unbeteiligten Dritten feststehen würde, dass der VN seine Ansprüche nun nicht mehr weiter verfolgt. Dies hängt sehr vom Einzelfall ab, insb. davon, inwieweit davon auszugehen ist, dass der VN zunächst umfangreiche Sachverhaltsermittlungen zur Geltendmachung seines Anspruchs durchführen muss.

21 Wird nach Abschluss der Verhandlungen wieder **erneut in Verhandlungen** eingetreten, kommt eine Kündigung erst dann in Betracht, wenn auch diese Verhandlungen beendet sind, sofern es sich um ernsthafte Verhandlungen handelte, die nicht nur vorangegangene Standpunkte wiederholen. Im Zweifelsfall ist auch hier eine **weite Auslegung** vorzunehmen.

2. Zeitpunkt der Wirksamkeit der Kündigungen

22 Entsprechend der in § 92 Abs. 2 S. 2 und S. 3 VVG getroffenen Regelungen können die Kündigungen von VN und VR zu unterschiedlichen Zeitpunkten wirksam werden.

23 **Kündigt der Versicherer**, wird die Kündigung einen Monat nach Zugang beim VN wirksam. Das Vertragsverhältnis dauert daher max. bis zu zwei Monate nach Abschluss der Verhandlungen an (ein Monat Erklärungsfrist und ein Monat Kündigungsfrist). Die Kündigungsfrist von einem Monat kann der VR auch nicht verlängern. Eine abweichende Vereinbarung in den AVB ist unwirksam.

24 **Kündigt der Versicherungsnehmer**, kann er wählen, ob die Kündigung sofort zum Zeitpunkt des Zugangs wirksam werden soll oder spätestens zum Schluss der laufenden Versicherungsperiode. Sofern er keinen Zeitpunkt bestimmt, ist dieser durch Auslegung des mutmaßlichen Willens des VN zu ermitteln. Regelmäßig will der VN sich sofort seiner Prämienzahlungspflicht entledigen, sodass i.d.R. von einer Kündigung mit sofortiger Wirkung ausgegangen werden muss (Langheid/Wandt/*Staudinger*, § 92 Rn 23).

25 Bestimmt der VN einen Kündigungszeitpunkt, der nach dem Ablauf der laufenden Versicherungsperiode liegt, ist die Kündigung regelmäßig in eine Kündigung zum Schluss der laufenden Versicherungsperiode nach §§ 139, 140 BGB umzudeuten.

Sofern **beide Vertragsparteien kündigen**, läuft die Kündigung zum späteren Zeitpunkt ins Leere und der VV wird zum früheren Kündigungszeitpunkt beendet (LG Braunschweig, VersR 1954, 313).

III. Hagelversicherung (§ 92 Abs. 3 VVG)

26 Grundsätzlich gilt, dass der VN die Prämie nur bis zu dem Zeitpunkt zu zahlen hat, zu dem das Versicherungsverhältnis durch die Kündigung beendet wird (§ 39 Abs. 1 S. 1

VVG). Der **Grundsatz der Unteilbarkeit** der Prämie wird im neuen VVG nicht aufrechterhalten (Begr. BT-Drucks 16/3945, 83).

Für die Hagelversicherung enthält § 92 Abs. 3 VVG jedoch eine **Sondervorschrift**, um den jahreszeitlich bedingten Besonderheiten der Hagelversicherung Rechnung zu tragen. Der VR kann nur zum Ende der Versicherungsperiode kündigen, weil der VN während der Hagelzeit das Risiko nur schwerlich neu versichern kann (Begr. BT-Drucks 16/3945, 83). 27

Kündigt der VN, so gilt, dass er die volle Prämie für die laufende Versicherungsperiode (§ 12 VVG) zahlen muss. 28

Vertragliche Vereinbarungen (z.B. in § 8 Nr. 4 AHagB 87), wonach der VN nach Eintritt eines Hagelschadens nicht zur Kündigung berechtigt sein soll, sind unwirksam (§ 307 BGB). 29

C. Prozessuales

Die kündigende Partei muss beweisen, dass die Voraussetzungen für die Kündigung (Eintritt des Versicherungsfalls, Einhaltung der Kündigungsfrist) vorliegen. 30

D. Abdingbarkeit

§ 92 VVG ist **dispositiv**. Abweichungen sind an den §§ 305 bis 310 BGB zu messen (Rüffer/Halbach/Schimikowski/*Halbach*, § 92 Rn 14; Prölss/Martin/*Armbrüster*, § 92 Rn 19; *Hormuth*, in: Staudinger/Halm/Wendt, § 92 Rn 11). Ein Ausschluss des Kündigungsrechts des VN ist ebenso unwirksam, wie eine wesentliche Erschwerung des Kündigungsrechts, etwa durch Verkürzung der Monatsfrist oder Entziehung der Wahlmöglichkeit des VN in Bezug auf das Vertragsende (Langheid/Wandt/*Staudinger*, § 92 Rn 27 f.). 31

§ 93 VVG Wiederherstellungsklausel

Ist der Versicherer nach dem Vertrag verpflichtet, einen Teil der Entschädigung nur bei Wiederherstellung oder Wiederbeschaffung der versicherten Sache zu zahlen, kann der Versicherungsnehmer die Zahlung eines über den Versicherungswert hinausgehenden Betrags erst verlangen, wenn die Wiederherstellung oder Wiederbeschaffung gesichert ist. Der Versicherungsnehmer ist zur Rückzahlung der vom Versicherer geleisteten Entschädigung abzüglich des Versicherungswertes der Sache verpflichtet, wenn die Sache infolge eines Verschuldens des Versicherungsnehmers nicht innerhalb einer angemessenen Frist wiederhergestellt oder wiederbeschafft worden ist.

§ 93 VVG

Übersicht

	Rdn
A. Normzweck	1
B. Norminhalt	16
I. Wiederherstellungsklausel (§ 93 S. 1 VVG)	16
1. Einfache Wiederherstellungsklausel	17
2. Strenge Wiederherstellungsklausel	18
3. Sicherung der Wiederherstellung oder Wiederbeschaffung	21
4. Gleiche Art und Zweckbestimmung	26
5. Frist zur Wiederherstellung	33
6. Veräußerung der versicherten Sache	34
II. Rückzahlungspflicht (§ 93 S. 2 VVG)	36
C. Prozessuales	40
D. Abdingbarkeit	41

A. Normzweck

1 Die §§ 93, 94 VVG sind im Wesentlichen dem **Schutz evtl. vorhandener Realgläubiger** (Grundschuld- und Hypothekengläubiger) geschuldet.

2 Zunächst ist der **Schutz des Realgläubigers** bereits in **§§ 1127 bis 1130 BGB** geregelt, wobei § 1127 BGB bestimmt, dass auch die Forderung gegen den VR zugunsten des Realgläubigers der Haftung des Grundpfandrechts unterliegt. Anstelle der zerstörten oder beschädigten Sache soll dem Realgläubiger also die Versicherungsforderung haften. Diese tritt an die Stelle der zerstörten oder beschädigten Sache, bzw. tritt hinzu.

3 Nachdem nicht nur Immobilien in den Haftungsverband fallen, sondern auch bspw. Zubehör (§ 1120 S. 2 BGB), können auch Versicherungsforderungen aus einer **Mobiliarversicherung** (insb. Hausratversicherung) betroffen sein. Die Regelung umfasst daher neben der Wiederherstellung der versicherten Sache ausdrücklich auch deren Wiederbeschaffung.

4 Gem. **§ 1127 Abs. 1 BGB** haftet dem Realgläubiger also neben der Sache selbst auch ein etwaig vorhandener vertraglicher Anspruch gegen den VR (dingliche Surrogation). Damit wird der Realgläubiger Forderungspfandgläubiger der Versicherungsforderung.

5 **Vor der Pfandreife** (vgl. § 1228 Abs. 2 BGB), d.h. vor Fälligkeit der gesicherten Forderung, kann der Realgläubiger gem. §§ 1128 Abs. 3, 1281 BGB verlangen, dass der VR die Versicherungsleistung gemeinschaftlich an den Realgläubiger und den VN leistet.

6 **Nach der Pfandreife**, also nach Fälligkeit der gesicherten Forderung, muss der VR, um leistungsfrei zu werden gem. § 1282 Abs. 1 S. 1 und 2 BGB nur noch an den Realgläubiger selbst leisten (BGH, VersR 1991, 332).

7 Hierdurch wird sichergestellt, dass der VR nicht zum Nachteil des Realgläubigers über die Versicherungsleistung an den VN (alleine) verfügt.

8 Dieser Schutz des Realgläubigers wird jedoch durch **§ 1130 BGB** für die Fälle stark beeinträchtigt, in denen versicherungsvertraglich der VR nur verpflichtet ist, die Vers-Summe zur Wiederherstellung des versicherten Gegenstands zu zahlen (Wiederherstellungsklausel). In diesem Fall wird der VR durch Zahlung der Versicherungsforderung alleine an den VN leistungsfrei und zwar auch dann, wenn der VN die Zahlung letztlich doch nicht zur Wiederherstellung verwendet. Die Zahlung an den VN bleibt gleichwohl ggü. dem Realgläubiger wirksam, solange der VR an den VN unter der Zweckbestimmung der Wiederherstellung geleistet hat.

Dann erlischt die Haftung der Versicherungsforderung (Schütz, VersR 1987, 134, 136). 9

Diese durch § 1130 BGB hervorgerufene **Schwachstelle im Schutz des Realgläubigers** wird durch die §§ 93, 94 VVG **kompensiert**. 10

Gem. § 93 VVG ist eine Zahlung des VR an den VN ggü. dem Realgläubiger nämlich nur dann wirksam, wenn Wiederherstellung oder Wiederbeschaffung auch **gesichert** ist. 11

Ohne Sicherstellung ist die Zahlung nur unter den Voraussetzungen des § 94 VVG ggü. dem Realgläubiger wirksam. 12

Die Vorschrift stellt auf eine vertragliche Regelung ab, die sich auf den **Mehrbetrag** bezieht, den der VN **über den Versicherungswert** (i.d.R. Zeitwert, § 88 VVG) hinaus lediglich bei Wiederherstellung verlangen kann, während der Zeitwert unabhängig von der Sicherstellung der Wiederherstellung verlangt werden kann. Damit entspricht die Regelung der heute gängigen Praxis (strenge Wiederherstellungsklausel). 13

Da die Regelung nicht nur Gebäude, sondern auch andere Sachen betrifft, ist auch der Fall der Wiederbeschaffung geregelt. 14

Für unklar formulierte Bedingungen bestimmt die Auslegungsregel des § 93 S. 1 VVG, dass der Anspruch auf den über den Versicherungswert hinausgehenden Betrag erst bei Wiederherstellung oder Wiederbeschaffung fällig wird („erst verlangen"). Die Entstehung des Anspruchs wird hingegen nicht hinausgeschoben. 15

B. Norminhalt

I. Wiederherstellungsklausel (§ 93 S. 1 VVG)

Die **vertragliche Verpflichtung** des VR, einen Teil der Entschädigung nur bei Wiederherstellung oder Wiederbeschaffung zu zahlen, ergibt sich entweder aus einer individual vertraglichen Vereinbarung oder den Versicherungsbedingungen. Hierbei ist zwischen zwei Arten von Wiederherstellungsklauseln zu unterscheiden. 16

1. Einfache Wiederherstellungsklausel

Die einfache Wiederherstellungsklausel findet sich vorwiegend nur noch in älteren Bedingungen (z.B. § 17 Abs. 3 AFB 30). Sie regelt lediglich, dass die Entschädigung nur insoweit gezahlt wird, als die Verwendung zur Wiederherstellung gesichert ist. In diesem Fall stellt die Auslegungsregel des § 93 S. 1 VVG klar, dass der Anspruch auf die Versicherungsleistung bereits mit dem Versicherungsfall entstanden ist, jedoch die Fälligkeit (abweichend von § 14 VVG) auf den Zeitpunkt der Sicherstellung der Wiederbeschaffung oder der Wiederherstellung hinausgeschoben wird. Das Entstehen des Anspruchs hängt also weder ganz, noch teilweise von der Wiederherstellung ab, sodass für den Fall, dass der Realgläubi- 17 ger verzichtet (§ 94 VVG) die volle Entschädigung auch ohne Wiederherstellung geschuldet wird, wenn keine strenge Wiederherstellungsklausel vereinbart ist.

2. Strenge Wiederherstellungsklausel

18 Die strenge Wiederherstellungsklausel lässt den Anspruch zunächst nur **für einen Teil der Entschädigungssumme** überhaupt entstehen. So soll i.R.d. Zeitwertversicherung zunächst nur der gemeine Wert geschuldet sein (z.B. § 10 Nr. 5 Abs. 3 AERB 81, § 11 AFB 87) und in der Neuwertversicherung lediglich der Zeitwert (§§ 7 Nr. 3 VGB 62, 10 Nr. 5 AERB 81, 11 Nr. 5 AFB 87, § 13 Nr. 7 VGB 2008, § 8 Nr. 2 AERB 2008).

19 Der **Restanspruch** („Entschädigungsspitze" oder in der Neuwertversicherung „Neuwertspitze" oder „Neuwertanteil") entsteht erst, wenn die Wiederherstellung durchgeführt oder gesichert ist. Bis zu diesem Zeitpunkt hat der VN lediglich Anspruch auf den gemeinen Wert bzw. Zeitwert. Durch diese Klausel soll insbesondere das subjektive Risiko für den VR vermindert werden, also letztlich der Anreiz für den VN, sich durch Herbeiführen des Versicherungsfalls zu bereichern (BGH, VersR 2016, 850 f.).

20 Ist allerdings eine Wiederherstellungsklausel (einfach oder streng) **nicht vereinbart** oder ist diese unwirksam, muss der VR den vertraglich geschuldeten Neuwert ohne Wiederherstellung auszahlen, wobei der Realgläubiger durch § 1128 BGB geschützt wird.

3. Sicherung der Wiederherstellung oder Wiederbeschaffung

21 Es muss im Unterschied zu § 97 VVG a.F. die Wiederherstellung oder Wiederbeschaffung selbst und nicht nur die bestimmungsgemäße Verwendung des Geldes gesichert sein (wobei allerdings die gebräuchlichen Versicherungsbedingungen auch die Sicherstellung der bestimmungsgemäßen Verwendung der Versicherungsleistung für die Auszahlung genügen lassen, vgl. § 13 Nr. 7 VGB 2008).

22 Nicht ausreichend ist daher der Abschluss eines Bau- oder Kaufvertrages mit Rücktrittsvorbehalt (OLG Hamm, VersR 1984, 176), die Bauplanung (OLG Düsseldorf, r+s 1985, 224) oder die Vorlage einer Baugenehmigung (LG Köln, r+s 1989, 407). Keine Wiederherstellung liegt vor, wenn anstelle des zerstörten Gebäudes eine gebrauchte Immobilie erworben wird, weil diese stets nur zum Zeitwert gekauft wird (KG Berlin, Beschl. v. 16.9.2014 – 6 U 57/14 – juris).

23 Die Auszahlung der Entschädigungssumme auf ein von einem Treuhänder verwaltetes Bausperrkonto stellt die Wiederherstellung selbst nicht sicher, jedoch die bestimmungsgemäße Verwendung des Geldes.

24 Nachdem eine 100%ige Sicherheit nicht verlangt werden kann, muss es ausreichen, wenn **keine vernünftigen Zweifel an der Durchführung der Wiederherstellung** bestehen, bzw. bei vorausschauender Betrachtungsweise muss eine bestimmungsgemäße Verwendung als hinreichend sicher anzunehmen sein (OLG Düsseldorf, VersR 1996, 623, OLG Köln, VersR 2009, 498; LG Berlin r+s 2015, 294), sodass der Abschluss eines Bauvertrages oder Kaufvertrages genügt, wenn ein Rücktrittsrecht nicht enthalten ist (OLG Hamm,

VersR 1984, 175). Ein Angebot, welches der VN noch nicht angenommen hat, genügt hingegen nicht (OLG Hamm, VersR 1984, 833; aktuell zu den Anforderungen an eine ausreichende Sicherstellung der Wiederherstellung, LG Wiesbaden VersR 2015, 236). *Schwintowski* (VuR 2013, 291 ff.) hält die strenge Wiederherstellungsklausel in der heute gebräuchlichen Fassung für unwirksam. Diese verstoße insbesondere gegen das Transparenzgebot des § 307 Abs. 1 S. 2 BGB, weil der VN nicht klar erkennen könne, unter welchen Voraussetzungen er den Anspruch auf die Neuwertspitze erwerbe. Auch eine Vertragszweckgefährdung nach § 307 Abs. 2 Ziff. 2 BGB, sei anzunehmen. In der Tat wäre es wünschenswert, wenn der VR im Bedingungswerk klar und verständlich ausdrücken würde, was der VN zu tun hat, um die volle Leistung zu erhalten.

Die Neuwertentschädigung wird in **voller Höhe** fällig, wenn die Wiederherstellung oder Wiederbeschaffung gesichert ist, auch wenn die Aufwendungen zur Wiederherstellung tatsächlich niedriger sind, als der Neuwert (OLG Hamm, VersR 1977, 735; OLG Köln, r+s 1994, 146; LG Berlin, VersR 2015, 1556 ff.). 25

4. Gleiche Art und Zweckbestimmung

Die heute gebräuchlichen strengen Wiederherstellungsklauseln verlangen, dass der VN Sachen gleicher Art und Zweckbestimmung an der bisherigen Stelle **wieder herzustellen oder wiederzubeschaffen** hat (vgl. beispielhaft § 15 Nr. 4 VGB 88, § 13 Nr. 7 VGB 2008, § 8 Nr. 2 AERB 2008). Um das subjektive Risiko zu begrenzen, soll der VN anstelle der zerstörten Sache **keine völlig andersartige**, d.h. nach Lage oder Größe nicht vergleichbare oder anderen Zwecken dienende Sache herstellen oder wiederbeschaffen können (BGH, VersR 1984, 843). Vergleichbarkeit mit dem zerstörten Gebäude liegt vor, wenn der Neubau diesem nach Lage, Gesamtgröße und Zweck entspricht (Langheid/Wandt/*Staudinger*, § 93 Rn 11). Nicht erforderlich ist hingegen, dass sich beide Gebäude in allen Einzelheiten gleichen (BGH, VersR 1981, 379). 26

Auch die Wiederherstellung durch Eigenleistung des VN ist möglich, sofern diese vollständig und fachgerecht erfolgt (*v. Bühren*, in: van Bühren, Handbuch Versicherungsrecht, § 4 Rn 158).

Keine vergleichbare Zweckbestimmung liegt vor, wenn ein Wohnhaus anstelle eines landwirtschaftlichen Wirtschaftsgebäudes (BGH, VersR 1975, 31), ein Mietshaus mit Gaststätte anstelle eines einfachen Wohnhauses (BGH, VersR 1984, 843), eine Fremdenpension anstelle eines landwirtschaftlichen Wohn- und Betriebsgebäudes (OLG Celle, VersR 1979, 317 f.; OLG Düsseldorf, VersR 1998, 1371) errichtet wird. 27

Die **Vergleichbarkeit der Größe** liegt nicht mehr vor, wenn die gewerbliche Fläche um 26 % und die Wohnfläche um das Doppelte vergrößert werden (OLG Hamm, VersR 1997, 308). Ebenso nicht, wenn die Nutzfläche um 28 % vergrößert wird, durch Ausbau des Dachgeschosses als Vollgeschoss und gleichzeitiger Ausstattung des Gebäudes mit Aufzug, Balkonen und Dachterrasse (OLG Köln, r+s 2001, 156; VersR 2008, 962). 28

29 Eine **Modernisierung** darf bei der Wiederherstellung durchgeführt werden, ebenso wie **Modifikationen bei der Errichtung**, die bspw. neuere architektonische Kenntnisse berücksichtigen (BGH, NJW-RR 1990, 921; VersR 1975, 31; OLG Schleswig, NJW-RR 1989, 280). Auch Modernisierungen aufgrund technischer, wirtschaftlicher oder sozialer Änderungen stehen der Wiederherstellungsklausel nicht entgegen (OLG Köln, VersR 2008, 962). Wird das Gebäude in seiner Gesamtheit nicht unwesentlich vergrößert, geht dies i.d.R. über Modernisierungsmaßnahmen hinaus (OLG Köln, VersR 2008, 962).

30 Zulässig ist daher die Errichtung einer eingeschossigen landwirtschaftlichen **Mehrzweckhalle mit getrenntem Wohnhaus** anstelle eines zweigeschossigen Wohn- und Wirtschaftsgebäudes (BGH, VersR 1990, 486); mehrere Flachbauten anstelle eines **mehrgeschossigen Gebäudes** mit der gleichen Funktion (OLG Schleswig, NJW-RR 1989, 280).

31 Sofern das wiederhergestellte Gebäude in Größe, Zweck oder Ausstattung hinter dem ursprünglichen Zustand zurückbleibt, mindert sich die Entschädigung entsprechend (LG Kiel, VersR 1957, 310).

Liegt gleiche Art und Zweckbestimmung jedoch vor, so kann der VN die Neuwertspanne auch dann verlangen, wenn die tatsächlichen Aufwendungen für die Wiederherstellung des Gebäudes günstiger als der Neuwert waren (BGH, VersR 2011, 1180).

32 Geht das neu errichtete Gebäude in Größe, Zweck oder Ausstattung **über den ursprünglichen Zustand hinaus**, kann aber teilweise noch zu dem früheren Zweck verwendet werden, so wird die Entschädigungsspitze nicht etwa proportional gekürzt, sondern überhaupt nicht ausbezahlt (z.B. Errichtung eines Neubaus mit mehreren Wohneinheiten anstelle eines Einfamilienhauses, BGH, VersR 1984, 843). Dies erklärt sich durch den Normzweck, das subjektive Risiko für den Versicherer zu mindern, der nicht oder nur unzureichend gewährleistet wäre, wenn der VN auch in diesen Fällen (teilweise) Anspruch auf die Entschädigungsspitze erhielte (Looschelders/Pohlmann/*Heyers*, § 94 Rn 9; BGH, VersR 2016, 850 f.).

Hat jedoch der VN die Wiederherstellung mit Abschluss eines Bauwerkvertrags sichergestellt, verkauft dann das unsanierte Gebäude und der Erwerber verändert das Gebäude dann erheblich, so ist dies unschädlich, weil hierdurch das subjektive Risiko, das allein in der Person des VN liegt, nicht berührt ist (LG Berlin, VersR 2015, 1556 f.).

5. Frist zur Wiederherstellung

33 I.d.R. enthalten die Wiederherstellungsklauseln Fristen, innerhalb derer die Wiederherstellung oder Wiederbeschaffung durchgeführt werden muss (i.d.R. **drei Jahre nach Eintritt des Versicherungsfalls**, z.B. § 15 Nr. 4 VGB 88, § 13 Nr. 7 VGB 2008, § 8 Nr. 2 AERB 2008). Ist die Frist verstrichen, kann der Anspruch auf die Entschädigungsspitze nicht mehr bestehen. Allerdings ist die Frist dann angemessen zu **verlängern**, wenn sich die Wiederherstellung deshalb verzögert, weil der VR die Entschädigungspflicht zu Unrecht verweigert hat (BGH, VersR 1979, 173, OLG Hamm, VersR 1989, 1082).

6. Veräußerung der versicherten Sache

Veräußert der VN die Sache nach Eintritt des Versicherungsfalls, bevor er Wiederherstellung oder Wiederbeschaffung sichergestellt hat, geht der **Anspruch** auf die Neuwertspitze bei Vereinbarung einer strengen Wiederherstellungsklausel **auf den Erwerber** über, wenn dieser Wiederbeschaffung oder Wiederherstellung nach dem Eigentumsübergang sicherstellt (herrschende Meinung vgl. BGH, VersR 1988, 926). Voraussetzung ist somit nicht, dass der (ursprüngliche) VN die Wiederherstellung besorgt, da es keinen Unterschied machen kann, ob dieser selbst das Gebäude wiederherstellt und dann verkauft oder der Erwerber wiederherstellt (vgl. hierzu auch § 95 Rdn 23 ff.). 34

Bei einfacher Wiederherstellungsklausel steht die Entschädigung hingegen auch dann dem Veräußerer zu, wenn die Wiederherstellung noch nicht gesichert ist, denn der Anspruch ist bereits entstanden, nur noch nicht fällig (Langheid/Wandt/*Staudinger*, § 93 Rn 8) 35

II. Rückzahlungspflicht (§ 93 S. 2 VVG)

Diese Neuregelung bestimmt, dass der VN, der schuldhaft seine vertragliche Wiederherstellungspflicht verletzt, die Entschädigungsspitze an den VR zurückzahlen muss. 36

Beispiel (nach BT-Drucks 16/3945, 84)
Hat der VN einen Gebäudeversicherungsvertrag abgeschlossen und zahlt der VR den Neuwert des Gebäudes an den VN aus, kann der VR den Differenzbetrag zwischen Zeitwert und Neuwert („Neuwertspitze") vom VN zurückverlangen, wenn dieser schuldhaft nicht innerhalb der vereinbarten Frist (i.d.R. drei Jahre, vgl. oben) das Gebäude wiederherstellt.

Die Rückzahlungsverpflichtung umfasst auch etwaig nach § 91 VVG gezahlte **Zinsen** (Begr. BT-Drucks 16/3945, 84). 37

Wird die Wiederherstellung durchgeführt und bleiben die tatsächlichen Kosten unter dem veranschlagten Aufwand, so kann der VR die Differenz nicht zurückfordern (Langheid/Wandt/*Staudinger*, § 93 Rn 18). 38

Die Neuregelung führt damit zu einer verbesserten Rechtsstellung des VR, der nach der alten Rechtslage nicht berechtigt war, Leistungen, die er nach Sicherstellung der bestimmungsgemäßen Verwendung an den VN ausbezahlt hatte, zurückzufordern, wenn die Wiederherstellung dann doch unterblieb (BGH, VersR 1986, 756). 39

C. Prozessuales

Der **VN** trägt die **Beweislast** dafür, dass die Voraussetzungen für die Fälligkeit bzw. das Entstehen der Entschädigungspflicht vorliegen. Möchte er also die Entschädigungsspitze verlangen, muss er die Sicherstellung der Wiederherstellung bzw. Wiederbeschaffung beweisen. 40

D. Abdingbarkeit

§ 93 VVG ist **dispositiv**. 41

§ 94 VVG | Wirksamkeit der Zahlung gegenüber Hypothekengläubigern

(1) Im Fall des § 93 Satz 1 ist eine Zahlung, die ohne die Sicherung der Wiederherstellung oder Wiederbeschaffung geleistet wird, einem Hypothekengläubiger gegenüber nur wirksam, wenn ihm der Versicherer oder der Versicherungsnehmer mitgeteilt hat, dass ohne die Sicherung geleistet werden soll und seit dem Zugang der Mitteilung mindestens ein Monat verstrichen ist.

(2) Soweit die Entschädigungssumme nicht zu einer den Vertragsbestimmungen entsprechenden Wiederherstellung oder Wiederbeschaffung verwendet werden soll, kann der Versicherer mit Wirkung gegen einen Hypothekengläubiger erst zahlen, wenn er oder der Versicherungsnehmer diese Absicht dem Hypothekengläubiger mitgeteilt hat und seit dem Zugang der Mitteilung mindestens ein Monat verstrichen ist.

(3) Der Hypothekengläubiger kann bis zum Ablauf der Frist von einem Monat dem Versicherer gegenüber der Zahlung widersprechen. Die Mitteilungen nach den Absätzen 1 und 2 dürfen unterbleiben, wenn sie einen unangemessenen Aufwand erfordern würden; in diesem Fall läuft die Frist ab dem Zeitpunkt der Fälligkeit der Entschädigungssumme.

(4) Hat der Hypothekengläubiger seine Hypothek dem Versicherer angemeldet, ist eine Zahlung, die ohne die Sicherung der Wiederherstellung oder Wiederbeschaffung geleistet wird, dem Hypothekengläubiger gegenüber nur wirksam, wenn dieser in Textform der Zahlung zugestimmt hat.

(5) Die Absätze 1 bis 4 sind entsprechend anzuwenden, wenn das Grundstück mit einer Grundschuld, Rentenschuld oder Reallast belastet ist.

Übersicht

	Rdn
A. Normzweck	1
B. Norminhalt	5
I. Zahlung ohne Sicherung der Wiederherstellung oder Wiederbeschaffung (§ 94 Abs. 1 VVG)	5
1. Zahlung ohne Sicherung	5
2. Ausnahmen	6
II. Zahlung zu anderem Zweck, als der Wiederherstellung (§ 94 Abs. 2 VVG)	11
III. Widerspruch (§ 94 Abs. 3 VVG)	12
IV. Angemeldete Forderung (§ 94 Abs. 4 VVG)	15
V. Andere Grundpfandrechte (§ 94 Abs. 5 VVG)	19
C. Rechtsfolgen	20
D. Prozessuales	22
E. Abdingbarkeit	23

A. Normzweck

1 Für den Fall, dass an der versicherten Sache ein Grundpfandrecht besteht, also das Grundpfandrecht vor dem Versicherungsfall im Grundbuch eingetragen oder zumindest vorgemerkt wurde und eine Wiederherstellungsklausel mit dem in § 93 S. 1 VVG beschriebenen Inhalt vereinbart worden ist, gilt § 94 VVG zum **Schutz der Realgläubiger**. Der VR kann mit schuldbefreiender Wirkung ggü. dem Realgläubiger an den VN nur unter der

Voraussetzung leisten, dass die Wiederherstellung oder Wiederbeschaffung der versicherten Sache bedingungsgemäß gesichert ist.

Der Anwendungsbereich der Regelung wird ggü. der inhaltlich im Wesentlichen den §§ 99 und 100 VVG a.F. entsprechenden Regelung **auf die gesamte Sachversicherung ausgedehnt**. Die Regelung betrifft daher nicht nur versicherte Gebäude. Maßgeblich ist jedoch, dass an der versicherten Sache ein **Grundpfandrecht** besteht, was auch bei Mobiliar der Fall sein kann (§ 93 Rdn 3) und dass eine Wiederherstellungsklausel i.S.d. § 93 VVG vereinbart ist (Begr. BT-Drucks 16/3945, 84).

Ist eine Wiederherstellungsklausel nicht vereinbart – was in der Wohngebäudeversicherung höchst selten der Fall sein dürfte, gilt § 94 VVG nicht, sondern § 1128 BGB. Für den Fall nämlich, dass der VR die Zahlung vor Sicherstellung der Verwendung zur Wiederherstellung oder Wiederbeschaffung oder zu einem anderen Zweck erbringt, wird er nur dann leistungsfrei, wenn der Realgläubiger ausdrücklich oder stillschweigend der Zahlung zugestimmt hat.

Der zunächst durch § 1130 BGB ggü. der Regelung des § 1128 BGB verringerte Schutz des Realgläubigers wird durch die Regelung des § 94 VVG wiederhergestellt.

B. Norminhalt

I. Zahlung ohne Sicherung der Wiederherstellung oder Wiederbeschaffung (§ 94 Abs. 1 VVG)

1. Zahlung ohne Sicherung

Eine Zahlung ohne Sicherung der Wiederherstellung oder Wiederbeschaffung (§ 93 Rdn 3) ist dem Hypothekengläubiger ggü. **grds. unwirksam**. Der VR muss auf Verlangen des Realgläubigers den Teil der Entschädigung, auf den sich die Wiederherstellungsklausel bezieht (i.d.R. also die Neuwertspitze), erneut zur Erfüllung der Klausel an den VN leisten, wenn er sich nicht darauf berufen kann, dass die versicherte Sache gleichwohl wiederhergestellt oder wiederbeschafft wurde (§ 1127 Abs. 2 BGB). Er kann hingegen nicht einwenden, dass das Grundpfandrecht ohnehin nicht werthaltig war (Langheid/Wandt/*Staudinger*, § 94 Rn 18).

2. Ausnahmen

Die Zahlung wird ausnahmsweise dennoch ggü. dem Realgläubiger wirksam, wenn der VN oder der VR dem Hypothekengläubiger **mitgeteilt** haben, dass ohne die Sicherung geleistet werden soll. Erfährt der Gläubiger von anderer Seite von der beabsichtigten Auszahlung, genügt dies nach dem Wortlaut der Vorschrift nicht.

Die Mitteilung ist an **keine Form** gebunden. Dabei muss die Mitteilung **an alle im Grundbuch eingetragenen Gläubiger** erfolgen. Bei einer Briefhypothek oder Briefgrundschuld wäre der gegenwärtige Gläubiger zu ermitteln (BGH, VersR 1981, 49).

8 Eine Mitteilung kann ausnahmsweise dann **unterbleiben**, wenn sie einen unangemessenen Aufwand erfordern würde (§ 94 Abs. 3 S. 2 VVG).

9 Seit dem **Zugang der Mitteilung** muss mindestens ein Monat verstrichen sein.

10 Der Hypothekengläubiger darf nicht innerhalb der Frist der Zahlung **widersprochen** haben (§ 94 Abs. 3 VVG).

II. Zahlung zu anderem Zweck, als der Wiederherstellung (§ 94 Abs. 2 VVG)

11 Die Regelung des § 94 Abs. 2 VVG regelt den Fall, dass die Zahlung trotz Wiederherstellungsklausel zu einem gänzlich anderen Zweck, als der Wiederbeschaffung oder Wiederherstellung geleistet werden soll. Auch in diesem Fall wird bei Auszahlung seitens des VR dieser nur unter den genannten Voraussetzungen (vgl. Rdn 6 ff.) ggü. dem Hypothekengläubiger leistungsfrei.

III. Widerspruch (§ 94 Abs. 3 VVG)

12 Genehmigt der Hypothekengläubiger nicht ausdrücklich die Auszahlung an den VN, wird seine konkludente Zustimmung angenommen, wenn er nicht innerhalb eines Monats nach Zugang der Anzeige (§ 182 Abs. 2 BGB) der Auszahlung **widerspricht**. Der Widerspruch ist bei mehreren VR allen ggü. zu erklären. Ist eine Führungsklausel vereinbart, nur ggü. dem führenden VR, ansonsten ggü. jedem VR (Rüffer/Halbach/Schimikowski/*Halbach*, § 94 Rn 5; Langheid/Wandt/*Staudinger*, § 94 Rn 15; Prölss/Martin/*Armbrüster*, § 94 Rn 14). Der Widerspruch bedarf keiner besonderen Form und kann auch ggü. dem Versicherungsvertreter erklärt werden (§ 69 Abs. 1 Nr. 1 VVG).

13 Wird der Widerspruch ohne Anzeige oder bereits vor der Anzeige erklärt oder ist das Grundpfandrecht noch nicht fällig, schadet dies nicht. Wird jedoch erst nach Ablauf der Monatsfrist widersprochen, ist der Widerspruch unbeachtlich.

14 Nur für den Fall, dass die Anzeige nach § 94 Abs. 1 und 2 VVG an den Hypothekengläubiger einen **unangemessenen Aufwand** erfordern würde, darf sie unterbleiben. Dies kann dann der Fall sein, wenn die Anzeige mit erheblichen Kosten oder Nachforschungsaufwand verbunden ist oder ganz unmöglich ist, weil die Anschrift des Hypothekengläubigers nicht ermittelt werden kann (LG Berlin, JR 33, 323).

IV. Angemeldete Forderung (§ 94 Abs. 4 VVG)

15 § 94 Abs. 4 VVG entspricht dem **§ 100 VVG a.F.**, wobei die **Zustimmung des Hypothekengläubigers** nicht mehr in Schriftform erfolgen muss, sondern es reicht die **Textform** gem. § 126b BGB aus (Begr. BT-Drucks 16/3945, 84).

16 Durch die Regelung wird die Stellung desjenigen Hypothekengläubigers, der sein Grundpfandrecht dem VR angemeldet hat – was häufig der Fall ist – noch einmal verbessert.

Die **Anmeldung** erfolgt **formlos** und zwar seitens des Gläubigers (andere Kenntniserlangung genügt nicht) und muss ggü. dem VR oder dessen Vertreter (§ 69 Abs. 1 Nr. 1 VVG), bei mehreren VR allen ggü. erfolgen. Im Fall einer Führungsklausel ggü. dem führenden VR. 17

Für den Fall der Anmeldung wird der VR nicht durch formfreie oder gar konkludente (vgl. § 94 Abs. 3 VVG) Zustimmungserklärung des Hypothekengläubigers leistungsfrei, sondern nur dann, wenn dieser ausdrücklich und zwar in Textform (§ 126b BGB) seine Zustimmung erklärt. 18

V. Andere Grundpfandrechte (§ 94 Abs. 5 VVG)

§ 94 Abs. 5 VVG erstreckt die Anwendbarkeit der § 94 Abs. 1 bis 4 VVG über die Hypothek hinaus auf weitere dingliche Grundstücksrechte über die Hypothek hinaus und entspricht dem **§ 107b VVG a.F.** Ausdrücklich nicht aufgenommen ist jedoch der Nießbrauch, auf den § 94 VVG keine Anwendung findet, da das Verhältnis des VR zum Nießbraucher abschließend in den §§ 1045, 1046 BGB geregelt ist. 19

C. Rechtsfolgen

Haben sämtliche Grundpfandgläubiger einer Zahlung ohne Sicherstellung der Wiederherstellung oder Wiederbeschaffung (§ 94 Abs. 1 VVG) oder einer anderen Zwecken dienenden (§ 94 Abs. 2 VVG) Auszahlung zugestimmt, wird der **VR** auch ggü. den Realgläubigern **von seiner Zahlungspflicht befreit**. 20

Ohne die Zustimmung der Grundpfandgläubiger wird der VR hingegen grds. ggü. den Realgläubigern nicht leistungsfrei und muss auf Verlangen des Realgläubigers **erneut an den VN leisten** und zwar diesmal unter Sicherung der Wiederherstellung oder Wiederbeschaffung. Dies ist schon dann der Fall, wenn nur einer von mehreren Hypothekengläubigern widerspricht. 21

D. Prozessuales

Verlangt der Hypothekengläubiger erneute Auszahlung unter Berufung auf § 94 VVG, muss der VR den Zeitpunkt der Anzeige nachweisen, bzw. nachweisen, dass diese ausnahmsweise unterbleiben durfte (§ 94 Abs. 3 S. 2 VVG). Des Weiteren muss der VR beweisen, dass die Zahlung nach Ablauf der Monatsfrist erfolgte, während der Hypothekengläubiger beweisen muss, dass er der Auszahlung (rechtzeitig) widersprochen hat und im Falle des § 94 VVG Abs. 4 sein Grundpfandrecht beim VR angemeldet hat (Langheid/Wandt/*Staudinger/Reusch*, § 94 Rn 21 f.). 22

E. Abdingbarkeit

Die Vorschrift ist **halb zwingend** und kann nur zugunsten, nicht zum Nachteil des Grundpfandrechtsgläubigers abgeändert werden. 23

§ 95 VVG Veräußerung der versicherten Sache

(1) Wird die versicherte Sache vom Versicherungsnehmer veräußert, tritt an dessen Stelle der Erwerber in die während der Dauer seines Eigentums aus dem Versicherungsverhältnis sich ergebenden Rechte und Pflichten des Versicherungsnehmers ein.

(2) Der Veräußerer und der Erwerber haften für die Prämie, die auf die zur Zeit des Eintrittes des Erwerbers laufende Versicherungsperiode entfällt, als Gesamtschuldner.

(3) Der Versicherer muss den Eintritt des Erwerbers erst gegen sich gelten lassen, wenn er hiervon Kenntnis erlangt hat.

Übersicht

	Rdn
A. Normzweck	1
B. Norminhalt	6
I. Veräußerung der versicherten Sache (§ 95 Abs. 1 VVG)	6
1. Zeitpunkt	6
2. Versicherte Sache	7
3. Veräußerung	10
II. Gesamtschuldnerische Haftung für die laufende Prämie (§ 95 Abs. 2 VVG)	14
III. Schutz des gutgläubigen Versicherers (§ 95 Abs. 3 VVG)	17
C. Rechtsfolgen	18
I. Erwerber tritt an die Stelle des Veräußerers	18
II. Wiederherstellungsklausel	23
D. Prozessuales	27
E. Abdingbarkeit	28

A. Normzweck

1   Die Vorschrift soll dem **Erwerber einer versicherten Sache**, der möglicherweise noch nicht in der Lage war, sich neuen Versicherungsschutz zu besorgen, zunächst den **Versicherungsschutz erhalten**. Anderenfalls würde der Versicherungsschutz bei Veräußerung gem. § 80 Abs. 2 VVG entfallen.

2   Die Regelung verlangt nicht, dass der VN auch Eigentümer der versicherten Sache ist, sodass die Vorschrift **auch bei einer Versicherung für fremde Rechnung** (§ 43 VVG) Anwendung findet, wenn der Erwerber Rechtsnachfolger des Versicherten wird.

3   Der Anwendungsbereich umfasst außer der reinen Sachversicherung **auch sachbezogene Haftpflichtversicherungen**, was in § 102 Abs. 2 VVG und § 122 VVG für die praktisch bedeutsamsten Fälle ausdrücklich klargestellt wird (Begr. BT-Drucks 16/3945, 84; Prölss/Martin/*Armbrüster*, § 95 Rn 3).

4   Nachdem der Schutz des Erwerbers zulasten der Vertragsfreiheit geht, sollen sowohl der VR (§ 96 Abs. 1 VVG) mit einmonatiger Kündigungsfrist wie auch der Erwerber (§ 96 Abs. 2 VVG) mit sofortiger Wirkung den VV kündigen können.

5   Die § 95 Abs. 1 und 2 VVG entsprechen **§ 69 Abs. 1 und 2 VVG a.F.** (Begr., BT-Drucks 16/3945, 84).

B. Norminhalt

I. Veräußerung der versicherten Sache (§ 95 Abs. 1 VVG)

1. Zeitpunkt

Für die versicherte Sache muss zum Zeitpunkt der Veräußerung **Versicherungsschutz** bestehen, ist also der Versicherungsschutz vor Veräußerung weggefallen, kommt auch der Erwerber nicht in den Genuss des Versicherungsschutzes. Ausreichend ist hingegen, wenn der Veräußerer noch einen VV abgeschlossen hat, dessen – zumindest formeller Versicherungsbeginn – noch vor dem Zeitpunkt der Veräußerung liegt, wobei Versicherungsschutz dann gleichwohl erst mit materiellem Versicherungsbeginn – also ggf. erst nach der Veräußerung – eintritt. Bereits für den Zeitraum zwischen Gefahrübergang (§ 446 BGB) und Eintragung ins Grundbuch kommt dem Erwerber allerdings ein versicherbares Sacherhaltungsinteresse zu. Dieser bleibt zur Zahlung des vereinbarten Kaufpreises auch dann verpflichtet, wenn die erworbene Sache, also bspw. das Gebäude durch Brand vor Grundbucheintragung zerstört wird. Dieses Sacherhaltungsinteresse des Erwerbers kann grds. im Wege der Fremdversicherung im Vertrag des Verkäufers mit dem VR mitversichert sein (BGH, VersR 2001, 53). 6

2. Versicherte Sache

Die versicherte Sache kann sowohl eine **bewegliche Sache**, als auch **Immobilie** sein. Auch bei Veräußerung von **Sachinbegriffen** (§ 89 VVG) erwirbt der Erwerber Versicherungsschutz (Prölss/Martin/*Armbrüster*, § 95 Rn 7). Anderes gilt, wenn einzelne Sachen eines Sachinbegriffs veräußert werden. In diesem Fall entfällt der Versicherungsschutz (§ 89 Abs. 1 VVG) für die entfernte Sache (OLG Hamm, VersR 1975, 175). 7

Bei Veräußerung eines **Miteigentumsanteils** (Wohnungseigentum) tritt der Erwerber in den VV ein, wenn die Miteigentümer die gesamte Sache in einem VV versichert haben. 8

Gleiches gilt, wenn der VN verschiedene **selbstständige Sachen** (z.B. verschiedene Gebäude) in einem einheitlichen VV versichert hat bzw. einzelne Sachen veräußert. Der Veräußerer behält Versicherungsschutz für die nicht veräußerten Sachen, wobei ggf. die Prämie herabzusetzen ist – und der Erwerber tritt für die veräußerten Sachen in den VV ein (AG Eutin, VersR 1976, 357). 9

3. Veräußerung

Veräußerung ist die **rechtsgeschäftliche Eigentumsübertragung** und setzt sowohl das schuldrechtliche Verpflichtungs- wie auch das dingliche Verfügungsgeschäft (§§ 929 ff. BGB für bewegliche Sachen und §§ 873, 925 BGB für Grundstücke) voraus, wobei es auf die Vollendung des Eigentumsübergangs ankommt, also bei Grundstücken, die Eintragung ins Grundbuch oder bei Veräußerung unter einer aufschiebenden Bedingung, den Eintritt 10 der Bedingung (Rüffer/Halbach/Schimikowski/*Halbach*, § 95 Rn 6; *Hormuth*, in: Staudinger/Halm/Wendt, § 95 Rn 2).

11 Die versicherte Sache muss also **vom VN veräußert** werden, zumindest muss dieser der Veräußerung eines nicht Berechtigten zustimmen (§ 185 BGB), da bei einer Veräußerung ohne den Willen des Veräußerers die Fortdauer der Prämienhaftung (§ 95 Abs. 2 VVG) nicht zumutbar wäre.

12 **Keine Veräußerung** liegt vor, bei Eigentumsübergang im Wege der Gesamtrechtsnachfolge, bspw. Erbfolge nach § 1922 BGB (OLG Düsseldorf, VersR 1958, 758; AG Kassel, NVersZ 2001, 240; Prölss/Martin/*Armbrüster*, § 95 Rn 10; Rüffer/Halbach/Schimikowski/ *Halbach*, § 95 Rn 8) oder Gesellschafterwechsel bei einer Personengesellschaft (BGH, NJW 2001, 1056) oder Eigentumsübertragung durch Hoheitsakt (bspw. Enteignung oder Rückübertragung nach dem VermG).

13 Beim Kauf unter **Eigentumsvorbehalt** liegt eine Veräußerung i.S.d. § 95 VVG erst mit Bedingungseintritt vor (Langheid/Wandt/*Staudinger*, § 95 Rn 42).

II. Gesamtschuldnerische Haftung für die laufende Prämie (§ 95 Abs. 2 VVG)

14 Für die laufende Versicherungsperiode haften Veräußerer und Erwerber **gesamtschuldnerisch** (vgl. §§ 421 bis 426 BGB) für die Prämie – nicht für etwaige Vollstreckungskosten aus der Rechtsverfolgung gegen den Veräußerer (LG Saarbrücken, VersR 1965, 945).

15 Hierdurch soll der VR insoweit geschützt werden, als ihm durch die gesetzliche Regelung zumindest vorübergehend ein neuer Vertragspartner aufgezwungen wird. Daher können Veräußerer und Erwerber den § 95 Abs. 2 VVG nicht wirksam zulasten des VR abbedingen.

16 Der Veräußerer kann der gesamtschuldnerischen Haftung nur dadurch entgehen, dass er den VV bis zur Veräußerung beendet, der Erwerber dadurch, dass er den VV gem. § 96 Abs. 2 VVG kündigt.

III. Schutz des gutgläubigen Versicherers (§ 95 Abs. 3 VVG)

17 Die Vorschrift stellt klar, dass der Gutglaubensschutz sich auf alle das Versicherungsverhältnis betreffenden Rechtsgeschäfte und Rechtshandlungen erstreckt, was eigentlich keiner Regelung bedürfte, da die allgemeinen Regelungen des Zivilrechts – vorbehaltlich anderer Bestimmung im VVG – ohnehin Anwendung finden. Aus § 412 BGB ergibt sich, dass die §§ 406 bis 408 BGB Anwendung finden. Demnach kann der VR, solange er keine Kenntnis von der Veräußerung hat, weiterhin alle Rechtshandlungen ggü. dem Veräußerer vornehmen, wie Zahlungsfrist setzen (BGH, VersR 1990, 881), kündigen (BGH, VersR 1990, 881) oder den VV aufheben und auch mit befreiender Wirkung an den Veräußerer leisten (§ 362 BGB).

C. Rechtsfolgen

I. Erwerber tritt an die Stelle des Veräußerers

Durch den Eigentumserwerb der versicherten Sache tritt der Erwerber an die Stelle des Veräußerers. Es findet eine **Parteiauswechslung kraft Gesetzes** statt und der Erwerber erhält die Rechtsstellung des Veräußerers (BGH, VersR 1988, 926; OLG Koblenz, VersR 1989, 363; OLG Schleswig, NJW-RR 1989, 283). Die Rechtsstellung des VR bleibt durch die Veräußerung unverändert, wenn man davon absieht, dass er sich einem neuen Vertragspartner gegenübersieht, wodurch sich ggf. das subjektive Risiko für den VR verändert hat. Auch kann der Erwerber neben den Verkäufer in den Versicherungsvertrag eintreten, sodass der Erwerber einen vom Verhalten des Veräußerers unabhängigen eigenen Anspruch auf Versicherungsschutz erwirbt. Dies kann z.B. schon dann der Fall sein, wenn der VR selbst mit dem Erwerber in Kontakt tritt und ihm mitteilt, er wolle den Vertrag mit ihm fortführen und mache von seinem Kündigungsrecht keinen Gebrauch (BGH, VersR 2009, 1114). 18

> **Praxistipp**
> Ein eigener Anspruch des Erwerbers auf Versicherungsschutz kann dann von erheblicher Bedeutung sein, wenn der Veräußerer durch eigenes Verhalten seien Versicherungsschutz verloren hat.

Die **Rechte und Pflichten**, die **ab dem Zeitpunkt der Veräußerung** entstehen, entstehen in der Person des Erwerbers. Tritt der Versicherungsfall also nach der Veräußerung ein, steht der Anspruch auf Versicherungsleistung dem Erwerber zu (zur Prämienzahlungspflicht vgl. § 95 Abs. 2 VVG; Prölss/Martin/*Armbrüster*, § 95 Rn 12). 19

Rechte und Pflichten vor der Veräußerung sind noch in der Person des Veräußerers entstanden (OLG Schleswig, NJW-RR 1989, 283). 20

Der **Versicherungsvertrag** geht so auf den Erwerber über, wie er zwischen dem Veräußerer und dem VR bestanden hat. Die Hauptpflichten aus dem VV bleiben unverändert. Der Erwerber erhält folglich den Versicherungsschutz so, wie er zwischen Veräußerer und VR vereinbart worden war. 21

Der VR kann sich also auch ggü. dem Erwerber auf Unterversicherung (§ 75 VVG) berufen (LG Köln, r+s 2014, 132 f.; OLG Hamm, r+s 1991, 313), auf Verletzung der vorvertraglichen Anzeigepflicht (§ 19 VVG), auf Gefahrerhöhung (§§ 23 ff. VVG) sowie auf sonstige Obliegenheitsverletzungen seitens des Veräußerers gem. § 28 VVG (BGH, VersR 1982, 466; LG Köln, VersR 1999, 1363; Prölss/Martin/*Armbrüster*, § 95 Rn 14). 22

II. Wiederherstellungsklausel

Für den Fall, dass eine Sache zum Neuwert versichert ist, so ist i.d.R. eine Wiederherstellungsklausel (§ 93 VVG) vereinbart. Es stellt sich dann die Frage, wem der Neuwertanteil zusteht, wenn der **Versicherungsfall noch vor der Veräußerung** eintritt, die **Wiederherstellung** oder Wiederbeschaffung bzw. deren Sicherstellung jedoch **erst nach dem Zeitpunkt der Veräußerung** erfolgt. 23

24 Für den Fall, dass lediglich eine **einfache Wiederherstellungsklausel** vertraglich vereinbart ist – was heute nur noch selten der Fall ist – entsteht der Anspruch auch auf den Neuwertanteil bereits mit Eintritt des Versicherungsfalls, wird jedoch erst mit Wiederherstellung oder deren Sicherstellung fällig. In diesem Fall kann noch der Veräußerer den Anspruch geltend machen, auch wenn erst der Erwerber wiederherstellt oder die Wiederherstellung sichert (OLG Schleswig, NJW-RR 1989, 280; OLG Hamm, VersR 1987, 661; Prölss/Martin/*Armbrüster*, § 95 Rn 15).

25 Ist – wie heute üblich – eine **strenge Wiederherstellungsklausel** vereinbart, entsteht der Anspruch auf den Neuwertanteil erst mit Wiederherstellung oder Sicherstellung des vereinbarten Verwendungszwecks. Der Anspruch steht in diesem Fall also dem Erwerber zu (BGH, VersR 1988, 925; OLG Köln, r+s 2001, 156). Dies gilt sowohl für den Fall eines Teilschadens, wie auch für den Fall des Untergangs der versicherten Sache durch Totalschaden vor Veräußerung (BGH, VersR 1992, 1221; OLG Hamm, VersR 1997, 307; Prölss/Martin/*Armbrüster*, § 95 Rn 16 m.w.N.).

26 Im Kaufvertrag sollte diese Problematik zwischen den Parteien geregelt werden. Findet sich hierzu keine Regelung, kann eine Regelungslücke vorliegen, die durch die allgemeinen Auslegungsregeln zu schließen ist.

D. Prozessuales

27 Derjenige, der sich auf den Vertragsübergang beruft, muss dessen Voraussetzungen beweisen. Im Fall des § 95 Abs. 3 VVG muss der VN die Kenntnis des VR zum maßgeblichen Zeitpunkt beweisen, da ergänzend die §§ 406 bis 408 BGB Anwendung finden und auch dort der neue Gläubiger die entsprechende Beweislast trägt.

E. Abdingbarkeit

28 § 95 VVG ist **halb zwingend** (vgl. § 98 VVG).

---

§ 96 VVG Kündigung nach Veräußerung

(1) Der Versicherer ist berechtigt, dem Erwerber einer versicherten Sache das Versicherungsverhältnis unter Einhaltung einer Frist von einem Monat zu kündigen. Das Kündigungsrecht erlischt, wenn es nicht innerhalb eines Monats ab der Kenntnis des Versicherers von der Veräußerung ausgeübt wird.

(2) Der Erwerber ist berechtigt, das Versicherungsverhältnis mit sofortiger Wirkung oder für den Schluss der laufenden Versicherungsperiode zu kündigen. Das Kündigungsrecht erlischt, wenn es nicht innerhalb eines Monats nach dem Erwerb, bei fehlender Kenntnis des Erwerbers vom Bestehen der Versicherung innerhalb eines Monats ab Erlangung der Kenntnis, ausgeübt wird.

(3) Im Fall der Kündigung des Versicherungsverhältnisses nach Absatz 1 oder Absatz 2 ist der Veräußerer zur Zahlung der Prämie verpflichtet; eine Haftung des Erwerbers für die Prämie besteht nicht.

Übersicht

	Rdn
A. Normzweck	1
B. Norminhalt	2
I. Kündigungsrecht des Versicherers (§ 96 Abs. 1 VVG)	2
1. Form	2
2. Frist	6
3. Verzicht auf Kündigungsrecht	8
II. Kündigungsrecht des Erwerbers (§ 96 Abs. 2 VVG)	9
1. Form	11
2. Frist	12
3. Wirksamkeit der Kündigung	14
III. Prämie (§ 96 Abs. 3 VVG)	17
C. Prozessuales	18
D. Abdingbarkeit	20

A. Normzweck

§ 96 VVG mildert den Eingriff in die Vertragsfreiheit, den die Regelung des § 95 VVG zur Folge hat, ab. Sowohl VR, als auch Erwerber finden sich mit einem Vertragspartner konfrontiert, den sie sich nicht ausgesucht haben. Beide sollen daher die Möglichkeit haben, sich unter den Voraussetzungen des § 96 VVG kurzfristig vom VV lösen zu können. **1**

B. Norminhalt

I. Kündigungsrecht des Versicherers (§ 96 Abs. 1 VVG)

1. Form

Die **Kündigung durch den Versicherer** ist formfrei möglich und muss dem Erwerber, bzw. den Erwerbern zugehen. Erfährt der VR erst nach Eintritt des Versicherungsfalles von der Veräußerung, ist eine Kündigung nicht notwendig (BGH, VersR 1987, 705). **2**

Bei nur **teilweiser Veräußerung** entsteht das Kündigungsrecht nur hinsichtlich des übergangenen Vertragsteils (Vertragsspaltung). **3**

Treten **mehrere Erwerber** an die Stelle des bisherigen VN, z.B. weil dieser die versicherte Sache an mehrere Erwerber verkauft, so muss der VR ggü. allen Erwerbern kündigen (Langheid/Wandt/*Reusch*, § 96 Rn 14). **4**

Besteht ein VV mit einer WEG und findet ein **Wohnungseigentümerwechsel** statt, so kann der VR nur insgesamt ggü. der WEG kündigen (Langheid/Wandt/*Reusch*, § 96 Rn 20). I.d.R. wird jedoch der Wechsel dem VR gar nicht angezeigt, was jedoch regelmäßig nicht zur Leistungsfreiheit gem. § 97 Abs. 1 VVG führt, weil der VR den VV auch dann **5** geschlossen hätte, wenn ihm der hinzugetretene Wohnungseigentümer bekannt gewesen wäre, § 92 Abs. 1 a.E VVG.

2. Frist

6 Die Kündigung durch den VR wird mit einer **Kündigungsfrist** von einem Monat nach Zugang beim Erwerber wirksam. Dieser hat so ausreichend Zeit, sich um anderweitigen Versicherungsschutz zu bemühen.

7 Die Ausübungsfrist für die Kündigung beträgt einen **Monat ab Kenntnis** des VR von der Veräußerung (§ 96 Abs. 1 S. 2 VVG). Kenntnis liegt dann vor, wenn der VR ausreichend sicher über die versicherte Sache und die Person des Erwerbers informiert ist, sodass er dem Erwerber ggü. die Kündigung erklären kann (Prölss/Martin/*Armbrüster*, § 96 Rn 2).

3. Verzicht auf Kündigungsrecht

8 Ein **Verzicht** des VR auf sein Kündigungsrecht liegt dann vor, wenn er in Kenntnis der Veräußerung widerspruchslos Prämien vom Erwerber annimmt.

II. Kündigungsrecht des Erwerbers (§ 96 Abs. 2 VVG)

9 Auch dem Erwerber steht ein Kündigungsrecht zu. Der Veräußerer hat kein Kündigungsrecht.

10 Bei bestehendem VV mit WEG kann nicht der neu hinzugekommene Wohnungseigentümer den VV kündigen, sondern das Kündigungsrecht steht nur der WEG zu, welches eines einstimmigen Beschlusses der Wohnungseigentümergemeinschaft voraussetzt (Langheid/Wandt/*Reusch*, § 96 Rn 40).

1. Form

11 Ebenso wie die Kündigung seitens des VR, ist auch die Kündigungserklärung des Erwerbers nicht an eine besondere Form gebunden. Es kann jedoch **vertraglich** die Schriftform oder die Textform **vereinbart** werden (§ 98 VVG).

2. Frist

12 Der Erwerber kann **ohne Kündigungsfrist** für den Schluss der laufenden Versicherungsperiode kündigen. Das Kündigungsrecht muss binnen eines Monats ab Kenntnis von der Versicherung ausgeübt werden. Auf die **Kenntnis des Erwerbs** kommt es nach dem Wortlaut der Vorschrift nicht an, sodass das Kündigungsrecht bereits erloschen sein kann, wenn der Erwerber Kenntnis vom Erwerb (z.B. Eintragung im Grundbuch) erhält (Prölss/Martin/*Armbrüster*, § 96 Rn 8).

13 Der Erwerber muss hingegen vom Bestand des VV Kenntnis haben und soweit Kenntnis von der Person des VR haben, dass er wirksam die Kündigung erklären kann, also Name

und Anschrift des VR kennen (OLG Dresden, NVersZ 2002, 472; LG Saarbrücken, VersR 1965, 945).

3. Wirksamkeit der Kündigung

Wird der ursprüngliche VV nicht (wirksam) gekündigt und schließt der Erwerber eine anderweitige Versicherung ab, entsteht eine Doppelversicherung (Rüffer/Halbach/Schimikowski/*Halbach*, § 96 Rn 9). Von dem später geschlossenen VV kann sich der Erwerber gem. § 79 Abs. 1 VVG wieder lösen. Für den Fall, dass der Veräußerer kündigt, ist die Kündigung mangels Kündigungsrecht unwirksam. 14

Allerdings muss der VR die Kündigung ausdrücklich zurückweisen, will er die Kündigung gegen sich nicht gelten lassen. 15

Für den Fall, dass sowohl VR als auch Erwerber wirksam kündigen, gilt die Kündigung, welche das Versicherungsverhältnis früher beendet (**a.A.** BK/*Dörner*, § 70 Rn 41). 16

III. Prämie (§ 96 Abs. 3 VVG)

Die Vorschrift stellt klar, dass allein der Veräußerer im Fall der Kündigung des Versicherungsverhältnisses durch den VR oder den Erwerber zur Zahlung der Prämie verpflichtet ist. Die Zahlungspflicht endet mit der Beendigung des Versicherungsverhältnisses (§ 39 Abs. 1 S. 1 VVG). 17

C. Prozessuales

Kündigt der VR den VV, muss er beweisen, dass die versicherte Sache veräußert wurde und die Kündigungserklärung zugegangen ist. Beruft sich der Erwerber auf den Fristablauf nach § 96 Abs. 1 VVG, so ist er beweisbelastet. 18

Beruft sich der Erwerber auf fehlende Kenntnis nach Abs. 2, ist er beweisbelastet (BK/*Dörner*, § 70 Rn 49 f.). 19

D. Abdingbarkeit

§ 96 VVG ist **halb zwingend**. Es kann jedoch Schriftform oder Textform für die Kündigung des Erwerbers nach § 96 Abs. 2 VVG vereinbart werden (§ 98 S. 2 VVG). 20

§ 97 VVG Anzeige der Veräußerung

(1) Die Veräußerung ist dem Versicherer vom Veräußerer oder Erwerber unverzüglich anzuzeigen. Ist die Anzeige unterblieben, ist der Versicherer nicht zur Leistung verpflichtet, wenn der Versicherungsfall später als einen Monat nach dem Zeitpunkt eintritt, zu dem die Anzeige dem Versicherer hätte zugehen müssen, und der Versiche-

rer den mit dem Veräußerer bestehenden Vertrag mit dem Erwerber nicht geschlossen hätte.

(2) Abweichend von Absatz 1 Satz 2 ist der Versicherer zur Leistung verpflichtet, wenn ihm die Veräußerung zu dem Zeitpunkt bekannt war, zu dem ihm die Anzeige hätte zugehen müssen, oder wenn zurzeit des Eintrittes des Versicherungsfalles die Frist für die Kündigung des Versicherers abgelaufen war und er nicht gekündigt hat.

Übersicht

	Rdn
A. Normzweck	1
B. Norminhalt	4
I. Unverzüglichkeit der Anzeige	4
II. Beidseitige Anzeigepflicht	8
C. Rechtsfolgen	9
I. Keine unverzügliche Anzeige	10
II. Versicherungsfall nach Fristablauf	11
III. Kein Abschluss mit Erwerber	12
IV. Fristwahrung	13
V. Keine anderweitige Kenntnis	14
D. Prozessuales	15
E. Abdingbarkeit	16

A. Normzweck

1 Die Regelung soll sicherstellen, dass der **VR unverzüglich von der Veräußerung erfährt**, sodass dieser sein **Kündigungsrecht** gem. § 96 Abs. 1 VVG ausüben kann. Die Interessen des VR sollen hierdurch geschützt werden.

2 Abweichend von § 71 Abs. 1 S. 2 VVG a.F. verlangt die **Neufassung des S. 2** eine weitere Voraussetzung für die Leistungsfreiheit des VR, nämlich, dass dieser den mit dem Veräußerer bestehenden VV nicht mit dem Erwerber geschlossen hätte.

3 I.Ü. soll es bei der von der Rechtsprechung in Ausprägung des Grundsatzes von **Treu und Glauben** entwickelten Regelung verbleiben, dass der VR nur dann leistungsfrei wird, wenn dies nicht außer Verhältnis zur Schwere des Verstoßes des VN steht (Begr. BT-Drucks 16/3945, 85).

B. Norminhalt

I. Unverzüglichkeit der Anzeige

4 Die Veräußerung ist dem VR unverzüglich, d.h. **ohne schuldhaftes Zögern** (§ 121 BGB) anzuzeigen. **Fristbeginn** ist Kenntnis von der Vollendung der Veräußerung, von Versicherung und VR.

5 Die Anzeige kann **formfrei** erfolgen, allerdings kann Schriftform oder Textform in AVB vereinbart werden (§ 98 VVG).

Die Anzeige muss Person und Anschrift des Erwerbers enthalten, damit der VR sein Kündigungsrecht nach § 96 Abs. 1 VVG ausüben kann.

Voraussetzung für das **Entstehen der Anzeigepflicht** ist ein wirksamer Eigentümerwechsel der versicherten Sache.

II. Beidseitige Anzeigepflicht

Die Vorschrift stellt klar, dass sowohl Veräußerer als auch Erwerber anzeigepflichtig sind, wobei Anzeige durch einen von beiden genügt.

C. Rechtsfolgen

Grundsätzlich gilt, dass der VR unter den Voraussetzungen des § 97 VVG **leistungsfrei** wird, wenn ihm die Veräußerung nicht angezeigt wird. Dies setzt i.E. Folgendes voraus:

I. Keine unverzügliche Anzeige

Veräußerer oder Erwerber haben nicht unverzüglich angezeigt. Sofern für die unverzügliche Anzeige unterschiedliche Fristen laufen, ist auf den früheren Fristablauf abzustellen (BK/ *Dörner*, § 71 Rn 16).

II. Versicherungsfall nach Fristablauf

Der Versicherungsfall muss später als einen Monat eingetreten sein, zu dem bei unverzüglicher Anzeige diese dem VR hätte zugehen müssen. Für diesen Zeitraum soll der VR noch Versicherungsschutz gewähren müssen. Wurde die Anzeige der Veräußerung zu früh gemacht, z.B. weil mangels Eintragung im Grundbuch die Veräußerung noch nicht wirksam vollzogen war, so beginnt die Frist nicht schon mit der Anzeige, sondern erst in dem Zeitpunkt, in dem die Veräußerung wirksam wurde (Langheid/Wandt/*Reusch*, § 97 Rn 32).

III. Kein Abschluss mit Erwerber

Des Weiteren muss der VR nachweisen, dass er den mit dem Veräußerer geschlossenen VV nicht mit dem Erwerber abgeschlossen hätte (§ 96 Abs. 1 VVG a.E.). Dies gilt auch dann, wenn die Anzeige vorsätzlich unterlassen wurde. Den Nachweis kann der VR dadurch führen, dass er anhand der Annahmerichtlinien darlegt, dass er bei Kenntnis von der Veräußerung den Vertrag gekündigt hätte oder indem er nachweist, dass er aufgrund eines erhöhten subjektiven Risikos, den Vertrag mit dem Erwerber nicht abgeschlossen hätte, z.B. weil dieser in der Vergangenheit besonders schadensauffällig war (Langheid/Wandt/ *Reusch*, § 97 Rn 43).

IV. Fristwahrung

13 Die Kündigungsfrist des VR ist nicht fruchtlos abgelaufen (§ 96 Abs. 2 VVG).

V. Keine anderweitige Kenntnis

14 Der VR hatte keine anderweitige Kenntnis von der Veräußerung zu dem Zeitpunkt, zu dem ihm die Anzeige nach § 96 Abs. 1 S. 1 VVG hätte zugehen müssen. Für die Kenntniserlangung genügt auch eine mündliche Mitteilung, auch wenn sonst Schrift- oder Textform vereinbart ist (Langheid/Wand/*Reusch*, § 97 Rn 54).

D. Prozessuales

15 Beruft sich der VR auf Leistungsfreiheit, muss er nachweisen, dass ihm die Anzeige nicht (rechtzeitig) zugegangen ist und er bei Zugang der Anzeige den Vertrag mit dem Erwerber nicht abgeschlossen hätte, was er durch Vorlage der Annahmerichtlinien darlegen muss (*Hormuth* in: Staudinger/Halm/Wendt, § 97 Rn 8). Gelingt ihm dies, muss der VN nachweisen, dass ihn an der verspäteten Anzeige kein Verschulden trifft, bzw. dass der VR anderweitig von der Veräußerung Kenntnis erlangt hatte und zum Zeitpunkt des Eintritts des Versicherungsfalles die Kündigungsfrist bereits abgelaufen war.

E. Abdingbarkeit

16 § 97 VVG ist **halb zwingend**. Es kann jedoch für die Anzeige der Veräußerung die Textform oder die Schriftform vereinbart werden (§ 98 S. 2 VVG).

---

§ 98 VVG Schutz des Erwerbers

Der Versicherer kann sich auf eine Bestimmung des Versicherungsvertrags, durch die von den §§ 95 bis 97 zum Nachteil des Erwerbers abgewichen wird, nicht berufen. Jedoch kann für die Kündigung des Erwerbers nach § 96 Abs. 2 und die Anzeige der Veräußerung die Schriftform oder die Textform bestimmt werden.

Übersicht

	Rdn
A. Normzweck	1
B. Norminhalt	2

A. Normzweck

1 Für den Fall, dass zum Zeitpunkt der Veräußerung einer Sache ein VV besteht, erklärt § 98 VVG die Vorschriften in §§ 95 bis 97 VVG zugunsten des Erwerbers für halb zwingend.

B. Norminhalt

Der Veräußerer und der VR können die in §§ 95 bis 97 VVG zum Schutz des Erwerbers getroffenen Rechtsfolgen nicht ohne dessen Zustimmung ändern.

Dies betrifft unter anderem **Übergang des Versicherungsverhältnisses** auf den Erwerber (§ 95 VVG Abs. 1 VVG). Eine Vereinbarung zwischen Veräußerer und VR, die den Übergang ausschließt, ist unwirksam. Dies können bspw. Klauseln in den AVB sein, die den Übergang des Versicherungsverhältnisses von der Zustimmung des VR abhängig machen oder für den Fall der Veräußerung eine auflösende Bedingung für den VV vorsehen (BK/*Dörner*, § 72 Rn 3).

Auch ein **Ausschluss des Kündigungsrechts** des Erwerbers (§ 92 Abs. 1 VVG) ist unwirksam. Dies ergibt sich bereits aus § 307 Abs. 2 BGB. Auch eine Kürzung der Kündigungsfrist bedeutet eine unzulässige Schlechterstellung des Erwerbers (BK/*Dörner*, § 72 Rn 4).

Vereinbarungen, die eine strengere Form als die Schriftform (§ 126 BGB) oder Textform (§ 126b BGB) vorsehen, sind unwirksam.

Der Veräußerer ist allerdings nicht gehindert, den VV vor der Veräußerung zu beenden, was auch bereits bei Vertragsschluss zwischen VR und Veräußerer, z.B. durch auflösende Bedingung, vereinbart werden kann, da es nicht Aufgabe des Veräußerers ist, für den Versicherungsschutz des Erwerbers Sorge zu tragen (OLG Düsseldorf, r+s 1996, 165).

Vom Anwendungsbereich nicht umfasst sind Vereinbarungen, die den Erwerber nicht benachteiligen oder Vereinbarungen zwischen VR und Erwerber.

Allerdings ist auch eine Vereinbarung zwischen Veräußerer und Erwerber, die den Vertragsübergang ausschließt, ohne Mitwirkung des VR wg. des Verbots von Verträgen zu Lasten Dritter unwirksam (Prölss/Martin/*Armbrüster*, § 98 Rn 3).

§ 99 VVG Zwangsversteigerung, Erwerb des Nutzungsrechts

Geht das Eigentum an der versicherten Sache im Wege der Zwangsversteigerung über oder erwirbt ein Dritter aufgrund eines Nießbrauchs, eines Pachtvertrags oder eines ähnlichen Verhältnisses das Nutzungsrecht daran, sind die §§ 95 bis 98 entsprechend anzuwenden.

Übersicht

	Rdn
A. Normzweck	1
B. Norminhalt	2
C. Abdingbarkeit	6

A. Normzweck

1 Die Regelung entspricht § 73 VVG a.F., **erweitert** den Anwendungsbereich jedoch auf den Übergang des Fruchtziehungsrechts auf einen Dritten, was bislang nur in der Hagelversicherung galt (§ 115 VVG a.F.; s.a. Begr. BT-Drucks 16/3945, S. 85).

B. Norminhalt

2 § 99 VVG erstreckt den Anwendungsbereich der §§ 95 bis 98 VVG über den rechtsgeschäftlichen Eigentumserwerb hinaus auf die Zwangsversteigerung, wo der Eigentumsübergang durch Hoheitsakt stattfindet. Die Zwangsversteigerung umfasst **Immobiliar- als auch Mobiliarzwangsvollstreckung**.

3 Auf die **Zwangsverwaltung** (§§ 146 ff. ZVG) findet § 99 VVG hingegen keine Anwendung, da ein Eigentumsübergang hier nicht stattfindet (OLG Hamm, NVersZ 2000, 421; Prölss/Martin/*Armbrüster*, § 99 Rn 2 m.w.N.).

4 Des Weiteren wird der Anwendungsbereich der §§ 95 bis 98 VVG auf den **Nießbrauch**, den **Pachtvertrag** und anderen Erwerb des **Nutzungsrechts** an der Sache erweitert, wo ein Eigentumsübergang nicht stattfindet, sondern lediglich das Fruchtziehungsrecht auf einen Dritten übertragen wird.

5 Entsprechend § 97 Abs. 1 VVG trifft die **Anzeigepflicht** den VN und den Erwerber des Rechts, bzw. Ersteigerer, nicht jedoch das Vollstreckungsgericht oder den Gerichtsvollzieher.

C. Abdingbarkeit

6 Durch den Verweis auch auf § 98 VVG wird klargestellt, dass die §§ 95 bis 97 VVG auch **nicht zum Nachteil des Erstehers** vertraglich abbedungen werden dürfen.

Anhang 1 Allgemeine Hausrat Versicherungsbedingungen (VHB 2010 – Quadratmetermodell)

Stand: 1.1.2013 (GDV 0620)

Hinweis
Diese Bedingungen des Gesamtverbandes der Deutschen Versicherungswirtschaft e.V. (GDV) sind für die Versicherer unverbindlich; ihre Verwendung ist rein fakultativ. Abweichende Bedingungen können vereinbart werden. Abdruck mit freundlicher Genehmigung des GDV; die jeweils aktuellen Bedingungen können kostenfrei auf der Website des GDV (*www.gdv.de*) abgerufen werden.

Abschnitt „A"
- § 1 Versicherte Gefahren und Schäden (Versicherungsfall), generelle Ausschlüsse
- § 2 Brand, Blitzschlag, Explosion, Implosion, Luftfahrzeuge
- § 3 Einbruchdiebstahl
- § 4 Leitungswasser
- § 5 Naturgefahren
- § 6 Versicherte und nicht versicherte Sachen, Versicherungsort
- § 7 Außenversicherung
- § 8 Versicherte Kosten
- § 9 Versicherungswert, Versicherungssumme
- § 10 Anpassung der Prämie
- § 11 Wohnungswechsel
- § 12 Entschädigungsberechnung, Unterversicherung
- § 13 Entschädigungsgrenzen für Wertsachen, Wertschutzschränke
- § 14 Zahlung und Verzinsung der Entschädigung
- § 15 Sachverständigenverfahren
- § 16 Vertraglich vereinbarte, besondere Obliegenheit des Versicherungsnehmers vor dem Versicherungsfall, Sicherheitsvorschrift
- § 17 Besondere Gefahr erhöhende Umstände
- § 18 Wiederherbeigeschaffte Sachen

Abschnitt „B"
- § 1 Anzeigepflicht des Versicherungsnehmers oder seines Vertreters
- § 2 Beginn des Versicherungsschutzes, Dauer und Ende des Vertrages
- § 3 Prämien, Versicherungsperiode
- § 4 Fälligkeit der Erst- oder Einmalprämie, Folgen verspäteter Zahlung oder Nichtzahlung
- § 5 Folgeprämie
- § 6 Lastschriftverfahren
- § 7 Prämie bei vorzeitiger Vertragsbeendigung
- § 8 Obliegenheiten des Versicherungsnehmers
- § 9 Gefahrerhöhung
- § 10 Überversicherung
- § 11 Mehrere Versicherer

Anhang 1 zu §§ 88 bis 99 VVG — VHB 2010 – Quadratmetermodell

§ 12 Versicherung für fremde Rechnung
§ 13 Aufwendungsersatz
§ 14 Übergang von Ersatzansprüchen
§ 15 Kündigung nach dem Versicherungsfall
§ 16 Keine Leistungspflicht aus besonderen Gründen
§ 17 Anzeigen, Willenserklärungen, Anschriftenänderungen
§ 18 Vollmacht des Versicherungsvertreters
§ 19 Repräsentanten
§ 20 Verjährung
§ 21 Gerichtsstand
§ 22 Anzuwendendes Recht
§ 23 Sanktionsklausel

Vorbemerkung

2   Beim Quadratmetermodell wird die Wohnfläche der versicherten Wohnung multipliziert mit einem vereinbarten Betrag pro Quadratmeter Wohnfläche, um die Versicherungssumme zu ermitteln. Im Gegensatz dazu wird beim Versicherungssummenmodell die Versicherungssumme anhand der Bewertung der versicherten Sachen ermittelt.
Derzeit sind die VHB 2010, Version 1.1.2013 veröffentlicht und Gegenstand dieser Kommentierung.

3   **Hinweis**
Die AVB der einzelnen Hausratversicherer weichen zum Teil erheblich voneinander ab. Keinesfalls müssen also die vereinbarten AVB denen der Empfehlung des GDV entsprechen. Der Anwalt kommt nicht umhin, die vereinbarten AVB zu prüfen. Sollte der Mandant diese nicht (mehr) haben, sind diese vom VR anzufordern.

Abschnitt „A"

§ 1 Versicherte Gefahren und Schäden (Versicherungsfall), generelle Ausschlüsse

4   **Versicherungsfall**
Der Versicherer leistet Entschädigung für versicherte Sachen, die durch
a) Brand, Blitzschlag, Explosion, Implosion, Anprall oder Absturz eines Luftfahrzeuges, seiner Teile oder seiner Ladung;
b) Einbruchdiebstahl, Vandalismus nach einem Einbruch sowie Raub oder den Versuch einer solchen Tat;
c) Leitungswasser;
d) Naturgefahren
aa) Sturm, Hagel,
bb) weitere Elementargefahren, soweit gesondert vereinbart,
zerstört oder beschädigt werden oder infolgedessen abhanden kommen.

Ausschlüsse Krieg, Innere Unruhen und Kernenergie
a) Ausschluss Krieg
   Die Versicherung erstreckt sich ohne Rücksicht auf mitwirkende Ursachen nicht auf Schäden durch Krieg, kriegsähnliche Ereignisse, Bürgerkrieg, Revolution, Rebellion oder Aufstand.
b) Ausschluss Innere Unruhen
   Die Versicherung erstreckt sich ohne Rücksicht auf mitwirkende Ursachen nicht auf Schäden durch innere Unruhen.
c) Ausschluss Kernenergie
   Die Versicherung erstreckt sich ohne Rücksicht auf mitwirkende Ursachen nicht auf Schäden durch Kernenergie, nukleare Strahlung oder radioaktive Substanzen.

Ziff. 1 fasst katalogartig die versicherten Risiken zusammen, die in den §§ 2 bis 5 näher definiert werden. Die „weiteren Elementargefahren", soweit gesondert vereinbart, wurden nun neu in den Katalog aufgenommen.

Wendet der VR einen Ausschlustatbestand ein, so trägt er hierfür die Beweislast. Schäden durch Erdbeben werden in § 2 Ziff. 6a vom Versicherungsschutz ausgenommen.

§ 2 Brand, Blitzschlag, Explosion, Implosion, Luftfahrzeuge

1. Versicherte Gefahren und Schäden
Der Versicherer leistet Entschädigung für versicherte Sachen, die durch
a) Brand,
b) Blitzschlag,
c) Explosion, Implosion
d) Anprall oder Absturz eines Luftfahrzeuges, seiner Teile oder seiner Ladung
zerstört oder beschädigt werden oder abhandenkommen.

2. Brand
Brand ist ein Feuer, das ohne einen bestimmungsgemäßen Herd entstanden ist oder ihn verlassen hat und das sich aus eigener Kraft auszubreiten vermag.

3. Blitzschlag
Blitzschlag ist der unmittelbare Übergang eines Blitzes auf Sachen.
Überspannungs-, Überstrom- oder Kurzschlussschäden an elektrischen Einrichtungen und Geräten sind nur versichert, wenn an Sachen auf dem Grundstück, auf dem der Versicherungsort liegt, durch Blitzschlag Schäden anderer Art entstanden sind. Spuren eines direkten Blitzschlags an anderen Sachen als an elektrischen Einrichtungen und Geräten oder an Antennen stehen Schäden anderer Art gleich.

4. Explosion
Explosion ist eine auf dem Ausdehnungsbestreben von Gasen oder Dämpfen beruhende, plötzlich verlaufende Kraftäußerung.
Eine Explosion eines Behälters (Kessel, Rohrleitung usw.) liegt nur vor, wenn seine Wandung in einem solchen Umfang zerrissen wird, dass ein plötzlicher Ausgleich des Druckunterschieds innerhalb und außerhalb des Behälters stattfindet. Wird im Innern eines Behälters eine Explosion durch chemische Umsetzung hervorgerufen, so ist ein Zerreißen seiner Wandung nicht erforderlich.

5. Implosion
Implosion ist ein plötzlicher, unvorhersehbarer Zusammenfall eines Hohlkörpers durch äußeren Überdruck infolge eines inneren Unterdruckes.

6. Nicht versicherte Schäden

Nicht versichert sind
a) ohne Rücksicht auf mitwirkende Ursachen Schäden durch Erdbeben;
b) Sengschäden;
c) Schäden, die an Verbrennungskraftmaschinen durch die im Verbrennungsraum auftretenden Explosionen, sowie Schäden, die an Schaltorganen von elektrischen Schaltern durch den in ihnen auftretenden Gasdruck entstehen;

Die Ausschlüsse gemäß Nr. 6b) und 6c) gelten nicht für Schäden, die dadurch verursacht wurden, dass sich an anderen Sachen eine versicherte Gefahr gemäß Nr. 1 verwirklicht hat.

7 I. Brand (Nr. 2)

Ein **Feuer** ist jeder Verbrennungsvorgang mit einer Lichterscheinung, wobei eine offene Flamme nicht Voraussetzung ist. Ein Glühen oder Glimmen ist ausreichend (*Martin*, C I Rn 5 ff.)

8 **Bestimmungsgemäßer Herd** eines Feuers können alle Sachen sein, die dazu bestimmt sind, Feuer zu erzeugen, zu unterhalten oder einzuhegen (*Dietz*, Wohngebäudeversicherung, 3. Aufl., 2015, § 2 A Rn 16).

9 Die Zweckbestimmung ist nach herrschender Meinung subjektiv zu bestimmen, wird also durch menschliches Handeln definiert. Ein Herd kann daher auch dann nicht mehr bestimmungsgemäß sein, wenn das Feuer von einer nicht befugten Person entzündet wird (Einbrecher zündet Kerze an) oder zu einem nicht vorgesehenen Zeitpunkt (*Martin*, C I Rn 31).

10 Das Feuer muss schließlich in der Lage sein, sich **aus eigener Kraft** auszubreiten. Zunächst ist die ausreichende Versorgung mit Sauerstoff Voraussetzung für die Ausbreitungsfähigkeit (*Spielmann*, Aktuelle Deckungsfragen in der Sachversicherung, S. 19). Häufig wird es daher an der Ausbreitungsfähigkeit fehlen, wenn brennende Gegenstände (Streichholz, Kerze, Zigarette) auf einen festverklebten Teppichboden fallen. Hier kann sich das Feuer regelmäßig nicht ausbreiten, sodass ein versicherter Brand nicht vorliegt (*Martin*, C I Rn 47, 50). Es liegt dann ein nicht versicherter Sengschaden vor. Rein deklaratorisch daher § 2 Ziff. 6b).

11 Löschmaßnahmen bleiben für die Frage der Ausbreitungsfähigkeit außer Betracht, sodass zu untersuchen ist, ob das Feuer sich ohne die Löschmaßnahmen ausgebreitet hätte (*Martin*, C I Rn 51).

12 II. Blitzschlag (Nr. 3)

Blitzschlag als unmittelbarer Übergang eines Blitzes auf Sachen setzt einen Wolke-Erde-Blitz voraus, nicht verlangt wird, dass der Blitz in eine **versicherte** Sache einschlägt.

13 Überspannungs-, Überstrom- und Kurzschlussschäden sind als Blitzfolgeschäden nur dann versichert, wenn an Sachen auf dem Grundstück Schäden durch Blitzschlag entstanden sind, wobei es sich hierbei um Schäden anderer Art (als Überspannungs-, Überstrom- und Kurzschlussschäden) handeln muss. Ein Blitzschlag in Sachen, die sich nicht auf dem Grundstück des Versicherungsortes befinden kann daher die Ersatzfähigkeit dieser Blitzfolgeschäden nicht begründen. Erst recht gilt dies für reine elektromagnetische Entladungen (Wolke-Wolke-Blitz), ohne Blitzeinschlag.

Springt der FI-Schalter (Fehlerstromschutzschalter) im Sicherungskasten heraus und kommt es zu Folgeschäden wegen der entstandenen Stromunterbrechung (z.B. Kühlung fällt aus), so handelt es sich nicht um einen versicherten Schaden (BGH 20.4.2010 – IV ZR 250/08).

III. Explosion (Nr. 4) 14

Auch Verpuffung kann Explosion sein, ebenso wie jeder bewusste oder unbewusste Gebrauch von Schusswaffen einschl. Luftdruckgewähren (*Martin*, C III Rn 7).

Nicht dagegen, die Schäden durch Ausdehnen von Flüssigkeiten, wie Bersten von Behältern durch Erhitzen oder Gefrieren von Wasser, da keine Dämpfe oder Gase. 15

IV. Nicht versicherte Schäden (Nr. 6) 16

Der Ausschluss von Sengschäden ist rein deklaratorisch, da es sich mangels Lichterscheinung bzw. Ausbreitungsfähigkeit schon nicht um einen Brand handelt.

§ 3 Einbruchdiebstahl

1. Versicherte Gefahren und Schäden 17

Der Versicherer leistet Entschädigung für versicherte Sachen, die durch
a) Einbruchdiebstahl,
b) Vandalismus nach einem Einbruch,
c) Raub

oder durch den Versuch einer solchen Tat abhandenkommen, zerstört oder beschädigt werden.

2. Einbruchdiebstahl

Einbruchdiebstahl liegt vor, wenn der Dieb
a) in einen Raum eines Gebäudes einbricht, einsteigt oder mittels eines Schlüssel, dessen Anfertigung für das Schloss nicht von einer dazu berechtigten Person veranlasst oder gebilligt worden ist (falscher Schlüssel) oder mittels anderer Werkzeuge eindringt; der Gebrauch eines falschen Schlüssels ist nicht schon dann bewiesen, wenn feststeht, dass versicherte Sachen abhandengekommen sind;
b) in einem Raum eines Gebäudes ein Behältnis aufbricht oder falsche Schlüssel (siehe a) oder andere Werkzeuge benutzt, um es zu öffnen; der Gebrauch eines falschen Schlüssels ist nicht schon dann bewiesen, wenn feststeht, dass versicherte Sachen abhandengekommen sind;
c) aus einem verschlossenen Raum eines Gebäudes Sachen entwendet, nachdem er sich in das Gebäude eingeschlichen oder dort verborgen gehalten hatte;
d) in einem Raum eines Gebäudes bei einem Diebstahl auf frischer Tat angetroffen wird und eines der Mittel gemäß Nr. 4a aa) oder 4a bb) anwendet, um sich den Besitz des gestohlenen Gutes zu erhalten;
e) mittels richtiger Schlüssel, die er innerhalb oder außerhalb des Versicherungsortes durch Einbruchdiebstahl oder durch Raub gemäß Nr. 4 an sich gebracht hatte, in einen Raum eines Gebäudes eindringt oder dort ein Behältnis öffnet;
f) in einem Raum eines Gebäudes mittels richtigem Schlüssel eindringt, den er – innerhalb oder außerhalb des Versicherungsortes – durch Diebstahl an sich gebracht hatte, vorausgesetzt, dass weder der Versicherungsnehmer noch der Gewahrsamsinhaber den Diebstahl des Schlüssels durch fahrlässiges Verhalten ermöglicht hatte.

3. Vandalismus nach einem Einbruch

Vandalismus nach einem Einbruch liegt vor, wenn der Täter auf eine der in Nr. 2a, 2e oder 2f bezeichneten Arten in den Versicherungsort eindringt und versicherte Sachen vorsätzlich zerstört oder beschädigt.

4. Raub
a) Raub liegt vor, wenn
   - aa) gegen den Versicherungsnehmer Gewalt angewendet wird, um dessen Widerstand gegen die Wegnahme versicherter Sachen auszuschalten. Gewalt liegt nicht vor, wenn versicherte Sachen ohne Überwindung eines bewussten Widerstandes entwendet werden (einfacher Diebstahl/Trickdiebstahl);
   - bb) der Versicherungsnehmer versicherte Sachen herausgibt oder sich wegnehmen lässt, weil eine Gewalttat mit Gefahr für Leib oder Leben angedroht wird, die innerhalb des Versicherungsortes – bei mehreren Versicherungsorten innerhalb desjenigen Versicherungsortes, an dem auch die Drohung ausgesprochen wird – verübt werden soll;
   - cc) dem Versicherungsnehmer versicherte Sachen weggenommen werden, weil sein körperlicher Zustand unmittelbar vor der Wegnahme infolge eines Unfalls oder infolge einer nicht verschuldeten sonstigen Ursache wie beispielsweise Ohnmacht oder Herzinfarkt beeinträchtigt und dadurch seine Widerstandskraft ausgeschaltet ist.
b) Dem Versicherungsnehmer stehen Personen gleich, die mit seiner Zustimmung in der Wohnung anwesend sind.
c) Nicht versichert sind Sachen, die an den Ort der Herausgabe oder Wegnahme erst auf Verlangen des Täters herangeschafft werden, es sei denn, das Heranschaffen erfolgt nur innerhalb des Versicherungsortes, an dem die Tathandlungen nach a) verübt wurden.

5. Nicht versicherte Schäden

Die Versicherung erstreckt sich ohne Rücksicht auf mitwirkende Ursachen nicht auf Schäden, die verursacht werden durch weitere Elementargefahren (Überschwemmung, Erdbeben, Erdsenkung, Erdrutsch, Schneedruck, Lawinen, Vulkanausbruch).

18 **I. Nachweis des Einbruchdiebstahls**

Da es dem VN mangels Tatzeugen regelmäßig nicht gelingen kann, den Vollbeweis für den Versicherungsfall zu führen, hat die Rechtsprechung dem VN Beweiserleichterungen zugebilligt, so muss der VN beweisen, dass die versicherte Entwendung **hinreichend wahrscheinlich** ist. Dies geschieht dadurch, dass er durch objektive Umstände das **äußere Bild** der versicherten Entwendung beweist (Prölss/*Martin*/*Armbrüster*, § 1 AERB Rn 52 ff.).

19 Zum Beweis des äußeren Bildes gehört
   – der Nachweis des Verlustes der als gestohlen gemeldeten Sachen und
   – der Nachweis stimmiger Einbruchspuren, sofern der VN nicht einen Nachschlüsseldiebstahl mit hinreichender Wahrscheinlichkeit nachweist (BGH, VersR 2007, 102 ff.).

20 Grundsätzlich gilt, dass der Verlust jedes Einzelgegenstandes bewiesen werden muss (*Günther*, r+s 2008, 199). Lediglich bei einer Vielzahl von Einzelgegenständen reicht es aus, wenn der Nachweis geführt wird, dass diese im Wesentlichen vor der Entwendung vorhanden waren und anschließend nicht mehr (BGH, VersR 2007, 102 ff.; OLG Düsseldorf v. 10.6.2008 – I 4 U 58/07).

Für den Nachweis, dass die als gestohlen gemeldeten Sachen vor dem Einbruch vorhanden und nach der Tat nicht mehr auffindbar waren, kann der VN auf Zeugenaussagen zurückgreifen. Gibt es keine Zeugen, so können auch die Angaben des VN selbst ausreichen, sofern dieser glaubwürdig ist (OLG Hamm r+s 2012, 182; AG Pankow-Weißensee r+s 2013, 556).

Der Nachweis des äußeren Bildes setzt nicht voraus, dass die vorgefundenen Spuren „stimmig" in dem Sinne sind, dass sie zweifelsfrei auf einen Einbruch schließen lassen. Insb. müssen nicht sämtliche, typischerweise auftretenden Spuren vorhanden sein (BGH VersR 2015, 710).

Gelingt es dem VN, den Vollbeweis des äußeren Bildes zu erbringen, so stehen dem VR seinerseits Beweiserleichterungen zu, um nachzuweisen, dass der Einbruchdiebstahl nicht stattgefunden hat. Der VR kann durch Indizien die erhebliche Wahrscheinlichkeit nachweisen, dass die Entwendung nicht stattgefunden hat (BGH, VersR 1996, 186, Prölss/*Martin/ Armbrüster*, AERB, § 1 Rn 61). 21

II. Einbruch 22

Einbruch erfordert Gewalt gegen Gebäudebestandteile, wodurch der Diebstahl ermöglicht werden soll. Das Eintreten des Täters ist nicht unbedingt nötig, wenn der Täter von außen Gewalt anwendet, um Sachen zu entwenden (z.b. Schaufenster wird eingeschlagen, vgl. Prölss/*Martin/Armbrüster*, AERB, § 1 Rn 13).

Auch wenn es an einer Substanzverletzung fehlt, der Täter gleichwohl einige Kraft aufwendet, um ein Hindernis zu beseitigen, kann ein Einbruch vorliegen, wenn z.b. das Dach teilweise abgedeckt wird, um in das Gebäude zu gelangen. Das Aufdrücken einer Tür genügt jedoch auch dann nicht, wenn diese klemmt oder nur unzureichend verschlossen ist (*Martin*, D III Rn 16 f.; LG Berlin VersR 2015, 621). 23

III. Einsteigen 24

Der Täter steigt ein, wenn er für den Eintritt eine hierfür nicht vorgesehene Art und Weise wählt, z.B. Klettern, Abseilen etc. (*Martin*, D IV Rn 1) Diese tritt an die Stelle des Tatbestandsmerkmals der Gewalt beim Einbruch.

IV. Falscher Schlüssel 25

Ein falscher Schlüssel liegt vor, wenn er gegen den Willen oder ohne Kenntnis desjenigen angefertigt wurde, der zum Zeitpunkt der Anfertigung die Verfügungsberechtigung über das betreffende Schloss hatte (*Martin*, D IV Rn 1). Hingegen liegt ein falscher Schlüssel dann nicht vor, wenn ein einmal Berechtigter den Schlüssel verliert oder dieser Schlüssel nach dem Willen des Berechtigten nun nicht mehr zum Öffnen bestimmt sein soll. Ein richtiger Schlüssel kann daher nicht nachträglich ein falscher werden (*Martin*, D V Rn 9).

V. Anderes Werkzeug 26

Ein anderes Werkzeug kann jedes Werkzeug sein, dass auf den Schließmechanismus einwirkt, z.B. ein Dietrich oder ein Haken (*Martin*, D V Rn 15).

VI. Behältnis

27 Ein Behältnis ist jeder Raum, der geeignet ist, Sachen aufzunehmen und sie allseitig zu umschließen (*Martin*, D VI Rn 4). Das Erbrechen setzt ein Mindestmaß an Gewalt oder technischen Mitteln voraus (*Prölss/Martin/Armbrüster*, AERB, § 1 Rn 18). Wird ein Pkw in einem Parkhaus aufgebrochen, so liegt mangels Behältnis ein Versicherungsfall nicht vor, da es sich jedenfalls bei der Fahrgastzelle nicht um ein Behältnis handelt. Anders ist dies beim Kofferraum (*Spielmann*, Aktuelle Deckungsfragen in der Sachversicherung, 76 f.).

VII. Einschleichen und Verborgenhalten

28 Der Dieb **schleicht ein**, wenn er heimlich eintritt, indem er versucht, seinen Eintritt der Wahrnehmung Dritter zu entziehen (*Martin*, D VII Rn 6). **Verborgen** hält sich, wer sich mithilfe örtlicher Gegebenheiten der Wahrnehmung entzieht (*Martin*, D VII Rn 14).

29 Hinzukommen muss, dass der Dieb aus einem **verschlossenen** Raum des Gebäudes Sachen entwendet.

VIII. Schlüsselklauseln

30 Unter bestimmten Voraussetzungen ist auch die Entwendung versichert, die mithilfe eines richtigen Schlüssels begangen wird (Ziff. 2 e) und f), sog. Schlüsselklauseln). In diesen Fällen macht der Diebstahl des richtigen Schlüssels als Vortat aus einem einfachen Diebstahl einen qualifizierten versicherten Diebstahl. Die Vortat selbst muss kein Versicherungsfall sein. Keinesfalls ausreichend ist jedoch die bloße Gebrauchsanmaßung des richtigen Schlüssels oder dessen Unterschlagung (*Martin*, D VIII Rn 5).

Keine (derzeit) versicherte Fallkonstellation stellt die Überwindung eines Zugangsschlosses durch die Eingabe der richtigen Codierung dar (LG Frankfurt/Main VersR 2014, 1079).

31 Im Fall der Ziff. 2 f), wo der einfache Diebstahl des richtigen Schlüssels als Vortat ausreicht, muss der VN den Exkulpationsnachweis führen, dass er oder der Gewahrsamsinhaber den Diebstahl nicht einfach fahrlässig ermöglicht haben (*Martin*, D VIII Rn 9).

IX. Vandalismusschaden

32 Macht der VN einen Vandalismusschaden geltend, so muss er die **vorsätzliche** Zerstörung oder Beschädigung durch den Täter nachweisen. Nicht notwendig ist, dass Sachen tatsächlich entwendet wurden, wenn eine der bezeichneten Arten des Eindringens vorliegt (BGH, VersR 1998, 1179).

X. Raub

33 Raub setzt die Anwendung von **Gewalt** voraus. Hierbei handelt es sich um die Anwendung körperlicher oder mechanischer Energie mit dem Ziel, geleisteten oder erwarteten **Widerstand gegen die Wegnahme** auszuschalten (*Martin*, D XII Rn 29). Wird hingegen die Gewalt angewandt, um das Armband der Armbanduhr in dichtem Gedränge abzureisen, so wird die Gewalt nicht angewandt, um den Widerstand des Opfers gegen die Wegnahme zu brechen (LG Konstanz, VersR 2008, 1207). Auch wenn Gewalt lediglich angewandt wird, um das Opfer zu übertölpeln, so liegt lediglich ein nicht versicherter **Trickdiebstahl** vor (AG Köln, VersR 2008, 1688).

Greift der Täter überraschend durch das geöffnete Fenster eines Autos auf einem Rastplatz, liegt kein Raub, sondern lediglich einfacher Diebstahl vor (LG Köln VersR 2015, 751).

XI. Androhung von Gewalt
34

Droht der Täter mit einer Gewalttat mit Gefahr für Leib oder Leben, so muss die Gewalttat grds. innerhalb des Versicherungsortes angedroht werden, es genügt nicht, wenn Gewalt gegen eine Person an einem anderen Ort angedroht wird.

Bei der Außenversicherung gilt jedoch die Ausnahme, dass es ausreicht, wenn die angedrohte Gewalt an Ort und Stelle der Drohung ausgeübt werden soll, vgl. § 7 Ziff. 4 VHB 2010.

Eine Drohung mit Gefahr für Leib oder Leben liegt nicht vor, wenn die Stimme des Täters zwar bedrohlich geklungen haben soll, dies aber die VN nur veranlasst hat, sich umzudrehen, ohne dass sie eine Vorstellung davon hatte, was die Person von ihr will (OLG Düsseldorf VersR 2015, 748).

XII. Ohnmachtsklausel
35

Im Falle der sog. „Ohnmachtsklausel" tritt die fehlende Widerstandskraft an die Stelle der Gewalt oder Drohung. Es muss ein unmittelbarer zeitlicher Zusammenhang sowie ein unmittelbarer Ursachenzusammenhang zwischen dem Ausfall der Widerstandskraft und dem Schaden bestehen (*Martin*, D XII Rn 31 ff.).

XIII. Fahrraddiebstahl
36

Der einfache Fahrraddiebstahl kann gesondert versichert werden, z.B. Klausel 7110 zu VHB 2010.

§ 4 Leitungswasser

1. Bruchschäden
37

Soweit Rohre bzw. Installationen gemäß a) und b) zum versicherten Hausrat gehören (siehe Abschnitt „A" § 6), leistet der Versicherer Entschädigung für innerhalb von Gebäuden eintretende
a) frostbedingte und sonstige Bruchschäden an Rohren
   aa) der Wasserversorgung (Zu- oder Ableitungen) oder den damit verbundenen Schläuchen;
   bb) der Warmwasser- oder Dampfheizung sowie Klima-, Wärmepumpen- oder Solarheizungsanlagen;
   cc) von Wasserlösch- oder Berieselungsanlagen,
   sofern diese Rohre nicht Bestandteil von Heizkesseln, Boilern oder vergleichbaren Anlagen sind.
b) frostbedingte Bruchschäden an nachfolgend genannten Installationen:
   aa) Badeeinrichtungen, Waschbecken, Spülklosetts, Armaturen (z.B. Wasser- und Absperrhähne, Ventile, Geruchsverschlüsse, Wassermesser) sowie deren Anschlussschläuche;
   bb) Heizkörper, Heizkessel, Boiler oder vergleichbare Teile von Warmwasserheizungs-, Dampfheizungs-, Klima-, Wärmepumpen- oder Solarheizungsanlagen.
Als innerhalb des Gebäudes gilt der gesamte Baukörper, einschließlich der Bodenplatte.
Rohre von Solarheizungsanlagen auf dem Dach gelten als Rohre innerhalb des Gebäudes.

Soweit nicht etwas anderes vereinbart ist, sind Rohre und Installationen unterhalb der Bodenplatte (tragend oder nicht tragend) nicht versichert.

2. Nässeschäden

Der Versicherer leistet Entschädigung für versicherte Sachen, die durch bestimmungswidrig austretendes Leitungswasser zerstört oder beschädigt werden oder abhandenkommen.

Das Leitungswasser muss aus Rohren der Wasserversorgung (Zu- und Ableitungen) oder damit verbundenen Schläuchen, den mit diesem Rohrsystem verbundenen sonstigen Einrichtungen oder deren Wasser führenden Teilen, aus Einrichtungen der Warmwasser- oder Dampfheizung, aus Klima- Wärmepumpen- oder Solarheizungsanlagen, aus Wasserlösch- und Berieselungsanlagen sowie aus Wasserbetten und Aquarien ausgetreten sein.

Sole, Öle, Kühl- und Kältemittel aus Klima-, Wärmepumpen- oder Solarheizungsanlagen sowie Wasserdampf stehen Leitungswasser gleich.

3. Nicht versicherte Schäden
a) Nicht versichert sind ohne Rücksicht auf mitwirkende Ursachen Schäden durch
   aa) Plansch- oder Reinigungswasser;
   bb) Schwamm;
   cc) Grundwasser, stehendes oder fließendes Gewässer, Überschwemmung oder Witterungsniederschläge oder einen durch diese Ursachen hervorgerufenen Rückstau;
   dd) Erdbeben Schneedruck, Lawinen, Vulkanausbruch;
   ee) Erdsenkung oder Erdrutsch, es sei denn, dass Leitungswasser nach Nr. 2 die Erdsenkung oder den Erdrutsch verursacht hat;
   ff) Öffnen der Sprinkler oder Bedienen der Berieselungsdüsen wegen eines Brandes, durch Druckproben oder durch Umbauten oder Reparaturarbeiten an dem versicherten Gebäude oder an der Sprinkler- oder Berieselungsanlage;
   gg) Leitungswasser aus Eimern, Gießkannen oder sonstigen mobilen Behältnissen.
b) Der Versicherer leistet keine Entschädigung für Schäden
   aa) an Gebäuden oder an Gebäudeteilen, die nicht bezugsfertig sind und an den in diesen Gebäuden oder Gebäudeteilen befindlichen Sachen;
   bb) am Inhalt eines Aquariums, die als Folge dadurch entstehen, dass Wasser aus dem Aquarium ausgetreten ist.

4. Besondere Vereinbarung

Der Selbstbehalt je Versicherungsfall beträgt ... EUR.

38 I. Bruchschäden (Ziff. 1).

Unter a) sind sowohl **frostbedingte, als auch sonstige Bruchschäden** an den bezeichneten Rohren versichert. **Regenabflussrohre** sind keine Zu- oder Ableitungsrohre der Wasserversorgung, sofern aus diesen nicht auch anderes Wasser abgeleitet wird und sich der Schaden an einer Stelle ereignet, wo das Regenabflussrohr auch anderes Wasser führt (OLG Koblenz, r+s 2011, 434; LG Düsseldorf, r+s 2013, 342; Prölss/Martin/*Knappmann*, VHB 2000, § 4 Rn 4). Ein Regenfallrohr, welches dazu dient, Regenwasser einer Sammelanlage zuzuführen, die wiederum die Wasserversorgung speist, ist ein Rohr der Wasserversorgung (OLG Dresden, VersR 2008, 1210; OLG Frankfurt/Main, r+s 2015, 396).

Rohre, die ursprünglich der Wasserversorgung des Gebäudes gedient haben, zum Zeitpunkt des Schadeneintritts jedoch nicht mehr genutzt wurden, sind keine Zuleitungsrohre der Wasserversorgung (OLG Hamm, r+s 2012, 597).

Die Versicherung für Bruchschäden an Rohren **innerhalb versicherter Gebäude** umfasst nicht solche Wasserleitungen, die auf der Dachterrasse unterhalb von Holzdielen zur Bewässerung der dortigen Bepflanzung verlegt wurden (KG Berlin r+s 2015, 239).

Ein **Rohrbruch** liegt vor, wenn das Material des Rohres oder der Einrichtung ein Loch oder einen Riss bekommt (*Martin*, E I Rn 81). Porosität, z.B. in Folge von Korrosion reicht nicht aus (*Martin*, E I Rn 81). Verstopfung und Muffenversatz ist schon begrifflich kein Rohrbruch (AG Erfurt, r+s 2014, 24). 39

Unter b) sind **nur frostbedingte** Bruchschäden versichert. 40

Die Entschädigung ist auf den Austausch des schadhaften Rohrstücks beschränkt. Ein Austausch des gesamten Rohrleitungssystems kann nicht verlangt werden, auch wenn dieses durch Korrosion bedroht ist und ein Austausch erforderlich ist. Die Kosten hierfür hat der VN im Rahmen seiner Instandhaltungspflichten selbst zu tragen (Rüffer/Halbach/Schimikowski/*Rüffer*, 3. A., Abschnitt „A" § 3 VGB 2010 Rn 4). 41

II. Nässeschäden (Ziff. 2). 42

Um **Leitungswasser** handelt es sich dann, wenn Wasser – oder eine gleichstehende Substanz – aus einer der genannten Quellen ausgetreten ist. Das Leitungswasser muss zudem **bestimmungswidrig** ausgetreten sein, wobei auf den Willen des berechtigten Benutzers abzustellen ist (Prölss/Martin/*Knappmann* VHB 2010, § 4 Rn 6). Ein bestimmungswidriger Austritt kann also auch dann vorliegen, wenn ein Unbefugter (Einbrecher) einen Wasserhahn aufdreht und eine Überschwemmung verursacht.

Wenn Wasser aus Fallrohren innerhalb des Gebäudes austritt, die sowohl Niederschlagswasser, als auch häusliche Abwässer ableiten, so handelt es sich bei der gesamten ausgetretenen Wassermenge von der Zusammenfassung von Niederschlagswasser und Abwässern an um Leitungswasser (OLG Hamm, r+s 2014, 357).

Ein bestimmungswidriger und unmittelbarer Austritt von Leitungswasser aus mit den Zuoder Ableitungsrohren der Wasserversorgung verbundenen Einrichtungen und damit ein Nässeschaden liegt auch dann vor, wenn Wasser in einer Dusch- oder Wannenecke eines Hauses „durch die Wand" gelangt ist (OLG Schleswig BeckRS 2015, 14033).

Der Versicherer ist für einen unstreitig erst in versicherter Zeit zutage getretenen Leitungswasserschaden einstandspflichtig, auch wenn die Ursachen für den Schaden – für den VN nicht erkennbar – schon vor Vertragsbeginn gesetzt worden sind (OLG Schleswig r+s 2015, 197).

Versichert sind nur Schäden, die **durch den Austritt** von Leitungswasser verursacht werden. Schäden an der Heizungsanlage, weil sich in dieser kein Wasser mehr befindet (z.B. Kessel glüht aus), fallen daher nicht unter den Versicherungsschutz (*Martin*, E I Rn 20). 43

III. Nicht versicherte Schäden (Ziff. 3) 44

Planschen ist das Bewegen von Wasser unmittelbar durch menschliches Tun (*Martin*, F IV Rn 39). Unter **Reinigen** ist das Auftreffen von Wasser auf zu reinigende Gegenstände zu verstehen (*Martin*, F IV Rn 39, Rn 40).

Anhang 1 zu §§ 88 bis 99 VVG　　　　　　　　VHB 2010 – Quadratmetermodell

45　Der Ausschluss für **Schwamm** meint nur den echten Hausschwamm (OLG Koblenz, VersR 2007, 944; a.A.: LG Detmold, r+s 1992, 173).

46　Ein Gebäude ist erst dann bezugsfertig (Ziff. 3 b) aa)), wenn es bestimmungsgemäß von Menschen bezogen und auf Dauer bewohnt werden kann, wobei das Ausstehen gewisser unerheblicher Restarbeiten unschädlich ist (Rüffer/Halbach/Schimikowski/*Rüffer*, Abschnitt „A" § 5 VGB 2010 Rn 16; BGH r+s 2013, 552).

§ 5 Naturgefahren

47　**1. Versicherte Gefahren und Schäden**
　　Der Versicherer leistet Entschädigung für versicherte Sachen, die durch
　　a)　Sturm, Hagel
　　b)　Weitere Elementargefahren
　　　　aa) Überschwemmung,
　　　　bb) Rückstau,
　　　　cc) Erdbeben,
　　　　dd) Erdsenkung,
　　　　ee) Erdrutsch,
　　　　ff) Schneedruck,
　　　　gg) Lawinen,
　　　　hh) Vulkanausbruch
　　zerstört oder beschädigt werden oder abhanden kommen.

2. Sturm, Hagel
a)　Sturm ist eine wetterbedingte Luftbewegung von mindestens Windstärke 8 nach Beaufort (Windgeschwindigkeit mindestens 62 km/Stunde).
　　Ist die Windstärke für den Schadenort nicht feststellbar, so wird Windstärke 8 unterstellt, wenn der Versicherungsnehmer nachweist, dass
　　aa) die Luftbewegung in der Umgebung des Versicherungsgrundstücks Schäden an Gebäuden in einwandfreiem Zustand oder an ebenso widerstandsfähigen anderen Sachen angerichtet hat, oder dass
　　bb) der Schaden wegen des einwandfreien Zustandes des versicherten Gebäudes oder des Gebäudes, in dem sich die versicherten Sachen befunden haben, oder mit diesem Gebäude baulich verbundenen Gebäuden nur durch Sturm entstanden sein kann.
b)　Hagel ist ein fester Witterungsniederschlag in Form von Eiskörnern.
　　Der Versicherer leistet Entschädigung für versicherte Sachen, die zerstört oder beschädigt werden oder abhandenkommen
　　aa) durch die unmittelbare Einwirkung des Sturmes oder Hagels auf versicherte Sachen oder auf Gebäude, in denen sich versicherte Sachen befinden;
　　bb) dadurch, dass ein Sturm oder Hagel Gebäudeteile, Bäume oder andere Gegenstände auf versicherte Sachen oder auf Gebäude, in denen sich versicherte Sachen befinden, wirft;
　　cc) als Folge eines Schadens nach aa) oder bb) an versicherten Sachen;
　　dd) durch die unmittelbare Einwirkung des Sturmes oder Hagels auf Gebäude, die mit dem versicherten Gebäude oder Gebäuden, in denen sich versicherten Sachen befinden, baulich verbunden sind;
　　ee) dadurch, dass ein Sturm oder Hagel Gebäudeteile, Bäume oder andere Gegenstände auf Gebäude wirft, die mit dem versicherten Gebäude oder Gebäuden, in denen sich versicherten Sachen befinden, baulich verbunden sind.

3. Weitere Elementargefahren

a) Überschwemmung
Überschwemmung ist die Überflutung des Grund und Bodens des Versicherungsgrundstücks mit erheblichen Mengen von Oberflächenwasser durch
  aa) Ausuferung von oberirdischen (stehenden oder fließenden) Gewässern;
  bb) Witterungsniederschläge;
  cc) Austritt von Grundwasser an die Erdoberfläche infolge von aa) oder bb).

b) Rückstau
Rückstau liegt vor, wenn Wasser durch Ausuferung von oberirdischen (stehenden oder fließenden) Gewässern oder durch Witterungsniederschläge bestimmungswidrig aus den gebäudeeigenen Ableitungsrohren oder damit verbundenen Einrichtungen in das Gebäude eindringt.

c) Erdbeben
Erdbeben ist eine naturbedingte Erschütterung des Erdbodens, die durch geophysikalische Vorgänge im Erdinneren ausgelöst wird.
Erdbeben wird unterstellt, wenn der Versicherungsnehmer nachweist, dass
  aa) die naturbedingte Erschütterung des Erdbodens in der Umgebung des Versicherungsortes Schäden an Gebäuden im einwandfreien Zustand oder an ebenso widerstandsfähigen anderen Sachen angerichtet hat, oder
  bb) der Schaden wegen des einwandfreien Zustands der versicherten Sachen nur durch Erdbeben entstanden sein kann.

d) Erdsenkung
Erdsenkung ist eine naturbedingte Absenkung des Erdbodens über naturbedingten Holräumen.

e) Erdrutsch
Erdrutsch ist ein naturbedingten Abrutschen oder Abstürzen von Erd- oder Gesteinsmassen.

f) Schneedruck
Schneedruck ist die Wirkung des Gewichts von Schnee- oder Eismassen.

g) Lawinen
Lawinen sind an Berghängen niedergehende Schnee- oder Eismassen einschließlich der bei ihrem Abgang verursachten Druckwelle.

h) Vulkanausbruch
Vulkanausbruch ist eine plötzliche Druckentladung beim Aufreißen der Erdkruste, verbunden mit Lavaergüssen, Asche-Eruptionen oder dem Austritt von sonstigen Materialien und Gasen.

4. Nicht versicherte Schäden

a) Nicht versichert sind ohne Rücksicht auf mitwirkende Ursachen Schäden durch
  aa) Sturmflut;
  bb) Eindringen von Regen, Hagel, Schnee oder Schmutz durch nicht ordnungsgemäß geschlossene Fenster, Außentüren oder andere Öffnungen, es sei denn, dass diese Öffnungen durch die der versicherten Naturgefahren (siehe Nr. 1a) entstanden sind und einen Gebäudeschaden darstellen;
  cc) Grundwasser, soweit nicht an die Erdoberfläche gedrungen (siehe Nr. 3 a) cc);
  dd) Brand, Blitzschlag, Überspannung durch Blitz, Explosion, Anprall oder Absturz eines Luftfahrzeuges, seiner Teile oder seiner Ladung; dies gilt nicht, soweit diese Gefahren durch ein versichertes Erdbeben ausgelöst wurden;
  ee) Trockenheit oder Austrocknung.

b) Der Versicherer leistet keine Entschädigung für Schäden an
  aa) Gebäuden oder an Gebäudeteilen, die nicht bezugsfertig sind und an den in diesen Gebäuden oder Gebäudeteilen befindlichen Sachen;

bb) Sachen, die sich außerhalb von Gebäuden befinden. Nach Nr. 1 versichert sind jedoch auf dem gesamten Grundstück, auf dem sich die versicherte Wohnung befindet, Antennenanlagen und Markisen, wenn sie ausschließlich vom Versicherungsnehmer genutzt werden.

5. Selbstbehalt

Im Versicherungsfall wird der im Versicherungsvertrag vereinbarte Selbstbehalt abgezogen.

48 I. Allgemeines

Es besteht nicht für jede Art von Sturm- oder Hagelschaden Versicherungsschutz, sondern nur für die bedingungsgemäßen Geschehensabläufe.

49 II. Versicherte Gefahren und Schäden (Ziff. 1)

Der Begriff der **unmittelbaren Einwirkung** nach 2 c) a)) setzt voraus, dass der Sturm oder Hagel die **zeitlich letzte Ursache** des Schadens ist (*Martin*, E II Rn 29). Kommt es daher zu Wassereintritt durch das Fenster eines Lichtschachts, dadurch, dass ein Hagel-Wassergemisch sich ansammelt und das Kellerfenster dem Druck nicht mehr standhält, so liegt die zeitlich letzte Ursache für den Durchnässungsschaden im Bersten der Scheibe (*Spielmann*, Aktuelle Deckungsfragen in der Sachversicherung, 37; OLG Saarbrücken, r+s 2013, 608).

Eine unmittelbare Einwirkung des Sturms liegt nicht vor, wenn dieser Wasser in die Hausfassade drückt, welches später gefriert, und in der Folge Teile der Fassade abplatzen (LG Flensburg, r+s 2014, 238).

Es ist auch keine unmittelbare Einwirkung, wenn der Sturm Regenwasser unter der Türschwelle durchdrückt und die Feuchtigkeit dann Schäden am Fußboden verursacht (OLG Saarbrücken, r+s 2014, 414; OLG Hamm, VersR 2014, 832). Ebenso wenig, wenn ein aufblasbares Planschbecken durch umherfliegende Gegenstände beschädigt wird und auslaufendes Wasser in das Gebäude eindringt und dort Schäden verursacht (ÖOGH, r+s 2014, 239).

Eine unmittelbare Einwirkung eines Sturms liegt aber auch bereits dann vor, wenn der Sturm für den eingetretenen Schaden nur **mitursächlich** war (OLG Koblenz VersR 2015, 980).

50 Der Begriff des **geworfenen Gegenstandes** nach 2 c) bb) ist weit auszulegen und umfasst auch Regentropfen, Schneeflocken, Hagelkörner, Sand, Asche, Ruß, Schmutz aller Art, Eisstücke, lebende oder tote Körper oder Körperteile, Wellen oder Gischt (*Martin*, E II Rn 37).

51 Versicherungsschutz besteht auch für **Sturmfolgeschäden** nach 2 c) cc), wenn ein Schaden in Folge der nach 2 c) aa) oder 2c) bb) versicherten Geschehensabläufe eintritt, z.B. dadurch, dass zunächst durch unmittelbare Einwirkung ein Schaden am Gebäude eintritt (z.B. Fenster zerbirst) und anschließend Wasser eintritt. Nicht ausreichend ist, dass ein Fenster lediglich aufgedrückt wird, da dies keine Beschädigung nach a) oder b) ist.

III. Sturm (Ziff. 2a) 52

Sofern der VN die erforderliche Windgeschwindigkeit nicht nachweisen kann, so kann er den Nachweis nach a) oder b) führen. In aller Regel wird die Windgeschwindigkeit jedoch durch Anfrage z.B. beim Deutschen Wetterdienst zu ermitteln sein (zum Nachweis vgl. a. OLG Naumburg, r+s 2014, 22).

Die für den Nachweis anfallenden Kosten sind gem. § 85 Abs. 1 VVG erstattungsfähig.

IV. Weitere Elementargefahren 53

Um eine **Überschwemmung** handelt es sich, wenn Wasser in erheblichem Umfang meist mit schädlichen Wirkungen nicht auf normalem Wege abfließt, sondern auf sonst nicht in Anspruch genommenem Gelände in Erscheinung tritt und dieses überflutet (BGH VersR 2005, 828; LG Dortmund r+s 2012, 496; OLG Köln r+s 2013).

Nach LG Nürnberg-Fürth, r+s 2012, 442 soll eine „erhebliche Wassermenge" dann vorliegen, wenn diese einen „Schaden in Höhe von mehreren tausend EUR" verursacht. Dieses Kriterium ist für die Bestimmung der „Erheblichkeit" ungeeignet, da derjenige, der eine hochwertige Sache versichert dann bevorzugt Versicherungsschutz erhielte, (zutreffend Weidner in jurisPR-VersR 12/2012 Anm.1).

Unter **Rückstau** ist jedes Wasser zu verstehen, das entgegen der eigentlichen Zweckbestimmung eines Gullys nicht abfließt, sondern eindringt. Die Herkunft des Wassers ist unerheblich (LG Kempten, r+s 2008, 71). Ein Rückstauschaden liegt nicht vor, wenn das Niederschlagswasser erst gar nicht in das Rohrsystem gelangt, z.B. weil der Ablauf verstopft ist (OLG Hamburg VersR 2014, 1454).

Ist die Kanalisation aufgrund erheblicher Niederschläge nicht mehr in der Lage, das Niederschlagswasser vollständig aufzunehmen, so ist das Eindringen des rückgestauten Wassers vom Versicherungsschutz ausgenommen.

V. Hagel (Ziff. 2b) 54

Auch hier empfiehlt sich ggf. zum Nachweis eine Anfrage, z.B. beim Deutschen Wetterdienst (vgl. III., Rdn 52)

VI. Nicht versicherte Schäden (Ziff. 4) 55

Ein **ordnungsgemäßer Verschluss** bedeutet regelmäßig Verriegelung, da nur dann ein Schutz gegen Sturm gegeben ist (*Martin*, F V Rn 19).

Bezugsfertig ist das Gebäude, wenn es so weit fertiggestellt ist, dass es bestimmungsgemäß 56 von Menschen bezogen und auf Dauer bewohnt werden kann (BGH r+s 2013, 552).

§ 6 Versicherte und nicht versicherte Sachen, Versicherungsort

1. Beschreibung des Versicherungsumfangs 57

Versichert ist der gesamte Hausrat in der im Versicherungsschein bezeichneten Wohnung (Versicherungsort). Hausrat, der infolge eines eingetretenen oder unmittelbar bevorstehenden Versicherungsfalles aus dem Versicherungsort entfernt und in zeitlichem und örtlichem Zusammenhang mit diesem Vorgang zerstört oder beschädigt wird oder abhandenkommt, ist versichert.

Hausrat außerhalb der im Versicherungsschein bezeichneten Wohnung ist nur im Rahmen der Außenversicherung (siehe Abschnitt „A" § 7) oder soweit dies gesondert im Versicherungsvertrag vereinbart ist, versichert.

2. Definitionen
a) Zum Hausrat gehören alle Sachen, die dem Haushalt des Versicherungsnehmers zur privaten Nutzung (Gebrauch bzw. Verbrauch) dienen.
b) Wertsachen und Bargeld gehören ebenfalls zum Hausrat. Hierfür gelten besondere Voraussetzungen und Entschädigungsgrenzen (siehe Abschnitt „A" § 13).
c) Ferner gehören zum Hausrat
   aa) alle in das Gebäude eingefügten Sachen (z.B. Einbaumöbel und Einbauküchen), die der Versicherungsnehmer als Mieter oder Wohnungseigentümer auf seine Kosten beschafft oder übernommen hat und daher hierfür die Gefahr trägt. Eine anderweitige Vereinbarung über die Gefahrtragung ist vom Versicherungsnehmer nachzuweisen,
   bb) Anbaumöbel und Anbauküchen, die serienmäßig produziert und nicht individuell für das Gebäude gefertigt, sondern lediglich mit einem geringen Einbauaufwand an die Gebäudeverhältnisse angepasst worden sind,
   cc) privat genutzte Antennenanlagen und Markisen, die ausschließlich der versicherten Wohnung gemäß Nr. 1 dienen und sich auf dem Grundstück befinden, auf dem die versicherte Wohnung liegt,
   dd) im Haushalt des Versicherungsnehmers befindliches fremdes Eigentum, soweit es sich nicht um das Eigentum von Mietern bzw. Untermietern des Versicherungsnehmers handelt (siehe Nr. 4e),
   ee) selbstfahrende Krankenfahrstühle, Rasenmäher, Go-Karts und Spielfahrzeuge, soweit diese nicht versicherungspflichtig sind,
   ff) Kanus, Ruder-, Falt- und Schlauchboote einschließlich ihrer Motoren sowie Surfgeräte,
   gg) Fall- und Gleitschirme sowie nicht motorisierte Flugdrachen,
   hh) Arbeitsgeräte und Einrichtungsgegenstände, die ausschließlich dem Beruf oder dem Gewerbe des Versicherungsnehmers oder einer mit ihm in häuslicher Gemeinschaft lebenden Person dienen; Handelswaren und Musterkollektionen sind hiervon ausgeschlossen,
   ii) Haustiere, d.h. Tiere, die regelmäßig artgerecht in Wohnungen (nach Nr. 3a) gehalten werden (z.B. Fische, Katzen, Vögel).

3. Versicherungsort
Versicherungsort ist die im Versicherungsschein bezeichnete Wohnung. Zur Wohnung gehören
a) diejenigen Räume, die zu Wohnzwecken dienen und eine selbstständige Lebensführung ermöglichen. Dies sind die ausschließlich vom Versicherungsnehmer oder einer mit ihm in häuslicher Gemeinschaft lebenden Person privat genutzten Flächen eines Gebäudes. Räume, die ausschließlich beruflich oder gewerblich genutzt werden, gehören nicht zur Wohnung, es sei denn, sie sind ausschließlich über die Wohnung zu betreten (sog. Arbeitszimmer in der Wohnung);
b) Loggien, Balkone, an das Gebäude unmittelbar anschließende Terrassen sowie ausschließlich vom Versicherungsnehmer oder einer mit ihm in häuslicher Gemeinschaft lebenden Person zu privaten Zwecken genutzte Räume in Nebengebäuden – einschließlich Garagen – des Grundstücks, auf dem sich die versicherte Wohnung befindet;
c) gemeinschaftlich genutzte, verschließbare Räume, in dem Hausrat bestimmungsgemäß vorgehalten wird (z.B. ausgewiesene Stellflächen in Fluren, Fahrradkeller, Waschkeller) des Grundstücks, auf dem sich die versicherte Wohnung befindet;
d) darüber hinaus werden auch privat genutzte Garagen der Wohnung zugerechnet, soweit sich diese zumindest in der Nähe des Versicherungsortes befinden.

4. Nicht versicherte Sachen; Daten und Programme

Nicht zum Hausrat gehören
a) Gebäudebestandteile, es sei denn, sie sind in Nr. 2c) aa) genannt;
b) vom Gebäudeeigentümer eingebrachte Sachen, für die dieser Gefahr trägt. Sofern die ursprünglich vom Gebäudeeigentümer eingebrachten oder in dessen Eigentum übergegangenen Sachen durch den Mieter ersetzt werden – auch höher- oder geringerwertigere –, sind diese Sachen im Rahmen dieses Vertrages nicht versichert. Das Gleiche gilt für vom Wohnungseigentümer ersetzte Sachen;
c) Kraftfahrzeuge aller Art und Anhänger, unabhängig von deren Versicherungspflicht, sowie Teile und Zubehör von Kraftfahrzeugen und Anhängern, soweit nicht unter Nr. 2c) ee) genannt;
d) Luft- und Wasserfahrzeuge, unabhängig von deren Versicherungspflicht, einschließlich nicht eingebauter Teile, soweit nicht unter Nr. 2c) ee) bis Nr. 2 gg) genannt;
e) Hausrat von Mietern und Untermietern in der Wohnung des Versicherungsnehmers, es sei denn, dieser wurde ihnen vom Versicherungsnehmer überlassen;
f) Sachen im Privatbesitz, die durch einen gesonderten Versicherungsvertrag versichert sind (z.B. für Schmucksachen und Pelze, Kunstgegenstände, Musikinstrumente bzw. Jagd- und Sportwaffen).

Elektronisch gespeicherte Daten und Programme sind keine Sachen. Kosten für die technische Wiederherstellung von elektronisch gespeicherten, ausschließlich für die private Nutzung bestimmter Daten und Programme sind nur versichert, soweit dies gesondert im Versicherungsvertrag vereinbart ist.

5. Gesondert vereinbar

Der Selbstbehalt je Versicherungsfall beträgt ... EUR der Schadensumme, mindestens jedoch ... EUR, höchstens jedoch ... EUR.

I. Versicherungsumfang (Ziff. 1)

Ziff. 1 beschreibt die rechtliche Bedeutung des Versicherungsortes und erweitert den Versicherungsschutz auf Sachen, die im Zusammenhang mit dem Versicherungsfall als Rettungsmaßnahme (vgl. § 90 VVG) aus der Wohnung entfernt werden (Prölss/Martin/*Knappmann*, VHB 2010 § 6, Rn 1).

II. Definitionen zum Hausrat (Ziff. 2)

Versichert ist der **Hausrat** (Ziff. 2a und b) als Inbegriff von Sachen, § 89 VVG. Nachdem die Sachen der privaten Nutzung dienen müssen, sind Sachen, die ausschließlich dem Beruf oder Gewerbe des VN dienen grundsätzlich ausgeschlossen (vgl. aber 2 c) hh)).

Auch in das Gebäude **eingefügte** Sachen (aa)) fallen unter den Hausrat, wobei dieser Begriff weit zu verstehen ist, allerdings werden Anstriche und Tapeten nach dem allgemeinen Sprachgebrauch nicht eingefügt und sind daher Gebäudebestandteile (Prölss/Martin/ *Knappmann*, VHB 2010, § 6, Rn 9).

Die Regelung unter bb) dient insbesondere der **Abgrenzung zwischen Gebäude und Inhalt.** Serienmäßig angefertigte Anbaumöbel und -küchen sind dem Hausrat zuzuordnen, während diese bei individueller Anfertigung über die Gebäudeversicherung versichert sind (vgl. § 5 Ziff. 2 b) VGB 2010; OLG Saarbrücken, r+s 2012, 296). Eine Doppelversicherung soll vermieden werden.

62 Durch cc) wird der Schutz auf **Markisen und privat genutzte Antennenanlagen** erweitert. Gemeint sind Empfangs- und nicht Sendeanlagen (Prölss/Martin/*Knappmann*, VHB 2010 § 6, Rn 16).

63 Soweit nach dd) **fremdes Eigentum** mitversichert ist, handelt es sich um eine Fremdversicherung, § 43 Abs. 1 VVG.

64 **Arbeitsgeräte und Einrichtungsgegenstände**, die ausschließlich dem Beruf oder dem Gewerbe dienen werden nach hh) ebenfalls versichert.

65 **III. Versicherungsort (Ziff. 3)**

Grundsätzlich gilt, dass Versicherungsschutz nur innerhalb der im Versicherungsschein bezeichneten Wohnung besteht. Was zur Wohnung gehört, wird unter Ziff. 3 a) bis d) näher definiert.

66 **Räume, die ausschließlich beruflich oder gewerblich** genutzt werden, gehören nicht zur Wohnung. Der Nutzungszweck ist nach Funktion, Einrichtung und Übung des VN zu beurteilen. Publikumsverkehr spricht für nicht private Nutzung (Prölss/Martin/*Knappmann*, VHB 2010, § 6, Rn 33).

67 Garagen sind versichert, wenn sie sich in der Nähe des Versicherungsortes befinden. Entscheidend sind die Verkehrsauffassung und die örtlichen Gegebenheiten (BGH, VersR 2003, 64). Je schwieriger die Beschaffung einer Garage (in Großstädten), desto weiter kann sie entfernt sein (Prölss/Martin/*Knappmann*, VHB 2010, § 6, Rn 32).

68 **IV. Nicht versicherte Sachen; Daten und Programme (Ziff. 4)**

Gebäudebestandteile sind grundsätzlich kein Hausrat und über die Gebäudeversicherung versichert. Der Begriff des Gebäudebestandteils und Zubehörs ist in Abschnitt A § 5 Ziff. 2 VGB 2010 definiert (vgl. Abschnitt „A" § 5 VGB 2010 Rn 21.1 ff.). **Anstriche und Tapeten** sind Gebäudebestandteile. Bei **Teppichboden** handelt es sich dann um Hausrat, wenn er auf bewohnbarem Untergrund verlegt ist (z.B. Parkett oder Fliesen) und ohne Beschädigung des Untergrunds wieder beseitigt werden kann (OLG Köln, VersR 2004, 105).

69 Die Regelung zu vom **Gebäudeeigentümer eingebrachten Sachen** unter Ziff. 4 b) korrespondiert mit Abschnitt „A" § 5 Ziff. 3 b) VGB 2010.

70 **Kraftfahrzeuge und Anhänger** einschließlich deren Teile und Zubehör sind vorbehaltlich Ziff. 2c) ee) nicht versichert.

71 **Besteht anderweitiger Versicherungsschutz** für Sachen im Privatbesitz, so sind diese nicht über die Hausratversicherung versichert.

72 Klargestellt wird, dass **elektronisch gespeicherte Daten und Programme** keine Sachen sind und Kosten für deren Wiederherstellung daher grds. nicht versichert sind.

§ 7 Außenversicherung

1. Begriff und Geltungsdauer der Außenversicherung
Versicherte Sachen, die Eigentum des Versicherungsnehmers oder einer mit ihm in häuslicher Gemeinschaft lebenden Person sind oder die deren Gebrauch dienen, sind weltweit auch versichert, solange sie sich vorübergehend außerhalb des Versicherungsortes befinden. Zeiträume von mehr als drei Monaten gelten nicht als vorübergehend.

2. Unselbstständiger Hausstand während Wehr- und Zivildienst oder Ausbildung
Hält sich der Versicherungsnehmer oder eine mit ihm in häuslicher Gemeinschaft lebende Person zur Ausbildung oder zur Ableistung eines freiwilligen Wehrdienstes, eines internationalen Jugendfreiwilligendienstes (Freiwilliges, Soziales oder Ökologisches Jahr) oder des Bundesfreiwilligendienstes außerhalb der Wohnung auf, so gilt dies so lange als vorübergehend im Sinne der Nr. 1, bis ein eigener Hausstand begründet wird.

3. Einbruchdiebstahl
Für Schäden durch Einbruchdiebstahl müssen die in Abschnitt „A" § 3 Nr. 2 genannten Voraussetzungen erfüllt sein.

4. Raub
Bei Androhung einer Gewalttat mit Gefahr für Leib oder Leben besteht Außenversicherungsschutz nur in den Fällen, in denen der Versicherungsnehmer versicherte Sachen herausgibt oder sich wegnehmen lässt, weil eine Gewalttat an Ort und Stelle verübt werden soll. Dies gilt auch, wenn der Raub an Personen begangen wird, die mit dem Versicherungsnehmer in häuslicher Gemeinschaft leben. Der Außenversicherungsschutz erstreckt sich ohne Rücksicht auf mitwirkende Ursachen nicht auf Sachen, die erst auf Verlangen des Täters an den Ort der Wegnahme oder Herausgabe gebracht werden.

5. Naturgefahren
Für Naturgefahren besteht Außenversicherungsschutz nur innerhalb von Gebäuden.

6. Entschädigungsgrenzen
a) Die Entschädigung im Rahmen der Außenversicherung ist insgesamt auf ... % der Versicherungssumme, höchstens auf den vereinbarten Betrag, begrenzt.
b) Für Wertsachen (auch Bargeld) gelten zusätzlich Entschädigungsgrenzen (siehe Abschnitt „A" § 13 Nr. 2).

I. Begriff und Geltungsdauer der Außenversicherung (Ziff. 1)

Die Außenversicherung stellt eine Ausnahme vom Grundsatz dar, dass Versicherungsschutz nur innerhalb des Versicherungsortes besteht. Für die Risiken Sturm, Hagel und Raub ist die Außenversicherung eingeschränkt.

Die Sachen dürfen sich nur **vorübergehend** außerhalb des Versicherungsortes befinden. Dabei ist auf den Rückführungswillen des VN abzustellen und die 3-Monatsgrenze muss als äußerste Grenze zusätzlich eingehalten sein (Prölss/Martin/*Knappmann*, VHB 2010, § 7, Rn 9). Beabsichtigt der VN von vornherein nicht, die Sachen wieder an den Versicherungsort zurückzubringen, so kommt Außenversicherung nicht in Betracht, auch darf der VN im Schadenzeitpunkt den Rückführungswillen noch nicht aufgegeben haben (OLG Dresden, VersR 2012, 989; BGH, VersR 1986, 778; OLG Hamm, VersR 2008, 678).

Bei **Sachen des täglichen Gebrauchs** spricht eine Vermutung dafür, dass diese sich nur vorübergehend außerhalb des Versicherungsortes befinden (OLG Hamm, r+s 2009, 20).

77 Die **Beweislast** dafür, dass sich der Hausrat lediglich vorübergehend nicht am Versicherungsort befand, trägt der VN (*Martin*, G V Rn 20).

78 **II. Wehr- und Zivildienst oder Ausbildung (Ziff. 2)**

Versicherungsschutz besteht in der neuen Unterkunft des Auszubildenden oder Dienstverpflichteten und zwar auch dann, wenn dieser sich vorübergehend nicht dort aufhält, sondern in der Wohnung, die als Versicherungsort vereinbart ist (*Martin*, G V Rn 32).

79 Die Außenversicherung entfällt, wenn der Auszubildende/Dienstleistende einen **eigenen Hausstand** gründet, also die häusliche Gemeinschaft mit dem VN aufgehoben wird, wobei die Beweislast für die Aufhebung der Gemeinschaft der VR trägt (*Martin*, G V Rn 34).

80 **III. Einbruchdiebstahl (Ziff. 3)**

Es bleibt bei den Voraussetzungen des § 3 Ziff. 2 VHB 2010, also bei der **Gebäudebezogenheit**. Kein Versicherungsschutz besteht daher bei einem Einbruch in einen Wohnwagen, da es sich nicht um ein Gebäude handelt.

81 **IV. Raub (Ziff. 4)**

Außenversicherung besteht nur, wenn die angedrohte Gewalttat **an Ort und Stelle** verübt werden soll.

82 **V. Naturgefahren (Ziff. 5)**

Auch hier bleibt es bei der **Gebäudebezogenheit**, sodass Versicherungsschutz nur für Hausrat besteht, der sich in einem Gebäude befunden hat.

§ 8 Versicherte Kosten

83 **1. Versicherte Kosten**

Versichert sind die infolge eines Versicherungsfalles notwendigen und tatsächlich angefallenen:
a) Aufräumungskosten
für das Aufräumen versicherter Sachen sowie für das Wegräumen und den Abtransport von zerstörten und beschädigten versicherten Sachen zum nächsten Ablagerungsplatz und für das Ablagern und Vernichten.
b) Bewegungs- und Schutzkosten
die dadurch entstehen, dass zum Zweck der Wiederherstellung oder Wiederbeschaffung versicherter Sachen andere Sachen bewegt, verändert oder geschützt werden müssen.
c) Hotelkosten
für Hotel- oder ähnliche Unterbringung ohne Nebenkosten (z.B. Frühstück, Telefon), wenn die ansonsten ständig bewohnte Wohnung unbewohnbar wurde und dem Versicherungsnehmer auch die Beschränkung auf einen bewohnbaren Teil nicht zumutbar ist. Die Kosten werden bis zu dem Zeitpunkt ersetzt, in dem die Wohnung wieder bewohnbar ist, längstens für die Dauer von ... Tagen. Die Entschädigung ist pro Tag auf ... Promille der Versicherungssumme begrenzt, soweit nicht etwas anderes vereinbart ist.
d) Transport- und Lagerkosten
für Transport und Lagerung des versicherten Hausrats, wenn die Wohnung unbenutzbar wurde und dem Versicherungsnehmer auch die Lagerung in einem benutzbaren Teil nicht zumutbar ist. Die Kosten für die Lagerung werden bis zu dem Zeitpunkt ersetzt, in

dem die Wohnung wieder benutzbar oder eine Lagerung in einem benutzbaren Teil der Wohnung wieder zumutbar ist, längstens für die Dauer von ... Tagen.
e) Schlossänderungskosten
für Schlossänderungen der Wohnung, wenn Schlüssel für Türen der Wohnung oder für dort befindliche Wertschutzschränke durch einen Versicherungsfall abhandengekommen sind.
f) Bewachungskosten
für die Bewachung versicherter Sachen, wenn die Wohnung unbewohnbar wurde und Schließvorrichtungen und sonstige Sicherungen keinen ausreichenden Schutz bieten. Die Kosten werden bis zu dem Zeitpunkt ersetzt, in dem die Schließvorrichtungen oder sonstige Sicherungen wieder voll gebrauchsfähig sind, längstens für die Dauer von _ Stunden.
g) Reparaturkosten für Gebäudeschäden
die im Bereich der Wohnung durch Einbruchdiebstahl, Raub oder den Versuch einer solchen Tat oder innerhalb der Wohnung durch Vandalismus nach einem Einbruch oder einem Raub entstanden sind.
h) Reparaturkosten für Nässeschäden
an Bodenbelägen, Innenanstrichen oder Tapeten in gemieteten bzw. in Sondereigentum befindlichen Wohnungen.
i) Kosten für provisorische Maßnahmen
Kosten für provisorische Maßnahmen zum Schutz versicherter Sachen.

2. Gesondert versicherbar
(Platzhalter für weitere Kostentatbestände)

I. Kostenversicherung 84

Neben der Entschädigung für versicherte Sachen leistet der VR im Rahmen der Kostenversicherung Ersatz für die einzeln bezeichneten weiteren Kosten, die im Zusammenhang mit dem Versicherungsfall anfallen können. Ersetzt werden nur tatsächlich entstandene Kosten. **Keine fiktive Abrechnung** (Prölss/Martin/*Knappmann*, VHB 2010, § 8 Rn 9).

II. Aufräumkosten (Ziff. 1a)) 85

Aufräumkosten sind nur versichert, sofern sie **versicherte Sachen** betreffen. Soweit unbeschädigter Hausrat bewegt wird, ist er nur versichert, wenn dies dem Ordnen, Reinigen, Einräumen oder Zurechtrücken von Hausrat dient. Was der Gebäudereparatur dient, ist nicht versichert (Prölss/Martin/*Knappmann*, VHB 2010, § 8 Rn 5).

III. Bewegungs- und Schutzkosten (Ziff. 1 b)) 86

Bewegungs- und Schutzkosten spielen vor allem bei Gebäudeschäden eine Rolle, wenn andere Sachen, also nicht vom Schaden betroffene Sachen, bewegt, verändert oder geschützt werden müssen (Prölss/Martin/*Knappmann*, VHB 2010, § 8 Rn 7).

IV. Hotelkosten (Ziff. 1 c)) 87

Inwieweit die Wohnung unbewohnbar ist und dem VN auch die Beschränkung auf den bewohnbaren Teil nicht mehr **zumutbar** ist, beurteilt sich nach den Wohnverhältnissen des VN. Ein Wohnen ohne Zugang zu Sanitäreinrichtungen wird dem VN regelmäßig nicht zumutbar sein. Das Wohnen ohne Küche dann, wenn deren regelmäßiger Gebrauch für den VN nicht unabdingbar ist, z.B. weil er sich ohne Umstände außerhalb der Wohnung verpflegen kann (z.B. Kantine, Mensa).

88 **V. Transport- und Lagerkosten (Ziff. 1 d))**

Die Wohnung muss unbenutzbar sein. Die Wohnung kann zwar unbewohnbar, aber noch benutzbar sein. Fehlende Beheizung muss die Lagerung des Hausrats nicht unzumutbar machen (Prölss/Martin/*Knappmann*, VHB 2010 § 8 Rn 10).

89 **VI. Schlossänderungskosten (Ziff. 1 e))**

Die Schlüssel müssen **durch einen Versicherungsfall** abhandengekommen sein, also nicht durch einfachen Diebstahl oder Verlieren. Schlossänderungskosten für Innentüren der Wohnung werden nicht ersetzt, da keine Gefahr des widerrechtlichen Eindringens besteht, da die Schutzeinrichtungen an den Außentüren hierdurch unberührt sind (Prölss/Martin/*Knappmann*, VHB 2010, § 8 Rn 13).

90 **VII. Bewachungskosten (Ziff. 1 f))**

Zur **Unbewohnbarkeit** vgl. die vorstehende Kommentierung zu „Hotelkosten" (Rdn 87).

91 **VIII. Reparaturkosten (Ziff. 1 g) und h))**

Reparaturkosten sind unter Ziff. 1 g) und h) auch an nicht versicherten Sachen ersatzfähig.

92 **IX. Kosten für provisorische Maßnahmen (Ziff. 1 i))**

Hierbei handelt es sich um eine Ausgestaltung des Anspruchs auf Rettungskostenersatz, § 83 VVG. Die Ersatzfähigkeit setzt voraus, dass der VN die Kosten für geboten halten durfte, § 83 Abs. 1 Satz 1 VVG.

§ 9 Versicherungswert, Versicherungssumme

93 **1. Versicherungswert**

Der Versicherungswert bildet die Grundlage der Entschädigungsberechnung.
- a) Versicherungswert ist der Wiederbeschaffungswert von Sachen gleicher Art und Güte in neuwertigem Zustand (Neuwert).
- b) Für Kunstgegenstände (siehe Abschnitt „A" § 13 Nr. 1a) dd)) und Antiquitäten (siehe Abschnitt „A" § 13 Nr. 1a) ee)) ist der Versicherungswert der Wiederbeschaffungspreis von Sachen gleicher Art und Güte.
- c) Sind Sachen für ihren Zweck in dem versicherten Haushalt nicht mehr zu verwenden, so ist der Versicherungswert der für den Versicherungsnehmer erzielbare Verkaufspreis (gemeiner Wert).
- d) Soweit die Entschädigung für Wertsachen auf bestimmte Beträge begrenzt (Entschädigungsgrenzen siehe Abschnitt „A" § 13 Nr. 2) ist, werden bei der Ermittlung des Versicherungswertes höchstens diese Beträge berücksichtigt.

2. Versicherungssumme
- a) Die Versicherungssumme errechnet sich aus dem bei Vertragsabschluss vereinbarten Betrag pro Quadratmeter Wohnfläche multipliziert mit der im Versicherungsschein genannten Wohnfläche der versicherten Wohnung (siehe Abschnitt „A" § 6 Nr. 3). Die Versicherungssumme wird gemäß Nr. 4. angepasst.
- b) Die Versicherungssumme soll dem Versicherungswert entsprechen.
- c) Die Versicherungssumme erhöht sich um einen Vorsorgebetrag von ... %.

3. Unterversicherungsverzicht
- a) Voraussetzungen

Der Versicherer nimmt bei der Entschädigung keinen Abzug wegen Unterversicherung vor (Unterversicherungsverzicht), wenn
aa) bei Eintritt des Versicherungsfalles die Wohnfläche der im Versicherungsschein genannten Wohnfläche entspricht und
bb) die vereinbarte Versicherungssumme den vom Versicherer für die Vereinbarung eines Unterversicherungsverzichtes vorgegebenen Betrag pro Quadratmeter Wohnfläche, multipliziert mit der im Versicherungsschein genannten Wohnfläche, nicht unterschreitet und
cc) nicht ein weiterer Hausratversicherungsvertrag für denselben Versicherungsort ohne Unterversicherungsverzicht besteht.

b) Wohnungswechsel
Wechselt der Versicherungsnehmer die Wohnung, geht ein bisher vereinbarter Unterversicherungsverzicht auf die neue Wohnung über, wenn die Voraussetzungen nach aa) bis cc) für die neue Wohnung vorliegen. Bei einer Vergrößerung der Wohnfläche der neuen Wohnung gilt der Unterversicherungsverzicht bis zur Anpassung des Vertrages an die tatsächlichen Quadratmeter der versicherten Wohnung, längstens jedoch bis zu zwei Monaten nach Umzugsbeginn.

c) Widerspruch gegen Anpassung der Versicherungssumme
Ein vereinbarter Unterversicherungsverzicht entfällt, wenn der Versicherungsnehmer der Anpassung der Versicherungssumme widerspricht und der für den Unterversicherungsverzicht vom Versicherer zum Zeitpunkt des Widerspruchs vorgegebenen Betrag pro Quadratmeter Wohnfläche unterschritten wird. Dies hat der Versicherer dem Versicherungsnehmer in Textform mitzuteilen.

d) Kündigung
Versicherungsnehmer und Versicherer können unter Einhaltung einer Frist von drei Monaten zum Ende des laufenden Versicherungsjahres durch schriftliche Erklärung verlangen, dass diese Bestimmungen mit Beginn des nächsten Versicherungsjahres entfallen. Macht der Versicherer von diesem Recht Gebrauch, so kann der Versicherungsnehmer den Vertrag innerhalb eines Monats nach Zugang der Erklärung des Versicherers zum Ende des laufenden Versicherungsjahres kündigen.

4. Anpassung von Versicherungssumme und Prämie
a) Der Betrag pro Quadratmeter Wohnfläche (siehe Nr. 2) erhöht oder vermindert sich mit Beginn eines jeden Versicherungsjahres entsprechend dem Prozentsatz, um den sich der Preisindex für „Verbrauchs- und Gebrauchsgüter ohne Nahrungsmittel und ohne die normalerweise nicht in der Wohnung gelagerten Güter" – aus dem Verbraucherpreisindex für Deutschland (VPI) – im vergangenen Kalenderjahr gegenüber dem davor liegenden Kalenderjahr verändert hat. Maßgebend ist der vom Statistischen Bundesamt jeweils für den Monat September veröffentlichte Index.
Der Veränderungsprozentsatz wird nur bis zur ersten Stelle nach dem Komma berücksichtigt.
Der neue Betrag pro Quadratmeter wird auf den nächsten vollen Euro aufgerundet und dem Versicherungsnehmer mit der neuen Versicherungssumme bekanntgegeben.
b) Die Prämie wird aus der neuen Versicherungssumme berechnet.
c) Innerhalb eines Monats nach Zugang der Mitteilung über die neue Versicherungssumme kann der Versicherungsnehmer der Anpassung durch Erklärung in Textform widersprechen. Zur Wahrung der Frist genügt die rechtzeitige Absendung. Damit wird die Anpassung nicht wirksam.
Bei Unterschreiten des vom Versicherer vorgegebenen Betrages pro Quadratmeter entfällt gleichzeitig der Unterversicherungsverzicht.

94 **I. Versicherungswert (Ziff. 1)**

In der Hausratversicherung ist der Versicherungswert (§ 88 VVG) der Wiederbeschaffungspreis von Sachen gleicher Art und Güte in neuwertigem Zustand (**Neuwert**) (Ziff. 1 a)). Der Wiederbeschaffungspreis kann deutlich unter dem Anschaffungspreis liegen, wenn die Sache einem starken Preisverfall unterliegt (z.B. Computer), (OLG Frankfurt am Main, VersR 2002, 1098; zur Ermittlung des Wiederbeschaffungswertes vgl. Kommentierung zu § 88 VVG).

95 Für **Kunstgegenstände und Antiquitäten** wird nicht der Neuwert angesetzt, da sich das Alter hier nicht wertmindernd auswirkt (vgl. § 88 Rdn 11).

96 Zum **gemeinen Wert** ist eine Sache dann versichert, wenn sie für ihren Zweck im versicherten Haushalt nicht mehr zu verwenden ist. Entscheidend sind daher die Lebensumstände des VN (Prölss/Martin/*Knappmann*, VHB 2010, § 9 Rn 12; vgl. a. § 88 Rdn 19). Die Beweislast für die fehlende Verwendungsfähigkeit der Sache trägt der VR.

97 Bei der Berechnung der Entschädigung sind die **Entschädigungsgrenzen** für Wertsachen, Abschnitt „A" § 13 Ziff. 2 zu berücksichtigen.

98 **II. Versicherungssumme (Ziff. 2)**

Die Versicherungssumme wird durch Multiplikation der versicherten Wohnfläche mit einem Betrag, der vom VR vorgegeben wird ermittelt. Dies geschieht, um einen Unterversicherungsverzicht (Ziff. 3) vereinbaren zu können (Prölss/Martin/*Knappmann*, VHB 2010, § 9 Rn 2). Um Unter- oder Überversicherung zu vermeiden, soll die Versicherungssumme dem Versicherungswert entsprechen. Zum weiteren Schutz gegen Unterversicherung kann die Versicherungssumme noch durch einen Vorsorgebetrag erhöht werden.

99 **III. Unterversicherungsverzicht (Ziff. 3)**

Unter den in Ziff. 3 a) genannten Voraussetzungen erklärt der VR einen Verzicht auf den Einwand der Unterversicherung. Die Voraussetzung des Nichtbestehens eines weiteren Hausratversicherungsvertrages ohne Unterversicherungsverzicht dürfte als überraschende Klausel unwirksam sein (§ 305c BGB), wenn nicht ein deutlicher Hinweis erfolgt, (vgl. Prölss/Martin/*Knappmann*, VHB 2010, § 9 Rn 3 a.E.).

100 Ziff. 3 b) beugt einer Unterversicherung bei einem **Umzug** vor, wenn die neue Wohnung größer ist, als die alte und gilt auch für den Zeitraum, in dem beide Wohnungen Versicherungsort sind (§ 11) (Prölss/Martin/*Knappmann*, VHB 2010 § 9 Rn 4).

101 **Widerspricht** der VN der Vertragsanpassung, so entfällt der Unterversicherungsverzicht, wenn der für den Unterversicherungsverzicht vom VR vorgesehene Betrag pro m² Wohnfläche zum Zeitpunkt des Widerspruchs unterschritten wird. Die Mitteilung des Wegfalls an den VN muss in Textform (§ 126b BGB) erfolgen.

102 **IV. Anpassung von Versicherungssumme und Prämie (Ziff. 4)**

Die Anpassung soll verhindern, dass bei längerer Vertragsdauer eine Unterversicherung entsteht. Auch hier kann der VN der Anpassung in Textform (§ 126b BGB) der Anpassung widersprechen (Ziff. 4c).

§ 10 Anpassung der Prämie

1. Grundsatz

Die Prämie, auch soweit sie für erweiterten Versicherungsschutz vereinbart ist, kann zu Beginn eines jeden Versicherungsjahres nach Maßgabe der nachfolgenden Regelungen zur Anpassung des Beitragssatzes steigen oder sinken.

2. Prämienanpassungsklausel

[PAK ist unternehmensindividuell einzufügen]

Beispielhaft sei auf § 14 VHB 2000 und die dortige Regelung verwiesen.

§ 11 Wohnungswechsel

1. Umzug in eine neue Wohnung

Wechselt der Versicherungsnehmer die Wohnung, geht der Versicherungsschutz auf die neue Wohnung über. Während des Wohnungswechsels besteht in beiden Wohnungen Versicherungsschutz. Der Versicherungsschutz in der bisherigen Wohnung erlischt spätestens zwei Monate nach Umzugsbeginn. Der Umzug beginnt mit dem Zeitpunkt, in dem erstmals versicherte Sachen dauerhaft in die neue Wohnung gebracht werden.

2. Mehrere Wohnungen

Behält der Versicherungsnehmer zusätzlich die bisherige Wohnung, geht der Versicherungsschutz nicht über, wenn er die alte Wohnung weiterhin bewohnt (Doppelwohnsitz); für eine Übergangszeit von zwei Monaten besteht Versicherungsschutz in beiden Wohnungen.

3. Umzug ins Ausland

Liegt die neue Wohnung nicht innerhalb der Bundesrepublik Deutschland, so geht der Versicherungsschutz nicht auf die neue Wohnung über. Der Versicherungsschutz in der bisherigen Wohnung erlischt spätestens zwei Monate nach Umzugsbeginn.

4. Anzeige der neuen Wohnung

a) Der Bezug einer neuen Wohnung ist spätestens bei Beginn des Einzuges dem Versicherer mit Angabe der neuen Wohnfläche in Quadratmetern anzuzeigen.

b) Waren für die bisherige Wohnung besondere Sicherungen vereinbart, so ist dem Versicherer in Textform mitzuteilen, ob entsprechende Sicherungen in der neuen Wohnung vorhanden sind (siehe Modul Gefahrerhöhung).

c) Verändert sich nach dem Wohnungswechsel die Wohnfläche oder der Wert des Hausrates und wird der Versicherungsschutz nicht entsprechend angepasst, kann dies zu Unterversicherung führen.

5. Festlegung der neuen Prämie, Kündigungsrecht

a) Mit Umzugsbeginn gelten die am Ort der neuen Wohnung gültigen Tarifbestimmungen des Versicherers.

b) Bei einer Erhöhung der Prämie aufgrund veränderter Prämiensätze oder bei Erhöhung eines Selbstbehaltes kann der Versicherungsnehmer den Vertrag kündigen. Die Kündigung hat spätestens einen Monat nach Zugang der Mitteilung über die Erhöhung zu erfolgen. Sie wird einen Monat nach Zugang wirksam. Die Kündigung ist in Textform zu erklären.

c) Der Versicherer kann bei Kündigung durch den Versicherungsnehmer die Prämie nur in der bisherigen Höhe zeitanteilig bis zur Wirksamkeit der Kündigung beanspruchen.

6. Aufgabe einer gemeinsamen Ehewohnung

a) Zieht bei einer Trennung von Ehegatten der Versicherungsnehmer aus der Ehewohnung aus und bleibt der Ehegatte in der bisherigen Ehewohnung zurück, so gelten als Versicherungsort (siehe Abschnitt „A" § 6 Nr. 3) die neue Wohnung des Versicherungsnehmers und die bisherige Ehewohnung. Dies gilt bis zu einer Änderung des Versicherungsvertrages, längstens bis zum Ablauf von drei Monaten nach der nächsten, auf den Auszug des Versicherungsnehmers folgenden Prämienfälligkeit. Danach besteht Versicherungsschutz nur noch in der neuen Wohnung des Versicherungsnehmers.

b) Sind beide Ehegatten Versicherungsnehmer und zieht bei einer Trennung von Ehegatten einer der Ehegatten aus der Ehewohnung aus, so sind Versicherungsort (siehe Modul Versicherungsort) die bisherige Ehewohnung und die neue Wohnung des ausziehenden Ehegatten. Dies gilt bis zu einer Änderung des Versicherungsvertrages, längstens bis zum Ablauf von drei Monaten nach der nächsten, auf den Auszug des Ehegatten folgenden Prämienfälligkeit. Danach erlischt der Versicherungsschutz für die neue Wohnung.

c) Ziehen beide Ehegatten in neue Wohnungen, so gilt b) entsprechend. Nach Ablauf der Frist von drei Monaten nach der nächsten, auf den Auszug der Ehegatten folgenden Prämienfälligkeit erlischt der Versicherungsschutz für beide neuen Wohnungen.

7. Lebensgemeinschaften, Lebenspartnerschaften

Nr. 6 gilt entsprechend für eheähnliche Lebensgemeinschaften und Lebenspartnerschaften, sofern beide Partner am Versicherungsort gemeldet sind.

106 **Umzug** bedeutet, dass der VN seinen Lebensmittelpunkt unter Aufgabe der bisherigen Wohnung in eine andere Wohnung verlegt (Prölss/Martin/*Knappmann*, VHB 2010, § 11 Rn 1). Während des Umzugs besteht für maximal zwei Monate Versicherungsschutz auch noch in der alten Wohnung, sofern diese ebenfalls noch vom VN bewohnt wird. Für diesen Übergangszeitraum bestehen zwei Versicherungsorte (Ziff. 2). Kein Übergang des Versicherungsschutzes findet statt bei Umzug ins Ausland (Ziff. 3).

107 Die Verletzung der **Anzeigepflichten** (Ziff. 4a) und Ziff. 4b)) bleibt sanktionslos, solange nicht gleichzeitig Gefahrerhöhung vorliegt (Abschnitt „B" § 9).

108 Der Umzug in eine größere Wohnung kann **Unterversicherung** zur Folge haben. Der Unterversicherungsverzicht kann nach Mitteilung durch den VR in Textform entfallen, § 9 Ziff. 3 b).

109 Ziff. 5 sieht eine **Prämienanpassung** vor, wenn die neue Wohnung in einer anderen Gefahrenklasse liegt. Werden die Prämien erhöht, so kann der VN binnen eines Monats nach Mitteilung in Textform kündigen.

110 Bei **Trennung von Ehegatten** wird der Übergangszeitraum auf drei Monate verlängert (Ziff. 6 a)). Eheähnliche Lebensgemeinschaften und Lebenspartnerschaften sind der Ehe gleichgestellt, sofern beide Partner am Versicherungsort gemeldet sind (Ziff. 7).

111 Ist nur einer der Partner VN, so nimmt dieser nach der Übergangszeit den Versicherungsschutz mit (Ziff. 6 a)). Sind beide VN, so bleibt, wenn ein Partner auszieht, der Versicherungsschutz nach dem Übergangszeitraum in der alten Wohnung (Ziff. 6 b)).

112 Ziehen beide in neue Wohnungen und sind beide VN, so erlischt der Versicherungsschutz nach dem Übergangszeitraum von drei Monaten in beiden neuen Wohnungen (Ziff. 6 c)).

§ 12 Entschädigungsberechnung, Unterversicherung

1. Ersetzt werden im Versicherungsfall bei
a) zerstörten oder abhanden gekommenen Sachen der Versicherungswert (siehe Abschnitt „A" § 9 Nr. 1) bei Eintritt des Versicherungsfalles (siehe Abschnitt „A" § 1);
b) beschädigten Sachen die notwendigen Reparaturkosten bei Eintritt des Versicherungsfalles zuzüglich einer durch die Reparatur nicht auszugleichenden Wertminderung, höchstens jedoch der Versicherungswert (siehe Abschnitt „A" § 9 Nr. 1) bei Eintritt des Versicherungsfalles (siehe Abschnitt „A" § 1).

Wird durch den Schaden die Gebrauchsfähigkeit einer Sache nicht beeinträchtigt und ist dem Versicherungsnehmer die Nutzung ohne Reparatur zumutbar (so genannter Schönheitsschaden), so ist die Beeinträchtigung durch Zahlung des Betrages auszugleichen, der dem Minderwert entspricht.

2. Restwerte
Restwerte werden in den Fällen von Nr. 1 angerechnet.

3. Mehrwertsteuer
Die Mehrwertsteuer wird nicht ersetzt, wenn der Versicherungsnehmer vorsteuerabzugsberechtigt ist; das Gleiche gilt, wenn der Versicherungsnehmer Mehrwertsteuer tatsächlich nicht gezahlt hat.

4. Gesamtentschädigung, Kosten aufgrund Weisung
Die Entschädigung für versicherte Sachen einschließlich versicherter Kosten ist je Versicherungsfall (siehe Abschnitt „A" § 1 Nr. 1) auf die vereinbarte Versicherungssumme (siehe Abschnitt „A" § 9 Nr. 2a) und b)) einschließlich Vorsorgebetrag (siehe Abschnitt „A" § 9 Nr. 2c)) begrenzt.

Schadenabwendungs- und Schadenminderungskosten (siehe Abschnitt „B" § 13), die auf Weisung des Versicherers entstanden sind, werden unbegrenzt ersetzt.

Wird die vereinbarte Versicherungssumme einschließlich Vorsorgebetrag für die Entschädigung versicherter Sachen bereits vollständig ausgeschöpft, so werden versicherte Kosten (siehe Abschnitt „A" § 8) darüber hinaus bis zu ... % der Versicherungssumme (siehe Abschnitt „A" § 9 Nr. 2a) und b)) ersetzt.

5. Feststellung und Berechnung einer Unterversicherung
Ist die Versicherungssumme im Zeitpunkt des Versicherungsfalls (siehe Abschnitt „A" § 1 Nr. 1) niedriger als der Versicherungswert (siehe Abschnitt „A" § 9 Nr. 1) der versicherten Sachen (Unterversicherung) und ist kein Unterversicherungsverzicht vereinbart bzw. dieser nachträglich entfallen, wird die Entschädigung gemäß Nr. 1 in dem Verhältnis von Versicherungssumme zum Versicherungswert nach folgender Berechnungsformel gekürzt: Entschädigung = Schadenbetrag multipliziert mit der Versicherungssumme dividiert durch den Versicherungswert.

6. Versicherte Kosten
Berechnungsgrundlage für die Entschädigung versicherter Kosten (siehe Abschnitt „A" § 8) ist der Nachweis tatsächlich angefallener Kosten unter Berücksichtigung der jeweils vereinbarten Entschädigungsgrenzen.

Für die Entschädigungsberechnung der versicherten Kosten (siehe Abschnitt „A" § 8) sowie der Schadenabwendungs-, Schadenminderungs- und Schadenermittlungskosten (siehe Abschnitt „B" § 13) gilt Nr. 5 entsprechend.

I. Entschädigungsberechnung (Ziff. 1)

114 Ziff. 1 regelt den Entschädigungsumfang bei Totalschäden (Ziff. 1a)) und bei Teilschäden (Ziff. 1b)). Bei Totalschäden wird der Versicherungswert ersetzt, wobei es sich hierbei regelmäßig um den Neuwert der Sache handelt (Abschnitt „A" § 9 Ziff. 1).

115 Bei Teilschäden werden die notwendigen Reparaturkosten ersetzt, also die notwendigen Kosten für notwendige Maßnahmen mit dem Ziel der Wiederherstellung der Sache (*Martin*, R III Rn 13).

116 Verbleibt nach der Reparatur ein Minderwert, so ist auch dieser auszugleichen. Auch wenn eine Reparatur bei geringfügigen Schäden unverhältnismäßig teuer wäre, so ist statt der Reparatur die Wertminderung zu ersetzen (Prölss/Martin/*Knappmann*, VHB 2010, § 12 Rn 1).

117 Ein **Schönheitsschaden** liegt vor, wenn die Gebrauchsfähigkeit einer Sache nicht beeinträchtigt ist und dem VN die Nutzung ohne Reparatur zumutbar ist (z.B. Fleck im Teppich). In diesem Fall ist lediglich ein Ausgleich für den Minderwert ersatzfähig. Die Frage der Zumutbarkeit beurteilt sich danach, ob auch ein nicht versicherter VN die Sache repariert (oder wiederbeschafft) hätte (*Spielmann*, Aktuelle Deckungsfragen in der Sachversicherung, 241; OLG München, VersR 2011, 1138).

II. Restwerte (Ziff. 2)

118 Restwerte sind anzurechnen, also der Betrag, den ein VN als ordentlicher Kaufmann bei Verkauf erzielen würde (*Martin*, R III Rn 26).

III. Mehrwertsteuer (Ziff. 3)

119 Die Mehrwertsteuer wird nur ersetzt, wenn der VN nicht vorsteuerabzugsberechtigt ist und diese tatsächlich angefallen ist. Als Einschränkung der allgemeinen Entschädigungspflicht trägt der VR die Beweislast (Prölss/Martin/*Knappmann*, VHB 2010, § 12 Rn 5).

IV. Gesamtentschädigung (Ziff. 4)

120 Grundsätzlich gilt, dass die Gesamtentschädigung, das heißt, die Entschädigung für versicherte Sachen zuzüglich versicherter Kosten auf die Versicherungssumme einschließlich Vorsorgebetrag begrenzt ist. Ausdrücklich sind also versicherte Kosten in die Berechnung mit einzubeziehen.

Es kann darüber hinaus ein prozentualer Ersatz der versicherten Kosten vereinbart werden.

121 **Schadenabwendungs- und Minderungskosten**, die auf Weisung des VR entstehen fallen nicht unter diese Entschädigungsgrenze.

V. Unterversicherung (Ziff. 5)

122 § 12 Ziff. 5 bezieht sich auf die Regelung des § 75 VVG. Auf die dortige Kommentierung wird verwiesen.

VI. Versicherte Kosten (Ziff. 6) 123

Ausdrücklich klargestellt wird, dass die geltend gemachten Kosten tatsächlich nachgewiesen werden müssen.

Die Regelung zu Unterversicherung ist entsprechend anwendbar.

§ 13 Entschädigungsgrenzen für Wertsachen, Wertschutzschränke

1. Definitionen 124
a) Versicherte Wertsachen (siehe Abschnitt „A" § 6 Nr. 2b)) sind
   aa) Bargeld und auf Geldkarten geladene Beträge (z.B. Chipkarte),
   bb) Urkunden einschließlich Sparbücher und sonstige Wertpapiere,
   cc) Schmucksachen, Edelsteine, Perlen, Briefmarken, Münzen und Medaillen sowie alle Sachen aus Gold und Platin,
   dd) Pelze, handgeknüpfte Teppiche und Gobelins sowie Kunstgegenstände (z.B. Gemälde, Collagen, Zeichnungen, Grafiken und Plastiken) sowie nicht in cc) genannte Sachen aus Silber
   ee) Antiquitäten (Sachen, die über 100 Jahre alt sind), jedoch mit Ausnahme von Möbelstücken.
b) Wertschutzschränke im Sinne von Nr. 2b) sind Sicherheitsbehältnisse, die
   aa) durch die VdS Schadenverhütung GmbH oder durch eine gleichermaßen qualifizierte Prüfstelle anerkannt sind und
   bb) als freistehende Wertschutzschränke ein Mindestgewicht von 200 kg aufweisen oder bei geringerem Gewicht nach den Vorschriften des Herstellers fachmännisch verankert oder in der Wand oder im Fußboden bündig eingelassen sind (Einmauerschrank).

2. Entschädigungsgrenzen
a) Die Entschädigung für Wertsachen unterliegt einer besonderen Entschädigungsgrenze. Sie beträgt je Versicherungsfall ... % der Versicherungssumme, sofern nicht etwas anderes vereinbart ist.
b) Für Wertsachen, die sich zum Zeitpunkt des Versicherungsfalles außerhalb eines anerkannten und verschlossenen Wertschutzschrankes (siehe Nr. 1b) befunden haben, ist die Entschädigung je Versicherungsfall begrenzt auf
   aa) ... % der Versicherungssumme für Bargeld und auf Geldkarten geladene Beträge mit Ausnahme von Münzen, deren Versicherungswert den Nennbetrag übersteigt, höchstens auf den vereinbarten Betrag,
   bb) ... % der Versicherungssumme insgesamt für Urkunden einschließlich Sparbücher und sonstige Wertpapiere, höchstens auf den vereinbarten Betrag,
   cc) ... % der Versicherungssumme insgesamt für Schmucksachen, Edelsteine, Perlen, Briefmarken, Münzen und Medaillen sowie alle Sachen aus Gold und Platin, höchstens auf den vereinbarten Betrag.

I. Wertsachen (Ziff. 1a) 125

Der Begriff der Wertsachen ist abschließend Definiert. Allerdings fallen hierunter auch Sachen, die nach dem allgemeinen Sprachgebrauch keine Wertsachen sind (z.B. Modeschmuck und Lammfelle), sodass die Notwendigkeit der einschränkenden Auslegung besteht. Offensichtlich nicht besonders wertvolle Sachen fallen nicht unter den Begriff unter daher nicht unter die Entschädigungsgrenze (*Martin*, U III Rn 5).

126 **II. Wertschutzschränke (Ziff. 1b))**

Gegenüber den VHB 92 und 2000 ist klargestellt, dass der Wertschutzschrank bei geringerem Gewicht, als 200 kg entweder fachmännisch verankert oder bündig in Wand oder Fußboden eingelassen sein muss.

127 **III. Entschädigungsgrenzen (Ziff. 2)**

Ohne Rücksicht auf die Art und Weise der Aufbewahrung bestimmt Ziff. 2 a) eine Entschädigungsgrenze für Wertsachen, wobei dieser Begriff einschränkend auszulegen ist.

128 Ziff. 2 b) enthält eine verschlussabhängige Entschädigungsgrenze. In diesen Fällen kann ggf. eine weitere Reduzierung wegen grob fahrlässiger Herbeiführung des Versicherungsfalls in Betracht kommen, § 81 Abs. 2 VVG.

§ 14 Zahlung und Verzinsung der Entschädigung

129 **1. Fälligkeit der Entschädigung**

Die Entschädigung wird fällig, wenn die Feststellungen des Versicherers zum Grunde und zur Höhe des Anspruchs abgeschlossen sind.

Der Versicherungsnehmer kann einen Monat nach Meldung des Schadens den Betrag als Abschlagszahlung beanspruchen, der nach Lage der Sache mindestens zu zahlen ist.

2. Verzinsung

Für die Verzinsung gilt, soweit nicht aus einem anderen Rechtsgrund eine weitergehende Zinspflicht besteht:
a) Die Entschädigung ist – soweit sie nicht innerhalb eines Monats nach Meldung des Schadens geleistet wird – seit Anzeige des Schadens zu verzinsen.
b) Der Zinssatz liegt ... Prozentpunkt(e) unter dem jeweiligen Basiszinssatz des Bürgerlichen Gesetzbuches (§ 247 BGB), mindestens jedoch bei ... % und höchstens bei ... % Zinsen pro Jahr.
c) Die Zinsen werden zusammen mit der Entschädigung fällig.

3. Hemmung

Bei der Berechnung der Fristen gemäß Nr. 1, 2 a) ist der Zeitraum nicht zu berücksichtigen, in dem infolge Verschuldens des Versicherungsnehmers die Entschädigung nicht ermittelt oder nicht gezahlt werden kann.

4. Aufschiebung der Zahlung

Der Versicherer kann die Zahlung aufschieben, solange
a) Zweifel an der Empfangsberechtigung des Versicherungsnehmers bestehen;
b) ein behördliches oder strafgerichtliches Verfahren gegen den Versicherungsnehmer oder seinen Repräsentanten aus Anlass dieses Versicherungsfalles noch läuft.

130 **I. Fälligkeit und Abschlagszahlung (Ziff. 1)**

Vgl. Kommentierung zu § 14 Abs. 1 und Abs. 2 Satz 1 VVG.

131 **II. Verzinsung (Ziff. 2)**

Soweit nicht innerhalb eines Monats ab Schadenanzeige geleistet wird, entsteht der Zinsanspruch mit Schadenanzeige.

III. Hemmung (Ziff. 3) 132

Die Frist für das Fälligwerden der Entschädigung und Entstehen des Zinsanspruchs ist gehemmt, solange infolge Verschuldens des VN die Entschädigung nicht ermittelt oder nicht gezahlt werden kann.

IV. Aufschiebung der Zahlung (Ziff. 4) 133

Unter den Voraussetzungen der Ziff. 4 ist der VR berechtigt die Zahlung aufzuschieben. Bei einem strafrechtlichen Ermittlungsverfahren entfällt das Zahlungshindernis bereits mit der vorläufigen Einstellung (Prölss/Martin/*Knappmann*, VHB 2010 § 14 Rn 5, Rüffer/Halbach/Schimikowski/*Rüffer*, Abschnitt „A", § 14 VGB 2010 Rn 5).

§ 15 Sachverständigenverfahren

1. Feststellung der Schadenhöhe 134

Der Versicherungsnehmer kann nach Eintritt des Versicherungsfalles verlangen, dass die Höhe des Schadens in einem Sachverständigenverfahren festgestellt wird. Ein solches Sachverständigenverfahren können Versicherer und Versicherungsnehmer auch gemeinsam vereinbaren.

2. Weitere Feststellungen

Das Sachverständigenverfahren kann durch Vereinbarung auf weitere Feststellungen zum Versicherungsfall ausgedehnt werden.

3. Verfahren vor Feststellung

Für das Sachverständigenverfahren gilt:
a) Jede Partei hat in Textform einen Sachverständigen zu benennen. Eine Partei, die ihren Sachverständigen benannt hat, kann die andere unter Angabe des von ihr genannten Sachverständigen in Textform auffordern, den zweiten Sachverständigen zu benennen. Wird der zweite Sachverständige nicht innerhalb von zwei Wochen nach Zugang der Aufforderung benannt, so kann ihn die auffordernde Partei durch das für den Schadenort zuständige Amtsgericht ernennen lassen. In der Aufforderung durch den Versicherer ist der Versicherungsnehmer auf diese Folge hinzuweisen.
b) Der Versicherer darf als Sachverständigen keine Person benennen, die Mitbewerber des Versicherungsnehmers ist oder mit ihm in dauernder Geschäftsverbindung steht; ferner keine Person, die bei Mitbewerbern oder Geschäftspartnern angestellt ist oder mit ihnen in einem ähnlichen Verhältnis steht.
c) Beide Sachverständige benennen in Textform vor Beginn ihrer Feststellungen einen dritten Sachverständigen als Obmann. Die Regelung unter b) gilt entsprechend für die Benennung eines Obmannes durch die Sachverständigen. Einigen sich die Sachverständigen nicht, so wird der Obmann auf Antrag einer Partei durch das für den Schadenort zuständige Amtsgericht ernannt.

4. Feststellung

Die Feststellungen der Sachverständigen müssen enthalten:
a) ein Verzeichnis der abhanden gekommenen, zerstörten und beschädigten versicherten Sachen sowie deren nach dem Versicherungsvertrag in Frage kommenden Versicherungswerte zum Zeitpunkt des Versicherungsfalles;
b) die Wiederherstellungs- und Wiederbeschaffungskosten;
c) die Restwerte, der vom Schaden betroffenen Sachen;
d) die nach dem Versicherungsvertrag versicherten Kosten;

e) den Versicherungswert der nicht vom Schaden betroffenen versicherten Sachen zum Zeitpunkt des Versicherungsfalles, wenn kein Unterversicherungsverzicht gegeben ist.

5. Verfahren nach Feststellung

Der Sachverständige übermittelt seine Feststellungen beiden Parteien gleichzeitig. Weichen die Feststellungen der Sachverständigen voneinander ab, so übergibt der Versicherer sie unverzüglich dem Obmann. Dieser entscheidet über die streitig gebliebenen Punkte innerhalb der durch die Feststellungen der Sachverständigen gezogenen Grenzen und übermittelt seine Entscheidung beiden Parteien gleichzeitig.

Die Feststellungen der Sachverständigen oder des Obmannes sind für die Vertragsparteien verbindlich, wenn nicht nachgewiesen wird, dass sie offenbar von der wirklichen Sachlage erheblich abweichen. Aufgrund dieser verbindlichen Feststellungen berechnet der Versicherer die Entschädigung.

Im Falle unverbindlicher Feststellungen erfolgen diese durch gerichtliche Entscheidung. Dies gilt auch, wenn die Sachverständigen die Feststellung nicht treffen können oder wollen oder sie verzögern.

6. Kosten

Sofern nicht etwas anderes vereinbart ist, trägt jede Partei die Kosten ihres Sachverständigen. Die Kosten des Obmannes tragen beide Parteien je zur Hälfte.

7. Obliegenheiten

Durch das Sachverständigenverfahren werden die Obliegenheiten des Versicherungsnehmers nicht berührt.

135 **I. Feststellung der Schadenhöhe (Ziff. 1)**

Die Regelung orientiert sich an § 84 VVG. Die Schadenhöhe umfasst auch die Feststellung zu den versicherten Kosten (z.B. Aufräumkosten, Rettungskosten), vgl. Ziff. 4d. Das Sachverständigenverfahren kann sowohl auf einseitiges Verlangen des VN eingeleitet werden, als auch durch Vereinbarung zwischen VN und VR, auf einseitiges Verlangen des VN jedoch nur zur Höhe des Schadens, hinsichtlich weiterer Feststellungen, durch Vereinbarung (Ziff. 2).

136 **II. Weitere Feststellungen (Ziff. 2)**

Beispiele: Verletzung von Sicherheitsvorschriften, ausgeschlossener Betriebsschaden. Die Frage der Unterversicherung selbst ist eine Rechtsfrage und dem Sachverständigenverfahren daher entzogen (Prölss/Martin/*Armbrüster*, AFB 2010 § 10 Rn 3).

137 **III. Verfahren vor Feststellung (Ziff. 3)**

Zum formellen Ablauf, vgl. § 84 Rn 9 ff. und OLG Koblenz, r+s 2012, 341. Zu beachten ist, dass der Obmann **vor** Beginn des Feststellungsverfahrens in Textform zu benennen ist (BGH VersR 89, 910).

138 Ist die Durchführung des Sachverständigenverfahrens vereinbart, so ist die Entschädigungsleistung bis zur Beendigung des Verfahrens nicht fällig (§ 14 VVG) und eine **Leistungsklage** des VN als **zurzeit unbegründet** abzuweisen (Prölss/Martin/*Voit*, § 84 Rn 33).

IV. Feststellungen (Ziff. 4) 139

Ein Gutachten, das die bezeichneten notwendigen Feststellungen nicht enthält, entfaltet keine Verbindlichkeit.

V. Verfahren nach Feststellung (Ziff. 5) 140

Zum Verfahren nach Feststellung vgl. die Ausführungen in § 84 VVG (§ 84 Rdn 22 ff.; zur erheblichen Abweichung, OLG Celle, r+s 2014, 173).

VI. Kosten (Ziff. 6) 141

Soweit die Sachverständigen auch weitere Feststellungen treffen sollen (Ziff. 2), an denen nur der VR ein Interesse hat (z.B. Ausschlusstatbestände), so ist der VN vorab über die Kostenfolge aufzuklären.

VII. Obliegenheiten (Ziff. 7) 142

Der VN muss weiterhin seine Obliegenheiten aus dem Versicherungsvertrag beachten (z.B. Aufklärungsobliegenheit, Schadenminderungsobliegenheit, Veränderungsverbot).

§ 16 Vertraglich vereinbarte, besondere Obliegenheit des Versicherungsnehmers vor dem Versicherungsfall, Sicherheitsvorschrift

1. Sicherheitsvorschrift 143

Als vertraglich vereinbarte, besondere Obliegenheit hat der Versicherungsnehmer in der kalten Jahreszeit die Wohnung (siehe Abschnitt „A" § 6 Nr. 3) zu beheizen und dies genügend häufig zu kontrollieren oder alle Wasser führenden Anlagen und Einrichtungen abzusperren, zu entleeren und entleert zu halten.

2. Folgen der Obliegenheitsverletzung

Verletzt der Versicherungsnehmer die in Nr. 1 genannte Obliegenheit, ist der Versicherer unter den in Abschnitt „B" § 8 Nr. 1b) und Nr. 3 beschriebenen Voraussetzungen zur Kündigung berechtigt oder auch ganz oder teilweise leistungsfrei.

I. Sicherheitsvorschrift (Ziff. 1) 144

Die Sicherheitsvorschrift dient der Frostvorsorge. Der VN kann wählen, ob er die Wohnung beheizt **und** dies genügend häufig kontrolliert oder alle Wasser führenden Anlagen und Einrichtungen absperrt, entleert und entleert hält.

Wählt der VN die Beheizung der Wohnung so richtet sich die Kontrolldichte danach, in welchen Intervallen die jeweils eingesetzte Heizungsanlage nach der Verkehrsanschauung und Lebenserfahrung mit Blick auf ihre Bauart, ihr Alter, ihre Funktionsweise, regelmäßige Wartung, Zuverlässigkeit, Störanfälligkeit und Ähnliches kontrolliert werden muss (BGH VersR 2008, 1207).

II. Folgen der Obliegenheitsverletzung (Ziff. 2) 145

Für den Fall der Obliegenheitsverletzung hat der VR ein Kündigungsrecht unter den Voraussetzungen des Abschnitts „B" § 8 Nr. 1b). Daneben kann der VR ganz oder teilweise leistungsfrei sein (Abschnitt „B" § 8 Nr. 3). Vgl. a. Kommentierung zu § 28 VVG.

§ 17 Besondere Gefahr erhöhende Umstände

146 1. Anzeigepflichtige Gefahrerhöhung

Eine anzeigepflichtige Gefahrerhöhung gemäß Abschnitt „B" § 9 kann insbesondere dann vorliegen, wenn
a) sich ein Umstand ändert, nach dem der Versicherer vor Vertragsschluss gefragt hat;
b) sich anlässlich eines Wohnungswechsels (siehe Abschnitt „A" § 11) ein Umstand ändert, nach dem im Antrag gefragt worden ist;
c) die ansonsten ständig bewohnte Wohnung länger als 60 Tage oder über eine für den Einzelfall vereinbarte längere Frist hinaus unbewohnt bleibt und auch nicht beaufsichtigt oder in geeigneter Weise gesichert wird. Beaufsichtigt ist eine Wohnung z.B. dann, wenn sich während der Nacht eine dazu berechtigte volljährige Person darin aufhält;
d) vereinbarte Sicherungen beseitigt, vermindert oder in nicht gebrauchsfähigem Zustand sind. Das gilt auch bei einem Wohnungswechsel (siehe Abschnitt „A" § 11).

2. Folgen einer Gefahrerhöhung

Zu den Folgen einer Gefahrerhöhung siehe Abschnitt „B" § 9 Nr. 3 bis Nr. 5.

147 Siehe Rdn 190, zur Definition der Gefahrerhöhung vgl. in § 23 VVG (siehe § 23 Rdn 13). Die Leistungsfreiheit des VR wegen vorsätzlicher Gefahrerhöhung setzt das Bewusstsein des VN für die gefahrerhöhende Eigenschaft der von ihm vorgenommenen Handlung voraus. Ein zum Leistungsausschluss führender Vorsatz des VN ergibt sich nicht alleine aus der Kenntnis der gefahrerhöhenden Umstände (BGH VersR 2014, 1313).

148 Ziff. 1 nennt einen nicht abschließenden Beispielskatalog für Gefahrerhöhung („insbesondere"). Zur Gefahrerhöhung und den Rechtsfolgen vgl. §§ 23 ff. VVG.

§ 18 Wiederherbeigeschaffte Sachen

149 1. Anzeigepflicht

Wird der Verbleib abhanden gekommener Sachen ermittelt, hat der Versicherungsnehmer oder der Versicherer dies nach Kenntniserlangung unverzüglich dem Vertragspartner in Textform anzuzeigen.

2. Wiedererhalt vor Zahlung der Entschädigung

Hat der Versicherungsnehmer den Besitz einer abhanden gekommenen Sache zurückerlangt, bevor die volle Entschädigung für diese Sache gezahlt worden ist, so behält er den Anspruch auf die Entschädigung, falls er die Sache innerhalb von zwei Wochen dem Versicherer zur Verfügung stellt. Andernfalls ist eine für diese Sache gewährte Entschädigung zurückzugeben.

3. Wiedererhalt nach Zahlung der Entschädigung
a) Hat der Versicherungsnehmer den Besitz einer abhanden gekommenen Sache zurückerlangt, nachdem für diese Sache eine Entschädigung in voller Höhe ihres Versicherungswertes gezahlt worden ist, so hat der Versicherungsnehmer die Entschädigung zurückzuzahlen oder die Sache dem Versicherer zur Verfügung zu stellen. Der Versicherungsnehmer hat dieses Wahlrecht innerhalb von zwei Wochen nach Empfang einer schriftlichen Aufforderung des Versicherers auszuüben; nach fruchtlosem Ablauf dieser Frist geht das Wahlrecht auf den Versicherer über.
b) Hat der Versicherungsnehmer den Besitz einer abhanden gekommenen Sache zurückerlangt, nachdem für diese Sache eine Entschädigung gezahlt worden ist, die bedingungsgemäß geringer als der Versicherungswert ist, so kann der Versicherungsnehmer die Sache

behalten und muss sodann die Entschädigung zurückzahlen. Erklärt er sich hierzu innerhalb von zwei Wochen nach Empfang einer schriftlichen Aufforderung des Versicherers nicht bereit, so hat der Versicherungsnehmer die Sache im Einvernehmen mit dem Versicherer öffentlich meistbietend verkaufen zu lassen. Von dem Erlös abzüglich der Verkaufskosten erhält der Versicherer den Anteil, welcher der von ihm geleisteten bedingungsgemäßen Entschädigung entspricht.

4. Beschädigte Sachen

Sind wiederbeschaffte Sachen beschädigt worden, so kann der Versicherungsnehmer die bedingungsgemäße Entschädigung in Höhe der Reparaturkosten auch dann verlangen oder behalten, wenn die Sachen in den Fällen von Nr. 2 oder Nr. 3 bei ihm verbleiben.

5. Gleichstellung

Dem Besitz einer zurückerlangten Sache steht es gleich, wenn der Versicherungsnehmer die Möglichkeit hat, sich den Besitz wieder zu verschaffen.

6. Übertragung der Rechte

Hat der Versicherungsnehmer dem Versicherer zurückerlangte Sachen zur Verfügung zu stellen, so hat er dem Versicherer den Besitz, das Eigentum und alle sonstigen Rechte zu übertragen, die ihm mit Bezug auf diese Sachen zustehen.

7. Rückabwicklung bei kraftlos erklärten Wertpapieren

Ist ein Wertpapier in einem Aufgebotsverfahren für kraftlos erklärt worden, so hat der Versicherungsnehmer die gleichen Rechte und Pflichten, wie wenn er das Wertpapier zurückerlangt hätte. Jedoch kann der Versicherungsnehmer die Entschädigung behalten, soweit ihm durch Verzögerung fälliger Leistungen aus den Wertpapieren ein Zinsverlust entstanden ist.

I. Anzeigepflicht (Ziff. 1) 150

Die Anzeigepflicht knüpft an die Ermittlung der abhanden gekommenen Sachen an. Es spielt also keine Rolle, ob der VN Besitz oder auch nur die Möglichkeit der Besitzerlangung hat.

Die Verletzung der Obliegenheit wird nicht sanktioniert, sofern nicht im Einzelfall die Rettungsobliegenheit (§ 83 VVG) oder die Unterstützungsobliegenheit (§ 86 Abs. 2 Satz 1 VVG) verletzt ist (Prölss/Martin/*Knappmann*, VHB 2010 § 18 Rn 1).

Bei Verletzung der Anzeigepflicht richten sich die Rechtsfolgen nach Abschnitt „B" § 8 151 Ziff. 2, da es sich um einen Spezialfall der Aufklärungsobliegenheit handelt (*Martin*, Z II Rn 4).

II. Folgen der Wiederherbeischaffung (Ziff. 2 bis 7) 152

Werden die abhandengekommenen Sachen vor oder nach Zahlung der Entschädigung wiederherbeigeschafft, so entfällt nicht der Versicherungsfall, sondern nur der Schaden in Höhe des gemeinen Wertes der Sache. Der VN hat ein Wahlrecht, ob er die Entschädigung behalten oder die Sache zurückerhalten will. Entscheidet er sich für die Sache, muss er die Entschädigung zurückzahlen (Prölss/Martin/*Knappmann*, VHB 2010 § 18 Rn 3).

Hat der VN die Sache **vor (vollständiger) Zahlung der Entschädigung** zurückerlangt, so 153 hat er ein Wahlrecht, innerhalb von zwei Wochen die Sache dem VR zur Verfügung zu stellen und die (Rest-) Entschädigung zu erhalten oder die Sache zu behalten und einen bereits erhaltenen Teilbetrag zurückzuzahlen.

154 Hat der VN die Sache **nach vollständiger Zahlung der Entschädigung** zurückerlangt, hat er sein Wahlrecht, die Sache an den VR zu übertragen oder die Entschädigung an den VR zurückzuzahlen fristgemäß innerhalb von zwei Wochen nach Empfang der schriftlichen Aufforderung durch den VR auszuüben.

Für den Fall, dass die Entschädigung bedingungsgemäß niedriger ist, als der Versicherungswert (z.b. bei Unterversicherung), so hat der VN, falls er die Entschädigung nicht zurückzahlen will, die Sache im Einvernehmen mit dem VR meistbietend öffentlich verkaufen zu lassen und nach Abzug der Verkaufskosten den Erlös bis zur Höhe der geleisteten Entschädigung an den VR auszukehren.

155 Der VN hat die **Möglichkeit, sich den Besitz an der Sache wieder zu verschaffen (Ziff. 5)**, wenn er sich die Sache mit zumutbaren Anstrengungen, die auch ein Nichtversicherter auf sich nehmen würde in annehmbarer Zeit wieder verschaffen könnte (Prölss/Martin/*Knappmann*, VHB 2010, § 18 Rn 1).

Abschnitt „B"

§ 1 Anzeigepflicht des Versicherungsnehmers oder seines Vertreters

156 **1. Wahrheitsgemäße und vollständige Anzeigepflicht von Gefahrumständen**

Der Versicherungsnehmer hat bis zur Abgabe seiner Vertragserklärung dem Versicherer alle ihm bekannten Gefahrumstände anzuzeigen, nach denen der Versicherer in Textform gefragt hat und die für dessen Entschluss erheblich sind, den Vertrag mit dem vereinbarten Inhalt zu schließen.

Der Versicherungsnehmer ist auch insoweit zur Anzeige verpflichtet, als nach seiner Vertragserklärung, aber vor Vertragsannahme der Versicherer in Textform Fragen im Sinne des Satzes 1 stellt.

2. Rechtsfolgen der Verletzung der Anzeigepflicht
a) Vertragsänderung
Hat der Versicherungsnehmer die Anzeigepflicht nicht vorsätzlich verletzt und hätte der Versicherer bei Kenntnis der nicht angezeigten Gefahrumstände den Vertrag auch zu anderen Bedingungen geschlossen, so werden die anderen Bedingungen auf Verlangen des Versicherers rückwirkend Vertragsbestandteil. Bei einer vom Versicherungsnehmer unverschuldeten Pflichtverletzung werden die anderen Bedingungen ab der laufenden Versicherungsperiode Vertragsbestandteil.
Erhöht sich durch eine Vertragsänderung die Prämie um mehr als 10 % oder schließt der Versicherer die Gefahrabsicherung für den nicht angezeigten Umstand aus, so kann der Versicherungsnehmer den Vertrag innerhalb eines Monats nach Zugang der Mitteilung des Versicherers ohne Einhaltung einer Frist kündigen. In dieser Mitteilung der Vertragsänderung hat der Versicherer den Versicherungsnehmer auf dessen Kündigungsrecht hinzuweisen.
b) Rücktritt und Leistungsfreiheit
Verletzt der Versicherungsnehmer seine Anzeigepflicht nach Nr. 1, kann der Versicherer vom Vertrag zurücktreten, es sei denn, der Versicherungsnehmer hat die Anzeigepflicht weder vorsätzlich noch grob fahrlässig verletzt.
Bei grober Fahrlässigkeit des Versicherungsnehmers ist das Rücktrittsrecht des Versicherers ausgeschlossen, wenn der Versicherungsnehmer nachweist, dass der Versicherer

den Vertrag bei Kenntnis der nicht angezeigten Umstände zu gleichen oder anderen Bedingungen abgeschlossen hätte.
Tritt der Versicherer nach Eintritt des Versicherungsfalles zurück, so ist er nicht zur Leistung verpflichtet, es sei denn, der Versicherungsnehmer weist nach, dass die Verletzung der Anzeigepflicht sich auf einen Umstand bezieht, der weder für den Eintritt oder die Feststellung des Versicherungsfalles noch für die Feststellung oder den Umfang der Leistungspflicht des Versicherers ursächlich ist. Hat der Versicherungsnehmer die Anzeigepflicht arglistig verletzt, ist der Versicherer nicht zur Leistung verpflichtet.

c) Kündigung
Verletzt der Versicherungsnehmer seine Anzeigepflicht nach Nr. 1 leicht fahrlässig oder schuldlos, kann der Versicherer den Vertrag unter Einhaltung einer Frist von einem Monat kündigen, es sei denn, der Versicherer hätte den Vertrag bei Kenntnis der nicht angezeigten Umständen zu gleichen oder anderen Bedingungen abgeschlossen.

d) Ausschluss von Rechten des Versicherers
Die Rechte des Versicherers zur Vertragsänderung (a), zum Rücktritt (b) und zur Kündigung (c) sind jeweils ausgeschlossen, wenn der Versicherer den nicht angezeigten Gefahrenumstand oder die unrichtige Anzeige kannte.

e) Anfechtung
Das Recht des Versicherers, den Vertrag wegen arglistiger Täuschung anzufechten, bleibt unberührt.

3. Frist für die Ausübung der Rechte des Versicherers
Die Rechte zur Vertragsänderung (2a), zum Rücktritt (2b) oder zur Kündigung (2c) muss der Versicherer innerhalb eines Monats schriftlich geltend machen und dabei die Umstände angeben, auf die er seine Erklärung stützt; zur Begründung kann er nachträglich weitere Umstände innerhalb eines Monats nach deren Kenntniserlangung angeben. Die Monatsfrist beginnt mit dem Zeitpunkt, zu dem der Versicherer von der Verletzung der Anzeigepflicht und der Umstände Kenntnis erlangt, die das von ihm jeweils geltend gemachte Recht begründen.

4. Rechtsfolgenhinweis
Die Rechte zur Vertragsänderung (2a), zum Rücktritt (2b) und zur Kündigung (2c) stehen dem Versicherer nur zu, wenn er den Versicherungsnehmer durch gesonderte Mitteilung in Textform auf die Folgen der Verletzung der Anzeigepflicht hingewiesen hat.

5. Vertreter des Versicherungsnehmers
Wird der Vertrag von einem Vertreter des Versicherungsnehmers geschlossen, so sind bei der Anwendung von Nr. 1 und Nr. 2 sowohl die Kenntnis und die Arglist des Vertreters als auch die Kenntnis und die Arglist des Versicherungsnehmers zu berücksichtigen. Der Versicherungsnehmer kann sich darauf, dass die Anzeigepflicht nicht vorsätzlich oder grob fahrlässig verletzt worden ist, nur berufen, wenn weder dem Vertreter noch dem Versicherungsnehmer Vorsatz oder grobe Fahrlässigkeit zur Last fällt.

6. Erlöschen der Rechte des Versicherers
Die Rechte des Versicherers zur Vertragsänderung (2a), zum Rücktritt (2b) und zur Kündigung (2c) erlöschen mit Ablauf von fünf Jahren nach Vertragsschluss; dies gilt nicht für Versicherungsfälle, die vor Ablauf dieser Frist eingetreten sind. Die Frist beläuft sich auf zehn Jahre, wenn der Versicherungsnehmer oder sein Vertreter die Anzeigepflicht vorsätzlich oder arglistig verletzt hat.

§ 1 ist nur deklaratorisch und gibt die gesetzliche Regelung der §§ 19 ff. VVG wieder, vgl. dort.

§ 2 Beginn des Versicherungsschutzes, Dauer und Ende des Vertrages

158

1. Beginn des Versicherungsschutzes

Der Versicherungsschutz beginnt vorbehaltlich der Regelungen über die Folgen verspäteter Zahlung oder Nichtzahlung der Erst- oder Einmalprämie zu dem im Versicherungsschein angegebenen Zeitpunkt.

2. Dauer

Der Vertrag ist für den im Versicherungsschein angegebenen Zeitraum abgeschlossen.

3. Stillschweigende Verlängerung

Bei einer Vertragsdauer von mindestens einem Jahr verlängert sich der Vertrag um jeweils ein Jahr, wenn nicht einer der Vertragsparteien spätestens drei Monate vor dem Ablauf der jeweiligen Vertragslaufzeit eine Kündigung zugegangen ist.

4. Kündigung bei mehrjährigen Verträgen

Der Vertrag kann bei einer Vertragslaufzeit von mehr als drei Jahren zum Ablauf des dritten oder jedes darauf folgenden Jahres unter Einhaltung einer Frist von drei Monaten vom Versicherungsnehmer gekündigt werden.

Die Kündigung muss dem Versicherer spätestens drei Monate vor dem Ablauf des jeweiligen Versicherungsjahres zugehen.

5. Vertragsdauer von weniger als einem Jahr

Bei einer Vertragsdauer von weniger als einem Jahr endet der Vertrag, ohne dass es einer Kündigung bedarf, zum vorgesehenen Zeitpunkt.

6. Wegfall des versicherten Interesses

Fällt da versicherte Interesse nach dem Beginn der Versicherung weg, endet der Vertrag zu dem Zeitpunkt, zu dem der Versicherer vom Wegfall des Risikos Kenntnis erlangt.
a) Als Wegfall des versicherten Interesses gilt die vollständige und dauerhafte Auflösung des versicherten Hausrates
  aa) nach Aufnahme des Versicherungsnehmers in eine stationäre Pflegeeinrichtung;
  bb) nach Aufgabe einer Zweit- oder Ferienwohnung.
  Wohnungswechsel gilt nicht als Wegfall des versicherten Interesses.
b) Das Versicherungsverhältnis endet bei Tod des Versicherungsnehmers zum Zeitpunkt der Kenntniserlangung des Versicherers über die vollständige und dauerhafte Haushaltsauflösung, spätestens jedoch zwei Monate nach dem Tod des Versicherungsnehmers, wenn nicht bis zu diesem Zeitpunkt ein Erbe die Wohnung in derselben Weise nutzt wie der verstorbene Versicherungsnehmer.

159 I. Beginn des Versicherungsschutzes (Ziff. 1)

Entscheidend für den Beginn des Versicherungsschutzes (materieller Versicherungsbeginn) sind die Angaben im Versschein, wenn nicht wg. § 5 VVG die Angaben im Antrag vorgehen.

160 II. Vertragsdauer (Ziff. 2–5)

Die Verlängerungsklausel entspricht § 11 VVG. Bei Vertragslaufzeiten von mehr als drei Jahren, kann der Vertrag nur vom VN gekündigt werden, während die VR an die vereinbarte Laufzeit gebunden ist.

III. Interessenswegfall (Ziff. 6) 161

Der Vertrag endet mit der Haushaltsauflösung (Ziff. 6a) beziehungsweise der Kenntniserlangung des VR hiervon (Ziff. 6 b), vgl. a. § 80 Abs. 2 VVG).

§ 3 Prämien, Versicherungsperiode

Je nach Vereinbarung werden die Prämien entweder durch laufende Zahlungen monatlich, vierteljährlich, halbjährlich, jährlich oder als Einmalprämie im Voraus gezahlt. 162

Entsprechend der Vereinbarung über laufende Zahlungen umfasst die Versicherungsperiode einen Monat, ein Vierteljahr, ein halbes Jahr oder ein Jahr. Bei einer Einmalprämie ist die Versicherungsperiode die vereinbarte Vertragsdauer, jedoch höchstens ein Jahr.

Vgl. § 12 VVG und Kommentierung dort. 163

§ 4 Fälligkeit der Erst- oder Einmalprämie, Folgen verspäteter Zahlung oder Nichtzahlung

1. Fälligkeit der Erst- oder Einmalprämie 164

Die erste oder einmalige Prämie ist – unabhängig von dem Bestehen eines Widerrufsrechts – unverzüglich nach dem Zeitpunkt des vereinbarten und im Versicherungsschein angegebenen Versicherungsbeginns zu zahlen.

Liegt der vereinbarte Zeitpunkt des Versicherungsbeginns vor Vertragsschluss, ist die erste oder einmalige Prämie unverzüglich nach Vertragsschluss zu zahlen.

Zahlt der Versicherungsnehmer nicht unverzüglich nach dem in Satz 1 oder 2 bestimmten Zeitpunkt, beginnt der Versicherungsschutz erst, nachdem die Zahlung bewirkt ist.

Weicht der Versicherungsschein vom Antrag des Versicherungsnehmers oder getroffenen Vereinbarungen ab, ist die erste oder einmalige Prämie frühestens einen Monat nach Zugang des Versicherungsscheins zu zahlen.

2. Rücktrittsrecht des Versicherers bei Zahlungsverzug

Wird die erste oder einmalige Prämie nicht zu dem nach Nr. 1 maßgebenden Fälligkeitszeitpunkt gezahlt, so kann der Versicherer vom Vertrag zurücktreten, solange die Zahlung nicht bewirkt ist.

Der Rücktritt ist ausgeschlossen, wenn der Versicherungsnehmer die Nichtzahlung nicht zu vertreten hat.

3. Leistungsfreiheit des Versicherers

Wenn der Versicherungsnehmer die erste oder einmalige Prämie nicht zu dem nach Nr. 1 maßgebenden Fälligkeitszeitpunkt zahlt, so ist der Versicherer für einen vor Zahlung der Prämie eingetretenen Versicherungsfall nicht zur Leistung verpflichtet, wenn er den Versicherungsnehmer durch gesonderte Mitteilung in Textform oder durch einen auffälligen Hinweis im Versicherungsschein auf diese Rechtsfolge der Nichtzahlung der Prämie aufmerksam gemacht hat.

Die Leistungsfreiheit tritt jedoch nicht ein, wenn der Versicherungsnehmer die Nichtzahlung nicht zu vertreten hat.

165 **I. Fälligkeit der Erst- oder Einmalprämie (Ziff. 1)**

Die Fälligkeit richtet sich nach der Parteivereinbarung. Die Fälligkeit der Erstprämie wird abweichend von § 33 Abs. 1 VVG geregelt, der dispositiv ist (§ 42 VVG). Unverzüglich meint ohne schuldhaftes Zögern (§ 121 Abs. 1 BGB).

Für den Fall der Rückwärtsversicherung (Ziff. 1 Abs. 2) ist die Prämie unverzüglich nach Vertragsschluss zu zahlen. Die verspätete Zahlung berührt nicht die Gültigkeit des Vertrages, sondern schiebt nur den materiellen Versicherungsbeginn nach hinten (Ziff. 1 Abs. 3).

166 **II. Rechtsfolgen bei Zahlungsverzug (Ziff. 2 und 2)**

Die Regelung entspricht § 37 VVG, vgl. dort.

§ 5 Folgeprämie

167 **1. Fälligkeit**
a) Eine Folgeprämie wird zu Beginn der vereinbarten Versicherungsperiode fällig.
b) Die Zahlung gilt als rechtzeitig, wenn sie innerhalb des im Versicherungsschein oder in der Prämienberechnung angegebenen Zeitraums bewirkt ist.

2. Schadenersatz bei Verzug
Ist der Versicherungsnehmer mit der Zahlung einer Folgeprämie in Verzug, ist der Versicherer berechtigt, Ersatz des ihm durch den Verzug entstandenen Schadens zu verlangen.

3. Leistungsfreiheit und Kündigungsrecht nach Mahnung
a) Der Versicherer kann den Versicherungsnehmer bei nicht rechtzeitiger Zahlung einer Folgeprämie auf dessen Kosten in Textform zur Zahlung auffordern und eine Zahlungsfrist von mindestens zwei Wochen ab Zugang der Zahlungsaufforderung bestimmen (Mahnung).
Die Mahnung ist nur wirksam, wenn der Versicherer je Vertrag die rückständigen Beträge der Prämie, Zinsen und Kosten im Einzelnen beziffert und außerdem auf die Rechtsfolgen – Leistungsfreiheit und Kündigungsrecht – aufgrund der nicht fristgerechten Zahlung hinweist.
b) Tritt nach Ablauf der in der Mahnung gesetzten Zahlungsfrist ein Versicherungsfall ein und ist der Versicherungsnehmer bei Eintritt des Versicherungsfalles mit der Zahlung der Prämie oder der Zinsen oder Kosten in Verzug, so ist der Versicherer von der Verpflichtung zur Leistung frei.
c) Der Versicherer kann nach Ablauf der in der Mahnung gesetzten Zahlungsfrist den Vertrag ohne Einhaltung einer Kündigungsfrist mit sofortiger Wirkung kündigen, sofern der Versicherungsnehmer mit der Zahlung der geschuldeten Beiträge in Verzug ist.
Die Kündigung kann mit der Bestimmung der Zahlungsfrist so verbunden werden, dass sie mit Fristablauf wirksam wird, wenn der Versicherungsnehmer zu diesem Zeitpunkt mit der Zahlung in Verzug ist. Hierauf ist der Versicherungsnehmer bei der Kündigung ausdrücklich hinzuweisen.

4. Zahlung der Prämie nach Kündigung
Die Kündigung wird unwirksam, wenn der Versicherungsnehmer innerhalb eines Monats nach der Kündigung oder, wenn sie mit der Fristbestimmung verbunden worden ist, innerhalb eines Monats nach Fristablauf die Zahlung leistet.
Die Regelung über die Leistungsfreiheit des Versicherers (Nr. 3b) bleibt unberührt.

168 Vgl. § 38 VVG und Kommentierung dort. Bei Verzug des VN kann der VR Schadensersatzansprüche nach §§ 280, 286, 288 BGB geltend machen.

§ 6 Lastschriftverfahren

1. Pflichten des Versicherungsnehmers 169

Ist zur Einziehung der Prämie das Lastschriftverfahren vereinbart worden, hat der Versicherungsnehmer zum Zeitpunkt der Fälligkeit der Prämie für eine ausreichende Deckung des Kontos zu sorgen.

2. Änderung des Zahlungsweges

Hat es der Versicherungsnehmer zu vertreten, dass eine oder mehrere Prämien, trotz wiederholtem Einziehungsversuch, nicht eingezogen werden können, ist der Versicherer berechtigt, die Lastschriftvereinbarung in Textform zu kündigen.

Der Versicherer hat in der Kündigung darauf hinzuweisen, dass der Versicherungsnehmer verpflichtet ist, die ausstehende Prämie und zukünftige Prämien selbst zu übermitteln.

Durch die Banken erhobene Bearbeitungsgebühren für fehlgeschlagenen Lastschrifteinzug können dem Versicherungsnehmer in Rechnung gestellt werden.

§ 7 Prämie bei vorzeitiger Vertragsbeendigung

1. Allgemeiner Grundsatz 170

a) Im Falle der Beendigung des Versicherungsverhältnisses vor Ablauf der Versicherungsperiode steht dem Versicherer für diese Versicherungsperiode nur derjenige Teil der Prämie zu, der dem Zeitraum entspricht, in dem der Versicherungsschutz bestanden hat.

b) Fällt das versicherte Interesse nach dem Beginn der Versicherung weg, steht dem Versicherer die Prämie zu, die er hätte beanspruchen können, wenn die Versicherung nur bis zu dem Zeitpunkt beantragt worden wäre, zu dem der Versicherer vom Wegfall des Interesses Kenntnis erlangt hat.

2. Prämie oder Geschäftsgebühr bei Widerruf, Rücktritt, Anfechtung und fehlendem versicherten Interesse

a) Übt der Versicherungsnehmer sein Recht aus, seine Vertragserklärung innerhalb von 14 Tagen zu widerrufen, hat der Versicherer nur den auf die Zeit nach Zugang des Widerrufs entfallenden Teil der Prämien zu erstatten. Voraussetzung ist, dass der Versicherer in der Belehrung über das Widerrufsrecht, über die Rechtsfolgen des Widerrufs und den zu zahlenden Betrag hingewiesen und der Versicherungsnehmer zugestimmt hat, dass der Versicherungsschutz vor Ende der Widerrufsfrist beginnt.

Ist die Belehrung nach Satz 2 unterblieben, hat der Versicherer zusätzlich die für das erste Versicherungsjahr gezahlte Prämie zu erstatten; dies gilt nicht, wenn der Versicherungsnehmer Leistungen aus dem Versicherungsvertrag in Anspruch genommen hat.

b) Wird das Versicherungsverhältnis durch Rücktritt des Versicherers beendet, weil der Versicherungsnehmer Gefahrumstände, nach denen der Versicherer vor Vertragsannahme in Textform gefragt hat, nicht angezeigt hat, so steht dem Versicherer die Prämie bis zum Wirksamwerden der Rücktrittserklärung zu.

Wird das Versicherungsverhältnis durch Rücktritt des Versicherers beendet, weil die erste oder die einmalige Prämie nicht rechtzeitig gezahlt worden ist, so steht dem Versicherer eine angemessene Geschäftsgebühr zu.

c) Wird das Versicherungsverhältnis durch Anfechtung des Versicherers wegen arglistiger Täuschung beendet, so steht dem Versicherer die Prämie bis zum Wirksamwerden der Anfechtungserklärung zu.

d) Der Versicherungsnehmer ist nicht zur Zahlung der Prämie verpflichtet, wenn das versicherte Interesse bei Beginn der Versicherung nicht besteht, oder wenn das Interesse bei einer Versicherung, die für ein künftiges Unternehmen oder für ein anderes künftiges

Interesse genommen ist, nicht entsteht. Der Versicherer kann jedoch eine angemessene Geschäftsgebühr verlangen.

Hat der Versicherungsnehmer ein nicht bestehendes Interesse in der Absicht versichert, sich dadurch einen rechtswidrigen Vermögensvorteil zu verschaffen, ist der Vertrag nichtig. Dem Versicherer steht in diesem Fall die Prämie bis zu dem Zeitpunkt zu, zu dem er von den die Nichtigkeit begründenden Umständen Kenntnis erlangt.

171 Ziff. 1 entspricht der Regelung des § 39 VVG. Ziff. 2 entspricht der Regelung des § 80 VVG.

§ 8 Obliegenheiten des Versicherungsnehmers

172 **1. Obliegenheiten vor Eintritt des Versicherungsfalls**
a) Vertraglich vereinbarte Obliegenheiten, die der Versicherungsnehmer vor Eintritt des Versicherungsfalles zu erfüllen hat, sind:
  aa) die Einhaltung aller gesetzlichen, behördlichen sowie vertraglich vereinbarten Sicherheitsvorschriften;
  (hier Verweis auf besondere Obliegenheiten im Abschnitt A Leistungsversprechen einsetzen, besondere Obliegenheiten dort ausführen)
  bb) die Einhaltung aller sonstigen vertraglich vereinbarten Obliegenheiten
  (hier Verweis auf besondere Obliegenheiten im Abschnitt A Leistungsversprechen einsetzen, besondere Obliegenheiten dort ausführen)
b) Verletzt der Versicherungsnehmer vorsätzlich oder grob fahrlässig eine Obliegenheit, die er vor Eintritt des Versicherungsfalles gegenüber dem Versicherer zu erfüllen hat, so kann der Versicherer innerhalb eines Monats, nachdem er von der Verletzung Kenntnis erlangt hat, den Vertrag fristlos kündigen.
Das Kündigungsrecht des Versicherers ist ausgeschlossen, wenn der Versicherungsnehmer beweist, dass er die Obliegenheit weder vorsätzlich noch grobfahrlässig verletzt hat.

2. Obliegenheiten bei und nach Eintritt des Versicherungsfalls
a) Der Versicherungsnehmer hat bei Eintritt des Versicherungsfalls
  aa) nach Möglichkeit für die Abwendung und Minderung des Schadens zu sorgen;
  bb) dem Versicherer den Schadeneintritt, nachdem er von ihm Kenntnis erlangt hat, unverzüglich – ggf. auch mündlich oder telefonisch – anzuzeigen;
  cc) Weisungen des Versicherers zur Schadenabwendung/-minderung – ggf. auch mündlich oder telefonisch – einzuholen, wenn die Umstände dies gestatten;
  dd) Weisungen des Versicherers zur Schadenabwendung/-minderung, soweit für ihn zumutbar, zu befolgen. Erteilen mehrere an dem Versicherungsvertrag beteiligte Versicherer unterschiedliche Weisungen, hat der Versicherungsnehmer nach pflichtgemäßem Ermessen zu handeln;
  ee) Schäden durch strafbare Handlungen gegen das Eigentum unverzüglich der Polizei anzuzeigen;
  ff) dem Versicherer und der Polizei unverzüglich ein Verzeichnis der abhanden gekommenen Sachen einzureichen;
  gg) das Schadenbild so lange unverändert zu lassen, bis die Schadenstelle oder die beschädigten Sachen durch den Versicherer freigegeben worden sind. Sind Veränderungen unumgänglich, sind das Schadenbild nachvollziehbar zu dokumentieren (z.B. durch Fotos) und die beschädigten Sachen bis zu einer Besichtigung durch den Versicherer aufzubewahren;
  hh) soweit möglich dem Versicherer unverzüglich jede Auskunft – auf Verlangen in Schriftform – zu erteilen, die zur Feststellung des Versicherungsfalles oder des Umfanges der Leistungspflicht des Versicherers erforderlich ist sowie jede Untersu-

chung über Ursache und Höhe des Schadens und über den Umfang der Entschädigungspflicht zu gestatten;
ii) vom Versicherer angeforderte Belege beizubringen, deren Beschaffung ihm billigerweise zugemutet werden kann;
jj) für zerstörte oder abhanden gekommene Wertpapiere oder sonstige aufgebotsfähige Urkunden unverzüglich das Aufgebotsverfahren einzuleiten und etwaige sonstige Rechte zu wahren, insbesondere abhanden gekommene Sparbücher und andere sperrfähige Urkunden unverzüglich sperren zu lassen.
b) Steht das Recht auf die vertragliche Leistung des Versicherers einem Dritten zu, so hat dieser die Obliegenheiten gemäß Nr. 2a) ebenfalls zu erfüllen – soweit ihm dies nach den tatsächlichen und rechtlichen Umständen möglich ist.

3. Leistungsfreiheit bei Obliegenheitsverletzung
a) Verletzt der Versicherungsnehmer eine Obliegenheit nach Nr. 1 oder Nr. 2 vorsätzlich, so ist der Versicherer von der Verpflichtung zur Leistung frei. Bei grob fahrlässiger Verletzung der Obliegenheit ist der Versicherer berechtigt, seine Leistung in dem Verhältnis zu kürzen, das der Schwere des Verschuldens des Versicherungsnehmers entspricht. Das Nichtvorliegen einer groben Fahrlässigkeit hat der Versicherungsnehmer zu beweisen.
b) Außer im Falle einer arglistigen Obliegenheitsverletzung ist der Versicherer jedoch zur Leistung verpflichtet, soweit der Versicherungsnehmer nachweist, dass die Verletzung der Obliegenheit weder für den Eintritt oder die Feststellung des Versicherungsfalles noch für die Feststellung oder den Umfang der Leistungspflicht des Versicherers ursächlich ist.
c) Verletzt der Versicherungsnehmer eine nach Eintritt des Versicherungsfalles bestehende Auskunfts- oder Aufklärungsobliegenheit, ist der Versicherer nur dann vollständig oder teilweise leistungsfrei, wenn er den Versicherungsnehmer durch gesonderte Mitteilung in Textform auf diese Rechtsfolge hingewiesen hat.

I. Obliegenheiten vor Eintritt des Versicherungsfalles (Ziff. 1)

Gesetzliche und behördliche Sicherheitsvorschriften sind in der Hausratversicherung nur wenig bedeutsam. Von ganz erheblicher Bedeutung sind jedoch die vertraglich vereinbarten Sicherheitsvorschriften über die Beheizung in der kalten Jahreszeit (vgl. in Abschnitt „A" § 16 Rdn 144).

Hinsichtlich der Rechtsfolgen der Verletzung wird auf die Kommentierung zu § 28 Abs. 1 VVG verwiesen, auf den Ziff. 1 b) Bezug nimmt, vgl. § 28 Rdn 10 ff.

II. Obliegenheiten bei und nach Eintritt des Versicherungsfalles (Ziff. 2)

Die Obliegenheiten bei und nach Eintritt des Versicherungsfalles sollen den Schaden und die Vertragsgefahr mindern und sind von erheblicher praktischer Bedeutung (vgl. a. *Martin*, X II). Unter Ziff. 2 a) werden dem VN einzelne Obliegenheiten bei Eintritt des Versicherungsfalles genannt, die dieser im eigenen Interesse zu beachten hat, um seinen Leistungsanspruch nicht zu gefährden.

Unter aa) wird die **Schadenminderungsobliegenheit** gem. § 82 Abs. 1 VVG wiedergegeben, vgl. Kommentierung dort.

2 bb) regelt die **Anzeigeobliegenheit** des VN. Zweck der Obliegenheit ist die Minderung der Vertragsgefahr Unverzüglich ist die Schadenanzeige dann, wenn sie ohne schuldhaftes Zögern (§ 121 BGB) erfolgte. Maßgebend ist, ob der VN früher oder anders hätte tätig

werden müssen, als er tatsächlich tätig geworden ist (*Martin*, X II Rn 37). Ob die Anzeige noch rechtzeitig erfolgte, richtet sich also nach dem Einzelfall. Eine Anzeige, die erst nach Reparatur erfolgt, ist jedoch nicht mehr unverzüglich (OLG Köln, NVersZ 2001, 329; OLG Frankfurt am Main, r+s 1984, 172; LG Darmstadt, r+s 2001, 473). Dies kann z.b. eine Kürzung der Versicherungsleistung wegen grob fahrlässig nicht unverzüglicher Meldung des Versicherungsfalls (Leitungswasserschaden) um 60% zur Folge haben (LG Frankfurt/Main r+s 2015, 75).

178 Die Frist beginnt in dem Zeitpunkt zu laufen, zu dem der VN positive Kenntnis von denjenigen Umständen oder Tatsachen hat, die die Anzeigepflicht auslösen, er also Kenntnis vom Eintritt des Versicherungsfalles hat (BGH VersR 2008, 905). Die Schadenanzeige muss noch nicht die Höhe des Schadens oder Bezeichnung der zerstörten oder abhandengekommenen Sachen enthalten (*Martin*, X II Rn 34).

Sind bei verspäteter Anzeige eigene Feststellungen des VR zum Versicherungsfall nicht mehr, oder nur noch eingeschränkt möglich, so kann der VN den Kausalitätsgegenbeweis (Ziff. 3b) nicht dadurch führen, dass er den VR auf Lichtbilder und Stellungnahmen der ausführenden Handwerker verweist, da der VR ein Recht hat, sich selbst ein Bild vom Schaden(-Hergang) zu machen (OLG Hamm, VersR 2005, 644).

179 Die Obliegenheit, **Weisungen** einzuholen und zu befolgen (Ziff. 2 cc) und dd)) ist inhaltsgleich mit § 82 Abs. 2 VVG, vgl. § 82 Rdn 14 ff.

180 Die Obliegenheit zur **Anzeige gegenüber der Polizei** (ee)) hat – ebenso wie die Obliegenheit zur Vorlage der Stehlgutliste (Ziff. 2 ff)) – sowohl die Minderung der Vertragsgefahr, als auch die Minderung des Schadens mithilfe polizeilicher Fahndungsmaßnahmen zum Zweck (*Martin*, X II Rn 64). Nachdem gesondert die Vorlage der Stehlgutliste normiert ist, ergibt sich im Umkehrschluss, dass die Anzeige noch nicht die Schadenhöhe und ein Verzeichnis der zerstörten oder abhandengekommenen Sachen enthalten muss (zur Unverzüglichkeit vgl. oben die Kommentierung zur Anzeigeobliegenheit, Rdn 177).

181 Der VN hat die **Stehlgutliste** ohne schuldhaftes Zögern (§ 121 BGB) der Polizei vorzulegen, sodass sich die Frist danach bemisst, wie aufwändig die Erstellung der Liste ist. Die Obliegenheit dient zum einen dem Zweck, ein nachträgliches Aufbauschen des Schadens durch den VN zu verhindern und zum anderen, der Polizei eine Fahndungshilfe an die Hand zu geben (*Martin*, X II Rn 81 f.) Hieraus ergibt sich, dass der VN seine Obliegenheit nur dann erfüllt, wenn der Inhalt der Liste die Gegenstände so beschreibt, dass diese individualisierbar sind. Je höher der Wert der Sache, desto genauer hat die Beschreibung zu sein (*Martin*, X II Rn 76).

182 Die Obliegenheit in der Hausratversicherung, bei Eintritt des Versicherungsfalls der Polizei unverzüglich ein Verzeichnis der abhanden gekommenen Sachen einzureichen, ist eine Auskunfts- und Aufklärungsobliegenheit, für die das Belehrungserfordernis des § 28 Abs. 4 VVG gilt (OLG Celle, MDR 2015, 654; entgegen: OLG Köln, VuR 2014, 75).

Lediglich, wenn ausgeschlossen werden kann, dass die Polizei Fahndungsmaßnahmen ergriffen hätte, kann der VN den Kausalitätsgegenbeweis (Ziff. 3b) hinsichtlich der verspätet eingereichten Stehlgutliste führen. Wird überhaupt keine Stehlgutliste eingereicht, so dürfte ein Kausalitätsgegenbeweis nicht in Betracht kommen, da nicht ausgeschlossen werden kann, dass durch einen Zufallsfund der Polizei die Sachen wieder zurückgeführt hätten werden können.

Die Obliegenheit, das **Schadenbild unverändert zu lassen**, dient der Erfüllung der Aufklärungsobliegenheit, insbesondere, dem VR eigene Untersuchungen (Ziff. 2 hh)) zu ermöglichen. 183

Die **Auskunftsobliegenheit** (Ziff. 2 hh)) beinhaltet, dass der VN zu sachdienlichen Fragen des VR Angaben machen muss. Der Begriff der Sachdienlichkeit ist weit auszulegen, sodass der VR auch Fragen stellen darf, die Ausschlusstatbestände, Obliegenheitsverletzungen, Gefahrerhöhung, Unterversicherung, etc. betreffen (*Martin*, X II Rn 153). 184

Auf einen Beauftragten des VN muss sich der VR nicht verweisen lassen. Der VN muss auf Wunsch des VR einen Regulierungsbeauftragten vor Ort empfangen (*Martin*, X II Rn 149 f.). 185

Die Obliegenheit zur **Vorlage von Belegen** (Ziff. 2 ii)) dient ausschließlich der Minderung der Vertragsgefahr. Der VN darf dem VR keine beweiskräftigen Belege vorenthalten und hat diese dem VR zur Einsicht im Original vorzulegen, soweit vorhanden (*Martin*, X II Rn 116 f.). 186

Die Obliegenheit nach Ziff. 2 jj) ist Teil der Schadenminderungsobliegenheit. 187

Ziff. 2b) stellt klar, dass der VN sich nicht nur das Verhalten des Repräsentanten (§ 28 Rdn 142 ff.), sondern auch das versicherter Personen zurechnen lassen muss (§ 47 Rdn 2 ff.). Bei Auskunfts- und Aufklärungsobliegenheiten muss sich der VN auch Erklärungen sog. Wissenserklärungsvertreter (§ 28 Rdn 147 ff.) zurechnen lassen. 188

III. Leistungsfreiheit bei Obliegenheitsverletzung (Ziff. 3) 189

Ziff. 3 bezieht sich auf § 28 Abs. 2 bis 4 (vgl. Kommentierung dort, § 28 Rdn 20 ff.).

§ 9 Gefahrerhöhung

1. Begriff der Gefahrerhöhung 190
a) Eine Gefahrerhöhung liegt vor, wenn nach Abgabe der Vertragserklärung des Versicherungsnehmers die tatsächlich vorhandenen Umstände so verändert werden, dass der Eintritt des Versicherungsfalls oder eine Vergrößerung des Schadens oder die ungerechtfertigte Inanspruchnahme des Versicherers wahrscheinlicher wird.
b) Eine Gefahrerhöhung kann insbesondere – aber nicht nur – vorliegen, wenn sich ein gefahrerheblicher Umstand ändert, nach dem der Versicherer vor Vertragsschluss gefragt hat.
(hier Verweis auf besondere gefahrerhöhende Umstände im Abschnitt A Leistungsversprechen einsetzen, gefahrerhöhende Umstände dort ausführen)
c) Eine Gefahrerhöhung nach a) liegt nicht vor, wenn sich die Gefahr nur unerheblich erhöht hat oder nach den Umständen als mitversichert gelten soll.

2. Pflichten des Versicherungsnehmers
a) Nach Abgabe seiner Vertragserklärung darf der Versicherungsnehmer ohne vorherige Zustimmung des Versicherers keine Gefahrerhöhung vornehmen oder deren Vornahme durch einen Dritten gestatten.

b) Erkennt der Versicherungsnehmer nachträglich, dass er ohne vorherige Zustimmung des Versicherers eine Gefahrerhöhung vorgenommen oder gestattet hat, so muss er diese dem Versicherer unverzüglich anzeigen.
c) Eine Gefahrerhöhung, die nach Abgabe seiner Vertragserklärung unabhängig von seinem Willen eintritt, muss der Versicherungsnehmer dem Versicherer unverzüglich anzeigen, nachdem er von ihr Kenntnis erlangt hat.

3. Kündigung oder Vertragsänderung durch den Versicherer
a) Kündigungsrecht
Verletzt der Versicherungsnehmer seine Verpflichtung nach Nr. 2a), kann der Versicherer den Vertrag fristlos kündigen, wenn der Versicherungsnehmer seine Verpflichtung vorsätzlich oder grob fahrlässig verletzt hat. Das Nichtvorliegen von Vorsatz oder grober Fahrlässigkeit hat der Versicherungsnehmer zu beweisen.
Beruht die Verletzung auf einfacher Fahrlässigkeit, kann der Versicherer unter Einhaltung einer Frist von einem Monat kündigen.
Wird dem Versicherer eine Gefahrerhöhung in den Fällen nach Nr. 2b) und Nr. 2c) bekannt, kann er den Vertrag unter Einhaltung einer Frist von einem Monat kündigen.
b) Vertragsänderung
Statt der Kündigung kann der Versicherer ab dem Zeitpunkt der Gefahrerhöhung eine seinen Geschäftsgrundsätzen entsprechende erhöhte Prämie verlangen oder die Absicherung der erhöhten Gefahr ausschließen.
Erhöht sich die Prämie als Folge der Gefahrerhöhung um mehr als 10 % oder schließt der Versicherer die Absicherung der erhöhten Gefahr aus, so kann der Versicherungsnehmer den Vertrag innerhalb eines Monats nach Zugang der Mitteilung des Versicherers ohne Einhaltung einer Frist kündigen. In der Mitteilung hat der Versicherer den Versicherungsnehmer auf dieses Kündigungsrecht hinzuweisen.

4. Erlöschen der Rechte des Versicherers
Die Rechte des Versicherers zur Kündigung oder Vertragsanpassung nach Nr. 3 erlöschen, wenn diese nicht innerhalb eines Monats ab Kenntnis des Versicherers von der Gefahrerhöhung ausgeübt werden oder wenn der Zustand wiederhergestellt ist, der vor der Gefahrerhöhung bestanden hat.

5. Leistungsfreiheit wegen Gefahrerhöhung
a) Tritt nach einer Gefahrerhöhung der Versicherungsfall ein, so ist der Versicherer nicht zur Leistung verpflichtet, wenn der Versicherungsnehmer seine Pflichten nach Nr. 2a) vorsätzlich verletzt hat. Verletzt der Versicherungsnehmer diese Pflichten grob fahrlässig, so ist der Versicherer berechtigt, seine Leistung in dem Verhältnis zu kürzen, das der Schwere des Verschuldens des Versicherungsnehmers entspricht. Das Nichtvorliegen einer groben Fahrlässigkeit hat der Versicherungsnehmer zu beweisen.
b) Nach einer Gefahrerhöhung nach Nr. 2b) und Nr. 2c) ist der Versicherer für einen Versicherungsfall, der später als einen Monat nach dem Zeitpunkt eintritt, zu dem die Anzeige dem Versicherer hätte zugegangen sein müssen, leistungsfrei, wenn der Versicherungsnehmer seine Anzeigepflicht vorsätzlich verletzt hat. Hat der Versicherungsnehmer seine Pflicht grob fahrlässig verletzt, so gilt a) Satz 2 und 3 entsprechend. Die Leistungspflicht des Versicherers bleibt bestehen, wenn ihm die Gefahrerhöhung zu dem Zeitpunkt, zu dem ihm die Anzeige hätte zugegangen sein müssen, bekannt war.
c) Die Leistungspflicht des Versicherers bleibt bestehen,
    aa) soweit der Versicherungsnehmer nachweist, dass die Gefahrerhöhung nicht ursächlich für den Eintritt des Versicherungsfalles oder den Umfang der Leistungspflicht war oder
    bb) wenn zurzeit des Eintrittes des Versicherungsfalles die Frist für die Kündigung des Versicherers abgelaufen und eine Kündigung nicht erfolgt war oder

cc) wenn der Versicherer statt der Kündigung ab dem Zeitpunkt der Gefahrerhöhung eine seinen Geschäftsgrundsätzen entsprechende erhöhte Prämie verlangt.

Vgl. zur Gefahrerhöhung die Kommentierung zu den §§ 23 ff. VVG. 191

§ 10 Überversicherung

1. Übersteigt die Versicherungssumme den Wert des versicherten Interesses erheblich, so kann sowohl der Versicherer als auch der Versicherungsnehmer verlangen, dass zur Beseitigung der Überversicherung die Versicherungssumme mit sofortiger Wirkung herabgesetzt wird. Ab Zugang des Herabsetzungsverlangens, ist für die Höhe der Prämie der Betrag maßgebend, den der Versicherer berechnet haben würde, wenn der Vertrag von vornherein mit dem neuen Inhalt geschlossen worden wäre. 192
2. Hat der Versicherungsnehmer die Überversicherung in der Absicht geschlossen, sich dadurch einen rechtswidrigen Vermögensvorteil zu verschaffen, ist der Vertrag nichtig. Dem Versicherer steht die Prämie bis zu dem Zeitpunkt zu, zu dem er von den die Nichtigkeit begründenden Umständen Kenntnis erlangt.

Vgl. zur Überversicherung die Kommentierung zu § 74 VVG (siehe § 74 Rdn 1 ff.). 193

§ 11 Mehrere Versicherer

1. Anzeigepflicht 194

Wer bei mehreren Versicherern ein Interesse gegen dieselbe Gefahr versichert, ist verpflichtet, dem Versicherer die andere Versicherung unverzüglich mitzuteilen. In der Mitteilung sind der andere Versicherer und die Versicherungssumme anzugeben.

2. Rechtsfolgen der Verletzung der Anzeigepflicht

Verletzt der Versicherungsnehmer die Anzeigepflicht (siehe Nr. 1) vorsätzlich oder grob fahrlässig, ist der Versicherer unter den in Abschnitt B § 8 beschriebenen Voraussetzungen zur Kündigung berechtigt oder auch ganz oder teilweise leistungsfrei. Leistungsfreiheit tritt nicht ein, wenn der Versicherer vor Eintritt des Versicherungsfalles Kenntnis von der anderen Versicherung erlangt hat.

3. Haftung und Entschädigung bei Mehrfachversicherung
a) Ist bei mehreren Versicherern ein Interesse gegen dieselbe Gefahr versichert und übersteigen die Versicherungssummen zusammen den Versicherungswert oder übersteigt aus anderen Gründen die Summe der Entschädigungen, die von jedem Versicherer ohne Bestehen der anderen Versicherung zu zahlen wären, den Gesamtschaden, liegt eine Mehrfachversicherung vor.
b) Die Versicherer sind in der Weise als Gesamtschuldner verpflichtet, dass jeder für den Betrag aufzukommen hat, dessen Zahlung ihm nach seinem Vertrage obliegt; der Versicherungsnehmer kann aber im Ganzen nicht mehr als den Betrag des ihm entstandenen Schadens verlangen. Satz 1 gilt entsprechend, wenn die Verträge bei demselben Versicherer bestehen.
Erlangt der Versicherungsnehmer oder der Versicherte aus anderen Versicherungsverträgen Entschädigung für denselben Schaden, so ermäßigt sich der Anspruch aus dem vorliegenden Vertrag in der Weise, dass die Entschädigung aus allen Verträgen insgesamt nicht höher ist, als wenn der Gesamtbetrag der Versicherungssummen, aus denen die Prämien errechnet wurde, nur in diesem Vertrag in Deckung gegeben worden wäre. Bei Vereinbarung von Entschädigungsgrenzen ermäßigt sich der Anspruch in der Weise, dass aus allen Verträgen insgesamt keine höhere Entschädigung zu leisten ist, als wenn der

Gesamtbetrag der Versicherungssummen in diesem Vertrag in Deckung gegeben worden wäre.

c) Hat der Versicherungsnehmer eine Mehrfachversicherung in der Absicht geschlossen, sich dadurch einen rechtswidrigen Vermögensvorteil zu verschaffen, ist jeder in dieser Absicht geschlossene Vertrag nichtig.

Dem Versicherer steht die Prämie bis zu dem Zeitpunkt zu, zu dem er von den die Nichtigkeit begründenden Umständen Kenntnis erlangt.

4. Beseitigung der Mehrfachversicherung

a) Hat der Versicherungsnehmer den Vertrag, durch den die Mehrfachversicherung entstanden ist, ohne Kenntnis von dem Entstehen der Mehrfachversicherung geschlossen, kann er verlangen, dass der später geschlossene Vertrag aufgehoben oder die Versicherungssumme unter verhältnismäßiger Minderung der Prämie auf den Teilbetrag herabgesetzt wird, der durch die frühere Versicherung nicht gedeckt ist.

Die Aufhebung des Vertrages oder die Herabsetzung der Versicherungssumme und Anpassung der Prämie werden zu dem Zeitpunkt wirksam, zu dem die Erklärung dem Versicherer zugeht.

b) Die Regelungen nach a) sind auch anzuwenden, wenn die Mehrfachversicherung dadurch entstanden ist, dass nach Abschluss der mehreren Versicherungsverträge der Versicherungswert gesunken ist. Sind in diesem Fall die mehreren Versicherungsverträge gleichzeitig oder im Einvernehmen der Versicherer geschlossen worden, kann der Versicherungsnehmer nur die verhältnismäßige Herabsetzung der Versicherungssummen und der Prämien verlangen.

195 Ziff. 1 entspricht § 77 Abs. 1 VVG. Die Verletzung der Anzeigepflicht wird in Ziff. 2 sanktioniert, der auf Abschnitt „B" § 8 verweist, der § 28 VVG entspricht (vgl. Kommentierung dort).

196 Ziff. 3 entspricht § 78 VVG und Ziff. 4 entspricht § 79 VVG (vgl. Kommentierung dort).

§ 12 Versicherung für fremde Rechnung

197 1. **Rechte aus dem Vertrag**

Der Versicherungsnehmer kann den Versicherungsvertrag im eigenen Namen für das Interesse eines Dritten (Versicherten) schließen. Die Ausübung der Rechte aus diesem Vertrag steht nur dem Versicherungsnehmer und nicht auch dem Versicherten zu. Das gilt auch, wenn der Versicherte den Versicherungsschein besitzt.

2. **Zahlung der Entschädigung**

Der Versicherer kann vor Zahlung der Entschädigung an den Versicherungsnehmer den Nachweis verlangen, dass der Versicherte seine Zustimmung dazu erteilt hat. Der Versicherte kann die Zahlung der Entschädigung nur mit Zustimmung des Versicherungsnehmers verlangen.

3. **Kenntnis und Verhalten**

a) Soweit die Kenntnis und das Verhalten des Versicherungsnehmers von rechtlicher Bedeutung sind, sind bei der Versicherung für fremde Rechnung auch die Kenntnis und das Verhalten des Versicherten zu berücksichtigen. Soweit der Vertrag Interessen des Versicherungsnehmers und des Versicherten umfasst, muss sich der Versicherungsnehmer für sein Interesse das Verhalten und die Kenntnis des Versicherten nur zurechnen lassen, wenn der Versicherte Repräsentant des Versicherungsnehmers ist.

b) Auf die Kenntnis des Versicherten kommt es nicht an, wenn der Vertrag ohne sein Wissen abgeschlossen worden ist oder ihm eine rechtzeitige Benachrichtigung des Versicherungsnehmers nicht möglich oder nicht zumutbar war.
c) Auf die Kenntnis des Versicherten kommt es dagegen an, wenn der Versicherungsnehmer den Vertrag ohne Auftrag des Versicherten geschlossen und den Versicherer nicht darüber informiert hat.

Zu Ziff. 1 wird auf die Kommentierung zu §§ 43 bis 45 VVG verwiesen. Ziff. 3a) entspricht § 47 Abs. 1 VVG. Ziff. 3b) und 3c) entsprechen § 47 Abs. 2 S. 1 und 2 VVG.

§ 13 Aufwendungsersatz

1. Aufwendungen zur Abwendung und Minderung des Schadens
a) Versichert sind Aufwendungen, auch erfolglose, die der Versicherungsnehmer bei Eintritt des Versicherungsfalles den Umständen nach zur Abwendung und Minderung des Schadens für geboten halten durfte oder die er auf Weisung des Versicherers macht.
b) Macht der Versicherungsnehmer Aufwendungen, um einen unmittelbar bevorstehenden Versicherungsfall abzuwenden oder in seinen Auswirkungen zu mindern, geltend, so leistet der Versicherer Aufwendungsersatz nur, wenn diese Aufwendungen bei einer nachträglichen objektiven Betrachtung der Umstände verhältnismäßig und erfolgreich waren oder die Aufwendungen auf Weisung des Versicherers erfolgten.
c) Ist der Versicherer berechtigt, seine Leistung zu kürzen, kann er auch den Aufwendungsersatz nach a) und b) entsprechend kürzen, dies gilt jedoch nicht, soweit Aufwendungen auf Weisung des Versicherers entstanden sind.
d) Der Ersatz dieser Aufwendungen und die Entschädigung für versicherte Sachen betragen zusammen höchstens die Versicherungssumme je vereinbarter Position; dies gilt jedoch nicht, soweit Aufwendungen auf Weisung des Versicherers entstanden sind.
e) Der Versicherer hat den für die Aufwendungen gemäß a) erforderlichen Betrag auf Verlangen des Versicherungsnehmers vorzuschießen.
f) Nicht versichert sind Aufwendungen für Leistungen der Feuerwehr oder anderer Institutionen, die im öffentlichen Interesse zur Hilfeleistung verpflichtet sind, wenn diese Leistungen im öffentlichen Interesse kostenfrei zu erbringen sind.

2. Kosten der Ermittlung und Feststellung des Schadens
a) Der Versicherer ersetzt bis zur vereinbarten Höhe die Kosten für die Ermittlung und Feststellung eines von ihm zu ersetzenden Schadens, sofern diese den Umständen nach geboten waren. Zieht der Versicherungsnehmer einen Sachverständigen oder Beistand hinzu, so werden diese Kosten nur ersetzt, soweit er zur Zuziehung vertraglich verpflichtet ist oder vom Versicherer aufgefordert wurde.
b) Ist der Versicherer berechtigt, seine Leistung zu kürzen, kann er auch den Kostenersatz nach a) entsprechend kürzen.

Ziff. 1 a) entspricht inhaltlich § 83 Abs. 1 und Abs. 3 VVG (vgl. Kommentierung dort).

Ziff. 2 betrifft den erweiterten Aufwendungsersatz, § 90 VVG. Die gesetzliche Regelung wird insoweit abgeändert, dass Anspruchsvoraussetzung ist, dass die Aufwendungen bei einer nachträglichen objektiven Betrachtung verhältnismäßig und erfolgreich waren oder auf einer Weisung des VR beruhen.

§ 14 Übergang von Ersatzansprüchen

202 1. **Übergang von Ersatzansprüchen**

Steht dem Versicherungsnehmer ein Ersatzanspruch gegen einen Dritten zu, geht dieser Anspruch auf den Versicherer über, soweit der Versicherer den Schaden ersetzt. Der Übergang kann nicht zum Nachteil des Versicherungsnehmers geltend gemacht werden. Richtet sich der Ersatzanspruch des Versicherungsnehmers gegen eine Person, mit der er bei Eintritt des Schadens in häuslicher Gemeinschaft lebt, kann der Übergang nicht geltend gemacht werden, es sei denn, diese Person hat den Schaden vorsätzlich verursacht.

2. **Obliegenheiten zur Sicherung von Ersatzansprüchen**

Der Versicherungsnehmer hat seinen Ersatzanspruch oder ein zur Sicherung dieses Anspruchs dienendes Recht unter Beachtung der geltenden Form- und Fristvorschriften zu wahren, und nach Übergang des Ersatzanspruchs auf den Versicherer bei dessen Durchsetzung durch den Versicherer soweit erforderlich mitzuwirken.

Verletzt der Versicherungsnehmer diese Obliegenheit vorsätzlich, ist der Versicherer zur Leistung insoweit nicht verpflichtet, als er infolge dessen keinen Ersatz von dem Dritten erlangen kann. Im Fall einer grob fahrlässigen Verletzung der Obliegenheit ist der Versicherer berechtigt, seine Leistung in einem der Schwere des Verschuldens des Versicherungsnehmers entsprechenden Verhältnis zu kürzen; die Beweislast für das Nichtvorliegen einer groben Fahrlässigkeit trägt der Versicherungsnehmer.

203 Ziff. 1 entspricht § 86 Abs. 1 und Abs. 3 VVG. Ziff. 2 entspricht § 86 Abs. 2 VVG (vgl. Kommentierung dort).

§ 15 Kündigung nach dem Versicherungsfall

204 1. **Kündigungsrecht**

Nach dem Eintritt eines Versicherungsfalles kann jede der Vertragsparteien den Versicherungsvertrag kündigen. Die Kündigung ist in Schriftform* zu erklären. Die Kündigung ist nur bis zum Ablauf eines Monats seit dem Abschluss der Verhandlungen über die Entschädigung zulässig.

2. **Kündigung durch Versicherungsnehmer**

Der Versicherungsnehmer ist berechtigt, das Versicherungsverhältnis mit sofortiger Wirkung oder zu jedem späteren Zeitpunkt bis zum Ablauf des Versicherungsjahres in Schriftform ** zu kündigen.

3. **Kündigung durch Versicherer**

Eine Kündigung des Versicherers wird einen Monat nach ihrem Zugang beim Versicherungsnehmer wirksam.

205 Die Regelung entspricht § 92 VVG (vgl. Kommentierung dort).

*Hier auch Textform zulässig.

**Hier auch Textform zulässig.

§ 16 Keine Leistungspflicht aus besonderen Gründen

1. Vorsätzliche oder grob fahrlässige Herbeiführung des Versicherungsfalles   206
a) Führt der Versicherungsnehmer den Versicherungsfall vorsätzlich herbei, so ist der Versicherer von der Entschädigungspflicht frei.
Ist die Herbeiführung des Schadens durch rechtskräftiges Strafurteil wegen Vorsatzes in der Person des Versicherungsnehmers festgestellt, so gilt die vorsätzliche Herbeiführung des Schadens als bewiesen.
b) Führt der Versicherungsnehmer den Schaden grob fahrlässig herbei, so ist der Versicherer berechtigt, seine Leistung in einem der Schwere des Verschuldens des Versicherungsnehmers entsprechenden Verhältnis zu kürzen.

2. Arglistige Täuschung nach Eintritt des Versicherungsfalles
Der Versicherer ist von der Entschädigungspflicht frei, wenn der Versicherungsnehmer den Versicherer arglistig über Tatsachen, die für den Grund oder die Höhe der Entschädigung von Bedeutung sind, täuscht oder zu täuschen versucht.
Ist die Täuschung oder der Täuschungsversuch durch rechtskräftiges Strafurteil gegen den Versicherungsnehmer wegen Betruges oder Betrugsversuches festgestellt, so gelten die Voraussetzungen des Satzes 1 als bewiesen.

I. Vorsätzliche und grob fahrlässige Herbeiführung des Versicherungsfalles (Ziff. 1)   207

Bei vorsätzlicher Herbeiführung des Versicherungsfalles durch den VN oder einen Repräsentanten bleibt der VR leistungsfrei, vgl. a. § 81 Rdn 47.

Ziff. 1 b) entspricht § 81 Abs. 2 VVG (vgl. a. § 81 Rdn 48 ff.).   208

a) Brand   209

Grobe Fahrlässigkeit bejaht:
– VN lässt ein Grablicht unbeaufsichtigt auf dem Nachttisch bei geschlossener Schlafzimmertür und geöffnetem Schlafzimmerfenster brennen (KG Berlin VersR 2007, 1124 f.)
– VN heizt – entgegen der ausdrücklichen Gebrauchsanweisung – ein Körnerkissen in der Mikrowelle auf und verursacht Brand (LG Kleve VersR 2008, 917).
– VN entsorgt Zigarettenreste in einen Metalleimer ohne Deckel, in dem sich auch brennbare Materialien, wie benutzte Papiertaschentücher, Haushaltspapier und Plastikbecher befinden (LG Regensburg VersR 2008, 964).
– VN führt Schweißarbeiten mit einem Gasbrenner durch, obwohl er hierin ungeübt ist und informiert sich nicht über die korrekte Handhabung (OLG Schleswig, VersR 2009, 633).
– VN verlässt das Wohnzimmer zum Abendessen und lässt Kerze des Adventskranzes brennen (OLG Düsseldorf VersR 1986, 780).
– Pfanne mit Fett wird unbeaufsichtigt auf heißer Herdplatte zurückgelassen und Fett entzündet sich (LG Dortmund r+s 2012, 27; BGH VersR 2011, 916; OLG Köln NVersZ 2001, 521).
– Rauchen im Bett „**Einschlafzigarette**" (OLG Köln r+s 1994, 24, LG Duisburg VersR 1985, 827; OLG Oldenburg r+s 1992, 208).
– Lagerung brennbaren Materials nahe einem Saunaofen (LG München II r+s 2014).

Anhang 1 zu §§ 88 bis 99 VVG   VHB 2010 – Quadratmetermodell

210   Grobe Fahrlässigkeit verneint:
- Rauchen im Bett „**Aufwachzigarette**" (OLG Düsseldorf VersR 2001, 365).
- VN wird von quengelndem Kind abgelenkt und lässt Kerzen unbeaufsichtigt (OLG Düsseldorf VersR 1999, 438).
- VN wird von Lebensgefährtin abgelenkt und lässt daher Kerzen unbeaufsichtigt (OLG Düsseldorf NJW-RR 2000, 621).

211   **b) Leitungswasser**

Grobe Fahrlässigkeit bejaht:
- VN betreibt Waschmaschine unbeaufsichtigt (OLG Oldenburg r+s 1996, 236 f.; LG Düsseldorf r+s 1994, 109; OLG Karlsruhe VersR 1992, 114; LG Passau VersR 2007, 242; AG Wiesbaden zfs 2006, 278; AG Weilburg NVersZ 2002, 325 f.; AG Bielefeld VersR 1995, 210; AG Frankfurt zfs 1994, 301; AG Aachen r+s 1992, 387).
- VN stellt Wasserzufuhr zu Waschmaschine nicht ab und verlässt Wohnung für längere Zeit, z.B. Urlaub (OLG Düsseldorf VersR 1989, 697; OLG Zweibrücken zfs 2004, 126; LG Frankfurt VersR 1999, 1535).
- VN sperrt den Zulaufschlauch einer sich nicht in Betrieb befindlichen Waschmaschine ohne Aqua-Stop nicht ab und verlässt die Wohnung, um einen ca. eine Stunde dauernden Termin wahrzunehmen: Leistungskürzung um 70 % (LG Osnabrück VersR 2013, 233). VN schließt Schlauch an Heizungsanlage an um diese aufzufüllen und lässt diesen für 20 bis 30 Minuten unter Druck unbeaufsichtigt, als es an der Tür klingelt (LG Gießen VersR 2014, 1372).

212   Grobe Fahrlässigkeit verneint:
- VN lässt Waschmaschine kürzer als die Betriebsdauer unbeaufsichtigt (OLG Koblenz NVersZ 2002, 25).
- VN stellt Waschmaschine an und legt sich schlafen (AG Köln VersR 2007, 242).
- VN montiert eine Standardarmatur an einen drucklosen Untertischboiler ohne einen Fachmann hinzuzuziehen (OLG Frankfurt am Main VersR 2009, 394).

213   **c) Entwendung**

Grobe Fahrlässigkeit bejaht:
- VN lagert hochwertigen Hausrat in einem Kellerverschlag (OLG Frankfurt am Main OLGR Frankfurt 2001, 249; OLG Köln r+s 1996, 190; OLG Hamburg r+s 1987, 48; LG Rottweil zfs 2008, 153; LG Köln r+s 2007, 289; LG Aachen VersR 1988, 318; KG Berlin VersR 1996, 972; AG Dortmund zfs 1987, 187).
- VN verliert hochwertigen Brillantring, den er beim Baden am Strand anbehält (OLG München VersR 1985, 953; LG Köln VersR 1976, 747).
- VN lässt bei längerer Abwesenheit ein Fenster in Kippstellung (OLG Saarbrücken VersR 2004, 1265; OLG Oldenburg VersR 1997, 999; OLG Celle VersR 1993, 572; LG Düsseldorf VersR 2008, 347; LG Aachen r+s 200, 383; LG Hamburg r+s 1990, 348; AG Hamburg VersR 1998, 360).

- VN verlässt Wohnung ohne Wohnungstür abzuschließen (OLG Bremen VersR 1991, 1240; OLG München VersR 1986, 585; OLG Hamburg VersR 1984, 752; LG Wiesbaden r+s 1996, 455; LG Krefeld VersR 1988, 1285).

Grobe Fahrlässigkeit verneint: 214
- Kann der VR den Nachweis nicht führen, dass der Einbruch erst zu einem Zeitpunkt stattfand, als das Belassen des Fensters auf Kippstellung die zeitliche Grenze zur groben Fahrlässigkeit überschritten hatte, so kann er sich nicht auf den Einwand der groben Fahrlässigkeit berufen (OLG Hamm VersR 2001, 1234).
- VR kann nicht beweisen, dass die Täter durch das auf Kipp stehende Fenster eingedrungen sind (OLG Hamm r+s 1997, 468).
- VN verlässt seine im 3. Stock gelegene Wohnung für zwei bis drei Stunden, ohne die Wohnungstür abzuschließen (OLG Nürnberg r+s 1996, 189).
- VN verlässt Wohnung kurz und das Abschließen gelingt wegen eines Defekts nicht (OLG Düsseldorf r+s 1996, 234).

d) Frostschäden 215

Grobe Fahrlässigkeit bejaht (zur umfangreichen Kasuistik vgl. a. *Spielmann*, Aktuelle Deckungsfragen, S. 124 ff.):
- VN beheizt Gebäude nicht und entleert auch Leitungen nicht (OLG Bremen VersR 2003, 1569, 1570; OLG Saarbrücken VersR 1989, 397).
- Nichtbeheizung eines leerstehenden Gebäudes bei nicht entleerten Leitungen: Leistungskürzung auf 0 (OLG Hamm, r+s 2012, 391).

e) Sturm 216

Grobe Fahrlässigkeit bejaht:
- VN lässt trotz Sturmwarnung Dachfenster ohne Beaufsichtigung offenstehen. Kürzung um 50 % (AG Oberhausen v. 31.5.2012 – 37 C 2505/11).
- VN fährt Markise trotz Sturm aus (AG Bad Dürkheim VersR 2015, 446).

II. Arglistige Täuschung nach Eintritt des Versicherungsfalles (Ziff. 2) 217

Regelmäßig wird gleichzeitig eine Verletzung der Aufklärungsobliegenheit vorliegen.

Die Beweislast trägt der VR. 218

Die Täuschung kann auch auf dem Umweg über die Polizei erfolgen, wenn der VN davon 219 ausgeht, der VR werde diese Angaben über die Einsicht in die Ermittlungsakte verwerten (*Martin*, X III Rn 9). Auch falsche Angaben gegenüber dem Gericht können arglistige Täuschung sein (*Martin*, X III Rn 9).

Täuschung liegt vor bei Vorlage unvollständiger oder irreführender Belege oder Preislisten 220 (*Martin* X III Rn 10). Reicht der VN im Rahmen der Regulierungsprüfung eine Vielzahl von Belegen ein, wobei eine große Anzahl der aufgeführten Positionen bereits in einem früheren Schadensfall geltend gemacht wurde, so täuscht er arglistig (LG Köln VersR 2008, 1350). Bauscht der VN den Schaden auf, so kann arglistige Täuschung vorliegen (OLG Celle r+s 2009, 239).

Teilt der VN dem VR zweimal einen unterschiedlichen Anschaffungszeitpunkt eines angeblich gebraucht gekauften Gerätemodells mit, das zu den jeweils genannten Zeitpunkten noch nicht im Handel war, so liegt eine versuchte arglistige Täuschung vor (KG Berlin v. 26.8.2014 – 6 U 233/12).

§ 17 Anzeigen, Willenserklärungen, Anschriftenänderungen

221 **1. Form**

Soweit gesetzlich keine Schriftform verlangt ist und soweit in diesem Vertrag nicht etwas anderes bestimmt ist, sind die für den Versicherer bestimmten Erklärungen und Anzeigen, die das Versicherungsverhältnis betreffen und die unmittelbar gegenüber dem Versicherer erfolgen, in Textform abzugeben.

Erklärungen und Anzeigen sollen an die Hauptverwaltung des Versicherers oder an die im Versicherungsschein oder in dessen Nachträgen als zuständig bezeichnete Stelle gerichtet werden. Die gesetzlichen Regelungen über den Zugang von Erklärungen und Anzeigen bleiben unberührt.

2. Nichtanzeige einer Anschriften- bzw. Namensänderung

Hat der Versicherungsnehmer eine Änderung seiner Anschrift dem Versicherer nicht mitgeteilt, genügt für eine Willenserklärung, die dem Versicherungsnehmer gegenüber abzugeben ist, die Absendung eines eingeschriebenen Briefes an die letzte dem Versicherer bekannte Anschrift. Entsprechendes gilt bei einer dem Versicherer nicht angezeigten Namensänderung. Die Erklärung gilt drei Tage nach der Absendung des Briefes als zugegangen.

3. Nichtanzeige der Verlegung der gewerblichen Niederlassung

Hat der Versicherungsnehmer die Versicherung unter der Anschrift seines Gewerbebetriebs abgeschlossen, finden bei einer Verlegung der gewerblichen Niederlassung die Bestimmungen nach Nr. 2 entsprechend Anwendung.

222 Die Vorschrift entspricht § 13 VVG, vgl. Kommentierung dort.

§ 18 Vollmacht des Versicherungsvertreters

223 **1. Erklärungen des Versicherungsnehmers**

Der Versicherungsvertreter gilt als bevollmächtigt, vom Versicherungsnehmer abgegebene Erklärungen entgegenzunehmen betreffend
a) den Abschluss bzw. den Widerruf eines Versicherungsvertrages;
b) ein bestehendes Versicherungsverhältnis einschließlich dessen Beendigung;
c) Anzeige- und Informationspflichten vor Abschluss des Vertrages und während des Versicherungsverhältnisses.

2. Erklärungen des Versicherers

Der Versicherungsvertreter gilt als bevollmächtigt, vom Versicherer ausgefertigte Versicherungsscheine oder deren Nachträge dem Versicherungsnehmer zu übermitteln.

3. Zahlungen an den Versicherungsvertreter

Der Versicherungsvertreter gilt als bevollmächtigt, Zahlungen, die der Versicherungsnehmer im Zusammenhang mit der Vermittlung oder dem Abschluss eines Versicherungsvertrags an ihn leistet, anzunehmen. Eine Beschränkung dieser Vollmacht muss der Versicherungsnehmer nur gegen sich gelten lassen, wenn er die Beschränkung bei der Vornahme der Zahlung kannte oder in Folge grober Fahrlässigkeit nicht kannte.

Die Regelung entspricht § 69 VVG, vgl. Kommentierung dort.

§ 19 Repräsentanten

Der Versicherungsnehmer muss sich die Kenntnis und das Verhalten seiner Repräsentanten zurechnen lassen.

Vgl. hierzu die Kommentierung zu § 28 (siehe § 28 Rdn 142 ff.).

§ 20 Verjährung

Die Ansprüche aus dem Versicherungsvertrag verjähren in drei Jahren.

Die Verjährung beginnt mit dem Schluss des Jahres, in dem der Anspruch entstanden ist und der Gläubiger von den Anspruch begründenden Umständen und der Person des Schuldners Kenntnis erlangt oder ohne grobe Fahrlässigkeit erlangen müsste.

Ist ein Anspruch aus dem Versicherungsvertrag bei dem Versicherer angemeldet worden, zählt bei der Fristberechnung der Zeitraum zwischen Anmeldung und Zugang der in Textform mitgeteilten Entscheidung des Versicherers beim Anspruchsteller nicht mit.

Die Vorschrift entspricht den Verjährungsregeln der §§ 195 ff. BGB.

§ 21 Zuständiges Gericht

1. Klagen gegen den Versicherer oder Versicherungsvermittler

Für Klagen aus dem Versicherungsvertrag oder der Versicherungsvermittlung ist neben den Gerichtsständen der Zivilprozessordnung auch das Gericht örtlich zuständig, in dessen Bezirk der Versicherungsnehmer zurzeit der Klageerhebung seinen Wohnsitz, in Ermangelung eines solchen seinen gewöhnlichen Aufenthalt hat.

Soweit es sich bei dem Vertrag um eine betriebliche Versicherung handelt, kann der Versicherungsnehmer seine Ansprüche auch bei dem für den Sitz oder die Niederlassung des Gewerbebetriebes zuständigen Gericht geltend machen.

2. Klagen gegen Versicherungsnehmer

Für Klagen aus dem Versicherungsvertrag oder der Versicherungsvermittlung gegen den Versicherungsnehmer ist ausschließlich das Gericht örtlich zuständig, in dessen Bezirk der Versicherungsnehmer zurzeit der Klageerhebung seinen Wohnsitz, in Ermangelung eines solchen seinen gewöhnlichen Aufenthalt hat. Soweit es sich bei dem Vertrag um eine betriebliche Versicherung handelt, kann der Versicherer seine Ansprüche auch bei dem für den Sitz oder die Niederlassung des Gewerbebetriebes zuständigen Gericht geltend machen.

Ziff. 1 entspricht § 215 Abs. 1 S. 1 VVG. Ziff. 2 entspricht § 215 Abs. 1 Satz 2 VVG.

§ 22 Anzuwendendes Recht

Für diesen Vertrag gilt deutsches Recht.

§ 23 Sanktionsklausel

232 Es besteht – unbeschadet der übrigen Vertragsbestimmungen – Versicherungsschutz nur, soweit und solange dem keine auf die Vertragsparteien direkt anwendbaren Wirtschafts-, Handels- oder Finanztransaktionen bzw. Embargos der Europäischen Union oder der Bundesrepublik Deutschland entgegenstehen.

Dies gilt auch für Wirtschafts-, Handels oder Finanztransaktionen bzw. Embargos, die durch die Vereinigten Staaten von Amerika in Hinblick auf den Iran erlassen werden, soweit dem nicht europäische oder deutsche Rechtsvorschriften entgegenstehen.

Anhang 2 Allgemeine Wohngebäude Versicherungsbedingungen (VGB 2010 – Wert 1914)

Stand: 1.1.2013 (GDV 0720)

Hinweis

Diese Bedingungen des Gesamtverbandes der Deutschen Versicherungswirtschaft e.V. (GDV) sind für die Versicherer unverbindlich; ihre Verwendung ist rein fakultativ. Abweichende Bedingungen können vereinbart werden. Abdruck mit freundlicher Genehmigung des GDV; die jeweils aktuellen Bedingungen können kostenfrei auf der Website des GDV (*www.gdv.de*) abgerufen werden.

Abschnitt „A"

§ 1	Versicherte Gefahren und Schäden (Versicherungsfall), generelle Ausschlüsse
§ 2	Brand, Blitzschlag, Überspannung durch Blitz, Explosion, Implosion, Luftfahrzeuge
§ 3	Leitungswasser
§ 4	Naturgefahren
§ 5	Versicherte und nicht versicherte Sachen, Versicherungsort
§ 6	Wohnungs- und Teileigentum
§ 7	Versicherte Kosten
§ 8	Mehrkosten
§ 9	Mietausfall, Mietwert
§ 10	Versicherungswert, Versicherungssumme
§ 11	Ermittlung der Versicherungssumme in der Gleitenden Neuwertversicherung, Unterversicherung
§ 12	Prämie in der Gleitenden Neuwertversicherung und deren Anpassung
§ 13	Entschädigungsberechnung
§ 14	Zahlung und Verzinsung der Entschädigung
§ 15	Sachverständigenverfahren
§ 16	Vertraglich vereinbarte, besondere Obliegenheiten des Versicherungsnehmers vor dem Versicherungsfall, Sicherheitsvorschriften
§ 17	Besondere gefahrerhöhende Umstände
§ 18	Veräußerung der versicherten Sachen

Abschnitt „B"

§ 1	Anzeigepflicht des Versicherungsnehmers oder seines Vertreters bis zum Vertragsschluss
§ 2	Beginn des Versicherungsschutzes, Dauer und Ende des Vertrages
§ 3	Prämien, Versicherungsperiode
§ 4	Fälligkeit der Erst- oder Einmalprämie, Folgen verspäteter Zahlung oder Nichtzahlung
§ 5	Folgeprämie
§ 6	Lastschriftverfahren
§ 7	Prämie bei vorzeitiger Vertragsbeendigung
§ 8	Obliegenheiten des Versicherungsnehmers

Anhang 2 zu §§ 88 bis 99 VVG VGB 2010 – Wert 1914

§ 9	Gefahrerhöhung
§ 10	Überversicherung
§ 11	Mehrere Versicherer
§ 12	Versicherung für fremde Rechnung
§ 13	Aufwendungsersatz
§ 14	Übergang von Ersatzansprüchen
§ 15	Kündigung nach dem Versicherungsfall
§ 16	Keine Leistungspflicht aus besonderen Gründen
§ 17	Anzeigen, Willenserklärungen, Anschriftenänderungen
§ 18	Vollmacht des Versicherungsvertreters
§ 19	Repräsentanten
§ 20	Verjährung
§ 21	Zuständiges Gericht
§ 22	Anzuwendendes Recht
§ 23	Sanktionsklausel

Abschnitt „A"

§ 1 Versicherte Gefahren und Schäden (Versicherungsfall), generelle Ausschlüsse

1. Versicherungsfall

   Der Versicherer leistet Entschädigung für versicherte Sachen, die durch
   a) Brand, Blitzschlag, Überspannung durch Blitz, Explosion, Implosion, Anprall oder Absturz eines Luftfahrzeuges, seiner Teile oder seiner Ladung,
   b) Leitungswasser,
   c) Naturgefahren
      aa) Sturm, Hagel,
      bb) Weitere Elementargefahren
   zerstört oder beschädigt werden oder abhanden kommen.
   Jede der Gefahrengruppen nach a), b) und c) aa) kann auch einzeln versichert werden.
   Die Gefahrengruppe nach c) bb) kann ausschließlich in Verbindung mit einer oder mehreren unter a) bis c) aa) genannten Gefahren versichert werden.

2. Ausschlüsse Krieg, Innere Unruhen und Kernenergie
   a) Ausschluss Krieg
      Die Versicherung erstreckt sich ohne Rücksicht auf mitwirkende Ursachen nicht auf Schäden durch Krieg, kriegsähnliche Ereignisse, Bürgerkrieg, Revolution, Rebellion oder Aufstand.
   b) Ausschluss Innere Unruhen
      Die Versicherung erstreckt sich ohne Rücksicht auf mitwirkende Ursachen nicht auf Schäden durch innere Unruhen.
   c) Ausschluss Kernenergie
      Die Versicherung erstreckt sich ohne Rücksicht auf mitwirkende Ursachen nicht auf Schäden durch Kernenergie, nukleare Strahlung oder radioaktive Substanzen.

Die Wohngebäudeversicherung bietet Versicherungsschutz für die drei benannten Gefahrengruppen, die in den §§ 2 bis 4 näher definiert werden. Nach den VGB 2010 sind auch die Elementargefahren in die Grunddeckung aufgenommen.

Beruft sich der VR auf einen der genannten Ausschlusstatbestände, so trägt er hierfür die Beweislast.

§ 2 Brand, Blitzschlag, Explosion, Implosion, Luftfahrzeuge

1. Versicherte Gefahren und Schäden

Der Versicherer leistet Entschädigung für versicherte Sachen, die durch
a) Brand,
b) Blitzschlag,
c) Explosion, Implosion,
d) Anprall oder Absturz eines Luftfahrzeuges, seiner Teile oder seiner Ladung
zerstört oder beschädigt werden oder abhandenkommen.

2. Brand

Brand ist ein Feuer, das ohne einen bestimmungsgemäßen Herd entstanden ist oder ihn verlassen hat und das sich aus eigener Kraft auszubreiten vermag.

3. Blitzschlag

Blitzschlag ist der unmittelbare Übergang eines Blitzes auf Sachen.

Überspannungs-, Überstrom- oder Kurzschlussschäden an elektrischen Einrichtungen und Geräten sind nur versichert, wenn an Sachen auf dem Grundstück, auf dem der Versicherungsort liegt, durch Blitzschlag Schäden anderer Art entstanden sind. Spuren eines direkten Blitzschlags an anderen Sachen als an elektrischen Einrichtungen und Geräten oder an Antennen stehen Schäden anderer Art gleich.

4. Überspannung durch Blitz

Überspannung durch Blitz ist ein Schaden, der durch Überspannung, Überstrom und Kurzschluss infolge eines Blitzes oder durch sonstige atmosphärisch bedingte Elektrizität an versicherten elektrischen Einrichtungen und Geräten entsteht.

5. Explosion, Implosion

a) Explosion ist eine auf dem Ausdehnungsbestreben von Gasen oder Dämpfen beruhende, plötzlich verlaufende Kraftäußerung.
Eine Explosion eines Behälters (Kessel, Rohrleitung usw.) liegt nur vor, wenn seine Wandung in einem solchen Umfang zerrissen wird, dass ein plötzlicher Ausgleich des Druckunterschieds innerhalb und außerhalb des Behälters stattfindet. Wird im Innern eines Behälters eine Explosion durch chemische Umsetzung hervorgerufen, so ist ein Zerreißen seiner Wandung nicht erforderlich.
b) Implosion ist ein plötzlicher, unvorhersehbarer Zusammenfall eines Hohlkörpers durch äußeren Überdruck infolge eines inneren Unterdruckes.

6. Nicht versicherte Schäden

Nicht versichert sind
a) ohne Rücksicht auf mitwirkende Ursachen Schäden durch Erdbeben;
b) Sengschäden;
c) Schäden, die an Verbrennungskraftmaschinen durch die im Verbrennungsraum auftretenden Explosionen, sowie Schäden, die an Schaltorganen von elektrischen Schaltern durch den in ihnen auftretenden Gasdruck entstehen;

d) Brandschäden, die an versicherten Sachen dadurch entstehen, dass sie einem Nutzfeuer oder der Wärme zur Bearbeitung oder zu sonstigen Zwecken ausgesetzt werden; dies gilt auch für Sachen, in denen oder durch die Nutzfeuer oder Wärme erzeugt, vermittelt oder weitergeleitet wird.

Die Ausschlüsse gemäß b) bis d) gelten nicht für Schäden, die dadurch verursacht wurden, dass sich an anderen Sachen eine versicherte Gefahr gemäß Nr. 1 verwirklicht hat.

7. Selbstbehalt

Bei Überspannungsschäden durch Blitz nach Nr. 4 wird im Versicherungsfall der im Versicherungsvertrag vereinbarte Selbstbehalt abgezogen.

6 **1. Brand**

Vgl. Ausführungen zu Abschnitt „A" § 2 VHB 2010 Rdn 7 ff.

7 **2. Blitzschlag**

Vgl. Ausführungen zu Abschnitt „A" § 2 VHB 2010 Rdn 12 f.

8 **3. Überspannung durch Blitz**

In den VGB 2010 ist nun erstmals die Gefahr „Überspannung durch Blitz" in die Grunddeckung aufgenommen worden. Es sind insbesondere Schäden versichert, die durch **natürliche Elektrizität**, beispielsweise die Fernwirkung von Blitzschlägen oder sogenannte Wolke-Wolke-Blitze verursacht werden, ohne, dass es zu einem Blitzeinschlag auf dem versicherten Grundstück kommt. Versichert sind auch Folgeschäden, die durch blitzbedingte Überspannung adäquat kausal herbeigeführt werden.

9 **4. Explosion; Implosion**

Vgl. Ausführungen zu Abschnitt „A" § 2 VHB 2010 Rdn 14 f.

10 **5. Nicht versichert**

Zu **Sengschäden**, vgl. Abschnitt „A" § 2 VHB 2010 Rdn 16.

11 Der sog. „**Betriebsschadenausschluss**" gem. Ziff. 6 d) nimmt die „ausgesetzten" Sachen vom Versicherungsschutz aus, da Sachen, die dem Bereich von Wärmequellen ausgesetzt sind, einem erhöhten Brandrisiko unterliegen (*Martin*, F II Rn 8).

12 „**Ausgesetzt**" ist eine Sache dann, wenn sie durch bewusstes menschliches Handeln in den Bereich der Wärmequelle gebracht wird.

13 **Nutzfeuer** ist jedes Feuer, das keinen Brand darstellt, also seinen bestimmungsgemäßen Herd nicht verlassen hat (*Martin*, F II Rn 21).

14 **Wärme** beginnt bei einer Temperatur von etwa 50° C (*Martin*, F II Rn 21).

15 Bei **Kaminbränden** soll unterschieden werden, ob der Kaminbrand dadurch entsteht, dass die unvermeidlichen (Ruß-) Ablagerungen im Kamin zu einem Feuer geführt haben, oder ob ungenügende Reinigung zum Feuer geführt hat. Nur im ersten Fall greift der Betriebsschadenausschluss (*Martin*, F II Rn 50).

16 **Folgeschäden** von Betriebsschäden an anderen Sachen sind vom Ausschluss nicht umfasst, da die Klausel nicht bestimmte Gefahren vom Versicherungsschutz ausnimmt, sondern nur die ausgesetzten Sachen (Rüffer/Halbach/Schimikowski/*Rüffer*, Abschnitt „A" § 2 VGB 2010 Rn 16).

§ 3 Leitungswasser

1. Bruchschäden innerhalb von Gebäuden

Der Versicherer leistet Entschädigung für innerhalb von Gebäuden eintretende
a) frostbedingte und sonstige Bruchschäden an Rohren:
    aa) der Wasserversorgung (Zu- oder Ableitungen) oder den damit verbundenen Schläuchen,
    bb) der Warmwasser- oder Dampfheizung sowie Klima-, Wärmepumpen- oder Solarheizungsanlagen,
    cc) von Wasserlösch- oder Berieselungsanlagen,
sofern diese Rohre nicht Bestandteil von Heizkesseln, Boilern oder vergleichbaren Anlagen sind;
b) frostbedingte Bruchschäden an nachfolgend genannten Installationen:
    aa) Badeeinrichtungen, Waschbecken, Spülklosetts, Armaturen (z.B. Wasser- und Absperrhähne, Ventile, Geruchsverschlüsse, Wassermesser) sowie deren Anschlussschläuche,
    bb) Heizkörper, Heizkessel, Boiler oder vergleichbare Teile von Warmwasserheizungs-, Dampfheizungs-, Klima-, Wärmepumpen- oder Solarheizungsanlagen.

Als innerhalb des Gebäudes gilt der gesamte Baukörper, einschließlich der Bodenplatte.

Rohre von Solarheizungsanlagen auf dem Dach gelten als Rohre innerhalb des Gebäudes.

Soweit nicht etwas anderes vereinbart ist, sind Rohre und Installationen unterhalb der Bodenplatte (tragend oder nicht tragend) nicht versichert.

2. Bruchschäden außerhalb von Gebäuden

Der Versicherer leistet Entschädigung für außerhalb von Gebäuden eintretende frostbedingte und sonstige Bruchschäden an den Zuleitungsrohren der Wasserversorgung oder an den Rohren der Warmwasserheizungs-, Dampfheizungs-, Klima-, Wärmepumpen-, oder Solarheizungsanlagen soweit
a) diese Rohre der Versorgung versicherter Gebäude oder Anlagen dienen und
b) die Rohre sich auf dem Versicherungsgrundstück befinden und
c) der Versicherungsnehmer die Gefahr trägt.

3. Nässeschäden

Der Versicherer leistet Entschädigung für versicherte Sachen, die durch bestimmungswidrig austretendes Leitungswasser zerstört oder beschädigt werden oder abhanden kommen.

Das Leitungswasser muss aus Rohren der Wasserversorgung (Zu- und Ableitungen) oder damit verbundenen Schläuchen, den mit diesem Rohrsystem verbundenen sonstigen Einrichtungen oder deren Wasser führenden Teilen, aus Einrichtungen der Warmwasser- oder Dampfheizung, aus Klima- Wärmepumpen oder Solarheizungsanlagen, aus Wasserlösch- und Berieselungsanlagen sowie aus Wasserbetten und Aquarien ausgetreten sein.

Sole, Öle, Kühl- und Kältemittel aus Klima-, Wärmepumpen- oder Solarheizungsanlagen sowie Wasserdampf stehen Leitungswasser gleich.

4. Nicht versicherte Schäden
a) Nicht versichert sind ohne Rücksicht auf mitwirkende Ursachen Schäden durch
    aa) Regenwasser aus Fallrohren;
    bb) Plansch- oder Reinigungswasser;
    cc) Schwamm;
    dd) Grundwasser, stehendes oder fließendes Gewässer, Überschwemmung oder Witterungsniederschläge oder einen durch diese Ursachen hervorgerufenen Rückstau;
    ee) Erdbeben Schneedruck, Lawinen, Vulkanausbruch;

ff) Erdsenkung oder Erdrutsch, es sei denn, dass Leitungswasser nach Nr. 3 die Erdsenkung oder den Erdrutsch verursacht hat;
gg) Brand, Blitzschlag, Überspannung durch Blitz, Explosion, Implosion, Anprall oder Absturz eines Luftfahrzeuges, seiner Teile oder seiner Ladung;
hh) Öffnen der Sprinkler oder Bedienen der Berieselungsdüsen wegen eines Brandes, durch Druckproben oder durch Umbauten oder Reparaturarbeiten an dem versicherten Gebäude oder an der Sprinkler- oder Berieselungsanlage;
ii) Sturm, Hagel;
jj) Leitungswasser aus Eimern, Gießkannen oder sonstigen mobilen Behältnissen.
b) Der Versicherer leistet keine Entschädigung für Schäden an Gebäuden oder an Gebäudeteilen, die nicht bezugsfertig sind und an den in diesen Gebäuden oder Gebäudeteilen befindlichen Sachen.

5. Besondere Vereinbarung

Der Selbstbehalt je Versicherungsfall beträgt ... EUR.

1. Versicherungsumfang

Der Versicherungsschutz umfasst zum einen die (punktuellen) Bruchschäden an den bezeichneten Rohren, wobei hier zwischen Rohren innerhalb von Gebäuden (Ziff. 1) und Rohren außerhalb von Gebäuden (Ziff. 2) zu unterscheiden ist.

Des Weiteren ist der eigentliche Leitungswasserschaden durch bestimmungswidrig ausgetretenes Leitungswasser als Nässeschaden versichert (Ziff. 3).

2. Bruchschäden innerhalb von Gebäuden

Als innerhalb des Gebäudes gilt der gesamte Baukörper, einschließlich der Bodenplatte.

Zu den Bruchschäden im Einzelnen, vgl. Abschnitt „A" § 4 VHB 2010 Rdn 38 ff.

3. Bruchschäden außerhalb von Gebäuden

Für diese Rohre ist aufgrund der erhöhten Schadenanfälligkeit der Versicherungsschutz deutlich eingeschränkt. Versichert sind nur Zuleitungsrohre der Wasserversorgung oder der Heizungsanlage. Darüber hinaus müssen die Rohre der Versorgung versicherter Gebäude oder Anlagen dienen, sich auf dem Versicherungsgrundstück befinden und der VN muss für die Rohre die Gefahr tragen.

4. Nässeschäden

Vgl. Ausführungen zu Abschnitt „A" § 4 VHB 2010 Rdn 42 f.

5. Nicht versicherte Schäden

Vgl. Ausführungen zu Abschnitt „A" § 4 VHB 2010 Rdn 44 ff.

§ 4 Naturgefahren

1. Versicherte Gefahren und Schäden

Der Versicherer leistet Entschädigung für versicherte Sachen, die durch
a) Sturm, Hagel;
b) Weitere Elementargefahren
   aa) Überschwemmung,
   bb) Rückstau,
   cc) Erdbeben,

dd) Erdsenkung,
ee) Erdrutsch,
ff) Schneedruck,
gg) Lawinen,
hh) Vulkanausbruch

zerstört oder beschädigt werden oder abhanden kommen.

2. Sturm, Hagel

a) Sturm ist eine wetterbedingte Luftbewegung von mindestens Windstärke 8 nach Beaufort (Windgeschwindigkeit mindestens 62 km/Stunde).

Ist die Windstärke für den Schadenort nicht feststellbar, so wird Windstärke 8 unterstellt, wenn der Versicherungsnehmer nachweist, dass

aa) die Luftbewegung in der Umgebung des Versicherungsgrundstücks Schäden an Gebäuden in einwandfreiem Zustand oder an ebenso widerstandsfähigen anderen Sachen angerichtet hat, oder dass

bb) der Schaden wegen des einwandfreien Zustandes des versicherten Gebäudes oder des Gebäudes, in dem sich die versicherten Sachen befunden haben, oder mit diesem Gebäude baulich verbundenen Gebäuden, nur durch Sturm entstanden sein kann.

b) Hagel ist ein fester Witterungsniederschlag in Form von Eiskörnern.

c) Der Versicherer leistet Entschädigung für versicherte Sachen, die zerstört oder beschädigt werden oder abhanden kommen

aa) durch die unmittelbare Einwirkung des Sturmes oder Hagels auf versicherte Sachen oder auf Gebäude, in denen sich versicherte Sachen befinden;

bb) dadurch, dass ein Sturm oder Hagel Gebäudeteile, Bäume oder andere Gegenstände auf versicherte Sachen oder auf Gebäude, in denen sich versicherte Sachen befinden, wirft;

cc) als Folge eines Schadens nach aa) oder bb) an versicherten Sachen;

dd) durch die unmittelbare Einwirkung eines Sturmes oder Hagels auf Gebäude, die mit dem versicherten Gebäude oder Gebäuden, in denen sich versicherte Sachen befinden, baulich verbunden sind;

ee) dadurch, dass ein Sturm oder Hagel Gebäudeteile, Bäume oder andere Gegenstände auf Gebäude wirft, die mit dem versicherten Gebäude oder Gebäuden, in denen sich versicherte Sachen befinden, baulich verbunden sind.

3. Weitere Elementargefahren

a) Überschwemmung

Überschwemmung ist die Überflutung des Grund und Bodens des Versicherungsgrundstücks mit erheblichen Mengen von Oberflächenwasser durch

aa) Ausuferung von oberirdischen (stehenden oder fließenden) Gewässern;

bb) Witterungsniederschläge;

cc) Austritt von Grundwasser an die Erdoberfläche infolge von aa) oder bb).

b) Rückstau

Rückstau liegt vor, wenn Wasser durch Ausuferung von oberirdischen (stehenden oder fließenden) Gewässern oder durch Witterungsniederschläge bestimmungswidrig aus den gebäudeeigenen Ableitungsrohren oder damit verbundenen Einrichtungen in das Gebäude eindringt.

c) Erdbeben

Erdbeben ist eine naturbedingte Erschütterung des Erdbodens, die durch geophysikalische Vorgänge im Erdinneren ausgelöst wird.

Erdbeben wird unterstellt, wenn der Versicherungsnehmer nachweist, dass

aa) die naturbedingte Erschütterung des Erdbodens in der Umgebung des Versicherungsortes Schäden an Gebäuden im einwandfreien Zustand oder an ebenso widerstandsfähigen anderen Sachen angerichtet hat, oder

bb) der Schaden wegen des einwandfreien Zustands der versicherten Sachen nur durch Erdbeben entstanden sein kann.
d) Erdsenkung
Erdsenkung ist eine naturbedingte Absenkung des Erdbodens über naturbedingten Holräumen.
e) Erdrutsch
Erdrutsch ist ein naturbedingten Abrutschen oder Abstürzen von Erd- oder Gesteinsmassen.
f) Schneedruck
Schneedruck ist die Wirkung des Gewichts von Schnee- oder Eismassen.
g) Lawinen
Lawinen sind an Berghängen niedergehende Schnee- oder Eismassen.
h) Vulkanausbruch
Vulkanausbruch ist eine plötzliche Druckentladung beim Aufreißen der Erdkruste, verbunden mit Lavaergüssen, Asche-Eruptionen oder dem Austritt von sonstigen Materialien und Gasen.

4. Nicht versicherte Schäden
a) Nicht versichert sind ohne Rücksicht auf mitwirkende Ursachen Schäden durch
aa) Sturmflut;
bb) Eindringen von Regen, Hagel, Schnee oder Schmutz durch nicht ordnungsgemäß geschlossene Fenster, Außentüren oder andere Öffnungen, es sei denn, dass diese Öffnungen durch eine der versicherten Naturgefahren (siehe Nr. 1a) entstanden sind und einen Gebäudeschaden darstellen;
cc) Grundwasser, soweit nicht an die Erdoberfläche gedrungen (siehe Nr. 3 a) cc);
dd) Brand, Blitzschlag, Überspannung durch Blitz, Explosion, Anprall oder Absturz eines Luftfahrzeuges, seiner Teile oder seiner Ladung; dies gilt nicht, soweit diese Gefahren ein versichertes Erdbeben ausgelöst wurden;
ee) Trockenheit oder Austrocknung.
b) Der Versicherer leistet keine Entschädigung für Schäden an
aa) Gebäuden oder an Gebäudeteilen, die nicht bezugsfertig sind und an den in diesen Gebäuden oder Gebäudeteilen befindlichen Sachen;
bb) Laden- und Schaufensterscheiben.

5. Selbstbehalt
Im Versicherungsfall wird der im Versicherungsvertrag vereinbarte Selbstbehalt abgezogen.

26 Vgl. Ausführungen zu Abschnitt „A" § 5 VHB 2010 Rdn 47 ff.
27 Zum **nicht bezugsfertigen Gebäude** vgl. Abschnitt „A" § 5 VHB 2010 Rdn 56.

§ 5 Versicherte und nicht versicherte Sachen, Versicherungsort

28 **1. Beschreibung des Versicherungsumfangs**
Versichert sind die in dem Versicherungsschein bezeichneten Gebäude mit ihren Gebäudebestandteilen und Gebäudezubehör einschließlich unmittelbar an das Gebäude anschließender Terrassen auf dem im Versicherungsschein bezeichneten Versicherungsgrundstück.
Weitere Grundstücksbestandteile sind nur versichert, soweit diese ausdrücklich in den Versicherungsumfang einbezogen sind.
2. Definitionen
a) Gebäude im Sinne dieser Regelungen sind mit dem Erdboden verbundene Bauwerke, die der überwiegenden Nutzung zu Wohnzwecken bestimmt sind und gegen äußere Einflüsse schützen können.

b) Gebäudebestandteile sind in ein Gebäude eingefügte Sachen, die durch ihre feste Verbindung mit dem Gebäude ihre Selbstständigkeit verloren haben. Dazu gehören auch Einbaumöbel bzw. Einbauküchen, die individuell für das Gebäude raumspezifisch geplant und gefertigt sind.

c) Gebäudezubehör sind bewegliche Sachen, die sich im Gebäude befinden oder außen am Gebäude angebracht sind und der Instandhaltung bzw. überwiegenden Zweckbestimmung des versicherten Gebäudes dienen. Als Gebäudezubehör gelten ferner Müllboxen sowie Klingel- und Briefkastenanlagen auf dem Versicherungsgrundstück.

d) Als Grundstückbestandteile gelten die mit dem Grund und Boden des Versicherungsgrundstücks fest verbundenen Sachen.

e) Versicherungsgrundstück ist das Flurstück/sind die Flurstücke, auf dem das versicherte Gebäude steht (Versicherungsort). Teilen sich mehrere Gebäude ein Flurstück, so gilt als Versicherungsort derjenige Teil des Flurstücks, der durch Einfriedung oder anderweitige Abgrenzung dem/den im Versicherungsschein bezeichneten Gebäude(n) ausschließlich zugehörig ist.

3. Ausschlüsse

a) Nicht versichert sind Photovoltaikanlagen sowie deren zugehörige Installationen (z.B. Solarmodule, Montagerahmen, Befestigungselemente, Mess-, Steuer- und Regeltechnik, Wechselrichter und Verkabelung).

b) Nicht versichert sind in das Gebäude nachträglich eingefügte – nicht aber ausgetauschte – Sachen, die ein Mieter oder Wohnungseigentümer auf seine Kosten beschafft oder übernommen hat und daher hierfür die Gefahr trägt. Eine anderweitige Vereinbarung über die Gefahrtragung ist vom Versicherungsnehmer nachzuweisen.

c) Elektronisch gespeicherte Daten und Programme sind keine Sachen. Kosten für die Wiederherstellung von elektronisch gespeicherten Daten und Programmen sind nur versichert, soweit dies gesondert im Versicherungsvertrag vereinbart ist.

4. Gesondert versicherbar

a) Abweichend von Nr. 3. b) gelten in das Gebäude nachträglich eingefügte – nicht aber ausgetauschte – Sachen als versichert, die ein Mieter oder Wohnungseigentümer auf seine Kosten beschafft oder übernommen hat und daher hierfür die Gefahr trägt.

b) Als Grundstückbestandteile gelten mitversichert, soweit sie sich auf dem im Versicherungsschein bezeichneten Grundstück befinden:
aa) Carports bis ... m² Grundfläche,
bb) Gewächs- und Gartenhäuser bis ... m² Grundfläche,
cc) Grundstückseinfriedungen (auch Hecken),
dd) Hof- und Gehwegbefestigungen,
ee) Hundehütten bis ... m² Grundfläche,
ff) Masten- und Freileitungen,
gg) Wege- und Gartenbeleuchtungen.

1. Versicherungsumfang (Ziff. 1) 29

Versichert ist das im Versicherungsschein bezeichnete Gebäude, der Versicherungsumfang wird also durch die Beschreibung im Versicherungsschein bestimmt. Auch die Gebäudebestandteile und das Gebäudezubehör fallen unter den Versicherungsschutz der Gebäudeversicherung. Auch die unmittelbar an das versicherte Gebäude anschließende Terrasse ist ausdrücklich in den Versicherungsschutz mit einbezogen. Der Begriff des Gebäudebestandteils und des Gebäudezubehörs ist nunmehr erstmalig definiert. Hierdurch soll die Abgrenzung zwischen Gebäude- und Inhaltsversicherung erleichtert werden. Vgl. auch Abschnitt „A" § 6 VHB 2010 Rdn 59 ff.

Anhang 2 zu §§ 88 bis 99 VVG

30　**2. Definitionen (Ziff. 2)**

Gebäudebestandteile sind auch Nebengebäude, insb. Garagen oder Carports, sofern diese mit dem versicherten Gebäude fest verbunden sind und mit diesem eine Einheit bilden (Rüffer/Halbach/Schimikowski/*Rüffer*, Abschnitt „A" § 5 VGB 2010 Rn 4).

31　Auch Gebäudebestandteil, sind hauseigenes Schwimmbad einschl. der Wasserfüllung, Sauna, Einbruchmeldeanlage, Dachgarten, Terrassenbepflanzung, (Zentral-) Heizungsanlage, Wärmepumpenanlage (*Martin*, H II Rn 68; Prölss/Martin/*Knappmann*, § 6 VHB 2010 Rn 9 ff.).

32　Einbauküchen und Einbaumöbel gehören nur dann zu den Gebäudebestandteilen, wenn sie individuell für das Gebäude geplant und angefertigt wurden (Ziff. 2b) und sind ansonsten Hausrat (vgl. a. Abschnitt „A" § 6 VHB 2010 Rdn 61).

33　Bodenbeläge sind grundsätzlich Gebäudebestandteil. Ein maßgenauer Teppichboden ist nur dann Hausrat, wenn er seinerseits auf bewohnbarem Untergrund liegt und ein Ablösen vom Untergrund möglich ist, ohne diesen zu beschädigen, wobei eine Spanplatte keinen bewohnbaren Untergrund darstellt (*Martin*, SVR, 3.A., H II Rn 70).

34　Keine Gebäudebestandteile sind Garagen, Carports oder Schuppen, die nicht fest, z.B. lediglich durch Isolierpappe mit dem Wohngebäude verbunden sind oder Freisitze (VersR-Hdb/*Rüffer*, § 32 Rn 253).

35　**Gebäudezubehör** sind Brennstoffvorräte (z.B. Heizöl) einschließlich der nötigen Behälter, alle Sachen, die künftig in das Gebäude eingefügt werden sollen (Nägel, Fliesen, Bodenbeläge etc.; *Martin*, SVR, 3. A. H II Rn 25).

36　Die Telefonanlage ist beim Privathaus kein Zubehör, beim Hotel oder Gewerbebetrieb hingegen schon (Prölss/Martin/*Armbrüster*, § 5 VGB 2010 Rn 6).

37　**3. Ausschlüsse (Ziff. 3)**

Der Ausschluss für nachträglich eingefügte Sachen korrespondiert mit den Bedingungen zur Hausratversicherung, Abschnitt „A" § 6 VHB 2010 Ziff. 2 c) aa).

§ 6　Wohnungs- und Teileigentum

38
1. Ist bei Verträgen mit einer Gemeinschaft von Wohnungseigentümern der Versicherer wegen des Verhaltens einzelner Wohnungseigentümer ganz oder teilweise leistungsfrei, so kann er sich hierauf gegenüber den übrigen Wohnungseigentümern wegen deren Sondereigentums sowie deren Miteigentumsanteile nicht berufen.
2. Die übrigen Wohnungseigentümer können verlangen, dass der Versicherer sie auch insoweit entschädigt, als er gegenüber einzelnen Miteigentümern leistungsfrei ist, sofern diese zusätzliche Entschädigung zur Wiederherstellung des gemeinschaftlichen Eigentums verwendet wird.
   Der Wohnungseigentümer, in dessen Person der Verwirkungsgrund vorliegt, ist verpflichtet, dem Versicherer diese Mehraufwendungen zu erstatten.
3. Für die Gebäudeversicherung bei Teileigentum gelten Nr. 1 und Nr. 2 entsprechend.

39　Trotz des Verhaltens eines Wohnungseigentümers, das zur teilweisen oder vollständigen Leistungsfreiheit des VR führen würde, bleibt dieser gegenüber den übrigen Wohnungseigentümern in Bezug auf deren Sondereigentum und deren Miteigentumsanteile zur Leistung verpflichtet.

Auch die Entschädigung hinsichtlich des gemeinschaftlichen Eigentums können die übrigen Wohnungseigentümer verlangen, soweit diese zusätzliche Entschädigung zur Wiederherstellung des gemeinschaftlichen Eigentums verwendet wird. 40

Der VR kann dann seine Leistungen vom Wohnungseigentümer, in dessen Person der Verwirkungsgrund vorliegt regressieren, und zwar sowohl die Leistungen in Bezug auf das Sondereigentum der anderen Eigentümer, als auch die zusätzliche Entschädigung zur Wiederherstellung des gemeinschaftlichen Eigentums (Rüffer/Halbach/Schimikowski/*Rüffer*, Abschnitt „A" § 6 VGB 2010 Rn 3). 41

§ 7 Versicherte Kosten

1. Versicherte Kosten 42
Versichert sind die infolge eines Versicherungsfalles notwendigen und tatsächlich angefallenen
a) Aufräum- und Abbruchkosten
   für das Aufräumen und den Abbruch versicherter Sachen sowie für das Wegräumen und den Abtransport von Schutt und sonstigen Resten dieser Sachen zum nächsten Ablagerungsplatz und für das Ablagern und Vernichten,
b) Bewegungs- und Schutzkosten
   die dadurch entstehen, dass zum Zweck der Wiederherstellung oder Wiederbeschaffung versicherter Sachen andere Sachen bewegt, verändert oder geschützt werden müssen.
Die Entschädigung für versicherte Kosten gemäß a) und b) ist auf den vereinbarten Betrag begrenzt.

2. Gesondert versicherbar
(es folgen ggf. Klauseln, siehe Anhang)

Vgl. Ausführungen unter Abschnitt „A" § 8 VHB 2010 Rdn 84 ff. 43

§ 8 Mehrkosten

1. Versicherte Mehrkosten 44
Der Versicherer ersetzt bis zu dem hierfür vereinbarten Betrag die infolge eines Versicherungsfalles tatsächlich entstandenen Aufwendungen für notwendige Mehrkosten durch
a) behördliche Wiederherstellungsbeschränkungen;
b) Preissteigerungen nach Eintritt des Versicherungsfalles.

2. Mehrkosten durch behördliche Wiederherstellungsbeschränkungen
a) Mehrkosten durch behördliche Wiederherstellungsbeschränkungen sind Aufwendungen, die dadurch entstehen, dass die versicherte und vom Schaden betroffene Sache aufgrund öffentlich-rechtlicher Vorschriften nicht in derselben Art und Güte wiederhergestellt oder wiederbeschafft werden darf.
b) Soweit behördliche Anordnungen vor Eintritt des Versicherungsfalles erteilt wurden, sind die dadurch entstandenen Mehrkosten nicht versichert.
   War aufgrund öffentlich-rechtlicher Vorschriften die Nutzung der Sachen zum Zeitpunkt des Versicherungsfalles ganz oder teilweise untersagt, sind die dadurch entstehenden Mehrkosten nicht versichert.

c) Wenn die Wiederherstellung der versicherten und vom Schaden betroffenen Sache aufgrund behördlicher Wiederherstellungsbeschränkungen nur an anderer Stelle erfolgen darf, werden die Mehrkosten nur in dem Umfang ersetzt, in dem sie auch bei Wiederherstellung an bisheriger Stelle entstanden wären.

d) Mehrkosten infolge Preissteigerungen, die dadurch entstehen, dass sich die Wiederherstellung durch behördliche Wiederherstellungsbeschränkungen verzögert, werden gem. Nr. 3 ersetzt.

e) Ist der Zeitwert Versicherungswert, so werden auch die Mehrkosten nur im Verhältnis Zeitwert zum Neuwert ersetzt.

3. Mehrkosten durch Preissteigerungen nach Eintritt des Versicherungsfalles

a) Mehrkosten durch Preissteigerungen sind Aufwendungen für Preissteigerungen versicherter und vom Schaden betroffener Sachen zwischen dem Eintritt des Versicherungsfalles und der Wiederherstellung oder Wiederbeschaffung.

b) Wenn der Versicherungsnehmer die Wiederherstellung oder Wiederbeschaffung nicht unverzüglich veranlasst, werden die Mehrkosten nur in dem Umfang ersetzt, in dem sie auch bei unverzüglicher Wiederherstellung oder Wiederbeschaffung entstanden wären.

c) Mehrkosten infolge von außergewöhnlichen Ereignissen, behördlichen Wiederherstellungs- oder Betriebsbeschränkungen oder Kapitalmangel sind nicht versichert.
Sofern behördliche Wiederherstellungsbeschränkungen die Wiederherstellung oder Wiederbeschaffung der versicherten und vom Schaden betroffenen Sachen verzögern, werden die dadurch entstandenen Preissteigerungen ersetzt.

d) Ist der Zeitwert Versicherungswert, so werden auch die Mehrkosten nur im Verhältnis des Zeitwerts zum Neuwert ersetzt.

45 **Mehrkosten infolge von Veränderungen der öffentlich-rechtlichen Vorschriften** werden ersetzt, sofern diese bereits vor Eintritt des Versicherungsfalles in Kraft getreten sind. Ob dem Bauherrn auch eine entsprechende behördliche Auflage erteilt wurde spielt keine Rolle (Prölss/Martin/*Armbrüster*, § 8 VGB 2010 Rn 1).

46 Anspruch auf den Neuwertanteil hat der VN grundsätzlich nur bei Wiederherstellung des Gebäudes an der bisherigen Stelle (§ 13 Ziff. 7 Abs. 1). Demgemäß werden Mehrkosten aufgrund behördlicher Wiederherstellungsbeschränkungen nur in dem Umfang ersetzt, in dem sie auch bei Wiederherstellung an der bisherigen Stelle entstanden wären (Ziff. 1c).

47 Preissteigerungen nach Eintritt des Versicherungsfalles fallen grds. nicht unter den Neuwertanspruch (§ 88 Rdn 1). Ziff. 3a erweitert insoweit den Anspruch des VN.

§ 9 Mietausfall, Mietwert

48 **1. Mietausfall, Mietwert**

Der Versicherer ersetzt

a) den Mietausfall einschließlich fortlaufender Mietnebenkosten, wenn Mieter von Wohnräumen infolge eines Versicherungsfalles zu Recht die Zahlung der Miete ganz oder teilweise eingestellt haben;

b) den ortsüblichen Mietwert von Wohnräumen einschließlich fortlaufender Nebenkosten im Sinne des Mietrechts, die der Versicherungsnehmer selbst bewohnt und die infolge eines Versicherungsfalles unbenutzbar geworden sind, falls dem Versicherungsnehmer die Beschränkung auf einen benutzbar gebliebenen Teil der Wohnung nicht zugemutet werden kann;

c) auch einen durch behördliche Wiederherstellungsbeschränkungen verursachten zusätzlichen Mietausfall bzw. Mietwert.

2. Haftzeit
a) Mietausfall oder Mietwert werden bis zu dem Zeitpunkt ersetzt, in dem die Räume wieder benutzbar sind, höchstens jedoch für ... Monate seit dem Eintritt des Versicherungsfalles.
b) Mietausfall oder Mietwert werden nur insoweit ersetzt, wie der Versicherungsnehmer die mögliche Wiederbenutzung nicht schuldhaft verzögert.

3. Gewerblich genutzte Räume
Für gewerblich genutzte Räume kann die Versicherung des Mietausfalles oder des ortsüblichen Mietwertes vereinbart werden.

4. Gesondert versicherbar
a) Haftzeit bei Auszug des Mieters infolge des Schadens
Endet das Mietverhältnis infolge des Schadens und sind die Räume trotz Anwendung der im Verkehr erforderlichen Sorgfalt zum Zeitpunkt der Wiederherstellung nicht zu vermieten, wird der Mietverlust bis zur Neuvermietung über diesen Zeitpunkt hinaus für die Dauer von ... Monaten ersetzt, höchstens jedoch bis zum Ablauf der Haftzeit.
b) Haftzeit bei Nachweis der unterbliebenen Vermietung infolge des Schadens
War das Gebäude zurzeit des Eintritts des Versicherungsfalls nicht vermietet und weist der Versicherungsnehmer die Vermietung zu einem in der Haftzeit liegenden Termin nach, wird der ab diesem Zeitpunkt entstandene Mietausfall bis zum Ablauf der Haftzeit gezahlt.

1. Mietausfall, Mietwert (Ziff. 1)   49

Bei **vermieteten Wohnräumen** (Ziff. 1a)) kann dem VN ein Mietausfallschaden dadurch entstehen, dass der Mieter infolge des Schadens seine Mietzahlungen mindert oder einstellt. Auch dieser Schaden ist versichert, sofern der Mieter zu Recht die Zahlung einstellt oder kürzt.

Der Anspruch besteht jedoch nur dann, wenn die Wohnräume zum Zeitpunkt des Versicherungsfalles auch tatsächlich vermietet waren (OLG Schleswig v. 31.7.2008 – 16 U 10/08), wie sich schon aus dem Wortlaut ergibt („*wenn Mieter [...] zu Recht die Zahlung der Miete ganz oder teilweise eingestellt haben*"; a.A. *Martin*, W VIII Rn 10).   50

Bei **selbst bewohnten Wohnräumen** (Ziff. 1 b)) kann der VN den ortsüblichen Mietwert ersetzt verlangen, inklusive der fortlaufenden Nebenkosten. Dies gilt auch dann, wenn der VN keine Aufwendungen für die Beschaffung von Ersatzwohnraum aufwenden muss, also z.B. bei Freunden oder Verwandten wohnen kann (Rüffer/Halbach/Schimikowski/*Rüffer*, Abschnitt „A" VGB 2010 § 9 Rn 2).   51

2. Haftzeit (Ziff. 2)   52

Eine schuldhafte Verzögerung der Wiederbenutzung kann auf einer verspäteten Schadenanzeige beruhen (VersR-Hdb/*Rüffer*, § 32 Rn 273). Das Verschulden ist vom VR zu beweisen (OLG Hamm, VersR 1988, 795).

Eine Verzögerung der Wiederbenutzung liegt nicht vor, wenn der VN mangels finanzieller Möglichkeiten mit der Wiederherstellung erst nach Auszahlung der Versicherungsleistung beginnt (VersR-Hdb/*Rüffer*, § 32 Rn 273).   53

54 **3. Gewerblich genutzte Räume (Ziff. 3)**

Grundsätzlich ist der Mietverlust nur bei Wohnräumen versichert. Auch bei gemischt genutzten Gebäuden gibt es daher keinen Anspruch auf Ersatz des Mietverlustschadens für die Gewerberäume (VersR-Hdb/*Rüffer*, § 32 Rn 271).

55 Der Ersatz des Mietverlustschadens kann jedoch vereinbart werden (Ziff. 3). Sind die AVB zu Mietverlustschäden bei Wohnräumen vereinbart, obwohl ausschließlich Gewerberäume versichert sind, so kann hierdurch konkludent der Ersatz des Mietausfalls auch für gewerblich genutzte Räume vereinbart sein (Rüffer/Halbach/Schimikowski/*Rüffer*, Abschnitt „A" § 9 VGB 2010 Rn 4; VersR-Hdb/*Rüffer*, § 32 Rn 271).

§ 10 Versicherungswert, Versicherungssumme

56 **1. Vereinbarte Versicherungswerte**

Als Versicherungswert kann der Gleitende Neuwert, der Neuwert, der Zeitwert oder der Gemeine Wert vereinbart werden. Im Versicherungsfall kann der Gemeine Wert Anwendung finden, wenn die versicherte Sache dauerhaft entwertet ist (siehe d). Der Versicherungswert bildet die Grundlage der Entschädigungsberechnung.

a) Gleitender Neuwert

   aa) Der Gleitende Neuwert ist der Betrag, der aufzuwenden ist, um Sachen gleicher Art und Güte in neuwertigem Zustand herzustellen, ausgedrückt in Preisen des Jahres 1914. Maßgebend ist der ortsübliche Neubauwert einschließlich Architektengebühren sowie sonstige Konstruktions- und Planungskosten.
   Bestandteil des Gleitenden Neuwerts sind insoweit auch Aufwendungen, die dadurch entstehen, dass die Wiederherstellung der Sachen in derselben Art und Güte infolge Technologiefortschritts entweder nicht möglich ist oder nur mit unwirtschaftlichem Aufwand möglich wäre. Die Ersatzgüter müssen hierbei den vorhandenen Sachen möglichst nahe kommen.

   bb) Nicht Bestandteil des Gleitenden Neuwerts sind die Mehrkosten durch behördliche Wiederherstellungsbeschränkungen, die dadurch entstehen, dass Sachen aufgrund öffentlich-rechtlicher Vorschriften nicht in derselben Art und Güte wiederhergestellt werden dürfen, es sei denn, dass diese Mehrkosten als Technologiefortschritt gemäß aa) zu berücksichtigen sind. Versicherungsschutz für diese Mehrkosten besteht gemäß den Vereinbarungen zu den versicherten Mehrkosten.
   Mehrkosten durch Preissteigerungen zwischen dem Eintritt des Versicherungsfalles und der Wiederherstellung sind ebenfalls nicht Bestandteil des Neuwerts. Versicherungsschutz für diese Mehrkosten besteht gemäß den Vereinbarungen zu den versicherten Mehrkosten.

   cc) Der Versicherer passt den Versicherungsschutz nach a) aa) an die Baukostenentwicklung an (siehe Abschnitt A § 12 Nr. 2). Es besteht insoweit Versicherungsschutz auf der Grundlage des ortsüblichen Neubauwerts zum Zeitpunkt des Versicherungsfalles.

   dd) Wenn sich durch bauliche Maßnahmen innerhalb des laufenden Versicherungsjahres der Wert der Gebäude erhöht, besteht bis zum Schluss dieses Jahres auch insoweit Versicherungsschutz.

b) Neuwert

   aa) Der Neuwert ist der Betrag, der aufzuwenden ist, um Sachen gleicher Art und Güte in neuwertigem Zustand herzustellen. Maßgebend ist der ortsübliche Neubauwert einschließlich Architektengebühren sowie sonstige Konstruktions- und Planungskosten.

Bestandteil des Neuwertes sind insoweit auch Aufwendungen, die dadurch entstehen, dass die Wiederherstellung der Sachen in derselben Art und Güte infolge Technologiefortschritts entweder nicht möglich ist oder nur mit unwirtschaftlichem Aufwand möglich wäre. Die Ersatzgüter müssen hierbei den vorhandenen Sachen möglichst nahe kommen.

bb) Nicht Bestandteil des Neuwertes sind Mehrkosten durch behördliche Wiederherstellungsbeschränkungen, die dadurch entstehen, dass Sachen aufgrund öffentlich-rechtlicher Vorschriften nicht in derselben Art und Güte wiederhergestellt werden dürfen, es sei denn, dass diese Mehrkosten als Technologiefortschritt gemäß aa) zu berücksichtigen sind. Versicherungsschutz für diese Mehrkosten besteht gemäß den Vereinbarungen zu den versicherten Mehrkosten.

Mehrkosten durch Preissteigerungen zwischen dem Eintritt des Versicherungsfalles und der Wiederherstellung sind ebenfalls nicht Bestandteil des Neuwertes. Versicherungsschutz für diese Mehrkosten besteht gemäß den Vereinbarungen zu den versicherten Mehrkosten.

c) Zeitwert
Der Zeitwert ergibt sich aus dem Neuwert des Gebäudes (siehe b) abzüglich der Wertminderung insbesondere durch Alter und Abnutzungsgrad.

d) Gemeiner Wert
Der Gemeine Wert ist der erzielbare Verkaufspreis für das Gebäude oder für das Altmaterial.

Ist Versicherung zum gleitenden Neuwert, Neuwert oder Zeitwert vereinbart und ist das Gebäude zum Abbruch bestimmt oder sonst dauernd entwertet, so ist Versicherungswert lediglich der gemeine Wert. Eine dauernde Entwertung liegt insbesondere vor, wenn das Gebäude für seinen Zweck nicht mehr zu verwenden ist.

Der Versicherungswert von Gebäudezubehör und Grundstücksbestandteilen, die nicht Gebäude sind, entspricht dem für das Gebäude vereinbarten Versicherungswert.

2. Versicherungssumme

a) Die Versicherungssumme ist der zwischen Versicherer und Versicherungsnehmer im Einzelnen vereinbarte Betrag, der dem Versicherungswert entsprechen soll.
b) Wenn bauliche Änderungen vorgenommen werden, soll der Versicherungsnehmer die Versicherungssumme an den veränderten Versicherungswert anpassen.
c) Ist Neuwert, Zeitwert oder gemeiner Wert vereinbart worden, soll der Versicherungsnehmer die Versicherungssumme für die versicherte Sache für die Dauer des Versicherungsverhältnisse dem jeweils gültigen Versicherungswert anpassen.
d) Entspricht zum Zeitpunkt des Versicherungsfalles die Versicherungssumme nicht dem Versicherungswert, kann die Regelung über die Unterversicherung zur Anwendung kommen (siehe Abschnitt „A" § 13 Nr. 9).

1. Vereinbarte Versicherungswerte (Ziff. 1)

In der Gebäudeversicherung ist regelmäßig die Versicherung zum Neuwert vereinbart. Die Versicherung zum Zeitwert oder gemeinen Wert entspricht bei langlebigen Wirtschaftsgütern nicht dem Bedürfnis des VN (*Martin*, Q III Rn 8).

Die Neuwertversicherung birgt jedoch ein erhöhtes subjektives Risiko, das heißt der vorsätzlichen oder fahrlässigen Herbeiführung des Versicherungsfalles. Entwertete Sachen sind daher generell nur zum gemeinen Wert versichert (Ziff. 1 d).

Damit keine Unterversicherung eintritt, wird regelmäßig eine Versicherung zum **gleitenden Neuwert** (Ziff. 1 a)) abgeschlossen. Grundlage ist der Versicherungswert 1914. Sofern dieser korrekt ermittelt wurde, kann sich der VR nicht auf Unterversicherung berufen (vgl. § 11 VVG).

60 Der Versicherungswert 1914 wird ermittelt, indem der aktuelle Neubaupreis in Preisen des Jahres 1914 ausgedrückt wird. Damit kann der aktuelle Gegenwartsneubaupreis jeweils unter Zuhilfenahme des Gesamt-Baupreisindex ermittelt werden und so die Preisentwicklung berücksichtigen (vgl. a. *Martin*, 3. A. S IV Rn 1 ff.).

61 Ist das Gebäude zum Abbruch bestimmt oder sonst dauernd entwertet, so ist lediglich der **Gemeine Wert** versichert (Ziff. 1 d)).

62 Beides muss der VR beweisen. Die Abbruchabsicht wird in der Regel nur nachweisbar sein, wenn sie bereits äußerlich in Erscheinung getreten ist, wobei der Zeitpunkt des Abbruchs noch nicht feststehen muss (*Martin*, Q III Rn 72).

63 Beispiele für eine dauernde Entwertung, sind z.B. die dauerhafte Wegleitung von Verkehrsströmen von einem Motel, Bau einer Fernstraße mit erheblicher Lärm- und Abgasbelästigung vor einer Ferienpension (*Martin*, a.a.O. Rn 70).

64 **2. Versicherungssumme (Ziff. 2)**

Zum Begriff, vgl. § 74 Rdn 9.

§ 11 Ermittlung der Versicherungssumme in der gleitenden Neuwertversicherung, Unterversicherung

65 **1. Ermittlung der Versicherungssumme in der gleitenden Neuwertversicherung**

Die Versicherungssumme ist nach dem ortsüblichen Neubauwert (siehe Abschnitt „A" § 10 Nr. 1a)) zu ermitteln, der in den Preisen des Jahres 1914 ausgedrückt wird (Versicherungssumme „Wert 1914").

Die Versicherungssumme gilt als richtig ermittelt, wenn
a) sie aufgrund einer vom Versicherer anerkannten Schätzung eines Bausachverständigen festgesetzt wird;
b) der Versicherungsnehmer im Antrag den Neubauwert in Preisen eines anderen Jahres zutreffend angibt und der Versicherer diesen Betrag umrechnet;
c) der Versicherungsnehmer Antragsfragen nach Größe, Ausbau und Ausstattung des Gebäudes zutreffend beantwortet und der Versicherer hiernach die Versicherungssumme „Wert 1914" berechnet.

2. Unterversicherungsverzicht

a) Wird die nach Nr. 1 ermittelte Versicherungssumme „Wert 1914" vereinbart, nimmt der Versicherer bei der Entschädigung (einschließlich Kosten und Mietausfall) keinen Abzug wegen Unterversicherung vor (Unterversicherungsverzicht).

b) Ergibt sich im Versicherungsfall, dass die Beschreibung des Gebäudes und seiner Ausstattung gemäß Nr. 1c) von den tatsächlichen Verhältnissen bei Vertragsabschluss abweicht und ist dadurch die Versicherungssumme „Wert 1914" zu niedrig bemessen, so kann der Versicherer nach den Regelungen über die Anzeigepflichtverletzungen vom Vertrag zurücktreten, kündigen oder eine Vertragsanpassung vornehmen; ferner kann er bezüglich der Differenz zwischen vereinbarter Versicherungssumme und tatsächlichem Versicherungswert nach den Regeln der Unterversicherung leistungsfrei sein.

c) Der Unterversicherungsverzicht gilt ferner nicht, wenn der der Versicherungssummenermittlung zugrunde liegende Bauzustand nach Vertragsabschluss durch wertsteigernde bauliche Maßnahmen verändert wurde und die Veränderung dem Versicherer nicht unverzüglich angezeigt wurde. Dies gilt nicht, soweit der ortsübliche Neubauwert innerhalb der zum Zeitpunkt des Versicherungsfalls laufenden Versicherungsperiode durch wertsteigernde bauliche Maßnahmen erhöht wurde.

1. Ermittlung der Versicherungssumme in der Gleitenden Neuwertversicherung (Ziff. 1)

66 Grundsätzlich gilt, dass es Aufgabe des VN ist, den Versicherungswert zu ermitteln und dem VR mitzuteilen (Prölss/Martin/*Armbrüster*, § 75 Rn 24 ff.). Bei der Ermittlung des Versicherungswertes 1914 sind jedoch Fachkenntnisse erforderlich, die der durchschnittliche VN nicht besitzt. Den VR treffen daher Beratungspflichten gegenüber dem VN zur korrekten Bemessung des Versicherungswertes 1914. Überlässt der VR die Bestimmung dieses Wertes dem VN, so treffen ihn nach Treu und Glauben gesteigerte Hinweis- und Beratungspflichten. Er muss in geeigneter Form auf die Schwierigkeiten der richtigen Festsetzung des Versicherungswertes und auf die Gefahren einer falschen Festsetzung hinweisen. Dazu gehört auch der Hinweis, dass es sich empfehlen kann, einen Sachverständigen zuzuziehen. Der Versicherer kann seiner Hinweispflicht auch dadurch genügen, dass er dem Versicherungsnehmer eine eigene fachkundige Beratung anbietet (BGH, NJW-RR 1989, 410, OLG Saarbrücken v. 5.12.2001 – 5 U 903–00/83, Terbille/Johannsen/*Johannsen*, MAH Versicherungsrecht, § 6 Rn 54).

67 Verletzt der VR seine Beratungspflichten schuldhaft, so muss er den VN so stellen, als habe er ihn richtig beraten, kann sich also nicht auf Unterversicherung berufen (Prölss/Martin/*Armbrüster*, § 75 Rn 31).

68 Liegt alternativ eine der Voraussetzungen der Ziff. 1 a) bis c) vor, so gilt die Versicherungssumme als richtig ermittelt, sodass der VR grundsätzlich Unterversicherung nicht einwenden kann (Ziff. 2).

69 Beantragt der VN Versicherungsschutz unter Vorlage einer **Schätzung eines Bausachverständigen** (Ziff. 1a)) und nimmt der VR diesen Antrag an, so liegt hierin ein Ankerkenntnis der Schätzung des Sachverständigen seitens des VR. Der VR kann die Unrichtigkeit der Schätzung nicht einwenden, ebenso wenig wie mangelhafte Methodik der Schätzung oder fehlende Einhaltung formeller Mindestanforderungen (*Martin*, S IV Rn 21). Im Fall arglistiger Falschangaben seitens des VN, bleibt die Möglichkeit der Anfechtung nach § 123 BGB (*Martin*, S IV Rn 21).

70 Nach Ziff. 1b) kann der VN den **Neubauwert in Preisen eines anderen Jahres zutreffend angeben** und der VR rechnet diesen Betrag um in den Versicherungswert 1914. Der VN kann ein beliebiges Jahr zwischen Errichtung und Antragstellung wählen, häufig wird er den Neubauwert der tatsächlichen Errichtung angeben, weil er diesen leicht ermitteln kann. Erbrachte Eigenleistungen muss der VN bei seinen Angaben ausgedrückt in Fremdleistungspreisen berücksichtigen (*Martin*, S IV Rn 26).

71 Der Unterversicherungseinwand ist auch ausgeschlossen, wenn der VN im **sog. Summenermittlungsbogen** die Antragsfragen nach Größe, Ausbau und Ausstattung zutreffend beantwortet (Ziff. 1c)). Falschangaben des VN sind gem. § 19 VVG (Anzeigepflichtverletzung) zu behandeln (vgl. Ziff. 2).

Anhang 2 zu §§ 88 bis 99 VVG   VGB 2010 – Wert 1914

72   **2. Unterversicherungsverzicht (Ziff. 2)**
Ist der Versicherungswert nach Ziff. 1 ermittelt, so kann der VR sich grds. nicht auf Unterversicherung berufen. Für den Fall, dass der VN falsche Angaben im Summenermittlungsbogen gemacht hat, kann der VR vom Vertrag zurücktreten, kündigen oder eine Vertragsanpassung vornehmen (Ziff. 2 b)). Auch eine Leistungskürzung entsprechend den Regeln der Unterversicherung (§ 75 VVG) kann der VR dann vornehmen.

73   Der Unterversicherungsverzicht kann auch dann entfallen, wenn der VN nachträglich wertsteigernde Baumaßnahmen vornimmt und diese nicht unverzüglich anzeigt, sofern die Maßnahmen nicht erst in der zum Zeitpunkt des Versicherungsfalles laufenden Versicherungsperiode vorgenommen wurden (Ziff. 2 c)).

§ 12 Prämie in der gleitenden Neuwertversicherung und deren Anpassung

74   **1. Berechnung der Prämie**
Grundlagen der Berechnung der Prämie sind die Versicherungssumme „Wert 1914", der vereinbarte Prämiensatz sowie der Anpassungsfaktor (siehe Nr. 2a).
Die jeweils zu zahlende Jahresprämie wird berechnet durch Multiplikation der vereinbarten Grundprämie 1914 (Versicherungssumme „Wert 1914" multipliziert mit dem Prämiensatz) mit dem jeweils gültigen Anpassungsfaktor.

2. Anpassung der Prämie
a) Die Prämie verändert sich entsprechend der Anpassung des Versicherungsschutzes (siehe Abschnitt „A" § 10 Nr. 1a)) gemäß der Erhöhung oder Verminderung des Anpassungsfaktors.
b) Der Anpassungsfaktor erhöht oder vermindert sich jeweils zum 1. Januar eines jeden Jahres für die in diesem Jahr beginnende Versicherungsperiode entsprechend dem Prozentsatz, um den sich der jeweils für den Monat Mai des Vorjahres veröffentlichte Baupreisindex für Wohngebäude und der für den Monat April des Vorjahres veröffentlichte Tariflohnindex für das Baugewerbe verändert haben. Beide Indizes gibt das Statistische Bundesamt bekannt. Bei dieser Anpassung wird die Änderung des Baupreisindexes zu 80 % und die des Tariflohnindexes zu 20 % berücksichtigt, und zwar der jeweilige Index auf zwei Stellen nach dem Komma gerundet.
Der Anpassungsfaktor wird auf zwei Stellen nach dem Komma errechnet und gerundet. Soweit bei Rundungen die dritte Zahl nach dem Komma eine Fünf oder eine höhere Zahl ist, wird aufgerundet, sonst abgerundet.
c) Der Versicherungsnehmer kann einer Erhöhung der Prämie innerhalb eines Monats, nachdem ihm die Mitteilung über die Erhöhung des Anpassungsfaktors zugegangen ist, durch Erklärung in Textform widersprechen. Zur Wahrung der Frist genügt die rechtzeitige Absendung. Damit wird die Erhöhung nicht wirksam. Die Versicherung bleibt dann als Neuwertversicherung (siehe Abschnitt „A" § 10 Nr. 1b)) in Kraft, und zwar zur bisherigen Prämie und mit einer Versicherungssumme, die sich aus der Versicherungssumme „Wert 1914" multipliziert mit 1/100 des Baupreisindexes für Wohngebäude ergibt, der im Mai des Vorjahres galt.
In diesem Fall gilt ein vereinbarter Unterversicherungsverzicht nicht mehr.
Das Recht des Versicherungsnehmers auf Herabsetzung der Versicherungssumme wegen erheblicher Überversicherung bleibt unberührt.

§ 13 Entschädigungsberechnung

1. Gleitende Neuwert- und Neuwertversicherung
a) Der Versicherer ersetzt
   aa) bei zerstörten Gebäuden die ortsüblichen Wiederherstellungskosten des Gebäudes (einschließlich der Architektengebühren sowie sonstiger Konstruktions- und Planungskosten) unmittelbar vor Eintritt des Versicherungsfalles,
   bb) bei beschädigten Gebäuden oder sonstigen beschädigten Sachen die notwendigen Reparaturkosten unmittelbar vor Eintritt des Versicherungsfalles zuzüglich einer durch die Reparatur nicht ausgeglichenen Wertminderung, höchstens jedoch der Versicherungswert unmittelbar vor Eintritt des Versicherungsfalles,
   cc) bei zerstörten oder abhanden gekommenen sonstigen Sachen der Wiederbeschaffungspreis von Sachen gleicher Art und Güte im neuwertigen Zustand unmittelbar vor Eintritt des Versicherungsfalles.
b) Öffentlich-rechtliche Vorschriften, nach denen die noch vorhandene und technisch brauchbare Sachsubstanz der versicherten und vom Schaden betroffenen Sache für die Wiederherstellung nicht wieder verwendet werden darf, werden bei der Entschädigungsberechnung gemäß a) berücksichtigt, soweit
   aa) es sich nicht um behördliche Anordnungen handelt, die vor Eintritt des Versicherungsfalles erteilt wurden oder
   bb) nicht aufgrund öffentlich-rechtlicher Vorschriften die Nutzung der Sachen zum Zeitpunkt des Versicherungsfalles ganz oder teilweise untersagt war.
Mehrkosten durch behördliche Wiederherstellungsbeschränkungen, die dadurch entstehen, dass die versicherte und vom Schaden betroffene Sache aufgrund öffentlich-rechtlicher Vorschriften nicht in derselben Art und Güte wiederhergestellt oder wiederbeschafft werden darf, werden im Rahmen der Entschädigungsberechnung gemäß a) nicht ersetzt, es sei denn, dass diese Mehrkosten als Technologiefortschritt im Versicherungswert zu berücksichtigen sind. Versicherungsschutz für diese Mehrkosten besteht gemäß den Vereinbarungen zu den versicherten Mehrkosten.
c) Der erzielbare Verkaufspreis von Resten wird bei der Entschädigungsberechnung gemäß a) angerechnet.

2. Zeitwert
Der Versicherer ersetzt
a) bei zerstörten Gebäuden den Neuwert unmittelbar vor Eintritt des Versicherungsfalls abzüglich deren Wertminderung durch Alter und Abnutzungsgrad;
b) bei beschädigten Gebäuden oder sonstigen beschädigten Sachen die notwendigen Reparaturkosten unmittelbar vor Eintritt des Versicherungsfalles zuzüglich einer durch die Reparatur nicht ausgeglichenen Wertminderung, höchstens jedoch der Zeitwert unmittelbar vor Eintritt des Versicherungsfalles;
c) bei zerstörten oder abhanden gekommenen sonstigen Sachen der Wiederbeschaffungspreis von Sachen gleicher Art und Güte im neuwertigen Zustand zum Zeitpunkt des Vertragsschlusses unter Berücksichtigung eines Abzuges entsprechend dem insbesondere durch das Alter und den Abnutzungsgrad bestimmten Zustand;
d) Der erzielbare Verkaufspreis von Resten wird bei der Entschädigungsberechnung gemäß a) bis c) angerechnet.

3. Gemeiner Wert
Soweit ein Gebäude zum Abbruch bestimmt oder sonst dauerhaft entwertet ist, werden versicherte Sachen nur unter Zugrundelegung des erzielbaren Verkaufspreises ohne Grundstücksanteile (gemeiner Wert) entschädigt.

4. Kosten

Berechnungsgrundlage für die Entschädigung versicherter Kosten (siehe Abschnitt „A" §§ 7 und 8) ist der Nachweis tatsächlich angefallener Kosten unter Berücksichtigung der jeweils vereinbarten Entschädigungsgrenzen.

5. Mietausfall, Mietwert

Der Versicherer ersetzt den versicherten Mietausfall bzw. Mietwert bis zum Ende der vereinbarten Haftzeit.

6. Mehrwertsteuer

a) Die Mehrwertsteuer wird nicht ersetzt, wenn der Versicherungsnehmer vorsteuerabzugsberechtigt ist; das Gleiche gilt, wenn der Versicherungsnehmer Mehrwertsteuer tatsächlich nicht gezahlt hat.

b) Für die Berechnung der Entschädigung versicherter Kosten (siehe Abschnitt „A" §§ 7 und 8) und versicherten Mietausfalls bzw. Mietwerts (siehe Abschnitt „A" § 9) gilt a) entsprechend.

7. Neuwertanteil

In der Gleitenden Neuwertversicherung und der Neuwertversicherung erwirbt der Versicherungsnehmer den Anspruch auf Zahlung des Teils der Entschädigung, der den Zeitwertschaden übersteigt (Neuwertanteil) nur, soweit und sobald er innerhalb von drei Jahren nach Eintritt des Versicherungsfalles sicherstellt, dass er die Entschädigung verwenden wird, um versicherte Sachen in gleicher Art und Zweckbestimmung an der bisherigen Stelle wieder herzustellen oder wiederzubeschaffen. Ist dies an der bisherigen Stelle rechtlich nicht möglich oder wirtschaftlich nicht zu vertreten, so genügt es, wenn die Gebäude an anderer Stelle innerhalb der Bundesrepublik Deutschland wiederhergestellt werden.

Der Zeitwertschaden errechnet sich aus der Entschädigung nach Nr. 1a), Nr. 1b) und Nr. 1 c) unter Berücksichtigung eines Abzugs entsprechend dem insbesondere durch das Alter und den Abnutzungsgrad bestimmten Zustand.

Der Versicherungsnehmer ist zur Rückzahlung des vom Versicherer entschädigten Neuwertanteiles verpflichtet, wenn die Sache infolge eines Verschuldens des Versicherungsnehmers nicht innerhalb einer angemessenen Frist wiederhergestellt oder wiederbeschafft worden ist.

8. Gesamtentschädigung, Kosten auf Weisung des Versicherers

In der Neu- und Zeitwertversicherung ist die Gesamtentschädigung für versicherte Sachen (siehe Abschnitt „A" § 5), versicherte Kosten (siehe Abschnitt „A" §§ 7 und 8) und versicherten Mietausfalls bzw. Mietwerts (siehe Abschnitt „A" § 9) je Versicherungsfall auf die Versicherungssumme begrenzt. Schadenabwendungs- und Schadenminderungskosten, die auf Weisung des Versicherers entstanden sind, werden unbegrenzt ersetzt.

9. Feststellung und Berechnung einer Unterversicherung

Ist die Versicherungssumme im Zeitpunkt des Versicherungsfalles in der Gleitenden Neuwertversicherung (siehe Abschnitt „A" § 10 Nr. 1a)) ohne Vereinbarung eines Unterversicherungsverzichts, in der Neu- und Zeitwertversicherung sowie in der Versicherung zum gemeinen Wert (siehe Abschnitt „A" § 10 Nr. 1b)-Nr. 1c)) niedriger als der Versicherungswert der versicherten Sachen (Unterversicherung), wird die Entschädigung gemäß Nr. 1 bis Nr. 3 in dem Verhältnis von Versicherungssumme zum Versicherungswert nach folgender Berechnungsformel gekürzt: Entschädigung = Schadenbetrag multipliziert mit der Versicherungssumme dividiert durch den Versicherungswert. Entsprechendes gilt für die Berechnung versicherer Kosten (siehe Abschnitt „A" §§ 7 und 8) und versicherten Mietausfalles bzw. Mietwerts (siehe Abschnitt „A" § 9).

1. Entschädigungsberechnung in der Neuwertversicherung (Ziff. 1) 76

Bei einem Totalschaden des Gebäudes sind die ortsüblichen **Wiederherstellungskosten** zum Zeitpunkt des Eintritts des Versicherungsfalles, also der Neubauwert, Grundlage der Entschädigung (Ziff. 1a) aa)).

Bei einer Beschädigung des Gebäudes oder einer sonstigen Sache sind die **Reparaturkos-** 77
ten zuzüglich einer verbleibenden Wertminderung maximal bis zur Höhe des Versicherungswertes ersatzfähig (Ziff. 1a) bb)).

Ein Reparaturschaden liegt vor, wenn die Beschädigung technisch nicht zu beseitigen ist, 78
oder die Reparatur wirtschaftlich nicht sinnvoll ist (fehlende Reparaturwürdigkeit) (Rüffer/Halbach/Schimikowski/*Rüffer*, Abschnitt „A" § 13 VGB 2010 Rn 2). Eigenleistungen des VN sind grds. nicht zu ersetzen. Sie sind, sofern es sich um geringfügigen Aufwand handelt als unentgeltlich zu erwarten und daher nicht entschädigungsfähig (*Martin*, Q I Rn 10 ff.). Nur, sofern, der VN über spezielle Fachkenntnisse verfügt, muss er diese nicht unentgeltlich und unter Aufopferung seiner Freizeit zur Verfügung stellen (*Martin*, Q I Rn 13).

Der Umfang der Reparaturkosten bestimmt sich nach deren Notwendigkeit, (*Martin*, R III 79
Rn 13). Liegt keine Gebrauchs- oder Funktionsbeeinträchtigung der beschädigten Sache vor (z.B. Dellen am Dach nach Hagelschlag), so beurteilt sich bei derartigen **Schönheitsschäden** die Ersatzfähigkeit danach, ob und in welchem Umfang auch ein nicht versicherter Geschädigter eine Reparatur vornehmen lassen würde (Spielmann, Aktuelle Deckungsfragen in der Sachversicherung, 241). Ist dem VN die Hinnahme einer ästhetischen Beeinträchtigung zumutbar, so kann er lediglich einen hierfür angemessenen Wertersatz verlangen. (OLG Saarbrücken, r+s 2007, 62, OLG Düsseldorf, VersR 2007, 943, AG Amberg, VersR 2002, 1506, Prölss/Martin/*Armbrüster*, VGB 2010 § 13 Rn 3).

2. Entschädigungsberechnung in der Zeitwertversicherung (Ziff. 2) 80

In der Zeitwertversicherung ist von den Kosten für Wiederbeschaffung oder Wiederherstellung ein Abzug für Wertminderung infolge Alter und Abnutzung der Sache vorzunehmen (zum Begriff, vgl. a. § 88 Rdn 4 ff.).

3. Entschädigungsberechnung bei gemeinen Werten (Ziff. 3) 81

Vgl. Ausführungen unter Abschnitt „A" § 10 VGB 2010 Rdn 54.

4. Kosten (Ziff. 4) 82

Entschädigungspflichtig sind ausdrücklich nur nachgewiesene, tatsächlich angefallene Kosten (vgl. a. *Martin*, W I Rn 25).

5. Mietausfall, Mietwert (Ziff. 5) 83

Vgl. Ausführungen zu Abschnitt „A" § 9 VGB 2010 Rdn 48.

6. Mehrwertsteuer (Ziff. 6) 84

Vgl. Abschnitt „A" § 12 VHB 2008 Rdn 119.

85 **7. Wiederherstellung und Wiederbeschaffung (Ziff. 7)**

Vgl. Kommentierung zu § 93 Rdn 16 ff.

§ 14 Zahlung und Verzinsung der Entschädigung

86 **1. Fälligkeit der Entschädigung**
   a) Die Entschädigung wird fällig, wenn die Feststellungen des Versicherers zum Grunde und zur Höhe des Anspruchs abgeschlossen sind.
   Der Versicherungsnehmer kann einen Monat nach Meldung des Schadens den Betrag als Abschlagszahlung beanspruchen, der nach Lage der Sache mindestens zu zahlen ist.
   b) Der über den Zeitwertschaden hinausgehende Teil der Entschädigung wird fällig, nachdem der Versicherungsnehmer gegenüber dem Versicherer den Nachweis geführt hat, dass er die Wiederherstellung oder Wiederbeschaffung sichergestellt hat.

2. Rückzahlung des Neuwert- oder Zeitwertanteils

Der Versicherungsnehmer ist zur Rückzahlung der vom Versicherer nach 1 b) geleisteten Entschädigung einschließlich etwaiger nach Nr. 3 b) gezahlter Zinsen verpflichtet, wenn die Sache infolge eines Verschuldens des Versicherungsnehmers nicht innerhalb einer angemessenen Frist wiederhergestellt oder wiederbeschafft worden ist.

3. Verzinsung

Für die Verzinsung gilt, soweit nicht aus einem anderen Rechtsgrund eine weiter gehende Zinspflicht besteht:
   a) Die Entschädigung ist – soweit sie nicht innerhalb eines Monats nach Meldung des Schadens geleistet wird – seit Anzeige des Schadens zu verzinsen.
   b) Der über den Zeitwertschaden hinausgehende Teil der Entschädigung ist ab dem Zeitpunkt zu verzinsen, in dem der Versicherungsnehmer die Sicherstellung der Wiederherstellung oder Wiederbeschaffung versicherter Sachen gegenüber dem Versicherer nachgewiesen hat.
   c) Der Zinssatz liegt ... Prozentpunkt(e) unter dem jeweiligen Basiszinssatz des Bürgerlichen Gesetzbuches (§ 247 BGB), mindestens jedoch bei ... % und höchstens bei ... % Zinsen pro Jahr.
   d) Die Zinsen werden zusammen mit der Entschädigung fällig.

4. Hemmung

Bei der Berechnung der Fristen gemäß Nr. 1, Nr. 3 a) und Nr. 3 b) ist der Zeitraum nicht zu berücksichtigen, in dem infolge Verschuldens des Versicherungsnehmers die Entschädigung nicht ermittelt oder nicht gezahlt werden kann.

5. Aufschiebung der Zahlung

Der Versicherer kann die Zahlung aufschieben, solange
   a) Zweifel an der Empfangsberechtigung des Versicherungsnehmers bestehen;
   b) ein behördliches oder strafgerichtliches Verfahren gegen den Versicherungsnehmer oder seinen Repräsentanten aus Anlass dieses Versicherungsfalles noch läuft;
   c) eine Mitwirkung des Realgläubigers gemäß den gesetzlichen Bestimmungen über die Sicherung von Realgläubigern nicht erfolgte.

87 **1. Fälligkeit der Entschädigung (Ziff. 1)**

Zur Fälligkeit der Entschädigung, vgl. Kommentierung zu § 14 Abs. 1 und Abs. 2 S. 1 VVG, § 14 Rdn 7 ff. Zur Sicherstellung der Wiederherstellung oder Wiederbeschaffung, vgl. § 93 Rdn 21 ff.

2. Rückzahlung des Neuwert- oder Zeitwertanteils (Ziff. 2)

Vgl. Kommentierung unter § 93 Rdn 36 ff.

3. Verzinsung (Ziff. 3)

Soweit nicht innerhalb eines Monats ab Schadenanzeige Entschädigung geleistet wird, ist die Entschädigung seit Schadenanzeige zu verzinsen (Ziff. 3 a)). Fällig wird der Zinsanspruch erst mit der Entschädigung (Ziff. 3 d)), vgl. § 14 Abs. 1 VVG.

Der Zinsanspruch bzgl. des Neuwertanteils entsteht erst ab Nachweis der Sicherstellung der Wiederherstellung oder Wiederbeschaffung, vgl. hierzu § 93 Rdn 21 ff.

4. Hemmung (Ziff. 4)

Die Frist für das Fälligwerden der Entschädigung und Entstehen des Zinsanspruchs ist gehemmt, solange infolge Verschuldens des VN die Entschädigung nicht ermittelt oder nicht gezahlt werden kann.

5. Aufschiebung der Zahlung (Ziff. 5)

Vgl. Ausführungen unter Abschnitt „A" § 14 VHB 2010 Rdn 133.

§ 15 Sachverständigenverfahren

1. Feststellung der Schadenhöhe

Der Versicherungsnehmer kann nach Eintritt des Versicherungsfalles verlangen, dass die Höhe des Schadens in einem Sachverständigenverfahren festgestellt wird.

Ein solches Sachverständigenverfahren können Versicherer und Versicherungsnehmer auch gemeinsam vereinbaren.

2. Weitere Feststellungen

Das Sachverständigenverfahren kann durch Vereinbarung auf weitere Feststellungen zum Versicherungsfall ausgedehnt werden.

3. Verfahren vor Feststellung

Für das Sachverständigenverfahren gilt:
a) Jede Partei hat in Textform einen Sachverständigen zu benennen. Eine Partei, die ihren Sachverständigen benannt hat, kann die andere unter Angabe des von ihr genannten Sachverständigen in Textform auffordern, den zweiten Sachverständigen zu benennen. Wird der zweite Sachverständige nicht innerhalb von zwei Wochen nach Zugang der Aufforderung benannt, so kann ihn die auffordernde Partei durch das für den Schadenort zuständige Amtsgericht ernennen lassen. In der Aufforderung durch den Versicherer ist der Versicherungsnehmer auf diese Folge hinzuweisen.
b) Der Versicherer darf als Sachverständigen keine Person benennen, die Mitbewerber des Versicherungsnehmers ist oder mit ihm in dauernder Geschäftsverbindung steht; ferner keine Person, die bei Mitbewerbern oder Geschäftspartnern angestellt ist oder mit ihnen in einem ähnlichen Verhältnis steht.
c) Beide Sachverständige benennen in Textform vor Beginn ihrer Feststellungen einen dritten Sachverständigen als Obmann. Die Regelung unter b) gilt entsprechend für die Benennung eines Obmannes durch die Sachverständigen. Einigen sich die Sachverständigen nicht, so wird der Obmann auf Antrag einer Partei durch das für den Schadenort zuständige Amtsgericht ernannt.

4. Feststellung

Die Feststellungen der Sachverständigen müssen enthalten:
a) ein Verzeichnis der abhanden gekommenen, zerstörten und beschädigten versicherten Sachen sowie deren nach dem Versicherungsvertrag infrage kommenden Versicherungswerte zum Zeitpunkt des Versicherungsfalles;
b) die Wiederherstellungs- und Wiederbeschaffungskosten;
c) die Restwerte der vom Schaden betroffenen Sachen;
d) die nach dem Versicherungsvertrag versicherten Kosten und den versicherten Mietausfall bzw. Mietwert;
e) den Versicherungswert der nicht vom Schaden betroffenen versicherten Sachen zum Zeitpunkt des Versicherungsfalles, wenn kein Unterversicherungsverzicht gegeben ist.

5. Verfahren nach Feststellung

Der Sachverständige übermittelt seine Feststellungen beiden Parteien gleichzeitig. Weichen die Feststellungen der Sachverständigen voneinander ab, so übergibt der Versicherer sie unverzüglich dem Obmann. Dieser entscheidet über die streitig gebliebenen Punkte innerhalb der durch die Feststellungen der Sachverständigen gezogenen Grenzen und übermittelt seine Entscheidung beiden Parteien gleichzeitig.

Die Feststellungen der Sachverständigen oder des Obmannes sind für die Vertragsparteien verbindlich, wenn nicht nachgewiesen wird, dass sie offenbar von der wirklichen Sachlage erheblich abweichen. Aufgrund dieser verbindlichen Feststellungen berechnet der Versicherer die Entschädigung.

Im Falle unverbindlicher Feststellungen erfolgen diese durch gerichtliche Entscheidung. Dies gilt auch, wenn die Sachverständigen die Feststellung nicht treffen können oder wollen oder sie verzögern.

6. Kosten

Sofern nicht etwas anderes vereinbart ist, trägt jede Partei die Kosten ihres Sachverständigen. Die Kosten des Obmannes tragen beide Parteien je zur Hälfte.

7. Obliegenheiten

Durch das Sachverständigenverfahren werden die Obliegenheiten des Versicherungsnehmers nicht berührt.

94 Vgl. Ausführungen unter Abschnitt „A" § 15 VHB 2010 Rdn 135 ff.

§ 16 Vertraglich vereinbarte, besondere Obliegenheiten des Versicherungsnehmers vor dem Versicherungsfall, Sicherheitsvorschriften

95 **1. Sicherheitsvorschriften**

Als vertraglich vereinbarte, besondere Obliegenheiten hat der Versicherungsnehmer
a) die versicherten Sachen, insbesondere wasserführende Anlagen und Einrichtungen, Dächer und außen angebrachte Sachen stets in ordnungsgemäßem Zustand zu erhalten und Mängel oder Schäden unverzüglich beseitigen zu lassen;
b) nicht genutzte Gebäude oder Gebäudeteile zu jeder Jahreszeit genügend häufig zu kontrollieren und dort alle wasserführenden Anlagen und Einrichtungen abzusperren, zu entleeren und entleert zu halten;
c) in der kalten Jahreszeit alle Gebäude und Gebäudeteile zu beheizen und dies genügend häufig zu kontrollieren oder dort alle wasserführenden Anlagen und Einrichtungen abzusperren, zu entleeren und entleert zu halten;

d) zur Vermeidung von Überschwemmungs- bzw. Rückstauschäden
   aa) bei rückstaugefährdeten Räumen Rückstausicherungen funktionsbereit zu halten und
   bb) Abflussleitungen auf dem Versicherungsgrundstück freizuhalten.

2. **Folgen der Obliegenheitsverletzung**
Verletzt der Versicherungsnehmer eine der in Nr. 1 genannten Obliegenheiten, ist der Versicherer unter den in Abschnitt „B" § 8 Nr. 1b) und Nr. 3 beschriebenen Voraussetzungen zur Kündigung berechtigt oder auch ganz oder teilweise leistungsfrei.

1. **Sicherheitsvorschriften (Ziff. 1)**   96

Gem. Ziff. 1 a) hat der VN Instandhaltungspflichten zu beachten. Die Instandhaltungsobliegenheit ist jedenfalls dann zumindest grob fahrlässig verletzt, wenn der VN nach einem Schadenfall Kenntnis von maroden Wasserleitungen hat und keine Sanierungsmaßnahmen durchführt (OLG Rostock, VersR 2004, 61).

In einem **nicht genutzten Gebäude** hat der VN gem. Ziff. 1 b) dieses genügend häufig zu   97
kontrollieren **und** alle Wasser führenden Anlagen und Einrichtungen abzusperren, zu entleeren und entleert zu halten.

Um ein nicht genutztes Gebäude handelt es sich, wenn es nicht zu seinem bestimmungsge-   98
mäßen Zweck verwendet wird, sodass ein leerstehendes Gebäude in der Regel nicht genutzt wird (OLG Bremen, VersR 2003, 1569; LG Berlin, VersR 2005, 75; *Spielmann*, Aktuelle Deckungsfragen in der Sachversicherung, 180). Sofern sich in dem leer stehenden Gebäude noch Hausrat befindet, so kann sich hierdurch (Lagerung) eine Nutzung ergeben. Dies setzt jedoch voraus, dass es sich zumindest um einige Möbelstücke von nicht völlig unbedeutendem Wert handelt (*Martin*, M I Rn 89; *Martin*, N IV Rn 4; *Spielmann*, Aktuelle Deckungsfragen in der Sachversicherung, 180).

Besteht für das leerstehende Gebäude keine Absperrmöglichkeit, so muss der VN diese   99
auf eigene Kosten schaffen (OLG Koblenz, VersR 2008, 115; *Spielmann*, VersR 2006, 317 ff.).

Die Sicherheitsvorschrift gem. Ziff. 1 c) dient der **Frostvorsorge**. Handelt es sich gleichzei-   100
tig um ein nicht genutztes Gebäude (Ziff. 1 b)), so geht Ziff. 1 c) als Sonderregelung vor (OLG Hamm, VersR 1999, 1145; OLG Köln, VersR 2003, 1034).

Es bleibt dem VN überlassen, ob er alle Wasser führenden Anlagen und Leitungen absperrt,   101
entleert und entleert hält oder das Gebäude und alle Gebäudeteile beheizt und dies genügend häufig kontrolliert. Entscheidet sich der VN gegen die Entleerung (Regelfall), so muss er das Gebäude beheizen und dies genügend häufig kontrollieren. Beheizung meint hier „ausreichende" Beheizung, das heißt eine Beheizung, die geeignet ist, das Einfrieren der Leitungen zu verhindern. Die Kontrolle der ausreichenden Beheizung muss so häufig erfolgen, dass gewährleistet ist, dass die jeweils eingesetzte Heizungsanlage nach der Verkehrsanschauung und Lebenserfahrung mit Blick auf ihre Bauart, ihr Alter, ihre Funktionsweise, regelmäßige Wartung, Zuverlässigkeit, Störanfälligkeit u.Ä. nach dem gewöhnlichen Lauf der Dinge reibungslos funktioniert (BGH, VersR 2008, 1207). Damit erteilt der Bundesgerichtshof der Auslegung, wonach eine Kontrolle so häufig erfolgen muss, dass auch nach einem Komplettausfall der Heizung ein Einfrieren der Leitungen verhindert wird, eine Absage (vgl. Rechtsprechungsübersicht bei BGH, VersR 2008, 1207).

102 **2. Folgen der Obliegenheitsverletzung (Ziff. 2)**

Vgl. Kommentierung zu § 28 VVG, § 28 Rdn 10 ff.

§ 17 Besondere gefahrerhöhende Umstände

103 **1. Anzeigepflichtige Gefahrerhöhung**

Eine anzeigepflichtige Gefahrerhöhung gemäß Abschnitt „B" § 9 kann insbesondere dann vorliegen, wenn
a) sich ein Umstand ändert, nach dem der Versicherer vor Vertragsschluss gefragt hat;
b) ein Gebäude oder der überwiegende Teil eines Gebäudes nicht genutzt wird;
c) an einem Gebäude Baumaßnahmen durchgeführt werden, in deren Verlauf das Dach ganz oder teilweise entfernt wird oder die das Gebäude überwiegend unbenutzbar machen;
d) in dem versicherten Gebäude ein Gewerbebetrieb aufgenommen oder verändert wird;
e) das Gebäude nach Vertragsschluss unter Denkmalschutz gestellt wird.

2. Folgen einer Gefahrerhöhung

Zu den Folgen einer Gefahrerhöhung siehe Abschnitt „B" § 9 Nr. 3 bis Nr. 5.

104 **1. Anzeigepflichtige Gefahrerhöhung (Ziff. 1)**

Die Ziff. 1 nennt einen nicht abschließenden Beispielskatalog für Gefahrerhöhung („insbesondere"). Von besonderer praktischer Bedeutung ist die **Aufgabe der Nutzung des Gebäudes oder eines überwiegenden Teils des Gebäudes** (Ziff. 1b)). Nicht genutzt wird das Gebäude, wenn es entweder leer steht oder sich nur noch wertlose Sachen in ihm befinden (vgl. oben Rdn 98).

105 Insbesondere liegt eine Gefahrerhöhung für das Feuerrisiko vor, falls das Risiko vorsätzlicher oder fahrlässiger Brandstiftung durch Dritte infolge des Leerstandes gestiegen ist. Dies bedeutet, dass der Leerstand alleine noch nicht notwendigerweise eine Gefahrerhöhung nach sich zieht, da durch die fehlende Nutzung das Feuerrisiko durch fahrlässige Brandverursachung der Bewohner gleichzeitig sinkt.

106 Die Gefahrerhöhung infolge Leerstandes kann sich jedoch durch Hinzutreten weiterer Umstände ergeben, wie verwahrloster Gesamteindruck, ungehinderter Zugang zum Gebäude durch unbefugte Dritte, Ortsrandlage (*Martin*, N V Rn 41).

107 Ziff. 1 c) stellt klar, dass insbesondere Baumaßnahmen, in deren Folge das Dach ganz oder teilweise entfernt wird, eine Gefahrerhöhung (Sturm- und Hagelrisiko) darstellen. Der BGH hatte in einer Entscheidung zu einem Regenschaden nach Wegwehen einer Abdeckplane keine Gefahrerhöhung angenommen (BGH, r+s 1992, 168).

108 Die Aufnahme eines bordellartigen Betriebs in einem Hotel kann Gefahrerhöhung (Ziff. 1 d)) sein (OLG Düsseldorf, r+s 1996, 147; Rüffer/Halbach/Schimikowski/*Rüffer*, Abschnitt „A" § 17 VGB 2010 Rn 4).

109 Wird das Gebäude unter **Denkmalschutz** gestellt, so wird die Wiederherstellung wegen Auflagen zum Denkmalschutz verteuert, sodass sich auch hieraus eine Gefahrerhöhung ergeben kann (Rüffer/Halbach/Schimikowski/*Rüffer*, Abschnitt „A" § 17 VGB 2010 Rn 5).

§ 18 Veräußerung der versicherten Sachen

1. Rechtsverhältnisse nach Eigentumsübergang
a) Wird die versicherte Sache vom Versicherungsnehmer veräußert, so tritt zum Zeitpunkt des Eigentumsübergangs (bei Immobilien das Datum des Grundbucheintrages) an dessen Stelle der Erwerber in die während der Dauer seines Eigentums aus dem Versicherungsverhältnis sich ergebenden Rechte und Pflichten des Versicherungsnehmers ein.
b) Der Veräußerer und der Erwerber haften für die Prämie, die auf die zurzeit des Eintrittes des Erwerbers laufende Versicherungsperiode entfällt, als Gesamtschuldner.
c) Der Versicherer muss den Eintritt des Erwerbers erst gegen sich gelten lassen, wenn er hiervon Kenntnis erlangt.

2. Kündigungsrechte
a) Der Versicherer ist berechtigt, dem Erwerber das Versicherungsverhältnis unter Einhaltung einer Frist von einem Monat zu kündigen. Dieses Kündigungsrecht erlischt, wenn es nicht innerhalb eines Monats ab der Kenntnis des Versicherers von der Veräußerung ausgeübt wird.
b) Der Erwerber ist berechtigt, das Versicherungsverhältnis mit sofortiger Wirkung oder zum Ende der laufenden Versicherungsperiode in Schriftform zu kündigen.
Das Kündigungsrecht erlischt, wenn es nicht innerhalb eines Monats nach dem Erwerb, bei fehlender Kenntnis des Erwerbers vom Bestehen der Versicherung innerhalb eines Monats ab Erlangung der Kenntnis, ausgeübt wird.
c) Im Falle der Kündigung nach a) und b) haftet der Veräußerer allein für die Zahlung der Prämie.

3. Anzeigepflichten
a) Die Veräußerung ist dem Versicherer vom Veräußerer oder Erwerber unverzüglich in Textform anzuzeigen.
b) Ist die Anzeige unterblieben, so ist der Versicherer nicht zur Leistung verpflichtet, wenn der Versicherungsfall später als einen Monat nach dem Zeitpunkt eintritt, zu dem die Anzeige hätte zugehen müssen, und der Versicherer nachweist, dass er den mit dem Veräußerer bestehenden Vertrag mit dem Erwerber nicht geschlossen hätte.
c) Abweichend von b) ist der Versicherer zur Leistung verpflichtet, wenn ihm die Veräußerung zu dem Zeitpunkt bekannt war, zu dem ihm die Anzeige hätte zugehen müssen, oder wenn zurzeit des Eintrittes des Versicherungsfalles die Frist für die Kündigung des Versicherers abgelaufen war und er nicht gekündigt hat.

Vgl. Kommentierung zu §§ 95 bis 97 VVG.

Abschnitt „B"

§ 1 Anzeigepflicht des Versicherungsnehmers oder seines Vertreters bis zum Vertragsschluss

1. Wahrheitsgemäße und vollständige Anzeigepflicht von Gefahrumständen

Der Versicherungsnehmer hat bis zur Abgabe seiner Vertragserklärung dem Versicherer alle ihm bekannten Gefahrumstände anzuzeigen, nach denen der Versicherer in Textform gefragt hat und die für dessen Entschluss erheblich sind, den Vertrag mit dem vereinbarten Inhalt zu schließen.

Der Versicherungsnehmer ist auch insoweit zur Anzeige verpflichtet, als nach seiner Vertragserklärung, aber vor Vertragsannahme der Versicherer in Textform Fragen im Sinne des Satzes 1 stellt.

2. Rechtsfolgen der Verletzung der Anzeigepflicht

a) Vertragsänderung
Hat der Versicherungsnehmer die Anzeigepflicht nicht vorsätzlich verletzt und hätte der Versicherer bei Kenntnis der nicht angezeigten Gefahrumstände den Vertrag auch zu anderen Bedingungen geschlossen, so werden die anderen Bedingungen auf Verlangen des Versicherers rückwirkend Vertragsbestandteil. Bei einer vom Versicherungsnehmer unverschuldeten Pflichtverletzung werden die anderen Bedingungen ab der laufenden Versicherungsperiode Vertragsbestandteil.
Erhöht sich durch eine Vertragsänderung die Prämie um mehr als 10 % oder schließt der Versicherer die Gefahrabsicherung für den nicht angezeigten Umstand aus, so kann der Versicherungsnehmer den Vertrag innerhalb eines Monats nach Zugang der Mitteilung des Versicherers ohne Einhaltung einer Frist kündigen. In dieser Mitteilung der Vertragsänderung hat der Versicherer den Versicherungsnehmer auf dessen Kündigungsrecht hinzuweisen.

b) Rücktritt und Leistungsfreiheit
Verletzt der Versicherungsnehmer seine Anzeigepflicht nach Nr. 1, kann der Versicherer vom Vertrag zurücktreten, es sei denn, der Versicherungsnehmer hat die Anzeigepflicht weder vorsätzlich noch grob fahrlässig verletzt.
Bei grober Fahrlässigkeit des Versicherungsnehmers ist das Rücktrittsrecht des Versicherers ausgeschlossen, wenn der Versicherungsnehmer nachweist, dass der Versicherer den Vertrag bei Kenntnis der nicht angezeigten Umstände zu gleichen oder anderen Bedingungen abgeschlossen hätte.
Tritt der Versicherer nach Eintritt des Versicherungsfalles zurück, so ist er nicht zur Leistung verpflichtet, es sei denn, der Versicherungsnehmer weist nach, dass die Verletzung der Anzeigepflicht sich auf einen Umstand bezieht, der weder für den Eintritt oder die Feststellung des Versicherungsfalles noch für die Feststellung oder den Umfang der Leistungspflicht des Versicherers ursächlich ist. Hat der Versicherungsnehmer die Anzeigepflicht arglistig verletzt, ist der Versicherer nicht zur Leistung verpflichtet.

c) Kündigung
Verletzt der Versicherungsnehmer seine Anzeigepflicht nach Nr. 1 leicht fahrlässig oder schuldlos, kann der Versicherer den Vertrag unter Einhaltung einer Frist von einem Monat kündigen, es sei denn, der Versicherer hätte den Vertrag bei Kenntnis der nicht angezeigten Umständen zu gleichen oder anderen Bedingungen abgeschlossen.

d) Ausschluss von Rechten des Versicherers
Die Rechte des Versicherers zur Vertragsänderung (a), zum Rücktritt (b) und zur Kündigung (c) sind jeweils ausgeschlossen, wenn der Versicherer den nicht angezeigten Gefahrumstand oder die unrichtige Anzeige kannte.

e) Anfechtung
Das Recht des Versicherers, den Vertrag wegen arglistiger Täuschung anzufechten, bleibt unberührt.

3. Frist für die Ausübung der Rechte des Versicherers

Die Rechte zur Vertragsänderung (2a), zum Rücktritt (2b) oder zur Kündigung (2c) muss der Versicherer innerhalb eines Monats schriftlich geltend machen und dabei die Umstände angeben, auf die er seine Erklärung stützt; zur Begründung kann er nachträglich weitere Umstände innerhalb eines Monats nach deren Kenntniserlangung angeben. Die Monatsfrist beginnt mit dem Zeitpunkt, zu dem der Versicherer von der Verletzung der Anzeigepflicht und der Umstände Kenntnis erlangt, die das von ihm jeweils geltend gemachte Recht begründen.

4. Rechtsfolgenhinweis
Die Rechte zur Vertragsänderung (2a), zum Rücktritt (2b) und zur Kündigung (2c) stehen dem Versicherer nur zu, wenn er den Versicherungsnehmer durch gesonderte Mitteilung in Textform auf die Folgen der Verletzung der Anzeigepflicht hingewiesen hat.

5. Vertreter des Versicherungsnehmers
Wird der Vertrag von einem Vertreter des Versicherungsnehmers geschlossen, so sind bei der Anwendung von Nr. 1 und 2 sowohl die Kenntnis und die Arglist des Vertreters als auch die Kenntnis und die Arglist des Versicherungsnehmers zu berücksichtigen. Der Versicherungsnehmer kann sich darauf, dass die Anzeigepflicht nicht vorsätzlich oder grob fahrlässig verletzt worden ist, nur berufen, wenn weder dem Vertreter noch dem Versicherungsnehmer Vorsatz oder grobe Fahrlässigkeit zur Last fällt.

6. Erlöschen der Rechte des Versicherers
Die Rechte des Versicherers zur Vertragsänderung (2a), zum Rücktritt (2b) und zur Kündigung (2c) erlöschen mit Ablauf von fünf Jahren nach Vertragsschluss; dies gilt nicht für Versicherungsfälle, die vor Ablauf dieser Frist eingetreten sind. Die Frist beläuft sich auf zehn Jahre, wenn der Versicherungsnehmer oder sein Vertreter die Anzeigepflicht vorsätzlich oder arglistig verletzt hat.

§ 1 ist nur deklaratorisch und gibt die gesetzliche Regelung der §§ 19 ff. VVG wieder, vgl. dort. **113**

§ 2 Beginn des Versicherungsschutzes, Dauer und Ende des Vertrages

1. Beginn des Versicherungsschutzes **114**
Der Versicherungsschutz beginnt vorbehaltlich der Regelungen über die Folgen verspäteter Zahlung oder Nichtzahlung der Erst- oder Einmalprämie zu dem im Versicherungsschein angegebenen Zeitpunkt.

2. Dauer
Der Vertrag ist für den im Versicherungsschein angegebenen Zeitraum abgeschlossen.

3. Stillschweigende Verlängerung
Bei einer Vertragsdauer von mindestens einem Jahr verlängert sich der Vertrag um jeweils ein Jahr, wenn nicht einer der Vertragsparteien spätestens drei Monate vor dem Ablauf der jeweiligen Vertragslaufzeit eine Kündigung zugegangen ist.

4. Kündigung bei mehrjährigen Verträgen
Der Vertrag kann bei einer Vertragslaufzeit von mehr als drei Jahren zum Ablauf des dritten oder jedes darauf folgenden Jahres unter Einhaltung einer Frist von drei Monaten vom Versicherungsnehmer gekündigt werden.
Die Kündigung muss dem Versicherer spätestens drei Monate vor dem Ablauf des jeweiligen Versicherungsjahres zugehen.

5. Vertragsdauer von weniger als einem Jahr
Bei einer Vertragsdauer von weniger als einem Jahr endet der Vertrag, ohne dass es einer Kündigung bedarf, zum vorgesehenen Zeitpunkt.

6. Nachweis bei angemeldetem Grundpfandrecht durch Realgläubiger
Hat ein Realgläubiger sein Grundpfandrecht angemeldet, ist eine Kündigung des Versicherungsverhältnisses durch den Versicherungsnehmer im Hinblick auf die Gefahrengruppe Brand, Blitzschlag, Überspannung durch Blitz, Explosion, Implosion, Absturz oder Anprall eines Luftfahrzeuges nur wirksam, wenn der Versicherungsnehmer mindestens einen Monat

vor Ablauf des Versicherungsvertrags nachgewiesen hat, dass zu dem Zeitpunkt, zu dem die Kündigung spätestens zulässig war, das Grundstück nicht mit dem Grundpfandrecht belastet war oder dass der Realgläubiger der Kündigung zugestimmt hat. Diese gilt nicht für eine Kündigung nach Veräußerung oder im Versicherungsfall.

7. Wegfall des versicherten Interesses

Fällt da versicherte Interesse nach dem Beginn der Versicherung weg, endet der Vertrag zu dem Zeitpunkt, zu dem der Versicherer vom Wegfall des Risikos Kenntnis erlangt.

115 Vgl. Ausführungen unter Abschnitt „B" § 2 VHB 2010 Rdn 159 ff.

§ 3 Prämien, Versicherungsperiode

116 Je nach Vereinbarung werden die Prämien entweder durch laufende Zahlungen monatlich, vierteljährlich, halbjährlich, jährlich oder als Einmalprämie im Voraus gezahlt.

Entsprechend der Vereinbarung über laufende Zahlungen umfasst die Versicherungsperiode einen Monat, ein Vierteljahr, ein halbes Jahr oder ein Jahr. Bei einer Einmalprämie ist die Versicherungsperiode die vereinbarte Vertragsdauer, jedoch höchstens ein Jahr.

117 Vgl. § 12 VVG und Kommentierung dort.

§ 4 Fälligkeit der Erst- oder Einmalprämie, Folgen verspäteter Zahlung oder Nichtzahlung

118 **1. Fälligkeit der Erst- oder Einmalprämie**

Die erste oder einmalige Prämie ist – unabhängig von dem Bestehen eines Widerrufsrechts – unverzüglich nach dem Zeitpunkt des vereinbarten und im Versicherungsschein angegebenen Versicherungsbeginns zu zahlen.

Liegt der vereinbarte Zeitpunkt des Versicherungsbeginns vor Vertragsschluss, ist die erste oder einmalige Prämie unverzüglich nach Vertragsschluss zu zahlen.

Zahlt der Versicherungsnehmer nicht unverzüglich nach dem in Satz 1 oder 2 bestimmten Zeitpunkt, beginnt der Versicherungsschutz erst, nachdem die Zahlung bewirkt ist.

Weicht der Versicherungsschein vom Antrag des Versicherungsnehmers oder getroffenen Vereinbarungen ab, ist die erste oder einmalige Prämie frühestens einen Monat nach Zugang des Versicherungsscheins zu zahlen.

2. Rücktrittsrecht des Versicherers bei Zahlungsverzug

Wird die erste oder einmalige Prämie nicht zu dem nach Nr. 1 maßgebenden Fälligkeitszeitpunkt gezahlt, so kann der Versicherer vom Vertrag zurücktreten, solange die Zahlung nicht bewirkt ist.

Der Rücktritt ist ausgeschlossen, wenn der Versicherungsnehmer die Nichtzahlung nicht zu vertreten hat.

3. Leistungsfreiheit des Versicherers

Wenn der Versicherungsnehmer die erste oder einmalige Prämie nicht zu dem nach Nr. 1 maßgebenden Fälligkeitszeitpunkt zahlt, so ist der Versicherer für einen vor Zahlung der Prämie eingetretenen Versicherungsfall nicht zur Leistung verpflichtet, wenn er den Versicherungsnehmer durch gesonderte Mitteilung in Textform oder durch einen auffälligen Hinweis im Versicherungsschein auf diese Rechtsfolge der Nichtzahlung der Prämie aufmerksam gemacht hat.

Die Leistungsfreiheit tritt jedoch nicht ein, wenn der Versicherungsnehmer die Nichtzahlung nicht zu vertreten hat.

Vgl. Ausführungen unter Abschnitt „B" § 4 VHB 2010 Rdn 165 ff. 119

§ 5 Folgeprämie

1. Fälligkeit 120
a) Eine Folgeprämie wird zu Beginn der vereinbarten Versicherungsperiode fällig.
b) Die Zahlung gilt als rechtzeitig, wenn sie innerhalb des im Versicherungsschein oder in der Prämienberechnung angegebenen Zeitraums bewirkt ist.

2. Schadenersatz bei Verzug
Ist der Versicherungsnehmer mit der Zahlung einer Folgeprämie in Verzug, ist der Versicherer berechtigt, Ersatz des ihm durch den Verzug entstandenen Schadens zu verlangen.

3. Leistungsfreiheit und Kündigungsrecht nach Mahnung
a) Der Versicherer kann den Versicherungsnehmer bei nicht rechtzeitiger Zahlung einer Folgeprämie auf dessen Kosten in Textform zur Zahlung auffordern und eine Zahlungsfrist von mindestens zwei Wochen ab Zugang der Zahlungsaufforderung bestimmen (Mahnung).
Die Mahnung ist nur wirksam, wenn der Versicherer je Vertrag die rückständigen Beträge der Prämie, Zinsen und Kosten im Einzelnen beziffert und außerdem auf die Rechtsfolgen – Leistungsfreiheit und Kündigungsrecht – aufgrund der nicht fristgerechten Zahlung hinweist.
b) Tritt nach Ablauf der in der Mahnung gesetzten Zahlungsfrist ein Versicherungsfall ein und ist der Versicherungsnehmer bei Eintritt des Versicherungsfalles mit der Zahlung der Prämie oder der Zinsen oder Kosten in Verzug, so ist der Versicherer von der Verpflichtung zur Leistung frei.
c) Der Versicherer kann nach Ablauf der in der Mahnung gesetzten Zahlungsfrist den Vertrag ohne Einhaltung einer Kündigungsfrist mit sofortiger Wirkung kündigen, sofern der Versicherungsnehmer mit der Zahlung der geschuldeten Beiträge in Verzug ist.
Die Kündigung kann mit der Bestimmung der Zahlungsfrist so verbunden werden, dass sie mit Fristablauf wirksam wird, wenn der Versicherungsnehmer zu diesem Zeitpunkt mit der Zahlung in Verzug ist. Hierauf ist der Versicherungsnehmer bei der Kündigung ausdrücklich hinzuweisen.

4. Zahlung der Prämie nach Kündigung
Die Kündigung wird unwirksam, wenn der Versicherungsnehmer innerhalb eines Monats nach der Kündigung oder, wenn sie mit der Fristbestimmung verbunden worden ist, innerhalb eines Monats nach Fristablauf die Zahlung leistet.
Die Regelung über die Leistungsfreiheit des Versicherers (Nr. 3b) bleibt unberührt.

Vgl. § 38 VVG und Kommentierung dort. Bei Verzug des VN kann der VR Schadensersatz- 121
ansprüche nach §§ 280, 286, 288 BGB geltend machen.

§ 6 Lastschriftverfahren

1. Pflichten des Versicherungsnehmers 122
Ist zur Einziehung der Prämie das Lastschriftverfahren vereinbart worden, hat der Versicherungsnehmer zum Zeitpunkt der Fälligkeit der Prämie für eine ausreichende Deckung des Kontos zu sorgen.

2. Änderung des Zahlungsweges

Hat es der Versicherungsnehmer zu vertreten, dass eine oder mehrere Prämien, trotz wiederholtem Einziehungsversuch, nicht eingezogen werden können, ist der Versicherer berechtigt, die Lastschriftvereinbarung in Textform zu kündigen.

Der Versicherer hat in der Kündigung darauf hinzuweisen, dass der Versicherungsnehmer verpflichtet ist, die ausstehende Prämie und zukünftige Prämien selbst zu übermitteln.

Durch die Banken erhobene Bearbeitungsgebühren für fehlgeschlagenen Lastschrifteinzug können dem Versicherungsnehmer in Rechnung gestellt werden.

§ 7 Prämie bei vorzeitiger Vertragsbeendigung

123 **1. Allgemeiner Grundsatz**

a) Im Falle der vorzeitigen Vertragsbeendigung steht dem Versicherer nur derjenige Teil der Prämie zu, der dem Zeitraum entspricht, in dem der Versicherungsschutz bestanden hat.

b) Fällt das versicherte Interesse nach dem Beginn der Versicherung weg, steht dem Versicherer die Prämie zu, die er hätte beanspruchen können, wenn die Versicherung nur bis zu dem Zeitpunkt beantragt worden wäre, zu dem der Versicherer vom Wegfall des Interesses Kenntnis erlangt hat.

2. Prämie oder Geschäftsgebühr bei Widerruf, Rücktritt, Anfechtung und fehlendem versicherten Interesse

a) Übt der Versicherungsnehmer sein Recht aus, seine Vertragserklärung innerhalb von 14 Tagen zu widerrufen, hat der Versicherer nur den auf die Zeit nach Zugang des Widerrufs entfallenden Teil der Prämien zu erstatten. Voraussetzung ist, dass der Versicherer in der Belehrung über das Widerrufsrecht, über die Rechtsfolgen des Widerrufs und den zu zahlenden Betrag hingewiesen und der Versicherungsnehmer zugestimmt hat, dass der Versicherungsschutz vor Ende der Widerrufsfrist beginnt.

Ist die Belehrung nach Satz 2 unterblieben, hat der Versicherer zusätzlich die für das erste Versicherungsjahr gezahlte Prämie zu erstatten; dies gilt nicht, wenn der Versicherungsnehmer Leistungen aus dem Versicherungsvertrag in Anspruch genommen hat.

b) Wird das Versicherungsverhältnis durch Rücktritt des Versicherers beendet, weil der Versicherungsnehmer Gefahrumstände, nach denen der Versicherer vor Vertragsannahme in Textform gefragt hat, nicht angezeigt hat, so steht dem Versicherer die Prämie bis zum Wirksamwerden der Rücktrittserklärung zu.

Wird das Versicherungsverhältnis durch Rücktritt des Versicherers beendet, weil die erste oder die einmalige Prämie nicht rechtzeitig gezahlt worden ist, so steht dem Versicherer eine angemessene Geschäftsgebühr zu.

c) Wird das Versicherungsverhältnis durch Anfechtung des Versicherers wegen arglistiger Täuschung beendet, so steht dem Versicherer die Prämie bis zum Wirksamwerden der Anfechtungserklärung zu.

d) Der Versicherungsnehmer ist nicht zur Zahlung der Prämie verpflichtet, wenn das versicherte Interesse bei Beginn der Versicherung nicht besteht, oder wenn das Interesse bei einer Versicherung, die für ein künftiges Unternehmen oder für ein anderes künftiges Interesse genommen ist, nicht entsteht. Der Versicherer kann jedoch eine angemessene Geschäftsgebühr verlangen.

Hat der Versicherungsnehmer ein nicht bestehendes Interesse in der Absicht versichert, sich dadurch einen rechtswidrigen Vermögensvorteil zu verschaffen, ist der Vertrag nichtig. Dem Versicherer steht in diesem Fall die Prämie bis zu dem Zeitpunkt zu, zu dem er von den die Nichtigkeit begründenden Umständen Kenntnis erlangt.

Ziff. 1 entspricht der Regelung des § 39 VVG. Ziff. 2 entspricht der Regelung des § 80 VVG.

§ 8 Obliegenheiten des Versicherungsnehmers

1. Obliegenheiten vor Eintritt des Versicherungsfalles
a) Vertraglich vereinbarte Obliegenheiten, die der Versicherungsnehmer vor Eintritt des Versicherungsfalles zu erfüllen hat, sind:
   aa) die Einhaltung aller gesetzlichen, behördlichen sowie vertraglich vereinbarten Sicherheitsvorschriften,
   bb) die Einhaltung aller sonstigen vertraglich vereinbarten Obliegenheiten.
b) Verletzt der Versicherungsnehmer vorsätzlich oder grob fahrlässig eine Obliegenheit, die er vor Eintritt des Versicherungsfalles gegenüber dem Versicherer zu erfüllen hat, so kann der Versicherer innerhalb eines Monats, nachdem er von der Verletzung Kenntnis erlangt hat, den Vertrag fristlos kündigen.
Das Kündigungsrecht des Versicherers ist ausgeschlossen, wenn der Versicherungsnehmer beweist, dass er die Obliegenheit weder vorsätzlich noch grobfahrlässig verletzt hat.

2. Obliegenheiten bei und nach Eintritt des Versicherungsfalls
a) Der Versicherungsnehmer hat bei Eintritt des Versicherungsfalls
   aa) nach Möglichkeit für die Abwendung und Minderung des Schadens zu sorgen;
   bb) dem Versicherer den Schadeneintritt, nachdem er von ihm Kenntnis erlangt hat, unverzüglich – ggf. auch mündlich oder telefonisch anzuzeigen;
   cc) Weisungen des Versicherers zur Schadenabwendung/-minderung – ggf. auch mündlich oder telefonisch – einzuholen, wenn die Umstände dies gestatten;
   dd) Weisungen des Versicherers zur Schadenabwendung/-minderung, soweit für ihn zumutbar, zu befolgen. Erteilen mehrere an dem Versicherungsvertrag beteiligte Versicherer unterschiedliche Weisungen, hat der Versicherungsnehmer nach pflichtgemäßem Ermessen zu handeln;
   ee) Schäden durch strafbare Handlungen gegen das Eigentum unverzüglich der Polizei anzuzeigen;
   ff) dem Versicherer und der Polizei unverzüglich ein Verzeichnis der abhanden gekommenen Sachen einzureichen;
   gg) das Schadenbild so lange unverändert zu lassen, bis die Schadenstelle oder die beschädigten Sachen durch den Versicherer freigegeben worden sind. Sind Veränderungen unumgänglich, sind das Schadenbild nachvollziehbar zu dokumentieren (z.B. durch Fotos) und die beschädigten Sachen bis zu einer Besichtigung durch den Versicherer aufzubewahren;
   hh) soweit möglich dem Versicherer unverzüglich jede Auskunft – auf Verlangen in Schriftform – zu erteilen, die zur Feststellung des Versicherungsfalles oder des Umfanges der Leistungspflicht des Versicherers erforderlich ist sowie jede Untersuchung über Ursache und Höhe des Schadens und über den Umfang der Entschädigungspflicht zu gestatten;
   ii) vom Versicherer angeforderte Belege beizubringen, deren Beschaffung ihm billigerweise zugemutet werden kann.
b) Steht das Recht auf die vertragliche Leistung des Versicherers einem Dritten zu, so hat dieser die Obliegenheiten gemäß Nr. 2a) ebenfalls zu erfüllen – soweit ihm dies nach den tatsächlichen und rechtlichen Umständen möglich ist.

3. Leistungsfreiheit bei Obliegenheitsverletzung
a) Verletzt der Versicherungsnehmer eine Obliegenheit nach Nr. 1 oder 2 vorsätzlich, so ist der Versicherer von der Verpflichtung zur Leistung frei. Bei grob fahrlässiger Verletzung

cer Obliegenheit ist der Versicherer berechtigt, seine Leistung in dem Verhältnis zu kürzen, das der Schwere des Verschuldens des Versicherungsnehmers entspricht. Das Nichtvorliegen einer groben Fahrlässigkeit hat der Versicherungsnehmer zu beweisen.
b) Außer im Falle einer arglistigen Obliegenheitsverletzung ist der Versicherer jedoch zur Leistung verpflichtet, soweit der Versicherungsnehmer nachweist, dass die Verletzung der Obliegenheit weder für den Eintritt oder die Feststellung des Versicherungsfalles noch für die Feststellung oder den Umfang der Leistungspflicht des Versicherers ursächlich ist.
c) Verletzt der Versicherungsnehmer eine nach Eintritt des Versicherungsfalles bestehende Auskunfts- oder Aufklärungsobliegenheit, ist der Versicherer nur dann vollständig oder teilweise leistungsfrei, wenn er den Versicherungsnehmer durch gesonderte Mitteilung in Textform auf diese Rechtsfolge hingewiesen hat.

126 Vgl. Ausführungen unter Abschnitt „B" § 8 VHB 2010 Rdn 173 ff.

§ 9 Gefahrerhöhung

127 **1. Begriff der Gefahrerhöhung**
a) Eine Gefahrerhöhung liegt vor, wenn nach Abgabe der Vertragserklärung des Versicherungsnehmers die tatsächlich vorhandenen Umstände so verändert werden, dass der Eintritt des Versicherungsfalls oder eine Vergrößerung des Schadens oder die ungerechtfertigte Inanspruchnahme des Versicherers wahrscheinlicher wird.
b) Eine Gefahrerhöhung kann insbesondere – aber nicht nur – vorliegen, wenn sich ein gefahrerheblicher Umstand ändert, nach dem der Versicherer vor Vertragsschluss gefragt hat.
c) Eine Gefahrerhöhung nach a) liegt nicht vor, wenn sich die Gefahr nur unerheblich erhöht hat oder nach den Umständen als mitversichert gelten soll.

2. Pflichten des Versicherungsnehmers
a) Nach Abgabe seiner Vertragserklärung darf der Versicherungsnehmer ohne vorherige Zustimmung des Versicherers keine Gefahrerhöhung vornehmen oder deren Vornahme durch einen Dritten gestatten.
b) Erkennt der Versicherungsnehmer nachträglich, dass er ohne vorherige Zustimmung des Versicherers eine Gefahrerhöhung vorgenommen oder gestattet hat, so muss er diese dem Versicherer unverzüglich anzeigen.
c) Eine Gefahrerhöhung, die nach Abgabe seiner Vertragserklärung unabhängig von seinem Willen eintritt, muss der Versicherungsnehmer dem Versicherer unverzüglich anzeigen, nachdem er von ihr Kenntnis erlangt hat.

3. Kündigung oder Vertragsanpassung durch den Versicherer
a) Kündigungsrecht
Verletzt der Versicherungsnehmer seine Verpflichtung nach Nr. 2 a), kann der Versicherer den Vertrag fristlos kündigen, wenn der Versicherungsnehmer seine Verpflichtung vorsätzlich oder grob fahrlässig verletzt hat. Das Nichtvorliegen von Vorsatz oder grober Fahrlässigkeit hat der Versicherungsnehmer zu beweisen.
Beruht die Verletzung auf einfacher Fahrlässigkeit, kann der Versicherer unter Einhaltung einer Frist von einem Monat kündigen.
Wird dem Versicherer eine Gefahrerhöhung in den Fällen nach Nr. 2 b) und Nr. 2 c) bekannt, kann er den Vertrag unter Einhaltung einer Frist von einem Monat kündigen.
b) Vertragsänderung
Statt der Kündigung kann der Versicherer ab dem Zeitpunkt der Gefahrerhöhung eine seinen Geschäftsgrundsätzen entsprechende erhöhte Prämie verlangen oder die Absicherung der erhöhten Gefahr ausschließen.

Erhöht sich die Prämie als Folge der Gefahrerhöhung um mehr als 10 % oder schließt der Versicherer die Absicherung der erhöhten Gefahr aus, so kann der Versicherungsnehmer den Vertrag innerhalb eines Monats nach Zugang der Mitteilung des Versicherers ohne Einhaltung einer Frist kündigen. In der Mitteilung hat der Versicherer den Versicherungsnehmer auf dieses Kündigungsrecht hinzuweisen.

4. Erlöschen der Rechte des Versicherers

Die Rechte des Versicherers zur Kündigung oder Vertragsanpassung nach Nr. 3 erlöschen, wenn diese nicht innerhalb eines Monats ab Kenntnis des Versicherers von der Gefahrerhöhung ausgeübt werden oder wenn der Zustand wiederhergestellt ist, der vor der Gefahrerhöhung bestanden hat.

5. Leistungsfreiheit wegen Gefahrerhöhung

a) Tritt nach einer Gefahrerhöhung der Versicherungsfall ein, so ist der Versicherer nicht zur Leistung verpflichtet, wenn der Versicherungsnehmer seine Pflichten nach Nr. 2 a) vorsätzlich verletzt hat. Verletzt der Versicherungsnehmer diese Pflichten grob fahrlässig, so ist der Versicherer berechtigt, seine Leistung in dem Verhältnis zu kürzen, das der Schwere des Verschuldens des Versicherungsnehmers entspricht. Das Nichtvorliegen einer groben Fahrlässigkeit hat der Versicherungsnehmer zu beweisen.

b) Nach einer Gefahrerhöhung nach Nr. 2 b) und Nr. 2 c) ist der Versicherer für einen Versicherungsfall, der später als einen Monat nach dem Zeitpunkt eintritt, zu dem die Anzeige dem Versicherer hätte zugegangen sein müssen, leistungsfrei, wenn der Versicherungsnehmer seine Anzeigepflicht vorsätzlich verletzt hat. Hat der Versicherungsnehmer seine Pflicht grob fahrlässig verletzt, so gilt a) Satz 2 und 3 entsprechend. Die Leistungspflicht des Versicherers bleibt bestehen, wenn ihm die Gefahrerhöhung zu dem Zeitpunkt, zu dem ihm die Anzeige hätte zugegangen sein müssen, bekannt war.

c) Die Leistungspflicht des Versicherers bleibt bestehen,
   aa) soweit der Versicherungsnehmer nachweist, dass die Gefahrerhöhung nicht ursächlich für den Eintritt des Versicherungsfalles oder den Umfang der Leistungspflicht war oder
   bb) wenn zurzeit des Eintrittes des Versicherungsfalles die Frist für die Kündigung des Versicherers abgelaufen und eine Kündigung nicht erfolgt war oder
   cc) wenn der Versicherer statt der Kündigung ab dem Zeitpunkt der Gefahrerhöhung eine seinen Geschäftsgrundsätzen entsprechende erhöhte Prämie verlangt.

Vgl. Kommentierung zu §§ 23 ff. VVG.

§ 10 Überversicherung

1. Übersteigt die Versicherungssumme den Wert des versicherten Interesses erheblich, so kann sowohl der Versicherer als auch der Versicherungsnehmer verlangen, dass zur Beseitigung der Überversicherung die Versicherungssumme mit sofortiger Wirkung herabgesetzt wird. Ab Zugang des Herabsetzungsverlangens, ist für die Höhe der Prämie der Betrag maßgebend, den der Versicherer berechnet haben würde, wenn der Vertrag von vornherein mit dem neuen Inhalt geschlossen worden wäre.

2. Hat der Versicherungsnehmer die Überversicherung in der Absicht geschlossen, sich dadurch einen rechtswidrigen Vermögensvorteil zu verschaffen, ist der Vertrag nichtig. Dem Versicherer steht die Prämie bis zu dem Zeitpunkt zu, zu dem er von den die Nichtigkeit begründenden Umständen Kenntnis erlangt.

Vgl. Kommentierung zu § 74 VVG.

§ 11 Mehrere Versicherer

1. Anzeigepflicht

Wer bei mehreren Versicherern ein Interesse gegen dieselbe Gefahr versichert, ist verpflichtet, dem Versicherer die andere Versicherung unverzüglich mitzuteilen. In der Mitteilung sind der andere Versicherer und die Versicherungssumme anzugeben.

2. Rechtsfolgen der Verletzung der Anzeigepflicht

Verletzt der Versicherungsnehmer die Anzeigepflicht (siehe Nr. 1) vorsätzlich oder grob fahrlässig, ist der Versicherer unter den in Abschnitt „B" § 8 beschriebenen Voraussetzungen zur Kündigung berechtigt oder auch ganz oder teilweise leistungsfrei. Leistungsfreiheit tritt nicht ein, wenn der Versicherer vor Eintritt des Versicherungsfalles Kenntnis von der anderen Versicherung erlangt hat.

3. Haftung und Entschädigung bei Mehrfachversicherung

a) Ist bei mehreren Versicherern ein Interesse gegen dieselbe Gefahr versichert und übersteigen die Versicherungssummen zusammen den Versicherungswert oder übersteigt aus anderen Gründen die Summe der Entschädigungen, die von jedem Versicherer ohne Bestehen der anderen Versicherung zu zahlen wären, den Gesamtschaden, liegt eine Mehrfachversicherung vor.

b) Die Versicherer sind in der Weise als Gesamtschuldner verpflichtet, dass jeder für den Betrag aufzukommen hat, dessen Zahlung ihm nach seinem Vertrage obliegt; der Versicherungsnehmer kann aber im Ganzen nicht mehr als den Betrag des ihm entstandenen Schadens verlangen. Satz 1 gilt entsprechend, wenn die Verträge bei demselben Versicherer bestehen.

Erlangt der Versicherungsnehmer oder der Versicherte aus anderen Versicherungsverträgen Entschädigung für denselben Schaden, so ermäßigt sich der Anspruch aus dem vorliegenden Vertrag in der Weise, dass die Entschädigung aus allen Verträgen insgesamt nicht höher ist, als wenn der Gesamtbetrag der Versicherungssummen, aus denen die Prämien errechnet wurde, nur in diesem Vertrag in Deckung gegeben worden wäre. Bei Vereinbarung von Entschädigungsgrenzen ermäßigt sich der Anspruch in der Weise, dass aus allen Verträgen insgesamt keine höhere Entschädigung zu leisten ist, als wenn der Gesamtbetrag der Versicherungssummen in diesem Vertrag in Deckung gegeben worden wäre.

c) Hat der Versicherungsnehmer eine Mehrfachversicherung in der Absicht geschlossen, sich dadurch einen rechtswidrigen Vermögensvorteil zu verschaffen, ist jeder in dieser Absicht geschlossene Vertrag nichtig.

Dem Versicherer steht die Prämie bis zu dem Zeitpunkt zu, zu dem er von den die Nichtigkeit begründenden Umständen Kenntnis erlangt.

4. Beseitigung der Mehrfachversicherung

a) Hat der Versicherungsnehmer den Vertrag, durch den die Mehrfachversicherung entstanden ist, ohne Kenntnis von dem Entstehen der Mehrfachversicherung geschlossen, kann er verlangen, dass der später geschlossene Vertrag aufgehoben oder die Versicherungssumme unter verhältnismäßiger Minderung der Prämie auf den Teilbetrag herabgesetzt wird, der durch die frühere Versicherung nicht gedeckt ist.

Die Aufhebung des Vertrages oder die Herabsetzung der Versicherungssumme und Anpassung der Prämie werden zu dem Zeitpunkt wirksam, zu dem die Erklärung dem Versicherer zugeht.

b) Die Regelungen nach a) sind auch anzuwenden, wenn die Mehrfachversicherung dadurch entstanden ist, dass nach Abschluss der mehreren Versicherungsverträge der Versicherungswert gesunken ist. Sind in diesem Fall die mehreren Versicherungsverträge gleichzeitig oder im Einvernehmen der Versicherer geschlossen worden, kann der Versicherungsnehmer nur die verhältnismäßige Herabsetzung der Versicherungssummen und der Prämien verlangen.

Ziff. 1 entspricht § 77 Abs. 1 VVG. Die Verletzung der Anzeigepflicht wird in Ziff. 2 sanktioniert, der auf Abschnitt „B" § 8 verweist, der § 28 VVG entspricht (vgl. Kommentierung dort).

Ziff. 3 entspricht § 78 VVG und Ziff. 4 entspricht § 79 VVG (vgl. Kommentierung dort).

§ 12 Versicherung für fremde Rechnung

1. Rechte aus dem Vertrag

Der Versicherungsnehmer kann den Versicherungsvertrag im eigenen Namen für das Interesse eines Dritten (Versicherten) schließen. Die Ausübung der Rechte aus diesem Vertrag steht nur dem Versicherungsnehmer und nicht auch dem Versicherten zu. Das gilt auch, wenn der Versicherte den Versicherungsschein besitzt.

2. Zahlung der Entschädigung

Der Versicherer kann vor Zahlung der Entschädigung an den Versicherungsnehmer den Nachweis verlangen, dass der Versicherte seine Zustimmung dazu erteilt hat. Der Versicherte kann die Zahlung der Entschädigung nur mit Zustimmung des Versicherungsnehmers verlangen.

3. Kenntnis und Verhalten

a) Soweit die Kenntnis und das Verhalten des Versicherungsnehmers von rechtlicher Bedeutung sind, sind bei der Versicherung für fremde Rechnung auch die Kenntnis und das Verhalten des Versicherten zu berücksichtigen. Soweit der Vertrag Interessen des Versicherungsnehmers und des Versicherten umfasst, muss sich der Versicherungsnehmer für sein Interesse das Verhalten und die Kenntnis des Versicherten nur zurechnen lassen, wenn der Versicherte Repräsentant des Versicherungsnehmers ist.

b) Auf die Kenntnis des Versicherten kommt es nicht an, wenn der Vertrag ohne sein Wissen abgeschlossen worden ist oder ihm eine rechtzeitige Benachrichtigung des Versicherungsnehmers nicht möglich oder nicht zumutbar war.

c) Auf die Kenntnis des Versicherten kommt es dagegen an, wenn der Versicherungsnehmer den Vertrag ohne Auftrag des Versicherten geschlossen und den Versicherer nicht darüber informiert hat.

Zu Ziff. 1 wird auf die Kommentierung zu §§ 43 bis 45 VVG verwiesen. Ziff. 3a) entspricht § 47 Abs. 1 VVG. Ziff. 3b) und 3c) entsprechen § 47 Abs. 2 Satz 1 und 2 VVG.

§ 13 Aufwendungsersatz

1. Aufwendungen zur Abwendung und Minderung des Schadens

a) Versichert sind Aufwendungen, auch erfolglose, die der Versicherungsnehmer bei Eintritt des Versicherungsfalles den Umständen nach zur Abwendung und Minderung des Schadens für geboten halten durfte oder die er auf Weisung des Versicherers macht.

b) Macht der Versicherungsnehmer Aufwendungen, um einen unmittelbar bevorstehenden Versicherungsfall abzuwenden oder in seinen Auswirkungen zu mindern, geltend, so leistet der Versicherer Aufwendungsersatz nur, wenn diese Aufwendungen bei einer nachträglichen objektiven Betrachtung der Umstände verhältnismäßig und erfolgreich waren oder die Aufwendungen auf Weisung des Versicherers erfolgten.

c) Ist der Versicherer berechtigt, seine Leistung zu kürzen, kann er auch den Aufwendungsersatz nach a) und b) entsprechend kürzen, dies gilt jedoch nicht, soweit Aufwendungen auf Weisungen des Versicherers entstanden sind.

d) Der Ersatz dieser Aufwendungen und die Entschädigung für versicherte Sachen betragen zusammen höchstens die Versicherungssumme je vereinbarter Position; dies gilt jedoch nicht, soweit Aufwendungen auf Weisung des Versicherers entstanden sind.

e) Der Versicherer hat den für die Aufwendungen gemäß a) erforderlichen Betrag auf Verlangen des Versicherungsnehmers vorzuschießen.

f) Nicht versichert sind Aufwendungen für Leistungen der Feuerwehr oder anderer Institutionen, die im öffentlichen Interesse zur Hilfeleistung verpflichtet sind, wenn diese Leistungen im öffentlichen Interesse kostenfrei zu erbringen sind.

2. Kosten der Ermittlung und Feststellung des Schadens

a) Der Versicherer ersetzt bis zur vereinbarten Höhe die Kosten für die Ermittlung und Feststellung eines von ihm zu ersetzenden Schadens, sofern diese den Umständen nach geboten waren.
Zieht der Versicherungsnehmer einen Sachverständigen oder Beistand hinzu, so werden diese Kosten nur ersetzt, soweit er zur Zuziehung vertraglich verpflichtet ist oder vom Versicherer aufgefordert wurde.

b) Ist der Versicherer berechtigt, seine Leistung zu kürzen, kann er auch den Kostenersatz nach a) entsprechend kürzen.

136 Ziff. 1 a) entspricht inhaltlich § 83 Abs. 1 und Abs. 3 VVG (vgl. Kommentierung dort).

Ziff. 2 betrifft den erweiterten Aufwendungsersatz, § 90 VVG. Die gesetzliche Regelung wird insoweit abgeändert, dass Anspruchsvoraussetzung ist, dass die Aufwendungen bei einer nachträglichen objektiven Betrachtung verhältnismäßig und erfolgreich waren oder auf einer Weisung des VR beruhten.

§ 14 Übergang von Ersatzansprüchen

137 **1. Übergang von Ersatzansprüchen**

Steht dem Versicherungsnehmer ein Ersatzanspruch gegen einen Dritten zu, geht dieser Anspruch auf den Versicherer über, soweit der Versicherer den Schaden ersetzt. Der Übergang kann nicht zum Nachteil des Versicherungsnehmers geltend gemacht werden. Richtet sich der Ersatzanspruch des Versicherungsnehmers gegen eine Person, mit der er bei Eintritt des Schadens in häuslicher Gemeinschaft lebt, kann der Übergang nicht geltend gemacht werden, es sei denn, diese Person hat den Schaden vorsätzlich verursacht.

2. Obliegenheiten zur Sicherung von Ersatzansprüchen

Der Versicherungsnehmer hat seinen Ersatzanspruch oder ein zur Sicherung dieses Anspruchs dienendes Recht unter Beachtung der geltenden Form- und Fristvorschriften zu wahren, und nach Übergang des Ersatzanspruchs auf den Versicherer bei dessen Durchsetzung durch den Versicherer soweit erforderlich mitzuwirken.

Verletzt der Versicherungsnehmer diese Obliegenheit vorsätzlich, ist der Versicherer zur Leistung insoweit nicht verpflichtet, als er infolge dessen keinen Ersatz von dem Dritten erlangen kann. Im Fall einer grob fahrlässigen Verletzung der Obliegenheit ist der Versicherer berechtigt, seine Leistung in einem der Schwere des Verschuldens des Versicherungsnehmers entsprechenden Verhältnis zu kürzen; die Beweislast für das Nichtvorliegen einer groben Fahrlässigkeit trägt der Versicherungsnehmer.

Ziff. 1 entspricht § 86 Abs. 1 und Abs. 3 VVG. Ziff. 2 entspricht § 86 Abs. 2 VVG (vgl. Kommentierung dort). **138**

§ 15 Kündigung nach dem Versicherungsfall

1. Kündigungsrecht **139**
Nach dem Eintritt eines Versicherungsfalles kann jede der Vertragsparteien den Versicherungsvertrag kündigen. Die Kündigung ist in Schriftform* zu erklären. Die Kündigung ist nur bis zum Ablauf eines Monats seit dem Abschluss der Verhandlungen über die Entschädigung zulässig.

2. Kündigung durch Versicherungsnehmer
Der Versicherungsnehmer ist berechtigt, das Versicherungsverhältnis mit sofortiger Wirkung oder zu jedem späteren Zeitpunkt bis zum Ablauf des Versicherungsjahres in Schriftform ** zu kündigen.

3. Kündigung durch Versicherer
Eine Kündigung des Versicherers wird einen Monat nach ihrem Zugang beim Versicherungsnehmer wirksam.

Die Regelung entspricht § 92 VVG (vgl. Kommentierung dort). **140**

* Hier auch Textform zulässig.

** Hier auch Textform zulässig.

§ 16 Keine Leistungspflicht aus besonderen Gründen

1. Vorsätzliche oder grob fahrlässige Herbeiführung des Versicherungsfalles **141**
a) Führt der Versicherungsnehmer den Versicherungsfall vorsätzlich herbei, so ist der Versicherer von der Entschädigungspflicht frei.
Ist die Herbeiführung des Schadens durch rechtskräftiges Strafurteil wegen Vorsatzes in der Person des Versicherungsnehmers festgestellt, so gilt die vorsätzliche Herbeiführung des Schadens als bewiesen.
b) Führt der Versicherungsnehmer den Schaden grob fahrlässig herbei, so ist der Versicherer berechtigt, seine Leistung in einem der Schwere des Verschuldens des Versicherungsnehmers entsprechenden Verhältnis zu kürzen.

2. Arglistige Täuschung nach Eintritt des Versicherungsfalles
Der Versicherer ist von der Entschädigungspflicht frei, wenn der Versicherungsnehmer den Versicherer arglistig über Tatsachen, die für den Grund oder die Höhe der Entschädigung von Bedeutung sind, täuscht oder zu täuschen versucht.
Ist die Täuschung oder der Täuschungsversuch durch rechtskräftiges Strafurteil gegen den Versicherungsnehmer wegen Betruges oder Betrugsversuches festgestellt, so gelten die Voraussetzungen des Satzes 1 als bewiesen.

Vgl. Ausführungen unter Abschnitt „B" § 16 VHB 2010 Rdn 207 ff. **142**

§ 17 Anzeigen, Willenserklärungen, Anschriftenänderungen

143 **1. Form**

Soweit gesetzlich keine Schriftform verlangt ist und soweit in diesem Vertrag nicht etwas anderes bestimmt ist, sind die für den Versicherer bestimmten Erklärungen und Anzeigen, die das Versicherungsverhältnis betreffen und die unmittelbar gegenüber dem Versicherer erfolgen, in Textform abzugeben.

Erklärungen und Anzeigen sollen an die Hauptverwaltung des Versicherers oder an die im Versicherungsschein oder in dessen Nachträgen als zuständig bezeichnete Stelle* gerichtet werden. Die gesetzlichen Regelungen über den Zugang von Erklärungen und Anzeigen bleiben unberührt.

2. Nichtanzeige einer Anschriften- bzw. Namensänderung

Hat der Versicherungsnehmer eine Änderung seiner Anschrift dem Versicherer nicht mitgeteilt, genügt für eine Willenserklärung, die dem Versicherungsnehmer gegenüber abzugeben ist, die Absendung eines eingeschriebenen Briefes an die letzte dem Versicherer bekannte Anschrift. Entsprechendes gilt bei einer dem Versicherer nicht angezeigten Namensänderung. Die Erklärung gilt drei Tage nach der Absendung des Briefes als zugegangen.

3. Nichtanzeige der Verlegung der gewerblichen Niederlassung

Hat der Versicherungsnehmer die Versicherung unter der Anschrift seines Gewerbebetriebs abgeschlossen, finden bei einer Verlegung der gewerblichen Niederlassung die Bestimmungen nach Nr. 2 entsprechend Anwendung.

144 Vgl. Kommentierung zu § 13 VVG.

* oder entsprechende unternehmensindividuelle Bezeichnung.

§ 18 Vollmacht des Versicherungsvertreters

145 **1. Erklärungen des Versicherungsnehmers**

Der Versicherungsvertreter gilt als bevollmächtigt, vom Versicherungsnehmer abgegebene Erklärungen entgegenzunehmen betreffend
a) den Abschluss bzw. den Widerruf eines Versicherungsvertrages;
b) ein bestehendes Versicherungsverhältnis einschließlich dessen Beendigung;
c) Anzeige- und Informationspflichten vor Abschluss des Vertrages und während des Versicherungsverhältnisses.

2. Erklärungen des Versicherers

Der Versicherungsvertreter gilt als bevollmächtigt, vom Versicherer ausgefertigte Versicherungsscheine oder deren Nachträge dem Versicherungsnehmer zu übermitteln.

3. Zahlungen an den Versicherungsvertreter

Der Versicherungsvertreter gilt als bevollmächtigt, Zahlungen, die der Versicherungsnehmer im Zusammenhang mit der Vermittlung oder dem Abschluss eines Versicherungsvertrags an ihn leistet, anzunehmen. Eine Beschränkung dieser Vollmacht muss der Versicherungsnehmer nur gegen sich gelten lassen, wenn er die Beschränkung bei der Vornahme der Zahlung kannte oder in Folge grober Fahrlässigkeit nicht kannte.

146 Vgl. Kommentierung zu § 69 VVG.

§ 19 Repräsentanten

Der Versicherungsnehmer muss sich die Kenntnis und das Verhalten seiner Repräsentanten zurechnen lassen.

Vgl. Kommentierung unter § 28 Rdn 142 ff.

§ 20 Verjährung

Die Ansprüche aus dem Versicherungsvertrag verjähren in drei Jahren.

Die Verjährung beginnt mit dem Schluss des Jahres, in dem der Anspruch entstanden ist und der Gläubiger von den Anspruch begründenden Umständen und der Person des Schuldners Kenntnis erlangt oder ohne grobe Fahrlässigkeit erlangen müsste.

Ist ein Anspruch aus dem Versicherungsvertrag bei dem Versicherer angemeldet worden, zählt bei der Fristberechnung der Zeitraum zwischen Anmeldung und Zugang der in Textform mitgeteilten Entscheidung des Versicherers beim Anspruchsteller nicht mit.

Die Vorschrift entspricht den Verjährungsregeln der §§ 195 ff. BGB.

§ 21 Zuständiges Gericht

1. Klagen gegen den Versicherer oder Versicherungsvermittler

Für Klagen aus dem Versicherungsvertrag oder der Versicherungsvermittlung ist neben den Gerichtsständen der Zivilprozessordnung auch das Gericht örtlich zuständig, in dessen Bezirk der Versicherungsnehmer zurzeit der Klageerhebung seinen Wohnsitz, in Ermangelung eines solchen seinen gewöhnlichen Aufenthalt hat.

Soweit es sich bei dem Vertrag um eine betriebliche Versicherung handelt, kann der Versicherungsnehmer seine Ansprüche auch bei dem für den Sitz oder die Niederlassung des Gewerbebetriebes zuständigen Gericht geltend machen.

2. Klagen gegen Versicherungsnehmer

Für Klagen aus dem Versicherungsvertrag oder der Versicherungsvermittlung gegen den Versicherungsnehmer ist ausschließlich das Gericht örtlich zuständig, in dessen Bezirk der Versicherungsnehmer zurzeit der Klageerhebung seinen Wohnsitz, in Ermangelung eines solchen seinen gewöhnlichen Aufenthalt hat.

Soweit es sich bei dem Vertrag um eine betriebliche Versicherung handelt, kann der Versicherer seine Ansprüche auch bei dem für den Sitz oder die Niederlassung des Gewerbebetriebes zuständigen Gericht geltend machen.

Ziff. 1 entspricht § 215 Abs. 1 S. 1 VVG. Ziff. 2 entspricht § 215 Abs. 1 S. 2 VVG.

§ 22 Anzuwendendes Recht

Für diesen Vertrag gilt deutsches Recht.

§ 23 Sanktionsklausel

Es besteht – unbeschadet der übrigen Vertragsbestimmungen – Versicherungsschutz nur, soweit und solange dem keine auf die Vertragsparteien direkt anwendbaren Wirtschafts-,

Handels- oder Finanztransaktionen bzw. Embargos der Europäischen Union oder der Bundesrepublik Deutschland entgegenstehen.

Dies gilt auch für Wirtschafts-, Handels oder Finanztransaktionen bzw. Embargos, die durch die Vereinigten Staaten von Amerika in Hinblick auf den Iran erlassen werden, soweit dem nicht europäische oder deutsche Rechtsvorschriften entgegenstehen.

Vorbemerkungen zu den §§ 100 bis 112 VVG

Teil 2
Einzelne Versicherungszweige

Kapitel 1
Haftpflichtversicherung

Abschnitt 1
Allgemeine Vorschriften

Vorbemerkungen zu den §§ 100 bis 112 VVG

Übersicht

	Rdn
A. Grundlagen der Haftpflichtversicherung	1
I. Versichertes Risiko	1
II. Rechtsgrundlagen	5
III. Rechtsbeziehungen der Beteiligten	8
B. Reflexivwirkungen der Haftpflichtversicherung	10
C. Änderungen durch die VVG-Reform	17
D. Bedeutung der Haftpflichtversicherung	18
E. Wichtige Pflichthaftpflichtversicherungen	19

A. Grundlagen der Haftpflichtversicherung

I. Versichertes Risiko

Im HaftpflichtVV übernimmt der VR das **Haftpflichtrisiko des VN**, also das Risiko, von einem durch diesen geschädigten Dritten auf Schadensersatz in Anspruch genommen zu werden. Allerdings ergibt sich nicht aus dem VVG, welches Risiko genau übernommen wird: Der Wortlaut des § 100 VVG ist weit formuliert und spricht lediglich von einer „eingetretenen Tatsache". Der Gesetzgeber hat es aufgrund der Vielfalt von Haftpflichtversicherungsarten vielmehr den jeweiligen Versicherungsbedingungen (AHB und zusätzliche besondere Vertragsbedingungen) überlassen, das erfasste Risiko vertraglich zu definieren. Welche Schäden von der Haftpflichtversicherung gedeckt werden sollen, hängt im Wesentlichen davon ab, welchen Haftpflichtrisiken der VN insb. aufgrund besonderer Rechtsverhältnisse zu Dritten ausgesetzt ist. 1

Von der **privaten Haftpflichtversicherung** sind regelmäßig sämtliche Sach- und Personenschäden einschließlich der daraus resultierenden Vermögensfolgeschäden gedeckt, die durch Gefahren des täglichen Lebens im privaten Bereich entstehen können. Zur Deckung spezieller Schäden im privaten Bereich, die die allgemeine Haftpflichtversicherung nicht erfasst, weil sie nicht durch typische Alltagsgefahren verursacht werden, existieren beson- 2 dere private Haftpflichtversicherungen (Bsp. Tierhalterhaftpflichtversicherung; Haftpflichtversicherung für Haus- und Grundbesitzer).

3 Die **Berufs- bzw. Betriebshaftpflichtversicherungen** (Bsp. Rechtsanwalts- und Steuerberaterhaftpflichtversicherung; Architektenhaftpflichtversicherung; Arzthaftpflichtversicherung; Berufshaftpflichtversicherung für Dolmetscher und Übersetzer, Arbeitsvermittler und Personalberater, Gutachter und Sachverständige, Unternehmensberater; Betriebshaftpflichtversicherungen für Industrie, Handel, Gewerbe und Handwerk) erfassen regelmäßig alle Schäden, insb. auch reine Vermögensschäden, die sich i.R.d. Ausübung der jeweiligen beruflichen, betrieblichen, dienstlichen oder amtlichen Tätigkeit ergeben können (zur Abgrenzung zwischen Privat- und Berufshaftpflicht vgl. § 102 Rdn 7–11).

4 Im Gegensatz zur **freiwilligen Haftpflichtversicherung** besteht bei den **Pflichthaftpflichtversicherungen** aufgrund des besonderen Schadenrisikos und der für den Schädiger im nicht versicherten Schadenfall entstehenden Gefahr, die mit der Haftpflicht verbundenen Kosten nicht tragen zu können, eine gesetzliche Verpflichtung zum Abschluss (§ 113 Abs. 1 VVG). In der Pflichthaftpflichtversicherung hat der Geschädigte **in den Fällen des § 115 Abs. 1 Nr. 1. bis 3** VVG – Kfz-Haftpflicht; Eröffnung des Insolvenzverfahrens über das Vermögen des VN; unbekannter Aufenthalt des VN – einen **Direktanspruch** gegen den VR, während er sich im Fall der freiwilligen Haftpflichtversicherung grds. nur an den VN halten kann (zu den Ausnahmefällen nach Pfändung und Überweisung i.R.d. Insolvenz gem. § 1282 BGB analog vgl. § 110 Rdn 8; zur Rechtsnachfolge [insb. Abtretung] vgl. § 100 Rdn 69 und § 108 Rdn 2).

II. Rechtsgrundlagen

5 Die rechtlichen Grundlagen für das Versicherungsverhältnis ergeben sich primär aus dem VV, dem i.d.R. die vom Gesamtverband der Deutschen Versicherungswirtschaft (GdV) entwickelten **Allgemeinen Versicherungsbedingungen für die Haftpflicht (AHB)**, sowie weitere, für die jeweiligen Versicherungszweige geschaffenen Bedingungen (Bsp.: Allgemeine Versicherungsbedingungen zur Haftpflichtversicherung für Vermögensschäden [**AVB Vermögen**]; Allgemeine Bedingungen für die Kraftfahrtversicherung [**AKB**]; Allgemeine Versicherungsbedingungen für die Vermögensschaden-Haftpflichtversicherung von RA und Angehörigen der wirtschaftsprüfenden sowie wirtschafts- und steuerberatenden Berufe [**AVB-WB**]), zugrunde liegen.

Besondere Bedingungen und Risikobeschreibungen (BBR) definieren das versicherte Risiko, das stets nur einen Ausschnitt aus dem allgemeinen Haftpflichtrisiko darstellt (z.B. Privathaftpflichtversicherung [BBR PrivH]; Privathaftpflichtversicherung auf Reisen [BBR-Reise]; BBR Industrie, Handel und Gewerbe etc.).

6 Die AVB unterliegen der **Inhaltskontrolle der §§ 307 ff. BGB**. Nach BGH, NJW 1981, 870, 871 ist für die Auslegung der Bedingungen von wesentlicher Bedeutung, „*was ein durchschnittlicher VN billigerweise vom Versicherungsschutz in der Haftpflichtversicherung erwarten kann*".

Vorbemerkungen zu den §§ 100 bis 112 VVG

Da es sich bei der Haftpflichtversicherung um eine **Schadensversicherung** handelt, finden – neben den für sämtliche Versicherungszweige geltenden §§ 1 bis 73 VVG – die **§§ 74 bis 87 VVG** Anwendung, sofern sich nichts anderes aus dem VV oder den **spezielleren §§ 100 bis 112 VVG** ergibt. Insb. geht § 103 VVG (Leistungsbefreiung des VR bei vorsätzlicher Herbeiführung des Versicherungsfalls durch den VN) dem § 81 VVG als lex specialis vor. Die Fälligkeitsregelung des § 106 VVG verdrängt § 14 Abs. 1 VVG (BGH, VersR 1960, 554, 555). Für die Pflichthaftpflichtversicherung gelten außerdem die §§ 113 bis 124 VVG. Die Vorschriften des BGB finden subsidiär Anwendung.   7

III. Rechtsbeziehungen der Beteiligten

Zwischen geschädigtem Dritten, VN und VR besteht ein **Dreiecksverhältnis**: Der Dritte macht (berechtigter- oder unberechtigterweise) einen **Haftpflichtanspruch** gegen den versicherten Schädiger geltend, wodurch das Haftpflichtverhältnis begründet wird. Daneben hat der VN gegen den VR aufgrund des Versicherungsvertragsverhältnisses einen **Deckungsanspruch**, der einerseits einen Freistellungs- bzw. Zahlungsanspruch und andererseits einen Rechtsschutz- und Abwehranspruch beinhaltet.   8

Haftpflicht- und Deckungsverhältnis sind nach dem sog. **Trennungsprinzip** grds. streng voneinander zu trennen (st. Rspr., vgl. BGH, VersR 2007, 641, 642; BGH, VersR 2006, 106, 107; BGH, VersR 2004, 590; BGH, VersR 2001, 1103, 1004; BGH, VersR 1992, 1504, 1505; BGH, VersR 1992, 568, 569; BGH, VersR 1961, 399; BGH, VersR 1959, 256, 257; RGZ 113, 286, 288; zu Trennungsprinzip und Durchbrechungen, insb. zur Bindungswirkung der Feststellungen des Haftpflichturteils im Deckungsprozess, vgl. § 100 Rdn 59–71, § 108 Rdn 48–60).   9

B. Reflexivwirkungen der Haftpflichtversicherung

Die Haftung des VN ggü. dem Dritten ist grds. unabhängig vom Bestehen einer Haftpflichtversicherung zu beurteilen. Dennoch soll der Versicherungsschutz des Schädigers in einigen Fällen eine Ausstrahlungswirkung auf das Haftpflichtverhältnis haben.   10

Eine unbeschränkte Haftung des Schädigers im **Gefälligkeitsverhältnis** wird teilweise als unbillig empfunden, da der Gefällige aus altruistischen Motiven handelt. Damit er nicht für jede Form der Fahrlässigkeit haften muss, wird vereinzelt angenommen, dass die am Gefälligkeitsverhältnis beteiligten Personen **konkludent** eine **Haftungsbeschränkung** vereinbaren (vgl. Palandt/*Heinrichs*, Einl. v. § 241 BGB Rn 8, 9; OLG Stuttgart, NJW-RR 2009, 384 bejaht eine Haftungsbeschränkung sofern keine Haftpflichtversicherung besteht). Ist der **Gefällige** allerdings **haftpflichtversichert**, soll die Annahme einer konkludent vereinbarten Haftungsprivilegierung **ausgeschlossen** sein, weil diese nur der Haftpflichtversicherung des Gefälligen zugutekäme (BGH, VersR 1993, 1092, 1093; VersR 1992, 1145, 1147; Überblick über die Rspr. zur Frage des Haftungsverzichts bei *Heimbücher*, VW 1998, 178, 180). Ein wirkliches Interesse des Gefälligen besteht lediglich hinsichtlich der vom Versicherungsschutz nicht umfassten Schäden (nach BGH, VRS 65, 178, 181 kann bei Gefälligkeitsfahrten **ausnahmsweise ein Haftungsausschluss** angenommen wer-   11 den, wenn der Fahrer keinen Versicherungsschutz genießt und besondere Umstände hinzukommen, die für einen Ausschluss sprechen; Palandt/*Heinrichs*, Einl. v. § 241 BGB Rn 8, 9; **a.A.** *Littbarski*, VersR 2004, 950, 956).

12   Bei Schädigungen im Rahmen von Sportveranstaltungen wird diskutiert, ob das Bestehen einer Haftpflichtversicherung Auswirkungen auf die sonst übliche Haftungsfreistellung hat, wobei zu unterscheiden ist, ob es sich um eine freiwillige oder eine Pflichtversicherung handelt (BGH, VersR 2008, 540 bejahend für pflichtversicherte Teilnehmer einer Motorsportveranstaltung; dagegen OLG Celle, VersR 2009, 1236, 1237 m. Anm. *Seybold*, verneinend für Fußballspiel; bestätigt durch BGH, VersR 2009, 1677, 1678).

13   Für die Festsetzung des **Schmerzensgeldes** sind u.a. die wirtschaftlichen Verhältnisse des Schädigers maßgeblich. I.R.d. Beurteilung der wirtschaftlichen Verhältnisse ist nach dem Urteil des Großen Senats (BGHZ 18, 149, 168 = NJW 1955, 1675, 1677) auch der Umstand, dass der Schädiger **haftpflichtversichert** ist, **zu berücksichtigen** (so auch BGH, VersR 1966, 561; Einschränkung in BGH, DB 1976, 1520, 1521, sowie OLG Köln, VRS 1998, 414, 416 und OLG Frankfurt am Main, VersR 1990, 1287). Darüber hinaus kann sich die Verzögerung oder eine in sonstiger Hinsicht zu **missbilligende Art und Weise der Schadensregulierung durch den VR Schmerzensgeld erhöhend** auswirken (LG Berlin, NJW 2006, 702, 703 zur Schmerzensgelderhöhung für den Fall, dass der VR dem Geschädigten eine „Erlassfalle" stellt, indem er ihn durch Übersenden von Schecks klaglos stellen will; OLG Naumburg, VersR 2004, 1423, 1424 zur Schmerzensgeld erhöhenden Wirkung eines zur Herabwürdigung des Geschädigten geeigneten Vorwurfs der Arbeitsverweigerung und Schwarzarbeit durch den VR; OLG Naumburg, VersR 2002, 1295, 1296 zur Hinauszögerung der Entschädigungszahlung; OLG Frankfurt am Main, NJW 1999, 2447 zur Verdopplung des an sich angemessenen Schmerzensgeldes in dem Fall, in dem sich der VR *„in nicht mehr verständlicher und in hohem Maße tadelnswerter Weise dem berechtigten Entschädigungsverlangen des Geschädigten entgegenstellt"*; OLG Nürnberg, VersR 1998, 731, 732 zur Auswirkung verfahrensverzögernder Einwände auf die Bemessung des Schmerzensgeldes; nach OLG Karlsruhe, NJW 1973, 851, 852 f. wirkt ein Verstoß gegen die Pflicht des VR zur Förderung der Schadensregulierung und zur Erbringung angemessener Abschlagszahlungen, sobald seine *„Einstandspflicht bei verständig-lebensnaher, objektiver Betrachtungsweise erkennbar wird"*, der als *„Zermürbungsversuch"* gewertet werden kann, Schmerzensgeld erhöhend). Der VN muss sich insoweit das Regulierungsverhalten seines VR **zurechnen** lassen (OLG Frankfurt am Main, NJW 1999, 2447).

14   Das Bestehen einer Haftpflichtversicherung des Schädigers hat Einfluss auf die Höhe des Anspruchs aus **§ 829 BGB** (Ersatzpflicht aus Billigkeitsgründen). Bei der Frage, ob den Schädiger überhaupt die Billigkeitshaftung nach § 829 BGB trifft, ist u.a. eine Abwägung der wirtschaftlichen Verhältnisse des Schädigers und des Geschädigten vorzunehmen. Inwieweit hier der Umstand, dass der Schädiger Versicherungsschutz genießt, für die Beurteilung seiner wirtschaftlichen Verhältnisse heranzuziehen ist, wird in der Rechtsprechung uneinheitlich beantwortet. Der Versicherungsschutz kann jedenfalls dann keine Haftung nach § 829 BGB begründen, wenn diese sonst bei Berücksichtigung aller Umstände nicht bestehen würde (BGH, VersR 1995, 96, 97 f.; BGH, VersR 1980, 625, 626 f.; BGHZ 76,

279, 283 ff. = BGH, NJW 1980, 1623, 1624 f.; BGH, NJW 1979, 2096, 2097; BGHZ 23, 90, 100 = BGH, NJW 1957, 674, 675).

Nach den **§§ 104 ff. SGB VII** ist die Haftung des Arbeitgebers bzw. Arbeitnehmers ggü. einem anderen Arbeitnehmer für Personenschäden ausgeschlossen, sofern die Verletzung nicht vorsätzlich herbeigeführt wurde. Daran ändert der Umstand, dass der schädigende Arbeitgeber oder Arbeitnehmer haftpflichtversichert ist, nichts (st. Rspr., vgl. BGH, VersR 1973, 736, 737; BGH, VersR 1971, 564, 565; BGH, VersR 1965, 291, 292; BGH, VersR 1963, 243; anders noch BGH, VersR 1958, 398). Für die nach billigem Ermessen zu beantwortende Frage, ob der Sozialversicherungsträger verpflichtet ist, auf die Geltendmachung eines Regressanspruchs nach **§ 110 SGB VII** gegen den Schädiger zu verzichten, ist dessen Versicherungsschutz von Bedeutung (BGH, VersR 1971, 1167, 1169). Nach den **Grundsätzen des innerbetrieblichen Schadensausgleichs** ist der Arbeitnehmer im Innenverhältnis ggü. seinem Arbeitgeber in seiner Haftung privilegiert. Diese Haftungsprivilegierung soll jedoch jedenfalls bei Bestehen einer Pflichthaftpflichtversicherung nicht eingreifen (BGH, VersR 1992, 437, 439; VersR 1972, 166, 167 f.). Nach LAG Köln, NZA 1992, 1032, 1033 soll bereits der mögliche und zumutbare Abschluss einer Betriebshaftpflichtversicherung zum Schutz des Arbeitnehmers für die Schadensquotierung zu berücksichtigen sein.

Der **Gebäudeversicherung** eines Grundstückseigentümers ist im Wege der ergänzenden Vertragsauslegung ein Regressverzicht des VR für den Fall zu entnehmen, in dem der Mieter den Schaden an der Mietsache nur mit leichter Fahrlässigkeit verursacht hat (BGH, VersR 2006, 1533, 1534 m.w.N.; BGH, VersR 2001, 94, 95 f.; vgl. § 78 Rdn 19 ff.). Dies soll nach BGH, VersR 2006, 1533, 1535 f. auch dann gelten, wenn der Mieter haftpflichtversichert ist und die Haftpflichtversicherung die durch ihn verursachten Schäden deckt (zust.: *Schwintowski*, WuM 2007, 305, 307; **a.A.** *Armbrüster*, NJW 2006, 3683, 3684). Dieser Rechtsgedanke ist nach OLG Hamm, VersR 2016, 190, 191 jedoch nicht auf ein Gefälligkeitsverhältnis („Bewässerung des Gartens i.R. eines guten nachbarschaftlichen Verhältnisses") übertragbar. Der Regressverzicht gilt nach BGH IV ZR 129/09 jedoch nicht für Ansprüche des GebäudeVR ggü. dem HaftpflichtVR analog den Grundsätzen der Doppelversicherung (BGH, VersR 2008, 1108), auch wenn die BBR der Haftpflichtversicherung i.V.m. dem Abkommen der FeuerVR einen solchen Regress ausschließen sollen.

C. Änderungen durch die VVG-Reform

Durch die VVG-Reform wurden folgende **wesentliche Änderungen** in der freiwilligen Haftpflichtversicherung vorgenommen:
1. Wegfall des **Anerkenntnis- und Befriedigungsverbotes durch den VR** (§ 105 VVG): In den meisten Haftpflichtversicherungsbedingungen ist geregelt, dass der VR leistungsfrei wird, wenn der VN den Anspruch des Geschädigten anerkennt oder ihn befriedigt. Solche Regelungen sind nach neuer Rechtslage unwirksam.
2. **Abtretung des Freistellungsanspruchs** (§ 108 Abs. 2 VVG): Eine Abtretung des Freistellungsanspruchs des VN ggü. dem VR an den Geschädigten kann nicht mehr in AVB

Vorbemerkungen zu den §§ 100 bis 112 VVG

ausgeschlossen werden, sodass nach einer solchen Abtretung der Geschädigte den VR direkt in Anspruch nehmen kann. Zu den Auswirkungen dieser Änderungen vgl. § 100 Rdn 69, § 105 Rdn 7, § 106 Rdn 18–27, 30–33, 42, § 108 Rdn 19–65.

D. Bedeutung der Haftpflichtversicherung

18 Die **Bedeutung der Haftpflichtversicherung in der Praxis** ist enorm: 2014 belief sich die Anzahl der Verträge in der Allgemeinen Haftpflichtversicherung in Deutschland auf 44,9 Mio. Die Beitragszahlungen erreichten in diesem Jahr einen Umfang von 7,442 Mrd. EUR. Es wurden 2,650 Mio. Schadensfälle registriert. Die durch die VR erbrachten Leistungen betrugen 4,814 Mrd. EUR bei einer Schadensquote von 65 % (aus: „Statistisches Taschenbuch der Versicherungswirtschaft 2015", herausgegeben vom Gesamtverband der Deutschen Versicherungswirtschaft e. V., www.gdv.de).

E. Wichtige Pflichthaftpflichtversicherungen

19 Wichtige Pflichthaftpflichtversicherungen **auf Bundesebene** sind:
1. **Abfalltransport, -verbringung und -lagerung**: § 7 Abs. 2 der Transportgenehmigungsverordnung (Kfz-Haftpflichtversicherung + spezifische Umwelthaftpflichtversicherung); § 7 Abs. 1 des Abfallverbringungsgesetzes; § 19 Abs. 2 der Deponieverordnung; § 6 der Entsorgungsfachbetriebeverordnung (EfbV)
2. **Arzneimittel**: § 88 Abs. 1, § 94 AMG (Produkthaftpflicht für Hersteller); Probanden-Versicherungen für Teilnehmer an klinischen Prüfungen mit Arzneimitteln oder Medizinprodukten am Menschen: § 40 Abs. 1 Nr. 8, Abs. 3 des Arzneimittelgesetzes (AMG) bzw. § 20 Abs. 1 Nr. 9, Abs. 3 des Medizinproduktegesetzes (MPG)
3. **Beförderung gefährlicher Güter**: § 3 Abs. 1 S. 4 des Gefahrgutbeförderungsgesetzes
4. **Betreiber von Schießstätten**: § 27 Abs. 1 des Waffengesetzes
5. **Betreuungsvereine**: § 1908f des Bürgerlichen Gesetzbuchs (BGB)
6. **Betrieb von privaten Eisenbahnen, Bergbahnen und Schleppliften**: § 26 Abs. 1 Nr. 8, Abs. 5 S. 1 des Allgemeinen Eisenbahn-Gesetzes (AEG) i.V.m. §§ 31, 32 Abs. 1 Nr. 4 AEG i.V.m. § 1 der Verordnung über die Haftpflichtversicherung der Eisenbahnen (EBHaftPflV)
7. **Betriebssicherheit/Überwachungsstellen**: § 21 Abs. 2 Nr. 1 der Betriebssicherheitsverordnung
8. **Bewachungsgewerbe**: § 34a Abs. 2 Nr. 3c der Gewerbeordnung i.V.m. mit § 6 der Verordnung über das Bewachungsgewerbe (BewachV)
9. **Eichwesen/Prüfstelle**: § 63 Abs. 2 der Eichordnung
10. **Entsorgungsfachbetriebe**: § 6 der Entsorgungsfachbetriebeverordnung (EfbV) (Nachweis eines „ausreichenden" Versicherungsschutzes)
11. **Entwicklungshilfe**: § 6 des Entwicklungshelfergesetzes (Träger der Entwicklungshilfe zugunsten der Entwicklungshelfer, verbunden mit Krankenversicherungspflicht zu deren Gunsten)

Vorbemerkungen zu den §§ 100 bis 112 VVG

12. **Gentechnik**: § 36 Abs. 1, Abs. 2 Nr. 1 GenTG (für Betreiber von gentechnischen Anlagen und für die Freisetzung von gentechnisch veränderten Organismen; die Deckungsvorsorgepflicht ist mangels erforderlicher Deckungsvorsorgeverordnung bisher noch nicht in Kraft getreten)
13. **Geräte- und Produktsicherheit**: § 17 Abs. 5 Nr. 4 GPSG
14. **Gewerblicher Güterkraftverkehr**: § 7a des Güterkraftverkehrsgesetzes (GüKG)
15. **Jäger**: § 17 Abs. 1 Nr. 4 des Bundesjagdgesetzes
16. **Kernkraftwerke und sonstige Besitzer von Kernbrennstoffen und sonstigen radioaktiven Stoffen und Anwender ionisierender Strahlung**: § 13 AtomG i.V.m. der Atomrechtlichen Deckungsvorsorgeverordnung sowie der Strahlenschutzverordnung; § 24 Abs. 1 Nr. 5 StrahlenschutzVO bzw. § 28 Abs. 1 Nr. 5 RöntgenVO
17. **Kfz-Pflichtversicherung**: §§ 1, 4 Abs. 2 PflVG (für Kfz-Halter); für ausländische Kfz: § 1 des Gesetzes über die Haftpflichtversicherung für ausländische Kfz und Kfz-Anhänger
18. **Lohnsteuerhilfevereine**: § 25 Abs. 2 des Steuerberatungsgesetzes i.V.m. § 2 der Verordnung zur Durchführung der Vorschriften über Lohnsteuerhilfsvereine
19. **Luftfahrzeugverkehr**: für Luftverkehrsunternehmen und sonstige Luftfahrzeughalter: § 2 Abs. 1 Nr. 3, § 37 Abs. 1, § 43 Abs. 1, § 50 LuftVG i.V.m. §§ 102 bis 104 der Luftverkehrszulassungsverordnung (LuftVZO); Passagier-Unfallversicherung: § 50 LuftVG, § 106 LuftVZO; Bodenabfertigungsdienste auf Flugplätzen: § 3 der Verordnung über Bodenabfertigungsdienste auf Flugplätzen (BADV) i.V.m. Anl. 3 Nr. 2 B (6)
20. **Makler und Bauträger**: § 2 der Makler- und Bauträgerverordnung
21. **Notare**: § 19a, § 67 Abs. 3 Nr. 3 der Bundesnotarordnung
22. **Patentanwälte**: § 45 der Patentanwaltsordnung
23. **Rechtsanwälte**: § 51 der Bundesrechtsanwaltordnung (BRAO); § 7 des Europäischen Rechtsanwaltsgesetzes (EuRAG)
24. **Sachverständige**: § 36 Abs. 3 Nr. 3 Buchst. b) GewO (Verordnungsermächtigung für öffentlich bestellte und vereidigte Sachverständige); § 16 Abs. 1 Nr. 10 Buchst. c) AEG (Verordnungsermächtigung für Sachverständige für den Bau, die Instandhaltung, den Betrieb und den Verkehr von Eisenbahnen); Anl. VIII b Nr. 2.6 StVZO (für Kfz-Prüfingenieure); § 47b Abs. 2 Nr. 5 StVZO sowie Anl. VIII. c Nr. 2.8 StVZO (Sicherheitsprüfungen und Abgassonderuntersuchungen durch anerkannte Kfz-Werkstätten)
25. **Schaustellergeschäfte**: § 55f SchauHV (Personenbeförderung: Schaufahren mit Kfz; Steilwandbahnen; Schießgeschäfte; Zirkusse; Schaustellungen von gefährlichen Tieren; Reitbetriebe) i.V.m. der SchaustellerhaftpflichtVO
26. **See-, Binnensee- und Flussschifffahrt**: § 2 des Ölschadengesetzes i.V.m. Ölhaftungsgesetz (Ölschadenhaftpflicht im Seeverkehr); für Sportboote: Anl. 7 Nr. 1 zu § 9 Abs. 2 Nr. 2 der Binnenschifffahrts-Sportbootvermietungsverordnung
27. **Steuerberater, Steuerbevollmächtigte und Steuerberatungsgesellschaften**: § 67 des Steuerberatungsgesetzes

28. **Strahlenstudien in der medizinischen Forschung**: § 24 Abs. 1 Nr. 5 der Strahlenschutzverordnung bzw. § 28b Abs. 1 Nr. 5 der Röntgenverordnung i.V.m. §§ 13, 26 Abs. 1 des Atomgesetzes i.V.m. der Atomrechtlichen Deckungsschutzverordnung
29. **Technische Arbeitsmittel und Verbraucherprodukte**: § 3 Abs. 3 Nr. 4 GPSG (Verordnungsermächtigung)
30. **Umwelthaftpflichtversicherung**: § 19 Abs. 1, Abs. 2 Nr. 1 UmweltHG i.V.m. Anh. 2 (für Betreiber bestimmter umweltgefährdender Anlagen; die Deckungsvorsorgepflicht ist mangels erforderlicher Deckungsvorsorgeverordnung bisher noch nicht in Kraft getreten)
31. **Versicherungsvertreter**: (Durch das Gesetz zur Neuregelung des Vermittlerrechts – in Kraft getreten am 22.5.2007 – wurde die Pflicht des Versicherungsvermittlers zum Abschluss einer Haftpflichtversicherung eingeführt.) § 34d Abs. 2 Nr. 3 GewO i.V.m. § 34d Abs. 8 Nr. 3 GewO
32. **Waffenschein, Schießerlaubnis**: § 4 Abs. 1 Nr. 5 des Waffengesetzes
33. **Wirtschaftsprüfer und Wirtschaftsprüfungsgesellschaften**: § 54 der Wirtschaftsprüferordnung i.V.m. §§ 1, 2 der Wirtschaftsprüfer-Berufshaftpflichtversicherungsverordnung
34. **Zertifizierungsanbieter**: § 12 des Signaturgesetzes i.V.m. § 9 der Signaturverordnung
35. **Zwangsverwalter**: § 1 Abs. 4 der Zwangsverwalterverordnung.

Hinweis
Eine umfassendere Übersicht der gesetzlichen Verpflichtungen zum Abschluss einer Pflichthaftpflichtversicherung findet sich in der Aufstellung der BaFin, als Anl. abgedr. in BT-Drucks 16/5497, S. 6.

§ 100 VVG Leistung des Versicherers

Bei der Haftpflichtversicherung ist der Versicherer verpflichtet, den Versicherungsnehmer von Ansprüchen freizustellen, die von einem Dritten aufgrund der Verantwortlichkeit des Versicherungsnehmers für eine während der Versicherungszeit eintretende Tatsache geltend gemacht werden, und unbegründete Ansprüche abzuwehren.

Übersicht

	Rdn
A. Normzweck	1
B. Norminhalt	3
I. Eintretende Tatsache	3
1. Allgemein zum Versicherungsfall	3
2. Versicherungsfall in den AHB	5
a) Personenschaden	6
b) Sachschaden	7
c) Vermögensschaden	11
d) Gesetzliche Haftpflichtbestimmungen privatrechtlichen Inhalts	12
e) Vertragliche Erfüllungsansprüche	21
II. Während der Versicherungszeit	28
III. Von einem Dritten	35

C. Rechtsfolgen	39
I. Allgemeines	39
II. Freistellung von berechtigten Haftpflichtansprüchen	40
III. Abwehr von unberechtigten Haftpflichtansprüchen	43
IV. Fälligkeit und Verjährung des Deckungsanspruchs	53
1. Anspruchserhebung des Dritten	54
2. Verjährung des Deckungsanspruchs	58
V. Trennungsprinzip und Durchbrechungen	59
D. Prozessuales	72
I. Vorweggenommener Deckungsprozess	72
II. Nachfolgender Deckungsprozess	77
III. Streitwert	79
IV. Bereicherungsrechtliche Rückabwicklung	80
E. Abdingbarkeit	82

A. Normzweck

Zweck der Vorschrift ist es, die **Leistungspflichten des VR für alle Haftpflichtversicherungen** festzulegen. Der VR übernimmt das Risiko des VN, von einem Dritten auf Schadensersatz in Anspruch genommen zu werden. Er hat den VN von begründeten Ansprüchen freizustellen und unbegründete Ansprüche abzuwehren. 1

Die Haftpflichtversicherung ist eine Passivenversicherung, die der **Schadenversicherung** zugeordnet ist. Die §§ 74 bis 87 VVG sind anwendbar, soweit die Vorschriften über die Haftpflichtversicherung nicht spezialgesetzlich vorgehen, wie dies bei § 103 VVG der Fall ist (s.a. vor §§ 100 ff. Rdn 7). 2

B. Norminhalt

I. Eintretende Tatsache

1. Allgemein zum Versicherungsfall

Aufgrund der Vielzahl verschiedener Haftpflichtversicherungen enthält die Vorschrift **keine Definition des Versicherungsfalles** (Begr. BT-Drucks 16/3945, S. 85). Ob der jeweilige Schaden in den Risikobereich der Haftpflichtversicherung einbezogen ist, muss anhand der jeweiligen allgemeinen und besonderen Versicherungsbedingungen geprüft werden. Als Versicherungsfall werden regelmäßig vereinbart das Schadenereignis (allgemeine Haftpflichtversicherung, vgl. hierzu auch Rdn 28–34), der Rechtsverstoß (z.B. Anwalts- und Notarhaftpflichtversicherung), der Planungsfehler (z.B. Architektenhaftpflichtversicherung), das Inverkehrbringen eines Produktes (Produkthaftpflichtversicherung), die erstmalige Feststellung des Schadens (z.B. Umwelthaftpflichtversicherung) oder die Schadenmeldung (z.B. D&O-Versicherung). 3

Den Haftpflichtversicherungen sind regelmäßig die **allgemeinen Versicherungsbedingungen für die Haftpflichtversicherung** (AHB) zugrunde gelegt. Die AHB sind wiederum Grundlage für weitere besondere Versicherungsbedingungen, wie z.B. die besonderen Bedingungen und Risikobeschreibungen für die Betriebshaftpflichtversicherung, die Produkthaftpflichtversicherungsbedingungen, die Umwelthaftpflichtversicherungsbedingungen, 4 die AVB Vermögensschäden oder die verschiedenen Versicherungsbedingungen für die D&O-Versicherungen.

2. Versicherungsfall in den AHB

5 Grundlegend für die private Haftpflichtversicherung bestimmt Ziff. 1.1 AHB 2015, dass Versicherungsschutz für **Personen-, Sach- oder sich daraus ergebende Vermögensschäden aufgrund gesetzlicher Haftpflichtbestimmungen privatrechtlichen Inhalts** besteht.

a) Personenschaden

6 Zu Personenschäden zählen der Tod, die Verletzung oder die Gesundheitsbeschädigung eines Menschen. Eine Gesundheitsbeschädigung kann **auch eine rein psychische Schädigung** ohne organische Grundlage sein (z.B. BGH, NJW 1993, 1523; NJW 1991, 2347, 2348). Auch die Schädigung eines ungeborenen Kindes, wenn es deswegen später krank geboren wird, fällt darunter (BGH, NJW 1985, 1390, 1391; NJW 1953, 417, 418). Allerdings ist der Begriff des Personenschadens nicht deckungsgleich mit den in § 823 Abs. 1 BGB geschützten Rechtsgütern (Körper, Leben, Gesundheit). Insb. fällt ein Schmerzensgeldanspruch wegen der **Verletzung des allgemeinen Persönlichkeitsrechts** nicht unter den Umfang des Privathaftpflichtversicherungsschutzes (h.M., vgl. BK/*Baumann*, § 149 Rn 29; a.A. *Johannsen*, in: Bruck/Möller, IV KV Anm. G 71; differenzierend Looschelders/Pohlmann/*Schulze Schwienhorst*, § 100 Rn 38). Derartige Ansprüche sind in den Versicherungsbedingungen regelmäßig – deklaratorisch – ausgeschlossen (vgl. Ziff. 7.16 AHB 2015). Ebenfalls um einen nicht versicherten reinen Vermögensschaden handelt es sich bei dem Unterhaltsmehraufwand für ein Kind mit Down-Syndrom, das aufgrund einer fehlerhaften ärztlichen Beratung zur Welt kommt (LG Bielefeld, VersR 1987, 193, 194).

b) Sachschaden

7 Ein Sachschaden liegt in der **Vernichtung oder Wertminderung einer Sache** als Folge einer Einwirkung auf diese, die ihre Brauchbarkeit zur Erfüllung des ihr eigentümlichen Zwecks wirtschaftlich beeinträchtigt (BGH, VersR 1983, 1169). Schäden durch Datenverlust können grds. einen Sachschaden darstellen; jedoch sind sie durch Ziff. 7.15 AHB 2015 regelmäßig vom Versicherungsumfang ausgeschlossen und können durch besondere sog. „Internetbausteine" wieder in den Versicherungsschutz einbezogen werden (Looschelders/Pohlmann/*Schulze Schwienhorst*, § 100 Rn 41).

8 Ausreichend kann auch eine **nicht unerhebliche Beeinträchtigung der bestimmungsgemäßen Verwendung** der Sache sein (BGH, NJW 1994, 517, 518).

9 Eine **Beschädigung fremden Eigentums** i.S.d. § 823 Abs. 1 BGB ist i.R.d. AHB *nicht* erforderlich, sodass auch eine Beschädigung des Eigentums des VN einen in der Haftpflicht zu ersetzenden Sachschaden darstellen kann, sofern der Dritte daraus Schadensersatzansprüche gegen den VN erhebt (OLG Düsseldorf, VersR 1997, 1262, 1263). Die Herstellung einer mangelhaften Sache ist keine Sachbeschädigung i.R.d. AHB, sodass Gewährleis-

tungsansprüche, die dem vertraglichen Erfüllungsbereich zuzuordnen sind, nicht unter den Versicherungsschutz fallen (BGH, VersR 2005, 110, 111 f.; vgl. hierzu auch Rdn 21–27).
In der Literatur wird diskutiert, ob die unter den Schadensersatzanspruch nach § 823 Abs. 1 BGB fallenden Schäden aus **sog. weiterfressenden Mängeln** in den Versicherungsschutz der Haftpflichtversicherung einzubeziehen sind und ob derartige Schäden durch § 4 II Ziff. 5 AHB (Herstellungsklausel) ausgeschlossen waren (vgl. MüKo/*Littbarski,* § 100 Rn 149–158); dies wurde in der Rechtsprechung bisher jedoch nicht aufgegriffen. Nach Ziff. 7.8 AHB 2015 sind diese Schäden nunmehr jedenfalls vom Versicherungsschutz ausgeschlossen. 10

c) Vermögensschaden

Vermögensschäden sind i.R.d. AHB nur dann vom Versicherungsschutz umfasst, soweit sie unmittelbar oder als Folge eines Personen- bzw. Sachschadens eingetreten sind, mithin ein sog. **unechter Vermögensschaden** vorliegt. Für die Einbeziehung unmittelbarer Vermögensschäden ist eine besondere Vereinbarung erforderlich, vgl. Ziff. 2 AHB 2015. Als reiner Vermögensschaden wird nach herrschender Meinung auch das Abhandenkommen von Sachen eingestuft. Allerdings kann es einen Sachschaden i.S.e. (wirtschaftlichen) Vernichtung darstellen, wenn ein Gegenstand – vorliegend eine Uhr – unauffindbar auf dem Meeresboden liegt und eine Bergung nicht mit vertretbarem Aufwand möglich ist (OLG Karlsruhe, VersR 1996, 1403). Die Haftung der Notare, RA oder Steuerberater betrifft i.d.R. allgemeine Vermögensschäden, die i.R.d. jeweiligen (Pflicht-) Haftpflichtversicherungen gedeckt sind. 11

d) Gesetzliche Haftpflichtbestimmungen privatrechtlichen Inhalts

Gesetzliche Haftpflichtbestimmungen privatrechtlichen Inhalts sind solche Normen, deren Rechtsfolge einen Anspruch auf Ausgleich des eingetretenen Schadens im Wege der Wiederherstellung des Zustandes vor dem Schadenereignis vorsehen (BGH, VersR 2003, 236; VersR 2000, 311, 312; VersR 1971, 144). Neben gesetzlichen Schadensersatzansprüchen, wie z.B. §§ 823, 228, 231 und 904 BGB, zählen hierzu auch Schadensersatzansprüche aus Vertragsverletzungen aufgrund **culpa in contrahendo** (§ 311 BGB) oder **positiver Forderungsverletzung** (§ 280 Abs. 1 BGB; BGH, VersR 1983, 1169), soweit diese auf einer Nebenpflichtverletzung beruhen oder über das Erfüllungsinteresse hinausgehen (BGH, NJW 1962, 2106). 12

Schadensersatzansprüche aus **Amtspflichtverletzungen** gem. § 839 BGB sind ebenso wie **quasideliktische** Ansprüche (z.B. §§ 717, 945 ZPO) erfasst. 13

Zudem sind auch **verschuldensunabhängige Gefährdungshaftungstatbestände** in den Versicherungsschutz einbezogen, wie z.B. § 833 S. 1 BGB (Tierhalterhaftung); § 22 WHG (Einbringung von Stoffen in Gewässer); § 1 ProdHaftG, § 1 UmweltHG, § 1 HaftPflG, § 7 Abs. 1 StVG, § 33 LuftVG, § 32 GenTG, § 84 AMG. 14

15 Dagegen dürfte der **verschuldensunabhängige nachbarrechtliche Ausgleichsanspruch** gem. § 906 Abs. 2 S. 2 BGB nicht unter den Versicherungsschutz fallen (MüKo/*Littbarski*, § 100 VVG Rn 33); etwas anderes kann allenfalls gelten, wenn eine Substanzschädigung eingetreten ist (BGHZ 142, 66–72). Vergleichbares dürfte für § 14 S. 2 BImSchG gelten (MüKo/*Littbarski*, § 100 VVG Rn 34).

16 Wenn ein **Beseitigungs- oder Unterlassungsanspruch** gem. §§ 862, 1004 BGB dieselbe wiederherstellende Wirkung wie ein auf Naturalrestitution gerichteter Schadensersatzanspruch entfaltet, steht dieser unter Versicherungsschutz (BGH, NJW 2000, 1194, 1197; MüKo/*Littbarski*, § 100 VVG Rn 31).

17 Ansprüche aus **Vertretereigenhaftung** gem. § 179 BGB sind ebenfalls versichert (BGH, VersR 1971, 144; ablehnend *Prölss*, VersR 1971, 538). Allerdings dürfte bei vorsätzlichem Verhalten die Vorsatzausschlussklausel Ziff. 7.1 AHB 2015 greifen (MüKo/*Littbarski*, § 100 Rn 44).

18 Dasselbe gilt für Ansprüche auf **Gesamtschuldnerausgleich** nach § 426 BGB (BGHZ 20, 371, 379; NJW 2003, 2376, 2377), sofern eine Haftung gegenüber Dritten auf Schadensersatz besteht.

19 Nach zutreffender Auffassung fallen auch **Aufwendungsersatzansprüche** aus Geschäftsführung ohne Auftrag gem. §§ 683, 670 BGB unter den Versicherungsschutz, sofern diese Schadensersatzcharakter haben (offen gelassen BGHZ 72, 151–154; zutreffend bejaht OLG Koblenz VersR 1971, 359–360; MüKo/*Littbarski*, § 100 Rn 40).

20 Ebenso versichert sind Ansprüche eines Wohnungseigentümers auf Schadensersatz wegen **Beeinträchtigungen des Sondereigentums ggü. einer Wohnungseigentümergemeinschaft** gem. § 14 Nr. 4 Hs. 2 WEG (BGH, NJW 2003, 826, 827 f.; MüKo/*Littbarski*, § 100 VVG Rn 32). Gleiches gilt auch für Schadensersatzansprüche gem. § 536a Abs. 1, 1. Alt. BGB wegen eines anfänglichen Mangels der Mietsache, der zu einem Personen- oder Sachschaden geführt hat (BGHZ 43, 88, 94 = BGH, VersR 1965, 325, 326).

e) Vertragliche Erfüllungsansprüche

21 Vertragliche Erfüllungsansprüche fallen **nicht** unter den Versicherungsschutz (klarstellend: Ziff. 1.2 Abs. 1 AHB 2015; *Littbarski*, § 4 AHB Rn 302).

22 Ausgeschlossen sind auch Ersatzleistungen in Form von **Erfüllungssurrogaten** (BGH, NJW 1964, 1025 f.).

23 Daher fallen Ansprüche auf **Schadensersatz wegen Nichterfüllung** einschließlich Nutzungsausfall (BGH, VersR 1985, 1153, 1154) nicht unter den Versicherungsschutz, unabhängig davon, ob der Geschädigte die Sache selbst verwendet oder sie gegen Entgelt einem Dritten überlassen hatte (BGH, NJW 1986, 1346). Dies gilt insb. wenn dies dadurch bedingt ist, dass eine Nutzung während der Zeit der erforderlichen Mängelbeseitigungsarbeiten nicht oder nur eingeschränkt möglich ist (OLG Köln, VersR 2003, 1166, 1167; OLG Stuttgart, VersR 2001, 187; OLG Frankfurt am Main, VersR 1982, 790, 791).

Ebenso sind Ansprüche aus **Wandelung (heute Rücktritt) oder Minderung** (BGH, VersR 1978, 219, 220) ausgeschlossen.

Das nicht von der Haftpflichtversicherung gedeckte **Erfüllungsinteresse** beinhaltet im **Werkvertragsrecht** die Neuherstellung des Werks und die Beseitigung von Mängeln (BGH, VersR 1978, 219, 220). Entscheidend hierbei ist allein die versicherungsrechtliche Einordnung, sodass z.B. in der Architektenhaftpflicht Neu- oder Umplanungen nicht versichert sind, unabhängig davon, ob sich der Planungsfehler bereits verwirklicht hat (BGH, VersR 2009, 107, 109).

Für **Mangelfolgeschäden** gem. § 634 Nr. 4 BGB besteht grds. Haftpflichtversicherungsschutz (BGH, VersR 1981, 771 f.). Allerdings besteht für solche Schäden, die dem Besteller zur Behebung des Mangels zugefügt werden müssen, *kein* Versicherungsschutz (BGH, VersR 1991, 293). Es besteht auch kein Versicherungsschutz für den Ersatz vorgezogener Rettungskosten, um Schäden an anderen Rechtsgütern zu vermeiden. Die Regelungen in der Schadensversicherung, §§ 82, 83, 90 VVG, sind auf die Haftpflichtversicherung auch nicht analog anwendbar (OLG Köln, VersR 2015, 709, 710).

Äußerst kontrovers diskutiert wurde die Frage, ob Schadensersatzansprüche wegen **Fehlens zugesicherter Eigenschaften** gem. § 437 Nr. 3 BGB (§§ 463 Satz 1, 480 Abs. 2 BGB a.F.) vom Versicherungsschutz erfasst sind (zum Streitstand, *Littbarski*, § 4 AHB Rn 22 bis 30). Mit der Schuldrechtsmodernisierung ist eine Haftung für zugesicherte Eigenschaften entfallen. Haftungsansprüche gegen den Verkäufer aus **Beschaffenheitsvereinbarungen** fallen grds. unter den Versicherungsschutz, diese können jedoch gemäß Ziff. 7.3 AHB 2015 ausgeschlossen sein, wenn der Verkäufer eine verschuldensunabhängige Haftung übernimmt (vgl. ausführlich MüKo/*Littbarski*, § 100 VVG Rn 45–52). Danach sind Ansprüche von der Deckung ausgeschlossen, soweit sie aufgrund eines Vertrages oder besonderer Zusagen über den Umfang der gesetzlichen Haftpflicht des VN hinausgehen. Ebenso sind **Garantien** nach § 443 BGB vom Versicherungsschutz durch Ziff. 7.3 AHB 2015 ausgeschlossen (MüKo/*Littbarski*, § 100 VVG Rn 53).

II. Während der Versicherungszeit

Der Deckungsanspruch des VN ggü. dem VR besteht nur, wenn der Versicherungsfall während der Versicherungszeit eingetreten ist. Das Gesetz ermöglicht, den Versicherungszeitraum in den jeweiligen Versicherungsbedingungen zu regeln. Eine **einheitliche Definition des Versicherungszeitraums besteht nicht**, sodass sich insb. die Frage stellt, ob für die Deckung der Haftpflichtgefahr in zeitlicher Hinsicht die Schadenursache oder das Schadenereignis maßgebend ist. Relevant wird diese Frage bei Spätschäden – sog. **gedehnten Versicherungsfällen** –, wenn also zwischen verursachender Handlung und Schadenereignis ein gewisser Zeitraum liegt, während dessen der Versicherungsschutz eine Änderung erfahren hat, z.B. durch einen Wechsel der VR oder eine Beendigung des Versicherungsschutzes.

In der früheren Rechtsprechung zu den AHB wurde zur Auslegung des Begriffs „Ereignis" in § 1 Nr. 1 AHB auf den **Zeitpunkt des Verstoßes** des VN abgestellt (RGZ 171, 43,

45 ff.). Der BGH hat in einer späteren Grundsatzentscheidung jedoch die **Schadenereignis-** bzw. **Folgenereignistheorie** vertreten, sodass es nicht auf die Schadenursache – das schadenauslösende Verhalten des VN –, sondern auf das Schadenereignis selbst – das äußere Ereignis, das den Personen- oder Sachschaden unmittelbar ausgelöst hat – ankommt (BGHZ 25, 34 = BGH, VersR 1957, 499, Mähdrescherfall: Der Sitz eines Mähdreschers war fehlerhaft angeschweißt [Verstoß], was einige Zeit später zu dessen Abbruch [Schadenereignis] und einer schweren Verletzung des Fahrers führte). Damit wurde i.R.d. allgemeinen Haftpflichtversicherung eine **Rückwärtsdeckung** auch für solche Schadenereignisse gewährt, die nach Versicherungsbeginn eintreten, jedoch auf einem bereits vor dem Versicherungsbeginn liegenden Tun oder Unterlassen beruhen. Dass hierdurch **Deckungslücken** auftreten können, wie z.B. wenn sich das Schaden stiftende Ereignis erst nach einer Betriebsaufgabe realisiert, während der Verstoß des VN in einem davor liegenden noch versicherten Zeitraum stattfand, wurde von der Rechtsprechung hingenommen.

30 In einer späteren Entscheidung hat sich der BGH in Abkehr von seiner früheren Rechtsprechung wieder der **Verstoßtheorie** zugewandt (BGH, NJW 1981, 870, 873, Herbizidfall). In diesem Fall bestand die Besonderheit, dass zwar die Verletzungshandlung eindeutig zeitlich bestimmt werden konnte, nicht jedoch das konkrete schadenauslösende Ereignis. Der VN war beauftragt, ein Unkrautvernichtungsmittel auf Gleiskörper der Bundesbahn zu sprühen. In der Folgezeit kam es zu Waldschäden entlang der Bahnstrecke. Vom Berufungsgericht wurde für das schadenauslösende Ereignis nach der Schadensereignistheorie auf den Zeitpunkt abgestellt, in dem Gift in derartigem Maße in die Bäume eingedrungen war, dass ihr Absterben nicht mehr zu verhindern war. Eine genaue zeitliche Bestimmung des Schadenereignisses, welche dem VN oblegen hätte, war jedoch nicht möglich. Die Anwendung der Schadenereignistheorie hätte – aufgrund eines Wechsels der VR – dazu geführt, dass der VN trotz durchgehend bestehender Haftpflichtversicherung keinen Versicherungsschutz erhalten hätte.

31 Die **Änderung der Rechtsprechung** wurde in der Folgezeit teilweise bestätigt (OLG Celle, VersR 1997, 609 für die Gewässerschadenhaftpflichtversicherung), aber auch stark kritisiert (*Klingmüller*, VersR 1981, 421, 423; *Schmidt-Salzer*, BB 1981, 459, 465; *Küpper*, VP 1981, 172, 177; zur Gesamtproblematik *Jenssen*, ZVersWiss 1987, 425, 455). Seitens der Versicherungswirtschaft wurde, um die Schadensereignistheorie wieder zur Anwendung zu bringen, in den AHB das Wort „Ereignis" jeweils durch das Wort „Schadensereignis" ersetzt. Im Rahmen einer verordnungsgebenden Änderung der AHB vom 15.1.1982 des BAV (VerBAV 1982, 122) wurden damit auch bereits bestehende Haftpflichtversicherungsverträge rückwirkend geändert.

32 Allerdings verbleiben auch nach dieser Änderung noch **Zweifel** (vgl. hierzu im Einzelnen BK/*Baumann*, § 149 Rn 166 ff.) **in der Auslegung des Begriffes Schadenereignis**. Zutreffend hält *Schwintowski* (*Schwintowski*, VuR 1998, 35, 39) den Schadenereignisbegriff in den alten AHB für unwirksam nach dem Recht der Allgemeinen Geschäftsbedingungen (Verstoß gegen das Transparenzgebot gem. § 9 AGBG a.F., nunmehr geregelt in § 307 Abs. 1 S. 2 BGB). Die Begriffe „*Ereignis*" und „*Schadenereignis*" sind mehrdeutig, beide lassen eine Auslegung nach der Verstoß- und/oder der Schadenereignistheorie zu. Wenn

der BGH mit methodisch gleicher Begründung, insb. nach dem Maßstab, was der durchschnittliche VN billigerweise vom Versicherungsschutz erwarten kann (BGHZ 79, 76, 80 = BGH, NJW 1991, 870, 871), in einem Fall die Schadenereignistheorie (BGHZ 25, 34 = BGH, VersR 1957, 499, Mähdrescherfall) und in einem anderen Fall die Verstoßtheorie (Herbizidfall – BGH, NJW 1981, 870) vertritt, dann ist dies Beleg für eine **intransparente Klausel**. Im Ergebnis führt dies zur Bewertung des Versicherungsfalles nach § 100 VVG: Der Begriff der Tatsache lässt beide Varianten – also **Verstoß- und Schadenereignistheorie** – zu (*Schwintowski*, VuR 1998, 35, 39). Damit genießt der VN in den sog. gedehnten Versicherungsfällen, denen die früheren AHB ohne weitere Beschreibung (vgl. Rdn 28) zugrunde liegen, einen sehr umfangreichen Schutz, nämlich für *alle* in die Versicherungszeit fallenden haftungsbegründenden Tatsachen (Verstoßtheorie) und alle Haftungsfolgen (Schadenereignistheorie).

In den neueren AHB wird der Schadenereignisbegriff erweitert beschrieben. **Ziff. 1.1 S. 2 und S. 3 der AHB 2015** enthalten folgende Definition: „*Schadenereignis ist das Ereignis, als dessen Folge die Schädigung des Dritten unmittelbar entstanden ist. Auf den Zeitpunkt der Schadenverursachung, die zum Schadenereignis geführt hat, kommt es nicht an.*" Damit sind Unklarheiten beseitigt und es verbleibt für die Verstoßtheorie kein Raum. Diese Regelung ist für den durchschnittlichen VN verständlich formuliert und daher nicht unklar i.S.d. § 305c BGB. Sie ist dahingehend auszulegen, dass jedenfalls der zeitlich letzte Umstand maßgebend ist (BGH, VersR 2014, 625–628). Um bei sog. **Nachhaftungsfällen** Deckungslücken zu vermeiden, besteht eine besondere Beratungspflicht nach § 6 VVG zum Abschluss einer Nachhaftungsversicherung mit dem Risiko der Schadensersatzverpflichtung des VR gem. § 6 Abs. 5 VVG (Prölss/Martin/*Lücke*, § 100 Rn 32). 33

Den VR ist es unbenommen, ihren Deckungskonzepten **unterschiedliche versicherte Zeiträume** zugrunde zu legen. Einige Versicherungsbedingungen basieren auf der **Verstoßtheorie**, wie z.B. § 5 Abs. 1 AVB für die Anwalts- und Notarhaftpflichtversicherung; Ziff. II.1. BBR/MB für die Architektenhaftpflichtversicherung (hierzu auch OLG Nürnberg, VersR 1994, 1462). In der Produkthaftpflichtversicherung tritt nach der **Folgeereignistheorie** der Versicherungsfall erst mit dem äußeren Vorgang ein, der die Schädigung des Dritten unmittelbar herbeiführt (OLG Oldenburg, VersR 1997, 732). In der D&O-Versicherung wird regelmäßig das **Anspruchserhebungsprinzip** (Claims-Made-Prinzip) vereinbart (hierzu *Lange*, r+s 2006, 177, 182), wobei diskutiert wird, ob dies mit der Gesetzeslage vereinbar ist (krit. Rüffer/Halbach/*Schimikowski*, § 100 Rn 6; bejahend OLG München, VersR 2009, 306, 307; *Schimikowski*, r+s 2009, 331; *Baumann/Gädtke/Henzler*, in: Bruck/Möller, AVB-AVG 2011/2013, Rn 4ff.). Eine Wirksamkeit ist jedenfalls dann gegeben, wenn die mit dem Claims-Made-Prinzip verbundenen Nachteile ausreichend kompensiert werden, durch Regelungen über eine unbegrenzte Rückwärtsversicherung, die Vereinbarung einer Nachhaftungszeit und die Möglichkeit einer Umstandsmeldung bei Vertragsbeendigung (OLG Frankfurt, r+s 2013, 329–333; Prölss/Martin/*Voit*, AVB-AVG Ziff. 2 Rn 1d); eine unangemessene Benachteiligung soll es darstellen, wenn die Nachmeldemöglichkeit im Falle der Eröffnung des Insolvenzverfahrens ausgeschlossen ist (OLG Hamburg, 11 U 313/13, nachgehend BGH IX ZR 161/15). In der Arzthaftpflichtversicherung besteht für 34

Spätschäden, die nach vollständiger Beendigung der freiberuflichen ärztlichen Tätigkeit und damit nach Erlöschen der Versicherung gem. Ziff. 17 AHB 2015 auftreten, nach der neueren BGH-Rechtsprechung (BGH, NJW 1981, 870) Versicherungsschutz, wenn der Verstoß, also die fehlerhafte ärztliche Heilbehandlung, während des Versicherungszeitraums begangen wurde (hierzu auch *Rolfes*, VersR 2006, 1662, 1167).

III. Von einem Dritten

35 Geschädigter Dritter kann zunächst **jede natürliche oder juristische Person** sein, die einen in den **Schutzbereich des VV fallenden Anspruch** gegen den VN hat oder erhebt. Da der VN keine Ansprüche gegen sich selbst haben kann, kommt er selbst als Dritter i.S.d. Gesetzes nicht in Betracht, sodass sog. „echte Eigenschäden" nicht versichert sind. Allerdings besteht eine Einstandspflicht des Haftpflichtversicherers auch dann, wenn der Eigentümer des Kfz Alleingesellschafter und Geschäftsführer der geschädigten **Ein-Mann-GmbH** ist (LG Oldenburg, VersR 1997, 869, 870). Einen Sonderfall stellt die Rückrufkostenversicherung dar, bei der es an einem anspruchserhebenden Dritten fehlt und der Versicherungsfall eingetreten ist, wenn mit hoher Wahrscheinlichkeit die Anspruchserhebung eines Dritten zu erwarten ist (Looschelders/Pohlmann/*Schulze Schwienhorst*, § 100 Rn 23, 24).

36 I.R.d. **D&O-Versicherung** wird teilweise vertreten, dass die Gesellschaft als VN nicht geschädigte Dritte sein kann, sodass ihr ggü. § 105 VVG – und auch § 108 Abs. 2 VVG – keine Anwendung finden soll (Rüffer/Halbach/*Schimikowski*, § 100 Rn 6; *Schimmer*, VersR 2008, 875, 879; *Armbrüster*, NJW 2009, 187, 192; *Schramm*, PHI 2008, 24). Für diese Auffassung bietet die Gesetzeslage jedoch keinen Raum; i.Ü. sind auch keine Besonderheiten in der D&O-Versicherung zu erkennen, die ein solches Ergebnis rechtfertigen können (so auch *Koch*, r+s 2009, 133, 135, 136; *Langheid*, VersR 2009, 1043; a.A. *Koch*, in: Bruck/Möller, § 100 Rn 163, wonach die Verfügungsbefugnis des VN beschränkt und eine Abtretung an sich selbst nicht möglich sei.). Der BGH (BGH v. 13.4.2016 – IV ZR 304/13) hat die Streitfrage zugunsten einer Anwendbarkeit der §§ 105, 108 Abs. 2 VVG entschieden und weist zutreffend darauf hin, dass bei der Versicherung für fremde Rechnung der Begriff des Geschädigten nicht in der Weise eingegrenzt werden kann, dass alle am Vertrag beteiligten Personen von vornherein nicht geschädigte Dritte sein können.

37 Ansprüche des VN **gegen Mitversicherte** und **zwischen mehreren VN** desselben VV (sog. „unechte Eigenschäden") sind regelmäßig in den Versicherungsbedingungen ausgeschlossen (vgl. Ziff. 7.4 Abs. 1, 2 AHB 2015, § 7 Ziff. 2 AVB Vermögen). In der **Kraftfahrtversicherung** sind gem. Ziff. A.1.5.6 AKB 2015 jedoch nur die Ansprüche wegen Sach- oder Vermögensschäden des VN gegen mitversicherte Personen ausgeschlossen. Erleidet der VN einen **Personenschaden**, der aufgrund eines – wegen Ziff. A.1.5.6 AKB 2015 – nicht versicherten Sachschadens entstanden ist, besteht Versicherungsschutz, den der VN im Wege des Direktanspruchs gem. § 3 Nr. 1 PflVG a.F. (§ 115 Abs. 1 Nr. 1 VVG n.F.) gegen den VR geltend machen kann (BGH, VersR 1986, 1010). Ansprüche von

Mitversicherten untereinander sind ebenfalls regelmäßig in den Versicherungsbedingungen ausgeschlossen (vgl. Ziff. 7.4 Abs. 3 AHB 2015).

In den Fällen der **Konfusion** ist umstritten, ob der Haftpflichtanspruch fortbesteht. Dabei handelt es sich um die **Vereinigung von Forderung und Schuld in einer Person**, also wenn z.B. der VN den geschädigten Dritten beerbt oder umgekehrt. Nach der Rechtsprechung ist das Erlöschen der Hauptforderung im Fall der Konfusion weder gesetzlich vorgeschrieben noch logisch zwingend; vielmehr ist vom **Fortbestehen der Forderung** dann auszugehen, wenn dies **nach der Interessenlage** etwa mit Rücksicht auf Rechte Dritter an der Forderung geboten erscheint (BGH, NJW 1995, 2287, 2288). Teilweise sehen gesetzliche Vorschriften ein Fortbestehen der Forderung vor (vgl. §§ 1976, 1991 Abs. 2, 2143, 2175 und 2377 BGB, die das Vermögen des Erben und den Nachlass als gesonderte Vermögensmassen behandeln). I.Ü. erscheint es im Haftpflichtversicherungsrecht nicht gerechtfertigt, den VR aufgrund einer zufälligen Vereinigung von Forderung und Schuld in der Person des VN oder des geschädigten Dritten aus seiner Leistungspflicht zu entlassen (h.M., vgl. Prölss/Martin/*Lücke*, § 100 Rn 40; MüKo/*Littbarski*, § 100 VVG Rn 78, BK/*Baumann*, § 149 Rn 116; *Johannsen*, in: Bruck/Möller, IV KV Anm. B. 41, 60, 85). Gleiches gilt auch bei der Verschmelzung zweier juristischer Personen. Eine Konfusion mit der Folge des Entstehens eines Zahlungsanspruches des Dritten ggü. dem VR entsteht auch nach Pfändung und Überweisung (BGH, NJW 2007, 2258, 2261) oder Abtretung (BGH, NJW 1975, 1276) des Freistellungsanspruchs des VN ggü. dem VR an den Dritten (Näheres hierzu unter § 108 Rdn 26).

C. Rechtsfolgen

I. Allgemeines

Bei dem Anspruch des VN gegen den VR auf Versicherungsschutz handelt es sich um einen einheitlichen Versicherungsanspruch, der auf **Befreiung von begründeten und unbegründeten Ansprüchen** des Dritten gerichtet ist (allgemeine Meinung, vgl. grundlegend BGHZ 15, 154, 161). Solange der VN den Dritten nicht selbst befriedigt hat, ist der VR weder verpflichtet noch berechtigt, zur Erfüllung seiner Verbindlichkeit an den VN zu zahlen. Der Haftpflichtversicherungsanspruch geht bis dahin nur auf die Befreiung des VN von der auf diesem lastenden Haftpflichtschuld (BGHZ 15, 154, 161). § 100 VVG sieht vor, dass dem VN in erster Linie ein Freistellungsanspruch zusteht. Zudem wird – in Anlehnung an die Regelungen in den AHB – klargestellt, dass die Leistungspflicht des VR auch die **Prüfung der Haftpflichtfrage an sich und die Abwehr unberechtigter Ansprüche** umfasst (Begr. BT-Drucks 16/3945, S. 85). In Ziff. 5.1 Abs. 1 AHB 2015 werden die Leistungspflichten des VR wie folgt festgelegt: „*Der Versicherungsschutz umfasst die Prüfung der Haftpflichtfrage, die Abwehr unberechtigter Schadensersatzansprüche und die Freistellung des VN von berechtigten Schadensersatzverpflichtungen.*"

II. Freistellung von berechtigten Haftpflichtansprüchen

40 Durch den – nunmehr auch gesetzlich normierten – Regelfall des **Freistellungsanspruchs** kann der VN ggü. dem VR die Befreiung von begründeten und unbegründeten (dann Abwehr- und Rechtsschutzansprüche des VN, vgl. Rdn 43) Haftpflichtansprüchen eines Dritten verlangen (vgl. Rdn 39). Solange der Befreiungsanspruch sich nicht in einen **Zahlungsanspruch umgewandelt** hat (vgl. Rdn 41), ist der VR nicht berechtigt – i.S.e. Wahlrechts – mit befreiender Wirkung an den VN zu zahlen, denn damit würde in die von der Haftpflichtversicherung geschützte Interessenlage des VN eingegriffen. Eine durch eine solche Zahlung geschaffene Zugriffsmöglichkeit anderer Gläubiger gefährdet die mit der Versicherung erstrebte Befreiung von der Haftpflichtschuld des VN (BGHZ 10, 154, 161). Wenn der Anspruch des Dritten mit bindender Wirkung festgestellt ist und dieser in den Schutzbereich des Haftpflichtversicherungsvertrages fällt, hat der VR den VN freizustellen, indem er selbst **an den Geschädigten zahlt** (BGHZ 20, 234, 237; vgl. hierzu § 106 Rdn 42). Der VN kann auch Befreiung von einer Verbindlichkeit ggü. einem anderen als dem geschädigten Dritten verlangen, wenn dieser seinerseits die Verpflichtung des VN ggü. dem geschädigten Dritten erfüllt hat (BGH, VersR 1960, 73).

41 Der Freistellungsanspruch kann sich in einen **Zahlungsanspruch umwandeln**. Der VN kann Zahlung an sich verlangen, wenn er den Geschädigten befriedigt hat (BGH, VersR 1968, 289; VersR 1966, 625, 626; OLG Koblenz, VersR 1994, 715, 716; Näheres zum Wegfall des Anerkenntnis- und Befriedigungsverbots sowie zur Frage des Umfangs der Versicherungsleistung in diesem Fall [Bindungswirkung] s. § 105 Rdn 1–3, § 106 Rdn 18–33).

42 Wenn der VN keinen Einfluss auf die Befriedigung des Geschädigten hatte (wie bei **Aufrechnung**, **Pfandverkauf** oder **Befriedigung durch Vollstreckungsakte**), steht ihm ebenfalls ein Zahlungsanspruch zu. Allerdings obliegt dem VR im Fall der Aufrechnung des Geschädigten mit einer behaupteten Haftpflichtforderung ggü. einem Anspruch des VN die Entscheidungsbefugnis, ob er die Aufrechnung akzeptiert und die Versicherungsleistung an den VN auszahlt oder ob er ihm Rechtsschutz zur Geltendmachung seiner Forderung gewährt (OLG Hamm, VersR 1978, 80, 81; LG Dortmund, VK 2011, 102–104). Der Dritte kann einen Zahlungsanspruch gegen den VR in den Fällen der Abtretung (vgl. § 108 Rdn 26), der Pfändung und Überweisung (vgl. § 108 Rdn 18) und der Insolvenz (vgl. § 110 Rdn 8) erlangen.

III. Abwehr von unberechtigten Haftpflichtansprüchen

43 Kommt der VR i.R.d. in seiner Regulierungshoheit stehenden Prüfung der Haftpflichtfrage zu dem Ergebnis, dass der erhobene Anspruch des Geschädigten unbegründet sei, hat er dem VN **Rechtsschutz** (Näheres in den Ausführungen zu § 101 VVG) zu gewähren und muss alles tun, was zur **Abwehr des vermeintlichen Haftpflichtanspruchs** notwendig ist (BGH, NJW 1993, 68, 69).

44 Dem VR obliegt das Recht, einen **RA für den VR zu bestellen** (Ziff. 25.5 AHB 2015). Der VN ist verpflichtet, den vom VR bestellten RA zu bevollmächtigen. Widersetzt sich der VN einer Bevollmächtigung des vom VR ausgewählten RA, sind dessen Prozesshandlungen ihm ggü. nicht wirksam (OLG Saarbrücken, VersR 2000, 985, 986; OLG Bremen, VersR 1991, 1281, 1282; a.A. OLG Hamm, VersR 1982, 1068, wonach kein Versäumnisurteil ergehen kann, wenn der VN keinen RA bevollmächtigt hat, jedoch ein vom VR bestellter und bevollmächtigter RA auftritt). Nach BGH (BGH, VersR 1968, 162, 163) erhält der VR keinen einklagbaren Rechtsanspruch auf Erteilung einer Prozessvollmacht. Allerdings stellt die Verweigerung des VN, den bestellten RA zu bevollmächtigen, regelmäßig eine **Obliegenheitsverletzung** mit der Folge der vollständigen oder teilweisen Leistungsfreiheit des VR dar (§ 28 Abs. 2, Ziff. 26.2 AHB 2015; OLG Bremen, VersR 1991, 1281, 1282).

Bei der Auswahl des RA hat der VR die **berechtigten Interessen des VN** bei der Entscheidungsfindung zu berücksichtigen (zutreffend *Koch/Hirse*, VersR 2001, 405, 408, die jedoch zu weitgehend die AVB-Klauseln zur Prozessführung des VR als unwirksam [Verstoß gegen § 9 Abs. 2 Nr. 1 AGBG a.F.] bewerten). Wenn der RA in einem Prozess die andere Partei vertritt oder vertreten hat, kann dem VN die Bevollmächtigung dieses RA unzumutbar sein (BGH, NJW 1981, 1952, 1953). 45

Der VN braucht dem VR die Führung des Haftpflichtprozesses auch nicht überlassen, wenn der VR die Gewährung von Versicherungsschutz vorbehaltlos abgelehnt (BGH, NJW 1967, 202 f.) oder sich nicht rechtzeitig zur Frage des Deckungsschutzes erklärt hat. Nach BGH (NJW 2007, 2258, 2260 f.) ist der VR, solange er seiner Rechtsschutzverpflichtung nicht bedingungsgemäß nachkommt, so zu behandeln, als habe er dem VN zur Regulierung freie Hand gelassen. 46

Teilweise wird vertreten, dass es bereits eine Obliegenheitsverletzung darstellt, wenn der VN neben dem ihm vom VR zugeordneten RA selbst einen **weiteren RA** bestellt (*Littbarski*, AHB, § 5 Rn 79; offengelassen in BGH, NJW 1981, 1952). Dem ist nicht zuzustimmen, da dem VN i.S.e. **freien Anwaltswahl** (§ 3 Nr. 3 BRAO; vgl. hierzu BGH, VersR 1991, 236, wonach dieser Grundsatz durch die Prozessführungsbefugnis des VR nicht verletzt sei, da eine vertretbare Interessenabwägung zugrunde liege) gewährt werden muss, jedenfalls eine selbst gewählte anwaltliche zusätzliche Unterstützung heranzuziehen. Eine Obliegenheitsverletzung stellt es jedoch dar, wenn der VN mit diesem Vorgehen die **Verteidigungsstrategie** des VR **durchkreuzt** (LG Nürnberg-Fürth, VersR 1973, 511, 512). Die Kosten für einen zusätzlich bestellten RA sind vom VR grds. nicht zu ersetzen (OLG München, VersR 1983, 1084; LG Nürnberg-Fürth, VersR 1973, 511, 512; AG Frankfurt am Main, VersR 1973, 516; dagegen in einem Ausnahmefall AG Stuttgart, VersR 1970, 659, 660). Gleiches gilt für Anwaltskosten, die bereits entstanden sind, bevor der VR in Verzug war (LG Köln, r+s 1986, 250; AG Bonn, VersR 1988, 841). 47

Gem. Ziff. 5.2 AHB 2015 ist der VR bevollmächtigt, alle ihm zur Abwicklung des Schadens oder Abwehr der Schadensersatzansprüche zweckmäßig erscheinenden Erklärungen im Namen des VN abzugeben. Der **Umfang der Regulierungsvollmacht** geht auch über die Deckungssumme und eine etwa vereinbarte Selbstbeteiligung hinaus (BGH, NJW 2007, 69, 71; VersR 1989, 138, 139; OLG Düsseldorf, VersR 1979, 151). Nach BGHZ 24, 308, 325 liegt der Außenvollmacht des VR im Innenverhältnis eine durch den VV begründete 48

Geschäftsführungsbefugnis eigener Art zugrunde, kraft derer der VR berechtigt ist, bei Eintritt des Haftpflichtfalles nach seinem Gutdünken, unabhängig von den Weisungen des VN, alle mit der Schadenfeststellung und -regulierung zusammenhängenden, gerichtlichen oder außergerichtlichen, Maßnahmen und Rechtsgeschäfte für den VN durchzuführen. Eine Regulierungszusage des VR ggü. dem Geschädigten stellt ein für beide Rechtsverhältnisse umfassendes deklaratorisches (kausales) Anerkenntnis dar (BGH, VersR 2009, 106). Von der Entscheidung BGHZ 101, 276, 282 u. 285 = VersR 1987, 924, 925, wonach die Regulierungsvollmacht nicht weiter reiche als die Regulierungspflicht, hat sich BGH, NJW 2007, 69, 71 zu Recht distanziert (nach Looschelders/Pohlmann/*Schulze Schwienhorst*, § 101 Rn 25, soll jedoch eine vorherige Informationspflicht bestehen, falls der VR ein die Versicherungssumme übersteigendes Anerkenntnis abgeben möchte). Falls der VR nur eingeschränkt von seiner Vollmacht Gebrauch machen will, muss er dies dem Verhandlungspartner deutlich erkennbar machen (BGH, VersR 1989, 138 f.; bestätigt durch BGH, NJW 2007, 69, 71; OLG Düsseldorf, VersR 1979, 151). Die Regulierungsvollmacht beschränkt sich auf den VN; sie erstreckt sich nicht auf Mitversicherte (BGH, VersR 1999, 1228, 1229).

49 Im Einzelfall muss ein VN auch ihm ungünstige Rechtsfolgen des Verhaltens seines VR gegen sich gelten lassen. Allerdings kann sich der VR im Innenverhältnis ggü. dem VN **schadenersatzpflichtig** machen, wenn er i.R.d. Verhandlungen mit dem Geschädigten die ihm obliegende Pflicht, die Interessen des VN zu wahren, schuldhaft verletzt (BGHZ 24, 308, 317 = VersR 1957, 442; *Koch/Hirse*, VersR 2001, 405, 409). Der VR trägt allein die aus der Prüfung und Abwehr folgende **Arbeitslast und Verantwortung** (BGH, NJW 1956, 827 f.) und hat die Interessen des VN so zu wahren, wie das ein von diesem beauftragter RA tun würde (BGH, VersR 1992, 1504, 1505). Dies gilt auch im Fall einer **Interessenkollision**; in diesem Fall muss der VR seine eigenen Interessen hintenanstellen (BGH, VersR 2001, 1150, 1151; NJW 1993, 68, 69). Der für den VN tätige RA muss den Sachverhalt so vortragen, wie dies von seinem Mandanten, dem VN, geschildert wird (*Langheid*, VersR 2007, 865, 868 m.w.N. zur Problematik des kollusiven Zusammenwirkens unter Berücksichtigung des Wegfalls des Anerkenntnis- und Befriedigungsverbots; vgl. hierzu auch Rdn 65 und § 108 Rdn 61, 62). Der VN kann vom VR verlangen, die **Aufrechnung** mit einer Gegenforderung zu erklären, sofern er ein eigenes Interesse daran hat, wenn z.B. die Realisierung dieser Gegenforderung gefährdet oder aussichtslos wäre. Kommt der VR dieser Aufforderung nicht nach, macht er sich schadenersatzpflichtig ggü. dem VN aus positiver Forderungsverletzung gem. § 280 Abs. 1 BGB (zutreffend *Wussow*, VersR 1994, 1014, 1017).

50 Die Regulierungsvollmacht ist **grds. unwiderruflich** solange das Haftpflichtversicherungsverhältnis besteht und dauert auch nach dessen Beendigung fort, wenn während der Vertragslaufzeit ein Versicherungsfall eingetreten und die Regulierung der daraus resultierenden Haftpflichtansprüche noch nicht endgültig abgewickelt ist (BGHZ 101, 276, 285 = VersR 1987, 924, 925).

51 Ein **Widerruf** der Vollmacht soll ausnahmsweise dann zulässig sein, wenn der VR erklärt, er halte sich zwar für leistungsfrei, würde aber trotzdem zunächst regulieren (Prölss/Martin/

Voit/Knappmann, 27. Aufl., § 5 AHB Rn 21). Es erscheint interessengerecht, einen Widerruf im vorgenannten Fall und auch dann zuzulassen, wenn der VN erkennt, dass der VR die Interessen des VN i.R.d. Regulierung grob verletzt (nach *Wussow*, VersR 1994, 1014, 1017 ist der Widerruf aus wichtigem Grund jedenfalls in dem Umfang möglich, in dem der VN selbst – z.B. wegen Überschreiten der Deckungssumme – für die Haftpflichtforderung einzutreten hätte).

Mit dem **Wegfall des Anerkenntnis- und Befriedigungsverbots durch den VR** (näher hierzu § 105 Rdn 1–3) erhält der VN die Möglichkeit, den Haftpflichtanspruch des Dritten sanktionslos (beachte jedoch die Einschränkung i.R.d. Bindungswirkung, hierzu § 106 Rdn 18–33) anzuerkennen und zu erfüllen. Dies muss ihm in jedem Stadium des Verfahrens, sowohl außergerichtlich als auch gerichtlich, gewährt werden. In diesem Zusammenhang kann es zu einer **Interessenkollision** mit der Regulierungsvollmacht des VR kommen, wenn sich z.B. der VN im Laufe des Haftpflichtprozesses dazu entschlossen hat, den Haftpflichtanspruch des Dritten (teilweise) anzuerkennen, der VR jedoch aufgrund einer anderen rechtlichen Einschätzung oder aus prozesstaktischen Überlegungen eine solche Vorgehensweise nicht befürwortet. In einem solchen Fall muss es dem VN jedenfalls möglich sein, den ihm vom VR zur Seite gestellten RA anzuweisen, das von ihm gewollte (Teil-)Anerkenntnis auch im Prozess zu erklären. 52

IV. Fälligkeit und Verjährung des Deckungsanspruchs

Während sich die Fälligkeit des Freistellungs- und Zahlungsanspruchs nach § 106 VVG richtet, wird der Rechtsschutzanspruch mit der Anspruchserhebung des Dritten ggü. dem VN fällig. Im Hinblick auf die **einheitliche Verjährung des Deckungsanspruchs** (vgl. Rdn 58) ist dieser Zeitpunkt von wesentlicher Bedeutung. 53

1. Anspruchserhebung des Dritten

Voraussetzung für Entstehen und Fälligkeit des **Rechtsschutzanspruchs** ist die **Erhebung eines Anspruchs eines Dritten ggü. dem VN**, der (auch) mit einem in den Schutzbereich des VV fallenden Rechtsverhältnis begründet ist (st. Rspr., vgl. BGH, NJW 1956, 826, 828; RGZ 159, 16, 19; nach OLG Schleswig, VersR 1996, 1406, 1407 gilt dies zumindest dann, wenn kein Haftpflichtprozess vorausgegangen und auch nicht anhängig ist). Zudem muss der behauptete Anspruch auf einem während der Versicherungszeit eingetretenen Versicherungsfall beruhen (BGH, VersR 1967, 769, 770; vgl. auch Rdn 28). Entgegen OLG Düsseldorf (OLG Düsseldorf v. 12.7.2013 – I-4 U 149/11) ist auch keine besondere Ernsthaftigkeit erforderlich, den Schädiger auch persönlich in Anspruch nehmen zu wollen, wofür der Versicherte oder – im Falle der Abtretung des Freistellungsanspruchs an diesen – der Geschädigte darlegungs- und beweispflichtig sei (BGH, Urt. v. 13.4.2016 – IV ZR 304/13, Rn 29). 54

Der Anspruchserhebung stehen folgende Konstellationen gleich: **Streitverkündung** (vgl. § 104 Abs. 2; BGH, VersR 2003, 900, 901; VersR 1967, 56, 58 [unter II.2.a]; OLG Düsseldorf, NJW-RR 1996, 928; OLG Hamm, VersR 1978, 809 f.; ablehnend *Schwintowski*, LMK 55

2003, 167 zu der vom BGH postulierten Konsequenz, dass es für den Verjährungsbeginn auf die Zustellung der Streitverkündung ankomme), **Aufrechnungserklärung** des Dritten (vgl. § 101 Rdn 7–9). Ein Antrag im **selbstständigen Beweisverfahren** nach § 485 ZPO reicht dann nicht aus, wenn mehrere Schädiger in Betracht kommen und das Verfahren dazu dienen soll, dem Geschädigten Klarheit darüber zu verschaffen, welche Schäden eingetreten sind, was zur Schadensentstehung geführt hat und wer jeweils die Verantwortung dafür trägt (BGH, VersR 2004, 1043, 1044 f.; **a.A.** OLG Karlsruhe, VersR 2006, 538: Es genügt bereits die Einleitung eines selbstständigen Beweisverfahrens, um die Verjährungsfrist in Gang zu setzen, auch wenn dieses vorsorglich mit dem allg. Ziel eingeleitet worden ist, erst zu klären, ob und in welchem Umfang Ansprüche gegen den VN bestehen; nach OLG Köln, r+s 1998, 323, 324 soll es jedenfalls genügen, wenn ein Beweissicherungsverfahren eingeleitet und in der anschließenden Korrespondenz der Anspruch konkretisiert wurde; vgl. auch KG, VersR 2003, 1246 f.). Erforderlich ist, dass der **Haftpflichtanspruch nicht nur angekündigt, sondern definitiv ausgesprochen** wird. Der Umstand, dass die genaue Schadenhöhe noch nicht beziffert werden kann, steht der ernsthaften Geltendmachung des Schadensersatzanspruchs und dem Eintritt der Fälligkeit des Deckungsanspruchs nicht entgegen (OLG Köln, r+s 1996, 432 f.). Dies wird jedoch zu Recht verneint, wenn lediglich aus anwaltlicher Vorsorge mit einer Klage gedroht wird, verbunden mit der Bitte um Verzicht auf die Einrede der Verjährung (BGH, VersR 1979, 1117, 1118).

56 Grundsätzlich ist für die Prüfung des Rechtsschutzanspruchs der **Sachvortrag des Geschädigten** maßgebend. Der VR muss Rechtsschutzdeckung auch dann gewähren, wenn sich später herausstellt, dass der Anspruch des Dritten gerechtfertigt ist, dieser jedoch nicht in den Schutzbereich der Haftpflichtversicherung fällt. Falschangaben des VN können den VR zur Rückforderung aufgrund von Obliegenheitsverletzungen berechtigen. Wenn ernsthafte Anhaltspunkte für eine Leistungsfreiheit bestehen, soll der VR seiner Rechtsschutzverpflichtung auch dadurch genügen, dass er Rechtsschutz nur unter dem **Vorbehalt der Rückforderung** – abhängig vom Ausgang des Haftpflichtprozesses – gewährt (BGH, NJW 2007, 2258, 2260; OLG Celle, VersR 1978, 25, 26 f.). Damit muss sich der VN jedoch nicht zufriedengeben, sodass er unbedingten Rechtsschutz und Kostenvorschuss (§ 101 Abs. 1 S. 4 VVG) einklagen kann, wofür auch das erforderliche Feststellungsinteresse i.S.d. § 256 ZPO für einen Deckungsprozess gegeben ist (vgl. hierzu auch Rdn 66).

57 Der **Zeitpunkt** der Anspruchserhebung ist für die **Anzeigepflicht** gem. § 104 Abs. 1 S. 2 VVG (vgl. dort Rdn 5) sowie für die Fälligkeit und den Beginn der **Verjährung** des Deckungsanspruchs von Relevanz.

2. Verjährung des Deckungsanspruchs

58 Gem. §§ 195, 199 Abs. 1 BGB beginnt die **3-jährige Verjährung** mit dem Schluss des Jahres, in dem der Anspruch entstanden ist und der Gläubiger hiervon Kenntnis erlangt hatte. Die Verjährung ist gem. § 15 VVG solange **gehemmt**, bis dem VN die Entscheidung des VR in Textform zugeht; die Hemmung beginnt ab Zugang der Anzeige der Inanspruch-

nahme beim VR (*Koch*, in: Bruck/Möller, § 100 Rn 167). Dies gilt auch, wenn der VR den Deckungsschutz nur unter Vorbehalt gewährt hat, denn damit wurde keine Entscheidung i.S.d. § 15 VVG getroffen (vgl. § 15 Rdn 32). Die Verjährung kann auch durch Verhandlungen oder Verjährungsverzicht gehemmt sein. Durch ein Nichtweiterbetreiben des ruhenden Deckungsprozesses (§ 251 ZPO) endet die Hemmung nicht nach § 204 Abs. 2 BGB, sofern dies darin begründet ist, dass die streitige Frage vorab im Haftpflichtprozess geklärt werden soll (OLG Karlsruhe, VersR 2005, 2013; *Koch*, in: Bruck/Möller, § 100 Rn 139) Nach herrschender Meinung handelt es sich bei dem Rechtsschutz- und Befreiungsanspruch um Ausstrahlungen eines **einheitlichen Haftpflichtversicherungsanspruchs**, der auch einer einheitlichen Verjährung unterliegt (BGH, VersR 1960, 554, 555; VersR 1971, 333; OLG Düsseldorf, VersR 1981, 1072, 1073; *Koch*, in: Bruck/Möller, § 100 Rn 139). Dies kann dazu führen, dass der Befreiungs- oder Zahlungsanspruch bereits verjährt ist, bevor dieser überhaupt fällig geworden ist (BGH, VersR 2003, 900; OLG Düsseldorf, v. 5.3.2010 – I-4 U 82/09, juris, Rn 48). Allerdings beginnt im Hinblick auf § 106 VVG eine **neue Verjährungsfrist**, wenn sich der Abwehranspruch des VN vor Ablauf der Verjährung in einen Freistellungs- oder Zahlungsanspruch umwandelt (BGH, VersR 1960, 554, 555; OLG Düsseldorf, v. 5.3.2010 – I-4 U 82/09, juris, Rn 48; **a.A.** Römer/Langheid/*Langheid*, § 100 Rn 31). Dem VR ist die Berufung auf die Einrede der Verjährung **gem. § 242 BGB** verwehrt, wenn er den Haftpflichtprozess für den VN geführt hat, denn dadurch wird fortlaufend seine Verpflichtung zum Versicherungsschutz bestätigt. Der VR kann sich nach Treu und Glauben auch nicht ggü. einem Dritten, der aus übergegangenem Recht Ansprüche geltend macht auf Verjährung berufen, wenn er die Ansprüche bereits ggü. dem Geschädigten anerkannt hat (BGH, VersR 2008, 1350, 1352).

> **Praxistipp**
> Der VN sollte bei drohender Gefahr der Verjährung den VR auffordern, auf die Einrede der Verjährung zu verzichten und erforderlichenfalls eine verjährungshemmende Feststellungsklage (Deckungsprozess, s. Rdn 72) erheben.

V. Trennungsprinzip und Durchbrechungen

Das zwischen VN und VR bestehende Deckungsverhältnis sowie das zwischen VN und geschädigtem Dritten bestehende Haftpflichtverhältnis sind grds. streng voneinander zu trennen (**Trennungsprinzip**, st. Rspr., BGH, VersR 2007, 641, 642; VersR 2006, 106, 107; VersR 2004, 590; VersR 2001, 1103, 1104; VersR 1992, 1504, 1505; VersR 1992, 568, 569; VersR 1961, 399; VersR 1959, 256, 257; RGZ 113, 286, 288). Während die Frage der Haftpflicht im Haftpflichtprozess zwischen dem Dritten und dem VN geklärt wird, entscheidet das Gericht im Deckungsprozess zwischen VN und VR über den Deckungsanspruch. 59

Ob und in welchem Umfang den VR Pflichten ggü. dem Dritten aufgrund eines zwischen ihm und dem Dritten **unmittelbar bestehenden Rechtsverhältnisses** treffen, wird in der Literatur vereinzelt diskutiert. Zur Begründung von **vertraglichen Ansprüchen des Dritten gegen den VR** wurden verschiedene Ansätze entwickelt. Denkbar ist eine rechtliche Sonderverbindung i.S.v. § 242 BGB zwischen Drittem und VR, aufgrund derer beide 60

Parteien zur Beachtung von Obliegenheiten angehalten sind. Daneben wird die Einbeziehung des Dritten in den Schutzbereich des VV nach den Grundsätzen des Vertrags mit Schutzwirkung zugunsten Dritter sowie eine Haftung des VR ggü. dem Dritten als Vertreter bzw. Sachwalter i.S.v. § 311 Abs. 3 BGB diskutiert (Überblick hierzu in BK/*Baumann*, § 149 Rn 133 ff.; *Baumann*, VersR 2004, 944, 950). Keines dieser Modelle vermag dem Geschädigten einen Direktanspruch gegen den VR – neben den unter Rdn 68 aufgezeigten Sonderfällen – einzuräumen. Sie können allenfalls zur Begründung eines Schadensersatzanspruchs gegen den VR im Fall der fehlerhaften Schadenregulierung herangezogen werden. Erwägungen zur Begründung eines Direktanspruchs sind nicht zuletzt auch abzulehnen, weil sich der Gesetzgeber i.R.d. Reform des Versicherungsvertragsrechts bewusst gegen die Normierung eines Direktanspruchs entschieden hat. Wenngleich dem Dritten kein Direktanspruch gegen den VR zusteht, ist es ihm möglich, bei drohender Verjährung eine Feststellungsklage gegen den VR zu erheben (s. Rdn 74).

61 Das Trennungsprinzip wird durch den **Grundsatz der Bindungswirkung** ergänzt. Nach st. Rechtsprechung ist eine rechtskräftige Entscheidung des Haftpflichtprozesses für den nachfolgenden Deckungsprozess bindend, soweit Voraussetzungsidentität besteht (BGH, VersR 2007, 641, 642; BGH, VersR 2006, 106, 107 f.; BGH, VersR 2004, 590; BGH, VersR 2001, 1103, 1104; BGH, VersR 1992, 1504, 1505; BGH, VersR 1992, 568, 569; BGH, VersR 1969, 413, 414; BGH, VersR 1959, 256, 257; RGHZ 167, 243, 246 f.). Die Bindungswirkung ergibt sich weder aus der Rechtskraft des Haftpflichturteils noch aus den zivilprozessualen Interventionswirkungen, sondern aus der „**Natur der Haftpflichtversicherung**" (BGH, VersR 1969, 413, 414). Nach heutiger Rechtsprechung ist sie dem Leistungsversprechen des Haftpflichtversicherers im Wege der Auslegung zu entnehmen (BGH, VersR 2006, 106, 107; BGH, VersR 2001, 1103, 1104; BGH, VersR 1992, 1504, 1505). Dies verhindert, dass die dem Haftpflichturteil zugrundeliegenden Feststellungen, die für das Haftpflichtverhältnis und das Deckungsverhältnis gleichermaßen relevant sind, im Deckungsprozess erneut überprüft werden können und müssen (BGH, VersR 2006, 106, 107). Nach *Langheid* soll jedoch durch die VVG-Reform das hergebrachte Konzept der Bindungswirkung nicht oder nur eingeschränkt gelten (Römer/Langheid/*Langheid*, § 100 Rn 35); dies wird insbes. mit der Formulierung des § 106 VVG begründet. Dem ist nicht zu folgen (vgl. hierzu im Einzelnen § 106 Rdn 13 ff.).

62 **Voraussetzungsidentität** ist gegeben, wenn die für das Haftpflichturteil objektiv entscheidungserheblichen Tatsachen gleichermaßen im Deckungsprozess relevant sind (BGH, VersR 2007, 641, 642; BGH, VersR 2004, 590; OLG Düsseldorf, r+s 2005, 155, 156). Das ist dann der Fall, wenn „*eine für die Entscheidung im Deckungsprozess maßgebliche Frage sich auch im Haftpflichtprozess nach dem vom Haftpflichtgericht gewählten rechtlichen Begründungsansatz bei objektiv zutreffender rechtlicher Würdigung als entscheidungserheblich erweist*" (BGH, VersR 2007, 641, 642; BGH, VersR 2004, 590). Dem VR bleibt es unbenommen, dem Deckungsanspruch des VN versicherungsvertragsrechtliche Einwendungen (insb. Obliegenheitsverletzungen des VN) entgegenzuhalten, soweit infolge fehlender Voraussetzungsidentität eine Bindungswirkung zu verneinen ist (BGH, VersR 2001, 1103, 1104).

Voraussetzungsidentisch sind zunächst die Feststellungen in Bezug auf **Bestehen und** 63
Umfang der Schadensersatzpflicht des VN ggü. dem Dritten (BGH, VersR 2004, 590).
Der VR kann im nachfolgenden Deckungsprozess (hierzu Rdn 77) nicht einwenden, dass
der Schaden auf eine andere Art und Weise zustande gekommen sei als im Haftpflichtprozess festgestellt (BGH, VersR 2006, 106, 107; BGH, VersR 2001, 1103, 1104). Keine
Voraussetzungsidentität besteht hingegen, wenn im Haftpflichtprozess offengelassen wird,
ob der dem Dritten zuerkannte Schadensersatzanspruch auf einem von der Deckungspflicht
umfassten Haftpflichtverhältnis beruht (BGH, VersR 1957, 385; BGH, VersR 1962, 557,
559); das Gericht ist im Deckungsprozess nicht daran gehindert, die Voraussetzungen
einer weiteren (haftpflichtversicherten) Haftungsnorm, aus der sich ebenfalls ein Anspruch
ergeben könnte, zu prüfen (BGH, VersR 1962, 557, 559).

Hat der VN den Schaden **vorsätzlich und widerrechtlich** herbeigeführt, wird der VR 64
gem. § 103 VVG von seiner Leistungspflicht frei. Es stellt sich daher die Frage, inwieweit
Feststellungen im Haftpflichtprozess hinsichtlich des Verschuldensgrades, mit dem der
VN den Schaden verursacht hat, Bindungswirkung im Deckungsprozess entfalten. Eine
Bindungswirkung kann nur eintreten, wenn der **Grad des Verschuldens** auch im Haftpflichtprozess entscheidungserheblich ist. Von entscheidender Bedeutung ist der Verschuldensgrad insb. bei Bemessung der Höhe eines Schmerzensgeldanspruchs, da vorsätzliches
Handeln des Schädigers regelmäßig **Schmerzensgeld erhöhend** berücksichtigt wird (Palandt/*Heinrichs*, § 253 BGB Rn 20). Ist in einem solchen Fall im Haftpflichtprozess festgestellt oder ausgeschlossen worden, dass der VN den Dritten vorsätzlich geschädigt hat,
entfaltet dies Bindungswirkung hinsichtlich der im Deckungsprozess zu klärenden Frage,
ob die Voraussetzungen des § 152 VVG a.F. (§ 103 VVG) vorliegen (BGH, VersR 1992,
1504, 1505; BGH, VersR 1992, 568, 570). Setzt die Haftungsnorm voraus, dass sich das
Verschulden nur auf die Rechtsgutsverletzung beziehen muss, erstreckt sich die Bindungswirkung auch nur darauf. Ob der Vorsatz des Schädigers – wie es § 152 a.F. VVG (§ 103
VVG) voraussetzt – auch die Schadenfolgen erfasst, ist im Deckungsprozess zu klären
(OLG München, r+s 2000, 58, 60). Über die Frage nach der Bemessung des Schmerzensgeldanspruchs hinaus ist der Grad des Verschuldens im Haftpflichtprozess auch dann
entscheidend, wenn die Haftung des VN ggü. dem Dritten vertraglich auf Vorsatz beschränkt wurde. Macht der Geschädigte im Haftpflichtprozess aber einen Schadensersatzanspruch geltend und reicht für diesen Schadensersatzanspruch fahrlässiges Handeln des
Schädigers aus, darf das Gericht im Deckungsprozess im Hinblick auf § 103 VVG vorsätzliches Handeln des VN sogar dann prüfen, wenn im Haftpflichtprozess festgestellt wurde,
dass der VN vorsätzlich gehandelt hat. Da die Feststellung des Verschuldensgrades bei der
Prüfung dieses Schadensersatzanspruchs objektiv nicht entscheidungserheblich ist – es
sich insoweit um eine sog. **überschießende Feststellung** handelt – entfaltet sie keine
Bindungswirkung für den Deckungsprozess (BGH, VersR 2007, 641, 642; BGH, VersR
2004, 590; OLG Düsseldorf, r+s 2005, 155, 156; OLG München, r+s 2000, 58, 60), weil
die Parteien keinen Einfluss auf überschießende Feststellungen des Gerichts im Haftpflichtprozess nehmen können (BGH, VersR 2004, 590). Wird im Haftpflichtprozess der Grad
des Verschuldens offengelassen, kann die Frage des vorsätzlichen Handelns im Deckungs-

prozess zur vollen Überprüfung gestellt werden (BGH, VersR 2007, 641, 642; BGH, VersR 2006, 106, 107; BGH, VersR 2001, 1103, 1104; OLG Köln, VersR 2002, 1371).

65 Problematisch ist die **Reichweite der Bindungswirkung bei kollusivem Zusammenwirken** zwischen Geschädigten und vermeintlichem Schädiger. Strengt der Geschädigte angesichts eines fingierten Schadenfalls eine Haftpflichtklage gegen den vermeintlichen Schädiger an, wird dieser im Prozess die vom Geschädigten vorgetragenen Tatsachen zugestehen wollen. Da der VR im Haftpflichtprozess dazu verpflichtet ist, die Interessen des VN so zu wahren, wie es ein von diesem beauftragter Anwalt tun würde (BGH, VersR 1992, 1504, 1505, s.a. Rdn 49), darf der vom VR bestellte Anwalt selbst dann nicht von den Angaben des VN abweichend vortragen, wenn er die Richtigkeit dieser Angaben bezweifelt (*Krämer*, r+s 2001, 177, 179; *Lemcke*, VersR 1995, 989, 991). Aufgrund der Bindungswirkung des Haftpflichturteils kann der VR auch im anschließenden Deckungsprozess nicht geltend machen, dass der Schaden auf eine andere Art und Weise zustande gekommen ist als im Haftpflichtprozess festgestellt. In der Literatur wird darin vereinzelt ein „Dilemma" gesehen und eine Einschränkung der Bindungswirkung gefordert (Römer/Langheid/*Langheid*, § 149 Rn 15; *Lemcke*, VersR 1995, 989, 992). Richtigerweise ist danach zu differenzieren, wann der VR den Nachweis des kollusiven Zusammenwirkens führen kann: Macht der VR angesichts des vom Geschädigten angestrengten Haftpflichtprozesses seinen Rechtsschutzanspruch geltend und ist es dem VR zu diesem Zeitpunkt möglich, dem VN ein kollusives Zusammenwirken nachzuweisen, kann er die Deckung verweigern, weil der VN seine Obliegenheit zum wahrheitsgemäßen Schadenbericht nach Ziff. 25.2 AHB 2015 mit den Folgen gem. § 28 Abs. 2 VVG verletzt hat (so auch *Krämer*, r+s 2001, 177, 179 f.). Gelingt ihm der Nachweis des kollusiven Zusammenwirkens nicht, ist er dazu verpflichtet, dem VN Rechtsschutz zu gewähren. Ist dem VR der Nachweis erst im anschließenden Deckungsprozess möglich, kann er dem Deckungsanspruch des VN den Einwand des rechtsmissbräuchlichen Verhaltens nach § 242 BGB entgegenhalten. Es ist allerdings nicht einzusehen, warum ihm dieser Einwand zugestanden werden soll, wenn es ihm bereits während des Haftpflichtprozesses möglich war, dem VN das kollusive Zusammenwirken nachzuweisen und aufgrund dessen den Deckungsanspruch zu verweigern. In diesem Fall ist er – trotz kollusiven Zusammenwirkens von VN und geschädigten Dritten – an das rechtskräftige Urteil aus dem Haftpflichtprozess gebunden.

66 Die Bindungswirkung besteht grds. unabhängig davon, ob sich der VR am Haftpflichtprozess beteiligt hat (BGH, VersR 1977, 174, 175). Wegen fehlender Schutzbedürftigkeit des VR ist sie unproblematisch zu bejahen, wenn dieser die Möglichkeit der Mitwirkung am Haftpflichtprozess wahrgenommen oder aufgrund ihm vorwerfbarer Umstände nicht wahrgenommen hat (BGH, VersR 1992, 1504, 1505: unberechtigte Verweigerung des Versicherungsschutzes). Problematisch ist jedoch, ob das Haftpflichturteil dann eine Bindungswirkung entfaltet, wenn der VR die **fehlende Mitwirkung am Prozess** nicht zu verantworten hat. Teilweise wird in diesen Fällen eine Bindungswirkung verneint (*Hagen*, NVersZ 2001, 341, 342 f.; Römer/Langheid/*Langheid*, § 149 Rn 12). Hiergegen sprechen allerdings folgende Überlegungen: Die Bindungswirkung des Urteils im Deckungsprozess wird dem Leistungsversprechen des VR im Wege der Vertragsauslegung entnommen (vgl.

Rdn 61). Es könnte daher zweifelhaft sein, ob es ein im Wege der ergänzenden Vertragsauslegung hergeleitetes interessengerechtes Ergebnis darstellt, in diesem Fall die Bindungswirkung zu bejahen (vgl. *Hagen*, NVersZ 2001, 341, 342 f.). Allerdings kann der VR im Deckungsprozess regelmäßig Obliegenheitsverletzungen einwenden, die zur Leistungsfreiheit bzw. Leistungskürzung führen können (§§ 28 Abs. 2, 104 Abs. 1 VVG; Ziff. 25.2, 26.2 AHB 2015). Es besteht daher **keine Notwendigkeit für eine Durchbrechung** des Grundsatzes der Bindungswirkung. Letztlich ist auch zu bedenken, dass die Bindungswirkung des Haftpflichturteils nicht immer dem VN zugutekommt. Gerade in den Fällen, in denen das Gericht im Haftpflichtprozess vorsätzliches Handeln des VN festgestellt hat und diese Feststellung auch entscheidungserheblich war (vgl. Rdn 64) gereicht die Bindungswirkung dem VR zum Vorteil (§ 103 VVG). Der Grundsatz der Bindungswirkung gilt nach dem Gesagten uneingeschränkt in allen Fällen der fehlenden Mitwirkung des VR am Haftpflichtprozess (so auch Prölss/Martin/*Lücke*, § 100 Rn 59; BK/*Baumann*, § 149 Rn 187; *Johannsen*, in: Bruck/Möller, IV KV Anm. B 64).

Ein **Versäumnisurteil** entfaltet im Haftpflichtprozess jedenfalls dann Bindungswirkung, 67
wenn der VR trotz Kenntnis vom Haftpflichtprozess keinen Rechtsschutz gewährt, sondern dem VN freie Hand lässt (BGH, VersR 1978, 1105; BGH, VersR 1963, 421, 422; OLG München, r+s 2000, 58, 60; OLG Koblenz, VersR 1995, 1298 f.; OLG Hamm, VersR 1990, 774, 775). Erwirkt der geschädigte Dritte einen **Vollstreckungsbescheid**, ist dieser nach LG Düsseldorf, r+s 1992, 291, 292 bindend für den Deckungsprozess, wenn der VR den Ersatzanspruch des Dritten hätte abwehren können. Der Vollstreckungsbescheid steht gem. § 700 Abs. 1 ZPO einem Versäumnisurteil gleich und erwächst in Rechtskraft, wenn kein Einspruch eingelegt wird, weshalb die Bindungswirkung wesensgleich zu beurteilen ist (OLG Hamm, VersR 1987, 802, 806). Umstritten ist, ob der VR an einen **Schiedsspruch** gebunden wird (hierzu: *Sieg*, VersR 1984, 501; *Johannsen*, in: Bruck/Möller, IV KV Anm. B 65; *Prölss*, VersR 1965, 101).

Ein **rechtskräftiges Urteil im vorweggenommenen Deckungsprozess** (hierzu auch 68
Rdn 71) entfaltet keine Bindungswirkung, da erst im Haftpflichtprozess über den Haftpflichtanspruch entschieden werden kann. Die Annahme einer Bindungswirkung würde zulasten des am Deckungsprozess unbeteiligten Dritten gehen. Werden im Deckungsprozess Tatsachen festgestellt, aus denen sich ein vorsätzliches Handeln des VN ergibt, und im anschließenden Haftpflichtprozess Tatsachen, die bloß auf eine grobe Fahrlässigkeit schließen lassen, steht einer Korrektur des Urteils aus dem Deckungsprozess dessen Rechtskraft entgegen (Prölss/Martin/*Lücke*, § 100 Rn 56; *Johannsen*, in: Bruck/Möller, VI KV Anm. B 58 zu dem Fall, dass im vorweggenommenen Deckungsprozess die Haltereigenschaft des VN verneint, im Haftpflichtprozess aber bejaht wird).

Besondere Fragen im Zusammenhang mit Trennungsprinzip und Bindungswirkung 69
stellen sich im **Direktprozess** des Geschädigten gegen den VR:
- I.R.d. **Pflichthaftpflichtversicherung** räumt das Gesetz dem Dritten unter den Voraussetzungen des § 115 Abs. 1 VVG einen Direktanspruch gegen den VR ein.
- Bei der **freiwilligen Haftpflichtversicherung** kann der Geschädigte den VR in folgenden Konstellationen direkt in Anspruch nehmen: nach Insolvenz des VN aufgrund eines

unmittelbaren Einziehungsrechts gem. § 1282 BGB analog, wenn der Deckungsanspruch fällig war (BGH, VersR 1993, 1222, 1223; KG, VersR 2007, 349, 350; vgl. § 110 Rdn 8); nach Pfändung und Überweisung des Freistellungsanspruchs (vgl. § 108 Rdn 18); als (Einzel- oder Gesamt-) Rechtsnachfolger (Konfusion vgl. Rdn 38, § 108 Rdn 26).

70 Ob die rechtskräftige Entscheidung eines Direktprozesses des Geschädigten gegen den VR für das Deckungsverhältnis zwischen dem VN und dem VR bindend ist, hängt davon ab, ob der VN **freiwillig oder pflichtig haftpflichtversichert** ist. Die rechtskräftige Entscheidung über den Direktanspruch des durch einen **pflichthaft pflichtversicherten** VN geschädigten Dritten entfaltet **keine Bindungswirkung** für den nachfolgenden Deckungsprozess (OLGR Saarbrücken 2003, 272, 277; OLG Köln, VersR 1991, 654, 655; LG Dortmund, NJW-RR 2007, 26, 28). Macht der durch einen **freiwillig haftpflichtversicherten** VN geschädigte Dritte nach der zulässigen Abtretung des Freistellungsanspruchs einen Zahlungsanspruch gegen den VR geltend (zur Entstehung des Zahlungsanspruchs nach Abtretung vgl. § 108 Rdn 26) und wird die Klage aufgrund von Deckungseinwendungen abgewiesen, ist diese Entscheidung **i.d.R. bindend** für das Deckungsverhältnis zwischen VR und VN (hierzu Näheres bei § 108 Rdn 49–52). Erhebt der Dritte nach einer Pfändung und Überweisung des Freistellungsanspruchs Klage gegen den VR und wird diese Klage aufgrund von Deckungseinwendungen abgewiesen, sind die Feststellungen hinsichtlich der Deckungsfrage nicht bindend (vgl. *Schur*, KTS 2001, 73, 89, 90).

71 **Weitere Ausführungen zur Bindungswirkung**: Bindungswirkung der im **Direktprozess** getroffenen Feststellungen hinsichtlich der **Haftpflichtfrage** in einem nachfolgenden Haftpflichtprozess (vgl. § 108 Rdn 53–60; Bindungswirkung von **Anerkenntnis und Vergleich**, vgl. § 106 Rdn 18–33).

D. Prozessuales

I. Vorweggenommener Deckungsprozess

72 Die Einstandspflicht des VR kann im sog. **vorweggenommenen Deckungsprozess** (vgl. auch Rdn 68) geklärt werden, wenn der VR nach Geltendmachung von Haftpflichtansprüchen durch den Geschädigten (vgl. Rdn 54) Deckungsschutz ablehnt, diesen nicht vorbehaltlos gewährt (**a.A.** OLG Celle, VersR 1978, 25, 26 f., vgl. hierzu Rdn 56) oder die Prüfung der Deckungsfrage grundlos in die Länge zieht bzw. sich überhaupt nicht erklärt. Hinsichtlich des Klageantrags muss das Wahlrecht des VR berücksichtigt werden, ob er den Haftpflichtanspruch befriedigen oder abwehren will (BGHZ 79, 76, 78 = BGH, NJW 1981, 870, 871; OLG Jena, IBR 2007, 283). Mithin kann der VR, solange der Haftpflichtanspruch nicht mit bindender Wirkung feststeht, (vgl. § 106 VVG) nur bedingungsgemäßen Versicherungsschutz einklagen. Dies kann grds. im Wege der Feststellungsklage erfolgen (OLG Hamm, r+s 2016, 32–35). Das Feststellungsurteil ist zwar nicht vollstreckbar, jedoch ist davon auszugehen, dass sich ein VR daran hält, sodass der Kläger trotz möglicher Leistungsklage eine Feststellungsklage erheben kann (Zöller/*Greger*, § 256 ZPO Rn 8;

BGH, NJW 1999, 3774, 3775 f.); die Feststellungsklage ist bzw. wird auch nicht dadurch unzulässig, dass sich der Befreiungsanspruch teilweise vor bzw. während des Prozesses in einen Zahlungsanspruch umwandelt (OLG Hamm, VersR 1975, 173; OLG Hamm, VersR 1980, 1061). Ob für den geltend gemachten Haftpflichtanspruch Versicherungsschutz besteht, ist nicht entscheidend für das Feststellungsinteresse gem. § 256 ZPO (Trennungsprinzip, vgl. Rdn 59). Es ist auch nicht erforderlich, dass eine – auch nur entfernte – Möglichkeit besteht, dass der VN aus dem unter das versicherte Risiko fallenden Haftpflichttatbestand verurteilt wird (vgl. Prölss/Martin/*Lücke*, § 100 Rn 20; a.A. OLG Koblenz, VersR 1979, 830, 831; OLG Hamm, VersR 1991, 219, 220).

Musterklageantrag im vorweggenommenen Deckungsprozess 73

Es wird festgestellt, dass der Beklagte (VR) verpflichtet ist, dem Kläger wegen des Schadenereignisses (Konkretisierung) bedingungsgemäßen Haftpflichtversicherungsschutz zu gewähren.

In bestimmten Konstellationen – wie z.b. im Fall der Klage des Geschädigten auf abgesonderte Befriedigung gem. § 110 VVG – kann auch der **Geschädigte ein Feststellungsinteresse i.S.v. § 256 ZPO** an der Feststellung haben, dass der VR dem Schädiger Deckungsschutz zu gewähren hat (nach BGH, VersR 2001, 90, 91; OLG Celle, VersR 2013, 750–753 folgt dies aus der Sozialbindung der Haftpflichtversicherung; nach OLG Düsseldorf, VersR 2002, 1020 soll in einer solchen Konstellation auch eine Auskunftsklage des Dritten möglich sein; hiergegen spricht jedoch, dass eine solche Klage keine verjährungshemmende Wirkung entfaltet; nach BGH, VersR 2009, 1485 ist eine Feststellungsklage auch zulässig, wenn der VR Rechtsschutz gewährt hat und sich eine abschließende Entscheidung über die Deckung noch offen hält). Eine Feststellungsklage des Geschädigten ist auch zulässig, wenn der VR den Versicherungsschutz abgelehnt hat, der VN hiergegen nichts unternimmt und die Gefahr besteht, dass dem Haftpflichtgläubiger der Deckungsanspruch als Befriedigungsobjekt verloren geht (ausdr. erwähnt in BGH, VersR 2001, 90, 91; OLG Köln, VersR 2002, 730, 731; allgemein zur Zulässigkeit einer Feststellungsklage eines Dritten BGH, NJW 1993, 2539, 2540 m.w.N. zur ständigen Rechtsprechung; ablehnend Zöller/*Greger*, § 256 ZPO Rn 3b) und insb. die Deckungsansprüche zu verjähren drohen (krit. zur verjährungshemmenden Wirkung der Feststellungsklage des Dritten gegen den VR: *Thume*, VersR 2006, 1318, 1323). Hat der VR den Dritten unter dem Vorbehalt einer Rückforderung gegen den VN – z.B. wegen § 103 VVG – befriedigt, kann der VN Deckungsklage auf Feststellung von Versicherungsschutz erheben (Römer/Langheid/*Langheid*, § 149 Rn 28). 74

Das Gericht stellt im Deckungsprozess grds. auf die **Behauptungen des Geschädigten** ab und entscheidet nicht über den Haftpflichtanspruch (BGH, VersR 2001, 90, 91). Jedoch sind **voraussetzungsidentische Tatsachen** (vgl. hierzu Rdn 62), die für den zeitlichen, räumlichen und sachlichen Umfang des Versicherungsschutzes bedeutsam sind, ohne Bindung an die Behauptungen des Dritten objektiv auf ihr Vorliegen oder Nichtvorliegen zu prüfen (LG Berlin, NJW-RR 2003, 460, 461). Der VN läuft daher u.U. Gefahr, dass im vorweggenommenen Deckungsprozess ein Deckungsanspruch des VR mit nicht korrigierbarer Wirkung abgelehnt wird, auch wenn sich im nachfolgenden Haftpflichtprozess etwas Anderes ergeben sollte (**Bindungswirkung**, vgl. hierzu Rdn 68; nach BGH, VersR 1969, 75

413, 414 steht der Rechtskraft des Urteils im Deckungsprozess jeder Korrekturversuch entgegen). Eine **Aussetzung des vorweggenommenen Deckungsprozesses** (§ 148 ZPO) wegen Voraussetzungsidentität ist nicht zulässig (Prölss/Martin/*Lücke*, § 100 Rn 52).

76 **Praxistipp**
Sollte der VR Deckungsschutz nur unter Vorbehalt, z.B. wegen der Möglichkeit vorsätzlichen Handelns des VN (§ 103 VVG), gewähren, ist häufig von einem vorweggenommenen Deckungsprozess – in dem der Geschädigte als Zeuge gehört werden kann – abzuraten und die Entscheidung des VR zu akzeptieren.

II. Nachfolgender Deckungsprozess

77 Wenn der Haftpflichtanspruch des Dritten mit bindender Wirkung festgestellt ist (vgl. § 106 VVG) und der VR seiner Freistellungsverpflichtung nicht nachkommt, kann der VN **Leistungsklage** auf **Befreiung von seiner Verbindlichkeit** erheben. Im Klageantrag muss die Forderung, von der der VR den VN freistellen soll, so genau bezeichnet werden, dass der VR durch Zwangsvollstreckungsmaßnahmen des Drittgläubigers hierzu angehalten werden kann (BGH, NJW 1981, 870). Ist der Haftpflichtprozess auf einer nichtversicherten Anspruchsgrundlage entschieden worden, kann die Deckungsklage auf eine versicherte Anspruchsnorm gestützt werden (BGH, VersR 1962, 555, 559; OLG Koblenz, VersR 1979, 830, 831). Die Freistellungsklage ist auch in vollem Umfang (weiterhin) zulässig, wenn sich der Befreiungsanspruch entweder vor oder während des Prozesses ganz oder teilweise in einen Zahlungsanspruch umwandelt (OLG Hamm, VersR 1987, 88, 89). Eine **Zahlungsklage** ist erst dann möglich, wenn sich der Freistellungsanspruch in einen Zahlungsanspruch umgewandelt hat (vgl. Rdn 41–42).

78 **Musterklageanträge im nachfolgenden Deckungsprozess**
1. Freistellungsanspruch (vor Befriedigung des Dritten): Der Beklagte (VR) wird verurteilt, den Kläger wegen des Schadenereignisses (Konkretisierung) von Ansprüchen des X (Geschädigten) i.H.v. _____ EUR freizustellen.
2. Zahlungsanspruch (nach Befriedigung des Dritten durch den VN): Der Beklagte wird verurteilt, an den Kläger einen Betrag i.H.v. _____ EUR (zzgl. Zinsen) zu zahlen.

III. Streitwert

79 Für den Streitwert der Deckungsklage ist maßgebend, ob es sich um eine Leistungsklage oder um eine Feststellungsklage handelt. Bei der **Leistungsklage** richtet sich der Streitwert gem. § 6 ZPO nach der Höhe des erhobenen bzw. mit bindender Wirkung festgestellten Haftpflichtanspruchs bzw. nach der Höhe des Zahlungsantrages. Der Streitwert ist begrenzt durch die Höhe der vereinbarten VersSumme; eine etwaige Selbstbeteiligung muss abgesetzt werden (OLG Frankfurt am Main, JurBüro 1983, 1086, 1087). Bei der **Feststellungsklage** richtet sich die Wertbemessung nach § 3 ZPO und es ist zu unterscheiden, ob es sich um eine positive oder um eine negative Feststellungsklage handelt. Im Regelfall der positiven Feststellungsklage des VN gegen den VR (vgl. Musterantrag Rdn 73) ist ein **„Feststellungsrabatt" von 20 %** vorzunehmen (BGH, JurBüro 1975, 1598; OLG Hamm VersR 2012, 985; OLG Saarbrücken, zfs 2012, 458). Bei der negativen Feststellungsklage – Klage

des VR gegen den VN auf Feststellung, dass keine Leistungen aus dem VV aufgrund eines bestimmten Schadenfalles zu erbringen sind – ist ein solcher Abzug nicht vorzunehmen (OLG Hamm, JurBüro 1989, 523, 524). Der Streitwert richtet sich nach der Höhe des von dem Dritten gegen den VN erhobenen Haftpflichtanspruchs. Die Berechtigung dieses Anspruchs ist grds. nicht zu prüfen, allerdings kann in Ausnahmefällen eine **Reduzierung** erfolgen, wenn die geltend gemachten Ansprüche illusionär oder offensichtlich unbegründet sind (OLG Hamm, JurBüro 1989, 523, 524). Die Kosten eines Haftpflichtprozesses sind bei der Streitwertbemessung nicht zu berücksichtigen; jedoch sind, wenn ein rechtskräftig zum Schadensersatz verurteilter VN gegen den VR auf Befreiung von der Urteilssumme und den zugunsten des Geschädigten festgesetzten Kosten klagt, diese Kosten im Rahmen eines Deckungsrechtsstreits Streitwert erhöhend zu berücksichtigen. Dies gilt auch, wenn der Geschädigte den Deckungsanspruch aufgrund eines Pfändungs- und Überweisungsbeschlusses einklagt (BGH, VersR 1976, 477, 478).

IV. Bereicherungsrechtliche Rückabwicklung

Hat der VR irrtümlich an den Geschädigten gezahlt, obwohl der Haftpflichtanspruch nicht bzw. nicht in der ausgezahlten Höhe besteht, kann der VR direkt gegen den Geschädigten die Rückzahlung gem. **§ 812 Abs. 1 S. 1 BGB (Leistungskondiktion)** verlangen, da es sich insoweit um eine **Drittzahlung** gem. § 267 BGB und nicht um einen sog. Anweisungsfall handelt (BGH, NJW 1991, 919; BGH, r+s 2000, 264; *Koch*, in: Bruck/Möller, § 100 Rn 167; **a.A.** *Johannsen*, in: Bruck/Möller, IV KV Anm. B 67; nach Prölss/Martin/*Lücke*, § 100 Rn 88 kann der VR vom VN die Abtretung seines Bereicherungsanspruchs gegen den Dritten verlangen). Gleiches gilt im Falle eines sog. **Doppelmangels**, wenn weder ein Haftpflicht- noch ein Deckungsanspruch besteht. Hat der VR an den Geschädigten bezahlt, obwohl kein Deckungsanspruch besteht, kann er nur ggü. dem VN kondizieren; dies gilt auch, wenn der VR an den Dritten nach Abtretung des Freistellungsanspruchs gezahlt hat (*Koch*, in: Bruck/Möller, § 100 Rn 171).

Die **Beweislast** für die zum Rückforderungsanspruch führenden Tatsachen trägt der VR. Dies gilt auch hinsichtlich der Voraussetzungen von Tatsachen, die zur Leistungsfreiheit bzw. zu Leistungskürzungen wegen Obliegenheitsverletzungen führen. Umstritten ist, ob dies auch für die Beweislast hinsichtlich eines relevanten Verschuldens gilt (dafür: BGH, VersR 1995, 281, 282; OLG Köln, VersR 1986, 1233, 1234; dagegen: OLG Hamm, r+s 1988, 314, 315, OLG Stuttgart, r+s 1979, 117). Der Rechtsprechung des BGH ist zu folgen. Der VN kann im Rückforderungsprozess darauf vertrauen, sich mit Fragen des Entlastungsbeweises bei vermutetem Verschulden nicht mehr befassen zu müssen, nachdem der VR die Leistungsprüfung abgeschlossen und bezahlt hat (BGH, VersR 1995, 281, 282). Diese Gesichtspunkte gelten auch im Hinblick auf die Neuregelung des § 28 Abs. 2 VVG, da insoweit für den VN eine Verbesserung geschaffen wurde, indem ihm nur hinsichtlich des Einwandes nicht grob fahrlässigen Verhaltens die Beweislast trifft und der VR auch im Deckungsprozess nunmehr den Beweis vorsätzlichen Handelns führen muss (Begr. BT-Drucks 16/3945, S. 69). Insofern ist die vorgenannte Streitfrage nur noch für Fälle grob fahrlässigen Handelns relevant. Hat der VR nur **unter Vorbehalt** geleistet, bleibt es bei der ursprünglichen Beweislastverteilung (Prölss/Martin/*Lücke*, § 100 Rn 93 m.w.N.). Hinsichtlich der **Verjährung** gilt nach neuer Rechtslage nun einheitlich die 3-jährige Frist gem. § 195 BGB; auf die Unterscheidung zwischen Rückforderungen des VR gegen den VN oder gegen den Geschädigten kommt es nicht mehr an.

E. Abdingbarkeit

82 Die Norm ist **dispositiv**.

---

§ 101 VVG   Kosten des Rechtsschutzes

(1) Die Versicherung umfasst auch die gerichtlichen und außergerichtlichen Kosten, die durch die Abwehr der von einem Dritten geltend gemachten Ansprüche entstehen, soweit die Aufwendung der Kosten den Umständen nach geboten ist. Die Versicherung umfasst ferner die auf Weisung des Versicherers aufgewendeten Kosten der Verteidigung in einem Strafverfahren, das wegen einer Tat eingeleitet wurde, welche die Verantwortlichkeit des Versicherungsnehmers gegenüber einem Dritten zur Folge haben könnte. Der Versicherer hat die Kosten auf Verlangen des Versicherungsnehmers vorzuschießen.

(2) Ist eine Versicherungssumme bestimmt, hat der Versicherer die Kosten eines auf seine Veranlassung geführten Rechtsstreits und die Kosten der Verteidigung nach Absatz 1 Satz 2 auch insoweit zu ersetzen, als sie zusammen mit den Aufwendungen des Versicherers zur Freistellung des Versicherungsnehmers die Versicherungssumme übersteigen. Dies gilt auch für Zinsen, die der Versicherungsnehmer infolge einer vom Versicherer veranlassten Verzögerung der Befriedigung des Dritten diesem schuldet.

(3) Ist dem Versicherungsnehmer nachgelassen, die Vollstreckung einer gerichtlichen Entscheidung durch Sicherheitsleistung oder Hinterlegung abzuwenden, hat der Versicherer die Sicherheitsleistung oder Hinterlegung zu bewirken. Diese Verpflichtung besteht nur bis zum Betrag der Versicherungssumme; ist der Versicherer nach Absatz 2 über diesen Betrag hinaus verpflichtet, tritt der Versicherungssumme der Mehrbetrag hinzu. Der Versicherer ist von der Verpflichtung nach Satz 1 frei, wenn er den Anspruch des Dritten dem Versicherungsnehmer gegenüber als begründet anerkennt.

Übersicht

	Rdn
A. Normzweck	1
B. Norminhalt	2
I. Kosten im Zivil- und Strafverfahren (§ 101 Abs. 1 VVG)	2
1. Gebotene gerichtliche und außergerichtliche Kosten (§ 101 Abs. 1 S. 1 VVG)	2
2. Kosten der Strafverteidigung (§ 101 Abs. 1 S. 2 VVG)	10
3. Kostenvorschuss (§ 101 Abs. 1 S. 3 VVG)	14

II. Kosten und Zinsen bei Überschreiten der Versicherungssumme (§ 101 Abs. 2 VVG) 16
   1. Kosten (§ 101 Abs. 2 S. 1 VVG) 16
   2. Zinsen (§ 101 Abs. 2 S. 2 VVG) 21
III. Rechtsschutz in der Zwangsvollstreckung (§ 101 Abs. 3 VVG) 22
   1. Vollstreckungsabwendung (§ 101 Abs. 3 S. 1 VVG) 22
   2. Überschreiten der Deckungssumme (§ 101 Abs. 3 S. 2 VVG) 25
   3. Anerkenntnis (§ 101 Abs. 3 S. 3 VVG) 26
C. Abdingbarkeit 27

A. Normzweck

1 Die Vorschrift regelt den **Umfang des Rechtsschutzanspruches**. Die Neuregelung ist zur alten Rechtslage sachlich unverändert. § 150 Abs. 1 S. 2 VVG a.F. ist wegen der Neufassung des § 100 VVG entbehrlich (Begr. BT-Drucks 16/3945, S. 85). Im Unterschied zur Rechtsschutzversicherung beinhaltet der Rechtsschutzanspruch i.R.d. Haftpflichtversicherung auch eine Geschäftsbesorgungsverpflichtung des VR, den VN vor Haftpflichtansprüchen zu bewahren (grundlegend zum Abwehr- und Rechtsschutzanspruch vgl. § 100 Rdn 39).

B. Norminhalt

I. Kosten im Zivil- und Strafverfahren (§ 101 Abs. 1 VVG)

1. Gebotene gerichtliche und außergerichtliche Kosten (§ 101 Abs. 1 S. 1 VVG)

2 Der VR entscheidet aufgrund seiner Regulierungshoheit (vgl. § 100 Rdn 4) darüber, wie dem erhobenen Haftpflichtanspruch des Dritten begegnet werden soll. Will der VR den Anspruch abwehren, trägt er auch die Verantwortung und die Kosten für die Rechtsverteidigung. Im **Zivilverfahren** muss der VR sämtliche **objektiv gebotenen außergerichtlichen und gerichtlichen Kosten** des VN übernehmen. Im Obsiegensfall gilt dies zumindest dann, wenn deren Erstattung vom Prozessgegner nicht zu erlangen ist (OLG Köln, r+s 1989, 74); im Unterliegensfall trägt der VR auch die Kosten des Geschädigten, soweit diese zur zweckentsprechenden Rechtsverfolgung oder Rechtsverteidigung notwendig waren (§ 91 ZPO). Der VR trägt sämtliche von ihm im Rahmen seiner **Regulierungshoheit veranlassten Kosten**, auch wenn sich diese objektiv als unangemessen darstellen und auch dann, wenn sich der Haftpflichtanspruch als unbegründet erweist (OLG Saarbrücken, JurBüro 2002, 679, 650).

3 **Streitige Sachverhalte** können sich daher nur in folgenden Konstellationen ergeben:
   a) Im Fall einer **unberechtigten Deckungsverweigerung** nimmt der VR seine Pflicht zur Abwehr des Anspruchs nicht wahr und gibt damit zugleich seine Dispositionsbefugnis über das Haftpflichtverhältnis auf. Er ist deshalb so zu behandeln, als habe er dem VN zur Regulierung freie Hand gelassen. Der VN ist demgemäß auch nicht mehr obliegenheitsgebunden (BGH, NJW 2007, 2258, 2260 f.). Somit kann der VR die Regulierung des VN grds. nicht angreifen und muss die entstehenden Kosten tragen

(*Johannsen*, in: Bruck/Möller, IV KV Anm. G 22). Hierzu gehören die Kosten eines RA, den der VN wegen tatsächlicher und rechtlicher Schwierigkeiten mit der Prüfung der Haftpflichtansprüche beauftragt hat, ferner Prozesskosten, wenn der VN nicht gehalten war, die gegen ihn gerichteten Forderungen anstandslos zu begleichen (OLG Düsseldorf, r+s 1989, 325). Der VR muss grds. auch die Kosten im Zusammenhang mit einem Versäumnisurteil gegen den VN übernehmen. Der Rechtsschutzanspruch wandelt sich in einen Zahlungsanspruch um, soweit der VN eigene Aufwendungen getätigt hat; hinsichtlich der übrigen Kosten besteht ein Befreiungsanspruch.

b) Hat der VN **eigenmächtig kostenauslösende Maßnahmen** getroffen, insb. wenn er einen RA mit der Abwehr der gegen ihn erhobenen Haftpflichtansprüche beauftragt, ohne dies zuvor mit dem VR abzusprechen, sind diese Kosten nicht geboten. Dem kann auch nicht entgegen gehalten werden, dass auch der VR einen Anwalt mandatiert hätte und die Kosten sowieso entstanden wären. Regelmäßig wird die außergerichtliche Korrespondenz von der jeweiligen Schadensabteilung des VR vorgenommen. Eine Mandatierung kommt auch nicht dadurch zustande, dass der VR mit dem RA korrespondiert und diesen um Informationen bittet (AG Wiesbaden, r+s 1989, 180).

c) **Interessenkollision:** Aufgrund der Verpflichtung des VR, im Rahmen seiner Rechtsschutzverpflichtung die Interessen des Versicherten so zu wahren, wie das ein von diesem beauftragter Rechtsanwalt tun würde (vgl. § 100 Rdn 65), muss der VR den VN auch von den Kosten für die Vertretung durch einen eigenen Rechtsanwalt freihalten, obwohl er dem VN einen vorsätzlich herbeigeführten Versicherungsfall (konkret: Unfallmanipulation) vorwirft, ihm als Streithelfer beigetreten ist und sein Prozessbevollmächtigter Klageabweisung beantragt hat (BGH, VersR 2010, 1590; LG Bochum v. 1.10.2014 – I 9 S 108/14).

4 Zu den gebotenen Kosten **gerichtlicher Verfahren** zählen neben dem Haftpflichtprozess das selbstständige Beweisverfahren (§§ 485 ff. ZPO), das Prozesskostenhilfeverfahren (§§ 114 ff. ZPO), Arrest und Einstweilige Verfügung (§§ 916 ff. ZPO), das Zwangsvollstreckungsverfahren (§§ 704 ff. ZPO), die Streitverkündung (§§ 72 ff. ZPO) an einen Gesamtschuldner oder einen sonst im Innenverhältnis Verantwortlichen. Nicht jedoch eine Widerklage, da sie kein Verteidigungsmittel ist (KG, VersR 1954, 9). Zudem Vollstreckungskosten des Dritten, wenn der VR nicht rechtzeitig vollstreckungsabwendende Maßnahmen (§ 101 Abs. 3 VVG) ergreift oder die Haftpflichtansprüche erfüllt. Eine negative Feststellungsklage kann geboten sein, wenn ein Abwarten der Klage des Geschädigten unzumutbar ist; ebenso eine negative Feststellungsklage gegen eine Teilklage.

5 Wurde die Haftpflichtklage abgewiesen, sind im **Kostenfestsetzungsverfahren** die Kosten des VR zu berücksichtigen, soweit sie gem. § 91 ZPO zur Rechtsverteidigung notwendig waren. Hierbei ist abzugrenzen zu den nicht erstattungsfähigen allg. Regulierungsaufwendungen des VR. Im Einzelfall können Detektivkosten (OLG Hamburg, VersR 2001, 1534) oder außerprozessuale Gutachten (OLG Koblenz, VersR 1987, 1226; OLG Düsseldorf, VersR 1973, 863 f.; OLG Köln, VersR 1993, 717, 718: nicht, wenn Einwendungen des Privatgutachters vom Gericht verworfen werden) erstattungsfähig sein.

Der VN ist berechtigt, den Kostenerstattungsanspruch des VR im Kostenfestsetzungsverfahren – entweder als Einzugsberechtigter oder i.R.d. Drittschadensliquidation (OLGR Karlsruhe 2002, 230, 231) – im eigenen Namen geltend zu machen. Ist der VN **vorsteuerabzugsberechtigt**, umfasst dies jedoch nur den Nettobetrag (OLGR Karlsruhe 2002, 230, 231). 6

Fälle der Aufrechnung können in Bezug auf die Kostentragungsverpflichtung des VR problematisch sein. Aufgrund des Wegfalls des Anerkenntnis- und Befriedigungsverbotes durch den VR (hierzu § 105 Rdn 1–3) ist bei der **Aufrechnung des VN gegen eine Haftpflichtforderung** des Dritten grds. nicht zwischen Haupt- und Hilfsaufrechnung zu differenzieren. Beide Fälle sind grds. rechtlich gleichwertig zu behandeln. Allerdings ist hinsichtlich der Hauptaufrechnung zu beachten, dass keine Bindungswirkung eines Anerkenntnisses der Haftpflichtforderung eintritt (vgl. § 106 Rdn 21). Soweit durch eine Aufrechnung die Haftpflichtforderung des Dritten erlischt, wandelt sich der Befreiungsanspruch des VN gegen den VR in einen Zahlungsanspruch um. Dieser Anspruch umfasst auch die Zinsen des Haftpflichtanspruches, ansonsten wäre der VR ungerechtfertigt bereichert (Prölss/Martin/*Lücke*, § 101 Rn 6). 7

> **Praxistipp** 8
> Auch nach neuer Rechtslage sollte der VN eine Hauptaufrechnung nur mit Zustimmung des VR erklären, da keine Bindungswirkung hinsichtlich des mit der Aufrechnung verbundenen Anerkenntnisses eintritt (vgl. hierzu § 106 Rdn 21).

Eine **Aufrechnung des Dritten** mit einem bestrittenen Haftpflichtanspruch gegen eine Forderung des VN wirft einige rechtliche Probleme auf (vgl. hierzu auch § 106 Rdn 39). Fällt die zur Aufrechnung gestellte Haftpflichtforderung unter den Deckungsschutz und wird die Berechtigung der Haftpflichtforderung bezweifelt, besteht eine Verpflichtung des VR, das Klageverfahren des VN gegen den Dritten zur Durchsetzung seiner Forderung zu finanzieren (OLG Hamm, VersR 1978, 80, 81); der VR trägt auch die Arbeitslast für diesen Prozess (*Johannsen*, in: Bruck/Möller, IV KV Anm. G 5). Bringt der Dritte die festgestellte Forderung des VN nur aufgrund der Aufrechnung zum Erlöschen, hat der VR in gleicher Weise Deckungsschutz zu gewähren wie im Fall der Aufrechnung des VN, sodass dem VN gegen den VR ein Zahlungsanspruch i.H.d. durch die Aufrechnung erloschenen Forderung – begrenzt auf die Deckungssumme – sowie auf Freistellung von den Prozesskosten zusteht (LG Berlin, VersR 1987, 578; OLG Hamm, VersR 1978, 80, 81). Obsiegt der VN, kann er aber seine Forderung beim Dritten wegen dessen Vermögenslosigkeit nicht realisieren, muss der VR die Prozesskosten – so auch beim gewonnen Passivprozess (vgl. Rdn 2) – übernehmen. Hinsichtlich der Hauptsacheforderung kommt in dieser Konstellation eine Zahlungsverpflichtung des VR nur in Betracht, wenn er im Verzug war, also den Prozess nicht zügig geführt hat (BK/*Baumann*, § 150 Rn 12; Prölss/Martin/*Lücke*, § 101 Rn 7; *Johannsen*, in: Bruck/Möller, IV KV Anm. G 5). 9

2. Kosten der Strafverteidigung (§ 101 Abs. 1 S. 2 VVG)

10 Eine Kostenübernahme erfolgt nur, wenn die Kosten der Strafverteidigung auf **Weisung des VR** entstanden sind, also wenn der VN aufgrund einer Kostenübernahmeerklärung des VR einen Verteidiger bestellt oder auf dessen Weisung Rechtsmittel (z.B. Einspruch gegen einen Strafbefehl) einlegt. Dies ist allerdings in der Praxis sehr selten. Regelmäßig lässt sich der VR nur über den Ablauf eines Strafverfahrens berichten. Gemäß Ziff. 5.3 AHB 2015 übernimmt der VR in den genannten Fällen die gebührenordnungsmäßigen oder besonders vereinbarten höheren Kosten des Verteidigers. Eine Erstattungspflicht des VR hinsichtlich der Verfahrenskosten des Strafverfahrens besteht in keinem Fall.

11 **Praxistipp**
Der VN – bzw. dessen RA – sollte vor kostenauslösenden Maßnahmen im Strafverfahren zunächst mit dem HaftpflichtVR eine Klärung herbeiführen. Häufig besteht für den VN auch Strafrechtsschutz in der Rechtsschutzversicherung.

12 Erstattungsfähig sind dagegen die **Kosten des Dritten und die zusätzlichen Anwaltskosten des VN** im Strafverfahren, wenn der Dritte seine Haftpflichtansprüche im Strafverfahren geltend macht (**Adhäsionsverfahren**, §§ 403 ff. StPO, vgl. Prölss/Martin/*Lücke*, § 101 Rn 5). Da es sich insoweit um Kosten der Anspruchsabwehr handelt, tritt die Ersatzpflicht des VR hinsichtlich der Verteidigungskosten des VN unabhängig davon ein, ob der Dritte seine Ansprüche durchsetzen konnte. Die Kosten des Dritten sowie die Gerichtskosten (§ 472a StPO) sind, soweit dem Haftpflichtanspruch stattgegeben wurde, zu übernehmen. Kosten der **Nebenklage** sind von § 101 Abs. 1 S. 2 VVG nicht umfasst; diese können allenfalls dann ersetzbar sein, wenn es sich um schadensersatzpflichtige notwendige Rechtsverfolgungskosten des Dritten (vgl. OLG Hamm v. 1.6.2006 – 6 U 131/05 [n.v.]) handelt (Prölss/Martin/*Lücke*, § 101 Rn 11). In analoger Anwendung der Regelung ist eine Erstattung der Kosten des Nebenklägers möglich, wenn der VN auf ausdrückliche Weisung des VR Einspruch gegen einen Strafbefehl oder Rechtsmittel gegen ein Strafurteil einlegt (offengelassen in BGHZ 26, 261, 268 = VersR 1958, 211).

13 Für eine dem VN im Strafverfahren **gem. § 153a StPO auferlegte Schmerzensgeldzahlung** an den Geschädigten und für die dem VN für das Aushandeln des vom Strafgericht festgesetzten Betrags angefallenen Rechtsanwaltskosten besteht jedenfalls dann kein Deckungsschutz, wenn der auferlegte Betrag nicht auf die zivilrechtlich geschuldete Entschädigungsleistung angerechnet wird (LG Tübingen, VersR 1988, 1172).

3. Kostenvorschuss (§ 101 Abs. 1 S. 3 VVG)

14 Der Kostenvorschussanspruch des VN hat in der Praxis kaum Bedeutung, sofern der VR ordnungsgemäß Deckung gewährt hat. Insoweit wird regelmäßig der vom VR beauftragte RA Vorschüsse anfordern. Im Fall der **unberechtigten Deckungsverweigerung** ist der VN berechtigt, eigenverantwortlich einen RA zu bestellen, und kann hierfür Kostenvorschuss verlangen und einklagen (Kostenvorschussklage). Dem VR ist in diesem Fall verwehrt, das Regulierungsverhalten des VN infrage zu stellen (BGH, NJW 1993, 68, 69), sodass ein Kostenerstattungsanspruch in voller Höhe besteht, also auch hinsichtlich derjenigen

Kosten, die im Fall einer ordnungsgemäßen Deckungsgewährung nicht angefallen wären, sofern es sich nicht um objektiv leichtfertig verursachte überflüssige Kosten handelt (Einschränkung nach Treu und Glauben, § 242 BGB, vgl. BGH, VersR 1977, 174, 175; OLG Hamm, VersR 1994, 925, 926; jeweils zum Anerkenntnis- und Befriedigungsverbot nach früherem Recht).

Gewährt der VR **Deckungsschutz nur unter Vorbehalt** – z.b. wegen möglichen vorsätzlichen Verhaltens des VN (vgl. hierzu auch § 100 Rdn 56) – kommt eine Rückforderung in Betracht. Hiervon zu trennen ist jedoch der Umstand, dass ein Vorschuss immer unter dem Vorbehalt der endgültigen Abrechnung steht und nicht unter dem Vorbehalt des Bestehens des Rechtsschutzanspruchs (*Feist*, VersR 1978, 27). Eine Rückforderung wegen unberechtigter Bereicherung ist jedoch ausgeschlossen, wenn sich im Nachhinein herausstellt, dass der Haftpflichtanspruch gar nicht vom Deckungsschutz umfasst ist. Dies gilt uneingeschränkt, sofern der VR der Deckungsschutzentscheidung einzig die Angaben des Geschädigten zugrunde gelegt hat. Eine Rückforderung ist jedoch bei Falschangaben des VN möglich, sofern diese maßgebend für die Deckungsentscheidung waren und sofern nicht die Rechtskraft eines Urteils im Deckungsprozess entgegensteht (BK/*Baumann*, § 150 Rn 33; zur bereicherungsrechtlichen Rückabwicklung vgl. § 100 Rdn 80–81).

15

II. Kosten und Zinsen bei Überschreiten der Versicherungssumme (§ 101 Abs. 2 VVG)

1. Kosten (§ 101 Abs. 2 S. 1 VVG)

Der VR hat auch die Kosten zu erstatten, die zusammen mit der Entschädigungsleistung die vereinbarte VersSumme überschreiten. Auch im Bereich der AHB bleiben die Kosten außer Betracht und werden nicht auf die VersSumme angerechnet (Ziff. 6.5 AHB 2015). Übersteigen die begründeten Haftpflichtansprüche aus einem Versicherungsfall die VersSumme, trägt der VR gem. Ziff. 6.6. AHB 2015 die Prozesskosten im Verhältnis der VersSumme zur Gesamthöhe dieser Ansprüche. Im Rahmen der D&O Versicherung ist umstritten, ob eine Anrechnungsklausel in den Versicherungsbedingungen gegen das gesetzliche Leitbild verstößt und daher unzulässig ist (dafür OLG Frankfurt a.M., r+s 2011, 509; *Terno*, r+s 2013, 577, 578); allerdings wird zu Recht darauf hingewiesen, dass die verbraucherrechtlich orientierte Rechtsprechung auf die besondere Konstellation in der D&O Versicherung nicht passt und eine Kostenanrechnungsklausel unter Berücksichtigung von § 310 Abs. 1 S. 2 Hs. 2 BGB unter Berücksichtigung der im Handelsverkehr geltenden Gewohnheiten und Gebräuche zulässig sein dürfte (*Armbrüster*, NJW 2016, 897, 898).

16

Somit können nur Fälle problematisch werden, in denen die VersSumme – ohne die Kosten – überschritten wird. Hier ist eine Quotierung vorzunehmen. Es sind die **begründeten Haftpflichtansprüche** (und nicht die geltend gemachten; krit. Römer/Langheid/*Langheid*, § 101 Rn 12) **mit der Deckungssumme ins Verhältnis** zu setzen (OLG Köln, VersR 2009, 391). Dies ergibt sich aus Ziff. 6.6 AHB 2015; gilt aber auch außerhalb der AHB und leitet sich aus der Rechtsschutzkomponente der Haftpflichtversicherung (OLG Düsseldorf,

17

VersR 1991, 94; OLG Karlsruhe, VersR 1993, 821, 822) bzw. aus dem Rechtsgedanken der Unterversicherung ab (Römer/Langheid/*Langheid*, § 101 Rn 13). Daraus folgt auch, dass der VR im Fall unberechtigter Haftpflichtansprüche auch die Kosten der Abwehr unabhängig vom Gegenstandswert zu übernehmen hat (RG v. 14.5.1929 – VII 63/29; OLG Düsseldorf, VersR 1991, 94).

18 Stellen sich die Haftpflichtansprüche als teilweise begründet heraus, sind die Kosten vom VR voll zu übernehmen, wenn die Deckungssumme nicht überschritten ist. Auch in diesem Fall sind bei einer Deckungssummenüberschreitung die Kosten **nach dem Verhältnis der begründeten Ansprüche** zur Deckungssumme – und nicht im Verhältnis der geltend gemachten Ansprüche zur Deckungssumme (krit. Römer/Langheid/*Langheid*, § 101 Rn 12) – vom VR zu übernehmen.

19 Eine **anteilige Haftung** des VR für die Kosten besteht – neben einer Deckungssummenüberschreitung – im Fall einer teilweisen Leistungsfreiheit (vgl. § 28 Abs. 2 S. 2 VVG), wenn unterschiedliche Deckungssummen für verschiedene Schadenstypen vereinbart sind und diese (teilweise) überschritten werden oder wenn die Ansprüche des Dritten nur teilweise vom Haftpflichtversicherungsschutz umfasst sind. In Fällen unterschiedlicher Deckungssummen ist je nach Schadensart anhand der speziellen Deckungssumme eine Quote zu bilden (keine Kumulierung zu einer VersSumme, vgl. Römer/Langheid/*Langheid*, § 101 Rn 15). In den Fällen nur teilweise unter den Versicherungsschutz fallender Ansprüche (z.B. Kombination zwischen Erfüllungsansprüchen und Mangelfolgeschäden, vgl. § 100 Rdn 21–27) besteht nur eine anteilige Kostentragungspflicht im Verhältnis der versicherten zu den nicht versicherten Ansprüchen. Die Berechnung ist mitunter schwierig, wenn z.B. ein Vergleich mit einer pauschalen Summe ohne Differenzierung nach den jeweiligen Ansprüchen abgeschlossen wird.

20 **Praxistipp**
Um Regulierungsschwierigkeiten zu vermeiden, sollte in den vorgenannten Fällen die Kostentragungsquote mit dem VR abgestimmt werden. Andernfalls sollte zumindest im Vergleich geregelt werden, wie sich eine pauschale Zahlung auf die erhobenen Ansprüche des Dritten auswirkt.

2. Zinsen (§ 101 Abs. 2 S. 2 VVG)

21 Die VersSumme begrenzt nur die Hauptforderung, nicht auch die Zinsforderung, sofern diese vom VR veranlasst ist. Dies ist jedenfalls dann der Fall, wenn sich der VR mit seiner Freistellungsverpflichtung ggü. dem VN im **Verzug** befindet (BGH, VersR 1992, 1258 zu § 150 Abs. 2 S. 2 VVG a.F.). Ein Verschulden ist hierfür *nicht* erforderlich, ausreichend ist, dass sich der VR im Rahmen seiner Regulierungshoheit für ein Bestreiten der Haftpflichtforderung entscheidet (*Koch*, in: Bruck/Möller, § 102 Rn 46). Auch durch die AHB – in denen eine dem § 101 Abs. 2 S. 2 VVG entsprechende Zinsregelung nicht enthalten ist – ist diese Zinsregelung nicht abbedungen (BGH, VersR 1992, 1257).

III. Rechtsschutz in der Zwangsvollstreckung (§ 101 Abs. 3 VVG)

1. Vollstreckungsabwendung (§ 101 Abs. 3 S. 1 VVG)

Der VR ist verpflichtet, die Vollstreckung einer vorläufig vollstreckbaren gerichtlichen Entscheidung (hierzu zählen auch Arrest und Einstweilige Verfügung gem. §§ 916 ff. ZPO) durch Hinterlegung oder Sicherheitsleistung (§ 108 ZPO) abzuwenden. Eine **Aufforderung des VN** ist grds. nicht erforderlich (ebenso Looschelders/Pohlmann/*Schulze Schwienhorst*, § 101 Rn 23, *Koch*, in: Bruck/Möller, § 101 Rn 53; a.A. HK/*Schimikowski*, § 101 Rn 5; Prölss/Martin/*Lücke*, § 101 Rn 32, wonach die Fälligkeit erst mit dem Verlangen des VN eintreten soll). Wenn jedoch der VR dem VN die Prozessführung überlassen hat oder es sich sonst um einen ohne Veranlassung des VR geführten Rechtsstreit handelt, bedarf es eines solchen Verlangens des VN und zur Herbeiführung des Verzugs einer Mahnung (*Koch*, in: Bruck/Möller, § 101 Rn 54; zum Fall der Vollstreckung aus einem ohne Sicherheitsleistung vorläufig vollstreckbaren Urteil, vgl. § 106 Rdn 4). 22

Der VR entscheidet i.S.e. **Wahlschuld** gem. § 262 BGB eigenverantwortlich, welche Art der Sicherheitsleistung er wählt (OLG Hamm, NJW-RR 1987, 1109). Durch Pfändung und Überweisung des Anspruchs des VN gegen den VR kann der Dritte seinerseits gegen den VR auf Sicherheitsleistung oder Hinterlegung klagen (OLG Hamm, VersR 1988, 902). 23

Das **Insolvenzrisiko** des Dritten im Fall einer späteren Rückforderung aufgrund einer Abänderung der gerichtlichen Entscheidung trägt der VR. Nach BGH, VersR 1984, 943, 945 steht dem VR in einem solchen Fall der Rückforderung auch nicht der Ersatzanspruch gem. § 717 Abs. 2 ZPO zu, da er als Dritter nicht Anspruchsinhaber werden kann. In Betracht kommt eine Drittschadensliquidation, die aber vom BGH (BGH, VersR 1984, 943, 945) abgelehnt wird, da keine im Drittinteresse erforderliche Schadensverlagerung vorliege (nach *Wussow*, VersR 1959, 894, 895 bestehe bereits kein Schaden des VR, da er vertraglich gegenüber dem VN zur Sicherheitsleistung verpflichtet sei; **a.A.** BK/*Baumann*, § 150 Rn 37 m.w.N.; *Koch*, in: Bruck/Möller, § 101 Rn 60, schließt sich mit dem überzeugenden Argument an, dass der Dritte nicht davon profitieren darf, dass der VN haftpflichtversichert ist und auch darauf hinweist, dass der VR einen Schadensersatzanspruch – hypothetischer Schaden des VN – aus eigenem, § 426 Abs. 1 BGB, und aus übergangenem Recht, § 426 Abs. 2 BGB, gegen den Dritten hat). 24

2. Überschreiten der Deckungssumme (§ 101 Abs. 3 S. 2 VVG)

Die Vollstreckungsabwendungsverpflichtung des VR besteht nur bis zur Höhe der Deckungssumme, die sich um die zusätzlich zu leistenden Kosten und Zinsen „erhöht". 25

3. Anerkenntnis (§ 101 Abs. 3 S. 3 VVG)

Die Verpflichtung zur Sicherheitsleistung oder Hinterlegung entfällt, wenn der VR den Anspruch des Dritten dem VN ggü. als begründet anerkennt. 26

C. Abdingbarkeit

27 Die Norm ist grds. **dispositiv**. Sie korrespondiert jedoch mit § 83 VVG, sodass eine Abweichung nur bis zur Grenze dieser halb zwingenden Vorschrift (vgl. § 83 VVG) möglich ist (so auch Looschelders/Pohlmann/*Schulze Schwienhorst*, § 101 Rn 2; zu Recht hält HK/*Schirnikowski*, AHB Ziff. 6 Rn 4, AVB-Regelungen, die eine Anrechnung der Abwehrkosten auf die Deckungssumme vorsehen, wegen § 307 Abs. 2 Nr. 1 BGB für rechtlich fragwürdig (so auch Prölss/Martin/*Lücke*, § 101 Rn 33 und zu Ziff. 4.4 BetriebshaftpflichtversBed Internet Rn 5 ff.; ausführlich zu sog. Kostenklauseln in der D&O-Versicherung: Looschelders/Pohlmann/*Schulze Schwienhorst*, § 101 Rn 17 ff.).

---

§ 102 VVG | **Betriebshaftpflichtversicherung**

(1) Besteht die Versicherung für ein Unternehmen, erstreckt sie sich auf die Haftpflicht der zur Vertretung des Unternehmens befugten Personen sowie der Personen, die in einem Dienstverhältnis zu dem Unternehmen stehen. Die Versicherung gilt insoweit als für fremde Rechnung genommen.

(2) Wird das Unternehmen an einen Dritten veräußert oder aufgrund eines Nießbrauchs, eines Pachtvertrags oder eines ähnlichen Verhältnisses von einem Dritten übernommen, tritt der Dritte an Stelle des Versicherungsnehmers in die während der Dauer seiner Berechtigung sich aus dem Versicherungsverhältnis ergebenden Rechte und Pflichten ein. § 95 Abs. 2 und 3 sowie die §§ 96 und 97 sind entsprechend anzuwenden.

Übersicht

	Rdn
A. Normzweck	1
B. Norminhalt	5
I. Unternehmensbegriff (§ 102 Abs. 1 S. 1 VVG)	5
II. Versicherte Personen (§ 102 Abs. 1 S. 1 VVG)	12
1. Rechtsträger des Unternehmens als Versicherungsnehmer	12
2. Zur Vertretung befugte Personen und Personen in einem Dienstverhältnis	14
III. Versicherung für fremde Rechnung (§ 102 Abs. 1 S. 2 VVG)	15
IV. Unternehmensveräußerung (§ 102 Abs. 2 VVG)	16
C. Abdingbarkeit	24

A. Normzweck

1 Die Betriebshaftpflichtversicherung unterfällt grds. den allg. Haftpflichtversicherungsbestimmungen. Regelmäßig werden der Betriebshaftpflicht die **AHB** sowie besondere Bedingungen und Risikobeschreibungen (**BBR**), die für die jeweilige Branche angepasst sind, zugrunde gelegt.

2 § 102 VVG enthält keine Definition der Betriebshaftpflichtversicherung. Die Vorschrift bestimmt in § 102 **Abs. 1** VVG, welche Personen von der Betriebshaftpflichtversicherung erfasst werden (Versicherung für fremde Rechnung, vgl. §§ 43 ff. VVG). Insoweit erstreckt sich die Neuregelung auf **alle Mitglieder des Leitungsorgans und alle Betriebsangehörigen** des Unternehmens, was bereits in den AVB rgm. der Fall ist (Begr. BT-Drucks 16/3945, S. 85). In § 102 **Abs. 2** VVG werden die **Folgen eines Betriebsübergangs** geregelt.

Die Betriebshaftpflichtversicherung ist zu unterscheiden von der **Berufshaftpflichtversicherung** der freien Berufe (Ärzte, Architekten, RA, Steuerberater, Wirtschaftsprüfer etc.). Hierbei handelt es sich dem Grunde nach um eine rein sprachliche Unterscheidung, da in beiden Fällen Risiken des Geschäftsbetriebs versichert werden. Regelmäßig handelt es sich bei den Berufshaftpflichtversicherungen um reine Schadensversicherungen, die die Risiken der eigentlichen Berufsausübung versichern, nicht aber die weiteren Gefahren aus dem Geschäftsbetrieb selbst; hierfür ist der Abschluss einer **Bürohaftpflichtversicherung** erforderlich. Eine Überschneidung mit der **Privathaftpflichtversicherung** ist ausgeschlossen, da insoweit Ziff. 1 BBR/PrivH. die Gefahren eines Betriebes, Berufes, Dienstes, Amtes (auch Ehrenamtes), einer verantwortlichen Betätigung in Vereinigungen aller Art oder einer ungewöhnlichen und gefährlichen Beschäftigung vom Versicherungsschutz ausschließt (**negative Risikobeschreibung**, vgl. BGH, VersR 1981, 271; KG, zfs 2002, 349). 3

Ist das Risiko aus der Privathaftpflicht ausgeschlossen und einem betrieblichen Risiko zugeordnet, ist anhand der jeweiligen Risikobeschreibungen der Betriebshaftpflichtversicherung zu prüfen, ob Versicherungsschutz besteht. Für die verschiedensten Geschäftszweige existieren mannigfaltige Bedingungswerke (Aufzählung bei *Späthe*, AHB, Anhang II). 4

B. Norminhalt

I. Unternehmensbegriff (§ 102 Abs. 1 S. 1 VVG)

Der Begriff des **Unternehmens** ersetzt nunmehr auch in § 102 Abs. 1 VVG den Betriebsbegriff. Damit soll die Terminologie des handelsrechtlichen Unternehmensbegriffs übernommen werden (Begr. BT-Drucks 16/3945, S. 85; vgl. hierzu *Hopt*, in: Baumbach/Hopt, Einl. vor § 1 HGB Rn 31 ff.). Unter einem Unternehmen versteht man jede natürliche oder juristische Person, die am Markt planmäßig und dauerhaft Leistungen gegen Entgelt anbietet (BGH, NJW 2006, 2250, 2251). Es handelt sich um eine organisatorische Einheit, die bestimmt wird durch den wirtschaftlichen oder ideellen Zweck, dem ein Betrieb oder mehrere organisatorisch verbundene Betriebe desselben Unternehmens dienen. Der Unternehmensbegriff wird insoweit weiter gefasst als der Betriebsbegriff, ist jedoch häufig deckungsgleich (Palandt/*Weidenkaff*, Einf. vor § 611 BGB Rn 15). **Betrieb** ist die organisatorische Einheit von Arbeitsmitteln, mit deren Hilfe der Arbeitgeber allein oder in Gemeinschaft mit seinen Arbeitnehmern mithilfe von technischen und immateriellen Mitteln einen bestimmten arbeitstechnischen Zweck fortgesetzt verfolgt, der nicht nur in der Befriedigung von Eigenbedarf liegt (BAG, NJW 2005, 90, 91). Eine Gewinnerzielungsabsicht ist nicht erforderlich (OLG Celle, VersR 1961, 169, 170); allerdings gehören der Haushalt und eine ggf. ihm dienende Erwerbstätigkeit nicht zum Betrieb (BGH, VersR 1962, 93). 5

6   Die Versicherung für ein Unternehmen umfasst die **spezifischen Gefahren des Betriebes**. Wird das Unternehmen oder der VN als Betriebsinhaber wegen eines Schadens in Anspruch genommen, den ein Betriebsangehöriger verursacht hat, oder behauptet der Geschädigte – auch ggü. einem Mitversicherten –, dass sich die Haftung aus dem Geschäftsbetrieb ergebe, fällt das Schadensereignis schon aus diesem Grunde in die Betriebshaftpflichtversicherung (BGH, VersR 1983, 945 f.; *Johannsen*, in: Bruck/Möller, IV KV Anm. G. 89). Da auch unberechtigte Ansprüche vom Abwehranspruch in der Haftpflichtversicherung gedeckt sind (vgl. § 100 Rdn 39), gilt Vorstehendes uneingeschränkt; ein betriebsbezogenes Handeln des Betriebsangehörigen ist nicht erforderlich. Nimmt der Geschädigte den VN oder einen Mitversicherten persönlich in Anspruch, dann ist für die Deckungsfrage entscheidend, ob sich eine speziell in der Betriebshaftpflicht versicherte Gefahr verwirklicht hat.

7   Die **Abgrenzung zwischen Privat- und Betriebshaftpflicht** ist regelmäßig danach vorzunehmen, dass durch die Privathaftpflichtversicherung solche Haftpflichtschäden nicht abgedeckt werden, gegen die sich der VN durch den Abschluss einer Betriebshaftpflichtversicherung absichern kann (BGH, VersR 1991, 293, 294). Eine solche Versicherung kann aber immer nur der **Betriebsinhaber** nehmen, sodass die Privathaftpflichtversicherung einen weiten Anwendungsbereich erfährt. Die **Entgeltlichkeit** einer Tätigkeit stellt für sich genommen kein sachgerechtes Kriterium zur Abgrenzung zwischen beruflicher und privater Tätigkeit dar (BGH, VersR 1981, 271, 272; nach OLG Köln, VersR 2001, 1418, 1419 Versicherungsschutz durch private Haftpflichtversicherung, wenn die Betreuung des geschädigten Kindes durch eine Tagesmutter am Schadenstag aus Gefälligkeit erfolgte); erforderlich ist, dass die Nebentätigkeit **über einen längeren Zeitraum hinweg planmäßig und mit einer gewissen Regelmäßigkeit ausgeübt** wird (OLG Hamm, r+s 1993, 210, 211 = VersR 1993, 601).

8   I.Ü. fällt eine Tätigkeit in den Schutzbereich der Betriebshaftpflichtversicherung, wenn diese in einem **inneren ursächlichen Zusammenhang mit dem Betrieb** steht. Dabei wird vorausgesetzt, dass das Schaden stiftende Handeln zumindest auch bestimmt war, den Interessen des Betriebes zu dienen (st. Rspr., vgl. BGH, VersR 1988, 1283, 1284; BGH, VersR 1987, 1181; BGHZ 41, 327, 337). Dies ist auch dann der Fall, wenn das Verhalten zwar nicht objektiv im betrieblichen Interesse liegt, diesem jedoch **subjektiv** zu dienen bestimmt war (BGH, VersR 1976, 921, 922). Hierbei ist es unerheblich, ob der Versicherte bei der Schaden stiftenden Tätigkeit den betrieblichen Vorschriften zuwider gehandelt hat. Der Gefahrenkreis der Betriebshaftpflichtversicherung umfasst gerade auch die Haftpflichtgefahren, die durch **vorschriftswidriges Handeln** der Betriebsangehörigen entstehen (BGH, VersR 1961, 399, 400).

9   Schadenstiftende Handlungen, die **nur bei Gelegenheit** einer Betriebstätigkeit vorgenommen werden, unterfallen grds. nicht der Betriebshaftpflicht (BGHZ 41, 327). Allerdings kann auch eine unentgeltliche oder eine Gefälligkeitstätigkeit aus Anlass eines beruflichen Zwecks erfolgt sein (BGH, VersR 1988, 125; KG, NVersZ 2002, 229, 230; OLG Köln, VersR 2000, 95, 96; OLG Köln, r+s 1992, 228). Auch Nebenarbeiten von Betriebsangehöri-

gen, die dem guten sozialen Klima am Arbeitsplatz dienen, können betriebsbezogen sein (BGH, VersR 1987, 1181, 1182). Teilweise wird für ausreichend erachtet, dass die Gefahr aus der **Betriebssphäre** stammt, sodass auch bei verbotenen oder anweisungslosen Tätigkeiten einer Hilfskraft, von Laien oder Schwarzarbeitern Versicherungsschutz in der Betriebshaftpflicht besteht (OLG Hamm, VersR 1985, 438, 439; LG Amberg, VersR 1987, 402; a.A. BK/*Baumann*, § 151 Rn 23). Diese Auslegung ist **zu weitgehend**, da Tätigkeiten, wenn diese nicht zumindest mittelbar und subjektiv betrieblichen Interessen dienen, rein privater Natur sind, auch wenn sie in einem betrieblichen Umfeld oder mit betrieblichen Mitteln (Schweißgerät: BGH, VersR 1988, 1283, 1284) erfolgen. Allerdings kann auch **privates Verhalten** in den betrieblich versicherten Bereich fallen.

Beispiele
- Teilnahme am Verkehr zur Erledigung einer betrieblichen Angelegenheit (BGHZ 41, 327, 337);
- nicht jedoch die Heimfahrt während der Mittagspause (BGH, VersR 71, 657, 658);
- Nahrungsaufnahme oder Rauchen in Pausenzeiten (OLG Celle, r+s 1976, 180; AG Dortmund, zfs 1984, 186, 187; BK/*Baumann*, § 151 Rn 24);
- Ausleeren eines Aschenbechers nach einer Adventsfeier (OLG Bamberg, NJW-RR 1993, 485, 486);
- nicht jedoch das Aufbewahren beruflich anvertrauter Schlüssel in der Privatwohnung (OLG Köln, r+s 1992, 228);
- die Unterstützung einer Feierlichkeit einer Polizeieinheit im Vereinshaus einer freiwilligen Feuerwehr (hier: Bedienung des Grills) durch einen in der Freiwilligen Feuerwehr tätigen Ortsbrandmeister stellt keine Tätigkeit im Rahmen des Ehrenamtes als Feuerwehrmann, sondern eine private Helfertätigkeit (OLG Frankfurt, zfs 2014, 157) dar.

Mutwillige Handlungen – auch ggü. Arbeitskollegen – sind nicht versichert (BGH, VersR 1973, 313; OLG Hamburg, VersR 1991, 92, 93; auch dann nicht, wenn der Versicherte sich bewusst eines Betriebswerkzeuges bedient, BGH, VersR 1976, 921, 922; OLG Hamm, VersR 1979, 1046). Das Vorliegen einer Haftung des Geschäftsherrn gem. § 831 BGB entfaltet regelmäßig eine **Indizwirkung** für ein betriebliches Handeln (BK/*Baumann*, § 151 Rn 21). Wird jedoch der Betriebsinhaber oder der Geschäftsherr für das mutwillige Verhalten eines Betriebsangehörigen in Anspruch genommen, besteht – unabhängig von seiner Haftung (§ 831 BGB) oder einer Haftungszurechnung (§ 278 BGB) – Deckungsschutz, da auch die Abwehr unberechtigter Ansprüche vom Versicherungsschutz erfasst ist (vgl. § 100 Rdn 39).

Die Klausel „**mit Ausnahme der Gefahren eines Betriebes oder Berufs**" (Ziff. 1. BBR/PrivH.) ist eine **negative Risikobeschreibung** (BGH, VersR 1981, 271, 272). Daraus folgt, dass bei Zweifeln tatsächlicher Art, ob ein eingetretener Schaden aus dem privaten oder beruflichen Gefahrenbereich resultiert, der in Anspruch genommene **Privathaftpflichtversicherer die Beweislast trägt**, dass die Gefahrenlage, die zum Schaden geführt hat, nicht dem privaten Lebensbereich zuzuordnen ist (KG, zfs 2002, 349 f.; OLG Hamm, VersR 1980, 1037, 1038).

II. Versicherte Personen (§ 102 Abs. 1 S. 1 VVG)

1. Rechtsträger des Unternehmens als Versicherungsnehmer

12 Handelt es sich bei dem Unternehmen um eine **juristische Person** (Kapitalgesellschaft, [teil-] rechtsfähige Personengesellschaft, Partnerschaft, Verein, Verband, etc.) ist der jeweilige **Rechtsträger** VN. In einem Einzelunternehmen ist der **Betriebsinhaber** der VN, also derjenige, auf dessen Namen und Rechnung der Betrieb geführt wird.

13 Grundsätzlich nicht in den Versicherungsschutz einbezogen sind **Gesellschafter von juristischen Personen**, sofern diese nicht zugleich vertretungsbefugt sind. I.Ü. ist die Frage des Versicherungsschutzes danach zu beurteilen, ob der Gesellschafter persönlich für Gesellschaftsverbindlichkeiten haftet. Daher sind z.B. i.R.d. teilrechtsfähigen GbR (vgl. BGHZ 146, 341, 361 = BGH, VersR 2001, 510–513) die Gesellschafter jedenfalls als Mitversicherte zu bewerten.

2. Zur Vertretung befugte Personen und Personen in einem Dienstverhältnis

14 Entsprechend der bereits üblichen Erstreckung in den AVB wurde nunmehr auch gesetzlich der Kreis der Mitversicherten auf alle Mitglieder des Leitungsorgans („**Repräsentanten**") sowie sämtliche Betriebsangehörigen erstreckt (Begr. BT-Drucks 16/3945, S. 85; so auch Looschelders/Pohlmann/*Schulze Schwienhorst*, § 102 Rn 12). Bei den zur Vertretung befugten Personen handelt es sich zum einen um die **gesetzlichen Vertreter** eines Unternehmens (Vorstände, Geschäftsführer, sonst. Verbandsorgane) und zum anderen um **privatrechtlich Bevollmächtigte** (Prokuristen, Handlungsbevollmächtigte). Auf die bisherige Frage, ob ein privatrechtlich Bevollmächtigter mit Leitungs- oder Überwachungsaufgaben (vgl. BK/ *Baumann*, § 151 Rn 9) betraut ist, kommt es nunmehr für den Deckungsschutz nicht mehr an (so auch Looschelders/Pohlmann/*Schulze Schwienhorst*, § 102 Rn 11; dagegen MüKo/ *Littbarski*, § 102 VVG Rn 85, wonach nur die gesetzlichen Vertreter hierzu zählen sollen und die rechtsgeschäftlichen Vertreter (nur) über deren Eigenschaft, in einem Dienstverhältnis zum VN zu stehen, in den Versicherungsschutz einbezogen seien. Eine solche Einschränkung sieht die Regelung gerade nicht vor, der Wortlaut ist weiter gefasst und bezieht auch rein rechtsgeschäftliche Vertreter mit ein, die nicht zwingend in einem Dienstverhältnis stehen müssen). Zu den **Betriebsangehörigen** zählen alle Personen, die in einem Arbeits- oder Dienstverhältnis zum Unternehmen stehen und alle diejenigen, die mit Wissen und Wollen des VN im Unternehmen weisungsabhängig tätig sind. Hierbei ist der Begriff der Betriebsangehörigen **weiter zu fassen** als im Arbeitsrecht; insb. ist kein Arbeits- oder Dienstvertrag notwendig. Somit wird auch ein „Leiharbeiter" oder ein im Betrieb mithelfender Familienangehöriger (so auch Looschelders/Pohlmann/*Schulze Schwienhorst*, § 102 Rn 11, Römer/Langheid/*Langheid*, § 102 Rn 5, 9; **a.A.** Prölss/Martin/*Lücke*, § 102 Rn 13, wonach auch Subunternehmer, Pächter oder selbstständige Handelsvertreter, auch wenn sie nur für den Betrieb arbeiten, ausgeschlossen seien. Diese Auffassung trägt der weit zu fassenden Auslegung nicht Rechnung; eine rechtlich relevante Unterscheidung zwischen einer im Dienstverhältnis zu dem Unternehmen stehenden Person und einem

Betriebsangehörigen, der nach Ziff. 7.1.2.4 BetrH AT 2015 in den Versicherungsschutz einbezogen ist, erscheint nicht sachgerecht) Betriebsangehöriger und in Ausnahmefällen soll auch eine **betriebsfremde Person** in den Versicherungsschutz einbezogen werden können, die sich aus eigenem Antrieb – „gebeten oder ungebeten" – in den Betrieb „in der Art eines eigenen Betriebsangehörigen" einordnet (*Schmalzl*, Die Berufshaftpflichtversicherung des Architekten und Bauunternehmers Rn 449).

III. Versicherung für fremde Rechnung (§ 102 Abs. 1 S. 2 VVG)

Hinsichtlich der **Mitversicherten** gilt die Versicherung als für fremde Rechnung genommen (§§ 43 bis 48 VVG). In den AVB sind Ansprüche der Mitversicherten untereinander aus beiderseitiger betrieblicher Betätigung regelmäßig ausgeschlossen. Die gerichtliche Ausübung der Rechte aus dem VV steht grds. dem VN zu (§ 44 Abs. 2 VVG). Hat allerdings der VR den vom VN für einen mitversicherten Betriebsangehörigen erhobenen Deckungsanspruch abgelehnt und der VN daraufhin zu erkennen gegeben, dass er den Anspruch von sich aus nicht weiter verfolgen will, kann der VR einer nunmehr vom Versicherten selbst erhobenen Klage auf Gewährung von Versicherungsschutz nicht mehr entgegenhalten, dem Versicherten fehle die Klagebefugnis (BGHZ 41, 327, 337). Obliegenheitsverletzungen von Mitversicherten werden dem VN nur bei einer Repräsentantenstellung zugerechnet (vgl. § 47 Rdn 9). 15

IV. Unternehmensveräußerung (§ 102 Abs. 2 VVG)

Der Übernehmer eines Unternehmens tritt in den laufenden VV ein. Der Übernahme sind Nießbrauch, Pacht oder ähnliche Verhältnisse gleichgestellt. Entsprechend der Verweise auf § 95 Abs. 2, 3 VVG **haften Veräußerer und Erwerber gesamtschuldnerisch** für die auf die laufende Versicherungsperiode entfallende Prämie; allerdings muss der VR den Eintritt des Erwerbs erst ab Kenntnis gegen sich gelten lassen. Mit den Verweisen auf §§ 96, 97 VVG finden die dort geregelten **Kündigungsrechte** und **Anzeigeverpflichtungen** Anwendung. Im Hinblick auf § 97 VVG ist – im Gegensatz zur früheren Rechtslage – der VR nur leistungsfrei, wenn er nachweist, dass er den mit dem Veräußerer bestehenden HaftpflichtVV mit dem Erwerber des Unternehmens nicht geschlossen hätte (Begr. BT-Drucks 16/3945, S. 85). 16

Mit der Vorschrift sollen **Deckungslücken** vermieden werden, die aufgrund von § 80 Abs. 2 VVG entstehen können, da im Fall eines Betriebsüberganges regelmäßig das versicherte Risiko wegfällt und die Betriebshaftpflicht erlöschen würde (zur Problematik von Deckungslücken bei sog. „gedehnten Versicherungsfällen" vgl. § 100 Rdn 32). 17

> **Praxistipp**
> Um Deckungslücken des VN nach einer Betriebsaufgabe zu schließen, ist regelmäßig der Abschluss eine **Nachhaftungsversicherung** zu empfehlen.

Der Begriff der **Unternehmensveräußerung** umfasst die das Unternehmen als Ganzes betreffenden Verpflichtungen über die den Unternehmensgegenstand bildenden Sachen, 18

Rechte und sonstigen wirtschaftlichen Werte (*Hopt*, in: Baumbach/Hopt, Einl. vor § 1 HGB Rn 42 ff.); im Fall einer Zerstückelung findet die Norm keine Anwendung (so auch Looschelders/Pohlmann/*Schulze Schwienhorst*, § 102 Rn 15). Für die Anwendbarkeit des § 102 Abs. 2 VVG ist ein **Wechsel in der Führung und Leitung des Betriebes** – also ein Austausch des Trägers des Versicherungsrisikos – erforderlich (BGH, NJW 1963, 1548, 1549). Unerheblich ist, ob die vertraglichen Vereinbarungen über den Betriebsübergang unwirksam oder nichtig sind; es genügt allein die **tatsächliche Übernahme** (BGH, VersR 1953, 102). Ein anzeigepflichtiger Betriebsübergang soll z.b. nicht vorliegen, wenn ein landwirtschaftlicher Betrieb vom Vater auf den Sohn übertragen wird, der Vater diesen jedoch unverändert weiter bewirtschaftet (BGH, VersR 1963, 516 f.; zustimmend Prölss/Martin/*Lücke*, § 102 Rn 17; a.A. Römer/Langheid/*Langheid*, § 102 Rn 10). Ein Wechsel der Unternehmensführung findet auch statt, wenn ein von einer GbR betriebenes Unternehmen im Wege schuldrechtlicher Überlassung der Betriebsmittel auf eine zum Zweck der Betriebsfortführung gegründete GmbH übergeleitet wird (LG Essen, VersR 1985, 929, 930).

19 Einzelfragen:
- Die Vorschrift ist anwendbar bei der Aufnahme eines Gesellschafters durch ein Einzelunternehmen: Es ist insb. kein Ausscheiden des bisherigen Betriebsinhabers erforderlich (BGHZ 36, 24, 29 = NJW 1961, 2304, 2305).
- Bei Gesellschafterwechseln von (teil-) rechtsfähigen Personengesellschaften werden die neuen Gesellschafter in entsprechender Anwendung von § 102 Abs. 2 VVG aufgrund ihrer – unbeschränkten oder beschränkten – Haftung für die Gesellschaftsverbindlichkeiten jedenfalls Mitversicherte (vgl. Rdn 13; a.A. MüKo/*Littbarski*, § 102 VVG Rn 123, mit Hinweis auf die Teilrechtsfähigkeit der Außen-GbR, sodass diese alleiniger Vertragspartner des VR ist und auch bei einem Gesellschafterwechsel bleibt. Anzumerken ist in diesem Zusammenhang, dass in der Praxis häufig keine Klarheit besteht, ob der VV (nur) mit der GbR oder (auch) mit den Gesellschaftern geschlossen wurde; im Zweifel ist in diesen Fällen jedenfalls § 102 Abs. 2 VVG analog anwendbar.
- Keine Anwendung findet § 102 Abs. 2 VVG bei der Veräußerung von Anteilen an Kapitalgesellschaften, da sich insoweit der Rechtsträger nicht ändert.
- Eine analoge Anwendung kommt im Fall einer Umwandlung eines Unternehmens mit gesetzlicher Gesamtrechtsnachfolge gem. § 1 Abs. 1 Nr. 1 bis 3 UmwG in Betracht (BK/*Baumann*, § 151 Rn 39).

Praxistipp
Um Unsicherheiten und Deckungslücken zu vermeiden, sollten in Zweifelsfällen die geänderten Tatsachen an den VR gemeldet werden (§§ 95, 97 VVG).

20 Neben Nießbrauch (§§ 1030 ff. BGB) oder Pacht (§§ 582 ff. BGB) werden auch „**ähnliche Verhältnisse**" von der Vorschrift erfasst. Damit muss eine Vergleichbarkeit zu Nießbrauch oder Pacht gegeben sein, sodass einem Dritten dauerhaft und nicht nur vorübergehend die Nutzungen des Betriebes gebühren (Prölss/Martin/*Lücke*, § 102 Rn 19). Zudem ist – im Unterschied zu § 95 VVG – nicht erforderlich, dass das zugrundeliegende Rechtsverhältnis zwischen VN und Drittem geschlossen wird. So kann z.B. für § 102 Abs. 2 VVG ausrei-

chen, dass ein Nachpächter durch einen Vertrag mit dem Eigentümer den Betrieb eines Vorpächters (VN) tatsächlich fortführt (Prölss/Martin/*Lücke*, § 102 Rn 18).

Die Vorschrift findet keine Anwendung im Fall einer **Gesamtrechtsnachfolge** durch eine Erbschaft, in diesem Fall geht das Versicherungsverhältnis bereits kraft Gesetz (§ 1922 BGB) auf den Rechtsnachfolger über, falls es nicht wegen Interessenwegfall endet (Ziff. 17 AHB 2015). Von § 102 Abs. 2 VVG erfasst wird jedoch, wenn ein Miterbe i.R.e. Erbauseinandersetzung den Betrieb übernimmt (Prölss/Martin/*Lücke*, § 102 Rn 22). Umstritten ist, ob eine **Zwangsversteigerung** von der Vorschrift erfasst wird. Dies hat allerdings keine große praktische Bedeutung, da der Versteigerung regelmäßig eine längere Betriebspause (vgl. hierzu Rdn 22) vorausging, sodass keine Betriebsfortführung i.S.d. Vorschrift mehr vorliegen sein kann. I.Ü. ist § 102 Abs. 2 VVG analog anzuwenden (so auch BK/*Baumann*, § 151 Rn 31). 21

Nicht erforderlich ist, dass eine lückenlose Unternehmensfortführung erfolgt, sodass auch eine **kurzfristige Betriebspause** grds. unschädlich ist (AG Neumarkt, VersR 1967, 772, 773), sofern die Identität des Unternehmens dadurch nicht aufgehoben wird. Nach AG Berlin-Schöneberg (AG Berlin-Schöneberg, VersR 1986, 330) liegt keine Betriebsübernahme vor, wenn der Nachfolger den Betrieb unter derart veränderten Umständen eröffnet und fortführt, dass ein Zusammenhang mit dem früheren Unternehmen nicht mehr gegeben ist. Insoweit ist eine wertende Betrachtung anhand der Umstände des jeweiligen Einzelfalles vorzunehmen, ob in der Aufnahme einer Betriebstätigkeit nach einem gewissen Zeitraum der Unterbrechung, eine Fortführung des alten Betriebes oder eine Neugründung zu sehen ist (s.a. *Johannsen*, in: Bruck/Möller, IV KV Anm. D 36, wonach eine Obergrenze von vier Monaten gelten soll; kritisch MüKo/*Littbarski*, § 102 VVG Rn 116, wonach die genannten Kriterien nicht konkret genug seien. Hiergegen ist anzuführen, dass weitere „Leitlinien", die für eine Abgrenzung gefordert werden, schlichtweg nicht allgemein genannt werden können, sondern vielmehr anhand des jeweiligen Einzelfalls geprüft werden muss, wobei im Zweifel die Auslegung zugunsten einer Unternehmensfortführung zu einer Anwendung von § 102 Abs. 2 VVG gelangen muss; z.T. wird zur Abgrenzung auf die Wertung des § 25 HGB verwiesen, vgl. *Koch*, in: Bruck/Möller, § 102 Rn 46). 22

Werden **mehrere Betriebe** von einem HaftpflichtVV erfasst und werden lediglich ein Betrieb oder selbstständige Betriebsteile an einen Dritten übertragen, spaltet sich die Versicherung in **zwei unabhängig voneinander bestehende Verträge** auf (*Koch*, in: Bruck/Möller, § 102 Rn 44; a.A. OLG Bamberg, VersR 1952, 316, 318). Dies gilt jedoch nicht, wenn der ursprüngliche Betrieb durch getrennte Veräußerung von unterschiedlichen Betriebsmitteln zerstückelt wird. Allerdings liegt trotz getrennter Veräußerung ein Fall des § 102 Abs. 2 VVG vor, wenn der Betrieb nach kurzer Zeit von den Erwerbern gemeinsam fortgeführt wird (*Koch*, in: Bruck/Möller, § 102, Rn 45). 23

C. Abdingbarkeit

24 Die Vorschrift ist grds. **dispositiv**, allerdings ist eine Abbedingung in AVB aufgrund des gesetzlichen Leitbildes im Hinblick auf § 307 Abs. 2 Nr. 1 BGB nur eingeschränkt möglich (s. Looschelders/Pohlmann/*Schulze Schwienhorst*, § 102 Rn 7, 16). Nach Ziff. 20.2 AHB 2015 ist Textform (optional auch Schriftform, § 98 VVG) für die Kündigung des VN vorgesehen. Dies ist zulässig, § 98 VVG ist als Schutzvorschrift anwendbar, auch wenn er nicht in § 102 VVG genannt ist (Prölss/Martin/*Lücke*, § 102 Rn 24).

§ 103 VVG Herbeiführung des Versicherungsfalles

Der Versicherer ist nicht zur Leistung verpflichtet, wenn der Versicherungsnehmer vorsätzlich und widerrechtlich den bei dem Dritten eingetretenen Schaden herbeigeführt hat.

Übersicht

	Rdn
A. Normzweck	1
B. Norminhalt	2
I. Vorsatz	3
II. Widerrechtlichkeit	9
III. Eingetretener Schaden	12
IV. Mehrere Personen aufseiten des Versicherungsnehmers	16
C. Rechtsfolgen	17
D. Prozessuales	18
I. Beweisrechtliche Fragen	18
II. Bindungswirkung	20
E. Abdingbarkeit	21

A. Normzweck

1 Die Vorschrift bestimmt, dass ein vorsätzlich und widerrechtlich verursachter Schaden nicht vom Versicherungsschutz umfasst wird, eine Leistungspflicht des VR also nicht besteht. § 103 VVG stellt damit keine Obliegenheit, sondern einen **subjektiven Risikoausschluss** dar (BGH, VersR 1971, 239, 240). Die Norm ist **lex specialis zu § 81** VVG.

B. Norminhalt

2 Der VR ist leistungsfrei, wenn der VN den Schaden vorsätzlich und widerrechtlich verursacht hat. Hierbei ist erforderlich, dass diese Tatbestandsmerkmale kumulativ vorliegen.

I. Vorsatz

3 Der Begriff des Vorsatzes entspricht demjenigen des sonstigen Zivilrechts. Danach ist unter Vorsatz das **Wissen und Wollen eines rechtswidrigen Erfolgs** zu verstehen (BGH, VersR 1958, 361; VersR 1998, 1011; OLG Koblenz, VersR 2007, 1506; OLG Hamm, VersR 2006,

781, 782). Der vorsätzlich Handelnde muss den rechtswidrigen Erfolg voraussehen und in seinen Willen aufnehmen (Palandt/*Heinrichs*, § 276 BGB Rn 10).

Bedingter Vorsatz reicht aus (BGHZ 7, 311 = BGH, MDR 1952, 741; OLG Nürnberg, NJW-RR 2005, 466, 469). 4

Vorsatz kommt nicht nur dann in Betracht, wenn die Verletzungshandlung in einem **positiven Tun** besteht, sondern kann gleichermaßen bei der Verwirklichung des Haftungstatbestands durch **Unterlassen** angenommen werden (wie z.b. Haftung eines Architekten für den Einsturz eines ohne Einholung einer Baugenehmigung errichteten Gebäudes, vgl. OLG Köln, r+s 2005, 461, 462). 5

Da bedingter Vorsatz zur Begründung der Leistungsfreiheit des VR ausreicht, der VR aber bei bewusster Fahrlässigkeit zur Gewährung von Deckungsschutz verpflichtet ist, bedarf es einer **Abgrenzung des bedingten Vorsatzes von der bewussten Fahrlässigkeit** (BGH, VersR 1954, 591; OLG Köln, VersR 1994, 339 f.; OLG Hamm, VersR 1987, 88; OLG Köln, VersR 1978, 265). In beiden Fällen zieht der Schädiger die Möglichkeit der Schadensverwirklichung in Betracht. Allerdings nimmt er bei bedingtem Vorsatz den Schaden billigend in Kauf, während er bei bewusster Fahrlässigkeit pflichtwidrig darauf vertraut, dass der Schaden ausbleiben wird (vgl. BGH, VersR 1978, 265, 266). Mithin ist entscheidend, ob der festgestellte Sachverhalt im Wege der Beweiswürdigung (§ 286 ZPO) einen eindeutigen Rückschluss auf die Willensrichtung des Täters zulässt. So kann z.B. aus Gefährlichkeit und Intensität eines Angriffs auf das Wollen einer Körperverletzung geschlossen werden (OLG Hamm, VersR 1997, 1389). Da sich der Vorsatz auch auf die Schadensfolgen beziehen muss, ist eine Abgrenzung zur bewussten Fahrlässigkeit oft an dieser Stelle von Bedeutung (vgl. Rdn 12 ff.). 6

Ist der VN **deliktsunfähig** und damit für sein vorsätzliches Verhalten nicht verantwortlich, greift der Risikoausschluss des § 103 VVG nicht. Für die Frage der Deliktsfähigkeit sind die in §§ 827, 828 BGB normierten Grundsätze maßgeblich. Nach § 828 Abs. 1 BGB sind Minderjährige bis zum siebten Lebensjahr, im Straßenverkehr gem. § 828 Abs. 2 BGB bis zum zehnten Lebensjahr – sofern kein vorsätzliches Handeln vorliegt – deliktsunfähig. Gem. § 828 Abs. 3 BGB sind Minderjährige bis zum 18. Lebensjahr, die nicht nach den vorstehenden Regelungen deliktsunfähig sind, beschränkt deliktsfähig. Entscheidend ist danach, ob der Minderjährige die erforderliche Einsicht hat, d.h. nach seiner individuellen Verstandesentwicklung fähig ist, das Gefährliche seines Tuns zu erkennen und sich der Verantwortung für die Folgen seines Tuns bewusst zu sein (BGH, NJW 2005, 354, 355 f.: Bejahung der Deliktsfähigkeit eines 9-jährigen Jungen, der infolge eines Sturzes von seinem Kickboard bei einem Wettrennen ein geparktes Auto beschädigte. In diesem Zusammenhang greift auch § 828 Abs. 2 BGB nicht ein, da keine Überforderungssituation im Zusammenhang mit dem Straßenverkehr gegeben ist [teleologische Auslegung]; OLG Düsseldorf, VersR 2002, 89, 90: Bejahung der Deliktsfähigkeit eines zwölf Jahre alten Schülers, der durch Vandalismus und Fluten der Räume mittels Öffnen der Wasserhähne bei gleichzeitigem Verstopfen der Abflüsse einen Schaden in seiner Schule anrichtete). 7

8 Handelt der VN im Vollrausch (OLG Köln, VersR 1991, 1283, 1284), im Zustand der Bewusstlosigkeit oder in einem die freie Willensbestimmung ausschließenden Zustand krankhafter Störung der Geistestätigkeit (§ 827 BGB), ist Vorsatz ausgeschlossen; § 827 S. 2 BGB ist im Rahmen des § 103 VVG nicht anwendbar. Andernfalls würde der Versicherungsschutz, der im Rahmen der Haftpflichtversicherung nur bei vorsätzlicher Schadensherbeiführung ausgeschlossen sein soll, ausgehöhlt, da § 827 S. 2 BGB bei verschuldetem Versetzen in den Rauschzustand eine fahrlässige Schadensherbeiführung fingiert (LG Dortmund, r+s 2016, 126, 128). Selbst bei einem Blutalkoholgehalt von 3 ‰ ist nicht zwangsläufig von Schuldunfähigkeit auszugehen (OLG Köln, VersR 1995, 205). Hat der VN den Schaden im stark berauschten Zustand verursacht, ist seine **verminderte Einsichts- und Hemmungsfähigkeit** zu berücksichtigen, was insb. bei der Abgrenzung zur bewussten Fahrlässigkeit relevant ist (BGH, VersR 1998, 1011). Wenn der VN stark unter Alkoholeinfluss steht, ist nicht in jedem Fall die billigende Inkaufnahme aller eingetretenen Verletzungsfolgen anzunehmen (OLG Hamm, r+s 1999, 102). Bei Trunkenheit im Verkehr liegt regelmäßig kein bedingter Vorsatz vor (BGHZ 7, 311, 313 = BGH, MDR 1952, 741).

II. Widerrechtlichkeit

9 Die Verletzung muss auch widerrechtlich gewesen sein. Bei vorsätzlicher, aber nicht widerrechtlicher Schädigung ist der VR weiterhin zur Deckung verpflichtet. Der Begriff der Widerrechtlichkeit ist gleichbedeutend mit dem der **Rechtswidrigkeit**. Es dürfen also **keine Rechtfertigungsgründe** vorliegen. Rechtfertigungsgründe ergeben sich insb. aus den §§ 227, 229, 228, 904 BGB (zur Notwehr: OLG Hamm, VersR 2006, 781, 782; AG München, r+s 1999, 453, 454, zur Beweislast s. Rdn 18).

10 In den AHB (vgl. Ziff. 7.1 AHB 2015) ist das Merkmal der Widerrechtlichkeit regelmäßig nicht genannt. Daraus ergibt sich jedoch keine Abweichung zu § 103 VVG, da das Bewusstsein der Rechtswidrigkeit zum Vorsatzbegriff gehört (BGH, VersR 1958, 361; OLG Hamm, VersR 2006, 781, 783; OLG Frankfurt am Main, VersR 1989, 732). Jedenfalls ist die Klausel nach § 305c Abs. 2 BGB zulasten des VR auszulegen (OLG Hamm, VersR 2006, 781, 783).

11 Da die Widerrechtlichkeit auch vom Vorsatz des VN umfasst sein muss, kann ein **Irrtum** diesbezüglich zur Deckungspflicht des VR führen. Das ist insb. dann der Fall, wenn der VN irrtümlich das Vorliegen der objektiven Voraussetzungen eines Rechtfertigungsgrundes annimmt (OLG Düsseldorf, VersR 1994, 850, 851 zur „Putativnotwehr"; LG Köln v. 24.5.2007 – 24 O 399/06 [n.v.] zum Fall eines Überschreitens einer vermeintlich erlaubten Abwehrhandlung).

III. Eingetretener Schaden

12 Der Vorsatz des VN muss sich auf die **Verwirklichung des objektiven Haftungstatbestands** beziehen. Bereits unter Geltung der alten Rechtslage musste der Vorsatz i.S.d. § 152 VVG a.F. nach ständiger Rechtsprechung des BGH und allg. Auffassung – im Gegensatz

zu § 823 Abs. 1 BGB – nicht nur die haftungsbegründende Verletzungshandlung, sondern auch die Verletzungsfolgen umfassen (BGH, VersR 1998, 1011; VersR 1983, 477; NJW 1971, 1456, 1457; OLG Koblenz, VersR 2007, 1506; OLG Hamm, zfs 2001, 368, 369; OLG Saarbrücken, VersR 1993, 1004, 1005; Prölss/Martin/*Voit/Knappmann*, § 152 Rn 5; Römer/Langheid/ *Langheid*, § 152 Rn 4 ff.; BK/*Baumann*, § 152 Rn 17; Johannsen, in: Bruck/Möller, IV KV Anm. G 222, jeweils m.w.N). I.R.d. Reform des Versicherungsvertragsrechts erfolgte mit der Änderung des Wortlauts der Vorschrift („*eingetretenen Schaden*" anstatt „*Eintritt der Tatsache*") eine Klarstellung (Begr. BT-Drucks 16/3945, S. 85; Looschelders/Pohlmann/*Schulze Schwienhorst*, § 101 Rn 4; Rüffer/Halbach/Schimikowski/ *Schimikowski*, § 103 Rn 3; Römer/Langheid/*Langheid*, § 103 Rn 7). Verwirklicht der VN den Haftungstatbestand durch Unterlassen, muss sich der Vorsatz auch auf die für die Haftung für Unterlassen erforderliche Verletzung einer Rechtspflicht zum Handeln beziehen; zudem ist das Bewusstsein erforderlich, dass durch die Unterlassung einem Dritten ein Schaden zugefügt wird (Römer/Langheid/*Langheid*, § 103 Rn 14).

Im Einzelfall kann es problematisch sein, ob sich der **Vorsatz des VN auch auf die** **Schadensfolgen** und nicht lediglich auf die schädigende Handlung erstreckt. Der VN muss den Schadensumfang nicht in allen Einzelheiten, sondern die Folgen seiner schädigenden Handlung in ihrem **wesentlichen Umfang vorausgesehen** haben (BGH, VersR 1998, 1011; BGH, VersR 1983, 477; BGH, VersR 1980, 164; BGH, VersR 1971, 806, 807; OLG Koblenz, VersR 2007, 1506; OLG Hamm, VersR 2006, 781, 782; zfs 2001, 368, 370; OLG Nürnberg, NJW-RR 2005, 466, 469). Somit besteht Versicherungsschutz, wenn der VN die Schadensfolgen weder als möglich erkennt noch diese für den Fall ihres Eintritts gewollt oder billigend in Kauf genommen hat.

Einzelfälle:
- inwieweit hat ein 15-jähriger Junge, der unmittelbar neben einem Zelt einen Papierhaufen in Brand setzt, Vorsatz in Bezug auf die Inbrandsetzung des Zeltes (BGH, VersR 1983, 477 f.).
- Bei einem Schlag auf den Kopf, der einen Aufprall des Geschädigten auf das Straßenpflaster zur Folge hat, sind Verletzungen am und im Kopf (Blutgerinnsel im Gehirn löste Schwerhörigkeit aus) vom Vorsatz umfasst (LG Köln v. 24.5.2007 – 24 O 399/ 06, n.v.).
- Bei einem gezielten und heftigen Schlag ins Gesicht, durch den der Geschädigte „niedergestreckt" wird, ist der Vorsatz hinsichtlich einer Orbitabodenfraktur zu bejahen (OLG Hamm, VersR 2006, 781, 782 f.).
- Ein Kraftfahrer, der seinen Pkw im fließenden Verkehr von ca. 40 km/h bis zum Stand stark abbremst, handelt vorsätzlich hinsichtlich der aus dem dadurch verursachten Auffahrunfall resultierenden Schäden (OLG Nürnberg, NJW-RR 2005, 466, 458 f.).
- Ein 12 ½-jähriges Kind handelt nicht vorsätzlich hinsichtlich der Schadensfolgen, wenn es beim Spielen einen Brand verursacht (OLG Düsseldorf, r+s 2004, 457, 459).
- Intensität und Gefährlichkeit eines Angriffs lassen auf eine bedingt vorsätzliche Körperverletzung mit Umfassung der Verletzungsfolgen schließen (OLG Köln, VersR 1999, 1270, 1271 f.).

– VN hat bei einem Schuss mit der Schreckschusspistole aus 50 cm Entfernung keinen Vorsatz hinsichtlich einer Innenohrschädigung (OLG Saarbrücken, VersR 1993, 1004, 1006).
– Ein 17 ½-jähriger Jugendlicher, der über Erfahrungen in Judo und Kampftraining verfügt, und bei einer tätlichen Auseinandersetzung mit anderen Jugendlichen einen der Beteiligten gezielt mit der Faust gegen den Kopf schlägt, sodass dieser stürzt, mit dem Kopf auf den Asphaltboden aufschlägt und ein Schädel-Hirn-Trauma erleidet, begeht eine bedingt vorsätzliche Körperverletzung hinsichtlich der Verletzungsfolgen (OLG Koblenz, VersR 2014, 1450).

15 Streitig ist, inwieweit der VR leisten muss, wenn sich der **Vorsatz des VN lediglich auf eine von mehreren Schadensfolgen erstreckt.** Hierbei ist nach zutreffender Auffassung zu unterscheiden, ob es sich um einen ein- oder mehraktigen Geschehensablauf handelt (OLG Hamm, r+s 2001, 145). Eine Beschränkung der Deckung auf die vorsatzlosen Schadensfolgen ist jedenfalls dann unbedenklich möglich, wenn der Tathergang mehrere schuldhafte Einzelhandlungen umfasst, von denen einige Vorsatztaten sind und andere nicht. Bei einaktigen Geschehensabläufen ist – aufgrund dessen, dass eine Differenzierung je nach Willensrichtung des Handelnden nicht überzeugend durchführbar ist – eine Quotelung des Deckungsschutzes abzulehnen mit der Folge, dass in vollem Umfang Deckungsschutz besteht – „*Alles-oder-Nichts-Prinzip*" zugunsten des VN (OLG Schleswig, r+s 2008, 67; LG Bonn, NJW-RR 2005, 822, 824; *Lorenz*, VersR 2000, 1, 6 f.; **a.A.** Prölss/Martin/ *Lücke*, § 103 Rn 12 [entgegen 27. Aufl.]; *Langheid*, NVersZ 1999, 253; Römer/Langheid/ *Langheid*, § 103 Rn 11 lehnt eine Differenzierung nach ein- oder mehraktigen Geschehensabläufen ab, wenn beide zu multiplen Verletzungen geführt haben, von denen einige vorsätzlich und andere nur fahrlässig herbeigeführt wurden).

IV. Mehrere Personen aufseiten des Versicherungsnehmers

16 Stehen aufseiten des VN mehrere Personen, von denen aber nur einem Vorsatz vorgeworfen werden kann, stellt sich die Frage, unter welchen Voraussetzungen die Deckung ausgeschlossen ist. Handelt es sich bei der Haftpflichtversicherung um eine **Versicherung für fremde Rechnung**, ist der VR ggü. dem Versicherten nicht zur Leistung verpflichtet, wenn dieser vorsätzlich gehandelt hat (OLG Hamm, VersR 1993, 1372, 1373; OLG Schleswig, VersR 1995, 827). Gleiches gilt, wenn dem VN Vorsatz vorzuwerfen ist und der Versicherte einen Deckungsanspruch gegen den VR geltend macht. Vorsatz des Versicherten schadet aber infolge fehlender Zurechenbarkeit nicht dem Anspruchsbegehren des VN, es sei denn, er ist **Repräsentant** des VN (OLG Koblenz, VersR 2007, 787, 788; OLG Schleswig, VersR 1995, 827). Repräsentant ist, wer in dem Geschäftsbereich, zu dem das versicherte Risiko gehört, aufgrund eines Vertretungs- oder ähnlichen Verhältnisses an die Stelle des VN getreten ist. Voraussetzung hierfür ist die Befugnis, selbstständig in einem gewissen, nicht ganz unbedeutenden Umfang für den VN zu handeln (OLG Koblenz, VersR 2007, 787, 788). Die Leistungspflicht des VR ggü. einem als Halter eines Kfz versicherten VN aufgrund eines durch den mitversicherten Fahrer vorsätzlich herbeigeführten Unfalls ist mangels Zurechenbarkeit regelmäßig nicht ausgeschlossen (OLG Hamm, r+s 2006, 33, 34; OLG Nürnberg, VersR 2001, 634, 635; OLG Hamm, VersR 1993, 1372, 1373; AG Mainz, VersR 1997, 1117). I.d.R. ist der Fahrer nicht Repräsentant des Halters (BGH, VersR 1969, 695 f.; OLG Karlsruhe, VersR 1990, 1222). Die für die Versicherung für fremde Rechnung geltenden Grundsätze finden gleichermaßen Anwendung auf **teilrechtsfähige Personengesellschaften**, da die persönlich haftenden Gesellschafter als Mitversicherte anzusehen sind (vgl. § 102 Rdn 13). Ist der VN eine **juristische Person**, führt nur der Vorsatz ihrer Organe und Repräsentanten zur Leistungsfreiheit des VR (vgl. OLG Koblenz, VersR 1994, 715, 716).

C. Rechtsfolgen

Liegen die Voraussetzungen der Vorschrift vor, ist der VR nicht zur Leistung verpflichtet; er muss dem VN keinen Deckungsschutz gewähren. **17**

D. Prozessuales

I. Beweisrechtliche Fragen

Im Hinblick auf die **Beweislastverteilung** ist zu differenzieren. Entsprechend der allg. zivilprozessualen Grundsätze zur Beweislastverteilung muss der **VR** die den Ausschluss seiner Leistungspflicht begründenden Merkmale beweisen (BGH, VersR 1954, 591, 592). Die Beweispflicht bezieht sich insb. auf die Kausalität zwischen dem Verhalten des VN und dem Eintritt des Versicherungsfalles (*Looschelders*, VersR 2008, 1, 4) und auf den Vorsatz des VN, also darauf, ob aus der Gesamtheit der Indizien der Schluss gezogen werden kann, dass der VN den Fremdschaden herbeiführen wollte (OLG Hamm, r+s 1997, 3, 4; KG, VersR 2004, 325). Bei Annahme einer vorsätzlichen Herbeiführung des Schadens wird die Widerrechtlichkeit indiziert. Den **VN** hingegen trifft die Beweislast für das Vorliegen eines Rechtfertigungsgrundes und damit das Fehlen der Widerrechtlichkeit (**a.A.** OLG Hamm, VersR 2006, 781, 782 mit krit. Anm. von *Weitzel*, VersR 2006, 783). Gleiches gilt für den Irrtum über die Widerrechtlichkeit. Darüber hinaus ist er beweispflichtig, wenn er einwenden will, dass er zum Zeitpunkt des Schadensvorfalls nicht zurechnungsfähig war (BGH, VersR 1990, 888, 889; BGH, zfs 1987, 6, 7; OLG Frankfurt am Main, VersR 1990, 42 f.; OLG Hamm, VersR 1981, 178, 180; OLG Hamm, VersR 1987, 89, 90; LG Köln, r+s 2004, 183, 184). **18**

Der Beweis einer vorsätzlichen Herbeiführung des Schadens durch den VN kann mitunter Schwierigkeiten bereiten. Da es insoweit kein durch die allg. Lebenserfahrung gesichertes typisches menschliches Verhalten gibt, ist ein **Anscheinsbeweis nicht möglich** (BGH, VersR 1988, 683, 684; OLG Hamm, VersR 2007, 1550, 1551; OLG Hamm, VersR 2006, 781, 782; OLG Nürnberg, NJW-RR 2005, 466, 469; OLG Köln, VersR 1994, 339; beachte jedoch KG, VersR 2007, 1076, 1078, wonach eindeutige Verstöße gegen Notarpflichten den Anscheinsbeweis für bewusst pflichtwidriges Verhalten begründen; offen gelassen von OLG Köln, VersR 2009, 683, wonach das anwaltliche Unterlassen jeglicher Reaktionen **19** auf ein zugegangenes Versäumnisurteil in einer derart krassen und fundamentalen Weise gegen elementare Pflichten eines RA verstößt, dass andere Erklärungen als direkter Vorsatz nicht denkbar sind). Vielmehr kann aus den dem äußeren Geschehensablauf zu entnehmenden Indizien auf das Vorliegen des Vorsatzes geschlossen werden (**Indizienbeweis**; OLG Koblenz, VersR 2007, 1506; OLG Hamm, VersR 2007, 1550, 1551; OLG Hamm, VersR 2006, 781, 782).

II. Bindungswirkung

20 Wegen des **Trennungsprinzips** ist die Frage, ob der VN den Schaden vorsätzlich herbeigeführt hat, grds. im Haftpflichtprozess und nicht im Deckungsprozess zu klären. Infolgedessen entfaltet ein rechtskräftiges Urteil im Haftpflichtprozess für den VR – soweit **Voraussetzungsidentität** (BGH, VersR 2004, 590) besteht – regelmäßig **Bindungswirkung** mit der Folge, dass die Vorsatzfrage in einem dem Haftpflichtprozess nachfolgenden Deckungsprozess nicht überprüft werden kann (krit. zur Rechtslage nach der VVG-Reform: Römer/Langheid/*Langheid*, § 103 Rn 18). Dies gilt allerdings nur, sofern die Feststellung des Verschuldensgrades bei der Prüfung des Schadensersatzanspruchs objektiv entscheidungserheblich ist – es sich insoweit nicht um eine sog. **überschießende Feststellung** handelt (vgl. § 100 Rdn 64). Allerdings ist zu beachten, dass der Vorsatz i.R.d. § 103 VVG auch die Verletzungsfolgen umfassen muss, während es im allgemeinen zivilrechtlichen Haftungsrecht (insb. i.R.d. deliktsrechtlichen Haftungsnormen) grds. ausreicht, wenn er sich auf die Verletzungshandlung bezieht. Deshalb bedarf es im Deckungsprozess i.d.R. noch des Beweises, dass sich der im Haftpflichtprozess festgestellte Vorsatz auch auf die Schadensfolge bezieht (vgl. OLG Köln, VersR 1992, 89; OLG Hamm, VersR 1981, 178, 181). Keine Bindungswirkung entfaltet hingegen eine Verurteilung in einem dem Deckungsprozess vorausgegangenen Strafprozess (OLG Hamm, VersR 2006, 781, 782).

E. Abdingbarkeit

21 Die Vorschrift ist in den Grenzen der allg. Vorschriften (insb. der §§ 305 ff. BGB) sowohl zugunsten als auch zulasten des VN **abdingbar** (OLG Saarbrücken, VersR 2006, 503; OLG Köln, VersR 2005, 357, 358; OLG München, VersR 1994, 92; OLG Koblenz, VersR 1990, 41). Dies wird auch in der Gesetzesbegründung ausdrücklich erwähnt (BT-Drucks 16/3945, S. 85). Problematisch sind AVB, die einen Verlust des Deckungsschutzes bereits bei grober Fahrlässigkeit regeln, da dies dem gesetzlichen Leitbild (§ 307 Abs. 2 Nr. 1 BGB) entgegen stehen dürfte (vgl. Looschelders/Pohlmann/*Schulze Schwienhorst*, § 103 Rn 7; Prölss/Martin/*Lücke*, § 103 Rn 16 mit dem zutreffenden Hinweis, dass seit Inkrafttreten des VVG 2008 eine solche Regelung auch gegen die Leitentscheidung des Gesetzgebers zur Quotierung des Schadens nach der Schwere der groben Fahrlässigkeit, § 81 Abs. 2 VVG, steht).

22 In den AVB sind regelmäßig Abweichungen vorgesehen: Nach Ziff. 7.2 AHB 2015 besteht Leistungsfreiheit, wenn der VN die Mangelhaftigkeit seines Produktes oder seiner Dienstleistung kennt. Nach der sog. **Infektionsklausel gem. Ziff. 7.18 AHB 2015** ist der Versi-

cherungsschutz für Haftpflichtansprüche wegen Übertragung von Krankheiten ausgeschlossen, es sei denn, dass weder Vorsatz noch grobe Fahrlässigkeit vorliegen (zulässig als Vollausschluss mit dem Wiedereinschluss für den Fall des Entlastungsbeweises). **§ 4 Nr. 5 AVB Vermögen** bestimmt, dass kein Versicherungsschutz für Schäden aus näher beschrieben Verstößen gegen konkrete Berufspflichten, die durch **wissentliches Abweichen** von Gesetz, Vorschrift, Anweisung oder Bedingung des Machtgebers (Berechtigten) oder durch sonstige **wissentliche Pflichtverletzung** entstanden sind, besteht. Damit weicht die Regelung in zulässiger Weise (vgl. zur Berufshaftpflichtversicherung für Rechtsanwälte BGH, VersR 2001, 1103, 1104) in zweierlei Hinsicht von der gesetzlichen Vorgabe ab, und zwar zum einen zugunsten des VN, indem sie diesem den Versicherungsschutz lediglich bei mindestens dolus directus zweiten Grades versagt, und zum anderen zulasten des VN, da sich dessen Vorsatz nicht auf den Schaden erstrecken muss. Die **D&O-Versicherungen** sehen ebenfalls regelmäßig abweichende Regelungen vor (hierzu *Seitz*, VersR 2007, 1476 ff.).

§ 104 VVG Anzeigepflicht des Versicherungsnehmers

(1) Der Versicherungsnehmer hat dem Versicherer innerhalb einer Woche die Tatsachen anzuzeigen, die seine Verantwortlichkeit gegenüber einem Dritten zur Folge haben könnten. Macht der Dritte seinen Anspruch gegenüber dem Versicherungsnehmer geltend, ist der Versicherungsnehmer zur Anzeige innerhalb einer Woche nach der Geltendmachung verpflichtet.

(2) Wird gegen den Versicherungsnehmer ein Anspruch gerichtlich geltend gemacht, Prozesskostenhilfe beantragt oder wird ihm gerichtlich der Streit verkündet, hat er dies dem Versicherer unverzüglich anzuzeigen. Dies gilt auch, wenn gegen den Versicherungsnehmer wegen des den Anspruch begründenden Schadensereignisses ein Ermittlungsverfahren eingeleitet wird.

(3) Zur Wahrung der Fristen nach den Absätzen 1 und 2 genügt die rechtzeitige Absendung der Anzeige. § 30 Abs. 2 ist entsprechend anzuwenden.

Übersicht

	Rdn
A. Normzweck	1
B. Norminhalt	3
I. Anzeigeobliegenheiten nach § 104 Abs. 1 VVG	3
1. Möglichkeit der Verantwortlichkeit des Versicherungsnehmers (§ 104 Abs. 1 S. 1 VVG)	3
2. Außergerichtliche Geltendmachung von Haftpflichtansprüchen (§ 104 Abs. 1 S. 2 VVG)	5
II. Anzeigeobliegenheiten nach § 104 Abs. 2 VVG	8
1. Gerichtliche Geltendmachung des Anspruchs	9
2. Einleitung eines Ermittlungsverfahrens	11
III. Anzeigeobliegenheiten bei der Versicherung für fremde Rechnung (§§ 43 bis 48 VVG)	14
IV. Abgrenzung der Anzeigeobliegenheit zur Aufklärungs- und Auskunftspflicht	15

C. Rechtsfolgen 16
 I. Anzeige des Versicherungsfalles 16
  1. Notwendiger Inhalt 17
  2. Form 18
  3. Richtiger Adressat 19
  4. Frist 20
 II. Rechtsfolgen bei Verletzung der Anzeigeobliegenheit 23
  1. Leistungsfreiheit und Leistungskürzung 23
  2. Ausnahmen 27
   a) Kenntniserlangung des Versicherers gem. § 104 Abs. 2 S. 2 VVG i.V.m. § 30 Abs. 2 VVG 28
   b) Ursächlichkeit der Anzeigeobliegenheitsverletzung gem. § 28 Abs. 3 VVG 29
   c) Belehrung im Zusammenhang mit „zusätzlicher" Anzeigeobliegenheit gem. § 104 Abs. 2 VVG 30
   d) Unberechtigte Deckungsverweigerung 31
D. Prozessuales 32
E. Abdingbarkeit 33

A. Normzweck

1 Der VR soll durch frühzeitige Mitteilung des Versicherungsfalls in der Lage sein, im Rahmen seiner Regulierungshoheit (vgl. § 100 Rdn 43) **auf das Haftpflichtverhältnis Einfluss zu nehmen** (BGH, VersR 1968, 58, 59). Dadurch kann er sich in die Schadensfeststellung und -ermittlung einschalten und Maßnahmen ergreifen, die den eingetretenen Schaden mindern bzw. weitere Schadensfolgen verhindern (OLG Köln, r+s 1998, 458). Bei der Anzeigepflicht handelt es sich um eine **Obliegenheit**, deren Verletzung gem. **§ 28 Abs. 2** VVG zur Leistungsfreiheit bzw. Berechtigung zur Leistungskürzung des VR führen kann (vgl. Rdn 23), sofern dies im VV vereinbart ist, was regelmäßig der Fall ist (vgl. Ziff. 25.1, 25.3, 26.2 AHB 2015). Eine Kündigung durch den VR ist gem. Ziff. 26.1 AHB 2015 möglich.

2 Die Regelung **geht über die in § 30** VVG **enthaltene Bestimmung hinaus** und enthält insoweit eine Konkretisierung der dort normierten Anzeigeobliegenheiten. § 30 Abs. 1 VVG sieht erst bei Eintritt des Versicherungsfalls eine Anzeigeobliegenheit vor, während der VN nach § 104 Abs. 1 S. 1 VVG bereits die Tatsachen anzuzeigen hat, die seine Verantwortlichkeit begründen könnten. Darüber hinaus ist im Bereich der Haftpflichtversicherung gem. § 104 Abs. 2 VVG eine (weitere) Anzeige erforderlich, wenn der Anspruch gerichtlich geltend gemacht oder ein Ermittlungsverfahren eingeleitet wird. § 104 VVG statuiert somit umfassendere Pflichten als § 30 VVG.

B. Norminhalt

I. Anzeigeobliegenheiten nach § 104 Abs. 1 VVG

1. Möglichkeit der Verantwortlichkeit des Versicherungsnehmers (§ 104 Abs. 1 S. 1 VVG)

Nach § 104 Abs. 1 S. 1 VVG hat der VN dem VR diejenigen Tatsachen anzuzeigen, die eine Verantwortlichkeit ggü. einem Dritten begründen könnten. Zur Begründung der Anzeigeobliegenheit müssen **zwei Voraussetzungen** erfüllt sein:

Der VN muss
– wissen, dass durch sein Verhalten einem Dritten ein Schaden entstanden ist oder entstehen kann und
– wissen oder damit rechnen, dass er dafür aufgrund gesetzlicher Haftpflichtbestimmungen verantwortlich gemacht werden kann.

Der VN muss **positive Kenntnis** – i.S.e. objektiven Tatbestandsmerkmals (*Koch*, in: Bruck/Möller, § 104 Rn 21) – von den möglicherweise eine Verantwortlichkeit begründenden Tatsachen und der sich daraus ergebenden Haftpflicht haben (BGH, VersR 2007, 979, 980; VersR 2003, 187, 189; VersR 1971, 213; OLG Hamm, VersR 1995, 1476); ein bloßes Kennenkönnen oder Kennenmüssen genügt nicht (BGH, VersR 2003, 187, 189; VersR 1970, 1046). Demzufolge reicht es nicht aus, wenn der VN bei gehöriger Überlegung oder nach Einholung eines Rechtsrates hätte erkennen müssen, dass ein Haftpflichtanspruch gegen ihn in Betracht kam (Prölss/Martin/*Lücke*, § 104 Rn 4). Währenddessen trifft den VN eine Anzeigeobliegenheit jedoch auch dann, wenn er eine Inanspruchnahme durch den Dritten zwar in Betracht zieht, aber davon ausgeht, dass der Anspruch unbegründet ist (dies ist im Bereich des Verschuldens von Relevanz, vgl. Rdn 24–26).

2. Außergerichtliche Geltendmachung von Haftpflichtansprüchen (§ 104 Abs. 1 S. 2 VVG)

Der VN ist zur Anzeige verpflichtet, wenn der Dritte seinen Anspruch ihm ggü. geltend macht (vgl. § 100 Rdn 54 ff.). Die Geltendmachung eines Anspruchs kann **in mündlicher oder schriftlicher Form, ausdrücklich oder konkludent** erfolgen. Sie ist bei jeder **ernstlich gemeinten Erklärung** gegeben, mit der der Dritte vom VN – begründet oder unbegründet – Schadensersatz verlangt. Ob der Erklärung die erforderliche Ernstlichkeit innewohnt, ist vom Horizont eines verständigen VN auszulegen (BGH, VersR 2004, 1043, 1045). Eine Anzeigeobliegenheit besteht demnach regelmäßig nicht bei bloßen Ankündigungen, Vorwürfen oder Drohungen (OLG Köln, r+s 1996, 432). Wird ein Anspruch in noch unbezifferter Höhe geltend gemacht, liegt darin nicht ein bloßes „Inaussichtstellen" der Anspruchserhebung, sondern ein anzeigepflichtiger Tatbestand (OLG Köln, r+s 1996, 432; *Koch*, in: Bruck/Möller, § 104 Rn 11) Gleiches gilt für eine Aufrechnung durch den Dritten. Keine entscheidende Bedeutung kommt der Bereitschaft des Dritten zu, seinen Anspruch ggf. gerichtlich durchzusetzen (Römer/Langheid/*Langheid*, § 104 Rn 6). Ebenso besteht die Anzeigeobliegenheit unabhängig davon, ob der VN den Anspruch des Dritten für unbegründet hält oder nicht (OLG Hamm, r+s 1992, 118, 119; OLG Nürnberg, VersR 1979, 561, 562). Die subjektive Furcht des VN, vom Dritten in Anspruch genommen zu werden, begründet keine Anzeigeobliegenheit (BGH, VersR 1967, 56, 57; zu der Frage, ob das Verlangen des Verzichts auf die Einrede der Verjährung eine Geltendmachung darstellt, vgl. BGH, VersR 1979, 1117, 1118; OLG Hamm, VersR 1978, 809, 811).

6 In der **Mitteilung eines Vierten**, dass mit einer Anspruchserhebung zu rechnen ist, liegt noch keine die Anzeigeobliegenheit begründende Geltendmachung (*Johannsen*, in: Bruck/Möller, IV KV Anm. F 37). Das bedeutet indes nicht, dass die Anspruchserhebung zwingend durch den Geschädigten selbst erfolgen muss. Machen **mehrere Dritte** Ersatzansprüche gegen den VN geltend, so ist jede Inanspruchnahme dem VR anzuzeigen (*Johannsen*, in: Bruck/Möller, IV KV Anm. F 37). Die Anzeigeobliegenheit kann auch durch eine entsprechende Erklärung einer vom Geschädigten verschiedenen, mit Vertretungsmacht ausgestatteten Person ausgelöst werden. Gleiches ist anzunehmen, wenn ein Angehöriger des Verletzten Ansprüche erhebt (RGZ 378, 383; *Johannsen*, in: Bruck/Möller, IV KV Anm. F 37).

7 Der VN muss **positive Kenntnis** von der Geltendmachung des Anspruchs haben. Ein bloßes Kennenkönnen oder Kennenmüssen reicht nicht aus (BGH, VersR 1967, 56, 58; OLG Nürnberg, VersR 1979, 561, 562). Infolgedessen kann der Zugang einer entsprechenden Erklärung des geschädigten Dritten beim VN nicht die Anzeigeobliegenheit auslösen; dieser muss vielmehr tatsächlich Kenntnis von der Geltendmachung erlangen. Etwas anderes kann nur dann gelten, wenn sich der VN der Kenntnisnahme arglistig entzieht (BK/*Baumann*, § 153 Rn 25).

II. Anzeigeobliegenheiten nach § 104 Abs. 2 VVG

8 Eine **weitere Anzeigenobliegenheit** besteht, wenn der Dritte einen Anspruch gerichtlich geltend gemacht, PKH beantragt, dem VN gerichtlich den Streit verkündet oder ein Ermittlungsverfahren eingeleitet wird. Die Anzeigeobliegenheit tritt in den genannten Fällen neben eine u.U. bereits nach § 104 Abs. 1 VVG eingetretene Anzeigeobliegenheit; der VN kann also dazu angehalten sein, ein weiteres Mal Anzeige zu erstatten. Zu der Frage, ob den VR eine Belehrungspflicht hinsichtlich der weiteren Anzeigeobliegenheit und der Rechtsfolgen im Fall der vorsätzlichen Obliegenheitsverletzung trifft (vgl. Rdn 30).

1. Gerichtliche Geltendmachung des Anspruchs

9 Ein Anspruch wird gerichtlich geltend gemacht bei Erhebung einer Feststellungs- oder Leistungs**klage** (auch Widerklage) sowie bei Beantragung des Erlasses eines **Mahnbescheids** (vgl. Ziff. 25.3 AHB 2015), einer **einstweiligen Verfügung** oder eines **Arrests**. Dem stehen nach § 104 Abs. 2 S. 1 VVG die Beantragung von **PKH** und die **Streitverkündung** (vgl. Ziff. 25.3 AHB 2015) gleich. Teilweise wird gefordert, dass die Anzeigeobliegenheit bereits mit Kenntnis des VN von der Anhängigkeit (*Späte*, AHB, § 5 Rn 16)

und nicht erst mit Rechtshängigkeit einer Klage entsteht. Dies ist abzulehnen, da eine Klageerhebung auch deren Zustellung voraussetzt. I.Ü. liegt in diesen Konstellationen regelmäßig eine Anzeigeobliegenheit gem. § 104 Abs. 1 S. 2 VVG vor.

Eine Anzeigeobliegenheit ist darüber hinaus anzunehmen bei Geltendmachung des Anspruchs im **Adhäsionsverfahren** nach §§ 403, 404 StPO, Beantragung der Durchführung eines **selbstständigen Beweisverfahrens** (vgl. § 100 Rdn 60), **Anmeldung von Ansprüchen zur Insolvenztabelle** (OLG Köln, r+s 1996, 432, 433) sowie der **Aufrechnung** durch den Dritten im Prozess.

2. Einleitung eines Ermittlungsverfahrens

Eine Anzeigeobliegenheit besteht auch dann, wenn gegen den VN wegen des den Ersatzanspruch des Dritten begründenden Schadensereignisses ein Ermittlungsverfahren eingeleitet wird. Nicht ganz unumstritten ist, ob Verfahren, die sich nicht gegen den VN, sondern gegen einen **Mitversicherten** richten, von der Vorschrift erfasst werden (zu § 153 VVG a.F.: dafür: BK/*Baumann*, § 153 Rn 32; *Johannsen*, in: Bruck/Möller, IV KV Anm. F. 41; dagegen: Prölss/Martin/*Lücke*, § 104 Rn 16). Dagegen spricht jedoch ihr eindeutiger Wortlaut („gegen den VN"; vgl. auch die entsprechende Regelung in Ziff. 25.3 AHB 2015) und der Wille des Gesetzgebers im Zuge der VVG Reform 2008 (Begr. BT-Drucks 16/3945, S. 85; so auch Looschelders/Pohlmann/*Schulze Schwienhorst*, § 104 Rn 7; *Koch*, in: Bruck/Möller § 104 Rn 20; Prölss/Martin/*Lücke*, § 104 Rn 16; allgemein zu den Anzeigeobliegenheiten bei der Versicherung für fremde Rechnung nach §§ 43 bis 48 VVG vgl. Rdn 14).

Vom **Begriff des Ermittlungsverfahrens** werden neben dem staatsanwaltlichen Verfahren nach § 160 StPO auch Strafbefehlsverfahren nach §§ 407 bis 412 StPO (Prölss/Martin/ *Lücke*, § 104 Rn 14) sowie behördliche Verfahren wie das Bußgeldverfahren erfasst (vgl. Ziff. 25.3 AHB 2015), ausgenommen gebührenpflichtiger Verwarnungen (Römer/Langheid/*Langheid*, § 104 Rn 8; BK/*Baumann*, § 153 Rn 28; *Johannsen*, in: Bruck/Möller, IV KV Anm. F. 40). Anzeigepflichtig ist auch die Einstellung eines staatsanwaltlichen Ermittlungsverfahrens (*Johannsen*, in: Bruck/Möller, IV KV Anm. F. 40), nicht aber die Einleitung eines Ermittlungsverfahrens vor Disziplinargerichten (so auch Prölss/Martin/*Lücke*, § 104 Rn 14; BK/*Baumann*, § 153 Rn 28; a.A. *Johannsen*, in: Bruck/Möller, IV KV Anm. F. 40, demzufolge die Einleitung eines Ermittlungsverfahrens vor staatlich sanktionierten Disziplinargerichten die Anzeigeobliegenheit auslöst) oder Schiedsgerichten.

Umstritten ist, ob die Einleitung eines Ermittlungsverfahrens auch dann eine Anzeigeobliegenheit begründet, wenn **(noch) kein Anspruch gegen den VN** erhoben wurde. Dies wird von der h. Lit. mit dem Hinweis auf den Wortlaut des § 104 Abs. 2 S. 2 VVG verneint (zum Meinungsstreit unter Berücksichtigung der Änderung durch die VVG-Reform und Interpretation des Begriffes Schadensereignis, vgl. *Koch*, in: Bruck/Möller, § 104 Rn 19). Nach zutreffender Ansicht muss der Anspruch noch nicht geltend gemacht worden sein; der VN muss aber Kenntnis von dem Ermittlungsverfahren haben und erkennen, dass das

(Schadens-)Ereignis, wegen dem ermittelt wird, einen Haftpflichtanspruch auslösen kann (so auch Prölss/Martin/*Lücke*, § 104 Rn 15).

III. Anzeigeobliegenheiten bei der Versicherung für fremde Rechnung (§§ 43 bis 48 VVG)

14 Hat der VR eine Versicherung für fremde Rechnung i.S.d. §§ 43 bis 48 VVG geschlossen, stellt sich die Frage, wer bei Vorliegen eines anzeigepflichtigen Tatbestandes Anzeige zu erstatten hat und wen die Rechtsfolgen einer unterbliebenen Anzeige treffen. Werden **gegen den Mitversicherten Ansprüche** geltend gemacht, ist nicht nur der VN, sondern auch der Versicherte nach § 47 Abs. 1 VVG anzeigepflichtig. Ein Verstoß gegen die Anzeigeobliegenheit kann allerdings nur zum (teilweisen) Verlust des Deckungsschutzes für den Mitversicherten, nicht aber für den VN führen (zu § 153 VVG a.F. BK/*Baumann*, § 153 Rn 34), mithin besteht keine Anzeigepflicht des VN bei einem Verfahren gegen den Mitversicherten (so auch Prölss/Martin/*Lücke*, § 104 Rn 16; zu der Frage der Anzeigeobliegenheit des VN bei Einleitung eines Ermittlungsverfahren gegen den Mitversicherten vgl. Rdn 11).

IV. Abgrenzung der Anzeigeobliegenheit zur Aufklärungs- und Auskunftspflicht

15 Regelmäßig verwendet der VR Formulare, die nicht die reine Schadensanzeige betreffende Fragen enthalten, sondern dem VN weitere Aufklärungs- und Auskunftspflichten i.S.v. § 31 VVG auferlegen (vgl. auch Ziff. 25.2 AHB 2015). Sofern die Angaben des VN diesbezüglich unvollständig oder fehlerhaft sind, wird damit nicht die Anzeigeobliegenheit verletzt. In Anbetracht der Unterschiede zwischen Aufklärungs- und Anzeigeobliegenheiten – insb. im Hinblick auf die Abdingbarkeit der die Obliegenheiten betreffenden Vorschriften (vgl. hierzu auch Rdn 33) – ist eine Abgrenzung erforderlich (hierzu vgl. BGH, VersR 1968, 58, 59; BGH, VersR 1967, 547, 548).

C. Rechtsfolgen

I. Anzeige des Versicherungsfalles

16 Liegt einer der unter B. genannten Tatbestände vor, ist der VN zur Erstattung einer Anzeige verpflichtet.

1. Notwendiger Inhalt

17 Die Vorschrift legt keine Mindestanforderungen an den Inhalt der Anzeige fest. Diese ergeben sich vielmehr aus dem Sinn und Zweck der Anzeigeobliegenheit (OLG Köln, r+s 1998, 458; vgl. hierzu Rdn 1). Dementsprechend muss die Anzeige eine Beschreibung enthalten, die es dem VR ermöglicht, sich in die Schadensermittlung und in die Regulierungsverhandlungen einzuschalten. Der VN sollte die Person des Geschädigten benennen und dem VR neben Art und Umfang des Schadens den Hergang der Schadensverursachung

schildern. Es sind allerdings **keine übersteigerten Ansprüche** an die Anzeige zu stellen (so auch *Johannsen*, in: Bruck/Möller, IV KV Anm. F. 35). Schließlich ist der VN nicht aufgrund der Anzeigeobliegenheit, sondern erst angesichts der Aufklärungs- und Auskunftsobliegenheiten dazu angehalten, den VR umfassend zu informieren (vgl. Rdn 15).

2. Form

Nach § 104 VVG muss der VN keine bestimmte Form einhalten. Soweit Versicherungsbedingungen für die Anzeige Schriftform verlangen, wird dadurch angesichts der Regelung des § 112 VVG in unzulässiger Weise zum Nachteil des VN abgewichen (vgl. Rdn 33; **a.A.** Looschelders/Pohlmann/*Schulze Schwienhorst*, § 104 Rn 9; Prölss/Martin/*Lücke*, § 104 Rn 26). § 32 S. 2 VVG findet insoweit keine Anwendung. Dem Wortlaut des § 104 Abs. 3 VVG – „Absendung der Anzeige" – könnte die zulässige Möglichkeit der Vereinbarung einer Schriftform zu entnehmen sein. Dies überzeugt jedoch nicht, § 32 S. 2 VVG ist auch nicht entsprechend anwendbar; zutreffend wird darauf hingewiesen, dass §§ 69 Abs. 1 Nr. 2, 72 VVG der Wirksamkeit einer Schriftformklausel jedenfalls entgegenstehen, sofern die Erklärung gegenüber Vertretern abzugeben ist, und eine Schriftformklausel, die Anzeigen gegenüber Vertretern von der Schriftform ausschließt, ins Leere geht, weil die Versäumung der fristgemäßen schriftlichen Anzeige bei rechtzeitiger Kenntnis des VR nach den zum Nachteil des VN nicht abdingbaren Vorschriften § 104 Abs. 3 VVG i.V.m. § 30 Abs. 2 VVG unschädlich ist (*Koch*, in: Bruck/Möller, § 104 Rn 27; BGH, VersR 1966, 153, 154). Die aktuellen Bedingungswerke enthalten dementsprechend kein Schriftformerfordernis mehr (vgl. Ziff. 25.1, 25.3 AHB 2015). Infolgedessen steht es dem VN frei, ob er **(fern-)mündlich oder schriftlich** Anzeige erstattet (vgl. OLG Köln, r+s 1998, 458).

3. Richtiger Adressat

§ 104 VVG enthält keine Bestimmung, wem ggü. die Anzeige zu erfolgen hat. Aus Ziff. 25.1 AHB 2015 ergibt sich jedoch, dass der Versicherungsfall dem **VR** anzuzeigen ist. Die Anzeige kann gem. § 69 Abs. 1 Nr. 2 VVG jedoch auch ggü. dem **Versicherungsvertreter** erstattet werden. Eine Beschränkung seiner Empfangsvollmacht ist gem. § 72 VVG ggü. dem VN unwirksam.

4. Frist

Trifft den VN eine Anzeigeobliegenheit nach § 104 Abs. 1 VVG, muss die Anzeige **innerhalb einer Woche** erstattet werden. Der Anzeigeobliegenheit nach § 104 Abs. 2 VVG hat er hingegen **unverzüglich** nachzukommen. Nach der Legaldefinition des § 121 Abs. 1 S. 1 BGB ist darunter „ohne schuldhaftes Zögern" zu verstehen, also grds. ein kürzerer Zeitraum als die in § 104 Abs. 1 VVG normierte Wochenfrist (so auch Römer/Langheid/*Langheid*, § 104 Rn 13; **a.A.** BK/*Baumann*, § 153 Rn 48 sowie *Koch*, in: Bruck/Möller, § 104 Rn 28, wonach eine Woche fristwahrend sein soll). Eine Verkürzung der Frist ist wegen § 112 VVG nicht zulässig (zur Abdingbarkeit des § 104 VVG vgl. Rdn 33: mithin sind die Regelungen Ziff. 25.1 AHB 2015, wonach jeder Versicherungsfall und Ziff. 25.3 AHB

2015, wonach u.a. auch die außergerichtliche Anspruchserhebung unverzüglich anzuzeigen sind, problematisch; ausführl. Rüffer/Halbach/Schimikowsk/*Schimikowski*, § 104 Rn 4).

21 Für die Anzeigeobliegenheit nach § 104 Abs. 1 S. 1 VVG **beginnt die Frist** in dem Zeitpunkt, in dem der VN weiß oder damit rechnet, dass er von einem Dritten wegen der eingetretenen Tatsache in Anspruch genommen werden kann (Begr. BT-Drucks 16/3945, S. 85). Entscheidend ist die Kenntnis der anzeigepflichtigen Tatsachen, ein Kennenkönnen oder ein Kennenmüssen genügt nicht (BGH, VersR 2003, 187, 189; VersR 1970, 1045, 1046; VersR 1967, 56, 58). Die **Fristberechnung** richtet sich nach §§ 187 ff. BGB.

22 In der Versicherungspraxis ist es üblich, auf telefonische Schadensmeldungen mit der Übersendung eines Schadenanzeigeformulars zu reagieren. Es wird dem VN ein entsprechendes **Formular zum Ausfüllen** übersandt (zu den Aufklärungs- und Auskunftspflichten, die dem VN damit i.d.R. auferlegt werden, vgl. Rdn 15). Damit einhergehende, nicht vom VN zu vertretene Verzögerungen wirken nicht zu seinen Lasten (ÖOGH, VersR 1987, 1255; BK/*Baumann*, § 153 Rn 45). Darüber hinaus bestimmt § 104 Abs. 3 S. 1 VVG, dass zur Wahrung der Frist das **rechtzeitige Absenden der Anzeige genügt**.

II. Rechtsfolgen bei Verletzung der Anzeigeobliegenheit

1. Leistungsfreiheit und Leistungskürzung

23 § 104 VVG enthält keine Rechtsfolge für den Fall der Verletzung der Anzeigeobliegenheit. Diese ergibt sich vielmehr aus den dem VV zugrundeliegenden Vertragsbedingungen (vgl. Ziff. 26.2 AHB 2015). Gem. § 28 Abs. 2 S. 1 VVG ist der VR leistungsfrei, wenn der VN die **Anzeigeobliegenheit vorsätzlich verletzt** hat. Im Fall der **grob fahrlässigen Verletzung der Anzeigeobliegenheit** ist der VR gem. § 28 Abs. 2 S. 2 VVG berechtigt, die Leistung in einem der Schwere des Verschuldens des VN entsprechenden Verhältnisses zu kürzen.

24 Der Begriff des Vorsatzes erfordert das **Wollen der Obliegenheitsverletzung im Bewusstsein des Vorhandenseins der Verhaltensnorm** (BGH, VersR 1979, 1117, 1119; OLG Koblenz, VersR 1996, 1356). Nach allg. Erfahrung wird kein vernünftiger VN den Versicherungsschutz durch vorsätzliche Nichterfüllung einer Anzeigeobliegenheit verlieren wollen (BGH, VersR 2003, 187, 189; BGH, VersR 1981, 321, 322; BGH, VersR 1979, 1117, 1119; OLG Düsseldorf, VersR 2001, 888, 891; OLG Düsseldorf, VersR 2001, 452; OLG Köln, r+s 1998, 458, 459; OLG Koblenz, VersR 1996, 1356; OLG Köln, VersR 1992, 1460, 1461). Vorsatz kommt daher meist nur dann in Betracht, wenn neben der Anzeigeobliegenheit noch andere Obliegenheiten verletzt wurden (vgl. BGH, VersR 1958, 389 zum Vorsatz bei Fahrerflucht). Eine vorsätzliche Verletzung der Anzeigeobliegenheit liegt aber auch vor, wenn der VN einen Unfall trotz Aufforderung des VR erst nach eineinhalb Monaten anzeigt (LG Hannover, r+s 1988, 67). Die Mitteilung der Einleitung eines Beweissicherungsverfahrens erst nach mehreren Monaten sowie die Mitteilung der Klageerhebung nach Erlass eines Teilurteils stellt eine vorsätzliche Verletzung der Anzeigeobliegenheit dar (OLG Saarbrücken, VersR 1991, 872, 873). Nimmt der VN an, dass der Dritte die gegen ihn erhobene Klage verlieren wird, und unterlässt er es deswegen, Anzeige zu erstatten, liegt zumindest eine bedingt vorsätzliche Obliegenheitsverletzung vor (OLG Düsseldorf, VersR 1990, 411).

Ein **Irrtum** über das Bestehen der Anzeigeobliegenheit schließt Vorsatz aus. In diesem Fall ist allerdings zu untersuchen, ob der VN seine Anzeigeobliegenheit grob fahrlässig verletzt hat. 25

Irrt der VN über das Bestehen der Anzeigeobliegenheit, ist von entscheidender Bedeutung, ob der VN die **Anzeigeobliegenheit grob fahrlässig verkannt** hat (z.B. Irrtum über die Ernstlichkeit der Geltendmachung von Ansprüchen durch den Dritten; Irrtum über das Bestehen von Versicherungsschutz für den konkreten Versicherungsfall, vgl. OLG Frankfurt am Main, VersR 1992, 604; OLG Hamm, VersR 1962, 413, 414). In Zweifelsfällen ist der VN verpflichtet, sich an den VR zu wenden oder Rechtsrat einzuholen (OLG Nürnberg, VersR 1979, 561, 562; OLG Saarbrücken, VersR 1976, 157, 158). Eine fehlerhafte Beratung durch einen RA schadet dem Deckungsanspruch des VN nicht; dieser darf auf die Richtigkeit der Auskunft über das Bestehen einer Anzeigeobliegenheit vertrauen (BGH, VersR 1981, 321, 322; OLG Hamburg, NVersZ 2000, 192, 193; OLG Nürnberg, VersR 1979, 561, 562). Eine grob fahrlässige oder gar vorsätzliche Verletzung der Anzeigeobliegenheit kann auch nicht mit dem Hinweis auf das Verschulden der rechtsberatenden Person begründet werden; das Verschulden für eine falsche Auskunft ist nicht zurechenbar, da § 278 BGB nicht auf Obliegenheiten anwendbar ist und es sich bei dem RA nicht um einen Repräsentanten des VN handelt (BGH, VersR 1981, 321, 322; OLG Nürnberg, VersR 1979, 561, 562; a.A. bzw. einschränkend *Koch*, in: Bruck/Möller, § 104 Rn 42, wonach eine Zurechnung erfolgen soll, wenn der RA keine einleuchtende Erklärung für seinen – objektiv falschen – Rat abgeben kann). Grobe Fahrlässigkeit ist zu verneinen, wenn der VN nicht damit rechnen musste, in Anspruch genommen zu werden; dies kann insb. bei offensichtlich unbegründeten Ansprüchen der Fall sein, nicht aber, wenn der VN davon ausgeht, ein Verwandter oder Freund verzichte wegen des zwischen ihnen bestehenden Vertrauensverhältnisses auf die Geltendmachung eines Ersatzanspruchs (vgl. auch OLG Hamm, VersR 1981, 821 f., wonach eine grob fahrlässige Obliegenheitsverletzung nicht anzunehmen ist, wenn der Geschäftsführer einer GmbH der naheliegenden Auffassung ist, nicht persönlich in Anspruch genommen zu werden und deshalb keine Anzeige erstattet). 26

2. Ausnahmen

In bestimmten Ausnahmefällen führt die Verletzung der Anzeigeobliegenheit nicht zur Leistungsbefreiung oder -kürzung und der VR **bleibt weiterhin vollständig zur Leistung verpflichtet**. 27

a) Kenntniserlangung des Versicherers gem. § 104 Abs. 2 S. 2 VVG i.V.m. § 30 Abs. 2 VVG

Nach § 104 Abs. 2 S. 2 VVG i.V.m. § 30 Abs. 2 VVG kann sich der VR im Fall der Verletzung der Anzeigeobliegenheit nicht auf eine Leistungsbefreiung bzw. -kürzung beru- 28 fen, wenn er **auf andere Weise vom Eintritt des Versicherungsfalls rechtzeitig Kenntnis erlangt** hat. Eine unterbliebene Anzeige wirkt sich dann ausnahmsweise nicht nachteilig auf den Deckungsanspruch des VN aus. Ob in diesem Fall überhaupt eine Obliegenheit besteht oder die Anwendung des § 30 Abs. 2 VVG bewirkt, dass sich der VR nicht auf die Rechtsfolgen der Verletzung eine bestehenden Anzeigeobliegenheit berufen darf, kann im Hinblick auf das Fehlen praktischer Konsequenzen dieses Streits offen bleiben; sofern man § 30 Abs. 2 VVG als Rechtsfolgenregelung begreift, soll sich der arglistig handelnde VN allerdings nicht auf die anderweitig erlangte Kenntnis des VR berufen können (*Koch*, in: Bruck/Möller, § 104 Rn 32).

b) Ursächlichkeit der Anzeigeobliegenheitsverletzung gem. § 28 Abs. 3 VVG

29 Ist die – vorsätzliche oder grob fahrlässige – Verletzung der Anzeigeobliegenheit weder für den Eintritt oder die Feststellung des Versicherungsfalls noch für die Feststellung oder den Umfang der Leistungspflicht des VR **ursächlich**, bleibt der VR gem. § 28 Abs. 3 VVG zur Leistung verpflichtet (**Kausalitätsgegenbeweis**, vgl. hierzu § 28 Rdn 101 f.). Hieran ist insb. bei geringfügigen Fristüberschreitungen zu denken (vgl. BGH, VersR 1981, 321, 322; OLG Nürnberg, VersR 1979, 561, 562).

c) Belehrung im Zusammenhang mit „zusätzlicher" Anzeigeobliegenheit gem. § 104 Abs. 2 VVG

30 Teilweise wird gefordert, dass der VR den VN, der den Eintritt eines Versicherungsfalles bereits angezeigt hat, darüber **belehren** muss, dass die etwaige gerichtliche Geltendmachung gem. § 104 Abs. 2 VVG **zusätzlich** anzuzeigen ist (Prölss/Martin/*Lücke*, § 104 Rn 19; BK/*Baumann*, § 153 Rn 40; vgl. auch OLG Saarbrücken, r+s 1993, 10, 11; VersR 1991, 872, 873). Dagegen spricht jedoch, dass der Gesetzgeber – in Anlehnung an die sog. Relevanzrechtsprechung des BGH (s. Begr. BT-Drucks 16/3945, S. 69) – in § 28 Abs. 4 VVG eine Belehrungspflicht des VR nur hinsichtlich Aufklärungs- und nicht auch hinsichtlich Anzeigeobliegenheit geregelt hat (*Koch*, in: Bruck/Möller, § 104 Rn 43). I.Ü. sollte dem VN in solchen Konstellationen regelmäßig der Kausalitätsgegenbeweis gelingen, der gem. § 28 Abs. 3 VVG nunmehr auch bei vorsätzlich begangenen Obliegenheitsverletzungen möglich ist.

d) Unberechtigte Deckungsverweigerung

31 Verweigert der VR unberechtigterweise endgültig die Deckung, ist es ihm verwehrt, sich auf die Verletzung von Obliegenheiten aus dem VV zu berufen (BGH, VersR 1970, 169, 170; Prölss/Martin/*Lücke*, § 104 Rn 21). Dies hat zur Folge, dass er weiterhin zur Leistung verpflichtet bleibt. Zu beachten ist jedoch, dass die Anzeigeobliegenheit wieder auflebt, wenn der VR schließlich doch unmissverständlich zu erkennen gibt, dass er seine Leistungspflicht prüft bzw. sich zur Gewährung des Deckungsschutzes entschließt (Prölss/Martin/*Lücke*, § 104 Rn 21).

D. Prozessuales

Den **VR** trifft die Beweislast hinsichtlich aller objektiven Voraussetzungen einer Obliegenheitsverletzung (OLG Köln, r+s 1998, 458). Dazu gehört zum einen der die Anzeigeobliegenheit begründende Tatbestand und zum anderen der Verstoß gegen die Anzeigeobliegenheit (OLG Hamm, VersR 1995, 1476), also die Nicht-Anzeige bzw. die nicht ordnungsgemäße Anzeige. Insb. muss er die Kenntnis des VN von den Tatsachen, aus denen sich seine Verantwortlichkeit ergibt, nachweisen (OLG Hamm, VersR 1995, 1476). Gleiches gilt für die Rechtzeitigkeit der Anzeige. Die Beweislast für einen vorsätzlichen Verstoß trägt der **VR**; der **VN** muss hingegen beweisen, dass er die Anzeigeobliegenheit nicht grob fahrlässig verletzt hat (vgl. § 28 Rdn 154). Darüber ist der **VN** nach § 28 Abs. 3 VVG für den **Kausalitätsgegenbeweis** beweisbelastet (vgl. hierzu BGH, VersR 2001, 756, 757; OLG Düsseldorf, VersR 2001, 888, 891; OLG Köln, r+s 1998, 458; OLG Stuttgart, VersR 1967, 465, 466). Dieser ist nunmehr auch bei vorsätzlichem Handeln möglich (hierzu näher § 28 Rdn 87, 101 f.).

32

E. Abdingbarkeit

Die Vorschrift ist gem. § 112 VVG halb zwingend, also **zum Nachteil des VN nicht abänderbar**. Infolgedessen ist eine Vereinbarung, der zufolge die Anzeige schriftlich zu erstatten ist, unwirksam (vgl. hierzu auch Rdn 18). Gleiches gilt hinsichtlich einer Vereinbarung über die Verkürzung der Frist (vgl. hierzu auch Rdn 20). Eine Bestimmung, die danach unwirksam ist, kann auch nicht unter Hinweis darauf, dass es sich bei ihr nicht um eine Anzeige-, sondern um eine Auskunftspflicht i.S.v. § 31 VVG handelt, aufrechterhalten werden (*Johannsen*, in: Bruck/Möller, IV KV Anm. F 29). Andernfalls würde der mit § 112 VVG bezweckte Schutz des VN unterlaufen werden.

33

§ 105 VVG Anerkenntnis des Versicherungsnehmers

Eine Vereinbarung, nach welcher der Versicherer nicht zur Leistung verpflichtet ist, wenn ohne seine Einwilligung der Versicherungsnehmer den Dritten befriedigt oder dessen Anspruch anerkennt, ist unwirksam.

Übersicht

	Rdn
A. Normzweck	1
B. Norminhalt	4
I. Vereinbarung über Leistungsfreiheit	4
II. Befriedigung des Dritten oder Anerkenntnis seines Anspruchs durch den Versicherungsnehmer	5
C. Rechtsfolgen	7
D. Abdingbarkeit	8

A. Normzweck

1 Zum Verständnis der Vorschrift ist die Betrachtung der **vor der Reform** des Versicherungsvertragsrechts bestehenden Rechtslage erforderlich. Nach früherer Rechtslage bestand zwar kein gesetzliches Verbot für den VN, den durch den Dritten geltend gemachten Haftpflichtanspruch ohne Zustimmung des VR zu befriedigen bzw. anzuerkennen; allerdings enthielten die jeweiligen, den Haftpflichtversicherungsverträgen zugrunde liegenden AVB regelmäßig ein solches Verbot (vgl. Ziff. 25.3 AHB 2006). Zweck des **Anerkenntnis- und Befriedigungsverbots** war es, die Verständigung zwischen dem Geschädigten und dem VN auf Kosten des VR zu verhindern und so die dem VR durch die AVB eingeräumte Regulierungshoheit zu schützen (OLG Hamm, VersR 2006, 829; OLG Karlsruhe, VersR 1983, 649, 650; BK/*Baumann*, § 154 Rn 20; *Johannsen*, in: Bruck/Möller, IV KV Anm. F 91). Der VR soll die Haftpflichtfrage überprüfen und aufgrund seiner Sachkompetenz darüber entscheiden dürfen, ob eine Zahlung an den Geschädigten zu leisten oder der geltend gemachte Anspruch abzuwehren ist (OLG Saarbrücken, VersR 2004, 901, 903; BK/*Baumann*, § 154 Rn 20; *Johannsen*, IV KV Anm. F 91). Lediglich dann, wenn der VN nach den Umständen die Befriedigung oder das Anerkenntnis nicht ohne Unbilligkeit verweigern konnte, war die Vereinbarung des Verbots nach § 154 Abs. 2 VVG a.F. unwirksam. Die Vorschrift war jedoch nur unter strengen Voraussetzungen anwendbar (vgl. *Schirmer*, ZVersWiss Supplement 2006, 427, 233; zuletzt OLG Hamm, VersR 2006, 829).

2 Zur Beantwortung der Frage, ob eine Erklärung des VN vom Anerkenntnis- und Befriedigungsverbot erfasst wurde, war regelmäßig eine **Abgrenzung zum (zulässigen) Tatsachenzugeständnis** erforderlich, die sich mitunter schwierig gestaltete (*Schirmer*, ZVersWiss Supplement 2006, 427, 432; vgl. zur Abgrenzung i.E. Prölss/Martin/*Voit/Knappmann*, § 154 Rn 11; Römer/Langheid, § 154 Rn 13; BK/*Baumann*, § 154 Rn 24 ff.; *Johannsen*, in: Bruck/Möller, IV KV Anm. 94). Bei einem **Verstoß gegen das Anerkenntnis- und Befriedigungsverbot** wurde der VR grds. von der Leistung frei (vgl. § 6 AHB a.F.). Dies galt auch dann, wenn der Anspruch des VN ohne das Anerkenntnis bestanden hätte (Begr. BT-Drucks 16/3945, S. 86). Nur ausnahmsweise konnte sich der VR bei unberechtigter Verweigerung des Deckungsschutzes nicht auf das Anerkenntnis- und Befriedigungsverbot berufen (vgl. Prölss/Martin/*Voit/Knappmann*, § 154 Rn 15; Römer/Langheid, § 154 Rn 15; BK/*Baumann*, § 154 Rn 55; *Johannsen*, in: Bruck/Möller, IV KV Anm. F 101 – jeweils m.w.N.).

3 Das Anerkenntnis- und Befriedigungsverbot sowie seine Ausnahmefallgestaltungen erschienen dem Gesetzgeber sowohl im Hinblick auf den VN als auch auf den VR unangemessen (Begr. BT-Drucks 16/3945, S. 86). Nach § 105 VVG ist die Vereinbarung eines Anerkenntnis- und Befriedigungsverbots nunmehr ausnahmslos unwirksam.

B. Norminhalt

I. Vereinbarung über Leistungsfreiheit

Ein Anerkenntnis- und Befriedigungsverbot, dessen Verstoß die **Leistungsfreiheit** des VR zur Folge hat, ist unwirksam. Dies gilt sowohl für eine in den AVB vorgesehene Bestimmung als auch für eine individual vertragliche Vereinbarung. Problematisch ist, ob die Vereinbarung eines Anerkenntnis- und Befriedigungsverbots auch dann unwirksam ist, wenn der VR **an einen Verstoß keine Leistungsfreiheit knüpft**. Nach § 28 Abs. 2 VVG tritt die Leistungsfreiheit bei Obliegenheitsverletzungen nur dann ein, wenn die AHB eine entsprechende Regelung vorsehen. Allerdings kann der VN trotz fehlender Vereinbarung über die Leistungsfreiheit des VR bei einem Verstoß gegen eine im VV vorgesehene Obliegenheit seinen Deckungsanspruch nach § 242 BGB verwirken (BGH, VersR 1991, 1129, 1130 f. zur Verwirkung des Deckungsanspruchs bei vorsätzlicher Obliegenheitsverletzung durch arglistige Täuschung über den erlittenen Schaden; BGH, VersR 1987, 1182, 1183 zur Verwirkung des Deckungsanspruchs bei kollusivem Zusammenwirken von VN und geschädigten Dritten und gleichzeitiger leichtfertiger Anerkennung des Haftpflichtanspruchs). Die **Verwirkung** beschränkt sich auf Ausnahmefälle, in denen ein Festhalten am VV für den VR wegen der Erschütterung des versicherungsvertraglichen Vertrauensverhältnisses unzumutbar wäre (BGH, VersR 1991, 1129, 1132; VersR 1987, 1182, 1183). Durch die mit der Einführung der Vorschrift des § 105 VVG bezweckte Aufhebung des Anerkenntnis- und Befriedigungsverbots ist es dem VN gestattet, den durch den Dritten geltend gemachten Haftpflichtanspruch anzuerkennen oder zu befriedigen. In Anbetracht dessen ist die Vereinbarung eines Anerkenntnis- und Befriedigungsverbots trotz fehlender Sanktion bedenklich. I.R.d. Auslegung von AVB ist von entscheidender Bedeutung, was ein „*durchschnittlicher VN billigerweise vom Versicherungsschutz in der Haftpflichtversicherung erwarten kann*" (BGH, NJW 1981, 870, 871). Der „**durchschnittliche VN**" dürfte von der Ausübung seines Anerkenntnis- und Befriedigungsrechts Abstand nehmen, da er wegen der Unüblichkeit einer solchen Vereinbarung mit einer Sanktion im Fall des Verstoßes gegen das Verbot rechnen wird. Zudem würde erst eine entsprechende Vereinbarung die Möglichkeit eröffnen, im Deckungsprozess die Verwirkung des Deckungsanspruchs nach § 242 BGB zu erörtern, wodurch die Regelung des § 105 VVG unterlaufen werden würde. Eine Klausel, die ein Anerkenntnis- und Befriedigungsverbot vorsieht, ohne im Fall des Verstoßes die Leistungsfreiheit des VR vorzusehen, ist daher wegen der Abweichung vom wesentlichen Grundgedanken des § 105 VVG nach § 307 Abs. 2 Nr. 1 BGB bzw. – im Fall einer Individualabrede – nach § 134 BGB **unwirksam**.

II. Befriedigung des Dritten oder Anerkenntnis seines Anspruchs durch den Versicherungsnehmer

Eine **Definition des Befriedigungs- und Anerkenntnisbegriffs** ist i.R.d. Vorschrift des § 105 VVG allenfalls erforderlich, wenn die Wirksamkeit eines Verbots, welches einem Anerkenntnis- und Befriedigungsverbot gleichkommt, in Zweifel gezogen wird. Ein derartiges Verbot ist jedoch kaum vorstellbar. Nach dem Sinn und Zweck der Vorschrift sind Regelungen, die das nach § 105 VVG unzulässige Anerkenntnis- und Befriedigungsverbot umgehen, nach § 307 Abs. 2 Nr. 1 BGB bzw. § 134 BGB unwirksam.

6 Durch die i.R.d. VVG-Reform erfolgte **Aufhebung des Anerkenntnisverbots** ist insb. eine Abgrenzung zwischen rechtsgeschäftlichem Anerkenntnis und **Tatsachenzugeständnis** nicht mehr erforderlich (zur Erforderlichkeit der Abgrenzung unter Geltung der alten Rechtslage, vgl. Rdn 2). Sie kann allenfalls im Hinblick auf die Frage der Bindungswirkung eines vom VN abgegebenen Anerkenntnisses für den VR relevant werden (vgl. § 106 Rdn 30). Eine Bestimmung in den AVB, der zufolge der VN nicht berechtigt ist, ohne Einwilligung des VR dem Dritten ggü. Tatsachen zuzugestehen, ist ebenfalls unwirksam. Dies ergibt sich zwar nicht unmittelbar aus § 105 VVG. Wenn aber schon die Vereinbarung des Verbots eines rechtsgeschäftlichen Anerkenntnisses unzulässig ist, muss dies erst recht für die Vereinbarung des Verbots eines Tatsachenzugeständnisses gelten. Eine solche Regelung ist daher wegen Verstoßes gegen den Rechtsgedanken des § 105 VVG nach § 307 Abs. 2 Nr. 1 BGB unwirksam (zur Frage, ob die Gesellschaft als VN in der D&O-Versicherung geschädigte Dritte sein kann, vgl. § 100 Rdn 36; zum Begriff der **Befriedigung** vgl. § 106 Rdn 36 sowie zum Begriff des **Anerkenntnisses** § 106 Rdn 5 ff.).

C. Rechtsfolgen

7 Die Vereinbarung eines Anerkenntnis- und Befriedigungsverbots ist unwirksam (zur Problematik des **kollusiven Zusammenwirkens** von VN und geschädigtem Dritten im Zusammenhang mit einer Abtretung des Freistellungsanspruchs an den Geschädigten vgl. § 108 Rdn 61, 62. Zur **Bindungswirkung** von Befriedigung und Anerkenntnis im Deckungsverhältnis, vgl. § 106 Rdn 37 ff., 18 ff.).

D. Abdingbarkeit

8 Die Vorschrift ist **unabdingbar**, obwohl sie in § 112 VVG nicht genannt ist. Die Unabdingbarkeit ist vielmehr der Vorschrift selbst zu entnehmen (s.a. Begr. BT-Drucks 16/3945, S. 87). Damit sind auch Sondervereinbarungen in der D&O-Versicherung unwirksam, die ein „vorschnelles" Anerkenntnis verhindern sollen (vgl. Looschelders/Pohlmann/*Schulze Schwienhorst*, § 105 Rn 5).

§ 106 VVG | Fälligkeit der Versicherungsleistung

Der Versicherer hat den Versicherungsnehmer innerhalb von zwei Wochen von dem Zeitpunkt an, zu dem der Anspruch des Dritten mit bindender Wirkung für den Versicherer durch rechtskräftiges Urteil, Anerkenntnis oder Vergleich festgestellt worden ist, vom Anspruch des Dritten freizustellen. Ist der Dritte von dem Versicherungsnehmer mit bindender Wirkung für den Versicherer befriedigt worden, hat der Versicherer die Entschädigung innerhalb von zwei Wochen nach der Befriedigung des

Dritten an den Versicherungsnehmer zu zahlen. Kosten, die nach § 101 zu ersetzen sind, hat der Versicherer innerhalb von zwei Wochen nach der Mitteilung der Berechnung zu zahlen.

Übersicht

	Rdn
A. Normzweck	1
B. Norminhalt	2
I. Feststellung des Haftpflichtanspruchs durch rechtskräftiges Urteil, Anerkenntnis oder Vergleich mit bindender Wirkung für den Versicherer (§ 106 S. 1 VVG)	2
1. Feststellung des Haftpflichtanspruchs	2
a) Rechtskräftiges Urteil	3
b) Anerkenntnis	5
c) Vergleich	11
2. Mit bindender Wirkung für den VR	12
a) Bindungswirkung des rechtskräftigen Urteils	13
b) Bindungswirkung eines Anerkenntnisses oder Vergleichs	18
aa) Anerkenntnis oder Vergleich mit Zustimmung des Versicherers	19
bb) Anerkenntnis oder Vergleich ohne Zustimmung des Versicherers	20
cc) Exkurs: Ausstrahlungen der neuen Rechtslage	25
c) Bindungswirkung nach Treu und Glauben gem. § 242 BGB	28
d) Einzelfälle zur Bindungswirkung	30
aa) Bindungswirkung des Tatsachenzugeständnisses	30
bb) Bindungswirkung des Anerkenntnisurteils	31
cc) Bindungswirkung eines außerprozessualen Anerkenntnisses bei nachfolgendem Haftpflichtprozess	32
dd) Schema zu den problematischen Fallgruppen	33
II. Befriedigung des Dritten durch den Versicherungsnehmer mit bindender Wirkung für den Versicherer (§ 106 S. 2 VVG)	35
1. Befriedigung des Dritten durch den Versicherungsnehmer	36
2. Bindende Wirkung für den Versicherer	37
III. Mitteilung der Berechnung von nach § 101 S. 3 VVG zu ersetzender Kosten	41
C. Rechtsfolgen	42
I. Fälligkeit des Freistellungsanspruchs (§ 106 S. 1 VVG)	42
II. Fälligkeit des Zahlungsanspruchs (§ 106 S. 2 VVG)	43
III. Fälligkeit der nach § 101 VVG zu ersetzenden Kosten (§ 106 S. 3 VVG)	44
D. Prozessuales	45
E. Abdingbarkeit	46

A. Normzweck

Durch den VV wird der VR verpflichtet, im Versicherungsfall den Deckungsanspruch des VN zu erfüllen. Dieser umfasst einerseits einen Freistellungs- bzw. Zahlungsanspruch und andererseits einen Rechtsschutz- und Abwehranspruch (vgl. § 100 Rdn 39). Die Regelung betrifft ausschließlich die **Fälligkeit des Freistellungs- bzw. Zahlungsanspruchs**; der Rechtsschutz- und Abwehranspruch wird bereits mit Geltendmachung von Ansprüchen durch den Dritten, die unter den Deckungsschutz des VV fallen, fällig (Näheres hierzu bei § 100 Rdn 53 ff.). § 106 S. 3 VVG regelt die Fälligkeit der Erstattung von Kosten, die der VN nach § 101 VVG vom VR ersetzt verlangen kann. Da § 14 Abs. 1 VVG nur auf Geldleistungen anwendbar ist, findet die Vorschrift keine Anwendung auf den Freistellungsanspruch. § 106 VVG ist insoweit **lex specialis zu § 14 Abs. 1** VVG.

B. Norminhalt

I. Feststellung des Haftpflichtanspruchs durch rechtskräftiges Urteil, Anerkenntnis oder Vergleich mit bindender Wirkung für den Versicherer (§ 106 S. 1 VVG)

1. Feststellung des Haftpflichtanspruchs

2 § 106 S. 1 VVG enthält drei fälligkeitsauslösende Tatbestände: das rechtskräftige Urteil, das Anerkenntnis und den Vergleich. Die endgültige unberechtigte Deckungsablehnung des VR führt – entgegen der grds. für sämtliche Versicherungszweige geltenden Vorschrift des § 14 Abs. 1 VVG – nicht zur Fälligkeit des Deckungsanspruchs aus dem HaftpflichtVV (OLG Stuttgart, VersR 1970, 170, 171; Prölss/Martin/*Voit/Knappmann*, § 154 Rn 4; Römer/Langheid, § 154 Rn 7; BK/*Baumann*, § 154 Rn 7; a.A. *Stiefel/Hofmann*, § 10 AKB Rn 120 m.w.N; zur Fälligkeit der Versicherungsleistung bei endgültiger und unberechtigter Deckungsablehnung des VR vgl. § 14 Rdn 12). § 14 Abs. 1 VVG wird durch die Vorschrift des § 106 VVG verdrängt (vgl. Rdn 1). Eine Anwendung des § 106 S. 1 VVG auf den Fall der unberechtigten Deckungsablehnung kommt nicht in Betracht, weil die fälligkeitsauslösenden Tatbestände in der Vorschrift abschließend aufgezählt werden.

a) Rechtskräftiges Urteil

3 Der Freistellungsanspruch wird innerhalb von zwei Wochen fällig, nachdem der Haftpflichtanspruch durch Urteil rechtskräftig festgestellt wurde. Problematisch ist, ob ein **Zwischenurteil über den Grund** i.S.v. § 304 ZPO fälligkeitsauslösende Wirkung entfaltet. Nach einer Meinung (Prölss/Martin/*Voit/Knappmann*, § 154 Rn 2) reicht das Grundurteil hierzu aus, wenn die Höhe des Haftpflichtanspruchs nicht (mehr) streitig ist. Denn erst durch das Grundurteil werde die in § 3 Abs. 2 S. 1 AHB 2002 (entspricht Ziff. 5.1 AHB 2008) normierte Pflicht des VR zur Prüfung der Haftpflichtfrage ausgelöst. Der VR soll zumindest den unstreitigen Teil des Zahlungsanspruchs erfüllen. Dagegen spricht jedoch, dass die in Ziff. 5.1 AHB 2008 normierte Pflicht des VR zur Prüfung der Haftpflichtfrage nicht erst durch den Erlass eines Grundurteils ausgelöst wird, sondern bereits in dem Zeitpunkt besteht, in dem der Dritte einen möglicherweise vom Versicherungsschutz des VN erfassten Anspruch geltend macht. Die Fälligkeit gem. § 106 VVG kann nur ein Zahlungsurteil auslösen (so auch Römer/Langheid, § 154 Rn 6 m.w.N.).

4 Fraglich ist auch, ob die Fälligkeit des Freistellungsanspruchs durch ein **vorläufig vollstreckbares Urteil** ausgelöst wird (so BK/*Baumann*, § 154 Rn 11, *Johannsen*, in: Bruck/Möller, IV Anm. B 38). Ein vorläufig vollstreckbares Urteil ist nicht rechtskräftig und fällt damit dem Wortlaut nach nicht in den Anwendungsbereich des § 106 S. 1 VVG. Dadurch entstünde eine **Deckungslücke** für den VN: Ergeht ein vorläufig vollstreckbares Urteil im Haftpflichtprozess und ist der VN berechtigt, die Zwangsvollstreckung durch eine Sicherheitsleistung abwenden, hat der VR die Sicherheitsleistung gem. § 101 Abs. 3 VVG zu bewirken. Im Fall der Vollstreckbarkeit ohne Sicherheitsleistung (bspw. Versäumnisur-

teil, § 708 Nr. 2 ZPO) müsste der VN aber die Zwangsvollstreckung und die damit einhergehende Gefahr des Verlusts von Vermögensgegenständen dulden. Angesichts der Schutzbedürftigkeit des VN hat der VR daher dessen Freistellungsanspruch binnen zwei Wochen nach Erlass des vorläufig vollstreckbaren Urteils ohne Sicherheitsleistung in **analoger Anwendung des § 106 S. 1** VVG zu erfüllen (zur Möglichkeit der Befriedigung des Dritten durch den VN in diesem Fall vgl. Rdn 38).

b) Anerkenntnis

Ein weiterer fälligkeitsauslösender Tatbestand ist das Anerkenntnis. Vom Begriff des Anerkenntnisses werden das **konstitutive, das deklaratorische und das prozessuale Anerkenntnis** erfasst (Prölss/Martin/*Voit/Knappmann*, § 154 Rn 10; Römer/Langheid, § 154 Rn 11). Auch nach der i.R.d. VVG-Reform erfolgten Aufhebung des Anerkenntnisverbots (hierzu § 105 Rdn 1) bedarf es wegen der unterschiedlichen Auswirkungen im Hinblick auf die Bindungswirkung einer **Abgrenzung des Anerkenntnisses von anderen Erklärungen** (zur unterschiedlichen Bindungswirkung von Anerkenntnis und Tatsachenzugeständnis vgl. Rdn 30–33).

Ein **konstitutives Schuldanerkenntnis** i.S.v. §§ 780, 781 BGB ist selten anzunehmen. Es stellt einen eigenen, neben die bereits bestehende Schuld tretenden Schuldgrund dar (Palandt/*Sprau*, § 780 BGB Rn 7).

Das nicht geregelte **deklaratorische Schuldanerkenntnis** begründet hingegen keine neue Schuld, sondern bestätigt eine bereits bestehende (Palandt/*Sprau*, § 781 BGB Rn 3) und führt regelmäßig zu einem Ausschluss aller Einwendungen, die zum Zeitpunkt der Abgabe bestanden und die der Erklärende kannte bzw. mit denen er zumindest rechnen musste (Palandt/*Sprau*, § 781 BGB Rn 4).

Von diesen beiden Arten des Anerkenntnisses sind Erklärungen rein tatsächlicher Natur abzugrenzen, denen kein rechtsgeschäftlicher Verpflichtungswille zugrunde liegt (sog. **Schuldbekenntnisse**, vgl. Palandt/*Sprau*, § 781 BGB Rn 6). Sie bewirken lediglich eine Umkehr der Beweislast zugunsten des Gläubigers bzw. stellen ein Indiz dar, das aber durch den Beweis der Unrichtigkeit des Anerkannten entkräftet werden kann (BGH, VersR 1977, 471, 472).

Die **Ermittlung der Tragweite des Anerkenntnisses** erfolgt durch Auslegung der im konkreten Fall abgegebenen Willenserklärungen (BGH, VersR 1977, 471, 474). Eine **Vermutung für das Vorliegen eines Schuld bestätigenden Anerkenntnisses** gibt es nicht (BGH, VersR 1984, 383, 384; BGH, VersR 1981, 1158, 1160; BGH, VersR 1977, 471, 472). Ein deklaratorisches Schuldanerkenntnis ist vielmehr nur dann anzunehmen, wenn die Parteien einen besonderen Anlass zu seinem Abschluss hatten. Das ist der Fall, wenn Streit oder zumindest eine (subjektive) Ungewissheit der Parteien über die Begründetheit der Forderung besteht (BGH, VersR 1984, 383, 384; BGH, VersR 1977, 471, 472).

Ob im konkreten Fall ein **Anerkenntnis oder ein Schuldbekenntnis** anzunehmen ist, ist unter Berücksichtigung aller Umstände durch Auslegung zu ermitteln.

Einzelfälle
- **Schriftliche Erklärung des Fahrers an der Unfallstelle:**
  - Die schriftliche Erklärung „*Ich erkläre mich hiermit zum allein Schuldigen*" stellt kein deklaratorisches Schuldanerkenntnis dar, weil ihr i.d.R. der rechtsgeschäftliche Wille fehlt, wenn kein Gespräch der Beteiligten über den Haftpflichtanspruch vorausgegangen ist (BGH, VersR 1984, 383, 384);
  - Die schriftliche Erklärung „*Ich bestätige, den Unfall durch Vorfahrtsverletzung verursacht zu haben*", die abgegeben wird, um eine Unfallaufnahme durch die Polizei zu vermeiden, ist kein deklaratorisches Schuldanerkenntnis, sondern eine bloße Unfallschilderung (BGH, VersR 1981, 1158, 1160; OLG Bamberg, VersR 1987, 1246);
  - Die schriftliche Erklärung des Fahrers ggü. dem Unfallgegner am Unfallort führt grds. nicht zum Ausschluss aller Einwendungen, sondern lediglich zur **Beweislastumkehr** (KG Berlin, VersR 2006, 1126, 1127);
  - Räumt der VN ggü. dem Geschädigten unmittelbar nach einem Verkehrsunfall seine Verantwortung ein und wiederholt er seine Äußerungen ggü. der Kraftfahrzeugwerkstatt in Gegenwart des Geschädigten, liegt darin ein Schuldbekenntnis, das zu einer Beweislastumkehr führt (LG Waldshut-Tiengen, SVR 2004, 456);
  - Die am Unfallort abgegebene Erklärung eines Unfallbeteiligten, den Unfall verursacht zu haben bzw. am Unfall allein schuld zu sein, stellt ein Schuldbekenntnis dar, wenn kein Streit über den Anspruchsgrund besteht (LG Offenburg, Schaden-Praxis 2000, 117, 118; LG Ansbach, Schaden-Praxis 1994, 308);
  - Zur Bedeutung eines von den Unfallbeteiligten selbst erstellten „Unfallberichts" vgl. AG Saarbrücken (AG Saarbrücken v. 9.6.2006 – 37 C 113/05);
  - Die einen Tag nach dem Unfall erfolgte schriftliche Erklärung, in der sich ein Unfallbeteiligter bereit erklärt, den entstandenen Schaden zu tragen, stellt ein Anerkenntnis dar und nicht lediglich eine Schulbestätigung (AG Diez, zfs 1987, 2);
  - Die schriftliche Erklärung eines Unfallschädigers an der Unfallstelle, er werde den Schaden ersetzen, stellt ein deklaratorisches Schuldanerkenntnis dar (AG Nürnberg, VersR 1977, 238).
- Eine **prozessuale Erledigungserklärung** sowie die **Zustimmung zur Erledigung** enthalten regelmäßig kein Anerkenntnis des Anspruchs (OLG Saarbrücken, VersR 2004, 901, 904).
- Die **schriftliche Erklärung eines Tierarztes** in einer Stellungnahme ggü. dem VR, ihm „*scheine eine Haftung gegeben*", ist weder ein Schuldanerkenntnis noch eine Schuldbestätigung (OLG Stuttgart, NVersZ 2002, 522 f.). Die schriftliche Erklärung eines Tierarztes, „*er fühle sich für einen Schaden voll verantwortlich*", der aufgrund der durch einen Behandlungsfehler erforderlichen sofortigen Nottötung eines Pferdes während einer Operation entstanden sei, ist wegen des fehlenden rechtsgeschäftlichen Verpflichtungswillens kein deklaratorisches Schuldanerkenntnis (OLG Düsseldorf, VersR 1989, 393, 394).
- Die **mündliche Erklärung eines Vaters** des verantwortlichen Kindes ggü. dem Vater des verletzten Kindes, er werde „*persönlich für den Schaden einstehen, falls seine*

Haftpflichtversicherung nicht eintrete", ist weder ein Schuldanerkenntnisvertrag noch ein Schuldbestätigungsvertrag, sondern lediglich eine Absichtserklärung (OLG Koblenz, NJW-RR 2001, 1109 f.).
- Die **Erteilung eines Reparaturauftrags für eine beschädigte Sache** stellt ein Anerkenntnis des VN dar (OLG Hamm, VersR 2006, 829).
- Die widerspruchslose **Feststellung der Haftpflichtforderung durch den Insolvenzverwalter** zur Insolvenztabelle ist ein Anerkenntnis (OLG Köln, VersR 2006, 1207, 1208; OLG Dresden, BauR 2006, 1328, 1332).

c) Vergleich

Der VR ist auch dann zur Freistellung des VN binnen zwei Wochen verpflichtet, wenn der Haftpflichtanspruch des Dritten durch Vergleich festgestellt worden ist.

2. Mit bindender Wirkung für den VR

Der Haftpflichtanspruch des Dritten muss für den VR mit bindender Wirkung festgestellt worden sein.

a) Bindungswirkung des rechtskräftigen Urteils

Das zwischen VN und VR bestehende Deckungsverhältnis, sowie das zwischen VN und geschädigtem Dritten bestehende Haftpflichtverhältnis sind grds. streng voneinander zu trennen (**Trennungsprinzip**). Während die Frage der Haftpflicht im Haftpflichtprozess zwischen Drittem und VN zu klären ist, entscheidet das Gericht im Deckungsprozess zwischen VN und VR nur über den Deckungsanspruch. Dadurch wird gewährleistet, dass die versicherungsvertraglich geschuldete Leistung, die auch die Abwehr unbegründeter Ansprüche umfasst, vom VR erbracht wird. Das Trennungsprinzip wird notwendigerweise ergänzt durch den **Grundsatz der Bindungswirkung**. Nach ständige Rechtsprechung ist eine rechtskräftige Entscheidung des Haftpflichtprozesses für den nachfolgenden Deckungsprozess bindend, soweit Voraussetzungsidentität besteht (zum Trennungsprinzip sowie zum Grundsatz der Bindungswirkung vgl. eingehend, § 100 Rdn 59 ff.).

In Anbetracht der mit der **VVG-Reform** geschaffenen Rechtslage stellt sich die Frage, ob die von der Rechtsprechung entwickelten Grundsätze der Bindungswirkung des Haftpflichturteils aufrechterhalten werden können. Die jeweiligen den Haftpflichtversicherungsverträgen zugrundeliegenden AVB enthielten rgm. ein Verbot für den VN, den durch den Dritten geltend gemachten Anspruch zu befriedigen bzw. anzuerkennen (vgl. § 5 Ziff. 5 AHB 2002 bzw. Ziff. 25.3 AHB 2004 und 2006; vgl. hierzu § 105 Rdn 1). I.R.d. Reform des Versicherungsvertragsrechts wurde dieses Anerkenntnis- und Befriedigungsverbot aufgehoben. Da nach alter Rechtslage ein ausnahmsweise zulässiges Anerkenntnis für den VR bindend war, sah die Versicherungswirtschaft angesichts des Entwurfs der von der Bundesregierung eingesetzten Reformkommission die Gefahr, dass der VR künftig auch an solche Anerkenntnisse gebunden sein würde, in denen der VN mehr anerkennt als dem

Geschädigten mit seinem Ersatzanspruch gegen den VN eigentlich zustünde (Stellungnahme des GdV zum Kommissionsentwurf vom 19.4.2004, S. 64 ff., abrufbar im Internet unter www.gdv.de). Im RefE wurde deswegen in die Vorschrift des § 106 VVG der Zusatz *„mit bindender Wirkung"* *„klarstellend"* eingefügt. Der Zusatz bezieht sich nach dem **Wortlaut der Vorschrift** jedoch auch auf rechtskräftige Urteile. Infolgedessen könnte das Bestehen des Haftpflichtanspruchs entgegen der bisherigen Rechtsprechung zu Trennungsprinzip und Bindungswirkung – zumindest in problematischen Fallgruppen wie der des kollusiven Zusammenwirkens von Schädiger und Geschädigten und des nicht zu verantwortenden Fehlens der Mitwirkung des VR am Haftpflichtprozess (vgl. § 100 Rdn 65, 66) – einer Überprüfbarkeit im Deckungsprozess zugänglich sein. *Langheid* (*Langheid*, VersR 2009, 1043, 1045) sieht darin eine **fundamentale Änderung** der Fälligkeitsregelung (dagegen *Schlegelmilch*, VersR 2009, 1467).

15 Der **Begründung des Regierungsentwurfs** zum VVG ist keine eindeutige Antwort auf die Frage der Bindungswirkung des rechtskräftigen Urteils zu entnehmen. Einerseits soll der Zusatz „mit bindender Wirkung" angesichts der vom GdV geäußerten Bedenken (vgl. Rdn 14) eine lediglich **klarstellende Funktion** erfüllen (Begr. BT-Drucks 16/3945, S. 86). Die Fälligkeit des Freistellungsanspruchs soll danach nur eintreten, wenn die Feststellung des Haftpflichtanspruchs für den VR verbindlich erfolgt ist (Begr. BT-Drucks 16/3945, S. 86). Die Verbindlichkeit der rechtskräftigen Entscheidung des Haftpflichtprozesses für das Deckungsverhältnis beurteilt sich aber nach den bisherigen Grundsätzen zur Bindungswirkung. Insoweit bedurfte es keiner Klarstellung. Das Bedürfnis für eine Klarstellung kann sich somit nur auf das Anerkenntnis und den Vergleich beziehen. Eine Einschränkung des Grundsatzes der Bindungswirkung im Hinblick auf das rechtskräftige Urteil ist danach nicht gewollt. Andererseits ergibt sich aus der Begründung des Regierungsentwurfs, dass der VR die Möglichkeit haben muss, die Begründetheit des vom Dritten geltend gemachten Haftpflichtanspruchs zu überprüfen; dies sei *„vor allem auch"* wegen des Wegfalles des Anerkenntnis- und Befriedigungsverbots notwendig (Begr. BT-Drucks 16/3945, S. 86). Nach *Langheid* (*Langheid*, VersR 2009, 1043, 1045) ist damit das Haftpflichturteil willentlich in die Regelung eingeschlossen. Eine Durchbrechung des Grundsatzes der Bindungswirkung im Hinblick auf rechtskräftige Urteile hat der Gesetzgeber demzufolge wohl nicht bezweckt; er hat aber Ausnahmen nicht ausgeschlossen. Diese ergeben sich aufgrund der neuen Rechtslage insb. hinsichtlich rechtskräftiger Urteile, die auf Grundlage außergerichtlicher oder aber prozessualer Anerkenntnisse erlassen wurden (vgl. Rdn 31, 32).

16 Die Bindungswirkung des Haftpflichturteils ergibt sich aus dem Leistungsversprechen des VR ggü. dem VN und bezweckt, dass die Haftpflichtfrage im Deckungsverhältnis nicht mehr erörtert werden kann und muss (vgl. § 100 Rdn 61). In Anbetracht dessen ist für die Frage nach der Bindungswirkung des rechtskräftigen Urteils insb. das Regelungsgefüge des VV maßgeblich. Nach **Ziff. 5.1 Abs. 2 AHB 2008** sind Anerkenntnisse und Vergleiche, die vom VN ohne Zustimmung des VR abgegeben oder geschlossen wurden, nur für den VR bindend, soweit der Haftpflichtanspruch des Dritten auch ohne das Anerkenntnis bzw. den Vergleich bestanden hätte. Aus dem Umkehrschluss dieser Regelung kann gefolgert

werden, dass die Bindung an das rechtskräftige Urteil aus dem Haftpflichtprozess nach den bisherigen Grundsätzen zu beurteilen ist.

Nach dem Gesagten erfährt die Bindungswirkung des rechtskräftigen Urteils durch den in § 106 VVG eingefügten Zusatz **grds. keine Einschränkung** (vgl. auch *Lücke*, VK 2007, 163, 165; eingehend zur Bindungswirkung des rechtskräftigen Urteils vgl. § 100 Rdn 30). Es gibt jedoch **Ausnahmen**: Hat der VN den Haftpflichtanspruch ggü. dem Geschädigten außerprozessual anerkannt, entfaltet ein rechtskräftiges Urteil in einem nachfolgenden Haftpflichtprozess keine Bindungswirkung. Darüber hinaus ist der VR nicht an ein rechtskräftiges Urteil gebunden, wenn dieses in Form eines Anerkenntnisurteils i.S.d. § 307 ZPO ergeht (zu diesen beiden Ausnahmefällen vgl. Rdn 31, 32). Nach *Langheid* (*Langheid*, VersR 2009, 1043, 1046) soll auch keine automatische Bindungswirkung bestehen, wenn der VR im Haftpflichtprozess in nicht vorwerfbarer Weise keine Rechtsschutzdeckung erteilt hat (**a.A.** *Schlegelmilch*, VersR 2009, 1467). Auch in dieser – seltenen – Fallkonstellation dürfte die Bindungswirkung entfallen.

17

b) Bindungswirkung eines Anerkenntnisses oder Vergleichs

Der VR ist auch zur Freistellung verpflichtet, wenn der Haftpflichtanspruch durch Anerkenntnis oder Vergleich bindend festgestellt wurde. Da jeder Vergleich ein (teilweises) Anerkenntnis der Forderung beinhaltet, ergeben sich im Hinblick auf die Beurteilung der Bindungswirkung keine Unterschiede.

18

aa) Anerkenntnis oder Vergleich mit Zustimmung des Versicherers

Hat der VR dem Anerkenntnis oder Vergleich zugestimmt, ist er daran in jedem Fall gebunden. Ein nachträgliches Berufen darauf, dass er Freistellung nur i.R.d. auch ohne Anerkenntnis oder Vergleich bestehenden Haftpflichtforderung schulde, wäre widersprüchlich und damit ein Verstoß gegen Treu und Glauben gem. § 242 BGB (vgl. *Lange*, VersR 2006, 1313, 1317, vgl. auch Rdn 29). Dem trägt auch die Regelung in **Ziff. 5.1 Abs. 2 AHB 2008** Rechnung, der – in einem Umkehrschluss – zu entnehmen ist, dass Anerkenntnisse und Vergleiche für den VR bindend sind, wenn der VN mit Zustimmung des VR gehandelt hat. Der VR kann demnach durch Einwilligung oder nachträgliche Genehmigung die Bindungswirkung selbst herbeiführen. Zur Bindungswirkung von Vergleich und Anerkenntnis in dem Fall, in dem der VR unberechtigt die Deckung verweigert bzw. dem VN im Haftpflichtprozess „freie Hand" lässt (vgl. Rdn 28, 29).

19

bb) Anerkenntnis oder Vergleich ohne Zustimmung des Versicherers

Die jeweiligen den Haftpflichtversicherungsverträgen zugrundeliegenden AVB enthielten rgm. ein Verbot für den VN, den durch den Dritten geltend gemachten Anspruch zu befriedigen bzw. anzuerkennen (vgl. § 5 Ziff. 5 AHB 2002 bzw. Ziff. 25.3 AHB 2004 und 2006; vgl. hierzu auch § 105 Rdn 1). I.R.d. Reform des VVG wurde dieses **Anerkenntnisverbot aufgehoben**. Der VN ist dazu berechtigt, den vom Dritten geltend gemachten

20

Haftpflichtanspruch anzuerkennen. Da der VR nach früherer Rechtslage an ein ausnahmsweise zulässigerweise abgegebenes Anerkenntnis gebunden war (vgl. BGH, VersR 2004, 634, 635), sah die Versicherungswirtschaft angesichts des Entwurfs der von der Bundesregierung eingesetzten Reformkommission die Gefahr, dass auch solche Anerkenntnisse für den VR bindend sein würden, in denen der VN mehr anerkennt als dem Geschädigten mit seinem Ersatzanspruch eigentlich zustünde (Stellungnahme des GdV zum Kommissionsentwurf vom 19.4.2004, S. 64 ff., abrufbar im Internet unter www.gdv.de). Im RefE wurde daraufhin der Zusatz „*mit bindender Wirkung*" klarstellend eingefügt. Daraus ist zu folgern, dass ein durch den VN erklärtes Anerkenntnis keinen Einfluss auf den Freistellungsanspruch des VN gegen den VR nehmen soll (Begr. BT-Drucks 16/3945, S. 86). Dem VN ist es also nicht möglich, einen vom Dritten geltend gemachten Haftpflichtanspruch anzuerkennen und dadurch den Versicherungsfall herbeizuführen. Andernfalls würde er den VR mit der Abgabe eines Anerkenntnisses einseitig belasten können (Begr. BT-Drucks 16/3945, S. 86; so auch *Koch*, r+s 2009, 133, 135).

21 Der VR soll den VN damit nur in dem Umfang freistellen müssen, in dem der Ersatzanspruch des Dritten ohne das Anerkenntnis bestanden hätte. Um die Leistungspflicht des VR feststellen zu können, muss daher geklärt werden, inwieweit der VN mehr anerkannt hat, als dem Dritten mit seinem Anspruch ohne das Anerkenntnis zustünde. Der überschießende Teil des Anerkenntnisses kann jedoch nicht festgestellt werden, ohne dass der gesamte Umfang der Haftpflichtfrage geprüft wird. Der Haftpflichtanspruch muss daher – unter **vollständiger Aufhebung der Bindungswirkung des zulässigerweise abgegebenen Anerkenntnisses** – in einem Deckungsprozess einer vollumfänglichen Überprüfung zugänglich sein (so auch *Franz*, VersR 2008, 298, 308; *Lücke*, VK 2007, 163, 165; *Lange*, r+s 2007, 401, 402, sowie VersR 2006, 1313, 1315; *Schirmer*, ZVersWiss Supplement 2006, 427, 434; *Thalmair*, ZVersWiss Supplement 2006, 459, 461; *Langheid*, in: FS Winter, S. 367, 377, der jedoch auch eine bloß eingeschränkte Bindungswirkung in Betracht zieht; *Koch*, in: FS Winter, S. 345, 348, 352). Dies scheint der Gesetzgeber nach der Begründung des Regierungsentwurfs auch bezweckt zu haben. Danach soll der VR die Möglichkeit haben, die Begründetheit des vom Dritten geltend gemachten Haftpflichtanspruchs zu überprüfen, wenn der VN ein Anerkenntnis abgegeben hat (Begr. BT-Drucks 16/3945, S. 86). *Langheid* (*Langheid*, in: FS Winter, S. 367, 377) sieht darin einen völlig neuen und auf ungewollte Weise vom Gesetzgeber kreierten Bindungsprozess. Schon unter Geltung der alten Rechtslage wurde vertreten, dass eine Durchbrechung des Trennungsprinzips im Fall der Befriedigung des Dritten durch den VN zulässig ist und die Berechtigung des Haftpflichtanspruchs im Deckungsverhältnis überprüft werden darf (BK/*Baumann*, § 154 Rn 18). Als Ausgleich für den Wegfall des den VR bislang in seiner Regulierungshoheit schützenden Anerkenntnis- und Befriedigungsverbots (zum Sinn und Zweck des Anerkenntnis- und Befriedigungsverbots vgl. § 105 Rdn 1) muss der Haftpflichtanspruch nunmehr stets im Deckungsprozess überprüfbar sein (so auch *Schirmer*, ZVersWiss Supplement 2006, 427, 434; *Thalmair*, ZVersWiss Supplement 2006, 459, 461).

22 Da die Bindungswirkung dogmatisch mit dem Leistungsversprechen des VR begründet wird (vgl. hierzu § 100 Rdn 61), muss für die **dogmatische Begründung** des Fehlens der Bindungswirkung konsequenterweise ebenfalls der VV herangezogen werden (ähnlich *Koch*, in: FS Winter, S. 345, 353; anders: *Lange*, VersR 2006, 1313, 1316). Ob und in welchem Umfang der VR den VN angesichts eines Schadensfalls von dessen Ersatzpflicht freizustellen hat, wird in erster Linie durch den HaftpflichtVV bestimmt; der Umfang der Leistungspflicht des VR steht zur Disposition der Parteien. Vereinbaren die Parteien des HaftpflichtVV, dass ein durch den VN ggü. dem Geschädigten erklärtes Anerkenntnis die Leistungspflicht des VR unberührt lassen soll, ist dieser nur zur Freistellung verpflichtet, soweit der Haftpflichtanspruch des Dritten ohne das Anerkenntnis begründet wäre. Dementsprechend steht es den Parteien auch frei, dem Anerkenntnis eine bindende Wirkung zukommen zu lassen. Im Regelfall werden die AHB in den HaftpflichtVV einbezogen. Nach **Ziff. 5.1 AHB 2008** bindet ein Anerkenntnis, welches vom VN ohne Zustimmung des VR ggü. dem Dritten erklärt wurde, den VR nur, soweit der Anspruch auch ohne das Anerkenntnis bestanden hätte. Ob das Anerkenntnis den VR an die ohne das Anerkenntnis bestehenden Rechtslage binden und insoweit noch eine eingeschränkte Bindungswirkung bestehen soll, erscheint zweifelhaft. Es wird wohl – trotz der Formulierung – eine vollumfängliche Überprüfbarkeit des Haftpflichtanspruchs im Deckungsprozess möglich sein müssen.

Eine Durchbrechung des Trennungsprinzips und die damit verbundene Aufhebung der Bindungswirkung findet gleichermaßen statt, wenn der geschädigte Dritte, dessen Haftpflichtanspruch durch den VN anerkannt wurde, **nach einer Abtretung des Freistellungsanspruchs** den Deckungsprozess gegen den VR anstelle des VN führt (*Langheid*, in: FS Winter, S. 367, 376 f.; vgl. § 108 Rdn 34, 35). Entsprechendes gilt für den Fall, dass der VN mit dem geschädigten Dritten einen **Vergleich** geschlossen hat (so im Ergebnis auch *Lücke*, VK 2007, 163, 165; vgl. OLG Hamm, VersR 1994, 925, wonach die Erörterung der Haftpflichtfrage im Deckungsprozess nach einem vom VN und Dritten geschlossenen Vergleich möglich sein soll). 23

Praxistipp 24
Dem VN ist zu empfehlen, einen Vergleich mit dem Dritten nicht ohne Zustimmung des VR abzuschließen. Sollte er dennoch eigenmächtig handeln wollen, ist ihm zu raten, den **Vergleich nur auf Widerruf** zu schließen. Meldet sich der VR innerhalb einer angemessenen Frist nicht, dürfte er nach § 242 BGB an den Vergleich gebunden sein.

cc) Exkurs: Ausstrahlungen der neuen Rechtslage

Unter Geltung der alten Rechtslage konnte sich eine **Leistungsbefreiung des VR** trotz des Fehlens eines Anerkenntnis- und Befriedigungsverbots u.U. aus § 242 BGB ergeben, wenn der VN das Anerkenntnis ggü. dem Dritten **leichtfertig** abgegeben hat (BGH, VersR 1977, 174, 175; OLG Hamm, VersR 1976, 749, 751; Prölss/Martin/*Voit/Knappmann*, § 154 Rn 23; Römer/Langheid, § 154 Rn 9; BK/*Baumann*, § 154 Rn 60, *Johannsen*, in: Bruck/Möller, IV KV Anm. F 101). Fraglich ist, ob sich eine entsprechende Treuepflicht des VN auch nach der VVG-Reform noch aus dem VV herleiten lässt. Mit der Aufhebung des Anerkenntnis- und Befriedigungsverbots wurde dem VN das Recht eingeräumt, den Haftpflichtanspruch sanktionslos anerkennen zu dürfen. Dieses Recht darf nicht durch die Auferlegung 25 vertraglicher Treuepflichten beschnitten werden. Der VR sollte vor einem leichtfertigen Anerkenntnis geschützt werden, da er an zulässigerweise abgegebene Anerkenntnisse unter Geltung der alten Rechtslage gebunden war (vgl. Rdn 20). Mit der Aufhebung der Bindungswirkung des zulässigerweise erklärten Anerkenntnisses besteht diese Gefahr nicht mehr, weshalb die Rechtsprechung zur Leistungsbefreiung des VR bei leichtfertiger Abgabe eines Anerkenntnisses durch den VN nicht mehr aufrechtzuerhalten ist.

26 Dem VR obliegt die Entscheidung i.S.e. **Erfüllungswahlrechts**, ob er seine Leistungspflicht aus dem VV durch Abwehr des vom Dritten geltend gemachten Ersatzanspruchs oder durch Freistellung erfüllt (vgl. § 100 Rdn 39). Nach *Lange* (*Lange*, r+s 2007, 401, 40) sei ihm mit dem Anerkenntnis des Haftpflichtanspruchs die Abwehr des Ersatzanspruchs und damit die Ausübung seines Wahlrechts nicht mehr möglich; insoweit werde seine Prozessführungsautonomie verkürzt. *Mack/Terrahe* (*Mack/Terrahe*, PHi 2005, 28, 29) sehen zumindest die Gefahr, dass durch die Abgabe eines Anerkenntnisses die Erfüllung der Leistungspflicht durch den VR beeinträchtigt wird, dadurch, dass bspw. eine ordnungsgemäße Ermittlung des Sachverhalts mithilfe des VN nicht mehr möglich ist.

27 Zur Problematik des kollusiven Zusammenwirkens von Schädiger und Geschädigtem vor dem Hintergrund des gleichzeitigen Wegfalls von Anerkenntnis- und Abtretungsverbot (vgl. § 108 Rdn 61, 62; zur Stellung des VN im Deckungsprozess nach Anerkenntnis vgl. Rdn 45).

c) Bindungswirkung nach Treu und Glauben gem. § 242 BGB

28 Eine über den begründeten Teil der Haftpflichtforderung hinausgehende Bindungswirkung kann allein durch den VR selbst herbeigeführt werden und entsteht nach den Grundsätzen von Treu und Glauben gem. § 242 BGB lediglich dann, wenn **dem VR ein treuwidriges Verhalten vorzuwerfen** ist (vgl. *Lange*, VersR 2006, 1313, 1317). Ein solches Verhalten ist insb. dann gegeben, wenn er die **Deckung unberechtigt verweigert**. In diesem Fall muss er sich nach § 242 BGB so behandeln lassen, als habe er seine Zustimmung zur Abgabe des Anerkenntnisses bzw. zum Abschluss des Vergleichs erteilt (so auch *Lange*, VersR 2006, 1313, 1317, anders aber *Lange*, r+s 2007, 402; zur Bindungswirkung eines Anerkenntnisses nach unberechtigter Deckungsablehnung unter Geltung der früheren Rechtslage: OLG Celle, VersR 2002, 602; zur Bindungswirkung eines Vergleichs nach unberechtigter Deckungsablehnung unter Geltung der früheren Rechtslage: OLG Düsseldorf, VersR 2002, 748, 749; OLG Hamm, VersR 1994, 925; OLG Hamburg, VersR 1982, 458; LG Berlin, VersR 1995, 330, 331; vgl. auch Prölss/Martin/*Voit/Knappmann*, § 154 Rn 15, 22; BK/*Baumann*, § 154 Rn 34, 55; *Johannsen*, in: Bruck/Möller, IV KV Anm. F 101). Zwar wurde unter Geltung der alten Rechtslage die Bindungswirkung insb. damit begründet, dass der VR mit der unberechtigten Deckungsverweigerung konkludent erklärt, dass er auf die Einhaltung von Obliegenheiten und damit eben auf die Einhaltung des Anerkenntnis- und Befriedigungsverbots verzichtet (OLG Düsseldorf, VersR 2002, 748, 749; vgl. Römer/Langheid, § 154 Rn 15; BK/*Baumann*, § 154 Rn 34, 55). Darauf kann jetzt nicht mehr abgestellt werden, weil es eine Obliegenheit, den Anspruch nicht anzuerkennen,

nicht mehr gibt. Allerdings kann der Fall der unberechtigten Deckungsablehnung nicht anders zu behandeln sein als der Fall, in dem der VR dem VN freie Hand lässt (vgl. hierzu Rdn 29). Lehnt der VR unberechtigterweise den Deckungsschutz ab, kommt er seiner Rechtsschutzverpflichtung nicht nach. Erfüllt er aber seine vertragliche Hauptleistungspflicht nicht, kann er sich im Deckungsprozess nicht darauf berufen, dass der VN dafür hätte sorgen müssen, dass die gegen ihn gerichtete Haftpflichtklage abgewiesen wird. Schließlich ist es Aufgabe des VR, den vom Dritten geltend gemachten Ersatzanspruch abzuwehren, wenn er diesen für unbegründet hält (vgl. OLG Düsseldorf, VersR 2002, 748, 749; OLG Hamm, VersR 1994, 925; vgl. auch BGH, VersR 2007, 1116, 1117; BGHZ 119, 276, 282 = BGH, zfs 1993, 60 zur Bindungswirkung des rechtskräftigen Urteils im Fall der unberechtigten Deckungsablehnung). Der VR muss sich also so behandeln lassen, als habe er seine Zustimmung zur Abgabe des Anerkenntnisses bzw. zum Abschluss des Vergleichs erteilt.

Lässt der VR dem VN „**freie Hand**" (ohne dass er zugleich die Deckung unberechtigt 29 verweigert), ist er so zu behandeln, als habe er seine Zustimmung zur Abgabe des Anerkenntnisses bzw. zum Abschluss des Vergleichs erteilt (OLG Köln, VersR 2006, 1207, 1208; OLG Celle, VersR 2002, 602; so auch *Lücke*, VK 2007, 163, 165). Erklärt der VR seine **Zustimmung** zur Abgabe des Anerkenntnisses bzw. zum Abschluss des Vergleichs und wendet er dann gegen die Inanspruchnahme durch den VN ein, dass er nur zur Leistung verpflichtet ist, soweit der Haftpflichtanspruch des Geschädigten ohne das Anerkenntnis begründet war, ergibt sich die Bindungswirkung ebenfalls aus § 242 BGB, sofern nicht eine entsprechende Regelung in den AHB existiert (*Lange*, VersR 2006, 1313, 1317; zur Bindungswirkung bei Zustimmung vgl. auch Rdn 19).

d) Einzelfälle zur Bindungswirkung

aa) Bindungswirkung des Tatsachenzugeständnisses

Außerprozessuale Tatsachenzugeständnisse des VN haben zunächst keinen Einfluss auf 30 den Umfang der Leistungspflicht des VR. Erst wenn es zu einem Haftpflichtprozess des Geschädigten gegen den VN kommt, wirkt sich das Tatsachenzugeständnis durch die dadurch ausgelöste **Umkehr der Beweislast** hinsichtlich der anspruchsbegründenden Tatsachen aus. Das in diesem Prozess ergangene rechtskräftige Urteil – und dadurch auch mittelbar das Tatsachenzugeständnis – wirkt für den VR bindend (zur Bindungswirkung des rechtskräftigen Urteils vgl. Rdn 13 ff. sowie § 100 Rdn 61 ff.). **In einem Prozess zugestandene Tatsachen** führen die Wirkung des § 288 ZPO herbei und sind damit – über das rechtskräftige Urteil – für den VR ebenfalls mittelbar bindend. Der Umstand, dass durch den Wegfall des Anerkenntnis- und Befriedigungsverbots (vgl. hierzu § 105 Rdn 1) die Bindungswirkung des zulässigerweise erklärten Anerkenntnisses vollständig aufgehoben wurde (hierzu Rdn 20, 21), zieht die Bindungswirkung der aufgrund von Tatsachenzugeständnissen ergangenen rechtskräftigen Urteile nicht in Zweifel. Der Begriff des Tatsachenzugeständnisses wird nicht vom Begriff des Anerkenntnisses erfasst, sondern ist nach wie vor von diesem abzugrenzen (zur Abgrenzung vgl. Rdn 7 ff.). Ein Anerkenntnis bindet den VN schließlich stärker als ein Tatsachenzugeständnis. Zudem ist die Aufhebung der Bindungswirkung des zulässigerweise abgegebenen Anerkenntnisses und die damit verbundene Überprüfbarkeit des Haftpflichtanspruchs im Deckungsprozess quasi ein Ausgleich für den Wegfall des den VR bislang schützenden Anerkenntnis- und Befriedigungsverbots (vgl. auch Rdn 21). Das Tatsachenzugeständnis konnte jedoch auch schon unter Geltung des Anerkenntnis- und Befriedigungsverbots zulässigerweise vom VN abgegeben werden. Insoweit hat keine Änderung der Rechtslage stattgefunden, die eine andere Beurteilung der Bindungswirkung des auf einem Tatsachenzugeständnis beruhenden rechtskräftigen Urteils rechtfertigen könnte.

bb) Bindungswirkung des Anerkenntnisurteils

31 Im Gegensatz zum Tatsachenzugeständnis entfaltet ein Anerkenntnis keine Bindungswirkung für den VR. Nicht eindeutig scheint die Rechtslage allerdings im Hinblick auf das prozessuale Anerkenntnis zu sein, da es sich bei einem Anerkenntnisurteil i.S.v. § 307 ZPO einerseits um ein rechtskräftiges Urteil und andererseits um ein Anerkenntnis im materiellrechtlichen Sinne handelt. Da das Anerkenntnisurteil vom Begriff des Anerkenntnisses erfasst wird (vgl. Rdn 5), müssen die für das außerprozessuale Anerkenntnis geltenden Grundsätze hierfür gleichermaßen gelten. Es kann **keinen Unterschied für die Frage der Bindungswirkung** machen, ob der VN den Haftpflichtanspruch des Dritten im Prozess oder außerprozessual anerkennt.

cc) Bindungswirkung eines außerprozessualen Anerkenntnisses bei nachfolgendem Haftpflichtprozess

32 Schwieriger zu beurteilen ist die Rechtslage hingegen in dem Fall, in dem der VN den Haftpflichtanspruch des Dritten außergerichtlich anerkennt und dieser anschließend die Haftpflichtfrage gerichtlich klären lässt. Hier ist problematisch, ob für die Frage der Bindungswirkung auf das im Haftpflichtprozess ergangene rechtskräftige Urteil oder das dem Prozess vorangegangene Anerkenntnis abzustellen ist. Für den VR kann es im Hinblick auf die Frage der Bindungswirkung keinen Unterschied machen, ob der geschädigte Dritte nach dem Anerkenntnis des Haftpflichtanspruchs noch Klage gegen den VN erhebt oder nicht. Basiert ein rechtskräftiges Urteil im Haftpflichtprozess auf einem außerprozessualen Anerkenntnis des VN, ist der Haftpflichtanspruch infolge der fehlenden Bindungswirkung im Deckungsprozess einer Überprüfung zugänglich.

dd) Schema zu den problematischen Fallgruppen

33

Anerkenntnis		Tatsachenzugeständnis	
außerprozessual	*prozessual*	*außerprozessual*	*prozessual*
= konstitutives oder deklaratorisches Schuldanerkenntnis	= Anerkenntnisurteil, § 307 ZPO	Beweiserleichterungserklärung (Beweislastumkehr)	Rechtskräftiges Urteil infolge Geständnis i.S.v. § 288 ZPO
Bindungswirkung (-)	Bindungswirkung (-)	Bindungswirkung (-)	Bindungswirkung (+)
Rechtskräftiges Urteil infolge eines außerprozessualen Anerkenntnisses: Bindungswirkung (-)	**Abgrenzung erforderlich**	Rechtskräftiges Urteil infolge eines außerprozessualen Tatsachenzugeständnisses: Bindungswirkung (mittelbar) (+)	

Es können sich daher Abgrenzungsfragen (vgl. hierzu Rdn 7 ff.) hinsichtlich außergerichtlicher Tatsachenzugeständnisse und Anerkenntnisse ergeben, die zu einem rechtskräftigen Urteil im Haftpflichtprozess geführt haben. 34

II. Befriedigung des Dritten durch den Versicherungsnehmer mit bindender Wirkung für den Versicherer (§ 106 S. 2 VVG)

Hat der VN den Dritten mit bindender Wirkung für den VR befriedigt, ist der VR dazu verpflichtet, die Entschädigung innerhalb von zwei Wochen nach der Befriedigung des Dritten an den VN zu zahlen. 35

1. Befriedigung des Dritten durch den Versicherungsnehmer

Der VN befriedigt den Dritten, wenn er dessen Haftpflichtanspruch gem. § 362 BGB **erfüllt** oder **Erfüllungssurrogate** erbringt, durch die der Anspruch ebenfalls erlischt (bspw. Leistung an Erfüllung statt gem. § 364 Abs. 2 BGB, Aufrechnung gem. § 389 BGB, Hinterlegung gem. § 379 Abs. 1 BGB; Erlass gem. § 397 Abs. 1 BGB). Erklärt der Geschädigte die **Aufrechnung** gegen Ansprüche des VN, erlischt die Haftpflichtforderung, wenn sie tatsächlich bestand. Darin ist aber keine durch den VN bewirkte Befriedigung zu sehen. Eine Befriedigung ist vielmehr nur dann anzunehmen, wenn der VN sich mit der Aufrechnung einverstanden erklärt und damit die Forderung anerkennt (BGH, VersR 1977, 174, 175; OLG Saarbrücken, VersR 2004, 901, 903; OLG Hamm, VersR 1978, 80, 81; OLG Hamm, VersR 1976, 749, 750). **Zahlungen zur Abwendung der Vollstreckung** aus einem vorläufig vollstreckbaren Urteil stellen grds. keine Befriedigung dar. Eine Befriedigung ist allenfalls anzunehmen, wenn nicht nur zur Abwendung der Vollstreckung gezahlt wird oder gleichzeitig darin ein Anerkenntnis zu sehen ist. 36

2. Bindende Wirkung für den Versicherer

37 Es gelten die gleichen Grundsätze wie in den Fällen von Anerkenntnis und Vergleich. Der VR ist **an die Befriedigung grds. nicht gebunden** (so auch *Schirmer*, ZVersWiss Supplement 2006, 427, 434; vgl. auch BK/*Baumann*, § 154 Rn 18). Die Haftpflichtfrage ist im Deckungsprozess voll überprüfbar (vgl. zum Ganzen Rdn 18 ff.).

38 Eine Befriedigung des Dritten ist jedenfalls **nach Feststellung des Haftpflichtanspruchs durch ein rechtskräftiges Urteil** bindend. Gleiches gilt bei einem **vorläufig vollstreckbaren Urteil**, bei dem die Zwangsvollstreckung nicht durch Sicherheitsleistung abgewendet werden kann (s. hierzu auch Rdn 4).

39 Erklärt der Dritte die **Aufrechnung mit der Haftpflichtforderung** gegen eine Forderung des VN und ist der VN damit einverstanden, ist insoweit eine Befriedigung des Dritten gegeben (vgl. Rdn 36). Ein Freistellungsanspruch kommt in diesem Fall nicht mehr in Betracht. Der VN hat aber einen Zahlungsanspruch gegen den VR, soweit die Haftpflichtforderung bestand (zur Frage der Bindungswirkung vgl. Rdn 37). Rechnet der Dritte **ohne Einverständnis** des VN mit der Haftpflichtforderung auf, liegt keine Befriedigung vor (vgl. Rdn 36). Hält der VR den Haftpflichtanspruch für unbegründet, ist er zur Gewährung von Rechtsschutz zur Führung des Aktivprozesses des VN gegen den Dritten verpflichtet (vgl. § 101 Rdn 9). In diesem Prozess wird dann auch über den Haftpflichtanspruch entschieden (OLG Hamm, VersR 1978, 80, 81). Wird festgestellt, dass der Haftpflichtanspruch besteht, muss der VR dem VN die durch die Aufrechnung erloschene Forderung ersetzen. Im Zeitpunkt der rechtskräftigen Entscheidung wandelt sich der Freistellungsanspruch in einen Zahlungsanspruch um.

40 Darüber hinaus hat die Befriedigung bindende Wirkung für den VR nur, sofern diesem ein **Verstoß gegen Treu und Glauben nach § 242 BGB** zur Last zu legen ist. Ein solcher Verstoß ist insb. dann anzunehmen, wenn der VR **unberechtigterweise die Deckung verweigert** (zur Bindungswirkung der Befriedigung unter Geltung der früheren Rechtslage: OLG Karlsruhe, VersR 1997, 1477, 1480; OLG Hamm, VersR 1991, 652, 653; OLG Hamm, VersR 1978, 858 f.; BK/*Baumann*, § 154 Rn 34, 55). Hier gelten die gleichen Grundsätze wie zur Bindungswirkung von Anerkenntnis und Vergleich (hierzu Rdn 28).

III. Mitteilung der Berechnung von nach § 101 S. 3 VVG zu ersetzender Kosten

41 Dem VN müssen Kosten nach § 101 VVG entstanden sein. Die **Mitteilung der Berechnung** dieser Kosten löst die Fälligkeit des Zahlungsanspruchs aus.

C. Rechtsfolgen

I. Fälligkeit des Freistellungsanspruchs (§ 106 S. 1 VVG)

Der VR hat den Freistellungsanspruch des VN **innerhalb von zwei Wochen**, nachdem der Haftpflichtanspruch für den VR verbindlich durch rechtskräftiges Urteil, Anerkenntnis oder Vergleich festgestellt wurde, zu erfüllen. Der Zeitpunkt der **Rechtskraft des Urteils** ist eindeutig bestimmbar. Dagegen ist der fälligkeitsauslösende Zeitpunkt bei **Anerkenntnis und Vergleich** weniger eindeutig. Hier muss der VR zunächst den Haftpflichtanspruch überprüfen (lassen), um festzustellen, inwieweit das Anerkenntnis bzw. der Vergleich über die tatsächlich bestehende materielle Rechtslage hinausgeht (vgl. zum Wegfall der Bindungswirkung von Anerkenntnis und Vergleich nach der VVG-Reform Rdn 20 ff.). Aufgrund dessen wird vertreten, dass der für die Fälligkeit maßgebliche Zeitpunkt nicht derjenige ist, in dem der VN den Haftpflichtanspruch anerkennt bzw. einen Vergleich mit dem Dritten schließt, sondern derjenige, in dem der VR bzw. das Gericht im Deckungsprozess den Haftpflichtanspruch feststellt (*Lange*, VersR 2006, 1313, 1315). Dies würde jedoch zur Folge haben, dass der VR mit der Prüfung der Haftpflichtfrage die Fälligkeit des Freistellungsanspruchs hinauszögern könnte und es so in der Hand hätte, wann er seine Pflicht aus dem VV erfüllen muss. Bereits im Zeitpunkt der Abgabe des Anerkenntnisses bzw. des Abschlusses des Vergleichs steht der Umfang der Leistungspflicht des VR fest. Der Umstand, dass dieser die Verbindlichkeit erst überprüfen muss, lässt keine andere Beurteilung zu. Die Vorschrift will dem VR keine – über die Zwei-Wochen-Frist hinausgehende – Frist zur Überprüfung der Verbindlichkeit einräumen; hierfür spricht auch Ziff. 5.1 Abs. 2 S. 2 AHB 2008 (vgl. *Wandt*, Versicherungsrecht, Rn 1050). Der VN kann somit ab dem Zeitpunkt der Abgabe des Anerkenntnisses bzw. des Abschlusses des Vergleichs seinen Freistellungsanspruch geltend machen; er kann den VR jedoch frühestens mit Ablauf der zwei Wochen in Verzug setzen. Innerhalb dieses Zeitraums kann der VR überprüfen, inwieweit er den VN von seiner Haftung freistellen muss (zur Verjährung des Freistellungsanspruchs vgl. § 100 Rdn 58).

42

II. Fälligkeit des Zahlungsanspruchs (§ 106 S. 2 VVG)

Befriedigt der VN den Haftpflichtanspruch des Geschädigten mit bindender Wirkung für den VR, wandelt sich der Freistellungsanspruch des VN in einen Zahlungsanspruch gegen den VR um (BGH, VersR 1977, 17, 175; OLG Köln, r+s 1996, 222; OLG Hamm, VersR 1978, 80, 81; OLG Hamm, VersR 1976, 749, 750). Dieser Zahlungsanspruch wird **binnen zwei Wochen** nach Befriedigung fällig.

43

III. Fälligkeit der nach § 101 VVG zu ersetzenden Kosten (§ 106 S. 3 VVG)

Hat der VR dem VN Kosten nach § 101 VVG zu ersetzen, so hat er diese **binnen zwei Wochen** nach Mitteilung der Berechnung zu leisten.

44

D. Prozessuales

45 Im Hinblick auf die Haftpflichtfrage nimmt der VN dieselbe **prozessuale Stellung** ein wie der geschädigte Dritte im Haftpflichtprozess und der VR diejenige des sich gegen die Haftpflichtforderung verteidigenden VN (*Chab*, AnwBl. 2008, 63, 64 am Bsp. der Anwaltshaftung; *Mergner*, NVZ 2007, 385, 391; *Lange*, VersR 2006, 1313, 1318). Der VN hat also die den Haftpflichtanspruch begründenden Tatsachen darzulegen und zu beweisen, während den VR die Darlegungs- und Beweislast hinsichtlich der die Haftpflichtforderung betreffenden Einwendungen trifft (*Lange*, VersR 2006, 1313, 1318). Infolgedessen ist davon auszugehen, dass der VN keine Tatsachen vortragen wird, die gegen einen Haftpflichtanspruch sprechen könnten (*Lange*, VersR 2006, 1313, 1318; *Mack/Terrahe*, PHi 2005, 28, 29).

E. Abdingbarkeit

46 Die Vorschrift ist **halb zwingend**; eine Abweichung zum Nachteil des VN ist nach § 112 VVG unzulässig.

---

§ 107 VVG Rentenanspruch

(1) Ist der Versicherungsnehmer dem Dritten zur Zahlung einer Rente verpflichtet, ist der Versicherer, wenn die Versicherungssumme den Kapitalwert der Rente nicht erreicht, nur zur Zahlung eines verhältnismäßigen Teils der Rente verpflichtet.

(2) Hat der Versicherungsnehmer für die von ihm geschuldete Rente dem Dritten kraft Gesetzes Sicherheit zu leisten, erstreckt sich die Verpflichtung des Versicherers auf die Leistung der Sicherheit. Absatz 1 gilt entsprechend.

Übersicht

	Rdn
A. Normzweck	1
B. Norminhalt	4
I. Umfang der Rentenzahlungspflicht (§ 107 Abs. 1 VVG)	4
1. Begriff der Rente	4
2. Versicherungssumme geringer als der Kapitalwert der Rente	6
a) Versicherungssumme	7
b) Kapitalwert der Rente	11
aa) Begriff des Rentenkapitalwerts	11
bb) Berechnung des Kapitalwerts der Rente	12
cc) Rentenkapitalwert übersteigt die Versicherungssumme	16
II. Verpflichtung zur Sicherheitsleistung (§ 107 Abs. 2 VVG)	17
C. Rechtsfolgen	18
I. Verpflichtung zur Rentenzahlung (§ 107 Abs. 1 VVG)	18
II. Verpflichtung zur Sicherheitsleistung (§ 107 Abs. 2 VVG)	22
D. Prozessuales	23
E. Abdingbarkeit	24

A. Normzweck

Die in § 107 **Abs. 1** VVG enthaltene Regelung kommt zur Anwendung, wenn der VN ggü. dem geschädigten Dritten aufgrund eines Schadensereignisses zur Zahlung einer Rente verpflichtet ist, deren Kapitalwert die im VV vereinbarte Deckungssumme übersteigt. In diesem Fall erstreckt sich die Leistungspflicht des VR nur auf einen verhältnismäßigen Teil der Rente (zur Berechnung der Verhältnismäßigkeit im Einzelnen vgl. Rdn 18 f.). Dies führt dazu, dass der VN nur von einem Teil seiner ggü. dem Dritten bestehenden Rentenzahlungsverpflichtung durch den VR freigestellt wird; i.Ü. muss er von Anfang an (vgl. BGH, r+s 2007, 83, 85) selbst an den Geschädigten leisten. Existieren mehrere Berechtigte, deren Ansprüche ihrer Höhe nach die VersSumme übersteigen, findet das in § 109 VVG normierte Verteilungsverfahren Anwendung. 1

Die Verpflichtung des VR zur anteiligen Zahlung der Rente enthält **spekulative Elemente**: Je nach Lebenserwartung des Geschädigten kommt die Regelung dem VR oder dem VN zugute. Stirbt der Geschädigte bereits bevor sich die Deckungssumme erschöpft hat, steht dem VN kein Erstattungsanspruch gegen den VR i.H.d. von ihm anteilig erbrachten Leistungen zu. Andererseits wirkt sich eine Überschreitung der der Berechnung zugrunde gelegten Lebenserwartung des Geschädigten für den VN vorteilhaft aus, da der VR in diesem Fall trotz Ausschöpfung der Deckungssumme weiterhin zur anteiligen Zahlung der Rente verpflichtet ist (BGH, VersR 2006, 1679, 1680; BGH, VersR 1991, 172, 173; BGH, VersR 1980, 817, 818). Ein Erstattungsanspruch gegen den VN besteht in diesem Fall nicht. Zuviel gezahlte Rentenleistungen (bspw. aufgrund falscher Berechnungen) kann der VR allenfalls bei Vorliegen einer ungerechtfertigten Bereicherung vom Geschädigten zurückverlangen (BGH, VersR 1980, 817, 818). Dies entspricht dem Zweck der Vorschrift, die in erster Linie dem **Schutz des Geschädigten** dient, indem sie eine fortlaufend gleichmäßige Beteiligung des VR an den Rentenleistungen gewährleistet (BGH, VersR 2006, 1679, 1680; BGH, VersR 1980, 817, 819). Der Geschädigte erhält demzufolge sowohl bei Überschreitung seiner Lebenserwartung als auch bei frühzeitigem Versterben zumindest den auf den VR entfallenden Teil seiner Rente. Darüber hinaus soll verhindert werden, dass der Schädiger, der keine Rücklagen gebildet hat, durch die Rentenverpflichtung ruiniert werden kann (vgl. BGHZ 15, 154). 2

Nach § 107 **Abs. 2** VVG erstreckt sich die Leistungspflicht des VR auch auf Sicherheitsleistungen, die der VN für eine ggü. dem Dritten geschuldete Rente zu erbringen hat. 3

B. Norminhalt

I. Umfang der Rentenzahlungspflicht (§ 107 Abs. 1 VVG)

1. Begriff der Rente

Unter einer Rente sind Leistungen zu verstehen, die nach genau festgelegten Zeiträumen immer wieder fällig werden (BK/*Baumann*, § 155 Rn 7), aber weder Teilbeträge eines Kapitals (Raten) noch Zinsen darstellen (Prölss/Martin/*Lücke*, § 107 Rn 5). 4

5   Der VN muss ggü. dem Dritten zum **Schadensersatz in Form der Entrichtung einer Geldrente** verpflichtet sein. Die Verpflichtung zur Rentenzahlung wird durch ein rechtskräftiges Urteil in einem Haftpflichtprozess, ein Anerkenntnis oder einen Vergleich festgestellt. Ein Anspruch des Dritten auf Rentenzahlung kann sich insb. aus § 843 BGB (Erwerbsschadensrente gem. § 843 Abs. 1 Alt. 1 BGB bzw. Rente wegen vermehrter Bedürfnisse gem. § 843 Abs. 1 Alt. 2 BGB), Schmerzensgeldrente gemäß § 253 Abs. 2 BGB, Geldrente wegen entgangenen Unterhalts gem. § 844 Abs. 2 BGB oder wegen entgangener Dienste gem. § 845 BGB sowie zahlreichen Gefährdungshaftungstatbeständen (vgl. bspw. § 13 StVG, § 9 ProdHaftG, § 8 HaftPflG, § 89 AMG, § 38 LuftVG, § 14 UmweltHG) ergeben.

2. Versicherungssumme geringer als der Kapitalwert der Rente

6   Der VR muss nur dann eine bloß anteilige Rentenzahlung leisten, wenn die **VersSumme** nicht den **Kapitalwert der Rente** erreicht.

a) Versicherungssumme

7   Die VersSumme ergibt sich aus dem zwischen VR und VN geschlossenen VV und ist identisch mit dem Begriff der **Deckungssumme**.

8   Wurden für die verschiedenen Schadensarten (Personen-, Sach- und Vermögensschäden) **unterschiedliche Deckungssummen** vereinbart, so sind getrennte Berechnungen anzustellen (BGH, VersR 2006, 1679, 1680).

9   Die in den VV meist einbezogenen AVB bestimmen rgm., dass für die Berechnung der Anteile der Rentenleistungen zunächst **alle sonstigen Leistungen** von der VersSumme **abgezogen werden müssen** (vgl. Ziff. 6.7 AHB 2015). Dazu zählen insb. Sachschäden, einmalige Schmerzensgeldzahlungen, der Ersatz von ärztlichen Heilbehandlungskosten und Beerdigungskosten. Die Kapitalforderung genießt mithin Priorität vor der Rentenforderung. Die Zulässigkeit einer solchen Vereinbarung ist nicht ganz unumstritten (vgl. *Schantl*, MDR 1982, 450, 451, demzufolge wegen § 9 AGBG a.F. Bedenken im Hinblick auf die Zulässigkeit bestehen). Schließlich wird durch den vorherigen Abzug die VersSumme, die dem VR zur Rentenzahlung zur Verfügung steht, und damit auch der vom VR zu erbringende Rentenanteil selbst verringert. Sofern lediglich ein Geschädigter sowohl Kapital- als auch Rentenforderungen umfassende Haftpflichtansprüche gegen den VN geltend macht, sind jedoch keine Gründe ersichtlich, die gegen die Zulässigkeit einer solchen Vereinbarung sprechen, da dem Geschädigten die VersSumme voll zugutekommt. Die vorab erbrachten Leistungen führen lediglich zu einer Kürzung der VersSumme, aus der anschließend die monatlichen Rentenzahlungen geleistet werden. Das Risiko, dass der Geschädigte bei einem frühzeitigen Versterben weniger erhält, resultiert nicht aus der in den AHB getroffenen Regelung, sondern aus dem in § 107 VVG enthaltenen spekulativen Element (so auch Prölss/Martin/*Lücke*, § 107 Rn 5; BK/*Baumann*, § 155 Rn 29).

Sind **mehrere Geschädigte** vorhanden, von denen bspw. dem Einen nur Kapitalansprüche und dem Anderen lediglich Rentenansprüche gegen den VN zustehen, ist die Vereinbarung angesichts der zwingenden Regelung des § 109 VVG unwirksam (so auch Prölss/Martin/ *Lücke*, § 107 Rn 9; BK/*Baumann*, § 155 Rn 29; *Schantl*, BB 1981, 1364, 1365; zum Verteilungsverfahren bei mehreren Geschädigten vgl. § 109 Rdn 18). 10

b) Kapitalwert der Rente

aa) Begriff des Rentenkapitalwerts

Beim Kapitalwert der Rente handelt es sich um die hypothetische Gesamtsumme der künftigen Rentenraten. Der zweite für die Anwendung des § 107 VVG und die Berechnung des verhältnismäßigen Anteils maßgebliche Wert ist der Kapitalwert der Rente. Er ist nicht zu verwechseln mit der ausnahmsweise nach § 843 Abs. 3 BGB zu gewährenden Abfindung in Kapital. Letztere steht endgültig fest, während die kapitalisierte Rente bei Änderung der Rentenverhältnisse stets neu zu berechnen ist (vgl. Rdn 21). Wie der Kapitalwert der Rente zu **ermitteln** ist, ergibt sich nicht aus der Vorschrift, sondern im Wesentlichen **aus dem Vertrag**. Die dem VV rgm. zugrunde gelegten **AVB** enthalten z.T. entsprechende Bestimmungen (vgl. Ziff. 6.7 AHB 2015). Nach höchstrichterlicher Rechtsprechung erfolgt die Berechnung **anhand versicherungsmathematischer Grundsätze**, Wahrscheinlichkeitsgrundsätzen unter Berücksichtigung des konkreten Einzelfalls und unter Beachtung der sich aus anerkannten statistischen Unterlagen ergebenden Durchschnittswerte (BGH, VersR 1980, 817, 818; VersR 1980, 132, 133). Um den Rentenkapitalwert zu errechnen, sind die einzelnen (monatlichen) Rentenraten zu addieren; die Anzahl der Rentenraten hängt von der jeweiligen Dauer der Rentenzahlungsverpflichtung ab. Dabei ist hinsichtlich der (künftigen) Rentenraten der fiktive Zinsertrag zu berücksichtigen (**Abzinsung**). 11

bb) Berechnung des Kapitalwerts der Rente

Streitig ist, auf welchen Zeitpunkt hinsichtlich des **Rentenbeginns** für die Berechnung des Rentenkapitalwerts abzustellen ist. Nach herrschender Meinung ist der Zeitpunkt der **Entstehung des Anspruchs dem Grunde** nach maßgeblich (BGH, VersR 1986, 392, 393; VersR 1980, 132, 133; Prölss/Martin/*Lücke*, § 107 Rn 12; Römer/Langheid/*Langheid*, § 107 Rn 7; BK/*Baumann*, § 155 Rn 16); zu diesem Zeitpunkt ist der VN bereits zur Rentenzahlung verpflichtet. Bei Unfällen ist als Stichtag rgm. der Unfalltag zu wählen; dies gilt jedoch nicht für die Schadensposten, die erst nachträglich entstehen. Abzulehnen ist die Auffassung, der zufolge es auf den Zeitpunkt ankommt, ab dem die Rente tatsächlich gezahlt wird, falls der Geschädigte für die Vergangenheit zulässigerweise eine Kapitalforderung gestellt hat (so etwa Deichl/Küppersbusch/*Schneider*, § 10 Abs. 7 AKB Rn 64; *Stiefel/ Hofmann*, Kraftfahrtversicherung, § 10 AKB Rn 151, nunmehr a.A. *Stiefel/Maier/Jahnke*, § 107 Rn 42). Der Einwand, andernfalls werde das Kapitalwahlrecht missachtet (so *Stiefel/ Hofmann*, Kraftfahrtversicherung, § 10 AKB Rn 151), kann nicht überzeugen, da dem Geschädigten kein Wahlrecht i.S.v. § 262 BGB zusteht; die Abfindung in Kapital ist nur in begrenzten Ausnahmefällen zulässig. Entsteht ein Anspruch erst später, ist nicht der 12

Zeitpunkt der Fälligkeit der Rentenleistungen entscheidend, sondern ebenfalls derjenige, ab dem die Rentenzahlungen geschuldet werden, also der Anspruchsentstehungszeitpunkt (so auch Prölss/Martin/*Lücke*, § 107 Rn 12; Römer/Langheid/*Langheid*, § 107 Rn 7; BK/*Baumann*, § 155 Rn 17).

13 Die **Dauer der Rentenzahlungsverpflichtung** ergibt sich aus dem den Haftpflichtanspruch des Dritten feststellenden Urteil, Anerkenntnis oder Vergleich. Für die Dauer kommt es im Wesentlichen auf die Art der Rente an (z.B. Rente auf Lebenszeit). In Bezug auf Waisenrenten und Verdienstausfallrenten enthalten § 8 Abs. 2, 3 KfzPflVV Regelungen, die rgm. auch im allgemeinen Haftpflichtversicherungsrecht Anwendung finden (vgl. Ziff. 6.7 Abs. 2 AHB 2015). I.Ü. ist für die Verdienstausfallrente bei Selbstständigen von einem Endalter von 68 Jahren, bei Unselbstständigen von einem Endalter von 65 Jahren auszugehen (zur Berechnung der Rente eines unselbstständig Tätigen vgl. BGH, VersR 1980, 132, 133 f.; krit. *Schneider*, BB 1980, 129). Für Renten, die auf Lebenszeit gezahlt werden, ist nach den AHB 2002 die vom Statistischen Reichsamt aufgestellte Allgemeine deutsche Sterbetafel für die Jahre 1924 bis 1926, männliches Geschlecht heranzuziehen. Die AHB 2004/2006/2008/2015 hingegen verweisen auf die Verordnung über den Versicherungsschutz in der Kfz-Haftpflichtversicherung (KfzPflVV), die in § 8 KfzPflVV bestimmt, dass die Ermittlung des Kapitalwerts aufgrund einer von der Versicherungsaufsichtsbehörde entwickelten oder anerkannten Sterbetafel zu erfolgen hat.

14 § 3 Abs. 3 Nr. 2 AHB 2002 sieht einen **Zinsfuß** von jährlich 4 % vor. Als AVB unterliegen die AHB der AGB-Inhaltskontrolle der §§ 307 ff. BGB (allgemein zu den AVB, vgl. vor §§ 100 ff. Rdn 5) und müssen im jeweiligen Fall überprüft werden, um eine unangemessene Benachteiligung des VN i.S.v. § 307 Abs. 2 Nr. 2 BGB zu vermeiden (vgl. BGH, VersR 1991, 172, 173). Ein Zinsfuß ist angemessen, wenn er den Vorteil, den der VR durch die Entrichtung des Schadensersatzanspruchs in Form einer Rente anstelle einer einmaligen Kapitalzahlung erlangt, ausgleicht (*Johannsen*, ZVersWiss 1991, 97, 100). So sieht die Literatur in § 3 Abs. 3 Nr. 2 AHB 2002 teilweise einen Verstoß gegen § 9 AGBG a.F. (jetzt § 307 BGB; *Johannsen*, ZVersWiss 1991, 97, 102; *Schantl*, BB 1981, 1364, 1365; *Schantl*, MDR 1982, 450, 452). Die neueren AHB verweisen auf einen Rechnungszins, der die tatsächlichen Kapitalmarktzinsen in der BRD berücksichtigt (vgl. Ziff. 6.7 AHB 2015 i.V.m. § 8 Abs. 1 KfzPflVV). Zugrunde zu legen ist danach der arithmetische Mittelwert über die jeweils letzten zehn Jahre der Umlaufrenditen der öffentlichen Hand, wie sie von der Deutschen Bundesbank veröffentlicht werden. Ergibt sich aus dem VV kein Zinsfuß, ist derjenige in die Berechnung einzustellen, der der Effektivverzinsung entspricht, die auf dem Kapitalmarkt für Rentenwerte von vergleichbarer Laufzeit erzielt wird (BGH, VersR 1991, 172, 173; VersR 1986, 392, 394; VersR 1980, 817, 818). Dabei kommt es nicht auf den Zinsfuß zum Zeitpunkt des Eintritts des Versicherungsfalls an; vielmehr muss ein langfristiger Durchschnittszinssatz zugrunde gelegt werden (BGH, VersR 1991, 172, 173).

15 Die Erstattung einer **Erwerbsunfähigkeitsrente** an den Sozialversicherungsträger und die Zahlung einer **Verdienstausfallrente** an den Geschädigten sind Teile ein und derselben Rentenverpflichtung, weshalb bei der Berechnung des Rentenkapitalwerts die dem Geschä-

digten vor Anspruchsübergang auf den Sozialversicherungsträger zustehende Rentensumme zugrunde zu legen ist (BGH, VersR 1991, 172, 173; BGH, VersR 1986, 392, 393).

cc) Rentenkapitalwert übersteigt die Versicherungssumme

Nur dann, wenn der ermittelte Kapitalwert der Rente die VersSumme übersteigt, braucht der VR die Rente nur anteilig zu zahlen (zur Berechnung des verhältnismäßigen Teils vgl. Rdn 18, 19). Andernfalls bleibt der VR zur Freistellung des VN von der Rentenzahlungsverpflichtung in voller Höhe verpflichtet (zur **erneuten Berechnung des Rentenkapitalwerts und der Verhältnismäßigkeit bei Änderung der Rentenverhältnisse** vgl. Rdn 21). 16

II. Verpflichtung zur Sicherheitsleistung (§ 107 Abs. 2 VVG)

Die Leistungspflicht des VR erstreckt sich auch auf Sicherheitsleistungen, die der VN für eine ggü. dem Dritten geschuldete Rente zu erbringen hat. Das Gesetz verpflichtet den VN zu einer solchen Sicherheitsleistung insb. in **§ 843 Abs. 2 S. 2 BGB** und in zahlreichen Gefährdungshaftungstatbeständen, die auf § 843 Abs. 2 S. 2 BGB verweisen, vgl. bspw. § 13 Abs. 2 StVG, § 9 Abs. 2 ProdHaftG, § 8 Abs. 2, 3 HaftPflG, § 89 Abs. 2, 3 AMG, § 38 Abs. 2, 3 LuftVG, § 14 Abs. 2 UmweltHG. 17

C. Rechtsfolgen

I. Verpflichtung zur Rentenzahlung (§ 107 Abs. 1 VVG)

Übersteigt der Kapitalwert der Rente die VersSumme, so ist der VR nur zur Zahlung eines verhältnismäßigen Teils der Rente verpflichtet. Entgegen des missverständlichen Wortlauts der Vorschrift steht dem VN kein Zahlungsanspruch gegen den VR zu. Der Vorschrift des § 100 VVG entsprechend kann der VN lediglich einen **Freistellungsanspruch** gegen den VR geltend machen. Die Rentenzahlung hat an den geschädigten Dritten zu erfolgen. 18

Wie der vom VR zu erbringende verhältnismäßige Teil errechnet wird, ergibt sich nicht aus dem Gesetz, sondern aus dem VV (vgl. Ziff. 6.7 AHB 2015). Danach ist die Rente nur im Verhältnis der VersSumme zum Kapitalwert der Rente vom VR zu erstatten. Die Verhältnismäßigkeit lässt sich mithilfe folgender **Formel** berechnen (vgl. Prölss/Martin/Lücke, § 107 Rn 7): 19

Beispiel

$$\text{Anteil des VR} = \frac{(monatliche)\ Rente \times Versicherungssumme}{Kapitalwert}$$

Die monatliche Rente beträgt 600 EUR, der Kapitalwert der Rente 150.000 EUR und die Deckungssumme 120.000 EUR. In diesem Fall beläuft sich der vom VR zu leistende Anteil auf 480 EUR.

20 Der **Anteil des VR** ist der verhältnismäßige Teil der Rente, zu dessen Zahlung der VR verpflichtet ist. Die Höhe der **(monatlichen) Rente** wird festgestellt durch ein rechtskräftiges Haftpflichturteil, ein Anerkenntnis oder einen Vergleich (zum Begriff der **VersSumme** vgl. Rdn 7 ff. sowie zum **Begriff des Kapitalwerts** vgl. Rdn 11 ff.).

21 Der VR ist dazu verpflichtet, die **VersSumme stets neu auf ihr Ausreichen zu überprüfen**, wenn sich durch spätere, von der Rente unabhängige Zahlungen oder durch Erhöhung der Rente selbst die Verhältnisse geändert haben (vgl. BGH, VersR 1980, 132, 135). Daran ist insb. zu denken, wenn der Geschädigte Kapitalforderungen geltend macht, die schon vor oder aber etwa erst nach der Berechnung der Rente entstanden sind. In diesem Fall muss der Rentenkapitalwert der bereits geleisteten Rentenzahlungen errechnet und anschließend von dem ursprünglich ermittelten Rentenkapitalwert abgezogen werden. Für die Berechnung des Rentenkapitalwerts ist auf den Zeitpunkt des Beginns der Rentenzahlungen abzustellen. Von der sich daraus ergebenden Differenz sind die neu geltend gemachten Kapitalforderungen abzuziehen. Anschließend ist der vom VR zu leistende verhältnismäßige Teil der Rente erneut zu berechnen. Die neue Berechnung gilt nicht rückwirkend, sondern nur für die Zukunft (BGH, VersR 1980, 132, 134). Hat der VR die Kürzung der Rente versäumt, darf er die Rentenzahlungen nicht im Zeitpunkt der Ausschöpfung der VersSumme einstellen. Ist die VersSumme durch bisher geleistete Kapitalzahlungen und den Rentenkapitalwert voll ausgeschöpft und hat der VR eine verbindliche Zusage über die von ihm zu erbringenden Rentenzahlungen abgegeben, trifft ihn keine Verpflichtung mehr, aufgrund von künftigen Kapitalforderungen des Dritten die Rentenhöhe neu zu berechnen (OLG Düsseldorf, VersR 1988, 485, 486; Prölss/Martin/*Lücke*, § 107 Rn 17; Römer/Langheid/*Langeid*, § 107 Rn 10; BK/*Baumann*, § 155 Rn 30). Bei nachträglicher Kürzung der Rente stehen VR und VN **keine Erstattungsansprüche** gegeneinander zu. Ziff. 5.4 AHB 2015 sieht eine besondere **Schadensminderungsobliegenheit** für den VN vor. Danach ist der VR bevollmächtigt, das Recht wegen veränderter Verhältnisse die Aufhebung oder Minderung der Rentenzahlung zu verlangen, im Namen des VN auszuüben.

II. Verpflichtung zur Sicherheitsleistung (§ 107 Abs. 2 VVG)

22 Die Leistungspflicht des VR erstreckt sich nach § 107 Abs. 2 S. 1 VVG auch auf Sicherheitsleistungen, die der VN für eine ggü. dem Dritten geschuldete Rente zu erbringen hat. Durch **§ 107 Abs. 2 S. 2 VVG** wird klargestellt, dass die i.R.v. § 107 Abs. 1 VVG geltenden Grundsätze auf die Pflicht zur Erbringung einer Sicherheitsleistung entsprechende Anwendung finden, wenn die Höhe der Sicherheitsleistung die vertraglich vereinbarte Deckungssumme überschreitet.

D. Prozessuales

23 Der VR kann im Rahmen eines vom VN angestrengten Deckungsprozesses **nicht einwenden**, dass er nur zur Zahlung eines verhältnismäßigen Teils der Rente verpflichtet sei (BGH, VersR 1963, 516, 517; krit.: Römer/Langheid/*Langheid*, § 107 Rn 13). Etwas anderes gilt aber, wenn der Geschädigte ausnahmsweise einen Direktanspruch gegen den VR geltend macht (BGH, VersR 2006, 1679, 1680, VersR 2003, 1295, 1296; VersR 1982, 791, 793, jeweils zur Kfz-Haftpflichtversicherung). Der VR hat dann die Tatsachen, die zur Kürzung seiner Leistung führen, zu **beweisen**.

E. Abdingbarkeit

Sowohl § 107 Abs. 1 VVG als auch § 107 Abs. 2 VVG sind **abdingbar**. Neben der in § 107 Abs. 1 VVG normierten Pflicht des VR zur anteiligen Rentenzahlung sind weitere Möglichkeiten denkbar, wie die Rentenzahlung an den Dritten erfolgen kann: So könnte der VR die **Rentenzahlung bis zur Ausschöpfung der Deckungssumme** leisten; anschließend müsste der VN vollständig für die restlichen Rentenzahlungen aufkommen. Dies erscheint aber insofern bedenklich, als dass der Geschädigte im Fall der Insolvenz des VN nach Ausschöpfung der VersSumme keine weiteren Zahlungen erhielte. Eine derartige Vereinbarung würde den Dritten unangemessen benachteiligen und dürfte wegen ihrer Abweichung vom wesentlichen Grundgedanken des § 107 VVG gem. § 307 BGB unwirksam sein (so auch Prölss/Martin/*Lücke*, § 107 Rn 19; BK/*Baumann*, § 155 Rn 36). Nach *Johannsen* (*Johannsen*, in: Bruck/Möller, IV KV Anm. G 40) ist hingegen eine derartige Vereinbarung wirksam, sofern sie vor Eintritt des Versicherungsfalls geschlossen wurde. Dagegen spricht jedoch der Schutzzweck der Vorschrift, die dem Interesse des Dritten an einer (zumindest anteiligen) Zahlung für die Dauer der Rentenverpflichtung Rechnung tragen soll (vgl. Rdn 2). Etwas anderes kann sich nur bei einer nach Eintritt des Versicherungsfalls erfolgten Einverständniserklärung des geschädigten Dritten ergeben. Ein entsprechendes Interesse an einer solchen Vereinbarung kann insb. dann bestehen, wenn der VN aufgrund von Liquiditätsproblemen anfänglich keine Rentenzahlungen leisten kann.

24

Die Vorschrift des § 107 Abs. 1 VVG konkretisierende Regelungen finden sich in § 3 **Abs. 3 Nr. 2 AHB 2002 bzw. Ziff. 6.7 AHB 2004/2006/2008/2015.**

25

---

§ 108 VVG | **Verfügung über den Freistellungsanspruch**

(1) Verfügungen des Versicherungsnehmers über den Freistellungsanspruch gegen den Versicherer sind dem Dritten gegenüber unwirksam. Der rechtsgeschäftlichen Verfügung steht eine Verfügung im Wege der Zwangsvollstreckung oder Arrestvollziehung gleich.

(2) Die Abtretung des Freistellungsanspruchs an den Dritten kann nicht durch Allgemeine Versicherungsbedingungen ausgeschlossen werden.

Übersicht

	Rdn
A. Normzweck	1
B. Norminhalt	8
I. Verfügung des Versicherungsnehmers über den Freistellungsanspruch gegen den Versicherer (§ 108 Abs. 1 S. 1 VVG)	8
II. Verfügung im Wege der Zwangsvollstreckung oder Arrestvollziehung (§ 108 Abs. 1 S. 2 VVG)	13
III. Abtretung des Freistellungsanspruchs (§ 108 Abs. 2 VVG)	14
C. Rechtsfolgen	18
I. Verfügung über den Freistellungsanspruch (§ 108 Abs. 1 VVG)	18
II. Abtretung des Freistellungsanspruchs (§ 108 Abs. 2 VVG)	19
1. Zulässigkeit der Abtretung des Freistellungsanspruchs	19
2. Erfüllungswirkung der Abtretung	20
3. Gegenstand der Abtretung	22
4. Abtretung nach cessio legis	25
5. Zahlungsanspruch des Geschädigten gegen den Versicherer	26
a) Konfusion von Haftpflichtanspruch und Freistellungsanspruch	26
b) Dogmatische Grundlage des Zahlungsanspruchs	27
6. Prüfung des Haftpflichtanspruchs im Direktprozess	30
a) Prüfung des Haftpflichtanspruchs im Direktprozess nach Feststellung durch rechtskräftiges Urteil, Anerkenntnis oder Vergleich	31
b) Prüfung des Haftpflichtanspruchs im Direktprozess ohne vorherige Feststellung	32
aa) Diskussionsansatz in der Literatur	33
bb) Standpunkt der Rechtsprechung	34
cc) Stellungnahme	36
7. Einwendungen des Versicherers gegen den Zahlungsanspruch des Dritten	41
8. Hemmung der Verjährung des Haftpflichtanspruchs	43
9. Zusätzliche Inanspruchnahme des Versicherungsnehmers	44
10. Anspruch auf Ersatz der Prozesskosten nach klageabweisendem Urteil	47
11. Abweisung der Direktklage: Fragen der Bindungswirkung	48
a) Bindungswirkung von Feststellungen hinsichtlich des Deckungsverhältnisses	49
b) Bindungswirkung von Feststellungen hinsichtlich der Haftpflichtfrage	53
D. Prozessuales	61
I. Exkurs: Kollusives Zusammenwirken von Schädiger und Geschädigten vor dem Hintergrund der VVG-Reform	61
II. Gefahr des widersprüchlichen Vortrags des Geschädigten	63
III. Prozessuale Möglichkeiten des Dritten nach einer Verfügung über den Freistellungsanspruch durch den Versicherungsnehmer	65
E. Abdingbarkeit	66
F. Abtretungsmuster	67

A. Normzweck

1 Die Norm bezweckt den **Schutz des geschädigten Dritten**, der einen Anspruch gegen den VR geltend machen will. § 108 Abs. 1 VVG betrifft den Fall, dass der Dritte den Freistellungsanspruch gegen den VR – über den der VN bereits verfügt hat bzw. in den bereits vollstreckt wurde – **pfänden und sich überweisen** lassen will, um den VR in Anspruch zu nehmen. § 108 Abs. 2 VVG eröffnet dem VN die Möglichkeit, den Freistellungsanspruch an den Dritten abzutreten, damit dieser den VR unmittelbar in Anspruch nehmen kann, sofern nicht ein Abtretungsverbot individualvertraglich vereinbart ist.

2 Bei der **freiwilligen Haftpflichtversicherung** hat der Geschädigte grds. keine (gesetzliche) Möglichkeit, den VR direkt in Anspruch zu nehmen (zu der Frage, ob und in welchem Umfang den VR Pflichten ggü. dem Dritten aufgrund eines zwischen dem VR und dem

Dritten unmittelbar bestehenden Rechtsverhältnisses treffen vgl. § 100 Rdn 60). Der Dritte kann seinen Haftpflichtanspruch grds. lediglich gegen den VN geltend machen. Erst wenn er einen Titel gegen diesen erwirkt hat und dessen Deckungsanspruch pfänden und sich überweisen lässt, kann er sich an den VR wenden. Nur ausnahmsweise steht ihm in der Insolvenz des VN nach § 1282 BGB analog ein unmittelbares Recht zur Einziehung der Deckungsforderung zu (vgl. § 100 Rdn 69 und § 110 Rdn 8). Auch im Fall der Rechtsnachfolge (insb. nach Abtretung) kann er einen Anspruch gegen den VR geltend machen (vgl. Rdn 26). Ansonsten verbleibt dem Geschädigten in Ausnahmefällen die Möglichkeit der Erhebung einer auf Feststellung des Deckungsschutzes gerichteten Klage gegen den VR (hierzu § 100 Rdn 74).

Bei der **Pflichthaftpflichtversicherung** räumt das Gesetz dem Geschädigten unter den Voraussetzungen des **§ 115 Abs. 1 VVG einen Direktanspruch** gegen den VR ein. 3

§ 108 Abs. 1 VVG statuiert zum Schutz des geschädigten Dritten ein **relatives Veräußerungsverbot i.S.d. § 135 BGB**. Dadurch wird gewährleistet, dass die Forderung des VN gegen den VR aus dem VV „*dem Dritten unter allen Umständen zugutekommt*" (BGH, VersR 1993, 1222, 1223; BGH, VersR 1987, 655, 656) und ihm – trotz einer Verfügung des VN – die Haftpflichtforderung als Vollstreckungsgegenstand erhalten bleibt. Der Vorschrift ist insoweit eine **Sozialbindung der Haftpflichtversicherung** zu entnehmen (BGH, VersR 2001, 90, 91; BGH, VersR 1993, 1222, 1223; BGH, VersR 1987, 655, 656; *Johannsen*, in: Bruck/Möller, IV KV Anm. B 87). Auch ist bei hohen Haftpflichtforderungen der Deckungsanspruch oft der einzige Vollstreckungsgegenstand, aus dem sich der Geschädigte befriedigen kann. 4

Während § 108 Abs. 1 VVG den Geschädigten im Fall der Pfändung und Überweisung des Freistellungsanspruchs schützt, geht die Regelung des § 108 Abs. 2 VVG noch einen Schritt weiter, indem sie dem Dritten die Möglichkeit eröffnet, den VR nach einer in aller Regel zulässigen **Abtretung des Freistellungsanspruchs** unmittelbar in Anspruch zu nehmen. 5

Zum Verständnis der Vorschrift ist die **vor der Reform** des Versicherungsvertragsrechts geltende Rechtslage heranzuziehen. Die den Haftpflichtversicherungsverträgen zugrunde liegenden **AVB** sahen rgm. ein **Verbot der Abtretung des Freistellungsanspruchs** vor (vgl. § 7 Nr. 3 AHB 2002 bzw. Ziff. 28 AHB 2004 und 2006), sodass eine solche Abtretung gem. § 399, 2. Alt. BGB unwirksam war (OLGR Saarbrücken, 2003, 272, 277). Das Abtretungsverbot sollte gewährleisten, dass der VR sich nur mit seinem Vertragspartner, nicht aber mit ihm unbekannten Dritten in einem Prozess auseinandersetzen muss, in dem der VN womöglich noch als Zeuge auftritt und so die Stellung des VR im Hinblick auf seine Beweisführung verschlechtern würde (BGH, VersR 1983, 945; BGHZ 41, 327, 337). Eine Berufung auf das Abtretungsverbot war dem VR jedoch versagt, wenn sie nicht durch ein im Zweckbereich der Norm liegendes Interesse gedeckt war oder gegen Treu und Glauben gem. § 242 BGB verstieß (BGH, VersR 1983, 945; OLGR Saarbrücken, 2003, 272, 277; OLG Düsseldorf, VersR 1983, 625, 626; OLG Hamburg, VersR 1972, 631, 632). 6

7   Mit der Einführung des § 108 Abs. 2 VVG trägt der Gesetzgeber der **Interessenlage aller am Versicherungsvertragsverhältnis beteiligten Parteien** Rechnung (zustimmend *Schirmer*, ZVersWiss Supplement 2006, 427, 436; krit. *Thalmair*, ZVersWiss Supplement 2006, 459, 463 ff. sowie *Mack/Terrahe*, PHi 2005, 28, 29 ff.; teilweise Kritik äußernd: *Littbarski*, PHi 2007, 176, 181 f.). Oft wird der VN – etwa wegen seiner Beziehungen zu dem Geschädigten – ein Interesse an der Abtretung seines Freistellungsanspruchs haben (vgl. Begr. BT-Drucks 16/3945, S. 87). Auch dem Geschädigten kommt die Abtretbarkeit des Freistellungsanspruchs zugute; wird ihm der Anspruch abgetreten, kann er den VR (als solventen Schuldner) direkt in Anspruch nehmen (Begr. BT-Drucks 16/3945, S. 87; vgl. hierzu Rdn 26). Aber auch der VR erfährt eine Besserstellung (vgl. Rdn 62).

B. Norminhalt

I. Verfügung des Versicherungsnehmers über den Freistellungsanspruch gegen den Versicherer (§ 108 Abs. 1 S. 1 VVG)

8   Unter **Verfügung** ist jedes Rechtsgeschäft zu verstehen, das unmittelbar darauf gerichtet ist, auf ein Recht einzuwirken, es inhaltlich zu verändern, zu übertragen oder aufzuheben (Palandt/*Heinrichs*, Einl. vor § 104 BGB Rn 16). Der Verfügungsbegriff ist aus dem Blickwinkel der Schutzbedürftigkeit des geschädigten Dritten zu definieren. Es werden daher grds. **alle Handlungen** erfasst, durch die dem Dritten der Freistellungsanspruch **als Vollstreckungsgegenstand unmittelbar entzogen** wird.

9   **Einzelfälle** für Verfügungen nach § 108 Abs. 1 S. 1 VVG:
    – (teilweiser) Erlass des Deckungsanspruchs; rückwirkend vereinbarte Herabsetzung der Deckungssumme;
    – Minderung der Deckungssumme durch Entgegennahme von Kosten unter Anrechnung darauf;
    – Entgegennahme der Zahlung des VR auf die Deckungsforderung (BGH, VersR 1993, 1222; BGH, VersR 1987, 655, 656; BGHZ 15, 154, 161);
    – ein zwischen VN und VR geschlossener Vergleich (LG Köln, VersR 2003, 97, 98);
    – im Voraus getroffene Verfügungen (BGH, VersR 1976, 477, 479);
    – Abtretung des Freistellungsanspruchs an einen Vierten (s. hierzu Rdn 16).

10 **Rein passives Verhalten** des VN stellt *keine* Verfügung i.S.d. Vorschrift dar (BGH, VersR 1993, 1222, 1223; LG Köln, VersR 2003, 97, 98), da dieses nicht unmittelbar auf die Einziehung der Deckungsforderung gerichtet ist (zustimmend *Koch*, in Bruck/Möller § 108 Rn 17). Dies ist bspw. bei Verstreichenlassen der Verjährungsfrist des Deckungsanspruchs der Fall (LG Köln, VersR 2003, 97, 98). Aus demselben Grund ist § 108 Abs. 1 S. 1 VVG auf die **Verletzung einer Obliegenheit** grds. nicht (analog) anwendbar, wenngleich sie im Ergebnis zur vollständigen oder anteiligen Leistungsbefreiung des VR führen kann (BGH, VersR 1993, 1222, 1223, wonach § 108 Abs. 1 S. 1 VVG allerdings analog anzuwenden ist, wenn die Obliegenheitsverletzung gerade darin besteht, dass der VN die Befriedigung des Dritten ggü. dem VR wahrheitswidrig behauptet).

Von der Vorschrift erfasst werden auch Verfügungen i.S.v. § 45 VVG über den bei der (Schadens-) **Versicherung für fremde Rechnung** nach § 44 VVG bestehenden Anspruch des (Mit-)Versicherten gegen den VR. Gem. § 44 VVG zulässige Verfügungen des Versicherten über seinen Anspruch gegen den VR sind in entsprechender Anwendung des § 108 Abs. 1 VVG relativ unwirksam (allg. M.: Prölss/Martin/*Lücke*, § 108 Rn 15; Römer/Langheid/*Langheid*, § 108 Rn 12). Nach Sinn und Zweck sind vom Verfügungsverbot auch Ansprüche aus dem zwischen dem Versicherten und dem VN bestehenden Innenverhältnis – wie zum Beispiel der Anspruch der versicherten Person auf die Verschaffung des Versicherungsschutzes durch den VN – erfasst (vgl. *Koch*, in Bruck/Möller § 108 Rn 11; Prölss/Martin/*Lücke*, § 108 Rn 15).

11

Der **Begriff des Freistellungsanspruchs** bezieht sich zunächst auf den dem VN zustehenden Anspruch auf Befreiung von seiner Haftpflicht ggü. dem Dritten (zum Begriff des Freistellungsanspruchs vgl. § 100 Rdn 43). Da es sich bei dem Deckungsanspruch um einen einheitlichen Anspruch – bestehend aus Rechtsschutz- und Abwehranspruch einerseits und Freistellungs- bzw. Zahlungsanspruch andererseits – handelt, werden durch § 108 Abs. 1 S. 1 VVG auch die Ansprüche auf **Kostenerstattung** – nicht jedoch eigene Prozesskosten des VN, die der VR nach § 101 Abs. 2 VVG zu tragen hat (allg. M., vgl. MK/*Wandt*, § 108 Rn 56) – **und Sicherheitsleistung** nach § 101 VVG erfasst (vgl. *Koch*, in Bruck/Möller, § 108 Rn 11; ablehnend ohne Begründung Prölss/Martin/*Lücke*, § 108 Rn 16). Insofern ist es dem VR aufgrund des Rechtsgedankens der Vorschrift auch untersagt, im Deckungsprozess ggü. dem VN einen Anspruch auf Rückzahlung überzahlter Prozesskosten entgegen zu halten (vgl. OLG Köln, VersR 2009, 391, 393 f.).

12

II. Verfügung im Wege der Zwangsvollstreckung oder Arrestvollziehung (§ 108 Abs. 1 S. 2 VVG)

Der rechtsgeschäftlichen Verfügung gleichgestellt sind Verfügungen im Wege der Zwangsvollstreckung und die Arrestvollziehung. § 108 Abs. 1 S. 2 VVG ist einschlägig, wenn ein vom Geschädigten verschiedener Gläubiger des VN im Wege der Zwangsvollstreckung dessen **Freistellungsanspruch gegen den VR pfänden und sich überweisen lässt** (§§ 829, 835 ZPO) oder einen **Arrest** (§§ 916 ff. ZPO) **vollzieht**. Wegen § 108 Abs. 1 S. 2 VVG ist der geschädigte Dritte nicht daran gehindert, den Freistellungsanspruch ebenfalls zu pfänden und sich überweisen zu lassen bzw. den Arrest zu vollziehen; die Vollstreckungsmaßnahmen des anderen Gläubigers sind ihm ggü. **unwirksam** (zu den vollstreckungsrechtlichen Rechtsbehelfen des Dritten vgl. Rdn 65). Die Vorschrift findet gleichermaßen Anwendung, wenn es sich bei dem Gläubiger, der die Zwangsvollstreckung gegen den VN betreibt, um einen anderen Geschädigten handelt.

13

III. Abtretung des Freistellungsanspruchs (§ 108 Abs. 2 VVG)

Die Abtretung des Freistellungsanspruchs an den Dritten nach § 398 BGB kann **nicht durch AVB** ausgeschlossen werden (zu der vor der Reform des Versicherungsvertragsrechts bestehenden Rechtslage vgl. Rdn 6).

14

15 Möglich ist hingegen die Vereinbarung eines Abtretungsverbots durch **Individualabrede**. Eine solche Vereinbarung kann sowohl bei Abschluss des VV als auch nach dem Versicherungsfall getroffen werden (Begr. BT-Drucks 16/3945, S. 87). Sie wird in der Praxis jedoch selten anzunehmen sein, da alle vorformulierten und für eine Vielzahl von Verträgen bestimmten Vereinbarungen schon mit der ersten Verwendung als AGB zu qualifizieren sind und damit § 108 Abs. 2 VVG unterliegen (*Schirmer*, ZVersWiss Supplement 2006, 427, 437).

16 Der Freistellungsanspruch kann grds. nur an den Dritten als Gläubiger der Haftpflichtforderung abgetreten werden. Die **Abtretung an einen Vierten** ist bereits ohne eine zwischen VR und VN getroffene Vereinbarung nach § 399, 1. Alt. BGB unzulässig (zur Abtretbarkeit von Befreiungsansprüchen vgl. Palandt/*Grüneberg*, § 399 BGB Rn 4). **Etwas anderes** gilt dann, wenn die Haftpflichtforderung kraft Gesetzes auf einen Vierten übergegangen ist (cessio legis) oder der Dritte seinen Haftpflichtanspruch an den Vierten abgetreten hat (*Koch*, in Bruck/Möller, § 108 Rn 34); in diesen Fällen kann der Freistellungsanspruch an den Vierten als Gläubiger der Haftpflichtforderung abgetreten werden.

17 Zu den **Rechtsfolgen** der Abtretung des Freistellungsanspruchs an den Geschädigten, wenn dessen Haftpflichtforderung teilweise auf einen Vierten (z.B. Sozialversicherungsträger) übergegangen ist (vgl. Rdn 25).

C. Rechtsfolgen

I. Verfügung über den Freistellungsanspruch (§ 108 Abs. 1 VVG)

18 § 108 Abs. 1 VVG stellt ein **relatives Verfügungsverbot i.S.d. § 135 BGB** dar. Eine Verfügung über den Freistellungsanspruch ist nur ggü. dem geschädigten Dritten unwirksam. Bei **mehreren Geschädigten** ist die Verfügung ggü. jedem von ihnen unwirksam (*Koch*, in Bruck/Möller, § 108 Rn 12). Dem bzw. den Geschädigten ist es daher weiterhin möglich, den Deckungsanspruch zu pfänden und sich überweisen zu lassen, obschon der VN gar nicht mehr Inhaber des Anspruchs ist bzw. seine Verfügungsbefugnis über den Anspruch verloren hat. Im Fall der Pfändung und Überweisung des Freistellungsanspruchs verwandelt sich dieser in einen Zahlungsanspruch gegen den VR (BGHZ 7, 244, 252 = BGH, NJW 1952, 1333; vgl. hierzu § 100 Rdn 38).

II. Abtretung des Freistellungsanspruchs (§ 108 Abs. 2 VVG)

1. Zulässigkeit der Abtretung des Freistellungsanspruchs

19 Ein in AVB vereinbartes Abtretungsverbot ist unwirksam (zu den AVB s. allg. vor §§ 110 ff. Rdn 5, 6). Sofern die Abtretung des Freistellungsanspruchs an den Dritten als Gläubiger des Haftpflichtanspruchs nicht **individual vertraglich** ausgeschlossen (§ 399, 2. Alt. BGB) wurde, ist sie zulässig. Der Abtretung des Freistellungsanspruchs steht nicht das **Abtretungsverbot des § 399, 1. Alt. BGB** entgegen, sofern der geschädigte Dritte als Zessionar zugleich Gläubiger des Haftpflichtanspruchs ist (BGH, VersR 1975, 655, 657; OLGR Saarbrücken 2003, 272, 277; OLG Düsseldorf, VersR 1983, 625, 626; Palandt/*Grüneberg*, § 399 BGB Rn 4 allgemein zur Abtretbarkeit von Befreiungsansprüchen; zu den Rechtsfolgen der Abtretung des Freistellungsanspruchs, wenn die Haftpflichtforderung teilweise auf einen Vierten – z.B. einen Sozialversicherungsträger – übergegangen ist, vgl. Rdn 25; in der D&O-Versicherung kann die Gesellschaft (VN) – und auch ein in den VV einbezogenes Tochterunternehmen – geschädigte Dritte sein, sodass damit auch §§ 105 VVG und 108 Abs. 2 VVG Anwendung finden (BGH, VersR 2016, 786, 788; vgl. § 100 Rdn 36).

2. Erfüllungswirkung der Abtretung

Mit der zulässigen Abtretung des Freistellungsanspruchs wird der geschädigte Dritte Rechtsnachfolger des VN. Die Abtretung kann – im Hinblick auf die Haftpflichtforderung – **an Erfüllungs statt** oder **erfüllungshalber** erfolgen. Welche Alternative einschlägig ist, ist durch Auslegung der dem Abtretungsvertrag zugrundeliegenden Willenserklärungen zu ermitteln (vgl. Abtretungsmuster Rdn 67). **Im Zweifel** ist eine Leistung erfüllungshalber anzunehmen (vgl. BGH, VersR 2016, 786, 789; so auch *Lange*, r+s 2007, 401, 403; *Koch*, in: FS Winter, S. 345, 359; allgemein zur Forderungsabtretung an Erfüllungs statt bzw. erfüllungshalber, vgl. Palandt/*Grüneberg*, § 364 BGB Rn 7).

> **Praxistipp**
> Für den VN ist eine Abtretung an **Erfüllungs statt** die sicherste Variante. In diesem Fall tritt Erfüllungswirkung ein und der Haftpflichtanspruch des Dritten erlischt, unabhängig davon, ob der abgetretene Freistellungsanspruch tatsächlich besteht. Allerdings wird sich der Geschädigte hierauf in der Praxis in den wenigsten Fällen einlassen.

3. Gegenstand der Abtretung

Angesichts des Umstandes, dass der Deckungsanspruch aus dem VV aus einem **Rechtsschutz- und Abwehranspruch** einerseits und einem **Freistellungs- bzw. Zahlungsanspruch** andererseits besteht (vgl. § 100 Rdn 39), stellt sich die Frage, ob lediglich der den Freistellungs- bzw. Zahlungsanspruch betreffende Teil des Deckungsanspruchs oder aber der gesamte Deckungsanspruch Gegenstand des zwischen VN und Dritten geschlossenen Abtretungsvertrags ist. Der Wortlaut der Vorschrift legt nahe, dass lediglich der Freistellungsanspruch auf den Dritten übergehen soll. Eine solche **Teilabtretung** wäre aber nur denkbar, wenn man von einer Teilbarkeit des Deckungsanspruchs ausgeht (zur Teilabtretung vgl. Palandt/*Grüneberg*, § 398 BGB Rn 10). Zwar sind Rechtsschutz- und Abwehranspruch sowie Freistellungs- bzw. Zahlungsanspruch Komponenten eines einheitlichen Deckungsanspruchs (vgl. § 100 Rdn 39), allerdings wird es rgm. **nicht im Interesse des VN** liegen, dass auch der den Rechtsschutz- und Abwehranspruch betreffende Teil des Deckungsanspruchs auf den Dritten übergeht. Sollte der Geschädigte ihn trotz der Abtretung in Anspruch nehmen wollen, könnte er im Fall der Abtretung des gesamten Deckungsanspruchs keinen Deckungsschutz mehr vom VR verlangen (vgl. hierzu auch Rdn 46).

23 Jedenfalls dürfte einer Abtretung des Abwehranspruchs das Abtretungsverbot des § 399, 1. Alt. BGB entgegenstehen (MAH-VersR/*Sieg*, § 16 Rn 179). Es wäre widersinnig, wenn dem Dritten ein Anspruch auf Abwehr seines eigenen Haftpflichtanspruchs zustünde; ebenso wenig bedarf er eines Anspruchs auf Ersatz der Prozesskosten für den Fall, dass seiner Haftpflichtklage stattgegeben werden würde, da ihm in diesem Fall bereits ein prozessualer Kostenerstattungsanspruch zusteht. Insoweit ist der **Anspruch auf Abwehr bzw. Rechtsschutz zweckgebunden** und kann nur der Person des VN zustehen (allg. M., vgl. nur *Koch*, in Bruck/Möller, § 108 Rn 31). Schließlich wird durch die Bindungswirkung der deckungsrechtlichen Feststellungen im Direktprozess des Geschädigten gegen den VR gewährleistet, dass beide Ausformungen des Deckungsanspruchs demselben Schicksal unterworfen werden (zur Bindungswirkung von Feststellungen betreffend das Deckungsverhältnis im Direktprozess vgl. Rdn 49 ff.).

24 Auf den Dritten geht daher **nur der Freistellungsanspruch** über; dem VN bleibt sein gegen den VR bestehender Rechtsschutz- und Abwehranspruch erhalten (so auch BK/*Baumann*, § 156 Rn 39; *Lange*, r+s 2007, 401, 403; *Winter*, r+s 2001, 133, 135; *Ebel*, JR 1981, 485, 487; *Koch*, in: FS Winter, S. 345, 351).

4. Abtretung nach cessio legis

25 Im Fall der cessio legis (z.B. §§ 116 Abs. 1, 119 Abs. 1 SGB X) stellt sich die Frage, wie sich der **(teilweise) Übergang der Haftpflichtforderung auf einen Vierten auf die Abtretung des Freistellungsanspruchs auswirkt.** Regelmäßig vollzieht sich der Forderungsübergang im Zeitpunkt des Schadenfalls (vgl. BGH, VersR 2004, 492, 494; BGHZ 48, 181, 193 = VersR 1967, 974, 976). In diesem Fall wird der Freistellungsanspruch zeitlich nach der Legalzession abgetreten. Da die Abtretung eines Befreiungsanspruchs aber nur an den Gläubiger der zu tilgenden Forderung zulässig ist (Palandt/*Grüneberg*, § 399 BGB Rn 4), ist sie gem. § 399, 1. Alt. BGB **teilweise unwirksam.** Der Freistellungsanspruch geht also auf den Geschädigten nur insofern über, als diesem die Haftpflichtforderung noch zusteht. Haben die Parteien diesen Umstand bei der Abtretungsvereinbarung nicht bedacht, so ist jedenfalls in Anwendung von § 139 BGB davon auszugehen, dass sie zumindest den teilweisen Übergang des Freistellungsanspruchs gewollt haben (nach *Koch*, in: Bruck/Möller, § 108 Rn 14 soll die Abtretungsvereinbarung dahingehend auszulegen sein, dass eine Teilabtretung gewollt war und nach MK/*Wandt*, § 108 Rn 140 soll die Abtretungsvereinbarung den Freistellungsanspruch inhaltlich nur in der Höhe erfassen, in der dem Dritten eine Haftpflichtforderung zusteht. Es empfiehlt sich jedenfalls eine klarstellende vertragliche Regelung, vgl. Abtretungsmuster Rdn 67). I.Ü. verbleibt der Freistellungsanspruch beim VN. Wird dieser vom Sozialversicherungs- bzw. Sozialhilfeträger in Anspruch genommen, kann er vom VR Rechtsschutz und Freistellung verlangen.

5. Zahlungsanspruch des Geschädigten gegen den Versicherer

a) Konfusion von Haftpflichtanspruch und Freistellungsanspruch

Durch die zulässige Abtretung des Freistellungsanspruchs vereinigen sich Deckungsanspruch und Haftpflichtanspruch in der Person des Dritten. Der **abgetretene Freistellungsanspruch geht** infolge dieser Konfusion **nicht unter** (vgl. § 100 Rdn 38). Vielmehr **wandelt** er sich in der Hand des Geschädigten **in einen Zahlungsanspruch** um, den der Dritte gegen den VR geltend machen kann (BGH, VersR 2016, 786, 788; 2016, 783–784; AG 2016, 395–399; VersR 1975, 655, 656; BGHZ 7, 244, 252 = NJW 1952, 1333; RGZ 158, 6, 7; OLGR Saarbrücken, 2003, 272, 277; OLG Düsseldorf, VersR 1983, 625 f.; LG Köln, VersR 1978, 411; Prölss/Martin/*Lücke*, § 108 Rn 11; Römer/Langheid/*Langheid*, § 108 Rn 16; *Lange*, r+s 2007, 401, 403; *Langheid*, VersR 2007, 865, 867; *Schirmer*, ZVersWiss Supplement 2006, 427, 437; *Ebel*, JR 1981, 485, 490; *Koch*, in: FS Winter, S. 345, 346; allgemein zur Umwandlung in einen Zahlungsanspruch bei Abtretung eines Befreiungsanspruchs an den Gläubiger der zu tilgenden Forderung vgl. Palandt/*Grüneberg*, § 399 BGB Rn 4). Eine besondere Ernsthaftigkeit, den Schädiger auch persönlich in Anspruch nehmen zu wollen, ist nicht erforderlich (BGH, VersR 2016, 786, 789; vgl. § 100 Rn 51).

26

b) Dogmatische Grundlage des Zahlungsanspruchs

Wenngleich Einigkeit darüber besteht, dass dem geschädigten Dritten nach der Abtretung des Freistellungsanspruchs ein Zahlungsanspruch gegen den VR zustehen soll, erscheint unklar, ob es sich bei diesem Zahlungsanspruch lediglich um den **abgetretenen, auf Zahlung gerichteten Freistellungsanspruch** oder um einen **durch die Vereinigung von Freistellungs- und Haftpflichtanspruch entstandenen einheitlichen Zahlungsanspruch** handelt. Soll der Dritte (auch) die Haftpflichtforderung gegen den VR geltend machen dürfen, müsste dieser auch hinsichtlich der Haftpflichtforderung **passiv legitimiert** sein. *Langheid* bejaht dies unter Hinweis auf den Willen des Gesetzgebers (*Langheid*, VersR 2007, 865, 866 f., *Langheid*, in: FS Winter, S. 367, 377 f.; *Langheid*, VersR 2009, 1043, 1044, 1045 mit dem Hinweis auf die Problematik möglicher divergierender Entscheidungen sowie der Frage, welcher Spruchkörper nach den Geschäftsverteilungsplänen der Gerichte für den Direktanspruch zuständig ist, sofern Spezialzuständigkeiten für Versicherungs- bzw. Haftpflichtsachen gebildet sind).

27

Der Gesetzgeber hat mit der Aufhebung des Abtretungsverbots bezweckt, dass der geschädigte Dritte den VR direkt in Anspruch nehmen kann (Begr. BT-Drucks 16/3945, S. 87). Diese Intention führt jedoch nicht zwingend dazu, dass sich auch der Haftpflichtanspruch gegen den VR richtet. Dem Dritten steht auch dann ein Direktanspruch gegen den VR zu, wenn er lediglich den Freistellungsanspruch des VN aus abgetretenem Recht geltend macht. Die Konstruktion eines einheitlichen Zahlungsanspruchs ist dogmatisch schwer einzuordnen. Der Hinweis auf den vermeintlichen Willen des Gesetzgebers vermag eine solche Begründung nicht zu ersetzen. Angenommen, der VR wäre – als Folge des zwischen dem Dritten und dem VN geschlossenen Abtretungsvertrags – (auch) aus dem Haftpflicht-

28

anspruch verpflichtet, dann hätte der Abtretungsvertrag die Wirkung eines **unzulässigen Vertrags zulasten Dritter** (so auch *Lange*, r+s 2007, 401, 403).

29 Zugegebenermaßen dürfte sich dieser Gedanke – wenngleich dogmatisch zutreffend – angesichts des Umstandes, dass im Direktprozess des Dritten gegen den VR der **Haftpflichtanspruch inzidenter zu prüfen** ist (hierzu Rdn 30 ff.), praktisch nicht auswirken. Dies rechtfertigt aber nicht die dogmatisch bedenkliche Annahme einer Passivlegitimation des VR hinsichtlich des Haftpflichtanspruchs. Der geschädigte Dritte macht mit seinem Zahlungsanspruch lediglich den Freistellungsanspruch aus abgetretenem Recht gegen den VR geltend; sein Haftpflichtanspruch besteht weiterhin gegen den VN (wohl auch BGH, VersR 1975, 655, 656 wonach der Dritte die *„Ansprüche aus dem Versicherungsvertrag in der Form von Zahlungsansprüchen unmittelbar gegen den VR"* geltend macht; *Lange*, r+s 2007, 401, 403; *Wandt*, Versicherungsrecht, S. 373 f.). Bei dem Direktprozess handelt es sich insoweit um den Deckungsprozess, den der Dritte anstelle des VN gegen den VR führt (Römer/Langheid/*Langheid*, § 108 Rn 23, stellt die „unklare Folgefrage", ob es sich um einen modifizierten Deckungs- oder einen modifizierten Haftpflichtanspruch handelt, beantwortet diese aber nicht) und er bis zur rechtskräftigen Entscheidung daran gehindert ist, aus der Haftpflichtforderung gegen den VN einen Haftpflichtprozess zu führen (MK/*Wandt*, § 108 Rn 119); dies ergibt sich aus der rgm. „erfüllungshalber" erfolgten Abtretung (vgl. BGH, VersR 2016, 786, 789).

6. Prüfung des Haftpflichtanspruchs im Direktprozess

30 Von der Frage der Passivlegitimation des VR hinsichtlich des Haftpflichtanspruchs (hierzu Rdn 27 ff.) ist die Problematik zu trennen, ob der Haftpflichtanspruch im Direktprozess überhaupt einer Überprüfung zugänglich ist. Der Umstand, dass der VR nur hinsichtlich des Freistellungsanspruchs, nicht aber hinsichtlich des Haftpflichtanspruchs passiv legitimiert ist, schließt eine **(inzidente) Prüfung des Haftpflichtanspruchs im Direktprozess** grds. nicht aus (so auch *Lange*, r+s 2007, 401, 404; Rüffer/Halbach/Schimikowski/*Schimikowski*, § 108 Rn 9). I.R.d. Erörterung dieser Problematik muss zwischen **zwei Konstellationen** unterschieden werden: Es ist denkbar, dass die Haftpflichtforderung bereits vor der gerichtlichen Geltendmachung des abgetretenen Freistellungsanspruchs durch ein rechtskräftiges Urteil in einem vorangegangenen Haftpflichtprozess, ein Anerkenntnis des VN oder einen zwischen VN und Dritten geschlossenen Vergleich festgestellt worden ist. In der wohl häufiger anzutreffenden Konstellation ist der Haftpflichtanspruch vor der Direktklage des Dritten gegen den VR nicht festgestellt worden.

a) Prüfung des Haftpflichtanspruchs im Direktprozess nach Feststellung durch rechtskräftiges Urteil, Anerkenntnis oder Vergleich

31 Ist der Anspruch in einem vorausgehenden Haftpflichtprozess durch **rechtskräftiges Urteil** festgestellt worden, steht einer Überprüfung im Direktprozess der Grundsatz der Bindungswirkung entgegen, soweit es sich nicht um ein Anerkenntnisurteil i.S.v. § 307 ZPO oder um ein einem außergerichtlichen Anerkenntnis nachfolgendes rechtskräftiges Urteil handelt

(zur Bindungswirkung des rechtskräftigen Urteils vgl. § 100 Rdn 61 ff., sowie – unter Berücksichtigung der VVG-Reform – § 106 Rdn 13 ff.). Hat der VN den Haftpflichtanspruch aber **anerkannt** oder mit dem Geschädigten einen **Vergleich** geschlossen, ist der Anspruch wegen der mit dem Wegfall des Anerkenntnis- und Befriedigungsverbots erfolgten Aufhebung der Bindungswirkung sowohl in einem Deckungsprozess des VN gegen den VR als auch im Direktprozess des Geschädigten gegen den VR überprüfbar (zur Aufhebung der Bindungswirkung von Anerkenntnis und Vergleich vgl. § 106 Rdn 20 ff.).

b) Prüfung des Haftpflichtanspruchs im Direktprozess ohne vorherige Feststellung

Regelmäßig wird der VN den Freistellungsanspruch unmittelbar nach dem Schadenereignis abtreten, um das zwischen ihm und dem geschädigten Dritten bestehende Verhältnis nicht zu belasten. In diesem Fall ist der **Haftpflichtanspruch des Dritten aber noch nicht durch ein rechtskräftiges Urteil, ein Anerkenntnis oder einen Vergleich festgestellt** worden. Ohne Zweifel ist der VR in einem solchen Fall zur Prüfung der Haftpflichtfrage berechtigt (vgl. Ziff. 5.1 AHB 2015). Problematisch ist jedoch, ob über den Haftpflichtanspruch in einem Direktprozess entschieden werden kann, wenn der Dritte klageweise gegen den VR vorgeht. 32

aa) Diskussionsansatz in der Literatur

Teilweise wird vertreten, dass die Überprüfbarkeit des Haftpflichtanspruchs im Direktprozess des Dritten davon abhängt, ob sich der VR wirksam auf sein **Erfüllungswahlrecht** beruft (vgl. *Schramm/Wolf*, r+s 2009, 358, 360; *Lange*, r+s 2007, 401, 404; *Sieg*, in Münchner Anwaltshandbuch Versicherungsrecht § 17 Rn 185; *Schramm*, PHi 2008, 24, 25; *Schramm/Wolf*, r+s 2009, 358, 3 60; *Bank*, VW 9/2008, 730, 733; so auch *Lenz*, in: van Bühren, Handbuch Versicherungsrecht § 25 Rn 199 f.). Nach § 100 VVG kann der VR seine Deckungspflicht aus dem VV erfüllen, indem er den vom Dritten geltend gemachten Ersatzanspruch abwehrt und dem VN Rechtsschutz gewährt oder diesen – wenn er vom Bestehen der Haftpflicht überzeugt ist – freistellt (vgl. auch § 100 Rdn 39). Macht nun der Dritte den Freistellungsanspruch aus abgetretenem Recht geltend, soll sich der VR darauf berufen können, dass er seiner Leistungspflicht in Form der Abwehr des Haftpflichtanspruchs nachkommen will, sofern der VN den Haftpflichtanspruch nicht ggü. dem Dritten anerkannt hat. Dies habe zur Folge, dass die Direktklage des Dritten ohne Prüfung der Haftpflichtfrage als unbegründet abgewiesen werde (*Lange*, r+s 2007, 401, 404). 33

bb) Standpunkt der Rechtsprechung

Die Frage, ob die Begründetheit des Haftpflichtanspruchs nach einer Abtretung des Freistellungsanspruchs in einem Direktprozess zwischen Dritten und VR zu klären ist, wurde von der Rechtsprechung bislang ausschließlich unter dem **Gesichtspunkt des Trennungsprinzips** erörtert (vgl. BGH, VersR 1980, 522 f.; BGH, VersR 1975, 655, 656 f.; OLG Düsseldorf, VersR 1983, 625, 626; LG Köln, VersR 1978, 411). Nach dem KG (KG, VersR 2007, 349, 350) soll dem Zahlungsanspruch jedoch die mangelnde Fälligkeit des Haftpflichtan- 34 spruches entgegenstehen können (so auch *Schramm/Wolf*, r+s 2009, 358, 360). Danach steht dieses Prinzip einer Klärung der Haftpflichtfrage im Direktprozess nicht entgegen. Der Bundesgerichtshof hat in mehreren aktuellen Entscheidungen (BGH, VersR 2016, 783, 784; 2016, 786–790; AG 2016, 395–399) einen Zahlungsanspruch uneingeschränkt zuerkannt, so dass dem Einwand des Erfüllungswahlrechts der Boden entzogen ist (vgl. Rdn 39).

35 Richtigerweise muss hier von einer **zulässigen Durchbrechung des Trennungsprinzips** gesprochen werden (so auch *Johannsen*, in: Bruck/Möller, IV KV Anm. B 41, 42, 53, 60; vgl. auch *Koch*, in: FS Winter, S. 345, 350). Der Dritte macht in dem Direktprozess den Freistellungsanspruch aus abgetretenem Recht geltend. Er führt somit anstelle des VN den Deckungsprozess gegen den VR. Das Trennungsprinzip würde es dem Gericht versagen, den Haftpflichtanspruch des Dritten gegen den VN inzidenter zu prüfen. Streng genommen dürfte der Dritte daher nur eine auf Feststellung des Deckungsschutzes gerichtete Klage gegen den VR erheben. Nach allg. Meinung ist dem Dritten jedoch das Recht zur Erhebung einer **Zahlungsklage** zuzubilligen (BGH, VersR 2016, 786, 788; 2016, 783–784; AG 2016, 395–399; VersR 1975, 655, 656 f.; LG Köln, VersR 1978, 411). Das Trennungsprinzip folgt schließlich nicht aus einer positiv-rechtlichen Regelung, sondern ergibt sich aus dem Wesen der Haftpflichtversicherung (BGH, VersR 1980, 522; VersR 1975, 655, 656). Im Haftpflichtprozess des Geschädigten gegen den VN wird ausschließlich die Frage des Haftpflichtanspruchs geklärt, da dieser Anspruch unabhängig vom Versicherungsschutz des VN besteht. Im Prozess zwischen VN und VR entscheidet das Gericht über den Deckungsanspruch, ohne die Frage der Haftpflicht zu klären. Schließlich hat der VR dem VN Deckungsschutz zu gewähren, sobald dieser von dem Dritten in Anspruch genommen wird und der geltend gemachte Anspruch in den Deckungsschutz des VV fällt, und zwar unabhängig davon, ob er begründet ist oder nicht (vgl. § 100 Rdn 39). Diese Umstände, aus denen sich das Trennungsprinzip ergibt, sind nicht einschlägig, wenn der Geschädigte nach der Abtretung des Freistellungsanspruchs den entstandenen Zahlungsanspruch in einem Direktprozess gegen den VR geltend macht (BGH, VersR 1980, 522 f.; BGH, VersR 1975, 655, 656).

cc) Stellungnahme

36 Könnte die Direktklage infolge eines Einwands des Erfüllungswahlrechts abgewiesen werden, müsste der Dritte (erneut) den VN in Anspruch nehmen. In diesem Fall ist der VR ggü. dem VN zur Rechtsschutzgewährung verpflichtet, soweit er den Haftpflichtanspruch bestreiten will; andernfalls hat er den VN – rgm. durch direkte Zahlung an den Dritten – freizustellen. In Anbetracht dessen stellt sich die Frage nach einem **schutzwürdigen Interesse des VR, vom Dritten nicht direkt in Anspruch genommen zu werden**, sondern dem VN bei dessen Inanspruchnahme durch den Dritten Rechtsschutz zu gewähren und u.U. die Prozessführung in einem Haftpflichtprozess des Dritten gegen den VN zu übernehmen oder aber den Schaden direkt mit dem Dritten zu regulieren.

Der **wesentliche Unterschied** zwischen beiden Konstellationen besteht darin, dass der VN in einem **Direktprozess nicht als Partei**, sondern als Zeuge vernommen werden kann (zur Gefahr des kollusiven Zusammenwirkens von VN und Drittem in diesem Zusammenhang vgl. auch Rdn 61, 62). Doch wirkt sich dieser Unterschied nicht entscheidend aus: Der VR ist im Haftpflichtprozess dazu verpflichtet, der Verteidigung den Vortrag des VN zugrunde zu legen. Der von ihm mandatierte Anwalt darf – selbst bei Zweifeln am Wahrheitsgehalt – nicht von den Angaben des VN abweichend vortragen (vgl. § 100 Rdn 49). Insb. hat der VN als Partei die Möglichkeit, durch ein **Tatsachenzugeständnis** die Wirkung des § 288 ZPO – bis zur Grenze des betrügerischen Zusammenwirkens der Parteien (BGH, VersR 1970, 826, 827) – herbeizuführen (LG Bonn, r+s 2013, 493–495). An eine Zeugenaussage des VN in einem Direktprozess ist das Gericht aber nicht in dem Maße gebunden wie an ein Tatsachenzugeständnis des VN als Partei im Haftpflichtprozess; es muss dem VN als Zeugen keinen Glauben schenken (so auch *Lange*, r+s 2007, 401, 403; *Langheid*, VersR 2007, 865, 868 f.). 37

Nach zutreffender Ansicht wird „*kein vernünftiger Richter*" bei der Würdigung der Aussage des VN einen Unterschied machen, ob dieser als Partei oder als Zeuge vernommen wird (OLG Hamm, VersR 1991, 579, 580; so auch *Schirmer*, ZVersWiss Supplement 2006, 427, 436; *Winter*, r+s 2001, 133, 138). Zudem ist bei der Beweiswürdigung das **starke Eigeninteresse** des VN am Ausgang des Rechtsstreits zu berücksichtigen (BGH, NJW 2001, 826, 827). Sollte man unter diesen Umständen dennoch ein Interesse des VR, nicht direkt vom Dritten in Anspruch genommen zu werden, bejahen wollen, so ist dieses jedenfalls dem Interesse des VN, die Haftpflichtfrage zwischen VR und Dritten zu klären, unterzuordnen (vgl. BGH, VersR 1975, 655, 657). Schließlich ist der VR durch den VV gehalten, die Interessen des VN zu vertreten und ggf. seine eigenen Interessen hinten an zu stellen (vgl. § 100 Rdn 49). Ein Verhalten, welches den Interessen des VN dermaßen zuwiderläuft, verstößt gem. § 242 BGB gegen Treu und Glauben. 38

Mit der Aufhebung des Abtretungsverbots hat der Gesetzgeber bezweckt, dass der geschädigte Dritte den VR direkt in Anspruch nehmen kann ohne sich mit dem VN auseinandersetzen zu müssen (Begr. BT-Drucks 16/3946, S. 87). Dies setzt aber voraus, dass die Haftpflichtfrage im Verhältnis zwischen VR und Dritten abschließend geklärt werden kann. Es wäre weder mit dem **gesetzgeberischen Willen** noch mit den **Grundsätzen der Prozessökonomie** zu vereinbaren, wenn der VR mit dem Einwand, er wolle seine Leistungspflicht durch Abwehr des Haftpflichtanspruchs erfüllen, die Abweisung der Direktklage des Dritten bewirken könnte und der Dritte aufgrund dessen gezwungen wäre, den VN (gerichtlich) in Anspruch zu nehmen. Dem Dritten würde mit der einen Hand das genommen, was ihm mit der anderen gegeben wurde. Billigt man ihm einen Zahlungsanspruch zu, muss die Begründetheit dieses Anspruchs einzig und allein davon abhängen, ob es ihm gelingt, alle Anspruchsvoraussetzungen darzulegen und zu beweisen. Auf den Einwand des Erfüllungswahlrechts kann der Dritte aber keinen Einfluss nehmen. **Der VR muss sich auf die Haftpflichtfrage einlassen. Er kann sich nicht auf ein Erfüllungswahlrecht berufen** (so auch *Wandt*, Versicherungsrecht, S. 373 f.). *Koch* (*Koch*, VersR 2016, 765, 766) weißt zutreffend darauf hin, dass mit den Entscheidungen des BGH vom 13.4.2016 (BGH, VersR 39

2016, 786–790 und BGH, AG 2016, 395–399), die ausdrücklich klarstellen, dass mit der Vereinigung von Haftpflichtanspruch und Deckungsanspruch in der Person des geschädigten Dritten durch Abtretung sich ein Zahlungsanspruch gegen den Versicherer ergibt (so auch BGH, VersR 2016, 783, 784) und Einwendungen des Versicherers hinsichtlich Erfüllungswahlrecht und mangelnder Fälligkeit des Anspruchs „vom Tisch" sind (vgl. Rdn 34).

40 **Praxistipp**
Sollte der VN erwägen, den Anspruch an den geschädigten Dritten abtreten zu wollen, dann stellen sich eine Reihe wichtiger Rechtsfragen, die unbedingt bedacht und im Rahmen eines Abtretungsvertrages geklärt werden sollten (vgl. Abtretungsmuster Rdn 67). Wenn er die Abtretung mit einem Anerkenntnis des Haftpflichtanspruchs verbindet, besteht die Gefahr, dass er ggü. dem Geschädigten an sein Anerkenntnis gebunden ist, auch wenn er ggü. dem VR keinen Freistellungsanspruch in gleichem Umfang haben sollte (zur fehlenden Bindungswirkung des Anerkenntnisses vgl. § 106 Rdn 20–22).

7. Einwendungen des Versicherers gegen den Zahlungsanspruch des Dritten

41 Der VR kann dem Zahlungsanspruch des Dritten grds. sämtliche **Einwendungen aus dem Deckungsverhältnis** gem. **§ 404 BGB** entgegenhalten (*Koch*, in Bruck/Möller, § 108 Rn 41). Er kann sich nicht darauf berufen, dass er seiner Deckungspflicht durch Abwehr des vom Dritten geltend gemachten Haftpflichtanspruch nachkommen will (zu diesem „**Einwand des Erfüllungswahlrechts**" vgl. Rdn 33, 36 ff.).

42 Für die **Aufrechnung des VR** gegen den Direktanspruch des geschädigten Dritten gilt Folgendes: Macht der geschädigte Dritte nach der Abtretung des Freistellungsanspruchs seinen Zahlungsanspruch gegen den VR geltend, kann dieser **mit eigenen Forderungen** gegen den Dritten aufrechnen (bspw. mit der fälligen Prämienforderung, wenn auch der Dritte bei ihm versichert ist). Nach § 35 VVG ist auch eine Aufrechnung des VR mit ihm gegen den VN zustehenden fälligen Prämienforderungen bzw. anderen fälligen **Forderungen aus dem VV** ggü. dem Dritten grds. zulässig (BGH, VersR 1987, 655, 656; BGH, VersR 1977, 346, 349). Wegen der aus § 108 Abs. 1 VVG zu entnehmenden Sozialbindung der Haftpflichtversicherung ist eine Aufrechnung aber nur mit Forderungen zulässig, die **vor dem Eintritt des Versicherungsfalls fällig** geworden sind (BGH, VersR 1987, 655, 656; allg. zur Sozialbindung s. Rdn 4). Mit Eintritt des Schadens und dem damit entstehenden Haftpflichtanspruch ist der Freistellungsanspruch „*zugunsten des Dritten verfangen*" (BGH, VersR 1987, 655, 656). Die nach diesem Zeitpunkt fällig werdenden Forderungen können demnach nicht mehr gegen den Zahlungsanspruch des Dritten aufgerechnet werden. Im Bereich der Pflichthaftpflichtversicherung gilt gem. § 121 VVG ein Aufrechnungsverbot.

8. Hemmung der Verjährung des Haftpflichtanspruchs

43 Macht der geschädigte Dritte unmittelbar vor der Verjährung seines Haftpflichtanspruchs gegen den VN den ihm abgetretenen Freistellungsanspruch klageweise gegen den VR geltend, **ohne dem VN den Streit zu verkünden** (die Voraussetzungen liegen vor, vgl. *Koch*, in Bruck/Möller § 108 Rn 72 ff.), und wird die Klage aufgrund von Deckungseinwen-

dungen abgewiesen, stellt sich die Frage, ob er den Haftpflichtanspruch gegen den VN noch durchsetzen oder ob dieser die **Einrede der Verjährung** erheben kann (vgl. zu dieser Problematik auch *Koch*, in: FS Winter, S. 345, 362 ff.). Der VR ist gem. Ziff. 5.2 AHB 2015zur umfänglichen Regulierung des Schadens bevollmächtigt. I.R.d. Direktprozesses ist er hinsichtlich der Haftpflichtfrage befugt, Erklärungen mit Wirkung für und gegen den VN abzugeben. Deshalb steht dem Verhalten des Schädigers bei Regulierungsverhandlungen im Allgemeinen das Verhalten seines VR gleich (BGH, VersR 1978, 533, 534 f.). In diesem Fall wird die Verjährung des Haftpflichtanspruchs **ggü. dem VN gem. § 203 BGB gehemmt**.

9. Zusätzliche Inanspruchnahme des Versicherungsnehmers

Tritt der VN den Freistellungsanspruch an den Geschädigten ab, um das zwischen ihnen bestehende (geschäftliche oder persönliche) Verhältnis nicht zu belasten, wird der Geschädigte i.d.R. nur den VR in Anspruch nehmen wollen und kein Interesse an einer Inanspruchnahme des VN haben. Ob es dem Geschädigten überhaupt möglich ist, einen Anspruch sowohl gegen den VR als auch gegen den VN geltend zu machen, ist zweifelhaft. Grds. fehlt ihm ein **schützenswertes Interesse** an einer doppelten Inanspruchnahme. Die Abtretung erfolgt meist erfüllungshalber (vgl. BGH, VersR 2016, 786, 789; vgl. Rdn 20). In diesem Fall ergibt die Auslegung des Abtretungsvertrags rgm., dass der Dritte dazu verpflichtet ist, seinen Anspruch gegen den VR auch dann weiter zu verfolgen, wenn dieser **Einwendungen aus dem Haftpflichtverhältnis** geltend macht. Regelmäßig wird er sogar zur Herbeiführung einer rechtskräftigen Entscheidung verpflichtet sein (vgl. Abtretungsmuster Rdn 67). Schließlich geht es um seinen eigenen Haftpflichtanspruch, den er – ohne die Abtretung – gegen den VN hätte (gerichtlich) durchsetzen müssen. Mit der Abtretung bezwecken die Parteien aber, dass die Haftpflichtfrage nunmehr im Verhältnis zum VR geklärt werden soll. Für den Dritten wird sich kein Unterschied ergeben, da er bei einer Inanspruchnahme des VN infolge der Regulierungshoheit des VR (vgl. § 100 Rdn 43) mit derselben Verteidigungsstrategie zu rechnen hat wie bei direkter Inanspruchnahme des VR.

Konfrontiert der VR den Dritten mit **Einwendungen aus dem Versicherungsverhältnis**, sind die für die Abtretung **erfüllungshalber** allgemein geltenden Grundsätze heranzuziehen: Bei einer Abtretung erfüllungshalber ist der Zessionar verpflichtet, zunächst mit verkehrsüblicher Sorgfalt Befriedigung aus der abgetretenen Forderung zu suchen, bevor er sich an den Zedenten wendet (BGH, NJW 1984, 2573, 2574; WM 1969, 371, 373; vgl. Rdn 29). Er ist aber nicht verpflichtet, die abgetretene Forderung einzuklagen, wenn aufgrund von ernsthaften Einwendungen ein rascher Prozesserfolg nicht eindeutig und sicher ist (vgl. OLG Nürnberg, WM 1976, 967, 968). In letzterem Fall ist es dem Dritten gestattet, sich mit seinem Haftpflichtanspruch (wieder) an den VN zu wenden.

Da dem VN im Fall der Abtretung des Freistellungsanspruchs der den Abwehr- und Rechtsschutzanspruch betreffende Teil des Deckungsanspruchs verbleibt (vgl. hierzu Rdn 22–24), kann er den **Rechtsschutz- und Abwehranspruch gegen den VR** geltend machen, wenn der Dritte ihn nach Abtretung – nach dem vorstehend Gesagten zulässiger- oder auch unzulässigerweise – (gerichtlich) in Anspruch nimmt.

10. Anspruch auf Ersatz der Prozesskosten nach klageabweisendem Urteil

47 Wird die Zahlungsklage des Dritten gegen den VR wegen Einwendungen aus dem Deckungsverhältnis abgewiesen, kann der Dritte einen auf **Ersatz der entstandenen Prozesskosten** gerichteten Aufwendungsersatzanspruch gegen den VN aus § 670 BGB haben, sofern der Freistellungsanspruch **erfüllungshalber** abgetreten wird (vgl. BGH, NJW 1984, 2573, 2574). Die Abtretungserklärung des VN wird regelmäßig die Aufforderung an den Geschädigten enthalten, den abgetretenen Freistellungsanspruch nötigenfalls klageweise gegen den VR durchzusetzen (zu den Pflichten des Dritten bei Abtretung des Freistellungsanspruchs erfüllungshalber vgl. auch Rdn 45). Insoweit beinhaltet die Abtretung Elemente des Auftrags (§§ 662 ff. BGB). Erfolgt die Abtretung erfüllungshalber, soll **gerade nicht der Zessionar** das Risiko der Durchsetzbarkeit der abgetretenen Forderung tragen (BGH, NJW 1984, 2573, 2574). Scheitert die Durchsetzbarkeit der Forderung an Deckungseinwendungen, muss der VN vorbehaltlich einer anderweitigen vertraglichen Regelung für die dem Dritten entstandenen Kosten aufkommen (vgl. Abtretungsmuster Rdn 67). I.Ü. trifft den VN nach § 669 BGB die Pflicht zur Zahlung eines Prozesskostenvorschusses an den Geschädigten, sofern nichts anderes vereinbart wurde (vgl. Abtretungsmuster Rdn 67).

11. Abweisung der Direktklage: Fragen der Bindungswirkung

48 Macht der Dritte seinen Zahlungsanspruch gegen den VR gerichtlich geltend, stellt sich die Frage, ob **Feststellungen hinsichtlich der Haftpflicht- bzw. der Deckungsfrage für den VN bindend** sind (zur Bindungswirkung der Entscheidung eines Direktprozesses im Allgemeinen vgl. § 100 Rdn 69, 70).

a) Bindungswirkung von Feststellungen hinsichtlich des Deckungsverhältnisses

49 Wird die Direktklage des Dritten gegen den VR infolge von Deckungseinwendungen abgewiesen, ohne dass das Gericht die Haftpflichtfrage entschieden hat, ist der Dritte nicht daran gehindert, Klage gegen den VN zu erheben. Diesem würde im Hinblick auf den Haftpflichtprozess **aber nur** dann ein **Rechtsschutz- und Abwehranspruch gegen den VR** zustehen, **wenn** die Feststellungen hinsichtlich der Deckungsfrage im Direktprozess **keine Bindungswirkung** für das Versicherungsverhältnis zwischen VR und VN entfalteten. *Langheid* (*Langheid*, VersR 2007, 865, 867) geht ohne Weiteres davon aus, dass die Feststellungen bzgl. des Freistellungsanspruchs für das Deckungsverhältnis bindend sind, da insoweit ja „*über den abgetretenen eigenen Anspruch des VN*" entschieden worden sei. Der VN sei dann daran gehindert, auf Deckung zu klagen (*Langheid*, VersR 2007, 865, 867). Auch *Koch* (*Koch*, in: FS Winter, S. 345, 352) bejaht die Bindungswirkung von Feststellungen hinsichtlich der Deckungsfrage mit der Begründung, dass es sich um einen Fall der **Rechtskrafterstreckung** infolge rechtlicher Abhängigkeit handelt. Dem entgegnet *Lange* (*Lange*, r+s 2007, 401, 405), dass die beiden Komponenten des ursprünglich einheit-

lichen Deckungsanspruchs mit der Abtretung des Freistellungsanspruchs nunmehr selbstständig nebeneinander stünden. Die Annahme einer Bindungswirkung sei im Hinblick auf den VN nicht interessengerecht (*Lange*, r+s 2007, 401, 405). Andernfalls wäre dieser u.U. an eine gerichtliche Feststellung über seinen Anspruch gebunden, ohne darauf Einfluss genommen zu haben.

Rechtsschutz- und Abwehranspruch sind Ausstrahlungen eines einheitlichen Freistellungsanspruchs. Sie unterliegen insb. einer einheitlichen Verjährung (vgl. § 100 Rdn 58). In Anbetracht dessen stellt sich die Frage nach Gründen, die die Annahme rechtfertigen, dass das Schicksal des Rechtsschutz- und Abwehranspruchs einerseits und das des Freistellungs- bzw. Zahlungsanspruchs andererseits durch die Abtretung des Freistellungsanspruchs getrennt zu betrachten sei. Die für den VN bestehende Gefahr, an eine Entscheidung über die Deckungsfrage gebunden zu sein, ohne an dieser Entscheidung mitgewirkt zu haben, kann jedenfalls nicht zur Begründung herangezogen werden. Dem VN steht es offen, im Wege einer **Nebenintervention** Deckungseinwendungen zu entkräften. Zudem dürfte der VR i.s.e. versicherungsvertraglichen Nebenpflicht dazu verpflichtet sein, den VN zu informieren und anzuhören, bevor er Deckungseinwendungen im Direktprozess geltend macht (ggf. Schadensersatzpflicht, vgl. Rdn 51). Der Abtretung des Freistellungsanspruchs liegt i.d.R. die Vorstellung der Beteiligten zugrunde, dass sämtliche Ansprüche des VN gegen den VR betreffend das konkrete Schadenereignis auf den Dritten übergehen sollen, damit dieser in direkter Auseinandersetzung mit dem VR die deckungs- und haftpflichtrechtlichen Fragen klärt. Der juristische Laie weiß regelmäßig nicht zwischen Freistellungsanspruch einerseits und Abwehr- und Rechtsschutzanspruch andererseits zu unterscheiden. Es liegt auch im schützenswerten Interesse des VR, dass die Deckungsfragen in nur einem Prozess geklärt werden. Mit der Abtretungsmöglichkeit sollte **keine zusätzliche Überprüfbarkeit der Deckungsfragen** geschaffen werden. Erhebt der VN Deckungsansprüche nach rechtskräftiger Abweisung der Direktklage des Dritten wegen Deckungsmängeln, setzt er sich rgm. in Widerspruch zu der mit der Abtretung zum Ausdruck gebrachten Intention, die Klärung des Schadensfalles und aller damit zusammenhängender rechtlicher und tatsächlicher Fragen der direkten Inanspruchnahme des VR durch den Dritten zu überlassen. Insoweit dürfte die Geltendmachung von Deckungsansprüchen durch den VN nach abgewiesener Direktklage als rechtsmissbräuchlich i.S.d. § 242 BGB zurückzuweisen sein (nach anderer Herleitung wird die Bindung aufgrund einer Rechtskrafterstreckung, § 325 ZPO, infolge rechtlicher Abhängigkeit hergestellt, vgl. *Koch*, in Bruck/Möller, § 108 Rn 54 f.; MK/*Wandt*, § 108 Rn 137 f.; a.A. Prölss/Martin/*Lücke*, § 108 Rn 29, wonach der VR die Rechtskraft ggü. dem VN nur durch isolierte Drittwiderklage oder Streitverkündung herstellen könne).

Für den VN, der sich am Direktprozess des Geschädigten gegen den VR nicht beteiligt, besteht daher die Gefahr, dass er mit einer für ihn bindenden negativen Entscheidung über die Deckungsfrage konfrontiert wird. Wurde die Haftungsfrage im Direktprozess nicht geklärt und wird der VN anschließend vom Geschädigten in Anspruch genommen, hat er rgm. keinen Anspruch auf Rechtsschutzdeckung, selbst wenn der erhobene Haftpflichtanspruch (teilweise) unbegründet ist. Es ist daher zu fordern, dass der VR den VN – i.S.e.

versicherungsvertraglichen **Nebenpflicht** – **informiert** und anhört, bevor er Deckungseinwendungen im Direktprozess erhebt und ihm damit die Möglichkeit gibt, diese zu entkräften oder als Nebenintervenient aufzutreten. Der VR ist auch im Direktprozess des Dritten wie im Fall der Verteidigung des VN im Haftpflichtprozess bei einer Kollision von Interessen des VN und seinen eigenen dazu verpflichtet, seine Interessen hintenanzustellen (vgl. hierzu § 100 Rdn 49). Dem VR ist daher aufzuerlegen, Deckungseinwände zurückzustellen, bevor er den VN nicht an der **Klärung der Deckungsfrage beteiligt** hat. Erhebt der Dritte nach dem klageabweisenden Urteil im Direktprozess Klage gegen den VN, steht diesem bei Verletzung der obigen Pflichten ein **Schadensersatzanspruch** gegen den VR zu, der auf die Gewährung von Deckungsschutz gerichtet ist.

52 **Praxistipp**
Der VN sollte den Deckungsanspruch nicht abtreten, bevor der VR keine verbindliche Deckungszusage getroffen hat; das gilt insb. hinsichtlich einer Deckungszusage unter Vorbehalt (dazu § 100 Rdn 56).

b) Bindungswirkung von Feststellungen hinsichtlich der Haftpflichtfrage

53 Wendet sich der Geschädigte nach der aus Gründen im Haftpflichtverhältnis ergangenen klageabweisenden Entscheidung des Direktprozesses an den VN, ist fraglich, ob das Gericht im Haftpflichtprozess an die Feststellungen aus dem Direktprozess hinsichtlich der Haftpflichtfrage gebunden ist. Würde das klageabweisende Urteil nicht auch zugunsten des VN wirken, müsste die Haftpflichtfrage erneut geklärt werden. Bei Obsiegen des Dritten mit seiner Haftpflichtklage gegen den VN müsste der VR den Freistellungsanspruch des VN erfüllen, obschon die Direktklage gegen den VR abgewiesen wurde. Um diese **nachteiligen Folgen**, die sich aus der **Doppelgleisigkeit** von Direkt- und Haftpflichtanspruch ergeben, zu verhindern, sieht § 124 Abs. 1 VVG für den Bereich der **Pflichthaftpflichtversicherung** vor, dass die Rechtskraft des klageabweisenden Urteils im Direktprozess **auch zugunsten des VN** wirkt (BGH, VersR 1981, 1158; LG Dortmund, NJW-RR 2007, 26, 28; OLGR Saarbrücken 2003, 272, 277).

54 Problematisch ist die Frage der Bindungswirkung im Hinblick auf die **freiwillige Haftpflichtversicherung**. Eine der Vorschrift des § 124 Abs. 1 VVG entsprechende Regelung fehlt für die freiwillige Haftpflichtversicherung. Es wäre jedoch bedenklich, wenn der geschädigte Dritte nach dem VR auch den VN in Anspruch nehmen könnte. Da bereits im Direktprozess über den Haftpflichtanspruch entschieden wurde, besteht **kein schützenswertes Interesse** daran, dass der Dritte seinen Haftpflichtanspruch ein zweites Mal überprüfen lassen kann.

55 Im (bisherigen) Regelfall, in dem der Geschädigte zunächst den Haftpflichtprozess gegen den VN führt und dieser anschließend seinen Deckungsanspruch gegen den VR (gerichtlich) geltend macht, wird die Bindungswirkung des Haftpflichturteils i.R.d. Deckungsfrage aus dem Leistungsversprechen des VR hergeleitet (vgl. Rdn 58). Dieses kann jedoch nicht zur Begründung einer Bindungswirkung der im Direktprozess entschiedenen Haftpflichtfrage für den anschließenden Haftpflichtprozess zwischen VN und Dritten herangezogen

werden (so auch *Lange*, r+s 2007, 401, 404; *Langheid*, VersR 2007, 865, 868). Auch erstreckt sich die Rechtskraft des Urteils nicht auf den VN, da dieser nicht Partei des Direktprozesses ist. Eine Bindungswirkung kann aber durch eine entsprechende **Vereinbarung zwischen dem VN und dem Dritten** begründet werden (so auch *Lange*, r+s 2007, 401, 404; *Langheid*, VersR 2007, 865, 868; *Koch*, in: FS Winter, S. 345, 351, 361, 362). Ob die Parteien einen dahingehenden Willen haben, ist anhand der Auslegung der dem Abtretungsvertrag zugrundeliegenden Willenserklärungen zu ermitteln (vgl. Abtretungsmuster Rdn 67).

Sollte die Bindungswirkung weder ausdrücklich noch konkludent vereinbart worden sein, ergibt sie sich jedenfalls aus einer **ergänzenden Vertragsauslegung**: I.d.R. werden VN und Geschädigter einen Vertrag über die Abtretung des Deckungsanspruchs schließen wollen, um das zwischen ihnen bestehende (persönliche oder geschäftliche) Verhältnis nicht zu belasten (Begr. BT-Drucks 16/3946, S. 87). Es widerspräche in diesem Fall dem Sinn und Zweck der Abtretung, wenn der Geschädigte nach einem klageabweisenden Urteil gegen den VN Klage erheben könnte, um erneut die Haftpflichtfrage zu erörtern. Aber auch dann, wenn Geschädigter und VN in keiner (persönlichen oder geschäftlichen) Beziehung zueinanderstehen, dürfte die Bindungswirkung dem hypothetischen Parteiwillen entsprechen. Die Parteien bezwecken mit der Abtretung, dass die Haftpflichtfrage zwischen Dritten und VR geklärt wird. Mit der Möglichkeit der direkten Inanspruchnahme des VR soll der Geschädigte aber keinen zusätzlichen Schuldner i.S.v. § 421 BGB erhalten. Vielmehr soll ihm die Möglichkeit eröffnet werden, sich direkt mit dem tatsächlich Leistenden auseinanderzusetzen. Auch wird sich der VN nur dann auf die Abtretung einlassen wollen, wenn es ausgeschlossen ist, dass er nach einem aufgrund von Einwendungen gegen den Haftpflichtanspruch erfolgenden klageabweisenden Urteil im Direktprozess doch noch vom Geschädigten (gerichtlich) in Anspruch genommen wird. Insofern wird ein **hypothetischer Parteiwille** in aller Regel gegeben sein (zustimmend MK/*Wandt*, § 106 Rn 139; dagegen *Koch*, in Bruck/Möller, § 108 Rn 51, wonach eine solche Auslegung zu weitgehend sei und mit der prozessual unterschiedlichen Stellung des VN im Direktprozess (ggf. Vernehmung als Zeuge) und im Haftpflichtprozess (ggf. Anhörung/ Vernehmung als Partei) argumentiert wird. Vorstehendem ist unter Verweis auf die Ausführungen in Rdn 62 zu widersprechen).

Praxistipp
Aus Gründen der Rechtssicherheit ist dem VN zu empfehlen, mit dem Geschädigten eine Bindungswirkung hinsichtlich der im Direktprozess festgestellten Haftpflichtfragen für einen nachfolgenden Haftpflichtprozess ausdrücklich vertraglich zu vereinbaren (vgl. Abtretungsmuster Rdn 67).

Eine Bindungswirkung ist zum einen dann anzunehmen, wenn die Direktklage aufgrund von im Haftpflichtverhältnis liegenden Gründen abgewiesen wird; zum anderen besteht sie aber auch dann, wenn der Haftpflichtanspruch bejaht wird. Wird die Klage teilweise abgewiesen, weil die Höhe des Haftpflichtanspruchs die **Deckungssumme** übersteigt, ist der Geschädigte nicht daran gehindert, Klage gegen den VN auf Zahlung des die Deckungssumme übersteigenden Teils zu erheben. Die Bindungswirkung bezieht sich nur auf die

Feststellungen bzgl. der Haftpflichtfrage. Gleiches gilt für die Abweisung der Klage i.H.d. zwischen VN und VR vereinbarten **Selbstbehalts**.

59 Möchte der VN – trotz der Abtretung des Deckungsanspruchs – an dem Direktprozess mitwirken, kann er als **Nebenintervenient** die Bindungswirkung an die Feststellungen hinsichtlich der Haftpflichtfrage prozessual herbeiführen (so auch *Langheid*, VersR 2007, 865, 868).

60 **Praxistipp**
Dem VN ist zu einer Nebenintervention im Direktprozess zu raten, wenn die Möglichkeit besteht, dass er von dem Geschädigten nach dem Direktprozess (gerichtlich) in Anspruch genommen wird. Das ist der Fall,
– wenn der VN und der Geschädigte keine ausdrückliche Vereinbarung über die Bindungswirkung getroffen haben,
– die Gefahr der Deckungssummenüberschreitung besteht oder
– der VR Einwendungen aus dem Deckungsverhältnis geltend macht.

D. Prozessuales

I. Exkurs: Kollusives Zusammenwirken von Schädiger und Geschädigten vor dem Hintergrund der VVG-Reform

61 Der *GdV* hat zum Entwurf der VVG-Reformkommission die Auffassung vertreten, dass durch den Wegfall des Abtretungsverbots (bei gleichzeitiger Aufhebung des Anerkenntnisverbots) die **Gefahr des kollusiven Zusammenwirkens von VN und Geschädigten erhöht** wird (Stellungnahme des *GdV* zum Kommissionsentwurf, S. 65 ff., abrufbar im Internet unter www.gdv.de; so auch *Littbarski*, PHi 2007, 176, 178 f. sowie *Thalmair*, ZVersWiss Supplement 2006, 459, 464 und *Mack/Terrahe*, PHi 2005, 28, 32; allgemein zum kollusiven Zusammenwirken vgl. § 100 Rdn 65). Das Abtretungsverbot sollte gewährleisten, dass der VR sich nur mit seinem Vertragspartner, nicht aber mit ihm unbekannten Dritten in einem Prozess auseinandersetzen muss, in dem der VN womöglich noch als Zeuge auftritt und so die Stellung des VR im Hinblick auf seine Beweisführung verschlechtern würde (BGH, VersR 1983, 945; BGHZ 41, 327, 337). Mit Einführung des § 108 Abs. 2 VVG hat der VN grds. die Möglichkeit, seinen Freistellungsanspruch an den Dritten abzutreten und **als Zeuge im Direktprozess des Dritten** gegen den VR aufzutreten. Dadurch könnte ein kollusives Zusammenwirken zwischen VN und Geschädigten begünstigt werden. (Stellungnahme des GdV, S. 65 ff., abrufbar im Internet unter www.gdv.de; *Thalmair*, ZVersWiss Supplement 2006, 459, 464).

62 Es ist **jedoch zu bedenken**, dass es dem VN **auch schon unter Geltung der alten Rechtslage** möglich war, in einem angesichts eines fingierten Schadensfalls vom Geschädigten angestrengten Haftpflichtprozess Tatsachen zuzugestehen und so die Wirkung des **§ 288 ZPO** – bis zur Grenze des betrügerischen Zusammenwirkens der Parteien (BGH, VersR 1970, 826, 827) – herbeizuführen. Ein solches Tatsachenzugeständnis wurde nicht vom Anerkenntnisverbot erfasst (vgl. § 105 Rdn 2). Der VR kann den Einwand des kollusiven Zusammenwirkens im Haftpflichtprozess nicht erheben, da der von ihm mandatierte

Anwalt – selbst bei Zweifeln – nicht von den Angaben des VN abweichend vortragen darf (vgl. § 100 Rdn 49). Ein auf der Grundlage eines solchen Tatsachenzugeständnisses erlassenes Urteil ist grds. bindend für den VR (zur Bindungswirkung des Haftpflichturteils im Deckungsprozess bei kollusivem Zusammenwirken vgl. § 100 Rdn 65). Tritt der VN aber in einem vom geschädigten Dritten nach einer zulässigen Abtretung des Freistellungsanspruchs angestrengten Direktprozess gegen den VR als Zeuge auf, ist ihm die Möglichkeit des Tatsachenzugeständnisses verwehrt. Das Gericht ist an die Zeugenaussage des VN nicht in dem Maße gebunden wie an das Tatsachenzugeständnis des VN als Partei des Haftpflichtprozesses; es muss dem VN als Zeugen keinen Glauben schenken (so auch *Franz*, VersR 2008, 298, 308; *Lange*, r+s 2007, 401, 403, sowie *Langheid*, VersR 2007, 865, 868 f.). Nach zutreffender Ansicht wird „*kein vernünftiger Richter*" bei der Würdigung der Aussage des VN einen Unterschied machen, ob dieser als Partei oder als Zeuge vernommen wird (OLG Hamm, VersR 1991, 579, 580; so auch *Schirmer*, ZVersWiss Supplement 2006, 427, 436; *Winter*, r+s 2007, 133, 138). Zudem ist bei der Beweiswürdigung das starke Eigeninteresse des VN am Ausgang des Rechtsstreits zu berücksichtigen (BGH, NJW 2001, 826, 827). **Der VR ist insoweit ggü. der alten Rechtslage sogar besser gestellt.** Auch dann, wenn der VN seinen Freistellungsanspruch nicht nur abtreten, sondern darüber hinaus den vom Dritten geltend gemachten Haftpflichtanspruch anerkennen sollte, hat der VR keinen Nachteil zu befürchten; das Anerkenntnis bindet ihn nur, soweit der Haftpflichtanspruch nach der tatsächlichen materiellen Rechtslage besteht (vgl. hierzu § 106 Rdn 20 ff.; so auch *Langheid*, VersR 2007, 865, 868 f.).

II. Gefahr des widersprüchlichen Vortrags des Geschädigten

Im Direktprozess gegen den VR werden sowohl die Haftpflicht- als auch die Deckungsfrage geklärt (vgl. hierzu Rdn 30 ff.). Dadurch kann der geschädigte Dritte in ein Dilemma geraten. Insb. bei **Schmerzensgeldforderungen** wird er hinsichtlich der Haftpflichtfrage **vorsätzliches Handeln** des VN vortragen wollen. Bezogen auf die Deckungsfrage würde sich Vorsatz aber in Anbetracht der Leistungsbefreiung nach **§ 103 VVG** schädlich auf sein Anspruchsbegehren auswirken. Auch ist es ihm nicht möglich, widersprüchlich vorzutragen. Ein solches Vorbringen genügt nicht den Anforderungen, die an einen **substantiierten Vortrag** zu stellen sind (BGH, NJW-RR 1992, 848), und der Dritte würde die Abweisung seiner Klage wegen Unschlüssigkeit seines Vorbringens riskieren (so auch *Langheid*, VersR 2007, 865, 867). Der Geschädigte wird demnach zur Begründung seines Zahlungsanspruchs kein vorsätzliches Handeln des VN vortragen können.

Praxistipp
Ist die Frage des Verschuldensgrads für den Haftpflichtanspruch des Dritten entscheidend (wie bspw. bei Schmerzensgeldansprüchen), ist dem geschädigten Dritten von einer Abtretung abzuraten.

III. Prozessuale Möglichkeiten des Dritten nach einer Verfügung über den Freistellungsanspruch durch den Versicherungsnehmer

65 Der durch das in § 108 Abs. 1 VVG normierte relative Veräußerungsverbot geschützte Dritte wird durch § 772 ZPO demjenigen gleichgestellt, der ein die Veräußerung hinderndes Recht i.S.d. § 771 ZPO hat. Er kann sich daher gegen Zwangsvollstreckungsmaßnahmen mit der **Drittwiderspruchsklage nach § 771 ZPO** wehren. Wird gegen die Ordnungsvorschrift des § 772 ZPO verstoßen, kann er mit der **Erinnerung nach § 766 ZPO** vorgehen (Zöller/*Herget*, § 772 ZPO Rn 3). Darüber hinaus hat er die Möglichkeit, **sofortige Beschwerde nach § 793 ZPO** einlegen. U.U. kann er auch Rechtshandlungen des VN nach dem **AnfG** anfechten.

E. Abdingbarkeit

66 Sowohl § 108 Abs. 1 VVG als auch § 108 Abs. 2 VVG der Vorschrift sind **unabdingbar**, sofern nicht **§ 210** VVG einschlägig ist (vgl. *Koch*, in Bruck/Möller, § 108 Rn 77 ff. m.w.N.).

F. Abtretungsmuster

67 **Muster eines Abtretungsvertrages zwischen VN und Geschädigtem**

§ 1

Die Parteien vereinbaren anlässlich des Schadensereignisses (*Konkretisierung*) die Abtretung des gegen (den VR) bestehenden Freistellungsanspruchs (des VN) an (den Dritten), soweit etwaige Haftpflichtansprüche versichert sind, mit der Wirkung, dass (der Dritte den VR) auf Zahlung in Anspruch nehmen kann.

§ 2

Die Abtretung erfasst dem Umfang nach die Höhe der berechtigten Ansprüche des Dritten beschränkt auf die Deckungssumme in Höhe von _____ und eines Selbstbehalts in Höhe von _____ ausgenommen der auf einen Sozialversicherungsträger oder sonstige Dritte übergegangene Ansprüche.

§ 3

Die Abtretung erfolgt erfüllungshalber. Sollte (der VR) den Zahlungsanspruch (des Dritten) wegen Einwendungen aus dem Haftpflichtverhältnis nicht regulieren, ist (der Dritte) für den Fall, dass er seine Ansprüche klageweise geltend machen will, gehalten, zunächst eine rechtskräftige Entscheidung gegen (den VR) herbeizuführen, bevor er (den VN) in Anspruch nimmt. Erhebt (der VR) ernsthafte Einwendungen aus dem Deckungsverhältnis, kann (der Dritte) den VN in Anspruch nehmen.

§ 4

(Der VN) erkennt den Haftpflichtanspruch des (Dritten) aus dem Schadenereignis vom _____ in Höhe von _____ EUR an.

§ 5

(Der Dritte) verpflichtet sich, (den VN) davon zu unterrichten, wenn (der VR) Einwendungen aus dem Deckungsverhältnis geltend macht, insbesondere, wenn die Gefahr der Deckungssummenüberschreitung besteht oder der Versicherungsschutz infrage gestellt wird.

§ 6

Die Abtretung ist auflösend bedingt i.S.v. § 158 Abs. 2 BGB. Nimmt (der Dritte den VN) nach der Abweisung der Direktklage gegen (den VR) oder nach Abstandnahme einer weiteren Rechtsverfolgung gegen (den VR) gem. § 3 dieser Vereinbarung in Anspruch, so fällt der Freistellungsanspruch an (den VN) zurück.

§ 7

Die Feststellungen in einem Direktprozess (des Dritten) gegen (den VR) sind in einem nachfolgenden Haftpflichtprozess zwischen den Parteien bindend hinsichtlich der Haftpflichtfrage.

§ 8

Für den Fall, dass (der Dritte) in einem Direktprozess gegen (den VR) infolge von Deckungseinwendungen unterliegt, vereinbaren die Parteien den Ausschluss der Geltendmachung eines auf Ersatz der angefallenen Prozesskosten gerichteten Anspruchs (des Dritten) gegen (den VN). Ferner steht (dem Dritten) kein Anspruch auf Zahlung eines Prozesskostenvorschusses gegen (den VN) zu.

§ 9

Die Parteien vereinbaren, dass die Verjährung des Haftpflichtanspruchs bis zum rechtskräftigen Abschluss des Direktprozesses gehemmt ist.

Anmerkungen:

Zu § 2: Der VN muss sich darüber bewusst sein, dass Haftpflichtansprüche, die auf Vierte übergegangen sind, nicht von der Abtretung erfasst werden und daher noch gegen ihn geltend gemacht werden können.

Zu § 3: Auf eine Abtretung an Erfüllung statt gem. § 364 Abs. BGB wird sich der Dritte rgm. nicht einlassen, sodass gem. der Zweifelsregelung § 364 Abs. 2 BGB eine Abtretung erfüllungshalber vereinbart wird.

Zu § 4: Siehe Praxistipp (Rdn 40).

Zu § 5: Der VN muss über Deckungseinwendungen informiert werden, um diese ggf. entkräften zu können. Diese Information schuldet auch der VR aufgrund seiner Nebenpflichten aus dem VV (vgl. Rdn 51).

Zu § 6: Deklaratorisch sollte geregelt werden, dass der VN im Fall seiner zulässigen Inanspruchnahme durch den Geschädigten nach dessen erfolgloser Inanspruchnahme des VR auch wieder Inhaber des Freistellungsanspruches wird.

Zu § 7: Die Bindungswirkung wird sowohl im Fall der Klageabweisung als auch im Fall der stattgegebenen Klage vereinbart. Infolgedessen kann der Dritte den VN nach der allein aufgrund von Einwendungen im Deckungsverhältnis abgewiesenen Direktklage in Anspruch nehmen. In diesem Fall ist der VN an die Feststellungen der Haftpflichtfrage gebunden, ohne seinerseits einen Deckungsanspruch gegen den VR zu haben.

74 **Zu § 8:** Mit dieser Klausel sollen Ansprüche gem. § 669 BGB und § 670 BGB (vgl. Rdn 47) ausgeschlossen werden. Allerdings dürfte ein **formularmäßiger Ausschluss rgm. unwirksam** sein (vgl. BGH, NJW 1984, 2573, 2574). Tritt der VN seinen vermeintlichen Freistellungsanspruch an den Dritten trotz Kenntnis vom Nichtbestehen des Versicherungsschutzes ab, kann der Dritte – trotz der Klausel – wegen arglistiger Täuschung über das Bestehen des Deckungsschutzes einen Anspruch auf Ersatz der Prozesskosten geltend machen. Dies gilt auch in dem Fall, in dem der VN „*ins Blaue hinein*" behauptet, dass er Versicherungsschutz genießt (vgl. BGHZ 63, 382, 388 = NJW 1975, 642, 645; BGH, VersR 2006, 1500, 1501).

75 **Zu § 9:** *Koch*, VersR 2016, 765, 768 weißt zutreffend darauf hin, dass eine Regelung zur Verjährungshemmung vorsorglich aufgenommen werden sollte, vgl. hierzu auch Rdn 43.

§ 109 VVG Mehrere Geschädigte

Ist der Versicherungsnehmer gegenüber mehreren Dritten verantwortlich und übersteigen deren Ansprüche die Versicherungssumme, hat der Versicherer diese Ansprüche nach dem Verhältnis ihrer Beträge zu erfüllen. Ist hierbei die Versicherungssumme erschöpft, kann sich ein bei der Verteilung nicht berücksichtigter Dritter nachträglich auf § 108 Abs. 1 nicht berufen, wenn der Versicherer mit der Geltendmachung dieser Ansprüche nicht gerechnet hat und auch nicht rechnen musste.

Übersicht

	Rdn
A. Normzweck	1
B. Norminhalt	3
I. Mehrere Dritte (§ 109 S. 1 VVG)	3
1. Verantwortlichkeit des Versicherungsnehmers gegenüber mehreren Dritten	3
2. Ansprüche übersteigen Versicherungssumme	4
II. Nicht berücksichtigter Dritter (§ 109 S. 2 VVG)	14
C. Rechtsfolgen	18
I. Mehrere Dritte (§ 109 S. 1 VVG)	18
1. Verteilungsgrundsätze	18
2. Besonderheiten bei Sozialversicherungsträgern und anderen Privatversicherern	19
II. Nicht berücksichtigter Dritter (§ 109 S. 2 VVG)	22
D. Prozessuales	23
E. Abdingbarkeit	25

A. Normzweck

1 Die Vorschrift ist einschlägig, wenn die aufgrund eines Schadensereignisses gegen den VN bestehenden Haftpflichtansprüche mehrerer berechtigter Dritter ihrer Höhe nach die im VV vereinbarte Deckungssumme übersteigen. In diesem Fall sind die Forderungen gem. § 109 S. 1 VVG nach dem Verhältnis ihrer Höhe zu befriedigen. Die Regelung **verhindert** damit, dass der Freistellungsanspruch des VN infolge des **in der Zwangsvollstreckung geltenden Prioritätsprinzips** bloß demjenigen Dritten zugutekommt, der ihn als Erster pfänden und sich überweisen lässt (vgl. BGH, VersR 1982, 791, 793). Das **Risiko der**

Erschöpfung der VersSumme wird auf alle anspruchsberechtigten Dritten **verteilt** (BGH, VersR 1985, 1054, 1055).

Darüber hinaus bestimmt § 109 S. 2 VVG als Ausnahmeregelung zu § 108 Abs. 1 VVG, dass ein Dritter, dessen Ansprüche bei der Verteilung nach § 109 S. 1 VVG nicht vom VR berücksichtigt wurden, die Zahlungen an die übrigen Dritten gegen sich gelten lassen muss, wenn die Nichtberücksichtigung entschuldbar ist. Zu den Besonderheiten bei der Pflichthaftpflichtversicherung vgl. § 118 VVG.

B. Norminhalt

I. Mehrere Dritte (§ 109 S. 1 VVG)

1. Verantwortlichkeit des Versicherungsnehmers gegenüber mehreren Dritten

Der VN muss ggü. mehreren Dritten haftpflichtig sein. Der **Begriff des Dritten** erfasst sämtliche Inhaber von Ersatzansprüchen, die sich gegen den VN richten. Anspruchsinhaber sind daher nicht nur die durch den VN geschädigten Personen, sondern auch solche, auf die Ersatzansprüche (zumindest teilweise) übergegangen sind, also insb. die Erben des Geschädigten, andere PrivatVR (zur Auswirkung der cessio legis nach § 86 Abs. 1 S. 1 VVG auf das Verteilungsverfahren vgl. Rdn 21) sowie Sozialversicherungsträger (BGH, VersR 2006, 1679; zur Berücksichtigung eines Quotenvorrechts sowie zur Auswirkung eines Teilungsabkommens im Verteilungsverfahren vgl. Rdn 19, 20).

2. Ansprüche übersteigen Versicherungssumme

Das in § 109 S. 1 VVG normierte Verteilungsverfahren ist nur dann anzuwenden, wenn die von den Dritten geltend gemachten Forderungen die VersSumme übersteigen. Um dies festzustellen, sind **sämtliche Ansprüche aller Berechtigter zu addieren** (vgl. BGH, VersR 1985, 1054, 1055). Dabei sind nicht nur diejenigen Forderungen zu berücksichtigen, die bereits i.S.v. § 106 S. 1 VVG festgestellt wurden, sondern auch solche, die schon geltend gemacht worden sind oder mit deren Geltendmachung zu rechnen ist (vgl. § 109 S. 2 VVG).

Noch nicht geltend gemachte Forderungen sind mit einem **Schätzbetrag** zu berücksichtigen (Prölss/Martin/*Lücke*, § 109 Rn 6; BK/*Baumann*, § 156 Rn 52). Steht der Anspruch erst dem Grunde und nicht seiner Höhe nach fest, ist der Berechnung ein Betrag zugrunde zu legen, der wahrscheinlich der tatsächlichen Forderung entsprechen wird (Römer/Langheid/*Langheid*, § 109 Rn 4).

Zinsen, die unter § 101 Abs. 2 S. 2 VVG fallen, sind *nicht* zu berücksichtigen (Prölss/Martin/*Lücke*, § 109 Rn 6).

Gleiches gilt für **Kosten**, die nach den AVB **nicht auf die VersSumme angerechnet** werden (Prölss/Martin/*Lücke*, § 109 Rn 6).

8 **Regressansprüche** gegen andere VR oder Schädiger sind von der jeweiligen Forderung abzuziehen (Römer/Langheid/*Langheid*, § 109 Rn 4; Prölss/Martin/Lücke, § 109 Rn 6; BK/*Baumann*, § 156 Rn 52).

9 **Rentenansprüche** sind mit ihrem Kapitalwert in die Berechnung einzustellen (vgl. BGH, VersR 1982, 791, 793; § 107 Rdn 11).

10 Wurden für die verschiedenen Schadensarten (Personen-, Sach- und Vermögensschäden) **unterschiedliche Deckungssummen** vereinbart, sind getrennte Berechnungen anzustellen. Die Berechnung der Forderungssumme hat in dem **Zeitpunkt** zu erfolgen, in dem der VR die Zahlungen an die berechtigten Dritten zu leisten hat.

11 Stellt sich heraus, dass **Forderungsbeträge zu hoch angesetzt oder gar unbegründete Forderungen in die Berechnung eingestellt** wurden, ist nach einer neuen Ermittlung der Forderungssumme zu prüfen, ob die Forderungen die VersSumme übersteigen. Ergibt die Berechnung, dass die VersSumme zur Deckung sämtlicher Ansprüche ausreicht, sind diese nachträglich vollständig zu befriedigen. Bleibt es dabei, dass die VersSumme überschritten wurde, stellt sich die Frage, ob dem VR ein **Rückforderungsanspruch** gegen den Berechtigten, der zu viel erhalten hat, zusteht. Nach zutreffender Ansicht steht dem VR ein solcher Direktanspruch gegen den Dritten gem. § 812 Abs. 1 S. 1 BGB zu, da es sich insoweit um eine Drittzahlung gem. § 267 BGB und nicht um einen sog. Anweisungsfall handelt (BGH, NJW 1991, 919). Die übrigen Anspruchsinhaber, die wegen der zu hoch angesetzten Forderung eines Dritten zu wenig erhalten haben, können sich an den VR wenden, sofern sie Inhaber des Freistellungsanspruchs sind. I.Ü. können sie nur den noch nicht vollständig erfüllten, gegen den VN bestehenden Haftpflichtanspruch geltend machen.

12 Wurden dagegen **Forderungen nicht oder mit einem zu geringen Betrag** berücksichtigt, sind Forderungssumme und Haftungsquote ebenfalls erneut zu berechnen (so auch Römer/Langheid/*Langheid*, § 109 Rn 7; a.A. BK/*Baumann*, § 156 Rn 60, wonach im Fall der fehlenden Entschuldbarkeit der Nichtberücksichtigung keine Neuberechnung stattfinden und der Dritte sich mit dem noch offenen Betrag der Deckungssumme zufriedengeben soll; hinsichtlich dadurch entstehender Rückforderungs- und Nachforderungsansprüche gilt das in Rdn 11 Gesagte entsprechend). Nach Abschluss des Verteilungsverfahrens und der damit einhergehenden Ausschöpfung der VersSumme findet die Regelung des § 109 S. 2 VVG Anwendung (vgl. hierzu Rdn 14).

13 Das Verteilungsverfahren begegnet in solchen Fällen nicht zuletzt auch deshalb Schwierigkeiten, weil eine Hinterlegung nach § 372 BGB bzw. § 853 ZPO ausgeschlossen ist (vgl. Römer/Langheid/*Langheid*, § 109 Rn 8; Prölss/Martin/*Lücke*, § 109 Rn 2; BK/*Baumann*, § 155 Rn 48). Der VR läuft so Gefahr, zu viel gezahlte Beträge nicht mehr zurückzuerlangen (Prölss/Martin/*Lücke*, § 109 Rn 2; BK/*Baumann*, § 156 Rn 47).

II. Nicht berücksichtigter Dritter (§ 109 S. 2 VVG)

Wurde ein Forderungsinhaber im Verteilungsverfahren nach § 109 S. 1 VVG nicht vom VR berücksichtigt, ist die Regelung des § 109 S. 2 VVG einschlägig. Danach kann der Dritte sich nicht gem. § 108 Abs. 1 VVG auf die relative Unwirksamkeit der an die übrigen Dritten geleisteten Zahlungen berufen. Allerdings greift diese Rechtsfolge nur dann ein, wenn die **Nichtberücksichtigung** für den VR **entschuldbar** ist. Ist die Nichtberücksichtigung nicht entschuldbar, ist eine Neuberechnung von Forderungssumme und Haftungsquote erforderlich, damit der Dritte anteilig befriedigt werden kann (Prölss/Martin/*Lücke*, § 109 Rn 12; Römer/Langheid/*Langheid*, § 109 Rn 12; BK/*Baumann*, § 156 Rn 61; zur Entschuldbarkeit vgl. Rdn 17). Dies kann dazu führen, dass der VR über die Deckungssumme hinaus Zahlungen leisten muss. 14

Hat der VR durch Zahlungen an den nichtberücksichtigten Dritten die im VV vereinbarte Deckungssumme überschritten, stellt sich die Frage, ob ihm **Rückforderungsansprüche** gegen den VN oder die Dritten zustehen, die mehr erhalten haben als ihnen bei rechtzeitiger Berücksichtigung zugestanden hätte. Da der VR den VN von einem Teil seiner noch nicht erfüllten Haftpflichtschuld ggü. dem nichtberücksichtigten Dritten befreit, steht ihm ein Kondiktionsanspruch gegen diesen aus § 812 Abs. 1 S. 1, 1. Alt. BGB zu (so auch Prölss/Martin/*Lücke*, § 109 Rn 13; Römer/Langheid/*Langheid*, § 109 Rn 12; Johannsen, in: Bruck/Möller, IV KV Anm. B 100). Entgegen *Baumann* (BK/*Baumann*, § 156 Rn 61) erfolgte die Leistung ohne Rechtsgrund, da angesichts der Deckungssummenüberschreitung eine Verpflichtung zur Freistellung nicht bestand. Ein Kondiktionsanspruch gegen die Dritten, die mehr erhalten haben als ihnen bei rechtzeitiger Berücksichtigung des zu spät kommenden Dritten zugestanden hätte, besteht bei einer Zahlung unter Vorbehalt oder Offenlegung der Berechnung nach § 109 S. 1 VVG (s.a. Prölss/Martin/*Lücke*, § 109 Rn 13; BK/*Baumann*, § 156 Rn 61; *Johannsen*, in: Bruck/Möller, IV KV Anm. B 100), aber auch dann, wenn der Dritte Rechtsnachfolger des VN geworden ist (so auch *Johannsen*, in: Bruck/Möller, IV KV Anm. B 100). 15

Eine **Erschöpfung der VersSumme** kann erst dann angenommen werden, wenn alle Zahlungen tatsächlich geleistet wurden. Hat der VR lediglich die Forderungen einiger, aber nicht sämtlicher Anspruchsteller befriedigt oder erst Teilzahlungen geleistet und ist die VersSumme noch nicht aufgebraucht, findet § 109 S. 2 VVG keine Anwendung. In diesem Fall nimmt der Dritte noch am Verteilungsverfahren nach § 109 S. 1 VVG teil (so auch Prölss/Martin/*Lücke*, § 109 Rn 12; **a.A.** BK/*Baumann*, § 156 Rn 60). Der VR hat dann die Forderungssumme und Haftungsquoten neu zu berechnen (zu Rückforderungs- bzw. Kondiktionsansprüchen in diesem Fall vgl. Rdn 12). 16

Die **Nichtberücksichtigung des Dritten** im Verteilungsverfahren ist **entschuldbar**, wenn der VR mit der Geltendmachung der Ansprüche durch den Dritten nicht gerechnet hat und auch nicht rechnen musste. Eine fahrlässige Unkenntnis ist nur dann anzunehmen, wenn der VR eine Nachforschungspflicht verletzt. Eine solche Pflicht besteht allerdings nur dann, wenn Anhaltspunkte vorliegen, die darauf schließen lassen, dass bislang nicht berücksichtigte Ansprüche existieren. I.Ü. ist entscheidend, ob eine Überschreitung der Vers- 17

Summe abzusehen war (ausführlich zu der Frage, unter welchen Voraussetzungen die Entschuldbarkeit angenommen werden kann: *Johannsen*, in: Bruck/Möller, IV KV Anm. B 98).

C. Rechtsfolgen

I. Mehrere Dritte (§ 109 S. 1 VVG)

1. Verteilungsgrundsätze

18 Der VR hat die Ansprüche der Dritten **nach dem Verhältnis ihrer Höhe** anteilig zu erfüllen (Überblick zur Erstellung eines Verteilungsplans: *Sprung*, VersR 1992, 657 ff.; zur Berücksichtigung von Quotenvorrechten und Teilungsabkommen vgl. Rdn 19, 20). Machen Anspruchsberechtigte **Rentenforderungen** geltend, ist über die Verteilungsgrundsätze des § 109 S. 1 VVG hinaus die Regelung des § 107 VVG zu beachten. Die Berechnung der Verhältnismäßigkeit hat in dem **Zeitpunkt** zu erfolgen, in dem der VR die Zahlungen an die berechtigten Dritten zu leisten hat. Ändert sich die Forderungssumme, etwa, weil sich nachträglich herausstellt, dass eine Forderung mit einem zu niedrigen oder zu hohen Betrag in die Berechnung eingestellt wurde, hat ggf. eine **Neuberechnung** zu erfolgen (vgl. hierzu Rdn 11, 12).

2. Besonderheiten bei Sozialversicherungsträgern und anderen Privatversicherern

19 Befinden sich unter den Dritten Sozialversicherungsträger oder andere PrivatVR, sind einige Besonderheiten im Verteilungsverfahren zu berücksichtigen. So genießt bei der Verteilung der Anspruch des geschädigten Dritten ggü. dem auf den Sozialversicherungsträger übergegangenen Anspruch wegen seines **Quotenvorrechts nach § 116 Abs. 4 SGB X** Priorität (vgl. BGH, VersR 2006, 1679, 1680; BGH, VersR 2003, 1295, 1296; BGH, VersR 1979, 30, 31; *Reiff*, EWIR 2004, 355 f.; Bsp. zu Verteilungsplänen: *Wenke*, VersR 1983, 900; vgl. auch *Sieg*, BB 1987, Beilage Nr. 13, 8 ff.). Dieses Vorrecht besteht allerdings nur im Verhältnis zwischen dem Sozialversicherungsträger und dem Geschädigten, nicht aber im Verhältnis zu anderen Gläubigern (BGH, VersR 1982, 791, 793).

20 Haben VR und Sozialversicherungsträger in einem **Teilungsabkommen** eine Haftungsquote vereinbart, macht der Sozialversicherungsträger nicht den auf ihn kraft Gesetzes übergegangenen Anspruch, sondern einen eigenen vertraglichen Anspruch gegen den HaftpflichtVR geltend (BGH, VersR 1985, 1054, 1055). Nichtsdestotrotz nimmt er an dem Verteilungsverfahren nach § 109 S. 1 VVG teil (BGH, VersR 1985, 1054, 1055; BGH, VersR 1983, 26, 27). Allerdings dürfen dem geschädigten Dritten daraus keine Nachteile erwachsen (BGH, VersR 1985, 1054, 1055). Andernfalls hätte das Teilungsabkommen eine unzulässige Wirkung zulasten Dritter. In der Konsequenz führt dies u.U. dazu, dass der VR trotz Ausschöpfung der mit dem VN vereinbarten VersSumme Zahlungen leisten muss (BGH, VersR 1985, 1054, 1056; krit.: Römer/Langheid/*Langheid*, § 109 Rn 2).

Auch der VR, auf den der Anspruch des geschädigten Dritten aufgrund der **in § 86 Abs. 1 S. 1 VVG angeordneten cessio legis** übergegangen ist, nimmt am Verteilungsverfahren teil. Allerdings darf sich die Teilnahme gem. § 86 Abs. 1 S. 2 VVG nicht zum Nachteil des Geschädigten auswirken. Deshalb wird dem Geschädigten in diesem Fall ein **Quotenvorrecht** eingeräumt. Dieses gilt nur im Verhältnis zu dem VR, auf den der Anspruch übergegangen ist, nicht aber im Verhältnis zu den übrigen Dritten.

II. Nicht berücksichtigter Dritter (§ 109 S. 2 VVG)

Hat der VR einen Dritten unentschuldbar im Verteilungsverfahren nach § 109. 1 VVG nicht berücksichtigt, kann dieser sich in Anbetracht der an die übrigen Dritten geleisteten Zahlungen nicht auf **§ 108 Abs. 1 VVG** berufen. Er kann sich in diesem Fall aber selbstverständlich weiterhin mit seinem noch nicht erfüllten Haftpflichtanspruch an den VN halten. Umstritten ist, ob ihm daneben **Kondiktionsansprüche** gegen diejenigen Dritten zustehen, die infolge der Nichtberücksichtigung seiner Ansprüche im Verteilungsverfahren mit einer höheren Haftungsquote bedacht wurden als es bei seiner Berücksichtigung der Fall gewesen wäre. Dies ist abzulehnen, da eine Nichtleistungskondiktion aufgrund der zwischen dem VN und den übrigen Dritten bestehenden Leistungsbeziehung hinsichtlich des zu viel gezahlten Betrags ausscheidet. Die Vorschrift bestimmt einen Zeitpunkt, nach dem eine Forderung aus Gründen des Rechtsfriedens nicht mehr berücksichtigt werden soll. Eine Nichtleistungskondiktion kommt somit auch aus Billigkeitsgründen nicht in Betracht (so auch Prölss/Martin/*Lücke*, § 109 Rn 14; BK/*Baumann*, § 156 Rn 58; **a.A.** *Johannsen*, in: Bruck/Möller, IV KV Anm. B 101, wonach § 816 Abs. 2 BGB wegen der Gerechtigkeitsidee des § 156 Abs. 3 VVG a.F. entsprechend angewendet werden soll).

D. Prozessuales

Den VR trifft die **Darlegungs- und Beweislast** hinsichtlich aller Voraussetzungen der lediglich anteiligen Leistungspflicht. Insb. muss er nachweisen, dass die fehlende Berücksichtigung eines Dritten entschuldbar ist.

Im Gegensatz zu dem auf § 107 VVG gestützten Einwand des VR, dass er nur zur Zahlung eines verhältnismäßigen Teils verpflichtet ist, braucht er einen auf § 109 VVG gestützten Einwand nicht erst im Vollstreckungsverfahren geltend machen. Vielmehr muss er sich auf die anteilige Leistungspflicht bereits im **Erkenntnisverfahren** berufen, wenn der anspruchsberechtigte Dritte ihn direkt in Anspruch nimmt (BGH, VersR 2006, 1679, 1680; VersR 1982, 791, 793; *Schmidt*, JuS 1983, 151; so auch Römer/Langheid/*Langheid*, § 109 Rn 16; BK/*Baumann*, § 156 Rn 26, 63). Eine vom Dritten gegen den VR erhobene **Leistungsklage** wird deshalb teilweise als unbegründet abgewiesen werden, wenn sich der VR auf § 109 VVG beruft. Um den Dritten nicht mit den durch die teilweise Abweisung der Klage entstandenen Kosten zu belasten, muss ihm die Möglichkeit der Erhebung einer **Feststellungsklage** zugestanden werden (so auch Prölss/Martin/*Lücke*, § 109 Rn 16; BK/*Baumann*, § 156 Rn 63; krit.: Römer/Langheid/*Langheid*, § 109 Rn 16).

E. Abdingbarkeit

25 Aus dem Sinn und Zweck der Vorschrift ergibt sich, dass sie **nicht abdingbar** ist.

§ 110 VVG Insolvenz des Versicherungsnehmers

Ist über das Vermögen des Versicherungsnehmers das Insolvenzverfahren eröffnet, kann der Dritte wegen des ihm gegen den Versicherungsnehmer zustehenden Anspruchs abgesonderte Befriedigung aus dem Freistellungsanspruch des Versicherungsnehmers verlangen.

Übersicht

	Rdn
A. Normzweck	1
B. Norminhalt	2
C. Rechtsfolgen	4
I. Absonderungsrecht	4
II. Einziehungsrecht	8
III. Anteilige Befriedigung aus der Insolvenzmasse	12
D. Prozessuales	13
I. Feststellung der Haftpflichtforderung zur Insolvenztabelle	13
II. Vor Feststellung der Haftpflichtforderung	14
1. Zahlungsklage gegen den Insolvenzverwalter	16
2. Zahlungsklage gegen den Versicherungsnehmer	17
3. Feststellungsklage gegen den Versicherer	18
III. Nach Feststellung der Haftpflichtforderung	20
E. Abdingbarkeit	21

A. Normzweck

1 Die Vorschrift räumt dem geschädigten Dritten im Fall der Insolvenz des VN ein Absonderungsrecht an dem Freistellungsanspruch ein, der dem VN gegen den VR aus dem VV zusteht. Ohne das Absonderungsrecht diente der sich in der Insolvenzmasse befindliche Versicherungsanspruch als Befriedigungsgegenstand sämtlicher Gläubiger des VN. Der Haftpflichtanspruch des Geschädigten könnte lediglich mit einer im Teilungsplan festgelegten Quote berücksichtigt werden. Den übrigen Gläubigern des VN würde auf Kosten des Geschädigten ein unbilliger Vorteil verschafft. § 110 VVG ermöglicht dem Dritten, abgesonderte Befriedigung aus dem Freistellungsanspruch zu verlangen. Dieser wird dadurch der Insolvenzmasse entzogen. Die Vorschrift stellt eine Ergänzung zu dem in § 108 Abs. 1 VVG normierten relativen Verfügungsverbot dar. § 108 Abs. 1 VVG schützt den geschädigten Dritten außerhalb der Insolvenz des VN, indem ihm der Freistellungsanspruch als Zwangsvollstreckungsgegenstand auch dann erhalten bleibt, wenn der VN darüber verfügt hat (zum Schutzzweck des § 108 Abs. 1 VVG vgl. § 108 Rdn 4). Währenddessen stellt § 110 VVG bei Insolvenz des VN sicher, dass der Dritte mit seinem Haftpflichtanspruch nicht auf die Insolvenzquote verwiesen werden muss. Aus beiden Vorschriften ergibt sich, dass der Freistellungsanspruch in jedem Fall dem Geschädigten zugutekommen soll; die Haftpflichtversicherung besitzt insoweit eine Sozialbindung (vgl. § 108 Rdn 4).

B. Norminhalt

Die Vorschrift ist einschlägig, wenn über das Vermögen des VN ein Insolvenzverfahren eröffnet wurde. Im Fall der Versicherung für fremde Rechnung (§§ 43 bis 48 VVG) kommt es auf die Eröffnung des Insolvenzverfahrens über das Vermögen eines Mitversicherten an; gem. § 44 Abs. 1 VVG stehen ihm die Rechte aus dem VV zu und gehören somit zu seinem Vermögen.

Dem Dritten muss ein Schadensersatzanspruch gegen den VN zustehen. Hat der VN seine Schadensersatzpflicht in Form einer Geldrente zu entrichten, wandelt sich die Rentenforderung des Dritten im Insolvenzverfahren gem. §§ 41, 45, 46 InsO in eine Kapitalforderung. Dies gilt auch mit Wirkung für den VR, es sei denn, dieser wurde direkt vom Dritten gerichtlich in Anspruch genommen und zu einer Rentenzahlung verurteilt oder hat mit dem Dritten einen entsprechenden Vergleich geschlossen (Prölss/Martin/*Lücke*, § 110 Rn 8). Umstritten ist, ob § 110 VVG dem Dritten auch dann ein Absonderungsrecht einräumt, wenn der Haftpflichtanspruch erst nach Eröffnung des Insolvenzverfahrens entsteht. Nach richtiger Auffassung gehört die unter der aufschiebenden Bedingung des Eintritts des Versicherungsfalls stehende Freistellungsforderung zur Insolvenzmasse, bevor der Haftpflichtanspruch entsteht (so auch BK/*Baumann*, § 157 Rn 4). Demzufolge steht dem Dritten ein Absonderungsrecht an dem Freistellungsanspruch auch dann zu, wenn der Haftpflichtanspruch während des Insolvenzverfahrens entsteht.

C. Rechtsfolgen

I. Absonderungsrecht

Im Fall der Insolvenz des VN wird dem Dritten ein Absonderungsrecht an dem Freistellungsanspruch des VN eingeräumt. Das Absonderungsrecht entsteht bereits mit Eröffnung des Insolvenzverfahrens und zwar auch dann, wenn die vom Geschädigten geltend gemachten Haftpflichtansprüche erst später festgestellt werden. Der Begriff des Freistellungsanspruchs bezieht sich zunächst auf den dem VN zustehenden Anspruch auf Befreiung von seiner ggü. dem Dritten bestehenden Haftpflicht (zum Begriff des Freistellungsanspruchs vgl. § 100 Rdn 40). Die Pfändung des Freistellungsanspruches im Zwangsvollstreckungsverfahren ist durch Eröffnung des Insolvenzverfahrens gesperrt (§ 89 InsO) und stellt i.Ü. auch keine Geltendmachung des Anspruchs auf Absonderung dar (BGH, VersR 2015, 497, 498).

Da es sich bei dem Deckungsanspruch um einen einheitlichen Anspruch – bestehend aus Rechtsschutz- und Abwehranspruch einerseits und Freistellungs- bzw. Zahlungsanspruch andererseits (vgl. § 100 Rdn 39) – handelt, wird von der Vorschrift auch der Anspruch auf Kostenerstattung nach § 101 VVG erfasst. Einwendungen, die der VR dem VN bereits vor der Eröffnung des Insolvenzverfahrens entgegensetzen konnte und die zur Leistungsfreiheit führen, kann er auch ggü. dem Insolvenzverwalter erheben (BGHZ 44, 1, 13 = VersR 1965, 701, 702 f.). Der Freistellungsanspruch wandelt sich im Insolvenzverfahren in einen

Zahlungsanspruch um und zwar nicht schon mit Eröffnung des Insolvenzverfahrens, sondern erst dann, wenn der Haftpflichtanspruch gem. § 106 S. 1 VVG festgestellt wurde (so auch Prölss/Martin/*Lücke*, § 110 Rn 5; Römer/Langheid/*Langheid*, § 110 Rn 2; BK/*Baumann*, § 157 Rn 2; *Thume*, VersR 2006, 1318, 1321; a.A. OLG Dresden, BauR 2006, 1328, 1332).

6 Zeigt der Insolvenzverwalter den Versicherungsfall nicht an, lässt er die vom VR in Gang gesetzte Klagefrist ablaufen (§ 12 Abs. 3 VVG a.F.) oder den Anspruch aus dem VV gar verjähren, und vereitelt er dadurch die Durchsetzung des Freistellungsanspruchs, kann dem Geschädigten ein Schadensersatzanspruch gegen den Insolvenzverwalter nach § 60 InsO zustehen (vgl. OLG Köln, r+s 1996, 432).

7 Der Geschädigte kann das Recht auf abgesonderte Befriedigung aus der Versicherungsforderung ohne Umweg über das insolvenzrechtliche Prüfungsverfahren durch unmittelbare Zahlungsklage gegen den Insolvenzverwalter geltend machen, wobei die Klage beschränkt werden muss auf die Leistung aus dem Befreiungsanspruch gegen den VR (BGH, VersR 1989, 730; BGH, VersR 1981, 328; BGH, VersR 1956, 625, 626; LG Köln, VersR 2004, 1128, 1129; LG Gießen, IBR 2004, 110; zu den prozessualen Möglichkeiten des VN im Einzelnen vgl. Rdn 13 ff.). Erklärt der Insolvenzverwalter die Freigabe des Deckungsanspruchs, bewirkt dies, dass der Insolvenzschuldner seine Verwaltungs- und Verfügungsbefugnis zurück erhält; das Absonderungsrecht des Geschädigten überdauert das Insolvenzverfahren als Pfandrecht an der Entschädigungsforderung selbst (OLG Nürnberg, VersR 2013, 711, 713).

II. Einziehungsrecht

8 Ist der Haftpflichtanspruch durch ein rechtskräftiges Urteil in einem Haftpflichtprozess, ein Anerkenntnis oder einen Vergleich mit bindender Wirkung für den VR festgestellt und der Freistellungsanspruch damit gem. § 106 S. 1 VVG fällig geworden, erwirbt der Geschädigte ein unmittelbares Einziehungsrecht nach § 1282 BGB analog (BGH, VersR 2016, 913, 914; BGH, VersR 1993, 1222, 1223; BGH, VersR 1991, 414, 415; BGH, VersR 1987, 655, 656; BGH, VersR 1954, 578; KG Berlin, VersR 2007, 349, 350; OLG Dresden, BauR 2006, 1328, 1332). Der Dritte kann damit ausnahmsweise einen direkten Zahlungsanspruch gegen den VR erheben, ohne dass eine vorherige Abtretung oder Pfändung und Überweisung erforderlich ist (allg. zur direkten Inanspruchnahme des VR vgl. § 100 Rdn 69).

9 Problematisch ist die direkte Inanspruchnahme des VR, wenn dem Dritten ein Anspruch gegen einen Mitversicherten zusteht, über dessen Vermögen das Insolvenzverfahren eröffnet wurde. Nach § 44 Abs. 2 VVG ist die Ausübung der Rechte aus dem VV grds. dem VN vorbehalten. Eine entsprechende Regelung findet sich in Ziff. 27.2 AHB 2015. Allerdings ist eine Inanspruchnahme des VR möglich, wenn sich der VN mit der Ausübung der Rechte aus dem VV durch den Mitversicherten einverstanden erklärt. Die Verweigerung

eines derartigen Einverständnisses dürfte gem. § 242 BGB rechtsmissbräuchlich sein (so auch BK/*Baumann*, § 157 Rn 14; *Johannsen*, in: Bruck/Möller, IV KV Anm. B 106).

Trotz Einstellung des Insolvenzverfahrens besteht ein Einziehungsrecht auch dann, wenn der Haftpflichtanspruch bereits während des Verfahrens festgestellt wurde. In diesem Fall kann der Geschädigte den VR ohne vorherige Abtretung oder Pfändung und Überweisung des Freistellungsanspruchs unmittelbar in Anspruch nehmen (*Johannsen*, in: Bruck/Möller, IV KV Anm. B 107). 10

Ist der VN verstorben und wird ein Insolvenzverfahren über den Nachlass eröffnet, kann der VR gegen eine unmittelbare Inanspruchnahme durch den Dritten nicht einwenden, dass die Erben des VN nur beschränkt haften. Entsprechendes gilt für die übrigen Beschränkungen der Erbenhaftung. 11

III. Anteilige Befriedigung aus der Insolvenzmasse

Ausnahmsweise muss der Dritte auf die Quote des Teilungsplans verwiesen werden, wenn seine Haftpflichtforderung nicht vollständig aus der Versicherungsforderung gegen den VR befriedigt werden kann. Dies kommt insb. dann in Betracht, wenn die VersSumme die Ansprüche des Dritten nicht deckt oder die Ersatzansprüche nicht vom Versicherungsschutz erfasst sind. In diesem Fall erfolgt eine lediglich anteilige Befriedigung aus der Insolvenzmasse. 12

D. Prozessuales

I. Feststellung der Haftpflichtforderung zur Insolvenztabelle

Im Hinblick auf die prozessualen Möglichkeiten des Geschädigten ist danach zu unterscheiden, ob der Haftpflichtanspruch bereits durch ein rechtskräftiges Urteil im Haftpflichtprozess, ein Anerkenntnis oder einen Vergleich i.S.d. § 106 S. 1 VVG festgestellt wurde. Die Voraussetzungen des § 106 S. 1 VVG können insb. durch eine Feststellung der Haftpflichtforderung zur Insolvenztabelle erfüllt sein. Die widerspruchslose Feststellung der Haftpflichtforderung zur Insolvenztabelle durch den Insolvenzverwalter stellt ein Anerkenntnis dar (OLG Köln, VersR 2006, 1207, 1208; OLG Dresden, BauR 2006, 1328, 1332). Stehen dem geschädigten Dritten angesichts verschiedener Schadensposten mehrere Forderungen zu und erkennt der Insolvenzverwalter nur einen Teilbetrag an, sind die an eine Feststellung zu richtenden Anforderungen des § 106 S. 1 VVG nicht erfüllt, wenn sich aus dem Anerkenntnis nicht eindeutig ergibt, welche Schadensposten betroffen sind; in diesem Fall lässt sich nicht ausschließen, dass die Schadensposten gar nicht vom Versicherungsschutz erfasst werden. Dem Geschädigten bleibt nur die Möglichkeit, Feststellungsklage gegen den VR zu erheben (BGH, VersR 1991, 414, 415; zur Feststellungsklage gegen den VR vgl. Rdn 18). 13

II. Vor Feststellung der Haftpflichtforderung

14 Solange es an einer Feststellung der Haftpflichtforderung fehlt, kann der absonderungsberechtigte Dritte keinen Zahlungsanspruch gegen den VR geltend machen, da seine Rechtsstellung nicht weiter reichen kann als diejenige des VN (BGH, VersR 1991, 414, 415).

15 Vor Beschreiten des Rechtswegs erfolgt rgm. nach § 174 InsO die Anmeldung der Haftpflichtforderung und des Absonderungsrechts zur Insolvenztabelle. Insolvenzverwalter, Insolvenzschuldner und andere Insolvenzgläubiger können gegen die Anmeldung der Haftpflichtforderung Widerspruch einlegen (vgl. § 178 Abs. 1 InsO). Für den Geschädigten besteht dann gem. §§ 179 ff. InsO die Möglichkeit der Erhebung einer Feststellungsklage gegen den VN bzw. einer Feststellungs- oder Zahlungsklage gegen den Insolvenzverwalter (zur Zahlungsklage gegen den Insolvenzverwalter vgl. Rdn 16).

1. Zahlungsklage gegen den Insolvenzverwalter

16 Der Geschädigte kann das Recht auf abgesonderte Befriedigung aus der Versicherungsforderung ohne Umweg über das insolvenzrechtliche Prüfungsverfahren durch unmittelbare Zahlungsklage gegen den Insolvenzverwalter geltend machen; zu beachten ist dabei, dass die Klage beschränkt werden muss auf die Leistung aus dem Befreiungsanspruch gegen den VR (BGH, VersR 2016, 913, 914; BGH, WM 2013, 1654, 1656; BGH, VersR 1989, 730; BGH, VersR 1981, 328; BGH, VersR 1956, 625, 626; OLG Koblenz, RuS 2012, 447–451; LG Köln, VersR 2004, 1128, 1129; LG Gießen, IBR 2004, 110). Erklärt der Insolvenzverwalter die Freigabe im Umfang des entstandenen Absonderungsrechts wird die erhobene Klage unzulässig; der Geschädigte kann sein Pfandrecht an der Versicherungsforderung mit einem Antrag auf Duldung der Zwangsvollstreckung gegen den VN weiter verfolgen (§§ 1277, 1282 BGB); in diesem Verfahren wird wie bei der Geltendmachung des Absonderungsrechts gegenüber dem Insolvenzverwalter das Bestehen des Haftpflichtanspruchs mit Feststellungswirkung gegenüber dem VR geklärt (BGH, VersR 2016, 913, 914); der Geschädigte muss seine Klage im Wege des Parteiwechsels gegen den VN umstellen (*Koch*, in: Bruck/Möller, § 110 Rn 22).

2. Zahlungsklage gegen den Versicherungsnehmer

17 Nach BGH (BGH, VersR 1997, 61, 63) blieb es dem Geschädigten unter Geltung der alten Rechtslage unbenommen, auf die Teilnahme am Konkursverfahren (jetzt Insolvenzverfahren) zu verzichten und einen Haftpflichtprozess gegen den VN selbst zu führen, um eine Titulierung des Ersatzanspruchs zu erwirken. Das Rechtsschutzbedürfnis für eine entsprechende Klage bejahte der BGH in seiner Entscheidung im Gegensatz zu den beiden Vorinstanzen. Der Insolvenzverwalter blieb dabei im Haftpflichtpflichtprozess passivlegitimiert; daran änderte die Befugnis des Dritten, den Anspruch gegen den Insolvenzverwalter nach § 110 VVG einzuziehen, nichts (BGH, VersR 1964, 966; LG Köln, VersR 2004, 1128, 1129). Mit der Einführung der Insolvenzordnung dürfte eine Haftpflichtklage nicht mehr ohne Weiteres zulässig sein. § 87 InsO sieht nunmehr vor, dass Gläubiger des Insolvenzschuldners ihre Forderungen nur noch nach den Vorschriften der InsO verfolgen können (*Thume*, VersR 2006, 1318, 1321 m.w.N.). Der BGH hat klargestellt, dass eine Klage gegen den VN während des Insolvenzverfahrens ausschließlich im Wege der Anspruches auf Duldung der Zwangsvollstreckung möglich ist, sofern der Insolvenzverwalter den abzusondernden Versicherungsanspruch freigegeben hat (BGH, VersR 2016, 913–916).

3. Feststellungsklage gegen den Versicherer

Der Geschädigte kann – wie auch außerhalb der Insolvenz des VN – eine auf Feststellung des Versicherungsschutzes gerichtete Klage gegen den VR erheben (KG, VersR 2007, 349, 350 m.w.N.; vgl. i.Ü. § 100 Rdn 74). **18**

Darüber hinaus kann der Geschädigte u.U. einen aus § 242 BGB abzuleitenden Anspruch auf Auskunft über den Inhalt des Haftpflichtversicherungsvertrags gegen den VR geltend machen (OLG Düsseldorf, VersR 2002, 1020, 1021). Ein solcher Anspruch soll ihm jedenfalls dann zustehen, wenn ein Absonderungsrecht besteht und der Deckungsanspruch zu verjähren oder die Ausschlussfrist abzulaufen droht (OLG Düsseldorf, VersR 2002, 1020, 1021). **19**

III. Nach Feststellung der Haftpflichtforderung

Während der Dritte vor der Feststellung der Haftpflichtforderung keinen unmittelbaren Zahlungsanspruch gegen den VR geltend machen kann, steht ihm nach Feststellung des Haftpflichtanspruchs ein Einziehungsrecht nach § 1282 BGB analog zu. Der Geschädigte kann Zahlungsklage gegen den VR erheben, ohne dass eine Pfändung und Überweisung oder eine Abtretung des Freistellungsanspruchs vorher erforderlich ist (vgl. hierzu auch Rdn 8). **20**

E. Abdingbarkeit

Aus dem Schutzzweck der Vorschrift ergibt sich, dass sie zwingend ist. **21**

---

§ 111 VVG **Kündigung nach Versicherungsfall**

(1) Hat der Versicherer nach dem Eintritt des Versicherungsfalles den Anspruch des Versicherungsnehmers auf Freistellung anerkannt oder zu Unrecht abgelehnt, kann jede Vertragspartei das Versicherungsverhältnis kündigen. Dies gilt auch, wenn der Versicherer dem Versicherungsnehmer die Weisung erteilt, es zum Rechtsstreit über den Anspruch des Dritten kommen zu lassen.

(2) Die Kündigung ist nur innerhalb eines Monats seit der Anerkennung oder Ablehnung des Freistellungsanspruchs oder seit der Rechtskraft des im Rechtsstreit mit dem Dritten ergangenen Urteils zulässig. § 92 Abs. 2 Satz 2 und 3 ist anzuwenden.

§ 111 VVG

Übersicht

	Rdn
A. Normzweck	1
B. Norminhalt	2
I. Voraussetzungen des Kündigungsrechts (§ 111 Abs. 1 VVG)	2
1. Eintritt des Versicherungsfalls	2
2. Kündigungsgründe	4
a) Anerkenntnis (§ 111 Abs. 1 S. 1 VVG)	5
b) Unberechtigte Ablehnung des Freistellungsanspruchs (§ 111 Abs. 1 S. 1 VVG)	7
c) Weisung des Versicherers, es zum Rechtsstreit kommen zu lassen (§ 111 Abs. 1 S. 2 VVG)	9
II. Fristen (§ 111 Abs. 2 VVG)	10
1. Kündigungserklärungsfrist (§ 111 Abs. 2 S. 1 VVG)	10
2. Kündigungsfrist (§ 111 Abs. 2 S. 2 VVG i.V.m. § 92 Abs. 2 S. 2, 3 VVG)	12
C. Rechtsfolgen	13
D. Abdingbarkeit	16

A. Normzweck

1 Die Vorschrift gewährt den am VV beteiligten Parteien bei Eintritt des Versicherungsfalls ein **außerordentliches Kündigungsrecht**, wenn einer der drei genannten Kündigungsgründe gegeben ist. Damit wird die Möglichkeit der Vertragsbeendigung für den Fall geschaffen, in dem bei der Schadensabwicklung das Vertrauensverhältnis von VN und VR erschüttert wurde (vgl. BK/*Baumann*, § 158 Rn 1). Ein ordentliches Kündigungsrecht ist in § 11 VVG sowie in den AHB (vgl. Ziff. 16.2, 16.4 AHB 2015) geregelt (zur Kündigung aus wichtigem Grund nach § 314 BGB, vgl. OLG Koblenz, zfs 1983, 173, 174 sowie BK/*Baumann*, § 158 Rn 25, 26).

B. Norminhalt

I. Voraussetzungen des Kündigungsrechts (§ 111 Abs. 1 VVG)

1. Eintritt des Versicherungsfalls

2 Die Möglichkeit der außerordentlichen Kündigung ist erst bei Eintritt des Versicherungsfalls eröffnet. Ob ein Versicherungsfall vorliegt, ist anhand **objektiver Kriterien** der Leistungspflicht des VR zu beurteilen (Römer/Langheid/*Lücke*, § 158 Rn 4; BK/*Baumann*, § 158 Rn 8). Ein Versicherungsfall ist demzufolge auch dann gegeben, wenn der VR aufgrund einer Obliegenheitsverletzung, der vorsätzlichen Herbeiführung des Versicherungsfalls, der Gefahrerhöhung oder des Prämienverzugs **von der Leistung befreit ist**. Kein Versicherungsfall liegt hingegen bei Eintritt eines Schadens vor, der **von vornherein nicht vom Versicherungsschutz erfasst** wird. Gleiches gilt hinsichtlich eines Schadens, der unterhalb des vertraglich vereinbarten **Selbstbehalts** liegt. Zwar liegt hier zunächst ein Versicherungsfall vor; allerdings steht zugleich objektiv fest, dass den VR keine Deckungspflicht trifft, weshalb ein Kündigungsrecht ungerechtfertigt wäre (vgl. Römer/Langheid/*Lücke*, § 111 Rn 3, § 158 Rn 4; zum Begriff des Versicherungsfalls – unter Berücksichtigung der Verstoßtheorie, Schadenereignistheorie und des Anspruchserhebungsprinzips – vgl. auch § 100 Rdn 32–34).

Bei einer **Versicherung für fremde Rechnung** (§§ 43 bis 48 VVG) kann auch der Eintritt 3
des Versicherungsfalls beim Mitversicherten eine Kündigungsmöglichkeit eröffnen.

2. Kündigungsgründe

Das Gesetz nennt drei Kündigungsgründe: Das Anerkenntnis des Freistellungsanspruchs, 4
die unberechtigte Deckungsverweigerung sowie die Weisung an den VN, es zum Haftpflichtprozess kommen zu lassen.

a) Anerkenntnis (§ 111 Abs. 1 S. 1 VVG)

Ein Anerkenntnis ist in folgenden Fällen **zu bejahen**: Zahlung an den Geschädigten (vgl. 5
Ziff. 19.1 AHB 2015: „Schadenersatzzahlung"); Teilzahlung; förmliche Erklärung des VR
über das Bestehen seiner Leistungspflicht; rein tatsächliches Verhalten, aus dem sich das
Bewusstsein des Bestehens der Leistungspflicht ergibt (OLG Celle, r+s 2004, 14, 17; OLG
Schleswig, VersR 1968, 487, 488); Anerkenntnis dem Grunde nach; gerichtlicher oder
außergerichtlicher Vergleich. Dem Anerkenntnis gleichgestellt ist eine rechtskräftige Entscheidung im Deckungsprozess (*Johannsen*, in: Bruck/Möller/, IV KV Anm. D 17) sowie
die rechtskräftige Entscheidung eines Haftpflichtprozesses, soweit diese für den Deckungsanspruch bindend ist (Römer/Langheid/*Langheid*, § 111 Rn 4; a.A. *Koch*, in: Bruck/Möller,
§ 111 Rn 13).

Ein Anerkenntnis **liegt hingegen nicht vor**, wenn der VR eine reine Kulanzzahlung an 6
den Geschädigten leistet (LG Hagen, VersR 1983, 1147). Gleiches gilt, wenn der VR
zwecks Prüfung seiner Einstandspflicht ein Sachverständigengutachten in Auftrag gibt
(OLG Celle, r+s 2004, 14, 17). Führt der VR trotz Zweifel an seiner Leistungspflicht
den Haftpflichtprozess, liegt darin ebenfalls kein Anerkenntnis des Freistellungsanspruchs
(Prölss/Martin/*Lücke*, § 111 Rn 4).

b) Unberechtigte Ablehnung des Freistellungsanspruchs (§ 111 Abs. 1 S. 1 VVG)

Der VN kann den VV kündigen, wenn der VR die Erfüllung des Freistellungsanspruchs 7
unberechtigt abgelehnt hat. Dabei ist umstritten, ob ein Kündigungsrecht auch bei einer
Deckungsablehnung vor Fälligkeit des Freistellungsanspruchs besteht. Dieser ist gem.
§ 106 S. 1 VVG fällig, wenn der Haftpflichtanspruch mit bindender Wirkung für den VR
durch ein rechtskräftiges Urteil im Haftpflichtprozess, ein Anerkenntnis oder einen Vergleich festgestellt wurde. Lehnt der VR die Erfüllung des fälligen Freistellungsanspruchs
ab, ist der VN zur Kündigung berechtigt. Die Rechtsprechung hat zu § 11 VVG a.F.
entschieden, dass die Versicherungsleistung fällig wird, wenn der VR die Deckung unberechtigterweise ablehnt (BGH, VersR 2007, 537 [unter II. 2.6.]; vgl. § 14 Rdn 14); allerdings stellt § 106 VVG eine Spezialvorschrift zu § 14 VVG dar, weshalb § 14 VVG im
Haftpflichtversicherungsrecht keine Anwendung findet (vgl. § 106 Rdn 1, a.A. *Koch*, in
Bruck/Möller, § 111 Rn 17). Nach *Voit/Knappmann* (Prölss/Martin/*Voit/Knappmann*, § 158
Rn 3) soll dem VN dennoch vor Fälligkeit des Freistellungsanspruchs ein Kündigungsrecht

sowohl im Fall der berechtigten als auch der unberechtigten Leistungsverweigerung zustehen. Sinn und Zweck der in § 111 VVG enthaltenen Regelung sei es, den Vertragsparteien im Fall einer Störung ihres Vertrauensverhältnisses die Möglichkeit der einseitigen Vertragsbeendigung einzuräumen. Auch käme ein Schuldner im Fall der ernsthaften und endgültigen Leistungsverweigerung noch vor Fälligkeit in Verzug. Demzufolge müsse der Freistellungsanspruch des VN mit der Leistungsverweigerung fällig werden (Prölss/Martin/ *Voit/Knappmann*, § 158 Rn 3). Diese Auffassung kann nach der VVG-Reform jedenfalls nicht mehr uneingeschränkt vertreten werden, da der Gesetzgeber mit der Änderung des Wortlauts der Vorschrift klargestellt hat, dass ein **Kündigungsrecht nur noch bei unberechtigter Deckungsverweigerung** in Betracht kommt (vgl. Rdn 8). *Lücke* gewährt dem VN ein außerordentliches Kündigungsrecht vor Fälligkeit eines begründeten Freistellungsanspruchs nur, wenn der VR den Anspruch endgültig abgelehnt hat (Prölss/Martin/*Lücke*, § 111 Rn 6). Zu unterscheiden ist eine Ablehnung des Anspruchs mangels Zahlungsfähigkeit (BK/*Baumann*, § 158 Rn 20; *Koch*, in: Bruck/Möller, § 111 Rn 17), bei der schon keine unberechtigte Deckungsverweigerung vorliegt, von einer unberechtigten Ablehnung wegen anderweitiger Einwendungen aus dem Deckungsverhältnis, wie z.B. einem Leistungsausschluss. Der Versuch des VR sich der Rechtsschutzverpflichtung aus § 100 VVG zu entziehen genügt zur Annahme einer unberechtigten Deckungsverweigerung (a.A. Prölss/Martin/ *Lücke*, § 100 Rn 6), da die Gewährung von Rechtsschutz durch den VR Teil des einheitlichen Versicherungsanspruchs des VN ist (vgl. vor § 100 ff. Rdn 8, § 100 Rdn 39, 43; für eine analoge Anwendung spricht sich *Koch*, in: Bruck/Möller, § 111 Rn 19 aus). Wurde die Versicherungsleistung zu Unrecht abgelehnt, kann es nicht mehr darauf ankommen, ob sie fällig war. Es würde ansonsten von Zufälligkeiten abhängen, ob die Kündigung wirksam ist. Nicht zuletzt steht auch der Wortlaut der Vorschrift dieser Ansicht nicht mehr entgegen, da im Zuge der Reform des Versicherungsvertragsrechts das Wort „Fälligkeit" aus dem Gesetzestext gestrichen wurde. Dem VN steht somit ein Kündigungsrecht im Fall der unberechtigten Leistungsverweigerung auch vor Eintritt der Fälligkeit des Freistellungsanspruchs zu (ähnlich Römer/Langheid/*Langheid*, § 111 Rn 6).

8 Vor der Reform des Versicherungsvertragsrechts war umstritten, ob ein Kündigungsrecht auch bei **berechtigter Deckungsablehnung des VR** entstehen kann. Im Zuge der VVG-Reform hat der Gesetzgeber klargestellt, dass eine Kündigung nur in Betracht kommen kann, wenn die Leistungsverweigerung unbegründet ist, der Freistellungsanspruch also besteht. Der VR könne sich andernfalls jederzeit ein Kündigungsrecht verschaffen (Begr. BT-Drucks 16/3945, S. 87).

c) Weisung des Versicherers, es zum Rechtsstreit kommen zu lassen (§ 111 Abs. 1 S. 2 VVG)

9 Der in § 111 Abs. 1 S. 2 VVG genannte Fall ist einschlägig, wenn der VR seiner Deckungspflicht durch **Rechtsschutzgewährung** nachkommt, also den vom Dritten geltend gemachten Haftpflichtanspruch für unbegründet hält und dem VN die Weisung erteilt, es auf einen Prozess ankommen zu lassen.

II. Fristen (§ 111 Abs. 2 VVG)

1. Kündigungserklärungsfrist (§ 111 Abs. 2 S. 1 VVG)

Nach § 111 Abs. 2 S. 1 VVG muss die Kündigung **innerhalb eines Monats** nach Eintritt 10
des Kündigungsgrundes erklärt werden (vgl. auch Ziff. 19.1 AHB 2015). Soll die Kündigung auf die Weisung des VR, es zum Prozess kommen zu lassen, gestützt werden, ist für den Beginn der Frist der Zeitpunkt der **Rechtskraft des Haftpflichturteils** maßgebend. Ein solches Urteil liegt bei einem Leistungsurteil und einem Teilurteil i.S.d. § 301 ZPO vor, nicht aber bei einem Grundurteil i.S.d. § 304 ZPO (Prölss/Martin/*Lücke*, § 111 Rn 9; Römer/Langheid/*Langheid*, § 111 Rn 10; BK/*Baumann*, § 158 Rn 28; *Johannsen*, in: Bruck/Möller, IV KV Anm. D 21). Einem Urteil im Haftpflichtprozess ist ein zwischen VN und Geschädigtem geschlossener Prozessvergleich sowie eine Klagerücknahme nach § 269 ZPO gleichgestellt (Prölss/Martin/*Lücke*, § 111 Rn 9; Römer/Langheid/*Langheid*, § 111 Rn 10). Führt der VR den Haftpflichtprozess für den VN, ist der Zeitpunkt maßgebend, in dem der VN von dem rechtskräftigen Urteil erfährt (Römer/Langheid/*Langheid*, § 111 Rn 10; *Johannsen*, in: Bruck/Möller, IV KV Anm. D 21) bzw. die Mitteilung des VR hierüber erhält (BK/*Baumann*, § 158 Rn 29). Nach Ziff. 19.1 AHB 2015 ist der Zeitpunkt der Rechtshängigkeit der Haftpflichtklage maßgebend.

Eine **verfrühte Kündigung** soll nach *Lücke* (Prölss/Martin/*Lücke*, § 111 Rn 10) mit Eintritt 11
der Voraussetzungen des Kündigungsrechts wirksam werden. In Anbetracht der damit verbundenen Rechtsunsicherheit ist dies abzulehnen; eine verfrühte Kündigung ist unwirksam und muss u.U. noch einmal erklärt werden (so im Ergebnis auch Römer/Langheid/*Langheid*, § 111 Rn 11; BK/*Baumann*, § 158 Rn 27; differenzierend *Johannsen*, in: Bruck/Möller, IV Anm. D 21, 23; zur Zurückweisungspflicht des VR vgl. Rdn 14).

2. Kündigungsfrist (§ 111 Abs. 2 S. 2 VVG i.V.m. § 92 Abs. 2 S. 2, 3 VVG)

Die Kündigungsfrist für den VR beträgt gem. § 111 Abs. 2 S. 2 VVG i.V.m. § 92 Abs. 2 S. 2 12
VVG **einen Monat** (vgl. Ziff. 19.2 Abs. 2 AHB 2015). Die einmonatige Kündigungsfrist bezweckt den Schutz des VN, der genügend Zeit haben soll, sich einen neuen Vertragspartner zu suchen, der ihm künftig Versicherungsschutz gewährt (BK/*Baumann*, § 158 Rn 31; *Johannsen*, in: Bruck/Möller, IV Anm. D 22). Dieser Zweck ist auch gewahrt, wenn die Kündigung erst später wirkt (*Johannsen*, in: Bruck/Möller, IV Anm. D 22). Der VR kann daher auch zu einem späteren Zeitpunkt kündigen. Der VN kann **spätestens zum Schluss der laufenden Versicherungsperiode** kündigen, § 111 Abs. 2 S. 1 VVG i.V.m. § 92 Abs. 2 S. 3 VVG. Ihm ist auch eine Kündigung mit sofortiger Wirkung möglich (vgl. Ziff. 19.2 Abs. 1 AHB 2015). **Kündigen sowohl der VR als auch der VN**, ist die Kündigung mit der kürzeren Kündigungsfrist für die Beendigung des VV maßgeblich.

C. Rechtsfolgen

13 Bei Vorliegen der oben genannten Voraussetzungen steht beiden Parteien des VV ein Kündigungsrecht zu, das im Fall seiner fristgerechten Ausübung zur **Beendigung des VV** führt (zu den Fristen vgl. Rdn 12, zum notwendigen **Inhalt** sowie zur **Form** der Kündigung, vgl. § 11 Rdn 29, 30).

14 Ist die Kündigung des VN aus irgendwelchen Gründen unwirksam (Nichteinhaltung des Formerfordernisses, des Mindestinhalts, einer Frist oder Fehlen eines Kündigungsgrundes), trifft den VR eine **Zurückweisungsobliegenheit**, die ihn dazu anhält, den VN auf Mängel seiner Kündigung hinzuweisen, sofern er diese i.R.e. sorgfältigen Sachbearbeitung erkennen konnte. Es ist davon auszugehen, dass der VR sich bei Verletzung der Obliegenheit nach Treu und Glauben gem. § 242 BGB nicht auf die Unwirksamkeit der Kündigung berufen kann (vgl. auch BK/*Baumann*, § 158 Rn 33; *Johannsen*, in: Bruck/Möller, IV KV Anm. D 23; a.A. BGH, r+s 1989, 69; VersR 1987, 923, 924). I.Ü. ist – nach Auslegung der Kündigungserklärung – bei Vorliegen einer unwirksamen Kündigung an eine **Umdeutung** der Kündigungserklärung in ein auf Abschluss eines Aufhebungsvertrags gerichtetes Angebot oder in eine ordentliche Kündigung nach § 140 BGB zu denken (vgl. BGH r+s, 1989, 69; VersR 1987, 923, 924; OLG Düsseldorf, VersR 2001, 1551).

15 Wird der VV durch Kündigung beendet, stellt sich die Frage nach dem Schicksal der Pflicht zur **Prämienzahlung**. Mit Abschaffung des § 158 Abs. 3 VVG a.F. gilt der Grundsatz der Prämienunteilbarkeit für den Fall einer durch den VN ausgesprochenen Kündigung nicht mehr. Der Prämienanspruch richtet sich nunmehr nach § 39 VVG (Begr. BT-Drucks 16/3945, S. 87). Danach ist der VN zur Zahlung der Versicherungsprämie nur noch in der Höhe verpflichtet, die sich für den Zeitraum ergibt, in dem der Versicherungsschutz bestand (vgl. Ziff. 14 AHB 2015). Hat er die Prämie bereits gezahlt, steht ihm ein Anspruch auf Erstattung des zu viel gezahlten Anteils der Prämie gegen den VR zu.

D. Abdingbarkeit

16 Die Vorschrift ist **abdingbar**. Die Parteien können i.R.d. allgemeinen Vorschriften – insb. unter Berücksichtigung der §§ 307 ff. BGB – abweichende Vereinbarungen treffen (vgl. Ziff. 19 Nr. 1, 2 AHB 2015).

§ 112 VVG Abweichende Vereinbarungen

Von den §§ 104 und 106 kann nicht zum Nachteil des Versicherungsnehmers abgewichen werden.

1 Die Vorschrift **schränkt** die **Vertragsfreiheit des VR** zum Schutz des regelmäßig wirtschaftlich schwächeren VN **ein**. Während sich die Unabdingbarkeit der §§ 105, 108 VVG sowie der Vorschriften über die Pflichtversicherung (§§ 113 bis 124 VVG) aus den Vorschriften selbst ergibt, bedarf es für die Unabdingbarkeit der §§ 104, 106 VVG einer entsprechenden Regelung. Ebenso kann nicht von §§ 109, 110 VVG abgewichen werden, da dies einen unrechtmäßigen Vertrag zulasten Dritter darstellen würde (vgl. Looschelders/Pohlmann/*Schulze Schwienhorst*, § 112 Rn 2). Von den übrigen Vorschriften des allgemeinen Haftpflichtversicherungsrechts können die Parteien des VV i.R.d. allg. Vorschriften – insb. unter Berücksichtigung der §§ 305 ff. BGB – abweichende Vereinbarungen treffen.

Die in der Vorschrift genannten Regelungen sind **halb zwingend**. Das bedeutet, dass eine von den §§ 104, 106 VVG zugunsten des VN abweichende Regelung zulässig ist. Die Vorschrift verbietet lediglich eine Abweichung zuungunsten des VN. 2

Zum Normzweck der jeweiligen Vorschrift vgl. auch die Kommentierung zu §§ 104, 106 VVG (§ 104 Rdn 1, 2 sowie § 106 Rdn 1). 3

Anhang Allgemeine Versicherungsbedingungen für die Haftpflichtversicherung (AHB 2015)

Stand: Januar 2015

Hinweis
Diese Bedingungen des Gesamtverbandes der Deutschen Versicherungswirtschaft e.V. (GDV) sind für die Versicherer unverbindlich; ihre Verwendung ist rein fakultativ. Abweichende Bedingungen können vereinbart werden. Abdruck mit freundlicher Genehmigung des GDV; die jeweils aktuellen Bedingungen können kostenfrei auf der Website des GDV (www.gdv.de) abgerufen werden.

Umfang des Versicherungsschutzes
1 Gegenstand der Versicherung, Versicherungsfall
2 Vermögensschäden, Abhandenkommen von Sachen
3 Versichertes Risiko
4 Vorsorgeversicherung
5 Leistungen der Versicherung
6 Begrenzung der Leistungen
7 Ausschlüsse

Beginn des Versicherungsschutzes/Beitragszahlung
8 Beginn des Versicherungsschutzes
9 Zahlung und Folgen verspäteter Zahlung/erster oder einmaliger Beitrag
10 Zahlung und Folgen verspäteter Zahlung/Folgebeitrag
11 Rechtzeitigkeit der Zahlung bei SEPA-Lastschriftmandat
12 Teilzahlung und Folgen bei verspäteter Zahlung
13 Beitragsregulierung
14 Beitrag bei vorzeitiger Vertragsbeendigung
15 Beitragsangleichung

Dauer und Ende des Vertrages/Kündigung
16 Dauer und Ende des Vertrages
17 Wegfall des versicherten Risikos
18 Kündigung nach Beitragsangleichung
19 Kündigung nach Versicherungsfall
20 Kündigung nach Veräußerung versicherter Unternehmen
21 Kündigung nach Risikoerhöhung aufgrund Änderung oder Erlass von Rechtsvorschriften
22 Mehrfachversicherung

Obliegenheiten des Versicherungsnehmers
23 Vorvertragliche Anzeigepflichten des Versicherungsnehmers
24 Obliegenheiten vor Eintritt des Versicherungsfalles
25 Obliegenheiten nach Eintritt des Versicherungsfalles
26 Rechtsfolgen bei Verletzung von Obliegenheiten

Weitere Bestimmungen
27 Mitversicherte Personen
28 Abtretungsverbot

29 Anzeigen, Willenserklärungen, Anschriftenänderung
30 Verjährung
31 Zuständiges Gericht
32 Anzuwendendes Recht
33 Begriffsbestimmung

Umfang des Versicherungsschutzes

1. Gegenstand der Versicherung, Versicherungsfall

1.1 Versicherungsschutz besteht im Rahmen des versicherten Risikos für den Fall, dass der Versicherungsnehmer wegen eines während der Wirksamkeit der Versicherung eingetretenen Schadenereignisses (Versicherungsfall), das einen Personen-, Sach- oder sich daraus ergebenden Vermögensschaden zur Folge hatte, aufgrund
gesetzlicher Haftpflichtbestimmungen
privatrechtlichen Inhalts
von einem Dritten auf Schadensersatz in Anspruch genommen wird.
Schadenereignis ist das Ereignis, als dessen Folge die Schädigung des Dritten unmittelbar entstanden ist. Auf den Zeitpunkt der Schadenverursachung, die zum Schadenereignis geführt hat, kommt es nicht an.
→ Vgl. § 100 Rdn 5, 33

1.2 Kein Versicherungsschutz besteht für Ansprüche, auch wenn es sich um gesetzliche Ansprüche handelt,
(1) auf Erfüllung von Verträgen, Nacherfüllung, aus Selbstvornahme, Rücktritt, Minderung, auf Schadensersatz statt der Leistung;
→ Vgl. § 100 Rdn 21
(2) wegen Schäden, die verursacht werden, um die Nacherfüllung durchführen zu können;
(3) wegen des Ausfalls der Nutzung des Vertragsgegenstandes oder wegen des Ausbleibens des mit der Vertragsleistung geschuldeten Erfolges;
(4) auf Ersatz vergeblicher Aufwendungen im Vertrauen auf ordnungsgemäße Vertragserfüllung;
(5) auf Ersatz von Vermögensschäden wegen Verzögerung der Leistung;
(6) wegen anderer an die Stelle der Erfüllung tretender Ersatzleistungen.

1.3 Es besteht – unbeschadet der übrigen Vertragsbestimmungen – Versicherungsschutz nur, soweit und solange dem keine auf die Vertragsparteien direkt anwendbaren Wirtschafts-, Handels- oder Finanzsanktionen bzw. Embargos der Europäischen Union oder der Bundesrepublik Deutschland entgegenstehen.
Dies gilt auch für Wirtschafts-, Handels- oder Finanzsanktionen bzw. Embargos, die durch die Vereinigten Staaten von Amerika in Hinblick auf den Iran erlassen werden, soweit dem nicht europäische oder deutsche Rechtsvorschriften entgegenstehen.

2. Vermögensschaden, Abhandenkommen von Sachen

Dieser Versicherungsschutz kann durch besondere Vereinbarung erweitert werden auf die gesetzliche Haftpflicht privatrechtlichen Inhalts des Versicherungsnehmers wegen

2.1 Vermögensschäden, die weder durch Personen- noch durch Sachschäden entstanden sind:

2.2 Schäden durch Abhandenkommen von Sachen; hierauf finden dann die Bestimmungen über Sachschäden Anwendung.

→ Vgl. § 100 Rdn 11

3. Versichertes Risiko

3.1 Der Versicherungsschutz umfasst die gesetzliche Haftpflicht

(1) aus den im Versicherungsschein und seinen Nachträgen angegebenen Risiken des Versicherungsnehmers,

(2) aus Erhöhungen oder Erweiterungen der im Versicherungsschein und seinen Nachträgen angegebenen Risiken. Dies gilt nicht für Risiken aus dem Halten oder Gebrauch von versicherungspflichtigen Kraft-, Luft- oder Wasserfahrzeugen sowie für sonstige Risiken, die der Versicherungs- oder Deckungsvorsorgepflicht unterliegen,

(3) aus Risiken, die für den Versicherungsnehmer nach Abschluss der Versicherung neu entstehen (Vorsorgeversicherung) und die in Ziff. 4 näher geregelt sind.

3.2 Der Versicherungsschutz erstreckt sich auch auf Erhöhungen des versicherten Risikos durch Änderung bestehender oder Erlass neuer Rechtsvorschriften. Der Versicherer kann den Vertrag jedoch unter den Voraussetzungen von Ziff. 21 kündigen.

4. Vorsorgeversicherung

4.1 Risiken, die nach Abschluss des Versicherungsvertrages neu entstehen, sind im Rahmen des bestehenden Vertrages sofort versichert.

(1) Der Versicherungsnehmer ist verpflichtet, nach Aufforderung des Versicherers jedes neue Risiko innerhalb eines Monats anzuzeigen. Die Aufforderung kann auch mit der Beitragsrechnung erfolgen. Unterlässt der Versicherungsnehmer die rechtzeitige Anzeige, entfällt der Versicherungsschutz für das neue Risiko rückwirkend ab dessen Entstehung.

Tritt der Versicherungsfall ein, bevor das neue Risiko angezeigt wurde, so hat der Versicherungsnehmer zu beweisen, dass das neue Risiko erst nach Abschluss der Versicherung und zu einem Zeitpunkt hinzugekommen ist, zu dem die Anzeigefrist noch nicht verstrichen war.

(2) Der Versicherer ist berechtigt, für das neue Risiko einen angemessenen Beitrag zu verlangen. Kommt eine Einigung über die Höhe des Beitrags innerhalb einer Frist von einem Monat nach Eingang der Anzeige nicht zustande, entfällt der Versicherungsschutz für das neue Risiko rückwirkend ab dessen Entstehung.

4.2 Der Versicherungsschutz für neue Risiken ist von ihrer Entstehung bis zur Einigung im Sinne von Ziff. 4.1 (2) auf den Betrag von EUR ... für Personenschäden und EUR ... für Sachschäden und – soweit vereinbart – EUR ... für Vermögensschäden begrenzt, sofern nicht im Versicherungsschein geringere Versicherungssummen festgesetzt sind.

4.3 Die Regelung der Vorsorgeversicherung gilt nicht für Risiken
(1) aus dem Eigentum, Besitz, Halten oder Führen eines Kraft-, Luft- oder Wasserfahrzeugs, soweit diese Fahrzeuge der Zulassungs-, Führerschein- oder Versicherungspflicht unterliegen;
(2) aus dem Eigentum, Besitz, Betrieb oder Führen von Bahnen;
(3) die der Versicherungs- oder Deckungsvorsorgepflicht unterliegen;
(4) die kürzer als ein Jahr bestehen werden und deshalb im Rahmen von kurzfristigen Versicherungsverträgen zu versichern sind.

5. Leistungen der Versicherung

5.1 Der Versicherungsschutz umfasst die Prüfung der Haftpflichtfrage, die Abwehr unberechtigter Schadensersatzansprüche und die Freistellung des Versicherungsnehmers von berechtigten Schadensersatzverpflichtungen.
→ Vgl. § 100 Rdn 39; § 106 Rdn 3, 22; § 108 Rdn 32
Berechtigt sind Schadensersatzverpflichtungen dann, wenn der Versicherungsnehmer aufgrund Gesetzes, rechtskräftigen Urteils, Anerkenntnisses oder Vergleiches zur Entschädigung verpflichtet ist und der Versicherer hierdurch gebunden ist. Anerkenntnisse und Vergleiche, die vom Versicherungsnehmer ohne Zustimmung des Versicherers abgegeben oder geschlossen worden sind, binden den Versicherer nur, soweit der Anspruch auch ohne Anerkenntnis oder Vergleich bestanden hätte.
→ Vgl. § 106 Rdn 16, 19, 42, § 108 Rdn 43
Ist die Schadensersatzverpflichtung des Versicherungsnehmers mit bindender Wirkung für den Versicherer festgestellt, hat der Versicherer den Versicherungsnehmer binnen zwei Wochen vom Anspruch des Dritten freizustellen.

5.2 Der Versicherer ist bevollmächtigt, alle ihm zur Abwicklung des Schadens oder Abwehr der Schadensersatzansprüche zweckmäßig erscheinenden Erklärungen im Namen des Versicherungsnehmers abzugeben.
→ Vgl. § 100 Rdn 48
Kommt es in einem Versicherungsfall zu einem Rechtsstreit über Schadensersatzansprüche gegen den Versicherungsnehmer, ist der Versicherer zur Prozessführung bevollmächtigt. Er führt den Rechtsstreit im Namen des Versicherungsnehmers auf seine Kosten.

5.3 Wird in einem Strafverfahren wegen eines Schadensereignisses, das einen unter den Versicherungsschutz fallenden Haftpflichtanspruch zur Folge haben kann, die Bestellung eines Verteidigers für den Versicherungsnehmer von dem Versicherer gewünscht oder genehmigt, so trägt der Versicherer die gebührenordnungsmäßigen oder die mit ihm besonders vereinbarten höheren Kosten des Verteidigers.
→ Vgl. § 101 Rdn 10

5.4 Erlangt der Versicherungsnehmer oder ein Mitversicherter das Recht, die Aufhebung oder Minderung einer zu zahlenden Rente zu fordern, so ist der Versicherer zur Ausübung dieses Rechts bevollmächtigt.
→ Vgl. § 107 Rdn 21

6. Begrenzung der Leistungen

6.1 Die Entschädigungsleistung des Versicherers ist bei jedem Versicherungsfall auf die vereinbarten Versicherungssummen begrenzt. Dies gilt auch dann, wenn sich der Versicherungsschutz auf mehrere entschädigungspflichtige Personen erstreckt.

6.2 Sofern nicht etwas anderes vereinbart wurde, sind die Entschädigungsleistungen des Versicherers für alle Versicherungsfälle eines Versicherungsjahres auf das ...-fache der vereinbarten Versicherungssummen begrenzt.

6.3 Mehrere während der Wirksamkeit der Versicherung eintretende Versicherungsfälle gelten als ein Versicherungsfall, der im Zeitpunkt des ersten dieser Versicherungsfälle eingetreten ist, wenn diese
– auf derselben Ursache,
– auf gleichen Ursachen mit innerem, insbesondere sachlichem und zeitlichem, Zusammenhang oder
– auf der Lieferung von Waren mit gleichen Mängeln beruhen.

6.4 Falls besonders vereinbart, beteiligt sich der Versicherungsnehmer bei jedem Versicherungsfall mit einem im Versicherungsschein festgelegten Betrag an der Schadensersatzleistung (Selbstbehalt). Auch wenn die begründeten Haftpflichtansprüche aus einem Versicherungsfall die Versicherungssumme übersteigen, wird die Selbstbeteiligung vom Betrag der begründeten Haftpflichtansprüche abgezogen. Ziff. 6.1 bleibt unberührt. Soweit nicht etwas anderes vereinbart wurde, ist der Versicherer auch in diesen Fällen zur Abwehr unberechtigter Schadensersatzansprüche verpflichtet.

6.5 Die Aufwendungen des Versicherers für Kosten werden nicht auf die Versicherungssummen angerechnet.
→ Vgl. § 101 Rdn 16

6.6 Übersteigen die begründeten Haftpflichtansprüche aus einem Versicherungsfall die Versicherungssumme, trägt der Versicherer die Prozesskosten im Verhältnis der Versicherungssumme zur Gesamthöhe dieser Ansprüche.
→ Vgl. § 101 Rdn 16, 17

6.7 Hat der Versicherungsnehmer an den Geschädigten Rentenzahlungen zu leisten und übersteigt der Kapitalwert der Rente die Versicherungssumme oder den nach Abzug etwaiger sonstiger Leistungen aus dem Versicherungsfall noch verbleibenden Restbetrag der Versicherungssumme, so wird die zu leistende Rente nur im Verhältnis der Versicherungssumme bzw. ihres Restbetrages zum Kapitalwert der Rente vom Versicherer erstattet.
→ Vgl. § 107 Rdn 9, 11, 14, 19

Für die Berechnung des Rentenwertes gilt die entsprechende Vorschrift der Verordnung über den Versicherungsschutz in der Kraftfahrzeug-Haftpflichtversicherung in der jeweils gültigen Fassung zum Zeitpunkt des Versicherungsfalles.
→ Vgl. § 107 Rdn 13

Bei der Berechnung des Betrages, mit dem sich der Versicherungsnehmer an laufenden Rentenzahlungen beteiligen muß, wenn der Kapitalwert der Rente die Versicherungssumme oder die nach Abzug sonstiger Leistungen verbleibende Restversicherungssumme übersteigt, werden die sonstigen Leistungen mit ihrem vollen Betrag von der Versicherungssumme abgesetzt.

6.8 Falls die von dem Versicherer verlangte Erledigung eines Haftpflichtanspruchs durch Anerkenntnis, Befriedigung oder Vergleich am Verhalten des Versicherungsnehmers scheitert, hat der Versicherer für den von der Weigerung an entstehenden Mehraufwand an Entschädigungsleistung, Zinsen und Kosten nicht aufzukommen.

7. Ausschlüsse

Falls im Versicherungsschein oder seinen Nachträgen nicht ausdrücklich etwas anderes bestimmt ist, sind von der Versicherung ausgeschlossen:

7.1 Versicherungsansprüche aller Personen, die den Schaden vorsätzlich herbeigeführt haben.
→ Vgl. § 103 Rdn 10

7.2 Versicherungsansprüche aller Personen, die den Schaden dadurch verursacht haben, dass sie in Kenntnis von deren Mangelhaftigkeit oder Schädlichkeit
– auf Erzeugnisse in den Verkehr gebracht oder
– auf Arbeiten oder sonstige Leistungen erbracht haben.
→ Vgl. § 103 Rdn 22

7.3 Haftpflichtansprüche, soweit sie auf Grund Vertrags oder Zusagen über den Umfang der gesetzlichen Haftpflicht des Versicherungsnehmers hinausgehen.
→ Vgl. § 100 Rdn 27

7.4 Haftpflichtansprüche
(1) des Versicherungsnehmers selbst oder der in Ziff. 7.5 benannten Personen gegen die Mitversicherten,
(2) zwischen mehreren Versicherungsnehmern desselben Versicherungsvertrages,
→ Vgl. § 100 Rdn 37
(3) zwischen mehreren Mitversicherten desselben Versicherungsvertrages.
→ Vgl. § 100 Rdn 37

7.5 Haftpflichtansprüche gegen den Versicherungsnehmer
(1) aus Schadenfällen seiner Angehörigen, die mit ihm in häuslicher Gemeinschaft leben oder die zu den im Versicherungsvertrag mitversicherten Personen gehören; Als Angehörige gelten Ehegatten, Lebenspartner im Sinne des Lebenspartnerschaftsgesetzes oder vergleichbarer Partnerschaften nach dem Recht anderer Staaten, Eltern und Kinder, Adoptiveltern und -kinder, Schwiegereltern und -kinder, Stiefeltern und -kinder, Großeltern und Enkel, Geschwister sowie Pflegeeltern

und -kinder (Personen, die durch ein familienähnliches, auf längere Dauer angelegtes Verhältnis wie Eltern und Kinder miteinander verbunden sind);
(2) von seinen gesetzlichen Vertretern oder Betreuern, wenn der Versicherungsnehmer eine geschäftsunfähige, beschränkt geschäftsfähige oder betreute Person ist;
(3) von seinen gesetzlichen Vertretern, wenn der Versicherungsnehmer eine juristische Person des privaten oder öffentlichen Rechts oder ein nicht rechtsfähiger Verein ist;
(4) von seinen unbeschränkt persönlich haftenden Gesellschaftern, wenn der Versicherungsnehmer eine Offene Handelsgesellschaft, Kommanditgesellschaft oder Gesellschaft bürgerlichen Rechts ist;
(5) von seinen Partnern, wenn der Versicherungsnehmer eine eingetragene Partnerschaftsgesellschaft ist;
(6) von seinen Liquidatoren, Zwangs- und Insolvenzverwaltern.

zu Ziff. 7.4 und Ziff. 7.5:

Die Ausschlüsse unter Ziff. 7.4 und Ziff. 7.5 (2) bis (6) erstrecken sich auch auf Haftpflichtansprüche von Angehörigen der dort genannten Personen, die mit diesen in häuslicher Gemeinschaft leben.

7.6 Haftpflichtansprüche wegen Schäden an fremden Sachen und allen sich daraus ergebenden Vermögensschäden, wenn der Versicherungsnehmer diese Sachen gemietet, geleast, gepachtet, geliehen, durch verbotene Eigenmacht erlangt hat oder sie Gegenstand eines besonderen Verwahrungsvertrages sind.

7.7 Haftpflichtansprüche wegen Schäden an fremden Sachen und allen sich daraus ergebenden Vermögensschäden, wenn
(1) die Schäden durch eine gewerbliche oder berufliche Tätigkeit des Versicherungsnehmer an diesen Sachen (Bearbeitung, Reparatur, Beförderung, Prüfung und dgl.) entstanden sind; bei unbeweglichen Sachen gilt dieser Ausschluss nur insoweit, als diese Sachen oder Teile von ihnen unmittelbar von der Tätigkeit betroffen waren;
(2) die Schäden dadurch entstanden sind, dass der Versicherungsnehmer diese Sachen zur Durchführung seiner gewerblichen oder beruflichen Tätigkeiten (als Werkzeug, Hilfsmittel, Materialablagefläche und dgl.) benutzt hat; bei unbeweglichen Sachen gilt dieser Ausschluss nur insoweit, als diese Sachen oder Teile von ihnen unmittelbar von der Benutzung betroffen waren;
(3) die Schäden durch eine gewerbliche oder berufliche Tätigkeit des Versicherungsnehmer entstanden sind und sich diese Sachen oder – sofern es sich um unbewegliche Sachen handelt – deren Teile im unmittelbaren Einwirkungsbereich der Tätigkeit befunden haben; dieser Ausschluss gilt nicht, wenn der Versicherungsnehmer beweist, dass er zum Zeitpunkt der Tätigkeit offensichtlich notwendige Schutzvorkehrungen zur Vermeidung von Schäden getroffen hatte.

zu Ziff. 7.6 und Ziff. 7.7:

Sind die Voraussetzungen der Ausschlüsse in Ziff. 7.6 und Ziff. 7.7 in der Person von Angestellten, Arbeitern, Bediensteten, Bevollmächtigten oder Beauftragten des Versicherungsnehmers gegeben, so entfällt gleichfalls der Versicherungsschutz, und zwar sowohl für den Versicherungsnehmer als auch für die durch den Versicherungsvertrag etwa mitversicherten Personen.

7.8 Haftpflichtansprüche wegen Schäden an vom Versicherungsnehmer hergestellten oder gelieferten Sachen, Arbeiten oder sonstigen Leistungen infolge einer in der Herstellung, Lieferung oder Leistung liegenden Ursache und alle sich daraus ergebenden Vermögensschäden. Dies gilt auch dann, wenn die Schadenursache in einem mangelhaften Einzelteil der Sache oder in einer mangelhaften Teilleistung liegt und zur Beschädigung oder Vernichtung der Sache oder Leistung führt.

Dieser Ausschluss findet auch dann Anwendung, wenn Dritte im Auftrag oder für Rechnung des Versicherungsnehmers die Herstellung oder Lieferung der Sachen oder die Arbeiten oder sonstigen Leistungen übernommen haben.
→ Vgl. § 100 Rdn 10

7.9 Haftpflichtansprüche aus im Ausland vorkommenden Schadenereignissen; Ansprüche aus § 110 Sozialgesetzbuch VII sind jedoch mitversichert.

7.10 (a) Ansprüche, die gegen den Versicherungsnehmer wegen Umweltschäden gemäß Umweltschadensgesetz oder anderen auf der EU-Umwelthaftungsrichtlinie (2004/35/EG) basierenden nationalen Umsetzungsgesetzen geltend gemacht werden. Dies gilt auch dann, wenn der Versicherungsnehmer von einem Dritten aufgrund gesetzlicher Haftpflichtbestimmungen privatrechtlichen Inhalts auf Erstattung der durch solche Umweltschäden entstandenen Kosten in Anspruch genommen wird.

Der Versicherungsschutz bleibt aber für solche Ansprüche erhalten, die auch ohne Bestehen des Umweltschadensgesetzes oder anderer auf der EU-Umwelthaftungsrichtlinie (2004/35/EG) basierender nationaler Umsetzungsgesetze bereits aufgrund gesetzlicher Haftpflichtbestimmungen privatrechtlichen Inhalts gegen den Versicherungsnehmer geltend gemacht werden könnten.

Dieser Ausschluss gilt nicht im Rahmen der Versicherung privater Haftpflichtrisiken.

7.10 (b) Haftpflichtansprüche wegen Schäden durch Umwelteinwirkung.

Dieser Ausschluss gilt nicht

(1) im Rahmen der Versicherung privater Haftpflichtrisiken
    oder
(2) für Schäden, die durch vom Versicherungsnehmer hergestellte oder gelieferte Erzeugnisse (auch Abfälle), durch Arbeiten oder sonstige Leistungen nach Ausführung der Leistung oder nach Abschluss der Arbeiten entstehen (Produkthaftpflicht).

Kein Versicherungsschutz besteht jedoch für Schäden durch Umwelteinwirkung, die aus der Planung, Herstellung, Lieferung, Montage, Demontage, Instandhaltung oder Wartung von

- Anlagen, die bestimmt sind, gewässerschädliche Stoffe herzustellen, zu verarbeiten, zu lagern, abzulagern, zu befördern oder wegzuleiten (WHG-Anlagen);
- Anlagen gem. Anhang 1 oder 2 zum Umwelthaftungsgesetz (UmweltHG-Anlagen);
- Anlagen, die nach dem Umweltschutz dienenden Bestimmungen einer Genehmigungs- oder Anzeigepflicht unterliegen;
- Abwasseranlagen

oder Teilen resultieren, die ersichtlich für solche Anlagen bestimmt sind.

7.11 Haftpflichtansprüche wegen Schäden, die auf Asbest, asbesthaltige Substanzen oder Erzeugnisse zurückzuführen sind.

7.12 Haftpflichtansprüche wegen Schäden, die in unmittelbarem oder mittelbarem Zusammenhang stehen mit energiereichen ionisierenden Strahlen (z.B. Strahlen von radioaktiven Stoffen oder Röntgenstrahlen).

7.13 Haftpflichtansprüche wegen Schäden, die zurückzuführen sind auf
(1) gentechnische Arbeiten,
(2) gentechnisch veränderte Organismen (GVO),
(3) Erzeugnisse, die
  - Bestandteile aus GVO enthalten,
  - aus oder mit Hilfe von GVO hergestellt wurden.

7.14 Haftpflichtansprüche aus Sachschäden, welche entstehen durch
(1) Abwässer, soweit es sich nicht um häusliche Abwässer handelt,
(2) Senkungen von Grundstücken oder Erdrutschungen,
(3) Überschwemmungen stehender oder fließender Gewässer.

7.15 Haftpflichtansprüche wegen Schäden aus dem Austausch, der Übermittlung und der Bereitstellung elektronischer Daten, soweit es sich handelt um Schäden aus
(1) Löschung, Unterdrückung, Unbrauchbarmachung oder Veränderung von Daten,
(2) Nichterfassen oder fehlerhaftem Speichern von Daten,
(3) Störung des Zugangs zum elektronischen Datenaustausch,
(4) Übermittlung vertraulicher Daten oder Informationen.
→ Vgl. § 100 Rdn 7

7.16 Haftpflichtansprüche wegen Schäden aus Persönlichkeits- oder Namensrechtsverletzungen.
→ Vgl. § 100 Rdn 6

7.17 Haftpflichtansprüche wegen Schäden aus Anfeindung, Schikane, Belästigung, Ungleichbehandlung oder sonstigen Diskriminierungen.

7.18 Haftpflichtansprüche wegen Personenschäden, die aus der Übertragung einer Krankheit des Versicherungsnehmers resultieren. Das Gleiche gilt für Sachschäden, die durch Krankheit der dem Versicherungsnehmer gehörenden, von ihm gehaltenen oder veräußerten Tiere entstanden sind. In beiden Fällen besteht Versicherungsschutz, wenn der Versicherungsnehmer beweist, dass er weder vorsätzlich noch grob fahrlässig gehandelt hat.
→ Vgl. § 103 Rdn 22

Beginn des Versicherungsschutzes/Beitragszahlung
8. Beginn des Versicherungsschutzes

Der Versicherungsschutz beginnt zu dem im Versicherungsschein angegebenen Zeitpunkt, wenn der Versicherungsnehmer den ersten oder einmaligen Beitrag rechtzeitig im Sinne von Ziff. 9.1 zahlt. Der in Rechnung gestellte Beitrag enthält die Versicherungsteuer, die der Versicherungsnehmer in der jeweils vom Gesetz bestimmten Höhe zu entrichten hat.

Alternative für die echte unterjährige Beitragszahlung
8. Beginn des Versicherungsschutzes, Beitrag und Versicherungsteuer
8.1 Der Versicherungsschutz beginnt zu dem im Versicherungsschein angegebenen Zeitpunkt, wenn der Versicherungsnehmer den ersten oder einmaligen Beitrag rechtzeitig im Sinne von Ziff. 9.1 zahlt.
8.2 Die Beiträge können je nach Vereinbarung in einem einzigen Betrag (Einmalbeitrag), durch Monats-, Vierteljahres-, Halbjahres- oder Jahresbeiträge (laufende Beiträge) entrichtet werden. Die Versicherungsperiode umfasst bei unterjähriger Beitragszahlung entsprechend der Zahlungsweise einen Monat, ein Vierteljahr bzw. ein halbes Jahr.
8.3 Der in Rechnung gestellte Beitrag enthält die Versicherungssteuer, die der Versicherungsnehmer in der jeweils vom Gesetz bestimmten Höhe zu entrichten hat.

9. Zahlung und Folgen verspäteter Zahlung/erster oder einmaliger Beitrag

9.1 Der erste oder einmalige Beitrag wird unverzüglich nach Ablauf von zwei Wochen nach Zugang des Versicherungsscheins fällig.
Ist die Zahlung des Jahresbeitrags in Raten vereinbart, gilt als erster Beitrag nur die erste Rate des ersten Jahresbeitrags.

Alternative für die echte unterjährige Beitragszahlung:
9.1 Der erste oder einmalige Beitrag wird unverzüglich nach Ablauf von zwei Wochen nach Zugang des Versicherungsscheins fällig.
9.2 Zahlt der Versicherungsnehmer den ersten oder einmaligen Beitrag nicht rechtzeitig, sondern zu einem späteren Zeitpunkt, beginnt der Versicherungsschutz erst ab diesem Zeitpunkt. Das gilt nicht, wenn der Versicherungsnehmer nachweist, dass er die Nichtzahlung nicht zu vertreten hat. Für Versicherungsfälle, die bis zur Zahlung des Beitrags eintreten, ist der Versicherer nur dann nicht zur Leistung verpflichtet, wenn er den Versicherungsnehmer durch gesonderte Mitteilung in Textform oder durch einen auffälligen Hinweis im Versicherungsschein auf diese Rechtsfolge der Nichtzahlung des Beitrags aufmerksam gemacht hat.
9.3 Zahlt der Versicherungsnehmer den ersten oder einmaligen Beitrag nicht rechtzeitig, kann der Versicherer vom Vertrag zurücktreten, solange der Beitrag nicht gezahlt ist. Der Versicherer kann nicht zurücktreten, wenn der Versicherungsnehmer nachweist, dass er die Nichtzahlung nicht zu vertreten hat.

10. Zahlung und Folgen verspäteter Zahlung/Folgebeitrag

10.1 Die Folgebeiträge sind, soweit nicht etwas anderes bestimmt ist, am Monatsersten des vereinbarten Beitragszeitraums fällig.

Die Zahlung gilt als rechtzeitig, wenn sie zu dem im Versicherungsschein oder in der Beitragsrechnung angegebenen Zeitpunkt erfolgt.

10.2 Wird ein Folgebeitrag nicht rechtzeitig gezahlt, gerät der Versicherungsnehmer ohne Mahnung in Verzug, es sei denn, dass er die verspätete Zahlung nicht zu vertreten hat.

Der Versicherer ist berechtigt, Ersatz des ihm durch den Verzug entstandenen Schadens zu verlangen.

Wird ein Folgebeitrag nicht rechtzeitig gezahlt, kann der Versicherer dem Versicherungsnehmer auf dessen Kosten in Textform eine Zahlungsfrist bestimmen, die mindestens zwei Wochen betragen muss. Die Bestimmung ist nur wirksam, wenn sie die rückständigen Beträge des Beitrags, Zinsen und Kosten im Einzelnen beziffert und die Rechtsfolgen angibt, die nach den Ziff. 10.3 und 10.4 mit dem Fristablauf verbunden sind.

10.3 Ist der Versicherungsnehmer nach Ablauf dieser Zahlungsfrist noch mit der Zahlung in Verzug, besteht ab diesem Zeitpunkt bis zur Zahlung kein Versicherungsschutz, wenn er mit der Zahlungsaufforderung nach Ziff. 10.2 Abs. 3 darauf hingewiesen wurde.

10.4 Ist der Versicherungsnehmer nach Ablauf dieser Zahlungsfrist noch mit der Zahlung in Verzug, kann der Versicherer den Vertrag ohne Einhaltung einer Frist kündigen, wenn er den Versicherungsnehmer mit der Zahlungsaufforderung nach Ziff. 10.2 Abs. 3 darauf hingewiesen hat.

Hat der Versicherer gekündigt, und zahlt der Versicherungsnehmer danach innerhalb eines Monats den angemahnten Betrag, besteht der Vertrag fort. Für Versicherungsfälle, die zwischen dem Zugang der Kündigung und der Zahlung eingetreten sind, besteht jedoch kein Versicherungsschutz.

11. Rechtzeitigkeit der Zahlung bei SEPA-Lastschriftmandat

Ist die Einziehung des Beitrags von einem Konto vereinbart, gilt die Zahlung als rechtzeitig, wenn der Beitrag zum Fälligkeitstag eingezogen werden kann und der Versicherungsnehmer einer berechtigten Einziehung nicht widerspricht.

Konnte der fällige Beitrag ohne Verschulden des Versicherungsnehmers vom Versicherer nicht eingezogen werden, ist die Zahlung auch dann noch rechtzeitig, wenn sie unverzüglich nach einer in Textform abgegebenen Zahlungsaufforderung des Versicherers erfolgt.

Kann der fällige Beitrag nicht eingezogen werden, weil der Versicherungsnehmer das SEPA-Lastschriftmandat widerrufen hat, oder hat der Versicherungsnehmer aus anderen Gründen zu vertreten, dass der Beitrag nicht eingezogen werden kann, ist der Versicherer berechtigt, künftig Zahlung außerhalb des Lastschriftverfahrens zu verlangen. Der Versicherungsnehmer ist zur Übermittlung des Beitrags erst verpflichtet, wenn er vom Versicherer hierzu in Textform aufgefordert worden ist.

12. Teilzahlung und Folgen bei verspäteter Zahlung

Ist die Zahlung des Jahresbeitrags in Raten vereinbart, sind die noch ausstehenden Raten sofort fällig, wenn der Versicherungsnehmer mit der Zahlung einer Rate im Verzug ist.

Ferner kann der Versicherer für die Zukunft jährliche Beitragszahlung verlangen.

Alternative für die echte unterjährige Beitragszahlung:
12. *Teilzahlungen und Folgen bei verspäteter Zahlung*
Gestrichen

13. Beitragsregulierung

13.1 Der Versicherungsnehmer hat nach Aufforderung mitzuteilen, ob und welche Änderungen des versicherten Risikos gegenüber den früheren Angaben eingetreten sind. Diese Aufforderung kann auch durch einen Hinweis auf der Beitragsrechnung erfolgen. Die Angaben sind innerhalb eines Monats nach Zugang der Aufforderung zu machen und auf Wunsch des Versicherers nachzuweisen. Bei unrichtigen Angaben zum Nachteil des Versicherers kann dieser vom Versicherungsnehmer eine Vertragsstrafe in dreifacher Höhe des festgestellten Beitragsunterschiedes verlangen. Dies gilt nicht, wenn der Versicherungsnehmer beweist, dass ihn an der Unrichtigkeit der Angaben kein Verschulden trifft.

13.2 Aufgrund der Änderungsmitteilung des Versicherungsnehmers oder sonstiger Feststellungen wird der Beitrag ab dem Zeitpunkt der Veränderung berichtigt (Beitragsregulierung), beim Wegfall versicherter Risiken jedoch erst ab dem Zeitpunkt des Eingangs der Mitteilung beim Versicherer. Der vertraglich vereinbarte Mindestbeitrag darf dadurch nicht unterschritten werden. Alle entsprechend Ziff. 15.1 nach dem Versicherungsabschluss eingetretenen Erhöhungen und Ermäßigungen des Mindestbeitrags werden berücksichtigt.

13.3 Unterlässt der Versicherungsnehmer die rechtzeitige Mitteilung, kann der Versicherer für den Zeitraum, für den die Angaben zu machen waren, eine Nachzahlung in Höhe des für diesen Zeitraum bereits in Rechnung gestellten Beitrages verlangen. Werden die Angaben nachträglich gemacht, findet eine Beitragsregulierung statt. Ein vom Versicherungsnehmer zuviel gezahlter Beitrag wird nur zurückerstattet, wenn die Angaben innerhalb von zwei Monaten nach Zugang der Mitteilung des erhöhten Beitrages erfolgten.

13.4 Die vorstehenden Bestimmungen finden auch Anwendung auf Versicherungen mit Beitragsvorauszahlung für mehrere Jahre.

14. Beitrag bei vorzeitiger Vertragsbeendigung

Bei vorzeitiger Beendigung des Vertrages hat der Versicherer, soweit durch Gesetz nicht etwas anderes bestimmt ist, nur Anspruch auf den Teil des Beitrages, der dem Zeitraum entspricht, in dem Versicherungsschutz bestanden hat.

→ Vgl. § 111 Rdn 15

Anhang zu §§ 100 bis 112 VVG   AHB 2015

15. Beitragsangleichung

15.1 Die Versicherungsbeiträge unterliegen der Beitragsangleichung. Soweit die Beiträge nach Lohn-, Bau- oder Umsatzsumme berechnet werden, findet keine Beitragsangleichung statt. Mindestbeiträge unterliegen unabhängig von der Art der Beitragsberechnung der Beitragsangleichung.

15.2 Ein unabhängiger Treuhänder ermittelt jährlich mit Wirkung für die ab dem 1. Juli fälligen Beiträge, um welchen Prozentsatz sich im vergangenen Kalenderjahr der Durchschnitt der Schadenzahlungen aller zum Betrieb der Allgemeinen Haftpflichtversicherung zugelassenen Versicherer gegenüber dem vorvergangenen Jahr erhöht oder vermindert hat. Den ermittelten Prozentsatz rundet er auf die nächstniedrigere, durch fünf teilbare ganze Zahl ab.

Als Schadenzahlungen gelten dabei auch die speziell durch den einzelnen Schadenfall veranlassten Ausgaben für die Ermittlung von Grund und Höhe der Versicherungsleistungen.

Durchschnitt der Schadenzahlungen eines Kalenderjahres ist die Summe der in diesem Jahr geleisteten Schadenzahlungen geteilt durch die Anzahl der im gleichen Zeitraum neu angemeldeten Schadenfälle.

15.3 Im Falle einer Erhöhung ist der Versicherer berechtigt, im Falle einer Verminderung verpflichtet, den Folgejahresbeitrag um den sich aus Ziff. 15.2 ergebenden Prozentsatz zu verändern (Beitragsangleichung). Der veränderte Folgejahresbeitrag wird dem Versicherungsnehmer mit der nächsten Beitragsrechnung bekannt gegeben.

Hat sich der Durchschnitt der Schadenzahlungen des Versicherers in jedem der letzten fünf Kalenderjahre um einen geringeren Prozentsatz als denjenigen erhöht, den der Treuhänder jeweils für diese Jahre nach Ziff. 15.2 ermittelt hat, so darf der Versicherer den Folgejahresbeitrag nur um den Prozentsatz erhöhen, um den sich der Durchschnitt seiner Schadenzahlungen nach seinen unternehmenseigenen Zahlen im letzten Kalenderjahr erhöht hat; diese Erhöhung darf diejenige nicht überschreiten, die sich nach dem vorstehenden Absatz ergeben würde.

15.4 Liegt die Veränderung nach Ziff. 15.2 oder 15.3 unter 5 Prozent, entfällt eine Beitragsangleichung. Diese Veränderung ist jedoch in den folgenden Jahren zu berücksichtigen.

Alternative für die echte unterjährige Beitragszahlung

15. *Beitragsangleichung*

15.1 *Die Versicherungsbeiträge unterliegen der Beitragsangleichung. Soweit die Beiträge nach Lohn-, Bau- oder Umsatzsumme berechnet werden, findet keine Beitragsangleichung statt. Mindestbeiträge unterliegen unabhängig von der Art der Beitragsberechnung der Beitragsangleichung. Sie wird jeweils ab Beginn desjenigen Versicherungsjahres wirksam, das ab dem 1. Juli beginnt.*

15.2 *Ein unabhängiger Treuhänder ermittelt jährlich mit Wirkung für die Beiträge der ab dem 1. Juli beginnenden Versicherungsjahre, um welchen Prozentsatz sich im vergangenen Kalenderjahr der Durchschnitt der Schadenzahlungen aller zum Betrieb der Allgemeinen Haftpflichtversicherung zugelassenen Versicherer gegenüber dem vorvergangenen Jahr erhöht oder vermindert hat. Den ermittelten Prozentsatz rundet er auf die nächst niedrigere, durch fünf teilbare ganze Zahl ab. Als Schadenzahlungen gelten dabei auch die speziell durch den einzelnen Schadenfall veranlassten Ausgaben für die Ermittlung von Grund und Höhe der Versicherungsleistungen. Durchschnitt der Schadenzahlungen eines Kalenderjahres ist die Summe der in diesem Jahr geleisteten Schadenzahlungen geteilt durch die Anzahl der im gleichen Zeitraum neu angemeldeten Schadenfälle.*

15.3 *Im Falle einer Erhöhung ist der Versicherer berechtigt, im Falle einer Verminderung verpflichtet, die Folgebeiträge um den sich aus Ziff. 15.2 ergebenden Prozentsatz zu verändern (Beitragsangleichung). Der veränderte Folgebeitrag wird dem Versicherungsnehmer mit der Beitragsrechnung bekannt gegeben.*

Hat sich der Durchschnitt der Schadenzahlungen des Versicherers in jedem der letzten fünf Kalenderjahre um einen geringeren Prozentsatz als denjenigen erhöht, den der Treuhänder jeweils für diese Jahre nach Ziff. 15.2 ermittelt hat, so darf der Versicherer die Folgebeiträge nur um den Prozentsatz erhöhen, um den sich der Durchschnitt seiner Schadenzahlungen nach seinen unternehmenseigenen Zahlen im letzten Kalenderjahr erhöht hat; diese Erhöhung darf diejenige nicht überschreiten, die sich nach dem vorstehenden Absatz ergeben würde.

15.4 *Liegt die Veränderung nach Ziff. 15.2 oder 15.3 unter 5 Prozent, entfällt eine Beitragsangleichung. Diese Veränderung ist jedoch in den folgenden Jahren zu berücksichtigen.*

Dauer und Ende des Vertrages/Kündigung

16. Dauer und Ende des Vertrages

16.1 Der Vertrag ist für die im Versicherungsschein angegebene Zeit abgeschlossen.

16.2 Bei einer Vertragsdauer von mindestens einem Jahr verlängert sich der Vertrag um jeweils ein Jahr, wenn nicht dem Vertragspartner spätestens drei Monate vor dem Ablauf des jeweiligen Versicherungsjahres eine Kündigung zugegangen ist.
→ Vgl. § 111 Rdn 1

16.3 Bei einer Vertragsdauer von weniger als einem Jahr endet der Vertrag, ohne dass es einer Kündigung bedarf, zum vorgesehenen Zeitpunkt.

16.4 Bei einer Vertragsdauer von mehr als drei Jahren kann der Vertrag schon zum Ablauf des dritten Jahres oder jedes darauf folgenden Jahres gekündigt werden; die Kündigung muss dem Vertragspartner spätestens drei Monate vor dem Ablauf des jeweiligen Versicherungsjahres zugegangen sein.
→ Vgl. § 111 Rdn 1

17. Wegfall des versicherten Risikos

Wenn versicherte Risiken vollständig und dauerhaft wegfallen, so erlischt die Versicherung bezüglich dieser Risiken. Dem Versicherer steht der Beitrag zu, den er hätte erheben können, wenn die Versicherung dieser Risiken nur bis zu dem Zeitpunkt beantragt worden wäre, zu dem er vom Wegfall Kenntnis erlangt.

→ Vgl. § 100 Rdn 34

Anhang zu §§ 100 bis 112 VVG   AHB 2015

18. Kündigung nach Beitragsangleichung

Erhöht sich der Beitrag aufgrund der Beitragsangleichung gemäß Ziff. 15.3, ohne dass sich der Umfang des Versicherungsschutzes ändert, kann der Versicherungsnehmer den Versicherungsvertrag innerhalb eines Monats nach Zugang der Mitteilung des Versicherers mit sofortiger Wirkung, frühestens jedoch zu dem Zeitpunkt kündigen, in dem die Beitragserhöhung wirksam werden sollte.

Der Versicherer hat den Versicherungsnehmer in der Mitteilung auf das Kündigungsrecht hinzuweisen. Die Mitteilung muss dem Versicherungsnehmer spätestens einen Monat vor dem Wirksamwerden der Beitragserhöhung zugehen.

Eine Erhöhung der Versicherungsteuer begründet kein Kündigungsrecht.

19. Kündigung nach Versicherungsfall

19.1 Das Versicherungsverhältnis kann gekündigt werden, wenn
– vom Versicherer eine Schadensersatzzahlung geleistet wurde oder
– dem Versicherungsnehmer eine Klage über einen unter den Versicherungsschutz fallenden Haftpflichtanspruch gerichtlich zugestellt wird.
→ Vgl. § 111 Rdn 16
Die Kündigung muss dem Vertragspartner in Textform[1] spätestens einen Monat nach der Schadensersatzzahlung oder der Zustellung der Klage zugegangen sein.
→ Vgl. § 111 Rdn 5, 10

19.2 Kündigt der Versicherungsnehmer, wird seine Kündigung sofort nach ihrem Zugang beim Versicherer wirksam. Der Versicherungsnehmer kann jedoch bestimmen, dass die Kündigung zu einem späteren Zeitpunkt, spätestens jedoch zum Ende der laufenden Versicherungsperiode, wirksam wird.
→ Vgl. § 111 Rdn 12
Eine Kündigung des Versicherers wird einen Monat nach ihrem Zugang beim Versicherungsnehmer wirksam.
→ Vgl. § 111 Rdn 12

Alternative für die echte unterjährige Beitragszahlung:
19.2 Kündigt der Versicherungsnehmer, wird seine Kündigung sofort nach ihrem Zugang beim Versicherer wirksam. Der Versicherungsnehmer kann jedoch bestimmen, dass die Kündigung zu jedem späteren Zeitpunkt, spätestens jedoch zum Ablauf des jeweiligen Versicherungsjahres, wirksam wird. Eine Kündigung des Versicherers wird einen Monat nach ihrem Zugang beim Versicherungsnehmer wirksam.

20. Kündigung nach Veräußerung versicherter Unternehmen

20.1 Wird ein Unternehmen, für das eine Haftpflichtversicherung besteht, an einen Dritten veräußert, tritt dieser an Stelle des Versicherungsnehmers in die während der Dauer

---

1 Hinweis: Grds. sieht das VVG nur noch Textform vor; bei der Kündigung nach Versicherungsfall lässt das VVG ausnahmsweise auch Schriftform zu.

seines Eigentums sich aus dem Versicherungsverhältnis ergebenden Rechte und Pflichten ein.

Dies gilt auch, wenn ein Unternehmen aufgrund eines Nießbrauchs, eines Pachtvertrages oder eines ähnlichen Verhältnisses von einem Dritten übernommen wird.

20.2 Das Versicherungsverhältnis kann in diesem Falle
- durch den Versicherer dem Dritten gegenüber mit einer Frist von einem Monat,
- durch den Dritten dem Versicherer gegenüber mit sofortiger Wirkung oder auf den Schluss der laufenden Versicherungsperiode

in Textform[2] gekündigt werden.

Alternative für die echte unterjährige Beitragszahlung:
20.2 Das Versicherungsverhältnis kann in diesem Falle
- *durch den Versicherer dem Dritten gegenüber mit einer Frist von einem Monat,*
- *durch den Dritten dem Versicherer gegenüber mit sofortiger Wirkung oder zu jedem späterem Zeitpunkt, spätestens jedoch zum Ablauf des jeweiligen Versicherungsjahres*

in Textform[3] gekündigt werden.

20.3 Das Kündigungsrecht erlischt, wenn
- der Versicherer es nicht innerhalb eines Monats von dem Zeitpunkt an ausübt, in welchem er vom Übergang auf den Dritten Kenntnis erlangt;
- der Dritte es nicht innerhalb eines Monats nach dem Übergang ausübt, wobei das Kündigungsrecht bis zum Ablauf eines Monats von dem Zeitpunkt an bestehen bleibt, in dem der Dritte von der Versicherung Kenntnis erlangt.

20.4 Erfolgt der Übergang auf den Dritten während einer laufenden Versicherungsperiode und wird das Versicherungsverhältnis nicht gekündigt, haften der bisherige Versicherungsnehmer und der Dritte für den Versicherungsbeitrag dieser Periode als Gesamtschuldner.

20.5 Der Übergang eines Unternehmens ist dem Versicherer durch den bisherigen Versicherungsnehmer oder den Dritten unverzüglich anzuzeigen.

Bei einer schuldhaften Verletzung der Anzeigepflicht besteht kein Versicherungsschutz, wenn der Versicherungsfall später als einen Monat nach dem Zeitpunkt eintritt, in dem die Anzeige dem Versicherer hätte zugehen müssen, und der Versicherer den mit dem Veräußerer bestehenden Vertrag mit dem Erwerber nicht geschlossen hätte.

Der Versicherungsschutz lebt wieder auf und besteht für alle Versicherungsfälle, die frühestens einen Monat nach dem Zeitpunkt eintreten, in dem der Versicherer von der Veräußerung Kenntnis erlangt. Dies gilt nur, wenn der Versicherer in diesem Monat von seinem Kündigungsrecht keinen Gebrauch gemacht hat.

Der Versicherungsschutz fällt trotz Verletzung der Anzeigepflicht nicht weg, wenn dem Versicherer die Veräußerung in dem Zeitpunkt bekannt war, in dem ihm die Anzeige hätte zugehen müssen.

2 Hinweis: Hier kann auch Schriftform vereinbart werden, § 98 VVG.
3 Hinweis: Hier kann auch Schriftform vereinbart werden, § 98 VVG.

21. Kündigung nach Risikoerhöhung aufgrund Änderung oder Erlass von Rechtsvorschriften

Bei Erhöhungen des versicherten Risikos durch Änderung bestehender oder Erlass neuer Rechtsvorschriften ist der Versicherer berechtigt, das Versicherungsverhältnis unter Einhaltung einer Frist von einem Monat zu kündigen. Das Kündigungsrecht erlischt, wenn es nicht innerhalb eines Monats von dem Zeitpunkt an ausgeübt wird, in welchem der Versicherer von der Erhöhung Kenntnis erlangt hat.

22. Mehrfachversicherung

22.1 Eine Mehrfachversicherung liegt vor, wenn das Risiko in mehreren Versicherungsverträgen versichert ist.

22.2 Wenn die Mehrfachversicherung zustande gekommen ist, ohne dass der Versicherungsnehmer dies wusste, kann er die Aufhebung des später geschlossenen Vertrages verlangen.

22.3 Das Recht auf Aufhebung erlischt, wenn der Versicherungsnehmer es nicht innerhalb eines Monats geltend macht, nachdem er von der Mehrfachversicherung Kenntnis erlangt hat. Die Aufhebung wird zu dem Zeitpunkt wirksam, zu dem die Erklärung, mit der sie verlangt wird, dem Versicherer zugeht.

Obliegenheiten des Versicherungsnehmers

23. Vorvertragliche Anzeigepflichten des Versicherungsnehmers

23.1 Vollständigkeit und Richtigkeit von Angaben über gefahrerhebliche Umstände

Der Versicherungsnehmer hat bis zur Abgabe seiner Vertragserklärung dem Versicherer alle ihm bekannten Gefahrumstände anzuzeigen, nach denen der Versicherer in Textform gefragt hat und die für den Entschluss des Versicherers erheblich sind, den Vertrag mit dem vereinbarten Inhalt zu schließen. Der Versicherungsnehmer ist auch insoweit zur Anzeige verpflichtet, als nach seiner Vertragserklärung, aber vor Vertragsannahme der Versicherer in Textform Fragen im Sinne des Satzes 1 stellt.

Gefahrerheblich sind die Umstände, die geeignet sind, auf den Entschluss des Versicherers Einfluss auszuüben, den Vertrag überhaupt oder mit dem vereinbarten Inhalt abzuschließen.

Wird der Vertrag von einem Vertreter des Versicherungsnehmers geschlossen und kennt dieser den gefahrerheblichen Umstand, muss sich der Versicherungsnehmer so behandeln lassen, als habe er selbst davon Kenntnis gehabt oder dies arglistig verschwiegen.

23.2 Rücktritt

(1) Unvollständige und unrichtige Angaben zu den gefahrerheblichen Umständen berechtigen den Versicherer, vom Versicherungsvertrag zurückzutreten.

(2) Der Versicherer hat kein Rücktrittsrecht, wenn der Versicherungsnehmer nachweist, dass er oder sein Vertreter die unrichtigen oder unvollständigen Angaben weder vorsätzlich noch grob fahrlässig gemacht hat.
Das Rücktrittsrecht des Versicherers wegen grob fahrlässiger Verletzung der Anzeigepflicht besteht nicht, wenn der Versicherungsnehmer nachweist, dass der Versicherer

den Vertrag auch bei Kenntnis der nicht angezeigten Umstände, wenn auch zu anderen Bedingungen, geschlossen hätte.
(3) Im Fall des Rücktritts besteht kein Versicherungsschutz.
Tritt der Versicherer nach Eintritt des Versicherungsfalls zurück, darf er den Versicherungsschutz nicht versagen, wenn der Versicherungsnehmer nachweist, dass der unvollständig oder unrichtig angezeigte Umstand weder für den Eintritt des Versicherungsfalls noch für die Feststellung oder den Umfang der Leistung ursächlich war. Auch in diesem Fall besteht aber kein Versicherungsschutz, wenn der Versicherungsnehmer die Anzeigepflicht arglistig verletzt hat.
Dem Versicherer steht der Teil des Beitrages zu, der der bis zum Wirksamwerden der Rücktrittserklärung abgelaufenen Vertragszeit entspricht.

23.3 Beitragsänderung oder Kündigungsrecht

Ist das Rücktrittsrecht des Versicherers ausgeschlossen, weil die Verletzung einer Anzeigepflicht weder auf Vorsatz noch auf grober Fahrlässigkeit beruhte, kann der Versicherer den Vertrag unter Einhaltung einer Frist von einem Monat in Schriftform kündigen.

Das Kündigungsrecht ist ausgeschlossen, wenn der Versicherungsnehmer nachweist, dass der Versicherer den Vertrag auch bei Kenntnis der nicht angezeigten Umstände, wenn auch zu anderen Bedingungen, geschlossen hätte.

Kann der Versicherer nicht zurücktreten oder kündigen, weil er den Vertrag auch bei Kenntnis der nicht angezeigten Umstände, aber zu anderen Bedingungen, geschlossen hätte, werden die anderen Bedingungen auf Verlangen des Versicherers rückwirkend Vertragsbestandteil. Hat der Versicherungsnehmer die Pflichtverletzung nicht zu vertreten, werden die anderen Bedingungen ab der laufenden Versicherungsperiode Vertragsbestandteil.

Erhöht sich durch die Vertragsanpassung der Beitrag um mehr als 10 % oder schließt der Versicherer die Gefahrabsicherung für den nicht angezeigten Umstand aus, kann der Versicherungsnehmer den Vertrag innerhalb eines Monats nach Zugang der Mitteilung des Versicherers fristlos kündigen.

Der Versicherer muss die ihm nach Ziff. 23.2 und 23.3 zustehenden Rechte innerhalb eines Monats schriftlich geltend machen. Die Frist beginnt mit dem Zeitpunkt, zu dem er von der Verletzung der Anzeigepflicht, die das von ihm geltend gemachte Recht begründet, Kenntnis erlangt. Er hat die Umstände anzugeben, auf die er seine Erklärung stützt; er darf nachträglich weitere Umstände zur Begründung seiner Erklärung abgeben, wenn für diese die Monatsfrist nicht verstrichen ist.

Dem Versicherer stehen die Rechte nach den Ziff. 23.2 und 23.3 nur zu, wenn er den Versicherungsnehmer durch gesonderte Mitteilung in Textform auf die Folgen einer Anzeigepflichtverletzung hingewiesen hat.

Der Versicherer kann sich auf die in den Ziff. 23.2 und 23.3 genannten Rechte nicht berufen, wenn er den nicht angezeigten Gefahrumstand oder die Unrichtigkeit der Anzeige kannte.

23.4 Anfechtung

Das Recht des Versicherers, den Vertrag wegen arglistiger Täuschung anzufechten, bleibt unberührt. Im Fall der Anfechtung steht dem Versicherer der Teil des Beitrages zu, der der bis zum Wirksamwerden der Anfechtungserklärung abgelaufenen Vertragszeit entspricht.

24. Obliegenheiten vor Eintritt des Versicherungsfalles

Besonders gefahrdrohende Umstände hat der Versicherungsnehmer auf Verlangen des Versicherers innerhalb angemessener Frist zu beseitigen. Dies gilt nicht, soweit die Beseitigung unter Abwägung der beiderseitigen Interessen unzumutbar ist. Ein Umstand, der zu einem Schaden geführt hat, gilt ohne weiteres als besonders gefahrdrohend.

25. Obliegenheiten nach Eintritt des Versicherungsfalles

25.1 Jeder Versicherungsfall ist dem Versicherer unverzüglich anzuzeigen, auch wenn noch keine Schadensersatzansprüche erhoben wurden. Das Gleiche gilt, wenn gegen den Versicherungsnehmer Haftpflichtansprüche geltend gemacht werden.
   → Vgl. § 104 Rdn 1, 18, 19, 20

25.2 Der Versicherungsnehmer muss nach Möglichkeit für die Abwendung und Minderung des Schadens sorgen. Weisungen des Versicherers sind dabei zu befolgen, soweit es für den Versicherungsnehmer zumutbar ist. Er hat dem Versicherer ausführliche und wahrheitsgemäße Schadenberichte zu erstatten und ihn bei der Schadenermittlung und -regulierung zu unterstützen. Alle Umstände, die nach Ansicht des Versicherers für die Bearbeitung des Schadens wichtig sind, müssen mitgeteilt sowie alle dafür angeforderten Schriftstücke übersandt werden.
   → Vgl. § 100 Rdn 65, 66, § 104 Rdn 15

25.3 Wird gegen den Versicherungsnehmer ein Haftpflichtanspruch erhoben, ein staatsanwaltschaftliches, behördliches oder gerichtliches Verfahren eingeleitet, ein Mahnbescheid erlassen oder ihm gerichtlich der Streit verkündet, hat er dies ebenfalls unverzüglich anzuzeigen.
   → Vgl. § 104 Rdn 1, 9, 11, 12 und § 104 Rdn 18, 20

25.4 Gegen einen Mahnbescheid oder eine Verfügung von Verwaltungsbehörden auf Schadensersatz muss der Versicherungsnehmer fristgemäß Widerspruch oder die sonst erforderlichen Rechtsbehelfe einlegen. Einer Weisung des Versicherers bedarf es nicht.

25.5 Wird gegen den Versicherungsnehmer ein Haftpflichtanspruch gerichtlich geltend gemacht, hat er die Führung des Verfahrens dem Versicherer zu überlassen. Der Versicherer beauftragt im Namen des Versicherungsnehmers einen Rechtsanwalt. Der Versicherungsnehmer muss dem Rechtsanwalt Vollmacht sowie alle erforderlichen Auskünfte erteilen und die angeforderten Unterlagen zur Verfügung stellen.
   → Vgl. § 100 Rdn 44

26. Rechtsfolgen bei Verletzung von Obliegenheiten

26.1 Verletzt der Versicherungsnehmer eine Obliegenheit aus diesem Vertrag, die er vor Eintritt des Versicherungsfalles zu erfüllen hat, kann der Versicherer den Vertrag innerhalb eines Monats ab Kenntnis von der Obliegenheitsverletzung fristlos kündigen. Der Versicherer hat kein Kündigungsrecht, wenn der Versicherungsnehmer nachweist, dass die Obliegenheitsverletzung weder auf Vorsatz noch auf grober Fahrlässigkeit beruhte.

26.2 Wird eine Obliegenheit aus diesem Vertrag vorsätzlich verletzt, verliert der Versicherungsnehmer seinen Versicherungsschutz. Bei grob fahrlässiger Verletzung einer Obliegenheit ist der Versicherer berechtigt, seine Leistung in einem der Schwere des Verschuldens des Versicherungsnehmers entsprechenden Verhältnis zu kürzen.
→ Vgl. § 100 Rdn 44, 66, § 104 Rdn 1, 23

Der vollständige oder teilweise Wegfall des Versicherungsschutzes hat bei Verletzung einer nach Eintritt des Versicherungsfalls bestehenden Auskunfts- oder Aufklärungsobliegenheit zur Voraussetzung, dass der Versicherer den Versicherungsnehmer durch gesonderte Mitteilung in Textform auf diese Rechtsfolge hingewiesen hat.

Weist der Versicherungsnehmer nach, dass er die Obliegenheit nicht grob fahrlässig verletzt hat, bleibt der Versicherungsschutz bestehen.

Der Versicherungsschutz bleibt auch bestehen, wenn der Versicherungsnehmer nachweist, dass die Verletzung der Obliegenheit weder für den Eintritt oder die Feststellung des Versicherungsfalls noch für die Feststellung oder den Umfang der dem Versicherer obliegenden Leistung ursächlich war. Das gilt nicht, wenn der Versicherungsnehmer die Obliegenheit arglistig verletzt hat.

Die vorstehenden Bestimmungen gelten unabhängig davon, ob der Versicherer ein ihm nach Ziff. 26.1 zustehendes Kündigungsrecht ausübt.

Weitere Bestimmungen

27. Mitversicherte Person

27.1 Erstreckt sich die Versicherung auch auf Haftpflichtansprüche gegen andere Personen als den Versicherungsnehmer selbst, sind alle für ihn geltenden Bestimmungen auf die Mitversicherten entsprechend anzuwenden. Die Bestimmungen über die Vorsorgeversicherung (Ziff. 4.) gelten nicht, wenn das neue Risiko nur in der Person eines Mitversicherten entsteht.

27.2 Die Ausübung der Rechte aus dem Versicherungsvertrag steht ausschließlich dem Versicherungsnehmer zu. Er ist neben den Mitversicherten für die Erfüllung der Obliegenheiten verantwortlich.
→ Vgl. § 110 Rdn 9

28. Abtretungsverbot

Der Freistellungsanspruch darf vor seiner endgültigen Feststellung ohne Zustimmung des Versicherers weder abgetreten noch verpfändet werden. Eine Abtretung an den geschädigten Dritten ist zulässig.

→ Vgl. § 100 Rdn 44

29. Anzeigen, Willenserklärungen, Anschriftenänderung

29.1 Alle für den Versicherer bestimmten Anzeigen und Erklärungen sollen an die Hauptverwaltung des Versicherers oder an die im Versicherungsschein oder in dessen Nachträgen als zuständig bezeichnete Geschäftsstelle gerichtet werden.

29.2 Hat der Versicherungsnehmer eine Änderung seiner Anschrift dem Versicherer nicht mitgeteilt, genügt für eine Willenserklärung, die dem Versicherungsnehmer gegenüber abzugeben ist, die Absendung eines eingeschriebenen Briefes an die letzte dem Versicherer bekannte Anschrift. Die Erklärung gilt drei Tage nach der Absendung des Briefes als zugegangen. Dies gilt entsprechend für den Fall einer Namensänderung des Versicherungsnehmers.

29.3 Hat der Versicherungsnehmer die Versicherung für seinen Gewerbebetrieb abgeschlossen, finden bei einer Verlegung der gewerblichen Niederlassung die Bestimmungen der Ziff. 29.2 entsprechende Anwendung.

30. Verjährung

30.1 Die Ansprüche aus dem Versicherungsvertrag verjähren in drei Jahren. Die Fristberechnung richtet sich nach den allgemeinen Vorschriften des Bürgerlichen Gesetzbuches.

30.2 Ist ein Anspruch aus dem Versicherungsvertrag bei dem Versicherer angemeldet worden, ist die Verjährung von der Anmeldung bis zu dem Zeitpunkt gehemmt, zu dem die Entscheidung des Versicherers dem Anspruchsteller in Textform zugeht.

31. Zuständiges Gericht

31.1 Für Klagen aus dem Versicherungsvertrag gegen den Versicherer bestimmt sich die gerichtliche Zuständigkeit nach dem Sitz des Versicherers oder seiner für den Versicherungsvertrag zuständigen Niederlassung. Ferner ist auch das Gericht zuständig, in dessen Bezirk der Versicherungsnehmer zur Zeit der Klageerhebung seinen Sitz, den Sitz seiner Niederlassung oder seinen Wohnsitz oder, in Ermangelung eines solchen, seinen gewöhnlichen Aufenthalt hat. Verlegt jedoch der Versicherungsnehmer nach Vertragsschluss seinen Sitz, den Sitz seiner Niederlassung, seinen Wohnsitz oder, in Ermangelung eines solchen, seinen gewöhnlichen Aufenthalt ins Ausland, sind die Gerichte des Staates zuständig, in dem der Versicherer seinen Sitz hat.

31.2 Ist der Versicherungsnehmer eine natürliche Person, müssen Klagen aus dem Versicherungsvertrag gegen ihn bei dem Gericht erhoben werden, das für seinen Wohnsitz oder, in Ermangelung eines solchen, den Ort seines gewöhnlichen Aufenthalts zuständig ist. Ist der Versicherungsnehmer eine juristische Person, bestimmt sich das zuständige Gericht auch nach dem Sitz oder der Niederlassung des Versicherungsnehmers. Das gleiche gilt, wenn der Versicherungsnehmer eine Offene Handelsgesellschaft, Kommanditgesellschaft, Gesellschaft bürgerlichen Rechts oder eine eingetragene Partnerschaftsgesellschaft ist.

31.3 Sind der Wohnsitz oder gewöhnliche Aufenthalt im Zeitpunkt der Klageerhebung nicht bekannt, bestimmt sich die gerichtliche Zuständigkeit für Klagen aus dem Versicherungsvertrag gegen den Versicherungsnehmer nach dem Sitz des Versicherers oder seiner für den Versicherungsvertrag zuständigen Niederlassung.

32. Anzuwendendes Recht

Für diesen Vertrag gilt deutsches Recht.

Alternative für die echte unterjährige Beitragszahlung:

33. Begriffsbestimmung

Versicherungsjahr:

Das Versicherungsjahr erstreckt sich über einen Zeitraum von zwölf Monaten. Besteht die vereinbarte Vertragsdauer jedoch nicht aus ganzen Jahren, wird das erste Versicherungsjahr entsprechend verkürzt. Die folgenden Versicherungsjahre bis zum vereinbarten Vertragsablauf sind jeweils ganze Jahre.

**Abschnitt 2
Pflichtversicherung**

> **§ 113 VVG** **Pflichtversicherung**
>
> (1) Eine Haftpflichtversicherung, zu deren Abschluss eine Verpflichtung durch Rechtsvorschrift besteht (Pflichtversicherung), ist mit einem im Inland zum Geschäftsbetrieb befugten Versicherungsunternehmen abzuschließen.
>
> (2) Der Versicherer hat dem Versicherungsnehmer unter Angabe der Versicherungssumme zu bescheinigen, dass eine der zu bezeichnenden Rechtsvorschrift entsprechende Pflichtversicherung besteht.
>
> (3) Die Vorschriften dieses Abschnittes sind auch insoweit anzuwenden, als der Versicherungsvertrag eine über die vorgeschriebenen Mindestanforderungen hinausgehende Deckung gewährt.

Übersicht

	Rdn
A. Normzweck	1
B. Norminhalt	2
I. Verpflichtung durch Rechtsvorschrift	2
II. Grundsatz: Kein Kontrahierungszwang	6
III. Ausmaß der Determinierung	7
IV. Im Inland zum Geschäftsbetrieb befugtes Versicherungsunternehmen	9
V. Bescheinigung des Versicherers gegenüber dem Versicherungsnehmer	10
VI. Erstreckung auf den über den Mindeststandard hinausgehenden VV	11
C. Beweislastverteilung	14
D. Abdingbarkeit	15

A. Normzweck

1 Die besonderen Regelungen über die Pflichtversicherung (§§ 113 bis 124 VVG) sind nur dann anzuwenden, wenn ein Gesetz eine Verpflichtung zu einer solchen Haftpflichtversicherung anordnet. Der Begriff ist missverständlich bzw. irreführend (MüKo/*Brand*, § 113 VVG Rn 1; Halm/Kreuter/Schwab/*Schwab*, AKB § 113 Rn 5). Gemeint ist, dass der VN verpflichtet ist, eine **Haftpflichtversicherung** abzuschließen und aufrechtzuerhalten (MüKo/*Brand*, § 113 VVG Rn 3). Das VVG begründet eine derartige Pflicht nicht (anders etwa § 193 Abs. 3 S. 1 VVG für die Krankenversicherung), vielmehr setzt es eine in einem anderen Gesetz angeordnete Pflicht voraus (*Niederleithinger*, Das neue VVG, Rn 220). § 113 VVG bestimmt insoweit in § 113 Abs. 1 VVG, mit welchem Versicherungsunternehmen der VV abzuschließen ist (Rdn 9), in § 113 Abs. 2 VVG die Verpflichtung des VR zur Ausstellung einer entsprechenden Bescheinigung (Rdn 10) und in § 113 Abs. 3 VVG die Anwendbarkeit der §§ 113 ff. VVG auf Verträge mit einem ggü. den gesetzlichen Mindeststandards hinausgehenden Deckungsumfang (Rdn 11 ff.). Geschützt werden sollen der VN und die Mitversicherten vor ruinösen Belastungen sowie die geschädigten Dritten, denen

für die Durchsetzung ihrer Schadenersatzansprüche ein solventer Schuldner zur Verfügung stehen soll (MüKo/*Brand*, § 113 VVG Rn 4).

Praxistipp:
Eine Übersicht der gesetzlichen Verpflichtungen zum Abschluss einer Pflichthaftpflichtversicherung findet sich vor § 100 Rdn 19 sowie in der Aufstellung der BaFin (als Anlage abgedr. in BT-Drucks 16/5497, S. 6) sowie bei *Beckmann* und *Brand* (*Beckmann*, in: Bruck/Möller Anhang zu den Vorbemerkungen zu §§ 113 – 124 VVG; MüKo/*Brand*, Vorbemerkung zu den §§ 113–124 VVG Rn 17 ff.).

B. Norminhalt

I. Verpflichtung durch Rechtsvorschrift

Die Verpflichtung zum Abschluss einer Pflichthaftpflichtversicherung muss sich nicht aus einem Gesetz im formellen Sinn ergeben; **auch ein Gesetz im materiellen Sinn**, somit eine nationale oder EU-Verordnung, wäre ausreichend (*Wandt*, VersicherungsR, Rn 1072; *Armbrüster*, Privatversicherungsrecht, Rn 1668, 1713). Soweit die regelungsbedürftige Materie in die Zuständigkeit eines Bundeslandes fällt, kann sich die entsprechende Pflicht auch aus einem Landesgesetz ergeben. Es muss eine Pflicht gegeben sein, eine Empfehlung – wie in § 21 Abs. 5 Nr. 3 WEG – genügt nicht (MüKo/*Brand*, § 113 Rn 6). 2

Auch eine **Satzung** ist ausreichend (so auch Looschelders/Pohlmann/*Schwartze*, § 113 Rn 5; Prölss/Martin/*Knappmann*, § 113 Rn 1 sowie Stiefel/Maier/*Jahnke*, Kraftfahrtversicherung § 113 AKB Rn 2; in Bezug auf solche einer **öffentlich-rechtlichen** Körperschaft). Bei einer **berufsständischen** Kammer soll zu differenzieren sein, ob für die Pflicht zum Abschluss einer Haftpflichtversicherung eine gesetzliche Ermächtigungsgrundlage gegeben ist (dann Pflichtversicherung) oder eine solche Kammer ihren Mitgliedern den Abschluss bloß im Rahmen der Satzungsautonomie vorschreibt (dann bloß „schlichte" Haftpflichtversicherung; so *Beckmann*, in: Bruck/Möller, § 113 Rn 13; eine Pflichtversicherung bei berufsständischen Kammern generell verneinend Looschelders/Pohlmann/*Schwartze*, § 113 Rn 7; in Frage stellend Römer/Langheid/*Rixecker/Langheid*, § 113 Rn 6; für die Architektenkammer bejahend allerdings *Krause-Alleinstein*, NZBau 2008, 81, 83). Auf welche Art der Gesetzgeber eine solche Determinierung vornimmt, ist aber von Zufällen bzw. der fachlichen Kompetenz des jeweiligen (Landes-)Gesetzgebers abhängig (dazu OLG Nürnberg, VersR 2013, 711: In concreto Frage der Qualifikation einer Arzthaftpflichtversicherung als Pflichtversicherung offen gelassen; Hinweis auf das Fehlen einer solchen gesetzlichen Ermächtigung in Art 10 Abs. 1 S. 3 bay Heilberufe-KammerG im Gegensatz zu § 31 des bad-württ Heilberufe-KammerG). Gute Gründe sprechen mE für die Bejahung einer Pflichtversicherung in all diesen Fällen. Ob der Gesetzgeber eine solche Befugnis zulässigerweise delegieren darf, ist eine verfassungsrechtliche Frage (*Beckmann*, in: Bruck/Möller, § 113 Rn 13: verfassungsrechtlich zumindest problematisch). Tut er das und ordnet der Satzungsgeber eine Pflicht zum Abschluss einer Haftpflichtversicherung an, ist das m.E. auch ohne ausdrückliche gesetzliche Vorgabe für die Anwendbarkeit der Regeln über die §§ 113 bis 124 VVG ausreichend (a.A. MüKo/*Brand*, § 113 Rn 10). Die Vorgabe, nach den 3

Satzungen der Industrie- und Handelskammern eine Haftpflichtversicherung abzuschließen, wird als Pflichtversicherung qualifiziert, so für die öffentlich bestellten Sachverständigen gemäß § 36 Abs. 4 GewO (*Beckmann*, in: Bruck/Möller, § 113 Rn 14).

4 Gem. § 2 Abs. 1 Nr. 1 bis 5 PflVG sind bestimmte **juristische Personen der öffentlichen Hand** vom Abschluss einer **Kfz-Haftpflichtversicherung befreit**. Der Grund liegt darin, dass der Gesetzgeber deren Solvenz für unzweifelhaft gegeben erachtet und es deren Entscheidung bleiben soll, eine Haftpflichtversicherung abzuschließen oder das Risiko selbst zu tragen (Halm/Kreuter/Schwab/*Schwab*, AKB § 113 Rn 12). Durch den Verzicht auf den Abschluss einer Kfz-Haftpflichtversicherung soll weder den Mitversicherten noch den Geschädigten ein Nachteil entstehen, weil sie nicht schlechter gestellt werden dürfen, als wären diese juristischen Personen zum Abschluss einer Kfz-Haftpflichtversicherung verpflichtet (§ 2 Abs. 2 PflVG). Schließt eine solche juristische Person ungeachtet der Freistellung gem. § 2 Abs. 1 Nr. 1 bis 5 PflVG eine Kfz-Haftpflichtversicherung ab, liegt bei rein formaler Betrachtung keine **Pflicht**haftpflichtversicherung vor (der Abschluss erfolgte **freiwillig**; der Gesetzgeber hat gerade eine Durchbrechung der Pflicht angeordnet). Gleichwohl ist eine **analoge Anwendung der §§ 113 bis 124 VVG** geboten (so auch Prölss/Martin/*Knappmann*, § 113 Rn 2). Es wäre nämlich nicht einzusehen, dass einerseits ohne Abschluss einer Kfz-Haftpflichtversicherung Mitversicherte und geschädigte Dritte nicht schlechter gestellt werden dürfen, bei Abschluss einer Haftpflichtversicherung andererseits aber die zwingenden Normen der Pflichthaftpflichtversicherung zugunsten der Mitversicherten und geschädigten Dritten nicht gelten sollten (so für die Direktklage nach § 3 PflVG a.F. BGH, NJW 1987, 2375). Entsprechend der Zielsetzung der Norm sind auch ohne Abschluss einer Haftpflichtversicherung die §§ 113 ff. VVG beim Anspruch gegen den Ersatzpflichtigen, soweit passend, entsprechend heranzuziehen.

5 **Keine Pflichthaftpflichtversicherung** ist jedoch gegeben, wenn der Gesetzgeber eine Wahlmöglichkeit vorsieht, eine Haftpflichtversicherung abzuschließen oder eine andere Form der Sicherheitsleistung zu wählen (*Beckmann*, in: Bruck/Möller, § 113 Rn 15 unter Hinweis auf § 94 Abs. 1 AMG; MüKo/*Brand*, § 113 Rn 9 unter Hinweis auf § 36 GenTG; Halm/Kreuter/Schwab/*Schwab*, AKB § 113 Rn 7 unter Hinweis auf § 19 UmweltHG, § 12 SigG; siehe aber § 94 Abs. 2 AMG: Anwendbarkeit der §§ 113 ff. VVG aufgrund ausdrücklicher gesetzlicher Verweisung). Aus dem systematischen Kontext des § 19 UmweltHG ergibt sich, dass der Gesetzgeber trotz Wahlmöglichkeit bzw. vergleichbarer Sicherheiten davon ausgeht, dass eine Pflichtversicherung vorliegt (*Beckmann*, in: Bruck/Möller, § 113 Rn 15; a.A. MüKo/*Brand*, § 113 Rn 9). Keine Pflichtversicherung ist zudem gegeben, wenn die Pflicht zum Abschluss einer Haftpflichtversicherung auf einer **vertraglichen Verpflichtung** beruht, auf das Verlangen des Fiskus, eines Gerichts oder auf eine tarifvertragliche Regelung zurückzuführen ist (Looschelders/Pohlmann/*Schwartze*, § 113 Rn 6; Rüffer/Halbach/Schimikowski/*Schimikowski*, § 113 Rn 2, Prölss/Martin/*Knappmann*, § 113 Rn 2). Ebenso wenig sind die Regeln der Pflichthaftpflichtversicherung anwendbar, wenn der Abschluss einer Haftpflichtversicherung bloß eine mögliche Form der Deckungsvorsorge darstellt, wie das nach dem ÖlschadenG der Fall ist (Looschelders/Pohlmann/*Schwartze*, § 113 Rn 5). Wenn das Gesetz die Anordnung einer Pflichtversicherung in das

Ermessen einer Behörde stellt, wird die Anwendbarkeit der §§ 113 ff. VVG verneint (MüKo/*Brand*, § 113 Rn 7; zu Recht zweifelnd *Beckmann*, in: Bruck/Möller, § 113 Rn 12, unter Hinweis auf § 63 Abs. 2 EichO; bei gebundenem Ermessen sprechen m.E. die besseren Gründe für die Qualifizierung als Pflichtversicherung). Eine Pflichtversicherung ist anzunehmen, wenn eine behördliche Genehmigung die Auflage, eine Haftpflichtversicherung abzuschließen, zwingend enthält (zutreffend *Beckmann*, in: Bruck/Möller, § 113 Rn 12 unter Hinweis auf § 42 Abs. 2 Nr. 9 LuftVZO; ebenso Rüffer/Halbach/Schimikowski/ *Schimikowski*, § 113 Rn 2; a.A. MüKo/*Brand*, § 113 Rn 7). Die §§ 113 bis 124 VVG sind zudem anzuwenden, soweit auf sie verwiesen wird (so z.b. § 94 Abs. 2 AMG; § 43 Abs. 3 LuftVG; § 8 Abs. 4 S. 2 PartGG, wonach der Abschluss einer Berufshaftpflichtversicherung durch die Gesellschaft Voraussetzung für die Haftungsbegrenzung auf das Gesellschaftsvermögen ist, mit der Folge, dass bei unzulässigen Risikoausschlüssen diese Rechtsfolge nicht eintritt; Näheres dazu bei *Dallwig*, VersR 2014, 19 ff.).

II. Grundsatz: Kein Kontrahierungszwang

Viele Tätigkeiten dürfen lediglich ausgeübt werden, wenn die betreffende Person den 6
Abschluss einer vorgeschriebenen Haftpflichtversicherung nachweist. Der Gesetzgeber hat aber anders als in § 110 SGB XI für die Pflegeversicherung und in § 193 Abs. 5 S. 1 VVG für die private Krankenversicherung davon abgesehen, die PflichthaftpflichtVR mit einem Kontrahierungszwang zu versehen. Bisher hat der Markt dafür gesorgt, dass jeder VN einen abschlusswilligen VR gefunden hat (VersR-Hdb/*Lorenz*, § 1 Rn 103; *Beckmann*, in: Bruck/Möller, § 113 Rn 22). Lediglich bei der **Kfz-Haftpflichtversicherung** wurde in § 5 Abs. 2 PflVG ein **Kontrahierungszwang** angeordnet, dem sich der VR, bei dem ein VN einen die **Mindestversicherungssumme** umfassende Haftpflichtversicherungsvertrag abschließen möchte, nur aus den in § 5 Abs. 4 PflVG genannten Gründen entziehen kann. Diese **Ausnahme** vom Grundsatz der Vertragsfreiheit ist eng auszulegen (BGH, VersR 1973, 409).

III. Ausmaß der Determinierung

Vor Inkrafttreten der Deregulierung im Jahr 1994 gem. der RL 92/49/EWG (3. Schaden- 7
richtlinie, umgesetzt durch das 3. Durchführungsgesetz, BGBl 1994 I, S. 1630) konnte sich der eine Pflichthaftpflichtversicherung anordnende Gesetzgeber mit der Anordnung einer Pflichthaftpflichtversicherung begnügen, weil die jeweiligen AVB einer versicherungsaufsichtsrechtlichen ex-ante-Kontrolle zu unterwerfen waren. Seit der Deregulierung wäre es aber wünschenswert (gewesen), wenn der die Pflichthaftpflichtversicherung anordnende Gesetzgeber nähere Details zur Mindestversicherungssumme, den Selbstbehalten, Obliegenheiten und Risikoausschlüssen angeordnet hätte bzw. anordnen würde (*Schirmer*, ZVersWiss [Supplement Jahrestagung] 2006, 427, 439). In vielen Fällen ist das freilich unterblieben; erfolgt ist das immerhin durch die KfzPflVV in der Kfz-Haftpflichtversicherung (VersR-Hdb/*Lorenz*, § 1 Rn 104).

8   Der Gesetzgeber des VVG hat das Problem bei den anderen Pflichthaftpflichtversicherungen erkannt, sich aber damit begnügt, eine **Mindestversicherungssumme** und die Wirkungen zulässiger **Selbstbehalte** festzusetzen (§ 114 Abs. 1 und Abs. 2 S. 2 VVG). Eine weitere – freilich durchaus vage – Festlegung ist der **Zweck der Pflichthaftpflichtversicherung**, der nicht vereitelt werden darf (§ 114 Abs. 2 VVG). Darüber hinaus ist zu bedenken, dass in manchen Pflichthaftpflichtversicherungen der Risikoausschluss bei vorsätzlicher Herbeiführung des Versicherungsfalles (§ 103 VVG) aufgefangen wird durch einen zusätzlichen Versicherungsschutz, etwa bei der Kfz-Haftpflichtversicherung durch einen Anspruch gem. § 12 Abs. 1 S. 1 Nr. 3 PflVG gegen die Verkehrsopferhilfe oder bei einem Vertrag mit einem Notar durch eine zusätzlich abgeschlossene Versicherung der Notarkammer. Dies dürfte aber eher die Ausnahme als die Regel sein, sodass insoweit durchaus **Schutzlücken** für den geschädigten Dritten bestehen (*Schirmer*, ZVersWiss [Supplement Jahrestagung] 2006, 427, 444 f.).

IV. Im Inland zum Geschäftsbetrieb befugtes Versicherungsunternehmen

9   Gem. Art. 46c EGBGB (früher 12 Abs. 2 EGVVG) unterliegt ein VV deutschem Recht, wenn eine **gesetzliche Verpflichtung** zum Abschluss einer Pflichthaftpflichtversicherung **auf deutschem Recht beruht**. Darüber hinaus muss ein VR, der eine Pflichthaftpflichtversicherung betreiben will, seine allgemeinen Geschäftsbedingungen nach §§ 9 Abs. 4 Nr. 4 sowie 61 Abs. 4 VAG bei der Aufsichtsbehörde, der BaFin, einreichen. Die Stellen, die die Einhaltung der Versicherungspflicht zu überwachen haben, können die einschlägigen AVB bei der Aufsichtsbehörde abrufen. Die früher nur für die Kfz-Haftpflichtversicherung (§ 5 Abs. 1 PflVG) geltende Regelung, dass ein Abschluss eines VV **nur mit einem im Inland zum Geschäftsbetrieb zugelassenen Versicherungsunternehmen** zu erfolgen hat, wird somit folgerichtiger Weise auf die gesamte Pflichthaftpflichtversicherung ausgedehnt (*Beckmann*, in: Bruck/Möller, § 113 Rn 6; *Schirmer*, ZVersWiss [Supplement Jahrestagung] 2006, 427, 440). Im Inland zum Geschäftsbetrieb zugelassen sind Versicherungsunternehmen mit Sitz im Inland sowie gem. § 67 Abs. 1 VAG Versicherungsunternehmen, die über die Erlaubnis gem. § 8 Abs. 1 VAG verfügen, Versicherungsunternehmen mit Sitz im Ausland, die im Inland das Erstversicherungsgeschäft durch eine Mittelsperson betreiben (§ 8 Abs. 2 VAG) sowie EU-ausländische VR, nicht aber Korrespondenzversicherer, mit denen der deutsche VN im Ausland kontrahieren kann (Römer/Langheid/*Rixecker/Langheid*, § 113 Rn 3). Zu betonen ist, dass gem. § 61 VAG auch Versicherungsunternehmen mit einem Sitz in einem anderen Staat des EWR mit einschließt. Auch ein Versicherungsunternehmen außerhalb der EU und des EWR kommt als Pflichthaftpflichtversicherer in Betracht, wenn die deutsche Aufsichtsbehörde eine entsprechende Erlaubnis nach den §§ 67 ff. VAG erteilt und auf diese Weise eine aufsichtsrechtliche Überwachung möglich ist (Römer/Langheid/*Rixecker/Langheid*, § 113 Rn 3). Wegen dieser Ausweitung ist es für die mit der Einhaltung der Versicherungspflicht betrauten Stellen zunehmend schwieriger, aktuelle Verzeichnisse über die zum Abschluss einer einschlägigen Pflichthaftpflichtversicherung autorisierten Unternehmen zur Verfügung zu stellen (Looschelders/Pohlmann/*Schwartze*, § 113 Rn 11). Ein Verstoß gegen § 113 Abs. 1 VVG bewirkt nicht die zivilrecht-

liche Unwirksamkeit eines solchen VV, würde doch ansonsten der Opferschutz sowie der Schutz von VN und Mitversicherten leerlaufen. Zum Schutz der betroffenen Personen wird auch in einem solchen Fall von der Anwendbarkeit der §§ 113 ff. VVG ausgegangen (*Beckmann*, in: Bruck/Möller, § 113 Rn 21). Gegenüber dem Versicherungsunternehmen sind aber aufsichtsrechtliche Sanktionen gegeben.

V. Bescheinigung des Versicherers gegenüber dem Versicherungsnehmer

Der VR hat dem VN eine Bescheinigung unter Angabe der Verssicherungssumme und der gesetzlichen Grundlage, auf der die Versicherungspflicht beruht, sowie der wesentlichen Eckpunkte des Vertragsinhalts auszuhändigen und zu bescheinigen, dass die abgeschlossene Haftpflichtversicherung den Anforderungen der jeweiligen Vorschrift genügt, die die betreffende Pflichthaftpflichtversicherung anordnet. (MüKo/*Brand*, § 113 VVG Rn 19; Looschelders/Pohlmann/*Schwartze*, § 113 Rn 13; *Wandt*, Versicherungsrecht, Rn 1082: für Kfz gem. § 23 FZV, für Versicherungsvermittler gemäß § 34d Abs. 2 Nr. 3 GewO, für Luftfahrzeuge gem. § 21 Abs. 1 Nr. 3 LuftVG, für Jagdscheine gem. § 17 Abs. 1 Nr. 4 BJagdG). Bezweckt ist der Schutz des VN (*Beckmann*, in: Bruck/Möller, § 113 Rn 7). Sofern eine höhere Deckungssumme vereinbart wurde, ist diese anzugeben, was auch dem Schutz der Mitversicherten dient (Halm/Kreuter/Schwab/*Schwab*, AKB § 113 Rn 32). Die Regelung in § 113 Abs. 2 VVG ist – wie § 190 VVG – zwingend (BT-Drucks 16/3945, S. 110). Bei der Kfz-Haftpflichtversicherung wird das in § 5 Abs. 6 PflVG als **Versicherungsbestätigung** bezeichnet – ebenso in § 106 Abs. 1 LuftVZO. Synonym ist dafür die Bezeichnung „**Versicherungsnachweis**" in § 7a Abs. 1 S. 2 GüKG und § 23 FZV.

Die Aushändigung kann dabei von der Zahlung der ersten Prämie abhängig gemacht werden. In der Praxis wird die Versicherungsbestätigung vom Kfz-HaftpflichtVR gem. § 23 Abs. 3 FZV elektronisch an die Zulassungsbehörde übermittelt bzw. zum Abruf bereitgestellt. Auch wenn das häufig in einer Urkunde verbunden wird, handelt es sich bei der Bestätigung nach § 113 Abs. 2 VVG und dem Versicherungsschein um unterschiedliche Phänomene. Der Versicherungsschein soll dem VN ein Beweismittel in die Hand geben, ihn legitimieren, während die Bestätigung nach § 113 Abs. 2 VVG ihm den Nachweis ermöglichen soll, dass er seine Versicherungspflicht erfüllt hat (MüKo/*Brand*, § 113 VVG Rn 22). Für die Auslösung der Widerrufsfrist des § 8 Abs. 2 Nr. 1 VVG kommt es nur auf die Anforderungen des § 3 VVG an; ohne Bedeutung ist, ob auch die Anforderungen des § 113 Abs. 2 VVG erfüllt sind, wenn die Bestätigung nach § 113 Abs. 2 VVG mit dem Versicherungsschein nach § 3 VVG in einem Dokument zusammengefasst wird (Looschelders/Pohlmann/*Schwartze*, § 113 Rn 13; Rüffer/Halbach/Schimikowski/*Schimikowski*, § 113 Rn 6). § 113 Abs. 2 VVG sieht keine bestimmte Form vor. Da typischerweise die Ausfertigung auch als Versicherungsschein erfolgt, sofern – wie etwa nach § 7a Abs. 1 S. 2 GüGK – nicht die Ausstellung einer gesonderten Urkunde verlangt wird, ist es folgerichtig, auch insoweit zumindest die Textform zu verlangen (*Beckmann*, in: Bruck/Möller, § 113 Rn 25; MüKo/*Brand*, § 113 VVG Rn 21), wofür auch der Wortlaut „*bescheinigen*" spricht. Solange die Bescheinigung dem VN nicht zugegangen ist, hat dieser ein Zurückbehaltungsrecht in Bezug auf die Zahlung der Prämie nach § 273 Abs. 1 BGB (*Beckmann*, in: Bruck/

Möller, § 113 Rn 26); mitunter wird in einem solchen Fall sogar schon die Fälligkeit der Pflicht zur Prämienzahlung gemäß § 33 Abs. 1 VVG verneint (MüKo/*Brand*, § 113 VVG Rn 24).

VI. Erstreckung auf den über den Mindeststandard hinausgehenden VV

11 Mitunter wird bei einer der Pflichthaftpflichtversicherung unterliegenden Tätigkeit eine Haftpflichtversicherung abgeschlossen, die über die Mindeststandards hinausgeht. Der **Kreis der mitversicherten Personen** und/oder der **räumliche Geltungsbereich** (z.B. Einbeziehung des asiatischen Teils der Türkei oder Russlands bei der Kfz-Haftpflichtversicherung) wird erweitert oder es erfolgt eine inhaltliche Erweiterung (MüKo/*Brand*, § 113 VVG Rn 26; Halm/Kreuter/Schwab/*Schwab*, AKB § 113 Rn 53 f: Einbeziehung eines Kfz als reine Arbeitsmaschine in die Kfz-Haftpflichtversicherung; anders für von der Gefährdungshaftung und der Pflichthaftpflichtversicherung ausgenommenen langsamen Fahrzeuge gem. § 2 Abs. 1 Nr. 6 PflVG, so Halm/Kreuter/Schwab/*Schwab*, AKB § 113 Rn 74, freilich unter zutreffendem Hinweis auf die rechtspolitisch fragwürdige Wertung des GesGeb) oder – was am häufigsten vorkommt – die **VersSumme** wird **erhöht** (*Beckmann*, in: Bruck/Möller, § 113 Rn 27). Es stellt sich dann die Frage, ob **lediglich der den Mindestanforderungen entsprechende Vertrag** den Regeln über die Pflichthaftpflichtversicherung (§§ 113 bis 124 VVG) zu unterwerfen ist oder der **gesamte Vertrag**. § 113 Abs. 3 VVG spricht sich für eine **Gesamtgeltung** aus (BGH, VersR 1974, 254; krit. ggü. der Erweiterung des Personenkreises *Wandt*, Versicherungsrecht, Rn 1074). Für Dritte ist bei Großschäden namentlich deren **Vorrang gemäß § 118 VVG** bedeutsam.

Den Parteien ist es aber unbenommen, etwas Gegenteiliges zu vereinbaren, was dann anzunehmen ist, wenn sie zwei unterschiedliche VV schließen (*Marlow/Spuhl*, Das neue VVG kompakt, S. 180). Der über die Mindestversicherungssumme hinausgehende VV wird als **Exzedentenversicherung** bezeichnet und unterliegt dann nicht den Regeln der Pflichtversicherung (*Krause-Alleinstein*, NZBau 2008, 81, 84 unter Hinweis auf die daraus resultierenden Komplikationen). Für den VN kann das Sinn machen, wenn wegen der für den Versicherer besseren Stellung (z.B. keine Einstandspflicht bei krankem Deckungsverhältnis) außerhalb der Pflichtversicherung die Prämie geringer ist (Prölss/Martin/*Knappmann*, § 113 Rn 10; *Beckmann*, in: Bruck/Möller, § 113 Rn 28). Brand (MüKo/*Brand*, § 113 VVG Rn 28) wagt die Prognose, dass sich das als Standard etablieren werde (ähnlich Halm/Kreuter/Schwab/*Schwab*, AKB § 113 Rn 59).

12 Der praktisch wichtigste Fall der Erstreckung der Regeln über die Pflichthaftpflichtversicherung auf den gesamten Vertrag ist die **Veräußerung einer Sache**. Der Erwerber, auf den der VV gem. § 122 VVG übergeht, kommt dann etwa nicht nur in den Genuss der Mindestversicherungssumme, sondern in einer vereinbarten erhöhten VersSumme (Prölss/Martin/*Knappmann*, § 113 Rn 9); Entsprechendes gilt für weitere Mitversicherte (Römer/Langheid/*Rixecker/Langheid*, § 113 Rn 8). Eine weitere Auswirkung zeigt sich darin, dass der HaftpflichtVR weder dem geschädigten Dritten noch dem Mitversicherten dann, wenn die Ersatzpflicht bei einer erhöhten Deckungssumme die Mindestversicherungssumme überschreitet, einen **Selbstbehalt** entgegensetzen kann (§ 114 Abs. 2 S. 2 VVG). Insoweit bewirkt die **Einheitlichkeit des Vertrags**, dass der Selbstbehalt einem Dritten nicht entgegengehalten werden kann (*Schirmer*, ZVersWiss [Supplement Jahrestagung] 2006, 427, 442). Liegt freilich ein **krankes Deckungsverhältnis** vor, beschränkt sich die Einstandspflicht des HaftpflichtVR gem. § 117 Abs. 3 S. 1 sowohl ggü. dem Dritten als auch dem Mitversicherten bloß auf die **Mindestversicherungssumme** (zustimmend bzgl. einer Beschränkung gegenüber dem Dritten Römer/Langheid/*Rixecker/Langheid*, § 117 Rn 25), sofern nicht der VV eine bloß eingeschränkte Leistungsfreiheit vorsieht, wie dies in der Kfz-Haftpflichtversicherung teilweise (§ 6 Abs. 3 KfzPflVV: Einschränkung der Leistungsfreiheit auf 5.000,00 EUR) vorgesehen ist (BGH, NJW 1983, 2197).

Warum dem geschädigten Dritten etwa die Vorrechte ggü. Privat- und Sozialversicherern bei unzureichender Deckungssumme (§ 118 VVG) nicht zugutekommen sollten, wenn die juristische Person des öffentlichen Rechts eine erhöhte Kfz-Haftpflichtversicherung für ihren mitversicherten Lenker abschließt, wäre schon nach dem Zweck der Pflichthaftpflichtversicherung, die jedenfalls auch auf den Schutz des geschädigten Dritten abstellt, überhaupt nicht einzusehen (für eine analoge Anwendung im Ergebnis auch Looschelders/Pohlmann/*Schwartze*, § 113 Rn 18, kritisch, aber bei Bejahung eines Direktanspruchs im Ergebnis für eine entsprechende Anwendung Prölss/Martin/*Knappmann*, § 113 Rn 7). 13

C. Beweislastverteilung

Im Verhältnis zwischen VN und Versicherer trifft den Versicherer die Beweislast, dass es sich um ein im Inland zum Geschäft befugtes Versicherungsunternehmen nach § 113 Abs. 1 VVG handelt. Der Versicherer ist auch beweispflichtig, dass er eine ordnungsgemäße Bescheinigung nach § 113 Abs. 2 VVG ausgestellt hat. Behauptet der Versicherer, dass es sich im Gegensatz zur dispositiven Anordnung des § 113 Abs. 3 VVG um eine Pflichtversicherung und eine darüber hinaus gehende freiwillige Haftpflichtversicherung handelt, hat er das ebenfalls zu beweisen (*Beckmann*, in: Bruck/Möller, § 113 Rn 31; Halm/Kreuter/Schwab/*Schwab*, AKB § 113 Rn 59). 14

D. Abdingbarkeit

Die Normen der Pflichthaftpflichtversicherung sind **zugunsten** des **VN**, des **Versicherten** und des **geschädigten Dritten** zwingend. Aus den Erläuterungen (BT-Drucks 16/3945, S. 87) ergibt sich, dass dies aus der Rechtsnatur dieser Vorschriften folgt und keiner ausdrücklichen Klarstellung bedarf. § 113 Abs. 3 VVG ist indes dispositiv (siehe Rdn 11). 15

| § 114 VVG | Umfang des Versicherungsschutzes |

(1) Die Mindestversicherungssumme beträgt bei einer Pflichtversicherung, soweit durch Rechtsvorschrift nichts anderes bestimmt ist, 250.000 Euro je Versicherungsfall und eine Million Euro für alle Versicherungsfälle eines Versicherungsjahres.

(2) Der Versicherungsvertrag kann Inhalt und Umfang der Pflichtversicherung näher bestimmen, soweit dadurch die Erreichung des jeweiligen Zwecks der Pflichtversicherung nicht gefährdet wird und durch Rechtsvorschrift nicht ausdrücklich etwas anderes bestimmt ist. Ein Selbstbehalt des Versicherungsnehmers kann dem Dritten nicht entgegengehalten und gegenüber einer mitversicherten Person nicht geltend gemacht werden.

Übersicht

	Rdn
A. Normzweck	1
B. Norminhalt	2
I. Mindestversicherungssumme	2
II. Gestaltungsspielraum beim Versicherungsvertrag	6
III. Auswirkungen eines Selbstbehalts nur im Innenverhältnis	15
C. Abdingbarkeit	19

A. Normzweck

1 Die in § 114 Abs. 1 VVG festgelegte Mindestversicherungssumme ist deshalb relativ hoch, weil es auch um **Personenschäden** geht (BT-Drucks 16/3945, S. 88; *Niederleithinger*, Das neue VVG, Rn 222). Eine Begrenzung mit 1 Mio. EUR für alle Versicherungsfälle eines Versicherungsjahres wird vorgenommen, um eine unbegrenzte Deckung zu vermeiden, sodass eine Kalkulierbarkeit der Prämie und eine Rückversicherung zu angemessenen Kosten möglich ist (Römer/Langheid/*Rixecker/Langheid*, § 114 Rn 2).

B. Norminhalt

I. Mindestversicherungssumme

2 Der Gesetzgeber des VVG legt die **Mindestversicherungssumme** mit 250.000,00 EUR pro Versicherungsfall und 1 Mio. EUR für alle Versicherungsfälle eines Versicherungsjahres fest. Es stellt dies eine Auffangregelung für die Fälle dar, in denen der Gesetzgeber, der eine Pflicht zum Abschluss einer Haftpflichtversicherung anordnet, aber keine VersSumme festgelegt hat. In den meisten Gesetzen und Verordnungen, die eine Pflichthaftpflichtversicherung vorschreiben, ist eine solche Festlegung unterblieben (*Keppel*, Die Pflichthaftpflichtversicherung nach der VVG-Reform [2010] 18). Eine bloße **Empfehlung** einer bestimmten Mindestversicherungssumme ist dafür ebenso wenig ausreichend wie die Anordnung einer **angemessenen Deckungssumme** (so etwa § 25 Abs. 2 S. 1 StBerG für die Lohnsteuerhilfevereine); es bleibt dann bei den Mindestbeträgen des § 114 Abs. 1 VVG (zutreffend *Krause-Allenstein*, NZBau 2008, 81, 84; *Beckmann*, in: Bruck/Möller, § 114 Rn 9: Die Haftungssummen mögen für manche Pflichtversicherung [Lohnsteuerhilfevereine gem. § 25 Abs. 2 S. 1 StBerG] überdimensioniert sein, de lege lata ist das aber hinzunehmen; geboten ist ein Einschreiten des GesGeb). Mitunter wählt der **Gesetzgeber höhere Werte** (so für die Berufshaftpflichtversicherung für VersVermittler gem. § 9 Abs. 2 VersVermV: je Versicherungsfall 1 Mio. EUR und für alle VersFälle eines Jahres

1,5 Mio. EUR) oder auch **geringere Werte**, so für reine Vermögensschäden bei der Kfz-HaftpflichtVers (50.000 EUR gem. Anlage zu § 4 Abs. 2 PflVG). Die Mindestversicherungssumme des § 114 Abs. 1 VVG gilt auch in Fällen, in denen eine geringere Deckungssumme ausreichend wäre, aber keine spezielle gesetzliche Regelung getroffen wurde, so etwa bei der VermögensschadenhaftpflichtVers für Lohnsteuerhilfevereine (Rüffer/Halbach/Schimikowski/*Schimikowski*, § 114 Rn 3) oder Innenarchitekten (*Krause-Alleinstein*, NZBau 2008, 81, 83). Bezug genommen wird in § 114 Abs. 1 VVG auf das Versicherungsjahr, das vom Kalenderjahr abweichen kann.

§ 114 Abs. 1 VVG sieht eine Mindestdeckung **pro Versicherungsfall und pro Versicherungsjahr** vor. Ist in einer Norm, die eine Pflichthaftpflichtversicherung anordnet, bloß eine Mindestdeckung pro Versicherungsfall angeordnet, soll die in § 114 Abs. 1 VVG angeordnete Mindestdeckung pro Versicherungsjahr von 1 Mio. EUR gelten, sofern nicht die durch die betreffende Norm angeordnete Deckungssumme pro Versicherungsfall darüber liegt (*Dallwig*, ZVersWiss 2009, 47, 52). Ansonsten soll die Begrenzung auf 1 Mio. EUR pro Versicherungsjahr gelten (*Beckmann*, in: Bruck/Möller, § 114 Rn 10 f. unter ausdrücklicher Bezugnahme auf Altverträge; Römer/Langheid/*Rixecker/Langheid*, § 114 Rn 7: Geltung, wenn einer der beiden Schwellwerte nicht erwähnt ist; MüKo/*Brand*, § 114 VVG Rn 6). ME gilt das nur dann, wenn die Lückenhaftigkeit der die Pflichtversicherung anordnenden Norm feststeht. Die Kfz-Haftpflichtversicherung etwa kennt bloß Mindestversicherungssummen, aber keine Begrenzung pro Versicherungsjahr (Halm/Kreuter/Schwab/*Schwab*, AKB § 114 Rn 8), weshalb die Vereinbarung einer solchen gegen die Vorgaben des PflVG verstoßen würde. 3

Der Vollständigkeit halber sei darauf hingewiesen, dass zwischen einer **Betragsbeschränkung** der Haftung, wie sie bei den Gefährdungshaftungsgesetzen angeordnet ist, etwa nach § 12 StVG oder § 10 HaftPflG, und einer **Beschränkung der Deckungssumme** nach dem Trennungsprinzip strikt **zu unterscheiden** ist (dazu auch *Beckmann*, in: Bruck/Möller, § 114 Rn 14). Bei der Frage der betraglich beschränkten Haftung geht es darum, in welchem Ausmaß der Ersatzpflichtige einstandspflichtig ist. Die Deckungssumme begrenzt demggü. die Leistungspflicht des HaftpflichtVR ggü. dem VN bzw. Mitversicherten. Geht die Haftung über die Deckung hinaus, kann der geschädigte Dritte den Teil des Anspruchs, der wegen der betraglichen Begrenzung des HaftpflichtVR von diesem nicht geschuldet ist, gegen den persönlich haftenden Ersatzpflichtigen durchsetzen, somit in dessen sonstiges Vermögen vollstrecken. Ist hingegen die Haftung begrenzt, kommt dem geschädigten Dritten eine darüber hinausgehende Deckungssumme nicht zugute. Nur ausnahmsweise ist die betraglich beschränkte Haftung höher als die Mindestversicherungssumme (zu einem solchen Beispiel Halm/Kreuter/Schwab/*Schwab*, AKB § 114 Rn 83: Haftung des Halters eines Gefahrguttransports für Personen- und Sachschäden nach § 12a Abs. 1 Nr. 1 und 2 StVG bis zu 10 Mio. EUR; die Deckungssummen betragen jedoch beim Personenschaden 7,5 Mio. EUR, beim Sachschaden 1,12 Mio. EUR). 4

Gleichwohl waren aufgrund der Vorgaben der 5. KH-Richtlinie (RL 2005/14/EG des Europäischen Parlaments und Rates vom 11.5.2005) in Deutschland nicht nur die **Mindestdeckungssummen** anzupassen, sondern **auch die Haftungshöchstbeträge** bei der Gefähr- 5 dungshaftung (*Kröger/Kappen*, DAR 2007, 557, 559). Ungeachtet des Umstands, dass diese auch nach der Anpassung durch das 2. Schadensersatzrechtsänderungsgesetz (BGBl 2002 I, S. 2674), das am 1.8.2002 in Kraft trat, zu gering waren (*Huber*, Das neue Schadensersatzrecht, § 4 Rn 193), ist die Kritik von *Bollweg* berechtigt (*Bollweg*, NZV 2007, 599, 600 f.). Dieser weist darauf hin, dass es widersinnig sei, dass zwar eine Rechtsordnung nicht verpflichtet sei, überhaupt eine Gefährdungshaftung vorzusehen. Wenn aber eine solche normiert werde, dürfe die Betragsbeschränkung nach den Vorgaben des EuGH nicht unter den Mindestdeckungssummen der korrespondierenden Haftpflichtversicherung liegen. Das Argument, dass die höheren Deckungssummen leer liefen, treffe gerade nicht zu, weil diese ja für den Hauptfall der Verschuldenshaftung zum Tragen kommen. Um keine Europarechtswidrigkeit zu riskieren, hat der deutsche Gesetzgeber sich damit abgefunden und sowohl die Höhe als auch die Systematik der Betragsbeschränkung im StVG – einheitliche Pauschalbeträge, keine zusätzlichen individuellen Beschränkungen pro Unfallopfer – dem System der 5. KH-Richtlinie angepasst. Erfreulich für den RA ist immerhin, dass dadurch eine Vereinfachung bewirkt wird und es – auf dem Gebiet der StVG-Haftung – zu einem **Gleichlauf der Betragsbeschränkung bei Haftung und Deckung** kommt. In der Kfz-Haftpflichtversicherung werden die im Anhang zu § 4 Abs. 2 PflVG festgesetzten Mindestdeckungssummen gemäß § 4 Abs. 3 PflVG in einem 5-Jahres-Rhythmus überprüft und anhand des Europäischen Verbraucherpreisindexes angepasst (*Beckmann*, in: Bruck/Möller, § 114 Rn 8); wünschenswert und sachgerecht wäre eine entsprechende Anpassung auch für die Haftungshöchstgrenzen des StVG und HaftPflG.

II. Gestaltungsspielraum beim Versicherungsvertrag

6 § 114 Abs. 2 S. 1 VVG lässt eine privatautonome Ausgestaltung des Haftpflichtversicherungsvertrags – abgesehen von der **Mindestversicherungssumme** (§ 114 Abs. 1 VVG) und der **Unwirksamkeit des Selbstbehalts im Außenverhältnis** (§ 114 Abs. 2 S. 2 VVG) – grds. zu. Der HaftpflichtVR kann somit in allgemeinen Versicherungsbedingungen Deckungseinschränkungen, **insb. Risikoausschlüsse** und **Obliegenheiten** regeln. Der GesGeb hat ein solches Interesse des Versicherers anerkannt, damit dieser zu angemessenen Kosten Rückversicherungsschutz erlangen kann (MüKo/*Brand*, § 114 VVG Rn 12; *Beckmann*, in: Bruck/Möller, § 114 Rn 17 unter Hinweis auf BTDS 16/3945, 88). Grenzen der Gestaltung ergeben sich insoweit, als das Gesetz, das eine PflichtVers vorschreibt (zutreffend *Beckmann*, in: Bruck/Möller, § 114 Rn 20: Gesetz ist im materiellen Sinn zu verstehen ähnlich wie in § 113 VVG; s. dazu § 113 Rdn 2; a.A. MüKo/*Brand*, § 114 VVG Rn 14: KfzPflVV nur im Rahmen der Zweckmäßigkeitsprüfung zu berücksichtigen), Zulässigkeitsschranken aufstellt. In den §§ 2 bis 4 KfzPflVV ist nicht nur die **Mindestversicherungssumme** vorgegeben, sondern auch, **welche Personen** zwingend mitversichert sind und **welche Haftungsausschlüsse** zulässig sind (*Wandt*, VersicherungsR, Rn 387; *Armbrüster*, Privatversicherungsrecht, Rn 1732 ff.). Weitere können nicht wirksam vereinbart werden (*Dallwig*, ZVersWiss 2009, 47, 59). Unwirksam wäre es auch, wenn bei einer BerufshaftpflichtVers eines RA der VersSchutz für die durch seine Erfüllungsgehilfen (§ 278 BGB) verschuldeten Vermögensschäden ausgeschlossen würde, weil § 51 Abs. 1 S. 2 BRAO gerade das

verbietet (Looschelders/Pohlmann/*Schwartze*, § 114 Rn 6; dazu OLG München, VersR 2009, 59: Kein wirksamer Ausschluss des Deckungsschutzes eines Scheinsozius bei einer Pflichthaftpflichtversicherung eines RA).

Zusätzlich gilt die Einschränkung, dass dadurch der **jeweilige Zweck der Pflichthaftpflichtversicherung nicht gefährdet** werden darf (MüKo/*Brand*, § 114 VVG Rn 13). Bei einer von der Notarkammer abgeschlossenen Vertrauensschadenhaftpflichtversicherung zur Abdeckung von Schadenersatzpflichten bei wissentlichen Pflichtverstößen eines Notars ist der Ausschluss mittelbarer Schäden wie etwa Zinsschäden unwirksam, weil dadurch der Vertragszweck gefährdet würde (BGH, VersR 2011, 1261, 1263; BGH, VersR 2011, 1392, 1396). Das hat Auswirkungen auch bei der Höhe des zulässigen Selbstbehalts (VersR-Hdb/ *Schneider*, § 24 Rn 167), der nur in angemessener Höhe zulässig ist (*Niederleithinger*, Das neue VVG, B § 114 Rn 5), sofern das nicht durch das Gesetz, das eine Pflichtversicherung vorschreibt, präzise vorgegeben ist (so in § 98 Abs. 5 BRAO und § 19a Abs. 4 BNotO: jeweils 1% der Mindestversicherungssumme). Zu beachten ist, dass es nicht allein um eine **Interessenabwägung zwischen den am Vertrag Beteiligten**, somit VR und VN, sondern auch die Interessen von Mitversicherten und geschädigten Dritten geht (zurückhaltender Prölss/Martin/*Knappmann* § 114 Rn 2: Interessen Dritter „*können*" berücksichtigt werden; m.E. ist das zwingend so). Mitunter werden auch die Interessen des Berufsstandes für berücksichtigungsfähig angesehen (Prölss/Martin/*Knappmann* § 114 Rn 2; MüKo/ *Brand*, vor §§ 113 ff. VVG Rn 4). Ausdruck der Interessen des Berufsstandes der Notare ist die Vertrauensschadenhaftpflichtversicherung der Notarkammer, die den Klienten des Notars bei dessen wissentlicher Pflichtverletzung klaglos stellt, indem sie dem Berufshaftpflichtversicherer, der in solchen Fällen an sich wegen eines subjektiven Risikoausschlusses leistungsfrei wäre, zur Leistung verpflichtet und ihm gem. § 19a Abs. 2 S. 4 BnotO einen Aufwendungsersatzanspruch gegen den Vertrauensschadenhaftpflichtversicherer einräumt.

Durch eine **Serienschadenklausel** werden mehrere Schadensereignisse im Weg einer Fiktion zu einem Versicherungsfall zusammengefasst (MüKo/*Brand*, § 114 VVG Rn 15). Bedenklich ist die Vereinbarung von Serienschadenklauseln, soweit sie nicht in den eine Pflichthaftpflichtversicherung anordnenden Normen ausdrücklich vorgesehen sind, so die auf dem Verstoßprinzip beruhenden Serienschadenklauseln in § 51 Abs. 2 BRAO, § 19a Abs. 3 S. 4 BNotO sowie § 53 Abs. 3 DVStB. Aus dem Gesichtspunkt des Geschädigtenschutzes bestehen dagegen keine Bedenken, wenn man sie – wie die Vereinbarung eines Selbstbehalts – lediglich für das Innenverhältnis zwischen Versicherer und VN für maßgeblich ansieht (dafür Rüffer/Halbach/Schimikowski/*Schimikowski*, § 114 Rn 6). Unterschieden wird bei Serienschadenklauseln, die auf dem **Schadensereignisprinzip** beruhen, und solchen, die auf dem **Verstoßprinzip** beruhen. Wird die Mindestversicherungssumme gegenüber verschiedenen Geschädigten durch eine Serienschadenklausel zusammengefasst, ist eine solche Regelung unter dem Gesichtspunkt der Beeinträchtigung des Zwecks der Pflichthaftpflichtversicherung besonders bedenklich (*Beckmann*, in: Bruck/Möller, § 114 Rn 39; weniger kritisch MüKo/*Brand*, § 114 VVG Rn 15: nur ausnahmsweise unzulässig).

Bei der **Begrenzung der Nachhaftung** geht es darum, dass der Versicherer seine Deckungspflicht für einen bestimmten Zeitraum nach Beendigung des Versicherungsvertrags begrenzen will, selbst wenn der Schaden des Dritten häufig erst später eintritt oder für diesen später erkennbar ist. Nachhaftungsbegrenzungen in Pflichthaftpflichtversicherungsverträgen, bei denen der Versicherungsfall nach dem Verstoß bzw. dem Eintritt des Schadens beurteilt wird, sind dann besonders problematisch (*Beckmann*, in: Bruck/Möller, § 114 Rn 40; kritisch auch MüKo/*Brand*, § 114 VVG Rn 15), wie das namentlich bei Notaren (dazu OLG Frankfurt, r+s 2011, 17, 18 f: Unwirksamkeit einer Klausel, wonach eine Deckungspflicht nur für Schäden gilt, die binnen 4 Jahren nach der schadensursächlichen Handlung des Notars gemeldet werden, Gefährdung des Vertragszwecks, wobei der – strenge – Maßstab des Geschädigtenschutzes wie bei der Amtspflichtverletzung anderer Amtsträger im Rahmen der Staatshaftung gilt) oder Architekten (instruktiv OLG Stuttgart, jurisPR-VersR 5 [2009] mit kritischer Anmerkung *Schimikowski*: Tätigkeit des Architekten 1996, bei dessen Tod im Jahr 2002 Kündigung der Berufshaftpflichtversicherung durch den Erben, Geltendmachung eines Schadens durch den Bauherrn 2005 nach Ablauf der 5-Jahres-Frist) der Fall ist.

10 Auch soweit durch **Pflichtwidrigkeitsklauseln** in Gestalt eines subjektiven Risikoausschlusses eine Verschärfung gegenüber dem Risikoausschluss bei Vorsatz erfolgt, wird das bei der Pflichthaftpflichtversicherung für unbedenklich angesehen, weil auch manche Gesetze, die eine Pflichthaftpflichtversicherung anordnen, solche Ausschlüsse formulieren, so § 19a Abs. 2 Nr. 1 BNotO i.V.m. § 67 Abs. 3 Nr. 3 BNotO; § 51 Abs. 3 Nr. 1 BRAO; § 53a Abs. 1 DVStB (*Beckmann*, in: Bruck/Möller, § 114 Rn 41; MüKo/*Brand*, § 114 VVG Rn 16). Bei der Berufshaftpflichtversicherung für Notare ist freilich zu beachten, dass diese auch bei einem wissentlichen Pflichtverstoß einstandspflichtig ist, soweit die von der Notarkammer abzuschließende Vertrauensschadenhaftpflichtversicherung deckungspflichtig ist (dazu BGH, VersR 2011, 1261; BGH, VersR 2011, 1392; OLG Frankfurt, r+s 2011, 17).

11 Welche **Rechtsfolgen** sind denkbar, wenn der Inhalt des konkret abgeschlossenen VV **nicht dem Zweck der PflichthaftpflichtV** entspricht? Auch wenn es seit der Liberalisierung des Jahres 1994 keine ex ante Genehmigung allg. Versicherungsbedingungen mehr gibt, hat der VR die Klauselwerke bei der **Aufsichtsbehörde** vorzulegen (§§ 9 Abs. 4 Nr. 4, 61 Abs. 4 VAG; dazu *Schirmer*, ZVersWiss [Supplement Jahrestagung] 2006, 427, 440). Die Aufsichtsbehörde kann eine bestimmte Klausel des jeweiligen Unternehmens i.R.d. Rechtsaufsicht gem. § 294 Abs. 3 VAG für unwirksam erklären und die Verwendung untersagen (MüKo/*Brand*, § 114 VVG Rn 24). Die Untersagung der Verwendung einer derartigen Klausel wird von der Aufsichtsbehörde sodann allen VR, die ein derartiges Produkt anbieten, kommuniziert (*Winter*, Versicherungsaufsichtsrecht, Kritische Betrachtungen, 1997, S. 69 f.).

12 Darüber hinaus kann die **Stelle**, die die **Einhaltung der jeweiligen Versicherungspflicht zu überwachen** hat, die Versicherungsbedingungen bei der Aufsichtsbehörde abrufen (*Niederleithinger*, Das neue VVG, B, § 113 Rn 2). Diese weist dann den **VR** darauf hin, dass eine einzelne Klausel oder die VersSumme nicht dem Zweck der jeweiligen Pflichthaftpflichtversicherung genügt. Denkbar ist aber auch, dass diese Stelle die **VN** darüber

unterrichtet, dass die abgeschlossene Pflichthaftpflichtversicherung den gesetzlichen Anforderungen nicht genügt.

Darüber hinaus ist zu erwägen, dass sich Erfüllungsansprüche des VN daraus ergeben, dass der VR in seiner Versicherungsbestätigung gem. § 113 Abs. 2 VVG zum Ausdruck gebracht hat, dass die abgeschlossene Haftpflichtversicherung den Anforderungen der abzuschließenden Pflichthaftpflichtversicherung genügt (*Niederleithinger*, Das neue VVG, B, § 117 Rn 5). Dazu wird es aber i.d.R. nicht kommen. § 114 Abs. 2 S. 1 VVG ist nämlich eine Spezialregel ggü. der **Inhaltskontrolle allgemeiner Geschäftsbedingungen** nach § 307 BGB. Bei § 307 BGB wird geprüft, ob die getroffene Regelung entgegen den Geboten von Treu und Glauben den Partner des Verwenders allgemeiner Geschäftsbedingungen unangemessen benachteiligt. Einbezogen werden dabei die **gegenläufigen Interessen** der **beiden Vertragspartner**, also von VR und VN. Die Interessen des Mitversicherten mögen insoweit noch mitberücksichtigt werden können, als es auch sonst vorkommt, dass ein Vertragspartner einem Dritten zu **besonderer Fürsorge verpflichtet** ist. Das wird beim VN ggü. dem **Mitversicherten** häufig so sein. Die **Besonderheit des § 114 Abs. 2 S. 1 VVG** liegt jedoch darin, dass er eine solche Inhaltskontrolle nicht nur an den **Interessen der Vertragsparteien** vornimmt (Rüffer/Halbach/Schimikowski/*Schimikowski*, § 114 Rn 4: Vertragszweckgefährdung, wenn Kardinalpflichten ausgenommen sind), sondern auch die Interessen des **geschädigten Dritten**, des Nutznießers der PflichthaftpflichtV, einzubeziehen sind (*Marlow/Spuhl*, Das neue VVG kompakt, S. 181). 13

Ergibt sich danach, dass eine bestimmte Klausel unwirksam ist, tritt anstelle der nichtigen Klausel eine solche, die redliche Vertragsparteien getroffen hätten. Es handelt sich insoweit aber nicht um eine „schlichte" ergänzende Vertragsauslegung, bei der auch zu bedenken wäre, dass sich die **Erweiterung des Versicherungsschutzes** auf die **Höhe der Prämie** ausgewirkt hätte. Wie bei der Inhaltskontrolle allgemeiner Geschäftsbedingungen nach § 307 BGB wird lediglich der Inhalt der Klausel, nicht das Entgelt modifiziert (*Armbrüster/Dallwig*, VersR 2009, 150; Looschelders/Pohlmann/*Schwartze*, § 114 Rn 8; *Brand*, VersR 2011, 1337, 1343). Nach Ansicht von *Armbrüster/Dallwig* (*Armbrüster/Dallwig*, VersR 2009, 150, 153) soll eine solche Regelung an die Stelle der unwirksamen Klausel treten, die – gerade noch – zulässig ist (ebenso MüKo/*Brand*, § 114 VVG Rn 22; Halm/Kreuter/Schwab/*Schwab*, AKB § 114 Rn 12). Das weicht von der Rechtsfolge des § 307 BGB ab und erweckt den **Eindruck einer geltungserhaltenden Reduktion** (so Looschelders/Pohlmann/*Schwartze*, § 114 Rn 8; Prölss/Martin/*Knappmann* § 114 Rn 2: VR sollen sich nicht ohne Risiko an das zulässige Maß an Einschränkungen „*herantasten*" können; ebenso *Beckmann*, in: Bruck/Möller, § 114 Rn 33). In concreto könnte das deshalb sachgerecht sein, weil die Einbeziehung der Interessen eines vertragsfremden Dritten eine Besonderheit darstellt und dieser – wie sich u.a. beim kranken Deckungsverhältnis gem. § 117 Abs. 3 VVG zeigt – bloß **Vertrauensschutz im Rahmen eines Mindeststandards** genießen soll. Allerdings ist die Einbeziehung der Interessen Dritter, dass die Geschädigten einen solventen Schuldner haben, bloß die Kehrseite der Medaille, dass Versicherungsnehmer bei pflichtwidrigem Verhalten davor bewahrt werden, mit ihrem eigenen Vermögen einstandspflichtig zu werden. Dazu kommt, dass dem VN ohne Nachweis einer gesetzlich gebotenen 14

Pflichthaftpflichtversicherung durch die Aufsichtsbehörde die Ausübung seiner Tätigkeit untersagt werden kann (*Beckmann*, in: Bruck/Möller, § 114 Rn 30; MüKo/*Brand*, § 114 VVG Rn 20).

Insoweit ergibt sich keine Besonderheit gegenüber der Verwendung einer unangemessenen AGB-Klausel, bei der der Verwender stets das Risiko trägt, dass eine solche unwirksam ist bzw. eine angemessene und nicht eine gerade noch wirksame an ihre Stelle tritt. § 114 Abs. 2 S. 1 VVG stellt nicht darauf ab, dass es sich um allgemeine Geschäftsbedingungen handelt, weshalb der Prüfungsmaßstab auch bei individuellem Aushandeln gilt, was deshalb folgerichtig ist, weil die Beachtung der Interessen des Dritten nur vom Inhalt der Klausel abhängig ist, nicht aber von der Art des Zustandekommens der vertraglichen Einigung (zutreffend *Beckmann*, in: Bruck/Möller, § 114 Rn 30; differenzierend allerdings MüKo/*Brand*, § 114 VVG Rn 15 in Bezug auf die Wirksamkeit von Nachhaftungsklauseln). In der Praxis freilich wird es freilich kaum jemals zu einem individuellen Aushandeln eines VVs im Rahmen einer PflichthaftpflichtV kommen. Dessen ungeachtet ist Prüfungsmaßstab § 114 Abs. 2 S. 1 VVG und nicht § 307 BGB (*Beckmann*, in: Bruck/Möller, § 114 Rn 32). Nicht entlasten kann sich der VR mit dem Einwand, dass es sich um eine „*marktübliche*" Gestaltung handle (VersR-Hdb/*Schneider* § 24 Rn 166a; in diese Richtung tendierend freilich *Dallwig*, ZVersWiss 2009, 47, 65: Erhältlichkeit von Versicherungsschutz am Markt). Darüber hinaus kann die Verwendung einer dem Zweck der Pflichtversicherung widersprechenden Klausel auch aufsichtsrechtliche Sanktionen sowie wettbewerbsrechtliche Ansprüche anderer Versicherungsunternehmen auslösen (*Beckmann*, in: Bruck/Möller, § 114 Rn 34).

III. Auswirkungen eines Selbstbehalts nur im Innenverhältnis

15 Selbstbehalt bedeutet, dass der Versicherer einen bestimmten Anteil des Schadens nicht endgültig zu tragen hat; er kommt vor in einem bestimmten Betrag (Abzugsfranchise, z.B. 300 EUR), einer Quote (z.B. 20 %) oder als Integralfranchise, wonach der Versicherer den Schaden erst ab einer gewissen Höhe zu tragen hat, dann aber den vollen Schaden (zu den Begriffen *Beckmann*, in: Bruck/Möller, § 114 Rn 42). Durch Auslegung der AVB-Klausel ist zu ermitteln, ob bloß der Schaden betroffen ist oder auch sonstige Aufwendungen des Versicherers wie die Kosten des Schadensgutachtens und/oder Prozesskosten (Halm/Kreuter/Schwab/*Schwab*, AKB § 114 Rn 78). Selbstbehalte werden nicht nur zur Verkaufsförderung wegen Anbietens einer geringeren Prämie angeboten (Halm/Kreuter/Schwab/*Schwab*, AKB § 114 Rn 74), sondern auch aus Anreizgesichtspunkten zu sorgfältigem Verhalten für den VN vereinbart, zusätzlich aber auch, um im Vergleich zum Schaden überproportionale Verwaltungskosten zu sparen. Der Versicherer trägt insoweit das Insolvenzrisiko des VN. Früher war umstritten, ob der Selbstbehalt auch dem **geschädigten Dritten** entgegengehalten werden kann (*Schirmer/Höhne*, DAR 1999, 433 ff.). Nunmehr hat § 114 Abs. 2 S. 2 VVG eine Entscheidung in der Weise getroffen, dass ein Selbstbehalt lediglich Auswirkungen hat für das **Innenverhältnis zwischen VN und VR** (*Schirmer*, ZVersWiss [Supplement Jahrestagung] 2006, 427, 441).

Das bedeutet, dass der HaftpflichtVR sowohl dem **geschädigten Dritten** als auch dem **Mitversicherten in vollem Umfang leistungspflichtig** ist. Das gilt sowohl bei einem Direktanspruch (§ 115 Abs. 1 VVG) als auch bei Pfändung und Überweisung des Deckungsanspruchs des VN oder Mitversicherten durch den geschädigten Dritten. Wegen der Einheitlichkeit des VV (§ 113 Abs. 3 VVG) ist das auch so, wenn die VersSumme und der Leistungsumfang über die Mindestanforderungen hinausgehen (Feyock/Jacobsen/Lemor/ *Jacobsen*, § 114 VVG Rn 3; VersR-Hdb/*Schneider*, § 24 Rn 167). Der HaftpflichtVR muss in vollem Umfang leisten; ihm steht bloß ein Regressanspruch gegen den VN zu, bei dem er das Risiko der Durchsetzbarkeit zu tragen hat (*Marlow/Spuhl*, Das neue VVG kompakt, S. 181). Die **Zulässigkeit der Vereinbarung eines Selbstbehalts** für den Gesamtschaden oder bei jedem einzelnen Verstoß stellt sich somit weder im Verhältnis zum geschädigten Dritten noch zum Mitversicherten (zu einer solchen Vereinbarung *Krause-Allenstein*, NZBau 2008, 81, 86). Da § 114 Abs. 2 S. 2 VVG seinem eindeutigen Wortlaut nach **keine subsidiäre Regelung** darstellt, kommt auch eine Verdrängung durch ein SpezialG, das die Pflichtversicherung anordnet, nicht in Betracht (a.A. Halm/Kreuter/Schwab/*Schwab*, AKB § 114 Rn 35). Ebenso wenig ist die Rechtsfolge beschränkt auf Beeinträchtigungen der körperlichen Integrität oder des Eigentums; sie gilt selbstverständlich auch, soweit reine Vermögensschäden einer Pflichtversicherung unterliegen (a.A. allein Halm/Kreuter/ Schwab/*Schwab*, AKB § 114 Rn 39).

Davon zu unterscheiden sind die Grenzen zulässiger Vereinbarung im **Innenverhältnis** zwischen VR und VN. In der Kfz-Haftpflichtversicherung wird die Festlegung eines Selbstbehalts in Höhe der Hälfte des Durchschnittsschadens für zulässig angesehen. In concreto gelangt man wegen eines Durchschnittsschadens von 4.000 EUR zu einem zulässigen Selbstbehalt von 2.000 EUR (*Schirmer*, DAR 2008, 181, 319, 326); vertreten werden auch 2.500 EUR (Feyock/Jacobsen/Lemor/*Feyock*, § 4 PfVG Rn 21 für das Privatkundengeschäft), 5.000 EUR (so MüKo/*Brand*, § 114 VVG Rn 26; *C. Weber*, JR 2013, 386; Prölss/ Martin/*Knappmann*, § 114 Rn 3 unter Bezug auf die Begrenzung der Sanktion bei Obliegenheitsverletzungen gem. § 5 Abs. 3 KfzPflVV, wobei zu bedenken ist, dass der VN in diesem Fällen einen zusätzlichen Vorwurf zu verantworten hat) und sogar 10.000 EUR (*Franz/ Spielmann*, VersR 2012, 960, 962: Obergrenze für das Privatkundengeschäft). Die Relation von 50 % des Durchschnittsschadens ist auf andere Pflichthaftpflichtversicherungen nicht zu übertragen, bei denen der Durchschnittsschaden weit über der Bagatellgrenze liegt. Zu berücksichtigen ist die Zielrichtung jeder Haftpflichtversicherung, den VN nicht nur vor existenzbedrohenden, sondern auch vor massiven Vermögensnachteilen zu bewahren.

Keppel (*Keppel*, Die Pflichthaftpflichtversicherung nach der VVG-Reform [2010], S. 186 f.) sieht einen Anhaltspunkt für die Zulässigkeit in der **1 %-Grenze der Mindestversicherungssumme** in § 51 Abs. 5 BRAO, wonach die Obergrenze in concreto 2.500 EUR beträgt. Ob der VR diese auch bei Bagatellschäden anwendet oder ein stufenweises Tarifmodell vorsehe, liege in dessen Ermessen, rechtliche Zulässigkeitsschranken bestehen insoweit nicht. Vertreten wird auch, auf die Einkommens- und Vermögensverhältnisse des jeweiligen **Einzelfalles** abzustellen (*Beckmann*, in: Bruck/Möller, § 114 Rn 44; Halm/ Kreuter/Schwab/*Schwab*, AKB § 114 Rn 34). Das halte ich für zu kompliziert, müsste dann doch vor Abschluss jedes Versicherungsvertrags der VN ein Einkommens- und Vermögensbekenntnis ablegen und im maßgeblichen Zeitpunkt des Versicherungsfalls kann das ganz anders sein. Angängig ist vielmehr eine Differenzierung zwischen Verbraucher und Unternehmer; bei ersteren muss der Selbstbehalt deutlich geringer ausfallen als bei letzteren. Bei Unternehmern mag eine signifikante Anhebung bei Großunternehmen zulässig sein, etwa bei der Versicherung einer Fahrzeugflotte (dazu BAG, NZA 2013, 622: 5-fache Prämie ohne Selbstbehalt; ebenso *Franz/Spielmann*, VersR 2012, 960, 962 unter Hinweis, dass hier ein freies Aushandeln stattfinde). Für Verbraucher erscheint eine Anlehnung an die Bagatellgrenze von 2.000 EUR oder 2.500 EUR passend, bei Unternehmern eine solche von 5.000 EUR. Bei Großunternehmern kann m.E. auch ein Selbstbehalt von 10.000 EUR zulässig sein. Eine Rolle spielen könnte auch, wie häufig Schäden einer bestimmten Größenordnung vorkommen. Wenn in 9 von 10 Fällen der Versicherer sich seiner Leistungspflicht unter Hinweis auf den Selbstbehalt entziehen kann, ist fragwürdig, ob die Versicherung ihre eigentliche Aufgabe, nämlich die der Risikodeckung, erfüllt.

17 § 114 Abs. 2 S. 2 VVG hat insoweit Strahlkraft, als das Verbot, den Selbstbehalt einer mitversicherten Person in der Pflichtversicherung entgegenzusetzen, dazu führt, dass eine derartige Überwälzungsnorm jedenfalls zwischen Arbeitgeber und Arbeitnehmer unwirksam ist (BAG, NZA 2013, 622 = *C. Weber*, JR 2013, 386; zustimmend Halm/Kreuter/Schwab/*Schwab*, AKB § 114 Rn 48). Das gilt m.E. für alle Mitversicherten in einer Pflichtversicherung, auch soweit eine Erstreckung der Regeln der Pflichtversicherung nach § 113 Abs. 3 VVG erfolgt, nicht aber für eine darüber hinaus gehende freiwillige Haftpflichtversicherung (so wohl auch MüKo/*Brand*, § 114 VVG Rn 17: gleichgültig, ob Mitversicherung verpflichtend ist; Halm/Kreuter/Schwab/*Schwab*, AKB § 114 Rn 41; zur Erstreckung s. § 113 Rdn 11 ff.).

18 Geklärt ist inzwischen, dass die Leistung des Selbstbehalts vom VN an den Versicherer nicht der Versicherungssteuer unterliegt. Es handelt sich nicht um Leistungen, um Versicherungsschutz zu erlangen, sodass § 3 Abs. 1 VerStG nicht einschlägig ist (MüKo/*Brand*, § 114 VVG Rn 28; Halm/Kreuter/Schwab/*Schwab*, AKB § 114 Rn 20).

C. Abdingbarkeit

19 Die Normen der Pflichthaftpflichtversicherung sind zugunsten des VN, des Versicherten und des geschädigten Dritten **zwingend** (*Beckmann*, in: Bruck/Möller, § 114 Rn 20). Aus den Erläuterungen (BT-Drucks 16/3945, S. 87) ergibt sich, dass dies aus der Rechtsnatur dieser Vorschrift folgt und keiner ausdrücklichen Klarstellung bedarf.

| § 115 VVG | Direktanspruch |

(1) Der Dritte kann seinen Anspruch auf Schadensersatz auch gegen den Versicherer geltend machen,
1. wenn es sich um eine Haftpflichtversicherung zur Erfüllung einer nach dem Pflichtversicherungsgesetz bestehenden Versicherungspflicht handelt oder
2. wenn über das Vermögen des Versicherungsnehmers das Insolvenzverfahren eröffnet oder der Eröffnungsantrag mangels Masse abgewiesen worden ist oder ein vorläufiger Insolvenzverwalter bestellt worden ist oder
3. wenn der Aufenthalt des Versicherungsnehmers unbekannt ist.

Der Anspruch besteht im Rahmen der Leistungspflicht des Versicherers aus dem Versicherungsverhältnis und, soweit eine Leistungspflicht nicht besteht, im Rahmen des § 117 Abs. 1 bis 4. Der Versicherer hat den Schadensersatz in Geld zu leisten. Der Versicherer und der ersatzpflichtige Versicherungsnehmer haften als Gesamtschuldner.

(2) Der Anspruch nach Absatz 1 unterliegt der gleichen Verjährung wie der Schadensersatzanspruch gegen den ersatzpflichtigen Versicherungsnehmer. Die Verjährung beginnt mit dem Zeitpunkt, zu dem die Verjährung des Schadensersatzanspruchs gegen den ersatzpflichtigen Versicherungsnehmer beginnt; sie endet jedoch spätestens nach zehn Jahren von dem Eintritt des Schadens an. Ist der Anspruch des Dritten bei dem Versicherer angemeldet worden, ist die Verjährung bis zu dem Zeitpunkt gehemmt, zu dem die Entscheidung des Versicherers dem Anspruchsteller in Textform zugeht. Die Hemmung, die Ablaufhemmung und der Neubeginn der Verjährung des Anspruchs gegen den Versicherer wirken auch gegenüber dem ersatzpflichtigen Versicherungsnehmer und umgekehrt.

Übersicht

	Rdn
A. Normzweck	1
B. Norminhalt	2
I. Direktanspruch – Unterschied gegenüber der normalen Anspruchsdurchsetzung	2
1. Die maßgeblichen Rechtsbeziehungen	2
2. Direkte Klage versus Pfändung des Deckungsanspruchs	5
3. Abschaffung des Abtretungsverbots (§ 108 Abs. 2 VVG)	9
4. Die Anwendungsfälle der action directe (§ 115 Abs. 1 S. 1 VVG)	11
5. Gerichtsstand der Direktklage	13
II. Umfang der Leistungspflicht (§ 115 Abs. 1 S. 2 bis 4 VVG)	15
1. Akzessorietät des Anspruchs und ihre Durchbrechungen	15
a) Haftpflichtanspruch	15
b) Deckungsanspruch (§ 115 Abs. 1 S. 2 VVG)	25
2. Die beteiligten Personen	27
a) Anspruch gegen wen	27
b) Der anspruchsberechtigte Dritte	28
c) Mitschädiger kein anspruchsberechtigter Dritter?	31
d) Schadensersatzleistung in Geld (§ 115 Abs. 1 S. 3 VVG)	34

III. Verjährung (§ 115 Abs. 2 VVG) 35
  1. Gleichlauf zwischen Versicherungsnehmer und Versicherer (§ 115 Abs. 2 S. 1 VVG) 35
    a) Unbeachtlichkeit von Deckungssumme und Leistungsfreiheit 37
    b) Anspruch gegen den Haftpflichtversicherer nur 10 Jahre (§ 115 Abs. 2 S. 2 VVG) 38
  2. Hemmung durch Anmeldung 40
    a) Verjährung nach BGB 41
    b) Persönliche Dimension 43
    c) Sachliche Anforderungen 47
  3. Beerdigung der Hemmung 51
    a) Textform 51
    b) Negative oder auch positive Entscheidung 53
    c) Abfindungsvergleich 58
  4. Treu und Glauben 63
C. Prozessuales 66
D. Abdingbarkeit 67

A. Normzweck

1 Der Direktanspruch stellt für den Geschädigten eine **vereinfachte Möglichkeit** dar, den gegen den Schädiger bestehenden Schadensersatzanspruch gegen dessen HaftpflichtVR durchzusetzen. In den allermeisten Fällen – aber eben nicht immer – ist das für den Geschädigten vorteilhaft (MüKo/*Schneider*, § 115 VVG Rn 3). Im Regelfall wird bei Einstandspflicht der Kfz-Haftpflichtversicherung der Geschädigte den Schädiger (Halter bzw. Lenker) und den Versicherer verklagen. Ausnahmsweise kann es sinnvoll sein, nur den einen oder anderen zu verklagen. Wenn die Einstandspflicht des Lenkers wegen dessen Verschulden fraglich ist, sollte der Geschädigte bloß Halter und Kfz-HaftpflichtVR verklagen. Wenn der Schadenersatzanspruch gegen den Kfz-HaftpflichtVR verjährt ist, sollte nur der Schädiger verklagt werden (dazu unten Rdn 39). Darüber hinaus gibt es Konstellationen, in denen ein Direktanspruch fraglich ist, auch wenn eine Versicherungsdeckung besteht, so namentlich bei Einsatz eines Kfz als Arbeitsmaschine (Halm/Kreuter/Schwab/*Schwab*, AKB § 115 Rn 23; weitergehend aber BGH, NJW 2016, 1162: Schadensersatzanspruch der öffentlichen Hand und des Hauseigentümers nach Ölaustritt bei Platzen eines Schlauchs beim Betrieb des Kfz). Umstritten ist zudem, ob bloß **geschädigte Verkehrsteilnehmer** wegen Schadensersatzansprüchen das Recht zur Direktklage haben (dafür Halm/Kreuter/Schwab/*Schwab*, AKB § 115 Rn 26 ff.; *Schwab*, DAR 2010, 347, 348 f.; *Schwab*, DAR 2011, 11, 18; *Müller*, r+s 2012, 584, 586; weitergehend BGH, VersR 2011, 1509 = NJW-RR 2012, 163: Direktanspruch auch bei GoA wegen Sicherung der Unfallstelle durch Autobahnmeisterei, weil zum Eingreifen öffentlich-rechtliche Pflicht bestand, weshalb ein privatrechtlicher **Aufwendungsersatzanspruch aus GoA Schadensersatzcharakter** hat; ebenso BGH, VersR 2013, 1544 = zfs 2014 [*Diehl*] = r+s 2014, 40 [*Rogler*]: Abtretung eines Schadensersatzanspruchs wegen Ölbeseitigungskosten; BGH, VersR 2014, 849 = NJW 2014, 2874: Beschädigung von Autobahneinrichtungen; anders aber BGH, VersR 2013, 1538 = NZV 2012, 535: Vorrang des öffentlich-rechtlichen Anspruchs auf Ersatz von Straßenverschmutzungskosten, auch kein Direktanspruch gegen den Kfz-HaftpflichtVR bei Betrauung eines gewerblichen Unternehmens mit solchen Aufgaben; gegenteilig aber BGH, VersR 2011, 1070 = NJW-RR 2011, 1332; VersR 2015, 1503 = NJW 2015, 1298: bei Beseitigung einer Ölverschmutzung wird zivilrechtlicher Schadensersatzanspruch nicht durch öffentlich-rechtlichen Kostenerstattungsanspruch verdrängt; BGHZ 192, 261 = BGH, VersR 2012, 734 = JurisPR-VerkR 10/2012 Anm. 2 [*Jahnke*], mit Recht krit. dazu *Schwab*, DAR 2012, 490 ff.: Direktanspruch gegen den Versicherer auch bei Verfolgungsfahrt, wenn Täter Kfz vorsätzlich als Fluchtinstrument benutzt, weil auch insoweit eine Deckungspflicht der Kfz-Haftpflichtversicherung besteht; BGHZ 199, 377 = BGH, VersR 2014, 396 = r+s 2014, 194 [krit.: *Lemcke*] = DAR 2014, 196 [krit.: *Schwab*] = NZV 2014, 207 [*Herbers*]: Auslösung eines Brandes bei einem in einer Garage geparkten Auto durch Selbstentzündung und Beschädigung des daneben geparkten Fahrzeugs, wobei sich der BGH nur mit der Reichweite der Gefährdungshaftung nach § 7 Abs. 1 StVG beschäftigt und den Anspruch nach § 115 VVG beiläufig bejaht hat; auf der gleichen Linie BGH, NJW 2016, 1162 unter Hinweis auf *Kuhn*, EuR 2015, 216 ff.: zur Zulässigkeit einer über die Mindestharmonisierung hinausgehenden Umsetzung von Richtlinien; zur Reichweite der Umsetzungspflicht auch EuGH, NJW 2014, 3631 [*Vnuk*]: Bejahung der Benutzung eines Kfz [in concreto eines Traktors] und damit Erstreckung des Kfz-Haftpflichtversicherungsschutzes auf das Abladen eines Heuballens auf dem Hof eines Bauernhofs; ausführlich zu den **primär, sekundär und tertiär schutzwürdigen Personen** Halm/Kreuter/Schwab/ *Schwab*, AKB § 115 Rn 67 ff.). Die Zulassung von Ansprüchen aus GoA bei Feuerwehreinsätzen bei Beseitigung von Folgen von Kfz-Unfällen und die Qualifikation solcher Ansprüche als Schadenersatzansprüche führt dazu, dass eine Überwälzbarkeit dieser Kosten auf die Kfz-Haftpflichtversicherung bei Verschulden des Lenkers nach § 823 Abs. 1 BGB oder Einstandspflicht des Halters nach § 7 StVG im Wege der Direktklage nach § 115 VVG ermöglicht wird; eine Einstandspflicht der Kfz-Haftpflichtversicherung für öffentlich-rechtliche Kostenerstattungsansprüche wäre dem gegenüber nicht gegeben (Näheres dazu bei *Franßen/Blatt*, NJW 2012, 1031 ff.; *Knappmann*, VRR 2011, 14).

B. Norminhalt

I. Direktanspruch – Unterschied gegenüber der normalen Anspruchsdurchsetzung

1. Die maßgeblichen Rechtsbeziehungen

Zu **unterscheiden** ist zwischen dem **Haftpflichtverhältnis** zwischen dem Geschädigten und dem Schädiger einerseits und dem **Deckungsverhältnis** zwischen dem Schädiger in seiner Eigenschaft als VN bzw. Mitversicherter und dem HaftpflichtVR andererseits. Ein Direktanspruch ist nur dann zu bejahen, wenn der Anspruch sowohl haftungsrechtlich begründet ist als auch i.R.d. versicherten Risikos liegt (OLG Bamberg, VersR 1985, 750). Eine betragliche Begrenzung kann sich in beiden Bereichen ergeben: Die Gefährdungshaftungsnormen weisen typischerweise eine Betragsbeschränkung auf, während das bei der Verschuldenshaftung nicht der Fall ist. Davon zu unterscheiden ist der Umstand, dass die Deckungssumme betraglich begrenzt ist. Eine **Besonderheit der Pflichthaftpflichtversicherung** generell, nicht des Direktanspruchs im Besonderen, liegt darin, dass sich der HaftpflichtVR dem Geschädigten ggü. auf seine **Leistungsfreiheit nicht berufen** kann, 2 sondern er i.R.d. Mindestversicherungssumme diesem ggü. einstandspflichtig ist (§ 117 Abs. 1 und 3 VVG).

3   Der **Direktanspruch des Geschädigten gegen den HaftpflichtVR** ist in aller Regel ein **deliktsrechtlicher Anspruch**, der infolge seiner Anknüpfung an das Versicherungsverhältnis zwischen dem Schädiger und dessen HaftpflichtVR auch gewisse versicherungsrechtliche Züge aufweist (BGHZ 67, 372; BGHZ 152, 298 = BGH, VersR 2003, 99). Ein Direktanspruch in der Kfz-Haftpflichtversicherung hat nicht nur die Voraussetzung, dass es sich um einen Unfall bei *„Betrieb"* eines Kfz i.S.v. § 7 Abs. 1 StVG handelt; ausreichend ist, dass der Schaden durch *„Gebrauch"* eines Kfz entstanden ist (*Lemcke*, in: FS Wälder, 2009, S. 179, 181 f.). Der Schadensersatzanspruch des Geschädigten gegen den Schädiger kann über den Direktanspruch gegen den HaftpflichtVR hinausgehen, weil dieser durch die Pflicht des HaftpflichtVR ggü. dem VN aus dem Deckungsverhältnis – betraglich – begrenzt ist (Prölss/Martin/*Knappmann*, § 115 Rn 21). Ein solcher Direktanspruch kann sich auch ergeben, wenn der **HaftpflichtVR dem VN schadensersatzpflichtig** wird (so etwa im Sachverhalt BGHZ 108, 200 = BGH, NJW 1989, 3095 = VersR 1989, 948): Der Erfüllungsgehilfe des Kfz-HaftpflichtVR hat den VN nicht darüber aufgeklärt, dass in Nordzypern die Grüne Karte keine Geltung habe. Aus der Schadensersatzpflicht des Kfz-HaftpflichtVR, den VN so zu stellen wie bei Abschluss einer dieses Risiko beinhaltenden Versicherung, wurde dem vom VN geschädigten Dritten ein Direktanspruch eingeräumt. Die Anspruchsgrundlage des Deckungsverhältnisses war somit nicht der VV, sondern ein Schadensersatzanspruch des VN gegen den VR wegen einer von diesem begangenen, zu vertretenden Pflichtverletzung (für die Fortgeltung dieser Erfüllungshaftung des VR MüKo/*Schneider*, § 115 VVG Rn 23; *Beckmann*, in: Bruck/Möller, § 115 Rn 42 unter Hinweis auf OLG Frankfurt a.M., VersR 2012, 342, 343). Eine Einstandspflicht im Rahmen einer Direktklage kann sich auch aus **culpa in contrahendo** ergeben, wenn der Kfz-HaftpflichtVR nach einer Schadensmeldung dem Geschädigten zunächst mitteilt, dass er für die Bearbeitung zuständig sei, seine letztendlich nicht gegebene Einstandspflicht, weil die Versicherungsnummer verwechselt worden war, aber so spät mitteilt, dass der Schadensersatzanspruch gegen den in Wahrheit Ersatzpflichtigen inzwischen verjährt ist (BGH, VersR 1996, 1113 = BGH, NJW 1996, 2724; MüKo/*Schneider*, § 115 VVG Rn 40).

4   In Betracht kommt, dass der geschädigte Dritte sowohl den VR als auch den VN bzw. Mitversicherten verklagt. Lenker und Halter zu verklagen, kann Sinn machen, wenn der mitversicherte Lenker wegen des Verschuldens betraglich unbegrenzt haftet, während der Halter gem. § 7 Abs. 1 StVG i.V.m. § 12 StVG betraglich beschränkt haftet. Neben dem VR Halter und Lenker zu verklagen, wird für sinnvoll erachtet, weil Halter und Lenker damit Prozesspartei sind und nicht als Zeugen fungieren können (Rüffer/Halbach/Schimikowski/*Schimikowski*, § 116 Rn 2). M.E. wird die Bedeutung der Beweiswürdigung der Aussage als Partei oder Zeuge aber überschätzt (so auch MüKo/*Schneider*, § 115 VVG Rn 48).

2. Direkte Klage versus Pfändung des Deckungsanspruchs

Nach herkömmlicher Art steht der Geschädigte in keiner unmittelbaren Beziehung zum HaftpflichtVR des Schädigers. Um vom HaftpflichtVR Zahlung verlangen zu können, muss der Geschädigte zunächst ein **rechtskräftiges Leistungsurteil gegen den Schädiger**, den VN oder den Mitversicherten erwirken. Im Zuge der Zwangsvollstreckung kann der Geschädigte dann den **Deckungsanspruch** des Schädigers gegen dessen HaftpflichtVR, der auf Freistellung gerichtet ist, **pfänden und sich überweisen** lassen (§§ 829 und 835 f. ZPO). Dabei kommt es zur Umwandlung in einen Zahlungsanspruch (*Beckmann*, in: Bruck/ Möller, § 115 Rn 19). Aufgrund europarechtlicher Vorgaben (Europäisches Übereinkommen über die obligatorische Haftpflichtversicherung für Kfz, BGBl 1965 II, S. 282) wurde nach § 3 S. 1 PflVG a.F. dieser Weg bei Einstandspflicht eines Kfz-HaftpflichtVR vereinfacht. Der Geschädigte hat die Möglichkeit, den HaftpflichtVR direkt zu belangen (**action directe**). 5

In manchen Detailfragen mag sich dadurch eine marginale Verschlechterung der Rechtsstellung des HaftpflichtVR ergeben: Die Anmeldung des Anspruchs beim Kfz-HaftpflichtVR bewirkt gemäß § 115 Abs. 2 S. 3 VVG eine Hemmung der Verjährung bis zur endgültigen Entscheidung. Nach der Entscheidung des EuGH (EuGH, VersR 2008, 111) kann der Geschädigte bei einer **action directe** den ausländischen HaftpflichtVR im Inland verklagen. Gäbe es eine action directe für alle Pflichthaftpflichtversicherungen, brächte das für den deutschen HaftpflichtVR die Unannehmlichkeit, im Ausland verklagt werden zu können. Im Wesentlichen geht es aber lediglich um eine **Frage der Einfachheit der Anspruchsdurchsetzung**. Namentlich die verbleibende Einstandspflicht des HaftpflichtVR auch bei krankem Deckungsverhältnis unter Einschluss des Selbstbehalts (*Niederleithinger*, Das neue VVG, B, § 115 Rn 4) ist nicht von der Einräumung der action directe abhängig. Zudem haftet er stets nur im Rahmen der übernommenen Gefahr (krit. daher auch zum Rückschritt in der letzten Phase des Gesetzgebungsverfahrens *Beckmann*, in: Bruck/Möller, § 115 Rn 2, mit dem Hinweis in Rn 4, dass abzuwarten bleibe, ob es sich um eine dauerhafte Lösung handle). Die tolldreiste Behauptung von *Westerwelle* und der FDP-Fraktion unter Berufung auf eine Studie des DIW (BT-Drucks 16/5298 und 16/5497), dass bei Einführung eines Direktanspruchs 12.000 Architekten ihre Tätigkeit einstellen müssten,– ist in den Bereich der Gräuelpropaganda zu verweisen (*Huber*, HAVE 2009, 91, 97; krit. auch MüKo/ *Schneider*, § 115 VVG Rn 5: fragwürdige Argumentation, Vermeidung der Beschleunigung berechtigter Ansprüche). 6

Der Gesetzgeber hatte nach dem ursprünglichen Konzept, die action directe für sämtliche Pflichthaftpflichtversicherungen einzuführen, die maßgeblichen Regelungen vom PflVG in das VVG transferiert. Der Vorzug für den Anwender liegt darin, dass dieser für die **wichtigste Pflichthaftpflichtversicherung**, nämlich die **Kfz-Haftpflichtversicherung**, die allermeisten Normen nun in **einem Gesetz** gebündelt vorfindet. Da aber der kompliziertere Weg über das Erstreiten eines Leistungsurteils gegen den Schädiger und der anschließenden Pfändung und Überweisung seines Deckungsanspruchs gegen den HaftpflichtVR gem. den §§ 829 und 835 f ZPO der Regelfall geblieben ist, mussten anlässlich der Änderung des PflVG (BGBl 2007 I, S. 2833 ff.) nochmals Änderungen vorgenommen werden. 7

8 Der Geschädigte hat das **Wahlrecht**, seinen Anspruch auf dem einen oder anderen Weg durchzusetzen (Feyock/Jacobsen/Lemor/*Jacobsen*, § 115 VVG Rn 9). Wegen der Begrenzung der Verjährungsfrist auf 10 Jahre gegen den HaftpflichtVR bei der action directe gem. § 115 Abs. 2 S. 2 VVG kann es für den Anspruchsberechtigten sogar geboten sein, den konventionellen Weg zu wählen, um sich nicht bei einer gleichzeitigen Geltendmachung des Anspruchs gegen Schädiger und HaftpflichtVR wegen der dadurch bewirkten Rechtskrafterstreckung nach § 124 VVG die Durchsetzung des Anspruchs unmöglich zu machen. Nicht recht nachvollziehbar ist es deshalb, dass der BGH (BGH, VersR 1977, 960) dem Geschädigten, der zunächst vergeblich gegen den – schlussendlich insolventen – Schädiger vorgegangen ist, den Ersatz der dabei aufgelaufenen Prozesskosten i.R.d. action directe versagt hat. Zwar trifft es zu, dass der Geschädigte auch den Kfz-HaftpflichtVR direkt hätte belangen können. Aber einerseits ist das nicht stets ohne Nachteile für den Geschädigten möglich; andererseits ist ein uneingeschränktes Wahlrecht nur gegeben, wenn in jedem Fall die **Verfahrenskosten** bei Obsiegen in der Sache **in vollem Umfang überwälzbar** sind. Zudem ist zu bedenken, dass der HaftpflichtVR schon aufgrund der Anzeigeobliegenheit des eigenen VN sowie der Stellung eines Anwalts im Haftpflichtprozess über den Verfahrensverlauf genau Bescheid weiß und diesen steuern kann.

3. Abschaffung des Abtretungsverbots (§ 108 Abs. 2 VVG)

9 Für den HaftpflichtVR mag es unbequem sein, sich in **einem** Prozess mit Fragen der Haftung und Deckung beschäftigen zu müssen. Vorziehen mag er eine Separierung (**Trennungsprinzip**). Im Rahmen der **action directe** sind aber **beide Bereiche** zu erörtern, mag das Schwergewicht auch bei der Haftung liegen (*Stiefel/Maier*, Kraftfahrversicherung, § 115VVG Rn 63). Zu betonen ist indes, dass es der HaftpflichtVR nun generell nicht mehr in der Hand hat, das zu vermeiden. Nach Aufhebung der Zulässigkeit der Vereinbarung des Abtretungsverbots in allgemeinen Versicherungsbedingungen (§ 108 Abs. 2 VVG) kann der Schädiger in seiner Eigenschaft als VN durch Abtretung seines Befreiungsanspruchs bewirken, dass sich der HaftpflichtVR direkt mit dem Geschädigten auseinandersetzen muss (*Schirmer*, ZVersWiss [Supplement Jahrestagung] 2006, 427, 437; Looschelders/Pohlmann/*Schwartze*, § 115 Rn 2; Feyock/Jacobsen/Lemor/*Jacobsen*, § 115 VVG Rn 4). Eine solche Vereinbarung durch eine Individualabrede dürfte in der Praxis kaum eine Rolle spielen (so auch *Krause-Allenstein*, NZBau 2008, 81, 87), von der Unwirksamkeit bei einem beiderseitigen Handelsgeschäft gem. § 354a HGB einmal abgesehen (*Abram*, VP 2008, 77, 80). Damit der **geschädigte Dritte diesen Weg beschreiten** kann, bedarf es freilich des **Zusammenwirkens mit dem Schädiger**, dem VN des HaftpflichtVR. Im Rahmen der action directe ist der geschädigte Dritte auf ein solches Zusammenwirken mit dem Schädiger jedoch gerade nicht angewiesen.

10 Auch insoweit muss er aber den PflichthaftpflichtVR kennen. Er hat einen gerichtlich durchsetzbaren Auskunftsanspruch gegen den Schädiger (VN) gem. § 888 Abs. 1 ZPO (*Beckmann*, in: Bruck/Möller, § 115 Rn 83; RüfferHalbach/Schimikowski/*Schimikowski*, § 115 Rn 6; Looschelders/Pohlmann/*Schwartze*, § 115 Rn 5; *Abram*, VP 2008, 77, 78; ebenso *Keppel*, Die Pflichthaftpflichtversicherung nach der VVG-Reform [2010], S. 112 f.

unter Bezugnahme auf § 242 BGB und § 26 Abs. 5 UrhG). Bei Anwälten und Steuerberatern ergibt sich das zusätzlich aus § 2 Abs. 1 Nr. 11 DL-InfoV, wonach jeder Dienstleistungserbringer vor Abschluss eines schriftlichen Vertrags oder Erbringung der Dienstleistung dem Dienstleistungsempfänger Angaben zu seiner bestehenden Berufshaftpflichtversicherung zu machen hat (BGH, NJW 2013, 234 = DStR 2013, 431 [*Weber*]), ausnahmsweise auch gegen die Auskunftsstelle, die den Abschluss der PflichthaftpflichtVR überwacht. Bei der Kfz-Haftpflichtversicherung kann er sich an den Zentralruf der Autoversicherer (Telefonnummer: 0180/25026) wenden; bei der Berufshaftpflichtversicherung eines Anwalts gem. § 51 Abs. 6 S. 2 BRAO an die Rechtsanwaltskammer (BGH NJW 2013, 234 = DStR 2013, 431 [*Weber*]: nicht nur bei Bestehen eines Direktanspruchs, sondern nach § 115 Abs. 1 Nr. 2 und 3 VVG stets bei Insolvenz oder unbekanntem Aufenthalt des Anwalts); bei der eines Notars gem. § 19a Abs. 6 BNotO an die Landesjustizverwaltung oder die Notarkammer (BGHZ 200, 319 = BGH, VersR 2014, 966 = NJW 2014, 1671); bei der eines Steuerberaters gem. § 67 S. 3 StBG an die Steuerberaterkammer; bei der eines Wirtschaftsprüfers gem. § 54 Abs. 2 WiPrO an die Wirtschaftsprüferkammer (Kann-Bestimmung). Steht der einstandspflichtige VR fest, besteht gegen diesen ein Auskunftsanspruch nach § 254 ZPO über die für den Geschädigten maßgeblichen Vertragsinhalte, somit den Umfang des Versicherungsschutzes (OLG Düsseldorf, VersR 2002, 1020; MAH-VersR/ Kummer, § 12 Rn 309; Halm/Kreuter/Schwab/*Schwab*, AKB § 115 Rn 213).

4. Die Anwendungsfälle der action directe (§ 115 Abs. 1 S. 1 VVG)

Geblieben ist schlussendlich die aufgrund europarechtlicher Vorgaben (Umsetzung des Europäischen Übereinkommens über die obligatorische Haftpflichtversicherung für Kfz von 1959, BGBl 1959 II, S. 282, nunmehr Art 12 der 6. KH-Richtlinie) zwingende Regelung einer **action directe** bei der **Kfz-Haftpflichtversicherung** gem. § 115 Abs. 1 S. 1 Nr. 1 VVG. Diese verweist auf § 1 PflVG, wonach eine Kfz-Haftpflichtversicherung abzuschließen und aufrecht zu erhalten ist, wenn das Fahrzeug gem. § 1 StVG auf öffentlichen Wegen oder Plätzen verwendet wird. Bei der Kfz-Haftpflichtversicherung hat der VR bei Geltendmachung eines Direktanspruchs gem. **§ 3a Abs. 1 PflVG unverzüglich**, spätestens innerhalb von **3 Monaten** Stellung zu nehmen. Unterbleibt dies, ist der Anspruch nach § 288 Abs. 1 S. 2 BGB zu verzinsen. Auch soweit für Straßenbahnen und Eisenbahnen eine Pflichtversicherung abzuschließen ist, besteht insoweit jedoch kein Direktanspruch nach § 115 Abs. 1 S. 1 Nr. 1 VVG (Halm/Kreuter/Schwab/*Schwab*, AKB § 115 Rn 7).

Darüber hinaus besteht ein Direktanspruch, wenn der Schädiger (VN oder Mitversicherter) **insolvent** oder **unbekannten Aufenthalts** ist, freilich nur im Rahmen der Pflichtversicherung (OLG Bremen, VersR 2012, 171 = r+s 2012, 484: abgelehnt bei einer freiwilligen Haftpflichtversicherung eines inzwischen insolventen Tattoo-Unternehmens). Dass es sich dabei um die unter Verbraucherschutzgesichtspunkten wesentlichen Problembereiche handle (BT-Drucks 16/5862, S. 99), ist übertrieben (so auch *Abram*, VP 2008, 77, 80: durch Versagung des Direktanspruchs „*Zeit- und Liquiditätsverlust des Geschädigten*", für diesen „*Steine statt Brot*"; auf die Irrelevanz des Verbraucherbegriffs zu Recht hinweisend *Keppel*, Die Pflichthaftpflichtversicherung nach der VVG-Reform [2010], S. 53). In diesen

Fällen ist vielmehr zwingend eine Vereinfachung der Anspruchsdurchsetzung geboten (*Chab*, AnwBl. 2008, 63: „*bürokratische Erleichterung*"). Die Tatbestandselemente von § 115 Abs. 1 S. 1 Nr. 2 VVG „*Insolvenzverfahren eröffnet*" (§ 27 InsO), „*Eröffnungsantrag mangels Masse abgewiesen*" (§ 26 InsO) bzw. „*vorläufiger Insolvenzverwalter bestellt*" (§§ 21 Abs. 2 Nr. 1, 56 InsO) sind eindeutig. Maßgeblich ist die jeweilige Entscheidung des Insolvenzgerichts (MüKo/*Schneider*, § 115 VVG Rn 16). Weder Zahlungsunfähigkeit (§ 17 InsO) noch Überschuldung (§ 19 InsO) sind ausreichend (für eine analoge Anwendung, wenn sich der Schädiger in Zahlungsschwierigkeiten befinde, die Schwelle zur Insolvenz aber noch nicht überschritten habe, MAH-VersR/*Schneider*, § 24 Rn 177; MüKo/ *Schneider*, § 115 VVG Rn 16; m.E. fraglich; gegen eine Analogie auch *Armbrüster*, r+s 2010441, 454 unter Hinweis auf den klaren Gesetzeswortlaut und die Rechtssicherheit; ebenso *Beckmann*, in: Bruck/Möller, § 115 Rn 30 mit dem Argument, dass die Abweisung eines Insolvenzantrags mangels Masse als vollständiges Obsiegen anzusehen sei, sodass auch diese Kosten überwälzbar sind, daher bestehe kein Bedarf für eine Analogie). Ohne Direktklage kann der geschädigte Dritte nach § 110 VVG vom Insolvenzverwalter abgesonderte Befriedigung aus dem Freistellungsanspruch des VN gegen den VR verlangen. Dieser **Umweg** ist **nun entbehrlich** (geworden).

12 Bei § 115 Abs. 1 S. 1 Nr. 3 VVG, „*Aufenthalt des Versicherungsnehmers unbekannt*", stellt sich ein **Auslegungsproblem**. Es ist *Marlow/Spuhl* (*Marlow/Spuhl*, Das neue VVG kompakt, S. 182) zu folgen, die unter Verweis auf die systematische Auslegung in Anlehnung an den unbekannten Aufenthalt bei der öffentlichen Zustellung auf § 185 Nr. 1 ZPO verweisen und dieselben strengen Anforderungen wie dort verlangen (Melderegisteranfrage, Anfrage bei ehemaligen Nachbarn und Bekannten; lediglich auf die Auskunft des Einwohnermeldeamts abstellend *Krause-Alleinstein*, NZBau 2008, 81, 85; weniger streng auch MüKo/ *Schneider*, § 115 VVG Rn 17; *Beckmann*, in: Bruck/Möller, § 115 Rn 31: im Unterschied zu § 185 ZPO keine Nachforschungsobliegenheit nach § 115 Abs. 1 S. 1 Nr. 3 VVG, weil es nicht um den Schutz des VN, sondern des Dritten gehe; dem VN entsteht durch die Einstandspflicht seines Versicherers kein Nachteil). Dass einzelne Personen den Aufenthaltsort kennen, steht § 115 Abs. 1 S. 1 Nr. 3 VVG nicht entgegen (MüKo/*Schneider*, § 115 VVG Rn 17).

Die **Zumutbarkeitsanforderungen** dürfen freilich **nicht überspannt** werden. Die Beweislast für das Vorliegen der Tatbestandsvoraussetzungen der Direktklage trägt der geschädigte Dritte (Feyock/Jacobsen/Lemor/*Jacobsen*, § 115 VVG Rn 6). Maßgeblich ist der Zeitpunkt der Geltendmachung des Anspruchs (*Neuhaus/Kloth*, Praxis des neuen VVG, S. 128). Der VR kann die Direktklage durch Bekanntgabe des Aufenthaltsortes des VN bzw. Versicherten abwenden (MAH-VersR/*Kummer*, § 12 Rn 293).

Bezüglich des **Zeitpunkts der Voraussetzungen** (Insolvenz, unbekannter Aufenthalt) ist auf den Zeitpunkt der Klageeinbringung gem. § 261 Abs. 1 ZPO abzustellen, weil es für den geschädigten Dritten unzumutbar ist, bei Aufhebung der Insolvenz bzw. Kenntniserlangung des Aufenthalts des VN oder Mitversicherten die Klage gegen den Versicherer für erledigt zu erklären, den Schädiger zu verklagen, um im Wege der Pfändung und Überweisung des Deckungsanspruchs schlussendlich erst wieder gegen den Versicherer vorzugehen

(*Armbrüster*, r+s 2010, 441, 454; *Beckmann*, in: Bruck/Möller, § 115 Rn 32; MüKo/*Schneider*, § 115 VVG Rn 18; a.A. *Thume*, VersR 2010, 849, 855). Hinzuweisen ist darauf, dass die Normen, die eine Pflichthaftpflichtversicherung anordnen, ebenfalls eine Direktklage vorsehen können (so § 6 Abs. 3 EntwicklungshelferG; dazu *Keppel*, Die Pflichthaftpflichtversicherung nach der VVG-Reform [2010], S. 3, hier in Fn 14). Sollten dort Detailfragen nicht geregelt sein, sind die jeweiligen Normen der §§ 115 f. VVG ebenfalls einschlägig. Das für den VN in § 115 Abs. 1 Nr. 1 bis 3 VVG Geregelte ist, gilt entsprechend bei Einstandspflicht des HaftpflichtVR für den Mitversicherten (a.A. Feyock/Jacobsen/Lemor/ *Jacobsen*, § 115 VVG Rn 3: Bei Nr. 2 und 3 kommt es ausschließlich auf den VN an).

5. Gerichtsstand der Direktklage

Der Direktanspruch ist kein versicherungsrechtlicher Anspruch, sodass § 215 Abs. 1 VVG (Gerichtsstand des Wohnsitzes des VN) nicht anzuwenden ist (Feyock/Jacobsen/Lemor/ *Jacobsen*, § 116 Rn 5: deshalb auch keine Anwendung von Ziff. L.2 AKB 2015; *Marlow/ Spuhl*, Das neue VVG kompakt, S. 184 f.). Der Gerichtsstand bestimmt sich grds. gem. den §§ 17, 12 ZPO nach dem Firmensitz des VR. Daneben besteht gemäß § 21 ZPO der Gerichtsstand der Niederlassung, wenn die Schadensbearbeitung gerade durch die Niederlassung erfolgt (LG Dortmund, VersR 2007, 1674 = zfs 2007, 560 [zustimmend *Diehl*]). Dass sie dort erfolgen könnte, ist ebenso wenig ausreichend wie die Erledigung durch einen Versicherungsagenten (MüKo/*Schneider*, § 115 VVG Rn 44). Daneben besteht gemäß § 32 ZPO der Gerichtsstand der unerlaubten Handlung (BGH, VersR 1983, 586). Dieser wird zumeist der einzige sein, an dem Versicherer und VN gemeinsam verklagt werden können, wozu der geschädigte Dritte aber keinesfalls verpflichtet ist. Sollen die Gesamtschuldner gemeinsam verklagt werden, besteht aber kein gemeinsamer Gerichtsstand, kommt auf Antrag eine Zuständigkeitsbestimmung nach § 36 Abs. 1 Nr. 3 ZPO in Betracht (BayObLG, NJW 1988, 2184; *Wandt*, Versicherungsrecht, Rn 1118). VR, VN und Mitversicherter sind einfache Streitgenossen (BGH, VersR 2008, 485).

Der HaftpflichtVR darf bei Verklagung mit dem VN bzw. Mitversicherten seine eigenen Rechte wahrnehmen und bei Unfallmanipulation sich um eine Abweisung bemühen, was infolge der Rechtskrafterstreckung des § 124 VVG auch zu Lasten der mitverklagten Partei wirkt. Dies bewahrt den Versicherer davor, trotz Klageabweisung gegen ihn schlussendlich bei Stattgebung des Klagebegehrens gegen den VN oder Mitversicherten im Wege der Pfändung des Deckungsanspruchs leistungspflichtig zu werden (BGH VersR 2012, 434 = NZV 2012, 125). Bei einem Auslandsunfall kann der Geschädigte den ausländischen Kfz-HaftpflichtVR an seinem Wohnsitzgerichtsstand im Inland verklagen (EuGH, VersR 2008, 111 = NJW 2008, 819 [*Leible*]; *Beckmann*, in: Bruck/Möller, § 115 Rn 81; so auch im Anwendungsbereich des Lugano-Übereinkommens BGHZ 195, 166 = BGH, VersR 2013, 73 = NZV 2013, 177 [*Nugel*]: Klage des Geschädigten mit Wohnsitz in Deutschland bei einem Unfall in der Schweiz gegen schweizerischen Haftpflichtversicherer). Das gilt allerdings nicht für den ausländischen VN, also Halter oder Lenker (BGH, NJW 2015, 2429). Eine Direktklage ist möglich, wenn das entweder das Versicherungs- oder das Deliktsstatut vorsieht (BGH, BeckRS 2016, 06153: Unfall im Kosovo, Geschädigter mit

Wohnsitz in Deutschland, Schädiger Halter eines in Österreich versicherten Fahrzeugs; OLG Stuttgart, BeckRS 2014, 06419: Unfall in Serbien, Geschädigter Person mit Wohnsitz Deutschland, Schädiger Halter eines in Österreich versicherten Kfz).

II. Umfang der Leistungspflicht (§ 115 Abs. 1 S. 2 bis 4 VVG)

1. Akzessorietät des Anspruchs und ihre Durchbrechungen

a) Haftpflichtanspruch

15 Grundvoraussetzung für eine Inanspruchnahme des HaftpflichtVR ist ein **Schadensersatzanspruch eines Dritten gegen den VN bzw. Mitversicherten**. § 115 VVG setzt einen solchen Schadensersatzanspruch voraus, ist aber selbst keine eigene Anspruchsgrundlage (LG Berlin, r+s 2013, 119 [*Kröger*]: Kein Anspruch des Sachversicherers bei Explosion des Kfz des Halters im eigenen Carport). Es ist ein **gesetzlicher Schuldbeitritt** gegeben (MAH VersR/*Kummer*, § 12 Rn 310; *Beckmann*, in: Bruck/Möller, § 115 Rn 8; Halm/Kreuter/Schwab/*Schwab*, AKB § 115 Rn 11). Man bezeichnet dies auch als **Akzessorietät**. Das Ausmaß der Einstandspflicht des HaftpflichtVR richtet sich nach der des VN bzw. Mitversicherten, etwa in Bezug auf Vorteilsausgleichung oder Mitverschulden. Tauschen Eheleute ihre Fahrzeuge, ist der eine mit dem des anderen unterwegs und kommt es dabei zu einem Unfall, scheitert ein Schadensersatzanspruch an § 8 Nr. 2 StVG, weil der **beim Betrieb tätige Halter nicht schadenersatzberechtigt** ist, mit der Folge, dass auch ein entsprechender Schadensersatzanspruch gegen den HaftpflichtVR ausscheidet (OLG Hamm, r+s 1997, 59 [*Lemcke*]). Steht fest, dass von zwei potenziellen Schädigern nur einer den Unfall verschuldet hat, der andere aber nicht, und sind jeweils verschiedene HaftpflichtVR einstandspflichtig, besteht keine action directe. Der HaftpflichtVR kann mit Gegenforderungen gegen den Geschädigten aufrechnen, diesem aber – so wie bei der Pflichthaftpflichtversicherung generell (§ 121 VVG) – keine Gegenforderungen gegen den VN entgegenhalten.

16 Der Grundsatz der Akzessorietät gilt freilich **nicht uneingeschränkt**. Besonders bei Schadensersatzansprüchen **zwischen Familienangehörigen** sind Einschränkungen geboten. Erleidet die Ehefrau bei einem Verkehrsunfall als Beifahrerin ihres vom Ehemann gelenkten Fahrzeugs Verletzungen und beerbt sie den bei dem Unfall getöteten Ehemann, der für die Unfallfolgen verantwortlich ist, erlischt im Verhältnis zwischen Ehemann und Ehefrau der Schadensersatzanspruch, weil die Ehefrau als Erbin die Universalsukzession antritt, sodass es zur **Konfusion**, der Vereinigung von Gläubiger- und Schuldnerstellung kommt. Bei strikter Beachtung des Grundsatzes der Akzessorietät müsste auch der Kfz-HaftpflichtVR befreit werden. Das hat das OLG Hamm zu Recht gegenteilig beurteilt und einen Anspruch gegen den Kfz-HaftpflichtVR bejaht (OLG Hamm, r+s 1995, 176). Wie durch die Abschaffung der Höchstpersönlichkeit des Schmerzensgeldanspruchs (§ 847 Abs. 1 S. 2 BGB a.F.) soll auch hier ein **unwürdiger Wettlauf mit dem Tod vermieden** werden.

17 Wird eine **Person als Beifahrer geschädigt**, steht ihr wegen ihres erlittenen Personenschadens gegen den Halter oder Lenker ein Ersatzanspruch zu (anders nach Ziff. A.1.5.6 AKB

2015 bzgl. des Sach- und reinen Vermögensschadens, sofern es sich nicht um Sachen handelt, die üblicherweise mitgeführt werden). Derartige Körperverletzungen lösen **Ansprüche gegen Sozialversicherungsträger** aus, die sich **im Regelfall** beim Schädiger bzw. dem hinter diesem stehenden HaftpflichtVR regressieren. Wenn der Schädiger freilich ein in häuslicher Gemeinschaft mit dem Geschädigten lebender Familienangehöriger ist, ist der **Regress** nach **§ 116 Abs. 6 SGB X ausgeschlossen**. Der Sinn der Sozialleistung, dem Geschädigten eine Wohltat zu erweisen, weil infolge seiner Körperverletzung ein besonderer Bedarf entstanden ist, würde vereitelt, wenn ihm mit der einen Hand etwas gegeben würde, was durch Inanspruchnahme eines mit ihm in der gleichen Hausgemeinschaft lebenden Familienangehörigen wieder genommen würde. Per Saldo bliebe im Familienbudget kein Vermögensvorteil. Wegen des **Trennungsprinzips** kommt das dem HaftpflichtVR als **(unverdienter) Glücksfall** zugute. Während der Wortlaut des **§ 116 Abs. 6 SGB X** nach wie vor neben der Zugehörigkeit zum gleichen Haushalt darauf abstellt, dass Geschädigter und Schädiger **Familienangehörige** sind, kommt es nach § 86 Abs. 3 VVG nur noch auf die **Haushaltsgemeinschaft** an. Für die nichteheliche Lebensgemeinschaft hat der BGH (BGHZ 196, 122 = BGH, VersR 2013, 520 = NZV 2013, 334) dezidiert ausgesprochen, dabei aber zusätzlich betont, dass § 116 Abs. 6 SGB X i.S.v. § 86 Abs. 3 VVG auszulegen sei, es neben der Haushaltszugehörigkeit auf das Merkmal als Familienangehöriger nicht ankomme. Wie *Lemcke* (*Lemcke*, in: FS Wälder, 2009, S. 179, 185) zutreffend ausführt, muss diese Wertung auch im Beamtenrecht beachtet werden; und wie zu ergänzen ist, auch bei allen anderen einschlägigen Regressnormen wie namentlich § 6 EFZG, § 110 SGB VII, 119 SGB X, § 179 Abs. 1a S. 1 SGB VI.

Es stellt sich indes die **Frage**, ob diese Haftungsbeschränkung lediglich ggü. dem Schädiger, also dem Lenker bzw. Halter, höchstpersönlich gelten soll oder **auch ggü. dem hinter ihm stehenden HaftpflichtVR**. Nach dem Grundsatz der Akzessorietät müsste auch der HaftpflichtVR entlastet werden. Dagegen spricht, dass der Schädiger bei Inanspruchnahme des HaftpflichtVR wirtschaftlich nicht oder nur marginal (Anhebung der Prämie bzw. Kündigung des Versicherungsverhältnisses) betroffen ist. Soweit es um Ansprüche von **Sozialhilfeträgern** geht, wird das Akzessorietätsprinzip durchbrochen (BGHZ 133, 192 = BGH, NJW 1996, 2933). Begründet wird dies damit, dass dem Grundsatz der Subsidiarität der Sozialhilfe gem. § 2 BSHG Rechnung getragen werden müsse, wonach die Sozialhilfe nur dann herangezogen werden soll, wenn keine andere Möglichkeit der Bedarfsdeckung besteht. Sofern es sich aber um einen „normalen" Regressanspruch eines **Sozialversicherungsträgers** handelt, hat der BGH in der Folgeentscheidung unter dem Eindruck der Kritik der Literatur an der Durchbrechung der Akzessorietät bei der Sozialhilfe (*Plagemann*, NZV 1998, 94; *Rischar*, VersR 1998, 27; *Schiemann*, LM § 852 BGB Nr. 137) am Grundsatz der Akzessorietät bei „normalen" Regressansprüchen der Sozialversicherungsträger festgehalten (BGH, r+s 2001, 112 [*Lemcke*]). 18

Bei Einführung der **Pflegeversicherung** ging es um die Frage, ob sich das bei einem durch die Mutter verschuldeten Unfall verletzte Kind, das bis dahin eine Schadensersatzrente vom HaftpflichtVR erhalten hatte, die durch die Pflegeversicherung neu eingeführte Sozialleistung auf den Schadensersatzanspruch gegen den Kfz-HaftpflichtVR anrechnen lassen 19 müsse. Der BGH (BGH, VersR 2001, 215) hat wegen § 116 Abs. 6 SGB X sowohl einen Regressanspruch verneint als auch wegen der Drittleistung, deren Intention nicht die Entlastung des Schädigers ist, eine Anrechnung versagt. Im praktischen Ergebnis führt das zu einer **Kumulation von Sozialversicherungsleistung und Schadensersatz**. Der BGH erkennt diese Ungereimtheit, beruhigt sich aber damit, dass solche Fälle selten seien, und daher der Gesetzgeber nicht zwingend Abhilfe schaffen müsse. Lemcke (*Lemcke*, VersR 2001, 114) sowie *Halfmeier/Schnitzler* (*Halfmeier/Schnitzler*, VersR 2002, 11) weisen aber zu Recht darauf hin, dass die wirtschaftliche Tragweite vom BGH falsch eingeschätzt worden sei. Schließlich gehe es nicht um ein Sonderproblem der Pflegeversicherung. Vielmehr treffe das für sämtliche sachlich kongruenten Sozialleistungen zu. Könne der Geschädigte jeweils kumulieren, werde der Unfall, für den ein Familienangehöriger verantwortlich ist, in vermögensrechtlicher Sicht zum unverdienten Glücksfall. Wünschenswert wäre eine Korrektur durch den Gesetzgeber; bei dessen Untätigkeit aber eine **teleologische Reduktion des § 116 Abs. 6 SGB X** in der Weise, dass dieser auf Fälle zu begrenzen ist, in denen der Schädiger den Vermögensnachteil aus seinem eigenen Vermögen zu tragen hat (*Schirmer*, DAR 1988, 289, 290).

20 Bei einem Arbeitsunfall, bei dem der Arbeitnehmer verletzt oder getötet wird, müsste der Arbeitgeber bei Verschulden grds. nach §§ 823 ff. BGB einstehen. Da der Arbeitgeber die gesetzliche Unfallversicherung allein finanziert, kommt es gem. den **§§ 104 ff. SGB VII** zu einer **Haftungsersetzung**. In Entsprechung des Grundsatzes der Akzessorietät wirkt sich diese auch zugunsten des HaftpflichtVR aus. Das gilt auch gegenüber der Schädigung von Arbeitskollegen im Rahmen des innerbetrieblichen Werkverkehrs. Bei kumulativer Einstandspflicht eines Dritten gelten allerdings die Grundsätze der **gestörten Gesamtschuld** (OLG Dresden, NJW-RR 2014, 143). Die Entscheidung des SG, ob ein **Arbeitsunfall** und damit ein **Haftungsausschluss** des an sich zivilrechtlich einstandspflichtigen Schädigers gegeben ist, hat **Bindungswirkung** (§ 108 SGB VII). Dem HaftpflichtVR, der mit einer action directe belangt werden kann, wird, wie dem Arbeitgeber selbst, nach § 109 SGB VII die Berechtigung eingeräumt, das Vorliegen eines Arbeitsunfalls – und damit die Haftungsfreistellung des Arbeitgebers und seines HaftpflichtVR – feststellen zu lassen (BSG, VersR 1997, 1347; Feyock/Jacobsen/Lemor/*Jacobsen*, § 116 VVG Rn 1). Insoweit wirkt sich die action directe zugunsten des HaftpflichtVR aus, weil ihm dadurch die Möglichkeit eingeräumt wird, von sich aus aktiv zu werden. Hinzuweisen ist darauf, dass das Vorliegen eines Arbeitsunfalls auch dann bedeutsam ist, wenn zwei Schädiger verantwortlich sind, aber im Verhältnis zwischen dem Geschädigten und dem Erstschädiger ein Arbeitsunfall zu bejahen ist. Nach den **Regeln der gestörten Gesamtschuld** kommt dem Zweitschädiger – und somit auch dem für ihn eintrittspflichtigen HaftpflichtVR – eine Haftungsentlastung ggü. dem Dritten in dem Ausmaß zugute, wie er sich regressieren könnte, wenn es für den Erstschädiger keine Haftungsprivilegierung durch die Unfallversicherung gäbe. Dem HaftpflichtVR des Zweitschädigers und diesem selbst dürfte aber keine Parteistellung nach § 109 SGB VII einzuräumen sein.

21 Wird ein Ehegatte von einem anderen verletzt, ist die **Verjährung** des Schadensersatzanspruchs nach **§ 207 BGB** für die **Dauer der Ehe** gehemmt. Der BGH (BGH, r+s 1987,

88) hat daraus den Schluss gezogen, dass dies **auch für den Kfz-HaftpflichtVR** gelte mit der Folge, dass dieser den Akt auf unabsehbare Zeit nicht schließen könne. Auch diesbezüglich könnte eine teleologische Reduktion erwogen werden. Freilich wäre das wirtschaftliche Ergebnis davon kaum betroffen. Der geschädigte Ehegatte kann gegen den schädigenden Ehegatten während der gesamten Dauer der Ehe vorgehen, was zur Folge hat, dass der Schädiger den HaftpflichtVR auf unabsehbare Zeit belangen kann, weil die Verjährung seines Deckungsanspruchs erst mit der Inanspruchnahme durch den Geschädigten zu laufen beginnt.

Beschädigt ein Arbeitnehmer schuldhaft eine dem Arbeitgeber gehörende Sache, ist zu berücksichtigen, dass der Arbeitnehmer nach den Grundsätzen des **innerbetrieblichen Schadensausgleichs** nicht in vollem Umfang herangezogen werden kann. Wenn der Arbeitnehmer jedoch mitversichert ist und eine Kfz-Haftpflichtversicherung einstandspflichtig ist, soll in Durchbrechung des Akzessorietätsprinzips die Anspruchsversagung bzw. -kürzung wegen der Sonderbeziehung zwischen Arbeitgeber und Arbeitnehmer keine Berücksichtigung finden (BGHZ 116, 200 = BGH, VersR 1992, 437; *Ackmann*, EWiR 1992, 503). Eine weitere Durchbrechung des Akzessorietätsprinzips ergibt sich i.R.d. **Billigkeitshaftung nach § 829 BGB**. Die nicht deliktsfähige Person soll ungeachtet der fehlenden Schuldfähigkeit nach Billigkeit herangezogen werden. Dabei hält der BGH (BGHZ 127, 186 = BGH, VersR 1995, 96) jedenfalls eine Pflichthaftpflichtversicherung des Schädigers in der Weise für berücksichtigungsfähig, dass sie wie ein sonstiger Vermögensbestandteil behandelt wird (für eine Erweiterung auf Fälle einer freiwilligen Haftpflichtversicherung zu Recht *Kilian*, ZGS 2003, 168, 171 f.).

Verzichtet der Geschädigte auf seine Schadensersatzforderung, soll sich das stets **zugunsten des HaftpflichtVR** auswirken (Looschelders/Pohlmann/*Schwartze*, § 115 Rn 17; Feyock/Jacobsen/Lemor/*Jacobsen*, § 116 VVG Rn 4; MAH-VersR/*Rümenapp*, § 13 Rn 121). Meines Erachtens ist das nicht zwingend so; vielmehr handelt es sich um eine **Auslegungsfrage** (OLG Zweibrücken, zfs 1981, 49; OGH, VersR 1976, 1197). Zieht der Geschädigte eine Klage gegen den Schädiger wegen fehlender Beweismittel unter Anspruchsverzicht zurück, kommt das auch dem HaftpflichtVR zugute, sodass er diesen nicht später gerichtlich belangen kann (OGH, VersR 1976, 1197). Es muss dem Geschädigten aber nicht nur die Möglichkeit offenstehen, auf den über die Deckungssumme hinausgehenden Anspruch zu verzichten, sondern auch zu erklären, dass er auf seinen Anspruch nur insoweit verzichtet, als die Haftpflichtversicherung nicht einzustehen hat. Gerade bei Mitnahme im Fahrzeug eines anderen aus Gefälligkeit ist eine solche Absprache durchaus plausibel. Durch einen generellen Verzicht auch den Kfz-HaftpflichtVR entlasten zu wollen, entspricht typischerweise nicht dem Parteiwillen (*Beckmann*, in: Bruck/Möller, § 115 Rn 45; MüKo/*Schneider*, § 115 VVG Rn 26; dazu ausführlich *Spallino*, Haftungsmaßstab bei Gefälligkeit, S. 266 ff., 394 ff., 414 ff.).

Bei den **gestellten Unfällen** gelten die allgemeinen Beweislastregeln. Den Geschädigten trifft die Beweislast für das Vorliegen des Schadensersatzanspruchs (Römer/Langheid/*Rixecker*/Langheid, § 115 Rn 11). Dass es sich um einen gestellten Unfall handelt, muss der HaftpflichtVR beweisen (BGH, NJW 1978, 2154; OLG Hamm, VersR 1993, 1418;

ausführl. dazu *Stiefel/Maier*, Kraftfahrtversicherung, § 103 Rn 33 ff.; *Lemcke*, r+s 1993, 121), was häufig nur anhand eines Indizienbeweises möglich ist (Prölss/Martin/*Knappmann*, § 115 Rn 13).

b) Deckungsanspruch (§ 115 Abs. 1 S. 2 VVG)

25 Der Direktanspruch besteht nur i.R.d. Versicherungssumme, freilich auch in Bezug auf eine die Mindestversicherungssumme überschreitende Versicherungssumme (Feyock/Jacobsen/ Lemor/*Jacobsen*, § 115 VVG Rn 14). Darüber hinaus setzt er voraus, dass der Schadensersatzpflicht des Schädigers eine Leistungspflicht des HaftpflichtVR i.R.d. übernommenen Risikos entspricht (BGH, VersR 1981, 134). **Risikoausschlüsse**, die sich aus dem Gesetz (§ 103 VVG: Vorsatz, der sich nicht nur auf die Übertretung der Norm, sondern auch auf die Schadenszufügung beziehen muss; dazu *Knappmann*, VRR 2010, 412, 414) oder dem VV ergeben (Ziff. A.1.5.6 AKB 2015: Ausschluss von Sachschäden bei Schädigung durch einen Mitversicherten – dazu OLG Hamm, r+s 1989, 173; *Knappmann*, VRR 2011, 14, 16: Beispiel Schädigung eines Fahrzeugs des eigenen Fuhrparks durch den angestellten Fahrer des Arbeitgebers; zur Bedenklichkeit dieser Klausel unter dem Gesichtspunkt der Transparenz und deren Auswirkung für Großunternehmen mit einer Vielzahl von Fahrzeugen *Lemcke*, r+s 1997, 59, 60), führen zur Versagung des Direktanspruchs (*Stiefel/Maier*, Kraftfahrtversicherung, § 115 VVG Rn 182), wobei bei der Kfz-Haftpflichtversicherung zu beachten ist, dass Ersatzansprüche nach § 12 Abs. 1 Nr. 3 PflVG gegen den Entschädigungsfonds in Betracht kommen (zu den Risikoausschlüssen in der Kfz-Haftpflichtversicherung *Richter*, DAR 2012, 243 ff.). Steuert der vom Halter verschiedene Lenker das Fahrzeug in Selbstmordabsicht, besteht bezüglich des Lenkers wegen § 103 VVG kein Direktanspruch des Geschädigten gegen den Kfz-Haftpflichtversicherer; letzterer ist jedoch einstandspflichtig, soweit ein vom Lenker personenverschiedener Halter nach § 7 Abs. 1 StVG haftet und diesem ggü. kein Risikoausschluss besteht (OLG Brandenburg, NJW-RR 2010, 245 = jurisPR-VerkR 2/2010 [*Jahnke*]; *Lemcke*, in: FS Wälder, 2009, S. 179, 180). Die Betragsbeschränkung gemäß §§ 12, 12a StVG ist im Tenor des Urteils auszusprechen (OLG Brandenburg, r+s 2012, 619 = jurisPR-VerkR 18/2011 mit Anm. 2, *Jahnke*). Besteht demggü. bloß eine Leistungsfreiheit des HaftpflichtVR wegen einer **Obliegenheitsverletzung** des VN oder des Mitversicherten (OLG Hamm, NJW 2013, 1248 = jurisPR-VerkR 8/2013 Anm. 2 [*Wenker*]: abredewidrige Verwendung eines Kurzkennzeichens; vgl. aber OLG Stuttgart NJW-Spezial 2014, 715 = jurisPR-VerkR 2/2015 Anm. 2 [*Wenker*]), steht dem Geschädigten der Direktanspruch in vollem Umfang, also einschließlich eines allfälligen Selbstbehalts (§ 114 Abs. 2 S. 2 VVG) zu. Dieser ist freilich auf die **Mindestversicherungssumme** beschränkt (§ 117 Abs. 3 VVG). Die Abgrenzung zwischen Risikoausschluss und Obliegenheitsverletzung ist deshalb besonders bedeutsam (*Wandt*, Versicherungsrecht, Rn 1109; *Armbrüster*, Privatversicherungsrecht, Rn 1672 ff., 1708). Besteht in der Kfz-Haftpflichtversicherung entgegen der Pflicht, für einen Kfz-Haftpflichtversicherungsschutz zu sorgen, kein solcher, besteht gemäß § 12 Abs. 1 Nr. 2 PflVG ein Anspruch gegen den Entschädigungsfonds.

Abweichend von § 106 VVG wurde zur inhaltlich entsprechenden Norm des § 3 Nr. 1 26
PflVG a.F. die Ansicht vertreten, dass der Anspruch gem. § 271 BGB mit Eintritt des
Schadens **fällig** ist, dem VR somit keine angemessene Aufklärungszeit einzuräumen ist
(Looschelders/Pohlmann/*Schwartze*, § 115 Rn 4; MAH-VersR/*Schneider*, § 24 Rn 179).
Das entspricht dem Akzessorietätsprinzip, muss doch auch der Schädiger für Finanzierungskosten des Geschädigten ohne die Voraussetzungen des Verzugs aufkommen.

2. Die beteiligten Personen

a) Anspruch gegen wen

Die action directe gegen den HaftpflichtVR ist bei einem Schadensersatzanspruch **des** 27
Geschädigten gegen den VN oder den Mitversicherten gegeben (BGH, VersR 1972,
271; *Stiefel/Maier*, Kraftfahrtversicherung, § 115 VVG Rn 69; *Beckmann*, in: Bruck/Möller,
§ 115 Rn 17); darüber hinaus dann, wenn einer der in **§ 2 S. 1 bis 5 PflVG genannten**
Ersatzpflichtigen zwar nicht zum Abschluss einer Haftpflichtversicherung verpflichtet ist,
aber gleichwohl eine solche abgeschlossen hat (BGH, VersR 1987, 1034). Schließlich
besteht der Anspruch gegen einen **ausländischen Haftpflichtversicherer**, mag dieser auch
keine inländische Niederlassung haben.

b) Der anspruchsberechtigte Dritte

Anspruchsberechtigter Dritter ist jeder Geschädigte wie insbesondere die Insassen, Radfahrer, Fußgänger, aber auch andere motorisierte Fahrzeugteilnehmer und auch die öffentliche 28
Hand (*Beckmann*, in: Bruck/Möller, § 115 Rn 14). Der **deutsche Gesetzgeber** kann insoweit **über die europarechtlichen Vorgaben hinausgehen** und muss den Anwendungsbereich nicht auf Verkehrsteilnehmer beschränken (BGH, NJW 2016, 1162: Schadensersatzanspruch der öffentlichen Hand und des Hauseigentümers nach Ölaustritt bei Platzen eines
Schlauchs beim Betrieb des Kfz). Darüber hinaus ist jeder anspruchsberechtigt, der einen
unter den Versicherungsschutz der Haftpflichtversicherung fallenden Schadensersatzanspruch erwirbt. Das gilt auch für dessen **Rechtsnachfolger** (OLG Hamm, r+s 1993, 326).
Bedeutsam ist das v.a. für Sozialversicherungsträger (§§ 116, 119 SGB X, § 179 Abs. 1a
S. 1 SGB VI, § 110 SGB VII), Dienstherrn (§ 76 BBG, § 30 Abs. 3 SG, § 81a BVG), Arbeitgeber (§ 6 EFZG) und SchadensVR (§ 86 VVG), etwa den KaskoVR (*Beckmann*, in: Bruck/
Möller, § 115 Rn 15) oder Versicherer einer Fahrerschutzversicherung (OLG Koblenz DAR
2013, 578 [*Schwab*]; OLG Koblenz r+s 2014 223; dazu *Maier*, r+s 2014, 219).

Auch der Sozialversicherungsträger, der einen originären Rückgriffsanspruch gem. § 110
SGB VII geltend macht, wird für anspruchsberechtigt gehalten (MüKo/*Schneider*, § 115
VVG Rn 9; BGH, VersR 1972, 271 zur damals entsprechenden Norm des § 640 RVO;
zur Verjährung solcher Ansprüche BGH, VersR 2016, 551 = r+s 2016, 207; dazu auch
Möhlenkamp, VersR 2013, 544 ff.). Wenn der Arbeitgeber einem Arbeitnehmer an dessen
körperlicher Integrität **grob fahrlässig** einen Schaden zufügt, kommt ihm die Haftungsprivilegierung der §§ 104 ff. SGB VII gleichwohl zugute. Der leistungspflichtige gesetzliche

Unfallversicherungsträger kann sich aber **beim Arbeitgeber** i.H.d. von ihm erbrachten Leistungen **in dem Maß regressieren**, in dem der Arbeitgeber dem Arbeitnehmer ohne die Haftungsprivilegierung zur Leistung von Schadensersatz verpflichtet gewesen wäre. Dieser Rückgriffsanspruch kann auch gegen den HaftpflichtVR im Weg der action directe durchgesetzt werden. Nach BGH (BGH, VersR 2006, 1429) kommt es dabei nicht auf die sachliche Kongruenz an, sodass beim Rückgriffsanspruch auch das Schmerzensgeld bei der Anspruchshöhe zu berücksichtigen ist. Selbst bei Schädigung eines Beamten durch einen anderen greift über § 46 Abs. 2 BeamtVG hinaus nicht in Entsprechung zu § 105 SGB VII eine Haftungsprivilegierung ein; vielmehr steht dem Dienstherrn für erbrachte Leistungen der Unfallfürsorge nach § 76 S. 1 BBG ein Regressanspruch zu (BGH, VersR 2013, 735 = NJW 2013, 2351). Der Regress des Arbeitgebers erstreckt sich auch auf das anteilige Urlaubsentgelt (BGH, VersR 2013, 1274 = NJW 2014, 300).

29 **Dritter** kann auch der VN sein, wenn dieser durch den Mitversicherten in seiner **körperlichen Integrität** beeinträchtigt worden ist. In der Praxis bedeutsam sind Fälle, in denen der Halter eines Fahrzeugs, der VN ist, Beifahrer ist und der mitversicherte Lenker schuldhaft einen Unfall verursacht, bei dem der Beifahrer verletzt oder getötet wird. Der Risikoausschluss von Ziff. A.1.5.6 AKB 2015 bezieht sich insoweit lediglich auf Sach- und reine Vermögensschäden (BGH, VersR 2008, 1202; OLG Hamm, VersR 1994, 301; OLG Jena, VersR 2004, 1168). Zu beachten ist indes, dass ein solcher Schadensersatzanspruch an der **dolo-petit-Einrede** scheitert, wenn der Anspruchsteller eine Obliegenheitsverletzung zu vertreten hat. Ginge es um eine Einstandspflicht ggü. einem „wirklichen" Dritten, müsste der HaftpflichtVR ungeachtet des kranken Deckungsverhältnisses an diesen leisten, könnte sich aber beim VN regressieren. Der Umstand, dass der VN ausnahmsweise selbst geschädigter Dritter ist, soll zu keinem abweichenden Ergebnis führen (BGH, VersR 1986, 1010; *Langheid*, VersR 1986, 15; *Römer/Langheid/Rixecker/Langheid*, § 115 Rn 7; Prölss/Martin/ *Knappmann*, § 115 Rn 3). Wenn der HaftpflichtVR **zwar leistungspflichtig** wäre, das Geleistete vom Empfänger aber **sogleich zurückverlangen** könnte, kann er diesen Einwand dem Leistungsbegehren entgegensetzen mit der Folge, dass seine Leistungspflicht entfällt. Die Bezeichnung **dolo-petit-Einrede** stammt aus dem römischen Recht, dem schon geläufig war, dass derjenige arglistig handelt, somit etwas verlangt, das Verlangte sogleich aber wieder zurückerstatten muss – dolo petit quod statim rediturus est. Das gilt nicht nur ggü. dem Geschädigten selbst, sondern auch ggü. dessen **Rechtsnachfolger**, z.B. einem Sozialversicherungsträger, auf den die Schadensersatzforderung im Weg einer Legalzession übergeht (BGH, VersR 1986, 1010; Prölss/Martin/*Knappmann*, § 115 Rn 3). Kann der Drittschuldner die Abtretung nicht verhindern, soll durch den Rechtsübergang der Zessionar nicht bessergestellt werden als der Zedent.

30 Zu beachten ist dabei freilich, dass die Leistungsfreiheit bei Obliegenheitsverletzungen durch die Vorgaben von § 6 KfzPflVV auf **5.000 EUR** begrenzt wurde. Diese Begrenzung kommt auch dem VN bzw. Mitversicherten zugute, wenn sie selbst Geschädigte sind (BGH, NJW-RR 1996, 149: damals noch 5.000 DM).

c) Mitschädiger kein anspruchsberechtigter Dritter?

Nicht anspruchsberechtigt i.S.d. § 115 Abs. 1 VVG soll hingegen ein **Mitschädiger** sein, weil es an der Gleichstufigkeit fehle (MüKo/*Schneider*, § 115 VVG Rn 24; *Lemcke*, in: FS Wälder, 2009, S. 179, 182 ff.) und das durch den Schutzzweck des PflVG nicht gedeckt sein soll (BGH VersR 2010, 1360; BGHZ 177, 141 = BGH, VersR 2008, 1273 = NJW 2008, 2642; BGH, VersR 2007, 196 = NJW 2007, 1208; BGHZ 20, 371; OLG Zweibrücken, zfs 1986, 82; *Beckmann*, in: Bruck/Möller, § 115 Rn 16; Looschelders/Pohlmann/*Schwartze*, § 115 Rn 7; Feyock/Jacobsen/Lemor/*Jacobsen*, § 115 VVG Rn 11; Burmann/Heß/*Stahl*, Versicherungsrecht im Straßenverkehr, Rn 723; Halm/Kreuter/Schwab/*Schwab*, AKB § 115 Rn 107; a.A. OLG Köln, VersR 1972, 651; *Johannsen*, in Bruck/Möller, Bd. V, Anm. B 12). Nach dem Gesetzeswortlaut des § 115 Abs. 1 VVG ist eine Gesamtschuld lediglich gegeben zwischen dem VN und Mitversicherten einerseits und dem für diese eintrittspflichtigen HaftpflichtVR andererseits. Zwischen dem Mitschädiger$_1$ sowie dessen HaftpflichtVR$_1$ einerseits und dem Mitschädiger$_2$ und dessen HaftpflichtVR$_2$ andererseits besteht **keine Gesamtschuld nach § 115 Abs. 1 VVG**. Auswirkungen hat das auf die Einfachheit der Durchsetzung des Regressanspruchs. Der an den geschädigten Dritten leistende Mitschädiger$_1$ bzw. dessen HaftpflichtVR$_1$ kann Regress nur beim Schädiger$_2$ nehmen, nicht aber im Weg der action directe den HaftpflichtVR$_2$ belangen (OLG Karlsruhe, VersR 1985, 155). Der Regress verkompliziert sich, indem der Regressgläubiger gem. § 829 ZPO ein Urteil gegen den Schädiger$_2$ erwirken und dann gem. §§ 835 f. ZPO dessen Deckungsanspruch gegen den HaftpflichtVR$_2$ pfänden und sich überweisen lassen muss. Insoweit geht es um eine Frage der **Bequemlichkeit der Anspruchsdurchsetzung** (Prölss/Martin/*Knappmann*, § 115 Rn 19). Meines Erachtens sprechen die besseren Argumente dafür, eine Gesamtschuld nach § 426 BGB zu bejahen mit der Folge, dass jeder Leistende auch einen direkten Rückgriff beim HaftpflichtVR des Schädigers nehmen kann, der den Schaden endgültig zu tragen hat (zu Konstellationen, bei denen auch das Ergebnis abweicht, nämlich bei Eingreifen des Angehörigenprivilegs *Lemcke*, in: FS Wälder, 2009, S. 179, 184 f.).

31

Das nehmen *Rixecker/Langheid* (Römer/Langheid/*Rixecker/Langheid*, § 115 Rn 18) allerdings dann an, wenn zwischen **Schädiger$_2$** und **HaftpflichtVR$_2$** ein **krankes Deckungsverhältnis** gegeben ist. Denn die endgültige Tragung des Schadens zwischen den beiden HaftpflichtVR soll nicht davon abhängig sein, welchen HaftpflichtVR der Geschädigte, der ja eine action directe gegen den HaftpflichtVR$_1$ und den HaftpflichtVR$_2$ habe, zuerst in Anspruch nehme. Während der HaftpflichtVR$_2$ regressberechtigt sei, könne der HaftpflichtVR$_1$ keinen Regress nehmen, weil sich der HaftpflichtVR$_2$ auf das kranke Deckungsverhältnis berufen könne. Das spreche dafür, dass hier ausnahmsweise auch beim **Rückgriffsanspruch** eine **action directe** zu erwägen sei. Es ist in der Tat eines der ehernen Prinzipien der Einstandspflicht mehrerer, dass die endgültige Tragung der Schuld nicht davon abhängig sein soll, wen der Gläubiger – zunächst – belangt. Falsch ist allerdings die Prämisse. Die Frage der endgültigen Schadenstragung kann nämlich nicht von der Bequemlichkeit oder Kompliziertheit der Durchsetzung des Regressanspruchs abhängig sein. In beiden Fällen muss der HaftpflichtVR$_2$ seine Inanspruchnahme durch den geschä-

32

digten Dritten unter Berufung auf das **Verweisungsprivileg des § 117 Abs. 3 S. 2 VVG** abwenden können, weil der HaftpflichtVR$_1$ ein SchadensVR ist. Bei krankem Deckungsverhältnis kann sich der ansonsten einstandspflichtige HaftpflichtVR$_2$ von seiner Einstandspflicht befreien, indem er den Geschädigten an den HaftpflichtVR$_1$ verweist. Hat er in Unkenntnis dieses Umstands geleistet, kann er das entweder vom Empfänger oder dem HaftpflichtVR$_1$ gem. § 812 BGB zurückverlangen.

33 Zwischen mehreren Schädigern, für die jeweils eine Haftpflichtversicherung einzustehen hat, besteht **im Verhältnis zum Geschädigten eine Solidarschuld** (BGH, VersR 1978, 843). Hat der HaftpflichtVR aber nur für einen der Mitschädiger einzustehen, steht ihm mangels **Gleichstufigkeit** der Verpflichtung der Mitschädiger gegen diese kein Regressanspruch zu (BGH, VRR 2007, 145 [*Knappmann*]): Der Dieb hatte als Lenker ein Garagentor beschädigt, woraufhin der Kfz-HaftpflichtVR dem Eigentümer den Schaden ersetzt hat. Der im Verhältnis zum mitversicherten Lenker (Dieb) leistungsfreie VR wollte beim Diebesgehilfen Rückgriff nehmen. Da dieser im Verhältnis zum Dieb einen untergeordneten Tatbeitrag geleistet hat, hat der BGH den Rückgriff versagt. Durch seine Leistung erlangte der zahlende HaftpflichtVR somit die Rechtsstellung des Mitversicherten, nicht aber die des geschädigten Dritten, der gegen den Diebesgehilfen hätte vorgehen können.

d) Schadensersatzleistung in Geld (§ 115 Abs. 1 S. 3 VVG)

34 Eine dem § 49 VVG a.F. entsprechende Norm, die besagt, dass bei einer Schadensversicherung die Leistungspflicht des VR in der Zahlung eines Geldbetrags besteht, ist in das neue VVG nicht übernommen worden. Deshalb ist es folgerichtig, dass der Gesetzgeber in § 115 Abs. 1 S. 3 VVG eine derartige Pflicht angeordnet hat (so bereits in § 3 Abs. 1 S. 2 PflVG). Während der Geschädigte **ggü. dem Schädiger** das **Wahlrecht** hat, ob er von diesem Naturalrestitution verlangt (§ 249 Abs. 1 BGB) oder den dafür erforderlichen Geldbetrag (§ 249 Abs. 2 S. 1 BGB) oder bloß das Kompensationsinteresse (§ 251 Abs. 1 BGB), ist der **HaftpflichtVR bloß** zur Zahlung eines Geldbetrags verpflichtet (*Beckmann*, in: Bruck/Möller, § 115 Rn 33 f.). Das schließt einen Anspruch des Geschädigten auf Zahlung des „vollen" Geldbetrags gegen den HaftpflichtVR Zug um Zug gegen Herausgabe des beschädigten Fahrzeugs ein (BGH, VersR 1983, 758; OLG Hamburg NZV 2008, 555; MüKo/*Schneider*, § 115 VVG Rn 20). Wurde früher darauf hingewiesen, dass allein das zum Geschäft eines VR gehört, hat sich jedenfalls im Verkehrsunfallrecht die Interessenlage gewandelt. Die HaftpflichtVR würden gerne Schadensmanagement betreiben – und tun das teilweise auch –, weil sich auf diese Weise durch Namhaftmachung billigerer Anbieter verschiedenster Dienstleistungen (Sachverständige, Werkstätten, Restwertaufkäufer, Mietwagenunternehmen) ein erhebliches Kosteneinsparungspotenzial ergibt. Das Schadensersatzrecht (§ 249 Abs. 1 und Abs. 2 S. 1 BGB) belässt das Wahlrecht aber dem Geschädigten. Durch **§ 115 Abs. 1 S. 3 VVG** wird diesbzgl. eine weitere Einschränkung vorgenommen, wonach der Geschädigte **gegen den HaftpflichtVR** im Weg der action directe **keinen durchsetzbaren Anspruch auf Naturalrestitution** hat, selbst wenn ihm ein solcher gegen den Schädiger zusteht.

III. Verjährung (§ 115 Abs. 2 VVG)

1. Gleichlauf zwischen Versicherungsnehmer und Versicherer (§ 115 Abs. 2 S. 1 VVG)

Da die direkte Einstandspflicht des HaftpflichtVR ein **gesetzlicher Schuldbeitritt** zur Schadensersatzverpflichtung des VN ist, ist es folgerichtig, dass der Anspruch des Geschädigten gegen den Schädiger und den HaftpflichtVR der **gleichen Verjährungsfrist** unterliegt. Der Deckungsanspruch des VN bzw. Mitversicherten ist davon nicht betroffen (Halm/Kreuter/Schwab/*Schwab*, AKB § 115 Rn 131; zu dessen Verjährung *Kassing/Richters*, VersR 2015, 293 ff.). Gem. § 199 Abs. 1 BGB beginnt die Frist mit dem Schluss des Jahres, in dem der Anspruchsteller Kenntnis vom Schaden und der Person des Ersatzpflichtigen hatte, wobei dieser die grob fahrlässige Unkenntnis gleichsteht. Maßgeblich ist die Kenntnis vom Schaden, die nicht den Schadensumfang und die Schadenshöhe umfassen muss (BGH, NJW 1997, 2498 = VersR 1997, 1111). Der Anspruch gegen Lenker und Halter kann zu einem unterschiedlichen Zeitpunkt verjähren, was auch Auswirkungen auf den Direktanspruch gegen den HaftpflichtVR hat (instruktives Beispiel bei Halm/Kreuter/Schwab/*Schwab*, AKB § 115 Rn 218: Fahrerflucht, der Halter kann rascher ausfindig gemacht werden als der Lenker; gegenüber dem HaftpflichtVR gilt die längere Verjährungsfrist; das kann schon deshalb bedeutsam sein, weil der Lenker betraglich unbegrenzt, der Halter aber nur im Rahmen der Haftungshöchstbeträge des § 12 StVG haftet). Darauf, ob der Geschädigte bei der Geltendmachung auf den Umstand hinweist, dass Schädiger und VR Gesamtschuldner sind, kommt es nicht an. Es handelt sich um **eine vom Gesetz angeordnete Rechtsfolge**, nicht um eine, die vom Anspruchsteller zum Ausdruck gebracht werden müsste (OLG Hamm, VersR 2002, 564; Prölss/Martin/*Knappmann*, § 115 Rn 42). § 115 Abs. 2 S. 1 VVG weicht von der allgemeinen Regel des § 199 Abs. 1 BGB ab, wonach die Verjährung erst mit Kenntnis von der Person des Schuldners beginnt. Nicht immer kennt der geschädigte Dritte aber den VR des Schädigers. Im wichtigsten Anwendungsfall der Kfz-Haftpflichtversicherung ist das Problem abgemildert, weil der Geschädigte über den Zentralruf der Autoversicherer den VR ermitteln kann. In den übrigen Fällen ist es freilich merkwürdig, dass der Anspruch gegen den VR auch dann verjährt, wenn der Geschädigte innerhalb der 3-jährigen Verjährungsfrist trotz emsiger Bemühungen die Person des VR nicht ausfindig machen kann.

In § 115 Abs. 2 VVG ist ausschließlich der **Direktanspruch des Geschädigten gegen den VR** geregelt. Bei Übergang auf die Sozialhilfe ist die Kenntnis des geschädigten Dritten maßgeblich, weil infolge des Nachrangs der Sozialhilfe der Geschädigte nach wie vor einziehungsermächtigt bleibt (BGH, VersR 1996, 1126 = NJW 1996, 2508; *Lemcke*, in: FS Wälder, 2009, S. 179, 186) Bei Sozialversicherungsträgern nach § 116 SGB X ist jedoch abzustellen auf den Zeitpunkt der Kenntnis des zuständigen Mitarbeiters der Regressabteilung (BGH, VersR 2009, 989 = NJW-RR 2009, 1471; MüKo/*Schneider*, § 115 VVG Rn 28) bzw. dessen grob fahrlässige Unkenntnis i.S.v. § 199 Abs. 1 Nr. 2 BGB (BGH. VersR 2012, 738 = r+s 2012, 304 [*Lemcke*]; BGH, VersR 2012, 1005 = NJW 2012, 2644 [*Schulz*] = NZV 2013, 25 [*Küppersbusch*]: Festhalten an der maßgeblichen Kenntnis bzw. grob fahrlässigen

35

36

Unkenntnis des Sachbearbeiters der Regressabteilung, der freilich seine Augen nicht verschließen darf; möglicherweise dadurch überholt BGH, VersR 2011, 682 = zfs 2011, 438 [*Diehl*]: Personalunion des Mitarbeiters der gesetzlichen Kranken- und Pflegekasse, in dieser Entscheidung noch keine Zurechnung des Wissens; krit.: *Nothoff*, VRR 2011, 324, 325 f.). **Etwas anderes** gilt grds. für den **Deckungsanspruch** des VN bzw. **Mitversicherten** gegen den **HaftpflichtVR** (BGH, NJW-RR 1987, 916; OLG Hamm, NVersZ 2000, 234; Prölss/Martin/*Knappmann*, § 115 VVG Rn 30). Dieser verjährt nunmehr nach § 199 Abs. 1 BGB ab dem Ende des Jahres, in dem der VN Kenntnis von den den Anspruch begründenden Umständen erlangt hat, aber nicht vor der Geltendmachung des Anspruchs durch den Geschädigten.

a) Unbeachtlichkeit von Deckungssumme und Leistungsfreiheit

37 Durch die Einführung der action directe sollte der Geschädigte davor bewahrt werden, Nachteile zu erleiden, wenn er ausschließlich ggü. dem VR Handlungen setzt, die einer Verjährung seines Anspruchs auch gegen den Schädiger, somit den VN oder Mitversicherten, entgegenwirken sollen (BGH, NJW 2007, 69; VersR 1984, 226; OLG Hamm, VersR 2002, 564). Insofern ist es folgerichtig, dass Schritte auch dann zulasten des Schädigers wirken, wenn die **Deckungssumme überschritten** wird (BGH, VersR 1984, 441; BGHZ 83, 162 = BGH, VersR 1982, 546; Looschelders/Pohlmann/*Schwartze*, § 115 Rn 33; Halm/Kreuter/Schwab/*Schwab*, AKB § 115 Rn 177). Mag dieser Umstand für den Geschädigten noch erkennbar sein, ist seine Schutzwürdigkeit umso größer, wenn es um eine Belastung des Schädigers wegen einer ihm ggü. bestehenden **Leistungsfreiheit** des VR geht. Der folgende Sachverhalt (BGH, VersR 1984, 226) belegt, dass sich eine solche Leistungsfreiheit **ausnahmsweise zulasten des anspruchsberechtigten Dritten** auswirken kann: Ein Sozialversicherungsträger hatte Schadensersatzansprüche beim Kfz-HaftpflichtVR angemeldet. Wegen des Verweisungsprivilegs des § 117 Abs. 3 S. 2 VVG konnte der Sozialversicherungsträger einen Teil des Anspruchs nicht gegen den HaftpflichtVR durchsetzen. Diesen verlangte er nun vom Schädiger, der Verjährung einwendete. Der BGH sprach zu Recht aus, dass die Anmeldung des Schadensersatzanspruchs beim VR auch eine Hemmung des Anspruchs gegen den Schädiger bewirkte. Die Anmeldung bewirkt aber eine Verjährungshemmung insoweit nicht, als eine Deckungspflicht wegen eines Risikoausschlusses nicht besteht oder sich etwa die Kfz-Haftpflichtversicherung auf ein solches Risiko nicht erstreckt (Halm/Kreuter/Schwab/*Schwab*, AKB § 115 Rn 206: Verweis auf Unfälle außerhalb des Geltungsbereichs der EU).

b) Anspruch gegen den Haftpflichtversicherer nur 10 Jahre (§ 115 Abs. 2 S. 2 VVG)

38 Die 10-Jahresfrist ist **keine absolute Frist**, sodass Verhaltensweisen, die zu einer Hemmung oder einem Neubeginn der Verjährung führen, zu beachten sind. Während in Bezug auf Sachschäden eine Angleichung mit der Rechtslage nach dem BGB erfolgte, ist auch nach der Schuldrechtsreform ein **wesentlicher Unterschied** bei der kenntnisunabhängigen Verjährungsfrist bei **Personenschäden** geblieben: Der Anspruch gegen den VR verjährt

10 Jahre nach Entstehung des Schadens, während der gegen den Schädiger erst nach **30 Jahren** verjährt. Praktisch bedeutsam ist die Unterscheidung **für Sozialversicherungsträger**. Namentlich wenn Kinder verletzt werden, werden oft erst viel später Sozialversicherungsleistungen ausgelöst bzw. der jeweilige Sozialversicherungsträger erfährt erst Jahre nach Erbringung seiner Leistungen, dass Auslöser des Bedarfs das Verhalten eines Schädigers war, für das ein Kfz-HaftpflichtVR einzustehen hat. Nach zwei neueren BGH-Entscheidungen droht ein nichtkundiger Sozialversicherungsträger in eine verhängnisvolle Falle zu tappen (so auch die Bezeichnung bei *Armbrüster*, r+s 2010, 441, 454):

Verklagt er nach Ablauf der 10-Jahresfrist sowohl den HaftpflichtVR als auch den Schädiger, muss wegen § 115 Abs. 2 S. 2 VVG der Anspruch gegen den HaftpflichtVR wegen Verjährung abgewiesen werden. Wegen der **Rechtskrafterstreckung des § 124 VVG** führt eine solche abweisende Entscheidung nach Ansicht des BGH (VersR 2003, 1121; dazu *Littbarski*, EWiR 2003, 1203 sowie *Matlach*, zfs 2005, 533) dazu, dass damit auch der Anspruch gegen den Schädiger nicht mehr durchsetzbar ist, weil das abweisende Urteil auch gegen ihn wirkt (so auch LG Memmingen, DAR 2014, 275 [*Schwab*], bei dem der Träger der Sozialhilfe in diese „*Falle*" getappt ist). **Verklagt der Sozialversicherungsträger aber lediglich den Schädiger**, kann er nicht nur den Anspruch gegen den Schädiger in der 30-jährigen Frist durchsetzen (BGH, VersR 2007, 371; dazu *Lemcke*, r+s 2007, 126; *Knappmann*, VRR 2007, 309; *Müller/Matlach*, zfs 2007, 366; *Ebert*, jurisPR-BGHZivilR 9/2007 Anm. 4). Er kann dann auch den noch nicht verjährten Deckungsanspruch des Schädigers gegen dessen HaftpflichtVR gem. § 829 ZPO pfänden und sich gem. §§ 835 f. ZPO überweisen lassen.

39

Besonders überzeugend ist diese Rechtsprechung nicht. Die ursprüngliche Intention, dass der Geschädigte keine Nachteile erleiden soll, wenn er ausschließlich mit dem HaftpflichtVR in Kontakt tritt, wird dadurch **gerade ins Gegenteil verkehrt**. Der geschilderte Wertungswiderspruch ließe sich vermeiden, wenn man in Bezug auf die Rechtskrafterstreckung des § 124 VVG in solchen Fällen der Abweisung des Begehrens wegen Verjährung eine **teleologische Reduktion** vornehmen würde (krit. zu BGH, NJW-RR 2003, 1327 auch *Schirmer/Clauß*, in: FS für E. Lorenz, 2004, S. 775, 794 f.; zustimmend aber Looschelders/Pohlmann/*Schwartze*, § 115 Rn 25; Halm/Kreuter/Schwab/*Schwab*, AKB § 115 Rn 141; Näheres dazu bei § 124 Rdn 13 ff.). Erwogen wird sogar, dem HaftpflichtVR die Aktivlegitimation bezüglich einer negativen Feststellungsklage gegenüber dem Sozialversicherer einzuräumen, also das Nichtbestehen eines durchsetzbaren Anspruchs feststellen zu lassen, was bei Erfolg wegen § 124 VVG auch dem VN und Mitversicherten zugutekäme (Halm/Kreuter/Schwab/*Schwab*, AKB § 115 Rn 143 ff.). Allerdings wird der HaftpflichtVR i.d.R. derjenige sein, der den Schaden endgültig zu tragen hat, weshalb eine solche negative Feststellungsklage insoweit abzulehnen ist.

2. Hemmung durch Anmeldung

Die Hemmungsregelung nach § 115 Abs. 2 S. 3 VVG stellt eine Entsprechung zu § 15 VVG dar, der entsprechende Rechtsfolgen für das Verhältnis zwischen VN und VR anord-

40

net. Dadurch kann es auch zu einer Überschreitung der 10-Jahresfrist nach § 115 Abs. 2 S. 2 VVG kommen. Um die Bedeutung der durch die Anmeldung beim HaftpflichtVR bewirkten Hemmung ermessen zu können, bedarf es vorweg einer kurzen Skizzierung der Rechtslage, wie sie sich nach dem BGB ergibt, wobei die dort geregelten Hemmungsgründe neben § 115 Abs. 2 S. 3 VVG gelten (MüKo/*Schneider*, § 115 VVG Rn 32):

a) Verjährung nach BGB

41 Die Verjährungsfrist beträgt 3 Jahre ab dem Ende des Jahres, in dem der Schaden eingetreten ist und der Geschädigte von den den Anspruch begründenden Umständen Kenntnis erlangt hat oder ohne grobe Fahrlässigkeit erlangen hätte müssen (§§ 195, 199 Abs. 1 BGB). Sobald ein **realer Schaden** eingetreten ist, läuft die Verjährung auch für **alle vorhersehbaren Folgeschäden**. Auf die Kenntnis von Schadensumfang und Schadenshöhe kommt es nicht an (BGH, VersR 1997, 1111). Bedeutsam ist das namentlich bei Personenschäden. Abgestellt wird dabei nicht auf die Kenntnis des jeweiligen Geschädigten; vielmehr kommt es darauf an, ob ein medizinischer Fachmann eine solche Spätfolge vorhersehen konnte (BGH, NJW 1997, 2448; BGH, NJW 2000, 861). Für Sachschäden gilt vom Zeitpunkt des Eintritts des Schadens eine Obergrenze von **10 Jahren**, für Personenschäden eine solche von **30 Jahren** (§ 199 Abs. 2 und 3 BGB). Mit Eintritt des Schadens ist der Zeitpunkt gemeint, zu dem dieser sich offenbart, nicht das Ursachenereignis, um zu verhindern, dass der Ersatzanspruch verjährt, ehe sich der Schaden gezeigt hat (MüKo/*Schneider*, § 115 VVG Rn 29). Für die Kfz-Haftpflichtversicherung dürfte das kaum bedeutsam sein (Halm/Kreuter/Schwab/*Schwab*, AKB § 115 Rn 133).

42 Lässt sich der Schuldner in **Verhandlungen** ein, führt das zu einer **Hemmung der Verjährung** (§ 203 BGB). Das setzt eine derartige Bereitschaft des Schuldners voraus. Der Gläubiger muss spezifizieren, um welchen Anspruch es geht. Eine Bitte des Sozialversicherungsträgers an den Schädiger, den HaftpflichtVR bekanntzugeben, weil er Ansprüche prüfen müsse, wurde bei Vertrösten des Anspruchstellers für das Führen von Vergleichsverhandlungen als nicht ausreichend angesehen (BGH, VersR 2016, 551). Setzt der Gläubiger nicht die notwendigen Schritte, sondern lässt er die Verhandlungen einschlafen, fällt die Hemmungswirkung weg (BGH, VersR 1990, 755; BGHZ 152, 298 = BGH, VersR 2003, 99). Demgegenüber eröffnet **§ 115 Abs. 2 S. 3 VVG** eine viel **weitergehende Hemmung** des Schadensersatzanspruchs zugunsten des Geschädigten: Die Hemmung der Verjährungsfrist erfolgt durch den **einseitigen Akt der Anmeldung**; eine Kooperationsbereitschaft des Schuldners ist nicht erforderlich. Es bleibt auch dann bei der Hemmung, wenn der Versicherer nach der Anmeldung nicht reagiert (*Beckmann*, in: Bruck/Möller, § 115 Rn 60). Bei einer Schadensmeldung werden im Zweifel sämtliche Ansprüche erfasst, ohne dass diese spezifiziert werden müssen. Die Hemmung dauert an, bis der **Versicherer** dem Geschädigten eine **abschließende Entscheidung** bekannt gibt. Der Schädiger, also der VN oder Mitversicherte, kann selbst durch ausdrückliches Bestreiten die Hemmung des Anspruchs gegen ihn nicht beseitigen (BGHZ 83, 162 = BGH, VersR 1982, 546). Die **bloße Untätigkeit** des Geschädigten nach der Anmeldung wird nicht durch den Wegfall der Hemmung der Verjährung sanktioniert; nur in ganz besonderen Konstellationen kann sich der Schuld-

ner, also der VR, auf Treu und Glauben (§ 242 BGB) berufen und so die Rechtsfolge der Verjährung bewirken. Aus der hohen Judikaturdichte ist zu schließen, dass diese Regelung beträchtliche praktische Bedeutung hat; und zudem, dass die Parteien Schwierigkeiten mit der Umsetzung haben.

b) Persönliche Dimension

Die Anmeldung muss grds. durch den Anspruchsinhaber erfolgen und sie betrifft nur die eigenen Ansprüche (Looschelders/Pohlmann/*Schwartze*, § 115 Rn 27; a.A. zu Unrecht Feyock/Jacobsen/Lemor/*Jacobsen*, § 115 VVG Rn 25; MüKo/*Schneider*, § 115 VVG Rn 34: auch zugunsten des Sozialversicherungsträgers). Die Anmeldung muss ggü. dem Versicherer erklärt werden; eine Erklärung ggü. dem Schädiger ist nicht ausreichend (*Beckmann*, in: Bruck/Möller, § 115 Rn 62; MüKo/*Schneider*, § 115 VVG Rn 33; Halm/Kreuter/Schwab/*Schwab*, AKB § 115 Rn 170). Betraut der Geschädigte den **Schädiger** mit der **Weiterleitung der Schadensmeldung**, ist der Schädiger als **Erklärungsbote** zu qualifizieren (*Beckmann*, in: Bruck/Möller, § 115 Rn 62). Die Anmeldung wird nur insoweit wirksam, als die Erklärung dem VR zugeht (BGH, VersR 1975, 279; Prölss/Martin/*Knappmann*, § 115 Rn 34; Römer/Langheid/*Rixecker/Langheid*, § 115 Rn 25; missverständlich Halm/Kreuter/Schwab/*Schwab*, AKB § 115 Rn 151: keine Anmeldung bei Weiterleitung durch den Rechtsschutzversicherer an den zuständigen Haftpflichtversicherer). Das Risiko, ob eine Weiterleitung erfolgt, sowie Verspätungen gehen zulasten des Geschädigten. Auch wenn den Geschädigten gem. § 119 Abs. 1 VVG die Obliegenheit trifft, binnen 14 Tagen den Schadensfall dem VR anzuzeigen, hat ein Versäumen dieser Frist keine Rechtswirkung in Bezug auf die Wirksamkeit der Anmeldung (BGH, NJW-RR 1987, 916; Prölss/Martin/*Knappmann*, § 119 Rn 7). Auch eine Unterrichtung des Versicherers durch den VN führt zur Hemmung für den Geschädigten (BGH VersR 1975, 279 = NJW 1975, 260; Halm/Kreuter/Schwab/*Schwab*, AKB § 115 Rn 172).

Vom Grundsatz der persönlichen Anmeldung hat der BGH (BGHZ 74, 393 = BGH, VersR 1979, 915) eine Ausnahme zugelassen, als bei einem **Anspruch wegen Tötung des Unterhaltsschuldners** gem. § 844 Abs. 2 BGB die Witwe lediglich ihren Anspruch angemeldet hat, nicht aber die Ansprüche der **minderjährigen Kinder**. Der BGH hat das damit begründet, dass die Ansprüche des hinterbliebenen Ehepartners und der Kinder in einer Wechselwirkung stehen – was zutrifft – und auch noch darauf hingewiesen, dass bei einem verheirateten Ehemann für die Versicherung damit zu rechnen war, dass unterhaltsberechtigte Kinder vorhanden sind, was sie zu einer Nachfrage hätte veranlassen müssen. Diese Entscheidung ist außerordentlich geschädigtenfreundlich; die ausgesprochene Vermutung, dass bei einem verheirateten Ehemann eines bestimmten Alters auch ihm ggü. unterhaltsberechtigte Kinder vorhanden sein müssten, ist angesichts der inzwischen eingetretenen Änderung der gesellschaftlichen Verhältnisse fraglich. Die Schadensmeldung ggü. dem Versicherer bewirkt auch eine Hemmung bezüglich des durch die Versicherungssumme nicht gedeckten Teils; auch ein Anerkenntnis des Versicherers erfasst diesen überschießenden Teil des Anspruchs (BGHZ 169, 232 = BGH, VersR 2006, 1676; BGH, VersR

2003, 1547 = NJW-RR 2004, 109; *Beckmann*, in: Bruck/Möller, § 115 Rn 75; MüKo/ *Schneider*, § 115 VVG Rn 41).

45 Besondere Schwierigkeiten ergeben sich bei einem **Wechsel des Sozialversicherungsträgers** bzw. der Erbringung ganz neuartiger Leistungen, die bis dahin nicht bestanden haben (**Systemwechsel**), wie das etwa bei der Einführung der Pflegeversicherung der Fall war. Wenn der Geschädigte zunächst nicht bei einem Sozialversicherer krankenversichert war und es einer rechtsgeschäftlichen Abtretung der Schadensersatzansprüche gegen den Schädiger bzw. dessen HaftpflichtVR bedurfte und der Geschädigte in der Folge zu einem Sozialversicherer wechselt, ist es folgerichtig, dass es bzgl. der Verjährung darauf ankommt, ob die beim Geschädigten verbliebenen Ansprüche verjährt oder durch eine Anmeldung beim HaftpflichtVR gehemmt waren (BGHZ 83, 162 = BGH, VersR 1982, 546). **Fraglich** ist hingegen, ob die Anmeldung von Ansprüchen durch den Geschädigten auch solche umfasst, die im Zeitpunkt des schädigenden Ereignisses nach **§ 116 SGB X** auf den einen Sozialversicherungsträger übergegangen sind, wenn der Geschädigte später den Sozialversicherungsträger wechselt (so BGH, VersR 1982, 674). Dagegen spricht, dass der Geschädigte niemals Inhaber dieses Schadensersatzanspruchs war. Konsequent erscheint es vielmehr, daran anzuknüpfen, **in welchem verjährungsrechtlichen Status** sich dieser Anspruchsteil beim bis dahin leistungspflichtigen Sozialversicherungsträger befunden hat (so BGH, NJW 1999, 1782). Bei Einführung der Pflegeversicherung stellte sich nicht nur die Frage, zu welchem Zeitpunkt bei einem solchen **Systemwechsel** der Schadensersatzanspruch überging (BGH, r+s 1999, 281; BGHZ 134, 381 = BGH, NJW 1997, 1783; BGH, VersR 1990, 1028), sondern auch der verjährungsrechtliche Status des Anspruchs. Das OLG Saarbrücken (OLG Saarbrücken, OLGR 2006, 1065) hat zu Recht auf die Verhältnisse beim Geschädigten abgestellt, weil der Sozialversicherungsträger seine Anmeldung dezidiert auf die Schadensposten Heilungskosten und Erwerbsschaden beschränkt hatte. Möglicherweise wäre die Entscheidung anders ausgefallen, wenn der Sozialversicherer ein Feststellungsurteil oder ein diesem gleichstehendes Anerkenntnis erwirkt hätte, bei dem die Ansprüche einbezogen worden wären, bei denen eine derzeitige oder auch zukünftige sozialversicherungsrechtliche Leistungspflicht besteht.

46 Die verjährungshemmende Wirkung einer Anmeldung tritt nicht nur bei einer Anmeldung bei einem **HaftpflichtVR** ein. Entsprechendes gilt für eine Anmeldung bei einem Ersatzpflichtigen, der nach **§ 2 Abs. 1 S. 1 bis 5 PflVG von der Versicherungspflicht ausgenommen** ist (BGH, VersR 1984, 441).

c) Sachliche Anforderungen

47 Die Rechtsprechung ist überaus großzügig, was die Reichweite der Hemmung in Bezug auf die Anmeldung betrifft (BGHZ 83, 162 = BGH, VersR 1982, 546: keine übertriebenen Anforderungen an die Anmeldung; *Burmann/Heß/Stahl*, Versicherungsrecht im Straßenverkehr, Rn 727). Es besteht kein Erfordernis der Spezifizierung einzelner Ansprüche oder einer betraglichen Festlegung (OLG Düsseldorf, NJW-RR 1990, 472; OLG Frankfurt a.M., r+s 1992, 38; Römer/Langheid/*Rixecker/Langheid*, § 115 VVG Rn 25). Es ist ausreichend, wenn ein Anspruch von mehreren geltend gemacht wird (OLG Frankfurt a.M., NZV 2011,

548). Es genügt die **Unterrichtung des HaftpflichtVR vom Schadensereignis** und der Vermittlung einer ungefähren Kenntnis seiner Eintrittspflicht (BGH, VersR 1982, 546). Wenn sich aus dem Inhalt der Anmeldung nichts Gegenteiliges ergibt, ist davon auszugehen, dass der Geschädigte sämtliche in Betracht kommenden Ansprüche anmelden möchte (BGH, VersR 1982, 674). Eine Beschränkung auf bestimmte Ansprüche wird am ehesten bei einem Sozialversicherungsträger in Betracht kommen, der eine Anmeldung unter Bezugnahme auf die von ihm zu erbringenden Sozialversicherungsleistungen vornimmt (BGHZ 114, 299 = BGH, VersR 1991, 878; OLG Saarbrücken, OLGR 2006, 1065). Auch bei diesem kann es aber sinnvoll sein, eine weitere Formulierung zu wählen etwa in der Art: *„oder aufgrund künftiger Verpflichtungen zu erbringen haben wird"*. Die Anmeldung eines Geschädigten umfasst einen Anspruch auch insoweit, als er zwar auf den Sozialversicherungsträger übergegangen ist, später aber wieder auf ihn zurückfallen kann (BGH, VersR 1982, 674 = BGH, NJW 1982, 2001: Aussteuerung aus der gesetzlichen Krankenkasse).

Selbst wenn der Geschädigte im Einzelfall **nur bestimmte Ansprüche** anmeldet, wird eine Erstreckung auf **weitere Ansprüche** angenommen, wenn aus der Schadensmeldung für den HaftpflichtVR Anhaltspunkte bestehen, dass über die konkret genannten Ansprüche hinaus zusätzliche bestehen. Wer zunächst bloß **Schmerzensgeld** verlangt, in einem Fragebogen des HaftpflichtVR dann aber beim Erwerbsschaden Urlaubsgeld, Weihnachtsgeld und Gewinnbeteiligung nennt, hat damit sämtliche materiellen Schadensersatzansprüche angemeldet (BGH, VersR 1987, 937; ähnlich OLG München, r+s 1997, 48: Unfallschilderung und Begehren von Schmerzensgeld; daraus ist nicht zu schließen, dass der Geschädigte bloß Schmerzensgeld anmelden wollte). Wer zunächst nur einen **Sachschaden** anmeldet, bei dem hat das OLG München (OLG München, VersR 2001, 230) – freilich in einem Verfahren, bei dem es um eine Anwaltshaftpflicht ging – angenommen, dass aus der Schadensmeldung, dass der Unfallgegner von hinten hineinfuhr, für den HaftpflichtVR nahelag, dass ein Körperschaden im Wirbelbereich eingetreten sei. 48

Da vom Gesetzgeber **kein Formerfordernis** aufgestellt wurde, genügt grds. auch eine **mündliche Anmeldung**, wenn die Ernsthaftigkeit der Anspruchserhebung ausreichend deutlich wird (*Beckmann*, in: Bruck/Möller, § 115 Rn 63; *Heß/Burmann*, NJW-Spezial 2009, 233; a.A. Feyock/Jacobsen/Lemor/*Jacobsen*, § 115 VVG Rn 20; Halm/Kreuter/ Schwab/*Schwab*, AKB § 115 Rn 157: Textform unter Hinweis auf § 119 Abs. 1 VVG). Das AG Berlin-Charlottenburg (AG Berlin-Charlottenburg, r+s 1975, 251) hat einen bloßen Telefonanruf freilich nicht genügen lassen. Aus Gründen der Beweissicherung sollte der Geschädigte freilich zumindest die Textform wählen, um die Anmeldung nachweisen zu können. Damit genügt er auch der von § 119 Abs. 1 VVG verlangten Obliegenheit. Der Eintritt der Verjährungshemmung ist aber nicht von der Einhaltung der Textform abhängig. 49

Streng ist die Judikatur (BGHZ 152, 298 = BGH, VersR 2003, 99) freilich insofern, als bloß der **erstmaligen Anmeldung** die in § 115 Abs. 2 S. 3 VVG angeordnete weitreichende Rechtsfolge zukommt, dass die Verjährung des Anspruchs bis zur endgültigen Entscheidung des VR gehemmt ist (Halm/Kreuter/Schwab/*Schwab*, AKB § 115 Rn 148 f.; krit.: *Beckmann*, in: Bruck/Möller, § 115 Rn 61). Wenn nach einer erstmaligen Anmeldung der 50

HaftpflichtVR seine Einstandspflicht ablehnt und der Geschädigte seinen Anspruch abermals anmeldet, dann ist eine solche für die Verjährung des Anspruchs nur insofern bedeutsam, als sich der VR in Vergleichsverhandlungen einlässt und der Geschädigte diese auch nicht einschlafen lässt (§ 203 BGB). Begründet wird dies damit, dass es sich dabei um die Umsetzung von Art. 8 Abs. 2 des Anh. I zum Europäischen Übereinkommen BGBl 1965 II, S. 289, 291 handle, wo eine Einschränkung auf die erstmalige Anmeldung im Wortlaut zum Ausdruck komme. Darüber hinaus sei schon nach dem Sprachgebrauch der Begriff „*Anmeldung*" nur im Sinn einer erstmaligen Geltendmachung zu verstehen. Letzteres erscheint fraglich.

3. Beendigung der Hemmung

a) Textform

51 Die Hemmung wird gem. § 115 Abs. 2 S. 3 VVG beendet, wenn dem Anspruchsteller die **Entscheidung des HaftpflichtVR in Textform** zugeht. Es handelt sich um die Entsprechung zu § 15 VVG, der so etwas für das Verhältnis zwischen VR und VN anordnet. Ggü. § 3 Abs. 3 S. 3 PflVG a.f. wurde das Formerfordernis der Schriftform (§ 126 BGB) durch das der Textform (§ 126b BGB) ersetzt. Auf die eigenhändige Unterschrift des Erklärenden kommt es fortan nicht mehr an; auch eine Erklärung per Computerfax oder E-Mail ist ausreichend. Die Fälle, in denen eine Entscheidung des VR gem. § 3 Abs. 3 S. 3 PflVG a.f. ein Formgebrechen aufwies, betreffen aber nicht die Eigenhändigkeit der Unterschrift, sodass auf die bisherige Rechtsprechung mutatis mutandis zurückgegriffen werden kann.

52 Eine **bloße Überweisung des begehrten Betrags** erfüllt das Formerfordernis nicht, weil die Zahlung ein bloßer Realakt sei (OLG München, r+s 1992, 5; OLG Frankfurt a.M., r+s 1999, 12). Auch wenn es um eine Entscheidung ggü. einem Land geht, das als Rechtsnachfolger Schadensersatzansprüche angemeldet hatte, sind keine Abstriche vom Formgebot zu machen, weil dieses unabhängig vom Erklärungsempfänger Rechtssicherheit und Rechtsklarheit verfolge (OLG Frankfurt a.M., r+s 1999, 12). Selbst eine **schriftliche Bestätigung durch den Anwalt** des Geschädigten wurde vom BGH (BGH, NJW 1997, 2521) für nicht hinreichend angesehen, weil das Gesetz eben eine bestimmte Form der Erklärung des HaftpflichtVR verlange. Das mag überaus streng erscheinen. Der BGH begründet sein Ergebnis aber durchaus einleuchtend mit dem Hinweis, dass eine schriftliche Äußerung des VR einen höheren Grad der Eindeutigkeit aufweise als eine schriftliche Bestätigung durch den Anwalt des Geschädigten, wobei sich dann Auslegungsfragen stellen könnten, ob der Anwalt die fernmündliche Erklärung des HaftpflichtVR auch richtig verstanden habe (zweifelnd indes Looschelders/Pohlmann/*Schwartze*, § 115 Rn 30).

b) Negative oder auch positive Entscheidung

53 Der Geschädigte soll durch eine Entscheidung des HaftpflichtVR, die auch in einem (zeitlich befristeten) Vergleichsangebot liegen kann (Halm/Kreuter/Schwab/*Schwab*, AKB § 115 Rn 192 f.), Klarheit erhalten, dass seine Ansprüche nicht erfüllt werden und er daher

weitere Schritte zur Anspruchsdurchsetzung setzen muss oder dass dies nicht erforderlich ist, weil seine auch zukünftigen Ansprüche erfüllt werden, jedenfalls dann, wenn er sie entsprechend belegt. Solche Zukunftsschäden spielen namentlich bei einem Personenschaden eine Rolle, bei dem ein Dauerschaden eingetreten ist, dessen Folgen ex ante nicht immer verlässlich abschätzbar sind. Insofern kann auch eine positive Entscheidung die Hemmung der Verjährung beenden (BGHZ 114, 299 = BGH, VersR 1991, 878; *Weber*, DAR 1979, 113, 121). Die Entscheidung des HaftpflichtVR muss **klar, umfassend** und **abschließend** sein. Bei einer negativen Entscheidung muss deutlich werden, dass es sich um **keine vorläufige Stellungnahme** handelt (bejaht in OLG Düsseldorf, SP 2012, 360 = BeckRS 2012, 22854: nach eingehender Prüfung der Haftungslage kein Eingehen in die Regulierung). Bei einer **positiven Entscheidung** ist auch eine Stellungnahme zu künftigen Ansprüchen geboten. Da aber an die Schadensanmeldung ganz geringe Anforderungen gestellt werden, wird das so gut wie immer der Fall sein. Ausreichend ist, dass der Versicherer erkennen kann, dass aus einem bestimmten Ereignis Ansprüche gestellt werden (*Nothoff*, VRR 2011, 324). Dass der HaftpflichtVR seine Einstandspflicht dem **Grunde nach anerkennt** und die bisherigen Forderungen entweder mit geringfügigen Korrekturen nach unten (so in BGH, VersR 1996, 369) oder auch unbeanstandet (so in BGH, NJW-RR 1992, 606) beglichen und mit einem Begleitschreiben versehen hat, um dem Formerfordernis zu genügen, reicht für eine erschöpfende, eindeutige und endgültige Entscheidung, die die Hemmung beendet, nicht. Dass darin ein Anerkenntnis liegt, ist für die Entscheidung nach § 115 Abs. 2 S. 3 VVG nicht ausreichend (BGH, NJW-RR 1992, 606).

Auch die **Überweisung eines Geldbetrags** als rein tatsächlicher Handlung ist **nicht ausreichend** (BGH, VersR 1992, 604 = NJW-RR 1992, 606; MüKo/*Schneider*, § 115 VVG Rn 36). Erforderlich ist eine Erklärung, aus der sich für den Geschädigten unzweifelhaft ergibt, dass der VR alle künftigen Ansprüche erfüllen werde, wenn sie nur ausreichend belegt sind (BGH, NJW 1996, 474; BGH, NJW-RR 1992, 606; BGH, VersR 1978, 423; OLG Hamm, VersR 2002, 563; OLG Rostock, VersR 2003, 363). Das OLG Celle (OLG Celle, SP 2009, 9 = jurisPR-VerkR 20/2008 Anm. 1 [*Lang*]) meint freilich, dass diesbezüglich zwischen materiellen und immateriellen Schäden zu unterscheiden sei. Meldet der Verletzte beide Schadenskategorien an, nimmt aber der VR nur zum immateriellen Schaden in der Weise Stellung, dass er nur einen bestimmten Höchstbetrag zahle, hat es angenommen, dass nur in Bezug auf diesen Schadensposten eine Beendigung der Verjährungshemmung eingetreten sei. Das ist eine durchaus **VR-freundliche Position**, wäre doch auch denkbar, vom VR zu verlangen, dass er zu allen im Raum stehenden Ansprüchen abschließend Stellung nehmen muss, um auch für einen Teilanspruch die Hemmung der Verjährung zu beenden. Will der VR diese Rechtsfolge bewirken, sollte er das – aus Vorsichtsgründen – hinreichend deutlich zum Ausdruck bringen. 54

Wegen der großzügigen Interpretation der Schadensmeldung kann sich der HaftpflichtVR nicht mit einer Stellungnahme zu den explizit erhobenen Ansprüchen begnügen (BGH, VersR 1991, 179; Prölss/Martin/*Knappmann*, § 115 Rn 35). Will er die Hemmung der Anmeldung beenden, muss er aktiv werden und von sich aus zu den Ansprüchen Stellung nehmen, die aus der Schadensmeldung implizit noch angesprochen worden bzw. vorstellbar 55 sind. Nur dann liegt eine **umfassende Stellungnahme** vor. Der **Endgültigkeit** einer Entscheidung abträglich sind Verwendungen wie „**vorläufig**" (OLG Frankfurt a.M., r+s 1999, 12) oder **Einwendungen** (OLG Hamm, VersR 2002, 563) bzw. ein Hinweis, dass mit der Zahlung kein Anerkenntnis einer Ersatzpflicht (OLG Frankfurt a.M., r+s 2002, 201) verbunden ist.

56 **Zweifel** über die Eindeutigkeit der Entscheidung gehen nach der Rechtsprechung **zulasten des HaftpflichtVR** (BGH, NJW-RR 1992, 606; OLG Hamm, VersR 2002, 563; *Burmann/ Heß/Stahl*, Versicherungsrecht im Straßenverkehr, Rn 727, Fn 946). Diese Sichtweise überzeugt, ist es doch der HaftpflichtVR, der die Entscheidung formuliert, ganz abgesehen davon, dass er wegen seiner tagtäglichen Erfahrung auf diesem Gebiet über die ausreichenden einschlägigen Kenntnisse verfügt oder zumindest verfügen müsste.

57 Zu beachten ist, dass eine die Hemmung beendende Erklärung des HaftpflichtVR eine Gestaltung ist. Deshalb kommt eine **nachträgliche Genehmigung** durch einen **vollmachtlos** agierenden Regulierungsvertreter nicht in Betracht (§ 184 BGB). Ausreichend ist jedoch, wenn für einen solchen im Zeitpunkt der Abgabe einer Erklärung für den HaftpflichtVR bereits eine **Duldungsvollmacht** gegeben war (OLG Rostock, VersR 2003, 363).

c) Abfindungsvergleich

58 Teilt der HaftpflichtVR dem Anspruchsberechtigten nicht bloß seine Entscheidung mit, sondern schließt er mit diesem einen Abfindungsvergleich, wird ein solcher grds. als eine **abschließende, die Hemmung beendende Entscheidung** des HaftpflichtVR qualifiziert, selbst wenn bestimmte Ansprüche vorbehalten werden (BGH, VersR 2002, 474; Feyock/ Jacobsen/Lemor/*Jacobsen*, § 115 VVG Rn 24; einschränkend OLG Hamm, VersR 1996, 78: wenn über die vorbehaltenen Ansprüche noch weiterverhandelt wird). Das gilt namentlich dann, wenn zu einer Bezeichnung als Generalvergleich noch Ergänzungen wie „*Vergleich und Abfindungserklärung*" (OLG Hamm, VersR 1996, 78) und „*abschließend*" hinzugefügt werden. Da solche Vergleiche meist vom HaftpflichtVR vorformuliert werden, hat dieser es in der Hand, die für ihn günstige Rechtsfolge der Beendigung der Hemmung herbeizuführen. Jedenfalls kontraproduktiv ist in diesem Zusammenhang die Bezeichnung „*Teilvergleich*" (OLG Hamm, r+s 1995, 459) oder „*vorläufige Vereinbarung*" (OLG Frankfurt a.M., r+s 1999, 12). Nicht ohne Weiteres einleuchtend ist, dass bei einer **einseitigen Entscheidung** des HaftpflichtVR eine klare, umfassende und abschließende Stellungnahme zu künftigen Ansprüchen verlangt wird, während im Rahmen eines Vergleichs der **Vorbehalt** als solcher ausreichend sein soll. Für diese Differenzierung könnte allenfalls sprechen, dass die Entscheidung des HaftpflichtVR ein **einseitiger Gestaltungsakt** ist, während ein Abfindungsvergleich die **Mitwirkung auch des Anspruchstellers** voraussetzt. Zu bedenken ist freilich, dass in der Praxis der Inhalt eines Abfindungsvergleichs vom HaftpflichtVR einseitig vorformuliert ist, sodass der Anspruchsteller, namentlich der Geschädigte, häufig nur vor der Alternative steht, die vorformulierten Konditionen zu akzeptieren oder den Weg der gerichtlichen Streitaustragung zu beschreiten.

Beeindruckend ist, wie häufig sich Sozialversicherungsträger, die auf diesem Gebiet Erfahrung haben müssten, sowie anwaltlich vertretene Geschädigte auf einen Vergleich mit Ausklammerung bestimmter Ansprüche einlassen, aber nicht dafür sorgen, dass durch ein **titelersetzendes Anerkenntnis**, also ein solches mit **Wirkung eines Feststellungsbegehrens**, Vorsorge getroffen wird, dass die vorbehaltenen Ansprüche nicht verjähren (BGH, NJW 1992, 2228; BGH, VersR 2002, 474; OLG Hamm, r+s 1995, 459; OLG Düsseldorf, r+s 1999, 106). Da die Anspruchsverjährung mit dem Zeitpunkt des Unfalls beginnt, wenn ein Folgeschaden für einen **medizinischen Sachverständigen vorhersehbar** ist (so z.B. in OLG Frankfurt a.M., r+s 1992, 38: Vorhersehbarkeit eines Wirbelsäulenleidens nach einer Unterschenkelamputation), passiert immer wieder Folgendes: Anspruchsteller und HaftpflichtVR schließen einen Vergleich, bei dem bestimmte Ansprüche ausgeklammert werden. Durch den Vergleichsschluss bzw. die in der Folge vom HaftpflichtVR erbrachte Zahlung (BGH, VersR 2002, 474) kommt es zu einem Neubeginn der Verjährung des Schadensersatzanspruchs. Wenn dann der vorbehaltene Anspruch mehr als 3 Jahre nach diesem Zeitpunkt fällig wird, weil sich der Krankheitszustand unfallursächlich verschlechtert, **schnappt die Falle zu** (gerade so OLG Rostock, r+s 2011, 490 = juris-PR-VerkR 7/2911 Anm. 2 [*Lang*]: Vorbehalt künftiger Ansprüche ohne Sicherung durch ein titelersetzendes Anerkenntnis, etwa durch die Formulierung: „*Auf die Einrede der Verjährung des Anspruchs wird mit Wirkung eines Feststellungsurteils verzichtet*". Hinweis, dass dies jedenfalls bei einem anwaltlich vertretenen Geschädigten so ist; daraus ist ableitbar, dass einerseits die Auslegung bei einem nicht vertretenen Geschädigten zu einem anderen Ergebnis führen könnte, andererseits ein eindeutiger anwaltlicher Kunstfehler vorliegt; ebenso OLG Koblenz, NZV 2012, 233 = r+s2012, 148 [*Lemcke*]). Wird durch den HaftpflichtVR eine Erklärung unter Hinweis auf ein titelersetzendes Feststellungsurteil abgegeben, führt das zu einer 30-jährigen Verjährungsfrist für Zukunftsschäden (OLG Oldenburg, BeckRS 2014, 12123 = zfs 2014, 318 [*Kamper/Gräfenstein*] = jurisPR-VerkR 15/2014 Anm. 4 [*Lang*]).

59

Grunsky (*Grunsky*, NJW 2013, 1336 ff.) hat Bedenken gegen die Zulässigkeit eines solchen **urteilsersetzenden Anerkenntnis** vorgebracht und hingewiesen, dass es schwer von einem **schlichten Anerkenntnis** zu unterscheiden sei und zudem zu überschießenden Rechtsfolgen führe. Ein Abgrenzungsproblem stellt sich freilich dann nicht, wenn es ausdrücklich als „*urteilsersetzend*" qualifiziert wird. Dass die Rechtsfolgen überschießend sein mögen, mag zutreffen, weil der Geschädigte dann 30 Jahre lang Zeit hat, seinen Anspruch geltend zu machen, wobei in einem wichtigen Anwendungsbereich, nämlich den Renten, § 197 Abs. 2 BGB eine Einschränkung bringt. Das Argument für die Zulässigkeit liegt aber schlicht und ergreifend darin, dass es den Parteien nicht verwehrt sein kann, dass sie eine bestimmte Rechtsfolge, die sie bei prozessualer Streitaustragung erreichen könnten, auch durch einseitige Erklärung des Verpflichteten oder durch einen Vergleich herbeiführen können. Auch die 30-jährige Frist kann mitunter zu kurz sein, wenn ein Kind geschädigt wurde und ein Erwerbsschaden oder Pflegeleistungen zu regulieren sind; der Geschädigte ist dann gehalten, vor Ablauf der 30-Jahresfrist erneut eine Feststellungsklage zu erheben, so der HaftpflichtVR nicht zu einem titelersetzenden Anerkenntnis bereit ist. Ob in der

60

Zahlung des HaftpflichtVR ein Anerkenntnis zu sehen ist, das zu einem Neubeginn (der 30-jährigen) Frist führt, ist umstritten (a.A. *Lemcke*, in: FS Wälder, 2009, S. 179, 188, der das nur für eine freiwillige Zahlung bejaht und – advokatorisch versiert aufgrund seiner (nunmehrigen) Tätigkeit in einer Kanzlei mit Abwehrmandaten – dem HaftpflichtVR rät, bei der Zahlung jeweils zu betonen, dass damit kein Anerkenntnis erklärt werden solle). Der HaftpflichtVR wendet Verjährung häufig unter Hinweis darauf ein, dass diese Schadensfolge für einen medizinischen Sachverständigen schon im Unfallzeitpunkt, zumindest aber bei Vergleichsschluss, vorhersehbar gewesen sei. Man mag die verjährungsrechtliche Rechtsprechung, die den Geschädigten stets so stellt, als wäre er ein medizinischer Sachverständiger, für zu streng halten. Fakt ist freilich, dass es sich um eine seit Jahrzehnten herrschende Rechtsprechung handelt.

61 Der Vorbehalt von Ansprüchen macht aber nur dann Sinn, wenn in die Vereinbarung ein **titelersetzendes Anerkenntnis** des HaftpflichtVR, also eines mit Wirkung eines Feststellungsurteils, aufgenommen wird (*Lemcke*, r+s 1995, 359 f.). Manche OLG (OLG Hamm, r+s 1995, 459; OLG Düsseldorf, r+s 1999, 106) haben versucht, dem Anspruchsteller über eine **ergänzende Vertragsauslegung** zu helfen. Es ist aber *Lemcke* (*Lemcke*, r+s 2002, 202) zu folgen, dass solche Entscheidungen vor dem BGH kaum Bestand hätten. Zu beachten ist, dass seit der Schuldrechtsreform eine Vereinbarung über eine Verlängerung der Verjährungsfrist gem. § 202 BGB in weitgehendem Ausmaß zulässig ist. Sieht man eine 30-jährige Verjährungsfrist für sämtliche künftige Ansprüche als überschießend an, wäre eine Vereinbarung denkbar, dass bzgl. der künftigen Ansprüche wie für die der Vergangenheit die Verjährungsfrist 3 Jahre ab dem Ende des Jahres betragen soll, in dem der Geschädigte von den anspruchsbegründenden Umständen Kenntnis erlangt hat. Von einem **zeitlich begrenzten Verjährungsverzicht**, z.B. für die nächsten 5 Jahre ab Vergleichsschluss, ist hingegen abzuraten, weil ja gerade nicht feststeht, wann der künftige Schaden entsteht, z.B. justament 6 Jahre nach Vergleichsschluss, und der zeitlich befristete Verjährungsverzicht dann vor diesem Zeitpunkt liegt.

62 Besonderheiten ergeben sich, wenn ein Sozialversicherungsträger mit dem HaftpflichtVR einen Vergleich auch bzgl. der künftig fällig werdenden Ansprüche schließt. Laut BGH (BGH, NJW 1999, 1782) entfaltet der Vergleich nur solange Wirkung, als der Verletzte ggü. dem betreffenden Sozialversicherungsträger anspruchsberechtigt ist. Durch **Wechsel zu einem anderen Sozialversicherungsträger** leben die Schadensersatzansprüche des Verletzten gegen den HaftpflichtVR aber wieder auf. Im konkreten Fall waren diese aus verjährungsrechtlichen Gründen nicht mehr durchsetzbar. Bei Abschluss solcher Vergleiche sollte künftig der HaftpflichtVR eine Klausel vorsehen, dass ein solcher Vergleich nur für den Fall ohne Wenn und Aber gelten soll, dass der Verletzte nicht zu einem anderen Sozialversicherungsträger wechselt. Dem Geschädigten soll zugebilligt werden, dass wie bei einem Übergang eines solchen Anspruchs von einem Sozialversicherungsträger zu einem anderen nicht seine eigene Vorsorge gegen die Verjährung von Ansprüchen, sondern der **verjährungsrechtliche Status beim Rechtsvorgänger** bedeutsam ist, ihm aber jedenfalls noch eine angemessene Frist zur Anspruchsdurchsetzung offensteht (BGH, NJW 1998, 902).

4. Treu und Glauben

So sehr der Gesichtspunkt der **Rechtssicherheit** und **Rechtsklarheit** durch eine endgültige und abschließende Erklärung des HaftpflichtVR betont wird, gibt es doch Entscheidungen, die die Verjährung zugunsten des HaftpflichtVR trotz Fehlens einer solchen Entscheidung bejahen, weil eine solche nach den konkreten Umständen keinen Sinn mehr hätte, der Geschädigte eine solche nicht mehr erwartet und diese daher als **bloße Förmelei** zu werten wäre (BGH, VersR 1977, 336; OLG Düsseldorf, NVZ 1990, 74; OLG Hamm, r+s 2013, 360: In concreto freilich zweifelhaft, weil eine unvorhersehbare Schadensfolge (Epilepsie) eingetreten ist; Looschelders/Pohlmann/*Schwartze*, § 115 Rn 32). Die Versagung der Hemmung und damit der Durchsetzbarkeit infolge Eintritts der Verjährung wird durch Berufung auf den Grundsatz von **Treu und Glauben** (§ 242 BGB) bewirkt. Das bloße Einschlafenlassen von Verhandlungen oder die Untätigkeit über einen längeren Zeitraum genügt dafür nicht (OLG Düsseldorf, NJW-RR 1990, 472; MüKo/*Schneider*, § 115 VVG Rn 35). Voraussetzung dafür ist vielmehr, dass der Geschädigte über einen sehr langen Zeitraum keine Aktivitäten entfaltet hat, insb., wenn das letzte Verhalten eine Aufforderung des HaftpflichtVR war, bestimmte Unterlagen oder Nachweise zu liefern und dies unterblieben ist (OLG Schleswig, VersR 2001, 1231; OLG Hamm, VersR 2002, 564 unter Hinweis auf das Zeit- und das Umstandsmoment; OLG Frankfurt a.M., zfs 2004, 461; Prölss/Martin/*Knappmann*, § 115 Rn 40). Da der HaftpflichtVR die Möglichkeit hat, selbst für Klarheit zu sorgen, darf dieser Zeitraum nicht zu knapp bemessen werden (BGH, VersR 1999, 382).

Als solch besonders langer Zeitraum wird i.d.R. eine **Dekade** (OLG Schleswig, VersR 2001, 1231: 17 Jahre; OLG Naumburg, VersR 2008, 775 = jurisPR-VersR 2/2008 Anm. 4: 12 Jahre; OLG Hamm, r+s 2013, 360: 28 Jahre) oder mehr angenommen; mitunter wurden aber auch **7 Jahre** (*Nothoff*, VRR 2011, 324, 330 unter Bezugnahme auf LG Hannover 14 O 224/10) oder sogar **1 ½ Jahre** (OLG Frankfurt a.M., zfs 2004, 461) schon für ausreichend angesehen. Eine Versagung der Hemmung unter Berufung auf Treu und Glauben (§ 242 BGB) ist aber dann fehl am Platz, wenn es nicht um einen lange Zeit fälligen Anspruch geht, sondern um einen, der erst lange nach dem Unfall fällig geworden ist, mag der Anspruchsteller mangels eines – ins Gewicht gefallenen – Schadens davor auch während eines längeren Zeitraums beim Ersatzpflichtigen nicht vorstellig geworden sein (unzutreffend daher OLG Celle, SP 2006, 278, wo nicht gewürdigt wurde, dass der geltend gemachte Schaden, nämlich die Einkommenseinbuße infolge der Versetzung in den vorzeitigen Ruhestand, noch nicht allzu lange zurücklag).

Lediglich die **Anmeldung des Anspruchs beim VR** bewirkt gem. § 115 Abs. 2 S. 3 VVG bei einem Direktanspruch die Hemmung des Anspruchs auch ggü. dem VN und dem Mitversicherten, bis der Anspruchsteller eine endgültige Entscheidung des VR in Textform erhält. Eine „Anmeldung" des Anspruchs ggü. dem VN oder Mitversicherten bewirkt diese Rechtsfolge nicht. Alle anderen für die Verjährung maßgeblichen Umstände, die zu einer Hemmung, Ablaufhemmung oder zum Neubeginn führen, wirken gem. § 115 Abs. 2 S. 4 VVG **wechselseitig zulasten des jeweils anderen Solidarschuldners**. Auch wenn der Gesetzeswortlaut lediglich den VN nennt, gelten die Rechtsfolgen auch für den Mitversicherten.

C. Prozessuales

66 Ein dem Geschädigten gegebenes **Anerkenntnis** des HaftpflichtVR soll sich auch ohne ausdrücklichen Hinweis auf die versicherungsvertraglich begrenzte Deckungssumme beschränken (OLG Hamburg, VersR 1980, 726; Römer/Langheid/*Rixecker/Langheid*, § 115 Rn 12; Prölss/Martin/*Knappmann*, § 115 Rn 14). Das entspricht zwar dem Akzessorietätsprinzip. Unterlässt aber ein HaftpflichtVR eine derartige Einwendung im Prozess bei einem betraglich unbegrenzten Feststellungsbegehren, kann er sich dann, wenn die Deckungssumme überschritten wird, darauf auch nicht berufen (BGH, VersR 1979, 272).

D. Abdingbarkeit

67 Die Normen der Pflichthaftpflichtversicherung sind zugunsten des VN, des Versicherten und des geschädigten Dritten **zwingend**. Aus den Erläuterungen (BT-Drucks 16/3945, S. 87) ergibt sich, dass dies aus der Rechtsnatur dieser Vorschriften folgt und keiner ausdrücklichen Klarstellung bedarf.

§ 116 VVG Gesamtschuldner

(1) Im Verhältnis der Gesamtschuldner nach § 115 Abs. 1 Satz 4 zueinander ist der Versicherer allein verpflichtet, soweit er dem Versicherungsnehmer aus dem Versicherungsverhältnis zur Leistung verpflichtet ist. Soweit eine solche Verpflichtung nicht besteht, ist in ihrem Verhältnis zueinander der Versicherungsnehmer allein verpflichtet. Der Versicherer kann Ersatz der Aufwendungen verlangen, die er den Umständen nach für erforderlich halten durfte.

(2) Die Verjährung der sich aus Absatz 1 ergebenden Ansprüche beginnt mit dem Schluss des Jahres, in dem der Anspruch des Dritten erfüllt wird.

Übersicht

	Rdn
A. Normzweck	1
B. Norminhalt	2
I. Alleinverpflichtung des Haftpflichtversicherers bei gesundem Deckungsverhältnis als Regelfall (§ 116 Abs. 1 S. 1 VVG)	2
II. Ausnahmsweise Pflicht des Versicherungsnehmers bei krankem Deckungsverhältnis (§ 116 Abs. 1 S. 2 VVG)	3
1. Voraussetzungen	4
a) Leistungsfreiheit wegen Obliegenheits- bzw. Pflichtverletzung oder Nachhaftung bei einem nicht mehr bestehenden Versicherungsverhältnis	4
b) Feststehen der Schadensersatzpflicht der in Anspruch genommenen Person	6
2. (Keine) Rückfragepflicht des Versicherers, damit der Versicherungsnehmer Gelegenheit zur Aufrechnung hat	8
3. Gesamtschuldnerische Haftung oder Haftung nach Quoten (§ 254 Abs. 2 BGB) des Versicherungsnehmers und Mitversicherten bei Regress des Haftpflichtversicherers	10
4. Entsprechende Anwendung der Wertungen des § 86 Abs. 3 und Abs. 1 S. 2 VVG	13
5. Mehrfachversicherung	21
6. Alternative Anspruchsgrundlagen für einen Regress – Bereicherungsanspruch gemäß § 812 BGB bei irrtümlicher Leistung an den Dritten	23

III. Ersatz der Aufwendungen gemäß § 116 Abs. 1 S. 3 VVG 24
IV. Verjährung der Rückgriffsansprüche gemäß § 116 Abs. 2 VVG 35
   1. Dauer der Frist und Beginn des Fristenlaufes 35
   2. Was ist umfasst? Worauf ist abzustellen? 36
V. Deckungsprozess ohne Einfluss auf Verjährung des Regressanspruchs gemäß § 116 Abs. 1 VVG 37
C. Abdingbarkeit 39

A. Normzweck

Die Kehrseite der Möglichkeit, dass der geschädigte Dritte den HaftpflichtVR im Weg der **Direktklage** in Anspruch nehmen kann, ist das Bestehen einer **Gesamtschuld** zwischen dem HaftpflichtVR, dem VN sowie ggf. dem Mitversicherten (§ 115 Abs. 1 S. 4 VVG). § 115 VVG regelt das **Außenverhältnis** zum geschädigten Dritten, § 116 VVG das **Innenverhältnis** zwischen VR einerseits und VN bzw. Mitversicherten andererseits. Soweit es nicht um die Pflicht zur Prämienzahlung geht, gilt § 116 VVG für den Mitversicherten in gleicher Weise wie für den VN (BGHZ 105, 140 = BGH, NZV 1989, 66 [*Johannsen*]; *Beckmann*, in: Bruck/Möller, § 116 Rn 4). Dieser wird in den Versicherungsschutz einbezogen, es gelten für ihn allerdings auch die Obliegenheiten, auch wenn er nicht Vertragspartner des VR ist (*Nothoff*, VRR 2013, 124, 127). Die Voraussetzungen des Regressanspruchs des VR gegen den VN und den Mitversicherten sind getrennt zu beurteilen, es sei denn, der Mitversicherte ist der Repräsentant des VN (*Wagner*, NJ 2011, 45, 49; *Nothoff*, VRR 2013, 124, 127). Für den Regressanspruch desjenigen, der an den geschädigten Dritten leistet, ggü. dem, der die Schuld endgültig zu tragen hat, bedarf es keiner eigenen Legalzessionsnorm. Vielmehr ist **§ 426 Abs. 1 und 2 BGB** als Ausgangspunkt heranzuziehen (Römer/Langheid/*Rixecker/Langheid*, § 116 VVG Rn 2). Während nach § 426 Abs. 1 S. 1 BGB die Gesamtschuldner im Innenverhältnis die Schuld aber anteilig zu tragen haben, „soweit nicht ein anderes bestimmt ist", nimmt § 116 Abs. 1 VVG hierzu eine Präzisierung vor: Grds. hat der HaftpflichtVR die Schuld endgültig zu tragen; nur ausnahmsweise der VN bzw. der Mitversicherte. Im Regelfall geht es um Regressansprüche des VR, weil sich der Dritte schon wegen dessen Zahlungsfähigkeit an diesen und nicht an den VN oder Mitversicherten wendet. Nach Wegfall des Anerkenntnis- und Befriedigungsverbots (§ 105 VVG) kommen aber auch Regressansprüche des VN bzw. Mitversicherten gegen den VR vor (MüKo/*Schneider*, § 116 VVG Rn 5).

B. Norminhalt

I. Alleinverpflichtung des Haftpflichtversicherers bei gesundem Deckungsverhältnis als Regelfall (§ 116 Abs. 1 S. 1 VVG)

Bei einem **gesunden Deckungsverhältnis** wird im Regelfall der HaftpflichtVR eine Zahlung an den geschädigten Dritten erbringen. Da er im Innenverhältnis zum VN bzw. zum Mitversicherten die Schuld tragen soll, stellt sich die Frage eines Regresses nicht. Wenn aber der VN oder der Mitversicherte an den geschädigten Dritten berechtigterweise Ersatz geleistet hat, kann der Zahlende vom VR Rückersatz verlangen. Der Freistellungsanspruch verwandelt sich dann in einen Zahlungsanspruch (Looschelders/Pohlmann/*Schwartze*, § 116 Rn 2). Das wird nunmehr häufiger der Fall sein, nachdem in § 105 VVG die **Unwirksamkeit** des **Anerkennungs- und Befriedigungsverbots** angeordnet wurde. Der VN bzw. der Mitversicherte muss freilich nach wie vor den Nachweis erbringen, dass dem Dritten ein Schadensersatzanspruch in dem Umfang zustand, in dem der VN bzw. der Mitversicherte eine Zahlung erbracht hat und insoweit eine Deckungspflicht des HaftpflichtVR aus dem VV bestand. Leistet der VR an den VN oder Mitversicherten, die ihrerseits an den geschädigten Dritten gezahlt haben, erfüllt damit der VR seine Verpflichtung aus dem VV; ihm steht daher ein Sonderkündigungsrecht nach § 111 VVG zu.

II. Ausnahmsweise Pflicht des Versicherungsnehmers bei krankem Deckungsverhältnis (§ 116 Abs. 1 S. 2 VVG)

3 Erheblich problemträchtiger ist die Konstellation, in der der HaftpflichtVR zwar dem Dritten ggü. einstandspflichtig ist, weil er diesem die ggü. dem VN bzw. dem Mitversicherten bestehende **Leistungsfreiheit nicht entgegensetzen** kann, im Innenverhältnis aber der VN bzw. der Mitversicherte – jedenfalls bis zu einem bestimmten Betrag – dem VR leistungspflichtig ist.

1. Voraussetzungen

a) Leistungsfreiheit wegen Obliegenheits- bzw. Pflichtverletzung oder Nachhaftung bei einem nicht mehr bestehenden Versicherungsverhältnis

4 Eine Leistungsfreiheit des HaftpflichtVR kann sich aus einem schuldhaften Verstoß gegen eine **Obliegenheit**, vor oder nach Abschluss des VV (s. zur beträglichen Beschränkung in der Kfz-Haftpflichtversicherung auf 5.000 EUR je Obliegenheitsverstoß gem. § 5 Abs. 3 KfzPflVV und § 6 Abs. 3 KfzPflVV mit einer Obergrenze von 10.000 EUR pro Person [Halter bzw. Lenker] für Obliegenheitsverletzungen vor und nach dem Versicherungsfall bzw. 2.500 EUR gem. § 6 Abs. 1, 2 KfzPflVV; zu diesen Halm/Kreuter/Schwab/*Schwab*, AKB § 116 Rn 25 f; *Wagner*, NJ 2011, 45 ff.; *Höld*, VersR 2012, 284 ff.; *Nothoff*, VRR 2013, 84 ff., 124 ff.; OLG Celle, r+s 2014, 59 [krit. dazu *Maier*]), die erst nach der Leistungsquote einsetzt (dabei ergibt sich eine Begrenzung nach Maßgabe der Zurechnungsgründe nach § 254 BGB, wobei das Verschulden des Lenkers i.d.R. stärker zu gewichten ist als der Zurechnungsgrund beim Halter; *Nothoff*, VRR 2013, 124, 127) – sowie einer **Pflichtverletzung**, z.B. der **Nichtzahlung der Prämie** nach vorangegangener Belehrung über die Rechtsfolgen gem. §§ 37 f. VVG, ergeben (nach *Wagner*, NJ 2011, 45, der häufigste Fall).

5 Auch nach Beendigung des Versicherungsverhältnisses infolge Anfechtung, Rücktritt, Kündigung oder Zeitablauf kann es infolge der **Nachhaftung** des HaftpflichtVR gem. § 117 Abs. 1 und 2 VVG zu einer Einstandspflicht ggü. dem Dritten kommen. Da in solchen Fällen häufig auch eine Obliegenheitsverletzung bei der Kaskoversicherung gegeben ist, bei der die Einstandspflicht vermindert ist, kann der Kfz-HaftpflichtVR seinen Regressan-

spruch bei (partieller) Leistungsfreiheit in der Kfz-Haftpflichtversicherung ggü. dem VN durch Aufrechnung mit der Gegenforderung des VN aus der Kaskoversicherung erfüllen (OLG Saarbrücken, NJW-RR 2015, 411). Bei **Veräußerung eines Fahrzeugs** ist eine Rechtsnachfolge des Käufers nach § 122 VVG auch in ein solches nachvertragliches Abwicklungsstadium möglich (BGH, VersR 1984, 455; OLG Düsseldorf, r+s 1996, 165; OLG Düsseldorf, NJW-RR 1989, 211; OLG Hamm, VersR 1982, 765). Das führt selbst bei Erfüllung des Regressanspruchs zu einer Rückstufung, die nur bei freiwilliger Zahlung durch den VN entfällt, was damit begründet wird, dass damit auch der Regulierungsaufwand des VR abgegolten werden soll (*Höld*, VersR 2012, 284, 290). Bei Vorsatz des VN (§ 103 VVG) ist ein Risikoausschluss gegeben, sodass auch keine Einstandspflicht gegenüber dem Dritten besteht. Der **Vorsatz** muss sich dabei **auch auf den eingetretenen Erfolg** erstrecken und ist vom VR zu beweisen (OLG Hamm, VersR 2012, 1425: Beweis misslungen, weil VN gehofft hat, dass sich Erfolg nicht einstellen werde, sodass bloß bewusste Fahrlässigkeit gegeben war). § 103 VVG gilt auch für den Mitversicherten (OLG Nürnberg, NZV 2011, 538: Unfall infolge Selbstmordabsicht des Fahrers).

b) Feststehen der Schadensersatzpflicht der in Anspruch genommenen Person

Ein Rückgriffsanspruch nach § 116 Abs. 1 S. 2 VVG setzt voraus, dass ein Schadensersatzanspruch des geschädigten Dritten ggü. der Person feststeht, von der der HaftpflichtVR Rückersatz begehrt. Dafür ist der VR beweispflichtig, er muss in der Kfz-Haftpflichtversicherung nachweisen, dass der Regressschuldner Lenker oder Halter des versicherten Kfz war, wobei die Besonderheiten der Bindungswirkung des § 124 Abs. 2 VVG zu beachten sind (*Beckmann*, in: Bruck/Möller, § 116 Rn 11). Das ist etwa zu verneinen, wenn bei einer **Leistungsfreiheit wegen Alkoholisierung des Lenkers** offen ist, welcher von zwei in Betracht kommenden Personen das Fahrzeug geführt hat (Feyock/Jacobsen/Lemor/*Jacobsen*, § 116 VVG Rn 2). Unter das von der Kfz-Haftpflichtversicherung gedeckte Risiko fällt nicht, dass eine alkoholisierte Person eine andere zum Lenken des Fahrzeugs in alkoholisiertem Zustand veranlasst hat (OLG Hamm, NJW-RR 1992, 358 = VersR 1992, 565). Zu beachten ist, dass bei einem Rückersatzanspruch des VR gegen eine mitversicherte Person dieser wegen § 114 Abs. 2 S. 2 VVG der Selbstbehalt nicht entgegengesetzt werden kann (Feyock/Jacobsen/Lemor/*Jacobsen*, § 116 VVG Rn 8). 6

Praktisch bedeutsamer ist aber folgende Konstellation: Der **VN**, der mit der Prämie säumig war, war **weder Halter noch Lenker** des Fahrzeugs. Verschuldet eine vom VN verschiedene Person, die von der Säumnis der Prämie weder wusste noch hätte wissen müssen, einen Unfall, kommt ein Rückgriff des HaftpflichtVR gegen den VN nicht in Betracht, weil der geschädigte Dritte gegen den VN keinen Schadensersatzanspruch hat, sofern dieser nicht Halter oder Lenker ist (OLG Schleswig, NZV 1997, 442). Der VR wird in solchen Fällen besonders rasch handeln müssen, um den VV zu beenden und nach Anzeige bei der Behörde seine **Nachhaftung gem. § 117 Abs. 2 S. 1 VVG** möglichst zu begrenzen. Steht ihm nämlich in sonstigen derartigen Fällen ein – wenn auch betraglich begrenzter – Rückgriffsanspruch zu, entfällt ein solcher hier. 7

2. (Keine) Rückfragepflicht des Versicherers, damit der Versicherungsnehmer Gelegenheit zur Aufrechnung hat

8 In der Literatur (Looschelders/Pohlmann/*Schwartze*, § 116 Rn 6; a.A. Prölss/Martin/*Knappmann*, § 116 Rn 9) wird die Ansicht vertreten, dass der VR nicht verpflichtet sei, sich vor der Regulierung Gegenansprüche des Schädigers gegen den Geschädigten aus dem Unfall abtreten zu lassen oder dem VN sonst **Gelegenheit zur Aufrechnung** zu geben. Jedenfalls wenn eindeutig feststeht, dass es sich um ein **krankes Deckungsverhältnis** handelt, ist dies aber m.E. sehr wohl zu erwägen (ähnlich Looschelders/Pohlmann/*Schwartze*, § 116 Rn 6: Jedenfalls, wenn die Realisierbarkeit der Gegenansprüche des VN offensichtlich gefährdet ist). Bei Verkehrsunfällen sind bei Mitverschulden der Beteiligten wechselseitige Ansprüche durchaus häufig.

9 Reguliert der HaftpflichtVR den Schaden mit dem anspruchsberechtigten Dritten, ohne seinem VN, dem Schädiger, Gelegenheit zur Mitwirkung einzuräumen, kann folgende Konstellation eintreten: Der Schädiger und VN wird im Regressweg nach § 116 Abs. 1 S. 2 VVG vom eigenen HaftpflichtVR in Anspruch genommen, während der Schadensersatzanspruch des VN gegen den Unfallgegner womöglich uneinbringlich ist. Wegen des Bestehens einer Aufrechnungslage hätte sich dieses Risiko vermeiden lassen. Beim **kranken Deckungsverhältnis** besteht eine der **Bürgschaft vergleichbare Interessenlage**. Gem. § 770 Abs. 2 BGB muss der Bürge nicht zahlen, solange eine Aufrechnung möglich ist. Mag dadurch auch die Schnelligkeit der Regulierung ggü. dem Dritten leiden, ist nicht einzusehen, warum die im Bürgschaftsrecht getroffene gesetzgeberische Wertung nicht auch hier zum Tragen kommen sollte (*Beckmann*, in: Bruck/Möller, § 116 Rn 12: diese Meinung „*diskussionswürdig*"). Wenn der VR weiß, dass es sich um ein krankes Deckungsverhältnis handelt, muss er vor der Leistung an den Dritten m.E. beim VN rückfragen, ob die Tilgung der Schuld nicht auch durch Aufrechnung des VN mit einer Gegenforderung in Betracht kommt (Halm/Kreuter/Schwab/*Schwab*, AKB § 116 Rn 73: Bei Kenntnis der Aufrechnungslage ja, bezüglich einer Rückfrageobliegenheit des VR zweifelnd). Für den Mitversicherten muss dann Entsprechendes gelten.

3. Gesamtschuldnerische Haftung oder Haftung nach Quoten (§ 254 Abs. 2 BGB) des Versicherungsnehmers und Mitversicherten bei Regress des Haftpflichtversicherers

10 Wenn der vom Halter verschiedene Lenker eines Fahrzeugs einen Unfall verschuldet, haften beide dem geschädigten Dritten solidarisch, der Halter nach § 7 StVG, der Lenker nach § 823 Abs. 1 BGB. Hinzu kommt die Einstandspflicht des Kfz-HaftpflichtVR nach § 115 Abs. 1 S. 1 VVG. Es stellt sich die Frage, ob beim Rückgriffsanspruch des HaftpflichtVR bei Leistungsfreiheit sowohl ggü. dem VN (Halter) als auch ggü. dem Mitversicherten (Lenker) beide eine **gesamtschuldnerische Haftung** trifft (Prölss/Martin/*Knappmann*, § 116 Rn 3) oder ob es zu einer **Teilhaftung** nach Maßgabe ihrer Verantwortlichkeit kommt (BGHZ 105, 140 = BGH, VersR 1988, 1062 = BGH, JZ 1989, 145 m. Anm. *Prölss* = BGH, NZV 1989, 66 m. Anm. *Johannsen* = BGH, DAR 1989, 14 m. Anm.

Schirmer). Die **Teilhaftung** beim Regress entspricht den Regeln der Gesamtschuld, wonach der Rückgriffsgläubiger die Mitschuldner nur anteilig belangen kann.

Das muss erst recht gelten, wenn der dem Geschädigten solidarisch mithaftende **Dritte nicht mitversichert** ist, wie der BGH (BGH, VersR 2007, 198 = BGH, VRR 2007, 145 [*Knappmann*]) entschieden hat: Dem geschädigten Eigentümer hafteten der Fahrzeugdieb als Lenker sowie der Diebstahlsgehilfe. Der Kfz-HaftpflichtVR, der für den Lenker dem geschädigten Dritten ggü. einstandspflichtig war, konnte sich allerdings nur beim **Dieb** und **nicht auch beim Diebstahlsgehilfen** regressieren, weil letzterer einen untergeordneten Tatbeitrag zu verantworten hatte, sodass im **Innenverhältnis** der **Dieb allein** für die Schadensersatzpflicht aufzukommen hatte.

Sollte eine **Haftung** von Halter und Lenker gegeben sein, eine **Leistungsfreiheit** aber nur ggü. einem bestehen, dann richtet sich das Ausmaß des Rückgriffs nach der Quote, nach der Lenker und Halter den Schaden im **Innenverhältnis** zu tragen haben (MüKo/*Schneider*, § 116 VVG Rn 11). So entschied auch das OLG Celle (OLG Celle, VersR 2005, 681): Der Lenker, der den Unfall verschuldet hatte, war alkoholisiert. Der VN haftete – bloß – als Halter. Leistungsfreiheit war nur ggü. dem Fahrzeuglenker gegeben. Im konkreten Fall bestand der betragsbeschränkte Regress des HaftpflichtVR nur gegen den Lenker. Hätte der Halter in Kenntnis der Alkoholisierung dem Lenker die Schlüssel des Fahrzeugs übergeben, hätte das zu einer Teilhaftung im Innenverhältnis geführt mit der Folge, dass insofern der Regressanspruch des HaftpflichtVR gegen den Lenker zu kürzen gewesen wäre.

4. Entsprechende Anwendung der Wertungen des § 86 Abs. 3 und Abs. 1 S. 2 VVG

Vor allem, aber nicht nur bei **heranwachsenden Kindern** kommt folgende Sachverhaltskonstellation häufig vor: Das Kind bemächtigt sich des Fahrzeugs eines Elternteils. Entweder hat es keinen Führerschein und/oder es ist alkoholisiert und verschuldet einen Unfall. Im Regelfall kann dem Elternteil, der VN ist, als Halter des Fahrzeugs, kein Vorwurf der unsorgfältigen Verwahrung gemacht werden, sodass eine Haftung gem. § 7 Abs. 3 StVG ausscheidet. Wenn der Kfz-HaftpflichtVR dem Dritten ggü. einstandspflichtig, dem mitversicherten Fahrer ggü. aber leistungsfrei ist, stellt sich die Frage, ob der **Fahrzeuglenker**, der mit dem VN im **gleichen Haushalt** wohnt, beim Rückgriffsanspruch des HaftpflichtVR diesem das Familienhaftpflichtprivileg gem. § 86 Abs. 3 VVG entgegenhalten kann, sodass der HaftpflichtVR vom – führerscheinlosen bzw. alkoholisierten – Lenker des Fahrzeugs keinen Ersatz begehren kann.

Das **Haushaltshaftpflichtprivileg** soll bewirken, dass der VR dem VN nicht auf der einen Seite eine Versicherungsleistung zukommen lässt, diese wirtschaftliche Wohltat aber dadurch wieder beseitigt, dass er bei einem mit dem VN in Hausgemeinschaft Lebenden Rückgriff nimmt. Bei Annahme des **Wirtschaftens aus einer Kasse** wäre dann die Versicherungsleistung für den VN wertlos, weil mit der einen Hand etwas gegeben wird, was mit der anderen genommen wird. Es stellt sich die Frage, ob diese Wertung auch auf den geschilderten Sachverhalt anzuwenden ist.

15 Formal hat sich durch die Einführung der action directe die **Art des Regresses** geändert. Der HaftpflichtVR ist selbst Solidarschuldner. Sein Regress ist nicht mehr vom VN abgeleitet, sondern vom geschädigten Dritten. Deshalb ist § 86 Abs. 1 VVG und in der Folge auch **§ 86 Abs. 3 VVG nicht anzuwenden** (BGH, VersR 1984, 327; BGHZ 105, 140 = VersR 1988, 1062; LG Lüneburg, r+s 1997, 445: Entwendung des Fahrzeugs durch Ehemann; LG Bielefeld, NVersZ 1999, 231; OLG Celle, VersR 2005, 681: Jeweils alkoholbedingter Unfall durch den Sohn; OLG Hamm, VersR 2006, 965: Alkoholisierung des Sohnes und unerlaubte Entfernung vom Unfallort; OLG Koblenz, VersR 2012, 1026; KG, zfs 2014, 31; a.A. OLG Hamm, NJW-RR 1988, 93; *Schirmer*, DAR 1989, 14, 16 f.; *Lorenz*, VersR 1991, 505, 507). Der BGH hält das erzielte Ergebnis angesichts der betraglichen Regressbeschränkung auf 5.000 EUR (§ 5 Abs. 3 KfzPflVV; Ziff. D.2.1 bis 2.4 AKB 2015) nicht nur für formal korrekt, sondern auch für **inhaltlich angemessen**. Dem mitversicherten Fahrer wird ein **finanzieller Denkzettel** verpasst, er gerät aber nicht in existenzielle Not (so auch *Johannsen*, NZV 1989, 69, 70; ähnlich *Beckmann*, in: Bruck/Möller, § 116 Rn 20, 24).

16 Allerdings räumt der BGH ein, dass ein gewisses Unbehagen bleibt. Denn hat für den Schaden ein **Sozial- oder Schadensversicherer** einzustehen, stellt sich die Rechtslage anders dar: Infolge des **Verweisungsprivilegs** des § 117 Abs. 3 S. 2 VVG kann der HaftpflichtVR ggü. dem Sozialversicherungsträger seine Einstandspflicht abwehren. Dieser Versicherungsträger kann aber vom Schädiger, somit dem Fahrzeugführer, in vollem Umfang Regress verlangen. Soweit ein Sozialversicherungsträger einstandspflichtig ist, ist sein Regressanspruch nach § 76 Abs. 2 Z 3 SGB IV lediglich insoweit nicht gegeben, als die Geltendmachung zur **Existenzvernichtung** des Schädigers führen würde. Eine betragliche Beschränkung auf 5.000 EUR ist damit nicht verbunden.

17 Ob der Halter schließlich – wegen unzureichender Verwahrung des Fahrzeugs – nach § 7 Abs. 3 StVG einzustehen hat oder nicht, wird für unbeachtlich angesehen. Bei dessen Haftung käme in Betracht, die Leistung des HaftpflichtVR als eine Leistung für den Halter anzusehen, auf die dessen Rückgriffsanspruch gegen den Lenker nach § 86 Abs. 1 VVG überginge und ggü. Haushaltsangehörigen gem. § 86 Abs. 3 VVG gesperrt wäre. Das würde freilich zu dem **wenig überzeugenden Ergebnis** führen, dass die Belastung des Familienbudgets davon abhängig wäre, ob der HaftpflichtVR für den **Halter** oder den **Fahrzeugführer** an den Dritten leisten wollte und zudem, dass der VN bzw. dessen Haushaltsmitglieder einen Vorteil daraus ziehen würde, wenn dem VN selbst ein Vorwurf bei der Verwahrung gemacht wird. Will der VR für den Lenker leisten, muss der Familienangehörige finanziell bluten, sonst nicht. **Im Zweifel** wird der VR aber **stets für beide** leisten wollen.

18 Der BGH beruhigt sich (BGHZ 105, 140 = BGH, VersR 1988, 1062) damit, dass er auf die – inzwischen vollzogene – Gesetzesänderung (nunmehr § 3 S. 1 PflVG) verweist, wonach das Verweisungsprivileg bei Fehlen der entsprechenden Fahrerlaubnis beseitigt worden ist. Wie die nachfolgende Entscheidung des OLG Celle (OLG Celle, VersR 2005, 681) belegt, handelt es sich insoweit freilich um „Flickschusterei", da die **fehlende Fahrbe-**

fähigung eine **Ausprägung** einer **nachträglichen Obliegenheitsverletzung** darstellt. Bei Leistungsfreiheit des HaftpflichtVR wegen Trunkenheit stellt sich das gleiche Dilemma in anderem Gewand.

In der Literatur haben sich deshalb *Schirmer* (*Schirmer*, VersR 1987, 19; *Schirmer*, DAR 1989, 14, 16 f.) und *Lorenz* (*Lorenz*, VersR 1991, 505) dafür ausgesprochen, § 86 Abs. 3 VVG entsprechend anzuwenden (so auch OLG Stuttgart, NZV 2006, 213: Versagung eines Regresses eines privaten Krankenversicherers bei einem Anspruch nach § 115 Abs. 1 Nr. 1 VVG gegen den HaftpflichtVR wegen § 86 Abs. 3 VVG). Zwar habe sich die Konstruktion verändert, denn es gehe nicht mehr um eine **Übergangs-**, sondern um eine **Durchsetzungssperre** und durch die Einführung des Direktanspruchs sollte die Rechtsstellung des **Verkehrsunfallopfers gestärkt werden**. Keinesfalls sollte jedoch die Position des **Mitversicherten verschlechtert** werden. Aus Wertungsgesichtspunkten sei der VN, dessen Haushaltsbudget keine Schmälerung erfahren soll, gleich schutzwürdig unabhängig davon, wie der Regress formal konstruiert werde. Hinzuzufügen ist, dass es merkwürdig wäre, dass die endgültige Tragung des Schadens davon abhinge, für welchen der beiden zur Verfügung stehenden Wege (Direktklage oder Pfändung des Deckungsanspruchs) sich der geschädigte Dritte entscheidet. Diese Argumente sind durchaus einleuchtend (Halm/Kreuter/Schwab/*Schwab*, AKB § 116 Rn 97: Interessenlage identisch; a.A. Looschelders/Pohlmann/*Schwartze*, § 116 Rn 3; MüKo/*Schneider*, § 116 VVG Rn 12; *Klotmann*, in: Drees/Koch/Nell [2010], S. 157, 193 f.: Qualifiziertes Schweigen des Gesetzgebers); ob der BGH seine Rechtsprechung ändern wird, bleibt jedoch abzuwarten (skeptisch auch Halm/Kreuter/Schwab/*Schwab*, AKB § 116 Rn 100). Dass das Verpassen eines finanziellen Denkzettels an den alkoholisierten Lenker aus generalpräventiven Erwägungen wünschenswert ist (*Klotmann*, in: Drees/Koch/Nell [2010], S. 157, 193), trifft zu; maßgeblich ist aber der im Weg der Auslegung ermittelte gesetzgeberische Wille; zudem ergeben sich keine Anhaltspunkte für eine Differenzierung zwischen einer betraglich beschränkten und einer betraglich unbeschränkten Haftung, die zur Existenzvernichtung führen kann.

Akzeptiert man die Beachtlichkeit der Regresssperre ggü. einem im gleichen Haushalt lebenden Schädiger gem. § 86 Abs. 3 VVG, muss Entsprechendes auch für das **Befriedigungsvorrecht des Geschädigten gem. § 86 Abs. 1 S. 2 VVG** gelten. Übersteigt der Schaden die Deckungssumme, kann auf das restliche Vermögen des Schädigers vorrangig der geschädigte Dritte zugreifen. Diese Wertung ist auch bei einem Direktanspruch zu beachten. Das entspricht auch der grundsätzlichen Wertung bei Konkurrenz mehrerer Ersatzberechtigter in § 118 Abs. 1 VVG. Ist der Geschädigte die öffentliche Hand, kommt es darauf an, dass § 86 Abs. 1 S. 2 VVG Vorrang genießt ggü. § 118 Abs. 1 VVG, weil ein solcher Geschädigter nach dem Gesetzeswortlaut erst im 5. Rang zu befriedigen wäre.

5. Mehrfachversicherung

Eine **Mehrfachversicherung** zeichnet sich dadurch aus, dass das versicherte Risiko durch mehrere Versicherungen abgedeckt ist. Problemträchtig ist dabei namentlich die Haftung des Kfz-HaftpflichtVR von Zugmaschine und Anhänger (BGHZ 197, 211 = BGH, VersR

2011, 105; dazu *Wilms*, DAR 2011, 71 ff.; *Lemcke*, r+s 2011, 56 ff.; zu weiteren solchen Konstellationen Halm/Kreuter/Schwab/*Schwab*, AKB § 116 Rn 106). Bei gesundem Deckungsverhältnis sind die VR Gesamtschuldner nach § 78 VVG, die Aufwendungen sind nach Kopfteilen zu tragen. Bei Leistungsfreiheit eines VR kann nicht nur dieser den geschädigten Dritten nach § 117 Abs. 3 VVG an den nicht leistungsfreien HaftpflichtVR verweisen, vielmehr kann sich auch der VN darauf berufen mit der Folge, dass dieser vollen Versicherungsschutz gegen den anderen leistungspflichtigen VR hat, ohne sich dessen entfallenden Ausgleichsanspruch entgegenhalten lassen zu müssen (Halm/Kreuter/Schwab/*Schwab*, AKB § 116 Rn 110). Ist bei einer Mehrfachversicherung ein Deckungsverhältnis gesund und eines krank, sind Fahrer und Halter der Zugmaschine bei einem Fahrzeuggespann verschieden und ist der VR dem Halter gegenüber leistungsfrei, besteht für den gutgläubigen Fahrer nach § 123 Abs. 1 VVG Deckungsschutz ggü. dem Versicherer. Es stellt sich nun die Frage, ob der vom HaftpflichtVR der Zugmaschine verschiedene HaftpflichtVR des Anhängers Regress nehmen kann. Das wird verneint, weil die Leistungspflicht für den redlichen Mitversicherten ggü. dem geschädigten Dritten im Außenverhältnis nicht dazu dienen soll, einen solchen VR auch im Verhältnis zum voll einstandspflichtigen HaftpflichtVR einstehen zu lassen, weshalb ein Regressanspruch gegen ihn abgelehnt wird (*Schwab*, VersR 2016, 221, 223).

22 Das gilt dann freilich nicht, wenn beide HaftpflichtVR leistungsfrei sind, weil die endgültige Schadenstragung nicht davon abhängig sein kann, welcher HaftpflichtVR zunächst in Anspruch genommen wird; § 78 VVG ist dann analog anzuwenden. Ob der belangte HaftpflichtVR allerdings tatsächlich zunächst den eigenen VN bzw. Mitsicherten, dem gegenüber er leistungsfrei ist, in Anspruch nehmen muss und nur bei Scheitern dieses Regresses Anspruch gegen den anderen wie bei einer Ausfallsbürgschaft hat (so *Schwab*, VersR 2016, 221, 223), erscheint m.E. fraglich. Das aleatorische Moment der zeitlich früheren Inanspruchnahme spricht für einen davon unabhängigen Regress nach Maßgabe der endgültigen Verteilung zwischen den beiden Schädigern. Folgerichtig erscheint indes, die Wertung der Entlastung des leistungsfreien HaftpflichtVR auch bei einem Teilungsabkommen anzuwenden mit der Folge, dass der auch im Innenverhältnis leistungspflichtige VR die volle Quote des Teilungsabkommens allein zu begleichen hat (so *Schwab*, VersR 2016, 221, 223).

6. Alternative Anspruchsgrundlagen für einen Regress – Bereicherungsanspruch gemäß § 812 BGB bei irrtümlicher Leistung an den Dritten

23 Soweit der HaftpflichtVR sich seiner Leistungspflicht dem Dritten ggü. nicht entziehen kann und im Verhältnis zum VN bzw. dem Mitversicherten Leistungsfreiheit besteht, ist § 426 BGB i.V.m. § 116 Abs. 1 S. 2 VVG die passende und abschließende Regressnorm (OLG Saarbrücken, NJW-RR 2015, 411, 415). Insoweit handelt es sich um eine **lex specialis** ggü. Rückgriffsansprüchen aus ungerechtfertigter Bereicherung gem. § 812 BGB bzw. aus Geschäftsführung ohne Auftrag gem. § 683 BGB (BGH, VersR 2008, 343 = BGH, zfs 2008, 93 [*Rixecker*]; OLG Karlsruhe, VersR 1979, 77; Römer/Langheid/*Rixecker/Langheid*, § 116 Rn 6, Prölss/Martin/*Knappmann*, § 116 Rn 6; Halm/Kreuter/Schwab/*Schwab*, AKB

§ 116 Rn 16; *Schirmer,* VersR 1987, 19). Soweit der HaftpflichtVR **irrtümlich** an den geschädigten Dritten leistet, sei es, dass er sich über die Person seines VN (LG Zweibrücken, r+s 1995, 369) oder das Ausmaß seiner Leistungspflicht (OLG Nürnberg, NZV 1993, 273; zu den weiteren in Betracht kommenden Fällen Halm/Kreuter/Schwab/*Schwab*, AKB § 116 Rn 36) irrt, bestehen Ansprüche aus **ungerechtfertigter Bereicherung** gem. § 812 BGB (MüKo/*Schneider*, § 116 VVG Rn 3; Halm/Kreuter/Schwab/*Schwab*, AKB § 116 Rn 37; a.A. Looschelders/Pohlmann/*Schwartze*, § 116 Rn 3: Rückgriffsanspruch nach § 426 Abs. 1 BGB i.V.m. § 116 Abs. 1 S. 2 oder § 426 Abs. 2 BGB). Bestand keine Schadenersatzpflicht, wird der VN oder Mitversicherte nicht von einer Pflicht befreit, sodass nur ein Bereicherungsanspruch gegen den geschädigten Dritten in Betracht kommt. Besteht ein Schadenersatzanspruch, aber keine Leistungspflicht des HaftpflichtVR, etwa wegen des Verweisungsprivilegs des § 117 Abs. 3 S. 2 VVG, hat der leistende VR wahlweise einen Bereicherungsanspruch gegen den VN bzw. Mitversicherten (*Beckmann*, in: Bruck/Möller, § 116 Rn 26 f.) oder den HaftpflichtVR, auf den er verweisen hätte können. Auch wenn der VR mit seiner – auch irrtümlichen – Leistung für den VN oder Mitversicherten diese von ihrer Schuld befreit, muss er sich darauf nicht berufen, vielmehr besteht für ihn wahlweise auch ein Bereicherungsanspruch gegen den Geschädigten (OLG Hamm, NJW-RR 1994, 291; Halm/Kreuter/Schwab/*Schwab*, AKB § 116 Rn 39 unter Hinweis auf dessen Schutz nach § 818 Abs. 3 BGB). Beachtlich ist dabei, in welchem Ausmaß durch die Leistung des HaftpflichtVR eine Bereicherung eingetreten ist, wobei eine solche für den Schuldner zu verneinen ist, wenn eine bereits verjährte Forderung beglichen wurde (OLG Köln, VersR 1997, 225).

III. Ersatz der Aufwendungen gemäß § 116 Abs. 1 S. 3 VVG

§ 116 Abs. 1 S. 3 VVG gilt nur in den Fällen, in denen der VR vom geschädigten Dritten direkt belangt werden kann (a.A. Looschelders/Pohlmann/*Schwartze*, § 116 Rn 7: Aufwendungsersatzanspruch gilt für alle PflichtVR). § 116 wurde § 3 Nr. 9 VVG bis 11 PflVG nachgebildet. Auffallend ist, dass der **2. Satz wortwörtlich** übernommen wurde: *„Der Versicherer kann Ersatz der Aufwendungen verlangen, die er den Umständen nach für erforderlich halten durfte."* **Nicht** erfolgt ist aber eine **Übernahme** von § 3 Nr. 10 S. 1 PflVG:

> „Ist der Anspruch des Dritten gegenüber dem Versicherer durch rechtskräftiges Urteil, durch Anerkenntnis oder Vergleich festgestellt worden, so muss der Versicherungsnehmer, gegen den von dem Versicherer Ansprüche aufgrund von Nummer 9 Satz 2 (entspricht § 116 Abs. 1 Satz 2 VVG) erhoben werden, diese Feststellung gegen sich gelten lassen, sofern der Versicherungsnehmer nicht nachweist, dass der Versicherer die Pflicht zur Abwehr unbegründeter Entschädigungsansprüche sowie zur Minderung oder zur sachgemäßen Feststellung des Schadens schuldhaft verletzt hat."

In der Praxis ist **dieser Nachweis meist fehlgeschlagen** (BGH, VersR 1981, 180; OLG Hamm, VersR 1978, 379; OLG Koblenz, VersR 1979, 342; OLG Düsseldorf, VersR 1997, 1140; OLG Frankfurt a.M., VersR 2007, 203; LG Stuttgart, VersR 1979, 1021 m. Anm. *Ebel*, VersR 1980, 158; Halm/Kreuter/Schwab/*Schwab*, AKB § 116 Rn 68: praktisch kaum zu nehmende Hürde). Aus der jüngeren Zeit ist nur eine Entscheidung auffindbar, in der eine solche Überwälzung abgelehnt wurde. In der Entscheidung des OLG Köln (OLG Köln, r+s 1992, 261) kam es zum Zusammentreffen folgender Umstände: Fragwürdige Schadensschilderung des Dritten, Bestreiten jeglicher Schadensverursachung durch den VN, mögliche Schadensverursachung durch ein anderes Kfz kurz vor dem Unfall, Fehlen von Zeugen sowie einer Beschädigung des Fahrzeugs des VN, das bei der behaupteten Fremdschädigung zumindest eine Schramme hätte abbekommen müssen.

26 Den Gesetzesmaterialien ist nicht zu entnehmen, ob § 3 Nr. 10 S. 1 PflVG aus Gründen der sprachlichen Prägnanz und Kürze nicht übernommen wurde oder ob damit eine nach Ansicht von *Ebel* (*Ebel*, VersR 1980, 158 unter Berufung auf *Wahle*, VersR 1963, 75) **verfehlte** und darüber hinaus **verfassungswidrige Norm** eliminiert wurde. Weshalb war § 3 Nr. 10 S. 1 PflVG a.F. so umstritten?

27 Abweichend von den allgemeinen Grundsätzen der Gesamtschuld hatte es nach § 3 Nr. 10 S. 1 PflVG a.F. einer der Gesamtschuldner, nämlich der HaftpflichtVR, in der Hand, eine Vereinbarung mit dem geschädigten Dritten zu treffen, an die der VN bzw. der Mitversicherte gebunden war, sofern diesem nicht der Nachweis gelang, dass der HaftpflichtVR bei einer **Übermaßregulierung schuldhaft** eine **Pflichtverletzung** begangen hat (BGH, VersR 1981, 180 [bzgl. des Quotenvorrechts des Sozialversicherers erwogen, aber in concreto abgelehnt]; Prölss/Martin/*Knappmann*, § 116 Rn 14). Im Klartext: Der VN bzw. der Mitversicherte, der bei Leistungsfreiheit des HaftpflichtVR die Schadensersatzschuld letztlich zu tragen hat, konnte sich i.R.d. Regresses nicht schon dadurch befreien, dass er nachwies, dass objektiv eine **Schadensersatzpflicht in diesem Ausmaß niemals bestanden hat**; zusätzlich musste er auch noch einen **Kunstfehler** des HaftpflichtVR sowie dessen **Verschulden** beweisen, wodurch er zu mehr verpflichtet wurde, als nach der gesetzlichen Schadensersatzverpflichtung vorgesehen war (zur schwächeren Rechtsposition des Regressschuldners ggü. einer direkten Inanspruchnahme durch den Geschädigten BGH, VersR 1981, 180).

28 Betont wurde zudem, dass dem HaftpflichtVR i.R.d. Schadensregulierung ein **Ermessensspielraum** zustehe, namentlich beim **Schmerzensgeld** und beim **Mitverschulden** (BGH, VersR 1981, 180; OLG Hamm, VersR 1978, 379). Abzustellen ist auf den Zeitpunkt der Regulierung; später gewonnene Erkenntnisse haben außer Betracht zu bleiben (*Höld*, VersR 2012, 284, 285). Der Einwand der mangelhaften Verfahrensführung wird daher wegen des dem VR zuzubilligenden Regulierungsermessens selten zum Erfolg führen (MüKo/*Schneider*, § 116 VVG Rn 21). Wenn allerdings der HaftpflichtVR nicht – wie gesetzlich vorgesehen – eine Rente zahlt, sondern im eigenen Interesse, weil er die Akte schließen will, mit dem Dritten eine **Kapitalabfindung** vereinbart hatte, wurde er beim Regress ggü. dem Regressschuldner auf den Ersatz von **Ratenzahlungen** verwiesen (OLG Hamm, VersR 1978, 379; BGHZ 24, 308 = BGH, VersR 1957, 442; Prölss/Martin/*Knappmann*, § 116 Rn 14). Als Zinssatz soll derjenige in Betracht kommen, der bei der tatsächlichen Kapitalabfindung zugrunde gelegt wurde. Alternativ soll eine fiktive Abrechnung in Betracht kommen (Halm/Kreuter/Schwab/*Schwab*, AKB § 116 Rn 88). Wenn der geschädigte Dritte bei einer Kapitalabfindung durch einen überhöhten Zinssatz von (derzeit) 5 % und einem

Unterbleiben der Dynamisierung weniger erhält als den ihm zustehenden Ersatz, darf der VR m.E. daraus kein Geschäft machen und beim Regress den VN so stellen, als hätte er vollen Ausgleich geleistet. Die „Verkürzung" des geschädigten Dritten muss dann auch dem VN zugutekommen.

Offenbar konnte der HaftpflichtVR den Schadensersatzanspruch des geschädigten Dritten – auf Rechnung des VN oder des Mitversicherten – regulieren, ohne dass diesem die Möglichkeit zur Stellungnahme gegeben wurde. Dass bei Schuldverhältnissen gem. § 280 Abs. 1 BGB bei einer Pflichtverletzung das Verschulden des Schuldners vermutet wird und sich dieser entlasten muss, während nach § 3 Nr. 10 S. 1 PflVG a.F. die Beweislast des Verschuldens beim VN lag, war eine weitere – sachlich nicht zu rechtfertigende – **Ausnahme ggü. dem allgemeinen Zivilrecht**. Mitunter wird dieser Anordnung der Zweck beigemessen, einer zu kostspieligen Schadensaufklärung und Regulierung entgegenzuwirken (*Beckmann*, in: Bruck/Möller, § 116 Rn 30; *Höld*, VersR 2012, 284, 285). Dass der VR sachkundig und erfahren ist und im Rahmen der ihm eingeräumten Vollmacht handelt (Halm/Kreuter/Schwab/*Schwab*, AKB § 116 Rn 70), ist m.E. für den VN ein geringer Trost, wenn er schlussendlich eine Zahlung erbringen muss, die über die gesetzliche Schadenersatzpflicht hinausgeht. 29

Ob der Gesetzgeber die Beseitigung der **sachlich fragwürdigen Privilegierung des VR** freilich in der Tat gewollt hat, erscheint zweifelhaft. Bei einer solch weitreichenden Änderung wäre zumindest eine **zarte Andeutung** zu erwarten gewesen. Zu konstatieren ist, dass der **Begriff „Ersatz der Aufwendungen"** mitunter in einem weiten Sinn verwendet wurde, der auch die Begleichung der Schuld ggü. dem geschädigten Dritten inkludiert (BGH, VersR 1984, 327; Feyock/Jacobsen/Lemor/*Jacobsen*, § 116 VVG Rn 12), bisweilen aber auch scharf zwischen der **Schuldtragung** nach § 3 Nr. 10 S. 1 PflVG a.F. und den **getätigten Aufwendungen** unterschieden wurde (OLG Köln, VersR 1997, 225). Legt man § 116 Abs. 1 S. 3 VVG i.S.d. restriktiven Variante aus (so Rüffer/Halbach/Schimikowski/*Schimikowski*, § 116 Rn 8; *Beckmann*, in: Bruck/Möller, § 116 Rn 28; Halm/Kreuter/Schwab/*Schwab*, AKB § 116 Rn 41), würde das durchaus Sinn machen: Der Rückgriffsanspruch bzgl. der vom HaftpflichtVR erbrachten Zahlungen wäre dann nach allgemeinen Regeln der Gesamtschuld zu beurteilen. Wie der VN bei seiner Zahlung und anschließendem Rückgriff beim HaftpflichtVR müsste auch der HaftpflichtVR bei seinem Rückgriff beim VN nachweisen, in welchem Ausmaß ein Schadensersatzanspruch tatsächlich gegeben war. Lediglich die zusätzlichen Aufwendungen wären „privilegiert" ersatzfähig. 30

Im Prozess wäre die **Streitverkündung** das adäquate Mittel, um den Schuldner zu zwingen, bei Sanktion der Präklusion die gegen den Geschädigten bestehenden Einwendungen vorzubringen. **Entsprechendes** würde für die **außergerichtliche Regulierung** gelten. Die Folge wäre, dass die Schadensregulierung länger dauern würde. Das ist freilich in allen Fällen so, in denen einer der Solidarschuldner leisten muss, ein anderer die Schuld aber endgültig zu tragen hat. Dass der **Gesetzgeber** dies womöglich **nicht explizit gewollt** hat, ist eine Sache; dass der **Anwender** diesen Schluss zieht und eine **durchaus sachgerechte Auslegung** wählt, wäre durchaus zu befürworten (zustimmend Halm/Kreuter/Schwab/*Schwab*, AKB § 116 Rn 78). Jedenfalls gibt der Wortlaut keinen Anhaltspunkt, dass der VN bzw. 31

Mitversicherte – abweichend von § 280 Abs. 1 BGB – das Verschulden des VR nachzuweisen hat. Wegen dieser bestehenden Unsicherheit über die Beachtlichkeit von Einwendungen des VN bzw. Mitversicherten ist der HaftpflichtVR gut beraten, vor Abschluss der Regulierung mit dem geschädigten Dritten dem VN bzw. dem Mitversicherten die **Möglichkeit der Stellungnahme** einzuräumen und dessen Einwendungen zu beachten (zurückhaltender MüKo/*Schneider*, § 116 VVG Rn 10: Frage des Einzelfalles).

32 Gegen diese Auslegung spricht aber neben dem **Schweigen** der **Materialien** zu dieser sehr bedeutsamen Änderung freilich der **eindeutige Wortlaut** des § 124 Abs. 2 VVG, wonach der VN bzw. Mitversicherte ein stattgebendes Urteil, ein Anerkenntnis des VR oder einen Vergleich gegen sich gelten lassen muss, es sei denn, dass er dem HaftpflichtVR einen schuldhaften Verstoß gegen seine Pflicht zur Abwehr oder Geringhaltung des Schadens nachweisen kann (noch weitergehend zu Unrecht *Höld*, VersR 2012, 284, 285: der dem Geschädigten **erkennbare Missbrauch** müsse **offensichtlich** sein). Die im Gesetz aufgezählten Fälle decken praktisch alle in Betracht kommenden Reaktionen des VR bei Leistung an den Dritten ab, sei es im außergerichtlichen Bereich oder nach prozessualer Streitaustragung.

33 Jedenfalls bzgl. der **Aufwendungen für die Schadensregulierung** ist darauf abzustellen, was der HaftpflichtVR den Umständen nach für erforderlich erachten durfte. Zu den Aufwendungen sind die Kosten im Zusammenhang mit der **Schadensfeststellung** und -regulierung zu zählen, insb. solche für Gutachten, behördliche Auskünfte sowie Gerichtskosten und den eigenen Anwalt (BGH, VersR 1976, 481; Römer/Langheid/*Rixecker/Langheid*, § 116 Rn 7; Prölss/Martin/*Knappmann*, § 116 Rn 13). Genannt werden auch die Kosten des Schadenmanagements, beim Personenschaden etwa die Kosten von Reha-Diensten (Halm/Kreuter/Schwab/*Schwab*, AKB § 116 Rn 43 f.), wobei m.E. fraglich ist, ob es sich insoweit nicht um eine Ersatzleistung im engeren Sinn handelt. Nicht umfasst sind hingegen **allgemeine Verwaltungs- und Personalkosten des HaftpflichtVR**, selbst dann nicht, wenn für einen bestimmten Fall eine Person ab- bzw. eingestellt wird, es sich somit um Einzelkosten handelt, um zu verhindern, dass der VR seine allgemeinen Regiekosten in kaum nachprüfbarer Weise auf den VN abwälzt (MüKo/*Schneider*, § 116 VVG Rn 14). Insofern wird ein – fragwürdiger – Anreiz geschaffen, die Erledigung einer Streitsache einem Anwalt zu übertragen und nicht eigenes Personal einzusetzen, wodurch geringere Kosten entstehen würden. Auf die Bilanzierungsfrage kann es m.E. nicht ankommen (so aber Halm/Kreuter/Schwab/*Schwab*, AKB § 116 Rn 49). Wie nach bisherigem Recht steht dem mit der Schadenstragung endgültig belasteten Schuldner ein **Auskunftsanspruch** zu, ist doch der VV insoweit so zu behandeln wie eine Geschäftsbesorgung, sodass § 666 BGB anzuwenden ist (BGH, VersR 1981, 180; MüKo/*Schneider*, § 116 VVG Rn 13). Dies hat zur Folge, dass der HaftpflichtVR Schadensbelege (OLG Hamm, VersR 1987, 352 [Ls.]; Prölss/Martin/*Knappmann*, § 116 Rn 9) – und wohl auch weitere Unterlagen – vorlegen muss (so im Ergebnis auch *Beckmann*, in: Bruck/Möller, § 116 Rn 31).

34 Hat der **VN Aufwendungen** bei Zahlung an den geschädigten Dritten getätigt, nimmt zu deren Ersatzfähigkeit § 116 VVG nicht Stellung (MüKo/*Schneider*, § 116 VVG Rn 15 unter Hinweis auf den eindeutigen Wortlaut). Da der Gesetzgeber lediglich den Fall des

Rückersatzanspruchs des VR gegen den VN bzw. Mitversicherten geregelt hat, wäre eine **analoge Anwendung im umgekehrten Fall jedenfalls überaus mutig** (so Halm/Kreuter/ Schwab/*Schwab*, AKB § 116 Rn 59 f. unter Hinweis auf den häufigen Fall der Regulierung von Kleinschäden durch VN selbst). Dem Gesetzgeber zu unterstellen, dass er diesen Fall nicht bedacht hat, erscheint wenig plausibel, musste ihm doch bewusst sein, dass nach Wegfall des Anerkenntnisverbots (§ 105 VVG) solche Fälle nun häufiger vorkommen werden. Jedenfalls nach Bereicherungsrecht (§ 812 BGB) und Geschäftsführung ohne Auftrag (§ 683 BGB) ist ein solcher Anspruch zu bejahen. Die Voraussetzungen dafür sind indes ungleich höher. Ob die unterschiedliche Behandlung beider Fälle gleichheitskonform ist, steht auf einem anderen Blatt (kritisch auch MüKo/*Schneider*, § 116 VVG Rn 15: jetzt nicht mehr konsequent).

IV. Verjährung der Rückgriffsansprüche gemäß § 116 Abs. 2 VVG

1. Dauer der Frist und Beginn des Fristenlaufes

Sah § 3 Nr. 11 PflVG a.F. eine 2-jährige Frist vor, wird diese gem. § 116 Abs. 2 VVG auf **3 Jahre** verlängert. Wie die **allgemeine Frist nach § 199 Abs. 1 BGB** beginnt diese Frist mit dem Ende des Jahres, in dem der Anspruch entstanden ist, bei einem Regressanspruch somit ab **Zahlung an den Dritten**. Der HaftpflichtVR hat den VN bzw. Mitversicherten über die erfolgte Zahlung zu informieren (*Beckmann*, in: Bruck/Möller, § 116 Rn 36). Bei einer Aufrechnung ist auf den Zeitpunkt der Aufrechnungserklärung abzustellen (Looschelders/Pohlmann/*Schwartze*, § 116 Rn 9; MüKo/*Schneider*, § 116 VVG Rn 17). Zu betonen ist, dass es um den Rückgriffsanspruch aus der Gesamtschuld geht und nicht um den Deckungsanspruch aus dem VV (zutreffend BGH, r+s 2008, 63 m. Anm. *Rixecker*, zfs 2008, 93, 94), wobei die Ausführungen von *Rixecker* (BGH, r+s 2008, 63 m. Anm. *Rixecker*) zur Übergangsregelung, nicht aber zur Qualifizierung des Anspruchs zutreffend sind.

35

2. Was ist umfasst? Worauf ist abzustellen?

Die 3-jährige Verjährung des Rückgriffsanspruchs umfasst sowohl die **Zahlung** als auch die mit der Schadensfeststellung und -regulierung verbundenen **Aufwendungen**. Für Zahlungen beginnt **für jede Teilzahlung** eine **eigene Verjährungsfrist** (OLG Hamm, VersR 1981, 645 [Ls.]; *Beckmann*, in: Bruck/Möller, § 116 Rn 32; *Heintzmann*, VersR 1980, 593; Römer/Langheid/*Rixecker/Langheid*, § 116 Rn 8; Prölss/Martin/*Knappmann*, § 116 Rn 16; MüKo/*Schneider*, § 116 VVG Rn 17), was aber dadurch abgemildert wird, dass für **sämtliche Zahlungen eines Jahres** die Verjährungsfrist jeweils erst mit dem Ende des Jahres zu laufen beginnt. Bei **künftigen Leistungen** steht dem Regressgläubiger eine Klage auf Befreiung, eine Feststellungsklage oder bei Renten eine Klage auf künftige Leistung gem. § 258 ZPO zu (Prölss/Martin/*Knappmann*, § 116 Rn 16). Der Regressgläubiger hat den Zeitpunkt der erfolgten Zahlung substanziiert vorzutragen; der Regressschuldner muss dies ggf. widerlegen (OLG Hamm, r+s 1994, 446 [Ls.]; Prölss/Martin/*Knappmann*, § 116

36

Rn 18). Bei den Aufwendungen wird man eine Fälligkeit demggü. erst annehmen können, wenn die Regulierung mit dem Dritten abgeschlossen ist.

V. Deckungsprozess ohne Einfluss auf Verjährung des Regressanspruchs gemäß § 116 Abs. 1 VVG

37 Mitunter laufen Haftungs- und Deckungsverfahren parallel. Der HaftpflichtVR reguliert den Schaden mit dem geschädigten Dritten abschließend, während der VN bzw. der Mitversicherte ihn auf Deckung verklagt. Wartet der HaftpflichtVR den **Ausgang des Deckungsprozesses** ab, und zwar unabhängig davon, ob der Regressschuldner auf Feststellung der Deckung klagt oder eine negative Feststellungsklage einbringt, dass der HaftpflichtVR ihm ggü. zu einem Regress nicht berechtigt sei, riskiert er die **Verjährung seines Rückgriffsanspruchs**, dessen Verjährung ab dem Ende des Jahres, in dem er an den Dritten geleistet hat, zu laufen beginnt.

38 Da es sich um **unterschiedliche Ansprüche** handelt, hat das **Deckungsverfahren** auf die **Verjährung des Regressanspruchs keinen Einfluss**. Eine Berufung des Regressschuldners auf Verjährung verstößt auch nicht gegen Treu und Glauben (BGH, VersR 1972, 62; Looschelders/Pohlmann/*Schwartze*, § 116 Rn 9; MüKo/*Schneider*, § 116 VVG Rn 19). Der HaftpflichtVR muss daher in die Offensive gehen, **Widerklage** erheben und Rückersatz der dem Dritten erbrachten Zahlung sowie der erstattungsfähigen Aufwendungen verlangen. Oder er muss mit dem Regressgläubiger eine Vereinbarung treffen, dass die Verjährung bis zum Abschluss des Deckungsprozesses verlängert werden soll, was nach § 202 BGB ohne Weiteres zulässig ist. Auch der Hemmungsgrund des Führens von Vergleichsverhandlungen nach § 203 BGB kommt in Betracht (MüKo/*Schneider*, § 116 VVG Rn 19).

C. Abdingbarkeit

39 Die Normen der Pflichthaftpflichtversicherung sind zugunsten des VN, des Versicherten und des geschädigten Dritten **zwingend**. Aus den Erläuterungen (BT-Drucks 16/3945, S. 87) ergibt sich, dass dies aus der Rechtsnatur dieser Vorschrift folgt und keiner ausdrücklichen Klarstellung bedarf.

---

§ 117 VVG Leistungspflicht gegenüber Dritten

(1) Ist der Versicherer von der Verpflichtung zur Leistung dem Versicherungsnehmer gegenüber ganz oder teilweise frei, so bleibt gleichwohl seine Verpflichtung in Ansehung des Dritten bestehen.

(2) Ein Umstand, der das Nichtbestehen oder die Beendigung des Versicherungsverhältnisses zur Folge hat, wirkt in Ansehung des Dritten erst mit dem Ablauf eines Monats, nachdem der Versicherer diesen Umstand der hierfür zuständigen Stelle angezeigt hat. Dies gilt auch, wenn das Versicherungsverhältnis durch Zeitablauf endet. Der Lauf der Frist beginnt nicht vor Beendigung des Versicherungsverhältnis-

ses. Ein in den Sätzen 1 und 2 bezeichneter Umstand kann dem Dritten auch dann entgegengehalten werden, wenn vor dem Zeitpunkt des Schadensereignisses der hierfür zuständigen Stelle die Bestätigung einer entsprechend den Rechtsvorschriften abgeschlossenen neuen Versicherung zugegangen ist. Die vorstehenden Vorschriften dieses Absatzes gelten nicht, wenn eine zur Entgegennahme der Anzeige nach Satz 1 zuständige Stelle nicht bestimmt ist.

(3) In den Fällen der Absätze 1 und 2 ist der Versicherer nur im Rahmen der vorgeschriebenen Mindestversicherungssumme und der von ihm übernommenen Gefahr zur Leistung verpflichtet. Er ist leistungsfrei, soweit der Dritte Ersatz seines Schadens von einem anderen Schadensversicherer oder von einem Sozialversicherungsträger erlangen kann.

(4) Trifft die Leistungspflicht des Versicherers nach Absatz 1 oder Absatz 2 mit einer Ersatzpflicht aufgrund fahrlässiger Amtspflichtverletzung zusammen, wird die Ersatzpflicht nach § 839 Abs. 1 des Bürgerlichen Gesetzbuchs im Verhältnis zum Versicherer nicht dadurch ausgeschlossen, dass die Voraussetzungen für die Leistungspflicht des Versicherers vorliegen. Satz 1 gilt nicht, wenn der Beamte nach § 839 des Bürgerlichen Gesetzbuchs persönlich haftet.

(5) Soweit der Versicherer den Dritten nach den Absätzen 1 bis 4 befriedigt und ein Fall des § 116 nicht vorliegt, geht die Forderung des Dritten gegen den Versicherungsnehmer auf ihn über. Der Übergang kann nicht zum Nachteil des Dritten geltend gemacht werden.

(6) Wird über das Vermögen des Versicherers das Insolvenzverfahren eröffnet, endet das Versicherungsverhältnis abweichend von § 16 erst mit dem Ablauf eines Monats, nachdem der Insolvenzverwalter diesen Umstand der hierfür zuständigen Stelle angezeigt hat; bis zu diesem Zeitpunkt bleibt es der Insolvenzmasse gegenüber wirksam. Ist eine zur Entgegennahme der Anzeige nach Satz 1 zuständige Stelle nicht bestimmt, endet das Versicherungsverhältnis einen Monat nach der Benachrichtigung des Versicherungsnehmers von der Eröffnung des Insolvenzverfahrens; die Benachrichtigung bedarf der Textform.

Übersicht

	Rdn
A. Normzweck	1
B. Norminhalt	2
I. Krankes oder gestörtes Deckungsverhältnis – keine Einwendung ggü. dem Dritten (§ 117 Abs. 1 VVG)	2
1. Fiktiver Deckungsanspruch – Unterschied zur allgemeinen Haftpflichtversicherung	3
a) Geltung für alle Pflichthaftpflichtversicherungen	3
b) Unterschied zwischen Innenverhältnis und Außenverhältnis	7
2. Einstandspflicht des Haftpflichtversicherers nur im Rahmen der übernommenen Gefahr (§ 117 Abs. 3 S. 1 VVG)	10
3. Sachliche Leistungsfreiheit des Haftpflichtversicherers im Innenverhältnis	17
4. Differenzierung zwischen dem Verhältnis des Haftpflichtversicherers zum VN bzw. Mitversicherten und dem jeweiligen Grund der Leistungsfreiheit	19
5. Anspruchsberechtigt ist der Dritte	23
6. Reduzierte Bedeutung in der Kfz-Haftpflichtversicherung	24
7. Verjährung des Anspruchs des Dritten gegen den Versicherer	25

§ 117 VVG Leistungspflicht gegenüber Dritten

    II. Beschränkung der Haftung des Haftpflichtversicherers auf die Mindestversicherungssumme
(§ 117 Abs. 3 S. 1 VVG) 26
   III. Verweisungsprivileg: Subsidiarität der Einstandspflicht des Pflichthaftpflichtversicherers
(§ 117 Abs. 3 S. 2 VVG) 33
      1. Sachliche Begründung 33
      2. Partielle Ausnahme von der Regel in der Kfz-Haftpflichtversicherung gem. § 3 S. 1 PflVG .. 34
      3. Detailfragen 36
         a) Positive Umschreibung 36
            aa) Schadensversicherer 36
            bb) Eigenversicherer gem. § 2 Abs. 1 S. 1 bis 5 PflVG 39
            cc) Sozialversicherungsträger 43
         b) Negative Umschreibung 46
            aa) Summenversicherung und staatliche Transferleistungen 46
            bb) Arbeitgeber, selbst bei Refinanzierung durch Sozialversicherung 47
         c) Was kann der Dritte nicht entgegensetzen 49
            aa) Nachteile und Grenzen des ersatzfähigen Schadens bei der Geltendmachung ggü.
dem eigenen Schadensversicherer 49
            bb) (Un-)Zumutbarkeit der Geltendmachung im Ausland 54
         d) Ausschöpfung der Mindestversicherungssumme 55
         e) Zusammentreffen mit einem anderen SchadensVR und höherer Schaden als dessen
Deckungssumme 57
         f) Beweislast für Verweisungsprivileg beim Haftpflichtversicherer 60
         g) Verhältnis zu vertraglichen Subsidiaritätsklauseln – Eintrittspflicht nur, sofern der
Geschädigte nicht anderweitig Ersatz erlangt 61
   IV. Das Verweisungsprivileg des Rechtsträgers bei der Amtshaftung und das kranke
Deckungsverhältnis (§ 117 Abs. 4 VVG) 66
      1. Die Ausgangslage 66
      2. Teleologische Reduktion des amtshaftungsrechtlichen Verweisungsprivilegs wegen des
Gebots der Gleichheit im Straßenverkehr 68
      3. Eindeutiger Wortlaut des § 117 Abs. 4 VVG 73
      4. Berufung auf das Verweisungsprivileg durch den persönlich haftenden Beamten
(§ 117 Abs. 4 S. 2 VVG) 77
    V. Nachhaftung von 1 Monat bis zur Anzeige bei der zuständigen Stelle (§ 117 Abs. 2 VVG) 78
      1. Zweck der Norm: Bewirken der Einstellung der gefahrträchtigen Tätigkeit durch die
zuständige Stelle 78
      2. Voraussetzung: Wirksamer Versicherungsvertrag 81
      3. Beendigungsgründe 83
      4. Benachrichtigung der zuständigen Stelle durch den Haftpflichtversicherer 84
         a) Keine Pflicht des Kfz-Haftpflichtversicherers 84
         b) Frühestmöglicher Beginn der 1-Monats-Frist 86
         c) Zugang bei der zuständigen Stelle 87
         d) Ordnungsgemäße Anzeige 88
      5. Beendigung der Nachhaftung durch Zugang einer neuen Versicherungsbestätigung bei der
zuständigen Stelle vor dem Schadensereignis (§ 117 Abs. 2 S. 4 VVG) 89
      6. Haftung des Rechtsträgers bei schuldhafter Untätigkeit der zuständigen Stelle 92
      7. Fehlen einer zuständigen Stelle – keine Nachhaftung (§ 117 Abs. 2 S. 5 VVG) 95
      8. Besonderheiten der Nachhaftung bei Insolvenz des Haftpflichtversicherers
(§ 117 Abs. 6 VVG) 96
   VI. Rückgriffsanspruch des Haftpflichtversicherers gegen den Versicherungsnehmer bzw. den
Mitversicherten (§ 117 Abs. 5 VVG) 98
      1. Regress gegen den VN bzw. Mitversicherten im Weg der Legalzession 98
      2. Ohne Leistungspflicht keine Legalzession 100
      3. Überwälzung von Nebenkosten 101
      4. Regress gegen Mitschädiger 102
      5. Bindung des Versicherungsnehmers bzw. Mitversicherten an die Regulierungsvollmacht des
Haftpflichtversicherers 103
      6. Leistungsfreiheit gegenüber VN oder Mitversichertem 109
      7. Befriedigungsvorrecht 111
      8. Verjährung 112
C. Abdingbarkeit 114

A. Normzweck

Die Vorschrift dient dem **Schutz des geschädigten Dritten**, indem die Einstandspflicht des VR gem. § 115 VVG grds. nicht von der Leistungspflicht ggü. dem VN oder Mitversicherten abhängig gemacht wird, soweit der Dritte schutzbedürftig ist (*Beckmann*, in: Bruck/Möller, § 117 Rn 3). Während es bei einer **freiwilligen** Haftpflichtversicherung darum geht, den Schädiger vor (existenzbedrohenden) Risiken zu schützen, steht bei der **Pflichthaftpflichtversicherung** der Schutz des geschädigten Dritten im Vordergrund; daraus erklärt sich die Einstandspflicht des PflichthaftpflichtVR ggü. dem Dritten auch in den gesetzlich angeordneten Fällen seiner Leistungsfreiheit ggü. dem VN bzw. Mitversicherten (MüKo/*Schneider*, § 117 VVG Rn 5 f.). **Mitversichert** ist in der Kfz-Haftpflichtversicherung der vom VN verschiedene Halter bzw. Lenker, in den obligatorischen Berufshaftpflichtversicherungen sind es häufig bestimmte Hilfspersonen oder Mitarbeiter (MüKo/*Schneider*, § 117 VVG Rn 12).

B. Norminhalt

I. Krankes oder gestörtes Deckungsverhältnis – keine Einwendung ggü. dem Dritten (§ 117 Abs. 1 VVG)

Ursprünglich bestand für **sämtliche Haftpflichtversicherungen** die Absicht, dem Geschädigten einen Direktanspruch gegen den HaftpflichtVR einzuräumen. Auf Betreiben der Versicherungswirtschaft hat man darauf letztendlich verzichtet und den Direktanspruch auf die **in § 115 Abs. 1 S. 1 VVG genannten Fälle** beschränkt. Nicht bedacht wurde, dass nach dem lediglich in § 115 VVG veränderten Gesetzestext eine – niemals gewollte – Verschlechterung der Rechtsstellung des Dritten beim kranken Deckungsverhältnis eingetreten wäre (*Stobbe*, AnwBl. 2007, 853; *Baumann*, NJW-Editorial 2007, Heft 46). Deshalb wurde bei der Reform des PflVG vom 10.12.2007 (BGBl I, S. 2833) in allerletzter Minute eine entsprechende Änderung im VVG vorgenommen.

1. Fiktiver Deckungsanspruch – Unterschied zur allgemeinen Haftpflichtversicherung

a) Geltung für alle Pflichthaftpflichtversicherungen

Bei der **allg. Haftpflichtversicherung** führt die **Leistungsfreiheit des HaftpflichtVR ggü. dem VN** dazu, dass mangels eines durchsetzbaren Anspruchs des VN gegen den HaftpflichtVR auch der **Dritte insofern keinen Vermögenswert** hat, auf den er zugreifen kann (*Hübner/Schneider*, r+s 2002, 89). Die Durchsetzung des Schadensersatzanspruchs gegen den Schädiger ist daher davon abhängig, ob bei diesem sonstiges ausreichendes, der Zwangsvollstreckung unterworfenes Vermögen vorhanden ist. Bei der Pflichthaftpflichtversicherung ist das insofern anders, als der HaftpflichtVR seine **Leistungsfreiheit** ggü. dem VN dem **Dritten nicht entgegenhalten** kann. Man spricht diesbzgl. von gesetzlicher Fiktion (BGHZ 24, 308 = BGH, VersR 1957, 442), gesetzlichem Schuldverhältnis (BGHZ

28, 244 = BGH, VersR 1958, 830) oder Einwendungsausschluss des HaftpflichtVR ggü. dem Dritten (*Wandt*, Versicherungsrecht, Rn 1106; *Armbrüster*, Privatversicherungsrecht, Rn 1670). Die dogmatische Einordnung ist zweifelhaft, praktisch aber kaum bedeutsam (Looschelders/Pohlmann/*Schwartze*, § 117 Rn 3; *Beckmann*, in: Bruck/Möller, § 117 Rn 5).

4 Der geschädigte Dritte hat die Wahl, ob er den Anspruch im Weg des **Direktanspruchs** gegen den HaftpflichtVR des Schädigers oder durch **Pfändung und Überweisung des Deckungsanspruchs des VN oder Mitversicherten** durchsetzen will (BGH, VersR 2007, 371 = r+s 2007, 125 [*Lemcke*]; MüKo/*Schneider*, § 117 VVG Rn 8). Maßgeblich ist, dass der VR seine Leistungsfreiheit ggü. dem VN oder Mitversicherten dem Dritten weder beim Direktanspruch noch bei der Pfändung des Deckungsanspruchs entgegensetzen kann. Der VN bzw. Mitversicherte hat aber wegen der Leistungsfreiheit des VR weder einen Befreiungs- noch einen Rechtsschutz- bzw. Abwehranspruch gegen den VR (*Beckmann*, in: Bruck/Möller, § 117 Rn 5, 19).

5 Eine vergleichbare Konstellation ergibt sich in § 143 VVG in der Gebäudefeuerversicherung bei der Fortdauer der Leistungspflicht des VR ggü. dem Hypothekargläubiger.

6 § 117 VVG gilt für alle Pflichthaftpflichtversicherungen (Römer/Langheid/*Rixecker/Langheid*, § 117 Rn 5), mag sich die folgende Darstellung auch an der Kfz-Haftpflichtversicherung orientieren, weil Rechtsprechung nahezu ausschließlich dazu ergangen ist und die Literatur sich – infolgedessen – bisher ganz überwiegend mit dieser beschäftigt hat. Bei der Kfz-Haftpflichtversicherung besteht die Möglichkeit der direkten Inanspruchnahme des HaftpflichtVR; alternativ ist das Erwirken eines rechtskräftigen **Urteils** gegen den Schädiger und die anschließende **Pfändung und Überweisung** seines – fiktiven – Deckungsanspruchs gegen den HaftpflichtVR aber stets möglich (*Armbrüster*, r+s 2010, 441, 453). In manchen Fällen ist dies sogar angezeigt, um für den Anspruchsinhaber nachteilige Folgen zu vermeiden: Die Verjährung gegen den VR beträgt gem. § 115 Abs. 2 S. 2 VVG **10 Jahre**; die Verjährungsfrist gegen den Schädiger bei einem Personenschaden gem. § 199 Abs. 2 BGB beläuft sich aber auf **30 Jahre**. Verklagt der Geschädigte nur – oder neben dem VN oder Mitversicherten auch – den HaftpflichtVR nach Ablauf von 10 Jahren, kann er wegen der Rechtskrafterstreckung nach § 124 VVG auch den Anspruch gegen den VN nicht mehr durchsetzen. Verklagt er hingegen nur den VN und pfändet er anschließend dessen Deckungsanspruch, kann er über diesen Umweg vom HaftpflichtVR Zahlung erlangen (BGH, NJW 2003, 1327; BGH, NJW-RR 2007, 467). Für den Regelfall des kranken Deckungsverhältnisses macht es indes keinen Unterschied, ob ein Direktanspruch gegeben ist bzw. der fiktive Deckungsanspruch gepfändet wird.

b) Unterschied zwischen Innenverhältnis und Außenverhältnis

7 Bedeutsam ist in der Pflichthaftpflichtversicherung die Unterscheidung zwischen Innen- und Außenverhältnis:

8 Unter dem **Innenverhältnis** versteht man die Rechtsbeziehung zwischen dem HaftpflichtVR und dem VN bzw. Mitversicherten. Ist der HaftpflichtVR ggü. dem VN leistungsfrei, bestehen zwischen dem VN und dem HaftpflichtVR weder Rechte noch Pflichten,

sieht man von denen, die sich aus einer Sonderbeziehung ergeben, ab (§ 241 Abs. 2 BGB). Der VN hat weder einen **Rechtsschutzanspruch** noch kann er die **Leistung des HaftpflichtVR an den Dritten erzwingen** (Prölss/Martin/*Knappmann*, § 117 Rn 16). Nur der **Dritte** kann gegen den HaftpflichtVR vorgehen. Umgekehrt kann der HaftpflichtVR eine weitere **Mitwirkung des VN** nicht erzwingen (*Beckmann*, in: Bruck/Möller, § 117 Rn 19). Für den VN ist es aber sinnvoll, sich an der Regulierung weiterhin zu beteiligen und den HaftpflichtVR bei der Abwehr unbegründeter Ansprüche zu unterstützen, ist es doch der VN, der gem. § 117 Abs. 5 VVG die Schadensersatzschuld letztendlich tragen soll. Nach h.M. besteht eine Bindungswirkung des Haftpflichturteils auch für den Regressanspruch des HaftpflichtVR gegen den VN (Prölss/Martin/*Knappmann*, § 117 Rn 40).

Das **Außenverhältnis** beschreibt die Beziehung des HaftpflichtVR zum geschädigten Dritten. Diesbezüglich geht das Gesetz vom Weiterbestehen des Deckungsanspruchs des VN bzw. des Mitversicherten gegen den HaftpflichtVR aus (Römer/Langheid/*Rixecker/Langheid*, § 117 Rn 5). 9

2. Einstandspflicht des Haftpflichtversicherers nur im Rahmen der übernommenen Gefahr (§ 117 Abs. 3 S. 1 VVG)

Dass der HaftpflichtVR auch bei krankem Deckungsverhältnis nur i.R.d. **übernommenen Gefahr** einzustehen hat, ist selbstverständlich. Es geht um die qualitativen Merkmale der örtlichen, zeitlichen und sachlichen Grenzen des übernommenen Risikos (MüKo/*Schneider*, § 117 VVG Rn 31). Er muss max. so viel leisten, als wäre das Deckungsverhältnis gesund (BGH, VersR 1987, 37; BGH, VersR 1986, 1231; OLG Hamm, VersR 1988, 1122; *Hübner/Schneider*, r+s 2002, 89, 92; Römer/Langheid/*Rixecker/Langheid*, § 117 Rn 5, 7, 27; Prölss/Martin/*Knappmann*, § 117 Rn 19 ff). Wenn insoweit ein bestimmtes Risiko ausgeschlossen ist, kann der HaftpflichtVR dies dem geschädigten Dritten auch bei einem kranken Deckungsverhältnis entgegensetzen. Zu unterscheiden ist zwischen einer **von vornherein nicht bestehenden Leistungspflicht**, die stets zu beachten ist, und einer **nachträglich eintretenden Leistungsfreiheit**, die der HaftpflichtVR dem geschädigten Dritten nicht entgegensetzen kann. 10

Die Abgrenzung zwischen **Risikoausschluss** und (verhüllter) **Obliegenheit** ist dabei nicht immer einfach (*Hübner/Schneider*, r+s 2002, 89, 92). Die individualisierende Beschreibung eines bestimmten Wagnisses spricht für eine **Risikobegrenzung**, das Abstellen auf ein bestimmtes Verhalten für eine **Obliegenheit** (OLG Naumburg, VersR 2015, 102: Transportversicherung, Leistungsfreiheit für den Fall vorsätzlichen oder leichtfertigen Verhaltens in dem Bewusstsein, dass ein Schaden mit Wahrscheinlichkeit eintreten werde, Qualifikation als verhüllte Obliegenheit). Bei einer abredewidrigen Verwendung eines Kurzkennzeichens, das nur zu einer Probe-, Prüfungs- oder Überführungsfahrt berechtigt, wurde das von den Gerichten unterschiedlich beurteilt (OLG Hamm, NJW 2013, 1248 = OLG Hamm, jurisPR-VerkR 8/2013 [*Wenker*]: Obliegenheitsverletzung; so auch *Thiemer*, NZV 2009, 587, 588; a.A. OLG Stuttgart, NJW-Spezial 2014, 715 = OLG Stuttgart, jurisPR-VerkR 2/2015 [*Wenker*]: kein Versicherungsschutz). 11

12 In der Praxis ist der **subjektive Risikoausschluss** bei **vorsätzlichem Verhalten** (§ 103 VVG) von großer Bedeutung (BGH, VersR 1971, 239; OLG München, VersR 1990, 484; OLG Hamm, VersR 1988, 1122; OLG Köln, VersR 1982, 303; Römer/Langheid/*Rixecker/ Langheid*, § 117 Rn 7, 27; Prölss/Martin/*Knappmann*, § 117 Rn 24). Dieser gilt auch i.R.d. Pflichthaftpflichtversicherung (verkannt von OLG Frankfurt, VersR 1997, 224 m. abl. Anm. *Langheid*, VersR 1997, 358; *Lorenz*, VersR 1997, 359; *Lemcke*, r+s 1996, 483). Wenn der Schädiger anstelle eines anderen Mordinstruments zufällig das Kfz nutzt, um einen anderen vorsätzlich zu schädigen, ist das keine von der Kfz-Haftpflichtversicherung erfasste Kraftfahrtgefahr (OLG Düsseldorf, VersR 2003, 1248; *Lorenz*, VersR 1997, 349, 350; differenzierend *Looschelders*, VersR 2008, 1, 3: Mordwerkzeug oder „bloß" billigend in Kauf nehmend). Bei der Kfz-Haftpflichtversicherung hat der Geschädigte dann aber immerhin einen Anspruch gegen den Entschädigungsfonds gem. § 12 Abs. 1 Nr. 3 PflVG (*Knappmann*, VRR 2010, 412 ff; *Langheid*, VersR 1997, 358; zur Richtlinienwidrigkeit des Risikoausschlusses bei Vorsatz in der Kfz-Haftpflichtversicherung *Looschelders*, VersR 2008, 1, 3; krit. dazu *Unberath*, NZV 2008, 538, 541; ausführlich und überzeugend *Frank*, VersR 2014, 13 ff. unter Hinweis auf EuGH VersRAI 1997, 18 [*Bernaldez*] und VersRAI 2007, 33 [*Farrel*], wonach die [nunmehr] 6. KH-RL nur bestimmte Ausschlussgründe von der Deckung in der Kfz-Haftpflichtversicherung zulässt, wozu die vorsätzliche Herbeiführung des Versicherungsfalls gerade nicht zählt; instruktiv auch der Hinweis auf die methodischen „Reparaturmöglichkeit" der Fehlleistung bzw. Säumnis des Gesetzgebers im Wege einer gespaltenen Auslegung). Dem steht bei den Berufshaftpflichtversicherungen die „*wissentliche Pflichtverletzung*" gleich (MüKo/*Schneider*, § 117 VVG Rn 32).

13 Bei der Notarhaftpflichtversicherung besteht – ähnlich wie in der Kfz-Haftpflichtversicherung ein Anspruch gegen die **Verkehrsopferhilfe** – ein Schutz des Dritten bei **wissentlicher Pflichtverletzung** gem. § 67 Abs. 3 Nr. 3 BNotO gegen die Notarkammer (*Barchewitz*, MDR 2008, 1258, 1260). Zu beachten ist, dass ein Haftungsausschluss ggü. dem mitversicherten Lenker gem. § 103 VVG nicht ggü. dem Halter wirkt, wenn dieser gem. § 7 StVG einstandspflichtig ist (OLG Hamm, r+s 2006, 33). Bei einer Anwalts-Partnerschafts-GmbH gemäß 59j Abs. 1 BRAO sowie einer Anwalts-Partnerschaft mbB gemäß § 51a BRAO (auch mit Angehörigen anderer Berufe) ist – ungeachtet des dafür sprechenden Wortlauts des § 51 Abs. 3 Nr. 1 BRAO – aufgrund berufsrechtlicher Vorgaben nicht einmal ein **Risikoausschluss bei wissentlicher Pflichtwidrigkeit** möglich (*Dahns*, NJW-Spezial 2013, 447). Zulässig ist aber eine Ausgestaltung als Obliegenheit mit der Folge, dass der Schadenersatzanspruch des geschädigten Dritten auch bei Leistungsfreiheit ggü. der Gesellschaft in Höhe der Mindestversicherungssumme aufrecht bleibt (dazu und zur Umdeutung von Altverträgen *Dallwig*, VersR 2014, 19 ff.). Nicht zum versicherten Risiko gehört die Einstandspflicht bei manipulierten Unfällen (Halm/Kreuter/Schwab/*Kreuter-Lange*, AKB § 117 Rn 2).

14 Nicht erforderlich ist ein absichtliches Verhalten; es genügt **bedingter Vorsatz**. Dieser wird freilich gelegentlich **zu leichtfertig angenommen**. Es genügt zwar bedingter Vorsatz, also die Inkaufnahme des Schadens, der Vorsatz muss sich aber auch darauf erstrecken und nicht bloß die Übertretung einer Ge- oder Verbotsnorm muss vorsätzlich erfolgen

(*Knappmann*, VRR 2010, 412, 414: Vorsätzliches Überqueren einer Kreuzung bei einer roten Ampel führt nicht zum Deckungsausschluss nach § 103 VVG). So ist vorsätzliches Verhalten (gegenüber dem Geschädigten!) zweifelhaft, wenn ein Steuerberater so viele Mandate annimmt, dass er wegen der daraus resultierenden Arbeitsüberlastung Fristen versäumt (OLG Hamm, VersR 1988, 1122) oder eine Person in Selbstmordabsicht gegen einen Baum fährt und dabei einen anderen rammt und verletzt (OLG Oldenburg, VersR 1999, 482; ähnlich OLG Nürnberg, NZV 2011, 538 = zfs 2011, 554 [*Diehl*]: Selbstmord aus Liebeskummer durch Kollision mit anderem Fahrzeug unter Alkohol- und Drogeneinfluss; vgl. aber OLG Brandenburg, VersR 2016, 671: § 103 VVG letztendlich abgelehnt).

Ebenso fragwürdig ist in Bezug auf die Schadenszufügung die Annahme von Vorsatz bei einem Schwarzfahrer, bei dessen Verfolgung Beamte zu Schaden kommen (BGH, VersR 1981, 40). Dass der **VN** bzw. der **Mitversicherte vorsätzlich gehandelt** hat, wobei sich der Vorsatz auch auf den Schadenseintritt zu beziehen hat, muss der **HaftpflichtVR beweisen**, da es sich ggü. dem Dritten um eine anspruchsvernichtende Tatsache handelt. Vorsatz scheidet hingegen aus, sofern der VN bzw. Mitversicherte nicht schuldfähig war, was freilich dieser zu beweisen hat (BGH, VersR 1990, 888; OLG Nürnberg, r+s 2015, 542 = jurisPR-VerkR 18/2013 [*Schöller*]: Vorsatz wegen Zweifeln des Nachweises verneint). Dass der VN neben dem vorsätzlichen Verhalten auch eine Obliegenheit verletzt, vermag den Risikoausschluss nicht zu beseitigen (so zutreffend OLG Koblenz, zfs 2003, 68). 15

Weitere Risikoausschlüsse in der Kfz-Haftpflichtversicherung (Ziff. A.1.5 AKB 2015) sind etwa der von Schäden am versicherten Fahrzeug (Ziff. A.1.5.3 AKB 2015), die Beschädigung von beförderten Sachen mit Ausnahme derer, die man üblicherweise mit sich führt (Ziff. A.1.5.5 AKB 2015), sowie Schadensersatzansprüche gegen eine mitversicherte Person mit Ausnahme von Personenschäden (Ziff. A.1.5.6 AKB 2015). Bedeutsam sind nur solche Risikoausschlüsse, die nach dem Maßstab des Zwecks der Pflichtversicherung und der Inhaltskontrolle von AVB zulässig sind (MüKo/*Schneider*, § 117 VVG Rn 10, 33). 16

3. Sachliche Leistungsfreiheit des Haftpflichtversicherers im Innenverhältnis

Die **wichtigsten Fälle** der – **nachträglichen** – Leistungsfreiheit des HaftpflichtVR sind die Obliegenheitsverletzungen gem. § 28 VVG (*Hübner/Schneider*, r+s 2002, 89). Darüber hinaus ergibt sich eine solche insb. bei Gefahrerhöhung (§§ 23 ff. VVG), der Kündigung bei Nichtzahlung der Erst- oder Folgeprämie (§§ 37 f. VVG) sowie in den sonstigen Fällen der Nachhaftung (§ 117 Abs. 2 VVG), wenn der VV nicht mehr besteht und der HaftpflichtVR ab dem Zeitpunkt der Anzeige bei der zuständigen Stelle einen weiteren Monat dem Dritten ggü. einstandspflichtig bleibt. 17

Die **Verjährung des Deckungsanspruchs** des VN gegen den HaftpflichtVR kann der HaftpflichtVR dem Dritten nach überwiegender Meinung (BGH, VersR 2003, 635; BGH, VersR 1971, 333; Prölss/Martin/*Knappmann*, § 117 Rn 55, § 115 Rn 30; *Beckmann*, in: Bruck/Möller, § 117 Rn 11; MüKo/*Schneider*, § 117 VVG Rn 9; zweifelnd Römer/Langheid/*Rixecker/Langheid*, § 117 Rn 8; *Hübner/Schneider*, r+s 2002, 89, 91) nicht entgegenhalten. Dem ist zu folgen, weil die Verjährung eine Sanktion auf die Säumnis des An- 18 spruchsberechtigten sein soll. Der Dritte ist aber erst ab dem rechtskräftigen Urteil gegen den VN Anspruchsinhaber. Der Zahlungsanspruch gegen den VN besteht gem. § 106 S. 1 VVG erst 14 Tage ab diesem Zeitpunkt, sodass die Verjährungsfrist 14 Tage ab diesem Zeitpunkt zu laufen beginnt. Es gilt die **allgemeine 3-jährige Verjährungsfrist gem. §§ 195, 199 Abs. 1 BGB**. Dass es dadurch zu einer beträchtlichen Verlängerung der Zeit der Inanspruchnahme des HaftpflichtVR kommt, ist zutreffend; für diesen ist das aber i.d.R. nicht überraschend, weil er im Haftpflichtprozess seinem VN, dem Schädiger, den Anwalt beistellt, sodass er schon in diesem Stadium über den Fortgang des Verfahrens genau Bescheid weiß. Zudem bestehen Obliegenheiten des Dritten ggü. dem VR in Bezug auf Schadensmeldung und gerichtliche Geltendmachung nach § 119 Abs. 1 und 2 VVG.

4. Differenzierung zwischen dem Verhältnis des Haftpflichtversicherers zum VN bzw. Mitversicherten und dem jeweiligen Grund der Leistungsfreiheit

19   Zur Leistungsfreiheit des HaftpflichtVR kommt es wegen eines missbilligten Verhaltens des VN oder des Mitversicherten (BGH, VersR 1988, 1064; Römer/Langheid/*Rixecker/Langheid*, § 117 Rn 6). Zu beachten ist freilich, dass zwischen dem **Verhalten des VN** und dem des **Mitversicherten** streng zu trennen ist (OLG Bamberg, VersR 1985, 750; *Wandt*, Versicherungsrecht, Rn 1130 *Langheid*, VersR 1997, 358; *Beckmann*, in: Bruck/Möller, § 117 Rn 14; MüKo/*Schneider*, § 117 VVG Rn 12).

20   Zunächst ist stets die **Haftung** zu klären: Hat der geschädigte Dritte sowohl gegen den VN als auch gegen den Mitversicherten einen Schadensersatzanspruch? Häufig ist i.R.d. Kfz-Haftpflichtversicherung der VN Halter, der Mitversicherte Fahrer. Wenn ein Schadensersatzanspruch des Dritten gegen beide gegeben ist, etwa, wenn der VN als Halter das Fahrzeug mit seinem Wissen und Willen einem Dritten zur Benutzung überlassen hat (§ 7 Abs. 1 StVG) oder dieses schuldhaft unzureichend verwahrt hat (§ 7 Abs. 3 StVG) und der Fahrer einen Fahrfehler verschuldet hat (§ 823 Abs. 1 BGB), kommt es – gelegentlich – vor, dass i.R.d. **Deckung** Leistungsfreiheit des HaftpflichtVR zwar ggü. dem VN, nicht aber ggü. dem Mitversicherten bzw. vice versa gegeben ist:

21   Hat der VN dem Mitversicherten ein **nicht verkehrstaugliches Fahrzeug** übergeben, besteht Leistungsfreiheit lediglich ggü. dem VN, nicht aber ggü. dem Mitversicherten, es sei denn, dieser wusste davon oder hätte das grob fahrlässig wissen müssen (§ 123 Abs. 1 VVG). War hingegen der Fahrer alkoholisiert, führt das nicht zur Leistungsfreiheit ggü. dem VN. Hat der Fahrer vorsätzlich gehandelt, führt das nicht zum Verlust des Deckungsschutzes des Halters (BGH, VersR 1981, 40; OLG Schleswig, VersR 1995, 827; OLG Hamm, NZV 1993, 68; OLG Hamm, r+s 1992, 400; *Schlegelmilch*, VersR 1984, 22; *Schlegelmilch*, VersR 1985, 21; *Lemcke*, r+s 1996, 483; **a.A.** *Rischar*, VersR 1984, 1025; *Rischar*, VersR 1983, 916; *Palmer*, VersR 1984, 817). Ist auch **nur ein Verhältnis intakt**, muss der HaftpflichtVR aufgrund des **gesunden Deckungsverhältnisses** an den Dritten leisten, was zur Folge hat, dass er sich weder auf die Mindestversicherungssumme – wenn eine höhere vertraglich vereinbart war (a.A. Halm/Kreuter/Schwab/*Kreuter-Lange*, AKB § 117 Rn 34: Begrenzung auf die Mindestdeckungssumme auch im gesunden Versiche-

rungsverhältnis) – noch auf das Verweisungsprivileg gem. § 117 Abs. 3 S. 2 VVG berufen kann.

Im Ausmaß des Betrags, den er infolge seiner Leistungsfreiheit gleichwohl an den Dritten zahlen musste, steht ihm ein Rückgriffsanspruch gem. § 117 Abs. 5 VVG gegen denjenigen zu, ggü. dem Leistungsfreiheit bestand. Das kann sich vom bezahlten Ersatzbetrag insoweit unterscheiden, als die nach § 12 StVG betragsbeschränkte Haftung des Halters geringer war als die unbeschränkte Haftung des Lenkers. Zu beachten ist, dass eine Angleichung der Haftungshöchstbeträge im StVG und der Mindestversicherungssummen in der Kfz-Haftpflichtversicherung stattgefunden hat (Übersicht bei Halm/Kreuter/Schwab/*Kreuter-Lange*, AKB § 117 Rn 28; immerhin nach § 12 StVG nur **5 Mio. EUR** bei einem Personenschaden; hingegen **7,5 Mio. EUR** Mindestversicherungssumme gem. § 4 Abs. 1 und 2 PflVG), sodass Abweichungen insoweit kaum mehr vorkommen werden. Bei Einstandspflicht eines Halters oder Lenkers eines in Deutschland haftpflichtversicherten Fahrzeugs im Ausland gelten die dortigen Mindestversicherungssummen. Sind sie höher, sind diese zugrunde zu legen, sind sie geringer, gelten die deutschen, weil eine Berufung auf den geschlossenen VV möglich ist (Halm/Kreuter/Schwab/*Kreuter-Lange*, AKB § 117 Rn 27). Zudem ist zu beachten, dass eine Einstandspflicht des HaftpflichtVR insoweit nicht gegeben ist, als es gem. § 117 Abs. 3 VVG um die Regressansprüche von anderen SchadensVR oder Sozialversicherungsträgern geht.

Mitunter kann ein Anspruch gegen einen Ersatzpflichtigen auf mehrere Anspruchsgrundlagen gestützt werden, etwa auf Verschuldens- und Gefährdungshaftung. Es ist dann denkbar, dass Leistungsfreiheit nur in Bezug auf die **Verschuldenshaftung** des Lenkers, der alkoholisiert war, gegeben ist, die **Halterhaftung** davon aber unberührt bleibt. Selbst i.R.d. Gründe, die zu einer Leistungsfreiheit führen, ist zu differenzieren: Hat der VN eine **Obliegenheitsverletzung** zu verantworten, kommt diese nicht zum Tragen, wenn ihm daneben **vorsätzliches Verhalten** in Bezug auf die Schadenszufügung vorgeworfen wird, was zur Folge hat, dass ein **Risikoausschluss** gem. § 103 VVG gegeben ist. Und innerhalb der Obliegenheitsverletzungen gibt es unterschiedliche Sanktionen: Das Spektrum reicht von einer **betraglich abgestuften Leistungsfreiheit** (§§ 5, 6 KfzPflVV) bis hin zur **Unbeachtlichkeit für das Verweisungsprivileg** (so nach § 3 S. 1 PflVG ein Verstoß gegen die Bau- und Betriebsvorschriften sowie die mangelnde Berechtigung des Fahrers bzw. dessen fehlende zureichende Fahrerlaubnis). Kommt dann zur Obliegenheitsverletzung wegen fehlenden Führerscheins noch das Fehlen eines gültigen VV und die dadurch ausgelöste Nachhaftung hinzu, kann sich der VN nicht auf eine Obliegenheitsverletzung allein zurückziehen (BGH, VersR 2002, 1501: Ein Minderjähriger hatte einen VV erschlichen und dann ohne Führerschein einen Unfall verschuldet; der HaftpflichtVR konnte sich auf den fehlenden VV und die Leistungsfreiheit während der Nachhaftungszeit berufen; die weniger weitreichende Rechtsfolge wegen des Fehlens des Führerscheins kam nicht mehr zum Tragen).

5. Anspruchsberechtigt ist der Dritte

23 **Dritter** ist jedenfalls der **Geschädigte**. Ausnahmsweise kann Dritter auch der **VN** selbst sein, wenn der Mitversicherte ihm in zurechenbarer Weise einen Schaden zugefügt hat. Sollte freilich nicht nur ggü. dem Mitversicherten, sondern auch ggü. dem VN Leistungsfreiheit bestehen, ist ein solcher Anspruch nicht gegeben, weil der VN als Geschädigter etwas fordern würde, was er sogleich als VN zurückerstatten müsste. Es greift die **dolo-agit-Einrede**. Es würde sich um eine unzulässige Rechtsausübung handeln. (BGH, VersR 1996, 1010; OLG Köln, VersR 1985, 488). Zu beachten ist darüber hinaus, dass nach Ziff. A.1.5.6 AKB 2015 für Eigentumsverletzungen des VN und bloße Vermögensschäden ein Risikoausschluss besteht, sodass ein Anspruch gegen den Mitversicherten nur wegen eines **Personenschadens** in Betracht kommt.

Neben dem unmittelbar Geschädigten ist bei einem kranken Deckungsverhältnis auch dessen **Rechtsnachfolger** Dritter, sofern dessen Ansprüche nicht wegen des Verweisungsprivilegs nach § 117 Abs. 3 S. 2 VVG ausgeschlossen sind. In Betracht kommen der **Erbe** als Gesamtrechtsnachfolger nach § 1922 BGB, aber auch Einzelrechtsnachfolger wie beim Regress des **Arbeitgebers** sowie von Rechtsträgern, die **Arbeitslosengeld II bzw. Sozialgeld** erbringen (BGHZ 44, 166 = BGH, VersR 1965, 1167). Kein Dritter ist hingegen nach herrschender Meinung (OLG Zweibrücken, VersR 1987, 656; *Beckmann*, in: Bruck/Möller, § 117 Rn 39; MüKo/*Schneider*, § 117 VVG Rn 11) ein **Mitschädiger**, weil dieser nach dem Schutzzweck nicht einbezogen ist. **Wertungsmäßig** ist das **fragwürdig** (zweifelnd auch Looschelders/Pohlmann/*Schwartze*, § 117 Rn 7): Angenommen wird, ein Radfahrer und ein Kfz-Lenker verschulden eine schwere Körperverletzung bei einem geschädigten Dritten, wofür sie als Solidarschuldner haften. Im Innenverhältnis ist der Kfz-Lenker allein verantwortlich. Wenn man den Mitschädiger nicht in den Schutzbereich des § 117 Abs. 1 VVG einbezieht, führt das dazu, dass der Radfahrer sich bei krankem Deckungsverhältnis allein beim Kfz-Lenker regressieren könnte, nicht aber bei dessen PflichthaftpflichtVR. Wenn der Geschädigte hingegen den VR in Anspruch nimmt, steht diesem kein Regressanspruch gegen den Radfahrer zu, weil nach dem Haftungsverhältnis der Lenker, also der VN des VR, den Schaden zu 100 % tragen soll. Wenn aber der Radfahrer, der Mitschädiger ist, sich nicht beim VR regressieren könnte, sondern nur beim schuldhaften Lenker, wäre bei dessen Vermögenslosigkeit die **endgültige Tragung des Schadens** davon abhängig, wen der **geschädigte Dritte zunächst belangt**, ein geradezu willkürliches Ergebnis; und zudem eines, das gegen fundamentale Grundsätze der Gesamtschuld verstößt.

6. Reduzierte Bedeutung in der Kfz-Haftpflichtversicherung

24 Probleme des kranken Deckungsverhältnisses bereiten in den letzten Jahren zunehmend geringere Probleme, was in einer rückläufigen Judikaturdichte seinen Ausdruck findet. Das hängt mit Veränderungen der Rechtslage sowohl auf Ebene der **Haftung** als auch der **Deckung** zusammen: Mitunter musste früher um das **Schmerzensgeld** gesondert prozessiert werden, weil ein solches bei bloßer Verwirklichung des Gefährdungshaftungstatbestands dem Geschädigten nicht zustand. Auch hatte der **Insasse** keine Ansprüche gegen den Halter aus Gefährdungshaftung. Das am 1.8.2002 in Kraft getretene Schadensersatzrechtsänderungsgesetz (BGBl 2002 I, S. 2674) hat diesbzgl. zu einer Gleichstellung mit der Verschuldenshaftung geführt. Die Anhebung der **Haftungshöchstbeträge**, namentlich nach § 12 StVG, auf 5 Mio. EUR für Personenschäden und 1 Mio. EUR für Sachschäden (dazu *Bollweg*, NZV 2007, 599), führt dazu, dass es auf die Verwirklichung der Verschuldenshaftung auch aus Gründen des Ersatzumfangs i.d.R. nicht mehr ankommt. Auf der Ebene der Deckung ist bedeutsam, dass es bei den Obliegenheitsverletzungen gem. den §§ 5, 6 KfzPflVV zu einer **betraglich begrenzten Leistungspflicht** kommt. Der VN bzw. der Mitversicherte erhält einen wirtschaftlichen Denkzettel, gerät aber nicht mehr in existenzielle Not. Fälle **voller Leistungsfreiheit** bestehen demgemäß nur noch bei der Nachhaftung nach Rücktritt des HaftpflichtVR wegen Prämienzahlungsverzugs, bei sonstigen Fällen der Beendigung des VV sowie einem strafgesetzwidrigen Verhalten des Fahrers gem. § 5 Abs. 3 S. 2 KfzPflVV.

7. Verjährung des Anspruchs des Dritten gegen den Versicherer

Der Anspruch des Dritten gegen den VR verjährt bei krankem Deckungsverhältnis erst zum Ende des Jahres, in dem sich dieser den Anspruch gegen den Schädiger (VN oder Mitversicherten) hat pfänden und überweisen lassen, somit erst ab **Rechtskraft des Urteils im Haftpflichtprozess gegen den Schädiger**. Es beginnt somit aber bei Ausschöpfung der Verjährungsfrist des Haftpflichtverhältnisses nach Rechtskraft des Urteils eine neue Verjährungsfrist (*Beckmann*, in: Bruck/Möller, § 117 Rn 103).

II. Beschränkung der Haftung des Haftpflichtversicherers auf die Mindestversicherungssumme (§ 117 Abs. 3 S. 1 VVG)

Muss der HaftpflichtVR ungeachtet seiner Leistungsfreiheit im Innenverhältnis, also ggü. dem VN bzw. dem Mitversicherten, im Außenverhältnis an den Dritten zahlen, ist er aber im Innenverhältnis leistungsfrei, beschränkt sich diese Verpflichtung auf die **gesetzlich vorgeschriebene Mindestversicherungssumme**, sofern im VV eine solche Einschränkung vorgesehen ist (Halm/Kreuter/Schwab/*Kreuter-Lange*, AKB § 117 Rn 27; Prölss/Martin/ *Knappmann*, § 117 Rn 21). Wurde eine **höhere VersSumme vertraglich vereinbart**, wirkt sich hinsichtlich der Differenz zwischen geringerer gesetzlicher Mindestversicherung und höherer vertraglich vereinbarter VersSumme die Leistungsfreiheit auch zulasten des Dritten aus. Wurde jedoch eine mit dem Versicherungszweck nicht vereinbare zu geringere Versicherungssumme vereinbart, gilt die erforderliche Mindestversicherungssumme (MüKo/ *Schneider*, § 117 VVG Rn 28).

Denkbar ist auch eine Abstufung, weil die Leistungsfreiheit wegen Obliegenheitsverletzung je nach Verschulden des VN auch zu einer bloß **partiellen Befreiung** führen kann. In dem Ausmaß der Befreiung, z.B. $^{1}/_{3}$, stehen dann nur $^{2}/_{3}$ der Mindestversicherungssumme zur Verfügung. Maßgeblich ist dabei die für die jeweilige Pflichthaftpflichtversicherung gesetzlich vorgeschriebene Mindestdeckungssumme, mag auch – vorschriftswidrig – eine geringere Deckungssumme vereinbart worden sein (Römer/Langheid/*Rixecker/Langheid*, § 117

Rn 26; Prölss/Martin/*Knappmann*, § 117 Rn 21). Bei Fehlen einer Anordnung gelten die in § 114 Abs. 1 VVG vorgesehenen 250.000 EUR je Versicherungsfall bzw. 1 Mio. EUR für sämtliche Versicherungsfälle eines Jahres. Soweit das die Pflichthaftpflichtversicherung anordnende Gesetz andere Beträge vorschreibt, wie das etwa für die **Kfz-Haftpflichtversicherung** in der Anlage zu § 4 Abs. 2 PflVG erfolgt ist, nämlich 7,5 Mio. EUR für Personenschäden, 1,12 Mio. EUR für Sachschäden und 50.000 EUR für reine Vermögensschäden, gilt diese Regelung. Es handelt sich um eine lex specialis.

27 Besteht eine bloß **teilweise Leistungsfreiheit** des VR, wie das nach Wegfall des Alles-oder-Nichts-Prinzips nun häufiger vorkommen dürfte, hat das bei einer gesetzlichen Mindestversicherungssumme keine Auswirkungen ggü. dem Dritten, weil der VR diesem in vollem Umfang einzustehen hat. Bei einer **höheren vertraglich vereinbarten Versicherungssumme** muss dem Dritten aber jedenfalls der sich aus der Kürzung wegen einer Obliegenheitsverletzung ergebende Betrag verbleiben, wenn dieser höher ist als die Mindestversicherungssumme (Feyock/Jacobsen/Lemor/*Jacobsen*, Kraftfahrtversicherung § 117 Rn 14). Denn die Regeln über die Pflichtversicherung sollen die Rechtsposition des Dritten verbessern, ihn aber keinesfalls schlechter stellen als in der allgemeinen Haftpflichtversicherung.

28 Bedeutsam ist, dass bei Obliegenheitsverletzungen bei der **Kfz-Haftpflichtversicherung** die §§ 5, 6 KfzPflVV **betragliche Obergrenzen** der Leistungsfreiheit vorschreiben. Auswirkungen hat das nicht nur für den **VN** und den **Mitversicherten**, sondern auch für die aufgrund des Verweisungsprivilegs (§ 117 Abs. 3 S. 2 VVG) bei voller Leistungsfreiheit von einem Regress ausgeschlossenen **SchadensVR** und **Sozialversicherungsträger** (*Heß/Burmann*, NJW-Spezial 2006, 15; Prölss/Martin/*Knappmann*, § 117 Rn 29). Ist deren Regress gegen den HaftpflichtVR bei voller Leistungsfreiheit abgeschnitten, führt die betraglich begrenzte Leistungsfreiheit des HaftpflichtVR ggü. dem VN bzw. den Mitversicherten dazu, dass auch der Regress der SchadensVR nur in diesem Ausmaß gekürzt wird (BGH, VersR 1984, 226; *Hübner/Schneider*, r+s 2002, 89, 96; MAH-VersR/*Rümenapp*, § 13 Rn 125 f.; Feyock/Jacobsen/Lemor/*Jacobsen*, Kraftfahrtversicherung § 117 Rn 20: so bei einer Obliegenheitsverletzung vor Eintritt des Versicherungsfalls gem. Ziff. D.2.3 AKB 2015 in der Kfz-Haftpflichtversicherung). In dem darüber hinausgehenden Betrag können sich diese beim HaftpflichtVR regressieren (*Wandt*, Versicherungsrecht, Rn 1141). Es liegt wohl beim VR, welchem Sozialversicherungsträger oder SchadensVR er die betraglich begrenzte Leistungspflicht (§ 5 Abs. 3 KfzPflVV: 5.000 EUR; § 6 Abs. 1 KfzPflVV: 2.500 EUR; § 6 Abs. 3 KfzPflVV: 5.000 EUR) entgegenhält. Insgesamt kann er das nur bis zur jeweiligen **betraglichen Obergrenze** und nicht jeweils ggü. jedem Regressgläubiger. Dieser nimmt dann den Schädiger, wegen dessen Verhalten Leistungsfreiheit besteht, in Anspruch. Der VR hat es somit in der Hand, welcher Regressgläubiger das Insolvenzrisiko des Schädigers zu tragen hat.

29 Soweit es aufgrund der Vorgaben des § 5 KfzPflVV lediglich zu einer **betraglich beschränkten Leistungsfreiheit** kommt (zur möglichen Kumulierung der Leistungsfreiheit bei Obliegenheitsverletzungen vor und nach Eintritt des Versicherungsfalls BGH, NJW 2006, 147; ebenso *Klotmann*, in: Drees/Koch/Nell [2010] 157, 184; a.A. *Hübner/ Schnei-*

der, r+s 2002, 89, 96), bleibt eine **vertraglich vereinbarte höhere Versicherungssumme** bestehen (instruktiv BGH, VersR 1983, 688: wegen Fahrerflucht dem VN ggü. Leistungsfreiheit im Ausmaß von 1.000 DM, Mindestversicherungssumme 750.000 DM, vertraglich vereinbarte Summe 2 Mio. DM; hier keine Beschränkung auf die Mindestversicherungssumme, vielmehr 1.999.000 DM). In den AVB (in der Kfz-Haftpflichtversicherung Ziff. D.2.3 S. 2 sowie E.2.7 AKB 2015) wird freilich für einen solchen Fall trotz höherer vereinbarter VersSumme die Haftung auf die Mindestdeckungssumme begrenzt (für die Zulässigkeit einer solchen Vereinbarung *Wandt*, Versicherungsrecht, Rn 1141; *Beckmann*, in: Bruck/Möller, § 117 Rn 44; widersprüchlich insoweit Feyock/Jacobsen/Lemor/*Jacobsen*, Kraftfahrtversicherung § 117 Rn 14 und 20; a.A. MüKo/*Schneider*, § 117 VVG Rn 29; Prölss/Martin/*Knappmann* § 117 Rn 21, mit dem Argument, dass die Rechtsfolgen von Obliegenheitsverstößen in § 28 VVG abschließend geregelt seien und gemäß § 32 VVG eine Abweichung zu Lasten des VN unzulässig sei).

Das Problem ist insoweit lösbar, als der HaftpflichtVR mit dem VN einen Vertrag über die Mindestversicherungssumme abschließt und über eine darüber hinausgehende Versicherungssumme einen weitere *„freiwillige"* Haftpflichtversicherung, die nicht dem Regime der Pflichtversicherung und damit auch nicht § 117 VVG unterliegt (Näheres dazu bei § 114 Rdn 6 ff.). Ist auch die höhere Versicherungssumme von der Pflichtversicherung umfasst, darf der nach den AVB gekürzte Betrag jedenfalls nicht geringer ausfallen als bei Kürzung des Deckungsanspruchs einer „normalen" Haftpflichtversicherung gem. § 28 VVG (so überzeugend *Knappmann*, VersR 2009, 186, 187 unter Hinweis auf die höhere Prämie sowie § 32; ebenso *Klotmann*, in: Drees/Koch/Nell [2010] 157, 163 ff.). Die Mindestversicherungssumme muss jedenfalls zustehen; diese ist aber nicht zusätzlich neben der Quotelung zu berücksichtigen (*Keppel*, Die Pflichthaftpflichtversicherung nach der VVG-Reform [2010] 114 ff. unter Hinweis auf die in Betracht kommenden Auslegungsmöglichkeiten). Bei betraglich begrenzter Leistungsfreiheit hat zunächst eine Quotelung zu erfolgen; und erst der sich daraus ergebende Betrag erfährt eine betragliche Deckelung auf 2.500 EUR bzw. 5.000 EUR (*Wandt*, Versicherungsrecht, Rn 1147; *Klotmann*, in: Drees/Koch/Nell [2010] 157, 182 m.w.N. in Fn 51; *Armbrüster*, Privatversicherungsrecht, Rn 379). 30

Je **schwerer das Verschulden** bei der Obliegenheitsverletzung ist, umso **höher** fällt die **Kürzung** aus (OLG Saarbrücken, NJW-RR 2013, 934: *„Vollständige"* Leistungsfreiheit im Rahmen der möglichen 5.000 EUR bei einer Trunkenheit des Lenkers bei einem Blutalkoholspiegel von 2,45 Promille; OLG Naumburg, VersR 2015, 102 = OLG Naumburg, BeckRS 2014, 15043: Leistungsfreiheit im Ausmaß von 70 % bei einer Transportversicherung). Besteht ggü. Halter und Lenker Leistungsfreiheit, kann ggü jedem der jeweilige Höchstbetrag geltend gemacht werden (*Nothoff*, VRR 2013, 124, 127), wobei Obliegenheitsverletzungen vor und nach dem schädigenden Ereignis bis maximal 10.000 EUR kumuliert werden können (BGH, VersR 2005, 1720 = BGH, r+s 2006, 100 [*Münstermann*]). 31

Auch bei Bestehen von voller Leistungsfreiheit und einer Beschränkung auf die Mindestversicherungssumme sollte der HaftpflichtVR darauf achten, dass die sich daraus ergebende Betragsbeschränkung im **Tenor des Feststellungsurteils** zum Ausdruck kommt (lasch 32 dagegen OLG Frankfurt a.M., NJW-RR 1987, 91: Begrenzung der Haftung gegen den HaftpflichtVR auf eine bestimmte VersSumme ist selbstverständlich, eine Aufnahme in den Tenor entspricht aber der guten Übung). Ausreichend soll schon ein Hinweis auf § 117 VVG sein (Halm/Kreuter/Schwab/*Kreuter-Lange*, AKB § 117 Rn 27). Unterbleibt ein solcher Hinweis, kann der geschädigte Dritte bei späteren Leistungsbegehren den HaftpflichtVR betraglich unbeschränkt in Anspruch nehmen (BGH, VersR 1979, 348: Erwerbsschaden eines Theologen). Bei einer **Haftung des Halters aus dem StVG** kann eine betragliche Begrenzung auf die Mindestversicherungssumme unterbleiben, weil die betraglich beschränkte StVG-Haftung stets geringer ist als die Mindestversicherungssumme (Halm/Kreuter/Schwab/*Kreuter-Lange*, AKB § 117 Rn 27). Etwas anderes gilt nur für **Gefahrguttransporte**, bei denen es anders ist, wobei insoweit eine Anpassung der Mindestversicherungssumme rasch erfolgen sollte, um Schutzlücken zu vermeiden (Halm/Kreuter/Schwab/*Kreuter-Lange*, AKB § 117 Rn 28). Für eine Betragsbeschränkung ist ausreichend, wenn in der Urteilsbegründung auf die Anspruchsgrundlage des StVG mit der Betragsbeschränkung des § 12 StVG oder eine Haftung gemäß § 3 PflVG hingewiesen wird (OLG München, r+s 2003, 388).

III. Verweisungsprivileg: Subsidiarität der Einstandspflicht des Pflichthaftpflichtversicherers (§ 117 Abs. 3 S. 2 VVG)

1. Sachliche Begründung

33 Die **Pflichthaftpflichtversicherung** soll den **geschädigten Dritten in besonderer Weise schützen**. Dieser soll davor bewahrt werden, dass die Durchsetzung eines berechtigten Anspruchs an der Vermögenslosigkeit des Schuldners scheitert. Daher soll er selbst dann seinen Schadensersatzanspruch gegen die Pflichthaftpflichtversicherung durchsetzen können, wenn der PflichthaftpflichtVR im Innenverhältnis ggü. dem VN bzw. dem Mitversicherten leistungsfrei ist (*Hübner/Schneider*, r+s 2002, 89, 93). Dieser Schutz des geschädigten Dritten ist aber dann nicht mehr erforderlich, wenn er den durch den Schadensersatzanspruch zu deckenden Bedarf von einem anderen Kollektiv, nämlich einem **SchadensVR** oder **Sozialversicherungsträger**, erlangen kann (BGHZ 25, 322 = BGH, NJW 1957, 1876; BGH, VersR 1975, 558; BGH, VersR 1976, 235; *Steffen*, VersR 1987, 529). Diese erbringen ihre Leistungen, erhalten dafür aber eine Gegenleistung in Form einer Prämie oder eines Beitrags.

Im Verhältnis zum – im Innenverhältnis – leistungsfreien PflichthaftpflichtVR sind sie näher daran, den Schaden zu tragen. Deshalb kann der PflichthaftpflichtVR den geschädigten Dritten an einen anderen SchadensVR oder Sozialversicherungsträger verweisen. Die Regelung macht nur dann Sinn, wenn diese **SchadensVR** und **Sozialversicherungsträger** den leistungsfreien PflichthaftpflichtVR auch nicht im Wege des Regresses belangen können (*Hübner/Schneider*, r+s 2002, 89, 93; Prölss/Martin/Knappmann, § 117 Rn 30). Ein Regress dieser SchadensVR gegen den **Schädiger**, dem ggü. der HaftpflichtVR leistungsfrei ist, bleibt jedoch bestehen; es tritt der SchadensVR an die Stelle des HaftpflichtVR und trägt das Einbringlichkeitsrisiko beim Schädiger (Halm/Kreuter/Schwab/*Kreuter-*

Lange, AKB § 117 Rn 44). Die Verweisung auf einen Ersatzanspruch gegen einen **sonstigen solventen Dritten** ist aber nicht ausreichend.

2. Partielle Ausnahme von der Regel in der Kfz-Haftpflichtversicherung gem. § 3 S. 1 PflVG

Wenn ein Fahrzeug im Zeitpunkt des Unfalls den **Bau-** und **Betriebsvorschriften** der FZV nicht entsprach, ist der HaftpflichtVR infolge Gefahrerhöhung wegen Mängeln am Fahrzeug (Ziff. D.1.1.1 AKB 2015) leistungsfrei. Entsprechendes gilt bei einem **unberechtigten Fahrer**, also einem Verstoß gegen die Schwarzfahrerklausel (Ziff. D.1.1.2 AKB 2015) oder einem Fahrer ohne **vorgeschriebene Fahrerlaubnis**, somit einem Verstoß gegen die Führerscheinklausel (Ziff. D.1.1.3 AKB 2015). Bei diesen beiden Obliegenheitsverletzungen ordnet § 3 S. 1 PflVG an, dass das Verweisungsprivileg des § 117 Abs. 3 S. 2 VVG nicht gelten soll. Der Kfz-HaftpflichtVR ist somit dem **geschädigten Dritten in vollem Umfang einstandspflichtig** und kann diesen nicht darauf verweisen, dass er den Schaden ohnehin von seinem SchadensVR abgedeckt erhält, sodass der Geschädigte, etwa bei der Kaskoversicherung, die Wahl hat, seinen KaskoVR in Anspruch zu nehmen oder sich an den – ggü. dem VN leistungsfreien – PflichthaftpflichtVR zu halten. Ggü. einem Fahrer, der das Kfz durch eine strafbare Handlung erlangt hat, gilt diese Beschränkung nicht (*Knappmann*, VRR 2014, 44, 47). 34

Auch in diesem Zusammenhang ist aber darauf hinzuweisen, dass sich der Geschädigte darauf nicht berufen kann, wenn neben der von § 3 S. 1 PflVG genannten Obliegenheitsverletzung eine weitere hinzukommt, der VN bzw. Mitversicherte etwa **nicht nur ohne Führerschein** gefahren ist, sondern **zusätzlich alkoholisiert** war. Die zusätzliche Obliegenheitsverletzung setzt die Beseitigung der Verweisungsklausel außer Kraft (BGH, VersR 2002, 1505; OLG Stuttgart, NVersZ 2001, 428; OLG Hamm, VersR 2000, 1139). Wegen der Vorgaben der §§ 5, 6 KfzPflVV wirkt sich diese Verweisung allerdings nur in den dort vorgegebenen betraglichen Grenzen aus, somit i.d.R. bis max. 5.000 EUR. 35

3. Detailfragen

a) Positive Umschreibung

aa) Schadensversicherer

SchadenVR ist zunächst die **Haftpflichtversicherung** oder Pflichthaftpflichtversicherung eines Zweitschädigers (Römer/Langheid/*Rixecker/Langheid*, § 117 Rn 30). Es muss **keine Pflichthaftpflichtversicherung** sein (Prölss/Martin/*Knappmann*, § 117 Rn 27). Auch eine weitere Haftpflichtversicherung des VN im Rahmen der Mehrfachversicherung (z.B. bei einem Gespann BGH, VersR 2011, 105 = BGH, NJW 2011, 447; dazu *Matusche-Beckmann*, LMK 2011, 320471) kommt in Betracht (*Beckmann*, in: Bruck/Möller, § 117 Rn 54). Darüber hinaus ist aber auch eine **Sachversicherung**, etwa eine **Kasko-** oder **Transportversicherung** (BGH, VersR 1978, 609; OLG Koblenz, VersR 2006, 110; OLG Naumburg, VersR 2015, 102 = BeckRS 2014, 15043; Prölss/Martin/*Knappmann*, § 117 Rn 27), als 36

SchadensVR anzusehen. Auch diese erhält für ihre Leistungen Prämien und müsste ihrem VN auch dann Ersatz leisten, wenn kein Schädiger dafür einstandspflichtig ist. Auch ein RechtsschutzVR fällt unter § 117 Abs. 3 S. 2 VVG (LG Saarbrücken, VersR 1976, 83; Looschelders/Pohlmann/*Schwartze*, § 117 Rn 19; MüKo/*Schneider*, § 117 VVG Rn 39). Bedeutsam ist, dass sich die vom SachVR zu erbringende Leistung am eingetretenen Schaden orientiert.

37 Bei Kranken- und Rentenversicherern stellen sich mitunter knifflige Abgrenzungsfragen, ob eine **Schadens-** oder **Summenversicherung** gegeben ist (BGH, VersR 1976, 235). Während bei einer Schadensversicherung das Verweisungsprivileg anzuwenden ist, ist das bei der Summenversicherung anders. Letztere zeichnet sich dadurch aus, dass im Versicherungsfall losgelöst vom konkreten Schaden eine bestimmte Summe ausbezahlt wird (so bei der Lebens-, Unfall- und Krankenhaustagegeldversicherung), wobei die auszuzahlende VersSumme mitunter vom Ausmaß der bis dahin einbezahlten Beiträge bzw. Prämien und der Dauer des VV abhängt. **Indizcharakter**, ob eine Schadens- oder **Summenversicherung** gegeben ist, hat die Beurteilung der **Haftungsfrage**: Kann der Geschädigte neben der Versicherungsleistung vollen Schadensersatz – ohne Anrechnung – verlangen, ist im Zweifel eine Summenversicherung gegeben. Ist die Versicherungsleistung anzurechnen, ist also der Schadensersatzanspruch um die Versicherungsleistung vermindert, ist von einer **Schadensversicherung** auszugehen (so generell BK/*Beckmann*, § 158c Rn 41 unter Hinweis auf BGHZ 64, 260 = BGH, NJW 1975, 1273; für die Qualifikation einer Krankenhaustagegeldversicherung, die auch den Erwerbsschaden abdecken soll, als Schadensversicherung Römer/Langheid/Rixecker/Langheid, § 117 Rn 31; **a.A.** Prölss/Martin/*Knappmann*, § 117 Rn 27).

38 Eine Zusatzversorgungskasse der Gemeinden hat der BGH (BGH, VersR 1979, 1120) als Summenversicherung angesehen, weil zwar die Berufsunfähigkeit Auslöser für den Anspruch auf die Versicherungsleistung war, die Höhe sich aber nicht an der Erwerbseinbuße, sondern an der Dauer der Zugehörigkeit zur Versorgungskasse orientierte; außerdem lag das Schwergewicht der Versorgungskasse in der Auszahlung von Altersrenten (krit. dazu *Johannsen* in Bruck/Möller, Bd. V/1 Anm. B 53). Die Position des BGH mag man teilen (so Prölss/Martin/*Knappmann*, § 117 Rn 27), wenn die Versicherungsleistung **ohne jeden Bezug** auf das **Ausmaß der Erwerbsbeeinträchtigung** erfolgt. Zu bedenken ist indes, dass **auch im Sozialversicherungsrecht keine Orientierung an der konkreten Erwerbseinbuße**, sondern nach der allg. Minderung der Erwerbsfähigkeit erfolgt, was die Auswirkungen für den Einzelnen nur sehr grob abbildet. Nach diesem Maßstab müsste dann eine private Unfallversicherung, die als Musterbeispiel einer Summenversicherung gilt, nach § 117 Abs. 3 S. 2 VVG als Schadensversicherung qualifiziert werden, wogegen freilich spricht, dass diese auf den Schadensersatzanspruch gerade nicht angerechnet wird (dazu Prölss/Martin/*Knappmann*, § 117 Rn 27: soweit sie den Schaden ersetzt).

bb) Eigenversicherer gem. § 2 Abs. 1 S. 1 bis 5 PflVG

In der Kfz-Haftpflichtversicherung sind bestimmte Rechtsträger, wie etwa Bund, Land und Gemeinden mit mehr als 100.000 Einwohnern gem. § 2 Abs. 1 S. 1 bis 5 PflVG, vom Abschluss einer Pflichthaftpflichtversicherung ausgenommen. Der Grund liegt darin, dass deren Solvenz als zweifelsfrei angesehen wird. Gem. § 2 Abs. 2 PflVG hat der geschädigte Dritte diesen ggü. aber die **gleiche Rechtsstellung**, so als ob diese eine **entsprechende Kfz-Haftpflichtversicherung abgeschlossen** hätten. Für das Verweisungsprivileg bedeutet das, dass bei zwei Mitschädigern, bei dem hinter einem eine Pflichthaftpflichtversicherung steht, die aber ihrem VN bzw. Versicherten ggü. leistungsfrei ist, der Geschädigte darauf verwiesen werden kann, gegen den von der Pflichthaftpflichtversicherung freigestellten EigenVR nach § 2 Abs. 1 Nr. 1 bis 5 PflVG vorzugehen (OLG Zweibrücken, VersR 1987, 656: kein Regress der Bundesrepublik Deutschland als Ersatzpflichtiger aus dem NATO-Truppenstatut gegen den leistungsfreien Kfz-HaftpflichtVR; Looschelders/Pohlmann/*Schwartze*, § 117 Rn 20).   39

Während das in § 3 Nr. 6 S. 2 PflVG a.F. aus dem systematischen Zusammenhang auch für den durchschnittlichen Leser ohne Weiteres erkennbar war, ist dieser – zweifellos gewollte – Inhalt dem nun geltenden § 3 S. 2 PflVG nur bei entsprechender Kenntnis der Entstehungsgeschichte und Vorliegen der Synopse von altem und neuem Recht zu entnehmen. Nach der Schilderung, dass das Verweisungsprivileg bei den dort beschriebenen Obliegenheitsverletzungen nicht gilt, lautet § 3 S. 2 PflVG: *„Soweit der Dritte jedoch von einem nach § 2 Abs. 1 Nr. 1 bis 5 von der Versicherungspflicht befreiten Fahrzeughalter Ersatz seines Schadens verlangen kann, entfällt die Leistungspflicht des Versicherers."* Ein **unbefangener Leser**, der immerhin begreift, dass es sich um den Fall einer **solidarischen Haftung** eines nach § 2 Nr. 1 bis 5 PflVG Ersatzpflichtigen und eines weiteren Ersatzpflichtigen handelt, für den eine Kfz-Haftpflichtversicherung einzustehen hat, würde die Norm wohl so verstehen, dass in solchen Fällen stets der von der Pflichthaftpflichtversicherung befreite Ersatzpflichtige allein einzustehen hätte. Das ist freilich **nicht gemeint**! Vielmehr soll das nur gelten, wenn es sich bei dem Schädiger, hinter dem eine Kfz-Haftpflichtversicherung steht, um ein **krankes Deckungsverhältnis** handelt. Im Wortlaut der Norm kommt das allerdings nicht zum Ausdruck.   40

Soweit der Gesetzgeber für Fahrzeuge eine Befreiung von der Pflichthaftpflichtversicherung in § 2 Abs. 1 Nr. 1 bis 5 PflVG ausdrücklich vorgesehen hat, ergibt der – wenn auch kryptische – Verweis in § 3 S. 2 PflVG, dass der nach dieser Norm Ersatzpflichtige wie ein SchadensVR zu behandeln ist. Das gilt auch, wenn der Geschädigte Ersatz von der Bundesrepublik Deutschland nach dem Nato-Truppenstatut verlangen kann (OLG Zweibrücken, VersR 1987, 656; MüKo/*Schneider*, § 117 VVG Rn 39). Wie ist das aber bei anderen Ersatzpflichtigen, bei denen es an einer solchen gesetzgeberischen Klarstellung fehlt? Der BGH (BGH, VersR 1971, 333) hat bei einem ausländischen – österreichischen (verstaatlichten) – **Eisenbahnunternehmen** die Qualität eines SchadensVR verneint (krit. Prölss/Martin/*Knappmann*, § 117 Rn 27). Formal ist die Entscheidung zutreffend. Es stellt sich indes unter **Wertungsgesichtspunkten** die Frage, ob insoweit nicht eine **Analogie** zu § 2 Abs. 1 Nr. 1 bis 5 PflVG in Betracht käme. So unterliegen etwa auch in Deutschland die   41

Eisenbahnen erst seit geraumer Zeit einer Pflichthaftpflichtversicherung – und auch nicht alle, von Straßen- und Untergrundbahnen ganz abgesehen (*Filthaut*, NZV 1999, 71; *Filthaut*, HaftPflG, Einl. Rn 14 ff.). Bei diesen dürfte von einer Pflichthaftpflichtversicherung deshalb abgesehen worden sein, weil man annahm, dass die Solvenz des Betreibers zweifellos gegeben war. Ob im Zuge der Privatisierung diese Vermutung noch berechtigt ist und neben diesen nicht auch Seil- und Magnetschwebebahnen einer Pflichthaftpflichtversicherung unterworfen werden sollten, kann hier nicht geklärt werden. Eine behutsame Analogie zu den echten EigenVR nach § 2 Abs. 1 Nr. 1 bis 5 PflVG ist indes angezeigt (**a.A.** Römer/Langheid/*Rixecker*/Langheid, § 117 Rn 30; *Beckmann*, in: Bruck/Möller, § 117 Rn 57).

42   Für firmeneigene Versicherungsunternehmen, die der Absicherung firmeneigener Risiken dienen, gilt das nicht (*Beckmann*, in: Bruck/Möller, § 117 Rn 56).

cc) Sozialversicherungsträger

43   Bei Sozialleistungen ist das Verweisungsprivileg davon abhängig, dass es sich um eine **Versicherungsleistung** handelt. Für eine solche ist charakteristisch, dass diese **nicht** von der **Bedürftigkeit des Empfängers** abhängig ist, sondern sie durch **Beiträge der Versicherungspflichtigen finanziert** wird (BGHZ 25, 322 = BGH, NJW 1957, 1876: Auf die insoweit bestehende Parallele zur Privatversicherung hinweisend), mag auch ein staatlicher Zuschuss erbracht werden und der Leistungsempfänger ausnahmsweise – noch – keinen Beitrag geleistet haben, und die **Leistungen zeitlich begrenzt** gewährt werden (*Beckmann*, in: Bruck/Möller, § 117 Rn 66). Nach diesen Kriterien stellen das **Arbeitslosengeld I** und **Rehabilitationsleistungen** der Bundesanstalt für Arbeit (OLG Frankfurt a.M., VersR 1991, 686; OLG München, VersR 1988, 29; OLG München, NJW 1986, 1474) eine vom Verweisungsprivileg des § 117 Abs. 3 S. 2 VVG erfasste Sozialversicherungsleistung dar (Prölss/Martin/*Knappmann*, § 117 Rn 32). Das gilt auch für Leistungen ausländischer Sozialversicherungsträger (*Beckmann*, in: Bruck/Möller, § 117 Rn 66; MüKo/*Schneider*, § 117 VVG Rn 40).

44   Der **Beitragsregress** des **Sozialversicherungsträgers** gem. § 119 SGB X soll nach herrschender Meinung vom Verweisungsprivileg ausgeschlossen sein, weil es sich insoweit nicht um einen Regress wegen einer an den Geschädigten erbrachten Leistung handelt (*Beckmann*, in: Bruck/Möller, § 117 Rn 68; MüKo/*Schneider*, § 117 VVG Rn 40; dazu *Küppersbusch*, VersR 1983, 211; *Denck*, VersR 1984, 602; *v. Einem*, VersR 1987, 138; *Stelzer*, VersR 1986, 632; skeptisch Looschelders/Pohlmann/*Schwartze*, § 117 Rn 22), wobei *Rixecker/Langheid* (Römer/Langheid/*Rixecker*/Langheid, § 117 Rn 32) es für erstaunlich halten, dass dies auch soweit gilt, als der Schädiger diese dem Geschädigten – nach der früheren Rechtslage – nicht zu erbringen hatte, soweit dieser als Versicherter eine unverfallbare Rentenposition erlangt hatte.

45   Diese Betrachtung ist zu formal. Beim Beitragsregress geht es darum, dass der Rentenversicherungsträger für den Geschädigten die Rentenbeiträge einzieht, die dieser wegen der verletzungsbedingten Beeinträchtigung seiner Erwerbsfähigkeit nicht mehr selbst verdienen kann. Dass die formale Einziehung durch den Rentenversicherungsträger erfolgt, ver-

mag aber nichts daran zu ändern, dass es sich um einen **unmittelbaren Schaden** des **Geschädigten** und eine Versicherungsleistung an ihn handelt. Dass er den Nutzen nicht sogleich wahrnimmt, sondern erst im Zeitpunkt der Auszahlung seiner Altersrente, die er dann trotz seiner verletzungsbedingten Beeinträchtigung seiner Erwerbsfähigkeit in ungekürztem Maße erhält, weil die Anwartschaften wie ohne Verletzung angesammelt worden sind, vermag nichts daran zu ändern, dass es sich bereits in der Ansparphase um Sozialleistungen an den Geschädigten handelt. Und was die unverfallbare bzw. unfallfeste Position betrifft, so wurde diese durch § 119 SGB X gerade beseitigt: Der Verzicht der Rentenversicherungsträger auf die Volldeckung aus Entgegenkommen ggü. dem eigenen VN sollte nicht dem Schädiger zugutekommen, was durch § 119 SGB X umgesetzt wurde (zur Rechtsnatur des § 119 SGB X, AnwK-BGB/*Huber*, §§ 842, 843 Rn 113 ff.). Es handelt sich deshalb um eine Sozialversicherungsleistung an den Geschädigten mit der Folge, dass auch die Sozialleistung für diesen Anspruchsteil des Erwerbsschadens dem Verweisungsprivileg unterliegt (a.A. Halm/Kreuter/Schwab/*Kreuter-Lange*, AKB § 117 Rn 40).

b) Negative Umschreibung

aa) Summenversicherung und staatliche Transferleistungen

Keine Leistung eines SchadensVR liegt demgemäß vor, wenn es sich um eine **Summenversicherung**, deren Leistung ohne Bezugnahme auf den eingetretenen Schaden erfolgt, handelt. Keine Versicherungsleistung ist bei einer **Sozialleistung** gegeben, die aus Gründen **staatlicher Fürsorge** erbracht wird, ausschließlich von der Allgemeinheit aufgebracht wird und von der Bedürftigkeit des Empfängers abhängig ist, wobei mitunter in Bezug auf die Gewährung ein Ermessensspielraum besteht. Diese Kriterien treffen für das nach dem SGB II zu beurteilende **Arbeitslosengeld II** und **Sozialgeld** zu (BGHZ 44, 166 = BGH, VersR 1965, 1167; OLG Frankfurt a.M., NZV 1990, 233; OLG München, VersR 1988, 29; OLG München, NJW 1986, 1474; Römer/Langheid/*Rixecker/Langheid*, § 117 Rn 32; Prölss/Martin/*Knappmann*, § 117 Rn 32).

46

bb) Arbeitgeber, selbst bei Refinanzierung durch Sozialversicherung

Ein Arbeitgeber ist weder ein **SchadensVR** noch ein **Sozialversicherungsträger**. Entsprechendes gilt für den Dienstherrn eines Beamten. Deshalb ist es folgerichtig, dass **für diese das Verweisungsprivileg nicht gilt** und sie folglich regressberechtigt sind (OLG Köln, VersR 1985, 488; *Schirmer*, VersR 1986, 825, 831; Prölss/Martin/*Knappmann*, § 117 Rn 32; a.A. *Denck*, VersR 1989, 9). Auch **wertungsmäßig** ist das gut nachvollziehbar. Selbst bei Leistungsfreiheit ist der PflichthaftpflichtVR näher daran, den Schaden zu tragen, sodass es folgerichtig ist, einen Regress von Arbeitgeber und Dienstherrn zu bejahen. Umstritten ist aber die Frage, inwieweit gegenteilig zu verfahren ist, wenn der Arbeitgeber die Mittel der Entgeltfortzahlung von einem **Sozialversicherungsträger erstattet** bekommt. Ist der Arbeitgeber doch dann bloß mit der technischen Abwicklung betraut, in Wahrheit handelt es sich aber um eine Sozialversicherungsleistung. Dann ist es folgerichtig, die Arbeitgeberleistung insoweit dem Verweisungsprivileg zu unterwerfen (so BGH, VersR 1986, 1231

47

bei § 8 öEFZG; Römer/Langheid/*Rixecker/Langheid*, § 117 Rn 32). Geht es aber bei der Rückerstattung von Arbeitgeberleistungen bloß um eine Rückversicherung des Arbeitgebers (so *Schirmer*, VersR 1986, 825, 831 Fn 49), hat es beim Verweisungsprivileg zu bleiben.

48 Keineswegs kann die Frage der Anwendung des Verweisungsprivilegs davon abhängen, wer den Regress in welchem Ausmaß geltend macht. Darauf abzustellen, ob der SozialVR das fortgezahlte Entgelt in **vollem Umfang** (so das Argument von BGH, VersR 1986, 1231 in Bezug auf die österreichische Entgeltfortzahlung) oder nur z.T. erstattet, erscheint wenig überzeugend; insofern ist eine **Differenzierung** danach, **in welchem Ausmaß** eine Erstattung erfolgt, ohne Weiteres möglich. Gegen die Deutung als Rückversicherung spricht, dass es sich um eine zwangsweise Leistung handelt, während für die Rückversicherung typisch ist, dass es beim VN liegt, ob er davon Gebrauch machen möchte oder nicht. Ein wenn auch ganz schwaches Argument mag sein, dass die **Entgeltfortzahlung** früher ganz in den Händen der **Sozialversicherungsträger** lag und wegen deren defizitärer Lage auf die Arbeitgeber übertragen wurde. Wenn über – partielle – Erstattungen dieser Zustand wiederhergestellt wird und es sich insoweit, jedenfalls wirtschaftlich betrachtet, um eine Sozialversicherungsleistung handelt, ist dem auch bei der Frage der **Reichweite des Verweisungsprivilegs** Rechnung zu tragen und ein solches zu bejahen (vorsichtig zustimmend MüKo/*Schneider*, § 117 VVG Rn 40: kann in Betracht kommen; a.A. Halm/Kreuter/Schwab/*Kreuter-Lange*, AKB § 117 Rn 38).

c) Was kann der Dritte nicht entgegensetzen

aa) Nachteile und Grenzen des ersatzfähigen Schadens bei der Geltendmachung ggü. dem eigenen Schadensversicherer

49 § 117 Abs. 3 S. 2 VVG stellt seinem eindeutigen Wortlaut nach darauf ab, ob der Geschädigte Ersatz von einem anderen SchadensVR **erlangen kann** (OLG Saarbrücken, NJW-RR 2013, 934; *Beckmann*, in: Bruck/Möller, § 117 Rn 58; MüKo/*Schneider*, § 117 VVG Rn 35). Ob er ihn tatsächlich erlangt, darauf kommt es nicht an (Römer/Langheid/*Rixecker/Langheid*, § 117 Rn 33; Prölss/Martin/*Knappmann*, § 117 Rn 28). Der Geschädigte hat **kein Wahlrecht** (BGHZ 44, 382 = BGH, VersR 1966, 256). Unterlässt daher der Geschädigte die Anmeldung des Schadens gegen seinen Transportversicherer, weil er davon ausgeht, dass er den Anspruch gegen den gegnerischen Kfz-HaftpflichtVR durchsetzen kann, führt dessen Leistungsfreiheit dazu, dass der Geschädigte wegen des Verweisungsprivilegs den Schaden selbst zu tragen hat (so BGH, VersR 1971, 238: Versäumung der 4-Wochen-Frist für die Anmeldung beim KVO-VR in der trügerischen Gewissheit, Ersatz vom gegnerischen HaftpflichtVR zu bekommen). Zu bedenken ist, dass der Anspruch des geschädigten Dritten gegen seinen SchadenVR ebenfalls wegen eines Obliegenheitsverstoßes gekürzt sein kann, ohne dass dieser Umstand zu einer Kürzung des Schadenersatzanspruchs gegen den Schädiger führen muss (Halm/Kreuter/Schwab/*Kreuter-Lange*, AKB § 117 Rn 33: Alkoholisierung des Geschädigten in der Kaskoversicherung, was aber zu keiner Kürzung des Schadenersatzanspruchs wegen Mitverschuldens führt).

Auch das **Unterlassen** der **Schadensmeldung** beim **eigenen KaskoVR**, um einen Rückstufungsschaden oder eine drohende Kündigung des VV abzuwenden, kann für den Geschädigten ähnlich **kontraproduktiv** sein. Er sollte den Schaden jedenfalls dem KaskoVR melden: Einerseits führt die Inanspruchnahme des Kaskoversicherers im Fall der Leistungsfreiheit des gegnerischen Kfz-HaftpflichtVR i.d.R. zu keiner Prämienanhebung (*Schneider*, DAR 2008, 743: Rückstufung in diesen Fällen gemäß Art I.4.1.2.e AKB 2015 ausgeschlossen); sollte das aber so sein, ist dieser Nachteil auf den gegnerischen Kfz-HaftpflichtVR überwälzbar, weil insoweit das Verweisungsprivileg gerade nicht greift (BGH, VersR 1971, 238; Prölss/Martin/*Knappmann*, § 117 Rn 29; *Beckmann*, in: Bruck/Möller, § 117 Rn 58). Zu bedenken ist, dass die Kaskoversicherung typischerweise nicht alle Sachschäden deckt (Selbstbehalt, weniger großzügige Maßstäbe bei der Reparaturkostenabrechnung, namentlich im 130 %-Bereich, kein merkantiler Minderwert, keine Mietwagenkosten bzw. keine pauschalierte Nutzungsentschädigung, keine Abschleppkosten, keine Sachverständigenkosten, keine sonstigen Sachfolgeschäden), sodass insoweit keine Verweisung in Betracht kommt (OLG Saarbrücken, NJW-RR 2013, 934). Entsprechendes gilt für den Rückstufungsschaden, der freilich laut Art I.4.1.2.e AKB 2015 in einem solchen Fall gerade nicht eintritt; es könnte aber auch davon abweichende AVB geben.

Verweist der HaftpflichtVR den Geschädigten an die Kaskoversicherung, sollen auch die Anwaltskosten für die Geltendmachung des Schadens ggü. dem KaskoVR zu dem zunächst vom HaftpflichtVR und schlussendlich vom VN zu ersetzenden Schaden zählen (*Schneider*, DAR 2008, 743, 744). Das ist eine außerordentlich **geschädigten-** und v.a. **anwaltsfreundliche Sicht**; weshalb für die Anmeldung eines Anspruchs bei der eigenen Kaskoversicherung stets anwaltliche Hilfe erforderlich sein soll, liegt jedenfalls nicht auf der Hand. Immerhin mag es im konkreten Kontext nicht für jeden Geschädigten ohne Weiteres erkennbar sein, für **welche Schadensposten in welchem Ausmaß der KaskoVR einstandspflichtig** ist und welche noch **zusätzlich vom HaftpflichtVR zu übernehmen** sind; der Geschädigte hat daher Anspruch auf Anwaltsgebühren für den vollen zunächst beim HaftpflichtVR geltend gemachten Schaden zuzüglich des beim KaskoVR geltend gemachten Anspruchs (zutreffend *Schneider*, DAR 2014, 492 ff.: Bei einem Schaden von **8.000 EUR** und Zahlung des Kaskoversicherers von **4.400 EUR** ergibt das [stolze] **1.300 EUR** allein für die Anspruchsanmeldung durch den Anwalt). Folgerichtig ist hingegen die Ersatzfähigkeit der Anwaltskosten für die Geltendmachung des Schadens beim Kfz-HaftpflichtVR auch in dem Ausmaß, in dem schlussendlich an einen anderen SchadensVR verwiesen wird, weil die Leistungsfreiheit des VN bzw. Mitversicherten für den geschädigten Dritten nicht erkennbar ist (OLG Saarbrücken, NJW-RR 2013, 934).

Nicht maßgeblich ist somit, ob den Geschädigten ein (Mit-)Verschulden trifft. Ob der gegnerische HaftpflichtVR seinem VN ggü. leistungsfrei ist, ist für den geschädigten Dritten nicht erkennbar. Es ist ihm daher anzuraten, eine **Schadensmeldung** beim eigenen VR **in jedem Fall** vorzunehmen. Auch die mangelnde Durchsetzung des Anspruchs gegen den eigenen SchadensVR oder Sozialversicherungsträger infolge **Verjährungseintritts** könnte der Geschädigte bei Leistungsfreiheit des gegnerischen HaftpflichtVR nicht erfolgreich einwenden. Beachtlich wäre aber, wenn der eigene VR nicht leistungspflichtig oder insolvent wäre.

53 Es gibt Konstellationen, in denen dem Geschädigten Schadensersatzansprüche gegen zwei Kfz-HaftpflichtVR zustehen, wobei aber **beide leistungsfrei** sind, so etwa bei einer Heimfahrt nach einem Trinkgelage, wenn der Beifahrer bei einem Unfall sowohl einen Anspruch gegen den Fahrer als auch den Unfallgegner hat, die jeweils alkoholisiert waren. In einem solchen Fall kann nicht ein Kfz-HaftpflichtVR auf den anderen verweisen. Jeder der beiden ist einstandspflichtig, wenn auch **begrenzt auf die Mindestversicherungssumme** (OLG Schleswig, NZV 1991, 233).

bb) (Un-)Zumutbarkeit der Geltendmachung im Ausland

54 Das Erfordernis der Geltendmachung eines Anspruchs jedenfalls im **EU-Ausland** (Looschelders/Pohlmann/*Schwartze*, § 117 Rn 23; OLG Koblenz, VersR 2006, 110: Transportversicherung in Spanien trotz außergerichtlicher Ablehnung der Einstandspflicht; weitergehend damals sogar OLG München, NJW-RR 1996, 1179: Einstandspflicht einer polnischen Kfz-Haftpflichtversicherung, damals noch nicht EU-Mitglied; ohne die Begrenzung auf EU oder EWR MüKo/*Schneider*, § 117 VVG Rn 39) wird grds. nicht als unzumutbar angesehen, jedenfalls dann nicht, wenn der Anspruchsgegner im **Inland verklagt** werden kann (*Beckmann*, in: Bruck/Möller, § 117 Rn 61). Das ist nach der *Odenbreit*-Entscheidung des EuGH (EuGH, NJW 2008, 819 [*Leible*]) bei einem Kfz-Unfall und der Einstandspflicht eines Kfz-HaftpflichtVR mit Sitz in der EU gegeben. Anderes gilt nur bei unzumutbaren Erschwerungen und Verzögerungen (BGH, VersR 1978, 609: damals verneint bei TransportVR in Österreich). Es sind die gleichen Maßstäbe anzulegen wie beim Verweisungsprivileg nach § 839 Abs. 1 S. 2 BGB (OLG Hamm, VersR 1992, 493: damals Versagung des Verweisungsprivilegs bei einem Anspruch gegen einen Ersatzpflichtigen in Spanien). Für die Verweisung auf die Inanspruchnahme von Leistungen ausländischer Sozialversicherungsträger (für deren Einbeziehung ohne Wenn und Aber Looschelders/Pohlmann/*Schwartze*, § 117 Rn 22) gilt der gleiche Maßstab wie für Schadensversicherer.

d) Ausschöpfung der Mindestversicherungssumme

55 Bei **schwersten Personenschäden**, insb. wenn es **mehrere Verletzte** gibt, reicht die Mindestversicherungssumme nicht immer aus. Das Verweisungsprivileg führt dazu, dass der ggü. dem VN bzw. dem Mitversicherten leistungsfreie HaftpflichtVR den oder die geschädigten Dritten auf die Sozialversicherungsträger verweisen kann, mit der Folge, dass diesen kein Regressanspruch gegen den HaftpflichtVR zusteht. Der BGH (BGH, VersR 1975, 558) musste sich mit der Frage beschäftigen, wie sich der **Wegfall der Regressansprüche** auf die **Ausschöpfung der Mindestversicherungssumme** auswirkt. Der **HaftpflichtVR** hat für sich in Anspruch genommen, dass es in diesem Ausmaß zu einer Verminderung der Mindestversicherungssumme kommen müsse; der **Geschädigte** hat verlangt, dass die Mindestversicherungssumme nun in vollem Umfang für seine durch Sozialversicherungsleistungen nicht gedeckten Ansprüche zur Verfügung stehe. Der BGH hat sich für eine durchaus **ausgewogene Mittellösung** entschieden: Maßstab ist die Rechtslage bei intaktem Deckungsverhältnis, weil der Geschädigte durch ein krankes Deckungsverhältnis nicht bessergestellt werden soll (Römer/Langheid/*Rixecker/Langheid*, § 117 Rn 26). Er ist von einer Gleichrangigkeit der Ansprüche ausgegangen und hat dem Geschädigten von seinem Schmerzensgeld die Quote zugebilligt, die sich bei Deckungsinsolvenz bei Gleichrangigkeit von Regressansprüchen der Sozialversicherungsträger und dem Schmerzensgeldanspruch des Geschädigten ergeben würde.

Denck (*Denck*, VersR 1987, 629, 632) hat zu Recht darauf hingewiesen, dass sich infolge der Ablösung des bei dem vom BGH zu entscheidenden Fall noch geltenden § 1542 RVO durch § 116 SGB X insoweit eine Änderung ergeben habe, als § 116 Abs. 4 SGB X ein **Befriedigungsvorrecht des Geschädigten** vorsieht (so auch *Hessert*, VersR 1997, 39, 41; Prölss/Martin/*Knappmann*, § 117 Rn 32). Meiner Einschätzung nach hat die Umstellung der **Parität** aller Anspruchsberechtigten zu einer **Rangfolge** bei Deckungsinsolvenz des Pflichthaftpflichtversicherers (§ 118 VVG) diese Rechtslage bestätigt bzw. präzisiert. Gegenüber der Regelung des § **116 Abs. 4 SGB X**, dass der SozialVR bei seinem Regressanspruch dem Geschädigten mit dessen Ansprüchen bei tatsächlichen Durchsetzungshindernissen den Vortritt lassen muss, was sowohl die nicht ausreichende Deckungssumme einer Haftpflichtversicherung als auch das begrenzte Schuldnervermögen des persönlich haftenden Schädigers umfasst, ist § **118 VVG**, der die Rangfolge bei Überschreiten der Deckungssumme in der Pflichthaftpflichtversicherung regelt, die **speziellere Norm**. Insoweit wird ein Vorrang des Geschädigten wegen seiner Personenschäden angeordnet (*Beckmann*, in: Bruck/Möller, § 117 Rn 46 ff). Auf die sachliche Kongruenz der Ansprüche, die möglicherweise § 116 Abs. 4 SGB X im Auge haben könnte (anders aber ohnehin BGH, NJW 1997, 1785; *Küppersbusch*, VersR 1983, 193, 203), kommt es jedenfalls im vorliegenden Zusammenhang nicht an. Der SozialVR muss dem Geschädigten nämlich auch den Vortritt vor anderen Schäden, z.B. wegen einer Eigentumsbeeinträchtigung (§ 118 Abs. 1 Nr. 2 VVG), lassen; und schließlich gehen auch die Regressansprüche sonstiger PrivatVR denen der Sozialversicherungsträger vor. Nach nunmehriger Rechtslage (MüKo/*Schneider*, § 117 VVG Rn 42; zweifelnd Looschelders/Pohlmann/*Schwartze*, § 117 Rn 16) wäre der vom BGH in der älteren Entscheidung (BGH, VersR 1975, 558) beträglich gekürzte Schmerzensgeldanspruch in vollem Umfang zuzusprechen.

e) Zusammentreffen mit einem anderen SchadensVR und höherer Schaden als dessen Deckungssumme

Hat für den beim geschädigten Dritten eingetretenen Schaden neben dem leistungsfreien HaftpflichtVR noch ein **weiterer HaftpflichtVR** einzustehen, durch dessen **Deckungssumme nicht** der **gesamte Schaden** ersetzt wird, vertreten *Hübner/Schneider* (*Hübner/Schneider*, r+s 2002, 89, 93) die Ansicht, dass der ggü. seinem VN bzw. Mitversicherten leistungsfreie HaftpflichtVR nicht in Anspruch genommen werden könne, sofern diese Deckungssumme mindestens so hoch sei wie die Mindestdeckungssumme der Pflichthaftpflichtversicherung. Diese Ansicht wird damit begründet, dass der Geschädigte nicht in weiterem Ausmaß schützenswert sei als durch Ausschöpfung der Mindestversicherungssumme.

58 Dem ist deshalb nicht zu folgen, weil es einen Unterschied macht, ob der Geschädigte lediglich **einen Ersatzpflichtigen** – mit Mindestdeckungssumme – belangen kann oder ihm **mehrere Ersatzpflichtige** solidarisch haften. Der seinem VN bzw. Mitversicherten ggü. leistungsfreie PflichthaftpflichtVR kann sich von seiner Ersatzpflicht deshalb nur insoweit befreien, als ein anderer SchadensVR den **gesamten** Schaden deckt. Soweit das nicht der Fall ist, muss die Inanspruchnahme des leistungsfreien PflichthaftpflichtVR möglich sein. Zu bedenken ist darüber hinaus folgender Aspekt: Mag die Deckungssumme der Haftpflichtversicherung des solidarisch haftenden Mitschädigers gleich hoch oder auch höher sein, ist für den Geschädigten die **Mindestversicherungssumme** der **Pflichthaftpflichtversicherung** womöglich wertvoller, weil seine Ansprüche nach § 118 VVG Vorrang genießen, während bei Nichtzureichen der Deckungssumme einer allg. Haftpflichtversicherung gem. § 109 VVG grds. von einer Gleichrangigkeit der Ansprüche des Geschädigten und der Regressberechtigten auszugehen ist. Sind beide PflichthaftpflichtVR leistungsfrei, hat der Geschädigte gegen beide VR einen Anspruch in Höhe der jeweiligen Mindestversicherungssumme (*Beckmann*, in: Bruck/Möller, § 117 Rn 65).

59 Unterhält jedoch ein Schädiger für das **gleiche Risiko zwei Haftpflichtversicherungen**, von denen der HaftpflichtVR der Pflichtversicherung leistungsfrei ist, wird vertreten (*Beckmann*, in: Bruck/Möller, § 117 Rn 63), dass dieser den geschädigten Dritten auf die andere – auch freiwillige – Haftpflichtversicherung verweisen darf, wenn dieses Versicherungsverhältnis gesund ist und die dortige VersSumme mindestens so hoch ist wie die Mindestversicherungssumme der Pflichtversicherung. Die mir unterstellte Ansicht, dass es auf den Willen des Geschädigten ankomme, habe ich nie geäußert, sie ist selbstverständlich unzutreffend. Zu beachten ist indes, dass bei Verweisung auf einen anderen SchadensVR der anspruchsberechtigte Dritte nicht schlechter gestellt werden darf als bei alleinigem Bestehen einer Pflichtversicherung mit der Mindestversicherungssumme **und Beachtung der Rangfolge des § 118 VVG**, die den geschädigten Dritten ggü. anderen Regressgläubigern privilegiert.

f) Beweislast für Verweisungsprivileg beim Haftpflichtversicherer

60 Die Verweisung auf einen anderen SchadensVR oder Sozialversicherungsträger ist eine dem **HaftpflichtVR günstige Tatsache**, für die dieser die **Darlegungs-** und **Beweislast** trägt (BGH, VersR 1983, 84; BGH, VersR 1978, 609; Looschelders/Pohlmann/*Schwartze*, § 117 Rn 37; MAH-VersR/*Schneider* § 24 Rn 172; Halm/Kreuter/Schwab/*Kreuter-Lange*, AKB § 117 Rn 29; *Beckmann*, in: Bruck/Möller, § 117 Rn 53). Den **Geschädigten** trifft aber eine **sekundäre Darlegungslast**. Das bedeutet, dass der HaftpflichtVR zwar einwenden muss, dass er wegen des Bestehens von Ansprüchen des Geschädigten gegen SchadensVR und Sozialversicherungsträger von seiner eigenen Pflicht befreit ist, der Geschädigte aber nach Aufforderung offenlegen muss, welche Ansprüche ihm gegen den SchadensVR bzw. Sozialversicherungsträger zustehen. Eine Verweisung ist nur in dem Maß

berechtigt, als eine Obliegenheitsverletzung zu einer Kürzung des Deckungsanspruchs führt (Halm/Kreuter/Schwab/*Kreuter-Lange*, AKB § 117 Rn 30).

g) Verhältnis zu vertraglichen Subsidiaritätsklauseln – Eintrittspflicht nur, sofern der Geschädigte nicht anderweitig Ersatz erlangt

Nach der Wertung des § 117 Abs. 3 S. 2 VVG soll der ggü. dem VN bzw. Mitversicherten leistungsfreie HaftpflichtVR bei Bestehen einer anderen Schadensversicherung den Geschädigten auf diese verweisen können. Die schutzwürdige Position des geschädigten Dritten erfährt dadurch keine Beeinträchtigung. Festgelegt wird dadurch aber auch und v.a. die Tragung des Schadens durch den SchadensVR ohne Regressmöglichkeit beim leistungsfreien HaftpflichtVR. Diese Norm ist **zwingendes Recht**, sodass sie nicht abbedungen werden kann. 61

Als problemträchtig erweist sich vor diesem Hintergrund die Wirksamkeit von **Subsidiaritätsklauseln** in allgemeinen Versicherungsbedingungen. Man unterscheidet zwischen **einfachen** und **qualifizierten** Subsidiaritätsklauseln (*Beckmann*, in: Bruck/Möller, § 117 Rn 70). Eine **einfache** Subsidiaritätsklausel legt fest, dass der SchadensVR bei Bestehen eines Anspruchs gegen einen Dritten nicht leistungspflichtig sein soll, unabhängig davon, ob dieser in Anspruch genommen wird. Die **qualifizierte** Subsidiaritätsklausel schließt einen Anspruch gegen den eigenen VR nur dann aus, wenn der eigene VN bei Bestehen eines Schadensersatzanspruchs gegen einen Dritten von diesem auch tatsächlich Ersatz erhält. 62

Der BGH (BGH, VersR 1976, 235 [*Prölss*]; BGH, VersR 1977, 367) hatte den Fall zu beurteilen, dass in der Satzung der Postbeamtenkrankenkasse ein Risikoausschluss der Heilungskosten für den Fall vorgesehen war, dass ein Dritter einstandspflichtig und ein Anspruch gegen diesen durchsetzbar war. Der BGH hat das – zu Recht – für zulässig angesehen. Er hat darauf verwiesen, dass damit nicht nur die Einstandspflicht für Unfälle ausgeschlossen wurde, bei denen eine **Versicherung** ersatzpflichtig ist, sondern irgendein – solventer – **Dritter**. Wenn eine solche Begrenzung auf Unfälle erfolgt, für die eine Versicherung einzustehen hat, wird in der Literatur die Ansicht vertreten, dass die **Klausel nichtig** (Römer/Langheid/*Rixecker/Langheid*, § 117 Rn 36) bzw. **restriktiv auszulegen** sei (Prölss/Martin/*Knappmann*, § 117 Rn 31; *Beckmann*, in: Bruck/Möller, § 117 Rn 71), weil das der Wertung des § 117 Abs. 3 S. 2 VVG und deren zwingendem Charakter widerspreche. 63

Schwartze (Looschelders/Pohlmann/*Schwartze*, § 117 Rn 21) meint deshalb, dass die Klausel im Anwendungsbereich des § 117 Abs. 3 S. 2 VVG nicht gelten soll (ähnlich *Hübner/Schneider*, r+s 2002, 89, 93). Meines Erachtens ist ein anderer Schluss zu ziehen: Unwirksam ist eine solche Klausel nur, wenn sie **lediglich** auf die Ausschaltung des § 117 Abs. 3 S. 2 VVG hinausläuft. Jedenfalls gebilligt hat der BGH den **Risikoausschluss** bei genereller Einstandspflicht eines Dritten (zustimmend *Prölss*, VersR 1977, 367). Nur wenn allein das Bestehen einer Pflichthaftpflichtversicherung als Voraussetzung des Risikoausschlusses 64 formuliert wird, ist die Klausel wegen Verstoßes gegen die zwingende Regelung des § 117 Abs. 3 S. 2 VVG unwirksam.

65 Wenn auf eine Schadensversicherung verwiesen wird, die keine Pflichtversicherung darstellt, ist zu bedenken, dass der jeweilige VN eine solche gar nicht abschließen hätte müssen. Dann ist es m.E. folgerichtig, dass er den Leistungsumfang auch privatautonom begrenzen kann. Das gilt etwa für die Fahrerschutzversicherung, die von vorneherein lediglich das Restrisiko eines Personenschadens des Fahrers, für den kein Anspruch gegen einen Dritten besteht, abdeckt. Das Verweisungsprivileg des § 117 Abs. 3 S. 2 VVG greift daher nicht (*Heinrichs*, DAR 2011, 565, 569; a.A. *Knappmann*, VRR 2014, 447, 448; Halm/Kreuter/Schwab/*Kreuter-Lange*, AKB, A.5.4.2. Rn 2). Erwogen wurde (*Beckmann*, in: Bruck/Möller, § 117 Rn 71), dass in solchen Fällen die ganze Klausel nichtig ist und auch wegen des Verbots geltungserhaltender Reduktion in AGB nicht in der Weise auszulegen ist, dass sie nur Dritte außerhalb des § 117 Abs. 3 S. 2 VVG erfasst. Zulässig wäre hingegen die Vereinbarung einer Verweisung, die nur Dritte außerhalb des § 117 Abs. 3 S. 2 VVG erfasst.

IV. Das Verweisungsprivileg des Rechtsträgers bei der Amtshaftung und das kranke Deckungsverhältnis (§ 117 Abs. 4 VVG)

1. Die Ausgangslage

66 Sowohl bei Einstandspflicht eines Rechtsträgers nach den Grundsätzen der **Amtshaftung** (§ 839 Abs. 1 S. 2 BGB) als auch bei **Leistungspflicht eines PflichthaftpflichtVR trotz kranken Deckungsverhältnisses** und Einstandspflicht eines SchadensVR (§ 117 Abs. 3 S. 2 VVG) gilt der Grundsatz der **Subsidiarität**. Das bedeutet, dass der Rechtsträger bzw. der dem VN und/oder Mitversicherten ggü. leistungsfreie HaftpflichtVR nicht haften soll, wenn der Geschädigte Ersatz von einem anderen verlangen kann, wobei der HaftpflichtVR das nur bei Einstandspflicht eines anderen SchadensVR oder Sozialversicherungsträgers einwenden kann. § 117 Abs. 4 VVG behandelt den Fall, dass zwei derartige Ersatzpflichten gleichzeitig gegeben sind. Der Geschädigte könnte dabei damit konfrontiert werden, dass der jeweilige Ersatzpflichtige seine Einstandspflicht unter Hinweis auf die – vermeintliche – Einstandspflicht des jeweils anderen ablehnt.

67 Zur Verdeutlichung sei ein Sachverhalt skizziert, bei dem sich diese Problemlage stellen könnte: Der Geschädigte erleidet bei der Kollision zweier Fahrzeuge eine Körperverletzung. Der Lenker des Fahrzeugs, in dem er mitfährt, hat trotz qualifizierter Mahnung die Prämie nicht bezahlt, weshalb die Kfz-HaftpflichtVR diesem ggü. leistungsfrei ist. An dem Unfall war darüber hinaus ein Polizeifahrzeug beteiligt.

2. Teleologische Reduktion des amtshaftungsrechtlichen Verweisungsprivilegs wegen des Gebots der Gleichheit im Straßenverkehr

68 Gem. § 839 Abs. 1 S. 2 BGB gilt bei fahrlässigem Verhalten des Beamten das Verweisungsprivileg. Das bedeutet, dass der Rechtsträger bei fahrlässigem Verhalten des Beamten nicht

haftet, wenn der Geschädigte auf andere Weise Ersatz erlangen kann. Der Grund dieser Anordnung liegt darin, die **Entschlusskraft** des **Beamten** durch eine weitgehende Haftungsfreistellung zu stärken. Das gilt freilich dann nicht, wenn ein Beamter wie jeder andere Bürger mit einem Kfz am Straßenverkehr teilnimmt. In diesen Fällen hat der BGH jedenfalls für den Bereich der Hoheitsverwaltung ausgesprochen, dass das Verweisungsprivileg des § 839 Abs. 1 S. 2 BGB durch das **Prinzip der Gleichbehandlung aller Verkehrsteilnehmer** überlagert wird (BGH, VersR 1981, 134; BGH, VersR 1980, 939; BGH, VersR 1979, 547; BGH, VersR 1979, 348; BGHZ 68, 217 = BGH, VersR 1977, 541; Prölss/Martin/*Knappmann*, § 3 Nr. 6 PflVG Rn 6). Im Klartext bedeutet dies, dass der Rechtsträger sich **nicht auf das Verweisungsprivileg** zurückziehen kann, sondern sich **wie jeder andere Ersatzpflichtige** behandeln lassen muss. Kommt es zu einer Einstandspflicht bei Verwendung eines Fahrzeugs durch einen Beamten und haftet dieser solidarisch mit einem Zweitschädiger, bei dem sich dessen Kfz-Haftpflichtversicherung auf Leistungsfreiheit berufen kann, kommt es aufgrund des Verweisungsprivilegs des § 117 Abs. 3 S. 2 VVG zu einer **alleinigen Haftung des Rechtsträgers**.

Fraglich ist nun, auf welche Sachverhalte der Grundsatz der Gleichheit der Haftung im Straßenverkehr anzuwenden ist. Der Kernbereich liegt in der Haftung des Halters oder Fahrers, der dabei zwar eine hoheitliche Tätigkeit ausübt, aber ansonsten den gleichen Vorschriften des Straßenverkehrs unterworfen ist wie jeder andere Bürger. In seiner Entscheidung (BGHZ 75, 134 = BGH, VersR 1979, 1009) hat der BGH diesen Grundsatz auf eine **öffentlich-rechtliche Verkehrssicherungspflicht** ausgedehnt, als es darum ging, ob der Eigentümer des Fahrzeugs vom Rechtsträger Ersatz wegen eines durch herausragende Kanaldeckel entstandenen Autoschadens verlangen konnte und sich die Frage stellte, ob der Amtshaftungsanspruch daran scheitert, dass der geschädigte Eigentümer als Ehemann auch Ersatz von seiner Ehefrau, die das Fahrzeug lenkte, verlangen könnte. Ebenso entschied der BGH (BGH, VersR 1980, 282) bei einem Verstoß gegen eine **öffentlich-rechtliche Straßenverkehrssicherungspflicht**, als ein gesetzlicher UnfallVR als Rechtsnachfolger des Geschädigten vom Rechtsträger – der beklagten Stadt – Regress verlangte. Begründet wurde dies damit, dass es auch insoweit um die **Verkehrssicherheit** gehe.

Wenn man auf diesen Gedanken abstellt, muss folgerichtig auch das Verweisungsprivileg der Behörde gem. § 839 Abs. 1 Satz 2 BGB bei schuldhafter Untätigkeit nach Anzeige der Beendigung des VV während der **1-monatigen Nachhaftungspflicht** des HaftpflichtVR gem. § 117 Abs. 3 S. 2 VVG entfallen (a.A. BGH, VersR 1981, 1154, wo bei einem schuldhaften Verstoß der Behörde gegen die Pflicht zur Entstempelung des Kennzeichens und Einziehung des Fahrzeugs gem. § 25 Abs. 4 FZV geprüft wurde, ob der geschädigten Mutter ein Schadensersatzanspruch gegen den Sohn, der den Deckungsschutz der Haftpflichtversicherung verloren hatte, zumutbar ist, mag das auch in concreto wegen dessen schlechter Vermögensverhältnisse abgelehnt worden sein). Den HaftpflichtVR, der ggü. dem VN bzw. Versicherten leistungsfrei ist, trifft 1 Monat nach Anzeige an die zuständige Stelle ggü. dem geschädigten Dritten gem. § 117 Abs. 2 VVG eine Nachhaftung. Der Geschädigte hat somit einen Ersatzpflichtigen, wodurch selbst bei Fahrlässigkeit der Behörde für Schäden während dieser 1-monatigen Nachhaftungsfrist der Rechtsträger wegen der Subsidiarität seiner Haftung gem. § 839 Abs. 1 S. 2 BGB niemals haften würde. Da aber auch diese Tätigkeit der Verkehrssicherheit dient, lässt sich begründen, warum der Geschädigte **neben dem HaftpflichtVR auch die schuldhaft säumige Behörde** heranziehen kann. Im Innenverhältnis bestehen die stärkeren Belastungsmomente bei der Behörde, sodass der HaftpflichtVR einen vollen Regressanspruch gegen den Rechtsträger hat.

71 Das Gebot der Gleichbehandlung im Straßenverkehr gilt aber dann nicht (mehr), wenn der Beamte bei Einsatz seines Fahrzeugs **Sonderrechte** gem. **§ 35 StVO** wahrnimmt, etwa mit einem Funkstreifenwagen einen Verbrecher verfolgt (BGHZ 85, 225 = BGH, VersR 1983, 84) oder auf der Autobahn besonders langsam fährt, weil er mit Grasmäharbeiten beschäftigt ist (BGHZ 113, 364 = BGH, VersR 1991, 925) und dabei ein Verkehrsteilnehmer einen Schaden erleidet. In solchen Konstellationen bleibt es bei dem sich aus § 839 Abs. 1 S. 2 BGB ergebenden Verweisungsprivileg.

72 Zu erwägen ist freilich, ob die Durchbrechung des Grundsatzes der **Gleichheit** im **Straßenverkehr** durch die **Änderung** des **Haftungsrechts** nicht an Bedeutung verloren hat. In einigen BGH-Entscheidungen (BGHZ 113, 364 = BGH, VersR 1991, 925; BGHZ 68, 217 = BGH, VersR 1977, 541) kam es auf den Amtshaftungsanspruch nur deshalb an, weil die jeweils geschädigten Dritten Schmerzensgeld verlangten und nach der Rechtslage vor dem 1.8.2002 **Schmerzensgeld** bei Nachweis allein der **Gefährdungshaftung** nicht gebührte. Durch die Änderung der Rechtslage kann der Rechtsträger heute aber als Halter nach der Gefährdungshaftung belangt werden, für die es keinen Unterschied machen darf, ob der Beamte mit seinem Fahrzeug wie alle anderen Bürger den allg. Straßenverkehrsvorschriften unterworfen ist oder Sonderrechte nach § 35 StVO in Anspruch nehmen darf. Der Gefährdungshaftungstatbestand ist in jedem Fall verwirklicht. Da die Haftungshöchstbeträge mittlerweile auch signifikant angehoben worden sind, wird eine darüber hinausgehende Verschuldenshaftung nur noch ausnahmsweise von Bedeutung sein.

3. Eindeutiger Wortlaut des § 117 Abs. 4 VVG

73 Soweit der **Grundsatz der Gleichheit im Straßenverkehr** nicht gilt, sondern das Verweisungsprivileg des § 839 Abs. 1 S. 2 BGB anzuwenden ist, spricht § 117 Abs. 4 S. 1 VVG aus, dass die Ersatzpflicht gem. § 839 Abs. 1 BGB, also der Anspruch gegen den Rechtsträger, **nicht** durch die Ersatzpflicht eines ggü. seinem VN oder Versicherten leistungsfreien HaftpflichtVR **ausgeschlossen** ist. Bei unbefangener Lektüre bezieht man diese Aussage auf das **Außenverhältnis** des Geschädigten zum Rechtsträger einerseits bzw. HaftpflichtVR andererseits: Der **Geschädigte** kann sich **auch an den Rechtsträger** wenden (*Backhaus*, VersR 1984, 16, 19; *Steffen*, VersR 1986, 101, 104; *Hübner/Schneider*, r+s 2002, 89, 93; Prölss/Martin/*Knappmann*, § 117 Rn 35). Die endgültige Tragung des Schadens im Innenverhältnis wird dadurch nicht präjudiziert.

74 Die Judikatur (BGH, VersR 1986, 180; BGHZ 85, 225 = BGH, VersR 1983, 84) versteht diese Norm aufgrund ihrer Formulierung im Passiv aber so, dass sich diese lediglich auf das **Innenverhältnis** zwischen Rechtsträger und HaftpflichtVR bezieht. Das bedeutet, dass das Verweisungsprivileg des § 839 Abs. 1 S. 2 BGB insofern zum Tragen kommt, als der

Geschädigte sich gerade nicht an den Rechtsträger, sondern nur an den HaftpflichtVR wenden kann (*Beckmann*, in: Bruck/Möller, § 117 Rn 74). Ob im Innenverhältnis der HaftpflichtVR oder der Rechtsträger den Schaden endgültig zu tragen bzw. eine Aufteilung zu erfolgen hat, ist nach der Stärke der Zurechnungsgründe zu beurteilen.

Bei der **Kfz-Haftpflichtversicherung** kommt folgende **Besonderheit** hinzu: Hat der Rechtsträger für einen Kfz-Unfall einzustehen, sei es als Halter eines Fahrzeugs oder wegen der Zurechnung des schuldhaften Verhaltens eines Organs als Lenker, hat er die Stellung eines Eigenversicherers nach § 2 Abs. 1 Nr. 1 bis 4 PflVG. Dieser hat gem. § 2 Abs. 2 PflVG die gleiche Rechtsstellung wie ein Kfz-Haftpflichtversicherer. Ein solcher EigenVR ist somit wie ein anderer SchadensVR nach § 117 Abs. 3 S. 2 VVG zu behandeln. Das hat wiederum zur Folge, dass in solchen Fällen – aber nicht in allen anderen Fällen der Amtshaftung! – im Innenverhältnis der Rechtsträger den Schaden allein zu tragen hat (Römer/Langheid/*Rixecker/Langheid*, § 117 Rn 39, der offenbar nur diesen Fall meinen, während ihre Erläuterung sämtliche Fälle der Amtspflicht zu umfassen scheinen). 75

Der Gesetzgeber hat den Wortlaut der entsprechenden Vorgängernorm des § 158c Abs. 5 VVG in Kenntnis der Auffassungsunterschiede von Literatur und Höchstgericht durch Hinzufügen der Wortfolge „*im Verhältnis zum Versicherer*" ergänzt (Looschelders/Pohlmann/*Schwartze*, § 117 Rn 25). Diese **Klarstellung** ist aber **lediglich für besondere Fachleute erkennbar**. Gemeint ist, dass sich der geschädigte Dritte stets an den VR halten muss, ein Regress im Innenverhältnis damit aber nicht präjudiziert ist. Das hätte man – wesentlich – deutlicher ausdrücken können! Jedenfalls ggü. dem Entschädigungsfonds ist die Amtshaftung gem. § 839 Abs. 1 S. 2 BGB das stärkere Zurechnungselement, sodass diese vorgeht. Dafür spricht auch § 12 Abs. 1 S. 3 PflVG, wonach der Entschädigungsfonds nicht für die Säumnis der Zulassungsbehörde einzustehen hat (BGH, VersR 1976, 885; *Skauradszun*, VersR 2009, 330, 332). 76

4. Berufung auf das Verweisungsprivileg durch den persönlich haftenden Beamten (§ 117 Abs. 4 S. 2 VVG)

Während die Literatur § 117 Abs. 4 S. 1 VVG auf das **Außenverhältnis** bezieht, die Rechtsbeziehung zwischen dem Geschädigten zum Rechtsträger bzw. HaftpflichtVR, sieht die Rechtsprechung darin lediglich eine Regelung für das **Innenverhältnis** zwischen Rechtsträger und HaftpflichtVR. Einigkeit besteht freilich darin, dass die Bezugnahme von § 117 Abs. 4 S. 2 VVG auf dessen § 117 Abs. 4 S. 1 VVG so zu verstehen ist, dass der der **persönlichen Haftung** ausgesetzte **Beamte** den Geschädigten auf den HaftpflichtVR verweisen kann, ohne dass diesem ein Regressanspruch zusteht (Looschelders/Pohlmann/*Schwartze*, § 117 Rn 26). Merkwürdig daran ist immerhin, dass die endgültige Belastung des HaftpflichtVR von der Möglichkeit der persönlichen Haftung des Beamten abhängig ist, in welchem Ausmaß auch immer diesem ein Rückgriffsanspruch gegen den Rechtsträger zusteht und wie stark die Zurechnungsgründe für die Haftung des Beamten (z.B. gröbste Fahrlässigkeit) bzw. die Einstandspflicht des Pflichthaftpflichtversicherers (z.B. Halterhaftung) auch immer sein mögen. 77

V. Nachhaftung von 1 Monat bis zur Anzeige bei der zuständigen Stelle (§ 117 Abs. 2 VVG)

1. Zweck der Norm: Bewirken der Einstellung der gefahrträchtigen Tätigkeit durch die zuständige Stelle

78 Die Ausübung mancher Tätigkeiten, bei denen für Dritte beträchtliche Schäden verursacht werden können, macht der Gesetzgeber vom Abschluss einer Pflichthaftpflichtversicherung abhängig. Häufig macht die Behörde die verwaltungsrechtliche Erlaubnis einer solchen Tätigkeit vom Nachweis des Abschlusses einer Pflichthaftpflichtversicherung abhängig. Ist der entsprechende Versicherungsschutz nicht mehr gegeben und wird das der **zuständigen Stelle** angezeigt, muss diese die Erlaubnis zur Ausübung der jeweiligen Tätigkeit entziehen (*Wandt*, Versicherungsrecht, Rn 1110). Bei Kfz ist das gem. § 25 Abs. 1 FZV die **Zulassungsstelle**, bei RA gem. § 51 Abs. 7 BRAO die **Rechtsanwaltskammer**, bei Notaren gem. § 19a Abs. 5 BNotO die **Landesjustizverwaltung der Notare**, bei Steuerberatern gem. § 67 S. 2 StBerG die **Steuerberaterkammer**, bei Wirtschaftsprüfern gem. § 54 Abs. 1 S. 3 WiPrO die **Wirtschaftsprüferkammer**, bei Versicherungsvermittlern gem. § 10 VersVermV i.V.m. §§ 34d Abs. 1, 34e Abs. 1 GewO die **für die Erlaubniserteilung zuständige Behörde**, bei Jägern gem. §§ 18, 17 Abs. 1 Nr. 4, 15 BJagdG die **örtlich zuständige Behörde für die Erteilung eines Jagdscheins** (*Hübner/Schneider*, r+s 2002, 89, 91). Der Gesetzgeber hat angenommen, dass dafür eine einmonatige Frist ausreichend ist (*MüKo/Schneider*, § 117 VVG Rn 19)

79 Sofern es sich um **keine Pflichthaftpflichtversicherung** handelt, etwa bei einer Kfz-, Handels- und Handwerksversicherung (OLG Hamm, NJW-RR 1999, 538), kommt dieser Mechanismus nicht zum Tragen.

80 Da die Behörde nicht von heute auf morgen reagieren kann, und zudem nach dem Grundsatz der **Verhältnismäßigkeit** prüfen muss, ob die Voraussetzungen für die Einstellung der Tätigkeit auch wirklich vorliegen, ordnet der Gesetzgeber eine **einmonatige Nachhaftungsfrist** des HaftpflichtVR an. Das Ziel ist, dass der geschädigte Dritte bei Verwirklichung des Risikos der gefahrenträchtigen Tätigkeit einen solventen Schuldner hat: Entweder besteht noch die Nachhaftung des HaftpflichtVR oder der Geschädigte kann wegen **schuldhafter Säumnis der Behörde** den Rechtsträger im Wege der Amtshaftung gem. § 839 Abs. 1 BGB belangen. Es verbleibt dabei jedoch eine **Schutzlücke**, wenn die zuständige Behörde ohne Verschulden innerhalb eines Monats nicht in der Lage ist, die Tätigkeit, für die der Nachweis einer Pflichthaftpflichtversicherung Voraussetzung ist, zu unterbinden. Dann besteht weder ein Anspruch gegen den VR noch ist ein Amtshaftungsanspruch gegeben (zu den Besonderheiten bei der Kfz-Haftpflichtversicherung siehe Rdn 82).

2. Voraussetzung: Wirksamer Versicherungsvertrag

81 Voraussetzung für eine Nachhaftung des HaftpflichtVR ist das Zustandekommen eines wirksamen VV. Abgestellt wird dabei aber nicht auf die – endgültige zivilrechtliche – Wirksamkeit. Vielmehr reicht aus, dass ggü. der Behörde der **Anschein** eines **gültigen**

Versicherungsvertrags erzeugt wurde (*Beckmann*, in: Bruck/Möller, § 117 Rn 21). Ausreichend ist etwa der Anschein eines bestehenden VV bei verstecktem Dissens oder zunächst nicht erkennbar fehlender Geschäftsfähigkeit (BGH, VersR 2002, 1501: vorläufige Deckungszusage; Prölss/Martin/*Knappmann*, § 117 Rn 9).

Abgelehnt wird eine Nachhaftung bei Ablehnung des Antrags des HaftpflichtVR, Kollusion zwischen dem VN und dem Versicherungsagenten, offenem Dissens oder bei Diebstahl der Versicherungsbestätigung (Looschelders/Pohlmann/*Schwartze*, § 117 Rn 9). Aus der Sicht der Behörde sind freilich – von der Ablehnung des Versicherungsantrags abgesehen – all diese Fälle von einem gültigen VV selbst bei größter Sorgfalt nicht zu unterscheiden. Ähnlich wie beim **gutgläubigen Erwerb** oder einer **Anscheinsvollmacht**, mag die Parallele auch weit hergeholt erscheinen, geht es einerseits um den **Schutz eines Dritten**, andererseits um die **Ausgrenzung** bestimmter **Risiken** nach **Zurechnungselementen**, nach denen eine Einstandspflicht ausscheiden soll, auch wenn das für den Dritten nicht erkennbar ist. Die Vorlage einer Versicherungsbestätigung durch den VN bei der zuständigen Stelle (bei einem Kfz bei der Zulassungsstelle gem. § 23 FZV) erzeugt jedenfalls den Anschein eines gültigen VV (Feyock/Jacobsen/Lemor/*Jacobsen*, Kraftfahrtversicherung, § 117 VVG Rn 7). Die Beweislast, dass ein solcher nicht gegeben ist, trifft den HaftpflichtVR. In der Kfz-Haftpflichtversicherung besteht eine Auffanglösung insofern, als dem Geschädigten gem. § 12 Abs. 1 Nr. 2 PflVG bei Versagung eines Anspruchs aus der Nachhaftung des HaftpflichtVR und bei Fehlen eines Amtshaftungsanspruchs gem. § 839 ein Anspruch gegen den **Entschädigungsfonds** zusteht (*Knappmann*, VRR 2010, 412 ff.; *Kreuter-Lange*, in: Hdb. FA VersR, Kap. 25 Rn 25).

3. Beendigungsgründe

Als Beendigungsgründe kommen der Zeitablauf des VV (§ 117 Abs. 2 S. 2 VVG), die einvernehmliche Aufhebung sowie die Kündigung durch den VR oder VN, der Rücktritt des VR, der Widerruf durch den VN gem. § 8 VVG, die Anfechtung wegen Irrtums, Drohung oder Täuschung (§§ 119 ff. BGB) sowie die Eröffnung des Insolvenzverfahrens des VN in Betracht; darüber hinaus auch die Gründe, die zunächst den Anschein eines gültigen VV bewirkt haben (Römer/Langheid/*Rixecker/Langheid*, § 117 Rn 17; Prölss/Martin/*Knappmann*, § 117 Rn 9).

4. Benachrichtigung der zuständigen Stelle durch den Haftpflichtversicherer

a) Keine Pflicht des Kfz-Haftpflichtversicherers

Den Kfz-HaftpflichtVR trifft **keine Anzeigepflicht**. Ein Unterlassen ist deshalb nicht als Schutzgesetzverletzung nach § 823 Abs. 2 BGB anzusehen (BGH, VersR 1978, 609; Prölss/Martin/*Knappmann*, § 117 Rn 17; *Beckmann*, in: Bruck/Möller, § 117 Rn 31). Die Anzeige nach § 25 Abs. 1 FZV erfolgt vielmehr im **eigenen Interesse** des **HaftpflichtVR**, um die Dauer seiner Nachhaftung zeitlich zu begrenzen (OLG Köln, NVersZ 1999, 143; MüKo/*Schneider*, § 117 VVG Rn 21; Halm/Kreuter/Schwab/*Kreuter-Lange*, AKB § 117 Rn 16).

Das gilt auch für zeitlich befristete Verträge (Halm/Kreuter/Schwab/*Kreuter-Lange*, AKB § 117 Rn 18).

85 Die Beweislast für den Zugang und dessen Zeitpunkt trägt der Versicherer. Bei der Kfz-Haftpflichtversicherung ist dieser Beweis leicht zu führen, weil die zuständige Stelle gemäß §§ 25 Abs. 2, 24 Abs. 2 FZV dem VR das Datum der Anzeige elektronisch mitzuteilen hat (*Beckmann*, in: Bruck/Möller, § 117 Rn 26). Für die Dauer der Nachhaftung kann er eine anteilige Prämie verlangen. Geht der zuständigen Stelle die Anzeige über den Abschluss einer neuen Kfz-Haftpflichtversicherung nach § 24 Abs. 1 Nr. 3 FZV zu, ist eine Anzeige über das Erlöschen der bisherigen Haftpflichtversicherung entbehrlich (Prölss/Martin/ *Knappmann*, § 117 Rn 13). Bis zum Zugang der Anzeige haftet der bisherige VR, kann aber beim neuen VR Rückgriff nehmen (MüKo/*Schneider*, § 117 VVG Rn 21). Bei anderen Pflichthaftpflichtversicherungen ist z.T. eine Anzeigepflicht vorgesehen, so etwa in § 51 Abs. 6 BRAO, § 19a Abs. 3 BNotO, 10 Abs. 2 VersVermV.

b) Frühestmöglicher Beginn der 1-Monats-Frist

86 Der HaftpflichtVR kann die Nachhaftungszeit nicht dadurch verkürzen, dass er der zuständigen Stelle schon einen Monat vor Beendigung des VV eine entsprechende Anzeige übermittelt (Römer/Langheid/*Rixecker/Langheid*, § 117 Rn 22). Gem. § 117 Abs. 2 S. 3 VVG beginnt die Frist erst mit **Beendigung des Versicherungsverhältnisses**. Es wird die Ansicht vertreten, die Behörde sei verpflichtet, eine vor dem Tag der Beendigung des VV eingehende Anzeige **zurückzuweisen** (Feyock/Jacobsen/Lemor/*Jacobsen*, Kraftfahrtversicherung, § 117 Rn 9). Das soll zur Folge haben, dass die frühzeitig eingegangene Anzeige nicht ab dem Tag der Beendigung des VV wirke, sondern vielmehr neu eingebracht werden müsse. Das ist als **unangebrachte Förmelei** abzulehnen, die Nachfrist beginnt freilich erst mit Beendigung des Versicherungsverhältnisses (Prölss/Martin/*Knappmann*, § 117 Rn 13; *Beckmann*, in: Bruck/Möller, § 117 Rn 27). Für die 1-Monats-Frist gilt § 193 BGB nicht, sodass keine Verlängerung durch einen Sonn- oder Feiertag eintritt (LG München, r+s 1979, 228; *Kreuter-Lange*, in: Hdb. FA VersR, Kap. 25 Rn 24).

c) Zugang bei der zuständigen Stelle

87 Die Frist für die einmonatige Nachhaftung läuft ab dem Zeitpunkt des **Zugangs der Anzeige bei der zuständigen Stelle**. Welche das ist, ergibt sich aus den die Pflichtversicherung anordnenden Gesetz, bei den Berufshaftpflichtversicherungen ist das meist die **Kammer der jeweiligen Berufsgruppe** (MüKo/*Schneider*, § 117 VVG Rn 22). Bei der Kfz-Haftpflichtversicherung hat die **Zulassungsstelle** dem VR gem. 25 Abs. 2 FZV das Datum des Zugangs zu bestätigen. Auf ein Verschulden des HaftpflichtVR kommt es nicht an (Prölss/Martin/*Knappmann*, § 117 Rn 15). Er trägt das **Risiko** des **Zugangs** und ist für dessen **Nachweis beweisbelastet**, weil er daraus Rechte ableiten will (Prölss/Martin/ *Knappmann*, § 117 Rn 15). Einer **bestimmten Form** bedarf die Anzeige nicht (Looschelders/Pohlmann/*Schwartze*, § 117 Rn 11). Der OGH (OGH, VersR 1990, 643) hat deshalb eine Anzeige mittels Datenträger zu Recht als ausreichend angesehen.

d) Ordnungsgemäße Anzeige

Lediglich eine ordnungsgemäße Anzeige bewirkt, dass die Nachhaftung des HaftpflichtVR ab dem Zugang auf einen Monat begrenzt wird. Maßgeblich ist, ob die Behörde aufgrund der Nachricht ohne Weiteres in der Lage ist, tätig zu werden (bejaht von OLG Köln, NVersZ 1999, 143, wenn der HaftpflichtVR die Nummer der Deckungskarte anstelle der Versicherungsnummer angibt, weil eine **eindeutige Zuordnung** möglich war und auch erfolgt ist). Wenn das jedoch nicht der Fall ist, weil es beim HaftpflichtVR zu einer **Rechtsnachfolge** gekommen ist, was dieser bei der Anzeige nicht offengelegt hat, mag das für den Sachbearbeiter der Behörde auch aufklärbar sein, wird die Nachhaftungsfrist nicht beendet (OLG Nürnberg, VersR 1999, 1273). Das ist jedoch nicht der Fall, wenn die Bekanntgabe eines unrichtigen Kennzeichens durch den HaftpflichtVR auf eine **vorangehende Sorgfaltswidrigkeit** der **Behörde** zurückzuführen ist (BGH, VersR 1974, 458; zweifelnd Prölss/Martin/*Knappmann*, § 117 Rn 15). Sachgerecht wäre eine Schadensteilung zwischen Rechtsträger und HaftpflichtVR, was bei einer Außenhaftung des HaftpflichtVR leichter begründbar ist.

88

5. Beendigung der Nachhaftung durch Zugang einer neuen Versicherungsbestätigung bei der zuständigen Stelle vor dem Schadensereignis (§ 117 Abs. 2 S. 4 VVG)

Nicht schon das Bestehen einer neuen Haftpflichtversicherung, sondern **erst der Zugang der Anzeige darüber bei der zuständigen Stelle** gem. § 23 Abs. 1 FZV bewirkt das Ende der Nachhaftung (Looschelders/Pohlmann/*Schwartze*, § 117 Rn 12). Jedenfalls ab dem Zugang bei der zuständigen Stelle besteht für den geschädigten Dritten kein Bedürfnis mehr für die Inanspruchnahme des bisherigen HaftpflichtVR, weil ein neuer an seine Stelle getreten ist und der geschädigte Dritte dies durch Nachfrage bei der Zulassungsstelle ohne Weiteres ermitteln kann. Wird ein Fahrzeug veräußert und schließt der Erwerber eine Haftpflichtversicherung bei einem anderen Anbieter ab, gilt die bisherige als gekündigt. Mit dem **Zugang** der **Anzeige** des Neuabschlusses bei der Zulassungsbehörde wird die Beendigung der bisherigen Haftpflichtversicherung bewirkt. Gem. § 24 Abs. 1 Nr. 3 FZO teilt die **Zulassungsbehörde** dem **bisherigen HaftpflichtVR** diesen Umstand mit, sodass es keiner weiteren Anzeige bedarf.

89

Das Abstellen auf den **Zeitpunkt der Anzeige** der neuen Haftpflichtversicherung bei der **zuständigen Stelle** in § 117 Abs. 2 S. 4 VVG hat normative Bedeutung und stellt eine **Spezialregelung zu § 117 Abs. 3 S. 2 VVG** dar (*Hübner/Schneider*, r+s 2002, 89, 95; Römer/Langheid/*Rixecker/Langheid*, § 117 Rn 23). Nach der **allgemeinen Regel** kann bei einem kranken Deckungsverhältnis – und um ein solches handelt es sich stets bei der Nachhaftung – der HaftpflichtVR dann nicht belangt werden, wenn der Geschädigte Ersatz von einem **anderen SchadensVR** erlangen kann. Dazu zählt selbstverständlich auch der **neue HaftpflichtVR**, mag auch eine Anzeige des neuen VV bei der Behörde noch nicht erfolgt sein. Diese Grundsätze gelten auch, wenn der AltVR lediglich eine vorläufige Deckung gewährt hat (MüKo/*Schneider*, § 117 VVG Rn 14; **a.A.** Römer/Langheid/

90

Rixecker/Langheid, § 117 Rn 23 unter Hinweis darauf, dass die vorläufige Deckung mit Abschluss eines neuen VV ende und unzutreffender Berufung auf BGH, VersR 1995, 409: In dieser Entscheidung war eine Anzeige an die zuständige Stelle gerade erfolgt). Maßgeblich ist nämlich nicht, ob der VV noch besteht, was in allen Fällen der Nachhaftung nicht gegeben ist, sondern allein der Umstand, ob dieser Umstand der **zuständigen Stelle angezeigt** wurde.

91 Das Abstellen auf die Anzeige bei der zuständigen Stelle dient dem **Schutz** des **Geschädigten**. Er kann durch Nachfrage bei dieser **verlässlich feststellen**, gegen wen er vorgehen kann. War die Anzeige im Unfallzeitpunkt noch nicht zugegangen, kann der geschädigte Dritte gegen beide vorgehen (Looschelders/Pohlmann/*Schwartze*, § 117 Rn 12; MAH-VersR/*Schneider*, § 24 Rn 173). Eine **Verdopplung der Haftungsmasse** soll dadurch freilich **nicht** bewirkt werden, kann es bei einem kranken Deckungsverhältnis doch nur darum gehen, dass der Geschädigte nicht schlechter gestellt wird als bei einem gesunden. Im **Innenverhältnis** zwischen dem alten und dem neuen HaftpflichtVR hat der **neue** einzustehen, selbst wenn auch dieses Deckungsverhältnis krank sein sollte, weil die Nachhaftung der schwächste aller vorstellbaren Zurechnungsgründe ist (Prölss/Martin/*Knappmann*, § 117 Rn 14, § 115 Rn 20).

6. Haftung des Rechtsträgers bei schuldhafter Untätigkeit der zuständigen Stelle

92 Die 1-Monats-Frist soll es der zuständigen Stelle ermöglichen, unter Beachtung des Grundsatzes der Verhältnismäßigkeit abzuklären, ob der VN für einen anderweitigen Haftpflichtversicherungsschutz gesorgt hat und, falls das unterblieben ist, die jeweilige Tätigkeit zu untersagen. Bei einem Kfz hat die Zulassungsstelle dafür zu sorgen, das Kennzeichen zu entstempeln und den Fahrzeugschein einzuziehen. Ein Amtshaftungsanspruch gegen den Rechtsträger setzt voraus, dass die Behörde ihrer Pflicht, **unverzüglich** – wenn auch unter Beachtung des Grundsatzes der **Verhältnismäßigkeit** – vorzugehen, **schuldhaft zuwidergehandelt** hat (*Hübner/Schneider*, r+s 2002, 89, 92; *Skauradszun*, VersR 2009, 330, 331 f.). Das jedenfalls dann gegeben, wenn sie nach der Anzeige völlig untätig geblieben ist (BGH, VersR 1981, 1154), was als Anscheinsbeweis anzusehen ist, dass sie ihre Amtspflicht verletzt hat (*Beckmann*, in: Bruck/Möller, § 117 Rn 34).

93 **Nicht ausreichend** ist aber auch eine **bloße Weiterleitung an die Polizei** und die dortige **Aufnahme in das Informationssystem INPOL**, das lediglich bewirkt, dass die Polizei die Kfz-Daten bei regelmäßigen Kontrollen überprüft. Vielmehr muss in solchen Fällen der Landkreis selbst aktiv werden. Der Ersatzanspruch nach § 839 BGB wegen schuldhafter Amtspflichtverletzung beginnt ab Kenntnis des Geschädigten, dass der bestehende Schadenersatzanspruch gegen Halter und/oder Lenker wegen unbekannten Aufenthalts bzw. Vermögenslosigkeit nicht durchsetzbar ist, was sich womöglich erst nach Vorliegen eines vollstreckbaren Urteils im Zwangsvollstreckungsverfahren herausstellt (OLG Karlsruhe, MDR 2010, 1449; Halm/Kreuter/Schwab/*Kreuter-Lange*, AKB § 117 Rn 16). In Betracht kommt nicht nur ein Schadenersatzanspruch des Dritten, sondern auch einer des VR, wenn er bei rechtzeitigem Einschreiten der Behörde nicht mehr im Rahmen der Nachhaftung herangezogen worden wäre (*Beckmann*, in: Bruck/Möller, § 117 Rn 34; MüKo/*Schneider*, § 117 VVG Rn 23).

Die **Haftung der Behörde** ist auf die **Mindestversicherungssumme zum Zeitpunkt des Unfalls begrenzt**, weil der Schutzzweck des § 25 Abs. 4 FZV darin besteht, potenzielle Drittgeschädigte davor zu bewahren, dass eine derartige Tätigkeit ausgeübt wird, bei einem Schadenseintritt aber kein solventer Schuldner mit einer Haftung i.H.d. Mindestdeckungssumme vorhanden ist (Prölss/Martin/*Knappmann*, § 117 Rn 19; unzutreffend freilich unter Berufung auf OLG Koblenz, VersR 1978, 576; diese Entscheidung ist durch BGH, VersR 1991, 73 überholt). Während der Nachhaftungsfrist besteht ungeachtet der Einstandspflicht des Rechtsträgers die Haftung des HaftpflichtVR weiter (*Hübner/Schneider*, r+s 2002, 89, 92; Prölss/Martin/*Knappmann*, § 117 Rn 11). Dass dem geschädigten Dritten in bestimmten Konstellationen zwei solidarisch haftende Schuldner, nämlich der Rechtsträger und die nachhaftende Haftpflichtversicherung, einzustehen haben, soll freilich **nicht** zu einer **Verdopplung** der **Haftungsmasse** führen, liegt doch der Schutzzweck auch insoweit nur darin, den Geschädigten wie bei einem gesunden Deckungsverhältnis zu stellen (zur Haftung des Rechtsträgers trotz fortbestehender Nachhaftung des HaftpflichtVR wegen des Grundsatzes der Gleichheit im Verkehrsrecht s. oben Rdn 68 ff.).

94

7. Fehlen einer zuständigen Stelle – keine Nachhaftung (§ 117 Abs. 2 S. 5 VVG)

Ist in dem die Pflichthaftpflichtversicherung anordnenden Gesetz keine Stelle genannt, der die Beendigung anzuzeigen ist, gibt es keine Nachhaftung (Looschelders/Pohlmann/*Schwartze*, § 117 Rn 11; *Krause-Alleinstein*, NZBau 2008, 81, 86). Damit wird aber nicht nur der Schutz des geschädigten Dritten um den Zeitraum von einem Monat nach Beendigung des VV verkürzt. In den Fällen, in denen niemals ein VV zustande gekommen ist oder dieser mit Wirkung ex tunc weggefallen ist, hat der geschädigte Dritte niemals eine **Zugriffsmöglichkeit** auf den **Deckungsfonds** eines **HaftpflichtVR** erlangt. Wird in der die Pflichthaftpflichtversicherung anordnenden Norm eine „zuständige Stelle" benannt, hat das nicht nur Auswirkungen für die Nachhaftung. Diese Stelle hat dann bei Fehlen eines entsprechenden Versicherungsschutzes dafür zu sorgen, dass die betreffende Tätigkeit unterbleibt. Unterlässt sie das schuldhaft, haftet der **Rechtsträger** nach § 839 Abs. 1 BGB.

95

8. Besonderheiten der Nachhaftung bei Insolvenz des Haftpflichtversicherers (§ 117 Abs. 6 VVG)

§ 117 Abs. 6 VVG stellt eine **Spezialregelung ggü. § 16 VVG** dar. Nach der allgemeinen Regelung des § 16 VVG endet das Versicherungsverhältnis bei Insolvenz des VR einen Monat nach der Insolvenzeröffnung. Bei der **Pflichthaftpflichtversicherung** beginnt diese Frist von einem Monat nicht ab der Insolvenzeröffnung, sondern ab der **Anzeige** an die zuständige Behörde durch den **Insolvenzverwalter**. Tritt ein Versicherungsfall während dieser Frist ein, handelt es sich um eine Masseverbindlichkeit nach § 55 Abs. 1 Nr. 2 InsO. Ist das Versicherungsunternehmen insolvent, gibt es zunächst niemanden, der dessen

96

Geschicke leitet, bis ein Insolvenzverwalter bestellt wird. § 117 Abs. 6 VVG ordnet deshalb an, dass das Versicherungsverhältnis noch einen Monat ab der Anzeige der Insolvenz durch den Insolvenzverwalter bei der zuständigen Stelle aufrecht bleibt, vergleichbar mit der **Nachhaftung** in den sonstigen Fällen der Beendigung des Versicherungsverhältnisses und deren Anzeige bei der zuständigen Stelle. Bis zum **Ende der Nachhaftung** hat der VR einen **Anspruch auf die Prämie** (Feyock/Jacobsen/Lemor/*Jacobsen*, Kraftfahrtversicherung § 117 Rn 29).

97 Es stellt sich die Frage nach der Sinnhaftigkeit einer solchen Weiterhaftung, ist doch von einem insolventen VR kaum Deckung zu erwarten. Nach § 315 Abs. 1 S. 1 Nr. 1 VAG i.V.m. § 125 VAG kann der Dritte jedoch vorrangig Befriedigung verlangen, da gem. § 55 VAG die vom HaftpflichtVR zu bildenden **Deckungsrückstellungen** ein **Sondervermögen** darstellen, das in der Insolvenz vorrangig zu befriedigen ist (Heiss/Gölz, NZI 2006, 1, 4; *Prölss/Lipowsky*, VAG § 77a Rn 4; Looschelders/Pohlmann/*Schwartze*, § 117 Rn 34). Gibt es keine Stelle, der eine solche Benachrichtigung übermittelt werden kann, endet das Versicherungsverhältnis nicht wie bei sonstigen Endigungsgründen, sondern läuft noch einen Monat nach der Benachrichtigung des VN durch den Insolvenzverwalter. Wie bei allen Erklärungen ggü. dem VN, so etwa auch § 115 Abs. 2 S. 3 VVG, hat die Benachrichtigung **zumindest in Textform** zu erfolgen.

VI. Rückgriffsanspruch des Haftpflichtversicherers gegen den Versicherungsnehmer bzw. den Mitversicherten (§ 117 Abs. 5 VVG)

1. Regress gegen den VN bzw. Mitversicherten im Weg der Legalzession

98 § 117 Abs. 5 VVG gilt nur, wenn der Dritte den VR nicht im Wege eines Direktanspruchs belangt, weil dann der Regress des VR gegen den VN nach § 116 S. 2 und 3 VVG zu beurteilen ist. Das kann auch im Rahmen der Kfz-Haftpflichtversicherung so sein, wenn der Dritte diesen Weg beschreitet, was vor allem bei einem Personenschaden wegen der **10-jährigen Verjährungsfrist** gegen den VR und der **30-jährigen Verjährungsfrist** gegen den Schädiger angezeigt sein kann (a.A. *Beckmann*, in: Bruck/Möller, § 117 Rn 79: keine Anwendung bei der Kfz-Haftpflichtversicherung). Kann sich bei Pfändung des Deckungsanspruchs der HaftpflichtVR trotz ggü. dem VN oder dem Mitversicherten bestehender Leistungsfreiheit seiner Zahlungspflicht ggü. dem geschädigten Dritten nicht entziehen, ist er in einer vergleichbaren Position wie ein **Bürge** ggü. dem Gläubiger oder der **FeuerVR** ggü. dem **Hypothekargläubiger** gem. § 143 VVG. Die Rechtsordnung räumt solchen Schuldnern die **stärkste Form des Regresses** ein, nämlich eine Legalzession. Beim Bürgen ist das § 774 BGB (Prölss/Martin/*Knappmann*, § 117 Rn 37), beim FeuerVR § 145 (Römer/Langheid/*Rixecker/Langheid*, § 117 Rn 41 ff.) und beim kranken Deckungsverhältnis § 117 Abs. 5 VVG. Durch die Zahlung des HaftpflichtVR an den Dritten wird der VN bzw. der Versicherte (BGHZ 26, 133 = BGH, NJW 1958, 299) nicht befreit; der Schadensersatzanspruch wird vielmehr bloß in diesem Zeitpunkt auf den HaftpflichtVR übergeleitet (*Beckmann*, in: Bruck/Möller, § 117 Rn 78). Eine alternative Anwendung anderer Regressnormen, etwa aus ungerechtfertigter Bereicherung (§ 812 BGB) oder Geschäftsführung ohne

Auftrag (§ 683 BGB), scheidet daher aus (Prölss/Martin/*Knappmann*, § 117 Rn 38, 39). Wie nach § 774 Abs. 1 S. 2 BGB kann gem. § 117 Abs. 5 S. 2 VVG der Regress **nicht zum Nachteil des Gläubigers**, hier des geschädigten Dritten, geltend gemacht werden. Das führt bei einem durch die Versicherungssumme nicht vollständig gedeckten Ersatzanspruch zu einem Befriedigungsvorrecht des Geschädigten ggü. dem VR bei Zwangsvollstreckung in das restliche Schädigervermögen (MAH-VersR/*Schneider*, § 24 Rn 175).

Eine solche **Legalzession** setzt voraus, dass sich der HaftpflichtVR gegen seine Inanspruchnahme nicht wehren konnte (*Beckmann*, in: Bruck/Möller, § 117 Rn 80). Sie besteht nicht, wenn ihn ggü. dem Dritten **keine Leistungspflicht** traf, was etwa gegeben ist, wenn kein Haftpflichtanspruch des Dritten bestand (MüKo/*Schneider*, § 117 VVG Rn 52), der VR gem. § 117 Abs. 3 S. 2 VVG auf einen anderen SchadensVR oder Sozialversicherungsträger hätte verweisen können (OLG Frankfurt, VersR 1970, 266), ein Risikoausschluss bei Vorsatz gem. § 103 VVG gegeben (Prölss/Martin/*Knappmann*, § 117 Rn 38) oder die Mindestversicherungssumme erschöpft war (Prölss/Martin/*Knappmann*, § 118 Rn 1). Nach h.M. (Römer/Langheid/*Rixecker/Langheid*, § 117 Rn 43) setzt die Legalzession zudem voraus, dass der HaftpflichtVR für denjenigen, gegen den er in der Folge die Legalzession geltend macht, auch leisten wollte. Diese Frage dürfte eine eher akademische und in der Praxis nicht von übertriebener Bedeutsamkeit sein. 99

2. Ohne Leistungspflicht keine Legalzession

Leistet der HaftpflichtVR ohne Bestehen einer Leistungspflicht ggü. dem Dritten, kann er bei einem Irrtum von diesem die Leistung gestützt auf eine Leistungskondiktion nach § 812 BGB zurückverlangen (Looschelders/Pohlmann/*Schwartze*, § 117 Rn 28). Es steht ihm aber auch ein **Bereicherungsanspruch** gegen den VN bzw. Versicherten zu, wenn der Dritte eine Schadensersatzforderung gegen diese hatte (OLG Saarbrücken, VersR 1976, 553; Hübner/*Schneider*, r+s 2002, 89, 92; Prölss/Martin/*Knappmann*, § 117 Rn 38). Dieser unterliegt der gleichen Verjährungsfrist wie der Schadenersatzanspruch (*Beckmann*, in: Bruck/Möller, § 117 Rn 101). Mitunter wird der Regressanspruch auf Geschäftsführung ohne Auftrag gem. §§ 683, 670 BGB gestützt (OLG Köln, r+s 1997, 180; Rüffer/Halbach/Schimikowski/*Schimikowski*, § 117 Rn 15). Die Abwehrkosten sind nicht von der Legalzession erfasst (Halm/Kreuter/Schwab/*Kreuter-Lange*, AKB § 117 Rn 49). 100

3. Überwälzung von Nebenkosten

Die Legalzession erfasst die durch die Zahlung erfolgte Schadensersatzforderung, **nicht** aber die **Aufwendungen** des HaftpflichtVR. Da ungeachtet der Leistungsfreiheit der VV weiterhin besteht, kann nach der entsprechenden Anwendung des **Geschäftsbesorgungsvertrags** der HaftpflichtVR die erforderlichen Aufwendungen, namentlich für den eigenen Anwalt, nach §§ 675, 670 BGB ersetzt verlangen (BGH, VersR 1976, 480; BGHZ 24, 308 = BGH, VersR 1957, 442; Looschelders/Pohlmann/*Schwartze*, § 117 Rn 29). Kosten für den VR, der im Haftpflichtprozess als Streithelfer des Mitversicherten auftritt, sind nicht ersatzfähig (BGH VersR 1976, 480; OLG Brandenburg, VersR 2010, 274 = OLG 101

Brandenburg, jurisPR-VerkR 4/2010 [*Jahnke*]: Einstandspflicht des Kfz-HaftpflichtVR für den Halter, Streithelfer für den Lenker, der vorsätzlich handelte, für den somit gar keine Leistungspflicht bestand; MüKo/*Schneider*, § 117 VVG Rn 54). Für Nebenkosten in Bezug auf Zahlungen ohne Leistungspflicht ggü. dem Dritten kommt ein Anspruch aus **Geschäftsführung ohne Auftrag** gem. §§ 683, 670 BGB in Betracht (BGHZ 24, 308 = BGH, NJW 1957, 1230; *Beckmann*, in: Bruck/Möller, § 117 Rn 92). Zinsen sind vom VN bzw. Mitversicherten nur zu ersetzen, soweit es sich um deren Verzugs- oder Prozesszinsen handelt, nicht aber solche Zinsen, die der VR nach § 3a Abs. 1 Nr. 2 PflVG zu leisten hat, weil er nicht binnen 3 Monaten ein Angebot unterbreitet hat (Halm/Kreuter/Schwab/*Kreuter-Lange*, AKB § 117 Rn 48).

4. Regress gegen Mitschädiger

102 Der Regress gegen einen Mitschädiger ist nicht nach § 117 Abs. 5 VVG zu beurteilen, weil der Mitschädiger außerhalb des Versicherungsverhältnisses steht (Looschelders/Pohlmann/ *Schwartze*, § 117 Rn 29). Ein Regress gegen den Mitschädiger beruht vielmehr auf der Rechtsposition des VN bzw. des Versicherten, sodass deren Rückgriffsanspruch gem. § 86 VVG auf den an den Dritten leistenden HaftpflichtVR übergeleitet wird (Römer/Langheid/ *Rixecker/Langheid*, § 117 Rn 46; a.A. MüKo/*Schneider*, § 117 VVG Rn 61; *Beckmann*, in: Bruck/Möller, § 117 Rn 99, mit dem wenig einleuchtenden Ergebnis, dass der Regress des VR gegen den Dritten und damit die Beachtlichkeit des Angehörigenprivilegs nach § 86 Abs. 3 VVG davon abhängig sein soll, ob es sich um ein gesundes oder krankes Versicherungsverhältnis handelt). Das **Haftpflichtprivileg eines in häuslicher Gemeinschaft lebenden Schädigers** gem. § 86 Abs. 3 VVG ist dabei zu beachten. Der Regressanspruch nach § 117 Abs. 5 VVG kann am allg. Gerichtsstand des VN, aber auch am Gerichtsstand der unerlaubten Handlung (§ 32 ZPO) erhoben werden, wenn der übergegangene Anspruch ein deliktischer war (OLG München, VersR 1967, 144; *Armbrüster*, r+s 2010, 441, 456; *Beckmann*, in: Bruck/Möller, § 117 Rn 89; MüKo/*Schneider*, § 117 VVG Rn 64).

5. Bindung des Versicherungsnehmers bzw. Mitversicherten an die Regulierungsvollmacht des Haftpflichtversicherers

103 Bei einem **Direktanspruch** erlischt nach herrschender Meinung (BGH, VersR 1987, 924; Römer/Langheid/*Rixecker/Langheid*, § 117 Rn 54) die Regulierungsvollmacht des HaftpflichtVR bei dessen Leistungsfreiheit, weil der Geschädigte in der Lage ist, den Anspruch gegen den HaftpflichtVR direkt durchzusetzen. Misslich ist das dann, wenn der Anspruch gegen den HaftpflichtVR nach § 115 Abs. 2 S. 2 VVG wegen der absoluten **10-jährigen Frist** verjährt, aber gegen den Schädiger in der **30-jährigen Frist** gem. § 199 Abs. 2 BGB noch durchsetzbar ist. Würde der Geschädigte den Anspruch **auch** gegen den HaftpflichtVR verfolgen und darüber ein Urteil ergehen, wäre er nach der BGH-Rechtsprechung (BGH, NJW-RR 2007, 467; BGH, NJW 2003, 1327) in eine **verhängnisvolle Falle** getappt, weil wegen der Rechtskrafterstreckung des § 124 VVG dann auch der Anspruch gegen den VN bzw. Mitversicherten nicht mehr durchsetzbar wäre. Zwar ging es in den konkreten

Fällen um Ansprüche von Sozialversicherungsträgern, bei denen beim kranken Deckungsverhältnis das Verweisungsprivileg des § 117 Abs. 3 S. 2 VVG zum Tragen kommt. Denkbar sind aber auch Ansprüche von Arbeitgebern und Dienstherrn, Sozialhilfeträgern oder der Bundesanstalt für Arbeit beim Arbeitslosengeld II. In diesen Fällen muss es daher ausnahmsweise auch bei einem Direktanspruch bei der Regulierungsvollmacht des HaftpflichtVR bleiben.

Besteht **kein Direktanspruch**, bleibt die Regulierungsvollmacht des HaftpflichtVR bestehen (BGHZ 24, 308 = BGH, VersR 1957, 442; *Hübner/Schneider*, r+s 2002, 89, 94; *Römer/Langheid/Rixecker/Langheid*, § 117 Rn 54). Das bedeutet zunächst, dass der HaftpflichtVR im Namen des VN den Anspruch anerkennen und sich darüber vergleichen kann. Darüber hinaus vertritt die h.M. die Ansicht, dass der VN nicht nur an ein **Urteil** im Haftpflichtprozess gebunden ist, sondern auch an einen vom HaftpflichtVR mit dem Dritten geschlossenen **Vergleich** oder ein von diesem abgegebenes **Anerkenntnis**; und zwar unabhängig davon, ob der Schädiger, der den Schaden letztlich zu tragen hat, Gelegenheit hatte, seine Einwendungen vorzubringen (Prölss/Martin/*Knappmann*, § 117 Rn 40; *Beckmann*, in: Bruck/Möller, § 117 Rn 18, 84 f.; *Armbrüster*, r+s 2010, 441, 444). Solche würden sich allein auf das Deckungsverhältnis beschränken (*Beckmann*, in: Bruck/Möller, § 117 Rn 86.; MüKo/*Schneider*, § 117 VVG Rn 56; **a.A.** *Ebel*, VersR 1980, 158; *Strasser*, JBl. 1969, 1, 9).

104

Die ältere Rechtsprechung (BGHZ 28, 244 = BGH, VersR 1959, 16; BGHZ 24, 308 = BGH, VersR 1957, 442) rechtfertigt das mit dem Interesse des Dritten an einer raschen Regulierung (so auch *Armbrüster*, r+s 2010, 441, 444: Interesse aller [?] Beteiligten an einer ggü. dem Geschädigten abschließenden Erledigung des Haftpflichtfalls). Beachtliche Einwendungen des Schädigers wären diesbzgl. kontraproduktiv und würden einen Vergleich geradezu ausschließen. Der **HaftpflichtVR** sei i.Ü. **sachkundig**; er wisse schon, was er tue. Und dass der Schädiger womöglich letztendlich unbegründete Haftpflichtansprüche befriedigen müsse, spiele für die Praxis keine erhebliche Rolle. Zwar müsse der VR namentlich beim kranken Deckungsverhältnis in besonderer Weise auf die Belange des VN bzw. Versicherten Rücksicht nehmen. Grds. sei aber für den Regress im Weg der Legalzession die Festsetzung der Höhe des Schadensersatzanspruchs im Verhältnis zwischen geschädigtem Dritten und HaftpflichtVR maßgeblich, es sei denn, der VN bzw. der Versicherte sei in der Lage, dem HaftpflichtVR eine **schuldhafte Pflichtverletzung** gem. § 280 BGB nachzuweisen (Rüffer/Halbach/Schimikowski/*Schimikowski*, § 117 Rn 17). Insoweit ist aber jedenfalls die Beweislastumkehr in Bezug auf das Verschulden nach § 280 Abs. 1 S. 2 BGB zu beachten (*Armbrüster*, r+s 2010, 441, 444). Lediglich dann, wenn der HaftpflichtVR im eigenen Interesse, um den Akt rasch schließen zu können, mit dem geschädigten Dritten anstelle einer Rente eine Kapitalabfindung vereinbart habe, ohne dass nach dem Gesetz (§ 843 Abs. 3 BGB) die Voraussetzungen dafür vorlägen, könne der Ersatzpflichtige eine Abstattung in Raten verlangen (OLG Hamm, VersR 1978, 379).

105

Stellen der Direktanspruch gegen den VR sowie die Inanspruchnahme des Schädigers mit anschließender Pfändung und Überweisung des – fiktiven – Deckungsanspruchs bloß **Spielarten der gleichen Struktur** dar, muss in Bezug auf die Einwendungen des VN

106

bzw. Versicherten ein **Gleichklang** hergestellt werden. Es fehlen auch im vorliegenden Zusammenhang gute Gründe für den **naiven, paternalistisch anmutenden Glauben**, der HaftpflichtVR werde schon alles zum Wohle des – in diesem Fall mit der Schadenstragung endgültig belasteten – Schädigers besorgen. Vielleicht kann er es wirklich so gut, wie die älteren BGH-Entscheidungen glauben machen. Wenn aber die aus der vorläufigen Schadenstragung entstehende Zahllast auf einen ex ante erkennbar solventen Schädiger, nämlich den eigenen VN, überwälzt werden kann, ist womöglich in **Zeiten hohen Spardrucks** das Engagement und der Zeitaufwand für eine möglichst weitgehende Kostendämpfung nicht mehr ganz so stark ausgeprägt wie bei fehlender Weiterwälzbarkeit des Schadens.

107 Auch bei der **Bürgschaft** will der Gläubiger rasch zu seinem Geld kommen. Niemand hat dazu freilich bisher vertreten, dass der Schuldner den vom Bürgen gezahlten Betrag leisten müsse, es sei denn, er könne dem Bürgen ein **schuldhaftes Verhalten** vorwerfen. Für das Bürgschaftsrecht ist vielmehr selbstverständlich, dass der Bürge vor der Leistung an den Gläubiger dem Schuldner Gelegenheit zur Erhebung von Einwendungen geben sollte. Tut er das nicht, riskiert er, dass der Schuldner ihm diese beim Regress gerade so entgegensetzen kann, wie er das dem Gläubiger ggü. hätte tun können (Palandt/*Sprau*, § 774 BGB Rn 10). Da wie dort handelt es sich um eine Legalzession, durch die die **Rechtsstellung des debitor cessus nicht verschlechtert** werden soll.

108 Der HaftpflichtVR ist somit gut beraten, dem VN bzw. Versicherten, auf den der Schaden letztendlich überwälzt werden soll, **Gelegenheit zur Stellungnahme** einzuräumen. Bei prozessualer Streitaustragung wird sich eine solche Gelegenheit schon deswegen ergeben, weil außerhalb der Kfz-Haftpflichtversicherung der ersatzpflichtige VN oder Mitversicherte **im Prozess Beklagter** ist. Bedeutsamer ist die Äußerungsmöglichkeit aber bei außergerichtlicher Regulierung. Äußert sich der letztendlich Ersatzpflichtige trotz entsprechender Aufforderung nicht, wird es als treuwidrig (§ 242 BGB) anzusehen sein, die entsprechenden Einwendungen nach der Regulierung des Schadens durch den HaftpflichtVR ggü. dem Dritten erst beim Regress zu erheben (siehe auch § 116 Rdn 24 ff.).

6. Leistungsfreiheit gegenüber VN oder Mitversichertem

109 Die Ansprüche ggü. dem VN und dem Mitversicherten sind **getrennt** zu beurteilen. Es ist denkbar, dass dem einen ggü. ein **gesundes** Deckungsverhältnis gegeben ist, dem anderen ggü. aber ein **krankes**, sodass nur ggü. dem Letzteren eine Legalzession gem. § 117 Abs. 5 VVG in Betracht kommt (Looschelders/Pohlmann/*Schwartze*, § 117 Rn 32). Die früher namentlich beim Schmerzensgeld, aber auch in Bezug auf den Haftungsausschluss von Ansprüchen der Insassen ggü. dem Halter bei der Gefährdungshaftung bestehenden unterschiedlichen Ansprüche gegen Halter und Lenker sind seit dem 2. SchadÄndG weggefallen. Denkbar ist freilich noch immer, dass in **Mitverschuldensfällen** ggü. dem Halter eine andere Quote festzulegen ist als ggü. dem Lenker. Schlussendlich ist zu beachten, dass der **Halter nach der Gefährdungshaftung betragsbeschränkt haftet**, der **Lenker bei der Verschuldenshaftung aber betraglich unbeschränkt**; und trotz Anhebung der Haftungs-

summen bei der Gefährdungshaftung – bei Personenschäden gem. § 12 StVG **5 Mio. EUR** – diese die Mindestdeckungssumme in der Kfz-Haftpflichtversicherung – bei Personenschäden **7,5 Mio. EUR** – nicht erreichen.

Im Zweifel ist anzunehmen, dass der HaftpflichtVR für beide, VN und Mitversicherten, leisten wollte (Prölss/Martin/*Knappmann*, § 117 Rn 46; *Beckmann*, in: Bruck/Möller, § 117 Rn 94). **Rückgriff** kann der HaftpflichtVR max. **in dem Ausmaß** nehmen, wie er leisten müsste, wenn er nur für den Ersatzpflichtigen des kranken Deckungsverhältnisses geleistet hätte. Dabei ist gem. § 117 Abs. 3 VVG sowohl die **Mindestversicherungssumme** als Obergrenze als auch die **Verweisungsmöglichkeit** auf SchadensVR und Sozialversicherungsträger zu beachten. Besteht Leistungsfreiheit ggü. VN und Mitversichertem, haften beide als Solidarschuldner (Prölss/Martin/*Knappmann*, § 117 Rn 48; Römer/Langheid/*Rixecker/Langheid*, § 117 Rn 45), soweit die Haftung nicht unterschiedlich ist, was bei Mitverschuldensfällen vorkommen kann. Die Regressansprüche von VN und Mitversichertem gehen nach § 86 VVG auf den HaftpflichtVR über, wobei zu bedenken ist, dass ein Regressausschluss wegen des Haftpflichtprivilegs gem. § 86 Abs. 3 VVG (Leben im gleichen Haushalt) ggü. einem Regressgläubiger gegeben sein kann, ggü. einem anderen jedoch nicht. Ausgleichsansprüche des VN ggü. dem Mitversicherten und vice versa kann der in Anspruch genommene Regressschuldner dem VR entgegensetzen (*Beckmann*, in: Bruck/Möller, § 117 Rn 95).

7. Befriedigungsvorrecht

Ist der Schaden des Dritten höher als die Deckungssumme oder ist Deckungsinsolvenz gegeben, steht dem Dritten ein Befriedigungsvorrecht zu. Der HaftpflichtVR muss dem Geschädigten gem. § 118 Abs. 1 Nr. 1 und 2 VVG insoweit den **Vortritt** lassen, bis dessen gesamter Schaden gedeckt ist (Looschelders/Pohlmann/*Schwartze*, § 117 Rn 33; *Beckmann*, in: Bruck/Möller, § 117 Rn 102). Jedenfalls in der Kfz-Haftpflichtversicherung sollten wegen der Anhebung der Deckungssummen solche Fälle nur mehr bei Massenunfällen auftreten.

8. Verjährung

Für die Verjährung des im Wege der Legalzession auf den HaftpflichtVR übergegangenen Rückgriffsanspruchs gilt die Verjährungsfrist dieses **Schadensersatzanspruchs** (Prölss/Martin/*Knappmann*, § 117 Rn 44). Da es sich um keinen versicherungsvertraglichen Anspruch handelt, spielt die Verjährungsfrist für Versicherungsansprüche keine Rolle (*Hübner/Schneider*, r+s 2002, 89, 94). Ist der Schadensersatzanspruch verjährt, ist auch der Rückgriffsanspruch wegen Verjährung nicht mehr durchsetzbar (BGH, VersR 2008, 343).

Führt der Schädiger einen **Deckungsprozess** gegen den HaftpflichtVR, der so lange dauert, dass bei dessen rechtskräftiger Beendigung der im Wege der Legalzession übergegangene Schadensersatzanspruch aus dem kranken Deckungsverhältnis (§ 117 Abs. 5 VVG) verjährt ist, verstößt die Berufung des VN nicht gegen Treu und Glauben (BGH, VersR 1972,

62). Zur Abwendung der Verjährung hätte der HaftpflichtVR im Deckungsprozess eine **Widerklage** erheben oder mit dem VN vereinbaren müssen, dass die Verjährung solange hinausgeschoben werden solle, bis der Deckungsprozess rechtskräftig entschieden ist, was nach § 202 BGB ohne Weiteres zulässig ist.

C. Abdingbarkeit

114 Die Normen der Pflichthaftpflichtversicherung sind zugunsten des VN, des Versicherten und des geschädigten Dritten **zwingend**. Vertreten wird darüber hinaus auch, dass die Norm einseitig zwingend zugunsten des VR ist, soweit es um dessen Schutz geht, so namentlich bei der Subsidiaritätsklausel (*Beckmann*, in: Bruck/Möller, § 117 Rn 105). Aus den Erläuterungen (BT-Drucks 16/3945, S. 87) ergibt sich, dass dies aus der Rechtsnatur dieser Vorschrift folgt und keiner ausdrücklichen Klarstellung bedarf.

§ 118 VVG Rangfolge mehrerer Ansprüche

(1) Übersteigen die Ansprüche auf Entschädigung, die aufgrund desselben Schadensereignisses zu leisten ist, die Versicherungssumme, wird die Versicherungssumme nach folgender Rangfolge, bei gleichem Rang nach dem Verhältnis ihrer Beträge, an die Ersatzberechtigten ausgezahlt:
1. für Ansprüche wegen Personenschäden, soweit die Geschädigten nicht vom Schädiger, von einem anderen Versicherer als dessen Haftpflichtversicherer, einem Sozialversicherungsträger oder einem sonstigen Dritten Ersatz ihrer Schäden erlangen können;
2. für Ansprüche wegen sonstiger Schäden natürlicher und juristischer Personen des Privatrechts, soweit die Geschädigten nicht vom Schädiger, einem anderen Versicherer als dessen Haftpflichtversicherer oder einem Dritten Ersatz ihrer Schäden erlangen können;
3. für Ansprüche, die nach Privatrecht auf Versicherer oder sonstige Dritte wegen Personen- und sonstiger Schäden übergegangen sind;
4. für Ansprüche, die auf Sozialversicherungsträger übergegangen sind;
5. für alle sonstigen Ansprüche.

(2) Ist die Versicherungssumme unter Berücksichtigung nachrangiger Ansprüche erschöpft, kann sich ein vorrangig zu befriedigender Anspruchsberechtigter, der bei der Verteilung nicht berücksichtigt worden ist, nachträglich auf Absatz 1 nicht berufen, wenn der Versicherer mit der Geltendmachung dieses Anspruchs nicht gerechnet hat und auch nicht rechnen musste.

Übersicht

	Rdn
A. Normzweck	1
B. Norminhalt	2
I. Spezialregelung ggü. § 109 VVG – Rangfolge versus Paritätsprinzip	2
1. Die Ausgangsnorm des § 109 VVG – Zielsetzung der Deckungsinsolvenz	2
2. Regelung bezüglich der Deckungssumme – Abgrenzung zu betraglicher Haftungsbegrenzung und Quotenvorrecht bei Mitverschulden	8
II. Unterschied ggü. der bisherigen Regelung – Rangfolge anstelle quotenmäßiger Befriedigung	10
III. Nutzen der Neuregelung für die Beteiligten	25
1. Einzelner Geschädigter und Sozialversicherungsträger	25
2. Einzelner Geschädigter und Privatversicherer	27
3. Mehrzahl von Geschädigten mit konkurrierenden Regressansprüchen von Privatversicherern und Sozialversicherungsträgern	32
4. Besonderheiten des kranken Deckungsverhältnisses	35
5. Beschleunigung des Verfahrens gegenüber den geschädigten Dritten	36
IV. Die Berücksichtigung zu spät kommender Dritter (§ 118 Abs. 2 VVG)	37
1. Anspruch eines vorrangig zu befriedigenden Anspruchsberechtigten	38
2. Wann ist die Versicherungssumme erschöpft?	39
3. Anforderungen an die Prognose beim Verteilungsplan	43
4. Sorgfaltsmaßstab	55
5. Besonderheit von Ansprüchen aus Teilungsabkommen	58
6. Ansprüche geringer als erwartet	60
C. Rechtsfolgen	62
I. Zahlungspflicht des Haftpflichtversicherers gegenüber dem Dritten	63
II. Bereicherungsanspruch des Haftpflichtversicherers gegenüber dem Versicherungsnehmer gemäß § 812 BGB	64
III. Bereicherungsanspruch des Haftpflichtversicherers gegenüber den Dritten gemäß § 812 BGB	65
IV. Bereicherungsanspruch des zu spät kommenden Dritten gegenüber den „überentschädigten" Anspruchstellern gemäß § 816 BGB	66
V. Nachforderungsansprüche bei nicht ausgeschöpfter Versicherungssumme	68
D. Prozessuales	71
E. Abdingbarkeit	74
F. Inkrafttreten	75

A. Normzweck

Die Vorschrift soll entsprechend der Schutzbedürftigkeit verschiedener Gruppen von Ersatzberechtigten einen Interessenausgleich i.S.e. Rangverhältnisses der Entschädigungsansprüche infolge desselben Schadensereignisses schaffen, soweit die VersSumme nicht ausreicht, um alle Ansprüche vollständig zu befriedigen. Die VersSumme ist die Mindestversicherungssumme, ohne Festlegung in der jeweiligen Vorschrift die des § 114 Abs. 1. VVG. Ist aber eine höhere vertraglich vereinbart, gelten gem. § 113 Abs. 3 VVG die Anordnungen des § 118 VVG für die **gesamte Versicherungssumme** (*Beckmann*, in: Bruck/Möller, § 118 Rn 11; *Langenick*, r+s 2011 Beilage [FS Lemcke] 70, 73; a.A. Looschelders/Pohlmann/*Schwartze*, § 117 Rn 15: Rangfolge des § 118 Abs. 1 VVG nur für die Mindestversicherungssumme). Es geht um widerstreitende Interessen des HaftpflichtVR, den Verwaltungsaufwand gering zu halten und möglichst wenig, jedenfalls nicht mehr als die Deckungssumme auszubezahlen, des geschädigten Dritten, möglichst rasch und in voller Höhe Ersatz zu erhalten, sowie des VN bzw. Mitversicherten, eine Belastung des eigenen Vermögens möglichst zu vermeiden, was nicht immer leicht auszubalancieren ist (MüKo/*Schneider*,

1

§ 118 VVG Rn 7). Das Rangprinzip ist jedenfalls der Zügigkeit der Regulierung der Ansprüche im 1. und 2. Rang förderlich (MüKo/*Schneider*, § 118 VVG Rn 20).

B. Norminhalt

I. Spezialregelung ggü. § 109 VVG – Rangfolge versus Paritätsprinzip

1. Die Ausgangsnorm des § 109 VVG – Zielsetzung der Deckungsinsolvenz

2   § 118 VVG ist eine Spezialnorm ggü. § 109 VVG. Langenick (*Langenick*, r+s 2011 Beilage [FS Lemcke] 70, 75, 78) bezeichnet die Abkehr vom Gleichbehandlungsgrundsatz zu einem umfassenden Opferschutz durchaus zutreffend als Paradigmenwechsel und „**Super-Befriedigungsvorrecht**". Soweit § 118 VVG Sonderregeln anordnet, gehen diese vor; im Übrigen sind auch die Regeln des § 109 VVG heranzuziehen, dass etwa nach § 101 Abs. 2 VVG die Kosten eines auf Veranlassung des VR geführten Rechtsstreits sowie die Kosten der Strafverteidigung nicht in die Versicherungssumme eingerechnet werden dürfen oder eine Rente nach § 107 Abs. 1 VVG nur verhältnismäßig ausbezahlt werden darf (*Beckmann*, in: Bruck/Möller, § 118 Rn 5). Sowohl § 109 VVG als auch § 118 VVG ordnen an, dass bei Nichtzureichen der Deckungssumme nicht das **Prioritätsprinzip** wie in der **Einzelzwangsvollstreckung** entscheidet (BGH, VersR 1985, 1054; BGHZ 84, 151 = VersR 1982, 791; Looschelders/Pohlmann/*Schwartze*, § 118 Rn 1). Vielmehr hat der VR einen Teilungsplan (Begriff in Entsprechung zu § 874 ZPO) aufzustellen; dabei sollen alle Gläubiger grds. **gleich behandelt** werden, wobei auch Kapital- und Rentenansprüche – ungeachtet der gegenteiligen Anordnung in § 8 Abs. 4 PflVV, die gesetzwidrig ist – gleich zu behandeln sind (*Langenick*, r+s 2011 Beilage [FS Lemcke] 70, 71 ff).

3   Ob eine Anspruchsdurchsetzung im Wege der Pfändung und Überweisung des Deckungsanspruchs erfolgt oder im Wege des Direktanspruchs, macht keinen Unterschied (BGHZ 84, 151 = VersR 1982, 791; VersR 1979, 30). Während im Insolvenzverfahren dafür ein – zu entlohnender – Insolvenzverwalter bestellt wird, überträgt der Gesetzgeber bei nicht ausreichender VerSumme diese Verwaltungstätigkeit – ohne Entschädigung – dem HaftpflichtVR (MüKo/*Schneider*, § 118 VVG Rn 7). Dieser kann sich der ihm auferlegten **Pflicht nicht entziehen**. Eine Hinterlegung nach § 372 BGB (Ungewissheit über Person des Gläubigers) bzw. § 853 ZPO (Konkurrenz der Ansprüche) mit dem Ziel eines gerichtlichen Verteilungsverfahrens wird durch § 109 VVG bzw. § 118 VVG gerade verhindert (Looschelders/Pohlmann/*Schwartze*, § 118 Rn 3; *Küppersbusch*, in: FS Müller, 2009, S. 65, 73; a.A. MüKo/*Schneider*, § 118 VVG Rn 5: möglich in Ausnahmefällen bei gleichrangiger Berechtigung mit ungewisser Anspruchshöhe).

4   Der HaftpflichtVR steht im Spannungsverhältnis, seinen **Verwaltungsaufwand** in engen Grenzen zu halten (*Deinhart*, VersR 1980, 412, 414; *Beckmann*, in: Bruck/Möller, § 118 Rn 13), gleichzeitig aber für eine **möglichst rasche Auszahlung** an die anspruchsberechtigten Dritten zu sorgen (*Sprung*, VersR 1992, 657, 659; Prölss/Martin/*Lücke*, § 118 Rn 1). Gerade bei einer Mehrzahl von Verletzten und Getöteten ist das Ausmaß des Schadens zu dem Zeitpunkt, zu dem die Dritten – berechtigterweise – Zahlung verlangen, häufig noch

nicht verlässlich abschätzbar (Prölss/Martin/*Lücke*, § 109 Rn 2). Dabei muss der HaftpflichtVR danach trachten, die in § 109 S. 2 VVG angeordnete **eigene Einstandspflicht** über die Deckungssumme hinaus zu vermeiden. Die Delikatesse ergibt sich zusätzlich daraus, dass der HaftpflichtVR anders als der Insolvenzverwalter nicht bloß **Treuhänder** eines **fremden Vermögens** ist; vielmehr verfolgt er **auch eigene Interessen**. Warum ihn ausgerechnet dieser Umstand als geeigneten Verfahrensverwalter auszeichnet (so MüKo/ *Schneider*, § 118 VVG Rn 7), erscheint jedoch fragwürdig. Es kommt ihm jedenfalls zugute, wenn er trotz nicht ausreichender Deckungssumme diese so spät wie möglich auszahlt und ihm letztendlich ein Teil von dieser verbleibt. Auf diese Weise kann die Art der Regulierung des Schadens auch zu einem – wie im Schadensrecht grundsätzlich nicht berechtigten – **Sparen in die eigene Tasche** führen. Da die allermeisten Ansprüche ab dem Eintritt des Schadens fällig sind, ist zu erwägen, eine über die Deckungssumme hinausgehende marktmäßige Verzinsung der Ansprüche vorzunehmen, um jeglichen Anreiz für eine Verfahrensverschleppung zu vermeiden.

In § 118 VVG hat der Gesetzgeber für die Pflichthaftpflichtversicherung eine Sonderregel 5 geschaffen. An die Stelle der gleichmäßigen Befriedigung der Dritten tritt eine **Verteilung der Deckungssumme nach einer abgestuften Rangfolge**. Diese Besonderheit mag man mit der **besonderen Schutzwürdigkeit des Geschädigten in der Pflichthaftpflichtversicherung** begründen. Zu bedenken ist freilich, dass es insoweit am allerwenigsten um das Verhältnis zwischen dem Dritten und dem HaftpflichtVR geht. Die VersSumme ist gerade nicht ausreichend, sodass sie – eigentlich – ohnehin zur Gänze auf die Gläubiger verteilt werden muss. Im Kern geht es um das Verhältnis zwischen den Geschädigten, im Regelfall den **Verletzten** oder den **Hinterbliebenen** nach Tötung des Unterhaltsschuldners und sonstigen Regressgläubigern, in erster Linie den **Sozialversicherungsträgern**. Warum deren Verhältnis bei der Verteilung der nicht ausreichenden VersSumme davon abhängig sein soll, ob eine Pflichthaftpflichtversicherung oder eine freiwillige Haftpflichtversicherung besteht, vermag nicht zu überzeugen (so auch MüKo/*Schneider*, § 118 VVG Rn 2). Auch der Hinweis, dass sich in diesem Bereich die gravierendsten Großschäden ereignen (so *Beckmann*, in: Bruck/Möller, § 118 Rn 2), ändert daran nichts; sollte sich eine Anwendung außerhalb ergeben, tröstet das den „verkürzten" Anspruchsteller wenig. Insgesamt ist die in § 118 VVG getroffene Wertung ggü. der des § 109 VVG begrüßenswert (*Beckmann*, in: Bruck/Möller, § 118 Rn 3; MüKo/*Schneider*, § 118 VVG Rn 2 sowie 20: Personenschäden bedeuten einen tiefgreifenderen Einschnitt in die Lebenswelt des Anspruchstellers als andere Schäden; noch euphorischer *Langenick* (*Langenick*, r+s 2011 Beilage [FS Lemcke] 70, 77: **gesetzgeberische Meisterleistung**).

Dass in der Pflichthaftpflichtversicherung die Mindestversicherungssummen so angehoben 6 werden sollten, dass der typische Großschaden gedeckt ist (Begr. BT-Drucks 16/3945, S. 90), steht auf einem anderen Blatt. Ist eine ausreichende VersSumme vorhanden, bedarf es gar keiner Regelung zur Verteilung zu knapper Mittel. Zu bedenken ist indes, dass nicht alle **VersSummen** in dem Maß **angehoben** worden sind, wie das bei der **Kfz-Haftpflichtversicherung** in den letzten Jahren der Fall war. Insofern dürfte die Aussage von *Hessert* (*Hessert*, VersR 1997, 39, 41), dass die Eigenschäden der Versicherten, also der Teil, der durch Sozialversicherungsträger nicht abgedeckt ist, selten die vertraglich vereinbarten Deckungssummen erreichen, nur für diese Sparte zutreffen. Dazu kommt, dass gerade Personenschäden sich über einen sehr langen Zeitraum erstrecken können mit der Folge, dass die Mindestversicherungssummen für solche weit in die Zukunft reichenden Schäden dann nicht genügend sind (MüKo/*Schneider*, § 118 VVG Rn 1).

7 Darüber hinaus ist zu beobachten, dass die Realität die zu einem Zeitpunkt angehobenen VersSummen mehr oder weniger rasch „einholt". Neben der **Inflation** kommen weitere Faktoren dazu: Die Zuwachsrate beim **Schmerzensgeld**, namentlich für schwere und schwerste Verletzungen, war in den letzten Jahrzehnten wesentlich höher als Inflation und Wirtschaftswachstum. Das nun schon einige Jahre zu beobachtende relativ **geringe Zinsniveau** führt dazu, dass die Barwerte für Renten entsprechend höher ausfallen – je niedriger der Zinssatz bei der Abzinsung, umso höher der Barwert. Und schließlich führen die **steigende Lebenserwartung** und die wohl damit einhergehende **längere Erwerbstätigkeit** der Menschen dazu, dass auch die Renten bei Dauerschäden eine längere Laufzeit haben.

2. Regelung bezüglich der Deckungssumme – Abgrenzung zu betraglicher Haftungsbegrenzung und Quotenvorrecht bei Mitverschulden

8 Nachdem selbst ausgewiesene Experten in der Terminologie nicht immer sattelfest sind (*Hessert*, VersR 1997, 39, 42: Quotenvorrecht des Geschädigten nach § 116 Abs. 4 SGB X; zumindest missverständlich auch Römer/Langheid/*Rixecker/Langheid*, § 109 Rn 3, 6; Stiefel/Maier/*Jahnke*, Kraftfahrtversicherung, § 118 VVG Rn 5: jeweils Verwendung der Begriffe Befriedigungs- und Quotenvorrechte), sei auf folgende grundlegende begriffliche Unterscheidung hingewiesen: In einem ersten Schritt ist das **Ausmaß der Haftung** zu klären, ob der VN unbeschränkt bzw. wegen eines Mitverschuldens begrenzt oder nur bis zu einer betraglichen Höchstsumme, so insb. bei der Gefährdungshaftung, einzustehen hat. Insoweit stellt sich die Frage des **Quotenvorrechts**. Erst wenn das feststeht, geht es darum, ob der Durchsetzung des Anspruchs **tatsächliche Hindernisse** im Wege stehen. Dazu zählt nicht nur das unzureichende der Zwangsvollstreckung unterworfene Vermögen des Schädigers, sondern auch die nicht ausreichende Deckungssumme (*Langenick*, r+s 2011 Beilage [FS Lemcke] 70, 74; a.A. MüKo/*Schneider*, VVG § 118 Rn 9: Befriedigungs- und Quotenvorrecht als Frage der Haftungsebene vorweg zu bestimmen). Insoweit geht es um das **Befriedigungsvorrecht** des Geschädigten (auf die Unterscheidung nachdrücklich hinweisend Hauck/Noftz/*Nehls*, SGB X, § 116 Rn 39; *Küppersbusch*, VersR 1983, 193, 203) oder dessen **Vorrecht bei der Realisierung** (Stiefel/Maier/*Jahnke*, Kraftfahrtversicherung, § 109 VVG Rn 33 f.). *Pardey* (*Pardey*, Berechnung von Personenschäden, Rn 840) bezeichnet das **Befriedigungsvorrecht** als **Quotenvorrecht im weiteren Sinn**, was aber unterlassen werden sollte, weil das mehr zur Verwirrung als zur Klarheit beiträgt. Das Quotenvorrecht des Anspruchstellers nach § 116 Abs. 2 und 4 SGB X ist ein **relatives** ggü. dem Sozialversicherungsträger mit der Folge, dass der Anspruchsteller mit den Regressansprüchen anderer VR konkurriert, während § 118 VVG zu einem **absoluten** Vorrang in der Priorität führt (*Langenick*, r+s 2011 Beilage [FS Lemcke] 70, 75).

Im bürgerlichen Recht (§§ 268 Abs. 3 S. 2, 426 Abs. 2 S. 2, 774 Abs. 1 S. 2 BGB) und im 9
Privatversicherungsrecht (§ 86 Abs. 1 S. 2 VVG) gibt es für sämtliche Phänomene ein
einheitliches Prinzip, nämlich den **Vorrang** des Geschädigten vor dem Regressgläubiger
in Bezug auf die **sachlich kongruenten** Ansprüche (so auch § 6 Abs. 1 EFZG, § 87a BBG).
Im Sozialversicherungsrecht ist das indes anders. Bzgl. der betraglichen Haftungsbegrenzung i.R.d. Gefährdungshaftung (z.B. § 12 StVG) sowie bei der Durchsetzung des – unbeschränkten – Schadensersatzanspruchs gilt gem. § 116 Abs. 2, 4 SGB X ein – nicht auf die
sachliche Kongruenz beschränktes – Vorrecht des Geschädigten vor dem Sozialversicherungsträger (missverständlich Halm/Kreuter/Schwab/*Kreuter-Lange*, AKB, § 118 Rn 2),
während bei einer Kürzung des Anspruchs des Geschädigten wegen eines **Mitverschuldens**
(§ 116 Abs. 3 SGB X) die **relative Theorie** anzuwenden ist (dazu Halm/Kreuter/Schwab/
Kreuter-Lange, AKB, § 118 Rn 25: vom Gesetzgeber offensichtlich übersehen; in Wahrheit
aber von der Autorin übersehen, dass es sich um unterschiedliche Phänomene handelt;
unzutreffend auch MüKo/*Schneider*, § 118 VVG Rn 31: Quotenvorrecht soll wegen § 118
VVG nicht greifen). Das bedeutet, dass der Sozialversicherungsträger die Haftungsquote
aus dem übergangsfähigen Anspruch erhält und der Geschädigte die Haftungsquote aus
seinem dadurch nicht gedeckten Restschaden, also der Differenz zwischen Leistung und
Schaden (dazu *Küppersbusch/Höher*, Ersatzansprüche bei Personenschäden, Rn 649, 651).

II. Unterschied ggü. der bisherigen Regelung – Rangfolge anstelle quotenmäßiger Befriedigung

Die bei der Pflichthaftpflichtversicherung anzuwendende Spezialregel des § 118 Abs. 1 10
VVG räumt dem **unmittelbar Geschädigten** ein Vorrecht ggü. den **Regressgläubigern**
ein, wobei diesbezüglich eine weitere Abstufung erfolgt. Die Ansprüche eines Sozialversicherungsträgers wegen Sozialversicherungsbeiträgen des Verletzten zur Rentenversicherung nach § 119 SGB X werden einem Anspruch des Verletzten gleichgestellt, weil der
Sozialversicherungsträger insoweit treuhänderisch tätig wird (BGH VersR 2008, 513 =
NJW 2008, 1961; Prölss/Martin/*Knappmann*, § 118 Rn 2; Halm/Kreuter/Schwab/*Kreuter-Lange*, AKB, § 118 Rn 14; MüKo/*Schneider*, § 118 VVG Rn 26). Im Verletzungsfall genießt
der Geschädigte Vorrang mit seinem Schmerzensgeldanspruch, aber auch mit seinen durch
Drittleistungen **nicht gedeckten Schäden** bzw. **Schadensspitzen** (insoweit zu eng *Schirmer*, ZVersWiss Supplement Jahrestagung 2006, 427, 447: Praktisch geht es in erster Linie
um Schmerzensgeldansprüche). War die verletzte Person niemals erwerbstätig, steht ihr
bei Beeinträchtigung ihrer Tätigkeit als **Haushaltsführer** keine Sozialversicherungsleistung zu. Bei den **Heilungskosten** sorgt die gesetzliche Krankenversicherung in zunehmendem Maße bloß für eine Basisversorgung; weitere mitunter kostspielige, durch den vom
Schädiger zu verantwortenden Unfall veranlasste Behandlungen sind davon aber nicht
erfasst.

Bei den **Pflegedienstleistungen** i.R.d. Anspruchs wegen **vermehrter Bedürfnisse** sind die 11
Zahlungen der Pflegeversicherung bestenfalls ein Tropfen auf den heißen Stein; Entsprechendes gilt für behindertengerechte Umbauten beim Wohnsitz oder Auto. Beim **Erwerbsschaden** ist die von Sozialversicherungsleistungen **nicht gedeckte Schadensspitze** umso

größer, je höher das Erwerbseinkommen war, namentlich bei selbstständig **Erwerbstätigen**. Signifikante Unterschiede zwischen der Sozialleistung und dem zivilrechtlich geschuldeten Schadensersatz ergeben sich darüber hinaus dann, wenn eine Körperverletzung zwar zu einer bloß geringfügigen allgemeinen Minderung der Erwerbsfähigkeit führt, aber der betreffende Verletzte infolgedessen seinen spezialisierten, gut honorierten Beruf nicht mehr ausüben kann, wie das etwa bei einer geringfügigen Verletzung einer Hand bei einem **Pianisten** oder **Chirurgen** der Fall ist. Auch Ansprüche nach Tötung einer Person (Begräbniskosten nach § 844 Abs. 1 BGB, Unterhaltsersatz nach § 844 Abs. 2 BGB sowie Schockschäden) sind als Personenschäden zu qualifizieren und sind daher unter § 118 Abs. 1 Nr. 1 VVG zu subsumieren (a.A. MüKo/*Schneider*, § 118 VVG Rn 27).

12 Der Abstufung des Rechtsgüterschutzes entsprechend ist folgerichtig den Geschädigten für ihre **Personenschäden** ein Vorrang vor ihren sonstigen Schäden, also den Sachschäden und den bloßen Vermögensschäden, eingeräumt worden. Da nur eine **natürliche Person** am Körper verletzt werden kann, erscheint es einleuchtend, dass lediglich bei § 118 Abs. 1 Nr. 2 VVG die juristischen Personen erwähnt werden. Freilich ist auch die **Ehrverletzung** unter Einschluss der Verletzung des **allgemeinen Persönlichkeitsrechts** als Personenschaden anzusehen, sodass auch dieser vorrangig zu befriedigen ist (*Beckmann*, in: Bruck/Möller, § 118 Rn 21, freilich nur für natürliche Personen; ebenso MüKo/*Schneider*, § 118 VVG Rn 26; a.A. Looschelders/Pohlmann/*Schwartze*, § 118 Rn 7: Personenschaden i.S.v. § 1 Nr. 1 AHB 2015 zu verstehen; Prölss/Martin/*Knappmann*, § 118 Rn 2 bejaht dies, wenn die Ehrverletzung zu einem Gesundheitsschaden führt, soweit nicht der Risikoausschluss wegen vorsätzlicher Begehung (§ 103 VVG) jeglichen Haftpflichtversicherungsschutz beseitigt. Da § 118 Abs. 1 Nr. 1 VVG nur von Personenschäden spricht, ohne auf die Anspruchsinhaber einzugehen, ist ein Schadensersatzanspruch wegen einer Ehrverletzung oder wegen Beeinträchtigung des allgemeinen Persönlichkeitsrechts vom Wortlaut eingeschlossen. Ob eine versicherungsrechtliche Deckung besteht, ist eine ganz andere Frage; nur wenn das zu bejahen ist, stellt sich das Problem überhaupt.

13 Offen ist aber, ob der Gesetzgeber wegen der sonstigen Schäden **juristische Personen der öffentlichen Hand** als **unmittelbar Geschädigte** in der Tat ausschließen wollte. Dass die öffentliche Hand bei der Konkurrenz von Regressgläubigern erst etwas bekommen soll, wenn PrivatVR und SozialVR ihre Regressansprüche in vollem Umfang befriedigt erhalten haben, mag man als nachvollziehbare Wertentscheidung hinnehmen. Warum bei einer Massenkarambolage, bei der auch Fahrzeuge der öffentlichen Hand beschädigt oder zerstört worden sind, diese dafür erst etwas bekommen soll, wenn auch der KaskoVR einer geschädigten Privatperson seinen vollen Regress erhalten hat, ist aber **kaum nachvollziehbar** (**kritisch auch** Prölss/Martin/*Knappmann*, § 118 Rn 3). Der KaskoVR erhält für seine Leistung immerhin eine Prämie; er müsste auch leisten, wenn kein Schädiger einstandspflichtig ist. Und dass die öffentliche Hand bei Ehrverletzungen oder Beeinträchtigung des allgemeinen Persönlichkeitsrechts – lege non distinguente – nach § 118 Abs. 1 Nr. 1 VVG wie jeder andere Geschädigte auch vorrangig anspruchsberechtigt sein soll, sich bei einem Sachschaden aber ganz hinten anzustellen habe, ist rational kaum begründbar. Der Gesetzgeber dürfte das kaum bedacht haben, weshalb infolge des Vorliegens einer **planwidrigen**

Lücke insoweit eine teleologische Reduktion erwägenswert, meines Erachtens sogar geboten ist (**a.A.** Looschelders/Pohlmann/*Schwartze*, § 118 Rn 7; MüKo/*Schneider*, § 118 VVG Rn 28; *Beckmann*, in: Bruck/Möller, § 118 Rn 22, der einräumt, über die Sinnhaftigkeit ließe sich streiten; ähnlich MüKo/*Schneider*, § 118 VVG Rn 28). Auch wenn es sich um ein sachlich anders geartetes Problem handelt, sei darauf verwiesen, dass im Kontext des § 117 Abs. 4 VVG die Rechtsprechung die **Sonderstellung der öffentlichen Hand korrigiert** hat, soweit diese als Verkehrsteilnehmer in Straßenverkehrsunfälle involviert ist (Näheres dazu in § 117 Rdn 68 ff.).

Ebenso wenig einleuchtend ist der Nachrang der öffentlichen Hand, soweit es um **bloße** 14 **Vermögensschäden** aus einer Vertragsverletzung geht. Hat etwa ein Notar fahrlässigerweise in großer Zahl Grundschulden beim Grundbuchamt nicht zur Eintragung beantragt, wodurch es bei Insolvenz des Kreditschuldners zu beträchtlichen Forderungsausfällen kommt, wäre keinesfalls einzusehen, warum bei Überschreiten der Deckungssumme die **öffentliche Hand** zusehen müsste, wie **alle anderen Vertragspartner** den Topf der Vers-Summe ausräumen und sie selbst leer ausgeht. Zudem wäre die Vereinbarkeit mit dem Gleichheitssatz des Art. 3 Abs. 1 GG zu prüfen. Jedenfalls steht diese Wertung in eklatantem Widerspruch zu § 839 Abs. 1 S. 2 BGB, wonach sich bei Einstandspflicht der öffentlichen Hand der Geschädigte an alle ihm zumutbaren anderen Schuldner halten muss, ehe die öffentliche Hand zur Haftung herangezogen wird. Auch wenn es bei § 118 Abs. 1 VVG darum geht, dass die **öffentliche Hand Gläubiger** ist, bei § 839 Abs. 1 S. 2 BGB aber ihre Einstandspflicht als **Schuldner** zu prüfen ist, ist der **diametrale Wertungsunterschied** doch **himmelschreiend groß**.

Sowohl bei § 118 Abs. 1 Nr. 1 VVG als auch bei § 118 Abs. 1 Nr. 2 VVG findet sich bei 15 der Rangfolge die Einschränkung „*soweit die Geschädigten nicht vom Schädiger, von einem anderen VR als dessen HaftpflichtVR (einem Sozialversicherungsträger) oder einem (sonstigen) Dritten Ersatz ihrer Schäden erlangen können*". Warum bei § 118 Abs. 1 Nr. 1 VVG von einem Dritten, bei § 118 Abs. 1 Nr. 2 VVG von einem „**sonstigen**" Dritten die Rede ist, hat wohl kaum normative Bedeutung. Im einen wie im anderen Fall handelt es sich nicht um den geschädigten Dritten, sondern um einen **weiteren Ersatzpflichtigen**, etwa einen Mitschädiger, sodass man besser die Bezeichnung „sonstigen Schuldner" oder „sonstigen Ersatzpflichtigen" gewählt hätte; und zwar sowohl in § 118 Abs. 1 Nr. 1 VVG als auch § 118 Abs. 1 Nr. 2 VVG. Zutreffend ist, dass man den Sozialversicherungsträger in § 118 Abs. 1 Nr. 2 VVG nicht aufgenommen hat, weil dieser Ersatz nur für Personenschäden leistet.

In Bezug auf die **anderen VR** und **Sozialversicherungsträger** (§ 118 Abs. 1 Nr. 1 VVG) 16 wird dadurch ein **Verweisungsprivileg** eingeführt, das eine gewisse Entsprechung zu dem des § 117 Abs. 3 S. 2 VVG beim kranken Deckungsverhältnis aufweist. Der Geschädigte kann vom PflichthaftpflichtVR nur insoweit vorrangig Ersatz verlangen, als er von diesen VR keinen Ersatz erlangen kann. Nach bisheriger Rechtslage kam und nach der allg. Regel des § 109 VVG kommt es darauf nicht an. Der gesamte Anspruch des Geschädigten unter Einschluss des auf den regressberechtigten VR übergegangenen Anspruchs war bzw. ist nach § 109 VVG beim HaftpflichtVR anzumelden. Insoweit ist der geschädigte Dritte bei

§ 118 VVG schlechter gestellt als nach § 109 VVG (MüKo/*Schneider*, VVG § 118 Rn 24: Einschränkung von § 118 Abs. 1 Nr. 1, 2 VVG daher missglückt). Soweit sich ein **Befriedigungsvorrecht des Geschädigten** gem. § 86 Abs. 1 S. 2 VVG bzw. § 116 Abs. 4 SGB X ergibt, kommt das diesem zugute; die Ansprüche der regressberechtigten VR gehen aber mit in das anzumeldende Schadensvolumen ein und führen deshalb zu einer geringeren Quote aller Gläubiger im Vergleich zur Rechtslage gem. § 118 Abs. 1 Nr. 1, 2 VVG, wonach diese übergegangenen Ansprüche im Verhältnis zu den unmittelbar Geschädigten zunächst einmal ausscheiden.

17 In Bezug auf den Zeitpunkt des Übergangs von Regressansprüchen stellt sich bei **Sozialversicherungsträgern** nicht die Frage, ob der Geschädigte die Leistung des Sozialversicherungsträgers abruft. Der Rechtsübergang erfolgt gem. § 116 Abs. 1 SGB X zum **Zeitpunkt des Unfalls** und unabhängig davon, ob der Sozialversicherte die Leistung auch tatsächlich in Anspruch nimmt. Bei der **Privatversicherung** ist das anders: Ein Rechtsübergang des Schadensersatzanspruchs auf den PrivatVR erfolgt gem. § 86 Abs. 1 VVG erst mit der **erbrachten Leistung**. Kam es bei unzureichender Deckungssumme bisher nicht darauf an und ist es nach § 109 VVG weiterhin ohne Belang, ob ein Geschädigter seinen KaskoVR in Anspruch nimmt, ist das bei § 118 VVG nunmehr anders. Soweit eine solche Anspruchsberechtigung besteht, wird der Geschädigte so behandelt, als hätte er diese Leistung abgerufen. Nur für die **durch die Kaskoversicherung nicht gedeckte Schadensspitze** und wohl auch den **Rückstufungsschaden**, so ein solcher entsteht, steht ihm ein bevorrangter Anspruch nach § 118 Abs. 1 Nr. 2 VVG zu.

18 Die Verweisung erfasst nach dem Wortlaut nicht nur SchadensVR, etwa bei Bestehen einer Mehrfachversicherung (§ 78 VVG), und Sozialversicherungsträger, sondern **sämtliche VR** und darüber hinaus auch – sonstige – **Dritte**. Das bedeutet, dass es anders als bei § 117 Abs. 3 S. 2 VVG aus versicherungsrechtlicher Perspektive nicht darauf ankommen würde, ob es sich um eine Versicherungsleistung oder eine **staatliche Fürsorgemaßnahme** handelt. Allerdings werden sich Einschränkungen in den Normen finden, die sozialrechtliche Transferleistungen gewähren. Auch dort gilt das Prinzip der **Subsidiarität**, sodass diese insoweit ausgeschlossen sind, als der Geschädigte bzgl. des zu deckenden Bedarfs ggü. einem HaftpflichtVR anspruchsberechtigt ist (Halm/Kreuter/Schwab/*Kreuter-Lange*, AKB, § 118 Rn 15: Sozialhilfe ist subsidiär). In Bezug auf die Sozialhilfe wird ein Anspruch dann nicht in Betracht kommen, wenn der Quotenanspruch gegen den HaftpflichtVR so hoch ist, dass eine Anspruchsberechtigung nicht gegeben ist; das dürfte indes kaum der Fall sein, ist aber auch nicht auszuschließen. In Bezug auf die sonstigen Dritten kommen aber Ansprüche ggü. dem **Arbeitgeber** oder **Dienstherrn** in Betracht, die sich je nach ihrer Stellung als Regressgläubiger nach § 118 Abs. 1 Nr. 3 oder Nr. 5 VVG regressieren können (zum 5. Rang des Regressanspruchs des Dienstherrn Rüffer/Halbach/Schimikowski/*Schimikowski*, § 118 Rn 2).

19 Der **Wortlaut** von § 118 Abs. 1 Nr. 1, 2 VVG ist aber weiter gefasst: Vorrang genießt der Geschädigte mit seinen Ansprüchen nach § 118 Abs. 1 Nr. 1, 2 VVG nur, soweit er nicht vom **Schädiger** oder einem **(sonstigen) Dritten** Ersatz erlangt. Das bedeutet aber, dass er sich in dem Ausmaß, in dem das möglich ist, nicht vorrangig beim HaftpflichtVR befriedi-

gen könnte. Läuft das auf eine aus dem Bürgschaftsrecht geläufige Vorausklage ggü. diesen Personen (§ 771 S. 1 BGB) hinaus? Oder hat der PflichthaftpflichtVR gar nur die Stellung eines Ausfallbürgen? Nach bisheriger Rechtslage konnte der Geschädigte seine Ansprüche beim HaftpflichtVR anmelden, der für den Schädiger, seinen VN oder Versicherten, einzustehen hatte. Die zumutbare **Durchsetzung beim Schädiger selbst**, einem **Solidarschuldner** oder **sonstigen VR**, etwa bei einer Doppelversicherung, war keinesfalls Voraussetzung für eine Inanspruchnahme des PflichthaftpflichtVR. Der HaftpflichtVR sollte gerade für den Schädiger einstehen und diesem Versicherungsschutz gewähren! Rückgriffsansprüche des Schädigers – VN oder Mitversicherte des HaftpflichtVR – gegen Mitschädiger gingen im Wege der Legalzession gem. § 86 Abs. 1 VVG auf den HaftpflichtVR über, der diese geltend zu machen hatte, wodurch sich die VersSumme für die zu befriedigenden Ansprüche der Geschädigten erhöhte (so m.E. zu Unrecht auch zum neuen Recht Looschelders/Pohlmann/*Schwartze*, § 118 Rn 4).

Der Gesetzgeber wollte aber eine **Verbesserung der Rechtsstellung des Geschädigten** bewirken, sodass diese – sich aus dem Wortlaut ergebende – Auslegung ausscheiden muss (krit. auch Looschelders/Pohlmann/*Schwartze*, § 118 Rn 8). Die Passage „*soweit die Geschädigten nicht vom Schädiger [...] oder einem (sonstigen) Dritten Ersatz für ihren Schaden erlangen können*" muss daher **teleologisch reduziert** werden (a.A. MAH-VersR/Kummer, § 12 Rn 285; MüKo/*Schneider*, § 118 VVG Rn 23; Beckmann, in: Bruck/Möller, § 118 Rn 31, immerhin mit dem Zugeständnis, dass die Kritik „nachvollziehbar" sei). Auf die Ersatzpflicht des Schädigers kann es gar nicht ankommen, weil für diesen ja gerade der PflichthaftpflichtVR einstehen muss. Und bei gesundem Deckungsverhältnis hat dieser bei betraglich unbeschränkter Haftung zunächst lediglich für die über die VersSumme hinausgehenden Schäden einzustehen, um die es bei § 118 VVG, nämlich der **Rangfolge i.R.d. Versicherungssumme**, gerade nicht geht. Die Passage „*nicht vom Schädiger*" ist daher lediglich so zu verstehen, dass damit ein **Mitschädiger** gemeint ist. Das hätte in der Tat vom Gesetzgeber sehr viel deutlicher ausgedrückt werden können und sollen. Auch wenn der Mitschädiger nicht haftpflichtversichert ist, steht ihm für seinen Regressanspruch bloß der dritte Rang zu; er muss somit dem Geschädigten den Vorrang überlassen und konkurriert mit VR, die für die Übernahme des Risikos eine Prämie erhalten haben. **Wertungsmäßig** ist das **fragwürdig**.

Bezüglich der „*sonstigen*" Dritten sind von vornherein nur die gemeint, deren Leistungen schadensrechtlich beachtlich sind, somit also **nicht Summenversicherungen** (a.A. aber *Beckmann*, in: Bruck/Möller, § 118 Rn 32: Leistungen „sämtlicher" VR und nicht nur SchadensVR). Darüber hinaus muss man sich allen Ernstes die Frage stellen, ob der Gesetzgeber das im Wortlaut der Norm zum Ausdruck Gebrachte wirklich gewollt hat. Soll die Inanspruchnahme des HaftpflichtVR im ersten oder zweiten Rang in der Tat ausscheiden, wenn der **Geschädigte Ersatz** von einem **beliebigen Dritten** erlangen kann, etwa einem nicht haftpflichtversicherten Schädiger, bei dem völlig unüberschaubar ist, in welchem Ausmaß der Zwangsvollstreckung unterworfenes Vermögen vorhanden ist? Und wie verhält es sich mit dem Verweisungsprivileg nach § 839 Abs. 1 S. 2 BGB bei zusätzlich gegebener Einstandspflicht der öffentlichen Hand i.R.d. Amtshaftung? Ohne Ausschöpfung der Deckungssumme müsste bei gesundem Deckungsverhältnis der HaftpflichtVR einstehen; bei Überschreitung der Deckungssumme käme es aber zu einem abrupten Wechsel für den Anspruchsberechtigten.

22 Die Verweisung „*bei Ansprüchen ggü. einem – (sonstigen) – Dritten*" ist teleologisch zu reduzieren und auf folgende Fälle zu begrenzen: Auszuscheiden sind diejenigen Ansprüche bzw. Anspruchsteile, die der Geschädigte – wie bei § 117 Abs. 3 S. 2 VVG – durch Anmeldung bei einem VR **ohne Weiteres realisieren** kann; darüber hinaus aber auch diejenigen, bei denen die **Solvenz** des jeweiligen Schuldners typischerweise **außer Zweifel** steht, wie das etwa bei Ansprüchen gegen den **Arbeitgeber, Dienstherren** oder **vergleichbare Dritte** gegeben ist. In allen anderen Fällen soll er seinen Schadensersatzanspruch gegen den PflichthaftpflichtVR im ersten bzw. zweiten Rang anmelden können. In dem Ausmaß, in dem der HaftpflichtVR dieser beim Rückgriff gegen einen Mitschädiger zu einem zählbaren Realisat gelangt, ist dieser Betrag auf den Schadensersatzanspruch des betreffenden Geschädigten anzurechnen, sodass sich wegen der Reduzierung des Anspruchs dieses Gläubigers die Quote aller übrigen Gläubiger, womöglich aber auch erst die derjenigen im nächsten oder übernächsten Rang, erhöht (restriktiver *Beckmann*, in: Bruck/Möller, § 118 Rn 37 f., der auf die Zumutbarkeit und die Beweislast des VR verweist; großzügiger MüKo/ *Schneider*, § 118 VVG Rn 22: nur wenn die Solvenz des weiteren Schuldners gesichert ist). Das gilt auch für einen solchen Mitschädiger, dem ggü. der Geschädigte keinen direkten Anspruch hat, bei dem aber der Schädiger und der für ihn leistende HaftpflichtVR Regress nehmen kann, wie etwa dem Rückersatzanspruch gegen Gehilfen oder Subunternehmer. Die hier vertretene Auslegung ist ein Beitrag, die **Abwicklung zu beschleunigen**.

23 Einschränkend auszulegen ist auch die Wortfolge „*von einem anderen VR als dessen HaftpflichtVR*" in § 118 Abs. 1 Nr. 1, 2 VVG. Gemeint ist damit lediglich der für den Schädiger einstandspflichtige PflichthaftpflichtVR, dessen Deckungssumme im konkreten Verfahren nicht ausreicht. Unterfällt das **versicherte Risiko** einer **weiteren Haftpflichtversicherung** des Schädigers, kann der Geschädigte auf eine solche Haftpflichtversicherung sehr wohl verwiesen werden, wofür nicht nur die Parallele zu § 117 Abs. 3 S. 2 VVG spricht, sondern auch der Zweck des Verteilungsverfahrens: Vorrang genießen sollen Ansprüche unmittelbar Geschädigter, die diese ggü. anderen Schuldnern nicht durchsetzen können, was aber bei der Einstandspflicht eines weiteren HaftpflichtVR des betreffenden Schädigers durchaus der Fall ist.

24 I.R.d. Regressrechte gehen solche der **Privatversicherer und sonstiger Dritter**, also etwa des Arbeitgebers oder eines Mitschädigers (§ 118 Abs. 1 Nr. 3 VVG), bei denen nicht zwischen Personen- und Sach- bzw. Vermögensschäden differenziert wird, denen der **Sozialversicherungsträger** (§ 118 Abs. 1 Nr. 4 VVG) und diese wiederum denen der **öffentlichen Hand** (§ 118 Abs. 1 Nr. 5 VVG), namentlich des Dienstherrn bei Personenschäden, vor (*Schirmer*, ZVersWiss Supplement Jahrestagung 2006, 427, 447). Die **Stimmigkeit** dieser **Abfolge** ist durchaus **zweifelhaft**: Warum soll die öffentliche Hand schützenswerter sein, wenn sie eine Person aufgrund eines **privatrechtlichen Vertrags** beschäftigt ggü. der Verwendung als **Beamter**. Ebenso wenig leuchtet der Vorrang des **PrivatVR** ggü. dem **Sozialversicherungsträger** ein. Ersterer kann für sein Risiko eine frei kalkulierte Prämie

und damit ein marktmäßiges Entgelt begehren, während letzterer gesetzlich limitierte Beiträge erhält, die häufig für die von ihm zu erbringenden Leistungen nicht ausreichen, weshalb er staatlich bezuschusst werden muss (MüKo/*Schneider*, § 118 VVG Rn 32; *Langenick*, r+s 2011 Beilage [FS Lemcke] 70, 75). Daraus abzuleiten, dass er deshalb auch beim Regress ggü. den Marktanbietern zurückgereiht werden soll, ist wenig überzeugend. Als gesetzgeberische Wertentscheidung ist das freilich zu akzeptieren. Ob der **Sozialhilfeträger** als sonstiger Dritter i.S.v. § 118 Abs. 1 Nr. 3 VVG zu qualifizieren ist (so *Langenick*, r+s 2011 Beilage [FS Lemcke] 70, 75), erscheint fragwürdig; überzeugender ist jedoch, ihn als Sozialversicherungsträger zu qualifizieren, wofür die Gleichbehandlung mit den „eigentlichen" Sozialversicherungsträgern in § 116 SGB X spricht, wenngleich die Sozialhilfeträger dort freilich ausdrücklich angeführt sind. Ansprüche nach dem BVG und OEG sind unter § 118 Abs. 1 Nr. 5 VVG zu subsumieren, weil die Leistungsträger – formal – keine Sozialversicherungsträger sind (MüKo/*Schneider*, § 118 VVG Rn 33); wertungsmäßig ist das ebenfalls fragwürdig, weshalb an die vergleichbare Funktion und nicht die organisatorische Ausgestaltung anzuknüpfen, im Klartext eine Analogie geboten wäre. Je weniger eine Norm freilich aus sich selbst heraus zu überzeugen vermag, umso anfälliger ist sie für richterliche Korrekturmechanismen, was für § 118 VVG in besonders hohem Maße gilt (zur rechtspolitischen Diskussionswürdigkeit der getroffenen gesetzgeberischen Entscheidung *Beckmann*, in: Bruck/Möller, § 118 Rn 3).

III. Nutzen der Neuregelung für die Beteiligten

1. Einzelner Geschädigter und Sozialversicherungsträger

§ 118 Abs. 1 VVG ist bereits dann anzuwenden, wenn an dem Unfall nur **ein Verletzter** einen Schadensersatzanspruch gegen den Ersatzpflichtigen bzw. dessen HaftpflichtVR geltend macht und ein Teil seiner Schadensersatzansprüche auf **einen Sozialversicherungsträger** übergegangen ist (BGH, VersR 1975, 558; BGH NJW 2007, 370 = VersR 2006, 1679; Feyock/Jacobsen/Lemor/*Jacobsen*, Kraftfahrtversicherung, § 118 Rn 4). In einem solchen Fall gab es schon nach bisheriger Rechtslage und gibt es unter dem Regime des § 109 VVG ein Befriedigungsvorrecht des Geschädigten gem. § 116 Abs. 4 SGB X, das sich **auch** auf **sachlich nicht kongruente Ansprüche** bezieht (BGHZ 135, 170 = VersR 1997, 901; BGH VersR 1979, 30; *Wenke*, VersR 1983, 900; *Hessert*, VersR 1997, 39, 41; *Wussow/Schneider*, Unfallhaftpflichtrecht, Kap. 74 Rn 94; *Pardey*, Berechnung von Personenschäden, Rn 1656; *Greger/Zwickel*, Haftungsrecht des Straßenverkehrs, § 32 Rn 72; Hauck/Noftz/*Nehls*, SGB X, § 116 Rn 40; anders noch BGH, VersR 1975, 558; auf diesen Judikaturwechsel hinweisend *Sprung*, VersR 1992, 657, 661).

25

An einem Beispiel zum Personenschaden sei das verdeutlicht:

26

> **Beispiel**
> Die VersSumme beträgt **100**. Dem Geschädigten steht ein **Schmerzensgeld** (sachlich nicht kongruente Leistung) i.H.v. **60** und darüber hinaus der durch Sozialversicherungsleistungen nicht gedeckte Erwerbsschaden von **40** zu. Der Sozialversicherungsträger hat darüber hinaus dem Geschädigten zum Erwerbsschaden sachlich kongruente Leistungen i.H.v. **50** erbracht. Gegenüberzustellen waren bisher und sind nach § 109 VVG der Gesamtschaden von **150**,

wobei dem Geschädigten nach § 116 Abs. 4 SGB X ein Befriedigungsvorrecht ggü. dem Sozialversicherungsträger zusteht; und zwar nicht nur hinsichtlich der **40**, für die der Geschädigte keine sachlich kongruenten Leistungen erhält, sondern auch bzgl. des Schmerzensgeldes von **60**, wofür es keine sachlich kongruente Sozialversicherungsleistung gibt. Die Summe aus beiden (**40** + **60**) reicht gerade aus, um die Deckungssumme von **100** zu erschöpfen. Der Sozialversicherungsträger geht bei seinem Regress i.H.v. **50** leer aus. Nach § **118 Abs. 1** VVG ist das gerade so, weil in den ersten Rang allein die Ansprüche des Geschädigten einbezogen werden, nämlich seine nicht gedeckte Schadensspitze beim Erwerbsschaden i.H.v. **40** und das Schmerzensgeld i.H.v. **60**. Da damit die Deckungssumme erschöpft ist, geht der Sozialversicherungsträger ebenfalls leer aus. Alte und neue Rechtslage unterscheiden sich nicht.

2. Einzelner Geschädigter und Privatversicherer

27 Das entsprechende Beispiel (ein solches findet sich auch bei *Johannsen*, in: Bruck/Möller, IV B 97) sei nun anhand der gleichen Zahlen und eines **Sachschadens** dargestellt:

Beispiel
Die VersSumme beträgt wiederum 100. Der KaskoVR erbringt für einen Teil des Schadens sachlich kongruente Leistungen, nämlich 50. Ein weiterer an sich sachlich kongruenter Teil des Schadens ist von der Kaskoversicherung aber nicht gedeckt, nämlich 40. Und darüber hinaus besteht ein sachlich nicht kongruenter Teil des Schadens i.H.v. 60. In der Privatversicherung beschränkt sich das Befriedigungsvorrecht nach § 86 Abs. 1 S. 2 VVG auf die sachlich kongruenten Leistungen (Stiefel/Maier/*Maier*, Kraftfahrtversicherung, § 86 VVG Rn 31).

28 An folgendem Beispiel sei das verdeutlicht:

Beispiel
Die **Gesamtsumme** der ersatzfähigen Schäden beläuft sich auf **150**. Diese ist der VersSumme von **100** gegenüberzustellen, sodass sich zunächst eine Deckungsquote von 2/3 oder **66,67 %** (**100/150**) ergibt. Der Geschädigte erhält somit zunächst **40** (2/3 von 60, dem sachlich nicht kongruenten Teil), zusätzlich noch **26,67** (2/3 von 40, dem sachlich kongruenten Teil) und der KaskoVR ebenfalls 2/3 der von ihm erbrachten 50, somit **33,34**. Da sich das Quotenvorrecht aber nur auf die sachlich kongruenten Leistungen bezieht, ist folgende Korrektur vorzunehmen: Es ist das Verhältnis zwischen den dem Geschädigten zustehenden vom KaskoVR aber nicht gedeckten Schäden (40 + 60 = 100) und der Deckungssumme (100) zu bilden, woraus sich eine vollkommene Deckung für diesen Restschaden ergibt (100/100). Danach erhielte der Geschädigte die **vollen 100**.

29 Bei dieser Rechnung bleibt es freilich nicht, weil der Geschädigte bzgl. des **nicht kongruenten Teils**, also bzgl. der **60**, **kein Befriedigungsvorrecht** hat. Der Geschädigte soll aber so stehen, als würde es keine Kaskoversicherung geben. Dann erhielte er davon bloß **40**. Deshalb wirkt sich das Befriedigungsvorrecht nur bei der sachlich kongruenten Leistung aus. Der Geschädigte kann von dem Anspruch, der bei mechanischer Betrachtung dem Kaskoversicherer zustünde, nämlich den 33,33, soviel für sich beanspruchen, bis er volle Deckung erlangt. Neben den **26,67** kann er daher von den **33,33** noch die **13,33** auffüllen, um auf **40** zu kommen. Die restliche Differenz steht aber dem KaskoVR als Regress zu, nämlich **20** (33,33 abzgl. 13, 33). Es ergibt sich somit eine Verteilung von **40** (sachlich nicht kongruente Ansprüche), **40** (sachlich kongruente Ansprüche) sowie **20** (Regress des

Kaskoversicherers). Der Geschädigte erhält **80** von seinem durch die Kaskoversicherung nicht gedeckten Schaden von **100**.

Nach § 118 VVG ergibt sich jedoch beim KaskoVR dieselbe Rechtslage wie beim Sozialversicherungsträger oben. Die Regressansprüche fallen aus der vorrangigen Befriedigungsgruppe heraus, sodass der Geschädigte verlangen kann, dass seine von Versicherungsleistungen nicht gedeckten Ansprüche in **vollem Umfang** gedeckt werden, ehe ein Regress des VR in Betracht kommt. Er erhält im Beispielsfall anstelle der **80** die vollen **100**. Es kommt daher zu einer echten **Verbesserung der Rechtslage des Geschädigten** zulasten des PrivatVR. Entsprechendes gilt auch für den Regress des Arbeitgebers sowie den des Dienstherrn eines Beamten. Das hat der Gesetzgeber gewollt. Im Sinne eines umfassenden Schutzes des geschädigten Dritten ist das auch zu billigen. 30

Während der geschädigte Dritte nach § 118 VVG auf seinen eigenen SchadenVR verwiesen werden kann, etwa den Kasko- oder GebäudeVR, kann er nach § 109 VVG seine Forderung in vollem Umfang anmelden mit der Folge, dass sich der HaftpflichtVR bei diesem regressieren muss, was die VersSumme erhöht. Insoweit ist der Geschädigte bei der freiwilligen Haftpflichtversicherung besser gestellt (MüKo/*Schneider*, § 118 VVG Rn 23). Wie bei § 117 Abs. 3 S. 2 VVG kann der Dritte nur die Schadensposten geltend machen, die von der Kaskoversicherung nicht gedeckt sind (Näheres dazu bei § 117 Rdn 50). 31

3. Mehrzahl von Geschädigten mit konkurrierenden Regressansprüchen von Privatversicherern und Sozialversicherungsträgern

Das Befriedigungsvorrecht des Geschädigten bezog sich bisher – und bezieht sich nach § 109 VVG nach wie vor – nur auf das **Verhältnis** zum **eigenen VR** (BGHZ 84, 151 = VersR 1982, 791; *Wenke*, VersR 1983, 900; Hauck/Noftz/*Nehls*, SGB X, § 116 Rn 40). Für den Geschädigten **A**, der in keiner Rechtsbeziehung zu diesem VR stand, hatte das Bestehen einer solchen Versicherung des mit ihm konkurrierenden Geschädigten **B** keine Auswirkung (*Küppersbusch*, VersR 1983, 193, 203; Hauck/Noftz/*Nehls*, SGB X, § 116 Rn 40). Der Geschädigte **A** wurde so gestellt, als hätte der Geschädigte **B** keine Versicherung abgeschlossen und würde mit seinem Gesamtanspruch am Verteilungsverfahren teilnehmen. Der Geschädigte **B**, der sozialversichert war und das Befriedigungsvorrecht gem. § 116 Abs. 4 SGB X ggü. seinem Sozialversicherungsträger auch für die **nicht kongruenten Ansprüche** nutzen konnte, war schon nach alter Rechtslage so gestellt, als würden die Regressrechte des Sozialversicherungsträgers keine Rolle spielen. Für den SozialVR zeitigt diese Rechtslage das **nicht ohne Weiteres einleuchtende Ergebnis**, dass dann, wenn er mit Verletzten allein konkurriert, er niemals einen Regressanspruch hat. Gibt es daneben aber auch noch konkurrierende Ansprüche Dritter, kann es sein, dass ihm ein Regressrecht gegen den HaftpflichtVR zusteht. 32

Durch § 118 VVG haben sich die Gewichte zugunsten des **nicht sozialversicherten Geschädigten A** verschoben. Soweit seinem **eigenen PrivatVR** bzw. dem **Sozialversicherungsträger** des Geschädigten **B** Regressrechte zustanden bzw. bei einer Deckungsinsolvenz nach § 109 VVG zustehen, kommt dem Geschädigten **A** dieses Regressvolumen 33 zugute, der nun zulasten der Regressgläubiger eine **höhere Quote** erhält, während für den Geschädigten **B** alles beim Alten bleibt. Dieses nicht für jedermann beim ersten Mal Lesen ohne Weiteres einleuchtende Ergebnis sei wiederum anhand eines Beispiels verdeutlicht:

Beispiel
Angenommen sei wiederum eine **Deckungssumme** von 100. Der Geschädigte A hat eine Forderung von **60**. B steht ein Schmerzensgeldanspruch von **40** zu. Von seinem Erwerbsschaden bleibt eine ungedeckte Spitze von 20. Darüber hinaus erhält er noch eine Sozialversicherungsleistung von C i.H.v. 30. Der Deckungssumme von **100** stehen somit Schadensersatzforderungen von **150** (60 des **A** + 40 des **B** + 20 des **B** + 30 des Sozialversicherungsträgers **C**) ggü., was eine Deckungsquote von ⅔ ergibt (**100:150**). Eine rein mechanische Aufteilung ergibt für **A 40**, für **B** 26,66 und 13,33, somit insgesamt **40** und für den Sozialversicherungsträger **C 20** (jeweils **66,66 %** der bei der mechanischen Rechnung ermittelten Werte).
Da **B** nun im Verhältnis zum Regressanspruch des Sozialversicherungsträgers **C** gem. § 116 Abs. 4 SGB X ein Befriedigungsvorrecht zusteht, ist die Deckungssumme von 100 auf die Schadensposten ohne Berücksichtigung des Sozialversicherungsträgers **C** aufzuteilen. Das ergibt folgende Summe: Schaden des **A** von 60 sowie die Schäden des **B** von 40 und 20, insgesamt somit **120**. Bezogen auf die Deckungssumme von **100** ergibt das eine Relation von ⅚ (**100/120**). Daraus ergeben sich folgende Werte: **A 50** (⅚ von 60), **B** für sein Schmerzensgeld **33,33** (⅚ von 40) sowie für die nicht gedeckte Schadensspitze **16,66** (⅚ von 20). Während es bei **B** dabei zu bleiben hat, nämlich 33,33 und 16,66, insgesamt somit **50**, muss sich **A** mit den ursprünglich errechneten **40** begnügen. Die auf die Deckungssumme von **100** fehlenden **10** kommen – nach früherer Rechtslage sowie bei einer Verteilung nach § **109 VVG** – dem SozialVR zugute.
Wie verändert sich die Rechtslage durch § **118 VVG**? Von all diesen Forderungen ist die des SozialVR **C** auszuklammern. Es bleiben der Anspruch von **A** i.H.v. **60** sowie der des **B**, nämlich das Schmerzensgeld i.H.v. **40** und die nicht gedeckte Schadensspitze i.H.v. **20**, insgesamt somit ebenfalls **60**. Die Summe aus den Schadensposten von **A** und **B** ergibt somit **120**. Bei einer Deckungssumme von **100** ergibt das eine Deckung von ⅚ (100/120). Von den **60** erhalten sowohl A als auch B jeweils **50**. Es zeigt sich somit, dass der sozialversicherte **B** nach alter und neuer Rechtslage **50**, somit jeweils gleich viel bekommt, während **A** seinen Anteil von **40** auf **50** steigern konnte.

34 Die gelegentlich zu findende Aussage, dass Zahlungen an **nachrangige Sozialversicherungsträger** nicht zur Erschöpfung der VersSumme führen können, ist nach § 109 VVG sowie der alten Rechtslage unzutreffend (so auch BGH, VersR 2006, 1679; BGH, VersR 2003, 1295). Vielmehr ergibt sich ein solches Ergebnis für die unmittelbar Geschädigten erst aus § 118 VVG.

4. Besonderheiten des kranken Deckungsverhältnisses

35 Auswirkungen hat der Wechsel von der **Parität** der Ansprüche zu einer **Rangfolge** auch beim **kranken Deckungsverhältnis**. Nach BGH, VersR 1975, 558 (dazu *Wenke*, VersR 1983, 900) kann der Geschädigte auch bei einem kranken Deckungsverhältnis bei unzureichender VersSumme die ihm persönlich zustehenden Ansprüche nur in dem Maß durchsetzen, wie er das bei einem gesunden Deckungsverhältnis könnte. An dieser **generellen Aussage** hat sich nichts geändert. Gleichwohl sind **zwei** in der Folge eingetretene **Änderungen** zu beachten: Ist der BGH in der Entscheidung VersR 1975, 558 noch von einer **Gleichrangigkeit** des Regresses des Sozialversicherungsträgers bei sachlich kongruenten

Ansprüchen und dem Schmerzensgeld, einem sachlich inkongruenten Anspruch des Geschädigten, ausgegangen, hat er diese Rechtsprechung in der Folge zugunsten eines generellen **Vorrangs des Geschädigten** aufgegeben (BGHZ 135, 170 = VersR 1997, 901; BGH, VersR 1979, 30), was auch Änderungen beim kranken Deckungsverhältnis nach sich ziehen musste. Mit der nunmehrigen Rangfolge der Ansprüche in § 118 Abs. 1 VVG ist eine **weitere Akzentverschiebung** zugunsten des Geschädigten eingetreten, die auch Auswirkungen auf das kranke Deckungsverhältnis hat (Näheres dazu bei § 117 Rdn 55 f.).

5. Beschleunigung des Verfahrens gegenüber den geschädigten Dritten

Die Befriedigung der unterschiedlichen Ansprüche je nach deren Zugehörigkeit zu einem Rang bringt für die Beteiligten mehr Klarheit. Auch wenn infolge der schon nach früherer Rechtslage bestehenden **Befriedigungsvorrechte** des Geschädigten ggü. seinem jeweiligen VR die **Unterschiede geringer** sind, als es auf den ersten Blick erscheint, sollte es häufiger als bisher möglich sein, namentlich den unmittelbar Geschädigten nach § 118 Abs. 1 Nr. 1, 2 VVG ihre Ansprüche ohne Vorbehalt auszuzahlen, weil ihnen ggü. die VersSumme jedenfalls nicht erschöpft sein wird, während die Regressansprüche der Gläubiger nach § 118 Abs. 1 Nr. 3 VVG, aber umso eher die der Gläubiger nach § 118 Abs. 1 Nr. 4, 5 VVG gefährdet erscheinen. 36

IV. Die Berücksichtigung zu spät kommender Dritter (§ 118 Abs. 2 VVG)

Der Gesetzgeber verpflichtet den HaftpflichtVR, über die Deckungssumme hinaus Leistungen zu erbringen, wenn sich ein geschädigter Dritter nach Erschöpfung der Deckungssumme meldet, sofern der HaftpflichtVR mit der Meldung dieses Anspruchs weder gerechnet hat noch rechnen musste. Diese **vermeintlich klare Anordnung** hat **beträchtliche Sprengkraft:** 37

1. Anspruch eines vorrangig zu befriedigenden Anspruchsberechtigten

Der vom Wortlaut des § 118 Abs. 2 VVG erfasste Fall ist der eines **Dritten**, der bei der Verteilung der Deckungssumme nach § 118 Abs. 1 VVG **nicht berücksichtigt** wurde, somit ein von den Gläubigern, die ihre Ansprüche angemeldet haben, verschiedener Anspruchsberechtigter, ein unmittelbar Geschädigter oder Regressgläubiger. Dem ist aber eine **zweite Konstellation** gleichzuhalten, dass nämlich ein Anspruchsberechtigter, der einen Teil seiner Ansprüche bekannt gegeben hat, nachträglich einen **zusätzlichen Anspruchsteil** anmeldet, sei es, dass der Schaden erst später entstanden ist, etwa eine Spätfolge des Unfalls, oder er erst zu einem späteren Zeitpunkt bemerkt, dass ihm auch ein solcher Anspruch zusteht, weil der Verletzte etwa meinte, bei der Gefährdungshaftung könne er kein Schmerzensgeld verlangen – so die Rechtslage bis 1.8.2002 – oder der SozialVR die sachliche Kongruenz der von ihm erbrachten Leistungen an den Geschädigten falsch eingeschätzt hat (MüKo/*Schneider*, § 118 VVG Rn 37). Auch wenn der Wortlaut des § 118 VVG eindeutig lediglich auf nachrangige Gläubiger abstellt, gibt es keinen Grund, warum 38 das bei einem **zusätzlichen Anspruch eines gleichrangigen Gläubigers** anders sein sollte (zutreffend *Beckmann*, in: Bruck/Möller, § 118 Rn 43; MüKo/*Schneider*, § 118 VVG Rn 39: verunglückter Wortlaut ist bei Gelegenheit zu bereinigen).

2. Wann ist die Versicherungssumme erschöpft?

39 Für die Beurteilung, ob ein Fall des § 118 VVG, nämlich ein **Überschreiten der Deckungssumme** gegeben ist, ist auf den Zeitpunkt abzustellen, zu dem der VR das Überschreiten bei Anwendung der gebotenen Sorgfalt erkennen kann (MüKo/*Schneider*, § 118 VVG Rn 7, 15; *Küppersbusch*, in: FS Müller, 2009, S. 65, 67, 74; a.A. Prölss/Martin/*Knappmann*, § 118 Rn 4: Zeitpunkt des Schadenseintritts; *Beckmann*, in: Bruck/Möller, § 118 Rn 16, 39: Erkennen durch den VR). Bei der Erschöpfung der VersSumme ist zu beachten, dass nicht immer eine **Pauschalsumme** festgesetzt ist, sondern in manchen Haftpflichtversicherungen, etwa bei der Kfz-Haftpflichtversicherung **je Schadenskategorie Höchstsummen** vorgesehen sind. Bei dieser sind das nach der Anlage zu § 4 Abs. 2 PflVG **7,5 Mio.** EUR für Personenschäden, **1,12 Mio. EUR** für Sachschäden und **50.000,00 EUR** für reine Vermögensschäden mit der Folge, dass für jede Schadenskategorie eine gesonderte Berechnung durchzuführen ist (BGH, VersR 2006, 1679; Prölss/Martin/*Lücke*, § 109 Rn 5; Römer/Langheid/*Rixecker/Langheid*, § 109 Rn 4). Für Busse, die der Personenbeförderung dienen, sieht die Anlage zu § 4 Abs. 2 S. 2 Nr. 2 PflVG erhöhte Mindestversicherungssummen vor.

40 Solange der der Deckungssumme entsprechende Geldbetrag noch **nicht ausbezahlt** worden ist, sind nachträglich angemeldete Forderungen jedenfalls zu berücksichtigen (Looschelders/Pohlmann/Schwartze, § 118 Rn 5, 10; MüKo/*Schneider*, § 118 VVG Rn 38; **a.A.** BK/*Baumann*, § 156 Rn 60). Sofern die noch nicht ausbezahlten Beträge es ermöglichen, ist der Anspruch des nachträglich anmeldenden **Dritten** mit einer **solchen Quote** zu berücksichtigen, die ihm bei **ursprünglicher Anmeldung** zugestanden hätte (Römer/Langheid/*Rixecker/Langheid*, § 109 Rn 10); es ist dann eine Kürzung der Ansprüche bei den **künftigen** Auszahlungen an die bisherigen Gläubiger vorzunehmen. Bereits erfolgte Auszahlungen sind davon nicht betroffen (BGH, VersR 1980, 132; VersR 1980, 817; Römer/Langheid/*Rixecker/Langheid*, § 107 Rn 11; BK/*Baumann*, § 155 Rn 31; Stiefel/Maier/*Jahnke*, Kraftfahrtversicherung, § 118 VVG Rn 33; MüKo/*Schneider*, § 118 VVG Rn 4, 10, 38; *Küppersbusch*, in: FS Müller, 2009, S. 65, 75: Wirkung ex nunc; *Langenick*, r+s 2011 Beilage [FS Lemcke] 70, 72; a.A. *Beckmann*, in: Bruck/Möller, § 118 Rn 42: zu viel gezahlte Beträge sind zurückzufordern). Komplikationen ergeben sich, wenn nicht alle Gläubiger noch offene Forderungen haben, sondern manche schon abschließend befriedigt sind.

41 Die sich aus **§ 118 Abs. 1 VVG ergebende Rechtslage vereinfacht** auch dieses Verfahren insofern, als an einen Gläubiger nach § 118 Abs. 1 Nr. 1 oder 2 VVG eine ungekürzte Auszahlung erfolgen kann, wenn lediglich Regressforderungen von Gläubigern der Nr. 3 oder 4 von einer Kürzung bedroht sind. Ist von der VersSumme nur noch ein so geringer Betrag nicht ausbezahlt, dass **weniger als die Quote** des sich nachträglich meldenden Dritten vorhanden ist, muss dieser sich bei Entschuldbarkeit des HaftpflichtVR mit diesem begnügen (*Huber*, VersR 1986, 851, 853).

Die **Festsetzung einer Rente** mit einem bestimmten Betrag kann entgegen OLG Düsseldorf, VersR 1988, 485 nicht dazu führen, dass ein derartiger Anspruch nicht mehr berücksichtigt werden muss (so aber BK/*Baumann*, § 155 Rn 30; Prölss/Martin/*Lücke*, § 107 Rn 17; Stiefel/Maier/*Jahnke*, Kraftfahrtversicherung, § 107 VVG Rn 67; zu Recht zweifelnd Römer/Langheid/*Rixecker/Langheid*, § 107 Rn 10). Im konkreten Fall ging es bei einer VersSumme von **250.000,– DM** und einer Rente, durch die die VersSumme ausgeschöpft wurde, um die Reparatur einer Prothese i.H.v. **894,55 DM**. Da die Rente noch nicht vollständig ausbezahlt worden war, hätte diese – marginal – gekürzt werden müssen, um den marginal gekürzten Betrag der Prothesenreparatur auszahlen zu können. Das ist durchaus **im Interesse des Geschädigten**, entsteht ihm der Aufwand für die Prothesenreparatur doch sofort, während es ungewiss ist, ob er Rentenzahlungen in weiter Zukunft noch erleben wird. 42

3. Anforderungen an die Prognose beim Verteilungsplan

Der HaftpflichtVR hat beim Verteilungsplan nicht nur die Ansprüche zu berücksichtigen, über die ein rechtskräftiges Leistungsurteil ergangen ist, ein Anerkenntnis oder ein Vergleich vorliegt, sondern auch die Ansprüche, bzgl. derer noch **laufende Verfahren** schweben (a.A. MüKo/*Schneider*, § 118 VVG Rn 10: keine Rückstellung für Forderungen, die der VR mit Recht bestreitet; ob er Recht bekommt, weiß er freilich erst bei Rechtskraft des Urteils) oder selbst solche, die **noch nicht angemeldet** worden sind, mit denen aber zu rechnen ist (Römer/Langheid/*Rixecker/Langheid*, § 109 Rn 4; Prölss/Martin/*Lücke*, § 109 Rn 6). Für diese hat er eine Rückstellung zu bilden (*Johannsen*, in: Bruck/Möller, IV B 96). Ob diese abzuzinsen oder mit dem künftigen Nominalbetrag einzustellen sind, dazu erfolgte bisher keine Äußerung; zutreffend wäre meines Erachtens eine Abzinsung. Den HaftpflichtVR treffen zwar keine Nachforschungsobliegenheiten; sofern aber nach dem ihm bekannt gewordenen Sachverhalt Anhaltspunkte für künftige Verpflichtungen gegeben sind, muss er diese berücksichtigen (Römer/Langheid/*Rixecker/Langheid*, § 109 Rn 11; MüKo/*Schneider*, § 118 VVG Rn 40). Der Hauptanwendungsfall liegt im Bereich des **Personenschadens**, namentlich bei den Renten wegen eines Erwerbsschadens, vermehrter Bedürfnisse oder Unterhaltsersatz nach Tötung (*Küppersbusch*, in: FS Müller, 2009, S. 65, 68). Bedeutsam ist das nicht allein für die Frage, ob für Gläubiger eines bestimmten Rangs die Deckungssumme überschritten ist, sondern bei Bejahung dieser Frage auch für das Ausmaß der diesen zustehenden Quote. 43

Bei **Renten** ergibt sich die Besonderheit, dass der HaftpflichtVR diese mit dem **Kapitalwert** in den Verteilungsplan einbeziehen muss (Römer/Langheid/*Rixecker/Langheid*, § 109 Rn 6). Der Kapitalwert ist in hohem Maße vom **Zinssatz** und der **Laufzeit** abhängig. Je geringer der Zinssatz und je länger die Laufzeit, umso höher fällt der Kapitalwert der Rente aus mit der Folge, dass der HaftpflichtVR womöglich schon bei der ersten Auszahlung der Rente eine Kürzung vorzunehmen hat. Für den VN bzw. Mitversicherten hat das zur Folge, dass dieser sogleich mit der **nicht gedeckten Rentenrate belastet** wird; für die anspruchsberechtigten Dritten bedeutet eine solche Kürzung, dass sie bei fehlender Durchsetzbarkeit des Schadensrestes beim Schädiger sogleich eine Einbuße ihrer Ansprüche 44

Huber 1205

hinnehmen müssen, während ungewiss ist, ob sie das angenommene Ende der Laufzeit erleben.

45 Weit verbreitet ist die Fehlvorstellung, dass der HaftpflichtVR die Rente so lange zu zahlen hat, bis die VersSumme erschöpft ist (so auch das Berufungsgericht in BGH, VersR 2006, 1679). Der Gesetzgeber hat aber eine andere Wertentscheidung getroffen: Es kommt auf den **Kapitalwert der Rente** an (§ 107 VVG), bei dem neben dem **Zinssatz** eine bestimmte **Laufzeit** zugrunde gelegt wird. Dies soll dem Schutz des VN dienen, der davor bewahrt werden soll, ab einem **bestimmten Zeitpunkt ruinös hohe Zahlungen** leisten zu müssen und auch dem des **Dritten**, der davor bewahrt werden soll, ab einem bestimmten Zeitpunkt gar nichts mehr zu erhalten (BGH, VersR 2006, 1679; Römer/Langheid/*Rixecker/Langheid*, § 107 Rn 3; Prölss/Martin/*Lücke*, § 107 Rn 5). Fällt der der Rente zugrunde liegende Bedarf früher weg, etwa weil der Verletzte eher stirbt, kommt das dem HaftpflichtVR zugute; lebt der Verletzte jedoch länger als angenommen, muss der HaftpflichtVR über die VersSumme hinaus Zahlungen leisten (Römer/Langheid/*Rixecker/Langheid*, § 109 Rn 6).

46 Es liegt in der Natur der Sache, dass sich zukünftige Entwicklungen nur mit gewissen Unwägbarkeiten vorhersehen lassen. Wegen der weitreichenden Rechtsfolgen auch für den VN und den Dritten darf der HaftpflichtVR **nicht** von der **größtmöglichen Vorsicht** ausgehen (so aber *Wenke*, VersR 1983, 900, 901; Prölss/Martin/*Lücke*, § 109 Rn 6: Bei dem Grunde nach festgestellten Ansprüchen sei der am **höchsten** ernsthaft in Betracht kommende Betrag maßgeblich; vermittelnd *Beckmann*, in: Bruck/Möller, § 118 Rn 18: Maßstab vorsichtiger Schätzung, aber keine „Mondrenten"; wie hier Prölss/Martin/*Knappmann*, § 118 Rn 10). Vielmehr hat eine **realistische Einschätzung** zu erfolgen. Es ist die mit **größter Wahrscheinlichkeit** eintretende Entwicklung zugrunde zu legen (MüKo/*Schneider*, § 118 VVG Rn 12). Zutreffend wird darauf hingewiesen, dass es seit der Währungsreform eine vollkommene Geldwertstabilität nicht mehr gebe. Die **Inflation** möge schwanken, sie sei aber in den letzten Jahrzehnten niemals null gewesen. Beim Anspruch wegen **vermehrter Bedürfnisse** sei die Entgelterhöhung der Pflegekräfte zu berücksichtigen. Beim **Erwerbsschaden** wird betont, dass es in den letzten Jahrzehnten neben der Inflationsabgeltung auch eine **Teilhabe am Wirtschaftswachstum** gegeben habe (BGHZ 84, 151 = BGH, VersR 1982, 791). Zeiten wie diese, in denen manche Berufsgruppen wie Richter und Professoren sogar **nominelle** Einkommenseinbußen hinnehmen mussten, sind selten.

47 Wegen dieser Unwägbarkeiten wird sogar die Auffassung vertreten, dass des Öfteren Nachberechnungen vorzunehmen seien (*Wenke*, VersR 1983, 900, 902; Prölss/Martin/*Lücke*, § 109 Rn 2). Insofern besteht ein Unterschied zu einer Kapitalabfindung nach § 843 Abs. 3 BGB, bei der die Umrechnung der Rente in einen Kapitalbetrag in der Folge nicht mehr korrigierbar ist (BK/*Baumann*, § 155 Rn 22). Bei der Errechnung eines Kapitalwertes für eine Rente i.R.d. Verteilungsplans soll die Berücksichtigung von Inflation und Teilhabe am Wirtschaftswachstum nicht sogleich erfolgen, sondern bei einer **jährlichen Überprüfung**, weil man jeweils erst ein Jahr im Nachhinein feststellen könne, ob und in welchem Ausmaß es zu einer Erhöhung gekommen sei (BGHZ 84, 151 = BGH, VersR 1982, 791; BGH, VersR 1980, 132; *Wenke*, VersR 1983, 900, 901; *Sprung*, VersR 1992, 657, 659; a.A. *Küppersbusch*, in: FS Müller, 2009, S. 65, 77: Anpassung nur bei wesentlicher Änderung).

Dem ist grds. durchaus zu folgen. Hinzuweisen ist freilich darauf, dass im Haftpflichtrecht bei der Festsetzung von Schadensersatzrenten diesem Umstand nur unzureichend Rechnung getragen wird. Bei der erstmaligen Festsetzung werden typischerweise die Verhältnisse im **Zeitpunkt des Unfalls** oder des **Endes der mündlichen Verhandlung erster Instanz** zugrunde gelegt. Und wenn der Geschädigte in der Folge eine Anpassung verlangt, wird ihm das lediglich für die **Zukunft** zugebilligt und zudem bloß bei einer **wesentlichen Änderung** der Verhältnisse (§ 323 ZPO). 48

Die Gerichte sind bei der **Anpassung** einer **Rente außerordentlich restriktiv.** Bei einer Schmerzensgeldrente hat der BGH (NJW 2007, 2475 [*Teichmann*]) eine Anpassung versagt, wenn die Geldentwertung **unter 25 %** betrage. Der Wegfall einer staatlichen Transferleistung wurde vom BGH (NJW-RR 2008, 649 = VersR 2008, 686 m. krit. Besprechungsaufsatz *Huber*, NZV 2008, 431; kritisch auch *Köck*, DAR 2015, 557, 561) bei einem Abfindungsvergleich für unbeachtlich angesehen, selbst wenn dem Vermögensminus beim Geschädigten eine nominell gleich hohe Ersparnis beim ersatzverpflichteten HaftpflichtVR wegen des Wegfalls des Regressanspruchs gem. § 116 SGB X gegenüberstand. Um es auf den Punkt zu bringen: Die – an sich völlig berechtigte – durchaus ins Gewicht fallende Berücksichtigung von Rentensteigerungen wegen Inflation und/oder Teilhabe am Wirtschaftswachstum hat insofern zu entfallen, als es dem Geschädigten bei Zuspruch einer Rente nach der herrschenden, wenn auch unzutreffenden Schadensersatzrechtsprechung verwehrt ist, derartige Zuschläge durchzusetzen. 49

Über diese Phänomene der Geldentwertung und Teilhabe am Wirtschaftswachstum hinaus sind **beim Verteilungsplan vorhersehbare Umstände** zu berücksichtigen, die zu einer Rentenerhöhung führen. Genannt wird zutreffend die **Erhöhung der Pflegekosten** eines schwer Verletzten, wenn absehbar ist, dass die Eltern dazu bis zu ihrem Lebensende nicht in der Lage sein werden, und dann eine Substitution von „**billigen**" **Familienangehörigen** durch „teure" nach dem Marktentgelt zu entlohnende **Pflegekräfte** zu erfolgen hat (*Wenke*, VersR 1983, 900, 901; *Sprung*, VersR 1992, 657, 659; MüKo/*Schneider*, § 118 VVG Rn 13; *Küppersbusch*, in: FS Müller, 2009, S. 65, 78). Anzumerken ist, dass das Entgegenkommen von Angehörigen schadenersatzrechtlich nach der Wertung des § 843 Abs. 4 BGB den Schädiger nicht entlasten soll; aber immerhin erfolgt in solchen Fällen ein Abschlag von ca. 30%, weil Sozialversicherungsbeiträge nicht konkret anfallen (AnwK-BGB/*Huber*, §§ 842, 843 Rn 202, 310 ff.). Ob auch spekulative künftige Ereignisse wie die **Wiederverheiratung** eines hinterbliebenen Ehegatten und damit der Wegfall der Schadensersatzverpflichtung ggü. diesem bei einem Unterhaltsersatzanspruch nach Tötung des Unterhaltsschuldners gem. § 844 Abs. 2 BGB zu berücksichtigen sind, erscheint fraglich (so bei Umrechnung einer Rente in eine Kapitalabfindung in der Schweiz *Weber/Schatzle/Dolf*, in: Weber/Münch, Rn 9.201 ff.; Berner Komm/*Brehm*, Art 45 Rn 110 ff., wo als Dämpfungsfaktor auch eine Scheidungswahrscheinlichkeit berücksichtigt wird; ablehnend *Sprung*, VersR 1992, 657, 660). Besser abschätzbar ist demggü. eine **Unterhaltsersatzrente eines Waisen** nach § 844 Abs. 2 BGB über das 18. Lebensjahr hinaus, wenn greifbare Anhaltspunkte dafür vorliegen, dass das Kind studieren werde (AnwK-BGB/*Huber*, § 844 Rn 118). Schwieriger zu quantifizieren ist hingegen der Nachschlag beim Schmerzensgeld, 50 wenn zunächst bloß eine vorläufige Ausmessung erfolgt, weil es noch zu **keiner Konsolidierung des Schadensbildes** gekommen ist.

51 Besonders bedeutsam ist die Festsetzung der **Dauer der Rente**. Bei Erwerbsschadensrenten geht es um die Befristung bis zur voraussichtlichen Aufgabe der Erwerbstätigkeit, bei lebenslangen Renten, etwa wegen Pflegedienstleistungen i.R.d. Anspruchs wegen vermehrter Bedürfnisse, bis zum voraussichtlichen Tod. Während andere Bemessungskomponenten im Laufe der Auszahlung der VersSumme, u.U. sogar jährlich, angepasst werden können, ist das bei der Dauer der Rente delikater. Deren Anpassung soll nicht in Betracht kommen (MüKo/*Schneider*, § 118 VVG Rn 13). Dem HaftpflichtVR wird das **Risiko** auferlegt, auch über den Zeitpunkt des **Endes der angenommenen Rente** über die Deckungssumme hinaus zu zahlen (BGH, VersR 1991, 172; BGH, VersR 1980, 817; BGH, VersR 1980, 132; Prölss/Martin/*Lücke*, § 107 Rn 5). Nach der Devise des **guten** und des **bösen Tropfens** muss das dann aber zur Folge haben, dass auch ein Wegfall der Rentenverpflichtung vor dem angenommenen Zeitpunkt den HaftpflichtVR entlastet (BK/*Baumann*, § 155 Rn 4; Stiefel/Maier/*Jahnke*, Kraftfahrtversicherung, § 107 VVG Rn 55; zur Gefahr, durch „Mondrenten" die Befriedigungschancen anderer Gläubiger zu vereiteln – und, wie zu ergänzen ist, den VN und Mitversicherten zusätzlich endgültig zu belasten – MüKo/*Schneider*, § 118 VVG Rn 12).

52 Es ist deshalb i.R.d. erstmaligen Festsetzung der **wahrscheinlichsten Lebenserwartung** und damit der **Rentendauer** besonderes Augenmerk zu schenken; darüber hinaus ist bei der möglicherweise jährlich vorzunehmenden Anpassung darauf zu achten, ob der ursprünglich angenommene Endtermin der Rente nach wie vor derjenige ist, der nach der wahrscheinlichsten Entwicklung zu erwarten ist (a.A. MüKo/*Schneider*, § 118 VVG Rn 13: Anpassung nur bei wesentlicher Änderung nach § 323 ZPO). **Schwerverletzte Personen**, um deren Schadensersatzansprüche es typischerweise geht, haben nämlich eine ggü. gesunden Personen **deutlich herabgesetzte Lebenserwartung**, mag die moderne Medizin auch dafür sorgen, dass sie länger leben bzw. leiden, als das früher der Fall war, wodurch sich auch eine längere als die ursprünglich angenommene Laufzeit der Rente ergeben kann (*Hessert*, VersR 1997, 39, 42 f.). Zugrunde zu legen ist daher nicht die sich aus der **Sterbetafel** ergebende allgemeine Lebenswahrscheinlichkeit eines **Gesunden**; vielmehr ist der durch die **Verletzung bewirkten verkürzten Lebenserwartung** Rechnung zu tragen (MüKo/*Schneider*, § 118 VVG Rn 12).

53 In der Kfz-Haftpflichtversicherung ist bei älteren BGH-Entscheidungen (z.B. BGH, VersR 1980, 132) und Literaturäußerungen (*Sprung*, VersR 1992, 657, 660; Prölss/Martin/*Lücke*, § 107 Rn 13) zu beachten, dass aufgrund einer geschäftsplanmäßigen Erklärung die **Rentendauer** beim Erwerbsschaden bei Unselbstständigen mit dem **65. Lebensjahr** und bei selbstständig Erwerbstätigen mit dem **68. Lebensjahr** zwingend festgelegt war bei einem **Zinssatz** von 3,5 %, wobei die die Rentenansprüche betreffende **Deckungssumme um 25 % erhöht** wurde. Im Zuge der Deregulierung wurde bei der Kfz-Haftpflichtversicherung diese geschäftsplanmäßige Erklärung durch die sich aus § 8 KfzPflVV ergebenden Vorgaben ersetzt (BK/*Baumann*, § 155 Rn 6).

Die geschäftsplanmäßige Erklärung war auch deshalb entbehrlich geworden, weil ein **marktkonformer Zinssatz** maßgeblich ist und nicht ein bei der geschäftsplanmäßigen Erklärung zugrunde gelegter von 3,5 % (Stiefel/Maier/*Jahnke*, Kraftfahrtversicherung, § 8 KfzPflVV Rn 22 ff.). Der Unterschied wird in der Niedrigzinsphase beträchtlich sein. Maßgeblich ist nämlich der Durchschnittssatz der Umlaufrenditen öffentlicher Anleihen der letzten 10 Jahre, der einst mit **8 %** angenommen worden ist (BGHZ 84, 151 = VersR 1982, 791). *Jacobsen* (Feyock/Jacobsen/Lemor/*Jacobsen*, Kraftfahrtversicherung, § 8 KfzPflVV Rn 4) bemerkt, dass sich dieser kaum ändere (ähnlich *Konradi*, VersR 2009, 321, 326: jedenfalls über 3,5 %; damals mag das zutreffend gewesen sein, 2016 jedoch sicher nicht [mehr]). Das dürfte eine **Fehleinschätzung** sein. Das arithmetische Mittel der letzten 10 Jahre ergibt zum Mai 2016 ungeachtet des derzeitigen Zinssatzes von 0,4 % einen Wert von 2,36 % (www.bundesbank.de/Redaktion/DE/Downloads/Veroeffentlichungen/Statistische_Beihefte_2/2016/2016_04_kapitalmarktstatistik). Davon ist freilich noch die Abgeltungssteuer samt Solidaritätszuschlag und Kirchensteuer in Abzug zu bringen. Sollte die Niedrigzinsphase anhalten, wird der Zinssatz in den nächsten Jahren weiter sinken. Wenn man bedenkt, wie stark sich der Zinssatz auf den Kapitalwert auswirkt, sind solche Veränderungen mehr als eine quantité négligeable! Der Vollständigkeit halber sei erwähnt, dass die Interessenlage des VR bei der Abfindung von Renten in Kapital bei der Regulierung von Schadenersatzansprüchen ggü. Anspruchstellern und der Berücksichtigung bei unzureichender Deckungssumme gegenläufig ist: Bei der Abfindung nützt dem VR – ceteris paribus – ein hoher Zinssatz, weil die Entschädigungsleistung umso geringer ausfällt, je höher der Zinssatz ist; bei der Deckungsinsolvenz führt aber ein (zu) hoher Zinssatz dazu, dass die ausstehenden Rentenverbindlichkeiten (zu) gering bewertet werden.

4. Sorgfaltsmaßstab

Hieß es in § 156 Abs. 3 S. 2 VVG a.F., dass es darauf ankomme, dass der VR „**entschuldbarer Weise**" mit der Geltendmachung eines nachträglich erhobenen Anspruchs nicht rechnen musste, formuliert der Gesetzgeber nun in § 118 Abs. 2 VVG, dass *„der VR mit der Geltendmachung dieses Anspruchs nicht gerechnet hat und* **nicht rechnen musste**". In der Literatur wird die Ansicht vertreten, dass damit ein **milderer Maßstab** als bisher gewollt (*Schirmer*, ZVersWiss Supplement Jahrestagung 2006, 427, 447) bzw. eine stärkere subjektive Sicht, nämlich das Abstellen auf die Fähigkeiten des **jeweiligen VR**, geboten sei (*Thalmair*, ZVersWiss Supplement 2006, 459, 469).

Dieser Einschätzung ist nicht zu folgen (so auch Looschelders/Pohlmann/*Schwartze*, § 118 Rn 11; MüKo/*Schneider*, § 118 VVG Rn 4). Dem HaftpflichtVR wird die Last der Verteilung der unzureichenden VersSumme auf die Anspruchsberechtigen auferlegt, weil er einerseits ohnehin damit befasst ist und ihm andererseits die nötige Sachkunde zugetraut wird. Da er dafür **keine zusätzliche Entschädigung** erhält, spricht das dafür, an den **Sorgfaltsmaßstab keine übertriebenen Anforderungen** zu stellen (ähnlich MüKo/*Schneider*, § 118 VVG Rn 41: keine Überspannung der Sorgfaltspflichten). Es müssen für einen solchen zusätzlichen Anspruch Anhaltspunkte vorhanden sein; eigene Nachforschungsobliegenheiten bestehen nicht (Looschelders/Pohlmann/*Schwartze*, § 118 Rn 11;

Beckmann, in: Bruck/Möller, § 118 Rn 20). Den HaftpflichtVR anzuhalten, vom größtmöglichen Schaden auszugehen (so aber *Wenke*, VersR 1983, 900, 901), ist kontraproduktiv, weil einerseits ein Interesse an einer raschen Regulierung besteht (BK/*Baumann*, § 156 Rn 59) und andererseits vermieden werden soll, dass sowohl der geschädigte Dritte als auch der VN von Anfang an unnötige Einbußen hinnehmen müssen.

57 Die Sorgfalt bei einem **Sachverständigen** ist gem. § 276 Abs. 2 BGB generell nach einem **objektiven Maßstab** zu beurteilen (*Beckmann*, in: Bruck/Möller, § 118 Rn 44). Kein VR wird sich daher – auch nicht nach § 118 Abs. 2 VVG – darauf berufen können, dass jeder normale HaftpflichtVR das Bestehen des später erhobenen Anspruchs ohne Weiteres erkannt hätte, nur die Mitarbeiter des eigenen Unternehmens, deren Verhalten ihm nach § 278 BGB zugerechnet wird (*Johannsen*, in: Bruck/Möller IV B 98), dazu nicht in der Lage waren. Einfache Fahrlässigkeit ist ausreichend (Rüffer/Halbach/Schimikowski/*Schimikowski*, § 118 Rn 5; a.A. MüKo/*Schneider*, § 118 VVG Rn 41: Es schadet nicht jede leichte Fahrlässigkeit). Den jeder Prognose innewohnenden Unwägbarkeiten ist dabei Rechnung zu tragen (*Beckmann*, in: Bruck/Möller, § 118 Rn 44; ähnlich *Küppersbusch*, in: FS Müller, 2009, S. 65, 76: sehr weiter Ermessensspielraum des VR). In der Judikatur der letzten 20 Jahre findet sich eine **einzige Entscheidung** (OLG München, r+s 2003, 388), die die Voraussetzungen einer schuldhaften Überzahlung bejaht hat. Dabei hatte der HaftpflichtVR bei einer VersSumme von 1 Mio. DM und einer kompletten Querschnittlähmung des Verletzten ohne Beachtung des Befriedigungsvorrechts des Verletzten ggü. dem Sozialversicherungsträger gem. § 116 Abs. 4 SGB X Zahlungen an den Sozialversicherungsträger erbracht, die sich der Verletzte nicht entgegenhalten lassen musste.

5. Besonderheit von Ansprüchen aus Teilungsabkommen

58 Um den Regulierungsaufwand zu vermindern, schließen VR miteinander Teilungsabkommen, nämlich HaftpflichtVR mit Sozialversicherungsträgern oder auch KaskoVR. Kommt es zu einer Überschreitung der VersSumme und bestehen neben Ansprüchen des am Teilungsabkommen beteiligten VR noch solche sonstiger Dritter, ist für die Verteilung der Deckungssumme eine **doppelte Rechnung** anzustellen: Einerseits kann der anspruchsberechtigte VR nie mehr verlangen, als ihm aufgrund des Teilungsabkommens zustünde; andererseits kann durch das Teilungsabkommen nicht in die Rechte eines Dritten eingegriffen werden. **Seine Quote** berechnet sich daher danach, welchen Anspruch der Versicherungsträger nach der **in Wahrheit bestehenden Sach- und Rechtslage** hätte (MüKo/*Schneider*, § 118 VVG Rn 17; *Küppersbusch*, in: FS Müller, 2009, S. 65, 72). Das hat der BGH in der Entscheidung VersR 1985, 1054 ganz richtig so entschieden (*Pardey*, Berechnung von Personenschäden, Rn 1666; Prölss/Martin/*Lücke*, § 109 Rn 3; Stiefel/Maier/*Jahnke*, Kraftfahrtversicherung, § 109 VVG Rn 18).

59 Die von *Rixecker/Langheid* (Römer/Langheid/*Rixecker/Langheid*, § 109 Rn 2) erhobenen Bedenken, dass es auf diese Weise dazu kommen könne, dass der HaftpflichtVR über die VersSumme hinaus belangt werden könne, was bedenklich sei, sind unbegründet. Es trifft zwar zu, dass für die Ermittlung der Quote der anspruchsberechtigten Dritten der Betrag

maßgeblich ist, der sich für den am Teilungsabkommen beteiligten VR nach der wahren Sach- und Rechtslage ergibt; und dieser mag geringer sein als die vereinbarte Pauschale, sodass die Quote der Dritten höher ausfällt. Das kann aber ebenso andersherum sein. Wenn dieser Betrag nach der wahren Sach- und Rechtslage höher als der pauschal vereinbarte Betrag ist, fällt die Quote der Dritten geringer aus. Für den HaftpflichtVR steht der **Chance** ein **Risiko** ggü., das er selbst gewählt hat. Jede andere Vorgangsweise liefe auf einen **Vertrag zulasten Dritter** hinaus. Durch die in § 118 Abs. 1 VVG geschaffene Rangfolge wird dieses **Problem entschärft**, werden sich doch solche Schwankungen meist bloß auf die den Regressgläubigern zustehende Haftungsmasse auswirken, während die Ansprüche der unmittelbar geschädigten Dritten nicht betroffen sind.

6. Ansprüche geringer als erwartet

Führt ein nachträglicher Wegfall oder die Reduzierung von Ansprüchen Dritter dazu, dass die VersSumme doch ausreicht, hat eine **volle Befriedigung aller Gläubiger** zu erfolgen (Looschelders/Pohlmann/*Schwartze*, § 118 Rn 6). Das kann aber nicht nur für die Frage gelten, ob die **Versicherungssumme überschritten** ist. Entsprechendes muss auch für die **Festsetzung der Quote** gelten. Wegfallende Verpflichtungen müssen sich in der Weise auswirken, dass die Quote der anspruchsberechtigten Dritten entsprechend zu erhöhen ist. 60

Zu beachten ist allerdings, dass für die **Rente Besonderheiten** gelten. Der Tod eines Anspruchsberechtigten, der früher eintritt, als nach dem Verteilungsplan angenommen wurde, führt nicht dazu, dass die dafür gebildete und nicht benötigte Rückstellung nun wiederum allen sonstigen Gläubigern zur Verfügung steht. Vielmehr hat sich insoweit ein Risiko – bzw. aus der Sicht des HaftpflichtVR eine Wohltat – realisiert. Da der HaftpflichtVR auch bei Überschreiten der nominellen Deckungssumme einstandspflichtig gewesen wäre, muss ihm die Entlastung von dieser Pflicht ebenso zugutekommen. Meines Erachtens muss eine Anpassung der Prognose der wahrscheinlichsten Lebenserwartung im Laufe der Rentenbemessung ebenso möglich sein, wie das bei allen anderen Umständen auch der Fall ist. 61

C. Rechtsfolgen

Die Rechtsfolgen richten sich danach, ob der HaftpflichtVR mit der Geltendmachung rechnen musste. Der Wortlaut des § 118 Abs. 2 VVG regelt bloß den Fall, dass ein vorrangig zu befriedigender Gläubiger wegen der Befriedigung eines nachrangigen Gläubigers und der deshalb erschöpften VersSumme nichts mehr bekommen würde. Eine entsprechende Rechtsfolge muss sich freilich auch dann ergeben, wenn die VersSumme durch die im gleichen Rang stehenden Gläubiger ausgeschöpft ist (so zutreffend Looschelders/Pohlmann/*Schwartze*, § 118 Rn 10). 62

I. Zahlungspflicht des Haftpflichtversicherers gegenüber dem Dritten

63 Muss der HaftpflichtVR aufgrund des ihm bekannten Sachverhalts nach seiner Sachkunde erkennen, dass es noch einen weiteren nicht geltend gemachten Anspruch gibt, muss er für diesen eine **Rückstellung** bilden und das bei der Quote für die restlichen Ansprüche berücksichtigen. Unterlässt er dies und zahlt er infolgedessen an die **bisherigen Gläubiger** eine **zu hohe Quote** aus, kann der zunächst übergangene Anspruchsinhaber vom HaftpflichtVR verlangen, so gestellt zu werden, als ob der **Anspruch rechtzeitig erhoben** worden wäre. Er kann die Quote verlangen, die er bei rechtzeitiger Anmeldung erhalten hätte, auch wenn es dadurch zu einer **Überschreitung der VersSumme** kommt (Prölss/Martin/*Lücke*, § 109 Rn 13; BK/*Baumann*, § 156 Rn 61). Gelingt dem HaftpflichtVR jedoch der Entlastungsbeweis, geht der Direktanspruch bzw. der Pfändungs- und Überweisungsanspruch des Dritten ins Leere (Römer/Langheid/*Rixecker/Langheid*, § 109 Rn 10; Prölss/Martin/*Lücke*, § 109 Rn 11). Ob der **Anspruchsteller säumig** war, also das Bestehen seines Anspruchs bzw. Anspruchsteils ggü. dem Schädiger bzw. des hinter diesem stehenden HaftpflichtVR nicht rechtzeitig erkennen konnte, darauf kommt es nach § 118 Abs. 2 VVG nicht an, eine durchaus **fragwürdige Wertung**.

II. Bereicherungsanspruch des Haftpflichtversicherers gegenüber dem Versicherungsnehmer gemäß § 812 BGB

64 Musste der HaftpflichtVR nicht mit einem solchen Anspruch rechnen, kann er dem **Dritten** ggü. seine **Ersatzpflicht abwehren**. Ist das nicht der Fall, stellt sich die Frage, ob der HaftpflichtVR den über die Deckungssumme hinausgehenden Nachteil **endgültig tragen** muss oder diesen **weiterwälzen** kann. Bedeutsam ist dabei, dass der **VN** bzw. **Mitversicherte** infolge seiner über die VersSumme hinaus gehenden Haftung in jedem Fall verpflichtet bleibt, den durch den HaftpflichtVR nicht gedeckten Teil des Schadens an den geschädigten Dritten zu bezahlen (Prölss/Martin/*Lücke*, § 109 Rn 14). Kann der HaftpflichtVR bei Misslingen des Entlastungsbeweises dem Dritten ggü. eine über die Deckungssumme hinausgehende Zahlungspflicht nicht abwehren, so liegt im Verhältnis zwischen HaftpflichtVR und VN **kein Rechtsgrund** für die über die Deckungssumme hinausgehende Befreiung von der Schadensersatzpflicht vor. Dem HaftpflichtVR steht infolgedessen gegen den VN ein **Bereicherungsanspruch nach § 812 BGB** zu (Prölss/Martin/*Lücke*, § 109 Rn 13; Römer/Langheid/*Rixecker/Langheid*, § 109 Rn 12; BK/*Baumann*, § 156 Rn 61). Es ist somit lediglich, aber immerhin das Risiko des HaftpflichtVR, ob der Rückgriffsanspruch gegen den VN einbringlich ist (Looschelders/Pohlmann/*Schwartze*, § 118 Rn 13). Das gilt auch in Bezug auf die Befriedigung von Ansprüchen von geschädigten Dritten durch den VR, die über die Deckungssumme hinausgehen. Verwiesen wird diesbezüglich auf Art. 5.2 AHB 2015, der eine über die Deckungssumme hinausgehende Regulierungsvollmacht beinhalten soll (Looschelders/Pohlmann/*Schwartze*, § 118 Rn 14; Halm/Kreuter/Schwab/*Kreuter-Lange*, AKB, § 118 Rn 1). Durch den Wortlaut ist das freilich nicht gedeckt. Ein Bereicherungsanspruch des VR gegen den VN setzt deshalb m.E. den Nachweis voraus, dass der Anspruch des Dritten gegen den VN tatsächlich besteht.

III. Bereicherungsanspruch des Haftpflichtversicherers gegenüber den Dritten gemäß § 812 BGB

Wenn der HaftpflichtVR bei der Auszahlung an die Dritten einen Vorbehalt gemacht oder zumindest offen gelegt hat, dass es sich um eine Verteilung i.R.d. unzureichenden Deckungssumme handelt, wird ihm ein **Rückforderungsrecht** auch ggü. den **überentschädigten Dritten** zugebilligt (Looschelders/Pohlmann/*Schwartze*, § 118 Rn 6, 13; MüKo/*Schneider*, § 118 VVG Rn 16, 45; *Sprung*, VersR 1992, 657, 659; a.A. *Beckmann*, in: Bruck/Möller, § 118 Rn 49: trotz Vorbehalts kein Bereicherungsanspruch gegen die bisher befriedigten Dritten, weil Anspruch des späteren Dritten vom Verschulden des VR abhängig ist). Dementsprechend ist es für den HaftpflichtVR stets ratsam, einen entsprechenden Vorbehalt zu erklären. Da nach der Rangfolge des § 118 Abs. 1 VVG nur noch die Ansprüche bestimmter Regressgläubiger, am häufigsten wohl die der Sozialversicherungsträger nach § 118 Abs. 1 Nr. 4 VVG, von einer solchen Korrektur betroffen sind, kann sich der Vorbehalt im Regelfall auf die Erklärung diesen ggü. beschränken. Auch insoweit geht es nicht bloß um nachrangige Gläubiger, sondern auch solche des gleichen Rangs (dazu bereits Rdn 62).

65

IV. Bereicherungsanspruch des zu spät kommenden Dritten gegenüber den „überentschädigten" Anspruchstellern gemäß § 816 BGB

Kann der **Dritte** deswegen **nicht** gegen den **HaftpflichtVR** vorgehen, weil dieser mit seinem verspäteten Anspruch nicht rechnen musste und ist der Anspruch dem **VN** ggü. **nicht einbringlich**, stellt sich die Frage, ob ihm ein Anspruch gegen die „überentschädigten" Dritten gem. § 816 Abs. 1 BGB zusteht. Das Meinungsspektrum in der Literatur ist beeindruckend vielfältig: *Lücke* (Prölss/Martin/*Lücke*, § 109 Rn 14) lehnt jeglichen Bereicherungsanspruch ab, weil der HaftpflichtVR den Dritten ggü. mit Rechtsgrund gezahlt und § 156 Abs. 3 S. 2 BGB – nunmehr § 118 Abs. 2 VVG – das Problem abschließend und klar geregelt habe (ebenso BK/*Baumann*, § 156 Rn 58; *Beckmann*, in: Bruck/Möller, § 118 Rn 46; MüKo/*Schneider*, § 118 VVG Rn 43). *Johannsen* (Johannsen, in: Bruck/Möller, IV B 101) spricht sich für die Anwendung von § 816 Abs. 2 BGB aus, um ein mit der Gerechtigkeitsidee übereinstimmendes Ergebnis zu erzielen. *Rixecker/Langheid* (Römer/Langheid/*Rixecker/Langheid*, § 109 Rn 12) halten einen solchen Anspruch für fraglich. *Hessert* (Hessert, VersR 1997, 39, 42 f.) bejaht ihn ggü. einem Sozialversicherungsträger mit dem pragmatischen Argument, dass aus dem Befriedigungsvorrecht des Geschädigten gem. § 116 Abs. 4 SGB X die Wertung zu entnehmen sei, dass ein Regress zum Nachteil des VN nicht Bestand haben soll, wenn es zum Erschöpfen der Deckungssumme komme. Die einkassierten Beträge seien dann an die Geschädigten auszukehren. Das habe den Vorteil, dass die aktuelle Schadensregulierung nicht mit dem künftigen Geschehnisablauf belastet werde, wodurch die Regulierung zwischen dem Sozialversicherungsträger und dem HaftpflichtVR erheblich erleichtert werde (**a.A.** Hauck/Noftz/*Nehls*, SGB X, § 116 Rn 40).

66

67 Der Ansicht von *Johannsen* ist zu folgen. Ein objektiver **Rechtsgrund** für die Vermögensverschiebung zwischen dem HaftpflichtVR und den „überentschädigten" Dritten ist **nicht gegeben**. Die Zahlung des HaftpflichtVR an den zu spät kommenden Dritten war deshalb schuldbefreiend, weil ihm kein Vorwurf gemacht werden konnte. Insoweit ist eben die Konstellation gegeben, die dem **prototypischen Anwendungsfall** des § 816 Abs. 2 BGB zugrunde liegt. Bei einer Zession an zwei Gläubiger wird der Drittschuldner nicht von der zunächst vorgenommenen Zession an den Gläubiger verständigt, sondern von der an den Gläubiger, weshalb die Zahlung des Schuldners an den Gläubiger schuldbefreiend war. Gerade in diesem Fall steht dem objektiv Anspruchsberechtigten, nämlich dem Gläubiger, eine **Eingriffskondiktion** gegen den Empfänger der Zahlung, den Gläubiger, zu, für die es in dessen Verhältnis zum Schuldner auch einen vermeintlichen Rechtsgrund gab. Ob es sich insoweit um einen Anspruch gegen einen Sozialversicherungsträger handelt bzw. ein Direktanspruch gegeben ist, spielt keine Rolle. Wenn dagegen eingewendet wird, dass es in der Hand des Dritten liege, dass dieser seine Ansprüche rechtzeitig beim VR anmelde (Looschelders/Pohlmann/*Schwartze*, § 118 Rn 12; MüKo/*Schneider*, § 118 VVG Rn 43), so ist dem entgegenzuhalten, dass es darauf bei § 816 Abs. 2 BGB nicht ankommt, ganz abgesehen davon, dass die verspätete Anmeldung nicht immer auf einem Schuldvorwurf beruhen muss.

V. Nachforderungsansprüche bei nicht ausgeschöpfter Versicherungssumme

68 Musste sich der Anspruchsberechtigte zunächst mit einer Quote seines Anspruchs zufrieden geben, stellt sich aber nachträglich heraus, dass sämtliche Ansprüche in höherem Maße oder vollständig befriedigt werden können, haben diese einen **Nachforderungsanspruch**. Etwas **Besonderes** gilt bei einer **Rente**, bei der es nicht auf die Summe der Zahlungen ankommt, sondern auf den jeweiligen **Kapitalwert**. Dem Risiko der Zahlungspflicht über die Deckungssumme hinaus steht die Chance des Versterbens des Anspruchsberechtigten vor dem angenommenen Termin ggü. Eine Nachforderung des Dritten scheidet deshalb aus.

69 Im Verhältnis zum VN kommt diese Besonderheit aber nicht zum Tragen. Selbst wenn der HaftpflichtVR über die Deckungssumme hinaus leisten musste, kann er beim VN Rückgriff nehmen. Da es sich insoweit aber um **keine Einbahnstraße** handelt, muss der VN das Recht haben, bei entsprechender Nichtausschöpfung der VersSumme Erstattung der von ihm – im Verhältnis zum HaftpflichtVR ohne Rechtsgrund – erbrachten Schadensersatzleistungen zu verlangen. **Gegenleistung für die gezahlte Prämie** war die **Bezahlung der vollen VersSumme**, wenn ein Schaden eines Dritten in dieser Höhe zu ersetzen war.

70 In **verjährungsrechtlicher Sicht** wird der HaftpflichtVR dem womöglich den Einwand entgegensetzen, dass Rentenansprüche trotz eines Feststellungsurteils gem. § 197 Abs. 2 BGB nur für einen Zeitraum von 3 Jahren ab dem Ende des Jahres, in dem sie entstanden sind, geltend gemacht werden können. Die Verjährung ist indes eine Sanktion auf die Säumnis des Anspruchsberechtigten, sodass diese Frist in concreto erst zu laufen beginnt,

wenn der VN gem. § 199 Abs. 1 Nr. 2 BGB von den den Anspruch begründenden Umständen Kenntnis erlangt oder ohne grobe Fahrlässigkeit erlangen musste.

D. Prozessuales

§ 118 VVG findet **keine Anwendung** im **Haftpflichtprozess des geschädigten Dritten gegen den Schädiger.** Dessen Haftung ist von einer ausreichenden Deckungssumme bei der von ihm abgeschlossenen Haftpflichtversicherung unabhängig. § 118 VVG kommt zum Tragen bei Pfändung und Überweisung des Deckungsanspruchs des geschädigten Dritten sowie bei dessen Direktklage ggü. dem HaftpflichtVR nach § 115 Abs. 1 VVG. Die Vorgaben des § 118 VVG sind dabei bereits im **Erkenntnisverfahren** und nicht erst im Vollstreckungsverfahren zu berücksichtigen (BGHZ 84, 151 = BGH, VersR 1982, 791; BGH, NJW 2007, 370 = VersR 2006, 1679; OLG München, VersR 2005, 89; *Pardey*, Berechnung von Personenschäden, Rn 837; Halm/Kreuter/Schwab/*Kreuter-Lange*, AKB, § 118 Rn 1; *Beckmann*, in: Bruck/Möller, § 118 Rn 7, 52; MüKo/*Schneider*, § 118 VVG Rn 6). Bei einem Zwischenurteil (§ 304 ZPO) kommt § 118 VVG erst im Betragsverfahren zum Tragen, nicht schon im Verfahren zum Anspruchsgrund (OLG München, VersR 2005, 89; Looschelders/Pohlmann/*Schwartze*, § 118 Rn 3; *Beckmann*, in: Bruck/Möller, § 118 Rn 7). 71

Die Beweislast dafür, dass dem Geschädigten ein **Anspruch in einem bestimmten Rang** zusteht, trifft diesen (Feyock/Jacobsen/Lemor/*Jacobsen*, Kraftfahrtversicherung, § 118 Rn 4). 72

Die **Darlegungs- und Beweislast** für die Erschöpfung der VersSumme (BGH, VersR 2006, 1679; Looschelders/Pohlmann/*Schwartze*, § 118 Rn 5) sowie dafür, dass der HaftpflichtVR mit einem nicht berücksichtigen Anspruch nach der verkehrsüblichen Sorgfalt nicht rechnen musste, trifft den **HaftpflichtVR** (*Wenke*, VersR 1983, 900; *Pardey*, Berechnung von Personenschäden, Rn 839; MAH-VersR/*Schneider*, § 24 Rn 191). Einerseits handelt es sich um eine anspruchsvernichtende Einwendung, andererseits geht es um Umstände aus seiner Sphäre, die er allein aufklären kann. 73

E. Abdingbarkeit

Die Normen der Pflichthaftpflichtversicherung sind zugunsten des VN, des Versicherten und des geschädigten Dritten **zwingend**. Aus den Erläuterungen (BT-Drucks 16/3945, S. 87) ergibt sich, dass dies aus der Rechtsnatur dieser Vorschriften folgt und keiner ausdrücklichen Klarstellung bedarf. 74

F. Inkrafttreten

§ 118 VVG gilt nicht für Schadensfälle, die vor dem 1.1.2009 eingetreten sind (*Langenick*, r+s 2011 Beilage [FS Lemcke] 70, 75). Maßgeblich ist dabei der Zeitpunkt des Eintritts des Schadens, nicht der Zeitpunkt, zu dem Anspruch beim VR angemeldet worden ist bzw. diesem erkennbar war, dass die Deckungssumme nicht ausreicht. 75

| § 119 VVG | **Obliegenheiten des Dritten** |

(1) Der Dritte hat ein Schadensereignis, aus dem er einen Anspruch gegen den Versicherungsnehmer oder nach § 115 Abs. 1 gegen den Versicherer herleiten will, dem Versicherer innerhalb von zwei Wochen, nachdem er von dem Schadensereignis Kenntnis erlangt hat, in Textform anzuzeigen; zur Fristwahrung genügt die rechtzeitige Absendung.

(2) Macht der Dritte den Anspruch gegen den Versicherungsnehmer gerichtlich geltend, hat er dies dem Versicherer unverzüglich in Textform anzuzeigen.

(3) Der Versicherer kann von dem Dritten Auskunft verlangen, soweit sie zur Feststellung des Schadensereignisses und der Höhe des Schadens erforderlich ist. Belege kann der Versicherer insoweit verlangen, als deren Beschaffung dem Dritten billigerweise zugemutet werden kann.

| § 120 VVG | **Obliegenheitsverletzung des Dritten** |

Verletzt der Dritte schuldhaft die Obliegenheit nach § 119 Abs. 2 oder 3, beschränkt sich die Haftung des Versicherers nach den §§ 115 und 117 auf den Betrag, den er auch bei gehöriger Erfüllung der Obliegenheit zu leisten gehabt hätte, sofern der Dritte vorher ausdrücklich und in Textform auf die Folgen der Verletzung hingewiesen worden ist.

Übersicht

	Rdn
A. Normzweck	1
I. Trennung von Tatbestand und Rechtsfolge	1
II. Entsprechung zu den Benachrichtigungsobliegenheiten des Versicherungsnehmers (§ 104 Abs. 1, 2 VVG)	2
III. Benachrichtigungsobliegenheiten nur bei einem kranken Deckungsverhältnis? (§ 119 Abs. 1, 2 VVG)	8
IV. Gesetzliche Obliegenheit zur Erteilung von Auskunft und Vorlage von Belegen (§ 119 Abs. 3 VVG)	10
V. Anlehnung an versicherungsrechtliche oder schadenersatzrechtliche Obliegenheiten	12
B. Norminhalt	14
I. Tatbestand der Anzeigeobliegenheit (§ 119 Abs. 1, 2 VVG)	14
1. Keine Sanktion bei Kenntnis des gegnerischen Haftpflichtversicherers	14
2. Voraussetzung: Kenntnis des geschädigten Dritten vom einstandspflichtigen Haftpflichtversicherer oder leichte Ermittelbarkeit	15
3. Absendung der Nachricht in Textform	18
4. Frist und Fristwahrung durch rechtzeitige Absendung	19
5. Adressat der Anzeige	21
II. Schadensereignis und Herleitung eines Anspruchs (§ 119 Abs. 1 VVG)	22
III. Gerichtliche Geltendmachung gegen den Versicherungsnehmer (§ 119 Abs. 2 VVG)	26
1. Änderung gegenüber § 3 Nr. 7 PflVG a.F. – Übernahme von § 158d Abs. 2 VVG a.F.	26
2. Sachliche Anforderungen an die Anzeige	32
3. Dauer: unverzüglich – Abstufung nach dem Verschulden	35
4. Gerichtliche Geltendmachung als Auslöser für den Lauf der Frist	36
IV. Auskunftsverlangen des Haftpflichtversicherers (§ 119 Abs. 3 VVG)	38
1. Entstehen des Anspruchs mit Verlangen	38

2. Ort und Art der Vorlage von Belegen 40
  3. Vorlage von Belegen, soweit „billigerweise zumutbar" 41
  4. Keine Korrektur haftungsrechtlicher Vorgaben 42
C. **Rechtsfolgen (§ 120 VVG)** 44
  I. Änderung der Rechtslage gegenüber § 158e Abs. 1 S. 2 VVG a.F. – Erstreckung auf die gerichtliche Geltendmachung 44
  II. Beschränkung der Sanktionierung der Ansprüche nach §§ 115 und 117 VVG 47
  III. Einschränkungen der im VVG angeordneten Sanktionen 49
    1. Schuldhafte Obliegenheitsverletzung 49
    2. Anforderungen an den vorangehenden ausdrücklichen Hinweis in Textform 51
    3. Keine Sanktionierung einer Obliegenheitsverletzung nach § 119 Abs. 1 VVG 52
  IV. Reduzierung der Einstandspflicht: wie bei gehöriger Erfüllung der Obliegenheit ... 54
    1. Bindungswirkung des Haftpflichtprozesses 55
    2. Auswirkungen auf die Kosten 58
D. **Prozessuales** 62
E. **Abdingbarkeit** 63

A. Normzweck

I. Trennung von Tatbestand und Rechtsfolge

Entsprechend der Abfolge in den **§§ 158d und 158e VVG a.F.** wurden **Tatbestand (§ 119 VVG)** und **Rechtsfolge (§ 120 VVG)** in zwei Normen aufgeteilt, mag das auch wenig sinnvoll sein. Die gemeinsame Erörterung der §§ 119, 120 VVG berücksichtigt, dass es sich insoweit um eine **logische Einheit** handelt. Darüber hinaus wurde der **Direktanspruch des Dritten** gegen den HaftpflichtVR, wie das in **§ 3 Nr. 7 PflVG** geregelt war, in die §§ 119, 120 VVG **integriert**. Die Anordnung von Rechtsfolgen bei einem nach dem Deckungsverhältnis unzulässigen Vergleichsschluss oder einem entsprechenden Anerkenntnis durch den VN oder Mitversicherten ggü. dem Dritten (§ 158e Abs. 2 VVG a.F., § 3 Nr. 7 S. 3 PflVG a.F.) wurde infolge der **Aufhebung des Verbots des Anerkenntnis- und Befriedigungsverbots in § 105 VVG** entbehrlich.

1

II. Entsprechung zu den Benachrichtigungsobliegenheiten des Versicherungsnehmers (§ 104 Abs. 1, 2 VVG)

Der Kernbereich der Norm will sicherstellen, dass der HaftpflichtVR – auch bei einem **kranken Deckungsverhältnis** – zeitnah vom Versicherungsfall sowie der gerichtlichen Geltendmachung des Schadensersatzanspruchs gegen den VN oder Mitversicherten (zur Gleichbehandlung des Mitversicherten mit dem VN vgl. OLG Frankfurt, VersR 1968, 541; Prölss/Martin/*Knappmann*, § 119 Rn 9) informiert wird. Dadurch soll gewährleistet werden, dass der HaftpflichtVR möglichst früh Maßnahmen ergreifen kann, um einen **unbegründeten Anspruch abzuwehren** oder durch Anerkenntnis und Erfüllung des berechtigten Anspruchs das **Anfallen unnötiger Verfahrenskosten zu vermeiden** oder durch seine **Sachkunde zur Geringhaltung des Schadens** beizutragen (BGH, VersR 1956, 707; OGH, VersR 1971, 1136; OGH, VersR 1981, 146; Prölss/Martin/*Knappmann*, § 119 Rn 9; Römer/Langheid/*Rixecker/Langheid*, § 120 Rn 5; *Beckmann*, in: Bruck/Möller, § 119 Rn 2; MüKo/*Schneider*, § 119 VVG Rn 1; *Kummer*, in: FS Müller, 2009, S. 437, 440 f.). Dazu kommt der Fall des Direktanspruchs, bei dem – jedenfalls im Regelfall – nicht einzusehen ist,

2

warum der geschädigte Dritte nicht sogleich die Regulierung mit dem gegnerischen VR durchführt, der bei einem gesunden Deckungsverhältnis den Schaden endgültig zu tragen hat. Im Regelfall wird aber der VN bzw. Mitversicherte „seinen" HaftpflichtVR vom Schadensfall bzw. der Klageerhebung durch den Dritten informieren, sodass es auf die Obliegenheit des Dritten nicht ankommt. Bei einem **kranken Versicherungsverhältnis** besteht eine solche Obliegenheit des VN bzw. Mitversicherten nicht mehr, sodass der Hauptanwendungsfall der in § 119 VVG geregelten Obliegenheiten des Dritten in solchen Konstellationen liegt (MüKo/*Schneider*, § 119 VVG Rn 4). Die §§ 30, 31, 104 VVG enthalten vergleichbare Obliegenheiten zu Lasten des VN und des Mitversicherten.

3   Zum Teil dürfte es sich diesbzgl. freilich um einen **Zirkelschluss** handeln. Eine Obliegenheit des Dritten wird angeordnet, um den HaftpflichtVR davor zu bewahren, nicht an ein auch ihn belastendes Urteil aus dem Haftpflichtprozess zwischen dem geschädigten Dritten und seinem VN gebunden zu sein. Allerdings bewirkt erst eine solche Benachrichtigung eben diese Bindung. Wenn der HaftpflichtVR vom **Haftpflichtprozess** zwischen dem geschädigten Dritten und dem VN weder von diesem noch vom Dritten informiert worden ist und er auch nicht auf andere Weise vom Haftpflichtprozess Kenntnis erlangt hat, wird ihm die Befugnis eingeräumt, im **Deckungsprozess** sämtliche Einwendungen zu Grund und Umfang des **Haftpflichtanspruchs** zu erheben (BGH, VersR 1956, 707; OGH, VersR 1971, 1136).

4   Wenn ggü. dem **eigenen VN Leistungsfreiheit** im Deckungsverhältnis gegeben ist, besteht **für diesen keine Obliegenheit** mehr, den HaftpflichtVR über die Erhebung des Anspruchs und dessen gerichtliche Geltendmachung gegen ihn zu informieren (Römer/Langheid/*Rixecker/Langheid*, § 120 Rn 5). Zu bedenken ist indes, dass ein solcher VN umso mehr daran interessiert sein muss, den Ersatzanspruch des Dritten abzuwehren oder das Ausmaß der Ersatzpflicht gering zu halten, ist es doch bei **krankem Deckungsverhältnis** der **VN** selbst, der letztendlich den **Nachteil tragen** muss. Das Argument, dass für den VN kein Anreiz mehr bestehe, sich kooperativ zu verhalten, trifft aus einem weiteren Grund nicht generell zu. In der **Kfz-Haftpflichtversicherung** ist die **Leistungsfreiheit betraglich begrenzt** und zudem je nach Grund der Leistungsfreiheit differenziert. Es ist möglich, dass infolge einer betraglich begrenzten Leistungsfreiheit des Kfz-HaftpflichtVR wegen einer Obliegenheitsverletzung **vor dem Versicherungsfall** eine zusätzliche, nämlich eine solche aufgrund einer nicht erfolgten Mitwirkung an der Aufklärung **nach Eintritt des Versicherungsfalls** dazu kommt, sodass ein Anreiz für den VN zur Weitergabe von Informationen an den HaftpflichtVR und der Mitwirkung an der Aufklärung des Sachverhalts trotz bereits bestehender Leistungsfreiheit bestehen geblieben ist.

5   Dessen ungeachtet werden einige der den **VN bei gesundem Deckungsverhältnis** treffenden Obliegenheiten bei der Pflichthaftpflichtversicherung kraft Gesetzes **dem Dritten auferlegt** (Römer/Langheid/*Rixecker/Langheid*, § 120 Rn 1; Prölss/Martin/*Knappmann*, § 119 Rn 4). Das sind die **Benachrichtigungsobliegenheiten** des VN ggü. dem HaftpflichtVR in Bezug auf die außergerichtliche und gerichtliche Geltendmachung des Anspruchs des Dritten ggü. dem VN (§ 104 Abs. 1, 2 VVG), denen die Anzeigeobliegenheit des geschädigten Dritten gem. § 119 Abs. 1, 2 VVG entspricht (BK/*Hübsch*, § 158d Rn 13).

Der VN hat das innerhalb **1 Woche** zu bewirken. Dem Dritten werden **2 Wochen** (§ 119 Abs. 1 VVG) eingeräumt bzw. dieser hat **unverzüglich** (§ 119 Abs. 2 VVG) zu reagieren. Die weniger strengen Anforderungen an den Dritten sind folgerichtig, ist dieser doch nicht Vertragspartner des HaftpflichtVR. Vielmehr hat der Dritte **gesetzlich** ihm **auferlegte Obliegenheiten** zu erfüllen.

Diese dürften auch nicht ausdehnend ausgelegt werden. Die dafür gegebene Begründung, dass dies wegen ihres Charakters als **Ausnahmevorschrift** gelte (BGH, VersR 1959, 256; OGH, VersR 1971, 1136; BK/*Hübsch*, § 158d Rn 16), gelangt zwar im konkreten Fall zum richtigen Ergebnis (zutreffend Prölss/Martin/*Knappmann*, § 119 Rn 10 mit der richtigen Begründung, weil der Dritte außerhalb des Versicherungsverhältnisses stehe), entspricht aber nicht mehr dem heutigen Stand der Methodenlehre (*Wolf/Neuner*, BGB AT, § 4 Rn 43 ff.). Begründen lassen sich die gesetzlichen Obliegenheiten des Dritten ggü. dem gegnerischen VR damit, dass letzterer auch bei Leistungsfreiheit ggü. dem eigenen VN bzw. Mitversicherten leistungspflichtig bleibt. Die in § 119 VVG angeordneten Anzeige- und Auskunftsobliegenheiten sind als Korrelat zur privilegierten Stellung des geschädigten Dritten anzusehen (*Beckmann*, in: Bruck/Möller, § 119 Rn 4; § 120 Rn 4; MüKo/*Schneider*, § 119 VVG Rn 3: Das angeführte Argument des verhandlungs- und zahlungsbereiten sowie weitgehend insolvenzsicheren Schuldners ist indes keine Besonderheit der Pflichtversicherung (a.A. allein zu Unrecht *Kummer*, in: FS Müller, 2009, S. 437, 438) Das gilt für alle Arten der Haftpflichtversicherung. 6

Zu unterscheiden ist freilich zwischen den **relativ weit reichenden gesetzlichen Obliegenheiten des geschädigten Dritten** und den – **überschaubaren Sanktionen** (*Beckmann*, in: Bruck/Möller, § 120 Rn 1). Bezeichnenderweise hat der Gesetzgeber – wohl durchaus bewusst – in § 120 VVG lediglich Sanktionen für § 119 Abs. 2, 3 VVG angeordnet, nicht aber für § 119 Abs. 1 VVG. Es wird daher mit gutem Grund die Ansicht vertreten, dass es sich insoweit um eine **lex imperfecta** handle (*Wandt*, Versicherungsrecht Rn 1121; *Kummer*, in: FS Müller, 2009, S. 437, 444). Über die Sinnhaftigkeit solcher Normen lässt sich durchaus streiten. Auch die Sanktionen von Verstößen gegen § 119 Abs. 2, 3 VVG sind – jedenfalls dem Wortlaut nach – davon abhängig, dass der VR in Textform ausdrücklich auf die Rechtsfolgen hingewiesen hat, was in der Praxis so gut wie nie vorkommt (*Höher*, NZV 2012, 457, 461). 7

Zudem geht es um eine Einschränkung der Haftung des VR, also eine Begrenzung von dessen Zahlungspflicht ggü. dem Dritten, nicht um einen Schadenersatzanspruch ggü. dem Dritten (*Beckmann*, in: Bruck/Möller, § 119 Rn 3; MüKo/*Schneider*, § 119 VVG Rn 2; *Kummer*, in: FS Müller, 2009, S. 437, 441); das bedeutet, dass er Mehraufwendungen in seiner Sphäre weder überwälzen noch mit solchen Forderungen aufrechnen kann. Immerhin wird der Rechtsgedanke des § 119 Abs. 3 VVG (ohne die in § 120 VVG angeordnete Einschränkung der Rechtsfolge) – berechtigterweise? – bei § 93 ZPO herangezogen, wonach der VR keinen Anlass zur Klage gegeben hat, solange der Geschädigte nicht alle verlangten Belege vorgelegt hat (*Beckmann*, in: Bruck/Möller, § 119 Rn 37; *Höher*, NZV 2012, 457, 461; OLG Karlsruhe, NJW-RR 2012, 808 = jurisPR-VerkR 21/2012 Anm. 3 [*Krenberger*]: vorprozessuale Übermittlung einer nicht ausreichend auflösenden pdf-Datei anstelle eines jpg-Formats; beachte aber LG Saarbrücken, NJW-RR 2011, 968: allerdings dann nicht, wenn der VR Belege nach der Schadensmeldung und geraume Zeit vor Klageerhebung nicht angefordert hat).

III. Benachrichtigungsobliegenheiten nur bei einem kranken Deckungsverhältnis? (§ 119 Abs. 1, 2 VVG)

8 Zu den §§ 158d und 158e VVG a.F. war umstritten, ob den Dritten diese Obliegenheiten nur bei einem **kranken Deckungsverhältnis** treffen. Dafür sprach zwar nicht der **Wortlaut**, aber immerhin die **Gesetzessystematik**, nämlich die Einbettung zwischen § 158c VVG a.F. (Schadensersatzanspruch des Dritten gegen den HaftpflichtVR bei dessen Leistungsfreiheit) und § 158f VVG a.F. (Übergang des Schadensersatzanspruchs des Dritten gegen den VN auf den HaftpflichtVR bei dessen Zahlung an den Dritten im Weg der Legalzession bei Leistungsfreiheit ggü. dem VN). *Rixecker/Langheid* (Römer/Langheid/ *Rixecker/Langheid* § 120 Rn 1) sprechen in Bezug auf die §§ 158c bis 158f VVG a.F. von einem **geschlossenen Kreis**, der die Rechtsfolgen bei Leistungsfreiheit des HaftpflichtVR regelte. Diese Systematik besteht nach neuem Recht nicht mehr, sind doch die Rechtsfolgen bei krankem Deckungsverhältnis in den §§ 115 Abs. 1 S. 2, 116 Abs. 1 S. 2, 117 VVG geregelt (*Beckmann*, in: Bruck/Möller, § 119 Rn 5; MüKo/*Schneider*, § 119 VVG Rn 8).

9 Dazu kommt, dass bei einem Direktanspruch auch schon nach § 3 Nr. 7 PflVG eine **Anzeigeobliegenheit unabhängig davon** bestand, ob das **Deckungsverhältnis gesund** oder **krank** war (zutreffend Prölss/Martin/*Knappmann*, § 3 Nr. 7 PflVG Rn 1; *Beckmann*, in: Bruck/Möller, § 120 Rn 1), wobei wiederum lediglich eine Obliegenheit zur Meldung des Versicherungsfalls normiert war, nicht aber zusätzlich eine solche bei gerichtlicher Geltendmachung gegen den VN, wie das nach dem Wortlaut des § 119 Abs. 2 VVG der Fall ist. Da der Dritte nicht erkennen kann, ob es sich um ein gesundes oder krankes Deckungsverhältnis handelt, wird man – nach dem Wortlaut des neuen § 119 VVG mehr denn je – davon ausgehen müssen, dass den Dritten **in jedem Fall** eine **Anzeigeobliegenheit** trifft (Looschelders/Pohlmann/*Schwartze*, § 119 Rn 3; Feyock/Jacobsen/Lemor/*Jacobsen*, § 119 Rn 2; Rüffer/Halbach/Schimikowski/*Schimikowski*, § 119 Rn 1; *Beckmann*, in: Bruck/Möller, § 119 Rn 5; MüKo/*Schneider*, § 119 VVG Rn 8).

IV. Gesetzliche Obliegenheit zur Erteilung von Auskunft und Vorlage von Belegen (§ 119 Abs. 3 VVG)

10 Die dem Geschädigten in § 119 Abs. 3 VVG auferlegte Obliegenheit (Prölss/Martin/*Knappmann*, § 119 Rn 12: keine Pflicht!), dem VR auf dessen Verlangen die für die Schadensregulierung benötigte Auskunft zu erteilen und Belege vorzulegen, soll der des VN in § 31 VVG entsprechen (Römer/Langheid/*Rixecker/Langheid*, § 119 Rn 7). Eine solche Obliegenheit des Dritten besteht aber von vornherein bei einem gesunden und kranken Deckungsverhältnis in gleicher Weise. Auch § 3 Nr. 7 PflVG hat nicht differenziert. Was eigentlich verwundert, ist die **besondere Platzierung i.R.d. Pflichthaftpflichtversicherung**, ist doch jeder HaftpflichtVR, auch der einer „normalen" Haftpflichtversicherung, auf

solche Angaben des Dritten angewiesen, um die Berechtigung des von diesem erhobenen Anspruchs zu prüfen. Insoweit wäre eine von den Benachrichtigungsobliegenheiten (§ 119 Abs. 1, 2 VVG) abgesonderte Normierung angebracht gewesen; und zwar am besten im Kontext der allgemeinen Haftpflichtversicherung.

Zu verweisen ist darauf, dass die insoweit behauptete Substitution der Mitwirkung des eigenen VN hinkt. Während durch die dem Dritten von Gesetzes wegen auferlegte Anzeigeobliegenheiten nach § 119 Abs. 1, 2 VVG der HaftpflichtVR so informiert werden soll, als würde der VN die ihm kraft VV auferlegte Obliegenheit erfüllen, ist das bei § 119 Abs. 3 VVG von vorneherein anders. Dem **geschädigten Dritten** wird eine **Obliegenheit** auferlegt, die der **VN selbst niemals** erfüllen könnte. Nur der geschädigte Dritte kann nämlich **Belege über die Werkstattrechnung** der von ihm veranlassten Reparatur vorlegen oder **Auskünfte zur Höhe des Schadens** erteilen, nicht aber der VN. 11

V. Anlehnung an versicherungsrechtliche oder schadenersatzrechtliche Obliegenheiten

Das unklare Konzept der §§ 119, 120 VVG – mag es dafür auch Vorbilder in den Vorgängernormen geben – betrifft nicht nur den **Tatbestand**, sondern setzt sich auf der **Rechtsfolgenseite** fort. Es wäre bei einer privatrechtlichen Norm als Kuriosum einzustufen, wenn ein **Tatbestand ohne Rechtsfolge** bliebe, somit eine **lex imperfecta** vorläge. Nach dem Wortlaut der §§ 119, 120 VVG ist das zum Teil so. Die Anzeigeobliegenheit des § 119 Abs. 1 VVG wird von der Rechtsfolge in § 120 VVG ausdrücklich ausgenommen. Das ist insofern überraschend, als der Tatbestand des § 119 Abs. 1 VVG sich dem Wortlaut nach an § 3 Nr. 7 PflVG orientiert; und dieser hatte eine dem § 120 VVG entsprechende Sanktion vorgesehen (arg: Verpflichtungen), während das nach der insoweit entsprechenden Norm des § 158d Abs. 1 VVG a.F. gerade nicht der Fall war. War die Differenzierung schon nach altem Recht wenig folgerichtig (so auch *Beckmann*, in: Bruck/Möller § 120 Rn 1 f.), wird das bestehende Dilemma durch die wenig durchdachte Zusammenführung der §§ 158d und 158e VVG a.F. sowie § 3 Nr. 7 PflVG a.F. in eine neue Normenkombination (§§ 119, 120 VVG) nicht geringer (beschwichtigend demgüü. *Niederleithinger*, Das neue VVG, A Rn 232: nur die Textform ist neu; a.A. MüKo/*Schneider*, § 119 VVG Rn 8: bewusste Entscheidung des Gesetzgebers; Rn 9: pragmatische Entscheidung, gewiss kein Redaktionsversehen). 12

Der überzeugendste Ausweg aus diesem vom Gesetzgeber hervorgerufenen Wirrwarr besteht darin, einen **Orientierungspunkt** durch die **systematische Einordnung** der dem Dritten auferlegten Obliegenheit zu gewinnen. Diese wurzelt nicht im Privatversicherungsrecht, ist doch der Dritte auch **nicht Vertragspartner** des HaftpflichtVR. Er ist vielmehr **Anspruchsgegner** des HaftpflichtVR, zu dem kein vertragliches, sondern bloß ein **gesetzliches Schuldverhältnis** besteht. Deshalb erscheint es angebracht, die §§ 119, 120 VVG als **Präzisierung** der **bürgerlich-rechtlichen Schadensminderungsobliegenheit** des Geschädigten gem. § 254 Abs. 2 BGB anzusehen (*Beckmann*, in: Bruck/Möller, § 119 Rn 34 f., § 120 Rn 2, 6; Stiefel/Maier/*Jahnke*, Kraftfahrversicherung, § 119 Rn 1; Prölss/Martin/ 13

Knappmann, § 119 Rn 4, 6; MüKo/*Schneider*, § 119 VVG Rn 2; Halm/Kreuter/Schwab/*Kreuter-Lange*, AKB § 119 Rn 2). Auf diese Weise lassen sich Lücken schließen und Wertungswidersprüche nach Möglichkeit vermeiden. Wo im VVG eine ausdrückliche Sanktion fehlt, wie das wegen § 120 S. 1 VVG für § 119 Abs. 1 VVG der Fall ist, kommt eine solche nach § 254 Abs. 2 BGB in Betracht. Die besonderen Wertungen des § 120 VVG werden dabei freilich zu beachten sein.

B. Norminhalt

I. Tatbestand der Anzeigeobliegenheit (§ 119 Abs. 1, 2 VVG)

1. Keine Sanktion bei Kenntnis des gegnerischen Haftpflichtversicherers

14 Die dem geschädigten Dritten gesetzlich auferlegten Benachrichtigungsobliegenheiten der §§ 119 Abs. 1 und 2 VVG sollen den HaftpflichtVR so stellen, als wenn ihn bei gesundem Deckungsverhältnis der eigene VN entsprechend informiert hätte. Erlangt der **HaftpflichtVR auf andere Weise** die **Information**, für die aufgrund der gesetzlichen Obliegenheit der geschädigte Dritte hätte sorgen sollen, bleibt ein Obliegenheitsverstoß des geschädigten Dritten ohne Sanktion, weil die Obliegenheitsverletzung zu **keinem Vermögensnachteil beim HaftpflichtVR** geführt hat (BGH, VersR 2003, 1565: ausreichend selbst Erkennenkönnen durch den Anwalt der Haftpflichtversicherung bei Akteneinsicht; BGH, VersR 2003, 635: Notarkammer; BGH, VersR 1956, 707: Anwalt des VN; Looschelders/Pohlmann/*Schwartze*, § 119 Rn 12). Er konnte ebenso reagieren, als ob ihn der geschädigte Dritte informiert hätte.

2. Voraussetzung: Kenntnis des geschädigten Dritten vom einstandspflichtigen Haftpflichtversicherer oder leichte Ermittelbarkeit

15 Voraussetzung für die den geschädigten Dritten treffende Obliegenheit, dem HaftpflichtVR bestimmte Informationen mitzuteilen, für deren Übermittlung beim gesunden Deckungsverhältnis dessen VN zu sorgen hätte, ist die **Kenntnis** des **geschädigten Dritten** vom **einstandspflichtigen HaftpflichtVR** (MAH-VersR/*Kummer*, § 12 Rn 280). Bei der Kfz-Haftpflichtversicherung wird dem geschädigten Dritten auferlegt, bei Kenntnis des Kennzeichens des Fahrzeugs, mit dem dessen Lenker einen Unfall verschuldet hat oder für das dessen Halter einstandspflichtig ist, die Identität des dort Gemeldeten bei der **Zulassungsbehörde** gem. § 39 Abs. 1 Nr. 4 StVG (OGH, VersR 1960, 264; Prölss/Martin/*Knappmann*, § 119 Rn 5; *Beckmann*, in: Bruck/Möller, § 119 Rn 9) oder über den **Zentralruf der AutoVR** (www.gdv-dienstleister.de/service/zentralruf) ausfindig zu machen.

16 Ist der gegnerische HaftpflichtVR aber **nicht ohne Weiteres zu ermitteln**, auch nicht durch **Nachfrage** bei der **Standesvertretung**, können den geschädigten Dritten keine Nachteile aus der Nichterfüllung der Obliegenheit treffen (KG, VersR 2008, 69: vorangehende vergebliche Nachfrage bei der Rechtsanwaltskammer; VG Hamburg, NJW-RR 2010, 734 = DStR 2011, 383 [*Ruppert*]: Versagung der Auskunft im konkreten Fall, allerdings

mit Hinweis von *Ruppert* auf die am 17.5.2010 in Kraft getretene Dienstleistungs-Informationspflichten-Verordnung und deren § 2 Abs. 1 Nr. 11, wonach jeder Dienstleister, zu denen auch Steuerberater gehören, zur Bekanntgabe seiner Pflichthaftpflichtversicherung verpflichtet sei; diese bereits berücksichtigend und eine Auskunftspflicht bei einem Anwalt daher bejahend BGH NJW 2013, 234 = DStR 2013, 431 [*Weber*]; vgl. aber KG BeckRS 2014, 07545: Verneinung einer solchen generellen Pflicht der Landesjustizverwaltung bzw. der Notarkammer unter Hinweis auf den abweichenden Wortlaut von § 19a Abs. 6 BNotO sowie den Umstand, dass der Notar als Träger eines öffentlichen Amtes kein Dienstleister sei: in concreto Anzeige durch den Notar bei seiner Haftpflichtversicherung, aber Begehren auf Unterlassung der Bekanntgabe der Haftpflichtversicherung durch die Justizverwaltung ggü. dem Dritten; *Beckmann*, in: Bruck/Möller, § 119 Rn 19; § 120 Rn 5; strenger Looschelders/Pohlmann/*Schwartze*, § 119 Rn 4: Erfordernis eines Auskunftsgesuchs nach § 51 Abs. 6 S. 2 BRAO an die zuständige Rechtsanwaltskammer; gegenteilig Rüffer/Halbach/Schimikowski/*Schimikowski*, § 119 Rn 3 f.: Anzeigeobliegenheit nur bei Kenntnis des VR).

Meines Erachtens genügt der Geschädigte seiner Obliegenheit durch eine schlichte Nachfrage; er ist nicht gehalten, die Auskunft auch prozessual durchzusetzen. Es liegt dann schon **keine Obliegenheitsverletzung** vor; es geht nicht erst darum, dass diese **nicht zu vertreten** ist (so aber MüKo/*Schneider*, § 119 VVG Rn 11). Völlig zutreffend weist das KG (KG, VersR 2008, 69) darauf hin, dass bei einem ausreichenden Interesse an einer zeitnahen Information die BerufshaftpflichtVR für eine dem Zentralruf der AutoVR entsprechende **Auskunftsstelle** sorgen sollen. Auch eine generelle Auskunftspflicht der betreffenden Interessenvertretung könnte diesbzgl. Abhilfe schaffen. Wenn der Geschädigte den gegnerischen HaftpflichtVR nicht kennt oder ihn nicht ohne Weiteres ausfindig machen kann, liegt schon **keine Obliegenheitsverletzung** vor (a.A. MAH-VersR/*Schneider*, § 24 Rn 185; *Niederleithinger*, Das neue VVG, A Rn 232). In Anbetracht des Umstands, dass der Dritte schon für **leichte Fahrlässigkeit** einzustehen hat, dem VN bzw. Mitversicherten aber erst **grobe Fahrlässigkeit** zum Nachteil gereicht, der Dritte mit dem VR zudem in keiner Vertragsbeziehung steht, dürfen die **Anforderungen auch nicht überspannt** werden.

17

3. Absendung der Nachricht in Textform

Sowohl die Anzeige, dass ein Anspruch gegen den VN oder HaftpflichtVR hergeleitet wird, als auch die gerichtliche Geltendmachung gegen den VN, sind in **Textform** anzuzeigen. Daraus ergibt sich, dass eine mündliche oder telefonische Bekanntgabe nicht ausreichend ist. Nach der bisherigen Rechtsprechung (BGH, VersR 2003, 635 und 1565; BGH, VersR 1956, 707) führt freilich **jedwede Kenntnis** des HaftpflichtVR dazu, dass aus der unterlassenen Benachrichtigung des geschädigten Dritten diesem keine Nachteile entstehen. Im Ergebnis führt die Nichteinhaltung der gesetzlich vorgeschriebenen Form somit lediglich dazu, dass der VN sich schwerer tun wird, die entsprechende Kenntnis des gegnerischen HaftpflichtVR nachzuweisen.

18

4. Frist und Fristwahrung durch rechtzeitige Absendung

19 Die Anzeige des Schadensereignisses nach § 119 Abs. 1 VVG hat innerhalb von **2 Wochen** zu erfolgen, die der gerichtlichen Geltendmachung nach § 119 Abs. 2 VVG jedoch unverzüglich. Insoweit liegt m.e. eine „kleinliche" Überregulierung vor. Lediglich nach § 119 Abs. 1 VVG genügt für die **Fristwahrung** die **rechtzeitige Absendung**. Bei § 119 Abs. 2 VVG wird eine solche Einschränkung nicht gemacht. Für eine Differenzierung sind aber **keine sachlichen Gesichtspunkte erkennbar**. Erklärbar – wenn auch nicht entschuldbar – dürfte die sachwidrige Differenzierung im Wortlaut daraus sein, dass die Wahrung der Frist durch die rechtzeitige Absendung bloß in § 3 Nr. 7 PflVG a.F. geregelt war; und dort eine gesetzliche Obliegenheit der Anzeige der gerichtlichen Geltendmachung des Anspruchs gegen den VN nicht geregelt worden ist.

20 In der Praxis wird diese **gesetzgeberische Fehlleistung** freilich nicht ins Gewicht fallen, weil der geschädigte Dritte mit der rechtzeitigen Absendung der maßgeblichen Information das tut, was von ihm verlangt werden kann. Es trifft zwar zu, dass durch die rechtzeitige **Absendung** nur die **Frist gewahrt** wird und die Anzeigeobliegenheit erst durch den Zugang der Nachricht erfüllt ist (Römer/Langheid/*Rixecker*/*Langheid*, § 119 Rn 5; Stiefel/Maier/*Jahnke*, Kraftfahrtversicherung, § 119 Rn 8 f.). Jedenfalls wird man dem geschädigten Dritten **kein Verschulden** (§ 120 S. 1 VVG) vorwerfen können, wenn die Nachricht den HaftpflichtVR trotz ordnungsgemäßer Absendung nicht oder verspätet erreicht (MüKo/*Schneider*, § 119 VVG Rn 12).

5. Adressat der Anzeige

21 Die Anzeige hat der Dritte ggü. dem VR zu erklären. Der Versicherungsvertreter ist als **Empfangsbote** des VR anzusehen (*Beckmann*, in: Bruck/Möller, § 119 Rn 20). Ausnahmsweise kann ein **Regulierungsbeauftragter Empfangszuständigkeit** haben (OLG Frankfurt, VersR 1968, 541; so jedenfalls bei einem **Auslandsunfall**, dazu EuGH, NJW 2014, 44 = zfs 2013, 698 [*Diehl*]; a.A. noch LG Saarbrücken, NJW-RR 2011, 968). Der **Versicherungsvermittler** ist regelmäßig nicht zur Entgegennahme der Anzeige befugt (*Beckmann*, in: Bruck/Möller, § 119 Rn 13; MüKo/*Schneider*, § 119 VVG Rn 12).

II. Schadensereignis und Herleitung eines Anspruchs (§ 119 Abs. 1 VVG)

22 Der geschädigte Dritte hat **zwei Wochen nach dem Schadensereignis**, aus dem er einen **Anspruch** gegen den VN oder den HaftpflichtVR **herleiten will**, dieses dem HaftpflichtVR anzuzeigen. Damit folgt die Formulierung dem ähnlich lautenden § 3 Nr. 7 PflVG a.F. und weicht von § 158d Abs. 1 VVG a.F. ab, wo auf die **Geltendmachung ggü. dem VN** abgestellt wurde. Die Problematik des Herleitenwollens wurde in der Literatur schon aufgegriffen. Soll es wirklich auf den **inneren Willen** des Geschädigten ankommen? Dieser wäre für den HaftpflichtVR außerordentlich schwer zu ermitteln. Es wurde deshalb vorgeschlagen, auf die **Kenntnis des Schadensereignisses** abzustellen (*Bringezu*, VersR 1968, 533, 535; *Beckmann*, in: Bruck/Möller, § 119 Rn 8 ff.).

Das entspricht zwar den Interessen des HaftpflichtVR, möglichst früh qua Schadensmanagement an der Geringhaltung des Schadens mitwirken zu können, ist aber durch den Wortlaut keinesfalls gedeckt. Soll etwa auch eine Anzeigeobliegenheit ggü. einem HaftpflichtVR bestehen, wenn zwar ein Schaden eingetreten ist, der Geschädigte sich aber überhaupt noch nicht im Klaren ist, ob der Schaden auf den VN und/oder dessen HaftpflichtVR überwälzbar ist bzw. ob er – aus Beweisgründen – den Anspruch erheben will? 23

Die **Geltendmachung ggü. dem VN** wäre demggü. das besser handhabbare und sachgerechtere Kriterium gewesen. Da sich der Gesetzgeber aber anders entschieden hat, ist nach einer **greifbaren Abgrenzung** zu suchen. Meines Erachtens nach könnte sich der Zeitpunkt anbieten, der im Verjährungsrecht den Fristbeginn gem. § 199 Abs. 1 Nr. 2 BGB auslöst: Dort wird auf die Anspruchsentstehung sowie die **Kenntnis der den Anspruch begründenden Umstände und der Person des Schuldners** abgestellt, wobei grob fahrlässige Unkenntnis der Kenntnis gleich steht (der Sache nach ebenso MüKo/*Schneider*, § 119 VVG Rn 10). Ein Zeitpunkt vor Eintritt des realen Schadens scheidet somit aus. Erst das ist der Zeitpunkt, zu dem der Geschädigte eine (Leistungs-)Klage mit Aussicht auf Erfolg erheben kann. 24

An die **Anzeige** werden **geringe Anforderungen** gestellt. Sie sind bei der Anzeige des Schadensereignisses nach § 119 Abs. 1 VVG jedenfalls erfüllt, wenn es sich um eine Schadensmeldung nach § 115 Abs. 2 S. 3 VVG handelt, die zur Hemmung der Verjährung führt; für die **Schadensanzeige** ist aber **keine Anspruchserhebung** erforderlich (*Beckmann*, in: Bruck/Möller, § 119 Rn 15). Bei einem Unfall mit einem ausländischen Beteiligten ist die Bekanntgabe des Lenkers nicht erforderlich; es genügt die Angabe des Halters (LG Stuttgart, NJW-RR 2015, 1436). 25

III. Gerichtliche Geltendmachung gegen den Versicherungsnehmer (§ 119 Abs. 2 VVG)

1. Änderung gegenüber § 3 Nr. 7 PflVG a.F. – Übernahme von § 158d Abs. 2 VVG a.F.

§ 158d Abs. 2 VVG a.F. regelte den klassischen Fall, dass der Geschädigte ein **rechtskräftiges Urteil** gegen den VN erwirken musste und anschließend den **Deckungsanspruch des VN** gegen dessen HaftpflichtVR gem. § 829 ZPO pfänden und gem. §§ 835 f. ZPO überweisen lassen konnte. Jedenfalls bei krankem Deckungsverhältnis traf den geschädigten Dritten die gesetzliche Obliegenheit, den HaftpflichtVR davon zu informieren. Selbst wenn sich der VN – aus welchen Gründen immer – nicht gegen das erhobene Begehren zur Wehr setzte, konnte der HaftpflichtVR, der dem geschädigten Dritten auch bei krankem Deckungsverhältnis einstandspflichtig war, gem. § 66 ZPO als **Nebenintervenient** in den Haftpflichtprozess zwischen dem geschädigten Dritten und dem VN eintreten. Tat er das trotz Kenntnis nicht, wurde er so behandelt, als hätte er mitgewirkt. 26

Nach § 3 Nr. 7 PflVG a.F. hielt man eine Benachrichtigung des HaftpflichtVR von der gerichtlichen Geltendmachung eines Anspruchs des Geschädigten gegen den VN für ent- 27 behrlich, weil der geschädigte Dritte ein ggü. dem VN erwirktes **stattgebendes Urteil** wegen § 3 Nr. 8 PflVG a.f. **nicht gegen den HaftpflichtVR** durchsetzen konnte (Prölss/Martin/*Knappmann*, § 3 Nr. 7 PflVG Rn 2; BK/*Hübsch*, § 158d Rn 9; Stiefel/Maier/*Jahnke*, Kraftfahrtversicherung, § 119 Rn 1). An dieser eingeschränkten Rechtskrafterstreckung hat sich nichts geändert. § 124 Abs. 2 VVG entspricht § 3 Nr. 8 PflVG a.F. Gerade dieses Argument hätte man freilich auch bei konventioneller Erhebung des Anspruchs ins Feld führen können. Ohne Kenntnis des HaftpflichtVR vom Haftpflichtprozess zwischen geschädigtem Dritten und VN sowie dem darin ergangenen Urteil musste der HaftpflichtVR bei Pfändung und Überweisung des Deckungsanspruchs den ggü. dem VN festgestellten Haftpflichtanspruch nicht gegen sich gelten lassen.

28   Der Unterschied liegt freilich darin, dass nach dem Wortlaut von § 124 Abs. 1 u. 2 VVG der HaftpflichtVR **ein gegen den VN ergangenes stattgebendes Urteil keinesfalls** gegen sich gelten lassen muss, selbst wenn er von dem anhängigen Haftpflichtprozess des Geschädigten gegen seinen VN gewusst und dem VN einen von ihm nominierten Anwalt beigestellt hat. Diese **Rechtsfolge** ist **wenig angemessen**. Ob die Rechtsprechung insoweit eine **teleologische Reduktion** vornehmen oder die Berufung des HaftpflichtVR darauf als treuwidrig (§ 242 BGB) ansehen wird, bleibt abzuwarten (für eine Bindung des HaftpflichtVR bei Führung des Haftpflichtprozesses für den VN durch den HaftpflichtVR Stiefel/Maier/*Jahnke*, Kraftfahrtversicherung, § 119 Rn 13 ff.).

29   Die Zusammenführung dieser beiden Arten der Anspruchsdurchsetzung in ein Normengefüge hat bewirkt, dass der **Wortlaut** des § 119 Abs. 2 VVG nicht mehr danach unterscheidet, ob es sich um einen Anspruch handelt, der gegen den HaftpflichtVR nur über den Umweg eines **rechtskräftigen Leistungsurteils** mit anschließender **Pfändung** und **Überweisung des Deckungsanspruchs** oder im Wege der **Direktklage** (für eine Gleichbehandlung schon nach altem Recht unter Verweisung auf § 254 BGB *Johannsen*, in: Bruck/Möller, V/1 B 27) durchsetzbar ist. In jedem Fall, auch bei der Möglichkeit einer Direktklage gem. § 115 VVG, hat der geschädigte Dritte den HaftpflichtVR zu informieren. Insoweit ist eine **Verschärfung der Anforderungen an den geschädigten Dritten** eingetreten.

30   Ohne Verständigung des HaftpflichtVR mögen die Chancen des geschädigten Dritten höher liegen, den Anspruch gegen den – womöglich unvertretenen – VN, den Schädiger, durchzusetzen, in vielen Fällen im Wege eines **Versäumnisurteils**. Der Geschädigte riskiert dann aber einerseits, dass er bei Zahlungsunfähigkeit des VN die entstandenen **Prozesskosten** nicht überwälzen kann und er sich andererseits bei der Durchsetzung des Anspruchs gegen den HaftpflichtVR nicht auf das **rechtskräftige Urteil** gegen den VN berufen kann (*Höher*, NZV 2012, 457, 461).

31   Wenn dem geschädigten Dritten ein **Direktanspruch** gem. § 115 Abs. 1 VVG zusteht, kann er nach dem Wortlaut des § 124 VVG aber auch durch eine Benachrichtigung des HaftpflichtVR keine Bindungswirkung des stattgebenden Urteils gegen den VN oder Mitversicherten bewirken. Bei Möglichkeit eines Direktanspruchs des Geschädigten gegen den HaftpflichtVR (vgl. § 124 Abs. 3 VVG) vermag die Benachrichtigung des HaftpflichtVR von der gerichtlichen Geltendmachung des Anspruchs durch den Geschädigten

gegen den VN weder dem **Geschädigten** einen **Vorteil** bescheren noch dem **Haftpflichtversicherer** eine **Last** auferlegen. Sollte man sich daher nicht zu einer teleologischen Reduktion des § 124 Abs. 2 VVG durchringen, also den HaftpflichtVR nur bei dessen unterlassener Verständigung vom Haftpflichtprozess zwischen Geschädigtem und VN nicht binden wollen, was sachgerecht wäre, wäre als letzter Ausweg zu erwägen, eine Anzeigeobliegenheit nach § 119 Abs. 2 VVG auf die Fälle zu beschränken, in denen dem Geschädigten keine Direktklage zusteht, somit die Rechtslage wieder herzustellen, wie sie aufgrund des unterschiedlichen Wortlauts von § 158d Abs. 2 VVG a.F. und § 3 Nr. 7 PflVG a.F. bestand. Der nunmehrige Wortlaut des § 119 Abs. 2 VVG bietet dafür freilich nicht den geringsten Anhaltspunkt.

2. Sachliche Anforderungen an die Anzeige

Der Geschädigte genügt seiner Anzeigeobliegenheit in vollkommener Weise, wenn er dem gegnerischen HaftpflichtVR das **Datum** der eingereichten **Klage** sowie das **angerufene Gericht** mitteilt (OGH, VersR 1972, 844; BK/*Hübsch*, § 158d Rn 16), das **Aktenzeichen** (*Beckmann*, in: Bruck/Möller, § 119 Rn 22) bzw. eine **Abschrift** der **Klage** gegen den VN (Römer/Langheid/*Rixecker/Langheid*, § 119 Rn 6) zukommen lässt. Die Rechtsprechung hat sich aber auch mit **geringeren Anforderungen** zufrieden gegeben, weil es sich ohnehin um eine ungewöhnliche und daher nicht ausdehnbare Norm handle (BGH, VersR 1959, 256; Prölss/Martin/*Knappmann*, § 119 Rn 10): 32

Die Bekanntgabe des **beklagten Lenkers** und des **Datums** der **Klageerhebung** genügt (OLG Hamm, VersR 1988, 1172). Wenn **Vergleichsverhandlungen** zwischen dem Geschädigten und dem HaftpflichtVR vorausgegangen sind, wurde der Hinweis, dass wegen des Scheiterns nun eine Klage gegen den VN eingebracht oder das Verfahren gegen diesen fortgeführt werde, auch dann als **ausreichend** angesehen, wenn das **Gericht nicht genannt** wurde (OLG Braunschweig, VersR 1966, 969). Sogar die übermittelte Äußerung der Anwälte, dass diese beauftragt worden seien, die **erforderlichen Schritte einzuleiten** und diesem Auftrag nachgekommen seien, wurde als genügend qualifiziert, selbst wenn daraus nicht ersichtlich war, wer (Halter oder Lenker oder beide) in welcher Höhe verklagt wurde (OLG Frankfurt am Main, VersR 1968, 541). Bei Zweifeln sei es Angelegenheit des HaftpflichtVR, eine Klärung durch Nachfrage herbeizuführen (OLG Braunschweig, VersR 1966, 969; OLG Frankfurt, VersR 1968, 541; Prölss/Martin/*Knappmann*, § 119 Rn 10; *Beckmann*, in: Bruck/Möller, § 119 Rn 22; MüKo/*Schneider*, § 119 VVG Rn 16). Insoweit besteht eine Parallele zur **Schadensanzeige** nach § 119 Abs. 1 VVG und zur **Schadensmeldung** gem. § 115 Abs. 2 S. 3 VVG, für die ebenfalls nur geringe Anforderungen gestellt werden (dazu § 115 Rdn 47 f.). 33

Den Geschädigten trifft keine Obliegenheit, den HaftpflichtVR über das **Aktenzeichen**, anberaumte **Termine** oder den **Stand** bzw. **Ausgang** des Verfahrens in Kenntnis zu setzen (BGH, VersR 1959, 256; OLG Braunschweig, VersR 1966, 969; OLG Hamm, VersR 1988, 1172; OGH, VersR 1971, 1136; OGH, VersR 1972, 844). Nur ausnahmsweise bestehen über die Mitteilung der Klageeinreichung gegen den VN hinaus weiter reichende Obliegen- 34 heiten. Obiter dictum wurde ausgesprochen, dass sich **ausnahmsweise** aus **Treu und Glauben** (§ 242 BGB) eine weitergehende Obliegenheit zur Benachrichtigung ergeben könne, wenn während laufender Verhandlungen mit dem HaftpflichtVR (BGH, VersR 1959, 256; Römer/Langheid/*Rixecker/Langheid*, § 119 Rn 6; Prölss/Martin/*Knappmann*, § 119 Rn 10; BK/*Hübsch*, § 158d Rn 16, 18) oder nach einer Ruhensvereinbarung (OGH, VersR 1971, 1136; OGH, VersR 1981, 146) das Verfahren gegen den VN fortgeführt werde. Keine solche Obliegenheit besteht, wenn der VR zuvor Schadenersatzansprüche des Dritten abgelehnt hat (*Beckmann*, in: Bruck/Möller, § 119 Rn 25). Mitunter wird verlangt, dass dies „ernsthaft und endgültig" sein müsse (*Beckmann*, in: Bruck/Möller, § 119 Rn 38); meines Erachtens genügt eine schlichte Ablehnung; immerhin muss ein VR wissen, was er tut.

3. Dauer: unverzüglich – Abstufung nach dem Verschulden

35 Anders als nach § 119 Abs. 1 VVG wird nicht eine präzise Frist – dort nach zwei Wochen – bestimmt, sondern der Geschädigte hat dem HaftpflichtVR die **gerichtliche Geltendmachung unverzüglich** bekannt zu geben. Damit ist schon bei der Bemessung der Frist das **Verschuldenselement** integriert, bedeutet doch unverzüglich **ohne schuldhaftes Zögern** (Prölss/Martin/*Knappmann*, § 120 Rn 9). Zuzugestehen ist dem Kläger, rechtskundigen Rat einzuholen (*Beckmann*, in: Bruck/Möller, § 119 Rn 19).

4. Gerichtliche Geltendmachung als Auslöser für den Lauf der Frist

36 Anzuzeigen hat der geschädigte Dritte die **gerichtliche Geltendmachung gegen den VN**. Damit ist nicht bloß die **Einreichung** einer **Klage** gemeint, wobei es auf den Zeitpunkt der Rechtshängigkeit, somit der Zustellung an den Beklagten ankommt, weil bis zu diesem Zeitpunkt der Kläger die Klage zurückziehen kann, ohne dass der VN oder Mitversicherte davon etwas erfährt (MüKo/*Schneider*, § 119 VVG Rn 14; *Beckmann*, in: Bruck/Möller, § 119 Rn 18). Im Zweifel sind davon alle Maßnahmen erfasst, die gem. § 204 Abs. 1 BGB zu einer Hemmung der Verjährung führen (*Beckmann*, in: Bruck/Möller, § 119 Rn 17). Wenn die gesetzliche Anzeigeobliegenheit des Geschädigten die vertragliche des VN bei gesundem Deckungsverhältnis gem. § 104 Abs. 2 VVG substituieren soll, ist insoweit ein **Gleichlauf** zu § 104 Abs. 2 S. 1 VVG herzustellen, der den **Prozesskostenhilfeantrag** sowie die **Streitverkündung** ausdrücklich erwähnt (a.A. *Beckmann*, in: Bruck/Möller, § 119 Rn 167; MüKo/*Schneider*, § 119 VVG Rn 14). Entsprechendes gilt für die **Geltendmachung eines Schadensersatzanspruchs im strafrechtlichen Adhäsionsverfahren als Nebenkläger** gem. §§ 403 ff. StPO (Feyock/Jacobsen/Lemor/*Jacobsen*, § 119 Rn 5; OGH, SZ 47/107: in Österreich als Privatbeteiligung bezeichnet).

37 Betont wird, dass die **Absicht**, gerichtliche Schritte zu unternehmen, die Frist zur unverzüglichen Anzeige noch nicht auslöst (OGH, VersR 1960, 935; OGH, VersR 1972, 844; BK/*Hübsch*, § 158d Rn 15). Auch nicht der **Zugang** der Klage bei **Gericht** sei maßgeblich, sondern erst die **Zustellung** an den VN gem. § 253 Abs. 1 ZPO (BGH, VersR 1956, 707; BK/*Hübsch*, § 158d Rn 16). Letzteres kann der Geschädigte aber nicht erkennen.

Zutreffender Weise wurde es daher als ausreichend angesehen, wenn der Geschädigte den HaftpflichtVR einen Tag vor Einreichung der Klage bei Gericht informiert hat. Entsprechend dem Normzweck konnte sich der HaftpflichtVR dann umso eher auf das Verfahren einstellen und war vor Überraschungen geschützt (OLG Frankfurt, VersR 1968, 541). Dass der Geschädigte die gerichtliche Geltendmachung **nach Einbringung der Klage**, genauer ab **Zustellung** der Klage **an den Beklagten** anzuzeigen hat, hat zur Folge, dass der HaftpflichtVR die für die Einleitung des Verfahrens erforderlichen Gerichts- und Anwaltskosten zu tragen hat (OGH, VersSlg 127; BK/*Hübsch*, § 158e Rn 11).

IV. Auskunftsverlangen des Haftpflichtversicherers (§ 119 Abs. 3 VVG)

1. Entstehen des Anspruchs mit Verlangen

§ 119 Abs. 3 VVG stellt eine Entsprechung zu der dem VN in § 31 Abs. 1 VVG auferlegten Auskunftsobliegenheit dar. Der Anspruch auf Auskunft sowie auf Vorlage von Belegen entsteht nur **auf Verlangen** des HaftpflichtVR. Der geschädigte Dritte muss somit nicht von sich aus tätig werden (Römer/Langheid/*Rixecker/Langheid*, § 119 Rn 7; Prölss/Martin/*Knappmann*, § 119 Rn 12). Von dieser Obliegenheit nicht umfasst ist es, **Ärzte von ihrer Schweigepflicht zu entbinden** und sich für eine Untersuchung durch einen vom VR betrauten Arzt zur Verfügung zu stellen (OLG Stuttgart, NJW 1958, 2122; *Beckmann*, in: Bruck/Möller, § 119 Rn 29); auch besteht keine Obliegenheit zur Vorlage eines Vorerkrankungsverzeichnisses (OLG Düsseldorf, NJW-RR 2013, 1440 = zfs 2014, 85 [*Diehl*]: Fehlverarbeitung eines HWS-Syndroms durch eine Gymnasiallehrerin). Unter Berufung auf den Wortlaut des § 119 Abs. 3 VVG wird ein (Nach-)Besichtigungsrecht des VR am beschädigten bzw. reparierten Fahrzeug verneint (generell ablehnend *Dötsch*, zfs 2013, 63), allerdings unter Berufung auf § 809 BGB meines Erachtens zu Recht bejaht (*Beckmann*, in: Bruck/Möller, § 119 Rn 29; *Jaeger*, VersR 2011, 50, 51; ähnlich *Böhm/Nugel*, DAR 2011, 666, 668).

Es sind meines Erachtens keine schützenswerten Interessen des geschädigten Dritten erkennbar, dem VR insoweit einen Augenschein zu verweigern; die Ersetzungsbefugnis des § 249 Abs. 2 S. 1 BGB hat damit nichts zu tun (a.A. *Jaeger*, VersR 2011, 50). Zudem muss der geschädigte Dritte Auskunft geben über Vorunfälle sowie anderweit bestehenden Versicherungsschutz (MüKo/*Schneider*, § 119 VVG Rn 19). Eine entsprechende Anfrage ist auch in der Übersendung eines Schadensanzeigeformulars zu sehen (*Beckmann*, in: Bruck/Möller, § 119 Rn 27). Nicht nur den unmittelbar Geschädigten, sondern auch dessen Rechtsnachfolger, namentlich einen Sozialversicherungsträger, kann eine solche Obliegenheit treffen (OLG Köln VersR 2012, 79 [*Mergner*]; *Beckmann*, in: Bruck/Möller, § 119 Rn 26; *Lang*, jurisPR-VerkR 14/2010 Anm. 2). Freilich sind Kosten, die mit der Übersendung von Belegen (auch die Herstellung von Kopien) verbunden sind, vom VR zu ersetzen; dem Geschädigten steht insoweit ein Anspruch auf eine **Erklärung der Kostenübernahme** (OLG Köln VersR 2012, 79 [*Mergner*]: Minus ggü. einem Vorschuss; dazu *Dahm*, WzS 2011, 119 f. mit dem zutreffenden Hinweis, dass sich solche Kosten bei einem Sozialversicherungsträger häufen) oder ein Vorschuss (*Jaeger*, VersR 2011, 50, 51) zu. Dass dadurch das Prüfungsrecht des Kfz-HaftpflichtVR leer laufe (so *Mergner*, VersR 2012, 81, 82), ist nicht zutreffend.

2. Ort und Art der Vorlage von Belegen

40 Der Geschädigte kann sich damit begnügen, **Kopien** von Belegen vorzulegen (OLG Bremen, NJW-RR 1990, 1181; Prölss/Martin/*Knappmann*, § 119 Rn 12); er muss **nicht** die **Originale** aus der Hand geben. Er kann aber auch nicht darauf bestehen, dass der HaftpflichtVR diese beim Geschädigten oder dessen Anwalt einsieht, der dafür womöglich auch noch eine Besprechungsgebühr in Rechnung stellt (LG Köln, VersR 1963, 763). Damit der HaftpflichtVR nicht seinen Stab an Außendienstmitarbeitern aufstocken muss, was nach § 811 Abs. 1 S. 2 BGB als wichtiger Grund für die Einsichtnahme am Geschäftssitz des HaftpflichtVR anzusehen ist, kann der HaftpflichtVR die **Versendung** der **Belege** an ihn verlangen (LG Berlin, VersR 1963, 275). Sowohl für die Kopier- als auch die Versandkosten muss der HaftpflichtVR aber aufkommen (Prölss/Martin/*Knappmann*, § 119 Rn 12; BK/*Hübsch*, § 158d Rn 31; OLG Köln VersR 2012, 79 [*Mergner*]: 50 Cent pro Kopie, wobei *Mergner* zutreffend anmerkt, dass das auch die Arbeitskraftkosten beinhalte, die nicht überwälzbar seien, was zwar der BGH-Rechtsprechung entspricht, aber m.E. unzutreffend ist).

3. Vorlage von Belegen, soweit „billigerweise zumutbar"

41 Die Formulierung „*billigerweise zugemutet*" wurde von § 158d Abs. 3 S. 2 VVG a.F. wortwörtlich übernommen. Es handelt sich dabei um eine **unnötige sprachliche Dopplung**. Der Begriff Zumutbarkeit enthält schon eine normative Komponente. Diese wird durch die Hinzufügung des Attributs „billigerweise" noch verstärkt, ohne dass sich dadurch inhaltlich etwas ändert.

4. Keine Korrektur haftungsrechtlicher Vorgaben

42 Unter Berufung auf LG Bochum, NJW-RR 1990, 859 wird in der Kommentarliteratur (Looschelders/Pohlmann/*Schwartze*, § 119 Rn 9; Prölss/Martin/*Knappmann*, § 119 Rn 12) darauf hingewiesen, dass den Geschädigten die Obliegenheit treffe, die **Rechnung** der **Werkstätte** nach durchgeführter Reparatur vorzulegen. Daran hat der HaftpflichtVR deshalb ein besonderes Interesse, weil die daraus ersichtlichen Aufwendungen häufig unter der Sachverständigenschätzung liegen. Diese geht von einer **Reparatur de luxe in einer Markenwerkstatt** aus, während der Geschädigte häufig in der Lage ist, billiger reparieren zu lassen.

43 Zu beachten ist indes, dass der VI. Senat des BGH (BGH NJW 1989, 3009) dem Geschädigten das Recht eingeräumt hat, durch **bloße Vorlage** des **Sachverständigengutachtens** abzurechnen, sofern der Ersatzpflichtige nicht substanziierte Zweifel gegen die Richtigkeit der Sachverständigenschätzung vorbringt. Erst dann ist es Sache des Geschädigten, diese durch Vorlage der Rechnung auszuräumen. Wäre dem Ersatzpflichtigen ein Abgleich zwi-

schen Sachverständigenschätzung und Reparaturrechnung möglich, wäre er dazu viel eher in der Lage. Auch wenn die Problematik der Vorlage der Reparaturrechnung mittlerweile jedenfalls für nicht vorsteuerabzugsberechtigte Geschädigte entschärft ist, weil der Geschädigte wegen § 249 Abs. 2 S. 2 BGB die **USt.** nur noch bei **Vorlage** der **Rechnung** erhält, ist – auch für andere Konstellationen – zu beachten, dass die für die Haftpflichtfrage getroffene Wertentscheidung nicht durch das **Privatversicherungsrecht konterkariert** werden darf (*Beckmann*, in: Bruck/Möller, § 119 Rn 32; MüKo/*Schneider*, § 119 VVG Rn 21), mag einem das Judiz in der Haftpflichtfrage gefallen oder auch nicht (zur Korrektur von BGH, NJW 1989, 3009 durch richterliche Anordnung im Zivilprozess gem. § 142 ZPO *Greger*, NZV 2002, 1477). Evident bedeutsame Tatsachen sollen dem VR vom Dritten auch ohne ausdrückliche Nachfrage mitzuteilen sein (*Beckmann*, in: Bruck/Möller, § 119 Rn 28; MüKo/*Schneider*, § 119 VVG Rn 18), was sich freilich aus dem Wortlaut des § 119 Abs. 3 VVG keinesfalls ergibt.

C. Rechtsfolgen (§ 120 VVG)

I. Änderung der Rechtslage gegenüber § 158e Abs. 1 S. 2 VVG a.F. – Erstreckung auf die gerichtliche Geltendmachung

Bei einem schuldhaften Verstoß gegen die Obliegenheit zur **Anzeige der gerichtlichen Geltendmachung** des Anspruchs des Geschädigten gegen den VN sowie der schuldhaften **Verweigerung der Auskunft bzw. Vorlage von Belegen** verliert der Geschädigte gem. § 120 VVG nicht seinen Schadensersatzanspruch; vielmehr wird sein Ersatzanspruch darauf beschränkt, wie der HaftpflichtVR bei **ordnungsgemäßer Erfüllung** der **Obliegenheit** stünde (BGH, VersR 1975, 279; OLG Saarbrücken, VersR 1976, 553; Prölss/Martin/*Knappmann*, § 120 Rn 2; Stiefel/Maier/*Jahnke*, Kraftfahrtversicherung, § 120 Rn 2; Römer/Langheid/*Rixecker/Langheid*, § 120 Rn 3). Dazu kommt, dass § 120 VVG diese Einschränkung davon abhängig macht, dass der HaftpflichtVR den Dritten auf diese Folge **ausdrücklich hingewiesen** hat. Während nach § 3 Nr. 7 PflVG a.F. die gerichtliche Geltendmachung ggü. dem VN gar nicht anzuzeigen war, ordnete § 158e Abs. 1 S. 1 VVG a.F. diese Rechtsfolge ohne eine solche Rechtsfolgenaufklärung an. 44

Daraus ergibt sich für den HaftpflichtVR folgendes **Reaktionsgebot**: Sobald er von dem **Versicherungsfall** Kenntnis erlangt, sei es vom geschädigten Dritten oder vom eigenen VN, muss er den geschädigten Dritten wie folgt aufklären, wobei er folgende Formulierung wählen könnte: 45

> **Beispiel**
> „Für den Fall, dass Sie den Schädiger gerichtlich belangen wollen, teilen wir Ihnen mit, dass wir als PflichthaftpflichtVR diesem Versicherungsschutz zu gewähren haben. Sollten Sie uns die erfolgte gerichtliche Geltendmachung Ihres Anspruchs gegen den Schädiger nicht unverzüglich mindestens per Textform mitteilen, beschränkt sich unsere Haftung auf den Betrag, den wir bei rechtzeitiger Mitteilung zu zahlen gehabt hätten. Entsprechendes gilt, wenn wir von Ihnen Auskünfte oder die Vorlage von Belegen, deren Beschaffung Ihnen billigerweise zugemutet werden kann, verlangen."

46 Beim Auskunftsverlangen und der Vorlage von Belegen hat sich der Geschädigte womöglich noch nicht zur Anspruchsverfolgung entschlossen. Im Zuge der Schadensregulierung kann der HaftpflichtVR diese Aufklärung einfließen lassen. Bei der **gerichtlichen Geltendmachung** ist das indes **anders**; bei dieser muss er **initiativ** werden. Einerseits muss der HaftpflichtVR den geschädigten Dritten klar und deutlich aufklären, um die intendierte Haftungseinschränkung zu bewirken; andererseits muss das Schreiben – vor dem Zeitpunkt der gerichtlichen Geltendmachung – so formuliert sein, dass der Geschädigte nicht erst auf den Gedanken gebracht wird, gerichtliche Schritte einzuleiten.

II. Beschränkung der Sanktionierung der Ansprüche nach §§ 115 und 117 VVG

47 Nach dem Wortlaut des § 120 VVG gilt die Haftungsbeschränkung bei den Ansprüchen gem. §§ 115 und 117 VVG. Die sorgfältige Lektüre dieser Normen ergibt, dass es sich um den **Direktanspruch** gem. § 115 VVG handelt, mag es sich um ein gesundes oder krankes Deckungsverhältnis handeln. Darüber hinaus ist bei Fehlen eines Direktanspruchs lediglich § 117 VVG einbezogen, in dem freilich **ausschließlich** das **kranke Deckungsverhältnis** geregelt ist. Soll das bedeuten, dass die entsprechenden Anordnungen bei einem gesunden Deckungsverhältnis nicht gelten sollen?

48 Insofern wird man von einem **Redaktionsversehen** auszugehen haben (a.A. MüKo/*Schneider*, § 119 VVG Rn 9). Die Pflichthaftpflichtversicherung war ursprünglich so konzipiert, dass dem geschädigten Dritten in jedem Fall ein Direktanspruch zustehen sollte. Erst auf Betreiben der Versicherungswirtschaft wurde dies im letzten Moment zurückgenommen und die gesetzgeberischen Pannen erst kurz vor Inkrafttreten des Gesetzes notdürftig saniert. Dabei wurde übersehen, dass den **geschädigten Dritten** – nach dem Wortlaut des § 119 Abs. 2 VVG und 3 – **auch bei einem gesunden Deckungsverhältnis Obliegenheiten** treffen. Dazu kommt, dass der geschädigte Dritte weder bei der gerichtlichen Geltendmachung noch bei der Vorlage von Belegen bzw. bei der Erteilung von Auskünften erkennen kann, ob das Deckungsverhältnis gesund oder krank ist. Seine Verhaltensweisen je nach dem Innenverhältnis zwischen VN und HaftpflichtVR unterschiedlich zu sanktionieren, würde kaum einleuchten. Die Rechtsfolgen des § 120 VVG gelten daher auch bei einem **gesunden Deckungsverhältnis** in den Fällen, in denen ein **Direktanspruch** gegen den HaftpflichtVR **nicht** in Betracht kommt (Feyock/Jacobsen/Lemor/*Jacobsen*, § 119 Rn 2; a.A. Looschelders/Pohlmann/*Schwartze*, § 120 Rn 1 mit dem Argument, dass in solchen Fällen eine Obliegenheit des VN bestehe; ob es sich um ein gesundes oder krankes Deckungsverhältnis handelt, ist für den Dritten aber gerade nicht erkennbar).

III. Einschränkungen der im VVG angeordneten Sanktionen

1. Schuldhafte Obliegenheitsverletzung

49 § 120 VVG betont, dass die angeordnete Haftungseinschränkung des HaftpflichtVR nur in Betracht kommt, wenn der geschädigte Dritte seinen Obliegenheiten nach § 119 Abs. 2, 3

VVG **schuldhaft** nicht nachkommt. Das ist überwiegend von **klarstellender Bedeutung**, ist doch das Verschuldenselement auch schon in den jeweiligen Tatbeständen angelegt. Ein Verstoß gegen die Obliegenheit zur unverzüglichen Benachrichtigung von der gerichtlichen Geltendmachung setzt **schuldhaftes Zögern** (§ 121 Abs. 1 BGB), somit Verschulden voraus. Beim Verstoß gegen die **billigerweise zumutbare** Vorlage von Belegen wird es sich ähnlich verhalten (a.A. Prölss/Martin/*Knappmann*, § 120 Rn 8; BK/*Hübsch*, § 158e Rn 7, wonach es nach § 158d Abs. 3 VVG a.F. anders als nach § 3 Nr. 7 S. 2 PflVG a.F. nur auf die Verursachung ankam). Für die **Auskunftserteilung** hat aber der Hinweis des Verschuldens entscheidende normative Bedeutung, mag auch kaum ein Fall denkbar sein, in dem bei einer Untätigkeit des VN nach Aufforderung und Aufklärung über die Rechtsfolgen der Unterlassung durch den HaftpflichtVR dessen Verschulden fehlen wird.

Die gesetzliche Obliegenheit des geschädigten Dritten soll die den VN bei gesundem Deckungsverhältnis treffende vertragliche Obliegenheit substituieren. Beim **VN** ist aber eine Sanktion erst bei **grober Fahrlässigkeit** vorgesehen (*Beckmann*, in: Bruck/Möller, § 120 Rn 9). Beim **Dritten** genügt indes jedes Verschulden, somit auch **leichte Fahrlässigkeit**. Dass der Dritte, der ja kein Vertragspartner des HaftpflichtVR ist, nicht härter angefasst werden soll als der VN, spricht dafür, entweder auch bei ihm **grobe Fahrlässigkeit** zu verlangen oder wenigstens an die **leichte Fahrlässigkeit einen sehr strengen Maßstab** anzulegen (krit. auch *Wandt*, Versicherungsrecht Rn 1093: bemerkenswert; a.A. Looschelders/Pohlmann/*Schwartze*, § 120 Rn 5 unter Hinweis darauf, dass das vom Gesetzgeber entsprechend hätte geregelt werden müssen).

2. Anforderungen an den vorangehenden ausdrücklichen Hinweis in Textform

Die Aufklärung über die drohenden Rechtsfolgen bei Unterlassung der gebotenen Maßnahmen muss so erfolgen, dass der Dritte sie rechtzeitig ergreifen kann. Wenn der Gesetzgeber einen **ausdrücklichen** Hinweis verlangt, dann geht es nicht nur um eine Abgrenzung zu einer **konkludenten Erklärung**. Vielmehr muss die Rechtsfolge für den Dritten **ausreichend klar** beschrieben sein (Römer/Langheid/*Rixecker/Langheid*, § 120 Rn 7) und diese vom **Text abgehoben** (Prölss/Martin/*Knappmann*, § 120 Rn 11), wenn auch **nicht notwendigerweise räumlich getrennt** sein (BK/*Hübsch*, § 158e Rn 17; für das Erfordernis einer optischen Hervorhebung Feyock/Jacobsen/Lemor/*Jacobsen*, § 120 Rn 2). Wie nach § 158d Abs. 1 S. 2 VVG a.F. genügt eine Übermittlung in **Textform**. *Schneider* (MAH-VersR/ *Schneider*, § 24 Rn 187a) vertritt darüber hinaus die Ansicht, dass der Verweis des § 120 VVG auf § 119 Abs. 2 VVG auf einem Redaktionsversehen des Gesetzgeber beruhe, weil eine vorausgehende Belehrungsobliegenheit dann nicht bestehe, wenn der VR darauf nicht hinweisen könne (ebenso MüKo/*Schneider*, § 120 VVG Rn 6 f.; *Höher*, NZV 2012, 457, 462). Jedenfalls für den Fall, dass der geschädigte Dritte den Anspruch zunächst außergerichtlich angemeldet hat, wie dies der Regelfall sein wird, trifft das freilich nicht zu (so im Ergebnis auch *Wandt*, Versicherungsrecht Rn 1092).

3. Keine Sanktionierung einer Obliegenheitsverletzung nach § 119 Abs. 1 VVG

52 Wie § 158e Abs. 1 VVG a.F. nimmt § 120 VVG eine Obliegenheitsverletzung nach § 119 Abs. 1 VVG von der dort verhängten Sanktion aus. Keinesfalls führt ein Obliegenheitsverstoß zu einem **Anspruchsverlust** (*Beckmann*, in: Bruck/Möller, § 119 Rn 34; *Kummer*, in: FS Müller, 2009, S. 437, 443). Manche beruhigen sich damit, dass immerhin eine Sanktion nach § 118 Abs. 2 VVG (§ 156 Abs. 3 S. 2 VVG a.F.) in Betracht komme (Römer/Langheid/*Rixecker/Langheid*, § 119 Rn 8; Prölss/Martin/*Knappmann*, § 119 Rn 6). Erwägenswert könnte eine Einbettung von § 119 Abs. 1 VVG in die Systematik des § 254 Abs. 2 BGB sein (*Bringezu*, VersR 1968, 533; *Beckmann*, in: Bruck/Möller, § 119 Rn 35; Römer/Langheid/*Rixecker/Langheid*, § 119 Rn 8; *Kummer*, in: FS Müller, 2009, S. 437, 443; Looschelders/Pohlmann/*Schwartze*, § 119 Rn 14: lediglich bei einem Direktanspruch). Gute Gründe sprechen allerdings für eine **lex imperfecta** (*Wandt*, Versicherungsrecht Rn 1121; *Kummer*, in: FS Müller, 2009, S. 437, 444).

53 Die Verletzung muss **schuldhaft** erfolgen. Wenn dem Geschädigten der HaftpflichtVR nicht bekannt ist und er sich um dessen Erkundung nicht sogleich kümmert, wird man das nicht als Verschulden qualifizieren und den Ersatzanspruch wegen zusätzlich anfallender Mietkosten und eines höheren Streitwerts nicht kürzen dürfen (**a.A.** LG Berlin, VersR 1955, 52; *Bringezu*, VersR 1968, 533, 537). Mitunter wird § 119 Abs. 1 VVG als **„sprichwörtlicher Papiertiger"** bezeichnet (MAH-VersR/*Kummer*, § 12 Rn 299; ähnlich für § 119 VVG insgesamt Halm/Kreuter/Schwab/*Kreuter-Lange*, AKB § 119 Rn 4: Jedenfalls in der Kfz-Haftpflichtversicherung meldet sich der Geschädigte unmittelbar beim VR; so auch *Höher*, NZV 2012, 457, 461: kaum Fälle, bei denen sich das konkret auswirken würde). Dass nirgendwo Judikatur ausgewiesen ist, spricht für diese Einschätzung.

IV. Reduzierung der Einstandspflicht: wie bei gehöriger Erfüllung der Obliegenheit

54 Die unterlassene Anzeige gerichtlicher Geltendmachung sowie die trotz Aufforderung nicht erteilte Auskunft bzw. Verweigerung der in zumutbarer Weise vorzulegenden Belege bei vorheriger Aufklärung über die damit verbundenen Rechtsfolgen durch den HaftpflichtVR wirken sich bei Verschulden des geschädigten Dritten namentlich in zwei Bereichen aus: bei der **Bindungswirkung** und bei den **Kosten**.

1. Bindungswirkung des Haftpflichtprozesses

55 Kennt der geschädigte Dritte den HaftpflichtVR oder kann er ihn mit zumutbaren Anstrengungen ermitteln (zu bejahen in der Kfz-Haftpflichtversicherung wegen des Zentralrufs der AutoVR oder der Erkundungsmöglichkeit bei der Zulassungsstelle gem. § 39 Abs. 1 Nr. 6 StVG; dazu OGH, VersR 1960, 264; Prölss/Martin/*Knappmann*, § 120 Rn 5; BK/*Hübsch*, § 158d Rn 10; zu verneinen bei einer Berufshaftpflichtversicherung eines Anwalts, wenn nicht einmal die Standesvertretung Auskunft erteilt, dazu KG, VersR 2008, 69; zu der am 17.5.2010 in Kraft getretenen Dienstleistungs-Informationspflichten-Verordnung und deren § 2 Abs. 1 Nr. 11, die bei Erbringung der Dienstleistung zu einer Auskunftspflicht des Dienstleisters führt, oben Rdn 16), führt ein **Unterlassen** der **Verständigung des HaftpflichtVR** von der Einleitung des Haftpflichtprozesses des Geschädigten gegen den VN und einem in der Folge ergangenen rechtskräftigen Urteil dazu, dass der HaftpflichtVR daran **nicht gebunden** ist (Looschelders/Pohlmann/*Schwartze*, § 120 Rn 8). Das bedeutet, dass der HaftpflichtVR bei Pfändung und Überweisung des Deckungsanspruchs sowohl Grund als auch Umfang des Schadensersatzanspruchs bestreiten kann (LG München I, VersR 1988, 233 m. Anm. *Voith*, VersR 1988, 901 und *Späth*, VersR 1989, 354; *Römer/Langheid/Rixecker/Langheid*, § 120 Rn 5).

Ist indes eine solche **Mitteilung erfolgt** oder hat der HaftpflichtVR auf andere Weise davon **Kenntnis erlangt**, kommt es zu einer **Bindung** an das Haftpflichturteil, unabhängig davon, ob sich der HaftpflichtVR in den Prozess einschaltet oder nicht (BGH, VersR 2003, 635 und 1565; BGH, VersR 1959, 256; BGH, VersR 1956, 707; OLG Braunschweig, VersR 1966, 969; OLG Hamm, VersR 1988, 1172; OGH, VersR 1981, 146; Looschelders/Pohlmann/*Schwartze*, § 120 Rn 8; MüKo/*Schneider*, § 120 VVG Rn 13). Der HaftpflichtVR kann sich aber selbst dann noch auf Arglist berufen, wenn er nachweisen kann, dass es sich um einen vorgetäuschten Unfall handelt (OLG Frankfurt, NJW-RR 2014, 1376). Davon abgesehen kann der HaftpflichtVR nur noch **Einwendungen** aus dem **Deckungsverhältnis** erheben, wobei er eine „schlichte" Leistungsfreiheit ggü. dem VN dem geschädigten Dritten nach § 117 VVG gerade nicht entgegenhalten kann. Aber selbst die Einwendung eines **Risikoausschlusses** wegen **Vorsatzes** gem. § 103 VVG befreit ihn von seiner Leistungspflicht nur, wenn die Feststellung vorsätzlichen Verhaltens für die Beurteilung des Haftpflichtanspruchs nicht erforderlich war. Bei einem Schmerzensgeldanspruch wurde das indes bejaht, weil die Bemessung der Höhe davon abhängig war (BGH, NJW 1993, 68; ohne diese Einschränkung zu Unrecht weiter gehend OGH, VersR 1980, 883). Es verbleibt die Einwendung, dass der erhobene Schadensersatzanspruch nicht unter das **versicherte Risiko** fällt (BK/*Hübsch*, § 158e Rn 21). 56

Bei Vorliegen eines **Direktanspruchs** gem. § 115 VVG soll ein vom geschädigten Dritten gegen den VN erwirktes rechtskräftiges Leistungsurteil den HaftpflichtVR wegen der in § 124 VVG **versagten Rechtskrafterstreckung** nicht binden. Es wurde bereits oben darauf hingewiesen, dass dies dann nicht sachgerecht ist, wenn der HaftpflichtVR von der gerichtlichen Geltendmachung des Anspruchs des Dritten gegen den VN informiert wurde und er Gelegenheit hatte, den Anspruch abzuwehren (so auch Stiefel/Maier/*Jahnke*, Kraftfahrtversicherung, § 119 Rn 4). Insoweit besteht wertungsmäßig kein Unterschied, ob ein Direktanspruch nicht besteht oder ein solcher zwar gegeben ist, der geschädigte Dritte aber den Weg über die Verklagung des VN und die anschließende Pfändung und Überweisung des Deckungsanspruchs wählt, was wegen der **10-jährigen** Verjährungsfrist ggü. dem VR und der **30-jährigen** gegen den Schädiger geboten sein kann. 57

2. Auswirkungen auf die Kosten

58 Ist der HaftpflichtVR mangels Verständigung an das vom geschädigten Dritten gegen den VN erwirkte rechtskräftige Urteil im Haftpflichtprozess **nicht gebunden**, muss er auch die **nach** Klagseinbringung **aufgelaufenen Kosten nicht tragen**. Erfolgt die Verständigung verspätet, muss er bis dahin entstandene Kosten nicht tragen (Prölss/Martin/*Knappmann*, § 120 Rn 2). Eine Überwälzung wird nur ausnahmsweise in Betracht kommen, wenn der geschädigte Dritte unter zumutbaren Anstrengungen den HaftpflichtVR nicht ausfindig machen konnte. Oder aber es wird der Nachweis geführt, dass der HaftpflichtVR auch bei rechtzeitiger Anzeige nicht zeitnah gezahlt hätte, sodass die Kosten für die vom geschädigten Dritten gesetzten gerichtlichen Schritte jedenfalls angefallen wären.

59 Wenn der HaftpflichtVR die Zahlung des geforderten Ersatzbetrags von der Vorlage von Belegen abhängig macht, die der geschädigte Dritte schuldhafterweise verweigert, er den HaftpflichtVR aber gleichwohl verklagt hat, wurde dem Geschädigten unter Hinweis auf § 158e VVG a.F., der dem § 120 VVG entspricht, die Tragung der Prozesskosten auferlegt (LG Berlin, VersR 1963, 275; OLG Köln, VersR 1974, 268 m. Anm. *Klimke*, VersR 1974, 498; Römer/Langheid/*Rixecker/Langheid*, § 119 Rn 7; Prölss/Martin/*Knappmann*, § 119 Rn 13). Zu beachten ist freilich, dass eine **derartige Sanktion nur dann** in Betracht kommt, wenn der HaftpflichtVR den geschädigten Dritten, also den Kläger im Zivilprozess, auf diese Rechtsfolge ausdrücklich hingewiesen hat. Insoweit stellt § 120 VVG eine Modifizierung der §§ 91 ff. ZPO dar (**a.A.** Looschelders/Pohlmann/*Schwartze*, § 119 Rn 10).

60 Soweit es um zusätzliche Aufwendungen des gegnerischen HaftpflichtVR geht, ist § 120 VVG nicht anwendbar, weil dieser bloß die Haftung ggü. dem geschädigten Dritten regelt, aber **nicht** dem **HaftpflichtVR eigene Schadensersatzansprüche** einräumt (Looschelders/Pohlmann/*Schwartze*, § 120 Rn 3; **a.A.** Römer/Langheid/*Rixecker/Langheid*, § 120 Rn 4; MüKo/*Schneider*, § 120 VVG Rn 14, die für eine analoge Anwendung eintreten; ebenso offenbar *Höher*, NZV 2012, 457, 461).

61 An folgendem vom OLG Frankfurt am Main (OLG Frankfurt a.M., SP 2000, 323) entschiedenen Fall sei das verdeutlicht: Bei einem Streit um Vorschäden verweigerte der Geschädigte die Besichtigung des Fahrzeugs durch den Sachverständigen der Haftpflichtversicherung. Der HaftpflichtVR schaltete daraufhin einen Sachverständigen ein, der wenigstens die Bilder auswertete. Er verlangte Ersatz dieser Kosten unter Hinweis darauf, dass der Geschädigte gegen die Obliegenheit des § 158d Abs. 3 VVG a.F. – nunmehr § 119 Abs. 3 VVG – verstoßen habe, Belege vorzulegen bzw. Auskünfte zu erteilen. Das Gericht hielt nach § 91 Abs. 1 S. 1 ZPO diese Kosten für überwälzbar, weil die **besonderen Umstände** ein solches Privatgutachten erforderlich gemacht hätten. Auch der **zeitliche Zusammenhang** zum Prozess sowie der **Einfluss** auf das **Prozessergebnis** wurden bejaht, weil aufgrund dieses Gutachtens nur ein Teilzuspruch des Begehrens erfolgte. Als zusätzliche Voraussetzung wäre zu prüfen gewesen, ob der HaftpflichtVR den Geschädigten vorher ausdrücklich auf diese Rechtsfolge hingewiesen hatte, was auch nach § 158e Abs. 1 S. 2 VVG a.F. Voraussetzung für eine Sanktionierung des Obliegenheitsverstoßes gewesen wäre.

D. Prozessuales

Der HaftpflichtVR hat den **objektiven Tatbestand** der Obliegenheitsverletzung unter Einschluss der Kenntnis des Geschädigten vom HaftpflichtVR bzw. dessen zumutbarer Ermittelbarkeit (*Beckmann*, in: Bruck/Möller, § 119 Rn 39) sowie die **ausdrückliche Belehrung** über die Folgen des Verstoßes und den Zugang dieser Aufklärung des Geschädigten in Textform zu beweisen. Es trifft den VR in Bezug auf die Kausalität der Strengbeweis (MüKo/*Schneider*, § 120 VVG Rn 10). Darüber hinaus hat er den dadurch eingetretenen **Schaden substanziiert** darzulegen, etwa dass er bei rechtzeitiger Mitteilung sogleich gezahlt hätte (OGH, VersE 129; BK/*Hübsch*, § 158e Rn 11). Dem geschädigten Dritten steht dann der **Gegenbeweis** offen, dass die Obliegenheitsverletzung **nicht verschuldet** und der Schaden **nicht** durch diese **verursacht** worden sei (MüKo/*Schneider*, § 120 VVG Rn 15; zu Recht krit. ggü. der Beweislast des VN in Bezug auf die fehlende Kausalität Rüffer/Halbach/Schimikowski/*Schimikowski*, § 120 Rn 2 f.) bzw. der VR auf andere Weise die erforderliche Kenntnis erlangt habe (BGH, NJW 1956, 1796 = VersR 1956, 707; Römer/Langheid/*Rixecker/Langheid*, § 120 Rn 5; Looschelders/Pohlmann/*Schwartze*, § 120 Rn 11). Dieser Gegenbeweis des Geschädigten wird dann als erbracht angesehen, wenn der HaftpflichtVR behauptet, dass er bei entsprechender Verständigung sogleich gezahlt hätte, er dies aber selbst nach erfolgter Kenntnis gleichwohl unterlassen hat (OGH, SZ 47/107: HaftpflichtVR berief sich auf nicht rechtzeitige Mitteilung des Anschlusses des Geschädigten als Nebenkläger, hat dann aber Zahlung von einer strafgerichtlichen Verurteilung abhängig gemacht) oder gerichtsbekannt ist, dass ein (bestimmter) HaftpflichtVR bei streitiger Beweislage niemals ohne Gerichtsurteil zahlt (OLG Köln, VersR 1965, 350).

62

E. Abdingbarkeit

Die Normen der Pflichthaftpflichtversicherung sind zugunsten des VN, des Versicherten und des geschädigten Dritten **zwingend**. Aus den Erläuterungen (BT-Drucks 16/3945, S. 87) ergibt sich, dass dies aus der Rechtsnatur dieser Vorschrift folgt und keiner ausdrücklichen Klärung bedarf.

63

---

§ 121 VVG | **Aufrechnung gegenüber Dritten**

§ 35 ist gegenüber Dritten nicht anzuwenden.

Übersicht

	Rdn
A. Normzweck	1
B. Abdingbarkeit	4

A. Normzweck

1 Die Pflichthaftpflichtversicherung ist dadurch gekennzeichnet, dass der geschädigte Dritte den Deckungsanspruch des VN gegen seinen HaftpflichtVR auch dann pfänden (§ 829 ZPO) und einziehen (§§ 835 f. ZPO) kann, wenn der HaftpflichtVR wegen eines **kranken Deckungsverhältnisses** dem VN ggü. **leistungsfrei** ist (§ 117 VVG). Es ist daher folgerichtig, dass der HaftpflichtVR bei einer solchen Vorgangsweise dem geschädigten Dritten nicht entgegenhalten kann, dass gar kein oder bloß ein gekürzter Deckungsanspruch zur Verfügung stehe, weil er mit einer **Gegenforderung**, die ihm gegen den VN zustehe, gem. § 387 BGB **aufrechne** (LG Düsseldorf, VersR 2002, 1553: Speditionshaftpflichtversicherung gem. § 7a GüKG als Pflichtversicherung; MüKo/*Brand*, § 121 VVG Rn 1: § 121 VVG Ergänzung zu § 117 VVG). Anders ist das in der **allg. Haftpflichtversicherung**, in der das Zugriffsrecht des Dritten auf den Deckungsanspruch des VN davon abhängig ist, dass ein solcher Anspruch besteht, weshalb der HaftpflichtVR gegen diesen auch mit einer Gegenforderung gegen den VN aufrechnen kann. § 121 VVG verweist darauf, dass diese in der allg. Haftpflichtversicherung durch § 35 VVG eingeräumte Möglichkeit in der Pflichthaftpflichtversicherung ausgeschlossen sein soll. Auch bei einem Direktanspruch kann sich der VR nicht auf eine Aufrechnung ggü. dem VN oder Mitversicherten berufen (MüKo/*Brand*, § 121 VVG Rn 1).

2 Entsprechendes gilt für den **Mitversicherten** (*Beckmann*, in: Bruck/Möller § 121 Rn 5; MüKo/*Brand*, § 121 VVG Rn 6). Das Aufrechnungsverbot gilt auch ggü. Rechtsnachfolgern des geschädigten Dritten, namentlich Sozialversicherungsträgern (MüKo/*Brand*, § 121 VVG Rn 5). Davon unberührt ist eine **Aufrechnung** des PflichthaftpflichtVR mit einer **Gegenforderung** gegen den geschädigten Dritten, die besteht, weil dieser etwa Kunde des gleichen Versicherungsunternehmens ist und diesem eine fällige Prämie schuldet.

3 Wenn man zutreffender Weise annimmt, dass § 120 VVG sich bloß auf die Haftung des VR auswirkt, aber nicht zu Schadenersatzansprüchen des VR ggü. dem Dritten führt, stellt sich das Aufrechnungsproblem nicht (*Beckmann*, in: Bruck/Möller § 121 Rn 9; MüKo/*Brand*, § 121 VVG Rn 7).

B. Abdingbarkeit

4 Die Normen der Pflichthaftpflichtversicherung sind zugunsten des VN, des Versicherten und des geschädigten Dritten **zwingend**. Aus den Erläuterungen (BT-Drucks 16/3945, S. 87) ergibt sich, dass dies aus der Rechtsnatur dieser Vorschriften folgt und keiner ausdrücklichen Klarstellung bedarf.

§ 122 VVG | Veräußerung der von der Versicherung erfassten Sache

Die §§ 95 bis 98 über die Veräußerung der versicherten Sache sind entsprechend anzuwenden.

§ 122 VVG Veräußerung der von der Versicherung erfassten Sache

Übersicht

	Rdn
A. Normzweck	1
B. Norminhalt	5
C. Rechtsfolgen	10
D. Eine vom Gesetzgeber übersehene Rechtsschutzlücke	12
E. Abdingbarkeit	17

A. Normzweck

1 Da der Erwerber die Sache sogleich weiternutzt, soll durch den Übergang des Vertrags über die Pflichthaftpflichtversicherung eine **Lücke im Versicherungsschutz** vermieden werden; § 122 VVG dient durch die Gewährleistung eines möglichst lückenlosen Versicherungsschutzes somit dem **Schutz des Erwerbers** (*Beckmann*, in: Bruck/Möller, § 122 Rn 2, 7: Gefahr einer Systemlücke im Schutz durch die Pflichthaftversicherung), aber auch des **geschädigten Dritten** (MüKo/*Brand*, § 122 VVG Rn 1), wobei der bedeutsamste Anwendungsbereich die Kfz-Haftpflichtversicherung ist (*Beckmann*, in: Bruck/Möller, § 122 Rn 3). Weitere Anwendungsfelder sind die landesrechtlich vorgegebene Tierhalterversicherung sowie die Versicherung für benzingetriebene Modellflugzeuge (MüKo/*Brand*, § 122 VVG Rn 3). Gegenüber der alten Rechtslage (§ 158h Satz 1 VVG a.F.) erfolgt **nunmehr ein präzisierter Verweis**. Bisher hieß es: „*Die Vorschriften über die Veräußerung der versicherten Sache gelten sinngemäß.*" Nunmehr wird direkt auf die §§ 95 bis 98 VVG verwiesen. Eine solche Bezugnahme ist deshalb geboten, weil nicht die Sache selbst das Schutzobjekt bzw. das versicherte Interesse darstellt, sondern die **gesetzliche Haftpflicht für eine bestimmte Sache** (Looschelders/Pohlmann/*Schwartze*, § 122 Rn 1; *Beckmann*, in: Bruck/Möller, § 122 Rn 2).

2 Wenn davon die Rede ist, dass es sich um die Haftpflicht des VN handelt (MüKo/*Brand*, § 122 VVG Rn 1), trifft das zwar zu; zu bedenken ist indes, dass jedenfalls in der Kfz-Haftpflicht die Haftung nicht an das **Eigentum an der Sache** anknüpft, sondern an die **Haltereigenschaft**. Das kann durchaus auseinanderfallen. Begründet wird die Anknüpfung an das Eigentum aus pragmatischen Gründen damit, dass der Eigentumsübergang leichter nachvollziehbar ist als der Übergang der Haltereigenschaft; zudem soll es zu keinem Auseinanderklaffen mit der Kaskoversicherung kommen, bei der gleichfalls an das Eigentum angeknüpft wird (MüKo/*Brand*, § 122 VVG Rn 21). Nach dem Gesetzeswortlaut ist § 99 Fall 1 VVG (Erwerb in der Zwangsversteigerung) nicht erfasst, was ein Redaktionsversehen des Gesetzgebers ist (Looschelders/Pohlmann/*Schwartze*, § 122 Rn 2; MüKo/*Brand*, § 122 VVG Rn 2, 5; *Beckmann*, in: Bruck/Möller, § 122 Rn 1, 12 unter Hinweis auf § 158h Satz 1 VVG a.F. und den in BT-Drucks 16/3945 zum Ausdruck gebrachten gesetzgeberischen Willen, dass insoweit keine Änderung eintreten soll). In Ziff. G 7.6. AKB 2015 wird diesem Umstand Rechnung getragen.

3 Außer für die Betriebshaftpflichtversicherung gem. § 102 Abs. 2 VVG ordnet der Gesetzgeber bei der **Pflichthaftpflichtversicherung** einen **Vertragsübergang** an, wobei sich allerdings beide Vertragspartner kurzfristig (§ 96 Abs. 1, 2 VVG) von dem so zustande gekommenen VV wieder lösen können. Der **wichtigste Anwendungsbereich** ist die **Kfz-Haft-**

pflichtversicherung, allerdings nur, soweit diese **für ein bestimmtes Fahrzeug** besteht. Keine Pflichthaftpflichtversicherung ist die nach den Sonderbedingungen für Kfz-Handel und -Handwerk abgeschlossene Kfz-Haftpflichtversicherung (BGHZ 35, 153 = BGH, NJW 1961, 1399; Looschelders/Pohlmann/*Schwartze*, § 122 Rn 6).

4   Für die Kfz-Haftpflichtversicherung fand sich in **§ 158h Satz 2 VVG a.F.** zusätzlich die Regelung, dass zur **Vermeidung einer Doppelversicherung** die Versicherung des Veräußerers mit Abschluss einer neuen Kfz-Haftpflichtversicherung durch den Erwerber endet. **Dieses Spezifikum** wurde wortgleich nun an systematisch richtiger Stelle **in § 3b PflVG geregelt**. In Ziff. G.2.6 AKB 2015 ist festgelegt, dass das nicht nur für die **Kfz-Haftpflichtversicherung** gilt, sondern auch für die **Kaskoversicherung** und den **Autoschutzbrief**. Wenn der Erwerber gem. § 23 FZV der Zulassungsbehörde vor dem Unfall die Versicherungsbestätigung des neuen HaftpflichtVR vorgelegt hat, kommt es gem. § 117 Abs. 2 Satz 4 VVG zu keiner Nachhaftung (Näheres dazu bei Feyock/Jacobsen/Lemor/*Jacobsen*, Kraftfahrtversicherung, § 122 Rn 3).

B. Norminhalt

5   Angeknüpft wird in § 95 Abs. 1 VVG an die **Veräußerung der Sache**. Darunter ist die **Übertragung** des **Eigentums** zu verstehen (Römer/Langheid/*Rixecker/Langheid*, § 122 Rn 3), nämlich der **Vollzug des dinglichen Rechtsgeschäfts** (Prölss/Martin/*Knappmann*, § 122 Rn 4). Das kann beruhen auf einem Kauf, einem Tausch oder einer Schenkung, einer Einkaufskommission, aber auch auf der Einbringung einer Sache in eine Gesellschaft oder der Umwandlung von Gesamthandeigentum in Bruchteilseigentum und umgekehrt (*Beckmann*, in: Bruck/Möller, § 122 Rn 11; MüKo/*Brand*, § 122 VVG Rn 10). Auch eine Partei kraft Amtes wie ein Insolvenzverwalter oder Testamentsvollstrecker kommt als Veräußerer in Betracht (*Beckmann*, in: Bruck/Möller, § 122 Rn 15).

6   Dass der Erwerber **Halter** geworden ist, genügt **nicht** (BGH, VersR 1974, 1191; *Münkel*, in: Geigel, Haftpflichtprozess, Kap. 13 Rn 64; *Beckmann*, in: Bruck/Möller, § 122 Rn 9). Auch auf die Anzeige an den VR kommt es grds. nicht an (Looschelders/Pohlmann/ *Schwartze*, § 122 Rn 3; *Beckmann*, in: Bruck/Möller, § 122 Rn 10). Freilich kann die unterlassene Anzeige gem. § 97 VVG zur Leistungsfreiheit des VR führen (Näheres bei § 97 VVG). Das gilt allerdings insoweit nicht, wenn für den VR – wie in der Kfz-Haftpflichtversicherung gemäß § 5 Abs. 2 PflVG – Kontrahierungszwang besteht (MüKo/*Brand*, § 122 VVG Rn 17). Bei der **Pflichthaftpflichtversicherung** hat das Auswirkungen für den geschädigten Dritten nur insoweit, als eine Einstandspflicht des VR ihm ggü. gem. § 117 Abs. 1 VVG weiterhin gegeben ist, freilich gem. § 117 Abs. 3 S. 1 nur i.R.d. **Mindestversicherungssumme**.

7   Bei einem **gutgläubigen Erwerb** vom Nichtberechtigten kommt es dann zum Übergang des Kfz-HaftpflichtVV, wenn der Veräußerer VN des VV war (*Beckmann*, in: Bruck/ Möller, § 122 Rn 14; MüKo/*Brand*, § 122 VVG Rn 9). Das ist dann der Fall, wenn der Mieter oder Entleiher VN war und die Sache dann – rechtswidrig, aber wirksam – weiterveräußert und ein Dritter gutgläubig Eigentum erwirbt. § 122 VVG ist **nicht** anzuwenden

im Fall der **Enteignung** (MüKo/*Brand*, § 122 VVG Rn 10), was sich daraus ergibt, dass es insoweit **keinen schutzwürdigen Erwerber** gibt. Bei einer Rückabwicklung eines Vertrags, bei dem die Anfechtung auch das Verfügungsgeschäft erfasst hat, ist § 122 VVG durchaus anzuwenden (MüKo/*Brand*, § 122 VVG Rn 11). Das sei an einem Beispiel verdeutlicht: Der Käufer hat das Fahrzeug erworben und sodann einen Kfz-HaftpflichtVV abgeschlossen. Der Verkäufer ficht in der Folge den Kaufvertrag mitsamt dem Verfügungsgeschäft wegen arglistiger Täuschung nach § 123 BGB an. Meines Erachtens ist nicht einzusehen, warum in einem solchen Fall § 122 VVG nicht anzuwenden sein soll, ist doch ein solcher „Erwerber" ähnlich schutzwürdig wie ein Käufer. Die bloße Weitergabe eines Kurzzeitkennzeichen bewirkt nicht den Übergang des Schutzes der Kfz-Haftpflichtversicherung (OLG Stuttgart, VersR 2015, 483 = NJW-Spezial 2014, 715 = jurisPR, VerkR 2/2015 Anm. 2 [*Wenker*]), mag der Erwerber auch gutgläubig gewesen sein, was zu Schutzlücken beim Lenker ebenso wie beim geschädigten Dritten führt.

Erst wenn der Erwerber das **Vollrecht an der Sache** erlangt, kommt es zum Übergang des VV unter Einschluss einer vorläufigen Deckungszusage (MüKo/*Brand*, § 122 VVG Rn 3), nicht aber zum Übergang vom Veräußerer erworbener Deckungsansprüche (*Beckmann*, in: Bruck/Möller, § 122 Rn 26). Ein für einen Versicherungsfall ausgelöstes Verhalten des Erwerbers wirkt sich auf den Schadensfreiheitrabatt des Veräußerers nicht (mehr) aus (*Beckmann*, in: Bruck/Möller, § 122 Rn 28). Eine Kündigung wegen eines vom VN oder dessen Mitsicherten zu verantwortenden Verhalten ist diesem ggü. zu erklären (Halm/Kreuter/Schwab/*Kreuter-Lange*, AKB § 122 Rn 4). 8

Beim **Kauf unter Eigentumsvorbehalt** etwa bewirkt daher nicht bereits die Übergabe der Sache den Übergang des VV, sondern erst die Zahlung der letzten Kaufpreisrate (Stiefel/Maier/*Stadler*, Kraftfahrtversicherung, G.7 AKB 2008 Rn 16). Erst die **Eigentumsübertragung** bewirkt die Rechtsfolge, dass der Veräußerer als VN ausscheidet und der Erwerber gerade die Stellung als VN erlangt, die der Veräußerer hatte. Wenn dem HaftpflichtVR – wenn auch nur für kurze Zeit – ein nicht bekannter Vertragspartner aufgedrängt wird, soll sich wenigstens am Inhalt des VV für ihn nichts ändern. Bzgl. der Rechte und Pflichten ist der Zeitpunkt des **Eigentumsübergangs** die **maßgebliche Zäsur**. Auf Fälle der Gesamtrechtsnachfolge nach § 1922 BGB ist § 122 VVG nicht anzuwenden (MüKo/*Brand*, § 122 VVG Rn 7; a.A. *Beckmann*, in: Bruck/Möller, § 122 Rn 6); ebenso wenig auf den Fall der Verschmelzung von Unternehmen nach § 2 UmwG oder die Begründung einer Gütergemeinschaft unter Eheleuten nach § 1415 BGB (MüKo/*Brand*, § 122 VVG Rn 7).

Es kann sich um eine **einzelne Sache** handeln oder eine **Sachgesamtheit**. § 122 VVG ist aber nicht anzuwenden, wenn einzelne Sachen aus einer Sachgesamtheit veräußert werden, wie das bei einer Kfz-Händlerversicherung der Fall ist (*Beckmann*, in: Bruck/Möller, § 122 Rn 3). Einerseits wird die **Prämie** in einem Sammelversicherungsvertrag für ein **Gesamtrisiko** kalkuliert; zudem hat der VR einen Vertrag abgeschlossen, der nicht in eine Vielzahl von Einzelverträgen aufgeteilt werden soll (MüKo/*Brand*, § 122 VVG Rn 4); andererseits erwartet der Käufer in einem solchen Fall nicht, dass das erworbene Kfz – auf Dauer – Kfz-haftpflichtversichert ist (*Beckmann*, in: Bruck/Möller, § 122 Rn 7); für die Fahrt zur Zulassungsstelle steht außerdem ein rotes Kennzeichen zur Verfügung, bei dessen 9 missbräuchlicher Verwendung zwar eine Obliegenheitsverletzung gemäß D 1.1.1 AKB 2015 gegeben ist, die aber den Schutz des Dritten nicht beeinträchtigt (MüKo/*Brand*, § 122 VVG Rn 20).

C. Rechtsfolgen

10 Der Vertrag geht so auf den Erwerber über, wie er beim Veräußerer bestanden hat, also **auch inklusive einer über die Mindestversicherungssumme hinausgehenden höheren Versicherungssumme** (Looschelders/Pohlmann/*Schwartze*, § 122 Rn 4; MüKo/*Brand*, § 122 VVG Rn 16). Vom Übergang erfasst sind die sachbezogenen Bestandteile des Vertrags wie etwa auch die Risikoausschlüsse, nicht aber die rein personenbezogenen wie etwa der Schadensfreiheitsrabatt in der Kfz-Haftpflichtversicherung (*Beckmann*, in: Bruck/Möller, § 122 Rn 17). Die Rechtsfolgen von bis zu diesem Zeitpunkt vom Veräußerer begangenen Obliegenheitsverletzungen treffen allerdings noch diesen und *nicht* den Erwerber; vice versa gilt Entsprechendes. Ist die **Kündigung des VV** wegen einer vom Veräußerer begangenen Obliegenheitsverletzung Voraussetzung für die Leistungsfreiheit, hat der HaftpflichtVR ungeachtet des Vertragsübergangs und der damit verbundenen Beendigung des VV die **Kündigung ggü. dem Veräußerer** zu erklären (BGH, VersR 1984, 550; BK/*Hübsch*, § 158h Rn 10).

11 Soweit für den Abschluss des konkreten VV ein Kontrahierungszwang besteht, so etwa gem. § 5 Abs. 2 PflVG für die Kfz-Haftpflichtversicherung, kann eine Kündigung gem. § 96 Abs. 1 Satz 1 VVG nur erfolgen, wenn auch ein Antrag – in der Kfz-Haftpflichtversicherung nach Maßgabe des § 5 Abs. 4 PflVG – hätte abgelehnt werden dürfen (Looschelders/Pohlmann/*Schwartze*, § 122 Rn 5; *Beckmann*, in: Bruck/Möller, § 122 Rn 25). Solange der VV fortbesteht, haften Veräußerer und Erwerber gem. § 95 Abs. 2 VVG für die Zahlung der Prämie.

D. Eine vom Gesetzgeber übersehene Rechtsschutzlücke

12 Der Erwerber übernimmt den VV in dem Zustand, wie er sich beim Veräußerer befand, im Guten wie im Bösen (*Münkel* in: Geigel, Haftpflichtprozess, Kap. 13 Rn 64; Stiefel/Maier/*Stadler*, Kraftfahrtversicherung, G.7 AKB 2008 Rn 28). Es kommt ihm die **jeweils vereinbarte Versicherungssumme** zugute, sofern diese höher war als die Mindestversicherungssumme (Prölss/Martin/*Knappmann*, § 122 Rn 3). War der VV beim Veräußerer aber bereits beendet, etwa wegen **Prämienverzugs** (BGH, VersR 1984, 455) oder weil der VV an die Beendigung des Leasingvertrags gekoppelt war und das Leasingfahrzeug in der Folge veräußert wurde (OLG Düsseldorf, VersR 1996, 1268), und ist der HaftpflichtVR dem Dritten gem. § 117 Abs. 2 VVG nur deshalb einstandspflichtig, weil die **1-monatige Nachhaftungsfrist** nach Anzeige der Beendigung des VV bei der Zulassungsstelle noch nicht angezeigt wurde, ist auch der Erwerber davon betroffen.

Beispiel
Anhand eines **Beispiels** sei das verdeutlicht (Sachverhalt nach BGH, VersR 1984, 455): Bei einem Gebrauchtwagenkauf hat der HaftpflichtVR wegen qualifizierten Verzugs des VN mit der Prämie den VV gekündigt. Der Verkäufer verschweigt das aber dem Käufer. Er lässt den Käufer nur wissen, dass entweder der Verkäufer in den nächsten Tagen dafür Sorge tragen werde, das dem HaftpflichtVR anzuzeigen, oder sie vereinbaren, dass sich der Käufer darum kümmern solle. Da bei der **Zulassungsstelle** das Kennzeichen **ohne Komplikationen** auf den Käufer übertragen wird, geht dieser davon aus, dass bis auf Weiteres auch Haftpflichtversicherungsschutz besteht. Und da der Zufall häufig Regie führt, passiert es dann: Der Erwerber ist gerade in der **Nachhaftungszeit** für einen Unfall zivilrechtlich verantwortlich, entweder als Lenker wegen eines von ihm begangenen Fahrfehlers gem. § 823 Abs. 1 BGB oder als Halter nach § 7 StVG.
Den HaftpflichtVR trifft zwar eine Einstandspflicht ggü. dem Dritten. Das **Verkehrsunfallopfer** erhält bei Zureichen der VersSumme somit **vollen Ersatz**. Der ahnungslose **Erwerber** kommt aber womöglich in **existenzielle Bedrängnis**. Nicht nur kann der HaftpflichtVR sich bei ihm nach § 117 Abs. 5 VVG regressieren. Vielmehr können ihn auch andere Regressgläubiger angehen, etwa die Sozialversicherungsträger nach § 116 SGB X, der Arbeitgeber nach § 6 EFZG oder die SchadensVR nach § 86 VVG, um die wichtigsten zu nennen.
Dem Erwerber steht zwar aus dem Kaufvertrag ein **Freistellungsanspruch** gegen den **Verkäufer** zu. Bei etwas gravierenderen Unfallfolgen wird aber das der Zwangsvollstreckung unterliegende Vermögen eines Durchschnittsbürger für die Begleichung dieser Forderungen nicht annähernd ausreichen (zu den einzelnen Rechtsbeziehungen zwischen HaftpflichtVR, Veräußerer und Erwerber OLG Düsseldorf, VersR 1996, 1268). Und wer den Versicherungsschutz bei seiner Kfz-Haftpflichtversicherung wegen Prämienverzugs verliert, der ist womöglich von vornherein nicht besonders begütert. Kurzum: Der Erwerber sitzt in einer seine bürgerliche Existenz bedrohenden Falle, ohne dass er sich bei Erwerb des Kfz dieses Risikos bewusst gewesen ist.

13 Man kann sich nun mit einem Verweis darauf beruhigen, dass sich im Fall einer **Rücksprache** bei der **Kfz-Haftpflichtversicherung** alles aufgeklärt hätte (BK/*Hübsch*, § 158h Rn 9). Womöglich hätte ein aufgeklärter Verbraucher – wer verfügt aber über derartige Kenntnisse? – wissen müssen, dass selbst bei Anzeige des HaftpflichtVR von der Beendigung des Haftpflichtversicherungsschutzes die Behörde einige Zeit benötigen wird, um das Kennzeichen einzuziehen und zu entstempeln (so aber OLG Düsseldorf, VersR 1996, 1268). All das mag zutreffen, hilft freilich im konkreten Fall nicht weiter (eine **gravierende Rechtsschutzlücke** bejahend auch *Wandt*, Versicherungsrecht, Rn 1124 [Fn 168]).

14 Wäre der **Sachverhalt** nur eine Spur **anders** gelagert, hätte der Erwerber des Fahrzeugs all diese Sorgen nicht. Hätte der Erwerber das Fahrzeug unter **Eigentumsvorbehalt** gekauft und noch nicht sämtliche Raten gezahlt (so der Sachverhalt von OLG Düsseldorf, VersR 1996, 1268, der sich freilich vor der Novellierung des § 158i VVG a.F. ereignete), müsste der HaftpflichtVR in vollem Umfang leisten, ohne sich beim Erwerber regressieren zu können. Entsprechendes gilt, wenn der Erwerber das Fahrzeug sogleich einem Dritten zur Sicherheit übereignet hätte. Dann käme es nämlich nicht zu einer Übertragung der **Rechtsstellung als VN** gem. § 122 VVG. Der Erwerber wäre als berechtigter Fahrer oder Halter vielmehr mitversichert; und als solcher wäre er gem. § 123 VVG einem Rückgriff nur dann ausgesetzt, wenn er von der Leistungsfreiheit des HaftpflichtVR ggü. dem Veräußerer gewusst oder infolge grober Fahrlässigkeit nicht gewusst hat. VN bleibt in einem solchen Fall der Veräußerer.

15 Formal lässt sich die Unterscheidung damit begründen, dass der eine **VN**, der andere aber „bloß" **Mitversicherter** sei. Und wer VN sei, der sei gerade kein Mitversicherter (BGH, VersR 1984, 455; BK/*Hübsch*, § 158h Rn 7). **Inhaltlich überzeugt das nicht.** Weshalb soll der Erwerber eines Fahrzeugs ggü. dem Kfz-HaftpflichtVR einmal vollkommen, das andere Mal gar nicht schutzwürdig sein, je nach dem, ob er dem Verkäufer ggü. den Kaufpreis voll bezahlt und deshalb Eigentum erworben hat oder das nicht der Fall ist? Warum soll es darauf ankommen, ob die Kaufpreisfinanzierung durch den Verkäufer selbst oder eine drittfinanzierende Bank erfolgt bzw. dabei das Fahrzeug oder eine andere Sache zur Besicherung herangezogen wird? Der Gesetzgeber hat die Rechtsstellung des **gutgläubigen Mitversicherten** in § 123 VVG mit Bedacht und guten Gründen ausgebaut, hat sich aber über die Rechtsstellung des **Erwerbers**, der in die Rechtsposition des bisherigen VN einrückt, keine Gedanken gemacht.

16 Schon *van Bühren* (*van Bühren*, EWiR [§ 158i VVG 1/04] 455, 456) hat darauf hingewiesen, dass das Postulat, dass sich ein Käufer bei dem vom Veräußerer benannten Kfz-HaftpflichtVR vergewissern möge, ob Haftpflichtversicherungsschutz bestehe, „**zutreffend sein mag**". Angesichts des Ausbaus des Schutzes des Mitversicherten in § 123 VVG ist das zu **verneinen**. Es handelt sich um eine **planwidrige Lücke**, weshalb gute Gründe für eine **Analogie** sprechen (so auch *Beckmann*, in: Bruck/Möller, § 122 Rn 19 ff.). Dafür könnte zusätzlich angeführt werden, dass ein Verstoß gegen die Anzeigepflicht in § 97 VVG schon bisher zu keiner Leistungsfreiheit des HaftpflichtVR geführt hat, wenn das Verschulden des VN gering und ihn die Entziehung des Versicherungsschutzes unverhältnismäßig hart treffen würde (BGH, VersR 1987, 477, 705; OLG Köln, zfs 1987, 370). Das vom BGH (BGHZ 157, 269 = BGH, VersR 2004, 369 [*Lorenz*]) in anderem Zusammenhang angeführte Argument, dass sich der Gesetzgeber des Risikos bewusst war und dennoch so entschieden hat, dürfte hier kaum zutreffen. Dass es dem Käufer eher als einem Mitversicherten zumutbar ist, sich bei der Kfz-Haftpflichtversicherung zu vergewissern (so MüKo/*Brand*, § 122 VVG Rn 16, der eine Analogie ablehnt; ebenso Halm/Kreuter/Schwab/*Kreuter-Lange*, AKB § 122 Rn 5), trifft zu; allein dürfte dem durchschnittlichen VN dieses Risiko nicht im Entferntesten bewusst sein.

E. Abdingbarkeit

17 § 122 VVG ist zugunsten des Dritten, des VN und des Erwerbers **zwingend** (BK/*Hübsch*, § 158h Rn 14).

---

§ 123 VVG	Rückgriff bei mehreren Versicherten

(1) Ist bei einer Versicherung für fremde Rechnung der Versicherer dem Versicherungsnehmer gegenüber nicht zur Leistung verpflichtet, kann er dies einem Versicherten, der zur selbstständigen Geltendmachung seiner Rechte aus dem Versicherungsvertrag befugt ist, nur entgegenhalten, wenn die der Leistungsfreiheit zugrunde liegenden

Umstände in der Person dieses Versicherten vorliegen oder wenn diese Umstände dem Versicherten bekannt oder infolge grober Fahrlässigkeit nicht bekannt waren.

(2) Der Umfang der Leistungspflicht nach Absatz 1 bestimmt sich nach § 117 Abs. 3 Satz 1; § 117 Abs. 3 Satz 2 ist nicht anzuwenden. § 117 Abs. 4 ist entsprechend anzuwenden.

(3) Soweit der Versicherer nach Absatz 1 leistet, kann er beim Versicherungsnehmer Rückgriff nehmen.

(4) Die Absätze 1 bis 3 sind entsprechend anzuwenden, wenn die Frist nach § 117 Abs. 2 Satz 1 und 2 noch nicht abgelaufen ist oder der Versicherer die Beendigung des Versicherungsverhältnisses der hierfür zuständigen Stelle nicht angezeigt hat.

Übersicht

	Rdn
A. Normzweck	1
B. Norminhalt	2
I. Die Rechtsstellung des Versicherten in der Pflichthaftpflichtversicherung bei krankem Deckungsverhältnis gegenüber dem Versicherungsnehmer	2
1. Abhängigkeit von der Rechtsstellung des Versicherungsnehmers als Regel	2
2. Durchbrechung in der Pflichthaftpflichtversicherung	3
a) Getrennte Beurteilung der Leistungsfreiheit von Versicherungsnehmer und Versichertem	3
b) Recht des Mitversicherten zur selbstständigen Geltendmachung der Rechte gegen den Haftpflichtversicherer als Vorbedingung	8
II. Begrenzung auf die Mindestversicherungssumme und die übernommene Gefahr (§ 123 Abs. 2 S. 1 Hs. 1 VVG)	12
III. Erstreckung des Anwendungsbereichs: Entsprechende Anwendung während der Nachhaftung (§ 123 Abs. 4 VVG)	13
IV. Leistungspflicht gegenüber dem Mitversicherten – keine Verweisung des geschädigten Dritten auf einen Sozialversicherungsträger bzw. Schadensversicherer (§ 123 Abs. 2 S. 1 Hs. 2 VVG)	20
V. Konkurrenz zwischen der jeweils subsidiären Leistungspflicht eines Amtsträgers und eines Haftpflichtversicherers (§ 123 Abs. 2 S. 2 VVG)	21
VI. Rückgriffsanspruch des Entschädigungsfonds gegen den Mitversicherten gem. § 12 Abs. 4 S. 2 PflVG	22
VII. Rückgriffsanspruch des Haftpflichtversicherers gegen den Versicherungsnehmer (§ 123 Abs. 3 VVG)	26
C. Prozessuales	29
D. Abdingbarkeit	30

A. Normzweck

Neben der Versicherung des **eigenen Risikos** des VN kommt auch eine Versicherung des **Risikos eines anderen** in Betracht (§§ 43 ff. VVG). Insoweit ist eine Versicherung für fremde Rechnung gegeben. Versichert werden kann entweder **ausschließlich ein fremdes Interesse**, so etwa in der **D&O-Versicherung** für Vorstände und Geschäftsführer von Unternehmen (Römer/Langheid/*Rixecker/Langheid*, § 123 Rn 4) oder die Versicherung des fremden Interesses kann **zusätzlich zum eigenen** treten, sodass eine **kombinierte Eigen- und Fremdversicherung** vorliegt (Prölss/Martin/*Knappmann*, § 123 Rn 2), so etwa die Kfz-Haftpflichtversicherung, in der Ziff. A 1.2 AKB 2015 den VN erwähnt und sieben Gruppen von Mitversicherten aufzählt. Auch die Notarversicherung bezieht gem. § 61

Abs. 2 BNotO die Notariatsverwalter mit ein. § 123 VVG ordnet bei der Pflichthaftpflichtversicherung die Leistungspflicht des HaftpflichtVR ggü. dem Versicherten bei Leistungsfreiheit ggü. dem VN an (Römer/Langheid/*Rixecker*/*Langheid*, § 123 Rn 5); daraus folgt ein **Leistungsanspruch** des Versicherten gegen den HaftpflichtVR, der über einen **Rückgriffsausschluss** des HaftpflichtVR gegen den Versicherten hinausgeht (MüKo/*Brand*, § 123 VVG Rn 25). Es geht um eine soziale Risikoabsicherung des gutgläubigen Mitversicherten (*Beckmann*, in: Bruck/Möller, § 123 Rn 5; MüKo/*Brand*, § 123 VVG Rn 1).

B. Norminhalt

I. Die Rechtsstellung des Versicherten in der Pflichthaftpflichtversicherung bei krankem Deckungsverhältnis gegenüber dem Versicherungsnehmer

1. Abhängigkeit von der Rechtsstellung des Versicherungsnehmers als Regel

2   Um die **Bedeutsamkeit** der **Ausnahmeregelung** des § 123 VVG ermessen zu können, bedarf es eines Verweises auf die **allgemeine Regelung**: Der Versicherte leitet seine Rechtsstellung aus der des VN ab. Hat der VN keinen Leistungsanspruch gegen den VR, hat wegen des grds. geltenden **Akzessorietätsprinzips** gem. § 334 BGB auch der Versicherte, der begünstigter Dritter aus dem VV zwischen VR und VN ist, keinen (Looschelders/Pohlmann/*Schwartze*, § 123 Rn 1; *Beckmann*, in: Bruck/Möller, § 123 Rn 5). Als Mitversicherte kommen natürliche und juristische Personen in Betracht, Personengesamtheiten und Handelsgesellschaften (*Beckmann*, in: Bruck/Möller, § 123 Rn 8; MüKo/*Brand*, § 122 VVG Rn 5).

2. Durchbrechung in der Pflichthaftpflichtversicherung

a) Getrennte Beurteilung der Leistungsfreiheit von Versicherungsnehmer und Versichertem

3   In der **Pflichthaftpflichtversicherung** wird diese **Abhängigkeit erheblich gelockert** (Prölss/Martin/*Knappmann*, § 123 Rn 2; Römer/Langheid/*Rixecker*/*Langheid*, § 123 Rn 6 f.). Die Grundregel des § 334 BGB wird durchbrochen (*Schirmer*, DAR 2004, 375, 376; *Johannsen*, VersR 1991, 500, 501). Dem Versicherten wird ein Leistungsanspruch gegen den HaftpflichtVR eingeräumt, der von dem des VN unabhängig ist. Die Leistungsfreiheit des HaftpflichtVR ggü. dem VN führt nur dann zur Leistungsfreiheit ggü. dem Versicherten, wenn dieser von den Umständen, die die Leistungsfreiheit ggü. dem VN begründen, gewusst oder **grob fahrlässig nicht gewusst** hat. Maßgeblich sind insoweit die **Fakten**, die zur Leistungsfreiheit führen, **nicht** auch die entsprechende **Schlussfolgerung** (Looschelders/Pohlmann/*Schwartze*, § 123 Rn 5).

4   Ausreichend ist somit, dass der Versicherte Kenntnis davon hat oder grob fahrlässig nicht weiß, dass der VN aus von diesem zu vertretenden Umständen die Erstprämie nicht bezahlt hat und vom HaftpflichtVR auf die Folgen hingewiesen worden ist, worauf dieser gem.

§ 37 Abs. 1 VVG den vorzeitigen Rücktritt vom Vertrag erklärt hat. Grobe Fahrlässigkeit ist anzunehmen, wenn der Versicherte vor dem Vorliegen der zur Leistungsfreiheit führenden Umstände die Augen verschlossen hat (MüKo/*Brand*, § 123 VVG Rn 17). Entsprechendes gilt für den Risikoausschluss wegen Vorsatzes gemäß § 103 VVG (*Beckmann*, in: Bruck/Möller, § 123 Rn 15), die Verletzung von gesetzlichen oder vertraglichen Obliegenheiten durch den VN sowie die Unwirksamkeit des mit diesem geschlossenen Vertrags infolge versteckten Dissenses, Geschäftsunfähigkeit oder Anfechtung (MüKo/*Brand*, § 123 VVG Rn 8; dazu auch § 117 Rdn 81).

Setzt der **Versicherte selbst** ein Verhalten, das zur Leistungsfreiheit des HaftpflichtVR führt, wird diese durch § 123 VVG nicht ausgeschlossen (Römer/Langheid/*Rixecker*/Langheid, § 123 Rn 6). Ist sowohl dem VN als auch dem Mitversicherten eine Obliegenheitsverletzung vorzuwerfen, führt dies zu einer jeweiligen Leistungsfreiheit, sofern sowohl VN als auch Mitversicherter dem Dritten ggü. haften, so etwa bei Einstandspflicht des VN als Halter als auch des Mitversicherten als Lenker in der Kfz-Haftpflichtversicherung. Bei Obliegenheitsverletzungen von VN (Halter) und Versichertem (Lenker) vor und nach Eintritt des Versicherungsfalles gem. den Schranken der §§ 5 Abs. 3 sowie 6 Abs. 1 KfzPflVV kommt eine Kumulierung der betraglich begrenzten Leistungsfreiheit in Betracht (*Klotmann*, in: Drees/Koch/Nell [2010], S. 157, 184 ff. mit einem instruktiven Beispiel).

Besteht Leistungsfreiheit des VR nur wegen eines Verhaltens des VN, soll lediglich der **gutgläubige Versicherte**, der vom Wegfall des Versicherungsschutzes infolge eines von ihm nicht überblickbaren Fehlverhaltens des VN weder Kenntnis hat noch infolge grober Fahrlässigkeit haben müsste, bewahrt werden (*Johannsen*, VersR 1991, 500, 503). Handelt jedoch der mitversicherte Lenker vorsätzlich und kommt es deshalb wegen des Risikoausschlusses des § 103 VVG diesem ggü. zu einer Versagung der Leistungspflicht des VR, ist zu beachten, dass in solchen Fällen die Haftung des personenverschiedenen Halters und VN gem. § 7 StVG und auch die korrespondierende Leistungspflicht des VR ggü. dem VN – und damit auch ggü. dem Dritten – aufrechterhalten bleiben (BGH, VersR 1981, 40; OLG Nürnberg, NZV 2001, 261; *Euler*, in: Halm/Engelbrecht/Krahe, Hdb. FA VersR, Kap. 25 Rn 128; *Greger*/*Zwickel*, Haftungsrecht des Straßenverkehrs, § 15 Rn 13). Denkbar ist zudem, dass der VR ggü. dem VN – etwa wegen Prämienverzugs – vollständig leistungsfrei ist, dem mitversicherten Lenker ggü. wegen einer Obliegenheitsverletzung nur teilweise; dann bleibt der VR zur teilweisen Leistung verpflichtet (*Beckmann*, in: Bruck/Möller, § 123 Rn 10, 14; MüKo/*Brand*, § 123 VVG Rn 28).

In Bezug auf die ggü. dem **Versicherten** bestehende Leistungspflicht des HaftpflichtVR trotz kranken Deckungsverhältnisses besteht eine **Strukturparallele** zum Schutz des geschädigten **Dritten**. Wie dieser den HaftpflichtVR gem. der §§ 115 Abs. 1 S. 2 VVG sowie 117 VVG ungeachtet eines kranken Deckungsverhältnisses zwischen dem HaftpflichtVR und dem VN in Anspruch nehmen kann, gilt gem. § 123 VVG Entsprechendes im Verhältnis von VN und Versichertem. Die praktisch bedeutsamsten Anwendungsfälle sind der **Verzug** mit der Zahlung der **Prämie** und der in der Folge ggü. dem VN ausgesprochene Rücktritt vom VV durch den HaftpflichtVR sowie eine **Obliegenheitsverletzung** des VN (BK/*Hübsch*, § 158i Rn 6). In der Kfz-Haftpflichtversicherung kommt es bei letzterer häufig zu einer betraglich begrenzten Leistungsfreiheit des HaftpflichtVR, für die § 123 VVG ebenfalls gilt (Prölss/Martin/*Knappmann*, § 123 Rn 10). Beim **Prämienzahlungsverzug** und dem anschließenden Rücktritt des HaftpflichtVR vom VV besteht eine solche betragliche Beschränkung der Leistungsfreiheit nicht, sodass die **Folgen besonders drastisch** sein können.

b) Recht des Mitversicherten zur selbstständigen Geltendmachung der Rechte gegen den Haftpflichtversicherer als Vorbedingung

8   Ein **Mitversicherter** kann gem. § 44 VVG seine Rechte ggü. dem VR grds. nur mit **Zustimmung** des **VN** durchsetzen, sofern er nicht im Besitz des Versicherungsscheins ist (MüKo/*Brand*, § 123 VVG Rn 13). In der Pflichthaftpflichtversicherung macht § 123 Abs. 1 S. 1 VVG den Schutz des gutgläubigen Versicherten aber davon abhängig, dass **dieser selbst** zur **Geltendmachung** seines Leistungsanspruchs ggü. dem HaftpflichtVR berechtigt ist, somit das dispositive Gesetzesrecht zugunsten des Mitversicherten abbedungen worden ist (Römer/Langheid/*Rixecker/Langheid*, § 123 Rn 5; Prölss/Martin/*Knappmann*, § 123 Rn 10). Im praktisch wichtigsten Anwendungsbereich, der **Kfz-Haftpflichtversicherung**, ist das gegeben. Nicht nur wird dem jeweiligen Mitversicherten in Ziff. A.1.2 S. 2 AKB 2015 ein solches Recht ausdrücklich eingeräumt; vielmehr ist der Kfz-HaftpflichtVR aufgrund der Vorgabe des § 2 Abs. 3 KfzPflVV gezwungen, den VV so auszugestalten. Umgesetzt ist das in Ziff. A.1.2 AKB 2015. Entsprechendes gilt gem. § 61 Abs. 2 BNotO für die Mitversicherung zugunsten von Notariatsvertretern, für Anwälte gem. § 51 Abs. 1 BRAO sowie für Rechtsanwaltsgesellschaften gem. § 59j BRAO und für Notare gemäß § 19a BNotO auch für die Tätigkeit von Personen, für die sie haften.

9   § 123 VVG ist auch zugunsten der Mitversicherten anzuwenden, die **vertraglich** über die gesetzlichen Vorgaben hinaus einbezogen werden, so etwa den Beifahrer und Omnibusschaffner in Ziff. A 1.2 AKB 2015 (MüKo/*Brand*, § 123 VVG Rn 7; *Beckmann*, in: Bruck/Möller, § 123 Rn 13). Auch insoweit sind nach § 113 Abs. 3 VVG die Regeln der Pflichtversicherung wie bei einer gegenüber der Mindestversicherungssumme erhöhten Versicherungssumme anzuwenden. Soweit auf einem anderen Gebiet der Gesetzgeber, der eine Pflichthaftpflichtversicherung anordnet, dafür nicht Sorge trägt oder die einschlägigen AVB so etwas nicht vorsehen, läuft der mit § 123 VVG angestrebte Schutz des Mitversicherten indes leer.

10 Es ist als **beeindruckende Ungereimtheit** anzusehen, dass der von der Pflichthaftpflichtversicherung angestrebte Schutz des Mitversicherten, der eigentlich zwingend sein sollte, davon abhängig ist, dass der HaftpflichtVR in seinen AGB dem Mitversicherten eine Rechtsposition einräumt, die selbst nach dem **dispositiven Gesetzesrecht nicht vorgesehen** ist (krit. auch AG Köln, VersR 1993, 824; *Johannsen*, VersR 1991, 500, 503, 505; *Schirmer*, DAR 2004, 375, 376; *Wandt*, Versicherungsrecht, Rn 1131; *Beckmann*, in: Bruck/Möller, § 123 Rn 20: Es überrascht, dass Gesetzgeber der VVG-Reform diesen Aspekt nicht aufgegriffen hat). Die gesetzliche Regelung in der Vorgängernorm des § 158i S. 1 VVG a.F. ist deshalb mit überzeugenden Gründen kritisiert worden. *Johannsen* (VersR 1991, 500, 502) hat vorgeschlagen, bei der nächsten VVG-Reform dieses Gebrechen in

der Weise zu beheben, dass der Schutz des Mitversicherten nicht von der selbstständigen Geltendmachung seiner Rechte ggü. dem HaftpflichtVR abhängig sein soll (dafür *Beckmann*, in: Bruck/Möller, § 123 Rn 20; MüKo/*Brand*, § 123 VVG Rn 15). Alternativ könnte man in § 123 VVG eine Regelung aufnehmen, dass dann, wenn die Pflichthaftpflichtversicherung **auch eine solche für fremde Rechnung** ist, der Mitversicherte stets zur eigenen Geltendmachung seiner Ansprüche gegen den HaftpflichtVR berechtigt sein soll. Das wäre meines Erachtens vorzugswürdig. Die Berufung auf Rechtsmissbrauch, um eine unsinnige Regelung zu korrigieren (darauf hinweisend MüKo/*Brand*, § 123 VVG Rn 15), ist dem ggü. bloß eine Notlösung. Soweit kein VV (mehr) besteht, kann auch eine solche Regelung keine Gültigkeit haben. Darauf abzustellen, ob die selbstständige Geltendmachung eingeräumt worden ist, sofern der Vertrag noch gültig wäre, zeigt, wie künstlich – und überflüssig – dieses Erfordernis ist.

Der **Gesetzgeber**, der die jeweilige Pflichthaftpflichtversicherung anordnet, kann ein Landesgesetzgeber, ein Verordnungsgeber, einer, der eine Satzung erlässt, oder sonst ein Organ, das keine vertieften Kenntnisse im Privatversicherungsrecht hat, sein. Der Gesetzgeber des VVG war bzgl. der Fürsorglichkeit und Kompetenz eines solchen Gesetzgebers, der eine Pflichthaftpflichtversicherung anordnet, nicht allzu optimistisch und hat deshalb in § 114 VVG sogar eine **Mindestversicherungssumme** angeordnet; dabei ist die Festlegung einer Mindestversicherungssumme bei Anordnung einer Pflichthaftpflichtversicherung im Vergleich zur Regelung der selbstständigen, von der Mitwirkung des VN unabhängigen Geltendmachung von Ansprüchen des Mitversicherten gegen den HaftpflichtVR eine auf der Hand liegende Hauptfrage. Es ist zu befürchten, dass der eine Pflichthaftpflichtversicherung anordnende Gesetzgeber die Frage der selbstständigen Geltendmachung von Ansprüchen des Versicherten gegen den HaftpflichtVR nicht bedenken und deshalb auch nicht regeln wird, weshalb der Schutz des Mitversicherten in § 123 VVG in diesen Fällen ausbleiben wird (*Schirmer*, DAR 2004, 375, 376).

11

II. Begrenzung auf die Mindestversicherungssumme und die übernommene Gefahr (§ 123 Abs. 2 S. 1 Hs. 1 VVG)

Bei Leistungspflicht ggü. dem Mitversicherten bei Leistungsfreiheit ggü. dem VN erfolgt eine Begrenzung auf die **Mindestversicherungssumme** (Römer/Langheid/*Rixecker*/*Langheid*, § 123 Rn 13; Rüffer/Halbach/Schimikowski/*Schimikowski*, § 123 Rn 5), wie das auch bei der Einstandspflicht des HaftpflichtVR ggü. dem geschädigten Dritten bei einem **kranken Deckungsverhältnis** gem. § 117 Abs. 3 S. 1 VVG der Fall ist. Der Mitversicherte kann legitimerweise nur darauf vertrauen, dass er Haftpflichtversicherungsschutz im Ausmaß der gesetzlichen Mindestversicherung erhält (*Beckmann*, in Bruck/Möller, § 123 Rn 35). Sollte der Schaden des bzw. der geschädigten Dritten darüber hinausgehen, bleibt die Einstandspflicht des Mitversicherten bestehen (Prölss/Martin/*Knappmann*, § 123 Rn 9). Dass der HaftpflichtVR ggü. dem Versicherten nicht in weitergehendem Ausmaß als bei gesundem Deckungsverhältnis einzustehen hat, somit i.R.d. übernommenen Gefahr, ist selbstverständlich (*Johannsen*, VersR 1991, 500, 503).

12

III. Erstreckung des Anwendungsbereichs: Entsprechende Anwendung während der Nachhaftung (§ 123 Abs. 4 VVG)

13 Das Hauptaugenmerk bei der Pflichthaftpflichtversicherung ist der **Opferschutz**. Der Gesetzgeber hat aber bisweilen verkannt, dass der **mitversicherte Fahrer** ebenso schutzwürdig ist wie der **geschädigte Dritte**. Aus vermögensrechtlicher Perspektive ließe sich das sogar noch akzentuieren: Wird eine Person bei einem Verkehrsunfall durch ein Kfz schwer verletzt, werden die vermögensrechtlichen Auswirkungen in erster Linie durch Leistungen von Sozialversicherungsträgern, PrivatVR, Arbeitgeber bzw. Dienstherrn abgemildert, sodass für das Verkehrsopfer die Durchsetzbarkeit des Schadensersatzanspruchs gegen die gegnerische **Haftpflichtversicherung** nur in dem dadurch **nicht gedeckten Ausmaß** bedeutsam ist. Hat der einstandspflichtige Halter oder Lenker keinen Haftpflichtversicherungsschutz, kann das für ihn bei entsprechend hoher Schadenssumme eine „**Lebenskatastrophe**" (*Johannsen*, VersR 1991, 500, 502) sein oder nüchterner ausgedrückt: Der Auslöser für die Insolvenz mit der Folge des Verlustes des bis dahin angesammelten Vermögens und eine Reihe entbehrungsreicher Jahre. Der **Mitversicherte** ist daher ebenso schutzwürdig wie der **Geschädigte** (*Beckmann*, in: Bruck/Möller, § 123 Rn 6; MüKo/*Brand*, § 123 VVG Rn 1, 2), bei Betrachtung des Schutzes durch sonstige Drittleistungen eigentlich noch mehr.

14 Während der Gesetzgeber bei der damaligen Reform des § 158i VVG a.F., die zum 1.1.1992 in Kraft getreten ist, diesen **Gleichklang nicht erkannt** hat oder seine Augen davor verschlossen hat, hat er sich im Zuge der VVG-Reform eines **Besseren besonnen**. Auslöser war eine BGH-Entscheidung (BGHZ 157, 269 = BGH, VersR 2004, 369 [*Lorenz*]) sowie m. Anm. *Schirmer*, DAR 2004, 375), der kurzgefasst folgender Sachverhalt zugrunde lag:

> **Beispiel**
> Der VN hatte trotz qualifizierter Mahnung die Prämie seiner Kfz-Haftpflichtversicherung nicht gezahlt, was zur Folge hatte, dass der **HaftpflichtVR** seinen **vorzeitigen Rücktritt** erklärte. Der HaftpflichtVR zeigte diesen Umstand aber nicht der Zulassungsstelle gem. § 29c StVZO an, sodass das Fahrzeug mit Kennzeichen weiterhin zum Verkehr zugelassen war. Der **Arbeitnehmer** des säumigen VN wusste davon nichts, als er mit dem Lkw einen Unfall mit Personenschaden verschuldete. Die Sozialversicherungsträger leisteten an das Unfallopfer Ersatz und nahmen beim Lenker nach § 116 SGB X Regress. Wegen des kranken Deckungsverhältnisses konnten sie nämlich vom HaftpflichtVR wegen des – nunmehrigen – § 117 Abs. 3 S. 2 VVG keinen Ersatz bekommen. Als der Lenker als Mitversicherter vom Kfz-HaftpflichtVR Freistellung verlangte, lehnte dieser ab.

15 Der BGH erklärte diese Ablehnung für berechtigt. In der Entscheidung fasste der BGH seine **Versuche** zusammen, die **unangemessenen Rechtsfolgen** durch eine **korrigierende Auslegung** des Gesetzeswortlauts abzumildern. Nach dem eindeutigen Wortlaut des damals geltenden § 158i VVG a.F. setzte ein Freistellungsanspruch des Mitversicherten gegen den HaftpflichtVR aber voraus, dass dieser zu einer **selbstständigen Geltendmachung** ggü. dem HaftpflichtVR berechtigt war. War aber der **Versicherungsvertrag erloschen**, konnte es keinen Anspruch des VN bzw. Mitversicherten mehr geben; und infolgedessen kam eine selbstständige Geltendmachung eines solchen Anspruchs schon gar nicht in Betracht (so bereits AG Köln, VersR 1993, 824, das die gesetzgeberische Wertung kritisiert und die

Argumentation als typische **Begriffsjurisprudenz** und deshalb zu Recht als **sachlich nicht einleuchtend** gegeißelt hatte).

Dem BGH waren die **Hände gebunden**, weil sich auch die Gesetzesmaterialien eindeutig für einen **geringeren Schutz des Mitversicherten** als des **geschädigten Dritten** ausgesprochen hatten und der Gesetzgeber in Kenntnis der Regelungslücke bewusst so entschieden hatte (das Ergebnis der Entscheidung daher zwar bedauernd, aber als **dogmatisch richtig zur Kenntnis nehmend** *Lorenz*, VersR 2004, 371; *Schirmer*, DAR 2004, 375, 377; *van Bühren*, EWiR, § 158i VVG 1/2004, 455, 456; so auch MüKo/*Brand*, § 123 VVG Rn 20: dogmatisch gut begründet, wertungsmäßig aber fragwürdig). Der Gesetzgeber hatte in Verkennung der maßgeblichen Wertungen dem Schutz des mitversicherten Lenkers damals nicht die gebührende Bedeutung beigemessen (*Johannsen*, VersR 1991, 500, 501; *Schirmer*, DAR 2004, 375, 377). Diesen **Fehlgriff** hat er **nunmehr korrigiert** (so auch Rüffer/Halbach/Schimikowski/*Schimikowski*, § 123 Rn 7).

Für den Fall der Nachhaftung des HaftpflichtVR hat er nunmehr angeordnet, dass **bis zur Anzeige** des HaftpflichtVR bei der zuständigen Stelle und **innerhalb der 1-monatigen Nachhaftungsfrist nach Zugang einer solchen Anzeige** bei dieser (§ 117 Abs. 2 S. 1 VVG) der **gutgläubige Mitversicherte** wie bei aufrechtem VV geschützt wird. Die Anordnung einer **entsprechenden** Anwendung der jeweiligen Normen ist folgerichtig, weil bei einem weggefallenen VV keine vertragliche Hauptleistungspflicht mehr besteht und deshalb auch keine solche ggü. einem begünstigten Dritten, nämlich dem Mitversicherten, bestehen kann (MüKo/*Brand*, § 123 VVG Rn 21). Wenn man diesen schützen will, bedarf es einer ausdrücklichen gesetzlichen Erstreckung der Rechtsfolgen auf diesen Fall (so bereits zu § 158i VVG a.F. Prölss/Martin/*Knappmann*, § 123 Rn 4). Das ist durch § 123 Abs. 4 VVG erfolgt.

Auch durch die vom Gesetzeber getroffene Regelung verbleibt freilich eine **Schutzlücke**, wenn die Behörde nicht innerhalb eines Monats die Tätigkeit des VN einstellt. De lege ferenda vorzugswürdig wäre bei Vorhandensein einer Behörde – so auch bei § 117 Abs. 2 S. 1 VVG – eine zeitlich unbegrenzte Nachhaftung des VR mit einem Regressanspruch gegen die Behörde für den Fall von deren schuldhafter Säumnis. Für den **geschädigten Dritten** wie für den **Mitversicherten** würden sich dann keine Schutzlücken mehr ergeben. Das Restrisiko würde dann der jeweilige VR tragen, der sich den VN immerhin ausgesucht hat, wodurch generelle Fonds wie die Verkehrsopferhilfe bei der Kfz-Haftpflichtversicherung entlastet würden. Die zusätzliche Belastung für den jeweiligen VR wäre überschaubar, der volle Schutz für den geschädigten Dritten sowie Mitversicherten aber bedeutsam, im Einzelfall sogar existenziell.

Der Mitversicherte verliert seinen Versicherungsschutz nicht nur bei eigenem Fehlverhalten, sondern auch dann, wenn er von den Fakten Kenntnis hat, die zur Leistungsfreiheit ggü. dem VN führen. Der Kenntnis steht die grob fahrlässige Unkenntnis gleich. Das ist schon deshalb sachgerecht, weil sich das Wissen in der Praxis kaum beweisen lässt (ähnlich MüKo/*Brand*, § 123 VVG Rn 34: VR wird sich schwer tun, Beweislast für Kenntnis des Versicherten zu schultern). Fraglich ist indes, ob beim Fehlen von Versicherungsschutz wegen Kündigung des VV durch den VR wegen qualifizierten Prämienverzugs der Mitversicherte bloß vom **Verzug mit der Prämie** wissen musste (dafür *Beckmann*, in: Bruck/Möller, § 123 Rn 23; weitergehend MüKo/*Brand*, § 123 VVG Rn 16: Schulden der Prämie seit längerer Zeit trotz Mahnung) oder von der **deshalb erfolgten Kündigung durch den VR**; m.E. sollte es auf letzteren Umstand ankommen. Der Versicherte darf freilich vom Bestehen des Versicherungsschutzes ausgehen. Ihn treffen keine Nachforschungspflichten (Feyock/Jacobsen/Lemor/*Jacobsen*, Kraftfahrtversicherung, § 123 Rn 9).

19 § 123 Abs. 4 VVG beendet die Diskussion über die **Reichweite** des **Schutzes** des **Mitversicherten** in der Phase der Nachhaftung. Der Mitversicherte wird nicht nur vor Regressansprüchen von SchadensVR und Sozialversicherungsträgern gem. § 117 Abs. 3 S. 2 VVG bewahrt, sondern auch vor Regressansprüchen des eigenen HaftpflichtVR gem. § 116 Abs. 1 S. 2 VVG bzw. § 117 Abs. 5 S. 1 VVG (MüKo/*Brand*, § 123 VVG Rn 25). Dies gilt auch für die Auswirkung von Wurzelmängeln des VV wie **Anfechtung** gem. §§ 119 f. und 123 BGB (Irrtum, Drohung, Täuschung), **versteckter Dissens** oder **unerkannte Geschäftsunfähigkeit** (so bereits de lege lata *Johannsen*, VersR 1991, 500, 502 unter Hinweis auf den anzustrebenden Gleichklang mit der Rechtsstellung des Realgläubigers in der Gebäude-Feuerversicherung gem. § 102 VVG a.F.; ebenso Prölss/Martin/*Knappmann*, § 123 Rn 4 f.).

IV. Leistungspflicht gegenüber dem Mitversicherten – keine Verweisung des geschädigten Dritten auf einen Sozialversicherungsträger bzw. Schadensversicherer (§ 123 Abs. 2 S. 1 Hs. 2 VVG)

20 Auch wenn eine Beschränkung auf die Mindestversicherungssumme erfolgt, handelt es sich im Verhältnis zum Versicherten um ein **gesundes Deckungsverhältnis**. Folgerichtig ist daher, dass dem **SchadensVR** sowie **Sozialversicherungsträger** ein **voller Regress** gegen den HaftpflichtVR eingeräumt wird (Prölss/Martin/*Knappmann*, § 123 Rn 10). Wäre eine Verweisung des Geschädigten auf diese Rechtsträger erfolgt, hätte das zur Folge, dass der Versicherte dem Regress dieser Gläubiger ausgesetzt gewesen wäre, was gerade vermieden werden sollte (*Johannsen*, VersR 1991, 500, 504; Römer/Langheid/*Rixecker/Langheid*, § 123 Rn 13; *Beckmann*, in: Bruck/Möller, § 123 Rn 37). Insoweit ist die **Interessenlage eine andere als beim geschädigten Dritten**, der vollen Ersatz auch dann erhält, wenn er einen Anspruch gegen einen anderen SchadensVR oder Sozialversicherungsträger erheben kann (MüKo/*Brand*, § 123 VVG Rn 29).

V. Konkurrenz zwischen der jeweils subsidiären Leistungspflicht eines Amtsträgers und eines Haftpflichtversicherers (§ 123 Abs. 2 S. 2 VVG)

21 Bei Konkurrenz eines Anspruchs gegen den HaftpflichtVR, der bei ggü. dem **VN bestehender Leistungsfreiheit** ggü. dem Versicherten leistungspflichtig geblieben ist und einem Amtshaftungsanspruch, soll es sich so verhalten wie beim kranken Deckungsverhältnis: Der Geschädigte kann den VR belangen; letztlich soll aber der **Rechtsträger** für den Schaden aufkommen (Looschelders/Pohlmann/*Schwartze*, § 123 Rn 9 f.). Im Verhältnis zum Mitversicherten liegt im Ansatz insoweit ein krankes Deckungsverhältnis vor, als

nach dem Akzessorietätsprinzip der Schutz des Mitversicherten von dem des VN abhängt, wovon aber bei einer Berechtigung des Versicherten zur eigenständigen Geltendmachung des Anspruchs gegen den VR abgesehen wird. Bei den Rechtsfolgern erfolgt zwar – wie beim kranken Deckungsverhältnis – gem. § 117 Abs. 3 S. 1 VVG eine Begrenzung auf die **Mindestversicherung**, das Verweisungsprivileg des § 117 Abs. 3 S. 2 VVG gilt aber nicht. Die Besonderheiten der Versagung der Subsidiarität des Amtshaftungsanspruchs gem. § 839 Abs. 1 S. 2 BGB bei Teilnahme des Organs am öffentlichen Verkehr ohne Inanspruchnahme von Sonderrechten nach § 35 StVO sowie die Begrenzung des Anwendungsbereichs auf das Innenverhältnis zwischen HaftpflichtVR und Rechtsträger sind die gleichen wie bei § 117 Abs. 4 VVG (*Johannsen*, VersR 1991, 500, 504).

VI. Rückgriffsanspruch des Entschädigungsfonds gegen den Mitversicherten gem. § 12 Abs. 4 S. 2 PflVG

Betrüblich ist, dass der **Gesetzgeber** im Zuge der Reform eine meines Erachtens falsche Entscheidung des OLG Braunschweig (VersR 2003, 1567) **nicht korrigiert** hat. Dieser lag folgender Sachverhalt zugrunde:

Beispiel
Der Entschädigungsfonds erhob einen Rückgriffsanspruch gegen den Fahrer eines unversicherten Fahrzeugs. Dieser berief sich darauf, dass er vom Nichtbestehen des Haftpflichtversicherungsschutzes weder wusste noch grob fahrlässig wissen müssen hätte. Das OLG Braunschweig hielt eine Berufung darauf für unberechtigt, weil § 12 Abs. 4 PflVG lediglich einen **Rechtsfolgenverweis** auf die Rechtsbeziehung zwischen **Geschädigtem** und **HaftpflichtVR** enthalte, aber keine Aussage zum Verhältnis zwischen HaftpflichtVR und VN bzw. Mitversicherten treffe.

Es erfolgte ein Verweis auf die Gesetzesmaterialien (BT-Drucks IV/2252 zu § 12 PflVG), wonach auch Eigentümer, Halter und Fahrer Melde-, Schadensminderungs- und sonstige Pflichten treffen, die ein VN oder Mitversicherter ggü. dem HaftpflichtVR zu erfüllen habe. Verletzen sie diese Pflicht schuldhaft, könne das zu einem Aufwendungsersatzanspruch des Entschädigungsfonds nach § 12 Abs. 5 PflVG führen. Die Entscheidung endete mit dem Verweis darauf, dass der Fonds zum Schutz der **Geschädigten**, **nicht** aber der **mitversicherten Personen** eingeführt worden sei (*Beckmann*, in: Bruck/Möller, § 123 Rn 42; *Sieg*, VersR 1967, 324).

Eine der **Wertungsjurisprudenz verpflichtete Auslegung** hätte ein solches Ergebnis vermieden. Der Schutz des Versicherten durch den ggü. dem Dritten verpflichteten HaftpflichtVR besteht in gleicher Weise, wenn es nicht einmal einen solchen einstandspflichtigen **HaftpflichtVR** gibt, sondern der **Entschädigungsfonds** an seine Stelle tritt. Ein umsichtiger Gesetzgeber hätte diese Botschaft für ein der Begriffsjurisprudenz verhaftetes Gericht allerdings in der Tat mit größerer Klarheit kommunizieren können, indem in § 12 Abs. 4 PflVG eine **sinngemäße Geltung der §§ 113 bis 124 VVG** angeordnet worden wäre.

Für den mitversicherten Fahrer ist die Erstreckung des Schutzes auf den Entschädigungsfonds deshalb bedeutsam, weil auch nach der Neuregelung **Rechtsschutzlücken** verbleiben. Wenn der VR die Beendigung des Versicherungsvertrags der zuständigen Stelle angezeigt hat, kommt es nach § 117 Abs. 2 S. 1 VVG zu einer **1-monatigen Nachhaftung des VR**. Der Gesetzgeber geht davon aus, dass die Zulassungsstelle innerhalb eines Monats in der Lage sein wird, vom Halter den Nachweis einer neuen Versicherung zu verlangen oder das Kfz aus dem Verkehr zu ziehen. Erfolgt das **schuldhaft** nicht, hat der geschädigte Dritte einen **Amtshaftungsanspruch des Rechtsträgers nach § 839 Abs. 1 BGB**. Fehlt es an einem solchen Verschulden, ist der **Entschädigungsfonds** einstandspflichtig, bei dem es bedeutsam ist, dass auch diesem ggü. der gutgläubige Fahrer mitversichert ist.

VII. Rückgriffsanspruch des Haftpflichtversicherers gegen den Versicherungsnehmer (§ 123 Abs. 3 VVG)

26 § 123 Abs. 3 VVG ist durchaus **missverständlich formuliert**. Soweit der HaftpflichtVR bei Leistungsfreiheit ggü. dem VN wegen der Besonderheiten der Pflichthaftpflichtversicherung für den Versicherten eine Leistung an den Dritten zu erbringen hat, kann er sich beim VN regressieren (Rüffer/Halbach/Schimikowski/*Schimikowski*, § 123 Rn 6). Eine unbefangene Lektüre des Gesetzeswortlauts sowie die Erläuterung dieser Norm bei Römer/Langheid/*Rixecker/Langheid* (§ 123 Rn 14) könnten so verstanden werden: Der HaftpflichtVR kann immer dann, wenn er dem Dritten für ein haftpflichtiges Verhalten des Versicherten leisten muss, weil er diesem die Leistungsfreiheit wegen der Besonderheiten der Pflichthaftpflichtversicherung nicht entgegen halten kann, vom **VN Rückersatz** verlangen, weil er diesem ggü. leistungsfrei ist. Gerade das ist aber **nicht gemeint**.

27 Gewollt ist vielmehr etwas ganz anderes: Häufig besteht ein Ersatzanspruch des Dritten sowohl gegen den **VN** als auch den **Versicherten**. In der Kfz-Haftpflichtversicherung ist das so, wenn der **Halter VN** ist und der **Lenker**, dem der Halter das Fahrzeug überlassen hat, einen Unfall verschuldet hat und mitversichert ist. Dann haftet der **Halter** dem Geschädigten nach § 7 StVG – nach der **Gefährdungshaftung** betragsbeschränkt – und der **Lenker** nach § 823 Abs. 1 BGB – nach der **Verschuldenshaftung** betraglich unbeschränkt. Aus dem Umstand, dass die Zahlung auch für den Mitversicherten, also den Lenker, erbracht wurde, darf aber nicht geschlossen werden, dass sie nicht auch für den Halter, den VN, erfolgt ist. Das hat zur Folge, dass wegen der letzteren Leistung, der Zahlung an den geschädigten Dritten für den Halter bzw. VN, der HaftpflichtVR von diesem wegen des kranken Deckungsverhältnisses Rückersatz verlangen kann. In der Kfz-Haftpflichtversicherung erfolgt das gem. den Vorgaben von § 5 Abs. 3 sowie § 6 Abs. 1 und 3 KfzPflVV in betraglich begrenztem Ausmaß (Looschelders/Pohlmann/*Schwartze*, § 123 Rn 11). Das Wort „**insoweit**" in § 123 Abs. 3 VVG will die **betragliche Deckungsgleichheit** der Ansprüche zum Ausdruck bringen. Gerade wegen der Betragsbeschränkung der Gefährdungshaftung beim Halter, der häufig VN ist, sowie der abweichenden Gewichtung beim Mitverschulden (§ 254 BGB) kann der Ersatzanspruch des geschädigten Dritten geringer sein als ggü. dem mitversicherten Lenker.

28 Hat der **Dritte** ggü. dem **VN**, dem ggü. im Verhältnis zum HaftpflichtVR ein **krankes Deckungsverhältnis** besteht, keinen Schadensersatzanspruch, weil der VN ausnahmsweise

nicht Halter des Fahrzeugs ist (so im Sachverhalt OLG Schleswig, NZV 1997, 442), besteht auch **kein Rückgriffsanspruch** des HaftpflichtVR gegen den VN (Looschelders/Pohlmann/*Schwartze*, § 123 Rn 11; MüKo/*Brand*, § 123 VVG Rn 32; *Wandt*, Versicherungsrecht, Rn 1133). Würde man in jedem Fall dem HaftpflichtVR einen Regressanspruch gegen den VN einräumen, würde die Verbesserung der Rechtsstellung des Versicherten mit einer Verschlechterung der Rechtsstellung des VN „erkauft", was aber nicht beabsichtigt war (*Johannsen*, VersR 1991, 500, 504; *Beckmann*, in: Bruck/Möller, § 123 Rn 40).

C. Prozessuales

Die versicherte Person hat zu beweisen, dass sie zur selbstständigen Geltendmachung berechtigt ist (Feyock/Jacobsen/Lemor/*Jacobsen*, Kraftfahrtversicherung, § 123 Rn 6). Sowohl für das eigene Fehlverhalten des Mitversicherten als auch dessen Kenntnis oder grob fahrlässige Unkenntnis in Bezug auf die Umstände, die ggü. dem VN zur Leistungsfreiheit des HaftpflichtVR führen, trifft den **HaftpflichtVR** wie ggü dem VN die **Darlegungs-** und **Beweislast** (AG Köln, VersR 1993, 824; *Johannsen*, VersR 1991, 500, 503; Looschelders/Pohlmann/*Schwartze*, § 123 Rn 12; *Beckmann*, in: Bruck/Möller, § 123 Rn 25).

29

D. Abdingbarkeit

Die Normen der Pflichthaftpflichtversicherung sind zugunsten des VN, des Versicherten und des geschädigten Dritten **zwingend**. Aus den Erläuterungen (BT-Drucks 16/3945, S. 87) ergibt sich, dass dies aus der Rechtsnatur dieser Vorschriften folgt und keiner ausdrücklichen Klarstellung bedarf.

30

§ 124 VVG Rechtskrafterstreckung

(1) Soweit durch rechtskräftiges Urteil festgestellt wird, dass dem Dritten ein Anspruch auf Ersatz des Schadens nicht zusteht, wirkt das Urteil, wenn es zwischen dem Dritten und dem Versicherer ergeht, auch zugunsten des Versicherungsnehmers, wenn es zwischen dem Dritten und dem Versicherungsnehmer ergeht, auch zugunsten des Versicherers.

(2) Ist der Anspruch des Dritten gegenüber dem Versicherer durch rechtskräftiges Urteil, Anerkenntnis oder Vergleich festgestellt worden, muss der Versicherungsnehmer, gegen den von dem Versicherer Ansprüche aufgrund des § 116 Abs. 1 Satz 2 geltend gemacht werden, diese Feststellung gegen sich gelten lassen, es sei denn, der Versicherer hat die Pflicht zur Abwehr unbegründeter Entschädigungsansprüche sowie zur Minderung oder zur sachgemäßen Feststellung des Schadens schuldhaft verletzt.

(3) Die Absätze 1 und 2 sind nicht anzuwenden, soweit der Dritte seinen Anspruch auf Schadensersatz nicht nach § 115 Abs. 1 gegen den Versicherer geltend machen kann.

§ 124 VVG

Übersicht

	Rdn
A. Normzweck	1
B. Norminhalt	4
I. Rechtskraftwirkung eines abweisenden Urteils zulasten des jeweils anderen Solidarschuldners gemäß § 124 Abs. 1 VVG	4
1. Zielsetzung der Norm	4
2. Klageabweisende Entscheidung eines Gerichts – Feststellung durch Urteil	7
3. Sachliche Dimension: Reichweite der Rechtskrafterstreckung	9
a) Haftpflichtanspruch, nicht Deckungsanspruch	9
b) Abweisung aus prozessualen Gründen	12
c) Abweisung wegen Verjährung	13
4 Persönliche Dimension: Rechtskrafterstreckung zwischen welchen Personen	29
5. Zeitliche Dimension: Abfolge der Prozesse	34
a) Priorität des abweisenden Urteils oder Gleichzeitigkeit	34
b) Abweisendes Urteil gegen den Haftpflichtversicherer nach stattgebendem Urteil gegen den Versicherungsnehmer	39
6. Rechtsbehelfe bei – vermeintlicher – Unfallmanipulation	44
a) Nachteile bei Feststehen der Haftpflicht – Bindungswirkung des Urteils im Haftpflichtprozess für den Deckungsprozess	44
b) Möglichkeiten des Haftpflichtversicherers	51
c) Ermessen des Gerichts	57
II. Regelung für das kranke Deckungsverhältnis (§ 124 Abs. 2 VVG)	61
III. Bindungswirkung von Urteilen im Deckungsprozess	66
C. Abdingbarkeit	67

A. Normzweck

1 Ist der geschädigte Dritte darauf angewiesen, den VN oder Mitversicherten zu verklagen und deren **Deckungsanspruch zu pfänden und sich überweisen zu lassen**, wird die Haftungsfrage in einem einzigen Prozess geprüft. Bei Einräumung einer **Direktklage** hat der geschädigte Dritte die Möglichkeit, den VN, den Mitversicherten und deren VR gemeinsam oder auch getrennt zu verklagen (zur zutreffenden Einschätzung, dass die Verklagung mehrerer, um diese als Zeugen auszuschalten, wenig bringt MüKo/*Schneider*, § 124 VVG Rn 1: überholtes Denken; zum Erfordernis eines vorausgehenden Schlichtungsverfahrens bei Erweiterung der Klage vom VR auf den Lenker BGH, VersR 2010, 1444 = BGH, NJW-RR 2010, 1725). Die **Direktklage** soll zu einer **Verbesserung des Opferschutzes** i.S.e. zügigeren Regulierung führen, aber nicht bewirken, dass der geschädigte Dritte nach Verlust des Prozesses gegen VN oder Mitversicherten eine **zweite Chance** erhält und den VR abermals verklagen kann sowie vice versa. Er soll daraus **keinen ungerechtfertigten Nutzen** ziehen (*H. Roth*, in: FS E. Lorenz, 2014, S. 407, 411; MüKo/*Schneider*, § 124 VVG Rn 2). Deshalb wurde eine **Rechtskrafterstreckung** in § 124 Abs. 1 VVG angeordnet, was auch der Prozessökonomie dient, damit nicht zwei Verfahren über denselben Sachverhalt geführt werden müssen (*Beckmann*, in: Bruck/Möller, § 124 Rn 4).

2 § 124 Abs. 1, 2 VVG stellt die Übernahme der Regelung aus § 3 Nr. 8 sowie 10 Satz 1 PflVG a.F. dar. **Ursprünglich** sollte bei **allen Pflichthaftpflichtversicherungen** ein Direktanspruch eingeräumt werden. Als der Direktanspruch in der Schlussphase der Gesetzgebung auf Drängen der Versicherungswirtschaft auf die in § 115 Abs. 1 Nr. 1 bis 3 VVG genannten Fälle beschränkt wurde, war dem Gesetzgeber zunächst nicht bewusst, dass die

Regelung der § 124 Abs. 1, 2 VVG überschießend war. Mit Gesetz vom 10.12.2007, BGBl I, S. 2833 hat er deshalb einen Abs. 3 hinzugefügt, der den **Anwendungsbereich** der **Rechtskrafterstreckung** auf den **Direktanspruch nach § 115 Abs. 1 VVG** beschränkt (MüKo/*Schneider*, § 124 VVG Rn 4). Bei stärkerer Sensibilität und längerer Überlegungsphase wäre auch eine Regelung zur – durchaus umstrittenen – Reichweite der Bindungswirkung des stattgebenden Haftpflichturteils, das der geschädigte Dritte ggü. dem VN oder Versicherten erlangt hat, ggü. dem HaftpflichtVR angebracht gewesen. Zudem ist die Begrenzung auf einen Anspruch nach § 115 Abs. 1 VVG m.E. zu eng. Warum sollen die in § 124 Abs. 1, 2 VVG angeordneten Rechtsfolgen nicht gelten, wenn ein Gesetz, das eine Pflichtversicherung vorschreibt, einen Direktanspruch einräumt? Und ist nicht die gleiche Interessenlage gegeben, wenn der VN oder Mitversicherte seinen Deckungsanspruch gegen den VR an den geschädigten Dritten abtritt, was der VR nach Wegfall des Anerkenntnisverbots in § 105 VVG nicht mehr verhindern kann? Der Hauptanwendungsfall ist aber nach wie vor die Kfz-Haftpflichtversicherung (*Beckmann*, in: Bruck/Möller, § 124 Rn 7).

Nach den **allgemeinen Regeln** zeitigt ein rechtskräftiges Urteil des Gläubigers gegen einen von mehreren Solidarschuldner gem. § 425 BGB sowie § 325 ZPO nur Wirkungen ggü. diesem. Davon macht § 124 Abs. 1 VVG eine **Ausnahme** (BGH VersR 1981, 1158; *Denck*, VersR 1980, 704; *Armbrüster*, r+s 2010, 441, 454; MüKo/*Schneider*, § 124 VVG Rn 2): Eine **rechtskräftige Abweisung** des Begehrens durch ein **Urteil** gegen den VN bzw. Mitversicherten oder HaftpflichtVR wirkt auch zugunsten des jeweils anderen (zur Erstreckung auf den Mitversicherten OLG Saarbrücken, OLGR Saarbrücken 2007, 351; Feyock/Jacobsen/Lemor/*Jacobsen*, Kraftfahrtversicherung, § 124 Rn 2). § 124 Abs. 2 VVG ist demggü. enger und weiter gefasst: Der VN bzw. Mitversicherte muss **jede Form** der Festlegung der Bejahung des Anspruchs sowohl zu Grund als auch zu Höhe gegen sich gelten lassen, sofern er nicht dem HaftpflichtVR nachweisen kann, dass diesem dabei **schuldhaft** ein **Fehler** unterlaufen ist. Das gilt aber nur im Verhältnis vom HaftpflichtVR zum VN bzw. Mitversicherten, nicht aber umgekehrt. Bedeutsam ist das bei Rückersatzansprüchen des HaftpflichtVR gegen den VN oder Mitversicherten bei einem **kranken Deckungsverhältnis** gem. § 116 Abs. 1 Satz 2 VVG.

B. Norminhalt

I. Rechtskraftwirkung eines abweisenden Urteils zulasten des jeweils anderen Solidarschuldners gemäß § 124 Abs. 1 VVG

1. Zielsetzung der Norm

Die Erstreckung der Rechtskraft eines abweisenden rechtskräftigen Urteils soll bewirken, dass sich ein Gericht **nicht zweimal** mit **demselben Haftpflichtanspruch** befassen muss (BGH, VersR 2008, 485 = NJW-RR 2008, 803; BGH, VersR 2003, 1121; BGH, VersR 1985, 849; BGH, VersR 1981, 1156; *Lemcke*, in: FS Wälder, 2009, 179, 188). Ist der Anspruch gegen einen der beiden Solidarschuldner rechtskräftig abgewiesen worden, soll auch der andere davon profitieren. Dem **geschädigten Dritten** wird auf diese Weise eine zweite **Durchsetzungschance abgeschnitten**, die er auch bei Fehlen eines Direktanspruchs nicht hätte: Wurde das Begehren des Geschädigten gegen den Schädiger – also den VN oder Mitversicherten – rechtskräftig abgewiesen, müsste er das hinnehmen. Bei Einräumung eines Direktanspruchs soll es nicht anders sein mit der Besonderheit, dass bei einem solchen nicht nur die Inanspruchnahme des VN oder Mitversicherten in Betracht kommt, sondern auch die des HaftpflichtVR. Es ist daher **folgerichtig**, die Rechtskrafterstreckung bei abweisendem Urteil **wechselseitig** anzuordnen, mag der Geschädigte einen Prozess gegen den Schädiger **oder** den HaftpflichtVR geführt haben. Daran sind auch Rechtsnachfolger gebunden, sofern der Rechtsübergang erst nach Rechtskraft des abweisenden Urteils ergeht, was bei einem Anspruchsübergang nach § 116 SGB X nicht der Fall ist (insoweit unzutreffend Halm/Kreuter/Schwab/*Kreuter-Lange*, AKB § 124 Rn 8).

5 Diese Beschränkung auf eine Chance und die Versagung einer zweiten, wie das nach den allg. Regeln der Solidarschuld möglich wäre, ist ein Beitrag zur **Verfahrensbeschleunigung**, weil die rechtskräftige abweisende Entscheidung gegen einen Solidarschuldner die weitere Anspruchsverfolgung gegen den anderen beendet. Es wird damit vermieden, dass **Zeit vergeudet** und ein Ergebnis erzielt wird, das rechtlich nicht vertretbar erscheint (BGH VersR 1981, 1156). § 124 Abs. 1 VVG leistet aber auch einen Beitrag dazu, dass der **HaftpflichtVR**, der im Regelfall – nämlich bei gesundem Deckungsverhältnis – **wirtschaftlich** mit der **Ersatzleistung belastet** ist, nicht mehr zahlen muss, als gesetzlich geschuldet ist (BGH, VersR 1981, 1156; OLG Stuttgart, VersR 1979, 562; *Liebscher*, NZV 1994, 215, 217; Römer/Langheid/*Rixecker/Langheid*, § 124 Rn 1 f.; Prölss/Martin/ *Knappmann*, § 124 Rn 2).

6 Die Rechtskrafterstreckung bei **abweisender Entscheidung** gilt aber auch beim kranken Deckungsverhältnis, sodass mittelbar auch der VN davon profitiert (MüKo/*Schneider*, § 124 VVG Rn 4). Das angestrebte Postulat einer **einheitlichen Entscheidung** (BGH, VersR 1981, 1156; OLG Stuttgart, VersR 1979, 562; Römer/Langheid/*Rixecker/Langheid*, § 124 Rn 3) wird indes nur unvollkommen erreicht (*Reiff*, VersR 1990, 113, 124; *Lemcke*, r+s 1993, 161): Einerseits gilt es nur bei einer **abweisenden rechtskräftigen gerichtlichen Entscheidung**, andererseits dann nicht, wenn dem eine **rechtskräftige stattgebende Entscheidung** zulasten eines der Solidarschuldner – meist des VN – vorangegangen ist. Ein stattgebendes Urteil gegen den VN bzw. Mitversicherten im Haftpflichtprozess hat jedenfalls dann Bindungswirkung für den Deckungsprozess, wenn der HaftpflichtVR die Möglichkeit hatte, sich am Haftpflichtprozess zu beteiligen, sei es durch Beistellung eines ihm weisungsunterworfenen Anwalts, sei es als Nebenintervenient (*Beckmann*, in: Bruck/ Möller, § 124 Rn 22).

2. Klageabweisende Entscheidung eines Gerichts – Feststellung durch Urteil

7 Der eindeutige Gesetzeswortlaut beschränkt die Rechtskrafterstreckung auf ein **rechtskräftiges abweisendes Urteil**, wobei das auch für eine **Teilabweisung** gilt (*Reiff*, VersR 1990, 113, 116; *Beckmann*, in: Bruck/Möller, § 124 Rn 8) sowie ein stattgebendes Urteil bei einer negativen Feststellungsklage (Looschelders/Pohlmann/*Schwartze*, § 124 Rn 5; MüKo/

Schneider, § 124 Rn 6). Daraus ist mithin abzuleiten, dass bei **rechtskräftigem Zuspruch eines bestimmten Betrags an einen Solidarschuldner** eine Ausdehnung gegen den anderen nicht in Betracht kommt (Prölss/Martin/*Knappmann*, § 124 Rn 2).

Das hat zur Folge, dass ein **Vergleich**, sei es auch ein **Prozessvergleich**, eine solche Wirkung *nicht* entfaltet (Römer/Langheid/*Rixecker/Langheid*, § 124 Rn 4; Prölss/Martin/ *Knappmann*, § 124 Rn 2). Dafür wird vorgebracht, dass § 124 Abs. 1 VVG eine **Ausnahmenorm** sei, die **restriktiv auszulegen** sei; zudem seien nur **Urteile** der **Rechtskraft zugänglich** (BGH, VersR 1985, 849). Ersteres Argument entspricht nicht mehr dem neuesten Stand der Methodenlehre (Wolf/Neuner, BGB AT, § 4 Rn 43 ff.); letzteres ist zwar zutreffend, mutet aber **begriffsjuristisch** an. Wenig überzeugend ist, warum ein HaftpflichtVR auf einem abweisenden Urteil bestehen muss, um eine entsprechende Wirkung zulasten des VN bzw. Mitversicherten zu erzielen, wenn er sich mit dem Geschädigten doch einig geworden ist. Insoweit scheint es zu einer **unnützen Vergeudung** von **Justizressourcen** zu kommen.

Für den HaftpflichtVR ist eine **erweiterte Rechtskraftwirkung** für darüber hinaus erhobene Ansprüche deshalb bedeutsam, weil das Damoklesschwert eines solchen zusätzlichen Anspruchs des Geschädigten gegen den VN oder Mitversicherten dazu führen kann, dass der VN oder Mitversicherte Freistellung im Ausmaß dieses überschießenden Betrags verlangt. Auch eine Pfändung und Überweisung dieses Anspruchs (§§ 829, 835 f ZPO) durch den Geschädigten kommt in Betracht. Eine solche unliebsame Erfahrung hat ein HaftpflichtVR machen müssen, der einen **Prozessvergleich** mit dem Geschädigten geschlossen und dabei **diesen Umstand nicht bedacht** hat (BGH, NJW 1981, 1952). Ein umsichtiger Anwalt auf Seite des HaftpflichtVR hätte in den Prozessvergleich eine Klausel aufgenommen, dass der Geschädigte sich nicht nur dem HaftpflichtVR ggü. mit dem Betrag einverstanden erklärt, über den Einigkeit erzielt wurde, sondern er darüber hinaus darauf verzichtet, weiter gehende Ansprüche gegen **solche Ersatzpflichtige** zu erheben, denen der **HaftpflichtVR Deckungsschutz** zu gewähren hat. Da durch eine umsichtige Formulierung wirtschaftlich ein entsprechendes Ergebnis erzielt werden kann, mag die Beschränkung auf das rechtskräftige abweisende Urteil wegen der damit verbundenen Rechtskraftwirkung zu billigen sein.

3. Sachliche Dimension: Reichweite der Rechtskrafterstreckung

a) Haftpflichtanspruch, nicht Deckungsanspruch

Der Zweck des § 124 Abs. 1 VVG liegt darin, dass vermieden werden soll, dass bei Zugrundelegung des identischen Sachverhalts über Abweisung des Anspruchs über **dieselbe Haftungsfrage** ein **zweites Mal** – womöglich unterschiedlich – entschieden wird (*Denck*, VersR 1980, 704, 709). Insoweit kommt es zu einer Rechtskrafterstreckung, auch bei einem Teilurteil gegen einen Solidarschuldner (MüKo/*Schneider*, § 124 VVG Rn 11), nicht jedoch bei einem Adhäsionsverfahren, weil sich der HaftpflichtVR in einem solchen nicht als Streithelfer des VN oder Mitversicherten beteiligen kann (*Foerster*, JZ 2013, 1143, 1144). Betroffen ist das **Haftpflichtverhältnis, nicht** das **Deckungsverhältnis**. Liegt die Abweisung des Direktanspruchs des Geschädigten gegen den HaftpflichtVR im **Deckungsverhältnis** begründet, kommt es gerade zu **keiner Rechtskrafterstreckung** bei einem abweisenden Urteil (*Beckmann*, in: Bruck/Möller, § 124 Rn 19). Anhand einzelner Ausprägungen soll verdeutlicht werden, in **welchen Fällen** es trotz Abweisung des Klagebegehrens gegen einen Solidarschuldner – meist gegen den HaftpflichtVR – nicht zu einer Abweisung gegen den anderen, meist den Schädiger, also den VN oder Mitversicherten, nach § 124 Abs. 1 VVG kommt:

10 Der HaftpflichtVR haftet nur i.R.d. **versicherten Risikos**. Weist das Gericht das Klagebegehren gegen den HaftpflichtVR ab, weil es zwar die **Haftung des Schädigers bejaht**, aber – irrtümlich – meint, dass dieses schädigende Verhalten nicht vom versicherten Risiko erfasst sei, ist weiterhin ein stattgebendes Urteil gegen den Schädiger möglich (BGH, VersR 1981, 1158; *Gottwald/Adolphsen*, NZV 1995, 129, 130). So ist das, wenn das Gericht fälschlich annimmt, dass das versicherte Risiko bei der Kfz-Haftpflichtversicherung nur für Unfälle bei **Betrieb** eines Fahrzeugs bestehe, nicht aber bei **Gebrauch** (a.A. OLG Hamm, VersR 1999, 882, wenn auch nur incidenter; OLG Schleswig, VersR 2003, 588). Verlangt der Geschädigte auch vom HaftpflichtVR **Naturalrestitution**, die er zwar vom Schädiger gem. § 249 Abs. 1 S. 1 BGB verlangen kann, wegen § 115 Abs. 1 S. 3 VVG aber nicht vom HaftpflichtVR, führt die Abweisung der Klage gegen den HaftpflichtVR nicht zur Rechtskrafterstreckung zugunsten des VN (*Beckmann*, in: Bruck/Möller, § 124 Rn 20).

11 Wird die Einstandspflicht des HaftpflichtVR abgelehnt, weil der Schädiger **vorsätzlich** gehandelt hat, wodurch er den Risikoausschluss des § 103 VVG verwirklicht hat, bleibt es selbstverständlich bei der Einstandspflicht des VN (KG, VersR 1989, 1188; *Denck*, VersR 1980, 704, 709). Entsprechendes gilt bei der **Subsidiarität der Haftung** gem. § 117 Abs. 3 S. 2 VVG, die dazu führt, dass SchadensVR und Sozialversicherungsträger keinen Regressanspruch gegen den ggü. dem VN leistungsfreien HaftpflichtVR erheben können (BGH, VersR 1981, 1158; BGHZ 63, 51 = BGH, VersR 1974, 1117; *Liebscher*, NZV 1994, 215, 216; *Gottwald/Adolphsen*, NZV 1995, 129, 132). Endet die **Nachhaftungsfrist** nach § 117 Abs. 2 VVG, wird das Begehren gegen den HaftpflichtVR abgewiesen; der Schädiger bleibt jedoch verpflichtet (Prölss/Martin/*Knappmann*, § 124 Rn 8). Ebenso verhält es sich, wenn der Geschädigte einen Anspruch erhebt, der über die **Deckungssumme** hinausgeht.

b) Abweisung aus prozessualen Gründen

12 Die Rechtsfolge des § 124 Abs. 1 VVG tritt ein, wenn eine Abweisung aus **sachlichen**, also **materiell-rechtlichen** Gründen erfolgt (*Beckmann*, in: Bruck/Möller, § 124 Rn 12). Sie scheidet somit bei **bloß prozessualen** Gründen aus (*Beckmann*, in: Bruck/Möller, § 124 Rn 18; MüKo/*Schneider*, § 124 VVG Rn 7), wenn etwa eine Abweisung wegen **Unzuständigkeit** erfolgt (BGH, VersR 2003, 1121; BGH, VersR 1981, 1158) oder infolge **fehlender Aktivlegitimation**, weil eine Rückzession noch nicht erfolgt ist (Prölss/Martin/*Knappmann*, § 124 Rn 8).

c) Abweisung wegen Verjährung

Besondere Probleme ergeben sich bei Abweisung des Begehrens gegen den HaftpflichtVR wegen Verjährung. In der Entscheidung BGH VersR 1979, 841 wurde bei rechtskräftiger Abweisung des Begehrens gegen den Fahrer wegen Eintritts der Verjährung eine Rechtskrafterstreckung auf den HaftpflichtVR verneint, weil es sich „bloß" um den Eintritt der **Verjährung** gehandelt habe. Diese Entscheidung wurde von *Rixecker* (Römer/Langheid/*Rixecker*, § 124 Rn 3, 8; krit. auch Prölss/Martin/*Knappmann*, § 124 Rn 4) **zu Recht heftig kritisiert**, wobei der BGH freilich schon in dieser Entscheidung auf die Besonderheiten des Falls hingewiesen hatte: Die Abweisung gegen den Lenker wegen Verjährung war unberechtigt, weil es zu einer **Schadensmeldung beim Kfz-HaftpflichtVR** kam, wodurch nach dem nunmehrigen § 115 Abs. 2 S. 4 VVG, der dem § 3 Nr. 3 S. 4 PflVG a.F. entspricht, eine **Hemmung** eingetreten war, was das Erstgericht nicht erkannt hatte. Zudem ist nicht nachvollziehbar, warum der rechtzeitig erhobene Anspruch gegen den Halter abgewiesen wurde, wenn ein Verschulden des Lenkers bejaht wurde. Das Gericht hat offenbar eine **„Billigkeitsentscheidung"** getroffen (so auch die Einschätzung von MüKo/*Schneider*, § 124 VVG Rn 7). Es hat ausgesprochen, dass die anspruchsberechtigten Hinterbliebenen – die Witwe und die Kinder – bei einem Verkehrsunfall des geschiedenen Ehemanns und Vaters, für den die nunmehrige Ehefrau verantwortlich war, **nicht** auf die **Anwaltshaftpflicht** verwiesen werden sollen. Womöglich sollte auch der Anwalt zulasten des Kfz-HaftpflichtVR geschont werden.

Der BGH hat sich um eine **dogmatische Abstützung** des „gerecht erscheinenden" Ergebnisses bemüht: Er hat die Berufung des HaftpflichtVR auf die Abweisung des Anspruchs gegen den Lenker wegen Verjährung als **sittenwidrig gem. § 826 BGB** qualifiziert, weil dieser wusste, dass der Anspruch nicht verjährt war und an einer Abweisung mitgewirkt hat. Dieser **Rettungsanker** ist aber **wenig fundiert**, weil der Beklagte durch sein Bestreiten stets dazu beiträgt, dass es zu einer Abweisung kommt; und jede Kenntnis darüber, dass ein Gericht die Rechtslage zum eigenen Vorteil falsch beurteilt mit der Sanktion der Sittenwidrigkeit und dem daraus folgenden Verbot der Berufung darauf zu belegen, würde zu einer **unerträglichen Ausweitung** der **Rechtsunsicherheit** in Bezug auf rechtskräftige Urteile führen (so auch MüKo/*Schneider*, § 124 VVG Rn 7: dogmatisch kaum zu rechtfertigen).

Diese Imponderabilien hat der BGH selbst erkannt und in der Folge-Entscheidung (BGH, VersR 2003, 1121) ausgesprochen, dass er daran nicht mehr festhalte und die Abweisung wegen **Verjährung keine** aus **prozessualen Gründen** sei, sondern eine mit **sachlicher Begründung**, die zu einer Rechtskrafterstreckung zulasten des jeweils anderen Solidarschuldners führe (jedenfalls für eine Begrenzung der Entscheidung BGH, VersR 1979, 841 auf den entschiedenen Einzelfall Prölss/Martin/*Knappmann*, § 124 Rn 4). In dem Bestreben, die Abweisung wegen Verjährung als sachlichen Grund wie jeden anderen zu behandeln, hat das Gericht allerdings in anderer Weise über das Ziel hinausgeschossen. Es ging um folgenden Sachverhalt:

Ein Sozialhilfeträger hatte mehr als zehn Jahre nach dem Unfall davon erfahren, dass Ursache der Verletzung, die seine Pflicht zur Erbringung von Sozialleistungen ausgelöst hatte, ein Unfall war, für den der Kfz-HaftpflichtVR einstandspflichtig ist. Der Sozialhilfeträger hat routinemäßig – nach einigen Verschleppungsversuchen des Kfz-HaftpflichtVR – sowohl den **Schädiger** als auch den **Kfz-HaftpflichtVR** verklagt. Gegen den Kfz-HaftpflichtVR musste das Begehren gem. § 115 Abs. 2 S. 2 Hs. 2 VVG – dem damals inhaltsgleichen § 3 Nr. 3 S. 2 Hs. 2 PflVG a.F. – abgewiesen werden, weil der Gesetzgeber dafür eine absolute, ab dem Eintritt der Verletzung beginnende Verjährungsfrist von 10 Jahren angeordnet hatte. Das hat der Sozialhilfeträger nach Abweisung des Begehrens gegen den Kfz-HaftpflichtVR in 1. Instanz auch akzeptiert und **lediglich ein Rechtsmittel gegen die Abweisung gegen den VN** ergriffen.

17 Der BGH bestätigte dabei die vom Berufungsgericht ausgesprochene Abweisung gegen den VN unter Hinweis auf die **Rechtskrafterstreckung** des § 124 Abs. 1 VVG – dem inhaltsgleichen § 3 Nr. 8 PflVG a.F. Er begründete dies damit, dass man es dem HaftpflichtVR ermöglichen müsse, innerhalb von **10 Jahren** den **Akt** zu **schließen**. Das wirke sich zulasten des Anspruchstellers aus, wovon der VN profitiere. *Littbarski* (*Littbarski*, EWiR, § 3 PflVG 1/2003, 1203 f.) spendete der Entscheidung Beifall, indem er bemerkte, dass sie von **sachgerechten Erwägungen** getragen sei, weshalb ihr **uneingeschränkt zugestimmt** werden könne. Mit viel schärferem Blick haben *Schirmer/Clauß* (*Schirmer/Clauß*, in: FS E. Lorenz, 2004, S. 775, 794 f.) die Entscheidung analysiert und sind zu dem – zutreffenden – **gegenteiligen Ergebnis** gelangt.

Sie haben völlig zu Recht ins Feld geführt, dass die Argumentation des BGH nur dann schlüssig wäre, wenn auch ein **isoliertes Begehren** gegen den Schädiger abzuweisen wäre. Ein solches Ergebnis verbiete sich aber deshalb, weil durch die Einführung der action directe die **Rechtsstellung** des **Geschädigten verbessert**, keinesfalls aber verschlechtert werden sollte. Die dem Geschädigten gegen den Schädiger bei einem Personenschaden gem. § 199 Abs. 2 BGB von der Kenntnis oder grob fahrlässigen Unkenntnis der Anspruchsvoraussetzungen unabhängige normale **30-jährige Frist** dürfe nicht deshalb angetastet werden, weil der Anspruch des Geschädigten gegen den **HaftpflichtVR** einer **kürzeren Frist** unterworfen sei. Die Ausführungen gipfeln in dem Satz, der BGH zücke ein **stumpfes Schwert** aus **falschem Grund**. *Schirmer* (*Schirmer*, ZVersWiss Supplement Jahrestagung 2006, 427, 449) resümierte 2 Jahre später, dass in Zukunft der **Wissende** nur den Schädiger selbst in Anspruch nehmen werde, um ein Urteil gegen den Kfz-HaftpflichtVR wegen der Höchstfristverjährung zu vermeiden. Die außergerichtliche Regulierung sowie eine geschickte Prozessführung werden dazu führen, dem **Urteil** zu **keiner besonderen Blüte** zu verhelfen. Deshalb habe der **Gesetzgeber keinen Handlungsbedarf** gesehen.

18 In der **Entscheidung** BGH, VersR 2007, 371 (BGH, VersR 2007, 371 = BGH r+s 2007, 125 [*Lemcke*]) vollzieht das Höchstgericht nunmehr eine **gewisse Kehrtwende**. Dieses Mal hatte der Sozialversicherungsträger nach Kenntnis von einem länger als **10 Jahre** zurückliegenden Unfall **nicht** den **HaftpflichtVR** verklagt, sondern **allein** den **Schädiger**. Der BGH sprach – durchaus den Argumenten von *Schirmer/Clauß* (*Schirmer/Clauß*, in: FS E. Lorenz, 2004, S. 779 ff.) folgend, freilich ohne diese zu zitieren – aus, dass die negative Rechtskrafterstreckung des § 124 Abs. 1 VVG (§ 3 Nr. 8 PflVG a.F.) eine abwei-

sende Entscheidung gegen die Kfz-Haftpflichtversicherung voraussetzen würde, an der es gerade fehle. Und eine **analoge Anwendung** komme nicht in Betracht, weil es sich um eine Ausnahmevorschrift handle; zudem solle durch die Möglichkeit einer Direktklage gegen den KfZ-HaftpflichtVR die Stellung des Unfallopfers nicht verschlechtert werden (so auch *Lemcke*, r+s 2007, 126; *Müller/Matlach*, zfs 2007, 366, 367); und i.Ü. komme dem **Opferschutz höhere Bedeutung** zu als dem Interesse des HaftpflichtVR an der **zeitnahen Schließung** seiner **Akte**; der HaftpflichtVR muss sich bei Verurteilung des VN gefallen lassen, dass dieser Freistellung von ihm verlangt, sodass er auch nach Ablauf der **10-Jahresfrist** weiterhin zahlen muss. Diese Wertung zugunsten des Opferschutzes und zulasten des HaftpflichtVR hatte in der Vorentscheidung noch ganz anders geklungen.

Müller/Matlach (*Müller/Matlach*, zfs 2007, 366 ff.) stimmen dieser Entscheidung aus der Perspektive der **Sozialversicherungsträger** verständlicherweise zu. Wenn sie den Opferschutz betonen, dann ist zu ergänzen, dass diejenigen, die davon hauptsächlich profitieren, **nicht** die **Unfallopfer selbst**, sondern deren **Rechtsnachfolger**, nämlich die Sozialversicherungsträger, sind. Diese müssen freilich in jedem Fall leisten, ob ihnen ein durchsetzbarer Regressanspruch gegen den Kfz-HaftpflichtVR zusteht oder nicht; was **verbessert** wird, ist deren **Refinanzierung**. Und da nach *Müller/Matlach* (*Müller/Matlach*, zfs 2007, 366, 368) in 15 % der Fälle eine Pflicht zur Erbringung von Sozialleistungen durch einen Unfall ausgelöst wird, der länger als **10 Jahre** zurückliegt und für den häufig ein Kfz-HaftpflichtVR einstandspflichtig ist, handelt es sich um einen Vorgang, dessen wirtschaftliche Bedeutung über den Einzelfall hinausgeht. Für den betroffenen regionalen Sozialversicherungsträger ging es etwa um Regresseinnahmen von **2,3 Mio. EUR pro Jahr**.

Lemcke (*Lemcke*, r+s 2007, 126, 127) weist zu Recht darauf hin, dass die direkte Inanspruchnahme des Kfz-HaftpflichtVR zu einer **gefährlichen Fallgrube** werden könne, die der Sozialversicherungsträger dadurch umgehen könne, dass er **nur gegen den Schädiger** vorgeht. *Müller/Matlach* (*Müller/Matlach*, zfs 2007, 366, 369) präzisieren das, indem sie darauf verweisen, dass zwar die Korrespondenz mit dem HaftpflichtVR geführt werden könne, aber immer penibel darauf zu achten sei, dass dieser **nur als Vertreter** des VN oder Mitversicherten belangt werde. Auch eine Anmeldung des Anspruchs beim HaftpflichtVR sei zu unterlassen, um nicht den „Vorwand" für die Berechtigung zu einer negativen Feststellungsklage des Kfz-HaftpflichtVR gegen den Sozialversicherungsträger auszulösen, womit der Kfz-HaftpflichtVR die Rechtskrafterstreckung gegen den VN bzw. Mitversicherten gem. § 124 Abs. 1 VVG bewirken und damit eine Abweisung des Begehrens auch gegen diesen erreichen könne.

Meines Erachtens sollte sich der BGH bei nächstbietender Gelegenheit von der Entscheidung BGH, VersR 2003, 1121 vollkommen distanzieren. Der vom BGH in den beiden Entscheidungen gewiesene Weg ist nämlich eine **klassische Falle** für den **Sozialversicherungsträger** und dessen Anwalt, wenn sie die BGH-Judikatur nicht bis ins letzte Detail kennen (*Lemcke*, in: FS Wälder 2009, 179, 188: „**teuflische Falle**"; zur **möglichen Anwaltshaftung** *Huber*, HAVE 2009, 91, 99). Auf eine Anmeldung des Anspruchs beim gegnerischen Kfz-HaftpflichtVR und eine damit bewirkte weitergehende Hemmung der Verjährung gem. § 115 Abs. 2 S. 3 VVG muss verzichtet werden, um keine negative Feststellungsklage zu „provozieren". Schließlich sind damit nicht alle Fälle befriedigend zu lösen. Dass Sozialversicherungsträger und deren Anwälte Rechtsnachteile in Kauf nehmen müssen, wenn sie nicht aufpassen, wäre eher noch hinzunehmen. Man könnte sich damit beruhigen, dass es solche treffe, die **rechtlich versiert** sein sollten. Viel schwerer wiegen die damit nicht lösbaren Fälle, jedenfalls zum alten Recht:

22 Wenn bei **Möglichkeit** einer **Direktklage** der Geschädigte – oder auch sein Rechtsnachfolger – **allein** den **Schädiger** in Anspruch nimmt, nicht aber zugleich den Kfz-HaftpflichtVR, soll er bei **Zahlungsunfähigkeit** des Schädigers die **Prozesskosten nicht ersetzt** bekommen (BGHZ 69, 153 = BGH, NJW 1975, 495; OLG Düsseldorf, VersR 1976, 1162). Behauptet wird, dass der Geschädigte stets im wohlverstandenen eigenen Interesse handle, wenn er **alle Schuldner**, also VN, Mitversicherte und HaftpflichtVR, **gleichzeitig** belange (Römer/Langheid/*Rixecker/Langheid*, § 124Rn 5). Ich halte diese Entscheidung und die ihr folgende Literaturmeinung für falsch, weil es nicht angehen kann, dem Geschädigten zwei – im Prinzip gleichberechtigte – Wege der Rechtsdurchsetzung zu eröffnen, dann aber einen mit Kostenfolgen, nämlich der Nichtüberwälzbarkeit der Kosten auf den HaftpflichtVR selbst im Fall des Obsiegens gegen dessen VN, zu sanktionieren. Das ist jedenfalls dann unangemessen, wenn der HaftpflichtVR i.R.d. **Prozessmuntschaft** den Prozess geführt hat oder von der Erhebung der Klage gegen den VN oder Mitversicherten wenigstens verständigt wurde.

23 Bei einer solchen Unterlassung sehen die §§ 119 Abs. 2, 120 VVG die entsprechende Rechtsfolge ohnehin vor; aber eben nur bei **Unkenntnis** des **HaftpflichtVR** aus **Verschulden** des **geschädigten Dritten**. Nach der referierten BGH-Entscheidung steht aber der Geschädigte vor der Alternative des Verlustes der Prozesskosten oder der Nichtdurchsetzbarkeit des Anspruchs, somit **zwischen Scylla und Charybdis**. Es trifft jedenfalls in diesem Fall **nicht** zu, dass die Geltendmachung ggü. allen möglichen Ersatzpflichtigen in seinem wohlverstandenen eigenen Interesse liege. Nach der BGH-Rechtsprechung schaufelt er sich damit vielmehr sein **eigenes Grab**. Dieses Problem sollte man überwinden, wenn man diese Rechtsprechung an sich für falsch hält oder zumindest im konkreten Fall für nicht anwendbar.

24 Bei **krankem Deckungsverhältnis** hatte der Gesetzgeber im Einleitungssatz von § 3 PflVG angeordnet, dass die §§ 158c bis 158f VVG a.F. für die Pflichthaftpflichtversicherung nicht gelten. Das hatte zur Folge, dass der Geschädigte bei **krankem Deckungsverhältnis** nach einem rechtskräftigen Urteil gegen den VN nicht mehr dessen Deckungsanspruch pfänden und sich überweisen lassen, sondern nur noch den Kfz-HaftpflichtVR direkt belangen konnte. Wiederum führt die BGH-Rechtsprechung dazu, dass der SozialVR zwar gegen den **Kfz-HaftpflichtVR** vorgehen kann, bei diesem aber scheitert, weil der Anspruch wegen Ablauf der **10-Jahresfrist** verjährt ist oder er den Schädiger verklagen kann, bei dem er aber lediglich in dessen Privatvermögen die Zwangsvollstreckung betreiben kann, weil eine Pfändung des fiktiven Deckungsanspruchs nicht möglich ist; eine Wahl zwischen Not und Elend!

25 Dagegen wird man sogleich anführen, dass ein **Sozialversicherungsträger** bei **Leistungsfreiheit** des HaftpflichtVR ggü. dem VN ohnehin keinen Regressanspruch hat, weil ihm

ein solcher gegen den Kfz-HaftpflichtVR wegen der **Subsidiarität** von dessen Haftung gem. § 117 Abs. 3 S. 2 VVG nicht zusteht. Dem ist allerdings zu entgegnen, dass dies für Regressgläubiger, die Leistungen aufgrund staatlicher Fürsorge zu erbringen haben, nicht gilt; und in BGH, VersR 2003, 1121 war der Regressgläubiger denn auch ein **Sozialhilfeträger**, mag es auch nicht um ein krankes Deckungsverhältnis gegangen sein.

Es ist durchaus einzuräumen, dass es sich dabei um einen **Ausnahmefall** handelt. Aber ein vom BGH gewiesener Weg muss sich auch bei diesem bewähren. Das ist nicht der Fall. Einzuräumen ist, dass das **neue VVG** eine – womöglich gar nicht beabsichtigte – **Änderung der Rechtslage** bewirkt hat. Die Sperrklausel des Einleitungssatzes des § 3 PflVG wurde in den Abschnitt zur Pflichthaftpflichtversicherung im VVG nicht übernommen, sodass der Geschädigte auch bei krankem Deckungsverhältnis sowohl den HaftpflichtVR gem. § 115 Abs. 1 S. 2 VVG direkt belangen oder gem. § 117 Abs. 1 VVG den Umweg über ein rechtskräftiges Urteil gegen den VN sowie die anschließende Pfändung und Überweisung gem. den §§ 829, 835 ZPO von dessen fiktivem Deckungsanspruch beschreiten kann.

26

Dessen ungeachtet sollte die rechtskräftige urteilsmäßigen Abweisung des Begehrens gegen den Kfz-HaftpflichtVR wegen Ablaufs der **10-jährigen Verjährungsfrist** des § 115 Abs. 2 S. 2 Hs. 2 VVG nicht zu einer Rechtskrafterstreckung auf den Anspruch des Geschädigten gegen den VN führen. Der Sozialversicherungsträger als Rechtsnachfolger des Geschädigten wandelt nämlich auf einem sehr **schmalen Grat**: Einerseits muss er den Kfz-HaftpflichtVR von dem Versicherungsfall **verständigen,** um bei der Pfändung des Deckungsanspruchs eine **Bindungswirkung** in Bezug auf den Haftpflichtanspruch zu bewirken; andererseits darf er diesen aber **keinesfalls direkt belangen**, weil er dann in die Verjährungsfalle tappt. Das wird womöglich nicht jedem Sachbearbeiter einer Regressabteilung eines Sozialversicherungsträgers ausreichend plausibel zu vermitteln sein (dazu *Lemcke*, in: FS Wälder 2009, 179, 189; BGH, VersR 2007, 371 = r+s 2007, 125 [*Lemcke*]). Erlaubt sei die Frage: Sind **alle** Sozialversicherungsträger mitsamt deren Anwälten so „clever"?

27

Dogmatisch sauber begründen lässt sich die Ausklammerung der Rechtskrafterstreckung bei rechtskräftig abweisender Entscheidung ggü. dem HaftpflichtVR damit, dass § 124 Abs. 1 VVG lediglich dazu dient, dass das Gericht die Haftungsfrage nach einer ersten rechtskräftigen Abweisung nicht abermals nach **demselben Sachverhalt** zu beurteilen hat. Und in Bezug auf die **unterschiedliche Verjährungsfrist** ist eben gerade **kein identischer Sachverhalt** gegeben, sodass die Rechtskrafterstreckung bei abweisendem Urteil gegen den HaftpflichtVR wegen Ablaufs der **10-Jahres-Frist** eben auch nicht greifen kann (für diese Lösung Sympathie bekundend, aber auch auf die Gegenargumente hinweisend *Beckmann*, in: Bruck/Möller, § 124 Rn 14, 16). Auch in Bezug auf die Abweisung des Begehrens ggü. dem HaftpflichtVR aus Gründen des **Deckungsverhältnisses** oder aus **prozessualen Gründen** kommt es für die Rechtskrafterstreckung auf die **Urteilsgründe** an.

28

4. Persönliche Dimension: Rechtskrafterstreckung zwischen welchen Personen

29 Nach dem Wortlaut des § 124 Abs. 1 VVG ist das Verhältnis der Rechtsbeziehung zwischen dem geschädigten **Dritten** und dem **VN** einerseits und dem geschädigten **Dritten** und dem **HaftpflichtVR** andererseits erfasst. Über den Wortlaut hinaus wird zu Recht auch das Verhältnis der Rechtsbeziehung zwischen dem geschädigten Dritten und dem **Mitversicherten** sowie dem geschädigten Dritten und dem für diesen einstandspflichtigen **HaftpflichtVR** einbezogen (Prölss/Martin/*Knappmann*, § 124 Rn 2).

30 Zu **keiner** Rechtskrafterstreckung kommt es aber, wenn der Geschädigte in der Kfz-Haftpflichtversicherung zunächst nur den **Lenker** – und dazu die Kfz-Haftpflichtversicherung – belangt, nicht aber den **Halter** oder umgekehrt (BGHZ 96, 18 = BGH, NJW 1986, 1610 = VersR 1986, 153; OLG Saarbrücken, NJW-RR 2010, 326; OLG Bremen, VersR 1984, 1084; *Lemcke*, r+s 1993, 161; MAH-VersR/*Schneider* § 24 Rn 181; *Beckmann*, in: Bruck/Möller, § 124 Rn 11). Das mag aus der Sicht der Versicherungswirtschaft ärgerlich sein, ergibt sich aber unmissverständlich aus dem Wortlaut (Römer/Langheid/*Rixecker/ Langheid*, § 124 Rn 4). Das kann auch nicht anders sein, kann doch etwa die Mitverschuldensabwägung ggü. dem Halter anders – nämlich typischerweise geringer – ausfallen als ggü. dem Lenker (so in dem Sachverhalt BGH, VersR 1971, 611).

31 Folgerichtig ist es dann aber, dass Entsprechendes nicht nur gilt, wenn Halter und Lenker **zwei verschiedene Personen** sind, sondern auch dann, wenn Halter und Lenker – und dann häufig auch noch VN – in **einer Person** zusammenfallen und der Geschädigte sich nicht auf **alle in Betracht kommenden Anspruchsgrundlagen** stützt, sondern nur auf die Verschuldens- **oder** Gefährdungshaftung (OLG Saarbrücken, NJW-RR 2010, 326; *Lemcke*, in: FS Wälder, 2009, 179, 189 f.). Insoweit ist das Klagebegehren bzw. das Urteil auszulegen. Die Folge ist, dass es trotz abweisenden Urteils bzgl. eines Schädigers oder einer Anspruchsgrundlage zu keiner Rechtskrafterstreckung nach § 124 Abs. 1 VVG zugunsten des HaftpflichtVR wegen der jeweils anderen Anspruchsgrundlage oder des anderen Schädigers kommt, und zwar auch dann nicht, wenn der **HaftpflichtVR mitverklagt** ist. Insoweit geht es **nicht um denselben Sachverhalt**. Will der HaftpflichtVR die Akte schließen, könnte eine **negative Feststellungsklage** in Betracht kommen. Das will aus seiner Sicht aber wohl überlegt sein, ist es doch meist nicht die Intention des HaftpflichtVR, schlafende Hunde zu wecken (skeptisch bezüglich des Rechtsschutzinteresses des Kfz-HaftpflichtVRs *Lemcke*, in: FS Wälder, 2009, 179, 189).

32 Nur wenn der Geschädigte gegen den VN – und soweit Mitversicherte vorhanden sind auch gegen diese – Klage erhebt und ein **rechtskräftiges abweisendes Urteil** wegen **jeder erhobenen Anspruchsgrundlage** ergeht, führt dies zu einer **Rechtskrafterstreckung** zugunsten des HaftpflichtVR (so BGH, VersR 1981, 1156: zunächst Verklagung von Halter, Fahrer und HaftpflichtVR; nach Abweisung Berufung nur gegen abweisendes Urteil ggü. HaftpflichtVR, sodass Abweisung gegen Halter und Lenker rechtskräftig geworden sind). Bei **Personenidentität** wird im Zweifel (aber nur dann!) anzunehmen sein, dass der Geschädigte **alle möglichen Ansprüche** in Bezug auf **alle** in Betracht kommenden An-

spruchsgrundlagen geltend machen will (Prölss/Martin/*Knappmann*, § 124 Rn 2 ff., 8; *Beckmann*, in: Bruck/Möller, § 124 Rn 24).

Das gilt auch vice versa, wenn der Geschädigte den HaftpflichtVR verklagt und sein Begehren auf alle in Betracht kommenden Anspruchsgrundlagen stützt (MüKo/*Schneider*, § 124 VVG Rn 9: Das im Zweifel anzunehmen), wobei zu beachten ist, dass die Haftung von Halter und Lenker unterschiedlich ausfallen kann, sei es wegen der **Gewichtung des Mitverschuldens**, sei es wegen der nach § 12 StVG betragsbeschränkten Haftung des Halters (zur unterschiedlichen Tenorierung der Urteile gegen Halter, Lenker und Kfz-HaftpflichtVR unter Berücksichtigung von betragsbeschränkter Haftung, betraglich unbegrenzter Haftung sowie auf die Versicherungssumme begrenzter Haftung Halm/Kreuter/Schwab/*Kreuter-Lange*, AKB § 124 Rn 2). Einzuräumen ist, dass die **Rechtskrafterstreckung** strikt zwischen Person und Anspruchsgrundlage trennt, während die Reichweite der **Hemmung** der **Verjährung** gem. § 115 Abs. 2 S. 3 VVG nach einem viel großzügigeren Maßstab beurteilt wird; insoweit genügt die Schadensmeldung als solche. Zu beachten ist indes, dass der Präzisierungsmaßstab zu Recht unterschiedlich beurteilt wird, je nach dem, ob eine **erstmalige Schadensmeldung** erfolgt oder ob ein solcher Anspruch gerichtlich geltend gemacht und darüber ein **rechtskräftiges Urteil** gefällt wird.

5. Zeitliche Dimension: Abfolge der Prozesse

a) Priorität des abweisenden Urteils oder Gleichzeitigkeit

Der vom **Gesetzgeber** vorgesehene **Prototyp** ist der Ablauf von **zwei getrennten Prozessen**, bei denen in einem ein rechtskräftiges abweisendes Urteil ergeht. Dieses frühere Urteil bewirkt dann für den noch schwebenden Prozess, dass auch in diesem **unabhängig** vom **Sach- und Streitstand** ebenfalls eine Abweisung zu erfolgen hat (BGH VersR 1981, 1158; *Weber*, VersR 1985, 1108; Prölss/Martin/*Knappmann*, § 124 Rn 3).

Sind zwei Ansprüche in **letzter Instanz** vom **BGH** zu beurteilen, erwächst die Abweisung eines Begehrens sogleich in Rechtskraft, weil gegen eine Entscheidung des obersten Gerichts kein Rechtsmittel zulässig ist. Das **jeweils andere Begehren** ist dann unabhängig vom Sach- und Rechtstand **abzuweisen** (BGH, VersR 1981, 1158; BGHZ 71, 339 = BGH, VersR 1978, 862; *Reiff*, VersR 1990, 113, 116 f.; Looschelders/Pohlmann/*Schwartze*, § 124 Rn 8). Diese Rechtsfolge wird auch bei **nicht anfechtbaren abweisenden Urteilen** der **Tatgerichte** angenommen (OLG Köln, r+s 1996, 176; OLG Köln, VersR 1992, 1275; OLG Karlsruhe, VersR 1991, 539; OLG, Karlsruhe, VersR 1982, 860; OLG Brandenburg, VersR 2009, 1352; *Lemcke*, r+s 1993, 161; Prölss/Martin/*Knappmann*, § 124 Rn 3 ff.). *Lemcke* (*Lemcke*, VersR 1995, 989, 990) weist darauf hin, dass in der Berufungsinstanz in fast allen Fällen die Urteile sogleich unanfechtbar werden. Möglicherweise ist das seit der ZPO-Reform nun anders.

Große Bedeutung hat die Rechtskrafterstreckung bei **zunächst nicht rechtskräftigen Entscheidungen**. Hat der Geschädigte den VN und den HaftpflichtVR verklagt, dann muss er bei Abweisung bzw. Teilabweisung gegen **beide Beklagte** Rechtsmittel einlegen. Kommt der Anwalt des Geschädigten auf die Idee, etwa aus Kostengründen bloß die Abweisung gegen einen der Solidarschuldner zu bekämpfen, begeht er dabei einen **Kunstfehler**. Der Verzicht auf die Einlegung eines Rechtsmittels gegen einen der mehreren Solidarschuldner (BGH VersR 1981, 1156; OLG Schleswig, VersR 2003, 588; OLG Stuttgart, VersR 1979, 562; *Haarmann*, VersR 1989, 683; *Lemcke*, r+s 1993, 161) oder die Rücknahme eines Rechtsmittels gegen diesen (Römer/Langheid/*Rixecker/Langheid*, § 124 Rn 5) bewirkt nämlich, dass die ggü. diesem Solidarschuldner ausgesprochene Abweisung rechtskräftig wird mit der Folge, dass auch das Begehren gegen den anderen – unabhängig von der sachlichen Berechtigung und Beweisbarkeit – wegen § 124 Abs. 1 VVG abzuweisen ist (MAH-VersR/*Schneider*, § 24 Rn 181 f.). Wegen dieser Rechtsfolge wird im Zweifel angenommen, dass sich ein Rechtsmittel immer gegen alle Beklagten richtet (OLG Hamm BeckRS 2015, 12661).

37 Gerade in solchen Fällen ist bedeutsam, dass die **Rechtskrafterstreckung** lediglich wegen der **identischen Anspruchsgrundlagen** wirkt. Verfolgt der Geschädigte nach einer Abweisung seines Klagebegehrens in 1. Instanz den Prozess gegen den **Lenker** in 2. Instanz nicht mehr weiter, weil er nach dem nunmehrigen Verfahrensstand keine Chance sieht, dessen Verschulden nachzuweisen, hat das keine Auswirkungen auf den Anspruch gegen den HaftpflichtVR aus der **Halterhaftung**.

38 Dass der endgültige Ausgang von dem **Zufall** abhängig ist, ggü. welchem der beiden Solidarschuldner früher Entscheidungsreife eintritt, ist nach Ansicht von *Dunz* (*Dunz*, Anm. zu LM, § 282 ZPO Nr. 12) *„in erster Linie einer nun eben **nicht** bis ins letzte durchdachten gesetzlichen Regelung anzulasten"*. Der vom Gericht aufgestellte Zeitplan, in der die einzelnen Parteienanträge behandelt werden, kann so von ausschlaggebender Bedeutung sein.

b) Abweisendes Urteil gegen den Haftpflichtversicherer nach stattgebendem Urteil gegen den Versicherungsnehmer

39 Zur Rechtskrafterstreckung des abweisenden rechtskräftigen Urteils auf den jeweils anderen Solidarschuldner kommt es, wenn dieses **zeitlich früher** als ein – möglicherweise – stattgebendes Urteil ergangen und rechtskräftig geworden ist oder **allenfalls gleichzeitig** zu fällen wäre. Das bedeutet, dass bei einem **vorangehenden stattgebenden rechtskräftigen Urteil** ein nachfolgendes abweisendes **keine Rechtskrafterstreckung** zu bewirken vermag (BGH, VersR 1985, 849; *Hoegen*, VersR 1978, 1092; Prölss/Martin/*Knappmann*, § 124 Rn 7; Römer/Langheid/*Rixecker/Langheid*, § 124 Rn 4). Wie das Urteil zustande gekommen ist, ob es nach **kontradiktorischem Verfahren** oder **bloßer Säumnis** des Beklagten gefällt wurde, spielt für das Bestehen der Rechtskraft und die in § 124 Abs. 1 VVG daran geknüpften Rechtsfolgen keine Rolle (**a.A.** Römer/Langheid/*Rixecker/Langheid*, § 124 Rn 6: für den Vorzug eines kontradiktorisch erlangten Urteil ggü. einem Versäumnisurteil in gewissen Fällen; das ist aber meines Erachtens unvereinbar mit den Grundsätzen des Prozessrechts). Prozessual kommt zur Abhilfe eine Aussetzung gem. § 148 ZPO (*Armbrüster*, r+s 2010, 441, 455) oder eine Prozessverbindung gem. § 147 ZPO (bei mehreren

anhängigen Prozessen in gleicher Instanz beim selben Gericht; MüKo/*Schneider*, § 124 VVG Rn 15: die schlechtere Wahl) in Betracht. Das liegt aber im richterlichen Ermessen.

Das vorangehende **stattgebende**, das typischerweise gegen den VN ergeht, und das anschließende **abweisende** Urteil, das der **HaftpflichtVR** erlangt, stehen nebeneinander. Es stellt sich die Frage, wie dieses **Spannungsverhältnis** aufzulösen ist, ob also einem der beiden Urteile ein Vorrang einzuräumen ist. Letzteres ist nicht der Fall. Wegen der versagten Rechtskrafterstreckung führt das spätere abweisende Urteil insb. zu **keiner Korrektur** des vorangehenden stattgebenden Urteils (OLG Köln, VersR 1991, 654; BGH, VersR 2012, 434 = zfs 2012, 325 [*Diehl*]; *Hoegen*, VersR 1978, 1082; Prölss/Martin/*Knappmann*, § 124 Rn 2). Vielmehr stellt sich in solchen Fällen die Frage der **Bindungswirkung**. Es geht dabei um die Frage, ob ungeachtet der Abweisung der Direktklage gegen den HaftpflichtVR der Geschädigte aufgrund des Urteils gegen den VN oder Mitversicherten den **jeweiligen Deckungsanspruch pfänden und sich überweisen lassen** kann. 40

Das wird jedenfalls dann bejaht, wenn der HaftpflichtVR im Wege der **Prozessmuntschaft** den Prozess für den VN oder Mitversicherten geführt hat (*Reiff*, VersR 1990, 113, 124). Das muss aber auch dann gelten, wenn der HaftpflichtVR eine Schadensmeldung erhalten hat und sich – aus freien Stücken – **nicht** am **Haftpflichtprozess beteiligt** hat. Dann muss er die Feststellung des Haftpflichtanspruchs gegen sich gelten lassen und kann seine Inanspruchnahme nur noch mit Einwendungen aus dem Deckungsverhältnis bekämpfen. Wenn solche nicht bestehen oder nicht beweisbar sind, muss der HaftpflichtVR die Pfändung und Überweisung des Deckungsanspruchs des VN gegen ihn durch den geschädigten Dritten hinnehmen (OLG Köln, VersR 1991, 654 *Lemcke*, r+s 1993, 161). 41

So mancher Geschädigte hat sich nach einem **rechtskräftigen Urteil** gegen den **VN** darauf besonnen, dieses Urteil in der Weise zu verwerten, dass er dann im Wege der **Direktklage** gegen den **HaftpflichtVR** vorgegangen ist (so der Sachverhalt in BGH, VersR 1971, 611). Bei einer solchen Vorgangsweise kommt dem gegen den VN erlangten rechtskräftigen Urteil **keine Bindungswirkung** zu (*Denck*, VersR 1980, 704, 705). Vielmehr kann der HaftpflichtVR sämtliche Einwendungen zu Grund und Umfang des Anspruchs erheben, etwa ein **Mitverschulden** des Geschädigten. Bei der **Kfz-Haftpflichtversicherung** bestand in solchen Fällen die **missliche Situation**, dass der Geschädigte bei alleiniger Verklagung des **VN** und Erlangung eines rechtskräftigen Urteils gegen diesen bei einem kranken Deckungsverhältnis nur dann Befriedigung seines Schadensersatzanspruchs erlangen konnte, wenn der VN ausreichend der **Zwangsvollstreckung unterworfenes Vermögen** hatte. Nach dem Einleitungssatz von § 3 PflVG war ihm nämlich in einem solchen Fall eine Pfändung und Überweisung des fiktiven Deckungsanspruchs gem. den §§ 829, 835 f ZPO versagt (BGHZ 69, 153 = BGH, NJW 1975, 495; *Hoegen*, VersR 1978, 1082, 1083; *Höfle*, r+s 2002, 397, 399). 42

Hoegen (*Hoegen*, VersR 1978, 1082, 1083) hat deshalb erwogen, dass eine Berufung des HaftpflichtVR auf die bei der Direktklage erhobenen Einwendungen **treuwidrig** sein könnte, wenn er im Wege der Prozessmuntschaft am Haftpflichtprozess für den VN einen Anwalt gestellt und diesem ggü. weisungsbefugt war. Die Berufung auf **Treu und Glauben** gem. § 242 BGB ist freilich ein Instrument, mit dem man **sparsam** umgehen sollte. Immer- 43 hin kann der HaftpflichtVR auf ein nachfolgendes abweisendes Urteil gegen ihn verweisen. Dass der Geschädigte durch ein gleichzeitiges Verklagen des HaftpflichtVR nicht in diese Lage gekommen wäre, wirkt weniger schwer. Die Frage kann aber nach neuem Recht dahingestellt bleiben, weil der Geschädigte auch bei gesetzlicher Einräumung einer Direktklage den **konventionellen Weg** der Pfändung und Überweisung des Deckungsanspruchs nach Erlangung eines rechtskräftigen Urteils beschreiten kann, sodass ein nachfolgendes abweisendes rechtskräftiges Urteil gegen den HaftpflichtVR ihm nicht mehr den Weg der Durchsetzung des Anspruchs gegen diesen versperrt.

6. Rechtsbehelfe bei – vermeintlicher – Unfallmanipulation

a) Nachteile bei Feststehen der Haftpflicht – Bindungswirkung des Urteils im Haftpflichtprozess für den Deckungsprozess

44 Ein rechtskräftiges **abweisendes** Urteil über ein Begehren des Geschädigten gegen den HaftpflichtVR entfaltet nur dann Rechtskraft im Verhältnis zum Begehren des Geschädigten gegen den VN, wenn es **zeitlich vor** oder bei sofortiger Rechtskraft **gleichzeitig** mit dem ansonsten zu fällenden Urteil ergeht (*Beckmann*, in: Bruck/Möller, § 124 Rn 29). Kommt es aber zu einem **zeitlich früheren stattgebenden Urteil** des Geschädigten gegen den VN, besteht für den HaftpflichtVR folgende Gefahr: Er hat „seinen" Direktprozess zwar gewonnen, muss aber hinnehmen, dass der Geschädigte den Deckungsanspruch des VN pfändet und sich überweisen lässt (die Gefahr gegenläufiger Urteile gering einschätzend Prölss/Martin/*Knappmann*, § 124 Rn 5 ff.). Wenn der HaftpflichtVR an die Feststellungen des Haftpflichtprozesses zwischen Geschädigtem und VN gebunden ist, kann er bei Pfändung und Überweisung des Deckungsanspruchs des VN gegen ihn durch den Geschädigten **nur** noch **Einwendungen** aus dem **Deckungsverhältnis** erheben, die er auch ggü. dem VN hätte (Prölss/Martin/*Knappmann*, § 124 Rn 8).

45 Für den HaftpflichtVR besteht die Gefahr unberechtigter Inanspruchnahme v.a. bei **Kollusion**, dem Zusammenspiel von Geschädigtem und Schädiger, dem VN des HaftpflichtVR. Die **Beweislast für den HaftpflichtVR** ist im **Deckungsprozess** viel ungünstiger als im Haftpflichtprozess (*Bayer*, NVersZ 1998, 9; *Lemcke*, r+s 1993, 161, 162; *Lemcke*, VersR 1995, 989, 992; Prölss/Martin/*Knappmann*, § 124 Rn 8; Halm/Kreuter/Schwab/*Kreuter-Lange*, AKB § 124 Rn 7). Im **Haftpflichtprozess** hat der **Geschädigte** die **Beweislast** für das Bestehen eines Schadensersatzanspruchs. Im **Deckungsprozess** ist der **HaftpflichtVR beweisbelastet**, etwa für die Behauptung, dass gar **kein Unfall stattgefunden** habe oder ein solcher **verabredet** war, um Vorschäden zu kaschieren oder einem Geschädigten aus einer fiktiven Abrechnung Vorteile zuzuschanzen. Es ist daher zu klären, unter welchen Voraussetzungen der HaftpflichtVR an das Haftpflichturteil des Prozesses zwischen dem Geschädigten und dem VN gebunden ist. Soweit eine solche Bindung eintreten würde, muss er unter allen Umständen danach trachten, ein **stattgebendes Urteil** gegen den VN im **Haftpflichtprozess** zu verhindern.

46 Eine Bindung an das Haftpflichturteil ist jedenfalls dann gegeben, wenn der HaftpflichtVR am Haftpflichtprozess zwischen dem Geschädigten und dem VN i.R.d. **Prozessmunt-**

schaft, also durch Stellung eines seinen Weisungen unterworfenen Anwalts, beteiligt war (*Reiff*, VersR 1990, 113, 120). Aber auch wenn der HaftpflichtVR nach Meldung des Versicherungsfalls aus freien Stücken seine **Eintrittspflicht ablehnt**, weil etwa seiner Ansicht nach ein Risikoausschluss wegen vorsätzlicher Herbeiführung des Versicherungsfalls gem. § 103 VVG oder eine Verabredung oder gar kein Unfall vorlag, kann es zu einer Bindungswirkung kommen, dann nämlich, wenn im Haftpflichtprozess festgestellt wird, dass das Verhalten des VN **nicht vorsätzlich**, sondern bloß **fahrlässig** war bzw. die Kausalität des Verhaltens des VN für den eingetretenen Schaden bejaht wird (OLG Köln, VersR 1991, 654; OLG Hamm, VersR 1987, 88; *Reiff*, VersR 1990, 113, 123).

Gottwald/Adolphsen (*Gottwald/Adolphsen*, NZV 1995, 129, 131) beschreiben die Rolle des HaftpflichtVR als die eines **Streitverkündungsempfängers**. Der HaftpflichtVR ist daher gut beraten, sich am Haftpflichtprozess auch in solchen Fällen durch Stellung eines Anwalts zu beteiligen, um derartige Kalamitäten nach Möglichkeit zu vermeiden. Eine Ablehnung der Deckungspflicht vor Beginn des Haftpflichtprozesses des Dritten gegen den VN führt darüber hinaus dazu, dass den VN keine Obliegenheiten mehr treffen (*Höfle*, r+s 2002, 401; Prölss/Martin/*Knappmann*, § 124 Rn 10). 47

Nur dann, wenn dem HaftpflichtVR **mangels Benachrichtigung** vom Versicherungsfall eine Teilnahme am Haftpflichtprozess nicht möglich war, wird eine Bindungswirkung abgelehnt, weil ansonsten ein Verstoß gegen das **Gebot** des **rechtlichen Gehörs** vorliegen würde (*Denck*, VersR 1980, 704, 707; *Reiff*, VersR 1990, 113, 122 m.w.N. zur Gegenmeinung; *Lemcke*, r+s 1993, 161, 162; *Liebscher*, NZV 1994, 215, 217). In der **Kfz-Haftpflichtversicherung** wird es dem **geschädigten Dritten** immer möglich sein, über den **Fernruf der AutoVR** bei Kenntnis des Halters oder des Autokennzeichens den Kfz-HaftpflichtVR mit zumutbarem Aufwand zu ermitteln. Für Anwälte und Steuerberater gilt nunmehr Entsprechendes (dazu sogleich Rdn 49). Eine Versagung der Bindungswirkung bei unterlassener Anzeige ist daher folgerichtig. 48

Bei anderen Pflichthaftpflichtversicherungen war die **Ermittlung** des **einstandspflichtigen HaftpflichtVR** mit oft **unübersehbaren Schwierigkeiten** für den geschädigten Dritten verbunden (KG, VersR 2008, 69: vorangehende vergebliche Nachfrage bei der Rechtsanwaltskammer, sodass keine Sanktion nach den §§ 119 Abs. 2, 120 VVG). Das sollte sich aber in Bezug auf Anwälte und Steuerberater inzwischen geändert haben (BGH, NJW 2013, 234 = DStR 2013, 431 [*Weber*] sowie Näheres dazu bei § 120 Rdn 16), nicht aber für Notare (KG, BeckRS 2014, 07545). Insoweit könnte erwogen werden, durch Sanktionierung mit der Bindungswirkung an das zwischen Geschädigtem und VN ergangenen Haftpflichturteil für den HaftpflichtVR einen **Anreiz** zur **Transparenz** seiner Einstandspflicht zu schaffen, indem er zusammen mit den anderen HaftpflichtVR, die eine solche Pflichthaftpflichtversicherung anbieten, für einen der Kfz-HaftpflichtVR entsprechenden Zentralruf sorgt. Eine solche Maßnahme wäre nur dann entbehrlich, wenn eine **Auskunftspflicht der Standesvertretung** gegeben wäre oder der Stelle, der der Abschluss oder die Beendigung der Pflichthaftpflichtversicherung anzuzeigen ist, wie das nun bei den Anwälten und Steuerberatern der Fall ist. 49

50 Es ist aber mit *Lemcke* (*Lemcke*, VersR 1995, 989, 992) durchaus erwägenswert, die **Bindungswirkung** insoweit einzuschränken, als der HaftpflichtVR trotz Kenntnis vom Versicherungsfall und Beteiligung am Haftpflichtprozess bei Unfallmanipulation ein stattgebendes Urteil gegen den VN wegen **prozessualer Beschränktheiten** seiner Eingriffsmöglichkeit nicht verhindern kann. Prozessuale Beschränktheiten dürfen kein Vehikel sein, um Betrügern die Inanspruchnahme von unberechtigten Versicherungsleistungen zu ermöglichen.

b) Möglichkeiten des Haftpflichtversicherers

51 Sofern der HaftpflichtVR dem VN i.R.d. Prozessmundschaft einen Anwalt beistellt, der seinen Weisungen unterliegt, besteht **keine Gefahr des Erlasses eines stattgebenden Versäumnisurteils gegen den VN** (*Reiff*, VersR 1990, 113, 115). Wenn der VN aber ein **Geständnis** gem. 288 ZPO abgibt oder den Anspruch nach § 307 ZPO **anerkennt**, kommt es zu widersprüchlichen Weisungen an den Anwalt. Der HaftpflichtVR wäre in solchen Fällen wegen der Unvereinbarkeit eines solchen Mandats aus anwaltlicher Sicht verpflichtet, dem **VN** einen **Anwalt** beizustellen, der **nur dessen Weisungen** unterliegt (*Freyberger*, VersR 1981, 842); und darüber hinaus müsste er einen bestellen, der Weisungen des HaftpflichtVR unterworfen ist. Die Betrauung von **zwei Anwälten** ist aber mit **erheblichen Kosten** verbunden.

52 Der HaftpflichtVR geht daher häufig so vor, dass er dem Verfahren als Streithelfer beitritt und den gleichen Anwalt, der ihn als Beklagten i.R.d. Direktklage vertritt, mit der Wahrnehmung der Befugnisse als Streithelfer des beklagten VN betraut (*Lemcke*, r+s 1993, 161, 162; *Gottwald/Adolphsen*, NZV 1995, 129: elegante Lösung). Ein solcher Beitritt als Streithelfer nach § 67 ZPO ist wegen des Interesses an der **Abwendung** der **Bindungswirkung** eines stattgebenden Urteils gegeben (*Höher*, VersR 1993, 1095; MüKo/*Schneider*, § 124 VVG Rn 14) und soll den Erlass eines solchen – insb. eines Versäumnisurteils – verhindern, um damit einen **manipulierten Deckungsanspruch** abzuwenden (Römer/Langheid/*Rixecker/Langheid*, § 124 Rn 6; *Beckmann*, in: Bruck/Möller, § 124 Rn 33; *Diehl*, zfs 2012, 327: Der VN ist dann freilich nicht mehr „Herr im Haus"). Der VR darf dabei seine eigenen Interessen wahrnehmen (BGH, VersR 2012, 434 = zfs 2012, 325 [*Diehl*]). Ein Anspruch auf Prozesskostenhilfe steht dem VN bzw. Mitversicherten dann nicht zu (MüKo/*Schneider*, § 124 VVG Rn 16).

53 Der beitretende HaftpflichtVR ist ein **einfacher, kein notwendiger** oder **streitgenössischer Streithelfer** gem. § 62 ZPO; es besteht daher zu jedem Streitgenossen ein gesondertes Prozessrechtsverhältnis (BGH, VersR 2012, 434 = zfs 2012, 325 [*Diehl*]; BGH, VersR 2010, 1444 = NJW-RR 2010, 1725; BGH, VersR 2008, 485 = NJW-RR 2008, 803; BGH, VersR 2005, 1087 = r+s 2005, 397 [*Lemcke*]; BGH, VersR 2003, 1121; BGH, VersR 1981, 1156 und 1158; BGHZ 71, 339 = BGH, VersR 1978, 862; BGHZ 63, 51 = BGH, VersR 1974, 1117; *Denck*, VersR 1980, 704, 710; *Reiff*, VersR 1990, 113, 114; *Gottwald/Adolphsen*, NZV 1995, 129; *Bayer*, NVersZ 1998, 9; *Höfle*, r+s 2002, 397, 401; *Armbrüster*, r+s 2010, 441, 455; Römer/Langheid/*Rixecker/Langheid*, § 124 Rn 6; Prölss/Martin/*Knappmann*, § 124 Rn 5; *Beckmann*, in: Bruck/Möller, § 124 Rn 9; MüKo/*Schneider*, § 124 VVG

Rn 13; offen lassend freilich BGH, VersR 1993, 625; umfassend dazu *H. Roth*, in: FS E. Lorenz, 2014, S. 407 ff.). Ein einfacher Streithelfer hat indes nur **begrenzte Befugnisse**: Das Geständnis eines Streitgenossen wirkt nicht für den anderen. Die Prozesse können ein unterschiedliches Schicksal haben. Es ist ein **Teilurteil** gem. § 301 ZPO nur gegen einen der Solidarschuldner möglich, auch in Form eines Versäumnisurteils. Denkbar ist, dass nur im Verfahren gegen eine Partei eine **weitere Beweisaufnahme** erforderlich ist, nicht aber gegen die andere. Einfache Streitgenossen können deshalb unterschiedlich vortragen (*Lemcke*, r+s 1993, 161). Jeder kann selbstständig anerkennen, verzichten, einen Vergleich schließen oder ein Rechtsmittel einlegen. Es kann auch nur einer der Streitgenossen ein Rechtsmittel einlegen (BGHZ 63, 51 = BGH, VersR 1974, 1117; *Liebscher*, NZV 1994, 215, 216). Die Folge ist allerdings auch, dass der Prozess selbst bei **Insolvenz** des VN gegen den HaftpflichtVR fortgesetzt werden kann (OLG Düsseldorf, VersR 1974, 229; *Denck*, VersR 1980, 704, 709). Ein rechtskräftiges abweisendes Urteil gegen einen Streitgenossen, typischerweise den VR, führt dazu, dass gegen den anderen Solidarschuldner, typischerweise den VN oder Mitversicherten, kein Versäumnisurteil mehr ergehen kann (*Beckmann*, in: Bruck/Möller, § 124 Rn 30).

Solange sich der **beklagte VN passiv** verhält, was die typische Verhaltensweise sein soll (*Gottwald/Adolphsen*, NZV 1995, 129), sind die **Befugnisse** des **einfachen Streithelfers ausreichend** (*Freyberger*, NZV 1992, 391, 393). Bei Säumnis des Beklagten kann ein einfacher Streithelfer durch entsprechenden Antrag den Erlass eines Versäumnisurteils gegen den VN verhindern (OLG Köln, r+s 1991, 220). Schaltet sich der beklagte VN oder der diesen vertretende Anwalt aber aktiv in den Prozess ein, haben **dessen Erklärungen Vorrang** und ein entgegenstehender Vortrag des Streithelfers ist gem. § 67 Hs. 2 ZPO unbeachtlich (*Freyberger*, NZV 1992, 391, 393; *Lemcke*, r+s 1993, 161, 162; *Lemcke*, r+s 1994, 212; *Liebscher*, NZV 1994, 215, 217; *Gottwald/Adolphsen*, NZV 1995, 129, 130). Bestünde eine notwendige Streitgenossenschaft, könnte der Streithelfer einem Anerkenntnis des VN widersprechen mit der Folge, dass das unwirksam bzw. nach § 286 ZPO frei zu würdigen wäre (*Lemcke*, VersR 1995, 989). Dass bloß eine **einfache Streitgenossenschaft** gegeben ist, bezeichnet *Reiff* (*Reiff*, VersR 1990, 113, 117) allenfalls als **rechtspolitischen Fehler**, stelle aber **keine Lücke** dar.

Bei Geltendmachung eines Anspruchs im Adhäsionsverfahren kommt es zwar zu einer Bindungswirkung zu Lasten des VN bzw. Mitversicherten selbst, auch wenn lediglich ein Grundurteil ergeht (OLG Karlsruhe, NJOZ 2012, 81 = MDR 2011, 979: Festlegung des Mitverschuldensanteils selbst bei einem Schmerzensgeldanspruch, bei dem keine quotale Kürzung erfolgt), aber zu **keiner Bindungswirkung zu Lasten des HaftpflichtVR** (BGH, NJW 2013, 1163 = zfs 2013, 267 [*Diehl*] = BGH jurisPR-VerkR 7/2013 Anm. 1 [*Jahnke*]; dazu *Foerster*, JZ 2013, 114 ff.; *Höher/Mergner*, NZV 2013, 373 ff.); und das aus mehreren Gründen: Der VR hat anders als in einem Haftpflichtprozess keine Möglichkeit, den Prozess für den VN bzw. Mitversicherten zu führen; er kann nicht als Streithelfer beitreten; zudem kann **im Adhäsionsverfahren kein abweisendes Urteil** ergehen; für den Fall der Abweisung verweist das Strafgericht nach § 406 Abs. 1 S. 3 StPO an das Zivilgericht, wo der Anspruch nach § 406 Abs. 3 S. 3 StPO weiter verfolgt werden kann (*Beckmann*, in: Bruck/Möller, § 124 Rn 10).

Eine fehlende Bindungswirkung ist erst recht gegeben, wenn der Geschädigte nach einem stattgebenden Urteil im Adhäsionsverfahren sodann den VR verklagt, weil insoweit **keine Personenidentität** gegeben ist (*Foerster*, JZ 2013, 1143, 1145). Bedeutsam ist auch, dass eine Verurteilung wegen eines Fahrlässigkeitsdelikts im Adhäsionsverfahren **keine Bindungswirkung** hat, sodass sich der VR immer noch auf § 103 VVG (Risikoausschluss wegen Vorsatz) berufen kann (so in BGH, NJW 2013, 1163; zustimmend *Höher/Mergner*, NZV 2013, 373). Wegen all dieser Unwägbarkeiten und der Gefahr, dass Strafgerichte mit zivilrechtlichen Spezialfragen nicht ausreichend vertraut sind, erfolgt trotz gewisser Vorzüge (z.b. kein Anwaltszwang, Amtsermittlungsgrundsatz) eine Geltendmachung von Ansprüchen im Adhäsionsverfahren selten und wird davon auch abgeraten (*Diehl*, zfs 2013, 270 f.; *Höher/Mergner*, NZV 2013, 373 f., 375; *Gutt/Krenberger*, zfs 2015, 489 ff).

c) Ermessen des Gerichts

57 Wenn ein **abweisendes Urteil gegen den HaftpflichtVR spruchreif** ist, das vom BGH erlassen wird und deshalb sogleich rechtskräftig ist oder von einem Tatgericht ergeht und Rechtskraft deshalb erlangt, weil dagegen kein Rechtsmittel mehr zulässig ist, darf ein stattgebendes Urteil gegen den VN nicht erlassen werden, selbst wenn dieser ein **Geständnis** oder **Anerkenntnis** abgegeben hat (Prölss/Martin/*Knappmann*, § 124 Rn 3).

58 Es wird die Ansicht vertreten, dass trotz Spruchreife eines stattgebenden Urteils gegen den VN das Gericht mit dem Erlass eines solchen solange zuwarten kann bzw. soll, wie ein **abweisenden Urteil** gegen den **HaftpflichtVR** noch möglich ist, oder dass bis zur Rechtskraft des abweisenden Urteils gegen den HaftpflichtVR gem. § 148 ZPO eine **Aussetzung** erfolgen soll (OLG Celle, VersR 1988, 1286), weil die **Zufälligkeit** der **zeitlichen Abfolge** nicht die gesetzlich vorgesehene Rechtskrafterstreckung unterlaufen soll (Römer/Langheid/ *Rixecker/Langheid*, § 124 Rn 5). Da eine **Vorgreiflichkeit nicht** gegeben ist, wird **diese Ansicht überwiegend abgelehnt** (OLG Karlsruhe, VersR 1991, 539 und 1369; *Reiff*, VersR 1990, 113, 116 f.; *Lemcke*, r+s 1993, 161, 164; Prölss/Martin/*Knappmann*, § 124 Rn 7). *Lemcke* (*Lemcke*, VersR 1995, 989, 990) empfiehlt deshalb dem HaftpflichtVR, das Verfahren des Geschädigten gegen den VN so lange in der Schwebe zu halten, bis Entscheidungsreife für ein abweisendes Urteil gegen den HaftpflichtVR gegeben ist.

59 Zu beachten ist allerdings, dass nicht jedes **Anerkenntnis** nach § 307 ZPO oder **Geständnis** des VN gem. § 288 ZPO notwendigerweise zu einem stattgebenden Urteil führt (*Reiff*, VersR 1990, 113, 116 f.; *Beckmann*, in: Bruck/Möller, § 124 Rn 26; MüKo/*Schneider*, § 124 VVG Rn 14; OLG Karlsruhe, r+s 2010, 254: Unbeachtlichkeit eines Anerkenntnisses wegen Betrugs, dieses ist als sittenwidrig anzusehen; OLG Saarbrücken, NJW-RR 2010, 326: Nicht bei offenkundiger Unwahrheit des Geständnisses und auch nicht bei betrügerischem Zusammenwirken mit dem geschädigten Dritten zum Nachteil der Haftpflichtversicherung). Zwar ist der beklagte VN berechtigt, eine solche Erklärung selbst dann abzugeben, wenn er weiß, dass dies **nicht** der **Wahrheit** entspricht (*Beckmann*, in: Bruck/Möller,

Huber

§ 124 Rn 32). Die Grenze ist aber dann erreicht, wenn damit ein **Betrug** zulasten eines Dritten bewirkt wird (Römer/Langheid/*Rixecker/Langheid*, § 124 Rn 7). In einer **non-liquet**-Situation, ob ein Unfall überhaupt stattgefunden hat oder ein fingierter Unfall zulasten des HaftpflichtVR vorliegt, ist zu beachten, dass den **Geschädigten** die **Beweislast** für das Vorliegen sämtlicher anspruchsbegründender Elemente trifft, sodass Verdachtsmomente i.R.d. Beweiswürdigung auch i.R.d. Haftpflichtprozesses zwischen Geschädigtem und VN, namentlich bei Erlass eines Versäumnisurteils, zu beachten sind und nicht erst im Deckungsprozess eine Rolle spielen (BGH, VersR 1981, 1156; Prölss/Martin/ *Knappmann*, § 124 Rn 3; a.A. OLG Oldenburg, VersR 1993, 1094).

Es gelten wegen des Bestehens einer **action directe**, die auch versicherungsvertragliche Elemente enthält, **keine anderen Beweislastregeln** als bei jedem anderen deliktischen Schadensersatzanspruch (BGHZ 71, 339 = BGH, VersR 1978, 862). Während nämlich im Haftpflichtprozess die Beweislast für das Vorliegen der Voraussetzungen eines Schadensersatzprozesses beim Geschädigten liegt, trifft im Deckungsprozess den HaftpflichtVR die Beweislast für das Vorliegen einer Absprache zu seinen Lasten, einen Beweis, den er häufig nicht führen kann.

II. Regelung für das kranke Deckungsverhältnis (§ 124 Abs. 2 VVG)

Während es nur bei einem **rechtskräftigen abweisenden Urteil** ggü. dem jeweils anderen Solidarschuldner zu einer Rechtskrafterstreckung nach § 124 Abs. 1 VVG kommt, ordnet der Gesetzgeber bei einer den Anspruch des Dritten **bejahenden Entscheidung** Gegenteiliges an. Eine solche wirkt nur zulasten des VN oder Mitversicherten, nicht aber des HaftpflichtVR. Insoweit kommt es auch nicht auf ein rechtskräftiges Urteil an. Vielmehr führen auch ein im Eilverfahren ergangenes Urteil (§§ 916 ff. ZPO), ein Anerkenntnis oder ein Vergleich, im Ergebnis also **jede außergerichtliche Einigung**, zu einer **Bindungswirkung** zulasten des VN. Bedeutsam ist das beim **kranken Deckungsverhältnis**, bei dem zwar der HaftpflichtVR dem geschädigten Dritten leistungspflichtig ist, den wirtschaftlichen Nachteil aber auf den VN überwälzen kann. Der VN soll sich gegen die zwischen dem geschädigten Dritten und dem HaftpflichtVR erzielte Einigung nur zur Wehr setzen können, wenn er dem HaftpflichtVR eine **schuldhafte Pflichtverletzung** nachweisen kann.

Die **gesetzgeberische Wertentscheidung** ist **hinzunehmen**. Bedenken dagegen verbleiben indes (Prölss/Martin/*Knappmann*, § 124 Rn 14 unter Hinweis auf *Ebel*, VersR 1980, 158, der die Norm für verfassungswidrig hält; wenig überzeugend, vielmehr rabulistisch *Beckmann*, in: Bruck/Möller, § 124 Rn 39: Belastung ergibt sich nicht unmittelbar aus dem Vergleichsvertrag, sondern aus der gesetzlichen Anordnung der Rechtskraftersetzung, schlussendlich aber ebenfalls kritisch: Wenn „Rechtsschutzmöglichkeit" des VN faktisch nicht wirken würde, angebracht, die Regelung zu überdenken). Wird bei einem stattgebenden Urteil des Geschädigten gegen den VN die Bindungswirkung zulasten des HaftpflichtVR mit dem Argument des Verstoßes gegen das **rechtliche Gehör** verneint, weil er keine Möglichkeit der Teilnahme am Prozess gehabt habe, setzt sich der Gesetzeswortlaut im umgekehrten Verhältnis kühn darüber hinweg, als ob das **verfassungsrechtlich einge-**

räumte Recht gem. Art. 103 Abs. 1 GG nur in einer Richtung gelten würde (Bedenken auch bei Looschelders/Pohlmann/*Schwartze*, § 124 Rn 12 m.w.N.: eine bisher nicht gelöste Frage; beschwichtigend jedoch MüKo/*Schneider*, § 124 VVG Rn 19: Verhältnismäßigkeit der Regelung wegen des Schadenersatzanspruchs bei Nachweis einer schuldhaften Pflichtverletzung gewahrt)! Die Formulierung erweckt den Anschein, als ob der VN nicht nur den Pflichtverstoß, sondern auch das Verschulden nachzuweisen hätte (so ausdrücklich MAH-VersR/*Schneider*, § 24 Rn 180). Insoweit liegt bei vertraglichen Pflichten immerhin ein **Widerspruch zu § 280 Abs. 1 S. 2 BGB** vor, für den eine **sachliche Rechtfertigung nicht im Ansatz erkennbar** ist.

63 Die **inhaltliche Bedenklichkeit** der **Norm** muss deshalb dazu führen, dass an das **Verschulden** des HaftpflichtVR nur **geringe Anforderungen** zu stellen sind (a.A. *Beckmann*, in: Bruck/Möller, § 124 Rn 44: *„möglicherweise", „kann sein"*, ähnlich Rn 47 *„unter Umständen"*). Ein Pflichtverstoß ist meines Erachtens schon dann gegeben, wenn der HaftpflichtVR den Schaden reguliert, ohne dem VN Gelegenheit zur Stellungnahme einzuräumen bzw. dessen Einwendungen nicht gebührend berücksichtigt. Tut er dies, hat der VR freilich nach § 68 ZPO lediglich Absicht oder grobes Verschulden zu vertreten (*Armbrüster*, r+s 2010, 441, 455). Die herrschende Meinung, die auf den **großen Ermessensspielraum** des HaftpflichtVR (*Kröger*, VersR 2013, 139, 142: wirtschaftliche Erwägungen) verweist, ist überprüfungsbedürftig. In Bezug auf die Möglichkeit zur Zahlung von Raten durch den VN bei Vereinbarung einer Kapitalabfindung zwischen HaftpflichtVR und geschädigtem Dritten ohne die Voraussetzungen des § 843 Abs. 3 BGB (OLG Hamm, VersR 1978, 379), sei auf die Ausführungen zum Rückgriffsanspruch des HaftpflichtVR beim kranken Deckungsverhältnis gem. § 117 Abs. 5 VVG verwiesen (§ 117 Rdn 98 ff.).

Wegen des bisher angenommenen **großen Ermessensspielraums** hat der VN bzw. Mitversicherte einen solchen Nachweis indes selten führen können (MüKo/*Schneider*, § 124 VVG Rn 17, 21: Erforderlich „offensichtliche" Überschreitung; Rn 22 Regulierung ohne nähere Sachprüfung „auf gut Glück" dann nicht, wenn Schadensquote „zumindest vertretbar"; noch versicherungsfreundlicher Halm/Kreuter/Schwab/*Kreuter-Lange*, AKB § 124 Rn 3: „willkürliche und wissentlich falsche Regulierungsmaßnahmen"; *Kröger*, VersR 2013, 139, 143: nur bei „äußerst grob fehlerhafter Regulierung").

64 Der VN bzw. Mitversicherte hat schon deshalb ein Interesse, an der Regulierung beteiligt zu werden, weil er nicht nur an die zwischen VR und Drittem getroffene Entscheidung gebunden ist, sondern auch Aufwendungen, z.B. Gutachterkosten, auf ihn überwälzt werden (zur Überwälzung *Beckmann*, in: Bruck/Möller, § 124 Rn 48). Selbst bei **gesundem Deckungsverhältnis** besteht ein solches Interesse, wird doch der VN mit dem **Rückstufungsschaden** belastet (dazu BGH, VersR 2010, 1444 = NJW-RR 2010, 1725; *Kröger*, VersR 2013, 139 ff.); je nach Engagement des VR ist der zu ersetzende Schaden so hoch, dass sich eine Selbsttragung lohnt oder auch nicht, ganz abgesehen davon, dass die Anerkennung einer bestimmten Mitverschuldensquote des Geschädigten auch zumindest **indizielle Auswirkungen auf die häufig gegebenen Gegenansprüche des VN** als Geschädigten hat, so namentlich bei der Kollision von zwei Fahrzeugen. Das wirtschaftliche Kalkül des VR, der auch die Arbeitsbelastung seiner Sachbearbeiter als Kostenfaktor wahrnimmt, ist

dabei häufig ein anderes als das des VN bzw. Mitversicherten, namentlich bei gestörtem Deckungsverhältnis. Ein Geständnis des VN bzw. Mitversicherten ist vor diesem Hintergrund nicht stets als Indiz für einen fingierten bzw. manipulierten Unfall anzusehen, geht es doch um die Überwälzung von Aufwendungen. Anzuerkennen ist freilich das **Interesse des geschädigten Dritten an einer zeitnahen Zahlung** (MüKo/*Schneider*, § 124 VVG Rn 22; *Kröger*, VersR 2013, 139, 142); zudem ist maßgeblich die Sicht des VR ex ante (zu den ggü. einem Prozess eingeschränkten Möglichkeiten des VR, den Sachverhalt umfassend aufzuklären *Kröger*, VersR 2013, 139, 142), was dazu führt, dass die Beteiligung des VN bzw. Mitversicherten umso größere Bedeutung hat.

Der VN hat die **Pflichtverletzung des VR** zu beweisen. Der VN kann vom VR gem. §§ 675, 666 BGB Auskunft verlangen (Feyock/Jacobsen/Lemor/*Jacobsen*, Kraftfahrtversicherung, § 124 Rn 9; Rüffer/Halbach/Schimikowski/*Schimikowski*, § 124 Rn 3), den eine sekundäre Darlegungslast trifft (MüKo/*Schneider*, § 124 VVG Rn 20). Da dieser aufgrund einer Sonderverbindung zwischen ihm und dem VN bzw. Mitversicherten den Schaden mit dem Dritten reguliert, hat sich nach der allgemeinen Regel des § 280 Abs. 1 Satz 2 BGB der Schuldner zu entlasten, dass er die Pflichtverletzung nicht zu vertreten hat (*Beckmann*, in: Bruck/Möller, § 124 Rn 50; a.A. Looschelders/Pohlmann/*Schwartze*, § 124 Rn 17: VN ist für schuldhafte Pflichtverletzung beweispflichtig). Wegen des typisierten Verschuldensmaßstabes wird dieser Umstand in der Praxis keine besonders große Rolle spielen. 65

III. Bindungswirkung von Urteilen im Deckungsprozess

Der Vollständigkeit halber sei im vorliegenden Kontext darauf hingewiesen, dass ein Urteil im **Deckungsprozess** zwischen dem VN und dem HaftpflichtVR **keine Bindungswirkung** zulasten **Dritter** entfaltet. Ein Urteil, in dem die Deckungspflicht des HaftpflichtVR ggü. dem VN rechtskräftig abgelehnt wurde, hindert Sozialversicherungsträger und andere SchadensVR nach einem rechtskräftigen Urteil gegen den VN nicht an der Pfändung und Überweisung des Deckungsanspruchs gem. §§ 829, 835 f ZPO zur Befriedigung des auf ihn übergegangenen Schadensersatzanspruchs (Looschelders/Pohlmann/*Schwartze*, § 124 Rn 13; *Beckmann*, in: Bruck/Möller, § 124 Rn 42). Vielmehr hat das Gericht in diesem Verfahren das Bestehen der Deckungspflicht ggü. dem VN **unabhängig vom vorausgegangenen rechtskräftigen Urteil im Deckungsprozess zwischen VN und HaftpflichtVR** zu beurteilen (BGHZ 65, 1 = BGH, VersR 1975, 438; Prölss/Martin/*Knappmann*, § 124 Rn 13). 66

C. Abdingbarkeit

Die Normen der Pflichthaftpflichtversicherung sind zugunsten des VN, des Versicherten und des geschädigten Dritten **zwingend**. Aus den Erläuterungen (BT-Drucks 16/3945, S. 87) ergibt sich, dass dies aus der Rechtsnatur dieser Vorschriften folgt und keiner ausdrücklichen Klarstellung bedarf. 67

Kapitel 2
Rechtsschutzversicherung

Vorbemerkungen zu den §§ 125 bis 129 VVG

Übersicht
	Rdn
A. Entstehungsgeschichte	1
B. Systematische Einordnung	8
C. Wirtschaftliche Bedeutung	9
D. Änderung des VVG und Anwendung auf Altverträge	13
E. Auswirkungen der VVG-Reform	16

A. Entstehungsgeschichte

1 Bei der Rechtsschutzversicherung handelt es sich um eine Privatversicherung, die maßgeblich in Frankreich (1917) und in Deutschland (1928) zunächst zum **Verkehrsrechtsschutz**, konkret zur Geltendmachung von Schadensersatz- und Schmerzensgeldansprüchen aus Autounfällen, entwickelt wurde. Im Laufe der Zeit wurde der Versicherungsschutz auch **auf andere Risiken ausgedehnt** und die erstmals 1954 genehmigten **Musterbedingungen** (ARB 54, VerBAV 54, 139) so regelmäßig erweitert. Bis zum Wegfall der Genehmigungspflicht durch das Bundesaufsichtsamt 1994 entwickelte die Versicherungswirtschaft die Allgemeinen Rechtsschutzbedingungen **ARB 69, 75 und 94** unter Einschluss immer weiterer Leistungsarten und unter Einarbeitung zwischenzeitlich ergangener Rechtsprechung.

2 Da die VVG-Regelungen mehrfach durch europarechtliche Vorgaben modifiziert worden sind, wurde mit den **ARB 2000 ff.** schließlich eine **Umsetzung europäischer Bestimmungen** vorgenommen, etwa die Umsetzung der 4. KH-Richtlinie in § 5 Abs. 1 Buchst. B ARB 2000 ff.? oder die Aufnahme der eingetragenen Partnerschaft für die Mitversicherung unter § 2 Buchst. K ARB 2000 ff. Ferner wurde ein Ausschluss für Gewinnzusagen aufgenommen.

3 Die unverbindlichen Musterbedingungen des GDV sind mit den **ARB 2008** den Änderungen durch die **VVG-Reform** angepasst worden. Wesentliche Modifizierungen wurden in diesem Zusammenhang u.a. bei den Folgen bei Obliegenheitsverstößen (s. Rdn 16) vorgenommen sowie bei der Bestimmung zur Gefahrerhöhung (§ 11 ARB 2009).

4 Mit den **ARB 2009** ist erstmals die Übernahme von Kosten für ein Mediationsverfahren ausdrücklich geregelt worden. Die **Mediationsklausel** im Anhang der Musterbedingungen sieht u.a. die Vermittlung des Mediators durch den VR sowie die konkrete Kostentragung vor. Die konsensuale Konfliktlösung wird damit weiter in den Focus der VR gerückt und bietet dem VN langfristig eine weitere Möglichkeit der Interessenwahrnehmung. Mit der Klausel griff die Versicherungswirtschaft bereits frühzeitig die EU-Richtlinie über bestimmte Aspekte der Mediation in Zivil- und Handelssachen (RL 2008/52/EG vom 21.5.2008) auf und erweiterte damit das Spektrum des Versicherungsumfangs. Der Gesetz-

Vorbemerkungen zu den §§ 125 bis 129 VVG

geber hat mit dem Mediationsgesetz im Jahr 2012 (MediationsG v. 12.7.2012) die Umsetzungspflicht der EU-RL zum Anlass genommen, den Geltungsbereich des Gesetzes auch in Bezug auf nationale Streitigkeiten auszuweiten.

Mit den ARB 2010 (Stand: Juni 2010) wurde die Regelung zur Kostenminderungsobliegenheit nach § 17 ARB 2010 für den VN durch Aufnahme von Fallbeispielen anschaulicher gestaltet. Die Versicherungswirtschaft hat hier zeitnah Hinweise des BGH zur möglichen Intransparenz dieser Klausel aufgegriffen. Ferner ist der VN nach § 17 ARB 2010 nunmehr ausdrücklich gehalten, den Eintritt des Versicherungsfalls unverzüglich anzuzeigen. Diese Verpflichtung bestand bereits in den ARB 75 und ist auch bei anderen Sparten üblich. Die Frage des Kostenschutzes soll frühestmöglich und damit noch vor Entstehung etwaiger Kosten geklärt werden. Auch im Hinblick auf die Möglichkeit eines Mediationsverfahrens soll sichergestellt werden, dass dem VN möglichst zeitnah umfassende Hinweise zur effektiven Konfliktlösung und zum Umfang des Kostenschutzes durch den VR gegeben werden können. Weiterhin wurden die Ablehnungsmöglichkeiten des VR bei mangelnden Erfolgsaussichten und Mutwilligkeit von § 18 ARB 2009 nach § 3a ARB 2010 umplatziert und stehen nunmehr für den VN an prägnanter Stelle hinter den Risikoausschlüssen gem. § 3 ARB 2010. Die Verschiebung der Klausel soll es dem VN ermöglichen, Hindernisse für den Versicherungsschutz leichter zu erkennen.

5

Die ARB 2012 (Unverbindliche Bekanntgabe Oktober 2012; aktueller Stand: März 2016) stellen eine neue Bedingungsgeneration dar, die im Wesentlichen die Transparenz der Bedingungen erhöhen und die Verständlichkeit erleichtern soll. Strukturell und sprachlich überarbeitet, sind die ARB 2012 nunmehr beziffert (Wegfall der Paragraphen) und nach einem **Baukastenprinzip** konzipiert. Grundgedanke der ARB 2012 ist die Abbildung der vom VN gewählten Vertragsform, so dass die Bedingungen lediglich für den VN relevante Klauseln enthalten. Aufgrund des für den VR hierzu erforderlichen umfangreichen technischen Aufwandes ist zunächst häufig lediglich die sprachliche Optimierung im Markt umgesetzt worden, die sich insbesondere durch kurze und einfache Satzkonstruktionen, den Verzicht auf Fachtermini, die Verwendung von Beispielen und ein lesefreundliches Layout auszeichnet. Die durchgeschriebenen Musterbedingungen, die alle Vertragsformen enthalten, sehen im Vorgriff auf das Baukastenprinzip eine Zuordnung der einzelnen Klauseln zu den jeweiligen **Lebensbereichen** vor. Damit wird es dem Kunden möglich, sofort Kenntnis zu erlangen, ob eine Klausel für seinen Vertrag einschlägig ist.

6

Die Struktur des Baukastenprinzips soll vielfältige Kombinationsmöglichkeiten und damit eine vom Kunden zu begrüßende flexible Individualisierung des Versicherungsproduktes ermöglichen (Prölss/Martin/*Armbrüster*, 510 ARB 2012, Rn 1).

Die ARB 2012 verwenden nicht mehr die bis dahin üblichen Vertragsformen, sondern bieten Versicherungsschutz in unterschiedlichen Lebensbereichen an, die auf der alten Struktur beruhen und miteinander kombinierbar sind.

Vorbemerkungen zu den §§ 125 bis 129 VVG

2.1.1 ARB 2012, versicherte Lebensbereiche	§§ 21–29 ARB 2010, Vertragsformen
Privat-Rechtsschutz	§§ 23, 25, 26, 28 Privat- und Berufs-Rechtsschutz für Selbstständige und Nichtselbstständige mit und ohne Verkehr
Rechtsschutz für Selbstständige und Firmen	§ 24 Berufs-Rechtsschutz für Selbstständige, Rechtsschutz für Firmen und Vereine
Rechtsschutz für Vereine	§ 24 Berufs-Rechtsschutz für Selbstständige, Rechtsschutz für Firmen und Vereine
Rechtsschutz für Landwirte	§ 27 Landwirtschafts- und Verkehrs-Rechtsschutz
Berufs-Rechtsschutz	§ 2 Buchst. b nur als Leistungsart vorhanden
Verkehrs-Rechtsschutz	§ 21 Verkehrs-Rechtsschutz
Fahrzeug-Rechtsschutz	§ 21 Abs. 3 Fahrzeug-Rechtsschutz
Wohnungs- und Grundstücks-Rechtsschutz	§ 29 Rechtsschutz für Eigentümer und Mieter von Wohnungen und Grundstücken

Für die bisherigen Vertragsformen Fahrer-Rechtsschutz, § 22 ARB 2010, und Berufs-Rechtsschutz für Selbstständige nach § 24 ARB 2010 in Kombination mit dem Privat-Rechtsschutz für Selbstständige einschließlich Verkehr nach § 28 ARB 2010 sind in den Muster-ARB 2012 gesonderte Bedingungswerke vorgesehen, solange eine Bausteinstruktur noch nicht technisch umsetzbar ist.

Inhaltlich weichen die ARB 2012 nur an einigen Stellen von der Vorgängergeneration ab. Wesentliche inhaltliche Änderungen sind insbesondere:
- Der Bereich Berufs-Rechtsschutz ist ein eigenständiger Lebensbereich und nunmehr komplett getrennt versicherbar.
- Die selbstständige Tätigkeit ist nunmehr in 2.1.1 ARB 2012 im Privat-Rechtsschutz definiert und lehnt sich inhaltlich an die steuerrechtlichen Vorgaben (§§ 18, 19 EStG) an. Damit soll klargestellt werden, dass bei Streitigkeiten im Zusammenhang mit einer selbstständigen Tätigkeit kein Versicherungsschutz im Privat-Rechtsschutz besteht. Damit werden beispielsweise Streitigkeiten im Zusammenhang mit dem Betrieb einer Photovoltaikanlage nicht mehr dem Bereich der privaten Vermögensverwaltung zugerechnet (wie noch OLG Celle, NJW-RR 2011, 679), sondern aufgrund der steuerrechtlichen Einordnung nachvollziehbar der selbstständigen Tätigkeit zugeordnet.

   Beispiel
   Ein Bankangestellter betreibt auf seinem Grundstück eine Windkraftanlage und speist den durch ihn nicht genutzten Strom in das örtliche Netz ein. Bereits nach kurzer Zeit gibt es Streit mit dem Verkäufer der Anlage, weil es vermehrt zu Störungen kommt. Zwar hat der Bankangestellte den Vertrags-Rechtsschutz versichert, ausgeschlossen sind jedoch generell Streitigkeiten aus einer selbstständigen Tätigkeit. Da das Betreiben einer Windkraftanlage aufgrund der regelmäßigen Einspeisung von Strom gegen Entgelt als unternehmerische Tätigkeit eingestuft wird, besteht kein Versicherungsschutz.

Vorbemerkungen zu den §§ 125 bis 129 VVG

- Unter 2.2 ARB 2012 ist aufgezählt, welche Rechtsbereiche (Leistungsarten) versichert sind. Neu in den ARB 2012 hinzugekommen ist der im Markt sehr verbreitete Opfer-Rechtsschutz.
- Die Mediationsklausel nach § 5a ARB 2010 wurde nunmehr aus dem Anhang der ARB in das Klauselwerk übernommen und findet sich unter den Regelungen zum Leistungsumfang im Inland (2.3.1 ARB 2012) wieder.
- Beim Eintritt des Versicherungsfalls in 2.4.5 ARB 2012 ist die sogenannte Jahresklausel entfallen.
- Die Klausel zum Kapitalanlagenausschluss in 3.2.8 ARB 2012 wurde in ihrer Struktur geändert und beinhaltet zunächst sämtliche Kapitalanlagen; in einer Positivaufzählung können nach unternehmensindividueller Entscheidung bestimmte Anlageprodukte wieder in den Versicherungsschutz eingeschlossen werden.
- Streitigkeiten im Zusammenhang mit einer Darlehensvergabe durch den VN sind nach 3.2.9 ARB 2012 nunmehr vom Versicherungsschutz ausgeschlossen.

Für die Kommentierung werden die ARB 2010 zugrunde gelegt. In den ARB 2012 abweichende Regelungen werden kurz erläutert. Erfahrungsgemäß greifen die VR in ihren Bedingungen erst sukzessive auf die Musterbedingungen zurück.

Im gegenwärtigen Markt unterscheiden sich die **Allgemeinen Rechtsschutzbedingungen** 7 **(ARB) der einzelnen Versicherer** z.T. erheblich im Leistungsumfang und in der Ausgestaltung voneinander; Die VR bieten deutlich voneinander im Umfang und bzgl. der Kostentragung abweichende Leistungen an, so dass es dem VN möglich ist, die genau auf ihn zugeschnittene Versicherung **auszuwählen** und auf nicht benötigte Leistungen zu verzichten. Nachteil dieser Diversifizierung ist eine eingeschränkte Vergleichbarkeit der verschiedenen Produkte.

B. Systematische Einordnung

Systematisch unterfällt die Rechtsschutzversicherung der **Schadensversicherung** und unterliegt damit den **§§ 74 ff. VVG**, da der VR maßgeblich das Kostenrisiko für die rechtliche Interessenverfolgung des VN abdeckt. 8

C. Wirtschaftliche Bedeutung

Wirtschaftlich spielt die Rechtsschutzversicherung mit derzeit 47 VR und einem **jährlichen** 9 **Prämienaufkommen von zurzeit 3,6 Mrd. EUR** sowie rund 21,8 Mio. Verträgen (Statistisches Taschenbuch der Versicherungswirtschaft 2016, S. 60 und 64) eine wesentliche Rolle in der Versicherungswirtschaft. Die **Versicherungsleistungen** (Bruttoaufwendungen) lagen 2015 bei 2,65 Mrd. EUR (Statistisches Taschenbuch der Versicherungswirtschaft 2016, S. 61). Über die Hälfte **der Haushalte** verfügen über eine Rechtsschutzversicherung, wobei der Verkehrsrechtsschutz am weitesten verbreitet ist. Die mit Abstand meisten Risiken gibt es im Privat-, Berufs- und Verkehrs-Rechtsschutz.

Vorbemerkungen zu den §§ 125 bis 129 VVG

Aufgrund der durch das **RVG gestiegenen Rechtverfolgungskosten** und der zunehmenden Verrechtlichung des Alltags kann davon ausgegangen werden, dass der Bedarf nach Rechtsschutzversicherungen zukünftig noch steigen wird. Bereits 2007 wurden die Gebühren von rund 35 % der anwaltlichen Mandate durch Rechtsschutzversicherungen erstattet; im Vergleich hierzu waren es in England gerade einmal 4 % (*Hommerich/Kilian*, Rechtsschutzversicherungen und Anwaltschaft, 2010).

10 Insgesamt wurden den Rechtsschutzversicherern 2015 zu den verschiedenen Leistungsarten (§ 2 ARB 2010 bzw. Rechtsbereichen nach 2.2 ARB 2012) rund 4 Mio. **Schäden** gemeldet (Statistisches Taschenbuch der Versicherungswirtschaft 2016, S. 65) Auf die Bereiche Vertrags- und Arbeits-Rechtsschutz entfallen dabei regelmäßig die meisten Schadensfälle (http://www.gdv.de/zahlen-fakten/schaden-und-unfallversicherung/rechtsschutzversicherung).

11 Im **europäischen Vergleich** ist die Rechtsschutzversicherung in Deutschland am weitesten verbreitet. Nach Schätzungen des Europäischen Versicherungsverbandes (Insurance Europe) beträgt der Anteil der deutschen Rechtsschutzversicherungen 2013 am Prämieneinkommen im europäischen Markt **ca. 44 %**. Der europäische Markt teilt sich auf in etwa 66 % Privatgeschäft und 34 % Gewerbe-/Firmengeschäft.

12 Das lange Zeit gepflegte **Vorurteil**, Rechtsschutzversicherungen würden die Bereitschaft stärken, RA aufzusuchen und insb. aussichtlose Prozesse zu führen, ist durch eine vom BMJ veranlasste Untersuchung **widerlegt** (*Jagodzinski*, Rechtsschutzversicherung und Rechtsverfolgung, S. 143). Weitere Erkenntnisse belegen, dass Konzepte wie die Vereinbarung von Selbstbehalten, Prüfung von Erfolgsaussichten, aber auch die Wahrnehmung von Kündigungsrechten durch den VR wirksame Kontrapunkte für ein mögliches übermäßiges Streitverhalten von VN sind (so *Hommerich/Kilian*, Rechtsschutzversicherungen und Anwaltschaft, 2010).

D. Änderung des VVG und Anwendung auf Altverträge

13 Da mit den ARB 2008 bereits die Anpassung an das neue VVG erfolgt ist, wurde der Vorgabe des Gesetzgebers entsprochen, wonach die gesetzlichen Neuregelungen für ab dem 1.1.2008 geschlossene VV Anwendung finden sollen.

14 Nach der gesonderten **Übergangsfrist** (bis zum 31.12.2008, Art. 1 Abs. 1 EGVVG) für den **Altbestand** – Verträge, die vor dem 1.1.2008 begonnen haben – war für bestehende VV weiterhin das bisherige VVG einschlägig Die VR konnten nach Art. 1 Abs. 3 EGVVG die Versicherungsbedingungen von Altverträgen mit Wirkung zum **1.1.2009** einseitig anpassen.

15 Eine Anpassung der Versicherungsbedingungen durch Übersendung eines vollständig neuen Bedingungswerkes wurde i.d.R. nicht von den VR vorgenommen; mit einer synoptischen Gegenüberstellung alter und neuer Bedingungstexte bzw. einer vereinfachten Darstellung der wichtigsten Änderungen dürften die meisten VN informiert worden sein (Versicherungsjournal vom 22.9.2008, „So werden Kunden informiert").

E. Auswirkungen der VVG-Reform

Auch wenn im **besonderen Teil** für die Rechtsschutzversicherung (§§ 125 bis 129) nur wenige Korrekturen erfolgt sind, haben die Änderungen im **allgemeinen Teil** des VVG – insb. für die in den ARB geregelten Rechtsfolgen bei Obliegenheitsverstößen – wesentliche Auswirkungen. Der **Wegfall des Alles-oder-Nichts-Prinzips** hat erhebliche Folgen für die Altbedingungen, da die Folgen von Verstößen gegen vertragliche Obliegenheiten nicht § 28 entsprechen.

Die Auswirkungen der VVG-Reform für Altbedingungen (siehe hierzu auch § 28 Rdn 5) waren indes lange strittig. Hat der VR die nach Art. 1 Abs. EGVVG gegebene Anpassungsregelung nicht wahrgenommen, dürften infolge des Verbots der geltungserhaltenden Reduktion die vertraglichen Obliegenheiten samt Rechtsfolgen unwirksam werden (so auch z.B. *Franz*, VersR 2008, 298; *Buschbell/Hering*, § 9 Rn 139). Kritiker dieser Ansicht bemängeln eine ungerechtfertigte Privilegierung des vorsätzlich handelnden VN, da der VR zur Leistung verpflichtet bleibt und eine effektive Sanktionierung entfällt. Zur Lösung wird zumindest bei vorsätzlichen Obliegenheitsverletzungen das Institut der ergänzenden Vertragsauslegung herangezogen, während bei grober Fahrlässigkeit § 28 Abs. 2 S. 2 VVG direkt Anwendung findet (Prölss/Martin/*Armbrüster*, Art. 1 EGVVG Rn 39 m.w.N.; Looschelders/Pohlmann/*Brand*, Art. 1 EGVVG Rn 19; *Muschner/Wendt*, MDR 2008, 949).

Der BGH (r+s 2015, 347 f.) hat zu dieser Streitfrage inzwischen Klarheit geschaffen. Hat der VR keine Anpassung an die Neuregelungen des VVG vorgenommen, ist die Klausel unwirksam, wenn die hierdurch entstandene Vertragslücke nicht durch die Anwendung der gesetzlichen Regelung geschlossen werden kann (BGH, VersR 2011, 1550). Ein Rückgriff auf § 28 Abs. 2 S. 1 und Abs. 3, 4 VVG sowie § 306 Abs. 2 BGB scheide aus, weil es sich bei Art. 1 Abs. 3 EGVVG um eine gesetzliche Sonderregelung handele, die in ihrem Anwendungsbereich die allgemeine Bestimmung des § 306 Abs. 2 BGB verdränge. Der BGH (ausführlich in BGH, r+s 2015, 347 f.) führt weiterhin aus, dass mit der durch die Anpassungsmöglichkeit nach Art. 1 Abs. 3 EGVVG bezweckten Gewährleistung der Transparenz von Versicherungsbedingungen eine Lückenfüllung nicht zu vereinbaren wäre; auch für eine an die durch § 28 VVG geänderte Rechtslage angepasste ergänzende Vertragsauslegung sei kein Raum (a.A. Prölss/Martin/*Armbrüster*, Art. 1 EGVVG Rn 39 m.w.N.). Nicht an das neue VVG angepasste Altbedingungen seien daher unabhängig von der Frage des Verschuldens im konkreten Fall unwirksam, so der BGH (BGH, r+s 2015, 347 f.). Mit dieser Entscheidung, wonach eine Unwirksamkeit der Klausel unabhängig von der Frage des Verschuldens eintritt, scheint sich der VR auch nicht im Falle der Arglist des VN (siehe zur Arglist bei Obliegenheit auch § 28 Rdn 107 ff.) auf Leistungsfreiheit berufen zu können. Nach der vom BGH aufgestellten „Gesamtunwirksamkeitstheorie" könnte sich der VR nicht auf Arglist mangels umgestellter Obliegenheitsregelung berufen (kritisch hierzu Prölss/Martin/*Armbrüster*, Art. 1 EGVVG Rn 37; Rüffer/Halbach/Schimikowski/*Muschner*, Art. 1 EGVVG Rn 33 f.). Ist hingegen Arglist als Verwirkungsgrund gesondert in den Versicherungsbedingungen aufgeführt oder ist eine Verwirkung i.S.d. § 242 BGB nach Gesamtbetrachtung des Einzelfalls unter Wertung aller Umstände des Einzelfalls eingetreten, wäre der VR wohl auch nach den Grundsätzen der BGH-Rechtsprechung leistungsfrei (siehe hierzu Anmerkung *Schimikowski* zu BGH, r+s 2015, 350 ff.).

§ 125 VVG Leistung des Versicherers

Bei der Rechtsschutzversicherung ist der Versicherer verpflichtet, die für die Wahrnehmung der rechtlichen Interessen des Versicherungsnehmers oder des Versicherten erforderlichen Leistungen im vereinbarten Umfang zu erbringen.

Übersicht

	Rdn
A. Normzweck	1
B. Norminhalt	7
I. Anspruchsvoraussetzungen	8
II. Leistungsumfang	13
1. Erforderliche Leistungen	13
2. Vereinbarter Umfang	16
a) Versicherungsumfang gem. § 5 ARB 2010	17
b) Mediationsklausel gem. § 5a ARB 2010/Anhang	27
III. Leistungsarten gem. § 2 ARB 2010	31
1. Schadenersatz-Rechtsschutz (§ 2 Buchst. a ARB 2010)	36
2. Arbeits-Rechtsschutz (§ 2 Buchst. b ARB 2010)	38
3. Wohnungs- und Grundstücks-Rechtsschutz (§ 2 Buchst. c ARB 2010)	40
4. Rechtsschutz im Vertrags- und Sachenrecht (§ 2 Buchst. d ARB 2010)	43
5. Steuer-Rechtsschutz vor Gerichten (§ 2 Buchst. e ARB 2010)	48
6. SG-Rechtsschutz (§ 2 Buchst. f ARB 2010)	51
7. Verwaltungs-Rechtsschutz in Verkehrssachen (§ 2 Buchst. g ARB 2010)	54
8. Disziplinar- und Standes-Rechtsschutz (§ 2 Buchst. h ARB 2010)	56
9. Strafrechts-Rechtsschutz (§ 2 Buchst. i ARB 2010)	57
10. Ordnungswidrigkeiten-Rechtsschutz (§ 2 Buchst. j ARB 2010)	64
11. Beratungs-Rechtsschutz (§ 2 Buchst. k ARB 2010)	66
12. Weitere im Markt übliche Leistungsarten	70
IV. Formen des Versicherungsschutzes (§§ 21 ff. ARB 2010)	71
1. Rechtsschutz im Verkehrsbereich	73
a) Verkehrs-Rechtsschutz (§ 21 ARB 2010)	73
b) Fahrzeug-Rechtsschutz § 21 Abs. 3 ARB 2010	77
c) Fahrer-Rechtsschutz (§ 22 ARB 2010)	78
d) Rechtsschutz im Verkehrsbereich in den ARB 2012	80
2. Privat- und Berufsrechtsschutz (§§ 23 und 25 sowie 26 und 28 ARB 2010)	81
a) Privat-Rechtsschutz für Selbständige (§§ 23 und 28 ARB 2010)	87
b) Rechtsschutz für Nichtselbstständige (§§ 25 und 26 ARB 2010)	89
c) Privat- und Berufs-Rechtsschutz in den ARB 2012	91
3. Berufs-Rechtsschutz für Selbständige, Rechtsschutz für Firmen und Vereine (§ 24 ARB 2010)	93
4. Landwirtschafts- und Verkehrs-Rechtsschutz (§ 27 ARB 2010)	97
5. Rechtsschutz für Eigentümer und Mieter von Wohnungen und Grundstücken (§ 29 ARB 2010)	98
V. Ausgeschlossene Rechtsangelegenheiten	102
VI. Erfolgsaussichten/Mutwilligkeit (§ 3a ARB 2010)	110
VII. Versicherungsfall	111
VIII. Örtlicher Geltungsbereich	123
IX. Obliegenheiten	126
C. Prozessuales	133
D. Abdingbarkeit	136

A. Normzweck

Die Regelung des § 125 VVG beruht im Wesentlichen auf einer europäischen Richtlinie zur Rechtsschutzversicherung von 1987 (87/344/EWG), deren Ziel der umfassende Schutz der Versicherteninteressen ist (so auch EuGH VersR 2013,1530) sowie nach Art. 4 Abs. 1 RL 87/344/EWG eine Vermeidung von möglichen Interessenkollisionen zwischen dem Versicherten und dem VR (wenn bei demselben Versicherer ein anderer Versicherer versichert ist oder wenn der Versicherer den Rechtsschutzversicherten gleichzeitig für andere Versicherungszweige versichert hat). Mit der durch die VVG-Reform 2008 neu eingeführten Vorschrift soll der **wirtschaftliche Zweck** der Versicherung beschrieben werden, wobei ausdrücklich die Versicherung für fremde Rechnung (§ 43 VVG; Versicherter ist nicht der VN) miterfasst wird (Begr. BT-Drucks 16/3945, 91). „Rechtsschutzversicherung" und „Versicherungsfall" sind nicht definiert, damit kein Hindernis für eine Produktentwicklung im Hinblick auf zukünftige Versicherungs- und Leistungsformen besteht (BT-Drucks 16/3945, 91). Bei der Ausgestaltung des Rechtsschutzvertrages besteht grundsätzlich Vertragsfreiheit. Diese Vertragsfreiheit wird lediglich durch die Grenzen der §§ 126 bis 128 VVG beschränkt, von denen nach § 129 VVG nicht zum Nachteil des VN abgewichen werden kann. Danach kann auch die Gewährung von Rechtsschutz für die Vertretung in einem Gerichts- oder Verwaltungsverfahren von der vorherigen erfolglosen Durchführung eines Mediationsverfahrens abhängig gemacht werden (so zustimmend zur Frage der Zulässigkeit eines Gerichtsrechtsschutzes mit vorgeschalteter außergerichtlicher Mediation BGH, r+s 2016, 235 (236); siehe auch Rdn 6; a.A. wohl *Maier*, r+s 2015, 351, 354).

§ 125 entspricht in etwa § 1 ARB 2000; in **§ 1 ARB 2010 (Stand Juni 2010)** „Aufgaben der Rechtsschutzversicherung" wird der Gesetzestext des § 125 zitiert.

In den neuesten Musterbedingungen wird in Nr. 1 ARB 2012 (unverbindliche Bekanntgabe Oktober 2012, aktueller Stand: März 2016) neben der Charakterisierung des Produkts Rechtsschutz in Anlehnung an § 125 VVG zudem darauf hingewiesen, woraus sich der konkrete Leistungsumfang ergibt: Versicherungsantrag, Versicherungsschein und Versicherungsbedingungen.

Die **fremde Rechtsbesorgung** durch den VR selbst ist hingegen **untersagt** (BGH, NJW 1961, 1113) und bleibt dies – im Gegensatz zu einigen europäischen Nachbarn – auch weiterhin entsprechend der Neuregelung des Rechtsberatungsgesetzes vom 12.12.2007 (siehe § 4 RDG, „lex Rechtsschutzversicherung").

Das Leistungsangebot der VR hat sich zunehmend erweitert, aber auch inhaltlich verändert. Der Weg vom reinen Kostenerstatter zum „Lotsen und Unterstützer im Konfliktfall" ist durch umfassende Angebote zahlreicher Rechtsschutzversicherer wie etwa Online-Rechtsprechungssammlungen, Musterformulare, telefonische anwaltliche Rechtsberatung, online Rechtsberatung durch Rechtsanwälte und die Erweiterung des Leistungsangebotes durch außergerichtliche Konfliktlösungsmodelle, z.B. Mediation bereits seit Jahren beschritten worden.

Auch die ausdrückliche Aufnahme der Mediation in den Leistungsumfang (erstmals in den Musterbedingungen ARB 2009) stärkt die Rolle der Rechtsschutzversicherer als Vermittler und Kostenerstatter alternativer Konfliktbeilegungen. Die VR tragen damit der Vorgabe des BVerfG Rechnung, nach der konsensuale Lösungen eines Streits auch in einem Rechtsstaat einem Urteil vorzugswürdig sind (BVerfG, ZKM 2007, 128). Die Aufnahme der Mediation in den Leistungskatalog stellt zudem eine wesentliche Entwicklung des Leistungsangebots dar. Der VR positioniert sich nicht nur als Unterstützer zur Rechtserlangung, sondern fördert auch die einvernehmliche Konfliktbeendigung mithilfe eines unparteilichen Dritten – dem Mediator. Durch die eigenverantwortliche Problemlösung der Parteien soll die Streitigkeit nachhaltig beendet werden können. Der Mediator unterstützt dabei lediglich die Parteien, ohne selbst mit Vorschlägen oder gar Entscheidungshilfen in den Verlauf der Auseinandersetzung einzugreifen.

Die Aufnahme der Mediation in den Leistungskatalog der Rechtsschutzversicherer ist auch zulässig (so ausdrücklich *Wendt*, VersR 2014, 420 f.). Allerdings müsse der VN gerade vor dem Beginn des Verfahrens eine rechtliche Beratung in Anspruch nehmen können; Klauseln, die dies nicht vorsehen, würden den VN unangemessen benachteiligen i.S.d. § 307 Abs. 1 BGB (OLG Frankfurt, BB 2015, 1217). Kontrovers diskutiert wurde, ob ein Vermittlungs- oder auch Auswahlrecht des VR für den Mediator gegen § 2 Abs. 1 MediationsG verstoße (so *Cornelius-Winkler*, SVR 2013, 201, der einen Verstoß gegeben sieht). Dagegen spricht jedoch, dass es sowohl dem VN als auch dem Konfliktpartner unbenommen bleibt, den vom VR vermittelten oder ausgewählten Mediator abzulehnen (so ausdrücklich OLG Frankfurt, BB 2015, 1217; *Röthemeyer*, ZKM 2014, 203; *Wendt*, VersR 2014, 427). Deshalb sei selbst die Auswahl des Mediators durch den VR im Ergebnis nicht mehr als ein Vorschlag (*Eberhardt*, ZMK 2014, 83). Dies bekräftigt nunmehr auch die höchstrichterliche Rechtsprechung, nach der die Unabhängigkeit des Mediators zwar ein wichtiges Postulat des Mediationsrechts sei, aber gerade nicht zwingend, sondern der näheren Ausgestaltung nach dem Willen der Parteien zugänglich. Zudem sei das Auswahlrecht des VR auch nicht davon abhängig, ob der Mediator Rechtsanwalt ist (BGH, r+s 2016, 235).

B. Norminhalt

7 Die Rechtsschutzversicherung bietet **keine Allgefahrendeckung**, sondern erbringt Versicherungsschutz nach dem **Grundsatz der Spezialität der versicherten Gefahr** (Prölss/Martin/*Armbrüster*, § 2 Rn 1 ARB 2010; MAH-VersR/*Terbille/Bultmann*, § 27 Rn 15). Nach dem **Prinzip der Risikoaufspaltung** ist der VN in bestimmten (in §§ 21 bis 29 ARB 2010 beschriebenen) Eigenschaften und nur auf bestimmten Rechtsgebieten (= Leistungsarten nach § 2 ARB 2010) versichert.

> **Beispiel**
> Im Privatrecht- und Berufs-Rechtsschutz für Nichtselbstständige ist der VN in seiner Eigenschaft als „Nichtselbstständiger", d.h. bspw. als Angestellter, gem. § 25 ARB 2010 versichert. Für welche Rechtsgebiete Versicherungsschutz besteht, regelt § 25 Abs. 3 ARB 2010 mit Verweis auf die betreffenden Leistungsarten nach § 2 ARB 2010.

I. Anspruchsvoraussetzungen

Die Rechtsschutzversicherung deckt nur die **Wahrnehmung von rechtlichen Interessen** ab, d.h. die **Verfolgung oder Abwehr von Ansprüchen** (BGH, VersR 1992, 487) **oder die Besorgung von Rechtsangelegenheiten**. Mit den ARB 2009 wurden in § 5a des Anhangs erstmals ausdrücklich auch Leistungen im Bereich der Mediation in den Leistungsumfang der Versicherung aufgenommen (**Mediationsklausel**). Die Ausgestaltung der Klausel erfolgt dabei individuell. Entsprechend haben sich im Markt sehr unterschiedliche Mediationsklauseln etabliert. Einige VR beschränken das Mediationsangebot auf bestimmte Leistungsarten oder versichern eine bestimmte Anzahl von Mediationssitzungen bis zu einem festgelegten Höchstbetrag. Andere VR erstatten die Kosten jeglichen außergerichtlichen Konfliktlösungsverfahrens, sofern der Sachverhalt versichert ist und der vorgeschlagene Konfliktmittler von beiden Parteien akzeptiert wird. Bei diversen Modellen können auch bei nicht versicherten Sachverhalten, bei denen etwa ein Risikoausschluss einschlägig ist, Kosten für ein Mediationsverfahren beansprucht werden. In der Mehrheit werden die Mediationsverfahren telefonisch durchgeführt; Kostenschutz besteht jedoch auch für Präsenzmediationen. Inwieweit es sich bei der sogenannten telefonischen Mediation, um eine Mediation im Sinne des Mediationsgesetzes handelt, wird kontrovers diskutiert. Teils wird kritisiert, dass bei der telefonischen Mediation nicht die nach dem MediationsG vorgegebene Struktur eingehalten werde (so *Greger*, ZKM 2015, 172 ff.). Dem wird entgegengehalten, dass aus dem Verfahren heraus nicht ersichtlich sei, warum am Telefon nicht strukturellen Vorgaben entsprochen und unter Beachtung der Eigenverantwortlichkeit gehandelt werden können sollte (*Röthemeyer*, ZKM 2016, 151). Letztlich war es die Intention des MediationsG, die dynamische Entwicklung des Verfahrens zu fördern (BT-Drucks 17/5335, 14), so dass wegen der Unbestimmtheit des Begriffs der Wille der Konfliktparteien über die Art und Weise der Durchführung der Mediation entscheiden wird. Die Anzahl der durchgeführten Mediationen steigt in der Praxis zwar jährlich, jedoch spielt die konsensuale Konfliktlösung in Relation zu den streitigen Schadenfällen bisher nur eine untergeordnete Rolle. Es wird vermutet, dass nach der bisherigen Entwicklung 10–15 % der jährlichen Schadenfälle in eine Mediation münden könnten (*Eberhardt*, Rechtsschutzversicherung und außergerichtliche Konfliktlösung, ZKM 2014, 83–87). Nach den ARB 2008 und in älteren Bedingungen waren Kosten für ein Mediationsverfahren nur i.R.d. § 5 Abs. 1 als Form des Schlichtungsverfahrens mitversichert.

Die konkrete **Abgrenzung zu anderen als rechtlichen Interessen** hat in der Praxis immer wieder zu Streitfällen geführt. Eine rechtliche Interessenwahrnehmung erfolgt jedoch i.d.R. im **Zusammenhang mit den typischen Aufgaben eines Rechtsanwalts** (BGH, VersR 1991, 919), wie die Rechtsdurchsetzung oder Rechtsverteidigung der Belange des VN. Im Bereich der Mediation hingegen wird zur rechtlichen Interessenwahrnehmung – nämlich zur Beendigung des Rechtskonfliktes – der Mediator als **vermittelnder Dritter** zwischen den Parteien eingeschaltet. Liegt also der Mediation ein rechtlicher Konflikt zwischen dem VN und der anderen Konfliktpartei zugrunde, dient die bezweckte Lösung im Rahmen des Mediationsverfahrens gleichzeitig der Beendigung des Rechtsstreits und der Herstellung des Rechtsfriedens. Die Erweiterung des Leistungsumfanges auf Übernahme von Mediationskosten durch die Rechtsschutzversicherung ist auch nicht unzulässig, jedoch abhängig von voriger rechtlicher Beratung (OLG Frankfurt, r+s 2015, 351; mit kritischen Anmerkungen von Maier).

10 Der Streitfall muss ferner eines der versicherten Risiken (§§ 21 bis 29 ARB 2010), eine der versicherten Leistungsarten (§ 2 ARB 2010) sowie eine versicherte Person betreffen.

11 Für die Eintrittspflicht des VR ist außerdem das Vorliegen eines Versicherungsfalls (Rdn 111 ff.) Voraussetzung, der bei den verschiedenen Leistungsarten unterschiedlich definiert wird (§ 4 ARB 2010). Weiter setzt die Leistungspflicht voraus, dass der örtliche Geltungsbereich (§ 6 ARB 2010) einschlägig ist, das Ereignis zeitlich in den Versicherungsvertrag fällt und außerhalb einer vereinbarten Wartezeit (§ 4 Abs. 1 ARB 2010) liegt. Darüber hinaus darf kein allgemeiner (§ 3 ARB 2010) oder besonderer Risikoausschluss gegeben sein. Bestehen für die Streitigkeit keine hinreichenden Erfolgsaussichten oder ist die Interessenwahrnehmung mutwillig, kann der VR den Versicherungsschutz ablehnen (§ 3a ARB 2010).

12 Vorgeschlagenes Prüfungsschema zu den ARB 2010
1. **Was und wer** sind vertraglich versichert?
   a) Deckt der Rechtsschutzvertrag den betroffenen Risikobereich (Verkehr, Privat, Bereich der selbstständigen Tätigkeit, Immobilie) ab?
   b) Welche Leistungsart (§ 2 ARB 2010) ist einschlägig und ist diese in der Vertragsform (§§ 21 bis 29 ARB 2010) enthalten?
   c) Ist die betroffene Person mitversichert (§§ 21 bis 29 ARB 2010)?
2. Liegt der Versicherungsfall im **versicherten Zeitraum** und ist der **örtliche Geltungsbereich** gegeben?
   a) Ist ein Versicherungsfall (§ 4 ARB 2010) innerhalb der Laufzeit (§§ 7, 8 ARB 2010)
   b) und nach Ablauf einer eventuellen Wartezeit eingetreten (§ 4 ARB 2010)?
   c) Ist der örtliche Geltungsbereich einschlägig (§ 6 ARB 2010)?
3. Liegt ein **allgemeiner Risikoausschluss** vor (§ 3 ARB 2010)?
4. Besteht ein **besonderer Risikoausschluss**?
   a) Besteht ein Ausschluss innerhalb der Vertragsform (z.B. § 25 Abs. 4 ARB 2010)?
   b) Ist der Anspruch aus dem Rechtsschutzvertrag verjährt (§ 14 ARB 2010)?
   c) Ist die Schadensmeldung verspätet (§ 4 Abs. 3 Buchst. b ARB 2010)?
5. Wie ist die **Interessenwahrnehmung rechtlich** zu beurteilen?
   a) Bestehen hinreichende Erfolgsaussichten (§ 3a Abs. 1 Buchst. a ARB 2010)?
   b) Ist die Interessenwahrnehmung mutwillig (§ 3a Abs. 1 Buchst. b ARB 2010)?
6. In welchem **Umfang** besteht die Leistungspflicht des VR?
   a) Ist die beanspruchte Leistung im Umfang der Versicherung enthalten (§§ 5, 5a ARB 2010)?
   b) Besteht eine Obliegenheitsverletzung (z.B. § 17 ARB 2010)? In welcher Höhe ist der VR eintrittspflichtig (Quotierung)?
   c) Liegt eine Selbstbeteiligung vor (§ 5 Abs. 3 Buchst. c ARB 2010?
7. Sonstiges, z.B. besteht Prämienverzug (§ 9 Buchst. c. ARB 2010)?

Vorgeschlagenes Prüfungsschema zu den ARB 2012
1. Welche **Vertragsart/-form** ist einschlägig, 2.1 ARB 2012 (Lebensbereiche und Personen)?
2. Ist die betroffene Person **(mit)versichert**, 2.1 ARB 2012 (Lebensbereiche und Personen)?
3. Worum geht es in der Streitigkeit, welche **Leistungsart** ist einschlägig, ist die Leistungsart versichert, 2.2 ARB 2012 (Rechtsbereiche/Leistungsarten)?
4. Ist der **Versicherungsfall** eingetreten; wenn ja, wann und wo ist er eingetreten und gibt es Besonderheiten, 2.4 ARB 2012 (Voraussetzungen für den Anspruch auf Versicherungsschutz)?
5. Wo ist der Versicherungsfall eingetreten, 5 ARB 2012 (Örtlicher Geltungsbereich)?
6. Ist ein **Risikoausschluss** betroffen, 3.2 ARB 2012 (Inhaltliche Ausschlüsse)?
7. Sind **Besonderheiten** zu beachten?
   z.B.
   - Fehlende Erfolgsaussichten und Mutwilligkeit 3.4 ARB 2012
   - Prämienverzug 7.4.2, 7.5.4 ARB 2012
   - Verjährung 8.1 ARB 2012
   - Obliegenheiten 4 ARB 2012
8. Wie ist der **Versicherungsumfang**, 2.3 ARB 2012?
   z.B.
   - Sind die Kosten erstattungsfähig?
   - Gibt es zu den beanspruchten Kosten Einschränkungen oder Modifikationen, etwa 3.3 ARB 2012?

II. Leistungsumfang

1. Erforderliche Leistungen

Der VR ist verpflichtet, die erforderlichen Leistungen zu erbringen. Die Leistung des Rechtsschutzversicherers besteht neben der Erstattung der **Rechtsverfolgungskosten** auch in der **Sorgeleistung**. Der VR ist jedoch nicht berechtigt, selbst die Rechtsbesorgung zu tätigen (siehe Rdn 4). Bei der Sorgeleistung handelt es sich um untergeordnete Nebenpflichten des VV (v. Bühren/Plote/*v. Bühren*, § 1 Rn 12).

> **Beispiel**
> Zur Sorgeleistung der Rechtsschutzversicherung gehören u.a. die Deckungsbestätigung (§ 17 Abs. 2 ARB 2010), zu der der VR bei Vorliegen der Voraussetzungen innerhalb angemessener Zeit verpflichtet, ist und die Benennung eines Rechtsanwaltes (§ 17 Abs. 3 Buchst. a ARB 2010), wenn dies vom VN verlangt wird.

Nur die objektiv notwendigen Leistungen müssen durch den VR erbracht werden. Bereits aus dem Gebot der allgemeinen Schadensminderungspflicht nach § 82 VVG ergibt sich für den VN die Pflicht, **nur die tatsächlich erforderlichen Leistungen** in Anspruch zu nehmen und damit die Kosten möglichst gering zu halten, d.h. vermeidbare Kosten werden nicht durch den VR ersetzt. Zudem kann der VR entsprechend § 128 VVG seine Leistung verweigern, wenn keine hinreichenden Erfolgsaussichten bestehen oder die Interessenwahrnehmung mutwillig ist, siehe § 3a ARB 2010 (Prölss/Martin/*Armbrüster*, § 1 ARB 2010 Rn 7). § 17 Abs. 1 Buchst. c Doppelbuchst. bb ARB 2010 zählt hierzu entsprechende Fallkonstellationen auf, um dem VN die Obliegenheit zu verdeutlichen (siehe hierzu Rdn 130).

Beispiel
Hierunter fällt insb. die Verpflichtung des VN zur Klageerweiterung, damit keine unnötigen Kosten für eine separate Geltendmachung des Anspruchs entstehen, oder zur Geltendmachung des Anspruchs als Widerklage bei einem laufenden Rechtsstreit. Ggf. kann der VN auch verpflichtet sein, ein laufendes Klageverfahren zunächst abzuwarten, wenn eine weitere Forderung von dem Ausgang der rechtshängigen Streitigkeit abhängig ist.

15 Der VR darf sich allerdings nicht auf die Möglichkeit einer kostengünstigeren Lösung, z.B. Klageerweiterung, berufen, wenn er die Abgabe der Deckungszusage innerhalb der angemessenen Zeit versäumt (OLG Düsseldorf, NJW-RR 2008, 701). Ist hingegen aufgrund des Sachverhaltes die Erteilung eines einheitlichen Mandates statt zwei getrennter Mandate möglich, liegt eine gegen Treu und Glauben verstoßende rechtsmissbräuchliche Prozessführung vor, deren Mehrkosten der VR nicht zu tragen hat (OLG Köln, VersR 2016, 113).

2. Vereinbarter Umfang

16 Die Leistungspflicht des VR besteht in dem im VV **vereinbarten Umfang**. Der konkrete Deckungsumfang ergibt sich aus § 5 ARB 2010 sowie § 5a ARB 2010/Anhang und den jeweiligen Vertragsformen (§§ 21 bis 29 ARB 2010).

a) Versicherungsumfang gem. § 5 ARB 2010

17 § 5 ARB 2010 enthält die **Leistungspflicht** des VR hinsichtlich der zu erstattenden Kosten und stellt eine Begrenzung des vom VR übernommenen Kostenrisikos dar. Die Aufzählung ist abschließend, so dass nicht genannte Leistungen nicht versichert sind (*v. Bühren/Schneider*, § 13 Rn 316). § 5 Abs. 1 ARB 2010 beschreibt positiv die versicherten Leistungen, während in § 5 Abs. 3 ARB 2010 wiederum eine Einschränkung der Kostentragung erfolgt. Die **Beweislast** der primären Risikobegrenzung nach § 5 Abs. 1 ARB 2010 trägt der **VN**, während der **VR beweispflichtig** für die sekundäre Risikobegrenzung in § 5 Abs. 3 ARB 2010 ist (*Harbauer/Bauer*, § 5 ARB 2000, Rn 6).

Der VR kann den Befreiungsanspruch hinsichtlich der von ihm nach § 5 Abs. 1 ARB 2010 zu tragenden gesetzlichen Vergütung eines Rechtsanwaltes auch dadurch erfüllen, dass er dem VN Kostenschutz für einen etwaigen Gebührenprozess zischen dem VN und seinen Rechtsanwalt zusagt (BGH, NJW 2016, 61). Der BGH hat klargestellt, dass § 128 S. 3 VVG den VR nicht daran hindert, eine Gebührenforderung mit der Begründung abzulehnen, es handele sich um unnötige Kosten. Aufgrund seines Wahlrechts kann der VR entscheiden, wie er mit der Gebührenforderung umgeht. Hält er diese für unbegründet, muss er dem VR bei deren Abwehr zur Seiten stehen. Damit bleiben Streitigkeiten über Gebühren zwischen VN und Rechtsanwalt im Mandatsverhältnis und führen auch nicht zu unbilligen Nachteilen für den VN (*Schons*, AnwBl. 2016, 76).

Zu den versicherten Kosten nach § 5 Abs. 1 ARB 2010 gehören die Kosten **eines** für den VN tätigen **Rechtsanwaltes**, wobei nur die Kosten bis zur Höhe der **gesetzlichen Vergütung** erstattet werden. Bei einer **Honorarvereinbarung** zwischen dem VN und dem RA muss der VN daher die Differenz zwischen der gesetzlichen Vergütung und dem vereinbarten Honorar **selbst** tragen. Eine Ausnahme hierzu stellt die Vergütung der anwaltlichen Beratung dar; angesichts § 34 Abs. 1 RVG, wonach eine Gebührenvereinbarung geschlossen werden soll und nur Höchstgrenzen der Vergütung genannt werden. Entsprechend sieht § 5 Abs. 1 Buchst. a S. 2 ARB 2010 eine summenmäßige Begrenzung des VR vor. 18

Die Versicherungsleistung ist ferner grds. auf die Vergütung **eines einzigen Rechtsanwaltes** beschränkt, da auch nur die erforderlichen Kosten nach § 1 ARB 2010 erstattet werden (v. Bühren/Plote/*v. Bühren*, § 5 Rn 11). Erstattungsfähig ist bei der Beauftragung mehrerer RA nur der Gebührenanspruch, der bei der Tätigkeit eines Rechtsanwaltes entstanden wäre. Allerdings hat der VN ein Wahlrecht, die Kosten welches Rechtsanwaltes vom VR erstattet werden sollen (*Harbauer/Bauer*, § 5 ARB 2000 Rn 27). Ist ein Rechtsanwaltswechsel hingegen objektiv notwendig, wenn dieser also i.S.v. § 91 Abs. 2 S. 3 ZPO eintreten musste und weder den VN noch den Rechtsanwalt ein Verschulden trifft (z.B. bei Berufsaufgabe oder Tod des bisherigen Rechtsanwaltes), so hat der VR ausnahmsweise Mehrkosten durch Mandatierung eines zweiten Rechtsanwaltes zu erstatten (*Rüffer/Halbach/Schimikowski/ Münkel*, § 5 ARB 2010 Rn 3). 19

Vertritt sich ein rechtsschutzversicherter Rechtsanwalt selbst, hat der VR ihm bei der Verteidigung in Straf- und Bußgeldverfahren keine Gebühren zu erstatten, da der Beschuldigte eines Strafverfahrens nicht zugleich sein eigener Verteidiger sein kann (*v. Bühren/ Schneider*, § 13 Rn 330). In zivilrechtlichen Verfahren hingegen sind die Kosten eines Rechtsanwaltes bei einer Selbstvertretung über die Rechtsschutzversicherung abgedeckt (BGH, VersR 2011, 67). 20

Der VR trägt zudem auch nach § 5 Abs. 1 Buchst. c ARB 2010 die **Gerichtskosten**, einschließlich der Kosten für vom Gericht herangezogenen Zeugen und Sachverständigen (siehe Ausnahme hierzu in § 5 Abs. 1 Buchst. f ARB 2010) sowie die Gerichtsvollzieherkosten. Hat der VR einen Anspruch auf Rückzahlung nicht verbrauchter Gerichtskosten, so handelt es sich um einen einfachen Abrechnungsanspruch. Dieser Anspruch unterfällt damit nicht § 86 Abs. 1 S. 2 VVG, der aufgrund einer Selbstbeteiligung quotenbevorrechtigt gewesen wäre. Die Folge ist, dass sich nachträglich der Umfang der vom VR zu erbringenden Leistungen nach § 5 ARB 2010 reduziert und der VR die von ihm erbrachte Zuviel-Zahlung zurückverlangen kann (LG Heilbronn, DV 2015, 242). 21

> **Praxistipp**
> Die Kosten für **medizinisch-psychologische Gutachten** bei Streitigkeiten um den Entzug der Fahrerlaubnis fallen nicht in den Leistungsumfang, da die Behörde die Untersuchung **nicht anordnet**, sondern nur zur Gutachtenerstellung auffordert (Halm/Engelbrecht/Krahe/ Heinrichs, Hdb. FA VersR, Kap. 34 Rn 205; vgl. hierzu auch AG Düsseldorf, r+s 1997, 164).

Erstattungsfähig sind gem. § 5 Abs. 1 Buchst. g ARB 2010 auch die **Reisekosten** des VN, wenn diese für die Wahrnehmung von Terminen vor ausländischen Gerichten anfallen und 22 das persönliche Erscheinen vorgeschrieben sowie zur Vermeidung von Rechtsnachteilen erforderlich ist.

23 U.a. trägt der VR nach § 5 Abs. 1 Buchst. h ARB 2010 auch die **Kosten des Gegners**, soweit der VN zu deren Erstattung **verpflichtet** ist. Sieht eine gerichtliche oder behördliche Kostenentscheidung die Kostentragungspflicht des VN vor, erstattet der VR die Kosten. Zudem kann aber auch eine vereinbarte Kostenübernahme unter die Versicherungsdeckung fallen, sofern diese nicht der Risikobegrenzung des § 5 Abs. 3 Buchst. b ARB 2010 zuwiderläuft und nicht nur eine bereits bestehende materiell-rechtliche Verpflichtung zur Übernahme gegnerischer Kosten festschreibt (*Harbauer/Bauer*, § 5 ARB 2009 Rn 145). Der VR erstattet daher bei einer vereinbarten Kostenübernahme nur diejenigen Kosten, die der VN nach den prozessualen Bestimmungen auch bei gerichtlicher Entscheidung hätte tragen müssen (BGH, VersR 1985, 538). Zwar haben Kostenfestsetzungsbeschlüsse Bindungswirkung, so dass der VR die Zahlung an den Gegner leisten muss, auch wenn er den Beschluss für fehlerhaft hält (*Harbauer/Bauer*, § 5 ARB 2000 Rn 95). Der Rechtsanwalt des VN ist jedoch aus seinem Anwaltsvertrag gegenüber dem VN verpflichtet, ihn vor überhöhten Kosten zu schützen und muss daher Beschwerde gegen den fehlerhaften Kostenfestsetzungsbeschluss einlegen (v. *Bühren/Plote/v. Bühren*, § 5 Rn 10 m.w.N.).

24 Der Anspruch des VN auf Erstattung der Kosten wird gem. § 5 Abs. 2 ARB 2010 **fällig**, sobald er nachweist, dass er zur Zahlung verpflichtet ist oder diese bereits erfüllt hat. Fällig ist die Leistung des VR auch dann, wenn sich die **Notwendigkeit der Interessenwahrnehmung** so konkret abzeichnet, dass mit der Entstehung von Rechtsverfolgungskosten gerechnet werden muss (OLG Schleswig, r+s 1998, 158). **§ 14 VVG** (Fälligkeit der Geldleistung) hingegen ist **nicht** für die Rechtsschutzversicherung **einschlägig**, da der VR ggü. dem VN lediglich zur Freistellung, nicht jedoch zur Zahlung von Kosten verpflichtet ist (*Schimikowski*, Versicherungsvertragsrecht, Rn 371).

25 § 5 Abs. 3 ARB 2010 zählt die **Beschränkungen** des Leistungsumfangs auf. Danach hat u.a. der VR keine Kosten zu erstatten, die der VN **ohne Rechtspflicht** übernommen hat (§ 5 Abs. 3 Buchst. a ARB 2010). Weiterhin regelt § 5 Abs. 3 Buchst. b ARB 2010 die in der Praxis wichtige Kostenbeschränkung bei **einvernehmlichen Erledigungen**. So trägt der VR nicht die Kosten, soweit sie nicht dem **Verhältnis** des vom VN **angestrebten Ergebnisses zum erzielten Ergebnis** entsprechen; es sei denn, die entsprechende Kostenverteilung ist gesetzlich vorgeschrieben (v. *Bühren/Plote/v. Bühren*, § 5 ARB Rn 144). Zweck dieser Regelung ist die Vermeidung von Zugeständnissen in der Kostenfrage zulasten **des VR**, um möglicherweise in der Hauptsache Vorteile zu erlangen (Prölss/Martin/ *Armbrüster*, § 5 ARB 2010 Rn 57 m.w.N.); Rüffer/Halbach/Schimikowski/*Münkel*, § 5 ARB 2010 Rn 22). Die Wirksamkeit dieser Regelung wird vereinzelt unter Hinweis auf einen Verstoß gegen das **Transparenzgebot** gem. § 307 Abs. 1 S. 2 BGB angezweifelt (LG Hagen, NJW-RR 2008, 478; **a.A.** LG Kiel, VersR 2009, 1399). Nach § 5 Abs. 3 Buchst. h ARB 2010 erstreckt sich der Leistungsumfang nicht auf die Kosten für **unstreitige Forderungen** im Rahmen einer einvernehmlichen Erledigung oder **nicht versicherte Teile** von Schadensfällen.

Praxistipp
Soll zwischen dem VN und dem Gegner ein außergerichtlicher Vergleich geschlossen werden, in dem auch eine Regelung der Kosten vorgesehen ist, bietet es sich an, zuvor das Einverständnis des VR mit Blick auf die Kostenregelung einzuholen. Gleiches kann für einen vor Gericht geschlossenen Vergleich sinnvoll sein, in dem die Parteien die Kostentragung selbst regeln.

Vom Leistungsumfang gem. § 5 Abs. 3 Buchst. e ARB 2010 sind Zwangsvollstreckungsmaßnahmen ausgeschlossen, die später als fünf Jahre nach Rechtskraft des Vollstreckungstitels eingeleitet werden. Die Leistungspflicht des VR ist hier **zeitlich begrenzt**, auch wenn der VR noch nicht die Kosten von drei Zwangsvollstreckungsmaßnahmen (Umkehrschluss von § 5 Abs. 3 Buchst. d ARB 2010) erstattet hat. 26

b) Mediationsklausel gem. § 5a ARB 2010/Anhang

§ 5a ARB 2010/Anhang regelt ausdrücklich die **Einbeziehung des außergerichtlichen Mediationsverfahrens** in den Leistungsumfang der Versicherung. Die **Klausel** definiert in § 5a Abs. 1 ARB 2010/Anhang den Begriff Mediation, um das Verfahren für den VN zu veranschaulichen. Ferner übernimmt der VR die **Vermittlung des Mediators**, mit der die **Qualität** der Mediationsleistung angesichts der bisher *ungeschützten Bezeichnung* „Mediator" sichergestellt werden soll. Die Vermittlungskompetenz des VR verstößt auch **nicht** gegen § 127 Abs. 1 VVG, wenn der Mediator gleichzeitig Rechtsanwalt ist (so auch *Harbauer/Stahl*, § 5a ARB 2000 Rn 5, OLG Frankfurt, BB 2015, 1217, BGH, r+s 2016, 235, *Wendt*, ZKM 2016, 107). Schließlich ist der Mediator gerade nicht in seiner Eigenschaft als Parteienvertreter tätig, sondern vermittelt in der Rolle als neutraler Dritter sozusagen „*allparteilich*" zwischen den Parteien. Die Mediationsklausel bietet nach § 5a Abs. 2 ARB 2010/Anhang dem VR Raum für **individuelle Regelungen** in Bezug auf den Anwendungsbereich und den Leistungsumfang der unter Kostenschutz gestellten Mediationsleistung (siehe hierzu *Harbauer/Stahl*, § 5a ARB 2000 Rn 8). Die Kostenregelung nach § 5a Abs. 3 ARB 2010/Anhang beschreibt den Umfang der Versicherungsleistung für das Mediationsverfahren. Der VR trägt danach die Kosten **anteilig für den VN** begrenzt auf eine vom Versicherungsunternehmen individuell zu bestimmende Summe. Klarstellend wird zudem in § 5a Abs. 4 ARB 2010/Anhang ausgeführt, dass der VR nicht für die Tätigkeit des Mediators verantwortlich ist. Trotz der Vermittlung durch den VR sind die streitigen Personen Vertragspartner des Mediators und müssen evtl. Ansprüche daher auch gegen diesen geltend machen. Die Regelung für Schlichtungsverfahren nach § 5 Abs. 1 Buchst. d ARB 2010 ist bei Verwendung der Mediationsklausel durch den VR entsprechend anzupassen. 27

In den ARB 2012 (Stand Oktober 2012) ist der Kostenschutz für Mediationsverfahren unter dem Kapitel Leistungsumfang im Inland, 2.3.1 ARB 2012, aufgeführt und damit erstmals fest im Leistungsverzeichnis der VR implementiert worden. 28

Mit den ARB 2012 (Stand Oktober 2014) erfolgten zwei Änderungen. Zum einen schlägt der VR nunmehr einen Mediator vor anstatt diesen zu vermitteln. Es wurde damit eine Formulierung aus der Begründung zum Mediationsgesetz aufgegriffen, wonach die Parteien 29 einen ihnen unterbreiteten Vorschlag auch konkludent annehmen können, ohne dass es ihr gesetzliches Auswahlrecht beineinträchtige (BT-Drucks 17/5335, 21). Zum anderen wird dem VN als Ausnahme vom Grundsatz des Versicherervorschlags die Möglichkeit eingeräumt, einen nicht vom Versicherer vorgeschlagenen Mediator zu beauftragen, sofern er sich mit der anderen Konfliktpartei bereits auf einen Mediator geeinigt hat.

30 Entsprechend der Vertragsform (**§§ 21 bis 29 ARB 2010**) besteht Versicherungsschutz in dort jeweils aufgeführten Leistungsarten (§ 2 ARB 2010) bzw. i.R.d. Mediationsklausel (§ 5a im Anhang der ARB 2010).

III. Leistungsarten gem. § 2 ARB 2010

31 Der in § 2 ARB 2010 gewählte **Begriff** „Leistungsarten" ist *missverständlich*. Es geht bei den aufgezählten Varianten nicht um die Arten der vom VR zu erbringenden Leistung, sondern um die Benennung von Rechtsgebieten bzw. Rechtsangelegenheiten des VN, im Rahmen derer der VR seine vertragliche Leistung erbringt.

32 Für einige Leistungsarten bestehen **Wartezeiten** (§ 4 Abs. 1 ARB 2010). Hiermit wird der Zeitraum zwischen dem Beginn der Laufzeit des Vertrages (§ 7 ARB 2010) und dem Wirksamwerden des Versicherungsschutzes bezeichnet. Ist also ein Schadenfall nach dem materiellen Versicherungsbeginn und vor **Ablauf von drei Monaten** in einer Leistungsart mit Wartezeit eingetreten, besteht kein Versicherungsschutz (*Harbauer/Maier*, § 4 ARB 2000 Rn 97). Es soll mit der Wartezeit verhindert werden, dass eine Rechtsschutzversicherung abgeschlossen wird, um eine bereits aufkeimende Streitigkeit abzusichern („Zweckabschlüsse").

33 Wird eine bestehende Rechtsschutzversicherung durch weitere Leistungsarten **erweitert**, so läuft eine bedingungsgemäße **Wartezeit für dieses Zusatzrisiko** ab dem Tag, an dem der Versicherungsschutz für dieses Einzelwagnis beginnt (OLG Karlsruhe, VersR 2008, 675).

34 **Übersicht: Leistungsarten (§ 2 ARB 2010) mit und ohne Wartezeit**

Leistungsart	mit Wartezeit	ohne Wartezeit
a) Schadenersatz-Rechtsschutz		*
b) Arbeits-Rechtsschutz	*	
c) Wohnungs- und Grundstücks-Rechtsschutz	*	
d) Rechtsschutz im Vertrags- und Sachenrecht	*	
e) Steuer-Rechtsschutz vor Gerichten	*	
f) SG-Rechtsschutz	*	
g) Verwaltungs-Rechtsschutz in Verkehrssachen	*	
h) Disziplinar- und Standes-Rechtsschutz		*

Leistungsart	mit Wartezeit	ohne Wartezeit
i) Straf-Rechtsschutz		*
j) Ordnungswidrigkeiten-Rechtsschutz		*
k) Beratungs-Rechtsschutz im Familien-, Lebenspartnerschafts- und Erbrecht		*

Praxistipp 35
Einige VR haben die Wartezeiten nur noch auf wenige Leistungsarten beschränkt; es bestehen jedoch fast immer Wartezeiten im Bereich des Arbeits-Rechtsschutzes, Grundstücks-Rechtsschutzes und SG-Rechtsschutzes. Bei bestimmten Leistungsarten bzw. Rechtsschutzversicherungen bestehen jedoch auch Wartezeiten von einem bzw. von bis zu drei Jahren (siehe Rdn 70). Die Vereinbarung einer solchen längeren Wartezeit ist nicht nach § 307 BGB unwirksam (OLG Düsseldorf, VersR 2005, 1426).

1. Schadenersatz-Rechtsschutz (§ 2 Buchst. a ARB 2010)

Der Schadenersatz-Rechtsschutz nach § 2 Buchst. a ARB 2010 umfasst die **Geltendmachung**, nicht die Abwehr von Schadenersatzansprüchen (vgl. dazu den Ausschluss in § 3 Abs. 2 Buchst. a ARB 2010). Bei dieser Leistungsart handelt es sich um eine Grundform der Rechtsschutzversicherung, die mit Ausnahme des § 29 ARB 2010 in allen Vertragsarten auftaucht. 36

Schwierigkeiten konnte die Abgrenzung zwischen Schadenersatz-Rechtsschutz und Vertrags-Rechtsschutz in den alten ARB bereiten. Durch die Neufassung ggü. ARB 2000 wurde bereits in § 2 Buchst. a ARB 2009 klargestellt, dass auch in Fällen der **Anspruchskonkurrenz** (zwischen vertraglichen und deliktischen Schadenersatzansprüchen) ausschließlich der Vertragsrechtsschutz greift. Dies wird durch das Wort „auch" in § 2 Buchst. a ARB 2010 verdeutlicht. Eine vormals bestehende Kontroverse über das Eingreifen des Schadenersatz-Rechtsschutzes bei konkurrierenden Delikts- und Vertragsansprüchen (vgl. zum Ganzen VersR-Hdb/*Obarowski*, § 37 Rn 41 ff.) kann insoweit als erledigt betrachtet werden. Im privaten Bereich ist ohnehin meist Schadenersatz- und Vertrags-Rechtsschutz versichert, so dass die Abgrenzung *keine* praktische Bedeutung erlangt. Anders jedoch bei der betrieblichen Rechtsschutzversicherung. 37

2. Arbeits-Rechtsschutz (§ 2 Buchst. b ARB 2010)

Arbeits-Rechtsschutz gem. § 2 Buchst. b ARB 2010 beinhaltet sämtliche Ansprüche, die ihren Ursprung in einem **bestehenden oder beendeten** Arbeitsverhältnis haben. Auch Rechtsstreitigkeiten wegen vermeintlich verletzter nachvertraglicher Wettbewerbsverbote (siehe auch Rdn 107) sind daher grds. i.R.d. Arbeits- Rechtsschutzes versichert (*Harbauer/ Stahl*, § 2 ARB 2000 Rn 87, 179). Darüber hinaus bezieht der Wortlaut ausdrücklich Ansprüche aus öffentlich-rechtlichen Dienstverhältnissen in den Versicherungsschutz mit ein. Da dies Beamtenverhältnisse mit einschließt, gilt der Arbeits-Rechtsschutz über den Bereich der Arbeitsgerichtsbarkeit hinaus auch für die **Verwaltungsgerichtsbarkeit**. Klagt 38 indes ein angestellter Lehrer auf Verbeamtung, ist dies keine Streitigkeit **aus** einem öffentlichen-rechtlichen Dienstverhältnis, da dieses erst begründet werden soll. Mangels Voraussetzung besteht daher kein Versicherungsschutz (LG Kiel, VersR 2015, 1374). Nicht versichert sind i.R.d. Arbeits-Rechtsschutz Ansprüche aus kollektivem Arbeitsrecht (§ 3 Abs. 2 Buchst. b ARB 2010). Ausgeschlossen sind daher auch Streitigkeiten zwischen dem Arbeitgeber und dem Betriebsrat über personelle Einzelmaßnahmen.

39 **Praxistipp**
Häufige Streitfälle im Arbeits-Rechtsschutz:
1. Mit einer **angedrohten Kündigung** tritt ein Versicherungsfall ein, wenn sich auf vom VN behaupteten Tatsachen der **Vorwurf** gründet, der Gegner habe eine **Vertragsverletzung** begangen. Behauptet also der Arbeitnehmer, dass der Arbeitgeber seine Fürsorgepflicht verletzt und damit einen Vertragsverstoß begangen habe, indem er eine Kündigung ohne Auskunft über die Sozialauswahl in Aussicht gestellt bzw. die Sozialauswahl verweigert habe, liegt ein **Versicherungsfall** vor. Die Behauptung des Pflichtverstoßes begründet folglich den Versicherungsfall. Der VN bringt in diesem Fall der angedrohten Kündigung einen objektiven Tatsachenkern (im Gegensatz zum bloßen Werturteil) vor, mit dem er den Vorwurf eines Rechtsverstoßes verbindet, der den Keim für eine rechtliche Auseinandersetzung enthält und auf den er seine Interessenverfolgung stützt (BGH, VersR 2009, 109, ausführlich hierzu *Harbauer/Stahl*, § 4 ARB 2000 Rn 58).
2. Bezieht sich eine fristlose Kündigung auf mehrere Verstöße des VN, so liegt der Versicherungsfall ab **Beginn der Verstöße** vor. Es kommt dabei nicht darauf an, ob die Darstellung des Gegners zu den angeblichen Pflichtverletzungen zutreffend ist. Entscheidend ist vielmehr, ob die Behauptung des Verstoßes zur Grundlage des Rechtsstreits wird (OLG Köln, VersR 2008, 1489).

3. Wohnungs- und Grundstücks-Rechtsschutz (§ 2 Buchst. c ARB 2010)

40 In § 2 Buchst. c ARB 2010 ist die Wahrnehmung rechtlicher Interessen im Zusammenhang mit Miet- und Pachtverhältnissen sowie mit dinglichen Rechten, die Grundstücke, Gebäude oder Gebäudeteile zum Gegenstand haben, geregelt. Dabei sind etwa im Rahmen eines Mietverhältnisses ausschließlich originär mietrechtliche Auseinandersetzungen umfasst, so dass etwa der Kauf von Inventar anlässlich der Anmietung eines Gastronomiebetriebes nicht unter den Versicherungsschutz fällt (KG, r+s 2001, 420).

41 **Abgrenzungsprobleme** können sich ergeben, wenn dingliche und vertragliche Ansprüche in Anspruchskonkurrenz stehen, wenn etwa ein Anspruch auf Grundbuchänderung im Zusammenhang mit einen Kaufvertrag besteht. Vorzugswürdig ist hierbei die Auffassung, wonach derartige Streitigkeiten dem Vertrags-Rechtsschutz zuzuordnen sind (OLG Karlsruhe, VersR 1998, 710; OLG Köln, r+s 1990, 161). Der durchschnittliche VN wird, da Grundstückskaufverträge zwingend mit dem Grundbuchverfahren einhergehen, nicht davon ausgehen müssen, er benötige in solchen Fällen zusätzlich zum Vertrags-Rechtsschutz einen Grundstücks-Rechtsschutz (so auch VersR-Hdb/*Obarowski*, § 37 Rn 65).

42 Nicht versichert sind Streitigkeiten von **Mietern untereinander**, mit Versorgungslieferanten (Gas, Strom, Wasser usw.) und Behörden bspw. über Wohngeld (MAH-VersR/*Terbille/Bultmann*, § 27 Rn 124), da gerade **nicht Rechte und Pflichten** aus dem **Mietvertrag** streitig sind.

4. Rechtsschutz im Vertrags- und Sachenrecht (§ 2 Buchst. d ARB 2010)

Die Leistungsart in § 2 Buchst. d ARB 2010 wird meist als **Vertrags-Rechtsschutz** bezeichnet, obwohl nach dem eindeutigen Wortlaut der Klausel auch die Wahrnehmung rechtlicher Interessen aus dinglichen Rechten umfasst ist. Letztlich geht es um alle – auch gesetzliche – Schuldverhältnisse, die dem Privatrecht zuzuordnen sind (vgl. Prölss/Martin/ *Armbrüster*, § 2 ARB 2010 Rn 31). 43

Nicht umfasst sind daher Vereinsstreitigkeiten und genossenschaftsrechtliche Angelegenheiten (trotz des Wegfalles des diesbezüglichen Ausschlusses noch in § 4 Abs. 1 Buchst. c ARB 75, vgl. auch *Harbauer/Stahl*, § 2 ARB 2000 Rn 168). 44

Streitigkeiten aus Versicherungsverträgen sind im Vertragsrechtsschutz mit umfasst. Allerdings besteht für die Interessenwahrnehmung **gegen den eigenen Rechtsschutzversicherer** gem. § 3 Abs. 2 Buchst. h ARB 2010 ein **Risikoausschluss**. 45

Darüber hinaus ist auch stets die **Subsidiarität** zu § 2 Buchst. a ARB 2010 zu beachten. Hier ist insb. zweifelhaft, wie Ansprüche aus **§ 311 Abs. 2 BGB** zu behandeln sind. Da es sich bei deren Geltendmachung nicht um vertragliche Ansprüche handelt, sind diese bereits über § 2 Buchst. a ARB 2010 abgedeckt, so dass der Vertrags-Rechtsschutz **nicht zum Zuge kommt** (vgl. auch *Harbauer/Stahl*, § 2 ARB 2000 Rn 174; a.A. Prölss/Martin/*Prölss/ Armbrüster*, § 2 ARB 2010 Rn 38). Demzufolge ist aber auch konsequent die Abwehr von Ansprüchen aus § 311 Abs. 2 BGB gem. § 3 Abs. 3 Buchst. a ARB 2010 ausgeschlossen, da es sich eben nicht um Ansprüche aus VV, sondern um ein rechtsgeschäftsähnliches gesetzliches Schuldverhältnis handelt. Sobald demggü. der Anwendungsbereich des **§ 280 BGB** eröffnet ist, sind nach § 2 Buchst. d ARB 2010 sowohl die Geltendmachung als auch die Abwehr solcher Ansprüche vom Deckungsschutz umfasst. 46

Nicht unter den Vertrags-Rechtsschutz fallen auch Streitigkeiten aus Arbeits- oder Mietverträgen, da diese gesondert im Arbeits-Rechtsschutz gem. § 2 Buchst. b ARB 2010 und im Wohnungs- und Grundstücks-Rechtsschutz gem. § 2 Buchst. c ARB 2010 geregelt sind. 47

5. Steuer-Rechtsschutz vor Gerichten (§ 2 Buchst. e ARB 2010)

§ 2 Buchst. e ARB 2010 regelt den Steuer-Rechtsschutz, der ausschließlich die gerichtliche Tätigkeit umfasst. Einige VR bieten bereits für die außergerichtliche Interessenwahrnehmung Kostenschutz an (siehe Rdn 70). Streitigkeiten über die **ESt** (ausgenommen bei § 27 ARB 2010) sind **nicht versichert**, wenn diese aus einer selbstständigen oder freiberuflichen Tätigkeit resultieren. 48

Abgaben i.S.d. § 2 Buchst. e ARB 2010 sind bspw. Gebühren bei Bibliotheken, öffentlichen Schwimmbädern, Kur- oder Kindergartenbeiträge (siehe hierzu MAH-VersR/*Terbille/ Bultmann*, § 27 Rn 143). 49

Für **Steuerstrafsachen** ist der Strafrechts-Rechtsschutz nach § 2 Buchst. i ARB 2010 erforderlich. 50

6. SG-Rechtsschutz (§ 2 Buchst. f ARB 2010)

51 Der SG-Rechtsschutz nach § 2 Buchst. f ARB 2010 beschränkt sich, ebenso wie der Steuer-Rechtsschutz, nur auf die Interessenwahrnehmung vor **Gericht**. Vorgelagerte Widerspruchsverfahren sind nicht versichert, wobei auch hier inzwischen vereinzelt Sonderprodukte angeboten werden, die den außergerichtlichen Kostenschutz beinhalten (siehe Rdn 70).

52 Zu den häufigsten Streitigkeiten im SG-Rechtsschutz gehören Bescheide zum Arbeitslosengeld II (umgs. „Hartz IV) sowie Entscheidungen über Berufsunfähigkeit und zum Grad der Behinderung. Aber auch Streitigkeiten von Ärzten mit der Kassenärztlichen Vereinigung unterfallen § 2 Buchst. f ARB 2010.

53 Eine Besonderheit ergibt sich bei der privaten Pflegeversicherung (vgl. § 51 Abs. 1 S. 2 SGG). In deren Angelegenheiten führt der Rechtsweg zu den Sozialgerichten (BSG, MDR 1997, 73). Hier besteht auch außergerichtlicher Rechtsschutz, sofern Vertrags-Rechtsschutz nach § 2 Buchst. d ARB 2010 abgedeckt ist (VersR-Hdb/*Obarowski*, § 37 Rn 90).

7. Verwaltungs-Rechtsschutz in Verkehrssachen (§ 2 Buchst. g ARB 2010)

54 Der Verwaltungs-Rechtsschutz in Verkehrssachen nach § 2 Buchst. g ARB 2010 deckt die Wahrnehmung rechtlicher Interessen in **verkehrsrechtlichen Angelegenheiten** vor den Verwaltungsbehörden und den Verwaltungsgerichten ab. Hiervon sind grds. solche Angelegenheiten umfasst, deren Entscheidung von verkehrsrechtlichen Vorschriften **abhängt** (Prölss/Martin/*Prölss/Armbrüster*, § 2 ARB 2010 Rn 43).

55 **Praxistipp**
Häufig sind hierbei insb. Streitigkeiten um die Entziehung der Fahrerlaubnis oder Fahrtenbuchauflagen. Will der VN gegen einen Gebührenbescheid für eine Umsetzung vorgehen, ist die Interessenwahrnehmung vom Kostenschutz ausgeschlossen, wenn für die Umsetzung ein Parkverstoß ursächlich war (Risikoausschluss gem. § 3 Abs. 3 Buchst. e ARB 2010).

8. Disziplinar- und Standes-Rechtsschutz (§ 2 Buchst. h ARB 2010)

56 Der Disziplinar- und Standes-Rechtsschutz gem. § 2 Buchst. h ARB 2010 umfasst die Interessenwahrnehmung bei eingeleiteten Disziplinarverfahren wegen dienstlicher Verfehlungen oder bei standesrechtlichen Verfahren. Beispiele sind das Disziplinarrecht der Soldaten und Wehrpflichtigen oder das Standesrecht der RA, Steuerberater, Wirtschaftsprüfer und Heilberufe.

9. Strafrechts-Rechtsschutz (§ 2 Buchst. i ARB 2010)

57 Der Strafrechts-Rechtsschutz nach § 2 Buchst. i ARB 2010 beinhaltet die Interessenwahrnehmung bei dem Vorwurf eines **verkehrsrechtlichen Vergehens** (aa) sowie sonstiger **Vergehen** (bb), sofern diese vorsätzlich und fahrlässig begangen werden können und dem VN lediglich Fahrlässigkeit vorgeworfen wird. Wird dem VN hingegen ein **Verbrechen**

zur Last gelegt, d.h. eine Straftat mit einer Mindestfreiheitsstrafe von einem Jahr gem. § 12 StGB, besteht kein Versicherungsschutz (§ 2 Buchst. I Doppelbuchst. bb S. 3 ARB 2010).

Bei verkehrsrechtlichen Vergehen nach § 2 Buchst. I Doppelbuchst. aa ARB 2010 entsteht ein **Rückgewähranspruch** des VR, sofern der VN rechtskräftig wegen Vorsatzes verurteilt wird. Umgekehrt hat der VN einen **rückwirkenden Anspruch auf Kostenersatz**, wenn ihm bei einem sonstigen Vergehen nach anfänglichem Vorsatzvorwurf letztlich nur Fahrlässigkeit nachgewiesen oder das Verfahren endgültig eingestellt wird.

Wird dem VN ein sonstiges Vergehen i.S.d. § 2 Buchst. I Doppelbuchst. bb ARB 2010 vorgeworfen, das vorsätzlich und fahrlässig begehbar ist und ihm Vorsatz zur Last gelegt, besteht **rückwirkend Rechtsschutz**, wenn der Vorsatzvorwurf **n.rkr.** festgestellt wurde.

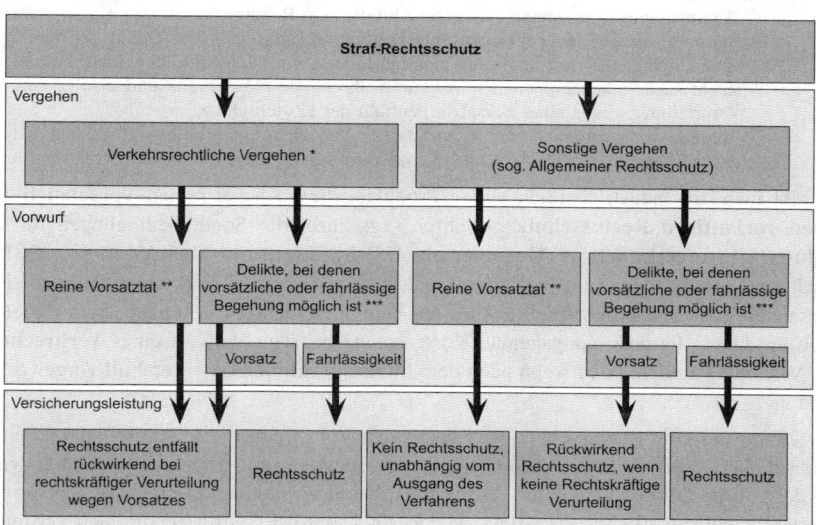

* Verkehrsrechtliche Vergehen sind Verstöße gegen Vorschriften, die unmittelbar der Sicherheit und Ordnung im Verkehr zu dienen bestimmt sind (ausführlich hierzu *Harbauer/Maier*, § 2 ARB 2000 Rn 251 ff.; *Böhme*, § 4 Rn 63), z.B. unerlaubtes Entfernen vom Unfallort gem. § 142 StGB, gefährliche Eingriffe in den Straßenverkehr gem. § 315 StGB, Trunkenheit im Verkehr gem. § 316 StGB, Fahren ohne Fahrerlaubnis gem. § 21 StVG.

** Der subjektive Tatbestand des Deliktes kann nach dem Strafgesetzbuch nur vorsätzlich, d.h. mit Wissen und Wollen erfüllt werden, z.B. bei verkehrsrechtlichen Vergehen wie unerlaubtem Entfernen vom Unfallort gem. § 142 StGB oder sonstigen Vergehen, etwa Hausfriedensbruch gem. § 123 StGB, Beleidigung gem. § 185 StGB, Diebstahl gem. § 242 StGB, Unterschlagung gem. § 246 StGB, Urkundenfälschung gem. § 267 StGB, Nötigung gem. § 240 StGB, Betrug gem. § 263 StGB.

*** Die Tat ist nach dem Strafgesetzbuch auch fahrlässig, d.h. durch Außerachtlassung der im Verkehr erforderlichen Sorgfalt begehbar (siehe entsprechend § 276 BGB).

61 **Beispiele:**
1) Verkehrsrechtliche Vergehen, § 2 Buchst. l Doppelbuchst. aa ARB 2010
   – Bei dem Vorwurf des unerlaubten Entfernens vom Unfallort („Fahrerflucht", § 142 StGB) besteht Rechtsschutz. Allerdings entfällt dieser bei einer Verurteilung rückwirkend. Der VN hat dann die bereits erstatteten Vorschüsse an den VR zurückzuerstatten.
   – Wird dem VN eine fahrlässige Trunkenheit im Verkehr gem. § 316 Abs. 2 StGB vorgeworfen und erfolgt während des Verfahrens keine Umstellung des Vorwurfes auf eine vorsätzliche Tatverwirklichung, besteht Rechtsschutz im Fall der rechtskräftigen Verurteilung.
2) Sonstige Vergehen, § 2 Buchst. l Doppelbuchst. bb ARB 2010
   – Bei dem Vorwurf eines reinen Vorsatzdeliktes, z.B. einer Sachbeschädigung gem. § 303 StGB, besteht unabhängig vom Ausgang des Verfahrens genau wie bei dem Vorwurf eines Verbrechens (siehe § 12 StGB) kein Rechtsschutz.
   – Bei dem Vorwurf einer falschen Versicherung an Eides statt (das Delikt ist sowohl vorsätzlich gem. § 156 StGB, als auch fahrlässig gem. § 161 StGB begehbar) besteht Rechtsschutz; ändert sich der Vorwurf während des Verfahrens und erfolgt eine Verurteilung wegen einer Vorsatztat, entfällt der Kostenschutz.
   – Bei dem Vorwurf der vorsätzlichen falschen Versicherung an Eides statt besteht erst rückwirkend Kostenschutz, sofern keine Verurteilung wegen Vorsatzes erfolgt ist.

62 Es gibt insb. im Industriebereich einige Produkte, die auch bei reinen **Vorsatzdelikten einen vorläufigen Rechtsschutz** gewähren (vgl. insb. die Sonderbedingungen für die **Industrie Strafrechtsschutz Versicherung** [ISRS], abgedr. in VerBAV 1983, 386 ff.). Auch hier besteht jedoch im Fall einer rechtskräftigen Verurteilung wegen einer solchen Vorsatztat grds. eine Pflicht zur Rückgewähr bereits erbrachter Leistungen. Ferner gibt es auch Produkte, die bedingungsgemäß Kostenschutz bei dem Vorwurf eines **Verbrechens** zur Verfügung stellen; etwa wenn nach dem StGB ein **minderschwerer Fall** vorgeworfen wird.

63 Besteht nur **anteilig** Rechtsschutz, weil gegen den VN wegen eines fahrlässigen und eines vorsätzlichen Delikts (z.B. fahrlässige Körperverletzung und Diebstahl) ermittelt wird, hat der VR die **Quote der Kosten** zu erstatten, die dem Anteil am Gesamtstreit entspricht, für den er eintrittspflichtig ist (BGH, VersR 2005, 936). Es wird jedoch auch vertreten, dass eine am Wortlaut der Klausel orientierte Auslegung dazu führe, dass diese nur ausscheidbare Kosten erfasse, die bei der Verteidigung wegen des Fahrlässigkeitsdelikts nicht angefallen wären (so LG Freiburg, openJur 2013, 15971; anders LG Duisburg, r+s 1997, 117).

10. Ordnungswidrigkeiten-Rechtsschutz (§ 2 Buchst. j ARB 2010)

64 Der Ordnungswidrigkeiten-Rechtsschutz gem. § 2 Buchst. j ARB 2010 bietet einen weiten Leistungsumfang, da hiervon grds. sämtliche Ordnungswidrigkeiten, etwa aus dem Verkehrs- oder Gewerberecht umfasst sind, sofern der Lebensbereich versichert ist (vgl. VersR-Hdb/*Obarowski*, § 37 Rn 116). Allerdings werden gem. § 3 Abs. 3 Buchst. e ARB 2010 Verfahren wegen eines **Halte- oder Parkverstoßes** aus dem Anwendungsbereich **ausgeschlossen**. Einige VR bieten indes auch für Halte- und Parkverstöße wieder Kostenschutz.

Hinweis
Zu beachten ist, dass Versicherungsschutz erst dann besteht, wenn der VN oder eine versicherte Person als Beschuldigter im Ordnungswidrigkeitenverfahren geführt werden. Hat der VN als Halter eines Kfz lediglich einen Zeugenfragebogen zur Ermittlung des tatsächlichen Fahrers erhalten, besteht mangels Beschuldigteneigenschaft noch kein Versicherungsschutz.

In den ARB 94 war bei nicht-verkehrsrechtlichen Ordnungswidrigkeiten der Versicherungsschutz auflösend bedingt durch eine Verurteilung wegen vorsätzlicher Begehung. Diese Regelung ist in den ARB 2000 nicht übernommen worden (vgl. Prölss/Martin/*Prölss/ Armbrüster*, § 2 ARB 2010 Rn 67) und fand auch in die ARB 2010 keinen Eingang. **Vorsätzlich begangene Ordnungswidrigkeiten** sind daher **vollumfänglich** vom Versicherungsschutz umfasst. 65

11. Beratungs-Rechtsschutz (§ 2 Buchst. k ARB 2010)

Der Beratungs-Rechtsschutz des § 2 Buchst. k ARB 2010 beinhaltet in verschiedener Hinsicht **Ausnahmeregelungen.** Zum einen ist das ansonsten ausgeschlossene Rechtsgebiet des Erb- und Familienrechts (§ 3 Abs. 2 Buchst. g ARB 2010) hier vom Versicherungsschutz (teilweise) umfasst und zum anderen beinhaltet die Klausel ausdrücklich Rechtsschutz begrenzt auf eine bloße Beratung. 66

Umfasst ist der Rechtsschutz für die Beratung durch einen in Deutschland zugelassenen RA in **familien-, erb- oder lebenspartnerschaftsrechtlichen Angelegenheiten** (siehe zum örtlichen Geltungsbereich auch Rdn 123) Der Beratungsrechtsschutz erfasst nicht nur Fragen des deutschen Rechts (wie noch in den ARB 75). Aufgrund der häufigeren Streitigkeiten im **Ausland** in diesem Bereich ist der Kostenschutz jedoch beschränkt auf die Tätigkeit **eines in Deutschland nach § 12 BRAO zugelassenen Rechtsanwalts** (*Harbauer/Maier*, § 2 ARB 2000 Rn 296). 67

Kein Beratungs-Rechtsschutz besteht dann, wenn ein Zusammenhang mit einer anderen gebührenpflichtigen Tätigkeit des Rechtsanwaltes besteht. Eine Geschäftsgebühr gem. Nr. 2300 VV RVG, auf die dann die Beratungsgebühr unter Wegfall des Beratungs-Rechtsschutzes anzurechnen ist, entsteht dabei rgm. bereits durch die Abfassung eines (auch einfachen) Schreibens oder einer Vereinbarung (vgl. zur BRAGO AG Saarbrücken, r+s 1989, 56). 68

In 2.2.11 ARB 2012 wird ausdrücklich klargestellt, dass der VR **insgesamt** keine Kosten erstattet, wenn der Rechtsanwalt über die Beratung hinaus tätig wird. Auch eine bereits erstattete Beratungsgebühr könnte der VR dann vom VN zurückverlangen, wenn durch eine weitere Tätigkeit des Rechtsanwaltes eine Geschäftsgebühr anfiele. 69

12. Weitere im Markt übliche Leistungsarten

70 Von verschiedenen Rechtsschutzversicherern werden darüber hinaus weitere Leistungsarten angeboten, z.B.
- Opferrechtsschutz:
 Versichert sind die Kosten einer Nebenklage i.R.d. Täter-Opfer-Ausgleichs und dem Opferentschädigungsgesetz, wenn der VN Opfer einer Straftat nach § 395 Abs. 1 StPO wurde.
 In den ARB 2012 ist der Opfer-Rechtsschutz unter 2.2.12 ARB 2012 aufgrund der überwiegenden Marktabdeckung in die versicherten Rechtsbereiche nach 2.2 ARB 2012 aufgenommen worden.
- Telefonrechtsschutz:
 versichert ist telefonische Rechtsberatung durch einen RA auch bei sonst nicht versicherten Rechtsstreitigkeiten. Teilweise werden die Kosten oder die Anzahl der Anrufe beschränkt.
- Verwaltungsrechtsschutz:
 Versichert sind verwaltungsrechtliche Streitigkeiten (nach den Musterbedingungen nur im Rahmen anderer Leistungsarten, z.B. Beamtenstreitigkeiten im Arbeits-Rechtsschutz, § 2 Buchst. b ARB 2010) oder Umsetzungsstreitigkeiten in der Sonderform des Verwaltungs-Rechtsschutzes in Verkehrssachen (§ 2 Buchst. g ARB 2010). Vom Versicherungsschutz ausgenommen sind typischerweise Streitigkeiten im Ausländer- und Asylrecht, teilweise auch Kapazitätsstreitigkeiten bei Hochschulen zur Erlangung eines Studienplatzes (vgl. hierzu OLG Celle, VersR 2008, 72). Der Versicherungsschutz ist bei einigen VR auf den gerichtlichen Bereich begrenzt.
- Steuer- und Sozialrechtsschutz auch bereits ab dem Vorverfahren:
 Während in den Musterbedingungen der Versicherungsschutz auf den gerichtlichen Bereich beschränkt ist, bieten manche VR bereits Schutz ab dem Widerspruchs- bzw. Einspruchsverfahren.
- Erweiterter Beratungs-Rechtsschutz:
 Während in den Musterbedingungen im Familien- Lebenspartnerschafts- und Erbrecht der Kostenschutz auf eine Beratung beschränkt ist, haben einige VR auch eine außergerichtliche Tätigkeit – häufig auf einen bestimmten Betrag – begrenzt, wobei z.T. bestimmte Bereiche vom Versicherungsschutz ausgenommen sind.

Auch bei Betreuungsverfahren oder Patientenverfügungen bieten manche VR Deckung in Form einer anwaltlichen Beratung an.
- Unterhalts-Rechtsschutz und Ehe-Rechtsschutz bzw. Scheidungs-Rechtsschutz:
 Auch bei Streitigkeiten über Unterhalt für Kinder oder Eltern und in Ehesachen wird Versicherungsschutz im Markt angeboten, wobei hier eine einjährige bzw. dreijährige Wartezeit zu beachten ist.
- Urheber-Rechtsschutz:
 Deckt Streitigkeiten aufgrund des Vorwurfs von Urheberrechtsverletzungen ab (nach den Musterbedingungen gem. § 3 Abs. 2 Buchst. d ARB 2010 vom Kostenschutz ausgeschlossen); wird nur von wenigen Anbietern angeboten.

- Rechtsschutz für Hilfsgeschäfte:
Umfasst Firmen-Streitigkeiten, die z.B. im Zusammenhang mit den Geschäftsräumen bzw. der -einrichtung stehen und nicht den eigentlichen Unternehmensgegenstand betreffen.

Besondere Vertragsformen einiger VR sind bspw.:
- Spezial-Straf-Rechtsschutz oder Manager-Straf-Rechtsschutz
Vom Versicherungsschutz umfasst werden auch Vorwürfe von Vorsatzstraftaten (siehe auch Rdn 57 ff. und 62) Der Versicherungsfall tritt hier erst mit Einleitung des Ermittlungsverfahrens ein. Über die gesetzlichen Gebühren hinaus werden auch anwaltliche Honorarvereinbarungen vom VR erstattet. Dies ist insbesondere im Bereich der Wirtschaftsstrafsachen von Bedeutung, da hier die Rechtsanwaltshonorare regelmäßig deutlich über der Vergütung nach dem RVG liegen. Zudem werden Kosten für einen Zeugenbeistand abgedeckt.
Der Gesamtverband der deutschen Versicherungswirtschaft (GdV) hat den VR unverbindliche Bedingungen für den Universal-Straf-Rechtsschutz (**USRB**) als Ergänzungsdeckung zur Verfügung gestellt.
- Vermögensschadens-Rechtsschutz
Gesetzliche Vertreter einer juristischen Person können sich bei dem Vorwurf einer schuldhaften Pflichtverletzung, bei der eine Vermögenshaftung besteht, für die Kosten der Rechtsstreitigkeit absichern (nach den Musterbedingungen gem. § 3 Abs. 2 Buchst. c ARB 2010 vom Kostenschutz ausgeschlossen). Der Vermögensschadens-Rechtsschutz versichert in Abgrenzung zur D&O-Versicherung nur die Rechtskosten und nicht den Vermögensschaden selbst.
- Anstellungs-Rechtsschutz
Versichert sind gesetzliche Vertreter juristischer Personen bei Streitigkeiten mit dem Arbeitgeber vor Zivilgerichten (nach den Musterbedingungen gem. § 3 Abs. 2 Buchst. c ARB 2010 vom Kostenschutz ausgeschlossen).
- AGG-Versicherung
Mit dieser Versicherung können Arbeitgeber die Kosten einer Rechtsstreitigkeit im Zusammenhang mit einer Bewerbung absichern. Wirft ein Bewerber dem VN einen Verstoß gegen das AGG (Allgemeines Gleichbehandlungsgesetz) vor, fällt diese Streitigkeit nicht in den Bereich des Arbeits-Rechtsschutzes, da gerade noch kein Arbeitsverhältnis zwischen den Parteien besteht.
- Weiterhin werden im Markt spezielle Verträge zugeschnitten auf besondere Risiken angeboten, beispielsweise für Kommunen oder Ärzte.

IV. Formen des Versicherungsschutzes (§§ 21 ff. ARB 2010)

71 In den §§ 21 ff. ARB 2010 werden die Leistungsarten des § 2 ARB 2010 zu bestimmten „Paketen" zusammengeschnürt, die als „Formen des Versicherungsschutzes" bezeichnet werden.

Überblick: Formen des Versicherungsschutzes	
§ 21 ARB	Verkehrs-Rechtsschutz
§ 22 ARB	Fahrer-Rechtsschutz
§ 23 ARB	Rechtsschutz für Selbstständige
§ 24 ARB	Berufs-Rechtsschutz für Selbstständige, Rechtsschutz für Firmen und Vereine
§ 25 ARB	Privat- und Berufs-Rechtsschutz für Nichtselbstständige
§ 26 ARB	Privat-, Berufs-, und Verkehrs-Rechtsschutz für Nichtselbstständige
§ 27 ARB	Landwirtschafts- und Verkehrs-Rechtsschutz
§ 28 ARB	Privat-, Berufs-, und Verkehrs-Rechtsschutz für Selbstständige
§ 29 ARB	Rechtsschutz für Eigentümer und Mieter von Wohnungen und Grundstücken

72 In den ARB 2012 findet sich unter 2.1 die Sanktionsklausel, mit der den Anforderungen durch internationale Sanktionen (z.B. der EU-Verordnung 961/2010 für den Wirtschaftsverkehr mit Iran) Rechnung getragen werden soll. Voraussetzung für den Versicherungsschutz ist danach, dass keine Sanktionen oder Embargos der Leistungspflicht entgegenstehen.

1. Rechtsschutz im Verkehrsbereich

a) Verkehrs-Rechtsschutz (§ 21 ARB 2010)

73 Der Verkehrs-Rechtsschutz (§ 21 ARB 2010) bietet Versicherungsschutz für den VN in seiner Eigenschaft als **Fahrzeughalter**. Umfasst sind die Leistungsarten nach § 2 Buchst. a, d, e, g, i und j ARB 2010.

74 Der Versicherungsschutz erstreckt sich auf alle Personen, die als **berechtigte Insassen oder Fahrer** des versicherten Fahrzeugs anzusehen sind. Der **VN** ist darüber hinaus nach § 21 Abs. 7 ARB 2010 auch als **Fahrer fremder Fahrzeuge, Fahrgast, Fahrradfahrer und Fußgänger** hinsichtlich seiner Teilnahme am Straßenverkehr versichert.

75 Der Versicherungsschutz erfordert eine **gültige Fahrerlaubnis des Fahrers** und eine ordnungsgemäße Zulassung des Fahrzeuges (§ 21 Abs. 8 ARB 2010).

76 Ist gem. § 21 Abs. 9 ARB 2010 seit sechs Monaten kein Fahrzeug mehr auf den VN zugelassen, so kann dieser die sofortige Aufhebung des VV verlangen.

b) Fahrzeug-Rechtsschutz § 21 Abs. 3 ARB 2010

Nach § 21 Abs. 3 ARB 2010 kann ein **Fahrzeug-Rechtsschutz (objektbezogen)** vereinbart werden. Die Besonderheit im Unterschied zum Verkehrs-Rechtsschutz ist, dass die versicherten Fahrzeuge nicht auf den VN zugelassen sein müssen.

c) Fahrer-Rechtsschutz (§ 22 ARB 2010)

Anders als der Verkehrs-Rechtsschutz, der auf die Zuordnung des Fahrzeuges zum VN Bezug nimmt, stellt der Fahrer-Rechtsschutz (§ 22 ARB 2010) auf die **Fahrereigenschaft (personenbezogen)** des VN ab, sodass dieser in seiner Eigenschaft als Fahrer fremder Fahrzeuge versichert wird. Der Leistungsumfang entspricht dem des Verkehrs-Rechtsschutzes, wobei der Rechtsschutz im Vertrags- und Sachenrecht ausgeschlossen ist.

Unternehmen können gem. § 22 Abs. 2 ARB 2010 **für sämtliche Kraftfahrer** im Rahmen ihrer beruflichen Tätigkeit Fahrer-Rechtsschutz vereinbaren.

d) Rechtsschutz im Verkehrsbereich in den ARB 2012

Unter 2.1 ARB 2012 „Wer/was ist versichert" finden sich in 2.1.1 ARB 2012 die versicherten Lebensbereiche (Vertragsformen nach §§ 21 bis 29 ARB 2010). Der Verkehrsbereich ist unterteilt in die Bereiche Verkehrs-Rechtsschutz (§ 21 ARB 2010), Fahrzeit-Rechtsschutz (§ 21 Abs. 3 ARB 2010) und Fahrzeug-Rechtsschutz (§ 22 ARB 2010), der in einem gesonderten Bedingungswerk abgebildet ist.

2. Privat- und Berufsrechtsschutz (§§ 23 und 25 sowie 26 und 28 ARB 2010)

Die §§ 23, 25, 26 und 28 ARB 2010 beinhalten eine Reihe verschiedener Kombinationen des Privat- bzw. Berufs-Rechtsschutzes, wobei im Wesentlichen nach selbstständiger und nicht-selbstständiger Tätigkeit, sowie nach beruflichem und privatem Bereich differenziert wird. Ferner haben die Vertragsformen nach §§ 26 und 28 ARB 2010 zusätzlich den Verkehrs-Rechtsschutz als Bestandteil.

Als problematisch hat sich oft die **Abgrenzung von selbstständiger und nicht-selbstständiger** Tätigkeit erwiesen, was insb. dann relevant wird, wenn der VN den Privat-Rechtsschutz für Selbstständige abgeschlossen hat. Hier besteht nur dann **Deckungsschutz**, wenn der Gegenstand der Rechtsstreitigkeit entweder dem **privaten Bereich** oder einer **nicht-selbstständigen beruflichen Tätigkeit** zuzuordnen ist (§ 23 Abs. 1 ARB 2010). Die Aufteilung in Privat-Rechtsschutz für Selbstständige und Nichtselbstständige hat ihre Begründung in der **unterschiedlichen Prämienkalkulation** (MAH-VersR/*Terbille/Bultmann*, § 27 Rn 39).

Eine **selbstständige (berufliche) Tätigkeit** ist etwa dann anzunehmen, wenn der VN als beherrschender Gesellschafter an einem Unternehmen beteiligt ist oder er aufgrund sonstiger Umstände die Tätigkeit des Unternehmens maßgeblich beeinflussen kann (BGH, VersR 1978, 816; OLG Saarbrücken, VersR 1990, 1391). *Nicht* dem Bereich der selbstständigen Tätigkeit zuzuordnen ist grds. die Verwaltung privaten Vermögens, sofern sie ihrem Ausmaß nach keine Einrichtungen kaufmännischer Art erfordert (BGH, VersR 1992, 1510). Etwas anderes kann jedoch dann gelten, wenn durch den VN im Rahmen spekulativer Geschäfte nur geringe Eigenmittel eingesetzt werden. Dies kann dafür sprechen, dass eine zusätzliche selbstständige Einnahmequelle geschaffen werden soll (vgl. etwa OLG Frankfurt am Main, zfs 2002, 400). Allerdings kann die Aufnahme von Fremdkapital in einem gewissen Umfang auch der ordnungsgemäßen **privaten Vermögensverwaltung** zugerechnet werden (vgl. zum Ganzen: VersR-Hdb/*Obarowski*, § 37 Rn 160 ff.). Gegen die Aufnahme einer nur privaten Vermögensbildung kann jedoch sprechen, wenn der VN Beteiligungen an Gesellschaften hat, die eng mit seiner beruflichen Tätigkeit verknüpft sind. Der Bereich der privaten Vermögensverwaltung ist auch dann verlassen, wenn der VN bestimmenden Einfluss auf eine Fondsleitung ausübt, die ihrerseits einen planmäßigen Geschäftsbetrieb erfordert (OLG Karlsruhe, r+s 2014, 603). Auch wenn der **VR** den Zusammenhang mit einer selbstständigen Tätigkeit zu **beweisen** hat, ist der VN nach den Regeln der sekundären **Darlegungslast** verpflichtet, umfassend zu seinen persönlichen Verhältnissen vorzutragen (OLG Köln, r+s 2008, 290).

84 Eine aus einem **Wegeunfall** folgende Streitigkeit eines selbstständigen Handwerkers mit der Unfallversicherung ist **keine Interessenwahrnehmung** im Zusammenhang mit der selbstständigen Tätigkeit, denn der *innere sachliche Zusammenhang* mit dieser liegt nicht vor (OLG Karlsruhe, VersR 2004, 233).

85 Bei **arbeitsrechtlichen Streitigkeiten** besteht grds. Versicherungsschutz i.R.d. Privat-Rechtsschutzes für Selbstständige, auch wenn die arbeitsrechtliche Streitigkeit in Zusammenhang mit einer selbstständigen Tätigkeit steht, etwa bei vermeintlich nicht genehmigter selbstständiger Nebentätigkeit. Die vormals zu § 25 ARB bestehende Kontroverse (vgl. etwa Harbauer/*Stahl*, § 25 ARB 75 Rn 16) ist gegenstandslos, da seit den ARB 2000 i.R.d. primären Risikoabgrenzung ein Zusammenhang mit nicht-selbstständiger Tätigkeit gefordert wird, der bei arbeitsrechtlichen Streitigkeiten ohne Zweifel gegeben ist (anders noch § 25 ARB 75, wo der Zusammenhang zu einer selbstständigen Tätigkeit als Ausschluss formuliert war).

86 Abgrenzungsschwierigkeiten ergeben sich auch dort, wo an sich „**neutrale Tätigkeiten**" zur Vorbereitung einer selbstständigen Tätigkeit erfolgen, etwa der Erwerb eines Betriebsgrundstücks oder die Sanierung eines Gebäudes in der Absicht, dieses zu gewerblichen Zwecken zu nutzen. Hier genügen reine Planungen, die vom VN jederzeit aufgegeben oder geändert werden können, rgm. nicht (Looschelders/Pohlmann/*Pohlmann/Vogel*, § 125 Rn 33). Vielmehr muss ein objektiv manifestierter Zusammenhang zwischen der geplanten selbstständigen Tätigkeit und dem Schadenereignis bestehen, um eine Zuordnung zum Bereich der (beruflichen) selbstständigen Tätigkeit zu begründen (vgl. OLG Celle, VersR 2008, 636). Eine Kombination bietet § 28 ARB 2010, der Privat- und Berufsrechtsschutz für Selbstständige gemeinsam anbietet.

a) Privat-Rechtsschutz für Selbstständige (§§ 23 und 28 ARB 2010)

§ 23 ARB 2010 bietet eine Absicherung für den beruflichen (**nicht** die selbstständige Tätigkeit) und **privaten Bereich** (die Abgrenzung zwischen privatem und beruflichem Bereich verläuft entsprechend den dargestellten Grundsätzen), wenn der VN und/oder der mitversicherte Partner eine selbstständige Tätigkeit ausüben. Die Vertragsform nach § 23 ARB 2010 setzt als persönliches Risikomerkmal also voraus, dass der VN und/oder der mitversicherte Partner einer selbstständigen Tätigkeit oberhalb der Bagatellgrenze (Gesamtumsatz von 6.000,00 EUR) nachgehen. Besteht eine solche Tätigkeit nicht mehr, wandelt sich die Deckung entsprechend § 23 Abs. 5 ARB 2010 in einen Privat- und Berufs-Rechtsschutz für Nichtselbstständige nach § 25 ARB 2010 um (siehe hierzu auch Harbauer/*Stahl*, § 23 ARB 2000 Rn 4). Der **Verkehrs-Rechtsschutz** gem. § 21 ARB 2010 kann **zusätzlich** versichert werden. Versicherungsschutz besteht nach § 23 Abs. 1 ARB 2010 für den VN und seinen ehelichen/eingetragenen oder im Versicherungsschein genannten sonstigen **Lebenspartner**. Weiterhin sind gem. § 23 Abs. 2 ARB 2010 die **minderjährigen** und die **unverheirateten**, nicht in einer eingetragenen oder sonstigen Lebenspartnerschaft lebenden, **volljährigen Kinder** bis zur Vollendung des 25. Lebensjahres mitversichert. Für die volljährigen Kinder besteht allerdings längstens bis zu dem Zeitpunkt Versicherungsschutz, in dem sie erstmalig eine auf Dauer angelegte berufliche Tätigkeit ausüben und hierfür ein **leistungsbezogenes Entgelt** erhalten. Leistungsbezogen ist ein Entgelt dann, wenn es ein echtes Äquivalent für die erbrachte Arbeit darstellt. Dies ist nicht der Fall bei der Zahlung einer Ausbildungsvergütung nach dem Berufsbildungsgesetz oder der Besoldung bei Beamten auf Widerruf im Vorbereitungsdienst (Harbauer/*Stahl*, § 23 ARB 2000 Rn 14). Einige VR haben die Altersgrenze für volljährige Kinder gestrichen, so dass eine Mitversicherung für unverheiratete Kinder besteht, solange diese noch keine auf Dauer angelegte berufliche Tätigkeit ausüben und hierfür ein leistungsbezogenes Entgelt erhalten. Eine Mitversicherung für **Enkel** besteht nicht, auch wenn diese dauerhaft im Haushalt des VN leben (KG, VersR 2009, 1194).

§ **28 ARB 2010** enthält eine kombinierte Versicherung aus §§ 23, 21 und 24 ARB 2010 mit den Leistungsarten § 2 Buchst. a bis k ARB 2010. Da die Vertragsform eine Versicherung für den Privatbereich darstellt, sind der Rechtsschutz im Vertrags- und Sachenrecht gem. § 2 Buchst. d ARB 2010 und der Steuer-Rechtsschutz gem. § 2 Buchst. e ARB 2010 auf den privaten Bereich **beschränkt**. Die Abgrenzung von Streitigkeiten im privaten Bereich und dem Bereich der selbstständigen Tätigkeit (ausführlich hierzu Harbauer/*Stahl*, § 24 ARB 2000 Rn 7 ff.) ist daher vor allem bei den vorgenannten Leistungsarten § 2 Buchst. d und § 2 Buchst. e ARB 2010 von Bedeutung. Die Vertragsart soll vor allem das Rechtsschutzbedürfnis kleinerer Betriebe abdecken (Harbauer/*Stahl*, § 28 ARB 2000 Rn 1).

b) Rechtsschutz für Nichtselbstständige (§§ 25 und 26 ARB 2010)

Die verschiedenen Formen des (Privat- bzw. Berufs-)Versicherungsschutzes für **Nichtselbstständige** sind in den **§§ 25 und 26 ARB 2010** geregelt.

§ 25 ARB 2010 entspricht im Wesentlichen § 23 ARB 2010 und bietet dem VN eine entsprechende Absicherung, der keinen Rechtsschutz im Verkehrsbereich braucht bzw. diesen bereits gesondert versichert hat.

90 § 26 ARB 2010 entspricht §§ 25 und 21 ARB 2010 und beinhaltet damit ein **weitreichendes Rechtsschutzpaket**. Versichert sind die Leistungsarten § 2 Buchst. a bis k ARB 2010 mit **Ausnahme** des Wohnungs- und Grundstücks-Rechtsschutzes nach **§ 2 Buchst. c ARB 2010**, der zusätzlich versichert werden muss.

c) Privat- und Berufs-Rechtsschutz in den ARB 2012

91 Der Privat-Rechtsschutz beinhaltet in den ARB 2012 die Absicherung für den privaten Lebensbereich unabhängig von der Frage, ob der VN selbstständig oder nicht selbstständig tätig ist. Versichert ist jedoch auch wie in den ARB 2010 nur der **private** Bereich. Neu ist in den ARB 2012 die ausdrückliche Abgrenzung des privaten vom selbstständigen Bereich, die sich an das Steuerrecht (§§ 18, 19 EStG) anlehnt. Nach 2.1.1 ARB 2012 besteht **kein Versicherungsschutz** bei einer gewerblichen, freiberuflichen oder sonstigen selbstständigen Tätigkeit, die vorliegt, wenn **Einkünfte im steuerrechtliche Sinne** erzielt werden oder erzielt werden sollen. Ausgenommen davon sind Einkünfte aus nichtselbstständiger Tätigkeit, wie Lohn oder Gehalt, oder aus Rente. Aufgrund der zahlreichen Streitigkeiten zur Frage, wann Privatpersonen im Einzelnen eine selbstständige Tätigkeit ausüben (siehe Rdn 83), wird für den VN nachvollziehbar sein, da die eigene steuerrechtliche Unterscheidung zugrunde gelegt wird. Dies dürfte die nötige Transparenz herstellen und damit ein eindeutiges Abgrenzungskriterium bilden (*Maier*, r+s 2013, 107). In 3. ARB 2012 „Was ist nicht versichert" ist unter 3.2.22 ARB 2012 noch einmal der Versicherungsschutz für jegliche Interessenwahrnehmung im Zusammenhang mit einer geplanten oder ausgeübten, gewerblichen, freiberuflichen, oder sonstigen selbstständigen Tätigkeit ausgeschlossen.

> **Hinweis**
> Einige VR bieten Versicherungsschutz auch für den Betrieb von Photovoltaikanlagen mit einer Begrenzung der Umsatzhöhe an, so dass für Privatpersonen im Rahmen einer geringfügigen selbstständigen Tätigkeit Versicherungsschutz etwa gegen den Anlagenhersteller oder das Stromunternehmen besteht.

92 Berufs-Rechtsschutz ist in den ARB 2012 als gesonderter Lebensbereich versichert und kann flexibel als Baustein gewählt werden. Inhaltliche Veränderungen zu den ARB 2010 bestehen nicht.

3. Berufs-Rechtsschutz für Selbstständige, Rechtsschutz für Firmen und Vereine (§ 24 ARB 2010)

93 § 24 ARB 2010 beinhaltet u.a. den Berufs-Rechtsschutz für Selbstständige sowie Rechtsschutz für Firmen. Der Versicherungsschutz bezieht sich nur auf die konkrete im VV **genannte** selbstständige Tätigkeit bzw. Firma. Versichert sind der VN als Selbstständiger bzw. als Firmeninhaber und die vom VN beschäftigten Personen i.R.d. beruflichen Tätigkeit für den VN.

Im **Rechtsschutz für Vereine** nach § 24 Abs. 1 Buchst. b ARB 2010 sind der Verein 94
selbst, die gesetzlichen Vertreter und Angestellten mitversichert. Mitglieder sind vom
Versicherungsschutz umfasst, soweit diese i.r.d. Aufgaben tätig sind, die ihnen satzungsmäßig obliegen.

Rechtsschutz im Vertrags- und Sachenrecht gem. § 2 Buchst. d ARB 2010 ist im § 24 95
ARB 2010 nicht enthalten. Vertragliche Streitigkeiten im Zusammenhang mit der versicherten Tätigkeit sind daher nicht vom Versicherungsschutz umfasst.

2.1.1 ARB 2012 bietet Rechtsschutz für Selbstständige oder Firmen sowie Rechtsschutz 96
für Vereine. Darüber hinaus besteht nach einem gesonderten Bedingungswerk auch Rechtsschutz für die Gesamtkombination von Privat und Firmen. Die Aufnahme in ein gesondertes
Bedingungswerk ist der Neustrukturierung als Baukastenprinzip geschuldet, welches die
einzelnen Klauseln dem gewählten Produkt zuordnet. Von einer Abbildung aller Kombinationsmöglichkeiten in einem durchgeschriebenen Bedingungswerk wurde aus Gründen der
Transparenz verzichtet.

4. Landwirtschafts- und Verkehrs-Rechtsschutz (§ 27 ARB 2010)

Der Landwirtschafts-Rechtsschutz nach **§ 27 ARB 2010** bietet als besondere Form des 97
Versicherungsschutzes für **Inhaber** von **land- und forstwirtschaftlichen Betrieben**, z.B.
Ackerbau, Viehzucht, Binnenfischerei und Holzwirtschaft (weitere Beispiele bei Harbauer/
Stahl, § 27 ARB 2000 Rn 3), eine umfassende Absicherung aus §§ 23, 24 und 21 ARB
2010. Die Leistungsarten § 2 Buchst. a bis k ARB 2010 sind im Landwirtschafts-Rechtsschutz nach § 27 ARB 2010 enthalten. Übt der VN neben der versicherten Land- oder
Forstwirtschaft eine weitere selbstständige Tätigkeit aus, so ist diese über § 24 ARB 2010
gesondert abzusichern. Dies betrifft insb. die Verwertung der im Hauptbetrieb gewonnenen
Erzeugnisse, wie Brennereien, Gastwirtschaften, größere Schweinemästereien und auch
selbstständige Tätigkeiten wie Beherbergungsbetriebe, Handel mit landwirtschaftlichen
Maschinen u.Ä. (vgl. hierzu Harbauer/*Stahl*, § 27 ARB 2000 Rn 22). **Mitversichert** sind
neben dem VN, dem Lebenspartner und Kindern (bei volljährigen gilt ein eingeschränkter
Versicherungsschutz) auch weitere Personen: Im Betrieb tätige und dort wohnende Mitinhaber, deren Lebenspartner, minderjährige Kinder dieser Mitinhaber, im Betrieb wohnende
Altenteiler und deren Lebenspartner sowie minderjährige Kinder und zudem die im Betrieb
beschäftigten Personen in Ausübung der betrieblichen Tätigkeit.

5. Rechtsschutz für Eigentümer und Mieter von Wohnungen und Grundstücken (§ 29 ARB 2010)

§ 29 ARB 2010 enthält den Wohnungs- und Grundstücks-Rechtsschutz gem. § 2 Buchst. c 98
ARB 2010 sowie den Steuer-Rechtsschutz vor Gerichten gem. § 2 Buchst. e ARB 2010.
Beim Miet- und Grundstück-Rechtsschutz nach § 29 ARB 2010 ist zu beachten, dass es sich
hierbei um einen reinen **eigenschaftsbezogenen Objekt-Rechtsschutz** handelt (Rüffer/
Halbach/Schimikowski/*Münkel*, § 29 ARB 2010 Rn 1). Der VN ist nur in seiner vertraglich
genannten Eigenschaft als Eigentümer, Vermieter, Verpächter, Mieter, Pächter und Nut-

zungsberechtigter und nur für das im Versicherungsschein **aufgeführte Objekt** versichert (zum Übergang des Rechtsschutzes beim Objektwechsel siehe § 12 Abs. 3 ARB 2010). Garagen und Stellplätze, die der versicherten Wohneinheit des VN zugerechnet werden, sind gem. § 29 Abs. 1 S. 2 ARB 2010 mitversichert. Hierbei ist nicht maßgeblich, ob der Vermieter der versicherten Wohneinheit auch Eigentümer der Garage oder des Kfz-Abstellplatzes ist. Es ist vielmehr erheblich, ob die Garage oder der Kfz-Abstellplatz durch die räumliche Nähe oder ein schuldrechtliches Nutzungsverhältnis dem versicherten Objekt zugerechnet werden kann (so Harbauer/*Stahl*, § 29 ARB 2000 Rn 5). Bei Streitigkeiten über Rechte aus einem Genossenschaftsverhältnis besteht kein Rechtsschutz über § 29 ARB 2010, wenn die Ursache nicht im Nutzungsrecht an der genossenschaftlichen Wohnung besteht (hierzu v. Bühren/Plote/*Plote*, § 29 Rn 2).

99 Häufige Schadenfälle bei Mietern sind: Streit um Betriebskostenabrechnungen, Mieterhöhungen, Kündigungen, Schönheitsreparaturen usw.; bei Grundstückseigentümern: Streit um Abstandsflächen, Wegerechte, überwachsende Bäume und Sträucher, usw.; bei Wohnungseigentümern: Streit um Beschlüsse der Wohnungseigentümergemeinschaft, Zahlungsverzug bzgl. des Wohngeldes bei Miteigentümern, Streit um Abrechnungen des Verwalters, usw.

100 **Praxistipp**
Streitigkeiten bspw. aus dem Kauf einer Eigentumswohnung oder eines Hauses fallen nicht unter den Rechtsschutz nach § 29 ARB 2010, da hier Rechte und Pflichten aus einem **Kaufvertrag** streitig sind und § 29 ARB 2010 keinen Vertrags-Rechtsschutz enthält. Soll das Risiko einer solchen Streitigkeit abgesichert werden, muss zusätzlich ein Vertrag nach §§ 23 bis 28 ARB 2010 abgeschlossen werden, der die Leistungsart Vertrags-Rechtsschutz beinhaltet.

101 In den ARB 2012 befindet sich die Klausel zum Wohnungswechsel (§ 12 Abs. 3, 4 ARB 2010) nunmehr direkt in der Beschreibung zum versicherten Lebensbereich unter 2.1.1 ARB 2012. Nach der Regelung ist der grundsätzlich objektbezogene Wohnungs- und Grundstücks-Rechtsschutz bei einem Wohnungswechsel erweitert und umfasst auch Versicherungsfälle, die erst nach dem Auszug aus dem bisherigen Objekt eintreten oder die sich auf das neue Objekt beziehen und vor dessen geplantem Bezug eintreten.

V. Ausgeschlossene Rechtsangelegenheiten

102 § 3 ARB 2010 nennt die Risikoausschlüsse. Damit werden bestimmte Rechtskonstellationen von der eigentlich versicherten Leistungsart ausgenommen, um die **Versichertengemeinschaft vom typischen Schadenfall einiger Weniger** zu bewahren und das Risiko für den VR kalkulierbar zu machen (so auch BGH, VersR 2004, 1596). Bei Vorliegen eines Ausschlusses nach § 3 ARB 2010 besteht in allen Vertragsarten (§§ 21 bis 29 ARB 2010) kein Kostenschutz; neben § 3 ARB 2010 begrenzen besondere Risikoausschlüsse bei einzelnen Vertragsformen den Versicherungsschutz zusätzlich (z.B. Ausschluss für die Interessenwahrnehmung im Zusammenhang mit einer selbstständigen Tätigkeit beim Privat- und Berufs-Rechtsschutz für Nichtselbstständige gem. § 25 Abs. 1 S. 2 ARB 2010).

In 3. ARB 2012 sind Risikoausschlüsse und Leistungsbegrenzungen unter dem Kapitel „Was ist nicht versichert?" geregelt. Eine Unterscheidung in primäre und sekundäre Risikoausschlüsse ist entfallen. Die in § 3 ARB 2010 geregelten Risikoausschlüsse finden sich in den ARB 2012 unter dem Abschnitt 3.2 ARB 2012 „Inhaltliche Ausschlüsse" wieder. Inhaltlich gibt es nur einige wenige Änderungen zu den ARB 2010.

Nach der Rechtsprechung des BGH sind Risikoausschlüsse wesentlicher Bestandteil von Allgemeinen Versicherungsbedingungen, um das Produkt für den VR zu definieren, kalkulierbar zu machen und für die Gesamtheit der potenziellen VN preiswert zu gestalten (so BGH, VersR 2004, 1596 ff.; hierzu auch Halm/Engelbrecht/Krahe/*Heinrichs*, Hdb. FA VersR, 34. Kap. Rn 240; v. Bühren/*Schneider*, § 13 Rn 175). Die Prüfung, ob ein Risikoausschluss gegeben ist, muss laut BGH (4. Senat) **eng am Wortlaut** der Klausel erfolgen; die Klausel ist dabei so auszulegen, wie ein durchschnittlicher VN sie bei verständiger Würdigung, aufmerksamer Durchsicht und Berücksichtigung des erkennbaren Sinnzusammenhangs verstehen muss. Dabei kommt es auf die **Verständnismöglichkeit eines VN** ohne versicherungsrechtliche Spezialkenntnisse und damit – auch – auf seine Interessen an (BGH, VersR 1982, 84 und ständige Rspr.). Denn der durchschnittliche Versicherungsnehmer braucht nicht damit zu rechnen, dass sein Versicherungsschutz Lücken hat, ohne dass ihm diese hinreichend verdeutlicht werden (BGH, VersR 1999, 748 unter 2a und ständige Rspr.). Der BGH (1. Senat) skizziert jedoch auch den mündigen Verbraucher, der von vornherein weiß, dass eine Rechtsschutzversicherung nicht umfassend ist, so dass er sich selbst über den Umfang des jeweiligen Produktes informieren muss (BGH, r+s 2016, 235).

Für das Vorliegen eines Ausschlussgrundes ist der **VR beweispflichtig** (mit weiteren Ausführungen Halm/Engelbrecht/Krahe/*Heinrichs*, Hdb. FA VersR, 34. Kap. Rn 238).

Je nach dem vorliegenden Risikoausschluss muss ein adäquat ursächlicher Zusammenhang der Interessenwahrnehmung mit dem Ausschluss oder ein bestimmter, aufgeführter Sachverhalt gegeben sein. Für das Erfordernis des ursächlichen Zusammenhangs muss ein sachlicher Zusammenhang zwischen dem Eintritt des Versicherungsfalls und den Besonderheiten des ausgeschlossenen Umstandes, mithin ein adäquat ursächlicher Zusammenhang vorliegen (Harbauer/*Maier*, § 3 ARB 2000 Rn 5; v. Bühren/*Schneider*, § 13 Rn 178).

- § 3 Abs. 1 ARB 2010 regelt **Kumulrisiken**, d.h. Risiken, die eine Vielzahl von Streitigkeiten nach sich ziehen und damit eine unübersehbare und unkalkulierbare Inanspruchnahme des VR verursachen (Harbauer/*Maier*, § 3 ARB 2000 Rn 16; Rüffer/Halbach/ Schimikowski/*Münkel*, § 3 ARB 2010 Rn 1), z.B. Krieg, Streik, Nuklearschäden usw.
- § 3 Abs. 2 ARB 2010 nennt **ausgeschlossene Rechtsangelegenheiten**, z.B. Abwehr von Schadenersatzansprüchen (mit Ausnahme vertraglicher Grundlage), die Interessenwahrnehmung aus kollektivem Arbeitsrecht oder im ursächlichen Zusammenhang mit Gewinnzusagen, Spekulationsgeschäften, usw.
- § 3 Abs. 3 ARB 2010 schließt **einzelne Verfahren** vom Versicherungsschutz aus, z.B. vor Verfassungsgerichten, internationalen Gerichtshöfen, in Ordnungswidrigkeiten- und Verwaltungsverfahren wegen eines Halt- oder Parkverstoßes usw.

- § 3 Abs. 4 ARB 2010 regelt den Ausschluss **bestimmter Anspruchsverhältnisse**, z.B. mehrerer VN (eines Vertrages) untereinander, sonstiger Lebenspartner untereinander, aus einer Haftung für Verbindlichkeiten anderer Personen usw.
- § 3 Abs. 5 ARB 2010 beschreibt den Ausschluss bei einer **Straftat**.

107 Zu den in der Praxis wohl bedeutsamsten Risikoausschlüssen (schlagwortartig genannt) gehören:
- § 3 Abs. 1 Buchst. d Doppelbuchst. aa bis dd **Baurisikoausschluss**
Ausgeschlossen ist nach § 3 Abs. 1 Buchst. d Doppelbuchst. aa bis dd ARB 2010 der Gesamtkomplex „**Bauen**". Damit fallen unter den Ausschluss insbesondere alle Streitigkeiten des VN aufgrund von Mängeln bei der Bauplanung und -leistung bzw. Ansprüche aus der Baubetreuungsleistung (Harbauer/*Maier*, § 3 ARB 2000 Rn 49). Allerdings wird eine Streitigkeit um einen **Anwaltsregress** anlässlich einer Baustreitigkeit nicht vom Baurisikoausschluss erfasst, da es für den VN nicht erkennbar ist, dass sich der Ausschluss auch auf einen nachfolgenden Regressprozess bezieht, in dem das Ausgangsverfahren nicht maßgeblich ist (BGH, VersR 2008, 1105). Werden hingegen Schadenersatzansprüche durch den Bauherrn aufgrund eines umgestürzten Gerüstes geltend gemacht, ist ein innerer sachlicher und zeitlicher Zusammenhang mit dem Ausschluss gegeben. Auf die Art der Beteiligung der schädigenden Seite an dem Bauvorhaben kommt es nicht an (OLG Brandenburg, r+s 2015, 505). Zum konkreten Umfang des Ausschlusses gibt es *zahlreiche höchstrichterliche Entscheidungen* (siehe hierzu auch v. Bühren/Plote/*Plote*, § 3 Rn 34 ff.).
Nach § 3 Abs. 1 Buchst. d Doppelbuchst. aa ARB 2010 sind Streitigkeiten beim **Erwerb oder der Veräußerung eines zu Bauzwecken bestimmten Grundstücks** ausgeschlossen. Auch der Erwerb oder die Veräußerung eines vom VN **nicht selbst zu Wohnzwecken** genutzten Gebäudes oder Gebäudeteils ist seit den ARB 2008 ausdrücklich nicht mehr versichert.
Ferner fallen Streitigkeiten bei der **Planung oder Errichtung** eines Gebäudes oder Gebäudeteiles nach § 3 Abs. 1 Buchst. d Doppelbuchst. bb ARB 2010 unter den Ausschluss. Insb. sind davon Streitigkeiten z.B. mit Bauhandwerkern und Bauträgern betroffen (vgl. hierzu ausführlich Harbauer/*Maier*, § 4 ARB 75 Rn 105).
§ 3 Abs. 1 Buchst. d Doppelbuchst. cc ARB 2010 erfasst auch **genehmigungs- und anzeigepflichtige** bauliche Veränderungen. **Streitig** ist, ob auch nicht genehmigungspflichtige Handwerkerarbeiten im Rahmen einer genehmigungspflichtigen Sanierung vom Ausschluss umfasst sind (vgl. Rüffer/Halbach/Schimikowski/*Münkel*, § 3 ARB 2010 Rn 7).
Die **Finanzierung** eines Bauvorhabens ist gem. § 3 Abs. 1 Buchst. d Doppelbuchst. dd ARB 2010 vom Versicherungsschutz ausgenommen. Hierunter fällt auch der Komplex der Finanzierung von Kapitalanlagen mit **Bauvorhaben**, etwa in Form eines geschlossenen Immobilienfonds (siehe Rspr. bei v. Bühren/Plote/*Plote*, § 3 Rn 41, ausführlich auch Halm/Engelbrecht/Krahe/*Heinrichs*, Hdb. FA VersR, 34. Kap. Rn 251 ff.). Voraussetzung für das Vorliegen des Ausschlusses ist dabei nicht, dass sich das Baurisiko verwirklicht. Der Ausschluss bezieht sich auf sämtliche Streitigkeiten aus Forderungen,

die der VN für die Realisierung von ihm zuzuordnender Bauvorhaben eingegangen ist. Er greift, sofern nur ein **ursächlicher Zusammenhang** mit der Finanzierung einer solchen Maßnahme besteht; nicht mehr an das Vorhaben selbst, sondern an seine Finanzierung wird angeknüpft (zuletzt BGH, VersR 2008, 113 sowie BGH, VersR 2005, 684 und BGH, VersR 2004, 1596).

- § 3 Abs. 2 Buchst. a **Abwehr von Schadenersatzansprüchen**
Bereits nach § 2 Buchst. a ARB 2010 ist nur die Geltendmachung von Schadenersatz vom Versicherungsschutz umfasst, so dass es sich bei § 3 Abs. 2 Buchst. a ARB 2010 lediglich um eine **Verdeutlichung** handelt. Beruht die Abwehr der Schadenersatzansprüche hingegen auf einer Vertragsverletzung, können die Leistungsarten nach § 2 Buchst. b bis d ARB 2010 betroffen sein.
- § 3 Abs. 2 Buchst. c **Anstellungsverhältnisse**
Streitigkeiten **gesetzlicher Vertreter** juristischer Personen aus ihrem Anstellungsverhältnis sind vom Versicherungsschutz ausgeschlossen. Hierunter fallen z.b. folgende Konstellationen: AG (§ 1 AktG)/Vorstand, GmbH (§ 13 GmbHG)/Geschäftsführer, rechtsfähiger Verein (§§ 21 bis 23 BGB)/Vorstand (siehe hierzu Harbauer/*Maier*, § 4 ARB 75 Rn 24 ff.). Einige VR sichern diese Streitigkeiten allerdings gesondert im Anstellungs-Rechtsschutz ab (siehe Praxistipp nach Rdn 70).
- § 3 Abs. 2 Buchst. d **Patent-, Urheberrecht usw.**
Danach sind umfassend Streitigkeiten aus geistigem Eigentum vom Versicherungsschutz ausgenommen. Dies betrifft u.a. Verwertungsverträge, geschützte geschäftliche Bezeichnungen u.Ä. (ausführlich hierzu Harbauer/*Maier*, § 3 ARB 2000 Rn 104 ff.).
- § 3 Abs. 2 Buchst. e **Kartell- oder sonstiges Wettbewerbsrecht**
In Erweiterung zu den ARB 75 fallen nunmehr auch Schadenersatzansprüche unter den Ausschluss. Ist im Arbeitsvertrag ein nachvertragliches Wettbewerbsverbot vereinbart, ist § 3 Abs. 2 Buchst. e ARB 2010 jedoch nicht betroffen (siehe Rdn 34), da es hier um vertragliche Ansprüche aus dem ehemaligen Arbeitsverhältnis und nicht um selbstständige Unterlassungsansprüche geht (v. Bühren/Plote/*Plote*, § 3 Rn 81).
- § 3 Abs. 2 Buchst. f **Spiel- und Wettverträge, Gewinnzusagen, Termin- und vergleichbare Spekulationsgeschäfte, Ankauf, Veräußerung, Verwaltung von Wertpapieren usw.**
Mit den ARB 2008 ist der Ausschluss ausdrücklich auf Wertpapiere, Wertrechte und Kapitalbeteiligungen und deren Finanzierung erweitert worden. Damit besteht für diesen Bereich nunmehr ein umfassender Ausschluss aus dem Versicherungsschutz. Bei einigen Anbietern besteht jedoch auch für entsprechende Kapitalanlagen Versicherungsschutz, teilweise mit einer Beschränkung im Leistungsumfang. Regelmäßig führt die Frage, welche Kapitalanlagemodelle unter den Risikoausschluss fallen und ob die Formulierung hinreichend transparent ist, zu Rechtsstreitigkeiten (vgl. hierzu BGH, r+s 2013, 601). Zum Erwerb von Vermögensanlagen bei Handelsgesellschaften hat der BGH die Klausel weder für unklar erachtet noch in ihr eine unangemessene Benachteiligung für den VN gesehen (BGH, NJW 2013, 2739).

- § 3 Abs. 2 Buchst. h **Interessenwahrnehmung gegen den VR**
  Streitigkeiten gegen den VR **aus dem Rechtsschutzvertrag** sind vom Versicherungsschutz ausgenommen. Dieser Ausschluss betrifft jedoch nicht andere Versicherungssparten, die unter den Vertrags-Rechtsschutz fallen.
- § 3 Abs. 2 Buchst. i **steuerliche Bewertung von Grundstücken, Erschließungs- und sonstige Anliegerabgaben**
  Unter diese Erschließungs- und Anliegerabgaben fallen u.a. Anschlussgebühren sowie Erschließungskosten für Straßen und Bürgersteige. Laufende Gebühren wie für Müllentsorgung oder Abwasser sind hingegen nicht vom Ausschluss betroffen.
- § 3 Abs. 3 Buchst. e **Ordnungswidrigkeiten- und Verwaltungsverfahren wegen eines Halte- oder Parkverstoßes**
  Seit den ARB 94 fallen Streitigkeiten wegen eines Halte- und Parkverstoßes nicht mehr unter den Versicherungsschutz. Hierzu gehören auch Gebührenbescheide für Umsetzungen, die aufgrund eines solchen Verstoßes erfolgen.
- § 3 Abs. 4 Buchst. a **Interessenwahrnehmung mehrerer VN untereinander, mitversicherte Personen gegen den VN**
  Besteht eine Streitigkeit zwischen mehreren VN oder Mitversicherten eines Vertrages oder macht ein Mitversicherter Ansprüche gegen den VN geltend, greift der Ausschluss. Geht hingegen der VN gegen einen Mitversicherten vor, ist § 3 Abs. 4 Buchst. a ARB 2010 nicht einschlägig.

108 Bei den inhaltlichen Ausschlüssen unter 3.2 ARB 2012 sind im Wesentlichen folgende Änderungen erfolgt:
- 3.2.1 ARB 2012 **Bergbauschäden**: klarstellender Hinweis, dass auch bergbaubedingte Schäden unter den Ausschluss fallen (Anlass: BGH, NJW RR 2011,1536).
- 3.2.2 ARB 2012 **Baurisikoausschluss**: Der Erwerb von Grundstücken oder Gebäuden findet sich nunmehr im Kapitalanlagenausschluss unter 3.2.8.
- 3.2.8 ARB 2012 **Kapitalanlagenausschluss**: Die höchstrichterliche Entscheidung (BGH, NJW 2013, 2739 ff.) zum Effektenbegriff im Kapitalanlagenausschluss einiger VR gab den Anstoß für eine Überarbeitung des Kapitalanlagenausschlusses. Der BGH hatte den Begriff „Effekten" für intransparent und damit unwirksam erachtet, da sich für den VN nicht erschließe, welche Kriterien erfüllt sein müssten, damit Wertpapiere als Effekten einzustufen seien. Als Konsequenz dieser Entscheidung verzichtet 3.2.8 ARB 2012 auf eine enumerative Aufzählung ausgeschlossener, risikoträchtiger Kapitalanlagen. Die Schnelllebigkeit des Kapitalanlagemarktes erschwert ohnehin eine Benennung risikoreicher Anlagemodelle (BGH, VersR 2005, 639). Nach der Systematik des 3.2.8 ARB 2012 sind zunächst alle Kapitalanlagen vom Versicherungsschutz ausgenommen, um der besonders hohen Schadenträchtigkeit Rechnung zu tragen. Allerdings sind Streitigkeiten im Zusammenhang mit Gütern zum eigenen Ge- oder Verbrauch bzw. Gebäuden zu eigenen Wohnzwecken ausgenommen, da Erwerbungen für den Privatgebrauch nicht dem Ausschluss unterfallen sollen. Weiterhin sieht 3.2.8 ARB 2012 vor, dass der VR eine unternehmensindividuelle Aufzählung bestimmter Kapitalanlagen vornehmen kann, die er unter Versicherungsschutz stellen möchte.

Auch das OLG Düsseldorf (MDR 2015, 514) hat sich mit einem Kapitalanlagenausschluss befasst und entschieden, dass der Ausschluss mit der Formulierung „alle Kapitalanlagegeschäfte" hinreichend klar sei. Durch das Wort „alle" sei klargestellt, dass der gesamte hiermit zusammenhängende Bereich von der Versicherung nicht abgedeckt wird. Dies sei für einen durchschnittlichen Versicherungsnehmer auch erkennbar, mithin auch nicht ungewöhnlich oder überraschend.

- 3.2.9 ARB 2012 **Vergabe von Darlehen**: Neu in den ARB 2012 ist der Risikoausschluss im Zusammenhang mit der Vergabe von Darlehen durch den VN. Nicht vom Ausschluss betroffen sind Streitigkeiten, bei denen der VN Darlehensnehmer ist; zu beachten sind hier allerdings 3.2.2 oder 3.2.8 ARB 2012.
- 3.2.21 ARB 2012 **Herbeiführen des Versicherungsfalls**: Wird der Versicherungsfall vorsätzlich und rechtswidrig in den Rechtsgebieten 2.2.1 bis 2.2.8 ARB 2012 herbeigeführt, ist der Versicherungsschutz ausgeschlossen.
- 3.2.22 ARB 2012 **Selbstständige Tätigkeit**: Nur der Vollständigkeit und Verdeutlichung dient die Aufnahme der selbstständigen Tätigkeit in den Ausschlüssen unter 3. ARB 2012, da die Begrenzung auf den Privatbereich bereits in den Lebensbereichen unter 2.1.1 ARB 2012 geregelt ist.
- 3.2.23 ARB 2012 **Timesharing**: Der Ausschluss von Timesharing erfolgt nunmehr folgerichtig unter 3.2 ARB 2012 und nicht mehr zur Beschreibung des örtlichen Geltungsbereichs (§ 6 ARB 2010). Anders als in den ARB 2010 gilt der Ausschluss nunmehr weltweit.

Praxistipp 109
Verweigert der VR schuldhaft die Deckung, indem er beispielsweise fehlerhaft einen Risikoausschluss für einschlägig hält, kann er für den *entstandenen Schaden herangezogen* werden (BGH, VersR 2006, 830).

VI. Erfolgsaussichten/Mutwilligkeit (§ 3a ARB 2010)

Ausführliche Erläuterungen zur Frage der **Erfolgsaussichten** und zum Vorliegen von **Mutwilligkeit** i.S.d. § 3a ARB 2010 siehe unter § 128 VVG. 110

VII. Versicherungsfall

Der Versicherungsfall in der Rechtsschutzversicherung ist in **§ 4 Abs. 1 ARB 2010** geregelt, 111 wobei nach den unterschiedlichen Leistungsarten des § 2 ARB 2010 **differenziert** wird. Es besteht daher in der Rechtsschutzversicherung anders als in anderen Sparten keine für alle Leistungsarten geltende Definition des Versicherungsfalls (Looschelders/Pohlmann/*Pohlmann/Vogel*, § 125 Rn 42).

Beim **Schadenersatz-Rechtsschutz** bestimmt das erste Ereignis, durch das der Schaden 112 verursacht wurde oder verursacht worden sein soll, den Versicherungsfall, § 4 Abs. 1 Buchst. a ARB 2010. Demnach gilt die **Kausalereignistheorie**, wonach das schädigende Kausalereignis und nicht der Eintritt der Rechtsgutsverletzung in einem äußeren Ereignis den Versicherungsfall darstellt (Prölss/Martin/*Prölss/Armbrüster*, § 4 ARB 94 Rn 2).

113 Zugunsten des VN wird in 2.4.2 ARB 2012 beim Schadenersatz-Rechtsschutz nunmehr wieder auf das Folgeereignis abgestellt (wie ursprünglich bereits in den ARB 75). Der Eintritt der Rechtsgutverletzung ist nunmehr für die Bestimmung des Versicherungsfalls heranzuziehen. Einige VR sehen für den Versicherungsfall beim Schadenersatz-Rechtsschutz die Folgeereignistheorie vor, andere VR bestimmen den Versicherungsfall wie in den ARB 2010 nach der Kausalereignistheorie.

114 Beim **Beratungs-Rechtsschutz** gilt als Versicherungsfall grds. dasjenige Ereignis, das eine Veränderung der Rechtslage herbeigeführt und somit den Beratungsbedarf für den VN begründet hat. Es liegt daher bspw. für die anwaltliche Beratung zum Aufsetzen eines Testamentes kein Versicherungsfall vor.

115 In **allen anderen** Rechtsschutz-Arten gilt als Versicherungsfall der Zeitpunkt, in dem der VN oder ein anderer gegen eine Rechtsvorschrift verstoßen hat oder verstoßen haben soll. Dabei ist „Verstoß" jede Zuwiderhandlung gegen eine gesetzliche oder vertragliche Rechtspflicht bzw. das Unterlassen eines hiernach gebotenen Tuns (BGH, VersR 1985, 540).

116 Das vom BGH in mehreren Entscheidungen (etwa BGH, VersR 2013, 899) sog. Drei-Säulen-Modell interpretiert die Klausel zum Eintritt des Versicherungsfalls in folgender Weise: der Vortrag des VN müsse erstens einen objektiven Tatsachenkern im Gegensatz zu einem Werturteil enthalten, mit dem er zweitens dem Vertragspartner einen Vertragsverstoß anlastet, auf den er wiederum drittens seine Interessenverfolgung stützt. Bei der Verfolgung eigener Ansprüche (Aktivprozess) ist einzig auf den Vortrag des VN abzustellen, auf den er seine Ansprüche gegen den Gegner stützt (BGH, NJW 2013, 2285 und ausführlich hierzu *Wendt*, r+s 2012, 209). Einschränkend legt der BGH dann auch die Klausel zum Eintritt des Versicherungsfalls bei Rechtsverstößen eines Dritten aus. So könne der Rechtsverstoß des Dritten, der die spätere Rechtsverfolgung des VN adäquat-kausal begründet, nur dann den Rechtsschutzfall auslösen, wenn bereits ein gesetzliches oder vertragliches Schuldverhältnis zwischen dem VN und seinem Gegner bestehe (BGH, r+s 2015, 16). Die konkreten Auswirkungen des BGH-Modells werden intensiv diskutiert (so etwa *Gellwitzki*, AnwBl. 2015, 48; *Maier*, r+s 2015, 489). Von wesentlicher Bedeutung für die Auslegung des vom BGH entwickelten Drei-Säulen-Modells ist die Unterscheidung zwischen der Aktiv- und Passivrolle des VN (*Cornelius-Winkler*, VersR 2015, 1476). Der Versicherungsfall wäre also nach dem Begehren des VN und dem von ihm vorgetragenen Sachverhalt oder aufgrund der von ihm vorgebrachten rechtserheblichen Einwendungen zu prüfen (*Schaltke/Weidner*, r+s 2016, 225). Die Anzahl der Zweckabschlüsse in der Rechtsschutzversicherung wird durch die BGH-Rechtsprechung sicher ansteigen (*v. Bühren*, zfs 2016, 310; eingeschränkt *Schaltke/Weidner*, r+s 2016, 225, die von wenigen Fällen ausgehen). Einige VR haben indes andere Klauseln zum Eintritt des Versicherungsfalls ihren Bedingungen zugrunde gelegt.

117 Beim sog. „**gedehnten Versicherungsfall**", wenn sich ein einheitlicher Verstoß also über einen längeren Zeitraum erstreckt (etwa die Überlassung einer mängelbehafteten Sache an den Mieter, OLG Nürnberg, r+s 2000, 73), ist gem. § 4 Abs. 2 S. 1 ARB 2010 mit dem Beginn des Zeitraumes der Versicherungsfall eingetreten. Das Gleiche gilt bei **mehreren**

selbstständigen **Rechtsverstößen**, die zu einer einheitlichen rechtlichen Auseinandersetzung führen (§ 4 Abs. 2 S. 2 ARB 2010). Wird ein Rechtsstreit durch kumulierende Verstöße ausgelöst, so gilt der erste Verstoß jedenfalls dann als Versicherungsfall, wenn er bereits für sich betrachtet zur Auslösung des Versicherungsfalles geeignet war und den letztendlichen Ausbruch der Streitigkeiten adäquat-kausal mit verursacht hat (BGH, VersR 1983, 125). Es bleibt nach der sog. Jahresklausel jedoch der Verstoß zugunsten des VN unberücksichtigt, der länger als ein Jahr vor Beginn des Versicherungsschutzes liegt.

In den ARB 2012 ist die sog. Jahresklausel entfallen (kritisch hierzu *Maier*, der eine unangemessene Benachteiligung des VN befürchtet, r+s 2013,105, 108), so dass jeglicher Verstoß vor Vertragsbeginn zur Vorvertraglichkeit des Rechtsstreits führt. **118**

Ein Anspruch auf die Versicherungsleistung besteht gem. § 4 Abs. 3 Buchst a ARB 2010 *nicht*, wenn der Verstoß durch eine Willenserklärung oder eine **Rechtshandlung** ausgelöst wurde, die **vor Versicherungsbeginn** lag. Grundsätzlich wird jedoch im Zusammenhang mit Vertragsverletzungen nicht der Vertragsabschluss als die den Verstoß auslösende Willenserklärung anzusehen sein, sondern erst die eigentliche Verletzungshandlung. Anders ist dies im Einzelfall zu beurteilen, wenn die Streitigkeit direkte Folge der betreffenden Willenserklärung war (vgl. dazu Harbauer/*Maier*, § 4 ARB 2000 Rn 144 m.w.N.). Behauptet der Gegner bei einer streitigen Gehaltszahlung, dass der Arbeitsvertrag nicht mit ihm geschlossen worden sei, sondern mit einer ausgegliederten GmbH bzw. der Vertrag mangels Unterschrift eines Vorstandsmitgliedes unwirksam sei, so liegt der Versicherungsfall nicht zum Zeitpunkt der Gehaltsfälligkeit. Der Versicherungsfall ist hier bei Abschluss des Arbeitsvertrages eingetreten, da der spätere Streit bereits **im Keim angelegt** und gewissermaßen vorprogrammiert war (OLG Celle, NJW-RR 1/2009, 3). **119**

Gem. § 4 Abs. 4 ARB 2010 sind beim Steuer-Rechtsschutz die **tatsächlichen oder behaupteten Voraussetzungen** für die streitige Festsetzung maßgeblich für den Versicherungsfall. Wird also die steuerliche Absetzbarkeit eines Computerprogramms nicht anerkannt, ist der Versicherungsfall nicht mit dem streitigen Steuerbescheid, sondern zum Zeitpunkt des Programmkaufes eingetreten. **120**

> **Praxistipp** **121**
> Gem. § 4a Abs. 1 Buchst. a ARB 2010 ist bei lückenlosem Deckungsschutz Versicherungsschutz gegeben, wenn die den Verstoß auslösende Willenserklärung in den Zeitraum einer Vorversicherung fällt, ein nahtloser Versicherungsschutz gegeben ist sowie beim Nachversicherer kein Risikoausschluss für den Streitfall vorliegt.

Zu beachten ist § 4a Abs. 1 Buchst. b ARB 2010 für den Fall, dass eine **Meldung erst drei Jahre nach Vertragsende** (des Vorversicherers) erfolgt, was gem. § 4 Abs. 3 Buchst. b ARB 2010 grds. zum Ausschluss der Leistungspflicht führt. Bestand **lückenloser Versicherungsschutz**, so wird der aktuelle VR leistungspflichtig, sofern die Meldung nicht vorsätzlich oder grob fahrlässig durch den VN unterlassen wurde. Die Versicherungsleistung richtet sich nach den Vertragsbedingungen zum Zeitpunkt des Versicherungsfalls, die Konditionen des **aktuellen VR** bestimmen allerdings die **Obergrenze** für den zu erbringenden Leistungsumfang (§ 4a Abs. 2 ARB 2010). Die vorherige Verband*empfehlung* für diese Fallkonstellationen findet damit keine Anwendung mehr. **122**

VIII. Örtlicher Geltungsbereich

123 § 6 ARB 2010 **schränkt** den Versicherungsschutz **geografisch** ein. Es besteht nach § 6 Abs. 1 ARB 2010 grds. Rechtsschutz für die Interessenwahrnehmung in Europa, den Anliegerstaaten des Mittelmeeres, den Kanarischen Inseln und auf Madeira, vorausgesetzt, ein Gericht/eine Behörde ist oder wäre bei einem gerichtlichen/behördlichen Verfahren zuständig. Ausgenommen von dieser Regelung sind der Steuer-Rechtsschutz gem. § 2 Buchst. e ARB 2010 und der SG-Rechtsschutz gem. § 2 Buchst. f ARB 2010, da hier bereits eine Beschränkung auf die deutsche Gerichtsbarkeit gegeben ist. Ferner besteht im Beratungs-Rechtsschutz im Familien-, Lebenspartnerschafts- und Erbrecht gem. § 2 Buchst. k ARB 2010 Versicherungsschutz nur für einen in Deutschland zugelassenen RA (siehe Rdn 67).

124 § 6 Abs. 2 ARB 2010 enthält eine **weltweite Deckung** begrenzt auf **sechs Wochen** und den **privaten Bereich** sowie eine summenmäßige Beschränkung (bis zu einem Höchstbetrag). Gesondert sind zudem Streitigkeiten im Zusammenhang mit dem Erwerb oder der Veräußerung von dinglichen Rechten oder Teilnutzungsrechten (Timesharing) vom Kostenschutz ausgeschlossen.

125 In 5. ARB 2012 findet sich der örtliche Geltungsbereich zur Überschrift „In welchen Ländern sind Sie versichert?" Unter 5.1 und 5.2 ARB 2012 werden neben der Erläuterung des örtlichen Geltungsbereichs auch Einschränkungen aus den Rechtsgebieten (Leistungsarten) wiederholt, die lediglich Versicherungsschutz vor deutschen Gerichten vorsehen (etwa Sozialgerichts-Rechtsschutz gem. 2.2.6 ARB 2012). Der Ausschluss zum Erwerb und der Veräußerung von Teilnutzungsrechten (Timesharing) ist infolge der Neustrukturierung systemkonform unter 3. ARB 2012 „Was ist nicht versichert?" aufgenommen worden und betrifft nunmehr Streitigkeiten sämtlicher Teilnutzungsrechte unabhängig aus welchem Land, siehe 3.3.23 ARB 2012.

IX. Obliegenheiten

126 Bei den Obliegenheiten handelt es sich um **Verhaltenspflichten**, die gesetzlich oder vertraglich geregelt sind (ausführlich hierzu VersR-Hdb/*Obarowski*, § 37 Rn 412). Allerdings sind Obliegenheiten nicht im Klagewege erzwingbar und daher keine echten Rechtspflichten (siehe auch VersR-Hdb/*Obarowski*, § 37 Rn 484 ff.). Es gibt Obliegenheiten bei Abschluss des VV, vor Eintritt und bei Eintritt des Versicherungsfalls.

127 Im Verkehrsbereich sind Obliegenheiten **vor** Eintritt des Versicherungsfalls zu beachten (siehe z.B. §§ 21 Abs. 8, 22 Abs. 5 ARB 2010). Der Versicherungsschutz kann daher beim Fahren ohne Fahrerlaubnis, unberechtigter Fahrzeugbenutzung oder dem Fahren eines nicht zugelassenen Fahrzeugs eingeschränkt sein oder sogar entfallen.

128 § 17 Abs. 1, 5 und 9 ARB 2010 enthalten die Obliegenheiten **nach** Eintritt des Versicherungsfalls. Die Verpflichtungen des VN:
- **Unverzügliche Anzeige** des Versicherungsfalls (ggü. VR),
- **Information** und Benennung von Beweismitteln (ggü. VR und Anwalt),
- **Abstimmung kostenauslösender Maßnahmen** (ggü. VR),

- Schadensminderungspflicht i.S.d. § 82 VVG, d.h. **Wahrnehmung der kostengünstigsten Möglichkeit** (ggü. VR); der VN hat hierzu **Weisungen des VR einzuholen** und zu befolgen, sowie seinen Rechtsanwalt entsprechend zu beauftragen,
- Auskunft über den Verfahrensstand (ggü. VR),
- Unterstützung des VR bei Kostenerstattung.

Die Rechtsfolgen einer Obliegenheitsverletzung werden in § 17 Abs. 6 und 9 ARB 2010 in Anlehnung an § 28 VVG genannt.

Besondere Bedeutung hat in der Praxis die Schadensminderungspflicht entsprechend § 82 VVG, hierzu gehört auch die Obliegenheit, **unnötige Kosten zu vermeiden**, gem. § 17 Abs. 1 Buchst. c Doppelbuchst. bb ARB 2010. Der VN ist danach verpflichtet, möglichst **effektiv und kostengünstig** seine Rechtsstreitigkeiten zu führen (so MAH-VersR/*Terbille/Bultmann*, § 27 Rn 352). So legt auch das allgemeine Kostenrecht den Parteien die Verpflichtung zur kostenschonenden Prozessführung auf. Eine rechtsmissbräuchliche Prozessführung ist beispielsweise dann anzunehmen, wenn eine Partei einen oder gleichartige, aus einem Lebenssachverhalt erwachsene Ansprüche ohne sachlichen Grund in getrennten Prozessen verfolgt. Nach § 17 ARB 2010 hat der VN zum Zwecke der Schadenminderung dann nicht zwei Prozesse zu führen, wenn das Ziel kostengünstiger mit einem Prozess erreicht werden kann und die Interessen des VN dadurch nicht unbillig beeinträchtigt werden (OLG Köln, VersR 2016, 113). Steht dem ein gesondertes Interesse des VN an seiner Rechtsdurchsetzung ggü., so kann das Kostenminderungsinteresse des VR im Einzelfall nachrangig sein. Hieran sind jedoch besondere Anforderungen zu stellen (so auch VersR-Hdb/*Obarowski*, § 37 Rn 505).

Der BGH hatte sich in einem Revisionsverfahren (IV ZR 352/07) anlässlich einer Terminladung kritisch zur Regelung des § 17 Abs. 5 Buchst. c Doppelbuchst. cc ARB 2009 geäußert und **Bedenken zur Transparenz** der Klausel mitgeteilt (siehe Harbauer/*Bauer*, § 17 ARB 2000 Rn 76a), da der VN ohne Kenntnis des Gebührenrechts nicht in der Lage sei, die Obliegenheiten zu erfüllen. Danach dürfte dem VN das Verschulden seines Anwalts bei einem Verstoß gegen die Kostenminderungspflicht nicht zugerechnet werden. Eine Entscheidung ist allerdings hierzu nicht ergangen. Die nunmehr unter § 17 Abs. 1 Buchst. c Doppelbuchst. bb ARB 2010 ausdrücklich genannten Fallkonstellationen waren bereits nach bisheriger Rspr. typische Beispiele der Schadensminderungsverpflichtung. Die ausdrückliche Aufzählung in den ARB 2010 dürfte geeignet sein, dem VN die Verpflichtungen aus dem Versicherungsvertrag noch anschaulicher zu machen und trägt damit den gegen die Klausel erhobenen Bedenken Rechnung (Prölss/Martin/*Armbrüster*, § 17 ARB 2010 Rn 26). Die Beschränkung auf das i.S.d. § 82 Abs. 1 VVG Mögliche und nach § 82 Abs. 2 VVG Zumutbare sowie das vereinbarte Verschuldenserfordernis nach § 28 VVG stellen ein Korrektiv zugunsten des VN dar, um ihn vor unbilligen Nachteilen zu schützen (VersR-Hdb/*Obarowski*, § 37, 502).

Zudem zeigt die Regelung deutlich, was konkret die Schadensminderungspflicht im Kern bezweckt. Durch die umfangreichen Regelbeispiele für ein zu unterlassendes kostenerhöhendes Verhalten des VN ist die Klausel auch für den VN hinreichend transparent (OLG Köln v. 17.3.2015, 9 U 152/14, welches ausdrücklich aufgrund der Neufassung der ARB nicht mehr an seiner früheren Rechtsauffassung zur Intransparenz der Obliegenheitsregelung in den ARB 94 festhält, wie noch OLG Köln, VersR 2012, 138). Die Pflicht zur Einholung von Weisungen des VR soll ferner Sorge dafür tragen, dass der VN bei der Erfüllung seiner Kostenminderungsobliegenheit nicht überfordert wird und er frühzeitig über den Umfang des Versicherungsumfanges informiert ist, bevor anwaltliche Gebühren entstehen. Die Pflicht zur Beauftragung des Rechtsanwaltes im Rahmen dieser Weisung soll den VN davor schützen, dass Kosten entstehen, die letztlich nicht vom VR übernommen werden.

131 Die **Folgen einer Obliegenheitsverletzung** regelt § 17 Abs. 6 ARB 2010. Es wird dabei zwischen arglistiger, vorsätzlicher, grob fahrlässiger und fahrlässiger Verletzung unterschieden. Die Rechtsfolgen entsprechen der Vorgabe des **§ 28 VVG** (siehe Kommentierung zu § 28 VVG). Für Sanktionen der Verletzung einer nach Eintritt des Versicherungsfalls bestehenden Auskunfts- oder Aufklärungsobliegenheit muss der VR für den Wegfall des Versicherungsschutzes zuvor durch gesonderte Mitteilung auf die Rechtsfolgen hingewiesen haben (MAH-VersR/*Terbille/Bultmann*, § 27 Rn 361 ff.). In § 17 Abs. 7 ARB 2010 ist nunmehr ausdrücklich dargelegt, dass sich der VN die Kenntnis und das Verhalten seines Rechtsanwaltes zurechnen lassen muss, sofern dieser die Abwicklung des Rechtsschutzfalles gegenüber dem VR übernimmt. Ob der Rechtsanwalt insoweit als Repräsentant des VN anzusehen ist, ist umstritten (ausführlich zu den Voraussetzungen *Harbauer/Bauer*, § 17 Rn 122 ff. m.w.N.). Zumindest als Wissensvertreter des VN dürften die Erklärungen des Rechtsanwalts dem VN analog § 166 BGB zuzurechnen sein (van Bühren r+s 2016, 54, 57; *Harbauer/Bauer*, § 17 ARB 2000 Rn 123, OLG Köln, r+s 2004, 19; a.A. *Wendt*, r+s 2010, 221. 230).

132 Unter 4. ARB 2012 sind die Obliegenheiten geregelt; der Begriff wird zur besseren Verständlichkeit kurz erläutert. Nach 4.1.1 ARB 2012 muss der VN den Versicherungsfall unverzüglich mitteilen, wie bereits zuvor nach § 17 Abs. 1 Buchst. a ARB 2010. Zudem soll der VN nach 4.1.1.3 ARB 2012 kostenverursachende Maßnahmen mit dem VR abstimmen, sofern dadurch die **Interessen des VN nicht unbillig beeinträchtigt** werden. Unter 4.1.3 ARB 2012 wird klargestellt, dass der VN seinen **Rechtsanwalt frei auswählen** darf (zu Incentivierung bei Mandatierung empfohlener Rechtsanwälte siehe § 127 VVG). Die bisherige Formulierung unter § 17 Abs. 3 S. 1 ARB 2010 lehnte sich zwar inhaltlich eng an § 127 VVG an, bezog sich inhaltlich jedoch nicht auf die Anwaltswahl an sich, sondern auf die durch den VR an den gewählten Anwalt zu erstattenden Leistungen, so dass darauf verzichtet wurde.

Die Zurechnung des Anwaltsverhaltens nach 4.1.6 ARB 2012 wird kritisch gesehen (z.B. *Maier*, r+s 2013, 105, 110). Übernimmt der Rechtsanwalt hingegen die gesamte Korrespondenz gegenüber dem VR, ist er insoweit als Repräsentant anzusehen (*v. Bühren*, zfs 2010, 428). Versäumt ein Rechtsanwalt die Frist zur Meldung des Versicherungsfalls beim VR, so dass die Nachmeldefrist bei einem gekündigten Versicherungsvertrag abgelaufen ist, ist das Verhalten des Rechtsanwaltes sodann dem VN nach § 166 BGB zuzurechnen (LG Köln, r+s 2012, 439; siehe auch Looschelders/Pohlmann/*Pohlmann/Vogel*, § 127 Rn 8, der Obliegenheitsverletzungen des Rechtsanwaltes dem VN zurechnet, da im Verhältnis VR und Rechtsanwalt die Regelung des § 166 BGB entweder direkt oder analog anwendbar sei).

C. Prozessuales

Will der **VN** die Leistung des VR aus § 5 Abs. 1 ARB 2010 in Anspruch nehmen, trägt er die **Beweislast** für die Leistungspflicht des VR. 133

Beruft sich der **VR** hingegen auf einen Ausschluss oder eine Einschränkung nach § 5 Abs. 3 ARB 2010, so trägt er die **Beweislast** für das tatbestandliche Vorliegen der Einschränkung (VersR-Hdb/*Obarowski*, § 37 Rn 253). 134

Zur Schadensminderungspflicht des VN im Prozess siehe Rdn 128 ff. 135

D. Abdingbarkeit

§ 125 VVG unterfällt nicht der Regelung des § 129 VVG und könnte daher auch zulasten des VN geändert werden. Allerdings ist zu beachten, dass § 125 VVG lediglich den wirtschaftlichen Zweck der Versicherung beschreibt. 136

§ 126 VVG Schadensabwicklungsunternehmen

(1) Werden Gefahren aus dem Bereich der Rechtsschutzversicherung neben anderen Gefahren versichert, müssen im Versicherungsschein der Umfang der Deckung in der Rechtsschutzversicherung und die hierfür zu entrichtende Prämie gesondert ausgewiesen werden. Beauftragt der Versicherer mit der Leistungsbearbeitung ein selbstständiges Schadensabwicklungsunternehmen, ist dieses im Versicherungsschein zu bezeichnen.

(2) Ansprüche auf die Versicherungsleistung aus einem Vertrag über eine Rechtsschutzversicherung können, wenn ein selbstständiges Schadensabwicklungsunternehmen mit der Leistungsbearbeitung beauftragt ist, nur gegen dieses geltend gemacht werden. Der Titel wirkt für und gegen den Rechtsschutzversicherer. § 727 der Zivilprozessordnung ist entsprechend anzuwenden.

Übersicht

	Rdn
A. Normzweck	1
B. Norminhalt	5
I. Ausgestaltung des Versicherungsscheines	5
II. Interessenskollision	6
III. Schadensabwicklungsunternehmen	7
IV. Rechtsverhältnisse	8
C. Prozessuales	11
D. Abdingbarkeit	13

A. Normzweck

1 Die Regelung in § 126 Abs. 1 VVG trägt möglichen **Interessenskollisionen Rechnung**, die sich ergeben können, wenn ein Rechtsschutzversicherer nicht nur diesen Versicherungszweig, sondern auch andere Sparten betreibt (Römer/Langheid/*Rixecker*, § 126 Rn 1). In § 126 Abs. 1 S. 1 VVG wird klargestellt, dass der Deckungsumfang und die Prämie für die Rechtsschutzversicherung bei einem VV über mehrere **Sparten getrennt** aufgeführt werden müssen (zum Hintergrund der Spartentrennung Harbauer/*Bauer*, § 126 VVG Rn 1). Dies dient dem Zweck, dem VN eine Prämienzuordnung je nach Versicherungssparte zu ermöglichen. Der VR ist danach gehalten, die Prämien getrennt zu kalkulieren. Zudem soll die getrennte Leistungsbeschreibung dem VN den Leistungsumfang seines Rechtsschutzproduktes aufzeigen und somit für möglichst große **Transparenz** sorgen. Inhaltlich entspricht § 126 Abs. 1 VVG dem **§ 158l VVG a.F.**

2 § 126 Abs. 2 VVG dient gleichfalls der Vermeidung einer Interessenkollision des VR, der mehrere Versicherungszweige betreibt (**Kompositversicherer**). Ohne diese Regelung wären Interessenkonflikte unausweichlich (Prölss/*Präve*, § 8a VAG Rn 1).

Beispiel
Ein VR betreibt die Sparten Rechtsschutz und Haftpflichtversicherung. Will der VN mithilfe der Rechtsschutzversicherung gegen eine ablehnende Entscheidung der Haftpflichtversicherung vorgehen, könnte diese Konstellation beim VR zu einer Interessenkollision führen.

3 Dasselbe Ziel verfolgt **§ 164 VAG** (§ 8a VAG a.F.) Danach hat ein Rechtsschutzversicherer, der auch andere Versicherungssparten betreibt, die Leistungsbearbeitung einem Schadensabwicklungsunternehmen zu übertragen. Die Regelung hebt i.R.d. Umsetzung europarechtlicher Vorgaben den vormaligen „Spartentrennungsgrundsatz" unter Aufrechthaltung des durch diesen beabsichtigten Verbraucherschutzes auf (dazu *Müller*, VW 1988, 1354).

4 Lediglich zur Klarstellung wurde bei der VVG-Reform in § 126 Abs. 2 S. 1 VVG eingefügt, dass es sich um ein „selbstständiges" Unternehmen handeln muss (Begr. BT-Drucks 16/3945, S. 91).

B. Norminhalt

I. Ausgestaltung des Versicherungsscheines

5 Die gesonderte Ausweisung der Prämie muss dem VN klar und erkennbar Leistung („Umfang der Deckung") und Gegenleistung („zu entrichtende Prämie") des Rechtsschutzversicherungsvertrages vor Augen führen. Materiellrechtlich führt die Regelung in § 126 Abs. 1 S. 1 VVG dazu, dass der VV über die Rechtsschutz-Versicherung stets als **selbstständiger Vertrag** anzusehen ist und daher die auf ihn entfallende Prämie selbstständig angemahnt werden muss (BK/*Honsell*, § 158l Rn 5 f.).

II. Interessenskollision

Gem. § 164 Abs. 1 S. 2 VAG handelt es sich bei der Übertragung an das selbstständig arbeitende Schadensabwicklungsunternehmen um eine **Ausgliederung**, die gem. § 9 Abs. 4 Nr. 1c VAG in den Geschäftsplan des VR aufzunehmen ist. Bei Verstößen kommt ein Einschreiten der Aufsichtsbehörde gem. §§ 298, 299 VAG in Betracht (hierzu Prölss/*Präve*, § 8a VAG Rn 2). Zusätzlich bestimmt § 332 VAG, dass ordnungswidrig handelt, wer entgegen § 164 Abs. 3 S. 2 VAG zugleich für ein Versicherungsunternehmen tätig ist, das außer der Rechtsschutzversicherung andere Versicherungsgeschäfte betreibt und entgegen § 164 Abs. 3 VAG eine der Leistungsbearbeitung vergleichbare Tätigkeit für ein in Nr. 1 bezeichnetes Versicherungsunternehmen ausübt.

6

III. Schadensabwicklungsunternehmen

Gem. § 126 Abs. 1 S. 2 VVG ist das beauftragte Schadensabwicklungsunternehmen **im Versicherungsschein zu bezeichnen**. Dies dient dem Schutz des VN, da dieser gem. § 126 Abs. 2 S. 1 VVG seine vertraglichen Ansprüche nur gegen dieses Unternehmen geltend machen kann, (BK/*Honsell*, § 1581 Rn 10; Rüffer/Halbach/Schimikowski/*Münkel*, § 126 Rn 3). Es müssen daher die zustellungsfähige Anschrift im Land des Sitzes des Rechtsschutzversicherers und der gesetzliche Vertreter angegeben werden. Auch eine Sitzverlegung in das Ausland ist nicht statthaft. Die hierdurch begründete Einschränkung der Niederlassungsfreiheit (soweit der EU-Raum betroffen ist), ist angesichts der andernfalls bestehenden gravierenden Nachteile für die Verbraucherinteressen an der effektiven Geltendmachung ihrer Ansprüche unvermeidbar. Es muss auch die dem Hauptvertrag zugrunde liegende Rechtsordnung Anwendung finden. Unterbleibt die Bezeichnung des Schadensabwicklungsunternehmens im Versicherungsschein, so begründet dies dem Grunde nach einen Schadensersatzanspruch des VN, wenn er zu Unrecht den Rechtsschutz-VR in Anspruch nimmt (Prölss/Martin/*Armbrüster*, § 1261 Rn 4).

7

IV. Rechtsverhältnisse

Das beauftragte Unternehmen hat grds. die Interessen des VR wahrzunehmen (*Römer/Langheid*, § 1261 Rn 2) und handelt auch **im Namen des VR** (§ 164 Abs. 1 S. 2 BGB). Unter teleologischen Gesichtspunkten ist eine weite Auslegung der Norm im Hinblick auf den Umfang der Kompetenzen des Schadensabwicklungsunternehmens angezeigt (so auch BK/*Honsell*, § 1581 Rn 15). Es ist somit nicht nur als zur **Prozessführung** befugt anzusehen, vielmehr ist auch die vollständige außergerichtliche Korrespondenz mit ihm zu führen (BK/*Honsell*, § 1581 Rn 15; Prölss/Martin/*Armbrüster*, § 126 Rn 9). Dem Interesse des VN kann nur dadurch gedient werden, dass sämtliche mit der Leistungsbearbeitung zusammenhängenden Vorgänge „aus einer Hand" bearbeitet und abgewickelt werden, er einen einheitlichen Ansprechpartner hat.

8

Der VN muss wiederum seine Erklärungen bzgl. der **Leistungsbearbeitung** ggü. dem beauftragten Unternehmen mit **Wirkung für und gegen den VR** abgeben (Rüffer/Halbach/

9

Schimikowski/*Münkel*, § 126 Rn 6). Gibt der VN relevante Erklärungen z.B. in Bezug auf eine nach Eintritt des Versicherungsfalls bestehende Obliegenheit ggü. dem VR ab, so ist damit noch keine Erfüllung einer geschuldeten Obliegenheit eingetreten (a.A. wohl Looschelders/Pohlmann/*Pohlmann/Vogel*, § 126 Rn 7, der die Möglichkeit einer Obliegenheitserfüllung gegenüber dem VR bejaht), allerdings ist der VR verpflichtet, die Erklärungen unverzüglich an das Schadensabwicklungsunternehmen weiterzuleiten (Prölss/Martin/*Armbrüster*, § 126 Rn 10).

10   Trotz Einschaltung des Schadensabwicklungsunternehmens bleibt der VR Schuldner der Versicherungsleistung (Prölss/Martin/*Armbrüster*, § 126 Rn 11). Der VR bleibt daher „Herr" des Versicherungsverhältnisses bei allen Belangen außerhalb der Schadensabwicklung. Nur in Bezug auf Ansprüche auf die Versicherungsleistung tritt das Schadensabwicklungsunternehmen an die Stelle des VR. § 126 Abs. 2 S. 1 VVG entfaltet die Wirkung einer **gesetzlichen Prozessstandschaft** des Schadensabwicklungsunternehmens (Begr. BT-Drucks 11/6341, S. 37). Einer Zustimmung des VN zur Prozessführung durch das Schadenabwicklungsunternehmen bedarf es nicht (OLG Düsseldorf, VersR 2002, 752; Looschelders/Pohlmann/*Pohlmann/Vogel*, § 126 Rn 4). Im Fall der Übertragung der Regulierungskompetenz auf ein solches Unternehmen ist daher eine gegen den VR erhobene Klage des VN von Anfang an unbegründet (OLG Düsseldorf, NJW-RR 2002, 454), während eine Klage gegen das beauftragte Unternehmen entsprechend § 126 Abs. 2 S. 2 VVG Wirkung für und gegen den VR entfaltet.

C. Prozessuales

11   Nach § 126 Abs. 2 S. 3 VVG benötigt der VN für die Vollstreckung in das Vermögen des VR die Erteilung einer vollstreckbaren Ausfertigung des Urteils gegen den VR analog § 727 ZPO. Dies ist erforderlich, da im Titel nur das Schadensabwicklungsunternehmen namentlich bezeichnet ist. Nachweise über öffentliche oder öffentlich beglaubigte Urkunden sind wegen der Titelumschreibung hingegen nicht zu führen, da die Beauftragung des im Versicherungsschein bezeichneten Schadensabwicklungsunternehmens als gerichtsbekannt erachtet wird (Prölss/Martin/*Armbrüster*, § 126 Rn 8).

12   Vor Umschreibung des Titels kann in das Vermögen des Schadensabwicklungsunternehmens vollstreckt werden (vgl. § 724 Abs. 1 ZPO). Im Fall der Insolvenz des Schadensabwicklungsunternehmens bleiben die Ansprüche erhalten und können gegen den Rechtsschutzversicherer geltend gemacht werden.

D. Abdingbarkeit

13   Die Vorschrift ist halbzwingend, d.h. **nicht zum Nachteil des VN** abdingbar.

§ 127 VVG | Freie Anwaltswahl

(1) Der Versicherungsnehmer ist berechtigt, zu seiner Vertretung in Gerichts- und Verwaltungsverfahren den Rechtsanwalt, der seine Interessen wahrnehmen soll, aus dem Kreis der Rechtsanwälte, deren Vergütung der Versicherer nach dem Versicherungsvertrag trägt, frei zu wählen. Dies gilt auch, wenn der Versicherungsnehmer Rechtsschutz für die sonstige Wahrnehmung rechtlicher Interessen in Anspruch nehmen kann.

(2) Rechtsanwalt ist auch, wer berechtigt ist, unter einer der in der Anlage zu § 1 des Gesetzes über die Tätigkeit europäischer Rechtsanwälte in Deutschland vom 9. März 2000 (BGBl I S. 182, 1349), das zuletzt durch Artikel 1 des Gesetzes vom 26. Oktober 2003 (BGBl I 2074) geändert worden ist, in der jeweils geltenden Fassung genannten Bezeichnungen beruflich tätig zu werden.

Übersicht

	Rdn
A. Normzweck	1
B. Norminhalt	2
I. Allgemeines	2
II. Beschränkung des Kreises der RA (§ 127 Abs. 1 S. 1 VVG)	3
III. Auswahl und Empfehlungen seitens des Versicherers	6
IV. Gleichstellung der in einem EU-Mitgliedstaat niedergelassenen RA (§ 127 Abs. 2 VVG)	12
C. Abdingbarkeit	13

A. Normzweck

Die Vorschrift stimmt mit dem **§ 158m VVG a.F.** überein und setzt inhaltlich Art. 4 RL 87/344/EWG (nunmehr Art. 201 RL 2009/138/EWG) um. Für eine Änderung der Regelung in § 127 Abs. 1 VVG hat der Gesetzgeber keinen Anlass gesehen, da sie dem **Grundsatz der freien Anwaltswahl** (§ 3 BRAO) bislang in der Praxis voll Rechnung getragen habe (Begr. BT-Drucks 16/3945, S. 91). Auch der bisherige § 127 Abs. 2 VVG bleibt im Wesentlichen unverändert und nimmt nur die aktuelle letzte Änderung des Gesetzes über die Tätigkeit europäischer RA in Deutschland auf.   **1**

B. Norminhalt

I. Allgemeines

§ 127 VVG schränkt die Privatautonomie einseitig zugunsten des VN ein, indem den Vertragsparteien ein Abweichen von der **gesetzlichen Regelung (§ 3 BRAO)** zulasten des VN untersagt wird (hierzu *Schilasky*, Einschränkung der freien Rechtsanwaltswahl in der Rechtsschutzversicherung, S. 170). **§ 17 Abs. 3 S. 1 ARB 2010** trägt dieser Vorschrift Rechnung; der VN kann sich durch denjenigen RA beraten und vertreten lassen, dem er die jeweilige Rechtsangelegenheit anvertrauen will. In 4.1.3 ARB 2012 ist das Recht des VN auf freie Anwaltswahl **deutlich hervorgehoben** (siehe § 125 Rdn 132).   **2**

II. Beschränkung des Kreises der RA (§ 127 Abs. 1 S. 1 VVG)

3   Die Beschränkung in § 127 Abs. 1 S. 1 VVG auf solche RAe, deren Vergütung der VR nach dem VV trägt, bedeutet lediglich die Möglichkeit, im VV allgemeine Kriterien des **Deckungsumfanges** festzulegen und die Vergütungspflicht – etwa auf die gesetzlichen Gebühren – zu beschränken (v. Bühren/*Schneider*, Hdb VersR, § 13 Rn 98). Eine derartige Eingrenzung auf den Kreis der Rechtsanwälte nach Risikokriterien ist daher erlaubt (siehe Harbauer/*Bauer*, § 127 VVG Rn 2). Dem VN steht daher unter Beachtung der in § 5 ARB 2010 ausgeführten Beschränkungen im Hinblick auf den Leistungsumfang die Auswahl des Rechtsanwaltes frei (*Schilasky*, Einschränkung der freien Rechtsanwaltswahl in der Rechtsschutzversicherung, S. 28). In den ARB 2012 ist von dieser komplexen Formulierung abgewichen worden; 4.1.3 ARB 2012 richtet sich an den VN selbst und stellt klar, dass der VN den Rechtsanwalt auswählen kann. Dass die im Leistungsumfang nach 2.3 ARB 2012 beschriebenen Kosten erstattet werden, bedarf an dieser Stelle keiner gesonderten Bezugnahme.

4   Wesentliche Bedeutung hat in diesem Zusammenhang § 5 Abs. 1 Buchst. a S. 2 ARB 2010, wonach **Mehrkosten** in Form einer Korrespondenzanwaltsgebühr nur bei bestimmten Leistungsarten (§ 2 Buchst. a bis g ARB 2010) und zudem bei einer Entfernung von mehr als 100 km zwischen dem Wohnort des VN und dem Gericht übernommen werden.

5   Eine im Gesetzgebungsverfahren vorgeschlagene Einschränkung der freien Anwaltswahl bei **Sammelverfahren** ist vom Gesetzgeber *nicht* übernommen worden. Eine Beschränkung des Rechts auf freie Anwaltswahl ließe sich nur mit der Bedingung rechtfertigen, dass bei einer gemeinsamen Vertretung mehrerer Geschädigter durch einen Anwalt jegliche Interessenkollision ausgeschlossen werden könne und zudem keine berechtigten Interessen des VN entgegenstünden. Mit dieser Einschränkung könne jedoch das Ziel, die Prozessökonomie zu erhöhen, nicht erreicht werden (Begr. BT-Drucks 16/3945, S. 91).

Praxistipp
Der EuGH (10.9.2009 – C-199/08, DVBl. 2009, 1376 ff.) hat die Einschränkung der freien Wahl des Rechtsanwaltes nach der Rechtsschutzversicherungslinie 87/344/EWG für unzulässig erachtet und damit die **freie Wahl** grds. in jedem Gerichts- und Verwaltungsverfahren **garantiert**. Nach Vorlage des österreichischen obersten Gerichtshofes war zu entscheiden, ob eine *Beschränkung der freien Rechtsbeistandswahl in Massefällen*, wenn die Interessen mehrerer VN aufgrund der gleichen oder einer gleichartigen Ursache gegen dieselben Gegner gerichtet sind, mit Art. 4 Abs. 1a 87/344/EWG der Richtlinie vereinbar sei.

III. Auswahl und Empfehlungen seitens des Versicherers

6   Die Auswahl des VN hingegen auf bestimmte „**Vertragsanwälte**" zu begrenzen, ist **unzulässig** (BK/*Honsell*, § 158m Rn 4; Looschelders/Pohlmann/*Pohlmann/Vogel*, § 127 Rn 3).

7   Auch die Weiterempfehlung des VN an konkrete „**Partner- oder Vertragsanwälte**" des VR ist rechtlich *nicht bindend* (vgl. v. Bühren, NJW 2007, 3607). Dem VR ist es jedoch auf der anderen Seite auch *nicht untersagt*, eine **unverbindliche Empfehlung** für einen Anwalt auszusprechen (LG Bremen, VersR 1998, 974; v. Bühren/Plote/*Wendt*, § 127m Rn 6; Harbauer/*Bauer*, § 127 Rn 4). Auch die Empfehlung eines Rechtsanwaltes, mit dem

der VR eine sog. **Gebührenvereinbarung** hat, verstößt nicht gegen § 127 VVG und ist nicht standes- oder wettbewerbsrechtlich zu beanstanden. Solange das Recht auf freie Anwaltswahl unangetastet bleibt, wird kein Konflikt zwischen dem Interesse des VN nach Durchsetzung seiner Rechte und dem Interesse des VR an einer **kostengünstigen Regulierung** gesehen. Insbesondere ließen die Abschläge in der Honorierung der Partneranwälte des VR für sich genommen nicht den Schluss auf eine unzureichende Geschäftsbesorgung für den VN zu (so BGH, r+s 2014, 68, 72).

Längere Zeit war umstritten, ob VR mit dem VN vertraglich **Vergünstigungen bzw. Incentivierungen** vereinbaren dürfen, wenn diese bei Eintritt eines Versicherungsfalls einen vom VR empfohlenen Rechtsanwalt mandatieren (verneinend: *Lensing*, VuR 2012, 97; *Cornelius-Winkler*, r+s 2012, 389; bejahend: *Armbrüster*, VersR 2011, 1518, VuR 2012, 167; *Bauer*, NJW 2012, 1698). Ein Teil der VR bietet hierzu unterschiedliche Modelle an; von einer teilweisen Anrechnung der Selbstbeteiligung bis hin zu einem Schadenfreiheitsrabatt-Modell, bei welchem der Vorteil jedoch erst bei Eintritt eines eventuellen zukünftigen Versicherungsfalls realisiert wird. Nachdem das OLG Bamberg (NJW 2012, 2282) für ein streitgegenständliches Schadenfreiheitsrabatt-Modell eine Verletzung des Rechts der freien Anwaltswahl gesehen hat, hat sich der BGH hierzu abschließend geäußert und festgestellt, dass das **Recht auf freie Anwaltswahl nicht beeinträchtigt** sei, wenn die Entscheidung über die Auswahl des Rechtsanwaltes beim VN liege und die **Grenze unzulässigen psychischen Drucks nicht überschritten werde** (BGH, r+s 2013, 68; *Armbrüster* mit ausführlicher Anmerkung, JZ 2014, 572). Die Grenze des unzulässigen psychischen Drucks müsse unter Berücksichtigung aller maßgeblichen Umstände bestimmt werden. Maßgebend seien dabei insbesondere die Wirkweise des Anreizes für den Versicherungsnehmer, die Dauerhaftigkeit der Auswirkungen der Entscheidung des VN und die finanzielle Bedeutung des Anreizes (siehe hierzu auch österr. OGH, VersR 2003, 1330), so der BGH. Kann der VN also bei Eintritt des Versicherungsfalls unabhängig entscheiden, ob er von seinem Wahlrecht Gebrauch machen will oder nicht und ist die vom VR vertraglich vereinbarte Vergünstigung dergestalt, dass der gewährte Vorteil das Recht auf freie Anwaltswahl aufgrund der wirtschaftlichen Vergünstigung **nicht völlig aushöhlt** (so auch EuGH, NJW 2011, 3077), ist das Recht auf freie Anwaltswahl nicht beeinträchtigt.

In einigen **Klauseln** (vgl. § 17 Abs. 3 S. 2 ARB 2010) sind Regelungen enthalten, wonach der **VR** in bestimmten Fällen einen **RA auswählt**. Unproblematisch ist es, wenn dies auf Verlangen des VN geschieht.

Anders kann die Lage dann sein, wenn der VN zunächst *keinen* RA benennt und der VR dies dann tut, weil ihm eine **alsbaldige Beauftragung erforderlich** erscheint (§ 17 Abs. 3 S. 2 Buchst. b ARB 2010). Denn ist der **VN** im weiteren Verlauf **mit dem vom VR ausgewählten RA unzufrieden**, so kann die Frage auftauchen, ob der VR die Mehrkosten eines Anwaltswechsels zu tragen hat. Richtigerweise wird hier darauf abzustellen sein, ob der VR berechtigt das baldige Einschalten eines Rechtsanwaltes für erforderlich hielt und ob der VN die rechtzeitige Benennung ohne eigenes Verschulden unterlassen hat. Jedenfalls bei Gefahr im Verzug können dem VR etwaige Kosten eines späteren Anwaltswechsels nicht auferlegt werden.

11 § 127 Abs. 1 S. 2 VVG stellt klar, dass die Berechtigung zur freien Anwaltswahl sich auch auf die Wahrnehmung sonstiger Interessen bezieht und nicht nur auf Gerichts- und Verwaltungsverfahren beschränkt ist. Auch bei einer außergerichtlichen Streitigkeit besteht der Grundsatz der freien Anwaltswahl.

IV. Gleichstellung der in einem EU-Mitgliedstaat niedergelassenen RA (§ 127 Abs. 2 VVG)

12 § 127 Abs. 2 VVG regelt die Gleichstellung der in einem EU-Mitgliedstaat niedergelassenen RA zu den Rechtsanwälten i.S.d. BRAO und dient damit der Umsetzung europarechtlicher Vorgaben (vgl. dazu Zöller/*Vollkommer*, Vor. § 78 ZPO Rn 8).

C. Abdingbarkeit

13 Die Vorschrift ist halbzwingend, d.h. **nicht zum Nachteil des VN** abdingbar (§ 129 VVG).

§ 128 VVG Gutachterverfahren

Für den Fall, dass der Versicherer seine Leistungspflicht verneint, weil die Wahrnehmung der rechtlichen Interessen keine hinreichende Aussicht auf Erfolg biete oder mutwillig sei, hat der Versicherungsvertrag ein Gutachterverfahren oder ein anderes Verfahren mit vergleichbaren Garantien für die Unparteilichkeit vorzusehen, in dem Meinungsverschiedenheiten zwischen den Vertragsparteien über die Erfolgsaussichten oder die Mutwilligkeit einer Rechtsverfolgung entschieden werden. Der Versicherer hat den Versicherungsnehmer bei Verneinung seiner Leistungspflicht hierauf hinzuweisen. Sieht der Versicherungsvertrag kein derartiges Verfahren vor oder unterlässt der Versicherer den Hinweis, gilt das Rechtsschutzbedürfnis des Versicherungsnehmers im Einzelfall als anerkannt.

Übersicht

	Rdn
A. Normzweck	1
B. Norminhalt	2
I. Merkmal der hinreichenden Erfolgsaussicht	4
II. Merkmal der Mutwilligkeit	7
III. Andere Ablehnungsgründe	11
IV. Gutachterverfahren	12
1. Hinweispflicht und Anerkennung (§ 128 S. 2 und 3 VVG)	12
2. Gutachterverfahren	17
a) Schiedsgutachterverfahren	18
b) Stichentscheid	24
V. Frist	28
C. Prozessuales	29
D. Abwehrschutz bei Streit über Anwaltsgebühren	32

A. Normzweck

Die Vorschrift stimmt im Wesentlichen mit § 158n VVG a.F. überein; der Gesetzgeber hat in § 128 S 1 VVG den Begriff „Objektivität" durch „Unparteilichkeit" ersetzt. Regelungsgegenstand ist die **Klärung der Leistungspflicht** des VR bei Streitigkeiten über die Erfolgsaussichten oder die Mutwilligkeit einer vom VN beabsichtigten Rechtsverfolgung.

B. Norminhalt

§ 128 S. 1 VVG schreibt vor, dass der VV ein Gutachterverfahren oder gleichwertiges Verfahren beinhalten muss, falls der VR die Deckung für die rechtliche Interessenwahrnehmung des VN wegen fehlender Erfolgsaussichten oder Mutwilligkeit versagt. Die bisherige Klausel zu fehlenden Erfolgsaussichten und Mutwilligkeit gem. § 18 ARB 2009 findet sich in leicht veränderter Fassung in § 3a ARB 2010 wieder. Der VN soll die Regelung durch die neue Platzierung direkt bei dem Komplex der Risikoausschlüsse in § 3 ARB 2010 bewusster wahrnehmen.

In den ARB 2012 ist die Regelung zu fehlenden hinreichenden Erfolgsaussichten und zur Mutwilligkeit unter dem Kapitel 3 „Was ist nicht versichert" zu finden. 3.4 ARB 2012 wird doppelt aufgeführt, da zum einen das Schiedsgutachten und zum anderen das Stichentscheidverfahren beschrieben sind.

I. Merkmal der hinreichenden Erfolgsaussicht

Unter dem Begriff „hinreichende Aussicht auf Erfolg" i.S.d. § 128 S. 1 VVG ist entsprechend § 114 S. 1 ZPO (PKH) die **Möglichkeit** zu verstehen, dass die **anspruchsbegründenden Tatsachen bewiesen** werden können *und* es sich bei der geschilderten Ansicht um eine **vertretbare Rechtsauffassung** handelt.

Während nach § 114 ZPO das wirtschaftliche Interesse der Allgemeinheit zu berücksichtigen ist, werden für die Rechtsschutzversicherung die „**berechtigten Belange der Versichertengemeinschaft**" zugrunde gelegt (v. Bühren/Plote/*v. Bühren*, § 3a Rn 9).

In der Praxis kann die **Beurteilung der Erfolgsaussichten** oftmals zu Schwierigkeiten führen. Sind schwierige Tat- oder Rechtsfragen nicht geklärt, können hinreichende Erfolgsaussichten grds. *nicht* verneint werden (vgl. BVerfG, NJW 2003, 1857). Auch wenn hinsichtlich strittiger tatsächlicher Fragen eine Beweisaufnahme in Betracht kommt, deren Ergebnis nicht eindeutig als negativ prognostiziert werden kann, ist eine Berufung auf mangelnde Erfolgsaussichten grds. verwehrt (BVerfG, NJW-RR 2005, 140). Denn der vertraglich vereinbarte Rechtsschutz darf nicht eine dann offene gerichtliche Wertung vorwegnehmen (Looschelders/Pohlmann/*Pohlmann/Vogel*, § 128 Rn 4).

Zu beachten ist ferner, dass für bestimmte Leistungsarten **Rechtsschutz ohne Rücksicht auf die Erfolgsaussichten** zu gewähren ist (siehe § 3a Abs. 1 Buchst. a ARB 2010):
- Disziplinar- und Standesrechtsschutz (§ 2 Buchst. h ARB 2010),
- Strafrechtsschutz (§ 2 Buchst. i ARB 2010),

- Ordnungswidrigkeitenrechtsschutz (§ 2 Buchst. j ARB 2010),
- Beratungsrechtsschutz (§ 2 Buchst. k ARB 2010).

II. Merkmal der Mutwilligkeit

7 Mutwilligkeit i.S.d. § 128 S. 1 VVG wird rgm. dann vorliegen, wenn die Rechtsverfolgung von einer **verständigen bemittelten Partei** im Hinblick auf das **Kosten-Nutzen-Verhältnis unterlassen** würde (BGH, NJW 2003, 228). Bei der Prüfung der Mutwilligkeit hat eine Wertung dahingehend zu erfolgen, ob eine verständige Partei ihr Recht in gleicher Weise verfolgen würde (Baumbach/Lauterbach/Albers/Hartmann/*Hartmann*, § 114 Rn 109 mit Beispielen zur Frage der Mutwilligkeit; *Thomas/Putzo*, § 114 ZPO Rn 7 m.w.N.).

8 Es handelt mutwillig, wer **sinnlose** *oder* jeder **wirtschaftlichen Vernunft widersprechende** Maßnahmen auf Kosten der Versichertengemeinschaft durchführen will, ohne dass schützenswerte Belange auf seiner Seite für eine solche Maßnahme sprechen (siehe hierzu Harbauer/*Bauer*, vor § 18 ARB 2000 Rn 26).

9 Durch die Definition der Mutwilligkeit in den ARB 2010 soll dem VN deutlich aufgezeigt werden, dass der VR nur in Fällen des **groben Missverhältnisses** den Versicherungsschutz ablehnen kann. Damit wird die Abgrenzung zur Schadensminderungspflicht nach § 17 Abs. 1 Buchst. c Doppelbuchst. bb ARB 2010 hervorgehoben, denn dort erfolgt nur eine Kürzung der Leistung aufgrund einer Obliegenheitsverletzung, während im Falle der Mutwilligkeit der komplette Kostenschutz versagt wird.

10 Generell muss die Beurteilung der Mutwilligkeit immer als **Einzelfallentscheidung** unter Abwägung aller Umstände des jeweiligen Falls getroffen werden (Beispiele bei Harbauer/*Bauer*, vor § 18 ARB 2000 Rn 27 ff.; v. Bühren/Plote/*v. Bühren*, § 3a Rn 24). Darlegungs- und beweispflichtig für das Vorliegen der Mutwilligkeit als Ausnahmetatbestand ist der VR.

Beispiel
Mutwilligkeit liegt vor, wenn bei einem Bußgeld von 30 DM Verteidigerkosten i.H.v. 500 DM geltend gemacht werden (AG Hannover, r+s 2001, 155). Keine Mutwilligkeit kann hingegen angenommen werden, wenn gegen einen vermögenslosen Gegner geklagt wird, um einen Titel mit einer Vollstreckungsmöglichkeit von 30 Jahren zu erlangen (BGH, VersR 2003, 454).

III. Andere Ablehnungsgründe

11 Ablehnungen des VR aus anderen Gründen unterfallen *nicht* dieser Regelung. Bestehen also zwischen dem VR und dem VN Meinungsverschiedenheiten über das Vorliegen eines Risikoausschlusses (§ 3 ARB 2010), ist der Anwendungsbereich des § 128 VVG nicht berührt.

Beispiel
Der VN bittet um Kostenschutz für eine Streitigkeit wegen einer Gewinnzusage, deren Erfüllung der Gegner hartnäckig verweigert und die der VN mithilfe eines Anwaltes durchsetzen will. Der VR versagt seine Leistungspflicht mit Hinweis auf den Risikoausschluss nach § 3 Abs. 2 Buchst. f ARB 2010. Da die Ablehnung der Leistungspflicht nicht (bzw.

nicht auch) aufgrund fehlender hinreichender Erfolgsaussichten oder Mutwilligkeit erfolgt ist, bedarf es keines Gutachterverfahrens.

IV. Gutachterverfahren

1. Hinweispflicht und Anerkennung (§ 128 S. 2 und 3 VVG)

Will der VR die Leistungspflicht sowohl wegen eines Risikoausschlusses als auch fehlender Erfolgsaussichten verneinen, muss er dies unter **Hinweis** auf die Möglichkeit des Gutachterverfahrens tun (§ 128 S. 2 VVG), da er ansonsten in Bezug auf die Erfolgsaussicht das Rechtsschutzbedürfnis des VN **anerkannt** hätte (§ 128 S. 3 VVG). Die Ablehnung aufgrund des Risikoausschlusses bliebe allerdings hiervon unberührt und weiterhin wirksam, so dass aufgrund des Risikoausschlusses kein Kostenschutz bestünde. 12

Die **Leistungsablehnung** selbst hat **unverzüglich** unter Angabe der Gründe durch den VR zu erfolgen, § 3a Abs. 1 S. 2 ARB 2010. Die Ablehnung muss innerhalb des Zeitraums erfolgen, den der VR bei sachgerechter, nicht schuldhaft verzögerter Prüfung für seine Entscheidung benötigt (OLG Köln, VersR 2008, 1391). Die Prüfungspflicht beginnt, sobald der VN den VR vollständig und wahrheitsgemäß über sämtliche Umstände des Versicherungsfalls informiert hat. Dem VR ist für die Prüfung allerdings eine **Bearbeitungszeit** von zwei bis drei Wochen zuzubilligen (OLG Frankfurt am Main, NJW-RR 1997, 1386; v. Bühren/*Schneider*, Hdb VersR, § 13 Rn 496). Erklärt der VR zu Unrecht, er könne wegen fehlender Informationen den Deckungsschutz noch nicht prüfen, hat der Verstoß gegen die Prüfungspflicht den Verlust des Ablehnungsrechts wegen fehlender hinreichender Erfolgsaussichten zur Folge (OLG Karlsruhe, NJW-RR 2013, 1120). 13

Der VR kann sich die Ablehnung wegen fehlender Erfolgsaussichten auch dann nicht wirksam vorbehalten, wenn er die Leistung aus anderen Gründen ablehnt (BGH, VersR 2003, 638). **Nachträglich** kann der VR daher eine Ablehnung wegen des Fehlens hinreichender Erfolgsaussichten nur nachschieben, wenn dies durch eine Änderung des Sachverhaltes oder das Bekanntwerden neuer Umstände begründet ist. 14

Sieht der Rechtsschutzvertrag nicht die Möglichkeit des Gutachterverfahrens vor, unterlässt der VR den Hinweis (so OLG Dresden, r+s 2013, 172) oder erfolgt ein falscher oder irreführender Hinweis, so ist der VR zur vertraglichen Leistungserbringung verpflichtet. Das Rechtsschutzbedürfnis gilt als anerkannt; ein Gutachterverfahren zur Prüfung der Leistungspflicht im Einzelfall gem. § 128 S. 3 VVG muss daher nicht mehr durchgeführt werden. 15

> **Praxistipp**
> Nach den Regelungen des Schiedsgutachterverfahrens, § 3a Abs. 3 S. 3 ARB 2010, gilt der Rechtsschutzanspruch des VN auch als festgestellt, wenn der VR das Verfahren nicht fristgemäß (innerhalb eines Monats) einleitet. Die Leistungspflicht ist hierbei jedoch nur gegeben, wenn der VR seine Ablehnung nicht auch auf andere Ablehnungsgründe (z.B. das Vorliegen eines Risikoausschlusses) gestützt hat.

Strittig war, ob die Hinweispflicht entfällt, wenn der VN oder sein Anwalt das Recht auf Durchführung eines Gutachterverfahrens in der streitigen Angelegenheit bereits kennt, da 16 der Hinweis durch den VR dann nur noch eine **reine Formsache** darstelle (OLG Karlsruhe, VersR 1999, 613; a.A. *Bauer*, NJW 2000, 1235, Harbauer/*Bauer*, § 128 VVG Rn 8; Looschelders/Pohlmann/*Pohlmann/Vogel*, § 128 Rn 12). Begründet wurde in der Vorauflage des Kommentars das Entfallen der Pflicht mit dem Sinn und Zweck des § 128 VVG (§ 158n VVG a.F.), der dazu dient, den VN über seine Rechte zu informieren. Kenne der VN oder sein Anwalt allerdings bereits sein Recht, so bedürfe es eines solchen Hinweises nicht. Das Entfallen dieser Pflicht dürfte jedoch nur in Einzelfällen anzunehmen sein, wenn nämlich bei Streitigkeiten in zeitlicher Nähe und bei gleichem Lebenssachverhalt bereits der Hinweis auf die Möglichkeit des Schiedsgutachterverfahrens erfolgt ist und ein Kennen des Rechtes daher zweifelsfrei angenommen werden kann. Kritiker dieser Ansicht bemängelten, dass die Hinweispflicht obligatorisch sei und zudem der Rechtssicherheit diene. Der BGH (VersR 2014, 699) hat nunmehr klargestellt, dass subjektive Kriterien bei der Anwendung des § 128 Abs. 3 VVG nicht zu berücksichtigen seien und der Hinweis daher erfolge müsse (hierzu ausführlich VersR-Hdb/*Obarowski*, § 37 Rn 551). Zur Beweislast s. Rdn 31.

2. Gutachterverfahren

17 In der Praxis werden von den VR verschiedene Gutachterverfahren i.S.d. § 128 VVG verwendet; es handelt sich hierbei um das **Schiedsgutachterverfahren** (ab ARB 94) und den **Stichentscheid** (maßgeblich in ARB 75), so dass in den unverbindlichen Musterbedingungen ARB 2010 (GDV) beide Verfahrensformen **wahlweise** unter § 3a ARB 2010 aufgeführt werden. Das Schiedsentscheidverfahren findet gegenwärtig bei den Versicherungsunternehmen häufiger Verwendung (VersR-Hdb/*Obarowski*, § 37 Rn 547). Teilweise wird bezweifelt, ob der vom VN mandatierte Rechtsanwalt zur Abgabe einer objektiven Stellungnahme, wie beim Stichentscheid vorgesehen, geeignet sein kann, da gleichzeitig auch Gebühreninteressen des Rechtsanwaltes betroffen sind (v. Bühren/*Schneider*, Hdb VersR, § 13 Rn 497).

a) Schiedsgutachterverfahren

18 Das Schiedsgutachterverfahren hatte zunächst in den ARB 94 den **Stichentscheid ersetzt**, da Bedenken der Rechtsschutzversicherer hinsichtlich der Objektivität (nach § 128 VVG nunmehr „Unparteilichkeit") des mit der Prüfung beauftragten Rechtsanwaltes bestanden (Harbauer/*Bauer*, § 128 VVG Rn 3).

19 **Schiedsgutachter** (gem. § 3a Abs. 4 ARB 2010/Schiedsgutachterverfahren) ist ein seit mindestens fünf Jahren zugelassener RA, der vom Präsidenten der zuständigen Rechtsanwaltskammer benannt wird. Ihm müssen vom VN alle notwendigen Unterlagen zur Verfügung gestellt werden. Eine Entscheidung erfolgt im schriftlichen Verfahren.

20 Für den **VR** ist die **Entscheidung des Gutachters bindend**, auch wenn das Gutachten offenbar von der wirklichen Sachlage erheblich abweicht (Harbauer/*Bauer*, § 18 ARB 2000 Rn 7 m.w.N.). Der **VN** hingegen kann trotz einer für ihn ungünstigen Gutachterentschei-

dung Klage auf Leistung durch den VR erheben und so auch die Gutachterentscheidung überprüfen lassen.

Von erheblicher Bedeutung ist die Regelung über die **Kosten Frist wahrender Maßnahmen** (§ 3a Abs. 3 S. 2 ARB 2010/Schiedsgutachterverfahren). Hiernach trägt der VR die Kosten Frist wahrender Maßnahmen trotz der Deckungsablehnung unabhängig vom Ausgang und bis zum Abschluss des Schiedsgutachterverfahrens.

Beispiel
Da sich die Dauer des Schiedsgutachterverfahrens nicht abschätzen lässt, muss dem VN während der Dauer des Schiedsgutachterverfahrens etwa Kostenschutz für die Frist wahrende Einlegung einer Berufung zur Verfügung gestellt werden.

Die **Kosten des Schiedsgutachterverfahrens** trägt der VN nach § 3a Abs. 5 ARB 2010/ Schiedsgutachterverfahren nur dann, wenn der Gutachter die Ablehnung des VR in vollem Umfang bestätigt. Kommt der Gutachter zu dem Schluss, dass die Ablehnung des VR ganz oder teilweise unberechtigt war, hat der VR die Kosten des Verfahrens zu tragen.

Praxishinweis
Inzwischen haben einige VR ihre Kostentragungspflicht auch bei der Bestätigung ihrer Ablehnungsentscheidung normiert, so dass dem VN auch bei einem ungünstigen Ausgang des Gutachterverfahrens keine Kosten entstehen.

Der VN ist ferner über die **Kostenfolgen** des Gutachterverfahrens und die mutmaßliche **Kostenhöhe** mit dem Hinweis auf das Verfahren zu **informieren** (§ 3a Abs. 2 ARB 2010/ Schiedsgutachterverfahren).

Praxishinweis
Die Bundesrechtsanwaltskammer und der Gesamtverband der Versicherungswirtschaft haben gemeinsame Grundsätze zur Durchführung des Schiedsgutachterverfahrens entwickelt, die den konkreten Ablauf des Verfahrens und die Vergütung des Schiedsgutachters regeln (siehe Harbauer/*Bauer*, § 18 ARB 2000 Rn 15; v. Bühren/Plote/*v. Bühren*, § 3aA Rn 45 ff. mit Abdruck der Grundsätze).

b) Stichentscheid

Dem Erfordernis der Durchführung eines Gutachterverfahrens entspricht auch der sog. Stichentscheid. Die Voraussetzungen für die Einleitung des Stichentscheides stimmen mit dem Schiedsgutachterverfahren überein. Nach § 3a Abs. 2 ARB 2010/Stichentscheid kann der VN bei einer Leistungsverweigerung des VR aufgrund des Fehlens hinreichender Erfolgsaussichten oder Mutwilligkeit einen von ihm ausgewählten RA mit der Anfertigung einer begründeten Stellungnahme, d.h. dem Gutachten beauftragen.

Der Rechtsanwalt muss sich im Gutachterverfahren nur mit den Argumenten auseinandersetzen, mit denen der VR die Versagung des Versicherungsschutzes begründet hat; eine umfassende Prüfung darüber hinaus ist mithin nicht erforderlich; ferner kann der VR auch keine Ablehnunggründe nachschieben (OLG Hamm, VersR 2012, 563).

An das Ergebnis sind **beide Parteien gebunden, es sei denn**, es weicht offenbar von der wirklichen Sach- und Rechtslage erheblich ab; ist also ganz **offensichtlich unrichtig** (zur Beweislast siehe Rdn 30).

Beispiel
Offenbare Unrichtigkeit wird unterstellt, wenn alle in Betracht kommenden Ansprüche eindeutig verjährt sind (OLG Karlsruhe, VersR 1994, 1418). Verneint wurde hingegen die offenbare Unrichtigkeit, wenn der RA lediglich eine Mm. vertritt und hierüber noch keine höchstrichterliche Entscheidung ergangen ist (BGH, VersR 1994, 1061).

27 Der **VR** trägt die **Kosten** der anwaltlichen begründeten Stellungnahme unabhängig von deren Ergebnis (§ 3a Abs. 2 S. 1 ARB 2010/Stichentscheid).

V. Frist

28 Zwar kann der VN innerhalb eines Monats vom VR die Einleitung eines Gutachterverfahrens verlangen (§ 3a Abs. 2 S. 1 ARB 2010/Schiedsgutachterverfahren), jedoch sehen die ARB keine Folge einer Fristüberschreitung vor. Ob es sich daher bei dieser Frist um eine **Ausschlussfrist** handelt (so Prölss/Martin/*Prölss/Armbrüster*, § 3a ARB 2010 Rn 22) und ein **Verschulden** vorliegen muss, ist streitig. Gegen eine Ausschlussfrist spricht zumindest § 129 VVG, da mit dieser Frist zum Nachteil des VN von § 128 VVG abgewichen würde. Für den VR hingegen ist die fristgemäße Einleitung des Gutachterverfahrens zwingend (§ 3a Abs. 3 ARB 2010/Schiedsgutachterverfahren), da ansonsten der Anspruch des VN als festgestellt gilt.

C. Prozessuales

29 Der VN ist jedoch nicht gezwungen, zunächst ein Gutachterverfahren einzuleiten, wenn er mit der Ablehnung des VR nicht einverstanden ist. Er kann sofort gegen die Ablehnung des VR Klage einreichen (Looschelders/Pohlmann/*Pfaffenholz*, § 128 Rn 13). Es besteht auch die Möglichkeit, nach der Ablehnung klageweise den Anspruch gegen den VR geltend zu machen. Allerdings würde der VN in diesem Fall keinen Kostenschutz erhalten, da eine Streitigkeit aus dem Rechtsschutzversicherungsvertrag gegen den VR oder das für ihn tätige Schadensabwicklungsunternehmen gem. § 3 Abs. 2 Buchst. h ARB 2010 vom Versicherungsschutz ausgeschlossen ist.

30 Die offensichtliche Unrichtigkeit eines Stichentscheids (siehe Rdn 26) ist durch denjenigen darzulegen und zu beweisen, der sich darauf beruft (BGH, VersR 1990, 414).

31 Der VR hat zu beweisen, dass der Hinweis aufgrund der Kenntnis des VN entbehrlich war. Es spricht insoweit jedenfalls ein Anscheinsbeweis dafür, dass der VN keine Kenntnis von entsprechenden Regelungen hat, selbst wenn sie Inhalt der ARB sind.

D. Abwehrschutz bei Streit über Anwaltsgebühren

32 Der BGH hat klargestellt, dass § 128 S. 3 VVG den VR nicht daran hindert, eine Gebührenforderung mit der Begründung abzulehnen, es handele sich um unnötige Kosten (BGH, NJW 2016, 61). Aufgrund seines Wahlrechts kann der VR entscheiden, wie er mit der Gebührenforderung umgeht (siehe auch § 125 Rdn 30). Der VR kann den Befreiungsanspruch hinsichtlich der von ihm nach § 5 Abs. 1 ARB 2010 zu tragenden gesetzlichen

Vergütung eines Rechtsanwaltes auch dadurch erfüllen, dass er dem VN Kostenschutz für einen etwaigen Gebührenprozess zwischen dem VN und seinen Rechtsanwalt zusagt. Hält er diese für unbegründet, muss er dem VR bei deren Abwehr zur Seiten stehen. Damit bleiben Streitigkeiten über Gebühren zwischen VN und Rechtsanwalt im Mandatsverhältnis und führen auch nicht zu unbilligen Nachteilen für den VN (*Schons*, AnwBl. 2016, 76).

§ 129 VVG Abweichende Vereinbarungen

Von den §§ 126 bis 128 kann nicht zum Nachteil des Versicherungsnehmers abgewichen werden.

Übersicht

	Rdn
A. Normzweck	1
B. Norminhalt	4

A. Normzweck

Grundsätzlich stehen die Vorschriften des VVG zur Disposition der Vertragsparteien und sind damit unter Berücksichtigung von §§ 305 ff. BGB abdingbar (v. Bühren/Plote/*Wendt*, § 129 Rn 1). Ausgenommen hiervon sind die ausdrücklich zwingenden bzw. halbzwingenden Regelungen des VVG. 1

Zielrichtung der Vorschrift ist es, den durch die gesetzlichen Regelungen geschaffenen **Schutz des Versicherungsnehmers** festzuschreiben und dem Grundsatz Rechnung zu tragen, dass aufgrund einer typischen strukturellen Unterlegenheit des VN ein genereller Schutz zugunsten des Unterlegenen normiert werden muss. 2

§ 129 VVG übernimmt inhaltlich unverändert den **§ 158o VVG a.F.** 3

B. Norminhalt

§ 129 VVG regelt, dass von den Vorschriften über die Rechtsschutzversicherung nicht zum Nachteil des VN abgewichen werden kann und erklärt die entsprechenden Vorschriften für **halbzwingend**, d.h. eine Abweichung kann nur zugunsten des VN oder geschützter Dritter erfolgen. 4

An die Stelle einer abweichenden oder das Gesetz umgehenden Vereinbarung treten die gesetzlichen Regelungen nach §§ 126 bis 128 VVG; allerdings kann sich der VN auch auf eine von der gesetzlichen Regelung abweichende Vertragsbestimmung berufen (Prölss/Martin/*Armbrüster*, Einl. I Rn 6). 5

Anhang zu §§ 125 bis 129 VVG ARB 2012

Anhang Allgemeine Bedingungen für die Rechtsschutzversicherung (ARB 2012)

Stand: März 2016

Hinweis
Diese Bedingungen des Gesamtverbandes der Deutschen Versicherungswirtschaft e.V. (GDV) sind für die Versicherer unverbindlich; ihre Verwendung ist rein fakultativ. Abweichende Bedingungen können vereinbart werden. Abdruck mit freundlicher Genehmigung des GDV; die jeweils aktuellen Bedingungen können kostenfrei auf der Website des GDV (www.gdv.de) abgerufen werden.

Inhaltsverzeichnis

1. **Aufgaben der Rechtsschutzversicherung**
2. **Welchen Rechtsschutz haben Sie?**
2.1 Wer/was ist versichert?
2.2 In welchen Rechtsbereichen sind Sie versichert (Leistungsarten)?
2.3 Leistungsumfang
2.4 Voraussetzungen für den Anspruch auf Versicherungsschutz
3. **Was ist nicht versichert?**
3.1 Zeitliche Ausschlüsse
3.2 Inhaltliche Ausschlüsse
3.3 Einschränkung unserer Leistungspflicht
3.4 Ablehnung des Versicherungsschutzes wegen mangelnder Erfolgsaussichten oder wegen Mutwilligkeit/Schiedsgutachter
3.4 Ablehnung des Versicherungsschutzes wegen mangelnder Erfolgsaussichten oder wegen Mutwilligkeit/Stichentscheidverfahren
4. **Was müssen Sie beachten?**
4.1 Verhalten im Versicherungsfall/Erfüllung von Obliegenheiten
4.2 Weitere besondere Verhaltensregeln/Obliegenheiten
4.3 Besonderheiten im Fahrzeug-Rechtsschutz bei Fahrzeugwechsel oder Verkauf
5. **In welchen Ländern sind Sie versichert?**
5.1 Hier haben Sie Versicherungsschutz
5.2 Hier haben Sie Versicherungsschutz mit Einschränkungen
6. **Wann beginnt und endet Ihre Rechtsschutzversicherung?**
6.1 Beginn des Versicherungsschutzes
6.2 Dauer und Ende des Vertrages
7. **Wann und wie müssen Sie Ihren Beitrag zahlen?**
7.1 Beitragszahlung
7.2 Versicherungsjahr
7.3 Versicherungssteuer
7.4 Zahlung und Folgen verspäteter Zahlung/Erster Beitrag
7.5 Zahlung und Folgen verspäteter Zahlung/Folgebeitrag
7.6 Rechtzeitige Zahlung bei Sepa-Lastschriftmandat
7.7 Beitrag bei vorzeitiger Vertragsbeendigung

7.8 Beitragsanpassung
7.9 Änderung wesentlicher Umstände der Beitragsfestsetzung
8. Wann verjähren Ansprüche aus dem Versicherungsvertrag?
8.1 Gesetzliche Verjährung
8.2 Die Verjährung wird ausgesetzt
9. Welches Recht ist anzuwenden und wo ist der Gerichtsstand?
9.1 Anzuwendendes Recht
9.2 Klagen gegen das Versicherungsunternehmen
9.3 Klagen gegen den Versicherungsnehmer
Anhang: Beitragsfreiheit bei Arbeitslosigkeit (Zahlungspause)

Die unverbindlichen Muster-ARB 2012 sind nach dem Bausteinprinzip aufgebaut. Die Klauseln sind den einzelnen Vertragsarten (Privat, Unternehmen, Verein, Landwirte, Beruf, Verkehr, Fahrzeug und Wohnen) durch den nachfolgenden Buchstabenschlüssel zugeordnet. Klauseln bzw. Abschnitte, die für alle Vertragsarten einschlägig sind, haben die Zuordnung A:

Allgemein	A	Beruf	B
Privat	P	Verkehr	Vk
Unternehmen	U	Fahrzeug	F
Verein	Ver	Wohnen	W
Landwirte	L		

1. **Aufgaben der Rechtsschutzversicherung**   A

    Sie möchten Ihre rechtlichen Interessen wahrnehmen. Wir erbringen die dafür erforderlichen Leistungen. Der Umfang unserer Leistungen ist im Versicherungsantrag, im Versicherungsschein und in diesen Versicherungsbedingungen beschrieben.

2. **Welchen Rechtsschutz haben Sie?**   A

    Sie haben folgenden Bereich *(Vertragsform)* versichert: A
    – Privat-Rechtsschutz,   P
    – Rechtsschutz für Selbstständige oder Firmen,   U
    – Rechtsschutz für Vereine,   Ver
    – Rechtsschutz für Landwirte,   L
    – Berufs-Rechtsschutz,   B
    – Verkehrs-Rechtsschutz,   Vk
    – Fahrzeug-Rechtsschutz,   F
    – Wohnungs- und Grundstücks-Rechtsschutz.   W

Anhang zu §§ 125 bis 129 VVG — ARB 2012

2.1 Wer/was ist versichert? A

Aus rechtlichen Gründen weisen wir Sie auf Folgendes hin: Versicherungsschutz haben Sie nur, soweit dem nicht die folgenden, auf die Vertragsparteien direkt anwendbaren Maßnahmen, entgegenstehen:
- Wirtschaftssanktionen,
- Handelssanktionen,
- Finanzsanktionen oder
- Embargos der Europäischen Union oder der Bundesrepublik Deutschland.

Die übrigen Bestimmungen unseres Vertrages sind davon nicht betroffen.

Dies gilt auch für Wirtschafts-, Handels- oder Finanzsanktionen bzw. Embargos, die durch die Vereinigten Staaten von Amerika in Hinblick auf den Iran erlassen werden. Dem dürfen allerdings nicht europäische oder deutsche Rechtsvorschriften entgegenstehen.

2.1.1 Versicherte Lebensbereiche A

Im Privat-Rechtsschutz: P

Sie haben Versicherungsschutz für Ihren <u>privaten</u> Bereich. Sie haben hier <u>keinen</u> Versicherungsschutz, wenn Sie rechtliche Interessen im Zusammenhang mit einer der folgenden Tätigkeiten wahrnehmen:
- eine gewerbliche Tätigkeit,
- eine freiberufliche Tätigkeit,
- eine sonstige selbstständige Tätigkeit.

Wann liegt eine sonstige selbstständige Tätigkeit vor?

Wenn Einkünfte im steuerrechtlichen Sinne erzielt werden oder werden sollen, die keine Einkünfte aus nichtselbstständiger Tätigkeit (*zum Beispiel Löhne oder Gehälter*) oder Einkünfte aus Rente sind.

Folgende Bereiche sind mit einem extra Baustein zu versichern und nicht im Privat-Rechtsschutz enthalten:
- Rechtsschutz für Selbstständige oder Firmen,
- Rechtsschutz für Vereine,
- Berufs-Rechtsschutz,
- Verkehrs-Rechtsschutz und Fahrzeug-Rechtsschutz,
- Wohnungs- und Grundstücks-Rechtsschutz.

Im Rechtsschutz für Selbstständige oder Firmen: U

Sie haben Versicherungsschutz für Ihre im Versicherungsschein bezeichnete gewerbliche, freiberufliche oder sonstige selbstständige Tätigkeit.

Im Rechtsschutz für Vereine: Ver

Sie haben Versicherungsschutz für den im Versicherungsschein bezeichneten Verein.

Im Rechtsschutz für Landwirte: L

Sie haben Versicherungsschutz
- als Inhaber für Ihren im Versicherungsschein bezeichneten land- oder forstwirtschaftlichen Betrieb,
- für den privaten Bereich und
- für die Ausübung nichtselbstständiger Tätigkeiten.

Versicherungsschutz besteht für Sie als
- Eigentümer,
- Halter,
- Erwerber,
- Leasingnehmer/Mieter,
- Fahrer

von Motorfahrzeugen sowie Anhängern.

Versichert sind folgende Fahrzeuge:
- Pkw oder Kombiwagen,
- Krafträder oder
- land- bzw. forstwirtschaftlich genutzte Fahrzeuge.

Für andere Fahrzeuge besteht <u>kein</u> Versicherungsschutz (*zum Beispiel nicht land- oder forstwirtschaftlich genutzte Lkws*).

Als Fahrer und Mitfahrer sind Sie <u>unabhängig</u> von der Fahrzeugart <u>versichert</u> (*zum Beispiel: Sie kaufen sich ein privates Motorboot; der Kauf ist nicht versichert, wohl aber das Führen des Bootes*).

Im Berufs-Rechtsschutz: B

Sie haben Versicherungsschutz für Ihre berufliche, nichtselbstständige Tätigkeit (*zum Beispiel als Arbeitnehmer, Beamter, Richter*).

Sie haben keinen Versicherungsschutz, wenn Sie rechtliche Interessen wahrnehmen als: P U
- Eigentümer,   Ver B
- Halter,
- Erwerber,
- Leasingnehmer/Mieter,
- Fahrer

von Motorfahrzeugen sowie Anhängern.

Der Verkehrs-Rechtsschutz und der Fahrzeug-Rechtsschutz sind mit einem extra Baustein zu versichern.

Anhang zu §§ 125 bis 129 VVG

Im Verkehrs-Rechtsschutz Vk

Sie haben Versicherungsschutz, wenn Sie rechtliche Interessen wahrnehmen als
- Eigentümer,
- Halter,
- Erwerber,
- Leasingnehmer/Mieter,
- Fahrer

von Kraftfahrzeugen sowie Anhängern.

Die Kraftfahrzeuge oder Anhänger müssen entweder:
- bei Vertragsabschluss oder während der Vertragsdauer auf Sie zugelassen sein oder
- auf Ihren Namen mit einem Versicherungskennzeichen (*sogenanntes Nummernschild*) versehen sein oder
- zum vorübergehenden Gebrauch von Ihnen gemietet sein.

Sie sind ferner als Fahrer und Mitfahrer fremder oder eigener Kraftfahrzeuge, Motorfahrzeuge zu Wasser oder in der Luft versichert.

Versicherungsschutz haben Sie auch, wenn Sie am öffentlichen Straßenverkehr teilnehmen, und zwar
- als Fahrgast,
- als Fußgänger oder
- als Radfahrer.

Im Fahrzeug-Rechtsschutz F

Sie haben Versicherungsschutz für die im Versicherungsschein genannten Kraftfahrzeuge, Motorfahrzeuge zu Wasser oder in der Luft sowie für Anhänger.

Dabei kommt es nicht darauf an, ob
- das Fahrzeug auf Ihren Namen zugelassen ist oder
- das Fahrzeug mit einem Versicherungskennzeichen (*sogenanntes Nummernschild*) auf Ihren Namen versehen ist.

Im Wohnungs- und Grundstücks-Rechtsschutz W

Sie haben Versicherungsschutz, wenn Sie Grundstücke, Gebäude oder Gebäudeteile in folgenden Eigenschaften nutzen: als
- Eigentümer,
- Vermieter,
- Verpächter,
- Mieter,
- Pächter,
- sonstiger Nutzungsberechtigter.

Die Eigenschaften und das Grundstück, Gebäude oder Gebäudeteil müssen im Versicherungsschein angegeben sein. Einer Wohneinheit zuzurechnende Garagen oder Kraftfahrzeug-Abstellplätze sind eingeschlossen.

Wenn Sie das im Versicherungsschein bezeichnete, selbst genutzte Wohnobjekt wechseln, geht der Versicherungsschutz auf das neue Wohnobjekt über und umfasst auch Versicherungsfälle,
- die erst <u>nach</u> dem Auszug aus dem bisherigen Wohnobjekt eintreten oder
- die sich auf das neue Wohnobjekt beziehen und <u>vor</u> dessen geplantem oder tatsächlichem Bezug eintreten.

Wenn Sie ein Objekt wechseln, das Sie für Ihre gewerbliche, freiberufliche oder sonstige selbstständige Tätigkeit selbst nutzen, dann gilt dies nur unter **folgender Voraussetzung:**

Das neue Objekt darf nach unserem Tarif weder nach Größe noch nach Miet- oder Pachthöhe einen höheren als den vereinbarten Beitrag ausmachen.

2.1.2 **Mitversicherung** P U

Mitversichert sind: Ver L

B Vk

F

- die von Ihnen beschäftigten Mitarbeiter, soweit sie für Sie beruflich U L
im versicherten Betrieb tätig sind,
- die gesetzlichen Vertreter, Angestellten und Mitglieder des Vereins Ver
im Rahmen der Aufgaben, die sie nach der Satzung zu erfüllen haben,
- Ihr ehelicher/eingetragener Lebenspartner, P L B
- im Versicherungsschein genannte sonstige Lebenspartner,
- Ihre minderjährigen Kinder,
- Ihre unverheirateten volljährigen Kinder bis zur Vollendung des 25. Lebensjahrs.
Die Kinder dürfen allerdings nicht in einer eigenen eingetragenen oder sonstigen Lebenspartnerschaft leben.

Ausnahme: Volljährige Kinder sind <u>nicht</u> mitversichert, wenn sie recht- L
liche Interessen wahrnehmen als
- Eigentümer,
- Halter,
- Erwerber,
- Leasingnehmer/Mieter,
- Fahrer,

von Kraftfahrzeugen, Motorfahrzeugen zu Wasser oder in der Luft sowie Anhänger.

Anhang zu §§ 125 bis 129 VVG ARB 2012

Die Mitversicherung von volljährigen Kindern endet in jedem Fall zu **P L B**
dem Zeitpunkt, zu dem sie erstmalig eine auf Dauer angelegte, berufliche Tätigkeit ausüben und hierfür ein Einkommen erhalten.
- alle Personen in ihrer Eigenschaft als berechtigte Fahrer und berech- **L**
  tigte Mitfahrer eines Kraftfahrzeugs sowie eines Anhängers.

Voraussetzung ist:

das Kraftfahrzeug oder der Anhänger ist im Zeitpunkt des Versicherungsfalls
- auf Sie, Ihren mitversicherten Lebenspartner oder Ihre minderjährigen Kinder zugelassen oder
- auf Ihren Namen mit einem Versicherungskennzeichen (*sogenanntes Nummernschild*) versehen oder
- von Ihnen, Ihrem mitversicherten Lebenspartner oder Ihren minderjährigen Kindern zum vorübergehenden Gebrauch angemietet.
- im Versicherungsschein genannte Mitinhaber sowie deren eheliche/ **L**
  eingetragene oder im Versicherungsschein genannte sonstige Lebenspartner, sofern diese
  - in Ihrem Betrieb tätig und
  - in Ihrem Betrieb wohnhaft sind.
- im Versicherungsschein genannte Altenteiler sowie deren eheliche/ **L**
  eingetragene oder im Versicherungsschein genannte sonstige Lebenspartner, sofern diese in Ihrem Betrieb wohnhaft sind.

Im Verkehrs-Rechtsschutz: **VK**

Im Fahrzeug-Rechtsschutz: **F**

Versichert sind alle Personen (*mitversicherte Personen*) in ihrer Eigen-   **Vk F**
schaft als berechtigte Fahrer oder berechtigte Mitfahrer des Kraftfahrzeugs. (*Berechtigt ist jede Person, die das Kraftfahrzeug mit Ihrem Einverständnis führt oder nutzt.*)

Alle Bestimmungen aus diesem Rechtsschutzvertrag gelten auch für   **P U**
diese mitversicherten Personen.   **Ver L**

Wenn eine mitversicherte Person Versicherungsschutz verlangt, können   **B Vk**
Sie dem widersprechen. (*Warum können Sie widersprechen, wenn eine*   **F**
mitversicherte Person Versicherungsschutz verlangt? Sie sind unser Versicherungsnehmer und können zum Beispiel bestimmen, ob wir Kosten für mitversicherte Personen bezahlen sollen.)

Ausnahme: Bei Ihrem ehelichen/eingetragenen Lebenspartnerkönnen   **P U**
Sie nicht widersprechen.   **Ver L**
    B Vk
    F

Versicherungsschutz besteht außerdem für Ansprüche, die natürlichen   **P L**
Personen kraft Gesetzes dann zustehen, wenn Sie oder eine mitversi-   **Vk F**
cherte Person verletzt oder getötet wurden.

(*Beispiel: Wenn Sie bei einem Verkehrsunfall schwer verletzt werden, haben Ihre nächsten Angehörigen Versicherungsschutz und können damit Unterhaltsansprüche gegen den Unfallgegner geltend machen. Eine „natürliche Person" ist ein Mensch, im Gegensatz zur „juristischen Person"; das ist zum Beispiel eine GmbH, eine AG oder ein Verein.*)

2.2 In welchen Rechtsbereichen sind Sie versichert (Leistungsarten)? **A**

Je nach Vereinbarung umfasst der Versicherungsschutz folgende Leistungsarten:

2.2.1 Schadenersatz-Rechtsschutz **P U**
für die Durchsetzung Ihrer Schadenersatzansprüche. **Ver L**
Vk F

Solche Schadenersatzansprüche dürfen allerdings nicht auch auf einer Vertragsverletzung oder einer Verletzung eines dinglichen Rechts an Grundstücken, Gebäuden oder Gebäudeteilen beruhen (*dingliche Rechte sind Rechte, die gegenüber jedermann wirken und von jedem respektiert werden müssen, zum Beispiel Eigentum.*).

(*Das bedeutet zum Beispiel, dass wir Schadenersatzansprüche wegen* **P U**
der Beschädigung eines Fernsehers gegen den Schädiger abdecken, **Ver L**
nicht aber Ansprüche bei einer mangelhaften Fernseherreparatur. Diese können über den Vertrags-Rechtsschutz versichert werden; siehe 2.2.4)

(*Das bedeutet zum Beispiel, dass wir Schadenersatzansprüche wegen ei-* **Vk F**
nes Autounfalls gegen den Unfallgegner abdecken, nicht aber Ansprüche bei einer mangelhaften Handwerkerleistung – wie aus einer Autoreparatur. Diese können über den Vertrags-Rechtsschutz nach 2.2.4 versichert werden.)

2.2.2 Arbeits-Rechtsschutz **U Ver**
um Ihre rechtlichen Interessen wahrzunehmen, aus **L B**
– Arbeitsverhältnissen,
– öffentlich-rechtlichen Dienstverhältnissen hinsichtlich dienstrechtlicher und versorgungsrechtlicher Ansprüche.

2.2.3 Wohnungs- und Grundstücks-Rechtsschutz **L W**
für land- und forstwirtschaftlich genutzte Grundstücke, Gebäude oder **L**
Gebäudeteile.
Um Ihre rechtlichen Interessen wahrzunehmen, aus **L W**
– Miet- und Pachtverhältnissen (*zum Beispiel Streitigkeiten wegen Mieterhöhung*),
– sonstigen Nutzungsverhältnissen (*zum Beispiel Streitigkeit um ein Wohnrecht*),

Anhang zu §§ 125 bis 129 VVG ARB 2012

– dinglichen Rechten, die Grundstücke, Gebäude oder Gebäudeteile betreffen (*zum Beispiel Streitigkeit um den Verlauf der Grundstücksgrenze*).

2.2.4 Rechtsschutz im Vertrags- und Sachenrecht **P L**

um Ihre rechtlichen Interessen wahrzunehmen, aus privatrechtlichen **Vk F**
Schuldverhältnissen und dinglichen Rechten. (*„Ein Schuldverhältnis" besteht zum Beispiel zwischen Käufer und Verkäufer. Ein Streit über ein dingliches Recht kann beispielsweise zwischen dem Eigentümer und dem Besitzer auf Herausgabe einer Sache bestehen.*)

Dieser Versicherungsschutz gilt nicht, soweit es sich um eine Angelegenheit aus folgenden Bereichen handelt:
– Schadenersatz-Rechtsschutz *(siehe 2.2.1)*,
– Arbeits-Rechtsschutz *(zum Beispiel Streit aus oder um Ihr Arbeitsverhältnis)* oder
– Wohnungs- oder Grundstücks-Rechtsschutz (zum Beispiel Streit aus **L Vk**
Ihrem Mietverhältnis oder wenn Sie als Eigentümer oder Besitzer ei- **F**
nes Grundstücks oder Gebäudes betroffen sind)

Es besteht auch Versicherungsschutz für Verträge, mit denen Sie Kraft- **Vk F**
fahrzeuge und Anhänger zur Eigennutzung erwerben wollen, auch wenn diese später nicht auf Sie zugelassen werden.

Ausnahme: Sie haben keinen Versicherungsschutz im Vertrags- und Sachenrecht, wenn Sie Teilnehmer im öffentlichen Straßenverkehr sind (*Beispiel: Streit um eine Taxirechnung*).

2.2.5 Steuer-Rechtsschutz vor Gerichten **P L**

um Ihre rechtlichen Interessen im Zusammenhang mit Steuern und Ab- **Vk F**
gaben vor deutschen Finanz- und Verwaltungsgerichten wahrzunehmen, **W**
aber erst ab dem gerichtlichen Verfahren.

Dieser Versicherungsschutz gilt für folgende Lebensbereiche *(2.1.1)* **U**
– Privat-Rechtsschutz,
– Verkehrs-Rechtsschutz und
– Berufs-Rechtsschutz

(*Das bedeutet, es besteht beim Steuer-Rechtsschutz vor Gerichten **kein Versicherungsschutz im Bereich Rechtsschutz für Selbstständige oder Firmen**).*

2.2.6 Sozialgerichts-Rechtsschutz **P U**

um Ihre rechtlichen Interessen vor deutschen Sozialgerichten wahrzu- **Ver L**
nehmen, aber erst ab dem gerichtlichen Verfahren.

2.2.7	Verwaltungs-Rechtsschutz in Verkehrssachen um Ihre rechtlichen Interessen in verkehrsrechtlichen Angelegenheiten vor Verwaltungsbehörden und Verwaltungsgerichten wahrzunehmen.	L Vk F
2.2.8	Disziplinar- und Standes-Rechtsschutz für die Verteidigung in Disziplinar- und Standesrechtsverfahren (*Disziplinarrecht: es geht um Dienstvergehen von zum Beispiel Beamten oder Soldaten; Standesrecht: berufsrechtliche Belange von freien Berufen, zum Beispiel von Ärzten oder Rechtsanwälten*).	U Ver L B
2.2.9	Straf-Rechtsschutz	P U Ver L Vk F
	für die Verteidigung, wenn Ihnen ein strafrechtliches Vergehen vorgeworfen wird. (*Vergehen sind Straftaten, die im Mindestmaß mit einer Freiheitsstrafe von unter einem Jahr oder Geldstrafe bedroht sind.*)	P U Ver L

Sie haben Versicherungsschutz unter **folgenden Voraussetzungen:**
– das Vergehen ist vorsätzlich **und** fahrlässig nach dem Gesetz strafbar
– und Ihnen wird ein fahrlässiges Verhalten vorgeworfen.

Wird Ihnen jedoch ein vorsätzliches Verhalten vorgeworfen, erhalten Sie zunächst keinen Versicherungsschutz. Wenn Sie nicht wegen vorsätzlichen Verhaltens verurteilt werden, erhalten Sie rückwirkend Versicherungsschutz. Ändert sich der Vorwurf während des Verfahrens auf fahrlässiges Verhalten, besteht ab diesem Zeitpunkt Versicherungsschutz.

In folgenden Fällen haben Sie also keinen Versicherungsschutz: – Ihnen wird ein <u>Verbrechen</u> vorgeworfen (*Straftat, die im Mindestmaß mit einer Freiheitsstrafe von einem Jahr bedroht ist*). – Ihnen wird ein <u>Vergehen</u> vorgeworfen, das nur vorsätzlich begangen werden kann (*zum Beispiel Beleidigung, Diebstahl, Betrug*).	P U Ver L

Dabei ist es egal, ob der Vorwurf berechtigt ist oder wie das Strafverfahren ausgeht.

für die Verteidigung, wenn Ihnen ein verkehrsrechtliches Vergehen vorgeworfen wird (*das ist eine Straftat, die die Verletzung der Sicherheit und Ordnung im Straßenverkehr unter Strafe stellt und im Mindestmaß mit einer Freiheitsstrafe von unter einem Jahr oder Geldstrafe bedroht ist.*).	L Vk F

Ausnahme: Ein Gericht stellt rechtskräftig fest, dass Sie das Vergehen <u>vorsätzlich</u> begangen haben. In diesem Fall sind Sie verpflichtet, uns die entstandenen Kosten zu erstatten.

Anhang zu §§ 125 bis 129 VVG   ARB 2012

Sie haben <u>keinen</u> Versicherungsschutz, wenn Ihnen ein <u>Verbrechen</u> vorgeworfen wird (*Ein Verbrechen ist eine Straftat, die im Mindestmaß mit einer Freiheitsstrafe von einem Jahr bedroht ist*).

2.2.10	Ordnungswidrigkeiten-Rechtsschutz	**P U** **Ver L** **Vk F**

für Ihre Verteidigung, wenn Ihnen eine Ordnungswidrigkeit vorgeworfen wird. (*Beispiel: Sie verstoßen gegen die Gurtplicht oder verursachen unzulässigen Lärm*)

2.2.11	Beratungs-Rechtsschutz im Familien-, Lebenspartnerschafts- und Erbrecht	**P L**

für einen Rat oder eine Auskunft eines in Deutschland zugelassenen Rechtsanwalts in Familien-, Lebenspartnerschafts- und erbrechtlichen Angelegenheiten. Wird der Rechtsanwalt darüber hinaus tätig, erstatten wir insgesamt keine Kosten.

2.2.12	Opfer-Rechtsschutz	**P U** **Ver L**

als Nebenkläger für eine erhobene öffentliche Klage vor einem deutschen Strafgericht. Voraussetzung ist, dass Sie oder eine mitversicherte Person als **Opfer einer Gewalttraftat** verletzt wurden.

Eine Gewalttraftat liegt vor bei Verletzung der sexuellen Selbstbestimmung, schwerer Verletzung der körperlichen Unversehrtheit und der persönlichen Freiheit sowie bei Mord und Totschlag.

Sie haben Versicherungsschutz für die Beistandsleistung eines Rechtsanwalts im:
- Ermittlungsverfahren,
- Nebenklageverfahren,
- für den Antrag nach § 1 Gewaltschutzgesetz,
- für den so genannten Täter-Opfer-Ausgleich nach § 46 a Ziffer 1 Strafgesetzbuch in nicht vermögensrechtlichen Angelegenheiten.

Sie haben zusätzlich Versicherungsschutz für die außergerichtliche Durchsetzung von Ansprüchen nach dem Sozialgesetzbuch und dem Opferentschädigungsgesetz.

Aber nur unter **folgenden Voraussetzungen**:
- Sie sind nebenklageberechtigt und
- Sie wurden durch eine der oben genannten Straftaten verletzt und
- es sind dadurch dauerhafte Körperschäden eingetreten.

Ausnahme: Wenn Sie die kostenlose Beiordnung eines Rechtsanwalts als Beistand gemäß §§ 397 a Abs. 1, 406 g Abs. 3 Strafprozessordnung in Anspruch nehmen können, besteht kein Versicherungsschutz.

2.3　Leistungsumfang　　　　　　　　　　　　　　　　　　　　　A

Wir erbringen und vermitteln Dienstleistungen, damit Sie Ihre Interessen im nachfolgend erläuterten Umfang wahrnehmen können.

Wir zahlen in jedem Versicherungsfall höchstens die in unserem Vertrag vereinbarte Versicherungssumme.

Zahlungen für Sie selbst und für mitversicherte Personen in demselben Versicherungsfall rechnen wir zusammen. Dies gilt auch für Zahlungen aufgrund mehrerer Versicherungsfälle, die zeitlich und ursächlich zusammenhängen.

2.3.1　Leistungsumfang im Inland　　　　　　　　　　　　　　　　A

Wir übernehmen folgende Kosten:

2.3.1.1　Um Ihnen eine einvernehmliche Konfliktbeilegung zu ermöglichen, tragen wir die Kosten bis zu xxx € je Mediation für einen von uns vorgeschlagenen Mediator.

Ausnahme: Sie und die andere Partei haben sich bereits auf einen anderen Mediator geeinigt. Dann tragen wir dessen Kosten bis zu xxx € je Mediation.

Die Mediation kann in Anwesenheit der Beteiligten, telefonisch oder auch online erfolgen.

Die Kosten für den Mediator übernehmen wir in folgenden Leistungsarten:

– ...
– ...

Nehmen an der Mediation nicht versicherte Personen teil, übernehmen wir anteilig die Kosten, die auf Sie und mitversicherte Personen entfallen *(Beispiel: Sie und Ihr Ehepartner haben einen Konflikt mit einem Dritten. Die Kosten des Mediators werden hälftig zwischen den Parteien geteilt. Die Kosten, die auf Sie und Ihren Ehepartner entfallen, tragen wir. Der Dritte muss seinen Kostenanteil, also 50 %, selbst bezahlen).*

Für die Tätigkeit des Mediators sind wir nicht verantwortlich.

2.3.1.2 Die Vergütung eines Rechtsanwalts, der Ihre Interessen vertritt (*Wenn Sie mehr als einen Rechtsanwalt beauftragen, tragen wir die dadurch entstehenden Mehrkosten nicht. Auch Mehrkosten aufgrund eines Anwaltswechsels tragen wir nicht*).

Wir erstatten maximal die gesetzliche Vergütung eines Rechtsanwalts, der am Ort des zuständigen Gerichts ansässig ist oder wäre. Die gesetzliche Vergütung richtet sich nach dem Rechtsanwaltsvergütungsgesetz.

Wohnen Sie mehr als 100 km Luftlinie vom zuständigen Gericht entfernt? Dann übernehmen wir bei Ihrer gerichtlichen Streitigkeit weitere anwaltliche Kosten, und zwar bis zur Höhe der gesetzlichen Vergütung eines anderen Rechtsanwalts, der nur den Schriftverkehr mit dem Anwalt am Ort des zuständigen Gerichts führt (*sogenannter Verkehrsanwalt*).

P U
Ver L
B Vk
F
A

Dies gilt nur für die erste Instanz.

Ausnahme: Im Straf-, Ordnungswidrigkeiten- und Disziplinar- und Standes-Rechtsschutz tragen wir diese weiteren Kosten nicht.

Wenn sich die Tätigkeit des Anwalts auf die folgenden Leistungen beschränkt, dann tragen wir je Versicherungsfall Kosten von höchstens xxx Euro:
– Ihr Anwalt erteilt Ihnen einen mündlichen oder schriftlichen Rat,
– er gibt Ihnen eine Auskunft oder
– er erarbeitet für Sie ein Gutachten.

2.3.1.3 Wir übernehmen Ihre Kosten für einen Sachverständigen, wenn folgende Voraussetzungen erfüllt sind:

L Vk
F

Alternative 1:
– Der Sachverständige verfügt über die erforderliche technische Sachkunde. Als technisch sachkundig gelten Sachverständige, die von einer staatlichen oder staatlich anerkannten Stelle bestellt oder von einer nach den jeweils gültigen DIN/ISO-Normen akkreditierten Stelle zertifiziert worden sind.

oder

Alternative 2:
– Der Sachverständige verfügt über die erforderliche technische Sachkunde. Als technisch sachkundig gelten Sachverständige, die von einer staatlichen oder staatlich anerkannten Stelle bestellt oder von einer nach den jeweils gültigen DIN/ISO-Normen akkreditierten Stelle zertifiziert worden sind.
– Wir haben der Beauftragung des Sachverständigen zuvor in Textform (*Beispiel: Brief oder E-Mail*) zugestimmt.

oder

Alternative 3:
- Der Sachverständige verfügt über die erforderliche technische Sachkunde. Als technisch sachkundig gelten Sachverständige, die von einer staatlichen oder staatlich anerkannten Stelle bestellt oder von einer nach den jeweils gültigen DIN/ISO-Normen akkreditierten Stelle zertifiziert worden sind.
- Wir haben der Beauftragung des Sachverständigen zuvor in Textform *(Beispiel: Brief oder E-Mail)* zugestimmt. Unserer vorherigen Zustimmung bedarf es nicht, wenn der Sachverständige auf der Liste der von unserem Unternehmen empfohlenen Sachverständigen aufgeführt ist. Diese Liste erhalten Sie auf Anfrage.

oder

Alternative 4:
- Der Sachverständige verfügt über die erforderliche technische Sachkunde. Als technisch sachkundig gelten Sachverständige, die von einer staatlichen oder staatlich anerkannten Stelle bestellt oder von einer nach den jeweils gültigen DIN/ISO-Normen akkreditierten Stelle zertifiziert worden sind.
- Der Sachverständige wurde Ihnen durch uns vermittelt.

Die Kostenübernahme gilt für folgende Fälle:
- In Fällen der Verteidigung in einem verkehrsrechtlichen Straf- und Ordnungswidrigkeitenverfahren.
- Wenn Sie Ihre rechtlichen Interessen aus Kauf- und Reparaturverträgen von Kraftfahrzeugen und Anhängern wahrnehmen.

2.3.1.4 Alle Bestimmungen, die den Rechtsanwalt betreffen, gelten auch   P L
- im Steuer-Rechtsschutz vor Gerichten *(siehe 2.2.5)* für Angehörige   Vk F
der steuerberatenden Berufe *(Beispiel: Steuerberater)*,   W
- in Angelegenheiten der freiwilligen Gerichtsbarkeit sowie im Beratungs-Rechtsschutz im Familien-, Lebenspartnerschafts- und Erbrecht *(siehe 2.2.11)* für Notare.

2.3.2 Leistungsumfang im Ausland   A

2.3.2.1 Bei einem Versicherungsfall im Ausland tragen wir die Kosten für einen Rechtsanwalt, der für Sie am zuständigen Gericht im Ausland tätig wird. Dies kann sein entweder:
- ein am Ort des zuständigen Gerichts ansässiger, <u>ausländischer</u> Rechtsanwalt oder
- ein Rechtsanwalt in Deutschland.

Den Rechtsanwalt in Deutschland vergüten wir so, als wäre der Rechtsstreit am Ort seines Anwaltsbüros in Deutschland.

Diese Vergütung ist begrenzt auf die gesetzliche Vergütung.

Anhang zu §§ 125 bis 129 VVG ARB 2012

Ist ein ausländischer Rechtsanwalt für Sie tätig und wohnen Sie mehr als 100 km Luftlinie vom zuständigen Gericht (*im Ausland*) entfernt? Dann übernehmen wir **zusätzlich** die Kosten eines Rechtsanwalts an Ihrem Wohnort. Diesen Rechtsanwalt bezahlen wir dann bis zur Höhe der gesetzlichen Vergütung eines Rechtsanwalts, der den Schriftverkehr mit dem Anwalt am Ort des zuständigen Gerichts führt (*sogenannter Verkehrsanwalt*).

Dies gilt nur für die erste Instanz.

Wenn sich die Tätigkeit des Anwalts auf die folgenden Leistungen beschränkt, dann tragen wir je Versicherungsfall Kosten von höchstens xxx Euro: A
- Ihr Anwalt erteilt Ihnen einen mündlichen oder schriftlichen Rat,
- er gibt Ihnen eine Auskunft,
- er erarbeitet für Sie ein Gutachten.

Haben Sie einen Versicherungsfall, der aufgrund eines Verkehrsunfalls im europäischen Ausland eingetreten ist, und haben Sie daraus Ansprüche? L Vk F

Dann muss zunächst eine Regulierung mit dem Schadenregulierungsbeauftragten bzw. mit der Entschädigungsstelle im Inland erfolgen. Erst wenn diese Regulierung erfolglos geblieben ist, tragen wir auch Kosten für eine Rechtsverfolgung im Ausland.

Die zusätzlichen Kosten der Regulierung im Inland übernehmen wir im Rahmen der gesetzlichen Gebühren, und zwar bis zur Höhe von xxx Euro.

2.3.2.2 Wir tragen die übliche Vergütung eines im Ausland ansässigen Sachverständigen. Dies tun wir, wenn Sie Ersatzansprüche wegen der im Ausland eingetretenen Beschädigung eines Kraftfahrzeugs oder eines Anhängers geltend machen wollen. L Vk F

2.3.2.3 Wir tragen Ihre Kosten für eine Reise zu einem ausländischen Gericht, wenn: A
- Sie dort als Beschuldigter oder Prozesspartei erscheinen müssen und
- Sie Rechtsnachteile nur durch Ihr persönliches Erscheinen vermeiden können.

Wir übernehmen die tatsächlich entstehenden Kosten bis zur Höhe der für Geschäftsreisen von deutschen Rechtsanwälten geltenden Sätze.

2.3.2.4 Wir sorgen für die Übersetzung der Unterlagen, wenn dies notwendig ist, um Ihre rechtlichen Interessen im Ausland wahrzunehmen. Wir übernehmen dabei auch die Kosten, die für die Übersetzung anfallen. A

2.3.2.5 Alle Bestimmungen, die den Rechtsanwalt betreffen, gelten auch für dort ansässige rechts- und sachkundige Bevollmächtigte.   A

2.3.2.6 Wenn Sie diese Kosten in fremder Währung bezahlt haben, erstatten wir Ihnen diese in Euro. Als Abrechnungsgrundlage benutzen wir den Wechselkurs des Tages, an dem Sie die Kosten vorgestreckt haben.   A

2.3.3 Darüber hinaus leisten wir im In- und Ausland Folgendes: A

2.3.3.1 Wir tragen
- die Gerichtskosten, einschließlich der Entschädigung für Zeugen und Sachverständige, die vom Gericht herangezogen werden,
- die Kosten des Gerichtsvollziehers
- die Verfahrenskosten vor Verwaltungsbehörden, die Ihnen von der Behörde in Rechnung gestellt werden.

2.3.3.2 Wir übernehmen die Gebühren eines Schieds- oder Schlichtungsverfahrens. Und zwar bis zur Höhe der Gebühren, die im Falle der Anrufung eines zuständigen staatlichen Gerichts erster Instanz entstünden.   A

Versicherungsschutz für Mediation besteht nur nach 2.3.1.1 und beschränkt auf das Inland.

2.3.3.3 Wir übernehmen die Anwalts- und Gerichtskosten Ihres Prozessgegners, wenn Sie zur Erstattung dieser Verfahrenskosten aufgrund gerichtlicher Festsetzung verpflichtet sind.

2.3.3.4 Wir erstatten die von uns zu tragenden Kosten, wenn Sie nachweisen, dass Sie
- zu deren Zahlung verpflichtet sind oder
- diese Kosten bereits gezahlt haben.

2.3.3.5 Um Sie vorübergehend von Strafverfolgungsmaßnahmen zu verschonen, zahlen wir für Sie – wenn nötig – eine Kaution. Dies geschieht in Form eines zinslosen Darlehens bis zu der in unserem Vertrag vereinbarten Höhe.   P L   Vk F

2.4 Voraussetzungen für den Anspruch auf Versicherungsschutz   A

Sie haben Anspruch auf Versicherungsschutz, wenn ein Versicherungsfall eingetreten ist.   A

Diesen Anspruch haben Sie aber nur, wenn der Versicherungsfall nach Beginn des Versicherungsschutzes und vor dessen Ende eingetreten ist. **Ausnahme:** Endet Ihr Versicherungsvertrag durch Berufsaufgabe oder Tod, besteht für Sie oder Ihre Erben Versicherungsschutz auch für Versicherungsfälle, die   U
- innerhalb eines Jahres nach der Beendigung des Versicherungsvertrags eintreten und

– im Zusammenhang mit Ihrer im Versicherungsschein genannten Tätigkeit stehen.

Der Versicherungsfall ist: A

2.4.1 Im Beratungs-Rechtsschutz für Familien-, Lebenspartnerschafts- und Erbrecht *(siehe 2.2.11)* das Ereignis, das zur Änderung Ihrer Rechtslage oder der Rechtslage einer mitversicherten Person geführt hat. **P L**

2.4.2 Im Schadenersatz-Rechtsschutz das erste Ereignis, bei dem der Schaden eingetreten ist oder eingetreten sein soll. **P U / Ver L / Vk F**

2.4.3 Soweit keine andere Regelung besteht, der Zeitpunkt, zu dem Sie oder ein anderer *(zum Beispiel der Gegner oder ein Dritter)* gegen Rechtspflichten oder Rechtsvorschriften verstoßen hat oder verstoßen haben soll. A

2.4.4 Wenn sich Ihr Versicherungsfall über einen <u>Zeitraum</u> erstreckt, ist dessen <u>Beginn</u> maßgeblich. A

2.4.5 Sind mehrere Versicherungsfälle für Ihren Anspruch auf Versicherungsschutz ursächlich, ist der erste entscheidend. Wenn dieser erste Versicherungsfall innerhalb der Vertragslaufzeit eintritt, erhalten Sie Versicherungsschutz. Wenn dieser erste Versicherungsfall vor Vertragsbeginn eingetreten ist, haben Sie keinen Anspruch auf Versicherungsschutz. A

3. Was ist nicht versichert? A

3.1 Zeitliche Ausschlüsse A

In folgenden Fällen haben Sie <u>keinen</u> Versicherungsschutz:

3.1.1 Der Versicherungsfall ist **innerhalb von drei Monaten nach Versicherungsbeginn** eingetreten *(Das ist die sogenannte Wartezeit. Während der Wartezeit besteht kein Versicherungsschutz).*
Ausnahme: Auch in den ersten drei Monaten haben Sie Versicherungsschutz A
– im Schadenersatz-Rechtsschutz *(2.2.1)*, **P U / Ver L / Vk F**

– im Disziplinar- und Standes-Rechtsschutz *(2.2.8)*, **U Ver / L B**

– im Straf-Rechtsschutz *(2.2.9)*, **P U / Ver L / Vk F**

- im Ordnungswidrigkeiten-Rechtsschutz (2.2.10), P U
  Ver L
  Vk F
- bei Streitigkeiten aus Kauf- und Leasingverträgen über ein fabrik- L Vk
  neues Kraftfahrzeug, F
- im Beratungs-Rechtsschutz im Familien- und Erbrecht (2.2.11), P L
- im Opfer-Rechtsschutz (2.2.12). P U
  Ver L

3.1.2 Eine Willenserklärung oder Rechtshandlung, die Sie vor Beginn des Ver- A
sicherungsschutzes vorgenommen haben, löst den Versicherungsfall aus.
*("Willenserklärung" oder "Rechtshandlung": das sind zum Beispiel ein
Antrag auf Fahrerlaubnis oder eine Mahnung.)*

3.1.3 Sie melden uns einen Versicherungsfall, sind aber zu diesem Zeitpunkt A
länger als drei Jahre für den betroffenen Bereich nicht mehr bei uns versichert.

3.1.4 Im Steuer-Rechtsschutz vor Gerichten (siehe 2.2.5) liegen die tatsächli- P L
chen oder behaupteten Voraussetzungen für die Festsetzung Ihrer Abga- Vk F
ben *(zum Beispiel: Steuern, Gebühren)* vor Vertragsbeginn. W

3.2 Inhaltliche Ausschlüsse A

In folgenden Fällen haben Sie keinen Versicherungsschutz:

3.2.1 Jede Interessenwahrnehmung in ursächlichem Zusammenhang mit A
- Krieg, feindseligen Handlungen, Aufruhr, inneren Unruhen, Streik, A
  Aussperrung oder Erdbeben,
- Nuklearschäden und genetischen Schäden. Dieser Ausschluss gilt A
  nicht für Schäden aus einer medizinischen Behandlung,
- Bergbauschäden und Beeinträchtigungen aufgrund von bergbaube- L W
  dingten Immissionen (das sind Einwirkungen, wie zum Beispiel Er-
  schütterungen) an Grundstücken, Gebäuden oder Gebäudeteilen.

P L
W

3.2.2 Jede Interessenwahrnehmung in ursächlichem Zusammenhang mit
- dem Kauf oder Verkauf eines Grundstücks, das bebaut werden soll.
- der Planung oder Errichtung eines Gebäudes oder Gebäudeteils, das
  sich in Ihrem Eigentum oder Besitz befindet oder das Sie erwerben
  oder in Besitz nehmen möchten.
- der genehmigungs-/anzeigepflichtigen baulichen Veränderung eines
  Grundstücks, Gebäudes oder Gebäudeteils. Dieses Grundstück, Gebäude oder Gebäudeteil befindet sich in Ihrem Eigentum oder Besitz
  oder Sie möchten es erwerben oder in Besitz nehmen.

Auch bei der <u>Finanzierung</u> eines der unter 3.2.2 genannten Vorhaben haben Sie keinen Versicherungsschutz.

3.2.3 Sie wollen Schadensersatzansprüche abwehren. (*Beispiel: Sie haben einen Verkehrsunfall und der Gegner will Schadenersatz von Ihnen. Dies ist nicht durch die Rechtsschutzversicherung, sondern im Rahmen der Haftpflichtversicherung versichert.*)   A

Ausnahme: der Schadensersatzanspruch beruht auf einer Vertragsverletzung. (*Beispiel: Der Vermieter des Mietfahrzeugs verlangt Schadenersatz wegen verspäteter Rückgabe. Dies ist aufgrund des Mietvertrags über den VertragsRechtsschutz versichert.*)

3.2.4 Streitigkeiten aus kollektivem Arbeits- oder Dienstrecht (*zum Beispiel das Mitbestimmungsrecht in Unternehmen und Betrieben*).   U L B

3.2.5 Streitigkeiten aus dem Recht der Handelsgesellschaften oder aus Anstellungsverhältnissen gesetzlicher Vertreter juristischer Personen (*zum Beispiel: Geschäftsführer einer GmbH oder Vorstände einer Aktiengesellschaft*).   P U Ver L B

3.2.6 Streitigkeiten in ursächlichem Zusammenhang mit Patent-, Urheber-, Marken-, Geschmacksmuster-/Gebrauchsmusterrechten oder sonstigen Rechten aus geistigem Eigentum.   P U Ver L B

3.2.7 Streitigkeiten aus dem Kartell- oder sonstigem Wettbewerbsrecht.   P U Ver L B

3.2.8 Streitigkeiten in ursächlichem Zusammenhang mit dem Erwerb, der Veräußerung, der Verwaltung und der Finanzierung von Kapitalanlagen.   P U Ver L B

Ausgenommen hiervon sind:
- Güter zum eigenen Ge- oder Verbrauch,
- Gebäude oder Gebäudeteile, soweit diese zu eigenen Wohnzwecken genutzt werden oder genutzt werden sollen,
- sowie ... (*Aufzählung von bestimmten Kapitalanlagen möglich*)

3.2.9 Streitigkeiten in ursächlichem Zusammenhang mit   P U Ver L B
- der Vergabe von Darlehen,
- Spiel- oder Wettverträgen,
- Gewinnzusagen

3.2.10 Streitigkeiten aus dem Bereich des Familien-, Lebenspartnerschafts- und Erbrechts.   P L

Ausnahme: Sie haben Beratungs-Rechtsschutz (*siehe 2.2.11*) vereinbart.

3.2.11	Sie wollen gegen uns oder unser Schadenabwicklungsunternehmen vorgehen.	A
3.2.12	Streitigkeiten wegen – der steuerlichen Bewertung von Grundstücken, Gebäuden oder Gebäudeteilen, – Erschließungs- und sonstiger Anliegerabgaben. **Ausnahme:** Es handelt sich um laufend erhobene Gebühren für die Grundstücksversorgung.	L W
3.2.13	Sie nehmen Ihre rechtlichen Interessen wahr – vor Verfassungsgerichten oder – vor internationalen oder supranationalen Gerichtshöfen (*zum Beispiel dem Europäischen Gerichtshof*). **Ausnahme:** Sie nehmen Ihre rechtlichen Interessen wahr, als Bediensteter internationaler oder supranationaler Organisationen aus Arbeitsverhältnissen oder öffentlich-rechtlichen Dienstverhältnissen.	A L B
3.2.14	Jede Interessenwahrnehmung in ursächlichem Zusammenhang mit einem Insolvenzverfahren, das über Ihr Vermögen eröffnet wurde oder eröffnet werden soll (*zum Beispiel: Zwangsversteigerung des Fahrzeugs infolge Ihres Insolvenzantrags*).	A
3.2.15	Streitigkeiten – in Enteignungs-, Planfeststellungs-, Flurbereinigungs-Angelegenheiten, – in Angelegenheiten, die im Baugesetzbuch geregelt sind.	L W
3.2.16	Gegen Sie wird ein Ordnungswidrigkeiten- bzw. Verwaltungsverfahren wegen eines Halt- oder Parkverstoßes geführt.	L Vk F
3.2.17	Es bestehen Streitigkeiten – zwischen Ihnen und weiteren Versicherungsnehmern desselben Versicherungsvertrags, – von Mitversicherten gegen Sie, – von Mitversicherten untereinander.	A
3.2.18	Streitigkeiten sonstiger Lebenspartner (*nicht eheliche und nicht eingetragene Lebenspartner gleich welchen Geschlechts*) untereinander, wenn diese Streitigkeiten in ursächlichem Zusammenhang mit der Partnerschaft stehen. Dies gilt auch, wenn die Partnerschaft beendet ist.	P L Vk F W
3.2.19	Ansprüche oder Verbindlichkeiten werden auf Sie übertragen oder sind auf Sie übergegangen, nachdem ein Versicherungsfall bereits eingetreten ist. (*Beispiel: Ihr Arbeitskollege hat einen Verkehrsunfall und überträgt seine Schadenersatzansprüche auf Sie. Diese wollen Sie gegenüber dem Unfallgegner geltend machen. Dies ist nicht versichert.*)	A

Anhang zu §§ 125 bis 129 VVG   ARB 2012

3.2.20 Sie wollen die Ansprüche eines anderen geltend machen (*Beispiel: Sie lassen sich die Schadenersatzansprüche eines Freundes gegen einen Dritten abtreten, um diese geltend zu machen. Dies ist nicht versichert.*) A

oder

Sie sollen für Verbindlichkeiten eines anderen einstehen. (*Beispiel: Ihr Arbeitskollege kauft ein Fahrzeug. Sie bürgen für den Darlehensvertrag mit dem Autoverkäufer. Streitigkeiten aus dem Bürgschaftsvertrag sind nicht versichert.*)

3.2.21 Sie haben in den Leistungsarten nach 2.2.1 bis 2.2.8 den Versicherungsfall <u>vorsätzlich und rechtswidrig</u> herbeigeführt. A

Wird dies erst später bekannt, sind Sie verpflichtet, die von uns erbrachten Leistungen zurückzuzahlen.

3.2.22 Jegliche Interessenwahrnehmung in ursächlichem Zusammenhang mit einer geplanten oder ausgeübten gewerblichen, freiberuflichen oder sonstigen selbstständigen Tätigkeit. P L B Vk F W

Ausnahme: Der Versicherungsschein umfasst ausdrücklich Streitigkeiten im Zusammenhang mit dieser Tätigkeit.

3.2.23 Sie wollen Interessen wahrnehmen im Zusammenhang mit dem Erwerb oder der Veräußerung von Teilnutzungsrechten (*Timesharing*) an: P L
– Grundstücken,
– Gebäuden,
– Gebäudeteilen.

3.3 Einschränkung unserer Leistungspflicht A
Wir können folgende Kosten <u>nicht</u> erstatten: A

3.3.1 Kosten, die Sie übernommen haben, ohne rechtlich dazu verpflichtet zu sein. A

3.3.2 Kosten, die bei einer gütlichen Einigung entstanden sind und die nicht dem Verhältnis des von Ihnen angestrebten Ergebnisses zum erzielten Ergebnis entsprechen. (*Beispiel: Sie verlangen Schadenersatz in Höhe von € 10.000. In einem Vergleich mit dem Gegner erlangen Sie einen Betrag von € 8.000 = 80 % des angestrebten Ergebnisses. In diesem Fall übernehmen wir 20 % der entstandenen Kosten – nämlich für den Teil, den Sie nicht durchsetzen konnten.*) Dies bezieht sich auf die **gesamten Kosten der Streitigkeit**. A

Ausnahme: Es ist gesetzlich eine andere Kostenregelung vorgeschrieben.

3.3.3 Sie einigen sich auch über unstrittige oder nicht versicherte Ansprüche. In diesem Fall zahlen wir die darauf entfallenden Kosten nicht. A

3.3.4 Von den von uns zu tragenden Kosten ziehen wir die vereinbarte Selbst- **A**
beteiligung je Versicherungsfall ab.

Ausnahme: Hängen mehrere Versicherungsfälle zeitlich und ursächlich zusammen, ziehen wir zu Ihren Gunsten die Selbstbeteiligung nur einmal ab.

3.3.5 Kosten von Zwangsvollstreckungsmaßnahmen (*zum Beispiel: Kosten ei-* **A**
nes Gerichtsvollziehers),
– die aufgrund der vierten oder jeder weiteren Zwangsvollstreckungsmaßnahme je Vollstreckungstitel entstehen,
– die später als fünf Jahre nach Rechtskraft des Vollstreckungstitels eingeleitet werden („Vollstreckungstitel" sind zum Beispiel ein Vollstreckungsbescheid und ein Urteil).

3.3.6 Kosten für Strafvollstreckungsverfahren jeder Art, bei denen vom Ge- **P L**
richt eine Geldstrafe oder Geldbuße unter xxx Euro verhängt wurde. **Vk**

3.3.7 Kosten, zu deren Übernahme ein anderer verpflichtet wäre, wenn der **F A**
Rechtsschutzversicherungsvertrag nicht bestünde.

3.4 Ablehnung des Versicherungsschutzes wegen mangelnder Erfolgs- **A**
aussichten oder wegen Mutwilligkeit/Schiedsgutachter

3.4.1 Wir können den Versicherungsschutz **ablehnen**, wenn unserer Auffassung nach

3.4.1.1 die Wahrnehmung Ihrer rechtlichen Interessen nach 2.2.1 bis 2.2.7 **keine hinreichende Aussicht auf Erfolg** hat oder

3.4.1.2 Sie Ihre rechtlichen Interessen **mutwillig** wahrnehmen wollen. Mutwilligkeit liegt dann vor, wenn die voraussichtlich entstehenden Kosten in einem groben Missverhältnis zum angestrebten Erfolg stehen. In diesem Fall können wir nicht zahlen, weil die berechtigten Interessen der Versichertengemeinschaft beeinträchtigt würden.

Die Ablehnung müssen wir Ihnen in diesen beiden Fällen unverzüglich schriftlich mitteilen, und zwar mit Begründung. („*Unverzüglich*" heißt nicht unbedingt „*sofort*", sondern „*ohne schuldhaftes Zögern bzw. so schnell wie eben möglich*".)

3.4.2 Wenn wir den Versicherungsschutz ablehnen, können Sie von uns die Einleitung eines Schiedsgutachterverfahrens verlangen, und zwar innerhalb eines Monats. Wir sind verpflichtet, Sie auf diese Möglichkeit und die voraussichtlichen Kosten hinzuweisen. Mit diesem Hinweis müssen wir Sie auffordern, uns alle nach unserer Auffassung für die Durchführung des **Schiedsgutachterverfahrens** wesentlichen Mitteilungen und Unterlagen zuzusenden. Dies innerhalb eines weiteren Monats.

3.4.3 Wenn Sie die Durchführung eines Schiedsgutachterverfahrens verlangen, haben wir dieses Verfahren innerhalb eines Monats einzuleiten und Sie hierüber zu unterrichten. Wenn zur Durchsetzung Ihrer rechtlichen Interessen Fristen einzuhalten sind, müssen wir die zur Fristwahrung notwendigen Kosten tragen und dies bis zum Abschluss des Schiedsgutachterverfahrens. (*Beispiele für das Einhalten von Fristen: Berufungsfrist droht abzulaufen, Verjährung droht einzutreten.*) Dies ist unabhängig davon, wie das Schiedsgutachterverfahren ausgeht.

Wenn wir das Schiedsgutachterverfahren nicht innerhalb eines Monats einleiten, besteht für Sie Versicherungsschutz in beantragtem Umfang.

3.4.4 Der Schiedsgutachter ist ein seit mindestens fünf Jahren zugelassener Rechtsanwalt. Er wird vom Präsidenten der für Ihren Wohnsitz zuständigen Rechtsanwaltskammer benannt. Dem Schiedsgutachter müssen wir alle uns vorliegenden Mitteilungen und Unterlagen zur Verfügung stellen, die für die Durchführung des Schiedsgutachterverfahrens wesentlich sind. Der Schiedsgutachter entscheidet schriftlich, ob Versicherungsschutz besteht.

Diese Entscheidung ist für den Rechtsschutzversicherer verbindlich.

3.4.5 Wenn der Schiedsgutachter feststellt, dass unsere Leistungsverweigerung ganz oder teilweise <u>unberechtigt</u> war, tragen <u>wir</u> die Kosten des Schiedsgutachterverfahrens.

Wenn die Leistungsverweigerung nach dem Schiedsspruch berechtigt war, tragen <u>Sie</u> die Kosten des Verfahrens und die des Schiedsgutachters. Die Kosten, die <u>uns</u> durch das Schiedsgutachterverfahren entstanden sind, tragen wir selbst.

3.4 Ablehnung des Versicherungsschutzes wegen mangelnder Erfolgsaussichten oder wegen Mutwilligkeit/Stichentscheidverfahren A

3.4.1 Wir können den Versicherungsschutz **ablehnen**, wenn unserer Auffassung nach

3.4.1.1 die Wahrnehmung Ihrer rechtlichen Interessen nach 2.2.1 bis 2.2.7 **keine hinreichende Aussicht auf Erfolg** hat oder

3.4.1.2 Sie Ihre rechtlichen Interessen **mutwillig** wahrnehmen wollen. Mutwilligkeit liegt dann vor, wenn die voraussichtlich entstehenden Kosten in einem groben Missverhältnis zum angestrebten Erfolg stehen. In diesem Fall können wir nicht zahlen, weil die berechtigten Interessen der Versichertengemeinschaft beeinträchtigt würden.

Die Ablehnung müssen wir Ihnen in diesen Fällen unverzüglich schriftlich mitteilen, und zwar mit Begründung. (*„Unverzüglich" heißt nicht* unbedingt „sofort", sondern „ohne schuldhaftes Zögern bzw. so schnell wie eben möglich".)

3.4.2 Was geschieht, wenn wir eine Leistungspflicht nach 3.4.1 ablehnen und Sie damit <u>nicht</u> einverstanden sind?

In diesem Fall können Sie den für Sie tätigen oder noch zu beauftragenden Rechtsanwalt veranlassen, eine begründete Stellungnahme abzugeben, und zwar zu folgenden Fragen:
- Besteht eine hinreichende Aussicht auf Erfolg und
- steht die Durchsetzung Ihrer rechtlichen Interessen in einem angemessenen Verhältnis zum angestrebten Erfolg?

Die Kosten für diese Stellungnahme übernehmen wir.

Die Entscheidung des Rechtsanwalts ist für Sie und uns bindend, es sei denn, dass diese Entscheidung offenbar von der tatsächlichen Sach- oder Rechtslage erheblich abweicht.

3.4.3 Für die Stellungnahme können wir Ihnen eine Frist von mindestens einem Monat setzen. Damit der Rechtsanwalt die Stellungnahme abgeben kann, müssen Sie ihn vollständig und wahrheitsgemäß über die Sachlage unterrichten. Außerdem müssen Sie die Beweismittel angeben.
Wenn Sie diesen Verpflichtungen nicht nachkommen, entfällt Ihr Versicherungsschutz. Wir sind verpflichtet, Sie auf diese mit dem Fristablauf verbundenen Rechtsfolgen (*Verlust des Versicherungsschutzes*) hinzuweisen.

4. Was müssen Sie beachten? A

4.1 Verhalten im Versicherungsfall/Erfüllung von Obliegenheiten

Obliegenheiten bezeichnen sämtliche Verhaltensregeln, die Sie und die versicherten Personen beachten müssen, um den Anspruch auf Versicherungsschutz zu erhalten.

4.1.1 Was müssen Sie tun, wenn ein Versicherungsfall eintritt und Sie Versicherungsschutz brauchen?

4.1.1.1 Sie müssen uns den Versicherungsfall <u>unverzüglich</u> mitteilen, gegebenenfalls auch telefonisch. („*Unverzüglich*" heißt nicht unbedingt „*sofort*", sondern „*ohne schuldhaftes Zögern bzw. so schnell wie eben möglich*".)

4.1.1.2 Sie müssen uns
- <u>vollständig und wahrheitsgemäß</u> über <u>sämtliche</u> Umstände des Versicherungsfalls unterrichten und
- alle Beweismittel angeben und
- uns Unterlagen auf Verlangen zur Verfügung stellen.

4.1.1.3 Kosten verursachende Maßnahmen müssen Sie nach Möglichkeit mit uns abstimmen, soweit dies für Sie zumutbar ist. (*Beispiele für kostenverursachende Maßnahmen: die Beauftragung eines Rechtsanwalts, Erhebung einer Klage oder Einlegung eines Rechtsmittels*)

4.1.1.4 Bei Eintritt des Versicherungsfalls müssen Sie – soweit möglich – dafür sorgen, dass Schaden vermieden bzw. verringert wird (*entsprechend § 82 Versicherungsvertragsgesetz. § 82 bestimmt zum Beispiel in Absatz 1: „Der Versicherungsnehmer hat bei Eintritt des Versicherungsfalles nach Möglichkeit für die Abwendung und Minderung des Schadens zu sorgen"*).

Das heißt, Sie müssen die Kosten für die Rechtsverfolgung (*zum Beispiel: Rechtsanwalts-, Gerichtskosten, Kosten der Gegenseite*) so **gering wie möglich** halten. Hierzu sollten Sie uns oder Ihren Rechtsanwalt fragen.

Sie müssen Weisungen von uns befolgen, soweit das für Sie zumutbar ist. Außerdem müssen Sie Weisungen von uns einholen, wenn die Umstände dies gestatten.

4.1.2 Wir bestätigen Ihnen den Umfang des Versicherungsschutzes, der für den konkreten Versicherungsfall besteht.

Ergreifen Sie jedoch Maßnahmen zur Durchsetzung Ihrer rechtlichen Interessen,
- bevor wir den Umfang des Versicherungsschutzes bestätigt haben und
- entstehen durch solche Maßnahmen Kosten?

Dann tragen wir nur die Kosten, die wir bei einer Bestätigung des Versicherungsschutzes vor Einleitung dieser Maßnahmen zu tragen gehabt hätten.

4.1.3 Den Rechtsanwalt können Sie auswählen.

Wir wählen den Rechtsanwalt aus,
- wenn Sie das verlangen oder
- wenn Sie keinen Rechtsanwalt benennen und uns die umgehende Beauftragung eines Rechtsanwalts notwendig erscheint.

Wenn wir den Rechtsanwalt auswählen, beauftragen wir ihn in Ihrem Namen. Für die Tätigkeit des Rechtsanwalts sind wir nicht verantwortlich.

4.1.4 Sie müssen nach der Beauftragung des Rechtsanwalts Folgendes tun: Ihren Rechtsanwalt
- vollständig und wahrheitsgemäß unterrichten,
- die Beweismittel angeben,

- die möglichen Auskünfte erteilen,
- die notwendigen Unterlagen beschaffen und

uns auf Verlangen Auskunft über den Stand Ihrer Angelegenheit geben.

4.1.5 Wenn Sie eine der in 4.1.1 und 4.1.4 genannten Obliegenheiten vorsätzlich verletzen, **verlieren Sie Ihren Versicherungsschutz.**

Bei **grob fahrlässiger Verletzung einer Obliegenheit** sind wir berechtigt, unsere Leistung zu kürzen, und zwar in einem der Schwere Ihres Verschuldens entsprechenden Verhältnis. (*Beispiel für „grob fahrlässiges Verhalten": Jemand verletzt die erforderliche Sorgfalt in ungewöhnlich hohem Maße.*)

Wenn Sie eine Auskunfts- oder Aufklärungsobliegenheit nach Eintritt des Versicherungsfalls verletzen, kann auch dies zum vollständigen oder teilweisen Wegfall des Versicherungsschutzes führen. Dies setzt jedoch voraus, dass wir Sie vorher durch gesonderte Mitteilung in Textform (*Beispiel: Brief oder E-Mail*) über diese Pflichten informiert haben.

Der Versicherungsschutz bleibt bestehen, wenn Sie nachweisen, dass Sie die Obliegenheiten nicht grob fahrlässig verletzt haben.

Der Versicherungsschutz bleibt auch in folgendem Fall bestehen: Sie weisen nach, dass die Obliegenheitsverletzung nicht die Ursache war
- für den Eintritt des Versicherungsfalls,
- für die Feststellung des Versicherungsfalls oder
- für die Feststellung oder den Umfang unserer Leistung (*zum Beispiel: Sie haben die Einlegung des Rechtsmittels mit uns nicht abgestimmt. Bei nachträglicher Prüfung hätten wir jedoch auch bei rechtzeitiger Abstimmung die Kostenübernahme bestätigt.*)

Der Versicherungsschutz bleibt nicht bestehen, wenn Sie Ihre Obliegenheit arglistig verletzt haben.

4.1.6 Sie müssen sich bei der Erfüllung der Obliegenheiten die Kenntnis und das Verhalten des von Ihnen beauftragten Rechtsanwalts zurechnen lassen. (*Beispiel: Ihr Anwalt unterrichtet uns nicht rechtzeitig. Dann behandeln wir Sie so, als hätten Sie selbst uns nicht rechtzeitig informiert.*)

Dies gilt, wenn Ihr Rechtsanwalt die Abwicklung des Versicherungsfalls uns gegenüber übernimmt.

4.1.7 Ihre Ansprüche auf Versicherungsleistungen können Sie nur mit unserem schriftlichen Einverständnis abtreten. (*„Abtreten" heißt: Sie übertragen Ihre Ansprüche auf Versicherungsleistung, die Sie uns gegenüber haben, auf Ihren Rechtsanwalt oder eine andere Person.*)

Anhang zu §§ 125 bis 129 VVG ARB 2012

4.1.8 Wenn ein anderer (*zum Beispiel: Ihr Prozessgegner*) Ihnen Kosten der Rechtsverfolgung erstatten muss, dann geht dieser Anspruch auf uns über. Aber nur dann, wenn wir die Kosten bereits beglichen haben.

Sie müssen uns die Unterlagen aushändigen, die wir brauchen, um diesen Anspruch durchzusetzen. Bei der Durchsetzung des Anspruchs müssen Sie auch mitwirken, wenn wir das verlangen.

Wenn Sie diese Pflicht vorsätzlich verletzen und wir deshalb diese Kosten von den anderen nicht erstattet bekommen, dann müssen wir über die geleisteten Kosten hinaus keine weiteren Kosten mehr erstatten.

Wenn Sie grob fahrlässig gehandelt haben, sind wir berechtigt, die Kosten in einem der Schwere Ihres Verschuldens entsprechenden Verhältnis zu kürzen. Sie müssen beweisen, dass Sie nicht grob fahrlässig gehandelt haben. (*Beispiel für „grob fahrlässiges Verhalten": Jemand verletzt die im Verkehr erforderliche Sorgfalt in ungewöhnlich hohem Maße.*)

4.1.9 Hat Ihnen ein anderer (*zum Beispiel: Ihr Prozessgegner*) Kosten der Rechtsverfolgung erstattet und wurden diese zuvor von uns gezahlt? Dann müssen Sie uns diese Kosten zurückzahlen.

4.2	**Weitere besondere Verhaltensregeln/Obliegenheiten**	L Vk F
	im Verkehrs-Rechtsschutz	Vk
	im Fahrzeug-Rechtsschutz	F

Wenn wir einen Versicherungsfall für Sie übernehmen sollen, müssen folgende Bedingungen erfüllt sein: L Vk F
- Der Fahrer muss bei Eintritt des Versicherungsfalls die vorgeschriebene Fahrerlaubnis haben.
- Der Fahrer muss berechtigt sein, das Fahrzeug zu führen.
- Das Fahrzeug muss zugelassen sein oder ein Versicherungskennzeichen (*sogenanntes Nummernschild*) haben.

Was geschieht, wenn gegen diese Bedingungen verstoßen wird?

Dann besteht Versicherungsschutz nur für diejenigen versicherten Personen, die von diesem Verstoß nichts wussten. Das heißt, die Personen haben ohne Verschulden oder höchstens leicht fahrlässig gehandelt. Wenn der Verstoß grob fahrlässig war, sind wir berechtigt, unsere Leistung zu kürzen, und zwar entsprechend der Schwere des Verschuldens. (*Beispiel für „grob fahrlässiges Verhalten": Jemand verletzt die allgemein übliche Sorgfalt in ungewöhnlich hohem Maße.*)

Wenn die versicherte Person nachweist, dass ihre Unkenntnis nicht grob fahrlässig war, bleibt der Versicherungsschutz bestehen.

Der Versicherungsschutz bleibt auch in folgenden Fällen bestehen:

Die versicherte Person oder der Fahrer weist nach, dass der Verstoß nicht ursächlich war für
- den Eintritt des Versicherungsfalls,
- die Feststellung des Versicherungsfalls oder
- den Umfang der von uns zu erbringenden Leistung.

4.3 Besonderheiten im Fahrzeug-Rechtsschutz bei Fahrzeugwechsel oder Verkauf F

Sie haben Versicherungsschutz auch für ein Folgefahrzeug. Wir gehen davon aus, dass Sie ein Folgefahrzeug haben, wenn Sie innerhalb eines Monats vor oder nach dem Verkauf Ihres bei uns versicherten Fahrzeugs ein neues Fahrzeug erwerben. Ihr altes Fahrzeug versichern wir maximal einen Monat ohne zusätzlichen Beitrag mit.

Versicherungsschutz besteht auch für die Durchsetzung Ihrer Interessen im Zusammenhang mit dem beabsichtigten Fahrzeugkauf. (*Beispiel: Sie machen eine Anzahlung für ein Kfz, der Verkäufer weigert sich aber, dieses auszuliefern.*)

Sie müssen uns den Verkauf oder Verlust Ihres Fahrzeugs innerhalb von zwei Monaten melden. Außerdem müssen Sie uns über Ihr Folgefahrzeug informieren.

Bei Verstoß gegen diese Obliegenheiten haben Sie Versicherungsschutz nur dann, wenn Sie die Meldung ohne Verschulden oder leicht fahrlässig versäumt haben. Wenn Sie grob fahrlässig gehandelt haben, sind wir berechtigt, unsere Leistungen zu kürzen, und zwar je nach Schwere des Verschuldens. Wenn Sie nachweisen, dass Sie nicht grob fahrlässig gehandelt haben, bleibt Ihr Versicherungsschutz bestehen. (*Beispiel für „grob fahrlässiges Verhalten": Jemand verletzt die im Verkehr erforderliche Sorgfalt in ungewöhnlich hohem Maße.*)

Der Versicherungsschutz bleibt auch in folgendem Fall bestehen:

Sie weisen nach, dass der Verstoß gegen die genannten Obliegenheiten nicht die Ursache war
- für den Eintritt des Versicherungsfalls oder
- für die Feststellung des Versicherungsfalls oder
- für den Umfang unserer Leistung.

Unter zwei Bedingungen können Sie Ihren Versicherungsvertrag mit uns <u>sofort</u> kündigen:
- Es ist seit mindestens sechs Monaten kein Fahrzeug (*im Sinne 2.1*) auf Ihren Namen zugelassen.
- Es ist auch kein Fahrzeug mit einem Versicherungskennzeichen (*sogenanntes Nummernschild*) auf Ihren Namen versehen. Unabhängig

davon haben Sie das Recht, von uns eine Herabsetzung Ihres Versicherungsbeitrags nach 7.9.2 zu verlangen.

5. In welchen Ländern sind Sie versichert? A

5.1 Hier haben Sie Versicherungsschutz

Sie haben Versicherungsschutz, wenn ein Gericht oder eine Behörde in folgenden Gebieten gesetzlich zuständig ist oder wäre und Sie Ihre Rechtsinteressen dort verfolgen:
- in Europa,
- in den Anliegerstaaten des Mittelmeers,
- auf den Kanarischen Inseln,
- auf Madeira.

Ausnahme: Haben Sie Steuer-, Sozialgerichts- oder Opfer-Rechtsschutz *(siehe 2.2.5, 2.2.6, 2.2.12)* versichert, gilt dieser nur vor deutschen Gerichten.

5.2 Hier haben Sie Versicherungsschutz mit Einschränkungen

Für die Wahrnehmung Ihrer rechtlichen Interessen außerhalb des Geltungsbereichs nach 5.1 tragen wir die Kosten bis zu einem Höchstbetrag von xxx Euro.

Dies tun wir unter **folgenden Voraussetzungen**:
- Ihr Versicherungsfall muss dort während eines höchstens sechswöchigen Aufenthalts eingetreten sein,
- dieser Aufenthalt darf nicht beruflich bedingt sein,
- der Versicherungsschutz darf nicht auf deutsche Gerichte beschränkt sein *(siehe Ausnahme zu 5.1)*,
- Sie nehmen nicht Interessen im Zusammenhang mit dem Erwerb oder der Veräußerungen von dinglichen Rechten wahr.

6. Wann beginnt und endet Ihre Rechtsschutzversicherung? A

6.1 Beginn des Versicherungsschutzes

Der Versicherungsschutz beginnt zu dem im Versicherungsschein angegebenen Zeitpunkt. Voraussetzung für den Versicherungsschutz ist, dass Sie den ersten oder den einmaligen Beitrag unverzüglich nach Ablauf von 14 Tagen nach Zugang des Versicherungsscheins zahlen *(siehe 7.4.1)*.

Eine vereinbarte Wartezeit bleibt unberührt *(das heißt: sie gilt in jedem Fall)*.

6.2 Dauer und Ende des Vertrages

6.2.1 Vertragsdauer

Der Vertrag ist für die im Versicherungsschein angegebene Zeit abgeschlossen.

6.2.2 Stillschweigende Verlängerung

Bei einer Vertragsdauer von mindestens einem Jahr verlängert sich der Vertrag um jeweils ein weiteres Jahr, wenn der Vertrag nicht gekündigt wird. Kündigen können sowohl Sie als auch wir. Die Kündigung muss Ihnen oder uns spätestens drei Monate vor dem Ablauf der Vertragszeit zugehen.

6.2.3 Vertragsbeendigung

Bei einer Vertragsdauer von weniger als einem Jahr endet der Vertrag zum vorgesehenen Zeitpunkt, ohne dass es einer Kündigung bedarf.

Bei einer Vertragsdauer von mehr als drei Jahren können Sie den Vertrag schon zum Ablauf des dritten Jahres oder jedes darauf folgenden Jahres kündigen. Ihre Kündigung muss uns spätestens drei Monate vor Ablauf des jeweiligen Jahres zugehen.

6.2.4 Ist der Versicherungsschutz nicht mehr nötig, weil sich die äußeren Umstände geändert haben? *(Beispiel: Sie teilen uns mit, dass Sie kein Auto mehr haben.)* Dann gilt Folgendes *(sofern nichts anderes vereinbart ist)*:

6.2.4.1 Der Vertrag endet, sobald wir erfahren haben, dass sich die äußeren Umstände geändert haben.

Beiträge stehen uns nur anteilig bis zu diesem Zeitpunkt zu.

6.2.4.2 Der Versicherungsschutz besteht über Ihren Tod hinaus bis zum Ende der Versicherungsperiode. Dies gilt, wenn der Beitrag am Todestag gezahlt war und die Versicherung nicht aus sonstigen Gründen beendet ist. Wenn der nächste fällige Beitrag bezahlt wird, bleibt der Versicherungsschutz bestehen.

Derjenige, der den Beitrag gezahlt hat oder für den gezahlt wurde, wird anstelle des Verstorbenen Versicherungsnehmer. Er kann innerhalb eines Jahres nach dem Todestag verlangen, dass der Versicherungsvertrag vom Todestag an beendet wird.

6.2.5 Kündigung nach Versicherungsfall

6.2.5.1 Wenn wir Ihren Versicherungsschutz ablehnen, obwohl wir zur Leistung verpflichtet sind, können Sie den Vertrag vorzeitig kündigen. Die Kündi-

Anhang zu §§ 125 bis 129 VVG ARB 2012

gung muss uns innerhalb eines Monats zugehen, nachdem Sie unsere Ablehnung erhalten haben.

6.2.5.2 Sind mindestens zwei Versicherungsfälle innerhalb von zwölf Monaten eingetreten und besteht für diese Versicherungsschutz? In diesem Fall können sowohl Sie als auch wir den Vertrag vorzeitig kündigen.

Wann müssen Sie oder wir kündigen? Die Kündigung muss uns beziehungsweise Ihnen innerhalb eines Monats zugehen, nachdem wir unsere Leistungspflicht für den zweiten Versicherungsfall bestätigt haben. Die Kündigung muss in Textform *(Beispiel: E-Mail)* erfolgen.

Wenn Sie kündigen, wird Ihre Kündigung wirksam, sobald sie uns zugeht. Sie können jedoch bestimmen, dass die Kündigung zu einem späteren Zeitpunkt wirksam wird; spätestens jedoch am Ende des Versicherungsjahrs.

Unsere Kündigung wird einen Monat, nachdem Sie sie erhalten haben, wirksam.

6.2.6 Versichererwechsel

Damit Sie bei einem Versichererwechsel möglichst keine Nachteile haben, haben Sie uns gegenüber Anspruch auf Versicherungsschutz in folgenden Fällen *(dies gilt abweichend von den Regelungen unter 3.1.2 bis 3.1.4)*:

– Der Versicherungsfall ist in unserer Vertragslaufzeit eingetreten. Der Versicherungsschutz gilt auch dann, wenn die Willenserklärung oder Rechtshandlung, die den Versicherungsfall ausgelöst hat, in die Vertragslaufzeit des Vorversicherers fällt.

– Der Versicherungsfall liegt zwar in der Vertragslaufzeit des Vorversicherers, der Anspruch wird aber erstmals später als drei Jahre nach Beendigung der Vorversicherung geltend gemacht. Die Meldung beim Vorversicherer darf jedoch nicht vorsätzlich oder grob fahrlässig ver säumt worden sein. *(Beispiel für „grob fahrlässiges Verhalten": Jemand verletzt die im Verkehr erforderliche Sorgfalt in ungewöhnlich hohem Maße.)*

– Der Versicherungsfall im Steuer-Rechtsschutz vor Gerichten *(Beispiel: Steuerbescheid)* fällt in unsere Vertragslaufzeit, die Grundlagen für Ihre Steuer- oder Abgabenfestsetzung sind aber in der Vertragslaufzeit des Vorversicherers eingetreten *(Beispiel: Sie erhalten in unserer Vertragslaufzeit einen Steuerbescheid, der ein Steuerjahr in der Vertragszeit des Vorversicherers betrifft.)*

Voraussetzung für Versicherungsschutz ist in allen eben genannten Fällen, dass
- Sie bei Ihrer vorherigen Versicherung gegen dieses Risiko versichert waren und
- der Wechsel zu uns lückenlos erfolgt ist.

In diesen Fällen haben Sie Versicherungsschutz in genau dem Umfang, den Sie bei Ihrem Vorversicherer versichert hatten; höchstens jedoch im Umfang des von Ihnen mit uns geschlossenen Vertrages.

7. Wann und wie müssen Sie Ihren Beitrag zahlen?

7.1 Beitragszahlung

Die Beiträge können Sie je nach Vereinbarung monatlich, vierteljährlich, halbjährlich oder jährlich bezahlen. Die Versicherungsperiode umfasst dementsprechend
- bei Monatsbeiträgen einen Monat,
- bei Vierteljahresbeiträgen ein Vierteljahr,
- bei Halbjahresbeiträgen ein Halbjahr und
- bei Jahresbeiträgen ein Jahr.

7.2 Versicherungsjahr

Das Versicherungsjahr dauert grundsätzlich zwölf Monate. Besteht die vereinbarte Vertragsdauer jedoch nicht aus ganzen Jahren, wird das erste Versicherungsjahr entsprechend verkürzt. Die folgenden Versicherungsjahre bis zum vereinbarten Vertragsablauf sind jeweils ganze Jahre. (*Beispiel: Bei einer Vertragsdauer von 15 Monaten beträgt das erste Versicherungsjahr 3 Monate, das folgende Versicherungsjahr 12 Monate.*)

7.3 Versicherungssteuer

Der Versicherungsbeitrag enthält die Versicherungssteuer, die Sie in der jeweils vom Gesetz bestimmten Höhe zu entrichten haben.

7.4 Zahlung und Folgen verspäteter Zahlung/Erster Beitrag

7.4.1 Fälligkeit der Zahlung

Wenn Sie den Versicherungsschein von uns erhalten, müssen Sie den ersten Beitrag unverzüglich nach Ablauf von 14 Tagen bezahlen. („*Unverzüglich*" heißt nicht unbedingt „*sofort*", sondern „*ohne schuldhaftes Zögern bzw. so schnell wie eben möglich*".)

7.4.2 Späterer Beginn des Versicherungsschutzes

Wenn Sie den ersten Beitrag zu einem späteren Zeitpunkt bezahlen, beginnt der Versicherungsschutz erst ab diesem späteren Zeitpunkt. Auf diese Folge einer verspäteten Zahlung müssen wir Sie allerdings aufmerksam gemacht haben, und zwar in Textform (*Beispiel: Brief oder E-Mail*) oder durch einen auffallenden Hinweis im Versicherungsschein.

Wenn Sie uns nachweisen, dass Sie die verspätete Zahlung nicht verschuldet haben, beginnt der Versicherungsschutz zum vereinbarten Zeitpunkt.

7.4.3 Rücktritt

Wenn Sie den ersten Beitrag nicht rechtzeitig bezahlen, können wir vom Vertrag zurücktreten, solange der Beitrag nicht bezahlt ist. Wir können nicht zurücktreten, wenn Sie nachweisen, dass Sie die verspätete Zahlung nicht verschuldet haben.

7.5 Zahlung und Folgen verspäteter Zahlung/Folgebeitrag

7.5.1 Die Folgebeiträge werden zu dem jeweils vereinbarten Zeitpunkt fällig.

7.5.2 Verzug

Wenn Sie einen Folgebeitrag nicht rechtzeitig bezahlen, geraten Sie in Verzug, auch ohne dass Sie eine Mahnung von uns erhalten haben. Wir sind dann berechtigt, Ersatz für den Schaden zu verlangen, der uns durch den Verzug entstanden ist *(siehe 7.5.3)*.

Sie geraten <u>nicht</u> in Verzug, wenn Sie die verspätete Zahlung nicht verschuldet haben.

7.5.3 Zahlungsaufforderung

Wenn Sie einen Folgebeitrag nicht rechtzeitig bezahlen, können wir Ihnen eine Zahlungsfrist einräumen. Das geschieht in Textform (*Beispiel: Brief oder E-Mail*) und auf Ihre Kosten. Diese Zahlungsfrist muss mindestens zwei Wochen betragen.

Unsere Zahlungsaufforderung ist nur wirksam, wenn sie folgende Informationen enthält:
- Die ausstehenden Beträge, die Zinsen und die Kosten müssen im Einzelnen beziffert sein und
- die Rechtsfolgen müssen angegeben sein, die nach 7.5.4 mit der Fristüberschreitung verbunden sind.

7.5.4 Welche rechtlichen Folgen hat die Fristüberschreitung?
- Verlust des Versicherungsschutzes
  Wenn Sie nach Ablauf der Zahlungsfrist immer noch nicht bezahlt haben, haben Sie ab diesem Zeitpunkt bis zur Zahlung **keinen Versicherungsschutz**. Allerdings müssen wir Sie bei unserer Zahlungsaufforderung nach 7.5.3 auf den Verlust des Versicherungsschutzes hingewiesen haben.

- Kündigung des Versicherungsvertrags
  Wenn Sie nach Ablauf der Zahlungsfrist immer noch nicht bezahlt haben, können wir den Vertrag **kündigen**, ohne eine Frist einzuhalten. Allerdings müssen wir Sie bei unserer Zahlungsaufforderung nach 7.5.3 auf die fristlose Kündigungsmöglichkeit hingewiesen haben.

  Wenn wir Ihren Vertrag gekündigt haben und Sie danach innerhalb eines Monats den angemahnten Betrag bezahlen, besteht der Vertrag fort. Dann aber haben Sie für Versicherungsfälle, die zwischen dem Ablauf der Zahlungsfrist und Ihrer Zahlung eingetreten sind, **keinen Versicherungsschutz**.

7.6 Rechtzeitige Zahlung bei Sepa-Lastschriftmandat

7.6.1 Wenn wir die Einziehung des Beitrags von einem Konto vereinbart haben, gilt die Zahlung als rechtzeitig, wenn
- **der Beitrag zu dem Fälligkeitstag eingezogen werden kann und**
- **Sie der Einziehung nicht widersprechen.**

Was geschieht, wenn der fällige Beitrag ohne Ihr Verschulden nicht eingezogen werden kann? In diesem Fall ist die Zahlung auch dann noch rechtzeitig, wenn Sie nach einer Aufforderung in Textform (*Beispiel: Brief oder E-Mail*) unverzüglich zahlen. (*„Unverzüglich" heißt nicht unbedingt „sofort", sondern „ohne schuldhaftes Zögern bzw. so schnell wie eben möglich".*)

7.6.2 Beendigung des Lastschriftverfahrens

Wenn Sie dafür verantwortlich sind, dass der fällige Beitrag nicht eingezogen werden kann, sind wir berechtigt, künftig eine andere Zahlungsweise zu verlangen. Sie müssen allerdings erst dann zahlen, wenn wir Sie hierzu in Textform (*Beispiel: Brief oder E-Mail*) aufgefordert haben.

7.7 Beitrag bei *vorzeitiger* Vertragsbeendigung

In diesem Fall haben wir nur Anspruch auf den Teil des Beitrags, der dem Zeitraum des Versicherungsschutzes entspricht. Das gilt, soweit nicht etwas anderes bestimmt ist.

7.8 Beitragsanpassung

7.8.1 Warum nehmen wir eine Beitragsanpassung vor?

Die Beiträge sind Ihre Gegenleistung für unser Leistungsversprechen. Wir benötigen die Beiträge, damit wir unsere Leistungsverpflichtungen in allen versicherten Schadensfällen erfüllen können. Wir prüfen deshalb jährlich, ob der Beitrag wegen einer Veränderung des Schadensbedarfs anzupassen ist.

Die Ermittlung des Veränderungswerts *(siehe 7.8.2)* kann dazu führen, dass der Beitrag erhöht oder gesenkt wird oder in der bisherigen Höhe bestehen bleibt.

7.8.2 Ermittlung des Veränderungswerts als Grundlage der Beitragsanpassung

Der ermittelte Veränderungswert ist maßgeblich für die Frage, ob der Beitrag in der bisherigen Höhe bestehen bleibt.

7.8.2.1 Statistische Ermittlung durch einen unabhängigen Treuhänder

Ein unabhängiger Treuhänder ermittelt bis zum 1. Juli eines jeden Jahres einen **Veränderungswert** für die Beitragsanpassung. Der Treuhänder legt bei seiner Ermittlung die Daten einer möglichst großen Zahl von Unternehmen, die die Rechtsschutzversicherung anbieten, zugrunde, so dass der von ihm ermittelte Wert den gesamten Markt der Rechtsschutzversicherung bestmöglich widerspiegelt.

Der Ermittlung des Veränderungswerts liegt folgende Fragestellung (*Berechnungsmethode*) zugrunde:

Um wie viel Prozent hat sich im letzten Kalenderjahr der Bedarf für Zahlungen (*das heißt: das Produkt von Schadenhäufigkeit und Durchschnitt der Schadenzahlungen*) gegenüber dem vorletzten Kalenderjahr (*Bezugsjahre*) erhöht oder vermindert?

(*Als Schadenhäufigkeit eines Kalenderjahres gilt die Anzahl der in diesem Jahr gemeldeten Versicherungsfälle, geteilt durch die Anzahl der im Jahresmittel versicherten Risiken. Mit anderen Worten: die Schadenhäufigkeit gibt an, für wie viel Prozent der versicherten Verträge ein Schaden gemeldet worden ist. Um den Durchschnitt der Schadenzahlungen eines Kalenderjahres zu berechnen, werden alle in diesem Jahr erledigten Versicherungsfälle betrachtet. Die Summe der insgesamt geleisteten Zahlungen für diese Versicherungsfälle wird durch deren Anzahl geteilt.*)

Veränderungen, die aus Leistungsverbesserungen (*zum Beispiel: Einschluss einer neuen Leistungsart*) herrühren, berücksichtigt der Treuhänder nur, wenn die Leistungsverbesserungen in beiden Vergleichsjahren zum Leistungsinhalt gehörten.

Der Treuhänder ermittelt den Veränderungswert getrennt für folgende **Vertragsgruppen:**

– Verkehrs-, Fahrzeug- und Fahrer-Rechtsschutz,
– Privat- und Berufs-Rechtsschutz, Rechtsschutz für Selbstständige oder Firmen, Vereins-, sowie Wohnungs- und Grundstücks-Rechtsschutz,
– Privat-, Berufs- und Verkehrs-Rechtsschutz sowie Rechtsschutz für Landwirte,

– Rechtsschutz für Selbstständige oder Firmen mit Privat-, Berufs-, Verkehrs- sowie Wohnungs- und Grundstücks-Rechtsschutz.

Innerhalb jeder Vertragsgruppe wird der Veränderungswert getrennt für Verträge mit und ohne Selbstbeteiligung ermittelt. Die so ermittelten Veränderungswerte gelten jeweils einheitlich für alle in der Gruppe zusammengefassten Verträge mit bzw. ohne Selbstbeteiligung.

Der Treuhänder **rundet** einen nicht durch 2,5 teilbaren Veränderungswert auf die nächst geringere positive durch 2,5 teilbare Zahl ab *(Beispielsweise wird 8,4 % auf 7,5 % abgerundet.)* bzw. auf die nächst größere negative durch 2,5 teilbare Zahl auf *(Beispielsweise wird -8,4 % auf -7,5 % aufgerundet.)*. Veränderungswerte im Bereich von -5 % bis +5 % werden nicht gerundet.

7.8.2.2 Ermittlung aufgrund unternehmenseigener Zahlen

Auf der Grundlage unserer unternehmenseigenen Zahlen ermitteln wir bis zum 1. Juli eines jeden Jahres den für unser Unternehmen individuellen Veränderungswert. Dabei wenden wir die für die Ermittlung durch den unabhängigen Treuhänder geltenden Regeln *(siehe 7.8.2.1)* entsprechend an.

7.8.3 Welches ist der für die Anpassung des Beitrags maßgebliche Veränderungswert?

Grundsatz: Für die Beitragsanpassung *(Erhöhung oder Senkung)* ist grundsätzlich der Veränderungswert maßgeblich, den der unabhängige Treuhänder ermittelt hat *(siehe 7.8.2.1)*.

Ausnahme: Wir vergleichen unseren unternehmensindividuellen Veränderungswert mit dem vom Treuhänder nach 7.8.2.1 ermittelten Wert. Unser unternehmensindividueller Wert ist dann für die Beitragsanpassung maßgeblich, wenn dieser Vergleich ergibt,

– dass unser Wert unter dem vom Treuhänder ermittelten Wert liegt und
– dies auch in den zwei letzten Kalenderjahren der Fall ist, in denen eine Beitragsanpassung zulässig war.

Die zu betrachtenden Kalenderjahre müssen nicht notwendig unmittelbar aufeinander folgen.

7.8.4 Unterbleiben einer Beitragsanpassung

Eine Beitragsanpassung unterbleibt, wenn der vom unabhängigen Treuhänder ermittelte Veränderungswert *(siehe 7.8.2.1)* geringer +5 % und größer -5 % ist. Dieser Veränderungswert wird bei der Ermittlung der Voraussetzungen für die nächste Beitragsanpassung mit berücksichtigt *(Dies geschieht, indem das Bezugsjahr solange beibehalten wird, bis*

Anhang zu §§ 125 bis 129 VVG   ARB 2012

die 5 %-Grenze erreicht wird. Es wird immer der Bedarf für Zahlungen aus dem jeweiligen Vorjahr mit dem Bedarf für Zahlungen aus dem „festgehaltenen" Bezugsjahr verglichen.)

Unabhängig von der Höhe des Veränderungswerts unterbleibt eine Beitragsanpassung bei Verträgen, bei denen seit dem Versicherungsbeginn noch nicht 12 Monate abgelaufen sind.

7.8.5 Erhöhung oder Senkung des Beitrags

Wenn der maßgebliche Veränderungswert +5 % oder mehr beträgt, sind wir berechtigt, den Beitrag entsprechend zu **erhöhen**. Der angepasste Beitrag darf nicht höher sein als der für Neuverträge geltende Tarifbeitrag. Wenn der maßgebliche Veränderungswert -5 % oder weniger beträgt, sind wir verpflichtet, den Beitrag entsprechend zu **senken**.

7.8.6 Wann wird die Beitragsanpassung wirksam?

Die Beitragsanpassung wird zu Beginn des zweiten Monats wirksam, der auf unsere Mitteilung über die Beitragsanpassung folgt. Sie gilt für alle Beiträge, die nach unserer Mitteilung ab einschließlich 1. Oktober fällig werden.

In der Mitteilung weisen wir Sie auf Ihr außerordentliches Kündigungsrecht hin *(siehe 7.8.7)*.

7.8.7 Ihr außerordentliches Kündigungsrecht

Wenn sich der Beitrag erhöht, können Sie den Versicherungsvertrag mit sofortiger Wirkung kündigen. Sie können frühestens jedoch zu dem Zeitpunkt kündigen, an dem die Beitragserhöhung wirksam wird *(siehe 7.8.5)*. Ihre Kündigung muss uns innerhalb eines Monats zugehen, nachdem Ihnen unsere Mitteilung über die Beitragsanpassung zugegangen ist.

Wenn sich der Beitrag ausschließlich wegen einer Erhöhung der Versicherungssteuer erhöht, steht Ihnen das Recht zur außerordentlichen Kündigung nicht zu.

7.9 Änderung wesentlicher Umstände der Beitragsfestsetzung

7.9.1 Wenn nach Vertragsabschluss ein Umstand eintritt, der einen höheren als den vereinbarten Versicherungsbeitrag rechtfertigt, können wir von da ab diesen höheren Beitrag verlangen. Denn damit sichern wir eine höhere Gefahr ab *(Beispiel: Sie haben ein Auto bei uns versichert und schaffen sich jetzt zusätzlich ein Motorrad an.)*.

Wenn wir diese höhere Gefahr auch gegen einen höheren Beitrag nicht versichern können, müssen wir die Absicherung gegen diese Gefahr ausschließen.

In folgenden Fällen können Sie den Versicherungsvertrag kündigen:
- Ihr Beitrag erhöht sich um mehr als 10 Prozent oder
- wir lehnen die Absicherung der höheren Gefahr ab.

In diesen Fällen können Sie den Vertrag innerhalb eines Monats, nachdem Ihnen unsere Mitteilung zugegangen ist, ohne eine Frist kündigen. In unserer Mitteilung müssen wir Sie auf Ihr Kündigungsrecht hinweisen.

Nachdem wir von der Erhöhung der Gefahr Kenntnis erhalten haben, müssen wir unser Recht auf Beitragsänderung innerhalb eines Monats ausüben.

7.9.2 Wenn nach Vertragsabschluss ein Umstand eintritt, der einen niedrigeren als den vereinbarten Versicherungsbeitrag rechtfertigt, können wir von da ab nur noch diesen niedrigeren Beitrag verlangen. Sie müssen uns diesen Umstand innerhalb von zwei Monaten anzeigen. Wenn Sie uns nach Ablauf von zwei Monaten informieren, wird Ihr Versicherungsbeitrag erst zu dem Zeitpunkt herabgesetzt, zu dem Sie uns informiert haben.

7.9.3 Wenn wir Sie auffordern, uns die zur Beitragsberechnung erforderlichen Angaben zu machen, müssen Sie uns diese innerhalb eines Monats zuschicken. Wenn Sie dieser Verpflichtung nicht nachkommen, können wir den Versicherungsvertrag mit einer Frist von einem Monat kündigen. Es sei denn, Sie weisen uns nach, dass Sie nicht vorsätzlich oder grob fahrlässig gehandelt haben. (*Beispiel für „grob fahrlässiges Verhalten": Jemand verletzt die im Verkehr erforderliche Sorgfalt in ungewöhnlich hohem Maße.*)

In folgenden Fällen haben Sie <u>keinen</u> Versicherungsschutz:
- Sie machen innerhalb der Frist vorsätzlich falsche Angaben.
- Sie unterlassen vorsätzlich erforderliche Angaben.
- Der Versicherungsfall tritt später als einen Monat nach dem Zeitpunkt ein, zu dem Sie uns über die Gefahrerhöhung hätten informieren müssen. Ihr Versicherungsschutz entfällt <u>nicht</u>, wenn uns die zur Beitragsberechnung erforderlichen Angaben bereits bekannt waren.

Wenn **Sie grob fahrlässig Angaben verschwiegen** oder **unrichtige Angaben gemacht** haben, können wir den Umfang unserer Leistungen kürzen, und zwar in einem der Schwere Ihres Verschuldens entsprechendem Verhältnis.

Sie müssen nachweisen, dass Sie nicht grob fahrlässig gehandelt haben. (*Beispiel für „grob fahrlässiges Verhalten": Jemand verletzt die im Verkehr erforderliche Sorgfalt in ungewöhnlich hohem Maße.*)

Ausnahme: In folgenden Fällen haben Sie trotzdem Versicherungsschutz:
- Sie weisen uns nach, dass die Veränderung weder den Eintritt des Versicherungsfalls beeinflusst noch den Umfang unserer Leistung erhöht hat.
- Die Frist für unsere Kündigung ist abgelaufen und wir haben nicht gekündigt.

Die soeben beschriebenen Regelungen werden nicht angewandt, wenn
- die Veränderung so unerheblich ist, dass diese nicht zu einer Erhöhung der Beiträge führen würde oder
- ersichtlich ist, dass diese Veränderung mitversichert sein soll.

8. Wann verjähren Ansprüche aus dem Versicherungsvertrag? A

8.1 Gesetzliche Verjährung

Die Ansprüche aus dem Versicherungsvertrag verjähren in drei Jahren.

Die Fristberechnung richtet sich nach den allgemeinen Vorschriften des Bürgerlichen Gesetzbuchs.

8.2 Die Verjährung wird ausgesetzt

Wenn Sie einen Anspruch aus Ihrem Versicherungsvertrag bei uns angemeldet haben, ist die Verjährung ausgesetzt. Die Aussetzung wirkt von der Anmeldung bis zu dem Zeitpunkt, zu dem Ihnen unsere Entscheidung in Textform zugeht (*Das heißt: bei der Berechnung der Verjährungsfrist berücksichtigen wir zu Ihren Gunsten den Zeitraum von der Meldung bis zum Eintreffen unserer Entscheidung bei Ihnen nicht*).

9. Welches Recht ist anzuwenden und wo ist der Gerichtsstand? A

9.1 Anzuwendendes Recht

Für diesen Versicherungsvertrag gilt deutsches Recht.

9.2 Klagen gegen das Versicherungsunternehmen

Wenn Sie uns verklagen wollen, können Sie die Klage an folgenden Orten einreichen:
- Am Sitz des Versicherungsunternehmens oder am Sitz der für Ihren Vertrag zuständigen Niederlassung,
- oder, wenn Sie eine natürliche Person sind, auch am Gericht Ihres Wohnsitzes. (*Eine „natürliche Person" ist ein Mensch, im Gegensatz zur „juristischen Person"; das ist zum Beispiel eine GmbH, eine AG oder ein Verein*). Haben Sie keinen Wohnsitz, können Sie die Klage am Gericht Ihres gewöhnlichen Aufenthalts einreichen.

9.3 Klagen gegen den Versicherungsnehmer

Wenn wir Sie verklagen müssen, können wir die Klage an folgenden Orten einreichen:
- Wenn Sie eine natürliche Person sind, am Gericht Ihres Wohnsitzes. (Eine „natürliche Person" ist ein Mensch, im Gegensatz zur „juristischen Person"; das ist zum Beispiel eine GmbH, eine AG oder ein Verein). Haben Sie keinen Wohnsitz, können wir die Klage am Gericht Ihres gewöhnlichen Aufenthalts einreichen.
- Wenn Ihr Wohnsitz oder Ihr gewöhnlicher Aufenthalt zum Zeitpunkt der Klageerhebung nicht bekannt ist, am Sitz unseres Versicherungsunternehmens oder am Sitz der für Ihren Vertrag zuständigen Niederlassung.
- Wenn Sie eine juristische Person sind oder eine Offene Handelsgesellschaft, Kommanditgesellschaft, Gesellschaft bürgerlichen Rechts oder eine eingetragene Partnerschaftsgesellschaft, ist das Gericht an Ihrem Sitz oder Ihrer Niederlassung zuständig.

Anhang: Beitragsfreiheit bei Arbeitslosigkeit (Zahlungspause) A

1. Wir bieten Ihnen die Möglichkeit, Ihren Versicherungsschutz aufrechtzuerhalten, ohne dass Sie Ihren Versicherungsbeitrag zahlen müssen.

 Die Voraussetzungen hierfür sind:
 - Die Regelung muss zwischen uns vereinbart sein.
 - Sie sind arbeitslos gemeldet *(§ 137 Sozialgesetzbuch III)* bzw. berufs- oder erwerbsunfähig *(§ 43 Sozialgesetzbuch VI)*.

 Die Regelung gilt höchstens für xxx Jahre. Dies gilt auch dann, wenn während der Zahlungspause mehrere dieser Voraussetzungen gegeben sind *(Beispiel: erst Arbeitslosigkeit, dann Erwerbsunfähigkeit)*.

 Nach Ihrem Tod gilt die Zahlungspause für die Person, die den Versicherungsvertrag mit uns fortführt.
2. Eine Zahlungspause nach 1. tritt nicht ein,
2.1 wenn eine andere Person verpflichtet ist oder verpflichtet wäre, den Beitrag zu zahlen – davon ausgenommen ist eine gesetzliche Unterhaltspflicht – oder
2.2 wenn Sie bereits vor Versicherungsbeginn arbeitslos bzw. berufs- oder erwerbsunfähig geworden sind oder
2.3 wenn die Arbeitslosigkeit oder die Berufs- bzw. Erwerbsunfähigkeit innerhalb von 6 Monaten nach Versicherungsbeginn eintritt. Dies gilt nicht, wenn die Berufs- bzw. Erwerbsunfähigkeit <u>Folge eines Unfalls</u> innerhalb dieses Zeitraums ist oder

2.4 wenn die Arbeitslosigkeit oder Berufs- bzw. Erwerbsunfähigkeit verursacht ist durch
- militärische Konflikte,
- innere Unruhen,
- Streiks oder
- Nuklearschäden – ausgenommen durch eine medizinische Behandlung

oder

2.5 wenn die Arbeitslosigkeit oder Berufs- bzw. Erwerbsunfähigkeit von Ihnen vorsätzlich verursacht wurde oder im ursächlichen Zusammenhang mit einer von Ihnen begangenen vorsätzlichen Straftat steht.

3. Den Anspruch auf Zahlungspause müssen Sie unverzüglich geltend machen.

(*„Unverzüglich" heißt nicht unbedingt „sofort", sondern „ohne schuldhaftes Zögern bzw. so schnell wie eben möglich".*)

Sie müssen
- uns Auskunft über alle Umstände Ihres Anspruchs erteilen und
- uns nachweisen, dass die Voraussetzung für eine Zahlungspause nach 1. gegeben ist. Zum Nachweis müssen Sie eine amtliche Bescheinigung vorlegen.

4. Wir können Sie höchstens alle drei Monate auffordern, aktuelle Nachweise dafür vorzulegen, ob Sie noch die Voraussetzung für eine Zahlungspause erfüllen.

Wenn Sie dieser Aufforderung nicht unverzüglich nachkommen, beenden wir die Zahlungspause. (*„Unverzüglich" heißt nicht unbedingt „sofort", sondern „ohne schuldhaftes Zögern bzw. so schnell wie eben möglich".*) Diese Zahlungspause tritt jedoch mit sofortiger Wirkung wieder in Kraft, wenn die Auskünfte und Nachweise nachgereicht werden.

Die Punkte 1. bis 3. gelten nicht im Todesfall oder solange ein anderer bereits erbrachter Nachweis für die Zahlungspause noch vorliegt.

5. Diese Zusatzvereinbarung können wir oder Sie kündigen, und zwar drei Monate vor dem Ende jedes Versicherungsjahrs.

Die Zusatzvereinbarung endet automatisch, wenn
- Sie das 60. Lebensjahr erreichen,
- Sie sterben oder
- die Person, die nach Ihrem Tod Ihren Versicherungsvertrag mit uns fortführt, zum Zeitpunkt Ihres Todes das 60. Lebensjahr beendet hat.

Für Mitversicherte aus Ihrem Versicherungsvertrag gilt diese Zusatzvereinbarung nicht.

Kapitel 3
Transportversicherung

Vorbemerkungen zu den §§ 130 bis 141 VVG

§§ 130 ff. VVG regeln das deutsche Transportversicherungsrecht, soweit es sich um 1
1. die Versicherung von Gütern gegen alle Gefahren der Beförderung zu Lande und auf Binnengewässern, deren Lagerung (Sachversicherung), sowie
2. die Versicherung von Schiffen gegen die Gefahren der Binnenschifffahrt (Kaskoversicherung)
3. einschließlich der Haftpflicht für Kollisionsschäden (Haftpflichtversicherung) (Begr. BT-Drucks 16/3945, S. 91)

handelt (**Binnentransportversicherung**) – im Gegensatz zur Seeversicherung, die im VVG nicht geregelt ist (§ 209 VVG).

Der Begriff der „Transportversicherung" ist gesetzlich nicht klar definiert, was in Einzelfällen zu Abgrenzungsschwierigkeiten führt. Bei dem Versicherungszweig der Transportversicherung handelt es sich um eine Schadenversicherung einmal in Form einer Sachversicherung für Güterschäden, weiter einer Kaskoversicherung für Binnenschiffe, außerdem einer Haftpflichtversicherung für Binnenschiffe bei Kollisionsschäden und schließlich einer Versicherung gegen die Beiträge zur großen Havarei (Begründung BT-Drucks 16/3945, S. 91 f.). Etwas missverständlich umfasst die Transportversicherung nationale und internationale Straßengüter- und Schienentransporte sowie nationale und internationale Schiffstransporte, jedoch nur auf Binnengewässern. Fälschlich wird die Transportversicherung oft mit der Verkehrshaftungsversicherung (auch Transporthaftungs- oder -haftpflichtversicherung genannt), einer reinen Haftpflichtversicherung, verwechselt, die die – oft begrenzte, verschuldensunabhängige – Haftung des Frachtführers (nach dem HGB, der CMR, der CIM, der CMNI, dem WA, dem MÜ usw.) abdeckt. Sie richtet sich nach den §§ 100 ff. VVG. Die Transportversicherung i.S.v. §§ 130 ff. VVG versichert das reine Sachinteresse und hat mit der Verkehrshaftungsversicherung nichts zu tun. 2

Die VVG-Reform mit den zwingenden Vorschriften und der Aufgabe des „Alles-oder-nichts-Prinzips" hat im Transportversicherungsbereich kaum praktische Bedeutung erlangt. Zu den Folgen bei unterlassener Anpassung der Versicherungsverträge an das neue VVG vgl. *Thume*, TranspR 2012,125. Risiken der Transportversicherung sind – unabhängig von Umsatz, Schadenhöhe etc. – regelmäßig **Großrisiken** i.S.v. § 210 Abs. 2 Nr. 1 VVG i.V.m. Anlage 1 zum VAG (auch die Frachtführerhaftpflichtversicherung). Die Bestimmungen des VVG sind damit weitgehend **dispositiv**, wovon in den jeweiligen AVB, insbesondere den DTV Güter 2000 Gebrauch gemacht wurde. Eine Besonderheit der Transportversicherungen ist die sog. **laufende Versicherung**, bei der in einer Rahmenversicherung (z.B. Generalpolice) die versicherten Interessen bei Vertragsschluss nach Gattungen bezeichnet werden (z.B. Transport von Computerzubehör, Textilien etc.). Erst nach Schadenseintritt erfährt der Versicherer, was konkret bei dem einzelnen Transport transportiert wurde. Die 3

Vorbemerkungen zu den §§ 130 bis 141 VVG

laufende Versicherung stellt den Regelfall dar. Nur im Ausnahmefall werden Einzelversicherungen, also Versicherungen für einzelne Transporte, abgeschlossen. Die Transportversicherung unterscheidet sich deshalb von anderen Schadenversicherungen auch dadurch, dass sie begrifflich weit gefasst ist und weder das versicherte Ereignis noch das versicherte Gut klar und eindeutig umfasst sind. Im Gegensatz zu den anderen Zweigen der Schadensversicherung, die beherrscht sind vom Grundsatz der Spezialität, ist die Transportversicherung beherrscht vom Grundsatz der Universalität der Gefahr (Begr. BT-Drucks, 16/3945).

4 Aufgrund der umfassenden Privatautonomie unterliegen die AVB nur der **AGB-Kontrolle** nach §§ 307 ff. BGB und den bekannten Nichtigkeitsgründen des BGB (§§ 134 ff.) sowie § 242 BGB. Bei der Bewertung des gesetzlichen Leitbildes i.S.d. § 307 BGB sind insb. Bestimmungen des VVG heranzuziehen (BGH, NJW 1985, 559; BGH, NJW 1993, 590; *Ehlers*, TranspR 2007, 5, 10). Weiter ist auf § 310 Abs. 1 BGB und die im Handelsverkehr geltenden Gewohnheiten und Bräuche angemessen Rücksicht zu nehmen. Die Nichtigkeit des dem Versicherungsvertrag zugrunde liegenden Handelsgeschäfts stellt ein fehlendes erlaubtes versichertes Interesse dar und lässt damit den Versicherungsschutz entfallen (vgl. *Thume*, Versicherungen des Transports, TranspR 2006, S. 1 ff.). Dies gilt für Verstöße gegen deutsches Recht wie für internationale Verbote wie z.B. Embargos etc.

5 Die Praxis macht von der weitgehenden Vertragsfreiheit im Bereich des Transportversicherungsrechts regelmäßig Gebrauch (*Thume*, in: Thume/de la Motte, Transportversicherungsrecht, Kap. 3, § 130 Rn 410; *Schmitt*, in: Hdb. FA VersR, Kap. 8 Rn 19 ff.; VersR-Hdb/ *Heiss*, § 38 Rn 23 ff.). Verbreitete Bedingungswerke sind dabei etwa die DTV-Güterversicherungsbedingungen 2000 in der Fassung von 2011 volle Deckung, DTV-Güterversicherungsbedingungen 2000 in der Fassung von 2011 eingeschränkte Deckung, Bestimmungen für die laufende Versicherung – DTV Güter 2000/2011, Bestimmungen für die laufende Versicherung (1984/1994), Institute Cargo Clauses (ICC).

6 Wegen der Unschärfe dieser speziellen Versicherung kann die Einordnung als Transportversicherung im Einzelfall Schwierigkeiten machen. Erforderlich ist nicht, dass die Transportversicherung als solche namentlich benannt wird. Es kommt im Wesentlichen darauf an, dass sich die **typische Transportgefahr** realisiert hat. Maßgeblich ist, dass eine **Ortsveränderung** durchgeführt wird und die Güter in fremde **Obhut** kommen (BGH, VersR 1972, 85). Ob durch ein Transportmittel, wie z.B. Lkw, Eisenbahn, Binnenschiff etc., ist nicht Voraussetzung, wenngleich wohl der Regelfall. Auch ein sog. „Trageumzug" von einer Etage in die andere stellt eine Beförderung dar, fällt unter die frachtrechtliche Haftung und bei der Sachversicherung unter die Transportversicherung. Bestehen mehrere Verträge nebeneinander, kann die Transportversicherung u.U. nur für einen Teilbereich einschlägig sein. Z.B. eine logistische Dienstleistung, wie etwa die Weiterverarbeitung einer Sache, die außerdem mit Einlagerung und Transporten verbunden ist: die logistische Dienstleistung und die Einlagerung wären dann nicht von der Transportversicherung umfasst. Transporte werden i.d.R. nicht als Direkttransporte, sondern als **Sammelguttransporte** durchgeführt. D.h., eine Sendung wird abgeholt und zusammen mit anderen Sendungen zum Umschlagslager gebracht, dort entladen und mit anderen Sendungen wieder auf einen Fernverkehrs-Lkw geladen, zum nächsten Umschlagslager gebracht etc. Entsprechend weit

Vorbemerkungen zu den §§ 130 bis 141 VVG

geht der Schutz der Transportversicherung. Ein Problem ergibt sich bei den **intermodalen Transporten** (Sendung wird in derselben Ladeeinheit mit oder ohne begleitendes Motorfahrzeug auf verschiedenen Verkehrsträgern transportiert – z.b. Container oder Lkw auf Zügen) und den **Multimodaltransporten** (§ 452 HGB, Transport in verschiedenen Ladeeinheiten aufgrund einheitlichen Frachtvertrages mit verschiedenen Beförderungsmitteln – z.B. Lkw und Flugzeug). Hier ist bei unbekanntem Schadensort auf den Schwerpunkt abzustellen (z.b. bei Lkw-Transport zum Flughafen und anschließendem Flug in die USA würde der Lufttransport überwiegen); bei bekanntem Schadensort kommt es auf die jeweilige Teilstrecke an (Prölss/Martin/*Koller*, § 130 Rn 2). Intermodale Transporte und Multimodaltransporte werden in der Praxis in einer Police mit der „all-risk-/Allgefahren-Deckung" versichert.

§ 210 Abs. 2 Nr. 1 VVG i.V.m. Anlage 1 zum VAG sieht nach dem Wortlaut auch die Schienenfahrzeug-Kasko, die Luftfahrzeug-Kasko und die Seeschifffahrts-Kasko als Transportversicherung an. Mit Blick auf die Formulierung in § 130 VVG zählen diese Versicherungen zwar zu den Großrisiken, sind aber nicht als Transportversicherungen zu qualifizieren. Genauso wenig wie die Haftpflicht aus Landtransporten (vgl. Rdn 6) und die Seeschifffahrtshaftpflicht, die (Transport-) Haftpflichtversicherungen sind. 7

Für die Einordnung **unerheblich** ist hingegen, ob 8
– der Transport von einem unabhängigen Dritten (Frachtführer, usw.), dem VN oder Versicherten selbst oder von Arbeitnehmern als Transportpersonen ausgeführt wird,
– das gesetzliche Merkmal der Allgefahrendeckung gem. § 130 Abs. 1 VVG durch die zugrunde liegenden AVB bestätigt oder ganz bzw. teilweise aufgehoben wird,
– eigenes oder fremdes Interesse, das Interesse des Eigentümers oder eines Nichteigentümers versichert ist, und
– auch Vermögensschäden versichert werden.

Bei den folgenden Versicherungen wurde die Qualifikation als Transportversicherung im Einzelnen **bejaht** bzw. **verneint** (Transportversicherung: ja, keine Transportversicherung: nein): 9
– **Ausstellungsversicherung** (VerBAV 51, 163; VerBAV 53, 78; VerBAV 88, 216): nein. Trotz Einschluss des An- und Rücktransports in den Versicherungsschutz überwiegen die Transportrisiken nicht (vgl. OLG Hamm, VersR 1990, 519);
– **Autoinhaltsversicherung** (OLG Koblenz, VersR 1988, 1061): für das Risiko eines Pferdetransports: ja;
– **CMR-Versicherung**: nein (vielmehr Haftpflichtversicherung, vgl. BGH, TranspR 1998, 21; 1999, 155);
– **Einheitsversicherung** („während der Zeit, in der der VN nach Gesetz oder Vereinbarung die Gefahr für die versicherten Waren trägt", VerBAV 73, 86; VerBAV 78, 29; VerBAV 84, 390, 399; VerBAV 87, 176, 178): nein. Zwar kann die Transportgefahr im Einzelfall versichert sein, überwiegt aber nicht. Dasselbe gilt für die Juwelierwaren-Einheitsversicherung (AVB Reparatur, VerBAV 86, 349) und die **Rauchwaren-Einheitsversicherung** (AVB Rauchwaren – Kundeneigentum 84, VerBAV 84, 176);
– **Fahrradversicherung** (VerBAV 86, 485): nein;

Vorbemerkungen zu den §§ 130 bis 141 VVG

- **Fotoapparateversicherung** (VerBAV 85, 241): nein;
- **Garderobenversicherung** (VerBAV 80, 321): nein;
- **Hakenlastversicherung** (*Hammacher*, VersR 1997, 288): ja; nach diesseitiger Auffassung nein, weil es sich zum einen um eine reine Verkehrshaftungsversicherung handelt; zum anderen ist einzelfallabhängig, ob der zugrunde liegende Vertrag als Beförderungsvertrag mit einem konkret geschuldeten Hub von A nach B oder als kombinierter Miet- und Dienstverschaffungsvertrag qualifiziert wird mit Zurverfügungstellung von Kran und Kranführer für einen bestimmten Zeitraum. Im letzteren Fall liegt auch kein Großrisiko vor. Lesenswert in diesem Zusammenhang *Saller*, Kranbetreiberhaftung verschärft sich, VersR 2013, 147.
- **Jagd-Sportwaffenversicherung** (VerBAV 87, 6): nein;
- **Kfz-Kaskoversicherung**: nein (versichert ist das Fahrzeug und nicht die geladene Ware);
- **Kfz-Versicherung (AKB)**: nein;
- **Kühlgüterversicherung** (VerBAV 67, 90; 68, 199; 86, 383): nein. Das mitversicherte Risiko des An- und Abtransports überwiegt nicht;
- **Maschinenversicherung**: nein;
- **Montageversicherung**: nein;
- **Musikinstrumentenversicherung** (VerBAV 87, 8): nein;
- **Musterkollektionsversicherung**: ja;
- **Reisegepäckversicherung**: nein. Das Schwergewicht liegt in der Diebstahls- und Raubgefahr (vgl. LG Hamburg, VersR 1990, 1234);
- **Reiselagerversicherung** für Juweliere (AVB 1988): nein. Das Ruherisiko ist ebenso hoch wie das Transportrisiko, so dass dieses nicht überwiegt (BGH, VersR 1972, 85; OLG Karlsruhe, VersR 1990, 786);
- **Schaustellerversicherung**: nein (BGH, VersR 1983, 949). Zum Begriff des Winterlagers vgl. OLG Frankfurt am Main, NJW-RR 1987, 155;
- **Tank- und Fassleckageversicherung** (VerBAV 87, 15): nein (Lagerung ist vorrangig);
- **Transporthaftpflichtversicherung**: nein, weil Verkehrshaftungsversicherung und keine Sachversicherung;
- **Valorenversicherung**:
  - für **Private**: nein (ähnlich wie Reisegepäck, vgl. BGHZ 51, 356);
  - **gewerblich**: nein (s.o. bei der Reise- und Warenlagerversicherung für Juweliere, die Valorenversicherung ist);
- Valorentransportversicherung: ja (BGH, TranspR 2008, 86);
- **Wassersportfahrzeugversicherung**: Dem Grunde nach Sachversicherung, kann aber auch als Transportversicherung qualifiziert werden (BGH, VersR 1988, 463); einschr. *Gerhard*, Die Auswirkungen der VVG-Reform auf die Wassersportkaskoversicherung, TranspR 2007, 458;
- **Werkverkehrs-Güterversicherung**: ja (LG Stuttgart, VersR 1978, 835; LG Stuttgart VersR 1989, 1191; LG Köln, VersR 1979, 618; LG Hamburg, VersR 1983, 236; LG Düsseldorf, VersR 1998, 573).

§§ 130 ff. VVG erfassen nicht die **Seeversicherung** gem. § 209 VVG sowie die **Lufttrans-** 10
portversicherung. Hier gilt vielmehr dem Grunde nach umfassende Parteiautonomie.

Ob und inwieweit die Vorschriften der §§ 130 ff. VVG auch auf die **Luftfahrtgüter- und** 11
Luftfahrtkaskoversicherung anzuwenden sind, sollte nach dem gesetzgeberischen Willen
den Parteien überlassen bleiben, da die Luftfahrtversicherung überwiegend international
ausgerichtet und durch Abkommen geregelt ist (Begr. BT-Drucks 16/3945, S. 91).

Weitere Informationen zum Transport(versicherungs)recht finden sich auf den folgenden 12
Websites (Stand: Mai 2010):
- www.transportrecht.org (Deutsche Gesellschaft für Transportrecht);
- www.tis-gdv.de (Transport-Informations-Service der Deutschen Transportversicherer);
- www.transportrecht.de (Lehrstuhl für Europäisches Transport- und Verkehrsrecht; Universität Mannheim);
- www.jura.uni-mannheim.de/bischi (Institut für Binnenschifffahrtsrecht an der Universität Mannheim);
- www.luftrecht-online.de;
- www.ilwr.de (Institut für Luft- und Weltraumrecht an der Universität zu Köln);
- www.heymanns.com/servlet/PB/menu/1127773/index.html (Startseite der Zeitschrift für Luft- und Weltraumrecht);
- www.icao.int (International Civil Aviation Organization);
- www.iata.org (International Air Transport Association);
- www.wirtschaftslexikon.gabler.de.

§ 130 VVG Umfang der Gefahrtragung

(1) Bei der Versicherung von Gütern gegen die Gefahren der Beförderung zu Lande oder auf Binnengewässern sowie der damit verbundenen Lagerung trägt der Versicherer alle Gefahren, denen die Güter während der Dauer der Versicherung ausgesetzt sind.

(2) Bei der Versicherung eines Schiffes gegen die Gefahren der Binnenschifffahrt trägt der Versicherer alle Gefahren, denen das Schiff während der Dauer der Versicherung ausgesetzt ist. Der Versicherer haftet auch für den Schaden, den der Versicherungsnehmer infolge eines Zusammenstoßes von Schiffen oder eines Schiffes mit festen oder schwimmenden Gegenständen dadurch erleidet, dass er den einem Dritten zugefügten Schaden zu ersetzen hat.

(3) Die Versicherung gegen die Gefahren der Binnenschifffahrt umfasst die Beiträge zur großen Haverei, soweit durch die Haverei-Maßnahme ein vom Versicherer zu ersetzender Schaden abgewendet werden sollte.

Übersicht

	Rdn
A. Normzweck	1
B. Norminhalt	4
I. Umfang der Güterversicherung (§ 130 Abs. 1 VVG)	4
1. Versicherung für Beförderungsgefahren	5
2. Versicherung für Lagerungsgefahren	9
3. Versicherbare Güter	12
4. Gegenstand der Versicherung	15
a) Versicherung für Substanzschäden	15
b) Fehlender Versicherungsschutz mangels versicherbaren Interesses	17
5. Verwirklichung einer relevanten Transportgefahr	18
II. Umfang der Schiffsversicherung (§ 130 Abs. 2 VVG)	21
1. Schiffskaskoversicherung	22
2. Schiffshaftpflichtversicherung	26
III. Versicherungsschutz für Beiträge zur großen Haverei (§ 130 Abs. 3 VVG)	30
C. Prozessuales	37
D. Abdingbarkeit	39

A. Normzweck

1 Aus § 130 VVG ergibt sich der **Umfang des Versicherungsschutzes** in sachlicher und zeitlicher Hinsicht. Hiernach besteht Versicherungsschutz
1. bei der **Güterversicherung** gem. § 130 **Abs. 1** VVG für sämtliche Gefahren, denen Güter während ihrer Beförderung zu Lande oder auf Binnengewässern sowie der damit verbundenen Lagerung ausgesetzt sind,
2. bei der **Versicherung von Schiffen** gem. § 130 **Abs. 2** VVG für die Gefahren der Binnenschifffahrt, einschließlich der Haftpflicht für Kollisionsschäden.

Neben dem Sacherhaltungsinteresse sind gem. § 130 **Abs. 3** VVG auch **Beiträge zur großen Haverei** versichert.

2 Die Bestimmung nimmt in § 130 Abs. 1 bzw. 2 VVG die Regelung aus **§ 129 Abs. 1 bzw. 2 VVG a.F.** auf, § 130 Abs. 3 VVG stimmt sachlich mit **§ 133 Abs. 1 S. 1 VVG a.F.** überein (Begr. BT-Drucks 16/3945, S. 91 f.).

3 Anders als noch unter § 147 VVG a.F. unterfällt im Fall der Kombination von Binnen- und Seetransport diese sog. gemischte Reise nicht mehr einheitlich dem Seetransportversicherungsrecht, sondern ist bei der Bestimmung der einschlägigen Vorschriften nach der jeweiligen Transportart zu differenzieren. Dies führt im Ergebnis dazu, dass im Fall der einheitlichen Versicherung einer gemischten Reise nunmehr auf den Binnentransportanteil das VVG zur Anwendung gelangt (Looschelders/Pohlmann/*Paffenholz*, vor § 130 Rn 9).

B. Norminhalt

I. Umfang der Güterversicherung (§ 130 Abs. 1 VVG)

4 § 130 Abs. 1 VVG sieht für die Güterversicherung eine **Allgefahrendeckung** gegen Gefahren der Beförderung zu Lande oder auf Binnengewässern sowie der damit verbundenen

Lagerung vor. Es handelt sich insoweit um eine Sach- und nicht um eine Haftpflichtversicherung (vgl. BGH, VersR 2003, 1171).

1. Versicherung für Beförderungsgefahren

Mit der Formulierung „**Gefahren der Beförderung**" ist keine Einschränkung des Prinzips der Allgefahrendeckung beabsichtigt. Der Gesetzgeber erkennt vielmehr an, dass das Transportversicherungsrecht vom Grundsatz der Universalität der Gefahr ausgeht (Begr. BT-Drucks 16/3945, S. 91). Der VR haftet also für jede Transportgefahr, der die versicherte Ware während der Dauer der Beförderung (bzw. Lagerung) ausgesetzt ist, soweit die Parteien nicht i.R.d. Vertragsfreiheit Versicherungsschutz auf Named-Peril-Basis vereinbart haben (Deckung nur der im Versicherungsvertrag ausdrücklich benannten Gefahren). Grund für diese Allgefahrendeckung ist der **Gewahrsamsübergang**. Der Absender verliert i.d.R. seine Einwirkungsmöglichkeit, wenn er das zu transportierende Gut in die Obhut des Frachtführers übergibt. Da ein Transport üblicherweise von Subunternehmerverhältnissen, Umladungen, Überlagernahmen und Beiladungen geprägt ist, wäre es praktisch nicht möglich, die Transportversicherung auf die Dauer einer bestimmten Beförderung zu begrenzen. Auch das Frachtrecht geht von einem einheitlichen Beförderungsvertrag aus und ordnet Schäden, die bei einem transportbedingten Umschlag auf dem Lager eintreten, dem Frachtrecht und nicht der speditionellen Haftung zu. 5

Der VR haftet unabhängig von der Beförderungsperson und dem Beförderungsmittel für die Gefahren, denen die versicherten Güter **während der Bewegung** ausgesetzt sind. Güter werden bewegt, wenn sie von einem Ort zu einem anderen verbracht werden (BGH, VersR 1994, 1058). Bloße **Bewegungsbereitschaft** reicht bereits aus (allg. M.; vgl. österreichischer OGH, VersR 1993, 1303). 6

Die Beförderung muss zu Lande oder auf Binnengewässern erfolgen. **Landtransport** liegt dabei etwa bei Lkw- oder Schienentransporten vor. 7

Beispiele für typische Gefahren
- Abhandenkommen/Verlust der versicherten Ware
- Schäden beim Umladen, etwa durch Gabelstapler

Binnenschifffahrt ist die Fahrt auf Binnengewässern, gleichgültig ob es sich bei dem verwandten Schiff um ein Binnen- oder Seeschiff handelt. **Binnengewässer** sind Flüsse oder sonstige Binnengewässer. Für die **Abgrenzung zur Seegrenze** ist insofern auf die Anschauung der maßgeblichen seemännischen Kreise abzustellen, wobei entscheidend für das Überschreiten der Seegrenze das Einsetzen von für die Seefahrt eigentümlichen Gefahren und Schwierigkeiten sein soll (VersR-Hdb/*Heiss*, § 38 Rn 17). Es ist dabei anerkannt, dass das **Wattenmeer** somit nicht zu den Binnengewässern zählt (BGH, NJW 1980, 1747 m.w.N. auch zu teilweise abweichenden Literaturmeinungen; vgl. auch RGZ 13, 68, 72 f.; RGZ 102, 45 jeweils für den Greifswalder Bodden; BGH, NJW 1987, 496 für die Elbmündung; NJW 1988, 1318 für die Seewasserstraße Schlei), während die Küstenschifffahrt (Kabotage) der Seeschifffahrt zuzurechnen sein soll (*Prüßmann/Rabe*, Seehandelsrecht, Einf. Rn 38). 8

Beispiel für typische Gefahren
- Feuchtigkeitsschäden, z.B. bei Decktransporten oder infolge Leckagen

2. Versicherung für Lagerungsgefahren

9 Die Deckung erfasst weiterhin die Gefahren der **mit dem Transport verbundenen Lagerung**. Das neue VVG hat hierbei die Regelung der Nr. 1.1.1 DTV-Güter 2000 übernommen. Eine solche Regelung ist angezeigt, da in der Güterversicherung aufgrund der Regelungen zum Gefahrübergang bei Veräußerung von (zu befördernder) Ware in den üblicherweise verwandten Incoterms (fob oder cif; vgl. zu Incoterms insgesamt: *Hopt*, in: Baumbach/Hopt, 2. Teil Handelsrechtliche Nebengesetze, IV AGB und nichtbranchengebundene Vertragsklauseln [6] [S. 1557 ff.]) regelmäßig nicht auf die Dauer der Beförderung, sondern auf die entsprechend vereinbarte Dauer der Versicherung abgestellt wird (Begr. BT-Drucks 16/3945, S. 91).

10 Versichert sind gem. § 130 Abs. 1 VVG somit auch Gefahren infolge
- unfreiwilliger Aufenthalte;
- transportbedingter Lagerungen, etwa auf Umschlagplätzen, in Zolllagern oder Kaianlagen, sowie
- disponierter Lagerungen, d.h. solche, die vom VN bzw. Versicherten veranlasst wurden,

solange diese nicht als von der Beförderung isoliert zu betrachten sind. Vom Versicherungsschutz erfasst werden also sämtliche Lagerungen, auch unabhängig davon, ob diese in Lagerräumen oder Freilagern erfolgt, die zwischen Beginn und Ende der Versicherung stattfinden und im engen **kausalen Zusammenhang** mit dem Transport stehen. Nach **Ziff. 9 DTV-Güter 2000** ist die Versicherung von disponierter Lagerung auf 60 Tage begrenzt. Für die Problematik bei gleichzeitiger Deckung nach ADS Güterversicherung 73/84 und der „Klausel für die Versicherung von politischen Risiken und Lagerisiken" (PoLaR) siehe *Ehlers*, TranspR 2006, 7 ff.).

11 Im Fall von **Konsignations- und Auslieferungslager** ist davon auszugehen, dass insoweit der erforderliche Kausalzusammenhang mit der Beförderung i.d.R. fehlen dürfte. Unter Konsignationslager ist dabei das Lager eines Lieferanten bei seinem Kunden zu verstehen, in dem im Eigentum des Lieferanten stehende Bestände dem Kunden zur Verfügung gestellt werden. Sobald der Kunde Bestände entnimmt, geht das Eigentum hieran an ihn automatisch über und löst eine entsprechende Zahlungsverpflichtung aus. Auslieferungslager sind Lager, von wo aus Bestände an (End-) Kunden ausgeliefert werden. Aber auch frachtrechtlich wäre die Beförderung bei Auslieferung an das Konsignationslager abgeschlossen; das Abrufen der Ware, verbunden mit dem Transport zum Endempfänger wäre als gesonderter Transport zu werten und die vorangegangene Lagerung als nicht beförderungsbedingt.

3. Versicherbare Güter

Versichert werden können alle (beweglichen) **Waren**, einschließlich **Lebendtiere**, die gleich welcher Art Gegenstand eines Beförderungsvertrags sind, unabhängig ob sie privaten oder gewerblichen Zwecken dienen (OLG Hamburg, MDR 1970, 1016). 12

Ob die Verpackung zum versicherten Gut gehört, hängt davon ab, wer das **wirtschaftliche Risiko** bei Beschädigung der Verpackung trägt; gleiches gilt für Ladehilfsmittel. Stellt der Frachtführer beides, geht der Schaden zu seinen Lasten und nicht zulasten des versicherten Auftraggebers. In der Praxis wird eine Transportmittelversicherung für die Frachtführer/Transportunternehmen als eigene Kaskoversicherung angeboten. 13

Fahrzeuge und **Container** sind dann keine Güter, wenn sie der Frachtführer eigenverantwortlich zur Herbeiführung eines Beförderungserfolges einsetzt (*Koller*, Transportrecht, 8. Auflage, § 407 HGB Rn 14). Dasselbe gilt für **Maschinen** zum Umsetzen oder zur Bewegung von Gütern wie etwa Förderanlagen, Drehkränen oder Verladebrücken; a.A. *Schmidt*, VersR 2013, 418 wg. § 305c II BGB, es hätte ansonsten der Deckungsausschluss ausdrücklich formuliert werden müssen. 14

4. Gegenstand der Versicherung

a) Versicherung für Substanzschäden

Soweit nichts anderes vereinbart wird, besteht Deckung i.d.R. allein für **Substanzschäden** infolge des Verlustes des versicherten Gutes bzw. dessen Beschädigung. **Verlust** liegt vor, wenn das Gut untergegangen, unauffindbar oder aus sonstigen tatsächlichen oder rechtlichen Gründen auf absehbare Zeit nicht an den berechtigten Empfänger ausgeliefert werden kann (BGH, NJW 1979, 2473; BGH, VersR 1978, 318). Lesenswert zu diesem Komplex auch die sog. **„Heros"-Entscheidungen** des BGH (BGH IV ZR 251/08 vom 9.11.2011, VersR 2013, 178; BGH IV ZR 15/10, VersR 2013, 183; BGH IV ZR 172/10, VersR 2013, 232 u.a.). Ein Geldtransportunternehmen war beauftragt, die Tageseinnahmen abzuholen und diese dann auf ein Konto – nicht des Absenders – einzuzahlen. Das Geldtransportunternehmen hatte mit der Einzahlung der Gelder gewartet, diese selbst verwandt und die Außenstände über neu eingehendes Geld in einer Art „Schneeballsystem" kaschiert. In diesen Fällen hatte der BGH mangels „stofflichen Zugriffs" gerade keine Verwirklichung einer Transportgefahr gesehen. Die Transportversicherung war nicht einstandsverpflichtet. Krit. hierzu *Armbrüster*, VersR 2011, 1081. Anders in den **„Arnolds-Entscheidungen"** mit vergleichbarem Sachverhalt, jedoch der Vereinbarung, das Geld auf ein Konto des Absenders einbezahlen. Hier hatte der BGH den „stofflichen Zugriff" bejaht (BGH IV ZR 15/10, VersR 2012, 95; IV ZR 16/10; IV ZR 251/08, VersR 2012, 178). **Beschädigung** ist jede Art der Substanzverletzung des Gutes, die eine wirtschaftliche Werteinbuße auslöst. Bei Tiefkühlprodukten genügt insoweit bereits das Antauen (BGH, NJW 1974, 1616; zu Kühltransporten allg. siehe *Thume*, TranspR 1992, 1). 15

Der bloße **Verdacht**, versicherte Güter könnten infolge spezieller Ladungsuntüchtigkeit des Fahrzeuges beeinträchtigt sein, reicht für einen relevanten Schaden dann nicht aus, 16 wenn sich der Verdacht in kurzer Zeit ausräumen lässt und keine Wertminderung eingetreten ist (vgl. OLG Hamburg, VersR 1991, 1271 für § 606 HGB).

b) Fehlender Versicherungsschutz mangels versicherbaren Interesses

17 **Versicherbar** unter einer Transportversicherung sind allein rechtmäßige Interessen und Unternehmungen, ohne dass es insoweit der Aufnahme eines entsprechenden Ausschlusstatbestandes in die zugrunde liegenden AVB bedürfte. Wenn also nach geltendem Recht ein Transport oder das zugrunde liegende Handelsgeschäft rechtswidrig ist, besteht auch kein Versicherungsschutz (vgl. auch *de la Motte*, VersR 1988, 317; OLG Saarbrücken, VersR 2000, 760, fehlende Genehmigung EG-Lizenz). In einem solchen Fall ist der VV vielmehr nach §§ 134, 138 BGB nichtig (vgl. BGH, VersR 1962, 659). Hier wird es dann an einem „erlaubten versicherten Interesse" fehlen (BGH, VersR 1972, 849; OLG Hamburg, VersR 1983, 1151 zu § 2 Abs. 1 ADS), mit den Rechtsfolgen gem. § 80 VVG. Dem VR kann allerdings verwehrt sein, sich auf die Nichtigkeit des zugrunde liegenden Handelsgeschäfts zu berufen, wenn ihm die Umstände, aus denen sich nach Eintritt des Versicherungsfalls im Prozess die Nichtigkeit des Handelsgeschäfts ergibt, bekannt waren.

5. Verwirklichung einer relevanten Transportgefahr

18 Der eingetretene Schaden muss seine **Ursache in einer versicherten Transportgefahr** haben. Entscheidend ist insoweit nicht auf die zeitlich nächste, sondern auf die Ursache abzustellen, die den Schaden überwiegend herbeigeführt hat und/oder die als wirksamste, in ihrer Ursächlichkeit erheblichste Bedingung anzusehen ist (sog. *causa proxima*; vgl. BGH, VersR 1971, 559; OLG Hamburg, VersR 1986, 1016, 1018; VersR 1983, 1151; **a.A.** *Ehlers*, in: Thume/de la Motte, Transportversicherung, AVB Güter Rn 166; *Sieg*, in: Bruck/Möller, § 49 Anm. 144 – Anwendbarkeit auf die Seeversicherung beschränkt; siehe nunmehr aber jedenfalls Ziff. 2.6 DTV-Güter 2000).

19 Verderben etwa Güter infolge ihrer Eigenfeuchte nach einer **Strandung**, die den (Weiter-)Transport verzögert, ist die Beschaffenheit der Güter (i.V.m. der Reiseverzögerung) *causa proxima*. Mangels Verwirklichung einer versicherten Transportgefahr besteht kein Versicherungsschutz. Schlägt allerdings das Schiff bei der Strandung leck und führt das dadurch verursachte Eindringen von Luftfeuchtigkeit oder Wasser i.V.m. Eigenfeuchte zum Verderbschaden, liegt ein gedeckter Versicherungsfall vor. *Causa proxima* ist hier die Strandung als versicherte Transportgefahr (Beispiel nach *Ehlers*, in: Thume/de la Motte, Transportversicherungsrecht, Kap. 3 DTV-Güter 2000 Ziff. 2 Rn 33).

20 Als **causa proxima** wurden angesehen bzw. erörtert:
- Verpackungsmangel (BGH, VersR 2002, 845);
- Fehlender Kantenschutz, der zur Beschädigung führte, als „Verpackungsmangel" (OLG Bremen, VersR 1988, 716);
- Grob fahrlässig falsch verschlossene Luke, was nach Eindringen von Seewasser zum Kentern führte und letztlich als anfängliche Seeuntüchtigkeit qualifiziert wurde (OLG Hamburg, VersR 1987, 1004);

- Falsches Stapeln von Plastikeimern im Container, was zum Zusammenbruch der Stapel führte, und als „Verpackungsfehler" qualifiziert wurde (OLG Hamburg, VersR 1986, 1016);
- Verzögerung der Reise für einen Ladungsschaden (OLG Hamburg, VersR 1983, 1151)
- Kiste, die für den Krantransport ungeeignet war, was zur Beschädigung während auf dem Lufttransport führte, und als „Verpackungsfehler" qualifiziert wurde (OLG München, VersR 2003, 1299, alle Beispiele nach Rüffer/Halbach/Schimikowski/*Harms*, § 130 Rn 9).

II. Umfang der Schiffsversicherung (§ 130 Abs. 2 VVG)

Die Schiffsversicherung gem. § 130 Abs. 2 VVG sieht Regelungen für die Kaskodeckung (§ 130 Abs. 2 S. 1 VVG) sowie die Schiffshaftpflicht in der Binnenschifffahrt (§ 130 Abs. 2 S. 2 VVG) vor.

1. Schiffskaskoversicherung

Gem. § 130 Abs. 2 S. 1 VVG haftet der VR für sämtliche auf das versicherte Schiff einwirkenden **Gefahren der Binnenschifffahrt** einschließlich Kollisionsschäden.

Ein **Schiff** ist ein schwimmfähiger Hohlkörper von nicht ganz unbedeutender Größe, der fähig und dazu bestimmt ist, auf oder unter Wasser fortbewegt zu werden und dabei Personen oder Sachen zu tragen (vgl. auch BGH, NJW 1952, 1135). Kleinfahrzeuge, die mit Muskelkraft bewegt werden, fallen nicht unter diese Begriffsbestimmung (BGHZ 57, 309 = VersR 1972, 246).

Als Schiffe sind angesehen worden:
- größere Sport- und Vergnügungsschiffe (BGHZ 3, 34, 43);
- ein Proviantboot, mit 8 m Länge, 2,35 m Breite, und einem 55 PS-Motor ausgestattet (BGH, VersR 1960, 305);
- Jollenkreuzer von 6–8 m Länge und rund 20 m² Segelfläche (BGHZ 57, 309 = VersR 1972, 246);
- eine Motoryacht (BGHZ 62, 146 = VersR 1974, 468; KG, VersR 1974, 564);
- ein Schwimmkran (BGH, NJW 1952, 1135);
- ein Saugbagger (BGHZ 76, 201 = NJW 1980, 1747);
- ein Getreideheber (OLG Hamburg, VersR 1977, 813).

Schwimmdocks, Docksektionen, Pontons, Flöße und Bojen sind **keine Schiffe**, ebenso wenig ein festliegendes schwimmendes Restaurant, soweit die Parteien nicht etwas anderes im VV bestimmt haben.

Gem. § 210 VVG besteht volle Vertragsfreiheit in der Transportversicherung. Dies gilt dabei dem Wortlaut nach insb. auch für die Sportboot-Kaskoversicherung (soweit es sich nicht um einen Fall der Seeversicherung handelt). Die Literatur folgt dem nicht, vielmehr differenziert diese zur Verwirklichung des Verbraucherschutzes zwischen Schiffen und Booten bzw. nimmt insoweit eine teleologische Reduktion der §§ 210, 130 Abs. 2 VVG vor (*Ehlers*, TranspR 2007, 5, 11; Prölss/Martin/*Knappmann*, Wassersportversicherung, Vorb Rn 2). Die Rechtsprechung erscheint uneinheitlich (Rüffer/Halbach/Schimikowski/ *Harms*, § 131 Rn 12 unter Hinweis auf BGH, VersR 1988, 463, 464 [„auch Charakter einer Sachversicherung"]; VersR 1982, 381, 382 [„Transportversicherung"]; LG Hamburg, IPRspr. 2005, Nr. 28, 68, 70 [„Transportversicherung"]). Unabhängig vom Streitstand geben allerdings etwa die AVB Wassersportfahrzeuge 1985/2008 und die AVB Wassersportfahrzeuge 2008 bspw. das Alles-oder-Nichts-Prinzip auf.

2. Schiffshaftpflichtversicherung

26 § 130 Abs. 2 S. 2 VVG regelt die **Kollisionshaftpflicht** in der Binnenschifffahrt, die nur i.V.m. der Flusskaskoversicherung möglich ist. Versicherungsschutz besteht hiernach für Schäden infolge des Zusammenstoßes.
- von Schiffen untereinander (nicht erforderlich ist dabei, dass sich die beteiligten Schiffe in Bewegung befunden haben; vgl. OLG Hamburg, VersR 1977, 813) oder
- von Schiffen mit einem Gegenstand (eine solche Haftpflicht unterliegt dabei nicht den Regeln der Pflichtversicherung gem. §§ 100 ff. VVG, sondern dem Transportversicherungsrecht; Begr. BT-Drucks 16/3945, S. 92).

Auch Personenschäden fallen unter § 130 Abs. 2 S. 2 VVG.

27 Soweit nicht internationale Abkommen vorrangig Anwendung finden, ergibt sich die Haftpflicht bei Schiffszusammenstößen auf Flüssen und sonstigen Binnengewässern aus §§ 92 ff. BinSchG. Schiffe i.S.d. Vorschrift sind dabei gem. § 92 Abs. 3 BinSchG insb. auch Kleinfahrzeuge sowie bewegliche Teile von Schiffsbrücken.

28 Die Haftung des Schiffseigners bzw. sonstiger mit dem Schiffsbetrieb befasster Personen für Schäden, bei denen es sich nicht um Kollisionsschäden handelt, werden nicht von § 130 Abs. 2 S. 2 VVG erfasst, so dass eine insoweit abgeschlossene Haftpflichtversicherung nicht als Transportversicherung zu qualifizieren und deshalb auch nach §§ 100 ff. VVG zu beurteilen ist (Begr. BT-Drucks 16/3945, S. 92).

29 Dem Grunde nach besteht gem. § 210 VVG volle Vertragsfreiheit, nachdem es sich um die Versicherung eines Großrisikos i.S.d. § 210 Abs. 2 VVG i.V.m. Anlage 1 VAG handelt. Im Interesse des Verbraucherschutzes dürfte jedoch eine teleologische Reduktion angezeigt sein (vgl. insoweit schon Rdn 27), etwa für die Sportboot-Haftpflichtversicherung (so wie hier: Rüffer/Halbach/Schimikowski/*Harms*, § 131 Rn 14).

III. Versicherungsschutz für Beiträge zur großen Haverei (§ 130 Abs. 3 VVG)

30 Gem. § 130 Abs. 3 VVG haftet der VR für Beiträge zur großen Haverei, soweit durch die Haverei-Maßnahme versicherte Schäden abgewendet werden sollten.

31 **Große Haverei** (Havarie-grosse, general average) sind „*alle Schäden, welche einem Schiffe oder der Ladung desselben oder beiden zum Zwecke der Errettung beider aus einer gemeinsamen Gefahr von dem Schiffer oder auf dessen Geheiß vorsätzlich zugefügt werden*

[...]" (§ 78 Abs. 1 BinSchG). Klassisches Beispiel ist das Abwerfen von Ladung (§§ 78 ff. BinSchG).

Voraussetzung für die Deckung ist, dass der Schiffer bei pflichtgemäßer Prüfung die zugrunde liegende Gefahr in vertretbarer Weise für gegeben gehalten hat. Die **Gefahrenlage** muss sich insofern bereits konkretisiert haben, eine erst in Zukunft drohende Gefahr reicht hingegen nicht aus, vielmehr muss diese **unmittelbar drohen**, weil nur dann eine Maßnahme der Errettung dienen kann (h.M.; vgl. auch *Prüßmann/Rabe*, Seehandelsrecht, zu § 700 Rn 6). 32

Für die Erstattungsfähigkeit kommt es hingegen *nicht* darauf an, ob die gewählte Haverei-Maßnahme objektiv **zur Gefahrbeseitigung geeignet** war. Es genügt vielmehr, dass der Schiffer diese für geeignet hielt. 33

Haverei-Beiträge sind von Schiff und Ladung gemeinschaftlich zu tragen (vgl. § 78 Abs. 2 BinSchG). Grund hierfür ist, dass die erfolgte Aufopferung im Interesse sämtlicher beteiligter Interessen erfolgt ist, sodass alle geretteten Werte anteilmäßig eine Entschädigung zu leisten haben. Die entsprechende Aufteilung erfolgt in einem Verteilungsplan, der **Dispache**. Hier wird der Prozentanteil des jeweiligen Beteiligten festgesetzt, indem die Passivmasse (d.h. der zu tragende Schaden) durch die Aktivmasse (d.h. die beitragspflichtigen Werte, also grds. bestehend aus Schiff und Ladung) dividiert wird. 34

Folgendes Beispiel soll die **Berechnungsmethode** verdeutlichen (nach *Prüßmann/Rabe*, Seehandelsrecht, zu § 716 HGB Rn 2): 35

Beispiel
Schaden: 250.000,00 EUR; beitragspflichtige Werte: 1.000.000,00 EUR; Prozentsatz: 25 %. Die ungeschädigten Werte tragen mit 25 % bei, die zu 25 % geschädigten sind weder vergütungsberechtigt noch beitragspflichtig; die 50 % geschädigten erhalten 25 % Ersatz, die zu 70 % geschädigten 45 % und die gänzlich aufgeopferten 75 %, so dass im Ergebnis jedem Beteiligten 75 % verbleiben.

Je nach Stromgebiet sind zudem eigene Regeln für den Verteilungsplan zu beachten, vgl. etwa die Rheinregeln 1979, die von der Internationalen Vereinigung des Rheinschifffahrtsregisters geschaffen wurden. 36

C. Prozessuales

Der **VN** trägt die **Beweislast**, dass sich ein versicherter Schaden während der Dauer der Versicherung verwirklicht hat. Die **Beweiserleichterungen**, die die Rechtsprechung für die Kaskoversicherung bei Entwendung des Kraftfahrzeuges entwickelt hat, gelten hierbei auch für die Transportgüterversicherung, da hier für den VN derselbe Beweisnotstand besteht (OLG Hamm, zfs 1997, 30). Für die Allgefahrendeckung muss der VN beweisen, dass der Schaden während des Transportes eingetreten ist, also das Gut unbeschädigt und vollzählig zum Transport übergeben und beschädigt bzw. unvollständig ausgeliefert wurde. 37

Die **Beweislast**, dass sich in dem Schaden eine nichtversicherte Gefahr verwirklicht hat bzw., dass ein Ausschlusstatbestand die „nächste" Ursache gewesen ist, liegt beim **VR**. 38

D. Abdingbarkeit

39 Die Bestimmung ist **dispositiv**.

---

§ 131 VVG Verletzung der Anzeigepflicht

(1) Abweichend von § 19 Abs. 2 ist bei Verletzung der Anzeigepflicht der Rücktritt des Versicherers ausgeschlossen; der Versicherer kann innerhalb eines Monats von dem Zeitpunkt an, zu dem er Kenntnis von dem nicht oder unrichtig angezeigten Umstand erlangt hat, den Vertrag kündigen und die Leistung verweigern. Der Versicherer bleibt zur Leistung verpflichtet, soweit der nicht oder unrichtig angezeigte Umstand nicht ursächlich für den Eintritt des Versicherungsfalles oder den Umfang der Leistungspflicht war.

(2) Verweigert der Versicherer die Leistung, kann der Versicherungsnehmer den Vertrag kündigen. Das Kündigungsrecht erlischt, wenn es nicht innerhalb eines Monats von dem Zeitpunkt an ausgeübt wird, zu welchem dem Versicherungsnehmer die Entscheidung des Versicherers, die Leistung zu verweigern, zugeht.

Übersicht

	Rdn
A. Normzweck	1
B. Norminhalt	4
I. Kündigungs- und Leistungsverweigerungsrecht des Versicherers bei Anzeigepflichtverletzung des Versicherungsnehmers (§ 131 Abs. 1 VVG)	4
1. Umfang der Anzeigepflichten des Versicherungsnehmers	5
2. Kündigungsfrist	14
II. Kündigungsrecht des Versicherungsnehmers bei Leistungsverweigerung des Versicherers (§ 131 Abs. 2 VVG)	23
C. Prozessuales	25
D. Abdingbarkeit	28

A. Normzweck

1 Die Vorschrift regelt für die Transportversicherung die **Rechtsfolgen** bei Verletzung der vorvertraglichen Anzeigepflicht durch den VN abweichend von § 19 VVG. Nach § 131 Abs. 1 VVG ist insofern das Rücktrittsrecht des VR in Anlehnung an die (internationale) Transportversicherungspraxis ausgeschlossen; an dessen Stelle tritt ein Kündigungs- und Leistungsverweigerungsrecht (Begr. BT-Drucks 16/3945, S. 92); § 131 Abs. 2 VVG regelt das Kündigungsrecht des VN bei Leistungsverweigerung durch den VR.

2 Die Bestimmung hat *keine* Entsprechung im VVG a.F.

3 Sinn und Zweck des § 131 VVG ist es, mit Ausschluss des Rücktrittsrechts gem. § 19 Abs. 2 VVG bei Anzeigepflichtverletzungen die bestehende Versicherungspraxis (vgl. etwa 4.2 DTV-Güter 2000) aufzunehmen und so die Schaffung eines falschen Leitbildes für die AGB-Kontrolle im Transportversicherungsrecht möglichst zu vermeiden (BT-Drucks 16/3945, S. 92). Die Regelung ist auf die Versicherung eines Einzeltransports zugeschnitten und dürfte damit für die Güterversicherung nur eingeschränkte Bedeutung entfalten, da insoweit in der Praxis die laufende Versicherung in Form der General- bzw. Umsatzpolice vorherrscht (vgl. *Ehlers*, DTV-Güterversicherungsbedingungen 2000, Ziff. 4 Rn 4).

B. Norminhalt

I. Kündigungs- und Leistungsverweigerungsrecht des Versicherers bei Anzeigepflichtverletzung des Versicherungsnehmers (§ 131 Abs. 1 VVG)

Im Fall der Verletzung von Anzeigepflichten durch den VN hat der VR ein Recht zur Kündigung und Leistungsverweigerung, das er innerhalb eines Monats ab Kenntnis ggü. dem VN ausüben muss. § 131 Abs. 1 VVG **schließt** insoweit ausdrücklich das **Rücktrittsrecht des VR gem. § 19 Abs. 2 VVG** bei unterlassener bzw. unvollständiger Anzeige **aus**. 4

1. Umfang der Anzeigepflichten des Versicherungsnehmers

Für den Umfang der Anzeigepflichten des VN gelten dem Grunde nach die Ausführungen zu § 19 Abs. 1 VVG entsprechend. Der Umfang der Pflichten des VN zur Anzeige von gefahrerheblichen Umständen hängt damit entscheidend davon ab, ob und inwieweit der VR nach ihnen in **Textform** gefragt hat. Anders als noch unter § 16 Abs. 1 VVG a.F. liegt das Risiko einer Fehleinschätzung, ob ein Umstand gefahrerheblich ist, nunmehr nicht mehr beim VN, sondern beim VR (Begr. BT-Drucks 16/3945, S. 64). 5

Gem. § 32 VVG handelt es sich bei § 19 VVG um eine halbzwingende Norm, von der nicht zum Nachteil des VN abgewichen werden kann. Dies gilt grds. auch für das den VN schützende Erfordernis der Textform für die Risikoabfrage. Für die Transportversicherung hebt der Gesetzgeber allerdings gem. **§ 210 VVG** diese Beschränkung der Vertragsfreiheit wieder auf (Begr. BT-Drucks 16/3945, S. 115) und weist damit das Risiko einer Fehleinschätzung der Gefahrerheblichkeit wiederum dem VN zu. Es dürfte damit für die Transportversicherung bei der bestehenden Rechtslage unter dem VVG a.F. verbleiben. Die einschlägigen AVB sehen insofern auch weiterhin vor, dass der VN alle gefahrerheblichen Umstände anzuzeigen hat und gerade keine Beschränkung auf die in Textform abgefragten Umstände erfolgen soll (vgl. Ziff. 4.1 DTV-Güter 2000/ 2008; Looschelders/Pohlmann/ *Paffenholz*, § 131 Rn 4). Gleichzeitig wird abzuwarten sein, ob und inwieweit die Rechtsprechung allg. Erwägungen zu § 19 VVG in Bezug auf die Textform der Risikoabfrage auf die Transportversicherung übertragen wird. 6

Maßgeblich für die Frage der **Gefahrerheblichkeit** bestimmter anzeigepflichtiger Umstände sind somit die Zeichnungsrichtlinien des einzelnen VR. Hierbei wird in aller Regel zwischen objektiven Umständen bezogen auf das zu versichernde Risiko und subjektiven Umständen in der Personen des VN differenziert (*Ehlers*, DTV-Güterversicherungsbedingungen 2000, Ziff. 4.1 Rn 7). 7

Objektiv anzeigepflichtig sind etwa 8
- mangelnde Seetüchtigkeit des (zu verwendenden) Schiffes;
- überlanges Lagern der Ware, was insb. bei Händlerpolicen häufig der Fall sein kann;

- erhebliche Schadenhäufigkeit auf bestimmten Routen oder bei der Beauftragung bestimmter Spediteure oder Frachtführer;
- Vorstrafen eines mit dem Transport Beauftragten;
- berechtigte Zweifel an der Eignung der Transportpersonen, etwa bei fehlenden Patenten oder Gewerbescheinen, Zulassungen (Beispiele nach *Ehlers*, DTV-Güterversicherungsbedingungen 2000, Ziff. 4.1 Rn 7).

9 **Subjektiv anzeigepflichtig** sind etwa
- schlecht verlaufende Vorverträge und -schäden;
- Versicherung einer Franchise bei einem anderen VR (Beispiele nach *Ehlers*, DTV-Güterversicherungsbedingungen 2000, Ziff. 4.1 Rn 8).

10 Die o.g. Umstände dürfte damit der VN – unabhängig von einer Anfrage durch den VR – diesem ohne Weiteres anzuzeigen haben; von sich aus **nicht anzuzeigen** hat der VN hingegen **allgemein bekannte Umstände**, wie etwa
- Eisgefahren im Winter;
- Rostanfälligkeit von Stahl;
- chemische oder bakterielle Veränderung der zu versichernden Güter aufgrund deren natürlichen Beschaffenheit, sofern diese nicht selten sind oder ungewöhnliche Reaktionen zeigen (Beispiele nach *Ehlers*, DTV-Güterversicherungsbedingungen 2000, Ziff. 4.1 Rn 9).

11 Der VN hat dabei die **Gefahrumstände vollständig und zutreffend** dem VR anzuzeigen, allerdings nur soweit sie ihm bekannt sind. In der Praxis werden in aller Regel die Gefahrumstände anhand eines Fragebogens ermittelt. Hierbei wird insb. nach dem Vorverlauf, also nach Vorschäden, Schadenreserven und Schadenquote gefragt.

12 Sind Fragen des VR **unklar oder mehrdeutig**, sind diese zugunsten des VN auszulegen. Bei Nichtbeantwortung einer Frage durch den VN hat der VR nachzufragen. Schließt der VR den VV in Kenntnis der Unklarheiten ohne nachzufragen, kann er sich später nicht auf die Nichtbeantwortung der Frage berufen. Eine **Nachfrageobliegenheit** des VR besteht zudem, wenn Antworten des VN erkennbar unklar und unvollständig sind (vgl. BGH, NJW 1995, 401), insb. kann der VN eine Frage auch mit „unbekannt" beantworten.

13 Die vorvertragliche Anzeigepflicht bezieht sich *nicht* auf Umstände, die **Art und Umfang** des versicherten Interesses betreffen. Die **Anmeldepflicht gem.** § 53 VVG für laufende Versicherungen wird ebenfalls *nicht* von § 131 VVG erfasst (Begr. BT-Drucks 16/3945, S. 92).

2. Kündigungsfrist

14 Der VR muss sein Kündigungsrecht **innerhalb eines Monats** ab Kenntnis des nicht bzw. unrichtig angezeigten Umstand ausüben.

15 Für die **Fristberechnung** gelten die §§ 187 ff. BGB.

16 **Kenntnis des VR** ist *nicht* schon mit Eingang einer schriftlichen Mitteilung des VN gegeben (**a.A.** OLG Nürnberg, VersR 1990, 1337 [Ls.]). Der VR muss vielmehr zuverläs-

sige „Kunde" (OLG Köln, VersR 1973, 1035; OLG Köln, VersR 1982, 1092; OLG Köln, r+s 1985, 230; OLG Köln, r+s 1986, 46; OLG München, VersR 1986, 156; OLG Hamm, VersR 1983, 1177; OLG Hamm, VersR 1990, 76) davon haben, dass der VN bzw. eine Person, für die dieser haftet, ihm bekannte gefahrerhebliche Umstände nicht angezeigt oder insoweit falsche Angaben gemacht hat (RG 128, 117; OLG München, VersR 1986, 156; LG Frankenthal, VersR 1968, 566). Kenntnis des VR setzt vielmehr **Kenntnis des zuständigen Sachbearbeiters** voraus (*Ehlers*, DTV-Güterversicherungsbedingungen 2000, Ziff. 4.3 Rn 26; Prölss/Martin/*Prölss*, § 20 Rn 6 m.w.N.). Hat hingegen ein unzuständiger Sachbearbeiter Kenntnis, so ist dies für den Fristbeginn unerheblich, es sei denn, der eigentlich zuständige Sachbearbeiter hätte Anlass zur Nachfrage gehabt (vgl. auch BGH, NJW 1989, 2879, 2881). Dabei ist zu beachten, dass insb. Kompositversicherer regelmäßig Verträge eines VN in unterschiedlichen Abteilungen verwalten, die sich nicht wechselseitig über sämtliche Vorgänge informieren können. So dürfte etwa die Kenntnis der Haftpflichtabteilung nicht ausreichen, wenn es sich im konkreten Einzelfall um einen Kaskoversicherungsfall handelt (Prölss/Martin/*Prölss*, § 20 Rn 6 unter Hinweis auf OLG Hamm, VerBAV 1953, 267). Unerheblich ist somit etwa auch die Kenntnis einer Bezirksdirektion, die nur mit der Entgegennahme und Weiterleitung von Anträgen befasst ist (vgl. etwa OLG Köln, VersR 1974, 849; OLG Stuttgart, VersR 1990, 76).

Die EDV-mäßige Erfassung gefahrerheblicher Umständen bei einer **anderen Konzerngesellschaft** allein reicht nicht aus, die Kenntnis des VR zu begründen (vgl. BGH, VersR 1992, 217; BGH, VersR 1990, 258; Prölss/Martin/*Prölss*, § 20 Rn 6), es sei denn, der VR hat sich im Antrag die Einwilligung des VN geben lassen, seine Daten im Verbund zu erfassen und der VN hat auf diese Daten hingewiesen (BGH, VersR 1993, 1089). Kenntnis soll insofern nicht schon dann anzunehmen sein, wenn der VR nach sonstigen Versicherungen gefragt hat und der VN allein sonstige Versicherungen bei Konzerngesellschaften angegeben hat, diese aber andere Risiken betreffen (BGH, NVersZ 2001, 69; Prölss/Martin/*Prölss*, § 20 Rn 6). **17**

Etwas anderes dürfte jedoch dann gelten, wenn der VR selbst einen (verschwiegenen) Vorschaden reguliert hat. So hat der BGH (VersR 2007, 1267) im Fall einer Obliegenheitsverletzung des VN durch Nicht-Anzeige eines solchen Vorschadens entschieden, dass relevante Kenntnis des VR anzunehmen sei. Der BGH ging dabei davon aus, dass der VR aufgrund der Regulierung des (verschwiegenen) Vorschadens hiervon Kenntnis hatte. Diese Kenntnis sei bei dem mit der Schadenregulierung befassten Sachbearbeiter – und mithin beim VR selbst – angefallen, und es bleibe im Weiteren allein eine Frage der innerbetrieblichen Organisation, wie er dieses Wissen auch anderen Sachbearbeitern zugänglich macht. **18**

Die bloße **Vermutung gefahrerheblicher Umstände** begründet noch keine relevante Kenntnis, es sei denn, der VR hat risikorelevante Informationen in einer Datenbank gespeichert, und es besteht Anlass diese abzurufen (s.a. BGH, NJW 1993, 2807). Der VR ist insoweit dem Grunde nach *nicht* verpflichtet, ohne Veranlassung durch den VN seinen Datenbestand darauf zu sichten, ob sich hieraus u.U. (weitere) risikorelevante Erkenntnisse ergeben könnten, die von den Angaben des VN abweichen. Vielmehr bleibt es dabei, dass die Risikoprüfung des VR auf den Angaben im Antragsformular erfolgt, wobei der VN zu **19** vollständigen und wahrheitsgemäßen Angaben verpflichtet ist. Allein die Tatsache, dass Vorschäden, Vorversicherungen und deren Kündigung im Datenbestand des VR registriert sind, ändert hieran nichts (vgl. OLG Hamm, r+s 1998, 473).

20 Die Kenntnis des **Versicherungsmaklers** als Sachwalter der Interessen des VN ist i.d.R. dem VR nicht zurechenbar. Eine Ausnahme hiervon ist nur dann angezeigt, wenn der Versicherungsmakler vom VR zur Entgegennahme von Erklärungen des Antragsstellers bevollmächtigt oder doch zumindest damit betraut worden ist. Dies dürfte nicht schon dann der Fall sein, wenn der Versicherungsmakler Antragsformulare des VR vorhält oder auf dem Versicherungsschein als zuständiger Betreuer genannt ist (vgl. auch BGH, VersR 1999, 1481).

21 Leistungsfreiheit tritt nur ein, soweit der nicht angezeigte Umstand **kausal** für den Eintritt des Versicherungsfalls bzw. den Umfang der Leistungspflicht wird. Mitursächlichkeit reicht aus (vgl. insofern auch BGH, VersR 1990, 297). Die causa-proxima-Lehre findet keine Anwendung (Rüffer/Halbach/Schimikowski/*Harms*, § 132 Rn 3). I.Ü. ist auf die Wertungen des § 21 Abs. 2 VVG abzustellen.

22 Die Kausalität ist regelmäßig zu *verneinen*, wenn der VN subjektive Risikoumstände, wie Vorstrafen, Vorschäden oder anderweitige bestehende Versicherungen, verschweigt (vgl. auch BGH, VersR 91, 1404; OLG Hamm, r+s 1990, 147; OLG Hamm, r+s 1989, 1; OLG Köln, VersR 1992, 231). Unrichtige oder unvollständige Angaben über die Geeignetheit der verwandten Beförderungsmittel oder Umschlagsmodalitäten können hingegen u.U. kausal sein.

II. Kündigungsrecht des Versicherungsnehmers bei Leistungsverweigerung des Versicherers (§ 131 Abs. 2 VVG)

23 Dem VN steht ein **Kündigungsrecht** zu, wenn der VR seine Leistung verweigert. Anders als bei der Haftpflichtversicherung (vgl. § 111 Abs. 1 VVG) besteht dieses Kündigungsrecht auch dann, wenn die Leistungsverweigerung berechtigt ist (Begr. BT-Drucks 16/3945, S. 92).

24 Der VN hat sein Kündigungsrecht innerhalb eines Monats ab Zugang der Erklärung des VR, die Leistung zu verweigern, auszuüben. Für die **Fristberechnung gelten §§ 187 ff. BGB**. Es handelt sich um eine **Ausschlussfrist** („erlischt"); die Bestimmungen der §§ 203 ff. BGB finden insofern keine Anwendung; daher auch keine Hemmung, etwa durch Vergleichsverhandlungen. Eine Berufung auf die Ausschlussfrist ist nicht *per se* treuwidrig. Der Kündigungsanspruch erlischt jedenfalls mit Fristablauf unabhängig von der Begründetheit der Leistungsverweigerung des VR.

C. Prozessuales

25 Der VR ist darlegungs- und ggf. beweisbelastet hinsichtlich der Anzeigepflichtverletzung, will er sein Kündigungs- und Leistungsverweigerungsrecht ausüben.

Der VN hat andererseits die mangelnde Kausalität der nicht oder nicht vollständig angezeigten Umstände für den Eintritt des Versicherungsfalls bzw. den Umfang der Versicherungsleistung nachzuweisen. Weiterhin hat er die Kenntnis des VR, insb. den Zeitpunkt der Kenntniserlangung, zu beweisen, will er sich auf die Unwirksamkeit der Kündigung wegen Verfristung gem. § 131 Abs. 1 VVG berufen (vgl. insofern BGH, VersR 1991, 171; BGH, VersR 1980, 762). 26

Im Fall der Kündigung seitens des VN gem. § 131 Abs. 2 VVG hat der VR den Ablauf der Ausschlussfrist nachzuweisen, also insb. den Zugang der Leistungsverweigerungserklärung beim VN. 27

D. Abdingbarkeit

Die Bestimmung ist **dispositiv**. 28

§ 132 VVG Gefahränderung

(1) Der Versicherungsnehmer darf abweichend von § 23 die Gefahr erhöhen oder in anderer Weise ändern und die Änderung durch einen Dritten gestatten. Die Änderung hat er dem Versicherer unverzüglich anzuzeigen.

(2) Hat der Versicherungsnehmer eine Gefahrerhöhung nicht angezeigt, ist der Versicherer nicht zur Leistung verpflichtet, wenn der Versicherungsfall nach dem Zeitpunkt eintritt, zu dem die Anzeige dem Versicherer hätte zugehen müssen. Er ist zur Leistung verpflichtet,
1. wenn ihm die Gefahrerhöhung zu dem Zeitpunkt bekannt war, zu dem ihm die Anzeige hätte zugehen müssen,
2. wenn die Anzeigepflicht weder vorsätzlich noch grob fahrlässig verletzt worden ist oder
3. soweit die Gefahrerhöhung nicht ursächlich für den Eintritt des Versicherungsfalles oder den Umfang der Leistungspflicht war.

(3) Der Versicherer ist abweichend von § 24 nicht berechtigt, den Vertrag wegen einer Gefahrerhöhung zu kündigen.

Übersicht

	Rdn
A. Normzweck	1
B. Norminhalt	4
I. Recht des Versicherungsnehmers auf Gefahränderung (§ 132 Abs. 1 VVG)	4
II. Voraussetzungen der Leistungsfreiheit des Versicherers bei unterlassener Anzeige der Gefahränderung (§ 132 Abs. 2 VVG)	9
III. Ausschluss des Kündigungsrechts des Versicherers (§ 132 Abs. 3 VVG)	12
C. Prozessuales	13
D. Abdingbarkeit	14

A. Normzweck

1 § 132 VVG erkennt für die Transportversicherung an, dass im Fall der Gefahrerhöhung bzw. -änderung ein berechtigtes Interesse des VN am **Fortbestand des Versicherungsschutzes** besteht. In § 132 Abs. 3 VVG wird daher das entsprechende Kündigungsrecht des VR ausgeschlossen. Im Interesse des VR sieht allerdings § 132 Abs. 1 VVG eine **Anzeigepflicht des VN** vor, wobei deren Verletzung gem. § 132 Abs. 2 VVG zur Leistungsfreiheit im Einzelfall führen kann (Begr. BT-Drucks 16/3945, S. 92).

2 **Kein Versicherungsschutz** besteht allerdings dann, wenn nach Abgabe der Vertragserklärung durch den VN ein anderes als das versicherte Risiko entstanden ist. In einem solchen Fall kann nicht mehr von einer (grds.) versicherten Gefahränderung ausgegangen werden. Dies gilt unabhängig von einer entsprechenden Einflussmöglichkeit des VN. Von einer solchen, den Versicherungsschutz ausschließenden **Risikoänderung** ist etwa auszugehen, wenn anstelle des (versicherten) Tabaks Kaffee auf die (versicherte) Reise gebracht wird (Beispiel nach *Ehlers*, in: Thume/de la Motte, Kap. 3 Ziff. 5.1 DTV-Güter 2000 Rn 212). Die Abgrenzung kann im Einzelfall schwierig sein.

3 Die Bestimmung hat *keine* Entsprechung im VVG a.F.

B. Norminhalt

I. Recht des Versicherungsnehmers auf Gefahränderung (§ 132 Abs. 1 VVG)

4 Die versicherten Interessen sind in der Transportversicherung bestimmungsgemäß in Bewegung. Schon allein hieraus ergeben sich regelmäßig Risiken, auf deren Erhöhung bzw. Änderung der VN infolge der Ortsveränderung nur eingeschränkt Einfluss hat. Dies erkennt der Gesetzgeber ausdrücklich an (Begr. BT-Drucks 16/3945, S. 92). Abweichend von § 23 VVG räumt § 132 Abs. 1 VVG vor diesem Hintergrund dem VN das **Recht zur Gefahrerhöhung bzw. -änderung** ein. Gefahränderungen, die ein Dritter ohne oder gegen den Willen des VN vornimmt, sind hingegen seinem Wortlaut nach („gestattet") nicht von § 132 Abs. 1 VVG erfasst, insoweit verbleibt es dann bei der Anzeigeobliegenheit gem. § 23 Abs. 3 VVG. I.Ü. dürfte sich hier in aller Regel eine entsprechende Verpflichtung aus Ziff. 5.2 DTV-Güter 2000/2008 ergeben (Rüffer/Halbach/Schimikowski/*Harms*, § 133 Rn 1).

5 Eine Definition der **Gefahrerhöhung** kennt das VVG *nicht* (*Marlow*, Das Neue VVG kompakt, S. 53). Mit der Rechtsprechung liegt ganz allgemein eine Gefahrerhöhung im Fall einer nachträglichen Änderung der bei Vertragsschluss tatsächlich vorhandenen gefahrerheblichen Umstände vor, die den Eintritt des Versicherungsfalls oder eine Vergrößerung des Schadens wahrscheinlicher machen (vgl. etwa Düsseldorf, VersR 1997, 231). Eine einmalige, bloß kurzfristige Änderung des Gefährdungszustandes soll insoweit *nicht* ausreichen, vielmehr muss es sich um Gefährdungsvorgänge handeln, die einen **neuen Zustand erhöhter Gefahr von gewisser Dauerhaftigkeit** schaffen.

Typische Beispiele hierfür sind etwa
- die erhebliche Verzögerung des Antritts oder der Vollendung des versicherten Transports; oder
- die Verladung der versicherten Güter an Deck.

Darüber hinaus liegt etwa bei
- Regressverzicht oder
- Haftungseinschränkung

ggü. dem Spediteur oder Frachtführer über das verkehrsübliche Maß hinaus eine relevante Gefahrerhöhung vor (*Ehlers*, in: Thume/de la Motte, Kap. 3 Ziff. 5.1 DTV-Güter 2000 Rn 213).

Eine relevante **Gefahränderung** ist gegeben, soweit sich seit Abgabe der Vertragserklärung des VN die Gefahrumstände geändert haben. Das kann etwa
- die Verzögerung der versicherten Reise,
- die Zwischenlagerung und Gefrierung von Frischfleisch trotz vereinbarten Durchtransports

sein (OLG Hamburg, TranspR 1985, 365; VersR-Hdb/*Heiss*, § 38 Rn 131; *Ehlers*, in: Thume/de la Motte, Kap. 3 Ziff. 5.1 DTV-Güter 2000 Rn 212).

Gem. § 132 Abs. 1 S. 2 VVG hat der VN die Änderung dem VR **unverzüglich anzuzeigen**. Die Verletzung dieser Anzeigepflicht ist in § 132 Abs. 2 VVG sanktioniert.

II. Voraussetzungen der Leistungsfreiheit des Versicherers bei unterlassener Anzeige der Gefahränderung (§ 132 Abs. 2 VVG)

Gem. § 132 Abs. 2 S. 1 VVG ist der VR dem Grunde nach bei Verletzung der Anzeigepflicht gem. § 132 Abs. 1 VVG leistungsfrei, wenn der Versicherungsfall vor rechtzeitigem Zugang der Anzeige eintritt. Abweichend von § 26 Abs. 1 und 2 VVG entfällt der Versicherungsschutz dabei insgesamt (sog. **Alles-oder-Nichts-Prinzip**). Die Leistungsfreiheit knüpft insofern an das **grob schuldhafte Unterlassen** der unverzüglichen Anzeige und nicht etwa an die Gefahrerhöhung selbst an.

§ 132 Abs. 2 S. 2 VVG schränkt für die dort genannten Fälle die umfassende Leistungsfreiheit wiederum ein. Hiernach **verbleibt es bei der Haftung des VR**, wenn
- dieser bereits – unabhängig von einer Anzeige des VN – Kenntnis von der Gefahrerhöhung hatte (§ 132 Abs. 2 S. 2 Nr. 1 VVG),
- der VN weder vorsätzlich noch grob fahrlässig seine Anzeigepflicht verletzt hat (§ 132 Abs. 2 S. 2 Nr. 2 VVG) oder
- die anzuzeigende Gefahrerhöhung nicht kausal für den (eingetretenen) Versicherungsfall geworden ist (§ 132 Abs. 2 S. 2 Nr. 3 VVG).

Die Vorschrift übernimmt dabei in § 132 Abs. 2 S. 2 Nr. 2 bzw. 3 VVG inhaltlich Ziff. 5.4 DTV-Güter 2000.

III. Ausschluss des Kündigungsrechts des Versicherers (§ 132 Abs. 3 VVG)

12   § 132 Abs. 3 VVG schließt für die Transportversicherung das **Kündigungsrecht des VR** als nicht sachgerecht aus. Auf diese Weise wird anerkannt, dass die Möglichkeit der Gefahrerhöhung gem. § 132 Abs. 1 VVG regelmäßig vom Versicherungsschutz umfasst sein soll. Die Interessen des VR sind bereits hinreichend durch die Möglichkeit zur vertraglichen Vereinbarung einer entsprechenden Prämienanpassung geschützt (Begr. BT-Drucks 16/3945, S. 92).

C. Prozessuales

13   Den **VN** trifft die **Darlegungs- und Beweislast** bzgl. seines fehlenden groben Verschuldens bzgl. der unterbliebenen Anzeige sowie die fehlende Kausalität der Gefahränderung für den Versicherungsfall. Gelingt ihm dieser Entlastungsbeweis, so verbleibt es bei der Leistungspflicht des VR (VersR-Hdb/*Heiss*, § 38 Rn 132).

D. Abdingbarkeit

14   Die Vorschrift ist **dispositiv**.

---

§ 133 VVG Vertragswidrige Beförderung

(1) Werden die Güter mit einem Beförderungsmittel anderer Art befördert als vereinbart oder werden sie umgeladen, obwohl direkter Transport vereinbart ist, ist der Versicherer nicht zur Leistung verpflichtet. Dies gilt auch, wenn ausschließlich ein bestimmtes Beförderungsmittel oder ein bestimmter Transportweg vereinbart ist.

(2) Der Versicherer bleibt zur Leistung verpflichtet, wenn nach Beginn der Versicherung die Beförderung ohne Zustimmung des Versicherungsnehmers oder infolge eines versicherten Ereignisses geändert oder aufgegeben wird. § 132 ist anzuwenden.

(3) Die Versicherung umfasst in den Fällen des Absatzes 2 die Kosten der Umladung oder der einstweiligen Lagerung sowie die Mehrkosten der Weiterbeförderung.

Übersicht

	Rdn
A. Normzweck	1
B. Norminhalt	3
I. Haftungsausschluss bei vertragswidriger Beförderung (§ 133 Abs. 1 VVG)	3
II. Verweis auf Regelung zur Gefahränderung gem. § 132 Abs. 2 VVG	7
III. Umfang der Leistungspflicht des Versicherers für Zusatzkosten (§ 133 Abs. 3 VVG)	8
C. Prozessuales	10
D. Abdingbarkeit	13

A. Normzweck

§ 133 VVG regelt die **Rechtsfolgen** der vertragswidrigen Beförderung versicherter Güter. Der VR ist hiernach dem Grunde nach leistungsfrei, es sei denn, die Änderung tritt erst auf der (versicherten) Reise bzw. infolge eines Versicherungsfalls ein. Die Norm setzt voraus, dass die Parteien das Beförderungsmittel bzw. den Transportweg in der Transportversicherung vertraglich vereinbart haben.

Die Bestimmung entspricht ihrem Regelungsgehalt dem **§ 137 VVG a.F.** und übernimmt in ihrer Formulierung **Nr. 6 der DTV-Güter 2000** (Begr. BT-Drucks 16/3945, S. 92).

B. Norminhalt

I. Haftungsausschluss bei vertragswidriger Beförderung (§ 133 Abs. 1 VVG)

§ 133 Abs. 1 VVG begründet einen Haftungsausschluss bei vertragswidriger Beförderung, sei es durch die Nutzung eines nicht vereinbarten Transportmittels, sei es durch eine Abweichung vom vereinbarten Transportweg. Vor einer solchen Vereinbarung im VV ist abzuraten, da im Frachtvertrag üblicherweise dem Frachtführer Erlaubnis erteilt wird, Transportmittel oder -weg zu ändern. Dies führt im praktischen Ergebnis dazu, dass der VN durch Abschluss eines entsprechenden Frachtvertrages regelmäßig insoweit eine die Deckung ausschließende Zustimmung i.S.d. § 133 Abs. 2 VVG erteilen wird bzw. muss (Looschelders/Pohlmann/*Paffenholz*, § 133 Rn 12; Rüffer/Halbach/Schiminowski/*Harms*, § 133 Rn 1). Systematisch handelt es sich bei § 133 VVG nicht um die Verletzung vorvertraglicher Anzeigepflichten, sondern um einen Haftungsausschluss.

Die Parteien des VV können das zu verwendende **Beförderungsmittel** gattungsmäßig bestimmen (*Ehlers*, in: Thume/de la Motte, Transportversicherungsrecht, 2004, Kap. 3 Ziff. 6 DTV-Güter 2000 Rn 233). Hierbei ist es den Parteien überlassen, wie stark sie den maßgeblichen Gattungsbegriff im VV ausdifferenzieren wollen. Haben die Parteien etwa vertraglich den Transport per Schwergut-Lkw oder Schwergutschiff vereinbart, und findet der Transport nunmehr tatsächlich mit einem herkömmlichen Lkw oder Stückgutfrachter statt, so liegt ein Beförderungsmittel anderer Art i.S.d. § 133 Abs. 1 VVG vor, mit der grds. Folge der Leistungsfreiheit. Etwas anderes würde hingegen gelten, wenn nur ganz allgemein der Transport per Lkw bzw. Binnenschiff vereinbart worden war. Hier bestünde Versicherungsschutz.

Weiterhin können die Parteien im VV auch die Verwendung eines bestimmten individualisierten Beförderungsmittels (TMS „X") vereinbaren.

Die **Umladung trotz vereinbarten Direkttransports** stellt ebenfalls eine relevante Umgestaltung des versicherten Risikos dar. Der VR wird allerdings nur dann leistungsfrei, wenn die vertragswidrigen Abweichungen nicht nur geringfügig und sachlich unbegründet sind. Maßgeblich dafür, dass ein Direkttransport vereinbart wurde, ist ausschließlich der zugrunde liegende VV; der Inhalt des Speditions- oder Frachtvertrags ist hingegen für die (mögliche) Leistungsfreiheit des VR **unerheblich** (*Ehlers*, DTV-Güterversicherungsbedingungen 2000, Ziff. 6.1 Rn 8).

II. Verweis auf Regelung zur Gefahränderung gem. § 132 Abs. 2 VVG

7   § 133 Abs. 2 VVG stellt klar, dass es sich bei der Änderung des Beförderungsmittels bzw. der Transportstrecke nach Reiseantritt oder infolge eines versicherten Ereignisses um eine Gefahränderung handelt, auf die § 132 VVG anzuwenden ist (Begr. BT-Drucks 16/3945, S. 92). Den VN trifft somit eine entsprechende Anzeigepflicht, will er seinen Deckungsschutz nicht gefährden.

III. Umfang der Leistungspflicht des Versicherers für Zusatzkosten (§ 133 Abs. 3 VVG)

8   Vorbehaltlich § 133 Abs. 2 S. 2 VVG i.V.m. § 132 VVG haftet der VR für (Mehr-) Kosten infolge der Beförderungsänderung bzw. -aufgabe infolge eines versicherten Ereignisses. Ist etwa die Streikgefahr (mit) versichert, so besteht Deckung für (Mehr-) Kosten, die dadurch entstehen, dass am bestreikten Bestimmungsort die (versicherte) Ware nicht entladen werden kann und diese daher anderweitig transportiert werden muss. Einen Versicherungsfall durch Substanzbeschädigung der versicherten Ware oder eines Unfalls des Beförderungsmittels bedarf es hingegen nicht, um die Leistungspflicht des VR für Zusatzkosten auszulösen. Im Fall der Unterversicherung bleibt § 75 VVG anwendbar, der im Einzelfall eine verhältnismäßige Kürzung vorsieht (Prölss/Martin/*Voit/Knappmann*, § 137 Rn 3).

9   Wie sich aus dem Wortlaut der Bestimmung („einstweilig") ergibt, besteht zudem keine Haftung des VR für Lagerkosten, sobald eine Weiterbeförderung möglich und zumutbar ist (Prölss/Martin/*Voit/Knappmann*, § 137 Rn 3).

C. Prozessuales

10 Grund für die Leistungsfreiheit des VR infolge vertragswidriger Beförderung ist die damit verbundene (erhebliche) Umgestaltung des versicherten Risikos. Will der **VR** die Deckung insoweit ablehnen, hat er die **Vertragswidrigkeit der Beförderung darzulegen und ggf. zu beweisen.**

11 Deckung besteht allerdings fort, wenn anstelle des vereinbarten ein gleich gut ausgerüstetes Beförderungsmittel verwandt wurde. In einem solchen Fall hat die Vertragswidrigkeit der Beförderung keinen Einfluss auf das (versicherte) Risiko. Für die **Gleichwertigkeit** ist der **VN darlegungs- und ggf. beweisbelastet** (*Ehlers*, in: Thume/de la Motte, Transportversicherungsrecht, Kap. 3 Ziff. 6 DTV-Güter 2000 Rn 236). Ist etwa in der Landtransportversicherung ein Schienentransport vereinbart worden, ist die Haftung des VR für einen Transport per Achse auszuschließen (Prölss/Martin/*Voit/Knappmann*, § 137 Rn 1). In einem solchen Fall wird es an der Vergleichbarkeit fehlen.

12 Im Fall des Abweichens vom vereinbarten Transportweg tritt Leistungsfreiheit allein bei Erheblichkeit ein. Diese ist zu verneinen bei für das Risiko geringfügigen und sachlich

begründeten Abweichungen. Der **VN** ist insoweit **darlegungs- und ggf. beweisbelastet** (*Ehlers*, in: Thume/de la Motte, Transportversicherungsrecht, Kap. 3 Ziff. 6 DTV-Güter 2000 Rn 237; *Ehlers*, DTV-Güterversicherungsbedingungen 2000, Ziff. 6.1 Rn 10).

D. Abdingbarkeit

Die Bestimmung ist **dispositiv**. 13

§ 134 VVG Ungeeignete Beförderungsmittel

(1) Ist für die Beförderung der Güter kein bestimmtes Beförderungsmittel vereinbart, ist der Versicherungsnehmer, soweit er auf dessen Auswahl Einfluss hat, verpflichtet, Beförderungsmittel einzusetzen, die für die Aufnahme und Beförderung der Güter geeignet sind.

(2) Verletzt der Versicherungsnehmer diese Obliegenheit vorsätzlich oder grob fahrlässig, ist der Versicherer nicht zur Leistung verpflichtet, es sei denn, die Verletzung war nicht ursächlich für den Eintritt des Versicherungsfalles oder den Umfang der Leistungspflicht.

(3) Erlangt der Versicherungsnehmer Kenntnis von der mangelnden Eignung des Beförderungsmittels, hat er diesen Umstand dem Versicherer unverzüglich anzuzeigen. § 132 ist anzuwenden.

Übersicht

	Rdn
A. Normzweck	1
B. Norminhalt	3
I. Pflicht des Versicherungsnehmers zum Einsatz geeigneter Beförderungsmittel (§ 134 Abs. 1 VVG)	3
II. Leistungsfreiheit des Versicherers bei grobem Verschulden des Versicherungsnehmers (§ 134 Abs. 2 VVG)	5
III. Anzeigeobliegenheit des Versicherungsnehmers bei Kenntnis der mangelnden Eignung (§ 134 Abs. 3 VVG)	7
C. Prozessuales	10
D. Abdingbarkeit	11

A. Normzweck

Die Vorschrift ergänzt § 133 VVG und begründet, sofern das zu verwendende Beförderungsmittel nicht im VV vereinbart ist, die **Obliegenheit des Versicherungsnehmers**, ein geeignetes Beförderungsmittels einzusetzen, soweit er hierauf Einfluss hat. Dem Grunde nach ist dabei die Verwendung geeigneter Beförderungsmittel bereits eine im zugrunde liegenden Frachtvertrag zwischen dem Frachtführer und dem Absender begründete Vertragspflicht; insoweit wird mit § 134 Abs. 1 VVG für den VV eine entsprechende vor Versicherungsfall zu erfüllende Obliegenheit des VN ggü. dem VR statuiert. Zur Wahrung der Interessen des VR begründet zudem § 134 Abs. 3 VVG eine Anzeigepflicht des VN 1 für den Fall, dass er zu einem späteren Zeitpunkt von der mangelnden Eignung des Beförderungsmittels Kenntnis erlangt (Begr. BT-Drucks 16/3945, S. 92). Zu unterscheiden ist von der Eignung des Beförderungsmittels die Eignung der Verpackung (Prölss/Martin/ *Koller*, § 134 Rn 1).

2   Die Bestimmung hat keine Entsprechung im VVG a.F.

B. Norminhalt

I. Pflicht des Versicherungsnehmers zum Einsatz geeigneter Beförderungsmittel (§ 134 Abs. 1 VVG)

3   § 134 Abs. 1 VVG setzt voraus, dass der VN **Einfluss auf die Auswahl des verwandten Beförderungsmittels** nehmen kann. Dies ist in der Güterversicherung in aller Regel *nicht* der Fall. Der VN wird hier vielmehr die Güter einem Spediteur übergeben, der alles Weitere, insb. die Auswahl des Beförderungsmittels, veranlasst. Auch im Fall des Warenimports oder dem Kauf schwimmender Ware wird dem VN der für § 134 Abs. 1 VVG erforderliche Einfluss i.d.R. fehlen (*Ehlers*, in: Thume/de la Motte, Transportversicherungsrecht, Kap. 3 Ziff. 7.2 DTV-Güter 2000 Rn 254).

4   Hat der VN hingegen (ausnahmsweise) Einfluss auf die Auswahl des Beförderungsmittels, so erfüllt er seine Obliegenheit gem. § 134 Abs. 1 VVG, sofern das gewählte **Beförderungsmittel objektiv für den Transport der versicherten Ware geeignet** ist. Dies ist i.d.R. der Fall, wenn das Beförderungsmittel ordnungsgemäß zugelassen ist und kein Zweifel an dessen Verkehrs- und Betriebssicherheit besteht. Bei Spezialgütern wie Flüssiggas, Chemikalien, Gefrier- oder Schwergut hat der VN darüber hinaus auf die nötigen Spezialkenntnisse des Transportpersonals und die Geeignetheit im Einzelnen des zu verwendenden Transportmittels zu achten. So kann etwa im Fall von Schwerguttransporten nicht schon ohne Weiteres davon ausgegangen werden, dass jeder klassifizierte Stückgutfrachter, jedes Binnenschiff oder jeder Lkw hierfür geeignet ist. Dasselbe gilt etwa für den Fall des Transport von Lebendtieren (*Ehlers*, in: Thume/de la Motte, Transportversicherungsrecht, Kap. 3 Ziff. 7.2 DTV-Güter 2000 Rn 255; *Ehlers*, DTV-Güterversicherungsbedingungen 2000, Ziff. 7.2 Rn 6, 14).

II. Leistungsfreiheit des Versicherers bei grobem Verschulden des Versicherungsnehmers (§ 134 Abs. 2 VVG)

5   Abweichend von §§ 28, 81 VVG hält § 134 Abs. 2 VVG für den Leistungsumfang am **Alles-oder-Nichts-Prinzip** fest, da es der internationalen Praxis entspricht und die für die Aufhebung dieses Prinzips maßgeblichen Gründe im Verbraucherschutz im Fall der Transportversicherung nicht gegeben sind (Begr. BT-Drucks 16/3945, S. 92).

6   Deckung entfällt damit insgesamt, sofern der VN **vorsätzlich oder grob fahrlässig** ein zum Transport der (versicherten) Güter ungeeignetes Beförderungsmittel ausgewählt hat, und dies für den Versicherungsfall oder Umfang der Versicherungsleistung **ursächlich** war.

III. Anzeigeobliegenheit des Versicherungsnehmers bei Kenntnis der mangelnden Eignung (§ 134 Abs. 3 VVG)

§ 134 Abs. 3 VVG begründet die Obliegenheit des VN, die mangelnde Eignung des verwandten Beförderungsmittels dem VR **unverzüglich anzuzeigen**. 7

§ 134 Abs. 3 VVG setzt dabei **positive Kenntnis** der mangelnden Eignung voraus; bloßes Kennenmüssen reicht hingegen nicht aus. Der VN muss sich die Kenntnis seines gesetzlichen oder rechtsgeschäftlichen Vertreters sowie seines Repräsentanten oder Wissenserklärungsvertreters **zurechnen** lassen. Eine eigene Anzeigepflicht kann darüber hinaus für den Versicherten bestehen. 8

Gem. § 134 Abs. 3 S. 2 VVG gilt i.Ü. § 132 VVG. Es handelt sich damit bei § 134 VVG um einen Fall der **Gefahränderung** (Begr. BT-Drucks 16/3945, S. 92). Unter den insofern maßgeblichen Voraussetzungen kann daher im Einzelfall Deckungsschutz bei nicht-rechtzeitiger Anzeige der Gefahränderung entfallen. 9

C. Prozessuales

Der VR hat die vorsätzliche Auswahl eines objektiv ungeeigneten Beförderungsmittels darzulegen und ggf. zu beweisen, während der VN sich bei grober Fahrlässigkeit entlasten muss und nachzuweisen hat, dass diese nicht für den Eintritt des Versicherungsfalls bzw. den Umfang der Versicherungsleistung kausal war. 10

D. Abdingbarkeit

Die Bestimmung ist **dispositiv**. 11

---

§ 135 VVG Aufwendungsersatz

(1) Aufwendungen, die dem Versicherungsnehmer zur Abwendung oder Minderung des Schadens entstehen, sowie die Kosten für die Ermittlung und Feststellung des Schadens hat der Versicherer auch insoweit zu erstatten, als sie zusammen mit der übrigen Entschädigung die Versicherungssumme übersteigen.

(2) Sind Aufwendungen zur Abwendung oder Minderung oder zur Ermittlung und Feststellung des Schadens oder zur Wiederherstellung oder Ausbesserung der durch einen Versicherungsfall beschädigten Sache gemacht oder Beiträge zur großen Haverei geleistet oder ist eine persönliche Verpflichtung des Versicherungsnehmers zur Entrichtung solcher Beiträge entstanden, hat der Versicherer den Schaden, der durch einen späteren Versicherungsfall verursacht wird, ohne Rücksicht auf die von ihm zu erstattenden früheren Aufwendungen und Beiträge zu ersetzen.

§ 135 VVG

Übersicht

	Rdn
A. Normzweck	1
B. Norminhalt	3
I. Erstattungsanspruch des Versicherungsnehmers für Aufwendungen (§ 135 Abs. 1 VVG)	3
1. Rettungskosten	6
2. Schadensermittlungs- und Schadensfeststellungskosten	8
II. Kein Verbrauch der Versicherungssumme (§ 135 Abs. 2 VVG)	11
C. Abdingbarkeit	12

A. Normzweck

1 § 135 VVG erweitert den Versicherungsschutz, indem er einen Anspruch des VN auf Ersatz von Aufwendungen zur Schadensabwendung und -ermittlung über die VersSumme hinaus statuiert. Allerdings kann der VR durch rechtzeitige Erklärung des Abandons gem. § 141 VVG seine Eintrittspflicht auf die Versicherungssumme ggf. immer noch für die Zukunft begrenzen.

2 Die Bestimmung entspricht im Wesentlichen **§ 144 VVG a.F.**, **erweitert** jedoch in § 135 Abs. 1 VVG die Deckung über § 144 Abs. 1 VVG a.F. sowie § 29 ADS hinaus dahin gehend, dass Kosten für die Schadensermittlung und -feststellung vorbehaltlich abweichender Vereinbarungen nicht nur in der Güterversicherung zu erstatten sind, wenn sie die Höchstgrenze der VersSumme übersteigen. § 135 Abs. 2 VVG übernimmt den inhaltlich gleichen § 144 Abs. 2 VVG a.F. bzw. § 37 Abs. 2 ADS (Begr. BT-Drucks 16/3945, S. 92).

B. Norminhalt

I. Erstattungsanspruch des Versicherungsnehmers für Aufwendungen (§ 135 Abs. 1 VVG)

3 § 135 Abs. 1 VVG begründet ggü. dem VR einen Anspruch des VN über die VersSumme hinaus auf Ersatz bestimmter Aufwendungen, die ihm im Zusammenhang mit dem versicherten Schadensereignis entstanden sind. Auf die entsprechende Genehmigung des VR kommt es nicht an.

4 Unter **Aufwendungen** sind sämtliche freiwilligen oder unfreiwilligen Vermögensminderungen zu verstehen, die adäquate Folge einer Maßnahme des VN zur Schadensabwehr oder -minderung sind (BGH, VersR 1977, 709).

5 Deckung besteht dabei für Aufwendungen zur **Abwendung und Minderung** (Rettungskosten) sowie zur **Ermittlung und Feststellung** des jeweiligen (versicherten) Schadens.

1. Rettungskosten

6 Die Erstattungsfähigkeit von Rettungskosten setzt voraus, dass die vom VN ergriffenen Maßnahmen **objektiv** den Sinn und Zweck hatten, den versicherten Schaden abzuwenden bzw. zu mindern. Ein entsprechender **subjektiver** Wille des VN ist hingegen *nicht* erforderlich. Eine für § 135 Abs. 1 VVG relevante Rettungsmaßnahme liegt lediglich dann nicht vor, wenn die Schadensabwendung **bloße Reflexwirkung** einer Handlung des VN war. Dies ist immer dann der Fall, wenn die Rettungshandlung auf ein anderes Hauptinteresse zielt und die Abwendung des versicherten Schadens allein ein geringfügiges Nebeninteresse darstellt (BGH, VersR 1994, 1181, 1182; Looschelders/Pohlmann/*Paffenholz*, § 135 Rn 4). Ein Ersatzanspruch entsteht insb. auch dann, wenn der VN (irrig) davon ausgegangen ist, es handele sich um nicht versicherte Güter. Hat der VN sowohl die Rettung versicherter wie nicht versicherter Güter bezweckt, so sind die Aufwendungen entsprechend anteilig erstattungsfähig (*Ehlers*, DTV-Güterversicherungsbedingungen 2000, Ziff. 2.3.1.2.1 Rn 90).

Relevante Rettungskosten sind etwa 7
– Verbindlichkeiten infolge der Beauftragung einer Fremdfirma mit der Neuverpackung beschädigter Güter;
– Kosten eines Gutachters bei erfolglosen Reparaturversuchen zur Vermeidung eines Totalverlusts;
– Löschschäden an nicht versicherten Gütern (BGH, VersR 1977, 709);
– Kosten bei der Beseitigung giftiger Stoffe, die bei Löscharbeiten entstanden sind (OLG Oldenburg, VersR 1990, 516);
– Kosten der Umladung, einstweiligen Lagerung sowie Kosten der Weiterbeförderung infolge des Versicherungsfalls (vgl. insofern aber auch § 133 Abs. 2 f. VVG).

2. Schadensermittlungs- und Schadensfeststellungskosten

Die VersSumme bleibt weiterhin unberührt von Kosten zur Schadensermittlung und -feststellung. Eine Abgrenzung ist insoweit schwierig, kann jedoch letztlich unterbleiben, da beide Positionen dem Grunde nach versichert sind. Die Kosten müssen allerdings der Ermittlung bzw. Feststellung eines versicherten Schadens zu dienen bestimmt sein. Stellt sich später heraus, dass ein versicherter Schaden tatsächlich nicht vorliegt, oder i.R.d. Franchise bleibt, besteht keine Deckung. Der Erstattungsanspruch setzt vielmehr voraus, dass der VR infolge eines Versicherungsfalls dem VN ggü. überhaupt haftet. Hat sich also gar kein versichertes Ereignis realisiert oder wäre der VR leistungsfrei, etwa infolge Obliegenheitsverletzungen, hat der VN die entstandenen Kosten selbst zu tragen (vgl. RG 88, 313; OLG Karlsruhe, VersR 1995, 1088; Prölss/Martin/*Voit/Knappmann*, § 63 Rn 20, 35). 8

Schadensfeststellungskosten können aufgrund kaufmännischer, buchhalterischer und organisatorischer Maßnahmen eines eingeschalteten Dritten entstehen, etwa infolge von Reisen, Korrespondenz oder Telefonaten (*Ehlers*, DTV-Güterversicherungsbedingungen 2000, Ziff. 2.3.1.2.3 Rn 112). 9

Eigene Aufwendungen und Kosten des VN sind dem Grunde nach nicht gedeckt, wenn sie der persönlichen und privaten Sphäre des VN zuzurechnen sind. Dies ist nicht der Fall, wenn die die Kosten auslösenden Tätigkeiten in den beruflichen oder gewerblichen Bereich des VN fallen. Als Kosten kann der VN insofern die Gemeinkosten inklusive Unternehmerlohn für den Einsatz eigener Mitarbeiter ansetzen (Looschelders/Pohlmann/*Paffenholz*, 10

§ 135 Rn 8). Nicht zu ersetzen sind jedenfalls Kosten für Tätigkeiten ohne besonderen beruflichen oder gewerblichen Bezug, wie etwa das Erteilen von Auskünften, Buchungsarbeiten oder der mit dem VR zu führende Schriftwechsel (*Ehlers*, DTV-Güterversicherungsbedingungen 2000, Ziff. 2.3.1.2.3 Rn 113).

II. Kein Verbrauch der Versicherungssumme (§ 135 Abs. 2 VVG)

11 § 135 Abs. 2 VVG stellt klar, dass die dort genannten Aufwendungen die VersSumme unberührt lassen. Insoweit relevante Aufwendungen sind dabei neben den in § 135 Abs. 1 VVG bereits aufgeführten Rettungs- und Feststellungskosten Reparaturkosten sowie die Beiträge zur großen Haverei (vgl. insofern für die persönliche Verpflichtung des VN §§ 90 Abs. 2, 91 BinSchG; § 130 Abs. 3 VVG). Damit kehrt die Bestimmung zu dem Grundsatz zurück, dass Aufwendungen im Zusammenhang mit dem Versicherungsfall die VersSumme selbst unberührt lassen. Auf diese Weise sollen (erhebliche) Deckungslücken vermieden werden, die ansonsten entstehen würden, sollte ein weiterer Versicherungsfall eintreten.

C. Abdingbarkeit

12 Die Bestimmung ist **dispositiv**.

§ 136 VVG Versicherungswert

(1) Als Versicherungswert der Güter gilt der gemeine Handelswert und in dessen Ermangelung der gemeine Wert, den die Güter am Ort der Absendung bei Beginn der Versicherung haben, zuzüglich der Versicherungskosten, der Kosten, die bis zur Annahme der Güter durch den Beförderer entstehen, und der endgültig bezahlten Fracht.

(2) Der sich nach Absatz 1 ergebende Wert gilt auch bei Eintritt des Versicherungsfalles als Versicherungswert.

(3) Bei Gütern, die beschädigt am Ablieferungsort ankommen, ist der Wert, den sie dort in beschädigtem Zustand haben, von dem Wert abzuziehen, den sie an diesem Ort in unbeschädigtem Zustand hätten. Der dem Verhältnis der Wertminderung zu ihrem Wert in unbeschädigtem Zustand entsprechende Bruchteil des Versicherungswertes gilt als Betrag des Schadens.

Übersicht

	Rdn
A. Normzweck	1
B. Norminhalt	3
I. Definition des Versicherungswertes (§ 136 Abs. 1 VVG)	3
II. Maßgeblicher Zeitpunkt (§ 136 Abs. 2 VVG)	7
III. Berechnung der Schadenshöhe bei Beschädigung (§ 136 Abs. 3 VVG)	11
C. Abdingbarkeit	13

A. Normzweck

§ 136 VVG schreibt den Grundsatz der **Unveränderlichkeit des Versicherungswertes** für das Transportversicherungsrecht fest. Damit gilt der gem. § 136 Abs. 1 VVG auf den Zeitpunkt des Vertragsbeginns zu ermittelnde Versicherungswert auch für den Versicherungsfall, unabhängig von einer zwischenzeitlich eingetretenen Verringerung bzw. Erhöhung des tatsächlichen Werts (BGH, NJW-RR 1993, 1371).

Die Bestimmung übernimmt in § 136 Abs. 1 und 2 VVG sachlich **§ 140 Abs. 1 und 2 VVG a.F.** und orientiert sich in § 136 Abs. 2 VVG dabei am Wortlaut der Ziff. 10.2 DTV-Güter 2000; § 136 Abs. 3 VVG entspricht dem bisherigen § 140 Abs. 3 VVG a.F. (Begr. BT-Drucks 16/3945, S. 93).

B. Norminhalt

I. Definition des Versicherungswertes (§ 136 Abs. 1 VVG)

Versicherungswert ist der **Wert des versicherten Interesses**. Der Versicherungswert muss dabei einen **Geldwert** haben (so *Ritter*, Das Recht der Seeversicherung, § 6 Anm. 3). Dieser kann nach Art, Ort und Zeit unterschiedlich sein. § 136 Abs. 1 VVG schreibt die insofern maßgeblichen Kriterien fest.

Der **gemeine Handelswert** ist der (objektive) Wert auf der Handelsstufe des Ersatzberechtigten (vgl. BGH, VersR 1994, 91), bei einem Verkäufer also der Verkaufswert einschließlich eines etwaigen Gewinns (BGH, NJW-RR 1993, 1371). Maßgeblich ist damit also nicht der Einkaufswert oder der Betrag der Einkaufsrechnung. Vielmehr ist auf den Preis abzustellen, für den die Ware der nämlichen Art und Beschaffenheit im Allgemeinen, ohne Rücksicht auf die besonderen Beziehungen der Beteiligten, verkauft werden (*Ehlers*, in: Thume/de la Motte, Transportversicherungsrecht, Kap. 2 Ziff. 10.2 DTV-Güter 2000 Rn 286). Hierbei bleiben insb. Bestechungsgelder, die zur Erhöhung des Verkaufspreises aufgewandt wurden und nun nochmals anfallen würden, unberücksichtigt (Prölss/Martin/*Voit/Knappmann*, § 140 Rn 4).

Zum Sachwert sind bei **Teil- oder Totalverlust** weiterhin die in § 136 Abs. 1 VVG ausdrücklich genannten Kosten zu addieren; dies gilt nicht bei bloßer Beschädigung gem. § 136 Abs. 3 VVG.

Einer eigenen gesetzlichen Bestimmung für den Versicherungswert von **Schiffen** bedarf es nicht (anders noch § 141 VVG a.F.), da insoweit die allgemeinen Vorschriften über den Versicherungswert in der Sachversicherung (dort § 88 VVG) mit den üblichen Unterscheidungen von Neu- bzw. Zeitwert als ausreichend anzusehen und abweichende vertragliche Vereinbarungen i.Ü. zulässig sind (Begr. BT-Drucks 16/3945, S. 93).

II. Maßgeblicher Zeitpunkt (§ 136 Abs. 2 VVG)

7 Der **zu Beginn der Versicherung** bestimmte Versicherungswert ist auch im Versicherungsfall maßgeblich.

8 § 136 VVG regelt nicht das Verhältnis zwischen Versicherungswert und VersSumme. Liegt **Überversicherung** vor, übersteigt also die VersSumme den Versicherungswert, so hat der VN allein Anspruch auf höchstens den Versicherungswert; ist die VersSumme hingegen niedriger als der Versicherungswert, so gelten die Bestimmungen über die **Unterversicherung** gem. § 75 VVG. Bei Doppelversicherung ist auf §§ 78 f. VVG abzustellen.

9 Haben die Parteien einen bestimmten Wert (**Taxe**) vereinbart, so hat der VR nicht mehr die Möglichkeit, Unterversicherung einzuwenden.

10 Bei **Totalverlust** ist als Entschädigung die volle VersSumme auszuzahlen, wenn sie sich mit dem Versicherungswert anfänglich gedeckt hat.

III. Berechnung der Schadenshöhe bei Beschädigung (§ 136 Abs. 3 VVG)

11 Im Fall der Beschädigung besteht gem. § 136 Abs. 3 VVG ein Anspruch auf den Bruchteil des Versicherungswertes, der dem **Verhältnis der Wertminderung des Gesund- zum Krankwert des versicherten Gutes** entspricht. Maßgeblich sind dabei die entsprechenden Werte am Ablieferungsort (Looschelders/Pohlmann/*Paffenholz*, § 136 Rn 8). Unter Beschädigung ist die äußere oder innere Veränderung der Substanz des (versicherten) Gutes zu verstehen, die eine Wertminderung zur Folge hat, etwa infolge von Bruch, Beulen, Dellen, Kratzern, Nässe, Rost, Schrammen, Verbiegungen, Verderb, Geruchsannahme (taint) oder Auftauen bei Tiefkühlkost. Verkürzung des MHD bei Lebensmitteln, auch hinreichend begründeter und nicht kurzfristig auszuräumender Verdacht auf Substanzveränderung (OLG Köln vom 2.12.2008, 9 U 100/08 bei kühlbedürftigen Arzneimitteln, die über einen unbekannten Zeitraum hinweg ungekühlt waren); zur Beschädigung im frachtrechtlichen Sinn vgl. auch *Koller*, Transportrecht, § 425 HGB Rn 13.

12 Folgendes Beispiel soll der Verdeutlichung der **Berechnungsmethode** dienen (vgl. Reichs-Drucks. Nr. 364, S. 1907):

Beispiel
Der gem. § 136 Abs. 1 VVG bestimmte Versicherungswert ergibt 10.000,00 EUR. Die beschädigten Güter haben am Ablieferungsort noch einen (Krank-)Wert von 6.000,00 EUR, während sie am Bestimmungsort einen (Gesund-)Wert von 12.000,00 EUR gehabt hätten. Damit haben sie infolge der Beschädigung einen Wertverlust von 50 % erlitten. Die Entschädigung beträgt damit 50 % des Versicherungswertes, im vorliegenden Fall also 5.000,00 EUR, sofern keine Unterversicherung gegeben ist.

C. Abdingbarkeit

13 Die Bestimmung ist **dispositiv**.

§ 137 VVG Herbeiführung des Versicherungsfalles

(1) Der Versicherer ist nicht zur Leistung verpflichtet, wenn der Versicherungsnehmer vorsätzlich oder grob fahrlässig den Versicherungsfall herbeiführt.

(2) Der Versicherungsnehmer hat das Verhalten der Schiffsbesatzung bei der Führung des Schiffes nicht zu vertreten.

Übersicht

	Rdn
A. Normzweck	1
B. Norminhalt	3
I. Leistungsfreiheit des Versicherers infolge groben Verschuldens des Versicherungsnehmers (§ 137 Abs. 1 VVG)	3
II. Grenzen der Zurechenbarkeit von schuldhaftem Verhalten Dritter (§ 137 Abs. 2 VVG)	14
C. Rechtsfolgen	16
D. Prozessuales	17
E. Abdingbarkeit	19

A. Normzweck

§ 137 VVG schließt die Haftung des VR für dem VN zurechenbare, vorsätzlich oder grob fahrlässig herbeigeführte Versicherungsfälle aus. Es handelt sich insofern um einen subjektiven Risikoausschluss (BGH, VersR 1986, 696; BGHZ 42, 295 = VersR 1965, 29). Eine allgemeine Schadensverhütungspflicht besteht hingegen jedenfalls in der Binnentransportversicherung nicht (BGH, VersR 1986, 696; offenlassend für die ADS: BGH, NJW 1980, 2817). 1

Die Bestimmung übernimmt in § 137 Abs. 1 VVG **leicht modifiziert § 130 VVG a.F.**, wobei der Deckungsausschluss entsprechend der Praxis in der Transportversicherung auf Vorsatz und grobe Fahrlässigkeit beschränkt wird (Begr. BT-Drucks 16/3945, S. 93). So auch *Thume*, in: Thume/de la Motte, Transportversicherungsrecht § 137 VVG Rn 1; a.A. Prölss/Martin/*Koller*, § 137 Rn 1; einschr. VersR-Hdb/*Heiss/Trümper*, § 38 Rn 39: nicht durch AVB. Der einschr. Ansicht dürfte zuzustimmen sein, weil die Vorschrift dispositiv ist und damit sowohl der Verschuldensmaßstab als auch der Kreis der zurechenbaren Personen im Rahmen der §§ 134 ff., 307 ff. BGB frei vereinbar ist. 2

B. Norminhalt

I. Leistungsfreiheit des Versicherers infolge groben Verschuldens des Versicherungsnehmers (§ 137 Abs. 1 VVG)

Eine Haftung des VR besteht gem. § 137 Abs. 1 VVG nicht, sofern der Versicherungsfall vorsätzlich bzw. grob fahrlässig durch den VN selbst verursacht wurde oder das entsprechende Verhalten ihm zumindest zurechenbar ist. 3

Pisani/Mechtel

4 Die Begriffe Vorsatz bzw. grobe Fahrlässigkeit sind für das gesamte Zivilrecht, einschließlich des Versicherungsrechts, einheitlich definiert und dem BGB zu entnehmen (BGH, VersR 1966, 1150).

5 **Vorsatz** ist das Wissen und Wollen des rechtswidrigen Erfolges. Der Handelnde muss dabei den rechtswidrigen Erfolg vorausgesehen und in seinen Willen aufgenommen haben, wobei es nicht erforderlich ist, dass der Erfolg auch gewünscht oder beabsichtigt war (RGZ 57, 241; Palandt/*Heinrichs*, § 276 BGB Rn 10 m.w.N.) Typische Fälle vorsätzlichen Herbeiführens des Versicherungsfalles sind etwa das Versenken eines (versicherten) Schiffes mit versicherten Gütern in kollusivem Zusammenwirken mit der Schiffsbesatzung oder das Vortäuschen eines Lkw-Diebstahls, obwohl die versicherten Güter tatsächlich gar nicht befördert oder bereits veräußert wurden (Beispiele nach *Ehlers*, DTV-Güterversicherungsbedingungen 2000, Ziff. 3 Rn 14).

6 **Grobe Fahrlässigkeit** liegt mit der ständigen Rechtsprechung des BGH vor, wenn die im Verkehr erforderliche Sorgfalt in besonders schwerem Maße verletzt wird und schon einfache, ganz nahe liegende Überlegungen nicht angestellt oder beiseite geschoben werden und dasjenige unbeachtet bleibt, was im gegebenen Fall jedem einleuchten muss (vgl. etwa BGH, NJW 1992, 316). Dies setzt allerdings voraus, dass der VN im Bewusstsein gehandelt hat, dass sein Verhalten ggf. Einfluss auf den Schadenseintritt bzw. -umfang haben könnte. Letztlich ist es Tatfrage, ob grobe Fahrlässigkeit gegeben ist. Das **Maß der anzuwendenden Sorgfalt** hängt entscheidend vom Umfang der Gefahren, denen Beförderungsmittel und Ladung ausgesetzt sind, ab. In dem Maße, in dem das mit der Beförderung verbundene Risiko steigt, steigen insofern aber auch die Anforderungen an die zu erfüllenden Sicherungsmaßnahmen. Trotz Branchenüblichkeit kann im Einzelfall grobe Fahrlässigkeit gegeben sein (OLG Köln, VersR 1991, 348). Zum Maßstab der anzuwendenden Sorgfalt bei der Sicherung der Ladung vgl. etwa OLG Köln, VersR 1991, 770; bzgl. der Verletzung der Bewachungsklausel OLG Köln, VersR 1993, 574.

7 Der VR haftet nicht bei eigenem (groben) Verschulden des VN. Dies gilt insb. im Fall des (groben) **Organisationsverschuldens**, etwa infolge mangelhafter Auswahl bzw. Überwachung des eingesetzten Transportpersonals oder einer unzureichenden Ablauforganisation.

8 **Grobe Fahrlässigkeit** wurde weiterhin in den folgenden Fällen **bejaht**:
   – ungesichertes Abstellen eines Containers mit wertvoller Ladung auf einem für eine Vielzahl von Menschen unkontrolliert zugänglichen Speditionshof über das Wochenende (OLG Hamburg, OLGR Hamburg 1997, 386);
   – abendliches Abstellen eines offen mit Textilien beladenen Pkw für etwa 30 Minuten in wenig belebter, schlecht beleuchteter Straße (LG Münster, VersR 1951, 84);
   – Abstellen eines beladenen Lkw in der Innenstadt von Mailand ohne Aufsicht (BGH, NJW 1984, 2033 mit Anm. *Jayme*, IPrax 1985, 386);
   – Abstellen eines beladenen Fahrzeugs in Oberitalien für mehr als 30 Minuten (OLG Hamburg, TranspR 1993, 361);
   – Verladen eines unzureichend verschlossenen Benzinkanisters unter fabrikneuen Textilien (LG Aschaffenburg, VersR 1953, 430);

- Ablegen einer brennenden Zigarette im Führerhaus eines Lkw (LG Berlin, VersR 1990, 1006);
- Unterlassen ordnungsgemäßer Befestigung von zu transportierenden Maschinen (OLG Nürnberg, VersR 1982, 1166; alle Beispiele nach VersR-Hdb/*Heiss*, § 38 Rn 82);
- Zurücklassen an Bord von Motor- und Bordnetzschlüssel, die nur teilweise verdeckt waren (BGH, VersR 2005, 629);
- uninformiertes Befahren unbekannter Gewässer (OLG Frankfurt am Main, NJW-RR 2004, 28);
- Fahren außerhalb der Fahrrinne (OLG Köln, TranspR 2001, 180);
- Ankern in einer allein bei bestimmter Wetterlage insoweit geeigneten Bucht in Unkenntnis des Wetterberichts (LG Heilbronn, 3.3.2000 – 2 O 327/99, zitiert bei *Gerhard*, TranspR 2005, 63, 64 bei Fn 18);
- ununterbrochenes Fahren während einer Dauer von eineinhalb Tagen ohne Einhaltung von Ruhezeiten (OLG Karlsruhe, VersR 1997, 737; für weitere Beispiele vgl. auch den Überblick von *Bayer*, VersR 1995, 626, im Hinblick auf die CMR-Versicherung früheren Zuschnitts).

Grobe Fahrlässigkeit wurde hingegen in den folgenden Fällen **verneint**:
- Überschreitung der erlaubten Höchstgeschwindigkeit von 40 km/h um beinahe 100 % (LG Darmstadt, TranspR 2001, 272);
- Abstellen eines mit Textilien beladenen Lkw auf offener, belebter Straße eines Vororts von Mailand während der Übernachtung im Hotel, in dessen Garage das Fahrzeug nicht geparkt werden kann (OLG Saarbrücken, VersR 1998, 450 [LS]);
- Abstellen eines mit Tiefkühlware beladenen Lkw von Samstagabend bis Montagfrüh auf einem von Wohnhäusern umgebenen Betriebshof, der allein durch eine verhältnismäßig schmale und lange Einfahrt erreichbar ist (alle Beispiele nach VersR-Hdb/*Heiss*, § 38 Rn 82);
- Fehlen einer Ankerwache (LG Hamburg, 28.2.2005 – 415 O 167/03, NJOZ 2006, 197);
- Fehlen einer professionellen Bewachung (OLG München, VersR 2006, 1492, vgl. hierzu und zu weiteren Fällen auch: *Gerhard*, TranspR 2007, 181 und TranspR 2005, 63).

Vorbehaltlich § 137 Abs. 2 VVG hat sich der VN zudem jedenfalls im Bereich der Binnentransportversicherung (vgl. krit. *Remé*, VersR 1980, 115 für das Seeversicherungsrecht) das **schuldhafte Verhalten Dritter** zurechnen zu lassen, sofern es sich hierbei um sog. Repräsentanten handelt. Eine Ausdehnung auf sonstige Dritte, deren Verhalten sich der VN zurechnen lassen soll, ist hingegen gem. § 307 Abs. 1, 2 Nr. 1 BGB in AVB jedenfalls unwirksam (OLG München, VersR 2006, 1492; OLG München, VersR 2006, 970; OLG Karlsruhe, VersR 1999, 1237; OLG Köln, VersR 2003, 991).

Nach ständiger Rechtsprechung ist **Repräsentant**, wer in dem Geschäftsbereich, zu dem das versicherte Risiko gehört, aufgrund eines Vertretungs- oder eines ähnlichen Verhältnisses an die Stelle des VN getreten ist (vgl. etwa BGH, VersR 2005, 1387; BGH, NJW-RR 2003, 1250). Das hierbei zugrunde zu legende **Vertretungsverhältnis** muss sich auf die Risikoverwaltung beziehen, wobei dem Repräsentanten die Befugnis einzuräumen ist, selbstständig in nicht ganz unbedeutendem Umfang für den VN tätig zu werden. Der

Kapitän ist somit in der Schiffskaskoversicherung Repräsentant des Reeders, während dies für die Güterversicherung nicht der Fall ist (Looschelders/Pohlmann/*Paffenholz*, § 137 Rn 8 unter Hinweis auf BGH VersR 1983, 479 bzw. BGHZ 77, 88, 91 f.). Die **bloße Überlassung der Obhut** über die versicherte Sache reicht hingegen nicht aus (BGH, VersR 1986, 696; BGH, VersR 1977, 517). Ebenso wenig begründen Ehe, Lebensgemeinschaft oder Verwandtschaft mit dem VN ohne Weiteres schon die Repräsentanteneigenschaft (für den bei der Ehefrau angestellten und die Transporte ausführenden Ehemann: OLG Köln, VersR 1999, 618). Wurden einer **Hilfsperson** allerdings Aufgaben übertragen, die ihrer Art oder ihres Umfangs nach mit einer gewissen Selbstständigkeit verbunden sind und berechtigen, Rechte und Pflichten des VN aus dem Versicherungsverhältnis wahrzunehmen, so kann die Hilfsperson – unabhängig von ihrer sonstigen, auch untergeordneten Stellung im Betrieb des VN – als Repräsentant zu qualifizieren sein (BGH, VersR 1986, 696; vgl. OLG Köln, VersR 1974, 877).

12 In den folgenden Fällen wurde die **Repräsentanteneigenschaft bejaht**:
- der vom VN mit der selbstständigen Verpackung und Stauung der Ladung beauftragte Unternehmer (OLG Hamburg, VersR 1969, 558 für die Güterversicherung; vgl. jedoch OLG Celle, HansRGZ 38, 316 [Nr. 28]);
- Dritter, der die Verladung der Güter vornimmt (OLG Karlsruhe, VersR 1995, 413; str.);
- Prokurist des VN (Hamburg, VersR 1988, 1147; str.);
- Mieter, der die alleinige Obhut ausübt, bzgl. der erforderlichen Beaufsichtigung der (versicherten) Sache (LG München, VersR 1975, 236; vgl. aber nunmehr BGH, VersR 1989, 737);
- Niederlassungsleiter einer Charterfirma, die das jeweilige Schiff verchartert und eigenverantwortlich dessen Pflege und Wartung übernimmt (LG Hamburg, 28.2.2005 – 415 O 167/03 [dort Rn 47, juris]).

13 In den folgenden Fällen wurde die **Repräsentanteneigenschaft verneint**:
- ständig angestellter Fahrer des VN (st. Rspr., vgl. etwa BGH, VersR 1998, 79 – in einem solchen Fall kommt allerdings u.U. eigenes Organisations- bzw. Auswahlverschulden des VN in Betracht), soweit er nicht ganz ausnahmsweise auch die technischen und kaufmännischen Geschicke des Transportunternehmens in der Hand hat (vgl. etwa LG Berlin, VersR 2000, 1006; OLG Hamburg, TranspR 1993, 361 für die Verkehrshaftpflichtversicherung);
- mitversichertes Unternehmen, insb. Unterfrachtführer (vgl. etwa BGH, NJW-RR 2003, 600);
- Spediteur (*Sieg*, TranspR 1995, 195, 196);
- Stegnachbar, der das Schiff beaufsichtigen sollte (OLG München, VersR 2006, 1492);
- Charterer für den Vercharterer, sofern sich dieser im Chartervertrag alle wesentlichen Befugnisse bzgl. der Yacht vorbehalten hat (OLG München, VersR 2006, 970).

II. Grenzen der Zurechenbarkeit von schuldhaftem Verhalten Dritter (§ 137 Abs. 2 VVG)

Die Vorschrift stellt klar, dass dem VN das Verhalten der Schiffsbesatzung im Hinblick auf § 137 Abs. 1 VVG bei Führung des Schiffes nicht zuzurechnen ist (vgl. insofern schon RGZ 102, 111; OLG Hamburg, MDR 1959, 395). Eine Regelung des Sonderfalles, dass der VN der Kapitän des Schiffes ist, kann den AVB überlassen werden (Begr. BT-Drucks 16/3945, S. 93). 14

Unter Führung des Schiffes sind alle „bei oder während der Verwendung des Schiffes zur Schifffahrt (von Besatzungsmitgliedern) auszuführenden Maßnahmen" zu verstehen (so zum Haftungsrecht *Berufungskammer der Zentralkommission für die Rheinschifffahrt*, VersR 1993, 508), während sonstige Maßnahmen, die nicht die Navigation betreffen, nicht erfasst sind. § 137 Abs. 2 VVG schließt damit allein die **Zurechenbarkeit nautischen Verschuldens** aus. Nautisches Verschulden wurde etwa im Seerecht angenommen, als der übermüdete Wachoffizier einschlief und das Schiff deshalb aufgrund lief, wobei den Kapitän das weitere nautische Verschulden traf, den automatischen Weckruf nicht eingeschaltet zu haben (BGH, VersR 2007, 417). Mit der Seehandelsrechtsreform wurde der gesetzliche Haftungsausschluss zugunsten des Verfrachters für nautisches Verschulden abgeschafft; in der Praxis wird jedoch von der Möglichkeit eines Ausschlusses per AGB Gebrauch gemacht. 15

Vom Ausschluss gem. § 137 Abs. 2 VVG bleiben hingegen Fälle sonstigen grob schuldhaften Verhaltens der Schiffsbesatzung, etwa bei Verladung und Stauung der Güter, unberührt.

C. Rechtsfolgen

Im Fall der schuldhaften Herbeiführung des Versicherungsfalls ist der VR **insgesamt leistungsfrei** (sog. **Alles-oder-Nichts-Prinzip**). Unerheblich sind damit der Grad des Verschuldens sowie die Frage, inwieweit das dem VN zurechenbare grob schuldhafte Verhalten kausal für den Umfang des versicherten Schadens geworden ist. Gründe, im Interesse des Verbraucherschutzes vom im Transportversicherungsrecht üblichen Alles-oder-Nichts-Prinzip abzuweichen, bestehen nicht (Begr. BT-Drucks 16/3945, S. 93). 16

D. Prozessuales

Es handelt sich bei § 137 VVG um einen subjektiven Risikoausschluss (BGHZ 42, 295 = VersR 1965, 29); eine allg. Schadensverhütungspflicht des VN wird insofern nicht begründet (BGH, VersR 1986, 969; offenlassend BGHZ 77, 88 = MDR 1981, 28). 17

Der VN hat den Eintritt des Versicherungsfalls darzulegen und ggf. zu beweisen; der VR hat dann seinerseits darzulegen und ggf. zu beweisen, dass im vorliegenden Fall (grobes) Verschulden gegeben ist und dass dieses für den Schadenseintritt ursächlich war (BGH, NJW 1982, 824; *Ehlers*, DTV-Güterversicherungsbedingungen 2000, Ziff. 3 Rn 16); Mitursächlichkeit reicht bereits aus. 18

E. Abdingbarkeit

19   Die Vorschrift ist **dispositiv**.

---

§ 138 VVG | **Haftungsausschluss bei Schiffen**

Bei der Versicherung eines Schiffes ist der Versicherer nicht zum Ersatz eines Schadens verpflichtet, der daraus entsteht, dass das Schiff in einem nicht fahrtüchtigen Zustand oder nicht ausreichend ausgerüstet oder personell ausgestattet die Reise antritt. Dies gilt auch für einen Schaden, der nur eine Folge der Abnutzung des Schiffes in gewöhnlichem Gebrauch ist.

Übersicht

	Rdn
A. Normzweck	1
B. Norminhalt	3
C. Prozessuales	9
D. Abdingbarkeit	16

A. Normzweck

1   § 138 VVG schließt den Versicherungsschutz aus, soweit ein Schaden auf der Fahruntüchtigkeit, mangelnden Ausrüstung oder Bemannung des versicherten Schiffes beruht oder Folge dessen Abnutzung im gewöhnlichen Gebrauch ist. Es handelt sich dabei um einen **objektiven Risikoausschluss** (BGH, VersR 1985, 629; BGH, VersR 1966; 749, OLG Hamburg, VersR 1973, 538).

2   Die Bestimmung entspricht **§ 132 VVG a.F.** (Begr. BT-Drucks 16/3945, S. 93).

B. Norminhalt

3   Die **Fahrtüchtigkeit** ist zu verneinen, wenn das Schiff die gewöhnlichen Gefahren der geplanten Reise nicht zu bestehen vermag (BGH, VersR 1989, 76; BGH, VersR 1983, 74; BGH, VersR 1980, 65). Dies kann auch infolge Beladung sein, wenn etwa gefährliche Güter vorschriftswidrig untergebracht werden (BGH, VersR 1973, 218), das Schiff so stark abgeladen ist, dass die Gefahr einer Grundberührung besteht (BGH, VersR 1980, 65), oder es wegen falscher Beladung oder Stauung instabil ist (BGH, VersR 1984, 581; BGH, VersR 1975, 1117; BGH, VersR 1971, 833). Bei vorübergehenden Mängeln ist darauf abzustellen, ob zu erwarten ist, dass der Mangel alsbald entdeckt und behoben werden kann (BGH, TranspR 2007, 37); ggf. kann dies zu unbefriedigenden Ergebnissen führen, wenn etwa der Frachtführer wegen § 426 HGB (unabwendbares Ereignis) ebenfalls nicht haftet, vgl. in diesem Zusammenhang auch die Entscheidung des LG Hamburg vom 28.8.2014, 409 HKO 5/14 (Mol Comfort) – allerdings für das Seefrachtrecht.

4   Ein Schiff ist **ausreichend personell ausgestattet**, wenn in quantitativer Hinsicht die (gesetzlich) vorgeschriebene **Mindest-Mannstärke** erfüllt wird und in qualitativer Hinsicht

der Schiffsführer die für die Reise auf der zu befahrenden Strecke erforderlichen **Patente** besitzt und ggf. ein bei Reiseantritt erforderlicher Lotse an Bord ist (Prölss/Martin/*Voit/ Knappmann*, § 132 Rn 1).

Die Ausschlussgründe gem. § 138 VVG müssen **bei Antritt der Reise i.S.d. § 559 HGB** bestehen. Maßgeblich ist damit der Beginn der Frachtreise der einzelnen Ladung und nicht die Schiffsreise insgesamt (BGH, VersR 1973, 218; Prölss/Martin/*Knappmann*, § 132 Rn 2; *Thume*, in: Thume/de la Motte, Transportversicherungsrecht, Kap. 2 § 132 Rn 181, a.A. Rüffer/Halbach/Schimikowski/*Harms*, § 138 Rn 3, der auf den Beginn der Schiffsreise abstellen will mit dem Hinweis, dass es sich hier um die Versicherung des Schiffes – und nicht der Ladung – handelt und Schiffe ggf. auch unbeladen fahren; siehe insofern auch Looschelders/Pohlmann/*Paffenholz*, § 138 Rn 5). Eine erst während der Reise eintretende Fahruntüchtigkeit ist für den Versicherungsschutz also unerheblich. Überlässt der Schiffsführer erst während der Reise einem ungeeigneten Matrosen das Ruder, so besteht der Versicherungsschutz somit fort (BGH, VersR 1972, 970). Hat der VN die erforderliche Mannschaft gestellt, und verlässt diese dann das Schiff ohne sein Wissen und Wollen, so ist dies für den Bestand des Versicherungsschutzes ebenfalls unschädlich (BGH, VersR 1966, 749; RGZ 102, 111).

Der Eintritt der Fahruntüchtigkeit **nach Reiseantritt** kann allerdings eine Gefahränderung gem. § 132 VVG darstellen; insoweit kann im Einzelfall eine entsprechende Anzeigepflicht des VN begründet sein. Gem. § 132 Abs. 2 S. 1 VVG kann der VR bei unterlassener Anzeige leistungsfrei sein, soweit nicht eine der Ausnahmen des § 132 Abs. 2 S. 2 VVG vorliegt.

Vertragliche Bestimmungen, nach denen für die während der Reise eintretende Fahruntüchtigkeit nicht gehaftet werden soll, sind i.Ü. als eng umschriebener Risikoausschluss zulässig (offen: BGH, VersR 1966, 749).

Weiterhin besteht kein Versicherungsschutz für Abnutzungserscheinungen infolge des gewöhnlichen Gebrauchs. Ungewöhnlicher Gebrauch liegt etwa vor, wenn Schäden durch Forcieren von Eis zur Rettung von Schiff und Ladung verursacht werden.

C. Prozessuales

Zur Begründung seiner Leistungsfreiheit hat der VR (1) das Bestehen der Fahruntüchtigkeit bei Reiseantritt und (2) deren **Kausalität für den eingetretenen Schaden** zu beweisen (OLG Köln, r+s 2003, 296). Seeuntüchtigkeit ist ein häufiger Streitpunkt (MAH-VersR/ *Remé/Gercke*, § 11 Rn 70).

Dem Grunde nach kann der VR sich dabei für die Frage, ob Fahruntüchtigkeit vorlag, auf die **Grundsätze des Anscheinsbeweises** stützen (vgl. BGH, VersR 1974, 589). Hierbei sind bei der insoweit erforderlichen Prüfung, ob ein typischer Geschehensablauf im konkreten Einzelfall gegeben ist, sämtliche bekannten Umstände in die Bewertung einzubeziehen (BGH, VersR 2001, 457).

11 Der Versicherungsschutz entfällt nur, wenn **Kausalität zwischen Fahruntüchtigkeit und Schaden** besteht (BGH, VersR 2001, 457; VersR 1974, 589). Der VR ist insoweit auch darlegungs- und beweisbelastet (OLG Köln, r+s 2003, 296). Kausalität ist dabei insb. zu verneinen, wenn die Fahruntüchtigkeit ihrerseits auf einem versicherten Unfallereignis beruht (OLG Hamm, VersR 1978, 58).

12 Bei § 138 VVG soll es sich um einen objektiven Risikoausschluss und nicht um eine verhüllte Obliegenheit handeln (BGH, VersR 1985, 629 [für die Flusskaskoversicherung]; OLG Karlsruhe, VersR 1983, 74; Prölss/Martin/*Voit/Knappmann*, § 132 Rn 5; *Thume*, in: Thume/de la Motte, Transportversicherungsrecht, Kap. 2 § 132 Rn 178; **a.A.** wohl VersR-Hdb/*Heiss*, § 38 Rn 215 für AVB-Klauseln über die Tüchtigkeit von Fahrzeugen in der Werkverkehrversicherung unter Verweis auf ein *obiter dictum* des BGH, TranspR 2002, 255, 256). Die Gegenmeinung (so auch Schwintowski/Brömmelmeyer/*Pisani*, 2. Aufl., § 138 Rn 12), wurde nunmehr vom BGH mit Entscheidung vom 18.5.2011, VersR 2011, 1048 bestätigt. § 138 VVG ist als verhüllte Obliegenheit, nicht als objektiver Risikoausschluss einzuordnen. Allgemein ist dabei anerkannt, dass eine entsprechende Abgrenzung oft schwierig ist. Mit der Rechtsprechung des BGH ist von einer verhüllten Obliegenheit auszugehen, wenn in der zugrunde liegenden Regelung (Klausel) in erster Linie ein bestimmtes vorbeugendes Verhalten des VN gefordert wird, von dem es abhängt, ob er den vereinbarten Versicherungsschutz behält oder verliert. Sieht die Regelung hingegen allein eine individualisierende Beschreibung eines bestimmten Wagnisses, für das Versicherungsschutz gewährt werden soll, vor, so handelt es sich um einen objektiven Risikoausschluss. In diesem Fall soll von vornherein allein ausschnittsweise Deckung gewährt werden und eben nicht ein gewährter Versicherungsschutz wegen nachlässigen Verhaltens des VN nachträglich wieder entzogen werden (vgl. BGH, VersR 1990, 482; TranspR 2002, 255; VersR 2006, 215).

13 Die Unterscheidung ist erheblich für die Voraussetzungen der Leistungsfreiheit des VR. Diese tritt im Fall des vorliegenden objektiven Risikoausschlusses unabhängig von einem (nachweisbaren) Verschulden des Eigners oder Schiffers ein (BGH, VersR 2001, 457; BGH, VersR 1985, 629). Eine Haftung des VR besteht somit schon dann nicht, wenn er Mängel der Fahrtüchtigkeit bzw. Ausstattung des versicherten Schiffes nachweist. Es ist dabei für das Entfallen des Versicherungsschutzes insb. unerheblich, ob die Fahruntüchtigkeit trotz größerer Sorgfalt nicht zu entdecken war (vgl. etwa BGH, VersR 1989, 761; BGH, VersR 1974, 771).

14 Geht man hingegen mit Heiss (VersR-Hdb/*Heiss*, § 38 Rn 215 unter Verweis auf BGH, TranspR 2002, 255, 256) von der Qualifikation der Regelung als verhüllter Obliegenheit aus, so würde Leistungsfreiheit allein unter den Voraussetzungen des § 28 VVG (einschließlich der dortigen Beschränkungen) eintreten.

15 Die Darlegungs- und ggf. Beweislast, dass es sich bei einem Schaden nur um die (gem. § 138 S. 2 VVG nicht versicherte) Folge der Abnutzung des Schiffes in gewöhnlichem Gebrauch handelt, trifft den VR (vgl. insofern auch OLG Hamburg, VersR 1982, 565).

D. Abdingbarkeit

Die Vorschrift ist **dispositiv**. Mit Blick auf den möglichen Haftungsausschluss des Frachtführers auf der Haftungsebene (vgl. Rdn 4) wäre eine entsprechende vertragliche Regelung für den VN sinnvoll. 16

§ 139 VVG Veräußerung der versicherten Sache oder Güter

(1) Ist eine versicherte Sache, für die eine Einzelpolice oder ein Versicherungszertifikat ausgestellt worden ist, veräußert worden, haftet der Erwerber abweichend von § 95 nicht für die Prämie. Der Versicherer kann sich gegenüber dem Erwerber nicht auf Leistungsfreiheit wegen Nichtzahlung der Prämie oder wegen Nichtleistung einer Sicherheit berufen, es sei denn, der Erwerber kannte den Grund für die Leistungsfreiheit oder hätte ihn kennen müssen.

(2) Der Versicherer ist abweichend von § 96 nicht berechtigt, das Versicherungsverhältnis wegen Veräußerung der versicherten Güter zu kündigen.

(3) Der Versicherungsnehmer ist abweichend von § 97 nicht verpflichtet, dem Versicherer die Veräußerung anzuzeigen.

Übersicht
	Rdn
A. Normzweck	1
B. Norminhalt	3
I. Keine Prämienzahlungspflicht des Erwerbers (§ 139 Abs. 1 VVG)	3
II. Ausschluss des Kündigungsrechts des Versicherers bei Veräußerung (§ 139 Abs. 2 VVG)	4
III. Keine Anzeigepflicht des Versicherungsnehmers bei Veräußerung (§ 139 Abs. 3 VVG)	5
C. Abdingbarkeit	6

A. Normzweck

Güter werden häufig *in transitu* veräußert. Vor diesem Hintergrund enthält § 139 VVG Bestimmungen, die den Fortbestand des Versicherungsschutzes bei Veräußerung von Gütern, die sich bereits auf dem Transportweg befinden, gewährleisten sollen. Nachdem die anderweitige Versicherbarkeit von solchen Gütern praktisch weitgehend ausgeschlossen ist, gleichzeitig jedoch ein wirtschaftliches Bedürfnis hieran besteht, schränkt § 139 VVG die Rechte des VR gem. §§ 95 ff. VVG ein. Die Regelung erfasst etwa Fälle des **cif-Verkaufes** bzw. ähnlicher Gestaltungen, wo sich der VN ggü. dem Erwerber verpflichtet hat, die Versicherung zu übernehmen, obwohl der Eigentumsübergang schon vor Transportende, etwa durch Übergabe eines Konnossements, erfolgt ist. 1

Die Bestimmung entspricht in § 139 Abs. 3 VVG dem bisherigen **§ 142 Satz 2 VVG a.F.** (Begr. BT-Drucks 16/3945, S. 93). 2

B. Norminhalt

I. Keine Prämienzahlungspflicht des Erwerbers (§ 139 Abs. 1 VVG)

3 § 139 Abs. 1 S. 1 VVG sieht vor, dass der Erwerber der veräußerten Sache, für die unter einer laufenden Versicherung eine Einzelpolice gem. § 55 Abs. 1 S. 1 VVG oder ein Versicherungszertifikat ausgestellt ist, nicht für die Prämie haftet. Gleichzeitig stellt § 139 Abs. 1 S. 2 VVG klar, dass der VR sich ggü. dem **gutgläubigen Erwerber** nicht auf Leistungsfreiheit wegen Nichtleistung der Prämie oder einer Sicherheit durch den VN berufen kann (Begr. BT-Drucks 16/3945, S. 93).

II. Ausschluss des Kündigungsrechts des Versicherers bei Veräußerung (§ 139 Abs. 2 VVG)

4 Das **Kündigungsrecht des VR** im Fall der Veräußerung des versicherten Gutes ist ausdrücklich ausgeschlossen. Hiervon unberührt bleibt allerdings das entsprechende **Kündigungsrecht des Erwerbers** gem. § 96 Abs. 2 VVG.

III. Keine Anzeigepflicht des Versicherungsnehmers bei Veräußerung (§ 139 Abs. 3 VVG)

5 Eine Pflicht des VN, die Veräußerung der versicherten Sache anzuzeigen, besteht nicht. Einer solchen Anzeige bedarf es auch nicht, da diese regelmäßig dazu dienen soll, dem VR die Möglichkeit zu eröffnen, den VV ggf. zu kündigen. § 139 Abs. 2 VVG schließt jedoch schon ein solches Kündigungsrecht des VR für den Fall der Veräußerung ausdrücklich aus.

C. Abdingbarkeit

6 Die Bestimmung ist **dispositiv**.

§ 140 VVG Veräußerung des versicherten Schiffes

Wird ein versichertes Schiff veräußert, endet abweichend von § 95 die Versicherung mit der Übergabe des Schiffes an den Erwerber, für unterwegs befindliche Schiffe mit der Übergabe an den Erwerber im Bestimmungshafen.

Übersicht

	Rdn
A. Normzweck	1
B. Norminhalt	4
C. Abdingbarkeit	5

A. Normzweck

§ 140 VVG beschränkt für die Schiffsversicherung **in zeitlicher Hinsicht** das Kündigungsrecht des VR (Begr. BT-Drucks 16/3945, S. 93). Auf diese Weise sollen Schwierigkeiten bei der Versicherung eines sich auf Reisen befindlichen Schiffes vermieden werden.

Die Bestimmung knüpft an **§ 143 VVG a.F.** an (Begr. BT-Drucks 16/3945, S. 93).

Die Veräußerung stellt eine Gefahrerhöhung dar, so dass §§ 131 und 132 VVG entsprechend heranzuziehen sind.

B. Norminhalt

§ 140 VVG sieht vor, dass für die Beendigung des Versicherungsverhältnisses – abweichend von § 95 VVG – **auf die Übergabe des Schiffes** und nicht auf den Eigentumsübergang abzustellen ist. Der VR bleibt damit jedenfalls bis zum Ende der Reise leistungspflichtig. Dies gilt auch dann, wenn die Anzeige der Veräußerung gem. § 97 Abs. 1 VVG unterblieben ist (Begr. BT-Drucks 16/3945, S. 93). Dies lässt sich dem Wortlaut der Regelung so nicht ohne Weiteres entnehmen, nachdem dieser allein auf § 95 VVG abstellt und gerade keine Abweichung zu §§ 96 und 97 VVG vorsieht. Zur Vermeidung von Rechtsunsicherheiten dürfte daher eine entsprechende Regelung durch AVB, die sich an die Formulierung des § 143 VVG a.F. anlehnt, angezeigt sein (Rüffer/Halbach/Schimikowski/*Harms*, § 141 Rn 2). Ansonsten dürfte im Wege der subjektiv-teleologischen Auslegung das Redaktionsversehen auszuräumen sein. Tritt der Versicherungsfall hingegen **erst nach Übergabe des Schiffes** ein, so bleibt es bei der Regelung des § 97 VVG. Im Ergebnis bedeutet dies für die Schiffsversicherung, dass die Anzeigepflicht gem. § 97 VVG allein im Fall von Zeitversicherungen und Versicherungen mehrerer Reisen praktische Bedeutung hat.

C. Abdingbarkeit

Die Bestimmung ist **dispositiv**.

---

§ 141 VVG   Befreiung durch Zahlung der Versicherungssumme

(1) Der Versicherer ist nach Eintritt des Versicherungsfalles berechtigt, sich durch Zahlung der Versicherungssumme von allen weiteren Verbindlichkeiten zu befreien. Der Versicherer bleibt zum Ersatz der Kosten verpflichtet, die zur Abwendung oder Minderung des Schadens oder zur Wiederherstellung oder Ausbesserung der versicherten Sache aufgewendet worden sind, bevor seine Erklärung, dass er sich durch Zahlung der Versicherungssumme befreien wolle, dem Versicherungsnehmer zugegangen ist.

(2) Das Recht des Versicherers, sich durch Zahlung der Versicherungssumme zu befreien, erlischt, wenn die Erklärung dem Versicherungsnehmer nicht innerhalb einer

Woche nach dem Zeitpunkt, zu dem der Versicherer Kenntnis von dem Versicherungsfall und seinen unmittelbaren Folgen erlangt hat, zugeht.

Übersicht

	Rdn
A. Normzweck	1
B. Norminhalt	3
I. Recht des Versicherers zum Abandon (§ 141 Abs. 1 VVG)	3
II. Ausschlussfrist zur Erklärung des Abandons (§ 141 Abs. 2 VVG)	8
C. Rechtsfolgen	12
D. Prozessuales	15
E. Abdingbarkeit	17

A. Normzweck

1 § 141 VVG regelt den in der internationalen See- und Transportversicherung allgemein üblichen Abandon. Hierbei handelt es sich um ein **Gestaltungsrecht des VR**, seine Leistungspflicht auf die VersSumme zu begrenzen und sich so vor der Ausweitung seiner Haftung aufgrund § 135 VVG, etwa für Kosten der Schadensminderung, Wiederherstellung oder Ausbesserung der versicherten Sache, zu schützen. In der Praxis kommt der Abandon dabei in erster Linie bei großen, in ihren Folgen nicht oder nur schwer einschätzbaren Schäden vor, also eher in der Seekasko- als in der Seegüterversicherung (MAH-VersR/ *Remé/Gercke*, § 11 Rn 60).

2 Die Bestimmung entspricht **§ 145 VVG a.F.** (Begr. BT-Drucks 16/3945, S. 92).

B. Norminhalt

I. Recht des Versicherers zum Abandon (§ 141 Abs. 1 VVG)

3 § 141 VVG sieht das Recht des VR nach Eintritt des Versicherungsfalls zur Auflösung des VV durch Zahlung der VersSumme verbunden mit der Beendigung des VV (Abandon); auf diese Weise kann der VR sich von weiteren (zukünftigen) Vertragspflichten, insb. infolge der Haftungsausweitung gem. § 135 VVG, lösen (*Thume*, in: Thume/de la Motte, Transportversicherungsrecht, § 145 Kap. 2 Rn 217). Mit der Erklärung des Abandons ist der VR verpflichtet so zu handeln, als sei ein versicherter Totalschaden eingetreten. Insofern ist er zur **Leistung der Versicherungssumme in voller Höhe** verpflichtet. Ein entsprechendes Recht des VN besteht nicht (*Ehlers*, DTV-Güterversicherungsbedingungen 2000, Ziff. 19.2 Rn 5; Prölss/Martin/*Voit/Knappmann*, § 145 Rn 1).

4 Der **Abandon** ist eine einseitig empfangsbedürftige Erklärung des VR, der bereits mit Zugang und nicht erst mit Zahlung Rechtswirkung entfaltet (BGH, NJW 1971, 1938). Einer Zustimmung des VN bedarf es nicht (so auch Looschelders/Pohlmann/*Paffenholz*, § 141 Rn 2). Ob und wann gezahlt wird, ist ebenfalls unerheblich (vgl. BGH, VersR 1971, 1013). Der Abandonerklärung des VR muss zu entnehmen sein, dass der VR sich mit Zahlung der vollen VersSumme vom VV lösen will (*Ehlers*, DTV-Güterversicherungsbedingungen 2000, Ziff. 19.2 Rn 5). Eine Abandonerklärung i.S.d. § 141 VVG liegt somit

etwa dann nicht vor, wenn der VR allein eine Abschlagszahlung auf den Schaden ankündigt.

Mit **Zugang der Abandonerklärung** wird die Haftung des VR aus dem VV beschränkt auf
- Ersatz bereits angefallener Kosten zur Schadensabwendung bzw. -minderung sowie zur Wiederherstellung und Ausbesserung der versicherten Sache, wobei maßgeblich nicht ist, ob die Kosten bezahlt wurden, es genügt die Eingehung einer eigenen Verbindlichkeit (Palandt/*Sprau*, § 670 Rn 3) und
- Zahlung der vollen VersSumme (*Ehlers*, in: Thume/de la Motte, Transportversicherungsrecht, Kap. 3 Ziff. 19 DTV-Güter 2000 Rn 529).

§ 141 Abs. 1 S. 2 VVG stellt insofern ausdrücklich klar, dass die Haftung des VR für die dort genannten Kosten, die **vor** Zugang der Erklärung des Abandons bereits entstanden waren, unberührt bleibt. Auf die anderen in § 135 Abs. 2 VVG genannten Aufwendungen ist § 141 Abs. 1 S. 2 VVG über seinen Wortlaut hinaus nicht zu erweitern (Prölss/Martin/*Voit/Knappmann*, § 145 Rn 2).

Ob und wann gezahlt wird, ist dabei für die Wirksamkeit des Abandons unerheblich (so BGH, VersR 1971, 1013).

II. Ausschlussfrist zur Erklärung des Abandons (§ 141 Abs. 2 VVG)

Der VR hat den Abandon **innerhalb einer Woche nach Kenntnis** zu erklären; maßgeblich für die Fristwahrung ist Zugang der Erklärung beim VN. Für die Fristberechnung gelten die §§ 187 ff. BGB; es handelt sich um eine **Ausschlussfrist** („erlischt"); Säumnis führt somit zur Verwirkung des Abandonrechts (VersR-Hdb/*Heiss*, § 38 Rn 172 unter Verweis auf Ziff. 19.3 DTV-Güter 2000). Sinn und Zweck der Ausschlussfrist ist es, für den VN möglichst zeitnah Planungssicherheit bzgl. des Umfangs seines Versicherungsschutzes zu schaffen. Der VR soll seine Entscheidung über die Ausübung seines Rechts zum Abandon gerade nicht allzu lang herauszögern dürfen (VersR-Hdb/*Heiss*, § 38 Rn 172).

Die Frist beginnt mit **Kenntnis des VR** vom Versicherungsfall und seinen unmittelbaren Folgen. Der VR muss dabei nicht nur den Schaden als solchen kennen. Die **Frist** beginnt vielmehr erst zu laufen, wenn der VR darüber hinaus **auch die Möglichkeit** hatte, sich ein Bild von dessen Umfang sowie möglichen Rettungskosten und Reparaturmaßnahmen sowie behördlichen Anordnung zur Vermeidung von Umweltschäden zu machen (*Ehlers*, DTV-Güterversicherungsbedingungen 2000, Ziff. 19.3 Rn 8). Es ist insofern anerkannt, dass der Fristbeginn dabei nur schwer zu bestimmen ist; in der Praxis führt dies gleichwohl nicht zu Streitigkeiten (MAH-VersR/*Remé/Gercke*, § 11 Rn 60).

Erklärungsempfänger ist der VN, sofern nichts anderes vertraglich vereinbart ist. Obwohl der Gesetzeswortlaut dabei ausdrücklich allein auf den VN abstellen, erscheint es wegen § 141 Abs. 1 S. 2 VVG aus praktischen Gründen angezeigt, daneben den Abandon **auch ggü. dem Anspruchserhebenden zu erklären** (vgl. auch BGHZ 56, 339, 344 = VersR 1971, 1031 [offen lassend für einen Hypothekengläubiger]; sowie die entsprechende Rechtsprechung zu § 12 Abs. 3 VVG a.F., vgl. etwa OLG Bremen, VersR 1953, 450; KG, VersR

1962, 31; KG, VersR 2000, 86; OLG Koblenz, VersR 2002, 557; OLG Köln, NVersZ 2000, 483).

11 Die Erklärung kann **formlos** erfolgen.

C. Rechtsfolgen

12 Mit Erklärung des Abandons ist der VR verpflichtet so zu handeln, als sei ein Totalschaden eingetreten; eine möglicherweise bestehende Unterversicherung ist nicht zu berücksichtigen (Prölss/Martin/*Voit/Knappmann*, § 145 Rn 1). Mit Zahlung der VersSumme sind **sämtliche – auch zukünftige – Aufwendungen abgegolten**. Mit den vor Erklärung des Abandons angefallenen Kosten bleibt der VR hingegen weiterhin belastet (Begr. BT-Drucks 16/3945, S. 39; Rüffer/Halbach/Schimikowski/*Harms*, § 141 Rn 1).

13 Zahlung bedeutet Erfüllung. Damit sind sämtliche üblichen gesetzlichen bzw. vertraglich vorgesehenen Wirkungen einer Entschädigung verbunden (vgl. etwa §§ 78 Abs. 2, 86 VVG); insb. gehen mögliche **Ersatzansprüche** des VN ggü. Dritten auf den VR über, dieser erwirbt jedoch nicht Eigentum an den versicherten Gütern (MAH-VersR/*Remé/Gercke*, § 11 Rn 60). Rettet der VN also versicherte Güter, so ist das sein Gewinn. Ein etwaiger Rettungserlös steht damit ausschließlich dem VN zu, bereicherungsrechtliche Ansprüche seitens des VR ggü. dem VN sind ausgeschlossen. Ein mögliches Quotenvorrecht ist im Regress des VR zu beachten.

14 Das Versicherungsverhältnis erlischt mit Erklärung des Abandons.

D. Prozessuales

15 Will sich der VR auf seine Haftungsbeschränkung berufen, ist er darlegungs- und ggf. beweisbelastet, dass er sein Recht zum Abandon fristgerecht ausgeübt und die VersSumme gezahlt hat. Macht der VN einen weiter gehenden Anspruch für sonstige mitversicherte Kosten gem. § 141 Abs. 1 S. 2 VVG geltend, hat er nachzuweisen, dass diese vor Zugang der Abandonerklärung entstanden sind (*Prölss*, in: Baumgärtel, Handbuch der Beweislast im Privatrecht, Bd. 5, § 145 Rn 2).

16 Verlangt der VN die volle VersSumme auf der Grundlage der Abandonerklärung des VR, hat der VN deren Zugang zu beweisen (*Prölss*, in: Baumgärtel, Handbuch der Beweislast im Privatrecht, Bd. 5, § 145 Rn 1).

E. Abdingbarkeit

17 Die Bestimmung ist **dispositiv**.

DTV-Güter 2000/2011 – Volle Deckung   **Anhang 1 zu §§ 130 bis 141 VVG**

Anhang 1 DTV-Güterversicherungsbedingungen 2000/2011 (DTV-Güter 2000/2011) Volle Deckung

Stand: August 2011

Hinweis

Diese Bedingungen des Gesamtverbandes der Deutschen Versicherungswirtschaft e.V. (GDV) sind für die Versicherer unverbindlich; ihre Verwendung ist rein fakultativ. Abweichende Bedingungen können vereinbart werden. Abdruck mit freundlicher Genehmigung des GDV; die jeweils aktuellen Bedingungen können kostenfrei auf der Website des GDV (www.gdv.de) abgerufen werden.

Inhaltsübersicht

1 Interesse / Gegenstand der Versicherung
2 Umfang der Versicherung
3 Verschulden des Versicherungsnehmers
4 Vorvertragliche Anzeigepflicht des Versicherungsnehmers
5 Gefahränderung
6 Änderung oder Aufgabe der Beförderung
7 Obliegenheiten vor Schadeneintritt
8 Dauer der Versicherung
9 Lagerungen
10 Versicherungssumme; Versicherungswert
11 Police
12 Prämie
13 Versicherung für fremde Rechnung (für Rechnung, wen es angeht)
14 Veräußerung der versicherten Sache
15 Bestimmungen für den Schadenfall
16 Andienung des Schadens, Verwirkung
17 Ersatzleistung
18 Rechtsübergang
19 Abandon des Versicherers
20 Sachverständigenverfahren
21 Grenzen der Haftung
22 Fälligkeit und Zahlung der Entschädigung
23 Übergang von Ersatzansprüchen
24 Verjährung
25 Mitversicherung
26 Schlussbestimmung

1 Interesse / Gegenstand der Versicherung

1.1 Versicherbares Interesse
1.1.1 Gegenstand der Güterversicherung kann jedes in Geld schätzbare Interesse sein, das jemand daran hat, dass die Güter die Gefahren der Beförderung sowie damit verbundener Lagerungen bestehen.

1.1.2 Versichert sind die im Vertrag genannten Güter und/oder sonstige Aufwendungen und Kosten.
1.1.3 Außer und neben den Gütern kann insbesondere auch versichert werden das Interesse bezüglich
- des imaginären Gewinns,
- des Mehrwerts,
- des Zolls,
- der Fracht,
- der Steuern und Abgaben
- sonstiger Kosten.
1.1.4 Der Versicherungsnehmer kann das eigene (Versicherung für eigene Rechnung) oder das Interesse eines Dritten (Versicherung für fremde Rechnung) versichern. Näheres regelt Ziffer 13.
1.2 Es besteht – unbeschadet der übrigen Vertragsbestimmungen – Versicherungsschutz nur, soweit und solange dem keine auf die Vertragsparteien direkt anwendbaren Wirtschafts-, Handels- oder Finanzsanktionen bzw. Embargos der Europäischen Union oder der Bundesrepublik Deutschland entgegenstehen.
Dies gilt auch für Wirtschafts-, Handels- oder Finanzsanktionen bzw. Embargos, die durch die Vereinigten Staaten von Amerika in Hinblick auf den Iran erlassen werden, soweit dem nicht europäische oder deutsche Rechtsvorschriften entgegenstehen.

2 Umfang der Versicherung

2.1 Versicherte Gefahren und Schäden
Der Versicherer trägt alle Gefahren, denen die Güter während der Dauer der Versicherung ausgesetzt sind, sofern nichts anderes bestimmt ist.
Der Versicherer leistet ohne Franchise Ersatz für Verlust oder Beschädigung der versicherten Güter als Folge einer versicherten Gefahr.
2.2 Besondere Fälle
2.2.1 Vorreise- oder Retourgüter
Vorreise- oder Retourgüter sind zu den gleichen Bedingungen versichert wie andere Güter. Die Verpflichtung des Versicherungsnehmers nachzuweisen, dass der Schaden während des versicherten Transports entstanden ist, bleibt unberührt.
2.2.2 Beschädigte Güter
Sind die Güter bei Beginn der Versicherung beschädigt, so leistet der Versicherer für den Verlust oder die Beschädigung nur Ersatz, wenn die vorhandene Beschädigung ohne Einfluss auf den während des versicherten Zeitraums eingetretenen Schaden war.
2.3 Versicherte Aufwendungen und Kosten
2.3.1 Der Versicherer ersetzt auch
2.3.1.1 den Beitrag zur großen Haverei, den der Versicherungsnehmer aufgrund einer nach Gesetz, den York Antwerpener Regeln, den Rhein-Regeln IVR oder anderen international anerkannten Haverei-Regeln aufgemachten Dispache zu leisten hat,

soweit durch die Haverei-Maßregel ein versicherter Schaden abgewendet werden sollte. Übersteigt der Beitragswert den Versicherungswert und entspricht dieser der Versicherungssumme, so leistet der Versicherer vollen Ersatz bis zur Höhe der Versicherungssumme. Die Bestimmungen über die Unterversicherung sowie Ziffer 2.3.3 bleiben unberührt.

Im Rahmen dieser Bedingungen hält der Versicherer den Versicherungsnehmer frei von Ersatzansprüchen und Aufwendungen, die sich aus der vertraglichen Vereinbarung der Both-to-Blame-Collision-Clause ergeben;

2.3.1.2 Schadenabwendungs-, Schadenminderungs-, Schadenfeststellungskosten, und zwar

2.3.1.2.1 Aufwendungen zur Abwendung oder Minderung eines versicherten Schadens, wenn der Schaden unmittelbar droht oder eingetreten ist, soweit der Versicherungsnehmer sie nach den Umständen für geboten halten durfte;

2.3.1.2.2 Aufwendungen, die der Versicherungsnehmer beim Eintritt des Versicherungsfalls gemäß den Weisungen des Versicherers macht;

2.3.1.2.3 Kosten der Ermittlung und Feststellung des versicherten Schadens sowie Kosten durch einen für diese Zwecke beauftragten Dritten, soweit der Versicherungsnehmer sie nach den Umständen für geboten halten durfte oder soweit er sie gemäß den Weisungen des Versicherers macht;

2.3.1.3 die Kosten der Umladung, der einstweiligen Lagerung sowie die Mehrkosten der Weiterbeförderung infolge eines Versicherungsfalls oder versicherten Unfalls des Transportmittels, soweit der Versicherungsnehmer sie nach den Umständen für geboten halten durfte oder er sie gemäß den Weisungen des Versicherers aufwendet und diese Kosten nicht bereits unter Ziffer 2.3.1.2 fallen.

2.3.2 Die Aufwendungen und Kosten gemäß Ziffern 2.3.1.2.1 und 2.3.1.2.2 hat der Versicherer auch dann zu tragen, wenn sie erfolglos bleiben.

2.3.3 Die Aufwendungen und Kosten nach Ziffern 2.3.1.1 und 2.3.1.2 sind ohne Rücksicht darauf zu ersetzen, ob sie zusammen mit anderen Entschädigungen die Versicherungssumme übersteigen.

2.3.4 Der Versicherungsnehmer kann verlangen, dass der Versicherer für die Entrichtung von Beiträgen zur großen Haverei die Bürgschaft oder Garantie übernimmt, den Einschuss zur großen Haverei vorleistet und den für Aufwendungen zur Schadenabwendung und -minderung sowie zur Schadenfeststellung erforderlichen Betrag vorschießt.

2.4 Nicht versicherte Gefahren

2.4.1 Ausgeschlossen sind die Gefahren

2.4.1.1 des Krieges, Bürgerkrieges oder kriegsähnlicher Ereignisse und solche, die sich unabhängig vom Kriegszustand aus der feindlichen Verwendung von Kriegswerkzeugen sowie aus dem Vorhandensein von Kriegswerkzeugen als Folge einer dieser Gefahren ergeben;

2.4.1.2 von Streik, Aussperrung, Arbeitsunruhen, terroristischen oder politischen Gewalthandlungen, unabhängig von der Anzahl der daran beteiligten Personen, Aufruhr und sonstigen bürgerlichen Unruhen;

2.4.1.3	der Beschlagnahme, Entziehung oder sonstiger Eingriffe von hoher Hand;
2.4.1.4	aus der Verwendung von chemischen, biologischen, biochemischen Substanzen oder elektromagnetischen Wellen als Waffen mit gemeingefährlicher Wirkung, und zwar ohne Rücksicht auf sonstige mitwirkende Ursachen;
2.4.1.5	der Kernenergie oder sonstiger ionisierender Strahlung;
2.4.1.6	der Zahlungsunfähigkeit und des Zahlungsverzuges des Reeders, Charterers oder Betreibers des Schiffes oder sonstiger finanzieller Auseinandersetzungen mit den genannten Parteien, es sei denn, dass

- der Versicherungsnehmer nachweist, dass er die genannten Parteien oder den beauftragten Spediteur mit der Sorgfalt eines ordentlichen Kaufmanns ausgewählt hat;
- der Versicherungsnehmer bzw. Versicherte der Käufer ist und nach den Bedingungen des Kaufvertrags keinen Einfluss auf die Auswahl der am Transport beteiligten Personen nehmen konnte.

2.4.2	Die Gefahren gemäß Ziffern 2.4.1.1 bis 2.4.1.3 sowie Ziffer 2.4.1.5 können im Rahmen der entsprechenden DTV-Klauseln mitversichert werden.
2.5	Nicht ersatzpflichtige Schäden
2.5.1	Der Versicherer leistet keinen Ersatz für Schäden, verursacht durch
2.5.1.1	eine Verzögerung der Reise;
2.5.1.2	inneren Verderb oder die natürliche Beschaffenheit der Güter;
2.5.1.3	handelsübliche Mengen-, Maß- und Gewichtsdifferenzen oder -verluste, die jedoch als berücksichtigt gelten, sofern hierfür eine Abzugsfranchise vereinbart ist;
2.5.1.4	normale Luftfeuchtigkeit oder gewöhnliche Temperaturschwankungen;
2.5.1.5	nicht beanspruchungsgerechte Verpackung oder unsachgemäße Verladeweise, es sei denn, der Versicherungsnehmer hat diese weder vorsätzlich noch grob fahrlässig verschuldet.
2.5.2	Der Versicherer leistet keinen Ersatz für mittelbare Schäden aller Art, sofern nichts anderes vereinbart ist.
2.6	Kausalität
	Ist ein Schaden eingetreten, der nach den Umständen des Falles auch aus einer nicht versicherten Gefahr (Ziffern 2.4.1.1 bis 2.4.1.3 sowie 2.4.1.6) oder Ursache (Ziffern 2.5.1.1 bis 2.5.1.4) entstehen konnte, hat der Versicherer den Schaden zu ersetzen, wenn er mit überwiegender Wahrscheinlichkeit durch eine versicherte Gefahr herbeigeführt worden ist.

3 Verschulden des Versicherungsnehmers

Der Versicherer ist von der Verpflichtung zur Leistung frei, wenn der Versicherungsnehmer den Versicherungsfall vorsätzlich oder grob fahrlässig herbeiführt.

4 Vorvertragliche Anzeigepflicht des Versicherungsnehmers

4.1	Der Versicherungsnehmer hat beim Abschluss des Vertrages alle für die Übernahme des Versicherungsschutzes gefahrerheblichen Umstände anzuzeigen und die gestellten Fragen wahrheitsgemäß und vollständig zu beantworten. Gefahrerheblich sind die Umstände, die geeignet sind, auf den Entschluss des Versicherers,

den Vertrag überhaupt oder mit dem vereinbarten Inhalt abzuschließen, Einfluss auszuüben. Ein Umstand, nach dem der Versicherer ausdrücklich oder schriftlich gefragt hat, gilt im Zweifel als gefahrerheblich. Wird der Vertrag von einem Vertreter des Versicherungsnehmers geschlossen und kennt dieser den gefahrerheblichen Umstand, muss sich der Versicherungsnehmer so behandeln lassen, als habe er selbst davon Kenntnis gehabt.

4.2 Bei unvollständigen oder unrichtigen Angaben ist der Versicherer von der Verpflichtung zur Leistung frei.

Dies gilt auch dann, wenn die Anzeige deshalb unterblieben ist, weil der Versicherungsnehmer den Umstand infolge von grober Fahrlässigkeit nicht kannte.

Ist der Versicherungsfall bereits eingetreten, darf der Versicherer den Versicherungsschutz nicht versagen, wenn der Versicherungsnehmer nachweist, dass die unvollständige oder unrichtige Angabe weder auf den Eintritt des Versicherungsfalls noch auf den Umfang der Leistungspflicht Einfluss gehabt hat.

Verweigert der Versicherer die Leistung, kann der Versicherungsnehmer den Vertrag kündigen. Das Kündigungsrecht erlischt, wenn es nicht innerhalb eines Monats von dem Zeitpunkt an ausgeübt wird, zu welchem dem Versicherungsnehmer die Entscheidung des Versicherers, die Leistung zu verweigern, zugeht.

4.3 Der Versicherer bleibt zur Leistung verpflichtet, wenn er die gefahrerheblichen Umstände oder deren unrichtige Anzeige kannte.

Das Gleiche gilt, wenn der Versicherungsnehmer nachweist, dass die unrichtigen oder unvollständigen Angaben weder von ihm noch von seinem Vertreter schuldhaft gemacht wurden.

Hatte der Versicherungsnehmer die gefahrerheblichen Umstände anhand schriftlicher, vom Versicherer gestellter Fragen anzuzeigen, kann sich der Versicherer wegen einer unterbliebenen Anzeige eines Umstands, nach dem nicht ausdrücklich gefragt worden ist, nur dann auf die Leistungsfreiheit berufen, wenn dieser Umstand vom Versicherungsnehmer oder dessen Vertreter arglistig verschwiegen worden ist.

4.4 Bleibt der Versicherer mangels Verschulden des Versicherungsnehmers oder dessen Vertreters zur Leistung verpflichtet, gebührt dem Versicherer eine der höheren Gefahr entsprechende zu vereinbarende Zuschlagsprämie. Das Gleiche gilt, wenn bei Abschluss des Vertrages ein gefahrerheblicher Umstand schuldlos nicht bekannt war.

4.5 Das Recht des Versicherers, den Vertrag wegen arglistiger Täuschung über Gefahrumstände anzufechten, bleibt unberührt.

5 Gefahränderung

5.1 Der Versicherungsnehmer darf die Gefahr ändern, insbesondere erhöhen, und die Änderung durch einen Dritten gestatten.

5.2 Ändert der Versicherungsnehmer die Gefahr oder erlangt er von einer Gefahränderung Kenntnis, so hat er dies dem Versicherer unverzüglich anzuzeigen.

5.3 Als eine Gefahränderung ist es insbesondere anzusehen, wenn
- der Antritt oder die Vollendung des versicherten Transports erheblich verzögert wird;
- von der angegebenen oder üblichen Transportstrecke erheblich abgewichen wird;
- der Bestimmungshafen bzw. Zielflughafen geändert wird;
- die Güter an Deck verladen werden.

5.4 Hat der Versicherungsnehmer eine Gefahrerhöhung nicht angezeigt, so ist der Versicherer von der Verpflichtung zur Leistung frei, es sei denn, die Verletzung der Anzeigepflicht beruhte weder auf Vorsatz noch auf grober Fahrlässigkeit oder die Gefahrerhöhung hatte weder Einfluss auf den Eintritt des Versicherungsfalls noch auf den Umfang der Leistungspflicht des Versicherers.

5.5 Dem Versicherer gebührt für Gefahrerhöhungen eine zu vereinbarende Zuschlagsprämie, es sei denn, die Gefahrerhöhung war durch das Interesse des Versicherers oder durch ein Gebot der Menschlichkeit veranlasst oder durch ein versichertes, die Güter bedrohendes Ereignis geboten.

5.6 Ein Kündigungsrecht des Versicherers wegen einer Gefahränderung besteht nicht.

6 Änderung oder Aufgabe der Beförderung

6.1 Werden die Güter mit einem Transportmittel anderer Art befördert als im Versicherungsvertrag vereinbart oder werden sie umgeladen, obwohl im Versicherungsvertrag direkter Transport vereinbart ist, so ist der Versicherer von der Verpflichtung zur Leistung frei. Das Gleiche gilt, wenn ausschließlich ein bestimmtes Transportmittel oder ein bestimmter Transportweg vereinbart war.

6.2 Die Leistungspflicht bleibt bestehen, wenn nach Beginn der Versicherung infolge eines versicherten Ereignisses oder ohne Zustimmung des Versicherungsnehmers die Beförderung geändert oder der Transport aufgegeben wird. Die Bestimmungen über die Gefahränderung sind entsprechend anzuwenden

7 Obliegenheiten vor Schadeneintritt

7.1 Transportmittel
Ist für die Beförderung der Güter kein bestimmtes Beförderungsmittel vereinbart, ist der Versicherungsnehmer, soweit er auf dessen Auswahl Einfluss hat, verpflichtet, Beförderungsmittel einzusetzen, die für die Aufnahme und Beförderung der Güter geeignet sind.
Seeschiffe gelten als geeignet, wenn sie zusätzlich die Voraussetzungen der DTV-Klassifikations- und Altersklausel erfüllen sowie – falls erforderlich – gemäß International Safety Management Code (ISM-Code) zertifiziert sind, oder wenn ein gültiges Document of Compliance (DoC) beim Eigner oder Betreiber des Schiffes vorliegt, wie es die SOLAS-Konvention 1974 nebst Ergänzungen vorsieht.

7.2 Rechtsfolgen bei Obliegenheitsverletzungen
Verletzt der Versicherungsnehmer diese oder sonst vertraglich vereinbarte Obliegenheiten vorsätzlich oder grob fahrlässig, ist der Versicherer von der Leistung

frei, es sei denn, die Verletzung war nicht ursächlich für den Eintritt des Versicherungsfalls oder den Umfang der Leistungspflicht.

Bei Einsatz nicht geeigneter Beförderungsmittel sind die Transporte gleichwohl versichert, wenn der Versicherungsnehmer keinen Einfluss auf die Auswahl des Transportmittels hatte, bzw. den Spediteur oder den Frachtführer/Verfrachter mit der Sorgfalt eines ordentlichen Kaufmannes ausgewählt hat. Erlangt der Versicherungsnehmer Kenntnis von der mangelnden Eignung des Transportmittels, so hat er unverzüglich Anzeige zu erstatten und eine zu vereinbarende Zuschlagsprämie zu entrichten.

8 Dauer der Versicherung

8.1 Versicherungsschutz besteht von Haus zu Haus und beginnt, sobald die Güter am Absendungsort zur unverzüglichen Beförderung von der Stelle entfernt werden, an der sie bisher aufbewahrt wurden.

8.2 Die Versicherung endet, je nachdem welcher Fall zuerst eintritt,

8.2.1 sobald die Güter am Ablieferungsort an die Stelle gebracht sind, die der Empfänger bestimmt hat (Ablieferungsstelle);

8.2.2 sobald die Güter nach dem Ausladen im Bestimmungshafen bzw. Zielflughafen an einen nicht im Versicherungsvertrag vereinbarten Ablieferungsort weiterbefördert werden, wenn durch die Änderung des Ablieferungsortes die Gefahr erhöht wird;

8.2.3 mit dem Ablauf von ...... Tagen nach dem Ausladen aus dem Seeschiff im Bestimmungshafen bzw. aus dem Luftfahrzeug im Zielflughafen. Soweit das eigene Interesse des Versicherungsnehmers betroffen ist, endet die Versicherung nicht durch Ablauf der vereinbarten Frist, wenn der versicherte Transport nach dem Ausladen aus dem Seeschiff im Bestimmungshafen bzw. aus dem Luftfahrzeug im Zielflughafen durch ein versichertes Ereignis verzögert wurde und der Versicherungsnehmer die Verzögerung unverzüglich anzeigt. Dem Versicherer gebührt eine zu vereinbarende Zuschlagsprämie.

8.2.4 bei Versendungen zu den Incoterms FOB oder CFR, wenn die Güter an Bord des Seeschiffes verstaut sind;

8.2.5 mit dem Gefahrübergang, wenn die Güter wegen eines versicherten Ereignisses verkauft werden;

8.2.6 sobald bei vom Versicherungsnehmer veranlassten Lagerungen der nach Ziffer 9.1 vereinbarte Zeitraum überschritten wird.

9 Lagerungen

9.1 Bei Lagerungen der Güter während der Dauer der Versicherung ist die Versicherung für jede Lagerung auf ..... Tage begrenzt.

9.2 Ist die Lagerung jedoch nicht durch den Versicherungsnehmer veranlasst worden, bleibt die Versicherung nur dann über den in Ziffer 9.1 genannten Zeitraum bestehen, wenn der Versicherungsnehmer nachweist, dass er keine Kenntnis von der zeitlichen Überschreitung der Lagerdauer hatte oder nach kaufmännischen Grundsätzen keinen Einfluss auf die Dauer nehmen konnte.

Erlangt der Versicherungsnehmer Kenntnis von der zeitlichen Überschreitung, so hat er dies dem Versicherer unverzüglich anzuzeigen. Dem Versicherer gebührt eine zu vereinbarende Zuschlagsprämie.
Bei See- und Lufttransporten findet Ziffer 8.2.3 ergänzend Anwendung.

9.3 Bei den in Ziffern 9.1 und 9.2 genannten Fristen zählen der Tag der Ankunft und der der Abreise als zur Lagerung gehörend.

10 Versicherungssumme; Versicherungswert

10.1 Die Versicherungssumme soll dem Versicherungswert entsprechen.

10.2 Versicherungswert ist der gemeine Handelswert oder in dessen Ermangelung der gemeine Wert der Güter am Absendungsort bei Beginn der Versicherung, zuzüglich der Versicherungskosten, der Kosten, die bis zur Annahme der Güter durch den Beförderer entstehen, und der endgültig bezahlten Fracht.

10.3 Interessen gemäß Ziffer 1.1.3 sind nur aufgrund besonderer Vereinbarung mitversichert und wenn sie in der Versicherungssumme bzw. dem Versicherungswert enthalten sind. Imaginärer Gewinn zugunsten des Käufers ist mit 10 % des Versicherungswerts versichert.

10.4 Für die separate Versicherung sonstiger Interessen sind Ziffer 10.1 und bei der Versicherung von Mehrwert darüber hinaus Ziffer 10.2 entsprechend anwendbar.

10.5 Ist durch Vereinbarung der Versicherungswert auf einen bestimmten Betrag (Taxe) festgesetzt, so ist die Taxe für den Versicherungswert maßgeblich. Der Versicherer kann jedoch eine Herabsetzung der Taxe verlangen, wenn die Taxe den wirklichen Versicherungswert erheblich übersteigt. Ist die Versicherungssumme niedriger als die Taxe, so haftet der Versicherer, auch wenn die Taxe herabgesetzt ist, für den Schaden nur nach dem Verhältnis der Versicherungssumme zu der durch die Vereinbarung festgesetzten Taxe.
Bei der Versicherung sonstiger Interessen gilt diese Bestimmung entsprechend.

11 Police

11.1 Der Versicherer hat dem Versicherungsnehmer auf Verlangen eine von ihm unterzeichnete Urkunde über den Versicherungsvertrag (Police) auszuhändigen.

11.2 Ist eine Police ausgestellt, so ist der Versicherer nur gegen Vorlage der Police zur Zahlung verpflichtet. Durch die Zahlung an den Inhaber der Police wird er befreit.

11.3 Ist die Police abhanden gekommen oder vernichtet, so ist der Versicherer zur Zahlung verpflichtet, wenn die Police für kraftlos erklärt oder Sicherheit geleistet ist; die Sicherheitsleistung durch Bürgen ist ausgeschlossen. Das Gleiche gilt für die Verpflichtung des Versicherers zur Ausstellung einer Ersatzurkunde; die Kosten der Ersatzurkunde hat der Versicherungsnehmer zu tragen.

11.4 Der Inhalt der Police gilt als von dem Versicherungsnehmer genehmigt, ohne dass es eines Hinweises auf die Rechtsfolgen bedarf, wenn der Versicherungsnehmer nicht unverzüglich nach der Aushändigung widerspricht, Das Recht des Versicherungsnehmers, die Genehmigung wegen Irrtums anzufechten, bleibt unberührt.

12 Prämie

12.1 Die Prämie, einschließlich Nebenkosten und Versicherungsteuer, wird sofort nach Abschluss des Vertrages fällig.

12.2 Die Zahlung ist rechtzeitig, wenn sie unverzüglich nach Erhalt des Versicherungsscheins und/oder der Zahlungsaufforderung (Prämienrechnung) erfolgt.

12.3 Wird die Prämie schuldhaft nicht rechtzeitig gezahlt, gerät der Versicherungsnehmer in Verzug, sobald ihm eine schriftliche Mahnung zugegangen ist. Der Versicherer wird ihn schriftlich zur Zahlung auffordern und eine Zahlungsfrist von mindestens zwei Wochen setzen.

12.4 Ist der Versicherungsnehmer nach Ablauf dieser Zahlungsfrist noch mit der Zahlung in Verzug, so ist der Versicherer von der Verpflichtung zur Leistung frei, wenn der Versicherungsfall vor der Zahlung eintritt.

Der Versicherer kann den Vertrag fristlos kündigen, wenn der Versicherungsnehmer nach Ablauf von weiteren zwei Wochen noch immer in Verzug ist. Der Versicherer kann dennoch die vereinbarte Prämie verlangen.

Auf die in dieser Ziffer vorgesehenen Rechtsfolgen kann sich der Versicherer nur berufen, wenn der Versicherungsnehmer schriftlich darauf hingewiesen worden ist.

13 Versicherung für fremde Rechnung (für Rechnung, wen es angeht)

13.1 Der Versicherungsnehmer kann den Versicherungsvertrag im eigenen Namen für einen anderen, mit oder ohne Benennung der Person des Versicherten, schließen (Versicherung für fremde Rechnung).

Wird die Versicherung für einen anderen genommen, so ist, auch wenn der andere benannt wird, anzunehmen, dass der Vertragschließende nicht als Vertreter, sondern im eigenen Namen für fremde Rechnung handelt.

Wird die Versicherung für Rechnung „wen es angeht" genommen oder ist sonst aus dem Vertrag zu entnehmen, dass unbestimmt gelassen werden soll, ob eigenes oder fremdes Interesse versichert ist, so finden die Bestimmungen über die Versicherung für fremde Rechnung Anwendung, wenn sich ergibt, dass fremdes Interesse versichert ist.

13.2 Die Rechte aus dem Vertrag stehen dem Versicherten zu. Die Aushändigung einer Police kann jedoch nur der Versicherungsnehmer verlangen.

Der Versicherte kann ohne Zustimmung des Versicherungsnehmers über seine Rechte nur verfügen und diese Rechte nur gerichtlich geltend machen, wenn er im Besitz einer Police ist.

13.3 Der Versicherungsnehmer kann über die Rechte, die dem Versicherten aus dem Vertrage zustehen, im eigenen Namen verfügen.

Ist eine Police ausgestellt, so ist der Versicherungsnehmer ohne Zustimmung des Versicherten zur Annahme der Zahlung sowie zur Übertragung der Rechte des Versicherten nur befugt, wenn er im Besitz der Police ist.

Der Versicherer ist zur Zahlung an den Versicherungsnehmer nur verpflichtet, wenn dieser ihm gegenüber nachweist, dass der Versicherte seine Zustimmung zu der Versicherung erteilt hat.

13.4 Der Versicherungsnehmer ist nicht verpflichtet, dem Versicherten oder falls über das Vermögen des Versicherten das Insolvenzverfahren eröffnet ist, der Insolvenzmasse die Police auszuliefern, bevor er wegen der ihm gegen den Versicherten in Bezug auf die versicherte Sache zustehenden Ansprüche befriedigt ist. Er kann sich für diese Ansprüche aus der Entschädigungsforderung gegen den Versicherer und nach der Einziehung der Forderung aus der Entschädigungssumme vor dem Versicherten und dessen Gläubigern befriedigen.

13.5 Der Versicherer kann gegen die Entschädigungsforderung eine Forderung, die ihm gegen den Versicherungsnehmer zusteht, insoweit aufrechnen, als sie auf der für den Versicherten genommenen Versicherung beruht.

13.6 Kenntnis, Kennen müssen, Verhalten und/oder Verschulden des Versicherten und des Versicherungsnehmers stehen einander gleich.

13.6.1 Auf die Kenntnis oder das Kennen müssen des Versicherten kommt es nicht an, wenn der Vertrag ohne sein Wissen geschlossen ist. Das gleiche gilt, wenn eine rechtzeitige Benachrichtigung des Versicherungsnehmers nicht möglich oder nicht zumutbar war.

13.6.2 Hat der Versicherungsnehmer den Vertrag ohne Auftrag des Versicherten geschlossen und bei der Schließung den Mangel des Auftrags dem Versicherer nicht angezeigt, so braucht dieser den Einwand, dass der Vertrag ohne Wissen des Versicherten geschlossen ist, nicht gegen sich gelten zu lassen.

13.7 Die Versicherung gilt nicht zugunsten des Verfrachters, des Frachtführers, des Lagerhalters oder Spediteurs.

14 Veräußerung der versicherten Sache

14.1 Wird die versicherte Sache vom Versicherungsnehmer veräußert, tritt an dessen Stelle der Erwerber in die während der Dauer seines Eigentums aus dem Versicherungsverhältnis sich ergebenden Rechte und Pflichten des Versicherungsnehmers ein.

Der Veräußerer und der Erwerber haften für die Prämie, die auf die zur Zeit des Eintrittes des Erwerbers laufende Versicherungsperiode entfällt, als Gesamtschuldner.

Der Versicherer muss den Eintritt des Erwerbers erst gegen sich gelten lassen, wenn er hiervon Kenntnis erlangt hat.

14.2 Ist eine Police ausgestellt worden, entfällt die Mithaftung des Erwerbers für die Zahlung der Prämie und Nebenkosten. Bei Ausstellung einer Police kann sich der Versicherer auch nicht auf Leistungsfreiheit gemäß Ziffer 12.4 wegen Nichtzahlung der Prämie berufen, es sei denn, dass der Erwerber den Grund für die Leistungsfreiheit kannte oder hätte kennen müssen.

14.3 Wird die Entschädigungsforderung verpfändet, so findet die Bestimmung der Ziffer 14.2 Satz 2 zugunsten des Pfandgläubigers entsprechende Anwendung.

14.4 Der Versicherer ist nicht berechtigt, das Versicherungsverhältnis wegen Veräußerung der versicherten Güter zu kündigen.
14.5 Der Versicherungsnehmer ist nicht verpflichtet, dem Versicherer die Veräußerung anzuzeigen.
14.6 Der Erwerber ist berechtigt, das Versicherungsverhältnis mit sofortiger Wirkung zu kündigen. Das Kündigungsrecht erlischt, wenn es nicht innerhalb eines Monats nach dem Erwerb, bei fehlender Kenntnis des Erwerbers vom Bestehen der Versicherung innerhalb eines Monats ab Erlangung der Kenntnis, ausgeübt wird.
14.7 Im Fall der Kündigung des Versicherungsverhältnisses nach Ziffer 14.6 ist der Veräußerer zur Zahlung der Prämie verpflichtet; eine Haftung des Erwerbers für die Prämie besteht nicht.

15 Bestimmungen für den Schadenfall

15.1 Schadenanzeige
Der Versicherungsnehmer hat jedes Schadenereignis dem Versicherer unverzüglich anzuzeigen.
15.2 Abwendung und Minderung des Schadens
Bei Eintritt des Versicherungsfalls hat der Versicherungsnehmer den Schaden nach Möglichkeit abzuwenden oder zu mindern. Er hat dabei die Weisungen des Versicherers zu befolgen und solche Weisungen einzuholen, soweit die Umstände es gestatten.
15.3 Anweisungen des Versicherers; Havariekommissar
15.3.1 Der Versicherungsnehmer hat die Anweisungen des Versicherers für den Schadenfall zu befolgen, den in der Police oder im Versicherungszertifikat bestimmten Havariekommissar unverzüglich zur Schadenfeststellung hinzuzuziehen und dessen Havarie-Zertifikat dem Versicherer einzureichen.
15.3.2 Aus wichtigem Grund kann anstelle des vorgesehenen Havariekommissars der nächste Lloyd's Agent hinzugezogen werden.
15.4 Auskunfterteilung
Der Versicherungsnehmer hat dem Versicherer jede Auskunft zu erteilen, die zur Feststellung des Versicherungsfalls oder des Umfangs der Leistungspflicht erforderlich ist. Er ist verpflichtet, alle Beweismittel, die für die spätere Aufklärung des Schadenhergangs von Bedeutung sein können oder für die Geltendmachung von Regressansprüchen notwendig sind, zu beschaffen und sicherzustellen.
15.5 Rechtsfolgen einer Obliegenheitsverletzung
Verletzt der Versicherungsnehmer eine der in Ziffern 15.2 bis 15.4 genannten Obliegenheiten vorsätzlich oder grob fahrlässig, ist der Versicherer ohne gesonderte Mitteilung dieser Rechtsfolgen an den Versicherungsnehmer von der Verpflichtung zur Leistung frei. Der Versicherer bleibt zur Leistung verpflichtet, soweit die Verletzung der Obliegenheit weder für die Feststellung des Versicherungsfalls noch für die Feststellung oder den Umfang der Leistungspflicht des Versicherers ursächlich war.

15.6 Regresswahrung

Der Versicherungsnehmer hat im Schadenfall die Rückgriffsrechte gegen Dritte, die für den Schaden ersatzpflichtig sind oder sein können, zu wahren und zu sichern, sowie den Versicherer bei der Regressnahme zu unterstützen.

Verletzt der Versicherungsnehmer diese Obliegenheit vorsätzlich oder grob fahrlässig, ist der Versicherer insoweit leistungsfrei, als er infolgedessen keinen Ersatz von dem Dritten erlangen kann.

16 Andienung des Schadens, Verwirkung

16.1 Der Versicherungsnehmer hat einen versicherten Schaden dem Versicherer binnen 15 Monaten seit dem Ende der Versicherung und, wenn das Transportmittel verschollen ist, seit dem Ablauf der Verschollenheitsfrist schriftlich anzudienen. Durch die Absendung des Andienungsschreibens wird die Frist gewahrt.

16.2 Der Entschädigungsanspruch des Versicherungsnehmers erlischt, wenn der Schaden nicht rechtzeitig angedient wird.

17 Ersatzleistung

17.1 Verlust der Güter

Gehen die Güter ganz oder teilweise verloren, werden sie dem Versicherungsnehmer ohne Aussicht auf Wiedererlangung entzogen oder sind sie nach der Feststellung von Sachverständigen in ihrer ursprünglichen Beschaffenheit zerstört, so kann der Versicherungsnehmer den auf sie entfallenden Teil der Versicherungssumme abzüglich des Wertes geretteter Sachen verlangen.

17.2 Verschollenheit

Sind die Güter mit dem Transportmittel verschollen, so leistet der Versicherer Ersatz wie im Falle des Totalverlustes, es sei denn, dass mit überwiegender Wahrscheinlichkeit ein Verlust als Folge einer nicht versicherten Gefahr anzunehmen ist. Das Transportmittel ist verschollen, wenn vom Zeitpunkt seiner geplanten Ankunft 60 Tage, bei europäischen Binnenreisen 30 Tage, verstrichen sind und bis zur Reklamation keine Nachricht von ihm eingegangen ist. Kann die Nachrichtenverbindung durch Krieg, kriegsähnliche Ereignisse, Bürgerkrieg oder innere Unruhen gestört sein, so verlängert sich die Frist entsprechend den Umständen des Falles, höchstens jedoch auf sechs Monate.

17.3 Beschädigung der Güter

17.3.1 Werden die Güter oder Teile der Güter beschädigt, so ist der gemeine Handelswert und in dessen Ermangelung der gemeine Wert zu ermitteln, den die Güter im unbeschädigten Zustand am Ablieferungsort haben würden (Gesundwert), sowie der Wert, den sie dort im beschädigten Zustand haben. Ein dem Verhältnis des Wertunterschiedes zum Gesundwert entsprechender Bruchteil des Versicherungswertes gilt als Betrag des Schadens.

17.3.2 Der Wert beschädigter Güter kann auch durch freihändigen Verkauf oder durch öffentliche Versteigerung festgestellt werden, wenn der Versicherer dies unverzüglich nach Kenntnis der für die Schadenhöhe erheblichen Umstände verlangt; in diesem Fall tritt der Bruttoerlös an die Stelle des Wertes der beschädigten

Güter. Hat nach den Verkaufsbedingungen der Verkäufer vorzuleisten, so steht der Versicherer für die Zahlung des Kaufpreises ein, falls er den Verkaufsbedingungen zugestimmt hat.

17.4 Wiederherstellung

17.4.1 Im Falle von Beschädigung oder Verlust von Teilen der Güter kann der Versicherungsnehmer anstelle eines Teiles des Versicherungswertes Ersatz für die zum Zeitpunkt der Schadenfeststellung notwendigen Kosten der Wiederherstellung oder Wiederbeschaffung der beschädigten oder verlorenen Teile verlangen.

17.4.2 Der Versicherer leistet bei Beschädigung oder Verlust von Gütern, die Teil einer versicherten Sachgesamtheit sind, Ersatz wie im Fall des Totalverlustes, wenn eine Wiederherstellung oder Wiederbeschaffung nicht möglich oder sinnvoll ist. Restwerte werden angerechnet.

17.4.3 Bei der Versicherung von gebrauchten Maschinen, Geräten, Apparaten, Fahrzeugen und deren Teilen ersetzt der Versicherer ohne Abzug „neu für alt" die zum Zeitpunkt der Schadenfeststellung notwendigen Kosten der Wiederherstellung oder Wiederbeschaffung, bei einem Zeitwert von weniger als 40 % jedoch höchstens den Zeitwert.

17.5 Unterversicherung

Ist die Versicherungssumme niedriger als der Versicherungswert, so ersetzt der Versicherer den Schaden und die Aufwendungen nur nach dem Verhältnis der Versicherungssumme zum Versicherungswert.

17.6 Verkauf der Güter vor Beendigung des versicherten Transports

17.6.1 Wird nach dem Beginn der Versicherung der Transport aufgegeben oder aus einem anderen Grunde nicht vollendet, ohne dass der Versicherer von der Verpflichtung zur Leistung frei wird, so kann der Versicherer verlangen, dass unter seiner Mitwirkung der Versicherungsnehmer die Güter aus freier Hand oder im Wege öffentlicher Versteigerung verkauft, wenn die Güter ohne unverhältnismäßige Kosten oder innerhalb angemessener Frist nicht weiterbefördert werden können. Verlangt der Versicherer den Verkauf, so muss dieser unverzüglich erfolgen.

17.6.2 Der Versicherungsnehmer kann im Falle des Verkaufs den Unterschied zwischen der Versicherungssumme und dem Erlös verlangen. Das gleiche gilt, wenn die Güter unterwegs infolge eines Versicherungsfalls verkauft werden müssen.

17.6.3 Hat nach den Verkaufsbedingungen der Verkäufer vorzuleisten, so steht der Versicherer für die Zahlung des Kaufpreises ein, falls er den Verkaufsbedingungen zugestimmt hat.

17.7 Nicht entstandenes Interesse; ersparte Kosten

Ist ein versichertes Interesse für imaginären Gewinn, Mehrwert, Zoll, Fracht oder sonstige Kosten bei Eintritt des Versicherungsfalls noch nicht entstanden, wird der darauf entfallende Teil der Versicherungssumme bei der Ermittlung des Schadens nicht berücksichtigt. Das gleiche gilt für Kosten, die infolge eines Versicherungsfalls erspart werden.

17.8 Anderweitiger Ersatz
Der Versicherungsnehmer muss sich anrechnen lassen, was er anderweitig zum Ausgleich des Schadens erlangt hat.

18 Rechtsübergang

18.1 Verlangt der Versicherungsnehmer die Versicherungssumme, so kann der Versicherer wählen, ob mit Zahlung der Versicherungssumme die Rechte an den Gütern oder auf die versicherten Güter auf ihn übergehen sollen oder nicht. Dieses Recht entfällt, wenn der Versicherer es nicht unverzüglich nach Kenntnis der Umstände des Versicherungsfalls ausübt.

18.2 Wählt der Versicherer den Rechtsübergang, bleibt der Versicherungsnehmer verpflichtet, für die Minderung des Schadens zu sorgen, soweit der Versicherer dazu nicht imstande ist. Er hat dem Versicherer die zur Geltendmachung der Rechte erforderlichen Auskünfte zu erteilen und die zum Beweise dienenden Urkunden auszuliefern oder auszustellen, sowie ihm bei der Erlangung und der Verwertung der Güter behilflich zu sein. Die Kosten hat der Versicherer zu tragen und auf Verlangen vorzuschießen. Der über die Versicherungssumme hinausgehende Teil des Netto-Verkaufserlöses ist dem Versicherungsnehmer zu erstatten.

18.3 Gehen die Rechte nicht über, so erstattet der Versicherungsnehmer dem Versicherer den gemeinen Wert oder den Netto-Verkaufserlös wiedererlangter Güter.

18.4 Der Übergang von Ersatzansprüchen gegenüber Dritten und das Recht des Versicherers zum Abandon bleiben unberührt.

19 Abandon des Versicherers

19.1 Der Versicherer ist nach dem Eintritt des Versicherungsfalls berechtigt, sich durch Zahlung der Versicherungssumme von allen weiteren Verbindlichkeiten zu befreien.

19.2 Der Versicherer bleibt trotz der Befreiung zum Ersatz der Kosten verpflichtet, die zur Abwendung oder Minderung des Schadens oder zur Wiederherstellung oder Ausbesserung der versicherten Sache verwendet worden sind, bevor seine Erklärung, dass er sich durch Zahlung der Versicherungssumme befreien wolle, dem Versicherungsnehmer zugegangen ist; den verwendeten Kosten stehen solche versicherten Kosten gleich, zu deren Zahlung der Versicherungsnehmer sich bereits verpflichtet hatte.

19.3 Das Recht, sich durch Zahlung der Versicherungssumme zu befreien, erlischt, wenn die Erklärung dem Versicherungsnehmer nicht binnen einer Woche nach dem Zeitpunkt, in dem der Versicherer von dem Versicherungsfall und seinen unmittelbaren Folgen Kenntnis erlangt hat, zugeht.

19.4 Der Versicherer erwirbt durch die Zahlung keine Rechte an den versicherten Gegenständen.

20 Sachverständigenverfahren

Bei Streit über Ursache oder Höhe des Schadens können beide Parteien deren Feststellung durch Sachverständige verlangen.

20.1 In diesem Fall benennen beide Parteien unverzüglich je einen Sachverständigen. Jede Partei kann die andere unter Angabe des von ihr benannten Sachverständigen zur Benennung des zweiten Sachverständigen schriftlich auffordern. Wird der zweite Sachverständige nicht binnen vier Wochen nach Empfang der Aufforderung bestimmt, so kann ihn die auffordernde Partei durch die Industrie- und Handelskammer – hilfsweise durch die konsularische Vertretung der Bundesrepublik Deutschland – benennen lassen, in deren Bezirk sich die Güter befinden.

20.2 Beide Sachverständige wählen vor Beginn des Feststellungsverfahrens einen Dritten als Obmann. Einigen sie sich nicht, so wird der Obmann auf Antrag einer Partei oder beider Parteien durch die Industrie- und Handelskammer – hilfsweise durch die konsularische Vertretung der Bundesrepublik Deutschland –, in deren Bezirk sich die Güter befinden, ernannt.

20.3 Die Feststellungen der Sachverständigen müssen alle Angaben enthalten, die je nach Aufgabenstellung für eine Beurteilung der Ursache des Schadens und der Ersatzleistung des Versicherers notwendig sind.

20.4 Die Sachverständigen legen beiden Parteien gleichzeitig ihre Feststellungen vor. Weichen diese voneinander ab, so übergibt der Versicherer sie unverzüglich dem Obmann. Dieser entscheidet über die streitig gebliebenen Punkte innerhalb der durch die Feststellungen der Sachverständigen gezogenen Grenzen und legt seine Entscheidung beiden Parteien gleichzeitig vor.

20.5 Jede Partei trägt die Kosten ihres Sachverständigen. Die Kosten des Obmanns tragen beide Parteien je zur Hälfte. Diese Regelung gilt auch, wenn sich die Parteien auf ein Sachverständigenverfahren einigen. Sofern der Versicherer das Sachverständigenverfahren verlangt, trägt er die Gesamtkosten des Verfahrens.

20.6 Die Feststellungen der Sachverständigen oder des Obmanns sind verbindlich, wenn nicht nachgewiesen wird, dass sie offenbar von der wirklichen Sachlage erheblich abweichen.

20.7 Wenn die Sachverständigen oder der Obmann die Feststellungen nicht treffen können oder wollen oder sie ungewöhnlich verzögern, so sind andere Sachverständige zu benennen.

21 Grenzen der Haftung

21.1 Der Versicherer haftet für den während der Dauer der Versicherung entstandenen Schaden nur bis zur Höhe der Versicherungssumme.

21.2 Ziffer 21.1 gilt auch für jeden späteren Versicherungsfall. Sofern Entschädigungen zur Wiederherstellung oder Ausbesserung der beschädigten Güter geleistet sind oder Aufwendungen und Kosten nach Ziffern 2.3.1.1 und 2.3.1.2 gemacht worden oder eine Verpflichtung des Versicherungsnehmers für derartige Aufwendungen entstanden sind, wird die Versicherungssumme nicht um derartige Leistungen und Verpflichtungen vermindert.

21.3 Die Regelung der Ziffer 2.3.3 bleibt unberührt.

22 Fälligkeit und Zahlung der Entschädigung

22.1 Der Versicherer hat die Entschädigung binnen zwei Wochen nach ihrer abschließenden Feststellung zu zahlen. War eine endgültige Feststellung der Höhe des Schadens innerhalb eines Monats seit der Andienung des Schadens nicht möglich, so kann der Versicherungsnehmer eine Abschlagzahlung in Höhe des Betrages verlangen, der nach Lage der Sache mindestens zu zahlen ist.

22.2 Die Entstehung des Anspruchs auf Abschlagzahlung verschiebt sich um den Zeitraum, um den die Feststellung der Leistungspflicht des Versicherers dem Grunde oder der Höhe nach durch Verschulden des Versicherungsnehmers verzögert wurde.

22.3 Die Entschädigungsleistung ist in der Währung der Versicherungssumme zu bewirken.

23 Übergang von Ersatzansprüchen

23.1 Steht dem Versicherungsnehmer ein Anspruch auf Ersatz des Schadens gegen einen Dritten zu, so geht der Anspruch auf den Versicherer über, soweit dieser dem Versicherungsnehmer den Schaden ersetzt. Der Übergang kann nicht zum Nachteil des Versicherungsnehmers geltend gemacht werden. Der Versicherungsnehmer ist verpflichtet, dem Versicherer die zur Geltendmachung des Anspruchs erforderliche Auskunft zu erteilen und ihm die zum Beweise des Anspruchs dienenden Urkunden, soweit sie sich in seinem Besitz befinden, auszuliefern und ihm auch auf Verlangen eine öffentlich beglaubigte Urkunde über den Übergang des Anspruchs auszustellen; die Kosten hat der Versicherer zu tragen.
Im Fall der großen Haverei gilt Absatz 1 entsprechend. Der Anspruch des Versicherungsnehmers auf die ihm zustehende Vergütung geht jedoch bereits mit seiner Entstehung auf den Versicherer über, soweit der Versicherer für Aufopferungen haftet. Übersteigt die Vergütung die vom Versicherer geleisteten Entschädigungen und Aufwendungen, so ist der Überschuss an den Versicherungsnehmer auszuzahlen.

23.2 Kann von einem mit der Abwicklung des Transportes beauftragten Dritten Ersatz des Schadens nicht verlangt werden, weil dessen gesetzliche Haftung über das verkehrsübliche Maß hinaus durch Vertrag beschränkt oder ausgeschlossen ist, ist der Versicherer insoweit von der Verpflichtung zur Leistung frei. Dies gilt nicht, wenn der Versicherungsnehmer auf die Beschränkung oder den Ausschluss der Haftung keinen Einfluss nehmen konnte.

23.3 Auch nach dem Übergang des Regressanspruchs auf den Versicherer ist der Versicherungsnehmer verpflichtet, für die Minderung des Schadens zu sorgen, gegebenenfalls durch die Zurückbehaltung von Geldleistungen wie der Fracht. Er hat den Versicherer bei der Geltendmachung des Anspruchs zu unterstützen und alle Nachrichten, Informationen und Belege, die der Durchsetzung des Regressanspruches dienlich sein können, unverzüglich dem Versicherer zu übergeben. Die Kosten hat der Versicherer zu tragen und auf Verlangen vorzuschießen.

24 Verjährung

24.1 Die Ansprüche aus dem Versicherungsvertrag verjähren in drei Jahren. Die Verjährung beginnt mit dem Schluss des Jahres, in dem die Leistung verlangt werden kann, im Fall der großen Haverei mit dem Schluss des Jahres, in dem der Beitrag des Versicherungsnehmers durch eine den Anforderungen der Ziffer 2.3.1.1 entsprechende Dispache geltend gemacht wird.

24.2 Ist ein Anspruch des Versicherungsnehmers beim Versicherer angedient worden, so ist die Verjährung bis zum Eingang einer schriftlichen Entscheidung des Versicherers gehemmt.

25 Mitversicherung

25.1 Bei Versicherungen, die von mehreren Versicherern übernommen sind, haften diese stets nur für ihren Anteil und nicht als Gesamtschuldner, auch wenn die Einzelpolice oder das Zertifikat von einem Versicherer für alle Versicherer gezeichnet ist.

25.2 Die vom führenden Versicherer mit dem Versicherungsnehmer getroffenen Vereinbarungen sind für die Mitversicherer verbindlich. Dies gilt insbesondere zugunsten des Versicherungsnehmers für die Schadenregulierung. Der führende Versicherer ist jedoch ohne Zustimmung der Mitversicherer, von denen jeder einzeln zu entscheiden hat, nicht berechtigt
– zur Erhöhung des Policenmaximums;
– zum Einschluss der gemäß Ziffern 2.4.1.1 bis 2.4.1.3 ausgeschlossenen Gefahren (siehe Ziffer 2.4.2);
– zur Änderung der Policenwährung;
– zur Änderung der Kündigungsbestimmungen.
Fehlt die Zustimmung der beteiligten Versicherer, haftet der Führende aus einer ohne Einschränkungen abgegebenen Erklärung auch für die Anteile der Mitversicherer.

25.3 Der führende Versicherer ist von den Mitversicherern bevollmächtigt, Rechtsstreitigkeiten in ihrem Namen zu führen. Dies gilt gleichermaßen für Prozesse vor den ordentlichen Gerichten und für Schiedsgerichtsverfahren.
Es wird jedoch auch ein nur gegen den führenden Versicherer wegen dessen Anteils erstrittenes Urteil oder ein nach Rechtshängigkeit geschlossener Vergleich oder ein solcher Schiedsspruch von den Mitversicherern als für sie verbindlich anerkannt. Sollte der Anteil des führenden Versicherers die Berufungs- oder Revisionssumme nicht erreichen, so ist der Versicherungsnehmer auf Verlangen des führenden Versicherers oder eines beteiligten Versicherers verpflichtet, die Klage auf den zweiten, erforderlichenfalls auch auf einen dritten und weitere Versicherer auszudehnen, bis diese Summe erreicht ist. Entspricht der Versicherungsnehmer diesem Verlangen nicht, so findet Satz 1 dieses Absatzes keine Anwendung.

25.4 Ein Führungswechsel ist von dem bisher führenden Versicherer den mitbeteiligten Versicherern unverzüglich schriftlich anzuzeigen. Die Mitteilung kann auch durch den Versicherungsnehmer erfolgen. Jeder mitbeteiligte Versicherer hat in diesem Fall das Recht, unter Einhaltung einer vierwöchigen Frist den Versicherungsvertrag zu kündigen. Das Kündigungsrecht erlischt, wenn es nicht innerhalb eines Monats nach Erhalt der schriftlichen Mitteilung über den Führungswechsel ausgeübt wird.

25.5 Erklärungen, die der Führende erhalten hat, gelten auch den Mitbeteiligten als zugegangen.

26 Schlussbestimmung (Anzuwendendes Recht)

Für diesen Vertrag gilt deutsches Recht.

Anhang 2 DTV-Güterversicherungsbedingungen 2000/2011 (DTV-Güter 2000/2011) Eingeschränkte Deckung

Stand: August 2011

Hinweis
Diese Bedingungen des Gesamtverbandes der Deutschen Versicherungswirtschaft e.V. (GDV) sind für die Versicherer unverbindlich; ihre Verwendung ist rein fakultativ. Abweichende Bedingungen können vereinbart werden. Abdruck mit freundlicher Genehmigung des GDV; die jeweils aktuellen Bedingungen können kostenfrei auf der Website des GDV (*www.gdv.de*) abgerufen werden.

Inhaltsübersicht

1	Interesse / Gegenstand der Versicherung
2	Umfang der Versicherung
3	Verschulden des Versicherungsnehmers
4	Vorvertragliche Anzeigepflicht des Versicherungsnehmers
5	Gefahränderung
6	Änderung oder Aufgabe der Beförderung
7	Obliegenheiten vor Schadeneintritt
8	Dauer der Versicherung
9	Lagerungen
10	Versicherungssumme; Versicherungswert
11	Police
12	Prämie
13	Versicherung für fremde Rechnung (für Rechnung, wen es angeht)
14	Veräußerung der versicherten Sache
15	Bestimmungen für den Schadenfall
16	Andienung des Schadens, Verwirkung
17	Ersatzleistung
18	Rechtsübergang
19	Abandon des Versicherers
20	Sachverständigenverfahren
21	Grenzen der Haftung
22	Fälligkeit und Zahlung der Entschädigung
23	Übergang von Ersatzansprüchen
24	Verjährung
25	Mitversicherung
26	Schlussbestimmung

1 Interesse / Gegenstand der Versicherung

1.1 Versicherbares Interesse

1.1.1 Gegenstand der Güterversicherung kann jedes in Geld schätzbare Interesse sein, das jemand daran hat, dass die Güter die Gefahren der Beförderung sowie damit verbundener Lagerungen bestehen.

1.1.2 Versichert sind die im Vertrag genannten Güter und/oder sonstige Aufwendungen und Kosten.

1.1.3 Außer und neben den Gütern kann insbesondere auch versichert werden das Interesse bezüglich
- des imaginären Gewinns,
- des Mehrwerts,
- des Zolls,
- der Fracht,
- der Steuern und Abgaben
- sonstiger Kosten.

1.1.4 Der Versicherungsnehmer kann das eigene (Versicherung für eigene Rechnung) oder das Interesse eines Dritten (Versicherung für fremde Rechnung) versichern. Näheres regelt Ziffer 13.

1.2 Es besteht – unbeschadet der übrigen Vertragsbestimmungen – Versicherungsschutz nur, soweit und solange dem keine auf die Vertragsparteien direkt anwendbaren Wirtschafts-, Handels- oder Finanzsanktionen bzw. Embargos der Europäischen Union oder der Bundesrepublik Deutschland entgegenstehen.

Dies gilt auch für Wirtschafts-, Handels- oder Finanzsanktionen bzw. Embargos, die durch die Vereinigten Staaten von Amerika in Hinblick auf den Iran erlassen werden, soweit dem nicht europäische oder deutsche Rechtsvorschriften entgegenstehen.

2 Umfang der Versicherung

2.1 Versicherte Gefahren und Schäden

Der Versicherer leistet ohne Franchise Ersatz für Verlust oder Beschädigung der versicherten Güter als Folge der nachstehenden Ereignisse:

a) Unfall des die Güter befördernden Transportmittels;
ein Transportmittelunfall liegt auch vor bei Strandung, Aufgrundstoßen, Kentern, Sinken, Scheitern oder Beschädigung des die Güter befördernden Schiffes durch Eis;

b) Einsturz von Lagergebäuden;

c) Brand, Blitzschlag, Explosion, Erdbeben, Seebeben, vulkanische Ausbrüche und sonstige Naturkatastrophen, Anprall oder Absturz eines Flugkörpers, seiner Teile oder seiner Ladung;

d) Überbordwerfen, Überbordspülen oder Überbordgehen durch schweres Wetter;

e) Aufopferung der Güter;

f) Entladen, Zwischenlagern und Verladen von Gütern in einem Nothafen / Flughafen, der infolge des Eintritts einer versicherten Gefahr angelaufen, oder infolge einer Notlandung eines Luftfahrzeugs angeflogen wurde;

g) Totalverlust ganzer Kolli beim Be-, Um-, oder Entladen eines Transportmittels.

2.2 Besondere Fälle
2.2.1 Vorreise- oder Retourgüter
Vorreise- oder Retourgüter sind zu den gleichen Bedingungen versichert wie andere Güter. Die Verpflichtung des Versicherungsnehmers nachzuweisen, dass der Schaden während des versicherten Transports entstanden ist, bleibt unberührt.
2.2.2 Beschädigte Güter
Sind die Güter bei Beginn der Versicherung beschädigt, so leistet der Versicherer für den Verlust oder die Beschädigung nur Ersatz, wenn die vorhandene Beschädigung ohne Einfluss auf den während des versicherten Zeitraums eingetretenen Schaden war.
2.3 Versicherte Aufwendungen und Kosten
2.3.1 Der Versicherer ersetzt auch
2.3.1.1 den Beitrag zur großen Haverei, den der Versicherungsnehmer aufgrund einer nach Gesetz, den York Antwerpener Regeln, den Rhein-Regeln IVR oder anderen international anerkannten Haverei-Regeln aufgemachten Dispache zu leisten hat, soweit durch die Haverei-Maßregel ein versicherter Schaden abgewendet werden sollte. Übersteigt der Beitragswert den Versicherungswert und entspricht dieser der Versicherungssumme, so leistet der Versicherer vollen Ersatz bis zur Höhe der Versicherungssumme. Die Bestimmungen über die Unterversicherung sowie Ziffer 2.3.3 bleiben unberührt.
Im Rahmen dieser Bedingungen hält der Versicherer den Versicherungsnehmer frei von Ersatzansprüchen und Aufwendungen, die sich aus der vertraglichen Vereinbarung der Both-to-Blame-Collision-Clause ergeben;
2.3.1.2 Schadenabwendungs-, Schadenminderungs-, Schadenfeststellungskosten, und zwar
2.3.1.2.1 Aufwendungen zur Abwendung oder Minderung eines versicherten Schadens, wenn der Schaden unmittelbar droht oder eingetreten ist, soweit der Versicherungsnehmer sie nach den Umständen für geboten halten durfte;
2.3.1.2.2 Aufwendungen, die der Versicherungsnehmer beim Eintritt des Versicherungsfalls gemäß den Weisungen des Versicherers macht;
2.3.1.2.3 Kosten der Ermittlung und Feststellung des versicherten Schadens sowie Kosten durch einen für diese Zwecke beauftragten Dritten, soweit der Versicherungsnehmer sie nach den Umständen für geboten halten durfte oder soweit er sie gemäß den Weisungen des Versicherers macht;
2.3.1.3 die Kosten der Umladung, der einstweiligen Lagerung sowie die Mehrkosten der Weiterbeförderung infolge eines Versicherungsfalls oder versicherten Unfalls des Transportmittels, soweit der Versicherungsnehmer sie nach den Umständen für geboten halten durfte oder er sie gemäß den Weisungen des Versicherers aufwendet und diese Kosten nicht bereits unter Ziffer 2.3.1.2 fallen.
2.3.2 Die Aufwendungen und Kosten gemäß Ziffern 2.3.1.2.1 und 2.3.1.2.2 hat der Versicherer auch dann zu tragen, wenn sie erfolglos bleiben.

2.3.3	Die Aufwendungen und Kosten nach Ziffern 2.3.1.1 und 2.3.1.2 sind ohne Rücksicht darauf zu ersetzen, ob sie zusammen mit anderen Entschädigungen die Versicherungssumme übersteigen.	
2.3.4	Der Versicherungsnehmer kann verlangen, dass der Versicherer für die Entrichtung von Beiträgen zur großen Haverei die Bürgschaft oder Garantie übernimmt, den Einschuss zur großen Haverei vorleistet und den für Aufwendungen zur Schadenabwendung und -minderung sowie zur Schadenfeststellung erforderlichen Betrag vorschießt.	
2.4	**Nicht versicherte Gefahren**	
2.4.1	Ausgeschlossen sind die Gefahren	
2.4.1.1	des Krieges, Bürgerkrieges oder kriegsähnlicher Ereignisse und solche, die sich unabhängig vom Kriegszustand aus der feindlichen Verwendung von Kriegswerkzeugen sowie aus dem Vorhandensein von Kriegswerkzeugen als Folge einer dieser Gefahren ergeben;	
2.4.1.2	von Streik, Aussperrung, Arbeitsunruhen, terroristischen oder politischen Gewalthandlungen, unabhängig von der Anzahl der daran beteiligten Personen, Aufruhr und sonstigen bürgerlichen Unruhen;	
2.4.1.3	der Beschlagnahme, Entziehung oder sonstiger Eingriffe von hoher Hand;	
2.4.1.4	aus der Verwendung von chemischen, biologischen, biochemischen Substanzen oder elektromagnetischen Wellen als Waffen mit gemeingefährlicher Wirkung, und zwar ohne Rücksicht auf sonstige mitwirkende Ursachen;	
2.4.1.5	der Kernenergie oder sonstiger ionisierender Strahlung;	
2.4.1.6	der Zahlungsunfähigkeit und des Zahlungsverzuges des Reeders, Charterers oder Betreibers des Schiffes oder sonstiger finanzieller Auseinandersetzungen mit den genannten Parteien, es sei denn, dass	
	– der Versicherungsnehmer nachweist, dass er die genannten Parteien oder den beauftragten Spediteur mit der Sorgfalt eines ordentlichen Kaufmanns ausgewählt hat;	
	– der Versicherungsnehmer bzw. Versicherte der Käufer ist und nach den Bedingungen des Kaufvertrags keinen Einfluss auf die Auswahl der am Transport beteiligten Personen nehmen konnte.	
2.4.2	Die Gefahren gemäß Ziffern 2.4.1.1 bis 2.4.1.3 sowie Ziffer 2.4.1.5 können im Rahmen der entsprechenden DTV-Klauseln mitversichert werden.	
2.5	**Nicht ersatzpflichtige Schäden**	
2.5.1	Der Versicherer leistet keinen Ersatz für Schäden, verursacht durch	
2.5.1.1	eine Verzögerung der Reise;	
2.5.1.2	inneren Verderb oder die natürliche Beschaffenheit der Güter;	
2.5.1.3	handelsübliche Mengen-, Maß- und Gewichtsdifferenzen oder -verluste, die jedoch als berücksichtigt gelten, sofern hierfür eine Abzugsfranchise vereinbart ist;	
2.5.1.4	normale Luftfeuchtigkeit oder gewöhnliche Temperaturschwankungen;	

2.5.1.5 nicht beanspruchungsgerechte Verpackung oder unsachgemäße Verladeweise, es sei denn, der Versicherungsnehmer hat diese weder vorsätzlich noch grob fahrlässig verschuldet.

2.5.2 Der Versicherer leistet keinen Ersatz für mittelbare Schäden aller Art, sofern nichts anderes vereinbart ist.

2.6 Kausalität

Ist ein Schaden eingetreten, der nach den Umständen des Falles auch aus einer nicht versicherten Gefahr (Ziffern 2.4.1.1 bis 2.4.1.3 sowie 2.4.1.6) oder Ursache (Ziffern 2.5.1.1 bis 2.5.1.4) entstehen konnte, hat der Versicherer den Schaden zu ersetzen, wenn er mit überwiegender Wahrscheinlichkeit durch eine versicherte Gefahr herbeigeführt worden ist.

3 Verschulden des Versicherungsnehmers

Der Versicherer ist von der Verpflichtung zur Leistung frei, wenn der Versicherungsnehmer den Versicherungsfall vorsätzlich oder grob fahrlässig herbeiführt.

4 Vorvertragliche Anzeigepflicht des Versicherungsnehmers

4.1 Der Versicherungsnehmer hat beim Abschluss des Vertrages alle für die Übernahme des Versicherungsschutzes gefahrerheblichen Umstände anzuzeigen und die gestellten Fragen wahrheitsgemäß und vollständig zu beantworten. Gefahrerheblich sind die Umstände, die geeignet sind, auf den Entschluss des Versicherers, den Vertrag überhaupt oder mit dem vereinbarten Inhalt abzuschließen, Einfluss auszuüben. Ein Umstand, nach dem der Versicherer ausdrücklich oder schriftlich gefragt hat, gilt im Zweifel als gefahrerheblich.

Wird der Vertrag von einem Vertreter des Versicherungsnehmers geschlossen und kennt dieser den gefahrerheblichen Umstand, muss sich der Versicherungsnehmer so behandeln lassen, als habe er selbst davon Kenntnis gehabt.

4.2 Bei unvollständigen oder unrichtigen Angaben ist der Versicherer von der Verpflichtung zur Leistung frei.

Dies gilt auch dann, wenn die Anzeige deshalb unterblieben ist, weil der Versicherungsnehmer den Umstand infolge von grober Fahrlässigkeit nicht kannte.

Ist der Versicherungsfall bereits eingetreten, darf der Versicherer den Versicherungsschutz nicht versagen, wenn der Versicherungsnehmer nachweist, dass die unvollständige oder unrichtige Angabe weder auf den Eintritt des Versicherungsfalls noch auf den Umfang der Leistungspflicht Einfluss gehabt hat.

Verweigert der Versicherer die Leistung, kann der Versicherungsnehmer den Vertrag kündigen. Das Kündigungsrecht erlischt, wenn es nicht innerhalb eines Monats von dem Zeitpunkt an ausgeübt wird, zu welchem dem Versicherungsnehmer die Entscheidung des Versicherers, die Leistung zu verweigern, zugeht.

4.3 Der Versicherer bleibt zur Leistung verpflichtet, wenn er die gefahrerheblichen Umstände oder deren unrichtige Anzeige kannte.

Das Gleiche gilt, wenn der Versicherungsnehmer nachweist, dass die unrichtigen oder unvollständigen Angaben weder von ihm noch von seinem Vertreter schuldhaft gemacht wurden.

Hatte der Versicherungsnehmer die gefahrerheblichen Umstände anhand schriftlicher, vom Versicherer gestellter Fragen anzuzeigen, kann sich der Versicherer wegen einer unterbliebenen Anzeige eines Umstands, nach dem nicht ausdrücklich gefragt worden ist, nur dann auf die Leistungsfreiheit berufen, wenn dieser Umstand vom Versicherungsnehmer oder dessen Vertreter arglistig verschwiegen worden ist.

4.4 Bleibt der Versicherer mangels Verschulden des Versicherungsnehmers oder dessen Vertreters zur Leistung verpflichtet, gebührt dem Versicherer eine der höheren Gefahr entsprechende zu vereinbarende Zuschlagsprämie. Das Gleiche gilt, wenn bei Abschluss des Vertrages ein gefahrerheblicher Umstand schuldlos nicht bekannt war.

4.5 Das Recht des Versicherers, den Vertrag wegen arglistiger Täuschung über Gefahrumstände anzufechten, bleibt unberührt.

5 Gefahränderung

5.1 Der Versicherungsnehmer darf die Gefahr ändern, insbesondere erhöhen, und die Änderung durch einen Dritten gestatten.

5.2 Ändert der Versicherungsnehmer die Gefahr oder erlangt er von einer Gefahränderung Kenntnis, so hat er dies dem Versicherer unverzüglich anzuzeigen.

5.3 Als eine Gefahränderung ist es insbesondere anzusehen, wenn
 – der Antritt oder die Vollendung des versicherten Transports erheblich verzögert wird;
 – von der angegebenen oder üblichen Transportstrecke erheblich abgewichen wird;
 – der Bestimmungshafen bzw. Zielflughafen geändert wird;
 – die Güter an Deck verladen werden.

5.4 Hat der Versicherungsnehmer eine Gefahrerhöhung nicht angezeigt, so ist der Versicherer von der Verpflichtung zur Leistung frei, es sei denn, die Verletzung der Anzeigepflicht beruhte weder auf Vorsatz noch auf grober Fahrlässigkeit oder die Gefahrerhöhung hatte weder Einfluss auf den Eintritt des Versicherungsfalls noch auf den Umfang der Leistungspflicht des Versicherers.

5.5 Dem Versicherer gebührt für Gefahrerhöhungen eine zu vereinbarende Zuschlagsprämie, es sei denn, die Gefahrerhöhung war durch das Interesse des Versicherers oder durch ein Gebot der Menschlichkeit veranlasst oder durch ein versichertes, die Güter bedrohendes Ereignis geboten.

5.6 Ein Kündigungsrecht des Versicherers wegen einer Gefahränderung besteht nicht.

6 Änderung oder Aufgabe der Beförderung

6.1 Werden die Güter mit einem Transportmittel anderer Art befördert als im Versicherungsvertrag vereinbart oder werden sie umgeladen, obwohl im Versicherungsvertrag direkter Transport vereinbart ist, so ist der Versicherer von der Verpflichtung zur Leistung frei. Das Gleiche gilt, wenn ausschließlich ein bestimmtes Transportmittel oder ein bestimmter Transportweg vereinbart war.

DTV-Güter 2000/2011 – Eingeschränkte Deckung   **Anhang 2 zu §§ 130 bis 141 VVG**

6.2 Die Leistungspflicht bleibt bestehen, wenn nach Beginn der Versicherung infolge eines versicherten Ereignisses oder ohne Zustimmung des Versicherungsnehmers die Beförderung geändert oder der Transport aufgegeben wird. Die Bestimmungen über die Gefahränderung sind entsprechend anzuwenden

7 Obliegenheiten vor Schadeneintritt

7.1 Transportmittel
Ist für die Beförderung der Güter kein bestimmtes Beförderungsmittel vereinbart, ist der Versicherungsnehmer, soweit er auf dessen Auswahl Einfluss hat, verpflichtet, Beförderungsmittel einzusetzen, die für die Aufnahme und Beförderung der Güter geeignet sind.
Seeschiffe gelten als geeignet, wenn sie zusätzlich die Voraussetzungen der DTV-Klassifikations- und Altersklausel erfüllen sowie – falls erforderlich – gemäß International Safety Management Code (ISM-Code) zertifiziert sind, oder wenn ein gültiges Document of Compliance (DoC) beim Eigner oder Betreiber des Schiffes vorliegt, wie es die SOLAS-Konvention 1974 nebst Ergänzungen vorsieht.

7.2 Rechtsfolgen bei Obliegenheitsverletzungen
Verletzt der Versicherungsnehmer diese oder sonst vertraglich vereinbarte Obliegenheiten vorsätzlich oder grob fahrlässig, ist der Versicherer von der Leistung frei, es sei denn, die Verletzung war nicht ursächlich für den Eintritt des Versicherungsfalls oder den Umfang der Leistungspflicht.
Bei Einsatz nicht geeigneter Beförderungsmittel sind die Transporte gleichwohl versichert, wenn der Versicherungsnehmer keinen Einfluss auf die Auswahl des Transportmittels hatte, bzw. den Spediteur oder den Frachtführer/Verfrachter mit der Sorgfalt eines ordentlichen Kaufmannes ausgewählt hat. Erlangt der Versicherungsnehmer Kenntnis von der mangelnden Eignung des Transportmittels, so hat er unverzüglich Anzeige zu erstatten und eine zu vereinbarende Zuschlagsprämie zu entrichten.

8 Dauer der Versicherung

Versicherungsschutz besteht von Haus zu Haus und
8.1 beginnt, sobald die Güter am Absendungsort zur unverzüglichen Beförderung von der Stelle entfernt werden, an der sie bisher aufbewahrt wurden.
8.2 Die Versicherung endet, je nachdem welcher Fall zuerst eintritt,
8.2.1 sobald die Güter am Ablieferungsort an die Stelle gebracht sind, die der Empfänger bestimmt hat (Ablieferungsstelle);
8.2.2 sobald die Güter nach dem Ausladen im Bestimmungshafen bzw. Zielflughafen an einen nicht im Versicherungsvertrag vereinbarten Ablieferungsort weiterbefördert werden, wenn durch die Änderung des Ablieferungsortes die Gefahr erhöht wird;
8.2.3 mit dem Ablauf von ..... Tagen nach dem Ausladen aus dem Seeschiff im Bestimmungshafen bzw. aus dem Luftfahrzeug im Zielflughafen. Soweit das eigene Interesse des Versicherungsnehmers betroffen ist, endet die Versicherung nicht

durch Ablauf der vereinbarten Frist, wenn der versicherte Transport nach dem Ausladen aus dem Seeschiff im Bestimmungshafen bzw. aus dem Luftfahrzeug im Zielflughafen durch ein versichertes Ereignis verzögert wurde und der Versicherungsnehmer die Verzögerung unverzüglich anzeigt. Dem Versicherer gebührt eine zu vereinbarende Zuschlagsprämie.

8.2.4 bei Versendungen zu den Incoterms FOB oder CFR, wenn die Güter an Bord des Seeschiffes verstaut sind;

8.2.5 mit dem Gefahrübergang, wenn die Güter wegen eines versicherten Ereignisses verkauft werden;

8.2.6 sobald bei vom Versicherungsnehmer veranlassten Lagerungen der nach Ziffer 9.1 vereinbarte Zeitraum überschritten wird.

9 Lagerungen

9.1 Bei Lagerungen der Güter während der Dauer der Versicherung ist die Versicherung für jede Lagerung auf ..... Tage begrenzt.

9.2 Ist die Lagerung jedoch nicht durch den Versicherungsnehmer veranlasst worden, bleibt die Versicherung nur dann über den in Ziffer 9.1 genannten Zeitraum bestehen, wenn der Versicherungsnehmer nachweist, dass er keine Kenntnis von der zeitlichen Überschreitung der Lagerdauer hatte oder nach kaufmännischen Grundsätzen keinen Einfluss auf die Dauer nehmen konnte.
Erlangt der Versicherungsnehmer Kenntnis von der zeitlichen Überschreitung, so hat er dies dem Versicherer unverzüglich anzuzeigen. Dem Versicherer gebührt eine zu vereinbarende Zuschlagsprämie.
Bei See- und Lufttransporten findet Ziffer 8.2.3 ergänzend Anwendung.

9.3 Bei den in Ziffern 9.1 und 9.2 genannten Fristen zählen der Tag der Ankunft und der der Abreise als zur Lagerung gehörend.

10 Versicherungssumme; Versicherungswert

10.1 Die Versicherungssumme soll dem Versicherungswert entsprechen.

10.2 Versicherungswert ist der gemeine Handelswert oder in dessen Ermangelung der gemeine Wert der Güter am Absendungsort bei Beginn der Versicherung, zuzüglich der Versicherungskosten, der Kosten, die bis zur Annahme der Güter durch den Beförderer entstehen, und der endgültig bezahlten Fracht.

10.3 Interessen gemäß Ziffer 1.1.3 sind nur aufgrund besonderer Vereinbarung mitversichert und wenn sie in der Versicherungssumme bzw. dem Versicherungswert enthalten sind. Imaginärer Gewinn zugunsten des Käufers ist mit 10 % des Versicherungswerts versichert.

10.4 Für die separate Versicherung sonstiger Interessen sind Ziffer 10.1 und bei der Versicherung von Mehrwert darüber hinaus Ziffer 10.2 entsprechend anwendbar.

10.5 Ist durch Vereinbarung der Versicherungswert auf einen bestimmten Betrag (Taxe) festgesetzt, so ist die Taxe für den Versicherungswert maßgeblich. Der Versicherer kann jedoch eine Herabsetzung der Taxe verlangen, wenn die Taxe den wirklichen Versicherungswert erheblich übersteigt. Ist die Versicherungssumme niedriger als die Taxe, so haftet der Versicherer, auch wenn die Taxe

herabgesetzt ist, für den Schaden nur nach dem Verhältnis der Versicherungssumme zu der durch die Vereinbarung festgesetzten Taxe.
Bei der Versicherung sonstiger Interessen gilt diese Bestimmung entsprechend.

11 Police

11.1 Der Versicherer hat dem Versicherungsnehmer auf Verlangen eine von ihm unterzeichnete Urkunde über den Versicherungsvertrag (Police) auszuhändigen.

11.2 Ist eine Police ausgestellt, so ist der Versicherer nur gegen Vorlage der Police zur Zahlung verpflichtet. Durch die Zahlung an den Inhaber der Police wird er befreit.

11.3 Ist die Police abhanden gekommen oder vernichtet, so ist der Versicherer zur Zahlung verpflichtet, wenn die Police für kraftlos erklärt oder Sicherheit geleistet ist; die Sicherheitsleistung durch Bürgen ist ausgeschlossen. Das Gleiche gilt für die Verpflichtung des Versicherers zur Ausstellung einer Ersatzurkunde; die Kosten der Ersatzurkunde hat der Versicherungsnehmer zu tragen.

11.4 Der Inhalt der Police gilt als von dem Versicherungsnehmer genehmigt, ohne dass es eines Hinweises auf die Rechtsfolgen bedarf, wenn der Versicherungsnehmer nicht unverzüglich nach der Aushändigung widerspricht, Das Recht des Versicherungsnehmers, die Genehmigung wegen Irrtums anzufechten, bleibt unberührt.

12 Prämie

12.1 Die Prämie, einschließlich Nebenkosten und Versicherungsteuer, wird sofort nach Abschluss des Vertrages fällig.

12.2 Die Zahlung ist rechtzeitig, wenn sie unverzüglich nach Erhalt des Versicherungsscheins und/oder der Zahlungsaufforderung (Prämienrechnung) erfolgt.

12.3 Wird die Prämie schuldhaft nicht rechtzeitig gezahlt, gerät der Versicherungsnehmer in Verzug, sobald ihm eine schriftliche Mahnung zugegangen ist. Der Versicherer wird ihn schriftlich zur Zahlung auffordern und eine Zahlungsfrist von mindestens zwei Wochen setzen.

12.4 Ist der Versicherungsnehmer nach Ablauf dieser Zahlungsfrist noch mit der Zahlung in Verzug, so ist der Versicherer von der Verpflichtung zur Leistung frei, wenn der Versicherungsfall vor der Zahlung eintritt.
Der Versicherer kann den Vertrag fristlos kündigen, wenn der Versicherungsnehmer nach Ablauf von weiteren zwei Wochen noch immer in Verzug ist. Der Versicherer kann dennoch die vereinbarte Prämie verlangen.
Auf die in dieser Ziffer vorgesehenen Rechtsfolgen kann sich der Versicherer nur berufen, wenn der Versicherungsnehmer schriftlich darauf hingewiesen worden ist.

13 Versicherung für fremde Rechnung (für Rechnung, wen es angeht)

13.1 Der Versicherungsnehmer kann den Versicherungsvertrag im eigenen Namen für einen anderen, mit oder ohne Benennung der Person des Versicherten, schließen(Versicherung für fremde Rechnung).

Wird die Versicherung für einen anderen genommen, so ist, auch wenn der andere benannt wird, anzunehmen, dass der Vertragschließende nicht als Vertreter, sondern im eigenen Namen für fremde Rechnung handelt.

Wird die Versicherung für Rechnung „wen es angeht" genommen oder ist sonst aus dem Vertrag zu entnehmen, dass unbestimmt gelassen werden soll, ob eigenes oder fremdes Interesse versichert ist, so finden die Bestimmungen über die Versicherung für fremde Rechnung Anwendung, wenn sich ergibt, dass fremdes Interesse versichert ist.

13.2 Die Rechte aus dem Vertrag stehen dem Versicherten zu. Die Aushändigung einer Police kann jedoch nur der Versicherungsnehmer verlangen.

Der Versicherte kann ohne Zustimmung des Versicherungsnehmers über seine Rechte nur verfügen und diese Rechte nur gerichtlich geltend machen, wenn er im Besitz einer Police ist.

13.3 Der Versicherungsnehmer kann über die Rechte, die dem Versicherten aus dem Vertrage zustehen, im eigenen Namen verfügen.

Ist eine Police ausgestellt, so ist der Versicherungsnehmer ohne Zustimmung des Versicherten zur Annahme der Zahlung sowie zur Übertragung der Rechte des Versicherten nur befugt, wenn er im Besitz der Police ist.

Der Versicherer ist zur Zahlung an den Versicherungsnehmer nur verpflichtet, wenn dieser ihm gegenüber nachweist, dass der Versicherte seine Zustimmung zu der Versicherung erteilt hat.

13.4 Der Versicherungsnehmer ist nicht verpflichtet, dem Versicherten oder falls über das Vermögen des Versicherten das Insolvenzverfahren eröffnet ist, der Insolvenzmasse die Police auszuliefern, bevor er wegen der ihm gegen den Versicherten in Bezug auf die versicherte Sache zustehenden Ansprüche befriedigt ist. Er kann sich für diese Ansprüche aus der Entschädigungsforderung gegen den Versicherer und nach der Einziehung der Forderung aus der Entschädigungssumme vor dem Versicherten und dessen Gläubigern befriedigen.

13.5 Der Versicherer kann gegen die Entschädigungsforderung eine Forderung, die ihm gegen den Versicherungsnehmer zusteht, insoweit aufrechnen, als sie auf der für den Versicherten genommenen Versicherung beruht.

13.6 Kenntnis, Kennen müssen, Verhalten und/oder Verschulden des Versicherten und des Versicherungsnehmers stehen einander gleich.

13.6.1 Auf die Kenntnis oder das Kennen müssen des Versicherten kommt es nicht an, wenn der Vertrag ohne sein Wissen geschlossen ist. Das gleiche gilt, wenn eine rechtzeitige Benachrichtigung des Versicherungsnehmers nicht möglich oder nicht zumutbar war.

13.6.2 Hat der Versicherungsnehmer den Vertrag ohne Auftrag des Versicherten geschlossen und bei der Schließung den Mangel des Auftrags dem Versicherer nicht angezeigt, so braucht dieser den Einwand, dass der Vertrag ohne Wissen des Versicherten geschlossen ist, nicht gegen sich gelten zu lassen.

13.7 Die Versicherung gilt nicht zugunsten des Verfrachters, des Frachtführers, des Lagerhalters oder Spediteurs.

14 Veräußerung der versicherten Sache

14.1 Wird die versicherte Sache vom Versicherungsnehmer veräußert, tritt an dessen Stelle der Erwerber in die während der Dauer seines Eigentums aus dem Versicherungsverhältnis sich ergebenden Rechte und Pflichten des Versicherungsnehmers ein.
Der Veräußerer und der Erwerber haften für die Prämie, die auf die zur Zeit des Eintrittes des Erwerbers laufende Versicherungsperiode entfällt, als Gesamtschuldner.
Der Versicherer muss den Eintritt des Erwerbers erst gegen sich gelten lassen, wenn er hiervon Kenntnis erlangt hat.

14.2 Ist eine Police ausgestellt worden, entfällt die Mithaftung des Erwerbers für die Zahlung der Prämie und Nebenkosten. Bei Ausstellung einer Police kann sich der Versicherer auch nicht auf Leistungsfreiheit gemäß Ziffer 12.4 wegen Nichtzahlung der Prämie berufen, es sei denn, dass der Erwerber den Grund für die Leistungsfreiheit kannte oder hätte kennen müssen.

14.3 Wird die Entschädigungsforderung verpfändet, so findet die Bestimmung der Ziffer 14.2 Satz 2 zugunsten des Pfandgläubigers entsprechende Anwendung.

14.4 Der Versicherer ist nicht berechtigt, das Versicherungsverhältnis wegen Veräußerung der versicherten Güter zu kündigen.

14.5 Der Versicherungsnehmer ist nicht verpflichtet, dem Versicherer die Veräußerung anzuzeigen.

14.6 Der Erwerber ist berechtigt, das Versicherungsverhältnis mit sofortiger Wirkung zu kündigen. Das Kündigungsrecht erlischt, wenn es nicht innerhalb eines Monats nach dem Erwerb, bei fehlender Kenntnis des Erwerbers vom Bestehen der Versicherung innerhalb eines Monats ab Erlangung der Kenntnis, ausgeübt wird.

14.7 Im Fall der Kündigung des Versicherungsverhältnisses nach Ziffer 14.6 ist der Veräußerer zur Zahlung der Prämie verpflichtet; eine Haftung des Erwerbers für die Prämie besteht nicht.

15 Bestimmungen für den Schadenfall

15.1 Schadenanzeige
Der Versicherungsnehmer hat jedes Schadenereignis dem Versicherer unverzüglich anzuzeigen.

15.2 Abwendung und Minderung des Schadens
Bei Eintritt des Versicherungsfalls hat der Versicherungsnehmer den Schaden nach Möglichkeit abzuwenden oder zu mindern. Er hat dabei die Weisungen des Versicherers zu befolgen und solche Weisungen einzuholen, soweit die Umstände es gestatten.

15.3 Anweisungen des Versicherers; Havariekommissar

15.3.1 Der Versicherungsnehmer hat die Anweisungen des Versicherers für den Schadenfall zu befolgen, den in der Police oder im Versicherungszertifikat bestimmten Havariekommissar unverzüglich zur Schadenfeststellung hinzuzuziehen und dessen Havarie-Zertifikat dem Versicherer einzureichen.

15.3.2 Aus wichtigem Grund kann anstelle des vorgesehenen Havariekommissars der nächste Lloyd's Agent hinzugezogen werden.

15.4 Auskunfterteilung
Der Versicherungsnehmer hat dem Versicherer jede Auskunft zu erteilen, die zur Feststellung des Versicherungsfalls oder des Umfangs der Leistungspflicht erforderlich ist. Er ist verpflichtet, alle Beweismittel, die für die spätere Aufklärung des Schadenhergangs von Bedeutung sein können oder für die Geltendmachung von Regressansprüchen notwendig sind, zu beschaffen und sicherzustellen.

15.5 Rechtsfolgen einer Obliegenheitsverletzung
Verletzt der Versicherungsnehmer eine der in Ziffern 15.2 bis 15.4 genannten Obliegenheiten vorsätzlich oder grob fahrlässig, ist der Versicherer ohne gesonderte Mitteilung dieser Rechtsfolgen an den Versicherungsnehmer von der Verpflichtung zur Leistung frei. Der Versicherer bleibt zur Leistung verpflichtet, soweit die Verletzung der Obliegenheit weder für die Feststellung des Versicherungsfalls noch für die Feststellung oder den Umfang der Leistungspflicht des Versicherers ursächlich war.

15.6 Regresswahrung
Der Versicherungsnehmer hat im Schadenfall die Rückgriffsrechte gegen Dritte, die für den Schaden ersatzpflichtig sind oder sein können, zu wahren und zu sichern, sowie den Versicherer bei der Regressnahme zu unterstützen.
Verletzt der Versicherungsnehmer diese Obliegenheit vorsätzlich oder grob fahrlässig, ist der Versicherer insoweit leistungsfrei, als er infolgedessen keinen Ersatz von dem Dritten erlangen kann.

16 Andienung des Schadens, Verwirkung

16.1 Der Versicherungsnehmer hat einen versicherten Schaden dem Versicherer binnen 15 Monaten seit dem Ende der Versicherung und, wenn das Transportmittel verschollen ist, seit dem Ablauf der Verschollenheitsfrist schriftlich anzudienen. Durch die Absendung des Andienungsschreibens wird die Frist gewahrt.

16.2 Der Entschädigungsanspruch des Versicherungsnehmers erlischt, wenn der Schaden nicht rechtzeitig angedient wird.

17 Ersatzleistung

17.1 Verlust der Güter
Gehen die Güter ganz oder teilweise verloren, werden sie dem Versicherungsnehmer ohne Aussicht auf Wiedererlangung entzogen oder sind sie nach der Feststellung von Sachverständigen in ihrer ursprünglichen Beschaffenheit zerstört, so kann der Versicherungsnehmer den auf sie entfallenden Teil der Versicherungssumme abzüglich des Wertes geretteter Sachen verlangen.

17.2 Verschollenheit
Sind die Güter mit dem Transportmittel verschollen, so leistet der Versicherer Ersatz wie im Falle des Totalverlustes, es sei denn, dass mit überwiegender Wahrscheinlichkeit ein Verlust als Folge einer nicht versicherten Gefahr anzuneh-

men ist. Das Transportmittel ist verschollen, wenn vom Zeitpunkt seiner geplanten Ankunft 60 Tage, bei europäischen Binnenreisen 30 Tage, verstrichen sind und bis zur Reklamation keine Nachricht von ihm eingegangen ist. Kann die Nachrichtenverbindung durch Krieg, kriegsähnliche Ereignisse, Bürgerkrieg oder innere Unruhen gestört sein, so verlängert sich die Frist entsprechend den Umständen des Falles, höchstens jedoch auf sechs Monate.

17.3 Beschädigung der Güter

17.3.1 Werden die Güter oder Teile der Güter beschädigt, so ist der gemeine Handelswert und in dessen Ermangelung der gemeine Wert zu ermitteln, den die Güter im unbeschädigten Zustand am Ablieferungsort haben würden (Gesundwert), sowie der Wert, den sie dort im beschädigten Zustand haben. Ein dem Verhältnis des Wertunterschiedes zum Gesundwert entsprechender Bruchteil des Versicherungswertes gilt als Betrag des Schadens.

17.3.2 Der Wert beschädigter Güter kann auch durch freihändigen Verkauf oder durch öffentliche Versteigerung festgestellt werden, wenn der Versicherer dies unverzüglich nach Kenntnis der für die Schadenhöhe erheblichen Umstände verlangt; in diesem Fall tritt der Bruttoerlös an die Stelle des Wertes der beschädigten Güter. Hat nach den Verkaufsbedingungen der Verkäufer vorzuleisten, so steht der Versicherer für die Zahlung des Kaufpreises ein, falls er den Verkaufsbedingungen zugestimmt hat.

17.4 Wiederherstellung

17.4.1 Im Falle von Beschädigung oder Verlust von Teilen der Güter kann der Versicherungsnehmer anstelle eines Teiles des Versicherungswertes Ersatz für die zum Zeitpunkt der Schadenfeststellung notwendigen Kosten der Wiederherstellung oder Wiederbeschaffung der beschädigten oder verlorenen Teile verlangen.

17.4.2 Der Versicherer leistet bei Beschädigung oder Verlust von Gütern, die Teil einer versicherten Sachgesamtheit sind, Ersatz wie im Fall des Totalverlustes, wenn eine Wiederherstellung oder Wiederbeschaffung nicht möglich oder sinnvoll ist. Restwerte werden angerechnet.

17.4.3 Bei der Versicherung von gebrauchten Maschinen, Geräten, Apparaten, Fahrzeugen und deren Teilen ersetzt der Versicherer ohne Abzug „neu für alt" die zum Zeitpunkt der Schadenfeststellung notwendigen Kosten der Wiederherstellung oder Wiederbeschaffung, bei einem Zeitwert von weniger als 40 % jedoch höchstens den Zeitwert.

17.5 Unterversicherung

Ist die Versicherungssumme niedriger als der Versicherungswert, so ersetzt der Versicherer den Schaden und die Aufwendungen nur nach dem Verhältnis der Versicherungssumme zum Versicherungswert.

17.6 Verkauf der Güter vor Beendigung des versicherten Transports

17.6.1 Wird nach dem Beginn der Versicherung der Transport aufgegeben oder aus einem anderen Grunde nicht vollendet, ohne dass der Versicherer von der Verpflichtung zur Leistung frei wird, so kann der Versicherer verlangen, dass unter seiner Mitwirkung der Versicherungsnehmer die Güter aus freier Hand oder im

	Wege öffentlicher Versteigerung verkauft, wenn die Güter ohne unverhältnismäßige Kosten oder innerhalb angemessener Frist nicht weiterbefördert werden können. Verlangt der Versicherer den Verkauf, so muss dieser unverzüglich erfolgen.
17.6.2	Der Versicherungsnehmer kann im Falle des Verkaufs den Unterschied zwischen der Versicherungssumme und dem Erlös verlangen. Das gleiche gilt, wenn die Güter unterwegs infolge eines Versicherungsfalls verkauft werden müssen.
17.6.3	Hat nach den Verkaufsbedingungen der Verkäufer vorzuleisten, so steht der Versicherer für die Zahlung des Kaufpreises ein, falls er den Verkaufsbedingungen zugestimmt hat.
17.7	Nicht entstandenes Interesse; ersparte Kosten

Ist ein versichertes Interesse für imaginären Gewinn, Mehrwert, Zoll, Fracht oder sonstige Kosten bei Eintritt des Versicherungsfalls noch nicht entstanden, wird der darauf entfallende Teil der Versicherungssumme bei der Ermittlung des Schadens nicht berücksichtigt. Das gleiche gilt für Kosten, die infolge eines Versicherungsfalls erspart werden.

17.8 Anderweitiger Ersatz

Der Versicherungsnehmer muss sich anrechnen lassen, was er anderweitig zum Ausgleich des Schadens erlangt hat.

18 Rechtsübergang

18.1 Verlangt der Versicherungsnehmer die Versicherungssumme, so kann der Versicherer wählen, ob mit Zahlung der Versicherungssumme die Rechte an den Gütern oder auf die versicherten Güter auf ihn übergehen sollen oder nicht. Dieses Recht entfällt, wenn der Versicherer es nicht unverzüglich nach Kenntnis der Umstände des Versicherungsfalls ausübt.

18.2 Wählt der Versicherer den Rechtsübergang, bleibt der Versicherungsnehmer verpflichtet, für die Minderung des Schadens zu sorgen, soweit der Versicherer dazu nicht imstande ist. Er hat dem Versicherer die zur Geltendmachung der Rechte erforderlichen Auskünfte zu erteilen und die zum Beweise dienenden Urkunden auszuliefern oder auszustellen, sowie ihm bei der Erlangung und der Verwertung der Güter behilflich zu sein. Die Kosten hat der Versicherer zu tragen und auf Verlangen vorzuschießen. Der über die Versicherungssumme hinausgehende Teil des Netto-Verkaufserlöses ist dem Versicherungsnehmer zu erstatten.

18.3 Gehen die Rechte nicht über, so erstattet der Versicherungsnehmer dem Versicherer den gemeinen Wert oder den Netto-Verkaufserlös wiedererlangter Güter.

18.4 Der Übergang von Ersatzansprüchen gegenüber Dritten und das Recht des Versicherers zum Abandon bleiben unberührt.

19 Abandon des Versicherers

19.1 Der Versicherer ist nach dem Eintritt des Versicherungsfalls berechtigt, sich durch Zahlung der Versicherungssumme von allen weiteren Verbindlichkeiten zu befreien.

19.2 Der Versicherer bleibt trotz der Befreiung zum Ersatz der Kosten verpflichtet, die zur Abwendung oder Minderung des Schadens oder zur Wiederherstellung oder Ausbesserung der versicherten Sache verwendet worden sind, bevor seine Erklärung, dass er sich durch Zahlung der Versicherungssumme befreien wolle, dem Versicherungsnehmer zugegangen ist; den verwendeten Kosten stehen solche versicherten Kosten gleich, zu deren Zahlung der Versicherungsnehmer sich bereits verpflichtet hatte.

19.3 Das Recht, sich durch Zahlung der Versicherungssumme zu befreien, erlischt, wenn die Erklärung dem Versicherungsnehmer nicht binnen einer Woche nach dem Zeitpunkt, in dem der Versicherer von dem Versicherungsfall und seinen unmittelbaren Folgen Kenntnis erlangt hat, zugeht.

19.4 Der Versicherer erwirbt durch die Zahlung keine Rechte an den versicherten Gegenständen.

20 Sachverständigenverfahren

Bei Streit über Ursache oder Höhe des Schadens können beide Parteien deren Feststellung durch Sachverständige verlangen.

20.1 In diesem Fall benennen beide Parteien unverzüglich je einen Sachverständigen. Jede Partei kann die andere unter Angabe des von ihr benannten Sachverständigen zur Benennung des zweiten Sachverständigen schriftlich auffordern. Wird der zweite Sachverständige nicht binnen vier Wochen nach Empfang der Aufforderung bestimmt, so kann ihn die auffordernde Partei durch die Industrie- und Handelskammer – hilfsweise durch die konsularische Vertretung der Bundesrepublik Deutschland – benennen lassen, in deren Bezirk sich die Güter befinden.

20.2 Beide Sachverständige wählen vor Beginn des Feststellungsverfahrens einen Dritten als Obmann. Einigen sie sich nicht, so wird der Obmann auf Antrag einer Partei oder beider Parteien durch die Industrie- und Handelskammer – hilfsweise durch die konsularische Vertretung der Bundesrepublik Deutschland –, in deren Bezirk sich die Güter befinden, ernannt.

20.3 Die Feststellungen der Sachverständigen müssen alle Angaben enthalten, die je nach Aufgabenstellung für eine Beurteilung der Ursache des Schadens und der Ersatzleistung des Versicherers notwendig sind.

20.4 Die Sachverständigen legen beiden Parteien gleichzeitig ihre Feststellungen vor. Weichen diese voneinander ab, so übergibt der Versicherer sie unverzüglich dem Obmann. Dieser entscheidet über die streitig gebliebenen Punkte innerhalb der durch die Feststellungen der Sachverständigen gezogenen Grenzen und legt seine Entscheidung beiden Parteien gleichzeitig vor.

20.5 Jede Partei trägt die Kosten ihres Sachverständigen. Die Kosten des Obmanns tragen beide Parteien je zur Hälfte. Diese Regelung gilt auch, wenn sich die Parteien auf ein Sachverständigenverfahren einigen. Sofern der Versicherer das Sachverständigenverfahren verlangt, trägt er die Gesamtkosten des Verfahrens.

20.6 Die Feststellungen der Sachverständigen oder des Obmanns sind verbindlich, wenn nicht nachgewiesen wird, dass sie offenbar von der wirklichen Sachlage erheblich abweichen.

20.7 Wenn die Sachverständigen oder der Obmann die Feststellungen nicht treffen können oder wollen oder sie ungewöhnlich verzögern, so sind andere Sachverständige zu benennen.

21 Grenzen der Haftung

21.1 Der Versicherer haftet für den während der Dauer der Versicherung entstandenen Schaden nur bis zur Höhe der Versicherungssumme.

21.2 Ziffer 21.1 gilt auch für jeden späteren Versicherungsfall. Sofern Entschädigungen zur Wiederherstellung oder Ausbesserung der beschädigten Güter geleistet sind oder Aufwendungen und Kosten nach Ziffern 2.3.1.1 und 2.3.1.2 gemacht worden oder eine Verpflichtung des Versicherungsnehmers für derartige Aufwendungen entstanden sind, wird die Versicherungssumme nicht um derartige Leistungen und Verpflichtungen vermindert.

21.3 Die Regelung der Ziffer 2.3.3 bleibt unberührt.

22 Fälligkeit und Zahlung der Entschädigung

22.1 Der Versicherer hat die Entschädigung binnen zwei Wochen nach ihrer abschließenden Feststellung zu zahlen. War eine endgültige Feststellung der Höhe des Schadens innerhalb eines Monats seit der Andienung des Schadens nicht möglich, so kann der Versicherungsnehmer eine Abschlagzahlung in Höhe des Betrages verlangen, der nach Lage der Sache mindestens zu zahlen ist.

22.2 Die Entstehung des Anspruchs auf Abschlagzahlung verschiebt sich um den Zeitraum, um den die Feststellung der Leistungspflicht des Versicherers dem Grunde oder der Höhe nach durch Verschulden des Versicherungsnehmers verzögert wurde.

22.3 Die Entschädigungsleistung ist in der Währung der Versicherungssumme zu bewirken.

23 Übergang von Ersatzansprüchen

23.1 Steht dem Versicherungsnehmer ein Anspruch auf Ersatz des Schadens gegen einen Dritten zu, so geht der Anspruch auf den Versicherer über, soweit dieser dem Versicherungsnehmer den Schaden ersetzt. Der Übergang kann nicht zum Nachteil des Versicherungsnehmers geltend gemacht werden. Der Versicherungsnehmer ist verpflichtet, dem Versicherer die zur Geltendmachung des Anspruchs erforderliche Auskunft zu erteilen und ihm die zum Beweise des Anspruchs dienenden Urkunden, soweit sie sich in seinem Besitz befinden, auszuliefern und ihm auch auf Verlangen eine öffentlich beglaubigte Urkunde über den Übergang des Anspruchs auszustellen; die Kosten hat der Versicherer zu tragen.
Im Fall der großen Haverei gilt Absatz 1 entsprechend. Der Anspruch des Versicherungsnehmers auf die ihm zustehende Vergütung geht jedoch bereits mit seiner Entstehung auf den Versicherer über, soweit der Versicherer für Aufopfe-

rungen haftet. Übersteigt die Vergütung die vom Versicherer geleisteten Entschädigungen und Aufwendungen, so ist der Überschuss an den Versicherungsnehmer auszuzahlen.

23.2 Kann von einem mit der Abwicklung des Transportes beauftragten Dritten Ersatz des Schadens nicht verlangt werden, weil dessen gesetzliche Haftung über das verkehrsübliche Maß hinaus durch Vertrag beschränkt oder ausgeschlossen ist, ist der Versicherer insoweit von der Verpflichtung zur Leistung frei. Dies gilt nicht, wenn der Versicherungsnehmer auf die Beschränkung oder den Ausschluss der Haftung keinen Einfluss nehmen konnte.

23.3 Auch nach dem Übergang des Regressanspruchs auf den Versicherer ist der Versicherungsnehmer verpflichtet, für die Minderung des Schadens zu sorgen, gegebenenfalls durch die Zurückbehaltung von Geldleistungen wie der Fracht. Er hat den Versicherer bei der Geltendmachung des Anspruchs zu unterstützen und alle Nachrichten, Informationen und Belege, die der Durchsetzung des Regressanspruches dienlich sein können, unverzüglich dem Versicherer zu übergeben. Die Kosten hat der Versicherer zu tragen und auf Verlangen vorzuschießen.

24 Verjährung

24.1 Die Ansprüche aus dem Versicherungsvertrag verjähren in drei Jahren. Die Verjährung beginnt mit dem Schluss des Jahres, in dem die Leistung verlangt werden kann, im Fall der großen Haverei mit dem Schluss des Jahres, in dem der Beitrag des Versicherungsnehmers durch eine den Anforderungen der Ziffer 2.3.1.1 entsprechende Dispache geltend gemacht wird.

24.2 Ist ein Anspruch des Versicherungsnehmers beim Versicherer angedient worden, so ist die Verjährung bis zum Eingang einer schriftlichen Entscheidung des Versicherers gehemmt.

25 Mitversicherung

25.1 Bei Versicherungen, die von mehreren Versicherern übernommen sind, haften diese stets nur für ihren Anteil und nicht als Gesamtschuldner, auch wenn die Einzelpolice oder das Zertifikat von einem Versicherer für alle Versicherer gezeichnet ist.

25.2 Die vom führenden Versicherer mit dem Versicherungsnehmer getroffenen Vereinbarungen sind für die Mitversicherer verbindlich. Dies gilt insbesondere zugunsten des Versicherungsnehmers für die Schadenregulierung. Der führende Versicherer ist jedoch ohne Zustimmung der Mitversicherer, von denen jeder einzeln zu entscheiden hat, nicht berechtigt
- zur Erhöhung des Policenmaximums;
- zum Einschluss der gemäß Ziffern 2.4.1.1 bis 2.4.1.3 ausgeschlossenen Gefahren (siehe Ziffer 2.4.2);
- zur Änderung der Policenwährung;
- zur Änderung der Kündigungsbestimmungen.

Fehlt die Zustimmung der beteiligten Versicherer, haftet der Führende aus einer ohne Einschränkungen abgegebenen Erklärung auch für die Anteile der Mitversicherer.

25.3 Der führende Versicherer ist von den Mitversicherern bevollmächtigt, Rechtsstreitigkeiten in ihrem Namen zu führen. Dies gilt gleichermaßen für Prozesse vor den ordentlichen Gerichten und für Schiedsgerichtsverfahren.

Es wird jedoch auch ein nur gegen den führenden Versicherer wegen dessen Anteils erstrittenes Urteil oder ein nach Rechtshängigkeit geschlossener Vergleich oder ein solcher Schiedsspruch von den Mitversicherern als für sie verbindlich anerkannt. Sollte der Anteil des führenden Versicherers die Berufungs- oder Revisionssumme nicht erreichen, so ist der Versicherungsnehmer auf Verlangen des führenden Versicherers oder eines beteiligten Versicherers verpflichtet, die Klage auf den zweiten, erforderlichenfalls auch auf einen dritten und weitere Versicherer auszudehnen, bis diese Summe erreicht ist. Entspricht der Versicherungsnehmer diesem Verlangen nicht, so findet Satz 1 dieses Absatzes keine Anwendung.

25.4 Ein Führungswechsel ist von dem bisher führenden Versicherer den mitbeteiligten Versicherern unverzüglich schriftlich anzuzeigen. Die Mitteilung kann auch durch den Versicherungsnehmer erfolgen. Jeder mitbeteiligte Versicherer hat in diesem Fall das Recht, unter Einhaltung einer vierwöchigen Frist den Versicherungsvertrag zu kündigen. Das Kündigungsrecht erlischt, wenn es nicht innerhalb eines Monats nach Erhalt der schriftlichen Mitteilung über den Führungswechsel ausgeübt wird.

25.5 Erklärungen, die der Führende erhalten hat, gelten auch den Mitbeteiligten als zugegangen.

26 Schlussbestimmung (Anzuwendendes Recht)

Für diesen Vertrag gilt deutsches Recht.

… DTV-VHV laufende Versicherung 2003/2011 … Anhang 3 zu §§ 130 bis 141 VVG

Anhang 3 DTV-Verkehrshaftungsversicherungs-Bedingungen für die laufende Versicherung für Frachtführer, Spediteure und Lagerhalter 2003/2011 (DTV-VHV laufende Versicherung 2003/2011)

Stand: Januar 2015

Hinweis
Diese Bedingungen des Gesamtverbandes der Deutschen Versicherungswirtschaft e.V. (GDV) sind für die Versicherer unverbindlich; ihre Verwendung ist rein fakultativ. Abweichende Bedingungen können vereinbart werden. Abdruck mit freundlicher Genehmigung des GDV; die jeweils aktuellen Bedingungen können kostenfrei auf der Website des GDV (*www.gdv.de*) abgerufen werden.

Inhaltsübersicht

1 Gegenstand der Versicherung
2 Versicherungsnehmer/Versicherter
3 Versicherte Haftung
4 Umfang des Versicherungsschutzes
5 Räumlicher Geltungsbereich
6 Versicherungsausschlüsse
7 Obliegenheiten
8 Begrenzung der Versicherungsleistung
9 Schadenbeteiligung
10 Rückgriff
11 Anmeldung, Prämie, Zahlung und Sanierung
12 Bucheinsichts- und -prüfungsrecht
13 Kündigung
14 Gerichtsstand, anwendbares Recht
15 Bundesdatenschutzgesetz (BDSG)
16 Beteiligungsliste und Führungsklausel
17 Schlussbestimmung

1 Gegenstand der Versicherung

1.1 Verkehrsverträge
Gegenstand der Versicherung sind Verkehrsverträge (Fracht-, Speditions- und Lagerverträge) des Versicherungsnehmers als Frachtführer im Straßengüterverkehr, als Spediteur oder Lagerhalter, die während der Laufzeit dieses Versicherungsvertrages abgeschlossen und nach Maßgabe der Ziffer 11 aufgegeben werden, wenn und soweit die damit zusammenhängenden Tätigkeiten in der Betriebsbeschreibung ausdrücklich dokumentiert sind.

1.2 Es besteht – unbeschadet der übrigen Vertragsbestimmungen – Versicherungsschutz nur, soweit und solange dem keine auf die Vertragsparteien direkt anwendbaren Wirtschafts-, Handels- oder Finanzsanktionen bzw. Embargos der Europäischen Union oder der Bundesrepublik Deutschland entgegenstehen.

Dies gilt auch für Wirtschafts-, Handels- oder Finanzsanktionen bzw. Embargos, die durch die Vereinigten Staaten von Amerika in Hinblick auf den Iran erlassen werden, soweit dem nicht europäische oder deutsche Rechtsvorschriften entgegenstehen.

1.3 Vorsorgeversicherung
Gegenstand der Versicherung sind auch Verkehrsverträge des Versicherungsnehmers als Frachtführer im Straßengüterverkehr, Spediteur oder Lagerhalter nach Maßgabe des Versicherungsvertrages über zu diesem Verkehrsgewerbe üblicherweise gehörenden Tätigkeiten, wenn der Versicherungsnehmer nach Abschluss des Versicherungsvertrages diese Tätigkeiten neu aufnimmt (neues Risiko). Der Versicherungsschutz beginnt sofort mit dem Eintritt des neuen Risikos, ohne dass es einer besonderen Anzeige bedarf. Der Versicherungsnehmer ist aber verpflichtet, binnen eines Monats nach Beginn des neuen Risikos, dieses dem Versicherer anzuzeigen. Unterlässt der Versicherungsnehmer die rechtzeitige Anzeige oder kommt innerhalb Monatsfrist nach Eingang der Anzeige bei dem Versicherer eine Vereinbarung über die Prämie für das neue Risiko nicht zustande, so entfällt der Versicherungsschutz für das neue Risiko rückwirkend von Beginn an.
Der Versicherungsschutz der Vorsorge ist auf den Betrag von EUR .... je Schadenereignis begrenzt.

1.4 Die Versicherung gilt nicht für Verträge, die ganz oder teilweise zum Inhalt haben
- Beförderung und beförderungsbedingte Lagerung von Gütern, die der Versicherungsnehmer als Verfrachter (Seefahrt und Binnenschifffahrt), Luftfrachtführer oder Eisenbahnfrachtführer im Selbsteintritt (tatsächlich) ausführt;
- Beförderung und Lagerung von folgenden Gütern:
  ....
  ....
- Beförderung und Lagerung von Umzugsgut;
- Beförderung und Lagerung von Schwergut sowie Großraumtransporte, Kran- oder Montagearbeiten;
- Beförderung und Lagerung von abzuschleppenden oder zu bergenden Gütern;
- Produktionsleistungen, werkvertragliche oder sonstige nicht speditions-, beförderungs- oder lagerspezifische vertragliche Leistungen im Zusammenhang mit einem Verkehrsvertrag, die über die primäre Vertragspflicht eines Frachtführers, Spediteurs und Lagerhalters gemäß dem deutschen Handelsgesetzbuch (HGB) hinausgehen. Hierzu zählen nicht das Kommissionieren, Etikettieren, Verpacken und Verwiegen von Gütern, wenn diese Tätigkeiten in Verbindung miteinem Verkehrsvertrag zu erfüllen sind.

2 Versicherungsnehmer/Versicherter

2.1 Versicherungsnehmer ist das in der Betriebsbeschreibung genannte Unternehmen unter Einschluss aller rechtlich unselbstständigen inländischen Niederlassungen und Betriebsstätten. Andere Betriebe können nach Vereinbarung in die Versicherung einbezogen werden.

2.2 Die Arbeitnehmer des Versicherungsnehmers sind im Umfange der Versicherung mitversichert, wenn diese in Ausführung der unter Ziffer 1 genannten Verkehrsverträge gehandelt haben.

3 Versicherte Haftung (Bausteinsystem)

Versichert ist die verkehrsvertragliche Haftung des Versicherungsnehmers nach Maßgabe

3.1 der deutschen gesetzlichen Bestimmungen, insbesondere der §§ 407 ff. HGB;

3.2 der Allgemeinen Geschäftsbedingungen (AGB) des Versicherungsnehmers, vorausgesetzt der Versicherer hat dem Einschluss dieser Bedingungen in den Versicherungsschutz zugestimmt;

3.3 der Allgemeinen Geschäftsbedingungen (AGB) im Umfange des § 449 Abs. 2 Nr. 1 HGB; vorausgesetzt der Versicherer hat dem Einschluss dieser Bedingungen in den Versicherungsschutz zugestimmt;

3.4 des Übereinkommens über den Beförderungsvertrag im internationalen Straßengüterverkehr (CMR);

3.5 der jeweils nationalen gesetzlichen Bestimmungen für das Verkehrsgewerbe in den Staaten des Europäischen Wirtschaftsraumes (EWR);

3.6 des Übereinkommens über den internationalen Eisenbahnverkehr (Anhang B – COTIF, aktuelle Fassung) und der einheitlichen Rechtsvorschriften für den Vertrag über die internationale Eisenbahnbeförderung von Gütern (CIM);

3.7 des Montrealer Übereinkommens (MÜ) vom 28.5.1999, des Warschauer Abkommens von 1929 (WA) und soweit anwendbar – des Haager Protokolls vom 28.05.1955, des Zusatzabkommens von Guadalajara vom 18.09.1961 oder anderer maßgeblichen Zusatzabkommen für den Luftverkehr, soweit diese jeweils zwingend anwendbar sind;

3.8 der Haager Regeln und – soweit anwendbar – der Hague Visby Rules bzw. des Seerechtsänderungsgesetzes vom 25.06.1986, der Hamburg-Regeln sowie anderer maßgeblicher internationaler Abkommen oder nationaler gesetzlicher Bestimmungen für den Seeverkehr, soweit diese jeweils zwingend anwendbar sind;

3.9 der Bestimmungen eines FIATA Combined Bill of Lading (FBL) oder Through Bill of Lading (TBL) in der von der FIATA verabschiedeten Form;

3.10 eines vom Versicherungsnehmer verwendeten eigenen House Airway Bill (HAWB), House Bill of Lading (House B/L) oder anderer Dokumente des Versicherungsnehmers, vorausgesetzt der Versicherer hat dem Einschluss derartiger Dokumente in den Versicherungsschutz zugestimmt;

3.11 der jeweils anwendbaren gesetzlichen Bestimmungen anderer Staaten, sofern sich der Versicherungsnehmer nicht mit Erfolg auf die Bestimmungen der vorgenannten Ziffern berufen kann. Die Deckung ist dann ausschließlich auf Güterschäden und mit 8,33 SZR je kg begrenzt.

3.12 Versichert sind auch Ansprüche nach dem Recht der unerlaubten Handlung (Deliktsrecht), wenn und soweit der Berechtigte diese gesetzlichen Ansprüche neben oder anstelle der Haftung aus dem Verkehrsvertrag geltend macht.

4 Umfang des Versicherungsschutzes

4.1 Die Versicherung umfasst die Befriedigung begründeter und die Abwehr unbegründeter Schadenersatzansprüche, die gegen den Versicherungsnehmer als Auftragnehmer eines Verkehrsvertrages erhoben werden.

4.2 Der Versicherer ersetzt dem Versicherungsnehmer
die Aufwendungen zur Abwendung oder Minderung eines ersatzpflichtigen Schadens, wenn der Schaden unmittelbar droht oder eingetreten ist, soweit der Versicherungsnehmer sie nach den Umständen für geboten halten durfte
sowie
die gerichtlichen und außergerichtlichen Kosten, soweit sie den Umständen nach geboten waren.

4.3 Der Versicherer ersetzt dem Versicherungsnehmer den Beitrag, den er zur großen Haverei aufgrund einer nach Gesetz oder den York-Antwerpener-Regeln oder den Rhein Regeln IVR 1979 oder anderen international anerkannten Haverei-Regeln aufgemachten Dispache zu leisten hat, soweit durch die Haverei-Maßregel ein dem Versicherer zur Last fallender Schaden abgewendet werden sollte.

4.4 Der Versicherer ersetzt dem Versicherungsnehmer aufgewendete Beförderungsmehrkosten aus Anlass einer Fehlleitung, wenn sie zur Verhütung eines ersatzpflichtigen Schadens erforderlich waren, bis zu .... % des Wertes des Gutes, höchstens EUR .... je Schadenereignis. **(Baustein)**

4.5 Der Versicherer ersetzt dem Versicherungsnehmer die aufgrund gesetzlicher oder behördlicher Verpflichtung aufzuwendenden Kosten bis zu einer Höhe von EUR .... je Schadenereignis zur Bergung, Vernichtung oder Beseitigung des beschädigten Gutes, wenn ein ersatzpflichtiger Schaden vorliegt oder soweit nicht ein anderer Versicherer zu leisten hat. **(Baustein)**

5 Räumlicher Geltungsbereich

Soweit die geschriebenen Bedingungen keine abweichende Regelung enthalten, besteht Versicherungsschutz für Verkehrsverträge innerhalb und zwischen den Staaten des Europäischen Wirtschaftsraumes (EWR), Schweiz.

6 Versicherungsausschlüsse

Vom Versicherungsschutz ausgeschlossen sind Ansprüche

6.1 aus Schäden durch Naturkatastrophen (z.B. Erdbeben, Blitzschlag, vulkanische Ausbrüche);
aus Schäden durch Krieg, kriegsähnliche Ereignisse, Bürgerkrieg, innere Unruhen, Aufruhr;

6.3 aus Schäden durch Streik, Aussperrung, Arbeitsunruhen, terroristische Gewaltakte oder politische Gewalthandlungen;

6.4 aus Schäden, verursacht durch die Verwendung von chemischen, biologischen, biochemischen Substanzen oder elektromagnetischen Wellen als Waffen mit gemeingefährlicher Wirkung – gleichgültig durch wen – und zwar ohne Rücksicht auf sonstige mitwirkende Ursachen;

6.5 aus Schäden, verursacht durch Kernenergie oder sonstige ionisierende Strahlung;

6.6 aus Schäden durch Beschlagnahme, Entziehung oder sonstige Eingriffe von hoher Hand (als Eingriffe von hoher Hand sind auch solche von hoheitlich zugelassenen, beliehenen oder sonst beauftragten Dritten zu verstehen, für die der Hoheitsträger haftet),
6.7 aus Schäden an Umzugsgut, Kunstgegenständen, Antiquitäten, Edelmetallen, Edelsteinen, echten Perlen, Geld, Valoren, Dokumenten, Urkunden;
6.8 aus Schäden an lebenden Tieren und Pflanzen;
6.9 die üblicherweise Gegenstand einer Betriebs-, Produkt-, Umwelt-, Gewässerschaden-, Kraftfahrzeug-, Privathaftpflicht-, Kreditversicherung sind oder aufgrund entsprechender üblicher Versicherungsbedingungen hätten gedeckt werden können;
6.10 die durch eine andere Verkehrshaftungsversicherung des Versicherungsnehmers versichert sind;
6.11 wegen Nichterfüllung der Leistungspflicht aus Verkehrsverträgen (Eigenschäden des VN);
6.12 aufgrund vertraglicher, im Verkehrsgewerbe nicht üblicher Vereinbarungen, wie Vertragsstrafen, Lieferfristgarantien usw., sowie aus Vereinbarungen, soweit sie über die Haftungshöhe von 8,33 SZR je kg des Rohgewichts der Sendung oder die für Verkehrsverträge geltende gesetzliche Haftung hinausgehen, wie z.B. Wert- oder Interessevereinbarungen nach Art. 24, 26 CMR, Art. 22 Abs. 2 WA, Art. 22 Ziffer 3 und Art. 25 MÜ, § 660 HGB etc.;
6.13 die strafähnlichen Charakter haben, z.B. Geldstrafen, Verwaltungsstrafen, Bußgelder, Erzwingungs- und Sicherungsgelder und aus sonstigen Zahlungen mit Buß- oder Strafcharakter und den damit zusammenhängenden Kosten;
6.14 in unmittelbarem Zusammenhang mit der Verwendung, Weiterleitung oder Rückzahlung von Vorschüssen, Erstattungsbeträgen o.ä.;
6.15 die durch einen Mangel im Betrieb des Versicherungsnehmers (z.B. mangelnde Schnittstellenkontrolle) entstanden sind, dessen Beseitigung innerhalb einer angemessenen Frist der Versicherer unter Ankündigung der Rechtsfolgen (Risikoausschluss) verlangt hatte;
6.16 wegen Schäden aus Charter- und Teilcharterverträgen im Zusammenhang mit der Güterbeförderung mit Schiffen, Eisenbahn- oder Luftfahrzeugen;
6.17 auf Entschädigungen mit Strafcharakter, insbesondere „punitive" oder „exemplary damages" nach amerikanischem und kanadischem Recht; **(Baustein, siehe Ziff. 3.11)**
6.18 aus Carnet TIR-Verfahren;
6.19 wegen Personenschäden;
6.20 wegen vorsätzlicher Herbeiführung des Versicherungsfalls durch den Versicherungsnehmer oder einen seiner Repräsentanten, ferner Ansprüche gegen den Erfüllungsgehilfen selbst, wenn dieser vorsätzlich gehandelt hat;
6.21 gegen den Arbeitnehmer des Versicherungsnehmers selbst, wenn dieser vorsätzlich gehandelt hat.

7 Obliegenheiten

Dem Versicherungsnehmer obliegt es,

7.1 vor Eintritt des Versicherungsfalls

7.1.1 nur einwandfreie und für den jeweiligen Auftrag geeignete Fahrzeuge und Anhänger, Wechselbrücken / Container, Kräne / Hubgeräte, sowie sonstiges Equipment (einschließlich Seile, Gurte) zu verwenden;

7.1.2 bei Beförderungen von temperaturgeführten Gütern nur Fahrzeuge und Anhänger mit ATP-Zertifikat und Kühlschreiber einzusetzen, die einzuhaltende Temperatur im Beförderungspapier zu vermerken und das Fahrpersonal anzuweisen, die Einhaltung der Temperatur während des Transportes regelmäßig zu prüfen und zu dokumentieren;

7.1.3 im Straßengüterverkehr einzusetzende Fahrzeuge des eigenen Betriebes mit je zwei von einander unabhängig funktionierenden Diebstahlsicherungen auszustatten (hierzu zählen nicht Türschlösser) und die Fahrer anzuweisen, die Diebstahlsicherungen beim Verlassen des Fahrzeuges einzuschalten;

7.1.4 für die Sicherung eigener oder in seinem Einfluss- und Verantwortungsbereich befindlicher fremder beladener Kraftfahrzeuge, Anhänger und Wechselbrücken/Container gegen Diebstahl oder Raub zu sorgen, insbesondere auch zur Nachtzeit, an Wochenenden und Feiertagen;

7.1.5 dafür zu sorgen, dass für die Auftragsdurchführung erforderliche Genehmigungen vorliegen und behördliche Auflagen eingehalten werden;

7.1.6 dafür zu sorgen, dass die für die Auftragsabwicklung eingesetzten elektrischen Geräte, insbesondere die Hard- und Software zur Datenverarbeitung oder Steuerung von Maschinen und Anlagen, in ihrer Funktionsfähigkeit nicht gestört werden und eine den jeweiligen Erfordernissen entsprechende Sicherung der Daten gewährleistet ist;

7.1.7 nur für den jeweiligen Auftrag geeignete Lager- bzw. Umschlagsgebäude oder -flächen, sowie technisches oder sonstigen Equipment zu nutzen, und dafür Sorge zu tragen, dass gesetzliche oder behördliche Auflagen erfüllt werden und Sicherungseinrichtungen in ihrer Funktionsfähigkeit nicht gestört sind;

7.1.8 Schnittstellenkontrollen durchzuführen und zu dokumentieren.

7.1.9 auf Verlangen des Versicherers zusätzlich zu den auftragsgemäß vorgesehenen Inventuren bzw. Inventurintervallen weitere Inventuren auf Kosten des Versicherungsnehmers durchzuführen;

7.1.10 Mitarbeiter sorgfältig auszuwählen und zu überwachen;

7.1.11 die Auswahl der Subunternehmer und Erfüllungsgehilfen mit der Sorgfalt eines ordentlichen Kaufmanns zu treffen und darauf hinzuwirken, dass auch sie die Obliegenheiten der Ziffern 7.1.1 bis 7.1.10 erfüllen und über eine in Kraft befindliche, den üblichen Bedingungen und evtl. anwendbaren gesetzlichen Vorschriften entsprechende Versicherung verfügen;

7.1.12 Veränderungen der dem Versicherer zur Kenntnis gebrachten und durch die Besonderen Versicherungsbedingungen oder die Betriebsbeschreibung in den Versicherungsschutz einbezogenen Geschäftsbedingungen, Individualvereinbarungen, Dokumente, Frachtpapiere oder sonstiger die Haftung des Versicherungsnehmers betreffende Vereinbarungen dem Versicherer unverzüglich mitzuteilen;

7.1.13 Gesetze, Verordnungen, behördliche Anordnungen oder Verfügungen, berufsgenossenschaftliche Vorschriften oder sonstige Sicherheitsvorschriften einzuhalten.

7.2 nach Eintritt des Versicherungsfalls

7.2.1 jeden Schadenfall oder geltend gemachten Haftungsanspruch dem Versicherer unverzüglich, spätestens innerhalb eines Monats, zu melden und alle zur Beurteilung notwendigen Unterlagen vorzulegen;

7.2.2 für die Abwendung und Minderung des Schadens zu sorgen, dem Versicherer jede notwendige Auskunft zu geben und etwaige Weisungen zu befolgen.

7.2.3 die Versicherer unverzüglich zu benachrichtigen, wenn gerichtlich gegen ihn im Zusammenhang mit einer versicherten Tätigkeit vorgegangen wird, und die erforderlichen Rechtsmittel oder Rechtsbehelfe, insbesondere Widerspruch gegen Mahnbescheide, einzulegen;

7.2.4 ohne Einwilligung der Versicherer keine Versicherungs- oder Regressansprüche abzutreten;

7.2.5 sich auf Verlangen und Kosten der Versicherer auf einen Prozess mit dem Anspruchsteller einzulassen und dem Versicherer die Prozessführung zu überlassen;

7.2.6 jeden Diebstahl, Raub sowie jeden Verkehrsunfall mit möglichem Schaden an der Ladung der zuständigen Polizeidienststelle und dem Versicherer unverzüglich anzuzeigen sowie bei allen Unfällen, Schäden über EUR .... und solchen, deren Umfang oder Höhe zweifelhaft sind, den nächst zuständigen Havariekommissar zu benachrichtigen und dessen Weisungen zu befolgen;

7.2.7 mögliche Regressansprüche gegen Dritte zu wahren und die Reklamationsfristen zu beachten.

7.3 Leistungsfreiheit bei Obliegenheitsverletzung

7.3.1 Verletzt der Versicherungsnehmer oder einer seiner Repräsentanten diese oder sonst vertraglich vereinbarte Obliegenheiten vorsätzlich oder grob fahrlässig, ist der Versicherer von der Leistung frei, es sei denn, die Verletzung war weder für den Eintritt oder die Feststellung des Versicherungsfalls noch für die Feststellung oder den Umfang der Leistungspflicht ursächlich. Satz 1 zweiter Halbsatz gilt nicht, wenn der Versicherungsnehmer die Obliegenheit arglistig verletzt hat.

7.3.2 Bezieht sich die Verletzung von Obliegenheiten auf eine nach Eintritt des Versicherungsfalls bestehende Auskunfts- oder Aufklärungsobliegenheit wie z.B. nach Maßgabe der Ziffern 7.2.1, 7.2.2, 7.2.3 oder 7.2.6 wird der Versicherer auch ohne gesonderte Mitteilung der Rechtsfolge an den Versicherungsnehmer von der Leistung frei.

8 Begrenzung der Versicherungsleistung (Bausteinsystem)

8.1 Schadenfall
Begrenzung der Versicherungsleistung bei gesetzlicher oder vertraglicher Haftung
Die maximale Versicherungsleistung beträgt je Schadenfall, also je Geschädigten und je Verkehrsvertrag
- für Frachtverträge:
  - bei Güterschäden
  .... EUR;
  - bei reinen Vermögensschäden
  .... EUR;
- für Speditionsverträge:
  - bei Güter- und Güterfolgeschäden
  .... EUR;
  - bei reinen Vermögensschäden
  .... EUR;
- für Lagerverträge:
  - bei Güter- und Güterfolgeschäden
  .... EUR;
  bei Differenzen zwischen Soll- und Ist-Bestand des Lagerbestandes leistet der Versicherer jedoch maximal .... EUR, unabhängig von der Zahl der für die Inventurdifferenz ursächlichen Schadenfälle;
  - bei reinen Vermögensschäden
  .... EUR,
- für Ansprüche nach dem Recht der unerlaubten Handlung (Deliktsrecht) – unabhängig von der Art des Verkehrsvertrages oder des Schadens – .... EUR,

8.2 Schadenereignis
Begrenzung der Versicherungsleistung je Schadenereignis
Der Versicherer leistet höchstens .... EUR. Die durch ein Ereignis mehreren Geschädigten entstandenen Schäden werden unabhängig von der Anzahl der Geschädigten und der Verkehrsverträge anteilmäßig im Verhältnis ihrer Ansprüche ersetzt, wenn sie zusammen die äußerste Grenze der Versicherungsleistung übersteigen.

8.3 Jahresmaximum

8.3.1 Begrenzung der Versicherungsleistung pro Versicherungsjahr
Die Höchstersatzleistung des Versicherers beträgt für alle Schadenereignisse der versicherten Verkehrsverträge eines Versicherungsjahres .... EUR.

8.3.2 Zusätzliche Begrenzung bei qualifiziertem Verschulden
Die Versicherungsleistung des Versicherers ist zusätzlich je Versicherungsjahr bei Schäden, die vom Versicherungsnehmer, seinen gesetzlichen Vertretern oder seinen leitenden Angestellten durch Leichtfertigkeit und in dem Bewusstsein, dass ein Schaden mit Wahrscheinlichkeit entstehen werde, herbeigeführt, durch Kardinalpflichtverletzung oder durch grobes Organisationsverschulden verursacht worden

sind, über die gesetzliche oder vertragliche Regelhaftung (§ 449 HGB-Korridor) und unabhängig vom Schadenfall und -ereignis, begrenzt bis maximal .... EUR.

9 Schadenbeteiligung

9.1 Die allgemeine Schadenbeteiligung des Versicherungsnehmers beträgt .... % der Versicherungsleistung je Schadenfall, mindestens EUR ...., höchstens EUR ....

9.2 Die Schadenbeteiligung des Versicherungsnehmers bei Manko- oder Fehlmengenschäden bei verfügter Lagerung wird das Ausmaß eines Schadenfalls mit EUR .... angenommen, es sei denn, er weist einen anderen Betrag nach.

10 Rückgriff

10.1 Der Versicherer verzichtet auf einen Rückgriff gegen den Versicherungsnehmer und seine Arbeitnehmer. Der Versicherer ist jedoch berechtigt, gegen jeden Rückgriff zu nehmen, der den Schaden vorsätzlich herbeigeführt hat.

10.2 Der Versicherer ist ferner berechtigt, gegen den Versicherungsnehmer Rückgriff zu nehmen, wenn

10.2.1 er seine Anmelde- oder Zahlungspflichten vorsätzlich verletzt hatte, der Versicherer aber dennoch gegenüber dem Geschädigten zu leisten verpflichtet ist;

10.2.2 ein Versicherungsausschluss gegeben war, eine Obliegenheitsverletzung durch den Versicherungsnehmer oder seine Repräsentanten zur Leistungsfreiheit des Versicherers geführt hätte oder ein nicht versicherter Verkehrsvertrag zugrunde lag, der Versicherer aber dennoch gegenüber dem Geschädigten zur Leistung verpflichtet ist.

11 Anmeldung, Prämie, Zahlung und Sanierung

11.1 Anmeldepflicht
Durch den Abschluss dieser laufenden Versicherung wird der Versicherungsnehmer verpflichtet, sämtliche unter diesen Versicherungsvertrag fallenden Verkehrsverträge nach Maßgabe der Ziffer 11.2 oder die vereinbarte Prämiengrundlage anzumelden.

11.2 Anmeldeverfahren
(Bausteinsystem: Raum für individuelles Anmeldeverfahren je vereinbarter Prämiengrundlage, z.B. Umsatz-, Einzel- oder summarische Anmeldungen, Deckungszusagen uvm.)

11.3 Verletzung der Anmeldepflicht

11.3.1 Hat der Versicherungsnehmer die Anmeldung unterlassen oder fehlerhaft vorgenommen, so ist der Versicherer von der Verpflichtung zur Leistung frei, ohne dass es einer Kündigung durch den Versicherer bedarf, es sei denn, dass der Versicherungsnehmer die Sorgfaltspflicht eines ordentlichen Kaufmannes nicht verletzt hat und dass er die Anmeldung unverzüglich nach Entdeckung des Fehlers nachgeholt oder berichtigt hat.

11.3.2 Verletzt der Versicherungsnehmer die Anmeldepflicht vorsätzlich, so kann der Versicherer den Vertrag fristlos kündigen. Dem Versicherer gebühren die Prämien, die ihm im Falle gehöriger Erfüllung des Vertrages bis zum Wirksamwerden der Kündigung zu zahlen gewesen wären.

11.4 Prämie (**Bausteinsystem**)
11.5 Zahlung (**Bausteinsystem**)
11.6 Sanierung (**Bausteinsystem**)

12 Bucheinsichts- und -prüfungsrecht

Der Versicherer ist berechtigt, die Prämienanmeldungen durch Einsichtnahme in die entsprechenden Geschäftsunterlagen des Versicherungsnehmers zu überprüfen. Er ist verpflichtet, über die erlangten Kenntnisse Stillschweigen gegenüber Dritten zu bewahren.

13 Kündigung

13.1 Der Versicherungsnehmer und die Versicherer sind berechtigt, den Versicherungsvertrag in Textform zum Ende des Versicherungsjahres zu kündigen. Die Kündigung muss drei Monate vor Ablauf des Vertrages zugegangen sein.

13.2 Nach Eintritt eines Versicherungsfalls können beide Parteien den Versicherungsvertrag kündigen. Die Kündigung ist in Textform zu erklären. Sie muss spätestens einen Monat nach dem Abschluss der Verhandlungen über die Entschädigung zugehen. Der Versicherer hat eine Kündigungsfrist von einem Monat einzuhalten. Kündigt der Versicherungsnehmer, so kann er bestimmen, dass seine Kündigung sofort oder zu einem späteren Zeitpunkt wirksam wird, jedoch spätestens zum Schluss der laufenden Versicherungsperiode.

13.3 Der Versicherungsschutz bleibt für alle vor Beendigung des Versicherungsvertrages abgeschlossenen Verkehrsverträge bis zur Erfüllung aller sich daraus ergebenden Verpflichtungen bestehen. Bei verfügten Lagerungen endet der Versicherungsschutz jedoch spätestens einen Monat nach Beendigung des Versicherungsvertrages.

14 Gerichtsstand, anwendbares Recht

14.1 Auf diesen Versicherungsvertrag findet deutsches Recht Anwendung, insbesondere die Vorschriften des VVG.

14.2 Für Klagen gegen den Versicherungsnehmer wegen Prämienzahlung, Zahlung von Schadenbeteiligung, Regressansprüchen oder aus sonstigem Grund ist das Gericht am Ort der Niederlassung oder des Sitzes des Versicherungsnehmers zuständig.

14.3 Für Klagen gegen den Versicherer ist das Gericht am Ort der zuständigen geschäftsführenden Stelle des Versicherers zuständig.

15 Bundesdatenschutzgesetz (BDSG)

16 Beteiligungsliste und Führungsklausel

17 Schlussbestimmung

Die Bestimmungen des Vertrages gelten nur, soweit nicht die zwingende gesetzliche Pflichtversicherungsvorschrift gemäß § 7a GüKG mit den dort genannten Beschränkungen und Summen entgegen steht.

Anhang 4 Allgemeine Bedingungen für die laufende Versicherung gegen Zoll- und Abgabenforderungen 2005/2008 (DTV-AVB Zoll 2005/2008)

Stand: Januar 2008

Hinweis
Diese Bedingungen des Gesamtverbandes der Deutschen Versicherungswirtschaft e.V. (GDV) sind für die Versicherer unverbindlich; ihre Verwendung ist rein fakultativ. Abweichende Bedingungen können vereinbart werden. Abdruck mit freundlicher Genehmigung des GDV; die jeweils aktuellen Bedingungen können kostenfrei auf der Website des GDV (*www.gdv.de*) abgerufen werden.

Inhaltsübersicht:
1 Gegenstand des Versicherungsschutzes
2 Versichertes Interesse
3 Umfang des Versicherungsschutzes
4 Ausschlüsse
5 Obliegenheiten
6 Leistungsfreiheit bei Obliegenheitsverletzung
7 Begrenzung der Versicherungsleistung
8 Selbstbeteiligung
9 Anmeldung, Prämie, Zahlung und Sanierung
10 Kündigung
11 Gerichtsstand, anwendbares Recht
12 Bundesdatenschutzgesetz

1 Gegenstand des Versicherungsschutzes

1.1 Gegenstand des Versicherungsschutzes sind alle dem Versicherungsnehmer während der Laufzeit der Versicherung erteilten Zollaufträge zur Durchführung von Zollabfertigungen jeglicher Art einschließlich IT-gestützter Zollabwicklungen, die dem Versicherer nach Maßgabe der Ziffer 9 aufgegeben werden, wenn sie

1.1.1 im Zusammenhang mit einem Verkehrsvertrag (Fracht-, Speditions- und Lagerverträge im Sinne des HGB) stehen und / oder;

1.1.2 ohne Übernahme der Verpflichtung zur Besorgung oder Durchführung der Beförderung der Sendung, die Eröffnung eines gemeinschaftlichen/gemeinsamen Versandverfahrens zum Inhalt haben, wenn der Versicherungsnehmer sich von dem im Geltungsbereich des Versandverfahrens ansässigen Empfänger der Sendung vor Eröffnung des Versandverfahrens schriftlich hat bestätigen lassen, dass er die Ware bestellt hat und erwartet.

1.2 Zollaufträge von Privatpersonen sind nicht versichert.

2 Versichertes Interesse

Versichert sind die von Zollbehörden der Staaten des europäischen Wirtschaftsraumes (EWR), Schweiz, Liechtenstein und Island gegen den Versicherungsnehmer erhobenen Abgabenforderungen, wie z.B. Zölle, Abschöpfungen, Einfuhrumsatzsteuer (EUSt) und Verbrauchsteuern, aufgrund von ihm verursachter fehlerhafter

Ausführung der erteilten Zollaufträge in seiner Eigenschaft als Anmelder (Zollbeteiligter, Hauptverpflichteter eines gemeinschaftlichen/gemeinsamen Versandverfahrens, Zollanmelder, Zollwertanmelder oder dessen Vertreter), Zoll-, Steueroder Haftungsschuldner.

3 Umfang des Versicherungsschutzes

Die Leistungsverpflichtung des Versicherers umfasst die Befriedigung begründeter und die Abwehr unbegründeter Abgabenforderungen, die gegen den Versicherungsnehmer erhoben werden.

4 Ausschlüsse

Ausgeschlossen sind Abgabenforderungen sowie Ansprüche,

4.1 entstanden aus Schäden durch Naturkatastrophen (z.B. Erdbeben, Blitzschlag, vulkanische Ausbrüche);

4.2 verursacht durch vorsätzliches oder grob fahrlässiges Handeln oder Unterlassen des Versicherungsnehmers oder seines Repräsentanten;

4.3 die dadurch entstanden sind, dass der Versicherungsnehmer das Zollgut veredelt, bearbeitet, verarbeitet, verändert oder in sonstiger Weise auf dieses eingewirkt hat;

4.4 aufgrund von dem Versicherungsnehmer überlassenen fehlerhaften Dokumenten oder ihm gegenüber gemachten falschen Angaben bzw. aufgrund schuldhaften Verhaltens des Auftraggebers;

4.5 aus Aufträgen zur Zollabfertigung
– folgender Marktordnungswaren:
....
– folgender verbrauchsteuerpflichtigen Erzeugnisse:
....
Dieses Risiko kann gegen gesonderte Prämie und aufgrund schriftlicher Vereinbarung versichert werden;

4.6 aus Carnet-TIR-Verfahren;

4.7 die dem Abgaben- oder Wirtschaftsstrafrecht zuzuordnen sind oder strafähnlichen Charakter haben, wie z.B. Geldstrafen, Verwaltungsstrafen, Bußgelder, Erzwingungs- und Sicherungsgelder und sonstigen Zahlungen mit Buß- oder Strafcharakter sowie damit zusammenhängenden Kosten;

4.8 entstanden aus Schäden durch Krieg, kriegsähnliche Ereignisse, Bürgerkrieg, innere Unruhen oder Aufruhr;

4.9 entstanden aus Schäden durch Streik, Aussperrung, Arbeitsunruhen, terroristische Gewaltakte oder politische Gewalthandlungen;

4.10 entstanden aus Schäden infolge der Verwendung – gleichgültig durch wen – von chemischen, biologischen, biochemischen Substanzen oder elektromagnetischen Wellen als Waffen mit gemeingefährlicher Wirkung, und zwar ohne Rücksicht auf sonstige mitwirkende Ursachen;

4.11 entstanden aus Schäden durch Kernenergie oder sonstige ionisierende Strahlung;

4.12 entstanden aus Schäden durch Beschlagnahme, Entziehung oder sonstige Eingriffe von hoher Hand;

4.13 insoweit, als die Durchsetzung von Rückgriffs- oder Erstattungsforderungen durch Handlungen oder Unterlassungen des Versicherungsnehmers oder seiner Repräsentanten ausgeschlossen ist.

5 Obliegenheiten

Dem Versicherungsnehmer obliegt es,

5.1 vor Eintritt des Versicherungsfalles

5.1.1 dafür zu sorgen, dass für die Auftragsdurchführung erforderliche Genehmigungen vorliegen und behördliche Auflagen eingehalten werden;

5.1.2 Mitarbeiter sorgfältig auszuwählen, einzuarbeiten und hinsichtlich der für die Zollabwicklung relevanten Vorschriften sowie der IT-gestützten Zollabwicklung nach dem jeweils neuesten Stand aus- und weiterzubilden;

5.1.3 die Auswahl der Subunternehmer und sonstiger Erfüllungsgehilfen mit der Sorgfalt eines ordentlichen Kaufmanns zu treffen und die von ihm beauftragten Verkehrsunternehmen über die zoll- und steuerrechtliche relevanten Vorschriften im Zusammenhang mit der Abwicklung des Zollauftrages zu belehren;

5.1.4 das Zollgut an einen von ihm beauftragten Verkehrsunternehmer nur gegen Abgabe einer von diesem bzw. dessen Fahrer unterzeichneten Übernahmeerklärung inkl. Anweisungen im Versandverfahren für die Zollabwicklung zu übergeben;

5.1.5 dafür zu sorgen, dass die für die Auftragsabwicklung im IT-Verfahren eingesetzten elektronischen Geräte auf ihre Funktionsfähigkeit geprüft sind und ordnungsgemäß gewartet werden sowie die Soft- und Hardware immer den jeweiligen Erfordernissen des aktuellen Zollanmeldeverfahrens entsprechen;

5.1.6 ferner dafür zu sorgen, dass eine den jeweiligen Erfordernissen entsprechende Sicherung der Daten und den gesetzmäßige Archivierung gewährleistet ist;

5.2 nach Eintritt des Versicherungsfalls

5.2.1 jede Inanspruchnahme dem Versicherer unverzüglich schriftlich zu melden, spätestens 14 Tage nachdem er davon Kenntnis erlangt hat;

5.2.2 dem Versicherer alle zur Beurteilung des jeweiligen Zolltatbestandes notwendigen Unterlagen, einschließlich eines Ausdrucks der elektronischen Zollanmeldung vorzulegen;

5.2.3 für die Abwendung und Minderung des Schadens zu sorgen, dem Versicherer jede notwendige Auskunft zu geben und etwaige Weisungen des Versicherers zu befolgen;

5.2.4 Ersatzansprüche gegen Dritte zu sichern;

5.2.5 bei Eingang von Zoll- und Steuerbescheiden, Mahnbescheiden und Klagen gegen den Versicherungsnehmer sowie für den Fall, dass der Versicherungsnehmer selbst Klage beim Finanzgericht erheben will, den Versicherer unverzüglich zu benachrichtigen und die erforderlichen Rechtsmittel oder Rechtsbehelfe wie Einspruch, Beschwerde und Widerspruch fristgerecht einzulegen;

5.2.6 sich auf Verlangen und Kosten des Versicherers auf einen Prozess einzulassen und dem Versicherer die Prozessführung zu übertragen.

6 Leistungsfreiheit bei Obliegenheitsverletzung

6.1 Verletzt der Versicherungsnehmer oder einer seiner Repräsentanten diese oder sonst vertraglich vereinbarte Obliegenheiten vorsätzlich oder grob fahrlässig, ist der Versicherer von der Leistung frei, es sei denn, die Verletzung war weder für den Eintritt oder die Feststellung des Versicherungsfalls noch für die Feststellung oder den Umfang der Leistungspflicht ursächlich. Satz 1 2. Halbsatz gilt nicht, wenn der Versicherungsnehmer die Obliegenheit arglistig verletzt hat.

6.2 Bezieht sich die Verletzung von Obliegenheiten auf eine nach Eintritt des Versicherungsfalls bestehende Auskunfts- oder Aufklärungsobliegenheit wie z.B. nach Maßgabe der Ziffern 5.2.1, 5.2.2, 5.2.3 oder 5.2.5 wird der Versicherer auch ohne gesonderte Mitteilung der Rechtsfolge an den Versicherungsnehmer von der Leistung frei.

7 Begrenzung der Versicherungsleistung

Die Versicherungsleistung ist je Tatbestand, d.h. jedes Handeln und Unterlassen, welcher eine Inanspruchnahme durch eine Zollbehörde im Sinne von Ziffer 2 zur Folge hat, mit EUR .... begrenzt, maximal mit EUR .... je Kalenderjahr. Die Begrenzung je Kalenderjahr umfasst alle über diese Police zu erbringenden Versicherungsleistungen einschließlich der gerichtlichen und außergerichtlichen Kosten, soweit sie den Umständen nach geboten waren. Maßgebend für die Errechnung dieses Betrages ist jeweils der Zeitpunkt der fehlerhaften Ausführung des Zollauftrages.

8 Selbstbeteiligung

Die allgemeine Schadenbeteiligung des Versicherungsnehmers beträgt .... % der Versicherungsleistung je Tatbestand, mindestens EUR ...., höchstens EUR ....

9 Anmeldung, Prämie, Zahlung und Sanierung

9.1 Anmeldepflicht

Durch den Abschluss dieser laufenden Versicherung wird der Versicherungsnehmer verpflichtet, sämtliche unter diesen Versicherungsvertrag fallenden Zollaufträge nach Maßgabe der Ziffer 9.2 oder die vereinbarte Prämiengrundlage anzumelden.

9.2 Anmeldeverfahren

(Bausteinsystem: Raum für individuelles Anmeldeverfahren, z.B. Umsatz-, Einzel- oder summarische Anmeldungen, Deckungszusagen uvm.)

9.3 Verletzung der Anmeldepflicht

9.3.1 Hat der Versicherungsnehmer die Anmeldung unterlassen oder fehlerhaft vorgenommen, so ist der Versicherer von der Verpflichtung zur Leistung frei, ohne dass es einer Kündigung durch den Versicherer bedarf, es sei denn, dass der Versicherungsnehmer die Sorgfaltspflicht eines ordentlichen Kaufmannes nicht verletzt hat und dass er die Anmeldung unverzüglich nach Entdeckung des Fehlers nachgeholt oder berichtigt hat.

9.3.2 Verletzt der Versicherungsnehmer die Anmeldepflicht vorsätzlich, so kann der Versicherer den Vertrag fristlos kündigen. Dem Versicherer gebühren die Prämien, die ihm im Falle gehöriger Erfüllung des Vertrages bis zum Wirksamwerden der Kündigung zu zahlen gewesen wären.

9.4 Prämie *[Bausteinsystem]*
9.5 Zahlung *[Bausteinsystem]*
9.6 Sanierung *[Bausteinsystem]*

10 Kündigung

10.1 Der Versicherungsnehmer und die Versicherer sind berechtigt, den Versicherungsvertrag in Textform zum Ende des Versicherungsjahres zu kündigen. Die Kündigung muss drei Monate vor Ablauf des Vertrages zugegangen sein.

10.2 Nach Eintritt eines Versicherungsfalls können beide Parteien den Versicherungsvertrag kündigen. Die Kündigung ist in Textform zu erklären. Sie muss spätestens einen Monat nach dem Abschluss der Verhandlungen über die Entschädigung zugehen. Der Versicherer hat eine Kündigungsfrist von einem Monat einzuhalten. Kündigt der Versicherungsnehmer, so kann er bestimmen, dass seine Kündigung sofort oder zu einem späteren Zeitpunkt wirksam wird, jedoch spätestens zum Schluss der laufenden Versicherungsperiode.

10.3 Der Versicherungsschutz bleibt für alle vor Beendigung des Versicherungsvertrages erteilten Zollaufträge bis zur Erfüllung aller sich daraus ergebenden Verpflichtungen bestehen.

11 Gerichtsstand, anwendbares Recht

11.1 Auf diesen Versicherungsvertrag findet deutsches Recht Anwendung, insbesondere die Vorschriften des VVG.

11.2 Für Klagen gegen den Versicherungsnehmer wegen Prämienzahlung, Zahlung von Schadenbeteiligung, Regressansprüchen oder aus sonstigem Grund ist das Gericht am Ort der Niederlassung oder des Sitzes des Versicherungsnehmers zuständig.

11.3 Für Klagen gegen den Versicherer ist das Gericht am Ort der zuständigen geschäftsführenden Stelle des Versicherers zuständig.

12 Bundesdatenschutzgesetz

Anhang 5 DTV-Allgemeine Deutsche Seeschiffsversicherungsbedingungen 2009 (DTV-ADS 2009)

Stand: August 2016

Hinweis

Diese Bedingungen des Gesamtverbandes der Deutschen Versicherungswirtschaft e.V. (GDV) sind für die Versicherer unverbindlich; ihre Verwendung ist rein fakultativ. Abweichende Bedingungen können vereinbart werden. Abdruck mit freundlicher Genehmigung des GDV; die jeweils aktuellen Bedingungen können kostenfrei auf der Website des GDV (*www.gdv.de*) abgerufen werden.

Inhaltsübersicht

Erster Abschnitt: Allgemeine Vorschriften

I		**Versichertes Interesse**
	1	Versichertes Interesse
	2	Fehlendes Interesse
	3	Wegfall des Interesses
II		**Versicherung für eigene Rechnung, für fremde Rechnung**
	4	Versicherung für fremde und eigene Rechnung
	5	Rechtsstellung des Versicherten
	6	Rechtsstellung des Versicherungsnehmers
	7	Aufrechnung
	8	Kennen, Kennenmüssen, Verschulden
III		**Dauer der Versicherung**
	9	Dauer der Versicherung
IV		**Versicherungswert. Unter-, Über-, Doppelversicherung. Taxe**
	10	Versicherungswert und Taxe
	11	Unterversicherung
	12	Überversicherung
	13	Haftung der Versicherer bei Doppelversicherung
	14	Mitteilung von und Beseitigung der Doppelversicherung
	15	Versicherungstreue
V		**Police, Mitversicherung, Prämie**
	16	Police. Mitversicherung. Prämie
	17	Inhalt der Police
	18	Deckungsnote
	19	Führung – Mitversicherung
	20	Prämienzahlung
	21	Aufliegen
VI		**Anzeigepflicht, Gefahränderung**
	22	Vorvertragliche Anzeigepflicht
	23	Fahrtgrenzen
	24	Gefahränderung
	25	Wechsel der Bereederung

26	Klassifikation
VII	**Umfang der Haftung des Versicherers**
27	Umfang der Haftung im Allgemeinen
28	Havarie-grosse
29	Beiträge
30	Aufopferungen und Aufwendungen in Havarie-grosse
31	Aufwendungen
32	Sicherheitsleistung
33	Einhaltung von Schiffssicherheitsbestimmungen
34	Verschulden des Versicherungsnehmers
35	Krieg und Piraterie
36	Besondere Waffen und Cyberangriffe
37	Gewalthandlungen und Piraterie
38	Verfügungen von hoher Hand
39	Kernenergie
40	Abzugsfranchise
41	Grenzen der Haftung
42	Abandon
VIII	**Unfallanzeige, Schadensabwendung, Obliegenheitsverletzung**
43	Schadensanzeige
44	Abwendung und Minderung des Schadens
45	Auskunftserteilung und Beweissicherung
46	Rechtsfolgen von Obliegenheitsverletzungen
IX	**Andienung, Auskunftserteilung, Fälligkeit der Entschädigung**
47	Andienung des Schadens
48	Schadensrechnung, Fälligkeit des Entschädigungsanspruchs
49	Verzugsschaden
X	**Übergang von Schadenersatzansprüchen**
50	Wahrung und Übergang von Ersatzansprüchen
51	Schadensminderung nach Übergang
XI	**Zahlungsunfähigkeit des Versicherers**
52	Zahlungsunfähigkeit des Versicherers
XII	**Veräußerung von Schiffen und Schiffsparten**
53	Veräußerung von Schiffen und Schiffsparten
Zweiter Abschnitt: Kaskoversicherung (soweit vereinbart)	
54	Zubehör und Ausrüstung, von Bord genommene Teile
55	Abnutzung
56	Eisschaden
57	Anrechnung von Bergelohn
58	Maschinelle Einrichtungen
59	Konstruktions-, Material- und Fertigungsfehler sowie Wellenbruch
60	Totalverlust und ihm gleichstehende Fälle
61	Reparaturunfähigkeit und Reparaturunwürdigkeit
62	Teilschaden

63	Sachverständigenverfahren
64	Tenderentschädigung
65	Ersatz an Dritte
66	Schwesterschiffe

Dritter Abschnitt: Nebeninteressenversicherung (soweit vereinbart)
67	Ergänzungen der Kaskoversicherung bei Totalverlust
68	Fracht bei Totalverlust
69	Versicherungsprämie bei Totalverlust

Vierter Abschnitt: Ertragsausfallversicherung (soweit vereinbart)
70	Versicherte Gefahren
71	Ausschlüsse
72	Deckungsumfang
73	Selbstbehalt
74	Feststellung des Einnahmeverlustschadens
75	Auswahl der Reparaturwerft
76	Außerordentliche Aufwendungen
77	Parallele Reederarbeiten
78	Anreise zur Reparaturwerft bei parallelen Reederarbeiten
79	Einnahmeverluste nach Reparaturende
80	Reparaturen nach Beendigung des Versicherungsvertrages
81	Verkauf des Schiffes

Fünfter Abschnitt: Minenklausel (soweit vereinbart)
82	Minenklausel

Sechster Abschnitt: Kriegsversicherung (soweit vereinbart)
83	Geltungsbereich
84	Versicherte Gefahren
85	Entsprechende Anwendung von Bestimmungen des Zweiten Abschnitts
86	Besondere Ausschlüsse für die Kriegsversicherung
87	Beendigung der Kriegsversicherung
88	Umfang der Haftung und besondere Regelungen für den Schadensfall

Siebter Abschnitt: Schlussbestimmungen
89	Verjährung
90	Anwendbares Recht
91	Gerichtsstand

Erster Abschnitt: Allgemeine Vorschriften
I Versichertes Interesse
1 Versichertes Interesse

1.1　Jedes in Geld schätzbare Interesse, welches jemand daran hat, dass ein Schiff die Gefahren der Seeschifffahrt besteht, kann versichert werden.

1.1.1　Es besteht – unbeschadet der übrigen Vertragsbestimmungen – Versicherungsschutz nur, soweit und solange dem keine auf die Vertragsparteien direkt anwendbaren Wirtschafts-, Handels- oder Finanzsanktionen bzw. Embargos der Europäischen Union oder der Bundesrepublik Deutschland entgegenstehen.

1.1.2　Dies gilt auch für Wirtschafts-, Handels- oder Finanzsanktionen bzw. Embargos, die durch die Vereinigten Staaten von Amerika in Hinblick auf den Iran erlassen werden, soweit dem nicht europäische oder deutsche Rechtsvorschriften entgegenstehen.

1.2　Soweit nichts anderweitig vereinbart, sind versichert:

1.2.1　in der Kaskoversicherung das Eigentümerinteresse des registrierten Eigentümers des Schiffes sowie sein in Ziff. 65 geregeltes Haftpflichtinteresse;

1.2.2　in der Nebeninteressenversicherung die in den Ziff. 67 bis 69 bezeichneten Interessen;

1.2.3　in der Ertragsausfallversicherung das Interesse des Eigentümers des Schiffes an den Einnahmen des Schiffes.

1.2.4　in der Kriegsversicherung das Eigentümerinteresse des registrierten Eigentümers des Schiffes sowie sein in Ziff. 85 in Verbindung mit Ziff. 65 geregeltes Haftpflichtinteresse;

1.2.5　unter der Minenklausel das Eigentümerinteresse des registrierten Eigentümers des Schiffes sowie sein in Ziff. 82.9 in Verbindung mit Ziff. 65 geregeltes Haftpflichtinteresse.

1.3　Soweit anderweitig vereinbarte Interessen unrichtig bezeichnet werden, ist die Versicherung für den Versicherer nicht verbindlich.

1.4　Die für Rechnung des Reeders separat versicherten Summen auf Interesse, Fracht und Versicherungsprämie bei Totalverlust werden von Fall zu Fall vereinbart. Im Falle des Totalverlustes kann der Versicherer verlangen, dass alle für Rechnung des Reeders bestehenden Nebeninteressenversicherungen angezeigt werden. Sind höhere Beträge auf Nebeninteressen versichert als die in der Police vereinbarten, so leistet der Versicherer im Falle des Totalverlustes insoweit keinen Ersatz.

2 Fehlendes Interesse

2.1　Ein Vertrag ist unwirksam, soweit ihm ein versicherbares Interesse nicht zugrunde liegt.

2.2　Dem Versicherer gebührt gleichwohl die Prämie, es sei denn, dass der Versicherer bei der Schließung des Vertrags den Grund der Unwirksamkeit kannte, oder dass der Versicherungsnehmer bei der Schließung des Vertrags den Grund der Unwirksamkeit weder kannte noch kennen musste.

2.3 Wird der Vertrag von einem Vertreter geschlossen, so kommt in Bezug auf die Kenntnis und das Kennenmüssen nicht nur die Person des Vertreters, sondern auch diejenige des Versicherungsnehmers in Betracht.

3 Wegfall des Interesses

3.1 Fällt das Interesse, für das die Versicherung genommen ist, vor dem Beginn der Versicherung weg, so ist der Versicherungsnehmer von der Verpflichtung zur Zahlung der Prämie frei.

3.2 Die Verpflichtung des Versicherungsnehmers zur Zahlung der Prämie wird dadurch, dass das Interesse, für das die Versicherung genommen ist, nach dem Beginn der Versicherung wegfällt, nicht berührt.

II Versicherung für eigene Rechnung, für fremde Rechnung

4 Versicherung für eigene Rechnung, für fremde Rechnung

4.1 Ergibt sich aus den Umständen nicht, dass der Versicherungsnehmer die Versicherung im eigenen Namen für einen anderen nehmen will (Versicherung für fremde Rechnung), so gilt die Versicherung als für Rechnung des Versicherungsnehmers genommen (Versicherung für eigene Rechnung).

4.2 Wird die Versicherung für einen anderen genommen, so ist, auch wenn der andere benannt wird, anzunehmen, dass der Vertragschließende nicht als Vertreter, sondern im eigenen Namen für fremde Rechnung handelt.

4.3 Sofern nichts anderes vereinbart ist, hat ein Versicherter Versicherungsschutz zu den gleichen Bedingungen wie der Versicherungsnehmer, unter dessen Vertrag er mitversichert ist. Bezieht sich die Versicherung auf Haftpflichtrisiken, so ist der Versicherungsschutz nach Grund und Höhe begrenzt auf den Versicherungsschutz, den der Versicherer nach dem Versicherungsvertrag dem Reeder des Schiffes unter Berücksichtigung der für ihn geltenden Haftungsbeschränkungen zu gewähren hätte, wenn Ansprüche gegen den Reeder und nicht gegen den Versicherten geltend gemacht worden wären.

4.4 Je Schadenereignis steht der Versicherungsschutz für den Versicherungsnehmer und alle Versicherten insgesamt nur einmal zur Verfügung. Wird nichts vereinbart, hat der Deckungsanspruch des Versicherungsnehmers Vorrang vor dem Deckungsanspruch von Versicherten.

5 Rechtsstellung des Versicherten

5.1 Die Rechte aus dem Vertrag stehen dem Versicherten zu. Die Aushändigung einer Police kann jedoch nur der Versicherungsnehmer verlangen.

5.2 Der Versicherte kann ohne Zustimmung des Versicherungsnehmers über seine Rechte nur verfügen und diese Rechte nur gerichtlich geltend machen, wenn er im Besitz einer Police ist.

6 Rechtsstellung des Versicherungsnehmers

6.1 Der Versicherungsnehmer kann über die Rechte, die dem Versicherten aus dem Vertrage zustehen, im eigenen Namen verfügen.

6.2 Ist eine Police ausgestellt, so ist der Versicherungsnehmer ohne Zustimmung des Versicherten zur Annahme der Zahlung sowie zur Übertragung der Rechte des Versicherten nur befugt, wenn er im Besitz der Police ist.

6.3 Der Versicherer ist zur Zahlung an den Versicherungsnehmer nur verpflichtet, wenn dieser ihm gegenüber nachweist, dass der Versicherte seine Zustimmung zu der Versicherung erteilt hat.

7 Aufrechnung

Der Versicherer kann gegen die Entschädigungsforderung eine Forderung, die ihm gegen den Versicherungsnehmer zusteht, insoweit aufrechnen, als sie auf der für den Versicherten genommenen Versicherung beruht.

8 Kennen, Kennenmüssen, Verschulden

8.1 Wird in diesen Versicherungsbedingungen auf ein Kennen, Kennenmüssen oder Verschulden des Versicherungsnehmers abgestellt, so steht diesem ein Kennen oder Kennenmüssen des Versicherten gleich, es sei denn, dass etwas anderes vereinbart ist. Das gleiche gilt für die Befreiung des Versicherungsnehmers von der Verpflichtung zur Prämienzahlung wegen fehlenden Interesses. Der Einwand, dass die Anzeige eines erheblichen Umstandes ohne Verschulden unterblieben ist, kann dem Versicherer nur entgegengesetzt werden, wenn weder dem Versicherungsnehmer noch dem Versicherten ein Verschulden zur Last fällt.

8.2 Ist die Versicherung so genommen, dass sie zu einem vor der Schließung des Vertrags liegenden Zeitpunkt beginnt, so ist der Versicherer von der Verpflichtung zur Leistung frei, wenn der Versicherungsnehmer oder der Versicherte bei der Schließung wusste oder wissen musste, dass der Versicherungsfall schon eingetreten war.

8.3 Auf die Kenntnis und das Kennenmüssen des Versicherten kommt es nicht an, wenn der Vertrag ohne sein Wissen geschlossen ist. Das gleiche gilt, wenn eine rechtzeitige Benachrichtigung des Versicherungsnehmers nicht tunlich war; eine Benachrichtigung gilt nicht als rechtzeitig, wenn sie nicht so schnell, wie dies im ordnungsmäßigen Geschäftsgange tunlich ist, mindestens aber in derselben oder in ähnlicher Weise erfolgt wie die Übermittlung der Erklärung, welche den Auftrag zur Schließung des Vertrags enthält.

8.4 Hat der Versicherungsnehmer den Vertrag ohne Auftrag des Versicherten geschlossen und bei der Schließung den Mangel des Auftrags dem Versicherer nicht angezeigt, so braucht dieser den Einwand, dass der Vertrag ohne Wissen des Versicherten geschlossen ist, nicht gegen sich gelten zu lassen.

Anhang 5 zu §§ 130 bis 141 VVG DTV-ADS 2009

III Dauer der Versicherung
9 Dauer der Versicherung

9.1 Die Versicherung beginnt um 00:00 Uhr und endet um 24:00 Uhr an den in der Police angegebenen Daten.

9.2 Der Versicherungsnehmer kann jedoch vor Ende der Versicherung ihre Verlängerung durch Erklärung gegenüber dem Versicherer für solche Schiffe bewirken, die bei Ende der Versicherung verschollen oder unterwegs sind und auf der Reise einen ersatzpflichtigen Schaden erleiden, der die Seetüchtigkeit beeinträchtigt. Die Verlängerung der Versicherung endet im Falle der Verschollenheit mit dem Wiederauffinden des Schiffes, spätestens mit dem Ablauf der Verschollenheitsfrist gemäß Ziff. 60.2.2, im Falle der Beschädigung, sobald die Reparatur durchgeführt oder – wenn nicht unverzüglich repariert wird – der Schaden festgestellt ist. Im Falle der Verlängerung gebührt dem Versicherer eine der längeren Dauer entsprechende Prämie.

9.3 Der Versicherungsvertrag endet vor dem in der Versicherungspolice genannten Datum:

9.3.1 bei Totalverlust des versicherten Schiffes oder den gemäß Ziff. 60 dem Totalverlust gleichgestellten Fällen;

9.3.2 bei Veräußerung des versicherten Schiffes gemäß Ziff. 53;

9.3.3 bei Auslaufen, Einschränkung oder Entzug der Klasse gemäß Ziff. 26;

9.3.4 durch Kündigung seitens des Versicherungsnehmers nach Anpassung der Taxe durch den Versicherer gemäß Ziff. 10;

9.3.5 durch Kündigung seitens des Versicherers im Falle der Nichtzahlung der Prämie gemäß Ziff. 20;

9.3.6 durch Kündigung seitens des Versicherers im Falle der Verletzung der vorvertraglichen Anzeigepflicht gem. Ziff. 22;

9.3.7 durch Kündigung seitens des Versicherers innerhalb von 14 Tagen mit einer Frist von 14 Tagen im Fall der Übertragung von Bemannung, Ausrüstung und Inspektion des Schiffes auf einen anderen gemäß Ziff. 25 oder im Falle des Wechsels der Klassifikationsgesellschaft gem. Ziff. 26;

9.4 Die Versicherung gegen die Gefahren von Gewalthandlungen gemäß Ziff. 37 endet vor dem in der Police genannten Datum durch Kündigung seitens des Versicherers gem. Ziff. 37.2, der nach einer solchen Kündigung verbleibende Versicherungsvertrag durch Kündigung des Versicherungsnehmers gem. Ziff. 37.3;

9.5 durch Kündigung seitens des Versicherers bei der Deckung von Kriegs- und Pirateriegefahren gemäß Ziff. 87

9.6 Die Versicherung kann auch so genommen werden, dass sie zu einem vor der Schließung des Vertrags liegenden Zeitpunkte beginnt. Der Versicherer ist von der Verpflichtung zur Leistung frei, wenn der Versicherungsnehmer bei der Schließung des Vertrags wusste oder wissen musste, dass der Versicherungsfall schon eingetreten war; dem Versicherer gebührt die Prämie, sofern er nicht bei der Schließung von dem Eintritt des Versicherungsfalls Kenntnis hatte.

Wird der Vertrag von einem Vertreter geschlossen, so kommt in Bezug auf die Kenntnis und das Kennenmüssen nicht nur die Person des Vertreters, sondern auch diejenige des Vertretenen in Betracht.

IV Versicherungswert, Unter- Über, Doppelversicherung, Taxe

10 Versicherungswert und Taxe

10.1 Als Werte der versicherten Interessen (Versicherungswerte) gelten deren volle Werte bei Beginn der Versicherung.

10.2 Diese Werte gelten auch bei dem Eintritt des Versicherungsfalls als Versicherungswert.

10.3 Ist durch Vereinbarung der Versicherungswert auf einen bestimmten Betrag (Taxe) festgesetzt, so ist die Taxe für den Versicherungswert maßgebend.

10.4 Übersteigt die Taxe zum Zeitpunkt der Festsetzung den wirklichen Versicherungswert um 20% oder einen anderen in der Police bestimmten Prozentsatz, kann der Versicherer jedoch eine Herabsetzung der Taxe auf den wirklichen Wert zum Zeitpunkt der ursprünglichen Taxierung erklären, es sei denn, dass der Versicherungsnehmer nachweist,

10.4.1 dass er zum Zeitpunkt der Vereinbarung keine Kenntnis hiervon hatte, oder

10.4.2 dass der Versicherer hiervon Kenntnis hatte.

10.5 Nach der Herabsetzung ist eine angepasste Prämie zu vereinbaren.

10.6 Der Versicherungsnehmer kann den Vertrag innerhalb einer Frist von 14 Tagen nach Zugang der Herabsetzungserklärung kündigen.

10.7 Ist die Versicherungssumme niedriger als die Taxe, so haftet der Versicherer, auch wenn die Taxe herabgesetzt ist, für den Schaden nur nach dem Verhältnis der Versicherungssumme zu der durch die Vereinbarung festgesetzten Taxe.

10.8 Für Teilschäden (Ziff. 62) kann eine besondere Taxe vereinbart werden.

11 Unterversicherung

Ist die Versicherungssumme niedriger als der Versicherungswert, so gilt für den nicht gedeckten Teil des Versicherungswerts der Versicherungsnehmer als Selbstversicherer. Insbesondere hat der Versicherer den Schaden und die Aufwendungen nur nach dem Verhältnis der Versicherungssumme zum Versicherungswert zu ersetzen.

12 Überversicherung

12.1 Soweit die Versicherungssumme den Versicherungswert übersteigt, ist der Vertrag unwirksam. Auf die Verpflichtung des Versicherungsnehmers zur Zahlung der Prämie finden die Bestimmungen der Ziff. 2.2 entsprechende Anwendung.

12.2 Schließt der Versicherungsnehmer den Vertrag in der Absicht, sich aus der Überversicherung einen rechtswidrigen Vermögensvorteil zu verschaffen, so ist der ganze Vertrag unwirksam. Dem Versicherer gebührt gleichwohl die Prämie, es sei denn, dass er bei der Schließung des Vertrags den Grund der Unwirksamkeit kannte.

13 Haftung der Versicherer bei Doppelversicherung

13.1 Ist ein Interesse gegen dieselbe Gefahr bei mehreren Versicherern versichert und übersteigen die Versicherungssummen zusammen den Versicherungswert, so sind die Versicherer in der Weise als Gesamtschuldner verpflichtet, dass dem Versicherungsnehmer jeder Versicherer für den Betrag haftet, dessen Zahlung ihm nach seinem Vertrag obliegt, der Versicherungsnehmer aber im Ganzen nicht mehr als den Betrag des Schadens verlangen kann.

13.2 Die Versicherer sind im Verhältnisse zueinander zu Anteilen nach Maßgabe der Beträge verpflichtet, deren Zahlung ihnen dem Versicherungsnehmer gegenüber vertragsmäßig obliegt. Findet auf eine der Versicherungen ausländisches Recht Anwendung, so kann der Versicherer, für den das ausländische Recht gilt, gegen den anderen Versicherer einen Anspruch auf Ausgleich nur geltend machen, wenn er selbst nach dem für ihn maßgebenden Rechte zum Ausgleich verpflichtet ist.

13.3 Hat der Versicherungsnehmer eine Doppelversicherung in der Absicht genommen, sich dadurch einen rechtswidrigen Vermögensvorteil zu verschaffen, so ist der in dieser Absicht geschlossene Vertrag unwirksam; dem Versicherer gebührt die ganze Prämie, es sei denn, dass er bei der Schließung des Vertrags den Grund der Unwirksamkeit kannte.

14 Mitteilung und Beseitigung der Doppelversicherung

14.1 Der Versicherungsnehmer hat, sobald er von der Doppelversicherung Kenntnis erlangt, dem Versicherer unverzüglich Mitteilung zu machen.

14.2 Hat der Versicherungsnehmer den Vertrag, durch den die Doppelversicherung entstanden ist, ohne Kenntnis von der anderen Versicherung geschlossen, so kann er, sofern die Versicherung noch nicht begonnen hat, von jedem Versicherer verlangen, dass die Versicherungssumme, unter verhältnismäßiger Minderung der Prämie, auf den Betrag des Anteils herabgesetzt wird, den der Versicherer im Verhältnisse zu dem anderen Versicherer zu tragen hat. Das Recht erlischt, wenn der Versicherungsnehmer es nicht unverzüglich geltend macht, nachdem er von der Doppelversicherung Kenntnis erlangt hat.

15 Versicherungstreue

Alle Beteiligten haben Treu und Glauben im höchsten Maße zu betätigen.

V Police, Mitversicherung, Prämie

16 Police

16.1 Der Versicherer hat dem Versicherungsnehmer auf Verlangen eine von ihm unterzeichnete Urkunde über den Versicherungsvertrag (Police) auszuhändigen.

16.2 Die Police enthält mindestens den Namen und die Anschrift des Versicherungsnehmers, etwaiger Versicherter und, soweit ernannt, des Beauftragten des Versicherers, den Namen des Schiffes, für das die Versicherung genommen wird, die IMO-Nummer, das durch den Versicherungsvertrag versicherte Interesse, die durch die Versicherung gedeckten Risiken unter Hinweis auf die einschlägigen Bestimmungen der Allgemeinen Versicherungsbedingungen, etwaige Zusatzvereinbarungen, die Versicherungssummen und Taxen, die vereinbarten Selbstbehalte und Franchisen sowie den Beginn und das Ende des Versicherungsschutzes. Sie ist vom Versicherer zu unterzeichnen und unverzüglich zur Berichtigung zurückzugeben, wenn Änderungen erforderlich werden. Änderungen werden in vom Versicherer unterzeichneten Nachträgen dokumentiert.

16.3 Ist eine Police ausgestellt, so ist der Versicherer nur gegen Vorlage der Police zur Zahlung verpflichtet. Durch die Zahlung an den Inhaber der Police wird er befreit.

16.4 Ist die Police abhanden gekommen oder vernichtet, so ist der Versicherer zur Zahlung verpflichtet, wenn die Police für kraftlos erklärt oder Sicherheit geleistet ist; die Sicherheitsleistung durch Bürgen ist ausgeschlossen. Das Gleiche gilt für die Verpflichtung des Versicherers zur Ausstellung einer Ersatzurkunde; die Kosten der Ersatzurkunde hat der Versicherungsnehmer zu tragen.

17 Inhalt der Police

Der Inhalt der Police gilt als von dem Versicherungsnehmer genehmigt, wenn dieser nicht unverzüglich nach der Aushändigung widerspricht. Das Recht des Versicherungsnehmers, die Genehmigung wegen Irrtums anzufechten, bleibt unberührt.

18 Deckungsnote

18.1 Der Inhalt einer nicht vom Versicherer erstellten Deckungsnote und eines dazu erstellten Nachtrags ist nur dann für den Inhalt des Versicherungsvertrages maßgeblich, wenn sie vom Versicherer gegengezeichnet ist.

18.2 Ist neben der Deckungsnote auch eine Police und neben einem Nachtrag zur Deckungsnote auch ein Nachtrag zur Police ausgestellt, so ist für den Inhalt des Versicherungsvertrages allein die Police und der Nachtrag zur Police maßgeblich.

19 Führung – Mitversicherung

19.1 Bei Versicherungen, die von mehreren Versicherern übernommen sind, haften diese stets nur für ihren Anteil und nicht als Gesamtschuldner, auch wenn die Police oder die Deckungsnote von einem Versicherer für alle Versicherer gezeichnet ist.

19.2 Der führende Versicherer gilt als von den Mitversicherern bevollmächtigt,

19.2.1 mit dem Versicherungsnehmer Vereinbarungen zu treffen; ausgenommen hiervon sind jedoch Erhöhungen von Versicherungssummen über die höchste Versicherungssumme des Vertrages hinaus sowie Verlängerungen der Laufzeit der Versicherung,

19.2.2 Hypothekenklauseln zu zeichnen,

19.2.3 Verpfändungsanzeigen entgegenzunehmen,

19.2.4 den Abandon (Ziff. 42) zu erklären,

19.2.5 den Schaden zu regulieren,

19.2.6 Sicherheitsleistungen gemäß Ziff. 32 zu übernehmen. Der führende Versicherer ist berechtigt, aber nicht verpflichtet, solche Sicherheitsleistungen nicht nur für seinen Anteil, sondern auch für die Anteile der Mitversicherer zu übernehmen. In diesem Fall sind die Mitversicherer verpflichtet, für ihre Anteile gegenüber dem führenden Versicherer Sicherheitsleistungen in gleicher Form zu übernehmen, wie dieser sie selbst übernommen hat.

19.2.7 Regresse zu führen,

19.2.8 Rechtsstreitigkeiten im Namen der Mitversicherer zu führen; dies gilt sowohl für Prozesse vor den ordentlichen Gerichten als auch bei Schiedsgerichten. Es wird jedoch auch ein nur gegen den führenden Versicherer wegen dessen Anteils erstrittenes Urteil oder ein nach Rechtshängigkeit geschlossener Vergleich oder ein solcher Schiedsspruch von den Mitversicherern als für sie verbindlich anerkannt.

19.3 Der führende Versicherer ist nicht bevollmächtigt, für die Mitversicherer den Übergang von Rechten gemäß Ziff. 60.3 zu erklären.

19.4 Anzeigen und Willenserklärungen gelten mit Zugang beim führenden Versicherer auch als den Mitversicherern zugegangen.

20 Prämienzahlung

20.1 Der Versicherungsnehmer hat die Prämie für jeweils 3 Monate im Voraus zu zahlen. Der Versicherer kann die Zahlung sofort verlangen, wenn die Versicherung endet.

20.2 Eine Prämienzulage wird mit der nächsten Quartalsrate gezahlt.

20.3 Die Prämie muss innerhalb von 14 Tagen nach Beginn der 3 Monats Periode bei dem Versicherer eingegangen sein.

20.4 Wird die Prämie schuldhaft nicht rechtzeitig gezahlt, gerät der Versicherungsnehmer in Verzug, sobald ihm eine schriftliche Mahnung zugegangen ist. Der Versicherer kann ihn schriftlich zur Zahlung auffordern und eine Zahlungsfrist von mindestens 14 Tagen setzen.

20.5 Ist der Versicherungsnehmer nach Ablauf dieser Zahlungsfrist noch mit der Zahlung in Verzug, so ist der Versicherer von der Verpflichtung zur Leistung frei, wenn der Versicherungsfall vor der Zahlung eintritt.

20.6 Ist die Prämie innerhalb der genannten Frist nicht eingegangen, so hat der Versicherer das Recht, die Versicherung mit einer Frist von weiteren 14 Tagen zu kündigen. Kündigt der Versicherer, so endet die Versicherung mit dem Ablauf 14 Tage nach Zugang der Kündigungserklärung beim Versicherungsnehmer, es sei denn, sie endet schon vorher.

20.7 Zahlt der Versicherer die Versicherungssumme oder nach Ziff. 61.2.2 die Differenz zwischen der Versicherungssumme und dem zwischen dem Versicherer und dem Versicherten vereinbarten Wert oder dem Versteigerungserlös des Schiffes, so ist die Jahresprämie zu zahlen. Der noch nicht vorausbezahlte Teil der Jahresprämie ist ohne Abzug eines Rabattes zu bezahlen, jedoch unter Abzug von Rückgaben, auf die der Versicherungsnehmer Anspruch hat. Ist der Vertrag für

mehr als ein Jahr geschlossen, gilt als Jahresprämie die Prämie des laufenden Versicherungsjahres.
20.8 Der Versicherungsnehmer kann mit noch nicht fälligen Gegenforderungen gegen die Prämienforderung nur aufrechnen, falls der Versicherer schriftlich zustimmt.
20.9 Der Versicherer ist berechtigt, fällige Schäden gegen die nächste zu zahlende Prämienrate zu verrechnen.

21 Aufliegen

21.1 Zeigt der Versicherungsnehmer dem Versicherer an, dass er das Schiff auflegen will, richtet sich die Deckung vom Moment des Aufliegens, keinesfalls aber vor Zugang der Anzeige nach den folgenden Bestimmungen.
21.2 Als aufgelegt im Sinne der Police gilt ein Schiff,
21.2.1 das an einem mit dem Versicherer vereinbarten Ort aufgelegt wird,
21.2.2 das unbeladen ist,
21.2.3 an dem oder auf dem keine feuergefährlichen Arbeiten ausgeführt werden,
21.2.4 das mit nicht weniger als der nach den anwendbaren Vorschriften Mindestbesatzung besetzt ist,
21.2.5 das mindestens 30 volle Tage aufgelegt ist und
21.2.6 bei dem die Kaskotaxe nicht für die Dauer des Aufliegens durch Vereinbarung reduziert ist.
21.3 Der Versicherungsschutz für ein aufgelegtes Schiff bleibt vollen Umfangs aufrecht erhalten, beschränkt sich aber in Abänderung von Ziff. 23 auf das Revier des mit dem Versicherer vereinbarten Aufliegeorts.
21.4 Bevor das Schiff wieder in Fahrt gesetzt wird, ist der Versicherungsnehmer verpflichtet:
21.4.1 bei einem Aufliegezeitraum von bis zu drei Monaten die Empfehlungen der Klassifikationsgesellschaft und der Maschinenhersteller zur Wiederinbetriebnahme einzuhalten und deren Einhaltung zu dokumentieren;
21.4.2 bei einem Aufliegezeitraum von mehr als drei Monaten neben der Beachtung von Ziff. 21.4.1 auf eigene Kosten einen Sachverständigen für eine Wiederinfahrtsetzungs Besichtigung, die nicht früher als 15 Tage vor Wiederinfahrtsetzen des Schiffes durchgeführt werden darf, zu bestellen und dem Versicherer dessen Bericht vorzulegen;
21.4.3 die gegebenenfalls vom Sachverständigen gemäß Ziff. 21.4.2 festgestellten Schäden oder Mängel zu beseitigen.
21.5 Der örtliche Deckungsbereich der Versicherung entspricht wieder den vereinbarten Fahrtgrenzen, sobald der Versicherungsnehmer die Beendigung des Aufliegens anzeigt und das Schiff wieder in Fahrt gesetzt ist.
21.6 Für die Zeit des Aufliegens werden die mit dem Versicherer vereinbarten Prämienrückgaben gewährt. Die Prämienrückgabe erfolgt quartalsweise im Nachhinein.

VI Anzeigepflicht, Gefahränderung
22 Vorvertragliche Anzeigepflicht des Versicherungsnehmers

22.1 Der Versicherungsnehmer hat beim Abschluss des Vertrages alle für die Übernahme des Versicherungsschutzes gefahrerheblichen Umstände anzuzeigen, es sei denn, die Umständen sind allgemein bekannt, und die gestellten Fragen wahrheitsgemäß und vollständig zu beantworten. Gefahrerheblich sind die Umstände, die geeignet sind, auf den Entschluss des Versicherers, den Vertrag überhaupt oder mit dem vereinbarten Inhalt abzuschließen, Einfluss auszuüben. Ein Umstand, nach dem der Versicherer ausdrücklich oder schriftlich gefragt hat, gilt im Zweifel als gefahrerheblich. Wird der Vertrag von einem Vertreter des Versicherungsnehmers geschlossen und kennt dieser den gefahrerheblichen Umstand, muss sich der Versicherungsnehmer so behandeln lassen, als habe er selbst davon Kenntnis gehabt.

22.2 Bei unvollständigen oder unrichtigen Angaben ist der Versicherer von der Verpflichtung zur Leistung frei. Der Versicherer kann ferner innerhalb eines Monats von dem Zeitpunkt an, in dem er Kenntnis von dem nicht oder unrichtig angezeigten Umstand erlangt hat, den Vertrag mit einer Frist von 14 Tagen kündigen.
Dies gilt auch dann, wenn die Anzeige deshalb unterblieben ist, weil der Versicherungsnehmer den Umstand infolge von grober Fahrlässigkeit nicht kannte.
Ist der Versicherungsfall bereits eingetreten, darf der Versicherer den Versicherungsschutz nicht versagen, wenn der Versicherungsnehmer nachweist, dass die unvollständige oder unrichtige Angabe weder auf den Eintritt des Versicherungsfalls noch auf den Umfang der Leistungspflicht Einfluss gehabt hat.
Verweigert der Versicherer die Leistung, kann der Versicherungsnehmer den Vertrag kündigen. Das Kündigungsrecht erlischt, wenn es nicht innerhalb eines Monats von dem Zeitpunkt an ausgeübt wird, zu welchem dem Versicherungsnehmer die Entscheidung des Versicherers, die Leistung zu verweigern, zugeht.

22.3 Der Versicherer bleibt zur Leistung verpflichtet und ihm steht kein Kündigungsrecht zu, wenn er die gefahrerheblichen Umstände oder deren unrichtige Anzeige kannte.

22.4 Der Versicherer bleibt zur Leistung verpflichtet, wenn der Versicherungsnehmer nachweist, dass die unrichtigen oder unvollständigen Angaben weder von ihm noch von seinem Vertreter schuldhaft gemacht wurden.

22.5 Bleibt der Versicherer mangels Verschulden des Versicherungsnehmers oder dessen Vertreter zur Leistung verpflichtet, gebührt dem Versicherer eine der höheren Gefahr entsprechend zu vereinbarende Zuschlagsprämie. Das Gleiche gilt, wenn bei Abschluss des Vertrages ein gefahrerheblicher Umstand schuldlos nicht bekannt war.

22.6 Das Recht des Versicherers, den Vertrag wegen arglistiger Täuschung über Gefahrumstände anzufechten, bleibt unberührt.

23 Fahrtgrenzen

Je nachdem, welches Fahrtgebiet vereinbart ist, gilt:

23.1 Europäische Fahrten

Versichert sind Fahrten zwischen allen europäischen Plätzen und allen Plätzen am Mittelmeer und Schwarzen Meer, begrenzt

23.1.1 nördlich 70° N, jedoch ausschließlich Grönland.

Ausgenommen von dieser Einschränkung sind:
Fahrten zu allen Plätzen in Norwegen, in die Kola – Bucht sowie nach Murmansk, vorausgesetzt, dass das Schiff nie nördlich 72° 30' N oder östlich 35° E navigiert, Fahrten von und nach dem Weißen Meer, wenn Honnigsvaag auf der Hinreise nicht vor dem 10. Mai passiert und die Rückreise vom letzten Hafen des Weißen Meeres nicht nach dem 31. Oktober angetreten wird.

23.1.2 im Gebiet der Ostsee: Für Schiffe mit mehr als 90.000 TDW Aufenthalt östlich 28° 45' E.

23.1.3 südlich an der Atlantikküste Afrikas bis einschließlich Casablanca.

23.1.4 westlich einschließlich Island, jedoch ausschließlich Kanarische Inseln und Azoren.

23.2 Weltweite Fahrten

Versichert sind Fahrten nach und von allen Plätzen. Ausgeschlossen sind jedoch Fahrten:

23.2.1 nördlich 70° N.

Ausgenommen von dieser Einschränkung sind:
Fahrten zu allen Plätzen in Norwegen, in die Kola – Bucht sowie nach Murmansk, vorausgesetzt, dass das Schiff nie nördlich 72° 30' N oder östlich 35° E navigiert, Fahrten von und nach dem Weißen Meer, wenn Honnigsvaag auf der Hinreise nicht vor dem 10. Mai passiert und die Rückreise vom letzten Hafen des Weißen Meeres nicht nach dem 31. Oktober angetreten wird.

23.2.2 im Gebiet der Ostsee: Für Schiffe mit mehr als 90.000 TDW Aufenthalt östlich 28° 45' E.

23.2.3 in den Hoheitsgewässern Grönlands.

23.2.4 südlich 50° S.

Ausgenommen von dieser Einschränkung sind:
Fahrten nach und von Plätzen in Argentinien, Chile und den FalklandInseln sowie Fahrten von und nach Plätzen des erlaubten Fahrtgebietes.

23.2.5 Nordamerika Ost:

23.2.5.1 Nördlich von 52° 10' N und zwischen 50° W und 100° W.

23.2.5.2 in dem/der und auf: Sankt Lorenz Golf, Sankt Lorenz Strom und seiner Nebenflüsse (östlich von Les Escoumins), Straße von Belle Isle (westlich von Belle Isle), Cabot Straße (westlich einer Linie zwischen Kap Ray und Cape North) und Straße von Canso (nördlich der Canso Causeway) zwischen dem 21. Dezember und 30. April eines jeden Jahres.

23.2.5.3 auf dem Sankt Lorenz Strom und seiner Nebenflüsse (westlich von Les Escoumins) zwischen dem 1. Dezember und 30. April eines jeden Jahres.

23.2.5.4 auf dem Sankt Lorenz Seeweg sowie Grosse Seen.
23.2.6 Nordamerika West:
23.2.6.1 Nördlich von 54° 30' N und zwischen 100° W und 170° W.
23.2.6.2 zu den Plätzen an den Queen Charlotte Inseln oder den Aleuten Inseln.
23.2.7 Indischer Ozean:
in den Hoheitsgewässern der Kerguelen, Crozet Inseln und der Prinz Edward Inseln
23.2.8 Ostasien:
23.2.8.1 im Ochotskischen Meer nördlich von 56° N und östlich von 140° E zwischen dem 1. November und 1. Juni eines jeden Jahres.
23.2.8.2 im Ochotskischen Meer nördlich von 53° N und westlich von 140° E zwischen dem 1. November und 1. Juni eines jeden Jahres.
23.2.8.3 in Ostasiatischen Gewässern nördlich von 46° N. und westlich der Kurilen und westlich der Kamtschatka Halbinsel zwischen dem 1. Dezember und 1. Mai eines jeden Jahres.
23.2.9 Im Gebiet der Beringsee:
in der Beringsee, außer direkte Durchfahrten unter Einhaltung folgender Voraussetzungen:
23.2.9.1 Fahrten nicht nördlich von 54° 30' N,
23.2.9.2 Ein- und Ausfahrten lediglich westlich von Buldir Island oder über die Amchitka, Amukta oder Unimak Passagen,
23.2.9.3 das Schiff ordnungsgemäß ausgestattet mit zwei unabhängigen Radargeräten, zwei unabhängigen Satellitennavigationssystemen (z.B. GPS-Empfänger), einem Kreiselkompass und einer Kommunikationsausrüstung, die mindestens dem GMDSS Standard für Area 3 entspricht, und
23.2.9.4 das Schiff ist im Besitz der entsprechenden Seekarten und von Lotsenbüchern in der jeweils aktuellen Fassung.
23.3 Überschreiten der vereinbarten Fahrtgrenzen ist Gefahränderung

24 Gefahränderung

24.1 Der Versicherungsnehmer darf die Gefahr ändern und die Änderung durch einen Dritten gestatten, ohne dass dadurch die sonstigen Rechte und Pflichten der Parteien berührt werden.
24.2 Ändert der Versicherungsnehmer die Gefahr oder erlangt er von einer Gefahränderung Kenntnis, so hat er dies dem Versicherer unverzüglich anzuzeigen.
24.3 Hat der Versicherungsnehmer eine Gefahrerhöhung nicht angezeigt, so ist der Versicherer von der Verpflichtung zur Leistung frei, es sei denn, die Verletzung der Anzeigepflicht beruhte weder auf Vorsatz noch auf grober Fahrlässigkeit oder die Gefahrerhöhung hatte weder Einfluss auf den Eintritt des Versicherungsfalles noch auf den Umfang der Leistungspflicht des Versicherers.
24.4 Dem Versicherer gebührt für die Gefahrerhöhung eine zu vereinbarende Zuschlagsprämie, es sei denn, die Gefahrerhöhung war durch das Interesse des

Versicherers oder durch ein Gebot der Menschlichkeit veranlasst oder durch ein versichertes, das Schiff bedrohendes Ereignis geboten.
24.5 Als Gefahränderung werden insbesondere angesehen:
24.5.1 Docken oder Slippen mit Ladung;
24.5.2 nicht übliches Schleppen oder Geschlepptwerden, ausgenommen in Fällen von Seenot;
24.5.3 Überschreiten der vereinbarten Fahrtgrenzen;
24.5.4 Umschlag auf hoher See zwischen Seeschiffen;
24.5.5 Regressverzicht über das übliche Maß hinaus;
24.5.6 Einsatz des Schiffes bei militärischen Manövern
24.5.7 Wechsel der Flagge.

25 Wechsel der Bereederung
25.1 Wird die Bemannung oder die Ausrüstung oder die Inspektion des Schiffes auf einen anderen übertragen, so hat der Versicherungsnehmer diesen Umstand dem Versicherer vor der Übertragung anzuzeigen.
25.2 Der Versicherer hat das Recht, die Versicherung innerhalb von 14 Tagen nach Erhalt der Anzeige mit einer Frist von 14 Tagen zu kündigen.
25.3 Kündigt der Versicherer, so bleibt die Bestimmung der Ziff. 9.2 unberührt.
25.4 Die Prämie wird wie bei der Veräußerung eines Schiffes abgerechnet.
25.5 Der Versicherer ist von der Verpflichtung zur Leistung frei, wenn die Anzeige unterbleibt, es sei denn, die Verletzung der Anzeigepflicht beruhte weder auf Vorsatz noch auf grober Fahrlässigkeit oder die Übertragung der Bemannung oder der Ausrüstung oder der Inspektion des Schiffes auf einen anderen hatte weder Einfluss auf den Eintritt des Versicherungsfalles noch auf den Umfang der Leistungspflicht des Versicherers.

26 Klassifikation
26.1 Der Versicherungsnehmer hat dem Versicherer den Wechsel der Klassifikationsgesellschaft vor dem Wechsel anzuzeigen. Der Versicherer hat das Recht, die Versicherung für das betroffene Schiff innerhalb von 14 Tagen nach Erhalt der Anzeige mit einer Frist von 14 Tagen zu kündigen.
26.2 Der Versicherer ist von der Verpflichtung zur Leistung frei, wenn die Anzeige unterbleibt, es sei denn, die Verletzung der Anzeigepflicht beruhte weder auf Vorsatz noch auf grober Fahrlässigkeit oder der Wechsel der Klassifikationsgesellschaft hatte weder Einfluss auf den Eintritt des Versicherungsfalles noch auf den Umfang der Leistungspflicht des Versicherers.
26.3 Im Falle von Auslaufen, Einschränkung oder Entzug der Klasse endet die Versicherung zu dem Zeitpunkt, zu dem das Schiff ohne Zustimmung der Klassifikationsgesellschaft die Reise fortsetzt oder neu antritt.
26.4 Der Versicherer ist vom Versicherungsnehmer bevollmächtigt, von der Klassifikationsgesellschaft direkt Auskunft über alle dort zum versicherten Schiff bestehenden Erkenntnisse zu verlangen und Einsicht in die Unterlagen der Klassifikationsgesellschaft zu nehmen. Auf Verlangen des Versicherers ist der Versicherungsneh-

mer verpflichtet, eine schriftliche Vollmacht zur Einsichtnahme in die Unterlagen der Klassifikationsgesellschaft auszustellen.

VII Umfang der Haftung des Versicherers

27 Umfang der Haftung im Allgemeinen

Der Versicherer trägt, soweit nicht ein anderes bestimmt ist, alle Gefahren, denen das Schiff während der Dauer der Versicherung ausgesetzt ist. Er haftet insbesondere für einen Schaden, der durch Eindringen von Seewasser, Schiffszusammenstoß, Strandung, Schiffbruch, Brand, Explosion, Blitzschlag, Erdbeben, Eis oder durch Diebstahl, Plünderung oder andere Gewalttätigkeiten verursacht wird. Er haftet jedoch für einen Schaden nur in dem durch diese Bedingungen bestimmten Umfang, insbesondere nicht für die Belastung des versicherten Gegenstandes mit Schiffsgläubigerrechten oder für den Schaden, der durch eine Verzögerung der Reise verursacht wird.

28 Havarie-grosse

28.1 Erklärt der Versicherungsnehmer Havarie-grosse, umfasst die Versicherung die von dem Versicherungsnehmer zu entrichtenden Beiträge zur Havarie-grosse, die zur Havarie-grosse gehörenden Aufopferungen des versicherten Gegenstandes und Aufwendungen des Versicherungsnehmers, soweit durch die Havarie-grosse-Maßnahme ein versicherter Schaden abgewendet werden sollte.

28.2 Der Versicherer leistet auch Ersatz für die vom Versicherungsnehmer im Fall der Havarie-grosse zu entrichtenden Beiträge für den auf den versicherten Gegenstand entfallenden Anteil

28.2.1 des Bergelohns, in dem Sachkunde und die Anstrengungen des Bergers in Bezug auf die Verhütung und Begrenzung von Umweltschäden gemäß Art. 13 Ziff. 1 b) Internationales Übereinkommen über Bergung 1989 berücksichtigt sind sowie

28.2.2 der Aufwendungen für die Verhütung und Begrenzung von Umweltschäden, soweit sie gemäß Regeln VI und XI (d) York-Antwerpener-Regeln 1994 berücksichtigt werden.

28.3 Der Versicherer leistet Ersatz für den auf den versicherten Gegenstand entfallenden Anteil der Aufwendungen gemäß Ziff. 28.2.2 bis zur Höhe des im Versicherungsvertrag vereinbarten Betrages. Bei Zusammentreffen von Kosten gemäß Ziff. 28.2 mit anderen ersatzpflichtigen Aufwendungen, Kosten oder Schäden ist der Versicherungsschutz durch die Versicherungssumme begrenzt.
Die Ziff. 28.2.1 und 28.2.2 gelten entsprechend, wenn die Dispachierung nicht auf der Grundlage der York-Antwerpener-Regeln 1994 vereinbart wird.

28.4 In keinem Fall leistet der Versicherer Ersatz für die vom Versicherungsnehmer im Fall der Havarie-grosse zu entrichtenden Beiträge für den auf den versicherten Gegenstand entfallenden Anteil einer Sondervergütung gemäß Art. 14 des Internationalen Übereinkommens über Bergung 1989 oder von Kosten oder Aufwendungen aufgrund einer SCOPIC-Klausel oder einer ähnlichen Vereinbarung in einem Bergungsvertrag.

28.5 Fährt das Schiff ohne Ladung oder sind ausschließlich Güter des Reeders verladen, gelten die Policenbestimmungen für Havarie-grosse sowie die York-Antwerpener Regeln 1994 mit Ausnahme der Regeln XX und XXI sinngemäß.

28.6 Ist hierfür Versicherungsschutz besonders vereinbart, kann der Versicherungsnehmer, wenn er darauf verzichtet, von anderen Beteiligten Havarie-grosse-Beiträge zu fordern, vom Versicherer bis zur vereinbarten Höhe Ersatz aller Havarie-grosse Aufopferungen und Aufwendungen, die er eingegangen ist, verlangen. Die Berechnung dieser Beträge erfolgt auf der Grundlage der York-Antwerpener Regeln 1994 mit Ausnahme der Regeln XX und XXI sinngemäß; die Kosten der Berechnung sind bis zur vereinbarten Höhe ersatzfähig. Stellt der Versicherungsnehmer dieses Verlangen, stehen ihm gegen den Versicherer keine weiteren Ansprüche wegen Havarie-grosse mehr zu.
Ansprüche gemäß diesem Absatz unterliegen nicht der Abzugsfranchise.
Der Versicherer verzichtet auf den Übergang von Ansprüchen, die dem Versicherungsnehmer gegen andere Beteiligte der Havarie-grosse Gemeinschaft zustehen.

29 Beiträge

29.1 Der Umfang der Haftung des Versicherers für die Beiträge wird durch die Dispache bestimmt. Wird die Dispachierung aufgrund der York Antwerpener Regeln vereinbart, gelten diese im Zweifel in der Fassung von 1994.

29.2 Die Dispache ist von einer nach dem Gesetz oder nach dem Ortsgebrauch dazu berufenen Person aufzumachen.

29.3 Die Dispache ist am Bestimmungsort oder, wenn dieser nicht erreicht wird, an dem Ort, wo die Reise endigt, aufzumachen. An die Stelle dieses Ortes tritt, wenn an ihm eine nach Ziff. 29.2 geeignete Person nicht ansässig ist, der nächstliegende Ort, an dem eine solche Person ansässig ist. Haben die Beteiligten im Voraus vereinbart, dass die Dispache an einem anderen Ort aufzumachen ist, so ist dieser Ort maßgebend.

29.4 Die Dispache ist nach den Vorschriften aufzumachen, die an dem Orte, an dem die Dispache aufgemacht wird, für die Aufmachung einer Dispache im Falle einer Havarie-grosse gelten. An die Stelle dieser Vorschriften treten die Vorschriften, die an dem Ort des Heimathafens des Schiffes für die Aufmachung einer Dispache im Falle einer Havarie-grosse gelten, oder die York Antwerp Rules, wenn nach den zwischen den Beteiligten im Voraus getroffenen Vereinbarungen die Dispache gemäß diesen Bestimmungen aufzumachen ist. Kosten, die dadurch entstanden sind, dass die in einem Nothafen ausgeladenen Güter für Rechnung der an der Havarie-grosse Beteiligten gegen Feuergefahr versichert worden sind, fallen dem Versicherer auch dann zur Last, wenn sie nach den für die Aufmachung der Dispache maßgebenden Vorschriften nicht zu berücksichtigen sind.

29.5 Der Versicherungsnehmer hat bei der Aufmachung der Dispache das Interesse des Versicherers wahrzunehmen. Insbesondere hat der Versicherer Kosten, die dem Versicherungsnehmer durch die Auseinandersetzung der an der Havarie-grosse Beteiligten entstanden sind, nur insoweit zu ersetzen, als sie erforderlich waren.

29.6 Die Dispache ist auch dann maßgebend, wenn die für ihre Aufmachung geltenden Vorschriften unrichtig angewendet oder wenn tatsächliche Unrichtigkeiten in ihr enthalten sind, es sei denn, dass der Versicherungsnehmer die Unrichtigkeit zu vertreten hat.

29.7 Steht dem Versicherungsnehmer wegen der Unrichtigkeit der Dispache ein Anspruch gegen einen an der Havarie-grosse Beteiligten zu, so geht der Anspruch auf den Versicherer über, soweit dieser den Versicherungsnehmer entschädigt. Auf den Übergang finden die Bestimmungen der Ziff. 50 und 51 entsprechende Anwendung.

30 Aufopferungen und Aufwendungen in Havarie-grosse

30.1 Der Versicherer haftet bei Vorliegen einer Havarie-grosse für Aufopferungen des versicherten Gegenstandes nach den für seine Haftung für Teilschäden und für Aufwendungen des Versicherungsnehmers nach den dafür geltenden Bestimmungen.

30.2 Der Anspruch auf die dem Versicherungsnehmer zustehende Vergütung geht mit seiner Entstehung auf den Versicherer über. Der Versicherer hat jedoch, wenn die Vergütung die Entschädigung mit Einschluss der zur Geltendmachung des Vergütungsanspruchs gemachten Aufwendungen übersteigt, den Überschuss dem Versicherungsnehmer herauszugeben. Im Übrigen finden auf den Übergang die Bestimmungen der Ziff. 50 und 51 entsprechende Anwendung.

31 Versicherte Aufwendungen und Kosten

31.1 Der Versicherer ersetzt auch:

31.1.1 die Aufwendungen, die der Versicherungsnehmer bei dem Eintritt des Versicherungsfalls zur Abwendung oder Minderung eines unter der Versicherung zu ersetzenden Schadens macht und den Umständen nach für geboten halten durfte;

31.1.2 die Aufwendungen, die der Versicherungsnehmer bei dem Eintritt des Versicherungsfalls gemäß den Weisungen des Versicherers oder eines von ihm benannten und in der Police namentlich bezeichneten Beauftragten macht;

31.1.3 die Kosten, die durch die Ermittlung und Feststellung des vom Versicherer zu ersetzenden Schadens entstehen, soweit ihre Aufwendung den Umständen nach geboten war. Jedoch hat der Versicherer die Kosten nicht zu erstatten, die dem Versicherungsnehmer durch die Hinzuziehung Dritter entstehen, es sei denn, dass der Versicherungsnehmer nach dem Vertrag zu der Hinzuziehung verpflichtet war oder der Versicherer die Hinzuziehung verlangt hatte.

31.2 Die in Ziff. 31.1.1 und 31.1.2 bezeichneten Aufwendungen ersetzt der Versicherer auch dann, wenn sie erfolglos bleiben; der Versicherer hat den für die Aufwendungen erforderlichen Betrag auf Verlangen des Versicherungsnehmers vorzuschießen. Ist ein Teil des Versicherungswertes nicht versichert und ist streitig, ob die Befolgung der Weisungen des Versicherers zur Abwendung oder Minderung des Schadens geboten erscheint, so hat der Versicherer den Betrag der durch die

Befolgung entstehenden Aufwendungen auch insoweit vorzuschießen, als die Aufwendungen nicht ersetzt werden; der Versicherer ist verpflichtet, die ganzen, gemäß seinen Weisungen gemachten, Aufwendungen zu ersetzen, wenn er die Befolgung der Weisungen den Umständen nach nicht für geboten halten durfte und die Aufwendungen erfolglos geblieben sind.

31.3 Der Versicherer leistet dem Versicherungsnehmer auch Ersatz

31.3.1 für den Bergelohn, in dem die Sachkunde und die Anstrengungen des Bergers in Bezug auf die Verhütung und die Begrenzung von Umweltschäden gemäß Art. 13 Ziff. 1 b) Internationales Übereinkommen über Bergung 1989 berücksichtigt sind sowie

31.3.2 für Aufwendungen für die Verhütung und Begrenzung von Umweltschäden, soweit sie gemäß Regeln VI und XI (d) York-Antwerpener-Regeln 1994 berücksichtigt werden

31.3.3 Der Versicherer leistet zu Ziff. 31.3.2 Ersatz bis zur Höhe des im Versicherungsvertrag vereinbarten Betrages.

Bei Zusammentreffen von Kosten gemäß Ziff. 31.3 mit ersatzpflichtigen Aufwendungen, Kosten und Schäden ist der Versicherungsschutz durch die Versicherungssumme begrenzt.

31.3.4 Der Versicherer leistet keinen Ersatz für Sondervergütung gemäß Art. 14 des Internationalen Übereinkommens über Bergung 1989 oder für Kosten und Aufwendungen aufgrund einer SCOPIC-Klausel oder einer ähnlichen Vereinbarung in einem Bergungsvertrag.

32 Sicherheitsleistung

Ist der Versicherungsnehmer zur Sicherheitsleistung für einen versicherten Schaden oder versicherte Aufwendungen verpflichtet oder ist hierfür eine Sicherheitsleistung zur Abwendung eines drohenden Arrestes geboten, so übernimmt der Versicherer nach den Bedingungen der Police eine Garantie oder zahlt den zur Hinterlegung erforderlichen Betrag.

33 Einhaltung von Schiffssicherheitsbestimmungen und Seetüchtigkeit

33.1 Einhaltung von Schiffssicherheitsbestimmungen (gilt sofern nicht in der Police die Geltung von Ziff. 33.2 – Seetüchtigkeit; Gefährliche Ladung, Massengut – vereinbart ist)

33.1.1 Schiffssicherheitsbestimmungen sind alle anwendbaren Bestimmungen in internationalen Konventionen, Gesetzen, Verordnungen oder Regeln von Klassifikationsgesellschaften, die dem sicheren Betrieb des Schiffes dienen.

33.1.2 Verletzt der Versicherungsnehmer eine Schiffssicherheitsbestimmung, ist der Versicherer von der Verpflichtung zur Leistung frei. Der Versicherer bleibt aber ersatzpflichtig, wenn der Versicherungsnehmer nachweist, dass die Verletzung der Bestimmung keinen Einfluss auf die Art und das Ausmaß des Schadens hatte oder dass die Verletzung der Bestimmung weder auf Vorsatz noch auf grober Fahrlässigkeit beruht.

33.1.3 Ist die Verletzung von Schiffssicherheitsbestimmungen vom Kapitän zu vertreten, so hat der Versicherungsnehmer diese insoweit nicht zu vertreten, als er nachweist, dass die Verletzung nicht auf Vorsatz oder grober Fahrlässigkeit bei der erforderlichen Organisation des Schiffsbetriebs beruht.

33.2 Seetüchtigkeit; Gefährliche Ladung, Massengut (gilt nur, wenn in der Police vereinbart)

33.2.1 Seetüchtigkeit

33.2.1.1 Der Versicherer leistet keinen Ersatz für einen Schaden, der dadurch verursacht ist, dass das Schiff nicht seetüchtig, insbesondere nicht gehörig ausgestattet, bemannt oder beladen oder ohne die zum Ausweis von Schiff, Besatzung und Ladung erforderlichen Papiere der Berufsgenossenschaft Transport und Verkehr (BG Verkehr) oder – bei ausländischer Flagge – der zuständigen Behörde oder ohne die höchste Klasse einer anerkannten Klassifikationsgesellschaft in See gesandt wurde.

33.2.1.2 Dies gilt nicht, wenn der Versicherungsnehmer die Seeuntüchtigkeit nicht zu vertreten hat.

33.2.1.3 Ist die Seeuntüchtigkeit vom Kapitän zu vertreten, so hat der Versicherungsnehmer dieses insoweit nicht zu vertreten, als er nachweist, alles Erforderliche getan zu haben, das Schiff seetüchtig in See zu senden und organisatorisch sichergestellt hat, dass auch die Schiffsführung die geltenden Vorschriften und Regeln guter Seemannschaft beachten und umsetzen kann.

33.2.2 Gefährliche Ladung, Massengut

33.2.2.1 Der Versicherer leistet keinen Ersatz für Schäden durch Güter, die nach den deutschen Vorschriften über die Beförderung gefährlicher Güter nicht oder nur bedingt befördert werden dürfen, wenn bei ihrer Beförderung gegen diese Vorschriften verstoßen wurde und der Schaden auf diesem Verstoß beruht, es sei denn, der Versicherungsnehmer weist nach, dass er die Vorschriften beachtet und das Erforderliche getan hat, um ihre Einhaltung bei der Beförderung sicherzustellen, oder dass er die Beförderung weder kannte noch kennen musste.

33.2.2.2 Werden die Güter in einem ausländischen Hafen verladen, für den Vorschriften für die Beförderung gefährlicher Güter bestehen, so sind nach Wahl des Versicherungsnehmers entweder diese oder die deutschen Vorschriften maßgebend

33.2.3 Für Schäden durch lose verschifftes Massengut sind die Bestimmungen der Klausel 33.2.2.1 und 33.2.2.2 entsprechend anzuwenden im Hinblick auf die gesetzlichen und behördlichen Vorschriften sowie die Bestimmungen und Richtlinien der Klassifikationsgesellschaft.

34 Verschulden des Versicherungsnehmers

34.1 Der Versicherer ist von der Verpflichtung zur Leistung frei, wenn der Versicherungsnehmer den Versicherungsfall vorsätzlich oder grob fahrlässig herbeiführt;

34.2 Der Versicherungsnehmer hat das Verhalten der Schiffsbesatzung als solcher nicht zu vertreten.

34.3 Für den Fall, dass Ziff. 33.1 (Einhaltung von Schiffssicherheitsbestimmungen) Bestandteil des Versicherungsvertrages ist, finden Ziff. 34.1 und 34.2 keine Anwendung, soweit Ziff. 33.1 anwendbar ist.

35 Krieg und Piraterie

35.1 Soweit nicht gemäß dem Sechsten Abschnitt versichert, sind ausgeschlossen
35.1.1 die Gefahren des Krieges, Bürgerkrieges oder kriegsähnlicher Ereignisse,
35.1.2 die Gefahren, die sich unabhängig vom Kriegszustand aus der feindlichen Verwendung von Kriegswerkzeugen ergeben,
35.1.3 die Gefahren, die sich aus dem Vorhandensein von Kriegswerkzeugen als Folge einer dieser Gefahren ergeben.
35.1.4 die Gefahr der Piraterie. Besteht keine Versicherung nach dem Sechsten Abschnitt, kann zwischen dem Versicherer und dem Versicherungsnehmer vereinbart werden, dass die Gefahren der Piraterie gegen eine Mehrprämie bis zur vereinbarten Höhe versichert sind.
35.2 Die Versicherer dieser Police leisten keinen Ersatz, soweit durch diese Police versicherte Gefahren dem Grunde oder der Höhe nach durch eine Kriegsversicherung gedeckt sind oder nur deshalb nicht gedeckt sind, weil unter der Kriegsversicherung wegen der Existenz der hier geregelten Versicherung kein Versicherungsschutz besteht.

36 Besondere Waffen und Cyberangriffe

36.1 Ausgeschlossen sind Verlust, Beschädigung, Haftung oder Kosten, soweit sie direkt oder indirekt von einer oder mehrerer der nachfolgend bezeichneten Gefahren verursacht wurden oder daraus entstanden sind, oder wenn diese Gefahren beigetragen haben:
36.1.1 jegliche chemischen, biologischen, bio chemischen, elektromagnetischen, nuklearen oder atomaren Waffen;
36.1.2 der als Mittel der Schadenszufügung erfolgende Gebrauch oder Einsatz von jeder Art von Computern, Computersystemen, Computersoftware, schädlicher Codes, Computerviren, Prozessabläufen oder irgendeines anderen elektronischen Systems.
Sofern diese Ziffer Bestandteil einer Kriegsversicherung nach dem Sechsten Abschnitt ist, findet Ziff. 36.1 keine Anwendung auf ansonsten ersatzpflichtige Schäden, die durch den Gebrauch von jeglichen Computern, Computersystemen, Computersoftware oder jeglichen elektronischen Systemen in Zusammenhang mit Start- oder Führungssystemen oder Abschussmechanismen jeder Art von Waffe oder Flugkörpers entstehen.

37 Gewalthandlungen und Piraterie

37.1 Versicherungsschutz gegen die Gefahren von terroristischen oder politischen Gewalthandlungen, Arbeitsunruhen, Aufruhr, inneren Unruhen und der Piraterie, letztere soweit gemäß Ziff. 35.1.4 mitversichert, besteht nur insoweit, als für diese

	Gefahren nicht Versicherungsschutz unter einem anderen Versicherungsvertrag besteht.
37.2	Die Versicherung gegen die in Ziff. 37.1 genannten Gefahren kann jederzeit einzeln oder insgesamt mit einer Frist von 14 Tagen gekündigt werden.
37.3	Der Versicherungsnehmer kann daraufhin den gesamten Vertrag mit einer Frist von einer Woche schriftlich kündigen.

38 Verfügungen von hoher Hand

38.1	Ausgeschlossen sind die Gefahren der Beschlagnahme oder sonstigen Entziehung durch Verfügung von hoher Hand.
38.2	Für einen durch gerichtliche Verfügung oder ihre Vollstreckung entstehenden Schaden bleibt die Verpflichtung des Versicherers zur Leistung bestehen, wenn der Versicherer dem Versicherungsnehmer zu ersetzen hat, was dieser zur Befriedigung des der Verfügung zugrundeliegenden Anspruchs leisten muss.
38.3	Für durch Maßnahmen einer staatlichen Behörde, die sie in Ausübung hoheitlicher Gewalt trifft, um eine drohende Umweltverschmutzung zu verhüten oder eine bereits eingetretene zu vermindern, am Schiff unmittelbar eintretende Schäden bleibt die Verpflichtung des Versicherers zur Leistung bestehen, wenn das Ereignis, welches die drohende oder eingetretene Gewässerverschmutzung ausgelöst hat, die Folge einer versicherten Gefahr ist und die Maßnahme der staatlichen Behörde nicht durch Verschulden des Versicherungsnehmers bei der Verhütung drohender oder der Verminderung eingetretener Gewässerverschmutzung verursacht worden ist.

39 Kernenergie

39.1	Ausgeschlossen sind Verlust, Beschädigung, Haftung oder Kosten, soweit sie direkt oder indirekt von einer oder mehrerer der nachfolgend bezeichneten Gefahren verursacht wurden, oder wenn diese Gefahren beigetragen haben oder sie daraus entstanden sind:
39.1.1	radioaktive Strahlung oder radioaktive Kontamination durch nukleare Brennstoffe oder nuklearen Abfall oder durch die Verbrennung von nuklearem Brennstoff;
39.1.2	radioaktive, giftige, explosive oder anderweitig gefährliche Eigenschaften einer nuklearen Einrichtung, eines nuklearen Reaktors oder eines sonstigen nuklearen Gebildes oder einer Komponente davon.
39.2	Mit dem führenden Versicherer kann mit Wirkung für alle Mitversicherer vereinbart werden, dass der Versicherer gegen Zahlung einer Zuschlagsprämie bis zu einem vereinbarten Betrag Ersatz leistet für Schäden am versicherten Schiff selbst, die als Folge eines durch die Kaskopolice versicherten Ereignisses durch radioaktive Isotope verursacht werden, die sich aus kommerziellen, landwirtschaftlichen, medizinischen, wissenschaftlichen oder sonstigen friedlichen Zwecken als Ladung
	– an Bord des versicherten Schiffes oder
	– im Falle einer Kollision von Schiffen an Bord eines Kollisionsgegners befindet.

Insbesondere leistet der Versicherer Ersatz für Schäden durch radioaktive Kontamination, d.h. durch die Behaftung oder Verbindung des Schiffes, des Zubehörs oder der Ausrüstung mit radioaktiver Materie.
39.3 Eingeschlossen in die Ersatzleistung sind gemäß Ziff. 39.2 die infolge eines Versicherungsfalls notwendigen Aufwendungen für Isolierungs- und Dekontaminierungsmaßnahmen und für die Verbringung isolierter oder dekontaminierter Sachen an eine Lagerstätte (Dekontaminierungskosten).
Nicht eingeschlossen sind:
39.3.1 Lagereinrichtungskosten;
39.3.2 laufende Lagergebühren;
39.3.3 Aufwendungen für die Verbringung von der ersten Lagerstätte zu einer weiteren Zwischen oder zu einer Endlagerstätte sowie eine hierfür erforderliche technische Bearbeitung.
39.4 Der Versicherer leistet abweichend von Ziff. 39.2 und 39.3 jedoch keinen Ersatz, wenn bei der Beförderung radioaktiver Stoffe gegen die deutschen Vorschriften oder die Bestimmungen und Richtlinien der Klassifikationsgesellschaft verstoßen wurde und der Schaden auf diesem Verstoß beruht. Die Leistungsfreiheit des Versicherers tritt nicht ein, wenn der Versicherungsnehmer nachweist, dass er die genannten Vorschriften, Bestimmungen und Richtlinien beachtet sowie das Erforderliche getan hat, um ihre Einhaltung bei der Beförderung sicherzustellen, oder dass er die Beförderung weder kannte noch kennen musste.
Werden radioaktive Stoffe in einem ausländischen Hafen verladen, für den Vorschriften für die Beförderung solcher Stoffe bestehen, so sind nach Wahl des Versicherungsnehmers entweder diese oder die deutschen Vorschriften maßgebend.
39.5 Der Versicherer leistet insoweit nicht Ersatz, als der Versicherungsnehmer Ersatz von einem Dritten erlangt oder erlangen würde, wenn diese Versicherung nicht abgeschlossen wäre.

40 Abzugsfranchise

40.1 Ist eine Abzugsfranchise vereinbart, so wird sie auf jedes Schadenereignis angewendet. Wenn mehrere Schwerwetter- und Eisschäden während der Reise zwischen zwei aufeinanderfolgenden Häfen eingetreten sind, wird die Abzugsfranchise nur einmal angewendet.
40.2 Die Abzugsfranchise wird nicht angewendet:
40.2.1 bei Totalverlust und in den Fällen, die ihm gemäß Ziff. 60 gleichzuachten sind,
40.2.2 auf Beiträge zur Havarie-grosse,
40.2.3 auf Aufopferungen und Aufwendungen in Havarie-grosse,
40.2.4 auf Ersatzleistungen an Dritte,
40.2.5 auf die in Ziff. 31 bezeichneten Aufwendungen und Kosten.
40.3 Sind Abzüge für Eisschäden vereinbart, werden sie zusätzlich vorgenommen.

41 Grenzen der Haftung

41.1 Der Versicherer haftet für den während der versicherten Reise entstehenden Schaden nur bis zur Höhe der Versicherungssumme. Eine Reise beginnt mit dem Auslaufen des Schiffes aus einem Hafen oder dem Verlassen eines sonstigen Liegeplatzes und endet mit dem Einlaufen in einen Hafen oder dem Erreichen eines sonstigen Bestimmungsortes. Die zwischen zwei Reisen liegende Zwischenzeit wird der vorhergehenden Reise zugerechnet.

41.2 Beiträge zur Havarie-grosse, Havarie-grosse-Aufwendungen, mit Ausnahme der in Ziff. 28.2 geregelten Beiträge, und Aufwendungen, die der Versicherer gemäß Ziff. 31 zu ersetzen hat, fallen ihm ohne Rücksicht darauf zur Last, ob sie zusammen mit der übrigen Entschädigung die Versicherungssumme übersteigen.

41.3 Sind Aufwendungen zur Abwendung, Minderung, Ermittlung oder Feststellung eines Schadens oder zur Wiederherstellung oder Ausbesserung der durch einen Versicherungsfall beschädigten Sache gemacht oder Beiträge zur Havarie-grosse geleistet oder ist eine persönliche Verpflichtung des Versicherungsnehmers zur Entrichtung solcher Beiträge entstanden, so haftet der Versicherer für einen Schaden, der durch einen späteren Versicherungsfall verursacht wird, ohne Rücksicht auf die ihm zur Last fallenden früheren Aufwendungen und Beiträge.

41.4 Soweit die Entschädigung und die Aufwendungen oder Beiträge die Versicherungssumme mit Rücksicht darauf übersteigen, dass der Versicherungsnehmer den einem Dritten zugefügten Schaden ersetzen muss, finden die Bestimmungen der Ziff. 41.2 und 41.3 keine Anwendung.

42 Abandon

42.1 Der Versicherer ist nach dem Eintritt des Versicherungsfalls berechtigt, sich durch Zahlung der Versicherungssumme von allen weiteren Verbindlichkeiten zu befreien (Abandon).

42.2 Der Versicherer bleibt trotz der Befreiung zum Ersatz der Kosten verpflichtet, die zur Abwendung oder Minderung des Schadens oder zur Wiederherstellung oder Ausbesserung der versicherten Sache verwendet worden sind, bevor seine Erklärung, dass er sich durch Zahlung der Versicherungssumme befreien wolle, dem Versicherungsnehmer zugegangen ist; den verwendeten Kosten stehen solche Kosten gleich, zu deren Zahlung der Versicherungsnehmer sich bereits verpflichtet hatte.

42.3 Das Recht, sich durch Zahlung der Versicherungssumme zu befreien, erlischt, wenn die in Ziff. 42.2 Satz 1 bezeichnete Erklärung dem Versicherungsnehmer nicht binnen fünf Werktagen nach dem Zeitpunkt, in dem der Versicherer von dem Versicherungsfall und seinen unmittelbaren Folgen Kenntnis erlangt hat, zugeht.

42.4 Der Versicherer erwirbt durch die Zahlung keine Rechte an den versicherten Gegenständen.

VIII Unfallanzeige, Schadensabwendung, Obliegenheitsverletzung

43 Schadensanzeige

Der Versicherungsnehmer hat jedes Schadenereignis dem Versicherer sowie einem von diesem ernannten und im Versicherungsvertrag namentlich bezeichneten Beauftragten unverzüglich anzuzeigen, auch wenn dadurch ein Entschädigungsanspruch für ihn nicht begründet wird, sofern das Schadenereignis für die von dem Versicherer zu tragende Gefahr erheblich ist.

44 Abwendung und Minderung des Schadens

Der Versicherungsnehmer hat bei dem Eintritte des Versicherungsfalls nach Möglichkeit für die Abwendung und Minderung des Schadens zu sorgen. Er hat dabei die Weisungen des Versicherers oder seines Beauftragten zu befolgen und, wenn die Umstände es gestatten, solche Weisungen einzuholen.

45 Auskunftserteilung und Beweissicherung

45.1 Der Versicherer kann nach dem Eintritt eines Schadenereignisses verlangen, dass der Versicherungsnehmer jede Auskunft erteilt, die zur Feststellung eines Versicherungsfalls oder des Umfangs der Leistungspflicht des Versicherers erforderlich ist. Belege kann der Versicherer insoweit fordern, als die Beschaffung dem Versicherungsnehmer billigerweise zugemutet werden kann; die Herbeiführung einer Verklarung kann er verlangen, wenn er an ihr ein berechtigtes Interesse hat.

45.2 Der Versicherungsnehmer ist verpflichtet, alle Beweismittel, die für die spätere Aufklärung des Schadenhergangs von Bedeutung sein können oder für die Geltendmachung von Regressansprüchen notwendig sind, zu beschaffen und sicherzustellen.

46 Rechtsfolgen von Obliegenheitsverletzungen

Verletzt der Versicherungsnehmer eine der in diesen Bedingungen genannten oder anderweitig im Versicherungsvertrag vereinbarten Obliegenheiten vorsätzlich oder grob fahrlässig, ist der Versicherer, soweit nicht anderweitig bestimmt, ohne gesonderte Mitteilung dieser Rechtsfolgen an den Versicherungsnehmer von der Verpflichtung zur Leistung frei. Der Versicherer bleibt zur Leistung verpflichtet, soweit die Verletzung der Obliegenheit weder für den Eintritt oder die Feststellung des Versicherungsfalls noch für die Feststellung oder den Umfang der Leistungspflicht des Versicherers ursächlich war.

IX Andienung, Auskunftserteilung, Fälligkeit der Entschädigung

47 Andienung des Schadens

47.1 Der Versicherungsnehmer hat einen Schaden, für den der Versicherer haftet, diesem binnen fünfzehn Monaten seit der Beendigung der Versicherung und, wenn das Schiff verschollen ist, seit dem Ablaufe der Verschollenheitsfrist durch eine schriftliche Erklärung anzudienen. Durch die Absendung der Erklärung wird die Frist gewahrt.

47.2 Der Entschädigungsanspruch des Versicherungsnehmers erlischt, wenn der Schaden nicht rechtzeitig angedient wird.

47.3 Diese Bestimmungen finden auf die von dem Versicherungsnehmer zu entrichtenden Beiträge zur Havarie-grosse keine Anwendung.

48 Schadensrechnung, Fälligkeit des Entschädigungsanspruchs

48.1 Wird der Schadenfall durch die Bundesstelle für Seeunfalluntersuchung oder durch eine entsprechende für die Untersuchung von Seeunfällen zuständige ausländische Behörde untersucht, so kann der Versicherer vor Zahlung einer Entschädigung die Vorlage des Untersuchungsberichts oder der Entscheidung der ausländischen Behörde verlangen.

In den Fällen von Totalverlust und Verschollenheit ist diese Unterlage als Voraussetzung für die Zahlung der Entschädigung vorzulegen.

48.2 Im Übrigen kann der Versicherungsnehmer die Zahlung nicht eher verlangen, als er dem Versicherer eine Schadensrechnung mitgeteilt sowie die von dem Versicherer geforderten Belege beigebracht hat und danach ein Monat verstrichen ist. Ist dies bis zum Ablauf eines Monats seit der Andienung des Schadens infolge eines Umstandes, den der Versicherungsnehmer nicht zu vertreten hat, nicht geschehen, so kann der Versicherungsnehmer in Anrechnung auf die Gesamtforderung die Zahlung von Dreiviertel des Betrages verlangen, den der Versicherer nach Lage der Sache mindestens zu zahlen hat.

48.3 Die Schadensrechnung muss eine geordnete Zusammenstellung der Beträge enthalten, die der Versicherer für die einzelnen Schäden und Aufwendungen zu entrichten hat.

49 Verzugsschaden

Wird ein Streit zwischen Versicherer und Versicherungsnehmer durch gerichtliches oder schiedsgerichtliches Verfahren erledigt, so hat der Versicherer dem Versicherungsnehmer einen über die gesetzlich bestimmten Verzugszinsen hinausgehenden Verzugsschaden nicht zu ersetzen, es sei denn, dass der Versicherer die Erfüllung seiner Leistungspflicht vorsätzlich oder grob fahrlässig verzögert hat.

X Übergang von Schadenersatzansprüchen

50 Wahrung und Übergang von Ersatzansprüchen

50.1 Der Versicherungsnehmer hat im Schadenfall Ansprüche auf Ersatz des Schadens gegen Dritte, die für den Schaden ersatzpflichtig sind oder sein können, zu wahren und zu sichern.

50.2 Ansprüche des Versicherungsnehmers auf Ersatz des Schadens gegen einen Dritten gehen auf den Versicherer über, soweit dieser dem Versicherungsnehmer den Schaden ersetzt. Der Versicherungsnehmer ist verpflichtet, dem Versicherer die zur Geltendmachung des Anspruchs erforderliche Auskunft zu erteilen und ihm die zum Beweise des Anspruchs dienenden Urkunden, soweit sie sich in seinem Besitz befinden, auszuliefern, und ihm auch auf Verlangen eine Urkunde über den Übergang des Anspruchs auszustellen; die Kosten hat der Versicherer zu tragen.

50.3 Im Fall der Havarie-grosse gilt Ziff. 50.1 entsprechend. Der Anspruch des Versicherungsnehmers auf die ihm zustehende Vergütung geht jedoch bereits mit seiner Entstehung auf den Versicherer über, soweit der Versicherer für Aufopferungen haftet. Übersteigt die Vergütung die vom Versicherer geleisteten Entschädigungen und Aufwendungen, so ist der Überschuss an den Versicherungsnehmer auszuzahlen.

51 Schadensminderung nach Übergang

Auch nach dem Übergang des Regressanspruchs auf den Versicherer ist der Versicherungsnehmer verpflichtet, für die Minderung des Schadens zu sorgen, gegebenenfalls durch die Zurückbehaltung von Geldleistungen wie der Fracht. Er hat den Versicherer bei der Geltendmachung des Anspruchs zu unterstützen und alle Nachrichten, Informationen und Belege, die der Durchsetzung des Regressanspruches dienlich sein können, unverzüglich dem Versicherer zu übergeben. Die Kosten hat der Versicherer zu tragen und auf Verlangen vorzuschießen.

XI Zahlungsunfähigkeit des Versicherers

52 Zahlungsunfähigkeit des Versicherers

52.1 Wird über das Vermögen des Versicherers das Insolvenzverfahren eröffnet, endet das Versicherungsverhältnis mit Ablauf eines Monats seit der Eröffnung; bis zu diesem Zeitpunkt bleibt es der Insolvenzmasse gegenüber wirksam.

52.2 Die Vorschriften des Versicherungsaufsichtsgesetzes über die Wirkungen der Insolvenzeröffnung bleiben unberührt.

XII Veräußerung von Schiffen und Schiffsparten

53 Veräußerung von Schiffen und Schiffsparten

53.1 Wird ein versichertes Schiff veräußert, so endigt die Versicherung; sind mehrere Schiffe unter einem Vertrag versichert, endet die Versicherung nur für das veräußerte Schiff.

Wird das Schiff veräußert, während es unterwegs ist, so endigt die Versicherung erst mit dem Zeitpunkt, in dem nach der Ziff. 9 die Versicherung am nächsten Bestimmungsort endigen würde.

Auf die spätere Zeit entfallende Prämie wird zurückgegeben; jedoch gebührt dem Versicherer die Prämie so lange, wie er gemäß § 34 Abs. 2 Schiffsrechte Gesetz oder aufgrund einer Hypothekenklausel haftet.

53.2 Wird eine Schiffspart veräußert, so tritt an Stelle des Veräußerers der Erwerber in die während der Dauer seines Eigentums aus dem Versicherungsverhältnis sich ergebenden Rechte und Pflichten des Versicherungsnehmers ein; für die Prämie haften die Veräußerer und der Erwerber als Gesamtschuldner.

Der Versicherer hat in Ansehung der durch das Versicherungsverhältnis gegen ihn begründeten Forderungen die Veräußerung erst dann gegen sich gelten zu lassen, wenn er von ihr Kenntnis erlangt; die Vorschriften der §§ 406 bis 408 des Bürgerlichen Gesetzbuchs finden entsprechende Anwendung.

Zweiter Abschnitt: Kaskoversicherung (soweit vereinbart)

54 Zubehör und Ausrüstung; von Bord genommene Teile

54.1 Zubehör ist mitversichert, auch wenn es nicht Eigentum des Versicherungsnehmers ist.

54.2 Die Ausrüstung ist gegen Teilschäden nur versichert, soweit diese durch Feuer und Explosion verursacht werden.

54.3 Teile des versicherten Schiffes und seines Zubehörs, die vorübergehend von Bord genommen werden, bleiben versichert. Eine anderweitig bestehende Versicherung geht dieser Versicherung voran.

55 Abnutzung, Alter, Rost, Korrosion, Kavitation

55.1 Der Versicherer leistet keinen Ersatz für einen Schaden, der durch gewöhnliche Abnutzung im Gebrauch oder durch Alter, Rost, jegliche Art von Korrosion oder Kavitation entstanden ist.

55.2 Ist ein Schaden durch das Zusammenwirken einer der in Ziff. 55.1 genannten Gefahren und einer versicherten Gefahr entstanden, ohne dass eine der Gefahren nächste Ursache des Schadens ist, so leistet der Versicherer anteilig insoweit Ersatz, als der Versicherungsnehmer nachweist, dass die versicherte Gefahr mitursächlich gewesen ist.

56 Eisschaden

56.1 Die Deckung für durch Eis verursachte Schäden (Eisschäden) richtet sich nach der jeweiligen Eisklasse des Schiffes, die ihm von der zuständigen Klassifikationsgesellschaft erteilt wurde. Soweit dem Schiff von einer der in der Anlage zu diesen Bedingungen aufgeführten Klassifikationsgesellschaften eine Eisklasse erteilt wurde, verweisen die nachfolgenden Eisklassen auf die in der Anlage aufgeführten Klassezeichen. Ist eine Eisklasse durch eine andere Klassifikationsgesellschaft erteilt, besteht für Eisschäden nur dann Versicherungsschutz gemäß den Ziffern 56.3 oder 56.4 2.1, wenn zwischen den Parteien vereinbart wurde, welcher der nachfolgenden Eisklassen das erteilte Klassezeichen entspricht. Ist keine solche Vereinbarung getroffen worden, besteht Versicherungsschutz nur gemäß Ziffer 56.2.

56.2 Schiffe ohne Eisklasse

56.2.1 Als Schiffe ohne Eisklasse sind Schiffe anzusehen, die nicht mindestens der Eisklasse I entsprechen. Für diese Schiffe gelten für Reisen und Aufenthalte nach, von oder in das Gebiet östlich der Linie Lindesnaes/Hanstholm einschließlich Nord Ostsee Kanal die in der Police zu vereinbarenden Selbstbeteiligungen. Diese finden nach Abzug der in der Police vereinbarten Abzugsfranchisen für Fahrten in folgende Gebiete zusätzlich Anwendung:

56.2.1.1 In dem Gebiet östlich der Linie Lindesnaes/Hanstholm einschließlich Nord Ostsee Kanal, nördlich bis zur Linie Gefle/Turku, östlich bis zur Linie Helsingfors/Tallin.

56.2.1.2 In den Gebieten nördlich der Linie Gefle/Turku, jedoch nicht nördlich der Linie Örnskölsdvik/Wasa, östlich der Linie Helsinki/Tallin, jedoch nicht östlich der Linie Wyborg/Narwa.

56.2.2 Der Versicherer leistet keinen Ersatz bei Reisen in oder von und während eines Aufenthalts in den Gebieten nördlich der Linie Örnsköldsvik/Wasa, östlich der Linie Wyborg/Narwa.
Der Versicherer leistet jedoch Ersatz nach Ziffer 56.2.1, wenn sich das Schiff in diesen Gebieten infolge von Umständen befindet, die der Versicherungsnehmer oder im Fall einer Vercharterung auch der Charterer weder voraussah noch voraussehen musste.

56.3 Schiffe mit Eisklassen I bis IV gemäß Anlage zu diesen Bedingungen

56.3.1 Versicherungsschutz besteht für Reisen und Aufenthalte nach, von oder in den Gebieten nördlich der Linie Stockholm/Dagerort und östlich der Linie Dagerort/Ventspil sowie für Reisen und Aufenthalte nach, von oder in sämtlichen Kanälen, Flüssen und Binnenseen Schwedens.

56.3.2 Eine Selbstbeteiligung des Versicherungsnehmers wird von Fall zu Fall nach der jeweiligen Eisklasse in der Police vereinbart. Die Selbstbeteiligung wird von der verbleibenden Summe des Eisschadens nach Abzug der in der Police vereinbarten Abzugsfranchise abgezogen.

56.4 Schiffe mit Eisklassen V und höher
Für Schiffe mit Eisklasse V und einer anderen Eisklasse, die nach den Bestimmungen der Klassifikationsgesellschaft höher als die Eisklasse V ist, gilt keine Selbstbeteiligung des Versicherungsnehmers bei Eisschäden über die bereits in der Police vereinbarte Abzugsfranchise hinaus.

57 Anrechnung von Bergelohn

Der Versicherer haftet für einen Schaden, der bei Gelegenheit der Verwendung des Schiffes zur Bergung entsteht, insoweit nicht, als der Bergelohn zur Ausgleichung des Schadens dient.

58 Maschinelle Einrichtungen

58.1 Maschinelle Einrichtungen sind:
Hauptantriebsanlage einschließlich Getriebe, Welle und Propeller, Hilfsmaschinen und Hilfsaggregate, Stromerzeugungs- und Stromumsetzungsanlagen, Decksmaschinen einschließlich Ladungspumpen. Nicht dazu gerechnet werden Rohrleitungen mit Armaturen, Vorrats- und Betriebstanks mit zugehörigen Einrichtungen.

58.2 Der Versicherer leistet keinen Ersatz für Schäden, die entstanden sind durch grobe Vernachlässigung der maschinellen Einrichtungen, insbesondere durch Nichtbeachtung von Wartungs- und Kontrollvorschriften oder besonderen Empfehlungen zur Vermeidung von Schäden, über einen längeren Zeitraum.

58.3 Von jedem versicherten Teilschaden an den maschinellen Einrichtungen trägt der Versicherungsnehmer nach Berücksichtigung vereinbarter Franchisen einen in der Police vereinbarten Selbstbehalt.

59 Konstruktions-, Material- und Fertigungsfehler sowie Wellenbruch

59.1 Der Versicherer leistet auch Ersatz für Schäden am Schiff und seinen maschinellen Einrichtungen, die entstanden sind als Folge

59.1.1 eines verborgenen Mangels, der auf einem Material- oder Fertigungsfehler beruht,

59.1.2 eines Konstruktionsfehlers oder –mangels,

59.1.3 eines Wellenbruchs.

59.2 Der Versicherer erbringt keine Ersatzleistung für die mit dem Fehler bzw. Mangel behafteten Teile selbst, es sei denn, dass diese Teile von einer Klassifikationsgesellschaft klassifiziert sind.

59.3 Der Versicherer leistet keinen Ersatz für Schäden, die entstanden sind durch grobe Vernachlässigung, insbesondere durch Nichtbeachtung von Wartungs- und Kontrollvorschriften oder besonderen Empfehlungen zur Vermeidung von Schäden, über einen längeren Zeitraum.

60 Totalverlust und ihm gleichstehende Fälle

60.1 Im Falle des Totalverlustes kann der Versicherungsnehmer die Versicherungssumme verlangen. Er muss sich jedoch den Wert der vor Zahlung der Versicherungssumme geretteten Sachen und desjenigen anrechnen lassen, was er anderweitig zur Ausgleichung des Schadens erlangt hat. Besteht zwischen Versicherer und Versicherungsnehmer kein Einvernehmen über den Wert geretteter Sachen, kann der Versicherer verlangen, dass der Wert der geretteten Sachen durch öffentliche Versteigerung festzustellen ist.

60.2 Der Versicherungsnehmer kann die Versicherungssumme auch dann verlangen,

60.2.1 wenn das Schiff dem Versicherungsnehmer ohne Aussicht auf Wiedererlangung entzogen, insbesondere unrettbar gesunken, oder wenn es in seiner ursprünglichen Beschaffenheit zerstört ist;

60.2.2 wenn 2 Monate, gerechnet vom Tag der letzten Meldung, ohne Nachricht vom Schiff verstrichen sind (Verschollenheit). An die Stelle der zweimonatigen Frist tritt eine solche von 12 Monaten, wenn der Eingang von Nachrichten infolge eines Krieges verzögert sein kann.

60.3 Hat der Versicherer den Versicherungsnehmer gemäß Ziff. 60.2 befriedigt, hat der Versicherer das Recht zu wählen, ob die Rechte des Versicherungsnehmers an dem Schiff auf ihn übergehen sollen. Der Versicherungsnehmer ist verpflichtet, dem Versicherer die zur Geltendmachung der Rechte erforderliche Auskunft zu erteilen und ihm die zum Beweis der Rechte dienenden Urkunden, soweit sie sich in seinem Besitze befinden, auszuliefern, ihm auch auf Verlangen eine öffentlich beglaubigte Urkunde über den Übergang der Rechte auszustellen; die Kosten hat der Versicherer zu tragen. Sofern es für den Übergang der Rechte bestimmter Handlungen oder Erklärungen des Versicherungsnehmers bedarf, ist dieser zur entsprechenden Vornahme der Handlung oder Abgabe der Erklärung verpflichtet.

Macht der Versicherer von seinem Wahlrecht bis zur Anerkennung des Schadens keinen Gebrauch, so gehen diese Rechte nicht über.

60.4 Der Versicherungsnehmer bleibt auch nach dem Übergang der Rechte verpflichtet, für die Minderung des Schadens zu sorgen, soweit der Versicherer hierzu nicht imstande ist. Er hat, sobald er eine für die Geltendmachung der Rechte erhebliche Nachricht erhält, dem Versicherer unverzüglich Anzeige zu machen und ihm auf Verlangen die zur Erlangung und Verwertung des Schiffes erforderliche Hilfe zu leisten. Die Kosten hat der Versicherer zu tragen und auf Verlangen vorzuschießen.

61 Reparaturunfähigkeit und Reparaturunwürdigkeit

61.1 Reparaturunfähig ist ein Schiff dann, wenn die Instandsetzung des Schiffes nicht oder jedenfalls an dem Ort, an dem das Schiff sich befindet, nicht möglich ist und das Schiff auch nicht an einen Ort, an dem die Instandsetzung möglich wäre, verbracht werden kann.

Reparaturunwürdig ist ein Schiff dann, wenn die festgestellten Instandsetzungskosten einschließlich eines etwaigen Bergelohnes und der Kosten der Verbringung zu einer Reparaturwerft höher sind als die Versicherungssumme.

Die Feststellung der Reparaturunfähigkeit oder Reparaturunwürdigkeit erfolgt durch die mit der Schadensfeststellung beauftragten Sachverständigen. Beide Parteien können die Feststellung im Sachverständigenverfahren nach Ziff. 63 verlangen.

61.2 Ist die Reparaturunfähigkeit oder Reparaturunwürdigkeit festgestellt, zahlt der Versicherer nach seiner Wahl

61.2.1 wenn er gemäß Ziff. 60.3 den Übergang der Rechte am Schiff auf sich erklärt, die Versicherungssumme, oder

61.2.2 wenn er nicht den Übergang der Rechte am Schiff auf sich erklärt, die Differenz zwischen der Versicherungssumme und dem zwischen dem Versicherer und dem Versicherten vereinbarten Wert des Schiffes im beschädigten Zustand. Erfolgt keine solche Einigung, ist der Versicherungsnehmer verpflichtet, das Schiff öffentlich versteigern zu lassen. In diesem Falle leistet der Versicherer die Differenz zwischen der Versicherungssumme und dem Versteigerungserlös.

62 Teilschaden

62.1 Ein Teilschaden ist vor der Ausbesserung festzustellen. Bei Streit über Ursache oder Höhe des Schadens können beide Parteien deren Feststellung durch Sachverständige verlangen. Das Verfahren richtet sich nach Ziff. 63.

62.2 Erhält das Schiff nach einer Beschädigung von der zuständigen Klassifikationsgesellschaft ein Seefähigkeitsattest, so kann die Reparatur zurückgestellt werden, falls der Schaden unverzüglich festgestellt wird, wobei der Versicherer für einen Mehraufwand infolge verspäteter Reparatur keinen Ersatz leistet. In allen anderen Fällen ist das Schiff vorbehaltlich der Bestimmungen in Ziff. 62.8 nach Feststellung eines Teilschadens unverzüglich auszubessern. Der Versicherungsnehmer

	hat in Ansehung der Ausbesserung auch das Interesse des Versicherers wahrzunehmen.
62.3	Vor dem Abschluss des Ausbesserungsvertrags hat der Versicherungsnehmer dem Versicherer Reparatur Offerten vorzulegen. Nach deren Vorlage
62.3.1	hat der Versicherungsnehmer auf unverzügliches Verlangen des Versicherers das Schiff zum Zweck der endgültigen Reparatur an einen anderen Ort zu bringen;
62.3.2	kann der Versicherer unverzüglich einen vom Versicherungsnehmer gewählten Reparaturort oder eine Reparaturwerft ablehnen;
62.3.3	kann der Versicherer unverzüglich verlangen, dass der Versicherungsnehmer für die Reparatur des Schiffes weitere Angebote einholt oder er kann auch selbst solche Angebote einholen (Tendering).
62.4	Der Versicherer kann die Ausbesserung beaufsichtigen. Der Versicherungsnehmer hat dem Versicherer auf Verlangen über den Stand der Ausbesserung Auskunft zu erteilen und nach der Ausbesserung über die durch sie erforderten Aufwendungen Belege vorzulegen, insbesondere auch mitzuteilen, welche Abzüge oder Nachlässe von den in den Belegen angegebenen Beträgen gewährt wurden.
62.5	Die Ersatzpflicht des Versicherers wird durch die für die Ausbesserung aufgewendeten Kosten bestimmt. Übersteigt der Gesamtbetrag dieser Kosten den geschätzten Betrag, so wird die Ersatzpflicht durch den geschätzten Betrag bestimmt.
62.6	Der Versicherer ersetzt die Kosten des schadenbedingten Anstrichs. Die Kosten für Schrapen und Giftanstrich werden im Verhältnis der Zeit ersetzt, die der Restlebensdauer des Anstrichs entspricht. Ansonsten werden Abzüge von Schäden wegen des Unterschieds zwischen neu und alt nicht gemacht.
62.7	Dem Versicherer fallen auch die Aufwendungen zur Last, deren es bedarf, um das Schiff an den Ort, an dem es ausgebessert werden soll, zu bringen und erforderlichenfalls zurückzubringen. Das gleiche gilt von den Aufwendungen, die der Versicherungsnehmer zur Beschaffung der für die Ausbesserung erforderlichen Gelder macht.
62.8	Der Anspruch des Versicherungsnehmers auf Ersatz eines Teilschadens setzt die Durchführung der Reparatur voraus. Der Versicherungsnehmer kann jedoch, wenn ein wichtiger Grund, der in seinen besonderen Verhältnissen liegt und von ihm nicht zu vertreten ist, vorliegt, unter Angabe dieses Grundes unverzüglich nach Feststellung des Schadens dem Versicherer erklären, dass er das Schiff nicht ausbessern werde; als ein wichtiger Grund ist es auch anzusehen, wenn der Versicherungsnehmer das Schiff vor dem Beginn der Ausbesserung veräußert. Die Ersatzpflicht des Versicherers wird in diesem Falle durch den festgestellten Betrag des Schadens bestimmt.

63 Sachverständigenverfahren

63.1	Bei Streit über Ursache oder Höhe des Schadens können beide Parteien deren Feststellung durch Sachverständige verlangen.
63.2	In diesem Fall benennen beide Parteien unverzüglich je einen Sachverständigen. Jede Partei kann die andere unter Angabe des von ihr benannten Sachverständigen

zur Benennung des zweiten Sachverständigen schriftlich auffordern. Wird der zweite Sachverständige nicht binnen vier Wochen nach Empfang der Aufforderung bestimmt, so kann ihn die auffordernde Partei durch die Industrie- und Handelskammer – hilfsweise durch die konsularische Vertretung der Bundesrepublik Deutschland – benennen lassen, in deren Bezirk sich das Schiff befindet.

63.3 Beide Sachverständige wählen vor Beginn des Feststellungsverfahrens einen Dritten als Obmann. Einigen sie sich nicht, so wird der Obmann auf Antrag einer Partei oder beider Parteien durch die Industrie- und Handelskammer – hilfsweise durch die konsularische Vertretung der Bundesrepublik Deutschland –, in deren Bezirk sich das Schiff befindet, ernannt.

63.4 Die Feststellungen der Sachverständigen müssen alle Angaben enthalten, die je nach Aufgabenstellung für eine Beurteilung der Ursache des Schadens und der Ersatzleistung des Versicherers notwendig sind.

63.5 Die Sachverständigen legen beiden Parteien gleichzeitig ihre Feststellungen vor. Weichen diese voneinander ab, so übergibt der Versicherer sie unverzüglich dem Obmann. Dieser entscheidet über die streitig gebliebenen Punkte innerhalb der durch die Feststellungen der Sachverständigen gezogenen Grenzen und legt seine Entscheidung beiden Parteien gleichzeitig vor.

63.6 Jede Partei trägt die Kosten ihres Sachverständigen. Die Kosten des Obmanns tragen beide Parteien je zur Hälfte. Diese Regelung gilt auch, wenn sich die Parteien auf ein Sachverständigenverfahren einigen. Sofern der Versicherer das Sachverständigenverfahren verlangt, trägt er die Gesamtkosten des Verfahrens.

63.7 Die Feststellungen der Sachverständigen oder des Obmanns sind verbindlich, wenn nicht nachgewiesen wird, dass sie offenbar von der wirklichen Sachlage erheblich abweichen.

63.8 Wenn die Sachverständigen oder der Obmann die Feststellungen nicht treffen können oder wollen oder sie ungewöhnlich verzögern, so sind andere Sachverständige zu benennen.

64 Tenderentschädigung

64.1 Erfolgt eine Tenderung gemäß Ziff. 62.3.3, zahlt der Versicherer dem Versicherungsnehmer für die Zeit, die nur durch die Tenderung verlorengegangen ist, pro Tag die in der Police vereinbarte Entschädigung. Eine Tenderentschädigung wird nur dann geleistet, wenn die Reparatur entsprechend einem von dem Versicherer akzeptierten Tenderangebot durchgeführt wird.

64.2 Von der Tenderentschädigung sind die Beträge abzusetzen, die dem Versicherungsnehmer vergütet werden für die gleiche Zeit

64.2.1 in Havarie-grosse oder aufgrund dieses Vertrags anderweitig für Brennstoff, Ausrüstung, Kost- und Monatsgelder;

64.2.2 infolge eines gesetzlichen oder vertraglichen Anspruchs gegen Dritte.

64.3 Holt der Versicherungsnehmer entgegen dem Verlangen des Versicherers keine Tenderofferten ein oder gibt er dem Versicherer keine Gelegenheit, selbst Angebote einzuholen, so mindert sich die Ersatzpflicht des Versicherers um den in der

Police vereinbarten Prozentsatz des festgestellten, nach der Police zu ersetzenden Schadens.

64.4 Wird trotz Tenderung das vom Versicherer gebilligte Angebot nicht angenommen, so beschränkt sich die Ersatzleistung des Versicherers auf dieses Angebot zuzüglich der ersparten Kosten.

65 Ersatz an Dritte

65.1 Der Versicherer gewährt dem Versicherungsnehmer Versicherungsschutz auch für den Fall, dass er einem Dritten wegen von diesem erlittenen Verlustes oder Beschädigung von Sachen aufgrund gesetzlicher Haftpflichtbestimmungen Ersatz zu leisten hat und der Verlust oder die Beschädigung bei der Bewegung des Schiffes oder durch navigatorische Maßnahmen in unmittelbarem Zusammenhang mit der Teilnahme am Schiffsverkehr verursacht worden sind.

65.2 Der Versicherer gewährt bei der Schleppung des versicherten Schiffes gemäß Ziff. 65.1 auch Versicherungsschutz für Haftpflichtansprüche wegen Schäden, wenn sich die Haftung aus den Bedingungen des Schleppvertrages ergibt, sofern die darin getroffenen Haftungsvereinbarungen ortsüblich sind und die nautische Einheit des Schleppzuges bei Entstehung des Schadens bestand.

65.3 Der Versicherer gewährt für Schäden an Werfteigentum gemäß Ziff. 65.1 auch Versicherungsschutz für Haftpflichtansprüche, die sich aus den Bedingungen des Dock- und Reparaturvertrages ergeben, sofern die darin getroffenen Haftungsvereinbarungen ortsüblich sind.

65.4 Der Versicherungsschutz bezieht sich nicht auf

65.4.1 Haftpflichtansprüche wegen

65.4.1.1 Tod oder Verletzung von Personen sowie sonstiger Personenschäden,

65.4.1.2 Schäden, verursacht durch das Freiwerden von flüssigen oder gasförmigen Stoffen sowie Chemikalien oder sonstigen gefährlichen Gütern im Sinne der Klassen 1 9 IMDG Code, es sei denn, diese Schäden sind als nächste Folge eines Zusammenstoßes des versicherten Schiffes mit einem anderen Schiff an diesem oder den darauf befindlichen Sachen eingetreten,

65.4.1.3 Verlust und Beschädigung von Sachen, die sich an Bord des versicherten Schiffes befinden,

65.4.1.4 sonstiger Umweltschaden an Natur und Landschaft im Sinne des § 2 Umweltschadengesetz, insbesondere Riffe,

65.4.1.5 Aufwendungen Dritter zur Vermeidung von Schäden, für die die Haftpflicht nicht versichert ist.

65.4.2 Ausgleichsverpflichtungen des Versicherungsnehmers gegenüber einem Kollisionsgegner wegen eines Schadens an der Ladung an Bord des versicherten Schiffes aufgrund des „both to blame" Prinzips.

65.5 Die Leistungspflicht des Versicherers umfasst:

65.5.1 die Prüfung der Haftpflichtfrage,

65.5.2 den Ersatz der Entschädigung, welche der Versicherungsnehmer aufgrund eines von dem Versicherer abgegebenen oder genehmigten Anerkenntnisses, eines von

	ihm abgeschlossenen oder genehmigten Vergleichs oder einer richterlichen Entscheidung zu zahlen hat,
65.5.3	die Abwehr unberechtigter Ansprüche.
65.6	Im Versicherungsfall hat der Versicherungsnehmer die Weisungen des Versicherers zu befolgen.
	Kommt es in einem Versicherungsfall zu einem Rechtsstreit über den Anspruch zwischen dem Versicherungsnehmer und dem Geschädigten oder dessen Rechtsnachfolger, so führt der Versicherer auf seine Kosten den Rechtsstreit im Namen des Versicherungsnehmers.
	Der Versicherer ist bevollmächtigt, alle ihm zur Beilegung oder Abwehr des Anspruchs zweckmäßig erscheinenden Erklärungen im Namen des Versicherungsnehmers abzugeben.
65.7	Übersteigen die Haftpflichtansprüche die Versicherungssumme, so hat der Versicherer die Prozesskosten nur im Verhältnis der Versicherungssumme zur Gesamthöhe der Ansprüche zu tragen. Das gleiche gilt, wenn in einem Rechtsstreit Haftpflichtansprüche geltend gemacht werden, für die kein Versicherungsschutz besteht.
65.8	In Abänderung von Ziff. 42 gewährt der Versicherer für Haftpflichtansprüche Dritter gegen den Versicherungsnehmer bis zur Höhe der Versicherungssumme separat Versicherungsschutz.
65.9	Bei Mithaftung der Fracht werden Schäden im Verhältnis des Schiffswertes zu der Summe aus Schiffswert und haftender Fracht ersetzt. Als Schiffswert gilt die Kaskotaxe. Ist eine Teilhaftungsklausel vereinbart, so wird diese entsprechend angewendet.

66 Schwesterschiffe

Für die Ersatzleistung des Versicherers in Fällen von Bergung, Hilfeleistung und Ersatzansprüchen Dritter werden Schiffe und Gegenstände im Eigentum des Versicherungsnehmers wie fremdes Eigentum behandelt.

Dritter Abschnitt: Nebeninteressenversicherung (soweit vereinbart)

67 Ergänzungen der Kaskoversicherung bei Totalverlust

67.1	Im Falle von Abandon (Ziff. 42), Totalverlust (Ziff. 60.1 und 60.2), Reparaturunfähigkeit oder Reparaturunwürdigkeit (Ziff. 61.1) leistet der Versicherer die in der Police für Interesse vereinbarte Versicherungssumme. Insoweit gilt das versicherte Interesse als bewiesen.
67.2	Der Versicherer leistet auch Ersatz für Ersatzansprüche Dritter, die unter der Kaskopolice versichert sind, in Höhe des Betrages, um den der Drittersatz die Kaskotaxe übersteigt, jedoch nur im Verhältnis der Versicherungssumme dieses Vertrages zu der insgesamt auf Kollisions Excedent versicherten Summe.
67.3	Der Versicherer, der nach dieser Bestimmung versichert, räumt dem Kaskoversicherer den Vorrang an allen etwa anfallenden Provenues und Regresserlösen

gleich welcher Art ein. Dieser Vorrang gilt nur bis zur Höhe der von dem Kaskoversicherer erbrachten Schadenleistungen und -aufwendungen.

67.4 Im Schadenfall ist der Versicherungsnehmer verpflichtet, sämtliche Versicherungen für derartige Interessen anzuzeigen.

68 Fracht bei Totalverlust

Im Falle von Abandon (Ziff. 42), Totalverlust (Ziff. 60.1 und 60.2), Reparaturunfähigkeit oder Reparaturunwürdigkeit (Ziff. 61.1) leistet der Versicherer die in der Police als für Fracht vereinbarte Versicherungssumme. Insoweit gilt das versicherte Interesse als bewiesen.

69 Versicherungsprämie bei Totalverlust

69.1 Versichert ist das Interesse des Versicherungsnehmers an der Versicherungsprämie für Kasko und Nebeninteressen im Falle des Totalverlustes oder der ihm gleichzusetzenden Fälle.

69.2 Der Versicherer leistet Ersatz im Falle:
69.2.1 des Abandons des Kaskoversicherers gemäß Ziff. 42,
69.2.2 des Totalverlustes (Ziff. 60.1 und 60.2),
69.2.3 Reparaturunfähigkeit oder Reparaturunwürdigkeit (Ziff. 61.1).

69.3 Der Versicherer leistet auch Ersatz, wenn der Versicherungsnehmer wegen eines einem Dritten entstandenen und unter der Kaskopolice versicherten Schadens in Anspruch genommen und deshalb das versicherte Schiff endgültig beschlagnahmt oder dem Dritten abandonniert wird.

69.4 Die Versicherungssumme ergibt sich aus der beim Eintritt des Versicherungsfalls noch nicht vorausbezahlten Prämie im Sinne von Ziff. 20.7.

Vierter Abschnitt: Ertragsausfallversicherung (soweit vereinbart)

70 Versicherte Gefahren

70.1 Der Versicherer ersetzt den Ertragsausfall des versicherten Schiffes für die Dauer, in der das Schiff infolge eines ersatzpflichtigen Kaskoschadens daran gehindert ist, die volle Fracht oder Miete zu verdienen.

70.2 Die Versicherung erfasst auch Fälle,
70.2.1 in denen der Schadensfall unter der Kaskoversicherung innerhalb der Franchise liegt;
70.2.2 in denen der Ertragsausfall auf einer Strandung des Schiffes beruht, ohne dass es zu einem Kaskoschaden kommt.

71 Ausschlüsse

Es besteht kein Deckungsschutz:

71.1 im Falle von Abandon (Ziff. 42) für Einnahmeverluste bei Totalverlust oder ihm gleichstehenden Fällen (Ziff. 60.1 und 60.2) oder bei Reparaturunfähigkeit oder Reparaturunwürdigkeit (Ziff. 61.1);

71.2 solange das Schiff gemäß Ziff. 21 aufgelegt ist.

72 Deckungsumfang

72.1 Die Leistungspflicht des Versicherers bestimmt sich nach der Anzahl der Tage, an denen das Schiff keine Einkünfte gehabt hat (Ertragsausfall) und der pro Tag entgangenen Einnahme.

72.2 Der Ertragsausfall wird berechnet in Tagen, Stunden und Minuten. Zeiten, in denen das Schiff nur einen teilweisen Einnahmeverlust erlitten hat, werden umgerechnet in eine entsprechende Anzahl von Tagen totalen Ertragsausfalls.

72.3 Die Leistungspflicht des Versicherers für Ertragsausfälle aus jedem einzelnen Schadensfall (Schadenshöchstversicherungssumme) und für die Summe aller Schadensfälle in einem Versicherungsjahr ist begrenzt auf die pro Tag versicherte Summe multipliziert mit der in der Versicherungspolice angegebenen Anzahl der Tage je Schadensfall und für alle Schadensfälle in einem Versicherungsjahr.

72.4 Versicherte Summe im Sinne der Ziff. 72.3 ist der Betrag, den das Schiff unter dem jeweiligen Fracht- oder Mietvertrag nach Abzug aller Ausgaben verdient hätte. War das Schiff im Versicherungsfall nicht unter einem Fracht- oder Mietvertrag beschäftigt, wird die versicherte Summe berechnet nach den durchschnittlichen Einnahmen während der Zeit des Ertragsausfalls von Schiffen vergleichbarer Bauart und Größe unter Abzug aller Ausgaben.

72.5 Wenn in der Versicherungspolice ein fester Betrag pro Tag vereinbart ist, ist dieser die versicherte Summe pro Tag (Taxe). Die Taxe kann nach Ziff. 10.4 herabgesetzt werden.

73 Selbstbehalt

73.1 Für jeden Schadensfall gilt der in der Versicherungspolice angegebene Selbstbehalt als vereinbart. Für Ertragsausfälle während des Selbstbehalts gewährt der Versicherer keinen Versicherungsschutz.

73.2 Mehrere Schwerwetterschäden, die das Schiff auf einer Reise von einem Hafen zum folgenden Hafen erleidet, gelten als ein Schadensfall. Das gleiche gilt für mehrere Eisschäden oder mehrere Grundberührungen in flachen Gewässern auf einer solchen Reise.

74 Feststellung des Ertragsausfallschadens

Die Feststellung eines Schadens unter dieser Versicherung hat in gleicher Weise zu erfolgen, wie dies für die Kaskoversicherung bestimmt ist. Der Versicherer hat das Recht, in Bezug auf Schäden unter dieser Versicherung einen separaten Sachverständigen zu bestellen.

75 Auswahl der Reparaturwerft

75.1 Der Versicherer kann verlangen, dass von Reparaturwerften seiner Wahl Reparatur Offerten eingeholt werden. Holt der Versicherungsnehmer solche Angebote nicht ein, ist der Versicherer selbst dazu berechtigt.

75.2 Die Entscheidung darüber, welche Werft die Reparatur durchführt, trifft allein der Versicherungsnehmer. Die Leistungspflicht des Versicherers ist in jedem Falle beschränkt auf das zeitlich kürzeste Reparaturangebot, deren Kosten der Versicherer im Rahmen der Kaskoversicherung vollen Umfangs trägt. Lässt der Versicherungsnehmer die Reparatur auf dieser Werft ausführen, ersetzt der Versicherer den Einnahmeverlust auch dann, wenn die Reparatur länger dauert als im Angebot der Reparaturwerft ausgewiesen.

76 Außerordentliche Aufwendungen

76.1 Soweit nicht bereits unter der Kaskoversicherung oder einer anderen Versicherung des Schiffes gedeckt, ersetzt der Versicherer solche außerordentlichen Aufwendungen, die erfolgen, um einen unter dieser Versicherung gedeckten Schaden abzuwenden oder zu mindern, wenn sie den Umständen nach geboten erscheinen oder auf Weisungen des Versicherers beruhen. Keine außerordentlichen Aufwendungen in diesem Sinne sind Aufwendungen, die unter Berücksichtigung aller Umstände schon zu Beginn der Reise absehbar waren.

76.2 Die Versicherungsleistung für außerordentliche Aufwendungen ist begrenzt auf den Betrag, den der Versicherer bedingungsgemäß hätte leisten müssen, wenn die außerordentlichen Aufwendungen nicht getätigt worden wären. Dies gilt nicht, wenn die Aufwendungen auf Veranlassung des Versicherers gemacht wurden oder der Versicherer diesen Aufwendungen dem Grunde nach zugestimmt hat.

Soweit durch außerordentliche Aufwendungen Einnahmeverlust vermieden wird, den der Versicherungsnehmer ganz oder teilweise hätte allein tragen müssen, trägt der Versicherungsnehmer die außerordentlichen Aufwendungen ganz oder pro rata selbst.

77 Parallele Reederarbeiten

77.1 Werden neben unter dieser Versicherung gedeckten Reparaturen oder während unter dieser Versicherung gedeckten anderen Einnahmeverlustzeiten vom Versicherungsnehmer Reparaturen ausgeführt, die nicht unter dieser oder einer anderen Einnahmeverlustversicherung gedeckt sind, so ersetzt der Versicherer für die gemeinsame Reparaturzeit außerhalb des Selbstbehaltes die Hälfte des Einnahmeverlustes, wenn diese Arbeiten

77.1.1 erforderlich sind, um Auflagen der Klassifikationsgesellschaft zu erfüllen oder

77.1.2 erforderlich sind zur Erhaltung der Wiederherstellung der Seetüchtigkeit mit Ausnahme solcher Arbeiten, die nicht einen Werftaufenthalt erfordert hätten, wenn sie separat ausgeführt worden wären.

77.2 Werden Reparaturen, die unter dieser Versicherung gedeckt sind, zusammen mit Reparaturen, die unter einer anderen Einnahmeverlustversicherung gedeckt sind, ausgeführt, so ersetzt der Versicherer für die gemeinsame Reparaturzeit außerhalb des Selbstbehaltes die Hälfte des Einnahmeverlustes.

77.3 Für die Berechnung der gemeinsamen Reparaturzeit wird die Reparaturzeit der einzelnen Reparatur, die bei separater Durchführung der betreffenden Reparaturen angefallen wäre, ermittelt. Gemeinsame Reparaturzeit ist die sich überschneidende Zeit.

78 Anreise zur Reparaturwerft bei parallelen Reederarbeiten

Beabsichtigt der Versicherungsnehmer parallel die Durchführung von unter dieser Versicherung gedeckten Reparaturen und anderen Reparaturen gemäß Ziff. 77, so ersetzt der Versicherer die durch die Anreise zur Reparaturwerft entstehenden Einnahmeverluste in entsprechender Anwendung von Ziff. 77. Anreisezeit, die innerhalb des Selbstbehaltes bleibt, wird nicht aufgeteilt.

79 Ertragsausfälle nach Reparaturende

Nach Beendigung von Reparaturen umfasst die Leistung des Versicherers Ertragsausfälle für die Zeit, die das Schiff benötigt,

79.1 um unter dem zum Zeitpunkt des Versicherungsfalles laufenden Fracht- oder Mietvertrag die Reise oder sonstige Beschäftigung wieder aufzunehmen,

79.2 um unter einem bei Eintritt des Versicherungsfalls bereits geschlossenen, aber noch nicht angetretenen Fracht- oder Mietvertrag den ersten Ladehafen anzulaufen. Von der Leistung des Versicherers ist jedoch die Zeit in Abzug zu bringen, die das Schiff benötigt hätte, um zu dem Ladehafen zu gelangen, wenn der Unfall, der zum Zeitverlust geführt hat, nicht eingetreten wäre.

80 Reparaturen nach Beendigung des Versicherungsvertrages

80.1 Der Versicherer ist für Ertragsausfälle, die durch Reparaturen nach Ablauf des Versicherungsvertrages entstehen, nur dann leistungspflichtig, wenn diese Reparaturen innerhalb von zwei Jahren nach Ablauf des Versicherungsvertrages durchgeführt werden.

80.2 Ertragsausfälle, die durch zurückgestellte Reparaturen nach Ablauf des Versicherungsvertrages entstehen, werden auch dann, wenn im Versicherungsvertrag ein fester Betrag pro Tag gem. Ziff. 72.5 ausgewiesen ist, nur gemäß Ziff. 72.4 ersetzt, wenn der nach Ziff. 72.4 errechnete Betrag niedriger ist als der feste Betrag pro Tag.

81 Verkauf des Schiffes

Wird das Schiff vom Versicherungsnehmer zu einem anderen Zweck als der Abwrackung an einen Dritten verkauft, ohne dass Reparaturen, die zu gedeckten Ertragsausfällen geführt hätten, ausgeführt worden sind, so ist der Versicherer deckungspflichtig für den Ertragsausfall, der angefallen wäre, wenn der Versicherungsnehmer unmittelbar vor dem Verkauf des Schiffes die Reparaturen ausgeführt hätte.

Fünfter Abschnitt: Minenklausel (soweit vereinbart)

82 Minenklausel

82.1 Im Sinne dieser Klausel sind

82.1.1 Kriegsereignisse: Krieg, Bürgerkrieg und kriegsähnliche Ereignisse;

82.1.2 Kriegswerkzeuge: Minen, Torpedos, Kriegsmunition und anderes explosives Kriegsmaterial sowie Sperren und Hindernisse, die anlässlich eines Krieges, Bürgerkrieges oder kriegsähnlicher Ereignisse verwendet oder errichtet wurden.

82.2 Der Versicherer leistet Ersatz für Schäden, verursacht durch Kriegswerkzeuge, die als Folge eines beendeten Kriegsereignisses vorhanden sind.

82.3 Der Versicherer leistet keinen Ersatz für Schäden, die sich aus der Verwendung von Kriegswerkzeugen während eines noch nicht beendeten Kriegsereignisses ergeben.

82.4 Treten die in Ziff. 82.2 und 82.3 genannten Gefahren in einer bestimmten Region auf, so kann der Versicherer diese betreffende Gefahr für diese Region (Sperrzone) durch Erklärung gegenüber dem Versicherungsnehmer mit einer Frist von 14 Tagen ausschließen. Der Versicherungsnehmer kann daraufhin den gesamten Vertrag mit einer Frist von einer Woche schriftlich kündigen.
Die Erklärung des führenden Versicherers gilt gleichzeitig für alle Mitbeteiligten. Eine Erklärung des Versicherers gegenüber dem Makler gilt als gegenüber dem Versicherungsnehmer ausgesprochene Erklärung.

82.5 Für die Anwendung der Klausel gilt hinsichtlich der Schadenursache der Grundsatz der überwiegenden Wahrscheinlichkeit.

82.6 Soweit durch diese Police versicherte Gefahren dem Grunde oder der Höhe nach durch eine andere Versicherung gedeckt sind, leistet der Versicherer dieser Police keinen Ersatz.

82.7 Prämien und Bedingungen für Fahrzeuge und Geräte im Spezialeinsatz in Gewässern, die von Kriegswerkzeugen gemäß Ziff. 82.1.2 nicht geräumt sind, werden von Fall zu Fall vereinbart.

82.8 Sperrzonen werden im Anhang zur Police aufgeführt.

82.9 Die Ziffern 54 bis 57 und 60 bis 66 des Zweiten Abschnitts finden auf die Deckung unter der Minenklausel entsprechende Anwendung.

Sechster Abschnitt: Kriegsversicherung (soweit vereinbart)

83 Geltungsbereich

83.1 Die Versicherung gilt für weltweite Fahrt, jedoch unter Ausschluss von Reisen von oder nach oder durch die im Anhang zur Versicherungspolice aufgeführten ausgeschlossenen Gebiete.

83.2 Für die im Anhang zur Police aufgeführten Gebiete besteht Versicherungsschutz nach den von Fall zu Fall gesondert zu vereinbarenden Bedingungen und Prämien, wenn der Versicherungsnehmer eine in oder durch ein solches Gebiet führende Reise dem Versicherer unverzüglich vor Reiseantritt anzeigt.

84 Versicherte Gefahren

84.1 Der Versicherer deckt Beschädigung von und Verlust des versicherten Schiffes, die entstanden sind durch:

84.1.1 Krieg, Bürgerkrieg, Revolution, Rebellion, Aufruhr und bürgerliche Unruhen, oder kriegerische Maßnahmen einer oder gegen eine kriegführende Macht sowie feindliche Verwendung von Kriegswerkzeug unabhängig vom Kriegszustand;

84.1.2 Aufbringung, Beschlagnahme, Einziehung, Arrest oder Verfügung von legitimer oder angemaßter hoher Hand einschließlich aller sich daraus ergebenden Folgen und einschließlich aller darauf gerichteten Versuche, soweit nicht an anderer Stelle in diesen Bedingungen ausdrücklich mitversichert;

84.1.3 zurückgelassene Minen, Torpedos, Bomben oder andere zurückgelassene Kriegswaffen;

84.1.4 Streikende, ausgesperrte Arbeiter oder Personen, die an Arbeitskämpfen oder sonstigen nicht bereits in Ziff. 84.1.1 genannten zivilen Unruhen teilnehmen;

84.1.5 Terroristen oder sonstige Personen, die aus politischen Motiven oder mit dem Willen, Schaden zu verursachen, handeln;

84.1.6 Piraten. Wird das Schiff von Piraten für eine Zeit von mehr als 12 Monaten festgehalten, kann der Versicherungsnehmer die Versicherungssumme verlangen.

84.1.7 Detonation von Sprengstoffen oder Verwendung von Kriegswaffen durch böswillig handelnde Personen.

84.2 Das Schiff gilt als für den Versicherungsnehmer total verloren, wenn der die freie Verfügung über das Schiff für einen durchgehenden Zeitraum von mindestens 12 Monaten verloren hat aufgrund:

84.2.1 Beschlagnahme, Einziehung, Arrest, Verfügung von hoher Hand, Konfiszierung oder Enteignung,

84.2.2 Folgen einer Kriegshandlung oder Handlung zur nationalen Verteidigung, durch die das Schiff in einem Hafen, Kanal, Wasserweg oder sonstigem Zugang zur offenen See eingeschlossen ist.

85 Entsprechende Anwendung von Bestimmungen des Zweiten Abschnitts

Die Ziffern 54 bis 57 und 60 bis 66 des Zweiten Abschnitts finden auf die Kriegsversicherung entsprechende Anwendung

86 Besondere Ausschlüsse für die Kriegsversicherung

Unter die Versicherung fallen keine Schäden,

86.1 soweit sie direkt oder indirekt von einer oder mehrerer der nachfolgend bezeichneten Gefahren verursacht wurden, oder daraus entstanden sind, oder wenn diese Gefahren beigetragen haben:

86.1.1 jegliche Detonation jeglicher Kriegswaffe, die atomare oder nukleare Strahlung freisetzt, eine nukleare Reaktion erzeugt oder nuklear angetrieben ist (Nuklearwaffe);

86.1.2 Ausbruch eines Krieges, gleich ob förmlich erklärt oder nicht, zwischen einem oder mehreren der folgenden Staaten:
Großbritannien, Vereinigte Staaten von Amerika, Frankreich, Deutschland, Volksrepublik China sowie der Russischen Föderation;

86.1.3 Requirierung;

86.1.4 Aufbringung, Beschlagnahme, Einziehung, Arrest, Verfügung von hoher Hand, Konfiszierung oder Enteignung durch oder aufgrund einer Weisung einer öffentlichen Behörde des Staates, in welchem das Eigentum am Schiff registriert ist oder der Reeder oder der Ausrüster seinen Sitz hat,

86.1.5 Aufbringung, Beschlagnahme, Einziehung, Arrest, Verfügung von hoher Hand, Konfiszierung oder Enteignung aufgrund von Quarantänebestimmungen oder auf-

	grund einer Verletzung von Zoll- oder Handelsbestimmungen soweit nicht an anderer Stelle in diesen Bedingungen ausdrücklich mitversichert;
86.1.6	Maßnahmen der ordentlichen rechtlichen Gewalt, Nichtgestellung von Sicherheiten, Nichtbezahlung von Strafen oder irgendeinem finanziellen Grund; Vorstehendes gilt nicht, soweit Versicherungsschutz gemäß Ziffer 32 oder Ziffer 38.2 geschuldet wird
86.1.7	radioaktiver Strahlung oder radioaktiver Kontamination durch nukleare Brennstoffe oder nuklearen Abfall oder durch die Verbrennung von nuklearem Brennstoff;
86.1.8	radioaktiven, giftigen, explosiven oder anderweitig gefährlichen Eigenschaften einer nuklearen Einrichtung, eines nuklearen Reaktors oder eines sonstigen nuklearen Gebildes oder einer Komponente davon,
86.1.9	jeglichen chemischen, biologischen, biochemischen, elektromagnetischen oder nuklearen oder atomaren Waffen.
86.2	wenn und soweit der Versicherungsnehmer Versicherungsschutz unter einer anderen Versicherung hat oder hätte, wenn diese Versicherung nicht bestehen würde. Dies gilt nicht, soweit die Deckung nach anderen Abschnitten der DTV-ADS 2009 nur subsidiär ist.

87 Beendigung der Kriegsversicherung

87.1	Die Kriegsversicherung kann durch den Versicherer oder den Versicherungsnehmer jederzeit mit einer Frist von 7 Tagen gekündigt werden. Die Versicherung endet um 12 Uhr des siebten Tages, nach dem gekündigt wurde. Der Versicherer erklärt sich aber für den Fall der Kündigung durch ihn zur Fortsetzung der Versicherung einverstanden, wenn innerhalb der Kündigungsfrist eine neue Prämie und/oder neue Vertragsbedingungen für die Fortsetzung vereinbart sind.
87.2	Die Kriegsversicherung endet auch ohne Kündigung durch eine der Vertragsparteien automatisch bei Eintritt eines der folgenden Ereignisse:
87.2.1	bei Ausbruch eines Krieges, gleich ob förmlich erklärt oder nicht, zwischen einem oder mehreren der folgenden Staaten: Großbritannien, Vereinigte Staaten von Amerika, Frankreich, Deutschland, China sowie der Russischen Föderation;
87.2.2	bei Requirierung des Schiffes.

88 Umfang der Haftung und besondere Regelungen für den Schadensfall

88.1	Der Versicherer kann nach Eintritt des Schadens vor Fälligkeit des Versicherungsanspruchs dem Versicherungsnehmer mitteilen, dass er sich durch Auszahlung der Versicherungssumme von allen weiteren Verbindlichkeiten befreit (Abandonerklärung).
88.2	Die Feststellung und Abwicklung eines Schadens unter dieser Versicherung hat in gleicher Weise zu erfolgen, wie dies im ersten und zweiten Abschnitt für die Kaskoversicherung bestimmt ist. Der Versicherer hat das Recht, in Bezug auf Schäden unter dieser Versicherung einen separaten Sachverständigen zu bestellen.

Siebter Abschnitt: Schlussbestimmungen

89 Verjährung

Die Ansprüche aus dem Versicherungsverhältnisse verjähren in fünf Jahren. Die Verjährung beginnt mit dem Schluss des Jahres, in dem die Versicherung endigt oder die Verschollenheitsfrist abläuft.

90 Anwendbares Recht

Das Versicherungsverhältnis unterliegt deutschem Recht.

91 Gerichtsstand

Für die Entscheidung von Streitigkeiten, die aus dem Versicherungsverhältnis entstehen, sind, nach Wahl des Versicherers bei Mitversicherung nach Wahl allein des führenden Versicherers, ausschließlich die Gerichte in Hamburg oder Bremen zuständig

Für die Entscheidung von Streitigkeiten, die aus dem Versicherungsverhältnis entstehen, sind, nach Wahl des Versicherers, bei Mitversicherung nach Wahl allein des führenden Versicherers, ausschließlich die Gerichte in Hamburg oder Bremen zuständig.

Vorbemerkungen zu den §§ 142 bis 149 VVG

Kapitel 4
Gebäudefeuerversicherung

Vorbemerkungen zu den §§ 142 bis 149 VVG

1   Die Vorschriften dieses Kapitels entsprechen weitgehend den Regelungen in den **§§ 101 bis 107c VVG a.F.** Allerdings schien dem Gesetzgeber die Privilegierung der Immobiliensicherheiten nach dem alten Recht zu weitreichend, weshalb insb. § 102 Abs. 1 VVG a.F. ersatzlos gestrichen wurde. Danach war der Versicherer gegenüber einem Realgläubiger auch dann zur Leistung verpflichtet, wenn er versicherungsvertragsrechtlich gegenüber seinem Versicherungsnehmer z.B. wegen Brandstiftung leistungsfrei war. Dies hielt der Gesetzgeber für nicht mehr angemessen. Weiter gestrichen wurde § 105 VVG a.F., da der Gesetzgeber kein praktisches Bedürfnis mehr für den darin enthaltenen Kontrahierungszwang zugunsten des Realgläubigers sah. Von der ursprünglich vorgesehenen Streichung der Regelungen insgesamt wurde abgesehen. Dies wird damit begründet, dass sich der Schutz der Realgläubiger, die vornehmlich Kreditinstitute sind, letztlich auch auf die Kreditnehmer und damit Verbraucher, nämlich bei der Vergabe von Krediten, auswirkt (BT-Drucks 16/3945, S. 93). Grundsätzlicher Regelungsgegenstand der §§ 142–149 VVG bleibt somit die Gewährleistung von Mindestsicherungen für Realkreditgläubiger.

2   Geschützt sind Realgläubiger. Ausdrücklich erwähnen die §§ 142–147 VVG wie in der alten Fassung zunächst nur die Hypothekengläubiger. Über § 148 VVG sind die Regelungen auf die anderen Grundpfandrechte, Grundschuld, Rentenschuld oder Reallast, entsprechend anwendbar. Die Hypothek wurde im praktischen Rechtsverkehr nahezu vollständig von der Grundschuld abgelöst. Die insoweit von § 148 VVG vorgesehene analoge Anwendung (vgl. auch § 1192 BGB) bereitet unnötige Schwierigkeiten (vgl. auch Prölss/Martin/*Klimke*, Vorb. zu §§ 142–149 Rn 5) Dass der Gesetzgeber trotz der praktischen Bedeutungslosigkeit der Hypothek weiterhin an ihr als primärem Regelungsobjekt der Vorschriften über die Gebäudefeuerversicherung festgehalten hat, ist nur bedingt nachvollziehbar.

3   Wurde zur Sicherung bereits im Vorwege eine Vormerkung eingetragen erstreckt sich der Schutz der §§ 142–149 VVG ebenfalls auf den Vormerkungsberechtigten (BGH, Urt. v. 21.6.1989 – IVa ZR 100/88 = VersR 2005, 785).

4   Der Anwendungsbereich der Regelung wird – wie nach altem Recht – auf die Gebäudefeuerversicherung beschränkt. Für die üblicherweise in die **Gebäudeversicherung** einbezogenen **weiteren Risiken**, wie z.B. Leitungswasser und Sturm, sah der Gesetzgeber nach wie vor *kein* entsprechendes Regelungs- bzw. Schutzbedürfnis (BT-Drucks 16/3945, S. 94; so auch BGH, Urt. v. 21.6.1989 – IVa ZR 100/88 = VersR 2005, 785 zu § 102 a.F.). Der Schutz der Realkreditgläubiger erstreckt sich in der Gebäudefeuerversicherung nur auf **versicherte Gebäude**. Gebäude im Sinne der Gebäudefeuerversicherung sind alle Bauwerke, die den Eintritt von Menschen gestatten, räumlich umfriedet sind und dadurch gegen äußere Einflüsse bis zu einem gewissen Grad Schutz bieten. Es werden jedoch nur Bauwerke darunter gefasst, die als wesentlicher Bestandteil zum Hypothekenhaftungsver-

Vorbemerkungen zu den §§ 142 bis 149 VVG

band und der nach § 148 VVG gleichgestellten Grundpfandrechte zählen (Prölss/Martin/ *Klimke*, Vorb. zu §§ 142–149 Rn 2). Dabei ist es gleichgültig, ob es sich um eine Eigenversicherung oder eine Fremdversicherung handelt (vgl. BGH, Urt. v. 20.1.1988 – IV a ZR 165/86 = NJW-RR 1988, 728). Ob ein Bestandteil wesentlich ist, richtet sich nach § 94 BGB. Nicht versichert sind hingegen sog. Scheinbestandteile nach § 95 BGB. Hierzu zählen Gebäude, die nur vorübergehend mit dem Grund und Boden verbunden worden sind und deshalb im Eigentum des Grundstücksmieters oder -pächters stehen(Prölss/Martin/ *Klimke*, Vorb. zu §§ 142–149 Rn 2).

Nach **§ 11 Abs. 1 ErbbauRG** sind die §§ 142–149 VVG analog anwendbar, denn ein Erbbaurecht kann wie ein Grundstück mit einer Hypothek oder einem Grundpfandrecht belastet sein und das auf dessen Grundlage errichtete und feuerversicherte Gebäude gilt nach § 12 ErbbauRG als wesentlicher Bestandteil des Erbbaurechtes (BGH, Urt. v. 2.3.2005 – IV ZR 212/04; OLG Hamburg, VersR 1996, 1142 jeweils zu § 102 Abs. 1 VVG a.F.). 5

Im Gegensatz zu dem VVG a.F. hat der Gesetzgeber im neuen VVG von 2008 auf eine Definition der **Feuerversicherung** verzichtet. Dem Gesetzgeber war aber auch nicht daran gelegen, den Anwendungsbereich einzuschränken (so auch BT-Drucks 16/3945, S. 94; *Johannsen*, in: Bruck/Möller, vor § 142 Rn 7; Prölss/Martin/*Klimke*, Vorb. zu §§ 142–149 Rn 3). Es sollen wie bisher von den §§ 142 ff. VVG neben der **Feuerbrandgefahr** auch Versicherungen erfasst sein, die Gefahren und Schäden von **Explosionen, Blitzschlag, Löschen, Niederreißen oder Ausräumen** und auch solche Schäden, die durch den **Anprall oder Absturz eines Luftfahrzeuges** verursacht wurden (Prölss/Martin/*Klimke*, Vorb. zu §§ 142–149 Rn 3 unter Verweis auf § 1 Abs. 1 Buchst. e AFB 2008, § 1 Abs. 1 Buchst. e AFB 87). Auch wenn die Bedingungen (AFB 2008) diese Risiken nicht ausdrücklich erwähnen, sind die Schäden als Rettungskosten versichert (vgl. *Johannsen*, in: Bruck/ Möller, vor § 142 Rn 40 ff.). 6

Bei **kombinierten und gebündelten Versicherungen** kommt eine (analoge) Anwendung auf mit der Gebäudefeuerversicherung verbundene Risiken *nicht* in Betracht, sofern eine solche nicht in den AVB ausdrücklich oder sonst wie (auch konkludent) geregelt wird (vgl. BK/*Dörner/Staudinger* vor §§ 81–107c Rn 8; BGH, Urt. v. 21.6.1989 – IVa ZR 100/88 = VersR 2005, 785). Kommt es im Rahmen von gebündelten Versicherungen zu unterschiedlichen Rechtsfolgen hinsichtlich der einzelnen Risiken, so gelten diesbezüglich die allgemeinen zivilrechtlichen Grundsätze, insbesondere die §§ 306 Abs. 2, 139, 140 BGB. (vgl. Prölss/Martin/*Klimke*, Vorb. zu §§ 142–149 Rn 4). 7

Geschützt wird nur der **angemeldete Realgläubiger**, der nicht angemeldete Realgläubiger kommt nicht in den Genuss der Privilegierung. Die Anmeldung kann formlos erfolgen. 8

Die wesentlichen Regelungen der §§ 142–149 VVG lassen sich kurz zusammenfassen. Die Sicherungsrechte der Realgläubiger werden weiterhin gestärkt. Die Nichtzahlung der Folgeprämie, die Kündigung des Vertrages und der Eintritt des Versicherungsfalles sind dem Realgläubiger unverzüglich anzuzeigen, § 142 VVG. Der VR bleibt dem Realgläubiger bis zum Ablauf eines Monats ab Zugang der Mitteilung zur Leistung verpflichtet. Die 9

Pagel 1519

Beendigung des Vertrages wird gegenüber dem Realgläubiger mit Ablauf von zwei Monaten ab Mitteilung wirksam, es sei denn, die Kündigung des VN wurde mit Zustimmung des Realgläubigers ausgesprochen. Eine Nichtigkeit des Versicherungsvertrages kann gegenüber dem angemeldeten Realgläubiger nicht geltend gemacht werden, § 143 Abs. 4 VVG, das Versicherungsverhältnis endet jedoch 2 Monate nach Mitteilung der Nichtigkeit an den Realgläubiger. Bis zu diesem Zeitpunkt kann der Realgläubiger einen eigenständigen Anspruch gegen den VR geltend machen, der sich auf die vertraglichen Leistungen bezieht, auf die der VN ohne die Nichtigkeit aus dem Versicherungsvertrag Anspruch hätte. Die weiteren Regelungen betreffen die Voraussetzungen einer wirksamen Kündigung des VN, § 144 VVG; den gesetzlichen Rangrücktritt bei Brandentschädigung, § 145 VVG; die Bestätigungs- und Auskunftspflichten des VR, § 146 VVG; Anzeige der Anschriften- und Namensänderung des Realgläubigers, § 147 VVG; Anwendbarkeit der Regelungen auf andere Grundpfandrechte, § 148 VVG und eine Regelung zu Eigentümergrundpfandrechten, § 149 VVG.

§ 142 VVG Anzeigen an Hypothekengläubiger

(1) Bei der Gebäudefeuerversicherung hat der Versicherer einem Hypothekengläubiger, der seine Hypothek angemeldet hat, unverzüglich in Textform anzuzeigen, wenn die einmalige oder die erste Prämie nicht rechtzeitig gezahlt oder wenn dem Versicherungsnehmer für die Zahlung einer Folgeprämie eine Frist bestimmt wird. Dies gilt auch, wenn das Versicherungsverhältnis nach Ablauf der Frist wegen unterbliebener Zahlung der Folgeprämie gekündigt wird.

(2) Der Versicherer hat den Eintritt des Versicherungsfalles innerhalb einer Woche, nachdem er von ihm Kenntnis erlangt hat, einem Hypothekengläubiger, der seine Hypothek angemeldet hat, in Textform anzuzeigen, es sei denn, der Schaden ist unbedeutend.

Übersicht

	Rdn
A. Normzweck	1
B. Norminhalt	2
I. Anzeigepflicht des Versicherers wegen Prämienverzug (§ 142 Abs. 1 VVG)	2
1. Prämienverzug	2
2. Kündigung wegen unterbliebener Prämienzahlung	3
II. Anzeigepflicht des Versicherers wegen Versicherungsfall (§ 142 Abs. 2 VVG)	4
III. Anmeldung	5
C. Rechtsfolgen	6
D. Abdingbarkeit	7
E. Darlegungs- und Beweislast	8

A. Normzweck

1   Die Norm schützt die Realgläubiger, deren Recht eingetragen oder vorgemerkt ist und die dieses angemeldet (§ 94 Abs. 4 VVG) haben, indem dem VR diesen Gläubigern ggü.

bestimmte Mitteilungspflichten auferlegt werden. Die Vorschrift entspricht ihrem Regelungsgehalt nach § 101 VVG a.F., weicht jedoch sachlich in einigen Punkten ab. Die Anzeigepflicht des VR nach § 142 Abs. 1 S. 1 VVG wird entgegen § 101 VVG a.F. auf den Fall erstreckt, dass die einmalige oder die erste Prämie vom VN nicht rechtzeitig gezahlt wird. Der Realgläubiger soll damit in die Lage versetzt werden, nicht nur bei Nichtzahlung einer Folgeprämie, sondern auch bei Zahlungsverzug mit der Erst- bzw. Einmalprämie nach § 37 VVG für den notwendigen Versicherungsschutz zu sorgen – sei es durch eigene Prämienzahlung, sei es durch sonstige Maßnahmen – (BT-Drucks 16/3945, S. 94). Für die Erst- bzw. Einmalprämie kann der Realgläubiger damit die Voraussetzungen für den Rücktritt und die Leistungsfreiheit beseitigen, allerdings ex nunc (vgl. Prölss/Martin/*Klimke*, § 142 Rn 1). Bei Folgeprämienverzug kann der Realgläubiger somit Lücken im Versicherungsschutz vermeiden und auch Folgen einer bereits erklärten Kündigung beseitigen (§ 38 Abs. 3 S. 3 VVG) In § 142 Abs. 2 VVG wurde die Anzeigepflicht des VR hinsichtlich des Eintritts eines Versicherungsfalls gegenüber dem Realgläubiger normiert. Darüber hinaus wurde sowohl in § 142 Abs. 1 VVG als auch in § 142 Abs. 2 VVG das Schriftformerfordernis durch ein Textformerfordernis (§ 126b BGB) ersetzt.

B. Norminhalt

I. Anzeigepflicht des Versicherers wegen Prämienverzug (§ 142 Abs. 1 VVG)

1. Prämienverzug

Nach der Neuregelung muss der VR den angemeldeten Realgläubiger wegen einer ausbleibenden Folgeprämie gem. § 38 VVG, ebenso wie wegen einer ausbleibenden Erstprämie gem. § 37 VVG **unverzüglich benachrichtigen**. Dabei ist jeweils die **Höhe** der ausstehenden Prämie(n) und ggf. Nebenkosten, sowie im Fall des § 38 VVG auch der **Endtermin der Frist** zu nennen (vgl. MüKo/*Staudinger*, § 142 VVG Rn 13; Prölss/Martin/*Klimke*, § 142 Rn 2, *Johannsen*, in: Bruck/Möller, § 142 Rn 8). Diese Umstände sind durch den VR **zwingend** anzugeben (**a.A.** Römer/Langheid/*Langheid*, § 142 Rn 6, der die konkrete Angabe von Höhe der geschuldeten Prämie zzgl. Nebenkosten sowie Fristende jedoch als tunlich ansieht; ähnlich Rüffer/Halbach/Schimikowski/*Halbach*, § 142 Rn 6). Nur auf diesem Wege kann dem Schutzzweck der Norm Genüge getan werden und der Realgläubiger wird in die Lage versetzt, gezielt Maßnahmen zur möglichen Aufrechterhaltung des Versicherungsschutzes zu ergreifen, z.B. die Prämie selbst ausgleichen, § 34 VVG. Aus diesen Gründen ist im Fall des Ausbleibens der Erst- oder Einmalprämie vom VR auch auf die Rechtsfolge des § 37 Abs. 2 S. 1 VVG hinzuweisen.

2. Kündigung wegen unterbliebener Prämienzahlung

In Bezug auf die Kündigung wegen unterbliebener Prämienzahlung trifft den VR eine sog. „**doppelte Meldepflicht**" (vgl. Römer/Langheid/*Langheid*, § 142 Rn 7). Er hat den

Realgläubiger nicht nur nach § 142 Abs. 1 S. 1 VVG über die Fristsetzung zur Prämienzahlung zu informieren, sondern auch ein weiteres Mal darüber, dass die Fristsetzung keinen Erfolg hatte und deswegen eine Kündigung erfolgt ist. Umstritten ist, ob den VR auch eine Pflicht trifft, auf die Möglichkeit des § 38 Abs. 3 S. 3 VVG hinzuweisen (abl.: Prölss/Martin/*Klimke*, § 142 Rn 2; Römer/Langheid/*Langheid*, § 142 Rn 7; Rüffer/Halbach/Schimikowski/*Halbach*, § 142 Rn 6; zust. *Johannsen*, in: Bruck/Möller, § 142 Rn 9; MüKo/*Staudinger*, § 142 VVG Rn 16; Looschelders/Pohlmann/*Brand*, § 142 Rn 10). Tatsächlich scheint eine Pflicht zum Hinweis auf die Möglichkeit des § 38 Abs. 3 S. 3 VVG aber sachgerecht. Auch hier ist der **Schutzzweck der Norm** zu berücksichtigen, den Realgläubiger in eine Position zu versetzen, die Aufrechterhaltung des Versicherungsschutzes durch Ausgleich des Zahlungsrückstandes herbeizuführen. Letztlich müssen dem Realgläubiger, dem mitgeteilt wird, dass der VN seinen Zahlungspflichten nicht nachkommt, auch deutlich die weiteren Handlungsmöglichkeiten aufgezeigt werden. Mit den gleichen Argumenten, mit denen i.R.d. § 142 Abs. 1 S. 1 VVG eine Pflicht zum Hinweis auf die Höhe der Prämienrückstände bejaht wird (s.o. Rdn 2), ist i.R.d. § 142 Abs. 1 S. 2 VVG somit auch eine Pflicht des VR zum Hinweis auf die Möglichkeiten zur Beseitigung der Kündigungswirkung anzunehmen.

II. Anzeigepflicht des Versicherers wegen Versicherungsfall (§ 142 Abs. 2 VVG)

4   Der VR hat dem Realgläubiger, der sein Recht angemeldet hat, **innerhalb einer Woche** nach § 142 Abs. 2 VVG **Kenntnis** von dem eingetretenen Versicherungsfall zu verschaffen. Die Mitteilung hat **in Textform** zu erfolgen. Fraglich ist, ob sich der Realgläubiger bei unterbliebener Anzeige daran festhalten lassen muss, dass er **von dritter Seite** oder durch eine Mitteilung des VN Kenntnis erlangt hat. Die Mitteilungspflicht des VR besteht unabhängig von anderweitiger Kenntnis des Realgläubigers, kann aber Schadensersatzansprüche mangels Kausalität der Pflichtverletzung und Schaden ausschließen (Prölss/Martin/*Klimke*, § 142 Rn 6A; MüKo/*Staudinger*, § 142 VVG Rn 23 – hier unter Verweis auf die Möglichkeit eines Mitverschuldens des Realgläubigers) bzw. kann ein Berufen auf das Unterlassen der Anzeige des VR treuwidrig sein (so *Johannsen*, in: Bruck/Möller, § 142 Rn 6).

III. Anmeldung

5   Die Anmeldung des Realgläubigers beim VR kann formlos erfolgen.

C. Rechtsfolgen

6   Grundsätzlich steht dem Realgläubiger bei schuldhaft verzögerter oder unterlassener Mitteilung gem. § 142 Abs. 1 VVG ein **Schadensersatzanspruch** gem. §§ 280, 286, 241 Abs. 2 BGB zu (Prölss/Martin/*Klimke*, § 142 Rn 9). Aufgrund der Regelungen in den §§ 143 Abs. 1, 93, 94 VVG, bzw. § 1128 BGB wird der Realgläubiger jedoch weitgehend geschützt, so dass ein Schaden selten eintreten dürfte (vgl. dazu auch Rüffer/Halbach/

Schimikowski/*Halbach*, § 142 Rn 12). Etwas anderes kann nur dann gelten, wenn der VR gem. § 37 Abs. 2 S. 2 VVG wegen Nichtzahlung der Erstprämie ggü. dem VN leistungsfrei ist und zuvor die entsprechende Mitteilung an den Gläubiger unterlassen hat. Hier findet § 143 Abs. 1 VVG *keine* Anwendung, so dass die Zahlungspflicht des VR ggü. dem Realgläubiger nicht befristet fortbesteht. Ein Schadensersatzanspruch kommt hier auch dann in Betracht, wenn ein Hinweis auf die Rechtsfolge des § 37 Abs. 2 S. 1 VVG unterblieben ist. Beruft sich der Realgläubiger auf eine fehlerhafte oder unterlassene Mitteilung, so hat er dies allgemeinen Grundsätzen folgend ebenso zu beweisen wie einen kausalen Schaden. In der Regel dürfte jedoch eine Vermutung dafür sprechen, dass der Realgläubiger das zur Aufrechterhaltung des Versicherungsschutzes Erforderliche veranlasst hätte, sofern er nachweisen kann, dass ihm dies wirtschaftlich und tatsächlich möglich war.

D. Abdingbarkeit

Die Vorschrift hat halbzwingenden Charakter. Da die Vorschrift alleine dem Schutz des Realgläubigers dient, kann eine Abänderung nur zugunsten des Realgläubigers erfolgen. Eine Abänderung zulasten des Realgläubigers ist als unzulässiger Vertrag zulasten Dritter anzusehen (so auch MüKo/*Staudinger*, § 142 VVG Rn 26). 7

E. Darlegungs- und Beweislast

Der VR hat darzulegen und zu beweisen, dass er seiner Mitteilungspflicht rechtzeitig nachgekommen ist, welchen Inhalt seiner Mitteilung hatte und zu welchem Zeitpunkt diese erfolgt ist. Der Versicherer hat auch den Zugang beim Realgläubiger zu beweisen. Er trägt ferner die Darlegungs- und Beweislast dafür, wenn er sich darauf berufen will, dass es sich um einen unbedeutenden Schaden handelt. 8

§ 143 VVG Fortdauer der Leistungspflicht gegenüber Hypothekengläubigern

(1) Bei nicht rechtzeitiger Zahlung einer Folgeprämie bleibt der Versicherer gegenüber einem Hypothekengläubiger, der seine Hypothek angemeldet hat, bis zum Ablauf eines Monats ab dem Zeitpunkt zur Leistung verpflichtet, zu welchem dem Hypothekengläubiger die Bestimmung der Zahlungsfrist oder, wenn diese Mitteilung unterblieben ist, die Kündigung mitgeteilt worden ist.

(2) Die Beendigung des Versicherungsverhältnisses wird gegenüber einem Hypothekengläubiger, der seine Hypothek angemeldet hat, erst mit dem Ablauf von zwei Monaten wirksam, nachdem ihm die Beendigung und, sofern diese noch nicht eingetreten war, der Zeitpunkt der Beendigung durch den Versicherer mitgeteilt worden ist oder er auf andere Weise hiervon Kenntnis erlangt hat. Satz 1 gilt nicht, wenn das Versicherungsverhältnis wegen unterbliebener Prämienzahlung durch Rücktritt oder Kündigung des Versicherers oder durch Kündigung des Versicherungsnehmers, welcher der Hypothekengläubiger zugestimmt hat, beendet wird.

(3) Absatz 2 Satz 1 gilt entsprechend für die Wirksamkeit einer Vereinbarung zwischen dem Versicherer und dem Versicherungsnehmer, durch die der Umfang des Versicherungsschutzes gemindert wird oder nach welcher der Versicherer nur verpflichtet ist, die Entschädigung zur Wiederherstellung des versicherten Gebäudes zu zahlen.

(4) Die Nichtigkeit des Versicherungsvertrags kann gegenüber einem Hypothekengläubiger, der seine Hypothek angemeldet hat, nicht geltend gemacht werden. Das Versicherungsverhältnis endet jedoch ihm gegenüber nach Ablauf von zwei Monaten, nachdem ihm die Nichtigkeit durch den Versicherer mitgeteilt worden ist oder er auf andere Weise von der Nichtigkeit Kenntnis erlangt hat.

Übersicht

	Rdn
A. Normzweck	1
B. Norminhalt	3
I. Säumnis bei Folgeprämienzahlung (§ 143 Abs. 1 VVG)	3
II. Beendigung des Versicherungsverhältnisses (§ 143 Abs. 2 VVG)	4
III. Nachträgliche Vertragsänderungen (§ 143 Abs. 3 VVG)	8
IV. Nichtigkeit des Versicherungsverhältnisses (§ 143 Abs. 4 VVG)	9
V. Beweislast Kenntnis des Realgläubigers	11

A. Normzweck

1 Die Norm enthält zahlreiche Schutzregelungen zugunsten des angemeldeten Realgläubigers, ist aber im Vergleich zum alten Recht maßgeblich eingeschränkt worden (s. Vorb. §§ 142 ff. Rdn 1). Um die Bereitschaft zur Vergabe von Realkrediten zu fördern, schützt die Norm den Realgläubiger in besonderer Weise (BGHZ 108, 82, 87).

2 § 143 Abs. 1 VVG übernimmt den bisherigen § 102 Abs. 2 S. 2 VVG a.F. und § 143 Abs. 2 VVG stimmt sachlich im Wesentlichen mit § 103 Abs. 1 VVG a.F. überein. § 143 Abs. 3 VVG stimmt sachlich mit § 103 Abs. 2 VVG a.F. überein. § 143 Abs. 4 VVG weicht lediglich hinsichtlich der Frist nach § 143 Abs. 4 S. 2 VVG von § 103 Abs. 3 VVG a.F. ab. Die in § 143 Abs. 2 und Abs. 4 VVG von drei auf zwei Monate gekürzte Frist schützt die Interessen des Realgläubigers angemessen und ausreichend.

B. Norminhalt

I. Säumnis bei Folgeprämienzahlung (§ 143 Abs. 1 VVG)

3 Die Vorschrift tritt an die bisherige Stelle des § 102 Abs. 2 S. 2 VVG a.F. Sie gewährt dem angemeldeten Realgläubiger einen Monat Zeit, seinen Versicherungsschutz aufrechtzuerhalten (BT-Drucks 16/3945 S. 94). Sollte in dieser Monatsfrist ein Versicherungsfall eintreten, hat der angemeldete Realgläubiger einen eigenen Anspruch gegen den VR (BT-Drucks 16/3945 S. 94), welcher nicht der hypothekarischen Haftung unterliegt und auch nicht bei einer Zwangsversteigerung auf den Erwerber des Grundstücks übergeht (Rüffer/Halbach/Schimikowski/*Halbach*, § 143 Rn 4). Ausweislich des Wortlautes gilt diese Frist allerdings

nur bei nicht rechtzeitiger Leistung der Folgeprämie gem. § 38 VVG. Die Erst- und Einmalprämie hat der Gesetzgeber bewusst nicht erwähnt, daher ist eine Analogie nicht gerechtfertigt (Rüffer/Halbach/Schimikowski/*Halbach*, § 143 Rn 2; MüKo/*Staudinger*, § 143 VVG Rn 9). Die Monatsfrist beginnt mit dem Zugang der Anzeige des VR beim Realgläubiger (vgl. Prölss/Martin/*Klimke*, § 143 Rn 5). Die Anzeige muss dabei die Anforderungen des § 142 VVG erfüllen.

II. Beendigung des Versicherungsverhältnisses (§ 143 Abs. 2 VVG)

Von § 143 Abs. 2 S. 1 VVG werden sämtliche Tatbestände erfasst, die zur Beendigung eines Versicherungsverhältnisses führen, sofern diese nicht in § 143 Abs. 2 S. 2 VVG ausdrücklich benannt sind (BT-Drucks 16/3945 S. 94), also insbesondere **Kündigung** und **Rücktritt**. Nach zutreffender Auffassung gilt die Regelung in § 143 Abs. 2 S. 1 VVG bei Rücktritt des VR **vor und nach Eintritt des Versicherungsfalles** (so im Ergebnis übereinstimmend *Johannsen*, NVersZ 2000, 410, 414; Prölss/Martin/*Klimke*, § 143 Rn 16; Römer/Langheid/*Langheid*, § 143 VVG Rn 6; MüKo/*Staudinger*, § 143 VVG Rn 12; Looschelders/Pohlmann/*Brand*, § 143 Rn 7; a.A. noch nach früherer Rechtslage BK/*Dörner*/*Staudinger*, § 103 Rn 4: hier nur vor Eintritt des Versicherungsfalles, da der – in den neuen Regelungen nicht mehr enthaltene – § 102 Abs. 1 S. 2 VVG a.F. im Falle des Rücktritts des VR die Leistungspflicht gegenüber dem Realgläubiger bestehen ließ). Der Schutz des Realgläubigers besteht nach § 143 Abs. 2 S. 2 VVG jedoch nicht, wenn der Rücktritt oder die Kündigung des VR oder VN aufgrund Prämienzahlungsverzuges erfolgte. Ebenfalls nicht erfasst sind Kündigungen des VN, denen der Realgläubiger im Vorfeld zugestimmt hat, da seine Interessen bereits durch § 144 VVG geschützt sind (MüKo/*Staudinger*, § 143 VVG Rn 11).

4

Ferner werden alle weiteren Möglichkeiten von Beendigungen des Vertragsverhältnisses erfasst, wie insbesondere einverständliche **Vertragsaufhebung**, **Fristablauf** mit Folge der Vertragsbeendigung (ohne Verlängerungsklausel gem. § 11 Abs. 1 VVG), **Eröffnung des Insolvenzverfahrens** über das Vermögen des VR (§ 16 Abs. 1 VVG), **Interessenwegfall** (§ 80 Abs. 2 VVG) oder **Widerruf** durch den VN (§ 8 VVG) (Rüffer/Halbach/Schimikowski/*Halbach*, § 143 Rn 5; MüKo/*Staudinger*, § 143 VVG Rn 10; Prölss/Martin/*Klimke*, § 143 Rn 19). Bei Insolvenz des VN, sofern der Insolvenzverwalter nicht gem. § 103 InsO die Erfüllung des Vertrages wählt, wandelt sich der Vertrag in ein Abwicklungsverhältnis um, was aus der Sicht des Realgläubigers wirtschaftlich einer Beendigung gleichsteht (Prölss/Martin/*Klimke*, § 143 Rn 19). Aus diesem Grunde ist hier § 143 Abs. 1 S. 1 VVG analog anzuwenden (*Johannsen*, in: *Bruck*/*Möller*, § 143 Rn 10; *Johannsen*, NVersZ 2000, 410, 413).

5

Rechtsfolge des § 143 Abs. 2 S. 1 VVG ist ein befristeter Schutz des angemeldeten Realgläubigers. Die Norm gewährt dem Realgläubiger einen eigenen Anspruch gegen den VR, welcher das Pfandrecht an dem verlorengegangenen Anspruch des VN ersetzt (Rüffer/Halbach/Schimikowski/*Halbach*, § 143 Rn 7). Dieser **eigene Anspruch des angemeldeten Realgläubigers** entsteht, wenn der Umstand, der zur Leistungsfreiheit führt, vor dem

6

Versicherungsfall liegt oder mit diesem zusammen fällt, mit diesem oder mit später eingetretener Leistungsfreiheit. Der **Umfang** des Anspruchs wird bestimmt durch den Betrag des Realrechts nebst Zinsen und Kosten und begrenzt durch die Höhe des vertragsgemäß zu ersetzenden Schadens nebst Zinsen. Ob mangelnde Werthaltigkeit den Anspruch u.U. begrenzen kann, ist auch nach der Reform noch umstritten (BGH, Urt. v. 4.12.1996 – IV ZR 143/9 = NJW-RR 1997, 406; ausf. zum Streitstand *Johannsen*, NVersZ 2000, 410, 413; MüKo/*Staudinger*, § 143 VVG Rn 20). Die Beendigung des Versicherungsvertrages wird dem Realgläubiger ggü. erst mit einer Frist von zwei Monaten ab dem Zeitpunkt wirksam, in dem ihm die Beendigung bzw. ihr Zeitpunkt durch den VR mitgeteilt wurde. Die anderweitige Kenntniserlangung steht der Mitteilung durch den VR ausdrücklich gleich. Jedoch hat der VR im Streitfall zu beweisen, dass der Gläubiger auf andere Weise Kenntnis erlangt hat (BK/*Dörner/Staudinger*, § 103 Rn 16). Dies gilt ebenfalls für den Fall, dass ein etwaiger Versicherungsfall außerhalb der befristeten Weiterhaftung eingetreten ist (BK/*Dörner/Staudinger*, § 103 Rn 16) Unterbleibt eine Mitteilung des VR und fehlt es auch an einer anderweitigen Kenntniserlangung, haftet der VR ggü. dem Realgläubiger unbegrenzt weiter (Prölss/Martin/*Klimke*, § 143 Rn 8, vgl. auch MüKo/*Staudinger*, § 143 VVG Rn 33). Mithin hat der VR auch den Zugang seiner Mitteilung zu beweisen, sofern der Realgläubiger den Zugang bestreitet und sich auf die unbegrenzte Entschädigungspflicht beruft. Die Praxis zeigt, dass dem VR der Nachweis des Zuganges nur selten möglich ist.

Praxistipp
Um sich zu schützen, sollte der Versicherer seine Mitteilung per Einschreiben mit Rückschein versenden, um den Zugang beweisen zu können. Diese Verfahrensweise wird von den meisten Versicherern aus Kostengründen jedoch nicht durchgeführt.

7 Keine Leistungspflicht an den Realgläubiger besteht, wenn der VR gegenüber dem VN auch ohne Vertragsbeendigung nicht zur Leistung verpflichtet gewesen wäre (z.B. nach den §§ 26, 28 VVG), da § 143 Abs. 2 VVG nur die Folgen der Vertragsbeendigung schützt. Eine Besserstellung des angemeldeten Realgläubigers, als der VN bei Fortführung des Vertrages stünde, soll nicht erreicht werden. Auf der anderen Seite soll der angemeldete Realgläubiger bis zum Ablauf der zweimonatigen Frist auch nicht mit nachteiligen Folgen belastet werden, also auch nicht, wenn rückwirkend Leistungsfreiheit nach § 21 VVG eintritt (ausführlich hierzu Prölss/Martin/*Klimke*, § 143 Rn 23 ff.).

III. Nachträgliche Vertragsänderungen (§ 143 Abs. 3 VVG)

8 Gem. § 143 Abs. 3 VVG findet die befristete Forthaftung des VR aus § 143 Abs. 2 S. 1 VVG ggü. dem angemeldeten Realgläubiger entsprechende Anwendung bei **einschränkenden Vertragsänderungen**, insb. wenn der Umfang des Versicherungsschutzes nachträglich vertraglich zuungunsten des Realgläubigers gemindert wird. Dazu gehören die Herabsetzung der Versicherungssumme oder die nachträgliche Minderung der versicherten Gefahr. Unter einer Minderung der versicherten Gefahr sind alle Vereinbarungen zu verstehen, die den Umfang der Eintrittspflicht des Versicherers reduzieren, etwa die Erhöhung des Selbstbehaltes, Änderungen des Versicherungsortes oder die Herausnahme einzelner Gegenstände aus dem Deckungsumfang, auch wenn sie der Beseitigung einer Übersicherung

dient (vgl. Rüffer/Halbach/Schimikowski/*Halbach*, § 143 Rn 9 und 10; Prölss/Martin/ *Klimke*, § 143 Rn 27). Darüber hinaus erwähnt die Norm noch ausdrücklich die nachträgliche Vereinbarung einer **Wiederherstellungsklausel** als nachträgliche Minderung. Derartige, für den Deckungsschutz und damit für die Werthaltigkeit des Realrechts nachteilige Änderungen werden ggü. dem Realgläubiger ebenfalls erst zwei Monate ab ihrer Mitteilung wirksam. Dieser Schutz gilt jedoch dem Sinn und Zweck der Norm nach nur insoweit, als die Vertragsänderung tatsächlich entsprechende nachteilige Auswirkungen auf die Werthaltigkeit des Realrechts entfaltet (vgl. Prölss/Martin/*Klimke*, § 143 Rn 30).

IV. Nichtigkeit des Versicherungsverhältnisses (§ 143 Abs. 4 VVG)

Gem. § 143 Abs. 4 VVG kann sich der VR gegenüber dem angemeldeten Realgläubiger nicht auf die Nichtigkeit des Vertrages berufen. Jedoch endet der Vertrag auf den angemeldeten Realgläubiger mit Ablauf von zwei Monaten nach Kenntniserlangung von der Nichtigkeit, sei es durch Mitteilung des VR oder auf andere Weise. Insoweit korrespondiert der Schutz des Realgläubigers in diesen Fällen mit dem des § 143 Abs. 2 S. 1 VVG. Als Nichtigkeitsgründe kommen insbesondere in betrügerischer Absicht abgeschlossene Über- (§ 74 Abs. 2 VVG) oder Mehrfachversicherungen (§ 78 Abs. 3 VVG) in Betracht. Aber auch der Verstoß gegen ein gesetzliches Verbot nach § 134 BGB, Sittenwidrigkeit nach § 138 BGB oder auch Anfechtung wegen arglistiger Täuschung gem. §§ 123, 142 Abs. 1 BGB sind Nichtigkeitsgründe. Dabei kommt es nicht darauf an, ob die Anfechtung vor oder nach Eintritt des Versicherungsfalles erfolgt (vgl. MüKo/*Staudinger*, § 143 VVG Rn 16). Von der Norm erfasst wird auch die rückwirkende Vernichtung des Vertrages durch die Anfechtung, wobei es nicht darauf ankommt, ob die Anfechtung vor oder nach dem Versicherungsfall erklärt wird, noch zu § 102 Abs. 1 VVG a.F. im Schrifttum geäußerte Bedenken sind nach Streichung der Norm gegenstandslos (so auch *Johannsen*, in: Bruck/ Möller, § 143 Rn 17; Prölss/Martin/*Klimke*, § 143 Rn 31).

Infolge § 143 Abs. 4 VVG kann die zur Leistungsfreiheit gegenüber dem VN führende Nichtigkeit des Vertrages, herbeigeführt beispielsweise durch Anfechtung wegen arglistiger Täuschung, gegenüber dem Realgläubiger nicht eingewendet werden. Diese Rechtsfolge ist jedoch insoweit widersprüchlich und nicht sachgerecht, wenn demgegenüber der VR auch bei minder schweren Verstößen des VN, beispielsweise durch Rücktritt wegen Verletzung der vorvertraglichen Anzeigepflicht oder bei vorsätzlicher oder grob fahrlässiger Obliegenheitsverletzung ebenfalls gegenüber dem Realgläubiger vollständig von der Leistung frei werden kann (*Weidner*, r+s 2007, 138 – zum Gesetzentwurf mit dem Vorschlag, § 143 Abs. 4 VVG zu streichen; Marlow/Spuhl, Das Neue VVG kompakt, Rn 943; Prölss/ Martin/*Klimke*, § 143 Rn 33). Dieser Wertungswiderspruch kann nur dadurch aufgelöst werden, dass der Realgläubiger uneingeschränkt auch bei Eintritt eines Versicherungsfalles bis zum Ablauf der Zweimonatsfrist geschützt ist, gleichwohl der VR z.B. nach Rücktritt wegen vorvertraglicher Anzeigepflichtverletzung gegenüber dem VN leistungsfrei wäre (vgl. Prölss/Martin/*Klimke*, § 143 Rn 25).

V. Beweislast Kenntnis des Realgläubigers

11 Beruft sich der VR bei unterlassener Mitteilung auf anderweitige Kenntniserlangung, so ist er hierfür beweispflichtig (s. Anm. oben Rdn 6). Für die Kenntniserlangung des Realgläubigers nach § 143 Abs. 2 S. 1 und Abs. 4 S. 2 VVG ist die positive Kenntnis der maßgeblichen Tatsachen erforderlich, ein Kennenmüssen genügt nicht (OLG Hamm v. 6.7.2012 – I-20 U 102/11).

§ 144 VVG Kündigung des Versicherungsnehmers

Hat ein Hypothekengläubiger seine Hypothek angemeldet, ist eine Kündigung des Versicherungsverhältnisses durch den Versicherungsnehmer unbeschadet des § 92 Abs. 1 und des § 96 Abs. 2 nur wirksam, wenn der Versicherungsnehmer mindestens einen Monat vor Ablauf des Versicherungsvertrags nachgewiesen hat, dass zu dem Zeitpunkt, zu dem die Kündigung spätestens zulässig war, das Grundstück nicht mit der Hypothek belastet war oder dass der Hypothekengläubiger der Kündigung zugestimmt hat. Die Zustimmung darf nicht ohne ausreichenden Grund verweigert werden.

Übersicht

	Rdn
A. Normzweck	1
B. Norminhalt	2
I. Wirksamkeit der Kündigung des Versicherungsnehmers	2
1. Nachweis fehlender Belastung	3
2. Zustimmung	7
II. Verweigerung der Zustimmung	10
C. Abdingbarkeit	13

A. Normzweck

1 Die Vorschrift entspricht inhaltlich der Regelung des **§ 106 VVG a.F.** § 144 VVG bezieht sich nur auf die Kündigung durch den VN. Andere Möglichkeiten der Kündigung sind von der Regelung nach § 144 S. 1 VVG nicht erfasst, so die Kündigung des Erwerbers und die Kündigung nach dem Versicherungsfall. Der Realgläubiger soll von vornherein in das Kündigungsverfahren einbezogen werden, da der VR nach § 143 Abs. 2 VVG noch zwei Monate nach der Information des Realgläubigers über die Beendigung des Vertrages in der Haftung bleibt (BT-Drucks 16/3945 S. 94). Dies soll die Belastung des VR minimieren (vgl. Prölss/Martin/*Klimke*, § 144 Rn 1). Im Interesse der Realgläubiger wird sichergestellt, dass der VN den Haftungsumfang des Sicherungsrechtes nicht eigenmächtig reduziert (BK/ *Dörner/Staudinger*, § 106 Rn 1). Eine entsprechende **Anwendung der Norm auf andere Arten der Gebäudeversicherung** außerhalb der Gebäudefeuerversicherung **scheidet aus** (BGHZ 108, 82, 85). Bei kombinierten Versicherungen führt eine Anwendung des § 139 BGB regelmäßig zur Unwirksamkeit der gesamten Kündigung, sofern hinsichtlich des Teils der Gebäudefeuerversicherung die Zustimmung fehlte (MüKo/*Staudinger*, § 144 VVG

Rn 4; *Johannsen*, in: Bruck/Möller, § 144 Rn 11; Looschelders/Pohlmann/*Brand*, § 144 Rn 2; nun auch Prölss/Martin/*Klimke*, § 144 Rn 1b – **a.A.** noch in der 28. Aufl.; Römer/ Langheid/*Langheid*, § 144 Rn 10; dazu relativierend LG Dortmund, NVersZ 2000, 145 – hier ausnahmsweise nur Kündigung des Feuerversicherungsteils, wenn besondere Anhaltspunkte dafür sprechen, dass der VN den Vertrag im Übrigen auch fortsetzen wollte). Macht der VN demnach deutlich, dass ihm ein einheitlicher Versicherungsschutz nicht wichtig ist und eine Aufrechterhaltung des risikobezogenen Versicherungsschutzes auch über einen anderen VR möglich ist, liegt ein Sonderfall vor. In diesem Fall wäre die Gebäudefeuerversicherung separat zu betrachten und die Kündigung (sofern möglich) i.Ü. wirksam.

B. Norminhalt

I. Wirksamkeit der Kündigung des Versicherungsnehmers

Gem. § 144 VVG hat der VN grds. zwei Möglichkeiten, eine wirksame Kündigung zu erklären. 2

1. Nachweis fehlender Belastung

Eine durch den VN erklärte Kündigung ist wirksam, wenn er mindestens (bis) einen Monat 3 vor Ablauf des Vertrages nachgewiesen hat, dass das Grundstück zum spätestmöglichen Kündigungszeitpunkt nicht mit dem angemeldeten Grundpfandrecht belastet war. Der Nachweis ist **durch einen einfachen Grundbuchauszug** gem. § 12 Abs. 2 GBO zu führen. Daraus ist ersichtlich, mit welchen Rechten das Grundstück zu diesem Zeitpunkt belastet war. **Innerhalb der Nachweisfrist** – bis mindestens ein Monat vor Ablauf des VV – kann der VN einen zunächst fehlenden Grundbuchauszug nachreichen, womit eine dann zunächst schwebend unwirksame Kündigung in Wirksamkeit erstarkt. Das bedeutet, dass das Grundstück nicht schon bei Kündigungserklärung lastenfrei sein muss, soweit diese zu einem früheren als dem letztmöglichen Zeitpunkt erklärt wird (vgl. MüKo/*Staudinger*, § 144 Rn 10). So dürfte auch die Erklärung des Realgläubigers ausreichend sein, dass das Grundpfandrecht gelöscht werden soll oder die Forderung erloschen ist, da das Schutzbedürfnis von Realgläubiger und VR damit ausreichend gewahrt ist (vgl. Römer/Langheid/*Langheid*, § 144 Rn 3).

Erklärt der VN die Kündigung unter Nachweis der fehlenden Belastung und wird danach 4 wieder ein Grundpfandrecht eingetragen, ist die Kündigung wirksam (vgl. Römer/Langheid/*Langheid*, § 144 Rn 3; MüKo/*Staudinger*, § 144 VVG Rn 12). Erklärt der VN die Kündigung, ohne den Nachweis der fehlenden Belastung zu führen bzw. die Zustimmung vorzulegen, hat der VR eine Hinweispflicht nach § 242 BGB. Er hat den VN darüber zu informieren, dass die Kündigung schwebend unwirksam ist und wie die Wirksamkeit noch zu erlangen ist, sofern die Frist noch einzuhalten ist. Der Hinweis muss so zeitig erfolgen, dass es dem VN noch möglich ist, die Zustimmung oder den Nachweis rechtzeitig beizubringen (näher hierzu Prölss/Martin/*Klimke*, § 144 Rn 5). Kann der VN nachweisen, dass er aufgrund eines solchen Hinweises des VR den Nachweis hätte führen können und ist der VR seiner Hinweispflicht nicht oder nicht rechtzeitig nachgekommen, macht er sich gem. §§ 241 Abs. 2, 280 Abs. 1 BGB schadensersatzpflichtig (LG Dortmund, NVersZ 2000, 145).

5 Eine verspätete Kündigung ist unwirksam. Sie kann auch nicht auf einen späteren Kündigungszeitpunkt umgedeutet werden, wenn nicht besondere Umstände oder Erklärungen hinzukommen. Reicht z.B. der VN die Zustimmung verspätet ein, kann darin eine konkludente erneute Kündigung zum nächstmöglichen Termin zu sehen sein (Prölss/Martin/*Klimke*, § 144 Rn 5a).

6 Bleibt eine Kündigung des VN ohne Zustimmung, ist sie zunächst bis zum Fristablauf schwebend und danach gänzlich unwirksam. Nach a.A. soll die Kündigung dem Realgläubiger gegenüber (relativ) unwirksam sein, wenn dieser nicht zustimmt. Dem VN gegenüber könnte sie aber wirksam bleiben mit der Folge, dass der VR im Schadensfall nur i.R.d. noch valutierenden Grundpfandrechtes belastet wird, dem VN gegenüber aber leistungsfrei ist. Da es sich bei § 144 VVG ebenfalls um eine Gläubigerschutzvorschrift handelt, ist nicht einzusehen, warum die vom VN ausgesprochene Kündigung – also das von ihm ausdrücklich Gewollte – im Verhältnis zum VR nicht wirksam sein soll, nur weil ein Dritter – nämlich der Realgläubiger – nicht zustimmt (Römer/Langheid/*Langheid*, § 144 Rn 6; anders Prölss/Martin/*Klimke*, § 144 Rn 4 a.E.; BK/*Dörner/Staudinger*, § 106 Rn 11: absolute Unwirksamkeit). Nur die absolute Unwirksamkeit ist nicht nur interessengerecht, sondern führt auch zu praktikablen Ergebnissen. Damit ist sowohl Schutz des VN als auch des Realgläubigers gewährleistet – der VR teilt dem VN mit, dass die Wirksamkeit der Kündigung der Zustimmung des Realgläubigers bedarf, daran muss der VR sich auch festhalten lassen. Zudem würde ein Bemühen des VN um neuen Versicherungsschutz anderenfalls mit allen Konsequenzen zu einer Doppelversicherung führen.

2. Zustimmung

7 Die Kündigung des VN ist ebenfalls wirksam, wenn der (oder die) angemeldete(n) Realgläubiger ihr zugestimmt hat/haben. Auf die Zustimmung finden grundsätzlich die §§ 182 ff. BGB Anwendung, weshalb die Zustimmung grds. formlos (§ 182 Abs. 2 BGB) möglich ist. Liegt eine Einwilligung vor, so sollte der VN diese möglichst mit Einreichung der Kündigungserklärung ggü. dem VR **schriftlich nachweisen**. Andernfalls riskiert er, dass die Kündigung dadurch unwirksam wird, dass der VR sie unter Verweis auf die fehlende Zustimmung unverzüglich zurückweist (vgl. BK/*Dörner/Staudinger*, § 106 Rn 10; Johannsen, in: Bruck/Möller, § 144 Rn 8; Römer/Langheid/*Langheid*, § 144 Rn 9; Prölss/Martin/*Klimke*, § 144 Rn 3).

8 Allerdings erscheint im Zusammenhang des § 144 VVG eine Ausnahme von dem Grundsatz angezeigt, dass einseitige empfangsbedürftige Rechtsgeschäfte nur mit (vorheriger) Einwilligung vorgenommen werden können (dazu Palandt/*Heinrichs*, § 182 BGB Rn 5). Hierfür spricht bereits der Wortlaut des § 144 VVG, der von „Zustimmung" spricht (vgl. BK/*Dörner/Staudinger*, § 106 Rn 10). Die Interessen des VR werden hier hinreichend gewahrt, wenn entsprechend der Regelung über den Nachweis der fehlenden Belastung

auch der Nachweis der Zustimmung bis einen Monat vor Ablauf des Vertrages möglich bleibt (überzeugend BK/*Dörner/Staudinger*, § 106 Rn 10). Der VN kann demnach sowohl eine bereits bei Kündigungserklärung vorhandene, aber nicht mitgeteilte Einwilligung nachreichen, als auch eine ursprünglich ohne Einwilligung erklärte Kündigung durch nachträgliche Genehmigung heilen. Auf eine Zustimmung des VR kann es hier nicht ankommen (**a.A.** Prölss/Martin/*Klimke*, § 144 Rn 3; Römer/Langheid/*Langheid*, § 144 Rn 11). Die Kündigung ist in diesem Fall ebenfalls bis zur Nachreichung der Zustimmung schwebend unwirksam.

Der VR ist grds. dazu verpflichtet, dem VN sämtliche ihm bekannten Realgläubiger mitzuteilen, deren Zustimmung für die Wirksamkeit der Kündigung erforderlich ist (LG Dortmund, NVersZ 2000, 145, Prölss/Martin/*Klimke*, § 144 Rn 5; dagegen krit. *Johannsen*, in: Bruck/Möller, § 144 Rn 13; Römer/Langheid/*Langheid*, § 144 Rn 6). Verletzt der VR diese Hinweispflicht schuldhaft, kann er unter Umständen schadensersatzpflichtig ggü. dem VN werden, sofern dieser aufgrund der Unwirksamkeit der Kündigung mit weiteren Prämien belastet wird (LG Dortmund, NVersZ 2000, 145; Prölss/Martin/*Klimke*, § 144 Rn 5). In diesem Fall bietet es sich für den VR an, einer Aufhebung des Vertrages zuzustimmen.

II. Verweigerung der Zustimmung

Der Gläubiger darf die Zustimmung **nicht ohne ausreichenden Grund** verweigern. Wann ein ausreichender Grund vorliegt, kann nicht allgemein festgelegt werden. In der Regel dürfte dies der Fall sein, wenn der VN beabsichtigt, nach der Kündigung keinen, oder einen weniger weit reichenden Versicherungsschutz abzuschließen (Prölss/Martin/*Klimke*, § 144 Rn 6, **a.A.** noch 28. Aufl.; Römer/Langheid/*Langheid*, § 144 Rn 12). Bei Gleichwertigkeit des Versicherungsschutzes dürfte dagegen regelmäßig die Vertragsfreiheit des VN überwiegen, so dass der Realgläubiger die Zustimmung nicht verweigern darf (BK/*Dörner/Staudinger*, § 106 Rn 13). Generell wird eine Interessenabwägung im Einzelfall in den meisten Fällen erforderlich bleiben. Nach der Gegenansicht könne die Verweigerung zulässig sein, wenn der neue Vertrag dem VN etwa keine nennenswerten Vorteile bietet, und der Realgläubiger zu dem bisherigen VR eine gute Geschäftsbeziehung hatte (Römer/Langheid/*Langheid*, § 144 Rn 12). Diese Auffassung kann nicht überzeugen. Ein ausreichender Grund muss **objektiv und nachprüfbar dargelegt** werden können. Subjektive Aspekte, wie eine „gute Geschäftsbeziehung", dürften für das (objektive) Tatbestandsmerkmal des ausreichenden Grundes nicht ausreichen. Eine derart weite Auslegung dieses Tatbestandsmerkmales würde dazu führen, dass der Realgläubiger immer einen Grund hätte, die Zustimmung zu verweigern. Im Rahmen einer teleologischen Reduktion darf die Zustimmung durch den Realgläubiger aber nur verweigert werden, wenn seine rechtlichen Interessen nachweislich gefährdet werden könnten.

Umgekehrt hat der Realgläubiger die Zustimmung zu erteilen, wenn seine Rechtsposition durch einen VR oder Produktwechsel erheblich gestärkt wird. Aufgrund von Produktverbesserungen (z.B. Einschluss der groben Fahrlässigkeit) wird die Rechtsposition des Realgläubigers erheblich gestärkt und er hat die Zustimmung zu erteilen.

12 Hierzu bliebe dann zu erwägen, ob der Realgläubiger bei grundloser Verweigerung seiner Zustimmung nicht ggü. dem VN schadensersatzpflichtig ist. Eine solche **Schadensersatzverpflichtung** kann sowohl durch Verzug als auch i.R.d. § 280 BGB durch eine unberechtigte Zustimmungsverweigerung begründet werden. Der Schaden kann etwa darin bestehen, dass ein günstigerer Abschluss bei einem anderen VR unmöglich wurde (Prölss/Martin/*Klimke*, § 144 Rn 6).

C. Abdingbarkeit

13 § 144 VVG dient dem Schutz des **Realgläubigers** und ist somit zu dessen Lasten *nicht* abdingbar (vgl. OLG Hamm, VersR 1964, 1286).

14 Zulasten des **Versicherungsnehmers** kann die Regelung demgegenüber in den AVB abgeändert werden. Eine AVB-Regelung, wonach der Nachweis nur durch einen beglaubigten Grundbuchauszug erbracht werden kann, dürfte aber an § 309 Nr. 13 BGB scheitern (vgl. auch MüKo/*Staudinger*, § 144 VVG Rn 21 m.w.N.) und unwirksam sein.

§ 145 VVG   Übergang der Hypothek

Soweit der Versicherer den Hypothekengläubiger nach § 143 befriedigt, geht die Hypothek auf ihn über. Der Übergang kann nicht zum Nachteil eines gleich- oder nachstehenden Hypothekengläubigers geltend gemacht werden, dem gegenüber die Leistungspflicht des Versicherers bestehen geblieben ist.

Übersicht

	Rdn
A. Normzweck	1
B. Norminhalt	3
I. Übergang der Hypothek	3
II. Berichtigungsbewilligung	5
III. Rangverhältnis	6
IV. Verfahren	8
C. Abdingbarkeit	9

A. Normzweck

1 Die Regelung dient dem Schutz des Versicherers (§ 145 S. 1 VVG) sowie dem Schutz der gleich- und nachrangigen Realgläubigers, sofern dieser den VR aus § 143 VVG in Anspruch nehmen kann (§ 145 S. 2 VVG).

2 § 145 VVG entspricht sachlich **§ 104 VVG a.F.**, wobei der Anwendungsbereich aufgrund der Streichung des § 102 Abs. 1 VVG a.F. **erheblich eingeschränkt** ist (BT-Drucks 16/3945, S. 94).

B. Norminhalt

I. Übergang der Hypothek

Die Hypothek geht kraft Gesetzes in dem Moment auf den VR über, in dem dieser gem. § 143 VVG eine Zahlung an den Gläubiger leistet. Unterschreitet die Zahlung den Wert des Grundpfandrechtes, geht dieses nur zu einem entsprechenden Teil über (vgl. Wortlaut „soweit"). Damit die Sicherheit kraft Gesetzes übergehen kann, muss diese im Zeitpunkt der Zahlung existieren. Da es sich um einen gesetzlichen Übergang handelt, ist ein gutgläubiger Erwerb ausgeschlossen. Befriedigt der Versicherer den Anspruch des Realgläubigers zu einem Zeitpunkt, in dem das Grundpfandrecht bereits infolge einer Zwangsvollstreckung erloschen ist, so scheidet ein Rechtsübergang aus (Prölss/Martin/*Klimke*, § 145 Rn 3).

Lediglich dogmatisch umstritten ist die Frage, ob mit dem Übergang einer Hypothek die Forderung, welche grundsätzlich akzessorisch mit der Hypothek verbunden ist, mit auf den VR übergeht. Nach einer Ansicht findet eine Forderungsauswechslung **analog § 1164 BGB** statt, mit der Folge, dass die Hypothek anschließend einen Schadensersatz- oder Bereicherungsanspruch des VR gegen den VN sichert (so LG Köln, r+s 1986, 291; Prölss/Martin/*Kollhosser* noch in 27. Aufl., § 104 Rn 5). Nach nunmehr wohl herrschender Ansicht geht die Hypothek als reine **forderungsentkleidete Hypothek** über mit der Folge, dass in der Person des VR der Sache nach eine Grundschuld entsteht (Looschelders/Pohlmann/*Brand*, § 145 Rn 4; Prölss/Martin/*Klimke*, § 145 Rn 5; MüKo/*Staudinger*, § 145 VVG Rn 13). Die zuletzt genannte Ansicht hat sich zu Recht heute durchgesetzt. Sie entspricht dem Wortlaut der Norm, der ausdrücklich vom Übergang der Hypothek, nicht der hypothekarisch gesicherten Forderung spricht, so dass eine (Fremd-)Grundschuld entsteht. Im Übrigen wäre es unbillig, dem VR die Darlegungs- und Beweislast für das Bestehen eines mit der Hypothek gesicherten Anspruches aufzubürden (ausführl. zum Streit MüKo/*Staudinger*, § 145 VVG Rn 10 ff.; siehe auch Prölss/Martin/*Klimke*, § 145 Rn 5; Römer/Langheid/*Langheid*, § 145 Rn 3 f.). Dies würde auch dem Schutzzweck der Vorschrift widersprechen. Der Meinungsstreit hat insoweit an Bedeutung verloren, als in der heutigen Praxis nur noch selten Hypotheken zur Sicherung eingetragen werden. Üblicherweise wird in der heutigen Praxis eine Grundschuld bestellt, weshalb § 145 S. 1 VVG nur über § 148 VVG anwendbar ist.

II. Berichtigungsbewilligung

Der frühere Gläubiger ist nach dem Übergang des Grundpfandrechtes gem. §§ 1192 Abs. 1, 1144 BGB analog verpflichtet, dem VR den Brief und alle sonst vorhandenen Urkunden zur Umschreibung des Rechts auszuhändigen. Der VR kann nun die Eintragung ins Grundbuch gem. § 13 GBO beantragen und trägt dafür auch die Kosten, § 897 BGB. Für die Eintragung muss der VR gem. §§ 19, 29 GBO eine öffentlich oder notariell beglaubigte Bewilligung des früheren Gläubigers und den Nachweis darüber vorlegen, dass er den früheren Gläubiger gem. § 143 VVG befriedigt hat (BK/*Dörner/Staudinger*, § 104 Rn 10). Verweigert der vormalige Gläubiger die Bewilligung, kann der VR durch Nachweis der materiellen Unrichtigkeit des Grundbuches die Eintragung gem. § 22 GBO dennoch erwirken (ausführlich hierzu MüKo/*Staudinger*, § 145 Rn 14 f.).

III. Rangverhältnis

6 Das vom VR nach § 145 S. 1 VVG erworbene **Realrecht** (gemäß Anm. oben Rdn 4) entsteht **nachrangig** ggü. denjenigen gleich- oder nachrangigen Realgläubigern, denen ggü. nach wie vor eine Verpflichtung aus § 143 VVG besteht. Dies betrifft demnach alle privilegierten Gläubiger, die nach § 143 VVG einen eigenen Anspruch erworben haben, die jedoch im konkreten Schadensfall nicht befriedigt wurden (BGH, Urt. v. 2.3.2005 – IV ZR 212/04; OLG Hamm, NVersZ 2002, 467 m. abl. Anm. *Langheid*, NVersZ 2002, 529; BK/*Dörner/Staudinger*, § 104 Rn 13; Prölss/Martin/*Klimke*, § 145 Rn 6; **a.A.** Römer/Langheid/*Langheid*, § 104 Rn 12 f., *Langheid*, NVersZ 2002, 529). Dies ist die Situation, dass sich die Entschädigungssumme mit Zahlung an eine Realgläubigerin erschöpft hat, und damit die Versicherungsforderung als Teil des grundpfandrechtlichen Haftungsverbands (§§ 1127, 1107, 1192 Abs. 1, 1200 Abs. 1 BGB) für die weiteren privilegierten Gläubiger verloren ist. Ihnen steht nur noch die restliche Haftungsmasse zur Befriedigung zur Verfügung. Die Rangvorschrift ordnet Rangrücktritt an, weil der VR sonst als neuer Gläubiger an die Stelle des ausgeschiedenen und voll befriedigten Realgläubigers treten würde, was nicht interessengerecht wäre. Nach **a.A.** soll die Vorschrift nur dann zur Anwendung kommen, wenn der VR die geschuldete Versicherungsleistung noch nicht voll erbracht hat (Römer/Langheid/*Langheid*, § 145 Rn 12 f.; *Langheid*, NVersZ 2002, 529). Diese letztgenannte Auffassung läuft jedoch dem Schutzzweck des § 143 VVG zuwider, da dieser das Ziel hat, die Realgläubiger im gestörten Versicherungsverhältnis so zu stellen, wie sie im ungestörten Verhältnis stünden. In diesem Fall hatte der VR auch nur die Möglichkeit, sich im Nachrang zu den eingetragenen Realgläubigern durch Verwertung des Grundstücks zu befriedigen (so überzeugend Prölss/Martin/*Klimke*, § 145 Rn 6).

7 Nicht angemeldete gleich- oder nachstehende Gläubiger, denen gegenüber die Verpflichtung des Versicherers nicht besteht, erfahren keine gesetzliche Rangänderung nach § 145 S. 2 VVG. Hier besteht keine Beeinträchtigung in deren Rechten, denn diese Gläubiger können nur beanspruchen, aus dem Grundstück dem Rang ihrer Hypothek entsprechend befriedigt zu werden. Dieses Recht wird nicht dadurch geschmälert, dass der Versicherer, nachdem der gleich- oder vorstehende Realgläubiger aus der Forderung gegen den Versicherer Befriedigung gefunden hat, in die Stelle dieses Gläubigers eintritt. Dadurch kann es zu **relativen Rangverhältnissen** von nicht angemeldeten und angemeldeten Realgläubigern kommen (so auch MüKo/*Staudinger*, § 145 VVG Rn 20).

IV. Verfahren

8 § 145 S. 2 VVG räumt den bisherigen gleich- oder nachrangigen Gläubigern gegenüber dem VR Rechte ein, durch die die Grundbucheintragung unrichtig wird. Die Rangberichtigung erfolgt im Wege der Grundbuchberichtigung, die die Gläubiger auf eigene Kosten (§ 897 BGB) bewirken müssen. Die privilegierten Gläubiger haben einen Anspruch auf

die Zustimmung des VR zur Rangberichtigung (vgl. BK/*Dörner/Staudinger*, § 104 Rn 10 bzw. 14). Gerade die Rangberichtigung ist mit Blick auf die Gefahren eines gutgläubigen Erwerbs der Rangposition nach § 892 BGB empfehlenswert (vgl. Prölss/Martin/*Klimke*, § 145 Rn 7).

C. Abdingbarkeit

§ 145 VVG kann nicht durch Vereinbarung zwischen VN und VR zulasten der Realgläubiger abbedungen werden (BK/*Dörner/Staudinger*, § 104 Rn 14; Prölss/Martin/*Klimke*, § 145 Rn 8; Looschelders/Pohlmann/*Brand*, § 145 Rn 9; Rüffer/Halbach/Schimikowski/*Halbach*, § 145 Rn 7). 9

§ 146 VVG Bestätigungs- und Auskunftspflicht des Versicherers

Der Versicherer ist verpflichtet, einem Hypothekengläubiger, der seine Hypothek angemeldet hat, die Anmeldung zu bestätigen und auf Verlangen Auskunft über das Bestehen von Versicherungsschutz sowie über die Höhe der Versicherungssumme zu erteilen.

Übersicht

	Rdn
A. Normzweck	1
B. Norminhalt	2
I. Bestätigung	2
II. Auskunft	3
C. Prozessuale Hinweise	7
D. Abdingbarkeit	8

A. Normzweck

Die Vorschrift stimmt mit **§ 107 VVG a.F.** überein und begründet eine Bestätigungs- und Auskunftspflicht des VR ggü. dem angemeldeten Hypothekengläubiger hinsichtlich des Realrechts. 1

B. Norminhalt

I. Bestätigung

Bei Anmeldung gem. § 94 Abs. 4 VVG ist dem Realgläubiger vom VR eine Bestätigung zu erteilen. Diese Bestätigung dient dem Realgläubiger als Sicherheit, dass der VR seine Anmeldung erhalten hat (vgl. Prölss/Martin/*Klimke*, § 146 Rn 2) und gibt ihm die Gewissheit, dass der VR Kenntnis von der Anmeldung seiner Rechte hat (vgl. MüKo/*Staudinger*, § 146 VVG Rn 6). Die Bestätigung kann formlos erteilt werden. Sie ist lediglich eine Quittung und erlangt darüber hinaus keine rechtliche Bedeutung (vgl. Rüffer/Halbach/Schimikowski/*Halbach*, § 146 Rn 2). Die Ansprüche des Realgläubigers ergeben sich nicht 2

Pagel 1535

aus der Bestätigung selbst. Jedoch entsteht im Falle einer falschen Bestätigung ein Schadensersatzanspruch aus §§ 241 Abs. 2, 280 Abs. 1 BGB, sofern der Realgläubiger auf den Inhalt der Bestätigung vertrauen durfte. Der Antrag auf Erteilung eines Hypothekensicherungsscheins gilt gleichzeitig als Anmeldung i.S.d. § 94 Abs. 4 VVG, der Schein selbst gilt als Bestätigung der Anmeldung (Prölss/Martin/*Kollhosser*, § 107 Rn 2). Ebenso genügt das Gegenzeichnen auf einer Kopie der Anmeldung, die dem Realgläubiger zugeht (Römer/Langheid/*Langheid*, 2. Aufl., § 146 Rn 2).

II. Auskunft

3 Der Auskunftsanspruch des Realgläubigers besteht in Bezug auf die **Höhe der Versicherungssumme**, auf das Bestehen von Versicherungsschutz und seinen konkreten Umfang. Das **Bestehen von Versicherungsschutz** umfasst konkrete Angaben über die Art und Weise des erteilten Versicherungsschutzes gemäß dem vereinbarten Bedingungswert. Dazu gehören Angaben über den Versicherungsort, den Umfang des übernommenen Risikos und auch über besonders vereinbarte Ausschlüsse (BK/*Dörner/Staudinger*, § 107 Rn 5; Römer/Langheid/*Langheid*, § 146 Rn 3; Prölss/Martin/*Klimke*, § 146 Rn 3). Auch über die rechtzeitige Zahlung der Erstprämie ist der VR, jedenfalls nach Treu und Glauben, zur Auskunft verpflichtet (MüKo/*Staudinger*, § 146 VVG Rn 6; nun auch Prölss/Martin/*Klimke*, § 146 Rn 3a und Römer/Langheid/*Langheid*, § 146 Rn 3; a.A. noch zu § 107 Prölss/Martin/*Kollhosser*, 27. Aufl., § 107 Rn 3, Römer/Langheid/*Langheid*, 2. Aufl., § 146 Rn 4). Unter praktischen Gesichtspunkten sind daher der Versicherungsschein, die Versicherungsbedingungen und alle vereinbarten Nachträge i.R.d. Auskunftsbegehrens zu übermitteln. Der Realgläubiger hat ein umfassendes gesetzliches Informationsrecht, soweit dies zur Wahrung seiner wirtschaftlichen Interessen erforderlich ist.

4 Die Auskunft ist grundsätzlich nur **einmalig** im Zusammenhang mit der Anmeldung zu erteilen, wodurch sie sich von den Mitteilungspflichten nach §§ 142, 143 VVG unterscheidet, die fortlaufend erfüllt werden (Römer/Langheid/*Langheid*, § 146 Rn 5; Prölss/Martin/*Klimke*, § 146 Rn 3; **a.A.** aber BK/*Dörner/Staudinger*, § 107 Rn 6). Zum Schutze des Realgläubigers sind nach einmaliger Auskunftserteilung die Mitteilungspflichten der §§ 142, 143 VVG i.d.R. ausreichend. Doch kann es im Einzelfall gegen § 242 BGB verstoßen, wenn der VR grundlos ein **erneutes Auskunftsbegehren** des Realgläubigers zurückweist, für das ein sachlich nachvollziehbares Interesse spricht.

5 Kosten für die (erste) Auskunftserteilung hat der VR zu tragen, da es sich um eine gesetzlich begründete (Neben-)Pflicht handelt (vgl. MüKo/*Staudinger*, § 146 VVG Rn 9; Prölss/Martin/*Klimke*, § 146 Rn 3, **a.A.** noch die 2. Aufl., § 146 Rn 5; Looschelders/Pohlmann/*Brand*, § 146 Rn 3). Die Kosten einer weiteren Auskunft hat der Realgläubiger zu tragen, sofern nicht ein begründeter Anlass besteht (so i. Erg. auch *Johannsen*, in: Bruck/Möller, § 146 Rn 5; MüKo/*Staudinger*, § 146 VVG Rn 7; Looschelders/Pohlmann/*Brand*, § 146 Rn 4).

6 Für eine unrichtige Auskunft **haftet der VR** gem. §§ 241 Abs. 2, 280 Abs. 1 BGB, auch dann, wenn er überobligatorisch Auskünfte erteilt. Der **Schaden** des Realgläubigers kann

dann darin liegen, dass er es unterlässt, anderweitig für ausreichenden Versicherungsschutz zu sorgen (so auch Römer/Langheid/*Langheid*, § 146 Rn 3).

C. Prozessuale Hinweise

Die Darlegungs- und Beweislast dafür, dass der VR dem Realgläubiger die Anmeldung bestätigt hat und die verlangten Auskünfte erteilt hat, trägt der VR. Der Realgläubiger hingegen ist beweispflichtig dafür, dass ihm unrichtige Auskünfte erteilt wurden und dass ihm daraus ein Schaden entstanden ist. 7

D. Abdingbarkeit

§ 146 VVG kann durch Vereinbarung zwischen VN und VR nicht zulasten des Realgläubigers abgeändert werden. 8

---

§ 147 VVG Änderung von Anschrift und Name des Hypothekengläubigers

Hat der Hypothekengläubiger dem Versicherer eine Änderung seiner Anschrift oder seines Namens nicht mitgeteilt, ist § 13 Abs. 1 auf die Anzeigen und Mitteilungen des Versicherers nach den §§ 142 und 143 entsprechend anzuwenden.

Übersicht

	Rdn
A. Normzweck	1
B. Norminhalt	3
I. Anwendungsbereich	3
1. Adress- und Namensänderung	3
2. Mitteilungspflicht	5
3. Zugangsfiktion	6
C. Prozessuale Hinweise	8
D. Abdingbarkeit	9

A. Normzweck

Die Vorschrift **erleichtert** dem VR die Erfüllung seiner **Mitteilungspflichten** insbesondere nach §§ 142, 143 VVG (BK/*Dörner/Staudinger*, § 107a Rn 1). Hat der Realgläubiger eine Änderung seiner Anschrift oder seines Namens nicht mitgeteilt, so dürfen hieraus bei der Erfüllung der Mitteilungspflichten resultierende Nachteile nicht zulasten des VR gehen. Die Norm übernimmt **§ 107a VVG a.F.** Wie in § 13 Abs. 1 VVG – der entsprechenden Regelung für den VN – wird der Anwendungsbereich auf den Fall der nicht angezeigten Namensänderung erstreckt (vgl. BT-Drucks 16/3945, S. 94). 1

Die gesetzliche **Zugangsfiktion** könnte unter verfassungsrechtlichen Gesichtspunkten nicht unbedenklich sein. Die Rechtsnorm gestattet die Abgabe von Willenserklärungen und deren Rechtsfolgen ohne Kenntnis des Hypothekengläubigers. Dieser kann vollständig seine Sicherungsrechte verlieren, wenn dem VR eine Änderung des Namens oder der 2

Anschrift nicht bekannt gegeben wird. Aufgrund der erheblichen wirtschaftlichen Auswirkungen für den Hypothekengläubiger ist diese Rechtsnorm **eng auszulegen**.

B. Norminhalt

I. Anwendungsbereich

1. Adress- und Namensänderung

3   § 147 VVG gilt nur bei **Adress- und Namensänderungen**, deren Mitteilung der angemeldete Hypothekengläubiger **unterlassen** hat.

4   Direkt gilt die Norm aufgrund der Verweisung auf § 13 Abs. 1 VVG nur für den Fall, dass der Realgläubiger seinen Lebensmittelpunkt verlegt (vgl. MüKo/*Staudinger*, § 147 VVG Rn 7). Richtigerweise muss die Regelung ggf. analog jedoch für den gewerblichen Realgläubiger auf Fälle angewandt werden, in denen der Geschäftssitz bzw. der Sitz der Niederlassung verlegt wird (so auch Prölss/Martin/*Klimke*, § 147 Rn 2; *Johannsen*, in: Bruck/Möller, § 147 Rn 4; a.A. MüKo/*Staudinger*, § 147 VVG Rn 8 f.). Es dürfte davon auszugehen sein, dass die Beschränkung auf § 13 Abs. 1 VVG ein Versehen des Gesetzgebers war. Weder aus der Gesetzesbegründung noch aus Sinn und Zweck der Vorschrift lässt sich Gegenteiliges entnehmen. Nach dem Wortlaut würde § 147 VVG den Realgläubiger, der lediglich Verbraucher ist, stärker belasten als denjenigen, der Unternehmer ist. Bei **anfänglich unrichtiger Adress- oder Namensangabe** ist die Vorschrift nach zutreffender Auffassung **analog** anzuwenden (Prölss/Martin/*Klimke*, § 147 Rn 2; Römer/Langheid/*Langheid*, § 147 Rn 3). Eine andere Auffassung (noch zu § 107a VVG a.F. BK/*Dörner/Staudinger*, § 107a Rn 6; MüKo/*Staudinger*, § 147 VVG Rn 12) erzielt durch Anwendung der Grundsätze des § 130 BGB (Rechtsmissbräuchlichkeit der Berufung auf den verspäteten oder mangelnden Zugang) praktisch vergleichbare Ergebnisse. Kennt der VR die richtige Adresse bzw. den richtigen Namen, so kann er sich jedenfalls nach § 242 BGB nicht auf § 147 VVG berufen (ähnlich Römer/Langheid/*Langheid*, § 147 Rn 3).

2. Mitteilungspflicht

5   Die Mitteilung über die Anschrift- und/oder Namensänderung muss ausdrücklich erfolgen, unterliegt jedoch keinem Formzwang (vgl. MüKo/*Staudinger*, § 147 VVG Rn 6). Nach einer Ansicht genügt die Angabe auf verwendeten Umschlägen des Grundpfandrechtsinhabers zwar nicht, es kann hingegen ausreichend sein, wenn der VR eine Änderung von Namen bzw. Anschrift aus dem Briefkopf hätte sehen können (so MüKo/*Staudinger*, § 147 VVG Rn 6; **a.A.** wohl Römer/Langheid/*Langheid*, § 147 Rn 3). Ergibt sich aus der geführten Korrespondenz klar die Namens- oder Adressänderung ggf. mit einem Hinweis im Adressfeld, dürfte dies ausreichend sein. Sofern der VR in sonstiger Art und Weise Kenntnis von der Anschrift- und/oder Namensänderung erlangt hat, ist § 147 VVG nicht anwendbar (vgl. Rdn 4).

3. Zugangsfiktion

Durch die Verweisung auf § 13 Abs. 1 VVG ist klargestellt, dass der Zugang von Mitteilungen und Anzeigen des VR im Anwendungsbereich des § 147 VVG (Rdn 7) **drei Tage nach Absendung eines eingeschriebenen Briefes** an die letzte bekannte Adresse des Realgläubigers fingiert wird. Eine analoge Anwendung auf **einfache Briefe** kommt *nicht* in Betracht (vgl. zu § 10 VVG a.F. OLG Hamburg VersR 1980, 38; MüKo/*Staudinger*, § 147 VVG Rn 11; Prölss/Martin/*Klimke*, § 147 Rn 4). 6

Infolge der Verweisung auf §§ 142 und 143 VVG gilt die Zugangsfiktion beim angemeldeten Realgläubiger nur für Fälle der Kenntnis über die Fristsetzung für eine Erst- oder Folgeprämie (§ 142 Abs. 1 VVG), Kenntnis von der nicht rechtzeitigen Zahlung der Folgeprämie (§ 143 Abs. 2 VVG), Zugang der Mitteilungen über die Beendigung des Versicherungsvertrages (§ 143 Abs. 2 VVG) und Kenntnis von Veränderungen des Versicherungsvertrages (§ 143 Abs. 3 VVG). 7

C. Prozessuale Hinweise

Der Realgläubiger trägt die Darlegungs- und Beweislast, dass er die Namens- oder Adressänderung mitgeteilt hat. Der VR ist ferner infolge der Verweisung auf § 13 Abs. 1 VVG darlegungs- und beweispflichtig dafür, dass er einen eingeschriebenen Brief an die letzte ihm bekannt gegebene bzw. bekannte Adresse des Realgläubigers abgesandt hat. Nach § 13 Abs. 1 S. 2 VVG gilt der eingeschriebene Brief drei Tage nach Absendung als zugegangen. 8

D. Abdingbarkeit

Die Regelung ist in AVB grds. **auch zulasten des Realgläubigers abänderbar**, da sie dem Schutz des VR dient. (Looschelders/Pohlmann/*Brand*, § 147 Rn 9; MüKo/*Staudinger*, § 147 VVG Rn 15; **a.A.** Prölss/Martin/*Klimke*, § 147 Rn 5 unter Berufung auf das Verbot eines Vertrages zu Lasten Dritter). Dem Realgläubiger muss die abweichende Regelung bekannt gegeben sein. Bei Klauseln, die eine von § 147 VVG abweichende Zugangsfiktion vorsehen, ist jedoch § 308 Nr. 6 BGB zu beachten. 9

§ 148 VVG   Andere Grundpfandrechte

Ist das Grundstück mit einer Grundschuld, Rentenschuld oder Reallast belastet, sind die §§ 142 bis 147 entsprechend anzuwenden.

Übersicht

	Rdn
A. Normzweck	1
B. Norminhalt	2
C. Abdingbarkeit	5

A. Normzweck

1 Die Vorschrift stimmt mit **§ 107b VVG a.F.** überein und **erweitert** die Anwendbarkeit der Schutzvorschriften in §§ 142–147 VVG im Wege einer gesetzlichen Analogie auf die Grundpfandrechte der Grundschuld, Rentenschuld und Reallast. Durch diese Erweiterung wird auch der Kreis der zu schützenden Gläubiger erweitert. So wird insbesondere dem heute beliebten Sicherungsmittel der nicht akzessorischen Grundschuld über § 148 VVG Rechnung getragen.

B. Norminhalt

2 Die gesetzlich angeordnete entsprechende Anwendung kann nur insoweit gelten, als die entsprechenden Grundpfandrechte auch dem **Regelungsbereich** der zur entsprechenden Anwendung bestimmten Normen **unterworfen** werden können (vgl. auch Prölss/Martin/*Klimke*, § 148 Rn 3).

3 So findet zunächst grundsätzlich eine Anwendung der §§ 142–147 VVG auf **Grundschuld, Rentenschuld oder eine (private und öffentlich-rechtliche) Reallast**. Wieweit die betroffene Vorschrift im Einzelfall anwendbar ist, bedarf der Prüfung. Beispielsweise ist § 143 VVG nicht anwendbar, soweit der VN einen fälligen Rückgewähranspruch hat (BGH Beschl. v. 8.10.2009 – IV ZR 346/07; BGH, VersR 2009, 1654; Rüffer/Halbach/Schimikowski/*Halbach*, § 148 Rn 1). Denn andernfalls könnte eine gem. § 143 VVG an den Realgläubiger geleistete Zahlung im Ergebnis (aufgrund des Rückgewähranspruches) an den VN „weitergeleitet" werden, obwohl diesem ggü. ausdrücklich Leistungsfreiheit bestand (so bereits zum alten Recht OLG Saarbrücken, NJW-RR 1998, 1486; BK/*Dörner/Staudinger*, § 107b Rn 4; Prölss/Martin/*Klimke*, § 148 Rn 3). Ebenfalls **keine Anwendung** findet § 148 VVG auf den Nießbrauch gem. § 1030 BGB (Prölss/Martin/*Klimke*, § 148, Rn 2). § 148 VVG findet hingegen Anwendung, wenn der Rückgewähranspruch **anderen Gläubigern** zusteht (Römer/Langheid/*Langheid*, § 148 Rn 2; BGH, VersR 2005, 785). Ebenfalls findet § 148 VVG gem. § 11 Abs. 1 ErbbauRG auf die am Erbbaurecht bestellten Grundschulden Anwendung (Prölss/Martin/*Klimke*, § 148, Rn 2).

4 Die §§ 142, 144, 146 f. VVG sind auf jede Art Fremdgrundschuld entsprechend anwendbar, auch auf nicht valutierte Sicherungsgrundschulden, für die der VN einen Rückgewähranspruch hat. (Prölss/Martin/*Klimke*, § 148 Rn 3a; *Johannsen*, in: Bruck/Möller, § 148 Rn 6; Looschelders/Pohlmann/*Brand*, § 148 Rn 3; MüKo/*Staudinger*, § 148 VVG Rn 9; OLG Hamm, NJW-RR 1988, 217; krit. Römer/Langheid/*Langheid*, § 148 Rn 4). Insoweit ist unter Gesichtspunkten der Rechtsklarheit auf die formale, sachenrechtliche Lage, nicht auf die schwer einsehbare und schnelllebigen Veränderungen unterliegende schuldrechtliche Lage abzustellen, wobei genügt, wenn das Realrecht durch Vormerkung gesichert ist (Prölss/Martin/*Klimke*, § 148 Rn 3a).

C. Abdingbarkeit

Obwohl § 148 VVG keinen halbzwingenden Charakter hat, ist er aufgrund des Verbotes 5
von Verträgen zulasten Dritter nicht durch Vereinbarung zwischen dem VR und dem VN
abdingbar (MüKo/*Staudinger*, § 148 VVG Rn 9).

§ 149 VVG Eigentümergrundpfandrechte

Die durch die §§ 142 bis 148 begründeten Rechte können nicht zugunsten von Hypotheken, Grundschulden oder Rentenschulden, die dem Versicherungsnehmer zustehen, geltend gemacht werden.

Übersicht

	Rdn
A. Normzweck	1
B. Norminhalt	2
C. Darlegungs- und Beweislast	4
D. Rechtsfolge	5

A. Normzweck

Die Vorschrift stimmt sachlich mit **§ 107c VVG a.F.** überein und nimmt den VN, sofern 1
ihm die genannten Realrechte zustehen, aus dem Kreis der geschützten Gläubiger heraus.
Durch die Norm wird verhindert, dass der VN über den Umweg über ein Grundpfandrecht
die von ihm verwirkte Versicherungsleistung erhält (BK/*Dörner/Staudinger*, § 107c Rn 1).

B. Norminhalt

Die Vorschrift nimmt die §§ 142–148 VVG vollständig von der Anwendung auf Grund- 2
pfandrechte des VN aus. Die Vorschrift gilt zumindest entsprechend, wenn dem VN ein
obligatorischer Anspruch auf Rückübertragung hinsichtlich des Grundpfandrechtes und
Übertragung der Entschädigung zusteht, wenngleich dann Rechte des VN betreffende
Normen von der Anwendung ausgeschlossen sind, so §§ 142, 145 VVG (§ 148 Rdn 3).
Eine **analoge Anwendung** ist auch dann angezeigt, wenn der VN beherrschender Gesellschafter einer GmbH ist, die ihrerseits aus dem Realrecht berechtigt ist (so für die Ein-Mann-GmbH auch MüKo/*Staudinger*, § 149 VVG Rn 7; *Johannsen*, in: Bruck/Möller,
§ 149 Rn 3; Prölss/Martin/*Klimke*, § 149 Rn 2). Die Voraussetzungen des § 149 müssen
im Zeitpunkt des Versicherungsfalls vorliegen. Sofern der VN mit dem Eintritt des
Versicherungsfalls den Rückgewähranspruch erwirbt und die Einrede der Arglist gem.
§ 242 BGB nicht greift, ist der VR verpflichtet zu zahlen. Somit findet § 149 VVG keine
Anwendung, wenn ein Rückgewähranspruch des VN erst später entsteht, wohl aber, wenn
er das Entstehen bewusst verzögert hat (§ 242 BGB). Das gilt nicht, wenn der Rückgewähranspruch im Wege einer Vormerkung gesichert wurde (MüKo/*Staudinger*, § 149 VVG
Rn 8).

Pagel 1541

3   Die dinglichen Rechte des Versicherten, der selbst die Leistungsfreiheit des VR durch eigenes Handeln verursacht hat, sind in analoger Anwendung des § 149 VVG ebenfalls ausgeschlossen (hier mit Bsp. vorvertragliche Anzeigepflichtverletzung – vgl. Prölss/Martin/*Klimke*, 149 Rn 2; *Johannsen*, in: Brock/Möller, § 149 Rn 4; Looschelders/Pohlmann/*Brand*, § 149 Rn 2).

C. Darlegungs- und Beweislast

4   Beruft sich der VR ggü. einem Realgläubiger darauf, dass § 143 VVG keine Anwendung fände, da dem VN zum Zeitpunkt des Eintritts des Versicherungsfalls ein Rückübertragungsanspruch zustand, so ist er hierfür grds. darlegungs- und beweispflichtig. Jedoch dürfen die Anforderungen an die Darlegungslast hier nicht überspannt werden, da es dem VR oft unmöglich sein wird, detaillierte Tatsachen aus dem wirtschaftlichen Umfeld des VN vorzutragen.

D. Rechtsfolge

5   Rechtsfolge der Norm ist die Leistungsfreiheit des VR. Nachrangige Gläubiger können nur insoweit Befriedigung beanspruchen, als die Entschädigungssumme nicht auf den VN entfällt (BK/*Dörner/Staudinger*, § 107c Rn 7). Bestehen demnach mehrere Grundpfandrechte, gilt die Leistungsfreiheit des VR dennoch. Die dadurch von dem VR eingesparte Leistung entfällt auch nicht auf nachrangige Gläubiger (Römer/Langheid/*Langheid*, § 149 Rn 5; MüKo/*Staudinger*, § 149 VVG Rn 10). Der ausstehende Rest der Leistungspflicht des VR, welcher gerade nicht auf den VN entfällt, geht an die nachrangigen Gläubiger (Rüffer/Halbach/Schimikowski/*Dirk*, § 149 Rn 5).

Anhang 1 Bestimmungen für einen Regressverzicht der Feuerversicherer bei übergreifenden Schadenereignissen

– Fassung Januar 2010

Die in der anliegenden Liste genannten Versicherungsunternehmen (Abkommensunternehmen) werden jeweils für ihren Betrieb der Feuerversicherung einen nach § 86 VVG oder den entsprechenden landesrechtlichen Bestimmungen auf sie übergegangenen Schadensersatzanspruch (Regressanspruch) unter folgenden Voraussetzungen und in der nachstehend bestimmten Höhe nicht geltend machen:

1. Zur Feuerversicherung gehören alle Versicherungen, die nach den Rechnungslegungsvorschriften zur Feuerversicherung gerechnet werden.

   Die Bestimmungen gelten auch für
   - Feuer-Betriebsunterbrechungs-, sonstige BU sowie Mietverlustversicherung;
   - Verbundene Hausrat-, Verbundene Wohngebäude oder sonstige Gebäude oder Inhaltversicherung;
   - Mehrgefahren-, Allgefahrenversicherung;
   - Allgemeine Einheitsversicherung, soweit das Feuerrisiko gedeckt ist.

   Nicht unter die Bestimmungen fallen z.B. die Versicherungszweige
   - Extended Coverage (EC)-
   - Kraftfahrt-
   - Luftfahrt-
   - Technische oder
   - Transportversicherung.

2. Der Schaden, auf dem der Regressanspruch beruht, muss durch ein Ereignis bewirkt sein, das für den Regressschuldner einen Versicherungsfall seiner Feuerversicherung darstellt. Der Versicherer muss im Rahmen dieser Feuerversicherung eine Entschädigung gezahlt haben, es sei denn, die Ersatzpflicht entfällt wegen eines vereinbarten Selbstbehaltes.

   Außerdem muss das Schadenereignis innerhalb der Bundesrepublik Deutschland von dem Versicherungsort dieser Feuerversicherung aus auf die versicherten Gegenstände übergegriffen haben.

3. Die Feuerversicherungen nach Ziffer 2 müssen bei einem Abkommensunternehmen bestehen (vgl. Ziffer 9).

4. Soweit die Regressverzichtssummen (Ziffer 6) nicht für den Regressschuldner verbraucht worden sind, erstreckt sich der Verzicht im Rahmen dieser Vereinbarung auch auf Ersatzansprüche, die sich richten
   a) gegen
      aa) Repräsentanten,
      bb) gesetzliche Vertreter,
      cc) persönlich haftende Teilhaber und Gesellschafter

des Regressschuldners sowie Personen, mit denen dieser oder die unter aa) bis cc) genannten Personen bei Eintritt des Schadens in häuslicher Gemeinschaft leben;
b) gegen im Betrieb oder Haushalt des Regressschuldners angestellte, nicht unter a) fallende Personen.
5. Ausgeschlossen vom Regressverzicht sind Ersatzansprüche
   a) gegen den Regressschuldner, der den Schaden vorsätzlich oder grob fahrlässig herbeigeführt oder für ein solches Handeln einzustehen hat,
   b) gegen die in Ziffer 4 a) genannten Personen, die den Schaden vorsätzlich oder grob fahrlässig herbeigeführt haben,
   c) gegen die in Ziffer 4 b) genannten Personen, die den Schaden vorsätzlich herbeigeführt haben,
   d) aus Schäden, die anlässlich der Ausübung einer gewerblichen oder beruflichen Tätigkeit außerhalb des eigenen Betriebes des Regressschuldners an fremden Gegenständen verursacht werden,
   e) die auf Tatbeständen des § 25 oder § 26 des Gesetzes über die friedliche Verwendung der Kernenergie und den Schutz gegen ihre Gefahren (Atomgesetz) vom 23.12.1959 (BGBl. I S. 814) beruhen.
6. Der Regressverzicht ist je Schadenereignis nach unten und oben begrenzt:
   a) Er gilt bei einem Regressschuldner, für eine Regressforderung bis zu 600.000 EUR, jedoch nur insoweit, als die Regressforderung 150.000 EUR übersteigt.
   b) Der Regressverzicht erweitert sich über die untere Begrenzung hinaus insoweit, als eine Haftpflichtversicherung gemäß Ziffer 7.4 (2) und 7.5 der Allgemeinen Versicherungsbedingungen für die Haftpflichtversicherung (AHB, unverbindliche Musterbedingungen des GDV e.V.) keine Deckung bieten würde. Diese Regelung gilt auch für andere, vertraglich vereinbarte Allgemeine Versicherungsbedingungen (AVB) mit Haftpflichtdeckung.
7. Stehen mehreren Abkommensunternehmen Regressansprüche aus ein und demselben Schadenereignis zu, so wird der dem Regressschuldner nach Ziffer 6 zugute kommende Regressverzichtsbetrag auf die Abkommensunternehmen im Verhältnis der Höhe ihrer Ansprüche aufgeteilt.
8. a) Die Abkommensunternehmen in ihrer Gesamtheit können die aus dem Regressverzicht erworbenen Rechte ohne Zustimmung der Begünstigten zum Ablauf eines Kalenderjahres aufheben oder ändern.
   b) Die Aufhebung oder Änderung ist ein Jahr zuvor im Bundesanzeiger und in sonst geeigneter Form öffentlich bekannt zu geben.
9. a) Jedes einzelne Abkommensunternehmen kann den Regressverzicht mit halbjährlicher Frist zum Ablauf des Kalenderjahres durch schriftliche Mitteilung an den Gesamtverband der Deutschen Versicherungswirtschaft e.V. kündigen. Zu ihrer Wirksamkeit muss das austretende Unternehmen die Kündigung gleichzeitig fristgemäß im Bundesanzeiger veröffentlichen. Es ist außerdem verpflichtet, die Kün-

digung seinen Versicherungsnehmern durch Aufdruck auf die nächste Prämienrechnung oder unverzüglich in sonst geeigneter Weise mitzuteilen.
b) Das Abkommen wird nach einer Kündigung durch ein Abkommensunternehmen unter den übrigen Abkommensunternehmen fortgesetzt.
c) Mit der Kündigung bestehen gegenüber den austretenden Unternehmen keine Rechte mehr. Gleichzeitig verlieren auch die Versicherungsnehmer des austretenden Unternehmens ihre Rechte gegenüber den übrigen Abkommensunternehmen.

10. Im Falle einer Aufhebung oder Änderung der Rechte (Ziffer 8) sowie im Falle eines Austritts eines Abkommensunternehmens (Ziffer 9) bleiben die Rechte der Begünstigten, die zur Zeit der Wirkung dieser Maßnahmen bestehen, noch bis zum Ablauf der laufenden Versicherungsperiode (§ 12 VVG) des Feuerversicherungsvertrages erhalten.

Anhang 2 zu §§ 142 bis 149 VVG — Regressverzichtsabkommen/Verzeichnis

Anhang 2 Verzeichnis der dem Regressverzichtsabkommen der Feuerversicherer beigetretenen Versicherungsunternehmen (Stand Januar 2016)

5342 AachenMünchener Versicherung AG	AachenMünchener-Platz 1 52064 Aachen Postanschrift: 52054 Aachen Tel.: 0241–456–0, Fax: 0241–456–4510
5902 ACE European Group Limited Direktion für Deutschland	Lurgiallee 12 60439 Frankfurt am Main Tel.: 069–75613–0, Fax: 069–746193
5581 ADLER Versicherung AG	Joseph-Scherer-Straße 3 44139 Dortmund Postanschrift: 44121 Dortmund Tel.: 0231–135–0, Fax: 0231–135–4638
5163 AIG Europe Limited Direktion für Deutschland	Speicherstraße 55 60327 Frankfurt am Main Postfach 10 17 36, 60017 Frankfurt am Main Tel.: 069–97113–0, Fax: 069–97113–203
5029 Aioi Nissay Dowa Insurance Company of Europe Limited Niederlassung Deutschland	Carl-Zeiss-Ring 25 85737 Ismaning Postfach 14 49, 85732 Ismaning Tel.: 089–244474–0, Fax: 089–244474–555
Albersdorfer Feuerversicherung Verein -VITUS GILDE-	Nordhastedterstraße 13 25767 Tensbüttel-Röst
5312 Allianz Versicherungs-Aktiengesellschaft	Königinstraße 28 80802 München Postanschrift: 80790 München Tel.: 089–3800–0, Fax: 089–3800–3425
5370 Allianz Global Corporate & Specialty SE	Königinstraße 28 80802 München
5405 ALTE LEIPZIGER Versicherung Aktiengesellschaft	Alte-Leipziger-Platz 1 61440 Oberursel Postanschrift: 61435 Oberursel Tel.: 06171–66–00, Fax: 06171–24434

Anhang 2 zu §§ 142 bis 149 VVG

5455 ARAG Allgemeine Versicherungs-Aktiengesellschaft	ARAG Platz 1 40472 Düsseldorf Postanschrift: 40464 Düsseldorf Tel.: 0211–98700–700, Fax: 0211–963–2850
5397 ASSTEL Sachversicherung Aktiengesellschaft	Berlin-Kölnische Allee 2 – 4 50969 Köln Postanschrift: 51175 Köln Tel.: 0221–9677–677, Fax: 0221–9677–100
A-T-H Silberstedter Versicherungen Arens- und Treia-Harden	Schubystraße 121 – 123 24837 Schleswig Tel.: 04621–951480, Fax: 04621–951481
5077 AXA Art Versicherung AG	Colonia-Allee 10 – 20 51067 Köln Postanschrift: 51171 Köln Tel.: 0221–148–22187, Fax: 0221–148–32559
5090 AXA Corporate Solutions Deutschland, Niederlassung der AXA Corporate Solutions Assurance S.A.	Colonia-Allee 10 – 20 51067 Köln Tel.: 0221–148–112, Fax: 0221–148–4666
5515 AXA Versicherung AG	Colonia-Allee 10 – 20 51067 Köln Postanschrift: 51171 Köln Tel.: 0800–320–3205, Fax: 0800–355–7035
5792 Baden-Badener Versicherung Aktiengesellschaft	Schlackenbergstraße 20 66386 St. Ingbert Postfach 14 40, 66364 St. Ingbert Tel.: 06894–915–911, Fax: 06894–915–434
5593 Badische Allgemeine Versicherung AG	Durlacher Allee 56 76131 Karlsruhe Postanschrift: 76116 Karlsruhe Tel.: 0721–660–0, Fax: 0721–660–1688
5316 Badischer Gemeinde-Versicherungs-Verband Körperschaft des Öffentlichen Rechts	Durlacher Allee 56 76131 Karlsruhe Postanschrift: 76116 Karlsruhe Tel.: 0721–660–0, Fax: 0721–660–1688

5317 Barmenia Allgemeine Versicherungs-AG	Barmenia-Allee 1 42119 Wuppertal Postanschrift: 42094 Wuppertal Tel.: 0202–438–00, Fax: 0202–438–2846
5633 Basler Sachversicherungs-AG	Basler Straße 4 61352 Bad Homburg Postanschrift: 61345 Bad Homburg Tel.: 06172–125–220, Fax: 06172–125–456
5318 Basler Versicherung AG Direktion für Deutschland	Basler Straße 4 61352 Bad Homburg Postanschrift: 61345 Bad Homburg Tel.: 06172–13–0, Fax: 06172–13–200
5310 Bayerische Beamten Versicherung Aktiengesellschaft	Thomas-Dehler-Straße 25 81737 München Postanschrift: 81732 München Tel.: 089–6787–0, Fax: 089–6787–9150
5319 Bayerische Hausbesitzer- Versicherungs-Gesellschaft auf Gegenseitigkeit	Sonnenstraße 13 80331 München Postfach 15 04 09, 80043 München Tel.: 089–55141–620, Fax: 089–598955
5043 Bayerische Landesbrandversicherung Aktiengesellschaft	Maximilianstraße 53 80538 München Postanschrift: 81537 München Tel.: 089–2160–0, Fax: 089–2160–2992
5324 Bayerischer Versicherungsverband Versicherungsaktiengesellschaft	Maximilianstraße 53 80538 München Postanschrift: 81537 München Tel.: 089–2160–0, Fax: 089–2160–2714
5326 Bergische Brandversicherung Allgemeine Feuerversicherung V.a.G.	Hofkamp 86 42103 Wuppertal Postfach 13 17 20, 42044 Wuppertal Tel.: 0202–444808, Fax: 0202–444807

Regressverzichtsabkommen/Verzeichnis — Anhang 2 zu §§ 142 bis 149 VVG

5146 BGV-Versicherung AG	Durlacher Allee 56 76131 Karlsruhe Postanschrift: 76116 Karlsruhe Tel.: 0721–660–0, Fax: 0721–660–1688
Bilsener Mobilien-, Vieh- und Kornbrandgilde	Bei den Höfen 2 25485 Bilsen
Braaker Mobilien-Versicherungs- Gesellschaft a.G.	Bahnhofstraße 50 24217 Schönberg (Holstein) Tel.: 04344–8187885
5098 Bruderhilfe Sachversicherung AG im Raum der Kirchen	Kölnische Straße 108 – 112 34119 Kassel Postanschrift: 34108 Kassel Tel.: 0800–2-153456, Fax: 0800–2-741258
5142 Chubb Insurance Company of Europe SE Niederlassung für Deutschland	Grafenberger Allee 295 40237 Düsseldorf Tel.: 0211–8773–0, Fax: 0211–8773–333
5047 CNA Insurance Company Limited Direktion für Deutschland	Im Mediapark 8 50670 Köln Tel.: 0221–94998–60, Fax: 0221–94998–699
5338 Concordia Versicherungs-Gesellschaft auf Gegenseitigkeit	Karl-Wiechert-Allee 55 30625 Hannover Postanschrift: 30621 Hannover Tel.: 0511–5701–0, Fax: 0511–5701–1400
5339 Condor Allgemeine Versicherungs-Aktiengesellschaft	Admiralitätstraße 67 20459 Hamburg Postanschrift: 20452 Hamburg Tel.: 040–36139–0, Fax: 040–36139–100
5340 Continentale Sachversicherung Aktiengesellschaft	Ruhrallee 92 44139 Dortmund Postanschrift: 44119 Dortmund Tel.: 0231–919–0, Fax: 0231–919–2913
5552 Cosmos Versicherung Aktiengesellschaft	Halbergstraße 50 – 60 66121 Saarbrücken Postanschrift: 66101 Saarbrücken Tel.: 0681–966–6666, Fax: 0681–966–6633

5343 DA Deutsche Allgemeine Versicherung Aktiengesellschaft	Oberstedter Straße 14 61440 Oberursel Postanschrift: 61434 Oberursel Tel.: 06171–69–0, Fax: 06171–69–1555
5771 DARAG – Deutsche Versicherungs-und Rückversicherungs-AG	Hafenstraße 32 22880 Wedel Tel.: 04103–7016–0, Fax: 04103–7016–179
5311 DBV Deutsche Beamtenversicherung AG	Frankfurter Straße 50 65189 Wiesbaden Postanschrift: 65178 Wiesbaden Tel.: 0611–363–0, Fax: 0611–363–6565
5549 Debeka Allgemeine Versicherung Aktiengesellschaft	Sitz Koblenz am Rhein Ferdinand-Sauerbruch-Straße 18 56073 Koblenz Postanschrift: 56058 Koblenz Tel.: 0261–498–0, Fax: 0261–498–5555
5632 Delvag Luftfahrtversicherungs-AG	Von-Gablenz-Straße 2 – 6 50679 Köln Tel.: 0221–8292–001, Fax: 0221–8292–250
5513 DEVK Allgemeine Versicherungs- Aktiengesellschaft	Riehler Straße 190 50735 Köln Postanschrift: 50729 Köln Tel.: 0221–757–0, Fax: 0221–757–2200
5344 DEVK Deutsche Eisenbahn Versicherung Sach- u. HUK-Versicherungsverein a.G. Betriebliche Sozialeinrichtung der Deutschen Bahn	Riehler Straße 190 50735 Köln Postanschrift: 50729 Köln Tel.: 0221–757–0, Fax: 0221–757–2200
5328 DOCURA VVaG	Königsallee 57 44789 Bochum Tel.: 0234–93715–0, Fax: 0234–93715–99
5522 Dolleruper Freie Brandgilde	Am Wasserwerk 3 24972 Steinbergkirche

Regressverzichtsabkommen/Verzeichnis — Anhang 2 zu §§ 142 bis 149 VVG

Donau Allgemeine Versicherung AG Vienna Insurance Group	Schottenring 15 1010 WIEN Österreich
Drage-Loofter Korngilde	Hohe Straße 12 25582 Looft
5472 ERGO Versicherung AG	Victoriaplatz 1 40477 Düsseldorf Postanschrift: 40198 Düsseldorf Tel.: 0211–477–0, Fax: 0211–477–2222
5508 EUROPA Versicherung AG	Piusstraße 137 50931 Köln Postanschrift: 50595 Köln Tel.: 0221–5737–01, Fax: 0221–5737–201
5470 Fahrlehrerversicherung Verein auf Gegenseitigkeit	Mittlerer Pfad 5 70499 Stuttgart Postfach 31 12 42, 70472 Stuttgart Tel.: 0711–98889–0, Fax: 0711–98889–860
5357 Feuer- und Einbruchschadenkasse der BBBank in Karlsruhe, VVaG	Herrenstraße 2 – 10 76133 Karlsruhe Postanschrift: 76119 Karlsruhe Tel.: 0721–141–0, Fax: 0721–141–662
5024 Feuersozietät Berlin Brandenburg Versicherung Aktiengesellschaft	Am Karlsbad 4 – 5 10785 Berlin Postanschrift: 10912 Berlin Tel.: 030–2633–0, Fax: 030–2633–400
0062 Feuerversicherungsverein a.G. für Treia und Umgegend von 1743	Westerende 9 25885 Immenstedt
Feuerversicherungsverein Soltau a.G.	Mühlenstraße 1 29614 Soltau Tel.: 05191–70822, Fax: 05191–976149
5505 GARANTA Versicherungs-AG	Ostendstraße 100 90482 Nürnberg Postanschrift: 90334 Nürnberg Tel.: 0911–531–5, Fax: 0911–531–3206

5346 Gartenbau-Versicherung VVaG	Von-Frerichs-Straße 8 65191 Wiesbaden Postfach 21 29, 65011 Wiesbaden Tel.: 0611–5694–0, Fax: 0611–5694–140
5539 Gebäudeversicherungsgilde für Föhr, Amrum und Halligen	Lung Jaat 11 25938 Utersum
5473 Generali Versicherung AG	Adenauerring 7 81737 München Postanschrift: 81731 München Tel.: 089–5121–0, Fax: 089–5121–1000
5858 Gothaer Allgemeine Versicherung AG	Gothaer Allee 1 50969 Köln Postanschrift: 50598 Köln Tel.: 0221–308–00, Fax: 0221–308–103
5372 Gothaer Versicherungsbank VVaG	Arnoldiplatz 1 50969 Köln Postanschrift: 50598 Köln Tel.: 0221–308–00, Fax: 0221–308–103
5485 GRUNDEIGENTÜMER-VERSICHERUNG Versicherungsverein auf Gegenseitigkeit	Große Bäckerstraße 7 20095 Hamburg Postfach 10 23 28, 20016 Hamburg Tel.: 040–37663–0, Fax: 040–37663–300
5365 GVO Gegenseitigkeit Versicherung Oldenburg VVaG	Osterstraße 15 26122 Oldenburg Postfach 27 60, 26017 Oldenburg Tel.: 0441–9236–0, Fax: 0441–9236–5555
5469 GVV-Kommunalversicherung VVaG	Aachener Straße 952 – 958 50933 Köln Postfach 40 06 51, 50836 Köln Tel.: 0221–4893–0, Fax: 0221–4893–777
5585 GVV-Privatversicherung AG	Aachener Straße 952 – 958 50933 Köln Postfach 40 06 51, 50836 Köln Tel.: 0221–4893–0, Fax: 0221–4893–777

5557 Häger Versicherungsverein auf Gegenseitigkeit	Engerstraße 119 33824 Werther Tel.: 05203–9713–0, Fax: 05203–5758
5032 Hamburger Feuerkasse Versicherungs-Aktiengesellschaft	Kleiner Burstah 6 – 10 20457 Hamburg Postfach 10 27 40, 20019 Hamburg Tel.: 040–30904–0, Fax: 040–30904–9000
5501 HanseMerkur Allgemeine Versicherung AG	Siegfried-Wedells-Platz 1 20354 Hamburg Postanschrift: 20352 Hamburg Tel.: 040–4119–0, Fax: 040–4119–3257
5377 HDI Haftpflichtverband der Deutschen Industrie Versicherungsverein auf Gegenseitigkeit	Riethorst 2 30659 Hannover Postfach 51 03 69, 30633 Hannover Tel.: 0511–645–0, Fax: 0511–645–4545
5085 HDI Versicherung AG	HDI-Platz 1 30659 Hannover Postfach 51 03 69, 30633 Hannover Tel.: 0511–645–0, Fax: 0511–645–4545
5096 HDI Global SE	HDI-Platz 1 30659 Hannover Postfach 51 03 69, 30633 Hannover Tel.: 0511–645–0, Fax: 0511–645–4545
Heidmühlener Brandgilde	Wahlstedter Straße 16 24598 Heidmühlen
5596 HELVETIA INTERNATIONAL Versicherungs-Aktiengesellschaft	Berliner Straße 56 – 58 60311 Frankfurt am Main Postfach 10 10 41, 60010 Frankfurt am Main
5384 Helvetia Schweizerische Versicherungsgesellschaft AG Direktion für Deutschland	Berliner Straße 56 – 58 60311 Frankfurt am Main Postfach 10 10 41, 60010 Frankfurt am Main Tel.: 069–1332–0, Fax: 069–1332–474
5448 Helvetia Versicherungs-Aktiengesellschaft	Berliner Straße 56 – 58 60311 Frankfurt am Main Tel.: 069–1332–0

Heu- und Korngilde der Wilstermarsch	Diekdorf 25554 Nortorf
Horster Brandgilde Versicherungsverein a.G.	Lüningshofer Weg 3 B 25358 Horst
5126 Hübener Versicherungs-Aktiengesellschaft	Ballindamm 37 20095 Hamburg Tel.: 040–2263178–0, Fax: 040–2263178–78
5086 HUK24 AG	Willi-Hussong-Straße 2 96450 Coburg Postanschrift: 96440 Coburg Tel.: 09561–96–1338, Fax: 09561–96–2424
5375 HUK-COBURG Haftpflicht-Unterstützungs- Kasse kraftfahrender Beamter Deutschlands a.G. in Coburg	Bahnhofsplatz 96450 Coburg Postanschrift: 96444 Coburg Tel.: 09561–96–0, Fax: 09561–96–3636
5521 HUK-COBURG-Allgemeine Versicherung AG	Bahnhofsplatz 96450 Coburg Postanschrift: 96444 Coburg Tel.: 09561–96–0, Fax: 09561–96–3636
Hüttener Feuerversicherungs- Verein von 1840	Bornsteiner Straße 5 24214 Bornstein
5573 IDEAL Versicherung AG	Kochstraße 26 10969 Berlin Postfach 11 01 20, 10831 Berlin Tel.: 030–2587–0, Fax: 030–2587–347
5072 IF Schadenversicherung AG Direktion für Deutschland	Siemensstraße 9 63263 Neu-Isenburg Postfach 17 51, 63237 Neu-Isenburg Tel.: 06102–71070, Fax: 06102–710771
5546 INTER Allgemeine Versicherung Aktiengesellschaft	Erzbergerstraße 9 – 15 68165 Mannheim Postfach 10 16 62, 68016 Mannheim Tel.: 0621–427–0, Fax: 0621–427–944

5057 Interlloyd Versicherungs-Aktiengesellschaft	ARAG Platz 1 40472 Düsseldorf Postanschrift: 40464 Düsseldorf Tel.: 0211–963–3099, Fax: 0211–963–3033
5780 InterRisk Versicherungs-AG Vienna Insurance Group	Karl-Bosch-Straße 5 65203 Wiesbaden Postfach 25 72, 65015 Wiesbaden Tel.: 0611–2787–0, Fax: 0611–2787–222
5401 Itzehoer Versicherung/Brandgilde von 1691 Versicherungsverein auf Gegenseitigkeit	Itzehoer Platz 25524 Itzehoe Postanschrift: 25521 Itzehoe Tel.: 04821–773–0, Fax: 04821–773–8888
Kollmar-Neuendorfer Mobiliengilde	Bauerweg 6 a 25335 Neuendorf
5080 KRAVAG-LOGISTIC Versicherungs-Aktiengesellschaft	Heidenkampsweg 102 20097 Hamburg Postfach 10 39 05, 20027 Hamburg Tel.: 040–23606–0, Fax: 040–23606–4366
5399 KRAVAG-SACH Versicherung des Deutschen Kraftverkehrs VaG	Heidenkampsweg 102 20097 Hamburg Postfach 10 39 05, 20027 Hamburg Tel.: 040–23606–0, Fax: 040–23606–4366
5362 Landesschadenhilfe Versicherung VaG	Vogteistraße 3 29683 Bad Fallingbostel Postfach 12 52, 29676 Bad Fallingbostel Tel.: 05162–404–0, Fax: 05162–404–26
5404 LBN Versicherungsverein a.G.	Groß-Buchholzer Kirchweg 49 30655 Hannover Postfach 51 04 25, 30634 Hannover Tel.: 0511–544888–0, Fax: 0511–544888–22
0505 Lippische Landes- Brandversicherungsanstalt	Simon-August-Straße 2 32756 Detmold Postfach 21 64, 32711 Detmold Tel.: 05231–990–0, Fax: 05231–990–990

Lohe-Föhrdener Feuerversicherungsverein	Königsbach 2 b 24806 Lohe-Föhrden Tel.: 04641–592
5402 LVM Landwirtschaftlicher Versicherungsverein Münster a.G.	Kolde-Ring 21 48151 Münster Postanschrift: 48126 Münster Tel.: 0251–702–0, Fax: 0251–702–1099
5061 Mannheimer Versicherung Aktiengesellschaft	Augustaanlage 66 68165 Mannheim Postanschrift: 68127 Mannheim Tel.: 0621–457–8000, Fax: 0621–457–8008
5412 Mecklenburgische Versicherungs-Gesellschaft a.G.	Platz der Mecklenburgischen 1 30625 Hannover Postanschrift: 30619 Hannover Tel.: 0511–5351–0, Fax: 0511–5351–444
5334 Medien-Versicherung a.G. Karlsruhe vorm. Buchgewerbe-Feuerversicherung, gegr. 1899	Borsigstraße 5 76185 Karlsruhe Postfach 21 02 63, 76152 Karlsruhe Tel.: 0721–56900–0, Fax: 0721–56900–16
Mobiliengilde zu Uetersen	Vossmoor 52 25436 Uetersen Tel.: 04122–953755
Möreler Brandgilde Versicherungsverein a.G.	Berliner Ring 40 24594 Hohenwestedt Tel.: 04871–7632–54, Fax: 04871–7632–55
5165 MSIG Insurance Europe AG	An den Dominikanern 11 – 27 50668 Köln Tel.: 0221–37991–0, Fax: 0221–37991–200
5414 MÜNCHENER VEREIN Allgemeine Versicherungs-AG	Pettenkoferstraße 19 80336 München Postanschrift: 80283 München Tel.: 089–5152–1000, Fax: 089–5152–1501
Naher Gilde Feuerversicherung a.G.	Twiete 34 23866 Nahe Tel.: 04535–8430

Neuenbrooker Korngilde	Ost 21
	25578 Neuenbrook
5014 Neuendorfer Brand-Bau-Gilde Versicherungsverein a.G. seit 1813	Kirchdorf 40 25335 Neuendorf Tel.: 04121–2395–0, Fax: 04121–25387
5016 NORDHEMMER Versicherungsverein auf Gegenseitigkeit	Lavelsloher Weg 11 32479 Hille – Nordhemmern Tel.: 05703–2342, Fax: 05703–5643
5426 NÜRNBERGER Allgemeine Versicherungs-AG	Ostendstraße 100 90482 Nürnberg Postanschrift: 90334 Nürnberg Tel.: 0911–531–0, Fax: 0911–531–3206
5686 NÜRNBERGER Beamten Allgemeine Versicherung AG	Ostendstraße 100 90482 Nürnberg Postanschrift: 90334 Nürnberg Tel.: 0911–531–0, Fax: 0911–531–3206
5015 NV-Versicherungen VVaG	Johann-Remmers-Mammen-Weg 2 26427 Neuharlingersiel Tel.: 04974–9170–0, Fax: 04974–9170–99
0522 Öffentliche Feuerversicherung Sachsen-Anhalt	Am Alten Theater 7 39104 Magdeburg Postfach 39 11 43, 39135 Magdeburg Tel.: 0391–7367–0, Fax: 0391–7367–490
0501 Öffentliche Sachversicherung Braunschweig	Theodor-Heuss-Straße 10 38122 Braunschweig Postanschrift: 38096 Braunschweig Tel.: 0531–202–0, Fax: 0531–202–1500
0502 Öffentliche Versicherung Bremen	Martinistraße 30 28195 Bremen Postfach 10 58 69, 28058 Bremen Tel.: 0421–3043–0, Fax: 0421–3043–4733
5786 OKV – Ostdeutsche Kommunalversicherung auf Gegenseitigkeit	Konrad-Wolf-Straße 91/92 13055 Berlin Tel.: 030–42152–0, Fax: 030–42152–150

0506 Oldenburgische Landesbrandkasse	Staugraben 11 26122 Oldenburg Postanschrift: 26113 Oldenburg Tel.: 0441–2228–0, Fax: 0441–2228–444
5017 Ostangler Brandgilde Versicherungsverein auf Gegenseitigkeit (VVaG)	Flensburger Straße 5 24376 Kappeln Tel.: 04642–9147–0, Fax: 04642–9147–77
0507 Ostfriesische Landschaftliche Brandkasse	Osterstraße 14 – 20 26603 Aurich Postfach 15 64, 26585 Aurich Tel.: 04941–177–0, Fax: 04941–177–114
5787 OVAG – Ostdeutsche Versicherung Aktiengesellschaft 24217 Stakendorf	Am Karlsbad 4 – 5 10785 Berlin Tel.: 030–521300–0, Fax: 030–521300–457
Probsteier Viehbrandgilde	Dorfstr. 17 74217 Stakendorf
5446 Provinzial Nord Brandkasse Aktiengesellschaft	Sophienblatt 33 24114 Kiel Postanschrift: 24097 Kiel Tel.: 0431–603–0, Fax: 0431–603–1115
5095 Provinzial Rheinland Versicherung AG Die Versicherung der Sparkassen	Provinzialplatz 1 40591 Düsseldorf Postanschrift: 40195 Düsseldorf Tel.: 0211–978–0, Fax: 0211–978–1700
5583 PVAG Polizeiversicherungs-Aktiengesellschaft	Joseph-Scherer-Straße 3 44139 Dortmund Postfach 10 50 52, 44121 Dortmund Tel.: 0231–135–0, Fax: 0231–135–4638
5120 QBE Insurance (Europe) Limited Direktion für Deutschland	Königsallee 106 40215 Düsseldorf Postfach 20 02 64, 40100 Düsseldorf Tel.: 0211–99419–0, Fax: 0211–99419–88

Regressverzichtsabkommen/Verzeichnis — Anhang 2 zu §§ 142 bis 149 VVG

5438 R+V Allgemeine Versicherung AG	Raiffeisenplatz 1 65189 Wiesbaden Postanschrift: 65181 Wiesbaden Tel.: 0611–533–0, Fax: 0611–533–4500
5798 RheinLand Versicherungs AG	RheinLandplatz 41460 Neuss Postanschrift: 41456 Neuss Tel.: 02131–290–0, Fax: 02131–290–13300
5121 Rhion Versicherung Aktiengesellschaft	RheinLandplatz 41460 Neuss Postfach 10 12 49, 41412 Neuss Tel.: 02131–6099–0, Fax: 02131–6099–13300
5160 Royal & Sun Alliance Insurance plc. Direktion für die Bundesrepublik Deutschland	Waidmarkt 11 50676 Köln Tel.: 0221–79077–20, Fax: 0221–79077–220
5773 SAARLAND Feuerversicherung AG	Mainzer Straße 32 – 34 66111 Saarbrücken Postfach 10 26 62, 66026 Saarbrücken Tel.: 0681–601–0, Fax: 0681–601–450
SASA assicurazioni riassicurazioni s.p.a., Trieste Zweigniederlassung für die Bundesrepublik Deutschland	Börsenbrücke 6 – 8 20457 Hamburg Postfach 11 14 11, 20414 Hamburg
5491 Schleswiger Versicherungsverein auf Gegenseitigkeit	Gildehaus 25924 Emmelsbüll-Horsbüll Tel.: 04665–9404–0, Fax: 04665–9404–22
5559 SCHNEVERDINGER Versicherungsverein a.G.	Rotenburger Straße 1 – 3 29640 Schneverdingen Tel.: 05193–1295, Fax: 05193–50101
5690 SCHWARZMEER UND OSTSEE Versicherungs-Aktiengesellschaft SOVAG	Hohe Bleichen 11 20354 Hamburg Postfach 60 25 09, 22253 Hamburg Tel.: 040–227128–0, Fax: 040–225719
Schwarzwälder Versicherung VVaG	Altstadtstraße 5 78048 Villingen-Schwenningen

Kätner-Brandgilde	Dorfstr. 23 25371 Seestermühe
5008 SHB Allgemeine Versicherung VVaG	Johannes-Albers-Allee 2 53639 Königswinter Tel.: 02223–9217–0, Fax: 02223–9217–50
5698 SIAT Società Italiana Assicurazioni e Riassicurazioni p.A., Genua Niederlassung für Deutschland c/o Lampe & Schwartze	Herrlichkeit 6 28199 Bremen Postfach 10 68 47, 28068 Bremen Tel.: 0421–5907–01, Fax: 0421–5907–156
5125 SIGNAL IDUNA Allgemeine Versicherung AG	Joseph-Scherer-Straße 3 44139 Dortmund Postanschrift: 44121 Dortmund Tel.: 0231–135–0, Fax: 0231–135–4638
5781 Sparkassen-Versicherung Sachsen Allgemeine Versicherung AG	An der Flutrinne 12 01139 Dresden Postfach 11 01 03, 01330 Dresden Tel.: 0351–4235–0, Fax: 0351–4235–555
Stafstedter Brandgilde von 1569 Versicherungsverein a.G.	Tannenweg 6 24816 Stafstedt Tel.: 04875–368
5586 Stuttgarter Versicherung AG	Rotebühlstraße 120 70197 Stuttgart Postfach 10 60 05, 70049 Stuttgart Tel.: 0711–665–0, Fax: 0711–665–1516
5036 SV SparkassenVersicherung Gebäudeversicherung AG	Löwentorstraße 65 70376 Stuttgart Postanschrift: 70365 Stuttgart Tel.: 0711–898–0, Fax: 0711–898–1870
5138 Swiss Re International SE Niederlassung Deutschland	Arabellastraße 30 81925 München Postanschrift: 81911 München Tel.: 089–3844–0, Fax: 089–3844–2279

5752 Tokio Marine Kiln Insurance Limited	Benrather Straße 18 – 20 40213 Düsseldorf Tel.: 0211–17237–0, Fax: 0211–17237–37
5459 Uelzener Allgemeine Versicherungs-Gesellschaft a.G.	Veerßer Straße 65 – 67 29525 Uelzen Postfach 21 63, 29511 Uelzen Tel.: 0581–8070–0, Fax: 0581–8070–248
5171 UNIQA Österreich Versicherungen AG Zweigniederlassung Köln	Richmodstraße 6 50667 Köln
5463 uniVersa Allgemeine Versicherung AG	Sulzbacher Straße 1 – 7 90489 Nürnberg Postanschrift: 90333 Nürnberg Tel.: 0911–5307–0, Fax: 0911–5307–1888
5400 VGH Landschaftliche Brandkasse Hannover	Schiffgraben 4 30159 Hannover Postanschrift: 30140 Hannover Tel.: 0511–362–0, Fax: 0511–362–2960
5464 VHV Vereinigte Hannoversche Versicherung a.G.	VHV-Platz 1 30177 Hannover Postanschrift: 30138 Hannover Tel.: 0511–907–0, Fax: 0511–907–4141
9234 VIENNA INSURANCE GROUP AG Wiener Versicherung Gruppe	Schottenring 30 1011 WIEN Österreich Tel.: 0043–50–350–20000, Fax: 0043–50–35099–20000
5484 VOLKSWOHL BUND Sachversicherung Aktiengesellschaft	Südwall 37 – 41 44137 Dortmund Postanschrift: 44128 Dortmund Tel.: 0231–5433–0, Fax: 0231–5433–400
5461 VPV Allgemeine Versicherungs-AG	Mittlerer Pfad 19 70499 Stuttgart Tel.: 0711–1391–6000, Fax: 0711–1391–6001

5082 Waldenburger Versicherung AG	Max-Eyth-Straße 1 74638 Waldenburg Tel.: 07942–945–5055, Fax: 07942–945–555066
5093 Westfälische Provinzial Versicherung Aktiengesellschaft	Provinzial-Allee 1 48159 Münster Postanschrift: 48131 Münster Tel.: 0251–219–0, Fax: 0251–219–2300
5525 WGV-Versicherung AG Wiener Städtische Versicherung AG	Tübinger Straße 55 70178 Stuttgart Postanschrift: 70164 Stuttgart Tel.: 0711–1695–1500, Fax: 0711–1695–8360
Wilstermarschgilde zur Versicherung von Vieh und landw. Inventar	Dörpstroot 23 25572 Kudensee
5479 Württembergische GemeindeVersicherung a.G.	Tübinger Straße 55 70178 Stuttgart Postanschrift: 70164 Stuttgart Tel.: 0711–1695–1500, Fax: 0711–1695–8360
5783 Württembergische Versicherung AG	Gutenbergstraße 30 70176 Stuttgart Postanschrift: 70163 Stuttgart Tel.: 0711–662–0, Fax: 0711–662–2520
5476 WWK Allgemeine Versicherung AG	Marsstraße 37 80335 München Postanschrift: 80292 München Tel.: 089–5114–0, Fax: 089–5114–2337
5088 XL Insurance Company SE Direktion für Deutschland	Hopfenstraße 6 80335 München Tel.: 089–63206–0, Fax: 089–63206–151
5151 Zurich Insurance plc Niederlassung für Deutschland	Solmsstraße 27 – 37 60486 Frankfurt am Main Postanschrift: 60252 Frankfurt am Main Tel.: 069–7115–0, Fax: 069–7115–3358

9234 VIENNA INSURANCE GROUP AG Wiener Versicherung Gruppe	Schottenring 30 1011 WIEN Österreich Tel.: 0043–50–350–20000, Fax: 0043–50–35099–20000
5484 VOLKSWOHL BUND Sachversicherung Aktiengesellschaft	Südwall 37 – 41 44137 Dortmund Postanschrift: 44128 Dortmund Tel.: 0231–5433–0, Fax: 0231–5433–400
5461 VPV Allgemeine Versicherungs-AG	Mittlerer Pfad 19 70499 Stuttgart Tel.: 0711–1391–6000, Fax: 0711–1391–6001
5082 Waldenburger Versicherung AG	Max-Eyth-Straße 1 74638 Waldenburg Tel.: 07942–945–5055, Fax: 07942–945–555066
5093 Westfälische Provinzial Versicherung Aktiengesellschaft	Provinzial-Allee 1 48159 Münster Postanschrift: 48131 Münster Tel.: 0251–219–0, Fax: 0251–219–2300
5525 WGV-Versicherung AG Wiener Städtische Versicherung AG	Tübinger Straße 55 70178 Stuttgart Postanschrift: 70164 Stuttgart Tel.: 0711–1695–1500, Fax: 0711–1695–8360
Vienna Insurance Group	Schottenring 30 1010 WIEN Österreich
Wilstermarschgilde zur Versicherung von Vieh und landw. Inventar	Dörpstroot 23 25572 Kudensee
5479 Württembergische Gemeinde-Versicherung a.G.	Tübinger Straße 55 70178 Stuttgart Postanschrift: 70164 Stuttgart Tel.: 0711–1695–1500, Fax: 0711–1695–8360

Anhang 2 zu §§ 142 bis 149 VVG

5783 Württembergische Versicherung AG Gutenbergstraße 30	70176 Stuttgart Postanschrift: 70163 Stuttgart Tel.: 0711–662–0, Fax: 0711–662–2520
5476 WWK Allgemeine Versicherung AG	Marsstraße 37 80335 München Postanschrift: 80292 München Tel.: 089–5114–0, Fax: 089–5114–2337
5088 XL Insurance Company SE Direktion für Deutschland	Hopfenstraße 6 80335 München Tel.: 089–63206–0, Fax: 089–63206–151
5151 Zurich Insurance plc Niederlassung für Deutschland	Solmsstraße 27 – 37 60486 Frankfurt am Main Postanschrift: 60252 Frankfurt am Main Tel.: 069–7115–0, Fax: 069–7115–3358

Kapitel 5
Lebensversicherung

Vorbemerkungen zu den §§ 150 bis 171 VVG

Übersicht

	Rdn
A. Bedeutung der Lebensversicherung	1
B. Definition der Lebensversicherung	4
C. Unterscheidung nach Art der versicherten Leistung	5
I. Todesfallversicherungen	6
II. Erlebensfallversicherungen	9
III. Gemischte Versicherungen auf den Todes- und Erlebensfall	10
IV. Termfix-Versicherung	16
V. Kapitalisierungsgeschäft	17
D. Unterscheidung nach Haupt- und Zusatzversicherung	18
I. Unfalltod	19
II. Berufs- oder Erwerbsunfähigkeit	20
III. Dread-Disease oder Grundfähigkeiten	23
IV. Pflegerenten	24
V. Arbeitslosigkeit	25
E. Unterscheidung nach steuerlicher Förderung	26
I. Erste Schicht	27
II. Zweite Schicht	33
1. Riester-Verträge	34
2. Betriebliche Altersversorgung	39
a) Direktversicherung	44
b) Pensionskasse	48
c) Pensionsfonds	52
d) Rückdeckungsversicherung bei Unterstützungskasse	55
e) Rückdeckungsversicherung für Pensionszusage	60
f) Lebensarbeitszeitkonten	63
III. Dritte Schicht	69
F. Unterscheidung nach Kapitalanlage	73
I. Deutsche klassische Versicherungen	74
II. Britische With Profit-Versicherungen	75
III. Fondsgebundene Versicherungen	77
IV. Hybrid-Produkte und Sonderformen	79
G. Beteiligte an der Lebensversicherung	80
I. Versicherungsnehmer	81
II. Versicherte Person	86
III. Bezugsberechtigter	88
IV. Beitragszahler	89
H. Rechtsnatur der Lebensversicherung	90
I. Vertragsoptionen	91
J. Steuerliche Behandlung der Lebensversicherung	95
K. Die Lebensversicherung in der Ehescheidung	99
L. Gesetzlicher Sicherungsfonds	103
M. Kosten und Transparenz in der Lebensversicherung	105

Vorbemerkungen zu den §§ 150 bis 171 VVG

A. Bedeutung der Lebensversicherung

1 Die Lebensversicherung ist in mehrfacher Hinsicht von **sehr großer Bedeutung**. Einzelne Personen nutzen die Lebensversicherung zur **Absicherung der Familie** gegen die finanziellen Risiken eines vorzeitigen Todes und v.a. als Instrument für den Aufbau der **eigenen Altersvorsorge**. Angesichts des langsamen Rückzugs des Staates aus sozialen Sicherungssystemen (dazu *Ortmann*, VersWissStud. Bd. 29, S. 189, 191 f.) kommt der dritten – privaten – Säule der Alterssicherung, in welcher Lebensversicherungen eine bedeutende Rolle spielen, ein immer größerer Stellenwert zu. Private Haushalte haben im Jahr 2014 17,3 % ihres Geldvermögens in Lebensversicherungen angelegt (Banken: 36,85 %, festverzinsliche Wertpapiere: 3,12 %, Aktien: 6 %, Versicherungen und Altersvorsorgeeinrichtungen insgesamt: 38 %, GDV, Statistisches Taschenbuch der Versicherungswirtschaft, 2015, S. 110). Die **Versicherungsdurchdringung** (Relation von Prämienaufkommen zum Bruttoinlandsprodukt) ist mit 3,2 % im Jahr 2014 (GDV, Statistisches Taschenbuch der Versicherungswirtschaft, 2015, S. 9) gerade einmal Durchschnitt im internationalen Vergleich, weil die Lebensversicherung als Altersvorsorgeinstrument in anderen Ländern noch wichtiger ist. Dasselbe gilt für die **Versicherungsdichte**, die mit gut 3.000,00 EUR p.a. pro Einwohner niedriger ist als in Großbritannien, Japan, in den USA, in der Schweiz und in den Niederlanden (vgl. die Übersicht über die Versicherungsdichte in ausgewählten Industrieländern im Jahr 2014, abrufbar unter www.statista.de).

2 Innerhalb der Versicherungswirtschaft ist die Lebensversicherung einer der **wichtigsten Geschäftsbereiche**. Es gibt 90 von der BaFin beaufsichtigte Lebensversicherer (davon neun ohne Geschäftstätigkeit, Jahresbericht der BaFin 2014, S. 175). Die Bedeutung spiegelt sich auch in Zahlen wider. Im Jahr 2014 bestanden 87,8 Mio. Lebensversicherungen mit einer VersSumme von insgesamt 2.871 Mrd. EUR und einem jährlichen Beitragsaufkommen von 88,6 Mrd. EUR (Jahresbericht der BaFin 2014, S. 182). Damit ist die Lebensversicherung **der größte Versicherungszweig** nach gebuchten Brutto-Beitragseinnahmen aus deutschem Direktgeschäft (GDV, Statistisches Taschenbuch der Versicherungswirtschaft, 2015, S. 5). Den Beiträgen stehen Auszahlungen i.H.v. etwa 84 Mrd. EUR ggü. (GDV, Statistisches Taschenbuch der Versicherungswirtschaft, 2015, S. 7). Alleine im Jahr 2014 wurden 5,4 Mio. Verträge abgeschlossen mit einer VersSumme von 250,6 Mrd. EUR (Jahresbericht der BaFin 2014, S. 182).

3 Die **gesamtwirtschaftliche Bedeutung** der Lebensversicherung besteht in ihrer Funktion als **Kapitalsammelbecken**. Ende 2014 wurden insgesamt ca. 820 Mrd. EUR von Lebensversicherern sowie weitere 139 Mrd. EUR von Pensionskassen und 2 Mrd. EUR von Sterbekassen verwaltet (Jahresbericht der BaFin 2014, S. 179). Diese Gelder resultieren hauptsächlich aus dem Bereich der kapitalbildenden Lebensversicherungen, mit denen ein Großteil der privaten Altersvorsorge aufgebaut wird. Damit sind die deutschen Lebensversicherungen ein wesentlicher Faktor des deutschen Kapitalmarktes (Begr. BT-Drucks 16/3945, S. 51).

B. Definition der Lebensversicherung

Eine besondere Definition der Lebensversicherung hat der Gesetzgeber nicht vorgesehen. Auch für die Lebensversicherung bleibt es bei der **allgemeinen Regelung des § 1 VVG**, wonach sich ein VR mit dem VV verpflichtet, ein bestimmtes Risiko des VN oder eines Dritten durch eine Leistung abzusichern, die er bei Eintritt des vereinbarten Versicherungsfalles zu erbringen hat. Für die Gewährung dieses Versicherungsschutzes muss der VN an den VR die vereinbarte Prämie zahlen. Der Gesetzgeber hat bewusst davon abgesehen, für einzelne Versicherungszweige – je nach vereinbarter Leistung – bestimmte **Leitbilder** oder Standardverträge vorzusehen (Begr. BT-Drucks 16/3945, S. 51). Die vorherrschenden Kategorien (Risikolebensversicherung, Rentenversicherung, kapitalbildende Lebensversicherung, fondsgebundene Lebensversicherung, s. Begr. BT-Drucks 16/3945, S. 51) sind nicht in sich geschlossen. Die Unterschiede sind meistens sehr gering. Da seit 1994 der **europäische Versicherungsbinnenmarkt** zumindest rechtlich weitgehend verwirklicht ist und die VR in der Gestaltung ihrer Bedingungen und Tarife relativ frei sind, vermischen sich einzelne Produkte immer mehr. Ausländische VR bieten ihre Lebensversicherungen in Deutschland an. Diese unterscheiden sich häufig von den bekannten heimischen Produkten. Es gibt verschiedene Merkmale, die einzelne Lebensversicherungen kennzeichnen. Sie können nach der versicherten Leistung, der steuerlichen Förderung und nach der Art der gewählten Kapitalanlage unterschieden werden.

C. Unterscheidung nach Art der versicherten Leistung

Versichert werden kann der Todesfall, der Erlebensfall oder der Todes- und Erlebensfall gleichermaßen. Darüber hinaus können die Prämien laufend oder einmalig bezahlt werden. Außerdem gibt es Einzelversicherungen und Kollektivversicherungen, die oft mit Beitragsnachlässen verbunden und i.d.R. in der betrieblichen Altersvorsorge anzutreffen sind. Das Beitragsaufkommen des Jahres 2014 teilt sich auf in Renten- und Pensionsversicherungen (33,7 %), Kapitalversicherungen (26,9 %), und fondsgebundene Kapital- und Rentenversicherung (15,3 %) (GDV, Taschenbuch der Versicherungswirtschaft 2015, S. 36).

I. Todesfallversicherungen

Bei Todesfallversicherungen wird die versicherte Leistung nur bei Tod der versicherten Person während der Vertragslaufzeit ausgezahlt.

Im Mittelpunkt steht die **Risikolebensversicherung**. Der VR erbringt die versicherte Leistung, wenn die versicherte Person während der vereinbarten und zeitlich begrenzten Laufzeit stirbt (vgl. § 1 Abs. 1 Musterbedingungen des GDV für die Risikoversicherung 2016). Das „Ob" der Leistung ist also ungewiss. Die Risikolebensversicherung ist das richtige Instrument, um die Familie vor den finanziellen Folgen durch den Tod des Hauptverdieners zu schützen, insb. bei Bestehen von Darlehensverpflichtungen. Die VersSumme, die im Todesfall ausgezahlt wird, kann über die Laufzeit des Vertrags konstant bleiben, steigen oder auch fallen. Ein Unterfall der Risikolebensversicherung ist die **Restschuldversiche-**

Vorbemerkungen zu den §§ 150 bis 171 VVG

rung. Sie dient der Absicherung von Darlehen oder Ratenkäufen. VN ist der Darlehensgeber bzw. der Verkäufer, an den die Versicherungsgesellschaft bei Tod der versicherten Person (Darlehensnehmer bzw. Käufer) die VersSumme auszahlt. Entsprechend der Tilgung des Ratenkredits fällt die VersSumme. Auch diese Versicherung bezweckt den Schutz der Angehörigen vor dem Rückgriff des Darlehensgebers bzw. Verkäufers bei Tod des Angehörigen. Die Dreieckskonstruktion kann komplizierte Fragen aufwerfen (vgl. für einen Ausschnitt *Brömmelmeyer*, VersR 2015, 1460).

8 Ist die Laufzeit nicht zeitlich begrenzt, sondern muss der VR in jedem Fall leisten (lebenslanger Todesfallschutz), ist das „Ob" der Leistung gewiss. I.d.R. werden solche Versicherungen zur Abdeckung der Beerdigungskosten abgeschlossen (**Sterbegeldversicherung**).

II. Erlebensfallversicherungen

9 Wird nur eine Leistung bei Erleben eines bestimmten Termins vereinbart, aber keine Leistung bei vorzeitigem Tod, liegt eine reine **Erlebensfallversicherung** vor. Eine solche Versicherung kommt v.a. infrage, wenn nur die Altersversorgung sichergestellt werden soll und es keine Angehörigen gibt, die bei einem vorzeitigen Tod abgesichert werden sollen. Praxisrelevant ist eine solche Versicherung als Basisrenten-Versicherung (Rdn 27 ff.), wenn keine Todesfallleistungen vereinbart werden. Eine besondere Form ist die **Tontine** (vgl. Anl. 1 Nr. 22 zum VAG, dazu BK/*Schwintowski*, vor §§ 159–178 Rn 14 sowie *Winter*, in: Bruck/Möller, vor § 150 Rn 112 ff.).

III. Gemischte Versicherungen auf den Todes- und Erlebensfall

10 Kombiniert man Risiko- und Erlebensfallversicherung, ist der Eintritt des Versicherungsfalls gewiss. Die Leistung wird entweder bei Erleben des vereinbarten Fälligkeitstermins ausgezahlt oder bei vorzeitigem Tod. Diese Art von Lebensversicherung ist die in der Praxis bedeutsamste. Sie dient der Altersvorsorge und gleichzeitig der Hinterbliebenenabsicherung.

11 Bisher war die **Kapitallebensversicherung** am weitesten verbreitet. Bei ihr besteht die Versicherungsleistung im Todes- und Erlebensfall in der Auszahlung eines Einmalbetrages. Bis Ende 2004 war diese Auszahlung unter bestimmten Bedingungen steuerfrei. Dies führte dazu, dass dieses Produkt nicht nur für die Altersvorsorge, sondern auch als **Tilgungsinstrument** für Finanzierungen eingesetzt wurde und sich großer Beliebtheit erfreute. Reduzieren sich die Ablaufleistungen aufgrund der Entwicklung an den Kapitalmärkten, reicht die Ablaufleistung u.U. nicht mehr für die Tilgung des Darlehens aus. VR müssen in diesem Fall rechtzeitig auf die möglichen Folgen hinweisen (vgl. Prölss/Martin/*Schneider*, vor § 150 Rn 28b). Seitdem die Ablaufleistung zu versteuern ist (1.1.2005), hat sich der Marktanteil der Kapitallebensversicherung im Neugeschäft zugunsten der Rentenversicherung verschoben. Regelmäßig wird dem VN ein Rentenwahlrecht eingeräumt.

12 Die **Rentenversicherung** ist das klassische Produkt für die Altersversorgung, weil der VR das Langlebigkeitsrisiko übernimmt. Erlebt der VN das vereinbarte Ablaufdatum, zahlt der

VR ihm eine lebenslange Rente. Diese kann konstant garantiert, variabel, fallend, leicht steigend oder stark steigend gezahlt werden. Verstirbt die versicherte Person während der Rentenzahlung, richtet sich die Leistung nach der tariflichen Vereinbarung. Entweder wird die Rentenzahlung eingestellt oder die Rente wird an die Hinterbliebenen bis zum Ablauf der vereinbarten **Rentengarantiezeit** weitergezahlt (vgl. § 1 Abs. 4 der Musterbedingungen für die Rentenversicherung mit aufgeschobener Rentenzahlung vom GDV (ABR 2016)). Teilweise kann auch ein **Kapitalschutz** gewählt werden. Dann erhalten die Hinterbliebenen das verrentete Kapital abzgl. der bereits ausgezahlten Renten. Statt der Rente kann der VN bei Vertragsablauf aber auch eine **Kapitalauszahlung** wählen (vgl. § 1 Abs. 2 ABR 2016).

Stirbt die versicherte Person vor Rentenbeginn, wird häufig ein garantiertes Todesfallkapital ausgezahlt. Es können aber auch nur die eingezahlten Prämien zurückgezahlt werden (BGH, VersR 1996, 357, Ls.: Prämienrückgewähr ist eine Versicherungsleistung; vgl. auch § 1 Abs. 3 ABR 2016).

Unterschieden wird weiterhin nach dem Beginn der Rentenzahlung. Bei der **sofort beginnenden** Rentenversicherung zahlt der Beitragszahler eine Einmalprämie ein und die Rentenzahlung beginnt sofort. Bei der **aufgeschobenen** Rentenversicherung wird über ratierliche Prämienzahlung ein Verrentungsguthaben angespart und die Rentenzahlung beginnt erst später am vereinbarten Fälligkeitstermin. Ebenfalls möglich ist eine **Zeitrente** anstelle der lebenslangen Rentenzahlung.

Ein Sonderfall ist die **vermögensbildende Lebensversicherung**. Vermögenswirksame Leistungen nach dem 5. Vermögensbildungsgesetz (Leistungen, die der Arbeitgeber für den Arbeitnehmer anlegt) können auch in Kapitalversicherungsverträge angelegt werden (§ 2 Abs. 1 Nr. 7 i.V.m. § 9 des 5. VermBG). Es handelt sich um eine gewöhnliche Kapitalversicherung, die sich ganz oder auch nur teilweise aus Leistungen des Arbeitgebers finanziert. Die Verträge werden nicht mehr mit einer Arbeitnehmer-Sparzulage gefördert (vgl. § 13 Abs. 2 des 5. VermBG). Die eingezahlten Prämien können aber für Rentenversicherungen und kapitalbildende Lebensversicherungen, die vor 2005 geschlossen wurden, als Vorsorgeaufwendungen abgesetzt werden.

IV. Termfix-Versicherung

Einen Sonderfall bildet die Termfix-Versicherung (Versicherung auf den Todes- und Erlebensfall mit festem Auszahlungszeitpunkt). Bei Vertragsschluss wird ein bestimmter, fixer Fälligkeitstermin vereinbart, an dem die Versicherungsleistung definitiv (unabhängig vom Leben der versicherten Person) erbracht wird. Stirbt die versicherte Person vor dem vereinbarten Termin, entfällt die Prämienzahlungspflicht. Versicherungsfall ist der Tod der versicherten Person, nicht das Erleben des Auszahlungstermins (BGH, VersR 1992, 990, 991). Häufig wird mit dieser Versicherung die Ausbildung der Kinder finanziert (**Ausbildungsversicherung**): Die Eltern sind VN und versicherte Person, das Kind ist bezugsberechtigt. Stirbt der versicherte Elternteil, übernimmt die Versicherung die Prämienzahlung, so dass die Ausbildung auch dann gesichert ist. Soll die Versicherung dem Kind nach Volljährigkeit zur Finanzierung der Ausbildung zur Verfügung stehen, liegt darin ein wirksames **Ausstat-**

tungsversprechen i.S.d. § 1624 Abs. 1 BGB, das nicht der notariellen Beurkundung bedarf (OLG Düsseldorf, VersR 2004, 1401, 1. Ls.). Eine weitere Variante ist die **Aussteuer- oder Heiratsversicherung**. Hier ist das zu versorgende Kind neben dem Elternteil versicherte Person. Die Versicherungsleistung wird fällig bei Heirat des versicherten Kindes oder bei Ablauf. Bei Tod des versicherten Elternteils übernimmt die Versicherung die Beitragszahlung.

V. Kapitalisierungsgeschäft

17 Ein **reiner Sparvorgang**, der aber von einer Versicherungsgesellschaft angeboten werden darf (vgl. Anlage 1 Nr. 23 zum VAG), ist das Kapitalisierungsgeschäft. Während diese Form in Frankreich eine große Bedeutung erlangt hat, ist sie in Deutschland nahezu bedeutungslos geblieben.

D. Unterscheidung nach Haupt- und Zusatzversicherung

18 Neben der Hauptversicherung, die ein oben genanntes Risiko absichert, kann eine Zusatzversicherung abgeschlossen werden. Diese ist zwar mit der Hauptversicherung akzessorisch verbunden, so dass der Bestand der Zusatzversicherung von der Hauptversicherung abhängt, aber rechtlich selbstständig. Gegen eine Mehrprämie können bestimmte Risiken zusätzlich versichert werden.

I. Unfalltod

19 Die am weitesten verbreitete Zusatzversicherung ist die Unfalltod-Zusatzversicherung. Stirbt die versicherte Person durch einen Unfall, wird die Versicherungsleistung i.d.R. verdoppelt oder vervielfacht. Wenn im Todesfall eine bestimmte VersSumme ausgezahlt werden muss, um Hinterbliebene vor finanziellen Nachteilen zu schützen, muss diese VersSumme stets zur Verfügung stehen, unabhängig davon, ob der Tod durch Unfall oder anders eintritt. Daher ist diese Absicherung v.a. aus Marketing-Gesichtspunkten bedeutsam.

II. Berufs- oder Erwerbsunfähigkeit

20 Weit verbreitet und angeraten ist dagegen die Absicherung gegen das finanzielle Risiko aus einer Berufsunfähigkeit oder Erwerbsunfähigkeit. Erwerbsunfähigkeit liegt verallgemeinernd dann vor, wenn überhaupt kein Beruf mehr ausgeübt werden kann, die Berufsunfähigkeit bezieht sich dagegen auf den konkreten Beruf (Legaldefinition in § 172 Abs. 2 VVG). Zwei Komponenten stehen zur Verfügung: Zunächst kann vereinbart werden, dass im Leistungsfall keine Prämien mehr zu zahlen sind (**Beitragsbefreiung**). Die Altersvorsorgeleistung wird auch bei Eintritt des Risikos zum Fälligkeitstag ausgezahlt, obwohl keine Prämien mehr gezahlt werden. Ein Inflationsausgleich und eine Anpassung an spätere Einkommenssteigerungen können erreicht werden durch Vereinbarung einer sog. **Passivdynamik**: Auch im Leistungsfall werden die – vom VR übernommenen – Prämien jährlich um einen bestimmten Prozentsatz erhöht. Die andere Komponente ist eine Rente. Sind die

Leistungsvoraussetzungen erfüllt, zahlt der VR die vereinbarte **Erwerbs- oder Berufsunfähigkeitsrente** bis zum vereinbarten Endtermin. Auch diese kann jährlich unverbindlich entsprechend der Überschussbeteiligung oder garantiert erhöht werden.

Von besonderer Bedeutung für den Inhalt des Leistungsanspruchs sind die **Versicherungsbedingungen**, in denen die Berufs- oder Erwerbsunfähigkeit definiert ist. Seit der Deregulierung des Versicherungsmarktes im Jahr 1994 hat ein Bedingungswettbewerb stattgefunden, der zu einer kontinuierlichen Verbesserung des Schutzes geführt hat. 21

> **Praxistipp** 22
> **Bewertungen** für Berufsunfähigkeitsbedingungen erstellen z.b. Franke & Bornberg (www.frankeundbornberg.de) und für Vermittler Morgen und Morgen (www.morgenundmorgen.de). Außerdem finden sich regelmäßig Tests in Fach- und Verbraucherzeitschriften wie Finanztest, Capital, Focus Money, Cash, Performance usw.

III. Dread-Disease oder Grundfähigkeiten

Ebenfalls mitversichert werden kann ein Schutz gegen bestimmte, in den Bedingungen definierte **schwere Krankheiten** (dazu *Krause*, VW 1998, 433 und passim), wie z.B. Krebs, Herzinfarkt, Schlaganfall, AIDS oder sog. Grundfähigkeiten. Auch hier ist in besonderem Maße auf die Definition der Leistungsvoraussetzungen in den Bedingungen zu achten. Die Leistung kann ebenfalls als Beitragsbefreiung oder Rente vereinbart werden. Sie eignen sich v.a. als **Key-Man-Absicherung** von Führungskräften. 23

IV. Pflegerenten

Auch für den Fall der **Pflegebedürftigkeit** können Zusatzleistungen versichert werden. Die Leistungen aus der gesetzlichen Pflegeversicherung (1.612,00 EUR monatlich für eine vollstationäre Pflege in der Pflegestufe 3) reichen nicht für einen Platz in einem Pflegeheim (bundesweiter Durchschnitt im Jahr 2013 ca. 3.017,00 EUR im Monat, Pflegestatistik 2013, abrufbar unter www.destatis.de) aus (Statistisches Bundesamt, Pressemitteilung Nr. 085 vom 9.3.2009 unter www.destatis.de). Diese Lücke kann privat geschlossen werden. Die Pflegerentenversicherung leistet, wenn die versicherte Person durch Krankheit, Kräfteverfall oder eine Verletzung pflegebedürftig wird. Abhängig vom Grad der Pflegebedürftigkeit zahlt der VR Pflegerenten in vereinbarter Höhe. Bei der Pflegestufe 3 erhält der VN die volle vereinbarte Leistung, bei den Pflegestufen 2 und 1 bestimmte Prozentsätze davon. Prämien sind dann nicht mehr zu zahlen. 24

V. Arbeitslosigkeit

Insb. Restschuldversicherungen werden häufig mit einer Arbeitslosen-Zusatzversicherung kombiniert, die im Fall der Arbeitslosigkeit des Kreditnehmers die ausstehenden Raten übernimmt. 25

Vorbemerkungen zu den §§ 150 bis 171 VVG

E. Unterscheidung nach steuerlicher Förderung

26 Der Staat fördert den eigenständigen Aufbau der Altersvorsorge auf verschiedenen Wegen. Die Art und Höhe der Förderung ist an die Ausgestaltung des Produkts gekoppelt. Man unterscheidet seit dem Inkrafttreten des **Alterseinkünftegesetzes** (BGBl 2004 Teil I, S. 1427) am 1.1.2005 **drei verschiedene Schichten**, in denen entweder die Beiträge in der Einzahlphase gefördert werden oder die Rentenzahlungen in der Auszahlphase. Welche Schicht für den Einzelnen die steuerlich günstigste ist, kann nicht mehr pauschal beantwortet werden. Es empfiehlt sich die Berechnung mithilfe eines geeigneten Programms.

I. Erste Schicht

27 In die erste Schicht fallen kapitalgedeckte Vorsorgeprodukte, die nach dem Ökonomen *Bert Rürup* benannt sind (**Rürup- oder auch Basisrente**). Beiträge, die in Basisrenten-Versicherungen eingezahlt werden, sind wie Beiträge zu den gesetzlichen Rentenversicherungen und berufsständischen Versorgungswerken steuerlich absetzbar. Dazu müssen die kapitalgedeckten Basisrenten-Versicherungen bestimmte gesetzlich geforderte Einschränkungen aufweisen. Dies sind nach § 10 Abs. 1 Nr. 2 Buchst. b) aa) EStG folgende:
- Leistung grds. nur als lebenslange Rente zugunsten des Steuerpflichtigen (VN),
- Leistung nicht vor dem vollendeten 62. Lebensjahr,
- die Ansprüche dürfen nicht vererblich, nicht übertragbar, nicht beleihbar, nicht veräußerbar und nicht kapitalisierbar sein,
- zusätzliche ergänzende Absicherung der Hinterbliebenen ist möglich; dafür kommen nur der Ehegatte und die kindergeldberechtigten Kinder in Betracht. Ist eine Todesfallleistung vereinbart, muss diese an die Hinterbliebenen als Rente gezahlt werden,
- eine ergänzende Absicherung gegen das Risiko Berufsunfähigkeit oder Erwerbsunfähigkeit ist zulässig,
- klassische, fondsgebundene und With-Profit Versicherungen (vgl. Rdn 75) sind möglich.

28 Die in Basisrenten-Versicherungen eingezahlten **Beiträge** können bis zu dem jährlich angepassten Höchstbeitrag zur knappschaftlichen Rentenversicherung zusammen mit den anderen Beiträgen (Gesetzliche Rentenversicherung inkl. Arbeitgeberbeiträge sowie Versorgungswerksbeiträge) steuerlich abgesetzt werden; im Jahr 2015 betrug dieser Betrag 22.172 EUR (Ehepaare 44.344 EUR). Der steuerlich absetzbare Anteil betrug im Jahr 2013 76 % und steigt seitdem um jährlich 2 % bis zum Jahr 2025 (vgl. § 10 Abs. 3 EStG). Im Jahr 2016 können demzufolge 82 % der eingezahlten Beiträge abgesetzt werden. Darüber hinaus können Krankenversicherungsbeiträge zur Erlangung eines Basis-Versicherungsschutzes voll, Beiträge zu Versicherungen gegen Arbeitslosigkeit, Erwerbs-, Kranken- und Berufsunfähigkeit, die nicht unter die genannte Förderung fallen, sowie Beiträge zu Pflege-, Unfall-, Risikolebensversicherungen und Haftpflichtversicherungen bis zu 2.800,00 EUR bzw. 1.900,00 EUR p.a. (bei Ehepaaren verdoppelt) abgesetzt werden (vgl. § 10 Abs. 4 i.V.m. Abs. 1 Nr. 3, 3a EStG).

Die bis 31.12.2004 gültigen Vorsorgeaufwendungen werden bis zum Jahr 2019 sukzessive abgeschmolzen (vgl. § 10 Abs. 4a EStG).

Im Gegenzug werden **Rentenleistungen** aus diesen Verträgen seit dem 1.1.2005 der Besteuerung unterworfen. Ab dem Jahr 2040 ist die volle Rente zu versteuern, bis dahin steigt der steuerbare Anteil jährlich von 50 % im Jahr 2005 um 2 % bis zum Jahr 2020, danach um 1 % (vgl. § 22 Nr. 1 Satz 3 EStG).

Für Arbeitnehmer kommt die Basisrente als Ergänzung der gesetzlichen Altersrente in Betracht, ebenso für Beamte. Von besonderer Bedeutung sind diese Verträge aber für **Selbstständige**, die keine Leistung aus der gesetzlichen Rente erhalten. Es können auch Einmalbeiträge in eine Sofortrente eingezahlt werden, um Steuereffekte zu erzielen. Im Jahr 2016 können 82 % des Einmalbeitrags steuerlich abgesetzt werden, während die sofort beginnende Rente nur zu 72 % zu versteuern ist.

Es sind nicht mehr nur Lebensversicherer als Produktanbieter zugelassen, sondern auch Banken und Kapitalanlagegesellschaften (vgl. § 10 Abs. 2 Nr. 2d EStG i.V.m. § 80 EStG, § 2 Abs. 2, § 1 Abs. 2 AltZertG).

II. Zweite Schicht

In der zweiten Schicht können **Riester-Verträge** und Verträge in der **betrieblichen Altersversorgung** unterschieden werden.

1. Riester-Verträge

Die nach dem damaligen Arbeitsminister *Walter Riester* benannte Zusatzvorsorge dient seit dem 1.1.2002 dem Ausgleich von Kürzungen in der gesetzlichen Rentenversicherung (vgl. das RV-Nachhaltigkeitsgesetz vom 21.7.2004, BGBl I 2004, S. 1791). Demzufolge sind auch nicht alle Personen **förderberechtigt**. Infrage kommen nur Pflichtversicherte in der gesetzlichen Rentenversicherung, Soldaten, Beamte und einige andere Personengruppen (vgl. § 10a Abs. 1 S. 1 EStG). Als Ausgleich für die Absenkung des Rentenniveaus in der gesetzlichen Rentenversicherung werden bestimmte Altersvorsorgeverträge (Riester-Verträge) staatlich gefördert. Die eingezahlten Beiträge können seit dem 1.1.2008 bis zu 2.100,00 EUR p.a. als Sonderausgaben berücksichtigt werden. Außerdem werden **Zulagen** gewährt. Jeder Zulageberechtigte erhält seit dem 1.1.2008 pro Jahr 154,00 EUR (§ 84 EStG) sowie für jedes kindergeldberechtigte Kind weitere 185,00 EUR, für nach dem 31.12.2007 geborene Kinder 300,00 EUR (§ 85 Abs. 1 EStG). Dafür muss mindestens der **Mindesteigenbeitrag** eingezahlt werden (§ 86 EStG), der ab dem Jahr 2008 **4 % des Bruttoeinkommens**, höchstens 2.100,00 EUR abzgl. der Zulagen beträgt. Welche Beiträge gefördert werden, ergibt sich aus § 82 EStG. Riester-Verträge müssen nicht unbedingt als Versicherung ausgestaltet sein. Es kommen auch andere Produkte, z.B. Fondssparpläne oder Banksparpläne, in Betracht. Sie müssen jedoch zumindest folgende Merkmale aufweisen (§ 1 Abs. 1 AltZertG):

Vorbemerkungen zu den §§ 150 bis 171 VVG

- Leistungen frühestens ab Vollendung des 62. Lebensjahres,
- zu Beginn der Auszahlungsphase müssen mind. die eingezahlten Beiträge plus Zulagen vorhanden sein (Garantieleistung),
- Lebensversicherungen müssen eine lebenslange Rente vorsehen, die unabhängig vom Geschlecht berechnet ist (Unisex),
- Abschluss- und Vertriebskosten mussten bei Riester-Verträgen schon vor dem 1.1.2008 auf mind. fünf Jahre gleichmäßig verteilt werden (§ 1 Abs. 1 Nr. 8 AltZertG),
- als Hinterbliebene kommen nur der Ehegatte und die kindergeldberechtigten Kinder in Betracht,
- Erwerbs- und Berufsunfähigkeitsabsicherung sind in Grenzen (max. 20 % des Gesamtbeitrags) möglich,
- höchstens 30 % des Kapitals können bei Beginn der Leistungsphase unschädlich als Einmalleistung ausgezahlt werden,
- VN muss Anspruch darauf haben, den Vertrag ruhen zu lassen, das Guthaben nach Kündigung auf einen anderen Anbieter zu übertragen oder sich – schädlich – auszahlen zu lassen,
- Vertrag darf nicht verpfändet, beliehen oder abgetreten werden,
- der Zulageberechtigte kann das angesparte Kapital nach § 92a EStG für eine selbstgenutzte Wohnung verwenden,
- bestimmte Informationspflichten müssen erfüllt werden,
- auch im Rahmen der betrieblichen Altersversorgung (Direktversicherung, Pensionskasse, Pensionsfonds) möglich.

35 Die Einhaltung dieser gesetzlichen Anforderungen wird von der **Zertifizierungsstelle** geprüft. Es dürfen nur Riester-Produkte angeboten werden, die nach dem AltZertG zertifiziert sind. Dabei wird nicht geprüft, ob die Bedingungen zivilrechtlich wirksam sind, die Zusage erfüllbar und der Vertrag wirtschaftlich tragfähig ist (§ 1 Abs. 3 AltZertG).

Praxistipp
Die Liste der zertifizierten Produkte kann im Internet auf der Seite des Bundeszentralamt für Steuern (Zertifizierungsstelle, vgl. § 3 AltZertG) eingesehen werden: http://www.bzst.de/DE/Steuern_National/Zertifizierungsstelle/Zertifikatsliste/Zertifikatsliste_node.html

36 Die **Rente** aus einem Riester-Vertrag ist im Gegenzug zur Förderung der Einzahlungen voll samt Zulagen und Steuervergünstigungen zu versteuern (§ 20 Nr. 5 EStG). Dasselbe gilt für eine etwaige Teilauszahlung. Bei einer anderweitigen, nicht im Gesetz vorgesehenen Verwendung (z.B. zwischenzeitliche Auszahlung des Geldes, Vererbung anstatt Übertragung auf den Riester-Vertrag des Ehepartners) müssen die erhaltenen Zulagen und Steuervergünstigungen zurückgezahlt werden (**schädliche Verwendung**, § 93 EStG). Soweit staatliche Förderungen zurückzuzahlen sind wegen Beendigung der unbeschränkten Steuerpflicht in Deutschland bzw. weil bei Grenzarbeitnehmern keine unbeschränkte Steuerpflicht in Deutschland besteht oder wenn Grenzarbeitnehmer das geförderte Kapital für die Anschaffung oder Herstellung einer zu eigenen Wohnzwecken dienenden Wohnung verwenden, die nicht in Deutschland belegen ist, verstoßen die Regelungen gegen Art. 21 AEUV (ex.-Art. 18 EGV; Arbeitnehmer-Freizügigkeit, vgl. EuGH, BetrAV 2009, 658 = EuGH, VuR 2009, 439). Es besteht keine Pflicht zum Abschluss eines Riester-Vertrags.

Vorbemerkungen zu den §§ 150 bis 171 VVG

Hinsichtlich der Kostenverteilung und Informationspflichten war der Riester-Vertrag Vorbild für die heutige Regelung im VVG. Insb. die Kostenverteilung (§ 1 Abs. 1 Nr. 8 AltZertG) wurde fast wörtlich in das VVG übernommen (§ 169 Abs. 3 S. 1 VVG). Die jetzt in der VVG-InfoV vorgesehenen Informationspflichten gelten z.T. für Riester-Verträge schon seit dem 1.1.2002 (§ 7 AltZertG). 2013 wurden die Informationspflichten des AltZertG wiederum an die mittlerweile angepasste VVG-Info angepasst (vgl. Prölss/Martin/ *Schneider*, vor § 150, Rn 47). 37

Seit Inkrafttreten der Riesterreform wurden bis Ende Juni 2012 alleine rund 15,6 Mio. Riesterverträge abgeschlossen (Ergänzender Bericht der Bundesregierung zum Rentenversicherungsbericht 2012 gem. § 154 Abs. 2 SGB VI [Alterssicherungsbericht 2012, S. 142 f., unter www.bmas.de]). 38

2. Betriebliche Altersversorgung

Besonders gefördert werden Verträge im Rahmen der betrieblichen Altersversorgung. Nach § 1 Abs. 1 S. 1 BetrAVG liegt eine betriebliche Altersversorgung vor, wenn einem Arbeitnehmer Leistungen der Alters-, Invaliditäts- oder Hinterbliebenenversorgung aus Anlass seines Arbeitsverhältnisses vom Arbeitgeber zugesagt werden. Die Durchführung kann direkt über den **Arbeitgeber** erfolgen oder über einen **externen Versorgungsträger**, wobei der Arbeitgeber auch dann für die Erfüllung der Versorgung einzustehen hat (§ 1 Abs. 1 S. 2, 3 BetrAVG). Der Arbeitnehmer kann Teile seines Gehalts in Anwartschaften auf Versorgungsleistungen umwandeln (**Entgeltumwandlung**) oder der Arbeitgeber kann zusätzlich zum Gehalt Beiträge in eine Versorgungseinrichtung einzahlen (**arbeitgeberfinanzierte Versorgung**). Der Arbeitnehmer hat sogar einen Anspruch gegen den Arbeitgeber auf Umwandlung seines Gehaltsanspruchs **von bis zu 4 % der aktuellen Beitragsbemessungsgrenze** in der Rentenversicherung (§ 1a Abs. 1 S. 1 BetrAVG). In jedem Fall muss der Arbeitgeber bei der Gewährung von Leistungen im Rahmen der betrieblichen Altersversorgung den sich aus Art. 3 Abs. 1 GG ergebenden **Arbeitnehmer-Gleichbehandlungsgrundsatz** beachten. Eine Differenzierung der Leistungen zwischen den Mitarbeitern ohne sachlichen Grund ist verboten. Ebenfalls zu beachten ist das **Lohngleichheitsgebot** des Art. 157 AEUV (entspr. ex-141 Abs. 1 EGV). Dieser gilt auch in der betrieblichen Altersversorgung und verbietet unterschiedliche geschlechtsspezifische Rentenalter in einem Versorgungswerk (EuGH, NJW 1991, 2204 3. Ls., „Barber", s.a. zur Pensionskasse Rn 51). Eine Ungleichbehandlung von Ehe und eingetragener Lebenspartnerschaft im Bereich der betrieblichen Hinterbliebenenversorgung für Arbeitnehmer im öffentlichen Dienst verstößt gegen Art. 3 Abs. 1 GG (BVerfG, VersR 2009,1607). 39

Für Arbeitnehmer bedeutsam ist die Frage, ob die Anwartschaft **unverfallbar** ist. Dem Arbeitnehmer bleibt die Anwartschaft auch bei Beendigung des Arbeitsverhältnisses vor Eintritt des Versorgungsfalls gem. § 1b Abs. 1 S. 1 BetrAVG erhalten, wenn er das 25. Lebensjahr vollendet hat und die Zusage zu diesem Zeitpunkt mindestens fünf Jahre bestanden hat (§ 1b Abs. 1 BetrAVG). Im Fall der Entgeltumwandlung ist die Zusage stets unverfallbar (§ 1b Abs. 5 S. 1 BetrAVG). Das bedeutet, dass bei einem Ausscheiden des 40

Vorbemerkungen zu den §§ 150 bis 171 VVG

Arbeitnehmers aus dem Arbeitsverhältnis oder bei einem Betriebswechsel die bereits erworbenen Anwartschaften erhalten bleiben, so dass der Arbeitgeber darüber nicht verfügen kann.

41 Das Leistungsversprechen kann grds. gestaltet werden als **Beitragszusage mit Mindestleistung** (§ 1 Abs. 2 Nr. 2 BetrAVG: Versorgungsberechtigter erhält das aufgrund der Beitragszusage planmäßig auf ihn entfallende Versorgungskapital, mind. die Beitragssumme ohne Risikoanteile), **beitragsorientierte Leistungszusage** (§ 1 Abs. 2 Nr. 1 BetrAVG: Leistung errechnet sich aus dem fest gelegten Versorgungsbeitrag und den maßgebenden Rechnungsgrundlagen) oder als „echte" **Leistungszusage** (§ 1 Abs. 1 BetrAVG: konkret bezifferte Leistung wird versprochen).

42 Das Erfordernis der **Zustimmung der versicherten Person** entfällt bei Kollektivlebensversicherungen im Bereich der betrieblichen Altersversorgung (§ 150 Abs. 2 S. 1 Halbs. 2 VVG, s. § 150 Rdn 21 ff.). Eine **Informationspflicht** des VR zugunsten des Arbeitnehmers im Fall der Kündigung sieht bei solchen Verträgen § 166 Abs. 4 VVG vor (s. § 166 Rdn 11 ff.). Für die Folgen der **Kündigung** gelten Besonderheiten, insb. ist eine Umwandlung in eine prämienfreie Versicherung vorgesehen (vgl. § 2 Abs. 2 S. 5, Abs. 3, Abs. 3a, Abs. 4 BetrAVG sowie § 165 Rdn 11). Zum Problem der **Wertgleichheit** bei Zillmerung der Abschluss- und Vertriebskosten s. § 169 Rdn 66 f. Die **Bezugsrechtsvarianten** und die jeweiligen Folgen bei Insolvenz des Arbeitgebers sind in § 159 Rdn 74 ff. sowie § 168 Rdn 17 ff. behandelt.

43 Folgende Durchführungswege sind zu unterscheiden:

a) Direktversicherung

44 Eine Direktversicherung liegt vor, wenn der Arbeitgeber (VN) eine Lebensversicherung auf das Leben des Arbeitnehmers abschließt, wobei der Arbeitnehmer oder seine Hinterbliebenen ganz oder teilweise bezugsberechtigt sind (§ 1b Abs. 2 S. 1 BetrAVG). Die Bilanz des Arbeitgebers wird nicht berührt.

45 Die Direktversicherung wird steuerlich nach **§ 3 Nr. 63 EStG** gefördert, indem die **Beiträge** bis zu 4 % der Beitragsbemessungsgrenze in der allgemeinen Rentenversicherung (2016: 6.200,00 EUR monatlich in den alten Bundesländern, 5.400,00 EUR monatlich in den neuen Bundesländern) nicht versteuert werden. Bis zu 248,00 EUR monatlich können demnach im Jahr 2016 steuerfrei in eine Direktversicherung eingezahlt werden. Außerdem unterliegen die Beiträge in dieser Höhe nicht der Sozialabgabenpflicht (vgl. § 1 Abs. 1 Nr. 9 Sozialversicherungsentgeltverordnung – SvEV). Zusätzlich können 1.800,00 EUR jährlich steuerfrei, aber nicht sozialabgabenfrei eingezahlt werden. Die **Renten** aus Direktversicherungen sind im Gegenzug für die Begünstigung in der Ansparphase voll zu versteuern (§ 22 Nr. 5 EStG), ebenso etwaige Auszahlungen. Es gibt zusätzliche Freibeträge. Außerdem unterliegen die Renten, die an gesetzlich und freiwillig in der gesetzlichen Krankenversicherung Versicherte gezahlt werden, dem Abzug von Kranken- und Pflegeversicherungsbeiträgen (§ 229 Abs. 1 Nr. 5 SGB V), weshalb für diese Anlegergruppe häufig

andere Schichten vorteilhafter sind. Privat Krankenversicherte zahlen auf die Renten keine Sozialabgaben.

Bis Ende 2004 konnten Direktversicherungen nach § 40b EStG in der damals gültigen Fassung abgeschlossen werden. Die Regeln für diese Altverträge gelten weiter. Sie genießen bei einer einmaligen Kapitalauszahlung Steuerfreiheit, eine Rente muss nur mit dem Ertragsanteil nach § 22 Nr. 1 S. 3 Buchst. a) bb) EStG versteuert werden. Besteht eine solche Direktversicherung, scheidet die Einzahlung des zusätzlichen Beitrags i.H.v. 1.800,00 EUR nach § 3 Nr. 63 EStG aus. 46

Bei **Insolvenz** des Arbeitgebers können die Versorgungsberechtigten einen Anspruch gegen den **Pensions-Sicherungs-Verein** VVaG (PSV) haben. Der PSV ist eine Selbsthilfeeinrichtung der deutschen Wirtschaft. Er legt den Schadenaufwand jährlich auf seine Mitglieder um. Kein Anspruch besteht, wenn die Versorgungsberechtigten mit einem **unwiderruflichen Bezugsrecht** ausgestattet sind; in der Insolvenz gehört dieses Bezugsrechts zum Vermögen des Versorgungsberechtigten. Ist das **Bezugsrecht widerruflich** und sind die Ansprüche unverfallbar, steht den Versorgungsberechtigten hingegen ein Anspruch gegen den PSV nach § 7 Abs. 2 BetrAVG zu (vgl. § 168 Rdn 19). 47

b) Pensionskasse

Die Pensionskasse ist als **selbstständiges Lebensversicherungsunternehmen** eine externe Versorgungseinrichtung nach §§ 232 ff. VAG (118a ff. VAG a.F.), die ihren Versorgungsberechtigten einen Rechtsanspruch auf die Leistungen einräumt. Sie kann von einem Betrieb oder Konzern für die Betriebsangehörigen gegründet werden. Es gibt auch zahlreiche überbetriebliche Pensionskassen, die meistens von Versicherungsgesellschaften gegründet wurden und wie ein Lebensversicherer arbeiten. Eine Bilanzberührung findet nicht statt. 48

Steuerlich und hinsichtlich der Sozialabgaben werden die Leistungen an und von Pensionskassen **entsprechend der Direktversicherung** behandelt (s. Rdn 44 ff.). Die Beiträge des Arbeitgebers an die Pensionskasse sind nach § 4c EStG als Betriebsausgaben abzugsfähig. 49

Eine **Insolvenzsicherung** durch den PSV ist nicht vorgesehen, da die Versorgungsberechtigten einen Direktanspruch gegen die Pensionskasse haben. 50

Der **Gleichbehandlungsgrundsatz** (Art. 157 AEUV entspr. ex-Art. 141 Abs. 1 EGV) ist nicht nur anwendbar zwischen Arbeitgeber und Arbeitnehmer, sondern auch zwischen dem Arbeitnehmer und einer externen Versorgungseinrichtung wie der deutschen Pensionskasse (EuGH, NJW 2001, 3693, Ls.; BAG, VersR 2005, 1239, Ls.). Die Entscheidungen dürften auf alle externen Versorgungseinrichtungen zu übertragen sein. 51

c) Pensionsfonds

Der Pensionsfonds wurde als fünfter Durchführungsweg zum 1.1.2002 eingeführt. Er ähnelt der Pensionskasse. Unterschiedlich ist die **Kapitalanlage**. Während die Pensionskasse ihre Gelder wie eine Lebensversicherung anlegt, ist der Pensionsfonds freier in der Kapitalanlage. Die Chancen des Kapitalmarktes können über eine hohe, nicht gesetzlich beschränkte 52

Aktienquote besser genutzt werden. Garantien sind dagegen nicht vorgesehen. Eine Bilanzberührung ist nicht gegeben.

53 Steuerlich und hinsichtlich der Sozialabgaben werden die Leistungen an und von Pensionsfonds **entsprechend der Direktversicherung** und Pensionskasse behandelt (s. Rdn 44 ff.). Die Beiträge des Arbeitgebers an den Pensionsfonds sind nach § 4e EStG als Betriebsausgaben abzugsfähig.

54 Die Versorgungsanwartschaften der Arbeitnehmer sind bei Insolvenz des Arbeitgebers über den Pensions-Sicherungs-Verein e.V. geschützt (vgl. § 7 Abs. 1 S. 2 Nr. 2 BetrAVG).

d) Rückdeckungsversicherung bei Unterstützungskasse

55 Die Unterstützungskasse ist eine **externe Versorgungseinrichtung**, die von einem oder mehreren Unternehmen gebildet werden kann. Es gibt auch überbetriebliche Gruppenunterstützungskassen, die v.a. von Versicherungsgesellschaften gegründet wurden.

56 Der Arbeitnehmer hat nur einen **Leistungsanspruch** gegen den Arbeitgeber, nicht gegen die Unterstützungskasse. Der Arbeitgeber wendet die nötigen Finanzierungsbeträge für die Einhaltung der gegebenen Zusage der Unterstützungskasse zu, die wiederum eine **Rückdeckungsversicherung** für die Finanzierung der zugesagten Leistungen abschließt (rückgedeckte Unterstützungskasse im Gegensatz zur pauschal dotierten Unterstützungskasse). Der Arbeitgeber bleibt stets ggü. dem Arbeitnehmer verpflichtet, insb. wenn die rückgedeckten Leistungen nicht für die Finanzierung der zugesagten Versorgungsleistungen ausreichen sollten. In der Bilanz schlägt sich die Versorgungszusage nicht nieder. Der Arbeitgeber kann die Zuwendungen als Betriebsausgaben absetzen, wenn die Voraussetzungen des § 4d EStG erfüllt sind.

57 Die Versorgung über eine Unterstützungskasse ist v.a. für besser verdienende Angestellte oder Gesellschafter-Geschäftsführer interessant, da unter bestimmten Voraussetzungen Beiträge für die Altersversorgung, einschließlich Berufsunfähigkeits- und Hinterbliebenenabsicherung eingebracht werden können, **ohne auf die Höchstgrenze des § 3 Nr. 63 EStG beschränkt** zu sein. In der Ansparphase zahlt der Arbeitnehmer keine Steuern, da es insofern an einem Zufluss von Einkommen fehlt (*Rathje*, Die betriebliche Altersversorgung in KMU nach Altersvermögensgesetz und Alterseinkünftegesetz, S. 28 ff.). Arbeitgeberbeiträge sind auch **nicht sozialabgabenpflichtig** (§ 14 Abs. 1 S. 2 SGB IV e contrario). Für i.R.d. Entgeltumwandlung aufgebrachte Beiträge gilt hingegen die Grenze von 4 % der Beitragsbemessungsgrenze.

58 **Leistungen** werden als bezogener Arbeitslohn voll nachgelagert nach § 19 Abs. 1 Nr. 2 EStG versteuert. Allerdings gibt es zusätzliche Freibeträge, wie den Versorgungsfreibetrag gem. § 19 Abs. 2 EStG und den Werbungskosten-Pauschbetrag nach § 9a S. 1 Nr. 1 Buchst. b EStG.

59 Die Versorgungsanwartschaften der Arbeitnehmer sind bei **Insolvenz** des Arbeitgebers über den Pensions-Sicherungs-Verein e.V. geschützt (vgl. § 7 Abs. 1 S. 2 Nr. 2 BetrAVG).

Vorbemerkungen zu den §§ 150 bis 171 VVG

e) Rückdeckungsversicherung für Pensionszusage

Der Arbeitgeber kann seinen Mitarbeitern direkt Pensionszusagen geben. Der Arbeitgeber verpflichtet sich, bei Erreichen des Pensionsalters eine bestimmte Betriebsrente oder im Todesfall eine Hinterbliebenenrente oder bei Berufsunfähigkeit eine Berufsunfähigkeits-Rente an den Arbeitnehmer zu zahlen. Für die sich daraus ergebenden Verpflichtungen müssen bilanziell **Rückstellungen** gebildet werden (§ 6a EStG), die sich steuermindernd auswirken. Das Risiko, die Verpflichtungen bei Fälligkeit zu erfüllen, trägt der Arbeitgeber. Er kann dieses Risiko aber auch bei einem Versicherungsunternehmen „rückversichern". Dazu schließt er als VN eine sog. **Rückdeckungsversicherung** mit einem Versicherungsunternehmen ab. Versicherte Person ist der zu versorgende Mitarbeiter. Die versicherten Leistungen entsprechen den zugesagten Pensionsleistungen. Bezugsberechtigt ist ebenfalls der Arbeitgeber. Er nutzt die Versicherung als **Finanzierungsinstrument**. Rückdeckungsversicherungen sind gewöhnliche Lebensversicherungen, deren Besonderheit sich nur aus dem Bezug zur Pensionszusage des VN ergibt. Die Rückdeckungsversicherung wird steuerrechtlich nur unter bestimmten Voraussetzungen anerkannt. Der Mitarbeiter hat keine Ansprüche aus der Versicherung. Häufig werden die Leistungen aber an den Mitarbeiter und seine Hinterbliebenen verpfändet, um ihnen eine Sicherheit für den Fall der **Insolvenz** des Arbeitgebers zu geben (s. dazu § 168 Rdn 8 ff., 42). Dies ist v.a. dann wichtig, wenn keine Absicherung über den Pensions-Sicherungs-Verein (vgl. § 14 BetrAVG) gegeben ist, insb. wenn der Versorgungsberechtigte (häufig der beherrschende Gesellschafter-Geschäftsführer) nicht dem Schutz des BetrAVG unterfällt (vgl. § 17 BetrAVG). Die Versorgungsanwartschaften der Arbeitnehmer, die unter das BetrAVG fallen, sind hingegen bei Insolvenz des Arbeitgebers über den Pensions-Sicherungs-Verein e.V. geschützt (vgl. § 7 Abs. 1 S. 1 BetrAVG).

60

Für die Besteuerung der Beiträge des Arbeitnehmers im Rahmen einer Entgeltumwandlung gilt das zur Unterstützungskasse (Rdn 57) Gesagte.

61

Leistungen, die der Arbeitgeber aus einer Pensionszusage an den Arbeitnehmer gewährt, werden voll als bezogener Arbeitslohn nachgelagert nach § 19 Abs. 1 Nr. 2 EStG versteuert. Allerdings gibt es zusätzliche Freibeträge (s. Rdn 58).

62

f) Lebensarbeitszeitkonten

Kein Durchführungsweg der betrieblichen Altersversorgung, aber dennoch in diesem Zusammenhang zu erwähnen sind **Wertguthaben auf Lebensarbeitszeitkonten**, die mit dem sog. Flexi-Gesetz (Gesetz zur sozialrechtlichen Absicherung flexibler Arbeitszeitregelungen [ArbZAbsichG], BGBl I 1998, S. 688 ff.) eingeführt wurden. Als Wertguthaben bezeichnet man das im Rahmen einer flexiblen Arbeitszeitregelung erzielte Guthaben (§ 7b SGB IV). Es kann aufgebaut werden durch angesparte Arbeitsentgelte (Weihnachts-/Urlaubsgeld, Tantiemen/Bonifikationen oder laufendes Gehalt) oder Arbeitszeit (Überstunden, Urlaubsansprüche). Lebensarbeitszeitkonten werden in Zeit oder Geld geführt.

63

Das angesparte Wertguthaben kann für eine bezahlte Arbeitsfreistellung (Sabbatical) oder für eine Freistellung zum Ende der Lebensarbeitszeit hin verwendet werden (§ 7c SGB IV).

64

Ortmann/Rubin 1579

Vorbemerkungen zu den §§ 150 bis 171 VVG

Bei abredewidriger Verwendung liegt ein **Störfall** vor, der eine Beitragspflicht hinsichtlich des abredewidrig verwendeten Teils auslöst (§ 23b Abs. 2 SGB IV).

65 Die Einzahlungen auf ein Lebensarbeitszeitkonto erfolgen steuerfrei, da die Leistungen lohnsteuerlich noch nicht zugeflossen sind. Der Zufluss und damit die Besteuerung erfolgt erst bei Verwendung (Freistellung) oder wenn ein Störfall vorliegt. Anders als bei den Sozialabgaben bedurfte es also lohnsteuerlich keiner besonderen Regelung.

66 Die **Sozialabgabenfreiheit** des Aufbaus von Wertguthaben ergibt sich aus § 23b SGB IV. Danach kommt es während der Arbeits- und Freistellungsphase nicht auf die Höhe der vereinbarten Bezüge, sondern auf den tatsächlichen Auszahlungsbetrag an. Dies kann zu einer insgesamt höheren Verbeitragung (Sozialversicherungsabgaben) führen als ohne Lebensarbeitszeitkonto. Werden Entgeltbestandteile oberhalb der Beitragsbemessungsgrenze eingebracht, spart der Arbeitnehmer in diesem Moment keine Sozialabgaben. Da aber in der Freistellung eine beitragspflichtige Beschäftigung vorliegt, könnten dann wieder volle Sozialversicherungsbeiträge auf das mit dem Wertguthaben finanzierte Gehalt anfallen.

67 Für **Insolvenzschutz** müssen die Vertragsparteien nach § 7e SGB IV sorgen.

68 Lebensarbeitszeitkonten können über Lebensversicherungen rückgedeckt werden. Ein anderer Bezugspunkt zur Lebensversicherung liegt in der allerdings nach § 23b Abs. 3a SGB IV nunmehr nur noch ausnahmsweise und nur für Verträge, die bis zum 13.11.2008 geschlossen wurden, bestehenden Möglichkeit, das angesparte Wertguthaben für eine betriebliche Altersversorgung zu verwenden. Ausführliche Informationen zu Wertkonten bei *Hanau/Arteaga/Rieble/Veit*, Entgeltumwandlung, 3. Aufl., S. 24 ff.

III. Dritte Schicht

69 Die dritte Schicht umfasst alle sonstigen Versicherungen (**Kapitalanlageprodukte**). Die Beiträge für nicht steuerlich geförderte Produkte sind **aus dem versteuerten Einkommen** zu zahlen. Sie können nur unter bestimmten Voraussetzungen bis zum Jahre 2019 nach den alten Regelungen für Vorsorgeaufwendungen abgesetzt werden.

70 Im Gegenzug ist die aus diesen Verträgen gezahlte **Rente** nur mit ihrem **Ertragsanteil** zu versteuern. Er beträgt z.B. bei Rentenbeginn mit vollendetem 65. Lebensjahr 18 % (vgl. § 22 Nr. 1 S. 3 Buchst. a) bb) EStG). In diesem Fall sind nur 18 % der Rente mit dem persönlichen Steuersatz zu versteuern.

71 Eine **Kapitalauszahlung** ist hingegen zu versteuern. Die Differenz zwischen dem Auszahlungsbetrag und den eingezahlten Beiträgen ist im Jahr der Auszahlung mit dem persönlichen Steuersatz zu versteuern (§ 20 Abs. 1 Nr. 6 S. 1 EStG). Lief die Versicherung mind. 12 Jahre und wird die Versicherungsleistung nach Vollendung des 60. Lebensjahres ausgezahlt, ist nur die Hälfte des Unterschiedsbetrages zu versteuern (Privilegierung, § 20 Abs. 1 Nr. 6 S. 2 EStG).

72 Früher waren **Beitragsdepots** aus steuerlichen Gründen beliebt. Man zahlte einen Einmalbeitrag ein, den der VR verzinslich anlegte und in fünf Jahresraten in einen VV investierte.

Vorbemerkungen zu den §§ 150 bis 171 VVG

Nach weiteren sieben Jahren konnte die Ablaufleistung steuerfrei vereinnahmt werden („Fünf plus Sieben-Modelle"). Die Bedeutung ist seit dem 1.1.2005 verloren gegangen, da nicht mehr mind. fünf Jahre lang Beiträge eingezahlt werden müssen, um in den Genuss der Steuerfreiheit zu kommen, und die komplette Steuerfreiheit abgeschafft wurde. Die zwischenzeitlich anfallenden Depotzinsen unterliegen der ESt nach § 20 EStG.

F. Unterscheidung nach Kapitalanlage

Eine wichtige Unterscheidung ist nach der Art der zugrunde liegenden Kapitalanlage vorzunehmen. Die Produktauswahl richtet sich nach der **Risikoneigung** des VN. Die Produkte lassen sich einteilen in drei Kategorien: deutsche klassische Produkte, ausländische, insb. britische sog. With Profit-Produkte und fondsgebundene Versicherungen. Außerdem gibt es Hybrid-Produkte und Sonderformen. 73

I. Deutsche klassische Versicherungen

Für konservative Anlegertypen und v.a. kurze Laufzeiten eignen sich deutsche klassische Versicherungen. Sie zeichnen sich durch folgende Merkmale aus: 74
- von vornherein vereinbarte jährliche Garantieverzinsung des Deckungskapitals (nicht der Beiträge), momentan von 1,25 % p.a.,
- i.d.R. hohe laufende Überschussbeteiligung,
- i.d.R. niedrige Schlussüberschussbeteiligung,
- häufig garantierte Rückkaufswerte,
- konservative, durch den VR gemanagte Kapitalanlage (die Aktienquote lag über alle Kapitalanlagen im Jahr 2014 bei rund 3,8 %, GDV, Statistisches Taschenbuch der Versicherungswirtschaft, 2015, S. 15),
- daraus folgend eher niedrigere Renditeerwartung.

II. Britische With Profit-Versicherungen

Seit der **Deregulierung des europäischen Versicherungsbinnenmarktes** sind v.a. britische und irische Lebensversicherer in Deutschland aktiv. Sie vertreiben überwiegend sog. With Profit (WP) oder Unitised With Profit (UWP) Versicherungen in Deutschland (zu den Unterschieden, die aber in der Praxis verschwimmen: *Radovic/Bolger/Burke*, VW 2006, 307). Diese Produkte werden entweder als Kapitallebens- oder Rentenversicherung angeboten und auch in allen steuerlichen Schichten (außer Riester). Sie eignen sich für den renditeorientierten Anlegertyp, für eher längere Vertragslaufzeiten und zeichnen sich durch folgende Merkmale aus, wobei sich die Produkte der einzelnen Gesellschaften z.T. erheblich unterscheiden: 75
- von vornherein vereinbarte Garantieleistung, die aber geringer ist als bei deutschen klassischen Produkten oder auch gar nicht zugesagt wird und häufig nur bei Fälligkeit gewährt wird. Manchmal ist sie noch an weitere Bedingungen geknüpft (zu den Unterschieden s. *Ortmann*, ZfV 2007, 552),

Vorbemerkungen zu den §§ 150 bis 171 VVG

- i.d.R. eher niedrige laufende Überschussbeteiligung (Boni),
- i.d.R. hoher Schlussbonus, der zur Abmilderung der starken Aktienkursschwankungen teilweise geglättet wird („Smoothing"),
- keine garantierten Rückkaufswerte. Diese können meistens in bestimmten Ausnahmefällen auf den echten Marktwert des Vertrags reduziert werden (Marktpreisanpassung),
- aktienorientierte, über den VR gemanagte Kapitalanlage (die Aktienquote bewegt sich zwischen 30 und 80 %, abhängig von den Kapitalmärkten),
- daraus folgend traditionell eine höhere Renditeerwartung (ein empirisches Beispiel im Vergleich zu einer deutschen klassischen Versicherung, allerdings aus dem Jahr 1999, bei *Ortmann*, VersWissStud. Bd. 21, S. 36 ff.).

Zu den Einzelheiten dieser Produkte und den Unterschieden zu den deutschen klassischen Versicherungen, s. ausführl. *Ortmann*, VersWissStud. Bd. 21, S. 131 ff. Das VVG ist auf EU-/EWR-VR, die in Deutschland tätig sind, anwendbar (vgl. Art. 7 Abs. 3 VO 593/2008/EG bzw. Art. 178 Abs. 1 RL 2009/138/EG). Sie unterliegen allerdings der Finanzaufsicht des Herkunftslandes (vgl. Art. 30 RL 2009/138/EG).

76 Im Juli 2012 entschied der BGH, dass die Grundsätze über die Belehrungen von Verbrauchern bei Kapitalanlagegeschäften auch für Lebensversicherungsverträge anwendbar sind, wenn sich diese bei wirtschaftlicher Betrachtung als Anlagegeschäft darstellen (BGH, VersR 2012, 1237 – „**Wealthmaster Noble**"). Dies kann insbesondere bei With Profit-Versicherungen der Fall sein (s. zur ansonsten restriktiven Handhabung durch die Rspr. Rdn 106). Es ist dann über alle Umstände, die für den Anlageentschluss wesentlich sind, vollständig und verständlich zu informieren; läuft der Vertrieb dabei über einen sog. Strukturvertrieb, sind die Vermittler für den VR tätig und es findet eine Zurechnung des Verhaltens und der Erklärungen der Vermittler statt (BGH, VersR 2012, 1237; s. dazu auch *Börner*, VersR 2012, 1471). Insbesondere müssen über die zu erwartende Wertentwicklung realistische Angaben getroffen werden.

III. Fondsgebundene Versicherungen

77 Fondsgebundene Versicherungen zeichnen sich dadurch aus, dass die **Kapitalanlage** aus dem Versicherungsunternehmen **ausgegliedert** ist. Die Sparbeiträge werden in **Investmentfonds** i.S.d. KAGB vom 4.7.2013 angelegt oder an einen Index gekoppelt. Je nach Produkt stehen einer oder eine Vielzahl von Investmentfonds von einer oder von mehreren Kapitalverwaltungsgesellschaften (§ 17 KAGB) für die Anlage zur Verfügung. Der Anleger kann die Fonds, in die investiert werden soll, selbst auswählen. V.a. **risikogeneigte Anleger** wählen fondsgebundene Versicherungen, weil sie selbst Einfluss auf die Kapitalanlage nehmen und bis zu 100 % in Aktienfonds investieren können. Folgende Merkmale zeichnen fondsgebundene Versicherungen aus:
- regelmäßig keine Garantieleistungen (außer bei Spezialprodukten), teilweise wird ein bestimmter Rentenfaktor garantiert,
- keine oder geringe laufende Überschussbeteiligung,

Vorbemerkungen zu den §§ 150 bis 171 VVG

- keine oder geringe Schlussüberschussbeteiligung. Die Ablaufleistung richtet sich nach der Wertentwicklung der ausgewählten Fonds,
- keine garantierten Rückkaufswerte. Sie schwanken entsprechend den ausgewählten Investmentfonds,
- freie Auswahl zwischen den angebotenen Fonds. 100 % Aktienausrichtung möglich. Kapitalanlage ausgelagert. Angeboten werden spezielle Garantiefonds, Anlagestrategien und automatisches Ablaufmanagement, um dem Anleger die Beschäftigung mit den Anlagen zu erleichtern,
- daraus folgend individuell höhere Renditeerwartung, je nach ausgewählten Fonds.

Es muss aber stets eine Leistung im Todesfall garantiert sein, da es sich sonst nicht um eine Versicherung handelt.

Die unter Rdn 76 dargestellten Grundsätze können grds. auch im Rahmen der fondsgebundenen Lebensversicherung eine Rolle spielen (s. aber zu der insofern wohl eher restriktiven Linie der Gerichte unter Rdn 106). Auch hier können, soweit das Anlagegeschäft im Vordergrund stehen sollte, besondere Aufklärungs- und Beratungspflichten gelten (ähnlich Prölss/Martin/*Schneider*, vor § 150 Rn 28b). 78

IV. Hybrid-Produkte und Sonderformen

Neben diesen Grundformen gibt es Kombinationen. Werden die Überschüsse einer klassischen Versicherung in einem oder mehreren Investmentfonds angelegt, spricht man von einem **Hybrid-Produkt**. Neuerdings tendieren Lebensversicherer vor dem Hintergrund der neuen Solvabilitätsvorschriften für die Eigenmittelausstattung („Solvency II", RL 2009/138/EG) dahin, die Garantien auszulagern. Im Rahmen von fondsgebundenen Versicherungen werden vermehrt **Garantiefonds** angeboten, die einen einmal erreichten Höchststand festschreiben. Außerdem werden **dynamische Garantiemodelle** („Dynamic Hedging") entwickelt, bei denen die Garantie über komplizierte mathematische Absicherungsmechanismen oder über Kapitalanlagemodelle (z.B. Constant Proportion Portfolio Insurance „CPPI") dargestellt wird. Es geht stets darum, unter Beibehaltung einer irgendwie gearteten Garantie eine möglichst hohe Rendite zu erreichen. 79

G. Beteiligte an der Lebensversicherung

An einem Lebensversicherungsvertrag sind regelmäßig beteiligt: VN, versicherte Person, Bezugsberechtigte und Beitragszahler. 80

I. Versicherungsnehmer

Der VN ist Partei und damit **Träger der Rechte und Pflichten** aus dem VV. Versicherungsnehmer kann ein Individuum, eine juristische Person oder eine Personenmehrheit sein. Voraussetzung: Sie muss rechtsfähig sein. 81

Bei einem **Minderjährigen** bedarf der Abschluss einer Lebensversicherung als VN der Einwilligung oder Genehmigung des gesetzlichen Vertreters (§§ 107 f. BGB). Der rechtli- 82

Vorbemerkungen zu den §§ 150 bis 171 VVG

che Nachteil liegt zumindest in der Belastung mit der Prämienzahlungspflicht (s.a. VersR-Hdb/*Brömmelmeyer*, § 42 Rn 37), von der sich der VN nicht freizeichnen kann, auch nicht bei Vereinbarung der Beitragszahlung durch einen Dritten. Die Einwilligung der Eltern bedarf der Genehmigung durch das **Vormundschaftsgericht**; bis dahin ist der Vertrag schwebend unwirksam (§§ 1643 Abs. 1, 1822 Nr. 5 BGB; **h.M.**: BGH, VersR 1958, 506; OLG Hamm, VersR 1992, 1502; OLG Koblenz, VersR 1991, 209; Römer/Langheid/*Langheid*, § 150 Rn 18; Prölss/Martin/*Schneider*, § 150 Rn 16; *Petersen*, AcP 204 [2004], 832, 848; **a.A.** *Winter*, in: Bruck/Möller, § 150 Rn 105 ff.; Rüffer/Halbach/Schimikowski/*Brambach*, § 150 Rn 37 f.; ausführl. *Bayer*, VersR 1991, 129). Dies gilt dann, wenn die Prämienzahlungspflicht länger als ein Jahr über den Eintritt der Volljährigkeit hinaus andauern soll und den VN selbst trifft (OLG Hamm, VersR 1992, 1502; VersR-Hdb/*Brömmelmeyer*, § 42 Rn 37). Die bloße Möglichkeit der Prämienfreistellung nach § 165 Abs. 1 VVG ändert nichts an der zunächst auch über das Erreichen der Volljährigkeit hinaus bestehenden Prämienzahlungspflicht und damit am rechtlichen Nachteil (**a.A.** Rüffer/Halbach/Schimikowski/*Brambach*, § 150 Rn 38).

83 Eine vormundschaftsgerichtliche Genehmigung ist daher nicht erforderlich, wenn der Minderjährige nach Erreichen der Volljährigkeit keine Beiträge mehr zahlen muss (VersR-Hdb/*Brömmelmeyer*, § 42 Rn 37). Wird der VN volljährig, kann er den Vertrag selbst genehmigen (§ 108 Abs. 3 BGB). Die Fortsetzung der Beitragszahlung über das 18. Lebensjahr hinaus ist nur dann eine **konkludente Genehmigung**, wenn der VN in diesem Zeitpunkt Kenntnis von der schwebenden Unwirksamkeit des Vertrags hat und weiß, dass es zur Wirksamkeit seiner Genehmigung bedarf (OLG Hamm, VersR 1992, 1502 f.; OLG Koblenz, VersR 1991, 209; Römer/Langheid/*Langheid*, § 150 Rn 23; Prölss/Martin/*Schneider*, § 150 Rn 17). Der VR darf darauf aber nicht schon deshalb schließen (Auslegung nach dem objektiven Empfängerhorizont, § 133 BGB), weil der VN die Beiträge weiter bezahlt, Versicherungsleistungen in Anspruch nimmt, über den Versicherungsanspruch verfügt, Beitragserhöhungen oder andere Vertragsänderungen akzeptiert (OLG Hamm, VersR 1992, 1502; OLG Koblenz, VersR 1991, 209; LG Frankfurt a.M., NJW 1999, 3566; *Bayer*, VersR 1991, 129, 131; MüKo/*Heiss*, § 150 VVG Rn 42; Römer/Langheid/*Langheid*, § 150 Rn 23; stärker für eine konkludente Genehmigung eintretend Prölss/Martin/*Schneider*, § 150 Rn 17).

84 Der VR kann den ihm bekannten **Schwebezustand nur beseitigen**, wenn er den VN aufklärt und ihn zur Genehmigung auffordert (LG Frankfurt a.M., NJW 1999, 3566; Römer/Langheid/*Langheid*, § 150 Rn 22). Eine **Berufung auf Vertrauensschutz** scheidet aus (OLG Hamm, VersR 1992, 1502). Bei einer sehr langen Weiterzahlung der Beiträge (z.B. über zehn Jahre) kann der Berufung auf die Unwirksamkeit des Vertrags der Einwand der **unzulässigen Rechtsausübung** (§ 242 BGB) entgegenstehen, wenn der VN die Fortführung persönlich billigt, z.B. indem er den Vertrag als Sicherheit verwendet, sich mit jährlichen Beitragsdynamisierungen einverstanden erklärt und von seiner Kündigungsmöglichkeit jahrelang keinen Gebrauch macht (LG Freiburg, VersR 1998, 41; LG Verden, VersR 1998, 42; Prölss/Martin/*Schneider*, § 150 Rn 17; *Prang*, in: v. Bühren, Hdb. VersR § 14 Rn 102; **a.A.** Römer/Langheid/*Langheid*, § 150 Rn 22 f.).

Verweigert der VN die Genehmigung, wird der Vertrag endgültig nichtig und der VN kann die Erstattung der gezahlten Beiträge nebst erwirtschafteter Zinsen aus **Bereicherungsrecht** verlangen. Dies gilt auch dann, wenn ein Dritter, z.B. die Eltern, die Beiträge gezahlt hat (LG Frankfurt a.M., NJW 1999, 3596). Eine **Saldierung** mit den Kosten des VR scheidet aus Gründen des Minderjährigenschutzes aus (OLG Karlsruhe, VersR 1988, 128 f.; LG Hamburg, VersR 1988, 460; LG Frankfurt a.M., NJW 1999, 3596; Römer/Langheid/ *Langheid*, § 150 Rn 24; Prölss/Martin/*Schneider*, § 150 Rn 18). Dies soll nach vereinzelt vertretener Auffassung nicht gelten, wenn der Vertrag mit Zustimmung des gesetzlichen Vertreters zustande gekommen ist und nur die Genehmigung des Vormundschaftsgerichts fehlt, da § 1822 Nr. 5 BGB den Minderjährigen nur vor zukünftigen Belastungen schützen soll (*Bayer*, VersR 1991, 129, 132 m.w.N.). 85

II. Versicherte Person

Die versicherte Person („Gefahrsperson") ist diejenige, deren Leben versichert ist. Sie selbst hat **keine Rechte und Ansprüche** aus dem Vertrag. VN und versicherte Person können **zwei verschiedene Personen** sein. Dann bedarf es für die Wirksamkeit der Zustimmung der versicherten Person nach Maßgabe des § 150 Abs. 2–4 VVG (s. dazu die Kommentierung zu § 150 Rdn 1 ff.). Es können auch mehrere Personen versichert werden. Zu unterscheiden sind Versicherungen auf Erst- und Letztversterbensbasis. Bei der **Erstversterbensbasis** wird die Versicherungsleistung sofort bei Tod einer der versicherten Personen ausgezahlt. Bei der **Letztversterbensbasis** wird die Versicherungsleistung erst fällig, wenn die letzte versicherte Person verstorben ist. Teilweise können nicht nur zwei, sondern noch mehr Personen auf diese Weise gegenseitig abgesichert werden. Meistens sind die versicherten Personen gleichzeitig VN. Solche Versicherungsgestaltungen eignen sich v.a. für die Absicherung von Paaren i.R.d. Alters- und Hinterbliebenenabsicherung (**Versicherung auf verbundene Leben**) oder um Gesellschafter einer Personengesellschaft gegenseitig abzusichern, damit im Todesfall die Erben ausbezahlt werden können (**Teilhaber-Versicherung**). Als **Keyman-Police** kann sich ein Unternehmen vor den finanziellen Folgen bei Tod einer Schlüsselperson absichern. 86

Eine andere Ausprägung der Kapitallebensversicherung, bei der VN und versicherte Person auseinanderfallen, ist die unechte **Erbschaftsteuerversicherung**. Der Erblasser ist versicherte Person, der Erbe ist bezugsberechtigt und ggf. VN. Die VersSumme entspricht dann der kalkulierten Erbschaftsteuerverbindlichkeit. Ggf. ist der Erblasser auch VN und das Bezugsrecht des Erben unwiderruflich, um eine Schenkungssteuerpflicht hinsichtlich der Beiträge zu vermeiden. 87

III. Bezugsberechtigter

Der VN kann selbst bezugsberechtigt sein oder einen Dritten als Bezugsberechtigten bestimmen. Der Bezugsberechtigte erhält die Versicherungsleistung bei Eintritt des Versicherungsfalls. S. hierzu ausführl. § 159 Rdn 1 ff. und § 160 Rdn 1 ff. 88

Vorbemerkungen zu den §§ 150 bis 171 VVG

IV. Beitragszahler

89 I.d.R. zahlt der VN die Beiträge selbst, da er das Interesse an der Versicherung hat. Die Beitragszahlung kann aber auch ein Dritter übernehmen. Bei Ausbildungsversicherungen werden die Prämien oft vom Konto der Großeltern abgebucht. Werden die Prämien nicht über ein Konto abgebucht, muss der Beitragszahler nach den Regelungen des **Geldwäschegesetzes** (§ 4 Abs. 1 i.V.m. § 1 Abs. 4 GwG) identifiziert werden. Übernimmt ein Dritter die Beitragszahlung, liegt darin eine **Schenkung**, die als Folge eine Steuerpflicht auslösen kann, sofern es sich nicht um steuerfreie Handschenkungen des täglichen Lebens handelt.

H. Rechtsnatur der Lebensversicherung

90 Die Rechtsnatur der Lebensversicherung wird v.a. für überschussberechtigte Lebensversicherungen diskutiert (s. ausführlich *Ebers*, VersWissStud. Bd. 18, S. 218 ff.; *Winter*, in: Bruck/Möller, vor § 150, Rn 233 ff.). Getrieben sind die unterschiedlichen Ansichten durch die Frage, wem die mit den von den VN eingezahlten Beiträgen erwirtschafteten Überschüsse und Bewertungsreserven zustehen und welche Pflichten sich in dieser Hinsicht für den VR ergeben. In der Lit. wird die Lebensversicherung eingeordnet als **partiarisches Rechtsverhältnis** (*Basedow*, ZVersWiss 1992, 419, 437 ff.; *Lorenz*, ZVersWiss 1993, 283, 297 ff.), **Geschäftsbesorgungsvertrag** (*Schünemann*, JZ 1995, 430, 432 f.; *Schünemann*, VersWissStud. Bd. 4, 43, 54 ff.) oder **Hedge-ähnliches Geschäft mit Geschäftsbesorgungselementen** (*Schwintowski*, JZ 1996, 702; *Schwintowski*, VersWissStud. Bd. 6, 27, 49 ff.; BK/*Schwintowski* vor §§ 159–178 Rn 45 ff.). Im Grunde wird die **Trennung von Versicherungsschutz und Sparvorgang** verlangt. Doch dies hat der Gesetzgeber nun ausdrücklich abgelehnt (Begr. BT-Drucks 16/3945, S. 51). Dem von den entwickelten Theorien verfolgten Ziel kann sich auch über eine deutliche Erhöhung der Transparenz genähert werden, was auch vielmehr den europäischen Vorgaben (Produktvielfalt, Transparenz und Eigenverantwortung des Verbrauchers) entspricht. Von diesem Ziel hat sich der Gesetzgeber tragen lassen (Begr. BT-Drucks 16/3945, S. 51). Die Lebensversicherung kann daher als ein Vertrag eigener Art angesehen werden (*Dreher*, Die Versicherung als Rechtsprodukt, 70 ff. passim). Ausführlich zur Rechtsnatur des VV s. Einf. vor §§ 1 ff. Rdn 22 ff.

I. Vertragsoptionen

91 Häufig werden dem VN in den Bedingungen zusätzliche **Handlungsoptionen** eingeräumt. Zunächst kann er bei Vertragsschluss eine **Dynamisierung der Beiträge** vereinbaren. Dann erhält der VN jedes Jahr einen neuen Nachtrag zu seinem Versicherungsschein, in dem die um den vereinbarten Dynamiksatz erhöhten Vertragsleistungen dokumentiert werden. Die Erhöhung erfolgt ohne erneute Gesundheitsprüfung. Der VN kann der Erhöhung durch einseitige, empfangsbedürftige Willenserklärung widersprechen mit der Folge, dass die Erhöhung als nicht erfolgt gilt. I.d.R. erlischt das Dynamikrecht, wenn ihm mehrere Male hintereinander, i.d.R. mindestens dreimal, widersprochen wurde. Die Dynamisierung dient der Anpassung der Beiträge und Leistungen an die Inflation und Einkommenssteigerungen, und zwar unabhängig vom Gesundheitszustand.

Oft sehen die Bedingungen bestimmte **Nachversicherungsgarantien** vor. Liegt ein bedingungsgemäßer Fall vor, kann der VN den Versicherungsschutz im vorgegebenen Rahmen ohne erneute Gesundheitsprüfung erhöhen. Häufige Bedingungen sind: Geburt eines Kindes, Heirat, Erhöhung des Einkommens um einen bestimmten Prozentsatz, Erwerb einer Immobilie, Selbstständigkeit etc. Dies ist insb. wichtig, wenn Versicherungsleistungen aufgrund des schlechten Gesundheitszustandes nicht mehr zu erhalten sind. 92

Eine sog. **Risiko-Umtausch-Police** ermöglicht den Umtausch einer Risikolebensversicherung in eine Kapitallebensversicherung mit derselben VersSumme ohne erneute Gesundheitsprüfung. 93

Wichtige weitere **Vertragsoptionen** für den Fall von Liquiditätsengpässen sind: Beitragsstundung (Beitragsaussetzung unter Nachzahlung der Beiträge) und Beitragspausen (Aussetzung der Beitragszahlung unter Beibehaltung des vereinbarten Risikoschutzes und Herabsetzung der Ablaufleistungen), Ruhenlassen des Vertrags oder die Herabsetzung des Beitrags. Zugelassen sind häufig auch Teilentnahmen und Policendarlehen. 94

J. Steuerliche Behandlung der Lebensversicherung

Auszahlungen im Rahmen von Lebensversicherungen unterliegen grds. der **ESt**. Einzahlungen können unter bestimmten Umständen als **Sonderausgaben** berücksichtigt werden. Zu den Unterschieden s.o. Rdn 26 ff. Die i.R.d. Überschussbeteiligung (§ 153 Abs. 3 VVG) vorgesehene Beteiligung der VN an den **Bewertungsreserven** verändert nichts an den grds. Besteuerungsregelungen. Bei **Altverträgen** ist zu beachten, dass die zugeteilten Bewertungsreserven als **außerrechnungsmäßige Zinsen** mit den übrigen Überschüssen dann zu versteuern sind, wenn der Vertrag vor dem 12. Jahr beendet und der Rückkaufswert mit den anteiligen Bewertungsreserven ausgezahlt wird. Ansonsten sind auch die anteilig ausgezahlten Bewertungsreserven wie die ganze Versicherungsleistung unter den übrigen Voraussetzungen für Lebensversicherungen, die vor dem 1.1.2005 abgeschlossen wurden, steuerfrei. 95

Erhält ein vom VN abweichender Bezugsberechtigter die Versicherungsleistung im Erlebens- oder Todesfall, unterliegt die Zuwendung der **Schenkungs- bzw. Erbschaftsteuer**. In diesem Zusammenhang gibt es zahlreiche Gestaltungsmöglichkeiten. 96

> **Praxistipp** 97
> I.R.d. Hinterbliebenenvorsorge sollte die abzusichernde Person nicht nur bezugsberechtigt sein, sondern auch als VN eingesetzt werden. Eine Besteuerung der Leistung findet dann nicht statt. Zahlt die versicherte Person die Prämien, könnte dies ein schenkungsrechtlich relevanter Vorgang sein, sofern keine Handschenkung des täglichen Lebens vorliegt.

Beiträge zu Lebensversicherungen unterliegen weder der Umsatz- noch der Versicherungssteuer (§ 4 Nr. 5 VersStG). 98

Vorbemerkungen zu den §§ 150 bis 171 VVG

K. Die Lebensversicherung in der Ehescheidung

99 Lebensversicherungen können in der Ehescheidung entweder im Rahmen des Versorgungsausgleichs oder im Rahmen des Zugewinnausgleichs Berücksichtigung finden (vgl. ausführlich Prölss/Martin/*Schneider*, vor § 150 Rn 51 ff.). Rentenversicherungen fallen dabei grds. in den **Versorgungsausgleich** nach § 2 Abs. 2 VersAusglG, wenn das Anrecht durch Arbeit oder Vermögen geschaffen oder aufrechterhalten worden ist, der Absicherung im Alter oder bei Invalidität dient und auf eine Rente gerichtet ist. Sind diese Voraussetzungen nicht erfüllt, z.B. wenn bei einer Kapitallebensversicherung der **Vermögensanlagecharakter** (BGH, NJW-RR 2007, 865, Ls.) im Vordergrund steht – Darlehensrückzahlung (OLG Nürnberg, NJW-RR 2007, 1015, Ls.) –, wird sie im **Zugewinnausgleich** berücksichtigt. Der Gesetzgeber begründet diese Unterscheidung zwischen den Lebensversicherungen damit, dass Kapitallebensversicherungen nicht zwingend Vorsorgecharakter haben (Begr. BT-Drucks 16/10144, S. 47). Verträge in der betrieblichen Altersversorgung und nach dem AltZertG (Riester- und Rürup-Verträge) fallen aber stets in den Versorgungsausgleich, da bei diesen der Vorsorgecharakter garantiert ist (§ 2 Abs. 2 Nr. 3 Hs. 2 VersAusglG; ausführlich *Kirchmeier*, VersR 2009, 1581). Die **Abgrenzung** zwischen Kapitallebensversicherung und Rentenversicherung erhält damit eine besondere Bedeutung i.R.d. Ehescheidung, insb. wenn der Zugewinnausgleich vertraglich ausgeschlossen oder eingeschränkt wurde.

100 **Direktversicherungen** fallen seit dem 1.9.2009 wie auch andere Verträge in der betrieblichen Altersversorgung stets in den Versorgungsausgleich (§ 2 Abs. 2 Nr. 3 Hs. 2 VersAusglG).

101 Anrechte aus einer **Kapitallebensversicherung mit Rentenwahlrecht** werden in den Versorgungsausgleich nur eingezogen, wenn das Wahlrecht bis zum nach §§ 3 Abs. 1 und 2, 5 Abs. 2 VersAusglG maßgeblichen Zeitpunkt ausgeübt worden ist, sonst findet die LV im Zugewinnausgleich Berücksichtigung. Eine **Rentenversicherung mit Kapitalwahlrecht** unterliegt dagegen dem Versorgungsausgleich, wenn nicht das Wahlrecht vor diesem Zeitpunkt ausgeübt wurde (BGH, NJW-RR 2012, 769). Der maßgebliche Zeitpunkt für die Ausübung des Wahlrechts ist grds. der Tag der Beendigung der Ehe; rechtliche oder tatsächliche Veränderungen nach dem Ende der Ehezeit, die auf den Ehezeitanteil zurückwirken, sind aber zu berücksichtigen (§ 5 Abs. 2 VersAusglG; s.a. BGH, NJW-RR 2012, 769).

102 Der **Rückkaufswert** einer Kapitallebensversicherung ist nur dann i.R.d. **Zugewinnausgleichs** anzusetzen, wenn mit einer Fortführung des Vertrages am Stichtag (§ 1384 BGB) nicht zu rechnen ist (BGH, NJW 1995, 2781, 1. Ls.). Wird die Versicherung nicht beendet, ist nicht der Liquidationswert i.S.d. Rückkaufswerts anzusetzen, sondern der **tatsächliche Wert**, der insb. keine etwaigen Stornoabzüge (vgl. § 169 Abs. 5) enthält (BGH, NJW 1995, 2781, 2782 f.). Dieser ist mangels gesetzlicher Regelung nach **§ 287 Abs. 2 ZPO** zu schätzen (BGH, NJW 1995, 2781, 2783). Dies gilt auch weiterhin für den Fall, dass Stornoabzüge nach § 169 Abs. 5 VVG wirksam vereinbart wurden.

Vorbemerkungen zu den §§ 150 bis 171 VVG

L. Gesetzlicher Sicherungsfonds

Im Fall der **Insolvenz eines Lebensversicherers** werden die Ansprüche der VN über einen gesetzlichen Sicherungsfonds nach §§ 221 VAG (124 ff. VAG a.F.) geschützt (ausführl. *Präve*, VersR 2005, 1023 passim; ausführl. Informationen zum deutschen Sicherungsfonds unter www.protektor-ag.de). Alle Lebensversicherer mit Sitz in Deutschland oder außerhalb des EWR sind zur Mitgliedschaft in dieser Sicherungseinrichtung verpflichtet (§ 221 Abs. 1 VAG, § 124 Abs. 1 VAG a.F.). Pensionskassen können freiwillig beitreten (§ 221 Abs. 2 VAG, § 124 Abs. 2 VAG a.F.). Sind andere Maßnahmen zur Wahrung der Belange der Versicherten nicht ausreichend, ordnet die Aufsichtsbehörde die Übertragung aller Verträge (aller Aktiva und Passiva) auf die gesetzliche Sicherungseinrichtung an (§ 222 Abs. 2 VAG, § 125 Abs. 2 VAG a.F.). Die Verträge werden dort fortgeführt (§ 223 Abs. 2 S. 2 VAG, § 126 Abs. 2 S. 2 VAG a.F.). Allerdings können Versicherungsbedingungen und Tarifbestimmungen nach § 222 Abs. 6 VAG (§ 125 Abs. 6 VAG a.F.) geändert werden und die Überschussbeteiligung so lange ausgesetzt werden, bis der VR vollständig saniert ist (*Präve*, VersR 2005, 1023, 1028). Geschützt werden alle aus dem VV begünstigten Personen, wie VN, Bezugsberechtigte und versicherte Personen, aber auch Abtretungsgläubiger und Erben (*Präve*, VersR 2005, 1023, 1027). Näheres regelt auch die Verordnung über die Finanzierung des Sicherungsfonds für die Lebensversicherer (SichLVFin) vom 18.4.2016 (BGBl 2016 I, S. 828).

103

Gesetzliche Sicherungseinrichtungen gibt es teilweise auch für ausländische Versicherungen. Für die häufig auch in Deutschland anzutreffenden britischen (nicht irischen) With Profit-Versicherungen kommt ein Schutz nach dem **Financial Services Compensation Scheme** in Betracht, sofern der Versicherungsschein in Großbritannien ausgestellt wurde (ausführl. Informationen zum britischen Sicherungsfonds unter www.fscs.org.uk). Geschützt sind bei VR, die ihre Verpflichtungen bereits vor dem 1.1.2010 nicht mehr erfüllen konnten, die ersten 2.000 britischen Pfund zu 100 %, darüber hinausgehende Ansprüche zu 90 %. Bei VR, bei denen zwischen dem 1.1.2010 und dem 3.7.2015 dieser Fall eintrat, besteht ein Schutz in Höhe von 90 %. Bei VR, die seit dem 3.7.2015 ihren Verpflichtungen nicht mehr nachkommen können, beträgt der Schutz der Ansprüche 100 %.

104

M. Kosten und Transparenz in der Lebensversicherung

Wie alle Produkte enthalten auch Lebensversicherungen Kosten und Gebühren, mit denen die Aufwendungen des VR gedeckt werden und aus denen der Gewinn erwächst. Zu unterscheiden sind Abschluss- und Vertriebskosten, laufende Verwaltungskosten, Gebühren und Kosten für die Kapitalanlagenverwaltung. Mit den **Abschluss- und Vertriebskosten** werden v.a. die Provisionen für den Außendienst finanziert, aber auch die Aufwendungen für die Antragsbearbeitung des VR (vgl. § 43 Abs. 2 RechVersV). Die Höhe ist von Produkt zu Produkt verschieden und beträgt nicht selten bis zu 8 % der Beitragssumme. Diese werden in die Prämie einkalkuliert. Die dadurch entstehende Abschlusskostenforderung wird häufig verzinst, was die Kosten erhöht (Einzelheiten s. § 169 Rdn 72 f.). Die **laufenden Verwaltungskosten** (vgl. § 43 Abs. 3 RechVersV) werden teilweise als Stückkosten

105

Vorbemerkungen zu den §§ 150 bis 171 VVG

(jährliche fixe Kosten, unabhängig von der Beitragshöhe), teilweise als beitragsabhängige Kosten (z.B. 4 % vom Beitrag) erhoben. Die Kostenquote betrug im Jahr 2014 2,2 % der gebuchten Brutto-Beiträge, was laufenden Verwaltungskosten von ca. 2 Mrd. EUR entspricht (GDV, Überblick Lebensversicherung – Kostenquoten, abrufbar unter: http://www.gdv.de/zahlen-fakten/lebensversicherung/ueberblick/#kostenquoten). Gelegentlich kommen bei unterjähriger Zahlungsweise noch Ratenzuschläge hinzu. Für bestimmte Leistungen (Ausstellung eines Ersatzversicherungsscheins, Bearbeitung von Abtretungen und Verpfändungen, Lastschriftrückläufer etc.) werden vereinzelt separate **Gebühren** erhoben. Alle diese Kosten wurden bisher gar nicht oder nur unzureichend ausgewiesen, außer bei Riester-Verträgen (s.o. Rdn 34 ff.), doch auch hier wurden die Angaben durch die Wahl einer nicht verständlichen Bezugsgröße oft so verklausuliert, dass die geforderte Transparenz nicht hergestellt wurde, bspw. x % der schon fällig gewordenen Beiträge). Das hat den **Vergleich** der Lebensversicherungen untereinander, aber auch mit anderen Anlageprodukten erheblich **erschwert**. Als bedeutendes Instrument für die private Altersvorsorge sind Lebensversicherungen im Kern bis zum Rentenbeginn nichts anderes als Anlageprodukte (vgl. oben Unterscheidung nach Kapitalanlage Rdn 73 ff.). Dem Verbraucher muss eine transparente Vergleichsgrundlage gegeben werden, damit er die für ihn richtige Wahl treffen kann.

106 Die **Anforderungen an die Transparenz** sind in den letzten Jahren erheblich **gestiegen**. Damit gleicht die Rechtsprechung das **Schutzdefizit der Versicherungsnehmer** aus, das durch die Deregulierung und den damit verbundenen Wegfall der Präventivkontrolle der Versicherungsbedingungen durch die Aufsichtsbehörde entstanden ist. Ein verbraucherorientierter Wettbewerb bedarf zum Funktionieren hoher Informationspflichten. Der BGH hat klargestellt, dass die Allgemeinen Versicherungsbedingungen die Rechte und Pflichten des Vertragspartners **klar und durchschaubar** darstellen müssen. Insb. müssen die **wirtschaftlichen Nachteile** für den VN **erkennbar** sein, soweit dies nach den Umständen gefordert werden kann, da sonst ein **Verstoß gegen das Transparenzgebot** und damit eine unangemessene Benachteiligung des VN i.S.d. § 307 Abs. 1 S. 2 BGB sowie ein Verstoß gegen Art. 6 RL 93/13/EWG vorliegt (BGH, NJW 2012, 3023; BGH, NJW 2005, 3559, 3564 f.; BGH, NJW 2001, 2012, 2013; BGH, NJW 2001, 2014, 2016). Dies gilt gerade dann, wenn ein wirtschaftlicher Nachteil von erheblichem Gewicht verdeckt wird (BGH, NJW 2005, 3559, 3565). Die Transparenz ist **Voraussetzung für eine bewusste Entscheidung** für oder gegen ein Produkt (BGH, NJW 2005, 3559, 3565). Eine autonome Entscheidung kann nur getroffen werden, wenn alle Produktmerkmale, v.a. die nachteiligen, vor Vertragsschluss bekannt sind. Dazu bedarf es der möglichst vollständigen Unterrichtung der Kunden (*Römer*, VersR 1998, 1313). Diese Anforderungen wurden auch hinsichtlich sog. **Kickback-Zahlungen** bei Banken betont. So müssen Banken i.R.d. bestehenden Beratungsvertrags verdeckte Provisionszahlungen offenlegen (BGH, NJW 2007, 1876, 1878 f.), damit der Kunde autonom entscheiden kann, ob das Produkt seinem Interesse oder nur dem Interesse des Produktgebers an hohen Provisionen dient. Diese Rechtsprechung wurde auf geschlossenen Beteiligungen, z.B. Medienfonds, ausgedehnt (BGH, VersR 2009, 690). Aus dem übergeordneten Rechtsprinzip des Transparenzgebots des § 307 Abs. 1 S. 2 BGB

Vorbemerkungen zu den §§ 150 bis 171 VVG

(*Schwintowski/Ortmann*, VersR 2009, 728) sollte sich demnach der **allgemeine Grundsatz** ergeben, dass der Anleger **vor Vertragsschluss umfassend** und eindeutig über alle wesentlichen Vertragseigenschaften, insb. die nachteiligen, sowie v.a. über sämtliche Vertragskosten **informiert** werden muss. Für die Lebensversicherung im Besonderen geht es darum, aus der Black Box Lebensversicherung einen transparenten Altersvorsorgevertrag zu machen (vgl. auch *Surminski*, ZfV 2005, 491, 493; *Schwintowski*, VuR 2005, 305, 306), der die bisher gestörte Vertragsparität (*Schwintowski*, VuR 2005, 305, 307) wiederherstellt. Indes hat der BGH mittlerweile entschieden, dass die Kick-back-Rspr. nicht ohne Weiteres auf Lebensversicherungen bezogen werden könne, weil die Rspr. nur auf eine grds. nicht vorliegende **Kapitalanlageberatung** anwendbar sei (vgl. BGH, NJW 2014, 3360, 3361; s.a. BGH, NJOZ 2015, 250, 251; OLG Frankfurt a.M., VersR 2016, 315, 316; OLG München, VersR 2015, 1237). Diese Rspr. ist zu kritisieren, weil das Interesse des VN an der Kapitalanlage zumindest bei kapitalbildenden Lebensversicherungen äußerst groß ist und die Absicherung des Todesfall-Risikos oftmals stark zurückdrängt. Die **europäische Gesetzgebung** weist ebenfalls in die Richtung, Versicherungsprodukte stärker als Anlageprodukte zu qualifizieren (vgl. die VO Nr. 1286/2014 vom 26.11.2014 (PRIIP), die am 31.12.2016 in Kraft tritt, sowie die RL 2016/97 vom 20.1.2016 (IDD II), die bis zum 23.2.2018 von den Mitgliedstaaten umgesetzt werden muss; s. dazu auch *Beyer*, VersR 2016, 293). Insofern kann auch auf den sich in anderen europäischen Ländern manifestierenden Trend hingewiesen werden. So wurden in Österreich – wie schon in Deutschland (BGH, NJW 2001, 2012, 2013 f.; BGH, NJW 2001, 2014 ff.; BGH, NJW 2005, 3559, 3564 ff., vgl. auch § 169 Rdn 2) – die vergleichbaren Klauseln zu Rückkaufswerten, Stornoabzügen und Abschlusskosten wegen Verstoßes gegen das Transparenzgebot (§ 6 Abs. 3 Konsumentenschutzgesetz) für unwirksam erklärt, weil es an der Festsetzung und Offenlegung der Gesamtkostenbelastung fehlte (klassische Lebensversicherung: OGH, v. 17.1.2007 zu 7 Ob 131/06z, 7 Ob 140/06y und 7 Ob 173/06a; fondsgebundene Lebensversicherung: OGH, v. 9.5.2007 zu 7 Ob 23/07v und 7 Ob 233/06z, OGH, v. 30.5.2007 zu 7 Ob 4/07z und v. 20.6.2007 zu 7 Ob 82/07w).

Den gestiegenen Transparenz-Anforderungen wurde mit den in der **VVG-InfoV** niedergelegten **Offenlegungspflichten** nur teilweise nachgekommen. Nach § 2 Abs. 1 Nr. 1 VVG-InfoV sind die einkalkulierten Abschluss- und übrigen Kosten in EUR (§ 2 Abs. 2 S. 1 VVG-InfoV) auszuweisen, also sämtliche in die Prämien einkalkulierten Kosten; nach § 2 Abs. 1 Nr. 1 VVG-InfoV umfasst dies insbesondere die Verwaltungskosten. Dies ist von der Ermächtigungsgrundlage des § 7 Abs. 2 S. 1 Nr. 2 VVG gedeckt; dies war früher umstritten, wurde im Zuge des LVRG indes durch das Einfügen der Worte „und die Verwaltungskosten" klargestellt (s. dazu *Schwintowski/Ortmann*, VersR 2014, 1401), da mit Verwaltungskosten alle anderen als Abschluss- u. Vertriebskosten gemeint sind. Sie sind für die Beurteilung eines Produktes durch Kunden oder Vermittler unabdingbar. Diese dürfen jedoch im Hinblick auf die Transparenz-Urteile (Rdn 106) nicht als abschließend verstanden werden. Vielmehr konkretisieren die Vorschriften der VVG-InfoV das allgemeine Transparenzgebot (*Schwintowski/Ortmann*, VersR 2009, 728). Stornoabzüge (die Stornoquote lag im Jahr 2014 bei 3,14 %, GDV, Überblick Lebensversicherung – Storno-

107

quoten, abrufbar unter: http://www.gdv.de/zahlen-fakten/lebensversicherung/ueberblick/#stornoquote) müssen nach § 169 Abs. 5 S. 1 VVG beziffert werden, die Verteilung der Abschlusskosten und die sich daraus ergebenden Verminderungen der Rückkaufswerte müssen sich in der Beispielsrechnung deutlich zeigen. Die angemessenen und vereinbarten Kosten dürfen nicht überschritten werden. Wenn hinsichtlich der vorgeschriebenen Kostenangaben eine Angabe in Euro-Beträgen unmöglich ist, hat stattdessen eine Veranschaulichung anhand von Rechenbeispielen zu erfolgen (BGH, VersR 2014, 941 zu § 7 Abs. 5 S. 1 AltZertG). Ein ganz wesentlicher Kostenfaktor darf dabei nicht unberücksichtigt bleiben: Die **Kosten der Kapitalanlage** müssen ebenso transparent mitgeteilt werden, um das Produkt vergleichbar zu machen. Dies ergibt sich für fondsgebundene Versicherungen aus § 2 Abs. 1 Nr. 7 VVG-InfoV. Für klassische Versicherungen sind keine ausdrücklichen Regelungen vorgesehen. Eine Angabeverpflichtung ergibt sich aus § 2 Abs. 1 Nr. 2 VVG-InfoV, dem Transparenzgebot des § 307 Abs. 1 S. 2 BGB sowie dem gesetzlichen Schutzauftrag der Art. 14 Abs. 1 und Art. 2 Abs. 1 GG. Bisher werden die Kapitalanlagekosten nur bei fondsgebundenen Versicherungen (jährliche Fondsmanagementkosten und die sog. Total Expense Ratio [TER] ergeben sich aus den Verkaufsprospekten der Investmentfonds) sowie bei britischen und irischen Lebensversicherungen angegeben, die ihre Kapitalanlagekosten regelmäßig nicht nur veröffentlichen, sondern vereinbaren. Bei klassischen deutschen Versicherungen werden diese direkt vom Kapitalanlageergebnis vor Zuteilung abgezogen (dazu § 153 Rdn 49). Sollten die Kapitalanlagekosten auch weiterhin nicht mit dem Kunden vereinbart bzw. der VN nicht über die Höhe informiert werden, fehlt die erforderliche Transparenz (kritisch auch: VersR-Hdb/*Schwintowski*, § 18 Rn 113). Dies widerspräche dem Schutzauftrag der Art. 14 Abs. 1 und Art. 2 Abs. 1 GG, für effektive Möglichkeiten der Interessendurchsetzung zu sorgen (vgl. BVerfG, VersR 2006, 489, 493 u. 494; BVerfG, NJW 2005, 2376, 2378). Unzureichende Klauseln verstoßen gegen das Transparenzgebot des § 307 Abs. 1 S. 2 BGB.

108 Im Zuge des Erlasses des LVRG (2014) sollte auch die Kostentransparenz der Versicherungsprodukte, die Schutz für ein Risiko bieten, bei dem der Eintritt der Verpflichtung des VR gewiss ist, dadurch erhöht werden, dass die **Effektivkosten** ausgewiesen werden müssen (vgl. § 2 Abs. 1 Nr. 9 VVG-InfoV). Als Reaktion hierauf sind die Kosten bei klassischen Privat-Renten und klassischen Riester-Renten leicht gefallen (vgl. die Studie der ITA [Institut für Transparenz]: „Mehr Transparenz, weniger Kosten?", Mai 2015; Zusammenfassung abrufbar unter www.ita-online.info). Das Ziel, die Angabe einer einheitlichen Kostenkennzahl zu etablieren, die den Vergleich unterschiedlicher Vorsorgeprodukte unter Berücksichtigung sämtlicher Kosten erlaubt, entsprechend dem effektiven Jahreszins bei Verbraucherkrediten (vgl. § 6 PAngV), ist dennoch nur teilweise gelungen. Die gewählte Kennzahl, der Erwartete Reduction in Yield (ERY), die den erwarteten durchschnittlichen Renditeverlust aufgrund sämtlicher Kosten abbildet, während die Effektivrendite die erwartete durchschnittliche Rendite nach Kosten darstellt, ist zwar gut gewählt (ausführlich *Ortmann*, Kostenvergleich von Altersvorsorgeprodukten, VersWissStud. Bd. 37, S. 190 ff.). Ggü. der Angabe von absoluten Beträgen (vgl. § 2 Abs. 1 Nr. 1 VVG-InfoV) bietet die Veröffentlichung der prozentualen Effektivrendite und der Erwarteten Reduction in Yield

Vorbemerkungen zu den §§ 150 bis 171 VVG

auch an sich den Vorteil, dass auch die der Höhe nach bedeutsamen Kapitalanlagekosten berücksichtigt sein sollten und sich der Wettbewerb nicht nur auf die niedrigsten absoluten Abschlusskosten beschränkt. Um im Wettbewerb bestehen zu können, muss diese Zahl niedrig gehalten werden. Damit die Angabe von Effektivkosten jedoch die gewünschte Wirkung entfalten kann, müsste eine einheitliche Berechnungsmethode festgeschrieben werden. Der Gesetzgeber hat lediglich die Verpflichtung zur Angabe der Effektivkosten eingeführt. Diese allein kann aber, wenn – wie in der Praxis tatsächlich erfolgend – **unterschiedliche Berechnungsmethoden** verwendet werden, keine Vergleichbarkeit für die VN gewährleisten (vgl. ausführlich ITA-Studie „Mehr Transparenz, weniger Kosten?", Mai 2015). In jedem Fall sind die Effektivkosten auch im Produktionsinformationsblatt anzugeben (vgl. *Schwintowski/Ortmann*, VersR 2014, 1401, 1406; a.A. MüKo/*Armbrüster*, § 2 VVG-InfoV, Rn 50c).

Werden Transparenz- und Informationsvorschriften missachtet, kann dies verschiedene Folgen haben (vgl. allgemein Prölss/Martin/*Schneider*, vor § 150 Rn 74 ff.). Hinsichtlich der hier dargestellten (vorvertraglichen) Informationspflichten droht bei einer Verletzung insbesondere ein Schadensersatzanspruch gem. §§ 280 Abs. 1, 241 Abs. 2, 311 Abs. 2 BGB. Auch ein Tätigwerden der BaFin als Aufsichtsbehörde ist denkbar; dies gilt insbesondere deshalb, weil Informationspflichten, z.B. in AVB, nicht nur im Einzelfall verletzt werden dürften.

109

> **Praxistipp**
> Eine einfache und transparente Kosteninformation kann z.B. erreicht werden durch die Verwendung des vom ITA – Institut für Transparenz in der Altersvorsorge empfohlenen Kosteninformationsblatts (entnommen der umfassenden Studie des ITA – Institut für Transparenz in der Altersvorsorge „Kostentransparenz bei Basis-(Rürup-)Rentenversicherungen – Eine empirische Analyse der Kosteninformationen und deren Vereinbarkeit mit den gesetzlichen Vorgaben, Mai 2010, S. 318").

110

Produktinformationsblatt hinsichtlich der Kostenangabe in der Lebensversicherung

1. Kosten in Produkt und Kapitalanlage

Kostenposition	Zeitraum/Kostenhöhe	Zusatzinformation
Abschlusskosten/ Ausgabeaufschlag	Einmalig 1.440,00 EUR	Abschlusskosten werden Ihnen in den ersten 5 Jahren von den laufend zu zahlenden Beiträgen abgezogen.
Laufende Kosten	Jährlich 80,00 EUR	Die laufenden Kosten werden anteilig von jedem Beitrag abgezogen oder dem Guthaben entnommen.

Vorbemerkungen zu den §§ 150 bis 171 VVG

Kostenposition	Zeitraum/Kostenhöhe	Zusatzinformation
Gebühren auf das Vertragsguthaben	Jährlich 1,5 % des Vertragsguthabens	Zusätzlich zu den bereits genannten Kosten werden jährliche Gebühren auf Ihr Vertragsguthaben berechnet und diesem anteilig täglich/monatlich/jährlich entnommen.

2. Gesamtkostenbelastung

	Höhe	Zusatzinformationen
Renditeerwartung vor Kosten	Jährlich 8 %	Wir erwarten für Ihren Vertrag eine jährliche, nicht garantierte Rendite i.H.v. durchschnittlich 8 % vor Kosten.
Gesamtkostenbelastung (Effektivkosten)	Jährlich 3,5 %	Die erwartete Rendite Ihres Vertrages reduziert sich durch Entnahme der bekannten und oben genannten Kosten voraussichtlich um 3,5 % p.a.
Erwartete Rendite nach Kosten (Effektivrendite)	Jährlich 4,5 %	Wegen der durchschnittlichen Kostenbelastung i.H.v. jährlich 3,5 % reduziert sich die erwartete Rendite auf 4,5 % p.a. nach Abzug der bekannten und oben genannten Kosten.

3. Gebühren für sonstige Geschäftsvorfälle

Für bestimmte, von Ihnen veranlasste Geschäftsvorfälle erheben wir Gebühren. Die Höhe dieser Gebühren kann sich unter bestimmten Voraussetzungen, die in § X der Allgemeinen Versicherungen definiert sind, ändern. Aktuell können hier genannte Gebühren anfallen.

Kostenposition	Höhe pro Geschäftsvorfall	Zusatzinformation
Bearbeitung einer Abtretung oder Verpfändung	10,00 EUR	./.
Veränderung der Fondszusammensetzung (Switch oder Shift)	20,00 EUR	Diese Kosten fallen ab der 12. Veränderung innerhalb eines Kalenderjahres an.
Weitere Kosten	Keine	Weitere Kosten fallen nicht an.

| § 150 VVG | Versicherte Person |

(1) Die Lebensversicherung kann auf die Person des Versicherungsnehmers oder eines anderen genommen werden.

(2) Wird die Versicherung für den Fall des Todes eines anderen genommen und übersteigt die vereinbarte Leistung den Betrag der gewöhnlichen Beerdigungskosten, ist zur Wirksamkeit des Vertrags die schriftliche Einwilligung des anderen erforderlich; dies gilt nicht bei Kollektivlebensversicherungen im Bereich der betrieblichen Altersversorgung. Ist der andere geschäftsunfähig oder in der Geschäftsfähigkeit beschränkt oder ist für ihn ein Betreuer bestellt und steht die Vertretung in den seine Person betreffenden Angelegenheiten dem Versicherungsnehmer zu, kann dieser den anderen bei der Erteilung der Einwilligung nicht vertreten.

(3) Nimmt ein Elternteil die Versicherung auf die Person eines minderjährigen Kindes, bedarf es der Einwilligung des Kindes nur, wenn nach dem Vertrag der Versicherer auch bei Eintritt des Todes vor der Vollendung des siebenten Lebensjahres zur Leistung verpflichtet sein soll und die für diesen Fall vereinbarte Leistung den Betrag der gewöhnlichen Beerdigungskosten übersteigt.

(4) Soweit die Aufsichtsbehörde einen bestimmten Höchstbetrag für die gewöhnlichen Beerdigungskosten festgesetzt hat, ist dieser maßgebend.

Übersicht

	Rdn
A. Normzweck	1
B. Norminhalt	6
I. Zulässigkeit der Fremdversicherung (§ 150 Abs. 1 VVG)	6
II. Einwilligungserfordernis (§ 150 Abs. 2 VVG)	7
1. Schriftliche Einwilligung (§ 150 Abs. 2 S. 1 Hs. 1 VVG)	7
a) Für den Fall des Todes	7
b) Eines anderen	8
c) Schriftliche Einwilligung	9
d) Übersteigen des Betrages der gewöhnlichen Beerdigungskosten	19
e) Rechtsfolge	20
2. Ausnahme für Kollektivlebensversicherungen (§ 150 Abs. 2 S. 1 Hs. 2 VVG)	21
a) Verzicht bei Kollektivlebensversicherungen in der bAV	21
b) Ausnahme nach § 211 Abs. 2 Nr. 1 VVG	25
3. Vertretungsausschluss (§ 150 Abs. 2 S. 2 VVG)	26
III. Ausnahme vom Einwilligungserfordernis für Eltern (§ 150 Abs. 3 VVG)	27
IV. Beerdigungskosten (§ 150 Abs. 4 VVG)	28
C. Abdingbarkeit	29

A. Normzweck

Der im Zuge der VVG-Reform eingeführte § 150 VVG entspricht im Wesentlichen § 159 VVG a.F. Neu ist der Verzicht auf das **Einwilligungserfordernis** bei Kollektivverträgen in der betrieblichen Altersversorgung (§ 150 Abs. 2 S. 1 Hs. 2 VVG). Der Gesetzgeber erlaubt dem Grundsatz der Vertragsfreiheit entsprechend sowohl die Versicherung des

1

eigenen wie auch eines **fremden Lebens**. Für beide Arten besteht ein Bedarf, der gleichermaßen berücksichtigt werden soll. Beispiele für die Versicherung fremden Lebens sind Ehegatten oder Gesellschafter, die sich gegenseitig absichern wollen. Häufig soll auch Kindern oder Enkeln zu einem bestimmten Zeitpunkt ein bestimmter Betrag, z.b. für die Finanzierung der Ausbildung, zufließen. Dazu wird bei einer Termfix-Versicherung (vgl. vor §§ 150 ff. Rdn 16) häufig der Begünstigte als mitversicherte Person eingesetzt.

2 Bei der Lebensversicherung auf einen Dritten ist die versicherte Person der **Gefahr der Tötung** durch den VN bzw. Bezugsberechtigten ausgesetzt. Dieser Gefahr möchte der Gesetzgeber mit § 150 Abs. 2 und 3 VVG **vorbeugen** (vgl. Motive zum VVG, S. 214, 217). Die Einsetzung einer dritten Gefahrperson setzt daneben **nicht** voraus, dass der VN ein **besonderes persönliches oder wirtschaftliches Interesse am Fortleben der versicherten Person** hat; das Erfordernis eines versicherten Interesses ist abzulehnen (OLG Celle, VersR 1995, 405, 406; VersR-HdB/*Brömmelmeyer*, § 42 Rn 41; BK/*Schwintowski*, § 159 Rn 1; *Müller*, NVersZ 2000, 454, 455 m.w.N.; a.A. *Winter*, in: Bruck/Möller, § 150 Rn 6 ff.; krit. auch *Hülsmann*, VersR 1995, 501; *Hasse*, VersR 2010, 837). Nur die Tatsache, dass der VN die Chance erhält, bei frühzeitigem Ableben der Gefahrperson eine seine Beitragszahlung weit übersteigende VersSumme zu erhalten, macht einen solchen Vertrag nicht sittenwidrig oder lässt ihn in die Kategorie **Spiel und Wette** (§§ 762, 764 BGB) fallen, denn dieser Vertragstyp ist in § 150 Abs. 1 VVG ausdrücklich vom Gesetzgeber zugelassen (OLG Celle, VersR 1995, 405, 406). Das vollständige Fehlen eines Interesses des VN kann indes in Ausnahmefällen bei der Frage nach der Sittenwidrigkeit des VV i.S.v. § 138 BGB im Rahmen einer Gesamtwürdigung der Umstände Bedeutung erfahren (vgl. *Baumann*, in: Bruck/Möller, § 1 Rn 78).

3 Die Gefährdung des Lebens der versicherten Person durch den VN soll durch das **Einwilligungserfordernis** (§ 150 Abs. 2 S. 1 VVG) eingedämmt werden. Mit dem Einwilligungserfordernis soll jeder Möglichkeit eines Spiels mit dem Leben oder der Gesundheit eines anderen vorgebeugt und eine Spekulation mit dem Leben eines anderen unterbunden werden; § 150 Abs. 2 S. 1 VVG enthält eine **abschließende Entscheidung** des Gesetzgebers, wie diesen Gefahren zu begegnen ist (st. Rspr., vgl. BGH, Nichtannahmebeschluss, abgedr. als Anm. zu OLG Celle, VersR 1995, 405 m.w.N.; BGH, VersR 1997, 1213, 1214; VersR 1999, 347, 348). Einschränkungen des Einwilligungserfordernisses sehen § 150 Abs. 2–4 VVG vor.

4 Aus § 150 VVG ergibt sich auch die Zulässigkeit eines Kaufs von **gebrauchten Lebensversicherungen**. Mittlerweile hat sich auch in Deutschland ein breiter Markt für den Handel mit gebrauchten Lebensversicherungen entwickelt. Über 70 % der Inhaber einer Lebensversicherung ist die Existenz des Zweitmarkts nach eigener Auskunft bekannt (vgl. Presseinformation des BVZL vom 10.9.2015 mit Hinweis auf eine repräsentative Umfrage des Instituts für Demoskopie Allensbach).

5 § 150 Abs. 2–4 VVG sind *nicht* anwendbar auf **Pensionskassen** i.S.d. § 233 VAG (§ 118b Abs. 3 und 4 VAG a.F.), soweit mit Zustimmung der Aufsichtsbehörde in den Bedingungen abweichende Regelungen getroffen worden sind (§ 211 Abs. 2 Nr. 1 VVG).

B. Norminhalt

I. Zulässigkeit der Fremdversicherung (§ 150 Abs. 1 VVG)

Bei jeder Art von Lebensversicherung kann der VN sich selbst oder einen anderen als versicherte Person einsetzen. § 150 Abs. 1 VVG dient der Klarstellung, dass es sich um eine Versicherung auf eigene oder fremde Rechnung (§ 43 VVG) handeln kann. Die Vorschrift ist nach § 176 VVG auch auf die **Berufsunfähigkeit** anwendbar. Der andere kann jede natürliche Person einschließlich des **nasciturus** (§ 1 BGB) sein. Häufig schränken die VR den Kreis der versicherten Personen aber altersmäßig ein.

II. Einwilligungserfordernis (§ 150 Abs. 2 VVG)

1. Schriftliche Einwilligung (§ 150 Abs. 2 S. 1 Hs. 1 VVG)

a) Für den Fall des Todes

Einer Einwilligung bedürfen nur **Versicherungen auf den Tod**, also keine reine Erlebensfallversicherungen. Gemischte Kapitallebensversicherungen enthalten eine Todesfallkomponente und fallen damit in den Anwendungsbereich. Auch eine **aufgeschobene Rentenversicherung**, die in den Tarifbedingungen vorsieht, dass bei Tod des Versicherten vor Rentenbeginn die Beiträge zurückgewährt werden, bedarf der Einwilligung (BGH, VersR 1996, 357). **Termfix- oder Ausbildungsversicherungen** sind als Erlebensfallversicherungen nicht erfasst (ebenso Looschelders/Pohlmann/*Peters*, § 150 Rn 4; BK/*Schwintowski*, § 159 Rn 5; a.A. *Prang*, in: v. Bühren, Hdb. VersR, § 14 Rn 88; VersR-Hdb/*Brömmelmeyer*, § 42 Rn 42), obwohl der VN durch die Befreiung von der Prämienzahlungspflicht bei Tod der versicherten Person begünstigt ist.

b) Eines anderen

Tatbestandlich wird die Verschiedenheit von VN und versicherter Person vorausgesetzt. Bei **Personenidentität** kommt aber eine **entsprechende Anwendung** in Betracht, wenn der VN nicht unmittelbar am Vertragsschluss beteiligt ist (BGH, VersR 1999, 347, 348 f.). In diesem Fall besteht die Gefahr, dass er auf den Vertragsschluss keinen Einfluss mehr nehmen kann; die Warn- und Kontrollfunktion geht dann ins Leere (BGH, VersR 1999, 347, 348 f.). Daher ist **§ 150 Abs. 2 S. 1 VVG analog** anzuwenden bei Abschluss durch den **Bezugsberechtigten als Vertreter des Versicherungsnehmers**, dessen Leben versichert werden soll, wenn nicht dessen schriftliche Einwilligung vorliegt (BGH, VersR 1989, 465, 466; ebenfalls: Rüffer/Halbach/Schimikowski/*Brambach*, § 150 Rn 10; öOGH, r+s 2014, 361). Der BGH (BGH, VersR 1999, 347, 348 f.) hat die Vorschrift ebenfalls entsprechend angewandt in einem Fall, in dem der VN, der gleichzeitig versicherte Person war, den Antrag auf Abschluss der Lebensversicherung **blanko unterschrieben** und die weitere Ausfüllung Dritten überlassen hat. Die versicherte Person soll sich der Gefährdung bewusst werden und das Risiko abwägen können. Dies setzt aber Kenntnis der wesentlichen Umstände der Einwilligung voraus, die beim Unterschreiben eines Blankoantrags nicht bekannt sind. Eine Blankoeinwilligung ist demnach nichtig (BGH, VersR 1999, 347, 348 f.; Prölss/Martin/*Schneider*, § 150 Rn 15). Erforderlich ist eine Einwilligung der versicherten Person oder eine Vollmacht, die die Anforderungen an die Einwilligung erfüllt (*Müller*, NVersZ 2000, 454).

c) Schriftliche Einwilligung

9 Für die Gültigkeit des VV kommt es grundsätzlich nur auf den „**Formalakt der Einwilligung**" an (BGH, Nichtannahmebeschluss, abgedr. als Anm. zu OLG Celle, VersR 1995, 405; zuvor ähnlich zur Unfallversicherung: BGH, VersR 1956, 48, 50 und BGH, VersR 1960, 339, 340; OLG Celle, VersR 1995, 405, 406; OLG Frankfurt am Main, VersR 1997, 478; VersR-Hdb/*Brömmelmeyer*, § 42 Rn 41; a.A. Bruck/Möller/*Winter*, § 150 Rn 10 m.w.N.; *Hülsmann*, VersR 1995, 501, 503 m.w.N.; *Hasse*, VersR 2010, 837: zusätzlich vermögensrechtliches (bzw. versichertes) Interesse des VN für die Wirksamkeit nötig). Auf eine **konkrete Gefährdung** der versicherten Person kommt es nicht an (s. nur OLG Frankfurt a.M., VersR 1997, 478).

10 Mit der Einwilligung erklärt sich die versicherte Person einverstanden mit der **besonderen Gefahrenlage**, die sich aus der Versicherung auf einen anderen ergibt. Um das Ausmaß der Gefahr erkennen zu können, muss ihr der **gesamte Inhalt** der Versicherung **bekannt** sein und zum Inhalt der Einwilligung gemacht werden. Insb. müssen ihr Vertragsparteien (VR und VN), Bezugsberechtigter, VersSumme und Laufzeit des Vertrags sowie Vereinbarungen im Zusammenhang mit der Bestimmung des Bezugsberechtigten bekannt sein (BGH, VersR 1999, 347, 349 m.w.N.). Die **Schriftform** verlangt die Verkörperung des Textes (§ 126 Abs. 1 BGB), kann aber durch die elektronische Form (§ 126 Abs. 3 i.V.m. § 126a BGB) ersetzt werden (ebenso Looschelders/Pohlmann/*Peters*, § 150 Rn 9; MüKo/*Heiss*, § 150 VVG Rn 26; a.A. Römer/Langheid/*Langheid*, § 150 Rn 10).

11 Der Schutzzweck des Einwilligungserfordernisses verbietet jede Möglichkeit, die versicherte Person einer Gefahr auszusetzen, die ihr nicht umfassend bekannt ist und mit der sie sich nicht einverstanden erklärt hat. Einwilligung meint daher **vorherige Zustimmung** (§ 183 BGB). Sie muss also beim formellen Abschluss des VV vorliegen (BGH, VersR 1999, 347, 349 m.w.N.; OLG Frankfurt a.M., VersR 1997, 478 [Ls.]; OLG Hamburg, VersR 1966, 680, 681; Prölss/Martin/*Schneider*, § 150 Rn 10; BK/*Schwintowski*, § 159 Rn 7; *Müller*, NVersZ 2000, 454, 457 m.w.N.; auch Looschelders/Pohlmann/*Peters*, § 150 Rn 8; a.A. Römer/Langheid/*Langheid*, § 150 Rn 8 f.; Rüffer/Halbach/Schimikowski/*Brambach*, § 150 Rn 21–24). Dies wird mit den Motiven zum VVG (Nachdruck 1963, S. 217) und der Gefahr begründet, dass der Bezugsberechtigte bei der Möglichkeit einer nachträglichen Genehmigung (§ 184 S. 1 BGB) nicht nur auf den Tod, sondern auch auf die Vornahme der nachträglichen Einwilligung durch die Erben der Gefahrperson hinwirken könne. Doch genau diese Gefahrenlage soll das Einwilligungserfordernis verhindern. Eine nachträgliche Heilung durch Genehmigung scheidet somit aus (**a.A.** Rüffer/Halbach/Schimikowski/*Brambach*, § 150 Rn 21–24: Schwebende Unwirksamkeit, die nur durch höchstpersönliche

Zustimmung der versicherten Person geheilt werden kann, nicht durch die Erben, u.U. auch im Rahmen einer Bestätigung nach § 141 BGB). Aus demselben Grund darf der Vertrag auch nicht unter der **aufschiebenden Bedingung** der Einwilligung geschlossen werden (Prölss/Martin/*Schneider*, § 150 Rn 10; *Müller*, NVersZ 2000, 454, 457; offen gelassen in OLG Hamburg, VersR 1966, 681).

Das Ausstellen des Versicherungsscheins oder die Prämienzahlung führen nicht zur formgerechten **Bestätigung** des nichtigen VV nach § 141 BGB (BGH, VersR 1999, 347, 349). Dies würde zudem voraussetzen, dass die Parteien den Grund der Nichtigkeit kennen oder zumindest Zweifel an der Rechtsbeständigkeit des Vertrags haben (BGH, VersR 1999, 347, 349; OLG Hamburg, VersR 1966, 681). Die Rechtsprechung hat sich damit nicht grds. gegen die Möglichkeit einer Bestätigung ausgesprochen. Wenn alle Voraussetzungen, v. a. die Kenntnis des Nichtigkeitsgrundes, erfüllt sind, ist sie zulässig (so auch BK/*Schwintowski*, § 159 Rn 7), da eine Gefährdung der Gefahrperson nicht infrage kommt. 12

Existiert die versicherte Person nicht, liegt anfängliche, objektive Unmöglichkeit vor (BGH, VersR 1997, 1213, 1214), deren Folgen sich jetzt nach § 311a BGB richten. 13

Das **Einverständnis** kann ggü. dem VR oder dem VN **erklärt** werden (§ 182 Abs. 1 BGB) und auch ggü. beiden bis zur Vornahme des Rechtsgeschäfts (§ 183 BGB) formfrei, also auch per Telefon oder E-Mail, **widerrufen** werden (Looschelders/Pohlmann/*Peters*, § 150 Rn 10; Prölss/Martin/*Schneider*, § 150 Rn 13). Auch eine Anfechtung ist möglich. 14

Die Gefahrperson kann sich bei Abgabe der Einwilligung **vertreten** lassen. Die Erteilung der Einwilligung bedarf aber einer besonderen Vollmacht. Damit die versicherte Person die damit verbundene Gefahr richtig einschätzen kann, muss die Bevollmächtigung in Kenntnis der wesentlichen Merkmale der Versicherung (Art, VN, VersSumme) erfolgen (LG Köln, VersR 1957, 106; Prölss/Martin/*Schneider*, § 150 Rn 15; *Hülsmann*, NVersZ 1999, 550, 551). Entgegen § 167 Abs. 2 BGB muss die **Vollmacht** im Hinblick auf den Schutzzweck des § 150 Abs. 2 S. 1 VVG **schriftlich** erteilt werden (OLG Frankfurt am Main, VersR 1997, 478; Römer/Langheid/*Langheid*, § 150 Rn 7; *Drews*, VersR 1987, 634, 641). 15

Eine **Generalvollmacht** genügt nicht der Warn- und Kontrollfunktion, da der Vollmachtgeber hier nicht die erforderliche spezielle Kenntnis des Vertragsinhalts besitzt (OLG Hamburg, VersR 1957, 106; *Winter*, in: Bruck/Möller, § 150 Rn 52; BK/*Schwintowski*, § 159 Rn 11). Hat sich die versicherte Person aber in Kenntnis aller Gefahr begründenden Umstände zur Einwilligung entschlossen und beauftragt einen anderen mit der Unterschrift, ist damit dem Schutzzweck genüge getan und die Einwilligung wirksam (OLG Hamburg, VersR 1957, 106, 107; Rüffer/Halbach/Schimikowski/*Brambach*, § 150 Rn 19). 16

Fraglich ist, ob bei **späteren Verfügungen** erneut eine Einwilligung der versicherten Person erforderlich ist. Geht von der Änderung keine Gefahr für die versicherte Person aus wie bei einer Kündigung (OLG Köln, VersR 1992, 1337), ist eine Einwilligung nicht erforderlich. Führt die Vertragsänderung hingegen zu einer **Veränderung der Gefahr** für Leib und Leben der versicherten Person, ist die Gefahrperson ebenso schutzbedürftig wie 17 bei Vertragsschluss (so auch *Müller*, NVersZ 2000, 454, 458). § 150 Abs. 2 S. 1 VVG ist analog anzuwenden. Eine Einwilligung der versicherten Person ist daher immer dann zu verlangen, wenn sie auch bei Vertragsschluss erforderlich wäre bzw. wenn sich aus ihr das Risiko der Gefahrperson **wesentlich berührende Änderungen** ergeben (OLG Hamm, VersR 2003, 446, 448), insb. bei Änderung des Bezugsberechtigten (*Müller*, NVersZ 2000, 454, 458) oder des VN (OLG Hamm, VersR 2003, 446, 448). Dies muss auch für die Erhöhung der VersSumme gelten; daneben benötigen auch Abtretung und Verpfändung eine erneute Einwilligung, weil diese aufgrund des verbundenen Wechsels der Bezugsberechtigung mit einer wesentlichen Gefahrerhöhung einhergehen (a.A. *Winter*, in: Bruck/Möller, § 150 Rn 17 ff.; Römer/Langheid/*Langheid*, § 150 Rn 6; *Hülsmann*, NVersZ 1999, 550, 552).

18 Schließt ein VN eine Lebensversicherung auf das Leben eines **Minderjährigen**, ist fraglich, ob die Einwilligung des Minderjährigen selbst ausreicht oder ob die Zustimmung des gesetzlichen Vertreters erforderlich ist. OLG Hamm (OLG Hamm, VersR 1986, 82) verlangt die **elterliche Zustimmung**, weil das Geschäft nicht nur rechtlich vorteilhaft (§ 107 BGB) ist und weil sonst die Regelung des § 150 Abs. 2 S. 2 VVG nicht verständlich wäre (ebenso Römer/Langheid/*Langheid*, § 150 Rn 15; ähnlich *Winter*, in: Bruck/Möller, § 150 Rn 42 ff.: neutrales Rechtsgeschäft, keine rechtlichen Nachteile; wegen Schutz des Minderjährigen i.E. aber dennoch Einwilligung gefordert). Mit Blick auf das Einwilligungserfordernis dürfte ausschlaggebend sein, dass, obwohl dem Minderjährigen keine rechtlichen Nachteile entstehen, § 150 Abs. 2 S. 2 VVG eine Einwilligung bei minderjährigen Gefahrpersonen voraussetzt. Die Zustimmung erfordert aber nach § 182 Abs. 2 BGB keine Schriftform (OLG Hamm, VersR 1986, 82, 83; Looschelders/Pohlmann/*Peters*, § 150 Rn 11; Römer/Langheid/*Langheid*, § 150 Rn 15; a.A. Prölss/Martin/*Schneider*, § 150 Rn 12). Ist der gesetzliche Vertreter selbst VN, kann er außer im Fall des § 150 Abs. 3 VVG nicht wirksam zustimmen (§ 150 Abs. 2 S. 2 VVG).

d) Übersteigen des Betrages der gewöhnlichen Beerdigungskosten

19 Bei geringen VersSummen bis zur Höhe der gewöhnlichen Beerdigungskosten ist die Tötungsgefahr so gering, dass der Gesetzgeber solche Verträge vom Einwilligungserfordernis befreit (§ 150 Abs. 2 S. 1 Hs. 1 und Abs. 3 VVG, s. dazu Rdn 28 ff.).

e) Rechtsfolge

20 Liegt die Einwilligung bei Vertragsschluss nicht vor, ist der Vertrag **nichtig** (h.M.: BGH, VersR 1995, 501; VersR 1989, 465; Looschelders/Pohlmann/*Peters*, § 150 Rn 16; VersR-Hdb/*Brömmelmeyer*, § 42 Rn 47; Prölss/Martin/*Schneider*, § 150 Rn 14; *Müller*, NVersZ 2000, 454, 457; **a.A.** Rüffer/Halbach/Schimikowski/*Brambach*, § 150 Rn 30, 17 ff.; Römer/Langheid/*Langheid*, § 150 Rn 9: schwebend unwirksam).

2. Ausnahme für Kollektivlebensversicherungen (§ 150 Abs. 2 S. 1 Hs. 2 VVG)

a) Verzicht bei Kollektivlebensversicherungen in der bAV

Bisher war das Einwilligungserfordernis auch bei Kollektivlebensversicherungen einzuhalten (BGH, VersR 1997, 1213; BGH, VersR 1953, 249, 250; OLG Frankfurt a.M., VersR 1997, 478), und zwar auch bei großen Kollektivversicherungsverträgen, wenn die Versicherten einen unmittelbaren Anspruch auf die Versicherungsleistung haben (h.m.: Römer/Langheid/*Langheid*, § 150 Rn 13; *Hülsmann*, VersR NVersZ 1999, 550). Je nach Art der Versicherung kann die Tötungsgefahr zwar größer oder kleiner sein, wohl immer kleiner als bei Einzellebensversicherungen; die Rechtsprechung war aber an die umfassende und abschließende Regelung für alle Versicherungsarten gebunden. 21

Jetzt hat der Gesetzgeber in § 150 Abs. 2 S. 1 Hs. 2 VVG eine andere Wertung vorgenommen und im Hinblick auf die erheblichen praktischen Schwierigkeiten im betrieblichen Massengeschäft vom Einwilligungserfordernis bei **Kollektivlebensversicherungen** in der betrieblichen Altersvorsorge abgesehen. Der Gesetzgeber geht nunmehr davon aus, dass das für das Einwilligungserfordernis maßgebliche Schutzbedürfnis der versicherten Personen bei diesen Verträgen fehlt (Begr. BT-Drucks 16/3945, S. 95). Nach dieser klaren Regelung bedürfen nunmehr alle Kollektivlebensversicherungen, die im Bereich der betrieblichen Altersvorsorge abgeschlossen werden, keiner Einwilligung der versicherten Person mehr. Damit ist die dazu bisher ergangene Rechtsprechung und frühere h.M. obsolet geworden. 22

Die Ausnahme gilt nur im Bereich der **betrieblichen Altersvorsorge**. Nach § 1 Abs. 1 BetrAVG handelt es sich um eine betriebliche Altersvorsorge, wenn der Arbeitgeber einem Arbeitnehmer Leistungen der Alters-, Invaliditäts- oder Hinterbliebenenversorgung aus Anlass seines Arbeitsverhältnisses zusagt (ausführl. vor §§ 150 ff. Rdn 39 ff.). 23

Außerdem muss ein **Kollektivlebensversicherungsvertrag** zwischen dem Arbeitgeber und dem Lebensversicherer bzw. der Versorgungseinrichtung geschlossen worden sein. Der Kollektivrahmenvertrag räumt den Arbeitnehmern günstigere Konditionen ein, die sich aus dem Kollektiv heraus selbst tragen müssen (vgl. dazu BAV, R 3/94, VerBAV 1995, 3, 4). Die Bezeichnung Kollektivlebensversicherungsvertrag umfasst auch Verträge ohne Todesfallschutz, insb. Rentenversicherungen. Es müssen i.d.R. größere Personengruppen zusammengefasst werden. Einzelverträge i.R.d. betrieblichen Altersversorgung sind nicht von der Ausnahme erfasst. 24

b) Ausnahme nach § 211 Abs. 2 Nr. 1 VVG

§ 150 Abs. 2–4 VVG finden nach § 211 Abs. 2 Nr. 1 VVG keine Anwendung auf regulierte Pensionskassen i.S.d. § 233 VAG (§ 118b Abs. 3 und 4 VAG a.F.). Dies sind v. a. kleinere VVaG. Die größten Pensionskassen sind dereguliert. 25

3. Vertretungsausschluss (§ 150 Abs. 2 S. 2 VVG)

26 § 150 Abs. 2 S. 2 VVG verbietet dem VN, der gleichzeitig **Vertreter eines Geschäftsunfähigen** (§ 104 BGB), **beschränkt Geschäftsfähigen** (§ 106 BGB) **oder Betreuten** (§ 1896 BGB) ist, dessen Vertretung bei der Erteilung der Einwilligung. § 150 Abs. 2 S. 2 VVG ist dabei im Zusammenhang mit § 150 Abs. 3 VVG zu sehen (vgl. auch MüKo/*Heiss*, § 150 VVG Rn 31): § 150 Abs. 2 S. 2 VVG kommt nur Bedeutung zu, wenn eine Einwilligung auch in Anbetracht von § 150 Abs. 3 VVG (dazu Rdn 27) notwendig ist. Die Einwilligung kann bei Minderjährigen nur von einem **Ergänzungspfleger** (§§ 1629 Abs. 2 S. 1, 1795 Abs. 2, 1909 BGB), bei Betreuten von einem **zweiten Betreuer** (§ 1899 Abs. 4 BGB) erteilt werden (Looschelders/Pohlmann/*Peters*, § 150 Rn 11; Rüffer/Halbach/Schimikowski/*Brambach*, § 150 Rn 28; VersR-Hdb/*Brömmelmeyer*, § 42 Rn 50; Prölss/Martin/*Schneider*, § 150 Rn 12; *Winter*, in: Bruck/Möller, § 150 Rn 49; a.A. BK/*Schwintowski*, § 159 Rn 14, 15, vormundschaftliche Genehmigung nach § 1822 Nr. 5 BGB analog). Der Antrag auf Bestellung eines Ergänzungspflegers ist formlos bei dem zuständigen Vormundschaftsgericht zu stellen. Für die Einwilligung gelten alle Anforderungen des § 150 Abs. 2 S. 1 VVG. Die Bestellung eines Ergänzungspflegers ist auch dann erforderlich, wenn der Minderjährige **gleichzeitig VN** (dafür ist außerdem eine familiengerichtliche Genehmigung nach §§ 1643 Abs. 1, 1822 Nr. 5 BGB nötig) werden soll (*Prang*, in: v. Bühren, Hdb. VersR, § 14 Rn 104).

III. Ausnahme vom Einwilligungserfordernis für Eltern (§ 150 Abs. 3 VVG)

27 Der Schutz des minderjährigen Kindes wird grds. nicht für erforderlich gehalten, wenn ein Elternteil das Leben seines minderjährigen Kindes absichert. Das Bedürfnis nach **unkomplizierten Vertragsschlüssen** überwiegt hier das Schutzbedürfnis des Kindes (Motive, Nachdruck 1963, S. 217). Dies gilt nur unter der doppelten Bedingung nicht, dass die Versicherung auch bei Tod vor Vollendung des 7. Lebensjahres zur Leistung verpflichtet ist und die vereinbarte Leistung über die gewöhnlichen Bestattungskosten (s. dazu Rdn 28) hinausgeht (vgl. OLG Zweibrücken, NJW-RR 2011, 803). Dann muss die Einwilligung des Kindes eingeholt werden, die aber nach § 150 Abs. 2 S. 2 VVG durch einen Ergänzungspfleger erteilt werden muss. In der Praxis wird die Todesfallleistung bei Kinderversicherungen daher häufig bis zum vollendeten 7. Lebensjahr auf 8.000,00 EUR (s. Rdn 28) beschränkt.

IV. Beerdigungskosten (§ 150 Abs. 4 VVG)

28 Die Aufsichtsbehörde wird ermächtigt, einen Höchstbetrag für die gewöhnlichen Beerdigungskosten festzusetzen. Dieser beträgt zurzeit 8.000,00 EUR (VerBAV 2001, 133). Bis zu dieser VersSumme ist keine Einwilligung erforderlich, da sie keine Gefahr für die versicherte Person begründet. Der Schutz des Lebens der Gefahrperson kann nur erreicht werden, wenn im Todesfall nur die für eine Beerdigung nötigen Kosten ausgezahlt werden. Schließt der VN aber **mehrere Versicherungen** auf den Tod der versicherten Person ab, kann er insgesamt ein Vielfaches der Beerdigungskosten erlangen, was dem Schutzzweck zuwiderläuft. Insofern müssen die bereits bestehenden VerSummen für die Ermittlung der Beerdigungskosten addiert werden (so auch Looschelders/Pohlmann/*Peters*, § 150 Rn 13; BK/*Schwintowski*, § 159 Rn 19; **a.A.** Prölss/Martin/*Schneider*, § 150 Rn 7).

C. Abdingbarkeit

Das Einwilligungserfordernis des § 150 Abs. 2 S. 1 VVG ist zwingend (Motive, Nachdruck 1963, S. 217). Ein Verzicht der versicherten Person auf die Einwilligung oder eine abweichende Vereinbarung sind nichtig (OLG Hamburg, VersR 1966, 680, 681; *Drews*, VersR 1987, 634, 641). 29

§ 151 VVG Ärztliche Untersuchung

Durch die Vereinbarung einer ärztlichen Untersuchung der versicherten Person wird ein Recht des Versicherers, die Vornahme der Untersuchung zu verlangen, nicht begründet.

Übersicht

	Rdn
A. Normzweck	1
B. Norminhalt	2
I. Vereinbarung einer ärztlichen Untersuchung	2
II. Arztvertrag und Zurechnung	4
III. Kosten	11
IV. Gentests	12
C. Prozessuales	13
D. Abdingbarkeit	14

A. Normzweck

Die Vorschrift übernimmt inhaltlich unverändert § 160 VVG a.F. Sie dient dem Schutz der versicherten Person vor nicht bewilligten Eingriffen in ihr **Persönlichkeitsrecht**. Eine ärztliche Untersuchung kann vereinbart, aber nicht eingeklagt werden. Bei der Erhebung personenbezogener Daten durch den VR sind die Einschränkungen des § 213 VVG zu beachten. Voraussetzung ist in jedem Fall die Einwilligung der betroffenen (versicherten) Person. Wenn die Einwilligung vor Abgabe der Vertragserklärung erklärt wird, muss die versicherte Person vor der Datenerhebung unterrichtet werden. Sie kann der Datenerhebung widersprechen oder auch jederzeit verlangen, dass eine Datenerhebung nur bei Einzeleinwilligung erfolgt. Dies dient dem informationellen Selbstschutz der versicherten Person (dazu BVerfG, VersR 2006, 1669; BVerfG, VersR 2013, 1425). Für die Anwendbarkeit von § 151 VVG spielt es dabei keine Rolle, ob die versicherte Person und der VN identisch sind (Prölss/Martin/*Schneider*, § 151, Rn 3); der Schutz des informationellen Selbstbestimmungsrechts ist jeweils im gleichen Maße betroffen. 1

B. Norminhalt

I. Vereinbarung einer ärztlichen Untersuchung

2 Der Lebensversicherer verlangt vor dem Abschluss einer Lebensversicherung regelmäßig die Beantwortung von **Gesundheitsfragen**. Ergeben die Antworten Anhaltspunkte für ein erhöhtes Risiko oder werden bestimmte VersSummen überschritten, verlangt der VR eine ärztliche Untersuchung. Lässt sich die versicherte Person darauf ein, kommt eine entsprechende **Vereinbarung** zustande. Dies steht der versicherten Person frei. Einklagen kann der VR die Untersuchung aber nicht. Dieser Normzweck darf nicht umgangen werden, insb. nicht durch die Vereinbarung einer **Vertragsstrafe** (ebenso Looschelders/Pohlmann/*Peters*, § 151 Rn 5; Römer/Langheid/*Langheid*, § 150 Rn 2; BK/*Schwintowski*, § 160 Rn 1; Prölss/Martin/*Schneider*, § 151 Rn 3; auch nicht in Altfällen, Motive, Nachdruck 1963, S. 218 f.), da eine selbstständige Vertragsstrafe keinen unangemessenen Druck ausüben darf (vgl. BGH, NJW 1980, 1622, 1623, a.A. Rüffer/Halbach/Schimikowski/*Brambach*, § 151 Rn 1: niedrige Vertragsstrafen, die wegen ihrer geringen Höhe nicht geeignet sind, die versicherte Person an der Berufung auf das Recht aus § 151 zu hindern, sollen dem Schutzzweck der Norm entsprechen).

3 Wurde eine ärztliche Untersuchung einvernehmlich durchgeführt, darf der VR den Antrag im Hinblick auf das Untersuchungsergebnis ablehnen. Der VR kann einen Antrag auf Abschluss einer Lebensversicherung auch ohne ärztliche Untersuchung annehmen (LG Hamburg, VersR 1952, 419; VA 1929, 160 f.; *Winter*, in: Bruck/Möller, § 151 Rn 7; BK/*Schwintowski*, § 160 Rn 2). Verzichtet der VR auf eine Gesundheitsprüfung, darf er angemessene Ausschlüsse vereinbaren, die allerdings der AGB-Kontrolle unterliegen (Bsp. für unwirksame Klauseln: LG Wiesbaden, VersR 1991, 210).

II. Arztvertrag und Zurechnung

4 Der **Arztvertrag** kommt zwischen dem VR und dem Arzt zustande, wobei die künftig versicherte Person den VR vertritt. Wenn der Arzt für den VR die Gesundheitsfragen mittels des Formulars „Erklärung vor dem Arzt" aufnimmt, handelt er wie ein Versicherungsvertreter bei der Antragsaufnahme. Die vom Arzt in Erfüllung dieses Auftrags gestellten Fragen stehen den Fragen des VR, die erteilten Antworten der versicherten Person den Erklärungen ggü. dem VR gleich (BGH, VersR 2009, 529; BGH, VersR 2001, 620; BGH, VersR 1980, 762). Der vom VR eingeschaltete Arzt ist als dessen **passiver Stellvertreter** zur Entgegennahme der Antworten des Antragstellers beauftragt (BGH, VersR 2009, 529; BGH, VersR 2001, 620; BGH, VersR 1990, 77). Die versicherte Person ist bei diesen Fragen nach Antragstellung gem. § 19 Abs. 1 S. 2 VVG zur Anzeige verpflichtet. Der Arzt wird mit der Aufnahme der Gesundheitsfragen mittels „Erklärung vor dem Arzt" zum **Auge und Ohr des Lebensversicherers**. Insofern kann heute auch eine Analogie zu § 69 Abs. 1 Nr. 1 VVG, der die „Auge-und-Ohr"-Rechtsprechung des BGH (vgl. BGHZ 116, 387, 389 = BGH, VersR 1992, 217; BGH, NJW 1990, 767; BGHZ 102, 194, 197 = BGH, VersR 1988, 234; BGH, VersR 1980, 762; OLG Frankfurt a.M., VersR 1993, 425) umsetzt,

hinsichtlich des Arztes angenommen werden. Macht der Antragsteller ggü. dem untersuchenden Arzt wahre Angaben, erklärt dieser sie jedoch für unwesentlich, hat der Antragsteller seine Pflicht erfüllt (BGH, VersR 1980, 762, 763 m.w.N.).

Früher war umstritten, ob sich der VR auch die **Kenntnis** des beauftragten Arztes **zurechnen lassen** muss, die der Arzt **aus früheren Behandlungen** erlangt hat, aber nicht i.R.d. Befragung. Der BGH (BGH, VersR 2009, 529, 531) hat entschieden, dass dem VR lediglich das Wissen des Arztes zuzurechnen sei, das er i.R.d. „Erklärung vor dem Arzt" erlangt habe. Eine weitere Zurechnung von Wissen, das der Arzt aus früheren Untersuchungen oder Behandlungen erlangt habe, komme nicht in Betracht (zust. Prölss/Martin/*Armbrüster*, § 19 Rn 71; a.A. *Knappmann*, VersR 2005, 199). Das OLG Frankfurt a.M. (OLG Frankfurt a.M., VersR 1993, 425, 426 f.) hatte zuvor für eine Zurechnung bereits genügen lassen, dass der VR die Untersuchung durch den Hausarzt, dem die Gesundheitsverhältnisse bekannt sind, als ausdrücklich erwünscht bezeichnet; der Arzt sei dann nicht nur passiver Stellvertreter in Bezug auf das ärztliche Zeugnis, sondern sein früheres Wissen müsse dem VR aufgrund seines ausdrücklichen Wunsches ebenfalls zugerechnet werden. Das folge aus dem allgemeinen Rechtsgedanken des § 166 Abs. 1 BGB).

Aufgrund der Rechtsprechung des BGH (dazu die Anm. von *Wendt/Juralic*, r+s 2009, 361 ff.) und auch der klaren Vorgaben des § 213 VVG, der die zulässige Einschränkung des Rechts auf informationelle Selbstbestimmung vorgibt, ist die Reichweite der erteilten Einwilligung zu beachten. Nur wenn sich die Einwilligung ausdrücklich auf Erkenntnisse des Arztes aus früheren Behandlungen erstreckt, dürfen diese erteilt werden (ebenso nun Prölss/Martin/*Armbrüster*, § 19 Rn 71). Ggf. kann die versicherte Person nach Unterrichtung auch widersprechen.

> **Praxistipp**
> Der ausdrückliche Wortlaut der Einwilligungserklärung ist entscheidend für die Reichweite der ärztlichen Auskünfte ggü. dem VR. Erstreckt sich die Einwilligungserklärung nicht ausdrücklich auf Erkenntnisse des Arztes, die dieser nicht ausschließlich in der Untersuchung anlässlich des Versicherungsabschlusses erlangt hat, darf der Arzt auch keine darüber hinausgehenden Informationen an den VR weiterleiten.

Eine Zurechnung ist zulässig, wenn der Antragsteller den VR über seine Angaben **arglistig getäuscht** hat, da er insofern nicht schutzwürdig ist (BGH, VersR 2001, 620, 622). Die **Wissenszurechnung** beruht auf der Schutzwürdigkeit des redlichen Antragstellers (BGHZ 102, 194, 198 = BGH, NJW 1988, 973), die beim arglistig handelnden Antragsteller ins Gegenteil verkehrt würde (BGH, VersR 2001, 620, 622; dazu auch *Knappmann*, VersR 2005, 199, 200). Informationen, die der Arzt **privat erlangt** hat, bleiben dem Gedanken des § 70 S. 2 VVG entsprechend außen vor (so im Ergebnis auch *Knappmann*, VersR 2005, 199, 200).

Die Grenzen sind ebenfalls überschritten mit der Folge, dass eine Wissenszurechnung ausscheidet, bei **kollusivem Zusammenwirken**, **evidentem Vollmachtsmissbrauch (§ 242 BGB)** oder wenn ein Arzt bedeutsame Angaben nicht in den Fragebogen aufnimmt und der Antragsteller davon weiß, so dass es auch für den Antragsteller evident ist, dass der Arzt ggü. dem VR **pflichtwidrig** handelt (vgl. dazu OLG Düsseldorf, VersR 2001, 881, 882 mit grds. zust. Anm. *Reiff* sowie OLG Saarbrücken, VersR 2005, 675, 676; OLG Schleswig, VersR 1995, 406).

Beispiel
Arzt erklärt, „diese Beschwerden solle man lieber weglassen" oder „hierüber solle man lieber nichts schreiben, da es sonst nur Ärger gebe" (OLG Zweibrücken, VersR 2004, 630 für den Vermittler).

9 **Unterschreibt** der **Antragssteller** das Formular mit den Gesundheitserklärungen des Arztes, macht er es sich zu eigen und gibt eine eigene Erklärung ab; einer Zurechnung bedarf es insoweit nicht (KG, VersR 2004, 1298 [Rn 7]).

10 **Verzögerungen** bei der Übermittlung des Berichts vom Arzt an den VR können eine Haftung des VR auslösen. Erfährt die versicherte Person von der Unrichtigkeit einer ärztlichen Angabe, muss sie diese berichtigen (OLG Hamm, r+s 1988, 32). I.Ü. haftet der VR für Schäden, die der untersuchende Arzt dem Antragsteller zufügt, über § 278 BGB (ebenso Looschelders/Pohlmann/*Peters*, § 151 Rn 8; MüKo/*Mönnich*, § 151 VVG Rn 5).

III. Kosten

11 Üblich ist die Kostentragung für die ärztliche Untersuchung durch den VR, der diese im Rahmen der Abschlusskosten (s. § 43 Abs. 1 S. 2 Nr. 1c RechVersV) regelmäßig auf die VN umlegt (vgl. auch MüKo/*Mönnich*, § 151 VVG Rn 6). Ohne gesonderte Vereinbarung darf der VR die Kosten dem VN nicht in Rechnung stellen, auch wenn der Vertragsschluss aufgrund der ärztlichen Untersuchung nicht zustande kommt. Dies ergibt sich bereits daraus, dass der Vertrag zwischen Arzt und VR auf Wunsch des VR zustande kommt. Wurde der VV geschlossen und tritt der VR wegen Nichteinlösung der Erstprämie vom Vertrag zurück, kommt aber ein Anspruch auf Erstattung der Kosten für die ärztliche Untersuchung in Betracht, soweit dieser wirksam vereinbart wurde (vgl. § 11 Abs. 1 S. 2 Musterbedingungen GDV, Stand Juli 2016).

IV. Gentests

12 Das am 1.2.2010 in Kraft getretene Gesetz über genetische Untersuchungen bei Menschen (Gendiagnostikgesetz – GenDG, BGBl 2009 I S. 2529) schließt in § 18 Abs. 1 S. 1 GenDG die Vornahme einer genetischen Untersuchung aus. Die Entgegennahme und Verwendung bereits vorliegender Ergebnisse oder Daten aus genetischen Untersuchungen ist nach § 18 Abs. 1 S. 2 GenDG nur für Lebensversicherungen erlaubt, wenn diese eine Leistung von mehr als 300.000 EUR oder eine Jahresrente von mehr als 30.000 EUR vorsehen. Bestehende Vorerkrankungen und Erkrankungen sind gem. § 18 Abs. 2 GenDG aber anzuzeigen, auch wenn diese in einer genetischen Untersuchung festgestellt wurden (OLG Saarbrücken, VersR 2012, 557; vgl. auch MüKo/*Mönnich*, § 151 VVG Rn 12 ff.).

C. Prozessuales

Die **Beweislast** für eine Anzeigepflichtverletzung trägt der **VR**. Insofern ist § 69 Abs. 3 S. 2 VVG übertragbar. Nach der weiterhin relevanten Rechtsprechung gilt Folgendes: Sind Angaben im ärztlichen Fragebogen zweifelhaft und legt die versicherte Person substantiiert dar, dass sie den Arzt zutreffend mündlich informiert hat, muss der VR beweisen, dass dies nicht zutrifft (vgl. BGH, NJW 1990, 767 = BGH, VersR 1990, 77; BGH, NJW 1989, 2060; OLG Hamm, VersR 2005, 1572, 1573; OLG Frankfurt a.M., VersR 1993, 425, 426).

13

D. Abdingbarkeit

§ 151 VVG ist nicht in § 171 VVG erwähnt und damit eigentlich im Hinblick auf die Vertragsfreiheit abdingbar. Eine abweichende Vereinbarung griffe aber unmittelbar in den Schutzbereich des Art. 2 Abs. 1 GG (Recht auf informationelle Selbstbestimmung) ein. § 151 VVG hätte daher in § 171 S. 1 VVG einbezogen werden müssen. Es handelt sich um ein Redaktionsversehen. Im Hinblick auf Art. 2 Abs. 1 GG ist § 151 VVG daher **nicht dispositiv** (zustimmend Looschelders/Pohlmann/*Peters*, § 151 Rn 10).

14

§ 152 VVG Widerruf des Versicherungsnehmers

(1) Abweichend von § 8 Abs. 1 Satz 1 beträgt die Widerrufsfrist 30 Tage.

(2) Der Versicherer hat abweichend von § 9 Satz 1 auch den Rückkaufswert einschließlich der Überschussanteile nach § 169 zu zahlen. Im Fall des § 9 Satz 2 hat der Versicherer den Rückkaufswert einschließlich der Überschussanteile oder, wenn dies für den Versicherungsnehmer günstiger ist, die für das erste Jahr gezahlten Prämien zu erstatten.

(3) Abweichend von § 33 Abs. 1 ist die einmalige oder die erste Prämie unverzüglich nach Ablauf von 30 Tagen nach Zugang des Versicherungsscheins zu zahlen.

Übersicht

	Rdn
A. Normzweck	1
B. Norminhalt	3
I. Widerrufsfrist (§ 152 Abs. 1 VVG)	3
II. Rückkaufswert (§ 152 Abs. 2 VVG)	6
III. Fälligkeit der Prämie (§ 152 Abs. 3 VVG)	11
C. Prozessuales	12
D. Abdingbarkeit	14

A. Normzweck

§ 152 § Abs. 1 VVG beruht auf der bereits in § 48c Abs. 1 S. 3 VVG a.F. erfolgten Umsetzung von Art. 6 Abs. 1 Fernabsatz-RL II (RL 2002/65/EG, ABl EG Nr. L 271, S. 16). Auch die Sonderregelung in § 152 Abs. 2 S. 1 VVG geht auf Gemeinschaftsrecht (Art. 7

1

Fernabsatz-RL II) zurück. Die Einzelheiten zum Widerrufsrecht sind dem VN vor Abgabe seiner Vertragserklärung nach § 1 Abs. 1 Nr. 13 VVG-InfoV mitzuteilen.

2 § 152 Abs. 1 und Abs. 2 VVG sind nicht anwendbar auf Pensionskassen i.S.d. § 233 VAG (118b Abs. 3 und Abs. 4 VAG a.F.), außer bei Fernabsatzverträgen i.S.d. § 312b Abs. 1 und Abs. 2 BGB (§ 211 Abs. 2 Nr. 1 VVG).

B. Norminhalt

I. Widerrufsfrist (§ 152 Abs. 1 VVG)

3 Die Widerrufsfrist wird abweichend von § 8 Abs. 1 S. 1 VVG (zwei Wochen) auf 30 Tage verlängert. Dies entspricht der Vorgabe des Art. 6 Abs. 1 S. 2 Fernabsatz-RL II, in dem die Fristverlängerung für Lebensversicherungen und Altersvorsorgeverträge im Fernabsatz vorgesehen ist. § 152 Abs. 1 VVG übernimmt diese Fristverlängerung im Hinblick auf die zumeist langjährige Vertragsbindung und große Bedeutung für alle Lebensversicherungen unabhängig von der Art des Zustandekommens. Sie **beginnt** entsprechend den allg. Regeln des § 8 Abs. 2 S. 1 VVG mit dem Zugang des Versicherungsscheins sowie der weiteren in § 8 Abs. 2 i.V.m. § 7 Abs. 1 und Abs. 2 VVG geforderten Dokumente und Informationen beim VN. Mit dieser Anknüpfung soll die für beide Parteien erforderliche Klarheit hinsichtlich des Beginns der Frist erreicht werden (hierzu s. ausführl. § 8 Rdn 30 ff.). Dies ist auch regelmäßig der Zeitpunkt, in dem der Verbraucher über den Abschluss der Lebensversicherung informiert wird (dies verlangt Art. 6 Abs. 1 S. 3 Fernabsatz-RL II). Auch die weiteren Voraussetzungen des § 8 VVG müssen eingehalten werden.

4 Die Frist „gilt" auch für den Widerspruch bei Übersendung eines vom Antrag teilweise **abweichenden** Versicherungsscheins (§ 5 VVG, so Begr. BT-Drucks 16/3945, S. 95). Dies bedeutet, dass der VN zwischen Widerspruch und Widerruf wählen kann (*Winter*, in: Bruck/Möller, § 152 Rn 12). Die Fristen für Widerruf und Widerspruch sind allerdings sehr ähnlich (30 Tage in § 152 Abs. 1 VVG, ein Monat in § 5 Abs. 1 VVG), so dass die praktische Bedeutung nicht überschätzt werden darf.

5 Bei **Riester-Verträgen** ist die Rücktrittsfrist des § 7 Abs. 3 AltZertG lex specialis. Danach kann der Verbraucher innerhalb von zwei Jahren nach Abgabe der Vertragserklärung binnen drei Monaten ab Kenntnis vom Rücktrittsgrund vom Vertrag zurücktreten, wenn der Anbieter seine Informationspflichten nach § 7 Abs. 1 und Abs. 2 AltZertG nicht erfüllt.

II. Rückkaufswert (§ 152 Abs. 2 VVG)

6 § 152 Abs. 2 S. 1 VVG gleicht eine Unbilligkeit aus, die sich aus der direkten Anwendung des § 9 S. 1 VVG auf den Widerruf einer Lebensversicherung ergeben würde. Der VN würde nur die **nach Zugang des Widerrufs** gezahlten Prämien zurückerstattet bekommen – vorausgesetzt die anderen Voraussetzungen der §§ 9 S. 1 und 8 Abs. 1 VVG sind eingehalten sowie die Belehrung nach § 8 Abs. 2 S. 1 Nr. 2 VVG über das Widerrufsrecht, die Rechtsfolgen des Widerrufs und den zu zahlenden Betrag ist erfolgt. Außerdem muss der VN zugestimmt haben, dass der Versicherungsschutz vor Ende der Widerrufsfrist beginnt. Bei kapitalbildenden Versicherungen wäre er daher schlechter gestellt als bei einer Kündigung, die als Folge die Zahlung des Rückkaufswertes vorsieht. Deshalb erhält der eine Lebensversicherung widerrufende VN zusätzlich zu den nach Zugang des Widerrufs gezahlten Prämien den Rückkaufswert seiner Versicherung einschließlich der Überschussanteile nach § 169 VVG.

Zurückzuzahlen ist bei einem Widerruf – anders als im Fall der Kündigung (s. § 169 Abs. 3 S. 1 VVG) – das Deckungskapital der Versicherung. Gemeint ist das **ungezillmerte Deckungskapital ohne Verrechnung von Abschluss- und Vertriebskosten** (Begr. BT-Drucks 16/3945, S. 95). Bei fondsgebundenen Versicherungen ist dagegen der Zeitwert nach § 169 Abs. 4 VVG zu erstatten, ebenfalls ohne Abschluss- und Vertriebskosten. In jedem Fall ist auch ein etwaig bereits aufgebauter Schlussüberschuss zu vergüten (§ 169 Abs. 7 VVG). Trotz des umfassenden Verweises auf § 169 VVG ist für den Fall des Widerrufs kein Stornoabzug (§ 169 Abs. 5 VVG) zulässig (ebenso Looschelders/Pohlmann/ *Peters*, § 152 Rn 6; *Winter*, in: Bruck/Möller, § 152 Rn 15). Insoweit liegt ein Redaktionsversehen vor. Ein Stornoabzug widerspräche dem in Art. 6 Abs. 1 S. 1 Fernabsatz-RL II ausgesprochenen Verbot einer Vertragsstrafe und würde damit direkt gegen die Richtlinie verstoßen. Der VN soll bei einem Widerruf zumindest so gestellt werden, als wenn der VV nicht geschlossen worden wäre. Die Ausnahmevorschrift des § 169 Abs. 6 VVG ist wegen des umfassenden Verweises auf § 169 VVG aber auf den Fall des Widerrufs anwendbar.

§ 152 Abs. 2 S. 2 VVG enthält eine Regelung für den Fall, dass die nach § 8 Abs. 2 Nr. 2 VVG vom VR vorzunehmende Belehrung fehlerhaft war oder ganz unterblieben ist und der VN noch keine Leistung in Anspruch genommen hat (s. § 9 S. 2 Hs. 2 VVG). Der VR ist verpflichtet, entweder die für das erste Versicherungsjahr ab Zugang des Widerrufs gezahlten Prämien zurückzuzahlen oder den ungezillmerten Rückkaufswert nach §§ 169 Abs. 3–7 VVG, je nachdem, welcher Betrag höher ist. Dies hat der VR trotz des missverständlichen Wortlauts von sich aus zu ermitteln (VersR-Hdb/*Brömmelmeyer*, § 42 Rn 214). Welche Alternative vorteilhafter für den VN ist, richtet sich nach dem Zeitpunkt des Widerrufs (Begr. BT-Drucks 16/3945, S. 95).

Auf diese Besonderheiten bei einem Widerruf der Lebensversicherung ist in der Belehrung nach § 8 Abs. 2 Nr. 2 VVG hinzuweisen (**a.A.**: Prölss/Martin/*Schneider*, § 152 Rn 15).

Sollte § 9 Abs. 1 VVG nicht zur Anwendung kommen, weil der Versicherungsschutz nicht vor Ablauf der Widerrufsfrist beginnt, ist der Vertrag nach **Rücktrittsrecht** (§§ 346, 357 Abs. 1 BGB) abzuwickeln, indem bereits geleistete Zahlungen zurückgewährt werden.

III. Fälligkeit der Prämie (§ 152 Abs. 3 VVG)

§ 152 Abs. 3 VVG knüpft hinsichtlich der Fälligkeit der Erst- oder Einmalprämie an den Ablauf der Widerrufsfrist an, da Fälligkeit nicht vor Ablauf der Widerrufsfrist eintreten soll. Somit wird die Frist, innerhalb der eine Einmalprämie oder die Erstprämie bei laufender

§ 153 VVG — Überschussbeteiligung

Beitragszahlung unverzüglich zu zahlen ist, auf 30 Tage nach Erhalt des Versicherungsscheins verlängert (sonst nach § 33 Abs. 1 VVG zwei Wochen). Es kann auch eine frühere Fälligkeit vereinbart werden (vgl. § 171 S. 1 VVG), wenn gleichzeitig der Beginn des Versicherungsschutzes entsprechend vorverlegt wird.

C. Prozessuales

12 Der VR muss den Zugang aller nach § 8 Abs. 2 S. 1 VVG geforderten Unterlagen beweisen (§ 8 Abs. 2 S. 3 VVG). Diese Beweislastregel wird den VR in der Praxis **erhebliche Probleme** bereiten. Der VN kann noch **nach vielen Jahren** mit der Behauptung widerrufen, der Versicherungsschein, die Bedingungen, Belehrung oder Produktinformation oder Ähnliches sei ihm nie zugegangen (das hat die Reformkommission bewusst in Kauf genommen, vgl. Abschlussbericht der Kommission, S. 26).

> **Praxistipp**
> Dies kann der VR nur verhindern, indem er sich den Zugang aller Unterlagen, einschließlich des Versicherungsscheins, vom VN **bestätigen** lässt.

13 Während es in der Praxis noch einfach ist, sich die Belehrung über das Widerrufsrecht unterschreiben zu lassen, um den Zugang zu beweisen, ist die Bestätigung des Eingangs des Versicherungsscheins, der Bedingungen und der anderen erforderlichen Dokumente wenig praktikabel. Der **Zugang** dieser Unterlagen könnte u.U. **vermutet** werden, wenn der VN bereits mehrfach die Prämie bezahlt hat und erst danach den Widerruf mit der Behauptung erklärt, die Unterlagen seien ihm nicht zugegangen (so Begr. BT-Drucks 16/3945, S. 62). Nach OLG Karlsruhe (OLG Karlsruhe, VersR 2006, 1524) kann sich der Zugang der geforderten Unterlagen aus der Gesamtschau der Indizien ergeben (ausführl. § 8 Rdn 49 sowie *Armbrüster*, VersR 2012, 513).

D. Abdingbarkeit

14 § 152 **Abs. 1 und 2** VVG sind **halbzwingend** (vgl. § 171 S. 1 VVG), § 152 **Abs. 3** VVG ist **dispositiv** (Begr. BT-Drucks 16/3945, S. 95). Nach OLG Karlsruhe, VersR 2006, 1524 kann sich der Zugang der geforderten Unterlagen aus der Gesamtschau der Indizien ergeben (ausführl. § 8 Rdn 49).

§ 153 VVG — Überschussbeteiligung

(1) Dem Versicherungsnehmer steht eine Beteiligung an dem Überschuss und an den Bewertungsreserven (Überschussbeteiligung) zu, es sei denn, die Überschussbeteiligung ist durch ausdrückliche Vereinbarung ausgeschlossen; die Überschussbeteiligung kann nur insgesamt ausgeschlossen werden.

(2) Der Versicherer hat die Beteiligung an dem Überschuss nach einem verursachungsorientierten Verfahren durchzuführen; andere vergleichbare angemessene Verteilungsgrundsätze können vereinbart werden. Die Beträge im Sinn des § 268 Abs. 8 des Handelsgesetzbuchs bleiben unberücksichtigt.

(3) Der Versicherer hat die Bewertungsreserven jährlich neu zu ermitteln und nach einem verursachungsorientierten Verfahren rechnerisch zuzuordnen. Bei der Beendigung des Vertrags wird der für diesen Zeitpunkt zu ermittelnde Betrag zur Hälfte zugeteilt und an den Versicherungsnehmer ausgezahlt; eine frühere Zuteilung kann vereinbart werden. Aufsichtsrechtliche Regelungen zur Sicherstellung der dauernden Erfüllbarkeit der Verpflichtungen aus den Versicherungen, insbesondere die §§ 89, 124 Absatz 1, § 139 Absatz 3 und 4 und die §§ 140 sowie 214 des Versicherungsaufsichtsgesetzes bleiben unberührt.

(4) Bei Rentenversicherungen ist die Beendigung der Ansparphase der nach Absatz 3 Satz 2 maßgebliche Zeitpunkt.

Übersicht

	Rdn
A. Normzweck	1
B. Norminhalt	5
I. Anwendungsbereich	5
II. Anspruch auf Überschussbeteiligung (§ 153 Abs. 1 VVG)	8
1. Regelungsgehalt	8
2. Erfasste Vertragsarten	9
3. Entstehung, Ermittlung und Verteilung des Überschusses nach HGB und Aufsichtsrecht	10
a) Ermittlung des Rohüberschusses (Stufe 1)	15
b) Aufteilung des Rohüberschusses auf Versicherer und Versichertengemeinschaft (Stufe 2)	17
c) Individuelle Verteilung des Überschussanteils (Stufe 3)	22
4. Anspruch des Versicherungsnehmers auf Überschussbeteiligung	24
a) Die Vorgaben des Bundesverfassungsgerichts	29
b) Anspruch des VN auf Zuteilung seines individuellen Anteils	34
c) Erweiterung des Anspruchs auf die Stufen der Ermittlung und Verteilung des Rohüberschusses insgesamt	38
d) Problem der Querverrechnung	46
e) Ausschluss der Überschussbeteiligung	55
III. Überschussverteilung (§ 153 Abs. 2 VVG)	59
1. Regelungsgehalt	59
2. Verursachungsorientiertes Verfahren	60
a) Abgrenzung zum verursachungsgerechten Verfahren	61
b) Zeitnahe Zuteilung	67
3. Andere vergleichbare angemessene Verfahren	72
4. Kritische Bewertung	76
5. Ausschüttungssperre nach § 153 Abs. 2 VVG	79
IV. Beteiligung an Bewertungsreserven (§ 153 Abs. 3 VVG)	80
1. Regelungsgehalt	80
2. Entstehung und Ermittlung der Bewertungsreserven (§ 153 Abs. 3 S. 1 VVG)	81
3. Verursachungsorientierte Zuordnung (§ 153 Abs. 3 S. 1 VVG)	87
4. Bei Beendigung des Vertrags oder früher (§ 153 Abs. 3 S. 2 VVG)	90
5. Hälftige Zuordnung (§ 153 Abs. 3 S. 2 VVG) und Einschränkung durch aufsichtsrechtliche Regelungen zur Kapitalausstattung (§ 153 Abs. 3 S. 3 VVG)	93
6. Informationspflichten	105

7. Gerichtliche Überprüfung der Höhe 106
8. Lösungsvorschlag 107
V. Zuteilungszeitpunkt bei Rentenversicherungen (§ 153 Abs. 4 VVG) 108
C. **Prozessuales** 112
D. **Abdingbarkeit** 117

A. Normzweck

1 VN erhalten über § 153 VVG einen **gesetzlich verankerten Anspruch auf Überschussbeteiligung, dessen Umfang sich nach dem Vertrag richtet.** Diese Regelung setzt den Auftrag des BVerfG (BVerfG, NJW 2005, 2376) um, die VN angemessen an den durch Prämienzahlung geschaffenen Vermögenswerten zu beteiligen. Deshalb werden Versicherungsnehmer auch an den Bewertungsreserven, die nach § 54 RechVersV auszuweisen sind, beteiligt. Schließlich ergibt sich aus § 153 VVG, dass die Art und Weise der Überschussbeteiligung wie bereits vor der VVG-Reform 2008 (vgl. BK/*Schwintowski*, vor §§ 159 ff. Rn 64; *Ortmann*, VersWissStud. Bd. 21, S. 164, jeweils m.w.N.) frei vereinbart werden kann, solange das gewählte System angemessen ist.

2 Die Vorschrift dient daneben der Schaffung von **mehr Transparenz**. Sie wird flankiert von **Informationspflichten** zugunsten der VN. Die VR müssen vor Vertragsschluss Angaben über die für die Überschussermittlung und -beteiligung geltenden Berechnungsgrundsätze und -maßstäbe machen (§ 2 Abs. 1 Nr. 3 VVG-InfoV) sowie jährlich über den Stand der Überschussbeteiligung, einschließlich der garantierten Teile, informieren (§ 6 Abs. 1 Nr. 3 VVG-InfoV). Gleichzeitig wurde die frühere Pflicht zur Übergabe einer Verbraucherinformation gem. Anlage D Nr. 2a VAG durch Art. 7 Nr. 14 Buchst. b des Gesetzes zur Reform des Versicherungsvertragsrechts aufgehoben.

3 Die Vorgaben der Norm berühren die Produktgestaltung und könnten insoweit EU-VR am Vertrieb ihrer Produkte in Deutschland hindern. Mögliche Beeinträchtigungen der Dienstleistungs- (Art. 56 AEUV) und Niederlassungsfreiheit (Art. 49 AEUV) bzw. der Richtlinie 2002/83/EG, nunmehr Richtlinie 2009/138/EG, sind im Wege der gebotenen **unionsrechtskonformen Auslegung** auszuräumen (zum Gebot der unionsrechtskonformen Auslegung nationalen Rechts durch nationale Gerichte: EuGH, NJW 2004, 3547, 3549 Rn 114 [„Pfeiffer"] sowie ausführl. Einf. vor §§ 1 ff. Rdn 12 ff.). Soweit nicht Vorschriften des Allgemeininteresses entgegenstehen, verstoßen Regelungen, die EU-VR am Vertrieb ihrer Produkte hindern, gegen Art. 180 RL 2009/138/EG (ehemals Art. 33 RL 2002/83/ EG; vgl. zu diesem EFTA-Gerichtsentscheidung E-1/05 v. 25.11.2005 gegen Norwegen, VersR 2006, 249; ausführlich *Bürkle*, VersR 2006, 1042, 1045 f.).

4 Die Überschussbeteiligung ist von **sehr großer Bedeutung** für die VN. Lebensversicherungen laufen i.d.R. sehr lange, insb. wenn sie der Altersvorsorge dienen (durchschnittliche Laufzeit: 31,6 Jahre; *GDV*, Die deutsche Lebensversicherung in Zahlen – Geschäftsentwicklung 2005, S. 35). Die Ablaufleistung kann sich in dieser Zeit leicht auf das Zwei- bis Dreifache der eingezahlten Beiträge steigern, bei hoher Aktienquote sogar auf das Zehnfache der eingezahlten Beiträge (Bsp. bei *Ortmann*, VersWissStud. Bd. 21, S. 39). Die Überschussbeteiligung machte vor dem Einbruch der Niedrigzinsphase oftmals den Großteil

der Ablaufleistung aus (s. das Beispiel bei *Ortmann*, VersWissStud. Bd. 21 S. 39: 60 % bzw. 91 % beim britischen VR).

B. Norminhalt

I. Anwendungsbereich

§ 153 VVG ist auf **Altverträge** anzuwenden, wenn eine Überschussbeteiligung vereinbart wurde (Art. 4 Abs. 1 S. 2 EGVVG), und zwar aufgrund der Vorgabe des BVerfG (BVerfG, NJW 2005, 2376, 2381) bereits ab dem 1.1.2008 – abweichend von der allgemeinen Regel des Art. 1 Abs. 1 EGVVG, der für laufende Altverträge den 1.1.2009 als Stichtag vorsieht. Die Beteiligung an den Überschüssen wurde bei Altverträgen regelmäßig in den AVB vereinbart (z.B. § 2 der Musterbedingungen des GDV aus dem Jahr 2006, so dass § 153 VVG anwendbar ist. Für Verträge des Altbestands (vor dem 29.7.1994 abgeschlossene Lebensversicherungen, § 336 VAG (§ 11c VAG a.F.) gilt § 153 VVG ebenfalls, da schon damals die Beteiligung an den Überschüssen in den Bedingungen (vgl. § 16 ALB von 1986) durch Verweis auf den Geschäftsplan vereinbart wurde (**a.A.** *Armbrüster*, VersR 2013, 385, 389). In Altverträgen vereinbarte Verteilungsgrundsätze gelten als angemessen (Art. 4 Abs. 1 S. 2 Hs. 2 EGVVG). Diese Fiktion des Gesetzgebers kommt nur zum Tragen, wenn die Verteilungsgrundsätze wirksam vereinbart wurden. Im Umkehrschluss aus Art. 4 Abs. 1 S. 2 EGVVG ist § 153 VVG nicht anwendbar auf alle LebensVV, die vor dem 1.1.2008 abgewickelt wurden oder bis einschließlich 31.12.2007 (24.00 Uhr) fällig geworden sind, selbst wenn sich die Abwicklung in das Jahr 2008 erstreckt. Eine andere Frage ist, ob Art. 4 Abs. 1 S. 2 EGVVG nur mit Wirkung ab dem 1.1.2008 oder mit Wirkung für die Vertragszeit davor anzuwenden ist. Gesetzessystematik, Inhalt des § 153 VVG und seine Entstehungsgeschichte weisen nach *Mudrack* (*Mudrack*, ZfV 2008, 542 ff.) darauf hin, dass VN keinen Anspruch auf Bewertungsreserven haben, die vor dem 1.1.2008 entstanden sind (s. jetzt auch BGH, VersR 2016, 173; BGH, VersR 2015, 433).

§ 153 VVG ist nicht anwendbar auf **Pensionskassen** i.S.d. § 233 Abs. 1 und 2 VAG (§ 118b Abs. 3 und 4 VAG a.F.), soweit mit Zustimmung der Aufsichtsbehörde in den Bedingungen abweichende Regelungen getroffen worden sind (§ 211 Abs. 2 Nr. 2 VVG). § 153 Abs. 3 S. 1 VVG ist ferner nicht auf Sterbekassen anwendbar (§ 211 Abs. 2 Nr. 2 Hs. 2 VVG). Anwendbar ist § 153 VVG aber auf langfristige Risikolebensversicherungen, da dort Überschüsse entstehen können – die Beiträge sind zu Beginn höher als kalkulatorisch notwendig, um langfristig gleichbleibende Beiträge zu ermöglichen (vgl. *Winter*, in: Bruck/Möller, § 153 Rn 21; **a.A.** *Römer/Langheid/Langheid*, § 153 Rn 18).

Die Vorschrift kann auch **Lebensversicherer mit Sitz in der EU oder dem EWR** betreffen, wenn sie in Deutschland den Abschluss von Verträgen anbieten (vgl. Art. 7 Abs. 3 VO 593/2008/EG bzw. Art. 178 Abs. 1 RL 2009/138/EG).

II. Anspruch auf Überschussbeteiligung (§ 153 Abs. 1 VVG)

1. Regelungsgehalt

8 § 153 Abs. 1 VVG begründet erstmals einen **gesetzlichen Anspruch** des VN auf Überschussbeteiligung. Dieser ist vertragsrechtlich auszugestalten. Die Überschussbeteiligung setzt sich nach der **Legaldefinition** aus der **Beteiligung am Überschuss** und an den **Bewertungsreserven** zusammen. Für die Berechnung des Überschusses enthält § 153 Abs. 2 VVG nur allgemeine Vorgaben hinsichtlich des Verteilungsverfahrens. Die genaue Ausgestaltung der Überschussbeteiligung muss **vertraglich vereinbart** werden. I.Ü. ist weiterhin das Aufsichtsrecht maßgeblich. Erstmals wird die Überschussbeteiligung entsprechend der Vorgabe des BVerfG (BVerfG, NJW 2005, 2376) auf eine Beteiligung an den Bewertungsreserven erweitert. Einzelheiten hierzu sind § 153 Abs. 3 VVG zu entnehmen. Fragen wirft nach wie vor das Zusammenspiel des Vertrags- mit dem Aufsichtsrecht auf (vgl. nur BGH, VersR 2015, 433).

2. Erfasste Vertragsarten

9 Der Anspruch auf Überschussbeteiligung betrifft alle Lebensversicherungen, bei denen **üblicherweise** eine **Überschussbeteiligung** eingeräumt wird. Das sind in erster Linie kapitalbildende Lebens- und Rentenversicherungen. Auch bei Risikoversicherungen (Risikolebens-, Berufsunfähigkeitsversicherungen, § 176 VVG) werden regelmäßig Überschüsse gewährt, häufig in Form der Beitragsverrechnung. Nichts anderes gilt für die Unfallversicherung mit Prämienrückgewähr (§ 161 VAG; § 11d VAG a.F.), da diese Elemente der Lebensversicherung aufweist (dafür Rüffer/Halbach/Schimikowski/*Brambach*, § 153 Rn 16; MüKo/*Heiss*, § 153 VVG, Rn 9; offen gelassen Looschelders/Pohlmann/ *Krause*, § 153 Rn 6; **a.A.** Prölss/Martin/*Reiff*, § 153 Rn 7; *Engeländer*, VersR 2007, 155, 156). § 153 VVG ist auch auf Kapitalisierungsgeschäfte anwendbar (BaFin, Auslegungsfragen zum VVG, 28.5.2008). Die Bedeutung der Überschussbeteiligung ist jedoch bei kapitalbildenden Lebens- und Rentenversicherungen mit Abstand am größten. Nicht betroffen sind Lebensversicherungen, bei denen die Überschussbeteiligung ausgeschlossen wurde (§ 153 Abs. 1 VVG), insb. reine fondsgebundene Versicherungen.

3. Entstehung, Ermittlung und Verteilung des Überschusses nach HGB und Aufsichtsrecht

10 Regelungen zur Überschussentstehung, -ermittlung und -verteilung finden sich im Bilanzrecht, im Aufsichtsrecht und im Vertragsrecht bzw. den AVB.

11 Die Überschussentstehung hängt mit der Funktionsweise der Lebensversicherung zusammen. Der Rohüberschuss in den einzelnen Ergebnisquellen ist auf die **vorsichtige Prämienkalkulation** zurückzuführen, zu der Lebensversicherer aufsichtsrechtlich aufgrund der oft langen Vertragsdauer verpflichtet sind. Die Prämien müssen konkret so vorsichtig berechnet werden, dass der Lebensversicherer allen seinen Verpflichtungen nachkommen und ausrei-

chende Deckungsrückstellungen bilden kann (§ 138 Abs. 1 S. 1 VAG; § 11 Abs. 1 S. 1 VAG a.F.). Da der VR die vereinbarte Prämie grds. (Ausnahme: § 163 VVG) nicht mehr anpassen darf, ist er gehalten, **Sicherheitszuschläge für einen abweichenden Risikoverlauf und eine anders verlaufende Kostenentwicklung** in die Prämie einzuberechnen. Verläuft die Sterblichkeit oder die Kostenentwicklung günstiger als in der Prämienkalkulation unterstellt, entsteht ein Überschuss. Die Überschüsse resultieren damit wesentlich aus überhobenen Prämien (BVerwG, VersR 1990, 73 f.).

Die Prämien werden häufig mit demselben Rechnungszinssatz berechnet wie die Deckungsrückstellung. Für Neuverträge beträgt dieser Zinssatz momentan 1,25 % (§ 2 Abs. 1 DeckRV; die DeckRV wurde am 18.4.2016 neu erlassen). Ab dem 1.7.2016 soll der Rechnungszins abermals auf dann 0,9 % gesenkt werden. Da der VR regelmäßig eine höhere Kapitalanlagenrendite erzielt, entsteht ein **Überschuss aus Kapitalanlagen** (Einzelheiten dazu bei *Kurzendörfer*, Einführung in die Lebensversicherung, S. 142 ff.; *Ebers*, VersWissStud Bd. 18, S. 33 ff.; *Ortmann*, VersWissStud Bd. 21, S. 138 ff.). 12

Die Niedrigzinsphase und die damit einhergehende, allgemein wirtschaftlich schwierige Lage wirken sich auch auf die Entstehung von Überschüssen aus Kapitalanlagen aus. Eine besondere Belastung ergibt sich für die Versicherer daraus, dass seit 2011 (vgl. BGBl I 2011, S. 345) eine **Zinszusatzreserve** (vgl. § 5 Abs. 4 DeckRV) gebildet werden muss. Die Zinszusatzreserve soll durch eine Erhöhung der Deckungsrückstellungen sicherstellen, dass die Versicherer ihre Verpflichtungen auch in Zukunft einhalten können. 2014 wurden dafür rund 8,5 Milliarden EUR aufgewendet; angesichts der aufzuwendenden Beträge wirkt sich die Zinszusatzreserve damit auch unmittelbar negativ auf die Überschussbeteiligung der (aktuell bzw. in naher Zukunft ausscheidenden) Versicherungsnehmer aus (vgl. Rdn 16). 13

Auf dem Weg zum VN durchläuft die Überschussbeteiligung **drei Stufen**, auf die sich der **Anspruch auf verursachungsorientierte Überschussbeteiligung** erstrecken kann: 14

1. Stufe: Ermittlung des Rohüberschusses,
2. Stufe: Aufteilung des ermittelten Rohüberschusses auf die Gesamtheit aller VN und den Lebensversicherer,
3. Stufe: Verteilung des Anteils des Kollektivs auf einzelne VN.

a) Ermittlung des Rohüberschusses (Stufe 1)

Ausgangspunkt für die Ermittlung des Überschusses ist der auf der Grundlage der RL 91/674/EWG und RL 2003/51/EG nach dem jeweils maßgeblichen Recht des Sitzstaates aufgestellte **Jahresabschluss** (Begr. BT-Drucks 16/3945, S. 96). In Deutschland basiert der Überschuss damit außerhalb einer Beteiligung an eventuell bestehenden stillen Reserven weiterhin auf dem nach handelsrechtlichen Vorschriften ermittelten Jahresüberschuss (vgl. auch Prölss/Martin/*Reiff*, § 153 Rn 14; Rüffer/Halbach/Schimikowski/*Brambach*, § 153 Rn 19). Dieser ergibt sich aus der jährlich gem. §§ 341a Abs. 1, 264 Abs. 1 S. 1 HGB aufzustellenden Gewinn- und Verlustrechnung. Den Bilanzgewinn vor Abzug der Überschussbeteiligung, vor Gewinn-/Verlustvortrag und vor Einstellung in bzw. Entnahme aus 15

Rücklagen bezeichnet man als **Rohüberschuss**. Dieser wird streng nach handelsrechtlichen Vorgaben ermittelt und unterliegt der Kontrolle des Abschlussprüfers.

16 **Praxistipp**
Die Zinszusatzreserve (vgl. Rdn 13) wirkt sich bereits bei der Entstehung des Rohüberschusses aus. Über **§ 341f Abs. 1, 2 HGB sind die Vorgaben des § 5 Abs. 4 DeckRV bei der Bildung von Deckungsrückstellungen zu berücksichtigen** (vgl. *Böcking/Gros/Kölschbach*, in: Ebenroth/Boujong/Joost/Strohn, § 341f Rn 5). Aufgrund der Verpflichtung zur Bildung einer Zinszusatzreserve entsteht deshalb bereits kein Überschuss, der sich im Jahresabschluss ausdrücken würde und der im Anschluss verteilt werden könnte.

b) Aufteilung des Rohüberschusses auf Versicherer und Versichertengemeinschaft (Stufe 2)

17 Der Rohüberschuss wird i.R.d. internen Rechnungslegung (§ 39 VAG; § 55a VAG a.F.) auf die **Ergebnisquellen Kapitalanlagen, Risiko, Abschlusskosten, laufende Verwaltungskosten und sonstiges Ergebnis** aufgeteilt (vgl. § 10 Nr. 4 BerVersV).

18 Die von den VN gezahlten Prämien gehen zwar vollständig in das Eigentum des VR über (BVerfG, NJW 2005, 2376, 2379). Soweit die in den Prämien einkalkulierten Sicherheitszuschläge aber nicht benötigt werden, werden sie den VN über die Überschussbeteiligung zurückgewährt. Wieviel vom **Rohüberschuss** den Versicherungsnehmern und wieviel dem Unternehmen **zugeordnet** wird (Stufe 2), richtet sich aufsichtsrechtlich im Neubestand (Verträge ab dem 29.7.1994, vgl. § 336 VAG (§ 11c VAG a.F.)) nach §§ 140 Abs. 2, 145 Abs. 2 VAG (§ 81c Abs. 1 und 3 VAG a.F.) i.V.m. §§ 4, 6–8 Mindestzuführungsverordnung (MindZV; VO wurde zum 18.4.2016 neu ausgefertigt, vgl. BGBl 2016 I, 831). VR sind verpflichtet, die **VN angemessen** an den Überschüssen zu beteiligen, da sonst ein die Belange der Versicherten gefährdender Missstand vorliegt, der die Aufsichtsbehörde nach § 298 Abs. 1 i.V.m. § 140 Abs. 2 S. 1 Nr. 1 VAG (§ 81 Abs. 2 S. 1 i.V.m. § 81c Abs. 1 S. 1 VAG a.F.) zum Einschreiten ermächtigt. Die Überschussbeteiligung ist aufsichtsrechtlich nicht angemessen, wenn die in §§ 6–8 MindZV festgelegten Mindestgrößen unterschritten werden (§ 140 Abs. 2 S. 2 Nr. 1 VAG; § 81c Abs. 1 S. 2, Abs. 3 VAG a.F.). Nach § 4 Abs. 1 MindZV sind VN am Risiko-, Kapitalanlagen-, Kosten- und übrigen Ergebnis angemessen zu beteiligen, sofern die Ergebnisquelle positiv ist. Da das **Kapitalanlageergebnis** zumindest früher die mit Abstand bedeutendste Ergebnisquelle war, wird die Mindestbeteiligung hier auf 90 % der nach § 3 MindZV anzurechnenden Kapitalerträge festgelegt (§ 6 MindZV; früher § 4 Abs. 3 MindZV). Die einzelnen Ergebnisse werden addiert. Die Mindestbeteiligung am Risikoergebnis beträgt nunmehr 90 %, am übrigen Ergebnis 50 % (vgl. § 7 und § 8 MindZV; früher § 4 Abs. 4 und Abs. 5 MindZV).

19 Das Gesetz zur Absicherung stabiler und fairer Leistungen für Lebensversicherte (Lebensversicherungsreformgesetz – **LVRG**) vom 1.8.2014 (BGBl I S. 1330) wirkt sich an dieser Stelle auf die **Verteilung des Überschusses** aus. Die Beteiligung der VN am **Risikoergebnis wurde von 75 % auf 90 % erhöht**. In Niedrigzinszeiten wird auf diesem Weg eine etwas höhere Überschussbeteiligung der VN erzielt. Daneben wurde der damalige § 4 Abs. 1 S. 2 MindZV aufgehoben, der explizit eine Verrechnung von positiven Ergebnisquel-

len mit negativen Ergebnisquellen ausschloss; dies wurde auch durch die am 18.4.2016 neu ausgefertigte MindZV nicht verändert. Stattdessen wird nun bezüglich der verschiedenen Ergebnisquellen festgeschrieben, ob und inwiefern eine Verrechnung möglich ist, s. z.B. § 7 S. 3 MindZV (früher § 4 Abs. 4 S. 3 MindZV), der eine negative Berücksichtigung von negativen Werten aus dem Risikoergebnis nicht erlaubt (s. dazu Rdn 47 f.; vgl. zur Problematik der früheren Querverrechnung *Ortmann*, VersWissStud Bd. 21, S. 235 f.; *Ebers*, VersWissStud Bd. 18, S. 197 f.; *Brömmelmeyer*, VersWissStud. Bd. 14, S. 203 f.). Auch wurden im Zuge der Einführung der Möglichkeit zur **Teilkollektivierung** in § 56b Abs. 2 VAG a.F. (**jetzt § 140 Abs. 4 VAG**) die damaligen §§ 3 und 4 Abs. 3 MindZV geändert sowie § 4 Abs. 3a MindZV neu geschaffen (jetzt § 3 und § 6 Abs. 2 MindZV); diese Änderungen wirken sich maßgeblich auf die Verteilung des Überschusses zwischen Kollektiv und individuellem VN aus (Stufe 3). Auf Stufe 2 haben die Änderungen indes insofern mittelbar Einfluss, als dass durch eine mögliche Teilkollektivierung mehr Mittel aus der RfB bei dem VR verbleiben und damit dem VR als Eigenmittelersatz dienen können (vgl. zur Thematik ausführlich *Rubin*, Das versicherungsrechtliche Interessenausgleichsprinzip (2017), 4. Kap., § 1.I. und *Brömmelmeyer*, VuR 2015, 203 sowie allgemein zur Teilkollektivierung *Armbrüster*, VersR 2013, 385).

Auch für Verträge des **Altbestands** (Verträge, die vor dem 29.7.1994 abgeschlossen wurden) sind die Regelungen der neuen MindZV anwendbar, wobei sie für Verträge des Alt- und Neubestands getrennt angewendet werden.

Vor der Aufteilung des Überschusses sind – in dieser Reihenfolge – zunächst die garantierten Zinsen auf das Deckungskapital gutzuschreiben. Weiterhin müssen bei VR in Form einer AG mindestens 4% des Grundkapitals als Bilanzgewinn verbleiben (§ 139 Abs. 2 S. 2 VAG; § 56a Abs. 2 S. 2 VAG a.F.). Ein Bilanzgewinn darf aber nur ausgeschüttet werden, soweit er einen etwaigen Sicherungsbedarf i.S.d. § 139 Abs. 4 VAG (§ 56a Abs. 4 VAG a.F.) überschreitet (vgl. dazu Rdn 104). Der überwiegende Teil des Überschusses wird dann zunächst in die **Rückstellung für Beitragsrückerstattung** (RfB) als Sammelbecken für die Überschussbeteiligung aller VN eingestellt (§ 139 Abs. 1 VAG; § 56a Abs. 1 VAG a.F.). Damit dürfen die Beiträge nur noch für die Überschussbeteiligung der VN verwendet werden (§ 140 Abs. 1 S. 1 VAG; § 56b Abs. 1 S. 1 VAG); eine Herabsetzung ist nur zur Abwendung eines drohenden Notfalls mit Zustimmung der BaFin möglich (§ 140 Abs. 1 S. 2 VAG; § 56b Abs. 1 S. 2 VAG a.F.), falls einer der genannten Fälle vorliegt. Zu beachten ist dabei der Vorrang der vertraglichen Vereinbarung (BGH, VersR 2009, 1208, BaFin, VerBAV 2000, 252, 253 linke Spalte oben). Ist bedingungsgemäß eine beitragsfreie Zusatzrente (Bonusrente) in der Form vereinbart, dass die jährlichen Überschüsse bis zum Ablauf der Aufschubzeit für eine Erhöhung des Zeitwertes verwendet werden und dies zu einer Steigerung der Rente führen soll, dürfen diese Überschussanteile nicht herangezogen werden, um die Garantierente sicherzustellen (BGH, VersR 2009, 1208). Ein vorbehaltloses Garantieversprechen darf nicht unterlaufen werden, indem eine auf fehlerhafter Kalkulation beruhende Lücke in der Deckungsrückstellung mit Überschüssen aufgefüllt wird, die vertraglich für die Steigerung der Rente versprochen sind (BGH, VersR 2009, 1208).

c) Individuelle Verteilung des Überschussanteils (Stufe 3)

22 Welche Überschüsse dem einzelnen Vertrag gutgeschrieben werden, entscheidet jährlich der **Vorstand des Unternehmens** mit Zustimmung des Aufsichtsrates (§ 139 Abs. 2 S. 1 VAG; § 56a Abs. 2 S. 1 VAG a.F.) auf Vorschlag des Verantwortlichen Aktuars (§ 141 Abs. 5 Nr. 4 VAG; § 11a Abs. 3 Nr. 4 VAG a.F.). Dabei können sog. Abrechnungsverbände gebildet werden (vgl. Rdn 61). Die festgelegten Beträge werden entweder als **Direktgutschrift** zulasten des Ergebnisses des Geschäftsjahres finanziert oder der **Rückstellung für Beitragsrückerstattung** entnommen (vgl. § 139 Abs. 1 VAG; § 56a Abs. 1 VAG a.F.). In diesem Zusammenhang wird auch definiert, welche Anteile als laufende Überschussbeteiligung und als Schlussüberschussbeteiligung gutgeschrieben werden. Werden einzelnen VN verbindlich Überschüsse gutgeschrieben, erhöht dies bilanziell die **Deckungsrückstellung** (§§ 138 Abs. 1 S. 1, 88 Abs. 3 VAG (§§ 11 Abs. 1 S. 1, 65 VAG a.F.) i.V.m. DeckRV, § 341f HGB, § 25 RechVersV). Diese spiegelt den Barwert zukünftiger Verpflichtungen abzgl. des Barwertes der künftigen Beiträge und der Abschlusskosten wider (s. dazu § 169 Rdn 28 ff.). Demzufolge richtet sich die Höhe der Deckungsrückstellungen nach der vereinbarten Garantieverzinsung und Überschussbeteiligung, die den VN verbindlich zugewiesen werden.

23 Auf der Ebene der individuellen Verteilung des Überschussanteils wird auch die Verteilung der Mittel, die der RfB zugeordnet sind, im Rahmen der **Teilkollektivierung** relevant. Umso mehr Mittel in den kollektiven Töpfen verbleiben, umso weniger Mittel stehen für eine individuelle Überschussbeteiligung zur Verfügung. Die Verteilung im Einzelnen regeln § 140 Abs. 4 und § 145 Abs. 6 VAG (§ 56b Abs. 2 VAG a.F.) i.V.m. der Verordnung über den kollektiven Teil der Rückstellung für Beitragsrückerstattung (RfB-Verordnung – RfBV, BR-Drucks 549/14 v. 7.11.2014, S. 1); ob die Regelungen der RfB-Verordnung in allen Einzelheiten unbedenklich sind, kann in Frage gestellt werden (vgl. *Rubin*, Das versicherungsrechtliche Interessenausgleichsprinzip (2017), 4. Kap., § 1.I.2.c.; *Brömmelmeyer*, VuR 2015, 203).

4. Anspruch des Versicherungsnehmers auf Überschussbeteiligung

24 VN haben seit dem 1.1.2008 einen **gesetzlichen Rechtsanspruch** auf Überschussbeteiligung, sofern die Überschussbeteiligung vertraglich nicht ausgeschlossen wurde. Vertragliche Ansprüche bestanden bereits zuvor (vgl. BK/*Schwintowski*, Vorbem. §§ 159 ff. Rn 64; *Ortmann*, VersWissStud. Bd. 21, S. 164, jeweils m.w.N.). Sie ergaben sich aus den AVB (vgl. § 2 der bisherigen GDV-Musterbedingungen für die KLV [Stand: 4.5.2006], zuvor § 17 ALB 94 und § 16 Abs. 1 S. 2 ALB 86 für den Altbestand).

25 Lebensversicherer können die **Einzelheiten der Überschussbeteiligung** (Höhe, Zeitpunkt der Zuteilung usw.) **frei vereinbaren**, müssen dabei aber die **aufsichtsrechtlichen Mindestvorgaben** beachten. Die Aufsichtsbehörde kann über die Missstandsaufsicht nach § 298 Abs. 1 VAG (§ 81 Abs. 2 VAG a.F.) eine zu niedrige und §§ 140 Abs. 2, 145 Abs. 2 VAG (§ 81c VAG a.F.) i.V.m. den Vorgaben der MindZV widersprechende Überschussbeteiligung untersagen. Auch **zivilrechtlich** könnten die Klausel und damit der ganze Vertrag nach § 138 Abs. 1 BGB **unwirksam** sein, wenn eine gravierende Äquivalenzstörung vorliegt (ein grobes Missverhältnis der beiderseitigen Leistungen kann sittenwidrig sein, vgl. Palandt/*Grüneberg*, Einf. v. § 320 Rn 8). Innerhalb dieser Grenzen vereinbaren die Parteien die Einzelheiten zur Überschussbeteiligung. Ein Widerspruch zum VAG muss vermieden werden (z.b. in Bezug auf Sanierungsregel, § 140 Abs. 1 VAG (§ 56b Abs. 1 VAG a.F.), s. hierzu § 2 Abs. 2 Buchst. a ALB 2016).

Die konkrete Höhe der Überschussbeteiligung in **absoluten Zahlen** konnte früher und kann auch heute bei Vertragsschluss **nicht vereinbart** werden, da diese von der Entwicklung der Kapitalanlagen und ggf. des Risiko- und Kostenverlaufs abhängt. Auch eine prozentuale Vorgabe sollte in § 153 VVG nicht vorgesehen werden. Dahingehend ist die Begründung des Gesetzgebers zu verstehen, dass ein vertraglicher Anspruch des Einzelnen auf eine bestimmte Überschussbeteiligung nicht vorgesehen sei (Begr. BT-Drucks 16/3945, S. 52, 96). Fragen bestehen wie vor der VVG-Reform 2008 hinsichtlich des genauen Inhalts des Anspruchs auf Überschussbeteiligung und dessen gerichtliche Überprüfbarkeit. 26

§ 2 Abs. 1 **ALB 2016** verweist für die Ermittlung und Feststellung des Überschusses auf die handelsrechtlichen Vorschriften (Stufe 1). Hinsichtlich der Überschussbeteiligung aller VN werden die Regelungen des Aufsichtsrechts zugrunde gelegt (Stufe 2, s. § 2 Abs. 2 ALB 2016). Vereinbart wird auch eine Zusammenlegung von gleichartigen Verträgen in Gewinn- und Bestandsgruppen. Hinsichtlich der individuellen Überschussbeteiligung (Stufe 3) werden allgemein der Anteil des Vertrags am Gruppenüberschuss, die allgemeine Verfahrensweise der Überschusszuteilung sowie die Voraussetzungen für die Fälligkeit der Überschussanteile, die Form und Verwendung der Überschussanteile (z.B. laufende/Schlussüberschussbeteiligung) sowie die Bemessungsgrößen für die Überschussbeteiligung vereinbart (s. § 2 Abs. 3 ALB 2016). 27

Die Regelung des § 2 Abs. 2 Buchst. a ALB 2016 orientiert sich damit an den bereits vor 2008 bestehenden. Mit ihr erhalten VN bei Vertragsschluss einen **nur dem Grunde nach bestehenden Anspruch** auf Überschussbeteiligung. Dieser konkretisiert und verfestigt sich stufenweise im Laufe der Zeit (BVerfG, NJW 2005, 2376, 2378; BVerfG, NJW 2005, 2363, 2367). Von Anfang an besteht eine rechtlich geschützte **Aussicht auf zukünftige Beteiligung** (BVerfG, NJW 2005, 2363, 2367; ausführl. *Lensing*, VuR 2006, 249, 251 f.), die zu einem individuellen und bezifferbaren zivilrechtlichen Anspruch auf Überschussbeteiligung erstarkt, wenn einzelne Beträge aus der Rückstellung für Beitragsrückerstattung (RfB) oder i.R.d. Direktgutschrift konkret einem Vertrag zugewiesen werden (OLG Stuttgart, VersR 2005, 634, 635). 28

a) Die Vorgaben des Bundesverfassungsgerichts

Ausgangspunkt müssen insofern die Entscheidungen des BVerfG aus den Jahren 2005 und 2006 sein. Das BVerfG hat in seinen beiden Urteilen v. 26.7.2005 (BVerfG, NJW 2005, 2376 und BVerfG, NJW 2005, 2363) und seinem Beschluss v. 15.2.2006 (BVerfG, VersR 2006, 489) festgestellt, dass **Art. 2 Abs. 1 und Art. 14 Abs. 1 GG Schutzaufträge an den Gesetzgeber enthalten.** Die genannten Schutzaufträge erforderten es insbesondere, dass der Gesetzgeber hinreichende **rechtliche Vorkehrungen** für die Gewährleistung schafft, 29 dass die durch die **Prämienzahlungen aufgebauten Vermögenswerte i.R.d. Überschussbeteiligung angemessen berücksichtigt** werden (BVerfG, NJW 2005, 2376 [Ls.]). Verweise der AVB auf den Geschäftsplan oder auch auf die Regelungen im Bilanz- und Aufsichtsrecht *„belassen ein Schutzdefizit zulasten der Versicherten hinsichtlich der anzuwendenden Maßstäbe und der Verfahren der Interessendurchsetzung"* (BVerfG, NJW 2005, 2376, 2380). Dem Gesetzgeber wurde aufgetragen, dieses Schutzdefizit der VN bis zum 31.12.2007 zu beseitigen (BVerfG, NJW 2005, 2376, 2380). Da es **bis zur Neuregelung** bei der alten Rechtslage bleibt (BVerfG, NJW 2005, 2376, 2380), haben Instanzgerichte auch nach dem Urteil des BVerfG jegliche Ansprüche von VN auf Offenlegung der Rechnungsgrundlagen bzw. sämtlicher betriebswirtschaftlicher Grundlagen der Überschussbeteiligungsberechnung sowie Auskunft über Höhe und Art der Ermittlung und Verteilung des Gewinns aufgrund der im Jahr 2007 geltenden Rechtslage mit Verweis auf die bisherige höchstrichterliche Rechtsprechung abgelehnt (BGH, VersR 2008, 338; OLG Karlsruhe, VersR 2007, 1256; OLG Celle, VersR 2007, 930, 932; OLG Celle, VersR 2007, 1501; LG Aachen, VersR 2007, 525; LG Köln, VersR 2007, 343).

30　Den Urteilen des BVerfG sind **folgende Anforderungen** an die Rechtslage ab dem 1.1.2008 zu entnehmen:
- angemessene Berücksichtigung der Vermögenswerte, die mit den gezahlten Prämien gebildet worden sind (BVerfG, NJW 2005, 2376, 2377, 2381; BVerfG, NJW 2005, 2363, 2366, 2368) als Quelle für die Erwirtschaftung von Überschüssen (BVerfG, NJW 2005, 2363, 2366 u. 2368; BVerfG, NJW 2005, 2376, 2378), und zwar auch bei Rückkauf (BVerfG, VersR 2006, 489, 493),
- insb. angemessene Beteiligung an den mit eigenen Prämien gebildeten Bewertungsreserven (BVerfG, NJW 2005, 2376, 2377 f.) und
- Vermeidung nicht gerechtfertigter Querverrechnungen von Kosten mit positiven Ergebnissen (BVerfG, NJW 2005, 2376, 2377 f.) sowie
- Schaffung von Maßstäben und Möglichkeiten einer rechtlichen Überprüfung (Effektivität des Grundrechtsschutzes, Gebot der Normenbestimmtheit und Normenklarheit: BVerfG, NJW 2005, 2376, 2378), was gleichzeitig mehr Transparenz erfordert.

31　Hintergrund der Entscheidungen war die bis dato unbefriedigende rechtliche Situation der VN. Während in den AVB des **Altbestands** (§ 336 VAG; § 11c VAG a.F.) stets auf den genehmigten **Geschäftsplan** Bezug genommen wurde, **verwiesen** die ALB im **Neubestand** bis Ende 2007 hinsichtlich der Überschussermittlung und -verteilung auf die Regelungen des **Handels- und Aufsichtsrechts**. In beiden Fällen ergab sich eine für den VN höchst **unbefriedigende Situation** (BVerfG, VersR 2006, 489, 494 [Rn 67 ff.]); sein vertraglicher Anspruch bestand faktisch nur dem Grunde nach. Er konnte weder im verwaltungs- noch im zivilgerichtlichen Verfahren die Angemessenheit der Höhe der Überschussbeteiligung klären lassen. Die VG haben die Rüge einer unangemessenen Beeinträchtigung der Überschussbeteiligungsansprüche mangels einer Verletzung der Versichertenbelange stets abgelehnt (vgl. BVerwG, NJW 1996, 2521; BVerwG, NJW 1994, 2561).

Auch **zivilrechtliche Ansprüche** auf individuelle Überschussbeteiligung konnte der VN 32
bei Verträgen des Altbestands nicht durchsetzen. Er konnte weder eine gerichtliche Bestimmung der Überschussbeteiligung noch eine Auskunft über die tatsächliche Geschäftsentwicklung oder eine Offenlegung der Rechnungsgrundlagen und des daraus abzuleitenden Gewinns verlangen (BGH, VersR 1995, 77; BGH, VersR 1983, 746). Ein Anspruch ergebe sich nicht unmittelbar aus dem Vertrag, da die AVB nur auf den Geschäftsplan verwiesen und daher nur eine Beteiligung des VN am Überschuss vereinbart sei, aber nicht bestimmt sei, wie dieser im Einzelnen zu ermitteln sei (BGH, VersR 1983, 746, 747; OLG Celle, VersR 2007, 930, 932). Die Festlegung der Höhe der Ausschüttungen und Überschussbeteiligungen sei grds. eine unternehmerische Entscheidung des VR. Die Kontrolle hinsichtlich des Altbestands obliege alleine der BaFin (BGH, VersR 1983, 746, 748). Ein einseitiges Leistungsbestimmungsrecht nach § 315 Abs. 1 BGB sei nicht vereinbart worden (BGH, VersR 1995, 77, 78). Auch ein Verstoß gegen das Transparenzgebot wurde verneint (BGH, VersR 1995, 77, 78). Die Entscheidung des BGH, VersR 1995, 77 war später Gegenstand der Überprüfung durch das BVerfG, welches einen Verstoß gegen Art. 2 Abs. 1 und Art. 14 Abs. 1 GG feststellte (BVerfG, NJW 2005, 2376).

Diese **Rspr.** wurde auf die Überschussbeteiligungsklausel im Neubestand **übertragen**. 33
Auch die neuen Klauseln hielten einer Prüfung nach §§ 307 ff. BGB stand (BGH, VersR 2001, 841, 845 f. m. Anm. *Präve*) mit der Folge, dass dem VN jegliche Überprüfungsmöglichkeit der Überschussbeteiligung abgeschnitten wurde. Diese Rspr. wurde auf andere Lebensversicherungen, wie die fondsgebundenen Lebensversicherungen (LG Aachen, VersR 2003, 716; **a.A.** OLG Nürnberg, VersR 2004, 182), ausgedehnt. Bei dieser Rechtsprechung bleibt es für bis zum 31.12.2007 abgeschlossene VV (BGH, VersR 2008, 338).

b) Anspruch des VN auf Zuteilung seines individuellen Anteils

Der Gesetzgeber hat keine genaueren Vorgaben, insb. hinsichtlich der Verteilung des Über- 34
schusses, gemacht. Die **Lebensversicherer** selbst müssen bei der Formulierung der Überschussbeteiligungsklausel dafür Sorge tragen, dass die Vorgaben des BVerfG für eine grundgesetzkonforme Überschussbeteiligung erfüllt werden. Die Ausgestaltung des Anspruchs auf Überschussbeteiligung hinsichtlich Art und Umfang hängt von der vertraglichen Regelung in den AVB ab. Hierin sind die VR grds. frei, solange die **aufsichtsrechtlichen Vorgaben** beachtet werden.

Ein vertraglicher Anspruch des Einzelnen auf eine bestimmte Zuführung zur RfB oder 35
Direktgutschrift ist zwar im Gesetz nicht vorgesehen (Begr. BT-Drucks 16/3945, S. 96). Auf der **Stufe 3** besteht aber unstreitig ein individueller, dem Verfahren nach aufgrund von § 2 Abs. 3 ALB 2016 feststehender, aber in der Höhe nach bis zur konkreten Zuweisung unbestimmter **Anspruch** des einzelnen VN auf Beteiligung am Überschuss (vgl. nur Prölss/Martin/*Reiff*, § 153 Rn 11; MüKo/*Heiss*, § 153 VVG, Rn 16). Die **Höhe der Überschussbeteiligung** kann anhand der Vereinbarung in § 2 Abs. 3 ALB 2016 nachvollzogen werden. Unklarheiten über die Höhe der Zuweisung können gerichtlich geprüft bzw. zu geringe Überschussbeteiligungen können mit einer Leistungsklage nachgefordert werden.

36 Das Interesse der VN an einer möglichst hohen **individuellen Zuteilung** muss mit anderen **Interessen in Ausgleich gebracht werden**. Im Rahmen dieses Ausgleichs ist auch denkbar, dass ein Interesse des VR besteht, trotz der an sich bereits erfolgten Zuteilung des Rohüberschusses an die VN insgesamt, die Zuteilung an den individuellen VN möglichst gering ausfallen zu lassen. In den RfB geparkte Mittel dienen so z.B. gem. §§ 93 Abs. 1, 84 Abs. 2 VAG (ähnlich § 53c Abs. 3 Nr. 4 VAG a.F.) als Eigenmittel des VR, womit im Einzelfall ein Interesse des VR bestehen kann, diese Mittel möglichst wenig im Rahmen einer Überschussbeteiligung an die VN auszukehren, die konkret ihren Anspruch bei Ausscheiden aus dem Versicherungsverhältnis geltend machen (vgl. *Rubin*, Das versicherungsrechtliche Interessenausgleichsprinzip (2017), 4. Kap., § 1.I.1).

37 Der BGH hat hinsichtlich der Zuteilung des individuellen Anteils festgehalten, dass die Beteiligung der VN an den **Bewertungsreserven und die Leistung des Schlussüberschussanteils aus den gleichen Mittel** erfolgen kann (BGH, VersR 2015, 433). Ein Anspruch darauf, dass der Anteil an den Bewertungsreserven unabhängig von den in der RfB vorhandenen Mittel geleistet werden müsste, besteht nicht, vgl. auch § 140 Abs. 1 S. 1 VAG (§ 56b Abs. 1 S. 1 VAG a.F.). Insofern ist es entscheidend, zwischen der Berechnung und Zuteilung einerseits und der Auszahlung andererseits zu unterscheiden (BGH, VersR 2015, 433, 434).

c) Erweiterung des Anspruchs auf die Stufen der Ermittlung und Verteilung des Rohüberschusses insgesamt

38 Der **Anspruch** auf Überschussbeteiligung erstreckt sich auch auf die **Stufe 2** der Überschussbeteiligung (so auch VersR-Hdb/*Brömmelmeyer*, § 42 Rn 287; MüKo/*Heiss*, § 153 VVG Rn 31 ff.; zumindest ähnlich *Winter*, in: Bruck/Möller, § 153 Rn 208; **a.A.** Looschelders/Pohlmann/*Krause*, § 153 Rn 31; Rüffer/Halbach/Schimikowski/*Brambach*, § 153 Rn 44; *Engeländer*, VersR 2007, 155, 158). Für die Aufteilung des Überschusses auf VR und die Gemeinschaft der VN (Stufe 2) sollen nach der Gesetzesbegründung weiterhin die Regelungen des Aufsichtsrechts gelten (Begr. BT-Drucks 16/3945, S. 96). Diese werden jetzt aber über die AVB gleichzeitig Gegenstand der vertraglichen Vereinbarung (s. § 2 Abs. 2 ALB 2016). Bei Vertragsbeginn **vereinbaren die Parteien regelmäßig keine der Höhe nach bestimmte Leistung**. Bestimmte Beteiligungsquoten müssen auch nicht zwangsläufig bei Vertragsschluss definiert werden; eine Klausel, die auf § 140 Abs. 2 VAG (§ 81c VAG a.F.) und die MindZV verweist, verstößt auch nicht zwangsläufig gegen das Transparenzgebot (BGH, NJW 2001, 2014, 2019). Ein Verstoß gegen das Transparenzgebot kann aber darin liegen, dass durch einen Verweis auf die MindZV eine Beteiligung am Kostenüberschussergebnis suggeriert wird, welche dann aber für einen nennenswerten Anteil an Verträgen gar nicht stattfindet (vgl. BGH, VersR 2016, 312). Der Verweis auf die MindZV darf dabei insgesamt nicht als abschließend missverstanden werden, da dieser nur eine Mindestbeteiligung sicherstellt. Eine angemessene Überschussbeteiligung kann nach den Umständen des Einzelfalls eine höhere Beteiligung als durch die Quoten der MindZV garantiert erfordern (vgl. *Wallrabenstein*, VersWissStud. Bd. 47, S. 71; VersR-Hdb/*Brömmelmeyer*, § 42 Rn 287).

Wenn **auf die Regelungen des Aufsichtsrechts ohne weitere Konkretisierungen Bezug genommen wird** (vgl. § 2 Abs. 2 Buchst. a ALB 2016) und diese nur eine Mindestbeteiligung sicherstellen wollen, bestimmt der VR ohne Mitwirkung des VN einseitig jenseits der Mindestbeteiligung während der Vertragslaufzeit die Höhe der Überschussbeteiligung durch Deklaration und Zuweisung des Überschusses (durch Direktgutschrift oder aus der RfB). In § 2 Abs. 2 Buchst. a ALB 2016 wird somit ein **einseitiges Leistungsbestimmungsrecht** hinsichtlich der Höhe der Überschussanteilsätze vereinbart, das vom Vorstand des VR mit Zustimmung des Aufsichtsrats auf Vorschlag des Verantwortlichen Aktuars innerhalb der vertraglich vereinbarten Grenzen ausgeübt wird.

39

Mit dem Verweis auf das Aufsichtsrecht werden die dortigen Vorgaben zum Vertragsgegenstand. Die VN sind mangels anderer, genauerer Vereinbarung also zu mindestens 90 % am Kapitalanlageergebnis, mindestens 90 % am Risikoergebnis und zu mindestens 50 % am übrigen Ergebnis zu beteiligen. Die Parteien vereinbaren regelmäßig einen Vertrag mit unbestimmtem Leistungsinhalt nach **§ 315 Abs. 1 BGB** (so zum alten Recht ausführlich *Ebers*, VersWissStud. Bd. 18, S. 249 ff.; *Brömmelmeyer*, VersWissStud. Bd. 14, S. 240 f.; *Ortmann*, VersWissStud. Bd. 21; S. 145 ff., 164 f. jeweils m.w.N.). Die BGH-Entscheidung (BGH, VersR 1995, 77, 78) gegen ein einseitiges Leistungsbestimmungsrecht ist auf die Vereinbarungen seit dem 1.1.2008 nicht übertragbar und steht der Forderung des BVerfG nach rechtlicher Überprüfbarkeit (s. Rdn 28 f.) entgegen (a.A. Looschelders/Pohlmann/ *Krause*, § 153 Rn 32). Das BVerfG hat strenge Anforderungen für den Fall vorgesehen, dass der VN aufgrund der gesetzlichen Regelungen keinen Einfluss auf die Ermittlung der Überschussbeteiligung nehmen und deren Rechtmäßigkeit nicht gerichtlich überprüfen lassen kann. Insb. reicht eine allgemein auf die Belange der Versicherten bezogene Generalklausel für eine den individuellen Schutz des einzelnen VN beachtende Prüfung durch die Aufsichtsbehörde nicht aus (BVerfG, NJW 2005, 2376, 2381). § 140 Abs. 2 VAG (§ 81c VAG a.F.) als Ermächtigungsgrundlage für die Aufsichtsbehörde enthält aber eine Generalklausel, die nach dem BVerfG gerade nicht genügt, um die Interessen der VN zu schützen. Damit ist nach **§ 315 Abs. 3 Satz 2 BGB** die Möglichkeit eröffnet, die **Angemessenheit der Überschussbeteiligung gerichtlich überprüfen** und ggf. die Überschussbeteiligung gerichtlich neu festlegen zu lassen. Auf diese Weise wird der vom BVerfG grundrechtlich geforderten Überprüfungsmöglichkeit i.S.e. effektiven Grundrechtsschutzes entsprochen (vgl. auch VersR-Hdb/*Brömmelmeyer*, § 42 Rn 288; *Schwintowski*, VuR 2005, 305; *Weber-Rey/Ressos/Mönnich*, ZfV 2005, 494, 495; a.A. Looschelders/Pohlmann/*Krause*, § 153 Rn 32; Rüffer/Halbach/Schimikowski/*Brambach*, § 153 Rn 44).

40

Der BGH (BGH, VersR 2015, 433, 434) hat entschieden, dass **§ 315 BGB „im Rahmen der Regelung der Überschussbeteiligung gem. § 153 VVG keine Anwendung"** findet. Ein „faktisches Bestimmungsrecht" genüge nicht für die Annahme eines einseitigen Leistungsbestimmungsrechts i.S.d. § 315 BGB. In der zitierten Entscheidung ging es indes primär um die Leistungsbestimmung im Rahmen der Beteiligung an Bewertungsreserven. Diese Konstellation liegt angesichts der Regelung des § 153 Abs. 3 VVG anders als der Fall der Beteiligung an dem Überschuss insgesamt (ebenso VersR-Hdb/*Brömmelmeyer*, § 42 Rn 299; vgl. Rdn 106). Auch wenn die Formulierung des BGH nahelegt, dass die

41

Anwendbarkeit des § 315 BGB im Rahmen der Überschussbeteiligung insgesamt ausgeschlossen werden sollte, muss dies in Anbetracht der verfassungsrechtlichen Anforderungen (vgl. Rdn 29 f.), die die Rechtslage vor der Entscheidung des BVerfG betreffen (vgl. Rdn 31 ff.), anders gesehen werden.

42 Der Anspruch auf Überschussbeteiligung bezieht sich aus ähnlichen Gründen **bereits auf die Ermittlung des Rohüberschusses (Stufe 1)**. § 153 Abs. 1 und 2 VVG sagen nichts zur Entstehung und Ermittlung von Überschüssen. Die Begründung verweist auf den **handelsrechtlichen Jahresabschluss** (Begr. BT-Drucks 16/3945, S. 96). Auf diesen verweisen auch die neuen Musterbedingungen in § 2. Der Lebensversicherer ist bei der Ermittlung des Überschusses wie jedes andere Unternehmen an die Vorgaben des Bilanzrechts gebunden. Da der Rohüberschuss aber gleichzeitig die Grundlage für die Überschussbeteiligung bildet und der Anspruch auf Überschussbeteiligung schon bei Vertragsschluss grundrechtlich geschützt ist (BVerfG, NJW 2005, 2363, 2367), sind auch auf dieser Stufe **Art. 14 Abs. 1 und Art. 2 Abs. 1 GG** zugunsten der VN zu beachten, wie das BVerfG-Urteil (BVerfG, NJW 2005, 2363) zu den Bewertungsreserven, die ebenfalls streng bilanzrechtlich zu bilden sind, gezeigt hat. Die Ermittlung des Rohüberschusses muss sich daher an Grundrechten messen lassen.

43 Sollte eine Vereinbarung der Überschussbeteiligung gegen §§ 307 ff. BGB verstoßen und damit unwirksam sein, kommt der gesetzliche **Anspruch aus § 153 Abs. 1 VVG** zum Tragen. **Regelungslücken** sind im Wege der richterlichen ergänzenden Vertragsauslegung (vgl. BGH, NJW 2005, 3559, 3565; grundlegend: BGH, NJW 1984, 1177, 1178; *Schmidt*, in: Ulmer/Brander/Hensen, AGB-Recht, §§ 306 Rn 31 ff.; *Ebers*, VersWissStud. Bd. 18, S. 339 f.; *Römer*, VersR 1994, 125) zu schließen. In Betracht kommt auch eine Ersetzung der Überschussbeteiligungsklausel nach den Vorgaben des § 164 VVG (zum Nebeneinander von ergänzender Vertragsauslegung und Klauselersetzung s. *Brambach*, r+s 2014, 1; für einen Vorrang von § 164 aber MüKo/*Wandt*, § 164 VVG Rn 82 ff.; *Lorenz*, VersR 2001, 1146, 1148).

44 **Praxistipp**
In der Vorauflage wurde vertreten, dass ein vollständiger Ausschluss am Risiko- und Kostenergebnis bei gleichzeitiger Einräumung einer Beteiligung von 100 % am Kapitalanlageergebnis zulässig sei. Ein solches Vorgehen hätte klare Vorteile in den Bereichen Transparenz und Handhabbarkeit. Neben dem Verbot des Ausschlusses der teilweisen Überschussbeteiligung in § 153 Abs. 1 VVG enthalten insbesondere §§ 4, 6–8 MindZV indes klare Vorgaben hinsichtlich einer Beteiligung an den verschiedenen Ergebnissen. Auch wenn der Vorschlag der Vorauflage durchaus als eine zulässige Vereinbarung eines vergleichbaren Verteilungsgrundsatzes angesehen werden könnte (**a.A.** Rüffer/Halbach/Schimikowski/*Brambach*, § 153 Rn 53), spricht einiges dafür, sich in der Praxis **an die Vorgaben der MindZV zu halten**. In der aktuellen Niedrigzinsphase zeigt sich auch, dass eine Beteiligung an allen Ergebnisquellen für die Versicherungsnehmer günstiger sein kann als eine ausschließliche Beteiligung am Kapitalanlageergebnis, welches in lang andauernden Niedrigzinsphasen bescheidener als bisher ausfällt.

45 Entscheidende Bedeutung gerade für den Anspruch der VN hinsichtlich der Stufen 1 und 2 kommt einem vorgehenden Auskunftsanspruch zu. Dieser **Auskunftsanspruch** des VN

auf Mitteilung der nachvollziehbaren Berechnung und Zuteilung der Überschussbeteiligung ergibt sich aus dem Gebot effektiven Rechtsschutzes (Art. 19 Abs. 4 GG) sowie aus der bestehenden Sonderverbindung (§ 242 BGB, s. § 169 Rdn 42 f. und § 153 Rdn 106, 112 f.). Anderenfalls gäbe es keine rechtliche Überprüfungsmöglichkeit, die aber die Effektivität des Grundrechtsschutzes (BVerfG, NJW 2005, 2376, 2378) erfordert. Ein Auskunftsanspruch nach § 242 BGB muss dabei der Vorbereitung eines konkreten Anspruchs dienen (BGH, VersR 2015, 433, 436; BGH, VersR 2013, 1381, 1383) Der BGH hat dazu entschieden, dass ein Auskunftsanspruch dann in Ausnahmefällen in Betracht kommt, wenn „der Berechtigte in entschuldbarer Weise über Bestehen und Umfang seines Rechts im Ungewissen ist und der Verpflichtete die zur Beseitigung der Ungewissheit erforderliche Auskunft unschwer geben kann" (BGH, VersR 2015, 433, 435; BGH, VersR 2013, 1381, 1383). Die Überlassung des angewendeten Algorithmus oder sonstiger Informationen, die auf eine nicht geschuldete Rechnungslegung nach § 259 Abs. 1 BGB hinausliefen, seien nicht geschuldet (so in Bezug auf den Rückkaufswert BGH, VersR 2014, 822, 824; BGH, VersR 2013, 1381, 1383; offen gelassen in Bezug auf die Beteiligung an den Bewertungsreserven BGH, VersR 2015, 433, 436). Die damit scheinbar vorgezeichnete, restriktive Linie hinsichtlich etwaiger Auskunftsansprüche stellt der BGH in einer Entscheidung vom 2.12.2015 dann allerdings wieder etwas in Frage, in der er einen Auskunftsanspruch des VN bezüglich konkret verwendeter Berechnungsmethoden zumindest für möglich hält (BGH, VersR 2016, 173, 175 f.). Um den verfassungsrechtlichen Anforderungen zu genügen, ist es in der Tat angezeigt, Auskunftsansprüche unter Wahrung der Interessen der VR zuzulassen (vgl. auch VersR-Hdb/*Brömmelmeyer*, § 42 Rn 288 sowie insgesamt § 169 Rdn 42 f.).

d) Problem der Querverrechnung

§ 2 ALB 2016 verweist wiederum auf die Regelungen des Aufsichtsrechts. Insofern ändert sich nichts an der bisherigen Regelung zur Aufteilung des Überschusses auf VR und Versichertengemeinschaft. Die Beschreibung der aufsichtsrechtlichen Regelung in § 2 ALB 2016 führt nicht zu mehr Transparenz hinsichtlich der Aufteilung des Überschusses auf VR und Versichertengemeinschaft. Bisher hatte die Überschussermittlung durch Verrechnung der Ergebnisse aus den Bereichen Risiko, Kapitalanlage und Kosten zur Folge, dass die tatsächliche Beteiligung aller VN am Überschuss bzw. die tatsächlich von den VN bezahlten Kosten nicht offengelegt wurden. Vor Zuteilung des Überschusses wurde dieser in einer für VN nicht nachvollziehbaren Weise durch Querverrechnungen gekürzt. Das Abschlusskostenergebnis und das sonstige Ergebnis waren stets negativ (vgl. Tabelle bei *Ebers*, VersWissStud. Bd. 18, S. 43), weil die tatsächlichen Abschlusskosten höher waren als die kalkulierten. Die höheren, nicht in die Prämie einkalkulierten Kosten reduzierten die Überschussbeteiligung der VN (Prölss/*Kölschbach*, § 65 VAG Rn 28), ohne dass diese eine Möglichkeit hatten, darauf Einfluss zu nehmen (BVerfG, NJW 2005, 2376, 2379; *Brömmelmeyer*, VersWissStud. Bd. 14, S. 203 f.). Rückwirkend seit dem 1.1.2008 galt die MindZV (BGBl 2008, Teil I, S. 690) bzw. gilt die nunmehr neu ausgefertigte MindZV vom 18.4.2016 (BGBl 2016 I, 831). Danach war zunächst eine Verrechnung zwischen Kapitalanlagen-, Risiko- und übrigem Ergebnis ausgeschlossen (§ 4 Abs. 1 S. 2 MindZV).

Ein negatives Kostenergebnis konnte nur noch innerhalb der Ergebnisquelle „übriges Ergebnis" mit dem Stornoergebnis, dem Unterschied aus Norm- und Risikobetrag, dem übrigen Ergebnis aus Rückversicherung und dem sonstigen Ergebnis verrechnet werden (s.a. Begr. der MindZV, S. 5). Damit hatte der Gesetzgeber die bisherige Praxis untersagt. Außerdem müssen Abschluss- und Verwaltungskosten gem. § 2 Abs. 1 Nr. 1 VVG-InfoV in absoluten Eurobeträgen (§ 2 Abs. 2 VVG-InfoV) ausgewiesen, also vereinbart werden. Eine Überschreitung dieser Kosten ist daher nicht mehr zulässig, so dass es schon faktisch nicht mehr zu einer Querverrechnung kommen kann (s.a. Looschelders/Pohlmann/*Krause*, § 153 Rn 18; *Ortmann*, VuR 2008, 256, 258).

47 Der damalige § 4 Abs. 1 S. 2 MindZV ist im Zuge des LVRG aufgehoben worden. An die Stelle des generellen Ausschlusses von Querverrechnungsmöglichkeiten traten **separate Regelungen für die einzelnen Ergebnisquellen**. Hinsichtlich des Risikoergebnisses gilt, dass negative Ergebnisse nicht berücksichtigt werden, da ein negativer Betrag aus dem Risikoergebnis durch Null ersetzt wird, vgl. § 7 S. 3 (früher § 4 Abs. 4 S. 3 MindZV). Das Gleiche gilt gem. § 8 S. 3 MindZV (früher § 4 Abs. 5 S. 3 MindZV) für das Kostenergebnis.

48 Die Regelung zum **Umgang mit negativen Beträgen aus dem Kapitalanlageergebnis** ist **komplex**. Nach § 6 Abs. 1 S. 5 MindZV (früher § 4 Abs. 3 S. 5 MindZV) gilt zunächst, dass, soweit sich rechnerisch negative Beträge für die Mindestzuführung zur Rückstellung für Beitragsrückerstattung in Abhängigkeit von den Kapitalerträgen ergeben, diese durch Null ersetzt werden, wenn die nach § 3 Abs. 1 MindZV anzurechnenden Kapitalerträge höher ausfallen als die rechnungsmäßigen Zinsen ohne die anteilig auf die überschussberechtigten Versicherungsverträge entfallenden Zinsen auf die Pensionsrückstellungen. Andernfalls beträgt gem. § 6 Abs. 1 S. 6 MindZV (früher § 4 Abs. 3 S. 6 MindZV) die Mindestzuführung zur Rückstellung für Beitragsrückerstattung in Abhängigkeit von den Kapitalerträgen 100 % der nach § 3 Abs. 1 MindZV anzurechnenden Kapitalerträge, abzüglich der rechnungsmäßigen Zinsen ohne die anteilig auf die überschussberechtigten Versicherungsverträge entfallenden Zinsen auf die Pensionsrückstellungen. Ein negativer Betrag wird im Fall des § 6 Abs. 1 S. 6 MindZV (früher § 4 Abs. 3 S. 6 MindZV) also nicht durch Null ersetzt; einer Missbrauchsgefahr wird aber immerhin dadurch entgegengewirkt, dass 100 % der nach § 3 Abs. 1 MindZV anzurechnenden Kapitalerträge herangezogen werden.

49 Gerade in diesem Zusammenhang ist indes darauf hinzuweisen, dass immer noch die **Aufwendungen für die Kapitalanlage** direkt mit dem Kapitalanlageergebnis verrechnet werden (s. unverändert § 3 Abs. 1 MindZV, dazu ausführlich *Ortmann*, VersWissStud. Bd. 21, S. 237 ff.). Sämtliche Kosten für die Verwaltung der Kapitalanlage mindern den Überschuss. Wird ein Konzernunternehmen mit der Verwaltung der Geldanlagen betraut, reduziert die vereinbarte Gebühr die Überschussbeteiligung; es besteht die Möglichkeit, die **Überschussbeteiligung** durch hohe Verwaltungsgebühren für Kapitalanlagen, die an **andere Konzernunternehmen** gezahlt werden, zu **reduzieren**, **ohne** dass der VN über die Höhe dieser Kosten **aufgeklärt** wird. Über solche Verträge ist zwar die BaFin unverzüglich zu unterrichten (§ 47 Nr. 12 VAG); dies erfüllt aber nicht das Informationsbedürfnis des VN (zur Transparenz s. vor §§ 150 ff. Rdn 106 f.).

Das BVerfG (BVerfG, NJW 2005, 2376, 2380) hat für den Altbestand festgestellt, dass Versicherungsvertragsrecht und Aufsichtsrecht „*bei entscheidenden Weichenstellungen auf die jeweils andere Rechtsordnung*" verweisen, „*ohne dass dort für die erforderliche Berücksichtigung der Interessen der Versicherten gesorgt ist.*" Der **grundgesetzliche Schutzauftrag** (Art. 2 Abs. 1 und Art. 14 Abs. 1 GG) verlangt jedoch eine **rechtlich gesicherte Überprüfungsmöglichkeit** hinsichtlich einer angemessenen Berücksichtigung der mit den Versichertenprämien aufgebauten Vermögenswerte (BVerfG, NJW 2005, 2376, 2381; BVerfG, VersR 2006, 489, 494). Jegliche Arten von Kosten vermindern die Überschussbeteiligung. Nach dem BVerfG (BVerfG, VersR 2006, 489, 493) müssen VN über die Art und Höhe der Kosten informiert sein, damit sie eine **eigenbestimmte Entscheidung** treffen können, „*ob sie einen Vertrag zu den konkreten Konditionen abschließen wollen*". Diese Überlegung gilt nicht nur für Abschlusskosten, sondern ist auf alle Kostenarten zu erstrecken. Ansonsten fehlt es an der für eine autonome Entscheidung unabdingbaren **Transparenz** (BVerfG, VersR 2006, 489, 493). Der im Vertrag niedergelegte gemeinsame Wille bietet nur dann eine Richtigkeitsgewähr für den Inhalt des Vertrags, wenn Wettbewerb und Transparenz eine beiderseitige Selbstbestimmung erlauben (*Bäuerle*, VuR 2005, 401, 404; ausführlich *Rubin*, Das versicherungsrechtliche Interessenausgleichsprinzip (2017), 3. Kap., § 2).

50

Die Lebensversicherer müssen demzufolge **sämtliche anfallenden Kosten** (sämtliche Abschlusskosten und deren Erhebungsform, sämtliche laufende Verwaltungskosten und deren Erhebungsform, sämtliche Kapitalanlagekosten) **verbindlich vereinbaren**. Nur dann kann der VN auf einer fundierten Tatsachengrundlage entscheiden. Die umfassende Information des VN ist Voraussetzung für einen Vertragsschluss in freier Selbstbestimmung. Einen Vertrag in Privatautonomie zu schließen erfordert, dass die Bedingungen der Selbstbestimmung des Einzelnen auch tatsächlich gegeben sind (BVerfG, NJW 1990, 1469, 1470). Ohne die umfassende Information bleibt es bei bisher bestehenden **Ungleichgewicht** zwischen den Vertragsparteien, weil der VR den Vertragsinhalt faktisch einseitig bestimmen kann (BVerfG, NJW 2005, 2376, 2378). Insofern ist die im Rahmen des LVRG erfolgte Einführung des § 2 Abs. 1 Nr. 9 VVG-InfoV zu begrüßen, der die Angabe der Minderung der Wertentwicklung durch Kosten in Prozentpunkten (Effektivkosten) bis zum Beginn der Auszahlungsphase für LebensVers, bei denen der Eintritt der Verpflichtung des VR gewiss ist, vorschreibt.

51

Auch der österreichische Oberste Gerichtshof betont die Pflicht zur Offenlegung der Gesamtkosten; Klauseln, die diesen Zweck nicht erfüllen, seien unwirksam (für fondsgebundene Versicherungen: OGH, 20.6.2007 [7 Ob 82/07w], 30.5.2007 [7 Ob 4/07z] und 9.5.2007 [7 Ob 23/07v und 7 Ob 233/06z], für klassische Versicherungen: OGH, 17.1.2007 [7 Ob 131/06z, 7 Ob 140/06y und 7 Ob 173/06a]).

52

Sollten die AVB keine expliziten Regelungen zu sämtlichen Kosten vorsehen und damit die Grundlage für eine Querverrechnung, wenn auch nur innerhalb des übrigen Ergebnisses, offenlegen, bliebe der vom BVerfG (BVerfG, NJW 2005, 2376; BVerfG, NJW 2005, 2363) bestätigte **Verstoß gegen Art. 2 Abs. 1 und Art. 14 Abs. 1 GG** insoweit bestehen (s.a.

53

Osterloh, jurisPR-BGH ZivilR 48/2005, Anm. 4 unter C.). In diesem Fall können VN die Angemessenheit der Überschussbeteiligung auch im Hinblick auf die Aufteilung zwischen VR und Versichertengemeinschaft (Stufe 2) gerichtlich überprüfen lassen (§ 315 Abs. 3 S. 2 BGB).

54 Weist der VR nicht vor Vertragsschluss auf sämtliche Kosten, v.a. auch auf Kosten der Kapitalanlage (zur Bedeutung und Höhe der Kapitalanlagekosten s. *Ortmann*, VW 2007, 824), ausdrücklich hin, kommt auch ein **Schadenersatzanspruch** wegen vorsätzlicher Verletzung der Aufklärungs- und Beratungspflichten in Betracht. Das Kick-back-Urteil des BGH (BGH, NJW 2007, 1876) aus dem Bankrecht sollte insofern eigentlich auch auf andere Produkte übertragbar sein (vgl. aber vor §§ 150 ff. Rdn 106 ff. zu aktuellen Tendenzen der Rspr.). Die europäische Gesetzgebung weist ebenfalls in die Richtung, Versicherungsprodukte stärker als Anlageprodukte zu qualifizieren (vgl. die VO Nr. 1286/2014 vom 26.11.2014 (PRIIP), die am 31.12.2016 in Kraft tritt, sowie die RL 2016/97 vom 20.1.2016 (IDD II), die bis zum 23.2.2018 von den Mitgliedstaaten umgesetzt werden muss). Der VN muss die genauen Kosten des Produkts kennen, um entscheiden zu können, ob es seinem Interesse dient oder ob die Versicherung nur im Interesse des VR bzw. seines Vermittlers angeboten wird (vgl. BGH, NJW 2007, 1876, 1878 f.). Der Versicherungsvermittler benötigt diese Angaben, um seinen Pflichten aus §§ 60 Abs. 1 und 2, 61 Abs. 1 VVG nachzukommen und eine Schadensersatzpflicht aus § 63 VVG zu vermeiden.

e) Ausschluss der Überschussbeteiligung

55 Die **Wahlfreiheit des Versicherers**, innerhalb der aufsichtsrechtlichen Vorgaben eine Überschussbeteiligung anzubieten oder diese auszuschließen, sollte durch § 153 Abs. 1 VVG nicht eingeschränkt werden. Der Anspruch auf Überschussbeteiligung ist aber als Regelfall normiert. Der VR muss auf einen Ausschluss als Abweichung vom Regelfall ausdrücklich hinweisen, v.a. dann, wenn der VN bei dem infrage stehenden Vertragstyp üblicherweise eine Beteiligung an den Überschüssen erwarten darf. Verträge, bei denen eine Überschussbeteiligung allgemein gewährt wird, sind insb. alle kapitalbildenden Lebens- und Rentenversicherungen, aber auch Risikoversicherungen, die regelmäßig eine Beteiligung an den Überschüssen vorsehen, häufig über eine Beitragsverrechnung sowie Unfallversicherungen mit Prämienrückgewähr. Ein Ausschluss der Überschussbeteiligung ist bei allen Tarifen möglich, unabhängig davon, ob sie nach § 138 VAG (§ 11 VAG a.F.) kalkuliert sind oder nicht (so auch Looschelders/Pohlmann/*Krause*, § 153 Rn 2; *Präve*, VersR 2008, 151, 153; offen gelassen von Marlow/Spuhl/*Grote*, Das neue VVG kompakt, S. 201.

56 Soll die Überschussbeteiligung **ausgeschlossen** werden, muss dies **ausdrücklich und transparent** geschehen. Der Ausschluss darf in den AVB vereinbart werden (Begr. BT-Drucks 16/3945, S. 96), muss aber der AGB-Inhaltskontrolle, insb. dem Transparenzgebot (§ 307 Abs. 1 S. 2 BGB) standhalten. Ist die Vereinbarung des Ausschlusses unwirksam, steht dem VN ein Anspruch auf Überschussbeteiligung zu.

Ein Ausschluss der Überschussbeteiligung könnte für Risikoversicherungen (Tod, Berufsunfähigkeit, Pflege u.a.) infrage kommen, weniger für kapitalbildende Versicherungen, da sich ein solcher Ausschluss im Wettbewerb nicht durchsetzen könnte. Hier wäre ein Ausschluss denkbar bei kurz laufenden Verträgen (Abschlussbericht der Kommission, S. 106). Auch bei Zusatzversicherungen ist ein kompletter Ausschluss denkbar. 57

Der letzte Hs. stellt klar, dass die Überschussbeteiligung **nur insgesamt ausgeschlossen** werden kann. **Nicht** möglich ist daher eine **alleinige Abbedingung der Beteiligung an den Bewertungsreserven**, da dies den Vorgaben des BVerfG (BVerfG, NJW 2005, 2376) widerspräche (vgl. Begr. BT-Drucks 16/3945, S. 132). 58

III. Überschussverteilung (§ 153 Abs. 2 VVG)

1. Regelungsgehalt

Die Beteiligung an den Überschüssen hat im **Regelfall** anhand eines **verursachungsorientierten Verfahrens** zu erfolgen. Davon kann durch ausdrückliche Vereinbarung abgewichen werden, wenn die anderen Verteilungsgrundsätze vergleichbar und angemessen sind. Die damit festgelegte verursachungsorientierte Beteiligung am Überschuss ergibt sich aus der grundgesetzlichen Verpflichtung (Art. 2 Abs. 1 und Art. 14 Abs. 1 GG), die mit der Prämienzahlung geschaffenen Vermögenswerte angemessen zu berücksichtigen (BVerfG, NJW 2005, 2363; NJW 2005, 2376). 59

2. Verursachungsorientiertes Verfahren

Die verursachungsorientierte Verteilung des Überschusses ist Gegenstand des gesetzlich verankerten Anspruchs der VN vertragsrechtlicher Art (Begr. BT-Drucks 16/3945, S. 96). Genaue Vorgaben für die Verteilung sind aber im Gesetz nicht vorgesehen. Die AVB regeln Einzelheiten über die Fälligkeit, die Form und Verwendung der Überschussbeteiligung des individuellen Vertrags in § 2 (ALB 2016). Das verursachungsorientierte Verfahren ist bei der **Individualisierung der Überschussanteile** (Stufe 3) anzuwenden. 60

a) Abgrenzung zum verursachungsgerechten Verfahren

Die Verteilung des Überschusses durch Direktgutschrift oder Entnahme aus der RfB muss einem verursachungsorientierten Verfahren folgen. Eine verursachungsgerechte, individuelle Zuordnung der Überschüsse zu einzelnen VN ist daher nicht erforderlich. Je weiter der VR von einer 100 % verursachungsgerechten Zuteilung der Überschüsse abweicht, desto größer wird sein Risiko, dass ein Gericht später die hinreichende Verursachungsorientierung nicht anerkennt mit der Folge, dass erhebliche Überschüsse, die dann nicht mehr vorhanden sind, nachzuzahlen wären (vgl. *Engeländer*, VersR 2007, 155, 160 f.). Der VR darf wie bisher gleichartige Verträge zu **Bestandsgruppen und Gewinnverbänden** zusammenfassen (Begr. BT-Drucks 16/3945, S. 96; BGH, VersR 2015, 433, 434; dazu allgemein: *Kurzendörfer*, Einführung in die Lebensversicherung, S. 150 f.). Die Verteilung 61 des Überschusses orientiert sich am Beitrag der Gruppe oder des Verbandes an der Entstehung des Überschusses. Es genügt, wenn der VR alle Verträge sachgerecht in einzelne Gruppen unterteilt und den Rohüberschuss entsprechend der Überschussverursachung den jeweiligen Gruppen zuordnet. Der einzelne Vertrag erhält dann den rechnerischen Anteil am Betrag seiner Gruppe (vgl. Begr. BT-Drucks 16/3945, S. 96). Der Gesetzgeber geht davon aus, dass dieses System nicht vereinbart werden braucht. Vielmehr reiche es, wenn der VR ein derartiges Verteilungssystem „entwickelt und widerspruchsfrei praktiziert" (Begr. BT-Drucks 16/3945, S. 96).

62 Bei der Verteilung des Überschusses ist der aufsichtsrechtliche **Gleichbehandlungsgrundsatz** (§ 138 Abs. 2 VAG; § 11 Abs. 2 VAG a.F.) zu beachten. Daraus wird ein Verbot der Ungleichbehandlung von Verträgen mit **unterschiedlich hohen Garantiezinsen** hinsichtlich der Überschussbeteiligung hergeleitet oder andersherum: Die Gesamtverzinsung muss für alle Verträge **unabhängig von der Höhe des Rechnungszinses** gleich sein (VerBaFin 7/2004, S. 3, 5; Jahresbericht BaFin 2004, S. 155; *Pirner*, VW 2004, 656, 658).

63 Die Höhe des Rechnungszinses hat einerseits unmittelbaren Einfluss auf die **Kapitalanlage**. Bei einer geringen Differenz zwischen Rechnungszins und dem am Markt erzielbaren Zinssatz muss der VR eine konservative – weniger rentierliche – Anlagestrategie verfolgen, um die Finanzierung der garantierten Leistung sicherzustellen (*Kurzendörfer*, Einführung in die Lebensversicherung, S. 145, ausführlich *Ortmann*, Kapitalanlage deutscher und britischer Lebensversicherer, S. 78 ff., 84 f.). Verträge mit niedrigem Rechnungszins erlauben somit eine renditeträchtigere Kapitalanlage und leisten insofern einen höheren Beitrag zum Überschuss als Verträge mit höheren Garantien. Letztere müssen sogar **quersubventioniert** werden, wenn der Garantiezins höher ist als der am Markt erzielbare Zins.

64 Andererseits darf nicht übersehen werden, dass höhere Garantiezinsen in wirtschaftlich guten Zeiten vereinbart werden, in denen in der Tendenz hohe Überschussbeteiligungen erzielt werden können. Durch die **verschiedenen Glättungsmechanismen** in der Lebensversicherung (variable Beteiligung an den RfB; hälftige Beteiligung an den Bewertungsreserven) wird also gerade auch durch die Lebensversicherungsverträge mit hohen Garantiezinsen eine höhere Überschussbeteiligung erzielt. Probleme entstehen v.a. durch das Duration Mismatch, d.h. dadurch, dass die Lebensversicherungsverträge mit höheren Garantiezinsen eine längere Laufzeit aufweisen als die die Garantiezinsen zunächst deckenden Kapitalanlagen. Eine aktuariell gerechtfertigte risikoadjustierte Gesamtverzinsung (dafür: Vorauflage, Rn 55; *Kling/Ruß*, VW 2004, 254, 256; *Buchwald/Müller*, VW 2004, 876, 878; Prölss/*Präve*, § 11 VAG Rn 18a) müsste diese Zusammenhänge berücksichtigen, um dem Gleichbehandlungsgrundsatz zu entsprechen (vgl. ausführlich *Rubin*, Das versicherungsrechtliche Interessenausgleichsprinzip (2017), 5. Kap., § 3.I.2.b.).

65 Unterschiedlich hohe Garantiezinsen wären aber unproblematisch, wenn Verträge mit einheitlichem Rechnungszins auch hinsichtlich der Kapitalanlage **getrennt verwaltet** würden, wie dies bei britischen VR gehandhabt wird. Dann würde sich die Überschussbeteiligung direkt aus dem Kapitalanlageergebnis der jeweiligen Gruppe ergeben. In Deutschland gibt es jedoch keine unterschiedlichen Kapitalanlagetöpfe; die Kapitalanlagen werden nicht

getrennt angelegt, unterteilt nach Eigentum des VR, Sicherungsvermögen, RfB oder hinsichtlich verschiedener Vertragsgruppen (s.a. *Engeländer*, VersR 2005, 1031 f.). Eine eindeutige Zuordnung der Kapitalanlagen durch Bildung unterschiedlicher Anlagetöpfe bzw. separater Abteilungen im Sicherungsvermögen (§ 125 Abs. 6 VAG; § 66 Abs. 7 VAG a.F.) für Vertragsgruppen mit einheitlichem Garantiezins würde eine verursachungsorientierte Überschussbeteiligung erlauben.

Es ist nach dem Willen des Gesetzgebers ausdrücklich nicht erforderlich, dass der VN exakt an den mit seinen Prämien erzielten Überschüssen beteiligt wird. Dennoch ist eine solche **streng verursachungsgerechte** Beteiligung an den Überschüssen zulässig. Eine zulässige Erhöhung der Beteiligungsquoten (vgl. § 6 Abs. 1 Satz 4 MindZV; früher § 4 Abs. 3 S. 4 MindZV) erhöht dabei noch nicht die Verursachungsgerechtigkeit (Looschelders/Pohlmann/*Krause*, § 153 Rn 37). 66

b) Zeitnahe Zuteilung

Bisher wurde stets auch eine **zeitnahe Beteiligung** an den Überschüssen verlangt (*Kurzendörfer*, Einführung in die Lebensversicherung, S. 152; zum Altbestand: BVerwG, VersR 1996, 569, 572; BVerwG, VersR 1990, 73, 74). Zwischen Entstehung bzw. Feststellung des Rohüberschusses und endgültiger, verbindlicher Gutschrift sollte möglichst wenig Zeit liegen. Jetzt verlangt § 153 VVG nur noch ein verursachungsorientiertes Verfahren. Zivilrechtlich darf somit eine nicht zeitnahe Überschussbeteiligung vereinbart werden. Dafür spricht auch, dass die noch im RefE vom 16.3.2006 in § 153 Abs. 3 VVG vorgesehene zeitnahe Zuteilung des Überschusses (innerhalb von zwei Jahren nach Ermittlung des Überschusses) aufgegeben wurde. Auch ein deutscher VR kann somit eine Überschussbeteiligung vereinbaren, die im Interesse einer aktien- und damit renditeorientierten Kapitalanlage eine hohe Schlussüberschussbeteiligung vorsieht (ebenso Looschelders/Pohlmann/*Krause*, § 153 Rn 40; zu den möglichen Renditen s. *Ortmann*, VersWissStud. Bd. 21, S. 39 ff.). 67

Der VR kann daher z.B. vereinbaren, dass **Überschüsse** sehr lange in der freien RfB bzw. dem Schlussüberschussanteilfonds **angesammelt** werden, um am Kapitalmarkt freier anlegen und Schwankungen ausgleichen zu können (*Schwintowski*, in: Basedow, VersWissStud Bd. 29, S. 77, 80). Allerdings müssten **aufsichts- und steuerrechtliche Begrenzungen** beachtet werden. Aufsichtsrechtlich wurde eine zeitnahe Überschussbeteiligung für den Altbestand aus der Generalklausel der Wahrung der Versichertenbelange (§ 81 Abs. 1 S. 2 VAG a.F.; jetzt § 294 Abs. 2 S. 2 VAG) gefolgert (BVerwG, VersR 1996, 569, 572; BVerwG, VersR 1990, 73, 74; Prölss/*Kollhosser*, § 81c VAG Rn 1). Ein Verstoß sollte Maßnahmen der Missstandsaufsicht (§ 81 Abs. 2 S. 1 VAG a.F.; jetzt § 298 Abs. 1 S. 1 VAG) auslösen können. 68

Zumindest für den Neubestand kann die Aufsichtsbehörde eine **zeitnahe Überschussbeteiligung nicht mehr verlangen**, solange eine verursachungsorientierte Beteiligung gewährleistet ist (*Ortmann*, VersWissStud. Bd. 21, S. 204 ff.; ebenso hinsichtlich der zeitnahen Überschussbeteiligung *Ebers*, VersWissStud. Bd. 18, S. 129). Wenn sichergestellt ist, dass 69 die auf den einzelnen Vertrag entfallenden Gewinnanteile gutgeschrieben werden, kommt es auf den Zeitpunkt bzw. die Aufteilung auf laufende und Schlussüberschussbeteiligung nicht an. Aus dem Urteil des BVerfG (BVerfG, NJW 2005, 2376) ergibt sich nichts anderes. Die Schutzaufträge der Art. 2 Abs. 1 und 14 Abs. 1 GG verlangen eine angemessene Beteiligung der VN an den mit ihren Prämien aufgebauten Vermögenswerten. Die geschützte Rechtsposition ist nur verletzt, wenn dem VN Vermögenswerte bzw. Überschüsse endgültig entzogen werden, weil sie nicht verursachungsorientiert zugeteilt werden. Der Schutzbereich der Grundrechte ist dagegen nicht verletzt, wenn die Überschüsse bei Vertragsbeendigung (Ablauf und Kündigung) zugewiesen werden.

70 **Steuerrechtlich** sieht § 21 KStG eine Begrenzung der RfB vor. Der für die Finanzierung der Schlussüberschussbeteiligung benötigte Betrag wird aber in § 21 Abs. 2 S. 2 Nr. 4 KStG aus der Thesaurierungsbegrenzung auf 300 % bzw. aktuell 500 % der RfB-Zuführung des aktuellen Wirtschaftsjahres (§ 21 Abs. 2 S. 2 Nr. 1 KStG i.V.m. § 34 Abs. 8 KStG) herausgenommen. I.H.d. Schlussüberschussanteilfonds gilt die RfB als verwendet (*Boetius*, Hdb. der versicherungstechnischen Rückstellungen, S. 187). Bezweckt wird zwar eine zeitnahe Verwendung der Beiträge (RFHE RStBl. 1943, 680; *Boetius*, Hdb. der versicherungstechnischen Rückstellungen, S. 184). Diese Forderung beruht aber auf dem Zweck, einen zweckwidrigen Missbrauch der RfB zur bloßen Vermögensansammlung zur Kapitalstärkung des Unternehmens zu verhindern (vgl. auch BVerwG, VersR 1990, 73, 75). Die Beitragsrückerstattung zugunsten der VN soll steuerfrei, ein Unternehmensgewinn dagegen steuerpflichtig sein. Wird aber eine hohe Schlussüberschussbeteiligung vertraglich vereinbart und wird diese verursachungsorientiert den VN zugewiesen, wird dem Zweck des § 21 KStG nicht widersprochen, so dass dieser einer entsprechenden Überschussansammlung nicht entgegen steht (ausführlich *Ortmann*, VersWissStud. Bd. 21, S. 208 ff.). Notwendig ist in diesem Fall aber, dass auch tatsächlich ein entsprechend hoher Schlussüberschussanteil gezahlt wird. Auch eine Kollektivierung der RfB (vgl. §§ 140 Abs. 4, 145 Abs. 6 VAG (§ 56b Abs. 2 VAG a.F.) i.V.m. der RfBV) darf der Zuweisung eines angemessenen Schlussüberschussanteils nicht entgegenstehen. In diesem Rahmen ist § 21 KStG von besonderer Bedeutung, dessen vorgeschriebene Grenzen deshalb nicht ohne weiteres umgangen werden dürfen (vgl. auch *Rubin*, Das versicherungsrechtliche Interessenausgleichsprinzip (2017), 4. Kap., § 1.I.1.).

71 Die ausdrückliche Vereinbarung hoher Schlussüberschussbeteiligungen ist privatrechtlich möglich und ist auch aufsichts- und steuerrechtlich **zulässig**. Eine Klarstellung durch den Gesetzgeber wäre dennoch wünschenswert.

3. Andere vergleichbare angemessene Verfahren

72 Nach § 153 Abs. 2 S. 1 Hs. 2 VVG können andere vergleichbare angemessene Verteilungsgrundsätze vereinbart werden. Der Gesetzgeber geht von einem verursachungsorientierten Verfahren als Regelfall aus. Dies gebietet auch der sich aus Art. 2 Abs. 1 und Art. 14 Abs. 1 GG ergebende Auftrag (BVerfG, NJW 2005, 2376), VN an den erzielten Überschüssen, die auf geleisteten Prämien beruhen, angemessen zu beteiligen. Ein solches Verfahren ist

in § 2 Muster-ALB 2016 beschrieben. Ein **Abweichen von diesem Regelfall** erfordert daher ein hohes Maß an **Information und eine transparente Regelung** in den AVB, die einer Inhaltskontrolle nach § 307 BGB standhalten muss. Die Grenze für ein abweichendes Zuteilungsverfahren wird durch den Grundrechtsschutz (Art. 2 Abs. 1 und Art. 14 Abs. 1 GG) sowie durch die Prüfung der Angemessenheit i.R.d. Inhaltskontrolle gezogen. Bei der Entwicklung eines anderen, angemessenen Verfahrens braucht der VR nicht nur die Interessen des Einzelnen an einer verursachungsorientierten Beteiligung vor Augen zu haben. Die Leistungen müssen nicht am Interesse eines Einzelnen optimiert werden; dies widerspräche dem **Gedanken der Risikogemeinschaft** und des damit einhergehenden Ausgleichs der durchaus verschiedenen Interessen einzelner VN (BVerfG, NJW 2005, 2376, 2381).

Ein Beispiel für eine andere vergleichbare Überschussverteilung ist die Anwendung eines **Glättungsverfahrens**. Gewährt ein VR jedem VN eine 100 %ige und voll verursachungsgerechte Beteiligung an dem Ertrag der mit seinen Prämien aufgebauten Vermögenswerte, benötigt er ein anderes **Korrektiv** zum Ausgleich der Versicherteninteressen. Britische VR wenden häufig einen Glättungsmechanismus an, durch den die starken Ausschläge der Kapitalmärkte – anders als bei fondsgebundenen Versicherungen – ausgeglichen werden (s. dazu *Ortmann*, VersWissStud. Bd. 21, S. 135 f.). Dies führt zu höheren Auszahlungen ggü. dem tatsächlichen Vertragsstand bei gefallenen Kapitalmärkten und niedrigeren Ablaufleistungen ggü. dem tatsächlichen Vertragsstand bei stark gestiegenen Aktienkursen. Der Ausgleich wird zwischen den VN und ausschließlich in deren Interesse hergestellt. Da ein solches Verfahren nur dem Ausgleich der Interessen der **Risikogemeinschaft** dient, ist es zulässig. Eine unangemessene Benachteiligung i.S.d. § 307 Abs. 2 BGB ist somit kaum vorstellbar, solange es sich um einen Ausgleich ausschließlich zwischen den VN handelt und dieser nicht zu einer dauerhaften Schlechterstellung ggü. anderen Versicherungsnehmergruppen führt.

73

Wichtig ist hingegen eine klare und verständliche Regelung i.S.d. § 307 Abs. 1 S. 2 BGB. Das Glättungsverfahren muss insoweit verbraucherfreundlich erklärt werden. Eine **Offenlegung** von Formeln ist dagegen nicht notwendig und auch nicht interessengerecht. Die Versicherungsunternehmen gestalten ihre Geschäftspolitik selbst und entscheiden damit in unternehmerischer Eigenverantwortung über den Geschäftserfolg (BVerfG, NJW 2005, 2376, 2379). Eine Offenlegung würde nicht nur die VR in ihrem Grundrecht aus Art. 12 Abs. 1 GG verletzen und den Bestand des Unternehmens gefährden, sondern darüber hinaus den Interessen der Versichertengemeinschaft widersprechen, da einzelne VN **gegen die Versichertengemeinschaft spekulieren** könnten, wenn sie ihren Vertrag zu einem Zeitpunkt auflösen, in dem über das Glättungsverfahren ein den tatsächlichen Wert des Vertrags übersteigender Betrag ausgezahlt wird.

74

Auch deutsche VR können über § 153 Abs. 2 S. 1 Hs. 2 VVG ein Glättungsverfahren vereinbaren. Aufsichts- und Steuerrecht stehen dem nicht entgegen (ausführl. *Ortmann*, VersWissStud. Bd. 21, S. 179 f., 211). Bei **VR aus EU-Staaten** ist die Schwelle zur europarechtswidrigen Produktkontrolle zu beachten (s. Rdn 3). Eine Beschränkung der grenzüberschreitenden Tätigkeit durch Produktvorgaben würde gegen Art. 180 RL 2009/138/EG

75

verstoßen (s. (noch zu Art. 33 RL 2002/83/EG) EFTA-Gerichtsentscheidung E-1/05 v. 25.11.2005 gegen Norwegen, VersR 2006, 249).

4. Kritische Bewertung

76 Der gesetzlich vorgesehene Anspruch auf Überschussbeteiligung und die vertragliche Umsetzung in § 2 ALB 2016 erfüllen die Vorgaben des BVerfG nur teilweise. Die VN können nach hier vertretener Auffassung ihren Anspruch auf Überschussbeteiligung jetzt **gerichtlich durchsetzen** und ggf. eine richterliche Anpassung einer unangemessenen Überschussbeteiligung (§ 315 Abs. 3 S. 2 BGB) erreichen. Vertraglich geregelt werden zwar die Voraussetzungen für die individuelle Zuteilung des Überschusses, nicht aber die genaue Aufteilung zwischen VR und Versichertengemeinschaft. Der allg. Verweis auf das Aufsichtsrecht widerspricht den Vorgaben des BVerfG (s. Rdn 39 f.). Der Gesetzgeber hätte noch klarere Vorgaben hinsichtlich der Veröffentlichung von (Kapitalanlage-)Kosten erlassen sollen. Jetzt müssen die VR selbst Lösungen finden durch klare Gestaltung der AVB. Um eine Bestimmung der Überschussbeteiligung durch den Richter zu vermeiden, sollten sämtliche Kosten (einschließlich Kapitalanlagekosten und sonstiger im Wege der Querverrechnung die Überschussbeteiligung schmälernde Kosten) klar und verständlich in den AVB vereinbart werden.

77 Was besser aufsichtsrechtlich geregelt worden wäre, muss jetzt vertraglich erreicht werden: Die transparente, verursachungsorientierte Beteiligung der VN an den Überschüssen. Dies ist auch heute schon möglich (vgl. auch *Schwintowski*, VuR 2005, 305, 308):

78 **Vorschlag**
Die VN sollten zu **100 % am Kapitalanlageergebnis** beteiligt werden. Die Beiträge werden, abzgl. der vereinbarten Kosten, in einen **internen – fiktiven – Fonds** investiert zu einem **täglich neu ermittelten Anteilspreis**. Gleichartige Verträge werden zusammengefasst, v.a. hinsichtlich des Garantiezinses, und investieren in den jeweils selben internen Fonds. Die tatsächliche Wertentwicklung ist wie bei einem Investmentfonds verursachungsgerecht nachvollziehbar. Der Vorstand entscheidet jährlich auf Vorschlag des Aktuars über die Höhe der laufenden individuellen Überschussbeteiligung, die je nach Vereinbarung nicht mehr entzogen werden kann. Bei Beendigung wird die Differenz zwischen dem durch laufende Überschüsse erhöhten Vertragsstand und dem tatsächlichen Wert (einschließlich Bewertungsreserven) als Schlussüberschuss ausgezahlt, wobei dieser noch einer Glättung unterzogen werden kann. Mithilfe der Glättungsformel können die Interessen zwischen VN und der Versichertengemeinschaft ausgeglichen werden, ohne dass dem Versichertenkollektiv Gelder entzogen werden. Verlieren die Kapitalanlagen an Wert, reduziert sich der Schlussüberschussbeteiligung (ausführl. schon *Ortmann*, VersWissStud. Bd. 21, S. 403 ff.; die Bildung eines fiktiven Fonds schlagen jetzt auch *Schulte/Vogelpohl*, VW 2007, 774 und *Ott*, VW 2007, 771 vor; s.a. *Goecke*, VW 2007, 157, 159 f.). Auf diesem Wege kann die Angemessenheit der Beteiligung an den mit den Prämien des VN aufgebauten Vermögenswerten nachvollzogen und gerichtlich unter Einbeziehung eines Sachverständigen überprüft werden. Die Behauptung, eine individuelle, verursachungsgerechte Zuteilung des Überschusses sei nicht möglich (Abschlussbericht, S. 106), trifft nicht zu, da sie heute schon praktiziert wird. Der erhebliche Aufwand für die Umstellung der Verwaltungssysteme wird ausgeglichen durch den Vorteil der Rechtssicherheit, die mit dem bisherigen System auch nach neuem Recht nicht gewährleistet ist. Auch wenn der Ausschluss der Beteiligung am Kosten- und Risikoergebnis kritisch

gesehen wird (vgl. Rdn 44), könnten VR den Verlust durch die Vereinbarung entsprechender Entgelte auffangen. Damit würde der Lebensversicherungsvertrag freilich stärker an einen Treuhandvertrag angenähert (vgl. zu den bereits bestehenden Treuhandelementen des Lebensversicherungsvertrags *Rubin*, Das versicherungsrechtliche Interessenausgleichsprinzip (2017), 2. Kap., § 2.II.5.).

5. Ausschüttungssperre nach § 153 Abs. 2 S. 2 VVG

§ 153 Abs. 2 S. 2 VVG wurde durch Art. 13 Abs. 20 Bilanzrechtsmodernisierungsgesetz (**BilMoG**) mit Wirkung zum 29.5.2009 eingefügt. Praktische Bedeutung erlangte die Vorschrift erstmals für das auf den 31.12.2009 folgende Geschäftsjahr, weil die zugrunde liegenden §§ 246 Abs. 2, 248 Abs. 2, 268 Abs. 8, 274 HGB gem. Art 66 Abs. 3 EGHGB erstmals dann anzuwenden waren (Looschelders/Pohlmann/*Krause*, § 153 Rn 43). Mit dieser Ergänzung sollte sichergestellt werden, dass die ausschüttungs- und abführungsgesperrten Erträge i.S.d. § 268 Abs. 8 HGB bei der Ermittlung der Überschussbeteiligung außer Betracht bleiben (Begr. BT-Drucks 16/10067, S. 114). Nicht realisierte Erträge aus der Aktivierung bestimmter Positionen werden damit nicht i.R.d. Überschussbeteiligung an die VN weitergegeben. Betroffen sind bestimmte selbst geschaffene immaterielle Vermögensgegenstände des Anlagevermögens (§ 248 Abs. 2 HGB), aktiv latente Steuern (§ 274 HGB) und Bewertungsgewinne aus für den Handelsbestand erworbenen Finanzinstrumenten oder Vermögensgegenständen (§ 246 Abs. 2 HGB). Stille Reserven außerhalb der Kapitalanlagen können damit aktiviert werden, ohne dass Aktionäre und VN daran zu beteiligen sind (Looschelders/Pohlmann/*Krause*, § 153 Rn 43). Bilanziell wird vorgeschlagen, die ausschüttungsgesperrten Beträge in einer latenten RfB zu erfassen (*Geib/Ellenbürger*, VW 2008, 1173, 1174; *Bonin*, VW 2008, 1530), die Teil der freien RfB sein soll (Looschelders/Pohlmann/*Krause*, § 153 Rn 44). VN werden i.R.d. Überschussbeteiligung erst nach Auflösung der entsprechenden Bilanzposition, z.B. durch Veräußerung der selbst geschaffenen Software (vgl. *Bonin*, VW 2008, 1530), an den realisierten Erträgen beteiligt.

IV. Beteiligung an Bewertungsreserven (§ 153 Abs. 3 VVG)

1. Regelungsgehalt

§ 153 Abs. 3 VVG regelt die vom BVerfG (BVerfG, NJW 2005, 2376) angeordnete Beteiligung der VN an den **Bewertungsreserven**. Es wird ein verursachungsorientiertes Verfahren sowie die Höhe der Beteiligung und der Zuteilungszeitpunkt vorgegeben. Insoweit enthält § 153 Abs. 3 VVG eine Spezialregelung zu § 153 Abs. 2 VVG. Laut dem Vorschlag für ein verursachungsorientiertes Verfahren zur Beteiligung der Versicherungsnehmer an Bewertungsreserven, der zwischen BaFin und GDV abgestimmt wurde (abgedr. bei *Wehling/Präve*, Versicherungsvertragsrecht 2008, S. 4) kann das Verfahren zur Beteiligung an Bewertungsreserven in drei Schritte unterteilt werden: 1. Bestimmung der Verträge und Zuordnung auf den anspruchsberechtigten Bestand (zu den Besonderheiten bei Rentenversicherungen in der Rentenbezugszeit s. Rdn 108 ff.), 2. (Fiktive) Zuordnung innerhalb der anspruchsberechtigten Verträge und 3. (Faktische) Zuteilung bei Vertragsbeendigung. Im

Zuge des LVRG wurde § 56a Abs. 3–5 VAG a.F. (jetzt §§ 139 Abs. 3 und 4, 145 Abs. 1 VAG) neu eingefügt, der eine Beschränkung der Beteiligung an Bewertungsreserven in wirtschaftlich schwierigen Zeiten erlaubt und auf den in § 153 Abs. 3 VVG verwiesen wird.

2. Entstehung und Ermittlung der Bewertungsreserven (§ 153 Abs. 3 S. 1 VVG)

81 Bewertungsreserven spiegeln die **Differenz** zwischen den **tatsächlichen Zeitwerten** der Kapitalanlagen und deren **handelsrechtlichem Ansatz** in der Bilanz wider. Vermögenswerte werden wegen des kaufmännischen Vorsichtsprinzips höchstens mit ihrem Anschaffungswert bewertet (§ 341a Abs. 1 i.V.m. § 253 Abs. 1 S. 1 HGB). Ist der tatsächliche Zeitwert höher als der Anschaffungswert, entsteht eine Bewertungsreserve, die sich handelsrechtlich erst im Jahresgewinn und damit in der Überschussbeteiligung niederschlägt, wenn die betreffende Kapitalanlage verkauft und der Gewinn realisiert wird. Andererseits ist eine den Gewinn mindernde Abschreibung vorzunehmen, wenn der tatsächliche Zeitwert unter den Anschaffungswert fällt, sofern sich die Kapitalanlage im Umlaufvermögen befindet (§ 253 Abs. 3 HGB) oder im Anlagevermögen verbucht ist und die Wertminderung voraussichtlich dauerhaft ist (§§ 253 Abs. 2 S. 3 Hs. 2 HGB). Bei vorübergehender Wertminderung im Anlagevermögen haben VR ein Abschreibungswahlrecht (§ 253 Abs. 2 S. 3 Hs. 1 HGB), außer bei Immobilien (§ 341b Abs. 1 S. 3 HGB). Namensschuldverschreibungen, Hypothekendarlehen und sonstige Forderungen dürfen mit Nennwert angesetzt werden (§ 341c Abs. 1 HGB).

82 Fällt der aktuelle Wert der Kapitalanlage im **Anlagevermögen** unter den Anschaffungswert und hält das Unternehmen die **Wertminderung für vorübergehend**, kann es das **Wahlrecht** des § 253 Abs. 2 S. 3 Hs. 1 HGB ausüben mit der Folge, dass eine negative Bewertungsreserve (stille Last) entsteht (ausführl. *Ortmann*, VersWissStud. Bd. 21, S. 228 ff.). Damit dienen Bewertungsreserven als **Puffer** für den Ausgleich von Kapitalmarktschwankungen. Hohe Bewertungsreserven erlauben höhere Aktienquoten und führen damit langfristig zu einer **höheren Vertragsrendite** (*Aden*, VW 2006, 1218; *Ortmann*, VersWissStud. Bd. 21, S. 232 f.).

83 Bisher haben VN nur zufällig bei Verkauf des Vermögenswertes und der damit verbundenen Realisierung an der Bewertungsreserve partizipiert. Ansonsten sind VN nicht an den Bewertungsreserven beteiligt worden, obwohl diese aus Vermögenswerten resultieren, die der VN mit seinen Prämien aufgebaut hat (BVerfG, NJW 2005, 2376, 2377). Diese den Bewertungsreserven immanente Verschiebung zwischen den Versichertengenerationen widerspricht grds. dem Prinzip der verursachungsorientierten Überschussbeteiligung (*Ortmann*, VersWissStud. Bd. 21, S. 234).

84 Seit dem 1.1.2008 sind die Bewertungsreserven mindestens einmal **jährlich neu zu ermitteln** und dem VN zuzuordnen. Alle Anlagearten, neben Aktien auch festverzinsliche Wertpapiere, bei denen sich die Bewertungsreserven bis zur Fälligkeit von selbst auflösen, Immobilien und sonstige nicht an einer Börse gehandelte Anlagen, werden einbezogen.

Auch für Namensschuldverschreibungen, die nach § 341c Abs. 1 HGB mit dem Nennwert anzusetzen sind, muss der Zeitwert und damit die Bewertungsreserve ermittelt werden. Dazu sind die handelsrechtlichen Bewertungsansätze (Anschaffungswert, Nennwert) mit den Zeitwerten zu vergleichen. Die **Zeitwerte** werden nach §§ 55, 56 RechVersV ermittelt.

Die Bewertungsreserven sind für jede Kapitalanlageart einzeln aufgeschlüsselt anzugeben (Begr. BT-Drucks 16/3945, S. 121). Außerdem sind die Summe aller Anschaffungswerte, die Summe aller Zeitwerte und der sich daraus ergebende Saldo (Bewertungsreserven aller Kapitalanlagen) erstmals für das Geschäftsjahr 2007 im **Anhang zum Jahresabschluss** (§§ 264 Abs. 1 S. 1, 284 ff. HGB) nach § 54 RechVersV anzugeben. Die Zeitwerte sind nach §§ 55, 56 RechVersV zu ermitteln. Stille Lasten bei einzelnen Kapitalanlagen verringern i.R.d. **Saldierung** die Bewertungsreserven anderer Kapitalanlagen (so auch *Engeländer*, VersR 2007, 155, 157; *Mudrack*, VuR 2006, 41, 44). 85

Die Ermittlung muss jährlich wiederholt werden. Sinnvoll, aber nicht zwingend ist eine Ermittlung im zeitlichen Zusammenhang mit der Erstellung des Jahresabschlusses (*Wehling/Präve*, Versicherungsvertragsrecht 2008, Vorschlag für ein verursachungsorientiertes Verfahren zur Beteiligung der Versicherungsnehmer an Bewertungsreserven, S. 8). Eine unterjährige oder sogar laufende Ermittlung der Bewertungsreserven steht dem nicht entgegen. 86

3. Verursachungsorientierte Zuordnung (§ 153 Abs. 3 S. 1 VVG)

Anspruchsberechtigt sind alle Verträge, bei denen Bewertungsreserven anfallen. Das sind in erster Linie kapitalbildende Lebens- und Rentenversicherungen mit Überschussbeteiligung. Kapitalisierungsverträge sollen ebenfalls erfasst sein (BaFin, Hinweise zu Auslegungsfragen vom 28.5.2008; einschränkend Rüffer/Halbach/Schimikowski/*Brambach*, § 153 Rn 59). Aber auch Risikoversicherungen sind anspruchsberechtigt, sofern Bewertungsreserven entstehen können (s. allgemein zur Anwendbarkeit Rdn 6). 87

Der Gesetzgeber verlangt **keine verursachungsgerechte Zuordnung**, also keine exakte Beteiligung entsprechend dem Anteil eines jeden VV an den Bewertungsreserven. Es genügt eine verursachungsorientierte Zuweisung. Mit jedem Schritt weg von einer verursachungsgerechten Zuordnung wird der Rechtfertigungsdruck im Hinblick auf die drohende Verletzung der Art. 2 Abs. 1 und Art. 14 Abs. 1 GG größer. Insofern bleiben **pauschalierende Modelle** problematisch. Infrage kommt eine Anknüpfung an die Summe der gezahlten Beiträge zum Stichtag, die tarifliche Reserve zum Stichtag, ein summierter Anteil der Reserven zum Stichtag oder auch die summierten Zinserträge zum Stichtag (Ott, VW 2007, 771). Der prozentuale Anteil eines Vertrags an den Bewertungsreserven entspricht dem Verhältnis des Vertragsguthabens des Einzelnen anspruchsberechtigten Vertrags zu den Guthaben aller anspruchsberechtigten Verträge (*Wehling/Präve*, Versicherungsvertragsrecht 2008, Vorschlag für ein verursachungsorientiertes Verfahren zur Beteiligung der Versicherungsnehmer an Bewertungsreserven, S. 7; s.a. Looschelders/Pohlmann/*Krause*, § 153 Rn 45). 88

89 Bewertungsreserven sind flüchtig, da ihre Höhe von den Kapitalmärkten abhängt. Daher werden sie den VN jährlich anteilig zugeordnet, jedoch ohne dass ein der Höhe nach bestimmter zivilrechtlicher Anspruch entsteht. Der zugewiesene Betrag kann sich **jährlich ändern**. Werden die anteiligen Bewertungsreserven als Vorableistung auf zukünftig erwartete Überschüsse aus realisierten Bewertungsreserven ausgezahlt, müssen spätere Kursverluste von der Versichertengemeinschaft getragen werden (*Engeländer*, VersR 2007, 155, 158).

4. Bei Beendigung des Vertrags oder früher (§ 153 Abs. 3 S. 2 VVG)

90 Die anteiligen Bewertungsreserven werden erst bei **Beendigung des Vertrags** verbindlich zugeteilt, soweit nicht ein früherer Zeitpunkt vereinbart wurde. Beendigung bedeutet nicht nur der reguläre **Vertragsablauf** bei Fälligkeit, sondern auch jede andere Beendigung, insb. durch **Kündigung** oder **Tod** (sofern die vereinbarte, garantierte Todesfallleistung nicht höher als der Rückkaufswert einschließlich der Überschussbeteiligung ist). Die Bewertungsreserven müssen auch zugeteilt werden bei Übertragung eines **Riester**-Guthabens oder des Vertragsguthabens einer Direktversicherung i.R.d. Portabilitätsabkommens. Bei **Rürup**-Verträgen nach § 10 Abs. 1 Nr. 2b) EStG müssen die Bewertungsreserven dem Verrentungsguthaben zugeschlagen werden, ebenso bei Übergang zur Rentenzahlung bei Kapitalverträgen. Keine Zuweisung erfolgt bei einer Beitragsfreistellung, da der Vertrag noch nicht beendet ist (s. § 165 Rdn 1). Problematisch sind Teilrückkäufe bzw. Teilentnahmen. Hier muss eine doppelte Zuweisung vermieden werden, indem die Bewertungsreserven entweder anteilig bei jeder Teilauszahlung zugewiesen und ausgeschüttet werden (so VersR-Hdb/*Brömmelmeyer*, § 42 Rn 300) oder nur bei Vertragsablauf unter Beachtung der Entwicklung der Vertragsstände im Zeitverlauf (*Wehling/Präve*, Versicherungsvertragsrecht 2008, Vorschlag für ein verursachungsorientiertes Verfahren zur Beteiligung der Versicherungsnehmer an Bewertungsreserven, S. 16).

91 Insofern steht den VN bei Vertragsschluss ein Anspruch auf anteilige Zuordnung der Bewertungsreserven nur dem Grunde nach zu. Die Höhe wird erst bei Beendigung ermittelt. Erst dann kann der Anspruch auf Zuteilung beziffert werden (vgl. Begr. BT-Drucks 16/3945, S. 97).

92 Nach § 153 Abs. 3 S. 2 Hs. 2 VVG kann eine **frühere Zuteilung** als bei Beendigung des Vertrags vereinbart werden. Im RefE zum VVG 2008 war noch eine verbindliche Zuteilung nach zwei Jahren vorgesehen. Diese Möglichkeit wird in der Praxis **bedeutungslos** bleiben. Die Lebensversicherer benötigen die Bewertungsreserven als Puffer bei fallenden Kapitalmärkten. Werden die Bewertungsreserven schon früher als bei Beendigung des Vertrags zugeteilt, geht diese Pufferfunktion weitestgehend verloren. Als Folge kann der VR nur noch sehr konservativ anlegen, was zu Renditeeinbußen führt und am Ende das Produkt unattraktiv macht. Außerdem muss die Versichertengemeinschaft vor Kapitalmarkteinbrüchen geschützt werden, die der VR wegen frühzeitig zugeteilter Bewertungsreserven nicht auffangen kann und am Ende die Insolvenz des VR bedeuten können. Insofern sollte der VR bei einem Vorziehen des Zuteilungsstichtags auch die vom BVerfG (BVerfG, NJW

2005, 2376, 2381) geschützten Interessen der Versichertengemeinschaft beachten (dazu *Schenke*, VersR 2006, 725, 727 f.).

5. Hälftige Zuordnung (§ 153 Abs. 3 S. 2 VVG) und Einschränkung durch aufsichtsrechtliche Regelungen zur Kapitalausstattung (§ 153 Abs. 3 S. 3 VVG)

Der Gesetzgeber sieht eine Beteiligung des VN an den mit seinen Prämien aufgebauten Bewertungsreserven zu **50 %** vor. Außerdem wurde mit dem § 153 Abs. 3 S. 3 VVG eine weitergehende Einschränkung eingeführt. Der Verweis in § 153 Abs. 3 S. 3 VVG stellt den **Vorrang des Aufsichtsrechts** klar; im Zuge des LVRG wurden einzelne Vorschriften des VAG besonders hervorgehoben. Die sich aus dem Aufsichtsrecht (allgemein Kapitel 2 VAG; §§ 53c ff. VAG a.F.; s. auch § 9 Kapitalausstattungs-Verordnung vom 18.4.2016) ergebende Verpflichtung, eine ausreichende Kapitalausstattung zu gewährleisten (die dauernde Erfüllbarkeit der Verträge sicherzustellen), soll durch den Anspruch der VN auf Beteiligung an den Bewertungsreserven nicht abgeschwächt werden (s. aber Rdn 103). Besonders relevant ist für die Lebensversicherung § 139 Abs. 3, 4 VAG (§ 56a Abs. 3–5 VAG a.F.), der eine Beteiligung an Bewertungsreserven im Falle eines Sicherungsbedarfs vollständig ausschließt.

93

Daraus könnte zunächst gefolgert werden, dass nur diejenigen Bewertungsreserven zur hälftigen Verteilung zur Verfügung stehen, die auf die Passivpositionen der VN entfallen. Bewertungsreserven, die den **Eigenpositionen des VR** (z.B. Eigenkapital) zuzuordnen sind, sollen von vornherein herausfallen (vgl. *Wehling/Präve*, Versicherungsvertragsrecht 2008, Vorschlag für ein verursachungsorientiertes Verfahren zur Beteiligung der Versicherungsnehmer an Bewertungsreserven, S. 9; folgend *Winter*, in: Bruck/Möller, § 153 Rn 16; Looschelders/Pohlmann/*Krause*, § 153 Rn 45). Darüber hinaus sollen solche Bewertungsreserven ausgenommen werden, die auf **kollektive Rückstellungen** entfallen (z.B. Pauschalwertberichtigung auf Forderungen ggü. VN, Spätschadenreserven, nicht festgelegte RfB, kollektiv finanzierte Rentenzusatzreserve, vgl. *Wehling/Präve*, Versicherungsvertragsrecht 2008, Vorschlag für ein verursachungsorientiertes Verfahren zur Beteiligung der Versicherungsnehmer an Bewertungsreserven, S. 9). Für die Herausnahme der auf die Eigenmittel und kollektiven Rückstellungen entfallenden Reserven gibt der Wortlaut aber nichts her (ähnlich wohl auch VersR-Hdb/*Brömmelmeyer*, § 42 Rn 293). Die Aufteilung der Reserven auf VR und VN wurde pauschal je zur Hälfte vorgesehen. Sollten die Bewertungsreserven daher nicht vollständig berücksichtigt werden, sondern vorab bestimmte Positionen ausgeklammert werden, liegt ein **Verstoß gegen § 153 Abs. 3** VVG und gleichzeitig gegen Art. 14 Abs. 1 und Art. 2 Abs. 1 GG vor (s.a. unten Rdn 102). Es kommt nur dann eine klare Zuordnung der Bewertungsreserven zu den VN in Betracht, wenn **selbständige Abteilungen im Deckungsstock** gebildet werden. Dies ist nach § 125 Abs. 6 VAG (§ 66 Abs. 7 VAG a.F.) möglich.

94

Die Beteiligung an den Bewertungsreserven soll weiterhin insofern gekürzt werden können, als die dauernde Erfüllbarkeit der Verträge nicht mehr gewährleistet werden kann, worunter

95

§ 153 VVG

auch die Erfüllung von der BaFin geforderter **Stresstests** fallen soll (Begr. des Rechtsausschusses, BT-Drucks 16/5862, S. 99.; s. die Regelungen in Nr. 3.11.8 des Gesamtgeschäftsplans für die Überschussbeteiligung; s. auch Rdn 103).

96 Rundschreiben R 1/2004 (VA), letztmalig ergänzt durch Verlautbarung der BaFin 2009, verpflichtet die VR, Stresstests durchzuspielen und die Aufsichtsbehörde über die Ergebnisse zu informieren. Damit sollen **potenzielle Gefahren für die dauernde Erfüllbarkeit der Verträge** rechtzeitig aufgedeckt werden. 2014 bestanden alle Lebensversicherer die von der BaFin durchgeführten Stresstests. Dabei wurden folgende Stresstests angewendet (abrufbar auf www.bafin.de):
- Test isoliertes Rentenszenario: Marktwertverlust fest verzinslicher Wertpapiere: -10 %,
- Test isoliertes Aktienszenario: Marktwertverlust Aktien um 22 % im Vergleich zum Stand des Indexes EuroStoxx 50 (Kursindex) am 31.12.2013,
- Test Renten- und Aktienszenario: Marktwertverlust fest verzinslicher Wertpapiere: -5 % und gleichzeitig Marktwertverlust Aktien um 15 % im Vergleich zum Stand des Indexes EuroStoxx 50 (Kursindex) am 31.12.2013,
- Test Aktien- und Immobilienszenario: Marktwertverlust Aktien um 10 % im Vergleich zum Stand des Indexes EuroStoxx 50 (Kursindex) am 31.12.2013 und zugleich Marktwertverlust Immobilien -10 %.
- Die Bundesbank stellt in einem von ihr angewendeten Stressszenario 2013 indes „beachtliches Gefährdungspotenzial" durch das Niedrigzinsumfeld fest (vgl. den Finanzstabilitätsbericht 2013, S. 73). Auch die durch das LVRG bewirkten Änderungen haben die Gefährdung nicht beseitigen können (vgl. Finanzstabilitätsbericht 2015, S. 41).

97 Außerdem sind Abzüge in Abhängigkeit von der Bonität des Emittenten zu machen. VR dürfen laut Rundschreiben auch eigene Tests heranziehen, wenn diese mindestens die Vorgaben der Aufsichtsbehörde erfüllen.

98 Bei Beendigung des Vertrags sollen nur diejenigen Bewertungsreserven für eine **Zuteilung zur Verfügung stehen, die nicht für ein Bestehen aller Stresstests benötigt** werden (vgl. *Wehling/Präve*, Versicherungsvertragsrecht 2008, Vorschlag für ein verursachungsorientiertes Verfahren zur Beteiligung der Versicherungsnehmer an Bewertungsreserven, S. 6; Nr. 3.11.8 des Gesamtgeschäftsplans für die Überschussbeteiligung). In der Praxis könnte der VR die Stresstests zum Bilanzstichtag durchspielen und sich durch Herausnahme von Bewertungsreserven einem Saldo von null bei allen Stresstests annähern. Die im Wege dieses Annäherungsverfahrens ermittelten freien – nicht für das Bestehen der Stresstests benötigten – Bewertungsreserven würden zur Hälfte den VN zugeordnet. Da die genaue Zuteilungshöhe erst bei Vertragsbeendigung ermittelt wird, ist es sinnvoll, das Annäherungsverfahren häufiger, zumindest monatlich oder sogar täglich, durchführen, um jederzeit einen möglichst genauen Abgleich mit dem Kapitalmarkt zu haben.

99 Die Einbeziehung der Stresstests entspricht dem Anliegen der Lebensversicherer, im eigenen und im Interesse der Versichertengemeinschaft nicht Bewertungsreserven an einzelne VN auszuzahlen, die für die **Erhaltung der Kapitalstärke** nötig sind. V.a. hinsichtlich der großen Immobilienbestände, in denen hohe Bewertungsreserven über viele Jahre angesammelt wurden, könnte die Auszahlung der Bewertungsreserven zu einem Verkaufsdruck führen. Es ist aber zu befürchten, dass der **Anspruch** der einzelnen VN bis zur Bedeutungslosigkeit **ausgehöhlt** wird. Zunächst dürften VR nur die von der BaFin geforderten Stresstests verwenden, um eine Einheitlichkeit herzustellen und um nicht durch noch strengere Tests die Ansprüche der VN weiter einzuschränken. Denn schon die von der Aufsichtsbehörde vorgeschriebenen Tests sind streng und wurden in der Vergangenheit auch ohne Zuweisung von Bewertungsreserven an VN nicht immer bestanden. Daher ist höchst fraglich, ob die klaren Forderungen des BVerfG damit erfüllt werden (vgl. auch Rdn 103).

Das BVerfG hat eine Lösung gefordert, die eine angemessene Beteiligung der VN an den durch seine Prämien aufgebauten Vermögenswerten – Bewertungsreserven – vorsieht (BVerfG, NJW 2005, 2376, 2377), und gleichzeitig einen gerechten Ausgleich der entgegengesetzten Interessen des einzelnen VN und der Versichertengemeinschaft bewirkt (BVerfG, NJW 2005, 2376, 2381). Der Gesetzgeber hat eine **hälftige Beteiligung** vorgesehen, **ohne** die Angemessenheit gerade dieser Aufteilung zu **begründen**. Das alleine macht die Regelung schon angreifbar (*Römer*, VersR 2006, 865, 868; *Römer*, DB 2007, 2523, 2527; *Bürkle*, VersR 2006, 1042, 1043). 100

Dennoch wird die Beteiligungsquote von 50 % wegen der **Einschätzungsprärogative** des Gesetzgebers (BVerfG, NZA 2007, 609) wohl als angemessen zu bewerten sein, insb. wenn Bewertungsreserven auch auf die **Eigenmittel** der VR entfallen sollten (s.o. Rdn 94). Der Gesetzgeber wollte mit dieser Abwägung den Ausgleich der Interessen des Einzelnen an einer hohen Beteiligung an den Bewertungsreserven mit denen der Versichertengemeinschaft und des Unternehmens an hohen Risikopuffern herstellen. Die **Quote** ist auch **nachprüfbar**, so dass die Quote an sich die Vorgaben des BVerfG erfüllen dürfte. 101

Dies kann die **Einschränkung des § 153 Abs. 3 S. 3 VVG** nicht für sich in Anspruch nehmen. Hat sich der Gesetzgeber i.R.d. Einschätzungsprärogative auf eine bestimmte Quote festgelegt, kann er diese nicht durch weiter gehende Einschränkungen aushöhlen. Als Folge dieser Einschränkung ist die Beteiligung des einzelnen VN an den Bewertungsreserven nicht eindeutig und **nicht nachvollziehbar** (a.A. Looschelders/Pohlmann/*Krause*, § 153 Rn 48; *Krause/Menning*, NJOZ 2013, 289, 293). Dies widerspricht den Geboten der **Normenbestimmtheit und Normenklarheit**; Gerichte sind außerstande, die angemessene Beteiligung der VN an den Bewertungsreserven anhand rechtlicher Maßstäbe zu kontrollieren, was aber vom BVerfG gefordert ist (BVerfG, NJW 2005, 2376, 2378). Das BVerfG hat daher ausdrücklich festgestellt, dass eine „allgemein *auf die Belange der Versicherten bezogene Generalklausel*" für die Prüfung nicht ausreicht (BVerfG, NJW 2005, 2376, 2381). Die allgemeine Einschränkung des § 153 Abs. 3 S. 3 VVG führt gerade dazu, dass die Angemessenheit der Zuweisung der Bewertungsreserve nicht überprüft werden kann. Auch das Verweisen auf eine andere Rechtsordnung, ohne dass dort die Versicherteninteressen gewahrt werden, sollte verhindert werden (BVerfG, NJW 2005, 2376, 2380). Die Einschränkung in § 153 Abs. 3 S. 3 VVG nach dem Verständnis des Gesetzgebers (Begr. BT-Drucks 16/5862, S. 96 f.) **verstößt nach den Vorgaben des BVerfG gegen Art. 2 Abs. 1 und Art. 14 Abs. 1** (zweifelnd auch *Römer*, VersR 2006, 865, 868; *Römer*, DB 102

2007, 2523, 2527). VR müssen daher eine **uneingeschränkte hälftige Beteiligung der VN an allen** (auch den Eigenmittelpositionen der VR zuzuordnenden) **Bewertungsreserven** vorsehen.

103 Die **Neufassung** von § 153 Abs. 3 S. 3 VVG beseitigt die **wesentlichen Kritikpunkte nicht.** Die Stoßrichtung des Verweises, d.h. die Beschränkung des Anspruchs der VN auf eine Beteiligung an den Bewertungsreserven, falls die Kapitalausstattung des VR gefährdet ist, wird nach wie vor nicht hinreichend deutlich. Der in Bezug genommene § 89 VAG (§ 53c VAG a.F.) richtet sich so z.B. überhaupt nicht an die VN, sondern nur an die VR, weshalb unklar bleibt, warum das „unberührt bleiben" des Erfordernisses der ausreichenden Kapitalausstattung des VR zu einem Wegfall der Beteiligungsmöglichkeit der VN an den Bewertungsreserven führen sollte (ausführlich *Rubin*, Das versicherungsrechtliche Interessenausgleichsprinzip (2017), 4. Kap., § 1.II.2.b.).

104 Auf den **vor wenigen Jahren eingeführten § 56a Abs. 3–5 VAG a.F. (jetzt §§ 139 Abs. 3, 4, 145 Abs. 1 VAG), der eine Beschränkung der hälftigen Beteiligung an den Bewertungsreserven im Falle eines Sicherungsbedarfs vorsieht,** hat die Unwirksamkeit des Verweises in § 153 Abs. 3 S. 3 VVG indes keine Auswirkungen. Die Norm regelt selbst hinreichend klar, in welchen Fällen eine Beschränkung möglich sein soll und geht als neueres Gesetz § 153 Abs. 3 S. 1 und 2 VVG in jedem Fall vor. Der Sicherungsbedarf aus den Versicherungsverträgen mit Zinsgarantie ist dabei nach § 139 Abs. 4 VAG (§ 56a Abs. 4 VAG a.F.) die Summe der Sicherungsbedarfe der Versicherungsverträge, deren maßgeblicher Rechnungszins über dem maßgeblichen Euro-Zinsswapsatz zum Zeitpunkt der Ermittlung der Bewertungsreserven (Bezugszins) liegt. Näheres regeln §§ 10 MindZV ff. (früher §§ 6 ff. MindZV). Die Einführung des § 56a Abs. 3–5 VAG a.F. (**jetzt §§ 139 Abs. 3, 4, 145 Abs. 1 VAG**) begegnet dabei auch keinen verfassungsrechtlichen Bedenken, weil das Abstellen auf den Sicherungsbedarf einem Missbrauch hinreichend vorbeugt und die von der Regelung betroffenen festverzinslichen Anlagen und Zinsabsicherungsgeschäfte ihrer Natur nach gerade in Krisenzeiten hohe stille Reserven aufweisen (vgl. ausführlich *Rubin*, Das versicherungsrechtliche Interessenausgleichsprinzip (2017), 4. Kap. § 1.II.).

6. Informationspflichten

105 Der Lebensversicherer muss den VN rechtzeitig vor dessen Antragsabgabe (§ 7 Abs. 1 S. 1 VVG) in Textform über die Bemessungsgrundsätze und **Maßstäbe der Überschussermittlung und -beteiligung informieren** (§ 2 Abs. 1 Nr. 3 VVG-InfoV). Nach § 6 Abs. 1 Nr. 3 VVG-InfoV muss eine jährliche Information **über den Stand der Überschussbeteiligung** erfolgen. Diese bezieht sich ausdrücklich auch auf den Anteil an den Bewertungsreserven (Begr. BT-Drucks 16/3945, S. 96). Die jährliche Mitteilung des Anteils an den Bewertungsreserven hat nur informativen Charakter, da die definitive Höhe erst bei Beendigung ermittelt wird.

7. Gerichtliche Überprüfung der Höhe

Die Höhe der Beteiligung an den Bewertungsreserven kann gerichtlich überprüft werden. Anders als im Fall der sonstigen Überschussbeteiligung **regelt § 153 Abs. 3 VVG die genaue Höhe der Überschussbeteiligung (50 %)**. Eine einseitige Leistungsbestimmung durch den VR findet nicht statt (BGH, VersR 2015, 433, 435; VersR-Hdb/*Brömmelmeyer*, § 42 Rn 299; **a.A.** die Vorauflage). Selbst wenn davon ausgegangen wird, dass das Nichtbestehen eines Stresstests zu einer Einschränkung der Beteiligung an den Bewertungsreserven führen kann, würde eine solche Einschränkung der gerichtlichen Überprüfung unterliegen; nur soweit die Kapitalausstattung bedroht ist, dürfte ein Einbehalten der Bewertungsreserven erfolgen (vgl. auch die Systematik des § 139 Abs. 3 VAG; § 56a Abs. 3 VAG a.F.). Der **Auskunftsanspruch** ergibt sich wiederum aus dem Gebot effektiven Rechtsschutzes (Art. 19 Abs. 4 GG) sowie der bestehenden Sonderverbindung aus § 242 BGB (vgl. Rdn 45). Die Ablehnung eines Auskunftsanspruchs durch den BGH (BGH, VersR 2015, 433, 436) war den Umständen des Einzelfalls geschuldet; der VN bezweifelte im konkreten Fall nicht die Höhe der Bewertungsreserven.

106

8. Lösungsvorschlag

Der Interessenwiderspruch zwischen Aufrechterhaltung von Risikopuffern und damit Finanzkraft und dem Anspruch der VN auf die mit ihren Prämien aufgebauten Vermögenswerte kann am besten gelöst werden durch Gewährung einer vollen, **100 % verursachungsgerechten Zuweisung** der Bewertungsreserven und gleichzeitiger Nutzung eines anderen Puffers (s. schon *Ortmann*, VersWissStud. Bd. 21, S. 406 f.). Gleichartige Risiken, insb. **gleiche Garantien**, sollten zusammengefasst werden, und zwar auch hinsichtlich der Kapitalanlage. Für jede Gruppe wird, wie unter Rdn 78 beschrieben, ein eigener **Kapitalanlagetopf** (interner Fonds, s. schon *Ortmann*, VersWissStud. Bd. 21, S. 408 f.) gebildet, in den alle Beiträge abzgl. der vereinbarten Kosten **zum aktuellen Anteilspreis**, der nach **Marktwerten** berechnet ist, investiert werden. Bei diesem verursachungsgerechten und bereits praktizierten Verfahren fungieren nicht die Bewertungsreserven als Puffer. Stattdessen werden **Kapitalmarktschwankungen ausgeglichen** durch Reduzierung des Schlussüberschusses, der bei diesem Vorschlag einen großen Anteil an der gesamten Überschussbeteiligung ausmacht und gleichzeitig zu mehr Anlagefreiräumen und damit höheren Renditen führt (vgl. auch die Empfehlung von *Zielke*, VW 2007, 962 f., die Überschusspolitik hin zu einem höheren Schlussüberschuss zu ändern, um langfristig höhere Risikopuffer aufzubauen). Außerdem kann ein **mathematischer Glättungsmechanismus** angewendet werden, der zu einer Umverteilung von Ablaufleistungen in extremen Kapitalmarktszenarien sorgt. Die Überschussbeteiligung kann exakt nachvollzogen werden und gerichtlich überprüft werden.

107

V. Zuteilungszeitpunkt bei Rentenversicherungen (§ 153 Abs. 4 VVG)

108 § 153 Abs. 4 VVG stellt klar, dass die **Bewertungsreserven** i.S.d. § 153 Abs. 3 S. 2 VVG **bei Rentenversicherungen** zum Zeitpunkt der **Beendigung der Prämienzahlung** zugewiesen werden müssen und damit vor Beginn der Rentenzahlung. Dies ist sprachlich ungenau. Gemeint ist, dass die Bewertungsreserven zum Zeitpunkt des Rentenbeginns zugeteilt werden. Dieser Unterschied wird dann relevant, wenn der Zeitpunkt des Rentenbeginns und das Ende der Ansparphase zeitlich auseinander fallen. Die während der Ansparphase aufgebauten und zugewiesenen Bewertungsreserven fließen mithin in die Berechnung der Rente ein.

109 Umgekehrt bedeutet das, dass **ab dem Beginn der Rentenzahlung eine Beteiligung an den Bewertungsreserven nicht mehr stattfinden soll**. Auch in der Rentenzahlungsphase können jedoch noch Bewertungsreserven aufgebaut werden. Wegen der gestiegenen Lebenserwartung (ein im Jahr 2007 65-jähriger Mann hat nach der aktuellen Sterbetafel DAV 2004 R eine Lebenserwartung bis Alter 88, eine 65 Jahre alte Frau sogar bis 92) sind die Rentenzahlungszeiträume sehr lang. Da die Ablaufleistung nicht ausgezahlt wird, sondern beim VR verbleibt, sind die **eingezahlten Prämien auch nach Rentenbeginn am Aufbau von Bewertungsreserven beteiligt**. Der Anteil am Gesamtvermögen nimmt zwar mit jeder Rentenzahlung ab; dies ändert aber nichts an dem Umstand der Beteiligung an sich.

110 Noch drastischer wird das Beispiel einer sofort beginnenden Rente gegen Einmalzahlung. Diese wird wegen § 153 Abs. 4 VVG nicht an Bewertungsreserven beteiligt, obwohl die eingezahlte Prämie noch über viele Jahre einen – abnehmenden – Anteil am Gesamtvermögen darstellt. Auch bei einer sich anschließenden Zeitrente muss man sich fragen, warum zum Ende der Rentenzahlung nicht eine Schlusszahlung über die anteiligen Bewertungsreserven erfolgt. Bei einer lebenslangen Rente kann die Zuordnung bei Tod an die Erben oder in regelmäßigen Abständen von z.B. zehn Jahren erfolgen, so dass in der Praxis eine Zuteilung der Bewertungsreserven in der Rentenphase möglich ist (*Schulte/Vogelpohl*, VW 2007, 774, 775).

111 Dieser Sachverhalt der abnehmenden Beteiligung am Gesamtvermögen ist nicht anders zu bewerten als die zunehmende Beteiligung am Gesamtvermögen während der Zahlung laufender Prämien. Insofern verstößt die Einschränkung des § 153 Abs. 4 VVG gegen Art. 2 Abs. 1 und Art. 14 Abs. 1 GG. Die Erwägungen des BVerfG (BVerfG, NJW 2005, 2376) sind auf diesen Sachverhalt übertragbar (so auch *Winter*, in: Bruck/Möller, § 153 Rn 224; VersR-Hdb/*Brömmelmeyer*, § 42 Rn 301; *Mudrack*, VuR 2006, 41, 43; *Römer*, DB 2007, 2523, 2527; zustimmend trotz Bedenken: Looschelders/Pohlmann/*Krause*, § 153 Rn 52; wohl auch Rüffer/Halbach/Schimikowski/*Brambach*, § 153 Rn 49). Die BaFin teilt diese Auffassung und fordert eine Beteiligung an den Bewertungsreserven bei laufenden Renten im Hinblick auf das BVerfG-Urteil (BaFin, Hinweise zu Auslegungsfragen vom 28.5.2008). Der Muster-Gesamtgeschäftsplan für die Überschussbeteiligung enthält für die Beteiligung an Bewertungsreserven in der Rentenbezugszeit zwei Alternativen: Beteiligung nach einem an § 153 Abs. 3 VVG angelehnten Verfahren oder Beteiligung über eine angemessene erhöhte laufende oder Schlussüberschussbeteiligung (zu den Schwierigkeiten der Umsetzung Prölss/Martin/*Reiff*, § 153 Rn 31).

C. Prozessuales

Grds. ergeben sich keine Besonderheiten im Hinblick auf die Beweislastverteilung. Die **Beweislast** für den Ausschluss der Überschussbeteiligung bei Neuverträgen trägt der VR. Dasselbe gilt für die Vereinbarung einer anderen vergleichbaren und angemessenen Überschussbeteiligung i.S.d. § 153 Abs. 2 S. 1 Hs. 2 VVG. Den VR trifft für die Angemessenheit eine erweiterte Beweislast (*Lensing*, VuR 2006, 249, 254). Bei vor dem 31.12.2007 abgeschlossenen Verträgen muss der VN die Vereinbarung einer Überschussbeteiligung beweisen.

Für die Einhaltung eines verursachungsorientierten Verfahrens i.S.d. § 153 Abs. 2 VVG müsste der VR darlegungs- und beweispflichtig sein, da dieser insoweit gesetzlich zur Einhaltung verpflichtet ist (Marlow/Spuhl/*Grote*, Das neue VVG kompakt, S. 204; Römer/Langheid/*Langheid*, § 153 Rn 56; a.A. Prölss/Martin/*Reiff*, § 153 Rn 32; Rüffer/Halbach/Schimikowski/*Brambach*, § 153 Rn 89). Der BGH hält nunmehr indes den VN dafür darlegungs- und beweispflichtig, dass ihm eine zu geringe Überschussbeteiligung ausgezahlt wurde (BGH, VersR 2016, 173, 175). Wird in den AVB hinsichtlich der Ermittlung und Verteilung des Überschusses auf das Handels- und Aufsichtsrecht verwiesen, ohne dass genaue Beteiligungsquoten und sämtliche Kosten (einschließlich Kapitalanlagekosten) genau vereinbart worden sind, und gibt es Anhaltspunkte für eine unangemessene Beteiligung an den Überschüssen, kann der VN nach hier vertretener Auffassung einen auf § 315 Abs. 3 S. 1 BGB gestützten, **unbezifferten Zahlungsanspruch und hilfsweise einen Auskunftsanspruch im Wege der Stufenklage** (§ 254 ZPO) zur Vorbereitung des noch zu beziffernden Zahlungsanspruchs geltend machen. Damit wird die gestörte Vertragsparität wiederhergestellt (Forderung des BVerfG, NJW 2005, 2376, 2378).

Der VR als Bestimmungsberechtigter ist für die Frage, ob seine Leistungsbestimmung der Billigkeit entspricht, darlegungs- und beweisverpflichtet (arg. ex § 153 Abs. 3 S. 1 VVG; h.M. BGH, NJW 2005, 2919, 2921; NJW 2003, 3131, 3132, jeweils m.w.N.). Zweifel an der Billigkeit sind durch **Sachverständigenbeweis** (§§ 402 ff. ZPO) zu belegen. Angesichts der Kompliziertheit der Materie kann der Ermessensspielraum des Gerichts (§ 404 Abs. 1 S. 1 ZPO) dahingehend eingeschränkt sein, dass nur bei der Deutschen Aktuarvereinigung (DAV) registrierte hauptberufliche Aktuare als Sachverständige zu bestellen sind.

Der Lebensversicherer kann verpflichtet sein, seine **Kalkulationsgrundlagen offen zu legen** (BGH, NJW 1992, 171, 174; vgl. auch OLG Düsseldorf, NJW-RR 1997, 1004 und jetzt BGH, VersR 2016, 177 für die private Krankenversicherung). Da er dann aber nicht mehr im Wettbewerb bestehen könnte, wäre er in seinem Grundrecht aus Art. 12 GG verletzt. Eine Interessenabwägung kann daher ergeben, dass er seine Kalkulationsgrundlagen dem gerichtlich bestellten Sachverständigen, der einem entsprechenden Berufsgeheimnis unterliegt, zugänglich machen muss (zustimmend Prölss/Martin/*Reiff*, § 153 Rn 32), nicht aber dem VN. Ob die erforderliche Missbrauchsgefahr im Wettbewerbsverhältnis vorliegt (vgl. § 169 Rdn 42), ist im Einzelfall zu prüfen (abl. *Schünemann*, VuR 2008, 8, 11 f. mit beachtlichen Argumenten).

116 Enthalten die AVB selbst Regelungen zur Überschussverteilung, müssen diese klar und verständlich sein, mithin dem Transparenzgebot des § 307 Abs. 1 S. 2 BGB genügen (vgl. für einen Verstoß gegen das Transparenzgebot BGH, VersR 2016, 312: unwirksamer Ausschluss der Überschussbeteiligung eines Teils der Verträge am Kostenergebnis). Ein Verstoß macht die Überschussbeteiligungsklausel unwirksam, so dass mangels anderweitiger Regelung der gesetzliche Anspruch des § 153 Abs. 1 VVG zum Tragen kommt. Regelungslücken sind durch ergänzende richterliche Vertragsauslegung zu schließen (vgl. Rdn 43). In Betracht kommt auch eine Bedingungsanpassung (§ 164 VVG).

D. Abdingbarkeit

117 § 153 VVG ist **halbzwingend** (§ 171 S. 1 VVG). Es kann nicht zum Nachteil des VN, der versicherten Person oder des Eintrittsberechtigten abgewichen werden. § 153 Abs. 3 S. 2 Hs. 2 VVG erlaubt die Vereinbarung einer früheren Zuteilung der hälftigen Bewertungsreserven als bei Beendigung des Vertrags. Insofern darf eine Vereinbarung ggf. auch eine für den VN nachteilige Regelung enthalten (Begr. BT-Drucks 16/3945, S. 97).

§ 154 VVG   Modellrechnung

(1) Macht der Versicherer im Zusammenhang mit dem Angebot oder dem Abschluss einer Lebensversicherung bezifferte Angaben zur Höhe von möglichen Leistungen über die vertraglich garantierten Leistungen hinaus, hat er dem Versicherungsnehmer eine Modellrechnung zu übermitteln, bei der die mögliche Ablaufleistung unter Zugrundelegung der Rechnungsgrundlagen für die Prämienkalkulation mit drei verschiedenen Zinssätzen dargestellt wird. Dies gilt nicht für Risikoversicherungen und Verträge, die Leistungen der in § 124 Abs. 2 Satz 2 des Versicherungsaufsichtsgesetzes bezeichneten Art vorsehen.

(2) Der Versicherer hat den Versicherungsnehmer klar und verständlich darauf hinzuweisen, dass es sich bei der Modellrechnung nur um ein Rechenmodell handelt, dem fiktive Annahmen zugrunde liegen, und dass der Versicherungsnehmer aus der Modellrechnung keine vertraglichen Ansprüche gegen den Versicherer ableiten kann.

Übersicht

	Rdn
A. **Normzweck**	1
B. **Norminhalt**	2
I. Voraussetzungen und Ausgestaltung der Modellrechnung (§ 154 Abs. 1 VVG)	2
1. Betroffene Verträge	2
2. Bezifferte Angaben zur Höhe von möglichen Leistungen über die vertraglich garantierten Leistungen hinaus	8

3. Ausgestaltung der normierten Modellrechnung 10
4. Individuelle Modellrechnung 15
II. Unverbindlichkeitshinweis (§ 154 Abs. 2 VVG) 18
1. Klarer und verständlicher Hinweis auf die Unverbindlichkeit 18
2. Verbindlichkeit der Modellrechnung 19
C. Abdingbarkeit 22

A. Normzweck

Lebensversicherungen laufen i.d.R. sehr lange und regelmäßig wird nur ein Teil der Ablaufleistung garantiert. VN haben bei Vertragsschluss ein Interesse, einen Eindruck von der tatsächlichen, die garantierte Leistung übersteigenden Ablaufleistung zu gewinnen. Aus diesem Grunde händigen VR bzw. deren Vermittler vor Vertragsschluss Beispielrechnungen aus, die bisher nicht gesetzlich normiert waren. Die tatsächliche Leistung, die bei Vertragsende erbracht wird, ist aber bei Vertragsschluss nicht bekannt, sondern hängt von verschiedenen Faktoren ab, v.a. dem Ergebnis aus der Kapitalanlage, und kann angesichts der langen Laufzeiten nicht einmal annähernd realistisch vorhergesagt werden. Daraus ergibt sich ein **Interessenkonflikt**: Der VN möchte eine möglichst realistische Prognose erhalten, der VR möchte eine möglichst hohe Prognose abgeben, um sich im Wettbewerb, der maßgeblich über die prognostizierten Ablaufleistungen läuft, gut aufzustellen. Mit § 154 VVG soll den mit Beispielrechnungen verbundenen Missbrauchsgefahren vorgebeugt werden, indem eine einheitliche Vergleichsgrundlage geschaffen werden soll. Die VR sollen ihre Berechnungen auf **einheitlichen und vertretbaren Zinsgrundlagen** erstellen (Begr. BT-Drucks 16/3945, S. 52, 97). Die Darstellung dreier verschiedener Zinssätze soll die Verbraucher auf die Unsicherheit und Unprognostizierbarkeit der tatsächlichen Ablaufleistung aufmerksam machen (Abschlussbericht VVG-Reformkommission, S. 123). Die neu eingefügte Vorschrift bezweckt insofern den **Schutz der Versicherungsnehmer**. **1**

B. Norminhalt

I. Voraussetzungen und Ausgestaltung der Modellrechnung (§ 154 Abs. 1 VVG)

1. Betroffene Verträge

Die Vorschrift gilt für alle Lebensversicherungen bis auf die durch § 154 Abs. 1 S. 2 VVG ausgenommenen Risikoversicherungen und fondsgebundenen Versicherungen (§ 124 Abs. 2 S. 2 VAG, vormals § 54b Abs. 1 und 2 VAG a.F.). Nach dem Normzweck müssen alle Lebensversicherungen erfasst sein, bei denen die **Sparkomponente** im Vordergrund steht und die Überschussbeteiligung erhebliches wirtschaftliches Gewicht hat (Begr. BT-Drucks 16/3945, S. 97). Dies sind v.a. Kapitallebensversicherungen und **Rentenversicherungen** (zustimmend Prölss/Martin/*Reiff*, § 154 Rn 2; Looschelders/Pohlmann/*Krause*, § 154 Rn 3). Bei zuletzt genannten ist die Überschussbeteiligung ebenso bedeutsam wie bei Kapitallebensversicherungen. Die Anwendbarkeit von § 154 VVG ist gem. § 7 Abs. 2 S. 2 AltZertG explizit ausgeschlossen für sog. Rürup- und Riesterverträge. Die Modellrech- **2** nung darf auch nicht dem Produktinformationsblatt hinzugefügt werden (§ 7 Abs. 2 S. 3 AltZertG); Ziel ist die Vermeidung einer Überforderung des VN (Prölss/Martin/*Reiff*, § 154 Rn 2; zur Zulässigkeit der Hinzufügung einer Modellrechnung gem. § 154 VVG bei diesen Verträgen vor der Einführung der genannten Vorschriften durch das AltvVerbG v. 24.6.2013 (BGBl I S. 1667): BGH, VersR 2014, 941, 944).

3 Eindeutig ist der Ausschluss von **fondsgebundenen Versicherungen**. Da hier die Kapitalanlage außerhalb des Verantwortungsbereichs der Lebensversicherung liegt und die Wertentwicklung unmittelbar vom Kapitalmarkt abhängt, können diesbezüglich nur allgemeine Beispielrechnungen erstellt werden, die mit Annahmen hinsichtlich der möglichen Wertentwicklung arbeiten (z.B. unterstellte Rendite der Investmentfonds von 3, 6 und 9 %). Um bei fondsgebundenen Versicherungen eine umfassende Vorstellung von den jährlichen Kosten zu erhalten, müssen die jährlichen Kosten des Versicherungsmantels und der Investmentfonds addiert werden. Die Versicherungskosten kann man aus der bei einer bestimmten Renditeerwartung dargestellten Ablaufleistung herausrechnen, die Fondskosten ergeben sich aus dem Verkaufsprospekt des betreffenden Investmentfonds. So erhält man die jährlichen **Effektivkosten** nach der so genannten Reduction-in-Yield-Methode, die einen Kostenvergleich verschiedener Anbieter ermöglicht (ausführlich *Ortmann*, VW 2007, S. 824 ff. sowie vor §§ 150 ff. Rdn 108).

4 Schwieriger zu beantworten ist die Frage der Anwendbarkeit auf Hybridprodukte, bei denen eine garantierte Leistung versprochen wird und darüber hinaus Überschüsse oder Beitragsteile in Investmentfonds angelegt werden. Bei diesen Produkten soll § 154 VVG nicht zur Anwendung kommen, es sei denn, die Garantie verdrängt den Fondscharakter des Produkts, weil sie das Produkt prägt (Marlow/Spuhl/*Grote*, Das Neue VVG kompakt, S. 214).

5 Weniger deutlich ist der Ausschluss der **Risikoversicherungen**. Für **reine Risikolebensversicherungen** gilt die Vorschrift nicht, da die Überschussbeteiligung kein erhebliches wirtschaftliches Gewicht hat (zustimmend Looschelders/Pohlmann/*Krause*, § 154 Rn 5). Für **selbstständige Berufsunfähigkeitsversicherungen** verweist zunächst § 176 VVG auf § 154 VVG, *„soweit die Besonderheiten dieser Versicherung nicht entgegenstehen"*. Die in § 176 VVG vorgenommene Einschränkung muss sich nach dem Normzweck auch auf § 154 VVG beziehen. Der Sparprozess steht bei Berufsunfähigkeitsversicherungen nicht im Vordergrund, sondern der Risikoschutz. Eine Modellrechnung muss also nicht vorgelegt werden.

6 Wird ein Risikoschutz (Todesfall- oder Berufsunfähigkeitsschutz o.Ä.) als **Zusatzversicherung** mit einer kapitalbildenden Versicherung verbunden, kann nach dem Wortlaut und dem Gesetzeszweck nichts anderes gelten. Die Modellrechnung darf sich dann nur auf den Hauptvertrag beziehen und muss den Anteil, der auf den Risikoschutz entfällt, unberücksichtigt lassen. Auch für die **Unfallversicherung mit Prämienrückgewähr** gilt § 154 VVG nicht. Bei ihr steht der Unfallschutz im Vordergrund.

Der Anwendungsbereich ist nicht beschränkt auf Verträge, bei denen der VN Verbraucher 7 ist (so aber Rüffer/Halbach/Schimikowski/*Brambach*, § 154 Rn 6). Dafür gibt es keine Anhaltspunkte im Gesetz. Außerdem sind gerade auch die von *Brambach* angeführten Arbeitnehmer schutzbedürftig, die z.B. eine Direktversicherung über den Arbeitgeber im Rahmen einer Entgeltumwandlung abschließen. Sie sind zwar nicht VN, aber wirtschaftlich alleine betroffen. Um in analoger Anwendung des § 7 VVG den Arbeitgebern aufzuerlegen, die Arbeitnehmer als wirtschaftlich Betroffene zu informieren, ist es notwendig, dass den Arbeitgebern als VN zuvor die Modellrechnung vorgelegt wurde (ebenso Prölss/Martin/ *Reiff*, § 154 Rn 3; Looschelders/Pohlmann/*Krause*, § 154 Rn 6).

2. Bezifferte Angaben zur Höhe von möglichen Leistungen über die vertraglich garantierten Leistungen hinaus

Voraussetzung ist, dass der VR mit dem Angebot oder im Zusammenhang mit dem Abschluss einer Lebensversicherung **bezifferte Angaben** zur Höhe von möglichen Leistungen macht, die über die vertraglich garantierten Leistungen hinausgehen. Gemeint sind Angaben zu einer in Aussicht gestellten **Überschussbeteiligung**. Diese müssen beziffert sein. Der Kunde muss sich aufgrund von Euroangaben konkrete Vorstellungen zu möglichen Auszahlungen und deren Entwicklung im Zeitverlauf machen können. Nicht gemeint sind Informationen über garantierte Leistungen, zur Tatsache der Überschussbeteiligung an sich oder zu den aktuellen Überschussbeteiligungssätzen; in diesen Fällen muss der VR keine Modellrechnung i.S.d. § 154 VVG aushändigen. 8

Im **Zusammenhang mit dem Abschluss einer Lebensversicherung** stehen entsprechende 9 Informationen nicht nur bei einem Neuabschluss, sondern auch bei einer Aufstockung der Prämie und der Leistungen (ebenso Looschelders/Pohlmann/*Krause*, § 154 Rn 8). Es kommt nicht darauf an, ob der VR die Angaben von sich aus macht oder vom Kunden danach gefragt wird. Ebenso wenig kommt es auf die **Form der Angaben** an. Die Angaben können schriftlich oder mündlich gemacht werden (ebenso Looschelders/Pohlmann/ *Krause*, § 154 Rn 9; Prölss/Martin/*Reiff*, § 154 Rn 7). Sie müssen sich aber auf ein konkretes Versicherungsprodukt und ein konkretes Vertragsangebot beziehen, das die zu zahlenden Prämien, die Laufzeit und die garantierten Leistungen definiert (so auch Looschelders/ Pohlmann/*Krause*, § 154 Rn 8; Rüffer/Halbach/Schimikowski/*Brambach*, § 154 Rn 12). Allgemein gehaltene Informationen über Produktgestaltungen ohne konkreten Bezug zu einem individuellen Angebot lösen keine Pflicht zur Erstellung einer normierten Modellrechnung aus. Über welchen Weg die Angaben zu möglichen nicht garantierten Vertragsleistungen zum Kunden gelangen ist unerheblich. Sie können vom VR selbst (Online-Portal), von einem Versicherungsvertreter oder über einen Versicherungsmakler, der regelmäßig vom VR mit entsprechenden Informationsmaterialien und Zugängen zu Angebotsprogrammen ausgestattet wird, dem Kunden überreicht werden (so auch Winter, in: Bruck/ Möller, § 154 Rn 24; Looschelders/Pohlmann/*Krause*, § 154 Rn 9; a.A. Prölss/Martin/*Reiff*, § 154 Rn 7; Rüffer/Halbach/Schimikowski/*Brambach*, § 154 Rn 14).

3. Ausgestaltung der normierten Modellrechnung

10 Sind die Voraussetzungen erfüllt, muss der VR eine **normierte Modellrechnung** aushändigen. Die mögliche Ablaufleistung ist unter Zugrundelegung der Rechnungsgrundlagen für die Prämienkalkulation mit **drei verschiedenen Zinssätzen** darzustellen, die in § 2 Abs. 3 VVG-InfoV geregelt sind. Ausgangszinssatz ist der **Höchstrechnungszinssatz multipliziert mit 1,67**. Dieser ist dann um 1 % zu erhöhen und zu reduzieren. Durch Multiplikation des Rechnungszinses von momentan 1,25 % (§ 2 Abs. 1 DeckRV) mit 1,67 erhält man ungefähr den aktuellen Marktzins, von dem der Verordnungsgeber ausgegangen ist. Momentan muss eine Modellrechnung die Zinssätze 2,09/1,09/3,09 berücksichtigen. I.Ü. muss der VR im Produktinformationsblatt auf die übermittelte normierte Modellrechnung hinweisen (§ 4 Abs. 3 VVG-InfoV).

11 Nicht ohne Weiteres verständlich ist der **Verweis auf die Rechnungsgrundlagen der Prämienkalkulation**. Gemeint ist, dass für die normierte Modelrechnung nur die Netto-Prämien, also die Beiträge nach Abzug der Abschluss- und Verwaltungskosten und der Risikokosten verzinslich angelegt werden (Looschelders/Pohlmann/*Krause*, § 154 Rn 11; Prölss/Martin/*Reiff*, § 154 Rn 11). Die mögliche Ablaufleistung besteht damit aus den aufgezinsten Netto-Beiträgen und bildet die Summe aus garantierter Leistung und nicht garantierter Überschussbeteiligung ab. Nicht verlangt wird die Offenlegung der Kalkulationsgrundlagen (ebenso Looschelders/Pohlmann/*Krause*, § 154 Rn 11; Rüffer/Halbach/Schimikowski/*Brambach*, § 154 Rn 23).

12 Die Vorschrift soll den Verbrauchern eine **einheitliche Vergleichsgrundlage** geben. Da die Rendite von keinem VR prognostiziert werden kann, müssen an deren Stelle die vorgegebenen Zinssätze treten. Die ermittelten Ablaufleistungen unterscheiden sich nur hinsichtlich der **kalkulierten Kosten**. Sind theoretisch keine Kosten kalkuliert, entspricht die Beitragsrendite den vorgegebenen Zinssätzen. Je höher die Kosten sind, desto niedriger fällt die Ablaufleistung aus. Wichtig ist, dass alle Abschlusskosten, also auch diejenigen, die nicht im Wege der Zillmerung mit Prämien verrechnet werden (dazu § 169 Rdn 53 ff.), erfasst werden.

13 Mag der mit der normierten Modellrechnung bezweckte Vergleich verschiedener Produkte bei rein kapitalbildenden Produkten vielleicht noch erreicht werden, so schafft die normierte Modellrechnung keine produktübergreifende Vergleichsbasis. Bei Hybridprodukten, die zusätzlich zu garantierten Leistungen nicht garantierte Leistungen in Abhängigkeit von der Entwicklung von Investmentfonds bieten, ist schon die Anwendbarkeit nicht eindeutig. Eine normierte oder auch unternehmensindividuelle Modellrechnung würde hier aber auch keine Vergleichsgrundlage schaffen. Bei allen Produkten mit kombinierter Fondsanlage sind die innerhalb der Fonds anfallenden Kosten von erheblicher Bedeutung für die Gesamtkostenbelastung (vgl. die beispielhaften Berechnungen bei *Ortmann*, Kostenvergleich von Altersvorsorgeprodukten, VersWissStud. Bd. 37, S. 205–208). Die Kapitalanlagekosten würden aber weder in eine normierte Modellrechnung – sollte man diese vorschreiben – noch in die unternehmensindividuelle Modellrechnung einfließen. Auch die durch verschiedene Garantieerzeugungsmodelle anfallenden impliziten Garantieerzeugungskosten werden nicht berücksichtigt (dazu *Ortmann*, Kostenvergleich von Altersvorsorgeprodukten, VersWissStud. Bd. 37, S. 175 f.). Dies gelingt nur im Rahmen von stochastischen Simulationen. Jeder objektive Vergleich muss für alle Produktarten alle Kosten des Vertrags, insb. auch die Kapitalanlagekosten, berücksichtigen. Da dies nicht in allen Fällen geschieht, bringt die normierte Modellrechnung den Verbrauchern keinen wirklichen Nutzen. An deren Stelle hätte man besser eine Offenlegungspflicht für sämtliche Kosten einschließlich der Kapitalanlagekosten schaffen sollen, die als jährlicher Prozentsatz anzugeben wären (Effektivkosten), sowie die Effektivrendite i.S.e. echten Beitragsrendite darstellen sollen (Vorschläge bei *Ortmann*, Kostenvergleich von Altersvorsorgeprodukten, VersWissStud. Bd. 37, S. 178 ff.). Damit wäre Verbrauchern und Vermittlern ein besserer Vergleich ermöglicht worden als mit der Modellrechnung des § 154 VVG. Außerdem würde eine solche Angabe die Anforderungen des BVerfG an die Transparenz i.S.d. Normenklarheit und Normenbestimmtheit zur gerichtlichen Überprüfung anhand rechtlicher Maßstäbe (NJW 2005, 2376, 2378) erfüllen. Dies gilt auch in Anbetracht der Kritik von *Brömmelmeyer*, der im Ansatz zu Recht darauf hinweist, dass alle Kosten in die Berechnung der Ablaufleistung einbezogen werden müssten (VersR-Hdb/*Brömmelmeyer*, § 43 Rn 303). Die VR müssen ihre Kalkulationsgrundlagen aber nicht offenlegen, so dass bei komplizierteren Produkten nicht festgestellt werden kann, ob und v.a. auf welche Weise Kosten in die Modellrechnung einbezogen wurden oder nicht – damit stellen sich die hier skizzierten Probleme.

Die normierte Modellrechnung ist dem VN rechtzeitig vor Abgabe seiner Vertragserklärung in Textform zu übermitteln (§ 7 Abs. 1 S. 1, Abs. 2 Nr. 2 VVG). 14

4. Individuelle Modellrechnung

Neben der normierten Modellrechnung ist es VR gestattet, auch **unternehmensindividuelle Beispielrechnungen** und **Prognosen** zu erstellen (Begr. BT-Drucks 16/3845, S. 52, 97). Insb. dürfen sie eine Ablaufleistung darstellen, die auf Vergangenheitsleistungen beruht. Dies erlaubt den VR, die tatsächlich in der Vergangenheit erzielten Ergebnisse zu vermitteln und sich damit von anderen Wettbewerbern abzugrenzen. VR dürfen auch andere Angaben, wie z.B. über Gewinnzuweisungen in der Vergangenheit, machen, wenn diese sachlich und nicht irreführend sind und ausdrücklich darauf hingewiesen wird, dass die Angaben keine Bedeutung für die Zukunft haben. 15

Da Vergangenheitsergebnisse keine Aussagekraft für die Zukunft haben, sind solche Beispielrechnungen nur bedingt nützlich. Es werden auch nur solche VR davon Gebrauch machen, die aufgrund der Vergangenheitsleistung höhere Ablaufwerte illustrieren können, während die übrigen VR sich auf die – für sie bessere – Modellrechnung zurückziehen. Auch hier zeigt sich, dass die vom Gesetzgeber gewählte Lösung nur bedingt zur Schaffung einer objektiven Vergleichsgrundlage beiträgt. 16

Das Rundschreiben 2/2000 des ehemaligen BAV (VerBAV 2000, 252) wurde mit Schreiben der BaFin v. 29.11.2007 aufgehoben. 17

II. Unverbindlichkeitshinweis (§ 154 Abs. 2 VVG)

1. Klarer und verständlicher Hinweis auf die Unverbindlichkeit

18 In der Modellrechnung muss **klar und verständlich** darauf hingewiesen werden, dass ihr **fiktive Annahmen** zugrunde liegen und der VN daraus keine Leistungsansprüche geltend machen kann. Mit der Formulierung *„klar und verständlich"* wird ausdrücklich auf das **Transparenzgebot** des § 307 Abs. 1 S. 2 BGB Bezug genommen, dessen Maßstäbe zugrunde zu legen sind. Der VR muss den Verbraucher unmissverständlich darauf hinweisen, dass die Modellrechnung hinsichtlich der Ablaufleistungen unverbindlich ist, da die Angaben auf fiktiven Zinssätzen beruhen und die tatsächlichen Ergebnisse von der Entwicklung der Kapitalmärkte in der Zukunft abhängen und nicht vorhersehbar sind. Es sind zwar keine Vorgaben hinsichtlich der Schriftgröße und des Standorts gemacht worden. Das Unternehmen sollte diese Information aber fett drucken und direkt vor die Modellrechnung stellen, um jegliche Gefahr eines Verstoßes gegen § 307 Abs. 1 S. 2 BGB zu vermeiden.

2. Verbindlichkeit der Modellrechnung

19 Hat der VR eine transparente Information i.S.d. § 154 Abs. 2 VVG gegeben und korrekte Rechnungsgrundlagen zugrunde gelegt, kann der VN zumindest aus der Modellrechnung grds. keine Ansprüche auf einen bestimmten Ablaufbetrag erheben. Unterlässt der VR die nach § 154 Abs. 2 VVG geforderten Hinweise auf die Unverbindlichkeit, könnte eine Auslegung nach dem Empfängerhorizont ergeben, dass ein objektiver Dritter die **Ablaufleistung als garantiert** ansehen darf, so dass der VN einen unmittelbaren **Anspruch auf die Ablaufleistung** erhält, der VR mithin auf Erfüllung haftet (vgl. auch Rdn 21; Prölss/Martin/*Reiff*, § 154 Rn 15; MüKo/*Heiss*, § 154 VVG Rn 25). Dazu müsste ein entsprechender Vertrauenstatbestand hervorgerufen werden, was zumindest dann fraglich erscheint, wenn drei verschiedene Ablaufleistungen mit unterschiedlichen Zinssätzen dargestellt worden sind (Looschelders/Pohlmann/*Krause*, § 154 Rn 15; MüKo/*Heiss*, § 154 VVG Rn 25). Wurde die normierte Modellrechnung gar nicht erst übermittelt, kommen Schadenersatzansprüche des VN infrage. Dann müsste der VN auf angegebene Ablaufleistungen außerhalb der normierten Modellrechnung vertraut haben und bessere Angebote anderer Anbieter ausgeschlagen haben (so auch Looschelders/Pohlmann/*Krause*, § 154 Rn 15).

20 Die Modellrechnung und andere Beispielrechnungen sind aber verbindlich hinsichtlich der **Rechnungsgrundlagen** der Prämienkalkulation, auf denen die Berechnung aufbaut. Sie gehören insofern zu den verbindlichen Vertragsgrundlagen (§ 7 Abs. 2 Nr. 2 VVG). Bei Streitigkeiten über die Höhe der Überschussbeteiligung können diese klärend herangezogen werden.

21 Rechnet der VR in einer Beispielrechnung mit **Anlageergebnissen**, die in der Vergangenheit erreicht wurden, und ist ihm bekannt oder hätte ihm bekannt sein müssen, dass diese bei Erstellung der Beispielrechnung aufgrund anderer Verhältnisse an den Kapitalmärkten oder aufgrund infolge steigender Lebenserwartung **überholter Sterbetafeln** nicht mehr erreicht werden können, **verletzt** er seine Informationspflicht (BGH, VersR 2012, 1110;

BGH, VersR 2012, 601; Römer/Langheid/*Langheid* § 154 Rn 13) und macht sich **schadenersatzpflichtig**. Ein allgemeiner Hinweis auf die Unverbindlichkeit der Modellrechnungen ist dabei dann nicht ausreichend, wenn solche konkreten Umstände, die Auswirkungen auf die Überschussbeteiligung haben, vorliegen (BGH, VersR 2012, 1110, 1111; VersR-Hdb/ *Brömmelmeyer*, § 42 Rn 305). Der allgemeine Hinweis auf die Unverbindlichkeit dürfte damit dann nicht ausreichend sein, wenn dem VR die Notwendigkeit einer Reduzierung der Gesamtverzinsung aufgrund eines sehr niedrigen Zinsniveaus bekannt ist, diese aber im Interesse eines hohen Neugeschäfts bewusst hinausgeschoben wird. Eine Reduzierung der zugesagten konstanten Rente mit Hinweis auf die gestiegene Lebenserwartung ist daher auch nicht zulässig, wenn dieser Umstand dem VR bei Vertragsschluss bereits bekannt war oder sein musste (LG Dortmund, NVersZ 2002, 307; dazu auch *Schwintowski*, VuR 2001, 33).

C. Abdingbarkeit

§ 154 VVG ist **halbzwingend** (vgl. § 171 S. 1 VVG). Von ihr kann nicht zum Nachteil des VN, der versicherten Person oder des Eintrittsberechtigten abgewichen werden. 22

§ 155 VVG Jährliche Unterrichtung

Bei Versicherungen mit Überschussbeteiligung hat der Versicherer den Versicherungsnehmer jährlich in Textform über die Entwicklung seiner Ansprüche unter Einbeziehung der Überschussbeteiligung zu unterrichten. Ferner hat der Versicherer, wenn er bezifferte Angaben zur möglichen zukünftigen Entwicklung der Überschussbeteiligung gemacht hat, den Versicherungsnehmer auf Abweichungen der tatsächlichen Entwicklung von den anfänglichen Angaben hinzuweisen.

Übersicht

	Rdn
A. Normzweck	1
B. Norminhalt	3
I. Jährliche Information (§ 155 S. 1 VVG)	3
II. Abweichungen ggü. Beispielrechnung (§ 155 S. 2 VVG)	6
III. Verbindlichkeit der Information	9
IV. Sonstige Informationen	10
C. Abdingbarkeit	11

A. Normzweck

Die Vorschrift soll dem Interesse der VN Rechnung tragen, während der regelmäßig sehr langen Vertragslaufzeit Klarheit über den Stand und die Entwicklung der Ansprüche zu gewinnen, auch im Hinblick auf mögliche Abweichungen ggü. der bei Vertragsschluss überreichten Modell- oder Beispielrechnung. Diese Information ist zwar wichtig. Der bei schlechter Entwicklung angezeigte Anbieterwechsel wird aber regelmäßig zumindest 1 erschwert sein, weil die niedrigen Rückkaufswerte (dazu § 169 Rdn 53 ff.) faktisch zumindest in den ersten Jahren zu einer Kündigungssperre führen (*Schwintowski*, VuR 1998, 219, 221 f.). Bei negativer Abweichung von der ursprünglichen Planung kann der VN die entstehende Versorgungslücke durch weitere Altersvorsorgeverträge schließen. Die Vorschrift knüpft an die Anlage D Abschnitt II Nr. 2 und 3 zu § 10a VAG a.F. an und dient weiterhin der Umsetzung der Richtlinie 2002/83/EG vom 5.11.2002 (ABl EG Nr. L 345 vom 19.12.2002, S. 1). Einzelheiten sollten i.R.d. § 7 Abs. 3 VVG in der VVG-InfoV geregelt werden. Dies ist in § 6 Abs. 1 Nr. 2 und 3 VVG-InfoV in einer Form geschehen, die im Wesentlichen der Anlage D zu § 10a VAG a.F. entspricht.

2   Die Vorschrift ist neu eingefügt worden und auf Altverträge anwendbar. Sie gilt für alle Verträge mit Überschussbeteiligung, also nicht nur kapitalbildende, sondern auch für Risikolebensversicherungen (so auch Looschelders/Pohlmann/*Krause*, § 155 Rn 3; **a.A.** Rüffer/Halbach/Schimikowski/*Brambach*, § 155 Rn 2; Prölss/Martin/*Reiff*, § 155 Rn 2; *Winter*, in: Bruck/Möller, § 155 Rn 5). Ein Grund für eine teleologische Reduzierung auf kapitalbildende Versicherungen (so Rüffer/Halbach/Schimikowski/*Brambach*, § 155 Rn 2) ist nicht ersichtlich, da eine Information unterbleiben kann, wenn es keine Veränderungen gibt (Looschelders/Pohlmann/*Krause*, § 155 Rn 3).

B. Norminhalt

I. Jährliche Information (§ 155 S. 1 VVG)

3   Sieht die Lebensversicherung eine Überschussbeteiligung vor, muss der VR **jährlich über die Entwicklung** der Ansprüche einschließlich der Überschussbeteiligung informieren. § 6 Abs. 1 Nr. 3 VVG-InfoV verlangt weiterhin Informationen darüber, inwieweit diese Überschussbeteiligung garantiert ist. Damit wird nur die Angabe der Höhe des individuellen Deckungskapitals einschließlich der bisher gutgeschriebenen jährlichen Überschüsse verlangt sowie die Angabe, welcher Teil unter welchen Bedingungen garantiert ist. Noch **nicht zugewiesene Überschüsse** müssen nicht angegeben werden. Außerdem sind nach § 6 Abs. 1 Nr. 2 VVG-InfoV Änderungen hinsichtlich bestimmter Angaben in §§ 1 Abs. 1, 2 Abs. 1 VVG-InfoV gefordert, sofern sich diese aus Änderungen von Rechtsvorschriften ergeben. Welche Angaben im Einzelnen von § 155 S. 1 VVG gefordert werden, ergibt sich mithin auch aus der VVG-InfoV nicht. Der Wortlaut des § 155 S. 1 VVG erfasst die Ansprüche des VN, zu denen der jeweilige aktuelle Rückkaufswert und die beitragsfreie Versicherungssumme zu zählen ist. Darüber ist der Kunde schon bei Vertragsschluss nach § 1 Nr. 6b, § 2 Abs. 1 Nr. 4, 5 und 6 VVG-InfoV zu informieren. Entsprechende Informationen darf der Kunde auch während der Vertragslaufzeit erwarten (Looschelders/Pohlmann/*Krause*, § 155 Rn 6; *Winter*, in: Bruck/Möller, § 155 Rn 10; ablehnend zum Rückkaufswert Rüffer/Halbach/Schimikowski/*Brambach*, § 155 Rn 4; Prölss/Martin/*Reiff*, § 155 Rn 3). Dies ergibt sich i.Ü. auch aus Art. 185 Abs. 5 i.V.m. Abs. 3 Solvabilität-II-Richtlinie vom 25.11.2009 (ehemals 36 Abs. 2 i.V.m. Anlage III B b 2 der Richtlinie 2002/83/EG vom 5.11.2002; s.a. Looschelders/Pohlmann/*Krause*, § 155 Rn 7). Nicht nur wünschenswert,

sondern verfassungsrechtlich geboten ist eine **ausführlichere Darstellung**. Das BVerfG verlangt, dass Gerichte in die Lage versetzt werden, getroffene Maßnahmen anhand rechtlicher Maßstäbe zu kontrollieren (BVerfG, NJW 2005, 2376, 2378). Die Transparenzanforderungen wurden durch BVerfG und BGH hoch gesteckt (vor §§ 150 ff. Rdn 106 ff.). Da der Wortlaut der gesetzlichen Regelung noch nicht zur nötigen Transparenz führt, ist er am Maßstab der Rechtsprechung des BVerfG auszulegen. Die Anforderung der Nachvollziehbarkeit und Kontrolle wird nur durch eine weiter gehende Information sichergestellt. Versicherer sollten daher ausführlicher informieren, z.b. anhand des folgenden **Musters**:

1. Deckungskapital/Vertragsguthaben am Anfang des Versicherungsjahres

+ Summe der eingezahlten Prämien

– Abschluss- und Verwaltungskosten

– Kosten für den Risikoschutz

+ laufende Überschussbeteiligung/Wertentwicklung

= Wert des Deckungskapitals/Vertragsguthabens am Ende des Versicherungsjahres

(außerdem: Mitteilung des Ausmaßes, in dem es am Vertragsende garantiert ist)

2. Tatsächlicher Rückkaufswert am Ende des Versicherungsjahres

3. Effektivrendite: z.B. 3,5 % p.a.

Eine Regelung zum **Zeitpunkt** enthält die Vorschrift nicht. Insofern ist der VR frei. Sinnvoll ist die Mitteilung nach genau einem Vertragsjahr, nicht zum Jahresende oder einem fiktiven Termin. Der Zeitpunkt muss aber, wenn er einmal gewählt wurde, beibehalten werden (zustimmend Looschelders/Pohlmann/*Krause*, § 155 Rn 4). Das ergibt sich aus dem Gesetzeszweck, dem VN eine vernünftige Information zu verschaffen.

Die Information hat in Textform (§ 126b BGB) zu erfolgen.

II. Abweichungen ggü. Beispielrechnung (§ 155 S. 2 VVG)

Hat der VR bei Vertragsschluss eine Modell- oder Beispielrechnung ausgehändigt, muss er außerdem auf **Abweichungen** der tatsächlichen Entwicklung von den anfänglichen Angaben hinweisen. Hat sich im Vergleich zum Zeitpunkt des Vertragsschlusses die mögliche Entwicklung der Ablaufleistung bzw. der in Aussicht gestellten Rente geändert, ist darauf angemessen hinzuweisen.

> **Beispiel**
> Wurde in der ausgehändigten unternehmensindividuellen Modellrechnung eine Ablaufleistung von 80.000,00 EUR prognostiziert und wurde zwischenzeitlich die Gesamtverzinsung reduziert, so dass zehn Jahre nach Vertragsbeginn eine Ablaufleistung von 75.000,00 EUR erwartet wird, ist der Kunde darüber zu unterrichten.

Fraglich ist, in welcher Form zu informieren ist. Da § 155 S. 2 VVG nur anwendbar ist, wenn der VR bezifferte Angaben zur möglichen zukünftigen Entwicklung der Überschussbeteiligung gemacht hat, müssen bei der jährlichen Information ebenfalls bezifferte Angaben verlangt werden. Eine neue, aktualisierte Modellrechnung braucht der VR zwar nicht zu übermitteln (Begr. BT-Drucks 16/3945, S. 98). Eine bloße Mitteilung, dass der Wert von den ursprünglichen mitgeteilten Werten abweicht (so aber Rüffer/Halbach/Schimikowski/*Brambach*, § 155 Rn 10 f.), dürfte aber nicht genügen (ähnlich MüKo/*Heiss*, § 155 VVG Rn 14). Der Kunde soll einschätzen können, wie realistisch die ursprüngliche Prognose heute noch ist (Looschelders/Pohlmann/*Krause*, § 155 Rn 8). Dies wird ihm nur gelingen, wenn ihm das tatsächliche Ausmaß der Abweichung in EUR vor Augen geführt wird, damit er seine Vorsorgeplanung auf die neuen Umstände anpassen kann. Dazu genügt die Angabe einzelner Werte, ohne dass eine vollständige Modellrechnung über alle verbleibenden Jahre übergeben wird.

III. Verbindlichkeit der Information

9 Die Vorgabe der klaren und verständlichen Information hinsichtlich der Modellrechnung (§ 154 Rdn 18 ff.) ist auf die jährliche Information zu übertragen. Der VR muss deutlich auf die Unverbindlichkeit der nicht garantierten Werte hinweisen, da anderenfalls ein verbindlicher Anspruch vorliegen könnte (vgl. auch Begr. BT-Drucks 16/3945, S. 97; zustimmend Looschelders/Pohlmann/*Krause*, § 155 Rn 10).

IV. Sonstige Informationen

10 Dem Lebensversicherer steht es frei, auch **unterjährige Informationen** zum Vertragsstand zu erteilen. Ein Anspruch darauf, gestützt auf § 242 BGB, wurde bisher abgelehnt (vgl. OLG Celle, VersR 2007, 1501). Eine bloße **Auskunft** des VR zum aktuellen Vertragsstand ist kein konstitutives Schuldversprechen, wenn auf die Unverbindlichkeit der Prognose hingewiesen wurde (OLG Stuttgart, VersR 2005, 634; OLG Stuttgart, VersR 2002, 555). Sie stellt vielmehr eine Wissenserklärung dar, mit der der VR seiner Informationspflicht nachkommt (OLG Stuttgart, VersR 2002, 555). Ein **Angebot auf Anlage einer Ablaufleistung** aus einem auslaufenden Vertrag vom selben VR stellt i.d.R. weder ein abstraktes Schuldanerkenntnis nach §§ 780 f. BGB noch ein deklaratorisches Schuldanerkenntnis hinsichtlich des Ablaufbetrages der auslaufenden Lebensversicherung dar (OLG Celle, VersR 2007, 930, 931; OLG Karlsruhe, VersR 1992, 219). Auch eine **Einzelauskunft** des Lebensversicherers **über eine Gewinnbeteiligung** löst keinen Anspruch auf eine Zuweisung eines bestimmten Gewinnanteils aus (OLG Karlsruhe, VersR 1992, 219). Eine zwischenzeitliche Mitteilung über die Leistungsentwicklung im vergangenen Jahr dient nur der Information und begründet keinen Anspruch des Versicherten auf einen falsch angegebenen Zeitwert, insb. wenn der VR offensichtlich von einer falschen Jahresprämie ausgegangen ist (OLG Stuttgart, VersR 2002, 555, 556).

C. Abdingbarkeit

§ 155 VVG ist **halbzwingend** (vgl. § 171 S. 1 VVG). Der VR darf nicht zum Nachteil des VN, der versicherten Person oder des Eintrittsberechtigten von § 155 VVG abweichen.

11

---

§ 156 VVG Kenntnis und Verhalten der versicherten Person

Soweit nach diesem Gesetz die Kenntnis und das Verhalten des Versicherungsnehmers von rechtlicher Bedeutung sind, ist bei der Versicherung auf die Person eines anderen auch deren Kenntnis und Verhalten zu berücksichtigen.

Übersicht

	Rdn
A. Normzweck	1
B. Norminhalt	2
C. Abdingbarkeit	3

A. Normzweck

§ 156 VVG überträgt die für die Fremdversicherung geltende Regelung des § 47 Abs. 1 VVG auf Lebensversicherungen, bei denen **VN und versicherte Person auseinander fallen** (Kenntnis- und Verhaltenszurechnung). Versicherungsnehmer und versicherte Person werden insoweit als **rechtliche Einheit** angesehen (vgl. Motive zum VVG, S. 219). Eine direkte Anwendung des § 47 Abs. 1 VVG scheidet aus, da eine Lebensversicherung auf den Tod eines anderen regelmäßig nicht auf fremde Rechnung i.S.d. §§ 43 ff. abgeschlossen wird (vgl. auch § 150 Abs. 1, Begr. BT-Drucks 16/3945, S. 98). Die Vorschrift schützt den Lebensversicherer vor falschen Angaben auch der versicherten Person. Inhaltlich stimmt die Norm mit § 161 VVG a.F. überein.

1

B. Norminhalt

Es wird auf die Kenntnis und das Verhalten abgestellt, soweit es von rechtlicher Bedeutung ist. Für den VR sind diejenigen Gefahrumstände von rechtlicher Bedeutung, die für seinen Entschluss, den VV mit dem vereinbarten Inhalt zu schließen, erheblich sind (§ 19 Abs. 1 VVG). Hier geht es in erster Linie um falsche Angaben der versicherten Person zu ihren Gesundheitsverhältnissen bei Antragstellung oder nachträglicher Gefahrerhöhung. Gibt die versicherte Person im Antrag falsche Erklärungen ab, können dem VR die Rechte aus § 19 Abs. 2 VVG (Rücktritt), § 19 Abs. 3 S. 2 VVG (Kündigung), § 19 Abs. 4 S. 2 VVG (Anpassungsrecht), §§ 23 ff. VVG (Kündigung, Prämienerhöhung, Gefahrausschluss, Leistungsfreiheit) sowie § 22 VVG i.V.m. § 123 BGB (Anfechtung wegen arglistiger Täuschung) zustehen. Bei einer Anfechtung wegen arglistiger Täuschung kommt es allein auf das Verhalten der versicherten Person an. Einer Kenntnis des VN i.S.d. § 123 Abs. 2 BGB bedarf es nicht (Looschelders/Pohlmann/*Krause/Peters*, § 156 Rn 3).

2

C. Abdingbarkeit

3 Die Vorschrift ist **dispositiv**, da sie nicht in § 171 VVG aufgeführt ist und den VR begünstigt, der im Rahmen seiner Begünstigung disponieren darf (wie hier MüKo/*Heiss*, § 156 VVG Rn 6 f.; a.A. Prölss/Martin/*Schneider*, § 156 Rn 4). Eine Erweiterung der Begünstigung, z.B. durch Ausweitung des relevanten Personenkreises, darf indes durch AVB nur in den Grenzen des § 307 BGB erfolgen, d.h. sie darf den VN nicht unangemessen benachteiligen (vgl. Looschelders/Pohlmann/*Krause/Peters*, § 156 Rn 5).

§ 157 VVG Unrichtige Altersangabe

Ist das Alter der versicherten Person unrichtig angegeben worden, verändert sich die Leistung des Versicherers nach dem Verhältnis, in welchem die dem wirklichen Alter entsprechende Prämie zu der vereinbarten Prämie steht. Das Recht, wegen der Verletzung der Anzeigepflicht von dem Vertrag zurückzutreten, steht dem Versicherer abweichend von § 19 Abs. 2 nur zu, wenn er den Vertrag bei richtiger Altersangabe nicht geschlossen hätte.

Übersicht

	Rdn
A. Normzweck	1
B. Norminhalt	3
I. Leistungsanpassung (§ 157 S. 1 VVG)	3
II. Rücktrittsrecht (§ 157 S. 2 VVG)	5
C. Prozessuales	10
D. Abdingbarkeit	13

A. Normzweck

1 Die Vorschrift bezweckt, den **Lebensversicherungsvertrag** trotz Verletzung der Anzeigepflicht über den Gefahrumstand „Alter" durch den VN grds. **bestehen zu lassen**. Dies ist auch sinnvoll. Obwohl das Alter die Grundlage für die Berechnung der Prämie und ggf. der VersSumme ist, können die Folgen einer unrichtigen Altersangabe leicht korrigiert werden, indem die bei Vertragsschluss gültigen Rechnungsgrundlagen auf das richtige Alter angewendet werden. Das hat eine Veränderung des Beitrags oder der Versicherungssumme zur Folge. Es gibt also kein Bedürfnis für die Anpassung bzw. Aufhebung des Vertrags nach § 19 Abs. 2–4 VVG (Rücktritt, Kündigung, Bedingungsanpassung), es sei denn, der VR hätte den Antrag bei Kenntnis des richtigen Alters gar nicht angenommen. In diesem Fall wäre ein Festhalten am Vertrag unangemessen, weswegen im § 155 S. 2 VVG ein **Rücktrittsrecht** für den VR normiert ist.

2 Entsprechend dem Vorschlag der Reformkommission wurde der § 162 VVG a.F. auf den seltenen Fall einer **zu hohen Altersangabe** ausgeweitet. Die Beschränkung der Anpassung der Prämie auf Fälle der zu niedrigen Altersangabe war unangemessen.

B. Norminhalt

I. Leistungsanpassung (§ 157 S. 1 VVG)

Das Alter der versicherten Person muss bei Vertragsschluss unrichtig, also zu niedrig oder zu hoch, angegeben worden sein. Als Folge vermindert oder erhöht sich die Leistung im Verhältnis der eigentlich zu zahlenden Prämie bei richtigem Alter zu der vereinbarten Prämie. Grundlage sind die bei Vertragsschluss gültigen Rechnungsgrundlagen. Diese **Leistungskorrektur** tritt kraft Gesetzes ein. Eine Erklärung seitens des VR ist nicht erforderlich. Abweichend von § 19 VVG ist ein Verschulden nicht vorausgesetzt. In der Praxis wird der Vertrag mit dem richtigen Alter neu berechnet, der falsch berechnete Vertrag wird aufgehoben.

§ 157 S. 1 VVG verdrängt unstreitig die allgemeinen Regeln des § 19 VVG (s. nur Looschelders/Pohlmann/*Peters*, § 157 Rn 2; Prölss/Martin/*Schneider*, § 157 Rn 1). § 22 VVG i.V.m. § 123 BGB bleiben indes anwendbar, weil der arglistig Täuschende nicht geschützt werden soll (vgl. *Winter*, in: Bruck/Möller, § 157 Rn 17; Looschelders/Pohlmann/*Peters*, § 157 Rn 2; Römer/Langheid/*Langheid*, § 157 Rn 4; Prölss/Martin/*Schneider*, § 157 Rn 1; a.A. BK/*Schwintowski*, § 162 Rn 4.

Hat der VR die Versicherungssumme in Unkenntnis des falschen Alters ausgezahlt, kann er einen zu viel geleisteten Betrag auch noch jetzt nach **§§ 812 ff. BGB** zurückverlangen. Umgekehrt kann auch der VN bei einer zu geringen Auszahlung wegen fälschlicherweise zu hoch angegebenen Alters **Nachzahlung** verlangen, da der VV insoweit noch nicht erfüllt ist.

II. Rücktrittsrecht (§ 157 S. 2 VVG)

Ist die Abweichung des richtigen Alters so erheblich, dass der VR bei Kenntnis den Vertrag nicht geschlossen hätte, steht ihm ein **Rücktrittsrecht** nach § 19 Abs. 2 VVG zu. Wie § 162 S. 2 VVG a.F. verweist auch § 157 S. 2 VVG nicht nur auf die Rechtsfolge des § 19 Abs. 2 VVG, sondern auch auf die **Rücktrittsvoraussetzungen** (*Prang*, in: v. Bühren, Hdb. VersR, § 14 Rn 374; ebenso: Looschelders/Pohlmann/*Peters*, § 157 Rn 5). Es müssen demzufolge zusätzlich alle Voraussetzungen der §§ 19 ff. VVG erfüllt sein. Insb. ist Vorsatz oder – regelmäßig vermutete – grobe Fahrlässigkeit des VN notwendig (Looschelders/Pohlmann/*Peters*, § 157 Rn 5). Der VR muss auch rechtzeitig über die Folgen einer unrichtigen Altersangabe belehrt haben (§ 19 Abs. 5 S. 1 VVG). Ausgeschlossen ist der Rücktritt bei Kenntnis des VR vom unrichtigen Alter (§ 19 Abs. 5 S. 2 VVG). § 19 Abs. 4 und 6 VVG werden durch die insoweit speziellere Regelung des § 157 S. 2 VVG verdrängt.

Der VR muss sein Rücktrittsrecht **innerhalb eines Monats** ab Kenntnis vom unrichtigen Alter schriftlich und begründet ausüben (§ 21 Abs. 1 S. 1 und 2 VVG). Gründe können innerhalb der Monatsfrist nachgereicht werden (§ 21 Abs. 1 S. 3 VVG). Der Rücktritt ist nach § 21 Abs. 3 VVG ausgeschlossen, wenn der VR sein Rücktrittsrecht nicht innerhalb von fünf Jahren bzw. bei Vorsatz oder Arglist innerhalb von zehn Jahren ab Vertragsschluss ausübt. Das Recht aus § 157 S. 1 VVG bleibt auch nach Fristablauf bestehen.

7 Als Folge des Rücktritts muss der VR den **Rückkaufswert** auszahlen (siehe § 169 Rdn 17 ff., VersR-Hdb/*Brömmelmeyer*, § 42 Rn 128).

8 Bei **einfacher Fahrlässigkeit** und auch, wenn **kein Verschulden** vorliegt (Umkehrschluss aus § 19 Abs. 4 S. 2 Hs. 2 VVG und § 194 Abs. 1 S. 3 VVG), was vom VN zu beweisen ist, kann der VR anstelle des Rücktritts mit Monatsfrist **kündigen** (§ 19 Abs. 3 S. 2 VVG). Die übrigen genannten Voraussetzungen müssen ebenfalls vorliegen. Als Folge der Kündigung wandelt sich die Versicherung in eine prämienfreie Versicherung um (§§ 166 Abs. 1, 165 VVG; so auch Looschelders/Pohlmann/*Peters*, § 157 Rn 6; MüKo/*Heiss*, § 157 Rn 20; a.A. Prölss/Martin/*Schneider*, § 157 Rn 4).

9 Der VR hat auch bei Vorliegen der Rücktritts- oder Kündigungsvoraussetzungen ein **Wahlrecht**, alternativ die Prämie nach § 157 S. 1 VVG anzupassen.

C. Prozessuales

10 Der jeweilige Anspruchsteller muss die anspruchsbegründenden Tatsachen beweisen. Möchte der VR nach § 157 S. 2 i.V.m. § 19 Abs. 2 VVG vom Vertrag zurücktreten, muss er beweisen, dass er den Vertrag bei richtiger Altersangabe nicht geschlossen hätte. Insofern wird die **Beweislast umgekehrt**. Der VN muss ein niedrigeres Alter beweisen. In diesem Fall muss der VR seine Berechnungsgrundlagen offen legen (Looschelders/Pohlmann/*Peters*, § 157 Rn 7).

> **Praxistipp**
> Der Nachweis kann z.B. durch Vorlage der Annahmerichtlinien erbracht werden, die zum Zeitpunkt des Vertragsschlusses galten. Hat ein 70-Jähriger sich als 65-jährig ausgegeben und hätte ein 70-Jähriger nach den bei Vertragsschluss gültigen Annahmerichtlinien keinen Versicherungsschutz mehr erhalten, wäre der Nachweis erbracht.

11 **Vorsatz bzw. grobe Fahrlässigkeit des VN** (§ 19 Abs. 3 S. 1 VVG) werden **vermutet**. Der VN muss den Nachweis erbringen, dass nur einfache Fahrlässigkeit oder kein Verschulden vorliegt.

12 Die **korrekte Belehrung** (§ 19 Abs. 5 S. 1 VVG) muss der **VR beweisen**, eine mögliche Kenntnis des VR (§ 19 Abs. 5 S. 2 VVG) müsste der VN beweisen, ebenso den Zeitpunkt der Kenntniserlangung des VR (§ 21 Abs. 1 S. 2 VVG). Der VR ist wiederum beweispflichtig für den rechtzeitigen Zugang der Erklärung (§ 21 Abs. 1 S. 1 VVG) sowie für die Formeinhaltung. Das Erlöschen der Frist (§ 21 Abs. 3 VVG) muss der VN beweisen.

D. Abdingbarkeit

13 § 157 VVG ist **halbzwingend** (vgl. § 171 S. 1 VVG). Eine Abweichung zulasten VN, versicherter Person oder Eintrittsberechtigten ist unwirksam.

§ 158 VVG Gefahränderung

(1) Als Erhöhung der Gefahr gilt nur eine solche Änderung der Gefahrumstände, die nach ausdrücklicher Vereinbarung als Gefahrerhöhung angesehen werden soll; die Vereinbarung bedarf der Textform.

(2) Eine Erhöhung der Gefahr kann der Versicherer nicht mehr geltend machen, wenn seit der Erhöhung fünf Jahre verstrichen sind. Hat der Versicherungsnehmer seine Verpflichtung nach § 23 vorsätzlich oder arglistig verletzt, beläuft sich die Frist auf zehn Jahre.

(3) § 41 ist mit der Maßgabe anzuwenden, dass eine Herabsetzung der Prämie nur wegen einer solchen Minderung der Gefahrumstände verlangt werden kann, die nach ausdrücklicher Vereinbarung als Gefahrminderung angesehen werden soll.

Übersicht

	Rdn
A. Normzweck	1
B. Norminhalt	4
I. Vereinbarte Gefahrerhöhung (§ 158 Abs. 1 VVG)	4
II. Ausschlussfrist (§ 158 Abs. 2 VVG)	5
III. Vereinbarte Gefahrminderung (§ 158 Abs. 3 VVG)	7
C. Prozessuales	12
D. Abdingbarkeit	13

A. Normzweck

1 § 158 VVG schränkt die Regelungen zur objektiven und subjektiven Gefahrerhöhung (§ 23 Abs. 1 VVG) und Gefahrminderung (§ 41 VVG) für die Lebensversicherung dahin gehend ein, dass eine Gefahränderung zuvor **ausdrücklich** im Rahmen einer Vereinbarung **definiert** worden sein muss (zur Gefahrerhöhung nach § 164 VVG a.F.: BGH, VersR 1993, 213, 214). Nunmehr werden **auch Gefahr mindernde Umstände** erfasst, sofern sie ausdrücklich als solche vereinbart wurden. Alle nicht ausdrücklich vereinbarten Umstände bleiben außer Betracht. **§ 164a VVG a.F.** wurde ersatzlos **gestrichen**. Der Gesetzgeber hat keine Gründe mehr für eine uneingeschränkte Zulassung der Prämienerhöhung bei Gefahrerhöhung bei gleichzeitiger vollständiger Versagung einer Prämienermäßigung bei Gefahrminderung gesehen. Eine vorherige ausdrückliche Vereinbarung ist nach Ansicht des Gesetzgebers notwendig, um die in beiden Fallgruppen bestehenden **Abgrenzungsschwierigkeiten** zu vermeiden (vgl. mit Beispielen: Begr. BT-Drucks 16/3945, S. 98):

– Ein Beitragszuschlag wird verlangt bei der Ausübung eines besonders unfallträchtigen Berufes des VN. Vereinbarung, dass dieser Zuschlag entfällt, wenn der VN diesen Beruf nicht mehr ausübt.
– Ist der Beruf dagegen mit einem erheblich erhöhten Risiko von Berufskrankheiten verbunden, die auch nach dem Ende der Berufsausübung noch eintreten können: kein Verzicht des VR auf den Zuschlag nach dem Ende der Berufsausübung.

– Zuschlag wegen latenter Gesundheitsgefährdung, z.B. Übergewicht: Gefährdung entfällt nicht schon deswegen, weil der VN zu einem bestimmten Zeitpunkt kein Übergewicht mehr hat.

2 Hintergrund der Regelung für die Gefahrerhöhung ist, dass der VR bei der Lebensversicherung ähnlich wie bei der Krankenversicherung gerade das Risiko übernimmt, dass später Ereignisse auftreten können, die das Risiko eines vorzeitigen Todes erhöhen (vgl. MüKo/ *Heiss*, § 158 VVG Rn 2).

3 Die Vorgängervorschrift des § 164 VVG a.F. hat in der Praxis **keine Bedeutung** erlangt, da die Versicherungsbedingungen regelmäßig keine Vereinbarung über gefahrerhöhende Umstände enthalten. Außerdem ging es meistens um Fälle, die zwischen Antragstellung und Vertragsschluss auftraten. Da es nun nach § 19 Abs. 1 VVG nur noch auf den Zeitpunkt der Abgabe der Vertragserklärung des VN ankommt, wird die Vorschrift auch künftig ohne praktische Bedeutung bleiben.

B. Norminhalt

I. Vereinbarte Gefahrerhöhung (§ 158 Abs. 1 VVG)

4 Es kommen nur solche **Gefahrerhöhungen** in Betracht, die auch Gefahrerhöhungen i.S.d. §§ 23 ff. VVG darstellen, also keine anderweitigen, beliebigen Gefahren (*Winter*, in: Bruck/ Möller, § 158 Rn 10). Außerdem müssen diese Umstände **ausdrücklich** als solche **vereinbart** worden sein, und zwar in **Textform** (vgl. § 126b BGB). Dies könnte insb. über eine Regelung in den AVB (krit. Römer/Langheid/*Langheid*, § 158 Rn 4; wie hier: *Winter*, in: Bruck/Möller, § 158 Rn 12; Prölss/Martin/*Schneider*, § 158 Rn 7; zur alten Rechtslage s.a. BGH, VersR 1984, 884) oder im Versicherungsschein erfolgen (vgl. für eine Darstellung einer Gefahrerhöhungsklausel am Beispiel des Umstands „Rauchen" *Armbrüster*, r+s 2013, 209). Ist der Tatbestand der Gefahrerhöhung erfüllt, kann der VR seine Rechte nach §§ 24 ff. VVG (Kündigung, Prämienerhöhung, Leistungskürzung oder -freiheit) wahrnehmen.

II. Ausschlussfrist (§ 158 Abs. 2 VVG)

5 Die Erhöhung der Gefahr kann der VR **nach fünf Jahren** nicht mehr geltend machen. Insofern wurde die Frist ggü. § 164 Abs. 2 S. 1 VVG a.F. von zehn auf fünf Jahre verkürzt. Diese Verkürzung soll das Interesse des Versicherten wahren, in einem angemessenen Zeitraum **Sicherheit** über die Bestandskraft des Vereinbarten zu erlangen (Begr. BT-Drucks 16/3945, S. 98 zu § 158 Abs. 2 i.V.m. S. 66 f. zu § 21 Abs. 3).

6 Die Frist verlängert sich nach § 158 Abs. 2 S. 2 VVG auf **zehn Jahre**, wenn der VN seine Unterlassungs- oder Anzeigepflicht aus § 23 VVG arglistig oder vorsätzlich verletzt hat. Auch hier wird die Frist des § 21 Abs. 3 VVG, die mit § 124 Abs. 3 BGB vereinheitlicht wurde, übernommen (s. Begr. BT-Drucks 16/3945, S. 98).

III. Vereinbarte Gefahrminderung (§ 158 Abs. 3 VVG)

Als Äquivalent zur Gefahrerhöhung wird § 41 VVG für die Lebensversicherung für anwendbar erklärt, allerdings mit der Einschränkung, dass die Umstände, die als **Gefahrminderung** angesehen werden, ausdrücklich vereinbart sein müssen. Aus dem Ziel der Gesetzesbegründung, Gefahrerhöhung und -minderung gleich zu behandeln, folgt ein **gesetzliches Leitbild**: Umstände, die zu einer Gefahrerhöhung führen können, müssen auch im umgekehrten Fall zu einer Gefahrminderung führen – es besteht eine grds. **Gleichbehandlungspflicht** (MüKo/*Heiss*, § 158 VVG Rn 15; sich anschließend Prölss/Martin/*Schneider*, § 158 Rn 7).

Regelmäßig werden indes weder Gefahr erhöhende noch Gefahr mindernde Umstände in den Bedingungen vereinbart. Ob dies angemessen ist, erscheint fraglich. Zwar wird ein Gleichlauf wie vom Gesetzgeber gewünscht bei gefahrerhöhenden und -mindernden Umständen erreicht. Es bleibt aber gleichzeitig eine **nicht gerechtfertigte Abweichung von der Krankenversicherung**. Hier können bei Abschluss verlangte Risikozuschläge (vgl. § 203 Abs. 1 S. 2 VVG) reduziert oder sogar gestrichen werden, wenn das Risiko, für das der Zuschlag vereinbart wurde, später weggefallen ist. Die Anwendbarkeit des § 41 VVG ist hier nicht beschränkt (vgl. § 194 VVG sowie zur Anwendbarkeit explizit OLG Karlsruhe, VersR 2011, 788; LG Berlin, VersR 2014, 97).

Dasselbe gilt für die **Unfallversicherung** (vgl. MüKo/*Dörner*, § 181 VVG Rn 11; Prölss/Martin/*Knappmann*, § 181 Rn 7). Warum sollte z.B. ein Dachdecker (hohes Unfall- und Todesfallrisiko), der nach Vertragsschluss einen kaufmännischen Beruf (geringes Unfall- und Todesfallrisiko) ergreift, in der Unfallversicherung nachträglich günstiger eingestuft werden, in der Risikolebensversicherung aber weiterhin einen Beitragszuschlag für das erhöhte Todesfallrisiko eines Dachdeckers bezahlen?

Da für das erhöhte Risiko auch in der Lebensversicherung i.d.R. ein Zuschlag erhoben wird, muss das Kollektiv das höhere Risiko auch nicht mittragen. Die spätere Rücknahme des Zuschlags belastet daher die Versichertengemeinschaft nicht. Insofern sollte eigentlich § 41 VVG ohne Weiteres auch auf die Lebensversicherung anwendbar sein; dem dürfte indes der Wortlaut und die Systematik von § 158 VVG, die eine ausdrückliche Vereinbarung verlangen, entgegenstehen.

Praxistipp
In der Praxis sollten VN auf die individuelle Vereinbarung desjenigen gefahrmindernden Umstandes i.S.d. § 158 Abs. 3 VVG bestehen, weswegen der VR einen Risikozuschlag verlangt. VR sollten auf eine Gleichbehandlung von Gefahrerhöhung und -minderung achten, um nicht Gefahr zu laufen, eine unwirksame Klausel zu vereinbaren.

C. Prozessuales

In § 158 Abs. 1 VVG muss der VR die Gefahrerhöhung beweisen (s. dazu § 23 Rdn 143). Für den Ablauf der 5-Jahres-Frist in § 158 Abs. 2 S. 1 VVG ist der VN beweispflichtig, für das Vorliegen von Arglist oder Vorsatz in § 158 Abs. 2 S. 2 VVG der VR. Die Tatbestandsmerkmale des § 158 Abs. 3 VVG sowie des § 41 VVG muss der VN beweisen.

D. Abdingbarkeit

13 Von § 158 VVG kann **nicht zum Nachteil** des VN, der versicherten Person oder des Eintrittsberechtigten abgewichen werden (§ 171 S. 1 VVG).

§ 159 VVG Bezugsberechtigung

(1) Der Versicherungsnehmer ist im Zweifel berechtigt, ohne Zustimmung des Versicherers einen Dritten als Bezugsberechtigten zu bezeichnen sowie an die Stelle des so bezeichneten Dritten einen anderen zu setzen.

(2) Ein widerruflich als bezugsberechtigt bezeichneter Dritter erwirbt das Recht auf die Leistung des Versicherers erst mit dem Eintritt des Versicherungsfalles.

(3) Ein unwiderruflich als bezugsberechtigt bezeichneter Dritter erwirbt das Recht auf die Leistung des Versicherers bereits mit der Bezeichnung als Bezugsberechtigter.

Übersicht

	Rdn
A. Normzweck	1
B. Norminhalt	3
I. Anwendungsbereich	3
II. Bestimmungsrecht über das Bezugsrecht im Dreiecksverhältnis (§ 159 Abs. 1 VVG)	7
1. Dreiecksverhältnis	7
2. Bestimmungsrecht	8
a) Ausübung des Bestimmungsrechts	8
b) Unwirksamkeit der Bestimmung	14
c) Wegfall der Bestimmung	17
d) Auslegung der Bestimmung	18
e) Rechtsfolge	27
f) Formelle Anforderungen	28
3. Bezugsrecht	29
a) Deckungs- und Valutaverhältnis	29
b) Wesen und Umfang	32
c) Schutz Dritter	39
d) Bezugsrechtsarten	44
III. Zeitpunkt des Rechtserwerbs (§ 159 Abs. 2 und 3 VVG)	50
1. Beim widerruflichen Bezugsrecht (§ 159 Abs. 2 VVG)	50
2. Beim unwiderruflichen Bezugsrecht (§ 159 Abs. 3 VVG)	53
IV. Das widerrufliche Bezugsrecht	54
1. Begründung, Auswechselung, Änderung und Aufhebung des Bezugsrechts	54
2. Stellung der beteiligten Parteien	55
3. Widerruf des Bezugsrechts	56
a) Ausübung des Widerrufs	56
b) Rechtsfolgen des Widerrufs	63
4. Verfügungen und Insolvenz	65
a) Abtretung	65
b) Verpfändung und Pfändung	72
c) Insolvenz des Versicherungsnehmers	74

V. Das unwiderrufliche Bezugsrecht 75
  1. Begründung 75
  2. Stellung der beteiligten Parteien 77
  3. Verfügungen und Insolvenz 78
VI. Das eingeschränkt unwiderrufliche Bezugsrecht 79
C. **Abdingbarkeit** 85

A. Normzweck

Der VN kann bei Vertragsschluss oder nachträglich einem Dritten ein Bezugsrecht einräumen. Dann liegt ein **(echter) Vertrag zugunsten Dritter** i.S.d. § 328 BGB vor (BGH, VersR 2013, 438, 440; Winter, in: Bruck/Möller, § 159 Rn 5; Prölss/Martin/*Schneider*, § 159 Rn 1; zu diesem Vertragstyp vgl. MüKo/*Gottwald*, § 328 BGB Rn 19 ff.) mit der grds. Folge, dass der Dritte das Recht **unmittelbar und originär vom Versicherer** erhält. 1

Von dieser dogmatischen Einordnung zu unterscheiden sind Fragen bzgl. der Rechtsstellung des Bezugsberechtigten, insb. hinsichtlich des Zeitpunkts des Rechtserwerbs und damit zusammenhängend der Festigkeit des Bezugsrechts in der Insolvenz des VN oder bzgl. der Änderung des Bezugsrechts durch den VN. Diese Aspekte werden durch die Bestimmungen zur Lebensversicherung und die ALB teilweise modifiziert. Die allg. Regeln der §§ 328, 331–335 BGB werden durch § 159 VVG ergänzt und insoweit verdrängt, als § 159 **Abs. 1 VVG eine Auslegungsregel** aufstellt: Das Bezugsrecht wird primär durch die vertraglichen Vereinbarungen und die weiteren Umstände des Vertragsschlusses definiert (vgl. Motive zum VVG, S. 225). **Erst wenn insoweit Zweifel verbleiben**, legt § 159 Abs. 1 VVG fest, dass der VN über die Bezugsberechtigung ohne Zustimmung oder sonstige Mitwirkung des VR verfügen, d.h. entweder erstmalig einen Dritten als Bezugsberechtigten bestimmen, den Bezugsberechtigten auswechseln oder das Bezugsrecht auch schlicht widerrufen kann (vgl. Motive zum VVG, S. 225) – ein Recht, das dem VN andernfalls gem. § 332 BGB nur beim ausdrücklichen Vorbehalt im Vertrag zustehen würde (MüKo/*Gottwald*, § 332 BGB Rn 1). Dadurch wird zugleich der Grundsatz statuiert, dass ein Bezugsrecht im Lebensversicherungsvertrag ohne nähere Bestimmung (**„im Zweifel") ein widerrufliches** ist, da nur dann dem VN die Möglichkeiten nach § 159 Abs. 1 VVG offen stehen (vgl. Motive zum VVG, S. 225; es darf indes nicht vorschnell auf die Zweifelsregelung abgestellt werden, vgl. BGH, VersR 2015, 1542, 1544). Insoweit entspricht § 159 Abs. 1 VVG weitestgehend dem § 166 Abs. 1 S. 1 VVG a.F. § 166 Abs. 1 S. 2 VVG a.F. wurde dagegen – da ohne eigenen Regelungsgehalt – gestrichen (Begr. BT-Drucks 16/3945, S. 98). 2

B. Norminhalt

I. Anwendungsbereich

Der Anwendungsbereich erstreckt sich auf **alle Lebensversicherungen**, unabhängig davon, ob die Leistung gewiss oder ungewiss ist (Begr. BT-Drucks 16/3945, S. 98). Damit sind jetzt auch **Rentenversicherungen** und Risikoversicherungen erfasst (dies wurde bereits zum alten Recht so vertreten, vgl. Römer/Langheid/*Langheid*, § 159 Rn 1; daran – zum 3 alten Recht – zweifelnd KG, VersR 2006, 1349, 1350 m.w.N.). Auf die **Unfallversicherung** ist § 159 VVG gem. § 185 VVG entsprechend anzuwenden, auf die **Berufsunfähigkeitsversicherung** gem. § 176 VVG.

4   Sachlich ist der Inhalt der Auslegungsregel in der Praxis der Normalfall. Allerdings wird dieser Inhalt regelmäßig durch § 9 der Musterbedingungen für die kapitalbildende Lebensversicherung des GDV 2014 (ALB 2016), also eine den § 159 VVG ausschließende, vertragliche Regelung, eingeführt, wobei die gesetzliche Auslegungsregel teilweise modifiziert wird.

5   Von § 159 Abs. 1 VVG sind die Vorschriften in § 159 **Abs. 2 und 3** VVG streng zu trennen. Diese regeln den **Zeitpunkt des Rechtserwerbs** des Bezugsberechtigten und verdrängen in ihrem Anwendungsbereich die allgemeinen Regeln des BGB. Ausdrücklich wird dabei nunmehr auf die Qualifizierung der Bezugsberechtigung als „widerruflich" oder „unwiderruflich" angeknüpft. Damit wurde die von der Rechtsprechung entwickelte Auslegung in das Gesetz übernommen. In § 166 Abs. 2 VVG a.F. fand sich eine entsprechende Regelung – wenn auch nicht explizit – lediglich für ein widerrufliches Bezugsrecht. Allerdings kann auch bei einem unwiderruflichen Bezugsrecht der Vertrag eine abweichende Regelung über den Zeitpunkt des Rechtserwerbs enthalten (Begr. BT-Drucks 16/3945, S. 98).

6   In Art. 3 des Gesetzes zur Reform des VVG wurde **§ 330 BGB** insoweit geändert, als die Lebensversicherung aus seinem Anwendungsbereich herausgenommen wurde. Die bisherige Auslegungsregel des § 330 a.F. BGB gilt nicht mehr.

II. Bestimmungsrecht über das Bezugsrecht im Dreiecksverhältnis (§ 159 Abs. 1 VVG)

1. Dreiecksverhältnis

7   Die i.R.d. § 159 VVG beteiligten Personen stehen in einem Dreiecksverhältnis zueinander, in dem folgende Rechtsverhältnisse zu unterscheiden sind: Das sog. **Deckungsverhältnis** besteht zwischen dem VN und dem VR und wird i.d.R. durch den VV ausgestaltet. Das Verhältnis zwischen dem VN und dem Begünstigten wird ganz überwiegend als **Valutaverhältnis** bezeichnet. Von diesem Verhältnis hängt es ab, ob der Begünstigte die Leistung des VR endgültig behalten kann, ob also ein Rechtsgrund für die Leistung des VR besteht (z.B. Schenkung des VN). Schließlich besteht zwischen dem VR und dem Begünstigten das sog. Vollzugs- oder **Zuwendungsverhältnis**. Dieses hat nicht die gleiche rechtliche Qualität wie das Deckungs- oder Valutaverhältnis, da keine Rechtsbeziehungen zwischen diesen Beteiligten existieren, allerdings bringt der Anspruch des Begünstigten bestimmte gegenseitige (Neben-)Pflichten mit sich (vgl. MüKo/*Gottwald* § 328 BGB Rn 31).

2. Bestimmungsrecht

a) Ausübung des Bestimmungsrechts

Dem VN steht ein **Bestimmungsrecht** hinsichtlich der Bezugsberechtigung zu, das dogmatisch als ein **Gestaltungsrecht** zu klassifizieren ist und dessen Ausübung Verfügungscharakter besitzt. Dabei handelt es sich **nicht** um ein **höchstpersönliches Recht** des VN (BGHZ 91, 288, 289 = BGH, NJW 1984, 2156 m.w.N.). Das Bestimmungsrecht, das auf die **Begründung, Auswechselung, Änderung oder Aufhebung** des Bezugsrechts gerichtet sein kann (vgl. BGH, VersR 2007, 784 – § 159 Abs. 1 VVG führt ausdrücklich nur die Begründung und die Auswechselung an) wird jedenfalls durch eine **einseitige, empfangsbedürftige Willenserklärung** (BGH, VersR 2015, 1148, 1149; BGH, VersR 2013, 1121, 1122; BGH, VersR 2007, 784; RGZ 140, 30, 34; Prölss/Martin/*Schneider*, § 159 Rn 6) ausgeübt, unabhängig davon, ob der VN die Willenserklärung i.R.d. Vertragsschlusses mit dem VR oder nachträglich abgibt.

Die Ausübung erfolgt **ggü. dem VR**. Einräumung, Änderung und Widerruf des Bezugsrechts müssen nach § 9 Abs. 4 Muster-ALB 2016 in Textform dem VR angezeigt werden. Die Erklärung muss dem VR vor dem Eintritt des Versicherungsfalls zugehen, um wirksam zu werden (vgl. § 9 Abs. 2, 4 Muster-ALB 2016). Spätere Anzeigen werden daher nicht wirksam (LG Dortmund, ZEV 2008, 293). Nach § 12 Abs. 1 S. 3 ALB 86 genügte der Zugang der Willenserklärung allein beim Versicherungsvertreter nicht, da dieser insoweit in seiner Empfangsvollmacht eingeschränkt war und die Anzeige tatsächlich dem VR zugehen musste (vgl. auch BGH, VersR 1999, 565, 566 f. zur bisherigen Wirksamkeit dieser AGB-Klausel). Nunmehr sieht § 72 VVG vor, dass die **Vertretungsvollmacht des Versicherungsvertreters** nach § 69 VVG nicht durch AVB beschränkt werden darf. Durch § 69 Abs. 1 Nr. 2 VVG erhält der Versicherungsvertreter die Empfangsvollmacht für die Anzeigen des VN nach Vertragsschluss, worunter auch die Verfügung über das Bezugsrecht fällt. Daher kann auch der **Zugang der Erklärung beim Versicherungsvertreter** entscheidend sein (s. Begr. BT-Drucks 16/3945, S. 78; überholt daher OLG Frankfurt am Main, VersR 1993, 171, 172). Die ALB 2016 enthalten dementsprechend **keine Einschränkung der Empfangsvollmacht des Versicherungsvertreters**. Der BGH hält es daneben in der **GruppenVers** auch für möglich, dass VR und VN (Arbeitgeber) vor Eintritt des Versicherungsfalls wirksam vereinbart haben, dass der VN ihm von der versicherten Person (Arbeitnehmer) mitgeteilte Änderungen der Bezugsberechtigung als Empfangsbote oder Stellvertreter des VR entgegennehmen kann (BGH, VersR 2013, 1121, 1122).

Eine **Ausnahme vom Zugangserfordernis** kann – weil Auslegungsregel – die Ausübung gem. **§ 332 BGB** durch Verfügung von Todes wegen bilden (diese Möglichkeit ist regelmäßig durch die ALB ausgeschlossen, s. Rdn 58). Die Erklärung ist als **Rechtsgeschäft** ggü. dem VV selbstständig (*Winter*, in: Bruck/Möller, § 159 Rn 73). Daher kann die Bezugsberechtigung nicht durch den VR unter Berufung auf § 5 Abs. 1 und 2 VVG im Versicherungsschein geändert werden (OLG Frankfurt a.M., VersR 1999, 1353, 1354). Die Bestimmung eines Bezugsberechtigten beim Vertragsschluss ist jedoch nicht deshalb unwirksam, weil der VN den Antrag auf Vertragsschluss ungelesen unterschreibt (LG München, FamRZ 2005, 134).

11 Die Bestimmung durch einen **minderjährigen VN** bedarf als einseitiges Rechtsgeschäft grds. einer **Einwilligung** des gesetzlichen Vertreters (§ 111 BGB), wenn auch diese gem. § 110 BGB entbehrlich sein kann (RGZ 76, 89, 91; LG Bochum, VA 1969, 345, 346).

> **Praxishinweis**
> Handeln die gesetzlichen Vertreter für den Minderjährigen, bedarf es jedoch nach den §§ 1643 Abs. 3, 1831 BGB der **Genehmigung des Vormundschaftsgerichts** (für einen vergleichbaren Fall s. BGH, VersR 1988, 1236, 1237; vgl. LG Düsseldorf, FamRZ 2013, 1836; Prölss/Martin/*Reiff/Schneider*, § 9 ALB 2012 Rn 4). Dasselbe gilt bei Handeln durch einen Vormund (§ 1831 BGB), Pfleger (§ 1915 Abs. 1 i.V.m. § 1831 BGB) und Betreuer (§ 1908i Abs. 1 S. 1 i.V.m. § 1831 BGB).

12 Die Willenserklärung muss dem VR vor dem Versicherungsfall **zugehen** (Prölss/Martin/*Reiff/Schneider*, § 9 ALB 2012 Rn 9). Einer **Zustimmung** in Gestalt einer Annahme- oder Bestätigungserklärung des VR bedarf es zum Wirksamwerden der Bestimmung dagegen nicht (*Winter*, in: Bruck/Möller, § 159 Rn 90; Römer/Langheid/*Langheid*, § 159 Rn 8). Letzteres ergibt sich aus § 332 BGB i.V.m. § 159 VVG (Prölss/Martin/*Schneider*, § 159 Rn 6; *Winter*, in: Bruck/Möller, § 159 Rn 90), wonach dem VN im Zweifel die zustimmungsfreie Verfügung über das Bezugsrecht kraft Gesetzes vorbehalten wird. § 9 ALB 2016 enthält keine Modifikation (anders teilweise ältere Bedingungswerke, vgl. Prölss/Martin/*Schneider*, § 159 Rn 6). Auch der **Begünstigte** muss nicht zustimmen, damit die Bestimmung wirksam wird (BGH, VersR 1953, 179). Vielmehr braucht er von der Begünstigung **nicht einmal zu wissen**. Es schadet auch nicht, wenn er **geschäftsunfähig oder minderjährig** ist (Prölss/Martin/*Kollhosser*, § 9 ALB 2012 Rn 5). Er kann das Recht allerdings nach § 333 BGB zurückweisen mit der Folge, dass die Versicherungsleistung in den Nachlass fällt (s.a. Rdn 27).

13 Macht der VN vom Bestimmungsrecht **keinen Gebrauch**, steht die Versicherungsleistung im Erlebensfall ihm zu, im Todesfall fällt sie in den Nachlass (s. § 9 Abs. 1 ALB 2016; Prölss/Martin/*Kollhosser*, § 9 ALB 2012 Rn 1).

b) Unwirksamkeit der Bestimmung

14 Die Ausübung des Bestimmungsrechts kann jedoch ins Leere laufen und damit **unwirksam** sein, wenn der Bezugsberechtigte nicht bestimmbar ist; **namentliche Nennung** ist nicht erforderlich (Prölss/Martin/*Schneider*, § 159 Rn 9). Der Begünstigte muss sich zwar nicht ausdrücklich, jedoch **klar und eindeutig aus der Bestimmung** ergeben (MüKo/*Mönnich*, § 159 VVG Rn 33; Rüffer/Halbach/Schimikowski/*Brambach*, § 159 Rn 6). Die Einsetzung kann auch **sittenwidrig** nach § 138 BGB sein oder **gegen ein gesetzliches Verbot nach § 134 BGB** verstoßen und somit ebenfalls unwirksam sein. Die vormals im Rahmen des § 138 BGB relevanten Fälle der Begünstigung eines **nichtehelichen Partners** mit der Folge der Sittenwidrigkeit, wenn mindestens einer der Beteiligten verheiratet war, sind aufgrund des Wertewandels in der Gesellschaft als überholt anzusehen (so auch Looschel-

ders/Pohlmann/*Peters*, § 159 Rn 12; Prölss/Martin/*Schneider*, § 159 Rn 9; MüKo/*Mönnich*, § 159 VVG Rn 18; vgl. allg. für Zuwendungen in nichtehelichen Lebensgemeinschaften BGHZ 112, 259, 262 = BGH, NJW 1991, 830, 831). Von § 138 Abs. 1 BGB waren früher auch solche Fälle erfasst, in denen die Begünstigung als Bezugsberechtigte(r) ausschließlich als **Entgelt für die geschlechtliche Hingabe diente** (vgl. BGHZ 53, 369, 376); in Anbetracht der gewandelten Moralvorstellungen (vgl. § 1 ProstG) dürften heute auch hier grds. keine Bedenken mehr bestehen (vgl. MüKo/*Mönnich*, § 159 VVG Rn 19; in diese Richtung wohl auch Prölss/Martin/*Schneider*, § 159 Rn 9). Beim Wegfall der die Sittenwidrigkeit begründenden Umstände, z.b. durch einen eintretenden Wertewandel, wird die Bezugsberechtigung wirksam (BK/*Schwintowski*, § 166 Rn 11 m.w.N.).Als gesetzliches Verbot i.S.d. § 134 BGB kommt insbesondere **§ 14 Abs. 1, 5 HeimG** in Betracht. Dem Träger, der Leitung oder den Beschäftigten eines Altenpflegeheims ist es untersagt, sich von den Heimbewohnern finanzielle Leistungen über die vereinbarte Vergütung hinaus versprechen oder gewähren zu lassen. Der VV als solcher würde von der Unwirksamkeit der Bestimmung unberührt bleiben (*Winter*, in: Bruck/Möller, § 159 Rn 109).

Die Einsetzung des „**Inhabers des Versicherungsscheins**" als Bezugsberechtigten genügt nicht. Dadurch würde der Versicherungsschein zu einem **echten Inhaberpapier** werden (*Winter*, in: Bruck/Möller, § 159 Rn 100; Prölss/Martin/*Schneider*, § 159 Rn 7; Römer/Langheid/*Langheid*, § 159 Rn 10), was jedoch durch § 4 Abs. 1 VVG und die Wirkungen des § 808 BGB gerade verhindert werden soll (§ 4 Rdn 1; **a.A.** BK/*Schwintowski*, § 166 Rn 10, der eine solche Bestimmung für hinreichend hält). In solchen Konstellationen soll die Bezugsberechtigung erst in der Person entstehen, die den Versicherungsschein **mit Wissen und Wollen** des VN erlangt hat (OLG Hamm, NJW-RR 1993, 296; Prölss/Martin/*Schneider*, § 159Rn 7; **a.A.** BK/*Schwintowski*, § 166 Rn 10). Das Erfordernis eines **tatsächlichen (Übergabe-)Aktes erscheint problematisch**. Zum einen werden nunmehr Aspekte des Valutaverhältnisses maßgeblich für das Bezugsrecht, wobei sonst ausschließlich das Deckungsverhältnis entscheidend ist. Zum anderen wird es dem VR nicht zugänglich sein, wie und mit wessen Willen der anspruchsstellende Inhaber den Versicherungsschein erlangte. Im Ergebnis spielt es indes nur in Ausnahmefällen eine Rolle, ob die Erlangung des Versicherungsscheins mit Wissen und Wollen des VN zur Bezugsrechtseinräumung führt oder nicht. Aufgrund von **§ 808 BGB** und **§ 8 Abs. 2 ALB 2016** ist der VR berechtigt, an den Inhaber des VersScheins zu leisten (ähnlich *Winter*, in: Bruck/Möller, § 159 Rn 100). Der VR darf nur nicht trotz Kenntnis oder grob fahrlässiger Unkenntnis der fehlenden materiellen Berechtigung des Inhabers an diesen leisten (für den Extremfall, in dem der VR mit seiner Leistung an den Nichtberechtigten gegen § 242 BGB verstieß vgl. BGH, VersR 1999, 700, 701 f.). Es dürfen insofern aber keine hohen Anforderungen gestellt werden, womit das Risiko für den VR beherrschbar bleibt (vgl. OLG Koblenz, VersR 2008, 1338; s.a. BGH, VersR 2009, 1061; OLG Nürnberg, MDR 2016, 160).

Systematisch zählt zur unwirksamen Ausübung des Bestimmungsrechts auch die **verspätete Willenserklärung**, die dem VR erst **nach dem Versicherungsfall zugeht** (vgl. bereits Rdn 9), da das Recht auf die Versicherungsleistung entweder von einem Dritten (Bezugsberechtigten) erworben wurde oder bereits in den Nachlass gefallen ist (s.u. Rdn 27).

c) Wegfall der Bestimmung

17 Die Bezugsberechtigung eines Dritten kann auch **im Nachhinein** nach den allgemeinen Regeln, z.B. durch **Anfechtung** (Beispiel für erpressten Widerruf einer Bezugsrechtsbestimmung bei RG, JW 1938, 755 ff.) oder **Zurückweisung** des Bezugsrechts gem. § 333 BGB (Prölss/Martin/*Schneider*, § 159 Rn 6), oder aufgrund **besonderer Vorschriften**, z.B. § 162 Abs. 2 VVG, **wegfallen**. Ebenso entfällt das Bezugsrecht beim **Tod des Begünstigten** (BK/*Schwintowski*, § 166 Rn 14), sofern dieser das Recht auf die VersSumme noch nicht erworben hat (dazu unter Rdn 50 ff.). Zum häufigsten „Wegfall" – nämlich dem Widerruf des Bezugsrechts – s. Rdn 56 ff.

d) Auslegung der Bestimmung

18 Verbleiben **Zweifel** hinsichtlich der **Bestimmtheit** der Bezugsrechtsausübung, muss die Bestimmung **ausgelegt** werden (BGH, VersR 2015, 1148, 1149; BGH, VersR 2007, 784, 785; RGZ 62, 259, 260).

19 Sind „**Hinterbliebene i.S.v. §§ 40–44 AVG**" begünstigt, ist die Bezeichnung hinreichend bestimmt und berechtigt die Bezeichneten zu gleichen Teilen (vgl. auch § 160 Abs. 1 S. 1 VVG und ferner BGH, VersR 1981, 371, 372; BGHZ 13, 226, 241; OLG Frankfurt a.M., r+s 1996, 326, 326 f.).

20 Wird das Bestimmungsrecht mittels der Klausel „**Ehefrau oder Kinder**" ausgeübt, ist das dahin zu verstehen, dass die **Kinder erst beim Wegfall der Ehefrau** bezugsberechtigt sind (LG Saarbrücken, NJW 1983, 180).

21 Setzt der VN mehrere Bezugsberechtigte ein, die mit Ordnungsnummern „1." und „2." gekennzeichnet werden, soll der als Zweites genannte Bezugsberechtigte das Recht nur erhalten, wenn im Versicherungsfall der Erstgenannte bereits verstorben ist (KG, r+s 2005, 341, 342).

22 Wirksam ist auch die Nennung des **Namens und Vornamens**, auch wenn mehrere Personen in Betracht kommen, sofern der Bezugsberechtigte durch Auslegung ermittelt werden kann (OLG Köln, NVersZ 1999, 320, 320 f.).

23 Die Bezeichnung „**der Ehegatte der versicherten Person**" bedeutet beim Fehlen anderweitiger Anhaltspunkte, dass damit der- oder diejenige begünstigt werden soll, der oder die **zum Zeitpunkt des Vertragsschlusses** der Ehegatte des VN war und nicht allgemein diejenige Person, die zum Zeitpunkt ihres Todes mit ihm verheiratet war (st. Rspr.: BGH, VersR 2015, 1148, 1149; BGH, VersR 2007, 784, 785; zum fehlenden Rechtsgrund wg. Wegfall der Geschäftsgrundlage beim Scheitern der Ehe u. Rdn 31 und zur Scheidung als auflösende Bedingung des Bezugsrechts u. Rdn 47 f.).

> **Praxishinweis**
> Soll der Ehegatte, mit dem der VN zum Todeszeitpunkt verheiratet ist, bezugsberechtigt sein, ist dies explizit so festzuhalten. Beispiel einer Bezugsrechtseinräumung nach BGH, VersR 2013, 438, 440: „Im Todesfall der Ehegatte, mit dem der Versicherte im Zeitpunkt seines Todes verheiratet ist." (s.a. Rdn 47)

Die Bestimmung „**seine Erben**" und ein Testament mit **Vor- und Nacherbschaft** führen zu der Auslegung, dass allein der Vorerbe bezugsberechtigt ist und diesem zudem ein Schenkungsangebot mit der Auflage zugunsten des Nacherben gemacht wurde, das jedenfalls mit der Inspruchnahme des VR angenommen wird (OLG Schleswig, ZEV 1999, 107, 107 f.; OLG Schleswig, ZEV 1995, 415, 415 f.). 24

Die Bezeichnung „**gesetzliche Erben**" schließt die testamentarischen Erben von der Bezugsberechtigung aus (OLG Köln, VersR 2004, 1032). Auch die Geschäftsbedingungen des VR sind ggf. auszulegen: Wenn die **besonderen Versicherungsbedingungen** die Bezugsberechtigung „**Hinterbliebene**" bestimmen – z.B. in der Direktversicherung – und der VN eine **Freundin** benennt, geht die Auslegung gem. § 305c Abs. 2 BGB zulasten des VR dahin, dass „Hinterbliebene" nicht nur Angehörige bzw. Verwandte sein müssen (LG Mönchengladbach, VersR 1997, 478, 479). Der § 851c Abs. 1 Nr. 3 ZPO geht indes von einem engen Begriff des in der Vollstreckung besonders geschützten „Hinterbliebenen" aus (vgl. BGH, VersR 2011, 1287, 1288). 25

Keine Zweifel sollen nach *Kollhosser* (Prölss/Martin/*Kollhosser*, 27. Aufl., § 13 ALB 86 Rn 26) bestehen, wenn der „**testamentarisch Begünstigte**" das Bezugsrecht erhält; eine Änderung des Testaments soll keine Änderungsanzeige an den VR notwendig machen (s.a. MüKo/*Heiss*, § 159 VVG Rn 44). In derartigen Fällen müsste man allerdings der Bestimmung die Wirksamkeit absprechen, wenn überhaupt kein Testament existiert. Zur Auslegung der Bezugsberechtigung s.a. § 160 Rdn 5 ff., 23. 26

e) Rechtsfolge

Ist die Ausübung des Bestimmungsrechts unwirksam oder wurde die Bezugsrechtsbestimmung im Nachhinein beseitigt, fehlt es an einem Bezugsrecht. Für den Erlebensfall ist der VN der Anspruchsberechtigte. Mit dem Tod des VN fällt die VersSumme in den Nachlass (vgl. BGH, VersR 1981, 371, 372; BGH, VersR 1962, 405, 406; BGHZ 32, 44, 47 f. = BGH, NJW 1960, 912; BAG, VerBAV 1982, 273, 274; ÖOGH, VersR 1997, 1123, 1124; LG Hamm, 1952, 41). 27

f) Formelle Anforderungen

Eine **Form** für die Willenserklärung, sei es die Einräumung, Auswechslung, Änderung oder Aufhebung der Bezugsberechtigung, schreibt das Gesetz nicht vor. Es erlaubt jedoch – da § 159 VVG nicht von § 171 VVG erfasst wird – abweichende Erschwerungen für den VN (vgl. Prölss/Martin/*Schneider*, § 159 Rn 49). So ist nach § 9 Abs. 4 der ALB 2016 für die Einräumung und den Widerruf eines Bezugsrechts eine **Anzeige in Textform** an den VR erforderlich. Dies stellt keine unangemessene Benachteiligung des VN i.S.d. § 307 BGB dar (BGH, NJW 1993, 3133, 3134). 28

3. Bezugsrecht

a) Deckungs- und Valutaverhältnis

29 Für das **Bezugsrecht als solches** ist einzig das **Deckungsverhältnis** zwischen dem VN und dem VR – in erster Linie also der VV und die Bestimmung über das Bezugsrecht – maßgeblich (BGH, VersR 2006, 1059, 1060; BGH, VersR 2005, 1134, 1135; BGH, VersR 1995, 282, 284; BGH, VersR 1981, 371, 372; KG, VersR 2006, 1349, 1350). Da die Bestimmung eines Bezugsberechtigten für diesen eine Zuwendung darstellt, kann er die daraus fließenden Vorteile nur dann behalten, wenn im **Valutaverhältnis** zum VN ein **Rechtsgrund für die Zuwendung** besteht (BGH, VersR 2008, 1054 m.w.N.). Dieser ist häufig in einer Schenkung begründet (zu den rechtlichen Konstruktionen einer **Schenkung** auch im Hinblick auf das widerrufliche und unwiderrufliche Bezugsrecht s. ausführl. Prölss/Martin/*Kollhosser*, 27. Aufl., § 13 ALB 86 Rn 29 ff.; s.a. MüKo/*Heiss*, § 159 VVG Rn 87 ff.), kann aber auch aufgrund anderer Schuldrechtsverhältnisse bestehen (Prölss/Martin/*Schneider*, § 159 Rn 26). Erbrechtliche Bestimmungen finden insoweit keine Anwendung (BGH, VersR 2008, 1054 m.w.N.). Eine Bezugsrechtseinräumung ggü. dem VR ist gleichzeitig ein konkludenter Auftrag an den VR, dem Bezugsberechtigten nach Eintritt des Versicherungsfalls das Schenkungsangebot des VN zu überbringen (BGH, VersR 2008, 1054; OLG Hamm, VersR 2015, 1236). Diesen Auftrag erfüllt der VR als Bote i.d.R. mit der Auszahlung der Versicherungsleistung an den Begünstigten. Dieses so übermittelte Angebot kann der Begünstigte durch Annahme des Geldes konkludent annehmen (BGH, VersR 2013, 1029; BGH, VersR 2008, 1054). Notwendig ist aber der formale Zugang des Angebots des (verstorbenen) VN auf Abschluss des Schenkungsvertrags bei dem Begünstigten; anderweitig erlangte Kenntnis von der beabsichtigten Schenkung genügt nicht (OLG Schleswig, FamRZ 2014, 792). Mit einer Anforderung von Versicherungsschein oder Sterbeurkunde durch den VR zur Prüfung wird noch kein Schenkungsangebot übermittelt (BGH, VersR 2008, 1054). Durch **rechtzeitigen Widerruf** des Botenauftrags (§ 671 Abs. 1 BGB) bzw. des Angebots (§ 130 Abs. 1 S. 2 BGB) können die **Erben des VN** den Schenkungsvertrag verhindern (vgl. BGH, VersR 2008, 1054; krit. zur Annahme eines konkludenten Zustandekommens eines Übermittlungsauftrags zwischen VR und VN: *Hasse*, VersR 2009, 41 m.w.N.). *Hasse* befürwortet einen Schenkungsvertrag als lebzeitiges Insichgeschäft mit Genehmigung der vollmachtlos erklärten Schenkungsannahme nach Eintritt des Versicherungsfalles durch den Begünstigten nach §§ 177 Abs. 1, 184 Abs. 1 BGB (*Hasse*, VersR 2009, 41 m.w.N.). Ob der VR die Erben des VN auf die Möglichkeit des Widerrufs der Schenkung hinweisen muss, wenn Kontakt besteht und der Widerruf noch möglich ist, ist offen (vgl. OLG Hamm, VersR 2015, 1236). Ein Rechtsgrund ist schließlich auch dann erforderlich, wenn es sich nur um ein Valutaverhältnis „zweiter Stufe" handelt, wenn nämlich der Arbeitgeber des Versicherten der VN ist, der Versicherte aber genügend **Einfluss** auf die Bezugsrechtsbestimmung hat (BGH, VersR 1987, 659, 660).

30 Ist **kein Rechtsgrund für die Bezugsrechtseinräumung** gegeben, sind erhaltene Vorteile nach **Bereicherungsrecht** gem. §§ 812 ff. BGB dem VN oder seinen Erben herauszugeben

(st. Rspr.: BGH, VersR 2013, 302, 303; BGH, VersR 1987, 659, 660 m.w.N.; BGH, VersR 1975, 706, 707; vgl. auch RGZ 128, 187, 189). Als Bereicherungsgegenstand kommt dabei der Versicherungsanspruch, falls erworben (beim unwiderruflichen Bezugsrecht Rdn 75 f.), sowie die Versicherungsleistung und ihre Surrogate (MüKo/*Heiss*, § 159 VVG Rn 85) in Betracht. Vor der Zahlung können die Erben im Falle des wirksamen Widerrufs der Schenkung dem Zahlungsanspruch des Bezugsberechtigten den Einwand der unzulässigen Rechtsausübung nach § 242 BGB entgegenhalten (BGH, VersR 2013, 302).

Der Rechtsgrund kann **später wegfallen**, sei es durch Anfechtung, aufgrund vorbehaltener Rücktritts- oder Widerrufsrechte, durch den Wegfall der Geschäftsgrundlage etc. Von großer Bedeutung ist hierbei das **Scheitern der Ehe bei einer unbenannten Zuwendung unter Ehegatten**, wenn das Bezugsrecht vom VN nicht geändert wurde. Voraussetzung ist zunächst, dass das Fortbestehen der Ehe, und nicht etwa z.B. etwaige Unterhaltspflichten oder eine Kreditabsicherung, die Geschäftsgrundlage für die Bezugsrechtsbegünstigung bilden (vgl. BGH, VersR 1995, 282, 284; OLG Köln, FamRZ 1998, 193, 193 f.; missverständlich BGH, VersR 1987, 659, 660; s.a. BGH, VersR 2013, 302). Die Gerichte sehen in der unbenannten Zuwendung ein **ehebezogenes Rechtsgeschäft eigener Art** (BGHZ 128, 125, 134 = BGH, NJW 1995, 1082, 1084;BGHZ 84, 361, 364 f. = BGH, NJW 1982, 2236) und gehen in gefestigter Rechtsprechung davon aus, dass beim Scheitern der Ehe Ausgleichsansprüche **entsprechend den Regeln des Wegfalls der Geschäftsgrundlage** (§ 313 BGB) bestehen können (BGH, VersR 2013, 302; BGH, VersR 1995, 282, 284; BGH, VersR 1992, 1382, 1384; BGHZ 84, 361, 365 = BGH, NJW 1982, 2236.; s.a. *Winter*, in: Bruck/Möller, § 159, Rn 266; § 160 Rn 51 ff.). Diese Regeln sind nach der neuen Rspr. auch für nichteheliche Lebenspartnerschaften anwendbar (vgl. BGH, VersR 2013, 302, 303). Ob solche Ansprüche bestehen, ist eine Frage der Abwägung aller Umstände des Einzelfalls (BGH, VersR 2013, 302, 303).

> **Praxishinweis**
> Relevant werden hier insbesondere Dauer der Ehe oder Lebensgemeinschaft, Alter der Partner, Art und Umfang der erbrachten Leistungen, Höhe der dadurch bedingten und noch vorhandenen Vermögensmehrung oder die Einkommens- und Vermögensverhältnisse (vgl. BGH, VersR 2013, 302, 303).

Diese Grundsätze gelten sowohl für widerrufliche als auch unwiderrufliche Bezugsrechte (BGH, VersR 1992, 1382, 1384). Der VN erhält in dieser Konstellation zwar Bereicherungsansprüche, ist jedoch schlechter gestellt, als wenn er das Bezugsrecht von Anfang an als auflösend bedingt durch die Scheidung ausgestaltet hätte. Dann entfiele mit der Scheidung nämlich das Bezugsrecht und er wäre nicht auf den vergleichsweise schwachen Bereicherungsanspruch angewiesen (s. zum auflösend bedingten Bezugsrecht Rdn 47 f.). Die Regeln über den Wegfall der Geschäftsgrundlage sind i.d.R. nicht anwendbar, wenn das Bezugsrecht nach der Ehescheidung über längere Zeit nicht widerrufen wurde (OLG Hamm, VersR 2002, 1409, 1409 f.). In der Literatur wird teilweise § 2077 Abs. 1 BGB analog herangezogen, der im gleich gelagerten Fall die Unwirksamkeit des Testaments vorsieht (*Petersen*, AcP 204 [2004], 832, 852 ff. m.w.N. auf S. 850).

Praxistipp
Bei Bezugsrechtseinsetzungen unter Ehegatten sollte das Bezugsrecht auflösend bedingt durch die Ehescheidung eingeräumt werden, wenn nur die Begünstigung des jeweils aktuellen Ehegatten beabsichtigt ist (s. Rdn 47). Dies ist auch bei einer unwiderruflichen Bezugsrechtseinräumung möglich (vgl. BGH, VersR 2013, 438, 440).

b) Wesen und Umfang

32 Das **Bezugsrecht selbst** gewährt dem Begünstigten **im Versicherungsfall** (beim Tod im Zweifel gem. § 331 Abs. 1 BGB) einen unmittelbaren Anspruch auf die Leistung gegen den VR (vgl. Römer/Langheid/*Langheid*, § 159 Rn 5). **Vor dem Versicherungsfall** hängen die Qualität des Bezugsrechts und somit die Stellung des Berechtigten – was geschieht bei Insolvenz des VN, bei Kündigung des VV, bei Verpfändung usw. – von der Qualifizierung der Bezugsberechtigung als widerruflich oder unwiderruflich ab (s.u. Rdn 54, 75 f.).

33 Soweit es um den **Umfang des Bezugsrechts** geht, richtet sich dieser in erster Linie **nach dem Willen des VN** und kann sowohl für den **Todes- als auch Erlebnisfall** bestimmt werden sowie **zeitlich und gegenständlich eingeschränkt** werden (BGH, VersR 2010, 517, 518; BGH, VersR 2003, 1021, 1022).

34 Ohne eine genauere Bestimmung ist die Begünstigung i.d.R. so zu verstehen, dass das Recht des Bezugsberechtigten **sämtliche** aus dem VV fällig werdenden Leistungen und Leistungserscheinungsformen umfassen soll (BGH, VersR 2003, 1021, 1022; KG, VersR 2006, 1349; OLG Frankfurt a.M., VersR 2002, 219, 220). Der Begünstigte als Inhaber des Bezugsrechts hat jedoch ggü. dem VR im Allgemeinen **keinen Anspruch auf Informationen** über etwaigen Prämienverzug des VN.

35 Eine Ausnahme kann unter dem Gesichtspunkt von **Treu und Glauben** nur dann eintreten, wenn der Bezugsberechtigte nicht anderweitig in der Lage ist, sich zuverlässige Kenntnis von einem Prämienrückstand zu verschaffen und daher auf den VR als Informationsquelle angewiesen ist (OLG Köln, VersR 1990, 1261, 1263 f.). So kann u.U. der Nachlassinsolvenzverwalter vom VR Auskunft über mögliche Bezugsberechtigungen und geleistete Zahlungen nach § 242 BGB, § 3 VVG verlangen (OLG Saarbrücken, NJW-RR 2010, 1333).

36 Einen weiteren, nunmehr gesetzlich normierten Fall der Informationspflicht des VR ggü. dem Bezugsberechtigten bildet **§ 166 Abs. 4** bei drohender Kündigung durch den VR mangels Prämienzahlung des Arbeitgebers (s. dazu § 166 Rdn 11 f.). Der Inhaber eines Bezugsrechts befindet sich aber **nicht** in einer **Sicherungsgeberstellung** wie bspw. ein Bürge oder Grundschuldbesteller (OLG Koblenz, ZEV 2007, 389).

37 Daneben können **vorvertragliche Schutzpflichten** des VR (§ 311 Abs. 2 Nr. 2 BGB) auch ggü. dem potenziellen Bezugsberechtigten bestehen (OLG Hamm, NJW-RR 2009, 1409; LG Mönchengladbach, VersR 1983, 49, 50; Prölss/Martin/*Schneider*, § 159 Rn 33; MüKo/*Heiss*, § 159 VVG Rn 69; dahingehend wohl auch LG München, FamRZ 2005, 134, 135; explizit offen lassend jetzt aber BGH, VersR 2013, 1029, 1030), wenn der VN vor der Annahme seines Antrags stirbt und der VR sich Verzögerungen bei der Bearbeitung hat zuschulden kommen lassen. Ein VR kann so auf Schadensersatz ggü. dem „designierten"

Bezugsberechtigten haften, wenn der Versicherungsagent (§ 278 BGB) die dem VN zugesagte Anzeige einer Bezugsrechtsänderung nicht einhält (OLG Hamm, NJW-RR 2009, 1409). Dogmatisch anders kann ein ähnliches Ergebnis auch über einen Anspruch des VN auf Ersatz des Drittschadens erzielt werden, der auf den potenziell Begünstigten übergeht (BGH, VersR 1975, 1090, 1092; BK/*Schwintowski*, § 166 Rn 24).

Das Bezugsrecht, unabhängig davon, ob widerruflich oder unwiderruflich, gewährt dem namentlich bezeichneten Inhaber bei Insolvenz des VN, Zwangsvollstreckungsmaßnahmen oder Arrestvollziehung ein **Eintrittsrecht nach § 170 Abs. 1 VVG**. 38

c) Schutz Dritter

Die Bestimmungen über das Bezugsrecht und der Rechtserwerb durch den Dritten (durch den Versicherungsfall beim widerruflichen oder durch unmittelbaren Rechtserwerb beim unwiderruflichen Bezugsrecht) können schutzwürdige Interessen Dritter verletzen. Am wichtigsten ist **bei einer unentgeltlichen Zuwendung des Bezugsrechts eine Anfechtung der gläubigerbenachteiligenden Wirkung nach § 4 AnfG**, in der Insolvenz über § 134 InsO. Das trifft jedoch nicht auf widerrufliche Bezugsrechte vor dem Versicherungsfall zu, die jederzeit vom Verfügungsbefugten (z.B. Insolvenzverwalter) widerrufen werden können; einer Anfechtung bedarf es hier nicht (BGH, VersR 2004, 93, 94). Bei einem widerruflichen Bezugsrecht ist aufgrund des Abstellens auf die gläubigerbenachteiligende Wirkung die **anfechtbare Handlung** i.S.d. § 140 Abs. 1 InsO erst dann **vorgenommen**, wenn der **Versicherungsfall eingetreten** ist (BGH, VersR 2015, 1542, 1543; BGH, VersR 2004, 93, 95). 39

Nach früherer Rechtsprechung sollte es einen Unterschied machen, ob das Bestimmungsrecht mit dem Vertragsschluss oder nachträglich ausgeübt wurde. Erfolgt die Ausübung bei Vertragsschluss, habe das Bezugsrecht und ggf. das erworbene Recht nicht zum Vermögen des VN gehört, eine Gläubigerschädigung sei nicht möglich gewesen und es seien nur die einzelnen Prämien anfechtbar (RGZ 153, 220, 227 f. m.w.N.). Bei nachträglicher Bestimmung sei auch die Bestimmung des Bezugsrechts anfechtbar, wenn die Frist des § 4 AnfG verstrichen sei, die noch anfechtbaren Prämien (RGZ 153, 220, 227 f. m.w.N.). 40

Für das **widerrufliche Bezugsrecht** hat der BGH nunmehr den Standpunkt angenommen, dass eine **Anfechtung innerhalb der Vierjahresfrist nach dem Versicherungsfall möglich ist, unabhängig vom Zeitpunkt der Begründung** (BGH, VersR 2004, 93, 94 f.; ausführl. dazu *Armbrüster/Pilz*, KTS 2004, 481, 495 ff.). Für das widerrufliche Bezugsrecht ist damit mit dem Versicherungsfall auf den Zeitpunkt abzustellen, in dem die den Gläubiger benachteiligenden Wirkungen eintreten; zuvor ist die widerrufliche Bezugsrechtseinräumung ein rechtliches Nullum (BGH, VersR 2015, 1542, 1543; BGH, VersR 2004, 93, 95; an der Formulierung zweifelnd mit Hinweis auf bereits bestehende Wirkungen *Winter*, in: Bruck/Möller, § 159 Rn 139). Im Gegensatz dazu wird bei der **unwiderruflichen Bezugsrechtseinräumung** der Anspruch auf die Leistung sofort erworben, der Anspruch scheidet aus dem Vermögen des VN aus und ist damit dem Zugriff des Gläubigers entzogen (BGH, VersR 2012, 450; BGH, VersR 2003, 1021). Dieser sofortige Rechtserwerb des 41

Bezugsrechts ist gerade der eigentliche Inhalt des unwiderruflichen Bezugsrechts (BGH, VersR 2003, 1021; s.a. Rdn 53).

42 Der BGH geht dabei in dem Fall, dass eine unwiderrufliche Bezeichnung des Bezugsberechtigten mit dessen Zustimmung in eine widerrufliche Bezeichnung **geändert** wird, eine Aufhebung der unwiderruflichen Bezugsberechtigung und die Einräumung eines widerruflichen Bezugsrechts liegt, mithin **zwei i.S.d. AnfG anfechtbare Handlungen** (BGH, VersR 2012, 450, 450 f.). Dies hat zur Folge, dass die widerrufliche Bezugsrechtsrechtseinräumung aufgrund der gläubigerbenachteiligenden Wirkung innerhalb der Vierjahresfrist ab dem Versicherungsfall anfechtbar ist.

43 Der **Rückgewähranspruch** ist nach erfolgreicher Anfechtung nach dem Versicherungsfall **auf die Hauptleistung des VR** und nicht nur den Rückkaufswert gerichtet (BGH, VersR 2004, 93, 94); bei Anfechtung der Prämienzahlungen auf die Summe der Prämien, die der Anfechtung unterfallen (s. zur Zulässigkeit und Voraussetzungen der Prämienanfechtung BGH, VersR 2013, 466). Das Anfechtungsrecht kann bei widerruflichen Bezugsrechten nicht zugunsten unterhalts- oder versorgungsberechtigter Empfänger eingeschränkt werden (BGH, VersR 2004, 93, 95; VersR 2015, 1542, 1543). Der Anspruch, der aus der Anfechtung fließt, gewährt ein Aussonderungsrecht nach § 47 InsO (BGH, VersR 2004, 93, 95).

d) Bezugsrechtsarten

44 Das Bezugsrecht muss eine der drei Grundformen – widerruflich, unwiderruflich, eingeschränkt unwiderruflich – annehmen, wobei § 159 Abs. 1 VVG sowie die regelmäßig vereinbarte Regelung des § 9 Abs. 2 ALB 2014 ein **ohne nähere Bezeichnung eingeräumtes Bezugsrecht** als **widerruflich** qualifizieren. Diese drei Grundformen werden gesondert behandelt. Die nachfolgend angeführten Qualifikationen können kumulativ v.a. beim widerruflichen Bezugsrecht hinzutreten.

45 Es kann zur **gespaltenen Bezugsberechtigung** kommen, die typischerweise für den Todesfall einem Dritten zusteht und für den Erlebensfall dem VN; die Bezugsrechte können sich somit aufschiebend und auflösend bedingen (s. BGH, VersR 2013, 438, 439; BGH, VersR 1966, 359, 360; Prölss/Martin/*Schneider*, § 159 Rn 24; ausführl. *Winter*, in: Bruck/Möller, § 159 Rn 62 ff.: „geteilte Bezugsberechtigung"). Wird dem Begünstigten eine unwiderrufliche Bezugsberechtigung auf den Todesfall eingeräumt, erwirbt dieser das Recht sofort mit Einräumung; die Vierjahresfrist für eine Anfechtung nach AnfG oder InsO beginnt ab diesem Zeitpunkt (BGH, VersR 2013, 438, 439; s. zum gespaltenen Bezugsrecht in der Insolvenz auch: *Armbrüster/Pilz*, KTS 2004, 481, 488 f.). Auch im Falle der Einräumung einer unwiderruflichen Bezugsberechtigung im Todesfall bleibt der VN zur Kündigung berechtigt (BGH, VersR 2013, 438, 439). Von der Auslegung der Bezugsrechtsbestimmung des VN im Einzelfall ist aber abhängig, wem der **Rückkaufswert** zusteht; grundsätzlich steht der Anspruch auf den Rückkaufswert dem unwiderruflich Begünstigten im Todesfall zu (BGH, VersR 2013, 438, 439 m.w.N.; s. ausführl. zu den verschiedenen Konstellationen aber VersR-Hdb/*Brömmelmeyer*, § 42 Rn 240 ff.: Rückkaufswert steht grds. dem unwiderruflich Begünstigtem zu).

Praxistipp
Im Rahmen der gespaltenen Bezugsberechtigung ist möglichst explizit zu regeln, wem der Rückkaufswert im Falle einer Kündigung zustehen soll. Dies kann auch mittelbar durch Einräumung einer unwiderruflichen Bezugsberechtigung für den Todes-/Erlebensfall und einer widerruflichen Bezugsberechtigung für den Erlebens-/Todesfall bzw. der Festlegung der Leistungsberechtigung des VN im Erlebens-/Todesfall geschehen.

Bei der **Teilbezugsberechtigung** (*Winter*, in Bruck/Möller, § 159 Rn 64: „kumulative Mehrheit") können mehrere Personen nebeneinander bestimmt werden oder die Bezugsberechtigung kann zu bestimmten Zwecken (z.b. als Sicherheit) in einer bestimmten Höhe eingeräumt werden (Prölss/Martin/*Schneider*, § 159 Rn 25). Es kann ein **Ersatzbezugsberechtiger** bestimmt werden (s. Sachverhalte in BGH, VersR 1981, 326 und BGH, VersR 1995, 282, 283; *Winter*, in: Bruck/Möller, § 159 Rn 64: „alternative Mehrheit"); möglich ist auch ein **vor- und nachrangiges Bezugsrecht** (Römer/Langheid/*Langheid*, § 159 Rn 11). 46

Das Bezugsrecht kann auch **auflösend bedingt** (§ 158 Abs. 2 BGB) ausgestaltet werden, z.B. durch Zeitablauf (Prölss/Martin/*Schneider*, § 159 Rn 25). In der Praxis taucht oft die Frage auf, ob ein Bezugsrecht unter Ehegatten **auflösend bedingt durch eine Scheidung** eingeräumt wurde. Nach der Rechtsprechung ist eine solche Bezugsrechtsbestimmung grds. zulässig (s. nur BGH, VersR 2013, 438, 440). Fehlt sie jedoch, ist jedenfalls nicht ohne Weiteres davon auszugehen, dass das Bezugsrecht auflösend bedingt durch die Scheidung der Ehe ist, wenn die „Ehefrau" oder der „Ehegatte" – sogar ohne zusätzliche Angabe des Namens (BGH, VersR 1975, 1020) – als Bezugsberechtigte(r) benannt wird (BGH, VersR 2015, 1148, 1149; BGH, VersR 2007, 784, 785; BGH, VersR 1975, 1020; OLG Köln, VersR 1993, 1133; OLG Karlsruhe, VersR 1998, 219; a.A. OLG Frankfurt a.M., VersR 1997, 1216 wg. des „neutralen Wortlauts" bei fehlender Namensbenennung; ebenfalls mit einem gegensätzlichen Ergebnis, allerdings für den Sonderfall einer Lebensversicherung für Mitarbeiter des VR, BGH, NJW 1981, 984, 985; s. zu diesem Sonderfall aber jetzt BGH, VersR 2015, 1148, 1150 wenn das Versorgungsinteresse später wegfällt). Es kommt vielmehr auf den **Willen des VN** bei der Festlegung des Bezugsberechtigten an, der dem VR ggü. zum Ausdruck gebracht wurde (BGH, VersR 2015, 1148, 1149; BGH, VersR 2007, 784, 785; BGH; VersR 1992, 1382, 1384). § 2077 BGB ist auf diese Fälle nicht analog anwendbar (BGH, VersR 2007, 784, 785 mit Begr. und m.w.N.; BGH, VersR 1995, 282, 284; BGH, VersR 1987, 659, 660; BGH, VersR 1975, 1020; **a.A.** *Petersen*, AcP 204 [2004], 832, 852 ff. m.w.N. auf S. 850). 47

Die auflösende Bedingung kann sich daher prinzipiell auch aus anderen Umständen als einer ausdrücklichen Regelung ergeben. Dabei ist zu beachten, dass **nur Umstände in Betracht kommen, die das Deckungsverhältnis** betreffen. Dies schränkt die Möglichkeit solcher Umstände wiederum stark ein. In der Tat wird ein VN – soweit keine weiteren Anhaltspunkte bestehen – zum Zeitpunkt der Bestimmung des Bezugsrechts kaum zugleich an ein etwaiges Ende der Ehe und eine Wiederverheiratung denken (vgl. BGH VersR 2015, 1148, 1149; *Winter*, in: Bruck/Möller, § 160 Rn 49). Auch die Bezugsberechtigung der Mutter des VN ist nicht auflösend bedingt durch seine Heirat (RG JR 1940, 44). Zum Wegfall der Geschäftsgrundlage für das Bezugsrecht durch Scheidung s. Rdn 31. 48

§ 159 VVG

49 Die Bezugsberechtigung spielt auch eine entscheidende Rolle in der **Direktversicherung**. In dieser schließt der Arbeitgeber als VN eine Lebensversicherung auf das Leben des Arbeitnehmers ab, wobei dieser oder seine Hinterbliebenen ganz oder teilweise bezugsberechtigt sind (§ 1b Abs. 2 S. 1 BetrAVG; s. zur Ausgestaltung der Bezugsberechtigung bei der Direktversicherung VersR-Hdb/*Schwintowski*, § 43 Rn 40 ff.; s.a. Rdn 79 ff.).

III. Zeitpunkt des Rechtserwerbs (§ 159 Abs. 2 und 3 VVG)

1. Beim widerruflichen Bezugsrecht (§ 159 Abs. 2 VVG)

50 § 159 Abs. 2 VVG statuiert, dass ein Begünstigter, der ein widerrufliches Bezugsrecht eingeräumt bekommt, das **Recht auf die Leistung des VR erst mit dem Versicherungsfall erwirbt**. Der § 159 Abs. 2 VVG regelt ausschließlich den – für die Praxis jedoch immens wichtigen – **Zeitpunkt des Rechtserwerbs**. Bis zum Versicherungsfall steht dem (widerruflich) Begünstigten somit nur eine **ungesicherte Hoffnung auf die im Versicherungsfall fällig werdende Leistung** zu (BGH, VersR 2014, 1444, 1446; BGH, VersR 2012, 450; BGH, VersR 2010, 1021; BGH, VersR 1993, 689, 690). Versicherungsleistungen wie z.B. der Rückkaufswert, die vor dem Versicherungsfall fällig werden, erhält er mangels Anspruch auf die Versicherungsleistung nicht. Sie gebühren dem VN. Denn **kündigt** der VN den VV, liegt darin regelmäßig ein **Widerruf** des Bezugsrechts (BGH, VersR 1993, 689, 690; anders für den besonderen Fall, dass der VN vor Ablauf der Kündigungsfrist verstarb und den Rückkaufswert für sich haben wollte (OLG Köln, VersR 2002, 299, 300).

51 Auf die Bezeichnung der Hoffnung als „Anwartschaft" (so aber z.B. BAG, VersR 1996, 86, 87; BGH, VersR 2003, 1021) sollte allerdings verzichtet werden. Dieser Begriff wird für Rechtspositionen verwendet, die nicht mehr einseitig (hier: durch den VN) beseitigt werden können und dementsprechend den Schutz der §§ 161, 162 BGB genießen (vgl. z.B. MüKo/*Westermann*, § 449 BGB Rn 40; Differenzierung bei BGH, VersR 2004, 93, 94). Das widerrufliche Bezugsrecht zeichnet sich gerade dadurch aus, dass es einseitig beseitigt werden kann.

52 **Mit dem Versicherungsfall** erwirbt der bis dahin widerruflich Bezugsberechtigte den Anspruch auf die Versicherungsleistung unmittelbar und originär (BGH, VersR 2015, 1542, 1544; BGH, VersR 2010, 1021 m.w.N.). Der Anspruch gehört deshalb **nicht zum Nachlass** (BGH, VersR 2015, 1542, 1544; BGH, VersR 2014, 1444, 1446; BGH, VersR 2004, 93, 94; BGHZ 32, 44, 47 = BGH, NJW 1960, 912, 913; BAG, VA 1982, 273, 274), es findet auch **kein Durchgangserwerb** statt (Prölss/Martin/*Schneider*, § 159 Rn 13). Mit dem Rechtserwerb erhält der Bezugsberechtigte auch die **Nebenansprüche**, die nach dem VV erkennbar wie die Versicherungsleistung zu behandeln sind (s. dazu näher Prölss/Martin/*Schneider*, § 159 Rn 17).

2. Beim unwiderruflichen Bezugsrecht (§ 159 Abs. 3 VVG)

Die gesetzliche Regelung zum **Zeitpunkt des Rechtserwerbs** in § 159 Abs. 3 VVG ist im Zuge der VVG-Reform 2008 neu eingeführt worden. Danach erwirbt ein unwiderruflich Bezugsberechtigter den Anspruch auf die Versicherungsleistung **mit der Bezeichnung als Bezugsberechtigter** (BGH, VersR 2015, 1542, 1543; BGH, VersR 2012, 450). Entscheidend ist daher der Zugang der entsprechenden Willenserklärung beim VR (so nunmehr auch § 9 Abs. 2 S. 5 ALB 2016). Bei der Einräumung eines unwiderruflichen Bezugsrechts richtet sich der Wille des VN regelmäßig auf einen sofortigen Rechtserwerb des Begünstigten – entgegen der Auslegungsregel des § 166 Abs. 2 VVG a.F. Nur so kann der mit dem Verzicht auf den Widerruf verfolgte Zweck erreicht werden, die Ansprüche auf die Versicherungsleistung aus dem Vermögen des VN auszusondern und sie damit dem Zugriff seiner Gläubiger zu entziehen (s. nur BGH, VersR 2003, 1021). Da unter diesem Gesichtspunkt eine bloße unwiderrufliche „Anwartschaft" praktisch wertlos wäre, bildet der sofortige Rechtserwerb den eigentlichen Inhalt der unwiderruflichen Bezugsberechtigung (BGH, VersR 2003, 1021). Eine entsprechende Regelung sieht § 9 Abs. 2 S. 4 ALB 2016 vor. Fälligkeit des Anspruchs tritt ein mit dem Versicherungsfall oder wenn sonst der Anspruch auf die Versicherungsleistung ausgelöst wird.

IV. Das widerrufliche Bezugsrecht

1. Begründung, Auswechselung, Änderung und Aufhebung des Bezugsrechts

Das widerrufliche Bezugsrecht ist der **Regelfall** bei Lebensversicherungen mit Drittbegünstigung. Nach der Auslegungsregel des § 159 Abs. 1 VVG liegt **im Zweifel** ein widerrufliches Bezugsrecht vor. Dies folgt auch in der Praxis aus § 9 Abs. 2 ALB 2016, der die ausdrückliche Bestimmung eines unwiderruflichen Bezugsrechts fordert (dennoch darf nicht vorschnell auf die Auslegungsregel abgestellt werden, vgl. BGH, VersR 2015, 1542, 1544). Für die **Begründung, Auswechselung, Aufhebung und (einschränkende) Änderung** des Bezugsrechts gelten materiell und formell keine Abweichungen von den allgemeinen Regeln (s. Rdn 8 ff.). Besondere Beratungspflichten über die Bedeutung und Reichweite eines widerruflichen Bezugsrechtes treffen den VR nicht (LG München, FamRZ 2005, 134, 135; ausdrücklich offen gelassen für das unwiderrufliche Bezugsrecht). Zum **Schriftformerfordernis** der Willenserklärung s. Rdn 28.

2. Stellung der beteiligten Parteien

Beim widerruflichen Bezugsrecht bleibt der **VN** Vertragspartner des VR mit allen Rechten und Pflichten (Obliegenheiten, Gestaltungsrechte, Verwendung als Sicherheit) und ohne Einschränkung für sein Bestimmungsrecht hinsichtlich des Bezugsrechts (MüKo/*Heiss*, § 159 VVG Rn 70; *Winter*, in: Bruck/Möller, § 159 Rn 145). Der **widerruflich Bezugsberechtigte** hat zunächst keine Rechte aus dem VV erworben, sondern nur eine Hoffnung. Entsprechend dieser schwachen Position bis zum Versicherungsfall kann er über das Bezugsrecht **nicht verfügen**, d.h. es z.B. vererben, abtreten, verpfänden etc. (Prölss/Martin/ *Schneider*, § 159 Rn 15). Möglich ist dagegen eine aufschiebend bedingte Abtretung, wenn der eigene Rechtserwerb die Bedingung darstellt (LG Berlin, VersR 1951, 157). Stirbt der widerruflich Bezugsberechtigte, fällt das Bezugsrecht dem VN zu. Stirbt der VN, unterliegt die dann fällige VersSumme nicht der Erbschaftssteuer, wenn der widerruflich Bezugsberechtigte die Prämien vor dem Tod des VN gezahlt hatte (BFH, DStR 2014, 137; a.A. noch FG Niedersachsen, NotBZ 2006, 183). Für den **VR** ändert sich grds. nichts, er hat ggü. dem widerruflich Bezugsberechtigten allerdings Neben- und Auskunftspflichten (vgl. dazu Rdn 35 ff.).

3. Widerruf des Bezugsrechts

a) Ausübung des Widerrufs

56 Ein eingeräumtes Bezugsrecht kann **widerrufen** werden. Dies kann geschehen durch Aufhebung oder Auswechslung; der Widerruf ist auch konkludent möglich (vgl. BGH, VersR 2012, 425; OLG Brandenburg, VersR 2016, 237). Erfasst sind auch Fälle, in denen beschränkend über ein bestehendes Bezugsrecht verfügt wird (einschränkende Änderung). Der Widerruf kann grds. formfrei erfolgen. § 9 Abs. 4 ALB 2016 verlangt aber eine Anzeige in Textform an den VR.

57 Der Widerruf kann **bis zum Eintritt des Versicherungsfalles jederzeit** ausgeübt werden (vgl. BGHZ 45, 162, 165 = BGH, NJW 1966, 1071, 1072; BGH, VersR 2014, 1444, 1445; Prölss/Martin/*Schneider*, § 159 Rn 15). Die verfügende Willenserklärung über das Bezugsrecht durch den VN muss dem VR jedoch **vor dem Versicherungsfall zugehen** (vgl. BGH, VersR 2013, 1121, 1122; BGH, r+s 2009, 472; BGH, VersR 1994, 586; BGH, NJW 1993, 3133, 3135). Unzutreffend, weil die Geltung des § 130 Abs. 2 BGB bejahend, ist daher die Ansicht des LG Freiburg, VersR 1952, 256. Gegen die Anwendung des § 130 Abs. 2 BGB wenden sich richtigerweise der BGH (BGH, VersR 1994, 586) und das OLG Hamm (OLG Hamm, VersR 1981, 228, 229 und OLG Hamm, VersR 1980, 739, 740), denn diese Norm dient dem Schutz des Erklärungsempfängers (BGH, NJW 1993, 3133, 3135). Dies ergibt sich aber auch schon daraus, dass beim widerruflichen Bezugsrecht der Bezugsberechtigte das Recht auf die Leistung mit dem Versicherungsfall erwirbt (§ 159 Abs. 2 VVG) und eine nachträgliche Bezugsrechtsänderung damit, weil verspätet, leer läuft (vgl. BGH, VersR 1999, 700, 701).

58 Wegen des Zugangserfordernisses genügt es daher auch nicht, dass zur Auswechslung oder Aufhebung des Bezugsrechts der **Name** auf dem Versicherungsschein **geändert** oder gestrichen wird (BGH, NJW-RR 1989, 21, 22; BGH, r+s 1988, 381; Römer/Langheid/ *Langheid*, § 159 Rn 18). Der Vorschrift des § 332 BGB, wonach eine Auswechslung (aber auch schon die Begründung; RGZ 140, 30, 33, oder nur schlichte Aufhebung, MüKo/ *Gottwald*, § 332 BGB Rn 2) der Bezugsberechtigung auch durch eine **Verfügung von Todes wegen** erfolgen kann und demnach dem VR nicht vor dem Versicherungsfall zugehen muss, wird üblicherweise durch die klare vertragliche Regelung nach § 9 Abs. 2, 4

ALB 2016 der Boden entzogen, die eine Benachrichtigung in Textform des VR vor Eintritt des Versicherungsfalls verlangt (vgl. BGH, NJW 1993, 3133, 3134; BGHZ 81, 95, 98 f. = BGH, NJW 1981, 2245; OLG Koblenz, VersR 1999, 830, 831; *Winter*, in: Bruck/Möller, § 159 Rn 95).

Praxishinweis
Die Verfügung über das Bezugsrecht in einem Testament bedarf wegen § 9 Abs. 4 ALB 2016 stets einer Anzeige an den VR oder neuerdings an den Versicherungsvertreter, § 72 VVG i.V.m. § 69 VVG, die vor dem Versicherungsfall zugehen muss.

Zur **Haftung des beurkundenden Notars** bei unterlassenem Hinweis auf das Anzeigeerfordernis: BGH, VersR 1994, 586 f. Die nachträgliche Verfügung muss, wie schon die Einräumung des Bezugsrechts, **hinreichend deutlich** sein (OLG Frankfurt a.M., VersR 1996, 359, 360), wobei der Begriff „Widerruf" nicht verwendet werden muss (OLG Köln, VersR 2002, 1544), solange die **Auslegung** zu einem hinreichend deutlichem Ergebnis führt (MüKo/*Heiss*, § 159 VVG Rn 49). In der **testamentarischen Einsetzung** eines Erben liegt nicht der Widerruf einer Bezugsrechtsbestimmung der „gesetzlichen Erben", wenn diese nicht testamentarische Erben wurden (LG Waldshut, VersR 1954, 76). 59

Kündigt der VN oder der Insolvenzverwalter den VV, ist darin zugleich und regelmäßig auch der Widerruf einer Bezugsberechtigung zu sehen (BGH, VersR 1993, 689, 690; **a.A.** jedenfalls für die Kündigung durch den VN, wenn dieser den Rückkaufswert nach Ablauf der Kündigungsfrist für sich haben will: OLG Köln, VersR 2002, 299, 300. Ein Pfändungs- und Überweisungsbeschluss kann als staatlicher Hoheitsakt hingegen keinen konkludenten Widerruf der Bezugsberechtigung enthalten (BGH, VersR 2012, 425, 426; offen gelassen für die Einziehungsverfügung des Finanzamts – für letzteres einen Widerruf bejahend OLG Köln, VersR 2002, 1544, 1545). Ist eine Lebensversicherung in der betrieblichen Altersversorgung unverfallbar geworden, darf der Arbeitgeber das Bezugsrecht nach § 1b Abs. 2 S. 1 BetrAVG nicht mehr widerrufen; es entsteht aber kein unwiderrufliches Bezugsrecht (*Ganter*, VersR 2013, 1078, 1079). 60

In der **Scheidung einer Ehe** oder dem Eingehen einer neuen kann **konkludent** der Widerruf einer Bezugsberechtigung liegen, wobei eine entsprechende Anzeige dem VR zugehen muss (*Winter*, in: Bruck/Möller, § 160 Rn 54). Ein **Schweigen** des VN auf Anfragen des VR bzgl. des Bezugsrechts stellt keinen Widerruf eines bestehenden Bezugsrechts dar (BGH, VersR 2002, 218, 219). **Unzulässig** ist der Widerruf durch **einen Ehepartner** im Fall einer verbundenen LV mit wechselseitiger Einsetzung des überlebenden Ehepartners zum Bezugsberechtigten (OLG Stuttgart, VersR 1954, 186); dies gilt auch im Fall verbundenen LV mit wechselseitiger Einsetzung bei Bestehen einer nichtehelichen Lebenspartnerschaft (vgl. BGH, VersR 2013, 302, 303). Ehegatten in **Gütergemeinschaft** bedürfen zur Änderung des Bezugsrechts der Zustimmung des jeweils anderen Ehepartners (BGH, NJW 1984, 2156, 2157). 61

Der Widerruf durch einen **Vermögenspfleger** bedarf der Genehmigung durch das Vormundschaftsgericht (BGH, NJW-RR 1989, 21, 22), nicht so bei der **Betreuung** (BK/ *Schwintowski*, § 166 Rn 15). Zum Widerruf nach Eintritt der Unverfallbarkeit des An- 62 spruchs nach § 1b Abs. 2 S. 1 BetrAVG bei Insolvenz des Arbeitgebers: s. § 168 Rdn 18). Zum Widerruf anlässlich einer **Sicherungsabtretung** der Versicherungsleistung s. Rdn 68.

b) Rechtsfolgen des Widerrufs

63 Erfolgt der Widerruf in Form einer **Aufhebung**, ist kein Bezugsberechtigter benannt und die VersSumme gehört zum Nachlass (s.o. Rdn 27). Wird die bezugsrechtsberechtigte Person **ausgewechselt**, so entfällt bei einer wirksamen Auswechselung das Bezugsrecht des vormals Begünstigten und die neu eintretende Person wird begünstigt. Wird das Bezugsrecht durch den Widerruf wirksam **einschränkend geändert**, besteht es in der geänderten Form fort.

64 Wenn der **Widerruf unwirksam** ist, soll nach BGHZ 81, 95, 99 = BGH, NJW 1981, 2245 der Widerruf und die Bezeichnung einer anderen Person als bezugsberechtigt die Verpflichtung des VR ggü. dem alten Bezugsberechtigten unberührt lassen und kann dem neu bezeichneten Dritten daher kein Recht gegen den VR verschaffen (s.a. BGH, VersR 1981, 371, 372). Die Einschränkung bei BK/*Schwintowski* (§ 166 Rn 14), der Anhaltspunkte für den dahin gehenden Willen des VN fordert, ist nicht notwendig. Denn ist bei einer Aufhebung der Widerruf unwirksam, wird davon die bisherige Bezugsberechtigung nicht berührt und bleibt weiter fortbestehen. Gleiches gilt für eine einschränkende Änderung. Handelt es sich beim unwirksamen Widerruf um eine Auswechselung und wird er mittels **einer** Willenserklärung ausgeübt, kann die unwirksame Willenserklärung weder das bisherige Bezugsrecht beeinträchtigen noch ein Neues einräumen, es bleibt also bei der bisherigen Rechtslage.

4. Verfügungen und Insolvenz

a) Abtretung

65 Der Versicherungsanspruch kann vom VN (nicht vom widerruflich Begünstigten) – auch schon beim Vertragsschluss (Römer/Langheid/*Langheid*, § 159 Rn 23) – abgetreten werden (vgl. § 9 Abs. 3 ALB 2016; BGH, VersR 2007, 1065, 1066; OLG Koblenz, ZEV 2007, 389, 390). Wird die Abtretung **konkludent** vorgenommen, kann **zweifelhaft** sein, ob Abtretung oder Einräumung eines widerruflichen Bezugsrechts vorliegt (KG, JR 1938, 24 f.). Wird dabei der **Versicherungsschein** übergeben, ist das ein Indiz für eine Abtretung (BGH, VersR 2001, 883, 885; RG, LZ 14, 955; BAG, NJW 1967, 2425, 2426), da § 402 BGB die Übergabe des Versicherungsscheins erfordert (vgl. BK/*Schwintowski*, § 166 Rn 25).

66 Auf welche einzelnen Rechte sich die Abtretung dabei bezieht, richtet sich allein nach dem im rechtlich möglichen Rahmen geäußerten, durch Auslegung zu ermittelnden Gestaltungswillen des VN (BGH, VersR 2012, 1520, 1521; BGH, VersR 2007, 1065, 1066: Sicherungszession erfasst nicht automatisch zugleich den Anspruch auf den Rückkaufswert). Allerdings dürften **im Zweifel** sämtliche Rechte abgetreten worden sein (Prölss/Martin/*Reiff/Schneider*, § 9 ALB 2012 Rn 40). Aufgrund der Dispositionsfreiheit – § 171 gilt nicht – ist die vertraglich vereinbarte **Textform der Abtretungsanzeige** gem. § 9 Abs. 4 ALB 2016 zulässig. Eine Abtretung ohne schriftliche Anzeige ist somit **absolut unwirksam** (BGH, VersR 1992, 561, 561 f.; BGHZ 112, 387, 389 f. = BGH, NJW 1991, 559, 559 f.; OLG Karlsruhe, VersR 1989, 34; OLG München, VersR 1987, 810). S. zu gesetzlichen Abtretungsverboten § 17 Rdn 5 ff.

Häufig liegt in der Abtretung des Versicherungsanspruchs zugleich ein **konkludenter** **Widerruf des Bezugsrechts**, was durch Auslegung der Handlung zu ermitteln ist (vgl. Prölss/Martin/*Reiff/Schneider*, § 9 ALB 2012 Rn 31). Der Zessionar erlangt die Gläubigerstellung des VN (regelmäßig mit Recht auf Kündigung, Bezugsrechtsbestimmung, Empfang der Leistung etc.; vgl. BK/*Schwintowski*, § 166 Rn 27). Zum Fall der Abtretung an den Kredit gewährenden VR s. BGH, ZEV 1995, 378, 379. 67

Bei einer **Sicherungsabtretung** geht die Rechtsprechung davon aus, dass das ursprüngliche Bezugsrecht nicht derart widerrufen wird, dass es nicht mehr existent ist, sondern in der Höhe der Sicherungsabtretung **im Rang** hinter diese **zurücktritt** (BGH, VersR 2012, 344, 345; BGH, VersR 2010, 1629, 1630; BGH, VersR 2004, 93, 94; BGH, VersR 2002, 218, 219; BGH, VersR 2001, 883, 884; BGH, VersR 1996, 877; BGH, VersR 1993, 553, 555). Der Widerruf hat folglich den Inhalt, dass das Bezugsrecht nur **eingeschränkt** wird; obwohl es zurückgesetzt ist, bleibt es **wirksam** (BGHZ 109, 67, 71 = BGH, NJW 1990, 256, 257) und muss nicht neu begründet werden (Römer/Langheid/*Langheid*, § 159 Rn 24). Dabei kann das Bezugsrecht schon von vornherein so ausgestaltet werden, dass es hinter eine nachträgliche Sicherungsabtretung entsprechend zurücktritt, wobei es dann zur Begründung eines Vorrangs der Abtretung einer einschränkenden Änderung (Widerruf) nicht mehr bedarf (BGH, VersR 2001, 883, 884). I.Ü. bleibt es in der Höhe, welche den Sicherungszweck übersteigt, vollwertig bestehen (BGH, VersR 2001, 883, 884; BGH, VersR 2002, 218, 219). 68

Auch **nach einer Sicherungsabtretung** unterliegt das Bezugsrecht der Gestaltungsfreiheit des VN, d.h. es kann erstmalig begründet, aufgehoben, ausgewechselt oder anderweitig darauf eingewirkt werden, solange **nicht in die Rechtsposition des Sicherungsnehmers** eingegriffen wird (OLG Hamm, VersR 1997, 1386; OLG Köln, VersR 1990, 1338, 1339; vgl. auch OLG Koblenz, ZEV 2007, 389, 390; BGH, VersR 2004, 93, 94). Wenn der **Sicherungszweck ganz oder teilweise erledigt** ist, besteht i.d.R. ein Rückübertragungsanspruch des VN bzgl. des Versicherungsanspruchs (vgl. BGH, VersR 1993, 553, 555). 69

Nach der Rückübertragung lebt das bis dahin nachrangige Bezugsrecht vollwertig und erstrangig wieder auf. Tritt jedoch **nach Erledigung des Sicherungszwecks und vor Rückabtretung der Versicherungsfall** ein, soll nach der Rechtsprechung die Versicherungsleistung dem Sicherungsnehmer in der Höhe zustehen, in der er noch eine gesicherte Forderung gegen den VN hat; in der übrigen Höhe erwirbt der ursprünglich Bezugsberechtigte den Anspruch unmittelbar und ohne Mitwirkung des Sicherungsnehmers („**dingliche Lösung**", vgl. BGH, VersR 2002, 218, 219; BGH, VersR 1993, 553, 555; s. aber BGH, VersR 2012, 344, 346: konkrete Gestaltung der Sicherungsabrede berechtigte Sicherungsnehmer im VersFall, die VersLeistung nicht unmittelbar einfordern zu müssen, sondern als 70

Sicherheit bis zum Eintritt des Sicherungsfalls zu behalten). In Betracht kommt auch ein lediglich schuldrechtlicher Anspruch des bis dahin nachrangig Bezugsberechtigten gegen den Sicherungsnehmer auf den die gesicherte Forderung überschießenden Teil der Versicherungsleistung (s. dazu insgesamt Prölss/Martin/*Reiff/Schneider*, § 9 ALB 2012 Rn 36 f.). Hat der VN seine Ansprüche zur Sicherung der Schuld eines Dritten an dessen Gläubiger abgetreten, spricht die gebotene Auslegung der Abrede anhand der Interessen der Beteiligten regelmäßig dafür, dass im Versicherungsfall, der nicht Sicherungsfall ist, keine sofortige Verwertung der Sicherheit gewollt ist; für den Bezugsberechtigten kann so auch noch lange nach dem Versicherungsfall unklar sein, ob er die Leistung erhält (BGH, VersR 2010, 1629; s.a. Römer/Langheid/*Langheid*, § 159 Rn 25).

71 Im Rahmen der Berechnung des **Pflichtteils** nach § 2311 BGB müssen Erblasserschulden mit den Sicherheitsgütern, die zur Deckung vom Erblasser an den Gläubiger übertragen wurden, zusammen betrachtet werden; sonst droht die Belastung des Nachlasses mit Schulden des Erblassers, die aufgrund der Absicherung wirtschaftlich mit dem Tod des Erblassers nicht mehr bestehen (BGH, VersR 1996, 877, 877 f.; Prölss/Martin/*Reiff/Schneider*, § 9 ALB 2012 Rn 38; ausführlich zur Lebensversicherung und Pflichtteilsergänzung *Hasse*, VersR 2009, 733). Der BGH hat des Weiteren die bisherige, auf ein Urteil des RG aus den 1930er Jahren (RGZ 128, 187) zurückgehende und an die Summe der vom Erblasser gezahlten Prämien anknüpfende Rechtsprechung aufgegeben, und entschieden, dass es für die Berechnung des **Pflichtteilsergänzungsanspruchs** (§ 2325 BGB) allein auf den Wert ankommt, den der Erblasser aus den Rechten seiner Lebensversicherung in der letzten – juristischen – Sekunde seines Lebens nach objektiven Kriterien für sein Vermögen hätte umsetzen können; dies ist in aller Regel der Rückkaufswert (BGH, VersR 2010, 895, 896; s. dazu ausf. *Rudy*, VersR 2010, 1395).

b) Verpfändung und Pfändung

72 Solange der VN verfügungsbefugt ist, kann er den Versicherungsanspruch ebenso **verpfänden** (§ 9 Abs. 3 ALB 2016). Hierbei gelten die **Regeln des BGB**. Das **Textformerfordernis** des § 9 Abs. 4 ALB 2016 gilt auch für die Verpfändung. Wie bei der Abtretung führt die Nichtbeachtung einer solchen Anzeige zur **absoluten Unwirksamkeit** der Verpfändung (BK/*Schwintowski*, § 166 Rn 31; vgl. auch BGHZ 112, 387, 391 = BGH, NJW 1991, 559, 559 f.). Einen Widerruf bestehender Bezugsrechte enthält die Verpfändung auch nur insoweit, als dass die Bezugsrechte **nachrangig** zum Pfandrecht werden (Prölss/Martin/ *Reiff/Schneider*, § 9 ALB 2012 Rn 43). Zur Rechtsstellung der Beteiligten vor und nach der Pfandreife vgl. BK/*Schwintowski*, § 166 Rn 33 ff.; Prölss/Martin/*Reiff/Schneider*, § 9 ALB 2012 Rn 44 f.).

73 Auf der anderen Seite ist der Versicherungsanspruch auch **pfändbar** (RGZ 127, 269, 271). Zugleich mit dem Anspruch erhält der Pfandgläubiger auch das Recht, eine bestehende Bezugsberechtigung zu widerrufen (RGZ 127, 269; RGZ VA 14, Nr. 831). Gestaltungsrechte sind jedoch nur dann der Pfändung ausgesetzt, wenn sie zugleich mit den Forderungsrechten gepfändet werden (*Hasse*, VersR 2005, 15, 18). In der **Pfändung an sich**

liegt **kein Widerruf**, da es sich um einen staatlichen Hoheitsakt handelt, nicht um die Ausübung eines Gestaltungsrechts (BGH, VersR 2012, 425, 426; *Winter*, in: Bruck/Möller, § 159 Rn 469). Zur Arrestpfändung s. RGZ 153, 220, 224. Der VN kann jedoch, solange die Rechte des Pfandgläubigers nicht beeinträchtigt werden, über Bezugsrechte verfügen. Werden alle Rechte gepfändet und zur Einziehung überwiesen, erlangt der Pfandgläubiger die Stellung eines Zessionars (Prölss/Martin/*Reiff*/*Schneider*, § 9 ALB 2012 Rn 50).

c) Insolvenz des Versicherungsnehmers

Im Fall einer Insolvenz des VN fällt das widerrufliche Bezugsrecht, das bis zum Versicherungsfall zum Vermögen des VN gehört, **in die Insolvenzmasse**. Der Bezugsberechtigte hat bis dahin nur eine Hoffnung auf den Erwerb der Versicherungsleistung. Der Insolvenzverwalter kann nach § 103 Abs. 1 InsO **wählen**, ob er weiterhin Beiträge zahlt oder die Erfüllung ablehnt. Einzelheiten bei § 168 Rdn 14. § 36 Abs. 1 S. 2 InsO, der bestimmte Gegenstände von der Insolvenzmasse ausnimmt und auf § 851c ZPO verweist, gilt im Hinblick auf Bezugsrechte nur eingeschränkt. Denn § 851c Abs. 1 Nr. 3 ZPO unterstellt nur solche Lebensversicherung dem Pfändungsschutz, bei denen die Bestimmung eines Dritten als Bezugsberechtigte, ausgenommen die Hinterbliebenen, ausgeschlossen ist. So wird der Pfändungsschutz auch im Hinblick auf Hinterbliebenenabsicherung gestärkt (s. dazu § 167 Rdn 7 ff. und *Hasse*, VersR 2006, 145, 155 f.).

74

V. Das unwiderrufliche Bezugsrecht

1. Begründung

Die unwiderrufliche Bezugsrechtsrechtseinräumung muss sich **als besondere Qualifizierung der Begünstigung** durch Auslegung eindeutig ermitteln lassen (Prölss/Martin/*Schneider*, § 159 Rn 19; s. § 9 Abs. 2 ALB 2016). Für die **Begründung** des unwiderruflichen Bezugsrechts gelten materiell und formell keine Abweichungen von den allgemeinen Regeln (s. Rdn 8 ff.). Das unwiderrufliche Bezugsrecht kann **originär** als solches eingeräumt werden; möglich ist aber auch die **Umwandlung** eines widerruflichen in ein unwiderrufliches Bezugsrecht und das sowohl ausdrücklich als auch durch einen Verzicht auf den Widerruf (BK/*Schwintowski*, § 166 Rn 45; Prölss/Martin/*Schneider*, § 159 Rn 19). Es ist dabei auch möglich, dass sich die Unwiderruflichkeit aus dem Sinn und Zweck der Versicherung ergibt (LG Berlin, VersR 2012, 1023, 1024; s.a. KG, VersR 2006, 1349). Zum unwiderruflichen Bezugsrecht in der **betrieblichen Altersvorsorge** bei Insolvenz des Arbeitgebers s. § 168 Rdn 21. Bei einer Direktversicherung (s. vor §§ 150 ff. Rdn 44 ff.) muss dem Arbeitnehmer mit Beginn der Entgeltumwandlung ein unwiderrufliches Bezugsrecht nach § 1b Abs. 5 S. 2 BetrAVG eingeräumt werden.

75

Wenn ein **unwiderrufliches Bezugsrecht** nur zwischen dem VN und dem Begünstigten vereinbart wird – also im Valutaverhältnis – löst es lediglich in diesem Verhältnis Rechte und Pflichten aus mit der Konsequenz, dass kein dingliches Bezugsrecht zustande kommt; erst wenn **auch im Deckungsverhältnis** bestimmt ist, dass der Dritte unwiderruflich

76

Bezugsberechtigter ist, wächst dem Bezugsrecht **dingliche Wirkung** zu (BGH, VersR 1996, 1089; BGH, VersR 1975, 706, 707). Nach dem Zugang der Erklärung beim VR kann über das unwiderrufliche Bezugsrecht **nur noch mit Zustimmung des Bezugsberechtigten** verfügt werden (§ 9 Abs. 2 S. 5 ALB 2016). Der Versicherungsschein steht dem unwiderruflich Bezugsberechtigten zu (AG Mölln, VersR 1978, 131, 132; Prölss/Martin/*Schneider*, § 159 Rn 21). Zum **Schriftformerfordernis** der Willenserklärung s. Rdn 28. Ein widerrufliches kann nach Insolvenzeröffnung nicht mehr zum unwiderruflichen Bezugsrecht erstarken. Auch wenn der Insolvenzverwalter das Bezugsrecht nicht rechtzeitig widerruft, widerspräche eine Bezugsrechtsänderung dem Grundsatz des § 91 Abs. 1 InsO (*Armbrüster/Pilz*, KTS 2004, 481, 488).

2. Stellung der beteiligten Parteien

77 Der sofortige Rechtserwerb nach § 159 Abs. 3 VVG ändert nichts daran, dass der **VN** Vertragspartner des VR bleibt (BGH, VersR 1964, 497, 499) und über den Vertrag verfügen kann (z.B. Kündigung, Umwandlung, vgl. BGH, VersR 2010, 517, 519; BGH, VersR 1966, 359, 360; RGZ 154, 155, 159). Nur die **einseitige Verfügung** über die **Leistung** aus dem VV ist **ausgeschlossen** (vgl. BGH, VersR 1966, 359, 360) bzw. jede Verfügung, welche die **Rechtsposition des Bezugsberechtigten tangiert** (BK/*Schwintowski*, § 166 Rn 46). Der **unwiderruflich Begünstigte** erwirbt das Recht im Zweifel **im vollen Umfang** (s. Rdn 53); er kann es vererben, abtreten, verpfänden und anderweitig darüber verfügen; es kann auch bei ihm gepfändet werden (Prölss/Martin/*Schneider*, § 159 Rn 21).

3. Verfügungen und Insolvenz

78 Der VN kann mangels Verfügungsbefugnis über den Versicherungsanspruch diesen nach der Einräumung eines unwiderruflichen Bezugsrechts **nicht abtreten**. Wurde ein unwiderrufliches Bezugsrecht erst **nach einer Sicherungszession** begründet oder verpflichtete sich der VN hierzu, hat er dem unwiderruflich Bezugsberechtigten den Rückabtretungsanspruch gegen den Sicherungsnehmer zu übertragen (OLG Hamm, VersR 1997, 1386, 1387). Gleiches gilt für die **Verpfändung**. Der unwiderruflich Bezugsberechtigte kann jedoch als Rechtsinhaber einer **Pfändung** des Bezugsrechts und sonstigen Vollstreckungsmaßnahmen durch seine Gläubiger ausgesetzt sein (vgl. MüKo/*Heiss*, § 159 VVG Rn 76). Seine Rechtsstellung ist von einer **Insolvenz** des VN nicht betroffen; der Versicherungsanspruch kann nicht zur Masse gezogen werden (BGH, VersR 1966, 359, 360; OLG Hamm, VersR 1993, 172; s.a. § 168 Rdn 20; vertiefend: *Armbrüster/Pilz*, KTS 2004, 481).

VI. Das eingeschränkt unwiderrufliche Bezugsrecht

79 Das Bezugsrecht kann auch **eingeschränkt unwiderruflich** eingeräumt werden (s.a. § 168 Rdn 23 f.). Dabei handelt es sich um eine besondere Form des unwiderruflichen Bezugsrechts, das v.a. in der betrieblichen Altersversorgung bedeutsam ist. Es ist dadurch gekennzeichnet, dass es **dem Grunde nach als unwiderruflich** (BGH, VersR 2006, 1059, 1060;

BGH, VersR 2005, 1134, 1135) eingeräumt wird, der VN sich aber **für bestimmte Fälle den Widerruf vorbehält**. Solange ein Vorbehalt nicht erfüllt ist, steht ein solches Bezugsrecht dem unwiderruflichen Bezugsrecht **rechtlich und wirtschaftlich gleich** (BAG, DB 2008, 939; BGH, VersR 2014, 1444, 1445; BGH, VersR 2014, 321, 322; BGH, VersR 2006, 1059, 1059 f.; BGH, VersR 2005, 1134, 1134 f.).

Das ist jedenfalls dann völlig unproblematisch, wenn die Vorbehalte – z.B. eine Beleihung der Versicherung – unter dem **Zustimmungserfordernis** des Bezugsberechtigten stehen (BGH, VersR 1996, 1089, 1089 f.). Denn ein unwiderrufliches Bezugsrecht mit einem Zustimmungsvorbehalt zugunsten des Begünstigten unterscheidet sich nicht von einem unwiderruflichen Bezugsrecht, über das ohnehin nur mit Zustimmung des Begünstigten verfügt werden kann. Gleiches gilt aber auch für eingeschränkt unwiderrufliche Bezugsrechte, wenn sich der Vorbehalt auf ein objektives Ereignis bezieht – z.B. vorzeitiges Ausscheiden des Arbeitnehmers aus dem Unternehmen vor Eintritt der Unverfallbarkeit – und sie daher keinem Zustimmungserfordernis unterliegen (BGH, VersR 2006, 1059, 1059 ff.; BGH, VersR 2005, 1134, 1134 ff.; an der Qualität als unwiderrufliches Bezugsrecht zweifelt hierbei Römer/Langheid/*Langheid*, § 159 Rn 29). Eine ohne Zustimmung des Arbeitnehmers erfolgte Vorauszahlung des VR an den VN ist ggü. dem Arbeitnehmer unwirksam und kann nicht auf die ihm gebührende Versicherungsleistung angerechnet werden (BGH, VersR 1996, 1089, 1089 f.). 80

Die **Begründung** des eingeschränkt unwiderruflichen Bezugsrechts entspricht den allgemeinen Prinzipien (s. Rdn 8 ff.). Für den **Zeitpunkt des Rechtserwerbs** gilt aufgrund der Nähe zum unwiderruflichen Bezugsrecht, dass der Begünstigte das Recht ebenfalls sofort mit der Bezeichnung als Bezugsberechtigter erwirbt (hier dürfte § 159 Abs. 3 VVG unmittelbar anwendbar sein); bei der **Direktversicherung** zur betrieblichen Altersversorgung kann der Arbeitnehmer (Begünstigte) nur so ein Recht erwerben, das vor der Insolvenz seines Arbeitgebers (VN) geschützt wird (BGH, VersR 2006, 1059, 1059 f.; BGH, VersR 2005, 1134, 1134 f.). 81

Eine Besonderheit besteht darin, dass das Recht wieder **verlustig gehen** kann, wenn nämlich der Vorbehalt erfüllt wird und der VN die Bezugsberechtigung **widerruft**. Diese Besonderheit stellt zugleich auch das **Problemfeld** des eingeschränkt unwiderruflichen Bezugsrechts dar: Dabei geht es um Vorbehalte bei nicht eingetretener Unverfallbarkeit des Bezugsrechts, die auf ein objektives Ereignis zielen. Streng nach dem Wortlaut bedeutet auch eine **Insolvenz** des Arbeitgebers (VN) mit anschließender Kündigung des Arbeitsverhältnisses durch den Insolvenzverwalter die „Beendigung des Arbeitsverhältnisses vor Eintritt des Versicherungsfalls" bzw. das „vorzeitige Ausscheiden" des Arbeitnehmers. Die derart erfüllten Vorbehalte würden dazu führen, dass der Versicherungsanspruch in die Insolvenzmasse des Arbeitgebers fällt. Daher füllt der BGH die Bedeutung solch neutral und objektiv formulierter Vorbehalte mit ihrem **Zweck** aus und differenziert nach der **Ursache der Vorbehaltserfüllung**, wodurch die **Reichweite der Vorbehalte eingeschränkt** wird: Wird ein Vorbehalt aus Gründen erfüllt, die sich der **Einflussnahme des bezugsberechtigten Arbeitnehmers entziehen** und auch sonst nicht seiner Sphäre 82 zuzuordnen sind, d.h. z.B., das Arbeitsverhältnis wird durch Insolvenz des Arbeitgebers oder Betriebsübergang beendet, so kann das nicht zum Verlust des Bezugsrecht führen (BGH, VersR 2015, 1145, 1146; BGH, VersR 2014, 321, 322; BGH, VersR 2006, 1059, 1060 f.; BGH, VersR 2005, 1134, 1134 f.;). Denn ein solcher Vorbehalt bezweckt auch die weitere Betriebstreue des Arbeitnehmers, was den Arbeitgeber gerade nicht berechtigt, die Voraussetzungen der Vorbehalte auf jeden Fall der Beendigung des bestehenden Arbeitsverhältnisses zu beziehen (BGH, VersR 2006, 1059, 1061; BGH, VersR 2005, 1134, 1134 f.). Insofern stellen die Vorbehalte regelmäßig auflösende Bedingungen dar (BGH, VersR 2014, 1444, 1446; *Armbrüster/Pilz*, KTS 2004, 481, 493 f.). Das gilt dann nicht, wenn der Arbeitnehmer einen betrieblichen Verband freiwillig verlässt, der im Weiteren fortbesteht (BGH, VersR 2005, 1134, 1136). Als **Folge** besitzt der bezugsberechtigte Arbeitnehmer in der Insolvenz des Arbeitgebers ein Aussonderungsrecht nach § 47 InsO (BGH, VersR 2014, 1444, 1445).

83 Das BAG gedachte von dieser Rspr. des BGH abzuweichen und legte dem Gemeinsamen Senat der obersten Gerichtshöfe des Bundes eine entsprechende Frage vor; nach einer Klarstellung des IV. Zivilsenats des BGH wurde das Verfahren indes eingestellt (vgl. BAGE 134, 372; s.a. die Darstellung bei *Daus*, Insolvenzrechtliche Einordnung der betrieblichen Altersversorgung in der Insolvenz des Arbeitgebers (2014), S. 226 ff.). Nach der Klarstellung des BGH gilt: Der Vorbehalt des Widerrufs umfasst dem Wortlaut nach grds. auch den Fall der insolvenzbedingten Kündigung; eine Auslegung des Widerrufs anhand zu berücksichtigender Umstände außerhalb des Wortlauts kann aber ein anderes Verständnis des Vorbehalts erfordern (zitiert nach BAGE 134, 372). Der BGH hat in der Folge an seiner oben zitierten Rspr. festgehalten (s.o.; besonders deutlich: BGH, VersR 2014, 321, 322); das BAG hat seine Rspr. für den Fall des Betriebsübergangs modifiziert und ist auf etwas anderem Wege (Betriebsübergang nach § 613a BGB ist kein Ende des Arbeitsverhältnisses i.S.d. Versicherungsbedingungen) zu einem ähnlichen Ergebnis wie der BGH gelangt (BAGE, 134, 372). Ob damit der **Konflikt zwischen BGH und BAG** für alle Fälle gelöst ist, erscheint fraglich (s.a. *Reinecke*, ZIP 2014, 1970; *Daus*, Insolvenzrechtliche Einordnung der betrieblichen Altersversorgung in der Insolvenz des Arbeitgebers (2014), S. 247 ff.).

84 Inwiefern diese Rspr. auf den Fall, dass der Arbeitnehmer **Allein-, Mehrheits- oder Minderheitsgesellschafter und Geschäftsführer** des Arbeitgebers ist, Anwendung findet, ist eine Frage des Einzelfalls und davon abhängig, ob ein Schutzbedürfnis gegeben ist (Anwendung im Einzelfall verneinend: BGH, VersR 2015, 1145, 1147; OLG München, VersR 2009, 97; bejahend: BGH, NZI 2012, 762; OLG Koblenz, VersR 2007, 1068; AG Göttingen, ZIP 2012, 2121, 2122). Richtschnur für die Feststellung der Schutzbedürftigkeit sollte sein, inwiefern der Begünstigte Einfluss auf die Geschäftspolitik und damit auf die wirtschaftliche Situation des Unternehmens nehmen kann – auch wenn eine Insolvenz im Einzelfall dann auch durch äußere Umstände beeinflusst werden kann. Keine Rolle spielt die Stellung als Alleingesellschafter und Geschäftsführer, wenn die Vorbehalte nicht mehr bestehen und die Einschränkungen des Bezugsrechts weggefallen sind (OLG Hamm, VersR 2015, 1152, 1153).

Praxistipp
Der beherrschende Gesellschafter-Geschäftsführer sollte bei seiner eigenen Direktversicherung unbedingt von vornherein ein unwiderrufliches Bezugsrecht vereinbaren, da das BetrAVG auf ihn nicht anwendbar ist und er damit nicht durch den Pensions-Sicherungs-Verein abgesichert ist. Außerdem muss er bei der Bezugsrechtseinräumung darauf achten, dass er von § 181 BGB befreit ist. Sonst wäre die Bezugsrechtsbegründung unwirksam und der Rückkaufswert müsste wiederum zur Masse gezogen werden.

C. Abdingbarkeit

§ 159 VVG ist – da nicht von § 171 VVG erfasst – **dispositiv**. 85

§ 160 VVG Auslegung der Bezugsberechtigung

(1) Sind mehrere Personen ohne Bestimmung ihrer Anteile als Bezugsberechtigte bezeichnet, sind sie zu gleichen Teilen bezugsberechtigt. Der von einem Bezugsberechtigten nicht erworbene Anteil wächst den übrigen Bezugsberechtigten zu.

(2) Soll die Leistung des Versicherers nach dem Tod des Versicherungsnehmers an dessen Erben erfolgen, sind im Zweifel diejenigen, welche zur Zeit des Todes als Erben berufen sind, nach dem Verhältnis ihrer Erbteile bezugsberechtigt. Eine Ausschlagung der Erbschaft hat auf die Berechtigung keinen Einfluss.

(3) Wird das Recht auf die Leistung des Versicherers von dem bezugsberechtigten Dritten nicht erworben, steht es dem Versicherungsnehmer zu.

(4) Ist der Fiskus als Erbe berufen, steht ihm ein Bezugsrecht im Sinn des Absatzes 2 Satz 1 nicht zu.

Übersicht

	Rdn
A. Normzweck	1
B. Norminhalt	3
I. Mehrere Personen ohne Bestimmung ihrer Anteile (§ 160 Abs. 1 S. 1 VVG)	3
II. Zuwachs bei den übrigen Bezugsberechtigten (§ 160 Abs. 1 S. 2 VVG)	11
III. Erben als Bezugsberechtigte (§ 160 Abs. 2 S. 1 VVG)	23
IV. Erbschaftsausschlagung (§ 160 Abs. 2 S. 2 VVG)	26
V. Nichterwerb durch Bezugsberechtigten (§ 160 Abs. 3 VVG)	27
VI. Fiskus als Erbe (§ 160 Abs. 4 VVG)	29
C. Abdingbarkeit	30

A. Normzweck

Der § 160 VVG übernimmt im Grundsatz § 167 VVG a.F. Der Anwendungsbereich wird wie im § 159 VVG auf alle Lebensversicherungen **ausgeweitet**. Der § 168 VVG a.F. wird nunmehr als neuer § 160 Abs. 3 VVG eingefügt. 1

2 Die Vorschrift führt z.T. als **Auslegungsregel** in Zweifelsfällen bestimmte Rechtsfolgen herbei, so durch § 160 Abs. 1 S. 1 VVG und § 160 Abs. 2 S. 1 VVG. Darüber hinaus trifft sie **Regelungen für bestimmte Konstellationen**, die im Zusammenhang mit einer Bezugsrechtsbestimmung und dem Versicherungsfall eintreten können: § 160 Abs. 1 S. 2 VVG regelt den Fall, dass einer von mehreren Bezugsberechtigten das Recht nicht erwirbt; § 160 Abs. 3 VVG den Fall, dass keiner der Bezugsberechtigten Rechtsinhaber wird; § 160 Abs. 2 S. 2 VVG sieht eine Regelung vor, wenn bezugsberechtigte Erben die Erbschaft ausschlagen und § 160 Abs. 4 VVG, wenn der Fiskus als Erbe eingesetzt wird.

B. Norminhalt

I. Mehrere Personen ohne Bestimmung ihrer Anteile (§ 160 Abs. 1 S. 1 VVG)

3 § 160 Abs. 1 S. 1 VVG enthält eine **Auslegungsregel** für den Fall einer personellen Teilbezugsberechtigung (s. § 159 Rdn 46). Die Bezugsrechtsbestimmung erfolgt durch eine einseitige, empfangsbedürftige Willenserklärung des VN ggü. dem VR (§ 159 Rdn 8). Zunächst ist durch **Auslegung** dieser Willenserklärung der wahre Wille des VN nach den allg. Grundsätzen (§ 133 BGB) und nach dem objektiven Empfängerhorizont (vgl. BGH, VersR 2015, 1148, 1149; BGH, VersR 1995, 282, 284; BGH, VersR 1975, 1020) zu ermitteln. Erst wenn nach erfolgter Auslegung feststeht, dass **mind. zwei Personen gleichrangig bezugsberechtigt** sind **und zugleich** deren Anteile **nicht näher bestimmt** sind und die Aufteilung des Bezugsrechts sich auch nicht aus der Auslegung ergibt – also **Zweifel verblieben** – bestimmt § 160 Abs. 1 S. 1 VVG eine Aufteilung zwischen den Bezugsberechtigten nach **Kopfteilen**.

4 Davon zu unterscheiden ist der Fall, dass die Bezugsrechtsbestimmung unwirksam ist, weil **keine Person** als Bezugsberechtigte hinreichend klar ist (§ 159 Rdn 14). Nicht zur Anwendung gelangt daher § 160 Abs. 1 S. 1 VVG, wenn nur eine Person von zwei infrage kommenden bezugsberechtigt sein soll und Streit darüber besteht, welche von beiden (zum häufigen Fall bei Scheidung und Wiederverheiratung, wenn die Bezugsrechtsbestimmung auf „Ehefrau" lautet s. § 159 Rdn 23, 47).

5 Lautet die Bezugsrechtsbestimmung „**Ehefrau oder Kinder**", so ist die Ehefrau vorrangig bezugsberechtigt und § 160 Abs. 1 S. 1 VVG gilt nicht (LG Saarbrücken, NJW 1983, 180). Die Bestimmung „**Kinder**" bezieht sich nicht auf Abkömmlinge entfernteren Grades (OLG Nürnberg, JR 1931, 44, 45) und soll im Zweifel auch **uneheliche Kinder** nicht erfassen (OLG Hamm, NJW 1983, 1567 [Ls.]). Letztere Ansicht ist mit der vom Gesetzgeber erstrebten und teilweise verwirklichten Gleichstellung von nichtehelichen mit ehelichen Kindern und v.a. mit den in der Gesellschaft inzwischen gängigen Familienformen ohne Eheschließung sowie dementsprechendem Sprachgebrauch nicht vereinbar (ebenso Prölss/Martin/*Schneider*, § 160 Rn 7).

Auslegungsbedürftig sind sicherlich Begriffe wie „**Angehörige**" oder „**Familie**"; sie sind jedoch der Auslegung für den konkreten Fall grds. zugänglich und nicht a priori als zu unbestimmt zu qualifizieren (in diese Richtung aber BK/*Schwintowski*, § 167 Rn 7). 6

Nicht ausreichend soll dagegen die Bezeichnung „**Rechtsnachfolger**" sein, dabei soll es sich bereits nicht um eine wirksame Bezugsrechtsbestimmung handeln (RG, VA 1911 Nr. 618). 7

Die Auslegungsregel gilt auch bei befreienden Lebensversicherungen, wenn die Bezugsrechtsbestimmung auf „**Hinterbliebene i.S.v. §§ 40 bis 44 AVG**" lautet (BGH, VersR 1981, 371, 372); gemeint sind jedoch nur die rentenbezugsberechtigten Hinterbliebenen (OLG Frankfurt am Main, VersR 1996, 358, 359). 8

Bei der Rentenversicherung ist diese Auslegungsregel wegen klarer Regelungen nicht erforderlich (Motive zum VVG, S. 227). 9

Als **Rechtsfolge** steht jedem der Bezugsberechtigten als Einzelgläubiger sein Anteil zu, den er für sich fordern kann (vgl. BGH, VersR 1981, 371, 372). Sie sind weder Gesamtgläubiger noch bilden sie eine Bruchteilsgemeinschaft (BK/*Schwintowski*, § 167 Rn 8). 10

II. Zuwachs bei den übrigen Bezugsberechtigten (§ 160 Abs. 1 S. 2 VVG)

§ 160 Abs. 1 S. 2 VVG setzt voraus, dass einer von mehreren gleichrangig Bezugsberechtigten i.S.d. § 160 Abs. 1 S. 1 VVG seinen **Anteil nicht erwirbt**. Eine vorherige Anwendung des § 160 Abs. 1 S. 1 VVG ist allerdings nicht erforderlich. § 160 Abs. 1 S. 2 VVG gilt also auch dann, wenn die Anteile zwischen ansonsten gleichrangig bezugsberechtigten Personen ausdrücklich oder durch Auslegung bestimmt wurden (OLG Saarbrücken, VersR 2007, 1638). Für eine analoge Anwendung des § 160 Abs. 1 S. 2 VVG in solchen Fällen besteht kein Anlass (s.a. MüKo/*Heiss*, § 160 VVG Rn 21), da der Wortlaut eine direkte Anwendung zulässt. 11

Werden die einzelnen Begünstigungen in **verschiedenen Summen** ausgedrückt, ist im Wege der **Auslegung** zu ermitteln, ob beim Wegfall eines Begünstigten die anderen seinen Anteil erhalten sollen (§ 160 Abs. 1 S. 2 VVG gilt unmittelbar) oder ob dieser in den Nachlass fällt, weil die Summenangabe die Höchstzuwendung sein sollte (dann gilt für das Teilbezugsrecht § 160 Abs. 3 VVG analog; zu diesen Aspekten Prölss/Martin/*Schneider*, § 160 Rn 16). Ersteres wird v.a. dann anzunehmen sein, wenn die Gesamtsumme der Teilbegünstigungen der Summe der vereinbarten Versicherungsleistung entspricht. 12

Der Sinn und Zweck der Vorschrift legt es nahe, auch bei einem **teilweisen** Nichterwerb die nicht erworbenen Anteile bei den anderen Bezugsrechtsberechtigten anwachsen zu lassen. 13

Der Nichterwerb kann auf **Zurückweisung des Bezugsrechts gem. § 333 BGB** beruhen. Das Recht zur Zurückweisung besteht, solange das Bezugsrecht nicht angenommen wurde (OLG Dresden, JR 1938, 349, 350; RGZ 119, 1, 3); die Ausübung des Zurückweisungs- 14 rechts ist als Gestaltungsrecht bedingungsfeindlich (BGHZ 97, 264, 267 = NJW 1986, 2245).

15 Ein **unwiderruflich** gewährtes Bezugsrecht kann jederzeit (vor, mit, nach dem Versicherungsfall) zurückgewiesen werden.

16 Ein **widerrufliches** Bezugsrecht soll der Begünstigte erst nach dem Versicherungsfall – da erst mit diesem der Rechtserwerb vollzogen wird (vgl. § 159 Abs. 2 VVG) – zurückweisen können (vgl. RGZ 101, 304, 306; **a.A.** *Winter*, in: Bruck/Möller, § 159 Rn 198); eine vor dem Versicherungsfall erfolgte Zurückweisung kann – bei (konkludenter) Annahme – in eine vertragliche Verpflichtung umgedeutet werden, vom Bezugsrecht keinen Gebrauch zu machen (RGZ 101, 304, 306).

17 Erfolgt nach dem Versicherungsfall ein „**Verzicht**" auf das Bezugsrecht zugunsten eines Dritten, ist durch Auslegung zu ermitteln, ob darin eine Zurückweisung oder ein Angebot auf Abtretung an den Dritten liegt (Prölss/Martin/*Schneider*, § 160 Rn 11). Konsequenzen kann dies für die Erbschaftssteuerpflicht haben (BFHE 159, 546, 548 f. = BFH, BB 1990, 1260).

18 Ein Erwerb geht fehl, wenn der widerruflich **Begünstigte vor dem Versicherungsfall stirbt** (BGH, VersR 1967, 795). Beim Tod nach Eintritt des Versicherungsfalls hat der Begünstigte das Recht auf jeden Fall schon erworben, und es fällt in seinen Nachlass. **Verstirbt** ein Begünstigter **gleichzeitig** mit dem VN, wächst dessen Anteil dem anderen Bezugsberechtigten an (OLG Saarbrücken, VersR 2007, 1638).

19 Des Weiteren kann eine **(auflösende oder aufschiebende) Bedingung** den Rechtserwerb verhindern. Das **gilt jedoch nicht**, wenn die vom VN vorausgesetzten Umstände beim Versicherungsfall nicht mehr vorliegen (**a.A.** Prölss/Martin/*Schneider*, § 160 Rn 11; *Winter*, in: Bruck/Möller, § 160 Rn 25), weil dann höchstens die Geschäftsgrundlage für die Zuwendung im Valutaverhältnis weggefallen ist (und damit der Rechtsgrund für die Zuwendung). Es kommt dennoch zum Rechtserwerb durch den Begünstigten, und falls er auch die Versicherungsleistung erhält, ist diese ggf. nach den Regeln der ungerechtfertigten Bereicherung zurückzufordern.

20 Unter „Nichterwerb des Anteils" werden auch die Fälle gefasst, in denen die **Bestimmung über das Bezugsrecht nichtig** ist (so wohl BGH, VersR 1981, 371, 372; Prölss/Martin/ *Schneider*, § 160 Rn 14; *Winter*, in: Bruck/Möller, § 160 Rn 25). Dies erscheint höchst **zweifelhaft**. Wegen der ex tunc-Wirkung gibt es bei Nichtigkeit von vornherein keinen Bezugsberechtigten. Bereits der Wortlaut des § 160 Abs. 1 S. 2 VVG fordert aber einen existierenden Bezugsberechtigten, der später das Recht nicht erwirbt (vgl. Motive zum VVG, S. 646: „... *wenn mehrere Bezugsberechtigte vorhanden sind und einer oder mehrere von ihnen ihren Anteil nicht erwerben.*"), den es bei Nichtigkeit der Bezugsrechtsbestimmung aber nie gab. Auch eine denkbare **analoge** Anwendung des § 160 Abs. 1 S. 2 VVG auf solche Fälle ist nicht sachgerecht. Der VN kann bei der Bezugsrechtsbestimmung das Schicksal eines Anteils festlegen, wenn dieser von einem Begünstigten durch Zurückweisung, wegen Ablebens oder durch Bedingungseintritt nicht erworben wird. Trifft er hierüber

keine Bestimmung, wächst der Anteil den übrigen Bezugsberechtigten nach § 160 Abs. 1 S. 2 VVG zu. Ist die Bezugsrechtsbestimmung nichtig, wird auch die Festlegung über einen später nicht erworbenen Anteil nichtig sein. Die Dispositionsfreiheit des VN wird daher über Gebühr eingeschränkt, wenn für solche Fälle über eine Analogie ebenfalls eine Ausnahme vom Grundsatz des § 160 Abs. 3 VVG vorgeschrieben wird.

Beispiel
Der VN räumt dem Sohn A die Hälfte des Bezugsrechts ein. Später räumt er dem Sohn B die andere Hälfte ein. Letztere Bezugsrechtseinräumung ist aber nichtig. Nach h.M. müsste Sohn A das gesamte Bezugsrecht bekommen, Sohn B bekommt nichts. Ob das dem Willen des VN entspricht, ist fraglich. Nach hier vertretener Auffassung bleibt es beim hälftigen Bezugsrecht des A, der Rest gebührt den Erben des VN, fällt mithin in den Nachlass.

Als Konsequenz bedeutet bei § 160 Abs. 1 S. 2 VVG „nicht erwerben" nicht „nichtige Bezugsrechtsbestimmung". 21

Rechtsfolge: Der Anteil desjenigen, der das Bezugsrecht nicht erworben hatte, wächst den übrigen Bezugsberechtigten zu. Der nicht erworbene Anteil wird dabei auf die übrig gebliebenen Bezugsrechtsberechtigten nach dem Verhältnis verteilt, das sich aus ihren bisherigen Anteilen am Bezugsrecht zueinander ergibt (so auch Looschelders/Pohlmann/*Peters*, § 160 Rn 6). 22

III. Erben als Bezugsberechtigte (§ 160 Abs. 2 S. 1 VVG)

§ 160 Abs. 2 S. 1 VVG enthält eine **Auslegungsregel** für einen bestimmten Fall der Bezugsrechtsbestimmung, nämlich wenn die „**Erben**" ohne nähere Spezifizierung bestimmt werden. Eine nähere Bestimmung der Bezugsberechtigten – bspw. durch „Erben zur Zeit der Begünstigung" – schließt die Anwendung des § 160 Abs. 2 S. 1 VVG aber nur dann aus, sofern dadurch die Rechtsfolgen des § 160 Abs. 2 S. 1 VVG berührt werden. Anderweitige, nähere Bestimmungen ohne Bedeutung für die Rechtfolgen schaden nicht („gesetzliche Erben"). Die Rechtsfolgen sollen dem mutmaßlichen Willen des VN bei einer solchen Bezugsrechtsbestimmung entsprechen (Motive zum VVG, S. 227). **Voraussetzung** ist daher zunächst, dass die Bezugsrechtsbestimmung tatsächlich auch „**die Erben**" oder ähnlich lautet (OLG Frankfurt a.M., VersR 1996, 358, 360), die Zahlung der Versicherungsleistung soll nämlich an die Erben als Bezugsberechtigte erfolgen (LG Karlsruhe, VersR 1956, 313). Nicht die Erben-, sondern die **Bezugsberechtigteneigenschaft** ist entscheidend. Daher ist es bei einer Bezugsrechtsbestimmung „**Erben laut Testament**" für den Rechtserwerb der im Testament bezeichneten Person ohne Bedeutung, ob die Erbeinsetzung als solche wirksam war (BayObLG, VersR 1995, 649). Genauso werden bei einer Bezugsrechtsbestimmung „**gesetzliche Erben**" bei gleichzeitiger testamentarischer Erbfolge diejenigen bezugsrechtsberechtigt, die ohne das Testament Erben geworden wären (KG, JR 1940, 93; LG Waldshut, VersR 1954, 76). Bestimmt dagegen der VN „**meine Kinder**" und werden diese und auch nur diese Erben, kommt § 160 Abs. 2 S. 1 VVG dennoch nicht zur Anwendung. 23

24 Wer „**zur Zeit des Todes als Erben**" berufen gilt, bestimmt sich nach den **Vorschriften des BGB** (Motive zum VVG, S. 227). Daher können z.b. beim Versicherungsfall bereits gezeugte Kinder (§ 1923 Abs. 2 BGB) Bezugsberechtigte werden; ebenso gilt § 2344 BGB.

25 **Rechtsfolge**: Bezugsberechtigt sind alle Erben, die zum Zeitpunkt des Todesfalls vorhanden sind oder – falls sie nicht tatsächlich Erben wurden – vorhanden sind, wenn sie Erben geworden wären. Die Anteile der Bezugsberechtigten bemessen sich nach dem Verhältnis ihrer – ggf. hypothetischen – Erbanteile zueinander, wobei für die Erbanteilsfestlegung die gesamten Regeln des BGB gelten (vgl. BK/*Schwintowski*, § 167 Rn 14). Die Bezugsberechtigten sind **Einzelgläubiger nach Kopfteilen**, somit nicht Gesamtgläubiger (BGHZ 13, 226, 241; BGH, VersR 1981, 371, 372; BGH, VersR 1955, 99, 100; LG Karlsruhe, VersR 1956, 313), mit der Folge, dass jeder seinen Anteil unabhängig von den anderen Bezugsrechtsberechtigten fordern kann.

IV. Erbschaftsausschlagung (§ 160 Abs. 2 S. 2 VVG)

26 § 160 Abs. 2 S. 2 VVG normiert einen besonderen Fall der Konstellation, dass die i.S.d. § 160 Abs. 2 S. 1 VVG als bezugsberechtigt bestimmte Person letzten Endes nicht Erbe wird. Es muss eine **Bezugsberechtigung** i.S.d. § 160 Abs. 2 S. 1 VVG bestehen. Dann **schadet auch eine Ausschlagung der Erbschaft** (§§ 1942 ff. BGB) **nicht**. Ist der Anspruch auf die Versicherungsleistung allerdings in den Nachlass gefallen, kann § 160 Abs. 2 S. 2 VVG nicht angewandt werden (LG Hamburg, VersR 1957, 677, 678). Aus § 160 Abs. 2 S. 2 VVG soll im Umkehrschluss folgen, dass die Lebensversicherung an sich nicht in den Nachlass fällt (*Petersen*, AcP 204 [2004], 832, 837).

V. Nichterwerb durch Bezugsberechtigten (§ 160 Abs. 3 VVG)

27 Mit § 160 Abs. 3 VVG wird die **Grundregel** auch für den Fall des Nichterwerbs des Bezugsrechts durch den Bezugsberechtigten wiederholt, die sich bei fehlenden Anhaltspunkten für einen anderen Willen des VN ohnehin aus dem Wesen des Lebensversicherungsvertrags ergibt (vgl. auch § 9 Abs. 1 S. 2 ALB 2016). Zu den **Voraussetzungen**, den Tatbeständen des Nichterwerbs s.o. Rdn 11 ff. Im Weiteren darf aufgrund des § 160 Abs. 1 S. 2 VVG lediglich **ein** Bezugsrechtsberechtigter bestimmt worden sein. **Analog** dürfte die Vorschrift jedoch auch auf die Fälle anzuwenden sein, in denen mehrere Bezugsberechtigte das Recht gleichzeitig nicht erwerben (z.B. gemeinsam erklärte Zurückweisung – bei sukzessivem Nichterwerb gelangt man zunächst über § 160 Abs. 1 S. 2 VVG zum gleichen Ergebnis), solange **kein Bezugsberechtigter übrig bleibt**. Entsprechende Anwendung ist auch bei einem **teilweisen Nichterwerb** bei nur einem Bezugsberechtigten anzunehmen. Nach hier vertretener Ansicht keine analoge Anwendung bei nichtiger Bezugsrechtsbestimmung (s. Rdn 20 ff.).

28 **Rechtsfolge**: Beim Nichterwerb des Rechts auf die Versicherungsleistung durch einen Bezugsberechtigten steht das Recht dem VN, bei Tod seinen Erben als Teil des Nachlasses (Motive zum VVG, S. 228), zu.

VI. Fiskus als Erbe (§ 160 Abs. 4 VVG)

Ist der **Fiskus Erbe**, so steht ihm das Bezugsrecht nicht zu. Das Privileg, das den anderen Erben aus Fürsorgegründen zukommt – der Anspruch soll ggf. aus dem Nachlass und so auch aus der Insolvenzmasse herausgenommen werden – ist beim Fiskus als Erben nicht gerechtfertigt. Der VN wird mutmaßlich die gleiche Fürsorge dem Fiskus nicht gewähren (Motive zum VVG, S. 228). Dieser erwirbt das Leistungsrecht immer nur als Teil des Nachlasses. 29

C. Abdingbarkeit

§ 160 VVG ist von § 171 S. 1 VVG nicht erfasst und daher **dispositiv**. 30

§ 161 VVG Selbsttötung

(1) Bei einer Versicherung für den Todesfall ist der Versicherer nicht zur Leistung verpflichtet, wenn die versicherte Person sich vor Ablauf von drei Jahren nach Abschluss des Versicherungsvertrags vorsätzlich selbst getötet hat. Dies gilt nicht, wenn die Tat in einem die freie Willensbestimmung ausschließenden Zustand krankhafter Störung der Geistestätigkeit begangen worden ist.

(2) Die Frist nach Absatz 1 Satz 1 kann durch Einzelvereinbarung erhöht werden.

(3) Ist der Versicherer nicht zur Leistung verpflichtet, hat er den Rückkaufswert einschließlich der Überschussanteile nach § 169 zu zahlen.

Übersicht

	Rdn
A. Normzweck	1
B. Norminhalt	3
I. Leistungsfreiheit bei Selbsttötung (§ 161 Abs. 1 S. 1 VVG)	3
1. Versicherung für den Todesfall	3
2. Vorsätzliche Selbsttötung der versicherten Person	4
3. Vor Ablauf von drei Jahren nach Vertragsschluss	8
4. Rechtsfolgen	9
II. Ausnahmetatbestand (§ 161 Abs. 1 S. 2 VVG)	10
III. Erhöhung der Frist durch Einzelvereinbarung (§ 161 Abs. 2 VVG)	19
IV. Zahlung des Rückkaufswertes (§ 161 Abs. 3 VVG)	20
C. Prozessuales	21
I. Beweislastverteilung	21
II. Beweis der vorsätzlichen Selbsttötung (§ 161 Abs. 1 S. 1 VVG)	24
III. Beweis eines Zustands, in dem die freie Willensbestimmung aufgrund krankhafter Störung der Geistestätigkeit ausgeschlossen ist (§ 161 Abs. 1 S. 2 VVG)	32
IV. Beweis für eine längere Frist aufgrund Einzelvereinbarung (§ 161 Abs. 2 VVG)	40
D. Abdingbarkeit	41

§ 161 VVG

A. Normzweck

1 Die Vorschrift regelt zunächst einen **objektiven Risikoausschluss** zugunsten des VR für den Fall einer Selbsttötung der **versicherten Person** (Prölss/Martin/*Schneider*, § 161 Rn 1; MüKo/*Mönnich*, § 161 VVG Rn 1). Dieser soll davor geschützt werden, dass eine versicherte Person auf seine Kosten mit ihrem Leben spekuliert (BGH, NJW 1991, 1357, 1358). Die Norm bildet eine Ausnahme vom Prinzip, dass die Todesursache bei Lebensversicherungen ohne Belang ist (Motive zum VVG, S. 228). Als **Gegenausnahme** ist der VR zur Leistung verpflichtet, wenn sich die versicherte Person gem. § 160 Abs. 1 S. 2 VVG bei der Selbsttötung in einem die **freie Willensbestimmung ausschließenden Zustand** befand. Diese Struktur, der zudem aus Gründen des Interessenausgleichs eine wechselnde **Beweislast** zugrunde liegt (s.u. Rdn 21 ff.), bringt es mit sich, dass der Tatbestand der Norm durch **Einzelfall-Rechtsprechung** geprägt wird.

2 § 169 a.F. VVG wurde auf nunmehr drei Absätze ausgeweitet und sprachlich z.T. neu gefasst. Die inhaltlichen Neuerungen sind unwesentlich. Die wichtigste Neuerung, die Einführung der **Ausschlussfrist von drei Jahren** – nach der alten Fassung war der VR jederzeit bei Selbsttötung des VN leistungsfrei –, entsprach lediglich der verbreiteten Praxis der Lebensversicherer in ihren AVB (vgl. Begr. BT-Drucks 16/3945, S. 99). Der Schutz der Hinterbliebenen wird ggü. der alten Regelung auf Gesetzesebene verbessert; die Möglichkeit nach § 161 Abs. 2 VVG, die Frist durch Einzelvereinbarung zu verlängern, soll den VR **Handlungsspielraum** bei der Prämiengestaltung, insb. bei höheren VersSummen geben. Mit § 161 Abs. 3 VVG sollte der Wortlaut des § 169 von untypischen Fällen entlastet werden.

B. Norminhalt

I. Leistungsfreiheit bei Selbsttötung (§ 161 Abs. 1 S. 1 VVG)

1. Versicherung für den Todesfall

3 Es muss sich um eine Versicherung handeln, die das **Todesfallrisiko** absichert. Dazu gehören Risikolebensversicherungen, Kapitallebensversicherungen oder auch entsprechende Zusatzversicherung, z.B. eine Todesfallabsicherung im Rahmen einer Rentenversicherung. Auf die **Berufsunfähigkeitsversicherung** ist die Vorschrift nicht anwendbar, auch nicht analog und auch nicht als Zusatzversicherung zu einer Lebensversicherung. Dies schließt der Sinn und Zweck der Norm aus (BGH, VersR 1991, 289, 290 mit ausführl. Begr.). Daran sollte die VVG-Reform 2008 nichts ändern (Begr. BT-Drucks 16/3945, S. 107). Die Besonderheiten der Berufsunfähigkeitsversicherung stehen der Anwendbarkeit der Vorschrift somit entgegen, so dass eine Anwendung der Norm in der Berufsunfähigkeitsversicherung nicht sachgerecht wäre und damit auch nicht über die Neuregelung des § 176 VVG infrage kommt. Ebenso kann § 161 VVG nicht für die **Haftpflichtversicherung** herangezogen werden (OLG Hamburg, VersR 1995, 1475, 1476). Auf eine **betriebliche Versorgungsordnung** ist die Vorschrift hingegen anwendbar (LAG Baden-Württem-

berg, VersR 1989, 1177; Looschelders/Pohlmann/*Peters*, § 161 Rn 3; MüKo/*Mönnich*, § 161 VVG Rn 3). Andere, nicht vom Todesfall abhängige und im selben Vertrag vereinbarte Versicherungsleistungen schaden nicht (Begr. BT-Drucks 16/3945, S. 99).

2. Vorsätzliche Selbsttötung der versicherten Person

Selbsttötung setzt objektiv voraus, dass die **Tatherrschaft** bzgl. des Geschehens, das zum Tod führte, bei der verstorbenen Person lag, sie also den Tathergang in Händen hielt (VersR-Hdb/*Brömmelmeyer*, § 42 Rn 256 m.w.N.). Eine **Fremdtötung** genügt nicht. Umstritten ist, ob eine **Tötung auf Verlangen** des Getöteten oder mit dessen **Einwilligung** genügt (dagegen: BK/*Schwintowski*, § 169 Rn 5; *Winter*, in: Bruck/Möller, § 161 Rn 16; dafür: Looschelders/Pohlmann/*Peters*, § 161 Rn 6; Rüffer/Halbach/Schimikowski/*Brambach*, § 161 Rn 8; *Prang*, in: v. Bühren, Hdb. VersR, § 14 Rn 189; Prölss/Martin/*Schneider*, § 161 Rn 3; MüKo/*Mönnich*, § 161 VVG Rn 11). Intention der Regelung ist, den VR davor zu schützen, dass die versicherte Person zu dessen Lasten mit ihrem Leben spekuliert oder gar den Vertrag im Willen abschließt, mittels Selbsttötung den Versicherungsfall auszulösen (vgl. Looschelders/Pohlmann/*Peters*, § 161 Rn 6). Im Hinblick auf diesen Schutzzweck sollte ebenfalls die Tötung auf Verlangen der versicherten Person oder mit dessen Einwilligung oder auch die Tötung durch einen anderen, wenn dieser ebenfalls in den Freitod geht und dies auf einem **gemeinsamen Entschluss** fußte, von der Norm erfasst sein. Denn ob die versicherte Person die finale Handlung selbst vornimmt oder auf eigenen Wunsch vornehmen lässt, ist im Hinblick auf den Schutzzweck der Norm unerheblich. Zu verneinen ist eine Selbsttötung aber bei einer Hinrichtung (RGZ 157, 6, 8). Auch zu verneinen ist eine Selbsttötung schließlich im Falle eines Behandlungsabbruchs aufgrund einer entsprechenden Patientenverfügung (§§ 1901a ff. BGB), da hier keine Manipulation zulasten des VR und der übrigen VN erfolgt (vgl. ausf. *Krüger*, VersR 2012, 164).

Die Neuregelung erfordert subjektiv nunmehr ausdrücklich **Vorsatz**. Grobe und einfache Fahrlässigkeit bleiben damit wie bisher (vgl. BGH, VersR 1991, 289, 291; VersR 1981, 452, 453; Leichtsinn: vgl. BGH, VersR 1990, 1268) ausgeschlossen. Konsequenterweise wird man aufgrund der Einfügung von „Vorsatz" jedoch **keine (Selbsttötungs-)Absicht** verlangen dürfen (vgl. aber die Terminologie in BGH, VersR 1981, 452, 453 sowie BK/*Schwintowski*, § 169 Rn 5; Prölss/Martin/*Schneider*, § 161 Rn 3). Daher genügt Vorsatz (Römer/Langheid/*Langheid*, § 161 Rn 4; vgl. auch die Terminologie bei BGH, VersR 1991, 289, 291; OLG Hamm, VersR 1989, 690, 691) und folglich aber auch der **Eventualvorsatz** (Looschelders/Pohlmann/*Peters*, § 161 Rn 5; Rüffer/Halbach/Schimikowski/*Brambach*, § 161 Rn 6; anders KG, JR 1930, 206, wobei lt. Sachverhalt grobe Fahrlässigkeit näher lag; VersR-Hdb/*Brömmelmeyer*, § 42 Rn 256; *Winter*, in: Bruck/Möller, § 161 Rn 16; MüKo/ *Mönnich*, § 161 VVG Rn 6 ff.).

Bei einer **Selbsttötungsdemonstration** möchte der Getötete gerade nicht aus dem Leben scheiden, sondern der Tod beruht auf bewusster Fahrlässigkeit (OLG Hamm, VersR 1989, 690, 691).

7 Die Regelung, dass der VR von der Leistungsverpflichtung frei wird, gilt nur dann, wenn der VN zugleich die versicherte Person ist oder wenn die versicherte Person bei einer Fremdversicherung sich selbst tötet (BGH, NJW 1991, 1357, 1358).

3. Vor Ablauf von drei Jahren nach Vertragsschluss

8 Für den Beginn der gesetzlich neu eingefügten **Dreijahresfrist** ist der **Vertragsschluss** und damit regelmäßig der **Zugang der Annahmeerklärung** des VR beim VN (Antragsmodell) maßgeblich (**formeller Beginn**, OLG Saarbrücken, zfs 2013, 100; LG Saarbrücken, VuR 2011, 359; vgl. auch § 7 Rdn 14 ff.; zur früheren Situation s. BGH, VersR 1991, 574). Diese Frist beginnt mit Beginn des Tages, an dem der Vertrag geschlossen wurde, und endet drei Jahre später (vgl. §§ 187 Abs. 2 S. 1, 188 Abs. 1 BGB, § 10 VVG; s.a. § 10 Rdn 1); bei einer **Wiederherstellung** der Versicherung ist dieser Zeitpunkt entscheidend. Die Anknüpfung an den materiellen Versicherungsbeginn (zusätzlich muss die Erstprämie gezahlt worden sein) genügt dem insoweit eindeutigen Wortlaut („Abschluss des VV"), der sich auf das juristische Zustandekommen des Vertrags bezieht, an sich nicht. Soweit in früheren AVB auf die Zahlung des Einlösungsbeitrages abgestellt wurde, sollen die Klauseln durch Auslegung aber dahin zu korrigieren sein, dass die Zahlung des Beitrags für den Fristbeginn nur dann relevant ist, wenn diese dem Vertragsschluss vorausgegangen ist (OLG Saarbrücken, zfs 2013, 100; LG Saarbrücken, VuR 2011, 359; Prölss/Martin/*Schneider*, § 161 Rn 6). Wird der Versicherungsschutz später **erweitert** (Erhöhung der VersSumme oder Verlängerung der Laufzeit), beginnt die Frist neu zu laufen, aber **nur für den erhöhten Teil** der VersSumme (zust.: Looschelders/Pohlmann/*Peters*, § 161 Rn 7; s.a. § 5 Abs. 3 ALB 2016). Bei **Verlängerung der Laufzeit** beginnt die Frist insgesamt neu zu laufen (so auch OLG Saarbrücken, VersR 2008, 57, krit.: VersR-Hdb/*Brömmelmeyer*, § 42 Rn 253). In diesem Fall muss allerdings über die erneuten Leistungsausschlüsse beraten werden; unterlässt der VR dies und kommt es zur Selbsttötung, hafte der VR ggf. auf Schadensersatz in Höhe ursprünglichen Versicherungssumme (OLG Saarbrücken, VersR 2008, 57). Hintergrund der Frist ist die Annahme, dass ein bei Vertragsschluss Selbstmordwilliger diesen Entschluss nicht länger als drei Jahre aufrechterhalten wird, somit nach drei Jahren nicht mehr von einer Selbsttötung auszugehen ist.

4. Rechtsfolgen

9 Liegen die Voraussetzungen des § 161 Abs. 1 S. 1 VVG vor, wird der VR **leistungsfrei**. Er wird nur aus § 161 Abs. 3 VVG verpflichtet (u. Rdn 20). Wenn allerdings keine tatsächlichen Anhaltspunkte für den Leistungsausschluss des VR bestehen, kann er sich nicht auf § 161 Abs. 1 S. 1 VVG berufen, um die Auszahlung der Lebensversicherungssumme bis zum Abschluss der der Ermittlungen zu **verweigern** (OLG Saarbrücken, zfs 2006, 212, 212 f.).

II. Ausnahmetatbestand (§ 161 Abs. 1 S. 2 VVG)

Die Leistungsfreiheit des VR tritt dagegen nicht ein, wenn zwar eine Selbsttötung i.S.d. § 161 Abs. 1 S. 1 VVG vorliegt, die Tat jedoch in einem die **freie Willensbestimmung ausschließenden Zustand krankhafter Störung der Geistestätigkeit** begangen wurde, folglich kein zivilrechtlich verantwortlicher Versicherter handelte (vgl. § 104 Nr. 2 BGB). Geschützt werden hierdurch die Hinterbliebenen (Motive zum VVG, S. 229; BGH, VersR 1991, 289, 291). Ein **Ausschluss der freien Willensbestimmung** liegt vor, wenn jemand nicht imstande ist, seinen Willen frei und unbeeinflusst von der vorliegenden Geistesstörung zu bilden und nach zutreffend gewonnen Einsichten zu handeln. Abzustellen ist dabei darauf, ob eine freie Entscheidung nach Abwägung des Für und Wider bei sachlicher Prüfung der in Betracht kommenden Gesichtspunkte möglich ist oder ob umgekehrt von einer freien Willensbildung nicht mehr gesprochen werden kann, etwa weil infolge der Geistesstörung äußere Einflüsse den Willen übermäßig beherrschen (BGH, WM 1996, 104, 105; BGH, WM 1984, 1063, 1064; BGH, NJW 1970, 1680; OLG Karlsruhe, VersR 2003, 977, 978; KG, VersR 2000, 86, 87).

Unkontrollierte Triebe und Vorstellungen schließen eine freie Willensbetätigung aus (BGH, VersR 1994, 162, 163), das Handeln darf nicht mehr von vernünftigen Erwägungen bestimmt sein (OLG Hamm, VersR 1977, 928, 930; vgl. auch OLG Jena, VersR 2001, 358, 359) bzw. solange ein von Motiven gelenkter Wille noch die Entscheidungsfindung beeinflusst („einfühlbare Motive"), liegt freie Willensbestimmung vor (OLG Düsseldorf, NJR-RR 2003, 1468; OLG Frankfurt am Main, VersR 1962, 821; OLG Hamm, JR 1936, Z 31; LG Wiesbaden, VersR 1963, 865; ÖOGH, VersR 1964, 761, 762).

Der sog. **Bilanz-Suizid**, der gerade auf einer Abwägung des Für und Wider beruht, wird ganz überwiegend nicht als Fall des § 161 Abs. 1 S. 2 VVG angesehen (OLG Nürnberg, VersR 1994, 295, 296; OLG Stuttgart, VersR 1989, 794, 795; Looschelders/Pohlmann/*Peters*, § 161 Rn 11; Rüffer/Halbach/Schimikowski/*Brambach*, § 161 Rn 11; *Prang*, in: v. Bühren, Hdb. VersR, § 14 Rn 197; Prölss/Martin/*Schneider*, § 161 Rn 15; BK/*Schwintowski*, § 169 Rn 15; Römer/Langheid/*Langheid*, § 161 Rn 10). Auf der anderen Seite zeigen Ergebnisse der neuropsychiatrischen Diagnostik, dass bei einer Selbsttötung, die auf den ersten Blick als eine von freier Willensentschließung geleitete erscheint – z.B. bei einem Bilanzselbstmord –, der Handelnde regelmäßig zum Zeitpunkt der Selbsttötung unfähig war, seine Entscheidung für das Weiterleben zu treffen und folglich seinen Willen frei zu bestimmen (*Harrer/Mitterauer*, VersR 2007, 579, 581).

Die **krankhafte Störung der Geistestätigkeit** muss die **Ursache** für den Ausschluss der freien Willensbestimmung darstellen. Es muss zwar keine „echte" Geisteskrankheit gegeben sein (OLG Stuttgart, VersR 1989, 794, 795; OLG Hamm, VersR 1977, 928, 930; OLG Hamm, JR 1936, Z 31; KG, JR 1934, 72, 73), aber die Beeinträchtigung muss derart intensiv sein, dass man vom Ausschluss freier Willensbestimmung sprechen kann.

14 Eine **krankhafte Störung** kann in folgenden Fällen **verneint** werden:
- **verminderte Zurechnungsfähigkeit** (KG, JR 1929, 330, 331)
- allein die Diagnose als **Psychopath** (OLG München, VersR 1955, 610, 611; KG, JR 1934, 72, 73) oder eine allgemein emotionale **Psychose**, die eine Selbsttötung charakterisiert (OLG Karlsruhe, VersR 1978, 657; OLG Stuttgart, VersR 1989, 794, 795)
- **narzisstische Persönlichkeitsstörung** (OLG Jena, NVersZ 2000, 513, 514)
- kurzfristige intensive **Schmerzerlebnisse** (LG Saarbrücken, VersR 1983, 723)
- **Kurzschlusshandlung** (LG Köln, VersR 1956, 569; LG Osnabrück, VersR 1980, 474, wenn auch implizit; OLG Köln, r+s 1990, 139)
- **Spielsucht** (OLG Stuttgart, VersR 1989, 794, 795)
- **Alkoholrausch** mit 1,18 ‰ (LG Saarbrücken, VersR 1979, 1050) oder 2,38 ‰ (OLG Hamburg, VersR 1986, 378 [Ls.]) sowie 2,2 ‰ (OLG Köln, VersR 2002, 341).

15 Eine **krankhafte Störung** kann in folgenden Fällen **bejaht** werden:
- bereits einmaliger **Alkoholvollrausch**, wobei ein Blutalkoholgehalt von mind. 3 ‰ erreicht worden sein muss (so bejaht für 2,94 ‰ von OLG Düsseldorf, VersR 2000, 833, 834; grds. in Betracht gezogen von LG Saarbrücken, VersR 1979, 1050; s.a. *Winter*, in: Bruck/Möller, § 161 Rn 30), oder gleichwertiger **Drogenrausch** (BK/*Schwintowski*, § 169 Rn 17)
- **endogene** (= anlagebedingte) **Depression** als Unterfall einer endogenen Psychose (vgl. LG Wiesbaden, VersR 1985, 233, 234; LG Mönchengladbach, VersR 1974, 795, 796; LG Saarbrücken, VersR 1979, 1050)
- **exogene** (= bedingt durch krankhaft körperlichen Zustand) **Psychose** (in Betracht gezogen von LG Saarbrücken, VersR 1979, 1050)
- bei **Psychopathen**, wenn auch im Rahmen ihrer Persönlichkeit die Selbsttötung nicht motivierbar ist (OLG München, VersR 1955, 610, 611; OLG Nürnberg, VersR 1969, 149)
- schwere seelische **Depressionen** (LG Berlin, JR 1934, 30; LG Hechingen, VersR 1956, 282; LG Hamburg, VerBAV 1956, 240, 242; LG Hamburg, r+s 1998, 259 zweifelnd nur für den konkreten Fall).

16 Beim Vorliegen einer krankhaften Störung durch **Alkohol- oder Drogenrausch** soll bereits eine vorsätzliche Selbsttötung nach § 161 Abs. 1 S. 1 VVG ausscheiden – hiernach käme es auf § 161 Abs. 1 S. 2 VVG nicht mehr an; für Fälle einer „**actio libera in causa**" („a.l.i.c."), d.h. das Sich-Versetzen in einen Zustand der strafrechtlichen Schuldunfähigkeit gerade zum Zwecke der Selbsttötung, ist dies hingegen **umstritten** (für die Irrelevanz der „actio libera in causa" und somit Leistungspflicht des VR: BK/*Schwintowski* § 169 Rn 17; **a.A.** Prölss/Martin/*Schneider*, § 161 Rn 13 mit der Rechtsfolge, dass VR leistungsfrei wird, ebenso *Prang*, in: v. Bühren, Hdb. VersR, § 14 Rn 197). Richtigerweise wird man zwar noch im Wege einer außerordentlichen Zurechnung eine vorsätzliche Selbsttötung i.S.d. § 161 Abs. 1 S. 1 VVG bejahen können. Die Übertragbarkeit der Rechtsfigur „a.l.i.c." betreffend die strafrechtliche Schuld auf § 161 Abs. 1 S. 2 VVG ist jedoch fraglich (**a.A.** angedeutet in OLG Düsseldorf, VersR 2000, 833, 834, wonach es möglicherweise darauf ankommt, ob ein zuvor gefasster Selbsttötungsentschluss in einem die freie Willensentschließung ausschließenden Zustand lediglich „umgesetzt" wird). Darüber hinaus stellt aber der § 161 Abs. 1 S. 2 VVG ausdrücklich auf den **Geisteszustand bei Tatbegehung** ab. Im Ergebnis bleibt in solchen Fällen der VR zur Leistung verpflichtet.

Entscheidend für die Beurteilung, ob eine krankhafte Störung vorliegt, ist der **Zeitpunkt der Selbsttötung** (OLG Düsseldorf, VersR 2000, 833, 834; OLG Düsseldorf, JR 1941, 191; KG, JR 1929, 246; KG, JR 1929, 330, 331), wobei der Zustand insgesamt nur ein vorübergehender sein kann (vgl. BK/*Schwintowski*, § 169 Rn 13). 17

Rechtsfolgen: Liegen die Voraussetzungen von § 161 Abs. 1 S. 2 VVG vor, bleibt der VR zur Leistung verpflichtet. 18

III. Erhöhung der Frist durch Einzelvereinbarung (§ 161 Abs. 2 VVG)

Die Möglichkeit der **Fristerhöhung durch Einzelvereinbarung** nach § 161 Abs. 2 VVG stellt dogmatisch eine **Ausnahme** von der auch für § 161 VVG geltenden Regel des § 171 S. 1 VVG dar, wonach Abweichungen von den gesetzlichen Vorschriften zum Nachteil des VN unzulässig sind. Eine Fristverlängerung ist nur durch **Einzelvereinbarung** möglich, also gerade nicht durch AVB (Begr. BT-Drucks 16/3945, S. 99). Dadurch wird dem VR ein **Handlungsspielraum** für Sonderfälle mit sehr hohen VersSummen gewährleistet (Begr. BT-Drucks 16/3945, S. 99). Eine **Verkürzung** der Frist ist dagegen ohne Weiteres möglich. Die Vertragsparteien sollten die Fristvereinbarung in den **Versicherungsschein** aufnehmen. Obwohl eine Form für die Vereinbarung nicht vorgeschrieben ist, ist das aus Beweisgründen dringend zu empfehlen. 19

IV. Zahlung des Rückkaufswertes (§ 161 Abs. 3 VVG)

Auch vor der Einfügung des § 161 Abs. 3 VVG war der VR nach § 176 Abs. 1, Abs. 2 S. 2 VVG a.F. zur Zahlung des **Rückkaufswertes** verpflichtet. Zusätzlich stellt § 161 Abs. 3 VVG nunmehr klar, dass der VN auch einen Anspruch auf **Schlussüberschussbeteiligung** und Auszahlung der anteiligen **Bewertungsreserven** nach § 169 Abs. 7 VVG hat (Begr. BT-Drucks 16/3945, S. 99). **Keine Leistungsverpflichtung des VR** erfordert das Vorliegen der Voraussetzungen des § 161 Abs. 1 S. 1 VVG, ohne dass gleichzeitig die Voraussetzungen des § 161 Abs. 1 S. 2 VVG erfüllt sind. Als **Rechtsfolge** trifft den VR die Zahlungspflicht; die Höhe bemisst sich nach § 169 VVG. 20

C. Prozessuales

I. Beweislastverteilung

Von besonderer Bedeutung i.R.d. § 161 VVG ist die Beweislastverteilung. Es gilt der allgemeine Grundsatz, dass jede Partei die für sie günstigen Tatsachen zu beweisen hat. Daher hat i.R.d. § 161 Abs. 1 S. 1 VVG der **VR**, wenn er sich auf eine Selbsttötung als Ausschlussgrund für seine Leistungspflicht beruft, eine **vorsätzliche Selbsttötung** inner- 21 halb der gesetzlichen oder vereinbarten Frist **zu beweisen** (BGH, VersR 1991, 870; BGH, VersR 1992, 861).

22 Die bisher schon ganz überwiegende Ansicht zu § 161 Abs. 1 S. 2 VVG, dass der **Anspruchsinhaber** bei der Selbsttötung den **Zustand,** in dem die freie Willensbetätigung ausgeschlossen ist und der auf einer krankhaften Störung der Geistestätigkeit beruht, **beweisen** muss (vgl. BGH, VersR 1994, 162, 163; OLG Karlsruhe, VersR 1995, 521; OLG Nürnberg, VersR 1994, 295, 295 f.; LG Bonn, VersR 2005, 965; LAG Baden-Württemberg, VersR 1989, 1177), wurde durch eine sprachliche Präzisierung des § 161 Abs. 1 S. 2 VVG ggü. § 169 S. 2 VVG a.F. bestätigt (*„Dies gilt nicht..."*).

23 Neuerdings fordern *Harrer* und *Mitterauer* aufgrund neuerer **neuropsychiatrischer Forschung**, die Beweislast hierfür ebenfalls dem VR aufzuerlegen, da dies sachgerechter sei (*Harrer/Mitterauer*, VersR 2007, 579, 582). Charakteristisch sei für einen Selbstmörder der Verlust von Wahlmöglichkeiten, eine freie Willensbetätigung sei bei der Entscheidung für eine Selbsttötung folglich die Ausnahme. Dem steht zurzeit allerdings der klare Gesetzeswortlaut entgegen (so jetzt auch OLG Saarbrücken, zfs 2013, 100). Davon abgesehen mag die Heranziehung neuerer neuropsychiatrischer Forschungen unerlässlich sein, wobei ihre Ergebnisse sich dann auch in den regelmäßig zu Beweiszwecken in Auftrag gegebenen Sachverständigen-Gutachten niederschlagen dürften. Eine **Umkehr der Beweislast** erscheint daher *nicht* geboten.

II. Beweis der vorsätzlichen Selbsttötung (§ 161 Abs. 1 S. 1 VVG)

24 Ausgeschlossen ist der **Prima-facie-Beweis** für die vorsätzliche Selbsttötung, da eine Selbsttötung einen derart individuell geprägten Charakter aufweist, dass von einem **typischen Verlauf nicht** gesprochen werden kann (grundlegend BGH, VersR 1987, 503, 503 f.; BGH, VersR 1989, 729; BGH, VersR 1992, 861; OLG Köln, VersR 1992, 562; OLG Hamm, VersR 1989, 690, 691). Der Beweisführer ist also v.a. auf **Indizien** angewiesen, wobei die normalen Beweisanforderungen gelten. Das bedeutet, dass der Richter i.R.d. freien Beweiswürdigung (§ 286 ZPO) einen für das praktische Leben **brauchbaren Grad von Gewissheit** erlangen muss, der den Zweifeln Schweigen gebietet, ohne sie jedoch völlig auszuschließen.

25 Unumstößliche Gewissheit ist nicht erforderlich (BGH, VersR 1991, 870, 871; BGH, VersR 1989, 758, 759; BGH, VersR 1987, 503, 504; BGHZ 53, 245, 261 = BGH, NJW 1970, 946; OLG Hamm, VersR 1995, 33; OLG Köln, VersR 1992, 562; OLG Oldenburg, VersR 1991, 985, 986). Freilich können die Todesumstände derart gelagert sein, dass ein **Schluss auf eine Selbsttötung zwingend** ist; dann bedarf es jedoch für die notwendige Überzeugung des Richters auch nicht der Beweiserleichterung durch Anscheinsbeweis (BGH, VersR 1987, 503, 503 f., gegen ein praktisches Bedürfnis des Anscheinsbeweises auch *Römer/Langheid/Langheid,* § 161 Rn 16).

Umgekehrt können auch **mehrere Indizien**, die für sich alleine nicht ausreichen würden, in ihrer Gesamtheit die Überzeugung des Richters herbeiführen (BGH, VersR 1994, 1054, 1055).

26

Jedenfalls ist die Annahme einer Selbsttötung nicht ausgeschlossen, weil die nur **theoretische Möglichkeit** der Tötung durch einen Dritten verbleibt (OLG Oldenburg, VersR 1991, 985 m.w.N.), anders, wenn der festgestellte Sachverhalt mehrere ernsthaften Möglichkeiten des tatsächlichen Ablaufs offenlässt (OLG Düsseldorf, VersR 1985, 347, 348; OLG Köln, r+s 1990, 68).

27

Bzgl. der **Beweismittel** ergeben sich i.R.d. § 161 Abs. 1 S. 1 VVG kaum Besonderheiten: Wird die nach § 2 Abs. 2 und 3 des Gesetzes über die Feuerbestattung erforderliche **Zustimmung zur Exhumierung** (BGH, VersR 1991, 870 [Rn 16]) von den Berechtigten verweigert, führt dies nur dann zur Leistungsfreiheit des VR, wenn dieser auf die Exhumierung als das letzte Glied der Beweisführung angewiesen ist (BGH, VersR 1992, 861 [Rn 11]). Ob die Zustimmung vorab in den AVB erteilt werden darf, hat der BGH (BGH, VersR 1992, 861 [Rn 8]; BGH, VersR 1991, 1365 [Rn 9]) offen gelassen (dafür: Looschelders/Pohlmann/*Peters*, § 161 Rn 19). Eine allgemein gehaltene Berechtigung zugunsten des VR in den AVB, nach der er erforderliche Erhebungen über den Versicherungsfall selbst anstellen kann, genügt zumindest nicht (BGH, VersR 1991, 870; **a.A.** Rüffer/Halbach/Schimikowski/*Brambach*, § 161 Rn 24 für eine allgemeine Klausel, wie sie z.B. in § 11 Abs. 3 ALB 2009 vorgesehen war).

28

Folgende **Indizien** sprechen **für eine Selbsttötung**:
- Schuss aus einem **Gewehr**, das an das **Herz** aufgesetzt wurde (LG Detmold, VersR 1968, 1136, 1137)
- **Kopfschuss** mit einem Gewehr durch einen erfahrenen Jäger (OLG Celle, VersR 1985, 1134, 1135); Schuss in den Kopf, wobei eine Hand den Gewehrlauf hielt, die andere am Abzug war und der mit Waffen geübte Getötete sich zuvor auf ein Sofa gelegt hatte (OLG Oldenburg, VersR 1991, 985); Kopfschuss mit Waffe an der „*für Selbsttötung geeignetsten Kopfstelle*", wenn der Getötete Waffenerfahrung besaß (OLG Frankfurt a.M., VersR 1984, 756, 757; hierzu zweifelnd Römer/Langheid/*Langheid*, § 161 Rn 26); Kopfschuss im Rahmen einer Schießerei, wenn das Projektil aus der Waffe des Getöteten stammt und ein Unfall ausgeschlossen ist (LG Osnabrück, VersR 1980, 474); aufgesetzter Kopfschuss, bewiesen durch Computertomographie (OLG Hamm, VersR 1996, 1134 [Ls.])
- **Schuss in die Brust** mit Jagdgewehr durch einen erfahrenen Jäger, wobei der Getötete den Abzug absichtlich betätigt haben muss (OLG München, VersR 1988, 1020, 1021)
- Mundschuss mit einer **Gaspistole** (LG Hamburg, VersR 1984, 1167, 1167 f.)
- Schuss aus einem **Bolzenschussapparat** in die Stirn (BGH, VersR 1955, 99, 100)
- mehrere geöffnete **Gashähne** (OLG Düsseldorf, VersR 1953, 58; LG Kassel, VersR 1955, 545, wenn auch i.E. aufgrund anderer Indizien Selbsttötung nicht bejaht); ein geöffneter Gashahn bei verriegelter Tür, der Einnahme von Medikamenten und früheren Selbstmordversuchen (LG Memmingen, VersR 1953, 364)

29

- Festhalten einer **Hochspannungsleitung** mit beiden Händen durch einen einschlägig erfahrenen Handwerker (OLG Hamburg, VersR 1986, 1201, 1202)
- **Erhängen** ohne Fremdeinwirkung (OLG Hamm, NVersZ 2000, 325; LG Heidelberg, VersR 1989, 1033)
- wenn der Hals derart auf ein **Zuggleis** aufgelegt wurde, dass sich im Zeitpunkt des Überrollens der Kopf innerhalb der Gleise und der übrige Körper außerhalb der Gleise befand (OLG Hamm, VersR 1995, 33, 34)
- Tod durch **Abgase** in geschlossener Garage (OLG Hamburg, VersR 1986, 378 [Ls.]); Einleiten von Abgasen ins Fahrzeug bei geschlossener Garagentür (OLG Frankfurt a.M., VersR 1978, 1110)
- Einnahme von 70 **Tabletten** und einer beträchtlichen Menge Alkohol, wenn schon die Dosis der Tabletten letal wirken kann (OLG Düsseldorf, VersR 1999, 1007); Einnahme von 60 Schlaftabletten i.V.m. Alkohol, soweit die Einnahme bewiesen wird (BGH, VersR 1991, 870)
- bei **Verkehrsunfällen** Aufprall gegen einen Baum aus ungeklärter Ursache, auf gerader und trockener Fahrbahn, wobei zuvor Suizidabsichten geäußert wurden (OLG Hamm, VersR 1989, 695, 696); Aufprall mit Auto gegen eine Mauer, wenn Abschiedsbrief existiert (OLG Köln, VersR 1992, 562, 562 f.)
- Auffinden eines **Abschiedsbriefs** im zur Selbsttötung verwendeten Unfall-Fahrzeug (OLG Köln, VersR 1992, 562)
- **Verbrennen** im Auto durch Anzünden von kurz zuvor gekauftem Benzin und bei zuvor geäußerter Selbsttötungsabsicht (LG Köln, VersR 1990, 869, 870)
- **Sturz** kopfüber aus einem Fenster, wobei ein Unfall ausgeschlossen ist (OLG Koblenz, VersR 1993, 874, 875)
- Besteigung einer 130 m hohen **Brücke** bei Dunkelheit (dadurch scheidet die einzig denkbare, vernünftige Alternative – Genießen der Aussicht – aus) und das Klettern auf eine Querstrebe vor dem Sturz in die Tiefe (OLG Saarbrücken, zfs 2003, 461, 462).

30 **Folgende Indizien reichen nicht aus, um eine vorsätzliche Selbsttötung zu beweisen:**
- **Frontalzusammenprall** beim Überholvorgang eines nicht geübten Fahrers und beim Fehlen sonstiger Indizien (OLG Köln, VersR 1990, 1346, 1347)
- allein das Ableben bei **zerrütteten Familienverhältnissen**, ohne dass etwaig eingenommene Schlaftabletten und Alkohol genau bestimmt werden sowie hinterlassene Schriftstücke ausgewertet werden (BGH, VersR 1986, 231, 231 f.)
- Erfassung durch einen **Zug** ohne weitere Indizien (OLG Köln, r+s 1990, 68)
- **Schuss in den Kopf**, wenn sich zuvor mehrerer Male kein Schuss gelöst hat und der Getötete alkoholisiert war (BGH, VersR 1981, 452, 452 f.); Kopfschuss, wenn ein Unfall nicht auszuschließen ist (ergibt sich mittelbar aus BGH, VersR 1992, 861, 862)
- Tod durch **Abgase** bei geschlossener Garagentür aber offener Fahrertür, wenn ein plausibler Grund (Warten im Fahrzeug auf eine Person) nicht ausgeschlossen werden kann (BGH, VersR 1989, 729, 730 = r+s 1993, 36, 37)
- ein gelöster Verbindungsschlauch zur **Gas**platte, was im konkreten Fall durch Unfall geschehen konnte (OLG Oldenburg, VerBAV 1952, 142, 143)

- Vergiftung durch **Rattengift**, wenn der später Verstorbene die Eigeneinnahme verneint und das Gift durch einen Dritten hätte zugeführt werden können (LG Lübeck, VersR 1971, 710, 711)
- wenn eine **fehlgeschlagene Selbsttötungsdemonstration** anzunehmen ist (OLG Hamm, VersR 1989, 690, 691).

Zu den einzelnen Indizien für oder wider eine Selbsttötung bei einem sog. **Autofahrer-Suizid** s. *Harbort*, VersR 1994, 1400. 31

III. Beweis eines Zustands, in dem die freie Willensbestimmung aufgrund krankhafter Störung der Geistestätigkeit ausgeschlossen ist (§ 161 Abs. 1 S. 2 VVG)

Auch der Anspruchsteller ist regelmäßig auf **Indizien** angewiesen, sofern nicht der – wohl sehr seltene – Fall gegeben ist, dass beim Verstorbenen ein solcher Zustand kurz vor dem Tod diagnostiziert wurde. Dem Indizienbeweis sind dabei **hohe Hürden** gesetzt. 32

Von besonderer Bedeutung ist hierbei das Beweismittel des **Sachverständigen-Gutachtens**. Der Anspruchsteller muss **substantiierte Indiztatsachen** vortragen, die einen Sachverständigen in die Lage versetzen, die Frage der Unzurechnungsfähigkeit anhand dieser Tatsachen zu beurteilen (OLG Stuttgart, VersR 1989, 794, 795; OLG Düsseldorf, VersR 1975, 896, 896 f.). 33

Das Gericht muss dabei *nicht* in jedem Fall ein Sachverständigen-Gutachten einholen, z.B. 34
- wenn es sich um einen **Ausforschungsbeweis** handeln würde (OLG Koblenz, NVersZ 2000, 422, 423; OLG Saarbrücken, zfs 2013, 100) oder
- wenn überhaupt **kein relevanter Tatsachenkomplex** vorgetragen wurde (OLG Hamm, r+s 1993, 75, 76; OLG Stuttgart, VersR 1989, 794, 795).

Allerdings kann das Gericht **nicht** fordern, dass der Anspruchsteller eine von vornherein umfassende und in sich **stimmige Schilderung** aller in Betracht kommenden Indiztatsachen liefert, wenn das Gericht das Vorbringen ohne sachverständliche Unterstützung – laienhaft – beurteilen möchte. Es muss dann selbst einen Sachverständigen heranziehen (BGH, VersR 1997, 687). 35

Zudem muss, wie bei § 161 Abs. 1 S. 1 VVG, **keine unumstößliche Gewissheit** des Gerichts herbeigeführt werden (vgl. OLG Karlsruhe, VersR 2003, 977, 978; s. Rdn 25). 36

Legen die Parteien ein **Privatgutachten** vor, kann dies vom Gericht als ausreichend angesehen werden, wenn das Gericht über das unerlässliche Fachwissen verfügt und das Gutachten „richtig" ist (BGH, VersR 1990, 1268). Weicht das Privatgutachten entscheidend vom Gutachten des gerichtlich bestellten Sachverständigen ab, muss das Gericht die Einwände ernst nehmen. Es muss den **Einwänden nachgehen** und den Sachverhalt weiter aufklären (BGH, VersR 1994, 162, 163; BGH, VersR 1993, 899, 900; BGH, VersR 1992, 722). Das Gericht darf die **Divergenz** keinesfalls dadurch entscheiden, dass es ohne einleuchtende 37 und logisch nachzuvollziehende Begründung einem der Gutachten den Vorzug gibt (BGH, VersR 1994, 162, 163; BGH, VersR 1993, 899, 900).

38 Der Zustand i.S.d. § 161 Abs. 1 S. 2 VVG kann **bejaht** werden, wenn Indizien vorliegen, die auf eine Tatbegehung in einer **akuten depressiven Phase** schließen lassen (OLG Nürnberg, VersR 1994, 295, 296); ein solcher Zustand kann sich ggf. auch aus sinnlosem Verhalten kurz vor der Tat ergeben (OLG Hamm, VersR 1977, 928, 929).

39 Dagegen reicht für den Zustand nach § 161 Abs. 1 S. 2 VVG **nicht** aus, dass
 - lediglich ein **allgemeiner Bericht eines Hausarztes** vorgelegt wird, der nicht ausreichend den Tatzeitpunkt beleuchtet (OLG Düsseldorf, VersR 1975, 896)
 - **Ehefrau und die Kinder vor der Selbsttötung** getötet wurden (OLG Stuttgart, VersR 1989, 794, 795)
 - die Selbsttötung als **übersteigerte Reaktion auf Eheprobleme** begangen wurde (OLG Karlsruhe, VersR 1995, 521)
 - eine **ungewöhnliche Tatausführung** vorliegt (LG Köln, r+s 1994, 195, 196)
 - der Verstorbene bis auf die Socken und Schuhe **entkleidet** aufgefunden wird (LG Bonn, VersR 2005, 965)
 - ein „**nachvollziehbarer**" Selbstmord vorliegt, z.B. bei staatsanwaltlichen Ermittlungen und einer Pressekampagne, die beide gegen den Verstorbenen gerichtet waren (OLG Düsseldorf, NJW-RR 2003, 1468) oder gesundheitliche (grippaler Infekt), berufliche (wg. Belastung psychologische Hilfe benötigt) und private (Trennung v. Lebensgefährtin) Probleme zusammentreffen (OLG Saarbrücken, zfs 2013, 100)
 - die Selbsttötung **unerklärlich** ist (KG, NVersZ 1999, 317, 318; OLG München, VersR 1955, 610, 611; LG Braunschweig, VersR 1961, 169; LG Flensburg, VersR 1963, 1213, 1214 – auch wenn das Gericht von einem strengen Maßstab an die Beweislast ausgeht, was i.E. ohne Bedeutung ist; LG Wiesbaden, VersR 1963, 865)
 - der Getötete „**nicht normal**" ist (OLG Stuttgart, VersR 1989, 794, 795).

IV. Beweis für eine längere Frist aufgrund Einzelvereinbarung (§ 161 Abs. 2 VVG)

40 Den Beweis über eine längere Einzelvereinbarung muss – da für ihn günstiger – nach den allgemeinen Beweisgrundsätzen der VR erbringen.

D. Abdingbarkeit

41 § 161 VVG ist gem. § 171 VVG **halbzwingend** (s.a. Begr. BT-Drucks 16/3945, S. 99), es darf also nicht zum Nachteil des VN, der versicherten Person oder des Eintrittsberechtigten abgewichen werden, sofern dies § 161 Abs. 2 VVG nicht selbst ermöglicht.

§ 162 VVG Tötung durch Leistungsberechtigten

(1) Ist die Versicherung für den Fall des Todes eines anderen als des Versicherungsnehmers genommen, ist der Versicherer nicht zur Leistung verpflichtet, wenn der Versicherungsnehmer vorsätzlich durch eine widerrechtliche Handlung den Tod des anderen herbeiführt.

(2) Ist ein Dritter als Bezugsberechtigter bezeichnet, gilt die Bezeichnung als nicht erfolgt, wenn der Dritte vorsätzlich durch eine widerrechtliche Handlung den Tod der versicherten Person herbeiführt.

Übersicht

	Rdn
A. Normzweck	1
B. Norminhalt	2
I. Voraussetzungen der Leistungsfreiheit, wenn VN die versicherte Person tötet (§ 162 Abs. 1 VVG)	2
1. Versicherungsnehmer führt den Tod eines anderen herbei	2
2. Widerrechtliche Handlung	4
3. Vorsatz	6
4. Rechtsfolge: Wahlweise Leistungsfreiheit	8
II. Bezugsberechtigter tötet versicherte Person (§ 162 Abs. 2 VVG)	11
C. Prozessuales	14
D. Abdingbarkeit	15

A. Normzweck

Ist das Leben einer anderen Person als der des VN versichert, besteht die Gefahr, dass der VN der versicherten Person aus Habgier **nach dem Leben trachtet**. Insofern soll die Norm das Leben der versicherten Person schützen (Motive zum VVG, S. 230). Die Vorschrift übernimmt – inhaltlich unverändert – den Wortlaut gem. § 170 VVG a.F.

B. Norminhalt

I. Voraussetzungen der Leistungsfreiheit, wenn VN die versicherte Person tötet (§ 162 Abs. 1 VVG)

1. Versicherungsnehmer führt den Tod eines anderen herbei

Versicherungsnehmer und versicherte Person müssen **verschieden** sein:

– Tötet bei einer **verbundenen Lebensversicherung** (s. vor §§ 150 ff. Rdn 86) ein VN den anderen, der gleichzeitig versicherte Person ist, ist § 162 Abs. 1 VVG **entsprechend anwendbar** (OLG Köln, VersR 1999, 1529, 1530; OLG Hamm, VersR 1988, 32; LG Berlin, VersR 1986, 282, dazu ausführlich: *Prang*, in: v. Bühren, Hdb. VersR, § 14 Rn 200).
– Tötet sich der **Versicherungsnehmer** nach der Tötung des anderen VN **selbst**, sei § 162 Abs. 1 VVG nicht anwendbar (OLG Köln, VersR 1999, 1529 f.); dies sei vom

Normzweck nicht umfasst. Dem VN könne es in diesem Fall nicht um die Erlangung der VersSumme gehen (*Zehner*, VersR 1984, 1119). Dies erscheint nur dann vertretbar, wenn kein Dritter, insb. die Erben, durch die Tat begünstigt werden sollte (so zu Recht Looschelders/Pohlmann/*Peters*, § 162 Rn 10; dazu ausführlich: *Prang*, in: v. Bühren, VersR Hdb, § 14 Rn 200).

– Soll mit den Taten dagegen ein **Dritter begünstigt** werden, ist § 162 Abs. 1 VVG wiederum anwendbar (LG Berlin, VersR 1986, 282, 283).

3   Die Herbeiführung des Todes meint eine **Straftat** nach §§ 211, 212, 216 StGB, nicht dagegen § 227 StGB (vgl. Looschelders/Pohlmann/*Peters*, § 162 Rn 6, 9; Rüffer/Halbach/ Schimikowski/*Brambach*, § 162 Rn 2; Prölss/Martin/*Schneider*, § 162 Rn 4).

2. Widerrechtliche Handlung

4   Als Handlung kommt ein **Tun und Unterlassen** (§ 13 StGB) des VN infrage und zwar als Täter, Mittäter, Anstifter oder Gehilfe (Looschelders/Pohlmann/*Peters*, § 162 Rn 7; Prölss/ Martin/*Schneider*, § 162 Rn 4; BK/*Schwintowski*, § 170 Rn 6).

5   Die Handlung ist widerrechtlich, wenn sie **nicht gerechtfertigt** ist, z.B. durch Notwehr (§ 32 StGB), Notstand (§ 34 StGB), Notrechte des bürgerlichen Rechts (§§ 228, 229, 859 BGB) (Looschelders/Pohlmann/*Peters*, § 162 Rn 8).

3. Vorsatz

6   Vorsatz verlangt die Kenntnis der Tatbestandsmerkmale, den Willen zur Tatbestandsverwirklichung und die Vorstellung von der Beherrschung der Tathandlung. Insb. muss sich der Vorsatz **auf den Todeserfolg** beziehen. Deshalb scheidet eine fahrlässig herbeigeführte Todesfolge aus (zust.: Rüffer/Halbach/Schimikowski/*Brambach*, § 162 Rn 2 m.w.N.; Looschelders/Pohlmann/*Peters*, § 162 Rn 9).

7   Bei Vorliegen eines **Schuldausschließungsgrundes** entfällt der Vorsatz (LG Berlin, VersR 1986, 283; Prölss/Martin/*Schneider*, § 162 Rn 4; BK/*Schwintowski*, § 170 Rn 8 m.w.N.; a.A. *Flore*, VersR 1989, 131). Dies ergibt sich aus der zivilrechtlichen Vorsatztheorie, nach der der Vorsatz als Teil der Schuld angesehen wird, die bereits für § 170 VVG a.F. galt (BK/*Schwintowski*, § 170 Rn 8 m.w.N.).

4. Rechtsfolge: Wahlweise Leistungsfreiheit

8   Als Folge ist der VR **nicht** zur Leistung **verpflichtet**; er kann aber leisten.

9   Ist bei einer kapitalbildenden Lebensversicherung ein Rückkaufswert vorhanden, musste auch dieser bisher nicht ausgezahlt werden (§ 176 Abs. 2 S. 2 VVG a.F.). Dies gilt auch weiterhin, obwohl die insoweit klarstellende Regelung ersatzlos gestrichen wurde. Sinn und Zweck des § 162 Abs. 1 VVG verbieten eine Begünstigung des habgierig handelnden VN; insofern ist § 162 Abs. 1 VVG ggü. § 169 VVG spezieller (i.E. ebenso: *Prang*, in: v. Bühren, Hdb VersR, § 14 Rn 199; Looschelders/Pohlmann/*Peters*, § 162 Rn 11).

Aus demselben Grund wird der VR auch dann von der Leistung frei, wenn der Anspruch 10
auf den Rückkaufswert an eine andere Person **abgetreten oder verpfändet** ist oder dem
VN als Täter die Forderung nur z.T. zusteht, da der Gesetzeszweck anderenfalls nicht
erreicht würde; Voraussetzung ist aber, dass der VN einen Vorteil erhält (z.b. die Befreiung
von einer Verbindlichkeit; ebenso *Prang*, in: v. Bühren, Hdb. VersR, § 14 Rn 203; MüKo/
Mönnich, § 162 VVG Rn 8; *Winter*, in: Bruck/Möller, § 162 Rn 10; **a.A.** BK/*Schwintowski*,
§ 170 Rn 10).

II. Bezugsberechtigter tötet versicherte Person (§ 162 Abs. 2 VVG)

Ist ein **Dritter als Bezugsberechtigter** eingesetzt und tötet er vorsätzlich und widerrecht- 11
lich die versicherte Person, gilt er automatisch als **nicht begünstigt**. Der VR muss leisten
(Römer/Langheid/*Langheid*, § 162 Rn 4; BK/*Schwintowski*, § 170 Rn 11). Geleistet wird
an denjenigen, der ohne die Einsetzung des Täters bezugsberechtigt wäre. Ist der tötende
Bezugsberechtigte gleichzeitig gesetzlicher Erbe und rückt in die Stellung des Bezugsberechtigten wieder ein, bleibt er bezugsberechtigt. § 162 Abs. 2 VVG verdrängt nicht die
Regeln des **Erbrechts**. Die Miterben können die Erbunwürdigkeit (§ 2339 Abs. 1 Nr. 1
BGB) im Wege der Anfechtungsklage (§ 2341 BGB) geltend machen (so auch OLG Hamm,
VersR 1988, 458, 460; Römer/Langheid/*Langheid*, § 162 Rn 4; *Winter*, in: Bruck/Möller,
§ 162 Rn 17; BK/*Schwintowski*, § 170 Rn 12; Looschelders/Pohlmann/*Peters*, § 162 Rn 12;
a.A. Prölss/Martin/*Schneider*, § 162 Rn 7, der eine erweiternde Auslegung für richtig hält,
weil der VR keine Anfechtungsklage erheben kann; differenzierend: Rüffer/Halbach/Schi-
mikowski/*Brambach*, § 162 Rn 7, der den Mörder zunächst nach § 162 Abs. 2 VVG von
der Bezugsberechtigung ausnehmen will und dann § 162 Abs. 1 VVG analog anwenden
will, um den Normzweck nicht zu gefährden).

Hat der VN oder der Bezugsberechtigte seine Vertragsrechte **abgetreten** oder **verpfändet** 12
oder wurden sie **gepfändet**, wird § 162 Abs. 2 VVG analog angewendet, wenn der Gläubiger die versicherte Person vorsätzlich widerrechtlich tötet (s.a. Looschelders/Pohlmann/
Peters, § 162 Rn 5; *Prang*, in: v. Bühren, Hdb. VersR, § 14 Rn 199; Prölss/Martin/*Schneider*, § 162 Rn 7; BK/*Schwintowski*, § 170 Rn 13; *Winter*, in: Bruck/Möller, § 162 Rn 19).
Der Schutz der versicherten Person, dem auch § 162 Abs. 2 VVG gilt, gebietet die analoge
Anwendung in diesen Fällen. Die Abtretung oder Verpfändung gilt als nicht erfolgt. Es
erwirbt z.B. der unwiderruflich Bezugsberechtigte die Leistung so, als wenn die Pfändung
nicht bestünde (KG, VP 1932, 84; Prölss/Martin/*Schneider*, § 162 Rn 7; BK/*Schwintowski*,
§ 170 Rn 13).

Tötet bei einer Versicherung auf **verbundene** Leben ein VN den anderen, ist § 162 Abs. 2 13
VVG nicht analog anwendbar, da nicht der VN, sondern der Bezugsberechtigte die Tat
begangen haben muss (OLG Hamm, VersR 1988, 32, 33; s. bereits Rdn 2).

C. Prozessuales

14 Wenn der VR sich auf die Leistungsfreiheit berufen möchte, ist er voll darlegungs- und beweispflichtig.

D. Abdingbarkeit

15 § 162 VVG wird nicht in § 171 VVG aufgeführt, könnte daher dispositiv sein (so Rüffer/Halbach/Schimikowski/*Brambach*, § 162 Rn 8). Der VR könnte dann § 162 VVG abbedingen und sich trotz Vorliegens der Voraussetzungen des § 162 VVG zur Leistung an den Tötenden verpflichten. Dagegen spricht der Schutzzweck der Norm (so Looschelders/Pohlmann/Peters/*Krause*, § 162 Rn 13), den Schutz der versicherten Person zu gewährleisten. Ein Abbedingen i.R.v. AVB müsste daher unwirksam sein (so Looschelders/Pohlmann/Peters/*Krause*, § 162 Rn 13, der aber eine besondere Vereinbarung für zulässig hält). Nach hier vertretener Auffassung würde auch eine vorherige besondere Absprache die Schwelle zur Sittenwidrigkeit überschreiten. Daher ist die Vorschrift als **zwingend** zu qualifizieren (ebenso *Winter*, in: Bruck/Möller, § 162 Rn 22; MüKo/*Mönnich*, § 162 VVG Rn 12). Nach dem Tatgeschehen steht es dem VR nach dem Wortlaut frei, die Leistung ohne Rechtspflicht zu erbringen.

§ 163 VVG Prämien- und Leistungsänderung

(1) Der Versicherer ist zu einer Neufestsetzung der vereinbarten Prämie berechtigt, wenn

1. sich der Leistungsbedarf nicht nur vorübergehend und nicht voraussehbar gegenüber den Rechnungsgrundlagen der vereinbarten Prämie geändert hat,
2. die nach den berichtigten Rechnungsgrundlagen neu festgesetzte Prämie angemessen und erforderlich ist, um die dauernde Erfüllbarkeit der Versicherungsleistung zu gewährleisten, und
3. ein unabhängiger Treuhänder die Rechnungsgrundlagen und die Voraussetzungen der Nummern 1 und 2 überprüft und bestätigt hat.

Eine Neufestsetzung der Prämie ist insoweit ausgeschlossen, als die Versicherungsleistungen zum Zeitpunkt der Erst- oder Neukalkulation unzureichend kalkuliert waren und ein ordentlicher und gewissenhafter Aktuar dies insbesondere anhand der zu diesem Zeitpunkt verfügbaren statistischen Kalkulationsgrundlagen hätte erkennen müssen.

(2) Der Versicherungsnehmer kann verlangen, dass an Stelle einer Erhöhung der Prämie nach Absatz 1 die Versicherungsleistung entsprechend herabgesetzt wird. Bei einer prämienfreien Versicherung ist der Versicherer unter den Voraussetzungen des Absatzes 1 zur Herabsetzung der Versicherungsleistung berechtigt.

(3) Die Neufestsetzung der Prämie und die Herabsetzung der Versicherungsleistung werden zu Beginn des zweiten Monats wirksam, der auf die Mitteilung der Neufestsetzung oder der Herabsetzung und der hierfür maßgeblichen Gründe an den Versicherungsnehmer folgt.

(4) Die Mitwirkung des Treuhänders nach Absatz 1 Satz 1 Nr. 3 entfällt, wenn die Neufestsetzung oder die Herabsetzung der Versicherungsleistung der Genehmigung der Aufsichtsbehörde bedarf.

Übersicht

	Rdn
A. Normzweck	1
B. Norminhalt	2
I. Prämienänderung (§ 163 Abs. 1 VVG)	2
1. Anwendungsbereich	2
2. Voraussetzungen der Neufestsetzung (§ 163 Abs. 1 S. 1 VVG)	4
a) Leistungsbedarf geändert	5
b) Prämie angemessen und erforderlich	8
c) Treuhänder	10
3. Ausschluss der Neufestsetzung (§ 163 Abs. 1 S. 2 VVG)	14
II. Leistungsänderung (§ 163 Abs. 2 VVG)	15
III. Wirksamkeitszeitpunkt (§ 163 Abs. 3 VVG)	17
IV. Regelung für Altbestand (§ 163 Abs. 4 VVG)	19
C. Prozessuales	20
D. Abdingbarkeit	23

A. Normzweck

Unter bestimmten, eng definierten Voraussetzungen darf der VR nach Vertragsschluss die Prämie neu festsetzen oder die Leistung herabsetzen. Diese **Ausnahme vom Vertragserhaltungsgrundsatz** (pacta sunt servanda) ist notwendig, um bei Vertragsschluss nicht erkennbare Entwicklungen im Risikoverlauf, die zu **Abweichungen ggü. den Kalkulationsannahmen** führen, später zu berücksichtigen. Dies ist insb. bedeutsam vor dem Hintergrund der regelmäßig langen Vertragslaufzeiten und dem fehlenden ordentlichen Kündigungsrecht des VR. Die ansonsten eintretende Folge der Nichterfüllung und ggf. Insolvenz ist gravierender als eine Prämienanpassung. Damit bezweckt die Vorschrift den **Schutz beider Vertragspartner**. Dem besonderen Schutzbedürfnis der VN wird durch die Einschaltung eines unabhängigen Treuhänders nachgekommen. Für den Altbestand (Verträge vor dem 29.7.1994) bleibt es bei der Genehmigung durch die Aufsichtsbehörde. § 163 VVG übernimmt im Wesentlichen die Regelungen des § 172 Abs. 1 und 3 S. 1 VVG a.F., allerdings systematisiert und sprachlich anders formuliert.

1

B. Norminhalt

I. Prämienänderung (§ 163 Abs. 1 VVG)

1. Anwendungsbereich

2 Die Vorschrift ist **anwendbar auf alle Lebensversicherungen**. Die Beschränkung auf Versicherungen mit ungewisser Leistungspflicht (vgl. § 172 Abs. 1 VVG a.F.) ist entfallen. Nicht nur alle Arten von Risikoversicherungen (Renten-, Risikolebens-, Pflegerenten-, Dread Disease- und Berufsunfähigkeitsversicherungen; § 176 VVG allerdings nur für Neuverträge, s. Art. 4 Abs. 3 EGVVG) fallen damit in den Anwendungsbereich, sondern jetzt auch gemischte Kapitallebensversicherungen und Rentenversicherungen. Für die Krankenversicherung gibt es mit § 203 Abs. 2 VVG eine ähnliche Vorschrift. Die Vorschrift gilt für Neuverträge seit 1.1.2008 sowie für Altverträge ab dem 1.1.2009 (Art. 1 Abs. 1 EGVVG).

3 § 163 VVG regelt nur die Prämienanpassung. Diese Handlungsoption wird durch das Gesetz eingeräumt. Der VR darf hiernach **unabhängig von einer vertraglichen Anpassungsklausel** die Prämie anpassen. Insoweit ist die Vorschrift der AGB-Inhaltskontrolle nach **§§ 307 ff. BGB entzogen** (*Präve*, VersR 1995, 733, 737), selbst wenn sie in die Bedingungen aufgenommen wird (deklaratorische Klausel, vgl. § 307 Abs. 3 BGB; BGH, NJW 2001, 2012, 2012 f. und BGH, NJW 2001, 2014, 2014 f.). Die Vertragsparteien sind aber nicht gehindert, **weitere Anpassungsmöglichkeiten** zu vereinbaren, die dann aber der AGB-Inhaltskontrolle nach §§ 307 ff. unterliegen (Begr. BT-Drucks 16/3945, S. 99; a.A. unter Hinweis auf den halbzwingenden Charakter von § 163 VVG MüKo/*Wandt*, § 163 VVG Rn 17; *Winter*, in: Bruck/Möller, § 163 Rn 14).

2. Voraussetzungen der Neufestsetzung (§ 163 Abs. 1 S. 1 VVG)

4 Die folgenden Voraussetzungen müssen für eine Neufestsetzung der Prämie **kumulativ** vorliegen, um eine Prämienanpassung, d.h. **Erhöhung oder Senkung** vornehmen zu dürfen.

a) Leistungsbedarf geändert

5 Zunächst muss sich der Leistungsbedarf nicht nur vorübergehend und nicht voraussehbar ggü. den Rechnungsgrundlagen der vereinbarten Prämie geändert haben.

6 Versicherer sind nach § 138 Abs. 1 S. 1 VAG (§ 11 Abs. 1 Satz 1 VAG a.F.) verpflichtet, die Prämien so zu kalkulieren, dass sie **allen ihren Verpflichtungen nachkommen** und ausreichende Deckungsrückstellungen bilden können. Dazu werden die Sterblichkeit anhand von Sterbetafeln, andere Risiken anhand entsprechender Wahrscheinlichkeitstafeln kalkuliert, die künftigen Beiträge mit dem Rechnungszins abgezinst sowie die Abschluss- und Verwaltungskosten berücksichtigt (ausführlich *Kurzendörfer*, Einführung in die Lebensversicherung, S. 42 ff.; *Ebers*, VersWissStud. Bd. 18, S. 33 ff.). Dies alles hat **vorsichtig** zu geschehen; es werden also Sicherheitspuffer eingepreist. Der Leistungsbedarf be-

schränkt sich aber auf die biometrischen Risiken (*Engeländer*, VersR 2000, 274, 279; MüKo/*Wandt*, § 163 VVG Rn 29; VersR-Hdb/*Brömmelmeyer*, § 42 Rn 101; **a.A.** Looschelders/Pohlmann/*Krause*, § 163 Rn 9; *Winter*, in: Bruck/Möller, § 163 Rn 15), wie Sterblichkeit, Wahrscheinlichkeiten für eine Berufsunfähigkeit, schwere Krankheiten oder einen Pflegefall. Kommt es nachträglich zu einem höheren Leistungsbedarf, weil sich z.B. die Sterblichkeit verringert (neues Medikament gegen Krebs) oder erhöht hat (neue Krankheiten oder Epidemien), ist die Finanzierung der Verträge (im ersten Fall der Rentenversicherung, im zweiten Fall der Lebensversicherung) gefährdet. Wenn diese Änderung bei Vertragsschluss nicht voraussehbar war (vgl. auch § 163 Abs. 1 S. 2 VVG) und sie aus aktueller Prognose als dauerhaft anzusehen ist, ist der VR berechtigt, die Rechnungsgrundlagen zu berichtigen und eine neue Prämie zu berechnen. Unvorhersehbar sollen zukünftige Ereignisse sein, wenn diese trotz ausreichend sorgfältiger Analyse nicht erkennbar sind (Looschelders/Pohlmann/*Krause*, § 163 Rn 10).

In Anbetracht der **anhaltenden Niedrigzinsphase** wird die Möglichkeit einer Prämienanpassung gem. § 163 VVG infolge einer Veränderung des Kapitalmarkts verstärkt befürwortet (für eine Anpassungsmöglichkeit aufgrund der schwierigen Situation z.B. *Jäger*, VersR 2015, 26 m.w.N.). *Wandt* ist diesem durchaus verständlichen Anliegen indes überzeugend entgegengetreten (*Wandt*, VersR 2015, 918). Der Wortlaut, der auf eine Veränderung des Leistungsbedarfs im Hinblick auf die Rechnungsgrundlagen und nicht auf die Finanzierbarkeit des Leistungsbedarfs abstellt (*Wandt*, VersR 2015, 918, 920 f.), spricht dagegen, Prämienanpassungen gem. § 163 VVG in diesen Fällen zu erlauben. Eine Änderung der Rechnungsgrundlagen allein soll im Rahmen des § 163 VVG anders als im Rahmen des § 203 Abs. 2 VVG gerade nicht ausreichen (*Wandt*, VersR 2015, 918, 922 f.). Letztlich darf auch der „Bedeutungsgehalt der Zinsgarantie" nicht ausgehöhlt werden, indem vertragliche Möglichkeiten zur Anpassung der Prämie bei veränderten Kapitalmarktzinsen zugelassen werden (*Wandt*, VersR 2015, 918, 924 f.).

b) Prämie angemessen und erforderlich

Die nach den berichtigten Rechnungsgrundlagen neu berechnete Prämie muss weiterhin **angemessen und erforderlich** sein, um die dauernde Erfüllbarkeit der Versicherungsleistung zu gewährleisten. Es geht ausschließlich um die Korrektur der Rechnungsgrundlagen im Hinblick auf die **Anpassungsursache**. Der VR darf bei dieser Gelegenheit **nicht eine Verbesserung seiner Ertragslage** herbeiführen (Looschelders/Pohlmann/*Krause*, § 163 Rn 12; BK/*Schwintowski*, § 172 Rn 12). Dies ist nicht erforderlich zur Behebung der Störung. So darf z.B. bei einem Anstieg der Lebenserwartung nicht nur die aktuelle Lebenserwartung kalkuliert werden. Es muss auch der sich künftig fortsetzende Anstieg der Lebenserwartung in die Prämien eingerechnet werden. Es geht um die Wiederherstellung des vereinbarten Sicherheitsniveaus (Looschelders/Pohlmann/*Krause*, § 163 Rn 12; *Engeländer*, VersR 2000, 274, 282).

Das Angemessenheitserfordernis ersetzt das billige Ermessen, das der VR bei einer Neufestsetzung nach § 315 Abs. 1 BGB einhalten müsste (Begr. BT-Drucks 16/3945, S. 99).

c) Treuhänder

10 Ein unabhängiger Treuhänder muss die Berechnungsgrundlagen (mathematisch) und das Vorliegen der Anpassungsvoraussetzungen, einschließlich der Angemessenheit (formell) **überprüfen und bestätigen** (vgl. *Engeländer*, VersR 2000, 274, 282 f.). Insb. erstreckt sich seine Prüfung auch auf den Ausschlussgrund des § 163 Abs. 1 S. 2 VVG, so dass er eine Bestätigung bei vermeidbarer Fehlkalkulation ablehnen muss. Wirkt der Treuhänder nicht mit, ist die Neufestsetzung der Prämie **unwirksam oder schwebend unwirksam** (*Renger*, VersR 1995, 866, 871), wenn die Treuhänderbestätigung nachholbar ist.

11 Der Treuhänder ist auf die Prüfung der gesetzlichen Voraussetzungen beschränkt und kann kein eigenes Ermessen ausüben (Begr. BT-Drucks 16/3945, S. 99). Die Mitwirkung dient der **außergerichtlichen Kontrolle**, ersetzt die gerichtliche aber nicht (vgl. BVerfG, VersR 2000, 214, 1. Ls., zur Krankenversicherung).

12 Auch **aufsichtsrechtlich** besteht die Mitwirkungspflicht des Treuhänders, § 142 VAG (§ 11b S. 1 VAG a.F.). Die Vorschrift wirkt sich aber nicht auf das Vertragsrecht aus (*Renger*, VersR 1995, 866, 870). Der Prämienänderungstreuhänder muss eine **natürliche Person** sein (Prölss/*Präve*, § 11b VAG Rn 36 m.w.N.). Er muss **zuverlässig, fachlich geeignet und von dem VR unabhängig** sein (vgl. § 157 Abs. 1 S. 1 VAG bzw. § 12b Abs. 3 S. 1 VAG a.F.), dazu ausführl. Prölss/*Präve*, § 11b VAG Rn 30 ff.). Regelmäßig werden nur Aktuare oder andere versicherungsmathematisch ausgebildete Personen infrage kommen (vgl. § 157 Abs. 1 S. 1 VAG bzw. § 12b Abs. 3 S. 2 VAG a.F.); Prölss/*Präve*, § 11b VAG Rn 32). Die **Bestellung** erfolgt durch den **Vorstand des Lebensversicherers**, ggf. mit Zustimmung durch den Aufsichtsrat, wenn dies die Satzung (§ 111 Abs. 4 S. 2 AktG) vorsieht (BK/*Schwintowski*, § 172 Rn 17; ausführl. Prölss/*Präve*, § 11b VAG Rn 22 jeweils m.w.N.; allg. zur Bestellung: *Grote*, Die Rechtsstellung der Prämien-, Bedingungs- und Deckungstreuhänder nach dem VVG und dem VAG, S. 473 ff.; 635 ff.). Die Überprüfung dieser Anforderung obliegt zunächst dem VR, aber auch der **Aufsichtsbehörde**, der die Bestellung anzuzeigen ist (§ 142 S. 2 i.V.m. § 157 Abs. 2 S. 1 VAG bzw. § 11b S. 2 i.V.m. § 12b Abs. 4 S. 1 VAG a.F.; *Präve*, VersR 1995, 733, 738; Prölss/*Präve*, § 11b VAG Rn 23). Sie ist jedoch nicht aufsichtsbefugt und der Treuhänder ist auch nicht auskunfts- und berichtsverpflichtet (*Renger*, VersR 1995, 866, 874; BK/*Schwintowski*, § 172 Rn 19). Sie kann aber unter bestimmten Umständen bei der Erstbestellung (§ 142 S. 2 i.V.m. § 157 Abs. 2 S. 2 VAG) und auch danach (§ 142 S. 2 i.V.m. § 157 Abs. 2 S. 3 VAG) die Benennung einer anderen Person verlangen. Unter bestimmten Voraussetzung kann die Aufsichtsbehörde selbst einen Treuhänder bestellen (§ 142 S. 2 i.V.m. § 157 Abs. 2 S. 4 VAG).

13 Wichtigste Voraussetzung für die Sicherstellung eines fairen Anpassungsergebnisses ist die **Unabhängigkeit** des Treuhänders; vgl. § 142 S. 2 i.V.m. § 157 Abs. 1 S. 1 VAG (§ 11b S. 2 i.V.m. § 12b Abs. 3 S. 1 VAG a.F.). Er darf insb. keinen Anstellungs- oder sonstigen Dienstvertrag mit dem VR oder einem verbundenen Unternehmen (§ 15 AktG) geschlossen haben. An die Unabhängigkeitsvoraussetzungen sind hohe Anforderungen zu stellen (Einzelheiten s. Prölss/*Präve*, § 11b VAG Rn 34). Sie ist Wirksamkeitsvoraussetzung für die Bestätigung und unterliegt der Kontrolle durch die Zivilgerichte (VersR-Hdb/*Brömmel-*

meyer, § 42 Rn 103; BK/*Schwintowski*, § 172 Rn 18). Die **Vergütung** des Treuhänders durch die Versicherungsgesellschaft ist jedoch der gesetzlichen Ausgestaltung immanent, so dass sich daraus alleine noch keine Beeinträchtigung der Unabhängigkeit herleiten lässt (BK/*Schwintowski*, § 172 Rn 18; Prölss/*Präve*, § 11b VAG Rn 34).

3. Ausschluss der Neufestsetzung (§ 163 Abs. 1 S. 2 VVG)

§ 163 Abs. 1 S. 2 VVG enthält einen **Ausschlusstatbestand** für den Fall, dass die bisherige Prämie zum Zeitpunkt der Erst- oder Neukalkulation erkennbar unzureichend kalkuliert war. Damit wurde die Regelung in § 12b Abs. 2 S. 4 VAG a.F. (jetzt: § 155 Abs. 3 S. 4 VAG) für die Lebensversicherung übernommen. Das Risiko **vermeidbarer Kalkulationsirrtümer** wird damit ausdrücklich **auf den VR übertragen** (so schon die h.L. zu § 172 Abs. 1 VVG a.F.: VersR-Hdb/*Brömmelmeyer*, § 42 Rn 104; BK/*Schwintowski*, § 172 Rn 11; Prölss/*Präve*, § 11b VAG Rn 12 m.w.N.). Der Ausschlusstatbestand ist durchaus von praktischer Relevanz. Verwendet ein VR z.B. zu lange überholte Sterbetafeln oder unternehmenseigene Sterbetafeln (*Gerwins*, Der Aktuar 1996, 84, 86), die den – bekannten – Anstieg der Lebenserwartung nicht berücksichtigen, kann das ordentlichem und gewissenhaftem aktuariellen Gebaren widersprechen. Dasselbe gilt für andere Risiken als die Sterblichkeit. Auch wenn die von der DAV veröffentlichten Unterlagen herangezogen werden, muss der VR bei einem Abweichen der Schadenentwicklung darlegen, dass diese nicht durch ein unternehmensspezifisches Underwriting entstanden ist (Gerwins, Der Aktuar 1996, 84, 86).

14

II. Leistungsänderung (§ 163 Abs. 2 VVG)

§ 163 Abs. 2 VVG schließt eine bisher bestehende Lücke in dem Fall, wenn sich der VN die höhere Prämie schlicht nicht leisten kann. Bisher hätte er in diesem Fall die Versicherung kündigen oder prämienfrei stellen müssen. Jetzt kann er nach § 163 Abs. 2 S. 1 VVG verlangen, dass nicht die Prämie erhöht wird, sondern im entsprechenden Verhältnis die **Versicherungsleistung reduziert** wird.

15

Eine Prämienerhöhung scheidet bei **prämienfreien Versicherungen** aus. Daher gibt § 163 Abs. 2 S. 2 VVG dem VR unter den Voraussetzungen des § 163 Abs. 1 VVG ein **einseitiges Gestaltungsrecht** (Rüffer/Halbach/Schimikowski/*Brambach*, § 163 Rn 13) zur **Reduzierung der Versicherungsleistung** bei prämienfreien Versicherungen. Die beiden Vertragsparteien können dennoch die Nachzahlung einer Einmalprämie vereinbaren, die zur Aufrechterhaltung der bisherigen Versicherungsleistungen nötig ist oder auch eine erneute laufende Prämienzahlung vereinbaren, da dies für den VN nur günstig ist (§ 171 S. 1 VVG). Dem Sinn und Zweck entsprechend ist § 163 Abs. 2 VVG auf Verträge, bei denen ein **Einmalbeitrag** geleistet wurde, analog anzuwenden (so auch Prölss/Martin/*Schneider*, § 163 Rn 15; *Prang*, in: v. Bühren, § 14 Rn 156; vgl. zu § 172 Abs. 1 VVG a.F.: *Buchholz-Schuster*, NVersZ 1999, 297, 302; **a.A.** MüKo/*Wandt*, § 163 VVG Rn 71: Anwendung des Abs. 1).

16

III. Wirksamkeitszeitpunkt (§ 163 Abs. 3 VVG)

17 **Wirksam** werden die Neufestsetzung der Prämie und die Herabsetzung der Versicherungsleistung **zu Beginn des zweiten Monats**, der auf die Mitteilung der Neufestsetzung oder der Herabsetzung und der hierfür maßgeblichen Gründe an den VN folgt. Die Frist entspricht § 172 Abs. 3 S. 1 VVG a.F. Unter den mitzuteilenden maßgeblichen Gründen sind allgemeine Erläuterungen und Gründe für die Anpassung zu verstehen, nicht aber die gesamte Prämienkalkulation (Rüffer/Halbach/Schimikowski/*Brambach*, § 163 Rn 14; MüKo/*Wandt*, § 163 VVG Rn 73). Vorprozessual überwiegt das Geheimhaltungsinteresse des VR (OLG Stuttgart, VersR 2007, 639).

18 Die Frist berechnet sich nach §§ 186 ff. BGB. Die Prämienerhöhung wirkt **ex nunc**.

IV. Regelung für Altbestand (§ 163 Abs. 4 VVG)

19 Wie bisher (§ 172 Abs. 1 S. 3 VVG a.F.) **entfällt die Mitwirkung des Treuhänders**, wenn die Änderungen der **Genehmigung der Aufsichtsbehörde** bedürfen. Die Zustimmung des Treuhänders soll die Genehmigung der Aufsichtsbehörde ersetzen. Diese ist aber noch bei Verträgen des Altbestands (geschlossen bis zum 28.7.1994, § 336 VAG bzw. § 11c VAG a.F.) bzw. Zwischenbestands (geschlossen nach dem 28.7.1994 und vor dem 1.1.1995, § 2 Art. 16 des Dritten Durchführungsgesetzes/EWG zum VAG vom 21.7.1994) erforderlich gewesen. Änderungen des den Verträgen zugrunde liegenden Geschäftsplans bedürfen immer noch der Genehmigung der Aufsichtsbehörde (§§ 336, 12 Abs. 1 VAG bzw. §§ 11c, 13 Abs. 1 i.V.m. 8 Nr. 1 S. 1 Nr. 3 VAG a.F.), so dass für sie die Mitwirkung des Treuhänders entfällt (zust. Looschelders/Pohlmann/*Krause*, § 163 Rn 14). Dazu zählen auch Verträge mit Pensions- und Sterbekassen, bei denen die Versicherungsbedingungen auch weiterhin zum Geschäftsplan gehören (vgl. § 234 Abs. 3 Nr. 1 und § 219 Abs. 3 Nr. 1 VAG bzw. § 118b Abs. 1 S. 2, § 5 Abs. 3 Nr. 2 VAG a.F.).

C. Prozessuales

20 Eine mit Zustimmung des Treuhänders vorgenommene Prämienerhöhung unterliegt einer umfassenden **rechtlichen und tatsächlichen Prüfung durch die Zivilgerichte** (zur Krankenversicherung: BVerfG, VersR 2000, 214, 1. Ls.; VersR-Hdb/*Brömmelmeyer*, § 42 Rn 103). Überprüft werden kann die Zulässigkeit der Anpassung einschließlich der Beteiligung des Treuhänders, die Durchführung und v.a. die Angemessenheit der Höhe der neuen Prämie. Dabei haben die Zivilgerichte das Interesse des VN an einer sachlichen Prüfung der Berechnung mit dem schutzwürdigen Interesse des Lebensversicherers an der Geheimhaltung der Berechnungsgrundlagen zum Ausgleich zu bringen (BVerfG, VersR 2000, 214, 216 Rn 15). Das **Geheimhaltungsinteresse** rechtfertigt keinesfalls eine gänzliche Versagung der Prüfung. Das Gericht kann dem Interesse des VR durch die Anwendung der §§ 172 Nr. 2, 173 Abs. 2, 174 Abs. 3 S. 1 GVG Rechnung tragen (BVerfG, VersR 2000, 214, 216).

Das Feststellungsinteresse i.S.d. § 256 Abs. 1 ZPO wird im Regelfall vorliegen, wenn der VN nach einer Kündigung durch den VR nach § 38 Abs. 3 S. 1 VVG das Bestehen des VV mit der alten Prämie festgestellt wissen möchte. Es gelten die allgemeinen Beweisregeln. 21

Den Zugang der Benachrichtigung samt Gründen hat der VR darzulegen und zu beweisen (Prölss/Martin/*Schneider*, § 163 Rn 16). 22

D. Abdingbarkeit

§ 163 VVG ist **halbzwingend** (vgl. § 171 S. 1 VVG), kann also **auch ganz abbedungen** werden (ebenso Prölss/Martin/*Schneider*, § 163 Rn 2; a.A. MüKo/*Wandt*, § 163 VVG Rn 83). Ein solcher Verzicht auf das Prämienanpassungsrecht hält einer AGB-Kontrolle stand (*Buchholz-Schuster*, NVersZ 1999, 297, 304). Häufig findet sich ein Verzicht in Bedingungen zur **Berufsunfähigkeitsversicherungen**. Der seit 1994 laufende Wettbewerb um die besten Rating-Noten im Bereich der Berufsunfähigkeit hat letztendlich den weit verbreiteten Verzicht auf das Anpassungsrecht hervorgerufen. Ob dies wirklich zum Vorteil des Konsumenten ist, den ja eigentlich § 163 VVG schützen soll (*Buchholz-Schuster*, NVersZ 1999, 297, 304), wird sich erst im Laufe der Jahre herausstellen (vgl. auch Looschelders/Pohlmann/*Krause*, § 163 Rn 18). 23

Soll die Prämienanpassung nicht ganz, sondern teilweise abbedungen werden, sind die Auswirkungen auf die VN in besonderem Maße zu berücksichtigen. So muss eine Abweichung von wesentlichen Grundgedanken der Norm, insb. der Verzicht auf die Mitwirkung des Treuhänders oder das Abbedingen sonstiger Voraussetzungen, an § 171 S. 1 VVG scheitern (so auch Rüffer/Halbach/Schimikowski/Brambach, § 163 Rn 16; Buchholz-Schuster, NVersZ 1999, 297, 303 f.). Eine Verbesserung des Anpassungsrechts zugunsten der VN dürfte daher kaum möglich sein (ausführlich Looschelders/Pohlmann/Krause, § 163 Rn 18). 24

§ 164 VVG Bedingungsanpassung

(1) Ist eine Bestimmung in Allgemeinen Versicherungsbedingungen des Versicherers durch höchstrichterliche Entscheidung oder durch bestandskräftigen Verwaltungsakt für unwirksam erklärt worden, kann sie der Versicherer durch eine neue Regelung ersetzen, wenn dies zur Fortführung des Vertrags notwendig ist oder wenn das Festhalten an dem Vertrag ohne neue Regelung für eine Vertragspartei auch unter Berücksichtigung der Interessen der anderen Vertragspartei eine unzumutbare Härte darstellen würde. Die neue Regelung ist nur wirksam, wenn sie unter Wahrung des Vertragsziels die Belange der Versicherungsnehmer angemessen berücksichtigt.

(2) Die neue Regelung nach Absatz 1 wird zwei Wochen, nachdem die neue Regelung und die hierfür maßgeblichen Gründe dem Versicherungsnehmer mitgeteilt worden sind, Vertragsbestandteil.

§ 164 VVG

Übersicht

	Rdn
A. Normzweck	1
B. Norminhalt	4
I. Voraussetzungen der Bedingungsanpassung (§ 164 Abs. 1 VVG)	4
1. Anwendungsbereich	4
2. Normstruktur und Verhältnis zu § 306 BGB	6
3. Zulässigkeitsvoraussetzungen	10
a) Bestimmung in AVB unwirksam	10
b) Notwendig zur Fortführung des Vertrags	13
4. Wirksamkeitsvoraussetzungen	17
a) Wegfall der Klausel/Unzumutbare Härte	20
b) Ergänzende Vertragsauslegung (§ 164 Abs. 1 S. 2 VVG)	24
5. Ersetzung durch neue Regelung	28
6. Gerichtliche Kontrolle	31
II. Wirksamkeitszeitpunkt (§ 164 Abs. 2 VVG)	33
C. Prozessuales	35
D. Abdingbarkeit	43

A. Normzweck

1 Die Vorschrift ermöglicht eine einseitige Bedingungsanpassung durch den VR nach Vertragsschluss, um in bestimmten Fällen auf Veränderungen der Rechtslage durch Gesetz oder Urteil während der häufig langen Vertragslaufzeit reagieren zu können. Eine durch Unwirksamkeit einer Klausel nach §§ 307 ff. BGB entstandene Lücke ist grds. nach den gesetzlichen Vorschriften zu schließen (§ 306 Abs. 2 BGB). Dieser häufig lange dauernde Weg zur Rechtsklarheit über viele Einzelverfahren soll im Interesse aller Beteiligten über die **Bedingungsanpassung beschleunigt** werden (*Lorenz*, VersR 2001, 1146, 1146 f.; *Lorenz*, VersR 2002, 410, 410 f.; *Wandt*, VersR 2001, 1449, 1451; *Kollhosser*, VersR 2003, 807, 809). Sie ermöglicht die **einheitliche Einführung** des nach § 306 Abs. 2 BGB und § 164 Abs. 1 S. 2 VVG gefundenen Ergebnisses **in alle betroffenen Verträge** (vgl. Lorenz, VersR 2002, 410, 410 f.). Die Vorschrift dient damit der Herstellung möglichst **schneller Rechtsklarheit und -sicherheit** (*Wandt*, VersR 2001, 1449, 1451; Prölss/Martin/*Schneider*, § 164 Rn 1 m.w.N.; Looschelders/Pohlmann/*Krause*, § 164 Rn 1).

2 § 164 VVG ersetzt § 172 Abs. 2 und 3 VVG a.F., die im Hinblick auf die europäische Deregulierung und dem damit verbundenen Wegfall der Präventivkontrolle sowie der genehmigungspflichtigen Prämien- und Bedingungsanpassung eingefügt wurden. **Geschützt** werden v.a. VR. Für sie würde ein ersatzloser Wegfall einer unwirksamen Klausel in erster Linie eine unzumutbare Härte darstellen (Begr. BT-Drucks 16/3945, S. 100). Dem VR steht trotz der gewöhnlich langen Laufzeit kein ordentliches Kündigungsrecht zu (vgl. § 166 Rdn 5). Er muss auf rechtliche Veränderungen reagieren können. Aber **auch für den VN** kann eine Bedingungsanpassung günstiger sein als eine vorzeitige Vertragsbeendigung, bei der er häufig wirtschaftliche Nachteile erleidet (s. § 169 Rdn 53; Begr. BT-Drucks 16/3945, S. 100). Der VN ist auch dadurch geschützt, dass er das Vorliegen der Voraussetzungen für eine Bedingungsanpassung, die Einhaltung der inhaltlichen Anpassungsgrenzen durch den VR und die Wirksamkeit der neuen Bedingung gerichtlich prüfen lassen kann (*Wandt*, VersR 2002, 1363 f.).

§ 172 Abs. 2 VVG a.F. ließ einige Fragen offen und führte zu Auslegungsschwierigkeiten, die weitestgehend durch die Rechtsprechung des BGH (BGH, NJW 2005, 3559) behoben worden sind. Einige Auslegungsergebnisse wurden vom Gesetzgeber übernommen.

B. Norminhalt

I. Voraussetzungen der Bedingungsanpassung (§ 164 Abs. 1 VVG)

1. Anwendungsbereich

Der Anwendungsbereich ist nicht mehr auf Lebensversicherungen mit ungewisser Leistungsverpflichtung beschränkt. § 164 VVG ist nun auch anwendbar auf **gemischte Lebensversicherungen**. Damit hat sich der diesbezügliche Meinungsstreit (eindeutig dafür BGH, NJW 2005, 3559, 3560 f. Rn 9 ff.) erledigt. Weiterhin fallen alle Arten von **Risikoversicherungen, Rentenversicherungen** etc. in den Anwendungsbereich. Einbezogen sind jetzt auch die **Berufsunfähigkeitsversicherung** (§ 176 VVG, aber nur für Neuverträge, s. Art. 4 Abs. 3 EGVVG) und die **Krankenversicherung** (§ 203 Abs. 4 VVG). Der Gesetzgeber ist aber nicht dem Vorschlag der VVG-Kommission (vgl. § 16 des Kommissionsentwurfs) gefolgt, die Anpassungsklausel auf alle Versicherungszweige auszudehnen (Begr. BT-Drucks 16/3945, S. 100). Die Vorschrift gilt für Neuverträge seit 1.1.2008 sowie für Altverträge ab dem 1.1.2009 (Art. 1 Abs. 1 EGVVG).

Die **Bestimmung zur Überschussbeteiligung** (§ 172 Abs. 1 S. 2 VVG a.F.) wurde weder in § 163 VVG noch § 164 VVG ausdrücklich übernommen. Vertragliche Regelungen zur Überschussbeteiligung sind aber vom Wortlaut des § 164 VVG erfasst. Der Anwendungsbereich des § 164 VVG erstreckt sich auf Klauseln jeglicher Art (vgl. Prölss/Martin/*Schneider*, § 164 Rn 4). Liegen dessen Voraussetzungen vor, können unwirksame Klauseln zur Überschussbeteiligung nach § 164 VVG ersetzt werden (s. aber Rdn 24).

2. Normstruktur und Verhältnis zu § 306 BGB

Der BGH hat zum Treuhänderverfahren nach § 172 Abs. 2 VVG a.F. klar **zwischen Zulässigkeits- und Wirksamkeitsvoraussetzungen der Klauselersetzung unterschieden** (BGH, NJW 2005, 3559, 3563 f.; s. *Sijanski*, VersR 2006, 469, 471). Diese Normstruktur ist auf § 164 VVG **zu übertragen**. § 164 Abs. 1 S. 1 VVG enthält zunächst die Zulässigkeitsvoraussetzungen. Maßstäbe und Inhalt der Ergänzung richten sich nach den allgemeinen Regeln, hinsichtlich der Unwirksamkeit einer AGB-Klausel nach § 306 Abs. 2 BGB (BGH, NJW 2005, 3559; *Prang*, in: v. Bühren, Hdb. VersR, § 14 Rn 165; VersR-Hdb/ *Brömmelmeyer*, § 42 Rn 109; **a.A.** zu § 172 Abs. 2 VVG a.F.: *Fricke*, NVersZ 2000, 310, 314; zum Meinungsstand in der Lit.: *Bartmuss*, VersWissStud. Bd. 17, S. 129 f.); diese werden teilweise in § 164 VVG konkretisiert (*Winter*, in: Bruck/Möller, § 169 Rn 11). Nach § 306 Abs. 1 BGB bleibt der VV wirksam, wenn einzelne AGB unwirksam sind. Die Bedingungsanpassung ist wirksam, wenn zunächst die Anforderungen des **§ 306 Abs. 2 BGB** erfüllt sind (vgl. BGH, NJW 2005, 3559). § 306 Abs. 2 BGB wird nicht vollständig von § 164 VVG verdrängt, sondern bleibt grds. anwendbar, obwohl der Gesetzgeber die von der Reformkommission vorgeschlagene Klarstellung (vgl. § 16 Abs. 1 VVG-E Reformkommission) nicht übernommen hat. Denn auch der Gesetzgeber geht in der Begründung davon aus, dass sich das Merkmal der Notwendigkeit zur Fortführung des VV nach der zum alten Recht gefundenen Auslegung bestimmt (BT-Drucks 16/3945, S. 100).

7 Eine Konkretisierung der Anforderungen enthält § 164 Abs. 1 S. 2 VVG, der neu eingefügt wurde und die angemessene Berücksichtigung der Belange der Versicherungsnehmer verlangt (s. dazu Rdn 25).

8 Die neu in § 164 Abs. 1 S. 1 VVG eingefügte Alternative der unzumutbaren Härte ist als Wirksamkeitsvoraussetzung für den Fall zu verstehen, in dem das Gesetz den ersatzlosen Wegfall der Klausel vorsieht (so auch *v. Fürstenwerth*, RuS 2009, 221, 226).

9 Nach dem BGH (BGH, NJW 2005, 3559, 3563) werden an die Zulässigkeitsvoraussetzungen erheblich geringere Anforderungen gestellt als an die Wirksamkeitsvoraussetzungen. Der VR muss aber bei der Anpassung die **inhaltlichen Grenzen** beachten, um eine spätere Aufhebung durch Gerichte von vornherein zu vermeiden.

3. Zulässigkeitsvoraussetzungen

a) Bestimmung in AVB unwirksam

10 Es muss sich um eine Klausel in den **allgemeinen Versicherungsbedingungen** handeln.

> **Praxistipp**
> Versicherer sollten daher darauf achten, dass sie alle für die Einhaltung des Transparenzgebots nötigen Informationen, v.a. auch hinsichtlich der Vertragskosten, in die AVB integrieren, um eine Unwirksamkeitserklärung von vornherein zu vermeiden.

11 Bedingungen können angepasst werden, wenn eine Bestimmung in allgemeinen Versicherungsbedingungen des VR durch höchstrichterliche Entscheidung oder durch bestandskräftigen Verwaltungsakt **für unwirksam erklärt** worden ist. Der Grund hierfür ist unerheblich. Praxisrelevant sind **Verstöße gegen §§ 307 bis 309 BGB** (*Kollhosser*, VersR 2003, 807, 809; Looschelders/Pohlmann/*Krause*, § 164 Rn 4). Dabei kommt es nicht darauf an, ob die Unwirksamkeit auf einer inhaltlich unangemessenen Benachteiligung des VN oder auf einem Verstoß gegen das Transparenzgebot beruht, da in beiden Fällen eine Vertragslücke vorliegt (BGH, NJW 2005, 3559, 3563). Es muss **abschließende Rechtsklarheit** über die Unwirksamkeit bestehen. Daher muss diese **durch höchstrichterliche Entscheidung** festgestellt worden sein. Insoweit hat das Gesetz die durch den BGH (BGH, NJW 2005, 3559, 3563) gefundene und von der h.M. vertretene Auslegung übernommen. Infrage kommt nur eine Entscheidung des **BGH**; eine **nicht anfechtbare Entscheidung eines OLG** ist entgegen der Begründung zur VVG-Reform (Begr. BT-Drucks 16/3945, S. 100) **keine höchstrichterliche Entscheidung**, weil der übliche Sprachgebrauch als solche nur Revisionsentscheidungen qualifiziert; alleiniges Revisionsgericht ist nach § 133 GVG aber der BGH (so auch VersR-Hdb/*Brömmelmeyer*, § 42 Rn 113; MüKo/*Wandt*, § 164 VVG Rn 38 f.; Prölss/Martin/*Schneider*, § 164 Rn 7). Nicht ausreichend sind deshalb Entschei-

dungen von Instanzgerichten (BGH, NJW 2005, 3559, 3563). Dem VR ist eine Anfechtung des für ihn ungünstigen instanzgerichtlichen Urteils zumutbar (BGH, NJW 2005, 3559, 3563). Alternativ kommt ein **bestandskräftiger Verwaltungsakt der BaFin** oder der **Kartellbehörde** in Betracht. Die Anfechtung von Verwaltungsakten, die für den VR ungünstig sind, wäre dem VR zwar wohl zuzumuten (vgl. Looschelders/Pohlmann/*Krause*, § 164 Rn 5). Der bestandskräftige Verwaltungsakt als geforderter Abschluss eines Verwaltungsverfahrens steht aber nach der Logik des Gesetzes neben einer Entscheidung der höchstrichterlichen Rspr. als geforderten Abschluss eines zivilrechtlichen Verfahrens (vgl. auch Rüffer/Halbach/Schimikowski/*Brambach*, § 164 Rn 4, 6; MüKo/*Wandt*, § 164 VVG Rn 43; Prölss/Martin/*Schneider*, § 164 Rn 7). Eine eigene Entscheidung des VR über die Unwirksamkeit würde die Vertragsfreiheit des VN in nicht hinnehmbarer Weise beschränken (BGH, NJW 2005, 3559, 3563). Die Vorschrift ist nicht anwendbar, wenn schon die Einbeziehung der AVB bei Vertragsschluss gescheitert ist (s. allg. § 7 Rdn 35).

Eine Klausel kann auch ersetzt werden, wenn der betreffende Vertrag zum Zeitpunkt des Wirksamwerdens **bereits gekündigt oder prämienfrei gestellt** ist (BGH, NJW 2005, 3559, 3563; Instanzgerichte beispielhaft: LG Aachen, VersR 2003, 1022, 1023 f.; LG Stuttgart, VersR 2003, 313 f.; LG Saarbrücken, VersR 2003, 1291, 1291 f.; LG Wiesbaden, VersR 2003, 1292; *Wandt*, VersR 2001, 1449, 1455, 1459; *Kollhosser*, VersR 2003, 807, 810 f.; MüKo/*Wandt*, § 164 VVG Rn 52; Looschelders/Pohlmann/*Krause*, § 164 Rn 8, 15; VersR- Hdb/*Brömmelmeyer*, § 42 Rn 108 m.w.N. [„sofern es sich um eine im Rahmen der Abwicklung erforderliche Klausel handelt"]; **dagegen**: OLG Düsseldorf, OLGR 2005, 433; LG Hannover, VersR 2003, 1289; *Schwintowski*, DStR 2006, 429, 431). Eine Klauselersetzung soll zudem bei bereits vollständig abgewickelten Verträgen zulässig sein, wenn dies notwendig erscheint und den Belangen aller VN entspricht (Looschelders/Pohlmann/ *Krause*, § 164 Rn 8, 15).

b) Notwendig zur Fortführung des Vertrags

Die Bedingungsanpassung ist nur dann zulässig, wenn sie zur Fortführung des Vertrags notwendig ist. Zur Fortführung des Vertrags notwendig ist eine Bedingungsanpassung nach der auch auf § 164 VVG anwendbaren Rechtsprechung des BGH, wenn durch die Unwirksamkeit der Bestimmung eine **vertragliche Regelungslücke** entsteht (BGH, NJW 2005, 3559, 3563; s.a. *Lorenz*, VersR 2001, 1146, 1146 f.). Davon ist im Regelfall **schon dann** auszugehen, wenn die **Unwirksamkeit** der betreffenden Bedingung höchstrichterlich oder durch Verwaltungsakt **festgestellt** wurde (BGH, NJW 2005, 3559, 3563). Eine Ersetzung ist z.B. notwendig, wenn wesentliche Vertragselemente betroffen sind (OLG Stuttgart, VersR 2001, 1141) oder wenn ein nicht abweisbarer Bedarf für die Ersetzung besteht (BGH, VersR 1999, 697; Looschelders/Pohlmann/*Krause*, § 164 Rn 8). **Maßstäbe und Inhalt der Anpassung** ergeben sich zunächst aus **§ 306 Abs. 2 BGB** (BGH, NJW 2005, 3559, 3563; *Lorenz*, VersR 2001, 1146, 1146 f.; *Lorenz*, VersR 2002, 410, 410 ff.; *Kollhosser*, VersR 2003, 807, 811; s.o. Rdn 7). Infrage kommen nach § 306 Abs. 2 BGB

- die Heranziehung dispositiven Gesetzesrechts,
- die Grundsätze der ergänzenden Vertragsauslegung und
- der ersatzlose Wegfall der Klausel (BGH, NJW 2005, 3559, 3563 Rn 29),

soweit sie nicht von § 164 Abs. 1 VVG modifiziert werden. Damit werden die **Methoden der Bedingungsanpassung** beschrieben (*Lorenz*, VersR 2001, 1146 f.; *Lorenz*, VersR 2002, 410, 412). Diese sind aber **keine Voraussetzungen** für die Bedingungsanpassung (BGH, NJW 2005, 3559, 3563; *Wandt*, VersR 2001, 1449, 1451; VersR-Hdb/*Brömmelmeyer*, § 42 Rn 116; **a.A.** *Matusche-Beckmann*, NJW 1998, 112, 116; BK/*Schwintowski*, § 172 Rn 25). Würde man die Frage, *„ob dispositives Gesetzesrecht eine sachgerechte Ersatzlösung bietet, schon zu den Tatbestandsvoraussetzungen...* rechnen, hinge" die Zulässigkeit der Bedingungsanpassung *„letztlich von der rechtlichen Wirksamkeit"* ihres *„Ergebnisses ab"* (BGH, NJW 2005, 3559, 3563). Der VR kann daher die Bedingung auch dann anpassen, wenn eine wirksame Lösung über den ersatzlosen Wegfall der unwirksamen Bedingung, über die Anwendung dispositiven Gesetzesrechts oder durch ergänzende Vertragsauslegung gefunden werden könnte (BGH, NJW 2005, 3559, 3563), soweit § 164 Abs. 1 VVG nichts anderes vorsieht. Auch die **Möglichkeit einer richterlichen ergänzenden Vertragsauslegung** steht der Zulässigkeit einer Bedingungsanpassung nicht entgegen (BGH, NJW 2005, 3559, 3563; *Lorenz*, VersR 2002, 410, 412; *Wandt*, VersR 2001, 1449, 1451; *Fricke*, NVersZ 2000, 310, 314; Looschelders/Pohlmann/*Krause*, § 164 Rn 9; VersR-Hdb/*Brömmelmeyer*, § 42 Rn 116; *Teslau/Prang*, in: v. Bühren, Hdb. VersR, § 14 Rn 161; **a.A.** BK/*Schwintowski*, § 172 Rn 25; *Schünemann*, VersR 2002, 393).

14   Unverzichtbar ist im Allgemeinen die Anpassung, wenn **Leistungspflichten und Ansprüche der Vertragsparteien** betroffen sind (BGH, NJW 2005, 3559, 3563; s. aber auch § 169 Rdn 54 a.E.). Der VR kann aber auch eine **deklaratorische**, nur Gesetzestext wiederholende **Klausel** einfügen, obwohl dies nicht unbedingt notwendig wäre (*Lorenz*, VersR 2001, 1146, 1148; *Lorenz*, VersR 2002, 410, 412; *Wandt*, VersR 2001, 1449, 1452; *Kollhosser*, VersR 2003, 807, 810; **a.A.** *Schünemann*, VersR 2002, 393, 393 f.). Dies kann der Klarstellung und **Herstellung von Transparenz** für den VN dienen.

15   Noch deutlicher wird dieser Gedanke, wenn eine dispositive Gesetzesregelung fehlt, die Lücke aber im Wege der ergänzenden Vertragsauslegung geschlossen werden kann. Dem **Verbraucher** kann **schwerlich eine Auslegung zugemutet werden** (*Lorenz*, VersR 2001, 1146, 1148; *Wandt*, VersR 2001, 1449, 1452), so dass schon das Transparenzgebot eine Anpassung erforderlich macht.

16   Die Voraussetzung der Notwendigkeit für die Fortführung des Vertrags wird häufig erfüllt und die Bedingungsersetzung zulässig sein.

4. Wirksamkeitsvoraussetzungen

17   § 306 Abs. 2 BGB wird nicht von § 164 VVG verdrängt, sondern bleibt als allgemeine gesetzliche Vorschrift anwendbar, obwohl der Gesetzgeber die von der Reformkommission

vorgeschlagene Klarstellung (vgl. § 16 Abs. 1 VVG-E Reformkommission) nicht übernommen hat, solange § 164 VVG keine spezielle Regelung vorsieht (s.o. Rdn 7).

Kann die Lücke durch eine **gesetzliche Regelung** geschlossen werden, muss deren Inhalt der neuen Klausel zugrunde gelegt werden (BGH, NJW 2005, 3559, 3563). Steht keine gesetzliche Ersatzregelung zur Verfügung, muss geprüft werden, ob ein **ersatzloser Wegfall** der Regelung interessengerecht ist (BGH, NJW 2005, 3559, 3563). Eine Bedingungsersetzung kommt nur dann in Betracht, *„wenn das Festhalten am Vertrag ohne neue Regelung für eine Vertragspartei auch unter Berücksichtigung der Interessen der anderen Vertragspartei eine unzumutbare Härte darstellen würde"*. Insofern modifiziert § 164 Abs. 1 S. 1 VVG den § 306 Abs. 2 BGB. Scheiden beide Varianten (gesetzliche Regelung oder ersatzloser Wegfall) aus, ist grds. nach § 306 Abs. 2 BGB eine Ersatzregelung im Wege der ergänzenden **Vertragsauslegung** zu suchen (BGH, NJW 2005, 3559, 3563). Im Rahmen dieser Auslegung ist auch § 164 Abs. 1 S. 2 VVG zu beachten. 18

Gibt es eine Regelung im Gesetz, darf der VR zwar eine Ersetzung vornehmen (s.o. Rdn 15 f.), muss sich aber an den Inhalt der gesetzlichen Vorgabe halten, der auch durch einfache Auslegung ermittelt werden kann. 19

a) Wegfall der Klausel/Unzumutbare Härte

Sagt das Gesetz, dass für die Wirksamkeit, z.B. von Stornoabzügen (§ 169 Abs. 5 VVG) oder dem Ausschluss der Überschussbeteiligung (§ 153 Abs. 1 VVG), eine Vereinbarung getroffen werden muss und liegt diese nicht vor, ordnet das Gesetz selbst an, dass es dann **keine Regelung** (z.B. von Stornoabzügen) oder eine bestimmte Regelung (Anspruch auf Überschussbeteiligung) gibt. Jegliche andere Regelung wäre nach der aufgrund § 306 Abs. 2 BGB anzuwendenden Methodik unwirksam, da sie von der insoweit klaren Gesetzesvorgabe abwiche (deshalb war eine Neuregelung der Stornoabzüge in BGH, NJW 2005, 3559, 3564 ausgeschlossen). Diese u.U. dem vereinbarten Vertragszweck widersprechende Folge kann mit der neuen Alternative des § 164 Abs. 1 S. 1 VVG zumindest theoretisch verhindert werden. Die Ersatzklausel könnte dann wirksam sein, wenn das Festhalten am Vertrag ohne sie für eine Vertragspartei auch unter Berücksichtigung der Interessen der anderen Vertragspartei eine **unzumutbare Härte** darstellen würde (s. aber Rdn 22). 20

Mit der unzumutbaren Härte wird ein Tatbestandsmerkmal des **§ 306 Abs. 3 BGB** verwendet (ebenso *Prang*, in: v. Bühren, Hdb. VersR, § 14 Rn 167; *Winter*, in: Bruck/Möller, § 164 Rn 21; VersR-Hdb/*Brömmelmeyer*, § 42 Rn 11; *v. Fürstenwerth*, r+s 2009, 221, 226). Während § 306 Abs. 3 BGB aber bei Vorliegen einer unzumutbaren Härte die Unwirksamkeit des ganzen Vertrags anordnet, erlaubt § 164 Abs. 1 S. 1 VVG die Aufrechterhaltung des Vertrags als ganzen unter Ersetzung der unwirksamen Klausel. Dennoch kann auf die zu § 306 Abs. 3 BGB entwickelte Auslegung zurückgegriffen werden (ebenso *Prang*, in: v. Bühren, Hdb. VersR, § 14 Rn 167; MüKo/*Wandt*, § 164 VVG Rn 60). Überträgt man die Rechtsprechung des BGH, ist das Nichtersetzen einer unwirksamen Klausel unzumutbar, wenn feststeht, dass eine Vertragspartei den Vertrag ohne diese Klausel nicht geschlossen hätte (BGH, MDR 2002, 936, Ls.). Das **Vertragsgleichgewicht** muss also **grundlegend** 21 gestört sein i.S.e. **einschneidenden Störung des Äquivalenzverhältnisses** (BGH, MDR 2002, 936, 937; ebenso Looschelders/Pohlmann/*Krause*, § 164 Rn 11; *v. Fürstenwerth*, r+s 2009, 221, 226). Bei der Interessenabwägung sollen nicht objektiv-generalisierende Kriterien herangezogen, sondern alle Umstände des **konkreten Vertrags** berücksichtigt werden (*H. Schmidt*, in: Ulmer/Brander/Hensen, AGB-Recht, § 306 BGB Rn 43 m.w.N.; ebenso *v. Fürstenwerth*, RuS 2009, 221, 226). Abzustellen ist auf die objektive Sicht eines vernünftigen Betrachters (*H. Schmidt*, in: Ulmer/Brander/Hensen, AGB-Recht, § 306 BGB Rn 43 m.w.N.). In den in Rdn 21 genannten Beispielen (Vereinbarung des Stornoabzugs oder des Ausschlusses der Überschussbeteiligung) wäre dabei zu berücksichtigen, dass vom VR dargelegt werden müsste, weshalb in der konkreten Situation bei Betrachtung der konkreten Vertragsgestaltung aus Zumutbarkeitsgesichtspunkten eine andere als die gesetzlich vorgesehene Regelung gelten muss. Dies dürfte nur in Ausnahmefällen gelingen (ähnlich *Winter*, in: Bruck/Möller, § 164 Rn 22).

22 Ein ersatzloser Wegfall der unwirksamen Klausel wird zuvörderst eine unzumutbare Härte **für den VR** darstellen. Die Interessen der anderen Vertragspartei (des VN) sind bei der Beurteilung der Frage, ob eine unzumutbare Härte vorliegt, ebenfalls zu berücksichtigen. Ansonsten wäre das Anpassungsrecht zu einseitig (Begr. BT-Drucks 16/3945, S. 100). Der VR wird sich nicht bei jeder unwirksamen Klausel darauf berufen können, dass er den Vertrag ohne sie nicht geschlossen hätte. Die Auswirkungen des Wegfalls müssten schon erheblich sein. Bei Stornoklauseln oder sonstigen einfachen Gebühren ist das tendenziell nicht anzunehmen. Zur Verzinsung der Abschlusskostenforderung s.a. § 169 Rdn 73.

23 **Beispiele für unverzichtbare Klauseln**: Klauseln über die prämienfreie Versicherung und die Berechnung des Rückkaufswertes bis 2008 (Verrechnung der Abschlusskosten, vgl. BGH, NJW 2001, 2012, 2014, 2016 ff.; BGH, NJW 2005, 3559, 3562 f.). Die Klausel zur Ermittlung und Berechnung der Überschussbeteiligung ist wohl verzichtbar. Es kommt der gesetzliche Anspruch auf Überschussbeteiligung aus § 153 Abs. 1 VVG zum Tragen. Die weiteren Einzelheiten ergeben sich v.a. aus dem Aufsichtsrecht (für unzumutbare Härte für Altverträge: Looschelders/Pohlmann/*Krause*, § 164 Rn 11).

b) Ergänzende Vertragsauslegung (§ 164 Abs. 1 S. 2 VVG)

24 Gibt es keine gesetzliche Regelung (einschließlich Auslegung nach §§ 133, 157 BGB) oder würde der ersatzlose Wegfall eine unzumutbare Härte darstellen, ist grds. nach § 306 Abs. 2 BGB ein Ergebnis im Wege der ergänzenden Vertragsauslegung zu suchen (vgl. BGH, NJW 2005, 3559, 3564). § 164 Abs. 1 S. 2 VVG enthält dazu eine Konkretisierung. Danach ist die neue Regelung nur wirksam, wenn sie die **Belange der VN insgesamt** angemessen berücksichtigt und dabei auch das **konkrete Vertragsziel des Vertragspartners** wahrt (Begr. BT-Drucks 16/3945, S. 100). Freilich galten und gelten auch im Rahmen einer ergänzenden Vertragsauslegung dieselben Maßstäbe. Der BGH (BGH, NJW 2005, 3559, 3565 Rn 47) formulierte dazu, dass die Vertragsauslegung „für den betroffenen Vertragstyp als allgemeine Lösung eines stets wiederkehrenden Interessengegensatzes angemessen

sein" muss. Eine solche Lösung lässt sich nur bei einer angemessenen Berücksichtigung der Belange der VN insgesamt und des konkreten Vertragsziels des Vertragspartners finden.

Der unbestimmte Rechtsbegriff der **Wahrung der Belange der Versicherten** ist dem Aufsichtsrecht entnommen, vgl. § 11 Abs. 1 Nr. 4a) VAG (§ 8 Abs. 1 S. 1 Nr. 3 VAG a.F.), § 294 Abs. 2 S. 2 VAG (§ 81 Abs. 1 S. 2 VAG a.F.) oder § 311 Abs. 4 S. 2 VAG (§ 87 Abs. 4 S. 1 VAG a.F.). Der Bezug auf die Versicherten, der im Aufsichtsrecht VN, versicherte Personen und Bezugsberechtigte umfasst, wurde in § 164 Abs. 1 S. 2 VVG auf die **VN beschränkt**; die Belange der versicherten Personen und Bezugsberechtigten sind dabei dennoch mit zu berücksichtigen (Begr. BT-Drucks 16/3945, S. 100). Mit dieser Maßgabe kann auf die bisher i.R.d. Aufsichtsrechts erfolgte Auslegung zurückgegriffen werden (s. § 169 Rdn 112 ff.). Es geht darum, das bei Vertragsschluss verfolgte Ziel in Einklang mit der Wertung, die der Vertrag durch die Unwirksamkeitserklärung der betreffenden Bedingung erhalten hat, zu bringen, also um die **Wiederherstellung des Äquivalenzverhältnisses** (Begr. BT-Drucks 16/3945, S. 100). Mit dem Wortlaut „der Versicherungsnehmer" soll an eine grds. kollektive Betrachtungsweise angeknüpft werden, so dass die Interessen aller VN im Kollektiv angemessen zu berücksichtigen seien (s.a. VersR-Hdb/ *Brömmelmeyer*, § 42 Rn 118), bzw. sollen der hypothetische Wille und die Interessen der typischerweise an dem jeweiligen Vertragstyp beteiligten Verkehrskreise bei objektivgeneralisierender Betrachtung maßgeblich sein (*v. Fürstenwerth*, RuS 2009, 221, 227 mit Verweis auf BGH, VersR 2005, 1565, 1571; s.a. *Rubin*, Das versicherungsrechtliche Interessenausgleichsprinzip (2017), 3. Kap., § 3). Die Weiterverfolgung des konkreten Vertragszieles durch den VR darf nicht dazu führen, dass die **VN** bei Anwendung dieser Betrachtungsweise durch die neue Bedingung **schlechter gestellt** werden als mit der unwirksamen Klausel (vgl. *Lorenz*, VersR 2002, 410, 412; *Lorenz*, VersR 2001, 1146, 1148; *Wandt*, VersR 2002, 1449, 1452; s.a. *v. Fürstenwerth*, RuS 2009, 221, 227).

Die **inhaltsgleiche Ersetzung** einer unwirksamen Bedingung ist dabei regelmäßig **unvereinbar** mit den Grundsätzen der ergänzenden Vertragsauslegung (BGH, NJW 2005, 3559, 3564 m.w.N.; BGH, VersR 2007, 1547). Diese durch die Unwirksamkeitserklärung erhaltene Wertung kann das Äquivalenzinteresse nicht mehr herstellen. Etwas anderes könnte gelten, wenn die Unwirksamkeit auf einem Verstoß gegen das Transparenzgebot beruht. Doch auch dann können die Folgen des **Transparenzmangels**, die **Einschränkung der Entschließungsfreiheit bei Vertragsschluss** und die **dadurch erlittenen wirtschaftlichen Nachteile** nicht durch eine inhaltsgleiche Ersetzung beseitigt werden (so z.B. in BGH, NJW 2005, 3559, 3564, zust.: *v. Fürstenwerth*, RuS 2009, 221, 227). Dies widerspräche in diesen Fällen außerdem dem **gesetzlichen Sanktionsgedanken** (BGH, NJW 2005, 3559, 3564). In der Literatur (*Merschmeyer/Präve*, VersR 2005, 1670; vgl. auch *Prang*, in: v. Bühren, Hdb. VersR, § 14 Rn 169 m.w.N.) wird vertreten, dass eine Sanktion aber dann nicht geboten sei, wenn mit hinreichender Sicherheit **keine Kausalität** zwischen dem Transparenzdefizit und dem Vertragsschluss sowie dessen Inhalt festzustellen ist. Nach hier vertretener Auffassung kann eine inhaltsgleiche Klausel, deren Anwendung wirtschaftliche Nachteile für den VN bedeutet, sehr wohl **für Neuverträge** verwendet werden, grds. **nicht jedoch für bestehende Verträge**. Weder das Vorliegen noch das Nichtvorliegen einer

Kausalität zwischen Transparenzdefizit und Vertragsschluss bzw. Vertragsinhalt kann im Nachhinein festgestellt werden. Die konkrete Beeinträchtigung der Entschließungsfreiheit ist auch unerheblich. Diese ergibt sich aus der Wertung des § 307 Abs. 1 S. 2 BGB und kann in keiner Weise durch eine spätere inhaltsgleiche Klauselersetzung widerlegt werden. Eine inhaltsgleiche Klauselersetzung käme ausnahmsweise allenfalls dann in Betracht, wenn mit der ursprünglich intransparenten Klausel keine wirtschaftlichen Nachteile für den VN verbunden waren.

27 Darüber hinaus muss der VR die Vorgaben der §§ 307 ff. BGB beachten, um die Unwirksamkeit der neuen Klausel und damit eine vom Gericht im Wege der richterlichen ergänzenden Vertragsauslegung aufoktroyierte Lösung zu vermeiden (s. Rdn 33).

5. Ersetzung durch neue Regelung

28 Liegen die Voraussetzungen vor, kann der VR die Klausel durch eine neue ersetzen. Diese Möglichkeit ist nicht nur demjenigen VR eröffnet, gegen den die Entscheidung ergangen ist, sondern **allen VR, die gleichartige Klauseln verwenden** und die aus denselben Gründen als unwirksam anzusehen sind (BGH, NJW 2005, 3559, 3562; *Wandt*, VersR 2001, 1449, 1453; *Winter*, in: Bruck/Möller, § 164 Rn 14). Nicht mehr erforderlich ist die Prüfung und Zustimmung durch einen unabhängigen Treuhänder. Der damit verfolgte zusätzliche Schutz der VN wurde in der Vergangenheit nicht erreicht (Begr. BT-Drucks 16/3945, S. 100). Es genügt, wenn der VN die Wirksamkeitsvoraussetzungen der Anpassung, die inhaltlichen Anpassungsgrenzen und die Wirksamkeit der ersetzten Bedingung gerichtlich überprüfen kann.

29 Es handelt sich um ein **einseitiges Gestaltungsrecht** des VR (**h.M.**, s. nur Prölss/Martin/ *Schneider*, § 164 Rn 1; *Kollhosser*, VersR 2003, 807; Rüffer/Halbach/Schimikowski/*Brambach*, § 164 Rn 12; **a.A.** *Schünemann*, JZ 2002, 134, 134 ff.: Mitwirkung des VN erforderlich).

30 Als „Kann"-Bestimmung begründet § 164 VVG dem Wortlaut nach nur eine **Berechtigung**, aber **keine Verpflichtung des VR zur Bedingungsanpassung**. Überwiegend wird die Ansicht vertreten, der VR sei bei Unwirksamkeit auch zur Anpassung verpflichtet (*Wandt*, VersR 2001, 1449, 1453 f. [„Obliegenheit"]; *Lorenz*, VersR 2001, 1146, 1148 [„aufsichtsrechtliche Pflicht"]; *Kollhosser*, VersR 2003, 807, 811 [„Rechtspflicht aus vorausgegangenem Tun"]), da die VN anderenfalls benachteiligt würden (Looschelders/Pohlmann/*Krause*, § 164 Rn 12; dezidiert **a.A.** *Brambach*, r+s 2014, 1; in der Tendenz wohl auch BGH, NJW 2013, 3240, der eine solche Pflicht nach § 164 VVG in einem relevanten Fall nicht thematisiert).

6. Gerichtliche Kontrolle

31 Die ersetzte Klausel kann gerichtlich in **3-facher Weise** überprüft werden. Zunächst können schon die **Zulässigkeitsvoraussetzungen** nicht vorgelegen haben. Dann muss die Klauselersetzung **wirksam vorgenommen** worden sein, also die Maßstäbe des § 306 Abs. 2 BGB

inklusive der Konkretisierungen des § 164 VVG müssen eingehalten worden sein. Und drittens kann die **neue Klausel selbst unwirksam** sein, weil sie z.b. gegen §§ 307 ff. BGB verstößt.

Ist die Ersetzung unwirksamer Klauseln, z.b. durch **inhaltsgleiche Bestimmungen, wiederum unwirksam** (vgl. BGH, NJW 2005, 3559, 3564 ff.), ist der VR nicht erneut zur Bedingungsanpassung berechtigt. Das Gericht wird dann eine Lösung nach § 306 Abs. 2 BGB suchen. Es wird die sich dann ergebende Regelungslücke richterlich durch konkrete gesetzliche Ersatzregelungen schließen. Gibt es solche nicht, könnte ein ersatzloser Wegfall sachgerecht sein. Kommt auch dieses nicht in Betracht, wird das Gericht eine Ersatzregelung nach den Grundsätzen der ergänzenden Vertragsauslegung finden (BGH, NJW 2005, 3559, 3564 ff.). Damit ist es den **Versicherern verwehrt**, kontinuierlich unwirksame Klauseln durch inhaltsgleiche zu ersetzen oder zu ergänzen (s.a. VersR-Hdb/*Brömmelmeyer*, § 42 Rn 122). 32

II. Wirksamkeitszeitpunkt (§ 164 Abs. 2 VVG)

Die neue Bedingung wird **zwei Wochen nach Mitteilung** an den VN wirksam, wenn gleichzeitig auch die für die Anpassung **maßgeblichen Gründe** mitgeteilt werden. Damit der VN den Anpassungsgrund nachvollziehen kann, ist dieser klar und verständlich zu erläutern. Ein bloßes Zitat der maßgeblichen Entscheidung bzw. des Verwaltungsaktes alleine genügt nicht (s.a. Rüffer/Halbach/Schimikowski/*Brambach*, § 164 Rn 19; MüKo/*Wandt*, § 164 VVG Rn 78). Die Frist von zwei Wochen entspricht § 172 Abs. 3 S. 2 VVG a.F. Für die Berechnung der Frist gelten §§ 186 ff. BGB. Die Formulierung „*wird ... Vertragsbestandteil*" (vgl. § 305 Abs. 2 BGB) verdeutlicht, dass eine gerichtliche Inhaltskontrolle noch nicht stattgefunden hat (Begr. BT-Drucks 16/3945, S. 100). 33

Die Anpassung soll dem Wortlaut nach – sofern keine andere vorteilhafte Vereinbarung getroffen wurde – nur für die Zukunft (ex nunc) wirken (Begr. BT-Drucks 16/3945, S. 100; *Prang*, in: v. Bühren, Hdb. VersR, § 14 Rn 166). Da die Unwirksamkeit einer Klausel den Vertrag aber von Beginn an, rückwirkend, lückenhaft macht, wirkt die Klauselersetzung nach § 172 Abs. 2 VVG a.F. **auf den Zeitpunkt des Vertragsschlusses zurück** (BGH, NJW 2005, 3559, 3563). Dies sollte auch i.R.d. § 164 Abs. 2 VVG unabhängig von einer möglichen Vereinbarung gelten (VersR-Hdb/*Brömmelmeyer*, § 42 Rn 123; *Winter*, in: Bruck/Möller, § 164 Rn 32; Rüffer/Halbach/Schimikowski/*Brambach*, § 164 Rn 21; Prölss/Martin/*Schneider*, § 164 Rn 22; MüKo/*Wandt*, § 164 VVG Rn 81). Eine Rückwirkungsvereinbarung mit allen VN lässt sich in der Praxis kaum bewerkstelligen (VersR-Hdb/*Brömmelmeyer*, § 42 Rn 123). In der Klauselersetzung könnte auch eine beidseitig gewollte Rückwirkungsfiktion zum Ausdruck kommen (Looschelders/Pohlmann/*Krause*, § 164 Rn 14). 34

C. Prozessuales

35 Die Darlegungs- und Beweislast für den Zugang der Mitteilung beim VN trägt der VR; bei Nichtbeweisbarkeit muss er sie nachholen (Prölss/Martin/*Schneider*, § 164 Rn 22).

36 Die Wirksamkeit der Bedingungsanpassung kann inzident im Rahmen einer späteren Leistungsklage geprüft werden. Beruft sich der VR auf die neue, nach § 164 VVG ersetzte Bedingung, muss er die Wirksamkeit der Bedingungsanpassung darlegen und beweisen.

37 Liegen die Voraussetzungen für ein Feststellungsinteresse i.S.d. § 256 Abs. 1 ZPO vor, kommt im Einzelfall auch eine Klage auf Feststellung in Betracht, dass die neue Bedingung nicht Gegenstand des bestehenden VV geworden ist (s.a. MüKo/*Wandt*, § 164 VVG Rn 91). Es gelten die allgemeinen Beweisregeln. Der VN muss darlegen und beweisen, dass die Voraussetzungen des § 164 VVG nicht erfüllt sind.

38 Die Klauseln unterliegen der uneingeschränkten richterlichen Inhaltskontrolle sowohl im Individual-, als auch im Verbandsprozess nach dem UKlaG (BGH, NJW 2005, 3559, 3562). Individualklagen und Verbandsklagen sind daher unabhängig von der Frage, ob der VR schon eine Anpassung eingeleitet hat oder nicht, zulässig; ein Rechtsschutzbedürfnis besteht auch nach Einleitung des Anpassungsverfahrens (LG Hamburg, VersR 2002, 738; LG Köln, VersR 2002, 741; Römer/Langheid/*Langheid*, § 164 Rn 30; **a.A.** *Kollhosser*, VersR 2003, 807, 812: Klage zurzeit unzulässig; erst bei Verzögerung durch VR könne VN analog § 315 Abs. 3 S. 2 BGB eine Bedingungsanpassung beantragen).

39 Eine für die Inanspruchnahme auf Unterlassung nach § 1 UKlaG erforderliche Wiederholungsgefahr kann auch ohne Abgabe einer strafbewehrten Unterlassungserklärung entfallen, wenn der VR selbst alle Anstalten getroffen hat, die Verwendung der unwirksamen Klauseln einzustellen, indem er für das Neugeschäft nur noch geänderte Klauseln verwendet und diese in die Bestandsverträge einführt (OLG Karlsruhe, VersR 2003, 889, 890).

40 Eine Unterlassungserklärung des VR ist auch dann geeignet, die Wiederholungsgefahr zu beseitigen, wenn der VR sie zeitlich einschränkt, indem er eine kurze Übergangszeit in Anspruch nimmt, sofern diese für die Umstellung auf die neuen Bedingungen erforderlich ist und der VR die Unterlassungserklärung sachlich dahin einschränkt, ob ein aufgrund eines vergleichbaren Unterlassungsurteils festgesetztes Ordnungsgeld in dieser Höhe vollstreckbar wäre (OLG Köln, VersR 2003, 448, 1. Ls.). Die Tatsache, dass ein Bedingungsanpassungsverfahren eingeleitet wurde, steht der Ernsthaftigkeit einer Unterlassungserklärung nicht entgegen (OLG Köln, VersR 2003, 448).

41 Eine tatsächliche Vermutung für das Vorliegen einer Wiederholungsgefahr ist nur dann anzunehmen, wenn ein Berufen auf die unzulässigen Bedingungen dargelegt wurde (OLG Braunschweig, VersR 2003, 1111, 1. Ls.). Dazu muss der VR die Klauseln seinem Vertragspartner bei der Durchsetzung seiner Rechte entgegenhalten und diese unter Bezugnahme auf sie verteidigen. Dies ist nicht gegeben, wenn der VR ausdrücklich auf die Unwirksamkeit wegen Intransparenz hinweist und zur Aufrechterhaltung der bisherigen Praxis auf

eine ergänzende Vertragsauslegung der Bedingungen bzw. die Durchführung einer Bedingungsanpassung verweist (OLG Braunschweig, VersR 2003, 1111, 2. Ls.).

Versendet der VR ein Rundschreiben, mit dem den VN die nach § 164 VVG angepassten Bedingungen mitgeteilt werden, handelt er nicht im geschäftlichen Verkehr zu Zwecken des Wettbewerbs i.S.v. §§ 1, 3 UWG (BGH, VersR 2002, 1498, 1. Ls.). Im Verbandsklageverfahren kann nur der Inhalt der AGB, nicht die Art ihrer Einbeziehung kontrolliert werden (BGH, VersR 2002, 1498, 2. Ls.). 42

D. Abdingbarkeit

§ 164 VVG ist **halbzwingend** (vgl. § 171 S. 1 VVG). Von der Regelung darf nicht zum Nachteil des VN, der versicherten Person oder des Eintrittsberechtigten abgewichen werden. 43

§ 165 VVG Prämienfreie Versicherung

(1) Der Versicherungsnehmer kann jederzeit für den Schluss der laufenden Versicherungsperiode die Umwandlung der Versicherung in eine prämienfreie Versicherung verlangen, sofern die dafür vereinbarte Mindestversicherungsleistung erreicht wird. Wird diese nicht erreicht, hat der Versicherer den auf die Versicherung entfallenden Rückkaufswert einschließlich der Überschussanteile nach § 169 zu zahlen.

(2) Die prämienfreie Leistung ist nach anerkannten Regeln der Versicherungsmathematik mit den Rechnungsgrundlagen der Prämienkalkulation unter Zugrundelegung des Rückkaufswertes nach § 169 Abs. 3 bis 5 zu berechnen und im Vertrag für jedes Versicherungsjahr anzugeben.

(3) Die prämienfreie Leistung ist für den Schluss der laufenden Versicherungsperiode unter Berücksichtigung von Prämienrückständen zu berechnen. Die Ansprüche des Versicherungsnehmers aus der Überschussbeteiligung bleiben unberührt.

Übersicht

	Rdn
A. Normzweck	1
B. Norminhalt	3
I. Umwandlung in eine prämienfreie Versicherung (§ 165 Abs. 1 VVG)	3
1. Umwandlung bei Erreichen der Mindestversicherungsleistung (§ 165 Abs. 1 S. 1 VVG)	3
a) Anwendungsbereich	3
b) Versicherungsnehmer	5
c) Umwandlungsverlangen	8
d) Vereinbarte Mindestversicherungsleistung	10
e) Umwandlung in prämienfreie Versicherung	11
2. Rückkaufswert (§ 165 Abs. 1 S. 2 VVG)	14
II. Einzelheiten zur Berechnung (§ 165 Abs. 2 und 3 VVG)	15
1. Berechnung der prämienfreien Leistung	15
2. Angabe im Vertrag	18
C. Abdingbarkeit	19

§ 165 VVG

A. Normzweck

1 Dem VN kann angesichts der häufig langen Laufzeiten von Lebensversicherungen ein dauerndes Festhalten am Vertrag nicht zugemutet werden. § 165 VVG berechtigt den VN, seine Lebensversicherung alternativ zur Kündigung prämienfrei zu stellen. Anders als bei der Kündigung **endet** das **Vertragsverhältnis** regelmäßig **nicht**. Die Leistungen bei Vertragsende reduzieren sich, da keine Beiträge mehr eingezahlt werden. Für die Berechnung der prämienfreien Leistung wird auf § 169 VVG verwiesen.

2 § 165 VVG übernimmt weitestgehend die Regelungen des **§ 174 VVG a.F.** Änderungen ergeben sich durch den Verweis auf den neu gefassten § 169 VVG. Die Vorschrift gilt auch für Altverträge. Soweit sie auf § 169 VVG verweist, sind für Altverträge die Regelungen des § 176 VVG a.F. anzuwenden (Art. 4 Abs. 2 EGVVG) (ausführlich Looschelders/Pohlmann/*Krause*, § 165 Rn 3).

B. Norminhalt

I. Umwandlung in eine prämienfreie Versicherung (§ 165 Abs. 1 VVG)

1. Umwandlung bei Erreichen der Mindestversicherungsleistung (§ 165 Abs. 1 S. 1 VVG)

a) Anwendungsbereich

3 Der Anwendungsbereich ist anders als in § 169 Abs. 1 S. 1 VVG **nicht eingeschränkt**. Die Umwandlung in eine prämienfreie Versicherung kann bei allen Lebensversicherungen verlangt werden. Dazu zählen nicht nur gemischte Kapitallebensversicherungen, sondern auch reine Risikolebensversicherungen, Rentenversicherungen, Pflegerentenversicherungen, Berufsunfähigkeitsversicherungen (§ 176 VVG), Dread-Disease-Versicherungen usw., auch als Zusatzversicherung. Die Vorschrift ist auch anwendbar auf Unfallversicherungen mit Prämienrückgewähr (Umkehrschluss aus § 211 Abs. 1 Nr. 4; **a.A.** Prölss/Martin/*Reiff*, § 165 Rn 2). Dasselbe gilt für die fondsgebundenen Varianten und auch für ausländische Produkte, wie etwa With-profit-Policen (s. dazu ausführl. vor §§ 150 ff. Rdn 75 f.; zust. VersR-Hdb/*Brömmelmeyer*, § 42 Rn 185; wohl **a.A.** Rüffer/Halbach/Schimikowski/*Brambach*, § 165 Rn 1). Ist kein Deckungskapital vorhanden, kann keine prämienfreie Versicherungsleistung berechnet werden; das zulässige Umwandlungsverlangen ist dann wirtschaftlich zwecklos (Looschelders/Pohlmann/*Krause*, § 165 Rn 2).

4 § 165 VVG ist nicht anwendbar auf Versicherungen bei **Pensionskassen** i.S.d. § 233 VAG (§ 118b Abs. 3 und 4 VAG a.F.), Versicherungen, die bei einem Verein genommen werden, der als kleinerer Verein i.S.d. Versicherungsaufsichtsgesetzes anerkannt ist, Lebensversicherungen mit kleineren Beträgen und Unfallversicherungen mit kleineren Beträgen, soweit mit Zustimmung der Aufsichtsbehörde in den Bedingungen abweichende Regelungen getroffen worden sind (§ 211 Abs. 1 VVG).

b) Versicherungsnehmer

Umwandlungsberechtigt ist nur der VN. Die versicherte Person oder der Prämienzahler können die Umwandlung nicht verlangen, es sei denn, sie sind gleichzeitig VN. Dasselbe gilt für den Bezugsberechtigten, auch bei unwiderruflichem Bezugsrecht. Der VN bleibt Vertragspartner (s. § 159 Rdn 55, 77). Ein Arbeitgeber kann einen **Kollektivvertrag**, den er als VN für seine Mitarbeiter abgeschlossen hat, prämienfrei stellen. Verletzt er damit seine Pflichten aus dem Arbeitsvertrag, macht er sich schadenersatzpflichtig (vgl. BAG, NJW 1982, 956, Ls.). Der Arbeitnehmer bleibt bezugsberechtigt, wobei sich die Leistungen dann reduziert haben. Kündigt der Versorgungsberechtigte, der nach Ausscheiden aus dem Arbeitsverhältnis oder bei Insolvenz des Arbeitgebers VN geworden ist, geht § 2 Abs. 2 S. 5 und 6 BetrAVG dem § 169 Abs. 1 VVG vor; die Versicherung wandelt sich in eine prämienfreie um, damit die bestehende Versorgungsanwartschaft aufrecht erhalten bleibt (OLG Frankfurt a.M., VersR 1999, 41; LG Tübingen VersR 1996, 1223 m.w.N.; s. § 169 Rdn 20). Wird die Versicherung während der **Elternzeit** umgewandelt, kann der Arbeitnehmer innerhalb von drei Monaten nach Beendigung der Elternzeit die Fortsetzung der Versicherung zu den vor der Umwandlung vereinbarten Bedingungen verlangen (§ 212 VVG).

Mit der Abtretung erwirbt der **Zessionar** die Gläubigerstellung und i.d.R. das mit der Versicherungsleistung verbundene Kündigungsrecht (s. § 168 Rdn 10). Die Folgen der Umwandlung sind schwächer als bei der Kündigung. Daher erwirbt der Zessionar mit dem Kündigungsrecht auch das Recht auf Umwandlung a maiore ad minus (BK/*Schwintowski*, § 174 Rn 12; Prölss/Martin/*Reiff*, § 165 Rn 5; **a.A.** MüKo/*Mönnich*, § 165 VVG Rn 9: andere Interessenlage als bei der Kündigung). Dies gilt auch bei der Sicherungszession. Eine abredewidrige Umwandlung kann Schadensersatz auslösen. Auch der Vollstreckungsgläubiger und der Insolvenzverwalter können die Umwandlung verlangen, nicht jedoch die versicherte Person, der Bezugsberechtigte oder der Pfandgläubiger (so auch Looschelders/Pohlmann/*Krause*, § 165 Rn 6; *Prang*, in: v. Bühren, Hdb. VersR, § 14 Rn 130).

Dem VR steht kein Umwandlungsrecht zu. Im Fall einer Kündigung durch den VR verweist § 166 Abs. 1 S. 2 VVG auf § 165 VVG mit der Folge, dass die Versicherung stets in eine prämienfreie umgewandelt wird.

c) Umwandlungsverlangen

Für die Umwandlung ist eine **einseitige, empfangsbedürftige Willenserklärung** des VN erforderlich. Die Willenserklärung hat **rechtsgestaltende Wirkung**, so dass sie keiner Annahme durch den VR bedarf (BGH, VersR 1975, 1089; OLG Hamm, VersR 2012, 347; *Winter*, in: Bruck/Möller, § 165 Rn 21). Eine bestimmte Form ist nicht vorgesehen. Textform (§ 126b BGB) oder Schriftform (§ 126 BGB) dürfen aber vertraglich vereinbart werden (§ 171 S. 2 VVG, vgl. § 13 Abs. 1 S. 1 Musterbedingungen ALB 2016. Das Umwandlungsverlangen kann **jederzeit** geäußert werden.

9 Das Umwandlungsverlangen muss **klar und deutlich** den Willen erkennen lassen, die Versicherung in eine prämienfreie umzuwandeln (BGH, NJW 1976, 148; OLG Hamm, VersR 2012, 347; OLG Köln, r+s 1992, 138, 139; OLG Stuttgart, VersR 2002, 301; *Winter*, in: Bruck/Möller, § 165 Rn 26). Der VN muss die Erklärung **eindeutig** abgeben; das bloße Einverstandensein genügt nicht (BGH, VersR 1994, 39; OLG Hamm, VersR 2012, 347, 349). Ebenso wenig kann die Bitte um Prämienfreistellung genügen, wenn ein **abweichender Wille erkennbar** ist (OLG Hamm, VersR 2012, 347; OLG Stuttgart, VersR 2002, 301; OLG Köln, r+s 1992, 138, Ls.; OLG Köln, r+s 2013, 397, 398). Die Erklärung muss aber nicht unbedingt ausdrücklich gemacht werden (OLG Köln, r+s 1992, 138, 139; BK/*Schwintowski*, § 174 Rn 8). Bei Zweifeln am Erklärungswillen („Ich kann für einige Monate meine Beiträge nicht bezahlen."), darf der VR nicht ohne Weiteres von einem Umwandlungsverlangen ausgehen. Vielmehr muss der VR **nachfragen** und über die Folgen der Umwandlung **aufklären**, insb., wenn bei Umwandlung ein Berufsunfähigkeitsschutz verloren ginge (OLG Hamm, VersR 2012, 347, 349; OLG Köln, r+s 1992, 138 f.; Römer/Langheid/*Langheid*, § 165 Rn 6). Wandelt der VR trotz unklarem Verlangen um, kommt eine Schadenersatzverpflichtung nach § 6 Abs. 5 i.V.m. Abs. 4 VVG in Betracht (OLG Köln, r+s 1992, 138 f.: früher nach pVV, § 280 BGB; OLG Hamm, VersR 2012, 347, 349). Es kann auch eine bloße Beitragspause gemeint sein. Besteht bei einem eindeutigen Umwandlungsverlangen kein besonderer Anlass für eine Aufklärung, darf der VN diese zwar nicht erwarten (vgl. OLG Karlsruhe, r+s 1996, 286, 287; ähnlich OLG Frankfurt a.M., VersR 2016, 238, 239: nach Umwandlungsverlangen keine Beratungspflicht); indes ist im Lichte des § 6 Abs. 4 VVG darauf zu achten, keine übertriebenen Anforderungen an den Anlass zu stellen (ähnlich VersR-Hdb/*Brömmelmeyer*, § 42 Rn 196).

Praxishinweis
Ist die Äußerung des VN objektiv eindeutig als Beitragsfreistellungsverlangen anzusehen, entspricht dies aber nicht dessen wirklichem Willen, kommt eine Irrtumsanfechtung gem. § 119 BGB in Betracht (OLG Frankfurt, VersR 2016, 238, 239). Es ist darauf zu achten, diese unverzüglich (§ 121 BGB), d.h. ohne schuldhaftes Zögern, zu erklären.

d) Vereinbarte Mindestversicherungsleistung

10 Voraussetzung für die Umwandlung ist das Erreichen der vereinbarten Mindestversicherungsleistung. Diese ist dem VN **vor Abgabe** seiner Vertragserklärung gem. § 2 Abs. 1 Nr. 5 VVG-InfoV **mitzuteilen**. Häufig wird eine Untergrenze für die prämienfreie VersSumme festgelegt (vgl. § 13 Abs. 4 S. 1 Musterbedingungen ALB 2016). Es kann auch eine Mindestversicherungsrente vereinbart werden. Die allgemeine Formulierung „Mindestversicherungsleistung" sollte auch die Vereinbarung einer **Mindestvertragslaufzeit** von z.B. drei Jahren umfassen. Diese Einschränkung dient der **Kostenbegrenzung**, die im Interesse des Versichertenkollektivs und des VR selbst nötig ist. Kleine VersSummen verursachen überproportional hohe Verwaltungskosten. Daher wird in diesen Fällen der Rückkaufswert nach § 165 Abs. 1 S. 2 VVG ausgezahlt. Die Höhe der Mindestversicherungsleistung kann und muss individuell vereinbart werden. Die Grenze ist überschritten, wenn die geforderte Mindestversicherungsleistung zu einer **faktischen Umwandlungssperre** führt. Dann liegt

ein Verstoß gegen § 171 S. 1 VVG sowie § 307 Abs. 2 Nr. 1 BGB vor. Für die Bestimmung der max. Höhe der Mindestversicherungsleistung könnte an die Abschluss- und Verwaltungskosten angeknüpft werden (s. BK/*Schwintowski*, § 174 Rn 27).

e) Umwandlung in prämienfreie Versicherung

Geht das Umwandlungsverlangen dem VR zu (§ 130 Abs. 1 BGB), wandelt sich die Versicherung zum Schluss der laufenden Versicherungsperiode **automatisch** in eine prämienfreie Versicherung mit veränderten Leistungen um. I.H.d. darüber hinausgehenden Betrages **erlischt** die Versicherung (BGH, VersR 1954, 281; OLG Oldenburg, VersR 2004, 1164). Eine mit der Lebensversicherung verbundene **Berufsunfähigkeits-Zusatzversicherung** entfällt (OLG Oldenburg, VersR 2004, 1164; OLG Karlsruhe, VersR 1992, 1250), sofern nur eine Beitragsbefreiung versichert ist, während eine versicherte Berufsunfähigkeitsrente bestehen bleibt (Looschelders/Pohlmann/*Krause*, § 165 Rn 11), sofern nicht anders vereinbart. I.Ü. bleibt das Versicherungsverhältnis **bestehen** (BGH, VersR 1954, 281; OLG Nürnberg, VersR 1952, 121; OLG Schleswig, VersR 1953, 19, 19 f.). Prämien werden nicht mehr geschuldet, alle anderen Rechte und Pflichten bleiben bestehen. Rücktritt und Anfechtung bleiben möglich. Die Leistungen reduzieren sich auf die prämienfreie VersSumme. Die Überschussbeteiligung bezieht sich nur noch auf diese VersSumme.

11

Die Umwandlung erfolgt zum Schluss der laufenden Versicherungsperiode (s. § 168 Rdn 25). Eine **Teilumwandlung** ist nicht im Gesetz vorgesehen, kann aber vertraglich vereinbart werden (vgl. § 13 Abs. 4 S. 2 Musterbedingungen ALB 2016), da der VN besser gestellt wird (§ 171 S. 1 VVG).

12

Der VN hat **keinen Anspruch** auf spätere ganze oder teilweise **Rückumwandlung** in einen prämienpflichtigen Vertrag (BGH, VersR 1994, 39; VersR 1954, 281; OLG Frankfurt, VersR 2016, 238; OLG Hamm, VersR 2012, 347; OLG Oldenburg, VersR 2004, 1164; Römer/Langheid/*Langheid*, § 165 Rn 11). Der VR kann dem Wunsch nach Rückumwandlung stattgeben. Diese ist wie ein **neuer Abschluss** anzusehen (BGH, VersR 1994, 39; OLG Oldenburg, VersR 2004, 1164; Rüffer/Halbach/Schimikowski/*Brambach*, § 165 Rn 15). Der VR darf die Wiederherstellung des ursprünglichen Vertrags daher vom **Gesundheitszustand** der versicherten Person abhängig machen. Die Anzeigepflicht des § 19 VVG gilt erneut (zum alten Recht: BGH, VersR 1994, 39; OLG Karlsruhe, VersR 1992, 1250; OLG Köln, VersR 1992, 1252). Er darf auch solche Gesundheitsschäden in die Risikoprüfung einbeziehen, die bereits bei Umwandlung vorlagen (OLG Oldenburg, VersR 2004, 1164). Diese Vorgehensweise erwartet ein durchschnittlicher VN nicht; daher ist er bei Umwandlung über diese Handhabung **aufzuklären** (OLG Oldenburg, VersR 2004, 1164). Eine darüber hinausgehende Aufklärungspflicht des VR über die für den VN nachteiligen Folgen trotz eindeutigem Umwandlungsverlangens wurde bisher abgelehnt (OLG Oldenburg, VersR 2004, 1164 [hinsichtlich allgemeiner Aufklärung über Gesundheitsprüfung]; OLG Karlsruhe, r+s 1996, 286; offen gelassen: OLG Saarbrücken, r+s 2004, 33). Dies wird zu Recht bemängelt (Römer/Langheid/*Langheid*, § 165 Rn 12; BK/*Schwintowski*, § 174 Rn 9). Aus § 6 Abs. 4 S. 1 VVG ergibt sich jetzt auch eine Beratungspflicht des VR während der

13

Dauer des VV. Der VR muss zumindest dann beraten, wenn er erkennt oder damit rechnen muss, dass der VN nicht die optimale Vertragsgestaltung wählt (BGH, VersR 1981, 621; Looschelders/Pohlmann/*Krause*, § 165 Rn 18). Unterbleibt eine Aufklärung, kommt eine Haftung des VR nach § 6 Abs. 5 VVG in Betracht, wenn der dem VN entstandene Schaden, d.h. der partielle Verlust des Versicherungsschutzes, durch die Verletzung der Aufklärungspflicht verursacht worden ist (OLG Oldenburg, VersR 2004, 1164: früher pVV, beschränkt auf das negative Interesse; s.a. OLG Hamm, VersR 2012, 347, 349).

2. Rückkaufswert (§ 165 Abs. 1 S. 2 VVG)

14 Ist die vereinbarte Mindestversicherungsleistung (vgl. § 13 Abs. 4 Musterbedingungen ALB 2016) nicht erreicht, wird das Interesse des zahlungsunfähigen oder -unwilligen VN durch die **Auszahlung des Rückkaufswertes** gewahrt. § 165 Abs. 1 S. 2 VVG verweist in diesem Fall vollumfänglich auf § 169 VVG. Auch für Versicherungen, die nicht unter den Anwendungsbereich des § 169 Abs. 1 S. 1 VVG fallen, sind somit Rückkaufswerte zu berechnen (wie hier: Prölss/Martin/*Reiff*, § 165 Rn 13; a.A. MüKo/*Mönnich*, § 165 VVG Rn 21). Die Regelungen des § 169 VVG sind einzuhalten. Insb. sind auch etwaig vorhandene Schlussüberschüsse und Bewertungsreserven zu berücksichtigen. Stornoabzüge müssen den Anforderungen des § 169 Abs. 5 VVG genügen.

II. Einzelheiten zur Berechnung (§ 165 Abs. 2 und 3 VVG)

1. Berechnung der prämienfreien Leistung

15 Der Berechnung der prämienfreien Leistung wird der **Rückkaufswert nach § 169 Abs. 3–5** (s. § 169 Rdn 28 ff.) zugrunde gelegt. Sie wird für den Schluss der laufenden Versicherungsperiode berechnet (s. Rdn 12). **Prämienrückstände** werden leistungsmindernd berücksichtigt (§ 165 Abs. 3 S. 1 VVG). Mit dem Verweis auf § 169 Abs. 3–5 VVG wird ein Gleichlauf der Berechnungen des Rückkaufswerts und der prämienfreien Versicherungsleistung erreicht (Begr. BT-Drucks 16/3945, S. 101). Bei der Berechnung des Rückkaufswerts sind die Vorgaben des § 169 Abs. 3–5 VVG zu beachten. Angeknüpft wird an das **Deckungskapital**.

16 Die **Abschluss- und Vertriebskosten** sind auch bei der Umwandlung in eine prämienfreie Versicherung – wie bei der Kündigung – gleichmäßig auf fünf Jahre zu verteilen. Obwohl der Vertrag fortbesteht, werden die nach Umwandlung fälligen Abschlusskosten nicht mehr belastet, obwohl deren Höhe in einem absoluten Betrag ausgewiesen wurde (wie hier: *Winter*, in: Bruck/Möller, § 165 Rn 34; MüKo/*Mönnich*, § 165 VVG Rn 27, 30; a.A. *Engeländer*, VersR 2007, 1297, 1309). Die in Eurobeträgen ausgewiesenen Abschlusskosten beruhen auf einer vereinbarten Berechnungsvorgabe, so dass sich die Kosten bei Prämienfreistellungen und -herabsetzungen entsprechend reduzieren. Es gibt auch keinen Grund, den VN bei einer Umwandlung schlechter zu stellen als bei der Kündigung. Dies widerspräche dem Gesetzeszweck. **Stornokosten** müssen vereinbart, beziffert und angemessen sein (§ 169 Abs. 5 VVG). Ansprüche des VR auf Schlussüberschussbeteiligung und Beteiligung an den Bewertungsreserven (vgl. § 169 Abs. 7 VVG) werden durch die Umwandlung nicht berührt (§ 165 Abs. 3 S. 2 VVG; Begr. BT-Drucks 16/3945, S. 101). Sie werden aber nicht bei der Berechnung der prämienfreien Leistung berücksichtigt, sondern bei Vertragsablauf zusammen mit der dann auszuzahlenden Leistung vergütet.

Bei **Altverträgen** wird für die Berechnung der prämienfreien Leistung weiterhin § 176 VVG a.F. zugrunde gelegt, allerdings in der durch die Rechtsprechung des BGH (BGH, NJW 2012, 3023; BGH, NJW 2013, 3240; BGH, NJW 2005, 3559; s.a. BGH, NJW 2001, 2012; BGH, NJW 2001, 2014) und des BVerfG (BVerfG, VersR 2006, 489) entwickelten Ausprägung (vgl. § 169 Rdn 45 ff.). Die betreffenden Klauseln in den Versicherungsbedingungen wurden vom BGH zunächst wegen Intransparenz (BGH, NJW 2001, 2012; BGH, NJW 2001, 2014; BGH, NJW 2005, 3559), dann auch aus materiellen Gründen (BGH, NJW 2012, 3023; BGH, NJW 2013, 3240) für unwirksam erklärt. **17**

2. Angabe im Vertrag

Rechtzeitig vor Vertragsschluss hat der VR dem Kunden folgende Informationen zu übermitteln: Angabe des Mindestversicherungsbetrags für die Umwandlung in EUR, über die Leistungen aus einer prämienfreien oder -reduzierten Versicherung in EUR (§ 2 Abs. 1 Nr. 5, Abs. 2 S. 1 VVG-InfoV) sowie das Ausmaß, in dem diese Leistungen garantiert sind, ebenfalls in EUR (§ 2 Abs. 1 Nr. 6, Abs. 2 S. 2 VVG-InfoV). Die prämienfreie Leistung ist im Vertrag **für jedes Versicherungsjahr anzugeben** (s.a. § 169 Rdn 81). **18**

C. Abdingbarkeit

§ 165 VVG ist **halbzwingend** (vgl. § 171 S. 1 VVG). **19**

§ 166 VVG Kündigung des Versicherers

(1) Kündigt der Versicherer das Versicherungsverhältnis, wandelt sich mit der Kündigung die Versicherung in eine prämienfreie Versicherung um. Auf die Umwandlung ist § 165 anzuwenden.

(2) Im Fall des § 38 Abs. 2 ist der Versicherer zu der Leistung verpflichtet, die er erbringen müsste, wenn sich mit dem Eintritt des Versicherungsfalles die Versicherung in eine prämienfreie Versicherung umgewandelt hätte.

(3) Bei der Bestimmung einer Zahlungsfrist nach § 38 Abs. 1 hat der Versicherer auf die eintretende Umwandlung der Versicherung hinzuweisen.

(4) Bei einer Lebensversicherung, die vom Arbeitgeber zugunsten seiner Arbeitnehmerinnen und Arbeitnehmer abgeschlossen worden ist, hat der Versicherer die Bezugsberechtigten über die Bestimmung der Zahlungsfrist nach § 38 Abs. 1 und die eintre-

tende Umwandlung der Versicherung in Textform zu informieren und ihnen eine Zahlungsfrist von mindestens zwei Monaten einzuräumen.

Übersicht

	Rdn
A. Normzweck	1
B. Norminhalt	3
I. Kündigung durch den Versicherer (§ 166 Abs. 1 VVG)	3
1. Versicherungsverhältnis	3
2. Kündigung des Versicherers	5
3. Rechtsfolge: Umwandlung in prämienfreie Versicherung	7
II. Abwandlung der Rechtsfolge des § 38 Abs. 2 VVG (§ 166 Abs. 2 VVG)	9
III. Hinweispflicht bei § 38 Abs. 1 VVG (§ 166 Abs. 3 VVG)	10
IV. Informationspflicht i.R.d. betrieblichen Altersvorsorge (§ 166 Abs. 4 VVG)	11
1. Lebensversicherung in der betrieblichen Altersvorsorge	11
2. Information des Bezugsberechtigten	12
C. Abdingbarkeit	14

A. Normzweck

1 § 166 VVG verändert die eigentliche Rechtsfolge einer Kündigung durch den VR. An die Stelle der Beendigung des Vertrags und der Auszahlung des Rückkaufswertes tritt die **Umwandlung in eine prämienfreie Versicherung** nach § 165 VVG. Dies ist interessengerecht. Im wichtigsten Fall der **Kündigung bei Nichtzahlung der Folgeprämie** (§ 38 Abs. 3 VVG) kann man davon ausgehen, dass der VN nicht gleich den Vertrag aufheben möchte, sondern aufgrund des Zahlungsengpasses die Umwandlung in eine prämienfreie Versicherung bevorzugen würde. Für den VR ergibt sich daraus kein Nachteil (vgl. Motive zum VVG, S. 235). Für die anderen Kündigungsgründe ergibt sich nichts anderes. § 166 Abs. 1–3 VVG übernehmen inhaltlich unverändert den § 175 VVG a.F. § 166 Abs. 1 VVG ist jedoch nicht mehr auf Kündigungen wegen Zahlungsverzug bei Folgeprämie nach § 38 VVG beschränkt, wohl ist dies aber § 166 Abs. 2–4 VVG.

2 § 166 Abs. 4 VVG wurde im Rahmen der VVG-Reform 2008 eingefügt. Er soll das **Interesse des Arbeitnehmers** an der Aufrechterhaltung seiner Altersvorsorge berücksichtigen. Zahlt der Arbeitgeber als VN keine Prämien mehr, wird die Erreichung des Altersvorsorgeziels gefährdet. Nach § 166 Abs. 4 VVG werden die Betroffenen über diesen für sie nachteiligen Umstand informiert, so dass sie darauf reagieren können, z.B. durch Zahlung der rückständigen Beiträge.

B. Norminhalt

I. Kündigung durch den Versicherer (§ 166 Abs. 1 VVG)

1. Versicherungsverhältnis

3 Vorausgesetzt ist ein **bestehendes Versicherungsverhältnis**. Erfasst werden alle Lebensversicherungen (Risiko- und Kapital bildende Versicherungen, Berufsunfähigkeitsversicherungen – § 176 VVG –, Dread Disease-Versicherungen usw.), unabhängig davon, ob sie einen Rückkaufswert bilden. Ebenfalls erfasst werden Unfallversicherungen mit Prämienrückgewähr (Umkehrschluss aus § 211 Abs. 1 Nr. 4 VVG; **a.A.** Prölss/Martin/*Reiff*, § 166, Rn 2). Auf Altverträge, die bis zum 31.12.2007 zustande gekommen sind, ist die Vorschrift ab 1.1.2009 anzuwenden. Dies gilt – anders als in der Vorauflage vertreten – auch für Berufsunfähigkeitsversicherungs-Altverträge (*Winter*, in: Bruck/Möller, § 166 Rn 7; Prölss/Martin/*Reiff*, § 166 Rn 3). Art. 4 Abs. 3 EGVVG, der für die Berufsunfähigkeitsversicherung die Anwendung des § 176 VVG für Altverträge ausschließt, soll nur klarstellen, dass die entsprechende Anwendung der §§ 150 ff. VVG auf die Berufsunfähigkeitsversicherung wie zuvor fortgeführt wird (vgl. Begr. BT-Drucks 16/3945, S. 107).

§ 166 VVG ist nicht anwendbar auf Versicherungen bei **Pensionskassen** i.S.d. § 233 VAG (§ 118b Abs. 3 und 4 VAG a.F.), Versicherungen, die bei einem Verein genommen werden, der als kleinerer Verein i.S.d. Versicherungsaufsichtsgesetzes anerkannt ist, Lebensversicherungen mit kleineren Beträgen und Unfallversicherungen mit kleineren Beträgen, soweit mit Zustimmung der Aufsichtsbehörde in den Bedingungen abweichende Regelungen getroffen worden sind (§ 211 Abs. 1 VVG). 4

2. Kündigung des Versicherers

Der VR muss kündigen. Kündigt der VN, gelten die §§ 168, 169 VVG. Die Vorschrift ist nicht anwendbar bei Rücktritt. Aus welchem Grund der VR kündigt, ist unerheblich. Die bisherige Beschränkung auf Fälle des § 38 VVG ist aufgehoben worden. Dennoch muss ein **ausdrückliches Kündigungsrecht** des VR normiert sein. Ein **allgemeines Kündigungsrecht** des VR **besteht nicht** (Begr. BT-Drucks 16/3946, S. 100; s.a. § 11 Rdn 5 und allg. zur Systematik der Kündigungsrechte § 11 Rdn 53). Dies widerspräche dem Grundgedanken kapitalbildender Versicherungen als Altersvorsorge und ergibt sich alleine schon aus der Existenz des § 163 VVG. I.Ü. verstieße ein allgemeines Kündigungsrecht des VR gegen § 307 Abs. 2 Nr. 2 BGB (Römer/Langheid/*Langheid*, § 166 Rn 4). Infrage kommen Kündigungen nach § 38 Abs. 3 S. 1 VVG wegen Verzugs mit der Zahlung der Folgeprämie, nach § 19 Abs. 3 S. 2 VVG bei weder vorsätzlicher noch grob fahrlässiger Anzeigepflichtverletzung, bei Verletzung einer vertraglichen Obliegenheit (§ 28 Abs. 1 VVG) oder bei Gefahrerhöhung nach §§ 24, 158 Abs. 1 VVG. Die Voraussetzungen der jeweiligen Kündigungsgründe müssen erfüllt sein. 5

Bei Nichtzahlung der Erstprämie ist § 166 VVG nicht anwendbar, vielmehr steht dem VR ein Rücktrittsrecht zu (§ 37 Abs. 1 VVG). 6

3. Rechtsfolge: Umwandlung in prämienfreie Versicherung

Liegen die Kündigungsvoraussetzungen vor und kündigt der VR, wandelt sich die Versicherung in eine prämienfreie um. Dies ersetzt die eigentliche Rechtsfolge der Beendigung des VV; bereicherungsrechtliche Ansprüche werden nicht ausgelöst (BGHZ 13, 226, 234; Vorinstanz: OLG Schleswig, VersR 1953, 19, 20). Die Umwandlung erfolgt **im Zeitpunkt** 7 des **Wirksamwerdens der Kündigung**, nicht erst zum Schluss der laufenden Versicherungsperiode (wie in § 165 Abs. 1 S. 1 VVG vorgesehen; s.a. *Winter*, in: Bruck/Möller, § 166 Rn 17). Die weiteren Voraussetzungen des § 165 VVG sind aber wegen § 166 Abs. 1 S. 2 VVG zu beachten. So muss z.b. eine vereinbarte Mindestversicherungsleistung erreicht sein. Ansonsten wird der Rückkaufswert nach §§ 165 Abs. 1 S. 2, 169 VVG ausgezahlt (ebenso Looschelders/Pohlmann/*Krause*, § 166 Rn 4; Rüffer/Halbach/Schimikowski/*Brambach*, § 166 Rn 2).

8 Bei einer Kündigung nach § 38 Abs. 3 S. 1 VVG ist die Umwandlung nach § 38 Abs. 3 S. 3 VVG **auflösend bedingt durch die Zahlung der rückständigen Prämie** innerhalb eines Monats nach Kündigung bzw. Fristablauf. Zahlt der VN den rückständigen Betrag innerhalb dieser Frist, bleibt das Versicherungsverhältnis bestehen, wenn der Versicherungsfall nicht bereits eingetreten ist. Nach Fristablauf kann der VN nicht verlangen, dass der ursprüngliche Vertrag wiederhergestellt wird (OLG Nürnberg, VersR 1973, 413, 414; OLG Köln, VersR 1953, 407, 408). Dennoch darf der VR einem solchen Wunsch folgen (BGH, VersR 1994, 39; BGHZ 13, 226, 237). Eine solche Wiederherstellung ist aber hinsichtlich des über die prämienfreie Versicherungsleistung hinausgehenden Betrags wie ein Neuabschluss anzusehen (BGH, VersR 1994, 39, 40; *Winter*, in: Bruck/Möller, § 168 Rn 23). Insoweit – nicht bis zur Höhe der prämienfreien Versicherungsleistung – besteht wieder die Anzeigepflicht unter den Voraussetzungen des § 19 (s. zum alten Recht BGH, VersR 1994, 39). Auch nach einer Umwandlung ergeben sich aus der Rechtsbeziehung gegenseitige **Treuepflichten**, die u.a. zum Inhalt haben, dass Briefe sachgerecht beantwortet und Versicherungsangelegenheiten in üblicher Weise erledigt werden (OLG Nürnberg, VersR 1973, 413).

II. Abwandlung der Rechtsfolge des § 38 Abs. 2 VVG (§ 166 Abs. 2 VVG)

9 § 166 Abs. 2 VVG **wandelt** die **Rechtsfolge** des § 38 Abs. 2 VVG **ab**. Tritt der Versicherungsfall nach dem ungenutzten Ablauf der Zahlungsfrist (§ 38 Abs. 1 VVG) und vor Kündigung durch den VR ein, wird der VR entgegen § 38 Abs. 2 VVG **nicht von der Leistung frei**. Stattdessen muss er die Leistung erbringen, die er bei Umwandlung des VV in eine prämienfreie Versicherung im Zeitpunkt des Eintritts des Versicherungsfalls hätte auszahlen müssen, also die prämienfreie Versicherungsleistung i.S.d. § 165 Abs. 2 i.V.m. § 169 Abs. 3–5 VVG (vgl. § 165 Rdn 15 ff.). Auch hier wird der Vertrag durch Auszahlung des Rückkaufswerts beendet, wenn die vereinbarte Mindestversicherungsleistung nicht erreicht wurde (§ 165 Abs. 1 S. 2; vgl. § 165 Rdn 10).

III. Hinweispflicht bei § 38 Abs. 1 VVG (§ 166 Abs. 3 VVG)

10 § 38 Abs. 1 VVG wird dahin gehend ergänzt, dass der VR bei der Setzung der Zahlungsfrist zusätzlich zu den in § 38 Abs. 1 VVG genannten Angaben auch auf die Rechtsfolge der **Umwandlung** in eine prämienfreie Versicherung sowie auf die Reduzierung des Versicherungsschutzes nach § 166 Abs. 2 VVG **hinweisen** muss (ebenso Looschelders/Pohlmann/*Krause*, § 166 Rn 7). Ansonsten ist die Bestimmung der Zahlungsfrist unwirksam. Dem

VN muss konkret mitgeteilt werden, ob eine Umwandlung und damit eine Reduzierung des Versicherungsschutzes eintritt oder nicht oder ob bei Nichterreichen des Mindestrückkaufswerts sogar der Rückkaufswert ausgezahlt wird und die Versicherung erlischt (Looschelders/Pohlmann/*Krause*, § 166 Rn 7). Es genügt z.B. nicht die Information, *„dass der Versicherungsschutz in Höhe der beitragsfreien VersSumme weiterbesteht, wenn nach den allgemeinen Versicherungsbedingungen die Umwandlung der Versicherung in eine beitragsfreie möglich ist"* (OLG München, VersR 2000, 1094, 1095 m. krit. Anm. *Reinhard*, VersR 2000, 1095).

IV. Informationspflicht i.R.d. betrieblichen Altersvorsorge (§ 166 Abs. 4 VVG)

1. Lebensversicherung in der betrieblichen Altersvorsorge

Erfasst werden Lebensversicherungen, die **vom Arbeitgeber zugunsten seiner Mitarbeiter** abgeschlossen werden. Der Anwendungsbereich ist nicht eindeutig. Erfasst sind zunächst Direktversicherungen sowie Pensionsfonds und Pensionskassen (mit Ausnahme der in § 211 Abs. 1 Nr. 1 VVG genannten; Looschelders/Pohlmann/*Krause*, § 166 Rn 9; nur Direktversicherungen und deregulierte Pensionskassen: *Prang*, in: v. Bühren, Hdb. VersR, § 14 Rn 432). Begünstigt und versichert ist hier regelmäßig der Arbeitnehmer. Fraglich ist, ob sich der Anwendungsbereich auch auf Rückdeckungsversicherungen für Unterstützungskassen und Pensionszusagen erstreckt. Auch hier sind Arbeitnehmer regelmäßig als versicherte Personen eingesetzt. Bezugsberechtigt ist – anders als bei Direktversicherungen, Pensionskassen und Pensionsfonds – aber regelmäßig der Arbeitgeber. Der Wortlaut des § 166 Abs. 4 VVG bezieht sich ausschließlich auf die Arbeitnehmer als versicherte Personen und deutet insofern auf eine Einbeziehung von Rückdeckungsversicherungen hin. Im ursprünglichen Gesetzesentwurf (BT-Drucks 16/3945, S. 32) bezog sich der Wortlaut des § 166 Abs. 4 VVG noch auf die Arbeitnehmer als Bezugsberechtigte. Die Wortersetzung soll eine „rein begriffliche Korrektur" darstellen (BT-Drucks 16/5862, S. 99). Allerdings ist davon auszugehen, dass dem Gesetzgeber der Unterschied zwischen versicherter Person und Bezugsberechtigtem bekannt ist. Berücksichtigt man außerdem die Intention des Gesetzgebers, den Arbeitnehmer durch Begründung der Informationspflicht zu schützen, sprechen Wortlaut und Zweck der Regelung für eine Einbeziehung von Rückdeckungsversicherungen in den Anwendungsbereich des § 166 Abs. 4 VVG. Auch wenn Rückdeckungsversicherungen der Finanzierung von Zusagen durch den Arbeitgeber dienen, während sich der Umfang der betrieblichen Altersvorsorge aus dem Rechtsverhältnis zwischen Arbeitgeber und Arbeitnehmer ergibt, spricht dies nicht gegen eine Einbeziehung von Rückdeckungsversicherungen in den Anwendungsbereich des § 166 Abs. 4 VVG (so aber Looschelders/Pohlmann/*Krause*, § 166 Rn 9). Auch Rückdeckungsversicherungen können auf einen anderen Arbeitgeber oder auf den Arbeitnehmer selbst übertragen werden. Daran kann der Arbeitnehmer gerade dann ein Interesse haben, wenn eine Insolvenz des Arbeitgebers droht. Dem Schutz der Ansprüche durch den Pensionssicherungsverein könnte eine Übertragung des Vertrages auf einen neuen VN vorzugswürdig sein. Eine Informationspflicht gibt dem Arbeitnehmer auch in diesen Fällen die Möglichkeit, durch eigene Beitragszahlung den Verlust des Versicherungsschutzes abzuwenden und den Vertrag ggf. unter Aufrechterhaltung der Leistung auf einen neuen Arbeitgeber oder sich selbst zu übertragen. Insofern ist kein triftiger Grund erkennbar, den Wortlaut des Gesetzes entgegen dem Schutzzweck und der Intention des Gesetzgebers einschränkend auszulegen. Nach hier vertretener Auffassung werden Rückdeckungsversicherungen in den Anwendungsbereich von § 166 Abs. 4 VVG einbezogen (wie hier: *Winter*, in: Bruck/Möller, § 166 Rn 29; **a.A.** MüKo/*Mönnich*, § 166 VVG Rn 19; Rüffer/Halbach/Schimikowski/*Brambach*, § 166 Rn 4; Looschelders/Pohlmann/*Krause*, § 166 Rn 9; *Prang*, in: v. Bühren, Hdb. VersR, § 14 Rn 432).

2. Information des Bezugsberechtigten

12 Der VR muss den Bezugsberechtigten, also den Arbeitnehmer, **informieren**, wenn der Arbeitgeber die fälligen Beiträge nicht rechtzeitig gezahlt hat. Die Information muss den Zahlungsverzug, die Fristbestimmung unter Angabe der ausstehenden Beträge (Prämien, Zinsen, Kosten) sowie die als Rechtsfolge eintretende Umwandlung bei Kündigung und im Versicherungsfall (§ 166 Abs. 3 VVG) zum Gegenstand haben. Diese Information ersetzt nicht die Information des **Versicherungsnehmers**, der auch weiterhin zur Zahlung der Prämien verpflichtet bleibt. Die Information hat in Textform (§ 126b BGB) zu erfolgen. Ausführlich zu weiteren Informationspflichten des Arbeitgebers und externer Versorgungsträger: *Bürkle*, BB 2007, 101; *Reinecke*, DB 2006, 555.

13 Damit der Arbeitnehmer genügend Zeit hat, die rückständigen Beiträge selbst zu zahlen, muss der VR ihm eine Frist von **mindestens zwei Monaten** einräumen. Fraglich ist, ob diese Frist die Zahlungsfrist von zwei Wochen (§ 38 Abs. 1 S. 1 VVG) ersetzt oder die Nachzahlungsfrist des § 38 Abs. 3 S. 3 VVG von einem auf zwei Monate verlängert. Die Arbeitnehmer sollen die Möglichkeit erhalten, mit eigenen Mitteln den Versicherungsschutz aufrechtzuerhalten. Dieses Ziel wird am besten erreicht, wenn man vor der Kündigung der Versicherung eine Zahlungsfrist von zwei Monaten einräumt. Insofern verlängert § 166 Abs. 4 VVG die Zahlungsfrist des § 38 Abs. 1 S. 1 VVG auf mindestens zwei Monate. Dies entspricht auch dem Willen des Gesetzgebers (vgl. Begr. BT-Drucks 16/3945, S. 101). Der VR darf aber auch bei Verträgen der betrieblichen Altersversorgung die Kündigung mit der Bestimmung der Zahlungsfrist i.S.d. § 38 Abs. 3 S. 2 VVG verbinden. Unterbleibt die Belehrung oder Fristsetzung, tritt weder Leistungsfreiheit nach § 38 Abs. 2, § 166 Abs. 2 VVG ein noch entsteht ein Kündigungsrecht nach § 38 Abs. 3 und 1, § 166 Abs. 3 VVG (so auch Rüffer/Halbach/Schimikowski/*Brambach*, § 166 Rn 3; Looschelders/Pohlmann/*Krause*, § 166 Rn 8).

C. Abdingbarkeit

14 § 166 VVG ist **halbzwingend** (vgl. § 171 S. 1 VVG). Eine Abweichung zulasten VN, versicherter Person oder Eintrittsberechtigten ist unwirksam.

§ 167 VVG | Umwandlung zur Erlangung eines Pfändungsschutzes

Der Versicherungsnehmer einer Lebensversicherung kann jederzeit für den Schluss der laufenden Versicherungsperiode die Umwandlung der Versicherung in eine Versicherung verlangen, die den Anforderungen des § 851c Abs. 1 der Zivilprozessordnung entspricht. Die Kosten der Umwandlung hat der Versicherungsnehmer zu tragen.

Übersicht

	Rdn
A. Normzweck	1
B. Norminhalt	4
I. Versicherungsnehmer einer Lebensversicherung	4
II. Schluss der laufenden Versicherungsperiode	6
III. Umwandlung in Versicherung nach § 851c ZPO	7
IV. Umwandlungsverlangen	15
V. Kostentragung	17
C. Abdingbarkeit	18

A. Normzweck

Das Umwandlungsrecht bezweckt, jedem die Möglichkeit zu geben, seinen Lebensversicherungsvertrag in einen dem Pfändungsschutz unterliegenden VV umzuwandeln. Denn Ansprüche aus bestehenden Kapitallebensversicherungen unterliegen grds. nicht dem Pfändungsschutz (BGH, NJW 1961, 1720), und zwar auch dann nicht, wenn ein Rentenwahlrecht besteht (BFH, BB 2007, 2275). Durch § 167 VVG soll die Absicherung des Existenzminimums ermöglicht werden (Begr. BT-Drucks 16/886, S. 7). Das Gläubigerinteresse muss insoweit zurücktreten. Der damit erreichte **Schutz** von Vermögenswerten, die ausschließlich der Altersvorsorge dienen, **vor dem Gläubigerzugriff** betrifft insb. **Selbstständige**, aber auch Arbeitnehmer (*Römer*, DB 2007, 2523, 2525). Selbstständige haben häufig keine Ansprüche auf gesetzliche Altersrenten und fallen bei Pfändung ihrer privaten Lebensversicherung, die oft die einzige Altersvorsorge darstellt, dann dem Staat zur Last (Begr. BT-Drucks 16/886, S. 7). Sie sollen ihre privat aufgebauten Altersrenten i.R.d. Pfändungsgrenzen schützen können. Damit wird eine gewisse **Gleichbehandlung mit Arbeitnehmern** hergestellt. Deren Ansprüche aus gesetzlichen Renten sind nach § 54 Abs. 4 SGB I wie Arbeitseinkommen pfändbar. Eine Pfändung gesetzlicher Renten von Arbeitnehmern unterliegt daher über § 850 Abs. 1 ZPO den Einschränkungen der §§ 850a bis 850i ZPO, insb. sind die Pfändungsfreigrenzen des § 850c ZPO zu beachten. Dasselbe gilt für Renten aus berufsständischen Versorgungseinrichtungen (§ 54 SGB I wird über Landesgesetze für anwendbar erklärt oder analog angewandt, vgl. BGH, NJW 2004, 3770). Auch Renten aus betrieblicher Altersversorgung (vgl. § 850 Abs. 2 ZPO; BAG, NZA 1991, 157) und Renten aus privaten Versicherungsverträgen, die zum Zwecke der Altersvorsorge abgeschlossen wurden (§ 850 Abs. 3 Buchst. b) ZPO; *Stöber*, NJW 2007, 1242, 1243 m.w.N), sind Arbeitseinkommen und unterliegen damit dem beschriebenen Pfändungsschutz. § 167 VVG entspricht dabei § 173 VVG a.F., der im Jahr 2007 durch das Gesetz zum Pfändungsschutz der Altersvorsorge vom 26.3.2007 (BGBl 2007 I Nr. 11, S. 368 ff.) eingefügt wurde.

2 Eine **Schutzlücke** bleibt weiterhin für Pensionszusagen von **Gesellschaftergeschäftsführern** (s. BGH, NJW 2005, 2231; *Perwein*, GmbHR 2007, 589), obwohl diese als Selbstständige ebenso schutzbedürftig sind.

3 **Basis- oder Rürup-Rentenverträge** (s. vor §§ 150 ff. Rdn 27 ff.) und **Riester-Verträge** (s. Einf. vor §§ 150 ff. Rdn 34 ff.) von **Arbeitnehmern** sind bereits nach § 850 Abs. 3 Buchst. b) ZPO wie Arbeitseinkommen geschützt (*Stöber*, NJW 2007, 1242, 1246), allerdings nur, wenn es sich um Versicherungsverträge handelt, nicht bei Fondssparplänen und Sparverträgen (*Hasse*, VersR 2006, 145, 153, Fn 72a). Renten aus sonstigen Riester-Verträgen von Arbeitnehmern und allen Riester-Verträgen von Selbstständigen sind über § 851d ZPO geschützt (*Thomas*, VW 2008, 1459). Auch **Renten aus Rürup-Verträgen** sollen über § 851d ZPO geschützt sein (Begr. BT-Drucks 16/886, S. 10; *Winter*, in: Bruck/Möller, § 167 Rn 15; *Thomas*, VW 2008, 1459; *Hasse*, VersR 2007, 870). Ob dies der insoweit eindeutig auf die Riester-Rente beschränkte Wortlaut hergibt, ist fraglich (skeptisch *Hasse*, VersR 2006, 145, 152, Fn 75). § 851d ZPO bezieht sich ausschließlich auf § 1 Abs. 1 S. 1 Nr. 4 AltZertG, nicht dagegen auf § 2 AltZertG, in dem die Rürup-Rente geregelt ist (s. allgemein zu Rürup- und Riester-Verträgen *Winter*, in: Bruck/Möller, § 167, Rn 182 ff.).

B. Norminhalt

I. Versicherungsnehmer einer Lebensversicherung

4 Nur der VN kann die Umwandlung verlangen. Es darf nur **ein VN** vorhanden sein. Gibt es mehrere VN, müssen die überzähligen zunächst ausscheiden, bevor der Anspruch aus § 167 S. 1 VVG geltend gemacht werden kann (ebenso Prölss/Martin/*Reiff*, § 167 Rn 4).

5 Es muss sich um einen **Lebensversicherungsvertrag** i.S.d. §§ 150 ff. VVG handeln. Dazu zählen insb. kapitalbildende oder fondsgebundene Lebens- und Rentenversicherungen mit oder ohne Rentenwahlrecht (Looschelders/Pohlmann/*Krause*, § 167 Rn 4; Rüffer/Halbach/Schimikowski/*Brambach*, § 167 Rn 2). **Risikolebensversicherungen** fallen dem Wortlaut nach ebenfalls in den Anwendungsbereich, nicht aber nach dem Schutzzweck der Norm, die Absicherung des Existenzminimums im Hinblick auf die Altersvorsorge zu ermöglichen. Ob § 167 VVG auch einen Anspruch auf Umwandlung einer Risikolebensversicherung in eine Rentenversicherung gewährt (so Looschelders/Pohlmann/*Krause*, § 167 Rn 5), ist fraglich und dürfte im Ergebnis abzulehnen sein (Prölss/Martin/*Reiff*, § 167 Rn 2; MüKo/*Mönnich*, § 167 VVG Rn 3). In jedem Fall kann der VR aber auch eine solche Umwandlung zulassen, da von der Vorschrift zugunsten des VN abgewichen werden darf (§ 171 S. 1 VVG).

II. Schluss der laufenden Versicherungsperiode

Die Umwandlung kann jederzeit ohne Einhaltung einer Frist **zum Ende der laufenden Versicherungsperiode** verlangt werden. Die Versicherungsperiode beträgt nach § 12 VVG grds. ein Jahr. Wenn die Prämien nach kürzeren Zeitabschnitten bemessen sind, z.B. monatlich (echte unterjährige Beiträge), gilt dieser Zeitraum als Versicherungsperiode. Wird aber ein Jahresbeitrag vereinbart, der nur in monatlichen Raten gezahlt werden darf (unechte Jahresbeiträge), bleibt es bei der Versicherungsperiode von einem Jahr (LG Lüneburg, VersR 1978, 658; s.a. § 12 Rdn 2 f.). Insofern müssen die Formulierungen der Vertragsbedingungen für die Bestimmung der Umwandlungsfrist genau untersucht werden. Innerhalb dieser Periode kann die Umwandlung jederzeit, also auch am letzten Tag (Motive zum VVG, S. 224), verlangt werden.

III. Umwandlung in Versicherung nach § 851c ZPO

Um in den Genuss des Pfändungsschutzes innerhalb der Pfändungsfreigrenzen zu gelangen, müssen die **Voraussetzungen des § 851c ZPO kumulativ** erfüllt werden (vgl. BGH, VersR 2011, 1287, 1288, Rn 19; BGH, r+s 2009, 472), insb. muss:
- die Leistung in regelmäßigen Zeitabständen als lebenslange Rente und nicht vor Vollendung des 60. Lebensjahrs oder nur bei Eintritt der Berufsunfähigkeit gewährt werden. Zeitlich befristete Renten, insb. Berufsunfähigkeitsrenten, werden nicht erfasst, weil sie nicht lebenslang gezahlt werden, der Wortlaut dies aber für beide Alternativen verlangt (BGH, VersR 2011, 1252, 1253; s.a. Begr. BT-Drucks 16/886, S. 8 und *Neuhaus/Köther*, ZfV 2009, 248, 252; *Hasse*, VersR 2007, 870);
- die Verfügung über die Ansprüche aus dem Vertrag ausgeschossen sein,
- die Bestimmung von Dritten als Bezugsberechtigte ausgeschlossen sein mit der Ausnahme von Hinterbliebenen und
- die Zahlung einer Kapitalleistung im Erlebensfall (nicht bei Tod) ausgeschlossen sein.

Jegliche Art von **Verfügung** über Rentenansprüche und Ansprüche auf das Deckungskapital (insb. Abtretungen und Verpfändungen) muss **ausgeschlossen** sein. Auch die Kündigung muss in diesem Fall gem. § 168 Abs. 3 S 2 VVG ausgeschlossen werden. Ansonsten könnte der VN den Altersvorsorgevertrag zweckentfremden (Begr. BT-Drucks 16/886, S. 8).

Der **Hinterbliebenenbegriff** ist nicht näher definiert. Hinterbliebene sind in jedem Fall der Ehegatte, die Kinder und die Pflegekinder des VN (Begr. BT-Drucks 16/3844, S. 12). Ein lediglich testamentarisch bedachter Dritter, ohne Verwandtschaftsverhältnis zum VN, scheidet als Hinterbliebener aus (Looschelders/Pohlmann/*Krause*, § 167 Rn 10). Fraglich ist, ob darüber hinaus auch **Lebenspartner** als Hinterbliebene eingesetzt werden dürfen. Dies ist zu bejahen (s.a. *Stöber*, NJW 2007, 1242, 1245; *Winter*, in: Bruck/Möller, § 167 Rn 31; **a.A.** *Wollmann*, Private Altersvorsorge und Gläubigerschutz (2010), S. 131 ff.). Da es um eine Gleichstellung privater und gesetzlicher Altersvorsorge geht, sollten Lebenspartner entsprechend § 46 Abs. 4 SGB VI als Hinterbliebene angesehen werden (*Stöber*, NJW 2007, 1242, 1245). Auch das Eintrittsrecht nach § 170 VVG steht Lebenspartnern zu. § 170

§ 167 VVG — Umwandlung zur Erlangung eines Pfändungsschutzes

VVG und § 851c ZPO bezwecken beide den Schutz der Hinterbliebenen. Ein abweichender Hinterbliebenenbegriff ergibt daher keinen Sinn. Keine Hinterbliebenen sind aber Lebensgefährten (BGH, VersR 2011, 1287, 1288). Im **Todesfall** darf der gesamte Betrag an die Hinterbliebenen ausgezahlt werden. Da die Hinterbliebenen aber auch die Schulden erben, ist der Gläubiger nicht schlechter gestellt (Begr. BT-Drucks 16/3844, S. 10).

10 Voraussetzung der Umwandlung ist, dass **keine Rechte Dritter** entgegenstehen (Begr. BT-Drucks 16/886, S. 14); der VN muss im Zeitpunkt des Umwandlungsverlangens verfügungsbefugt sein. Der Vertrag darf insb. nicht abgetreten, gekündigt oder verpfändet sein (so auch *Prang*, in: v. Bühren, Hdb. VersR, § 14 Rn 550; Looschelders/Pohlmann/*Krause*, § 167 Rn 7). Es darf auch **kein unwiderrufliches Bezugsrecht** bestehen; besteht zunächst ein unwiderrufliches Bezugsrecht, muss der Bezugsberechtigte der Umwandlung in der Form zustimmen, dass er sein Bezugsrecht durch die Umwandlung verliert (Prölss/Martin/*Reiff*, § 167 Rn 8; *Specker*, VersR 2011, 958, 962). Eine widerrufliche Bezugsberechtigung ist unschädlich. Außerdem dürfen VN und versicherte Person nicht auseinander fallen (ebenso *Specker*, VersR 2011, 958, 961) und der Vertrag darf Leistungen nicht vor dem 60. Lebensjahr vorsehen (vgl. Rüffer/Halbach/Schimikowski/*Brambach*, § 167 Rn 2; Prölss/Martin/*Reiff*, § 167 Rn 2). Spätestens zum Zeitpunkt der Umwandlung müssen die geschilderten Voraussetzungen geschaffen worden sein. Unschädlich mit Blick auf § 851c Abs. 1 Nr. 4 ZPO ist die Vereinbarung von Kapitalleistungen an die Hinterbliebenen im Todesfall des VN. Der Pfändungsschutz wird dabei auch nicht beeinträchtigt, wenn dem Schuldner zwar vertraglich ein Kapitalisierungsrecht eingeräumt war, dieses aber zur Zeit der Pfändung nicht mehr bestand (BGH, VersR 2011, 1287, 1288; BGH, VersR 2013, 1548, 1550).

11 Nach Abgabe des Umwandlungsverlangens muss der Versicherer darauf hinwirken, dass der Versicherungsvertrag § 851c Abs. 1 ZPO entspricht. Um die Umwandlung zu erreichen, kann der VR grds. verschiedene Tarife anbieten (vgl. OLG Hamm, r+s 2011, 261 – im Ergebnis allerdings nur ein annehmbarer Tarif angeboten). Er soll dazu auch einen **aktuellen Versicherungstarif** verwenden können, der z.B. einen anderen Rechnungszins aufweist, so dass die Umwandlung für den Versicherungsnehmer wirtschaftlich nachteilig sein kann (so OLG Hamm, r+s 2011, 261; Looschelders/Pohlmann/*Krause*, § 167 Rn 11; Rüffer/Halbach/Schimikowski/*Brambach*, § 167 Rn 11). Nur die Grenze von Treu und Glauben sei zu berücksichtigen (OLG Hamm, r+s 2011, 261; Prölss/Martin/*Reiff*, § 167 Rn 5). Die Umwandlung hat jedoch keine Leistungserweiterungen, sondern -einschränkungen zur Folge. Ein Recht des Versicherers auf Zugrundelegung eines aktuellen, für den VN ungünstigen Tarifs kann dem Umwandlungsanspruch deshalb nicht ohne Weiteres entnommen werden. Zutreffend scheint nur, dass im Einzelfall wegen zwingender oder freiwilliger Änderungen des Leistungsangebots bzw. der Berechnungsgrundlagen eine Änderung vorgenommen wird. **Nach der Umwandlung** kann keine Kapitalleistung mehr verlangt werden. Sonstige Änderungen, die nicht die Voraussetzungen des § 851c ZPO berühren, können auch weiterhin vorgenommen werden (z.B. Beitragsaussetzung, -stundung, Umwandlung der Versicherung in eine prämienfreie nach § 165 VVG). Auch **Beleihungen** (Vorauszahlungen auf die Versicherungsleistung) müssen von diesem Verbot erfasst sein, da die Versicherung sonst zweckentfremdet werden kann (*Hasse*, VersR 2006, 145, 154). In seltenen Fällen kommt eine **außerordentliche Kündigung** wegen Störung der Geschäftsgrundlage oder aus wichtigem Grund (§§ 313 Abs. 3 S. 2, 314 Abs. 1 BGB) in Betracht (*Stöber*, NJW 2007, 1242, 1246; *Hasse*, VersR 2006, 145, 154). Denkbar wäre dies, wenn dem VN wegen der bestehenden Vertragsansprüche Leistungen nach dem SGB II versagt werden (Begr. BT-Drucks 16/886, S. 14).

Weitere Einzahlungen dürfen während der Insolvenz bzw. Pfändung allerdings i.R.d. Grenzen des § 851c Abs. 2 ZPO geleistet werden. Die Rentenansprüche sind nach der Umwandlung wie Arbeitseinkommen (§ 851c Abs. 1 ZPO) i.R.d. §§ 850a bis 850i ZPO pfändbar. Es gelten die Pfändungsfreigrenzen nach § 850c ZPO. Darüber hinaus ist auch das Guthaben in der Ansparphase in den Grenzen des § 851c Abs. 2 ZPO geschützt. Die Höhe des geschützten Guthabens steigt mit zunehmendem Alter bis zu einer Gesamtsumme von 256.000,00 EUR, darüber hinaus sind 3/10 des überschießenden Betrags unpfändbar. Maßgeblich ist der Rückkaufswert, also das Deckungskapital i.S.d. § 169 Abs. 3 VVG, wobei Stornoabzüge nach § 169 Abs. 5 VVG mangels Kündigung – der Vertrag wird fortgesetzt – nicht berücksichtigt werden (Looschelders/Pohlmann/*Krause*, § 167 Rn 15). Übersteigt der Rückkaufswert den 3-fachen Wert von 256.000 EUR, ist dieser Teil voll pfändbar (§ 851c Abs. 2 S. 4 ZPO und *Römer*, DB 2007, 2523, 2526). 12

Der eingetretene Pfändungsschutz bezieht sich auf den gesamten, bereits angesparten Kapitalstock und nicht lediglich auf die neu angesparten Teile des Deckungskapital (OLG Stuttgart, VersR 2012, 1021, 1022; *Winter*, in: Bruck/Möller, § 167 Rn 43). 13

Umstritten ist, ob die **Umwandlung der insolvenzrechtlichen Anfechtung** (§§ 129 ff. InsO) unterliegt (dafür: OLG Naumburg, ZInsO 2011, 677; LG München, ZInsO 2013, 352; *Wollmann*, ZInsO 2012, 2061; dagegen: OLG Stuttgart, VersR 2012, 1021, 1023; *Winter*, in: Bruck/Möller, § 167 Rn 65; Prölss/Martin/*Reiff*, § 167 Rn 14a; *Kemperdick*, ZInsO 2012, 2193; differenzierend; aber grds. für eine Anfechtungsmöglichkeit: KG, ZIP 2012, 379, 380 f.; s.a. BGH, NZI 2011, 937). Der Zweck der Norm, die Gewährung von Pfändungsschutz, sollte dazu führen, die insolvenzrechtliche Anfechtung auszuschließen. Dafür spricht auch, dass die §§ 129 ff. InsO nicht recht auf die Umwandlung der Lebensversicherung passen (kein Vermögensabfluss beim VN; Insolvenzschuldner wäre Gegner des Anfechtungsanspruchs). 14

IV. Umwandlungsverlangen

Zu einem der umstrittensten Problemkreise im Rahmen des § 167 VVG gehören die Einordnung des Umwandlungsverlangens des VN und dessen unmittelbare Wirkung auf die Vollstreckung (s. ausf. *Wollmann*, Private Altersvorsorge und Gläubigerschutz (2010), S. 291 ff.). Der BGH geht davon aus, dass das Umwandlungsverlangen **kein Gestaltungsrecht** des VN ist, da sich die Parteien noch über den genauen Vertragsinhalt einigen müssen (BGH, VersR 2015, 1150, 1152; davor bereits OLG Hamm, r+s 2011, 261; Prölss/Martin/ *Reiff*, § 167 Rn 5; *Specker*, VersR 2011, 958, 961; VersR-Hdb/*Brömmelmeyer*, § 42 Rn 212a f.; **a.A.** zuvor neben der Vorauflage Looschelders/Pohlmann/*Krause*, § 167 Rn 6: 15

einseitige, empfangsbedürftige Willenserklärung; *Rupprecht*, Zwangsvollstreckung in Altersvorsorgeansprüche (2014), S. 284; *Dietzel*, NZI 2014, 962: Gestaltungsrecht).Das Umwandlungsverlangen muss **endgültig und unwiderruflich** sein (Begr. BT-Drucks 16/886, S. 8). Mangels Formvorgabe kann das Verlangen auch mündlich, und zwar jederzeit abgegeben werden (Looschelders/Pohlmann/*Krause*, § 167 Rn 6). Um den Pfändungsschutz zu erlangen, müssen die Voraussetzungen des § 851c ZPO im Zeitpunkt der Pfändung erfüllt sein (Begr. BT-Drucks 16/886, S. 8).

16 Der BGH hat es **abgelehnt**, im Falle eines unwiderruflichen Umwandlungsverlangen den Pfändungsschutz des § 851c ZPO bereits **mit Zugang der Erklärung beim VR** als gewährt anzusehen (BGH, VersR 2015, 1150, 1151; davor bereits: *Specker*, VersR 2011, 958, 960; VersR-Hdb/*Brömmelmeyer*, § 42 Rn 212b; MüKo/*Mönnich*, § 167 VVG Rn 13 ff.; *Neuhaus/Köther*, ZfV 2009, 248, 250). Dafür spricht, dass erst zu diesem Zeitpunkt die Voraussetzungen des § 851c ZPO vorliegen. Nur zum Zeitpunkt der Umwandlung kann nach dem BGH auch sicher beurteilt werden, ob die Voraussetzungen des § 851c ZPO vorliegen (BGH, VersR 2015, 1150, 1152). Zuvor hatte sich eine starke Literaturmeinung für eine andere Lösung ausgesprochen (s. *Winter*, in: Bruck/Möller, § 167 Rn 84; *Rupprecht*, Zwangsvollstreckung in Altersvorsorgeansprüche (2014), S. 99 f.; *Stöber*, NJW 2007, 1242, 1247; *Hasse*, VersR 2007, 870, 889; Looschelders/Pohlmann/*Krause*, § 167 Rn 13). Der VN kann die Bearbeitungsdauer nicht beeinflussen, was nicht zu seinen Lasten gehen sollte. Ob der vom BGH für möglich gehaltene Schadensersatzanspruch gem. § 280 BGB des VN gegen den VR, der die Umwandlung pflichtwidrig und schuldhaft verzögert (vgl. BGH, VersR 2015, 1150, 1152), den VN ausreichend schützt, kann bezweifelt werden; noch sind zumindest dessen näheren Voraussetzungen unklar (vgl. aber LG Rostock, VersR 2015, 831: Anspruch gem. § 280 BGB, falls VR es schuldhaft unterlässt, auf Nachfrage des VN zum Schutz in der Privatinsolvenz auf die Mglk. der Umwandlung gem. § 167 VVG hinzuweisen). Nach erfolgter Pfändung ist eine Umwandlung in jedem Fall ausgeschlossen (BFH, DStR 2007, 1817 Rn 19). Bei einer Kapitallebensversicherung mit Rentenwahlrecht kann der VN den Pfändungsschutz nach erfolgter Pfändung auch nicht mehr durch Ausübung des Rentenwahlrechts herbeiführen, da das Wahlrecht von der Pfändung erfasst ist (BFH, DStR 2007, 1817 Rn 14).

V. Kostentragung

17 Nach § 167 S. 2 VVG trägt der VN die Kosten der Umwandlung. Diese müssen angemessen sein und dürfen nicht einer Vertragsstrafe gleichkommen, die den Normzweck vereiteln würde. Sie können als angemessene Pauschale vereinbart und berechnet werden.

C. Abdingbarkeit

18 § 167 VVG ist **halbzwingend** (vgl. § 171 S. 1 VVG). Es darf nicht zum Nachteil des VN, der versicherten Person oder des Eintrittsberechtigten abgewichen werden. Dies gilt auch für die Einführung eines Schrift- oder Textformerfordernisses durch die AVB (Looschelders/Pohlmann/*Krause*, § 167 Rn 17; **a.A.** Rüffer/Halbach/Schimikowski/*Brambach*, § 167

Rn 10, 21). Die Nichterwähnung in § 171 S. 2 VVG ist kein Redaktionsversehen (so aber Rüffer/Halbach/Schimikowski/*Brambach*, § 167 Rn 10). Das Interesse des VN, in einer schwierigen Situation schnell ohne formale Hürden Vollstreckungsschutz erlangen zu können, spricht für ein bewusstes Weglassen von § 167 VVG in § 171 S. 2 VVG (so Looschelders/Pohlmann/*Krause*, § 167 Rn 17). I.Ü. sehen die ALB 2016 keine Regelungen zum Umwandlungsrecht vor.

§ 168 VVG Kündigung des Versicherungsnehmers

(1) Sind laufende Prämien zu zahlen, kann der Versicherungsnehmer das Versicherungsverhältnis jederzeit für den Schluss der laufenden Versicherungsperiode kündigen.

(2) Bei einer Versicherung, die Versicherungsschutz für ein Risiko bietet, bei dem der Eintritt der Verpflichtung des Versicherers gewiss ist, steht das Kündigungsrecht dem Versicherungsnehmer auch dann zu, wenn die Prämie in einer einmaligen Zahlung besteht.

(3) Die Absätze 1 und 2 sind nicht auf einen für die Altersvorsorge bestimmten Versicherungsvertrag anzuwenden, bei dem der Versicherungsnehmer mit dem Versicherer eine Verwertung vor dem Eintritt in den Ruhestand unwiderruflich ausgeschlossen hat; der Wert der vom Ausschluss der Verwertbarkeit betroffenen Ansprüche darf die in § 12 Abs. 2 Nr. 3 des Zweiten Buches Sozialgesetzbuch bestimmten Beträge nicht übersteigen. Entsprechendes gilt, soweit die Ansprüche nach § 851c oder § 851d der Zivilprozessordnung nicht gepfändet werden dürfen.

Übersicht

	Rdn
A. Normzweck	1
B. Verhältnis zu anderen Kündigungsrechten	2
C. Norminhalt	5
I. Kündigung bei laufenden Prämien (§ 168 Abs. 1 VVG)	5
1. Laufende Prämien/Versicherungsverhältnis	5
2. Versicherungsnehmer/Kündigungsberechtigter	7
a) Versicherungsnehmer	7
b) Pfandgläubiger/Zessionar	8
c) Vollstreckungsgläubiger	13
d) Insolvenzverwalter (auch in der betrieblichen Altersvorsorge)	14
aa) Widerrufliches Bezugsrecht	18
bb) Unwiderrufliches Bezugsrecht	20
cc) Eingeschränkt unwiderrufliches Bezugsrecht	23
3. Form und Frist	25
II. Kündigung bei gewissem Risiko und Einmalbeitrag (§ 168 Abs. 2 VVG)	28
III. Keine Kündigung bei Verwertungsausschluss (§ 168 Abs. 3 VVG)	30
D. Rechtsfolgen	34
E. Abdingbarkeit, Umgehung	38
F. Gestaltungshinweis	42

A. Normzweck

1 Lebensversicherungen laufen v.a. dann, wenn sie für die Altersvorsorge abgeschlossen werden, lange. Die Regellaufzeit einer Kapital bildenden Lebensversicherung beträgt 25–30 Jahre (*v. Fürstenwerth*, r+s 2009, 221, 222). Die im Zeitpunkt des Abschlusses ausschlaggebenden Motive und Lebensumstände (eigene Leistungsfähigkeit, persönliche Beziehungen zu anderen) können sich während der Laufzeit des VV ändern (BGH, VersR 2005, 406, 407; BK/*Schwintowski*, § 165 Rn 1). § 168 VVG gibt VN die Möglichkeit, auf diese **Veränderungen durch Kündigung** des Vertrags zu **reagieren** (Motive zum VVG, S. 224). Zahlt der VN laufende Prämien, kann er zu jedem Schluss einer Versicherungsperiode kündigen (§ 168 Abs. 1 VVG, entspricht inhaltlich § 165 Abs. 1 VVG a.F.). Hat er einen Einmalbeitrag geleistet, kann er ebenfalls nach § 168 Abs. 2 VVG kündigen, sofern es sich um eine Versicherung handelt, bei dem der Eintritt der Leistung gewiss ist. Ebenfalls erfasst sind Versicherungen über ein Beitragsdepot (Fünf plus Sieben-Modelle, s. dazu vor §§ 150 ff. Rdn 72). Die Kündigung ist als Ausnahme von § 168 Abs. 1 und 2 VVG ausgeschlossen, wenn die Verwertung des Vertrags vor Eintritt des Ruhestands ausgeschlossen ist. § 168 Abs. 3 VVG entspricht dabei dem durch das Gesetz zur Änderung des Betriebsrentengesetzes vom 2.12.2006 (BGBl I, S. 2742) eingefügten § 165 Abs. 3 VVG a.F.

B. Verhältnis zu anderen Kündigungsrechten

2 Neben dem Kündigungsrecht aus § 168 VVG besteht das Kündigungsrecht aus **wichtigem Grund (§ 314 BGB)**, welches das bisherige Kündigungsrecht aus **positiver Vertragsverletzung** ersetzt hat (ausführl. § 11 Rdn 6 ff.).

> **Beispiele**
> VR versagt schuldhaft unberechtigt den Versicherungsschutz (BGH, VersR 1972, 970 für die Schiffskaskoversicherung), VR tritt unberechtigt zurück (LG Essen, VersR 1987, 353 zur Krankenversicherung) oder verzögert die Erstellung des Versicherungsscheins sowie die Bearbeitung von Schadenfällen erheblich (OLG Düsseldorf, VersR 1954, 587).

3 In Ausnahmefällen kann auch eine Kündigung wegen **Wegfalls der Geschäftsgrundlage** (§ 313 BGB) in Betracht kommen (OLG Karlsruhe, r+s 1990, 212, 213; OLG Nürnberg, VersR 1980, 1137, 1138, beide zur Krankenversicherung; s. die Möglichkeit einräumend auch BGH, VersR 2016, 241, 242), aber nur, wenn der Vertrag selbst nicht schon Regeln über den Wegfall oder die Veränderung der Geschäftsgrundlage enthält (OLG Karlsruhe, r+s 1990, 212, 213).

4 Das Kündigungsrecht nach § 168 VVG verdrängt das allgemeine, in **§ 11** VVG geregelte Kündigungsrecht des VN (vgl. Looschelders/Pohlmann/*Peters*, § 168 Rn 1; *Winter*, in: Bruck/Möller, § 168 Rn 4). Eine unwirksame außerordentliche Kündigung kann im Nachhinein in eine ordentliche nach § 140 BGB **umgedeutet** werden (BK/*Schwintowski*, § 165 Rn 4; dazu OLG Hamm, VersR 1984, 958). Zu den allg. Anforderungen an Kündigungen von VV s. § 11 Rdn 18 ff.

C. Norminhalt

I. Kündigung bei laufenden Prämien (§ 168 Abs. 1 VVG)

1. Laufende Prämien/Versicherungsverhältnis

Die Vorschrift bezieht sich auf alle Arten von Lebensversicherungen und Rentenversicherungen (reine Risiko- und kapitalbildende Tarife, vgl. OLG Frankfurt a.M., VersR 2002, 963). Auf Berufsunfähigkeitsversicherungen ist die Norm entsprechend anwendbar (§ 176 VVG). Erfasst sind auch Unfallversicherungen mit Prämienrückgewähr (Umkehrschluss aus § 211 Abs. 1 Nr. 4; a.A. Prölss/Martin/*Reiff*, § 168 Rn 6). Voraussetzung ist eine laufende Beitragszahlung. Die Norm ist indes weit auszulegen: Eine Kündigung nach § 168 Abs. 1 VVG ist deshalb bei prämienfreien Versicherungen möglich (Prölss/Martin/*Reiff*, § 168 Rn 5; MüKo/*Mönnich*, § 168 VVG Rn 5; *Winter*, in: Bruck/Möller, § 168 Rn 9; s.a. BGH, VersR 2010, 517, 519; a.A. Looschelders/Pohlmann/*Peters*, § 168 Rn 2; Rüffer/Halbach/Schimikowski/*Brambach*, § 168 Rn 10).

§ 168 VVG ist nicht anwendbar auf Versicherungen bei Pensionskassen i.S.d. § 233 VAG (§ 118b Abs. 3 und 4 VAG a.F.), Versicherungen, die bei einem Verein genommen werden, der als kleinerer Verein i.S.d. Versicherungsaufsichtsgesetzes anerkannt ist, Lebensversicherungen mit kleineren Beträgen und Unfallversicherungen mit kleineren Beträgen, soweit mit Zustimmung der Aufsichtsbehörde in den Bedingungen abweichende Regelungen getroffen worden sind (§ 211 Abs. 1 VVG).

2. Versicherungsnehmer/Kündigungsberechtigter

a) Versicherungsnehmer

Grds. ist der VN als Vertragspartner kündigungsberechtigt. Sind mehrere VN vorhanden (Bsp. Versicherung auf verbundene Leben) können diese nur gemeinsam kündigen (Looschelders/Pohlmann/*Peters*, § 168 Rn 4). Obwohl das Kündigungsrecht kein höchstpersönliches Recht ist, kann es nur zusammen mit dem Anspruch auf Auszahlung des Rückkaufswertes übertragen oder gepfändet werden (BGH, NJW 1966, 1071, 1073; OLG München, VersR 2007, 1242; Römer/Langheid/*Langheid*, § 168 Rn 3). Setzt der VN einen Dritten widerruflich oder unwiderruflich als Bezugsberechtigten ein, behält er sein Kündigungsrecht, weil die Einsetzung nichts an seiner Stellung als Vertragspartner des VR ändert (BGHZ 118, 242, 247 f. = BGH, NJW 1992, 2154; BGH, NJW 1966, 1071, 1073; Prölss/Martin/*Reiff* § 168 Rn 7). Der Bezugsberechtigte und die versicherte Person sind nicht kündigungsberechtigt (Prölss/Martin/*Reiff*, § 168 Rn 7).

b) Pfandgläubiger/Zessionar

Ob der **Pfandgläubiger nach Eintritt der Pfandreife** ein **eigenes Kündigungsrecht** hat, ist umstritten (offen gelassen durch BGH, NJW 1991, 1946 m.w.N.; dagegen: Palandt/*Bassenge* § 1283 Rn 1 – Umwandlungsrecht sei höchstpersönliches Gläubigerrecht; *Winter*, in: Bruck/Möller, § 168 Rn 42; dafür: MüKo/*Damrau*, § 1283 BGB Rn 4 m.w.N.; VersR-Hdb/*Brömmelmeyer*, § 42 Rn 150 – VN und Pfandgläubiger können alleine kündigen). Jedenfalls steht dem Pfandgläubiger das Kündigungsrecht nach Pfändung und Überweisung der Ansprüche aus dem Vertrag zu; der Pfändungs- und Überweisungsbeschluss beinhaltet das Recht zur Kündigung sowie den Übertragungsanspruch (BGH, VersR 2010, 517). Solche Ansprüche können auch noch nach Löschung einer GmbH im Handelsregister im Wege der Nachtragsliquidation durchgesetzt werden (BGH, VersR 2010, 517). Vor Eintritt der Pfandreife hat der Pfandgläubiger kein alleiniges Kündigungsrecht (Römer/Langheid/*Langheid*, § 168 Rn 12).

9 Ob ein Pfandgläubiger einer Kündigung des VN **vor Pfandreife zustimmen** muss, kann nicht pauschal mit § 1276 Abs. 1 BGB bejaht werden (so aber Prölss/Martin/*Reiff*, § 168 Rn 11; VersR-Hdb/*Brömmelmeyer*, § 42 Rn 150; BK/*Schwintowski*, § 165 Rn 13). Vielmehr ist zu differenzieren: Hat der VN die Ansprüche aus der Lebensversicherung **verpfändet**, muss der Pfandgläubiger der Kündigung **vor Eintritt der Pfandreife** dann zustimmen, wenn das nachträgliche Erlöschen (§ 1276 Abs. 1 BGB) bzw. die nachträgliche, beeinträchtigende Änderung des verpfändeten Rechts (§ 1276 Abs. 2 BGB) verhindert werden soll (*Perwein*, GmbHR 2007, 589, 590). Soll mit der Kündigung aber die Fälligkeit der Forderung hergestellt werden, bedarf es nach § 1283 Abs. 1 BGB **nicht der Zustimmung** des Pfandgläubigers, da ein Nutzungspfandrecht nach § 1283 Abs. 1 letzter Hs. BGB regelmäßig nicht gegeben ist. Dies ist der Regelfall in der Insolvenz und erlaubt dem Insolvenzverwalter die Kündigung einer Rückdeckungsversicherung für eine Pensionszusage eines Gesellschafter-Geschäftsführers trotz Verpfändung an den Gesellschafter-Geschäftsführer (BGH, NJW 2005, 2231, dazu *Perwein*, GmbHR 2007, 589; *Stahlschmidt*, NZI 2006, 375, 379, 379 f.). Insgesamt ist die Frage der Verwertungsbefugnis umstritten.

10 Bei der **Sicherungsabtretung** werden die Rechte im Zweifel **umfassend**, also einschließlich des Kündigungsrechts, übertragen, so dass der Zessionar in die Gläubigerstellung des VNs eintritt (OLG München, VersR 2007, 1242; OLG Saarbrücken, VersR 1995, 1227, 1227 f.; Looschelders/Pohlmann/*Peters*, § 168 Rn 5; Prölss/Martin/*Reiff*, § 168 Rn 9; Römer/Langheid/*Langheid*, § 168 Rn 10 m.w.N.). Anderenfalls kann der Sicherungszweck kaum erreicht werden. Die Abtretung wird nicht durch das Erlöschen der zu sichernden Forderung gegenstandslos (OLG München, VersR 2007, 1242). Die Kündigung durch den Zessionar kann zu Ansprüchen aus **positiver Forderungsverletzung** (§ 280 BGB) führen (vgl. BGH, NJW 1991, 1946, 1946 f. m.w.N.), wenn die Kündigung durch den Sicherungsgläubiger **rechtsmissbräuchlich** ist.
– Dies gilt z.B. dann, wenn eine Bank in Kenntnis der wirtschaftlichen schlechten Lage ihres Kunden eine gegen ihn gerichtete Forderung von einem Dritten nicht in banküblicher Weise erwirbt, sondern um dem Dritten Deckung aus einer ihr nicht voll benötigten Sicherheit zu verschaffen (BGH, NJW 1991, 1946).
– Eine Schadensersatzpflicht droht dem Zessionar auch, wenn er dem Zedenten seine Kündigungsabsicht nicht vorher mitgeteilt hat (vgl. *Winter*, in: Bruck/Möller, § 168 Rn 29).

Wurden im Rahmen einer Sicherungszession **nur die Todesfall-** (dazu *Wagner*, VersR 1998, 1083) **oder die Erlebensfallansprüche abgetreten**, ist durch Auslegung der Abtretungsvereinbarung zu klären, wem das Kündigungsrecht und auch der Rückkaufswert zustehen; auch eine ergänzende Vertragsauslegung kann angezeigt sein (vgl. BGH, VersR 2007, 1065; MüKo/*Mönnich*, § 168 VVG Rn 16). Im Rahmen der Auslegung können z.B. steuerliche Gesichtspunkte eine Rolle spielen. Der Erwerb der Ansprüche auf die Todesfallleistung steht dabei unter der aufschiebenden Bedingung des Todes der versicherten Person während der Vertragslaufzeit (*Wagner*, VersR 1998, 1083). Zwischenzeitliche Verfügungen des VN sind aber zum Schutz des Zessionars in diesen Fällen nach § 161 Abs. 1 BGB unwirksam. Erlebt der VN den Ablauftermin der Versicherung, steht ihm bzw. bei erfolgreicher Pfändung dem Pfandgläubiger die Erlebensfallleistung zu (vgl. OLG Dresden, ZIP 2005, 631, 632; s.a. *Stahlschmidt*, NZI 2006, 375, 377). Eine vorzeitige Kündigung des Pfandgläubigers ist als rechtsmissbräuchlich anzusehen (*Wagner*, VersR 1998, 1083, 1085).

11

Die Frage, ob die Ansprüche aus einer Lebensversicherung abgetreten und das Kündigungsrecht übertragen werden können, wenn **die Lebensversicherung mit einer Berufsunfähigkeitszusatzversicherung verbunden** ist, hat der BGH nunmehr positiv entschieden (BGH, VersR 2010, 237: dort auch zum Meinungsstand): Die Unpfändbarkeit der Ansprüche aus der Berufsunfähigkeitszusatzversicherung schließe die Abtretung der Ansprüche aus der Lebensversicherung nicht nach § 400 BGB, § 850b Abs. 1 Nr. 1 ZPO aus. Zuvor wurde schon in diesem Sinne entschieden, wenn die Rechte aus der Lebensversicherung nur für den Todesfall abgetreten werden (OLG Köln, VersR 2009, 621).

12

c) Vollstreckungsgläubiger

Der Vollstreckungsgläubiger ist kündigungsberechtigt, wenn er einen entsprechenden Pfändungs- und Überweisungsbeschluss erwirkt hat (BGH, VersR 2010, 517; BGH, NJW 1966, 1071, 1073; *Winter*, in: Bruck/Möller, § 168 Rn 34; Prölss/Martin/*Reiff*, § 168 Rn 12).

13

d) Insolvenzverwalter (auch in der betrieblichen Altersvorsorge)

Wird das Insolvenzverfahren über das Vermögen des VN eröffnet, gehen die **Verfügungsrechte** in vollem Umfang auf den **Insolvenzverwalter** über (§ 80 Abs. 1 InsO), so dass nur noch dieser kündigen kann, auch wenn es einen unwiderruflich Bezugsberechtigten gibt (BGH, VersR 2010, 1025, 1026; OLG Karlsruhe, VersR 2001, 1501; Römer/Langheid/ *Langheid*, § 168 Rn 14; Prölss/Martin/*Reiff*, § 168 Rn 13). Der Insolvenzverwalter kann nach § 103 InsO **wählen**, ob er weiterhin Beiträge zahlt (§ 168 Abs. 1 VVG) oder die Erfüllung ablehnt (§ 168 Abs. 2 VVG). Die Eröffnung des Insolvenzverfahrens führt nicht automatisch zu einem Erlöschen der Ansprüche, vielmehr sind diese nur **nicht mehr durchsetzbar** (BGH, VersR 2014, 1444, 1446; BGH, VersR 2012, 299; BGH, NJW 2002, 2783, 2785; anders noch BGH, VersR 1993, 689, 689 f.; OLG Hamm, VersR 1996, 360; OLG Hamburg, VersR 2003, 630, 631: Verlangt der Insolvenzverwalter keine Erfüllung, wandelt sich der VV ohne Weiteres in ein Abwicklungsverhältnis um; es bedarf keiner

14

Kündigung und keiner ausdrücklichen Ablehnung der Erfüllung durch den Insolvenzverwalter). Diese neue Rechtsprechung des BGH ist wie bereits unmittelbar danach angenommen (*Armbrüster/Pilz*, KTS 2004, 481, 485) zu verallgemeinern und daher auch auf die Lebensversicherung zu erstrecken (s. jetzt BGH, VersR 2012, 299, 300 f.). Daher muss der Insolvenzverwalter den Vertrag nach § 168 Abs. 1 i.V.m. § 80 Abs. 1 InsO kündigen und zur Masse ziehen (BGH, VersR 2012, 299; *Armbrüster/Pilz*, KTS 2004, 481, 485). Für die Qualifizierung als Kündigungserklärung genügt jede Erklärung, mit der zum Ausdruck gebracht wird, dass der VV nicht fortgesetzt werden soll (BGH, VersR 2012, 299, 302).

15 Das **Wahlrecht** nach § 103 InsO setzt einen von beiden Seiten noch nicht voll erfüllten VV voraus. Sind alle Beiträge geleistet (z.B. Einmalprämie: LG Köln, VersR 2001, 885), hat der VN den Vertrag erfüllt und § 103 InsO ist nicht anwendbar. Dasselbe gilt für beitragsfrei gestellte Verträge (OLG Karlsruhe, VersR 2001, 1501; Prölss/Martin/*Reiff*, § 165 Rn 14; *Stegmann/Lind*, NVersZ 2002, 193, 196). Auch hier bedarf es der Kündigung nach § 80 Abs. 1 InsO.

16 Hat der VN Ansprüche aus einer Lebensversicherung zur Sicherheit an einen Dritten abgetreten und wird über das Vermögen des VN das Insolvenzverfahren eröffnet ist der Insolvenzverwalter gem. § 166 Abs. 2 InsO befugt, die Versicherung zu kündigen und den Rückkaufwert einzuziehen (BGH, VersR 2002, 1292; OLG Hamm, VersR 2008, 908 m.w.N.); zu beachten ist indes das Absonderungsrecht des Dritten, das zu einem Auskehrungsanspruch nach Abzug der Feststellungs- und Verwaltungskosten gem. § 171 InsO führt.

17 Häufig sind Altersvorsorgeverträge betroffen, die im Rahmen einer **betrieblichen Altersversorgung** abgeschlossen wurden (s. dazu vor §§ 150 ff. Rdn 39 ff.). Zu unterscheiden ist, ob die Bezugsberechtigung widerruflich, unwiderruflich oder eingeschränkt unwiderruflich eingeräumt wurde (s. ausf. zu Möglichkeiten der Regelung der betrieblichen Altersvorsorge in der Insolvenz des Arbeitgebers: *Ganter*, VersR 2013, 1078). In jedem Fall ist zwischen dem Versicherungsverhältnis und dem Versorgungsverhältnis zwischen Arbeitgeber und Arbeitnehmer zu differenzieren. Welche Rechte dem Insolvenzverwalter aus dem VV zustehen, hängt ausschließlich von der Ausgestaltung des Versicherungsverhältnisses ab (BAG, ZIP 2012, 2269; BAG, VersR 2000, 80, 81 m.w.N.; BAG, VersR 1992, 341, 342; *Armbrüster/Pilz*, KTS 2004, 481, 486). Das arbeitsrechtliche Versorgungsverhältnis (Valutaverhältnis) wirkt nur dann auf das Versicherungsverhältnis ein, wenn dies im VV oder kraft Gesetzes vereinbart ist (BAG, VersR 2000, 80, 81).

aa) Widerrufliches Bezugsrecht

18 Wurde nicht ausdrücklich ein unwiderrufliches Bezugsrecht vereinbart, ist es **im Zweifel widerruflich** (s. § 159 Rdn 54). In diesem Fall ist die Versicherung insolvenzbefangen (*Stahlschmidt*, NZI 2006, 375). Der Insolvenzverwalter kann die **Zahlung** des Rückkaufwerts zur Masse verlangen (BAG, VersR 1996, 85; BGH, VersR 1993, 689). Die Kündigungserklärung enthält regelmäßig einen **Widerruf** des Bezugsrechts (*Armbrüster/Pilz*, KZS 2004, 481, 485 m.w.N.; der Widerruf ist nach der neuen BGH-Rspr. (Rdn 14) aber

erforderlich). Dies gilt auch dann, wenn die **Anwartschaft** bei Verträgen der betrieblichen Altersversorgung arbeitsrechtlich **unverfallbar** ist (BAG, VersR 2000, 80, 82; BAG, VersR 1996, 85 u. 1042; OLG Hamm, VersR 1996, 360; BK/*Schwintowski*, § 165 Rn 18 m.w.N.; a.A. *Paulsdorff*, KTS 1989, 29, 38; *Gareis*, BB 1987, 2157, 2157 f.; *Heilmann*, KTS 1986, 251, 256 f.). Zwar verpflichtet § 1b Abs. 2 S. 1 BetrAVG den Arbeitgeber bei einer Direktversicherung dazu, das Bezugsrecht bei Unverfallbarkeit nicht zu widerrufen. Nach dem Wortlaut ist aber lediglich das rechtliche Dürfen eingeschränkt, nicht jedoch das rechtliche Können (BGH, VersR 2014, 1444, 1445; BGH, VersR 1984, 632, 633; BAG, ZIP 2012, 2269; BAG, ZIP 1991, 1296; OLG Hamm, NJW 1991, 707, 708). Daraus ergibt sich eine Pflicht des Insolvenzverwalters, das Bezugsrecht zu widerrufen und den Rückkaufwert zur Masse zu ziehen (BGH, NJW 1993, 1994).

Bei Unverfallbarkeit der Ansprüche haben die Arbeitnehmer aber einen **Anspruch gegen den Pensions-Sicherungs-Verein a.G.** als Träger der Insolvenzsicherung nach § 7 Abs. 2 BetrAVG, der sie insoweit schützt (st. Rspr.: BAG, VersR 1993, 338, 339 m.w.N.; BAG, VersR 1992, 341, Ls.; BAG, VersR 1980, 661, 662; a.A. *Gareis*, BB 1987, 2157, 2158). U.U. steht dem Arbeitnehmer wegen des Widerrufs ein **Schadensersatzanspruch** zu, den er zur Insolvenztabelle anmelden kann (BAG, ZIP 2012, 2269; BAG, VersR 2000, 80, 81; BGH, VersR 1993, 728, 730; OLG Düsseldorf, VersR 2002, 86, 87; s.a. OLG Brandenburg, VersR 2016, 237, 238). Dies gilt selbst dann, wenn der widerruflich bezugsberechtigte Arbeitnehmer die Beiträge selbst finanziert hat (BGH, NJW 2002, 3253, 3254).

bb) Unwiderrufliches Bezugsrecht

Auch hier kann der VN oder Insolvenzverwalter **kündigen** (OLG Düsseldorf, VersR 2002, 86). Der **Rückkaufwert** steht dann aber dem **Bezugsberechtigten** zu, da dieser nach § 159 Abs. 3 VVG das Recht auf die Leistung mit Bezeichnung als Bezugsberechtigter erwirbt (s. § 159 Rdn 53; s.a. die bisherige Rspr.: BAG, VersR 1991, 211 m.w.N.; BGH, NJW 1966, 1071, 1072 und Lit.: *Winter*, in: Bruck/Möller, § 168 Rn 39; Prölss/Martin/*Reiff*, § 168 Rn 19; MüKo/*Mönnich*, § 168 VVG Rn 34). Es kann daher nicht zur Masse gezogen werden (allg. Meinung: BAG, VersR 1991, 211, 212 m.w.N. und 942; OLG Karlsruhe, VersR 2001, 1501).

Handelt es sich um eine Versicherung im Rahmen einer **betrieblichen Altersversorgung** nach § 1 ff. BetrAVG, wandelt sich diese in eine prämienfreie Versicherung (LG Tübingen, VersR 1996, 1223, 1224; BK/*Schwintowski*, § 165 Rn 15; beachte jetzt aber § 212 VVG für die Fortsetzung nach der Elternzeit), da eine Verfügung über den Rückkaufwert nach § 2 Abs. 2 S. 5 Hs. 2 und S. 6 BetrAVG ausgeschlossen ist. Es kommt auch hier nur auf die versicherungsrechtliche Ausgestaltung, nicht auf die arbeitsrechtlichen Regelungen an. Wurde das Bezugsrecht im VV unwiderruflich vereinbart, genügt das. **Unerheblich** ist insofern, ob die Ansprüche bereits **unverfallbar** sind (OLG Düsseldorf, VersR 2002, 86, 87) oder ob der erforderliche Gesellschafterbeschluss der GmbH gefasst wurde (OLG Karlsruhe, VersR 2001, 1501). Wenn vereinbart und die Ansprüche unverfallbar sind, kann der Arbeitnehmer den Vertrag bei Ausscheiden aus dem Betrieb auch **selbst fortführen** und einen **Versicherungsnehmerwechsel** veranlassen (OLG Düsseldorf, VersR 2002, 86, 88).

22 Auch, wenn die Ansprüche noch verfallbar sind, ist dem unwiderruflich Bezugsberechtigten im Fall der Insolvenz des VN das Recht einzuräumen, den Vertrag **auf eigene Kosten** weiterzuführen (dies erwägt Römer/Langheid/*Langheid*, § 168 Rn 14; bejahend: MüKo/*Mönnich*, § 168 VVG Rn 35), damit er sich vor den z.T. erheblichen Verlusten bei Rückkauf schützen kann. Das OLG Düsseldorf (OLG Düsseldorf, VersR 2002, 86, 88) kommt über eine ergänzende Vertragsauslegung zum selben Ergebnis. Bei Insolvenz steht ihm außerdem das Eintrittsrecht nach § 170 Abs. 1 VVG zu.

cc) Eingeschränkt unwiderrufliches Bezugsrecht

23 Der Eintritt der Unwiderruflichkeit steht unter einem **Vorbehalt**.

Beispiele
- Beleihung der Versicherung mit Zustimmung des Bezugsberechtigten (BGH, VersR 1996, 1089)
- Ausscheiden aus dem Betrieb
- Begehen von Handlungen, die dem VN das Recht geben, die Versicherungsansprüche zu mindern oder zu entziehen (OLG Düsseldorf, VersR 2002, 86)

24 Solange die Voraussetzungen des Vorbehalts nicht erfüllt sind, steht das eingeschränkt unwiderrufliche Bezugsrecht dem uneingeschränkten **in wirtschaftlicher und rechtlicher Sicht gleich** (BGH, VersR 2014, 1444, 1445; BGH, VersR 2014, 321, 322; BGH, VersR 2006, 1059, 1060; BGH, VersR 1996, 1089, 1090; BAG, VersR 1991, 211). Der Begünstigte hat bei Insolvenzeröffnung bereits eine **gefestigte Stellung** erlangt (BAG, VersR 1991, 211, 212; Prölss/Martin/*Reiff*, § 168 Rn 19). Bei Insolvenzeröffnung wird es uneingeschränkt unwiderruflich, wenn zu diesem Zeitpunkt die Voraussetzungen der Vorbehalte noch nicht oder nicht mehr erfüllt sind, so dass der Rückkaufswert **nicht in die Masse** fällt (BAG, VersR 1991, 211 u. 942; OLG Düsseldorf, VersR 2002, 86, 87; OLG Karlsruhe, VersR 2001, 1501, 1502 m.w.N.). Der Vorbehalt des Ausscheidens aus dem Unternehmen verliert mit der Insolvenz seine Bedeutung, den begünstigten Arbeitnehmer zur Betriebstreue anzuhalten, hat also für den Fall einer insolvenzrechtlichen Beendigung des Arbeitsverhältnisses keine Bedeutung (BGH, VersR 2015, 1145, 1146; BGH, VersR 2006, 1059, 1060 m.w.N.; BGH, VersR 2005, 1134, 1135; OLG Düsseldorf, VersR 2002, 86, 87). Ausführlich zum Meinungsstand s. § 159 Rdn 82 ff.

3. Form und Frist

25 Die Kündigung kann **jederzeit** zum Schluss der laufenden Versicherungsperiode erklärt werden, ist also an keine Frist gebunden. Die Kündigungserklärung ist eine einseitige empfangsbedürftige Willenserklärung. Sie ist formfrei möglich. Schrift- oder Textform kann aber vereinbart werden (§ 171 S. 2 VVG). In § 12 Abs. 1 Musterbedingungen ALB 2016 ist Schriftform vereinbart (Näheres bei § 11 Rdn 25 ff.).

Die **Versicherungsperiode** beträgt nach § 12 VVG grds. ein Jahr. Wenn die Prämien nach kürzeren Zeitabschnitten bemessen sind, z.B. monatlich (echte unterjährige Beiträge), gilt dieser Zeitraum als Versicherungsperiode. Wird aber ein Jahresbeitrag vereinbart, der nur in monatlichen Raten gezahlt werden darf (unechte Jahresbeiträge), bleibt es bei der Versicherungsperiode von einem Jahr (LG Lüneburg, VersR 1978, 658; Römer/Langheid/*Langheid*, § 168 Rn 18; § 12 Rdn 2). Insofern müssen die Formulierungen der Vertragsbedingungen für die Bestimmung der Kündigungsfrist genau untersucht werden. Innerhalb dieser Periode kann die Kündigung jederzeit, also auch am letzten Tag (Motive, Nachdruck 1963, S. 224), erklärt werden. Eine nicht fristgemäße Kündigung wirkt zum nächsten zulässigen Termin. 26

Kündigt der ausscheidende Arbeitnehmer eine im Wege der betrieblichen Altersversorgung abgeschlossene Direktversicherung, wandelt sich die Versicherung in eine prämienfreie um (§ 2 Abs. 2 S. 5 BetrAVG), wenn sie unverfallbar ist (§ 1b BetrAVG); die Auszahlung des Rückkaufswertes ist ausgeschlossen (§ 2 Abs. 2 S. 6 BetrAVG), auch bei einer Entgeltumwandlung. Dieses Verfügungsverbot gilt nicht vor Ausscheiden des Mitarbeiters oder bei Kündigung durch den Arbeitgeber (vgl. *Prang*, in: v. Bühren, Hdb. VersR, § 14 Rn 293). Voraussetzung ist die Anwendbarkeit des BetrAVG (nicht für beherrschende Gesellschafter-Geschäftsführer). 27

II. Kündigung bei gewissem Risiko und Einmalbeitrag (§ 168 Abs. 2 VVG)

§ 168 Abs. 2 VVG erstreckt das Kündigungsrecht auch auf Verträge gegen **Einmalbeitrag**, allerdings nur dann, wenn der Eintritt des Versicherungsfalls gewiss ist, etwa bei kapitalbildenden Lebensversicherungen. Das Kündigungsrecht soll sich dadurch auch auf Rentenversicherungen erstrecken (Begr. BT-Drucks 16/3945, S. 101). Sofort beginnende Rentenversicherungen gegen Einmalbeitrag sind demnach – anders als bisher (OLG Koblenz, VersR 2007, 1640) – nach § 168 Abs. 2 VVG kündbar, weil die Leistungspflicht des VR gewiss ist (VersR-Hdb/*Brömmelmeyer*, § 42 Rn 146; LG Dortmund v. 24.9.2015 – 2 O 375/14; a.A. Prölss/Martin/*Reiff*, § 168 Rn 4; Römer/Langheid/*Langheid*, § 168 Rn 7), unabhängig davon, ob eine Rentengarantiezeit oder ein Restkapitalschutz vereinbart ist. Umgekehrt scheidet eine Kündigung von Risikolebensversicherungen gegen Einmalbeitrag aus. 28

Die Kündigung einer (früher aus steuerlichen Gründen beliebten) Versicherung gegen **Beitragsdepot** (dazu vor §§ 150 ff. Rdn 72) erstreckt sich stets auch auf ein möglicherweise noch vorhandenes Restdepot, weil es unabhängig vom VV nicht bestehen darf (*Eberhardt/Castellvi*, VersR 2002, 261). Die separate Kündigung des Beitragsdepots ist nur in Ausnahmefällen möglich und wird regelmäßig als Prämienfreistellung der Versicherung zu deuten sein (ausführl. Eberhardt/Castellvi, VersR 2002, 261, 263 f.). 29

III. Keine Kündigung bei Verwertungsausschluss (§ 168 Abs. 3 VVG)

Haben VR und VN einvernehmlich einen unwiderruflichen **Ausschluss der Verwertung** des Vertrags vor dem Ruhestand vereinbart, kann der VN den Vertrag nicht mehr kündigen. 30

Dies ist eine Sonderregelung zu § 171 S. 1 VVG, da ein Abweichen ohne diese Regelung nicht möglich wäre. Hintergrund der Regelung ist, dass der Schutz des VN ins Gegenteil verkehrt werden würde, wenn ihm wegen des unabdingbaren Kündigungsrechts die Vorteile bestimmter Altersvorsorgeverträge versagt würden. So setzt die Förderung von Riester- (vgl. § 1 Abs. 1 Nr. 10 AltZertG) und Rürup-Verträgen (vgl. § 10 Abs. 1 Nr. 2 Buchst. b EStG) zwingend bestimmte Auszahlungsverbote bzw. -einschränkungen voraus. Will der VN Pfändungsschutz für seine Altersvorsorge erlangen (§ 167, § 851c ZPO) oder seinen Vertrag nicht auf Leistungen nach dem SGB II anrechnen lassen, muss das Kündigungsrecht ebenfalls ausgeschlossen sein. Wegen der Gewährung dieser Vorteile soll der VN durch ein Verwertungs- oder Verfügungsverbot an den Vertrag gebunden werden. Ein in AVB für eine kapitalbildende Rentenversicherung vereinbartes Kündigungsrecht, das (nur) zu einer Beitragsfreistellung, nicht zur Zahlung des Rückkaufswerts führt, ist deshalb wirksam (BGH, VersR 2012, 302, 304; VersR 2016, 241, 243; Prölss/Martin/*Reiff*, § 168 Rn 15b). Ein neues gesetzliches Leitbild in der Form, dass Rentenversicherungen grds. unkündbar wären, ist mit § 168 Abs. 3 VVG nicht verbunden (BGH, VersR 2012, 302, 304).

31 Die Vereinbarung eines Kündigungsausschlusses ist bedeutsam, wenn der VN mit einer **gewöhnlichen Lebensversicherung** Pfändungsschutz nach § 851c ZPO erreichen möchte. Dann muss das Kündigungsrecht ausgeschlossen werden (§ 851c Abs. 1 Nr. 2 ZPO). Zu beachten ist die 2011 deutlich erweiterte **Höchstgrenze**, die nach § 12 Abs. 2 Nr. 3 SGB II je nach Alter 48.750 EUR, 49.500 EUR oder 50.250 EUR (750 EUR je vollendetem Lebensjahr) beträgt. Entsprechendes gilt für den Pfändungsschutz nach § 851d ZPO.

32 Wenn die Kündigung vertraglich unwiderruflich ausgeschlossen wurde, kann der VN nur noch die **vertraglichen Rechte hinsichtlich der Beitragszahlung** (Beitragsaussetzung, -stundung) geltend machen oder die Versicherung in eine prämienfreie nach § 165 VVG umwandeln. Auch **Beleihungen** (Vorauszahlungen auf die Versicherungsleistung) müssen von diesem Verbot erfasst sein, da die Versicherung sonst zweckentfremdet werden kann (*Hasse*, VersR 2006, 145, 154). In seltenen Fällen kommt eine **außerordentliche Kündigung** wegen Störung der Geschäftsgrundlage oder aus wichtigem Grund (§§ 313 Abs. 3 S. 2, 314 Abs. 1 BGB) in Betracht (KG, ZIP 2012, 379, 381 [dort iE ablehnend]; *Stöber*, NJW 2007, 1242, 1246; *Hasse*, VersR 2006, 145, 154). Denkbar wäre dies, wenn dem VN wegen der bestehenden Vertragsansprüche Leistungen nach dem SGB II versagt werden (Begr. BT-Drucks 16/886, S. 14).

33 Der vereinbarte Kündigungsausschluss gem. § 168 Abs. 3 S. 1 VVG bindet in der Insolvenz nicht den Insolvenzverwalter (BGH, VersR 2012, 299, 301 f.). Vertraglicher Kündigungs- und Abtretungsausschluss sind gleich zu behandeln; der Rechtsgedanke des § 851 Abs. 2 ZPO ist damit anwendbar, womit ein pfändbarer und in die Masse fallender VV vom Insolvenzverwalter gekündigt werden kann (BGH, VersR 2012, 299, 301 f.).

D. Rechtsfolgen

Die Kündigung beendet die beiderseitigen Pflichten und löst den Anspruch auf den **Rückkaufwert** nach § 169 VVG aus; die Kündigung wirkt nur in die Zukunft (vgl. BGH, VersR 2016, 241, 242). Dabei kann eine im Nachtrag zum Versicherungsschein genannte Versicherungssumme die bis zu diesem Zeitpunkt bereits angefallene Überschussbeteiligung enthalten (OLG Hamm, VersR 2010, 239). Der VR muss darüber hinaus vorausgezahlte Beiträge nach Bereicherungsrecht erstatten. Bei einer Teilkündigung wird die Lebensversicherung mit dem verminderten Beitrag oder mit entsprechend reduzierten Leistungen fortgesetzt. Eine Teilkündigung setzt regelmäßig das Erreichen bestimmter Mindestgrößen voraus, z.B. das Erreichen einer Mindestversicherungssumme (vgl. § 12 Abs. 1 Musterbedingungen ALB 2016). Wird eine sofort beginnende Rentenversicherung gegen Einmalbeitrag gekündigt, ist der gezahlte Einmalbeitrag abzgl. der bereits ausgezahlten Renten zu vergüten. 34

Der Versicherer darf den Rückkaufswert nach Kündigung mit befreiender Wirkung an den **Inhaber des Versicherungsscheins**, der die Kündigungserklärung unterschrieben hat, auszahlen, ohne ihm ggü. zur Leistung verpflichtet zu sein. Die Legitimationswirkung des Versicherungsscheins als Urkunde i.S.d. § 808 BGB erstreckt sich auch auf das Kündigungsrecht zur Erlangung des Rückkaufswerts (BGH, VersR 2010, 936, 937; BGH, VersR 2009, 1061). 35

Die Verjährung möglicher Ansprüche des VN nach Kündigung beginnt mit dem Ende des Jahres, in dem der Vertrag abgerechnet wurde (OLG München, VersR 2009, 666). 36

Hat der VN oder der Insolvenzverwalter den Vertrag gekündigt, wird der Rückkaufwert an den VN bzw. an die Insolvenzmasse ausgezahlt, wenn es keinen oder nur einen widerruflich Bezugsberechtigten gibt (BGH, VersR 1993, 689; Prölss/Martin/*Reiff*, § 168 Rn 19; s. dazu Rdn 18). 37

E. Abdingbarkeit, Umgehung

§ 168 VVG darf – abgesehen von der Vereinbarung einer Schrift- oder Textform (§ 171 S. 2 VVG) – nicht zum Nachteil des VN abbedungen werden (vgl. § 171 S. 1 VVG). Die Vorschrift ist nach § 211 Abs. 1 VVG nicht anwendbar auf Versicherungen bei **regulierten Pensionskassen** i.S.d. § 233 VAG (§ 118b Abs. 3 und 4 VAG a.F.) sowie Lebensversicherungen mit kleineren Beträgen oder Versicherungen, die bei einem kleineren Verein i.S.d. VAG genommen werden (s. dazu die Kommentierung zu § 211 VVG). Im Interesse des VN kann das Kündigungsrecht zu einem **früheren Zeitpunkt** vereinbart werden. 38

Nach dem BGH (VersR 2015, 318, 321) soll in der **Ratenschutzversicherung** (verbundene Lebensversicherungs- und Darlehensverträge), in der die Bank die VN, der versicherte Darlehensnehmer aber die eigentlich wirtschaftlich belastete Person ist (vgl. zu solchen Dreieckskonstruktionen allg. *Brömmelmeyer*, VersR 2015, 1460, 1462 f.), der Ausschluss des mglw. bestehenden Kündigungsrechts des Versicherten gem. § 168 Abs. 1 VVG zuläs- 39 sig sein bzw. der Ausschluss **keine Umgehung der Regelung des § 168 Abs. 1** VVG bedeuten. Ob die eher formalistisch geprägte Sichtweise des BGH die mit der Dreieckskonstruktion für den versicherten Darlehensnehmer verbundenen Schwierigkeiten zufriedenstellend löst, ist zweifelhaft.

40   Nach der Rspr. des BGH (BGH, VersR 2014, 240, 241; BGH; VersR 2005, 406, 407) erschwert eine unabhängig von der Lebensversicherung, die als **Nettopolice ohne Abschlussprovisionen** vermittelt wurde, abgeschlossene Honorarvereinbarung nicht die Kündigung der Versicherung nach § 168 Abs. 1 VVG, obwohl der Honoraranspruch nach der Kündigung ungemindert fortbesteht. Die **Kündigungsmöglichkeit** werde bei diesem Kopplungsgeschäft nicht abbedungen und entfalte auch keine rechtliche Wirkungen; die tatsächlich negative wirtschaftliche Folge – Weiterzahlung des Honorars trotz Kündigung der Lebensversicherung – könne nicht die Unwirksamkeit der fortgesetzten Zahlungspflicht begründen. Diese Rspr. ist nicht unproblematisch im Hinblick auf die Wertung, die in den § 168 Abs. 1 VVG und § 169 Abs. 1 VVG zum Ausdruck kommt: dem VN soll ein jederzeitiges Kündigungsrecht und ein genau geregelter Rückkaufswert gewährt werden. Für die Rspr. des BGH spricht aber immerhin, dass bei getrennten Verträgen über die Zahlung der Abschlussprovisionen ein Gewinn an Transparenz besteht; auch eine stärkere Fokussierung auf die Belange der VN durch die Vermittler bei separater Kostenausgleichsvereinbarung könnte eine Folge sein.

41   Über den Inhalt dieses nachteiligen und von den Wertungen der §§ 150 ff. VVG abweichenden Maklervertrags muss der Makler den Kunden nach dem BGH (BGH, NJW 2012, 3718, 3719; BGH, VersR 2007, 1127, 1129) nur ausnahmsweise aufklären (zust. Prölss/Martin/ *Reiff*, § 168 Rn 22). Diese Rechtsprechung des 3. Senats korrespondiert nicht mit den erheblichen **Transparenzanforderungen**, die durch das BVerfG und den 4. Senat des BGH für den Bereich der Lebensversicherung geschaffen worden sind (vgl. vor §§ 150 ff. Rdn 106 ff.), sondern unterwandert diese. Wenn man eine derartige Honorargestaltung zulässt, muss der Makler über die daraus folgenden erheblichen Abweichungen von den Wertungen der §§ 168, 169 VVG aufklären (in diese Richtung immerhin OLG Karlsruhe, VersR 2012, 858, 859 f.). Zu begrüßen ist, dass der 4. Senat des BGH immerhin für VersVertreter eine deutliche Hinweispflicht hinsichtlich der möglichen nachteiligen Folgen zweier getrennter Verträge statuiert (BGH, VersR 2014, 240, 242).

F. Gestaltungshinweis

42   Gestaltungshinweis zur Rückdeckungsversicherung einer Pensionszusage für einen Gesellschafter-Geschäftsführer zur Vermeidung der Kündigung durch den Insolvenzverwalter (ausführlich *Perwein*, GmbHR 2007, 589, 592): Vereinbarung eines auflösend bedingten widerruflichen Bezugsrechts des Gesellschafter-Geschäftsführers in der Rückdeckungsversicherung, damit der Gesellschafter bei Insolvenz die Möglichkeit des Eintrittsrechts nach § 170 VVG hat. Außerdem sollte der Gesellschafter-Geschäftsführer als Pfandgläubiger mit der GmbH bei der Pfandrechtsbestellung vereinbaren, dass ihm das alleinige Kündigungsrecht eingeräumt wird und insofern § 1283 BGB abbedungen wird, was nach § 1284

BGB zulässig ist. Dies muss der Versicherungsgesellschaft gemeinsam mit der Verpfändungsanzeige mitgeteilt werden. Dadurch verhindert der Gesellschafter-Geschäftsführer die Kündigung durch den Insolvenzverwalter und sichert sich die Möglichkeit, die Versicherung in eine prämienfreie umwandeln zu lassen, ohne den Abzug von 9 % nach § 171 InsO hinnehmen zu müssen. Eine Sicherungsabtretung scheidet hingegen aus, weil das steuerliche Ziel verfehlt würde.

§ 169 VVG Rückkaufswert

(1) Wird eine Versicherung, die Versicherungsschutz für ein Risiko bietet, bei dem der Eintritt der Verpflichtung des Versicherers gewiss ist, durch Kündigung des Versicherungsnehmers oder durch Rücktritt oder Anfechtung des Versicherers aufgehoben, hat der Versicherer den Rückkaufswert zu zahlen.

(2) Der Rückkaufswert ist nur insoweit zu zahlen, als dieser die Leistung bei einem Versicherungsfall zum Zeitpunkt der Kündigung nicht übersteigt. Der danach nicht gezahlte Teil des Rückkaufswertes ist für eine prämienfreie Versicherung zu verwenden. Im Fall des Rücktrittes oder der Anfechtung ist der volle Rückkaufswert zu zahlen.

(3) Der Rückkaufswert ist das nach anerkannten Regeln der Versicherungsmathematik mit den Rechnungsgrundlagen der Prämienkalkulation zum Schluss der laufenden Versicherungsperiode berechnete Deckungskapital der Versicherung, bei einer Kündigung des Versicherungsverhältnisses jedoch mindestens der Betrag des Deckungskapitals, das sich bei gleichmäßiger Verteilung der angesetzten Abschluss- und Vertriebskosten auf die ersten fünf Vertragsjahre ergibt; die aufsichtsrechtlichen Regelungen über Höchstzillmersätze bleiben unberührt. Der Rückkaufswert und das Ausmaß, in dem er garantiert ist, sind dem Versicherungsnehmer vor Abgabe von dessen Vertragserklärung mitzuteilen; das Nähere regelt die Rechtsverordnung nach § 7 Abs. 2. Hat der Versicherer seinen Sitz in einem anderen Mitgliedstaat der Europäischen Union oder einem anderen Vertragsstaat des Abkommens über den Europäischen Wirtschaftsraum, kann er für die Berechnung des Rückkaufswertes anstelle des Deckungskapitals den in diesem Staat vergleichbaren anderen Bezugswert zugrunde legen.

(4) Bei fondsgebundenen Versicherungen und anderen Versicherungen, die Leistungen der in § 124 Absatz 2 Satz 2 des Versicherungsaufsichtsgesetzes bezeichneten Art vorsehen, ist der Rückkaufswert nach anerkannten Regeln der Versicherungsmathematik als Zeitwert der Versicherung zu berechnen, soweit nicht der Versicherer eine bestimmte Leistung garantiert; im Übrigen gilt Absatz 3. Die Grundsätze der Berechnung sind im Vertrag anzugeben.

(5) Der Versicherer ist zu einem Abzug von dem nach Absatz 3 oder 4 berechneten Betrag nur berechtigt, wenn er vereinbart, beziffert und angemessen ist. Die Vereinba-

rung eines Abzugs für noch nicht getilgte Abschluss- und Vertriebskosten ist unwirksam.

(6) Der Versicherer kann den nach Absatz 3 berechneten Betrag angemessen herabsetzen, soweit dies erforderlich ist, um eine Gefährdung der Belange der Versicherungsnehmer, insbesondere durch eine Gefährdung der dauernden Erfüllbarkeit der sich aus den Versicherungsverträgen ergebenden Verpflichtungen, auszuschließen. Die Herabsetzung ist jeweils auf ein Jahr befristet.

(7) Der Versicherer hat dem Versicherungsnehmer zusätzlich zu dem nach den Absätzen 3 bis 6 berechneten Betrag die diesem bereits zugeteilten Überschussanteile, soweit sie nicht bereits in dem Betrag nach den Absätzen 3 bis 6 enthalten sind, sowie den nach den jeweiligen Allgemeinen Versicherungsbedingungen für den Fall der Kündigung vorgesehenen Schlussüberschussanteil zu zahlen; § 153 Abs. 3 Satz 2 bleibt unberührt.

Übersicht

	Rdn
A. Normzweck	1
B. Norminhalt	8
I. Versicherung mit gewissem Eintritt der Verpflichtung (§ 169 Abs. 1 VVG)	8
1. Anwendungsbereich	8
2. Kündigung des Versicherungsnehmers, Rücktritt oder Anfechtung des Versicherers	17
3. Auszahlung des Rückkaufswerts	22
II. Begrenzung des Rückkaufswerts (§ 169 Abs. 2 VVG)	27
III. Rückkaufswert bei kapitalgedeckten Versicherungen (§ 169 Abs. 3 VVG)	28
1. Berechnung des Rückkaufswerts (§ 169 Abs. 3 S. 1 Ts. 1 VVG)	28
a) Anknüpfung an das Deckungskapital	28
b) Rechnungsgrundlagen der Prämienkalkulation	31
c) Anerkannte Regeln der Versicherungsmathematik	33
d) Sind Rückkaufswerte i.S.e. Mindestrückkaufswerts garantiert?	34
e) Auskunftsanspruch	42
f) Unwirksame Klauseln	44
2. Berechnung bei Altverträgen	45
3. Gleichmäßige Verteilung der Abschlusskosten bei Kündigung (§ 169 Abs. 3 S. 1 Ts. 2 VVG)	53
a) Zillmerverfahren und Verwaltungskosten	53
b) Verteilung der Abschlusskosten nur bei Kündigung	62
c) Zillmerung in der betrieblichen Altersversorgung	66
d) Separate Vergütung statt Zillmerverfahren	68
4. Höchstzillmersätze (§ 169 Abs. 3 S. 1 Ts. 3 VVG)	69
a) Begrenzung der Abschlusskosten durch Höchstzillmersätze	69
b) Verzinsung der Abschlusskostenforderung	72
c) Transparente Darstellung der Abschlusskosten	74
d) EU/EWR-Versicherer	75
5. Angabe der Rückkaufswerte (§ 169 Abs. 3 S. 2 VVG)	77
6. Regelung für EU-/EWR-Versicherer (§ 169 Abs. 3 S. 3 VVG)	82
7. Sonstiges	85
IV. Rückkaufswert bei fondsgebundenen u.Ä. Versicherungen (§ 169 Abs. 4 VVG)	88
V. Stornoabzug (§ 169 Abs. 5 VVG)	94
1. Vereinbart, beziffert und angemessen (§ 169 Abs. 5 S. 1 VVG)	94
2. Abzugsverbot (§ 169 Abs. 5 S. 2 VVG)	104
3. Anwendbarkeit auf alle Rückkaufswerte	107

VI. Herabsetzung des Rückkaufswerts (§ 169 Abs. 6 VVG) 109
   1. Allgemeines 109
   2. Voraussetzungen der Herabsetzung 112
   3. Fallgruppen 118
   4. Teilkollektivebene 121
   5. EU-EWR-VR 122
   6. Angemessenheit 124
   7. Mitteilung/Kontrolle 125
   8. Begrenzung auf ein Jahr (§ 169 Abs. 6 S. 2 VVG) 126
VII. (Schluss-)Überschussanteile (§ 169 Abs. 7 VVG) 127
C. Prozessuales 133
D. Abdingbarkeit 136

A. Normzweck

Die regelmäßig sehr lange Laufzeit von Lebensversicherungen ist bei Vertragsbeginn nicht **1** überschaubar. Auf veränderte Lebensverhältnisse kann der VN mit einer Kündigung (§ 168 VVG) oder der Umwandlung in eine prämienfreie Versicherung (§ 165 VVG) reagieren. Darüber hinaus bieten die meisten VR vertraglich noch weitere Möglichkeiten zur kurzfristigen Überbrückung von Zahlungsengpässen an, wie z.B. Beitragspausen. V.a. im Fall der Kündigung durch den VN soll dieser einen **fairen Wert** ausgezahlt bekommen, der einen Ausgleich zwischen seinen individuellen Interessen an einem möglichst hohen Betrag bei Kündigung und dem Interesse der im Kollektiv verbleibenden VN an einer möglichst hohen Ablaufleistung herstellen soll (dazu BGH, NJW 2005, 3559, 3566). Der VR soll darüber hinaus das Kündigungsrecht nicht dadurch infrage stellen, dass er besondere Nachteile für den Fall einer Kündigung vorsieht, die der VN bei Vertragsabschluss nicht erkennen und bewerten kann (Begr. BT-Drucks 16/3945, S. 52). Der VR soll keine Vorteile aus einer Kündigung ziehen (Begr. BT-Drucks 16/3945, S. 53).

Um dieses Ziel zu erreichen, wurde die Vorschrift des **§ 176 VVG a.F. erheblich verändert**. Die Änderungen betreffen den Anwendungsbereich (§ 169 Abs. 1 VVG) und v.a. die Berechnung des Rückkaufswertes (§ 169 Abs. 3 VVG), aber auch den Stornoabzug (§ 169 Abs. 5 VVG), die Reduzierung (§ 169 Abs. 6 VVG) und den Schlussüberschuss (§ 169 Abs. 7 VVG). Das Urt. des **BGH** v. 9.5.2001 (BGH, NJW 2001, 2014), entscheidend aber das Urt. v. 12.10.2005 (BGH, NJW 2005, 3559), bestätigt durch Nichtannahmebeschluss des **BVerfG** (BVerfG, VersR 2006, 489), haben eine Anpassung erforderlich gemacht, da die bisherige Anknüpfung an den Zeitwert gegen das **Transparenzgebot** (§ 307 Abs. 1 S. 2 BGB) verstieß und damit unwirksam war. Der BGH hatte diese im Wege der **ergänzenden Vertragsauslegung** durch die hälftige Zuweisung des ungezillmerten Deckungskapitals ersetzt (BGH, NJW 2005, 3559, 3567). Durch Urt. v. 25.7.2012 hat der BGH (BGH, NJW 2012, 3023, 3026) dann auch entschieden, dass die fraglichen Klauseln **materiell unwirksam** sind. Die materielle Wirksamkeit und Transparenz sollen in § 169 VVG nunmehr erreicht werden durch ein Anknüpfen an das **Deckungskapital**; die Anknüpfung an den Zeitwert wird jetzt nur noch für die fondsgebundene Lebensversicherung aufrechterhalten (§ 169 Abs. 4 VVG).

3 Das OLG Stuttgart nahm an, die Intransparenz einer Rückkaufswert-Klausel könne geheilt werden, wenn dem VN bei Antragstellung ein „Versicherungsverlauf" vorgelegt wurde, dem die Rückkaufswerte für sämtliche Versicherungsjahre zu entnehmen sind (vgl. OLG Stuttgart, VersR 2008, 909, 910). Dies ist unzutreffend, da, wie der BGH mittlerweile entschieden hat, entsprechende Rückkaufswert-Klauseln auch materiell unwirksam sind (vgl. BGH, NJW 2012, 3023). Dies gilt zumindest für Verträge, die nach der Deregulierung 1994 geschlossen wurden; davor kann möglicherweise ein insofern niedrigerer Standard angenommen werden (vgl. VersR-Hdb/*Brömmelmeyer*, § 42 Rn 169).

4 Gleichzeitig ist die **gleichmäßige Verteilung der Abschlusskosten auf fünf Jahre** für den Rückkaufsfall in Anlehnung an die Regelung bei Riester-Verträgen vorgesehen (vgl. § 1 Abs. 1 Nr. 8 AltZertG). Damit sollen die bisher erheblichen Verluste bei **Frühstorno** vermieden werden, die häufig den Totalverlust der eingezahlten Prämien ausgemacht haben. Da ein nicht unerheblicher Teil der VN bereits in den ersten Jahren nach Vertragsschluss wieder kündigt und bisher oft leer ausging (Begr. BT-Drucks 16/3945, S. 53), musste eine versicherungsnehmerfreundliche Lösung gefunden werden, um dem Schutzauftrag des Art. 14 Abs. 1 GG (BVerfG, VersR 2006, 489, 493 f.) gerecht zu werden (zust. auch VersR-Hdb/*Brömmelmeyer*, § 42 Rn 166). Diese geht einher mit verstärkten Informationspflichten über die Abschluss- und Verwaltungskosten (§ 2 Abs. 1 Nr. 1 und 2 VVG-InfoV).

5 Auch zum Vorteil der VN ist die Klarstellung, dass im Fall eines Rückkaufs ein etwaiger **Schlussüberschussanteil** und der Anteil an den **Bewertungsreserven** auszuzahlen sind (§ 169 Abs. 7 VVG). In Ausnahmefällen kann der Rückkaufswert auch zum Schutz der verbleibenden Versichertengemeinschaft und des VR **herabgesetzt** werden (§ 169 Abs. 6 VVG). **Stornoabzüge** sind nur noch unter engen Bedingungen zulässig (§ 169 Abs. 5 VVG).

6 **Praxishinweis**
Kann eine Lebensversicherung nicht mehr fortgeführt werden und scheidet auch eine Prämienfreistellung aus, weil der VN Geld benötigt, sollte er statt einer Kündigung der Lebensversicherung ihren Verkauf in Erwägung ziehen. Es gibt professionelle Gesellschaften, die gebrauchte Lebensversicherungen kaufen, die Beiträge weiterzahlen und bei Fälligkeit die Ablaufleistung vereinnahmen. Der Kaufpreis lag früher rund 15 % über dem Rückkaufswert. Inwieweit die neue Verteilung der Abschlusskosten, die Neuregelung des Stornoabzugs sowie die veränderte steuerliche Behandlung von gekauften Lebensversicherungen (vgl. BGBl I 2014, S. 1268 f.) die Höhe der Kaufpreise beeinflussen, bleibt abzuwarten. Informationen gibt es unter: www.cashlife.de oder www.policendirekt.de.

7 Eine Pflicht, auf den möglichen Verkauf der Versicherung am Zweitmarkt hinzuweisen, wurde nicht in das Gesetz aufgenommen, könnte sich jedoch bereits aus § 241 Abs. 2 BGB ergeben. Der Lebensversicherungsvertrag begründet eine Sonderverbindung, die durch Treu und Glauben geprägt ist. In einem solchen Schuldverhältnis müssen die Parteien aufeinander Rücksicht nehmen, insb. den personen- und vermögensrechtlichen Status quo schützen (vgl. Palandt/*Heinrichs*, § 241 Rn 6). Da der VR aus der Kündigung des VN

keinen Vorteil ziehen soll (Begr. BT-Drucks 16/3945, S. 53), ist die Annahme einer Hinweispflicht nach § 241 Abs. 2 BGB überlegenswert.

B. Norminhalt

I. Versicherung mit gewissem Eintritt der Verpflichtung (§ 169 Abs. 1 VVG)

1. Anwendungsbereich

§ 169 VVG ist anwendbar auf alle Lebensversicherungsverträge, die **ab dem 1.1.2008** zustande gekommen sind.

Für **Altverträge** (Zustandekommen vor dem 1.1.2008) gilt weiterhin **§ 176 VVG a.F.**, auch wenn insoweit auf § 169 VVG verwiesen wird (Art. 4 Abs. 2 EGVVG). Zu berücksichtigen ist die zum jeweiligen Zeitpunkt anwendbare Version des § 176 VVG a.F. (Looschelders/Pohlmann/*Krause*, § 169 Rn 7), allerdings **in der durch die Rspr. gefundenen Fassung**, d.h. mit einem Mindestrückkaufswert i.H.d. Hälfte des mit den Rechnungsgrundlagen der Prämienkalkulation berechneten ungezillmerten Deckungskapitals (BGH, NJW 2005, 3559; BGH, NJW-RR 2007, 1629; BGH, NJW-RR 2008, 188 und OLG München, VersR 2009, 770). Dies gilt auch für Verträge, die zwar möglicherweise transparente Klauseln beinhalten, aber materiell unwirksam (vgl. BGH, NJW 2012, 3023) sind (BGH, NJW 2013, 3240). Damit gilt, dass für Versicherungsverträge, die zwischen 1994 (ab Deregulierung) und 2007 (VVG-Reform) geschlossen wurden, der Mindestrückkaufswert die Hälfte des mit den Rechnungsgrundlagen der Prämienkalkulation berechneten ungezillmerten Deckungskapitals beträgt (BGH, NJW 2013, 3240). Abschlusskosten dürfen von diesem Betrag nicht abgezogen werden (vgl. BGH, VersR 2013, 1381, 1386).

Der **sachliche Anwendungsbereich** erstreckt sich unmittelbar auf Versicherungen, die Versicherungsschutz für ein Risiko bieten, bei dem der Eintritt der Verpflichtung des VR gewiss ist. Damit wurde der Anwendungsbereich erweitert. Die Art des versicherten Risikos oder der Leistungserbringung ist nun unerheblich. Für die Beurteilung der Frage, ob das Kriterium des gewissen Leistungseintritts erfüllt ist, ist der Vertrag als Einheit zu betrachten; Haupt- und Zusatzversicherungen sind dafür zusammenzuziehen (*Engeländer*, VersR 2007, 1297, 1299). Entscheidend ist das Versicherungsrisiko, nicht ein etwaiges Finanzrisiko, das sich z.B. bei fondsgebundenen Versicherungen aus den Kursschwankungen der Fonds ergibt (vgl. *Engeländer*, VersR 2007, 1297, 1299). In den Anwendungsbereich fallen insb.
- klassische gemischte Kapitallebensversicherungen, die im Todes- und Erlebensfall leisten,
- fondsgebundene Lebensversicherungen, die im Todes- und Erlebensfall leisten,
- Termfix-Versicherungen, solange der beitragszahlende VN lebt.

Reine **Risikoversicherungen** (Risikoleben, Berufsunfähigkeit, Pflegerisiko, Dread Disease) fallen grundsätzlich dann nicht in den Anwendungsbereich, wenn keine auch noch so geringe Zahlung im Erlebensfall – auch nicht über eine Zusatzversicherung – versichert ist. Sie können aber über den Umweg des § 165 VVG in den Anwendungsbereich fallen (s. § 165 Rdn 14). In Betracht kommt auch eine **analoge Anwendung** auf langfristige Risikolebensversicherungen, bei denen die Beiträge anfangs überhöht sind, um gleichbleibende Beiträge über die gesamte Versicherungszeit zu ermöglichen (so zu Recht *Winter*, in: Bruck/Möller, § 169 Rn 39; a.A. Prölss/Martin/*Reiff*, § 169 Rn 21).

12 Auch erfasst sind **Unfallversicherungen mit Prämienrückgewähr** (Umkehrschluss aus § 211 Abs. 1 Nr. 4 VVG).

13 **Rentenversicherungen**, die keine Todesfallleistung vorsehen, bieten keine gewisse Leistung, fallen somit aus dem Anwendungsbereich heraus. Dies gilt insb. für **Basisrentenverträge** nach § 10 Abs. 1 Nr. 2b) EStG (s. dazu vor §§ 150 ff. Rdn 27 ff.), wenn keine Hinterbliebenenleistung vereinbart ist. Sehen Rentenversicherungen aber eine irgendwie geartete Todesfallleistung vor (z.B. Garantiezeit, *Schick/Franz*, VW 2007, 764), sind Rückkaufswerte nach § 169 VVG zu bilden. Ebenso betroffen sind fondsgebundene Rentenversicherungen.

14 Fraglich ist, ob die Berechnungsvorgabe des § 169 VVG für den ganzen Vertrag gilt, wenn er denn eine gewisse Leistung vorsieht oder nur für den Teil der gewissen Leistung (so *Engeländer*, VersR 2007, 1297, 1299; a.A. VersR-Hdb/*Brömmelmeyer*, § 42 Rn 155; Prölss/Martin/*Reiff*, § 169 Rn 26; Römer/Langheid/*Langheid*, § 169 Rn 19; Looschelders/Pohlmann/*Krause*, § 169 Rn 12).

> **Beispiel**
> Der Vertrag sieht eine höhere Todesfall- als Erlebensfallleistung vor. Die über die Erlebensfallleistung hinausgehende Todesfallleistung soll kein Teil dieser unter § 169 VVG fallenden Versicherung sein (so *Engeländer*, VersR 2007, 1297, 1299). Festgemacht wird diese Auslegung an der Bezugnahme des Gesetzeswortlauts nur auf die „Versicherung" statt auf den ganzen „Vertrag". Dagegen spricht, dass der Gesetzgeber für diese Fälle den § 169 Abs. 2 VVG vorgesehen hat und den Worten Versicherung und Vertrag gleichermaßen die Bedeutung VV beigemessen werden kann. Naheliegender ist die Annahme, dass der Gesetzgeber zunächst jeden Vertrag, bei dem das Risiko – wenn auch nur zu einem kleinen Teil – gewiss ist, von § 169 Abs. 1 VVG erfasst sehen wollte. Insofern ist der Meinung *Engeländers* nicht zu folgen.

15 Die Regeln über die Berechnung des Rückkaufswerts sind nicht anzuwenden bei der Beitragsrückerstattung nach **§ 44 VBLS** hinsichtlich der Aufwendungen der Arbeitgeber für Pflichtversicherte in der VBL (LG Karlsruhe, 11.7.2006 – 6 O 524/05, Rn 28 ff.).

16 § 169 VVG ist nicht anwendbar auf Versicherungen bei **Pensionskassen** i.S.d. § 233 Abs. 1 und 2 VAG (§ 118b Abs. 3 und 4 VAG a.F.), Versicherungen, die bei einem Verein genommen werden, der als kleinerer Verein i.S.d. Versicherungsaufsichtsgesetzes anerkannt ist, Lebensversicherungen mit kleineren Beträgen und Unfallversicherungen mit kleineren Beträgen, soweit mit Zustimmung der Aufsichtsbehörde in den Bedingungen abweichende Regelungen getroffen worden sind (§ 211 Abs. 1 VVG).

2. Kündigung des Versicherungsnehmers, Rücktritt oder Anfechtung des Versicherers

Ein Rückkaufswert nach Maßgabe der folgenden Absätze muss nur ausgezahlt werden bei einer Kündigung des VN oder bei Rücktritt und Anfechtung durch den VR. Damit ist der **Anwendungsbereich** ggü. § 176 VVG a.F. in zweifacher Hinsicht **eingeschränkt**. Kündigt der VR (z.B. nach § 19 Abs. 3 S. 2, § 24 i.V.m. § 158 Abs. 1, § 28 Abs. 1, § 38 Abs. 3 S. 1 VVG), wird die Versicherung nach § 166 Abs. 1 VVG automatisch in eine prämienfreie Versicherung nach § 165 VVG umgewandelt. Weiterhin ist § 169 VVG nicht anwendbar bei **Rücktritt oder Anfechtung durch den VN** (vgl. auch § 1 Rdn 18). Hier bleibt es bei der Abwicklung nach **Bereicherungsrecht**. Dies hat zur Folge, dass der VN ggf. die vollständige Rückzahlung der Prämien einschließlich Zinsen verlangen kann. Für eine Privilegierung des VR ist in diesen Fällen kein Platz, da er den Grund für die Vertragsbeendigung gegeben hat (Begr. BT-Drucks 16/3945, S. 101).

17

Bestand von Beginn an kein wirksamer VV, z.B. weil die schriftliche Einwilligung der versicherten Person (§ 150 Abs. 2 S. 1 VVG) fehlte, ist § 169 VVG ebenfalls nicht anwendbar, sondern allg. Bereicherungsrecht. Im Fall des Widerrufs durch den VN verweist schon § 152 Abs. 2 S. 1 und 2 VVG auf § 169 VVG. Die Vorschrift enthält einen **allgemeinen Rechtsgedanken**, so dass sie entsprechend anwendbar ist, wenn eine **Auflösung des VV aus anderen Gründen** vorgenommen wird, z.B. bei einvernehmlicher Vertragsaufhebung, sofern nichts anderes vereinbart wurde (*Winter*, in: Bruck/Möller, § 169 Rn 66; *Schick/Franz*, VW 2007, 764; ähnlich Prölss/Martin/*Reiff*, § 169 Rn 29; a.A. Rüffer/Halbach/Schimikowski/*Brambach*, § 169 Rn 13; Römer/Langheid/*Langheid*, § 169 Rn 14). Insofern gilt § 169 VVG als Mindestregel (§ 171 S. 1 VVG).

18

Auf den **Wegfall der Geschäftsgrundlage** kann sich der VN dann nicht berufen und den Rückkaufswert verlangen, wenn sich die steuerliche Abzugsfähigkeit der Prämien ändert, weil dies ein typisches Vertragsrisiko darstellt (OLG Karlsruhe, VersR 1996, 1001, 1001 f.).

19

Wurde die Versicherung i.R.e. **betrieblichen Altersvorsorge** nach dem BetrAVG abgeschlossen und kündigt der Versorgungsberechtigte, der nach Ausscheiden aus dem Arbeitsverhältnis oder bei Insolvenz des Arbeitgebers VN geworden ist, geht § 2 Abs. 2 S. 5 und 6 BetrAVG dem § 169 Abs. 1 VVG vor; bei Kündigung wandelt sich die Versicherung, auch soweit es um Überschussanteile geht, in eine prämienfreie um, damit die bestehende Versorgungsanwartschaft aufrecht erhalten bleibt (OLG Frankfurt a.M., VersR 1999, 41, 41 f.; LG Tübingen, VersR 1996, 1223, 1223 f. m.w.N.). Die Abwicklung richtet sich nach § 165 VVG (s. § 165 Rdn 5). Der Anspruch des VN auf Auszahlung der VersSumme – nicht: die Inanspruchnahme der Versicherungsleistung vor Eintritt des Versicherungsfalls – ist in diesem Fall aber bereits vor Eintritt des Versicherungsfalls als zukünftige Forderung pfändbar (BGH, VersR 2011, 371; s. auch OLG Hamm, VersR 2013, 1289).

20

Der gewählte **Durchführungsweg** und die Art der Finanzierung (Arbeitgeber oder Arbeitnehmer) sind unerheblich (OLG Frankfurt a.M., VersR 1999, 41). Dies gilt nicht, wenn er

21

das Deckungskapital mit eigenen Prämien aufgebaut hat (§ 2 Abs. 2 S. 2 Nr. 3 BetrAVG), was der VN darzulegen hat (OLG Hamm, r+s 1998, 168, 168 f.).

3. Auszahlung des Rückkaufswerts

22 Als Folge muss der VR den in § 169 Abs. 3–7 VVG genauer beschriebenen Rückkaufswert auszahlen. Es müssen ausdrücklich **nicht die eingezahlten Prämien** zurückerstattet werden. Diese gehen vollständig in das Eigentum des VR über (BVerfG, NJW 2005, 2376, 2379). Der Rückkaufswert wird fällig mit Beendigung der Lebensversicherung. Bei Verzug haftet der VR auf Schadensersatz (§ 280 Abs. 2 i.V.m. § 286 BGB) und muss den Rückkaufswert mit mindestens 5 % über dem Basiszinssatz verzinsen (§ 288 Abs. 1 BGB). Eine Mahnung ist nur bei Kündigung entbehrlich (§ 286 Abs. 2 BGB).

23 Eine **Hinterlegung** des Auszahlungsbetrags befreit den VR nicht gem. §§ 372 S. 2, 2. Alt., 378 BGB von seiner Schuld, wenn nach der Behauptung des VN lediglich die bloße Möglichkeit eines schuldrechtlichen Anspruchs auf Rückgängigmachung einer erfolgten Abtretung besteht (OLG Köln, VersR 2005, 81). Auch die Auszahlung des Rückkaufswertes an den Inhaber des Versicherungsscheins hat keine befreiende Wirkung, wenn dem VR gleichzeitig eine gefälschte Kündigungserklärung des VN vorgelegt wird (KG, KGR Berlin 2007, 631, Ls.).

24 Der **Anspruch auf Auszahlung** des Rückkaufswertes richtet sich gegen den VR; der unwiderruflich bezugsberechtigte Arbeitnehmer kann daher nicht die Auszahlung des Rückkaufswertes vom Arbeitgeber (VN) verlangen. Damit steht dem Arbeitnehmer kein Aussonderungsrecht am versehentlich an den VN (Arbeitgeber) ausgezahlten Rückkaufswert bei Insolvenz des Arbeitgebers zu (LAG Hamm v. 15.3.2006 – 6 Sa 2159/05, Rn 24, 30).

25 Der Anspruch auf Auszahlung des Rückkaufswertes kann **abgetreten** werden. Es können aber auch **nur die Ansprüche auf die Todesfallleistung** zur Sicherheit abgetreten werden. Ob die Abtretung der Ansprüche auf den Todesfall auch den Anspruch auf den Rückkaufswert nach Kündigung erfasst, ist durch **Auslegung** der bei der Sicherungsabtretung abgegebenen Erklärungen unter Berücksichtigung der Parteiinteressen und des Zwecks des Rechtsgeschäfts zu ermitteln; einen generellen Vorrang für eine solche Zuordnung gibt es nicht (BGH, NJW 2007, 2320, Fortführung von BGH, NJW 2003, 2679). Der Anspruch auf den Rückkaufswert ist regelmäßig nicht mit übertragen, wenn die Beschränkung der Sicherungsabtretung auf den Anspruch auf die Todesfallleistung der **Beibehaltung einer steuerlichen Begünstigung** der Versicherung dient (BGH, NJW 2007, 2320).

26 Hat der Arbeitgeber als VN einer Direktversicherung im Rahmen einer betrieblichen Altersversorgung (s. dazu vor §§ 150 ff. Rdn 44 ff.) die Ansprüche aus dem VV abgetreten oder verpfändet, ist er verpflichtet, den Arbeitnehmer bei Eintritt des Versicherungsfalls so zu stellen, als ob die Abtretung oder Verpfändung nicht erfolgt wäre, wenn das Arbeitsverhältnis endet und die Anwartschaft unverfallbar geworden ist (§ 1b Abs. 2 S. 3 BetrAVG).

II. Begrenzung des Rückkaufswerts (§ 169 Abs. 2 VVG)

Sollte der nach § 169 Abs. 3–6 VVG berechnete **Rückkaufswert höher sein als die Versicherungsleistung** zum Zeitpunkt der Kündigung, wird der Rückkaufswert der Höhe nach auf die Versicherungsleistung zum Zeitpunkt der Kündigung begrenzt. Als Beispiel nennt die Gesetzesbegründung den Fall, *„wenn das Deckungskapital für eine vereinbarte lebenslange Rente höher ist als die vereinbarte Rückzahlung aller Prämien im Todesfall vor Beginn der Rentenzahlung"* (Begr. BT-Drucks 16/3945, S. 101). Auch wenn eine höhere Todesfall- als Erlebensfallleistung bei Kündigung besteht, bleibt die Höhe des Rückkaufswertes auf die Erlebensfallleistung beschränkt. Der Teil, der nicht als Rückkaufswert ausgezahlt wird, begründet nach § 169 Abs. 2 S. 2 VVG eine prämienfreie Versicherung gem. § 165 VVG. § 169 Abs. 2 S. 3 VVG begründet die Ausnahme für die Fälle des Rücktritts oder der Anfechtung: Dann ist stets der volle Wert als Rückkaufswert auszuzahlen, da den Parteien ein Festhalten am VV nicht mehr zuzumuten ist. I.R.d. § 169 Abs. 2 VVG kann auch stets der volle Rückkaufswert ausgezahlt werden, da dies den VN nur begünstigt (vgl. § 171 S. 1 VVG).

27

III. Rückkaufswert bei kapitalgedeckten Versicherungen (§ 169 Abs. 3 VVG)

1. Berechnung des Rückkaufswerts (§ 169 Abs. 3 S. 1 Ts. 1 VVG)

a) Anknüpfung an das Deckungskapital

Der Rückkaufswert ist das **Deckungskapital**, das nach anerkannten Regeln der Versicherungsmathematik mit den Rechnungsgrundlagen der Prämienkalkulation zum Schluss der laufenden Versicherungsperiode berechnet wird. Damit hat der Gesetzgeber den für Altverträge weiterhin geltenden Zeitwert (§ 176 Abs. 3 S. 1 VVG a.F.; dazu Rdn 45 ff.) zumindest für Neuverträge ab dem 1.1.2008 verworfen. Der Rückkaufswert nach § 169 Abs. 3 VVG bildet grds. dem Wortlaut nach die untere Grenze, die wegen § 171 S. 1 VVG nicht unterschritten werden darf (vgl. auch *Engeländer*, VersR 2007, 1297, 1300). Der Anspruch auf den Rückkaufswert ist als Teil des Anspruchs auf Auszahlung der VersSumme und Überschussbeteiligung bei Ablauf des Vertrags **nach Art. 14 Abs. 1 GG geschützt** (BVerfG, VersR 2006, 489, 493).

28

Die Deckungskapitalien aller Verträge spiegeln sich in der **Deckungsrückstellung**, die nach § 341f Abs. 1 und 2 HGB für jeden Vertrag zu bilden ist (vgl. Prölss/Martin/*Reiff*, § 169 Rn 31; *Winter*, in: Bruck/Möller, § 169 Rn 31). Alle Verträge werden in einer Summe in derselben Bilanzposition zusammengefasst. Die Deckungsrückstellung weist die Verpflichtungen i.H.d. versicherungsmathematisch errechneten Wertes einschließlich bereits zugeteilter Überschussanteile – mit Ausnahme der verzinslich angesammelten Überschussanteile – abzgl. des Barwertes der künftig zu zahlenden Beiträge aus (prospektive Methode, § 341f Abs. 1 S. 1 HGB), oder verkürzt: Den Barwert der künftigen versprochenen Versicherungsleistungen abzgl. dem Barwert der ausstehenden Beiträge (Bruttobeitragsmethode,

29

Prölss/*Kölschbach*, § 65 VAG Rn 7, *Engeländer*, VersR 2007, 1297, 1300 f.). In Deutschland ist nach § 25 Abs. 1 S. 2 RechVersV das **gezillmerte Nettobeitragsverfahren** zugelassen, das praktisch zu ähnlichen Ergebnissen wie das Bruttobeitragsverfahren führt (Prölss/*Kölschbach*, § 65 VAG Rn 7, zur Zillmerung s. Rdn 53 ff.). Neben dem prospektiven Verfahren wird auch die retrospektive Methode angewendet, wenn eine prospektive Ermittlung der Deckungsrückstellung nicht möglich ist. Beide Methoden führen nur dann zu denselben Ergebnissen, wenn übereinstimmende Rechnungsgrundlagen für die Berechnung der Prämien und der Deckungsrückstellung verwendet werden (*Führer/Grimmer*, Einführung in die Lebensversicherungsmathematik, S. 97). Grds. ist daher die Art der Berechnungsmethode unerheblich, wenn wie bisher weitverbreitet übereinstimmende Rechnungsgrundlagen verwendet werden (Looschelders/Pohlmann/*Krause*, § 169 Rn 22; krit., weil dies nicht zwingend vorgeschrieben ist, aber VersR-Hdb/*Brömmelmeyer*, § 42 Rn 158, 160, 162, der nicht ohne Bedenken das retrospektive Verfahren als in § 169 VVG angeordnet ansieht; nach *Engeländer*, VersR 2009, 1308, 1313 f. könne für die Rückkaufwertberechnung nur das prospektive Verfahren verwendet werden). Welche Leistungen versprochen worden sind – und damit **die Höhe der Deckungsrückstellung –, richtet sich nach den vertraglichen Vereinbarungen** (s.a. *Engeländer*, VersR 2005, 1031, 1032 f.; BK/*Schwintowski*, § 176 Rn 16).

30 Seit der Deregulierung und Herstellung des europäischen Versicherungsbinnenmarktes sind die VR und VN innerhalb der gesetzlichen Vorgaben frei, die Vertragsleistungen zu definieren (vgl. nur die Erwägungsgründe 46 u. 52 der RL 2002/83/EG; BK/*Schwintowski*, Vorbem. §§ 159–178 Rn 64). So kann z.B. eine Garantieverzinsung von zurzeit höchstens 1,25 % (§ 2 Abs. 1 DeckRV – DeckRV wurde am 18.4.2016 neu ausgefertigt, BGBl 2016 I, S. 831) jährlich vereinbart werden; ab dem 1.1.2017 soll der in § 2 Abs. 1 DeckRV vorgesehene Zins 0,9 % betragen. Genauso kann aber auch auf eine Garantieverzinsung verzichtet oder eine Garantie nur zum Fälligkeitstag vereinbart werden. Es kann eine jährliche hohe Überschussbeteiligung vereinbart werden oder eine sehr hohe Schlussüberschussbeteiligung (s. § 153 Rdn 67 ff.). Genau diese Freiheit in der Produktgestaltung sollte mit der Deregulierung hergestellt werden, um einen europäischen Produktwettbewerb zu erzeugen (Erwägungsgrund 52 der RL 2002/83/EG).

b) Rechnungsgrundlagen der Prämienkalkulation

31 Von den vertraglichen Vereinbarungen ausgehend ist das Deckungskapital **nach den Rechnungsgrundlagen der Prämienkalkulation** zu berechnen. Mit den Rechnungsgrundlagen werden Prämien und Rückkaufswerte berechnet. Gemeint sind die Ausscheideordnungen (z.B. Sterbetafeln), der Rechnungszins und Kostenzuschläge. § 138 Abs. 1 S. 1 VAG (§ 11 Abs. 1 S. 1 VAG a.F.) verpflichtet die VR zu einer vorsichtigen Prämienkalkulation. Die Prämien müssen nach angemessenen versicherungsmathematischen Annahmen so berechnet werden, dass der VR allen seinen Verpflichtungen nachkommen kann und für die einzelnen Verträge eine ausreichende Deckungsrückstellung gebildet werden kann. Dabei entstehende Überschüsse werden i.R.d. Überschussbeteiligung nach § 153 VVG an die VN zurückgezahlt. Aus § 138 Abs. 1 S. 2 VAG (§ 11 Abs. 1 S. 2 VAG a.F.) ergibt sich, dass zur

Erfüllung der Verpflichtungen dauerhaft nur Mittel eingesetzt werden dürfen, die aus Prämienzahlungen stammen – dies ist bei der Prämienkalkulation zu berücksichtigen.

Daraus ist die Rechtspflicht zu entnehmen, dass die Beiträge mit demselben Zinssatz, der für die Berechnung der Deckungsrückstellung verwendet wird, zu berechnen sind, wenn ansonsten die Finanzierbarkeit der vertraglichen Leistung gefährdet wird (*Brömmelmeyer*, VersWissStud. Bd. 14, S. 180 f.). Teilweise wird darüber hinausgehend auch stets ein Gleichlauf der beiden Rechnungszinssätze verlangt (Prölss/*Präve*, § 11 VAG Rn 4 f.). **Konkrete Vorgaben** für die Beitragskalkulation dürfen aber seit der Deregulierung nicht mehr gemacht werden, so dass für die Prämien- und Deckungsrückstellungsberechnung unterschiedliche Zinssätze verwendet werden dürfen, solange bei der Prämienkalkulation die Vorgaben des § 138 Abs. 1 S. 2 VAG (§ 11 Abs. 1 S. 2 VAG a.F.) gewahrt bleiben (s. auch Looschelders/Pohlmann/*Krause*, § 169 Rn 24 f.). Die Verwendung eines höheren Rechnungszinses für die Beitragskalkulation als für die Deckungsrückstellungsberechnung könnte in der Insolvenz des VR die VN begünstigen im Hinblick auf § 316 S. 2 VAG (§ 77b S. 2 VAG a.F.; näher Looschelders/Pohlmann/*Krause*, § 169 Rn 26). V.a. ausländische Versicherer ziehen für die Berechnung der Rückstellung zwar den Garantiezins, für die Berechnung der Beiträge aber einen anderen, z.B. den Marktzins heran. Es können auch ganz andere Verfahren, wie Optionspreismethoden, für die Beitragskalkulation verwendet werden (*Engeländer*, VersR 2007, 1297, 1302). Diese Methoden unterliegen dem Geschäftsgeheimnis, können also nicht in den Bedingungen vereinbart werden. Die Anknüpfung an die Rechnungsgrundlagen der Prämienkalkulation, die es objektiv nicht gibt, muss damit vertraglich ausgefüllt werden (*Engeländer*, VersR 2007, 1297, 1303).

c) Anerkannte Regeln der Versicherungsmathematik

Der Rückkaufswert soll nach den anerkannten Regeln der Versicherungsmathematik berechnet werden. Ob es solche anerkannten Regeln gibt, ist fraglich, da Berechnungen auf ganz unterschiedliche Weise vorgenommen werden können. Hinsichtlich der Zeitwertberechnung i.R.d. § 176 VVG a.F. gab es zumindest keine gleichermaßen anerkannten Regeln (ausführlich *Schwintowski*, VersR 2008, 1425), was schließlich zum Urteil des BGH v. 12.10.2005 (IV ZR 162/03, BGH, NJW 2005, 3559) geführt hat.

d) Sind Rückkaufswerte i.S.e. Mindestrückkaufswerts garantiert?

In der Literatur werden unterschiedliche Ansichten zur Frage vertreten, ob § 169 Abs. 3 S. 1 VVG einen gesetzlichen Mindestrückkaufswert statuiert, der wegen § 171 S. 1 VVG nicht unterschritten werden darf, und zwar auch dann, wenn die Klauseln zu Rückkaufswerten und Zillmerung transparent und wirksam sind. Der Wortlaut der Vorschrift mit der klaren Anknüpfung an das Deckungskapital könnte den Schluss zulassen, dass im Fall der Kündigung mindestens ein Rückkaufswert i.H.d. Deckungskapitals i.S.d. § 169 Abs. 3 S. 1 VVG, unabhängig von irgendwelchen vertraglichen Regelungen, auszuzahlen ist. Damit würde § 169 Abs. 3 S. 1 VVG einen gesetzlichen Mindestrückkaufswert vorgeben, der nicht unterschritten werden darf (so *Schünemann*, VersR 2009, 442; Rüffer/Halbach/Schimikowski/*Brambach*, § 169 Rn 43a; wohl auch *Engeländer*, VersR 2009, 1308, 1311; a.A. Prölss/Martin/*Reiff*, § 169 Rn 41 ff.; *Winter*, in: Bruck/Möller, § 169 Rn 103; MüKo/*Mönnich*, § 169 VVG Rn 102 ff.; *Schumacher*, Der Rückkaufswert von Lebensversicherungen, S. 139 ff.).

35 Sähe § 169 Abs. 3 S. 1 VVG einen gesetzlich determinierten Mindestrückkaufswert vor, würde dies ganz erheblich in die Produktgestaltungsfreiheit der VR eingreifen. Bei klassischen deutschen kapitalbildenden Versicherungen würde der Mindestrückkaufswert unterschiedlich hoch ausfallen, je nach den im Produkt vereinbarten Leistungen. Die Höhe der Deckungsrückstellung richtet sich nach den **vertraglichen Vereinbarungen hinsichtlich der Garantieleistungen**. Sehen die Bedingungen eine Garantieverzinsung von jährlich zurzeit 1,25 % vor, ist eine entsprechende Deckungsrückstellung zu bilden. Es baut sich dem Wortlaut des § 169 Abs. 3 S. 1 VVG nach also ein entsprechender Mindestrückkaufswert auf. Wenn weiterhin hohe laufende Überschüsse versprochen und jährlich dem Vertrag zugeteilt werden (außer bei verzinslicher Ansammlung, vgl. § 341f Abs. 1 S. 1 HGB), erhöht sich das Deckungskapital und damit der Rückkaufswert im Vertragsverlauf kontinuierlich weiter. Wird **keine Garantieverzinsung vereinbart** (§ 2 Abs. 1 DeckRV sieht nur einen Höchstrechnungszins vor), bildet sich über die Laufzeit hinweg **ein niedrigeres Deckungskapital** und als Folge müsste **ein geringerer Rückkaufswert** ausgewiesen werden. Werden nur endfällige oder gar keine Garantien vereinbart, würde die Anlagefreiheit des VR erheblich erhöht, könnte also im Interesse des renditeorientierten VN zu einer höheren Ablaufleistung führen. Dieses Ziel kann der deutsche VR bei Unterstellung eines gesetzlichen Mindestrückkaufswerts unabhängig von den vertraglichen Vereinbarungen nur erreichen, indem eine niedrige oder gar keine Garantieverzinsung vereinbart wird und die laufende Überschussbeteiligung zugunsten der Schlussüberschussbeteiligung reduziert wird (so auch VersR-Hdb/*Brömmelmeyer*, § 42 Rn 162). Schlussüberschüsse sind nicht garantiert, so dass sie auf der Aktivseite im Rahmen einer freien und damit renditeorientierten Kapitalanlage bedeckt werden können.

36 Anders verhält es sich mit modernen Produkten, die endfällige Garantien anbieten, ohne dass bei zwischenzeitlichen Rückkäufen bestimmte Mindestwerte zur Verfügung stehen. Solche Gestaltungen sind durchaus im Interesse der Verbraucher, weil bei niedrigeren Garantien – Garantien kosten immer Geld – höhere Ablaufleistungen möglich sind. Bei solchen Produkten, z.B. sog. Variable Annuities, gibt es während des Ansparvorgangs keine Garantien bei Kündigung, dafür aber eine – u.U. sehr hohe – garantierte Leistung bei Vertragsablauf. V.a. ausländische VR sehen häufig Garantien nur zu einem bestimmten Zeitpunkt, z.B. zum vereinbarten Vertragsende, vor, die teilweise auch von dem Ausbleiben weiterer Bedingungen abhängig sind (**bedingte Garantie**). Auch bei diesen Produkten müssen Deckungsrückstellungen bzw. im Ausland mathematische Reserven gebildet werden (vgl. Art. 76 RL 2009/138 EG; ehemals Art. 20 Abs. 1 A. i. RL 2002/83/EG), ohne dass die Richtlinie grds. bestimmte Mindestrückkaufswerte vorschreibt (ausführlich *Schwintowski*, VersR 2008, 1425). Diese Ausgestaltung der Garantie erlaubt aber höhere Aktienanlagen und damit höhere Renditeerwartungen. Die Garantien können z.B. durch

endfällige festverzinsliche Wertpapiere sichergestellt werden. Zwischenzeitliche Kursschwankungen verbieten aber jährlich garantierte Rückkaufswerte in der Ansparphase.

Wäre § 169 Abs. 3 S. 1 VVG so zu verstehen, dass zu jedem Zeitpunkt ein Rückkaufswert 37 i.H. eines wie auch immer im Detail zu berechnenden Deckungskapitals garantiert sein muss, könnte ein solches renditeorientiertes Produkt in Deutschland nicht verkauft werden. Dabei ist es bereits schwierig, wie das Deckungskapital für einen solchen garantierten Rückkaufswert zu bestimmen wäre – die verzinslich angelegten Sparanteile einer Prämie z.B. müssen nicht zwingend im Zusammenhang mit der zu bildenden Deckungsrückstellung stehen, sondern können zumindest auch von Kapitalmarktschwankungen abhängig sein; die Bezugnahme auf die Grundlagen der Prämienkalkulation droht ins Leere zu laufen (vgl. MüKo/*Mönnich*, § 169 VVG Rn 103). Es ist aber v.a. nicht möglich, bestimmte Mindestrückkaufswerte – sei es vertraglich oder gesetzlich – zu garantieren, ohne dass dies negative Effekte auf die Kapitalanlage hätte, weil stets entsprechende Rücklagen zu bilden sind, die die Anlagefreiheit einschränken (ausführlich *Schwintowski*, VersR 2008, 1425; dies verkennt *Schünemann*, VersR 2009, 442). Damit wären ausländische VR in ihrem Recht auf **Dienstleistungsfreiheit** (Art. 56 AEUV) verletzt (ebenso *Schwintowski*, VersR 2008, 1425; *Engeländer*, VersR 2009, 1308, 1319; *Herrmann*, VersR 2009, 7: Verletzung des Vorrangs informationeller Regulierung i.S.d. europäischen Rspr. zu Art. 34, 49, 56 AEUV; VersR-Hdb/*Brömmelmeyer*, § 42 Rn 163). Soweit nicht Vorschriften des Allgemeininteresses entgegenstehen, verstoßen Regelungen, die EU-Versicherer am Vertrieb ihrer Produkte hindern, gegen Art. 180 RL 2009/138/EG (ehemals Art. 33 RL 2002/83/EG; vgl. EFTA-Gerichtsentscheidung E-1/05 vom 25.11.2005 gegen Norwegen, VersR 2006, 249; ausführlich *Bürkle*, VersR 2006, 1042, 1045). Produkte mit endfälligen Garantien können aber nicht dem Allgemeininteresse widersprechen, da diese die Angebotsvielfalt erhöhen und bei hinreichender Information keine Nachteile für die Verbraucher begründen. Auch bei anderen Anlageformen, wie gewöhnlichen fest verzinslichen Wertpapieren (z.B. vom Staat herausgegebene Bundesobligationen), ist der Anleger bei zwischenzeitlichen Verkäufen einem Kapitalmarktrisiko ausgesetzt (vgl. *Engeländer*, VersR 2007, 1297, 1305; *Engeländer*, VersR 2009, 1308, 1316). I.Ü. stellen erhöhte Informationspflichten das mildere und auch sehr gut vertretbare Mittel ggü. einer Produktregulierung dar (ebenso *Schwintowski*, VersR 2008, 1425; *Herrmann*, VersR 2009, 7).

Auch die Entscheidungen des BGH verlangen keine garantierten Mindestrückkaufswerte 38 **im Hinblick auf mögliche Kapitalanlageschwankungen.** Lediglich die Benachteiligung der kündigenden VN durch die vorzeitige Entnahme der Abschlusskosten („Zillmerung"), die in den ersten Jahren zu sehr geringen Rückkaufswerten führte, sollte i.S.e. gerechten Interessenausgleichs unterbunden werden (BGH, NJW 2005, 3559, 3566 f.). Es geht also um die **Sicherstellung einer gerechten Kostenverteilung**, wie sie in § 169 Abs. 3 S. 1 Hs. 2 VVG. vorgenommen wurde. Mögliche niedrige Rückkaufswerte aufgrund von Schwankungen der zugrunde liegenden Kapitalanlagen sind davon nicht erfasst. Deshalb hat der BGH seine Rechtsprechung auch ohne Weiteres auf fondsgebundene Versicherungen übertragen, obwohl es dort nie garantierte Rückkaufswerte gibt (BGH, VersR 2007, 1547, Ls.).

Es geht immer nur um unwirksame Kostenvereinbarungen, namentlich hinsichtlich der Abschlusskosten (s.u. Rdn 53 ff.).

39 Demzufolge muss der Wortlaut im Hinblick auf die Gewährung der Dienstleistungsfreiheit (Art. 56 AEUV) bzw. die Einhaltung der Richtlinie 2002/83/EG (jetzt: RL 2009/138/EG) **unionsrechtskonform ausgelegt werden** (zum Gebot der unionsrechtskonformen Auslegung nationalen Rechts durch nationale Gerichte: EuGH, NJW 2004, 3547, 3549 [„Pfeiffer"]; s.a. Einf. vor §§ 1 ff. Rdn 12 ff.). Die Garantie von Rückkaufswerten und das Ausmaß der Garantie können frei zwischen den Parteien vereinbart werden. Es kommt auch die Vereinbarung in Betracht, dass überhaupt kein Rückkaufswert der Höhe nach garantiert ist. Diese Interpretation entspricht auch dem **Willen des Gesetzgebers**. Noch in BT-Drucks 16/3945 war in § 169 Abs. 3 S. 2 VVG vorgesehen, dass die Rückkaufswerte von vornherein für jedes Vertragsjahr angegeben werden müssen, so dass die Rückkaufswerte von Beginn an garantiert sein sollten (Begr. BT-Drucks 16/3945, S. 103). Dies ist heftig kritisiert worden, weil der Verstoß gegen das Gemeinschaftsrecht offensichtlich war; Art. 20 Abs. 1 A. i., vi. RL 2002/83/EG i.V.m. Anhang III (jetzt: Art. 185 Abs. 3f RL 2009/138/EG ließen die Möglichkeit offen, keine Garantien zu vereinbaren (*Schwintowski*, Rechtsgutachten zur Frage, inwieweit die Rückkaufswertgarantie im geplanten § 169 Abs. 3 S. 2 VVG-E europarechts- und verfassungskonform ist [n.v.], passim; *Präve*, FS Lorenz, S. 517, 524; *Präve*, VW 2005, 566; *Präve*, VersR 2007, 1046, 1048; *Lang*, VW 2007, 176; *Bürkle*, VersR 2006, 1042, 1047 f.). Die Mitglieder des Bundestags haben diese Einschätzung übernommen und wollten mit der Änderung des § 169 Abs. 3 S. 2 VVG, dass der Rückkaufswert und das Ausmaß, in dem er garantiert ist, vor Vertragsschluss mitzuteilen ist, garantierte Rückkaufswerte ausschließen (Begr. BT-Drucks 16/5862, S. 100). Dies kommt auch in § 2 Abs. 1 Nr. 4 und 6 VVG-InfoV zum Ausdruck. Danach müssen die Rückkaufswerte und das Ausmaß, in welchem sie garantiert sind, mitgeteilt werden – die Formulierung entspricht der Formulierung des Anhang III A. a.9 RL 2002/83/EG.

40 Dem **Versicherer steht es** also bei Vertragsschluss **frei**, zunächst keinen Rückkaufswert, einen Rückkaufswert basierend auf der Garantieverzinsung oder sogar basierend auf den geplanten laufenden Überschusszuweisungen oder Teilen davon zu garantieren (**a.A.** ohne Begr.: *Gatschke*, VuR 2007, 447, 449). Sollten die bei Vertragsschluss garantierten Rückkaufswerte die Deckungsrückstellung übersteigen, ist diese entsprechend zu erhöhen (§ 25 Abs. 2 RechVersV). Solche Abweichungen zugunsten des VN sind zulässig (§ 171 S. 1 VVG). Auch nach § 153 Abs. 3 VVG zugeteilte Bewertungsreserven erhöhen die Deckungsrückstellung, wenn nach dem Bilanzstichtag kein weiterer Bewertungstermin vor einer Kündigung vereinbart wurde (*Engeländer*, VersR 2007, 155, 162).

41 Eine weitere Klarstellung im Gesetz wäre dennoch wünschenswert. Endgültig und unzweifelhaft lösen lassen sich die Schwierigkeiten bei der Schaffung transparenter und fairer Rückkaufswerte aber auch bei Überschussbeteiligungen nur über eine Abkehr vom aufsichtsrechtlichen Modell der klassischen Kapitalversicherung. Konzepte, bei denen sich die Investitionen eines jeden einzelnen VN bis auf Cent nachvollziehen lassen, weisen den Weg dorthin (ausführl. § 153 Rdn 78).

e) Auskunftsanspruch

Dem VN kann gegen den VR aus § 242 BGB zur Vorbereitung der Geltendmachung des Zahlungsanspruches i.H.d. Rückkaufswertes ein **Auskunftsanspruch** zustehen (BGH, VersR 2013, 1381, 1383; BGH, VersR 2014, 822; BGH, VersR 2015, 433, 436). Voraussetzung dafür ist zunächst, dass der Auskunftsanspruch der Vorbereitung eines konkreten Anspruchs dient (BGH, VersR 2015, 433, 436; BGH, NJW 2002, 3771). Weiterhin ist Voraussetzung, dass der VN „in entschuldbarer Weise über Bestehen und Umfang seines Rechts im Ungewissen ist" und der VR „die zur Beseitigung der Ungewissheit erforderliche Auskunft unschwer geben kann" (BGH, VersR 2013, 1381, 1383; BGH, VersR 2015, 433, 436). Dies ist z.B. der Fall, wenn für nach 2001 geschlossene Verträge Klauseln den Rückkaufswert betreffend für materiell unwirksam erklärt werden, die vom VR vorgelegte Abrechnung dem aber nicht ausreichend Rechnung trägt (BGH, VersR 2013, 1381,1385). Der VR muss in diesem Fall Auskunft erteilen über die Hälfte des mit den Rechnungsgrundlagen der Prämienkalkulation berechneten ungezillmerten Deckungskapitals, über den Rückkaufswert im Sinne der versprochenen Leistung sowie über den vorgenommenen Stornoabzug, was in gesonderter Form zu erfolgen hat (BGH, VersR 2013, 1381, 1387); darüber hinaus hat der VR die während der Vertragslaufzeit zugewiesene laufende Überschussbeteiligung und einen eventuell zugewiesenen Schlussüberschussanteil, soweit etwaige Überschüsse Bestandteil der Berechnung des ungezillmerten Deckungskapitals und/oder Bestandteil der Berechnung des Rückkaufswerts sind sowie abgeführte Kapitalertragsteuern und Solidaritätszuschläge auf die vorerwähnte Überschussbeteiligung zu benennen (BGH, VersR 2014, 822, 823). Das OLG Celle hat entschieden (OLG Celle, VersR 2016, 176), dass ein Auskunftsanspruch nicht bereits dann ausscheidet, wenn bereits mehr als die Hälfte der eingezahlten Prämien als Rückkaufswert gezahlt wurden, da eine einheitliche Berechnungsmethode des Rückkaufswerts fehlt und nicht ausgeschlossen werden kann, dass dieser höher liegt.

Inwieweit ein Auskunftsanspruch besteht, hängt entscheidend von der „Art und Schwere der Rechtsverletzung" und von den „beiderseitigen Interessen" ab; dabei ist auch insbesondere das „berechtigte Geheimhaltungsinteresse" des VR zu berücksichtigen (BGH, VersR 2013, 1381, 1383; BGH, VersR 2014, 822, 824). Auskunft ist damit immer nur unter Berücksichtigung der jeweiligen Umstände des Einzelfalls und unter Wahrung des **Grundsatzes der Verhältnismäßigkeit** zu erteilen (BGH, VersR 2014, 822, 823). Nicht umfasst sein soll danach die Verpflichtung zur Vorlage der fiktiven versicherungstechnischen Bilanzen oder anderer Geschäftsunterlagen und auch kein Einsichtsrecht (BGH, VersR 2010, 656, 659; BGH, VersR 2013, 1381, 1383). Die Überlassung des Algorithmus zur Berechnung der Rückkaufswerte und der zugrunde zu legenden Einsatzwerte an einen zur Verschwiegenheit verpflichteten Dritten (z.B. einen Versicherungsmathematiker) soll dem Geheimhaltungsbedürfnis des VR nicht ausreichend Rechnung tragen (BGH, VersR 2014, 822, 824). Es bleibt damit allerdings fraglich, ob mit dieser in der Tendenz restriktiven Linie dem auch verfassungsrechtlich geforderten Interesse des VN an einem effektiven Rechtsschutz wirklich Genüge getan wird; aktuariell überprüfen lassen sich die Rückkaufswerte auf diese Weise zumindest nicht (vgl. auch VersR-Hdb/*Brömmelmeyer*, § 42 Rn 171;

kein praktisches Bedürfnis für einen Auskunftsanspruch erkennen *Winter,* in: Bruck/Möller, § 169 Rn 163 und Prölss/Martin/*Reiff,* § 169 Rn 40).

f) Unwirksame Klauseln

44 Zu beachten ist, dass **Rückkaufswert und Stornoabzug zu trennen** sind; andernfalls liegt ein Verstoß gegen das Transparenzgebot vor (BGH, NJW 2012, 3023, 3028). Dem VN steht zunächst der ungekürzte Rückkaufswert ohne jeden Abzug zu; erst auf dessen Grundlage kann eine Kürzung im Wege des Stornoabzugs erfolgen. Trennen Klauseln nicht hinreichend zwischen dem Stornoabzug und dem Rückkaufswert, wird der Stornoabzug vom VN „fälschlich als Bestandteil der Rückkaufswertermittlung" wahrgenommen; mangels Trennung kann der VN auch „Ausmaß und Dauer der wirtschaftlichen Einbußen" nicht überblicken. Eine Klausel, die besagt, dass nach allen Abzügen verbleibende Beträge unter zehn EUR nicht zu erstatten sind (Zehn-Euro-Klausel), ist darüber hinaus wegen Verstoßes gegen § 307 Abs. 2 Nr. 1, Abs. 1 S. 1 BGB unwirksam (BGH, NJW 2012, 3023, 3030). Eine gesetzliche oder vertragliche Grundlage für eine solche Klausel besteht nicht; der hauptsächliche Aufwand dürfte in der Regel eher auf die interne Abrechnung und nicht auf die konkrete Überweisungsanordnung entfallen.

2. Berechnung bei Altverträgen

45 Für Verträge, die **vor dem 1.1.2008** abgeschlossen wurden, gilt **§ 176 Abs. 3 S. 1 VVG a.F.** (Art. 4 Abs. 2 EGVVG) weiter. Danach ist der Rückkaufswert der nach den anerkannten Regeln der Versicherungsmathematik berechnete **Zeitwert.** Diese Regelung hat aber **keine** ausreichende **Transparenz** gebracht (Begr. BT-Drucks 16/3945, S. 102), da bis heute noch nicht allgemein anerkannt ist, wie der Zeitwert zu berechnen ist (BGH, NJW 2005, 3559, 3567 m.w.N.; zum Zeitwert nach anerkannten Regeln der Versicherungsmathematik: *Vieweg,* VersWissStud Bd. 2, S. 163 ff.; *Jaeger,* VersR 2002, 133; *Engeländer,* NVersZ 2002, 436 und ausführlich zu allen Ansichten *Schwintowski,* VersR 2008, 1425). Für Verträge, die vor der Deregulierung 1994 geschlossen wurden, soll der Geschäftsplan und nicht § 176 VVG a.F. gelten (Prölss/Martin/*Reiff,* § 169 Rn 46; MüKo/*Mönnich,* § 169 VVG Rn 140).

46 Die entsprechenden Klauseln in den Bedingungen wiesen nicht hinreichend auf die erheblichen wirtschaftlichen Nachteile bei Kündigungen aufgrund der Zillmerung hin. Der BGH hat diese Klauseln daher zunächst für unvereinbar mit dem Transparenzgebot des § 307 Abs. 1 S. 2 BGB erklärt (BGH, NJW 2001, 2012, 2013; BGH, NJW 2001, 2014, 2016). Die Ersetzung dieser unwirksamen Klauseln durch inhaltsgleiche neue Klauseln im Treuhänderverfahren war unwirksam (BGH, VersR 2007, 1547; BGH, NJW 2005, 3559, 3564 ff.; s. dazu § 164 Rdn 33). Daher hat der BGH den Zeitwert im Wege der **ergänzenden Vertragsauslegung** ersetzt durch das nach anerkannten Regeln der Versicherungsmathematik mit den Rechnungsgrundlagen der Prämienkalkulation zum Schluss der laufenden Versicherungsperiode berechnete Deckungskapital der Versicherung, bei Kündigung **mindestens die Hälfte des ungezillmerten Deckungskapitals** (BGH, NJW-RR 2008, 188; BGH,

NJW-RR 2007, 1629; BGH, VersR 2007, 1211; BGH, NJW 2005, 3559, 3567). Diese Methode entspricht dem Vorschlag der Kommission zur Reform des Versicherungsvertragsrechts (Abschlussbericht, S. 108 f., 394) und wurde durch Beschluss des **BVerfG** (BVerfG, VersR 2006, 489, 494 f.) **bestätigt**. Später hat der BGH die fraglichen Klauseln auch für **materiell unwirksam** erklärt (BGH, NJW 2012, 3023) und für die in den Jahren bis 2007 verwendeten Klauseln ebenfalls entschieden, dass bei Kündigung mindestens die Hälfte des ungezillmerten Deckungskapitals zu zahlen ist (BGH, NJW 2013, 3240). Diese Rechtsprechung gilt unabhängig von der **Rechtsform** des VR, also auch für einen Versicherungsverein auf Gegenseitigkeit (BGH, VersR 2013, 565; BGH, VersR 2008, 337, 338; BGH, VersR 2007, 1211). Damit gilt insgesamt, dass für **Versicherungsverträge, die zwischen 1994 und 2007 geschlossen wurden**, der Mindestrückkaufswert einheitlich die Hälfte des mit den Rechnungsgrundlagen der Prämienkalkulation berechneten ungezillmerten Deckungskapitals beträgt (vgl. BGH, NJW 2013, 3240).

Diese Grundsätze sind auf **fondsgebundene Versicherungen** zu übertragen (BGH, NJW 2012, 3023, 3029; BGH, VersR 2007, 1547; krit. Marlow/Spuhl/*Grote*, Das neue VVG kompakt, S. 231 f.). Bei fondsgebundenen Versicherungen beträgt der Rückkaufswert dementsprechend mindestens die Hälfte des ungezillmerten Fondsguthabens (BGH, VersR 2007, 1547). Für die Berechnung müssen die Nettobeiträge (ohne Abschlusskosten) fiktiv in die gewählten Fonds investiert werden. Das so ermittelte Fondsguthaben zum Rückkaufstermin ist dann zu halbieren (so auch Looschelders/Pohlmann/*Krause*, § 169 Rn 41, krit. Marlow/Spuhl/*Grote*, Das neue VVG kompakt, S. 232 f.). Unabhängig davon kann der VN natürlich dem Risiko schwankender Fondskurse bei einer fondsgebundenen Versicherung (keine garantierten Rückkaufswerte) ausgesetzt sein (vgl. Rdn 88 ff.). Auch im Falle nicht garantierter Rückkaufswerte ist hinsichtlich einer unwirksamen Abschlusskostenberechnung aber die o.g. BGH-Rechtsprechung anwendbar.

Mittlerweile ist auch geklärt, dass § 176 VVG a.F. **in dieser** durch die Rspr. des BGH (BGH, NJW 2005, 3559 und BGH, VersR 2007, 1547) erlangten **Ausprägung** auf **Altverträge, die ab 1994 und bis zum 31.12.2007 zustande gekommen sind**, anzuwenden ist (BGH, NJW 2012, 3023; BGH, NJW 2013, 3240). Bereits das BVerfG (BVerfG, VersR 2006, 489) hat zumindest angedeutet, dass es auf die Transparenz der Klausel nicht ankommt, wenn der Rückkaufswert so gering ist, dass das **Eigentumsrecht des VN (Art. 14 Abs. 1 GG)** verletzt ist und die Regelung daher schon an einer materiellen Inhaltskontrolle nach § 307 Abs. 1 S. 1 BGB scheitert. Die Verrechnung der Abschlusskosten mit den Prämien des VN muss auch im Falle einer vorzeitigen Beendigung des Vertrags angemessen sein. Der Rückkaufswert darf hiernach auch in der Anfangszeit des Vertrags nicht „unverhältnismäßig gering [sein] oder gar gegen Null tendier[en]".

Der BGH hat im Anschluss an diese Ausführungen unter expliziter Bezugnahme auf die Ausführungen des BVerfG entschieden, dass die verwendeten Klauseln zur Zillmerung in der Anfangszeit **auch materiell unwirksam gem. § 307 Abs. 2 Nr. 2, Abs. 1 S. 1 BGB** sind (BGH, NJW 2012, 3023, 3026; BGH, VersR 2013, 213; BGH, VersR 2013, 1116; krit. *Leithoff*, ZfV 2012, 798, 799; *Präve*, VersR 2012, 1159, 1161; s.a. allgemein *Reiff*,

VersR 2013, 785). Auch wenn die Zillmerung der Prämien nach dem BGH an sich „unbedenklich" ist, kann eine Unwirksamkeit wegen unangemessen niedriger Rückkaufswerte in den Anfangsjahren des Vertrags drohen. Die anfängliche Unklarheit darüber, ob bei Kündigung mindestens die Hälfte des ungezillmerten Deckungskapitals zu zahlen ist oder § 169 Abs. 3 S. 1 VVG Anwendung findet, hat der BGH zugunsten der ersten Lösung aufgelöst (BGH, NJW 2013, 3240; zuvor für § 169 Abs. 3 S. 1 VVG *Armbrüster*, NJW 2012, 3001). Der BGH (BGH, NJW 2012, 3023, 3028) erklärte auch **Stornoabzugsklauseln** für unwirksam, da diese „jedenfalls nicht dem Transparenzgebot" genügen. Die Klauseln trennten nicht hinreichend zwischen dem Stornoabzug und dem Rückkaufswert, womit der VN den Stornoabzug „fälschlich als Bestandteil der Rückkaufswertermittlung" wahrnehmen musste; mangels Trennung konnte der VN auch „Ausmaß und Dauer der wirtschaftlichen Einbußen" nicht überblicken. Da der Stornoabzug eine vertragliche Vereinbarung voraussetzt, führte die Unwirksamkeit zum ersatzlosen Wegfall des Stornoabzugs (s. auch *Armbrüster*, NJW 2012, 3001, 3003).

50 Fraglich könnte sein, ob statt des hälftigen ungezillmerten Deckungskapitals das **nach § 169 Abs. 3 S. 1 VVG berechnete Deckungskapital** zugrunde gelegt werden darf. Sowohl der BGH (BGH, NJW 2005, 3559, 3566) als auch das BVerfG (BVerfG, VersR 2006, 489, 494) waren zunächst nicht auf eine einzige Methode festgelegt. Der BGH (BGH, NJW 2013, 3240) könnte mit seinem zweiten Leitsatz eine Anwendung nunmehr ausschließen („§ 169 Abs. 3 S. 1 VVG findet [...] weder über § 306 Abs. 2 BGB noch über die Grundsätze der ergänzenden Vertragsauslegung Anwendung"). Die in § 169 Abs. 3 S. 1 VVG gefundene Berechnung führt aber zu im Wesentlichen gleichen (vgl. Begr. BT-Drucks 16/3945, S. 102, s. Rn 58) bzw. eher günstigeren Ergebnissen und trägt darüber hinaus zur Einheit und damit Übersichtlichkeit der Rückkaufswertberechnung bei; eine Anwendung der Grundsätze des § 169 Abs. 3 S. 1 VVG sollte deshalb möglich sein (ebenso *Armbrüster*, NJW 2013, 3243; Prölss/Martin/*Reiff*, § 169 Rn 53c).

51 **Praxisproblem**
Umstritten war die Frage, wann die **Ansprüche auf Nachzahlung** des zu gering berechneten Rückkaufswertes verjähren. Dies hängt davon ab, ob die vom BGH (BGH, NJW 2005, 3559, 3567) vorgenommene ergänzende Vertragsauslegung erst zur **Entstehung des Anspruchs** auf den Rückkaufswert geführt hat (so *Schwintowski*, DStR 2006, 429, 433; *Schwintowski*, EWiR 2005, 875, 876, *Schwintowski*, LMK 2006, 170093, unter 3.) oder ob der BGH lediglich eine **rechtliche Bewertung** getroffen hat, nach der ein Rückkaufswert einen bestimmten Mindestbetrag nicht unterschreiten dürfe. Im ersten Fall würde die 5-jährige Verjährungsfrist des § 12 Abs. 1 VVG a.F. frühestens am Ende des Jahres 2005 beginnen, im zweiten Fall zum Schluss des Jahres, in dem die Erhebungen über die aus der Kündigung resultierenden Zahlungspflichten beendet sind (dafür AG Kenzingen, VersR 2007, 526; AG Hagen, VersR 2007, 526 m. zust. Anm. *Winkens/Abel*; *Schwartze*, VersR 2006, 1331, 1332 f.; *Brömmelmeyer*, WUB IV F. § 172 VVG 1.06).

52 Der zuletzt genannten, zuzustimmenden Meinung hat sich auch der BGH angeschlossen (BGH, VersR 2010, 1067, 1069). Der Zahlungsanspruch ergibt sich immer noch aus dem VV, auch wenn dieser Anspruch durch ergänzende Vertragsauslegung modifiziert wurde. Weitergehend wird sogar gefordert, dass die VR ihre ehemaligen Versicherungskunden

über Nachforderungsansprüche informieren müssen (*Schwintowski*, EWiR 2005, 875, 876; *Römer*, Interview mit Thomas Steffen, VW 2006, 211), was aber von der BaFin abgelehnt wurde (Interview mit Thomas Steffen, VW 2006, 211). **Ab dem 1.1.2009** gelten grds. die gesetzlichen Verjährungsvorschriften nach §§ **195 ff. BGB** (s. Art. 3 EGVVG). § 199 Abs. 1 BGB setzt die **Kenntnis des Gläubigers** von den den Anspruch begründenden Umständen voraus, weshalb die Verjährungsfrist künftig erst bei Kenntnis oder Kennenmüssen der ergänzenden Vertragsauslegung beginnt (s.a. § 15 Rdn 9 f.). Gerade bei einer Rechtsprechungsänderung kann eine Kenntnis nicht angenommen werden (vgl. BGH, NJW 2005, 429, 433); der BGH (BGH, NJW 2012, 3023) dürfte zumindest de facto eine solche vorgenommen haben, indem nicht nur eine Intransparenz, sondern auch eine materielle Unwirksamkeit der Klauseln zur Zillmerung angenommen wurde, so dass die Annahme einer Verjährung zum 31.12.2011 für zahlreiche Ansprüche nicht zwingend erscheint (a.A. Prölss/Martin/*Reiff*, § 169 Rn 53d; *Armbrüster*, NJW 2012, 3001, 3003; die praktische Bedeutung dürfte nunmehr aufgrund von Art. 3 Abs. 3 S. 2 EGVVG ohnehin gering sein).

3. Gleichmäßige Verteilung der Abschlusskosten bei Kündigung (§ 169 Abs. 3 S. 1 Ts. 2 VVG)

a) Zillmerverfahren und Verwaltungskosten

§ 169 Abs. 3 S. 1 VVG enthält eine **Sonderregelung für Frühstornofälle**. Die bisherige Praxis der **Zillmerung** – sofortige Verrechnung der einmaligen Abschlusskosten mit den ersten Prämien (*Jaeger*, VersR 2006, 1033; ausführlich zur Zillmerung: *Bergmann*, VersR 2004, 549; BK/*Schwintowski*, Vorbem. §§ 159–178 Rn 68 ff.; zu alternativen Finanzierungsmöglichkeiten in der Lebensversicherung s. *Schwintowski*, ZfV 2005, 783 passim) – hat regelmäßig dazu geführt, dass in den ersten Jahren überhaupt kein Rückkaufswert vorhanden war (Beispiel bei Looschelders/Pohlmann/*Krause*, § 169 Rn 30; zum Streit, ob sich die Zillmerung auf die Höhe des Rückkaufswerts auswirkt oder nicht: VersR-Hdb/ *Brömmelmeyer*, § 42 Rn 159 f.; bejahend jetzt: BGH, NJW 2012, 3023, 3025). Dadurch entstanden den VN bei Kündigung und Beitragsfreistellung **erhebliche wirtschaftliche Nachteile**, die zu einer Unwirksamkeit der entsprechenden Klauseln führten (1) wegen Verstoßes gegen das Transparenzgebot, weil die schwerwiegenden Folgen nicht hinreichend verdeutlicht wurden (BGH, NJW 2005, 3559, 3565; BGH, NJW 2001, 2012, 2014; BGH, NJW 2001, 2014, 2017) sowie (2) wegen einer materiellen Unangemessenheit gem. § 307 Abs. 2 Nr. 1, Abs. 1 S. 1 BGB (BGH, NJW 2012, 3023, 3026). Der Gesetzgeber war durch das BVerfG zu einer **Neuregelung** bis 31.12.2007 aufgerufen (BVerfG, NJW 2005, 2376, 2381 und BVerfG, VersR 2006, 489, 495), die sich nunmehr in § 169 Abs. 3 VVG befindet.

Das Zillmerverfahren an sich bleibt auch nach Urteilen des BGH und BVerfG für die Behandlung der Abschlusskosten in der Prämienkalkulation und für die Ermittlung der Bilanzdeckungsrückstellung (vgl. § 88 Abs. 3 Nr. 3 VAG bzw. § 65 Abs. 1 Nr. 2 VAG a.F., § 25 Abs. 1 S. 2 RechVersV, § 15 Abs. 1 RechVersV, § 4 DeckRV, § 16 Abs. 1 KapAusstV) **zulässig** (BGH, NJW 2012, 3023, 3026; BGH, NJW 2005, 3559, 3565; BGH, NJW

2001, 2014, 2017). Da das Zillmerverfahren gesetzlich vorgesehen ist, muss der VR die betreffenden Regeln beachten. Andererseits schließt der VR einen privatrechtlichen Vertrag mit dem VN. Sämtliche Rechte und Pflichten müssen zwischen den Parteien vereinbart werden, völlig unabhängig davon, welche aufsichtsrechtlichen oder gesetzlichen Pflichten den VR neben denjenigen aus dem VV treffen. Deshalb muss die Anwendung des Zillmerverfahrens und dessen Funktionsweise (ggf. durch Verweis auf die gesetzlichen Regelungen) zwischen VN und VR **wirksam vereinbart** werden (BVerfG, VersR 2006, 489, 492; BGH, NJW 2001, 2014, 2017; Begr. BT-Drucks 16/3945, S. 102; Prölss/Martin/*Reiff*, § 169 Rn 33), auch wenn sich der Verbrauch der Abschlusskosten mathematisch bei der prospektiven Berechnung automatisch ergibt (vgl. *Engeländer*, VersR 2007, 1297, 1298, der aber eine Vereinbarung gerade deshalb für entbehrlich hält). Darüber hinaus muss der VN deutlich auf die negativen wirtschaftlichen Auswirkungen des Zillmerverfahrens hingewiesen werden (s. Rdn 53). Fehlt es an einer Vereinbarung oder ist die Vereinbarung unwirksam, dürfen keine Abschlusskosten in die Berechnung des Deckungskapitals eingeführt werden (ebenso Prölss/Martin/*Reiff*, § 169 Rn 33; Römer/Langheid/*Langheid*, § 169 Rn 35). Eine ergänzende Vertragsauslegung wie vor der VVG-Reform 2008 wäre in Anbetracht der gesetzlichen Regelungen zur möglichen Verrechnung von Abschlusskosten und der geforderten Transparenz nicht interessengerecht. Die gesetzliche Regelung auch im Falle der Unwirksamkeit anwenden zu wollen würde vielmehr Fehlanreize setzen.

55 Mit der Regelung, dass die Abschluss- und Vertriebskosten entsprechend der Vorgabe bei Riester-Verträgen (§ 1 Abs. 1 Nr. 8 AltZertG, der für alle Riesterverträge, also auch für Fondsprodukte gilt und damit ggü. § 125 InvG lex specialis ist) im Fall der Kündigung des Vertragsverhältnisses **gleichmäßig auf fünf Jahre** zu verteilen sind, sollen die Nachteile der früheren Zillmerung vermieden werden. Gemeint sind alle Kosten, die der VR nicht als laufende Verwaltungskosten prozentual vom Beitrag erhebt. Für die Frage, welche Kosten gleichmäßig auf fünf Jahre verteilt werden müssen, kommt es also nur auf die **Art der Erhebung der Kosten** – vorgezogen oder von jedem laufenden Beitrag – an (vgl. *Engeländer*, VersR 2007, 1297, 1306 f.). Es ist unerheblich, ob die laufenden Verwaltungskosten z.B. Abschlussaufwendungen („Amortisationskosten") enthalten. Im Umkehrschluss bedeutet das, dass laufende Verwaltungskosten uneingeschränkt berechnet werden dürfen (*Engeländer*, VersR 2007, 1297, 1307). Wichtig ist, dass Abschluss- und laufende Verwaltungskosten nach funktionalen Gesichtspunkten getrennt werden: Den VN interessiert primär, welche Belastungen ihn zu welchem Zeitpunkt treffen (vgl. ausführlich *Schwintowski/Ortmann*, VersR 2014, 1401). Die Abschlusskosten müssen seit dem 1.7.2008 als Gesamtbetrag in EUR ausgewiesen werden (§ 2 Abs. 1 Nr. 1 VVG-InfoV).

56 Die Sonderregelung für Frühstorno-Fälle in § 169 Abs. 3 S. 1 VVG hat über **§ 49 VAG** (§ 80 Abs. 5 VAG a.F.) auch Auswirkungen jenseits des zwischen VR und VN geschlossenen VV (vgl. BT-Drucks 17/7453, S. 78). Die VR müssen zwingend (vgl. § 49 Abs. 2 VAG) sicherstellen, dass bei einer Kündigung in den ersten fünf Jahren der Vermittler die Provision nur bis zur Höhe einbehält, wie diese nicht höher ist als der Betrag, der – bei gleichmäßiger Verteilung der Provision über die ersten fünf Jahre – bis zur Kündigung angefallen wäre (vgl. *Baroch Castellvi*, r+s 2013, 53; *Franz/Steiner*, VersR 2012, 1333;

Prölss/Martin/*Reiff*, § 169 Rn 33a). Entscheidend für die Anwendbarkeit des § 49 VAG ist, ob der Vermittler die Vergütung vom VR erhält. Selbstständige Vergütungsvereinbarungen zwischen Vermittler und VN im Rahmen der Vermittlung von Nettopolicen bleiben so von der Norm unberührt, da der Vermittler die Vergütung hier direkt vom VN erhält; bei separaten Abschlusskostenvereinbarungen zwischen VR und VN ist die aufsichtsrechtliche Regelung hingegen zu beachten (Prölss/Martin/*Reiff*, § 169 Rn 33a).

Bei Vertragslaufzeiten **unter fünf Jahren** gibt es wirtschaftlich keinen Unterschied zwischen Abschlusskosten und Verwaltungskosten. Die Kosten können demnach bei Prämienzahlungsdauern unter fünf Jahren als Verwaltungskosten auf die tatsächliche Laufzeit verteilt werden (ebenso Prölss/Martin/*Reiff*, § 169 Rn 38; Looschelders/Pohlmann/*Krause*, § 169 Rn 38; Rüffer/Halbach/Schimikowski/*Brambach*, § 169 Rn 40). Dasselbe gilt für **Einmalbeiträge** und **Zuzahlungen**. Als prozentuale Verwaltungskosten vom Beitrag können sie einmalig erhoben werden (*Engeländer*, VersR 2007, 1297, 1307; Marlow/Spuhl/*Grote*, Das neue VVG kompakt, S. 241 f.). Auch wenn sich dies nicht unmittelbar aus dem Wortlaut ergibt, ist es doch die Konsequenz aus der Unterscheidung zwischen Abschluss- und Verwaltungskosten, die eben hier zusammenfallen. I.Ü. fehlt es auch am Schutzbedürfnis des VN. Nachteile für den VN ergeben sich aus einer hohen Abschlusskostenforderung, die bei Vereinbarung laufender Beiträge beglichen werden muss. Bei Einmalzahlungen ist der volle Beitrag bezahlt und steht für die sofortige Kostenbelastung zur Verfügung. Die einmalige Kostenentnahme bei Einzahlung entspricht daher einem Ausgabeaufschlag beim Kauf eines Investmentfonds. 57

Werden schon bei Vertragsschluss feste Beitragserhöhungen in Form von einmaligen Erhöhungsstufen oder **Dynamikerhöhungen** vereinbart, dürfen die Abschlusskosten für die später einsetzenden Beitragserhöhungen nicht bereits bei Beginn des VV erhoben werden (ebenso *Winter*, in: Bruck/Möller, § 169 Rn 96; Prölss/Martin/*Reiff*, § 169 Rn 36; a.A. *Engeländer*, VersR 2007, 1297, 1305 f.). Trotz fester Vereinbarung dürfen die Abschlusskosten erst zu Beginn der neuen Beitragsstufe verrechnet werden. Nur dann kann der Gesetzeszweck erfüllt werden, anfängliche Rückkaufswerte von mind. 40–50 % vorzusehen. Anderenfalls wäre auch der Schutzbereich der Art. 14 Abs. 1 und 2 Abs. 1 GG verletzt. 58

Die Abschlusskosten müssen nach § 169 Abs. 3 S. 1 VVG berechnet werden, egal ob der **VN oder der VR** kündigt. Für den Fall der Kündigung durch den VR ergibt sich dies aus der Verweisungskette §§ 166 Abs. 1 S. 2, 165 Abs. 2, 169 Abs. 3 VVG (vgl. auch Begr. BT-Drucks 16/3945, S. 103). Bei **Rücktritt oder Anfechtung** des VV durch den VR kann auch der voll **gezillmerte Wert** verwendet werden, da das zugrunde liegende Fehlverhalten des VN nicht belohnt werden braucht. 59

Auch auf **fondsgebundene Versicherungen** und **Risikoversicherungen** ist die in § 169 Abs. 3 S. 1 VVG vorgesehene Berechnungsmethode anzuwenden, wenn ein Rückkaufswert ausgezahlt werden muss sowie bei einer **Prämienfreistellung** (§ 165 Abs. 2 VVG). 60

Kommt es innerhalb des Kostenentnahmezeitraums zu einer **Übertragung eines Vertrages der betrieblichen Altersversorgung** auf einen neuen Produktgeber i.R.d. **Portabilitätsab-** 61 kommens (GDV „Abkommen zur Übertragung von Direktversicherungen oder Versicherungen in einer Pensionskasse bei Arbeitgeberwechsel"), kann der neue VR die noch ausstehenden Kosten einnehmen und braucht diese **nicht erneut auf fünf Jahre** zu verteilen.

b) Verteilung der Abschlusskosten nur bei Kündigung

62 Die Abschlusskosten müssen nur bei einer Kündigung gleichmäßig über fünf Jahre verteilt werden, nicht bei einer Fortführung des VV. Daher ist der VR nicht gehindert, das **gezillmerte Deckungskapital als Zinsträger** für die Überschussbeteiligung zu verwenden. Der Rückkaufswert ist dann bei Kündigung fiktiv entsprechend um den Differenzbetrag, der sich bei gleichmäßiger Verteilung der Abschlusskosten über fünf Jahre ergeben hätte, zu erhöhen. Mit dieser Regelung soll ein **Interessenausgleich** zwischen den kündigenden und den verbleibenden VN gefunden werden. Während die ausscheidenden einen möglichst hohen Rückkaufswert bevorzugen, haben die verbleibenden VN ein Interesse an einer möglichst hohen Ablaufleistung, welches u.U. durch eine schnelle Tilgung der Abschlusskosten und der damit einhergehenden Ersparnis langfristiger Finanzierungskosten über die Zillmerung gefördert werden könnte (*Engeländer*, NVersZ 2002, 436, 444; *Engeländer*, VersR 2007, 1297, 1306 m.w.N.; dazu s. Rdn 71 ff.), aber nicht unbedingt muss (s.a. *Schwintowski*, DStR 2006, 429, 431 f.).

63 Ein solcher, auch vom BVerfG (BVerfG, NJW 2005, 2376, 2381; ausführlich BGH, NJW 2005, 3559, 3566) geforderter **Interessenausgleich** wurde mit der in § 169 Abs. 3 S. 1 VVG gefundenen Lösung **hergestellt**, auch wenn die Regelung vom Vorschlag der Reformkommission (§ 161 Abs. 3 S. 1 VVG-E, Abschlussbericht, S. 108 f.), die das ungezillmerte Deckungskapital herangezogen hat, und von der Rechtsprechung des BGH, der im Rahmen einer ergänzenden Vertragsauslegung den Vorschlag der Reformkommission aufgegriffen hat (BGH, NJW 2005, 3559, 3567, bestätigt durch BVerfG, VersR 2006, 489, 494 f.), abweicht.

64 Die **Ergebnisse** beider Verfahren sollten **vergleichbar** sein bzw. das vom Gesetzgeber gefundene Verfahren sollte sogar zu leicht höheren Rückkaufswerten führen (vgl. Begr. BT-Drucks 16/3945, S. 102; *Schwintowski*, DStR 2006, 473, 474 f.; *Schwintowski*, LMK 2006, 170093, unter 3.). Zu Rückkaufswerten von 0,00 EUR in den ersten Jahren aufgrund der Abschlusskostenbelastung kann es nicht mehr kommen. Klarer wäre eine Regelung gewesen, wie sie in das **österreichische VVG** im dortigen § 176 Abs. 5 eingefügt wurde (BGBl Österreich v. 23.6.2006, Teil I, Nr. 95 – VersRÄG 2006). Dort wird bei der Berechnung des Rückkaufswertes in den ersten fünf Jahren nur eine Berücksichtigung der einmaligen Abschlusskosten im Verhältnis zwischen der tatsächlichen Laufzeit und dem Zeitraum von fünf Jahren zugelassen. Diese Berechnung gilt auch für den Provisionsanspruch des Vermittlers (dort Abs. 6).

65 Umgesetzt wird die gesetzliche Vorgabe in § 12 und § 14 ALB 2016. Ob damit den hohen **Transparenzanforderungen** (vgl. vor §§ 150 ff. Rdn 106 ff.) nachgekommen wird, ist nur in einer Gesamtschau mit den ausgehändigten weiteren Unterlagen, insb. der Beispielsrech-

nung, festzustellen. Da die VN auch weiterhin über viele Jahre bei einem Rückkauf weniger ausgezahlt bekommen als sie eingezahlt haben, bleibt das **Informationsbedürfnis** hoch. Auf die immer noch erheblichen Nachteile bei einer vorzeitigen Kündigung muss ausdrücklich, klar und eindeutig hingewiesen werden. Eine diesbezügliche Information enthält § 12 Abs. 7 ALB 2016. Weiterhin muss sich der finanzielle Nachteil aus den Beispielsrechnungen ergeben, z.b. indem die Kostenentnahme in jedem Vertragsjahr aufgeführt wird.

c) Zillmerung in der betrieblichen Altersversorgung

66 Neuerdings wird eine **Zillmerabrede** in **Verträgen der betrieblichen Altersversorgung kritisiert**. Ob eine Zillmerabrede gegen das Wertgleichheitsgebot des § 1 Abs. 2 Nr. 3 BetrAVG verstößt, war umstritten. Nunmehr hat das BAG für die im Streitfall verwendete Zillmerklausel einen Verstoß gegen das Wertgleichheitsgebot abgelehnt (BAG, VersR 2010, 1473, 1476, dort ausführlich zum Meinungsstand; anders zuvor noch LAG München, VersR 2007, 968, 969, unter 1. b) aa) m. abl. Anm. *Neumann/Schwebe*, ZIP 2007, 981 f.). Die volle Zillmerung der Abschlusskosten kann jedoch eine unangemessene Benachteiligung i.S.d. § 307 BGB darstellen; stattdessen könnte bei der Direktversicherung eine gleichmäßige Verteilung der einmaligen Abschlusskosten auf fünf Jahre angemessen sein (BAG, VersR 2010, 1473, 1477; krit. *Löbbert*, VersR 2011, 583 ff.). Weder ein Verstoß gegen das Wertgleichheitsgebot noch eine unangemessene Benachteiligung i.S.d. § 307 BGB führen zu einer Unwirksamkeit der Entgeltumwandlungsvereinbarung und damit zur Nachzahlung von Arbeitslohn. Stattdessen können dem Arbeitnehmer höhere Versorgungsanwartschaften zustehen (BAG, VersR 2010, 1473, 1478 f.; s. auch OLG Köln, VersR 2011, 1053).

67 Der Entscheidung des BAG ist zuzustimmen. BGH (BGH, NJW 2005, 3559, 3565) und BVerfG (BVerfG, VersR 2006, 489, 493) haben das Zillmerverfahren grds. zugelassen. BGH (BGH, NJW 2005, 3559, 3567) und daran anschließend BVerfG (BVerfG, VersR 2006, 489) verlangen einen gewissen Mindestrückkaufwert, der grds. in etwa 40–50 % der eingezahlten Beiträge entsprechen muss (*Schwintowski*, VuR 2007, 272; *Kollroß/Frank*, DB 2007, 1146). § 169 Abs. 3 S. 1 VVG geht von einer Kostenverteilung über fünf Jahre aus, die auch für Riester-Verträge gilt und die ebenfalls zu einer Erstattung von durchschnittlich der Hälfte der eingezahlten Beiträge führt (*Schwintowski*, VuR 2007, 272, 272 f.; *Kollroß/Frank*, DB 2007, 1146). Damit wird den höchstrichterlichen Vorgaben entsprochen. Der Gesetzgeber hat auf Basis der Rechtsprechung des BGH und BVerfG mit § 169 Abs. 3 S. 1 VVG eine für alle Lebensversicherungen gleichermaßen geltende Regelung erlassen, die auch für VV in Form der Direktversicherung i.R.e. Entgeltumwandlung gilt. Mit der Entscheidung des BAG wurde die erforderliche Rechtsklarheit hergestellt und die sinnvolle Verteilung der Abschlusskosten nach § 169 Abs. 3 S. 1 VVG auch in der betrieblichen Altersvorsorge für grds. zulässig erachtet.

d) Separate Vergütung statt Zillmerverfahren

68 Der Gesetzgeber geht von der **Zulässigkeit einer separaten Vergütung** der Abschlusskosten aus (Begr. BT-Drucks 16/3945, S. 102). Der BGH hat diese Einschätzung in der Folge zunächst für Kostenausgleichsvereinbarungen **zwischen VN und Vermittler** bejaht (BGH, VersR 2014, 64; BGH, VersR 2014, 240; für den VersMakler war dies bereits zuvor unstreitig, vgl. dazu *Reiff*, VersR 2012, 645). Es kann sogar vereinbart werden, dass auch im Falle der Kündigung des VV die Zahlungspflicht aus der Kostenausgleichsvereinbarung bestehen bleibt; darauf ist aber explizit hinzuweisen (vgl. BGH, VersR 2014, 240, 241). Auch gesonderte Kostenausgleichsvereinbarungen **zwischen VR und VN** können wirksam sein (BGH, VersR 2014, 567 m. Anm. *Reiff*; VersR 2014, 824 und *Schwintowski*, NJW 2014, 1662; *Schwintowski*, VersR 2015, 222). Ein unzulässiges Umgehungsgeschäft gem. § 169 Abs. 5 S. 2 VVG liegt in diesen Fällen ebenso wenig vor wie eine Intransparenz gem. § 307 Abs. 1 S. 2 BGB, solange ausreichend deutlich auf die Wirkweise und das Zusammenspiel zwischen Kostenausgleichsvereinbarung und VV hingewiesen wird (BGH, VersR 2014, 567). Zentrale Voraussetzung ist aber, dass die **Kostenausgleichsvereinbarung** ebenso wie der VV **ex nunc gekündigt** werden kann, weil diese eine „wirtschaftliche Einheit" (BGH, VersR 2014, 567, 569 f.) darstellen. Offen ist, welche Rechtsfolge eine Kündigung in dem Falle hätte, in dem der VN nicht ratierlich, sondern den kompletten Betrag sofort zahlt (BGH, VersR 2015, 222, 223).

4. Höchstzillmersätze (§ 169 Abs. 3 S. 1 Ts. 3 VVG)

a) Begrenzung der Abschlusskosten durch Höchstzillmersätze

69 Die Reduzierung der Rückkaufswerte durch Verrechnung von Abschlusskosten (vgl. § 43 Abs. 2 RechVersV: Provisions-, Abschluss-, Werbe- und Sachaufwendungen) ist begrenzt durch die Höchstzillmersätze. Ist das Zillmerverfahren wirksam vereinbart, wird die Forderung des VR auf Ersatz der vereinbarten Abschlusskosten getilgt durch diejenigen Beitragsanteile, die nicht für Risiko- und laufende Verwaltungskosten benötigt werden (§ 4 Abs. 1 S. 1 DeckRV und § 14 Abs. 2 ALB 2016). Solange noch Abschlusskosten offen sind, wird kein Beitrag zinsbringend investiert; ein Deckungskapital wird in dieser Zeit nicht gebildet. Eine entsprechende Forderung gegen den VN ist nach § 15 Abs. 1 RechVersV zu bilanzieren. Sie wird in dem Maße, wie die Abschlusskosten durch Beiträge getilgt werden, reduziert.

70 Höchstens **2,5 % der Summe aller während der Laufzeit des Vertrags zu zahlenden Prämien** dürfen auf diesem Wege mit den Sparanteilen der Beiträge verrechnet werden (§ 4 Abs. 1 S. 2 DeckRV; § 14 Abs. 2 S. 4 ALB 2016). Sollen die 2,5 % der Gesamtprämien den Barwert der Abschlusskosten darstellen (so *Engeländer*, VersR 2007, 1297, 1309), ist auch dies wirksam zu vereinbaren.

71 Häufig werden **höhere Abschlusskosten vereinbart**. Dies ist zulässig, und neuerdings dürfen auch Abschlusskosten, die über den Betrag von 2,5 % aller Prämien hinausgehen, voll mit den Prämien verrechnet werden. Das insoweit bisher einschränkende Rundschrei-

ben BAV R 5/1995 wurde durch Schreiben der BaFin v. 22.2.2008 aufgehoben. Die überrechnungsmäßigen Abschlusskosten werden häufig über **Amortisationskostenzuschläge** in den laufenden Beiträgen getilgt (vgl. § 14 Abs. 3 ALB 2016). Sie mindern das Ergebnis und damit die Überschussbeteiligung (s. § 153 Rdn 46 ff.) und müssen vorfinanziert werden (Prölss/*Kölschbach*, § 65 VAG Rn 28), bleiben aber weiterhin zulässig, wenn wirksam vereinbart und über die gesamte Laufzeit beitragsbezogen verteilt.

> **Vereinfachtes Beispiel**
> Werden Abschlusskosten i.H.v. 7 % der Prämiensumme von 100.000,00 EUR vereinbart (= 7.000,00 EUR), werden i.d.R. nur 4 % davon (= 4.000,00 EUR) gezillmert. Diese 4.000,00 EUR müssen **im Fall eines Rückkaufs** auf fünf Jahre gleichmäßig verteilt werden (= 800,00 EUR pro Jahr). Im Fall des Rückkaufs nach zwei Jahren sind bei einem Monatsbeitrag von 333,33 EUR und einer Laufzeit von 25 Jahren rund 8.000,00 EUR an Beiträgen gezahlt worden. Davon dürfen höchstens 1.600,00 EUR an gleichmäßig verteilten Abschlusskosten abgezogen werden, so dass rund 6.400,00 EUR zur Auszahlung zur Verfügung stehen (verkürztes und gerundetes Beispiel ohne Risikokomponenten, Verwaltungskosten, Verzinsung der Abschlusskostenforderung, Stornokosten und bei 0 % Garantiezins). Wird aber nicht gekündigt, werden 4.000,00 EUR gezillmert – sofern vereinbart –, so dass zunächst dieser Betrag mit den Prämien bezahlt werden muss, bevor sich ein Deckungskapital aufbaut. Dies dauert in diesem Beispiel genau ein Jahr. Nach einem Jahr ist der Vertragswert null, bei Kündigung würden dennoch über eine fiktive Parallelrechnung rund 3.200,00 EUR ausgezahlt werden (4.000,00 EUR Beiträge abzgl. 800,00 EUR gleichmäßig verteilte Kosten). Als Zinsträger steht nach einem Jahr aber nicht ein Betrag von 3.200,00 EUR, sondern von 0,00 EUR bereit. Die Rendite dieses Vertrags wird im Normalfall niedriger sein, als wenn ein VR tatsächlich und nicht nur fiktiv für den Fall der Kündigung die Abschlusskosten auf fünf Jahre verteilt, da in den ersten Jahren keine Zinsen entstehen.

b) Verzinsung der Abschlusskostenforderung

Etwas anderes könnte nur dann gelten, wenn der VR mit dem VN eine **Verzinsung der Abschlusskostenforderung** (= Darlehen) vereinbart, wie in der Praxis üblich. Wird z.B. ein Zinssatz von 8 % p.a. vereinbart, fallen rund 1.516,00 EUR Zinsen an, die der VN zu tragen hat, wenn die gesamten Abschlusskosten gleichmäßig auf fünf Jahre verteilt werden, aber nur rund 600,00 EUR, wenn die Abschlusskosten bei voller Zillmerung innerhalb von zwei Jahren getilgt werden. Voll gezillmerte Verträge führen unter diesen Umständen also zu höheren Ablaufleistungen als ungezillmerte Verträge (s.a. *Veit*, VersR 2008, 324, 325). 72

Ob auch weiterhin eine Verzinsung der Abschlusskostenforderung vereinbart werden darf, ist **fraglich**. Die Gesetzesbegründung sagt nichts dazu. Sie verweist auf die Übernahme der Riesterregeln (Begr. BT-Drucks 16/3945, S. 102). § 1 Abs. 1 Nr. 8 AltZertG enthält den Zusatz „soweit sie nicht als Vomhundertsatz von den Altersvorsorgebeiträgen abgezogen werden", der aber nicht ausdrücklich übernommen wurde. Das Gesetz selbst erwähnt die „anerkannten Regeln der Versicherungsmathematik" und die „Rechnungsgrundlagen der Prämienkalkulation". Da nach bisherigem Verständnis eine Diskontierung vorgenommen wurde und davon weder im Gesetzestext noch in der Begründung ausdrücklich abgerückt wurde, erscheint dies weiterhin möglich. Vorausgesetzt sind aber eine wirksame Vereinbarung und die **Berücksichtigung dieser Kosten in allen dem VN zur Verfügung zu** 73

§ 169 VVG

stellenden Informationen. Fehlt es an einer Vereinbarung oder ist diese nicht klar und eindeutig (§ 307 Abs. 1 S. 2 BGB), darf eine Verzinsung nicht vorgenommen werden. Die sich daraus ergebende Regelungslücke ist regelmäßig zumutbar i.S.d. § 164 Abs. 1 S. 1 VVG (s. § 164 Rdn 21 ff.).

c) Transparente Darstellung der Abschlusskosten

74 Schwierigkeiten bereitet an dieser Stelle die **Transparenz**. Denkbar wäre, dass als Abschlusskosten nur die gezillmerten Abschlusskosten (im Beispiel 4.000,00 EUR) ausgewiesen werden sowie monatliche Verwaltungskosten von 10,00 EUR (restliche Abschlusskosten i.H.v. 3.000,00 EUR verteilt auf 25 Jahre). Ein VR (z.b. ausländischer VR, s. Rdn 75), der die vollen Abschlusskosten in den ersten fünf Jahren entnimmt, müsste 7.000,00 EUR Abschlusskosten ausweisen sowie 0,00 EUR monatliche Verwaltungskosten. Das erste Angebot sähe **optisch günstiger** aus. Wird jetzt die Abschlusskostenforderung jeweils mit demselben Zinssatz verzinst, ergeben sich im ersten – optisch günstigeren Fall – erheblich höhere Gesamtkosten, weil sich die Finanzierung über den ganzen Zeitraum von 25 Jahren erstreckt. Der VN muss diese Zinsen tragen. Das **optisch ungünstigere Verfahren ist in Wirklichkeit das für den Kunden erheblich preiswertere.** Um diese Verwirrungseffekte zu vermeiden, müssen die ausgewiesenen Abschlusskosten etwaige Finanzierungslasten enthalten und in der normierten Modellrechnung (§ 154 Abs. 1 VVG) zum Ausdruck kommen. Entsprechende Angaben sind im Vorfeld des Vertragsschlusses ggü. dem VN zu machen (§ 2 Abs. 1 Nr. 1 und 2 VVG-InfoV).

d) EU/EWR-Versicherer

75 Die Höchstzillmersätze sind nur insoweit zu beachten, wie das deutsche Aufsichtsrecht anwendbar ist. Sie gelten **nicht für EU/EWR-Versicherer**, die der Aufsicht eines anderen Mitgliedstaates unterliegen (Begr. BT-Drucks 16/5862, S. 100; ebenso VersR-Hdb/*Brömmelmeyer*, § 42 Rn 165; Prölss/Martin/*Reiff*, § 169 Rn 37; Looschelders/Pohlmann/*Krause*, § 169 Rn 48; a.A. Rüffer/Halbach/Schimikowski/*Brambach*, § 169 Rn 46; für eine generelle Europarechtswidrigkeit des § 169 Abs. 3 S. 1 Hs. 2 VVG *Schumacher*, Der Rückkaufswert von Lebensversicherungen, S. 255 ff.). Der ursprüngliche Wortlaut war europarechtswidrig, da die maßgebliche Richtlinie 2002/83/EG keine Höchstzillmersätze kennt. EU/EWR-Versicherern ist es daher gestattet, den in ihrem Sitzland vorgegebenen Höchstzillmersatz oder vergleichbaren Bezugswert anzuwenden oder auch ganz von der Anknüpfung an den Höchstzillmersatz abzusehen (vgl. auch *Schick/Franz*, VW 2007, 764 f.; zur sprachlich ungenauen Formulierung s. *Engeländer*, VersR 2007, 1297, 1307 f.).

76 Die Verweisung auf den Höchstzillmersatz ist **dynamisch**. Spätere Erhöhungen gelten aber nur für dann abzuschließende Versicherungen; die zuvor zustande gekommenen Verträge bleiben von einer Anpassung unberührt (*Schick/Franz*, VW 2007, 764, 765). Auch bei einer Übertragung eines ausländischen Bestandes auf einen deutschen VR bleibt es insofern bei der Regelung, die bei Vertragsschluss vereinbart wurde (s. dazu auch *Engeländer*, VersR 2007, 1297, 1308 f.).

5. Angabe der Rückkaufswerte (§ 169 Abs. 3 S. 2 VVG)

Die Rückkaufswerte müssen dem VN für jedes einzelne Vertragsjahr vor Abgabe seines Antrags mitgeteilt werden. Die **Mitteilung** muss die voraussichtlichen (§ 2 Abs. 1 Nr. 4 VVG-InfoV) sowie die garantierten Rückkaufswerte (§ 2 Abs. 1 Nr. 6 VVG-InfoV) enthalten. Sind keine Rückkaufswerte garantiert, ist ein Betrag von 0,00 EUR zu vermerken (vgl. § 2 Abs. 2 VVG-InfoV). Nicht nur bei fondsgebundenen Versicherungen wird es regelmäßig einen garantierten Rückkaufswert von 0,00 EUR geben; auch bei klassischen Lebensversicherungen ist dies möglich, wenn wirksam vereinbart (s. Rdn 34 ff.). 77

Fraglich ist, ob die für jedes Jahr in absoluten Zahlen angegebenen Rückkaufswerte verbindlich vereinbart werden oder ob diese Zahlen nur Ausdruck des verbindlich vereinbarten Berechnungsverfahrens sind. Die den ausgewiesenen Rückkaufswerten zugrunde liegenden Berechnungen sind verbindlich vereinbart. Insoweit die sich daraus ergebenden Rückkaufswerte garantiert sind, kann der VN einen Zahlungsanspruch nur auf die ausgewiesene absolute Zahl stützen. Insofern setzt die Regelung lediglich die Rechtsprechung des BGH (BGH, NJW 2001, 2012, 2013 f. und BGH, NJW 2001, 2014, 2016) um. Der VN kann die Rückkaufswerte anhand der vereinbarten Berechnungsmethode nie selbst ausrechnen, so dass nur die Angabe absoluter Zahlen seinem **Informationsbedürfnis** entspricht (BGH, NJW 2001, 2012, 2013 f. und BGH, NJW 2001, 2014, 2016). Eine Rückkaufswerttabelle stellt daher hinsichtlich der garantierten Werte eine transparente Information dar (BGH, NJW 2001, 2012, 2013 f. und BGH, NJW 2001, 2014, 2016; OLG München, VersR 2009, 770), während eine Erläuterung der Berechnungsmethode für sich gesehen nicht ausreicht (VersR-Hdb/*Brömmelmeyer*, § 42 Rn 170).Der Rückkaufswert und der Stornoabzug sind dabei strikt voneinander zu trennen und dürfen auch bei der Angabe nicht vermengt werden (BGH, NJW 2012, 3023, 3028 ff.). 78

Anders verhält es sich bei den nicht garantierten Rückkaufswerten, in denen die Überschüsse berücksichtigt sind. Hier erfüllt die Rückkaufswerttabelle nicht das Informationsbedürfnis des VN (**a.A.** *Engeländer*, VersR 2009, 1308, 1310), aus folgenden Gründen (dazu *Ortmann*, VersWissStud. Bd. 37, S. 222; *Schwintowski/Ortmann*, VersR 2009, 728, 732 f.): Gebühren, die auf die Kapitalanlage berechnet werden, werden weder in der modellierten Ablaufleistung inkl. nicht garantierter Überschüsse berücksichtigt noch bei den nicht garantierten Rückkaufswerten. Insb. wenn Teile der Beiträge in Investmentfonds angelegt werden, trägt der VN zusätzliche Kapitalanlagegebühren in Form von Managementgebühren innerhalb der Fonds oder auch Garantiegebühren. Teilweise werden Teile dieser Gebühren i.R.d. Überschussbeteiligung an den VN zurückgegeben. Während dieser Rückfluss in der illustrierten Ablaufleistung und den Rückkaufswerten berücksichtigt ist, muss der VN die – teilweise gezielt erhöhten – Kapitalanlagegebühren zusätzlich berücksichtigen. Da er dies nicht versteht, wird er sich ein nicht realistisches Bild von den möglichen Rückkaufswerten und der möglichen Ablaufleistung machen. Ein Vergleich von Ablaufleistungen und Rückkaufswerten mit Überschüssen verschiedener Produkte ist auf Basis der Rückkaufswerttabelle daher nicht möglich. Dem Informationsbedürfnis des VN wird nur dann genügt, wenn das Verfahren zur Berechnung der illustrierten Werte offen gelegt wird. 79

Insofern ist die Berechnungsweise zumindest insoweit in einer Form anzugeben, die eine Überprüfung der Rückkaufswerte ermöglicht – zumindest für Verträge, die nach der Deregulierung im Jahr 1994 abgeschlossen wurden; alles andere widerspräche den Vorgaben des BVerfG und vereitelte einen effektiven Rechtsschutz (s. in diesem Zusammenhang zu den Möglichkeiten und Grenzen eines Auskunftsanspruchs des VN Rdn 42 f.).

80 Garantierte Rückkaufswerte können – soweit nicht anders vereinbart – im Rahmen einer Prämien- oder Leistungsänderung (§ 163 VVG) dem Zweck des § 169 VVG entsprechend nur mit Einverständnis des VN reduziert werden. Es bleibt der Weg über die Prämienerhöhung bzw. Reduzierung der prämienfreien VersSumme nach § 163 VVG.

81 Auch die prämienfreie VersSumme ist entsprechend den Rückkaufswerten für jedes einzelne Versicherungsjahr auszuweisen. Dies ergibt sich zumindest aus der Rechtsprechung des BGH (BGH, NJW 2001, 2012 und BGH, NJW 2001, 2014).

6. Regelung für EU-/EWR-Versicherer (§ 169 Abs. 3 S. 3 VVG)

82 Das Deckungskapital als Anknüpfungspunkt für die Berechnung des Rückkaufswerts ist ein Terminus des Aufsichts- und Bilanzrechts, der in den Bereich der **Finanzaufsicht** fällt. VR mit Sitz in einem anderen Staat der EU oder des EWR werden im Bereich der Finanzaufsicht durch ihre Heimatbehörde überwacht; die deutsche **BaFin** ist **nicht zuständig** (§ 62 Abs. 1 S. 1 VAG; § 110a Abs. 3 S. 1 VAG a.F.). EU-/EWR-VR können deshalb für ihre Geschäftstätigkeit in Deutschland auch nicht über den Umweg des Vertragsrechts gezwungen werden, deutsche Vorschriften aus dem Bereich der Finanzaufsicht für die Berechnung des Rückkaufswerts anzuwenden, da es den Begriff des Deckungskapitals in anderen Staaten nicht gibt. Deshalb erlaubt § 169 Abs. 3 S. 3 VVG diesen VR, den in ihrem Staat mit dem Deckungskapital vergleichbaren anderen Bezugswert für die Berechnung des Rückkaufswerts zugrunde zu legen.

83 Alle europäischen Lebensversicherer müssen **versicherungstechnische Rückstellungen** für garantierte Leistungen, Überschussanteile, Vertragsoptionen und Kosten bilden (vgl. Art. 20 RL 2002/83/EG; nunmehr Art. 76 RL 2009/138/EG). Die Einzelheiten über die Bildung dieser Rückstellungen können von der Berechnung des Deckungskapitals abweichen, ggf. nicht einmal vergleichbar sein, auch wenn durch die RL 2009/138/EG grundsätzlich eine stärkere Harmonisierung angestrebt wird. EU-/EWR-Versicherer dürfen die in ihrem Heimatstaat übliche Methode für die Berechnung des Deckungskapitals und ihre eigenen Rechnungsgrundlagen anwenden, solange sichergestellt ist, dass im Fall eines Rückkaufs keine zugesagten Überschussanteile einbehalten werden; denn Sinn und Zweck von § 169 Abs. 3 und 7 VVG ist die **vollumfängliche Beteiligung** an allen garantierten und nicht garantierten Gutschriften und Überschussbeteiligungen, soweit diese nach der Vereinbarung vorhanden sind.

84 Eine Garantie von Rückkaufswerten gleich welcher Art kann nicht verlangt werden, da europäische VR in der **Gestaltung** ihrer Versicherungsbedingungen, insb. hinsichtlich der **Überschussbeteiligung** und Ausgestaltung der Rückkaufswerte **frei** sind (s. schon oben

Rdn 36 ff.; ebenso Looschelders/Pohlmann/*Krause*, § 169 Rn 48). Im Regelfall vereinbaren v.a. britische und irische Lebensversicherer nur **geringe Garantien**, meistens bedingt durch Erreichen des Ablauftermins, verbunden mit hohen, nicht garantierten Schlussüberschussbeteiligungen. Bei anderen Produkten (Variable Annuities) werden die nur zum Ablauftermin garantierten Leistungen durch Derivate sichergestellt. Auch von ausländischen VR beachtet werden müssen die Regeln zur gleichmäßigen Verteilung der Abschlusskosten über fünf Jahre (ebenso Looschelders/Pohlmann/*Krause*, § 169 Rn 48; MüKo/*Mönnich*, § 169 VVG Rn 110) und mit landestypischen Einschränkungen die Rechnungsgrundlagen der Prämienkalkulation (s. Rdn 32). Höchstzillmersätze sind hingegen nicht zu beachten (vgl. Rdn 75).

7. Sonstiges

Prämienherabsetzungen und -freistellungen führen zu einer anteiligen Reduzierung der Abschlusskosten, auch wenn diese in absoluten Zahlen ausgewiesen sind (**a.A.** *Engeländer*, VersR 2007, 1297, 1309 f., s. dazu § 165 Rdn 16). 85

Der Rückkaufswert darf in der **betrieblichen Altersversorgung** nach § 2 Abs. 2 S. 4–6 BetrAVG von einem ausgeschiedenen (versicherten) AN nicht in Anspruch genommen werden, soweit das Deckungskapital durch Beitragszahlungen des Arbeitsgebers gebildet wurde; im Falle einer Kündigung wird die Versicherung eine prämienfreie Versicherung. Nach § 9 Abs. 4 5.VermBG muss bei einer vermögensbildenden Kapitalversicherung i.S.d. § 2 Abs. 1 Nr. 7 5.VermBG von Vertragsbeginn an ein Rückkaufswert i.H.v. mind. 50 % des gezahlten Beitrags erstattet werden. 86

Etwaige Beitragsrückstände können nach allgemeinem Schuldrecht vom Rückkaufswert abgezogen werden. 87

IV. Rückkaufswert bei fondsgebundenen u.Ä. Versicherungen (§ 169 Abs. 4 VVG)

Für **fondsgebundene Lebens- und Rentenversicherungen** und andere Versicherungen i.S.d. § 125 Abs. 5 VAG (§ 54b VAG a.F.), bei denen die VN die Chancen und **Risiken der Kapitalanlage selbst** tragen (vgl. § 1 Abs. 3 Allgemeine Bedingungen für die Fondsgebundene Lebensversicherung 2014), ist auch weiterhin der nach anerkannten Regeln der Versicherungsmathematik berechnete **Zeitwert** maßgeblich (vgl. § 176 Abs. 3 VVG a.F.). Diese Regelung betrifft häufig auch Produkte britischer und irischer Anbieter, bei denen das Anlagerisiko beim VN liegt. 88

Bei fondsgebundenen Versicherungen richtet sich die **Wertentwicklung nach** den zugrunde liegenden **Investmentfonds**, so dass der Zeitwert dem Wert der Fondsanteile entspricht. Der Zeitwert wird durch die Vereinbarung definiert und als realer Barwert im Zeitpunkt des Rückkaufs ermittelt (vgl. etwa *Franz/Schick*, VW 2007, 764). Die Grundsätze dieser Berechnung sind im Vertrag anzugeben (§ 169 Abs. 4 S. 2 VVG; zu den Schwierigkeiten der Rückkaufswertberechnung s. *Kleinlein*, VuR 2008, 13, 15). 89

90 Die Anknüpfung an den Zeitwert verursacht hier keine Schwierigkeiten, da für die Anlageinstrumente ein täglicher Marktpreis ermittelt wird. Das gesetzgeberische Ziel, dem VN den echten Vertragswert zukommen zu lassen (Begr. BT-Drucks 12/6959, S. 103), ist bei dieser Art der Rückkaufswertberechnung sichergestellt, sofern auch alle Kosten transparent vereinbart sind.

91 Sind jedoch **Leistungen garantiert**, soll der Rückkaufswert diesbezüglich nach § 169 Abs. 3 VVG zu berechnen sein. Eine Berechnung des Rückkaufswerts nach § 169 Abs. 3 VVG ist aber nur dann möglich, wenn fondsgebundene Rentenversicherungen eine **Mindestleistung** vorsehen, für die eine prospektive Deckungsrückstellung gebildet wird (z.b. sehen Hybridprodukte garantierte Leistungen unter statischer oder dynamischer Aufteilung der Beiträge auf Sicherungsvermögen und Investmentfonds vor, vgl. *Ortmann*, VersWissStud. Bd. 37, S. 113 ff., vgl. auch Beitragszusagen mit Mindestleistung gem. § 1 Abs. 2 Nr. 2 BetrAVG), so auch die Begründung des Gesetzgebers (Begr. BT-Drucks 16/3945, S. 103). Für diese Produkte ist der Rückkaufswert hinsichtlich der im Sicherungsvermögen angelegten Beitragsteile nach § 169 Abs. 3 VVG zu berechnen (garantierter Teil), für die in Fonds angelegten Beitragsteile ist der Zeitwert heranzuziehen (nicht garantierter Teil); der VN erhält in diesem Fall also einen kombinierten Rückkaufswert (vgl. auch Prölss/Martin/*Reiff*, § 169 Rn 55). Häufig werden Mindestleistungen aber anders als über das Sicherungsvermögen dargestellt, z.B. durch den Erwerb entsprechender Wertpapiere oder Sicherungsinstrumente (z.B. Variable Annuities, vgl. *Ortmann*, VersWissStud. Bd. 37, S. 123 ff.). Es existieren dann keine Rechnungsgrundlagen der Beitragskalkulation, so dass eine Berechnung nach § 169 Abs. 3 VVG ausscheidet (vgl. *Engeländer*, VersR 2007, 1297, 1311). In diesem Fall ist daher der Zeitwert auch für die Mindestleistung maßgeblich (*Engeländer*, VersR 2007, 1297, 1311).

92 Bieten fondsgebundene Versicherungen garantierte Todesfallleistungen, ist zu unterscheiden: Wird ein **fester Betrag** oder eine **Beitragsrückerstattung im Todesfall** garantiert, für die eine entsprechende Deckungsrückstellung gebildet wird, ist der Rückkaufswert nach § 169 **Abs. 3** VVG zu ermitteln. Verspricht der VR im Todesfall eine **Zahlung in Abhängigkeit vom Fondsvermögen** (z.B. 101 % des Fondsvermögens) und wird dieses Risiko über **natürliche Beiträge** aus dem Fondsvermögen finanziert, sollte § 169 Abs. 4 S. 1 VVG („soweit") so verstanden werden, dass es bei der Berechnung nach § 169 **Abs. 4** VVG bleibt (so auch *Franz/Schick*, VW 2007, 764, 765).

93 Der Verweis in § 169 Abs. 4 S. 1 Hs. 2 VVG stellt klar, dass auch bei fondsgebundenen Versicherungen die **Abschlusskosten** wie von § 169 Abs. 3 S. 1 VVG vorgegeben zu verteilen sind (Begr. BT-Drucks 16/3945, S. 103). Die Art der Erhebung der Abschlusskosten muss vereinbart werden (§ 169 Abs. 4 S. 2 VVG). Denkbar sind Abschlusskosten als absolute Beträge, die in Relation zu den Beiträgen stehen, oder prozentual vom Fondsvermögen. Sichert der VR zu, dass in den ersten Jahren mindestens ein Teil der Beiträge in Fondsanteile angelegt wird, der andere Teil zur Abschlusskostenverrechnung verwendet wird, liegt sachlich eine „Teilzillmerung" vor (BGH, VersR 2013, 1381, 1385). Ob diese

materiell zulässig ist, hat der BGH offen gelassen; sie muss aber jedenfalls transparent vereinbart werden (BGH, VersR 2013, 1381, 1385).

V. Stornoabzug (§ 169 Abs. 5 VVG)

1. Vereinbart, beziffert und angemessen (§ 169 Abs. 5 S. 1 VVG)

Ein **Stornoabzug** vom Rückkaufswert, der nach § 169 Abs. 3 und 4 VVG berechnet wurde, muss bei Vertragsschluss **wirksam vereinbart** werden (BGH, NJW 2012, 3023, 3028; BGH, VersR 2013, 300; 301; BGH, VersR 2013, 1381, 1387). Bei Unwirksamkeit der betreffenden Klausel fehlt es an einer wirksamen Vereinbarung (BGH, VersR 2013, 300, 301; BGH, NJW 2005, 3559, 3564). Frühere Klauseln wurden wegen Verstoßes gegen das Transparenzgebot für unwirksam erklärt (BGH, NJW 2005, 3559, 3564). Ob künftig eine unwirksame Stornoabzugsklausel ersetzt werden kann, richtet sich nach § 164 Abs. 1 S. 1 VVG oder der Zulässigkeit einer ergänzenden Vertragsauslegung (s.a. Prölss/Martin/*Reiff*, § 169 Rn 57); eine Ersetzung scheidet zumindest grds. aus, da die jeweiligen Voraussetzungen nicht vorliegen (vgl. BGH, VersR 2013, 300, 301: keine ergänzende Vertragsauslegung). 94

Anders als in § 176 Abs. 4 VVG a.F. muss der Stornoabzug bei Vertragsschluss **beziffert** sein. Nur bei Angabe eines **absoluten Betrages** hat der VN eine **klare Entscheidungsgrundlage**. Ein Berechnungsverfahren oder **prozentuale Angaben**, die der VN nicht nachvollziehen kann, erfüllen diese Voraussetzung nicht (Begr. BT-Drucks 16/3945, S. 103) und widersprechen § 169 Abs. 5 VVG. Dennoch ist die Vereinbarung eines prozentualen Abzugs **nicht ausgeschlossen** (so auch Prölss/Martin/*Reiff*, § 169 Rn 58; MüKo/*Mönnich*, § 169 VVG Rn 118; VersR-Hdb/*Brömmelmeyer*, § 42 Rn 175a; *Schick/Franz*, VW 2007, 764, 766; a.A. wohl *Gatschke*, VuR 2007, 447, 450). Die Grenze wird durch die **leichte Verständlichkeit** gezogen. Je komplizierter die Berechnung vereinbart wird, desto höher ist das Risiko des VR, dass die Klausel gegen § 169 Abs. 5 VVG oder § 307 Abs. 1 S. 2 BGB verstößt und unwirksam ist, so dass Stornoabzüge zurückzuzahlen sind. Nach hier vertretener Auffassung sind nur einfache Prozentrechnungen (z.B. 5 % vom Einmalbetrag oder 3 % des Rückkaufswerts) zulässig. Wird ein Prozentsatz vom Rückkaufswert vereinbart, sollten die Stornokosten für jedes Jahr auch als absolute Zahl, z.B. in der Beispielsrechnung, angegeben werden. Die Stornoabzüge müssen in der Beispielsrechnung separat vom ausgewiesenen Rückkaufswert ausgewiesen werden, um den Transparenzanforderungen zu genügen (BGH, NJW 2012, 3023, 3028 ff.). Der VN muss die **Gesamtkostenbelastung** des VV vor Vertragsschluss erfassen können, um eine eindeutige Entscheidungsgrundlage zu haben. Insofern sind auch für den Stornoabzug die Ausführungen von BVerfG (BVerfG, VersR 2006, 489) und BGH (BGH, NJW 2005, 3559) heranzuziehen. Auch in **Österreich** wurden entsprechende Klauseln, die nicht zu einer Aufdeckung der Gesamtkosten führen, wegen **Verstoßes gegen das Transparenzgebot** für unwirksam erklärt (für fondsgebundene Versicherungen: OGH, 20.6.2007 – 7 Ob 82/07, 30.5.2007 – 7 Ob 4/07z und 9.5.2007 – 7 Ob 23/07v und 7 Ob 233/06z, VersR 2009, 380, für klassische Versiche- 95 rungen: OGH, 17.1.2007 – 7 Ob 131/06z, 7 Ob 140/06y und 7 Ob 173/06a, VersR 2007, 1676).

96 Die Ausfüllung des **unbestimmten Rechtsbegriffs der Angemessenheit** bleibt der **Rechtsprechung** überlassen. Ein Stornoabzug ist nur dann angemessen sein, wenn er **dem Grunde und der Höhe nach gerechtfertigt** ist (vgl. *Brömmelmeyer*, VersR 2014, 133, 135; *Grote/Thiel*, VersR 2013, 666, 668). Insbesondere darf die verfassungsrechtlich geforderte angemessene Rückvergütung nicht unterschritten werden (*Brömmelmeyer*, VersR 2014, 133, 135 f.). Als **Gründe** für Stornoabzüge kommen traditionell v.a. Bearbeitungskosten im Hinblick auf die Kündigung, Risikoverschlechterung durch Anti-Selektion und nicht bereits getilgte Abschlusskosten (*Jaeger*, VersR 2002, 133, 141) in Betracht, wobei ein Abzug wegen nicht bereits getilgter Abschlusskosten nach § 169 Abs. 5 S. 2 VVG von vornherein ausscheidet. Dabei haben der Selektionsabschlag die geringste, die nicht getilgten Abschlusskosten die größte Bedeutung (*Kleinlein*, VuR 2008, 13, 16).

97 Ein Abzug wegen **Risikoverschlechterung** wird damit begründet, dass eher gute Risiken das Kollektiv vorzeitig verlassen, schlechte Risiken hingegen im Bestand bleiben, z.B. weil sie keinen anderweitigen Risikoschutz mehr erhalten. Ob solche Effekte nachweisbar sind, wird teilweise angezweifelt (*Winter*, in: Bruck/Möller, § 169 Rn 126). Die Möglichkeit des Abzugs wird in diesem Fall damit von der Nachweisbarkeit abhängen. **Bearbeitungskosten** der konkreten Kündigung können einen Stornoabzug rechtfertigen, wenn die üblichen Bearbeitungskosten für die reguläre Beendigung des VersVerhältnisses in die Prämie einkalkuliert sind und zum Kündigungszeitpunkt deshalb noch nicht vom VN geleistet wurden (vgl. *Brömmelmeyer*, VersR 2014, 133, 136).

98 Ein Abzug für den Ausgleich für **kollektiv gestelltes Risikokapital** (vgl. § 12 Abs. 4 S. 5 ALB 2016) erscheint dagegen höchst fraglich (die Bedenken teilt *Brömmelmeyer*, VersR 2014, 133, 137 f.; VersR-Hdb/*Brömmelmeyer*, § 42 Rn 178; s.a. *Rubin*, Das versicherungsrechtliche Interessenausgleichsprinzip (2017), 4. Kap., § 2.II.2.b.ee.). Dies gilt allein schon deshalb, weil äußerst unklar ist, welcher Gesichtspunkt genau zum Abzug führen soll. Gemeint sein könnte Folgendes: Der junge Vertrag profitiert in erhöhtem Maß von der Fähigkeit des Kollektivs, Kapitalanlagerisiken zu tragen. Eine Risiko senkende bzw. Rendite erhöhende breite Streuung der Kapitalanlagen und die Beimischung riskanter, stark schwankender, aber hoher rentierlicher Anlagen sind erst bei großen Anlagebeträgen möglich. Außerdem können größere Beträge kostengünstiger angelegt und verwaltet werden als kleine. Dies soll einen Abzug bei vorzeitiger Kündigung erlauben. Nach hier vertretener Auffassung stellt dies **keinen angemessenen Grund** für einen Stornoabzug dar. Zahlt ein VN 30 Jahre lang 25,00 EUR monatlich bis zur Fälligkeit ein, hat er mit 9.000,00 EUR Gesamtbeitragssumme nach 30 Jahren weniger eingezahlt als ein VN, der 1.000,00 EUR im Monat bezahlt und nach zwei Jahren kündigt (24.000,00 EUR). Es ist nicht ersichtlich, warum der zuletzt genannten einen Stornoabzug erleiden soll, obwohl er insgesamt einen größeren Beitrag zur Risikotragfähigkeit des Kollektivs geleistet hat als der zuerst genannte VN. Ebenfalls unzulässig ist ein Stornoabzug aus dem Gesichtspunkt des **entgangenen**

Gewinns des VR, da eine Kündigung in das unternehmerische Risiko des VR fällt (vgl. *Brömmelmeyer*, VersR 2014, 133, 138).

Denkbar erscheint ein Stornoabzug in diesem Zusammenhang aber unter dem Gesichtspunkt des **Ausgleichs von Glättungseffekten** (vgl. *Schwintowski*, VersR 2010, 1126; *Grote/Thiel*, VersR 2013, 666, 670; zweifelnd *Brömmelmeyer*, VersR 2014, 133, 138 f.). Die BaFin umschreibt die Konstellation als Vorteilserzielung „durch die gezielte Ausnutzung der Vertragsgestaltung" (vgl. Rundschreiben 8/2010 (VA) der BaFin vom 7.9.2010). Entscheidend für die Angemessenheit des Stornoabzugs ist hier, dass der VR im Rahmen der Zuweisung der Überschüsse an die VN Glättungsmechanismen anwendet, um eine relativ ausgewogene Überschussbeteiligung zu ermöglichen. Versicherungen mit Einmalzahlungen könnten von diesen Glättungseffekten überproportional (nicht zwingend: absolut) profitieren, ohne dass dies sachlich gerechtfertigt ist (vgl. ausführlich *Rubin*, Das versicherungsrechtliche Interessenausgleichsprinzip (2017), 4. Kap., § 2.II.2.b.dd.). Aus diesem Grund hat die BaFin in dem zitierten Rundschreiben die Vereinbarung von Stornoabzügen durch die VR angeordnet (vgl. zu dem Zusammenspiel zwischen Aufsichts- und Vertragsrecht in diesem Fall Rubin, Das versicherungsrechtliche Interessenausgleichsprinzip (2017), 6. Kap.,III.2.b.). 99

Schon bei den Gründen für einen Stornoabzug ist die Angemessenheit sehr sorgfältig zu prüfen. Die **Gefahr** ist groß, dass mit dem Stornoabzug eigentlich doch nicht getilgte Abschlusskosten ausgeglichen werden sollen. Vor dem **Hintergrund, dass es durchaus VR gibt, die ohne** irgendeinen **Stornoabzug** auskommen, ein Stornoabzug daher offenbar nicht unbedingt notwendig ist, müssen schon den Gründen **sehr enge Grenzen** gesetzt werden. 100

Dies gilt umso mehr für die **Höhe des Stornoabzugs**. Die Grenze ist spätestens erreicht, wenn der Abzug die Wirkung einer **unerlaubten Vertragsstrafe** entfaltet, die den VN von einer Kündigung – seinem gesetzlichen Recht (§ 168 Abs. 1 VVG) – abhalten würde (so auch Looschelders/Pohlmann/*Krause*, § 169 Rn 50; VersR-Hdb/*Brömmelmeyer*, § 42 Rn 176). 101

Die **Beweislast** dafür, dass der Stornoabzug die Voraussetzungen des § 169 Abs. 5 VVG erfüllt, trägt der VR (Begr. BT-Drucks 16/3945, S. 104; Looschelders/Pohlmann/*Krause*, § 169 Rn 52; Marlow/Spuhl/*Grote*, Das neue VVG kompakt, S. 245). Dieser muss daher auch Angaben über die Angemessenheit des Stornoabzugs machen (*Römer*, DB 2007, 2523. 2529). Die frühere Beweislastregelung in § 9 Abs. 3 S. 7 Muster-ALB 2009 („Sofern Sie uns nachweisen, dass die dem Abzug zugrunde liegenden Annahmen in Ihrem Fall entweder dem Grunde nach nicht zutreffen oder der Abzug wesentlich niedriger zu beziffern ist, entfällt der Abzug bzw. wird – im letzteren Falle – entsprechend herabgesetzt.") ist vor diesem Hintergrund irreführend. Der BGH hat so entschieden, dass die zitierte Regelung im Zusammenspiel mit dem vorhergehenden Satz („Bei der Berechnung des Rückkaufswertes wird ein als angemessen angesehener Abzug vorgenommen.") zu einer Unwirksamkeit der Klausel gem. § 309 Nr. 12a BGB führt, da für den VN nicht ersichtlich ist, dass der VR die grundsätzliche Angemessenheit des Stornoabzugs beweisen muss und 102 der VN lediglich die Ausnahme, dass die Annahmen bei ihm im Einzelfall nicht zutreffen (BGH, NJW 2012, 3023, 3029 f.). Um § 309 Nr. 5b BGB zu genügen, der unmittelbar oder analog auch auf für den Stornoabzug gilt, muss dem VN indes in der Tat der Nachweis eines geringeren oder keines Schadens eingeräumt werden (BGH, NJW 2012, 3023, 3029 f.). § 12 Abs. 4 S. 3 ALB 2016 genügt den vom BGH aufgestellten Anforderungen, indem er unmissverständlich klarstellt, dass der VR die Angemessenheit des Stornoabzugs zu beweisen hat.

103 Der VN hat einen **Anspruch auf Auskunft** in geordneter Form, soweit dies notwendig ist, um seinen Anspruch geltend zu machen; der VR darf dabei im Falle der Unwirksamkeit einer Stornoabzugsklausel nicht nur den Wert mitteilen, sondern muss auch Auskunft geben „über die Hälfte des mit den Rechnungsgrundlagen der Prämienkalkulation berechneten ungezillmerten Deckungskapitals, über den Rückkaufswert sowie über den vorgenommenen Stornoabzug, was in gesonderter Form zu erfolgen hat" (BGH, VersR 2013, 1381, 1387).

2. Abzugsverbot (§ 169 Abs. 5 S. 2 VVG)

104 Neu ist das **Abzugsverbot** gem. § 169 Abs. 5 S. 2 VVG. Bei Kündigung **noch nicht getilgte Abschluss- und Vertriebskosten** dürfen nicht über einen Stornoabzug abgezogen werden; eine dahin gehende Vereinbarung ist unwirksam. Liegt in einem Stornoabzugsgrund in Wirklichkeit ein Abzug noch nicht getilgter Abschlusskosten, ist diese Klausel unwirksam.

105 **Überrechnungsmäßige Abschlusskosten** werden häufig über **Amortisationskostenzuschläge** in die Beiträge einkalkuliert und durch laufende Beitragszahlung getilgt. Im Fall der Kündigung sind die ausstehenden Amortisationskosten nicht mehr zu erhalten. Sie dürfen jetzt nicht mehr als Stornoabzug vereinbart werden, da dies einer **unzulässigen Vertragsstrafe** gleichkäme und damit das gesetzlich vorgesehene Kündigungsrecht des VN unterlaufen würde (Begr. BT-Drucks 16/3945, S. 104). Der VR erhält nur die bis zur Wirksamkeit der Kündigung mit den Beiträgen bezahlten Abschlusskosten, in den ersten fünf Jahren begrenzt auf den sich nach § 169 Abs. 3 S. 1 VVG ergebenden Betrag (vgl. Rdn 53 ff.). Je höher die Abschlusskosten, desto höher ist das Risiko des VR, dass er diese bei Kündigung nicht erhält.

106 Die Vorschrift ist weit auszulegen. Wegen des klaren Wortlauts und des eindeutigen Normzwecks sind jegliche Abzüge verboten, die einem unzulässigen Abzug von Abschluss- und Vertriebskosten entsprechen. Problematisch erscheinen vor diesem Hintergrund **Treuegutschriften**, die für langfristiges Beibehalten des Vertrags – Nichtkündigen – gewährt werden. Sie werden regelmäßig über höhere Gebühren – auch Abschlusskosten – finanziert und nur für den vertragstreuen VN gewährt. Im Einzelfall kann ein Verstoß gegen § 169 Abs. 5 S. 2 VVG (Umgehung) vorliegen. Kostenausgleichsvereinbarungen sind dagegen in den dargestellten Grenzen zulässig (vgl. Rdn 68).

3. Anwendbarkeit auf alle Rückkaufswerte

Die Neuerungen des § 169 Abs. 5 VVG sind Bestandteil des Maßnahmenbündels zur Herstellung von mehr Transparenz und eines fairen Ausgleichs der unterschiedlichen Interessen der VN. Das BVerfG hatte dem Gesetzgeber einen weiten Spielraum bei der Auswahl der Regelungen überlassen, um dem Auftrag des Gerichts nachzukommen (BVerfG, NJW 2005, 2376, 2381). 107

Diesen Vorgaben wird nur entsprochen, wenn die Regelung des § 169 Abs. 5 VVG generell anwendbar ist, unabhängig von der Höhe des Rückkaufswerts. Der Gesetzgeber wollte generell verhindern, dass der kündigende VN mit Abschluss- und Vertriebskosten belegt wird, die in den zukünftigen, aber nicht mehr geschuldeten Prämien enthalten sind, da dies einer Vertragsstrafe gleichkäme (Begr. BT-Drucks 16/3945, S. 104). Dem kann sich ein VR nicht entziehen, indem er einen höheren als nach § 169 Abs. 3, 4 VVG erforderlichen Rückkaufswert gewährt und den darüber hinausgehenden Teil mit nicht mit § 169 Abs. 5 VVG konformen Stornoabzügen belegt (a.A. *Engeländer*, VersR 2007, 1297, 1310f., der grds. davon ausgeht, dass alle Vorgaben des § 169 VVG nur den geforderten Mindestrückkaufswert betreffen, während höhere Rückkaufswerte völliger Vertragsfreiheit unterliegen). 108

VI. Herabsetzung des Rückkaufswerts (§ 169 Abs. 6 VVG)

1. Allgemeines

§ 169 Abs. 6 VVG berechtigt VR in **Ausnahmefällen**, die Rückkaufswerte **einseitig angemessen herabzusetzen**, wenn dies erforderlich ist. Damit soll der **Gefahr** für die im Kollektiv verbleibenden VN und den VR selbst entgegengewirkt werden, die mit den aufgrund § 169 Abs. 3–7 VVG höheren Rückkaufswerten für die ausscheidenden VN einhergeht. Vor dem Hintergrund, dass die Norm einen einseitigen Eingriff in die eigentumsrechtlich geschützte Position des Rückkaufswerts (BVerfG, VersR 2006, 489, 493) durch den VR zulässt, ist sie eng auszulegen (einen möglichen Verstoß gegen Art. 2. Abs. 1, 14 und 3 GG beschreibt VersR-Hdb/*Brömmelmeyer*, § 42 Rn 181). Sie kann daher nur in Ausnahmefällen zum Tragen kommen (*Winter*, in: Bruck/Möller, § 169 Rn 141; Prölss/Martin/*Reiff*, § 169 Rn 64), obwohl die Vorschrift dem Wortlaut nach weit gefasst ist (*Engeländer*, VersR 2007, 1297, 1312). 109

Die Maßnahme muss erforderlich sein, um eine **Gefährdung der Belange der VN**, insb. durch eine **Gefährdung der dauernden Erfüllbarkeit der sich aus den Versicherungsverträgen ergebenden Verpflichtungen**, auszuschließen. Eine wortgleiche Vereinbarung enthält § 12 Abs. 5 ALB 2016. 110

Die Vorschrift ermächtigt die VR, den Rückkaufswert endgültig (nicht nur zeitweilig, vgl. § 314 VAG (§ 89 Abs. 1 VAG a.F.), d.h. keine spätere Nachforderung des gekürzten Teils des Rückkaufswerts, vgl. *Engeländer*, VersR 2007, 1297, 1312) zu reduzieren; entscheidend ist hier, dass keine Mitwirkung der Aufsichtsbehörde, wie z.B. im Rahmen der § 140 VAG (§ 56b Abs. 1 VAG a.F.), § 314 VAG (§ 89 VAG a.F.), notwendig ist. Dabei kann mit guten 111

Gründen angeführt werden, dass das Aufsichtsrecht der bessere Regelungsstandort für ein Kürzungsrecht gewesen wäre (*Rubin*, Das versicherungsrechtliche Interessenausgleichsprinzip (2017), 4. Kap., § 2.II.1.b.; s.a. *Winter*, in: Bruck/Möller, § 169 Rn 138).

2. Voraussetzungen der Herabsetzung

112 Aus dem Sprachgebrauch des Aufsichtsrechts werden zwei **unbestimmte Rechtsbegriffe** entnommen. Dort ist der unbestimmte Rechtsbegriff der **Wahrung der Belange der Versicherten** z.B. in § 11 Abs. 1 Nr. 4a) VAG (§ 8 Abs. 1 S. 1 Nr. 3 VAG a.F.), § 294 Abs. 2 S. 2 VAG (§ 81 Abs. 1 S. 2 VAG a.F.) oder § 311 Abs. 4 S. 2 VAG (§ 87 Abs. 4 S. 1 VAG a.F.) zu finden. Der Bezug auf die Versicherten, der im Aufsichtsrecht VN, versicherte Personen und Bezugsberechtigte umfasst, wurde i.R.d. Vertragsrechts auf die VN beschränkt; die Belange der versicherten Personen und Bezugsberechtigten sind dabei mit zu berücksichtigen (Begr. BT-Drucks 16/3945, S. 104 i.V.m. S. 100). Mit dieser Maßgabe kann auf die bisher i.R.d. Aufsichtsrechts erfolgte Auslegung zurückgegriffen werden.

113 Die Ausfüllung dieses unbestimmten Rechtsbegriffs und damit auch die Reichweite der Missbrauchsaufsicht ist umstritten (statt aller: Prölss/*Kollhosser*, § 81 VAG Rn 11 ff., 26 ff.). Nach der herkömmlichen Rechtsprechung des BVerwG fehlt es an ihr, *„wenn schutzwürdige Interessen der Versicherten beeinträchtigt werden und diese Beeinträchtigung unter Berücksichtigung der Gesamtheit der beteiligten Interessen und der Besonderheiten des betreffenden Versicherungszweiges als unangemessen anzusehen ist und so schwer wiegt, dass ein Eingreifen der Behörde gerechtfertigt ist"* (BVerwG, NJW 2007, 2199, 2202; BVerwG, NJW 1994, 2561, 2562). Die Kernfrage, wie die verschiedenen Interessen der VN in die Auslegung einbezogen werden, wird indes durch diese Wendung nicht beantwortet (s. dazu *Rubin*, Das versicherungsrechtliche Interessenausgleichsprinzip (2017), 6. Kap., III.).

114 Als **Untertatbestand** (Prölss/*Kollhosser*, § 81 VAG Rn 35; Prölss/*Präve*, § 8 VAG Rn 28) sind die Belange der VN immer dann gefährdet, wenn die **dauernde Erfüllbarkeit der sich aus den Versicherungsverträgen ergebenden Verpflichtungen gefährdet** ist. Der Tatbestand der Gefährdung der dauernden Erfüllbarkeit der Verpflichtungen ist eine **spezielle Ausprägung** der ausreichenden Wahrung der Versichertenbelange für den Bereich der Finanzaufsicht (*Barbey*, VersR 1985, 101, 108). Im Aufsichtsrecht findet der Begriff sich insbesondere in der Generalklausel des § 294 Abs. 4 VAG sowie z.B. in §§ 18 Abs. 1 Nr. 6, 141 Abs. 5 Nr. 1 VAG (vor der Reform z.B. in § 8 Abs. 1 Nr. 3, § 81 Abs. 1 S. 5 VAG a.F.). Für die Anwendung dieses Gebots bleibt in der Finanzaufsicht regelmäßig kaum Raum, da in den meisten Bereichen eingehende spezielle Regelungen bestehen (Prölss/*Kollhosser*, § 81 VAG Rn 36). Umfasst ist v.a. die Bildung ausreichender versicherungstechnischer Rückstellungen, die Anlage in adäquaten Vermögenswerten sowie die Einhaltung der Solvabilitätsanforderungen (vgl. § 294 Abs. 4 VAG; § 81 Abs. 1 S. 5 VAG a.F.).

115 Sollte es aufgrund von Kündigungen zu einer Gefährdung der Einhaltung der **Solvabilitätsspanne** oder zu einer **Auszahlung eines Deckungskapitals**, das nach Marktpreisbewertung in dieser Höhe nicht mehr vorhanden ist, oder zu einer anderen **Gefährdung der Finanz-**

lage kommen, ist dieser Untertatbestand erfüllt. Im Aufsichtsrecht vorgesehene **Maßnahmen zur Abwendung finanzieller Schieflagen**, wie z.B. die Heranziehung nicht festgelegter Überschussanteile der RfB gem. § 140 VAG (§ 56b Abs. 1 VAG a.F.) oder die Herabsetzung der Verpflichtungen wie das Deckungskapital gem. § 314 Abs. 2 S. 1 i.V.m. Abs. 1 S. 1 VAG (§ 89 Abs. 2 S. 1 i.V.m. Abs. 1 S. 1 VAG a.F.) müssen nach dem Wortlaut **scheinbar nicht zuerst beantragt** oder vorgenommen werden. Dafür spricht, dass es sich bei der Herabsetzungsmöglichkeit um eine vertragliche und vom Aufsichtsrecht unabhängige Vereinbarung handelt; deshalb könnte die Maßnahme der Rückkaufswertherabsetzung **unabhängig von** etwaigen **aufsichtsrechtlichen Handlungsoptionen** vorgenommen werden dürfen (dafür *Winter*, in: Bruck/Möller, § 169 Rn 139; Prölss/Martin/*Reiff*, § 169 Rn 64; *Schumacher*, Der Rückkaufswert von Lebensversicherungen, S. 239). Es könnte indes aus dem vergleichbaren verfassungsrechtlichen Schutz des Rückkaufswerts einerseits und der Überschussbeteiligung andererseits folgen, dass **eine Herabsetzung des Rückkaufswerts nur abgestimmt auf die Eingriffsmöglichkeiten des § 140 VAG (§ 56b Abs. 1 VAG a.F.)** erfolgen darf (dafür *Rubin*, Das versicherungsrechtliche Interessenausgleichsprinzip(2017), 4. Kap., § 2.II.1.b.cc.). Aus Transparenzgründen ist eine **Ausfüllung** des unbestimmten Rechtsbegriffs **durch beispielhafte Aufzählungen** jedenfalls ratsam. Im Streitfall werden jetzt nicht mehr die VG, sondern die **Zivilgerichte** entscheiden und die Angemessenheit der Maßnahme selbst sowie der Höhe der Kürzung überprüfen.

Wegen der Ankoppelung an die Wahrung der Belange der VN durch das Wort „insbesondere" kommen auch Tatbestände in Betracht, in denen die Belange der VN gefährdet sind, ohne dass zugleich die dauernde Erfüllbarkeit der Verpflichtungen gefährdet ist. Es muss die **„Gesamtheit der beteiligten Interessen"** (BVerwG, NJW 2007, 2199, 2202; BVerwG, NJW 1994, 2561, 2562) berücksichtigt werden. Die Berücksichtigung nur der durch Kündigung ausscheidenden VN widerspricht dem für die Lebensversicherung *„typischen Grundgedanken einer Risikogemeinschaft und dem Ausgleich der verschiedenen und anders gelagerten Interessen aller Versicherungsnehmer"* (BVerfG, NJW 2005, 2376, 2381).

116

Der unbestimmte Rechtsbegriff der Gefährdung der Belange der VN ist vom **Normzweck** her auszufüllen. Sinn der Regelung ist vor diesem Hintergrund die Herstellung eines **ausgewogenen Verhältnisses** zwischen den durch Kündigung ausscheidenden und den verbleibenden VN. Kommt es zu einer Situation, in der die ausscheidenden erheblich besser behandelt würden als die in der Gemeinschaft verbleibenden VN, werden die Versichertenbelange der verbleibenden VN verletzt. Typischerweise wird häufig eine Gefährdung der dauernden Erfüllbarkeit der Verpflichtungen zumindest drohen. Die Anwendung des § 169 Abs. 6 VVG wird regelmäßig nur in Ausnahmesituationen infrage kommen, die gekennzeichnet sind durch außergewöhnliche Entwicklungen an den Kapital- oder Immobilienmärkten oder bei Massenkündigungen.

117

3. Fallgruppen

Ein **Szenario**, das dazu führt, dass der Anwendungsbereich des § 169 Abs. 6 VVG eröffnet ist, findet sich in der Begründung (vgl. Begr. BT-Drucks 16/3945, S. 104): Aufgrund

118

einer unvorhergesehen Zahl an Kündigungen kann die Solvabilitätsspanne nicht mehr eingehalten werden, woraufhin eine finanzielle Schieflage beim VR auftreten kann; dies ist z.B. der Fall, wenn er „Vermögenswerte zur Unzeit" veräußern muss.

119 Sachverhalte, bei denen die Anwendung des § 169 Abs. 6 VVG demnach in Betracht kommt:
- **Gefallene Aktienkurse, Kurse fest verzinslicher Wertpapiere oder Immobilienpreise** führen einerseits zu erheblichen Abwertungen der Kapitalanlagen, andererseits zu **Panikkündigungen** durch VN. Versicherer wären gezwungen, zulasten der verbleibenden VN ein Deckungskapital auszuzahlen, das bei einer Marktpreisbewertung nicht mehr in dieser Höhe vorhanden ist. Während die ausscheidenden begünstigt würden, müssten die verbleibenden VN zumindest Kürzungen ihrer Ansprüche oder gar eine Insolvenz des VR befürchten.
- Es kann auch aus anderen Gründen dazu kommen, dass die Anzahl der Kündigungen das geplante Maß deutlich übersteigt (**Massenkündigungen**). Das Liquiditätsmanagement des VR ist darauf nicht eingestellt. Er könnte gezwungen sein, Vermögenswerte, die langfristig gehalten werden sollten, mit Verlusten verkaufen zu müssen. Diese Verluste würden wiederum die verbleibenden VN benachteiligen und im schlimmsten Fall zu einer finanziellen Schieflage führen.

120 Da § 169 Abs. 6 VVG eine **Ausnahme vom Vertragserhaltungsgrundsatz** („pacta sunt servanda") darstellt, ist die Rückkaufswertherabsetzung nur gut begründet in den o.g. Szenarien anzuwenden. Massenkündigungen werden wie gezeigt regelmäßig den Tatbestand erfüllen (nach VersR-Hdb/*Brömmelmeyer*, § 42 Rn 181 soll dies der einzige zulässige Anwendungsfall des § 169 Abs. 6 VVG sein). Ausnahmsweise kann aber auch die **Kündigung einzelner oder weniger Versicherungen** den Ausnahmetatbestand erfüllen, v.a. wenn es sich um **sehr große VersSummen** mit entsprechend hohen Rückkaufswerten handelt. Auch dies sollte ausdrücklich vereinbart werden. Es wird dann bedeutsam, wenn verschiedene Produktgattungen in unterschiedlichen Anlageabteilungen zusammengefasst sind. Je kleiner das Kollektiv, desto größer ist die Auswirkung der Kündigung einer Versicherung mit sehr hohem Rückkaufswert.

4. Teilkollektivebene

121 Deutsche VR haben bisher kaum separate Abteilungen im Sicherungsvermögen für unterschiedliche Produktgattungen (außer fondsgebundene Versicherungen nach § 125 Abs. 5 VAG (§ 54b Abs. 1 VAG a.F.) gebildet. Daher beziehen sich die Gefährdungstatbestände faktisch auf das **Gesamtkollektiv**. Dies ist aber nicht zwingend. Werden Produkte mit unterschiedlichen Merkmalen, insb. mit unterschiedlich hohen Rechnungszinsen, zusammengefasst, kann der Ausnahmetatbestand bereits auf **Teilkollektivebene** erfüllt sein. Wurden für Versicherungen mit 4 % Rechnungszins und mit 1,25 % Rechnungszins unterschiedliche Abteilungen im Sicherungsvermögen gebildet, kann bei den Produkten mit 4 % Rechnungszins der Tatbestand des § 169 Abs. 6 VVG erfüllt sein, bei der anderen Gruppe nicht. Dafür spricht zunächst der Wortlaut, der nicht zwischen Gesamt- und Teilkollektiven unterscheidet. Es muss auch nicht stets die dauernde Erfüllbarkeit sämtlicher Verpflichtungen gefährdet sein. Dies ergibt sich aus dem Gebot, die unterschiedlichen Interessen der verschiedenen Beteiligten zu berücksichtigen (s. Rdn 116; BVerfG, NJW 2005, 2376, 2381).

5. EU-EWR-VR

Die Finanzaufsicht über VR mit Sitz in einem anderen **EU- oder EWR-Staat** übt ausschließlich die Heimatbehörde aus (Art. 30 Abs. 1 RL 2009/138/EG; ehemals Art. 10 Abs. 1 RL 2002/83/EG). Dies betrifft insb. die Prüfung der Solvabilität, die Bildung versicherungstechnischer Rückstellungen und die Anlage der Vermögenswerte (Art. 30 Abs. 2 RL 2009/138/EG; ehemals Art. 10 Abs. 2 RL 2002/83/EG). Die Prüfung der Vermeidung einer Gefährdung der dauernden Sicherstellung der Verpflichtungen obliegt **ausschließlich der Heimatbehörde**. Insofern brauchen sich EU-Versicherer hinsichtlich dieses Ausnahmetatbestandes nur an ihrem Heimatrecht auszurichten, da ansonsten ein Verstoß gegen Art. 180 RL 2009/138/EG (ehemals Art. 33 RL 2002/83/EG) vorläge. 122

Ausländische VR sind z.T. nach heimischem Aufsichtsrecht verpflichtet, verschiedene Produktgattungen, insb. mit unterschiedlichen Garantieverpflichtungen zusammenzufassen und eigene Kapitalanlagetöpfe mit einem unterschiedlichem Asset-Mix der Höhe der Garantie entsprechend zu bilden. Regelmäßig schwankt der Rückkaufswert als Zeitwert mit der Entwicklung der zugrunde liegenden Kapitalanlagen, so dass ein Rückgriff auf § 169 Abs. 6 VVG unnötig ist. 123

6. Angemessenheit

Die Herabsetzung muss **angemessen** sein. Dazu darf sie so hoch sein, dass die ausscheidenden mit den verbleibenden VN möglichst ähnlich gestellt werden. Eine Schlechterstellung der ausscheidenden, z.B. zur Stabilisierung der Finanzlage, ist unangemessen. Dies wird letztendlich nur über Sachverständigengutachten zu klären sein. 124

7. Mitteilung/Kontrolle

Macht ein VR von dieser Regelung Gebrauch, muss dies dem VN **mitgeteilt** werden, damit dieser die **Möglichkeit** einer Begutachtung und ggf. **gerichtlichen Kontrolle** erhält. Dazu sollte z.B. der nach § 169 Abs. 3 VVG berechnete Rückkaufswert dem tatsächlichen Wert des VV bei Zugrundelegung der Marktwerte gegenübergestellt werden. Dies macht die Kürzung nachvollziehbar. Ohne Informationen verbleibt dem VN ein entsprechender **Auskunftsanspruch**, da es sich um einen Eingriff in eigentumsrechtlich geschützte Positionen handelt (vgl. BVerfG, VersR 2006, 489, 493, Rn 58). 125

8. Begrenzung auf ein Jahr (§ 169 Abs. 6 S. 2 VVG)

126 Nach § 169 Abs. 6 S. 2 VVG ist die Herabsetzung zunächst auf **ein Jahr** zu befristen. Liegen die Voraussetzungen für die Ausnahme weiterhin vor, kann die Herabsetzung der Rückkaufswerte verlängert werden. Es kann auch eine kürzere Frist bestimmt werden, da dies für die VN günstiger ist (§ 171 S. 1 VVG).

VII. (Schluss-)Überschussanteile (§ 169 Abs. 7 VVG)

127 § 169 Abs. 7 VVG statuiert eine umfassende Pflicht, im Rückkaufswert alle bereits aufgrund einer **vereinbarten Überschussbeteiligung** erworbenen Ansprüche des VN zu berücksichtigen. Der VN soll also denjenigen Betrag ausgezahlt bekommen, den er **bei Fälligkeit zum Kündigungszeitpunkt erhalten** hätte, abgesehen von zulässigen Kosten- und Stornoabzügen.

128 Die jährliche Überschussbeteiligung, die für die Erhöhung der VersSumme verwendet wurde, insb. die Direktgutschrift und im Bonussystem zugewiesene Überschüsse, sind bereits im Deckungskapital enthalten. Aber auch andere vereinbarte laufende Überschüsse sind dem VN im Fall der Kündigung zuzuweisen, auch wenn diese noch nicht dem Deckungskapital des betreffenden Vertrags zugeordnet wurden, sondern sich noch in der RfB befinden (vgl. auch *Winter*, in: Bruck/Möller, § 169 Rn 157).

129 Ganz besonders gilt dies für die **Schlussüberschussbeteiligung**, die bei Kündigung sowie bei der Fälligkeit des Vertrags dem VN endgültig zuzuweisen ist. Die Höhe richtet sich nach der Vereinbarung und zeigt sich bilanziell im Schlussüberschussanteilfonds innerhalb der RfB (§ 28 Abs. 6 S. 1, Abs. 7 RechVersV) (ebenso VersR-Hdb/*Brömmelmeyer*, § 42 Rn 182). Die im **Schlussüberschussanteilfonds** zurückgestellten Beträge für den Schlussüberschuss sind nicht unentziehbar zugewiesen, sondern können mit der Wertentwicklung der Kapitalanlagen „atmen", wenn dies so vereinbart ist (ausführlich *Ortmann*, VersWissStud Bd. 21, S. 170–177). Eine Verpflichtung wird dann nicht begründet.

130 Wird ein hoher und der Höhe nach schwankender Schlussüberschuss vereinbart, was nach § 153 Abs. 2 VVG zulässig ist (s. § 153 Rdn 67 ff.), ist dieser nur auszuzahlen, soweit zum Zeitpunkt der Kündigung vorhanden. Für die Bestimmung der Höhe kommt es zumindest auf die letzte Deklaration an. Vorzugswürdig ist der zum Kündigungstag exakt berechnete Schlussüberschuss. Der relevante Berechnungszeitpunkt (letzte Deklaration oder Tag der Kündigung) muss vereinbart werden. Fehlt eine Vereinbarung, ist der maßgebliche Zeitpunkt durch Auslegung zu ermitteln.

131 Die Beschränkung hinsichtlich des Schlussüberschussanteils auf die AVB ist unglücklich formuliert. Dem Willen des Gesetzgebers, eine umfassende Begünstigung des VN bei Kündigung zu erreichen, kann nur entsprochen werden, wenn man die Formulierung „Allgemeine Versicherungsbedingungen" interpretiert als überhaupt irgendwie vereinbart bzw. praktiziert (i.R.d. Überschussbeteiligung genügt das, vgl. § 153 Rdn 61).

Der letzte Hs. stellt außerdem klar, dass die anteiligen **Bewertungsreserven** (§ 153 Abs. 3 S. 2 VVG) ebenfalls zum Zeitpunkt der Kündigung zu beziffern sind und in den Rückkaufswert fallen. 132

C. Prozessuales

Der versicherte AN muss darlegen, dass er das Deckungskapital mit eigenen Prämien aufgebaut hat, wenn der Vertrag im Rahmen einer **betrieblichen Altersversorgung** abgeschlossen wurde und er den Rückkaufswert ausgezahlt bekommen möchte (OLG Hamm, r+s 1998, 168 f.); nur dann ist § 2 Abs. 2 S. 4–6 BetrAVG nicht anwendbar. Der Rückkaufswert ist vom VR auch im Insolvenzfall nicht an die Masse zu zahlen, da der in den Beschränkungen der Regelungen zum Ausdruck kommende Versorgungszweck auch dort gilt (vgl. BGH, VersR 2014, 487 im Anschluss an OLG Hamm, VersR 2013, 1289). 133

Der VN muss nach allgemeinen Beweisregeln eine falsche Berechnung oder Kürzung des Rückkaufswertes (§ 169 Abs. 3, 4, 6 und 7 VVG) darlegen und beweisen. Der VN kann den ausstehenden oder zu viel gekürzten Betrag mit einer Leistungsklage einfordern. Ist die Berechnung nicht nachvollziehbar, kann er Auskunft über die Berechnung des Rückkaufswertes bzw. der Kürzung und die Gründe verlangen (s.o. Rdn 42 f.) und diesen Auskunftsanspruch im Rahmen einer Stufenklage geltend machen. 134

Der VR trägt aufgrund des Wortlauts die Beweislast dafür, dass der **Stornoabzug** den Voraussetzungen des § 169 Abs. 5 VVG entspricht (Begr. BT-Drucks 16/3945, S. 104; s. auch Rdn 102). 135

D. Abdingbarkeit

§ 169 VVG ist halbzwingend (vgl. § 171 S. 1 VVG), darf also nicht zum Nachteil des VN abgewandelt werden. So darf z.B. auch ein Rückkaufswert gewährt werden bei Versicherungen mit ungewisser Leistungspflicht (Risikolebensversicherungen, Berufsunfähigkeitsversicherungen oder entsprechende Zusatzversicherungen). Es können auch andere Berechnungsmethoden vereinbart werden, solange diese für den konkreten VN vorteilhaft sind (ebenso Looschelders/Pohlmann/*Krause*, § 169 Rn 60). Ergibt eine Parallelrechnung, dass der nach der vereinbarten Methode berechnete Rückkaufswert mindestens dem nach § 169 Abs. 3–7 VVG berechneten entspricht, ist die Methode zulässig. Darüber hinaus ist fraglich, ob das vereinbarte Berechnungsverfahren für jeden einzelnen VN vorteilhaft sein muss oder nur für die Mehrheit aller VN (so *Schick/Franz*, VW 2007, 764, 766; *Engeländer*, VersR 2007, 1297, 1299). Das Abstellen auf die Mehrheit entspricht dem Kollektivgedanken der Versicherung (dazu *Präve*, VersR 2006, 1190 passim) erscheint daher sinnvoll; dies gilt zumindest, solange ein legitimes Interesse der VN im Mindestmaß gewahrt bleibt (s. dazu *Rubin*, Das versicherungsrechtliche Interessenausgleichsprinzip (2017), 3. Kap., § 3). 136

Insb. § 169 Abs. 5–7 VVG gelten nicht nur für den nach § 169 Abs. 3 oder 4 VVG berechneten Rückkaufswert, sondern auch für betragsmäßig darüber hinausgehende Rückkaufswerte 137 (ebenso wohl Prölss/Martin/*Reiff*, § 169 Rn 72; **a.A.** *Engeländer*, VersR 2007, 1297, 1300, 1310 f.), die der VR aufgrund einer Vereinbarung gewährt. Eine solche Einschränkung gibt der Wortlaut nicht her und entspricht auch nicht dem Willen des Gesetzgebers. Eine Umgehung der Regelungen durch höhere Rückkaufswerte in Kombination mit hohen Stornoabzügen (vgl. *Engeländer*, VersR 2007, 1297, 1311) scheidet aus.

§ 170 VVG Eintrittsrecht

(1) Wird in die Versicherungsforderung ein Arrest vollzogen oder eine Zwangsvollstreckung vorgenommen oder wird das Insolvenzverfahren über das Vermögen des Versicherungsnehmers eröffnet, kann der namentlich bezeichnete Bezugsberechtigte mit Zustimmung des Versicherungsnehmers an seiner Stelle in den Versicherungsvertrag eintreten. Tritt der Bezugsberechtigte ein, hat er die Forderungen der betreibenden Gläubiger oder der Insolvenzmasse bis zur Höhe des Betrags zu befriedigen, dessen Zahlung der Versicherungsnehmer im Fall der Kündigung des Versicherungsverhältnisses vom Versicherer verlangen könnte.

(2) Ist ein Bezugsberechtigter nicht oder nicht namentlich bezeichnet, steht das gleiche Recht dem Ehegatten oder Lebenspartner und den Kindern des Versicherungsnehmers zu.

(3) Der Eintritt erfolgt durch Anzeige an den Versicherer. Die Anzeige kann nur innerhalb eines Monats erfolgen, nachdem der Eintrittsberechtigte von der Pfändung Kenntnis erlangt hat oder das Insolvenzverfahren eröffnet worden ist.

Übersicht

	Rdn
A. Normzweck	1
B. Norminhalt	2
I. Lebensversicherungsvertrag	2
II. Arrest, Zwangsvollstreckung oder Insolvenz	6
III. Weitere Voraussetzungen	7
1. Zustimmung des VN	7
2. Eintrittsberechtigte	8
3. Anzeige an den Versicherer in Monatsfrist	12
IV. Wirkungen des Eintritts	17
C. Prozessuales	20
D. Abdingbarkeit	21

A. Normzweck

1 § 170 VVG übernimmt inhaltlich unverändert § 177 VVG a.F. Die Vorschrift **schützt** Bezugsberechtigte **vor** möglichen **Vermögensverlusten.** Insb. bei kapitalbildenden Lebensversicherungen, bei denen die **Abschlusskosten** nach dem Zillmerverfahren berechnet werden, sind die Rückkaufswerte in den ersten Jahren geringer als die eingezahlten Beiträge (auch nach der neuen Regelung des § 169 Abs. 3 VVG, s. § 169 Rdn 53 ff.). Der im Alter

zu versorgende Bezugsberechtigte soll die Möglichkeit erhalten, den mit Abschlusskosten belasteten VV fortzusetzen, um seine Altersvorsorge selbst sicherstellen zu können. Ohne das Eintrittsrecht müsste er einen neuen Vertrag abschließen und die Abschlusskosten erneut tragen.

B. Norminhalt

I. Lebensversicherungsvertrag

Der Lebensversicherungsvertrag muss **mit unbedingter Leistungspflicht** bestehen. 2

Streitig ist, ob es sich um eine **rückkaufsfähige** Lebensversicherung handeln muss, die 3 einen Anspruch auf Auszahlung des Rückkaufswertes i.S.d. § 169 VVG vorsieht (so BK/*Schwintowski*, § 177 Rn 3; Prölss/Martin/*Reiff*, § 170 Rn 3; **a.A.** Rüffer/Halbach/Schimikowski/*Brambach*, § 170 Rn 2; Römer/Langheid/*Langheid*, § 170 Rn 2; *Winter*, in: Bruck/Möller, § 170 Rn 14) Dies sind insb. kapitalbildende Lebens- und Rentenversicherungen, auch fondsgebundene. Nach § 168 Abs. 3 VVG nicht rückkaufsfähige Versicherungen sind nach § 851c ZPO oder § 851d ZPO geschützt, so dass der Streit für diese Versicherungen nicht entscheidungsrelevant ist (Rüffer/Halbach/Schimikowski/*Brambach*, § 170 Rn 2).

Die Vollstreckung in eine **Risikolebensversicherung**, die keinen Rückkaufswert bildet, 4 würde für den Gläubiger nur Sinn ergeben, wenn der Tod der versicherten Person unmittelbar bevorsteht (dazu *König*, NVersZ 2002, 481, 482). Insofern wäre aber die versicherte Person einem Tötungsrisiko ausgesetzt oder zumindest Gegenstand einer Spekulation auf ihren Tod. Genau dies möchte der Gesetzgeber aber vermeiden. Dafür hat er in § 150 Abs. 2 S. 1 VVG ein Einwilligungserfordernis geschaffen, um jeder Möglichkeit eines Spiels mit dem Leben oder der Gesundheit eines anderen vorzubeugen und Spekulation mit dem Leben eines anderen zu unterbinden. § 150 Abs. 2 S. 1 VVG enthält eine abschließende Entscheidung des Gesetzgebers, wie diesen Gefahren zu begegnen ist (st. Rspr., vgl. BGH, Nichtannahmebeschluss, abgedr. als Anm. zu OLG Celle, VersR 1995, 405 m.w.N.; BGH, VersR 1999, 347, 348; BGH, VersR 1997, 1213, 1214; s.a. § 150 Rn 2 f.). Da die versicherte Person bei Maßnahmen i.S.d. § 170 VVG nicht einwilligen kann, scheidet eine Vollstreckung in Risikolebensversicherungen mit Blick auf den **Normzweck** des § 150 Abs. 2 S. 1 VVG aus (wie hier: Prölss/Martin/*Reiff*, § 170 Rn 3; **a.A.** Rüffer/Halbach/Schimikowski/*Brambach*, § 170 Rn 2; MüKo/*Mönnich*, § 169 VVG Rn 5) Diesem Problem ließe sich allenfalls durch das Erfordernis einer erneuten Einwilligung der versicherten Person nach § 150 Abs. 2 S. 1 VVG analog entgegenwirken – wogegen sich indes zumindest die h.L. ausspricht (vgl. § 150 Rdn 17).

Bildet die Versicherung aber einen Rückkaufswert, ist dieser nur noch nicht vorhanden, 5 kann das Eintrittsrecht ausgeübt werden (vgl. BK/*Schwintowski*, § 177 Rn 3; AG München, VersR 1960, 362, 363 m. zust. Anm. *Binder*, VersR 1960, 363; *Winter*, in: Bruck/Möller, § 170 Rn 14), wenngleich der Gläubiger auch hier kein **Vollstreckungsinteresse** haben dürfte.

II. Arrest, Zwangsvollstreckung oder Insolvenz

6 Voraussetzung ist weiter der Vollzug eines Arrestes oder die Vornahme einer Zwangsvollstreckungsmaßnahme in den Versicherungsanspruch oder die Eröffnung des Insolvenzverfahrens über das Vermögen des VN. Erstreckt sich die Vollstreckungsmaßnahme nicht auf den ganzen Versicherungsanspruch, sondern nur auf die bar auszuzahlenden Überschussanteile, genügt dies nicht. Ist ein Versicherungsanspruch **unpfändbar**, liegen die Voraussetzungen für das Eintrittsrecht nicht vor. Dies gilt insb. für Leistungen i.S.d. § 850b Abs. 1 Nr. 4 ZPO, u.a. **Sterbegeld** bis zu einer Höhe von 3.579,00 EUR (s. zum genauen Verständnis der Vorschrift BGH, VersR 2008, 1376). Die **Vorpfändung** genügt nicht, da die Arrestwirkung erst bei Bewirkung der Pfändung innerhalb von einem Monat eintritt (§ 845 Abs. 2 S. 1 ZPO). Dies gilt erst recht für die Androhung der Zwangsvollstreckung (Rüffer/Halbach/Schimikowski/*Brambach*, § 170 Rn 3).

III. Weitere Voraussetzungen

1. Zustimmung des VN

7 Der VN muss dem Eintritt zustimmen, §§ 182 ff. BGB (nach Looschelders/Pohlmann/*Peters*, § 170 Rn 4 ist eine Einwilligung nach § 183 BGB erforderlich). Dies kann geschehen durch eine einseitige, empfangsbedürftige, formfreie **Willenserklärung** ggü. dem VR (**a.A.** Looschelders/Pohlmann/*Peters*, § 170 Rn 4: auch ggü. dem Eintrittsberechtigten, dann aber Gefahr der Zurückweisung durch den VR wegen mangelnder Schriftlichkeit nach § 181 Abs. 3 i.V.m. § 111 S. 2 BGB). Die Frist für die Eintrittsanzeige nach § 170 Abs. 3 S. 2 VVG gilt hier nicht (so auch BK/*Schwintowski*, § 177 Rn 5; ebenfalls zust.: Looschelders/Pohlmann/*Peters*, § 170 Rn 4; **a.A.** Prölss/Martin/*Reiff* § 170 Rn 8; *Hasse*, VersR 2005, 15, 33; Rüffer/Halbach/Schimikowski/*Brambach*, § 170 Rn 5). Die Zustimmung des VN unterliegt nicht der **Gläubigeranfechtung** (so auch *Prahl*, VersR 2005, 1036, 1038; *Hasse*, VersR 2005, 15, 33, 35; Armbrüster/*Pilz*, KTS 2004, 481, 503). Dasselbe gilt für den **Widerruf** der Begünstigung durch den Gläubiger oder Insolvenzverwalter (ebenso Looschelders/Pohlmann/*Peters*, § 170 Rn 5; ähnlich Prölss/Martin/*Reiff* § 170 Rn 19 und *Winter*, in: Bruck/Möller, § 170 Rn 53, die aber von einer Wirksamkeit des Widerrufs nach Ablauf der Sperrfrist ausgehen). Beides würde den Normzweck vereiteln (Prölss/Martin/*Reiff*, § 170 Rn 19). Insofern verdrängt § 170 VVG die Insolvenzanfechtung (*Armbrüster/Pilz*, KTS 2004, 481, 503). Das Recht auf Zustimmung ist daher nicht pfändbar und kann nicht vom Insolvenzverwalter ausgeübt werden (ebenso Prölss/Martin/*Reiff*, § 170 Rn 9; MüKo/*Mönnich*, § 170 VVG Rn 17; unklar BGH, VersR 2012, 425, 426). Das Gläubigerinteresse ist durch die Zahlung des Bezugsberechtigten (§ 170 Abs. 1 S. 2 VVG) hinreichend gewahrt. Eine Teilzustimmung ist möglich, wenn der Rückkaufswert die Forderung des Gläubigers übersteigt (*Hasse*, VersR 2005, 15, 33).

2. Eintrittsberechtigte

Bezugs- und damit eintrittsberechtigt sind die im Versicherungsschein **namentlich** genannten Bezugsberechtigten. Der insoweit unmissverständliche Wortlaut verlangt die Nennung des Namens. Eine Beschreibung („meine Eltern") genügt nicht (so auch Looschelders/Pohlmann/*Peters*, § 170 Rn 6; *Winter*, in: Bruck/Möller, § 170 Rn 21; BK/*Schwintowski*, § 177 Rn 8; MüKo/*Mönnich*, § 170 VVG Rn 7). Auch ein **unwiderruflich Bezugsberechtigter** darf eintreten (h.M.: OLG Düsseldorf, VersR 1998, 1559, 1559 f.; Prölss/Martin/*Reiff*, § 170 Rn 5), wenngleich er oftmals kein wirtschaftliches Interesse an einem Eintritt haben wird (Looschelders/Pohlmann/*Peters*, § 170 Rn 6; s. aber *Winter*, in: Bruck/Möller, § 170 VVG Rn 15). Ist kein Bezugsberechtigter eingesetzt worden, können Ehegatte oder Lebenspartner und Kinder (auch adoptierte) eintreten (§ 170 Abs. 2 VVG). Das Alter des Kindes ist unerheblich. Nicht infrage kommen Kinder des Ehegatten aus einer anderen Ehe und entfernte Abkömmlinge des VN.

Ein namentlich benannter Bezugsberechtigter **schließt** allerdings das **Eintrittsrecht** der Kinder und des Ehegatten bzw. Lebenspartners **aus**, selbst wenn dieser nicht eintreten möchte, die Eintrittsfrist versäumt oder die Zustimmung des VN nicht erhält (so auch Looschelders/Pohlmann/*Peters*, § 170 Rn 7; *Winter*, in: Bruck/Möller, § 170 Rn 16; Prölss/Martin/*Reiff*, § 170 Rn 6; BK/*Schwintowski*, § 177 Rn 9; *Hasse*, VersR 2005, 15, 33).

Gläubiger oder Insolvenzverwalter haben **kein Widerrufsrecht** hinsichtlich der Einsetzung des Bezugsberechtigten (ebenso Looschelders/Pohlmann/*Peters*, § 170 Rn 5, 6; BK/*Schwintowski*, § 177 Rn 6; *Armbrüster/Pilz*, KTS 2004, 481, 503; **a.A.** *König*, NVersZ 2002, 481, 483 f. und *Hasse*, VersR 2005, 15, 34, der einen durch den Ablauf der Eintrittsfrist aufschiebend bedingten Widerruf für zulässig hält). Ebenfalls scheidet eine **Anfechtung der Begünstigtenbezeichnung** nach erfolgtem Eintritt durch den Gläubiger oder den Insolvenzverwalter aus (so auch *Winter*, in: Bruck/Möller, § 170 Rn 65; Looschelders/Pohlmann/*Peters*, § 170 Rn 6; *Hasse*, VersR 2005, 15, 36; **a.A.** *König*, NVersZ 2002, 481, 483 f.). Der Normzweck räumt den Interessen des Eintretenden Vorrang vor etwaigen Gläubigerinteressen ein; dies gilt schon deshalb, weil nach Eintritt dem Gläubiger der Eintretende als Schuldner zur Verfügung steht (vgl. auch Rdn 18). Das Eintrittsrecht soll für Rechtsklarheit und -sicherheit sorgen. Diesem Ziel würde ein Anfechtungsrecht zuwiderlaufen, da es langjährige Rechtsstreitigkeiten auslösen würde (so auch *Winter*, in: Bruck/Möller, § 170 Rn 66).

Von **mehreren Eintrittsberechtigten** können alle oder auch nur einer eintreten. Tritt nur einer ein, bleibt die Bezugsberechtigung der anderen erhalten. Der Anteil des Eintretenden erhöht die Bezugsberechtigungen der anderen anteilig entsprechend § 160 Abs. 1 S. 2 VVG (ebenso Prölss/Martin/*Reiff*, § 170 Rn 7; **a.A.** Looschelders/Pohlmann/*Peters*, § 170 Rn 8: Jeweils bestehende Bezugsberechtigung bleibt erhalten).

3. Anzeige an den Versicherer in Monatsfrist

12 Das Eintrittsrecht wird ausgeübt durch **formlose Anzeige an den Versicherer** (§ 170 Abs. 3 S. 1 VVG). Die Anzeige muss **innerhalb Monatsfrist** ab Kenntnis des Eintrittsberechtigten von der Pfändung bzw. dem Arrest erfolgen (**a.A.** *Hasse*, VersR 2005, 15, 34: Kenntnis nicht entscheidend). Im Fall der Eröffnung des Insolvenzverfahrens ist die Kenntnis des Eintretenden für den Beginn der Frist unerheblich.

13 Die **Frist** kann **verlängert** werden, wenn Insolvenzverwalter und Gläubiger darüber einig sind (*Winter*, in: Bruck/Möller, § 170 Rn 49; BK/*Schwintowski*, § 177 Rn 15 m.w.N.; Prölss/Martin/*Reiff*, § 170 Rn 14). Der Sinn und Zweck der Vorschrift – Schutz der Bezugsberechtigten bei gleichzeitig voller Berücksichtigung der Gläubigerinteressen – bleibt durch eine Fristverlängerung gewahrt. Eine Fristverkürzung scheidet allerdings aus (§ 171 S. 1 VVG).

14 Gläubiger und Insolvenzverwalter sind nicht verpflichtet, die Eintrittsberechtigten über die Vollstreckung **zu informieren**. Für den VN können sich Informationspflichten aus dem der Bezugsberechtigung zugrunde liegenden Rechtsverhältnis ergeben. Er und auch der VR müssen den unwiderruflich Bezugsberechtigten unterrichten, da diesem bereits die Versicherungsleistung zusteht (s.a. BK/*Schwintowski*, § 177 Rn 16; **a.A.** Looschelders/Pohlmann/*Peters*, § 170 Rn 9; Prölss/Martin/*Reiff*, § 170 Rn 18; erweiternd auf den widerruflich Bezugsberechtigten: *Winter*, in: Bruck/Möller, § 170 Rn 72).

15 Umstritten ist, ob der Berechtigte auch noch nach Kündigung des Vertrages oder Auszahlung des Rückkaufswertes in den Vertrag eintreten kann (dagegen: Prölss/Martin/*Reiff*, § 170 Rn 3; dafür: Looschelders/Pohlmann/*Peters*, § 170 Rn 10; BK/*Schwintowski*, § 177 Rn 14). Nach hier vertretener Auffassung kann der Berechtigte immer bis zum Ablauf der Monatsfrist in den Vertrag eintreten (folgend Looschelders/Pohlmann/*Peters*, § 170 Rn 10).

16 Ist die Monatsfrist ungenützt verstrichen, steht dem Insolvenzverwalter die **Wahlbefugnis nach § 103 InsO** zu (*König*, NVersZ 2002, 481, 483 m.w.N.). Erst jetzt – **nach Ablauf der Eintrittsfrist** – darf der Rückkaufswert an den Insolvenzverwalter ausgezahlt werden; eine vorzeitige Auszahlung ist ggü. dem Eintrittsberechtigten unwirksam (so auch *Hasse*, VersR 2005, 15, 34).

IV. Wirkungen des Eintritts

17 Mit dem Eintritt übernimmt der Eintretende endgültig und unumkehrbar die volle **Rechtsposition des Versicherungsnehmers** wie im Fall des § 95 Abs. 1 VVG. Er kann selbst Begünstigungen widerrufen und neue Bezugsberechtigte einsetzen. Mehrere Eintretende können dann als Gesamtschuldner und -gläubiger nur gemeinsam verfügen. Unklar ist, ob es im Fall der Personenverschiedenheit von Eintretendem und versicherter Person einer Einwilligung der versicherten Person nach § 150 Abs. 2 S. 1 VVG bedarf (dafür: Looschelders/Pohlmann/*Peters*, § 170 Rn 12) oder ob § 170 VVG als lex specialis zu § 150 Abs. 2 VVG zu werten ist. Eine Abwägung der geschützten Rechtsgüter muss allerdings zu einem Vorrang von § 150 Abs. 2 S. 1 VVG führen.

Der Eintretende muss einen **Betrag** i.H.d. im Zeitpunkt des Eintritts vorhandenen Rückkaufswerts (abzgl. Stornoabzüge) an den Gläubiger bzw. die Insolvenzmasse **zahlen**. Die Zahlung ist angesichts des eindeutigen Wortlauts des § 170 Abs. 1 S. 2 VVG nicht Wirksamkeitsvoraussetzung für, sondern Folge des Eintritts (so auch AG München, VersR 1960, 362, 363; BK/*Schwintowski*, § 177 Rn 19; zust. auch: Looschelders/Pohlmann/*Peters*, § 170 Rn 11; Rüffer/Halbach/Schimikowski/*Brambach*, § 170 Rn 12; **a.A.** *Winter*, in: Bruck/Möller, § 170 Rn 43 ff.; Prölss/Martin/*Reiff*, § 170 Rn 10 f. m.w.N.; *Hasse*, VersR 2005, 15, 33). 18

Ist für den Eintretenden die Person, an die zu zahlen ist, nicht erkennbar, z.b. weil mehrere Gläubiger vollstrecken, kommt eine Hinterlegung nach § 372 S. 2 BGB in Betracht. 19

C. Prozessuales

Der Eingetretene kann auf die Freigabe des Versicherungsanspruchs mit der Erinnerung gem. § 766 Abs. 1 ZPO hinwirken. Bis zur Freigabe kann die einstweilige Einstellung der Zwangsvollstreckung nach §§ 766 Abs. 1 S. 2, 732 Abs. 2 ZPO erreicht werden. Sollten die Vollstreckungsmaßnahmen nachträglich aufgehoben werden, bleibt der Eintritt dennoch wirksam. 20

D. Abdingbarkeit

§ 170 VVG ist **halbzwingend** (vgl. § 171 S. 1 VVG), so dass nicht zum Nachteil des Eintrittsberechtigten, der versicherten Person und des VN davon abgewichen werden darf. 21

§ 171 VVG   Abweichende Vereinbarungen

Von § 152 Abs. 1 und 2 und den §§ 153 bis 155, 157, 158, 161 und 163 bis 170 kann nicht zum Nachteil des Versicherungsnehmers, der versicherten Person oder des Eintrittsberechtigten abgewichen werden. Für das Verlangen des Versicherungsnehmers auf Umwandlung nach § 165 und für seine Kündigung nach § 168 kann die Schrift- oder die Textform vereinbart werden.

Die Vorschrift dient dem Schutz des VN vor Benachteiligungen, indem sie gewisse Normen als halbzwingend festschreibt. Damit wird gleichzeitig Rechtssicherheit hergestellt. 1

Der Schutzbereich wird erweitert auf die versicherte Person und die Eintrittsberechtigten. Außerdem erstreckt er sich auch auf die Prämien- und Leistungsänderung (§ 163 VVG) sowie die Bedingungsanpassung (§ 164 VVG). Im Hinblick auf §§ 157 und 161 VVG wird klargestellt, dass auch abweichende Vereinbarungen zum Nachteil der versicherten Person, die nicht der VN ist, ausgeschlossen sind. 2

Werden von der gesetzlichen Regelung abweichende Vereinbarungen i.S.d. § 171 S. 1 VVG getroffen, die für die VN nachteilig sind, sind diese unwirksam (s.a. § 18 Rdn 1). Dies 3 ergibt sich aus der klaren Formulierung in § 171 S. 1 VVG („kann nicht zum Nachteil ... abgewichen werden") im Gegensatz zur bisherigen Formulierung in § 178 VVG a.F. („nicht berufen"). Damit ist der bisherige Streit bzgl. der Unwirksamkeit entschieden.

4 In § 171 S. 2 VVG wird den Parteien eine Wahlfreiheit eingeräumt. Für das Verlangen der Umwandlung in eine prämienfreie Versicherung (§ 165 VVG) und die Kündigung des VN (§ 168 VVG) können sowohl Schrift- als auch Textform vereinbart werden. I.Ü. sind Abweichungen von der vorgegebenen Form als nachteilig zu qualifizieren (Looschelders/Pohlmann/*Peters*, § 171 Rn 2).

5 Zum 1.1.2009 konnten diese Regeln für alle bestehenden Lebensversicherungen übernommen werden (Art. 1 Abs. 3 EGVVG).

Anhang Allgemeine Bedingungen für die kapitalbildende Lebensversicherung [1]

[1] Sofern von der Möglichkeit des § 1 Abs. 2 VVG-InfoV Gebrauch gemacht wird, ist darauf zu achten, dass die danach notwendige Hervorhebung des Textes sich von der vereinzelten Kenntlichmachung durch Fettdruck in diesen Bedingungen unterscheidet.[1]

Stand: 28.7.2016

> **Hinweis**
> Diese Bedingungen des Gesamtverbandes der Deutschen Versicherungswirtschaft e.V. (GDV) sind für die Versicherer unverbindlich; ihre Verwendung ist rein fakultativ. Abweichende Bedingungen können vereinbart werden. Abdruck mit freundlicher Genehmigung des GDV; die jeweils aktuellen Bedingungen können kostenfrei auf der Website des GDV (*www.gdv.de*) abgerufen werden.

Sehr geehrte Kundin, sehr geehrter Kunde,

mit diesen Versicherungsbedingungen wenden wir uns an Sie als unseren Versicherungsnehmer und Vertragspartner.

Inhaltsverzeichnis
Leistung

§ 1	Welche Leistungen erbringen wir?
§ 2	Wie erfolgt die Überschussbeteiligung?
§ 3	Wann beginnt Ihr Versicherungsschutz?
§ 4	Was gilt bei Polizei- oder Wehrdienst, Unruhen, Krieg oder Einsatz bzw. Freisetzen von ABC-Waffen/-Stoffen?
§ 5	Was gilt bei Selbsttötung der versicherten Person?
§ 6	Was bedeutet die vorvertragliche Anzeigepflicht und welche Folgen hat ihre Verletzung?
§ 7	Was ist zu beachten, wenn eine Leistung verlangt wird?
§ 8	Welche Bedeutung hat der Versicherungsschein?
§ 9	Wer erhält die Leistung?
§ 10	Was müssen Sie bei der Beitragszahlung beachten?
§ 11	Was geschieht, wenn Sie einen Beitrag nicht rechtzeitig zahlen?
§ 12	Wann können Sie Ihren Vertrag kündigen und welche Leistungen erbringen wir?
§ 13	Wann können Sie Ihren Vertrag beitragsfrei stellen und welche Folgen hat dies auf unsere Leistungen?
§ 14	Wie werden die Kosten Ihres Vertrages verrechnet?
§ 15	Was gilt bei Änderung Ihrer Postanschrift und Ihres Namens?
§ 16	Welche weiteren Auskunftspflichten haben Sie?
§ 17	Welche Kosten stellen wir Ihnen gesondert in Rechnung?
§ 18	Welches Recht findet auf Ihren Vertrag Anwendung?
§ 19	Wo ist der Gerichtsstand?

---

1 Fußnote der Überschrift aus technischen Gründen hierher verschoben.

Anhang zu §§ 150 bis 171 VVG KLV

§ 1 Welche Leistungen erbringen wir?

– **Kapitalversicherung auf den Todes- und Erlebensfall**
Unsere Leistung zum vereinbarten Ablauftermin oder bei Tod der versicherten Person
(1) Wenn die versicherte Person *(das ist die Person, auf deren Leben die Versicherung abgeschlossen ist)* den vereinbarten Ablauftermin erlebt oder wenn sie vor diesem Termin stirbt, zahlen wir die vereinbarte Versicherungssumme.

> **Bemerkung:**
> § 1 Abs. 1 ist bei anderer Leistungsbeschreibung entsprechend zu ändern, z. B. wie folgt:
> – **Kapitalversicherung auf den Todes- und Erlebensfall mit Teilauszahlung**
> **Unsere Leistung zu den vereinbarten Auszahlungsterminen oder bei Tod der versicherten Person**
> (1) Wenn die versicherte Person *(das ist die Person, auf deren Leben die Versicherung abgeschlossen ist)* die vereinbarten Auszahlungstermine erlebt, erbringen wir die vereinbarten Teilauszahlungen. Wenn die versicherte Person vor dem letzten Auszahlungstermin stirbt, zahlen wir die vereinbarte Versicherungssumme.
> – **Kapitalversicherung auf den Todes- und Erlebensfall von zwei Personen**
> **Unsere Leistung zum vereinbarten Ablauftermin oder bei Tod einer der versicherten Personen**
> (1) Wenn beide versicherte Personen *(das sind die Personen, auf deren Leben die Versicherung abgeschlossen ist)* den vereinbarten Ablauftermin erleben oder wenn eine der versicherten Personen vor diesem Termin stirbt, zahlen wir die vereinbarte Versicherungssumme. Auch bei gleichzeitigem Tod beider versicherter Personen zahlen wir die vereinbarte Versicherungssumme nur einmal.
> – **Kapitalversicherung mit festem Auszahlungszeitpunkt, Termfixversicherung**
> **Unsere Leistung zum vereinbarten Ablauftermin oder bei Tod der versicherten Person**
> (1) Wir zahlen die vereinbarte Versicherungssumme zu dem vereinbarten Ablauftermin, unabhängig davon, ob die versicherte Person *(das ist die Person, auf deren Leben die Versicherung abgeschlossen ist)* diesen Zeitpunkt erlebt. Die Beitragszahlung endet, wenn die versicherte Person stirbt, spätestens mit Ablauf der vereinbarten Versicherungsdauer.
> – **Kapitalversicherung auf den Todesfall**
> **Unsere Leistung bei Tod der versicherten Person**
> (1) Wenn die versicherte Person *(das ist die Person, auf deren Leben die Versicherung abgeschlossen ist)* stirbt, zahlen wir die vereinbarte Versicherungssumme.

Unsere Leistung aus der Überschussbeteiligung

(2) Wir beteiligen Sie an den Überschüssen und an den Bewertungsreserven (siehe § 2).

§ 2 Wie erfolgt die Überschussbeteiligung?

(1) Sie erhalten gemäß § 153 des Versicherungsvertragsgesetzes (VVG) eine Überschussbeteiligung. Diese umfasst eine Beteiligung an den Überschüssen und an den Bewertungsreserven. Die Überschüsse und die Bewertungsreserven ermitteln wir nach den Vorschriften des Handelsgesetzbuches (HGB) und veröffentlichen sie jährlich im Geschäftsbericht.

Wir erläutern Ihnen,
– wie wir die Überschussbeteiligung für die Versicherungsnehmer in ihrer Gesamtheit ermitteln (Absatz 2),

- wie die Überschussbeteiligung Ihres konkreten Vertrags erfolgt (Absatz 3) und
- warum wir die Höhe der Überschussbeteiligung nicht garantieren können (Absatz 4).

(2) Wie ermitteln wir die Überschussbeteiligung für die Versicherungsnehmer in ihrer Gesamtheit?

Damit Sie nachvollziehen können, wie wir die Überschussbeteiligung für die Versicherungsnehmer in ihrer Gesamtheit ermitteln, erklären wir Ihnen
- aus welchen Quellen die Überschüsse stammen (a),
- wie wir mit diesen Überschüssen verfahren (b) und
- wie Bewertungsreserven entstehen und wir diese zuordnen (c).

Ansprüche auf eine bestimmte Höhe der Beteiligung Ihres Vertrages an den Überschüssen und den Bewertungsreserven ergeben sich hieraus noch nicht.

a) Überschüsse können aus drei verschiedenen Quellen entstehen:
- den Kapitalerträgen (aa),
- dem Risikoergebnis (bb) und
- dem übrigen Ergebnis (cc).

Wir beteiligen unsere Versicherungsnehmer in ihrer Gesamtheit an diesen Überschüssen; dabei beachten wir die Verordnung über die Mindestbeitragsrückerstattung in der Lebensversicherung (Mindestzuführungsverordnung) in der jeweils geltenden Fassung.

(aa) Kapitalerträge

Von den Nettoerträgen der nach dieser Verordnung maßgeblichen Kapitalanlagen erhalten die Versicherungsnehmer insgesamt mindestens den dort genannten prozentualen Anteil. In der derzeitigen Fassung der Mindestzuführungsverordnung sind grundsätzlich 90 % vorgeschrieben. Aus diesem Betrag werden zunächst die Mittel entnommen, die für die garantierten Leistungen benötigt werden. Die verbleibenden Mittel verwenden wir für die Überschussbeteiligung der Versicherungsnehmer.

(bb) Risikoergebnis

Weitere Überschüsse entstehen insbesondere, wenn die Sterblichkeit der Versicherten niedriger ist, als die bei der Tarifkalkulation zugrunde gelegte. In diesem Fall müssen wir weniger Leistungen für Todesfälle als ursprünglich angenommen zahlen und können daher die Versicherungsnehmer an dem entstehenden Risikoergebnis beteiligen. An diesen Überschüssen werden die Versicherungsnehmer nach der derzeitigen Fassung der Mindestzuführungsverordnung grundsätzlich zu mindestens 90 % beteiligt.

(cc) Übriges Ergebnis

Am übrigen Ergebnis werden die Versicherungsnehmer nach der derzeitigen Fassung der Mindestzuführungsverordnung grundsätzlich zu mindestens 50 % beteiligt. Überschüsse aus dem übrigen Ergebnis können beispielsweise entstehen, wenn
- die Kosten niedriger sind als bei der Tarifkalkulation angenommen,

- wir andere Einnahmen als aus dem Versicherungsgeschäft haben, z. B. Erträge aus Dienstleistungen, die wir für andere Unternehmen erbringen,
- ...[2]

(b) Die auf die Versicherungsnehmer entfallenden Überschüsse führen wir der Rückstellung für Beitragsrückerstattung zu oder schreiben sie unmittelbar den überschussberechtigten Versicherungsverträgen gut (Direktgutschrift).

Die Rückstellung für Beitragsrückerstattung dient dazu, Schwankungen der Überschüsse auszugleichen. Sie darf grundsätzlich nur für die Überschussbeteiligung der Versicherungsnehmer verwendet werden. Nur in Ausnahmefällen und mit Zustimmung der Aufsichtsbehörde können wir hiervon nach § 140 Absatz 1 des Versicherungsaufsichtsgesetzes (VAG) abweichen. Dies dürfen wir, soweit die Rückstellung für Beitragsrückerstattung nicht auf bereits festgelegte Überschussanteile entfällt. Nach der derzeitigen Fassung des § 140 Absatz 1 VAG können wir im Interesse der Versicherten die Rückstellung für Beitragsrückerstattung heranziehen, um:
- einen drohenden Notstand abzuwenden,
- unvorhersehbare Verluste aus den überschussberechtigten Verträgen auszugleichen, die auf allgemeine Änderungen der Verhältnisse zurückzuführen sind, oder
- die Deckungsrückstellung zu erhöhen, wenn die Rechnungsgrundlagen auf Grund einer unvorhersehbaren und nicht nur vorübergehenden Änderung der Verhältnisse angepasst werden müssen. *(Eine Deckungsrückstellung müssen wir bilden, um zu jedem Zeitpunkt den Versicherungsschutz gewährleisten zu können.)*

Wenn wir die Rückstellung für Beitragsrückerstattung zum Verlustausgleich oder zur Erhöhung der Deckungsrückstellung heranziehen, belasten wir die Versichertenbestände verursachungsorientiert.

(c) Bewertungsreserven entstehen, wenn der Marktwert der Kapitalanlagen über dem Wert liegt, mit dem die Kapitalanlagen im Geschäftsbericht ausgewiesen sind. Die Bewertungsreserven, die nach gesetzlichen und aufsichtsrechtlichen Vorschriften für die Beteiligung der Verträge zu berücksichtigen sind, ordnen wir den Verträgen nach einem verursachungsorientierten Verfahren anteilig rechnerisch zu.

Die Höhe der Bewertungsreserven ermitteln wir jährlich neu, zusätzlich auch für den Zeitpunkt der Beendigung eines Vertrages.

(3) Wie erfolgt die Überschussbeteiligung Ihres Vertrages?

(a) Wir haben gleichartige Versicherungen (z. B. Rentenversicherung, Risikoversicherung)[3] zu Gewinngruppen zusammengefasst. Gewinngruppen bilden wir, um die Unterschiede bei den versicherten Risiken zu berücksichtigen.[4] Die Überschüsse verteilen wir auf die einzel-

---

[2] Unternehmensindividuell zu ergänzen.
[3] Ggf. unternehmensindividuell anzupassen.
[4] Ggf. weitere unternehmensindividuelle Information über Gewinngruppen bzw. Untergruppen und deren Modalitäten; die Begriffe sind an die unternehmensindividuellen Gegebenheiten anzupassen.

nen Gewinngruppen nach einem verursachungsorientierten Verfahren und zwar in dem Maß, wie die Gewinngruppen zur Entstehung von Überschüssen beigetragen haben.

Hat eine Gewinngruppe nicht zur Entstehung von Überschüssen beigetragen, bekommt sie keine Überschüsse zugewiesen.

Ihr Vertrag erhält Anteile an den Überschüssen derjenigen Gewinngruppe, die in Ihrem Versicherungsschein genannt ist. Die Mittel für die Überschussanteile werden bei der Direktgutschrift zu Lasten des Ergebnisses des Geschäftsjahres finanziert, ansonsten der Rückstellung für Beitragsrückerstattung entnommen. Die Höhe der Überschussanteilsätze legen wir jedes Jahr[5] fest. Wir veröffentlichen die Überschussanteilsätze in unserem Geschäftsbericht. Diesen können Sie bei uns anfordern.

(b) Bei Beendigung des Vertrags[6] (durch Tod, Kündigung oder Erleben des vereinbarten Ablauftermins) gilt Folgendes. Wir teilen Ihrem Vertrag dann den für diesen Zeitpunkt zugeordneten Anteil an den Bewertungsreserven gemäß der jeweils geltenden gesetzlichen Regelung zu; derzeit sieht § 153 Absatz 3 VVG eine Beteiligung in Höhe der Hälfte der zugeordneten Bewertungsreserven vor. Aufsichtsrechtliche Regelungen können dazu führen, dass die Beteiligung an den Bewertungsreserven ganz oder teilweise entfällt.

(c) Die für die Überschussbeteiligung geltenden Berechnungsgrundsätze sind in den als Anlage beigefügten „Bestimmungen zur Überschussbeteiligung für die kapitalbildende Lebensversicherung" enthalten. Diese Bestimmungen sind Bestandteil dieser Versicherungsbedingungen.[7]

(4) Warum können wir die Höhe der Überschussbeteiligung nicht garantieren?

Die Höhe der Überschussbeteiligung hängt von vielen Einflüssen ab, die nicht vorhersehbar und von uns nur begrenzt beeinflussbar sind. Wichtigster Einflussfaktor ist die Entwicklung des Kapitalmarkts. Aber auch die Entwicklung des versicherten Risikos und der Kosten ist von Bedeutung. Die Höhe der künftigen Überschussbeteiligung kann also nicht garantiert werden. Sie kann auch Null Euro betragen. Über die Entwicklung Ihrer Überschussbeteiligung werden wir Sie jährlich unterrichten.

---

5 Ggf. unternehmensindividuellen anderen Zeitpunkt verwenden.
6 Ggf. unternehmensindividuellen früheren Zeitpunkt verwenden.
7 Hier sind folgende unternehmensindividuelle Angaben zur Überschussbeteiligung zu machen: Voraussetzung für die Fälligkeit der Überschussanteile (Wartezeit, Stichtag für die Zuteilung u. ä.) a) Form und Verwendung der Überschussanteile (laufende Überschussanteile, Schlussüberschussanteile, Bonus, Ansammlung, Verrechnung, Barauszahlung u. ä.) b) Bemessungsgrößen für die Überschussanteile c) Rechnungsgrundlagen für die Ermittlung der Beiträge Zur Beteiligung an den Bewertungsreserven sind der Verteilungsmechanismus, d. h. die Schlüsselung der ermittelten, verteilungsfähigen Bewertungsreserven auf den einzelnen Vertrag und die Bewertungsstichtage anzugeben. Vgl. hierzu auch Gesamtgeschäftsplan für die Überschussbeteiligung, Abschnitt 3.11.1 bis 3.11.11.

§ 3 Wann beginnt Ihr Versicherungsschutz?

Ihr Versicherungsschutz beginnt, wenn Sie den Vertrag mit uns abgeschlossen haben. Jedoch besteht vor dem im Versicherungsschein angegebenen Versicherungsbeginn kein Versicherungsschutz. Allerdings kann unsere Leistungspflicht entfallen, wenn Sie den Beitrag nicht rechtzeitig zahlen (siehe § 10 Absätze 2 und 3 und § 11).

§ 4 Was gilt bei Polizei- oder Wehrdienst, Unruhen, Krieg oder Einsatz bzw. Freisetzen von ABC-Waffen/-Stoffen?

(1) Grundsätzlich leisten wir unabhängig davon, auf welcher Ursache der Versicherungsfall beruht. Wir leisten auch dann, wenn die versicherte Person *(das ist die Person, auf deren Leben die Versicherung abgeschlossen ist)* in Ausübung des Polizei- oder Wehrdienstes oder bei inneren Unruhen gestorben ist.

(2) Stirbt die versicherte Person in unmittelbarem oder mittelbarem Zusammenhang mit kriegerischen Ereignissen, ist unsere Leistung eingeschränkt. In diesem Fall vermindert sich die Auszahlung auf den für den Todestag berechneten Rückkaufswert (siehe § 12 Absätze 3 bis 6), ohne den dort vorgesehenen Abzug. Unsere Leistung vermindert sich nicht, wenn die versicherte Person in unmittelbarem oder mittelbarem Zusammenhang mit kriegerischen Ereignissen stirbt, denen sie während eines Aufenthaltes außerhalb der Bundesrepublik Deutschland ausgesetzt und an denen sie nicht aktiv beteiligt war.

(3) In folgenden Fällen vermindern sich unsere Leistungen auf die in Absatz 2 Satz 2 und 3 genannten Leistungen: Die versicherte Person stirbt in unmittelbarem oder mittelbarem Zusammenhang mit
- dem vorsätzlichen Einsatz von atomaren, biologischen oder chemischen Waffen oder
- dem vorsätzlichen Einsatz oder der vorsätzlichen Freisetzung von radioaktiven, biologischen oder chemischen Stoffen.

Der Einsatz bzw. das Freisetzen muss dabei darauf gerichtet gewesen sein, das Leben einer Vielzahl von Personen zu gefährden. Unsere Leistung vermindert sich nicht, wenn die versicherte Person in unmittelbarem oder mittelbarem Zusammenhang mit kriegerischen Ereignissen stirbt, denen sie während eines Aufenthaltes außerhalb der Bundesrepublik Deutschland ausgesetzt und an denen sie nicht aktiv beteiligt war.

§ 5 Was gilt bei Selbsttötung der versicherten Person?

(1) Bei vorsätzlicher Selbsttötung erbringen wir eine für den Todesfall vereinbarte Leistung, wenn seit Abschluss des Vertrages **drei Jahre vergangen** sind.

(2) Bei vorsätzlicher Selbsttötung **vor** Ablauf der Dreijahresfrist besteht kein Versicherungsschutz. In diesem Fall zahlen wir den für den Todestag berechneten Rückkaufswert Ihres Vertrages (siehe § 12 Absätze 3 bis 6), ohne den dort vorgesehenen Abzug.

Wenn uns nachgewiesen wird, dass sich die versicherte Person *(das ist die Person, auf deren Leben die Versicherung abgeschlossen ist)* in einem die freie Willensbestimmung ausschließenden Zustand krankhafter Störung der Geistestätigkeit selbst getötet hat, besteht Versicherungsschutz.

(3) Wenn unsere Leistungspflicht durch eine Änderung des Vertrages erweitert wird oder der Vertrag wiederhergestellt wird, beginnt die Dreijahresfrist bezüglich des geänderten oder wiederhergestellten Teils neu.

§ 6 Was bedeutet die vorvertragliche Anzeigepflicht und welche Folgen hat ihre Verletzung?

Vorvertragliche Anzeigepflicht

(1) Sie sind bis zur Abgabe Ihrer Vertragserklärung verpflichtet, alle Ihnen bekannten gefahrerheblichen Umstände, nach denen wir in Textform *(z. B. Papierform oder E-Mail)* gefragt haben, wahrheitsgemäß und vollständig anzuzeigen. Gefahrerheblich sind die Umstände, die für unsere Entscheidung, den Vertrag überhaupt oder mit dem vereinbarten Inhalt zu schließen, erheblich sind.

Diese Anzeigepflicht gilt auch für Fragen nach gefahrerheblichen Umständen, die wir Ihnen nach Ihrer Vertragserklärung, aber vor Vertragsannahme, in Textform stellen.

(2) Soll das Leben einer anderen Person versichert werden, ist auch diese – neben Ihnen – zu wahrheitsgemäßer und vollständiger Beantwortung der Fragen verpflichtet.

(3) Wenn eine andere Person die Fragen nach gefahrerheblichen Umständen für Sie beantwortet und wenn diese Person den gefahrerheblichen Umstand kennt oder arglistig handelt, werden Sie behandelt, als hätten Sie selbst davon Kenntnis gehabt oder arglistig gehandelt.

Rechtsfolgen der Anzeigepflichtverletzung

(4) Nachfolgend informieren wir Sie, unter welchen Voraussetzungen wir bei einer Verletzung der Anzeigepflicht
- vom Vertrag zurücktreten,
- den Vertrag kündigen,
- den Vertrag ändern oder
- den Vertrag wegen arglistiger Täuschung anfechten

können.

Rücktritt

(5) Wenn die vorvertragliche Anzeigepflicht verletzt wird, können wir vom Vertrag zurücktreten. Das Rücktrittsrecht besteht nicht, wenn weder eine vorsätzliche noch eine grob fahrlässige Anzeigepflichtverletzung vorliegt. Selbst wenn die Anzeigepflicht grob fahrlässig verletzt wird, haben wir trotzdem kein Rücktrittsrecht, falls wir den Vertrag – möglicherweise zu anderen Bedingungen (*z. B. höherer Beitrag oder eingeschränkter Versicherungsschutz*) – auch bei Kenntnis der nicht angezeigten gefahrerheblichen Umstände geschlossen hätten.

(6) Im Fall des Rücktritts haben Sie keinen Versicherungsschutz. Wenn wir nach Eintritt des Versicherungsfalles zurücktreten, bleibt unsere Leistungspflicht unter folgender

Voraussetzung trotzdem bestehen: Die Verletzung der Anzeigepflicht bezieht sich auf einen gefahrerheblichen Umstand, der
- weder für den Eintritt oder die Feststellung des Versicherungsfalles
- noch für die Feststellung oder den Umfang unserer Leistungspflicht ursächlich war.

Unsere Leistungspflicht entfällt jedoch auch im vorstehend genannten Fall, wenn die Anzeigepflicht arglistig verletzt worden ist.

(7) Wenn der Vertrag durch Rücktritt aufgehoben wird, zahlen wir den Rückkaufswert gemäß § 12 Absätze 3 bis 5; die Regelung des § 12 Absatz 3 Satz 2 bis 4 gilt nicht. Die Rückzahlung der Beiträge können Sie nicht verlangen.

Kündigung

(8) Wenn unser Rücktrittsrecht ausgeschlossen ist, weil die Verletzung der Anzeigepflicht weder vorsätzlich noch grob fahrlässig erfolgt ist, können wir den Vertrag unter Einhaltung einer Frist von einem Monat kündigen.

(9) Unser Kündigungsrecht ist ausgeschlossen, wenn wir den Vertrag – möglicherweise zu anderen Bedingungen (*z. B. höherer Beitrag oder eingeschränkter Versicherungsschutz*) – auch bei Kenntnis der nicht angezeigten gefahrerheblichen Umstände geschlossen hätten.

(10) Wenn wir den Vertrag kündigen, wandelt er sich nach Maßgabe des § 13 in einen beitragsfreien Vertrag um.

Vertragsänderung

(11) Können wir nicht zurücktreten oder kündigen, weil wir den Vertrag – möglicherweise zu anderen Bedingungen (*z. B. höherer Beitrag oder eingeschränkter Versicherungsschutz*) – auch bei Kenntnis der nicht angezeigten gefahrerheblichen Umstände geschlossen hätten (Absatz 5 Satz 3 und Absatz 9), werden die anderen Bedingungen auf unser Verlangen rückwirkend Vertragsbestandteil. Haben Sie die Anzeigepflichtverletzung nicht zu vertreten, werden die anderen Bedingungen erst ab der laufenden Versicherungsperiode (siehe § 10 Absatz 2 Satz 3) Vertragsbestandteil.

(12) Sie können den Vertrag innerhalb eines Monats, nachdem Sie unsere Mitteilung über die Vertragsänderung erhalten haben, fristlos kündigen, wenn
- wir im Rahmen einer Vertragsänderung den Beitrag um mehr als 10 % erhöhen oder
- wir die Gefahrabsicherung für einen nicht angezeigten Umstand ausschließen.

Auf dieses Recht werden wir Sie in der Mitteilung über die Vertragsänderung hinweisen.

Voraussetzungen für die Ausübung unserer Rechte

(13) Unsere Rechte zum Rücktritt, zur Kündigung oder zur Vertragsänderung stehen uns nur zu, wenn wir Sie durch gesonderte Mitteilung in Textform auf die Folgen einer Anzeigepflichtverletzung hingewiesen haben.

(14) Wir haben kein Recht zum Rücktritt, zur Kündigung oder zur Vertragsänderung, wenn wir den nicht angezeigten Umstand oder die Unrichtigkeit der Anzeige kannten.

(15) Wir können unsere Rechte zum Rücktritt, zur Kündigung oder zur Vertragsänderung nur innerhalb eines Monats geltend machen. Die Frist beginnt mit dem Zeitpunkt, zu dem wir von der Verletzung der Anzeigepflicht, die das von uns geltend gemachte Recht begründet, Kenntnis erlangen. Bei Ausübung unserer Rechte müssen wir die Umstände angeben, auf die wir unsere Erklärung stützen. Zur Begründung können wir nachträglich weitere Umstände angeben, wenn für diese die Frist nach Satz 1 nicht verstrichen ist.

(16) Nach Ablauf von fünf Jahren seit Vertragsschluss erlöschen unsere Rechte zum Rücktritt, zur Kündigung oder zur Vertragsänderung. Ist der Versicherungsfall vor Ablauf dieser Frist eingetreten, können wir die Rechte auch nach Ablauf der Frist geltend machen. Ist die Anzeigepflicht vorsätzlich oder arglistig verletzt worden, beträgt die Frist zehn Jahre.

Anfechtung

(17) Wir können den Vertrag auch anfechten, falls unsere Entscheidung zur Annahme des Vertrages durch unrichtige oder unvollständige Angaben bewusst und gewollt beeinflusst worden ist. Handelt es sich um Angaben der **versicherten Person** *(das ist die Person, auf deren Leben die Versicherung abgeschlossen ist)*, können wir **Ihnen** gegenüber die Anfechtung erklären, auch wenn Sie von der Verletzung der vorvertraglichen Anzeigepflicht keine Kenntnis hatten. Absatz 7 gilt entsprechend.

Leistungserweiterung/Wiederherstellung des Vertrages

(18) Die Absätze 1 bis 17 gelten entsprechend, wenn der Versicherungsschutz nachträglich erweitert oder wiederhergestellt wird und deshalb eine erneute Risikoprüfung vorgenommen wird. Die Fristen nach Absatz 16 beginnen mit der Änderung oder Wiederherstellung des Vertrages bezüglich des geänderten oder wiederhergestellten Teils neu.

Erklärungsempfänger

(19) Unsere Rechte zum Rücktritt, zur Kündigung, zur Vertragsänderung sowie zur Anfechtung üben wir durch eine schriftliche Erklärung aus, die wir Ihnen gegenüber abgeben. Sofern Sie uns keine andere Person als Bevollmächtigten benannt haben, gilt nach Ihrem Tod ein Bezugsberechtigter als bevollmächtigt, diese Erklärung entgegenzunehmen. Ist kein Bezugsberechtigter vorhanden oder kann sein Aufenthalt nicht ermittelt werden, können wir den Inhaber des Versicherungsscheins als bevollmächtigt ansehen, die Erklärung entgegenzunehmen.

§ 7 Was ist zu beachten, wenn eine Leistung verlangt wird?

(1) Wird eine Leistung aus dem Vertrag beansprucht, können wir verlangen, dass uns der Versicherungsschein und ein Zeugnis über den Tag der Geburt der versicherten Person *(das ist die Person, auf deren Leben die Versicherung abgeschlossen ist)* sowie die Auskunft nach § 16 vorgelegt werden.

(2) Der Tod der versicherten Person muss uns unverzüglich *(d. h. ohne schuldhaftes Zögern)* mitgeteilt werden. Außerdem muss uns eine amtliche Sterbeurkunde mit Angabe von Alter und Geburtsort vorgelegt werden. Zusätzlich muss uns eine ausführliche ärztliche oder amtliche Bescheinigung über die Todesursache vorgelegt werden. Aus der Bescheinigung müssen sich Beginn und Verlauf der Krankheit, die zum Tod der versicherten Person geführt hat, ergeben.

(3) Wir können weitere Nachweise und Auskünfte verlangen, wenn dies erforderlich ist, um unsere Leistungspflicht zu klären. Die Kosten hierfür muss diejenige Person tragen, die die Leistung beansprucht.

(4) Unsere Leistungen werden fällig, nachdem wir die Erhebungen abgeschlossen haben, die zur Feststellung des Versicherungsfalls und des Umfangs unserer Leistungspflicht notwendig sind. Wenn eine der in den Absätzen 1 bis 3 genannten Pflichten nicht erfüllt wird, kann dies zur Folge haben, dass wir nicht feststellen können, ob oder in welchem Umfang wir leistungspflichtig sind. Eine solche Pflichtverletzung kann somit dazu führen, dass unsere Leistung nicht fällig wird.

(5) Bei Überweisung von Leistungen in Länder außerhalb des Europäischen Wirtschaftsraumes trägt die empfangsberechtigte Person die damit verbundene Gefahr.

§ 8 Welche Bedeutung hat der Versicherungsschein?

(1) Wir können Ihnen den Versicherungsschein in Textform *(z. B. Papierform, E-Mail)* übermitteln. Stellen wir diesen als Dokument in Papierform aus, dann liegt eine Urkunde vor. Sie können die Ausstellung als Urkunde verlangen.

(2) Den Inhaber der Urkunde können wir als berechtigt ansehen, über die Rechte aus dem Vertrag zu verfügen, insbesondere Leistungen in Empfang zu nehmen. Wir können aber verlangen, dass uns der Inhaber der Urkunde seine Berechtigung nachweist.

§ 9 Wer erhält die Leistung?

(1) Als unser Versicherungsnehmer können Sie bestimmen, wer die Leistung erhält. Wenn Sie keine Bestimmung treffen, leisten wir an Sie.

Bezugsberechtigung

(2) Sie können uns widerruflich oder unwiderruflich eine andere Person benennen, die die Leistung erhalten soll (Bezugsberechtigter).

Wenn Sie ein Bezugsrecht **widerruflich** bestimmen, erwirbt der Bezugsberechtigte das Recht auf die Leistung erst mit dem Eintritt des Versicherungsfalls. Deshalb können Sie Ihre Bestimmung bis zum Eintritt des Versicherungsfalls jederzeit widerrufen.

Sie können ausdrücklich bestimmen, dass der Bezugsberechtigte sofort und **unwiderruflich** das Recht auf die Leistung erhält. Sobald uns Ihre Erklärung zugegangen ist, kann dieses Bezugsrecht nur noch mit Zustimmung des unwiderruflich Bezugsberechtigten geändert werden.

Abtretung und Verpfändung

(3) Sie können das Recht auf die Leistung bis zum Eintritt des Versicherungsfalls grundsätzlich ganz oder teilweise an Dritte abtreten und verpfänden, soweit derartige Verfügungen rechtlich möglich sind.

Anzeige

(4) Die Einräumung und der Widerruf eines Bezugsrechts (Absatz 2) sowie die Abtretung und die Verpfändung (Absatz 3) sind uns gegenüber nur und erst dann wirksam, wenn sie uns vom bisherigen Berechtigten in Textform *(z. B. Papierform, E-Mail)* angezeigt worden sind. Der bisherige Berechtigte sind im Regelfall Sie als unser Versicherungsnehmer. Es können aber auch andere Personen sein, sofern Sie bereits zuvor Verfügungen (z. B. unwiderrufliche Bezugsberechtigung, Abtretung, Verpfändung) getroffen haben.

§ 10 Was müssen Sie bei der Beitragszahlung beachten?

(1) Die Beiträge zu Ihrem Vertrag können Sie je nach Vereinbarung in einem Betrag (Einmalbeitrag), monatlich, viertel-, halbjährlich oder jährlich zahlen.

(2) Den ersten Beitrag oder den Einmalbeitrag müssen Sie unverzüglich *(d. h. ohne schuldhaftes Zögern)* nach Abschluss des Vertrages zahlen, jedoch nicht vor dem mit Ihnen vereinbarten, im Versicherungsschein angegebenen Versicherungsbeginn. Alle weiteren Beiträge (Folgebeiträge) werden jeweils zu Beginn der vereinbarten Versicherungsperiode fällig. Die Versicherungsperiode umfasst bei Einmalbeitrags- und Jahreszahlung ein Jahr, ansonsten entsprechend der Zahlungsweise einen Monat, ein Vierteljahr bzw. ein halbes Jahr.

(3) Sie haben den Beitrag **rechtzeitig** gezahlt, wenn Sie bis zum Fälligkeitstag (Absatz 2) alles getan haben, damit der Beitrag bei uns eingeht. Wenn die Einziehung des Beitrags von einem Konto vereinbart wurde, gilt die Zahlung in folgendem Fall als rechtzeitig:
– Der Beitrag konnte am Fälligkeitstag eingezogen werden und
– Sie haben einer berechtigten Einziehung nicht widersprochen.

Konnten wir den fälligen Beitrag ohne Ihr Verschulden nicht einziehen, ist die Zahlung auch dann noch rechtzeitig, wenn sie unverzüglich nach unserer Zahlungsaufforderung erfolgt. Haben Sie zu vertreten, dass der Beitrag wiederholt nicht eingezogen werden kann, sind wir berechtigt, künftig die Zahlung außerhalb des Lastschriftverfahrens zu verlangen.

(4) Sie müssen die Beiträge auf Ihre Gefahr und Ihre Kosten zahlen.

(5) Bei Fälligkeit einer Leistung werden wir etwaige Beitragsrückstände verrechnen.

§ 11 Was geschieht, wenn Sie einen Beitrag nicht rechtzeitig zahlen?

Erster Beitrag oder Einmalbeitrag

(1) Wenn Sie den ersten Beitrag oder den Einmalbeitrag nicht rechtzeitig zahlen, können wir – solange die Zahlung nicht bewirkt ist – vom Vertrag zurücktreten. In diesem Fall können wir von Ihnen die Kosten für ärztliche Untersuchungen im Rahmen einer Gesund-

heitsprüfung verlangen. Wir sind nicht zum Rücktritt berechtigt, wenn uns nachgewiesen wird, dass Sie die nicht rechtzeitige Zahlung nicht zu vertreten haben.

(2) Ist der erste Beitrag oder der Einmalbeitrag bei Eintritt des Versicherungsfalles noch nicht gezahlt, sind wir nicht zur Leistung verpflichtet. Dies gilt nur, wenn wir Sie durch gesonderte Mitteilung in Textform *(z. B. Papierform, E-Mail)* oder durch einen auffälligen Hinweis im Versicherungsschein auf diese Rechtsfolge aufmerksam gemacht haben. Unsere Leistungspflicht bleibt jedoch bestehen, wenn Sie uns nachweisen, dass Sie das Ausbleiben der Zahlung nicht zu vertreten haben.

Folgebeitrag

(3) Zahlen Sie einen Folgebeitrag nicht rechtzeitig, können wir Ihnen auf Ihre Kosten in Textform eine Zahlungsfrist setzen. Die Zahlungsfrist muss mindestens zwei Wochen betragen.

(4) Für einen Versicherungsfall, der nach Ablauf der gesetzten Zahlungsfrist eintritt, entfällt oder vermindert sich der Versicherungsschutz, wenn Sie sich bei Eintritt des Versicherungsfalles noch mit der Zahlung in Verzug befinden. Voraussetzung ist, dass wir Sie bereits mit der Fristsetzung auf diese Rechtsfolge hingewiesen haben.

(5) Nach Ablauf der gesetzten Zahlungsfrist können wir den Vertrag ohne Einhaltung einer Kündigungsfrist kündigen, wenn Sie sich noch immer mit den Beiträgen, Zinsen oder Kosten in Verzug befinden. Voraussetzung ist, dass wir Sie bereits mit der Fristsetzung auf diese Rechtsfolge hingewiesen haben. Wir können die Kündigung bereits mit der Fristsetzung erklären. Sie wird dann automatisch mit Ablauf der Frist wirksam, wenn Sie zu diesem Zeitpunkt noch immer mit der Zahlung in Verzug sind. Auf diese Rechtsfolge müssen wir Sie ebenfalls hinweisen.

(6) Sie können den angeforderten Betrag auch dann noch nachzahlen, wenn unsere Kündigung wirksam geworden ist. Nachzahlen können Sie nur
– innerhalb eines Monats nach der Kündigung
– oder, wenn die Kündigung bereits mit der Fristsetzung verbunden worden ist, innerhalb eines Monats nach Fristablauf.

Zahlen Sie innerhalb dieses Zeitraums, wird die Kündigung unwirksam, und der Vertrag besteht fort. Für Versicherungsfälle, die zwischen dem Ablauf der Zahlungsfrist und der Zahlung eintreten, besteht kein oder nur ein verminderter Versicherungsschutz.

§ 12 Wann können Sie Ihren Vertrag kündigen und welche Leistungen erbringen wir?

Kündigung

(1) Sie können Ihren Vertrag jederzeit zum Schluss der laufenden Versicherungsperiode (siehe § 10 Absatz 2 Satz 3) in Textform *(z. B. Papierform, E-Mail)* kündigen.

Sie können Ihren Vertrag auch **teilweise** kündigen,, wenn die verbleibende Versicherungssumme mindestens ...[8] beträgt. Bei teilweiser Kündigung gelten die folgenden Regelungen nur für den gekündigten Vertragsteil.

Auszahlungsbetrag

(2) Nach Kündigung zahlen wir
- den Rückkaufswert (Absätze 3 und 5),
- vermindert um den Abzug (Absatz 4) sowie
- die Überschussbeteiligung (Absatz 6).

Beitragsrückstände werden von dem Auszahlungsbetrag abgezogen.

Rückkaufswert

(3) Der Rückkaufswert ist nach § 169 des Versicherungsvertragsgesetzes (VVG) das nach anerkannten Regeln der Versicherungsmathematik mit den Rechnungsgrundlagen der Beitragskalkulation zum Schluss der laufenden Versicherungsperiode berechnete Deckungskapital des Vertrages. Bei einem Vertrag mit laufender Beitragszahlung ist der Rückkaufswert mindestens jedoch der Betrag des Deckungskapitals, das sich bei gleichmäßiger Verteilung der angesetzten Abschluss- und Vertriebskosten auf die ersten fünf Vertragsjahre ergibt. Ist die vereinbarte Beitragszahlungsdauer kürzer als fünf Jahre, verteilen wir diese Kosten auf die Beitragszahlungsdauer. In jedem Fall beachten wir die aufsichtsrechtlichen Höchstzillmersätze (siehe § 14 Absatz 2 Satz 4).

Abzug

(4) Von dem nach Absatz 3 ermittelten Wert nehmen wir einen Abzug in Höhe von ...[9] vor. Der Abzug ist zulässig, wenn er angemessen ist. Dies ist im Zweifel von uns nachzuweisen. Wir halten den Abzug für angemessen, weil mit ihm die Veränderung der Risikolage des verbleibenden Versichertenbestandes[10] ausgeglichen wird. Zudem wird damit ein Ausgleich für kollektiv gestelltes Risikokapital vorgenommen.[11] Wenn Sie uns nachweisen, dass der aufgrund Ihrer Kündigung von uns vorgenommene Abzug wesentlich niedriger liegen muss, wird er entsprechend herabgesetzt. Wenn Sie uns nachweisen, dass der Abzug überhaupt nicht gerechtfertigt ist, entfällt er.

Herabsetzung des Rückkaufswertes im Ausnahmefall

(5) Wir sind nach § 169 Absatz 6 VVG berechtigt, den nach Absatz 3 Satz 1 bis 3 ermittelten Wert angemessen herabzusetzen, soweit dies erforderlich ist, um eine Gefährdung der Belange der Versicherungsnehmer, insbesondere durch eine Gefährdung der dauernden

---

8 Unternehmensindividuell zu ergänzen.
9 Ggf. sind die Bezugsgröße und die Auswirkungen des Abzugs etwa in einer schriftlichen Erläuterung bzw. in einer Tabelle darzustellen, sofern der in Satz 3 definierte Abzug hierfür Anlass bietet.
10 Ggf. unternehmensindividuell anzupassen, wenn im Bedingungswerk eine andere Diktion veranlasst ist.
11 Unternehmensindividuell zu erläutern und ggf. anzupassen, wenn auch aus anderen Gründen oder nur in eingeschränktem Umfang, also nicht aus allen oben genannten Gründen, ein Abzug erfolgen soll.

Erfüllbarkeit der sich aus den Versicherungsverträgen ergebenden Verpflichtungen, auszuschließen. Die Herabsetzung ist jeweils auf ein Jahr befristet.

Überschussbeteiligung

(6) Für die Ermittlung des Auszahlungsbetrages setzt sich die Überschussbeteiligung zusammen aus:
- den Ihrem Vertrag bereits zugeteilten Überschussanteilen, soweit sie nicht in dem nach den Absätzen 3 bis 5 berechneten Betrag enthalten sind,[12]
- dem Schlussüberschussanteil[13] nach § 2 Absatz 3 und
- den Ihrem Vertrag gemäß § 2 Absatz 3b zuzuteilenden Bewertungsreserven, soweit bei Kündigung vorhanden.

(7) Wenn Sie Ihren Vertrag kündigen, kann das für Sie Nachteile haben. In der Anfangszeit Ihres Vertrages ist wegen der Verrechnung von Abschluss- und Vertriebskosten (siehe § 14) nur der Mindestwert gemäß Absatz 3 Satz 2 als Rückkaufswert vorhanden. Der Rückkaufswert erreicht auch in den Folgejahren nicht unbedingt die Summe der gezahlten Beiträge. Nähere Informationen zum Rückkaufswert vor und nach Abzug und darüber, in welchem Ausmaß er garantiert ist, können Sie der Tabelle ...[14] entnehmen.

Keine Beitragsrückzahlung

(8) Die Rückzahlung der Beiträge können Sie nicht verlangen.

§ 13 Wann können Sie Ihren Vertrag beitragsfrei stellen und welche Folgen hat dies auf unsere Leistungen?

(1) Anstelle einer Kündigung nach § 12 können Sie zu dem dort genannten Termin in Textform (*z. B. Papierform, E-Mail*) verlangen, ganz oder teilweise von der Beitragszahlungspflicht befreit zu werden. In diesem Fall setzen wir die vereinbarte Versicherungssumme ganz oder teilweise auf eine beitragsfreie Versicherungssumme herab. Diese wird nach folgenden Gesichtspunkten berechnet:
- nach anerkannten Regeln der Versicherungsmathematik mit den Rechnungsgrundlagen der Beitragskalkulation,
- für den Schluss der laufenden Versicherungsperiode und
- unter Zugrundelegung des Rückkaufswertes nach § 12 Absatz 3.

(2) Der aus Ihrem Vertrag für die Bildung der beitragsfreien Versicherungssumme zur Verfügung stehende Betrag mindert sich um rückständige Beiträge. Außerdem nehmen wir einen Abzug in Höhe von ...[15] vor. Der Abzug ist zulässig, wenn er angemessen ist. Dies ist im Zweifel von uns nachzuweisen. Wir halten den Abzug für angemessen, weil mit ihm

---

[12] Ggf. unternehmensindividuell entsprechend der Überschussverwendung anzupassen.
[13] Soweit ein solcher für den Fall einer Kündigung vorgesehen ist.
[14] Unternehmensindividuell zu ergänzen.
[15] Unternehmensindividuell zu ergänzen.

die Veränderung der Risikolage des verbleibenden Versichertenbestandes[16] ausgeglichen wird. Zudem wird damit ein Ausgleich für kollektiv gestelltes Risikokapital vorgenommen.[17] Wenn Sie uns nachweisen, dass der aufgrund Ihres Verlangens der Beitragsfreistellung von uns vorgenommene Abzug wesentlich niedriger liegen muss, wird er entsprechend herabgesetzt. Wenn Sie uns nachweisen, dass der Abzug überhaupt nicht gerechtfertigt ist, entfällt er.

(3) **Wenn Sie Ihren Vertrag beitragsfrei stellen, kann das für Sie Nachteile haben. In der Anfangszeit Ihres Vertrages sind wegen der Verrechnung von Abschluss- und Vertriebskosten (siehe § 14) nur der Mindestwert gemäß § 12 Absatz 3 Satz 2 zur Bildung einer beitragsfreien Versicherungssumme vorhanden. Auch in den Folgejahren stehen nicht unbedingt Mittel in Höhe der gezahlten Beiträge für die Bildung einer beitragsfreien Versicherungssumme zur Verfügung. Nähere Informationen zur beitragsfreien Versicherungssumme und ihrer Höhe können Sie der Tabelle ...[18] entnehmen.**

(4) Haben Sie die vollständige Befreiung von der Beitragszahlungspflicht verlangt und erreicht die nach Absatz 1 zu berechnende beitragsfreie Versicherungssumme den Mindestbetrag von ...[19] nicht, erhalten Sie den Auszahlungsbetrag nach § 12 Absatz 2 und der Vertrag endet. Eine teilweise Befreiung von der Beitragszahlungspflicht können Sie nur verlangen, wenn die verbleibende beitragspflichtige Versicherungssumme mindestens ...[20] beträgt und die beitragsfreie Versicherungssumme den Mindestbetrag von ...[21] erreicht.

§ 14 Wie werden die Kosten Ihres Vertrages verrechnet?

(1) Mit Ihrem Vertrag sind Kosten verbunden. Diese sind in Ihren Beitrag einkalkuliert. Es handelt sich um Abschluss- und Vertriebskosten sowie übrige Kosten.

Zu den **Abschluss- und Vertriebskosten** gehören insbesondere Abschlussprovisionen für den Versicherungsvermittler. Außerdem umfassen die Abschluss- und Vertriebskosten die Kosten für die Antragsprüfung und Ausfertigung der Vertragsunterlagen, Sachaufwendungen, die im Zusammenhang mit der Antragsbearbeitung stehen, sowie Werbeaufwendungen. Zu den **übrigen Kosten** gehören insbesondere die Verwaltungskosten.

Die Höhe der einkalkulierten Abschluss- und Vertriebskosten sowie der übrigen Kosten und der darin enthaltenen Verwaltungskosten können Sie dem ...[22] entnehmen.

(2) Wir wenden auf Ihren Vertrag das Verrechnungsverfahren nach § 4 der Deckungsrückstellungsverordnung an. Dies bedeutet, dass wir die ersten Beiträge zur Tilgung eines Teils

---

16 Ggf. unternehmensindividuell anzupassen, wenn im Bedingungswerk eine andere Diktion veranlasst ist.
17 Unternehmensindividuell zu erläutern und ggf. anzupassen, wenn auch aus anderen Gründen oder nur in eingeschränktem Umfang, also nicht aus allen oben genannten Gründen, ein Abzug erfolgen soll.
18 Unternehmensindividuell zu ergänzen.
19 Unternehmensindividuell zu ergänzen.
20 Unternehmensindividuell zu ergänzen.
21 Unternehmensindividuell zu ergänzen.
22 Unternehmensindividuell anzupassen.

der Abschluss- und Vertriebskosten heranziehen. Dies gilt jedoch nicht für den Teil der ersten Beiträge, der für Leistungen im Versicherungsfall, Kosten des Versicherungsbetriebs in der jeweiligen Versicherungsperiode und aufgrund von gesetzlichen Regelungen für die Bildung einer Deckungsrückstellung bestimmt ist. Der auf diese Weise zu tilgende Betrag ist nach der Deckungsrückstellungsverordnung auf 2,5 % der von Ihnen während der Laufzeit des Vertrages zu zahlenden Beiträge beschränkt.[23]

(3) Die restlichen Abschluss- und Vertriebskosten werden über die gesamte Beitragszahlungsdauer verteilt, die übrigen Kosten über die gesamte Vertragslaufzeit.

(4) Die beschriebene Kostenverrechnung hat zur Folge, dass in der Anfangszeit Ihres Vertrages nur geringe Beträge für einen Rückkaufswert oder zur Bildung der beitragsfreien Versicherungssumme vorhanden sind (siehe §§ 12 und 13). Nähere Informationen zu den Rückkaufswerten und beitragsfreien Versicherungssumme sowie ihren jeweiligen Höhen können Sie der Tabelle ...[24] entnehmen.

§ 15 Was gilt bei Änderung Ihrer Postanschrift und Ihres Namens?

(1) Eine Änderung Ihrer Postanschrift müssen Sie uns unverzüglich *(d. h. ohne schuldhaftes Zögern)* mitteilen. Anderenfalls können für Sie Nachteile entstehen. Wir sind berechtigt, eine an Sie zu richtende Erklärung *(z. B. Setzen einer Zahlungsfrist)* mit eingeschriebenem Brief an Ihre uns zuletzt bekannte Anschrift zu senden. In diesem Fall gilt unsere Erklärung drei Tage nach Absendung des eingeschriebenen Briefes als zugegangen. Dies gilt auch, wenn Sie den Vertrag für Ihren Gewerbebetrieb abgeschlossen und Ihre gewerbliche Niederlassung verlegt haben.

(2) Bei Änderung Ihres Namens gilt Absatz 1 entsprechend.

§ 16 Welche weiteren Auskunftspflichten haben Sie?

(1) Sofern wir aufgrund gesetzlicher Regelungen zur Erhebung, Speicherung, Verarbeitung und Meldung von Informationen und Daten zu Ihrem Vertrag verpflichtet sind, müssen Sie uns die hierfür notwendigen Informationen, Daten und Unterlagen
- bei Vertragsabschluss,
- bei Änderung nach Vertragsabschluss oder
- auf Nachfrage

unverzüglich – d. h. ohne schuldhaftes Zögern – zur Verfügung stellen. Sie sind auch zur Mitwirkung verpflichtet, soweit der Status dritter Personen, die Rechte an ihrem Vertrag haben, für Datenerhebungen und Meldungen maßgeblich ist.

(2) Notwendige Informationen im Sinne von Absatz 1 sind beispielsweise Umstände, die für die Beurteilung
- Ihrer persönlichen steuerlichen Ansässigkeit,
- der steuerlichen Ansässigkeit dritter Personen, die Rechte an ihrem Vertrag haben und

---

23 Diese Bestimmung ist nur bei der Verwendung des Zillmerverfahrens aufzunehmen.
24 Unternehmensindividuell zu ergänzen.

– der steuerlichen Ansässigkeit des Leistungsempfängers

maßgebend sein können.

Dazu zählen insbesondere die deutsche oder ausländische(n) Steueridentifikationsnummer(n), das Geburtsdatum, der Geburtsort und der Wohnsitz. Welche Umstände dies nach derzeitiger Gesetzeslage im Einzelnen sind, können Sie der ...[25] entnehmen.

(3) Falls Sie uns die notwendigen Informationen, Daten und Unterlagen nicht oder nicht rechtzeitig zur Verfügung stellen, gilt Folgendes: Bei einer entsprechenden gesetzlichen Verpflichtung melden wir Ihre Vertragsdaten an die zuständigen in- oder ausländischen Steuerbehörden. Dies gilt auch dann, wenn ggf. keine steuerliche Ansässigkeit im Ausland besteht.

(4) Eine Verletzung Ihrer Auskunftspflichten gemäß den Absätzen 1 und 2 kann dazu führen, dass wir unsere Leistung nicht zahlen. Dies gilt solange, bis Sie uns die für die Erfüllung unserer gesetzlichen Pflichten notwendigen Informationen zur Verfügung gestellt haben.

§ 17 Welche Kosten stellen wir Ihnen gesondert in Rechnung?

(1) In folgenden Fällen stellen wir Ihnen pauschal zusätzliche Kosten gesondert in Rechnung: ...[26]

(2) Wir haben uns bei der Bemessung der Pauschale an dem bei uns regelmäßig entstehenden Aufwand orientiert. Sofern Sie uns nachweisen, dass die der Bemessung zugrunde liegenden Annahmen in Ihrem Fall dem Grunde nach nicht zutreffen, entfällt die Pauschale. Sofern Sie uns nachweisen, dass die Pauschale der Höhe nach wesentlich niedriger zu beziffern ist, wird sie entsprechend herabgesetzt.

§ 18 Welches Recht findet auf Ihren Vertrag Anwendung?

Auf Ihren Vertrag findet das Recht der Bundesrepublik Deutschland Anwendung.

§ 19 Wo ist der Gerichtsstand?

(1) Für Klagen aus dem Vertrag **gegen uns** ist das Gericht zuständig, in dessen Bezirk unser Sitz oder die für den Vertrag zuständige Niederlassung liegt. Zuständig ist auch das Gericht, in dessen Bezirk Sie zur Zeit der Klageerhebung Ihren Wohnsitz haben. Wenn Sie keinen Wohnsitz haben, ist der Ort Ihres gewöhnlichen Aufenthalts maßgeblich. Wenn Sie eine juristische Person sind, ist auch das Gericht zuständig, in dessen Bezirk Sie Ihren Sitz oder Ihre Niederlassung haben.[27]

---

25 Unternehmensindividuell zu ergänzen. Hierbei ist darauf zu achten, dass die Bereitstellung nur solcher Daten verlangt wird, die zur Erfüllung der gesetzlich geregelten Verpflichtungen des Unternehmens erforderlich sind. Diese sollten ausdrücklich genannt werden.

26 Unternehmensindividuell auszufüllen (z. B. Kosten für die Ausstellung eines Ersatz-Versicherungsscheins, Fristsetzung in Textform bei Nichtzahlung von Folgebeiträgen, Rückläufer im Lastschriftverfahren).

27 Die Einbeziehung juristischer Personen gründet auf § 215 VVG bzw. § 38 Abs. 1 ZPO.

(2) Klagen aus dem Vertrag **gegen Sie** müssen wir bei dem Gericht erheben, das für Ihren Wohnsitz zuständig ist. Wenn Sie keinen Wohnsitz haben, ist der Ort Ihres gewöhnlichen Aufenthalts maßgeblich. Wenn Sie eine juristische Person sind, ist das Gericht zuständig, in dessen Bezirk Sie Ihren Sitz oder Ihre Niederlassung haben.

(3) Verlegen Sie Ihren Wohnsitz oder den Ort Ihres gewöhnlichen Aufenthalts in das Ausland, sind für Klagen aus dem Vertrag die Gerichte des Staates zuständig, in dem wir unseren Sitz haben.

Kapitel 6
Berufsunfähigkeitsversicherung

Vorbemerkungen zu den §§ 172 bis 177 VVG

Die Vorschriften über die BUV (§§ 172–177 VVG) enthalten das **Leitbild** für diese in der Praxis besonders wichtige Versicherung, die das Risiko einer dauerhaften gesundheitsbedingten Unfähigkeit versichert, weiter im bisherigen Beruf zu arbeiten. Gleichzeitig beschreiben die Vorschriften die gesetzlichen Mindeststandards. Die BUV wurde erstmals zum 1.1.2008 gesetzlich geregelt, um ihrer Bedeutung und den praktischen Problemen Rechnung zu tragen (Begr. BT-Drucks 16/3945, S. 54). Dennoch hat der Gesetzgeber die in § 172 VVG umschriebene Regelung der Leistungen des VR bewusst recht offen gehalten, um Neuentwicklungen nicht zu blockieren. Zu den **Übergangsvorschriften für Altverträge** (vor 2008 abgeschlossen) vgl. Art. 1 Abs. 2, Art. 4 Abs. 3 EGVVG (ausführlich dazu *Neuhaus*, BUV, Kap. A Rn 22 ff.; *Neuhaus*, r+s 2007, 441). Die in den §§ 172–177 VVG enthaltenen Mindeststandards und Rahmenbedingungen bedingen ein **gesetzliches Leitbild**, an dem sich die VR orientieren können und müssen. Zum Ausdruck gebracht und damit auch als **Zweck** festgelegt wird, dass die BUV unabhängig von der ohnehin aus den §§ 305 ff. BGB folgenden AGB-Kontrolle nicht völlig der Vertragsfreiheit unterfällt (vgl. § 177 VVG), dass sie nicht unbegrenzt vor Einkommenseinbußen schützt und dass der VN als Verbraucher in gewissem Umfang vom Gesetzgeber als schützenswert angesehen wird (§§ 173 f. VVG). Gleichzeitig wird eine Produktvielfalt angestrebt. Grds. **mit diesem Konzept unvereinbar** sind daher nicht ausreichend transparente Absicherungen nur gegen Erwerbsunfähigkeit, ein genereller Ausschluss bestimmter Erkrankungen als Ursache der BU (nicht aber: individuelle Risikoausschlüsse wegen Vorerkrankungen) oder ein Eintritt des Versicherungsfalls unabhängig von gesundheitlichen Ursachen (denn dies wäre keine Berufsunfähigkeits-, sondern eine andere Art von Versicherung). **Vereinbar** mit dem Leitbild sind hingegen bspw. Karenzzeiten oder das Anknüpfen an eine gewisse Dauer der Berufsausübung als Voraussetzung, dass dieser Beruf Maßstab sein soll. **1**

Der Begriff der **Berufsunfähigkeit** wird definiert. Entsprechend der Vertragspraxis und Rspr. bis 31.12.2007 wird grds. vorausgesetzt, dass der Beruf voraussichtlich auf Dauer nicht mehr ausgeübt werden kann. Die Einzelheiten werden der vertraglichen Vereinbarung überlassen. Ähnliche Versicherungen (wie bspw. Erwerbsunfähigkeitsversicherung) sind zulässig, vgl. § 177 VVG. Die zwingenden Regelungen in § 173 VVG zum Anerkenntnis und § 174 VVG zur Leistungseinstellung (Nachprüfung) folgen den in der Gesetzesentwicklungsphase gängigen Bedingungswerken. **2**

Sinn und Zweck der BUV als Produktform ist es, einen sozialen Abstieg des Versicherten im Arbeitsleben und in der Gesellschaft, also dem sozialen Umfeld, zu verhindern (BGH, r+s 2012, 193 = VersR 2012, 427; OLG Saarbrücken, VersR 2015, 1365). Der durch den bisherigen Beruf erreichte wirtschaftliche Status soll (begrenzt) gewahrt werden (OLG **3**

Vorbemerkungen zu den §§ 172 bis 177 VVG

Saarbrücken, VersR 2015, 1365), so dass die Versicherung der Wahrung der gesellschaftlichen Position dient.

4 Die BUV kann sowohl in Form der **Berufsunfähigkeitszusatzversicherung** (BUZ: dazu *Terno*, r+s 2008, 361 ff.), die zusammen mit einer Hauptversicherung (üblicherweise Lebens- oder Rentenversicherung) abgeschlossen wird und ohne diese nicht fortgesetzt werden kann (BGH, VersR 2007, 484), als auch selbstständig als **Berufsunfähigkeitsversicherung** (BUV) abgeschlossen werden (BGH, VersR 1988, 1233; BGH, VersR 1991, 289; Begr. BT-Drucks 16/3945, S. 54). Sie ist **in beiden Formen der Lebensversicherung zuzurechnen** (Begr. BT-Drucks 16/3945, S. 54; BGH, VersR 1988, 1237; BGH, VersR 1991, 289; *Neuhaus*, BUV, Kap. A Rn 61 ff.).

5 Zusatz- und Hauptversicherung (Lebens-, Renten- oder andere Trägerversicherung) bilden eine Einheit (§ 139 BGB). Die BUZ kann ohne die Hauptversicherung nicht fortgesetzt werden, was in den AVB geregelt ist („Einheitsgrundsatz"). Die **Hauptversicherung kann fortbestehen**, wenn die BUZ wegfällt (BGH, VersR 2001, 754; OLG Koblenz, r+s 2002, 258). Daher kann die BUZ auch selbstständig mit **Gestaltungsrechten (Anfechtung, Rücktritt)** oder wegen Prämienverzugs angegriffen werden (OLG Saarbrücken, VersR 1996, 488); wird die Trägerversicherung damit erfolgreich angegriffen, endet auch die BUZ. Die Gefahrerheblichkeit von (Gesundheits-)Umständen kann aber für die Haupt- und Zusatzversicherung unterschiedlich sein, etwa weil Rückenbeschwerden für eine Lebensversicherung i.d.R. unerheblich sind, nicht aber für eine BUZ. Rücktritt und Anfechtung sollten deshalb aus VR-Sicht für Haupt-und Zusatzversicherung gesondert erklärt werden. Erfolgt dies nicht, ergibt die Auslegung i.d.R., dass sich die Erklärung auf die gesamte Vers. erstreckt. Ist bei der Hauptversicherung keine **Rückwärtsversicherung** möglich (etwa weil auf den eigenen Todesfall abgeschlossen), scheidet dies wegen des Einheitsgrundsatzes auch für die BUZ aus (BGH, r+s 1992, 102 = VersR 1991, 986; zur Rückwärtsversicherung *Neuhaus*, BUV, Kap. D Rn 16 ff.).

6 Streitig ist, ob der Einheitsgrundsatz dazu führt, dass eine isolierte **Abtretung der Hauptversicherung** möglich ist und ob der Abtretungsempfänger dann die BUZ kündigen darf (zumindest bedingt möglich nach OLG Köln, r+s 1999, 346 = VersR 1998, 222; OLG Saarbrücken, r+s 1996, 243 = VersR 1995, 1227; OLG Hamm, ZInsO 2006, 878; a.A. OLG Jena, r+s 2001, 477 = VersR 2000, 10: Abtretung der LV umfasst auch die BUZ und ist wegen des dortigen Abtretungsverbots insgesamt unwirksam; differenzierend *Neuhaus*, BUV, Kap. S Rn 36 ff.). Das in den AVB verankerte **Abtretungsverbot** basiert auf § 400 BGB i.V.m. § 850b ZPO, es gilt auch bei Vertragsübernahme (KG, VersR 2003, 490 = zfs 2004, 330; zur selbstständigen Abtretung des Kündigungsrechts in der Lebensversicherung vgl. BGH, NJW 2003, 2679, 2680 = zfs 2004, 33).

7 Die BUV ist **Personen- und Summenversicherung**. Ihre Leistungen werden unabhängig vom Nachweis eines konkreten Schadens oder einer Einkommenseinbuße erbracht. Eine **Überversicherung** ist damit rechtlich zulässig, ihr wird aber von den VR zur Missbrauchsbegrenzung entgegengewirkt, indem üblicherweise nur ca. 60 % des Einkommens versichert werden. Falschangaben zum Einkommen können deshalb wegen dieses Interesses der VR eine Anzeigepflichtverletzung gem. § 19 VVG begründen.

Wenn rechtliche Regelungen an den **Begriff der Lebensversicherung** anknüpfen, gelten sie auch für die BUV, soweit die Regeln des betreffenden Rechtsgebietes das zulassen und die Besonderheiten der BUV dem nicht entgegenstehen (Begr. BT-Drucks 16/3945, S. 54). Es findet also keine schematische Übertragung statt (BGH, VersR 1991, 289). Dem trägt § 176 VVG Rechnung, wonach die Vorschriften für die Lebensversicherung auf die BUV entsprechend anzuwenden sind, wenn die Besonderheiten dieser Versicherung nicht entgegenstehen (ausführlich dazu unter § 176).

8

§ 172 VVG Leistung des Versicherers

(1) Bei der Berufsunfähigkeitsversicherung ist der Versicherer verpflichtet, für eine nach Beginn der Versicherung eingetretene Berufsunfähigkeit die vereinbarten Leistungen zu erbringen.

(2) Berufsunfähig ist, wer seinen zuletzt ausgeübten Beruf, so wie er ohne gesundheitliche Beeinträchtigung ausgestaltet war, infolge Krankheit, Körperverletzung oder mehr als altersentsprechendem Kräfteverfall ganz oder teilweise voraussichtlich auf Dauer nicht mehr ausüben kann.

(3) Als weitere Voraussetzung einer Leistungspflicht des Versicherers kann vereinbart werden, dass die versicherte Person auch keine andere Tätigkeit ausübt oder ausüben kann, die zu übernehmen sie aufgrund ihrer Ausbildung und Fähigkeiten in der Lage ist und die ihrer bisherigen Lebensstellung entspricht.

Übersicht

	Rdn
A. Normzweck	1
B. Norminhalt	2
I. Berufsunfähigkeitsversicherung (§ 172 Abs. 1 VVG)	2
1. Vertragsabschluss	3
2. Anspruchsinhaber	11
3. Kündigung	13
II. Vereinbarte Leistungen (§ 172 Abs. 1 VVG)	18
1. Art der Leistungen	18
2. Leistungsdauer	19
3. Beginn und Ende der Leistungspflicht, Verjährung	22
III. Nach Beginn der Versicherung (§ 172 Abs. 1 VVG)	26
IV. Berufsunfähigkeit (§ 172 Abs. 2 VVG)	29
1. Zuletzt ausgeübter Beruf	29
a) Grundsätzliches	29
b) Berufsbegriff	30
c) Überblick-Tabelle besondere Berufsgruppen (A–Z)	35
d) Prägende Tätigkeiten und sinnvolles Arbeitsergebnis	36
e) Besonderheiten bei Selbstständigen	38
f) Besonderheiten bei Beamten	45
g) Ausscheiden aus dem Beruf bzw. Berufsleben	54
h) Berufsbezogene Obliegenheiten	55
2. Ohne gesundheitliche Beeinträchtigung	58
3. Krankheit, Körperverletzung, Kräfteverfall	59
a) Begrifflichkeiten	59
b) Besonderheiten bei schwer nachweisbaren (psychischen) Krankheiten	63

c) Ärztlicher Nachweis 67
   d) Risikoausschlüsse 68
   e) Gesundheitsbezogene Obliegenheiten 71
   4. „Infolge" 75
   5. Voraussichtlich auf Dauer (Prognose) 76
      a) Grundsätzliches 76
      b) Klauselvarianten 80
      c) Fingierte Berufsunfähigkeit 83
   6. „Ganz oder teilweise" (Grad der Berufsunfähigkeit) 85
   7. „Nicht mehr ausüben kann" (Unfähigkeit) 86
V. „Keine andere Tätigkeit ausübt oder ausüben kann" (Verweisung, § 172 Abs. 3 VVG) 88
   1. Grundsätzliches 88
   2. Ausbildung und Fähigkeiten 94
   3. Bisherige Lebensstellung 101
      a) Grundsätzliches 101
      b) Einkommen 104
      c) Wertschätzung 111
   4. Besonderheiten der konkreten Verweisung 116
VI. Prüfschema 119
C. Prozessuale Hinweise 120
   I. Anträge (Besonderheiten) 120
   II. Darlegungs- und Beweisfragen 121
      1. Überblick 121
      2. Beruf 122
         a) Zuletzt ausgeübte Tätigkeit 122
         b) Umorganisation bei Selbstständigen 126
         c) Verweisung 128
      3. Gesundheitliche Voraussetzungen 131
   III. Klärung streitigen Vortrags, Beweisaufnahme, Sachverständigengutachten 136
   IV. Einstweiliger Rechtsschutz, Selbstständiges Beweisverfahren 138
D. Streitwert 140
E. Abdingbarkeit 144

A. Normzweck

1 Die Norm umschreibt die für die BU typischen Voraussetzungen der Leistungspflicht des VR (Begr. BT-Drucks 16/3945, S. 105) und enthält eine „Basis-Definition" der BU. Die Überschrift „Leistung des Versicherers" ist etwas missverständlich, weil die eigentlichen Leistungen nur durch den VV bestimmt werden, während § 172 VVG deren Voraussetzungen für alle Arten dieser Versicherung regelt. Angeknüpft wird an den **zuletzt** ausgeübten Beruf – d.h. das Gesetz berücksichtigt die berufliche Entwicklung des VN im Laufe seines Lebens. Schließlich stellt die Norm (§ 172 Abs. 3 VVG) klar, dass **Verweisungen** auf eine andere vergleichbare berufliche Tätigkeit zulässig sind – das gilt sowohl für die abstrakte als auch für die konkrete Verweisung. Sie dürfen durch den VV näher geregelt werden (vgl. zum Zweck auch Vorb. §§ 172–177 Rdn 1).

B. Norminhalt

I. Berufsunfähigkeitsversicherung (§ 172 Abs. 1 VVG)

2 Die Vorschrift umfasst die für die BU typischen Voraussetzungen einer Leistungspflicht des VR.

Leistung des Versicherers § 172 VVG

1. Vertragsabschluss

Der Vertrag über die BUV muss wirksam zustande gekommen sein, wofür die allgemeinen Regeln des BGB und des VVG gelten. Die zusätzlichen Informationspflichten gem. §§ 1, 2 VVG-InfoV sind einzuhalten (*Neuhaus*, r+s 2009, 309). Die Versicherung kann als selbstständige oder **Zusatzversicherung** geschlossen werden, entweder in dem vom Gesetzgeber favorisierten **Antragsmodell** (vgl. §§ 7 Abs. 1 S. 1, 8 Abs. 2 S. 1 Nr. 1, 33 Abs. 1 VVG) oder im **Invitatiomodell** (ausführlich *Neuhaus*, BUV, Kap. C Rn 12 ff.). Eine bes. praktische Rolle – die allerdings i.d.R. erst später beim Leistungsfall zutage tritt – spielt die Einhaltung der **vorvertraglichen Anzeigepflichten** gem. §§ 19 ff. VVG (ausführlich zu dieser enorm praxisrelevanten Thematik *Neuhaus*, Die vorvertragliche Anzeigepflichtverletzung in Recht und Praxis; *Neuhaus*, BUV, Kap. O; zu Anzeigepflichten im Zusammenhang mit Vertragsänderungen oder nach **Wiederinkraftsetzung ruhender Verträge** [Umwandlung in prämienfreie Vers. etc.] *Neuhaus*, r+s 2013, 583). 3

Der VR ist frei darin, den VV abzuschließen oder nicht. I.d.R geht er dabei nach seinen individuellen Annahmerichtlinien vor. Es besteht **kein Kontrahierungszwang**. Lehnt der Versicherer einen Antrag auf Abschluss einer BUV ab, so haftet er nicht auf **Schadensersatz gem. § 826 BGB**, wenn später beim Antragsteller BU eintritt, die nichts mit dem Ablehnungsgrund zu tun hat (OLG Karlsruhe, VersR 2008, 522; zu den Grundsätzen, wie bei Vertragsschluss nach dem **AGG** zwischen einer [verbotenen] Ungleichbehandlung wegen einer Behinderung und einer [zulässigen] Ungleichbehandlung einer mit der **Behinderung** verbundenen Krankheit zu differenzieren ist, vgl. *Neuhaus*, BUV, Kap. C, Rn 68 ff., OLG Karlsruhe, VersR 2010, 1163 = NJW 2010, 2668 zur priv. Krankenvers.; ferner allgemein dazu BGH, VersR 2011, 1249 = r+s 2011, 419). 4

In der BUV werden oft gleichzeitig mehrere sog. **Probeanträge bei verschiedenen Versicherern** gestellt, damit sich der VR nicht über das „Hinweis- und Informationssystem der Versicherungswirtschaft" (**HIS**), bekannt unter dem Namen „**Uniwagnis-Datei**" über Ablehnungen wegen Vorerkrankungen informieren kann (ausführl. *Neuhaus*, BUV, Kap. C Rn 34 ff.). Todesfallsummen sind dort ab 100.000 EUR und BU-Renten ab 9.000 EUR im Jahr meldefähig; die Rückmeldeschwelle des Systems liegt bei summierten Größen von 300.000 EUR Todesfallschutz und 12.000 EUR BU-Rente. Die Speicherung ist zulässig, und Betroffene können keine Löschung der Datenbanken verlangen, weil die Versicherungswirtschaft ein berechtigtes Interesse daran hat, Betrügereien zu verhindern (LG Kassel, Urt. v. 25.2.2014 – 1 S 172/13, BeckRS 2014, 07463). I.d.R. ergibt die Auslegung des Probeantrags, dass **kein Rechtsbindungswille** des Antragstellers bei Abgabe seiner Willenserklärung besteht (im Ergebnis ebenso, aber ohne nähere Begründung LG Landau (Pfalz), Beschl. v. 27.8.2002 – 1 S 180/02, juris) und eine bloße Aufforderung zur Abgabe eines Angebotes durch den Versicherer vorliegt (**invitatio ad offerendum**). 5

Praxishinweis 6
Nicht alle VR lassen sich auf Probeanträge ein. Wenn der VR einen solchen Antrag bearbeitet und beantwortet, sollte er seine Antwort seinerseits als unverbindlich kennzeichnen, da es ansonsten ein Angebot darstellen könnte, dass der Kunde annehmen könnte – und zwar auch dann, wenn inzwischen neue Erkrankungen aufgetreten sind. Will der VR seine Antwort als

Antrag gelten lassen, sollte eine ausdrückliche Annahmefrist nach § 148 BGB gesetzt und nochmals gem. § 19 Abs. 1 S. 2 VVG nach gefahrerheblichen Umständen gefragt werden (*Neuhaus*, BUV, Kap. C Rn 29 ff.).

7 Für **Gendefekte** und **prädiktive Gentests** gilt das **GenDG**. Für die Lebensversicherung, die BUV, die Erwerbsunfähigkeits- und die Pflegerentenversicherung greift das in § 18 Abs. 1 S. 1 Nr. 2 GenDG beschriebene grds. Verbot bezüglich der Offenbarung, des Verlangens oder Annehmens von Ergebnissen bereits vorgenommener genetischer Untersuchungen nicht, wenn eine Leistung von einmal mehr als 300.000,00 EUR oder eine Jahresrente von mehr als 30.000,00 EUR vereinbart wird. Bekannte Gendefekte mussten wegen der **freiwilligen Selbstverpflichtungserklärung des GDV** zumindest bis zum Jahr 2011 nicht angegeben werden (LG Bielefeld, Urt. v. 14.2.2007 – 25 O 105/06 zur privaten Krankenversicherung; ausführlich zu Gendefekten und dem GenDG *Neuhaus*, BUV, Kap. C Rn 37 ff.; *Neuhaus*, zfs 2013, 64).

8 Die Möglichkeit, dass der VN bei Abgabe seiner Vertragserklärung **keine Kenntnis** von der bereits eingetretenen BU hatte, ändert nichts an einem wirksamen Vertragsschluss. Zwar setzt BU nach § 172 Abs. 2 VVG voraus, dass der VN seine berufliche Tätigkeit nicht mehr ausüben **kann**; kann er dies jedoch noch bei Abgabe der Vertragserklärung, erkennt er aber eine bereits angelegte BU nicht, so kommt der VV – unter Berücksichtigung der Anforderungen der §§ 19 bis 22 VVG (BGH, VersR 2008, 668) – nach § 172 Abs. 1 VVG ordnungsgemäß zustande. Möglicherweise bestand die BU schon vor dem Vertragsschluss, was aber eine Frage der Vorvertraglichkeit ist (s.u. Rdn 26 ff.).

9 Bei einem Rücktritt des VR vom VV wegen **Nichtzahlung der Erstprämie** (§ 37 VVG) können nach vielen AVB die Kosten der zur Gesundheitsprüfung durchgeführten ärztlichen Untersuchungen verlangt werden (vgl. § 8 Abs. 1 S. 3 AB-BUV 2008). Für die Zahlung der Folgeprämien sehen neuere Bedingungen eine Fälligkeit „zu Beginn der vereinbarten Versicherungsperiode" vor (§ 7 Abs. 2 S. 2 AB-BUV 2010/2008), während die älteren Klauselwerke von einem Monat ausgehen (§ 5 Abs. 2 S. 2 AB-BUV 1993).

10 Die sog. **Erfüllungshaftung**, d.h. dass der VN aufgrund bloßer mündlicher Zusagen so zu stellen ist, als wären diese Vertragsbestandteil, kann auch beim Abschluss einer BUV greifen. Behauptet der VN mündlich, es sei ggü. dem aufnehmenden Agenten ausdrücklich eine reine BU für eine Hausfrau vereinbart worden, so trifft ihn für eine derartige mündliche Antragsergänzung, trotz der Grundsätze der Auge- und Ohr-Rechtsprechung, die Darlegungs- und Beweislast (OLG Celle, VersR 2009, 914 = juris-PR-VersR 8/2009, Anm. 2, *Münkel*).

2. Anspruchsinhaber

11 Der Anspruch auf die Versicherungsleistungen steht dem VN zu, es sei denn, der VV bestimmt etwas anderes. VN kann auch eine **juristische Person** sein, die zugunsten eines Mitarbeiters (meist des Geschäftsführers) eine BUV abschließt. Im Einzelfall ist durch Auslegung des VV zu klären, ob der Versicherte nur Gefahrsperson oder (ausnahmsweise) auch Anspruchsinhaber ist. Bei der sog. **Direktversicherung** i.S.d. § 1b Abs. 2 BetrAVG

schließt der Arbeitgeber im Rahmen der **betrieblichen Altersvorsorge** als VN aufgrund einer Versorgungszusage im Arbeitsvertrag oder auf Kosten des Arbeitnehmers (sog. „Gehaltsumwandlung") eine BUV ab (manchmal als Gruppenversicherung), aus der der Arbeitnehmer oder dessen Hinterbliebene bezugsberechtigt sind (OLG Brandenburg, Urt. v. 12.3.2010 – 12 U 139/09). Der Unterschied zur **Rückdeckungsversicherung** liegt darin, dass der Arbeitgeber nicht die Deckung eines eigenen Interesses beabsichtigt, so dass der Arbeitnehmer nicht nur Gefahrsperson, sondern Versicherter einer Versicherung für fremde Rechnung ist. Bei der arbeitsrechtlichen Versorgungszusage des Arbeitgebers gegenüber dem Mitarbeiter und der Vereinbarung zwischen Versicherer und Arbeitgeber handelt es sich um **separate Rechtsverhältnisse** (VersR-Hdb/*Rixecker*, § 46, Rn 220). Die **Beendigung des Arbeitsverhältnisses** aus gesundheitlichen Gründen führt nicht (automatisch) zum Eintritt von BU (VersR-Hdb/*Rixecker*, § 46 Rn 220).

Gibt der Arbeitgeber den Arbeitnehmern unmittelbar eine **Versorgungszusage** (= Pensionszusage = Direktzusage), kann er sich die Mittel zur Erfüllung dieser Zusage durch eine Rückdeckungsversicherung verschaffen. Mit einer BUV als **Rückdeckungsversicherung** der Versorgungszusage eines Unternehmens soll das Risiko des Eintritts des Versorgungsfalls abgedeckt werden (Liquiditätsverschaffung), wobei das Unternehmen VN und die zu versorgende Person (nur) Gefahrsperson wird, weil der Arbeitgeber die Deckung eines eigenen Interesses anstrebt, so dass der Arbeitnehmer nur Gefahrsperson und nicht Versicherter einer Versicherung für fremde Rechnung ist (*Neuhaus*, BUV, Kap. E Rn 69). Klagt der Versicherte hier Leistungen ein, kann ihm je nach Sachlage schon die Aktivlegitimation fehlen.(zur Abtretung der Rechte aus der BUV vom VN an den versicherten Gesellschafter-Geschäftsführer vgl. OLG Saarbrücken, VersR 2006, 778 = r+s 2007, 70; zu den Besonderheiten bei **Unterstützungskassen** i.S.v. § 1b Abs. 4 BetrAVG als VN vgl. Hessisches BAG, VersR 1989, 1171, Hess. LAG v. 27.6.2007 – 8 Sa 234/06, LAG Hamm v. 6.9.2006 – 6 Sa 1430/05, *Neuhaus*, BUV, Kap. E Rn 73 ff.).

3. Kündigung

Nach §§ 168, 176 VVG und entsprechenden Regelungen in den AVB kann der **VN** jederzeit für den Schluss der laufenden Versicherungsperiode ohne Vorliegen und Angabe von Gründen **ordentlich kündigen**. Der **VR** hat kein Recht zur ordentlichen Kündigung. Ein gesetzliches Kündigungsrecht hat der VR bei **Nichtzahlung von Folgeprämien** (§ 38 VVG). Nach § 39 Abs. 1 VVG steht ihm im Falle der Kündigung die Prämie nur anteilig für den Zeitraum zu, in dem Versicherungsschutz bestand. Nach § 19 Abs. 3 VVG darf der VR bei einer nur fahrlässigen vorvertraglichen Anzeigepflichtverletzung mit Wirkung für die Zukunft kündigen und bleibt bei eingetretenem Versicherungsfall leistungspflichtig.

Die BUV ist als Dauerschuldverhältnis jedoch einer **außerordentlichen Kündigung** durch die Vertragsparteien gemäß **§ 314 Abs. 1 BGB** grds. zugänglich (OLG Saarbrücken, VersR 2014, 1491), was allerdings auf krasse Ausnahmefälle (Arglist oder Schädigungsabsicht des VR; jede Art von arglistiger Täuschung im Leistungsfall durch den VN) zu beschränken ist.

Die Auffassung, dass **falsche Angaben zum zuletzt ausgeübten Beruf** (Anteil körperlicher Arbeiten falsch dargestellt) im Leistungsfall i.d.R. noch keinen wichtigen Grund zur Kündigung der BUV darstellen (OLG Saarbrücken, VersR 2009, 344), ist jedenfalls dann abzulehnen, wenn damit mindestens vorsätzlich auf die Regulierung des Versicherungsfalls Einfluss genommen werden soll (siehe auch zu Recht ähnlich rigoros BGH, r+s 2012, 141 = NJW 2012, 376 und BGH, r+s 2012, 136 = NJW 2012, 1365 zur privaten Krankenversicherung; BGH, VersR 1985, 54 zur Krankentagegeldversicherung). **Falschangaben bei Beantragung des VV** reichen jedoch nicht aus, da der VR ausreichend durch die Rechte der §§ 19 ff. VVG geschützt ist (OLG Saarbrücken, VersR 2009, 344).

15 Kündigt der VN eine **Hauptversicherung mit BUZ**, so endet auch die BUZ, da sie mit der Hauptversicherung eine Einheit bildet. Die BUZ kann der VN auch gesondert kündigen, nach den meisten AVB „in den letzten Versicherungsjahren jedoch nur zusammen mit der Hauptversicherung" (§ 9 Abs. 2 S. 2 VVG 2008, § 9 Abs. 2 B-BUZ 1993: fünf Jahre, ausführlich Vorb. §§ 172–177 Rdn 5).

16 Die Kündigung (auch nach § 314 BGB) **wirkt nur ex-nunc** und lässt daher einen **bereits eingetretenen Versicherungsfall** unberührt (OLG Saarbrücken, VersR 2014, 1491, OLG Saarbrücken, r+s 2009, 203 = VersR 2007, 780; OLG Saarbrücken, Urt. v. 24.2.1999 – 5 U 836/96; OLG Karlsruhe, VersR 1995, 1341). Folge ist, dass die Leistungspflicht erst mit dem Ende des gedehnten Versicherungsfalls oder mit dem Ablauf der vertraglich vereinbarten Leistungsdauer endet. Das gilt auch dann, wenn in der BUZ die Hauptversicherung endet und dadurch auch die BUZ beendet wird (OLG Karlsruhe, VersR 2006, 1343; zu möglichen Transparenzproblemen der AVB *Neuhaus*, BUV, Kap Q Rn 16; *Terno*, r+s 2008, 361, 367). Für eine nach der Kündigung eintretende BU muss nicht geleistet werden, da die Gefahrtragung beendet ist. Als einseitige Willenserklärung kann die Kündigung nicht **einseitig zurückgenommen** oder widerrufen werden (BGH, VersR 1985, 54).

17 Die BUZ-AVB sehen für den Fall der Kündigung die Auszahlung eines **Rückkaufswerts** (§ 169 VVG) vor (vgl. § 9 Abs. 2 S. 3 AB-BUZ 2008, § 9 Abs. 2, 3 B-BUZ 1993 mit § 4 Abs. 3, 4 ALB 1991). In der selbstständigen Versicherung wird ein Rückkaufswert generell nicht gezahlt (§ 9 Abs. 5 S. 1 AB-BUV 2008). Diese Regelungen sind trotz des gesetzlichen Anspruchs auf einen **Mindestrückkaufswert nach § 169 VVG** auch als AGB wirksam, weil nach § 169 Abs. 1 S. 1 VVG ein Anspruch nur bei Versicherungen besteht, die Versicherungsschutz für ein Risiko bieten, bei dem der **Eintritt der Leistungspflicht** des Versicherers **gewiss** ist, der Versicherungsfall „BU" aber ungewiss ist (Ausnahme: BUV mit Beitragsrückgewähr, aber die Rückzahlung von Beiträgen stellt schon begrifflich keinen echten Rückkaufswert dar; ausführlich *Neuhaus*, BUV, Kap. Q Rn 19 ff.).

II. Vereinbarte Leistungen (§ 172 Abs. 1 VVG)

1. Art der Leistungen

18 Art und Dauer der Leistungen bestimmen sich nur nach den VV, deren Inhalte seit der Deregulierung (29.7.1994) von VR zu VR erheblich differieren können (zum Vorgehen bei

streitigem Vertragsinhalt *Neuhaus*, BUV, Kap. E Rn 1). Die Leistungen sind zu erbringen, wenn der **Versicherungsfall** eintritt, also eine bedingungsgemäße BU nachgewiesen ist (ab welchem Zeitraum dann geleistet wird, unterliegt ebenfalls der freien Vereinbarung). Der Versicherungsfall „Berufsunfähigkeit" hat entweder mindestens drei Voraussetzungen, nämlich berufliche, gesundheitliche und prognostische (§ 172 Abs. 2 VVG) sowie, wenn vereinbart, auch vier (fehlende Verweisbarkeit,§ 172 Abs. 3 VVG) In der **BUZ** wird der VN bei Eintritt des Versicherungsfalls (Berufsunfähigkeit) von seiner Pflicht zur Prämienzahlung für die Hauptversicherung entbunden; daneben wird eine Berufsunfähigkeitsrente gezahlt, wenn diese mitversichert ist. Insb. bei der Versicherungsleistung (bspw. Umschulungs-, Überbrückungs-, Wiedereingliederungsbeihilfen, Karenzzeiten vor Leistungsbeginn) und bei der Verweisung (konkrete und abstrakte Verweisung sowie Verzicht darauf) werden Leistungen in verschiedener Art und Weise miteinander kombiniert. Üblich sind **Rentenzahlung und Prämienbefreiung** (bei der BUZ auch für die Hauptversicherung). Für die **selbstständige BUV**, die nicht mit einer Lebensversicherung verbunden ist, gelten eigenständige, aber sehr ähnliche Bedingungen. Die Rente ist entweder die bei Vertragsbeginn höhenmäßig festgelegte oder – bei entsprechender Vereinbarung – eine zwischenzeitlich (bspw. durch Dynamik oder Überschüsse) erhöhte Rente. Bei **Dynamikvereinbarungen**, für die i.d.R. eigene AVB gelten, erhöhen sich Prämie und Leistung turnusmäßig im vereinbarten Umfang (bspw. jährlich um 5 %; kritisch zu den in der Praxis schwierigen Berechnungsmodalitäten *Neuhaus*, BUV, Kap. E Rn 25 ff.); die meisten Dynamik-AVB sehen ein Ende dieser Anpassungen vor, wenn BU eintritt (OLG Saarbrücken, Urt. v. 28.4.2014 – 5 U 355/12; OLG Saarbrücken, VersR 2010, 519; OLG Koblenz, NJW-RR 2003, 1114 = zfs 2003, 550; ausführlich *Neuhaus*, BUV, Kap. E Rn 36 ff. m.w.N.). **AGB-Bedenken** gegen solche Klauseln bestehen nicht (OLG Koblenz, r+s 1999, 976 = VersR 1999, 876; a.A. zu bestimmten Klauselformulierungen *Neuhaus*, BUV Kap. E Rn 28 ff.).

Fertigt der VR irrtümlich Dynamiknachträge nach Eintritt der BU aus, begründet dies keinen Anspruch auf dynamisierte Leistungen (OLG Saarbrücken, Urt. v. 28.4.2014 – 5 U 355/12; OLG Koblenz, r+s 1999, 432 = VersR 1999, 876). Verschiebt sich durch eine **verspätete Meldung** des Versicherungsfalls der Leistungsbeginn, bewirkt dies zugleich eine Fortdauer von Dynamisierungen vor diesem Zeitpunkt (OLG Saarbrücken, VersR 2010, 519).

Ab welchem **Grad der BU** die versicherte Leistung erbracht werden soll, hängt von der vertraglichen Vereinbarung ab. § 172 VVG gibt keinen bestimmten Umfang vor (und enthält damit auch kein diesbezügliches Leitbild), sondern überlässt die Festlegung den Parteien. I.d.R. ist die Leistungsschwelle ein BU-Grad von 50 %; zu sog. Staffelregelungen – gestaffelte Leistungen nach dem Grad der BU, etwa 25/75 % (vgl. *Neuhaus*, BUV, Kap. E Rn 11; OLG Koblenz, r+s 2013, 399 = VersR 2013, 304). Ist die **Vereinbarung des Grades unwirksam** (etwa weil die gesamte Klausel nach den §§ 305 ff. BGB entfällt), gelten die gesetzlichen Regelungen: da § 172 VVG keinen Grad vorsieht, muss die BU dann 100 % betragen.

2. Leistungsdauer

19 Die Dauer der Leistungen bestimmt sich nach dem VV und ist frei vereinbar. Enthält dieser keinen Endtermin, sind die Leistungen für die Dauer der BU zu erbringen (Begr. BT-Drucks 16/3945, S. 105), jedoch mit der Besonderheit, dass sich der VR grds. nur durch eine erfolgreiche Nachprüfung (§ 174 VVG) von der Leistungspflicht befreien kann. **Vertragslaufzeit und Leistungsdauer** können, müssen aber nicht identisch sein, was sorgfältig zu prüfen ist. Es kann auch vereinbart werden (was aber selten ist), dass Leistungen über den Ablauf der Versicherung hinaus erbracht werden. Frei vereinbart werden kann auch eine **Befristung des Leistungsversprechens** für Versicherungsfälle bis zu einem bestimmten Lebensalter (OLG Saarbrücken, VersR 2000, 1136 zu einem kurzfristigen Versicherungsschutz für Berufsanfänger aus der Sicht der Rechtsschutzvers.). Es liegt eine überraschende Klausel gemäß § 305c BGB vor, wenn die BUZ automatisch zu einem bestimmten Termin während der Vertragslaufzeit entfällt, auch wenn dafür im Gegenzug die versicherte Lebensversicherungssumme erhöht wird (LG Bad Kreuznach, Urt. v. 6.5.2015 – 3 O 1/15). Auch lebenslange Leistungen sind möglich; sie sind aber in der Praxis die absolute Ausnahme und setzen eine eindeutige Vereinbarung voraus.

20 Ohne ausdrückliche Regelung der Leistungsdauer oder bei **widersprüchlichen, unklaren oder verwirrenden Vertragsunterlagen**, etwa wenn sich die Begriffe „Leistungsdauer" und „Versicherungsdauer" verstricken, muss die Leistungsdauer durch **Auslegung** gem. §§ 133, 157 BGB ermittelt werden. Der durchschnittliche VN geht in diesen Fällen grds. davon aus, dass Leistungen nur für die Laufzeit der BUV erbracht werden und nicht darüber hinaus, erst Recht nicht lebenslang, denn für ihn ist i.d.R. klar, dass der VR Leistungen nur während der Dauer der Gefahrtragung erbringen will, und dies ist, vom vorläufigen Versicherungsschutz abgesehen, nun einmal die Vertragsdauer. Der BGH hat jedoch in einem obiter dictum geäußert, er teile „nicht die Auffassung, der normale Sprachgebrauch gehe dahin, dass mit dem Ende der Berufsunfähigkeits-Zusatzversicherung auch alle daraus herzuleitenden Ansprüche auf Rente und Beitragsfreiheit beendet sein sollten" (BGH, VersR 2012, 1190 = NJW 2012, 2354 Rn 11). Das war aber wohl so zu verstehen, dass das Vertragsende nicht *generell* auch zum Leistungsende führt. Teilweise wurden in der Rspr. durch Auslegung ermittelte längere Leistungsdauern bejaht (OLG Hamm, r+s 2006, 80 = VersR 2004, 1587; OLG Karlsruhe, r+s 2009, 473 = VersR 2009, 1104) bzw. verneint (OLG Celle, Beschl. v. 30.7.2009 – 8 W 46/09; jeweils ausführl. Darstellung bei *Neuhaus*, BUV, Kap. E Rn 160 ff.). Bei einer **Modifizierung des Vertrags** kommt es für die Auslegung auf den bisherigen Vertragsinhalt an, wenn der Vertrag nur geändert werden soll, hingegen auf den neuen Vertragsinhalt, wenn ein neuer Vertrag geschlossen werden soll (OLG Hamm, r+s 2014, 619; ausführlich zur Differenzierung Vertragsänderung/Neuabschluss *Neuhaus*, r+s 2013, 583; *Neuhaus*, Die vorvertragliche Anzeigepflichtverletzung in Recht und Praxis, Rn 268 ff.).

21 **Praxishinweis**
Eine **über das Vertragsende hinausgehende Leistungspflicht** kann auch ohne konkrete Vereinbarung im Einzelfall ausnahmsweise bestehen, wenn in begleitenden Unterlagen bspw. von „dauerhaften Leistungen" oder – bei Haupt- und Zusatzversicherung mit kürzerer Laufzeit der BUZ – von „Leistungen während der Dauer der Versicherung" (welcher?) die

Rede ist. Das hängt aber von der Auslegung der konkreten Vertragsunterlagen ab. Den **Begriff „BUZ-Dauer"** versteht ein (durchschnittlicher) Versicherungsnehmer ohne Weiteres so, dass er nur in diesem Zeitraum Leistungen erhalten kann (OLG Celle, Beschl. v. 30.7.2009 – 8 W 46/09). Ist in einem Antrag auf Abschluss einer LV mit BUZ nur eine Laufzeit für die Dauer der LV eingegeben und in dem entsprechenden Feld zur BUZ „Dauer der BUZ" nichts eingetragen, so entspricht die Dauer der BUZ der der Lebensvers, wenn die abweichende Laufzeit im Versicherungsschein nicht gekennzeichnet war (LG Aschaffenburg, r+s 2003, 27).

VR sollten ihre Vertragsformulare, Verkaufsprospekte und Bedingungen äußerst penibel im Hinblick auf die Wortwahl überprüfen. Auffällige Hinweise, dass BUZ-Leistungen nicht über die Dauer der BUZ hinausgehen können, sind sinnvoll, schaffen Transparenz und dienen damit der Streitvermeidung.

3. Beginn und Ende der Leistungspflicht, Verjährung

§ 172 VVG regelt den Beginn und das Ende der Leistungspflicht nicht. Der **Anspruch auf Leistungen entsteht** nach den gängigen Bedingungen (vgl. bspw. § 1 Abs. 3 S. 1 AB-BUZ 2008) mit Ablauf des Monats, in dem die Berufsunfähigkeit eingetreten ist; abweichende Vereinbarungen sind zulässig. Die **Leistungspflicht endet** entweder mit Ablauf der vereinbarten Dauer, mit einem für den VR erfolgreichen Nachprüfungsverfahren (§ 174 VVG u. AVB-Regelungen), dem Tod des Versicherten oder der wirksamen Ausübung eines Gestaltungsrechts (Anfechtung, Rücktritt etc.). Allein das Absinken der BU unter den vereinbarten Grad (in der Regel 50 %) – also ohne formelle Nachprüfungsentscheidung – führt nie zum Entfall des Anspruchs. Die **Ablehnung eines Rentenantrags** in der gesetzlichen Rentenversicherung rechtfertigt es schon wegen der Unterschiedlichkeit der Anspruchsvoraussetzungen nicht, die Leistungen einzustellen oder herabzusetzen (OLG Hamm, VersR 1988, 793).

In den meisten AVB finden sich Regelungen für **verspätete Meldungen**, etwa dass dann, wenn der Eintritt der Berufsunfähigkeit **später als drei** (sechs oder mehr) **Monate nach Eintritt angezeigt** wird, der Anspruch auf die Leistung erst mit Beginn des Monats der Mitteilung greift. Dies sind **Ausschlussfristen** und keine (verhüllten) Obliegenheiten (BGH, r+s 2010, 336 = VersR 2010, 1025; BGH, NJW-RR 1999, 1571 = VersR 1999, 1266; BGH, VersR 1995, 82 = NJW 1995, 598). In der Regel sind diese Klauseln AGB-fest (OLG Karlsruhe, r+s 2011, 439 = zfs 2010, 461; OLG Brandenburg, Urt. v. 4.4.2013 – 11 U 94/12). Die Frist greift nicht, wenn der VN sie, was er zu beweisen hat, **schuldlos versäumt** hat (BGH, r+s 2010, 336 = VersR 2010, 1025; BGH, VersR 1995, 82 = NJW 1995, 598; OLG Brandenburg Urt. v. 4.4.2013 – 11 U 94/12; OLG Saarbrücken, r+s 2013, 87 = VersR 2011, 1381), etwa wenn es ihm aus physischen oder psychischen Gründen unmöglich war, den VR zu benachrichtigen oder benachrichtigen zu lassen. Prinzipiell ist schon einfache Fahrlässigkeit schädlich (BGH, VersR 1995, 82 = NJW 1995, 598; OLG Brandenburg, r+s 2015, 513), die schon dann zu bejahen ist, wenn der VN seine Versicherungsbedingungen prüfen konnte. Allein die Behauptung, diese nicht gelesen oder nicht verstanden zu haben, kann nicht entschuldigen. Wer eine Rente wegen voller Erwerbsminderung bei einem gesetzlichen **Rentenversicherer** beantragt, handelt jedenfalls schuldhaft, wenn er sich nicht auch bei „seinem" BU-VR meldet und sich in den BU-AVB über die

Ausschlussfrist informiert (OLG Brandenburg, r+s 2015, 513; OLG Saarbrücken r+s 2013, 87 = VersR 2011, 1381; OLG Karlsruhe r+s 2011, 439 = zfs 2010, 461; OLG Hamm, VersR 1995, 1038) und zwar selbst dann, wenn behandelnde Ärzte immer wieder baldige Genesung in Aussicht stellen und der Versicherungsnehmer beim zuständigen Sozialversicherungsträger einen Antrag auf Leistungen zur Teilhabe am Erwerbsleben und nicht etwa einen Rentenantrag gestellt hat (OLG Koblenz, Beschl. v. 24.2.2016 – 10 U 910/15; zu der Frage, wie der VN zu behandeln ist, der erst nach Ablauf der Mitteilungsfrist ausreichend deutliche Hinweise auf den Eintritt des Versicherungsfalles erhält, dann aber einen der Frist entsprechenden Zeitraum verstreichen lässt, vgl. *Neuhaus*, BUV, Kap. E Rn 171 ff. m.w.N).

24 Für die **Verjährung von BU-Leistungen** gelten seit dem 1.1.2008 die allgemeinen BGB-Regeln, also auch die Regelfrist des § 195 BGB von drei Jahren und der Beginn der Frist nach § 199 BGB. Ein Hinweis des VR auf die Frist, etwa verbunden mit der Anspruchsablehnung, muss nicht erfolgen (vgl. aber LG Dortmund, Urt. v. 9.6.2010 – 2 O 471/08 zur treuwidrigen Verjährungseinrede bei unterlassener Gutachtenherausgabe). Eine Besonderheit liegt darin, dass das sog. **Stammrecht** verjährt: das bedeutet, dass die Leistung (z.B. Rente) nicht abschnittsweise verjährt, sondern die Verjährungsfrist für alle Folgeleistungen beginnt, wenn die **Leistungen erstmals fällig** werden, so dass der „Gesamtanspruch" insgesamt verjährt (BGH, r+s 2006, 205; OLG Hamm, VersR 2015, 705, OLG Stuttgart, zfs 2014, 513 = VersR 2014, 1115; OLG Koblenz, r+s 2011, 523 = VersR 2011, 1294; LG Stuttgart, Urt. v. 9.10.2013 – 18 O 188/13; *Neuhaus*, BUV, Kap. E Rn 205 ff. m.w.N.; a.A. anscheinend OLG Saarbrücken, r+s 2009, 203 = VersR 2007, 780). Gemeint ist also mit „Stammrecht" der **Versicherungsfall**. Solange eine BU dem VR **nicht mitgeteilt** ist, kann er keine Erhebungen anstellen und abschließen (§ 14 VVG), und die Verjährung von VN-Ansprüchen beginnt nicht, weil der Anspruch noch gar nicht entstanden ist (BGH, VersR 1955, 97 zu Rentenansprüchen aus einer Unfallvers.). Anders bspw., wenn der VR ablehnt und die Sache dann „einschläft". Eine **Vorverlegung** des Verjährungsbeginns kann nur in Betracht kommen, wenn der VN durch Verweigerung seiner „Mitwirkung" gegen **Treu und Glauben** verstößt (BGH, Urt. v. 9.5.2012 – IV ZR 19/11 Rn 45; BGH, VersR 2002, 698 unter 2a), etwa wenn er bewusst für die Leistungsprüfung erforderliche Schweigepflichtentbindungserklärungen ganz oder teilweise nicht erteilt (**fiktive, Verjährung auslösende Fälligkeit**, s.a. § 173 Rdn 8; insg. zu den Voraussetzungen der Verjährung und Hemmungstatbeständen *Neuhaus*, BUV, Kap. E. Rn 205 ff.).

25 Berechtigte Ansprüche aus einer BU dürfen, da die BU der Existenzsicherung dient, nicht allein vom **Fortbestand des Hauptvertrags (LV)** abhängig gemacht werden (OLG Karlsruhe, VersR 2006, 1343; dazu *Terno*, r+s 2008, 361, 367). In einem solchen Fall stellt sich nicht nur die Frage, ob eine entsprechende Klausel in den AVB intransparent ist; *„viel näher dürfe es liegen, bei einer solchen Auslegung der Klausel von einer dem VN entgegen den Geboten von Treu und Glauben unangemessenen Benachteiligung i.S.v. § 307 Abs. 1 S. 1 BGB auszugehen, wenn nicht sogar ein Fall der Vertragszweckgefährdung i.S.d. § 307 Abs. 2 Nr. 2 BGB anzunehmen wäre"* (*Terno*, r+s 2008, 361, 367). Ähnlich ist eine Klausel zu beurteilen, die zum Ende der Leistungspflicht durch Beantragung in eine **beitragsfreie**

Versicherung führt (OLG Karlsruhe VersR 2007, 255; dazu *Terno*, r+s 2008, 361, 367, 368).

III. Nach Beginn der Versicherung (§ 172 Abs. 1 VVG)

Die BU muss nach Beginn des Versicherungsschutzes, also während der Dauer der Versicherung, eintreten, was von § 172 Abs. 1 VVG gesetzlich klargestellt wird. Die gesetzliche Formulierung ist ungenau, denn es kommt nicht auf den Versicherungsbeginn, sondern auf die Gefahrtragung, also auf den vereinbarten **Beginn des materiellen Versicherungsschutzes** an, was nicht identisch sein muss. Die BU stellt einen sog. **gedehnten Versicherungsfall** dar, der die Eintrittspflicht des VR nur dann auslöst, wenn auch sein Beginn in den Haftungszeitraum des VV fällt; es genügt nicht, dass der Versicherungsfall sich bis in den versicherten Zeitraum hinein fortsetzt (BGH, NJW 1984, 2814 = MDR 1984, 1008; BGH, VersR 1974, 741). Die sog. „mitgebrachte" BU, die bereits **vor Beginn** der Versicherung eingetreten war, ist (natürlich) nicht versichert (Vorvertraglichkeit). Der VR ist nur verpflichtet, für eine **nach Beginn** der Versicherung eintretende BU die vereinbarten Leistungen zu erbringen. Das ergibt sich auch aus § 2 VVG (Rückwärtsversicherung; vgl. zu deren Zulässigkeit in der BUV BGH, r+s 1991, 574, 986; BGH, VersR 1990, 729 unter Aufgabe von BGH, VersR 1984, 630, 632; *Neuhaus*, BUV, Kap. D Rn 16 ff.). Auf die **Kenntnis des Versicherten** oder des VN kommt es grds. nicht an (BGH, r+s 1996, 35 = VersR 1995, 1431). Eine bloße unbekannte Veranlagung (latente **Disposition**) begründet keine vorvertragliche BU (BGH, r+s 1996, 35 = VersR 1995, 1431; LG Bielefeld, VersR 1992, 949 = NJW-RR 1992, 96). 26

Für die Beurteilung des Eintritts der BU ist zwar nach dem sog. **Stichtagsprinzip** auf den Zeitpunkt abzustellen, den der VN angibt (OLG Saarbrücken, VersR 2015, 226). Dennoch darf sich der VR auf einen anderen, ggf. auch früheren Zeitpunkt berufen. Der Zeitpunkt, wann ein Zustand erreicht ist, dessen Besserung zumindest bis zur Wiederherstellung der bedingungsgemäß maßgeblichen Arbeitskraft nach dem Stand der medizinischen Wissenschaft nicht mehr zu erwarten ist, ist **rückwirkend festzustellen** bzw. zu ermitteln (BGH, r+s 2007, 31 = VersR 2007, 383). Für die **Ermittlung des genauen Zeitpunktes** ist ausschließlich darauf abzustellen, wann nach sachverständiger Einschätzung ein gut ausgebildeter, wohl **informierter und sorgfältig handelnder Arzt** nach dem jeweiligen Stand der medizinischen Wissenschaft erstmals einen Zustand der versicherten Person als gegeben angesehen hätte, der keine Besserung mehr erwarten ließ (OLG Bremen, jurisPR-VersR 8/2010 Anm. 6 *Neuhaus* = VersR 2010, 1481; OLG Saarbrücken, VersR 2005, 922; OLG Saarbrücken v. 20.4.2005 – 5 U 463/01–34 n.v.; vgl. auch BGH, r+s 1996, 35 = VersR 1995, 1431; BGH, VersR 1984, 630 = NJW 1984, 281). 27

Eine „mitgebrachte" BU wird nicht bereits dadurch widerlegt, dass der Versicherte den Beruf tatsächlich über einen längeren Zeitraum (während der Vertragsdauer) ausgeübt hat (OLG München, VersR 2007, 1686), was folgerichtig ist, weil auch ein Weiterarbeiten i.S. eines „**Raubbaus**" nichts über den tatsächlichen BU-Eintritt aussagt (*Neuhaus*, BUV, Kap. G Rn 189; zu Besonderheiten bei der **Verwendung verkürzter Gesundheitsfragen** 28 oder bloßer Arbeitsfähigkeitserklärungen bei Antragsstellung vgl. *Neuhaus*, BUV, Kap. G Rn 191 ff.). Verlangt eine **Klausel zur fingierten BU** einen Zustand sechsmonatiger BU und „*gilt dessen Fortdauer von Beginn an als Berufsunfähigkeit*", besteht eine seltsame Situation, wenn dann der BU-Beginn plötzlich vor dem Vertragsbeginn liegt. Solche an sich den VN begünstigenden Klauseln werden deshalb einschränkend dahin ausgelegt, dass Vorvertraglichkeit ausgeschlossen ist (OLG Celle, VersR 2006, 1201).

IV. Berufsunfähigkeit (§ 172 Abs. 2 VVG)

1. Zuletzt ausgeübter Beruf

a) Grundsätzliches

29 Ausgangspunkt ist nicht der erlernte Beruf, die Tätigkeit bei Vertragsschluss oder ein im Versicherungsschein benannter Beruf, sondern immer der **zuletzt ausgeübte Beruf**, d.h. es wird die berufliche Entwicklung des VN nach dem Vertragsschluss einbezogen (Begr. BT-Drucks 16/3945, S. 105). Zum einen kann heute aufgrund der veränderten Lebenswirklichkeit nicht davon ausgegangen werden, dass jemand bis zum Rentenalter in dem einmal erlernten Beruf weiterarbeitet. Zum anderen muss auch bei Tätigkeiten, die keinem bestimmten Lehrberuf entsprechen, eine Einkommenssicherung durch eine BUV möglich sein (Begr. BT-Drucks 16/3945, S. 105; zu **speziellen Berufsklauseln** für Ärzte, Heilberufler, Apotheker, Rechtsanwälte, Flugpersonal, Seeleute, Gerichtsvollzieher vgl. *Neuhaus*, BUV, Kap. F Rn 247 ff.). Soweit in den AVB bspw. zum **Ausscheiden aus dem** Berufsleben (unten Rdn 54) geregelt ist, dass der Beruf maßgeblich ist, der aufgrund von Ausbildung und Erfahrung ausgeübt werden kann und der bisherigen Lebensstellung des VN entspricht, handelt es sich um zulässige Formulierungen, denn § 172 Abs. 2 VVG ist **abdingbar** (§ 175 VVG verweist nicht auf § 172 VVG).

b) Berufsbegriff

30 Der Begriff des Berufes wird vom Gesetzgeber nicht definiert, sondern vorausgesetzt. **Beruf** ist in objektiver Hinsicht eine echte, auf Dauer angelegte, dem Erwerb des Lebensunterhaltes dienende und nicht nur einmalige Tätigkeit im Rahmen der Sozialordnung. In subjektiver Hinsicht ist es erforderlich, dass die Tätigkeit die Lebensstellung des Versicherten bereits geprägt hat oder zumindest dazu geeignet ist (*Neuhaus*, BUV, Kap. F Rn 12; vgl. auch BVerfGE 97, 228 = NJW 1998, 1627; BGH, VersR 1996, 830). Damit sind auch die Tätigkeiten Selbstständiger, Beamter, Auszubildender, Studierender oder Referendar erfasst. Dies gilt auch für Hausfrauen und Hausmänner, zumindest in der Übergangsphase zum Wiedereintritt in den Beruf (Erziehungsurlaub), oder in der Bezugszeit des Elterngeldes. Der konkrete **Zeitumfang** der Arbeit ist grds. unerheblich (OLG Köln, VersR 2008, 950; OLG Saarbrücken, BeckRS 2005 00399), ebenso die Höhe des Verdienstes. Entscheidend ist die **Abgrenzung zur Freizeitbeschäftigung** (zu Abgrenzungskriterien OLG Hamm, VersR 2012, 174). Nicht erfasst sind **kriminelle oder sittenwidrige Tätigkeiten**

(LG Bonn, VersR 1997, 439 = r+s 1996, 461: Schwarzarbeit). Arbeitslosigkeit ist kein Beruf, da dies keine Tätigkeit ist und sie nicht auf Dauer angelegt ist.

Mit **„zuletzt ausgeübt"** ist diejenige Tätigkeit gemeint, die die Lebensstellung des VN in „gesunden Tagen" in einem Zeitraum von mindestens ca. sechs Monaten vor dem behaupteten BU-Eintritt geprägt hat, ansonsten kommt es auf die Tätigkeit davor an (*Neuhaus*, BUV, Kap. F. Rn 46, 73 m.w.N.). Nur **kurzfristige Tätigkeiten** genügen nicht. Beim **nicht leidensbedingten Berufswechsel** ist die neue Tätigkeit Prüfungsmaßstab für die BU, wenn sie zumindest begonnen hat, die **Lebensstellung** zu prägen (OLG Saarbrücken, zfs 2014, 523 = VersR 2014, 1114), ansonsten ist es die zuvor ausgeübte. Ungefähr sechs Monate gelten als zeitliche Zäsur (*Neuhaus*, BUV, Kap. F. Rn 46, 73). Ein früherer Masseur, der nicht gesundheitsbedingt, sondern aus finanziellen Gründen Automobilverkäufer geworden ist, wird nicht berufsunfähig, wenn ihn rheumatische Beschwerden heimsuchen, mit denen er seinen früheren Beruf zwar nicht hätte ausüben können, mit denen er aber ohne Weiteres Autos verkaufen kann (in diesem Sinne BGH, VersR 1995, 159, 161). Von einem Ausscheiden aus dem früheren Beruf kann nur dann gesprochen werden, wenn der Versicherte seinen bisherigen Beruf bewusst aufgibt (BGH, r+s 2012, 142 = zfs 2012, 221), was i.S.v. dauerhaft aufgeben zu verstehen ist, weshalb **Arbeitslosigkeit oder Elternzeit** keinen Beruf*wechsel* bewirken.

31

Erfolgt nachweisbar ein **krankheits- oder leidensbedingter Wechsel** oder auch nur eine zeitliche Reduzierung der Tätigkeit, kann auf den zuletzt (schon krank) ausgeübten Beruf nicht mehr abgestellt werden (BGH, VersR 1993, 1470; OLG Saarbrücken, zfs 2014, 163 = VersR 2014, 1194; OLG Saarbrücken, zfs 2013, 646; OLG Saarbrücken, zfs 2014, 523 = VersR 2014, 1114). Alles andere wäre schlicht ungerecht, denn als Beruf gilt die zuletzt in gesunden Tagen (d.h. vor Überschreiten des versicherten BU-Grades) ausgeübte Tätigkeit, und deren Änderung erfolgt auch nicht freiwillig, wenn eine schlechter werdende Gesundheit Anlass dazu ist. Es bleibt damit die vormals ausgeübte Berufstätigkeit weiter maßgeblich. Anders jedoch, wenn die neue Tätigkeit bereits **dauerhaft ausgeübt** wird – Orientierungspunkt anhand der allg. Verjährungsfrist: drei Jahre (*Neuhaus*, BUV, Kap. F Rn 79; fünf Jahre nach LG München I, VersR 2004, 990) – oder es sachgerecht erscheint, auf sie abzustellen, etwa weil sich der Betroffene gut damit arrangiert hat (Differenzierungskriterien: OLG Saarbrücken, zfs 2014, 163 = VersR 2014, 1194; *Neuhaus*, BUV, Kap. F Rn 79). Die neue Tätigkeit gilt auch dann, wenn neue, klar **von den früheren Beschwerden abgrenzbare Beschwerden** auftreten (die also nichts mit dem leidensbedingten Wechsel zu tun haben) oder wenn **altersentsprechender Kräfteverfall** vorliegt und eine dieser neuen Ursachen zur BU im neuen Beruf führt, denn dann verwirklicht sich ein neues Risiko, dass nicht mehr mit der „alten" Tätigkeit zusammenhängt (Vers-Hdb/*Rixecker*, § 46 Rn 17, 18; LG Gießen, VersR 1987, 249).

32

Für die Beurteilung der BU ist nur der konkret ausgestaltete Beruf zum Zeitpunkt des Versicherungsfalls und nicht ein **künftiger Beruf** maßgeblich, denn sie ist keine **„Karriere"-Versicherung** (OLG Düsseldorf, r+s 2011, 524 = jurisPR-VersR 1/2011 Anm. 5; OLG München, VersR 2005, 966; OLG Hamm, r+s 1990, 355). Bloße **Aussichten auf einen beruflichen Aufstieg** bleiben grds. außer Betracht, auch wenn sie sich schon konkre-

33

tisiert haben; anders ist dies evtl., wenn Verbesserungen arbeitsvertraglich festgelegt sind, also ein Anspruch des VN darauf besteht. Daraus folgt auch, dass bei einem VN, der während einer **Umschulung** berufsunfähig wird, nur dann ausnahmsweise auf diese Tätigkeit abzustellen ist, wenn sie die Lebensstellung geprägt hat (was aber eigentlich bei einer Umschulung gar nicht der Fall sein kann). Maßgeblich sind alle ausgeübten Tätigkeiten, so dass auch die Arbeit als Vermieter oder Verwalter des eigenen Vermögens einschlägig sein kann.

34 Übt der Versicherte **mehrere Berufe** aus, so setzt sich sein konkreter Beruf aus diesen mehreren Berufsbereichen zusammen, weshalb zur Darlegung des konkreten Berufsbildes die Darlegung der kompletten Tätigkeit in allen Bereichen gehört (OLG Dresden, r+s 2013, 564; LG Mühlhausen, Urt. v. 15.3.2012 – 1 O 243/11 zur BU in einer Krankentagegeldvers. und drei Berufen des VN). Der Beruf i.S.v. § 172 VVG und den AVB besteht damit aus den verschiedenen Einzelberufen. Nur wenn insgesamt der versicherte BU-Grad überschritten wird, liegt BU vor.

c) Überblick-Tabelle besondere Berufsgruppen (A–Z)

35

Tätigkeit	Beruf i.S.d. BUV?	Hauptargument	Fundstelle
Arbeitslosigkeit	Nein	Kein freiwilliges Ausscheiden aus dem Beruf, der Betroffene will noch am Berufsleben teilnehmen.	BGH, r+s 2012, 142 = zfs 2012, 221 Rn 32; BGH, r+s 1987, 268 = VersR 1987, 753; OLG Hamm, r+s 2009, 202 = VersR 2009, 818; *Neuhaus*, BUV, Kap. F Rn 25
Auszubildende	Ja	Berufsbegriff wird entweder durch Sonderklauseln oder konkludent durch Vertragsabschluss auf die Tätigkeit ausgedehnt. Problem: Ausbildung und künftiger Beruf scheinen für den BGH ein einziger Beruf zu sein.	BGH, r+s 2011, 259 = NJW 2011, 1736; BGH, r+s 2010, 247 = VersR 2010, 619; ausführlich *Neuhaus*, BUV, Kap. F Rn 229 ff.
Beamte	Ja	Problem: Abstellen auf zuletzt ausgeübte Tätigkeit oder generelle Dienstunfähigkeit (str.)?	ausführlich unten Rdn 45 f.

Tätigkeit	Beruf i.S.d. BUV?	Hauptargument	Fundstelle
Bundesfreiwilligendienst	Ja	Prägende Stellung.	Neuhaus, BUV, Kap. F Rn 17
Elternzeit	Nein	Nur zeitweise Unterbrechung des früheren Berufs.	BGH, r+s 2012, 142 = zfs 2012, 221; OLG Stuttgart v. 10.6.2010 – 7 U 179/09; Neuhaus, BUV, Kap. F Rn 16
Hausfrauen/-männer	Ja/Nein	Ja, wenn bewusst gewählt und keine Unterbrechung des Berufs, da gesellschaftlich anerkannt, merkantiler Wert der Tätigkeit.	Neuhaus, BUV, Kap. F Rn 29
Mutterschutz	Nein	Nur zeitweise Unterbrechung des früheren Berufs.	Neuhaus, BUV, Kap. F Rn 29
Praktikum	Nein	Keine prägende Stellung.	Neuhaus, BUV, Kap. F Rn 17
Prostitution	Ja	Gesetzlich erlaubt.	Neuhaus, BUV, Kap. F Rn 28
Rehabilitationsmaßnahmen	Nein	Nur (Versuch der) Eingliederung in das Erwerbsleben.	OLG Nürnberg, zfs 2012, 280 = VersR 2012, 843
Rentner/in	Nein	Kein merkantiler Wert der Tätigkeit.	Neuhaus, BUV, Kap. F Rn 30
Schüler	Ja	Prägende Stellung und nicht nur kurzfristig.	Neuhaus, BUV, Kap. F Rn 9, 17, 229
Schwarzarbeit	Nein	Verstoß gegen Sozialordnung ist nicht schützenswert.	LG Bonn, VersR 1997, 439 = r+s 1996, 461
Selbstständige	Ja		ausführlich unten Rdn 38 ff.
Sozialhilfeempfänger/in	Nein	Nicht freiwillig.	Neuhaus, BUV, Kap. F Rn 32
Student	Ja	Prägende Stellung und nicht nur kurzfristig	Neuhaus, BUV, Kap. F Rn 9, 17, 33, 229

Tätigkeit	Beruf i.S.d. BUV?	Hauptargument	Fundstelle
Vermögensverwaltung	Ja/Nein	Abhängig vom Umfang der Tätigkeit.	*Neuhaus*, BUV, Kap. F Rn 34
Wehrdienst	Ja	Prägende Stellung.	*Neuhaus*, BUV, Kap. F Rn 17
Wiedereingliederungsmaßnahmen	Nein	Nur (Versuch der) Eingliederung in das Erwerbsleben.	OLG Nürnberg, zfs 2012, 280 = VersR 2012, 843; *Neuhaus*, BUV, Kap. F Rn 37, 15

d) Prägende Tätigkeiten und sinnvolles Arbeitsergebnis

36 Da die **Arbeitszeit** nicht das alleinige und ausschließlich maßgebliche Kriterium für die BU ist, besteht diese (erst) dann, wenn der zu Teilarbeiten noch fähige Versicherte gesundheitsbedingt an Einzelverrichtungen gehindert ist, die für seinen Beruf wesentlich, d.h. „prägend" sind (OLG Saarbrücken, Beschl. v. 19.12.2013 – 5 W 69/13; OLG Dresden, r+s 2013, 564; OLG Karlsruhe, r+s 2001, 434 = VersR 2000, 1401; ohne nähere Begründung vorausgesetzt von BGH, r+s 2001, 167 = VersR 2001, 89). Dazu ist eine **wertende Gesamtwürdigung** des Einzelfalles mit allen Facetten der Berufstätigkeit erforderlich. Sind prägende Tätigkeiten nicht mehr möglich, ist es unerheblich, welchen zeitlichen Anteil an der Gesamttätigkeit sie einnehmen und welche der übrigen, der Kerntätigkeit untergeordneten und durch diese bedingten Verrichtungen (etwa Wareneinkauf, Buchhaltung, Terminplanung) der Versicherte noch ausführen kann. Auch der Wegfall von im Verhältnis zur Gesamtarbeitszeit nur kurz ausgeübten, aber für die Tätigkeit bestimmenden (also prägenden) Tätigkeiten, ohne die die Arbeit keinen Sinn macht, können BU bewirken (ausführl. *Neuhaus*, BUV, Kap. F Rn 49 ff.). Zu klären ist, ob der Versicherte mit den noch ausübbaren Tätigkeiten weiterhin ein **sinnvolles Arbeitsergebnis** erzielen kann.

37 **Als prägenden Tätigkeiten angesehen** wurden bspw.: körperlich-handwerkliche Tätigkeiten in einem kleineren Handwerksbetrieb (OLG Karlsruhe, r+s 2001, 434 = VersR 2000, 1401), fünf Stunden täglich einen Gabelstapler fahren (OLG München, Urt. v. 19.12.2008 – 25 U 1711/05), Lesefähigkeit eines Anwalts (BGH, r+s 2013, 295 = jurisPR-VersR 5/2013 Anm. 1 *Neuhaus*; OLG Celle, BeckRS 2014, 09779), 30 % Fußpflegearbeiten bei einer Kosmetikerin und Fußpflegerin mit idiopathischer Epilepsie und Verletzungsgefahr wegen Verkrampfungen (OLG Saarbrücken, Beschl. v. 19.12.2013 – 5 W 69/13), Fähigkeit des schmerzlosen „Hinkniens" bei einem Notarzt im Rettungseinsatz (OLG Saarbrücken, zfs 2012, 219 = VersR 2012, 845), Gehirnchirurg kann noch die Standard-, nicht aber die komplizierten Operationen durchführen (*Neuhaus*, BUV, Kap. F Rn 63), Möglichkeit der Hilfeleistung bei einer Stewardess (LG Landshut, r+s 2008, 79) oder einer Altenpflegerin (LG Dortmund, Urt. v. 28.8.2008 – 2 O 69/07; zu Notsituationen in „Helferberufen" vgl. *Neuhaus*, BUV, Kap. F Rn 64 ff.), „Tauchfähigkeit" eines Bademeisters mit Chlorallergie

und Gefahr eines allergischen Schocks (*Neuhaus*, BUV, Kap. F). **Keine prägenden Tätigkeiten** sind Transport von Waren morgens in das Geschäft und abends in das Kühlhaus durch den Inhaber eines Lebensmittelgeschäfts bei einem Zeitaufwand von ca. 15–20 % der gesamten Tätigkeit (OLG Köln, Urt. v. 30.9.2011 – 20 U 43/11), ferner grds. alle gleichrangigen und nicht aufeinander aufbauenden Teiltätigkeiten (Einzelfallfrage).

e) Besonderheiten bei Selbstständigen

Der **Selbstständige** ist **nicht weisungsgebunden** und übt seine Tätigkeit grds. selbstbestimmt und nicht fremdbestimmt aus. Das ist Bestandteil seines „Berufs" im Sinne der AVB und von § 172 Abs. 2 VVG. Zu dieser „Ausgestaltung" des Berufs (und nicht der Tätigkeit) gehört das **Organisations- und Direktionsrecht**. Ein Selbstständiger ist daher erst dann berufsunfähig, wenn ihm trotz **Umorganisation** in seinem Betrieb keine Tätigkeitsbereiche mehr offen stehen, in denen er noch hinreichend unternehmerisch arbeiten kann (BGH, VersR 2003, 631; BGH, VersR 1996, 1090; BGH, VersR 1994, 587; BGH, VersR 1991, 1358, 1359; BGH, VersR 1989, 579). Dies gilt auch für geschäftsführende Alleingesellschafter (OLG Saarbrücken, r+s 2007, 70 = zfs 2006, 42), sozialversicherungsrechtlich angestellte, aber beherrschende Gesellschafter oder Geschäftsführer (*Neuhaus*, BUV, Kap. F Rn 161 ff.; OLG Koblenz, r+s 2011, 345), den „faktischen Betriebsinhaber" (OLG Saarbrücken, zfs 2012, 704; OLG Hamm, zfs 2003, 33; OLG Koblenz, VersR 2002, 343) und ausnahmsweise auch für Angestellte, denen einen Direktionsrecht zusteht (OLG Koblenz, r+s 2002, 33). Eine solche Umorganisation muss **objektiv möglich** und **subjektiv zumutbar** sein (ausführl. *Neuhaus*, BUV, Kap. F Rn 103 ff.). 38

Praxishinweis 39
Bei dem Kriterium der Umorganisation geht es nicht um die Problematik der sog. Verweisung auf eine vergleichbare Tätigkeit, denn diese betrifft die Frage, ob der Versicherungsnehmer einen anderen Beruf ausüben kann, während es bei der Umorganisation um denselben, nur inhaltlich anders organisierten Beruf des VN geht (BGH, r+s 1996, 418 = VersR 1996, 1090). Die fehlende Möglichkeit einer Umorganisation ist nach derzeitiger Rechtslage auch ohne konkrete Regelung in den Bedingungen **Tatbestandsmerkmal** eines BU-Anspruchs und somit vom VN auch dann darzulegen, wenn sich der VR (noch) nicht dazu geäußert hat (BGH, VersR 1994, 205). Ob in den AVB etwas zur Umorganisation geregelt ist, spielt keine Rolle (zu Klauselgestaltungen, durch die der VR aber mglw. das Umorganisationsrecht selbst einschränkt, vgl. *Neuhaus*, BUV, Kap. F Rn 113 ff.).
Aus der hier zitierten Rspr. ergeben sich grds. **drei Voraussetzungen**, die Selbstständige darlegen und beweisen müssen:
1. Die zuletzt konkret ausgeübte Tätigkeit kann aus gesundheitlichen Gründen nicht mehr im vereinbarten Umfang (z.B. 50 %) fortgeführt werden.
2. Die berufliche Tätigkeit (also i.d.R. das Unternehmen) kann nicht so umorganisiert werden, dem Unternehmer noch ein angemessener und gesundheitlich zu bewältigender Aufgabenbereich verbleibt (objektive Umorganisationsmöglichkeit, d.h. tatsächlich möglich und sinnvoll).
3. Diese Umorganisation ist wirtschaftlich und persönlich zumutbar (bspw. kein erhebliches Absinken der Lebensstellung).

Die Umorganisation betrifft augenscheinlich nur die Delegation auf andere Personen, sie umfasst aber genauso jede **Änderung in den Arbeitsvorgängen** des Unternehmers, also 40 etwa zeitliche Umgestaltung, Nutzung anderer Maschinen, Veränderungen der zeitlichen Abläufe oder Nutzung von Hilfsmitteln (Neuhaus, BUV, Kap. F Rn 128). Auch **Entlassungen oder Neueinstellungen** anderer Beschäftigter sind in Betracht zu ziehen (BGH, VersR 1991, 1358), was aber nur dann zumutbar ist, wenn dies nicht mit auf Dauer ins Gewicht fallenden Einkommenseinbußen verbunden ist (BGH, VersR 2003, 631). Zu dem „Beruf" eines Selbstständigen gehört, seinen Tagesablauf so organisieren zu können, dass eine „autonome somatoforme Funktionsstörung bewirkende „Stressoren" vermieden werden" (OLG Saarbrücken, VersR 2006, 778). Die **Fortführung der Tätigkeit** kann ein Indiz für eine erfolgreiche Umorganisation sein (Neuhaus, BUV, Kap. F Rn 130), es kann sich aber bspw. auch um eine (unzumutbare) Raubbautätigkeit handeln, etwa wenn der VN nur bei regelmäßiger Einnahme von Schmerzmitteln max. zwei Stunden am Tag in der Lage ist, seinen Beruf (Konditor) auszuüben (OLG Saarbrücken, VersR 2004, 1165). Bei einem Fleischermeister kann der VR sich nicht darauf berufen, dass der VN trotz seiner Krankheit noch mehrere Monate lang seinen Fleischerbetrieb abgewickelt hat; dies ist wegen der dafür nur erforderlichen geringen (körperlichen) Anforderungen kein eigenständiger Beruf (OLG Hamm, VersR 2007, 384). Allein die **Aufgabe des Berufs** indiziert nicht, dass eine Umorganisation nicht möglich war. Muss ein Versicherter sein **Unternehmen gesundheitsbedingt aufgeben** (Krankengymnastin), so soll er in diesem zuletzt ausgeübten Beruf berufsunfähig sein, auch, wenn die Möglichkeit bestünde, bei Übernahme anderer „Wellness orientierter" Angebote weiter beruflich tätig zu sein (OLG Karlsruhe, VersR 1995, 86; OLG Düsseldorf, VersR 1991, 1359: Fischhändler; Einzelfallfrage).

41 Die **tatsächliche Möglichkeit** der Umorganisation setzt voraus, dass der Betroffene dazu gesundheitlich noch in der Lage ist. Die Anforderungen gelten auch, wenn der Versicherte **nicht Alleininhaber des Betriebs** und mit **mehreren Gesellschaftern** (GbR, GmbH etc.) verbunden ist (OLG Hamm, r+s 2003, 377 = zfs 2003, 33; OLG Koblenz, r+s 2002, 33 = VersR 2002, 344). Wer das erforderliche **Einverständnis von Mitgesellschaftern** zur Betriebsumorganisation nicht hat, muss dies zunächst einmal gesellschaftsrechtlich nachweisen und versuchen, einen ggf. im Gesellschaftsrecht wurzelnden Anspruch auf Zustimmung oder Rücksichtnahme gegenüber den Mitgesellschaftern dort durchsetzen (notfalls auch klageweise), bevor er dem VR entgegenhalten kann, eine Umorganisation sei nicht möglich (ausführl. Neuhaus, BUV, Kap. F Rn 135 ff., 161 ff). Bei **Kleinbetrieben** liegt die Möglichkeit einer zumutbaren Umorganisation eher fern bzw. wird auch völlig abgelehnt (OLG Hamm, zfs 2013, 217; OLG Köln, Urt. v. 10.2.2012 – 20 U 94/11: Transportunternehmen mit mitarbeitendem Inhaber und zwei Angestellten, Lkw bzw. Spezialfahrzeuge, eine Stunde kaufmännische Tätigkeit pro Tag; OLG Frankfurt a.M., NJW-RR 2010, 1256; OLG Saarbrücken, VersR 2009, 99; KG, VersR 2003, 491; OLG Dresden r+s 2002, 521), ausgeschlossen ist sie aber dennoch nicht von vornherein, etwa wenn der Inhabers eines Ladenlokals ohne Mitarbeiter das Tragen schwerer Lasten und Überkopfarbeiten durch eine Umorganisation mittels Umpackens in kleinere Gebinde und angepasster Regalbestückung vermeiden kann (OLG Hamm, jurisPR-VersR 9/2011, Anm. 3 Neuhaus = VersR 2011, 384). In einem **Einmannbetrieb** kann den Versicherten die besondere Darlegungslast, dass eine Umorganisation nicht möglich ist, ausnahmsweise nicht treffen (OLG Koblenz, r+s

2011, 345 = VersR 2009, 1249), was abzulehnen ist, da erst die Darlegung der tatsächlichen Abläufe überhaupt die Prüfung ermöglicht, ob eine Umorganisation machbar ist, etwa durch einfache Änderung von Arbeitsabläufen (vgl. dazu OLG Hamm, jurisPR-VersR 9/2011, Anm. 3 *Neuhaus* = VersR 2011, 384). Die **Verpachtung eines Betriebs** soll keine Umorganisation sein (OLG Karlsruhe, VersR 1990, 608, kritisch *Neuhaus*, BUV, Kap. F Rn 140).

Die **Grenzen der Zumutbarkeit** sind einzelfallabhängig auf der Basis einer **Gesamtbetrachtung** der dem Betriebsinhaber nach einer betrieblich sinnvollen Umorganisation trotz seiner gesundheitlichen Einschränkungen noch verbliebenen Tätigkeitsfelder zu bestimmen. Die verbleibende Tätigkeit muss, ausgehend von der Stellung als Betriebsinhaber, noch angemessen und die **bisherige Lebensstellung gewahrt** sein (OLG Dresden, r+s 2002, 521 = VersR 2000, 1222; ausführl. *Neuhaus*, BUV Kap. F Rn 141 ff.). Je kleiner der Betrieb, desto eher kann Unzumutbarkeit vorliegen, weil die **Aufwendung eigener Mittel** zur Vermeidung der BU schwierig ist. Einem Selbstständigen, der überwiegend in der Küche seines Imbisses als Koch tätig ist und nur eine einzige Hilfskraft für die Aufnahme von Bestellungen und das Servieren der Mahlzeiten beschäftigt, ist die Umorganisation des Betriebs daher nicht zumutbar (OLG Köln, VersR 2013, 1296). Einer Frisörmeisterin ist bei 60 %iger BU und einem Betrieb mit weniger als zehn Vollzeit- und Teilzeitkräften eine Umorganisation nicht zuzumuten (OLG Karlsruhe, r+s 2009, 120 Rn 74, 77). Die Umorganisation muss auch zu einem **sinnvollen Ergebnis** führen und ist unzumutbar, wenn sie nicht kaufmännisch vernünftig ist oder dem VN überobligatorische Anstrengungen aufbürdet. So muss ein selbstständiger Versicherungsmakler, für dessen Tätigkeit Kundengespräche mit Fertigung von Notizen wesentlich waren und dessen rechte Hand nicht mehr gebrauchsfähig ist, sich nicht durch Einsatz eines Spracherkennungsprogramms umorganisieren, wenn häufige „händische" Nachkorrekturen erforderlich sind, weil dann Kundengespräche nicht mehr sinnvoll geführt werden können (LG Heidelberg, Urt. v. 8.3.2013 – 3 O 316/10). **Besonderes Fachwissen oder Fähigkeiten, die dem Betrieb das Gepräge geben**, können eine Delegation unzumutbar machen, etwa bei einem selbstständigen Architekten mit hoher Spezialisierung (hier: Errichtung von Behindertenwerkstätten und Behindertenschulen, Mehrzweckhallen, Industriemuseen; OLG Koblenz, VersR 2003, 759 = r+s 2004, 250; zur Zumutbarkeit bei einer kleineren, durch den Inhaber geführten Gaststätten mit „Thekenkommunikation" vgl. OLG Saarbrücken, VersR 2009, 99; OLG Koblenz, r+s 2001, 41 = VersR 2000, 749).

42

Die Umorganisation darf dabei nicht mit auf Dauer ins Gewicht fallenden **Einkommenseinbußen** verbunden sein (BGH, r+s 2003, 207 = NJW-RR 2003, 673; VersR 1989, 579; VersR 1991, 1358; VersR 1989, 570). Wie bei der Verweisung, auf deren von der Rspr. festgestellte Kriterien grds. zurückgegriffen werden darf, muss die soziale Lebensstellung des Selbstständigen in wirtschaftlicher Hinsicht gewahrt bleiben (Einzelfallbetrachtung, BGH, VersR 1998, 42). Die Grenze der Unzumutbarkeit ist – ähnlich, aber nach obigen Grundsätzen nicht völlig identisch mit der Zumutbarkeitsrechtsprechung bei der Verweisung – ab etwa **25 bis 35 % Einbuße** zu ziehen. Eine **Einkommenseinbuße von 20 %** ist zumutbar (LG Frankenthal, VersR 2008, 1341). Der Maßstab beim Vergleich des Einkom-

43

mens vor und nach der Umorganisation muss wegen der „natürlichen" Einkommensschwankungen bei Selbstständigen etwas großzügiger als bei der Verweisung bemessen werden, d.h. bei der Zumutbarkeit einer Verminderung ist noch ein gewisser „Zuschlag" von ca. 5 % zu machen (*Neuhaus*, BUV, Kap. F Rn 147 ff.). Das Aufbürden von **Mehrausgaben** ist nur dann zumutbar, wenn die Umschichtungen Sinn machen und durch andere Arbeiten diese Mehrausgaben wieder ausgeglichen werden können (OLG Koblenz, r+s 2002, 127 = VersR 2002, 469: Masseur; OLG Karlsruhe, VersR 1995, 86 u. VersR 1992, 1075).

44 Die (umorganisierte) Arbeit muss dem VN den nötigen Respekt sichern und seiner Stellung als Betriebsinhaber angemessen sein, also (wie bei der Verweisung) seiner Ausbildung und Erfahrung entsprechen und seine **bisherige Lebensstellung im Wesentlichen sichern** (OLG Frankfurt/M., VersR 1997, 349, OLG Hamm, VersR 1992, 1120, LG Hannover, VersR 1982, 235). Das scheidet aus bei **Verlegenheitsbeschäftigungen**, z.B. den Hof fegen oder Telefon- oder Empfangsdienst (OLG Karlsruhe, VersR 1992, 1075; OLG Frankfurt am Main, NVersZ 2000, 426), passive Begleitung eines neu einzustellenden Mitarbeiters bei Transportfahrten (OLG Köln, Urt. v. 10.2.2012 – 20 U 94/11), Beaufsichtigung der Mitarbeiter und gelegentliche Bürotätigkeit (OLG Hamm, zfs 2013, 217). Es muss im Ergebnis ein angemessener Tätigkeitsbereich verbleiben (OLG Hamm, zfs 2013, 217). Der Wechsel eines Selbstständigen in eine **abhängige Stellung** ist zumutbar, wenn er dadurch seine frühere Lebensstellung wieder erreichen kann (OLG Karlsruhe, VersR 1990, 608).

f) Besonderheiten bei Beamten

45 **Beamte** sind nicht automatisch berufsunfähig, wenn sie wegen einer Erkrankung entlassen oder in den Ruhestand versetzt werden. Auch bei ihnen ist für die Beurteilung der BU auf die zuletzt tatsächlich ausgeübte Tätigkeit abzustellen (OLG Hamburg, r+s 2003, 119 = VersR 2002, 556). Sie müssen folglich **gesundheitsbedingt außerstande** sein, ihre bisherige Tätigkeit auf Dauer nicht mehr auszuüben. Bei der BU im privatversicherungsrechtlichen Sinne handelt es sich um einen eigenständigen Rechtsbegriff, der weder mit Dienstunfähigkeit, noch mit BU oder Erwerbsunfähigkeit i.S.d. gesetzlichen Rentenversicherungsrechts gleichgesetzt werden kann (BGH, VersR 2007, 821; VersR 2005, 676; VersR 1996, 959).

46 Allerdings ist zwischen VV ohne oder mit sog. **Beamtenklauseln**, die für den VN leistungserweiternd beamtenrechtliche Dienstunfähigkeit und BU gleichsetzen, zu unterscheiden. Die Beamtenklausel (Beispiele bei *Neuhaus*, BUV, Kap. F Rn 190 ff.) ersetzt die übliche Definition der BU durch eine für den Beamten günstigere und kann an Stelle der üblichen BU-Definition oder zusätzlich zu dieser vereinbart werden (Klauselbeispiel Rdn 48). Für die Prüfung derartiger Klauseln kommt es auf den **genauen Wortlaut** an, bereits durch geringfügige sprachliche Änderungen im Wortlaut kann sich eine andere Rechtslage ergeben. Teilweise werden für spezielle Beamtengruppen noch **Sonderklauseln** bereitgehalten, etwa für Gerichtsvollzieher (ausführl. *Neuhaus*, BUV, Kap. F Rn 275), die dann die allgemeine Beamtenklausel innerhalb der AVB ersetzen.

Für **VV ohne Beamtenklausel** gilt: Allein aus der Versetzung in den vorzeitigen Ruhestand 47
folgt noch nicht, dass der Beamte auch berufsunfähig ist (OLG Koblenz, VersR 1998,
1010 = NVersZ 1998, 116). Streitig ist, ob wegen der gesetzlich verankerten Fürsorgepflicht
des Dienstherrn als zuletzt ausgeübter Beruf des Beamten das **Amt im statusrechtlichen
Sinne** – Besoldungsgruppe, Amtsbezeichnung – (OLG Koblenz, VersR 1999, 1399; OLG
Koblenz, VersR 1998, 1010 = NVersZ 1998, 116; *Neuhaus*, BUV, Kap. F Rn 186; offen
gelassen von KG, r+s 2011, 526 = zfs 2011, 283) oder der **Beruf im konkret-funktionellen
Sinn**, also die konkrete Aufgabenzuweisung durch den Dienstherrn, anzusehen ist (so OLG
Frankfurt a.M., r+s 2006, 385; OLG Hamburg, r+s 2003, 119 = VersR 2002, 556; OLG
Düsseldorf, VersR 2001, 972; OLG Düsseldorf, r+s 2001, 344 = VersR 2001, 219; OLG
Bamberg, VersR 1992, 1074). Nach der erstgenannten Meinung liegt keine BU vor, wenn
die Möglichkeit besteht, in ein anderes, dem Status entsprechendes Amt versetzt bzw.
übernommen zu werden (anderweitige Verwendungsmöglichkeit im Beamtenapparat); nur
bei allgemeiner Dienstunfähigkeit für alle vergleichbaren und zumutbaren Ämter liegt BU
vor. Die grds. immer bestehende Möglichkeit einer Innendienstverwendung spricht daher
gegen BU (*Neuhaus*, BUV, Kap. F Rn 183). Die **a.A.** stellt für die Beurteilung der BU
ausschließlich auf die zuletzt tatsächlich ausgeübte Tätigkeit ab, so dass die anderweitige
Verwendung im Beamtenapparat allenfalls im Rahmen einer Verweisung auf eine Vergleichstätigkeit zu prüfen ist. Zutreffend ist die erste Ansicht, da aus Sicht eines durchschnittlichen Beamten, auf den es hier ankommt, „sein Beruf" die Tätigkeit als Beamter
in der gesamten Behörde nach dem Grundsatz „Weiterverwendung statt Frühpensionie-
rung" und nicht etwa nur im Polizeiaußendienst ist (ausführl. *Neuhaus*, BUV, Kap. F
Rn 186).

Für **VV mit Beamtenklausel** gilt: Scheidet der Beamte wegen Dienstunfähigkeit aus dem 48
Amt aus (Versetzung in den Ruhestand oder Entlassung), liegt hier im Regelfall eine
unwiderlegliche Vermutung vollständiger BU vor (BGH, VersR 1995, 1174; VersR 1989,
903). Im Einzelfall ist anhand der **konkreten Klauselformulierung** durch Auslegung zu
prüfen, ob derart weitreichende Folgen gewollt waren.

> **Praxishinweis**
> Die typische Beamtenklausel lautet: „*Berufsunfähigkeit liegt auch vor, wenn ein versicherter
> Beamter vor Erreichen der gesetzlich vorgeschriebenen Altersgrenze infolge seines Gesund-
> heitszustandes wegen allgemeiner Dienstunfähigkeit entlassen oder in den Ruhestand versetzt
> wird.*" – Aus einer solchen Formulierung folgt, dass VR auf eine eigene Überprüfung der
> Dienstunfähigkeit verzichtet und an die beamtenrechtliche Beurteilung anknüpfen will
> (BGH, VersR 2007, 821; BGH, VersR 1995, 1174; BGH, VersR 1989, 903; OLG Karlsruhe,
> VersR 2009, 386; OLG Nürnberg, VersR 2010, 103; OLG Düsseldorf, VersR 2004, 1033 zu
> ähnlichen Klauseln; *Terno*, r+s 2008, 361, 363).

Muss die Zuruhesetzung nur „wegen allgemeiner Dienstunfähigkeit" erfolgen, bedeutet 49
dies, dass der zuständige Dienstvorgesetzte diese lediglich nach pflichtgemäßem Ermessen
bejaht haben muss, nicht jedoch, dass sie auch tatsächlich vorgelegen hat. Bei einer Klausel,
die **lediglich eine Dienstunfähigkeit** verlangt, genügt grds. allein der formelle Dienstakt
der Zuruhesetzung entsprechend dem jeweiligen Landesbeamtengesetz oder dem BBG,
um den Leistungsanspruch des Beamten aus der BUV zu begründen. Es ist dann kein

Raum mehr für Streitigkeiten über Eintritt, Grad und Fortdauer vollständiger Berufsunfähigkeit (BGH, VersR 1989, 903). An die Entscheidung des Dienstherrn ist der VR – gleich, ob sie zu Recht ergangen ist oder nicht – gebunden („**faktische Tatbestandswirkung**"). Ob auch tatsächlich eine **gesundheitsbedingte Dienstunfähigkeit** vorliegt, ist ebenfalls unerheblich, wenn die Klausel nicht entsprechend formuliert ist. Will der VR, dass „echte" Dienstunfähigkeit die Voraussetzung ist, hat er dies sprachlich zum Ausdruck zu bringen, ansonsten gilt nach § 305c Abs. 2 BGB das für den VN günstigere Ergebnis (OLG Karlsruhe, VersR 2009, 386).

50 Teilweise enthalten Beamtenklauseln **zusätzliche Tatbestandsvoraussetzungen**. Beispiel: „*Dienstunfähig ist ein Beamter, wenn er infolge eines körperlichen Gebrechens oder wegen Schwäche seiner körperlichen oder geistigen Kräfte zur Erfüllung seiner Dienstpflichten dauernd unfähig ist.*" Hier (und bei vergleichbaren Klauseln) muss der Gesundheitszustand des Beamten alleiniger Grund seiner vorzeitigen Entlassung gewesen sein (BGH, VersR 1997, 1520; OLG Frankfurt/M., VersR 2004, 53; OLG Nürnberg, VersR 2003, 1028; ausführl. zu solchen Klauseln *Neuhaus*, BUV, Kap. F Rn 194 ff.). Der durchschnittliche VN muss eine solche Klausel so verstehen, dass nicht allein der formale Akt der Versetzung in den Ruhestand wegen Dienstunfähigkeit ausreicht, sondern auch die Voraussetzungen der Dienstunfähigkeit tatsächlich gegeben sein müssen (OLG Frankfurt/M., r+s 2008, 122), so dass die kausale Verknüpfung des Gesundheitszustandes mit der Ruhestandsversetzung zu einer **widerlegbaren Vermutung** der Dienstunfähigkeit führt (OLG Nürnberg, VersR 2003, 1028). Die **Beweislast** dafür liegt beim VR (OLG Nürnberg, VersR 2003, 1028; vgl. auch OLG Frankfurt/M., r+s 2008, 122). Verlangt die Klausel eine Entlassung wegen Dienstunfähigkeit infolge des Gesundheitszustandes und enthält die Entlassungsverfügung ausdrücklich als weitere Begründung eine **charakterliche Fehlhaltung des Beamten** (da er einem eigens für ihn anberaumten Termin zur Wiederholung einer mündlichen Prüfung ferngeblieben ist), hat er keinen Anspruch auf Leistungen aus seiner BUV, da es an der nach der vereinbarten Beamtenklausel erforderlichen ausschließlichen Entlassung infolge des Gesundheitszustandes wegen Dienstunfähigkeit fehlt (OLG Koblenz, VersR 2009, 1062 = r+s 2010, 475).

51 Zu den **Besonderheiten bei Polizeidienst**, Feuerwehrleuten und Justizvollzugsdienstbeamten vgl. *Neuhaus* (*Neuhaus*, BUV, Kap. F Rn 208 ff.).

52 Bei allen Klauselvarianten kann sich der VR darauf berufen, die Versetzung in den Ruhestand sei nur vorgeschoben, also aus Gründen erfolgt, die außerhalb der Person des Beamten liegen. Daher ist die „wegen Dienstunfähigkeit" erfolgte Zurruhesetzung eines VN für den VR ausnahmsweise nicht bindend, wenn die **gesundheitlichen Gründe lediglich vorgeschoben** sind und nicht den eigentlichen Grund für die Pensionierung darstellen, etwa aus Rationalisierungsgründen (Wegfall der Geschäftsgrundlage bzgl. der Beamtenklausel und Anpassung an eine widerlegbare Vermutung, vgl. OLG Nürnberg, VersR 2003, 1028; OLG Düsseldorf, VersR 2001, 754 = r+s 2001, 345). Die Beweislast obliegt dem VR (KG, VersR 2003, 718; OLG Nürnberg, VersR 2010, 103 mit Hinweisen, was in diesem Sonderfall konkret vom VR vorzutragen ist). Hat der Beamte einen Anspruch auf ein anderes Amt durch Übernahme oder Versetzung, stellt er aber entsprechende Anträge nicht

oder nimmt er sie zurück, handelt er treuwidrig nach § 242 BGB oder im Einzelfall auch arglistig mit der Folge, dass es sich um eine **vorsätzliche Herbeiführung des Versicherungsfalles** handelt, so dass der entsprechende Ausschluss aus den Bedingungen greift (*Neuhaus*, BUV, Kap. F Rn 219 m.w.N.).

Aus Sicht eines durchschnittlichen VN ist es erforderlich, dass nicht nur die formale Versetzung in den Ruhestand erfolgen muss, sondern zusätzlich auch der **Ruhestand begonnen haben muss**, damit BU eintreten kann. Vorher kann der Anspruch auf Leistungen nicht fällig werden (*Neuhaus*, BUV, Kap. F Rn 221 ff.).   53

g) Ausscheiden aus dem Beruf bzw. Berufsleben

Für das **Ausscheiden eines Versicherten aus dem Beruf** ohne Anschlusstätigkeit sehen AVB häufig eine Klausel vor, bspw. *„Übt der Versicherte bei Eintritt der Berufsunfähigkeit keine berufliche Tätigkeit aus, gilt die zuletzt ausgeübte berufliche Tätigkeit als versichert."* Damit ist nur eine „normale", vorübergehende Berufsunterbrechung gemeint ist und nicht ein bewusstes Ausscheiden aus dem **Berufsleben** insgesamt. Letzteres wird oft durch folgende Klausel geregelt: *„Scheidet die versicherte Person aus dem Berufsleben aus und werden später Leistungen wegen Berufsunfähigkeit beantragt, kommt es bei der Anwendung der Absätze 1 bis 3 darauf an, dass die versicherte Person außerstande ist, eine Tätigkeit auszuüben, zu der sie aufgrund ihrer Ausbildung und Fähigkeiten in der Lage ist und die ihrer bisherigen Lebensstellung entspricht."* (vgl. bspw. § 2 Abs. 4 AB-BUV u. AB-BUZ 2010/2008). Dadurch wird der Begriff der BU durch die Anforderung, nicht mehr in einem **Vergleichsberuf** tätig sein zu können, ersetzt (BGH, VersR 1987, 753). **AGB-Bedenken** bestehen nicht (*Neuhaus*, BUV, Kap. F Rn 90). Ohne eine solche Regelung kommt es (wie üblich) auf die zuletzt ausgeübte Tätigkeit an (auch wenn sie lange zurückliegt). Tatbestandlich setzt die Klausel voraus, dass der Versicherte **bewusst und gewollt, d.h. nicht gesundheitsbedingt** seine berufliche Tätigkeit abgebrochen hat („**Berufslosigkeit**" bis zum Eintritt der BU) und seither eine derart lange Zeit verstrichen ist, dass jede Verbindung zu ihr abgeschnitten erscheint, so dass an die dort erworbenen Kenntnisse und Fähigkeiten nicht mehr problemlos angeknüpft werden kann (BGH, VersR 1987, 753; OLG Saarbrücken, zfs 2014, 163 = VersR 2014, 1194; OLG Stuttgart, Urt. v. 10.6.2010 – 7 U 179/09; VersR-Hdb/*Rixecker*, § 46 Rn 38). Davon ist auszugehen, wenn seit dem Abbruch einer beruflichen Tätigkeit eine derart lange Zeit verstrichen ist, dass die **Bande zur früheren Tätigkeit abgeschnitten** erscheint (LG Saarbrücken, zfs 2007, 101: 7 Jahre, Fotolaborantin); anders aber, wenn die Berufsanforderungen sich nicht wesentlich verändert haben (OLG Stuttgart, Urt. v. 10.6.2010 – 7 U 179/09, Erzieherin). Ob sich die früheren Berufskenntnisse „verflüchtigt" haben, ist eine **Frage des Einzelfalls**, denn in Berufen, in denen sich die „Basics" nur langsam oder unwesentlich ändern (Gärtner, Erzieher, Musiker, Tierpfleger, Chemiker etc.) wird es längere Zeit dauern, während in „schnelllebigen" Berufen (Programmierer, Elektroniker, Techniker) oder bei fortbildungsintensiveren Arbeiten (Arzt, Rechtsanwalt, Steuerberater) kürzere Zeiträume maßgeblich sind (*Neuhaus*, BUV, Kap. F Rn 97). Eine ungefähre Zäsurgrenze sind **drei Jahre** (*Neuhaus*, BUV, Kap. F Rn 97). **Kein Ausscheiden** liegt vor bei Arbeitsunfähigkeit (OLG   54

Saarbrücken, zfs 2014, 163 = VersR 2014, 1194), Arbeitslosigkeit (BGH, r+s 2012, 142 = zfs 2012, 221 Rn 32; BGH, r+s 1987, 268 = VersR 1987, 753; differenzierend *Neuhaus*, BUV, Kap. F Rn 95), Erziehungsurlaub (BGH, r+s 2012, 142 = zfs 2012, 221) oder der **Tätigkeit als Hausfrau/-mann**, denn dies ist ein Beruf. Eine Gewerbeanmeldung und die Anmietung und Ausstattung von Büroräumen sind noch keine Berufsausübung, sondern nur **Vorbereitungen** (OLG Saarbrücken, zfs 2013, 646). Bei der weiteren tatbestandlichen Voraussetzung, der **Unfähigkeit, eine Vergleichstätigkeit auszuüben**, ist genau auf die Wortwahl der Bedingungsklausel zu achten, da „Kenntnisse und Fähigkeiten" bspw. etwas anderes als „Ausbildung und Erfahrung" bedeutet (ausführ. Neuhaus, BUV, Kap. F Rn 101 ff.). Anknüpfungspunkt für die **bisherige Lebensstellung** ist der frühere Beruf und die Lebensstellung des Versicherten, mag dies auch lange her sein.

h) Berufsbezogene Obliegenheiten

55 Der VN muss dem VR die Prüfung des Versicherungsfalls ermöglichen und dafür, was auch die AVB – vgl. § 4 Abs. 1d AB-BUZ 2008, § 11 Abs. 1d AB-BUV 2008 – relativ genau, aber nicht abschließend regeln (*Neuhaus*, BUV, Kap. K Rn 16), **Informationen zu seinem Beruf** zur Verfügung stellen. Bei solchen Auskunftsobliegenheiten ist es grds. Sache des VR, welche Angaben er zur Ermittlung des Sachverhalts für erforderlich hält, um seine Entscheidung treffen zu können (BGH, r+s 2006, 185 zu § 20 Nr. 1d VGB 88). Weitere Obliegenheiten des VN, aber auch Begrenzungen für den VR können sich aus § 31 VVG und § 242 BGB ergeben. Obliegenheiten, die dem VN Informationen abverlangen, verstoßen grds. nicht gegen das **Recht zur informationellen Selbstbestimmung** (OLG Köln, VersR 2008, 107: Vorlage von betriebswirtschaftlichen Unterlagen bei einem Selbstständigen).

56 Die **Unterlagen über den Beruf des Versicherten** sollen dem VR die Möglichkeit geben zu prüfen, ob der Versicherte seinen letzten Beruf (in dem vereinbarten Grade) nicht weiter ausüben kann und ob – bei vereinbarter Klausel – eine Verweisung in Betracht kommt. Sie sind dem VR nach dem Bedingungstext **unverzüglich einzureichen**, jedoch noch nicht bei der Meldung der BU (BGH, VersR 1989, 1182). Die AVB-Formulierung „*Unterlagen über den Beruf*" ist grds. **weit auszulegen** (*Neuhaus*, r+s 2009, 309, 317; *Neuhaus*, BUV, Kap. K Rn 37). **Verlangt werden dürfen** bspw. (vgl. *Neuhaus*, BUV, Kap. K Rn 37 ff.): ein klarer Überblick über den typischen Tagesablauf des VN nach „Art eines Stundenplans" (i.d.R. mindestens ein Wochenplan); Nachweis über das Einkommen (Lohn-/Gehaltsabrechnungen, Steuerbescheide – OLG Köln, VersR 2008, 107 –, Steuererklärungen, bei Arbeitnehmern mindestens für sechs bis zwölf Monate, bei Selbstständigen zwei bis drei Jahre); Belege zu den Vergleichskriterien in einer Verweisungsklausel (also etwa bei „Ausbildung und Fähigkeiten" Nachweise über die Ausbildung und die aktuell bestehenden Fähigkeiten); **bei Selbstständigen zusätzlich**: aussagekräftige betriebswirtschaftliche Unterlagen, die es dem VR ermöglichen, zum einen die Größe und die wirtschaftliche Leistungsfähigkeit des Betriebs, zum anderen aber auch die Höhe des erzielten Einkommens zu beurteilen (OLG Dresden v. 30.4.2009 – 4 W 406/09 unter II 2; OLG Köln, r+s 2008, 520 = VersR 2008, 107; *Neuhaus*, r+s 2009, 309, 317); Vorauszahlungsbescheide für

Zeiträume, für die noch kein endgültiger Steuerbescheid vorliegt; betriebswirtschaftliche Auswertungen, Bilanzen, Gewinn- und Verlustrechnungen; Unterlagen, die die Prüfung einer Umorganisierung des Betriebs ermöglichen (Nachweise über die Mitarbeiterzahl, Position, Tätigkeit, Einkommen); bei mehreren Entscheidungsträgern (bspw. mehrere Gesellschafter) Nachweise über die Entscheidungsbefugnisse (Gesellschaftervertrag etc.).

Werden notwendige Unterlagen nicht zur Verfügung gestellt, wird mangels abschließender Prüfungsmöglichkeit der Anspruch des VN **nicht fällig** i.S.v. § 14 VVG (OLG Hamburg, VersR 2010, 749: Schweigepflichtentbindungserklärung nicht erteilt; OLG Köln, VersR 2008, 107; LG Köln v. 8.1.2007 – 26 O 129/06; AG Trier, Beschl. v. 18.9.2006 – 7 C 150/ 06; s.a. § 173 Rdn 3 ff.), es sei denn, der VR lehnt die Leistung fälligkeitsauslösend ernsthaft und endgültig ab. Ohne Fälligkeit beginnt auch die Verjährungsfrist (§ 195 BGB) nicht zu laufen. Die AVB sehen zudem **Sanktionen bei Obliegenheitsverletzungen** vor (bspw. § 14 AB-BUV 2010/2008, § 7 AB-BUZ 2010/2008; zu alledem – auch zu Unterschieden zwischen Alt- und Neuverträgen – *Neuhaus*, BUV, Kap. K Rn 116 ff.). 57

2. Ohne gesundheitliche Beeinträchtigung

Ausschlaggebend ist der zuletzt ausgeübte Beruf, „so, wie er ohne gesundheitliche Beeinträchtigung ausgestaltet war." Mit dieser Formulierung wird sichergestellt, dass „schleichende und möglicherweise sogar zunächst unerkannt gebliebene" Verschlechterungen des Gesundheitszustandes auf die Festlegung des zuletzt ausgeübten Berufes keinen Einfluss haben. Anderenfalls würde die mit der BU angestrebte Vorsorge tendenziell entwertet werden. Entscheidend ist der Vergleich zwischen dem Beruf, den der VN **„in gesunden Tagen"**, also ohne gesundheitliche Schmälerungen seiner Leistungsfähigkeit, ausgeübt hat, ggü. dem Zustand, der nunmehr die BU begründet (BGH, VersR 1993, 1470; BGH, VersR 1996, 830; BGH, VersR 2002, 344; BGH, VersR 2002, 1091; BGH, VersR 1994, 1470, 1471; *Terno*, r+s 2008, 361). Gemeint ist mit „gesunden Tagen": vor Überschreiten des versicherten BU-Grades, z.B. 50% (*Neuhaus*, BUV, Kap. F Rn 295 ff.). 58

3. Krankheit, Körperverletzung, Kräfteverfall

a) Begrifflichkeiten

Nur die Beeinträchtigung durch **Krankheit, Unfall oder Kräfteverfall** wird als Leistungsvoraussetzung berücksichtigt (Begr. BT-Drucks 16/3945, S. 105). Vertragliche Erweiterungen sind zulässig, denn § 172 Abs. 2 VVG ist dispositiv (§ 175 VVG). Die AVB sehen noch **Pflegebedürftigkeit** vor (ausführl. dazu *Neuhaus*, BUV, Kap. G Rn 40 ff.). 59

Der Begriff **Krankheit** muss aus der Perspektive der Funktionen der BU entwickelt werden und entspricht damit nicht dem Krankheitsbegriff der Krankenversicherung. Jede körperliche oder geistige Abweichung vom normalen Gesundheitszustand, die geeignet ist, berufliche Leistungsfähigkeit dauerhaft auszuschließen oder zu beeinträchtigen, ist damit vom Krankheitsbegriff umfasst (OLG Saarbrücken, VersR 2011, 249; OLG Frankfurt/M., VersR 2003, 979; OLG Köln, r+s 1994, 276; OLG Hamm, VersR 1997, 817). Auch 60 psychische Krankheiten sind Krankheiten und können BU begründen (ausführl. unten Rdn 63 ff.). Eine Diagnose führt (noch nicht) zum Nachweis eines bedingungsgemäß beeinträchtigten Leistungsvermögens. Maßgeblich ist allein, welche **Funktionsstörungen objektiv** bestehen (*Neuhaus*, BUV, Kap. G Rn 164). Bloße **Dispositionen** zu bestimmten Erkrankungen begründen, solange sie sich nicht manifestiert haben, keine BU (BGH, VersR 1995, 1431). Auf die Ursache der Krankheit, ihre Behandlungsbedürftigkeit oder ein Verschulden des VN kommt es nicht an. Klauseln, nach denen nur bei einer „**medizinisch anerkannten Krankheit**" geleistet werden soll, sind intransparent und im Wege der geltungserhaltenden Reduktion auf jede Krankheit zu reduzieren (*Neuhaus*, BUV, Kap. G Rn 29).

61 **Körperverletzungen** sind Eingriffe in die körperliche Unversehrtheit und umfassen Störungen der körperlichen, geistigen oder seelischen Lebensvorgänge, unabhängig davon, ob Schmerzen oder tief greifende Veränderungen der Befindlichkeit auftreten (BGH, NJW 1991, 1948; BGH, NJW 2005, 2614).

62 **Kräfteverfall** meint das Nachlassen der körperlichen und geistigen Kräfte sowie die Minderung der Belastbarkeit, und zwar über den **altersentsprechenden** Zustand hinaus (OLG Frankfurt am Main, VersR 2003, 979). Das **normale altersbedingte Nachlassen der Kräfte** des VN und die sich daraus ergebenden Folgen für seine Berufsausübung sind grds. nicht versichert, es sei denn, im VV ist eine andere Regelung getroffen worden (Begr. BT-Drucks 16/3945, S. 105). Mit dem Adjektiv „altersentsprechend" soll klargestellt werden, dass nur ein Kräfteverfall, der oberhalb der Grenze altersentsprechend liegt, eine BU auslösen kann. Der Kräfteverfall, der altersentsprechend ohnehin eintritt, soll hingegen nicht erfasst sein. Der Begriff „altersentsprechend" soll sowohl Medizinern als auch Juristen eine Abgrenzungshilfe bei der Frage sein, ob die BU zufällig, aufgrund äußerer Ereignisse, eintritt oder ob es sich um eine altersentsprechende Entwicklung handelt, die bei jedem eintritt, bspw. als Folge der Wechseljahre oder einer altersentsprechend typischen Hormonumstellung oder bei Altersfehlsichtigkeit. Knüpft der VR die BU an den bloßen Kräfteverfall an, so ist das zulässig, § 172 Abs. 2 VVG ist dispositiv (§ 175 VVG). In diesem Fall führt auch der **altersentsprechende Kräfteverfall** zur BU, wenn die Klausel nach dem 1.1.2008 (Einführung der neuen Formulierung im Gesetz) vereinbart wurde (*Neuhaus*, BUV, Kap. G Rn 37 ff.). Der Vermittler hat in der Beratung auf den – nicht unwesentlichen – Unterschied zu Klauseln, die allein auf den Kräfteverfall abstellen, hinzuweisen, will er ein **Beratungsverschulden** und einen daraus resultierenden Schadensersatzanspruch des VN gegen ihn (§ 63 VVG) vermeiden.

b) Besonderheiten bei schwer nachweisbaren (psychischen) Krankheiten

63 Psychische Erkrankungen, die seit Jahren den „Spitzenplatz" der BU-Ursachen belegen, und andere Krankheiten ohne klaren organischen Nachweis (etwa Fibromyalgie) stellen die (Rechts-)Praxis vor große Probleme, weil bspw. der Grad der BU und auch deren Dauerhaftigkeit schwer(er) zu bestimmen sind. Rein subjektive Beschwerden, die in **keiner Form nachzuweisen** sind, können grds. keine BU begründen. Verlangt werden kann und muss ein im jeweiligen Fachbereich (also z.B. der Psychologie/Psychiatrie) **hoher Grad**

an **Gewissheit**, dass beim Versicherten tatsächlich Beschwerden vorliegen, die zu den vom ihm beschriebenen Auswirkungen führen. Der durch den VN zu führende Beweis, dass objektiv eine Krankheit besteht, ist erbracht, wenn mit dem im jeweiligen Fachbereich **höchstmöglichen Grad an Gewissheit** das Vorliegen einer Krankheit bejaht wird (LG München I v. 20.3.2013 – 23 O 23302/09 zur Psychiatrie). Da in der Psychiatrie/Psychologie naturgemäß ein **100 %iger Nachweis nicht möglich** ist (OLG Hamm, VersR 1997, 817), kann dieser auch nicht verlangt werden. Somatoforme Beschwerden können daher eine BU begründen, auch wenn sie mit einem Wahrscheinlichkeitsgrad von nur 80 bis 90 % festgestellt sind (OLG Hamm, VersR 1997, 817). Begründete Zweifel dürfen jedoch nicht mehr bestehen.

Der Arzt darf die Diagnose ausnahmsweise auch nur auf die **Beschwerdeschilderung** des Patienten stützen, wenn naturwissenschaftlich gewonnene Untersuchungsbefunde fehlen (BGH, VersR 1999, 838 = NVersZ 1999, 418 als Grundsatzentscheidung zu nicht objektivierbaren Beschwerden). Vielmehr dienen seine Angaben gegenüber dem Arzt oder Sachverständigen lediglich als Basis für die *danach* vom Sachverständigen zu treffende Einschätzung, etwa bezüglich Art und Ausprägungsgrad von psychischen Veränderungen (OLG Bremen, jurisPR-VersR 8/2010 Anm. 6 *Neuhaus* = r+s 2012, 609 m. Anm. *Hoenicke*). Die **gutachterliche Aussage allein**, dass der Versicherte bspw. an Konzentrationsstörungen oder Gedächtnisausfällen leide, genügt nicht; der Nachweis dafür ist zu erbringen (*Kutzner* in Dohrenbusch/Merten/Kutzner, S. 37). Der Arzt bzw. Sachverständige darf bei psychischen Beeinträchtigungen die Angaben des VN nicht unbesehen hinnehmen, sondern muss sie einer **eingehenden Prüfung** mit den hierfür zur Verfügung stehenden Methoden und testpsychologischen Verfahren unterziehen; ferner kommt es auch auf das Beobachten des Verhaltens des Versicherten zu den maßgeblichen Zeitpunkten der Diagnoseerstellung an (KG, jurisPR-VersR 5/2015, Anm. 4). Die Beurteilung eines Sachverständigen ist zweifelhaft, wenn sie im Wesentlichen auf den subjektiven Angaben des VN beruht, ohne dies ausreichend durch **objektivierende Tests** zu überprüfen (LG Köln, Urt. v. 28.4.2014 – 26 O 283/07). Insbesondere in der Instanzrspr. wird aber immer wieder auch vertreten, es sei ausreichend, dass der untersuchende Arzt seine Diagnose allein auf die für ihn nachvollziehbare Beschwerdeschilderung stützt (LG München I v. 20.3.2013 – 23 O 23302/09; LG Bochum v. 17.11.2010 – I-4 O 313/09), was aber in dieser Generalität abzulehnen ist (ausführl. *Neuhaus*, BUV, Kap. G Rn 162 ff. mit Überblick über testpsychologische Verfahren). Ein psychiatrisches Gutachten zur Beurteilung der BU genügt nicht den Standards psychiatrischer Gutachtenerstattung, wenn der Arzt im Rahmen der Diagnosestellung der **Eigenanamnese des Versicherten** und den Angaben des Ehegatten – als Fremdanamnese – eine zu große Bedeutung und Wertigkeit beimisst, weil dann die Feststellungen überwiegend auf psychodynamischen Hypothesen, die allein aus den mitgeteilten biographischen Details hergeleitet werden, beruhen, und nicht auf einer objektiv gesicherten Befundgrundlage (KG, VersR 2015, 566).

Psychische **Störungen** begründen keine BU, wenn der VN sie durch Anstrengung seines Willens und seines Verstandes **tatsächlich beherrschen** (OLG Köln, VersR 2002, 1365) oder **gegen die Beschwerdeauswirkung „ansteuern"** kann (KG, jurisPR-VersR 5/2015,

Anm. 4). Aus einer dauernd gedrückten Stimmungslage – Dysthymie – lässt sich nicht allein schon auf eine relevante Einschränkung der Berufsfähigkeit schließen (OLG Saarbrücken, VersR 2009, 344). Bei einer nur **episodenhaft auftretenden Anpassungsstörung** kann grds. nicht von BU ausgegangen werden (OLG Saarbrücken, r+s 2006, 293; von BGH, r+s 2007, 252 zur weiteren Aufklärung zurückverwiesen, da eine ununterbrochene Erkrankung nicht auszuschließen sei, weil die „Phasen" auch mehrere Monate angehalten haben könnten). Voraussetzung der BU ist, dass die **„Episode"** den bedingungsgemäß definierten Zeitraum überschreitet; ist sie kürzer, oder wird sie mehr als nur unerheblich unterbrochen, so ist sie nicht dauerhaft (bloße Arbeits-, aber nicht Berufsunfähigkeit).

66 Mit dem geschilderten Beschwerdebild (hier: orthopädisch) **unvereinbare Freizeitaktivitäten** sprechen gegen BU (OLG Saarbrücken, VersR 2014, 1491), etwa Vereinsmitgliedschaften, Sport, Tätigkeiten im Haushalt, „Familienführung"; ferner Neuheirat oder -beziehung bei einem angeblich schwer Depressiven, dem soziale Kontakte nicht mehr möglich sein sollen (immer Einzelfallfrage). Immer öfter ergeben sich solche Umstände aus persönlichen **Darstellungen des VN im Internet**. Legt der VR derartige Belege vor, ist unabhängig von jeglicher anderweitiger Beweislast, jedenfalls aufgrund einer Beweislastumkehr von dem VN zu widerlegen, dass dies nicht (mehr) zutrifft.

c) Ärztlicher Nachweis

67 Die **medizinischen Tatbestandsmerkmale** der BU etc. sind nach den AVB „ärztlich nachzuweisen". Dies ist nicht zu verwechseln mit Kausalität („infolge", § 172 Abs. 2 VVG), wobei die Grenzen jedoch verschwimmen, da der **VN als Anspruchsteller** die Voraussetzungen seines Anspruchs darzulegen und zu beweisen hat. Fehlen führt zur nicht ordnungsgemäßen **Anzeige des Versicherungsfalls** (Folge: keine Prüfungspflicht des VR, kein Verzug gem. § 14 VVG). Der VR muss vor Vorliegen des Nachweises nicht von sich aus Unterlagen oder Gutachten einholen. Der Nachweis an sich ist formeller Natur, er muss aber auch **inhaltlich Aussagekraft** besitzen („Basisfakten" als Grundlage weiterer Prüfung; kein Beweis i.S.v. § 286 ZPO). **Mindestens erforderlich**: Diagnose und/oder Zustandsbeschreibung (Vorliegen von Beeinträchtigungen) und zumindest ansatzweises Eingehen auf die konkrete berufliche Tätigkeit und den ungefähren Grad der BU; eine Prognose (dauerhaft) muss entnehmbar sein. Es geht primär um den Inhalt, nicht die Form der Stellungnahme („Kurzattest" genügt grds., auch auf Rezeptzettel). **Ausreichend**: aussagekräftige Stellungnahme des Hausarztes, auch Zahnarztes (Facharzt nicht erforderlich); Kopie anderer Berichte oder des Krankenblatts. **Nicht ausreichend**: Allgemeinsätze ohne nähere Angaben („Kann nicht mehr dauerhaft arbeiten"); keine Angabe zum Umfang der Auswirkungen des Leidens auf die Fähigkeit zur Berufsausübung; keine Prognose (BGH, r+s 1996, 36 = NJW-RR 1996, 88); Arbeitsunfähigkeits-Bescheinigung. **„Ärztlich"** bedeutet, dass der Aussteller Arzt oder Zahnarzt (Humanmediziner) sein muss, eine Approbation nach BÄO, Gesetz über Ausübung der Zahnheilkunde oder Dipl. med. ist erforderlich (vgl. §§ 2, 3 ff. BÄO u. Approbationsordnungen Ärzte/Zahnärzte), **ruhende Approbation** genügt nicht. Die Art der Tätigkeit (Belegarzt etc.) ist unerheblich. Heilpraktiker oder andere nicht approbierte Heilberufler muss der VR nicht akzeptieren. Berufe nach dem

PsychThG (Psychologischer Psychotherapeut etc.) sollten großzügig gebilligt werden. Der VN hat die freie Arztwahl. **Ausnahmen**: Verzicht des VR; der VR hat bereits konkrete (Vor-)Kenntnis der Gesundheitslage (Bsp.: er holt sofort selbst Gutachten ein – grds. kein späterer Vorwurf unvollständiger Angaben ggü. VN mehr möglich); Beamtenklausel oder andere Berufsklausel, die einen ärztlichen Nachweis ersetzt. Bei **Zweifeln an Inhalt oder Aussagekraft** des ärztliche Nachweises darf der VR die darin enthaltenen Tatsachen und Schlussfolgerungen bestreiten (Folge: VN muss Richtigkeit beweisen).

d) Risikoausschlüsse

Neben den „klassischen" Risikoausschlüssen in den AVB (BU durch Krieg, Selbstmordversuch, vorsätzliche Herbeiführung etc.) wird in der Praxis bei Vorerkrankungen des VN mit individualvertraglich vereinbarten Ausschlussklauseln gearbeitet (zu Besonderheiten des **gerichtlichen Beweisbeschlusses** vgl. Rdn 134, 137). Grundlage ist die Risikoprüfung des VR, so dass das **gesetzliche Leitbild** der BUV nicht berührt wird (zur wirksamen Einbeziehung einer **Ausschlussklausel für Fluguntauglichkeit** vgl. OLG Koblenz, r+s 2013, 450). Bei Zweifeln, ob eine **ähnliche Erkrankung**, die zumindest als Mitursache kausal für die BU ist, von dem Ausschluss erfasst wird, ist die Klausel auszulegen. Bei Klauseln, die Vorerkrankungen ausklammern sollen, ist eher eine **weite Auslegung** zu beobachten, so dass – je nach Fall – alle Leiden ausgeschlossen sein können, die mit der benannten Erkrankung zusammenhängen.

Beispiele: Ausschluss von Erkrankungen der Wirbelsäule erfasst auch eine psychische Fehlverarbeitung von Wirbelsäulenbeschwerden (OLG Frankfurt/M., VersR 2003, 1384) oder degenerative Wirbelsäulenschäden, die eine durch einen Sturz verursachte Querschnittslähmung begünstigt haben (LG Dortmund, NJOZ 2006, 2015); Risikoausschluss „psychische Reaktionen" umfasst krankhafte Störungen als Folge der psychischen Fehlverarbeitung unfallbedingter Verletzungsfolgen (OLG Frankfurt/M., r+s 2010, 164 zu AUB 99 Ziff. 5.2.6.); *„Erkrankung des linken Kniegelenks und alle Leiden, die medizinisch nachweisbar ursächlich damit zusammenhängen"* schließt jede Erkrankung des linken Kniegelenks aus (LG Regensburg v. 2.7.2013 – 3 O 1701/12 (2); Ausschluss von *„Ursache und Folgen der Bandscheibenoperation im Jahre ... und deren Folgen (einschließlich etwaiger Operationsfolgen) ..."* schließt darauf basierende depressive Erkrankung nicht aus, OLG Karlsruhe, VersR 2006, 1348). Eine Klausel, wonach eine bei Vertragsschluss vorhandene **Erkrankung eines Auges** einschließlich Folgeerkrankungen keine Leistungspflicht des VR auslöst, ist AGB-wirksam und so auszulegen, dass die Erkrankung bei der Bestimmung des Grades der BU vollständig außer Betracht bleibt und damit im Ergebnis unterstellt wird, dass das erkrankte Auge gesund sei (BGH, r+s 2012, 192 = VersR 2012, 48; OLG Nürnberg, VersR 1987, 249; LG Düsseldorf, r+s 2009, 158 = VersR 2008, 1522).

Führen mehrere Ursachen erst durch ihr Zusammenwirken zur BU und ist eine davon ausgeschlossen, so genügt diese **Mitursächlichkeit** für den Ausschluss, es sei denn, die ausgeschlossene Ursache ist im Verhältnis zu den anderen, nicht ausgeschlossenen nur von ganz untergeordneter Bedeutung (*Neuhaus*, BUV, Kap. N Rn 129). Trifft eine ausgeschlossene Ursache mit anderen, nicht ausgeschlossenen zusammen und haben beide den Versicherungsfall herbeigeführt, setzt sich der Ausschluss durch, weil durch die Risikobegrenzung verhindert werden soll, dass ein VR ein von vornherein erhöhtes Risiko auf Kosten der Versichertengemeinschaft übernehmen muss (OLG Stuttgart, VersR 2003, 1385 = r+s 2004, 250; OLG Koblenz, VersR 1990, 768). Bei einer solchen **mehrgliedrigen Kausalkette** wirkt ein Umstand „unmittelbar", wenn er sich ohne Dazwischentreten weiterer Faktoren auswirkt; „unmittelbare Ursache" ist hier diejenige, die als zeitlich letzte – höchstens gleichzeitig mit einer anderen – eingreift (OLG Koblenz, VersR 1990, 768).

e) Gesundheitsbezogene Obliegenheiten

71 Nach den AVB hat der VN ausführliche **Berichte der Ärzte**, die die versicherte Person gegenwärtig behandeln, bzw. behandelt oder untersucht haben, über Ursache, Beginn, Art, Verlauf und voraussichtliche Dauer des Leidens sowie über den Grad der BU oder über die Pflegestufe einzureichen. Die Mitwirkungsobliegenheit umfasst auch Auskünfte und Handlungen (z.B. Erteilung von Schweigepflichtentbindungserklärungen), die es dem VR ermöglichen, eine **Anzeigepflichtverletzung zu überprüfen**; kommt der VN dem nicht nach, werden die Leistungsansprüche gegenüber dem Versicherer nicht fällig, und es liegt eine Mitwirkungsverletzung des Versicherungsnehmers vor (OLG Hamburg, VersR 2010, 749). Der VR kann nach allen Bedingungen auf seine Kosten **zusätzliche ärztliche Untersuchungen** durch von ihm beauftragte Ärzte verlangen, was eine Mischung aus Aufklärung und Mitwirkung darstellt. Diese Obliegenheit verstößt nicht gegen § 307 Abs. 1 S. 1 i.V.m. Abs. 2 Nr. 1 BGB und ist sowohl mit § 213 VVG als auch der Rspr. des BVerfG zum erforderlichen Interessenausgleich zwischen dem Interesse des VN an informationeller Selbstbestimmung über seine Gesundheitsdaten und dem Offenbarungsinteresse des VR vereinbar (BGH, Urt. v. 13.6.2016 – IV ZR 292/14; KG, r+s 2014, 509 zur entsprechenden Regelung in § 9 Abs. 3 MB/KK 2009).

72 Die **Auswahl des Arztes** obliegt allein dem VR (BGH, Urt. v. 13.6.2016 – IV ZR 292/14; KG, r+s 2014, 509). Die Grundsätze der ZPO zur **Ablehnung wegen Befangenheit** gelten außergerichtlich grds. nicht. „Ablehnungsgründe" im Sinne des § 242 BGB gegenüber dem vom VR beauftragten Arzt können allenfalls in konkreten Ausnahmefällen besonderer Unzumutbarkeit, etwa aufgrund des Verhaltens des Arztes bei früheren Untersuchungen, gegeben sein, müssen aber ein ganz erhebliches Gewicht haben (OLG Saarbrücken, r+s 2012, 189 = zfs 2012, 219; OLG Köln, zfs 2000, 353). Allein die **Befürchtung, der beauftragte Arzt sei nicht objektiv**, ist unerheblich, weil das Untersuchungsergebnis lediglich der Information des VR dient und für den VN außergerichtlich in keiner Weise bindend ist (OLG Saarbrücken, r+s 2012, 189 = zfs 2012, 219.; OLG Karlsruhe, VersR 1997, 439). Die häufige Befürchtung des VN, der VR beauftrage nur „gefällige" Ärzte, oder Ärzte, die mehrfach für den VR tätig wurden, seien nicht neutral, ist meistens eine bloße Spekulation, weil ein weitsichtiger VR kein Interesse an einer Gefälligkeitsbeurteilung zu seinen Gunsten hat, da er hierdurch nur kostenträchtige und langwierige Streitverfahren produziert (zu gesundheitlich bedenklichen Untersuchungen und ihrer Art und Weise vgl. *Neuhaus*, BUV, Kap. K Rn 46 ff.). Die beharrliche **Verweigerung einer Untersuchung** durch den vom VR beauftragten Arzt stellt eine vorsätzliche Obliegenheitsverletzung dar

(LG Lübeck, r+s 2014, 193) und wird in der Regel sogar arglistig erfolgen. Eine Obliegenheitsverletzung durch eine verweigerte ärztliche Begutachtung ist nicht im **Prozess** durch ein gerichtlich einzuholendes ärztliches Gutachten zu ersetzen (OLG Bremen, NJW-RR 2003, 1390 = VersR 2003, 1429; OLG Karlsruhe, VersR 1997, 439).

Praxishinweis 73
Es besteht nach der BB-BUZ keine Obliegenheit des VN, sich einer Heilbehandlung zu unterziehen. Der Versicherte kann jedoch nach Treu und Glauben Leistungen aus der BUZ nicht beanspruchen, wenn er seine Krankheit durch eine einfache, gefahrlose, nicht mit Schmerzen verbundene, aber mit sicherer Aussicht auf Erfolg oder eine wesentliche Besserung versprechende medizinische Maßnahme vermeiden kann (OLG Saarbrücken, VersR 2005, 63: BU liegt nicht vor, wenn ein Fahrlehrer seinen Beruf zu mehr als 50 % bei Einhaltung kurzer Pausen nach jeder Fahrstunde ausüben kann; ausführlich zu Heilbehandlungsobliegenheiten *Neuhaus*, BUV, Kap. K Rn 78 ff.).

Für die Frage, ob der VN selbst **gesundheitsfördernde Maßnahmen ergreifen** muss, mit 74 denen er seine BU beseitigen (also unterhalb des versicherten Grades absenken) kann, kommt es nicht primär auf die in manchen AVB enthaltenen Klauseln an, da sich eine solche Obliegenheit für einfache, gefahrlose und Erfolg versprechende Maßnahmen bereits aus dem Rücksichtnahmegrundsatz von § 242 BGB (**Treu und Glauben**) ergibt (*Neuhaus*, BUV, Kap. K Rn 78 ff. mit zahlreichen Beispielen). Maßstab ist, wie sich jemand verhalten würde, der keine BU-Absicherung hat. Einem Bäckermeister ist nicht zuzumuten, ständig eine Staubmaske zu tragen, wenn er an einer Mehlstauballergie erkrankt ist (OLG Frankfurt am Main, r+s 1998, 480), hingegen ist es dem Fahrlehrer mit Rückenproblemen durchaus zuzumuten, zwei bis drei Monate Krankengymnastik und zwischen den Fahrstunden kurze Pausen zu machen (OLG Saarbrücken, VersR 2005, 63), ebenso muss ein Lackierer mit einer Allergie ggf. Handschuhe tragen (OLG Hamm, r+s 1991, 178).

4. „Infolge"

Nach allen AVB muss BU *infolge* oder *durch* Krankheit, Körperverletzung etc. eingetreten 75 sein, so dass eine Kausalität zwischen der versicherten Gefahr und der Unfähigkeit, den Beruf weiter im bedingungsgemäßen Umfang auszuüben, bestehen muss. Das entspricht dem Gesetz in § 172 Abs. 1 VVG. Wenn gesundheitliche Probleme bestehen, sich aber ein VN selbst einer **Fortführung des Berufs verschließt**, weil er, wenn auch aufgrund von Missempfindungen, „nur meint", dessen Anforderungen nicht mehr gewachsen zu sein, ist diese Folge einer Krankheit oder anderen gesundheitlichen Störungen nicht mehr zuzurechnen. Sie beruht vielmehr auf einem atypischen, im Allgemeinen unvorhersehbaren, ungewöhnlichen und unsachgemäßen Verhalten des VN, auf einem gewissermaßen **„selbst geschaffenen" Krankheitsbild**, so dass nicht die Krankheit, sondern die (nicht versicherte) Willensentscheidung des Versicherten zur BU führt (OLG Saarbrücken, r+s 2011, 77 = VersR 2011, 249; OLG Köln v. 23.5.2005 – 5 U 171/01 n.v.; ebenso zu einem „Versorgungswunsch" des VN OLG Koblenz, zfs 2005, 404). Verweigert sich der Versicherte einer ihm **zumutbaren Therapie** (Kriterien: einfach, gefahrlos, Aussicht auf Erfolg), fehlt es bei wertender Betrachtung an einer BU „infolge" der Krankheit, denn die BU beruht nicht mehr schwerpunktmäßig auf der Krankheit, sondern der Entscheidung, krank zu bleiben

(OLG Saarbrücken, r+s 2006, 293 = NJOZ 2006, 2418). Entsprechendes gilt, wenn der VN in der Lage ist, psychische Beschwerden mittels seines Willens bzw. Verstandes zu „beherrschen" (OLG Köln, VersR 2002, 1365; OLG Saarbrücken, VersR 2007, 974) oder bei einer autonomen somatoformen Funktionsstörung „**Stressoren**" **zu vermeiden** (OLG Saarbrücken, r+s 2007, 70 = NJW-RR 2006, 250). Die Verweigerung, eine zumutbare stationäre Psychotherapie durchzuführen, lässt die Kausalität entfallen (LG München I v. 20.3.2013 – 23 O 23302/09; zur Kausalität bei gesundheitsbedingten **behördlichen Berufs- oder Tätigkeitsverboten** vgl. *Neuhaus*, BUV, Kap. G Rn 128 ff.).

5. Voraussichtlich auf Dauer (Prognose)

a) Grundsätzliches

76 Der Versicherte muss nach § 172 Abs. 2 VVG ganz oder teilweise **voraussichtlich auf Dauer** außerstande sein, seinen Beruf weiter auszuüben. Die konkrete Dauer richtet sich nach der vertraglichen Vereinbarung (§ 172 Abs. 2 VVG ist dispositiv). Ob der VN auf Dauer berufsunfähig ist, kann im Streitfall nur auf der Grundlage einer **Prognose**, die immer mit Unsicherheiten verbunden ist, festgestellt werden (Begr. BT-Drucks 16/3945, S. 105; BGH, VersR 2007, 383, dazu *Terno*, r+s 2008, 361). Der Zeitpunkt, ab dem VR seine Leistungen – rückwirkend ab Eintritt der BU, nach Anzeige der BU oder erst nach einer bestimmten Mindestdauer der Beeinträchtigung – zu erbringen hat, ist durch den VV zu regeln (Begr. BT-Drucks 16/3945, S. 105).

77 Als **Beginn der BU** – und damit Eintritt des Versicherungsfalls – ist der Zeitpunkt zu betrachten, in dem „erstmals ein Zustand gegeben war, der bei rückschauender Betrachtung nach dem Stand der medizinischen Wissenschaft keine Besserung – Wiederherstellung der Arbeitsfähigkeit – erwarten ließ" (BGH, VersR 2007, 383; BGH, VersR 1996, 488; BGH, VersR 1990, 729). Es muss ein Zustand erreicht sein, dessen Besserung zumindest bis zur Wiederherstellung der halben Arbeitskraft (wenn dies in den AVB – wie üblich – so vereinbart ist) nicht mehr zu erwarten ist. Das ist **rückschauend** festzustellen (BGH, VersR 2007, 1398; *Terno*, r+s 2008, 361, 362). Dabei ist weder auf die Prognose der die versicherte Person in der Vergangenheit behandelnden Ärzte noch auf ihren Zustand zum Zeitpunkt der Entscheidung des Gerichts abzustellen, sondern vielmehr darauf, wann nach sachverständiger Einschätzung ein gut ausgebildeter, wohl informierter und sorgfältig handelnder Arzt nach dem jeweiligen Stand der medizinischen Wissenschaft erstmals einen Zustand der versicherten Person als gegeben angesehen hätte, der keine Besserung mehr erwarten ließ (BGH, VersR 2005, 922; OLG Saarbrücken, VersR 2007, 780; OLG Saarbrücken, VersR 2005, 966 m. Anm. *Schwintowski*, VuR 2006, 272). Die rückschauende Feststellung trägt dem Umstand Rechnung, dass der VN den **Vollbeweis** dafür führen muss, dass und wann die für die BU erforderliche ärztliche Prognose möglich war und er diesen Beweis regelmäßig nur mithilfe eines medizinischen Sachverständigen führen kann (BGH, VersR 2007, 383). Der Sachverständige wird aber auch als Mediziner des einschlägigen Fachgebiets meist erst in nachträglicher Auswertung der jeweiligen Krankengeschichte feststellen können, ab wann bei dem VN ein nicht mehr mit Aussicht auf Erfolg therapierbarer

Zustand mit Krankheitswert eingetreten war (BGH, VersR 2007, 383). Die Bestimmung des Leistungszeitpunktes in den AVB ist von alledem strikt zu trennen.

Praxishinweis 78
Für die Feststellung bedingungsgemäßer BU ist weder allein die zu diesem Zustand führende Krankheit maßgebend, noch die mit dem Krankheitsprozess verbundene Unfähigkeit der Berufsausübung. Damit diese Beeinträchtigungen zu bedingungsgemäßer BU werden, muss der **körperlich-geistige Gesamtzustand** des Versicherten derart beschaffen sein, dass eine günstige Prognose für die Wiederherstellung der verloren gegangenen Fähigkeiten in einem überschaubaren Zeitraum nicht gestellt werden kann. Es muss demnach ein Zustand erreicht sein, dessen Besserung zumindest bis zur Wiederherstellung der halben Arbeitskraft nicht mehr zu erwarten ist (BGH, VersR 2007, 383; *Terno*, r+s 2008, 361). Wann, zu welchem Zeitpunkt, erstmals ein solcher Zustand gegeben war, der nach dem Stand der medizinischen Wissenschaft keine Erwartung mehr auf Besserung rechtfertigt, ist **„rückschauend" zu ermitteln** bzw. festzustellen (BGH, VersR 2007, 383; vertiefend *Terno*, r+s 2008, 361, 362). „Rückschauend" bedeutet: aus der Sicht zum behaupteten Eintritt der BU („Stichtag"). Der Sachverständige, der die Prognose retrospektiv zu stellen hat, darf sich nur auf diejenigen Umstände stützen, die *vor* dem behaupteten Eintritt der BU bestanden. Sich später im Nachhinein verbessernde Prognosebeurteilungen bleiben außer Betracht. Erforderlich ist es, dass auch tatsächlich ein medizinischer Befund vorliegt, aus dem sich die BU zum Stichtag ableiten lässt. Dieser darf auch nach dem Stichtag erstellt worden sein. Der weitere Krankheitsverlauf nach dem Stichtag kann aber grundsätzlich keine Berücksichtigung finden, da es dem Wesen einer – rückschauend auf ihre Richtigkeit überprüften – Prognoseentscheidung widerspräche, die Entwicklung nach dem entscheidenden Stichtag und damit einen späteren Erkenntnisstand in die Bewertung einzubeziehen. Der weitere Krankheitsverlauf kann deshalb auch nicht als Indiz für die Entscheidung herangezogen werden (BGH, r+s 2010, 381 = VersR 2010, 1171 Rn 33; BGH, r+s 2012, 499 = jurisPR-VersR 8/2012 Anm. 1 *Rogler*; KG, Anm. 4.). Nach a.A. ist der weitere Krankheitsverlauf jedenfalls als Indiz zu berücksichtigen (OLG Zweibrücken, VersR 1991, 292).

Der Wortlaut des Gesetzes (ausüben *kann*) verlangt nicht, dass der VN seinen Beruf 79
tatsächlich nicht mehr ausübt (BGH, r+s 1991, 64; OLG Köln, r+s 1987, 296), sondern nur, dass die festgestellten Beeinträchtigungen die Fortsetzung seiner beruflichen Tätigkeit nicht mehr gestatten (OLG Koblenz, r+s 2000, 301; OLG Karlsruhe, VersR 1983, 281). Wird der VN regelmäßig erfolgreich therapiert und ist deshalb nicht durchgängig arbeitsunfähig, kann die Prognose dauerhafter BU nicht gestellt werden (OLG Koblenz, r+s 2003, 378). Nur **partiell oder „intervallweise" auftretende Krankheiten** (ggf. Episoden, „Schübe"), mögen sie auch intensiv sein, begründen so lange keine BU, wie sie unterhalb der erforderlichen Prognosedauer liegen (OLG Saarbrücken, r+s 2006, 293 zu „episodenhaft" auftretenden psychischen Beschwerden). Die Gefahr einer weiteren **Verschlechterung des Zustandes** kann ausreichen, wenn „aufgrund nachgewiesener Beweisanzeichen die Prognose gestellt werden kann, es werde mit einem messbaren, rational begründbaren Grad von Wahrscheinlichkeit zu weiteren Gesundheitsschäden kommen" (BGH, VersR 2000, 89). Es kann auch genügen, wenn der VN andere Opfer bringt oder die Hilfe und das Wohlwollen Dritter in Anspruch nehmen muss (BGH, VersR 2001, 89).

b) Klauselvarianten

80 Es ist sorgfältig zu prüfen, welche Art der Prognose im Vertrag konkret vereinbart wurde (Beispiele: „*voraussichtlich dauernd*" oder „*voraussichtlich länger als sechs Monate*"). Ist der Zeitraum definiert (sechs Monate etc.), ergeben sich i.d.R. keine Probleme. Die Voraussetzung, „**voraussichtlich dauernd**" ist jedenfalls dann erfüllt, wenn eine günstige Prognose für die Wiederherstellung der verloren gegangenen Fähigkeiten in einem überschaubaren Zeitraum bzw. in absehbarer Zeit nicht gestellt werden kann (BGH, VersR 2007, 383). Diese wurde so definiert, dass ein **Zeitraum von in der Regel drei Jahren** erforderlich ist (OLG Hamm, VersR 1997, 1087; OLG Hamm, VersR 1995, 1039; OLG Köln, VersR 1995, 284; OLG Koblenz, r+s 1993, 473). Es ist jedenfalls nicht darauf abzustellen, ob – entsprechend bspw. der Fiktion des § 2 Abs. 2 BUZ – binnen sechs Monaten mit der Wiedereingliederung in das Berufsleben zu rechnen ist (BGH, VersR 2007, 383; *Terno*, r+s 2008, 361, 362). Nach **BGH** zur BU in der Krankentagegeldvers. ist keine generelle Zeitdauer zugrunde zu legen, sondern es ist eine individuelle, nur **auf den jeweiligen Einzelfall bezogene Prognose** zu stellen, weil sie abhängig von individuellen Umständen ist, bspw. Alter des Versicherten, Art und Schwere seiner Erkrankung und den Anforderungen der von ihm zuletzt ausgeübten Tätigkeit (BGH, VersR 2012, 981 = jurisPR-VersR 8/2012 Anm. 1 *Rogler*; BGH, r+s 2010, 381 = zfs 2010, 513). Dieser **Grundsatz der individuellen Prognose** gilt auch für die BUV (OLG Saarbrücken v. 29.6.2011 – 5 U 297/09–76; *Neuhaus*, r+s 2012, 162; *Neuhaus*, BUV, Kap. G Rn 214 ff. mit Hinweisen zur Berechnungsmethodik und Formulierungsvorschlägen für Sachverständige), so dass der erforderliche BU-Zeitraum abhängig vom Einzelfall länger oder kürzer als drei Jahre sein kann.

81 Ist die Prognose im VV mit „*voraussichtlich mindestens sechs Monate*" definiert, wird BU unwiderlegbar vermutet, wenn die versicherte Person nachweist, dass sie sechs Monate ununterbrochen außerstande sein wird (oder gewesen ist), ihren Beruf zu mindestens 50 % auszuüben (OLG Hamm v. 23.3.2011 – I-20 U 37/10; im Ergebnis ebenso, aber zu einer anders formulierten Klausel OLG Saarbrücken, zfs 2013, 403 = VersR 2013, 1030). Die Besonderheit der Klausel liegt in der Formulierung „*voraussichtlich* mindestens ...", die auf die **künftige Entwicklung** abstellt, so dass dann, wenn für die Zukunft ein Zustand angenommen werden kann, der für die Dauer von sechs Monaten keine Besserung erwarten lässt, eine bedingungsgemäße BU die Folge ist (*Neuhaus*, BUV, Kap. G Rn 250).

82 **Praxishinweis**
Wenn ein guter Heilungsverlauf prognostiziert werden kann, sollten VR in Betracht ziehen, dass auch rückwirkend ab Beginn des *voraussichtlichen* Sechs-Monats-Mindestzeitraum ein Anerkenntnis geboten gewesen sein könnte (durch das man sich nur noch mit einer erfolgreichen Nachprüfung lösen könnte) und in diesen Fällen mit einem zeitlich befristeten Anerkenntnis arbeiten (*Neuhaus*, BUV, Kap. G Rn 250a).

c) Fingierte Berufsunfähigkeit

83 Wegen der Unsicherheiten, mit denen jede Prognose verbunden ist, erleichtern die AVB (meist § 2 Abs. 3, vgl. BUZ 90) die Stellung des VN dadurch, dass die BU, wenn sie **sechs**

Monate tatsächlich bestanden hat, als auf Dauer bestehend gilt (fingierte oder fiktive BU). Das Gesetz hat diese Fiktion nicht als zwingende gesetzliche Regelung übernommen, da sie in der Regulierungspraxis bei positiver Wiederherstellungsprognose auch Nachteile für das zeitlich begrenzte Anerkenntnis haben kann (Begr. BT-Drucks 16/3945, S. 105). Auch auf eine entsprechende Vermutungsregelung wird verzichtet, da sie für den VN keinen wesentlichen Vorteil hätte (Begr. BT-Drucks 16/3945, S. 105). Die fingierte BU ist ein **Interessenausgleich zugunsten des Versicherten** für den Fall, dass alle Voraussetzungen eines Leistungsanspruchs bis auf die „normale" Prognose vorliegen. Wird die Sechs-Monats-Schwelle überschritten und dauert die BU fort, so gilt dies als vollständige oder teilweise BU, und es wird **unwiderleglich vermutet**, dass die Prognose gestellt werden könnte (BGH, VersR 1989 903; BGH, VersR 1989, 1182 = NJW-RR 1990, 31; KG, jurisPR-VersR 2015, Anm. 4; OLG Hamm v. 23.3.2011 – I-20 U 37/10; OLG Hamm, VersR 1990, 605). Der **Versicherungsfall** tritt daher erst nach sechs Monaten ein (OLG Celle, VersR 2006, 1201), auch dann, wenn nach Ablauf von sechs Monaten eine **Heilungsprognose** gestellt wird (OLG Düsseldorf, NVersZ 2000, 169) und ggf. auch vor Vertragsbeginn (KG, r+s 2005, 256: zulässiger Einwand der **Vorvertraglichkeit**). Dem VN bleibt durch die Fingierung **nur der Nachweis der Prognose erspart**, alle anderen BU-Voraussetzungen (Unfähigkeit, Grad etc.) muss er nachweisen (BGH, VersR 1989, 903; BGH, VersR 1989, 1182 = NJW-RR 1990, 31; BGH, VersR 1992, 1118; OLG Saarbrücken, r+s 2011, 77 = VersR 2011, 249). Der VR ist daher (nur dann) verpflichtet, **mit dem ersten Tag nach Ablauf der sechs Monate** den Anspruch anzuerkennen, sofern alle anderen bedingungsgemäßen Voraussetzungen vorliegen und die AVB nicht einen späteren oder früheren Leistungszeitpunkt vorsehen, und er darf das **Anerkenntnis befristen**, wenn sich eine Gesundheitsverbesserung oder andere Gründe für den Entfall der BU bereits abzeichnen (*Neuhaus*, BUV, Kap. G Rn 243 f.). Die Leistungspflicht beginnt mit dem ersten Tage des Monats, der auf den Ablauf der sechs Monate folgt, also **nicht rückwirkend**, es sei denn, die AVB sehen dies vor (BGH, VersR 1989, 903; BGH, VersR 1989, 1182 = NJW-RR 1990, 31; BGH, VersR 1990, 729; BGH, VersR 1992, 1118).

Der Versicherte muss „**ununterbrochen**" – also ohne gesunde Phasen – sechs Monate berufsunfähig gewesen sein, und dies muss danach noch andauern. Eine **Krankschreibung als arbeitsunfähig** reicht nicht aus (was in der Praxis oft verwechselt wird). Der Umstand, dass der Versicherte (mehr als) sechs Monate arbeitsunfähig „krankgeschrieben" war, besagt nichts darüber, ob er während der Dauer der Krankschreibung auch tatsächlich im bedingungsgemäßen Umfang berufsunfähig gewesen ist (OLG Saarbrücken, r+s 2011, 77 = VersR 2011, 249; OLG Saarbrücken, zfs 2009, 38). Eine **Arbeitsunfähigkeitsbescheinigung** belegt nur, dass diese ausgestellt wurde, nicht aber, dass auch tatsächlich eine vollständige und durchgängige Arbeitsunfähigkeit bestand (nur Indizwirkung). Der VR darf deshalb, auch mit Nichtwissen, bestreiten, dass in den sechs Monaten BU vorlag. Soweit die AVB eine **Verweisungsmöglichkeit** enthalten, muss der Versicherte nach dem eindeutigen Wortlaut auch schon während der sechs Monate durchgängig außerstande sein, eine Vergleichstätigkeit auszuüben.

6. „Ganz oder teilweise" (Grad der Berufsunfähigkeit)

85 Einen bestimmten **Grad** der Berufsunfähigkeit sieht das Gesetz nicht vor – es genügt, wenn der VN seinen Beruf **ganz oder teilweise** nicht mehr ausüben kann. Der Praxis ist es vorbehalten, in den AVB den Grad der BU festzulegen – sehr häufig wird ein Mindestgrad von **50 %** in den AVB vereinbart. Statt einer prozentualen Festlegung werden manchmal auch zeitliche Grenzen vereinbart – bspw. BU, wenn man nicht mehr in der Lage ist, mehr als viereinhalb Stunden täglich seinem zuletzt ausgeübten Beruf nachzugehen. Die Feststellung des Grads der BU ist nicht lediglich eine Rechenoperation, sondern erfordert eine wertende Betrachtung der gesamten mit der Berufsausübung verbundenen Tätigkeiten. Dabei kommt es darauf an, ob ein VN einzelne Verrichtungen, Teile seiner bisherigen Tätigkeit, nicht mehr wahrnehmen kann, von deren Erfüllung abhängt, ob er noch ein sinnvolles Arbeitsergebnis zu erzielen vermag. Maßgeblich ist folglich die Wertung, ob die restliche Tätigkeit, die ein Versicherter noch ausüben kann, seinem „Beruf" gleichzusetzen ist, ob er seine Arbeit mit den sie **prägenden Merkmalen** (Rdn 36) noch in dem erforderlichen Ausmaß (i.d.R. mehr als 50 %) wahrnehmen kann. Weiterhin ist zu berücksichtigen, ob dem VN in der von ihm noch zu leistenden Arbeitszeit die Erzielung eines sinnvollen Arbeitsergebnisses möglich ist. Das ist dann fraglich, wenn über den Arbeitstag verteilt zwar mehrere Arbeitsstunden möglich sind, diese jedoch nicht an einem Stück geleistet werden können (OLG Koblenz, VersR 2009, 1249).

7. „Nicht mehr ausüben kann" (Unfähigkeit)

86 Der VN kann seinen Beruf nicht mehr ausüben, wenn er mit seinem Restleistungsvermögen, also den noch ausübbaren Tätigkeiten, nicht weiterhin ein **sinnvolles Arbeitsergebnis** erzielen kann (OLG Saarbrücken, Beschl. v. 19.12.2013 – 5 W 69/13 u. OLG Saarbrücken, VersR 2011, 1166; OLG Koblenz, r+s 2011, 345 = VersR 2009, 1249). Noch mögliche **Verlegenheitsbeschäftigungen** reichen nicht aus (OLG Koblenz, r+s 2011, 345 = VersR 2009, 1249). Die prägenden Tätigkeiten müssen noch oberhalb der versicherten Schwelle (z.B. 50 %) ausgeübt werden können.

87 Der VN kann seinen Beruf auch dann nicht mehr ausüben, wenn er zwar noch tätig ist oder sein kann, das zu Leistende aber als überobligationsmäßig zu betrachten ist, weil die festgestellte Gesundheitsbeeinträchtigung die Fortsetzung der Tätigkeit vernünftigerweise und im Rahmen der Zumutbarkeit nicht mehr gestattet, sog. **Raubbau** (BGH, r+s 2013, 33 = VersR 2012, 1547; BGH, NJW-RR 1995, 277, 279; OLG Saarbrücken, r+s 2011, 485 = jurisPR-VersR 8/2011 Anm. 3 *Neuhaus*; OLG Karlsruhe, VersR 1983, 281: Grundschullehrerin, die trotz Stimmbandslähmung zeitlich reduziert weiter unterrichtet; BGH, VersR 1991, 450: Revierförster, der schwere Medikamente nimmt, die ihn schädigen, um trotz BU seinen Beruf weiter auszuüben). BU kann also auch dann vorliegen, wenn Gesundheitsbeeinträchtigungen eine **Fortsetzung der Berufstätigkeit unzumutbar** erscheinen lassen. Eine solche Unzumutbarkeit kommt etwa in Betracht, wenn die Erkrankung einer Weiterarbeit vordergründig zwar nicht im Wege steht, dem Versicherten dabei aber infolge einer durch die Erkrankung indizierten Medikamenteneinnahme (hier: Marcu-

mar) ernsthafte weitere Gesundheitsgefahren drohen (BGH, r+s 2013, 33 = VersR 2012, 1547). Erforderlich ist jedoch ein **Mindestmaß an Prognosesicherheit** im Sinne einer rational begründbaren Vorhersehbarkeit, so dass bspw. allgemeine Erwägungen, auf Baustellen gebe es schon nach der Lebenserfahrung mehr „Stolperfallen" als etwa im Haushalt und daher sei die Gefahr schwerer Verletzungen größer, nicht ausreichen (BGH, r+s 2013, 33 = VersR 2012, 1547). Ist bei einem Schweißer, der Marcumar-Patient ist (blutverdünnendes Medikament) und auf Leitern und Gerüsten in Höhe von bis zu sechs Metern arbeiten muss, zwar klar, dass bei einem Sturz eine erhöhte Gefahr des Verblutens besteht (etwa wegen innerer Blutungen), fehlt es aber an einer gesteigerten Sturzgefahr an sich (nur „allgemeines" Risiko eines Sturzes), kann eine Unzumutbarkeit nicht angenommen werden (BGH, r+s 2013, 33 = VersR 2012, 1547).

V. „Keine andere Tätigkeit ausübt oder ausüben kann" (Verweisung, § 172 Abs. 3 VVG)

1. Grundsätzliches

§ 172 Abs. 3 VVG enthält (nur) die Option für den VR, eine Verweisung vereinbaren zu dürfen. Ohne **ausdrückliche Vereinbarung** zwischen den Parteien besteht keine Verweisungsmöglichkeit. Damit knüpft der Gesetzgeber an die in der Praxis üblichen Möglichkeiten der Verweisung an. Allerdings ist damit **keine abschließende Regelung** der Frage verbunden, ob die versicherte Person, i.d.R. der VN, auf eine andere mögliche oder ausgeübte Tätigkeit verwiesen werden darf (Begr. BT-Drucks 16/3945, S. 105). Die in den VV vorgesehenen Verweisungen führen in der Praxis zwar häufig zu gerichtlichen Auseinandersetzungen (vertiefend *Römer*, in: Basedow/Meyer/Rückle/Schwintowski, VersWissStud Bd. 15, S. 231 ff.), und die VR verwenden **unterschiedliche AVB**, die teils eine abstrakte oder konkrete Verweisungsmöglichkeit vorsehen und teils auf diese Möglichkeit ganz verzichten (Begr. BT-Drucks 16/3945, S. 105). Die Gesetzesbegründung weist aber darauf hin, dass die Rspr. zur Lösung von Problemfällen handhabbare und sachgerechte Grundsätze entwickelt habe. Außerdem sei eine Beibehaltung der Produktvielfalt wünschenswert, um dem unterschiedlichen Bedarf der VN gerecht zu werden (Begr. BT-Drucks 16/3945, S. 105). Dabei sei auch zu berücksichtigen, dass Versicherungen mit Verweisungsmöglichkeiten zu niedrigeren Prämien angeboten werden könnten als solche ohne diese Möglichkeit. Die **Vereinbarung einer Umschulungs- oder Rehabilitationsobliegenheit** müsse auch weiterhin bestimmt genug und für den VN zumutbar sein (von dieser Möglichkeit macht die Praxis aber fast keinen Gebrauch). Hierbei handele es sich jedoch um Fragen des allgemeinen Obliegenheitsrechts. Einer besonderen Regelung für die BU-Versicherung bedürfe es nicht (Begr. BT-Drucks 16/3945, S. 105).

88

Das Gesetz erlaubt somit die in der Praxis derzeit gebräuchlichen Arten der Verweisung. Auf der einen Seite ist es die **abstrakte Verweisung** (z.B. in § 2 Abs. 1 BUZ 2008). Danach liegt vollständige BU nur vor, wenn der Versicherte außerstande ist, seinen Beruf oder eine andere Tätigkeit auszuüben, die – so eine gängige Formulierung in (nicht allen) AVB – aufgrund seiner **Ausbildung und Erfahrung** ausgeübt werden kann und seiner

89

bisherigen Lebensstellung entspricht. Daneben gibt es die **konkrete Verweisung**, wonach BU nur vorliegt, wenn der VN eine vergleichbare und zumutbare andere Tätigkeit tatsächlich bereits ausübt. Schließlich gibt es AVB, die die abstrakte Verweisung nur bis zu einem bestimmten Alter des VN erlauben. Wenn das Alter erreicht ist, dürfen Leistungen nur versagt werden, wenn der Versicherte konkret auf andere Tätigkeiten verwiesen wird. Die Prämien für die BU variieren, je nachdem, welche Art der Verweisung gewählt wird. Zulässig sind auch – in der Praxis bisher nicht übliche – Klauseln, wonach ein Prämiennachlass für den Fall gewährt wird, dass der VN im Fall der BU jede körperlich und geistig zumutbare Tätigkeit, die ihm konkret angeboten wird, ausübt. **AGB-Bedenken** bestehen bei keiner der gängigen Verweisungsklauseln, denn diese entsprechen dem gesetzlichen Leitbild und dem (durchschnittlichen) VN wird in allen Varianten verständlich klar gemacht, dass und wann er grundsätzlich verwiesen werden kann (*Neuhaus*, BUV, Kap. H Rn 11). Bei abstrakter Verweisung muss – etwa aus Transparenzgründen, § 307 BGB – nicht beispielhaft auf typische zumutbare Vergleichsberufe und/oder Umschulungsmaßnahmen hingewiesen werden. Die Prüfung der Verweisung orientiert sich zwingend an der **Formulierung der Klauseln**.

90 Der VR muss die berufliche Tätigkeit, auf die verwiesen wird, in sachlich prägenden Merkmalen – nach Arbeitszeit, körperlicher und intellektueller Inanspruchnahme und nach Verdienst – so kennzeichnen, dass ein **anschauliches, für den Versicherten greifbares Bild** der Vergleichstätigkeit entsteht (BGH, VersR 1993, 953; OLG Saarbrücken, OLGR Saarbrücken 2004, 9). Verschaffen kann er sich die erforderlichen Informationen durch die **Auskunftsobliegenheit** des VN (BGH, VersR 1993, 953). Da bei der Verweisung auf eine andere Tätigkeit ein **sozialer Abstieg verhindert** werden soll, (BGH, r+s 2012, 193 = VersR 2012, 427), sind an die Vergleichbarkeit der Berufe strenge Anforderungen zu stellen. **Beispiele**: Es genügt nicht, einen Stuckateur ohne genauere Beschreibung auf die Tätigkeit eines Malers und Tapezierers zu verweisen. Eine Krankenschwester kann nicht auf den Beruf der Arzthelferin verwiesen werden, weil dafür eine Umschulung und Weiterbildung erforderlich wäre (OLG Saarbrücken, OLGR Saarbrücken 2003, 353). Ein Maurerlehrling kann auf eine Ausbildung zum Bürokaufmann verwiesen werden (OLG München, VersR 2005, 966; zum maßgeblichen Beurteilungszeitpunkt der BU: OLG Köln, VersR 2002, 345). Eine LKW-Fahrerin ist trotz mehrmonatiger Einarbeitungszeit wegen fehlender PC-Kenntnisse auf den früher ausgeübten Beruf der Verwaltungsangestellten verweisbar (OLG Saarbrücken, VersR 2009, 971). Ein selbstständiger Elektromeister mit Realschulabschluss muss sich nicht auf den Beruf eines Projektleiters „Elektrotechnik" verweisen lassen (OLG Karlsruhe, VersR 2009, 969). Ein Rohrschlosser in einer Schiffswerft kann auf eine Tätigkeit als Konstrukteur für die Erstellung von Konstruktionsplänen von Rohrleitungen auf Schiffsbauten verwiesen werden (OLGR Bremen, 2009, 496). Zur Verweisung von **Auszubildenden, Schülern, Studenten, An- und Ungelernten und Arbeitslosen** vgl. *Neuhaus*, BUV, Kap. H Rn 190 ff.

91 Nach dem Wortlaut von § 172 Abs. 3 VVG dürfen die in der Praxis üblichen Klauseln vereinbart werden, wonach BU ausscheidet, wenn und solange die versicherte Person eine andere Tätigkeit ausüben **kann**. Bei dieser Art der abstrakten Formulierung kommt es

nicht darauf an, ob die versicherte Person in dem Vergleichsberuf, in dem sie adäquat Arbeit finden **kann**, auch **tatsächlich Arbeit findet**. Das bedeutet, dass die **Lage auf dem Arbeitsmarkt** für die BU unberücksichtigt bleibt (BGH, VersR 1997, 436; BGH, VersR 1989, 579; BGH, VersR 1986, 278). Findet der Versicherte wegen der allgemeinen Lage auf dem Arbeitsmarkt keine Stelle, führt dies nicht zu einer vom Leistungsversprechen des VR gedeckten BU, auch dann nicht, wenn dem VN im Zeitablauf die Kenntnisse für den Vergleichsberuf abhandenkommen (BGH, VersR 2000, 171; BGH, VersR 1999, 1134). Für den Verweisungsberuf muss der allgemeine Arbeitsmarkt so bestehen, dass der VN einen Arbeitsplatz mit zumutbaren Mitteln bekommen kann (*Neuhaus*, BUV, Kap. H Rn 13). Ganz grds. scheiden daher abstrakte Verweisungen auf Tätigkeiten aus, für die es praktisch keinen Arbeitsmarkt mehr gibt (**Nischentätigkeiten**: BGH, VersR 1999, 1134; OLG Düsseldorf, r+s 1998, 478; **Fantasietätigkeiten**) oder die nicht allgemein, sondern nur betriebsintern zugänglich sind („**Schonarbeitsplätze**" für i.d.R. leistungsgeminderte Mitarbeiter: OLG Saarbrücken, VersR 2004, 1401 = r+s 2005, 75; OLG Koblenz, VersR 1998, 1272; OLG Düsseldorf, r+s 2001, 399 = VersR 2001, 971; ausführl. *Neuhaus*, BUV, Kap. H Rn 14 ff.). **Beispiele**: Telefonist und Empfangskraft (LG Saarbrücken, zfs 2007, 101), Fleischer mit vorwiegend aufsichtsführender und kaufmännischer Tätigkeit in leitender Position (OLG Hamm, r+s 2006, 339 = VersR 2007, 384), Pförtner ohne Nachtschicht und nur zum Öffnen von Schranken oder Türen (OLG Hamm, VersR 2008, 949 = MDR 2008, 802), Diätkoch oder als Koch in einem vegetarischen Restaurant im ländlichen Raum (OLG Düsseldorf, VersR 2000, 1400), Heilpraktiker im Angestelltenverhältnis (LG Saarbrücken, VersR 1999, 1534), Bilderrahmenmacher (OLG Koblenz, VersR 2002, 557). Ob aus alledem folgt, dass für die Ermittlung des Vergleichsberufs auch der Gesundheitszustand des Versicherten zu berücksichtigen ist, also nur Berufe ausgewählt werden dürfen, die auf dem Arbeitsmarkt trotz des **gesundheitlichen „Einstellungshandicaps"** erreichbar sind, ist ungeklärt (ausführlich dazu und bejahend *Neuhaus*, BUV, Kap. H Rn 24 ff.; vgl. auch OLG Karlsruhe, VersR 2000, 1401 u. OLG Saarbrücken, r+s 1998, 38: gesundheitsbedingte Chancenlosigkeit, mit anderen – gesunden – Bewerbern um eine freie Stelle zu konkurrieren, begründet BU). Eine **konkrete Verweisung** auf einen Nischenberuf ist jedenfalls zulässig (OLG Frankfurt/M., r+s 2008, 252 = VersR 2007, 1358; *Neuhaus*, BUV, Kap. H Rn 20; a.A. anscheinend OLG Saarbrücken, VersR 2004, 1165 = r+s 2005, 32). Umgekehrt kann aus der Tatsache, dass der Versicherte eine Anstellung gefunden hat, noch nicht geschlossen werden, dass dieser Beruf ein zumutbarer Vergleichsberuf ist (BGH, VersR 1998, 1537). Das ist aber ein starkes Indiz.

Überobligatorische Anstrengungen, etwa das „Erkaufen" eines Arbeitsplatzes mit größeren finanziellen Aufwendungen oder eine Wohnsitzverlegung größeren Ausmaßes, sind unzumutbar. Ein Dachdecker, der aufgrund von Allergien gegen Staub und Pollenflug gesundheitlich nicht mehr in der Lage ist, seinen Beruf im Bereich des Saarlands auszuüben, kann nicht auf eine Tätigkeit als Dachdecker an einem allergenfreien Ort an der See oder im Gebirge verwiesen werden (OLG Saarbrücken, r+s 2002, 301 = VersR 2003, 50). Ein **Pendeln zwischen Wohn- und Arbeitsort** kann verlangt werden, es muss allerdings zumutbar sein. Einem 25-jährigen Single ist grds. mehr zuzumuten als einem 40-jährigen

Familienvater mit zwei kleinen Kindern und finanziertem Eigenheim (ausführlich zu Mobilitätsanforderungen *Neuhaus*, BUV, Kap. H Rn 184).

93 Der Vergleichsberuf (gleich ob abstrakter oder konkreter) muss **gesundheitlich ausgeübt** werden können (BGH, VersR 2007, 631; BGH, VersR 1993, 1220; BGH, VersR 1993, 469). Ein steh- und gehbehinderter Maurer kann daher nicht auf Arbeit als Verkäufer in einer Baustoffhandlung oder einem Baumarkt, als Verkaufsberater in solchen Betrieben oder als Vorführmeister in einem Baumarkt oder als Betriebsmonteur verwiesen werden, weil dort viel gestanden werden muss (OLG Karlsruhe, VersR 1992, 1077; eine Arbeit als Kranführer oder Baggerführer ist mit Kraft- und Bewegungseinschränkungen und Sensibilitätsstörungen nicht möglich (OLG Karlsruhe, VersR 1992, 1077); wer wegen körperlicher Behinderungen keine Baubegehung durchführen kann, ist nicht auf eine Tätigkeit als Bausachverständiger verweisbar (OLG Karlsruhe, VersR 1992, 1075); der Leiter einer polizeilichen Einsatzstelle mit berufsbedingten psychischen Belastungen kann nicht auf die Berufe eines Sicherheitsberaters oder eines Koordinators für einen Wachdienst, also Berufe, die hohe psychische Belastbarkeit erfordern, verwiesen werden (OLG Koblenz, r+s 2001, 343); eine stark eingeschränkte Sehfähigkeit auf einem Auge steht einer Verweisung auf eine Tätigkeit mit Bildschirmarbeit nicht entgegen, wenn bereits nach den Vorgaben der Berufsgenossenschaft selbst eine Einäugigkeit die Arbeit an Bildschirmgeräten grds. nicht ausschließt und die Einstellung von Schwerbehinderten gefördert wird (LG Halle v. 24.1.2011 – 5 O 1279/09, n.v.).

2. Ausbildung und Fähigkeiten

94 Der Versicherte darf auf eine Tätigkeit verwiesen werden, die aufgrund seiner „Ausbildung und Fähigkeiten" (§ 172 Abs. 3 VVG) ausgeübt werden kann." Dies ist das gesetzliche Leitbild, dem die konkreten AVB vorgehen.

95 **Praxishinweis**
Häufig werden, was trotz des Verzichts auf das Kriterium der Ausbildung zulässig ist (§ 175 VVG), abweichende Formulierungen wie „**Kenntnisse und Fähigkeiten**", „**Erfahrung und Kenntnisse**" oder „gleichwertige Kenntnisse" verwendet. Prüfungsmaßstab ist immer die konkrete AVB-Formulierung. Sehen diese vor, dass auf eine andere, der Ausbildung und Erfahrung sowie bisherigen Lebensstellung entsprechende Tätigkeit verwiesen werden kann, handelt es sich um zwei verschiedene Tatbestandsmerkmale (OLG Karlsruhe, zfs 2012, 159 = VersR 2012, 841).

96 Die **Auslegung der (AGB-) Klausel** erfolgt nach den allgemeinen Grundsätzen (§§ 133, 145 BGB) aus Sicht eines durchschnittlichen VN. Danach ist eine „**Ausbildung**" etwas anderes als „Erfahrungen" oder „Kenntnisse". Ist die Ausbildung Tatbestandsmerkmal, genügt es nicht, dass die bisherige, nicht mit der des Verweisungsberufs vergleichbare Ausbildung des Versicherten ihn – eher beiläufig – befähigt, auch die neue Tätigkeit auszuüben (OLG Karlsruhe, zfs 2012, 159 = VersR 2012, 841).

97 Der Vergleichsberuf darf den VN weder **über- noch unterfordern** (BGH, VersR 1993, 1472; BGH, VersR 1992, 1386 unter II), d.h. er muss fachlich den Anforderungen des neuen Berufes gerecht werden können – annähernd gleicher Kenntnisstand (OLG Düsseldorf, r+s

2011, 524; KG, r+s 2011, 440 = VersR 2011, 384). Ein Lokführer kann daher angesichts seiner Qualifikation auf eine Innendiensttätigkeit bei der Deutschen Bahn verwiesen werden (OLG Karlsruhe, VersR 1992, 1078). Hingegen ist der Inhaber einer kleinen Gaststätte mit wenigen Hilfskräften grds. nicht auf den Beruf des Einkäufers im Gastronomie- und Hotelgewerbe verweisbar, weil die Leitung der Gaststätte nicht ohne Weiteres dazu befähigt, den organisatorisch ausgegliederten Einkaufsbereich eines – im Regelfall größeren – Hotel- oder Gaststättenbetriebes zu führen (OLG Saarbrücken, VersR 2009, 99). Keine Verweisung eines in einem kleinen Betrieb überwiegend mit Schlachtung und Fleischzerlegung befassten Fleischers auf den Beruf eines Fleischermeisters in einem Großbetrieb mit vorwiegend aufsichtsführender und kaufmännischer Tätigkeit (OLG Hamm, r+s 2006, 339 = VersR 2007, 384; ausführlich dazu und zur objektiven Vergleichbarkeit der Berufe *Neuhaus*, Kap. H Rn 132 ff. m.w.N.). Die Vergleichstätigkeit braucht nur **nicht wesentlich geringere Anforderungen** zu stellen als der zuletzt ausgeübte Beruf, denn bei Identität der Anforderungen wäre es derselbe Beruf (OLG Karlsruhe, zfs 2012, 159 = VersR 2012, 841; OLG Saarbrücken, NJW-RR 1997, 791: Vergleich zwischen einem gynäkologischen Oberarzt im Krankenhaus und einem niedergelassenen Arzt dieser Fachrichtung). I.d.R. scheidet die Verweisung auf Tätigkeiten aus, für die der Versicherte nach den geltenden Vorschriften die erforderlichen **formellen Voraussetzungen** nicht besitzt bzw. ihm die erforderliche **förmliche Qualifikation** fehlt (z.B. Meisterprüfung, Studium, Fahrerlaubnis etc.), weil er eine solche Tätigkeit nicht ausüben „kann". Ebenso, wenn die Tätigkeit üblicherweise nur mit einer abgeschlossenen Berufsausbildung ausgeübt wird, die dem Versicherten fehlt (OLG Karlsruhe, r+s 2010, 198 = VersR 2009, 969: keine Verweisung eines selbstständigen Elektromeisters mit Realschulabschluss, der einen kleinen Handwerksbetrieb mit weniger als 10 Mitarbeitern geführt hat, auf den Beruf eines Projektleiters „Elektrotechnik" in einem großen oder mittelständischen Unternehmen).

Die Vergleichbarkeit kann entfallen, wenn die Ursprungsausbildung oder frühere Erfahrungen **durch langen Zeitablauf so „verblassen"**, dass sie aktuell nicht mehr nutzbar sind (Vergessen, Änderung der Technik), so dass bspw. ein gelernter Konditor, der seit 20 Jahren als Gastronom selbstständig und überwiegend in der Küche seines Imbisses als Koch tätig ist, nicht auf den Beruf eines Konditors verweisbar ist, wenn sich im Lauf der Jahre in der Technik der Backstube erhebliche Änderungen ergeben haben (OLG Köln, VersR 2013, 1296). Das ist aber auf objektive Änderungen des Berufsinhalts zu beschränken und betrifft nicht ein **Vergessen des Versicherten**. Ist ein Versicherter im Zeitpunkt der BU in der Lage, einen Vergleichsberuf auszuüben, nimmt er die Tätigkeit im Vergleichsberuf aber nicht auf, so tritt BU nicht allein dadurch ein, dass ihm die erforderlichen beruflichen **Kenntnisse im Zeitablauf abhandenkommen**. Anderenfalls hätte es der Versicherte in der Hand, die BU durch Zeitablauf herbeizuführen (BGH, VersR 2007, 631; dazu *Terno*, r+s 2008, 361, 364 m.w.N.). Er wäre in einem solchen Fall ohnehin verpflichtet, sich zumutbar einzuarbeiten (dazu unten).

Sonderbelastungen wie **Nachtarbeit**, **Überstundenmöglichkeiten** und die Verrichtung von Wochenendarbeit im Ausgangsberuf sind in die Vergleichsbetrachtung einzubeziehen (OLG Saarbrücken, r+s 1994, 196 = VersR 1994, 969). Äußerst **individuelle Attribute**

wie **Allgemeinbildung, Benehmen oder Geschick** im persönlichen Umgang sind beim Vergleich nicht zu berücksichtigen, weil dies zum Allgemeingut gehört und der Versicherte es sonst in der Hand hätte, die Berufsauswahl zu steuern (*Neuhaus*, BUV, Kap. H Rn 147; KG, VersR 1995, 1473; a.A. OLG Karlsruhe, VersR 1995, 1341).

100 Die Ausübungsvoraussetzungen des Verweisungsberufs müssen grds. **erworben sein**, nicht erst erworben werden können (BGH, VersR 1997, 436; OLG Düsseldorf, r+s 2011, 524). **Angemessene Einarbeitungszeiten** sind zumutbar (OLG Saarbrücken v. 30.11.2011 – 5 U 123/09–31; OLG Frankfurt/M., VersR 1996, 46), aber nicht überdurchschnittlich lange (OLG Hamm, VersR 1997, 479). Lange Zeiten sprechen grds. gegen eine Vergleichbarkeit der Berufe, da es sich dabei in der Regel nicht um ein Anlernen, sondern ein Umlernen handeln wird (*Neuhaus*, BUV, Kap. H Rn 150). Kurzfristige Kurse (LG Düsseldorf, r+s 2000, 171: 14tägiger Röntgenkurs) und **bis sechs Monate Einarbeitungszeit** sind vertretbar (OLG Saarbrücken v. 30.11.2011 – 5 U 123/09–31; OLG Saarbrücken, r+s 2010, 162 = VersR 2009, 971; OLG Koblenz, VersR 1998, 1272), neun Monate sind zu lang (OLG Hamm, VersR 1997, 479), ebenso ein Jahr in Vollzeit (OLG Saarbrücken, OLGR 2003, 353; OLG Koblenz v. 1.12.2006 – 10 U 208/06), ferner echte **Umschulungen oder Fortbildungen**, die über normale Einarbeitungszeiten hinausgehen (OLG Saarbrücken, r+s 2010, 162 = VersR 2009, 971). Allerdings kommt es hier auf den Einzelfall an, und es ist zu überlegen, ob die Maßnahme lebensnah ein „Anknüpfen" an die frühere Tätigkeit darstellt (dann sind auch längere/umfangreiche Maßnahmen zumutbar). Daher spielt das Erfordernis einer einjährigen Umschulung keine Rolle, wenn die zusätzliche Ausbildung den Charakter einer Fortbildung hat, innerhalb eines überschaubaren Zeitraums abgeschlossen werden kann und sich das Ausbildungsziel dem Schwierigkeitsgrad nach im Rahmen dessen hält, was nach der bisherigen Ausbildung und Berufserfahrung voraussichtlich bewältigt werden kann (OLG Nürnberg, VersR 1992, 1387). Einem Versicherten soll im allgemeinen der erstmalige Erwerb von **PC-Grundkenntnissen** als eine echte Fortbildung, die über eine angemessene Einarbeitung im Sinne eines Sich-vertraut-machens mit den speziellen betrieblichen Gegebenheiten einer neuen Arbeitsstelle hinausgeht, nicht zumutbar sein (OLG Saarbrücken, NJW-RR 2003, 528); anders jedoch, wenn schon Grundkenntnisse wie auch nur Schreibmaschineschreiben vorliegen, so dass alle Voraussetzungen vorhanden sind, dass mit vernachlässigbar geringem Aufwand die wenigen zusätzlichen Fähigkeiten – z.B. Dateien abspeichern – erworben werden können (LG Saarbrücken, r+s 2010, 162 = VersR 2009, 971; weitere Beispiele bei *Neuhaus*, BUV, Kap. H Rn 151).

3. Bisherige Lebensstellung

a) Grundsätzliches

101 Die Berufe, auf die verwiesen werden darf, müssen der **bisherigen Lebensstellung** entsprechen. Diese Lebensstellung wird v.a. durch die bisherige Berufstätigkeit geprägt. Die neue Tätigkeit darf deshalb „weder hinsichtlich der Vergütung noch in ihrer Wertschätzung spürbar unter das Niveau des bislang ausgeübten Berufs absinken, so dass ein **sozialer Abstieg** verhindert wird" (BGH, VersR 1986, 1113). Eine (Haupt-)Rolle spielen das **Ein-**

kommen, die Wertschätzung des Berufs sowie die bisherigen Kenntnisse und Fähigkeiten, die nicht wesentlich unter-, aber auch nicht wesentlich überschritten werden dürfen (OLG Oldenburg, VersR 1998, 1010: **Unter- und Überforderungsverbot**).

Praxishinweis 102
Häufig wechselnde berufliche Tätigkeiten (sog. **„wechselnde Erwerbsbiographie"**) können dem VR eine größere Bandbreite von Verweisungstätigkeiten ermöglichen (OLG Saarbrücken, zfs 2014, 163). Denn der VN hat dann oft eine größere Bandbreite an Kenntnissen/ Fähigkeiten, und manchmal führt ein häufiger Arbeitsplatzwechsel – ggf. noch verbunden mit Arbeitslosigkeit – zu einem Absinken der Lebensstellung.

Verwendet der Versicherer **spezielle Klauseln zur Definition der Lebensstellung**, muss 103 er sich zum einen an diesen messen lassen (Selbstbindung) und kann sich zum anderen als Verwender nicht darauf berufen, wenn sie gegen AGB-Recht verstoßen (*Neuhaus*, BUV, Kap. H Rn 50).

b) Einkommen

Beim Einkommensvergleich lehnt der BGH die Festlegung genereller Quoten – zu Recht – 104 ab; vielmehr ist eine **einzelfallbezogene Beurteilung** erforderlich, da sich die prozentuale Einkommensminderung unterschiedlich auswirkt (BGH, VersR 1998, 42; BGH, VersR 1998, 1537). Berücksichtigt wird, ob VN verheiratet ist und allein für das Familieneinkommen zu sorgen hat oder ob die Ehefrau erwerbstätig ist (OLG Karlsruhe, jurisPR-VersR 1/ 2007 Anm. 2 *Neuhaus* = r+s 2008, 251, bestätigt durch BGH, Beschl. v. 11.3.2009 – IV ZR 88/07, BeckRS 2009, 10088; OLG Nürnberg, VersR 1998, 1496; OLG Hamm, VersR 1992, 1338; OLG Köln, VersR 1993, 955), etwa bei einer Familie mit Kindern und nur einem berufstätigen Elternteil, wo die Unterhaltspflicht berücksichtigt werden muss (OLG Hamm, NJW-RR 1999, 901 = MDR 1999, 543; a.A. *Legewie*, NVersZ 1998, 110). Bei der Ermittlung des bisherigen Einkommens ist auf die Berufstätigkeit **in gesunden Tagen** abzustellen (OLG Saarbrücken v. 30.11.2011 – 5 U 123/09–31), es kommt also auf den Zeitpunkt vor Überschreiten des bedingungsgemäßen Grades der BU an. Eine **feste Berechnungsmethode** gibt es nicht, entscheidend ist, nach welcher Berechnung die zu vergleichenden Lebensstellungen in ihrer wirtschaftlichen/finanziellen Komponente zutreffend abgebildet werden (BGH, r+s 2012, 193 = VersR 2012, 427. Es kommen grds. **alle finanziellen Zuflüsse** in Betracht, die an den „normalen" Berufsbegriff anknüpfen (legale Tätigkeit zur dauerhaften Erwirtschaftung des Lebensunterhaltes) und die Lebensstellung prägen; prägend sind positive, wiederkehrende oder zumindest auf eine gewisse Regelmäßigkeit angelegte finanzielle Einnahmen, also bspw. auch Mieteinnahmen, wenn Vermietung ein Beruf war (*Neuhaus*, BUV, Kap. H Rn 58).

Für die Frage, ob **brutto oder netto** maßgeblich ist, ist vorweg auf die AVB abzustellen, 105 die aber i.d.R keine nähere Definition enthalten (zu diversen Definitionen vgl. OLG München, Urt. v. 12.11.2010 – 25 U 5408/09, BeckRS 2010, 28479, aufgehoben durch BGH v. 8.2.2012 – IV ZR 287/10; KG, zfs 2012, 101 = VersR 2012, 349: „verfügbares Einkommen" = netto; OLG Karlsruhe, zfs 2012, 159 = VersR 2012, 841). Ohne konkretisierende AVB-Regelung hat der **BGH beides für zulässig erachtet** und argumentiert mit der oben genannten möglichst genauen Abbildung der tatsächlichen Lebensstellung des Versicherten (BGH, r+s 2012, 193 = VersR 2012, 427: letztendlich das **Nettoeinkommen** als zutreffende Abbildung im konkreten Fall gewählt; BGH, r+s 1998, 37 = VersR 1998, 42). Richtig ist es aber, immer auf das **Nettoeinkommen** abzustellen, weil es das ist, was der Versicherte ausgeben kann, und gerade dies prägt besonders die Lebensstellung (*Neuhaus*, BUV, Kap. H Rn 71 f. m.w.N. aus der Rspr. zu beiden Meinungen; zu **besonderen Einkommensbestandteilen** wie Arbeitslosengeld, Dienstwagen, Nachtzuschlägen, Spesen etc. vgl. ausführl. *Neuhaus*, BUV, Kap. H Rn 73 ff. m.w.N. aus der Rspr.). Bei einem größeren zeitlichen Abstand zwischen der früheren Tätigkeit und der ausgesprochenen Verweisung erfolgt grds. **keine „Hochrechnung"** mit zu erwartenden Gehalts- und Lohnentwicklungen, weil auf die *bisherige* (und nicht die *künftige*) Lebensstellung abzustellen ist. Ausnahmen: Wenn bei Fortführung des Berufs erwartete Einkommenssteigerungen sicher prognostiziert werden können (OLGR Saarbrücken 2006, 902 = NJOZ 2006, 3608) und Anpassung an gestiegene Lebenshaltungskosten bzw. Inflationsbereinigung.

106 Für das **Einkommen im Vergleichsberuf** gilt ergänzend: Vergleichsmaßstab ist der Verdienst im Zeitpunkt der Einstellungsmitteilung (LG Mannheim, r+s 2013, 243), bei der abstrakten Verweisung ist ein passender Tariflohn zugrunde zu legen, sofern es einen solchen gibt (OLG Saarbrücken, r+s 1994, 196 = VersR 1994, 969), und zwar jeweils **im Wohn- oder Lebensbereich** des Versicherten (OLG Saarbrücken, r+s 1994, 196 = VersR 1994, 969).

107 Die Vergleichsbetrachtung muss sich auf einen **repräsentativen Zeitraum** erstrecken (OLG Saarbrücken v. 30.11.2011 – 5 U 123/09–31; OLGR Saarbrücken 2006, 902 = NJOZ 2006, 3608; OLG Saarbrücken, VersR 2004, 54), i.d.R. mindestens ein Jahr vor dem behaupteten Eintritt der BU (OLG Saarbrücken, NJOZ 2006, 3608), bei **Selbstständigen** wegen oft natürlicher Einkommensschwankungen auch länger. „Aufbaujahre" – i.d.R. ca. zwei Jahre – bleiben außer Betracht (BGH, r+s 1998, 37 = VersR 1998, 42; OLG Frankfurt v. 5.11.2014 – 7 U 172/13). Wechselt der VN aus einer leitenden Tätigkeit im Innen- und Außendienst in eine bessere Stelle mit deutlich höherem Verdienst und wird dann in der Probezeit berufsunfähig, und liegen Anhaltspunkte dafür vor, dass die neue Tätigkeit auf Dauer angelegt war, gilt als Maßstab für die Verweisung ausnahmsweise das letzte höhere Einkommen (OLG Saarbrücken v. 24.11.2010 – 5 U 220/08; zu **kurzzeitigen Spitzenverdiensten** vgl. OLG Köln, r+s 2012, 452 (Profihandballer) und *Neuhaus*, BUV, Kap. H Rn 68 f.). Ist ein konkreter Verweisungsberuf eine geeignete Vergleichstätigkeit, so ist es für die Beurteilung der BU unerheblich, wenn sich später das **Tätigkeitsbild und die Einkommenssituation** aus beim Arbeitgeber liegenden Gründen **verschlechtern** (OLG Koblenz, VersR 1997, 688: allgemeines Lebensrisiko). Hat der VN mit dem VR einen Vergleich über die BU-Rente geschlossen, ist deren geringere Höhe nicht Maßstab für eine spätere Verweisung (OLG Saarbrücken v. 30.11.2011 – 5 U 123/09–31).

108 Anhaltspunkt für eine **nicht mehr hinnehmbare Niveauabsenkung** beim Einkommen des Verweisungsberufs sind Verluste ab 25 % (strikte Einzelfallbetrachtung, vgl. OLG Hamm, r+s 2008, 521 = VersR 2008, 949; OLG Köln, VersR 1993, 955; OLG Hamm, VersR 1992, 1338; LG Berlin, VersR 1993, 956).

Praxishinweis
Bei 0 % bis ca. 10 % Einbußen ist die Gleichwertigkeit der Lebensstellung i.d.R. immer gegeben (insb. bei Selbstständigen – normale Schwankung), bei ca. 10 % bis ca. 20 % ist die Gleichwertigkeit fraglich mit Tendenz zur Gleichwertigkeit, bei 20 % bis ca. 30 % ist es ebenso mit deutlicher Tendenz zur Ungleichwertigkeit, und bei über 30 % liegt eine Ungleichwertigkeit i.d.R. vor (*Neuhaus*, BUV, Kap. H Rn 86 ff. mit Tabelle zu versch. Quoten aus der Rspr.).

Beispiele: Bei einem monatlichen Bruttoeinkommen von 2.496,00 EUR ist eine Verweisung auf eine Tätigkeit mit einem um 28 % niedrigeren Einkommen nicht zumutbar (OLG Hamm, VersR 2008, 949); ebenso bei einem angestellten Schlossermeister, der im Ausgangsberuf 69.160,– DM und im Verweisungsberuf als technischer Angestellter im öff. Dienst 46.815,12 DM und damit „fast ein Drittel" weniger verdient (BGH, VersR 1998, 1537), offen gelassen bei Verminderung um 23 % (BGH, VersR 1998, 42). Geringe Absenkungen bis ca. 10 % sind grds. auch dann unerheblich, wenn sie eigentlich durch private Umstände (etwa mehrere zu versorgende Kinder) erheblich sein könnten, weil dies zum allgemeinen Lebensrisiko gehört (*Neuhaus*, BUV, Kap. H Rn 89).

c) Wertschätzung

Zur Beurteilung der Lebensstellung gehört die allgemeine Wertschätzung der Tätigkeit. Unmaßgeblich ist die **individuelle Wertschätzung** mit der Leistungsfähigkeit im Einzelfall. Es geht um das Ansehen, das der Beruf als solcher normalerweise jedem verleiht, der ihn ausübt, indem er ihn einem bestimmten Stand oder Berufsstand zuordnet (**abstraktgenerelle Betrachtung**) und zwar **in den Augen der Öffentlichkeit** (OLG Nürnberg, zfs 2012, 280 = VersR 2012, 843; OLG Düsseldorf, r+s 2011, 524 = jurisPR-VersR 1/2011 Anm. 5; OLG Nürnberg, VersR 1998, 1496). Zu fragen ist, ob nach einer **Gesamtbetrachtung** aller maßgeblichen Gesichtspunkte ein **sozialer Abstieg** feststellbar ist (OLG Hamm, VersR 2001, 1411).

Kriterien dafür sind bspw. (ausführl. *Neuhaus*, BUV, Kap. H Rn 97): Art und Dauer der Ausbildung, Kenntnisse und Fähigkeiten, die der Beruf erfordert, Weisungs-/Direktionsbefugnisse und berufliche Freiräume (OLG Karlsruhe, r+s 2014, 566 = NJW-RR 2013, 359), insb. bei Selbstständigen; Weiterbildungs- und Aufstiegsmöglichkeiten (BGH, VersR 1990, 885; OLG Karlsruhe, r+s 2014, 566 = NJW-RR 2013, 359; OLG Hamm, VersR 1992, 1338); die Höhe des Einkommens; Vertrauenskriterien (z.B. bei Ärzten, Anwälten, Steuerberatern), Zuverlässigkeit im Umgang mit fremdem Vermögen (Prokuristen, Filialleiter, Bilanzbuchhalter, Kassierer, Lagerverwalter, Geldtransporteure) oder bei der Ausübung eines gefahrenträchtigen Berufs (Flugkapitän, Lokomotivführer, Operationsschwester, Sicherheitsingenieur); hoher persönlicher Einsatz zu einem sozial gebilligten Zweck (Feuerwehrmann, Polizist, Rettungssanitäter/-schwimmer, Soldat im Auslandseinsatz, Kampfmittelräumer); Verantwortlichkeit nur wenigen Vorgesetzten gegenüber und berufliche Spezialkenntnisse (LG Mannheim, r+s 2013, 243); eine wechselnde Erwerbsbiographie (OLG Saarbrücken, zfs 2014, 163); regionale Besonderheiten (höhere Wertschätzung für handwerkliche Berufe in einer Kleinstadt: LG Coburg, Urt. v. 21.8.2009 – 11 O 480/05); Berufe mit einer Vorgesetztenfunktion oder mit der Befugnis zu Entscheidungen über Personen,

Geld oder Sachwerte. Eine Position als **„Juniorchef"** im elterlichen Betrieb ohne Führungsaufgaben stellt keine Aufstiegsmöglichkeit, sondern nur eine unbestimmte Aussicht dar, wenn unklar ist, ob und zu welchem Zeitpunkt der Sohn des Inhabers das Geschäft tatsächlich übernehmen wird (OLG Düsseldorf, r+s 2011, 524 = jurisPR-VersR 1/2011 Anm. 5).

113 Einem **Selbstständigen** ist die Verweisung auf eine abhängige Tätigkeit „nicht generell unzumutbar" (BGH, VersR 1986, 278; BGH, VersR 1988, 234; OLG Köln, r+s 1991, 323), sein Direktionsrecht und seine Gestaltungsfreiheit müssen aber als besondere Kriterien zu seinen Gunsten berücksichtigt werden (ausführl. zur Abwägung *Neuhaus*, BUV, Kap. H Rn 106 ff.). Wenn die frühere Tätigkeit lediglich formell selbstständig ausgeführt wurde und sich in tatsächlicher Hinsicht nicht von einer Arbeitnehmerposition unterschied, greift dies jedoch nicht (OLG Hamm, VersR 2001, 1411). Die soziale Wertschätzung eines geringer entlohnten Berufs soll nicht dadurch steigen, dass die **Tätigkeit leichter und die Arbeitszeit kürzer** ist (OLG Hamm, VersR 1992, 1338), was abzulehnen ist, jedenfalls aber differenzierter betrachtet werden muss, weil „weiche Kriterien" des Berufs und Entlastungen (mehr Urlaub/Freizeit, geringere Verletzungs- oder „Verschleißgefahr", Kündigungsschutz etc.) heutzutage im Zuge einer „Work-Life-Balance" ein andere Billigung erfahren als vor einigen Jahrzehnten. Eine **Kompensation durch persönlichkeitsbezogene Vor- und Nachteile** ist daher in jede Richtung möglich, solange das künftige Einkommen ausreicht, um sich bzw. die Familie zu unterhalten (ausführl. *Neuhaus*, Kap. H Rn 115 ff.). Ist der Verweisungsberuf **kein Ausbildungsberuf**, hindert das nicht von vornherein an der Verweisung, das Erfordernis einer abgeschlossenen Berufsausbildung ist aber ein wichtiger Faktor in der Abwägung (BGH, r+s 2010, 294 = VersR 2010, 1023: Verweisung eines Schreiners auf die konkret ausgeübte Tätigkeit als Außendienstmitarbeiter im Garten- und Technikbereich im Nachprüfungsverfahren; a.A. OLG Braunschweig, r+s 2001, 213). **Ehrenamtliches Engagement** ist als individueller Aspekt nicht zu berücksichtigen (*Neuhaus*, BUV, Kap. H Rn 102). Das **soziale Umfeld des Versicherten** ist zu beachten, soweit unterschiedliche Auffassungen über die Wertschätzung eines Berufs bestehen, sei es regional (etwa in den einzelnen Bundesländern) oder kulturell (etwa bei ausländischen Versicherten) oder nach der Art des Lebenskreises (etwa nach Stadt- und Landbevölkerung); **Aufstiegschancen** sind nur dann relevant, wenn sie mehr oder weniger feststehen (vgl. *Neuhaus*, BUV, Kap. H Rn 113 und 121 ff.).

114 **Beispiele für vergleichbare Wertschätzung** (*Neuhaus*, BUV, Kap. H Rn 104): selbstständiger Immobilienkaufmann und angestellter Schreiner (OLG Koblenz, r+s 2013, 86 = jurisPR-VersR 11/2011 Anm. 1); Tischler und Baufachmarktberater Bereich Holz (LG Köln, r+s 2013, 399); angestellter Tischlermeister im väterlichen Betrieb ohne Führungsposition und Fachverkäufer im Einbauküchenhandel (OLG Düsseldorf, r+s 2011, 524 = jurisPR-VersR 1/2011 Anm. 5); Lkw-Fahrer und Verwaltungsfachangestellter (OLG Saarbrücken, r+s 2010, 162 = VersR 2009, 971); Feuerwehrmann im Außendienst und Tätigkeit im Innendienst (OLG Köln, Beschl. v. 17.5.2013 – 20 U 25/13; OLG Koblenz, r+s 2001, 82 = VersR 2001, 1399); Bürohilfskraft und geringfügig beschäftigte Kellnerin (OLG Saarbrücken, zfs 2014, 163); Hausmeister an einer Grundschule und angestellter Schlosser

(OLG Koblenz, VersR 2003, 1431); Fenster- und Türenmonteur und Tiefdruckhelfer/Arbeiter in einer Druckerei (OLG Hamm, VersR 2001, 1411); selbstständiger Schuhverkäufer und angestellter Filialleiters im Schuhverkauf (OLG Hamm, VersR 1994, 417); selbstständiger mitarbeitender Maurer ohne Meistertitel im Kleinbetrieb ohne Mitarbeiter und Angestelltentätigkeit als Bauzeichner (OLG Frankfurt, Urt. v. 5.11.2014 – 7 U 172/13); Rettungsassistent und Restaurantmeister (LG Aurich, Urt. v. 31.5.2011 – 3 O 724/10); angestellte Mitarbeiterin des gehobenen Dienstes (Personalsachbearbeiterin) und Kriminalkommissaranwärterin (LG Halle v. 24.1.2011 – 5 O 1279/09 n.v.); Frisörin und Kauffrau für Bürokommunikation (OLG Saarbrücken, r+s 2010, 526 = VersR 2009, 917 unter II. 2. a) cc)); selbstständiger Friseurmeister und Industriekaufmann nach Umschulung (LG Düsseldorf, VersR 1983, 1071); selbstständiger Bäckermeister und Filialleiter in der Lebensmittelbranche, Vertreter für Bäckereibedarf und Versicherungsvertreter (KG, VersR 1993, 597); selbstständiger Bäcker/Konditormeister und Vollziehungsbeamter nach Umschulung (OLG Köln, VersR 1991, 1362); Polizeibeamter im Streifen- oder Ermittlungsdienst und Polizeibeamter im Verwaltungs- bzw. Innendienst (OLG Frankfurt/M., r+s 1997, 82 = VersR 1996, 46; LG Kassel, r+s 1993, 317); Panzerinstandsetzungssoldat (gelernter Kfz-Mechanikermeister) und Bundeswehrinnendienst Schirrmeister mit 100 % Schreibarbeiten (OLG München, r+s 1996, 502 = VersR 1996, 318); Justizvollzugsbeamter und Verwaltungsbeamter außerhalb des Justizvollzugsdienstes (LG Köln, r+s 1995, 437).

Beispiele für nicht vergleichbare Wertschätzung *(Neuhaus*, BUV, Kap. H Rn 105): leitender Angestellter mit Spezialkenntnissen und Innovationsbedeutung für das Unternehmen und Firmenkundenberater einer Großbank (LG Mannheim, r+s 2013, 243); Wiedereingliederungsmaßnahme (OLG Nürnberg, r+s 2014, 617 = zfs 2012, 280); „Springer" und „Mädchen für alles" (OLG München v. 22.12.2011 – 25 U 1799/11); Rettungsassistent im Notarztwagen und Sachbearbeiter im Rettungswesen zur Abrechnung von Notfalleinsätzen (KG, r+s 2011, 440 = VersR 2011, 384); Gerichtsvollzieher und Tätigkeit im mittleren Justizdienst für Registraturarbeiten im Innendienst (OLG Frankfurt/M., r+s 2011, 487) oder Justizsekretär (OLG München v. 2003, 166 = NVersZ 2011, 73); mitarbeitender Mitinhaber einer Tischlerei (ein Geselle, zwei Auszubildende – auch bei vergleichbarem Einkommen) und Verkäufer/Berater in einem Fachmarkt oder Kaufhaus (OLG Hamm, VersR 1997, 817); gelernter Restaurantfachmann und Tätigkeit als Kassierer im Selbstbedienungsrestaurant (LG Rottweil, VersR 1991, 169); selbstständiger Kioskbetreiber und angestellter Leiter eines Warenhauses (OLG Karlsruhe, r+s 2014, 137 = zfs 2012, 219); Leiter einer Kur- bzw. Rehaeinrichtung und selbstständiger Physiotherapeut in einer Ein-Mann-Praxis (OLG Karlsruhe, r+s 2014, 137 = zfs 2012, 219); Anwalt mit eigener Kanzlei und bei einem VR beschäftigter Sachbearbeiter, selbst wenn dieser ebenfalls beide juristische Staatsexamen bestanden hat (OLG Karlsruhe, r+s 2014, 137 = zfs 2012, 219).

4. Besonderheiten der konkreten Verweisung

Mit einer konkreten Verweisung ist gemeint, dass der VR den VN auf eine Tätigkeit verweist, die er auch tatsächlich ausübt und nicht auf eine Tätigkeit, die er ausüben könnte. Die konkrete Verweisung ist daher als „Minus" in der abstrakten enthalten. Zur sich ändernden **Darlegungs- und Beweislast** s.u. (Rdn 130). In der konkreten Verweisung kann eine **gewisse Härte für den „arbeitswilligen und ehrlichen" VN** liegen; sie ist aber nach dem zwingenden Bedingungswerk hinzunehmen (OLG Koblenz, VersR 1997, 688). Das Pendant dazu ist die grds. nicht bestehende Verpflichtung, eine andere Tätigkeit aufzunehmen (OLG Dresden, r+s 2008, 205 = NJW-RR 2008, 544), da die derzeitigen AVB keine Verpflichtung zur Umschulung oder neuen Arbeitsaufnahme vorsehen. Daher kann der berufsunfähige VN auch dann nicht verwiesen werden, wenn er die von ihm aufgenommene andere Tätigkeit nach seinen gesundheitlichen Verhältnissen zwar vollschichtig ausüben könnte, sie tatsächlich aber nur zeitweise ausübt, so dass sie die Verweisungskriterien (insb. Wahrung der Lebensstellung) nicht erfüllt (OLG Nürnberg, r+s 2014, 617 = zfs 2012, 280). Maßgeblich sind nur die wirklichen („konkreten") Gegebenheiten, also der wirkliche Tätigkeitsumfang und das wirklich daraus erzielte Entgelt. Die Entscheidung des Versicherten, ob und wie er tätig werden will, hat eine **faktische Bindungswirkung für den VR**. Anders ist das aber dann, wenn manche AVB nicht von dem „erzielten", sondern dem „erzielbaren" Einkommen sprechen, d.h. wenn der VR ersichtlich verhindern will, dass ein VN bewusst weniger arbeitet als er könnte, um sich einer konkreten Verweisung zu entziehen. Ferner ist es dann anders, wenn nach dem Gebot der gegenseitigen Rücksichtnahme in Dauerschuldverhältnissen (folgt aus **Treu und Glauben**, § 242 BGB), ein Wille des VN, den VR bewusst zu schädigen, vom VR, den die Beweislast trifft, nachgewiesen ist, etwa wenn er ohne nachvollziehbaren Grund eine einmal aufgenommene Arbeit einstellt, um lieber wieder Leistungen aus der BUV zu kassieren (*Neuhaus*, BUV, Kap. H Rn 172).

117 Für die **Wahrung der Lebensstellung** einschließlich des Einkommensvergleichs gelten dieselben Grundsätze wie bei der abstrakten Verweisung (u.a. dass die Qualifikation für den Vergleichsberuf nicht geringer ist als jene für den früheren Beruf). Eine AVB-Klausel, die den Versicherungsfall „Berufsunfähigkeit" vertraglich festlegt und mit der Einschränkung verbindet, dass keine BU vorliegt, wenn der VN aus einer tatsächlich ausgeübten Erwerbstätigkeit 80 % des bisher verfügbaren beruflichen Einkommens oder mehr erzielt, stellt keine unangemessene Benachteiligung oder einen Verstoß gegen wesentliche Grundgedanken des Gesetzes (§ 172 VVG) i.S.v. § 307 BGB dar und ist auch nicht intransparent (KG, zfs 2012, 101 = VersR 2012, 349). Folge ist jedoch eine Selbstbindung des VR, so dass dieser, wenn der VN nur 79 % des Einkommens erzielt, nicht mehr argumentieren kann, dass bei 21 % Absenkung die Lebensstellung gewahrt ist. Bei einem **leidensbedingten Berufswechsel** ist grds. auf die Lebensstellung in gesunden Tagen abzustellen, so dass dadurch die Vergleichbarkeit entfallen kann.

118 Die Lebensstellung des VN kann grds. nur dann gewahrt sein, wenn die neue Tätigkeit auch eine **gewisse Dauer** aufweist und die Lebensstellung geprägt hat, wofür spiegelbildlich die Grundsätze zu der Problematik anzuwenden sind, welche Tätigkeit bei einem Berufswechsel als zuletzt ausgeübter Beruf gilt, wenn die BU kurz nach dem Wechsel eintritt (Rdn 31). **Arbeitsvertragliche Probezeiten oder Befristungen** von mehr als sechs Monaten ändern nichts daran, dass die tatsächlichen Verhältnisse die Lebensstellung ab diesem Zeitpunkt prägen (ein vernünftiger VR wird die sechs Monate aber abwarten und erst dann die

konkrete Verweisung prüfen). Auch die VN, die aufgrund einer Befristung „nur" ein Jahr Mutterschaftsvertretung macht, übt – wenn der Beruf vergleichbar im Sinne der Bedingungen ist – eine neue, die Verweisung eröffnende Tätigkeit aus, weil im Lebenslauf durch Zuwachs neuer Kenntnisse und Fähigkeiten ein „Plus" erwirtschaftet wird (*Neuhaus*, BUV, Kap. H Rn 167).

VI. Prüfschema

Vollständige bzw. teilweise BU liegt vor, wenn der Versicherte 119
- infolge
- Krankheit, Körperverletzung oder mehr als altersentsprechendem Kräfteverfall
- voraussichtlich auf Dauer (alternativ: andere Prognoseregelung in AVB)
- seinen zuletzt ausgeübten Beruf
- oder eine andere Tätigkeit, die zu übernehmen er aufgrund seiner Ausbildung und Fähigkeit in der Lage ist und die seiner bisherigen Lebensstellung entspricht (wenn vereinbart; alternativ: keine oder nur konkrete Verweisung laut AVB),
- nicht mehr ausüben kann.

C. Prozessuale Hinweise

I. Anträge (Besonderheiten)

Die Prozessanträge des VN sollten aufgeteilt werden in diejenigen für Leistungen aus der 120 Vergangenheit bis Rechtshängigkeit und weitere für künftige Leistungen, weil dies die Übersichtlichkeit erhöht. Dass meistens auch eine (streitwerterhöhende) **Prämienbefreiung** mit versichert ist, wird in der Praxis oft übersehen. Insb. Prämienbefreiungsansprüche für die Zukunft werden häufig mit Feststellungsanträgen eingeklagt; das ist unnötig, da es auch hierbei – wie bei der Rentenzahlung – um eine künftige Leistung des VR geht (Vorrang der Leistungsklage; erst Recht beim Antrag auf Rentenzahlung). Manchmal werden fälschlich auch neue **Dynamikerhöhungen** mit eingeklagt, obwohl die meisten Dynamik-AVB ein Ende dieser Anpassungen vorsehen, wenn BU eintritt (ausführlich *Neuhaus*, BUV, Kap. E Rn 36 ff.). Bei allen Anträgen, die auf die versicherten Leistungen zielen, ist darauf zu achten, dass diese **inhaltlich und zeitlich entsprechend den Vereinbarungen im VV beschränkt und begrenzt** werden, denn praktisch so gut wie nie leistet der VR lebenslang. Ohne diese Einschränkungen ist der Antrag unzulässig, weil er zu unbestimmt ist (§ 253 ZPO). Die gebräuchliche Formulierung *„längstens bis zum ..."* erscheint zweifelhaft, weil sie nur eine zeitliche Komponente berücksichtigt, aber nicht einigermaßen klar zum Ausdruck bringt, dass der VR auch wegen Wegfall der BU im Nachprüfungsverfahren die Leistungen einstellen kann.

> **Praxishinweis**
> Anträge auf künftige Leistungen sollten *„für die Dauer der bedingungsgemäßen Berufsunfähigkeit, längstens bis zum ..."* [Ende der vereinbarten Leistungsdauer] formuliert werden.

II. Darlegungs- und Beweisfragen

1. Überblick

121 Der VN hat die Darlegungs- und Beweislast für die zuletzt ausgeübte Tätigkeit (mit individueller Arbeitsplatzbeschreibung, Stichwort „Stundenplan"), eine nicht mögliche oder zumutbare Umorganisation (bei Selbstständigen), eine fehlende Verweisungsmöglichkeit (bei vereinbarter Klausel: summarischer Vortrag bei abstrakter Verweisung, ausführlich bei konkreter Verweisung), den Zeitpunkt des Eintritts der BU, die konkreten Auswirkungen der Gesundheitsbeeinträchtigungen auf die früheren Tätigkeiten und die Dauerhaftigkeit der BU. Ohne all dies ist die Klage i.d.R. unschlüssig (ausführl. zu alledem *Neuhaus*, BUV, Kap. F Rn 278 m.w.N.). Das Gericht trifft eine **Hinweispflicht nach § 139 ZPO**, die herabgesetzt sein kann, wenn der Prozessgegner die Unschlüssigkeit dezidiert rügt (*Neuhaus*, BUV, Kap. F Rn 309 ff.).

2. Beruf

a) Zuletzt ausgeübte Tätigkeit

122 **Darlegungs- und beweispflichtig** – auch vorprozessual in der Leistungsprüfung des Versicherers – für Art und Umfang seines Berufs ist der VN. Ohne einen solchen Vortrag ist eine Klage auf Leistungen aus der BUV schlüssig. Die Beurteilung, ob der Versicherte berufsunfähig geworden ist, erfordert es, dass die **konkrete Ausgestaltung** des zum Zeitpunkt des Versicherungsfalls ausgeübten Berufs und die sich aus dieser Berufsausübung ergebenden Anforderungen festgestellt werden; diese Feststellungen sind dann ggf. später im Prozess einem medizinischen Sachverständigen als Grundlage seiner Gutachtenerstattung vorzugeben (BGH, r+s 1997, 35; BGH, VersR 1992, 1386; OLG Dresden, r+s 2013, 564; OLG Koblenz, VersR 2008, 670). Maßgeblich ist die **letzte konkrete Berufsausübung**, so wie sie noch **in gesunden Tagen** ausgestaltet war (BGH, VersR 2003, 631; BGH, VersR 1993, 1470 unter 3.; vgl. oben Rdn 31, 58). Sache des Gerichts ist es dann, ggf. nach einer **Beweisaufnahme zur Klärung des Berufs**, dem heranzuziehenden medizinischen Sachverständigen konkret vorzugeben, von welcher Tätigkeit des VN er bei seiner Begutachtung auszugehen hat (Art und Umfang der Einzeltätigkeiten, BGH, r+s 1996, 377 = VersR 1996, 959). Die Bezugnahme auf den Vortrag des Klägers in einem Schriftsatz reicht nur dann aus, wenn dies alles unstreitig oder vollständig bewiesen ist.

123 Die Arbeiten müssen ihrer Art, ihrem Umfang und ihrer Häufigkeit nach für einen Außenstehenden nachvollziehbar beschrieben werden (BGH, VersR 1996, 1090; BGH, NJW-RR 1996, 345; BGH, VersR 1992, 1386; OLG Zweibrücken, BeckRS 2014, 12027; OLG Koblenz, VersR 2013, 1113). Erforderlich ist eine **ganz konkrete Arbeitsbeschreibung** (OLG Celle, zfs 2014, 341). Eingebürgert hat sich zu Recht der plastische Begriff nach **Art eines „Stundenplans"** (OLG Koblenz, r+s 2006, 122 = VersR 2004, 989), der sich bei stereotypen Arbeiten auf eine Woche beschränken darf, bei wechselnden und höchst unterschiedlichen Tätigkeiten aber darüber hinaus gehen muss (ggf. auch deutlich, etwas bei saisonal bedingt unterschiedlichen Arbeiten: Landwirt, Winzer etc.). Die Beschreibung eines einzigen Tages genügt nur dann, wenn der VN behauptet, bei ihm sei jeder Tag gleich; ansonsten ist mindestens eine typische Woche darzulegen, bei komplexen Berufen auch mehr. Dargestellt werden müssen die typischen Abläufe und nicht nur für den Versicherten eher ungewöhnliche **Zeiten mit Höchstbelastungen** (*Neuhaus*, BUV, Kap. F Rn 282). Bei **mehreren Berufen** müssen alle Tätigkeiten daraus dargelegt werden (OLG Dresden, r+s 2013, 564; LG Mühlhausen v. 15.3.2012 – 1 O 243/11 zur BU in einer Krankentagegeldvers. und drei Berufen des VN). Der VN hat auch die Aufzeige- und Beweislast für die **prägenden Tätigkeiten** seines Berufs; und zwar so genau, dass eine „Gewichtung" aller Tätigkeiten erfolgen kann (*Neuhaus*, BUV, Kap. F Rn 54). Ohne genaue Differenzierung der Teiltätigkeiten kann ein Sachverständiger den Grad der BU nicht bestimmen und das Gericht ihm nichts vorgeben. Ohne eine **Individualität der Arbeitsplatzbeschreibung** ist die Klage i.d.R. unschlüssig. **Widersprüchlicher Vortrag** – Beispiel: unterschiedlich geschilderte „Musterwoche" in erster und zweiter Instanz mit unterschiedlichen Angaben zur Arbeitszeit – spricht gegen einen schlüssigen Vortrag zum Beruf (OLG Zweibrücken, BeckRS 2014, 12027; OLG Köln, r+s 2009, 515 = VersR 2009, 667). Entsprechendes gilt, wenn der VN außergerichtlich gegenüber dem VR und dann im Prozess unterschiedlich vorträgt. Eine ergänzende Anhörung des VN ist maßvoll zu handhaben und setzt einen weitestgehend schlüssigen Vortrag voraus, der nur noch in Details, nicht aber im Grundsatz aufklärungsbedürftig ist.

Beruft sich der Versicherungsnehmer bei **psychischen Erkrankungen** auf eine **nicht mehr mögliche Stressbewältigung**, muss er konkrete Angaben dazu machen, welcher Art die Stress auslösenden Tätigkeiten konkret waren und in welchem Umfang mit deren Erledigung besondere Stressfaktoren verbunden gewesen sind (OLG Zweibrücken, BeckRS 2014, 12027). **Kein Stundenplan ist ausnahmsweise nach § 291 ZPO erforderlich**, wenn die BU ganz offensichtlich ist, also bei schwersten Erkrankungen (querschnittsgelähmter Altenpfleger, Bauarbeiter verliert ein Bein).

Der VR darf **mit Nichtwissen bestreiten**, ein qualifiziertes Bestreiten kann nicht verlangt werden, weil er keine eigene Wahrnehmung vom Beruf hat (§ 138 Abs. 4 ZPO).

b) Umorganisation bei Selbstständigen

Das Gericht muss die Situation vor und nach der Umorganisation vergleichen können. Die Darlegungs- und Beweislast für eine nicht mögliche oder nicht zumutbare Umorganisation liegen insoweit beim VN: er muss zur Ausgestaltung des Betriebs und der eigenen Mitarbeit **vor der gesundheitlichen Beeinträchtigung** und dazu vortragen, dass die Tätigkeitsfelder, in denen er mit seiner gesundheitlichen Beeinträchtigung in seinem Betrieb noch arbeiten kann, ihm **keine Betätigungsmöglichkeiten belassen**, die eine BU ausschließen (BGH, VersR 2003, 631 = r+s 2003, 207; BGH, r+s 1996, 418 = VersR 1996, 1090 unter II 3a; BGH VersR 1994, 205; BGH, VersR 1991, 1358 unter 2b). Schlüssig ist ein solcher Vortrag nur, wenn der VN so detailliert vorträgt, dass ein Sachverständiger ggf. prüfen kann, ob eine andere Tätigkeit im Betrieb möglich oder zumutbar war. Angegeben werden müssen mindestens (jeweils zu den Zeiträumen vor und nach Eintritt der BU): Mitarbeiterzahl, -qualifikationen, -tätigkeiten und -verdienst, Umsatz und Gewinn des Unternehmens, eigene Tätigkeiten und eigenes Einkommen. Die **Vernehmung des Steuerberaters** als Zeuge für die konkrete berufliche Tätigkeit eines Selbstständigen stellt kein geeignetes Beweisangebot dar (OLG Dresden, r+s 2013, 564; OLG Köln, Urt. v. 3.6.2011 – 20 U 168/10); anders aber mglw., wenn er als Zeuge für Einkünfte genannt wird. Der VR darf **mit Nichtwissen bestreiten**, ein qualifiziertes Bestreiten kann nicht gefordert werden, weil das Wissen über den Betrieb allein beim VN liegt.

127 **Praxishinweis**
Bei der Darlegung vor Gericht muss der VN darauf achten, dass Allgemeinplätze wie „wirtschaftlich nicht sinnvoll", „finanziell nicht möglich", „unrentabel" o.ä. keinen ausreichenden Vortrag darstellen. Das Gericht muss die Situation vor und nach der Umorganisation vergleichen können. Dargelegt werden muss daher mit betriebswirtschaftlichen Zahlen, die notfalls ein Sachverständiger überprüfen kann, wie die finanzielle Lage des Betriebs ohne und mit Umorganisation aussieht.

c) Verweisung

128 Da der VN beweispflichtig für den Eintritt von bedingungsgemäßer BU ist, hat er bei der **abstrakten Verweisung** auch die Nichtausübbarkeit eines Vergleichsberufes oder das Fehlen der Vergleichbarkeit eines bestimmten Berufes mit seinem bislang ausgeübten zu beweisen (Negativbeweis, BGH, r+s 1994, 314 = VersR 1994, 587; OLG Celle, zfs 2014, 341). Das setzt deren Darlegung voraus, wozu es ausreicht, wenn der VN summarisch vorträgt, er könne neben seinem zuletzt ausgeübten Beruf auch keine anderen Tätigkeiten mehr verrichten, die aufgrund seiner Ausbildung und Erfahrung ausgeübt werden könnten und seiner bisherigen Lebensstellung entsprächen (OLG Naumburg, Beschl. v. 2.8.2007 – 4 W 15/07). Erst danach trifft den VR die **sekundäre Darlegungslast**, die **prägenden Merkmale des Verweisungsberufs** konkret zu benennen (einfaches Bestreiten genügt nicht), vor allem zu Vorbildung, erforderlichen Fähigkeiten, dem Einsatz technischer Hilfsmittel, den üblichen Arbeitsbedingungen, Arbeitsplatzverhältnissen, Arbeitszeiten und der üblichen Entlohnung (BGH, VersR 2008, 479; BGH, r+s 2000, 170 = VersR 2000, 349; BGH, VersR 1994, 1095 unter 2.b; BGH, NJW-RR 1995, 20 unter 2.a; OLG Saarbrücken, zfs 2014, 163). Diese **„Aufzeigelast"** umfasst auch die Wahrung der Lebensstellung einschließlich der wirtschaftlichen Vergleichbarkeit. Erst dies macht im Prozess seinen Verweisungseinwand schlüssig. So genügt die schlichte Verweisung auf eine Tätigkeit als „Energieberater" ohne Beschreibung der prägenden Merkmale nicht den Anforderungen an die Darlegungslast (OLG Saarbrücken, VersR 2004, 1165 = r+s 2005, 32), ebenso wenig der Hinweis auf mit dem Betrieb einer Gaststätte verbundene kundenorientierte Tätigkeit und Verweisung auf einen nicht näher beschriebenen Beruf im Hotelgewerbe (OLG Saarbrücken, VersR 2009, 99). Ferner genügt der pauschale Hinweis auf die Erzielbarkeit des gleichen oder annähernd gleichen Jahreseinkommens nicht. Wenn der Vergleichsberuf durch ein **tariflich geregeltes Entlohnungssystem** strukturiert wird, muss auch dazu vorgetragen werden (OLG München, VersR 1992, 1339; weitere Beispiele bei *Neuhaus*, BUV, Kap. H Rn 228).

129 Erst nach der vorbeschriebenen erforderlichen (Mindest-)Konkretisierung durch den VR kann und muss der VN die Verweisung auf Vergleichsberufe und damit das Bestreiten von

BU mit **substantiierten Beweisangeboten** bekämpfen, indem er – über einfaches Bestreiten hinaus – konkret darlegt und beweist, warum der ausgewählte Beruf nicht „passt" (BGH, r+s 2000, 170 = VersR 2000, 349; VersR 1994, 1095 = NJW-RR 1995, 21; OLG Hamm, r+s 2006, 339 = VersR 2007, 384). Fehlende **Kenntnisse und Fähigkeiten** des Versicherten hat ebenfalls der VN zu beweisen. Auch eine **fehlende gesundheitliche Eignung** für einen Vergleichsberuf muss er darlegen und beweisen (LG Halle, Urt. v. 24.1.2011 – 5 O 1279/09; a.A. OLGR Saarbrücken 2003, 353: VR müsse darlegen, dass Krankenschwester in den Verweisungsberufen „Werkschwester/Arbeitsmedizinische Fachkraft/Betriebskrankenschwester" sowie als „Stomatherapeutin" nicht ebenfalls mit Desinfektionsmitteln, auf die sie allergisch reagiert, in Kontakt kommt).

Bei der **konkreten Verweisung** verschiebt sich die Darlegungs- und Beweislast vom VR auf den VN. Übt er eine andere Tätigkeit aus, so muss er darlegen und beweisen, dass diese Tätigkeit *keine* bedingungsgemäße Vergleichstätigkeit ist (BGH, r+s 2010, 294 = VersR 2010, 1023; BGH, NJW-RR 2003, 383; BGH, VersR 2000, 349; BGH, VersR 2000, 171), auch wenn er kurz zuvor gekündigt hat (BGH, VersR 1999, 1134), bei einem Nischen- bzw. Schonarbeitsplatz (OLG Frankfurt/M., VersR 2007, 1358) und wenn er behauptet, er sei auch im Verweisungsberuf berufsunfähig (KG, r+s 2011, 526 = zfs 2011, 283). Das macht Sinn, weil die Ausübung einer neuen Tätigkeit indiziert, dass diese der bisherigen Lebensstellung entspricht. Als **Sachvortrag** genügt dazu nicht die Angabe des Berufstyps und der Arbeitszeit, vielmehr muss eine ganz konkrete Arbeitsbeschreibung verlangt werden, mit der die anfallenden Tätigkeiten ihrer Art, ihres Umfangs wie ihrer Häufigkeit nach für einen Außenstehenden nachvollziehbar werden (*Neuhaus*, BUV, Kap. H Rn 239). Das Gericht trifft eine Hinweispflicht (BGH, r+s 2000, 170 = VersR 2000, 349). 130

3. Gesundheitliche Voraussetzungen

Darlegungs- und beweispflichtig für den Eintritt des Versicherungsfalls ist der VN, so dass er neben **Art und Umfang der Erkrankung** im Wesentlichen auch zu den **Folgen und Auswirkungen der Erkrankung auf die Lebensumstände** des Versicherten und die dadurch konkret feststellbaren Einschränkungen im Bereich der Berufsausübung vortragen muss, also zur **Tätigkeit „in kranken Tagen"** (KG, VersR 2015, 566; OLG Saarbrücken, r+s 2007, 334: insb. bei psychischer Erkrankung; LG Bielefeld, r+s 2012, 613). Ohne diese Angaben ist die Klage nicht schlüssig, denn nur dann kann ein medizinischer Sachverständiger prüfen, ob die Beschwerden in Bezug auf diese Angaben glaubhaft sind. Bezüglich Tiefe und Breite der Darlegung darf von dem VN als medizinischen Laien jedoch grds. auch nicht zu viel verlangt werden (OLG Saarbrücken, Beschl. v. 19.12.2013 – 5 W 69/13; OLG Saarbrücken, r+s 2007, 334). Die pauschale **Bezeichnung von Krankheiten**, Beschwerdebildern (Schmerzen, Unwohlsein), Oberbegriffen („starker Leidensdruck"), Syndromen (Burnout) oder der **Pauschalvortrag**, dass die Tätigkeit nicht mehr ausgeübt werden könne, ist unsubstantiiert und würde auf eine **unzulässige Ausforschung** durch den Sachverständigen hinauslaufen (*Neuhaus*, BUV, Kap. G Rn 255). 131

132 Eine streitige BU muss in medizinischer Hinsicht durch die **Einholung eines gerichtlichen Sachverständigengutachtens** geklärt werden (OLG Koblenz v. 14.3.2014 – 10 U 356/13). Angaben von Ärzten, die den Versicherten behandelt haben, reichen als Beweis nicht aus, da es sich dabei um Parteivortrag handelt. Zur **antizipierten Beweisaufnahme nach § 358a ZPO** s.u. (Rdn 136). Vom Sachverständigen **benötigte Arztunterlagen** muss der VN besorgen (KG, jurisPR-VersR 5/2015, Anm. 4). Es obliegt dem VN, einen **konkreten Zeitpunkt benennen und vorzutragen**, zu dem er meint, dass die bedingungsgemäße BU eingetreten ist (Stichtagsprinzip, vgl. dazu BGH, r+s 2000, 170 = VersR 2000, 349; OLG Zweibrücken, BeckRS 2014, 12027; OLG Saarbrücken, VersR 2015, 226). Dies hat der Beweisbeschluss zu berücksichtigen (BGH, VersR 2007, 1398 m.w.N.; OLG Saarbrücken, VersR 2014, 1491). Der VN muss beweisen, dass die BU **dauerhaft** ist (BGH, VersR 1989, 1182 = NJW-RR 1990, 31, BGH, VersR 1992, 1118; OLG Köln, VersR 1991, 534; zur Darlegungslast bei der individuellen Prognose *Neuhaus*, BUV, Kap. G Rn 259) oder eine **fingierte BU** nach der Sechs-Monats-Klausel vorliegt (BGH, VersR 1989, 1182; OLG Frankfurt, r+s 1994, 34). Ferner hat er die Beweislast dafür, dass sie **während der Vertragsdauer eingetreten** ist (OLG Hamm, r+s 2009, 202 = VersR 2009, 818; KG, r+s 2005, 256 = VersR 2004, 723; OLG Koblenz, r+s 2001, 41 = VersR 2000, 749), wenn der Einwand der Vorvertraglichkeit vom VR erhoben wird. **Schwerbehinderungsbescheide** oder die Bewilligung von öffentlich-/sozialrechtlichen Renten belegen keine BU, können aber bzgl. der Gesundheitsfeststellungen indiziell berücksichtigt werden (LG Bochum v. 17.11.2010 – I-4 O 313/09; VersR-Hdb/*Rixecker*, § 46 Rn 7).

133 **Gegenstand der Klage** ist nur derjenige Gesundheitszustand des Versicherten, der Gegenstand der Ablehnung des VR war, sei es in der (Erst-)Leistungsprüfung oder im Nachprüfungsverfahren, so dass „**nachgeschobene" Verschlechterungen und neue Erkrankungen** nicht berücksichtigt werden dürfen, denn diese begründen einen vom VR neu zu prüfenden (anderen) Versicherungsfall (*Neuhaus*, BUV, Kap. G Rn 263; OLG Köln, VersR 2013, 1557; OLG Saarbrücken v. 13.11.2013 – 5 U 359/12; OLG Karlsruhe, VersR 2007, 934; OLG Frankfurt, zfs 2006, 524: auch keine Berücksichtigung in der Berufung; OLG München, r+s 2004, 430 = zfs 2003, 607); es liegt eine Änderung des Streitgegenstandes und eine nicht sachdienliche Klageänderung vor (OLG München, VersR 1997, 1126). Wird die BU als nicht bewiesen betrachtet, so ist eine **neue Klage auf Leistungen** für die Zeit nach der letzten mündlichen Verhandlung (nur) mit der Begründung zulässig, nunmehr liege BU vor, weil der Gesundheitszustand sich verschlechtert habe, denn dann kann es sich um einen neuen Versicherungsfall handeln (Einwand der **Rechtskraft des Urteils**, vgl. BGH, Beschl. v. 16.1.2008 – IV 271/04, n.v.; OLG Köln, VersR 2013, 1557 = r+s 2014, 518 Ls.; OLG München, r+s 2004, 430 = zfs 2003, 607).

134 Im Fall der **Beweisaufnahme** hat das Gericht dem medizinischen Sachverständigen unmissverständlich vor Augen zu führen, dass die BU ein **eigenständiger juristischer Begriff** ist, der nicht mit der BU oder gar Erwerbsunfähigkeit im Sinne des gesetzlichen Rentenversicherungsrechts gleichgesetzt werden darf (BGH, r+s 1996, 377 = VersR 1996, 959). Bei einer **psychischen Erkrankung** (hier: Anpassungsstörung) müssen auch die gesundheitlichen Restfähigkeiten des VN, die ihm evtl. ein „Ansteuern" gegen die Erkran-

kung ermöglichen, vom Sachverständigen ermittelt werden, was das Gericht ihm im Beweisbeschluss vorzugeben oder ihn spätestens nach Vorlage des Gutachtens dazu zu befragen hat, wenn sich im Gutachten dazu keine Ausführungen finden (KG, jurisPR-VersR 5/2015, Anm. 4). Kann die BU zumindest auch auf einer von einem **Risikoausschluss** erfassten Erkrankung beruhen, muss das Gericht schon bei der Abfassung eines Beweisbeschlusses (Beauftragung eines medizinischen Sachverständigen) darauf achten, dass diesem Vorgaben dazu gemacht werden, aufzuklären, ob und in welchem Umfang die ausgeschlossene Erkrankung an der BU anteilig beteiligt ist oder bei der Ermittlung des Grades der BU nicht zu berücksichtigen ist; es muss klar werden, welcher Teil-Grad der BU durch die jeweilige Ursache bedingt ist und wie der Sachverständige den danach festzustellenden (Gesamt-)Grad der BU ermittelt hat (*Neuhaus*, BUV, Kap. N Rn 130). Wenn ein VN im Prozess ein medizinisches Gutachten vorlegt, das im Gegensatz zu den Erkenntnissen des gerichtlich bestellten Sachverständigen steht, so ist vom Tatrichter besondere Sorgfalt gefordert. Er darf in diesem Fall – wie auch im Fall **sich widersprechender Gutachten** zweier gerichtlich bestellter Sachverständiger – den Streit der Sachverständigen nicht dadurch entscheiden, dass er ohne einleuchtende und logisch nachvollziehbare Begründung einem von ihnen den Vorzug gibt (BGH, VersR 2009, 817; Bestätigung von BGH, VersR 2008, 1667; BGH, VersR 2005, 676).

Die Verweigerung der **Mitwirkung beim Sachverständigenbeweis im Rechtsstreit** über abgelehnte BU-Leistungen ist keine Obliegenheitsverletzung mit der Folge von Leistungsfreiheit, sondern allenfalls eine Verletzung der prozessualen Mitwirkungspflicht mit entsprechenden beweisrechtlichen Folgen (OLG Koblenz, r+s 2008, 124 = zfs 2008, 224). Dies kann zu Beweiserleichterungen oder auch einer Umkehr der Beweislast führen.

III. Klärung streitigen Vortrags, Beweisaufnahme, Sachverständigengutachten

Das Gericht muss dem Sachverständigen den **außermedizinischen Sachverhalt vorgeben**, d.h. das konkrete Arbeitsfeld des Versicherten, und welche Anforderungen es an ihn in gesunden Tagen gestellt hat (BGH, r+s 1996, 377 = VersR 1996, 959; BGH, r+s 1996, 116 = NJW-RR 1996, 345; BGH, r+s 1992, 427 = VersR 1992, 1386). Das schließt die Vorgabe der vom VN behaupteten gesundheitlichen Einschränkungen ein (in diesem Sinne auch BGH, VersR 2008, 770 unter II). Die prägenden Einzelheiten einer abstrakten Verweisungstätigkeit hat das Gericht nach entsprechender Darlegung durch den VR ebenfalls vorzugeben (BGH, VersR 2008, 479; BGH, VersR 1994, 1095; BGH, NJW-RR 1995, 20; BGH, VersR 1988, 234). Ist das alles streitig, muss es – bei entsprechenden Beweisangeboten – durch Beweisaufnahme geklärt werden (BGH, NJW-RR 2004, 1679 = r+s 2004, 513), ggf. mit vorheriger Anhörung des Versicherten, wenn dessen Vortrag unpräzise ist (Grenze: Ausforschung). Verfahrensfehlerhaft ist es, dem Sachverständigen die Aufklärung des Tätigkeitsbildes oder auch eine Ausforschung, um welche Beschwerden es überhaupt geht, zu überlassen. Dem Sachverständigen muss auch verdeutlicht werden, dass BU im Sinne der Bedingungen ein **eigenständiger juristischer Begriff** ist, der nicht mit BU oder gar Erwerbsunfähigkeit im Sinne der gesetzlichen Rentenversicherung gleichgesetzt werden darf.

Eine **antizipierte Beweisaufnahme (§ 358a Nr. 4 ZPO)** durch Einholung eines medizinischen Sachverständigengutachtens bei noch streitigem Berufsbild ist – auch wenn viele Gerichte das anders sehen – in BU-Prozessen wegen der Besonderheiten der BU-Versicherung ausnahmsweise unzulässig, weil der VN dadurch die Gelegenheit erhält, dem Sachverständigen „seine Version" des Berufs zu schildern und ihn zu beeinflussen (was Parteivortrag ist). Das **Gebot der Waffengleichheit** erfordert daher konkrete schriftsätzliche Angaben oder spätestens eine Klärung in der mündlichen Verhandlung durch Anhörung oder Vernehmung des Versicherten vor der Beweisaufnahme (ausführlich *Neuhaus*, BUV, Kap. G Rn 253). **Krankenunterlagen** muss das Gericht nicht beiziehen (nach Schweigepflichtentbindung durch den VN) und dem Sachverständigen zur Verfügung stellen, vielmehr hat diese der VN zu besorgen (KG, jurisPR-VersR 5/2015, Anm. 4). Die in der Praxis teils vorkommende Handhabung, den Sachverständigen Unterlagen einholen zu lassen, erscheint im Hinblick auf die prozessualen Grundsätze des Parteiprozesses und einer verbotenen Ausforschung bedenklich.

137 Die **Beweisfragen im Beweisbeschluss** müssen präzise und klar sein (vgl. § 407a Abs. 3 ZPO) und die obigen Vorgaben beachten. Es gilt der Grundsatz, dass der Sachverständige grundsätzlich in die Lage versetzt werden muss, das Gutachten zu fertigen, ohne sich den Sachverhalt vom Versicherten während der Untersuchung berichten zu lassen. Die nach der neueren Rspr. individuell zu entscheidende Frage der **Dauerhaftigkeit** (individuelle Prognose, Rdn 80) muss dem Sachverständigen erläutert werden, da dieser nicht wissen muss, was die Juristen mit dem Begriff „auf Dauer" im Sinne der Versicherungsbedingungen meinen (*Neuhaus*, BUV Kap. G Rn 226 mit Musterformulierung). Enthält der Vertrag einen Risikoausschluss (Rdn 68) muss der Beweisbeschluss dem Sachverständigen verdeutlichen, dass vom Ausschluss erfasste Beschwerden nicht bei der Bemessung des Grades der BU berücksichtigt werden dürfen.

IV. Einstweiliger Rechtsschutz, Selbstständiges Beweisverfahren

138 Grds. wird der Erlass einer **einstweiligen Verfügung** wegen der sozialen Schutzfunktion der BUV für zulässig angesehen, jedoch nur in besonderen **Notfällen** (*Neuhaus*, BUV, Kap. R Rn 93 ff.), d.h. **existenziellen Notlagen**, es muss eine Existenzgefährdung des VN glaubhaft gemacht werden (OLG Saarbrücken, VersR 2007, 935; OLG Köln, r+s 2007, 463 zur Krankentagegeldversicherung; LG Dortmund, BeckRS 2006 12797 zur Krankentagegeldversicherung). Geldknappheit reicht dafür nicht aus. Bei Altschulden und Unterhaltsverpflichtungen gegenüber Kindern kommt es auf den Einzelfall an (OLG Jena, BeckRS 2012, 6100; LG Gera, BeckRS 2012, 10941). Das alles gilt auch bei einer **Zahlungseinstellung des VR im Nachprüfungsverfahren** (OLG Karlsruhe, r+s 2009, 251 = VersR 2008, 1251; OLG Saarbrücken, VersR 2007, 935).

139 Die Zulässigkeit des **selbstständigen Beweisverfahrens** zur Ermittlung der BU gem. **§ 485 ZPO** ist streitig, wenn der VR, was häufig so ist, bereits die **Tatsachengrundlagen**

bestreitet (etwa die zuletzt ausgeübte berufliche Tätigkeit und die Gesundheitsbeschwerden bzw. deren Ausmaß), weil es dann recht unwahrscheinlich ist, dass ein Rechtstreit vermieden werden kann, wenn bereits das Gutachten auf einer streitigen Tatsachengrundlage erstellt wird (so zu Recht OLG Köln, VersR 2008, 1340; LG Würzburg, Beschl. v. 15.1.2014 – 94 OH 2111/13 Ver; LG Osnabrück, Beschl. v. 15.2.2012 – 9 OH 136/11; LG Marburg, VersR 2009, 201; a.A. OLG Celle, jurisPR-VersR 2/2011, Anm. 5 *Neuhaus*). Unzulässig ist das Beweisverfahren jedenfalls, wenn der VR nicht nur die BU verneint, sondern den **Vertrag auch mit einem Gestaltungsrecht (Anfechtung etc.) angegriffen** hat, weil das Verfahren ungeeignet ist, diesen Aspekt dauerhaft zu klären.

D. Streitwert

Der Wert der **Rentenzahlung** und (wenn versichert) **Beitragsbefreiung** richtet sich nach § 9 ZPO (3,5-facher Jahreswert oder – wenn die Leistungsdauer eher endet – bis zu diesem Termin), ggf. zuzüglich eingeklagter **rückständiger Renten und Beiträge**, die einen eigenen Wert haben (OLG Frankfurt, Beschl. v. 28.10.2011 – 14 W 84/11; OLG München, Beschl. v. 7.4.2000 – 25 W 912/00). Beim **Feststellungsantrag**, der hier aber i.d.R. überflüssig ist, ist nach st. Rspr. ein Abzug von 20 % vorzunehmen (BGH, VersR 2012, 336 = zfs 2012, 100 = MDR 2012, 26; OLG Koblenz v. 5.4.2004 – 10 W 207/03, BeckRS 2004 30341368; a.A. OLG Saarbrücken, r+s 2011, 77 = VersR 2011, 249: 50 %). Zur Erweiterung um während des Rechtsstreits **neu fällig gewordene Leistungen** vgl. OLG Karlsruhe, Beschl. v. 27.10.2014 – 9 W 29/14; OLG Frankfurt v. 21.5.2008 – 7 U 18/07. Eingeklagte **Dynamikerhöhungen** und **Überschüsse** haben einen eigenen Wert nach § 9 ZPO, der ggf. zu schätzen ist (*Neuhaus*, BUV, Kap. R. Rn 178 ff. mit Berechnungsbeispiel). 140

Klagt der VR **laufende Beiträge** ein, gilt gem. § 9 S. 1 ZPO der 42-fache Monatsbetrag der Monatsprämie (OLG Hamm, MDR 2013, 342 zur Krankenversicherung). 141

Zum **Antrag des VN auf Fortbestand des VV** nach Rücktritt (§ 19 VVG) oder Anfechtung (§ 22 VVG) und ähnlichen Anträgen, gilt grds.: bei der **isolierten Feststellungsklage** gilt § 9 ZPO (Wert der Leistungen) *abzüglich* 20 % bei geklärter/unstreitiger BU oder wenn der VN (noch) keine Ansprüche auf BU-Leistungen geltend macht bzw. 50 % bei ungeklärter oder streitiger BU (BGH, VersR 2012, 78 = MDR 2011, 1474; BGH, NJW-RR 2005, 259 = VersR 2005, 959; BGH, r+s 2001, 264 = NJW-RR 2001, 316; OLG Brandenburg, Urt. v. 11.6.2014 – 11 U 2/13; a.A. OLG Hamm, Urt. v. 29.9.1999 – 20 U 231/98, r+s 2000, 308 = NJW-RR 2001, 533: 3,5-facher Betrag der Jahresprämie). Werden **Feststellungs- und Leistungsantrag kombiniert**, gilt ein Wert von 20 % der 3,5-fachen Jahresbeträge von Rentenleistung und Versicherungsprämie oder negativ formuliert ein Abschlag von 80 % (BGH, VersR 2012, 78 = MDR 2011, 1474; OLG Celle, VersR 2008, 1515; a.A. 50 % vgl. OLG Nürnberg, Beschl. v. 22.7.2010 – 8 W 1170/10; OLG Stuttgart, Beschl. v. 7.12.2010 – 7 W 75/10; OLG Celle, Beschl. v. 26.8.2010 – 8 W 28/10; KG, Beschl. v. 12.3.2010 – 6 W 10/10; OLG Saarbrücken, Beschl. v. 15.6.2009 – 5 W 122/09–45). Erfasst das Gestaltungsrecht neben der BUZ auch die **Hauptversicherung**, hat diese einen eigenen Wert, dessen Berechnung streitig ist (BGH, NJW-RR 2005, 259 = VersR 2005, 959: 20 % 142 der Versicherungssumme einer LV; *Neuhaus*, BUV, Kap. R Rn 173: 80 %). Der **Hilfsantrag**, mit dem neben dem Leistungsantrag (z.B. auf Zahlung der Rente) nach Rücktritt, Anfechtung oder Kündigung auf Feststellung des (Fort-)Bestehens der BUV geklagt wird, erhöht den **Streitwert** (OLG Frankfurt, Beschl. v. 28.10.2011 – 14 W 84/11; OLG Bamberg, Beschl. v. 6.5.2008 – 1 W 14/08; vgl. ausführl. zu alledem *Neuhaus*, BUV, Kap. R Rn 168 ff.).

143 Bei einem **Vergleichsschluss** etwa durch **Aufhebung des VV gegen einen Einmalbetrag** – Beispiel: Einmalzahlung von 100.000,– EUR gegen Beendigung des Rechtsstreits und Aufhebung der BU-Vers. – gilt: war der Bestand des VV streitig, bleibt es für den Wert des Vergleichs beim bisherigen Streitwert (BGH, VersR 2004, 1578 = NJW-RR 2004, 1219); beim nicht streitigen Fortbestand besteht ein **Mehrwert** für den Vergleich von 50 % der Abfindung – also nicht des Ausgangsbetrages der Vergleichsüberlegungen, sondern des Ergebnisses der Vergleichsverhandlungen – (*Neuhaus*, BUV, Kap. R Rn 189), nach a.A. 20 % des 3,5-fachen Wertes der Summe der Leistungen, also i.d.R. Rente und Prämienbefreiung (KG, VersR 2015, 128 = MDR 2014, 1344; OLG Hamm, Beschl. v. 16.1.2013 – I-20 W 47/12; OLG Nürnberg, r+s 2014, 207; OLG Oldenburg, Beschl. v. 21.1.2013 – 5 U 210/11; OLG Oldenburg, Beschl. v. 14.1.2013 – 5 W 61/12; OLG Hamm, r+s 2013, 301). Zur **Sittenwidrigkeit** eines Abfindungsvergleichs im Rechtsstreit über BU-Ansprüche vgl. OLG Hamm, VersR 2009, 532. Der Anwalt erhält neben der Terminsgebühr eine Einigungsgebühr auch dann, wenn ohne mündliche Verhandlung ein **Vergleich nach § 278 Abs. 6 ZPO** geschlossen wird (BGH, Beschl. v. 27.10.2005 – III ZB 42/05).

E. Abdingbarkeit

144 § 172 Abs. 2 VVG ist auch zum Nachteil des VN **abdingbar**, denn § 175 VVG verweist nicht auf § 172 VVG. Einschränkungen können sich über §§ 176, 171 VVG aus den §§ 150–170 VVG ergeben. Bei zu **extremer Abweichung** von der gesetzlichen Definition in AVB können wegen der gesetzlichen Leitbildfunktion des § 172 VVG AGB-Risiken bestehen, insb. wegen unangemessener Benachteiligung gem. § 307 BGB. Mit diesen ist dann zu rechnen, wenn diejenigen Grundgedanken aus Rechtsprechung und Praxis, die der Gesetzgeber jetzt in § 173 Abs. 2 und 3 VVG definiert, abgeschafft oder ganz erheblich eingeschränkt werden. Folgendes ist bspw. als **unzulässig** anzusehen: Abstellen auf den erlernten Beruf, Abstellen auf den zuletzt ausgeübten Beruf in rein zeitlicher Form (Bsp.: „Als zuletzt ausgeübter Beruf gilt nur die Tätigkeit, die in den letzten 6 Monaten vor Eintritt der Berufsunfähigkeit tatsächlich ausgeübt wurde"), Beschränkung der BU-Gründe (etwa auf Krankheit), „Ausheben" der vergleichbaren/gleichrangigen Lebensstellung des VN bei der Verweisung. **Zulässig** ist hingegen grds. jede Erweiterung der gesetzlichen Definition, etwa auf jeglichen Kräfteverfall oder eine genauere Definition des Begriffs „auf Dauer". Bei der Verweisung spricht die Gesetzesbegründung ausdrücklich von einer „Beibehaltung der Produktvielfalt" und der Möglichkeit, die Versicherung damit zu „niedrigeren Prämien" anzubieten (BT-Drucks 16/3945, S. 105).

§ 173 VVG Anerkenntnis

(1) Der Versicherer hat nach einem Leistungsantrag bei Fälligkeit in Textform zu erklären, ob er seine Leistungspflicht anerkennt.

(2) Das Anerkenntnis darf nur einmal zeitlich begrenzt werden. Es ist bis zum Ablauf der Frist bindend.

Übersicht

	Rdn
A. Vorbemerkung	1
B. Normzweck	2
C. Norminhalt	3
I. Fälligkeit (§ 173 Abs. 1 VVG)	3
II. Anerkenntnis (§ 173 Abs. 1 VVG)	10
1. Grundsätzliches	10
2. Erklärung, Abgrenzung zu Kulanzentscheidungen	11
3. Beseitigung des Anerkenntnisses	16
4. Gebotenes oder fingiertes Anerkenntnis	17
5. Bedingtes Anerkenntnis, Vorbehalt der Verweisung	19
6. Verbindung von Anerkenntnis und Nachprüfung	21
III. Zeitliche Begrenzung (§ 173 Abs. 2 VVG)	22
1. Zulässige Befristung	22
2. Einmalige Befristung	32
IV. Rechtsfolgen, Bindungswirkung	35
V. Anwendbarkeit auf Altverträge	37
D. Prozessuale Hinweise	40
E. Abdingbarkeit, außergerichtliche Vereinbarungen	41
F. Streitwert	50

A. Vorbemerkung

Die Vorschrift regelt das Anerkenntnis und schreibt in § 173 Abs. 1 VVG die Verpflichtung (BGH, VersR 1998, 173) des VR vor, sich zu seiner Leistungspflicht zu erklären. Dieses Anerkenntnis hat wegen der i.d.R. langen Leistungsdauer („gedehnter" Versicherungsfall) eine besondere Bedeutung für den VR, weil es den Versicherungsfall festschreibt, von dem er sich nur noch durch ein erfolgreiches Nachprüfungsverfahren (§ 174 VVG) lösen kann (Selbstbindung). § 173 VVG hat **Leitbildfunktion** für eine Inhaltsprüfung von Anerkenntnisklauseln nach § 307 BGB. Das Gesetz gibt keine ausdrückliche **Stellungnahmefrist** vor. Der VR darf das Anerkenntnis verweigern, wenn er der Auffassung ist, die BU sei nicht erwiesen oder der Versicherte könne im Fall des § 172 Abs. 3 VVG auf eine andere Tätigkeit verwiesen werden. Der VR darf das Anerkenntnis (nur) einmal zeitlich begrenzen (§ 173 Abs. 2 VVG, unten Rdn 22 ff.). Nach dem **Grundsatz des bedingungslosen Anerkenntnisses** ist ein Anerkenntnis mit dem Vorbehalt der Verweisung auf eine andere mögliche Tätigkeit ausgeschlossen (unten Rdn 19). Es darf aber zur Beilegung eines Streits eine Individualvereinbarung über zeitlich begrenzte Leistungen getroffen werden (BT-Drucks 16/3945, S. 106). § 173 VVG gilt – als einzige Vorschrift der §§ 172–177 VVG – nach Art. 4 Abs. 3 EGVVG auch für **Altverträge** und ist nach § 175 VVG **halbzwingend**.

Entsprechende oder ähnliche **Regelungen in AVB**: bspw. § 5 AB-BUZ 2008; § 12 AB-BUV 2008.

B. Normzweck

2   Zweck der Vorschrift ist eine **Beschleunigung der Leistungsentscheidung** wegen der existenziellen Bedeutung für den VN („Lohnersatzfunktion" der Versicherungsleistung, vgl. BT-Drucks 16/3945, S. 106). Diese Besonderheit der BUV, dass sich der VR zu seiner Regulierung mit Bindungswirkung (unten Rdn 10, 35) erklären muss, dient dem Interesse des VN, möglichst bald eine verbindliche Auskunft über seine Ansprüche aus dem Versicherungsfall zu erhalten. Hinsichtlich des Zeitpunktes, in dem sich der VR erklären muss, bedarf es keiner besonderen Regelung, da insoweit die Fälligkeitsvorschrift des § 14 VVG ausreicht (Begr. BT-Drucks 16/3945, S. 106). § 173 Abs. 2 S. 1 VVG will **Kettenanerkenntnisse verhindern**.

C. Norminhalt

I. Fälligkeit (§ 173 Abs. 1 VVG)

3   Der Zeitpunkt der Leistungsentscheidung bzw. eine **maximale Prüfungsdauer** wird nicht geregelt. Nach der Gesetzesbegründung reicht dafür § 14 VVG (Fälligkeit der Geldleistung) aus, d.h. die **Fälligkeit** tritt mit Beendigung der notwendigen Erhebungen des Versicherers ein, und der VN darf gem. § 14 Abs. 2 VVG Abschlagszahlungen fordern, wenn sich dies länger als ein Monat seit der Anzeige des Versicherungsfalls hinzieht (BT-Drucks 16/3945, S. 106). Der VR muss sich im Zusammenhang mit der Fälligkeit zu seiner Leistungspflicht äußern. Nach § 173 Abs. 1 VVG ist die Fälligkeit des Anspruchs **Voraussetzung eines Anerkenntnisses**. Vor Fälligkeit muss kein Anerkenntnis erklärt werden. Die Fälligkeit der Leistungen, die vom Leistungsbeginn zu unterscheiden ist, richtet sich primär nach der **Definition im VV**, ergänzend gilt § 14 Abs. 1 VVG. Daraus folgt zum einen eine gewisse **Freiheit in der Dauer**, zum anderen aber auch ein **AGB-Risiko** gem. § 307 BGB, wenn die AVB feste und zu lange Fristen vorschreiben (Bsp.: „*Drei Monate nach Eingang der vollständigen Unterlagen erklären wir...*"). Die Klausel „*Nach Prüfung der uns eingereichten sowie der von uns beigezogenen Unterlagen erklären wir in Textform, ob, in welchem Umfang und für welchen Zeitraum wir eine Leistungspflicht anerkennen*" (bspw. § 12 Abs. 1 AB-BUV 2008, § 5 Abs. 1 AB-BUZ 2008) begegnet trotz des fehlenden Verweises auf § 14 VVG keinen Bedenken, weil der durchschnittliche VN der Formulierung ohne weiteres entnehmen kann, dass der Abschluss der Erhebungen für die Fälligkeit maßgeblich sein soll.

4   Der Anspruch wird erst **fällig**, wenn die materiellen und formellen Voraussetzungen des Versicherungsfalls nachgewiesen sind, während der Beginn der Leistung dann durchaus in der Vergangenheit liegen kann. Zu unterscheiden ist ferner die Fälligkeit der Erstleistung und der folgenden Leistungen (Rente, Beitragsbefreiung, i.d.R. monatlich). **Klageanträge** müssen diese Fälligkeiten berücksichtigen. Mit der **Erklärung über die Leistungspflicht**

sind die notwendigen Erhebungen i.S.v. § 14 Abs. 1 VVG beendet, und der Anspruch wird fällig. Davon ist nach der ständigen Rechtsprechung des BGH auch dann auszugehen, wenn der Versicherer **endgültig (weitere) Versicherungsleistungen ablehnt** (§ 286 Abs. 2 Nr. 3 BGB; BGH, VersR 2000, 753; BGH, VersR 1990, 153; BGH, VersR 2007, 537; OLG Hamm, VersR 2015, 705). Ob die Ablehnung endgültig, also das „letzte Wort" und das Ende der Leistungsprüfung ist, hängt vom Einzelfall ab (ausführl. *Neuhaus*, BU, Kap. E Rn 192 ff.).

Praxishinweis 5
Ein Schreiben, in dem der VR darauf hinweist, dass er die **Einholung zusätzlicher Informationen** für erforderlich erachtet und dass die BUZ-Leistungsprüfung zunächst wegen Verletzung der Mitwirkungspflicht eingestellt, aber bei Erklärung eines Einverständnisses mit der begehrten Erhebung von Gesundheitsdaten fortgesetzt wird, ist in diesem Sinne nicht „endgültig" (KG, zfs 2014, 631 = VersR 2014, 1191). Mit einem Hinweis auf eine mögliche Fortsetzung der Prüfung wird daher oft auch dann keine endgültige Ablehnung vorliegen, wenn das Schreiben Formulierungen wie „Anspruch zurückweisen" oder „ablehnen" enthält.

Einzelfälle 6
Fälligkeit kann nicht eintreten, wenn angeforderte und entscheidungserhebliche Informationen nicht vorliegen (OLG München, VersR 2013, 169). In der BUV gehören dazu mindestens diejenigen Unterlagen, die nach den AVB vom VN vorzulegen sind, also bspw. **Unterlagen über den Beruf** und einen **ärztlichen Nachweis**, aus dem sich BU ableiten lässt. Dazu gehören auch, selbst wenn in den AVB nicht ausdrücklich benannt, betriebswirtschaftliche Unterlagen oder Steuerbescheide bei Selbstständigen oder eine Erläuterung der genauen Betriebsstruktur zur Prüfung einer Umorganisationsmöglichkeit (ausführlich *Neuhaus*, BUV, Kap. E Rn 182 ff.). Fälligkeit tritt nicht ein, solange ein in Auftrag gegebenes **fachärztliches Gutachten** noch nicht vorliegt (LG Kassel, VersR 2000, 750 Ls. und LG Kassel, VersR 1997, 688), der Versicherte sich weigert, an der Erstellung eines erforderlichen Gutachtens mitzuwirken (LG Freiburg, VersR 2000, 716 Ls.) oder eine erbetene **Schweigepflichtentbindungserklärung** nicht vorgelegt wird (KG, zfs 2014, 631 = VersR 2014, 1191; OLG Hamburg, VersR 2010, 749). Angeforderte Arztunterlagen, die nicht übersandt werden, muss der VN auch selbst besorgen (OLG Köln, r+s 2015, 146 = zfs 2015, 104).

Der VR darf eine mögliche **Anzeigepflichtverletzung nach §§ 19 ff. VVG auch im Leis-** 7
tungsfall prüfen und sich auf fehlende Fälligkeit berufen, wenn der VN nicht mitwirkt (KG, zfs 2014, 631 = VersR 2014, 1191; OLG Köln, r+s 2015, 146 = VersR 2015, 305; OLG Köln, Urt. v. 19.3.2010 – 20 U 173/09 n.v.; OLG Hamburg, VersR 2010, 749; LG München I, r+s 1993, 202: jeweils Schweigepflichtentbindungserklärungen nicht erteilt oder Arztunterlagen nicht übersandt; *Neuhaus*, Die vorvertragliche Anzeigepflichtverletzung in Recht und Praxis, Rn 3 ff.; *Römer/Langheid/Rixecker*, § 14 Rn 6; a.A. *Egger*, VersR 2014, 553: keine Mitwirkungspflicht des VN). Ein **konkreter Anfangsverdacht** muss dafür nicht bestehen (ausführlich *Neuhaus*, Die vorvertragliche Anzeigepflichtverletzung in Recht und Praxis, Rn 5; a.A. LG Berlin, VersR 2014, 230).

Liegen dem VR alle **tatsächlich erforderlichen Unterlagen** vor, tritt Fälligkeit ein, ggf. 8
auch ohne Erklärung des Versicherers (**fiktive Fälligkeit**, OLG Saarbrücken, VersR 1996, 1494), allerdings unter Berücksichtigung einer angemessenen **Überlegungsfrist**, die manchmal in den AVB geregelt ist und ansonsten – außer bei eindeutigen Fällen von BU – mit ca. vier Wochen veranschlagt werden sollte (*Neuhaus*, BUV, Kap. E Rn 188). Fiktive Fälligkeit kann auch zu dem Zeitpunkt eintreten, an dem die Erhebungen bei korrektem

Vorgehen beendet gewesen wären, wenn der VR keine, **unnütze oder nicht sachdienliche Erhebungen** anstellt oder diese schuldhaft verzögert (OLG Saarbrücken, VersR 1996, 1494; LG München I, r+s 1993, 202). Das gilt auch für das nur „häppchenweise" **Abfragen von Informationen** (*Neuhaus*, BUV, Kap. E Rn 190).

9 Bei **zu langer Prüfung** kann sich der Versicherer schadensersatzpflichtig machen (OLG Saarbrücken, NJOZ 2006, 1998), wobei natürlich ein **Verschulden** i.S.v. § 286 Abs. 4 BGB vorliegen muss, das i.d.R. ausscheidet, wenn die Verzögerungen nicht durch den Betriebsablauf des VR, sondern bspw. durch Dritte (Ärzte, Sachverständige) verursacht werden. Prüfungen, die schuldhaft **länger als ein Jahr** dauern, sind generell bedenklich.

II. Anerkenntnis (§ 173 Abs. 1 VVG)

1. Grundsätzliches

10 § 173 VVG begründet einen **Anspruch** auf Abgabe eines Anerkenntnisses (einseitige, empfangsbedürftige Willenserklärung i.S.v. § 130 BGB), wenn die entsprechenden Voraussetzungen vorliegen. Es handelt sich aber um eine **nicht einklagbare Obliegenheit** des VR. Der VR kann es verweigern, wenn er meint, die BU sei nicht erwiesen oder die versicherte Person könne im Fall des § 172 Abs. 3 VVG auf eine andere Tätigkeit verwiesen werden (Begr. BT-Drucks 16/3945, S. 106). Dagegen kann der VR ein Anerkenntnis nicht mit dem **Vorbehalt der Verweisung** auf eine andere mögliche Tätigkeit erklären (dazu unten Rdn 19).

Die Entscheidung des VR über die Anerkennung der BU enthält stets – jedenfalls konkludent, wenn dazu keine ausdrückliche Angabe erfolgt – auch seine Entscheidung über den bedingungsgemäßen **Grad der BU** und – wenn vereinbart – die fehlende Verweisungsmöglichkeit. Schweigt der VR zu diesen beiden Punkten, so ist sein Anerkenntnis so zu verstehen, dass er eine bedingungsgemäße BU bejaht und eine Verweisungsmöglichkeit verneint (BGH, r+s 1994, 72 = VersR 1993, 562). Durch die Leistungszusage tritt eine **Selbstbindung** des VR ein (BGH, VersR 1988, 281 = NJW 1988, 1328; OLG Hamm, VersR 1990, 605; unten Rdn 35), die insb. für das Nachprüfungsverfahren (§ 174 VVG) Relevanz hat. Die Bindungswirkung gilt gem. § 242 BGB auch für den VN, so dass er nach Abgabe des Anerkenntnisses nicht neue oder andere Tatsachen (etwa zu einer längeren Arbeitszeit oder früher gravierenden Beschwerden) behaupten darf.

2. Erklärung, Abgrenzung zu Kulanzentscheidungen

11 Das Anerkenntnis muss in **Textform** (§ 126b BGB) abgegeben werden, was andere Erklärungsformen, die mindestens den Textformanforderungen genügen, nicht ausschließt. Es kann mit konstitutiver oder deklaratorischer Wirkung und auch im Prozess oder im Wege des gerichtlichen oder außergerichtlichen Vergleichs abgegeben werden. **Nicht eindeutige Erklärungen** sind nach den allgemeinen Regeln auszulegen. Hat der VR in einem ersten **Nachprüfungsverfahren** mitgeteilt, er „... erkenne [seine] Leistungen aus der BUZ weiterhin im bisherigen Umfang an" und ist in zwei begleitenden Schreiben von einer „Weiteran-

erkennung" die Rede, soll es sich um ein **erneutes Anerkenntnis** handeln, so dass sich dann die nächste Nachprüfung auf diesen Zeitpunkt und nicht mehr den des Erstanerkenntnisses zu beziehen hat (OLG Karlsruhe, r+s 2014, 566 = VersR 2012, 1419), was abzulehnen ist (§ 174 Rdn 10). In der **Weiterzahlung** nach Ablauf einer befristeten Leistungszusage kann – je nach den Umständen des Falles – ein **konkludentes Anerkenntnis** des VR über seine Leistungsverpflichtung liegen, wenn er nicht zeitnah erklärt, nicht mehr verpflichtet zu sein (OLG Karlsruhe, VersR 2006, 59; OLG Düsseldorf, VersR 2001, 1370). An eine solche konkludente Erklärung sind aber strenge Anforderungen zu stellen, häufig wird wegen eines **Irrtums über die technische Abwicklung** kein Rechtsbindungswille vorliegen. Einen Grundsatz, dass verwirrendes Verhalten zugunsten des VN wirkt, gibt es nicht, weil es allein auf die Auslegung der konkludenten Erklärung ankommt.

Ein bindendes Anerkenntnis scheidet aus, wenn eine **wirksame Vereinbarung** zwischen VR und VN getroffen wird (OLG Saarbrücken, Urt. v. 30.11.2011 – 5 U 123/09–31; OLG Saarbrücken, VersR 1994, 969; unten Rdn 41 ff.). **12**

Vom Anerkenntnis abzugrenzen sind **Kulanzleistungen**, also Leistungen, die aus Sicht des VR nicht bindend sein sollen. Eine dauerhafte Selbstbindung des VR mit der Konsequenz, sich grds. nur noch durch das Nachprüfungsverfahren davon lösen zu können, folgt hieraus grds. nicht, denn nach Ablauf der Leistungsdauer gelten nach wie vor die **Regeln der Erstprüfung** mit entsprechender Beweislast des VN für den Eintritt bzw. die Fortdauer des Versicherungsfalls. Aus Kulanz erbrachte Leistungen können nur bei entsprechendem ausdrücklichem Vorbehalt **zurückverlangt** werden, wenn sich ergibt, dass der VR nicht leistungspflichtig war. **Voraussetzung** für eine wirksame (d.h. nicht dauernd bindende) Kulanzleistung ist zunächst einmal eine „Kulanzlage", d.h. eine ungeklärte, „offene" Leistungspflicht, denn sonst kann ein Anerkenntnis geboten sein (auch wenn es nur um dessen Hinauszögern geht), und diesem darf sich der VR nicht treuwidrig entziehen. Kulanzentscheidungen müssen deutlich als solche, d.h. als **Ablehnung** des Leistungsverlangens, gekennzeichnet sein, wenn sie nicht bindend sein sollen (BGH, VersR 2004, 96 = zfs 2004, 82; BGH, NJW-RR 1995, 20 unter 3.; OLG Düsseldorf, r+s 2011, 524 = jurisPR-VersR 1/2011 Anm. 5; 1363; OLG Hamm, r+s 2001, 522 = VersR 2001, 1098 u. 2003, 161 = zfz 2001, 557 u. VersR 1988, 793; OLG Düsseldorf, VersR 1991, 1360; LG Frankfurt, VersR 1991), denn wenn der VN einen Leistungsantrag gestellt hat, ist das **Anerkenntnis der Regelfall** und die Kulanzleistung die Ausnahme, weil der VN eine vertragsgemäße Entscheidung erwarten darf. Der Kulanzcharakter muss unmissverständlich zum Ausdruck gebracht werden und stellt in rechtlicher Hinsicht die **Ablehnung des Rentenzahlungsbegehrens** des Versicherten in dem Sinne dar, dass der Versicherer die bedingungsgemäßen Voraussetzungen einer BU als nicht gegeben ansieht (OLG Hamm, r+s 2001, 522 = VersR 2001, 1098; 2003, 161 = zfz 2001, 557 u. VersR 1988, 793) oder für noch nicht entscheidungsreif hält. Ist die Erklärung unklar, muss sie nach allg. Regeln **ausgelegt** werden, wobei es, weil es sich i.d.R. nicht um AGB handelt, nur auf den erklärten Willen aus Sicht des Empfängers und Begleitumstände (etwa Vorgespräche, anderweitige Schreiben) ankommt. **13**

14 Für eine eindeutige Erklärung soll nicht immer die Bemerkung, der Anspruch werde „**ohne Anerkennung einer Rechtspflicht**" erfüllt, genügen (Römer/Langheid/*Rixecker*, § 173 Rn 5; Fall: OLG Karlsruhe, r+s 2013, 34), was geht jedoch zu weit geht, da auch ein Laie weiß, dass derjenige, der ohne eine solche Anerkennung etwas bezahlt, sich dazu nicht verpflichtet fühlt und dies ohne Bindungswillen macht.

15 **Beispiele**
Die Formulierung „*Wir vergüten Ihnen die Berufsunfähigkeitsleistungen für die Dauer von 1 1/2 Jahren und damit vom 1.2.1998 bis 1.8.1999 (§ 5 Abs. 2 der Bedingungen)*" ist ein Anerkenntnis (OLG Hamm, VersR 2001, 1098), ebenso, wenn der VR über vier Jahre lang leistet, sich aber auf eine „*kulanzweise*" Handhabung zurückzieht (OLG Oldenburg, NVersZ 2000, 268) oder nach Ablauf einer (wirksamen) Befristung neun Monate lang weiter zahlt, ohne dies dem VN zu erläutern (OLG Düsseldorf, NVersZ 2001, 455 = VersR 2001, 1370). Hingegen kommt der Kulanzcharakter hinreichend deutlich zum Ausdruck, wenn der VR darauf hinweist, dass nach den bisher vorliegenden Unterlagen über die Frage der BU derzeit noch nicht entschieden werden könne, ausdrücklich „*ohne Anerkennung einer Rechtspflicht*" geleistet wird und durch einen drucktechnisch hervorgehobenen Satz darauf hingewiesen wird, dass mit dem Schreiben noch keine Entscheidung über die Frage einer bedingungsgemäßen BU verbunden sein soll (LG Dortmund, zfs 2014, 343 = r+s 2015, 146).

3. Beseitigung des Anerkenntnisses

16 Das einmal erkläre Anerkenntnis kann nicht mehr widerrufen werden. Ein Rücktritt nach den §§ 346 ff. BGB ist ebenfalls nicht möglich. Die **Irrtums- und Arglistanfechtung** des Anerkenntnisses (§ 119 BGB, §§ 123 BGB, 22 VVG) ist trotz des gesetzlich vorgesehenen Nachprüfungsverfahrens (§ 174 VVG), das eine Korrektur des Anerkenntnisses erlaubt, uneingeschränkt zulässig, wenn der VR irrtümlich von einer BU ausgegangen ist (BT-Drucks 16/3945, S. 106; *Neuhaus*, BUV, Kap. L Rn 66 ff.; a.A. Prölss/Martin/*Lücke*, 29. Aufl., § 174 Rn 6: „wohl immer ... [unbeachtlicher] Motivirrtum"; differenzierend Römer/Langheid/*Rixecker*, § 173 Rn 2: nur Arglistanfechtung). Der tatsächliche Gesundheitszustand des Versicherten ist eine **verkehrswesentliche Eigenschaft i.S.v. § 119 Abs. 2 BGB**.

4. Gebotenes oder fingiertes Anerkenntnis

17 Der VR verletzt nach § 280 Abs. 1 BGB seine Vertragspflichten, wenn er eine Erklärung zu seiner Leistungspflicht **vertragswidrig** nicht abgibt. Er wird dann so behandelt, als ob er ein Anerkenntnis zum maßgeblichen Zeitpunkt (i.d.R. Eintritt des Versicherungsfalls) abgegeben hätte und ist nach den Grundsätzen des **gebotenen oder fingierten Anerkenntnisses** leistungspflichtig. Es wird also aus ex post-Sicht geprüft, ob und wann ein Anerkenntnis hätte abgegeben werden müssen. Fingiert wird die aktuelle, z.B. durch Sachverständigengutachten vermittelte Kenntnis und zwar rückwirkend auf den Zeitpunkt, zu dem diese Kenntnis theoretisch bereits hätte erlangt werden können. War die Abgabe eines Anerkenntnisses geboten, muss sich der VR so behandeln lassen, als habe er ein Anerkenntnis abgegeben (BGH, VersR 1997, 436; BGH, VersR 1989, 1182 = NJW-RR 1990, 31; OLG Saarbrücken, zfs 2013, 403; OLG Karlsruhe, r+s 2013, 3; OLG Düsseldorf, VersR

2002, 1364). Das kann auch die **fingierte BU** (6-Monats-Klausel) betreffen (OLG Saarbrücken, zfs 2013, 403), etwa wenn deren Zeitraum in Form einer bescheinigten mehr als sechsmonatigen Arbeitsunfähigkeit vom VR widerspruchslos hingenommen (= nicht bestritten) wird (LG Dortmund, zfs 2014, 343 = r+s 2015, 146). Das ist abzulehnen, da im prozessualen Bestreiten der Berufsunfähigkeit immer auch konkludent das Bestreiten der Arbeitsunfähigkeit liegt, denn diese ist ein „Minus" zur Berufsunfähigkeit. Aufgrund der erforderlichen rückschauenden Betrachtung **nicht „geboten"** ist ein Anerkenntnis dann, wenn der VR Anhaltspunkte dafür hatte, dass ihn der VN in der Leistungsprüfung täuscht, eine vorvertragliche Anzeigepflichtverletzung vorliegt, die BU ernstlich zweifelhaft ist (etwa wegen sich widersprechender medizinischer Unterlagen) oder bei der fingierten BU keine durchgängige Arbeitsunfähigkeit bestand oder bei Zweifeln geklärt werden muss.

Kompliziert wird es, wenn sich das rückwirkend gebotene Anerkenntnis auf eine inzwischen **wieder entfallene BU** bezieht (z.B. mehrjähriger Rechtsstreit und zwischenzeitlich wieder gesundeter VN). Da der aktuell ermittelte Wissensstand auf die Vergangenheit projiziert wird, wäre es unbillig, die Gesundheitsverbesserung auszuklammern. Es ist deshalb zu fragen, wie der VR reagiert *hätte*, wenn er alle Umstände gekannt hätte. Bei **Anhaltspunkten für eine Verbesserung des Gesundheitszustandes** wäre dann i.d.R. (zumindest, wenn er sich „branchenüblich" verhalten hätte) ein befristetes Anerkenntnis abgegeben worden, so dass es nach Treu und Glauben angemessen ist, dem VN auch nur dies im Rahmen des „Gebotenen" zuzusprechen. Prozessual folgt daraus, dass der VR nicht unbefristet zur Leistung verurteilt werden darf, was als umdeutbares „Minus" auch in einem Klageabweisungsantrag enthalten ist.

Ein weiterer Sonderfall liegt vor, wenn die Rückschau ergibt, dass schon damals Anhaltspunkte für den Entfall der BU (absehbare Gesundheitsverbesserung oder Verweisung) vorlagen. In diesem Fall ist dem VR als „gebotenes" Anerkenntnis der **Ausspruch eines befristeten Anerkenntnisses** zuzubilligen. Trägt der VR im Prozess entsprechend substantiiert vor (und kann er es bei Bestreiten beweisen), darf er nur befristet zur Leistung verurteilt werden.

5. Bedingtes Anerkenntnis, Vorbehalt der Verweisung

Die vor dem 1.1.2008 je nach AVB-Gestaltung bestehende Möglichkeit, ein Anerkenntnis mit dem **Vorbehalt der Verweisung** auf eine andere mögliche Tätigkeit auszusprechen, ist dem VR durch § 173 Abs. 1 VVG genommen worden. Für ein solches, auf einzelne Elemente der BU beschränktes Anerkenntnis besteht wegen der Möglichkeit der Befristung kein schutzwürdiges Interesse der Vertragsparteien (Begr. BT-Drucks 16/3945, S. 106; gesetzliches Leitbild des grds. unbeschränkten (= unbedingten) Anerkenntnisses, vgl. *Neuhaus*, Kap. L Rn 57 ff.). **AGB-Klauseln**, die diesem Leitbild widersprechen, werden i.d.R. nach § 307 BGB unwirksam sein. Zulässig ist ausschließlich entweder ein **vollumfängliches oder aber ein zeitlich begrenztes Anerkenntnis** i.S.v. § 173 Abs. 2 VVG.

Ausnahmsweise darf die Befristung des Anerkenntnisses auch sachlich beschränkt werden, etwa durch ein Teilanerkenntnis unter ausschließlicher **Zurückstellung der Verweisungs-**

möglichkeit, wenn dies zeitlich befristet wird, weil damit nur zum Vorteil des VN von § 173 VVG abgewichen wird (zulässig nach § 175 VVG). Der VR darf sich jedoch nicht – wie nach manchen Alt-AVB – unbefristet vorbehalten, die Verweisbarkeit zu prüfen, denn dies entspricht nicht der Intention des § 173 Abs. 2 VVG (ausführl. *Neuhaus*, BUV, Kap. L Rn 61 ff.). Der Gesetzgeber betont zu Recht ein **schützenswertes Interesse des VN** daran, dass sich der VR möglichst bald und für längere Zeit bindend erklärt, damit der VN die BU-Leistungen als Lohnersatz in seine Zukunftsplanung einbeziehen kann (BT-Drucks 16/3945, S. 106; vgl. auch OLG Saarbrücken, r+s 2006, 293 unter B. 3. a; ähnlich OLG Schleswig, Urt. v. 25.11.2004 – 16 U 125/04, wohl n.v.). Klauseln, die zeitlich unbegrenzt eine Zurückstellung der Verweisungsprüfung erlauben, verletzen das gesetzliche Leitbild und benachteiligen unangemessen i.S.v. § 307 BGB.

6. Verbindung von Anerkenntnis und Nachprüfung

21 Anerkenntnis und **Nachprüfungsentscheidung** dürfen grds. verbunden werden (vgl. § 174 Rdn 27).

III. Zeitliche Begrenzung (§ 173 Abs. 2 VVG)

1. Zulässige Befristung

22 Der VR darf sein Anerkenntnis zeitlich begrenzen. § 173 Abs. 2 S. 1 VVG erlaubt – auch bei Altverträgen, Art. 4 Abs. 3 EGVVG – lediglich eine **einmalige Befristung** und basiert auf der Rspr. zum VVG a.F., wonach eine Bestimmung in den AVB, nach der der VR sein Leistungsanerkenntnis generell zeitlich befristen kann, den VN unangemessen benachteiligt (OLG Köln, r+s 2006, 120 = VersR 2006, 351). Das Anerkenntnis ist dann nach § 173 Abs. 2 S. 2 VVG **für seine Dauer bindend**, die Leistungspflicht also grds. zwingend, so dass das Nachprüfungsverfahren gem. § 174 VVG ausgeschlossen ist (Grundsatz der Wahlmöglichkeit zwischen unbefristetem Anerkenntnis mit Nachprüfungsverfahren oder obligatorischer Befristung). Die Vorschrift begründet ein **originäres Befristungsrecht**, das unabhängig von einer entsprechenden, in den AVB geregelten Befugnis besteht (a.A. LG Berlin, zfs 2015, 223 = VersR 2014, 1196 unter Bezugnahme auf Prölss/Martin/*Armbrüster*, Art. 4 EGVVG Rn 10), denn nach der Gesetzesbegründung wird es generell gestattet und erwähnt, dass „aus der Sicht *beider* Vertragsparteien ein Bedürfnis besteht, in zweifelhaften Fällen bis zu einer abschließenden Klärung zunächst eine vorläufige Entscheidung zu ermöglichen" (BT-Drucks 16/3945, S. 105 f.), was dafür spricht, dass das „Instrument" der Befristung immer möglich sein soll. Daher gestattet § 173 Abs. 2 VVG auch **Befristungen für die Vergangenheit** (*Neuhaus*, BUV, Kap. L Rn 40; **a.A.** LG Dortmund, zfs 2015, 343; LG Berlin zfs 2015, 223 = VersR 2014, 1196: nur in die Zukunft zulässig). Die Befristung muss zusammen mit dem Anerkenntnis erfolgen, sie darf **nicht nachgeschoben** werden.

23 Dass der **Versicherungsfall bereits eingetreten** ist, ändert nichts an der Zulässigkeit der Befristung, sondern ist gerade Voraussetzung, denn ansonsten müsste der VR kein Anerkenntnis abgeben. Das Regulativ ist der erforderliche sachliche Grund (dazu unten).

Daher ist die Auffassung nicht richtig, dass eine Befristung unwirksam sein soll (Folge: unbefristetes Anerkenntnis), wenn nach den **AVB** eine zeitlich unbeschränkte, nur der Nachprüfung unterliegende Leistungspflicht durch Fiktion des Versicherungsfalles („fingierte" BU, etwa § 2 Abs. 3 AB-BUZ 2008/2010) bereits entstanden ist (LG Dortmund, zfs 2015, 343; Römer/Langheid/*Rixecker*, § 173 Rn 8). Auch hierbei handelt es sich um einen eingetretenen Versicherungsfall, der nur andere Voraussetzungen hat.

Die **Dauer der Befristung** wird nicht geregelt, sie ist wegen der Bindungswirkung (§ 173 Abs. 2 S. 2 VVG) aber auch unerheblich. Es liegt daher im eigenen Interesse des VR, die Gültigkeit der Zusage nicht unangemessen lange auszuweiten (Begr. BT-Drucks 16/3945, S. 106). Die Dauer ist damit grds. beliebig, hat sich aber konkret an dem erforderlichen sachlichen Grund der Befristung (dazu nachfolgend) zu orientieren. Die frühere Rspr., die für längere Zeiträume eine Angemessenheit verlangte (OLG Karlsruhe, VersR 2006, 59 unter II. 1. m.w.N.), ist überholt. Schreiben die Bedingungen einen **festen Zeitraum der Befristung** vor (Bsp.: „*Wir können die Leistung für den Zeitraum von einem Jahr befristen.*"), so darf der VR dies nicht verkürzen, aber verlängern, da die längere Leistung, an die der VR gebunden ist, von Vorteil für den VN ist (§ 175 VVG).

24

Die Möglichkeit der Befristung wird durch § 173 Abs. 2 VVG beschränkt und nicht etwa erweitert, so dass der VR einen **sachlichen Grund** für die Befristung benötigt (LG Dortmund, zfs 2015, 343; *Neuhaus*, BUV, Kap. L Rn 35 ff.; Römer/Langheid/*Rixecker*, § 173 Rn 6; *Neuhaus*, r+s 2008, 449, 453; a.A. Rüffer/Halbach/Schimikowski/*Mertens*, VVG, 2. Aufl., § 173 Rn 9; *Müller-Frank*, BUZaktuell 2/2007, 1, 3). Die Praxis hat gezeigt, dass aus der Sicht beider Vertragsparteien ein Bedürfnis besteht, **in zweifelhaften Fällen** bis zu einer abschließenden Erklärung zunächst eine vorläufige Entscheidung zu ermöglichen (Begr. BT-Drucks 16/3945, S. 106), weshalb es ersichtlich der Wille des Gesetzgebers ist, von einer generellen Befristungsmöglichkeit abzurücken. Der VR benötigt also einen **konkreten Anlass**, um sein Anerkenntnis zu befristen, wobei dies großzügig gehandhabt werden sollte (*Neuhaus*, BUV, Kap. L Rn 35 ff.). Ohne sachlichen Grund liegt ein uneingeschränkt bindendes Anerkenntnis vor (*Neuhaus*, BUV, Kap. L Rn 37). Klauseln, die **generell eine Befristung gestatten**, sind nach § 307 BGB unwirksam.

25

Beispiele für sachliche Befristungsgründe
Der VR möchte sich die Prüfung vorbehalten, ob sich der VN auf eine andere Tätigkeit verweisen lassen muss (Begr. BT-Drucks 16/3945, S. 106), etwa bei begonnener Umschulung; unklare medizinische Prognose (Rehabilitation, Gesundung absehbar); die Leistungsprüfung ist in vertretbarer Zeit nicht abzuschließen; „Befriedigungsinstrument", d.h. die schnelle Leistung beruhigt erhitzte Gemüter.

26

Der VR darf seine Leistungspflicht auch für einen bestimmten, **bereits abgeschlossenen (vergangenen) Zeitraum** (befristet) anerkennen und sie im Übrigen verneinen, da dadurch das bedingungsgemäße Nachprüfungsverfahren nicht unterlaufen werden kann und er nicht gezwungen werden kann, sehenden Auges ein unrichtiges Anerkenntnis abzugeben (*Neuhaus*, BUV, Kap. L Rn 40 m.w.N.). Ist also die BU zum Zeitpunkt der Leistungsentscheidung schon wieder entfallen, ist die rückwirkende Befristung zulässig. Durch eine Klausel wie „*Wir können [einmalig] ein zeitlich begrenztes Anerkenntnis unter einstweiliger Zurückstellung der Frage aussprechen, ob die versicherte Person eine andere Tätigkeit im*

27

Sinne von § 2 Abs. 1 ausüben kann", hat der VR seine Befristungsmöglichkeit selbst an die Zurückstellung der Verweisungsprüfung gekoppelt, so dass nur solche Befristungen wirksam sind, die auf dieser Voraussetzung basieren (LG Dortmund, zfs 2015, 343). Anders, wenn der VR für den VN erkennbar so formuliert, dass die Verweisungszurückstellung nur eine von mehreren Möglichkeiten ist, also bspw. *„Wir können einmalig ein zeitlich begrenztes Anerkenntnis **auch** unter einstweiliger Zurückstellung der Frage aussprechen..."*.

28 **Praxishinweis**
Die unwirksame Befristung bewirkt nicht etwa die Unwirksamkeit des Anerkenntnisses, sondern ein zeitlich unbefristetes Anerkenntnis. Für den VR liegt daher eine besondere Gefahr darin, mit der Befristung zu sorglos umzugehen und sie als „Allheilmittel" zu betrachten.

29 Die Angabe einer formellen **Begründung** ist wegen des erforderlichen Befristungsanlasses erforderlich, damit der VN ggf. prüfen kann, ob die Befristung rechtmäßig ist (Anspruch aus § 280 BGB als vertragliche Nebenpflicht; manchmal auch in den AVB mit Klauseln wie *„Das befristete Anerkenntnis werden wir begründen"* festgeschrieben). Die Bezugnahme auf ein beigefügtes Gutachten reicht als Begründung aus. Sie kann in gewissen Grenzen auch zeitlich vor oder nach dem Anerkenntnis erfolgen.

30 **Nach Ablauf der Frist** gelten die Grundsätze der Erstprüfung (OLG Düsseldorf, r+s 2011, 524 = jurisPR-VersR 1/2011 Anm. 5; OLG Karlsruhe, VersR 2006, 59). Das hat insbesondere zur Folge, dass der VN (nach wie vor) beweisen muss, dass zu diesem Zeitpunkt (= am Tag nach Ende der Befristung) eine bedingungsgemäße BU besteht. Für die bisherige Lebensstellung bei einer Verweisungsprüfung kommt es auf die Lebensstellung in „gesunden Zeiten" an. Formal neu melden muss der VN den BU-Fall nicht, weil er dies bereits früher gemacht hat; der VR muss grds. unaufgefordert (weiter) prüfen (*Neuhaus*, BUV, Kap. L Rn 49).

31 Durch das befristete Anerkenntnis sind dem VR die Rechte aus den §§ 19, 22 VVG nicht abgeschnitten, er kann also bspw. bei Vorliegen der Voraussetzungen den Vertrag wegen **arglistiger Täuschung** anfechten und damit auch das Anerkenntnis zu Fall bringen; er kann dieses auch selbst anfechten, wenn entsprechende Gründe bestehen.

2. Einmalige Befristung

32 Um zu verhindern, dass der VR sich einem dauernden Anerkenntnis durch mehrere aufeinander folgende, zeitlich begrenzte Leistungszusagen entzieht (sog. **Kettenanerkenntnisse**), kann das Anerkenntnis nur einmal zeitlich begrenzt werden (§ 173 Abs. 2 S. 1 VVG; vgl. zum VVG a.F. schon BGH, VersR 1986, 277 u. VersR 1988, 281). Von dieser Regelung darf im VV nicht abgewichen werden, auch nicht durch Einzelabrede (§ 175 VVG; Begr. BT-Drucks 16/3945, S. 106). Klauseln, die mehrfache Befristungen ermöglichen, verstoßen gegen das gesetzliche Leitbild und sind gem. § 307 Abs. 1 S. 1 BGB wegen unangemessener Benachteiligung unwirksam. Dies schließt aber nicht aus, dass die Vertragsparteien in bestimmten Fällen zur vorläufigen Beilegung eines Streites über die vom VN geltend

gemachte BU eine **Vereinbarung** über zunächst wiederum zeitlich begrenzte Leistungen des VR treffen (Begr. BT-Drucks 16/3945, S. 106; ausführlich dazu unten Rdn 41 ff.).

Ein zeitlich begrenztes Anerkenntnis ist nach § 173 Abs. 2 S. 2 VVG für seine Dauer **bindend** (Begr. BT-Drucks 16/3945, S. 106). Damit ist insoweit das in § 174 VVG vorgesehene **Nachprüfungsverfahren ausgeschlossen** (Begr. BT-Drucks 16/3945, S. 106). Der VR hat die Alternative, sich endgültig zu seiner Leistungspflicht zu erklären; bei einem unbefristeten Anerkenntnis hat er das Nachprüfungsverfahren zur Verfügung, um sich nachträglich von seiner Leistungspflicht zu befreien (Begr. BT-Drucks 16/3945, S. 106). 33

AVB, die dem VR die Möglichkeit einräumen, ein Leistungsanerkenntnis generell **zeitlich zu befristen**, sind mit dem Willen des Gesetzgebers nicht mehr zu vereinbaren. Klauseln mit dem Inhalt, „*Der VR teilt dem VN schriftlich mit, ob und in welchem Umfang und für welche Dauer er den geltend gemachten Anspruch anerkennt*", sind nach § 173 Abs. 2 VVG unwirksam, weil sie dem VR die Möglichkeit einräumen, ein Leistungsanerkenntnis generell zeitlich zu befristen (so für die Zeit vor dem 31.12.2007 bereits OLG Köln, VersR 2006, 351; OLG Frankfurt am Main, VersR 2003, 358). Stellt sich eine Klausel in einem Altvertrag wegen einer generellen, mehrfachen Befristungsmöglichkeit aus AGB-Gründen als unwirksam heraus, greift gem. **§ 306 Abs. 2 BGB** die gesetzliche Regelung des § 173 Abs. 2 VVG, so dass der VR – anders als vor 2008 – zumindest einmal befristen darf und eine ausgesprochene (erste) Befristung bestehen bleibt. 34

IV. Rechtsfolgen, Bindungswirkung

Das Anerkenntnis – befristet oder unbefristet – löst die **Leistungspflicht** des VR für den Zeitpunkt aus, zu dem anerkannt wird und ist **bindend** bis zum Ablauf der vertraglichen Leistungspflicht, wenn es zeitlich unbefristet und der Sache nach uneingeschränkt abgegeben wird; es bindet aber auch dann, wenn es bspw. zeitlich unwirksam befristet wurde (BGH, VersR 2007, 777; BGH, VersR 1993, 559 u. 562; BGH, VersR 1988, 281; OLG Hamm, VersR 1990, 605, 731 u. OLG Hamm, VersR 1988, 793; LG Dortmund, zfs 2015, 343; LG Berlin, zfs 2015, 223 = VersR 2014, 1196;). Der VR verliert die Möglichkeit, sich danach auf einen nicht eingetretenen Versicherungsfall (also fehlende berufliche oder medizinische Voraussetzungen oder Verweisungsmöglichkeit) zu berufen (BGH, VersR 2011, 655 = NJW 2011, 1736). Ist das Anerkenntnis fehlerhaft (bspw. unzulässige mehrfache Befristung, bedingtes Anerkenntnis), wird es nicht insgesamt unwirksam, sondern gilt als unbefristetes, unbedingtes. 35

Die **Selbstbindung** entfällt nur in folgenden Fällen: Tod des Versicherten, erfolgreiches Nachprüfungsverfahren (§ 174 VVG, vgl. BT-Drucks 16/3945, S. 106), „Beseitigung" des VV und der Leistungsverpflichtung (was beim Rücktritt wegen § 21 Abs. 2 S. 1 VVG nicht zwingend verbunden ist) durch die **Gestaltungsrechte der §§ 19 ff.** VVG oder wirksame **Anfechtung** des Anerkenntnisses selbst (zur anerkannten „vorläufigen" BU des Versicherten mit Selbstbindung in den AVB vgl. BGH, r+s 1987, 55). In der **Nachprüfung** ist der VR aber mit Argumenten ausgeschlossen, die er bereits vor dem Anerkenntnis hätte erkennen können (Verbot des Nachschiebens, vgl. § 174 Rdn 7). Das Berufen auf die Bindungswirkung des Anerkenntnisses kann im Einzelfall gegen **Treu und Glauben** verstoßen (BGH, VersR 1986, 1113).

36 Gibt der VR eine Erklärung zu seiner Leistungspflicht **vertragswidrig** nicht ab, so liegt darin eine Verletzung seiner Vertragspflichten nach § 280 Abs. 1 BGB. Der VN kann seinen Anspruch gerichtlich geltend machen (Begr. BT-Drucks 16/3945, S. 106) und ist – wenn der Versicherungsfall eingetreten ist – nach den Grundsätzen des **gebotenen Anerkenntnisses** (oben Rdn 17) leistungspflichtig. In der Weigerung, das (mögliche) Leistungsanerkenntnis nach § 172 Abs. 1 VVG auszusprechen, kann in schweren Fällen ausnahmsweise auch eine Beeinträchtigung des **allgemeinen Persönlichkeitsrechts** liegen. In einem solchen Fall kann der VN auch Ersatz des **immateriellen** Schadens verlangen (OLG Karlsruhe, NJW-RR 2005, 1267; KG, NJW-RR 2005, 1478). Dabei kann aus Gründen der Prävention auch der vom VR erzielte oder angestrebte Gewinn zu berücksichtigen sein (BGH, NJW 1995, 861; vertiefend: *Schwintowski*, VuR 2005, 201).

V. Anwendbarkeit auf Altverträge

37 Nach Art. 1 Abs. 2 EGVVG zieht der Eintritt des Versicherungsfalls bis zum 31.12.2008 die Fortgeltung des alten Rechts (VVG bis 31.12.2007) nach sich (LG Dortmund, 29.7.2009 – 2 O 22/08). Mit Wirkung 1.1.2009, Ablauf der Übergangszeit, war § 173 VVG auch auf Altverträge (abgeschlossen bis 31.12.2007) anzuwenden. § 173 VVG ist die einzige Vorschrift der §§ 172–177 VVG, die seit 2009 auch auf **Altverträge** anzuwenden ist, vgl. Art. 4 Abs. 3 EGVVG, und gilt auch dann, wenn deren AVB zum Nachteil des VN ein Anerkenntnis gar nicht oder nur in eingeschränktem Umfang zulassen.

38 **Praxishinweis**
Wegen der Erstreckung auf Altverträge ist in jedem Leistungsfall mit nicht angepassten Alt-AVB aus der Zeit vor 2008 zu prüfen, ob die darin enthaltenen Klauseln zum Anerkenntnis noch angewendet werden können.

39 Befristete Anerkenntnisse ohne entsprechende **AVB-Regelungen** waren nach der Rspr. zum VVG a.F. unzulässig (BGH, VersR 2004, 96 = zfs 2004, 82; BGH, VersR 1986, 277), was nun wegen § 173 Abs. 2 VVG überholt ist. In den Bedingungen **ausdrücklich vorgesehene Befristungen** waren hingegen grds. und mit Einschränkungen zulässig (OLG Köln, r+s 2006, 120 = VersR 2006, 351; OLG Karlsruhe, VersR 2006, 59), was seit 2008 am Leitbild des § 173 Abs. 2 VVG zu messen ist. Unwirksam waren und sind Bestimmungen, nach denen der VR sein Leistungsanerkenntnis **generell zeitlich befristen** kann (OLG Köln r+s 2006, 120 = VersR 2006, 351; OLG Frankfurt/M., VersR 2003, 35). Sind Klauseln hingegen für den VN vorteilhafter als § 173 VVG, liegt keine unangemessene Benachteiligung gem. § 307 BGB vor (*Neuhaus*, BUV, Kap. L Rn 47).

D. Prozessuale Hinweise

40 Eine **Klage auf Abgabe eines Anerkenntnisses** wäre unbegründet, weil es sich um eine nicht einklagbare Obliegenheit des VR handelt; der VN kann direkt auf Leistung klagen. Mit einem vollen Anerkenntnis kommt der VR einer Klage auf künftige Leistung (§ 258

ZPO) zuvor, indem er ihr das Rechtsschutzbedürfnis nimmt. Gibt er die (gebotene) Erklärung nicht ab, dann kann Klage sofort nach Fälligkeit erhoben werden. **Beweislast**: Der VN muss nach den allg. Regeln den Eintritt des Versicherungsfalls beweisen, auch den Zeitpunkt der Fälligkeit gem. § 173 Abs. 1 VVG. Entsprechendes gilt, wenn der VR nach Ende eines wirksam befristeten Anerkenntnisses nicht weiter leistet. Meint der VN, eine Befristung sei unwirksam, muss er dies beweisen. Beruft er sich darauf, eine „Kulanz"entscheidung sei keine solche, sondern bindend, muss er dies ebenfalls beweisen, sofern zumindest irgendwelche Formulierungen darin enthalten sind, die von einem üblichen Anerkenntnis abweichen (etwa „ohne Anerkennung einer Rechtspflicht"; *Neuhaus*, BUV, Kap. L Rn 72).

E. Abdingbarkeit, außergerichtliche Vereinbarungen

Von § 173 VVG darf nicht zum Nachteil des VN abgewichen werden, auch nicht durch Einzelabrede (§ 175 VVG; Begr. BT-Drucks 16/3945, S. 106). 41

Das schließt aber nicht aus, dass die Vertragsparteien zur vorläufigen Beilegung eines Streites über die vom VN geltend gemachte BU eine **Vereinbarung** über zunächst wiederum zeitlich begrenzte Leistungen des VR treffen (Begr. BT-Drucks 16/3945, S. 106; ausführlich zur Wirksamkeit solcher Vereinbarungen *Neuhaus*, BUV, Kap. J Rn 51 ff.). Das kann auch durch **vorformulierte Texte** i.S.d. §§ 305 ff. BGB erfolgen (**a.A.** Römer/Langheid/*Rixecker*, § 173 Rn 10). Würde eine solche Abrede nicht zugelassen, müsste der VN seinen Anspruch gerichtlich geltend machen. Diesen Weg kann er auch gehen, indem er seine Zustimmung zu einer **erneuten zeitlich begrenzten Leistungsvereinbarung** verweigert und auf einer unbefristeten Erklärung des VR besteht (Begr. BT-Drucks 16/3945, S. 106). Es ist den Parteien jedoch auf der Grundlage der Vertragsfreiheit im Grundsatz nicht verwehrt, die Leistungspflicht einvernehmlich zu regeln. 42

Während das Anerkenntnis einseitig erfolgt, setzt die **Vereinbarung** zwei (übereinstimmende) Willenserklärungen zwischen VN und VR voraus und zwar für Letzteren ohne rechtlich dauerhaften Bindungswillen im Hinblick auf die Versicherungsleistungen. Daher liegt **kein bindendes Anerkenntnis** vor, wenn sich der VR nicht einseitig, sondern in einer Vereinbarung mit dem VN wegen der Besonderheiten des Falles bereit erklärt, ohne Anerkennung der BU für eine bestimmte Zeit Leistungen zu erbringen und erst nach Ablauf dieser Frist die Voraussetzungen einer BU zu prüfen (OLG Frankfurt, r+s 2006, 120 = VersR 2004, 1121). Das gilt allerdings nur dann, wenn ein **Anerkenntnis nicht geboten war** (Rdn 17), da sonst eine treuwidrige Umgehung des vertraglich vorgesehenen Anerkenntnisses erfolgen würde (Fall: LG Potsdam, Urt. v. 27.9.2012 – 6 O 311/11, juris). 43

Über bestehende Schranken des allgemeinen Zivilrechts hinaus ist der VR wegen der speziellen Ausgestaltung der BU nach Treu und Glauben in besonderer Weise gehalten, seine **überlegene Sach- und Rechtskenntnis** nicht zum Nachteil des VN auszunutzen (BGH, VersR 2007, 633 u. 777; dazu *Terno*, r+s 2008, 361, 366 u. *Neuhaus*, BUV, Kap. J Rn 66 ff.). Für diesen hat die BU häufig existenzielle Bedeutung. Die dem VR geläufige Regelung über die Erklärung eines Leistungsanerkenntnisses (i.d.R. §§ 5 bis 7 BUZ), 44 dessen Reichweite und das Nachprüfungsverfahren sind für den durchschnittlichen VN nur schwer durchschaubar. Deshalb setzt eine beiderseits interessengerechte Vereinbarung über die Leistungspflicht ein **lauteres und vertrauensvolles Zusammenwirken** der Vertragspartner voraus, das auf Ergebnisse abzielt, die den Tatsachen und der Rechtslage entsprechen (BGH, VersR 2007, 633 u. 777; BGH, VersR 2004, 96). Daraus folgen eine **Kooperations-Maxime**, die den VR zur Rücksichtnahme zwingt, und eine **Aufklärungsmaxime**, wonach auf nachteilige Folgen von Vereinbarungen hinzuweisen ist. Vereinbarungen, die dies nicht berücksichtigen, können treu- (§ 242 BGB) oder sittenwidrig (§ 138 BGB) sein.

45 Vereinbarungen, die erhebliche Nachteile für den VN zur Folge haben, sind ohne Rechtsmissbrauch nur in engen Grenzen möglich: Sie setzen eine – aus verständiger Sicht – noch **unklare Sach- und Rechtslage** voraus (BGH, VersR 2007, 777). Sie erfordern vor ihrem Abschluss klare, unmissverständliche und **konkrete Hinweise des VR** darauf, wie sich die vertragliche Rechtsposition des VN darstellt und in welcher Weise diese durch den Abschluss der Vereinbarung verändert oder eingeschränkt wird, insbesondere über Alternativen zum Abschluss der Vereinbarung sowie über Vor- und Nachteile ihres Abschlusses (BGH, r+s 2010, 381 = VersR 2010, 1171; BGH, VersR 2007, 633 und 777). Gerade an dieser vom BGH geforderten Hinweispflicht scheitern in der Praxis viele Vereinbarungen, weil der VN nicht umfassend aufgeklärt wird.

46 Nutzt der VR seine **überlegene Verhandlungsposition** aus, um die nach dem VV bestehenden Rechte des VN auf Leistungen aus der BUZ nach Eintritt des Versicherungsfalles durch eine **Vereinbarung** mit dem VN einzuschränken, kann sich der VR nach Treu und Glauben auf eine solche Vereinbarung nicht berufen (BGH, VersR 2007, 633 u. BGH, VersR 2007, 777; vertiefend *Terno*, r+s 2008, 361, 365).

47 **Beispiele**
Treuwidrigkeit, wenn sich der VR bei klarer Rechtslage zugunsten des VN gegen das Versprechen einer befristeten Kulanzleistung eine nach dem BUZ-Vertrag nicht vorgesehene Verweisungsmöglichkeit schafft, die ihm nach Fristablauf die Ablehnung durch Verweis auf eine neu erworbene berufliche Fähigkeit ermöglicht (BGH, VersR 2007, 633). Das Gleiche gilt, wenn der VR bei naheliegender BU die Prüfung seiner Leistungspflicht durch das **Angebot einer befristeten Kulanzleistung** hinausschiebt und so mit einer solchen Vereinbarung das nach Sachlage gebotene Leistungsanerkenntnis unterläuft (BGH, VersR 2007, 633).

48 **Folge einer unwirksamen Vereinbarung** ist nicht etwa die Umdeutung in ein Anerkenntnis, sondern eine besondere beweisrechtliche Situation, in der der VR sich – bezogen auf den vom VN behaupteten Zeitpunkt – zu seiner Leistungspflicht endgültig erklären muss und dem VN je nach Einzelfall bis hin zur Beweislastumkehr Beweiserleichterungen zugestanden werden, wenn der zwischenzeitliche Zeitablauf den Nachweis der BU erschwert (BGH, VersR 2007, 777).

49 **Praxishinweis**
Die aufgrund der unwirksamen Vereinbarung erbrachten Leistungen darf der VN behalten (BGH, VersR 2007, 777; OLG Saarbrücken, r+s 2006, 293).

F. Streitwert

Da die Abgabe des Anerkenntnisses eine nicht einklagbare Obliegenheit darstellt, geht es immer um die geforderten Leistungen aus dem VV (s. dazu § 172 Rdn 140 ff.).   50

§ 174 VVG Leistungsfreiheit

(1) Stellt der Versicherer fest, dass die Voraussetzungen der Leistungspflicht entfallen sind, wird er nur leistungsfrei, wenn er dem Versicherungsnehmer diese Veränderung in Textform dargelegt hat.

(2) Der Versicherer wird frühestens mit dem Ablauf des dritten Monats nach Zugang der Erklärung nach Absatz 1 beim Versicherungsnehmer leistungsfrei.

Übersicht

	Rdn
A. Vorbemerkung	1
B. Normzweck	4
C. Norminhalt	5
I. Leistungspflicht entfällt (§ 174 Abs. 1 VVG)	5
1. Grundsätzliches	5
2. Änderung der tatsächlichen Umstände	7
II. Mitteilung in Textform (§ 174 Abs. 1 VVG)	17
III. Dreimonatsfrist (§ 174 Abs. 2 VVG)	28
D. Mitteilungs- und Mitwirkungsobliegenheiten des VN	32
E. Prozessuale Hinweise	33
F. Abdingbarkeit	36
G. Streitwert	38

A. Vorbemerkung

Die Vorschrift soll es dem VR ermöglichen, sich in den Grenzen von Treu und Glauben (§ 242 BGB) nach einem Anerkenntnis oder sonstiger Feststellung (Leistungsurteil, Vollstreckungsbescheid, gerichtlicher Vergleich) wieder **von seiner Leistungspflicht lösen** zu können, wenn deren Voraussetzungen entfallen (in den AVB und der Rspr. wird dies „Nachprüfung" genannt, versicherungsintern auch sog. Reaktivierung). Beim Nachprüfungsverfahren geht es nicht darum, ob der VR seine Leistungspflicht wegen eingetretener BU anerkennt, sondern allein darum, ob er seine Leistungen wegen späteren Wegfalls der BU einstellen kann (BGH, VersR 2008, 521). **Sachlicher Grund** für die Nachprüfung ist, dass BU grds. kein Versicherungsfall ist, der trotz der zu stellenden Prognose stets auf Dauer fortbesteht (ausführl. *Neuhaus*, BUV, Kap. M Rn 4).   1

Der **Inhalt des Nachprüfungsverfahrens** (einschließlich der Häufigkeit) wird nicht geregelt, sondern nur die grundsätzliche Berechtigung des VR, die Form und die Rechtsfolge (Leistungsfreiheit). Die Voraussetzungen des Nachprüfungsverfahrens, wie sie etwa in § 6 AB-BUZ 2008 verankert sind, überlässt das Gesetz der Vereinbarung zwischen den Parteien. Für den Entfall der Leistungspflicht ist zusammengefasst Folgendes erforderlich (§ 174 Abs. 1 VVG): Wegfall der Voraussetzungen der Leistungspflicht, also der BU, und   2

Mitteilung darüber an den VN (mind.) in Textform. Die Leistungsfreiheit tritt dann frühestens mit dem **Ablauf des dritten Monats** nach Zugang der Mitteilung beim VN ein (§ 174 Abs. 2 VVG).

3 Sollte sich eine Nachprüfungs-Klausel in AVB als unwirksam erweisen (bspw. wegen Unangemessenheit, § 307 BGB; dazu kritisch in einem obiter dictum BGH, r+s 2007, 205 = VersR 2007, 633), ist der VR immer noch nach § 174 VVG zur Nachprüfung berechtigt. § 174 Abs. 1 VVG enthält ein originäres, vom VV unabhängiges Nachprüfungsrecht. Generell bestehen bei Klauseln im VV **AGB-Bedenken** selbst dann nicht, wenn es um eine Nachprüfung bei einer unheilbaren Erkrankung geht (OLG Bremen, zfs 2012, 401; LG Bremen, VersR 2011, 868). **Rücktritt** (§ 19 ff. VVG) und **Anfechtung** (§§ 22 VVG, §§ 119 und 123 BGB) des VV sind unabhängig von der Nachprüfung innerhalb der jeweiligen Fristen jederzeit möglich (BT-Drucks 16/3945, S. 106), weil § 174 VVG die Voraussetzungen des Entfalls der Leistungspflicht (= Veränderungen aufseiten des VN) behandelt. Diese Rechte des VR sind v.a. für die Fälle bedeutsam, in denen sein Anerkenntnis tatsächlich unbegründet war, weil die Voraussetzungen für seine Leistungspflicht zu **keinem Zeitpunkt** vorgelegen haben (Begr. BT-Drucks 16/3945, S. 106). Hat der VR ein **befristetes Anerkenntnis** (§ 173 Abs. 2 VVG) ausgesprochen, verbleibt es für die Zeit der Bindung bei der zugesagten Leistung, auch wenn in dieser Zeit die Voraussetzungen für die Leistungspflicht entfallen (Begr. BT-Drucks 16/3945, S. 106); das Nachprüfungsverfahren steht nicht zur Verfügung. Entsprechende oder ähnliche **Regelung in AVB**: z.B. § 6 AB-BUZ 2008; § 13 AB-BUV 2008. Das Anerkenntnis als Basis der Nachprüfung ist zwar der Regelfall, § 174 VVG schreibt es aber nicht als Voraussetzung vor. Die Nachprüfung darf daher auch bei einer Verurteilung zur Leistung erfolgen; ferner hilfsweise für den Fall erfolgen, dass eine bestrittene (fingierte) BU eingetreten sein sollte (LG Dortmund, BeckRS 2015, 07612).

B. Normzweck

4 Zum **Schutz des VN** ist es erforderlich, dass sich der VR von einer Leistungszusage nur unter bestimmten Voraussetzungen lösen kann (Begr. BT-Drucks 16/3945, S. 106). Der VN soll vor einer einseitigen und plötzlichen Leistungseinstellung des VR geschützt werden, indem ihm aus Gründen des **Vertrauensschutzes** ein Bestandschutz bis zu einer wirksamen Nachprüfungsentscheidung und sogar drei Monaten darüber hinaus (Sicherungs- bzw. Schonfrist) eingeräumt wird. Allein der Wegfall der BU bewirkt nicht das Recht zur Leistungseinstellung, vielmehr bleibt der VR an sein Anerkenntnis so lange gebunden, bis er erfolgreich das Nachprüfungsverfahren betrieben hat (BGH, VersR 1998, 173; BGH, VersR 1987, 808; BGH, VersR 1984, 51; OLG Karlsruhe, r+s 1992, 321; OLG Hamm, VersR 1993, 1091; zur **Bindungswirkung** vgl. § 173 Rdn 10, 35). Der VN soll sich auf den Wegfall der Leistungen (i.d.R. Rentenbezug) einstellen können. Aus dem **Textformerfordernis** und der Maßgabe, dass ihm die entscheidungsrelevanten Unterlagen überlassen werden müssen (BT-Drucks 16/3945, S. 106), ergibt sich ein mittelbarer Schutz des VN. Zweck der Regelung ist es damit auch, dem VN eine Überprüfung und eine Abschätzung des Prozessrisikos zu ermöglichen. Dem VR soll es ermöglicht werden, die Bindungswir-

kung des Anerkenntnisses zu beseitigen, so dass die Vorschrift insgesamt einen **Interessenausgleich** fördern will.

C. Norminhalt

I. Leistungspflicht entfällt (§ 174 Abs. 1 VVG)

1. Grundsätzliches

„**Leistungsfrei**" bedeutet nicht nur, dass der VR seine Leistungen vollständig einstellen, sondern auch in einem bedingungsgemäßen Umfang herabsetzen darf. Die Leistungspflicht endet nach dem Wortlaut nur dann, wenn der VR feststellt, dass die Voraussetzungen der Leistungspflicht entfallen sind und dies dem VN in Textform mitgeteilt wird. § 174 Abs. 1 VVG beschreibt damit ein **materielles und** ein **formelles Erfordernis**. Wie die Voraussetzungen der Leistungspflicht festgestellt wurden – Anerkenntnis (auch fingiertes), Urteil, Vollstreckungsbescheid, gerichtlicher Vergleich – ist unerheblich. Voraussetzung ist aber immer, dass eine zeitlich unbegrenzte Leistungspflicht des VR besteht, was auch bei rückwirkender Betrachtung bei einer **fingierten bzw. fiktiven BU** vorliegen kann. Ist dadurch von einer bestehenden Leistungspflicht auszugehen, also im Fall eines **gebotenen Anerkenntnisses**, kann sich der VR nur durch die erfolgreiche Nachprüfung davon befreien, es sei denn, er hat das Anerkenntnis ausnahmsweise schuldlos nicht abgegeben. Auch bei einem Feststellungsurteil, aus dem die Zwangsvollstreckung der Leistungen nicht betrieben werden kann, ist § 174 VVG anwendbar. Gegen eine **Verurteilung** muss der VR, um nicht die mögliche Vollstreckung aus dem erwirkten Titel zu riskieren, Vollstreckungsabwehrklage (§ 767 Abs. 1 ZPO) erheben. Voraussetzung ist auch hier eine materiell und formell wirksame Einstellungsmitteilung (zur grds. nicht gegebenen Präklusion vgl. OLG Düsseldorf, zfs 2005, 198; OLG Karlsruhe, VersR 2005, 775). 5

Der VR kann, aber er muss keine Nachprüfung durchführen. Die Entscheidung des VR, trotz nachträglich eingetretener positiver Veränderungen (Bsp.: Umschulung) die Leistungen (noch) nicht einzustellen, verschafft dem VN keine über das damalige Anerkenntnis hinausgehende Rechtsposition; der dem Anerkenntnis zugrunde liegende Zustand bleibt die Vergleichsbasis für eine spätere Prüfung des Fortbestehens der BU (BGH, r+s 2008, 250 = VersR 2008, 521). Sind **Nachprüfungsintervalle** vertraglich nicht geregelt, liegen sie im Ermessen des VR in den Grenzen von § 31 Abs. 1 S. 1 VVG (dazu OLG Bremen, zfs 2012, 401; LG Bremen, VersR 2011, 868 zur unheilbaren Erkrankung) und von Treu und Glauben. Der VR ist hier grds. weisungsbefugt. **Untersuchungen**, die öfter als einmal jährlich stattfinden sollen, sind bedenklich, und entsprechende AGB-Klauseln benachteiligen den VN unangemessen i.S.v. § 307 BGB. Untersuchungs- und Beschaffungskosten trägt – auch ohne Regelung in AVB (vgl. §§ 6 Abs. 2 AB-BUZ 2008, 13 Abs. 2 AB-BUV 2008) – der VR (zu Mitwirkungsobliegenheiten des VN Rdn 32). 6

2. Änderung der tatsächlichen Umstände

7   Materielle Voraussetzung ist eine **Änderung der tatsächlichen Umstände**, die für die Beurteilung der Leistungspflicht maßgeblich sind („Voraussetzungen der Leistungspflicht", objektive Änderung), so dass eine nur von der ersten Entscheidung abweichende Beurteilung und Bewertung der Tatsachen (subjektive Änderung) nicht genügt (Begr. BT-Drucks 16/3945, S. 106; BGH, VersR 1993, 562). Voraussetzungen der Leistungspflicht sind die Umstände, die nach § 172 Abs. 2 und Abs. 3 VVG die Leistungspflicht des VR begründen.
Es gilt das **Verbot des Nachschiebens** bereits bei der Erstprüfung vorhandener und für den VR auch erkennbarer Umstände („Spiegelbild der Erstprüfung", *Neuhaus*, BUV, Kap. M Rn 5, 17, 20 ff.). **Verglichen** wird der Zustand, der dem Leistungsanerkenntnis zugrunde liegt (oder zugrunde zu legen wäre, BGH, VersR 1997, 436 unter II 1 a) m.w.N.), mit dem Zustand zu einem späteren Zeitpunkt (BGH, r+s 2008, 250 = VersR 2008, 521; BGH, VersR 1999, 958 unter II. 1. a)). Schweigt die Erstentscheidung zu Umständen, die eine Leistungspflicht des Versicherers verhindern würden, muss davon ausgegangen werden, dass solche **Umstände nicht bestehen** (BGH, r+s 2011, 259 = VersR 2011, 655 zur nicht wahrgenommenen Verweisungsmöglichkeit bei einem Auszubildenden). Dieser allein an das Anerkenntnis anknüpfende Formalismus darf allerdings nicht überspannt werden. Kann der VR bspw. beweisen, dass der VN in der Erstprüfung zwar verschiedene Erkrankungen angegeben hat (Beispiel: Bandscheibenvorfall, Depression), er aber seine Unfähigkeit zu arbeiten nur mit den orthopädischen Beschwerden begründet, so bezieht sich ein sodann darauf erklärtes Anerkenntnis auch nur dann auf die orthopädischen Beschwerden, wenn darin nichts zu Erkrankungen gesagt wird. Folge ist, dass sich die Nachprüfung auch nur auf die orthopädischen Umstände beziehen muss.

8   **Praxishinweis**
Soweit in Urteilen oder im Schrifttum teilweise zu lesen ist, es käme auf den Zeitpunkt des Anerkenntnisses an, ist dies ungenau, weil es um denjenigen Zeitpunkt geht, zu dem die BU anerkannt wird (dieser kann deutlich früher als das Anerkenntnis liegen).

9   Das Verbot des Nachschiebens bereits früher (auch nur) ermittelbarer Umstände gilt grds. auch innerhalb des Nachprüfungsverfahrens, wenn es im Lauf der Jahre zu **mehreren Nachprüfungen** kommt, d.h. was bei einer früheren Nachprüfung hätte erkannt und verwendet werden können, scheidet später aus (OLG Karlsruhe, r+s 2014, 566 = VersR 2012, 1419); Ausnahme: Treuwidrigkeit des VN, z.B. bei Täuschung (*Neuhaus*, BUV, Kap. M Rn 27).

10 Teilt der VR in einem **ersten Nachprüfungsverfahren** mit, er „... *erkenne [seine] Leistungen aus der BUZ weiterhin im bisherigen Umfang an*" und ist in zwei begleitenden Schreiben von einer „*Weiteranerkennung*" die Rede, soll dies als erneutes Anerkenntnis der Bezugspunkt für spätere Nachprüfungen und das Verbot des Nachschiebens sein (OLG Karlsruhe, r+s 2014, 566 = VersR 2012, 1419), was aber abzulehnen ist, weil es sich ersichtlich nicht um eine Erklärung mit neuer Bindungswirkung, sondern nur um eine sprachliche Bezugnahme auf das frühere Anerkenntnis handelt und auch keine Verpflichtung des VR besteht, erneut ein Anerkenntnis auszusprechen (*Neuhaus*, BUV, Kap. M Rn 18).

§ 174 VVG

Überprüft werden dürfen das Fortbestehen der BU, ihr Grad, das Fortleben des Versicherten oder – soweit die Bedingungen dies als Leistungsfall vorsehen – die Pflegestufe. Nur eine (tatsächliche) **Gesundheitsverbesserung** rechtfertigt eine Leistungsabänderung (BGH, r+s 1988, 119 = VersR 1988, 281), nicht aber eine **frühere irrtümliche oder nachlässige Bewertung** der aktuell nicht veränderten Gesundheit (BGH, VersR 1993, 470). Die Verbesserung muss eingetreten, nicht nur absehbar sein (KG, VersR 2008, 105). War sie schon absehbar, greift das Verbot des Nachschiebens nicht, wenn sie nicht schon vorlag (OLG Saarbrücken, r+s 2001, 213 = VersR 2000, 621). Maßgeblich ist nur der **objektive Gesundheitszustand**, weshalb es unerheblich ist, wenn sich der VN „freiwillig" oder „überobligationsmäßig" hat therapieren lassen (keine Nichtberücksichtigung solcher Verbesserungen nach Treu und Glauben zugunsten des VN). Sobald eine Gesundheitsverbesserung objektiv besteht, darf „komplett" neu untersucht und bewertet werden, so dass der VR auch inhaltlich vollumfänglich an ein im Nachprüfungsverfahren erstelltes Gutachten, dessen – ggf. „modernere" – Methodik sich nicht mit gutachterlichen Feststellungen aus der Erstprüfung deckt, anknüpfen darf (kein **Bestandsschutz im Detail**, vgl. *Neuhaus*, BUV, Kap. M Rn 23 f.; **a.A.** Prölss/Martin/*Lücke*, 28. Aufl., § 174 Rn 4). Völlig **neue, nach dem Anerkenntnis aufgetretene Gesundheitsbeeinträchtigungen** braucht der VR in der Nachprüfung nicht zu beachten, da sie auch nicht Gegenstand seiner früheren Leistungsprüfung waren (kein „Spiegelbild der Leistungsprüfung") und allenfalls einen neuen Versicherungsfall darstellen können (*Neuhaus*, BUV, Kap. M Rn 90 ff.; **a.A.** OLG Karlsruhe, jurisPR-VersR 2/2010, Anm. 1 *Neuhaus*); anders aber bei medizinisch kausal mit der früheren Erkrankung zusammenhängenden Umständen.   **11**

Eine „Änderung" kann begrifflich nicht vorliegen, wenn der **VN nie berufsunfähig war** und sein Gesundheitszustand seither unverändert ist. Beruhte das Anerkenntnis des VR in einem solchen Fall auf einer Fehleinschätzung des Gesundheitszustandes, ist er daran gebunden, weil die tatbestandlichen Voraussetzungen einer Nachprüfung nicht vorliegen (BGH, VersR 1993, 470 = NJW-RR 1993, 725; BGH, VersR 1986, 1113; BGH, VersR 1988, 281; OLGR 2007, 320; OLG Düsseldorf, r+s 1999, 521 = NVersZ 1999, 561; OLG Koblenz, VersR 1985, 873; OLG Hamm, VersR 1988, 793; OLG Köln, VersR 1989, 1034; OLG Karlsruhe, VersR 1990, 961). Denkbar ist in diesen Fällen nur eine **Anfechtung wegen arglistiger Täuschung** (§ 123 BGB), falls der Irrtum des VR darauf beruht, dass der Versicherte aggraviert, simuliert oder anderweitig getäuscht hat, oder eine **Irrtumsanfechtung** nach § 119 Abs. 2 BGB (hier wird aber häufig die Frist abgelaufen sein).   **12**

Ist eine **Verweisungsklausel** vereinbart, umfasst die Nachprüfung auch ohne besonderen Hinweis in den AVB die Verweisungsmöglichkeit. Es gelten die Grundsätze, die zu § 172 Abs. 3 VVG dargestellt wurden, immer unter der Voraussetzung, welche vertraglichen Vereinbarungen die Parteien im Einzelfall gewählt haben. Bereits zum Zeitpunkt der Erstprüfung bestehende, aber **nicht wahrgenommene Verweisungsmöglichkeiten** verliert der VR auch für die Zukunft (BGH, r+s 2011, 259 = VersR 2011, 655 = MDR 2011, 660; BGH, VersR 1993, 562 = BGHZ 121, 284, 291 f.; OLG Karlsruhe, r+s 2014, 566 = VersR 2012, 1419; LG Dortmund, r+s 2010, 524). Nicht (noch einmal) überprüfbar ist das dem Anerkenntnis zugrunde liegende **Berufsbild des Versicherten** oder eine **früher nicht**   **13** erkannte **Verweisungsmöglichkeit** (OLG Karlsruhe, r+s 1992, 321; OLG Köln, r+s 1992, 102); Fehler aus der früheren Leistungsprüfung kann der VR hier nicht korrigieren. Im **Zeitpunkt der Leistungseinstellung** müssen alle Voraussetzungen der Verweisung gegeben sein, nicht erst zu einem zukünftigen Zeitpunkt (BGH, r+s 1997, 301 = zfs 1997, 266). Hat sich der Gesundheitszustand so verbessert, dass zwar die frühere Tätigkeit nicht, aber **erstmals ein Vergleichsberuf ausgeübt** werden könnte, darf im Nachprüfungsverfahren die erstmalige Verweisung erfolgen (OLG, r+s 1998, 169 = VersR 1997, 95). Das gilt trotz der gegenüber dem VR nicht bestehenden Verpflichtung des VN, sich nach Ausspruch eines Anerkenntnisses sozusagen „überobligatorisch" therapieren zu lassen (a.A. anscheinend Römer/Langheid/*Rixecker*, § 174 Rn 13). War das Einkommen im Verweisungsberuf zunächst zu niedrig, ist es aber bei der Nachprüfung erhöht und vergleichbar, darf verwiesen werden (OLG Hamm, r+s 2008, 250 = zfs 2007, 582). Hat der VN tatsächlich frühere **Kenntnisse und Fähigkeiten verloren**, hindert das eine Verweisung; eine „Auffrischungsobliegenheit" besteht insofern nicht.

14 **Neu erworbene berufliche Fähigkeiten** sind zu berücksichtigen, entweder weil die AVB dies bereits vorsehen oder (anders als zum VVG a.F.) weil sich dies aus **§ 174 VVG** ergibt, denn dort wird nur darauf abgestellt, dass die „Voraussetzungen der Leistungspflicht" entfallen sind, was durch jede neu bestehende bedingungsgemäße Verweisungsmöglichkeit bewirkt wird (*Neuhaus*, BUV, Kap. M Rn 42; a.A. Prölss/Martin/*Lücke*, 28. Aufl., § 174 Rn 16). Der Versicherte ist aber nicht im Wege einer **Obliegenheit** oder nach Treu und Glauben gehalten, neue berufliche Fähigkeiten zu erwerben oder sich umschulen zu lassen (BGH, r+s 1997, 301 = zfs 1997, 266; BGH, VersR 1990, 885; BGH, VersR 1987, 753; LG Hannover, VersR 1992, 303). Hat er sich aber beruflich anders oder weiter entwickelt, wird die vor dem Anerkenntnis zuletzt ausgeübte mit der (Umschulungs-)Tätigkeit verglichen, auf die der VN verwiesen werden soll (BGH, r+s 2008, 250 = VersR 2008, 521; BGH, r+s 2000, 213 = VersR 2000, 171 unter II. 2. c, III.; BGH, r+s 1997, 301 unter II. 3. c). Der **Erwerb künftiger Fähigkeiten** ist selbst dann unbeachtlich, wenn sich dieser bereits abzeichnet (BGH, r+s 1997, 301 = zfs 1997, 266). Die Fähigkeiten müssen **bereits erworben** sein (bspw. erfolgreich abgeschlossene Umschulung), im Rechtsstreit jedenfalls bis zum Schluss der mündlichen Verhandlung in der Tatsacheninstanz (BGH, r+s 1997, 301 = zfs 1997, 266). In einer Verweisungsklausel formulierte **Tatbestandsvoraussetzungen** (bspw. „Ausbildung und Erfahrung") sind nachrangig zu den Anforderungen einer Nachprüfungsklausel (bspw. „neue Kenntnisse und Fähigkeiten"). Teilt der VR mit, dass die neue Berufstätigkeit des VN keinen Einfluss auf die zu erbringenden Versicherungsleistungen habe, behält sich dabei aber ausdrücklich das Nachprüfungsrecht vor, liegt nur ein **vorübergehender Verzicht** der Verweisung auf eine zumutbare Vergleichstätigkeit vor, so dass der VR weiterhin nachprüfen darf (OLG Köln, zfs 2006, 339; zu den Besonderheiten einer BU von **Auszubildenden** vgl. BGH, r+s 2010, 247 m. Anm. *Neuhaus* = VersR 2010, 619 zu dem besonderen Fall, dass während der Ausbildung BU eintritt und anerkannt und danach der angestrebte Beruf ergriffen wird und der VR im Nachprüfungsverfahren die Leistung einstellen will erläuternd *Neuhaus*, BUV, Kap. M Rn 51 ff.; ebenso dort Rn 57 zu **Beamten**).

Die Verweisung in der Nachprüfung wegen neuer Qualifikationen steht unter dem **besonderen Vorbehalt** – als „Ausgleich" für das Fehlen einer Obliegenheit zur Umschulung –, dass der VR (bei unverändertem Gesundheitszustand) erst dann verweisen und die Leistungen einstellen darf, wenn der VN einen **neuen Arbeitsplatz tatsächlich gefunden** hat und dieser mit dem früheren vergleichbar ist *oder* er sich **nicht in zumutbarer Weise bemüht** hat, einen solchen zu finden (BGH, r+s 2000, 213 = VersR 2000, 171). Da dies auf Treu und Glauben (§ 242 BGB) beruht, gilt es fort, obwohl der Gesetzgeber es nicht in § 174 VVG übernommen hat. Welche **Bemühungen** verlangt werden können, ist eine Frage des Einzelfalls, die im Rahmen des Grundsatzes der gegenseitigen Rücksichtnahme im Vertragsverhältnis (§ 242 BGB) zu entscheiden ist. Als ausreichend wurde es angesehen, dass sich der Versicherte bei der Arbeitsagentur gemeldet und „mehrere Bewerbungen" abgeschickt hat (OLG Stuttgart, NVersZ 1999, 123; ausführlich dazu mit Beispielen aus der Rspr. und zur dogmatischen Herleitung *Neuhaus*, BUV, Kap. M Rn 46 ff.). 15

Bei **Selbstständigen und mitarbeitenden Betriebsinhabern** darf – wenn der Betrieb überhaupt fortbesteht – im Rahmen der Nachprüfung überprüft werden, ob sich Änderungen in der Betriebsstruktur ergeben haben, die eine neue Mitarbeit des Versicherten ermöglichen würden, d.h. ob zwischenzeitlich **umorganisiert** wurde oder (erstmals) umorganisiert werden kann (*Neuhaus*, BUV, Kap. M Rn 33 f.). War der VN in der Erstprüfung so krank, dass er keine andere Tätigkeit im Betrieb ausüben konnte, ermöglicht sein verbesserter Gesundheitszustand aber eine adäquate und zumutbare Übernahme im fortbestehenden Betrieb, so ist dies eine erstmalige Umorganisationsmöglichkeit. Das Fortbestehen des Betriebs ist in solchen Fällen ein gewisses Indiz für eine (inzwischen) erfolgte Umorganisation. 16

II. Mitteilung in Textform (§ 174 Abs. 1 VVG)

Um den VN in die Lage zu versetzen, die Entscheidung des VR zur Änderung seiner Leistung nachzuprüfen, muss ihm dieser die **Veränderung der Leistungsvoraussetzungen** unter Beifügung evtl. Unterlagen in Textform (§ 126b BGB – gemeint ist „mindestens" Textform) darlegen (Begr. BT-Drucks 16/3945, S. 106). Dabei handelt es sich um eine **einseitige Willenserklärung** mit Gestaltungswirkung. Inhaltlich ist eine positive Feststellung erforderlich, was über eine bloße Information hinausgeht. Kommt es nicht zu einer (formell ordnungsgemäßen) Mitteilung, besteht die Leistungspflicht auch dann fort, wenn sich die maßgeblichen Umstände so geändert haben, dass sie den VR eigentlich zur Leistungseinstellung berechtigen (BGH, r+s 2008, 250 = VersR 2008, 521; BGH, VersR 1996, 958; BGH, NJW-RR 1993, 1238; BGH, VersR 1993, 559; BGH, VersR 1993, 470 = NJW-RR 1993, 725; OLG Karlsruhe, jurisPR-VersR 2/2010, Anm. 1, *Neuhaus*). **Formell unzureichende Mitteilungen** bewirken also nichts. Ist die BU schon vor ihrer Anmeldung beim VR entfallen, ist ein förmliches Nachprüfungsverfahren entbehrlich (OLG Karlsruhe, VersR 2007, 344). Der VR muss hier aber den **Wegfall der BU** beweisen (ebenso Römer/Langheid/*Rixecker*, § 174 Rn 8). 17

18 Verlangt wird nach st. Rspr. (auch vor 2008) eine **nachvollziehbare Begründung**. Das greift die Formulierung in § 174 Abs. 1 VVG mit „*dargelegt hat*" auf. Der VN muss sein **Prozessrisiko abschätzen** können und zwar als Pendant zu seiner sich aus den AVB ergebenden „ungewöhnlichen Mitwirkungsobliegenheit", dem VR zu helfen, wieder leistungsfrei zu werden (BGH, VersR 1993, 470 = NJW-RR 1993, 725 und BGH, NJW-RR 1993, 723 = VersR 1993, 559). Eine Änderungsmitteilung ist deshalb nach st. Rspr. nur wirksam, wenn sie einen **Vergleich** des dem Anerkenntnis des Versicherers zugrunde liegenden Gesundheitszustandes des Versicherten mit dem für das das Abänderungsverlangen maßgeblichen enthält und der VR aufzeigt, auf welche Veränderungen er sein Verlangen im Einzelnen stützen will oder er im Einzelnen die Berechtigung darlegt, den Versicherten auf seine derzeit ausgeübte Tätigkeit verweisen zu können (BGH, r+s 2006, 205; BGH, VersR 1999, 958 unter II 1 a; BGH, r+s 2000, 213 = NJW-RR 2000, 550; BGH, NJW-RR 1993, 1238; OLG München, NJW-RR 2010, 1619; OLG Saarbrücken, VersR 2009, 917; OLG Koblenz, VersR 2004, 824; OLG Düsseldorf, r+s 2003, 1383). Das gilt auch bei einer **fingierten BU** (BGH, NJW-RR 1998, 238).

19 **Nicht ausreichend** sind:
- der VR teilt nur seine Absicht mit, die Leistungen einzustellen oder herabzusetzen;
- die Begründung erschöpft sich in allgemeinen Floskeln (*Neuhaus*, BUV, Kap. M Rn 69);
- die Begründung bezieht sich nur auf eine wieder vorhandene „Arbeitsfähigkeit" und „Wiedereingliederung ins Erwerbsleben", ohne zu erklären, dass und warum die Versicherte ihren bisherigen Beruf wieder aufnehmen könne (KG, VersR 2008, 105).

20 Die konkreten Anforderungen an eine „nachvollziehbare" Einstellungsmitteilung, d.h. die **Gegenüberstellung der früheren und aktuellen Situation**, werden in der OLG-Rspr. unterschiedlich bewertet, der BGH hat sich dazu nicht abschließend positioniert. Grds. ist es jedenfalls so, dass der VR den früheren und den aktuellen Gesundheitszustand gegenüberstellen (BGH, NJW-RR 1993, 723 = VersR 1993, 559) und auch angeben muss, welche **Schlussfolgerungen** er aus den medizinischen und beruflichen Feststellungen gezogen hat und zieht (BGH, VersR 1999, 958; BGH, VersR 1993, 559; BGH, r+s 1993, 315; OLG München, NJW-RR 2010, 1619). **Streitig** ist aber, wie detailliert dies erfolgen muss, d.h. ob auch die funktionellen Auswirkungen von Gesundheitsverbesserungen in den **beruflichen Teilbereichen** vergleichend abgebildet werden müssen (so OLG Karlsruhe, VersR 2008, 1252; dazu *Neuhaus*, juris PR-VersR 3/2009 Anm. 5; OLG Karlsruhe, jurisPR-VersR 2/2010, Anm. 1 *Neuhaus*; zu **geringeren Anforderungen** OLG Koblenz, VersR 2008, 1252, 1254; zum Streitstand *Neuhaus*, BUV, Kap. M Rn 74 ff.). Richtig ist es, die **formellen Anforderungen nicht zu sehr zu strapazieren**, da der VN selbst am besten weiß, welche Veränderungen bei ihm vorliegen, so dass er auf dieser Basis sein Prozessrisiko i.d.R. einschätzen kann (*Neuhaus*, BUV, Kap. M Rn 79 ff.). Da es auf den Empfängerhorizont des VN ankommt, gilt: je besser die Kenntnis des VN von seinem Gesundheitszustand oder seinen (neuen) beruflichen Tätigkeiten ist, desto geringer sind die formellen Anforderungen. Liegen dem VN eindeutige Arztunterlagen vor (etwa „eigene" Atteste"), die eine *vollständige* Genesung bescheinigen, sinken die Anforderungen nochmals. Geht

es aber nur um **geringfügige Verbesserungen** (Absinken des BU-Grades von 55 % auf 45 %), steigen diese.

> **Praxishinweis** 21
> Eine **tabellenartige Darstellung** (Vergleich frühere/aktuelle Beeinträchtigung in Teiltätigkeiten) in der Einstellungsmitteilung kann dem VR helfen, die erforderliche Transparenz zu fördern, sie ist aber nicht zwingend.

Die Gegenüberstellung eines früheren Grades und eines **neuen Grades** der BU ist nicht erforderlich, solange der VR ausdrücklich erläutert, dass und warum die bedingungsgemäße Schwelle durch die Gesundheitsverbesserung unterschritten wird. Wurde der **konkrete Grad der BU** in der Erstprüfung gar nicht angegeben, führt dies nicht zu einem formellen Mangel der Einstellungsmitteilung. 22

Bei einer **Verweisung** müssen vom VR die prägenden Tätigkeiten der neuen Position der bisherigen Arbeit gegenübergestellt und berücksichtigt werden, ob der Versicherte sie mit seinen aktuellen Fähigkeiten ausüben und damit seine Lebensstellung wahren kann (BGH, r+s 2000, 213 = VersR 2000, 171). Bei **neu erworbenen** Fähigkeiten ist vom VR darzulegen, dass gerade sie die Ausübung erst ermöglichen. Wenn der Versicherte bei einer **konkreten Verweisung** den neuen Beruf bereits ausübt und ihn somit kennt, entfallen jedoch die strengen Anforderungen an die Vergleichsbetrachtung (ausführlich § 172 Rdn 116), weshalb dies auch in der Nachprüfung gilt (OLG Saarbrücken, VersR 2009, 917; *Neuhaus*, BUV, Kap. M Rn 88 mit Verweis auf die generelle Darlegungslast bei der konkreten Verweisung in BGH, r+s 2010, 294 = VersR 2010, 1023; BGH, r+s 2000, 213 = VersR 2000, 171). Das basiert darauf, dass der VR nicht wissen kann, wie der VN aktuell arbeitet. 23

Eventuell **vorhandene Unterlagen** (Gutachten, Arztberichte) müssen der Einstellungsmitteilung beigefügt werden (BT-Drucks 16/3945, S. 106; Beweislast: VR). Dies entspricht der Rspr. zum VVG a.F., nach der es zu den Mindestvoraussetzungen der Nachvollziehbarkeit für den VN zählte, dass der VR ein Gutachten **unverkürzt** zugänglich machen muss, aus dem er seine Leistungsfreiheit herleiten will (BGH, VersR 1996, 958; BGH, NJW-RR 1993, 723 = VersR 1993, 559; BGH, VersR 1996, 958; OLG München, NJW-RR 2010, 1619; OLG Koblenz, r+s 2009, 252 = VersR 2008, 1254; KG, r+s 2006, 515; für ein generelles Einsichtsrecht *Armbrüster*, VersR 2013, 944, 946), jedoch nicht, wenn der VN das Gutachten schon anderweitig erhalten hat (BGH, NJW-RR 1993, 1238; OLG Koblenz, r+s 2009, 252 = VersR 2008, 1254). Die bloße Mitteilung der ärztlichen Bewertung genügt damit nicht. Unerheblich ist es für das formale Kriterium, ob das **Gutachten inhaltlich richtig** ist (OLG Karlsruhe, jurisPR-VersR 2/2010, Anm. 1 *Neuhaus*). Der VR darf sich zur **Begründung seiner Einstellungsmitteilung** auf den Inhalt des Gutachtens beziehen. Nimmt dieses aber nur zu dem aktuellen Gesundheitszustand Stellung, muss in der Mitteilung die erforderliche Gegenüberstellung erfolgen (BGH, NJW-RR 1993, 723 = VersR 1993, 559). Wird im Gutachten erwähnt, dass für eine abschließende Beurteilung **weitere Untersuchungen** erforderlich sind, reicht es als Begründung nicht aus (OLG Karlsruhe, r+s 2013, 450). Da bei einer **Verweisung** nur die prägenden Tätigkeiten der neuen Position der bisherigen Arbeit gegenübergestellt werden müssen, die Berufe also verglichen werden 24 müssen, braucht der Versicherer interne berufskundliche Berichte oder Gutachten nicht beizufügen (*Neuhaus*, BUV, Kap. M Rn 106).

25 Die Entscheidung des VR, die Leistungen trotz nachträglich eingetretener positiver Veränderungen **zunächst noch nicht einzustellen**, beinhaltet noch keine positive Nachprüfungsentscheidung, verschafft dem VN also keine über das frühere Anerkenntnis hinausgehende Rechtsposition (BGH, VersR 2008, 521).

26 **Nachgeschobene Gründe** heilen die (form-)unwirksame Einstellungsmitteilung nicht (OLG Nürnberg, r+s 2014, 617 = zfs 2012, 280). Das Nachprüfungsverfahren kann aber jederzeit mit neuer Mitteilung – dann aber mit Wirkung für die Zukunft – **wiederholt** werden (OLG München, NJW-RR 2010, 1619), die Frist des § 174 Abs. 2 VVG läuft dann neu an. In der Regel ergibt die Auslegung, dass bei einer nachgeschobenen Mitteilung die frühere nicht mehr gelten soll (was dann relevant wird, wenn die erste Mitteilung formell wirksam war, die zweite aber nicht, vgl. *Neuhaus*, BUV, Kap. M Rn 110).

27 **Anerkenntnis und Nachprüfung dürfen verbunden** werden, d.h. der VR darf die Leistungspflicht für einen bestimmten Zeitraum in der Vergangenheit rückwirkend anerkennen und sie gleichzeitig für die Folgezeit verneinen (BGH, r+s 1998, 78 unter 3; OLG Hamm, NVersZ 1999, 217 = r+s 1999, 294; LG Berlin, zfs 2015, 223 = VersR 2014, 1196; LG Dortmund, r+s 2010, 524), etwa wenn der VR zum Zeitpunkt der Abgabe eines aufgrund zunächst nachgewiesener BU gebotenen Anerkenntnisses der Ansicht ist, bedingungsgemäße **BU sei bereits wieder entfallen**. Das ist auch in einem **Gerichtsverfahren** auf Bewilligung von BU-Leistungen zulässig (BGH, r+s 2010, 251; BGH, r+s 1998, 78 unter 2b und 3; BGH, r+s 1997, 301 unter II 1; BGH, r+s 1990, 67 unter 4). Die materiellen und formellen Kriterien für die Einstellungsmitteilung gelten auch hier.

III. Dreimonatsfrist (§ 174 Abs. 2 VVG)

28 Die Leistungsfreiheit ist **fristgebunden**, sie tritt nicht vor Ablauf des dritten Monats nach der Erklärung des Versicherers ein (Sicherungs-/Schonfrist). Nur wenn **beide Voraussetzungen** des § 174 Abs. 1 VVG erfüllt sind, wird der VR nach Ablauf der Frist des § 174 Abs. 2 VVG leistungsfrei (zum VVG a.F.: BGH, VersR 1996, 958; KG, VersR 2008, 105 m.w.N.). Unter dem Gesichtspunkt des Vertrauensschutzes ist eine kurzfristige Fortwirkung der Leistungszusage über den Zeitpunkt der Abänderungserklärung hinaus erforderlich, damit sich der VN auf den Wegfall der bisher erhaltenen Leistungen, die in aller Regel als Rente gezahlt werden, für seinen Lebensunterhalt einstellen kann (Begr. BT-Drucks 16/3945, S. 106). Dieser „**Bestandsschutz**" (BGH, VersR 1988, 281) gilt nicht, wie aus Sinn und Zweck der Regelung folgt, wenn der Versicherte vorher stirbt (BT-Drucks 16/3945, S. 106). Zu vor dem 1.1.2008 vereinbarten kürzeren Fristen siehe unten „Abdingbarkeit".

29 Die **Frist beginnt nur zu laufen**, wenn die förmliche Mitteilung darüber, dass die Voraussetzungen der Leistungspflicht ganz oder teilweise entfallen sind, ordnungsgemäß und damit wirksam erfolgt ist. Dies setzt nicht nur Mitteilung in Textform (§ 126b BGB), sondern auch eine **nachvollziehbare Begründung** der Entscheidung voraus (BGH, VersR 1996, 958; OLG Hamm, NJW-RR 1996, 1053; OLG Düsseldorf, r+s 2000, 125). Nur auf

diese Weise erhält der VN die für **die Abschätzung des Prozessrisikos** notwendigen Informationen (BGH, VersR 1993, 470; VersR 1993, 559). Maßgeblich ist der Zugang der Einstellungsmitteilung beim VN, der sich nach allgemeinen Regeln richtet (§ 130 BGB ff.).

Fristberechnungsbeispiel 30
Zugang am 5.5.2016, dritter Monat danach = August, Ablauf am 31.8.2016. Bei Zugang am Monatsanfang verlängert sich also die Frist auf fast vier Monate.

Werden dem VN keine oder nicht alle für die Überprüfung der VR-Entscheidung **erforder-** 31 **lichen Unterlagen beigefügt**, fehlt es an der formellen Voraussetzung der Leistungsfreiheit, so dass die Frist nicht anläuft; werden die Unterlagen nachgeschoben, läuft sie ab Zugang.

D. Mitteilungs- und Mitwirkungsobliegenheiten des VN

Den VN trifft schon als vertragliche „Nebenobliegenheit" aus § 31 VVG und aus dem 32 Grundsatz von Treu und Glauben (§ 242 BGB) und daher auch ohne vertragliche Vereinbarung die Obliegenheit, **detailliert anzuzeigen**, wenn sich sein Gesundheitszustand verbessert oder er – bei Vereinbarung einer Verweisung – eine andere Tätigkeit aufnimmt. Auch alle anderen Obliegenheiten, auf die der VR zur Nachprüfung angewiesen ist, lassen sich daraus ableiten. Eine Untersuchungsobliegenheit für den VN ergibt sich ebenfalls bereits aus § 31 VVG (OLG Köln, r+s 2015, 147 = zfs 2014, 105; BGH, Beschl. v. 30.4.2014 – IV ZR 293/13: Nichtzulassungsbeschwerde zurückgewiesen). Der Versicherte ist also auch ohne besondere Klausel gem. § 242 BGB – grds. auch zeitlich unbegrenzt – zur **Mitwirkung im Nachprüfungsverfahren** verpflichtet (Herausgabe von Unterlagen zum Beruf und Gesundheitszustand, ärztliche Untersuchung). Die Grenzen dieser *„ungewöhnlichen Mitwirkungsobliegenheit des Gläubigers bei einer Beweisführung seines Schuldners, die darauf abzielt, wieder von einer anerkannten Leistungspflicht loszukommen"* (BGH, VersR 1993, 470), sind aber sorgfältig zu beachten. Nach den üblichen Bedingungen, auf die es aber wie gesagt gar nicht ankommt, darf der VR *„sachdienliche Auskünfte einholen"*, wozu bspw. die Erteilung von Schweigepflichtentbindungserklärungen gehört (OLG Hamburg, VersR 2010, 749; ablehnend Römer/Langheid/*Rixecker*, § 174 Rn 6) oder – wenn der VN die Ärzte nicht entbinden will – die Vorlage selbst beschaffter Berichte. Ohne Aufforderung muss der VN aber keine Unterlagen vorlegen (Ausnahme. Aufnahme einer neuen Tätigkeit, weil dies i.d.R. in den AVB verlangt wird) oder Ärzte aufsuchen. **Weigerungen des VN** ohne sachlichen Grund stellen i.d.R. eine mindestens vorsätzliche Obliegenheitsverletzung (§ 28 VVG) dar (OLG Köln, r+s 2015, 147 = zfs 2014, 105 = mit Revision BGH, Beschl. v. 30.4.2014 – IV ZR 293/13: NZB zurückgewiesen). Nach den üblichen AVB führt dies zu einer (temporären) Leistungsfreiheit.

E. Prozessuale Hinweise

Die **Darlegungs- und Beweislast** für einen späteren Wegfall der Leistungspflicht liegt 33 vollständig **beim VR** (BGH, VersR 2007, 1388 = r+s 2008, 30; BGH, VersR 1998, 173 unter 2 b und 3; BGH, VersR 1987, 808), auch für den Zugang seiner Mitteilung, wenn der VN diesen bestreitet. Wird im Nachprüfungsverfahren **erstmals oder neu verwiesen**, gelten dieselben strengen Anforderungen wie bei der Verweisung im Leistungsfall (BGH, r+s 2000, 213 = VersR 2000, 171), allerdings trifft den VN – etwa zu neuen Qualifikationen – eine **sekundäre Darlegungslast**, da diese Umstände ausschließlich in seiner Sphäre wurzeln (*Neuhaus*, BUV, Kap. M Rn 136 ff.). Übt der VN eine neue Tätigkeit aus, trifft ihn zunächst die in diesen Fällen übliche Darlegungslast der **konkreten Verweisung** (§ 172 Rdn 116), d.h. er muss sowohl zur Ausgestaltung seines früheren *und* des neuen Berufs vortragen (BGH, VersR 2010, 1023 = NJW-RR 2010, 906). Behauptet der VN, die Aufnahme des Verweisungsberufs führe zu einer Beeinträchtigung seiner bisherigen Lebensstellung, so muss *er* die Umstände der fehlenden Vergleichbarkeit darlegen (BGH, VersR 2010, 1023 = NJW-RR 2010, 906). Der VR muss danach beweisen, dass die neue Tätigkeit mit der früheren vergleichbar ist (*Neuhaus*, BUV, Kap. M Rn 137). Hat der VN laut einem Gerichtsgutachten zu seinem Gesundheitszustand aggraviert oder simuliert, ist an **Beweis(last)erleichterungen** bis hin zur Beweislastumkehr zu denken.

34 Eine zuvor unwirksame Nachprüfungsmitteilung darf **im Prozess** (mit denselben Gründen) neu (auch hilfsweise) ausgesprochen (also: nachgeholt) werden (BGH, VersR 1996, 958; OLG Koblenz, r+s 2013, 86 = jurisPR-VersR 11/2011 Anm. 1; LG Dortmund, BeckRS 2015, 07612). Ihre **Wirkung** tritt aber erst zum Ablauf des dritten Monats nach Zustellung des Schriftsatzes an den Prozessbevollmächtigten des VN ein, wenn dieser empfangsbevollmächtigt ist. Das ist jedenfalls gegeben, wenn die Prozessvollmacht den Anwalt neben der Abgabe eigener Erklärungen auch zur Entgegennahme von Erklärungen der Gegenseite ermächtigt (OLG Karlsruhe, r+s 2015, 81; in diesem Sinne auch OLG Karlsruhe, jurisPR-VersR 2/2010, Anm. 1 *Neuhaus*; ebenso LG Karlsruhe, r+s 2012, 349).

35 Betreibt der VN nach Einstellung oder Herabsetzung der Leistungen die Zwangsvollstreckung aus einem gerichtlichen Titel oder droht dies auch nur, so ist der VR auf den Weg der **Vollstreckungsabwehrklage** (§ 767 Abs. 1 ZPO) angewiesen. Will also der VR nach Übersendung der Einstellungsmitteilung tatsächlich einstellen und widerspricht der VN, besteht ein Rechtsschutzbedürfnis für eine Vollstreckungsabwehrklage. Zum „Nachschieben" einer **Gesundheitsverschlechterung im Berufungsverfahren**, wenn der VN eine Nachprüfungsentscheidung angreift, vgl. OLG Karlsruhe, VersR 2007, 934.

F. Abdingbarkeit

36 Nachteilige Abweichungen für den VN sind unzulässig, § 175 VVG. Gemeint sind damit Abweichungen, die den Regelungsgehalt von § 184 VVG betreffen (siehe dazu § 175 VVG). **Außerhalb des Regelungsgehalts** von § 174 VVG liegt bspw. das Recht der Parteien, vertraglich zu vereinbaren, in welchem Zeitraum Nachprüfungen stattfinden sollen, ob dabei auch die Verweisung überprüft werden soll und ob neu erworbene berufliche Fähigkeiten zu berücksichtigen sind. Geklärt werden kann auch, wer die **Kosten der Nachprüfung** trägt und ob der VN von sich aus ärztliche Belege vorlegen muss oder eine Minderung der BU oder die Wiederaufnahme der beruflichen Tätigkeit mitzuteilen hat. Die Vereinbarung einer § 12 Abs. 3 VVG a.F. entsprechenden **Klagefrist in AVB**, wenn der

VR die Leistung einstellt, ist als Verstoß gegen das gesetzliche „Leitbild durch Elimination" (*Neuhaus*, r+s 2007, 177) unwirksam.

Die **Schonfrist** von drei Monaten darf bei seit dem 1.1.2008 geschlossenen Verträgen nicht verkürzt werden (§ 175 VVG). Vor diesem Stichtag vereinbarte **kürzere Schonfristen** sind (auch als AGB) nach wie vor wirksam, und der VR darf sich darauf berufen, weil auf **Altverträge** die §§ 172, 174–177 VVG nach Art. 4 Abs. 3 EGVVG nicht anzuwenden sind. Altklauseln zur Nachprüfung sind daher aus dem Leitbild sozusagen ausgeklammert (ausführl. auch zur Herleitung aus dem Wortlaut von § 175 VVG *Neuhaus*, BUV, Kap. M Rn 121). 37

G. Streitwert

Da es nach der Einstellung der Leistungen durch den VR um die Leistungen ab Ablauf der Schonfrist nach der Einstellungsmitteilung geht, gelten dieselben Grundsätze wie bei der Erstbeantragung einer BU, d.h. grds. § 9 ZPO (s. ausführl. § 172 Rdn 140 ff.). 38

§ 175 VVG Abweichende Vereinbarungen

Von den §§ 173 und 174 kann nicht zum Nachteil des Versicherungsnehmers abgewichen werden.

Die halbzwingende Vorschrift erfasst alle nachteiligen Abweichungen (AVB-Klauseln und anderweitige Vereinbarungen) und sämtliche VN (auch Unternehmer). § 175 VVG verweist lediglich auf die §§ 173, 174 VVG, so dass die Grundnorm des **§ 172 VVG nicht halbzwingend** ist (Begr. BT-Drucks 16/3945, S. 106). Nach der Regelung des § 172 VVG werden die Voraussetzungen und der Umfang der Versicherungsleistungen wie vor dem 31.12.2007 **durch den Vertrag und die AVB** bestimmt. Daran wird festgehalten, um die Gestaltung der Versicherungsprodukte nicht festzulegen (Begr. BT-Drucks 16/3945, S. 106). So kann z.B. vereinbart werden, dass die Leistungspflicht des VR nur eintritt, wenn die BU einen bestimmten Prozentsatz übersteigt (Begr. BT-Drucks 16/3945, S. 106). Dagegen sollen von den Vorschriften der §§ 173 und 174 VVG, die eine **Schutzfunktion für den VN** haben, Abweichungen zu dessen Nachteil nicht zugelassen werden (Begr. BT-Drucks 16/3945, S. 106). 1

Das alles betrifft aber nur den **Regelungsgehalt von § 173 VVG und § 174 VVG**, so dass darüber hinausgehende, den Regelungsgehalt nicht tangierende Vereinbarungen ohne Weiteres möglich und zulässig sind. Ob und in welchem Umfang sich die Parteien von den derzeit in der Praxis üblichen BUZ-AVB leiten lassen, obliegt damit ihrer Entscheidung und der Entwicklung der BU im Wettbewerbsprozess – insoweit bedurfte es keiner Festschreibungen des Gesetzgebers zugunsten einer schutzwürdigen Partei. 2

Was wirklich ein „**Nachteil**" ist, muss sorgfältig unabhängig vom Einzelfall (OLG Hamm, r+s 1992, 391) geprüft werden. Liegt keine AGB-Klausel, sondern eine Individualvereinbarung vor, ist auf den konkreten VV anzustellen. Vor- und Nachteile sind abzuwägen. Nicht 3 alles, was für den VN unangenehm ist oder Aufwand erfordert, ist automatisch als Nachteil anzusehen. Erforderlich ist eine Verschlechterung seiner tatsächlichen oder rechtlichen Position gegenüber dem Versicherer. **Folge einer Abweichung** ist zunächst, dass sich der VR nicht auf die abweichende Regelung berufen darf. Bei AVB zieht die Abweichung zudem die Unwirksamkeit der gesamten Klausel nach § 307 BGB nach sich, weil der Gesetzgeber durch das Verbot, Änderungen zum Nachteil des VNs vorzunehmen, klargestellt hat, dass er jede Abweichung als unangemessene Benachteiligung betrachtet. Über § 306 Abs. 2 BGB gelten dann die gesetzlichen Vorschriften (i.e. ebenso, aber ohne nähere Begründung BGH, NJW 1996, 1409 unter 4.).

4 § 175 VVG schließt nicht aus, dass die Vertragsparteien **nach einem Versicherungsfall**, also nach der Anzeige der BU, Vereinbarungen darüber treffen, welche Leistungen der VR zu erbringen hat. Deshalb bleibt es z.B. möglich, dass die Vertragsparteien im Streitfall einen **Vergleich** über die Höhe und über die Dauer der Leistungen schließen; dabei sind sie nicht an § 173 Abs. 2 S 1 VVG gebunden (Begr. BT-Drucks 16/3945, S. 107; ausführl. § 173 Rdn 41 ff.). Allerdings kann sich der VR nach Treu und Glauben nicht auf eine mit dem VN geschlossene Vereinbarung berufen, durch die gegen befristete Leistungen der für die Prüfung der Anspruchsvoraussetzungen maßgebliche Zeitpunkt hinausgeschoben wird, wenn es an einer **Aufklärung des VN** über die damit für ihn verbundenen Nachteile fehlt (BGH, VersR 2007, 633; VersR 2007, 777).

§ 176 VVG Anzuwendende Vorschriften

Die §§ 150 bis 170 sind auf die Berufsunfähigkeitsversicherung entsprechend anzuwenden, soweit die Besonderheiten dieser Versicherung nicht entgegenstehen.

1 Die BU wird aus der Perspektive des Versicherungsaufsichtsrechtes **als Lebensversicherung betrieben** (BGH, VersR 1991, 289; VersR 1988, 1237). Da die BU vor dem 31.12.2007 nicht gesondert geregelt war, wurden bis dahin auch die materiell-rechtlichen Vorschriften für die Lebensversicherung entsprechend angewendet (BGH, VersR 1991, 289). Daran wird auch nach dem 1.1.2008 festgehalten. Daher bleiben die Vorschriften für die Lebensversicherung und die frühere Rspr. insgesamt entsprechend anwendbar. Der dogmatisch zur Lebensversicherung gehörende § 212 VVG (Fortsetzung der Lebensversicherung nach Elternzeit) ist von der Verweisung nicht erfasst, aber wegen einer unbewussten Gesetzeslücke analog anzuwenden (*Neuhaus*, BUV, Kap. T Rn 7; **a.A.** MüKo/*Looschelders*, § 212 VVG Rn 3). Eine Ausweitung auf das System der gesetzlichen Rentenversicherung ist wegen der dogmatischen Unterschiede hingegen vom Gesetzgeber nicht gewollt.

2 Die entsprechende Anwendung gilt allerdings nicht, soweit die **Besonderheiten der BU** dem entgegenstehen (keine „schematische Übertragung", Begr. BT-Drucks 16/3945, S. 107). Die gesetzlichen Bestimmungen über die Lebensversicherung sind „im Zweifel" (BGH, VersR 1991, 289) anzuwenden, soweit sie auf die Regelungen zur BU passen, also ihre Grundgedanken zutreffen und die Interessenlage gleich oder ähnlich ist.

§ 176 VVG

Beispiel für die Anwendbarkeit 3
§ 150 Abs. 2 VVG (Einwilligungserfordernis für die BU eines Dritten mit Ausnahme von Kollektivverträgen im Rahmen der betrieblichen Altersversorgung, § 150 Abs. 2 S. 1 Hs. 2 VVG), § 151 VVG (ärztliche Untersuchung), § 153 VVG (Überschussbeteiligung, vgl. § 8 AB-BUZ 2008, § 3 AB-BUV 2008 – nicht aber für Altverträge, Art. 4 Abs. 1 S. 1 EGVVG), §§ 154, 155 VVG (bei entsprechendem Leistungsversprechen), § 157 VVG (Leistungsanpassung und eingeschränktes Rücktrittsrecht bei falscher Altersangabe, zu den Möglichkeiten des VR vgl. *Neuhaus*, BUV, Kap. T Rn 11 ff.), § 158 VVG (Gefahrerhöhung nur bei ausdr. Vereinbarung), § 168 VVG. Neufestsetzung der Prämie nach § 163 VVG und die Bedingungsanpassung nach § 164 VVG (Begr. BT-Drucks 16/3945, S. 107).

Beispiel für die Unanwendbarkeit 4
Regelung des Rückkaufswertes nach § 169 VVG, da bei der BU der Eintritt des Versicherungsfalles ungewiss ist (anders bei einer Versicherung mit Beitragsrückgewähr, Begr. BT-Drucks 16/3945, S. 107; *Neuhaus*, BUV, Kap. T Rn 3); ferner §§ 152 Abs. 2 (Rückkaufswert bei Widerruf), 154, 155 VVG (Ausnahme: hybride Versicherung mit Schwerpunkt Überschuss). Nicht anwendbar sind auch die §§ 161, 162 VVG (Selbsttötung, Tötung), da Zweck der Vorschriften der Schutz der VR davor ist, dass ein Versicherter auf ihre Kosten mit seinem Leben spekuliert, was weder mittelbar noch unmittelbar übertragen werden kann (BGH, VersR 1991, 289).

Dass die Regelungen über die Kapitallebensversicherung und diejenigen über die BU 5 durchaus **eigenständigen Charakter** haben können, zeigt die Entscheidung BGH, VersR 2007, 487. Lebens- und BUZ bilden zwar eine Einheit, wenn der VN bei Vertragsschluss erkennbar die Lebensversicherung nicht ohne die BUZ abgeschlossen hätte (KG, VersR 1997, 94). Bei einer Kapital-LV, die in ihrem Bestand als Hauptversicherung von einer selbstständigen BUZ unabhängig ist, gilt jedoch die (3-jährige) **Ausschlussfrist für den Rücktritt** des VR unabhängig von der (10-jährigen) Rücktrittsausschlussfrist für die BUZ (BGH, VersR 2007, 484; unter Anknüpfung an VersR 1989, 1249; VersR 1983, 25). Danach ist es möglich, dass der VR zwar von der BUZ wirksam zurücktritt, dieser Rücktritt aber die KLV unberührt lässt. Hiervon abgesehen hat die entsprechende Anwendung der Regeln für die Lebensversicherung auf die BU bisher **keinerlei praktische Probleme** bereitet.

Ein Teil der entsprechend anzuwendenden Vorschriften ist **für die Lebensversicherung** 6 nach **§ 171 VVG halbzwingend**. Dies wird **auf die BU nicht übertragen** – in § 176 VVG ist § 171 VVG nicht erwähnt (Begr. BT-Drucks 16/3945, S. 107), was kein Redaktionsversehen darstellt: Einerseits soll die Produktgestaltungsfreiheit der VR nicht entsprechend eingeschränkt werden, da sich die BU noch stärker in der Entwicklung befindet (Begr. BT-Drucks 16/3945, S. 107.) Andererseits bestehen rechtssystematische Bedenken dagegen, Vorschriften, deren Anwendbarkeit nur entsprechend und nur vorbehaltlich von nicht näher bestimmten Besonderheiten der BU angeordnet wird, für halbzwingend zu erklären (Begr. BT-Drucks 16/3945, S. 107). Der notwendige **Schutz der VN** vor unangemessenen Abweichungen in den AVB von nicht abdingbaren Vorschriften in der Lebensversicherung, deren Leitbild auf die BU übertragen werden kann, dürfte durch § 307 BGB sichergestellt sein (Begr. BT-Drucks 16/3945, S. 107).

§ 177 VVG Ähnliche Versicherungsverträge

(1) Die §§ 173 bis 176 sind auf alle Versicherungsverträge, bei denen der Versicherer für eine dauerhafte Beeinträchtigung der Arbeitsfähigkeit eine Leistung verspricht, entsprechend anzuwenden.

(2) Auf die Unfallversicherung sowie auf Krankenversicherungsverträge, die das Risiko der Beeinträchtigung der Arbeitsfähigkeit zum Gegenstand haben, ist Absatz 1 nicht anzuwenden.

Übersicht

	Rdn
A. Normzweck	1
B. Dauerhafte Beeinträchtigung der Arbeitsfähigkeit (§ 177 Abs. 1 VVG)	2
C. „Entsprechend anzuwenden" (§ 177 Abs. 1 VVG)	4
D. Unfall- und Krankenversicherung als Ausnahme (§ 177 Abs. 2 VVG)	8

A. Normzweck

1 Wegen niedrigerer Prämien oder anderer Zielgruppen erlangt die **Arbeitsunfähigkeitsversicherung** bereits seit einigen Jahren größere Bedeutung (in diesem Sinne schon BT-Drucks 16/3945, S. 107). **Alternativprodukte**, wie die Erwerbsunfähigkeitsversicherung, Dread-Disease-Produkte oder Grundfähigkeitsversicherungen, mitunter auch Mischformen, werden als Alternative zur „klassischen" BUV am Markt angeboten und teilweise mit den Oberbegriffen „Absicherung der Arbeitskraft" oder „Arbeitskraftversicherungen" bezeichnet (was oft nicht zutrifft, da nicht der Verlust der Arbeitsfähigkeit, sondern „nur" der Eintritt einer Erkrankung o.ä. den Versicherungsfall auslöst). Die Vorschriften der §§ 173–176 VVG sollen hier Rahmenbedingungen schaffen und **entsprechend** auch für VV gelten, durch die eine **dauernde Beeinträchtigung der Arbeitsfähigkeit** abgesichert wird (Begr. BT-Drucks 16/3945, S. 107 – ohne dass damit eine Festlegung auf eine bestimmte Versicherungsform gemeint ist). Diese vor dem 31.12.2007 kaum angebotenen Versicherungsformen sind eine Art „**kleine Berufsunfähigkeitsversicherung**", die erst einsetzt, wenn der VN **erwerbsunfähig** wird (Begr. BT-Drucks 16/3945, S. 107). **Mittelbarer Zweck** des § 177 VVG ist daher der **Schutz des VN vor neuen Produkten**, die gesetzliche Vorschriften umgehen sollen. Dies ist aber weit zu verstehen, da § 172 VVG voll abdingbar ist und in § 177 VVG nicht darauf verwiesen wird. Dem VN soll nur ein Mindeststandard garantiert werden.

B. Dauerhafte Beeinträchtigung der Arbeitsfähigkeit (§ 177 Abs. 1 VVG)

2 Durch die ausdrückliche Regelung für den Fall der dauernden Beeinträchtigung der Arbeitsfähigkeit wird eine **analoge Anwendung** einzelner Vorschriften auf die Einkommensausfallversicherung und andere Versicherungen (mit Ausnahme der des § 177 Abs. 2 VVG) nicht ausgeschlossen (Begr. BT-Drucks 16/3945, S. 107). Nach dem Wortlaut muss aber

die **dauerhafte Beeinträchtigung der Arbeitsfähigkeit** den Versicherungsfall (mit) definieren, das Leistungsversprechen des VR sich also auf die Arbeitsfähigkeit beziehen, was bei einer Dread-Disease-Versicherung oder einer Grundfähigkeitsversicherung nicht der Fall ist, wenn dort nur an bestimmte Krankheiten oder den Verlust elementarer Fähigkeiten (nicht aber die Arbeits*fähigkeit*) angeknüpft wird. VV mit Leistungen für nur **kurzfristige Beeinträchtigungen** (die durchaus auch länger anhalten können, aber eben nicht dauerhaft sind), bleiben außer Betracht, so dass § 177 VVG bspw. die Kranken(haus)tagegeldversicherung nicht erfasst. Eine Arbeitsunfähigkeitsversicherung, die nur für einen vorübergehenden Zeitraum Leistungen verspricht, wird ebenfalls nicht erfasst (OLG Hamm, VersR 2013, 358; ausführlich zu Arbeitsunfähigkeitsversicherung, Schwere-Krankheiten- u. Grundfähigkeitsversicherungen *Neuhaus*, BUV, Kap. U Rn 66 ff.). „**Beeinträchtigung der Arbeitsfähigkeit**" meint die vollständige oder teilweise Unfähigkeit, seine aktuelle oder – anders als bei der „echten" BUV – auch frühere berufliche Tätigkeit nicht mehr ausüben zu können. Die Arbeitsunfähigkeit muss zudem **gesundheitlich bedingt** sein (Begr. BT-Drucks 16/3945, S. 107), weshalb etwa eine Arbeitsplatz(verlust)versicherung grds. keine vergleichbare Versicherung ist. Werden (nur) andere Gründe als gesundheitliche versichert, greift die Vorschrift nicht.

Die eindeutig von § 177 Abs. 1 VVG erfasste **Erwerbsunfähigkeitsvers**icherung (EUV) ermöglicht die Aufnahme von Antragstellern, deren Anträge sonst regelmäßig abgelehnt werden müssten. Im Gegensatz zur BUV ist nicht der **konkrete Beruf** des VN, sondern die Fähigkeit, überhaupt noch irgendeiner bezahlten Tätigkeit regelmäßig nachzugehen, abgesichert. Dies verschärft die Leistungsvoraussetzungen gegenüber einer BUV deutlich, weil es auf die üblichen Verweisungsvoraussetzungen (Vergleichbarkeit mit dem bisherigen Beruf, Ausbildung, Kenntnisse und Erfahrung, bisherige Lebensstellung) nicht ankommt. Es sind zahlreiche **Klauseln mit Detailunterschieden** im Umlauf, so dass der Wortlaut genau geprüft werden muss. Häufig handelt es sich um einen BU-Vertrag, bei dem der BU-Begriff durch eine Erwerbsunfähigkeitsklausel „*ausgeklauselt*" wird. Das ist grds. auch gem. den §§ 305 ff. BGB wirksam, wenn es hinreichend transparent ist (Einzelfallfrage, ausführl. unten Rdn 6). Gegen die **AGB-Wirksamkeit** einer **Erwerbsunfähigkeitsklausel** (Beispiel bei *Neuhaus*, BUV, Kap. U Rn 27) bestehen jedenfalls *keine* Bedenken (OLG Celle, VersR 2009, 914; OLG Saarbücken, VersR 2007, 235; OLG Koblenz, r+s 2006, 386 u. NJW-RR 2004, 30). Teilweise werden spezielle BUVen mit Einschränkungen versehen, bspw. durch „Besondere Vereinbarungen zur Berufsunfähigkeits(-Zusatz-)Versicherung für Kabinen-Personal innerhalb spezieller Rahmenverträge", wonach in den ersten 24 Monaten nach Vertragsabschluss eine Leistung aus der BUV nur erbracht wird, wenn Erwerbsunfähigkeit besteht *oder* Flugdienstuntauglichkeit aufgrund bestimmter Ursachen eintritt (**Fluguntauglichkeitsklauseln**, vgl. OLG Koblenz, Beschl. v. 27.2.2012 – 10 U 556/11). 3

C. „Entsprechend anzuwenden" (§ 177 Abs. 1 VVG)

Voraussetzung der entsprechenden Anwendung ist „hinsichtlich der für die Berufsunfähigkeitsversicherung geregelten Punkte **dieselbe Interessenlage**" (BT-Drucks 16/3945, S. 107), weshalb der Oberbegriff „Arbeitsfähigkeitsversicherung" der Bezeichnung „Ein- 4 kommensausfallversicherung" vorzuziehen ist und auch die Richtung vorgibt, da Einkommen auch aus anderen Quellen als Arbeit bezogen und dementsprechend auch anders als durch Arbeitsunfähigkeit ausfallen kann. Die **entsprechende Anwendung** bewirkt, dass grds. die Regeln des Anerkenntnisses und der Nachprüfung mit allen Rechten und Pflichten gelten (§§ 173, 174 VVG), von denen nach § 175 VVG auch nicht zum Nachteil des VN abgewichen werden darf. Folge ist, dass in „echten" Arbeitsunfähigkeitsversicherungen die strengen Anerkenntnis- und Nachprüfungsregelungen nicht abbedungen werden können. Da sich § 177 Abs. 1 VVG ausdrücklich auch auf § 176 VVG bezieht, greifen ggf. auch die §§ 150–170 VVG zur Lebensversicherung, etwa wenn die Versicherung einen Rückkaufswert ausweist.

5 **§ 172 VVG** wird in § 177 Abs. 1 VVG nicht ausdrücklich erwähnt, was aber die Anwendung der zur BUV entwickelten Rspr. nicht ausschließt, da diese ganz überwiegend auf den vertraglichen Bestimmungen beruht. Das Nichtausüben (irgend)einer Erwerbstätigkeit ist ein vom VN zu beweisendes **Tatbestandsmerkmal** und nicht etwa eine vom VR auszusprechende und zu beweisende Verweisung des Versicherten auf eine andere Tätigkeit (*Neuhaus*, BUV, Kap. U Rn 29). Ein als Tennislehrer tätig gewesener diplomierter Sportlehrer, der noch Tätigkeiten im Bereich von Sportmanagement und Sportverwaltung ausüben kann, ist nicht erwerbsunfähig im Sinne der vereinbarten Klausel (OLG Saarbrücken, r+s 2003, 209 = VersR 2002, 964). Die **Aufnahme einer anderen Tätigkeit**, auch eines Studiums, spricht als Indiz gegen eine Erwerbsunfähigkeit. Schreibt die Klausel eine nicht näher definierte „voraussichtlich dauernde" Unfähigkeit vor, so ist damit entsprechend dem Begriff der **Dauerhaftigkeit** (Prognose) und der dazu ergangenen Rspr. des BGH in der Krankentagegeldversicherung (BGH, r+s 2010, 381 = zfs 2010, 513; ausführlich dazu *Neuhaus*, r+s 2012, 162) ein individuell auf den Versicherten bezogener Zeitraum gemeint.

6 Unabhängig von der entsprechenden Anwendung gelten (natürlich) die allg. Regeln des VVG und BGB. Die **Beratungspflicht** nach § 6 VVG ist dann gesteigert, wenn für den (künftigen) VN gleichzeitig der Abschluss einer EUV und einer BUV in Betracht kommt (**Verwechslungsgefahr**; ausführl. zu bes. Beratungspflichten in der BUV *Neuhaus*, BUV, Kap. V Rn 12 ff.). Der VN, dem der VR ausdrücklich und verbindlich erklärt, lediglich einen die Erwerbsunfähigkeit absichernden Vertrag abschließen zu wollen, kann sich bei BU weder auf eine Erfüllungshaftung noch auf eine **Schadensersatzpflicht wegen Beratungsverschuldens** berufen (OLG Saarbrücken, VersR 2007, 235). Bei einer dem VR zuzurechnenden Falschberatung und fehlendem eigenen Verschulden kann der VN nach den Grundsätzen der **gewohnheitsrechtlichen Vertrauenshaftung** so zu stellen sein, als ob er einen Vertrag mit BU-Schutz abgeschlossen hätte (vgl. zur Problematik OLG Saarbrücken, r+s 2008, 344; zum anzurechnenden Mitverschulden KG, VersR 2004, 723). Dem durchschnittlichen VN soll der Unterschied zwischen BU und Erwerbsunfähigkeit durchaus geläufig sein (OLG Celle, VersR 2009, 914), was jedenfalls zweifelhaft ist, wenn gar keine Beratung erfolgt oder Hinweise nicht „ins Auge springen". Darf der VN den Eindruck haben, man verkaufe ihm **BU-Schutz statt Erwerbsunfähigkeitsschutz**, so kann die Erwerbsunfähigkeitsklausel gem. § 307 BGB wegen des gesetzlichen Leitbildes gem. § 305c BGB als **überraschende Klausel** unwirksam sein mit der Folge, dass über § 306 BGB

§ 172 Abs. 2 VVG und – wegen der vorhandenen Verweisung in der Ursprungsklausel – § 172 Abs. 3 VVG greift. Da dort eine Regelung des Grades der BU fehlt, ist dann von einer 100%igen BU als Leistungsvoraussetzung auszugehen (*Neuhaus*, BUV, Kap. U Rn 35). Allein die Verwendung des Begriffs „Berufsunfähigkeit" im Versicherungsschein oder den AVB neben der Klausel reicht dafür aber nicht aus.

Praxishinweis 7
Die VR sind in der **Gestaltung von Einkommensausfallversicherungen** frei, müssen aber beachten, dass eine Schmälerung der Leistung nicht automatisch mit verringerten gesetzlichen Pflichten einhergeht. Ist eine EUV mit der Bezeichnung „Berufsunfähigkeitsversicherung" überschrieben oder besteht aufgrund der äußeren Bezeichnung einzelner AVB-Vorschriften oder wegen ihrer Formulierung die **Verwechslungsgefahr**, dass ein durchschnittlicher VN nicht versteht, dass weniger als bei einer BUV versichert ist, läuft der VR Gefahr, dass die AVB nach § 307 BGB für unwirksam erklärt werden und die gesetzliche Regelung gilt. Das heißt: obwohl nur eine EUV abgeschlossen wurde, gelten die §§ 172 ff. VVG, so dass faktisch eine BUV besteht (zur **Maklerhaftung** in solchen Fällen *Neuhaus*, BUV, Kap. V Rn 24 ff.).

D. Unfall- und Krankenversicherung als Ausnahme (§ 177 Abs. 2 VVG)

Auf die **Unfallversicherung**, in der häufig auch Leistungen bei Arbeitsunfähigkeit versichert sind, und auf die **Krankenversicherung** sind die Vorschriften der §§ 173–175 VVG auch dann *nicht* anzuwenden, wenn sie Risiken der Beeinträchtigung der Arbeitsfähigkeit absichern. Insoweit gelten die besonderen Bestimmungen der §§ 178 ff. und 192 ff. VVG (Begr. BT-Drucks 16/3945, S. 107). Obwohl Anerkenntnisse in der Unfallversicherung ohnehin keine besondere Bindungswirkung haben (OLG Saarbrücken, VersR 2014, 456) und Leistungen aus der Krankenversicherung nur für vorübergehende Arbeitsunfähigkeit erbracht werden, sind die Vorschriften über das Anerkenntnis, insb. die Bindungswirkung, und das Nachprüfungsverfahren auf sämtliche Leistungen aus diesen Zweigen nicht anwendbar. 8

Anhang 1 Allgemeine Bedingungen für die Berufsunfähigkeits-Versicherung [1]

[1] Sofern von der Möglichkeit des § 1 Abs. 2 VVG-InfoV Gebrauch gemacht wird, ist darauf zu achten, dass die danach notwendige Hervorhebung des Textes sich von der vereinzelten Kenntlichmachung durch Fettdruck in diesen Bedingungen unterscheidet.[1]

Stand: 28.7.2016

Hinweis
Diese Bedingungen des Gesamtverbandes der Deutschen Versicherungswirtschaft e.V. (GDV) sind für die Versicherer unverbindlich; ihre Verwendung ist rein fakultativ. Abweichende Bedingungen können vereinbart werden. Abdruck mit freundlicher Genehmigung des GDV; die jeweils aktuellen Bedingungen können kostenfrei auf der Website des GDV (*www.gdv.de*) abgerufen werden.

Sehr geehrte Kundin, sehr geehrter Kunde,

mit diesen Versicherungsbedingungen wenden wir uns an Sie als unseren Versicherungsnehmer und Vertragspartner.

Inhaltsverzeichnis

Leistung

§ 1	Welche Leistungen erbringen wir?
§ 2	Was ist Berufsunfähigkeit im Sinne dieser Bedingungen?
§ 3	Wie erfolgt die Überschussbeteiligung?
§ 4	Wann beginnt Ihr Versicherungsschutz?
§ 5	In welchen Fällen ist der Versicherungsschutz ausgeschlossen?
§ 6	Was bedeutet die vorvertragliche Anzeigepflicht und welche Folgen hat ihre Verletzung?
§ 7	Was ist zu beachten, wenn eine Leistung verlangt wird?
§ 8	Wann geben wir eine Erklärung über unsere Leistungspflicht ab?
§ 9	Was gilt nach Anerkennung der Berufsunfähigkeit?
§ 10	Was gilt bei einer Verletzung der Mitwirkungspflichten im Rahmen der Nachprüfung?
§ 11	Welche Bedeutung hat der Versicherungsschein?
§ 12	Wer erhält die Leistung?
§ 13	Was müssen Sie bei der Beitragszahlung beachten?
§ 14	Was geschieht, wenn Sie einen Beitrag nicht rechtzeitig zahlen?
§ 15	Wann können Sie Ihren Vertrag beitragsfrei stellen oder kündigen?
§ 16	Wie werden die Kosten Ihres Vertrages verrechnet?
§ 17	Was gilt bei Änderung Ihrer Postanschrift und Ihres Namens?
§ 18	Welche weiteren Auskunftspflichten haben Sie?
§ 19	Welche Kosten stellen wir Ihnen gesondert in Rechnung?
§ 20	Welches Recht findet auf Ihren Vertrag Anwendung?
§ 21	Wo ist der Gerichtsstand?

1 Fußnote der Überschrift aus technischen Gründen hierher verschoben.

§ 1 Welche Leistungen erbringen wir?

Unsere Leistung bei Berufsunfähigkeit

(1) Wird die versicherte Person *(das ist die Person, auf deren Berufsfähigkeit die Versicherung abgeschlossen ist)* während der Versicherungsdauer berufsunfähig (siehe § 2 Absatz 1 oder 2), erbringen wir folgende Leistungen:
a) Wir zahlen die vereinbarte Berufsunfähigkeitsrente, längstens für die vereinbarte Leistungsdauer.
b) Wir befreien Sie von der Beitragszahlungspflicht für die Berufsunfähigkeits-Versicherung, längstens für die vereinbarte Leistungsdauer.

Die Versicherungsdauer ist der Zeitraum, innerhalb dessen Versicherungsschutz besteht. Mit Leistungsdauer wird der Zeitraum bezeichnet, bis zu dessen Ablauf eine während der Versicherungsdauer anerkannte Leistung längstens erbracht wird.

Unsere Leistung bei Berufsunfähigkeit infolge Pflegebedürftigkeit

(2) Wird die versicherte Person während der Versicherungsdauer berufsunfähig infolge Pflegebedürftigkeit (siehe § 2 Absätze 4 bis 8), ohne dass Berufsunfähigkeit im Sinne von § 2 Absatz 1 oder 2 vorliegt, erbringen wir folgende Leistungen:
a) Wir zahlen eine Berufsunfähigkeitsrente, längstens für die vereinbarte Leistungsdauer
 – in Höhe von … %[2] der vereinbarten Berufsunfähigkeitsrente bei Pflegestufe III
 – in Höhe von … %[2] der vereinbarten Berufsunfähigkeitsrente bei Pflegestufe II
 – in Höhe von … %[2] der vereinbarten Berufsunfähigkeitsrente bei Pflegestufe I.
b) Wir befreien Sie von der Beitragszahlungspflicht für die Berufsunfähigkeits-Versicherung, längstens für die vereinbarte Leistungsdauer.

Weitere Regelungen zu unseren Leistungen

(3) Der Anspruch auf Beitragsbefreiung und Rentenzahlung entsteht mit Ablauf des Monats, in dem die Berufsunfähigkeit eingetreten ist. Sie müssen uns die Berufsunfähigkeit in Textform *(z. B. Papierform oder E-Mail)* mitteilen. Wird uns die Berufsunfähigkeit später als …[2] nach ihrem Eintritt mitgeteilt, entsteht der Anspruch auf die Leistung erst mit Beginn des Monates der Mitteilung. Diese Einschränkung gilt nicht, wenn die verspätete Mitteilung nicht verschuldet worden ist. Der Anspruch auf eine Erhöhung der Berufsunfähigkeitsrente wegen einer höheren Pflegestufe entsteht frühestens mit Beginn des Monats, in dem uns die Erhöhung der Pflegestufe mitgeteilt wird.

(4) Der Anspruch auf Beitragsbefreiung und Rentenzahlung endet, wenn
– Berufsunfähigkeit im Sinne dieser Bedingungen nicht mehr vorliegt,
– die versicherte Person stirbt oder
– die vereinbarte Leistungsdauer abläuft.

(5) Bis zur Entscheidung über die Leistungspflicht müssen Sie die Beiträge in voller Höhe weiter entrichten; wir werden diese jedoch bei Anerkennung der Leistungspflicht zurückzahlen.

---

[2] Unternehmensindividuell zu ergänzen.

(6) Der Versicherungsschutz besteht weltweit.[3]
(7) Die Rente zahlen wir monatlich im Voraus.[4]
(8) Wir beteiligen Sie an den Überschüssen und an den Bewertungsreserven (siehe § 3).

§ 2 Was ist Berufsunfähigkeit im Sinne dieser Bedingungen?

Berufsunfähigkeit

(1) Berufsunfähigkeit liegt vor, wenn die versicherte Person *(das ist die Person, auf deren Berufsfähigkeit die Versicherung abgeschlossen ist)* infolge Krankheit, Körperverletzung oder mehr als altersentsprechenden Kräfteverfalls, die ärztlich nachzuweisen sind, voraussichtlich auf Dauer [alternativ: mindestens … %[5] Monate/Jahre] ihren zuletzt ausgeübten Beruf, so wie er ohne gesundheitliche Beeinträchtigung ausgestaltet war, nicht mehr zu mindestens … %[6] ausüben kann und auch keine andere Tätigkeit ausübt, die ihrer bisherigen Lebensstellung entspricht.

(2) Ist die versicherte Person …[7] Monate ununterbrochen in Folge Krankheit, Körperverletzung oder mehr als altersentsprechenden Kräfteverfalls, die ärztlich nachzuweisen sind, zu mindestens … %[8] außerstande gewesen, ihren zuletzt ausgeübten Beruf, so wie er ohne gesundheitliche Beeinträchtigung ausgestaltet war, auszuüben und hat sie in dieser Zeit auch keine andere Tätigkeit ausgeübt, die ihrer bisherigen Lebensstellung entspricht, gilt die Fortdauer dieses Zustandes als Berufsunfähigkeit.

1. Bemerkung:

Für den Fall, dass bei entsprechender Tarifierung eine abstrakte Verweisung erfolgt, lauten die Absätze 1 und 2 wie folgt:

(1) Berufsunfähigkeit liegt vor, wenn die versicherte Person *(das ist die Person, auf deren Berufsfähigkeit die Versicherung abgeschlossen ist)* infolge Krankheit, Körperverletzung oder mehr als altersentsprechenden Kräfteverfalls, die ärztlich nachzuweisen sind, voraussichtlich auf Dauer [alternativ: mindestens …[9] Monate/Jahre] ihren zuletzt ausgeübten Beruf, so wie er ohne gesundheitliche Beeinträchtigung ausgestaltet war, nicht mehr zu mindestens … %[10] ausüben kann und außerstande ist, eine andere Tätigkeit auszuüben, zu der sie aufgrund ihrer Ausbildung und Fähigkeiten in der Lage ist und die ihrer bisherigen Lebensstellung entspricht.[11]

(2) Ist die versicherte Person …[12] Monate ununterbrochen infolge Krankheit, Körperverletzung oder mehr als altersentsprechenden Kräfteverfalls, die ärztlich nachzuweisen sind, zu

---

3 Unternehmensindividuell anzupassen.
4 Unternehmensindividuell zu ergänzen bzw. anzupassen.
5 Unternehmensindividuell zu ergänzen.
6 Unternehmensindividuell zu ergänzen.
7 Unternehmensindividuell zu ergänzen.
8 Unternehmensindividuell anzupassen.
9 Unternehmensindividuell zu ergänzen.
10 Unternehmensindividuell anzupassen.
11 Ggf. um eine Regelung zur Umorganisation bei Selbstständigen zu ergänzen.
12 Unternehmensindividuell zu ergänzen.

mindestens ...[13] außerstande gewesen, ihren zuletzt ausgeübten Beruf, so wie er ohne gesundheitliche Beeinträchtigung ausgestaltet war, oder eine andere Tätigkeit auszuüben, zu der sie aufgrund ihrer Ausbildung und Fähigkeiten in der Lage ist und die ihrer bisherigen Lebensstellung entspricht, gilt die Fortdauer dieses Zustands als Berufsunfähigkeit.

2. Bemerkung:
Wenn abweichend von Absatz 2 rückwirkend von einem früheren Zeitpunkt an geleistet werden soll, sind die Bedingungen entsprechend zu ändern bzw. zu ergänzen.

(3) Scheidet die versicherte Person aus dem Berufsleben aus und werden später Leistungen wegen Berufsunfähigkeit beantragt, kommt es bei der Anwendung der Absätze 1 und 2 darauf an, dass die versicherte Person außerstande ist, eine Tätigkeit auszuüben, zu der sie aufgrund ihrer Ausbildung und Fähigkeiten in der Lage ist und die ihrer bisherigen Lebensstellung entspricht.

Berufsunfähigkeit infolge Pflegebedürftigkeit

(4) Berufsunfähigkeit infolge Pflegebedürftigkeit liegt vor, wenn die versicherte Person infolge Krankheit, Körperverletzung oder mehr als altersentsprechenden Kräfteverfalls, die ärztlich nachzuweisen sind, voraussichtlich auf Dauer für die in Absatz 6 genannten gewöhnlichen und regelmäßig wiederkehrenden Verrichtungen im Ablauf des täglichen Lebens täglich der Hilfe einer anderen Person bedarf.

(5) Ist die versicherte Person ...[14] Monate ununterbrochen pflegebedürftig mindestens im Rahmen der Pflegestufe I (siehe Absätze 6 bis 8) gewesen, gilt die Fortdauer dieses Zustandes als Berufsunfähigkeit infolge Pflegebedürftigkeit. Die Pflegebedürftigkeit ist ärztlich nachzuweisen.

(6) Bewertungsmaßstab für die Einstufung des Pflegefalls ist die Art und der Umfang der erforderlichen täglichen Hilfe durch eine andere Person. Bei der Bewertung wird die nachstehende Punktetabelle zugrunde gelegt:

Die versicherte Person benötigt Hilfe beim
– Fortbewegen im Zimmer   1 Punkt

Hilfebedarf liegt vor, wenn die versicherte Person – auch bei Inanspruchnahme einer Gehhilfe oder eines Rollstuhls – die Unterstützung einer anderen Person für die Fortbewegung benötigt.
– Aufstehen und Zubettgehen   1 Punkt

Hilfebedarf liegt vor, wenn die versicherte Person nur mit Hilfe einer anderen Person das Bett verlassen oder in das Bett gelangen kann.
– An- und Auskleiden   1 Punkt

---

13 Unternehmensindividuell zu ergänzen.
14 Unternehmensindividuell zu ergänzen.

Hilfebedarf liegt vor, wenn die versicherte Person – auch bei Benutzung krankengerechter Kleidung – sich nicht ohne Hilfe einer anderen Person an- oder auskleiden kann.

– Einnehmen von Mahlzeiten und Getränken 1 Punkt

Hilfebedarf liegt vor, wenn die versicherte Person – auch bei Benutzung krankengerechter Essbestecke und Trinkgefäße – nicht ohne Hilfe einer anderen Person essen oder trinken kann.

– Waschen, Kämmen oder Rasieren 1 Punkt

Hilfebedarf liegt vor, wenn die versicherte Person von einer anderen Person gewaschen, gekämmt oder rasiert werden muss, da sie selbst nicht mehr fähig ist, die dafür erforderlichen Körperbewegungen auszuführen.

– Verrichten der Notdurft 1 Punkt

Hilfebedarf liegt vor, wenn die versicherte Person die Unterstützung einer anderen Person benötigt, weil sie
– sich nach dem Stuhlgang nicht allein säubern kann,
– ihre Notdurft nur unter Zuhilfenahme einer Bettschüssel verrichten kann oder
– weil der Darm bzw. die Blase nur mit fremder Hilfe entleert werden kann.

Besteht allein eine Inkontinenz des Darms bzw. der Blase, die durch die Verwendung von Windeln oder speziellen Einlagen ausgeglichen werden kann, liegt hinsichtlich der Verrichtung der Notdurft keine Pflegebedürftigkeit vor.

(7) Der Pflegefall wird nach der Anzahl der Punkte eingestuft. Wir leisten
– aus der Pflegestufe I: bei ... Punkten[15]
– aus der Pflegestufe II: bei ... Punkten[16]

Unabhängig von der Bewertung aufgrund der Punktetabelle liegt die Pflegestufe II vor, wenn die versicherte Person wegen einer seelischen Erkrankung oder geistigen Behinderung sich oder andere gefährdet und deshalb täglicher Beaufsichtigung bedarf;
– aus der Pflegestufe III: bei ... Punkten[17]

Unabhängig von der Bewertung aufgrund der Punktetabelle liegt die Pflegestufe III vor, wenn die versicherte Person dauernd bettlägerig ist und nicht ohne Hilfe einer anderen Person aufstehen kann oder wenn die versicherte Person der Bewahrung bedarf.

Bewahrung liegt vor, wenn die versicherte Person wegen einer seelischen Erkrankung oder geistigen Behinderung sich oder andere in hohem Maße gefährdet und deshalb nicht ohne ständige Beaufsichtigung bei Tag und Nacht versorgt werden kann.

(8) Vorübergehende akute Erkrankungen führen zu keiner höheren Einstufung. Vorübergehende Besserungen bleiben ebenfalls unberücksichtigt. Eine Erkrankung oder Besserung gilt dann nicht als vorübergehend, wenn sie nach ...[18] Monaten noch anhält.

---

[15] Unternehmensindividuell zu ergänzen.
[16] Unternehmensindividuell zu ergänzen.
[17] Unternehmensindividuell zu ergänzen.
[18] Unternehmensindividuell zu ergänzen.

§ 3 Wie erfolgt die Überschussbeteiligung?

(1) Sie erhalten gemäß § 153 des Versicherungsvertragsgesetzes (VVG) eine Überschussbeteiligung. Diese umfasst eine Beteiligung an den Überschüssen und an den Bewertungsreserven. Die Überschüsse und die Bewertungsreserven ermitteln wir nach den Vorschriften des Handelsgesetzbuches (HGB) und veröffentlichen sie jährlich im Geschäftsbericht.

Wir erläutern Ihnen,
- wie wir die Überschussbeteiligung für die Versicherungsnehmer in ihrer Gesamtheit ermitteln (Absatz 2),
- wie die Überschussbeteiligung Ihres konkreten Vertrags erfolgt (Absatz 3) und
- warum wir die Höhe der Überschussbeteiligung nicht garantieren können (Absatz 4).

(2) Wie ermitteln wir die Überschussbeteiligung für die Versicherungsnehmer in ihrer Gesamtheit?

Damit Sie nachvollziehen können, wie wir die Überschussbeteiligung für die Versicherungsnehmer in ihrer Gesamtheit ermitteln, erklären wir Ihnen
- aus welchen Quellen die Überschüsse stammen (a),
- wie wir mit diesen Überschüssen verfahren (b) und
- wie Bewertungsreserven entstehen und wir diese zuordnen (c).

Ansprüche auf eine bestimmte Höhe der Beteiligung Ihres Vertrages an den Überschüssen und den Bewertungsreserven ergeben sich hieraus noch nicht.

a) Überschüsse können aus drei verschiedenen Quellen entstehen:
- den Kapitalerträgen (aa),
- dem Risikoergebnis (bb) und
- dem übrigen Ergebnis (cc).

Wir beteiligen unsere Versicherungsnehmer in ihrer Gesamtheit an diesen Überschüssen; dabei beachten wir die Verordnung über die Mindestbeitragsrückerstattung in der Lebensversicherung (Mindestzuführungsverordnung) in der jeweils geltenden Fassung.

(aa) Kapitalerträge

Von den Nettoerträgen der nach dieser Verordnung maßgeblichen Kapitalanlagen erhalten die Versicherungsnehmer insgesamt mindestens den dort genannten prozentualen Anteil. In der derzeitigen Fassung der Mindestzuführungsverordnung sind grundsätzlich 90 % vorgeschrieben. Aus diesem Betrag werden zunächst die Mittel entnommen, die für die garantierten Leistungen benötigt werden. Die verbleibenden Mittel verwenden wir für die Überschussbeteiligung der Versicherungsnehmer. Die Beiträge einer Berufsunfähigkeits-Versicherung sind allerdings so kalkuliert, wie sie zur Deckung des Berufsunfähigkeitsrisikos und der Kosten benötigt werden. Es stehen daher vor Eintritt einer Berufsunfähigkeit keine oder allenfalls geringfügige Beträge zur Verfügung, um Kapital zu bilden, aus dem Kapitalerträge entstehen können.

(bb) Risikoergebnis

In der Berufsunfähigkeits-Versicherung ist der wichtigste Einflussfaktor auf die Überschüsse vor Eintritt einer Berufsunfähigkeit die Entwicklung des versicherten Risikos

(Berufsunfähigkeitsrisiko). Überschüsse entstehen, wenn die Aufwendungen für das Berufsunfähigkeitsrisiko sich günstiger entwickeln als bei der Tarifkalkulation zugrunde gelegt. In diesem Fall müssen wir weniger Renten als ursprünglich angenommen zahlen und können daher die Versicherungsnehmer an dem entstehenden Risikoergebnis beteiligen. An diesen Überschüssen werden die Versicherungsnehmer nach der derzeitigen Fassung der Mindestzuführungsverordnung grundsätzlich zu mindestens 90 % beteiligt.

(cc) Übriges Ergebnis

Am übrigen Ergebnis werden die Versicherungsnehmer nach der derzeitigen Fassung der Mindestzuführungsverordnung grundsätzlich zu mindestens 50 % beteiligt. Überschüsse aus dem übrigen Ergebnis können beispielsweise entstehen, wenn
- die Kosten niedriger sind als bei der Tarifkalkulation angenommen,
- wir andere Einnahmen als aus dem Versicherungsgeschäft haben, z. B. Erträge aus Dienstleistungen, die wir für andere Unternehmen erbringen,
- ...[19]

(b) Die auf die Versicherungsnehmer entfallenden Überschüsse führen wir der Rückstellung für Beitragsrückerstattung zu oder schreiben sie unmittelbar den überschussberechtigten Versicherungsverträgen gut (Direktgutschrift).

Die Rückstellung für Beitragsrückerstattung dient dazu, Schwankungen der Überschüsse auszugleichen. Sie darf grundsätzlich nur für die Überschussbeteiligung der Versicherungsnehmer verwendet werden. Nur in Ausnahmefällen und mit Zustimmung der Aufsichtsbehörde können wir hiervon nach § 140 Absatz 1 des Versicherungsaufsichtsgesetzes (VAG) abweichen. Dies dürfen wir, soweit die Rückstellung für Beitragsrückerstattung nicht auf bereits festgelegte Überschussanteile entfällt. Nach der derzeitigen Fassung des § 140 Absatz 1 VAG können wir im Interesse der Versicherten die Rückstellung für Beitragsrückerstattung heranziehen, um:
- einen drohenden Notstand abzuwenden,
- unvorhersehbare Verluste aus den überschussberechtigten Verträgen auszugleichen, die auf allgemeine Änderungen der Verhältnisse zurückzuführen sind, oder
- um die Deckungsrückstellung zu erhöhen, wenn die Rechnungsgrundlagen auf Grund einer unvorhersehbaren und nicht nur vorübergehenden Änderung der Verhältnisse angepasst werden müssen. *(Eine Deckungsrückstellung müssen wir bilden, um zu jedem Zeitpunkt den Versicherungsschutz gewährleisten zu können.)*

Wenn wir die Rückstellung für Beitragsrückerstattung zum Verlustausgleich oder zur Erhöhung der Deckungsrückstellung heranziehen, belasten wir die Versichertenbestände verursachungsorientiert.

(c) Bewertungsreserven[20] entstehen, wenn der Marktwert der Kapitalanlagen über dem Wert liegt, mit dem die Kapitalanlagen im Geschäftsbericht ausgewiesen sind. Da vor Eintritt einer Berufsunfähigkeit keine oder allenfalls geringfügige Beträge zur Verfügung

---

19 Unternehmensindividuell zu ergänzen.
20 Von dieser Regelung kann abgewichen werden, wenn ein Verzicht auf die Beteiligung an den Bewertungsreserven im Rentenbezug aktuariell begründet werden kann.

stehen, um Kapital zu bilden, entstehen auch keine oder nur geringfügige Bewertungsreserven. Soweit Bewertungsreserven überhaupt entstehen, ermitteln wir deren Höhe jährlich neu und ordnen den ermittelten Wert den Verträgen nach einem verursacherorientierten Verfahren anteilig rechnerisch zu. Zusätzlich ermitteln wir die Höhe der Bewertungsreserven auch
- für den Zeitpunkt der Beendigung Ihres Vertrages vor dem Eintritt einer Berufsunfähigkeit,
- für den Beginn einer Rentenzahlung wegen Berufsunfähigkeit sowie
- während einer Rentenzahlung wegen Berufsunfähigkeit jeweils für das Ende eines Versicherungsjahres.[21]

(3) Wie erfolgt die Überschussbeteiligung Ihres Vertrages?

(a) Wir haben gleichartige Versicherungen (Rentenversicherung, Risikoversicherung)[22] zu Gewinngruppen zusammengefasst. Gewinngruppen bilden wir, um die Unterschiede bei den versicherten Risiken zu berücksichtigen.[23] Die Überschüsse verteilen wir auf die einzelnen Gewinngruppen nach einem verursachungsorientierten Verfahren und zwar in dem Maß, wie die Gewinngruppen zur Entstehung von Überschüssen beigetragen haben.

Hat eine Gewinngruppe nicht zur Entstehung von Überschüssen beigetragen, bekommt sie keine Überschüsse zugewiesen.

Ihr Vertrag erhält Anteile an den Überschüssen derjenigen Gewinngruppe, die in Ihrem Versicherungsschein genannt ist. Die Mittel für die Überschussanteile werden bei der Direktgutschrift zu Lasten des Ergebnisses des Geschäftsjahres finanziert, ansonsten der Rückstellung für Beitragsrückerstattung entnommen. Die Höhe der Überschussanteilsätze legen wir jedes Jahr[24] fest. Wir veröffentlichen die Überschussanteilsätze in unserem Geschäftsbericht. Diesen können Sie bei uns anfordern.

(b) Bei **Beendigung Ihres Vertrages** vor dem Eintritt einer Berufsunfähigkeit oder bei Beginn einer Rentenzahlung wegen Berufsunfähigkeit gilt Folgendes: Wir teilen Ihrem Vertrag den für diesen Zeitpunkt zugeordneten Anteil an den Bewertungsreserven gemäß der jeweils geltenden gesetzlichen Regelung zu; derzeit sieht § 153 Absatz 3 VVG eine Beteiligung in Höhe der Hälfte der zugeordneten Bewertungsreserven vor. Auch **während des Rentenbezuges** werden wir Sie entsprechend an den Bewertungsreserven beteiligen.[25] Aufsichtsrechtliche Regelungen können dazu führen, dass die Beteiligung an den Bewertungsreserven ganz oder teilweise entfällt.

---

21 Ggf. unternehmensindividuellen anderen Zeitpunkt verwenden.
22 Ggf. unternehmensindividuell anzupassen.
23 Ggf. weitere unternehmensindividuelle Information über Gewinngruppen bzw. Untergruppen und deren Modalitäten; die Begriffe sind an die unternehmensindividuellen Gegebenheiten anzupassen.
24 Ggf. unternehmensindividuellen anderen Zeitpunkt verwenden.
25 Von dieser Regelung kann abgewichen werden, wenn ein Verzicht auf die Beteiligung an den Bewertungsreserven im Rentenbezug aktuariell begründet werden kann.

(c) Die für die Überschussbeteiligung geltenden Berechnungsgrundsätze sind in den als Anlage beigefügten „Bestimmungen zur Überschussbeteiligung für die Berufsunfähigkeits-Versicherung" enthalten. Diese Bestimmungen sind Bestandteil dieser Versicherungsbedingungen.[26]

(4) Warum können wir die Höhe der Überschussbeteiligung nicht garantieren?

Die Höhe der Überschussbeteiligung hängt von vielen Einflüssen ab, die nicht vorhersehbar und von uns nur begrenzt beeinflussbar sind. Wichtigster Einflussfaktor ist die Entwicklung des Berufsunfähigkeitsrisikos. Aber auch die Entwicklung des Kapitalmarkts und der Kosten ist von Bedeutung. Die Höhe der künftigen Überschussbeteiligung kann also nicht garantiert werden. Sie kann auch Null Euro betragen. Über die Entwicklung Ihrer Überschussbeteiligung werden wir Sie jährlich unterrichten.

§ 4 Wann beginnt Ihr Versicherungsschutz?

Ihr Versicherungsschutz beginnt, wenn Sie den Vertrag mit uns abgeschlossen haben. Jedoch besteht vor dem im Versicherungsschein angegebenen Versicherungsbeginn kein Versicherungsschutz. Allerdings kann unsere Leistungspflicht entfallen, wenn Sie den Beitrag nicht rechtzeitig zahlen (siehe § 13 Absätze 2 und 3 und § 14).

§ 5 In welchen Fällen ist der Versicherungsschutz ausgeschlossen?

Grundsätzlich besteht unsere Leistungspflicht unabhängig davon, auf welcher Ursache die Berufsunfähigkeit beruht. Es besteht kein Versicherungsschutz, wenn die Berufsunfähigkeit verursacht ist:

a) durch vorsätzliche Ausführung oder den Versuch einer Straftat durch die versicherte Person *(das ist die Person, auf deren Berufsfähigkeit die Versicherung abgeschlossen ist)*;

b) durch innere Unruhen, sofern die versicherte Person auf Seiten der Unruhestifter teilgenommen hat;

c) durch folgende von der versicherten Person vorgenommene Handlungen
   – absichtliche Herbeiführung von Krankheit,
   – absichtliche Herbeiführung von mehr als altersentsprechenden Kräfteverfalls,
   – absichtliche Selbstverletzung oder
   – versuchte Selbsttötung

---

[26] Hier sind folgende unternehmensindividuelle Angaben zur Überschussbeteiligung zu machen:
   a) Voraussetzung für die Fälligkeit der Überschussanteile (Wartezeit, Stichtag für die Zuteilung u. ä.)
   b) Form und Verwendung der Überschussanteile (laufende Überschussanteile, Schlussüberschussanteile, Bonus, Ansammlung, Verrechnung, Barauszahlung u. ä.)
   c) Bemessungsgrößen für die Überschussanteile
   d) Rechnungsgrundlagen für die Ermittlung der Beiträge
   Zur Beteiligung an den Bewertungsreserven sind der Verteilungsmechanismus, d. h. die Schlüsselung der ermittelten, verteilungsfähigen Bewertungsreserven auf den einzelnen Vertrag und die Bewertungsstichtage anzugeben. Vgl. hierzu auch Gesamtgeschäftsplan für die Überschussbeteiligung, Abschnitt 3.11.1 bis 3.11.11.

Wir werden jedoch leisten, wenn uns nachgewiesen wird, dass die versicherte Person diese Handlungen in einem die freie Willensbestimmung ausschließenden Zustand krankhafter Störung der Geistestätigkeit begangen hat.

d) durch eine widerrechtliche Handlung, mit der Sie als Versicherungsnehmer vorsätzlich die Berufsunfähigkeit der versicherten Person herbeigeführt haben;

e) durch Strahlen infolge Kernenergie, die das Leben oder die Gesundheit zahlreicher Menschen derart gefährden, dass zur Abwehr der Gefährdung eine Katastrophenschutzbehörde oder vergleichbare Behörde tätig wurde;

f) unmittelbar oder mittelbar durch Kriegsereignisse. Unsere Leistungen sind nicht ausgeschlossen, wenn die versicherte Person in unmittelbarem oder mittelbarem Zusammenhang mit kriegerischen Ereignissen berufsunfähig wird, denen sie während eines Aufenthalts außerhalb der Bundesrepublik Deutschland ausgesetzt und an denen sie nicht aktiv beteiligt war.

g) unmittelbar oder mittelbar durch den vorsätzlichen Einsatz von atomaren, biologischen oder chemischen Waffen oder den vorsätzlichen Einsatz oder die vorsätzliche Freisetzung von radioaktiven, biologischen oder chemischen Stoffen, sofern der Einsatz oder das Freisetzen darauf gerichtet sind, das Leben oder die Gesundheit einer Vielzahl von Personen zu gefährden. Unsere Leistungen sind nicht ausgeschlossen, wenn die versicherte Person in unmittelbarem oder mittelbarem Zusammenhang mit kriegerischen Ereignissen berufsunfähig wird, denen sie während eines Aufenthalts außerhalb der Bundesrepublik Deutschland ausgesetzt und an denen sie nicht aktiv beteiligt war.

§ 6 Was bedeutet die vorvertragliche Anzeigepflicht und welche Folgen hat ihre Verletzung?

Vorvertragliche Anzeigepflicht

(1) Sie sind bis zur Abgabe Ihrer Vertragserklärung verpflichtet, alle Ihnen bekannten gefahrerheblichen Umstände, nach denen wir in Textform *(z. B. Papierform oder E-Mail)* gefragt haben, wahrheitsgemäß und vollständig anzuzeigen. Gefahrerheblich sind die Umstände, die für unsere Entscheidung, den Vertrag überhaupt oder mit dem vereinbarten Inhalt zu schließen, erheblich sind.

Diese Anzeigepflicht gilt auch für Fragen nach gefahrerheblichen Umständen, die wir Ihnen nach Ihrer Vertragserklärung, aber vor Vertragsannahme, in Textform stellen.

(2) Soll eine andere Person für den Fall einer Berufsunfähigkeit versichert werden, ist auch diese – neben Ihnen – zu wahrheitsgemäßer und vollständiger Beantwortung der Fragen verpflichtet.

(3) Wenn eine andere Person die Fragen nach gefahrerheblichen Umständen für Sie beantwortet und wenn diese Person den gefahrerheblichen Umstand kennt oder arglistig handelt, werden Sie behandelt, als hätten Sie selbst davon Kenntnis gehabt oder arglistig gehandelt.

Rechtsfolgen der Anzeigepflichtverletzung

(4) Nachfolgend informieren wir Sie, unter welchen Voraussetzungen wir bei einer Verletzung der Anzeigepflicht
- vom Vertrag zurücktreten,
- den Vertrag kündigen,
- den Vertrag ändern oder
- den Vertrag wegen arglistiger Täuschung anfechten

können.

Rücktritt

(5) Wenn die vorvertragliche Anzeigepflicht verletzt wird, können wir vom Vertrag zurücktreten. Das Rücktrittsrecht besteht nicht, wenn weder eine vorsätzliche noch eine grob fahrlässige Anzeigepflichtverletzung vorliegt. Selbst wenn die Anzeigepflicht grob fahrlässig verletzt wird, haben wir trotzdem kein Rücktrittsrecht, falls wir den Vertrag – möglicherweise zu anderen Bedingungen *(z. B. höherer Beitrag oder eingeschränkter Versicherungsschutz)* – auch bei Kenntnis der nicht angezeigten gefahrerheblichen Umstände geschlossen hätten.

(6) Im Fall des Rücktritts haben Sie keinen Versicherungsschutz. Wenn wir nach Eintritt des Versicherungsfalles zurücktreten, bleibt unsere Leistungspflicht unter folgender Voraussetzung trotzdem bestehen: Die Verletzung der Anzeigepflicht bezieht sich auf einen gefahrerheblichen Umstand, der
- weder für den Eintritt oder die Feststellung des Versicherungsfalles
- noch für die Feststellung oder den Umfang unserer Leistungspflicht ursächlich war.

Unsere Leistungspflicht entfällt jedoch auch im vorstehend genannten Fall, wenn die Anzeigepflicht arglistig verletzt worden ist.

(7) Wenn der Vertrag durch Rücktritt aufgehoben wird, zahlen wir den Rückkaufwert gemäß § 15 Absatz 5. Die Rückzahlung der Beiträge können Sie nicht verlangen.

Kündigung

(8) Wenn unser Rücktrittsrecht ausgeschlossen ist, weil die Verletzung der Anzeigepflicht weder vorsätzlich noch grob fahrlässig erfolgt ist, können wir den Vertrag unter Einhaltung einer Frist von einem Monat kündigen.

(9) Unser Kündigungsrecht ist ausgeschlossen, wenn wir den Vertrag – möglicherweise zu anderen Bedingungen *(z. B. höherer Beitrag oder eingeschränkter Versicherungsschutz)* – auch bei Kenntnis der nicht angezeigten gefahrerheblichen Umstände geschlossen hätten.

(10) Wenn wir den Vertrag kündigen, wandelt er sich in einen beitragsfreien Vertrag nach Maßgabe des § 15 um.

Vertragsänderung

(11) Können wir nicht zurücktreten oder kündigen, weil wir den Vertrag – möglicherweise zu anderen Bedingungen *(z. B. höherer Beitrag oder eingeschränkter Versicherungsschutz)* – auch bei Kenntnis der nicht angezeigten gefahrerheblichen Umstände geschlossen

hätten (siehe Absatz 5 Satz 3 und Absatz 9), werden die anderen Bedingungen auf unser Verlangen rückwirkend Vertragsbestandteil. Haben Sie die Anzeigepflichtverletzung nicht zu vertreten, werden die anderen Bedingungen erst ab der laufenden Versicherungsperiode (siehe § 13 Absatz 2 Satz 3) Vertragsbestandteil.

(12) Sie können den Vertrag innerhalb eines Monats, nachdem Sie unsere Mitteilung über die Vertragsänderung erhalten haben, fristlos kündigen, wenn
– wir im Rahmen einer Vertragsänderung den Beitrag um mehr als 10 % erhöhen oder
– wir die Gefahrabsicherung für einen nicht angezeigten Umstand ausschließen.

Auf dieses Recht werden wir Sie in der Mitteilung über die Vertragsänderung hinweisen.

Voraussetzungen für die Ausübung unserer Rechte

(13) Unsere Rechte zum Rücktritt, zur Kündigung oder zur Vertragsänderung stehen uns nur zu, wenn wir Sie durch gesonderte Mitteilung in Textform auf die Folgen einer Anzeigepflichtverletzung hingewiesen haben.

(14) Wir haben kein Recht zum Rücktritt, zur Kündigung oder zur Vertragsänderung, wenn wir den nicht angezeigten Umstand oder die Unrichtigkeit der Anzeige kannten.

(15) Wir können unsere Rechte zum Rücktritt, zur Kündigung oder zur Vertragsänderung nur innerhalb eines Monats schriftlich geltend machen. Die Frist beginnt mit dem Zeitpunkt, zu dem wir von der Verletzung der Anzeigepflicht, die das von uns geltend gemachte Recht begründet, Kenntnis erlangen. Bei Ausübung unserer Rechte müssen wir die Umstände angeben, auf die wir unsere Erklärung stützen. Zur Begründung können wir nachträglich weitere Umstände angeben, wenn für diese die Frist nach Satz 1 nicht verstrichen ist.

(16) Nach Ablauf von fünf Jahren seit Vertragsschluss erlöschen unsere Rechte zum Rücktritt, zur Kündigung oder zur Vertragsänderung. Ist der Versicherungsfall vor Ablauf dieser Frist eingetreten, können wir die Rechte auch nach Ablauf der Frist geltend machen. Ist die Anzeigepflicht vorsätzlich oder arglistig verletzt worden, beträgt die Frist zehn Jahre.

Anfechtung

(17) Wir können den Vertrag auch anfechten, falls unsere Entscheidung zur Annahme des Vertrages durch unrichtige oder unvollständige Angaben bewusst und gewollt beeinflusst worden ist. Handelt es sich um Angaben der versicherten Person *(das ist die Person, auf deren Berufsfähigkeit die Versicherung abgeschlossen ist)*, können wir Ihnen gegenüber die Anfechtung erklären, auch wenn Sie von der Verletzung der vorvertraglichen Anzeigepflicht keine Kenntnis hatten. Absatz 7 gilt entsprechend.

Leistungserweiterung/Wiederherstellung der Versicherung

(18) Die Absätze 1 bis 17 gelten entsprechend, wenn der Versicherungsschutz nachträglich erweitert oder wiederhergestellt wird und deshalb eine erneute Risikoprüfung vorgenommen wird. Die Fristen nach Absatz 16 beginnen mit der Änderung oder Wiederherstellung des Vertrages bezüglich des geänderten oder wiederhergestellten Teils neu.

Erklärungsempfänger

(19) Unsere Rechte zum Rücktritt, zur Kündigung, zur Vertragsänderung sowie zur Anfechtung üben wir durch eine schriftliche Erklärung aus, die wir Ihnen gegenüber abgeben. Sofern Sie uns keine andere Person als Bevollmächtigten benannt haben, gilt nach Ihrem Tod ein Bezugsberechtigter als bevollmächtigt, diese Erklärung entgegenzunehmen. Ist kein Bezugsberechtigter vorhanden oder kann sein Aufenthalt nicht ermittelt werden, können wir den Inhaber des Versicherungsscheins als bevollmächtigt ansehen, die Erklärung entgegenzunehmen.

§ 7 Was ist zu beachten, wenn eine Leistung verlangt wird?

(1) Wird eine Leistung aus dem Vertrag beansprucht, müssen uns auf Kosten des Anspruchserhebenden folgende Auskünfte, die zur Feststellung unserer Leistungspflicht erforderlich sind, gegeben und Nachweise vorgelegt werden:

a) ein Zeugnis über den Tag der Geburt der versicherten Person *(das ist die Person, auf deren Berufsfähigkeit die Versicherung abgeschlossen ist)*;
b) eine Darstellung der Ursache für den Eintritt der Berufsunfähigkeit;
c) ausführliche Berichte der Ärzte, die die versicherte Person gegenwärtig behandeln, bzw. behandelt oder untersucht haben, über Ursache, Beginn, Art, Verlauf und voraussichtliche Dauer des Leidens der versicherten Person sowie über den Grad der Berufsunfähigkeit oder über die Pflegestufe;
d) eine Beschreibung des zuletzt ausgeübten Berufs der versicherten Person, deren Stellung und Tätigkeit im Zeitpunkt des Eintritts der Berufsunfähigkeit sowie über danach eingetretene Veränderungen;
e) Angaben über Einkommen aus beruflicher Tätigkeit;
f) bei Berufsunfähigkeit infolge Pflegebedürftigkeit zusätzlich eine Bescheinigung der Person oder der Einrichtung, die mit der Pflege betraut ist, über Art und Umfang der Pflege;
g) eine Aufstellung
   – der Ärzte, Krankenhäuser, Krankenanstalten, Pflegeeinrichtungen oder Pflegepersonen, bei denen die versicherte Person in Behandlung war, ist oder – sofern bekannt – sein wird,
   – der Versicherungsgesellschaften, Sozialversicherungsträger oder sonstiger Versorgungsträger, bei denen die versicherte Person ebenfalls Leistungen wegen Berufsunfähigkeit geltend machen könnte,
   – über den derzeitigen Arbeitgeber und frühere Arbeitgeber der versicherten Person.

Darüber hinaus können wir verlangen, dass uns die Auskunft nach § 18 vorgelegt wird.

(2) Wir können außerdem auf unsere Kosten weitere ärztliche Untersuchungen durch von uns beauftragte Ärzte sowie notwendige Nachweise – auch über die wirtschaftlichen Verhältnisse und ihre Veränderungen – verlangen, insbesondere zusätzliche Auskünfte und Aufklärungen.

(3) Wird eine Erhöhung der Berufsunfähigkeitsrente wegen einer höheren Pflegestufe verlangt, gelten die Absätze 1 und 2 sinngemäß.

(4) Unsere Leistungen werden fällig, nachdem wir die Erhebungen abgeschlossen haben, die zur Feststellung des Versicherungsfalls und des Umfangs unserer Leistungspflicht notwendig sind. Wenn Sie eine der genannten Pflichten nicht erfüllen, kann dies zur Folge haben, dass wir nicht feststellen können, ob oder in welchem Umfang wir leistungspflichtig sind. Eine Pflichtverletzung kann somit dazu führen, dass unsere Leistung nicht fällig wird.

(5) Bei Überweisung von Leistungen in Länder außerhalb des Europäischen Wirtschaftsraums trägt die empfangsberechtigte Person die damit verbundene Gefahr.

§ 8 Wann geben wir eine Erklärung über unsere Leistungspflicht ab?

(1) Nach Prüfung der uns eingereichten sowie der von uns beigezogenen Unterlagen erklären wir in Textform *(z. B. Papierform oder E-Mail)*, ob und in welchem Umfang wir eine Leistungspflicht anerkennen.

(2) Wir können unsere Leistungspflicht einmalig zeitlich befristet anerkennen, wenn hierfür ein sachlicher Grund besteht, den wir Ihnen mitteilen werden. Bis zum Ablauf der Frist ist dieses Anerkenntnis für uns bindend.

§ 9 Was gilt nach Anerkennung der Berufsunfähigkeit?

Nachprüfung

(1) Wenn wir unsere Leistungspflicht unbefristet anerkannt haben oder sie gerichtlich festgestellt worden ist, sind wir berechtigt, das Fortbestehen der Berufsunfähigkeit oder die Pflegestufe nachzuprüfen. Dabei können wir erneut prüfen, ob die versicherte Person *(das ist die Person, auf deren Berufsfähigkeit die Versicherung abgeschlossen ist)* eine andere Tätigkeit im Sinne von § 2 ausübt[27], wobei neu erworbene berufliche Fähigkeiten zu berücksichtigen sind.

(2) Zur Nachprüfung können wir jederzeit sachdienliche Auskünfte anfordern und einmal jährlich verlangen, dass sich die versicherte Person durch von uns beauftragte

Mitteilungspflicht

(3) Sie müssen uns unverzüglich *(d. h. ohne schuldhaftes Zögern)* mitteilen, wenn sich die Berufsunfähigkeit oder die Pflegebedürftigkeit mindern oder wegfallen oder eine berufliche Tätigkeit wieder aufgenommen wird bzw. sich ändert.

Leistungsfreiheit

(4) Wir sind leistungsfrei, wenn wir feststellen, dass die in § 1 und § 2 genannten Voraussetzungen der Leistungspflicht entfallen sind und wir Ihnen diese Veränderung in Textform *(z. B. Papierform oder E-Mail)* darlegen. Unsere Leistungen können wir mit Ablauf des dritten Monats nach Zugang unserer Erklärung bei Ihnen einstellen. Ab diesem Zeitpunkt müssen Sie auch die Beiträge wieder zahlen.

(5) Liegt Berufsunfähigkeit infolge Pflegebedürftigkeit vor und hat sich die Art des Pflegefalls geändert oder sein Umfang gemindert, setzen wir unsere Leistungen herab oder stellen sie ein. Absatz 4 Satz 2 und 3 gelten entsprechend, wenn wir unsere Leistungen einstellen.

---

27 Falls nach der Tarifierung eine abstrakte Verweisung erfolgt, muss es heißen: ... andere Tätigkeit im Sinne von § 2 ausüben kann.

§ 10 Was gilt bei einer Verletzung der Mitwirkungspflichten im Rahmen der Nachprüfung?

Solange eine Mitwirkungspflicht nach § 9 von Ihnen, der versicherten Person *(das ist die Person, auf deren Berufsfähigkeit die Versicherung abgeschlossen ist)* oder dem Anspruchserhebenden vorsätzlich nicht erfüllt wird, leisten wir nicht. Bei grob fahrlässiger Verletzung einer Mitwirkungspflicht sind wir berechtigt, unsere Leistung in einem der Schwere des Verschuldens entsprechenden Verhältnis zu kürzen. Beides gilt nur, wenn wir durch gesonderte Mitteilung in Textform *(z. B. Papierform oder E-Mail)* auf diese Rechtsfolgen hingewiesen haben.

Weisen Sie nach, dass die Mitwirkungspflicht nicht grob fahrlässig verletzt worden ist, bleibt unsere Leistungspflicht bestehen.

Die Ansprüche bleiben auch bestehen, soweit Sie uns nachweisen, dass die Verletzung ohne Einfluss auf die Feststellung oder den Umfang unserer Leistungspflicht ist. Das gilt nicht, wenn die Mitwirkungspflicht arglistig verletzt wird.

Wenn die Mitwirkungspflicht später erfüllt wird, sind wir ab Beginn des laufenden Monats nach Maßgabe dieser Bedingungen zur Leistung verpflichtet.

§ 11 Welche Bedeutung hat der Versicherungsschein?

(1) Wir können Ihnen den Versicherungsschein in Textform *(z. B. Papierform oder E-Mail)* übermitteln. Stellen wir diesen als Dokument in Papierform aus, dann liegt eine Urkunde vor. Sie können die Ausstellung als Urkunde verlangen.

(2) Den Inhaber der Urkunde können wir als berechtigt ansehen, über die Rechte aus dem Vertrag zu verfügen, insbesondere Leistungen in Empfang zu nehmen. Wir können aber verlangen, dass uns der Inhaber der Urkunde seine Berechtigung nachweist.

§ 12 Wer erhält die Leistung?

(1) Als unser Versicherungsnehmer können Sie bestimmen, wer die Leistung erhält. Wenn sie keine Bestimmung treffen, leisten wir an Sie.

Bezugsberechtigung

(2) Sie können uns widerruflich oder unwiderruflich eine andere Person benennen, die die Leistung erhalten soll (Bezugsberechtigter).

Wenn Sie ein Bezugsrecht **widerruflich** bestimmen, erwirbt der Bezugsberechtigte das Recht auf die Leistung erst mit dem Eintritt des jeweiligen Versicherungsfalls. Deshalb können Sie Ihre Bestimmung bis zum Eintritt des jeweiligen Versicherungsfalls jederzeit widerrufen. Wenn wir Renten zahlen, tritt mit jeder Fälligkeit einer Rente ein eigener Versicherungsfall ein.

Sie können ausdrücklich bestimmen, dass der Bezugsberechtigte sofort und **unwiderruflich** das Recht auf die Leistung erhält. Sobald uns Ihre Erklärung zugegangen ist, kann dieses Bezugsrecht nur noch mit Zustimmung des unwiderruflich Bezugsberechtigten geändert werden.

Abtretung und Verpfändung

(3) Sie können das Recht auf die Leistung bis zum Eintritt des jeweiligen Versicherungsfalls grundsätzlich ganz oder teilweise an Dritte abtreten und verpfänden, soweit derartige Verfügungen rechtlich möglich sind.

Anzeige

(4) Die Einräumung und der Widerruf eines Bezugsrechts (Absatz 2) sowie die Abtretung und die Verpfändung (Absatz 3) sind uns gegenüber nur und erst dann wirksam, wenn sie uns vom bisherigen Berechtigten in Textform *(z. B. Papierform, E-Mail)* angezeigt worden sind. Der bisherige Berechtigte sind im Regelfall Sie als unser Versicherungsnehmer. Es können aber auch andere Personen sein, sofern Sie bereits zuvor Verfügungen (z. B. unwiderrufliche Bezugsberechtigung, Abtretung, Verpfändung) getroffen haben.

§ 13 Was müssen Sie bei der Beitragszahlung beachten?

(1) Die Beiträge zu Ihrem Vertrag können Sie je nach Vereinbarung in einem Betrag (Einmalbeitrag), monatlich, viertel-, halbjährlich oder jährlich zahlen.

(2) Den ersten Beitrag oder den Einmalbeitrag müssen Sie unverzüglich *(d. h. ohne schuldhaftes Zögern)* nach Abschluss des Vertrages zahlen, jedoch nicht vor dem mit Ihnen vereinbarten, im Versicherungsschein angegebenen Versicherungsbeginn. Alle weiteren Beiträge (Folgebeiträge) werden jeweils zu Beginn der vereinbarten Versicherungsperiode fällig. Die Versicherungsperiode umfasst bei Einmalbeitrags- und Jahreszahlung ein Jahr, ansonsten entsprechend der Zahlungsweise einen Monat, ein Vierteljahr bzw. ein halbes Jahr.

(3) Sie haben den Beitrag **rechtzeitig** gezahlt, wenn Sie bis zum Fälligkeitstag (Absatz 2) alles getan haben, damit der Beitrag bei uns eingeht. Wenn die Einziehung des Beitrags von einem Konto vereinbart wurde, gilt die Zahlung in folgendem Fall als rechtzeitig:
– Der Beitrag konnte am Fälligkeitstag eingezogen werden und
– Sie haben einer berechtigten Einziehung nicht widersprochen.

Konnten wir den fälligen Beitrag ohne Ihr Verschulden nicht einziehen, ist die Zahlung auch dann noch rechtzeitig, wenn sie unverzüglich nach unserer Zahlungsaufforderung erfolgt. Haben Sie zu vertreten, dass der Beitrag wiederholt nicht eingezogen werden kann, sind wir berechtigt, künftig die Zahlung außerhalb des Lastschriftverfahrens zu verlangen.

(4) Sie müssen die Beiträge auf Ihre Gefahr und Ihre Kosten zahlen.

(5) Bei Fälligkeit einer Leistung werden wir etwaige Beitragsrückstände verrechnen.

§ 14 Was geschieht, wenn Sie einen Beitrag nicht rechtzeitig zahlen?

Erster Beitrag oder Einmalbeitrag

(1) Wenn Sie den ersten Beitrag oder den Einmalbeitrag nicht rechtzeitig zahlen, können wir – solange die Zahlung nicht bewirkt ist – vom Vertrag zurücktreten. In diesem Fall können wir von Ihnen die Kosten für ärztliche Untersuchungen im Rahmen einer Gesundheitsprüfung verlangen. Wir sind nicht zum Rücktritt berechtigt, wenn uns nachgewiesen wird, dass Sie die nicht rechtzeitige Zahlung nicht zu vertreten haben.

(2) Ist der erste Beitrag oder der Einmalbeitrag bei Eintritt des Versicherungsfalles noch nicht gezahlt, sind wir nicht zur Leistung verpflichtet. Dies gilt nur, wenn wir Sie durch gesonderte Mitteilung in Textform *(z. B. Papierform, E-Mail)* oder durch einen auffälligen Hinweis im Versicherungsschein auf diese Rechtsfolge aufmerksam gemacht haben. Unsere Leistungspflicht bleibt jedoch bestehen, wenn Sie uns nachweisen, dass Sie das Ausbleiben der Zahlung nicht zu vertreten haben.

Folgebeitrag

(3) Zahlen Sie einen Folgebeitrag nicht rechtzeitig, können wir Ihnen auf Ihre Kosten in Textform eine Zahlungsfrist setzen. Die Zahlungsfrist muss mindestens zwei Wochen betragen.

(4) Für einen Versicherungsfall, der nach Ablauf der gesetzten Zahlungsfrist eintritt, entfällt oder vermindert sich der Versicherungsschutz, wenn Sie sich bei Eintritt des Versicherungsfalles noch mit der Zahlung in Verzug befinden. Voraussetzung ist, dass wir Sie bereits mit der Fristsetzung auf diese Rechtsfolge hingewiesen haben.

(5) Nach Ablauf der gesetzten Zahlungsfrist können wir den Vertrag ohne Einhaltung einer Kündigungsfrist kündigen, wenn Sie sich noch immer mit den Beiträgen, Zinsen oder Kosten in Verzug befinden. Voraussetzung ist, dass wir Sie bereits mit der Fristsetzung auf diese Rechtsfolge hingewiesen haben. Wir können die Kündigung bereits mit der Fristsetzung erklären. Sie wird dann automatisch mit Ablauf der Frist wirksam, wenn Sie zu diesem Zeitpunkt noch immer mit der Zahlung in Verzug sind. Auf diese Rechtsfolge müssen wir Sie ebenfalls hinweisen.

(6) Sie können den angeforderten Betrag auch dann noch nachzahlen, wenn unsere Kündigung wirksam geworden ist. Nachzahlen können Sie nur
– innerhalb eines Monats nach der Kündigung
– oder, wenn die Kündigung bereits mit der Fristsetzung verbunden worden ist, innerhalb eines Monats nach Fristablauf.

Zahlen Sie innerhalb dieses Zeitraums, wird die Kündigung unwirksam und der Vertrag besteht fort. Für Versicherungsfälle, die zwischen dem Ablauf der Zahlungsfrist und der Zahlung eintreten, besteht kein oder nur ein verminderter Versicherungsschutz.

§ 15 Wann können Sie Ihren Vertrag beitragsfrei stellen oder kündigen?

Umwandlung in eine beitragsfreie Versicherung[28]

(1) Sie können jederzeit in Textform *(z. B. Papierform, E-Mail)* verlangen, zum Schluss der laufenden Versicherungsperiode (siehe § 13 Absatz 2 Satz 3) ganz oder teilweise von der Beitragszahlungspflicht befreit zu werden. In diesem Fall setzen wir die vereinbarte Berufsunfähigkeitsrente ganz oder teilweise auf eine beitragsfreie Rente herab. Diese wird nach folgenden Gesichtspunkten berechnet:
– nach anerkannten Regeln der Versicherungsmathematik mit den Rechnungsgrundlagen für die Beitragskalkulation
– für den Schluss der laufenden Versicherungsperiode.

---

[28] Unternehmensindividuell auszugestalten.

Abzug

(2) Der aus Ihrem Vertrag für die Bildung der beitragsfreien Berufsunfähigkeitsrente zur Verfügung stehende Betrag mindert sich um rückständige Beiträge. Außerdem nehmen wir einen Abzug in Höhe von ...[29] vor. Der Abzug ist zulässig, wenn er angemessen ist. Dies ist im Zweifel von uns nachzuweisen. Wir halten den Abzug für angemessen, weil mit ihm die Veränderung der Risikolage des verbleibenden Versichertenbestandes[30] ausgeglichen wird. Zudem wird damit ein Ausgleich für kollektiv gestelltes Risikokapital vorgenommen.[31] Wenn Sie uns nachweisen, dass der aufgrund Ihres Verlangens der Beitragsfreistellung von uns vorgenommene Abzug wesentlich niedriger liegen muss, wird er entsprechend herabgesetzt. Wenn Sie uns nachweisen, dass der Abzug überhaupt nicht gerechtfertigt ist, entfällt er.

(3) Wenn Sie Ihren Vertrag beitragsfrei stellen, kann das für Sie Nachteile haben. In der Anfangszeit Ihres Vertrages sind wegen der Verrechnung von Abschluss- und Vertriebskosten (siehe § 16) keine oder nur geringe Beträge zur Bildung einer beitragsfreien Berufsunfähigkeitsrente vorhanden. Auch in den Folgejahren stehen wegen der benötigten Risikobeiträge gemessen an den gezahlten Beiträgen keine oder nur geringe Mittel für die Bildung einer beitragsfreien Berufsunfähigkeitsrente zur Verfügung. Nähere Informationen zur beitragsfreien Berufsunfähigkeitsrente und ihrer Höhe können Sie der Tabelle ...[32] entnehmen.

(4) Haben Sie die vollständige Befreiung von der Beitragszahlungspflicht verlangt und erreicht die nach Absatz 1 zu berechnende beitragsfreie Berufsunfähigkeitsrente den Mindestbetrag von ...[33] nicht, erhalten Sie statt der beitragsfreien Rente – soweit vorhanden – den Rückkaufswert entsprechend § 169 des Versicherungsvertragsgesetzes (VVG), und der Vertrag endet. Eine teilweise Befreiung von der Beitragszahlungspflicht können Sie nur verlangen, wenn die verbleibende beitragspflichtige Berufsunfähigkeitsrente mindestens ...[34] beträgt.

(5) Der Rückkaufswert mindert sich um rückständige Beiträge. Außerdem nehmen wir einen Abzug in Höhe von ...[35] vor. Der Abzug ist zulässig, wenn er angemessen ist. Dies ist im Zweifel von uns nachzuweisen. Wir halten den Abzug für angemessen, weil mit ihm die Veränderung der Risikolage des verbleibenden Versichertenbestandes[36] ausgeglichen wird. Zudem wird damit ein Ausgleich für kollektiv gestelltes Risikokapital vorgenommen.[37] Wenn Sie uns nachweisen, dass der aufgrund Ihres Verlangens der Beitragsfreistel-

---

29 Unternehmensindividuell zu ergänzen.
30 Ggf. unternehmensindividuell anzupassen, wenn im Bedingungswerk eine andere Diktion veranlasst ist.
31 Ggf. unternehmensindividuell anzupassen, wenn auch aus anderen Gründen oder nur in eingeschränktem Umfang, also nicht aus allen oben genannten Gründen, ein Abzug erfolgen soll.
32 Unternehmensindividuell zu ergänzen.
33 Unternehmensindividuell zu ergänzen.
34 Unternehmensindividuell zu ergänzen.
35 Unternehmensindividuell zu ergänzen.
36 Ggf. unternehmensindividuell anzupassen, wenn im Bedingungswerk eine andere Diktion veranlasst ist.
37 Ggf. unternehmensindividuell zu erläutern und ggf. anzupassen, wenn auch aus anderen Gründen oder nur in eingeschränktem Umfang, also nicht aus allen oben genannten Gründen, ein Abzug erfolgen soll.

lung von uns vorgenommene Abzug wesentlich niedriger liegen muss, wird er entsprechend herabgesetzt. Wenn Sie uns nachweisen, dass der Abzug überhaupt nicht gerechtfertigt ist, entfällt er.

(6) Ist die versicherte Person *(das ist die Person auf deren Berufsfähigkeit die Versicherung abgeschlossen ist.)* zum Zeitpunkt der Beitragsfreistellung berufsunfähig, bleiben Ansprüche auf Grund bereits vor Beitragsfreistellung eingetretener Berufsunfähigkeit unberührt.

Kündigung

(7) Wenn Sie laufende Beiträge, also keinen Einmalbeitrag zahlen, können Sie Ihre Berufsunfähigkeits-Versicherung jederzeit zum Schluss der laufenden Versicherungsperiode (siehe § 13 Absatz 2 Satz 3) in Textform *(z. B. Papierform, E-Mail)* kündigen. Nach dem Beginn der Zahlung von Renten wegen Berufsunfähigkeit können Sie nicht mehr kündigen.

(8) Sie können Ihren Vertrag auch **teilweise** kündigen, wenn die verbleibende Berufsunfähigkeitsrente mindestens ...[38] beträgt. Ist diese Rente niedriger, hat das zur Folge, dass Ihre Teilkündigung unwirksam ist. Wenn Sie in diesem Fall Ihren Vertrag beenden wollen, müssen Sie diese also **ganz** kündigen.

(9) Mit Ihrer Voll- oder Teilkündigung (Absatz 7 und 8) wandelt sich Ihre Berufsunfähigkeits-Versicherung ganz oder teilweise in eine beitragsfreie Versicherung gemäß Absätze 1 bis 3 um.

Keine Beitragsrückzahlung

(10) Die Rückzahlung der Beiträge können Sie nicht verlangen.

§ 16 Wie werden die Kosten Ihres Vertrages verrechnet?

(1) Mit Ihrem Vertrag sind Kosten verbunden. Diese sind in Ihren Beitrag einkalkuliert. Es handelt sich um Abschluss- und Vertriebskosten sowie übrige Kosten.

Zu den **Abschluss- und Vertriebskosten** gehören insbesondere Abschlussprovisionen für den Versicherungsvermittler. Außerdem umfassen die Abschluss- und Vertriebskosten die Kosten für die Antragsprüfung und Ausfertigung der Vertragsunterlagen, Sachaufwendungen, die im Zusammenhang mit der Antragsbearbeitung stehen, sowie Werbeaufwendungen. Zu den **übrigen Kosten** gehören insbesondere die Verwaltungskosten.

Die Höhe der einkalkulierten Abschluss- und Vertriebskosten sowie der übrigen Kosten und der darin enthaltenen Verwaltungskosten können Sie dem ...[39] entnehmen.

(2) Wir wenden auf Ihren Vertrag das Verrechnungsverfahren nach § 4 der Deckungsrückstellungsverordnung an. Dies bedeutet, dass wir die ersten Beiträge zur Tilgung eines Teils der Abschluss- und Vertriebskosten heranziehen. Dies gilt jedoch nicht für den Teil der ersten Beiträge, der für Leistungen im Versicherungsfall, Kosten des Versicherungsbetriebs in der jeweiligen Versicherungsperiode und aufgrund von gesetzlichen Regelungen für die Bildung einer Deckungsrückstellung bestimmt ist. Der auf diese Weise zu tilgende Betrag

---

[38] Unternehmensindividuell zu ergänzen.
[39] Unternehmensindividuell zu ergänzen.

ist nach der Deckungsrückstellungsverordnung auf 2,5 % der von Ihnen während der Laufzeit des Vertrages zu zahlenden Beiträge beschränkt.[40]

(3) Die restlichen Abschluss- und Vertriebskosten werden über die gesamte Beitragszahlungsdauer verteilt, die übrigen Kosten über die gesamte Vertragslaufzeit.

(4) Die beschriebene Kostenverrechnung hat zur Folge, dass in der Anfangszeit Ihres Vertrages nur geringe Beträge zur Bildung der beitragsfreien Berufsunfähigkeitsrente vorhanden sind (siehe § 15). Nähere Informationen zur beitragsfreien Berufsunfähigkeitsrente können Sie der Tabelle ...[41] entnehmen.

§ 17 Was gilt bei Änderung Ihrer Postanschrift und Ihres Namens?

(1) Eine Änderung Ihrer Postanschrift müssen Sie uns unverzüglich *(d. h. ohne schuldhaftes Zögern)* mitteilen. Anderenfalls können für Sie Nachteile entstehen. Wir sind berechtigt, eine an Sie zu richtende Erklärung *(z. B. Setzen einer Zahlungsfrist)* mit eingeschriebenem Brief an Ihre uns zuletzt bekannte Anschrift zu senden. In diesem Fall gilt unsere Erklärung drei Tage nach Absendung des eingeschriebenen Briefes als zugegangen. Dies gilt auch, wenn Sie den Vertrag für Ihren Gewerbebetrieb abgeschlossen und Ihre gewerbliche Niederlassung verlegt haben.

(2) Bei Änderung Ihres Namens gilt Absatz 1 entsprechend.

§ 18 Welche weiteren Auskunftspflichten haben Sie?

(1) Sofern wir aufgrund gesetzlicher Regelungen zur Erhebung, Speicherung, Verarbeitung und Meldung von Informationen und Daten zu Ihrem Vertrag verpflichtet sind, müssen Sie uns die hierfür notwendigen Informationen, Daten und Unterlagen
– bei Vertragsabschluss,
– bei Änderung nach Vertragsabschluss oder
– auf Nachfrage

unverzüglich – d. h. ohne schuldhaftes Zögern – zur Verfügung stellen. Sie sind auch zur Mitwirkung verpflichtet, soweit der Status dritter Personen, die Rechte an ihrem Vertrag haben, für Datenerhebungen und Meldungen maßgeblich ist.

(2) Notwendige Informationen im Sinne von Absatz 1 sind beispielsweise Umstände, die für die Beurteilung
– Ihrer persönlichen steuerlichen Ansässigkeit,
– der steuerlichen Ansässigkeit dritter Personen, die Rechte an ihrem Vertrag haben und
– der steuerlichen Ansässigkeit des Leistungsempfängers

maßgebend sein können.

---

40 Diese Bestimmung ist nur bei der Verwendung des Zillmerverfahrens aufzunehmen.
41 Unternehmensindividuell zu ergänzen.

Dazu zählen insbesondere die deutsche oder ausländische(n) Steueridentifikationsnummer(n), das Geburtsdatum, der Geburtsort und der Wohnsitz. Welche Umstände dies nach derzeitiger Gesetzeslage im Einzelnen sind, können Sie der ...[42] entnehmen.

(3) Falls Sie uns die notwendigen Informationen, Daten und Unterlagen nicht oder nicht rechtzeitig zur Verfügung stellen, gilt Folgendes: Bei einer entsprechenden gesetzlichen Verpflichtung melden wir Ihre Vertragsdaten an die zuständigen in- oder ausländischen Steuerbehörden. Dies gilt auch dann, wenn ggf. keine steuerliche Ansässigkeit im Ausland besteht.

(4) Eine Verletzung Ihrer Auskunftspflichten gemäß den Absätzen 1 und 2 kann dazu führen, dass wir unsere Leistung nicht zahlen. Dies gilt solange, bis Sie uns die für die Erfüllung unserer gesetzlichen Pflichten notwendigen Informationen zur Verfügung gestellt haben.

§ 19 Welche Kosten stellen wir Ihnen gesondert in Rechnung?

(1) In folgenden Fällen stellen wir Ihnen pauschal zusätzliche Kosten gesondert in Rechnung: ...[43]

(2) Wir haben uns bei der Bemessung der Pauschale an dem bei uns regelmäßig entstehenden Aufwand orientiert. Sofern Sie uns nachweisen, dass die der Bemessung zugrunde liegenden Annahmen in Ihrem Fall dem Grunde nach nicht zutreffen, entfällt die Pauschale. Sofern Sie uns nachweisen, dass die Pauschale der Höhe nach wesentlich niedriger zu beziffern ist, wird sie entsprechend herabgesetzt.

§ 20 Welches Recht findet auf Ihren Vertrag Anwendung?

Auf Ihren Vertrag findet das Recht der Bundesrepublik Deutschland Anwendung.

§ 21 Wo ist der Gerichtsstand?

(1) Für Klagen aus dem Vertrag **gegen uns** ist das Gericht zuständig, in dessen Bezirk unser Sitz oder die für den Vertrag zuständige Niederlassung liegt. Zuständig ist auch das Gericht, in dessen Bezirk Sie zur Zeit der Klageerhebung Ihren Wohnsitz haben. Wenn Sie keinen Wohnsitz haben, ist der Ort Ihres gewöhnlichen Aufenthalts maßgeblich. Wenn Sie eine juristische Person sind, ist auch das Gericht zuständig, in dessen Bezirk Sie Ihren Sitz oder Ihre Niederlassung haben.[44]

(2) Klagen aus dem Vertrag **gegen Sie** müssen wir bei dem Gericht erheben, das für Ihren Wohnsitz zuständig ist. Wenn Sie keinen Wohnsitz haben, ist der Ort Ihres gewöhnlichen Aufenthalts maßgeblich. Wenn Sie eine juristische Person sind, ist das Gericht zuständig, in dessen Bezirk Sie Ihren Sitz oder Ihre Niederlassung haben.

---

42 Unternehmensindividuell zu ergänzen. Hierbei ist darauf zu achten, dass die Bereitstellung nur solcher Daten verlangt wird, die zur Erfüllung der gesetzlich geregelten Verpflichtungen des Unternehmens erforderlich sind. Diese sollten ausdrücklich genannt werden.

43 Unternehmensindividuell auszufüllen (z. B. Kosten für die Ausstellung eines Ersatz-Versicherungsscheins, Fristsetzung in Textform bei Nichtzahlung von Folgebeiträgen, Rückläufer im Lastschriftverfahren).

44 Die Einbeziehung juristischer Personen gründet auf § 215 VVG bzw. § 38 Abs. 1 ZPO.

(3) Verlegen Sie Ihren Wohnsitz oder den Ort Ihres gewöhnlichen Aufenthalts in das Ausland, sind für Klagen aus dem Vertrag die Gerichte des Staates zuständig, in dem wir unseren Sitz haben.

Anhang 2 Allgemeine Bedingungen für die Berufsunfähigkeits-Zusatzversicherung [1]

[1] Sofern von der Möglichkeit des § 1 Abs. 2 VVG-InfoV Gebrauch gemacht wird, ist darauf zu achten, dass die danach notwendige Hervorhebung des Textes sich von der vereinzelten Kenntlichmachung durch Fettdruck in diesen Bedingungen unterscheidet.[1]

Stand: 2.2.2016

Hinweis
Diese Bedingungen des Gesamtverbandes der Deutschen Versicherungswirtschaft e.V. (GDV) sind für die Versicherer unverbindlich; ihre Verwendung ist rein fakultativ. Abweichende Bedingungen können vereinbart werden. Abdruck mit freundlicher Genehmigung des GDV; die jeweils aktuellen Bedingungen können kostenfrei auf der Website des GDV (*www.gdv.de*) abgerufen werden.

Sehr geehrte Kundin, sehr geehrter Kunde,

mit diesen Versicherungsbedingungen wenden wir uns an Sie als unseren Versicherungsnehmer und Vertragspartner.

Inhaltsverzeichnis

§ 1	Welche Leistungen erbringen wir?
§ 2	Was ist Berufsunfähigkeit im Sinne dieser Bedingungen?
§ 3	In welchen Fällen ist der Versicherungsschutz ausgeschlossen?
§ 4	Was ist zu beachten, wenn eine Leistung verlangt wird?
§ 5	Wann geben wir eine Erklärung über unsere Leistungspflicht ab?
§ 6	Was gilt nach Anerkennung der Berufsunfähigkeit?
§ 7	Was gilt bei einer Verletzung der Mitwirkungspflichten im Rahmen der Nachprüfung?
§ 8	Welche Besonderheiten gelten für die Überschussbeteiligung?
§ 9	Wie ist das Verhältnis zur Hauptversicherung?

§ 1 Welche Leistungen erbringen wir?

Unsere Leistung bei Berufsunfähigkeit

(1) Wird die versicherte Person *(das ist die Person, auf deren Berufsfähigkeit die Versicherung abgeschlossen ist)* während der Versicherungsdauer dieser Zusatzversicherung berufsunfähig (siehe § 2 Absatz 1 oder 2), erbringen wir folgende Leistungen:

a) Wir befreien Sie von der Beitragszahlungspflicht für die Hauptversicherung und die eingeschlossenen Zusatzversicherungen, längstens für die vereinbarte Leistungsdauer

b) Wir zahlen die Berufsunfähigkeitsrente, wenn diese mitversichert ist, längstens für die vereinbarte Leistungsdauer.

Die Versicherungsdauer ist der Zeitraum, innerhalb dessen Versicherungsschutz besteht. Mit Leistungsdauer wird der Zeitraum bezeichnet, bis zu dessen Ablauf eine während der Versicherungsdauer anerkannte Leistung längstens erbracht wird.

---

1 Fußnote der Überschrift aus technischen Gründen hierher verschoben.

Unsere Leistung bei Berufsunfähigkeit infolge Pflegebedürftigkeit

(2) Wird die versicherte Person während der Versicherungsdauer dieser Zusatzversicherung berufsunfähig infolge Pflegebedürftigkeit (siehe § 2 Absätze 4 bis 8), ohne dass Berufsunfähigkeit im Sinne von § 2 Absatz 1 oder 2 vorliegt, erbringen wir folgende Versicherungsleistungen:

a) Wir befreien Sie von der Beitragszahlungspflicht für die Hauptversicherung und die eingeschlossenen Zusatzversicherungen, längstens für die vereinbarte Leistungsdauer;
b) Wir zahlen eine Berufsunfähigkeitsrente, wenn diese mitversichert ist, längstens für die vereinbarte Leistungsdauer.
 - in Höhe von ... %[2] der vereinbarte Berufsunfähigkeitsrente bei Pflegestufe III
 - in Höhe von ... %[2] der vereinbarte Berufsunfähigkeitsrente bei Pflegestufe II
 - in Höhe von ... %[2] der vereinbarte Berufsunfähigkeitsrente bei Pflegestufe I.

Weitere Regelungen zu unseren Leistungen

(3) Der Anspruch auf Beitragsbefreiung und Rentenzahlung entsteht mit Ablauf des Monats, in dem die Berufsunfähigkeit eingetreten ist. Sie müssen uns die Berufsunfähigkeit in Textform *(z. B. Papierform oder E-Mail)* mitteilen. Wird uns die Berufsunfähigkeit später als ...[2] nach ihrem Eintritt mitgeteilt, entsteht der Anspruch auf die Leistung erst mit Beginn des Monates der Mitteilung. Diese Einschränkung gilt nicht, wenn die verspätete Mitteilung nicht verschuldet worden ist. Der Anspruch auf eine Erhöhung der Berufsunfähigkeitsrente wegen einer höheren Pflegestufe entsteht frühestens mit Beginn des Monats, in dem uns die Erhöhung der Pflegestufe mitgeteilt wird.

(4) Der Anspruch auf Beitragsbefreiung und Rentenzahlung endet, wenn
- Berufsunfähigkeit im Sinne dieser Bedingungen nicht mehr vorliegt,
- die versicherte Person stirbt oder
- die vereinbarte Leistungsdauer abläuft.

(5) Bis zur Entscheidung über die Leistungspflicht müssen Sie die Beiträge in voller Höhe weiter entrichten; wir werden diese jedoch bei Anerkennung der Leistungspflicht zurückzahlen.

(6) Der Versicherungsschutz besteht weltweit.[3]

(7) Renten zahlen wir monatlich im Voraus.[4]

(8) Wir beteiligen Sie an den Überschüssen und an den Bewertungsreserven (siehe § 8).

§ 2 Was ist Berufsunfähigkeit im Sinne dieser Bedingungen?

Berufsunfähigkeit

(1) Berufsunfähigkeit liegt vor, wenn die versicherte Person *(das ist die Person, auf deren Berufsfähigkeit die Versicherung abgeschlossen ist)* infolge Krankheit, Körperverletzung oder mehr als altersentsprechenden Kräfteverfalls, die ärztlich nachzuweisen sind, voraus-

---

[2] Unternehmensindividuell zu ergänzen.
[3] Unternehmensindividuell anzupassen.
[4] Unternehmensindividuell zu ergänzen bzw. anzupassen.

sichtlich auf Dauer [alternativ: mindestens ... %[5] Monate/Jahre] ihren zuletzt ausgeübten Beruf, so wie er ohne gesundheitliche Beeinträchtigung ausgestaltet war, nicht mehr zu mindestens ... %[6] ausüben kann und auch keine andere Tätigkeit ausübt, die ihrer bisherigen Lebensstellung entspricht.

(2) Ist die versicherte Person ...[7] Monate ununterbrochen in Folge Krankheit, Körperverletzung oder mehr als altersentsprechenden Kräfteverfalls, die ärztlich nachzuweisen sind, zu mindestens ... %[8] außerstande gewesen, ihren zuletzt ausgeübten Beruf, so wie er ohne gesundheitliche Beeinträchtigung ausgestaltet war, auszuüben und hat sie in dieser Zeit auch keine andere Tätigkeit ausgeübt, die ihrer bisherigen Lebensstellung entspricht, gilt die Fortdauer dieses Zustandes als Berufsunfähigkeit.

1. Bemerkung:

Für den Fall, dass bei entsprechender Tarifierung eine abstrakte Verweisung erfolgt, lauten die Absätze 1 und 2 wie folgt:

(1) Berufsunfähigkeit liegt vor, wenn die versicherte Person *(das ist die Person, auf deren Berufsfähigkeit die Versicherung abgeschlossen ist)* infolge Krankheit, Körperverletzung oder mehr als altersentsprechenden Kräfteverfalls, die ärztlich nachzuweisen sind,

voraussichtlich auf Dauer [alternativ: mindestens ...[9] Monate/Jahre] ihren zuletzt ausgeübten Beruf, so wie er ohne gesundheitliche Beeinträchtigung ausgestaltet war, nicht mehr zu mindestens ... %[10] ausüben kann und außerstande ist, eine andere Tätigkeit auszuüben, zu der sie aufgrund ihrer Ausbildung und Fähigkeiten in der Lage ist und die ihrer bisherigen Lebensstellung entspricht.[11]

(2) Ist die versicherte Person ...[12] Monate ununterbrochen infolge Krankheit, Körperverletzung oder mehr als altersentsprechenden Kräfteverfalls, die ärztlich nachzuweisen sind, zu mindestens ...[13] außerstande gewesen, ihren zuletzt ausgeübten Beruf, so wie er ohne gesundheitliche Beeinträchtigung ausgestaltet war, oder eine andere Tätigkeit auszuüben, zu der sie aufgrund ihrer Ausbildung und Fähigkeiten in der Lage ist und die ihrer bisherigen Lebensstellung entspricht, gilt die Fortdauer dieses Zustands als Berufsunfähigkeit.

2. Bemerkung:

Wenn abweichend von Absatz 2 rückwirkend von einem früheren Zeitpunkt an geleistet werden soll, sind die Bedingungen entsprechend zu ändern bzw. zu ergänzen.

(3) Scheidet die versicherte Person aus dem Berufsleben aus und werden später Leistungen wegen Berufsunfähigkeit beantragt, kommt es bei der Anwendung der Absätze 1 und 2

---

5 Unternehmensindividuell zu ergänzen.
6 Unternehmensindividuell zu ergänzen.
7 Unternehmensindividuell zu ergänzen.
8 Unternehmensindividuell anzupassen.
9 Unternehmensindividuell zu ergänzen.
10 Unternehmensindividuell anzupassen.
11 Ggf. um eine Regelung zur Umorganisation bei Selbstständigen zu ergänzen.
12 Unternehmensindividuell zu ergänzen.
13 Unternehmensindividuell zu ergänzen.

darauf an, dass die versicherte Person außerstande ist, eine Tätigkeit auszuüben, zu der sie aufgrund ihrer Ausbildung und Fähigkeiten in der Lage ist und die ihrer bisherigen Lebensstellung entspricht.

Berufsunfähigkeit infolge Pflegebedürftigkeit

(4) Berufsunfähigkeit infolge Pflegebedürftigkeit liegt vor, wenn die versicherte Person infolge Krankheit, Körperverletzung oder mehr als altersentsprechenden Kräfteverfalls, die ärztlich nachzuweisen sind, voraussichtlich auf Dauer für die in Absatz 6 genannten gewöhnlichen und regelmäßig wiederkehrenden Verrichtungen im Ablauf des täglichen Lebens täglich der Hilfe einer anderen Person bedarf.

(5) Ist die versicherte Person …[14] Monate ununterbrochen pflegebedürftig mindestens im Rahmen der Pflegestufe I (siehe Absätze 6 bis 8) gewesen, gilt die Fortdauer dieses Zustandes als Berufsunfähigkeit infolge Pflegebedürftigkeit. Die Pflegebedürftigkeit ist ärztlich nachzuweisen.

(6) Bewertungsmaßstab für die Einstufung des Pflegefalls ist die Art und der Umfang der erforderlichen täglichen Hilfe durch eine andere Person. Bei der Bewertung wird die nachstehende Punktetabelle zugrunde gelegt:

Die versicherte Person benötigt Hilfe beim

– Fortbewegen im Zimmer   1 Punkt

Hilfebedarf liegt vor, wenn die versicherte Person – auch bei Inanspruchnahme einer Gehhilfe oder eines Rollstuhls – die Unterstützung einer anderen Person für die Fortbewegung benötigt.

– Aufstehen und Zubettgehen   1 Punkt

Hilfebedarf liegt vor, wenn die versicherte Person nur mit Hilfe einer anderen Person das Bett verlassen oder in das Bett gelangen kann.

– An- und Auskleiden   1 Punkt

Hilfebedarf liegt vor, wenn die versicherte Person – auch bei Benutzung krankengerechter Kleidung – sich nicht ohne Hilfe einer anderen Person an- oder auskleiden kann.

– Einnehmen von Mahlzeiten und Getränken   1 Punkt

Hilfebedarf liegt vor, wenn die versicherte Person – auch bei Benutzung krankengerechter Essbestecke und Trinkgefäße – nicht ohne Hilfe einer anderen Person essen oder trinken kann.

– Waschen, Kämmen oder Rasieren   1 Punkt

Hilfebedarf liegt vor, wenn die versicherte Person von einer anderen Person gewaschen, gekämmt oder rasiert werden muss, da sie selbst nicht mehr fähig ist, die dafür erforderlichen Körperbewegungen auszuführen.

– Verrichten der Notdurft   1 Punkt

---

14 Unternehmensindividuell zu ergänzen.

Hilfebedarf liegt vor, wenn die versicherte Person die Unterstützung einer anderen Person benötigt, weil sie
- sich nach dem Stuhlgang nicht allein säubern kann,
- ihre Notdurft nur unter Zuhilfenahme einer Bettschüssel verrichten kann oder weil
- der Darm bzw. die Blase nur mit fremder Hilfe entleert werden kann.

Besteht allein eine Inkontinenz des Darms bzw. der Blase, die durch die Verwendung von Windeln oder speziellen Einlagen ausgeglichen werden kann, liegt hinsichtlich der Verrichtung der Notdurft keine Pflegebedürftigkeit vor.

(7) Der Pflegefall wird nach der Anzahl der Punkte eingestuft. Wir leisten
- aus der Pflegestufe I: bei ... Punkten[15]
- aus der Pflegestufe II: bei ... Punkten[16]

    Unabhängig von der Bewertung aufgrund der Punktetabelle liegt die Pflegestufe II vor, wenn die versicherte Person wegen einer seelischen Erkrankung oder geistigen Behinderung sich oder andere gefährdet und deshalb täglicher Beaufsichtigung bedarf.
- aus der Pflegestufe III: bei ... Punkten[17]

    Unabhängig von der Bewertung aufgrund der Punktetabelle liegt die Pflegestufe III vor, wenn die versicherte Person dauernd bettlägerig ist und nicht ohne Hilfe einer anderen Person aufstehen kann oder wenn die versicherte Person der Bewahrung bedarf.

Bewahrung liegt vor, wenn die versicherte Person wegen einer seelischen Erkrankung oder geistigen Behinderung sich oder andere in hohem Maße gefährdet und deshalb nicht ohne ständige Beaufsichtigung bei Tag und Nacht versorgt werden kann.

(8) Vorübergehende akute Erkrankungen führen zu keiner höheren Einstufung. Vorübergehende Besserungen bleiben ebenfalls unberücksichtigt. Eine Erkrankung oder Besserung gilt dann nicht als vorübergehend, wenn sie nach ...[18] Monaten noch anhält.

§ 3 In welchen Fällen ist der Versicherungsschutz ausgeschlossen?

Grundsätzlich besteht unsere Leistungspflicht unabhängig davon, auf welcher Ursache die Berufsunfähigkeit beruht. Es besteht kein Versicherungsschutz, wenn die Berufsunfähigkeit verursacht ist:

a) durch vorsätzliche Ausführung oder den Versuch einer Straftat durch die versicherte Person *(das ist die Person, auf deren Berufsfähigkeit die Versicherung abgeschlossen ist)*;

b) durch innere Unruhen, sofern die versicherte Person auf Seiten der Unruhestifter teilgenommen hat;

c) durch folgende von der versicherten Person vorgenommene Handlungen
- absichtliche Herbeiführung von Krankheit,
- absichtliche Herbeiführung von mehr als altersentsprechenden Kräfteverfalls,

---

15 Unternehmensindividuell zu ergänzen.
16 Unternehmensindividuell zu ergänzen.
17 Unternehmensindividuell zu ergänzen.
18 Unternehmensindividuell zu ergänzen.

- absichtliche Selbstverletzung oder
- versuchte Selbsttötung

Wir werden jedoch leisten, wenn uns nachgewiesen wird, dass die versicherte Person diese Handlungen in einem die freie Willensbestimmung ausschließenden Zustand krankhafter Störung der Geistestätigkeit begangen hat.

d) durch eine widerrechtliche Handlung, mit der Sie als Versicherungsnehmer vorsätzlich die Berufsunfähigkeit der versicherten Person herbeigeführt haben;
e) durch Strahlen infolge Kernenergie, die das Leben oder die Gesundheit zahlreicher Menschen derart gefährden, dass zur Abwehr der Gefährdung eine Katastrophenschutzbehörde oder vergleichbare Behörde tätig wurde;
f) unmittelbar oder mittelbar durch Kriegsereignisse. Unsere Leistungen sind nicht ausgeschlossen, wenn die versicherte Person in unmittelbarem oder mittelbarem Zusammenhang mit kriegerischen Ereignissen berufsunfähig wird, denen sie während eines Aufenthalts außerhalb der Bundesrepublik Deutschland ausgesetzt und an denen sie nicht aktiv beteiligt war.
g) unmittelbar oder mittelbar durch den vorsätzlichen Einsatz von atomaren, biologischen oder chemischen Waffen oder den vorsätzlichen Einsatz oder die vorsätzliche Freisetzung von radioaktiven, biologischen oder chemischen Stoffen, sofern der Einsatz oder das Freisetzen darauf gerichtet sind, das Leben oder die Gesundheit einer Vielzahl von Personen zu gefährden. Unsere Leistungen sind nicht ausgeschlossen, wenn die versicherte Person in unmittelbarem oder mittelbarem Zusammenhang mit kriegerischen Ereignissen berufsunfähig wird, denen sie während eines Aufenthalts außerhalb der Bundesrepublik Deutschland ausgesetzt und an denen sie nicht aktiv beteiligt war.

§ 4 Was ist zu beachten, wenn eine Leistung verlangt wird?

(1) Wird eine Leistung aus der Berufsunfähigkeits-Zusatzversicherung beansprucht, müssen uns auf Kosten des Anspruchserhebenden folgende Auskünfte, die zur Feststellung unserer Leistungspflicht erforderlich sind, gegeben und Nachweise vorgelegt werden:

a) ein Zeugnis über den Tag der Geburt der versicherten Person *(das ist die Person, auf deren Berufsfähigkeit die Versicherung abgeschlossen ist)*;
b) eine Darstellung der Ursache für den Eintritt der Berufsunfähigkeit;
c) ausführliche Berichte der Ärzte, die die versicherte Person gegenwärtig behandeln, bzw. behandelt oder untersucht haben, über Ursache, Beginn, Art, Verlauf und voraussichtliche Dauer des Leidens der versicherten Person sowie über den Grad der Berufsunfähigkeit oder über die Pflegestufe;
d) eine Beschreibung des zuletzt ausgeübten Berufs der versicherten Person, deren Stellung und Tätigkeit im Zeitpunkt des Eintritts der Berufsunfähigkeit sowie über danach eingetretene Veränderungen;
e) Angaben über Einkommen aus beruflicher Tätigkeit;
f) bei Berufsunfähigkeit infolge Pflegebedürftigkeit zusätzlich eine Bescheinigung der Person oder der Einrichtung, die mit der Pflege betraut ist, über Art und Umfang der Pflege;

g) eine Aufstellung
- der Ärzte, Krankenhäuser, Krankenanstalten, Pflegeeinrichtungen oder Pflegepersonen, bei denen die versicherte Person in Behandlung war, ist oder – sofern bekannt – sein wird,
- der Versicherungsgesellschaften, Sozialversicherungsträger oder sonstiger Versorgungsträger, bei denen die versicherte Person ebenfalls Leistungen wegen Berufsunfähigkeit geltend machen könnte,
- über den derzeitigen Arbeitgeber und frühere Arbeitgeber der versicherten Person.

(2) Wir können außerdem auf unsere Kosten weitere ärztliche Untersuchungen durch von uns beauftragte Ärzte sowie notwendige Nachweise – auch über die wirtschaftlichen Verhältnisse und ihre Veränderungen – verlangen, insbesondere zusätzliche Auskünfte und Aufklärungen.

(3) Wird eine Erhöhung der Berufsunfähigkeitsrente wegen einer höheren Pflegestufe verlangt, gelten die Absätze 1 und 2 sinngemäß.

(4) Unsere Leistungen werden fällig, nachdem wir die Erhebungen abgeschlossen haben, die zur Feststellung des Versicherungsfalls und des Umfangs unserer Leistungspflicht notwendig sind. Wenn Sie eine der genannten Pflichten nicht erfüllen, kann dies zur Folge haben, dass wir nicht feststellen können, ob oder in welchem Umfang wir leistungspflichtig sind. Eine Pflichtverletzung kann somit dazu führen, dass unsere Leistung nicht fällig wird.

(5) Bei Überweisung von Leistungen in Länder außerhalb des Europäischen Wirtschaftsraumes trägt die empfangsberechtigte Person die damit verbundene Gefahr.

§ 5 Wann geben wir eine Erklärung über unsere Leistungspflicht ab?

(1) Nach Prüfung der uns eingereichten sowie der von uns beigezogenen Unterlagen erklären wir in Textform *(z. B. Papierform oder E-Mail)*, ob und in welchem Umfang wir eine Leistungspflicht anerkennen.

(2) Wir können unsere Leistungspflicht einmalig zeitlich befristet anerkennen, wenn hierfür ein sachlicher Grund besteht, den wir Ihnen mitteilen werden. Bis zum Ablauf der Frist ist dieses Anerkenntnis für uns bindend.

§ 6 Was gilt nach Anerkennung der Berufsunfähigkeit?

Nachprüfung

(1) Wenn wir unsere Leistungspflicht unbefristet anerkannt haben oder sie gerichtlich festgestellt worden ist, sind wir berechtigt, das Fortbestehen der Berufsunfähigkeit oder die Pflegestufe nachzuprüfen. Dabei können wir erneut prüfen, ob die versicherte Person *(das ist die Person, auf deren Berufsunfähigkeit die Versicherung abgeschlossen ist)* eine andere Tätigkeit im Sinne von § 2 ausübt[19], wobei neu erworbene berufliche Fähigkeiten zu berücksichtigen sind.

---

19 Falls nach der Tarifierung eine abstrakte Verweisung erfolgt, muss es heißen: „... andere Tätigkeit im Sinne von § 2 ausüben kann".

(2) Zur Nachprüfung können wir jederzeit sachdienliche Auskünfte anfordern und einmal jährlich verlangen, dass sich die versicherte Person durch von uns beauftragte Ärzte umfassend untersuchen lässt. Hierbei anfallende Kosten sind von uns zu tragen. Die Bestimmungen des § 4 Absatz 2 und 3 gelten entsprechend.

Mitteilungspflicht

(3) Sie müssen uns unverzüglich *(d. h. ohne schuldhaftes Zögern)* mitteilen, wenn sich die Berufsunfähigkeit oder die Pflegebedürftigkeit mindern oder wegfallen oder eine berufliche Tätigkeit wiederaufgenommen wird bzw. sich ändert.

Leistungsfreiheit

(4) Wir sind leistungsfrei, wenn wir feststellen, dass die in § 1 und § 2 genannten Voraussetzungen der Leistungspflicht entfallen sind und wir Ihnen diese Veränderung in Textform *(z. B. Papierform oder E-Mail)* darlegen. Unsere Leistungen können wir mit Ablauf des dritten Monats nach Zugang unserer Erklärung bei Ihnen einstellen. Ab diesem Zeitpunkt müssen Sie auch die Beiträge wieder zahlen. Ist keine Berufsunfähigkeitsrente mitversichert, muss die Beitragszahlung zu Beginn des darauffolgenden Beitragszahlungsabschnitts wieder aufgenommen werden.

(5) Liegt Berufsunfähigkeit infolge Pflegebedürftigkeit vor und hat sich die Art des Pflegefalls geändert oder sein Umfang gemindert, setzen wir unsere Leistungen herab oder stellen sie ein. Absatz 4 Satz 2 bis 4 gelten entsprechend, wenn wir unsere Leistungen einstellen.

§ 7 Was gilt bei einer Verletzung der Mitwirkungspflichten im Rahmen der Nachprüfung?

Solange eine Mitwirkungspflicht nach § 6 von Ihnen, der versicherten Person *(das ist die Person, auf deren Berufsfähigkeit die Versicherung abgeschlossen ist)* oder dem Anspruchserhebenden vorsätzlich nicht erfüllt wird, leisten wir nicht. Bei grob fahrlässiger Verletzung einer Mitwirkungspflicht sind wir berechtigt, unsere Leistung in einem der Schwere des Verschuldens entsprechenden Verhältnis zu kürzen. Beides gilt nur, wenn wir durch gesonderte Mitteilung in Textform *(z. B. Papierform oder E-Mail)* auf diese Rechtsfolgen hingewiesen haben.

Weisen Sie nach, dass die Mitwirkungspflicht nicht grob fahrlässig verletzt worden ist, bleibt unsere Leistungspflicht bestehen.

Die Ansprüche aus der Zusatzversicherung bleiben auch bestehen, soweit Sie uns nachweisen, dass die Verletzung ohne Einfluss auf die Feststellung oder den Umfang unserer Leistungspflicht ist. Das gilt nicht, wenn die Mitwirkungspflicht arglistig verletzt wird.

Wenn die Mitwirkungspflicht später erfüllt wird, sind wir ab Beginn des laufenden Monats nach Maßgabe dieser Bedingungen zur Leistung verpflichtet.

§ 8 Welche Besonderheiten gelten für die Überschussbeteiligung?

(1) Sie erhalten gemäß § 153 des Versicherungsvertragsgesetzes (VVG) eine Überschussbeteiligung. Dafür gelten die Regelungen zur Überschussbeteiligung in den Allgemeinen Bedingungen Ihrer Hauptversicherung. Nachfolgend erläutern wir Ihnen die Besonderheiten der Überschussbeteiligung dieser Zusatzversicherung.

(2) Wichtigster Einflussfaktor vor Eintritt einer Berufsunfähigkeit ist die Entwicklung des versicherten Risikos und der Kosten. Überschüsse entstehen insbesondere, wenn die Aufwendungen für das Berufsunfähigkeitsrisiko und die Kosten sich günstiger entwickeln als bei der Tarifkalkulation zugrunde gelegt.

(3) Die Beiträge für Ihre Zusatzversicherung dienen vorrangig der Deckung von Berufsunfähigkeitsrisiken Es stehen daher vor Eintritt einer Berufsunfähigkeit keine oder allenfalls geringfügige Beträge zur Verfügung, aus denen Kapitalerträge entstehen können. Erst nach Eintritt einer Berufsunfähigkeit ist auch die Entwicklung des Kapitalmarktes von größerer Bedeutung.

(4) Aus diesem Grund entstehen vor Eintritt einer Berufsunfähigkeit auch keine oder nur geringfügige Bewertungsreserven. Soweit Bewertungsreserven überhaupt entstehen, wird deren Höhe jährlich neu ermittelt, zusätzlich auch
– für den Zeitpunkt der Beendigung Ihrer Zusatzversicherung vor Eintritt einer Berufsunfähigkeit,
– für den Beginn einer Rentenzahlung wegen Berufsunfähigkeit sowie
– während einer Rentenzahlung wegen Berufsunfähigkeit jeweils für das Ende eines Versicherungsjahres.[20]

§ 9 Wie ist das Verhältnis zur Hauptversicherung?

(1) Die Berufsunfähigkeits-Zusatzversicherung bildet mit der Versicherung, zu der sie abgeschlossen worden ist (Hauptversicherung), eine Einheit; sie kann ohne die Hauptversicherung nicht fortgesetzt werden. Spätestens wenn der Versicherungsschutz aus der Hauptversicherung endet, bei Rentenversicherungen spätestens mit dem vereinbarten Rentenzahlungsbeginn, endet die Zusatzversicherung.

(2) Wenn Sie für Ihre Berufsunfähigkeits-Zusatzversicherung laufende Beiträge, also keinen Einmalbeitrag zahlen, können Sie die Zusatzversicherung allein ganz oder teilweise in Textform *(z. B. Papierform oder E-Mail)* kündigen. In den letzten ...[21] Versicherungsjahren vor Ablauf der Hauptversicherung, bei Rentenversicherungen in den letzten ...[22] Jahren vor dem vereinbarten Rentenbeginn, kann die Berufsunfähigkeits-Zusatzversicherung nur zusammen mit der Hauptversicherung gekündigt werden. Einen Rückkaufswert aus der Berufsunfähigkeits-Zusatzversicherung – soweit vorhanden – erhalten Sie nur, wenn Sie die Zusatzversicherung zusammen mit der Hauptversicherung kündigen.

(3) Eine Berufsunfähigkeits-Zusatzversicherung, für die keine Beiträge mehr zu zahlen sind (beitragsfreie Berufsunfähigkeits-Zusatzversicherung, Berufsunfähigkeits-Zusatzversicherung gegen Einmalbeitrag), können Sie nur zusammen mit der Hauptversicherung kündigen.

(4) Die Berufsunfähigkeits-Zusatzversicherung können Sie nur zusammen mit der Hauptversicherung in eine beitragsfreie Versicherung umwandeln, und nur dann, wenn die bei-

---

20 Ggf. unternehmensindividuellen anderen Zeitpunkt verwenden.
21 Unternehmensindividuell zu ergänzen.
22 Unternehmensindividuell zu ergänzen.

tragsfreie Mindestrente von ...[23] erreicht wird. Das Verhältnis zwischen der Berufsunfähigkeitsrente und der Leistung aus der Hauptversicherung wird durch die Umwandlung in eine beitragsfreie Versicherung nicht verändert. Die beitragsfreie Berufsunfähigkeitsrente errechnen wir nach anerkannten Regeln der Versicherungsmathematik für den Schluss der laufenden Versicherungsperiode. Wird die Mindestrente nicht erreicht, verwenden wir das durch die Beitragsfreistellung zur Verfügung stehende Kapital nach Abzug gemäß Absatz 5 zur Erhöhung der beitragsfreien Leistung der Hauptversicherung.

(5) Der Rückkaufswert nach Absatz 2 und 3 bzw. der aus der Berufsunfähigkeits-Zusatzversicherung für die Bildung der beitragsfreien Berufsunfähigkeitsrente zur Verfügung stehende Betrag nach Absatz 4 mindert sich um rückständige Beiträge. Außerdem nehmen wir einen Abzug in Höhe von ...[24] vor. Der Abzug ist zulässig, wenn er angemessen ist. Dies ist im Zweifel von uns nachzuweisen. Wir halten den Abzug für

angemessen, weil mit ihm die Veränderung der Risikolage des verbleibenden Versicherungsbestandes[25] ausgeglichen wird. Zudem wird damit ein Ausgleich für kollektiv gestelltes Risikokapital vorgenommen.[26] Wenn Sie uns nachweisen, dass der aufgrund Ihrer Kündigung von uns vorgenommene Abzug wesentlich niedriger liegen muss, wird er entsprechend herabgesetzt. Wenn Sie uns nachweisen, dass der Abzug überhaupt nicht gerechtfertigt ist, entfällt er.

(6) Bei Herabsetzung der versicherten Leistung aus der Hauptversicherung gelten die Absätze 2 bis 5 entsprechend.

(7) Erbringen wir Leistungen aus der Berufsunfähigkeits-Zusatzversicherung, berechnen wir die Leistung aus der Hauptversicherung (Rückkaufswert, beitragsfreie Versicherungsleistung und Überschussbeteiligung der Hauptversicherung) so, als ob Sie den Beitrag unverändert weiter gezahlt hätten.

(8) Ansprüche aus der Berufsunfähigkeits-Zusatzversicherung, die auf bereits vor der Kündigung oder Beitragsfreistellung der Hauptversicherung eingetretener Berufsunfähigkeit beruhen, werden durch Kündigung oder Beitragsfreistellung der Hauptversicherung nicht berührt.

(9) Ansprüche aus der Berufsunfähigkeits-Zusatzversicherung können Sie nicht abtreten oder verpfänden.

(10) Soweit in diesen Bedingungen nichts anderes bestimmt ist, finden die Allgemeinen Bedingungen für die Hauptversicherung sinngemäß Anwendung.

---

23 Unternehmensindividuell zu ergänzen.
24 Unternehmensindividuell zu ergänzen.
25 Ggf. unternehmensindividuell anzupassen, wenn im Bedingungswerk eine andere Diktion veranlasst ist.
26 Ggf. unternehmensindividuell anzupassen, wenn auch aus anderen Gründen oder nur in eingeschränktem Umfang, also nicht aus allen oben genannten Gründen, ein Abzug erfolgen soll.

Anhang 3 Anhang der AVB zur Kündigung und Beitragsfreistellung [1] Ihrer Versicherung

[1] Bei Riesterprodukten ist der Begriff „Beitragsfreistellung" durch den Begriff „Ruhenlassen" zu ersetzen.[1]

Dieser Anhang ist für die Versicherer unverbindlich; seine Verwendung ist rein fakultativ. Abweichende Formulierungen können verwendet werden.

Die Kündigung oder die Beitragsfreistellung Ihrer Versicherung ist mit Nachteilen verbunden.

– Im Falle einer Kündigung erreicht der Rückkaufswert erst nach einem bestimmten Zeitpunkt die Summe der eingezahlten Beiträge, da aus diesen auch Abschluss- und Vertriebskosten sowie Kosten für die Verwaltung des gebildeten Kapitals finanziert werden und der in den AVB erwähnte Abzug erfolgt.[2] Bei seiner Kalkulation werden folgende Umstände berücksichtigt:[3]

Veränderungen der Risikolage

Die Kalkulation von Versicherungsprodukten basiert darauf, dass die Risikogemeinschaft sich gleichmäßig aus Versicherungsnehmern mit einem hohen und einem geringeren Risiko zusammensetzt. Da Personen mit einem geringen Risiko die Risikogemeinschaft eher verlassen als Personen mit einem hohen Risiko, wird in Form eines kalkulatorischen Ausgleichs sichergestellt, dass der Risikogemeinschaft durch die vorzeitige Vertragskündigung kein Nachteil entsteht.

Ausgleich für kollektiv gestelltes Risikokapital

Wir bieten Ihnen im Rahmen des vereinbarten Versicherungsschutzes Garantien und Optionen. Dies ist möglich, weil ein Teil des dafür erforderlichen Risikokapitals (Solvenzmittel) durch den Versichertenbestand zur Verfügung gestellt wird. Bei Neuabschluss eines Vertrages partizipiert dieser an bereits vorhandenen Solvenzmitteln. Während der Laufzeit muss der Vertrag daher Solvenzmittel zur Verfügung stellen. Bei Vertragskündigung gehen diese Solvenzmittel dem verbleibenden Bestand verloren und müssen deshalb im Rahmen des Abzugs ausgeglichen werden. Der interne Aufbau von Risikokapital ist regelmäßig für alle Versicherungsnehmer die günstigste Finanzierungsmöglichkeit von Optionen und Garantien, da eine Finanzierung über externes Kapital wesentlich teurer wäre.

– Im Falle der Beitragsfreistellung gelten vorstehende Ausführungen entsprechend.
– Sofern Sie uns nachweisen, dass die dem Abzug zugrunde liegenden Annahmen in Ihrem Fall entweder dem Grunde nach nicht zutreffen oder der Abzug wesentlich niedriger zu beziffern ist, entfällt der Abzug bzw. wird – im letzteren Falle – entsprechend herabgesetzt.

---

1 Fußnote der Überschrift aus technischen Gründen hierher verschoben.
2 Ggf. unternehmensindividuell modifizieren.
3 Die folgenden Ausführungen sind unternehmensindividuell anzupassen, sofern ein Abzug auch aus anderen Gründen oder aus nicht allen dort genannten Gründen erfolgt.

Vorbemerkungen zu den §§ 178 bis 191 VVG

Kapitel 7
Unfallversicherung

Vorbemerkungen zu den §§ 178 bis 191 VVG

Übersicht

	Rdn
A. Einführung	1
B. Begriff und Funktion der Unfallversicherung	2
C. Rechtsgrundlagen der Unfallversicherung	4
D. Geltung	10

A. Einführung

In der BRD ist die **private Unfallversicherung** weit verbreitet: Laut Branchenangaben bestanden im Jahre 2014 insg. 26,1 Mio. Unfallversicherungsverträge (GDV, Statistisches Taschenbuch 2015, S. 62). Brutto-Beiträgen i.H.v. 6,4 Mrd. EUR standen Leistungen i.H.v. 3,2 Mrd. EUR ggü. (GDV Statistisches Taschenbuch 2015, S. 58 f.). Die Marktentwicklung ist eher statisch. Daher gilt es nach Darstellung des GDV (GDV, Jahrbuch 2012, S. 53) aufzuzeigen, dass die Unfallversicherung „wichtiger Bestandteil der persönlichen Risikoabsicherung" sei, der „nach einem folgenschweren Unfall" die finanzielle Existenz sichere. Davon abgesehen wollen die Unfallversicherer die „Erlebbarkeit der Unfallversicherung" durch sog. „Assistance"-Leistungen ausbauen (GDV, Jahrbuch 2012, S. 53). 1

Die Unfallversicherung wird auch als **Unfallversicherung mit garantierter Beitragsrückzahlung** (AB UBR 2010) und als **Kinderunfallversicherung** angeboten (dazu: OLG Karlsruhe, r+s 2009, 476). Hinzu kommt die **Lebens- mit Unfallzusatzversicherung**: Stirbt die versicherte Person an den Folgen eines Unfalls, so zahlt der VR über die Todesfallleistung aus der Lebensversicherung hinaus auch noch die vereinbarte Unfallzusatzversicherungssumme (§ 1 Abs. 1 ABUZ; Einzelheiten vor §§ 150 ff. Rdn 19).

B. Begriff und Funktion der Unfallversicherung

Die Unfallversicherung ist eine **Personenversicherung** (VersR-Hdb/*Mangen*, § 47 Rn 1). Die Kapital- oder Rentenzahlung des VR soll die Nachteile eines Unfalls, insb. die Einschränkung der körperlichen und/oder geistigen Leistungsfähigkeit des Unfallopfers wirtschaftlich ausgleichen. Der VR leistet v.a. bei **Invalidität** (Nr. 2.1 AUB 2014) sowie bei Beeinträchtigungen der körperlichen oder geistigen Leistungsfähigkeit in der **Rehabilitationsphase** (Nr. 2.3 AUB 2014; *Grimm*, Unfallversicherung, Nr. 2 AUB Rn 56). Klarzustellen ist, dass die Unfallversicherung dem **Prinzip der abstrakten Bedarfsdeckung** folgt, also – sieht man von § 8 Abs. 3 Nr. 3 und Abs. 4 AUB 61 ab – grds. eine **Summenversicherung** ist (OGH, VersR 2011, 143; *Grimm*, Unfallversicherung, vor Nr. 1 AUB Rn 12; VersR-Hdb/*Mangen* § 47 Rn 3; s.a. Motive zum VVG, S. 241; vgl. aber: *Naumann/Brinkmann*, Die private Unfallversicherung in der anwaltlichen Praxis, § 2 Rn 22, mit dem 2

Brömmelmeyer 1951

Vorbemerkungen zu den §§ 178 bis 191 VVG

Hinweis auf die schadensrechtliche Erweiterung des Leistungskatalogs in den AUB [Bergungskosten, Kostenerstattung bei kosmetischen Schönheitsoperationen und Kostenbeihilfen für Nachhilfeunterricht]): Bei einem Unfall ist die Leistungspflicht des VR grds. **unabhängig** von einem tatsächlich entstandenen Vermögensschaden; sie richtet sich ausschließlich nach dem Unfallversicherungsvertrag (OGH, VersR 2011, 143). Das KG Berlin (KG Berlin, VersR 2015, 126) hat die Unfallversicherung kürzlich zwar als „**Körperfunktionschadensversicherung**" beschrieben, um den Streitwert wie bei der Krankenversicherung ermitteln zu können, hat zugleich aber klargestellt, dass die Unfallversicherung Summenversicherung sei. Daraus folgt, dass die Bestimmungen über die Schadensversicherung (§§ 74 ff. VVG), insb. § 81 VVG (Herbeiführung des Versicherungsfalls), in der Unfallversicherung **grds. nicht anwendbar** sind (BGH, VersR 1998, 1231 [noch anhand von § 61 VVG a.F.]) – es sei denn, es ist ausdrücklich etwas Anderes vorgesehen (§§ 182, 189 VVG); auch § 86 VVG ist nicht anwendbar, sodass Rechtsansprüche des versicherten Unfallopfers gegen den Unfallverursacher **nicht** (im Wege einer Legalzession) auf den Unfallversicherer **übergehen** (vgl. VersR-Hdb/*Hormuth*, § 22 Rn 14, mit dem richtigen Hinweis, dass derjenige, der sich gegen Schicksalsschläge wie bspw. eine unfallbedingte Invalidität absichere, auch davon profitieren solle).

3 **Praxishinweis**
Im Normalfall wird die Unfall- als Summenversicherung abgeschlossen, sodass der VN, der eine Leistung aus der Unfallversicherung verlangt, keinen konkret eingetretenen Schaden nachzuweisen braucht. Die Höhe der Unfallversicherung ist grds. frei vereinbar (*Naumann/ Brinkmann*, Die private Unfallversicherung in der anwaltlichen Praxis, § 2 Rn 21). Die Mehrfachversicherung ein- und desselben Unfallrisikos ist nicht zu beanstanden (*Naumann/ Brinkmann*, Die private Unfallversicherung in der anwaltlichen Praxis, § 2 Rn 21). Klarzustellen ist allerdings, dass die Rechtsprechung die unverhältnismäßige Höhe einer Unfallversicherung und die Existenz mehrerer Unfallversicherungen als Indiz für die Freiwilligkeit der Gesundheitsschädigung interpretiert hat (OLG Düsseldorf, VersR 2000, 1227; vertiefend: § 178 Rdn 53).

C. Rechtsgrundlagen der Unfallversicherung

4 Die **Regelung der Unfallversicherung (§§ 178 bis 191 VVG)** knüpft an die Rechtslage vor der Reform des VVG (1.1.2008) an: Teils hat der Reformgesetzgeber die bisherige gesetzliche Regelung beibehalten (s. nur §§ 179, 183 VVG), teils hat er die Musterbedingungen übernommen (§§ 178, 180 VVG). Mit der Belehrungspflicht (§ 186 VVG) hat er aber auch eigene Akzente gesetzt. Rechtspolitische Diskussionen, so wie bspw. in der Lebens- und Krankenversicherung, sind weitgehend ausgeblieben.

5 Der **Unfallversicherungsvertrag** – mit den Hauptleistungspflichten der Risikoabsicherung (§ 1 S. 1 VVG) einerseits und der Prämienzahlung (§ 1 S. 2 VVG) andererseits (vgl. BVerfG, VersR 2006, 961, 963) – begründet ein **synallagmatisches Rechtsverhältnis**. Die Privatautonomie (Art. 2 Abs. 1 GG) gebietet es *nicht*, dieses Rechts- in ein Treuhandverhältnis umzudeuten, bei dem die Leistung des VR allein in der Verwaltung des ihm treuhänderisch zur Verfügung gestellten Geldes bestünde (BVerfG, VersR 2006, 961, 963). Die Feststellungen, die das BVerfG im Hinblick auf die Defizite der Lebensversicherungs-

märkte getroffen hat (BVerfG, VersR 2005, 1127, 1132), lassen sich auch nicht ohne Weiteres auf die Unfallversicherung übertragen (BVerfG, VersR 2006, 961, 963). Eine Preiskontrolle findet trotz erheblicher Preisunterschiede nicht statt, weil der (potenzielle) Kunde unter konkurrierenden Unfallversicherern wählen kann (ähnlich: BVerfG, VersR 2006, 961, 963).

Die gesetzliche Regelung ist **überwiegend dispositiv** (§ 191 VVG), sodass sich die Rechte und Pflichten der Parteien in erster Linie aus dem Unfallversicherungsvertrag ergeben. Die Bedingungen unterliegen der Kontrolle anhand der §§ 305 ff. BGB (s. bspw. KG, VersR 2007, 53). Die Kommentierung orientiert sich an den fakultativ verwendbaren und unverbindlich bekannt gegebenen **Musterbedingungen für die Unfallversicherung v. 25.3.2014 (AUB 2014**; s. dazu aus Urhebersicht: *Weiße*, VersR 2015, 297). Herausgeber ist der Gesamtverband der Deutschen Versicherungswirtschaft e.V.

6

Der Unfallversicherer konnte seine AUB für Altverträge (Begriff: Art. 1 Abs. 1 EGVVG und Rdn 10), zum 1.1.2009 ändern, soweit sie von den Vorschriften des reformierten VVG abwichen. Er musste dem VN die geänderten AUB allerdings unter Kenntlichmachung der Unterschiede spätestens einen Monat vor dem Zeitpunkt in Textform (§ 126b BGB) mitteilen, zu dem die Änderungen wirksam werden sollten (Art. 1 Abs. 3 EGVVG).

7

Die Musterbedingungen verlangen eine Reihe fristgebundener Handlungen des VN nach Eintritt des Unfalls, die sich in der Praxis als besonders konfliktträchtig erwiesen haben (vgl. § 186 Rdn 1; exemplarisch: OLG Saarbrücken, VersR 2008, 199), sodass sie bereits hier im Überblick vorgestellt werden sollen:

8

- Hinzuziehung eines Arztes und Unterrichtung des VR
  → unverzüglich nach dem Unfall (Nr. 7.1 AUB 2014);
- Rücksendung des ausgefüllten Unfallanzeigevordrucks
  → unverzüglich nach Eingang (Nr. 7.2 AUB 2014);
- Mitteilung des Unfalltodes
  → innerhalb von 48 Std. (Nr. 7.5 AUB 2014);
- Geltendmachung der Übergangsleistung
  → innerhalb von sieben Monaten nach dem Unfall (Nr. 2.3.1.2 AUB 2014);
- Invaliditätsfeststellung
  → innerhalb von 15 Monaten nach dem Unfall (Nr. 2.1.1.2 AUB 2014);
- Geltendmachung des Invaliditätsanspruchs
  → innerhalb von 15 Monaten nach dem Unfall (Nr. 2.1.1.2 AUB 2014);
- Neubemessung der Invalidität
  → bis zu drei Jahre nach dem Unfall (§ 188 Abs. 1 S. 1 VVG; Nr. 9.4 AUB 2014).

Praxishinweis
Bei der Prüfung von Rechtsansprüchen aus einer Unfallversicherung ist zu unterscheiden: Der Unfallversicherungsvertrag kann auf der Basis der (aufsichtsrechtlich genehmigten) AUB 61 oder AUB 88, oder auch auf der Basis der AUB 94, 99, 2008 oder 2014 (hier abgedr. nach § 191) abgeschlossen sein. Die Unfallversicherer können seit der Deregulierung (1994) aber auch unternehmensindividuelle Unfallversicherungsbedingungen verwenden. Denn bei den **AUB 94 ff.** handelt es sich **lediglich um** *unverbindliche* **Empfehlungen**.

9

D. Geltung

10 §§ 178 ff. VVG sind ab Inkrafttreten am 1.1.2008 auf alle Neuverträge anwendbar; auf Versicherungsverhältnisse, die bis zum Inkrafttreten des VVG-Reformgesetzes am 1.1.2008 entstanden sind (Altverträge), blieb das VVG in der bis dahin geltenden Fassung bis zum 31.12.2008 anwendbar (Art. 1 Abs. 1 EGVVG). Ist bei Altverträgen ein Versicherungsfall bis zum 31.12.2008 eingetreten, ist insoweit das VVG in der bis zum 31.12.2007 geltenden Fassung weiter anzuwenden (Art. 1 Abs. 2 EGVVG; vgl. beispielhaft: OLG Saarbrücken, VersR 2014, 456).

---

§ 178 VVG | **Leistung des Versicherers**

(1) Bei der Unfallversicherung ist der Versicherer verpflichtet, bei einem Unfall der versicherten Person oder einem vertraglich dem Unfall gleich gestellten Ereignis die vereinbarten Leistungen zu erbringen.

(2) Ein Unfall liegt vor, wenn die versicherte Person durch ein plötzlich von außen auf ihren Körper wirkendes Ereignis unfreiwillig eine Gesundheitsschädigung erleidet. Die Unfreiwilligkeit wird bis zum Beweis des Gegenteils vermutet.

Übersicht

	Rdn
A. Normzweck	1
B. Norminhalt	3
I. Leistung des Versicherers (§ 178 Abs. 1 VVG)	3
II. Unfall (§ 178 Abs. 1, Abs. 2 S. 1 VVG)	4
1. Plötzliches, von außen auf den Körper einwirkendes Ereignis (Unfallereignis)	6
a) Plötzliches Ereignis	6
b) Einwirkung von außen	15
c) Risikoausschlüsse	23
2. Unfreiwillige Gesundheitsschädigung	30
a) Gesundheitsschädigung	30
b) Unfreiwilligkeit	36
3. Haftungsbegründende Kausalität	38
4. Beweislast (§ 178 Abs. 2 S. 2 VVG)	43
a) Betroffene Versicherungsverhältnisse	45
b) Beweislastverteilung	46
III. Unfallgleiches Ereignis	56
1. Tatbestandsmäßige Verletzungen	57
2. Erhöhte Kraftanstrengung	58
IV. Leistungsmodalitäten	62
1. Leistungsarten	62
2. Leistungsumfang	64
3. Verjährung	67
C. Prozessuales	68
D. Abdingbarkeit	73
E. Prüfungsschema	74

A. Normzweck

Die **Leistungspflicht des Unfallversicherers** (§§ 178 Abs. 1, 180 VVG) und die **Definition des Unfalls** (§ 178 Abs. 2 VVG) als versicherte Gefahr verleihen der Unfallversicherung erstmals Kontur. Dieses Leitbild steht allerdings, wie sich aus § 191 *VVG e contrario* ergibt, weitgehend zur Disposition der Parteien. Der Reformgesetzgeber hat im Hinblick auf den Unfallbegriff eigens den „Rahmencharakter der Vorschrift" hervorgehoben (Begr. BT-Drucks 16/3945, S. 107), der es nicht ausschließe, „Risikoausschlussklauseln in AVB oder dem jeweiligen Individualvertrag vorzusehen" (Begr. a.a.O.; vgl. auch: vor §§ 178 ff. Rdn 6). Klarzustellen ist, dass sich der Gesetzgeber zwar *generell* gegen verbindliche „gesetzliche Leitbilder" ausgesprochen hat (Begr. a.a.O., S. 51; vgl. auch: § 192 Rdn 1), dass Unfallklauseln jedoch schon aufgrund von § 307 Abs. 1 BGB ggf. am gesetzlichen Leitbild zu messen sind.

Haben die Parteien eine **Unfallklausel wie Nr. 1 AUB 2014** vereinbart, so ist nicht § 178 Abs. 2 VVG, sondern allein die Klausel anzuwenden. Da der Interpretationsmaßstab bei gesetzlichen und vertraglichen Regelungen verschieden ist – Bedingungen sind nach ständiger Rechtsprechung des BGH so auszulegen, „wie ein durchschnittlicher VN sie bei verständiger Würdigung, aufmerksamer Durchsicht und Berücksichtigung des erkennbaren Sinnzusammenhangs verstehen muss" (BGH, VersR 2007, 1690) – kann sich dies sogar bei Identität des gesetzlichen und des vertraglichen Reglements auswirken.

B. Norminhalt

I. Leistung des Versicherers (§ 178 Abs. 1 VVG)

Die Leistungspflicht des VR knüpft an einen **Unfall** oder ein **dem Unfall vertraglich gleichgestelltes Ereignis** an. Die Musterbedingungen stellen dem Unfall im Wege einer Fiktion gleich: Fälle, in denen sich die versicherte Person „durch eine erhöhte Kraftanstrengung ein Gelenk an Gliedmaßen oder der Wirbelsäule verrenkt oder Muskeln, Sehnen, Bänder oder Kapseln zerrt oder zerreißt" (Erweiterter Unfallbegriff: Nr. 1.4 AUB 2014). Eine Invaliditätsleistung setzt außerdem **Invalidität als Unfallfolge** voraus: Die „körperliche oder geistige Leistungsfähigkeit der versicherten Person [muss] ... unfallbedingt dauerhaft beeinträchtigt" sein (§ 180 Satz 1 VVG, Nr. 2.1.1.1 AUB 2014). Berechnet wird die Invaliditätsleistung vielfach auf der Basis der **Gliedertaxe** (hier: § 178 Rdn 64 sowie § 180 Rdn 13; s. auch: Nr. 2.1.2.2.1 AUB 2014).

II. Unfall (§ 178 Abs. 1, Abs. 2 S. 1 VVG)

Ein **Unfall** liegt vor, wenn die versicherte Person durch ein plötzlich von außen auf ihren Körper wirkendes Ereignis (Unfallereignis) unfreiwillig eine Gesundheitsschädigung erleidet (§ 178 Abs. 2; Nr. 1.3 AUB 2014). Mit dem Begriff des Unfallereignisses sollen Schädigungen infolge rein körperinterner Vorgänge, wie Erkrankungen oder Verschleiß, selbst für den Fall vom Versicherungsschutz ausgenommen werden, dass sie – wie etwa bei einem Herzinfarkt oder Schlaganfall – plötzlich eintreten (BGH, VersR 2013, 1570). Mehrere Unfälle sind grds. getrennt voneinander zu beurteilen und abzurechnen (OGH, VersR 2011, 1547).

5 **Praxistipp**
Im Prozess muss der Anspruchsteller den Unfall nachweisen, d.h. insb. einen Geschehensablauf schildern, der den Unfallbegriff des § 178 Abs. 2 S. 1 VVG bzw. der Nr. 1.3 AUB 2014 erfüllt (BGH, VersR 2012, 849 – Unfalltod durch Ertrinken), er braucht jedoch nicht die Ursachen und den (genauen) Verlauf des Unfalls zu beweisen (BGH, a.a.O.). Für den Unfallbegriff kommt es allein auf dasjenige Ereignis an, das den Schaden unmittelbar ausgelöst hat, nicht auf dessen einzelne Ursachen (BGH, a.a.O.). Die Musterbedingungen schließen allerdings eine Reihe von Unfällen aus dem Unfallversicherungsschutz aus (Nr. 5.1 AUB 2014). Nicht erfasst sind u.a. Unfälle durch Bewusstseinsstörungen sowie durch Schlaganfälle, epileptische Anfälle oder andere Krampfanfälle, die den ganzen Körper der versicherten Person ergreifen (Nr. 5.1.1 AUB 2014; vertiefend: Rdn 23). Insoweit kommt es also auch auf die – ggf. von dem VR zu beweisenden – Unfallursachen an (BGH, a.a.O.). Parallel dazu sind auch eine Reihe von Beeinträchtigungen ausgeschlossen, bspw. „krankhafte Störungen infolge psychischer Reaktionen, auch wenn diese durch einen Unfall verursacht wurden" (Nr. 5.2.6 AUB 2014; vertiefend: Rdn 33 f.).

1. Plötzliches, von außen auf den Körper einwirkendes Ereignis (Unfallereignis)

a) Plötzliches Ereignis

6 Der Begriff des **Ereignisses** ist – isoliert betrachtet – wenig aussagekräftig (VersR-Hdb/ Mangen, § 47 Rn 8). Er besagt nur, dass ein Umweltzustand, bspw. eine bestimmte Bodenbeschaffenheit, eine bestimmte Temperatur oder ein bestimmter Sauerstoffpartialdruck (OLG Karlsruhe, r+s 1998, 302, 303) *als solcher* kein Unfall sein kann; vielmehr muss „etwas geschehen" (vgl.: BGH, VersR 1981, 173, 174; vgl. auch OLG Karlsruhe, a.a.O., mit dem Hinweis auf ein „dynamisches Moment"); jemand muss bspw. aufgrund der Bodenbeschaffenheit zu Fall kommen (vgl. OLG Hamm, VersR 2008, 249). Der Ereignisbegriff setzt nicht voraus, dass sich der Umweltzustand verändert; vielmehr kann ein Ereignis auch durch die versicherte Person ausgelöst werden (vgl.: BGH, VersR 2014, 59, 63 – willentliche Injektion von Kokain; BGH, VersR 2013, 1570 – Nahrungsmittelaufnahme [Nüsse] bei Nussallergie; OLG München, VersR 1983, 127 – Ein Segelflieger steigt auf, verliert in der sauerstoffarmen Höhenluft das Bewusstsein und stürzt ab). Der Begriff „Ereignis" bezeichnet also „jeden tatsächlichen Vorgang im weitesten Sinne" (BGH, a.a.O.).

7 Das Erfordernis des „**Plötzlichen**" dient der Abgrenzung der versicherten Risiken ggü. solchen Ereignissen, die durch einen allmählichen, sich auf einen längeren Zeitraum erstreckenden Eintritt des schädigenden Umstands gekennzeichnet sind (BGH, VersR 1985, 177; LG Bayreuth VersR 2006, 1252).

Praxisbeispiele
Beeinträchtigungen durch eine Dauerbelastung beim Sport treten allmählich ein. Dagegen ist das Umknicken eines Fußballspielers wegen einer Bodenunebenheit ebenso ein plötzliches Ereignis (OLG Hamm, VersR 2008, 249; LG Göttingen, VersR 1990, 1347; vgl. auch: OLG

Hamm, VersR 1976, 336) wie der Sturz eines an einem Kabel ziehenden Elektrikers, wenn der Widerstand „von einer Sekunde auf die andere" nachlässt (OLG Frankfurt am Main, r+s 2009, 32).

Der **Begriff „plötzlich"** ist grds. **objektiv** zu verstehen (BGH, VersR 1985, 177) und stellt **in erster Linie** ein **zeitliches Element des Unfallbegriffs** dar (wie hier: BGH, VersR 2014, 59, 63; VersR 1988, 951; VersR 1985, 177; anders offenbar die Begr. BT-Drucks 16/3945, S. 107 [„keine vorrangige oder ausschlaggebende Bedeutung"]; wie hier und gegen die Rechtsauffassung der Bundesregierung: *Marlow/Spuhl*, Das Neue VVG kompakt, Rn 1229 [„sachlich falsch"]): Entscheidend ist also die **Dauer der Einwirkung**: Hat sich das objektive Geschehen innerhalb eines kurzen Zeitraums verwirklicht, ist es stets in diesem Sinne plötzlich (BGH, VersR 2014, 59, 63; VersR 2013, 1570; VersR 1985, 177; VersR 1981, 450). Daher hat der BGH (BGH, VersR 1988, 951) bspw. das kurzzeitige Einatmen von Jauchegas **ohne Rücksicht auf die subjektive Einschätzung der versicherten Person** als plötzlich gewertet. Denn auf die Erwartungen und Vorstellungen des Betroffenen kommt es – bei schon objektiv plötzlichem Geschehen – nicht an (BGH, a.a.O.; VersR 1981, 450; OLG Frankfurt am Main, VersR 1991, 213; *Naumann/Brinkmann*, Die private Unfallversicherung in der anwaltlichen Praxis, § 3 Rn 8). Daher ist auch eine willensgesteuerte, d.h. weder unerwartete noch überraschende Rauschgiftinjektion (BGH, VersR 2014, 59, 63) oder Nahrungsaufnahme (BGH, VersR 2013, 1570 [Nussallergie bei Kontakt mit der Mundschleimhaut]) als plötzliches Ereignis einzustufen. Wer sich ein schädigendes Ereignis als möglich vorstellt, aber darauf vertraut, es werde nicht eintreten, kann sinnvollerweise vom Unfallversicherungsschutz nicht ausgeschlossen sein, wenn das Ereignis – unerwartet – doch eintritt. Andernfalls wären wesentliche Lebensbereiche, die mit typischen Risiken behaftet sind, z.B. viele Sportarten, das Autofahren oder Arbeiten mit Maschinen, praktisch von vornherein von einem Unfallversicherungsschutz ausgenommen, obwohl häufig gerade diese Risiken durch die Versicherung abgedeckt werden sollen (BGH, VersR 1985, 177). Ebenso wenig kommt es darauf an, wann aus dem (plötzlichen) Ereignis ein Schaden entsteht (BGH, a.a.O.; OLG Köln, r+s 1990, 34).

Die Rspr. hat den Unfallversicherungsschutz auf solche Ereignisse erstreckt, die zwar nicht (objektiv) innerhalb eines kurzen Zeitraums eingetreten sind, deren Eintreten für den Betroffenen jedoch **(subjektiv) unerwartet und unentrinnbar** war (BGH, VersR 1985, 177; OLG Karlsruhe, VersR 2000, 446; OLG Koblenz, VersR 1999, 436; VersR 1997, 1136, 1137; bestätigt durch BGH, VersR 2014, 59, 63; s.a. *Marlow*, r+s 2006, 362, 363). Plötzlichkeit kann also auch allein aufgrund dieses subjektiven Faktors zu bejahen sein (so ausdrücklich OLG Koblenz, VersR 1999, 436, 437 – „selbstständige Grundlage für die Bejahung von Plötzlichkeit auch bei zeitlich länger andauernden Sachverhalten"; ähnlich: Rüffer/Halbach/Schimikowski/*Rüffer*, § 178 Rn 9; a.A. *Naumann/Brinkmann*, Die private Unfallversicherung in der anwaltlichen Praxis, § 3 Rn 8). Diese Rspr. und die Konstruktion eines „alternativ[en] zweigleisige[n] Begriff[s] der Plötzlichkeit" (Pröls/Martin/*Knappmann*, § 178 Rn 15) darf aber nicht darüber hinwegtäuschen, dass es auch bei der subjektiv begründeten Plötzlichkeit zeitliche Einschränkungen gibt (s. Rdn 10). Ist umgekehrt die zeitliche Komponente des Unfallbegriffs erfüllt, so liegt bereits damit ein plötzliches Ereignis vor (BGH, a.a.O.; verfehlt: OLG Saarbrücken, VersR 2014, 1202, 1204 f., das ein

„irreguläres" Ereignis verlangt und insoweit generell an ein „Moment des Unerwarteten oder Unentrinnbaren" anknüpfen will).

Praxishinweis
Bei der Definition der Plötzlichkeit kommt es genau genommen nicht auf das Begriffspaar objektiv und subjektiv an, sondern darauf, ob ausnahmsweise auch Ereignisse unter den Unfallbegriff fallen, die sich nicht innerhalb eines (objektiv) kurzen Zeitraums abgespielt haben.

10 Das LG Bayreuth (LG Bayreuth, VersR 2006, 1252) hat ein längeres Knien in frischem Beton (1 ½ Std.) als „plötzlich" gewertet, weil es mit subjektiv unerwarteten, nicht bemerkten (chemisch verursachten) Verätzungen einherging (mit Recht skeptisch *Marlow*, r+s 2007, 353, 354). Das OLG Koblenz (OLG Koblenz, VersR 1999, 436) hingegen hat die Frage der Plötzlichkeit im Fall des Einatmens von Lösemitteldämpfen bei Reinigungsarbeiten „über wenige Stunden" verneint; auch unter Berücksichtigung subjektiver Erwartungen sei bei bloß unerkannten Einwirkungen eine objektive Eingrenzung des Einwirkungszeitraums geboten (OLG Koblenz, a.a.O.). Tatsächlich **überdehnt** man den Unfallbegriff, wenn man – ohne Rücksicht auf die Dauer der Einwirkung – gefährliche, aber **sinnlich nicht wahrnehmbare** Einwirkungen in die Plötzlichkeit einbezieht, nur weil der „*ansonsten wache und abwehrbereite Betroffene*" sie nicht erkennt (OLG Koblenz, a.a.O.). Denn dann fielen auch gesundheitsgefährdende Langzeitimmissionen, bspw. durch Holzschutzmittel oder Formaldehyd unter § 178 Abs. 2 VVG (OLG Koblenz, a.a.O.). Bei **Rettungskräften** will das LG Bremen (LG Bremen, VersR 2013, 893 m.w.N.) sogar absehbare und abwendbare, d.h. weder unerwartete noch unentrinnbare (allmähliche) Einwirkungen von außen als Unfallereignis qualifizieren: Führt die (Dauer-)Belastung eines Feuerwehrmanns bei einem Brandeinsatz i.V.m. einem Wärmestau in der Schutzkleidung (Unfallereignis) zu einem Herz- und Atemstillstand, soll Unfallversicherungsschutz bestehen. Dogmatisch gesehen ist die Entscheidung verfehlt, weil das Landgericht die Unfallversicherung in eine – von dem Unfallbegriff losgelöste – Berufsrisikoversicherung für Rettungskräfte umdeutet; richtig ist aber, dass Rettungskräfte auch gegen solche Nichtunfallrisiken abgesichert sein sollten.

11 Das Ereignis kann plötzlich eintreten, auch wenn sich die Einwirkungen nur allmählich entfalten. Das ist u.a. der Fall, wenn der Betroffene wegen eines bestimmten Ereignisses die Handlungsfähigkeit verliert (Bewusstlosigkeit aufgrund eines Sturzes) und sich der weiteren (allmählichen) Einwirkung auf seinen Körper (Erfrieren aufgrund niedriger Temperaturen) nicht mehr entziehen kann (vgl. OLG Karlsruhe, VersR 1997, 1136). Der BGH (BGH, VersR 2008, 1683) hat insoweit allerdings klar gestellt, dass ein Unfallereignis bei allmählicher Einwirkungen von Witterungsbedingungen nur dann angenommen werden könne, wenn der Versicherte durch ein hinzutretendes äußeres Ereignis in seiner Bewegungsfreiheit so beeinträchtigt werde, dass er den Einwirkungen z.B. Kälte oder Hitze hilflos ausgeliefert sei. Bloßes Einschlafen unter einem Sonnenschirm stelle kein solches, von außen auf den Körper wirkendes Ereignis dar (BGH, a.a.O.). Erleidet der Kläger, der innerhalb mehrerer Tage mehrfach in Höhenlagen über 3.000 m aufsteigt, durch die dadurch hervorgerufene **Höhenkrankheit** einen Schlaganfall, so liegt weder objektiv noch subjektiv ein plötzliches Ereignis vor (OLG Koblenz, VersR 1997, 1136); *objektiv* wirkte der Sauer-

stoffmangel nur allmählich auf den Betroffenen ein; *subjektiv* kam er nicht unerwartet und war auch nicht unentrinnbar (OLG Koblenz, a.a.O.; s.a. OLG Karlsruhe, r+s 1998, 302); anders wäre es u.U. gewesen, wenn der Betroffene die Höhenlage aufgrund eines plötzlich einsetzenden Schneefalls nicht mehr hätte verlassen und der Höhenkrankheit deswegen nicht hätte entgehen können (zur Plötzlichkeit bei angeblicher **Dekompressionserkrankung** aufgrund eines Tauchvorgangs: KG, Beschl. v. 21.4.2016 – 6 U 141/15, BeckRS 2016, 10081, mit dem Hinweis auf den Röntgenstrahlfall [RGZ 97/189]).

Der mit dem Willen des Versicherten vorgenommenen **Injektion eines Rauschgifts oder eines Medikaments** fehlt zwar das Element des Unerwarteten, Überraschenden und Unentrinnbaren). Darauf kommt es jedoch nicht an. Denn die Plötzlichkeit ergibt sich bereits daraus, dass sich die Injektion objektiv innerhalb eines kurz bemessenen Zeitraums vollzogen hat (BGH, VersR 2014, 59, 63; Prölss/Martin/*Knappmann*, § 178 Rn 13; s. auch: BGH, VersR 2013, 1570 – Nussallergie; ähnlich bereits: *Marlow*, r+s 2006, 362, 363 f.; überholt: OLG Karlsruhe, VersR 2005, 678). 12

Die Beurteilung der **Plötzlichkeit** unter Berücksichtigung *„subjektiver Erwartungen"* (BGH, VersR 1985, 177) ist **von der** hier *nicht* aufgeworfenen Frage einer **(hypothetischen) Fahrlässigkeit zu trennen**: Es kommt nicht darauf an, ob der VN das – objektiv gesehen – plötzliche Unfallereignis hätte vorhersehen können und müssen (BGH, VersR 1981, 450, 451; BGH, VersR 1988, 951; *Kessal-Wulf*, r+s 2008, 313; *Römer/Langheid*, § 179 Rn 13; *Grimm*, Unfallversicherung, Nr. 1 AUB Rn 25). Selbst bei subjektiv plötzlichen Ereignissen, kommt es allein darauf an, ob das Unfallereignis unerwartet, unvorhergesehen – *nicht*: auch bei Beachtung der objektiv erforderlichen Sorgfalt unvorhersehbar (vgl.: Palandt/*Heinrichs*, § 276 BGB Rn 15) – und damit unentrinnbar war (BGH, a.a.O.; ähnlich wie hier: Looschelders/Pohlmann/*Götz*, § 178 Rn 20; wohl auch: *Naumann/Brinkmann*, Die private Unfallversicherung in der anwaltlichen Praxis, § 3 Rn 10). 13

Praxistipp 14
Das Erfordernis des „Plötzlichen" bezieht sich **allein auf das Unfallereignis**, nicht auf die Gesundheitsbeschädigung (OLG Karlsruhe, VersR 2005, 678; OLG München, VersR 2005, 261; *Grimm*, Unfallversicherung, Nr. 1 AUB 99 Rn 20), sodass die Plötzlichkeit bspw. nicht daran scheitert, dass sich das Unfallereignis während eines Tauchtrainings erst am nächsten Tag auswirkt (Tod durch Kreislaufkollaps; vgl. OLG Köln, r+s 1990, 34).

b) Einwirkung von außen

Das Ereignis muss **von außen** auf den Körper einwirken. Ereignisse, die sich ausschließlich im Körperinneren abspielen, scheiden aus (ähnlich: OLG Karlsruhe, VersR 2014, 237, 238; OLG Saarbrücken, r+s 2005, 35). Es müssen (mechanische, ggf. aber auch chemische, elektrische oder thermische) Kräfte auf den Körper einwirken, die **außerhalb des Einflussbereichs des eigenen Körpers liegen** (BGH, NJW 1962, 914; *Vissering*, in: Hdb. FA VersR, S. 1309 [Kap. 22 Rn 9]; *Römer/Langheid*, § 179 Rn 6); sinnlich wahrgenommene Ereignisse, die als seelische Eindrücke eine Gesundheitsschädigung auslösen, reichen aus (s. Rdn 21). Klassische Fälle einer Einwirkung „von außen" sind Zusammenstöße des Körpers mit Sachen, Tieren oder anderen Personen (OLG Karlsruhe, VersR 2014, 237, 15

238; s. auch: OGH Wien, VersR 2015, 1537 – Wespenstich als Unfallereignis). Hat sich jemand beim Skifahren durch den Bodenkontakt (BGH, VersR 2011, 1135) oder beim Rosenschneiden an einem Rosendorn verletzt, so liegt eine Einwirkung von außen vor (OLG Karlsruhe, a.a.O.). Dasselbe gilt, bei der Nahrungsaufnahme: Der Kontakt mit der Mundschleimhaut ist ein von außen auf den Körper wirkendes Ereignis (BGH, VersR 2013, 1570; ebenso bereits das Berufungsgericht: OLG München, VersR 2012, 895), so dass auch eine ggf. ausgelöste allergische Reaktion (Nussallergie) mit Todesfolge unter den Unfallbegriff fällt (BGH, a.a.O.; zur Kausalität s. hier Rdn 39). Die Einwirkung des Sonnenlichts ist ebenfalls eine Einwirkung von außen (OLG Saarbrücken, VersR 2014, 1202). Hat die versicherte Person den Kopf „wegen des plötzlich einfallenden Sonnenlichts" ruckartig abgewendet und kommt es erst dadurch zu einer Gesundheitsschädigung, soll es jedoch an der erforderlichen Kausalität fehlen (OLG Saarbrücken, VersR 2014, 1202; hier: Rdn 40). Ob das externe Ereignis – die Kollision mit der Umwelt – seinerseits durch Ereignisse im Körperinneren verursacht wurde, spielt keine Rolle (ähnlich: Rüffer/Halbach/Schimikowski/*Rüffer*, § 178 Rn 4; OLG Saarbrücken, VersR 2014, 1202), solange es nur kausal für die Unfallfolge geworden ist: Ist der Versicherte aufgrund von Metastasen im Kleinhirn nicht mehr in der Lage, seinen Bewegungsablauf zu koordinieren, bricht er deshalb beim Begehen einer Treppe in sich zusammen und stürzt er gegen einen Heizkörper, so ist ein Unfall i.S.v. § 178 Abs. 2 VVG zu bejahen, wenn der Unfalltod auch auf die Kollision mit der Treppe/dem Heizkörper (externes Ereignis) zurückzuführen ist (verfehlt: OLG Koblenz, r+s 2000, 393).

16 Das Ereignis „braucht [auch] ... nicht stets derart zu sein, dass es den Körper des Versicherten unmittelbar in Mitleidenschaft zieht" (BGH, VersR 1962, 341); vielmehr reicht es aus, wenn das (plötzliche) Ereignis von außen auf ein für die Bewahrung der körperlichen Integrität unverzichtbares Hilfsmittel einwirkt (BGH, a.a.O.): Wird der Versicherte in einer Bergwand fest gehalten, weil das Kletterseil vereist und sich verhängt hat, und erfriert er infolgedessen, so liegt ein Unfall vor, auch wenn der Versicherte zunächst unverletzt blieb (BGH, a.a.O.).

17 Der BGH geht in ständiger Rechtsprechung davon aus, dass auch **vom Willen des Versicherten getragene Eigenbewegungen** zu plötzlichen Einwirkungen von außen führen können (BGH, VersR 1989, 73 m.w.N.; OLG Karlsruhe, VersR 2014, 237 – Rosenschneiden). Das liege bei einem Fall, in dem der Betroffene nach einem Sprung ungeschickt aufkomme oder unerwartet hart aufpralle, angesichts der offenbar verhängnisvollen Fehleinschätzung ebenso auf der Hand wie bei einem Fall, in dem der Betroffene gegen einen plötzlich in Bewegung geratenen Gegenstand stoße oder auch nur infolge Unaufmerksamkeit diesen bei seiner Bewegung nicht als Hindernis erkenne und deshalb berühre (BGH, a.a.O.). Unfall könne allerdings nur ein infolge der Fehleinschätzung im Ergebnis nicht beherrschtes und deshalb unfreiwilliges Geschehen sein (BGH, a.a.O.; s.a. BGH, VersR 2009, 492, 493). D.h. umgekehrt, dass *regulären* Eigenbewegungen die Unfreiwilligkeit fehlt; wenn die Eigenbewegung vollständig und in ihrem gesamten Verlauf willensgesteuert und planmäßig abläuft, scheidet ein Unfall aus (*Naumann/Brinkmann*, Die private Unfallversicherung in der anwaltlichen Praxis, § 3 Rn 19; s.a.: OLG Naumburg, VersR 2013,

229: Bewusstes Umgreifen beim Umbetten einer Patientin; OLG Hamm, VersR 2015, 1416: Abschlag mit dem Golfschläger).

Ein Unfall liegt vor, wenn das äußere **nicht willensgesteuerte Ereignis im Ablauf einer willentlich in Gang gesetzten Eigenbewegung** der Versicherten auftritt und dann **zumindest mitursächlich** für die Gesundheitsbeschädigung wird (BGH, VersR 1989, 73; VersR 2009, 492; OLG Köln, VersR 2007, 1689 [Wegrutschen bei einem größeren Schritt auf nassem Untergrund]; OLG Koblenz, VersR 2005, 1425; VersR 2004, 504; OLG Hamm, VersR 1988, 242). Dementsprechend erleidet ein Maurer, der beim Transport eines 40 kg. schweren Materialsacks über einen Plattenweg einem ihm entgegenkommenden Handwerker ausweicht und dabei zu Fall kommt, einen Unfall (BGH, VersR 2009, 492): Die Unfallvoraussetzungen sind erfüllt, „wenn eine vom Willen des Versicherten getragene und gesteuerte Eigenbewegung zu einer plötzlichen Einwirkung von außen" führe, „wie es bei einer ursprünglich zwar gewollten und bewusst eingeleiteten, hinsichtlich des Tritts in einer Vertiefung neben dem Plattenweg dann aber unerwarteten Ausweichbewegung mit nachfolgenden Straucheln der Fall" sei, „wobei die vom [Versicherten] ... bis dahin willentlich und problemlos getragene Last von 40 kg eine ebenfalls unerwartete Eigendynamik entfaltet" habe, „und vom [Versicherten habe] abgefangen bzw. abgestützt werden" müssen (BGH, VersR 2009, 492, 493). Die anfänglich willensgesteuerte Eigenbewegung sei in ihrem weiteren Verlauf nicht mehr gezielt und für den Versicherten beherrschbar gewesen; Eigenbewegung und äußere Einwirkung seien zusammengetroffen, wobei die äußere Einwirkung ihrerseits Einfluss auf die veränderte und nicht mehr beherrschbare Eigenbewegung gehabt habe (BGH, a.a.O.). „Ein (zusätzliches) Aufschlagen auf den Boden [sei] ... dazu nicht erforderlich" (BGH, a.a.O.).

Bei Kraftanstrengungen, die eine **willensgesteuerte Eigenbewegung** darstellen und zu einer **inneren Verletzung** führen, liegt kein Unfall vor (OLG Koblenz, VersR 2005, 1425; OLG Dresden, r+s 2008, 432; KG Berlin, VersR 2015, 61: Umknicken beim Tennisspielen, das nicht auf ein von außen kommendes Ereignis zurückgeführt werden kann). Daher hat das OLG Dresden (OLG Dresden, a.a.O.) den Eintritt einer Rotatorenmanschettenruptur im Schultergelenk beim Anheben eines Mineralwasserkastens mit Recht nicht als Unfall gewertet: Die Kraftanstrengung sei in ihrem ganzen Verlauf eine „willensgesteuerte Eigenbewegung" gewesen. Danach blieb „der Mineralwasserkasten ... ausschließlich Einwirkungsobjekt ... [des Versicherten], weil es allein von seinem Willen abhing, ob und wie stark er in Einwirkung auf ihn seine Kräfte entfaltet" habe (OLG Dresden, a.a.O.; OLG Naumburg, VersR 2013, 229: Umbetten einer pflegebedürftigen Patientin). Parallel dazu hat das OLG Hamm (OLG Hamm, VersR 2013, 573) klargestellt, dass bei „eine[r] planmäßig ausgeführten und von außen ungestörte[n] Kraftanstrengung [scil.: beim Tragen schwerer Kanister]" kein von außen auf den Körper einwirkendes Ereignis vorliege, „weil der im Wege der Kraftanstrengung zu überwindenden Schwerkraft des Objekts, das allein Gegenstand der Bemühungen der versicherten Person [gewesen] ist, jegliches dynamische Element" fehle. Anders kann es sich verhalten, wenn von dem Einwirkungsgegenstand selbst eine unerwartete Bewegung verursacht wird und dadurch der VN ins Straucheln gerät (OLG Koblenz, a.a.O.). Die Arbeit mit oder an einem Gegenstand ist keine Einwirkung, solange dieses ausschließliche Objekt von Bemühungen bleibt, also keine **Eigendynamik** entwickelt, und der Geschädigte nicht stürzt oder umknickt (OLG Koblenz, VersR 2005, 1425; VersR 2004, 504; vgl. auch: OLG Frankfurt am Main, r+s 2009, 32; LG Bayreuth, r+s 2009, 205). Erleidet der VN allerdings aufgrund eines Sprungs von einer ca. 50 cm über dem Boden erhöhten Transportfläche mit einer **80 – 90 kg schweren Glasscheibe** einen Muskelfaserriss, so ist trotz der vom VN willentlich in Gang gesetzten Bewegung aufgrund der Eigendynamik der Glasscheibe von einem Unfall auszugehen (OLG Koblenz, VersR 2005, 1425; zust. *Marlow*, r+s 2007, 353, 354). Heben zwei Männer einen ca. **50 kg schweren Grabstein** an und lässt dann die zweite Person den Stein los und zu Boden fallen, so entfaltet der Stein für die erste Person eine Eigendynamik durch das nun von ihm allein zu haltende Gewicht, sodass ein Kompressionsbruch des 5. Lendenwirbelkörpers unfallbedingt ist (OLG Hamm, r+s 1996, 330).

20 Der BGH prüft die Frage, „[o]b auch eine **Eigenbewegung des Versicherten** im Zusammenspiel mit äußeren Einflüssen **als ein von außen auf seinen Körper einwirkendes Ereignis** i.S.d. Unfallbegriffs angesehen werden kann ... [mit Recht] nur, wenn schon diese Eigenbewegung – und nicht erst eine durch sie verursachte Kollision – zur Gesundheitsschädigung führt" (BGH, VersR 2011, 1135; s. auch: BGH, VersR 2013, 1570 – Nussallergie). Daher ist zu unterscheiden: Hat sich ein Skifahrer bei einem Sturz verletzt, so liegt in der Kollision mit dem Skihang ein Unfallereignis ohne dass es auf die (unfreiwillige und ungewollte) Eigenbewegung ankäme (BGH, VersR 2011, 1135; anders noch: OLG Celle, r+s 2009, 255; richtig bereits: *Hoenicke*, r+s 2009, 344; *Marlow/Tschersich*, r+s 2009, 441, 442). Das gilt auch, wenn der Versicherte zur **Vermeidung einer Kollision mit einem Pkw** vom Fahrrad abspringt und mit dem Kopf aufschlägt, (anders noch OLG Hamm, r+s 1995, 117, das sich auf die Eigenbewegung beruft). Führt ein Gebirgsschlag unter Tage hingegen zu einer reaktionsschnellen Ausweichbewegung des Versicherten und erleidet er hierdurch einen Meniskusschaden, so kommt es gerade darauf an, dass keine von ihm beherrschbare, von seinem Willen und dem von ihm gesteuerten Einsatz seiner körperlichen Kräfte abhängige Eigenbewegung vorlag (OLG Saarbrücken, VersR 2005, 1276; kritisch: *Knappmann*, VersR 2011, 324, mit dem Hinweis auf den Risikoausschluss für psychische Reaktionen; hier: Rdn 33). Parallel dazu stellt auch das absichtliche Entgegenstemmen gegen eine **plötzlich kippende Baugrubenwand** keine wohl überlegte eigene Handlung dar. Die dabei entwickelte Kraftanstrengung ist nicht freiwillig und vom Willen des VN beherrscht, sondern durch das plötzliche Kippen, d.h. durch ein von außen auf den Körper einwirkendes Ereignis erzwungen (OLG Frankfurt am Main, VersR 1991, 213). Ein ruckartiges Kopfabwenden aufgrund des plötzlichen Einfalls von Sonnenlicht stellt ebenfalls eine unfreiwillige, nicht vom Willen des VN beherrschte Eigenbewegung dar, die den Unfallbegriff erfüllt (a.A.: OLG Saarbrücken, VersR 2014, 1202). In all diesen Fällen kommt es nicht darauf an, ob der VN objektiv richtig reagiert hat. Entscheidend ist allein, dass er gleichsam instinktiv gehandelt hat, um der drohenden Gefahr zu entgehen.

21 Der BGH (BGH, VersR 1972, 582) geht davon aus, dass das Unfallereignis keine „unmittelbare körperliche Verletzung des Versicherten" mit sich bringen muss: Es genüge, dass es eine Gesundheitsschädigung „durch sinnliche Wahrnehmungen oder seelische Eindrücke

(Schockwirkung)" herbeiführe (BGH, a.a.O., m.w.N. zur Rspr. des RG). Eine **psychisch vermittelte Einwirkung** reicht also aus (OLG Saarbrücken, r+s 2005, 344; OLG Celle, r+s 2009, 255). Das ist bspw. dann der Fall, wenn sich der Fahrer eines Kraftfahrzeugs, dessen Windschutzscheibe durch einen von einem Lkw hoch gewirbelten Stein zertrümmert wird, so erschrickt, dass kurz darauf ein akutes Herzversagen eintritt (BGH, a.a.O.), oder wenn der Geschädigte brennende Ballen aus einem Stall in der Sorge um das Leben der darin befindlichen Pferde herausrollt und durch die Wahrnehmung des Brandes und den Schock einen Hirninfarkt erleidet (OLG Saarbrücken, OLGR 2004, 302).

Der **Tod durch Ertrinken** ist Unfalltod, ohne dass es dabei auf die Ursache des Ertrinkens ankäme (OLG Stuttgart, VersR 2007, 1363, 1364). Das Eindringen von Wasser in den Kehlkopf stellt das von außen auf den Körper einwirkende Ereignis dar, das den Tod unmittelbar verursacht (BGH, VersR 1977, 736; OLG Stuttgart, a.a.O. und m.w.N.). 22

c) Risikoausschlüsse

Die Musterbedingungen (Nr. 5.1 AUB 2014) enthalten eine Reihe von – generell eng auszulegenden (BGH, VersR 2007, 1690, 1691) – **Risikoausschlüssen**. Nicht erfasst werden: 23
1. Unfälle der versicherten Person durch **Bewusstseinsstörungen** (Begriff: BGH, VersR 1990, 1343; im Einzelnen Rdn 24), auch soweit diese auf Trunkenheit beruhen, sowie durch Schlaganfälle, epileptische Anfälle oder andere Krampfanfälle, die den ganzen Körper der versicherten Person ergreifen – es sei denn, diese Störungen oder Anfälle sind durch ein unter den Unfallversicherungsvertrag fallendes Unfallereignis verursacht worden.
2. Unfälle, die der versicherten Person dadurch zustoßen, dass sie vorsätzlich eine **Straftat** ausführt oder versucht (dazu u.a. OLG Hamm, VersR 2009, 388; VersR 2008, 65; VersR 2006, 399; s.a. BGH, VersR 1998, 1410 [Risikoausschluss wegen *„des selbstverschuldeten besonderen Unfallrisikos, das mit ... einer strafbaren Handlung gewöhnlich verbunden ist und durch die Erregung und Furcht vor Entdeckung gewöhnlich noch gesteigert wird"*]; LG Düsseldorf, 5.10.2007 – 11 O 42/07, Strafbarkeit gem. § 315c Abs. 1 StGB]). Der Risikoausschluss erfasst – über die vollendete und beendete Straftat hinaus – auch Unfälle beim Rückzug vom Tatort, auf der Flucht usw. (OLG Hamm, VersR 2008, 65, 66), solange zwischen Straftat und Unfall *„ein unmittelbarer zeitlicher und adäquat ursächlicher Zusammenhang"* besteht (OLG Hamm, a.a.O.; s. aber: Kessal-Wulf, r+s 2008, 313, 315 f.).
3. Unfälle, die unmittelbar oder mittelbar durch **Kriegs- oder Bürgerkriegsereignisse** verursacht sind – es sei denn, die versicherte Person ist auf Reisen im Ausland überraschend Opfer von Kriegs- oder Bürgerkriegsereignissen geworden. Dieser Versicherungsschutz erlischt jedoch am Ende des siebten Tages nach Beginn eines Krieges oder Bürgerkrieges auf dem Gebiet des Staates, in dem sich die versicherte Person aufhält. Die Erweiterung gilt nicht bei Reisen in oder durch Staaten, auf deren Gebiet bereits Krieg oder Bürgerkrieg herrscht. Sie gilt auch nicht für die aktive Teilnahme am Krieg oder Bürgerkrieg sowie für Unfälle durch ABC-Waffen und im Zusammenhang mit

einem Krieg oder kriegsähnlichen Zustand zwischen den Ländern China, Deutschland, Frankreich, Großbritannien, Japan, Russland oder USA.
4. Unfälle der versicherten Person als **Pilot** etc. (Fliegendes Personal; vgl. BGH, VersR 1984, 155).
5. Unfälle, die der versicherten Person dadurch zustoßen, dass sie sich als Fahrer, Beifahrer oder Insasse eines Motorfahrzeuges an **Fahrtveranstaltungen** beteiligt, bei denen es auf die Erzielung von Höchstgeschwindigkeiten ankommt (s. nur: OLG Karlsruhe, r+s 2007, 502, sowie die Nachweise bei *Marlow/Tschersich*, r+s 2009, 441, 446).
6. Unfälle, die mittelbar oder unmittelbar durch **Kernenergie** verursacht worden sind.

24 Bei der Prüfung der Frage, ob eine **Bewusstseinsstörung** vorliegt, ist eine fallbezogene Betrachtung erforderlich (BGH, VersR 1990, 1343, 1344; VersR 1985, 583; VersR 1976, 484, 485; vgl. auch BGH, VersR 2008, 1683 – Bewusstseinsstörung bei hitzebedingten Kreislaufstörungen; VersR 2012, 849 – Tauchunfall aufgrund funktioneller Herzstörung; OLG Stuttgart, VersR 2007, 1363, 1364 – Ertrinken in der Badewanne). Eine Bewusstseinsstörung setzt nicht den Eintritt völliger Bewusstlosigkeit voraus, es genügen vielmehr solche gesundheitlichen Beeinträchtigungen der Aufnahme- und Reaktionsfähigkeit des Versicherten, die die gebotene und erforderliche Reaktion auf die vorhandene Gefahrenlage nicht mehr zulassen, die also den Versicherten außerstande setzen, den Sicherheitsanforderungen seiner Umwelt zu genügen (BGH, VersR 2000, 1090, 1092, m.w.N.; s. auch: Nr. 5.1.1 S. 2 AUB 2014). Erfasst ist „auch eine kurzfristig aufgetretene gesundheitliche Beeinträchtigung wie eine vorübergehende Kreislaufreaktion („Schwarz vor Augen werden") ..., die eine gebotene und erforderliche Reaktion auf eine Gefahrenlage nicht mehr zulässt" (OLG Hamburg, r+s 2007, 386; ähnlich: OLG Hamm, VersR 2009, 349; grundlegend: BGH, a.a.O.; anders, mit Blick auf ältere AVB, die keinen Risikoausschluss für „vorübergehende Schwindelanfälle" vorsahen: OLG Oldenburg, VersR 1991, 803). In der Praxis stehen Unfälle im Mittelpunkt, die auf **Trunkenheit** beruhen (zuletzt: OLG Köln, VersR 2006, 255; LG Düsseldorf, VersR 2007, 488; LG Kassel, VersR 2006, 1529; aus der älteren Rspr.: BGH, VersR 2002, 1135; OLG Düsseldorf, VersR 2004, 1041; OLG Koblenz, VersR 2002, 181; vertiefend: *Marlow*, r+s 2007, 353, 355 f.). Im Hinblick auf die **Teilnahme am Straßenverkehr** ist zu unterscheiden:

– Die Rechtsprechung geht davon aus, dass Kraftfahrer bei einem **Blutalkoholgehalt von 1,1 ‰** absolut fahruntüchtig sind (BGH, VersR 1990, 1177; OLG Koblenz, VersR 2002, 43; Einzelheiten: *Grimm*, Unfallversicherung, Nr. 5 AUB 99 Rn 10 ff., 13). Ein allgemein gesicherter Grenzwert, ab dem **Drogenkonsum** die Annahme absoluter Fahruntüchtigkeit rechtfertigt, existiert bisher nicht (OLG Naumburg, VersR 2005, 1573). Bei einem Alkoholwert unter 1,1 ‰ ergibt auch eine Addition des Alkohol- und des Drogenwerts keine absolute Fahruntüchtigkeit (OLG Naumburg, a.a.O.).

– Bei einem **Blutalkoholgehalt > 0,8 ‰, aber < 1,1 ‰** liegt eine alkoholbedingte Bewusstseinsstörung vor, wenn **alkoholtypische Fahrfehler** den Rückschluss auf eine alkoholbedingte Fahruntüchtigkeit zulassen (OLG Koblenz, VersR 2002, 181; VersR 2002, 43).

- Bei einer **Blutalkoholkonzentration** unter 0,8 ‰ ist grds. nicht mehr von einer alkoholbedingten Bewusstseinsstörung auszugehen (BGH, VersR 1988, 950).

Sieht eine „**erweiterte Alkoholklausel**" vor, dass Unfälle infolge Trunkenheit mitversichert sind, „bei Fahren von Kfz" Versicherungsschutz jedoch nur bis **1,3 ‰** gewährt wird, so genießt der Fahrer keine Deckung, wenn er mit 1,5 ‰ mit der Leitplanke einer Bundesautobahn kollidierte, verletzt wurde und anschließend, nach Verlassen des Wagens von einem anderen Kfz erfasst wurde und schwere gesundheitliche Schäden erlitt (OLG Saarbrücken, VersR 2009, 1109). 25

Eine alkoholbedingte Bewusstseinsstörung bei einem **Fußgänger** setzt eine erheblich höhere Blutalkoholkonzentration voraus als bei einem Kraftfahrer (BGH, VersR 1990, 1343, 1344; s.a. OLG Saarbrücken, zfs 2006, 338; LG Kassel, VersR 2006, 1529 [alkoholbedingte Bewusstseinsstörung bei einer BAK von 1,41 bis 1,68 ‰, wenn das Unfallopfer seinen Pkw in einer Feldgemarkung festgefahren hat, bei Dunkelheit eine Bundesautobahn beschritt und von einem Fahrzeug, in das es hineinlief, angefahren wurde]; OLG Köln, VersR 2006, 255 [Bewusstseinsstörung eines Fußgängers bei einer Blutalkoholkonzentration von 2,67 ‰]; zur Beweislast für eine Sturz- und/oder Nachtrunk als Einwand gegen eine Bewusstseinsstörung: OLG Köln, VersR 2013, 1166, mit [zu Recht] ablehnender Anm. *Knappmann*, VersR 2013, 1521). 26

Bei **Radfahrern** greift der Risikoausschluss bei einer Blutalkoholkonzentration ab 1,6 ‰ (OLG Köln, 13.3.2007 – 5 W 117/06). 27

Bei **Unfällen außerhalb des Straßenverkehrs** gelten die Promillegrenzen (s. Rdn 24– 27) nicht (OLG Rostock, zfs 2006, 222, 223; OLG Schleswig, r+s 1991, 392; *Grimm*, Unfallversicherung, Nr. 5 AUB 2010 Rn 21). Auf eine alkoholbedingte Bewusstseinsstörung ist jedoch zu schließen, wenn beim Versicherten im Unfallzeitpunkt eine Blutalkoholkonzentration von 1,1 bis 1,2 ‰ vorlag, dieser als Beifahrer auf der Heimfahrt erhebliche Ausfallerscheinungen zeigte (mehrfacher Griff ins Lenkrad und Tritt auf das Gaspedal) und dieser sich nachts lärmend und halb ausgezogen auf den Sims eines offenen Fensters im 2. Stock hockt, aus dem er dann herabstürzt (OLG Schleswig, a.a.O.; ganz ähnlich: OLG Celle, VersR 2009, 1215 – nur durch alkoholbedingte [1,1 ‰] Bewusstseinsstörung zu erklärender nächtlicher **Fenstersturz**). Dagegen reicht eine Blutalkoholkonzentration von 2,29 ‰ bei einem in einem Kiessee Badenden allein und ohne Hinzutreten weiterer Umstände nach Meinung des OLG Hamm (OLG Hamm, VersR 1989, 242) nicht aus, um eine Bewusstseinsstörung als erwiesen anzusehen. Bei einem **Treppensturz** in einem unbekannten Gebäude bei völliger Dunkelheit rechtfertigt eine Blutalkoholkonzentration von 1,0 ‰ noch keinen Rückschluss auf eine alkoholbedingte Bewusstseinsstörung. Ein entsprechender Anscheinsbeweis scheidet aus, weil die Situation auch für einen Nüchternen gefährlich und nicht ohne Weiteres beherrschbar gewesen wäre (OLG Karlsruhe, Beschl. v. 11.1.2016 – 9 U 98/14, BeckRS 2016, 09010). 28

Praxistipp 29
Die Behauptungs- und Beweislast dafür, dass einer der Risikoausschlüsse aus Nr. 5 AUB greift, trifft den VR (vgl.: *Grimm*, Unfallversicherung, Nr. 5 AUB Rn 5). Behauptet der VR allerdings eine Geistes- oder Bewusstseinsstörung als Unfallursache, so hat sich der VN

nach Treu und Glauben (§ 242 BGB) dazu zu erklären (sekundäre Darlegungslast). Macht der VN keine näheren Angaben und bleibt als plausible Erklärung für den Unfall (Sturz aus dem Schlafzimmerfenster) nur eine Geistes- oder Bewusstseinsstörung, so ist diese als Unfallursache anzusehen (OLG Hamm, VersR 2009, 349, m.w.N.).

2. Unfreiwillige Gesundheitsschädigung

a) Gesundheitsschädigung

30 Ein Unfall setzt voraus, dass eine **Beeinträchtigung der Gesundheit** vorliegt. Erforderlich ist eine Beeinträchtigung der körperlichen Unversehrtheit (BGH, VersR 1972, 582; *Grimm*, Unfallversicherung, Nr. 1 AUB Rn 46), d.h. ein nach den Regeln der ärztlichen Kunst **feststellbarer – nicht bloß subjektiv empfundener – pathologischer Zustand** (ebenso: Looschelders/Pohlmann/*Götz*, § 178 Rn 24); auf die Erheblichkeit der Beeinträchtigung kommt es grds. nicht an (s. OGH, VersR 2011, 650; s. aber: Nr. 5.2.4 AUB 2014 [Infektionsklausel]). Darunter fallen grds. zwar auch *„psychische oder nervöse Störungen"* (*Grimm*, a.a.O.). Im Hinblick auf *„krankhafte Störungen infolge psychischer Reaktionen"* sieht Nr. 5.2.6 AUB 2014 jedoch einen Risikoausschluss vor (hier: Rdn 33 f.). Denn Versicherungsschutz soll **grds. nur bei körperlichen**, nicht aber bei seelischen Beeinträchtigungen gewährt werden (*Vissering*, in: Hdb. FA VersR, S. 1321 [Kap. 22 Rn 30]).

31 Bestreitet der VR **subjektive Beschwerden** (insb. Schmerzen) mit Nichtwissen (§ 138 Abs. 4 ZPO), muss der VN die angeblichen Beschwerden beweisen (§ 286 ZPO; *Marlow*, r+s 2007, 353, 354). Im Hinblick auf die Beweisnot – Parteianhörung (§ 141 Abs. 1 ZPO) und -vernehmung (§ 447 ZPO) scheiden regelmäßig aus – stellt *Marlow* (*Marlow*, r+s 2007, 353, 354) eine „taktische" Forderungsabtretung in den Raum.

32 Die Musterbedingungen enthalten eine Reihe von – generell eng auszulegenden (BGH, VersR 2007, 1690, 1691; *Kessal-Wulf*, r+s 2008, 313, 316) – **Risikoausschlüssen**, die an bestimmte Gesundheitsschäden anknüpfen; ausgeschlossen sind gem. Nr. 5.2 AUB 2008: 1. Schäden an **Bandscheiben** (vgl. u.a. OLG Hamburg, r+s 2008, 32; OLG Frankfurt am Main, VersR 2006, 1118 – Kompatibilität des Risikoausschlusses mit dem Transparenzgebot [§ 307 Abs. 1 S. 1 BGB]; OLG Hamm, r+s 2006, 467; ausf.: *Steinmetz/Rössler*, VersR 2014, 38; vgl. auch die Nachweise bei *Marlow*, r+s 2007, 353, 356; *Marlow*, r+s 2005, 357, 360; *Marlow*, r+s 2009, 443, 447), sowie **Blutungen aus inneren Organen und Gehirnblutungen**. Die Musterbedingungen schließen solche Beeinträchtigungen allerdings wieder ein (tertiäre Risikoabgrenzung), wenn ein *„Unfallereignis nach Nr. 1.3 die überwiegende Ursache ist"* (dazu: OLG Koblenz, VersR 2008, 67, 68: *„Für die Abgrenzung der überwiegenden Wahrscheinlichkeit einer Gehirnblutung bei Blutverdünnung durch „Marcumar" ist nicht allein die Auslösung einer Gefäßruptur für den Blutungsbeginn, sondern die Gewichtung der Ursachen für die konkrete Gehirnblutung insgesamt maßgeblich"*; OLG Hamm, VersR 2015, 1416: Bloßer Ausfallschritt beim Golf-Abschlag kann nicht als überwiegende Ursache eines Bandscheibenvorfalls qualifiziert werden). Während für den Leistungsausschluss der VR die Beweislast trägt (BGHZ 131, 15, 21 = VersR 1995, 1433, 1435), ist es Sache des VN, den Wiederein-

schluss – insb. die überwiegende Ursächlichkeit des Unfallereignisses – zu beweisen (im Einzelnen: BGH, VersR 2009, 492, 493; OLG Saarbrücken, VersR 2014, 456, 457; OLG Koblenz, r+s 2009, 254; OLG Düsseldorf, r+s 2008, 525; OLG Karlsruhe, VersR 2005, 969; *Steinmetz/Rösler*, VersR 2014, 38, 39 mit dem Hinweis auf den strengen Beweismaßstab des § 286 Abs. 1 S. 1 ZPO; vgl. auch: Rdn 69). Dafür reicht die Beschwerdefreiheit des VN vor dem Unfallereignis nicht aus (OLG Hamm, r+s 2006, 467; *Steinmetz/Rösler*, VersR 2014, 38, 39).
2. Gesundheitsschäden durch **Strahlen**.
3. Gesundheitsschäden durch **Heilmaßnahmen** (vgl. zuletzt: OLG Saarbrücken, VersR 2015, 1417 [Kein Unfallversicherungsschutz bei Behandlungsfehlern]; OLG Celle, VersR 2010, 803 [Kein Unfallversicherungsschutz, wenn sich die der Heilmaßnahme eigentümliche Gefahr realisiert]; OLG Stuttgart, VersR 2007, 786, 787, m.w.N.; LG Dortmund, VersR 2012, 475) oder Eingriffe am Körper der versicherten Person. Versicherungsschutz besteht jedoch, wenn die Heilmaßnahmen oder Eingriffe, auch strahlungsdiagnostische und -therapeutische, durch einen unter den konkreten Unfallversicherungsvertrag fallenden Unfall veranlasst waren (zur Rechtmäßigkeit der Klausel: OLG Celle, a.a.O.).
4. **Infektionen** (vgl. zuletzt: OLG Karlsruhe, VersR 2014, 237; OLG Hamm, VersR 2008, 342 und OLG Köln, r+s 2008, 345, zum Risikoausschluss bei Borreliose), die *„nicht zu den Lebensrisiken gehören, die durch die Unfallversicherung abgedeckt werden sollen"* (OLG Hamm, a.a.O.). Laut Musterbedingungen (Nr. 5.2.4 AUB 2014) besteht jedoch Unfallversicherungsschutz, wenn sich die versicherte Person (1.) mit Tollwut oder Wundstarrkrampf infiziert, (2.) mit anderen Krankheitserregern, die durch nicht nur geringfügige Unfallverletzungen in den Körper gelangten, oder (3.) durch [durch einen versicherten Unfall veranlasste] Heilmaßnahmen oder Eingriffe. Geringfügig sind Unfallverletzungen, die ohne die Infektion und ihre Folgen *keiner ärztlichen Behandlung* bedürfen (s. OLG Köln, VersR 2013, 992 [Besteht objektiv gesehen Anlass, sich in ärztliche Behandlung zu begeben?] und [auf der Basis einer atypischen Infektionsklausel] OLG Karlsruhe, a.a.O., 238; s. zu abweichenden Klauseln in Österreich: ÖOGH, VersR 2011, 650); geringfügig sind Unfallverletzungen zudem nur, wenn zu erwarten ist, dass sie *alsbald folgenlos verheilen* (OLG Hamm, VersR 2016, 320). Abzustellen ist insoweit ausschließlich auf die Verletzung und nicht auf die möglichen Folgen, die dadurch entstehen, dass Erreger in den Körper gelangt sind (OLG Hamm, a.a.O.). Die Beweislast für sämtliche Voraussetzungen des Widereinschlusses – auch dafür, dass die Unfallverletzung mehr als nur geringfügig war – liegt beim VN (OLG Köln, VersR 2013, 992, 993; OLG Hamm, r+s 2007, 164; **a.A.** OLG Karlsruhe, a.a.O.). Das gilt jedenfalls im Hinblick auf die hier referierte Infektionsklausel, weil der VR bereits die Infektion mit Krankheitserregern (s.o.) beweisen muss und der VN andernfalls gar nichts zu beweisen hätte. Der Risikoausschluss ist auch unter Berücksichtigung der §§ 307, 138 BGB wirksam (OLG Köln, a.a.O.), ggf. jedoch unter Beachtung der Unklarheitenregel (§ 305c Abs. 2 BGB) auszulegen und anzuwenden (OLG Karlsruhe, a.a.O.).

5. **Vergiftungen** infolge Einnahme fester oder flüssiger Stoffe durch den Schlund – es sei denn, Unfallopfer ist ein Kind, dass das 10. Lebensjahr noch nicht vollendet hat. Ausgeschlossen bleiben Vergiftungen durch Nahrungsmittel.
6. **Krankhafte Störungen infolge psychischer Reaktionen**, auch wenn diese durch einen Unfall verursacht wurden (Einzelheiten: Rdn 33).
7. **Bauch- oder Unterleibsbrüche** – es sei denn, sie sind durch eine unter die Unfallversicherung fallende gewaltsame von außen kommende Einwirkung entstanden.

33 Besondere Praxisrelevanz entfaltet der **Risikoausschluss für „krankhafte Störungen infolge psychischer Reaktionen**, auch wenn diese durch einen Unfall verursacht wurden" (Nr. 5.2.6 AUB 2014; ausführlich: Knappmann, VersR 2011, 324; *Abel/Winkens*, VersR 2009, 30 ff.). Die Klausel ist wirksam; sie ist nicht unklar (§ 305c BGB) und hält einer Inhaltskontrolle anhand der §§ 307 ff. BGB stand (BGH, VersR 2004, 1039; OLG Brandenburg, VersR 2016, 521 f.; OLG Düsseldorf, r+s 2010, 165); sie ist eindeutig so zu verstehen, dass krankhafte Störungen infolge psychischer Reaktionen gleichgültig, wodurch diese verursacht worden sind, vom Versicherungsschutz ausgenommen werden. Das erfasst Gesundheitsschädigungen infolge psychischer Reaktionen, die sowohl auf Einwirkungen von außen über **Schock, Schreck, Angst und Ähnliches** erfolgen, als auch auf **unfallbedingter Fehlverarbeitung** beruhen (BGH, VersR 2004, 1449 [sog. „Tinnitus"-Entscheidung]; VersR 2004, 1039; VersR 2003, 634; OLG Celle, VersR 2015, 1499; r+s 2008, 389; OLG Frankfurt, r+s 2010, 164). Fehlt es an körperlichen Traumata oder kann die krankhafte Störung des Körpers nur mit ihrer psychogenen Natur erklärt werden, will der Unfallversicherer keinen Versicherungsschutz übernehmen (BGH, VersR 2004, 1449; VersR 2004, 1039; OLG Hamm, Urt. v. 7.7.2016 – I-6 U 4/16, BeckRS 2016, 14518; OLG Koblenz, VersR 2014, 366, 367; OLG Oldenburg, VersR 2011, 520; OLG Celle, a.a.O.). Anders verhält es sich, wenn der VN durch den Unfall bspw. **hirnorganisch** beeinträchtigt wird, was dann seine Psyche krankhaft verändert (BGH, a.a.O., unter Berufung auf *Knappmann*, NVersZ 2002, 1, 4). Die organische Schädigung oder Reaktion, die zu einem psychischen Leiden führt, vermag den Risikoausschluss nicht auszulösen. Denn die **seelischen Beschwerden** beruhen dann nicht, wie von der Klausel wörtlich verlangt, ihrerseits auf psychischen Reaktionen, sondern sind **physisch hervorgerufen** und mithin nicht vom Ausschluss erfasst (BGH, a.a.O.; ebenso VersR 2009, 1213, 1215). Krankhafte Störungen, die eine organische Ursache haben, sind nicht vom Versicherungsschutz ausgeschlossen, auch wenn im Einzelfall das Ausmaß, in dem sich die organische Ursache auswirkt, von der psychischen Verarbeitung durch den VN abhängt (BGH, VersR 2004, 1449, 1450). Die Trennlinie zwischen psychischer bzw. physischer Erst- bzw. Folgeerkrankung ist schwer zu ziehen, weil auch psychische Reaktionen naturwissenschaftlich gesehen gehirngebunden, also gebunden an somatische bzw. biologische Prozesse im Gehirn ablaufen (vgl.: OLG Celle, r+s 2008, 389, mit dem Plädoyer für eine jeweils einheitliche Einordnung als psychisches oder physisches Leiden).

Die **Kasuistik** im Kontext psychischer Beeinträchtigungen kann hier nur ausschnittsweise wiedergegeben werden: 34
- Kommt es bei einem Berufskraftfahrer aufgrund muskulärer Reaktionen und der Ausschüttung von Stresshormonen infolge eines Unfalls zu einem **Blutdruckanstieg**, der kurz nach Fortsetzung der Fahrt zu einer Aortendissektion führt, so liegt eine physische, keine psychische Reaktion vor (BGH, VersR 2003, 634; *Kessal-Wulf*, r+s 2008, 313, 314), sodass ein Risikoausschluss ausscheidet. Dagegen fällt eine posttraumatische Belastungsstörung, die nicht organisch durch lädierende Geschehnisse des Unfalls selber verursacht worden sind, sondern durch sehr komplex ablaufende mittelbare Prozesse der Psyche und des Gehirns aufgrund des Unfalls, unter den Risikoausschluss des § 2 Abs. 4 AUB 88 (OLG Celle, r+s 2008, 389). Aus dem Umstand, dass die unfallbedingte Cortisolausschüttung eine biologische Reaktion ist, lässt sich auch nicht schließen, dass es sich bei dieser als Stressreaktion erfolgten Cortisolausschüttung um eine unfallbedingte organische Ersterkrankung bzw. eine physische Reaktion und bei der posttraumatischen Belastungsstörung um eine psychische Folgeerkrankung handelt (OLG Celle, a.a.O.).
- Beruht ein **Tinnitus** auf einer organischen, durch den Unfall hervorgerufenen Ursache – auf einem in unmittelbarer Umgebung des VN abgegebenen Schuss aus der Dienstwaffe eines Polizeibeamten, der eine knalltraumatische Schädigung der Haarzellen im Innenohr verursacht – besteht Unfallversicherungsschutz (BGH, VersR 2004, 1449; *Kessal-Wulf*, r+s 2008, S. 315).
- Leidet ein Unfallopfer unter **vielfältigen Krankheitssymptomen** (Bewegungsstörungen der Halswirbelsäule usw.), liegen jedoch weder auf orthopädischem noch auf neurologischem Fachgebiet dauerhafte organische Schädigungen vor, so beruht der krankhafte Zustand des Versicherten allein auf seiner psychischen Reaktion als Folge des Unfallereignisses (OLG Köln, VersR 2007, 976).
- Eine **reaktive posttraumatische Depression** ist als krankhafte Störung infolge psychischer Reaktion vom Versicherungsschutz ausgeschlossen (OLG Düsseldorf, VersR 2006, 1487).
- **Psychische Folgen eines unfallbedingten Körperschadens** unterfallen nur dann nicht dem Risikoausschluss, wenn sie angesichts der Schwere des Unfalls oder der eingetretenen Körperschäden gleichsam verständlich oder nachvollziehbar sind und deshalb nicht allein durch ihre psychogene Natur erklärt werden können (OLG Hamm, VersR 2006, 1394; OLG Celle, VersR 2015, 1499; OLG Oldenburg, VersR 2011, 520; krit. mit Blick auf die diesem Beurteilungsmaßstab eigene Rechtsunsicherheit: *Abel/Winkens*, VersR 2009, 30, 34). Dementsprechend fällt u.a. eine „somatoforme Schmerzstörung", die auf eine (anatomiegerecht verheilte) Infraktion des Kreuz-/Steißbeinübergangs zurückzuführen sein könnte, unter den Risikoausschluss, wenn Nichts dafür spricht, dass die (andauernde) psychische Problematik physisch hervorgerufen wird (OLG Oldenburg, a.a.O.).
- Treten **nach einem Unfallereignis krankhafte Störungen** auf, die gutachterlich *nicht* auf die diagnostizierten Unfallschäden (hier: Schädel-Hirn-Trauma) zurückgeführt wer-

den können, ist von einer psychischen Reaktion auf das Unfallereignis auszugehen, die nicht vom Versicherungsschutz erfasst ist (OLG Rostock, VersR 2006, 105).
- Eine **posttraumatische Belastungsstörung** ist eine psychische Störung als Reaktion auf den Unfall und nicht eine psychische Störung als Reaktion auf eine durch den Unfall erlittene physische Erkrankung (OLG Brandenburg, VersR 2006, 1251; OLG Koblenz, VersR 2014, 366), sodass der Risikoausschluss zum Tragen kommt (vgl. auch: OLG Nürnberg, 7.7.2006 – 8 U 756/06; vertiefend: *Abel/Winkens*, VersR 2009, 30, 33). Das OLG Celle (OLG Celle, VersR 2015, 1499) hat sich zwar dagegen ausgesprochen, bestimmte Krankheitsbilder wie „posttraumatische Belastungsstörung" pauschal unter den Risikoausschluss zu subsumieren. Legt man dieses Krankheitsbild jedoch so eng aus wie das OLG Brandenburg (s.o.), liegen die Entscheidungen auf einer Linie: Der Risikoausschluss gilt nicht, wenn der Versicherte nach einem schweren Unfall mit lebensbedrohlichen Folgen bis zum Beginn des operativen Eingriffs bei vollem Bewusstsein ist und es nach sachverständiger Feststellung nicht um eine spätere psychische Fehlverarbeitung eines Unfalls geht, die psychische Reaktion bei lebensnaher Betrachtung eine vielmehr nicht vermeidbare Begleiterscheinung ist, und insoweit ein Anknüpfen der psychischen Störung direkt an die organischen Unfallfolgen vorliegt (OLG Celle, a.a.O.). Das heißt vereinfacht formuliert: *Psychische Reaktionen auf die Beobachtung eines Unfalls sind nicht versichert, psychische Reaktionen auf physische Unfallfolgen am eigenen Körper schon – es sei denn, diese Reaktionen sind Ergebnis inadäquater Fehlverarbeitung* (s. auch: OLG Hamm, Urt. v. 7.7.2016 – I-6 U 4/16, BeckRS 2016, 14518, Rn 43; fragwürdig: OLG Brandenburg, VersR 2016, 521 [Trotz Platzwunde, multipler Prellungen und Schürfungen, Schädelprellungen sowie zunehmender Sprech- und Sehstörungen und Denkaussetzern [kein Schädel-Hirn-Trauma] kein Primärschaden, der eine posttraumatische Belastungsstörung hätte herbeiführen können?]). Posttraumatische Belastungsstörungen mit der Folge 100 %iger Invalidität eines Mitglieds der Freiwilligen Feuerwehr nach einem Einsatz, die auf den Ausfall der Atemschutzmaske zurückzuführen sind, ohne dass der Versicherte dabei organische Gesundheitsschäden durch den Ausfall erlitt, fallen unter den Versicherungsschutzausschluss „psychische Störungen" (OLG Düsseldorf, r+s 2010, 165). Dass es infolge der posttraumatischen Belastungsstörungen zu strukturellen und funktionellen Veränderungen des Gehirns kommt, ist mangels einer unfallbedingten organisch begründeten Läsion des Nervensystems oder Gehirns nicht versichert (OLG Düsseldorf, a.a.O.).
- Der Risikoausschluss erfasst Erkrankungen infolge **psychischer Einwirkungen**. Darüber hinaus besteht eine Einschränkung der Leistungspflicht [!] dahin gehend, dass für „*Folgen psychischer und nervöser Störungen, die im Anschluss an einen Unfall eintreten eine Entschädigung nur gewährt wird, wenn und soweit diese Störungen auf eine durch den Unfall verursachte organische Erkrankung des Nervensystems oder eine durch den Unfall neu entstandene Epilepsie zurückzuführen sind*" (OLG Koblenz, VersR 2005, 1137).

35 **Praxistipp**
Die Behauptungs- und Beweislast dafür, dass einer der Risikoausschlüsse greift, trifft den Unfallversicherer (vgl.: BGH, VersR 2004, 1039, anhand von Nr. 5 AUB 2008; OLG Bran-

denburg, VersR 2015, 521, 522; OLG Köln, VersR 2007, 976; *Grimm*, Unfallversicherung, Nr. 5 AUB Rn 5). Er muss bspw. beweisen, dass und in welchem Umfang psychische Reaktionen den krankhaften Zustand hervorgerufen haben (OLG Brandenburg, a.a.O.). Nicht zu klärende Unklarheiten über Beitrag und Gewicht etwaiger psychischer Reaktionen gehen zulasten des VR (BGH, a.a.O.; OLG Brandenburg, a.a.O.; OLG Celle, a.a.O.).

b) Unfreiwilligkeit

Das Merkmal der Unfreiwilligkeit **bezieht sich** nicht auf das Unfallereignis, sondern **auf die Folgen des Unfallereignisses**, d.h. auf die Gesundheitsbeschädigung (BGH, VersR 2014, 59, 63; VersR 2013, 1570; OLG Karlsruhe, VersR 2005, 678; *Marlow*, r+s 2006, 362, 363; Prölss/Martin/*Knappmann*, § 1 AUB 94 Rn 18; *Grimm*, Unfallversicherung, Nr. 1 AUB 99 Rn 39). Bewusstes In-Kauf-Nehmen einer Gefahr begründet grds. noch keine Freiwilligkeit; selbst das Bewusstsein, sich u.U. in Lebensgefahr zu begeben, reicht nicht aus, um die Unfreiwilligkeit des Unfallereignisses entfallen zu lassen (OLG Zweibrücken, VersR 1988, 287; verfehlt: LG Köln, VersR 1974, 542 – Teilnahme an einem Boxkampf): Auch derjenige, der sich bewusst und gewollt einem hohen Todesfallrisiko in der Erwartung aussetzt, er werde dieses Risiko ohne Schaden meistern, erleidet den Tod unfreiwillig, wenn er erwartungswidrig verunglückt (OLG Zweibrücken, a.a.O., im Hinblick auf „autoerotische Manipulationen" durch Strangulierung; *Naumann/Brinkmann*, Die private Unfallversicherung in der anwaltlichen Praxis, § 3 Rn 34). Es gibt auch keine Einschränkung dahin gehend, dass mit dem Begriff „Gesundheitsschädigung" allein die erste, u.U. nur geringfügige Gesundheitsschädigung – wie etwa die Hautverletzung nach einem Spatenstich – gemeint wäre (BGH, a.a.O.). Hat die versicherte Person bei der Durchführung risikoreicher Handlungen zwar mit Verletzungen gerechnet, infolge einer Abweichung vom vorgestellten Kausalverlauf jedoch nicht mit derem konkreten, die Leistungspflicht der VR auslösendem Ausmaß, so erleidet sie die Gesundheitsschädigung unfreiwillig (BGH, a.a.O.).

36

Freiwillig erlitten ist die Gesundheitsbeschädigung eines Versicherten dann, wenn dieser sie entweder gewollt oder für möglich gehalten und billigend in Kauf genommen hat (OLG München, NJOZ 2016, 796, Rn 15). Hat er sich hingegen bewusst zwar einem hohen gesundheitlichen Risiko ausgesetzt, aber darauf vertraut, dass sich dieses nicht in einer Schädigung auswirken würde, liegt eine unfreiwillige Gesundheitsbeschädigung vor (OLG München, a.a.O.). Bewusste Fahrlässigkeit ist also unschädlich. Bis zum Beweis des Gegenteils ist gem. § 178 Abs. 2 S. 2 VVG von der Unfreiwilligkeit der Gesundheitsschädigung auszugehen (s. auch: OLG Karlsruhe, VersR 2014, 237, 238).

37

3. Haftungsbegründende Kausalität

Das Unfallereignis muss **kausal** für die Gesundheitsschädigung gewesen sein. Das ist der Fall, wenn das Unfallereignis nicht hinweg gedacht werden kann, ohne dass die Gesundheitsschädigung in ihrer konkreten Gestalt entfiele (**conditio sine qua non**; BGH, NJW 2005, 1420; NJW 1995, 126, 127; Palandt/*Heinrichs*, vor § 249 BGB Rn 57; speziell zur Unfallversicherung: LG Aachen, r+s 2006, 429; s.a. *Marlow*, r+s 2007, 353, 354). Darüber

38

hinaus muss das Unfallereignis **auch *adäquat* kausal** gewesen sein (BGH, VersR 2013, 1570, 1572; OLG Saarbrücken, VersR 2014, 1202; VersR 2004, 1544; OLG Celle, VersR 2010, 205; *Naumann/Brinkmann*, Die private Unfallversicherung in der anwaltlichen Praxis, § 3 Rn 45): Er muss also im Allgemeinen und nicht nur unter besonders eigenartigen, unwahrscheinlichen und nach dem gewöhnlichen Verlauf der Dinge außer Betracht zu lassenden Umständen geeignet gewesen sein, einen Erfolg der eingetretenen Art herbeizuführen (BGH, VersR 2013, 1570; allg.: BGH, NJW 2005, 1420; Palandt/*Heinrichs*, vor § 249 BGB Rn 57). Beim Genuss von Nahrungsmitteln (Nüssen), der aufgrund allergischer Reaktionen zum Tod der versicherten Person führt, handelt es sich angesichts weit verbreiteter Nahrungsmittelallergien nicht um einen derart außergewöhnlichen Geschehensablauf (BGH, VersR 2013, 1570).

39 Der Unfallbegriff enthält **kein Unmittelbarkeitserfordernis**, demzufolge bei einem zum Tod oder sonstigen Schäden führenden Geschehen lediglich auf die zuletzt innerhalb des Körpers des Unfallopfers unmittelbar wirkende Ursache abzustellen wäre (BGH, VersR 2013, 1570 – Kausalität der Nahrungsmittelaufnahme [Nüsse] für den Tod des Unfallopfers aufgrund allergischer Reaktion). Deshalb ist auf das Ereignis abzustellen, das von außen auf den Körper einwirkt und damit eine Kausalkette körperinterner Vorgänge in Lauf setzt, die zur Schädigung der versicherten Person führt (BGH, a.a.O.). Umstände und Ursachen, die der „Einwirkung von außen" vorausgehen, sind bei der Prüfung des Kausalzusammenhangs nicht zu berücksichtigen (BGH, a.a.O.), so dass es im Skifahrerfall (BGH, VersR 2011, 1135) nicht auf die Umstände ankommt, die den Sturz ausgelöst haben (hier: Rdn 20).

40 Das OLG Saarbrücken (OLG Saarbrücken, VersR 2014, 1202, 1204) geht von einer **Unterbrechung des Kausalzusammenhangs** aus, wenn eine (sinnlich wahrgenommene) Einwirkung von außen (Einfall des Sonnenlichts) eine (angeblich) willensgesteuerte Reaktion auslöst (ruckartiges Abwenden des Kopfes) und erst dadurch eine Gesundheitsschädigung (Aortendissektion) hervorgerufen wird (hier: Rdn 15 und 20). Das trifft jedoch nicht ohne Weiteres zu, denn das Kopfabwenden dürfte eher Reflex als Reaktion und als solcher auch nicht eigenartig, unwahrscheinlich oder ungewöhnlich sein.

41 Die Kausalität ist **ohne Rücksicht auf mögliche Schutzzwecke i.S.d. Deliktsrechts** zu prüfen (BGH, VersR 2013, 1570; anders: OLG Saarbrücken, VersR 2014, 1202): Für die Bestimmung des Schutzzwecks eines Versicherungsvertrags kommt es allein auf die vertraglichen Vereinbarungen und deren Verständnis nach den Erkenntnismöglichkeiten eines durchschnittlichen VN an (BGH, VersR 2013, 1570 a.a.O.). Daneben bleibt für eine Anwendung des für die Auslegung haftungsrechtlicher Bestimmungen entwickelten allgemeinen Schutzzweckgedankens kein Raum (BGH, a.a.O.).

42 Die Kausalität fehlt, wenn die Schädigung zwar von dem Ereignis ausgelöst wurde aber dadurch lediglich eine bereits vorbestehende gesundheitliche Beeinträchtigung sichtbar wurde, die auch durch jeden anderen Anlass hätte in Erscheinung treten können (angebliche „Gelegenheitsursache": OLG Dresden, r+s 2008, 432 m.w.N.; AG Gladbeck, r+s 2009, 477; mit Recht gegen den aus dem Sozialversicherungsrecht übernommenen Begriff der Gelegenheitsursache: *Hoenicke*, r+s 2009, 206; *Marlow/Tschersich*, r+s 2009, 441, 444 f.). Soweit das OLG Dresden (OLG Dresden, a.a.O.) seine Entscheidung mit dem Hinweis

begründet, der Unfallversicherer gewähre (nur) Schutz davor, „dass sich die gesundheitliche Konstitution der versicherten Person richtungsweisend" verändere, ist allerdings klarzustellen, dass weder die §§ 178 ff. VVG noch die Musterbedingungen ein solches Kriterium kennen. Richtig ist aber, dass es in Fällen, in denen „die Schädigung durch innerkörperliche Vorgänge – meist Vorerkrankungen oder degenerative Veränderungen – bereits derart vorprogrammiert" ist, „dass sie bei jedem geringfügigen und beliebig austauschbaren Anlass nach außen treten kann", nicht gerechtfertigt ist, den Unfallversicherer nur deswegen als eintrittspflichtig anzusehen, weil der Schaden zufällig durch ein Unfallereignis zutage getreten ist (OLG Dresden, r+s 2008, 432; vgl. auch: LG Kiel, r+s 2007, 517, m.w.N.). Das gilt indes nur, wenn der Unfall bloß zur Entdeckung einer bereits vorhandenen Gesundheitsschädigung führt. Hat er hingegen zu der Gesundheitsschädigung beigetragen, ist die Kausalität zu bejahen. Der Unfall braucht nämlich nicht alleinige Ursache der Gesundheitsschädigung gewesen zu sein (verfehlt: LG Bochum, r+s 2008, 434; wie hier: OLG Celle, VersR 2010, 205; *Hoenicke*, r+s 2009, 206; *Naumann/Brinkmann*, Die private Unfallversicherung in der anwaltlichen Praxis, § 3 Rn 45). Etwaige Vorschäden sind dann allerdings bei der Festlegung des Leistungsumfangs zu berücksichtigen (Nr. 3 AUB 2014; ähnlich wie hier: *Marlow/Tschersich*, r+s 2009, 441, 445).

4. Beweislast (§ 178 Abs. 2 S. 2 VVG)

Die Beweislastregel in § 178 Abs. 2 S. 2 VVG knüpft an die Definition des Unfalls an und führt zu einer (eingeschränkten) **Beweislastumkehr**. Die (ungeschriebene) Grundregel des Beweisrechts besagt, dass der Anspruchsteller rechtsbegründende, der Anspruchsgegner rechtshindernde, rechtsvernichtende und rechtshemmende Tatbestandsmerkmale beweisen muss (s. nur Zöller/*Greger*, vor § 284 ZPO Rn 17). Demnach träfe die **Beweislast für die (anspruchsbegründende) Unfreiwilligkeit** der Gesundheitsschädigung an und für sich den VN. Davon weicht § 178 Abs. 2 S. 2 VVG – in Einklang mit dem früheren § 180a Abs. 1 VVG – ab: Die Unfreiwilligkeit wird bis zum Beweis des Gegenteils vermutet. Davon abgesehen trifft die Beweislast für den Unfall jedoch den VN (OLG Stuttgart, VersR 2007, 1363, 1364; Einzelheiten s. Rdn 46 ff.).

43

Praxistipp 44
Die Behauptung des VN, durch einen dicht an seinem Ohr explodierenden Feuerwerkskörper ein Knalltrauma mit der Folge eines vollständigen Gehörverlusts erlitten zu haben, ist nicht nachgewiesen, wenn die typischen Symptome eines Knalltraumas wie ein kurzer stechender Ohrenschmerz, ein starkes kontinuierliches Ohrgeräusch i.S.e. Tinnitus und eine Schwerhörigkeit fehlen sowie charakteristische anatomisch nachweisbare Veränderungen nicht objektivierbar sind (LG Amberg, r+s 2009, 345).

a) Betroffene Versicherungsverhältnisse

§ 178 Abs. 2 S. 2 VVG ist auf die gesamte Unfallversicherung – einschließlich der **Lebensversicherung mit Unfallzusatzversicherung** (Prölss/Martin/*Knappmann*, § 180a Rn 1) – anwendbar. In der **Kraftfahrtversicherung** ist zu unterscheiden: In der Kraftfahrt-Unfallversicherung (§ 18 Abs. 2 [1] AKB 2004) kommt § 178 Abs. 2 S. 2 VVG zum Tragen

45

(BGH, VersR 1998, 1231 [noch anhand von § 181 VVG a.F.]), in der Kraftfahrt-Fahrzeugversicherung (§ 12 [1] II e) AKB 2004) hingegen nicht (allg. M.: *Römer/Langheid*, § 180a Rn 3 f.; *Stiefel/Hofmann*, Kraftfahrtversicherung, § 12 AKB Rn 64).

b) Beweislastverteilung

46 Im Hinblick auf den Unfall hat der VN das Unfallereignis (vgl. Rdn 6 ff.), die Unfallfolge, d.h. die Beschädigung der Gesundheit, und die Kausalität zwischen Unfallereignis und Unfallfolge zu beweisen (BGH, VersR 1987, 1007; OLG Hamm, VersR 2008, 249; OLG Düsseldorf, VersR 2000, 1227; *Grimm*, Unfallversicherung, § 1 AUB 2010 Rn 43; zur richterlichen Überzeugung: OLG Frankfurt am Main, r+s 2009, 32). Dagegen hat der VR die **Freiwilligkeit der Unfallfolge** zu beweisen (Beweis des Gegenteils: BGH, VersR 1987, 1007; OLG Düsseldorf, VersR 2001, 974; *Kessal-Wulf*, r+s 2008, 313, 314).

47 **Praxistipp**
Der Beweis des Gegenteils ist geführt, wenn der Tatrichter von der Freiwilligkeit der Gesundheitsbeschädigung überzeugt ist. Dazu gehört indes keine unumstößliche Gewissheit; vielmehr reicht ein für das praktische Leben brauchbarer Grad an Gewissheit, der den Zweifeln Schweigen gebietet, ohne sie vollständig auszuschließen (BGHZ 100, 214 = VersR 1987, 503; OLG Koblenz, VersR 2008, 67; OLG Hamm, VersR 1990, 1345; OLG Saarbrücken, VersR 1990, 968; OLG Hamm, VersR 1990, 966; OLG München, r+s 1987, 82; *Grimm*, Unfallversicherung, Nr. 1 AUB 2010 Rn 41).

48 Ein **Anscheinsbeweis** für die Freiwilligkeit der Gesundheitsbeschädigung **scheidet aus**. Dieser setzt generell voraus, dass im Einzelfall ein typischer Geschehensablauf vorliegt, der nach allgemeiner Lebenserfahrung auf eine bestimmte Ursache hinweist und so sehr das Gepräge des Gewöhnlichen und Üblichen trägt, dass die besonderen individuellen Umstände in ihrer Bedeutung zurücktreten (BGHZ 100, 214 = VersR 1987, 503 [Freitod]). Die Entscheidung, sich das Leben zu nehmen oder sich selbst zu verletzen, ist indes so sehr durch individuelle Lebensumstände, durch die Persönlichkeitsstruktur und die subjektive Empfindung der eigenen Lebenssituation geprägt, dass ein typischer Geschehensablauf ausscheidet (BGH, a.a.O.; Prölss/Martin/*Knappmann*, § 180a Rn 10; *Römer/Langheid*, § 180a Rn 5; vgl. auch BGHZ 104, 256 = NJW 1988, 2040 mit Blick auf die Feuerversicherung; *Kessal-Wulf*, r+s 2008, 313, 314).

49 Ein **Indizienbeweis** der Freiwilligkeit reicht aus. Dabei hat der Tatrichter die einzelnen Umstände des Unfallgeschehens in ihrer Gesamtheit und in ihrem Zusammenwirken umfassend zu würdigen (BGH, VersR 1994, 1054; VersR 1987, 1007; OLG München, NJOZ 2016, 796, Rn 18, 34; OLG Koblenz, VersR 2008, 67; OLG Düsseldorf, VersR 2001, 974; OLG Hamburg, VersR 1991, 763; OLG Nürnberg, r+s 1988, 280). Das Gericht kann im Wege freier Beweiswürdigung (§ 286 ZPO) Erfahrungssätze und Hilfstatsachen verwerten und so zu der Überzeugung gelangen, die Vermutung des § 178 Abs. 2 S. 2 VVG sei widerlegt (OLG Koblenz, VersR 2008, 67). Der Unfallablauf kann für Freiwilligkeit sprechen. Ist das nicht eindeutig der Fall, können „belastbare und massive" Anhaltspunkte, die für die Suizidalität des Unfallopfers sprechen, trotzdem den Rückschluss auf Freiwilligkeit rechtfertigen (OLG München, NJOZ 2016, 796 Rn 34, im konkreten Fall verneint; s. auch: Rdn 54). Begründet das Gericht seine Überzeugung, der Versicherte sei freiwillig aus

dem Leben geschieden, erklärtermaßen *nicht* mit dem Hinweis auf seine – vermeintlich desolaten – wirtschaftlichen Verhältnisse, muss es auch Beweisantritten zu dessen – angeblich soliden – wirtschaftlichen Verhältnissen nicht nachgehen (OLG Frankfurt am Main, OLGR 2008, 718).

Im Mittelpunkt der Prüfung der Freiwilligkeit steht die **Plausibilität der Unfallschilderung** der versicherten Person. Dementsprechend ist die Vermutung der Unfreiwilligkeit **widerlegt**, wenn die Unfallschilderung nicht zutreffen kann, weil sie in wesentlichen Punkten mit der Realität oder mit ärztlichen Befunden über das Verletzungsbild nicht übereinstimmt oder weil sich die behauptete Verletzung nur durch ganz **abnorme, unwahrscheinliche Umstände** erklären lässt (BGH, r+s 1991, 285).   50

Praxisbeispiel
Befunde über Art und Richtung einer Daumenamputation durch eine Kreissäge lassen sich nicht mit der Unfalldarstellung des Verletzten in Einklang bringen. Klarzustellen ist indes, dass nicht schon jede beliebige Lücke oder Ungenauigkeit in der Unfallschilderung für den Beweis der Freiwilligkeit der Unfallfolge ausreicht (BGH, r+s 1991, 285).

Im Einzelnen hat die Rspr. Unfallschilderungen in folgenden Konstellationen als **mit der Realität bzw. mit dem ärztlichen Befund unvereinbar** verworfen: 51
- Freitod (OLG Koblenz, VersR 1993, 874; vgl. auch: OLG Frankfurt am Main, OLGR 2008, 718);
- Fingerabtrennung mit einer Kreissäge (BGH, VersR 1985, 940; OLG Saarbrücken, VersR 1990, 968; OLG Hamburg, VersR 1991, 763; OLG Düsseldorf, VersR 2001, 974), mit einem Beilhieb (OLG Hamm, VersR 1973, 416; OLG Hamburg, VersR 1989, 945; OLG Karlsruhe, VersR 1990, 967), mit einer Bandsägemaschine (OLG Hamm, VersR 1990, 966) und beim Holzhacken (OLG Koblenz, VersR 1980, 819; OLG Bamberg, VersR 1981, 73);
- Daumenabtrennung mit einer Kettensäge (OLG Frankfurt am Main, r+s 1988, 28; s. aber BGH, r+s 1991, 285);
- Handabtrennung durch Eisenteile, die angeblich von einem vorbeifahrenden Lkw herabgefallen sind (OLG Saarbrücken, VersR 1987, 98);
- Fußabtrennung nach Überrollen des Fußes durch einen vorbeifahrenden Lkw (OLG Düsseldorf, VersR 2000, 1227).

Im Beweisverfahren hat der Tatrichter die **Gutachten gerichtlich bestellter Sachverständiger** sorgfältig und kritisch zu würdigen (BGH, VersR 1994, 1054, m.w.N.). Unvollständigkeiten, Unklarheiten und Zweifel sind von Amts wegen – soweit möglich – auszuräumen. Dazu bietet sich an, dem Gutachter zu einer Ergänzung seines schriftlichen Gutachtens zu veranlassen und ihn, wenn dies zweckmäßig erscheint, zur mündlichen Verhandlung zu laden und zu befragen (§ 411 Abs. 3 ZPO). Davon abgesehen kann es geboten sein, ein weiteres Gutachten einzuholen (§ 412 Abs. 1 ZPO). Bedenken gegen die Berücksichtigung von **Privatgutachten** bestehen nicht. Da es sich insoweit jedoch nur um Parteivorbringen handelt, machen Privatgutachten die Einholung des Sachverständigenbeweises allenfalls dann entbehrlich, wenn der Tatrichter sie ohne Rechtsfehler für eine zuverlässige Beantwortung der Beweisfrage für ausreichend halten darf (BGH, VersR 1987, 1007).   52

53 Davon abgesehen hat die Rechtsprechung bei der Beurteilung der (angeblichen) **Freiwilligkeit** eine Reihe weiterer **Indizien** berücksichtigt, namentlich die (unverhältnismäßige) **Höhe der vereinbarten Unfallversicherungssumme und die Existenz mehrerer Unfallversicherungen** (OLG Düsseldorf, VersR 2000, 1227; OLG Hamburg, VersR 1991, 763; OLG Hamburg, VersR 1989, 945; OLG Karlsruhe, VersR 1990, 967; OLG München, r+s 1987, 82; OLG Frankfurt am Main, r+s 1988, 28) – auch wenn eine hohe Unfallversicherungssumme als solche noch kein hinreichendes Freiwilligkeitsindiz ist (OLG Nürnberg, r+s 1988, 280). Dementsprechend ist der VN – aber auch der Dritte in der Unfallversicherung für fremde Rechnung – verpflichtet, etwaige **Mehrfachversicherungen** anzuzeigen (OLG Saarbrücken, r+s 2007, 336; OLG Koblenz, VersR 2005, 1524; OLG Köln, r+s 1995, 121, 122, m. zust. Anm. *Langheid*; OLG Saarbrücken, r+s 1990, 140 und 287, das die restriktivere Entscheidung des OLG Hamm, r+s 1988, 62 mit Recht verwirft). In der Unfallversicherung ist die Manipulationsgefahr umso größer, je höher die absehbaren (Invaliditäts-) Leistungen sind (OLG Saarbrücken, r+s 1990, 140; OLG Köln, a.a.O.; vgl. auch OLG Karlsruhe, VersR 1990, 967, 968) und je prekärer die Finanzsituation des (vermeintlichen) Unfallopfers ist. Berücksichtigt hat die Rechtsprechung auch die **Laufzeit der Unfallversicherung bis zum Unfall, das Fehlen oder Ablehnen von Rettungsversuchen** (OLG Hamm, r+s 1989, 373; OLG Hamburg, VersR 1989, 945), **die angespannte finanzielle Lage des VN** (OLG Bamberg, VersR 1981, 73) und die **sich ständig ändernde Darstellung des angeblichen Unfallhergangs** (OLG Hamburg, VersR 1991, 763; vgl. auch: Bericht des Ombudsmanns, 2008, S. 34 ff.).

54 Der dem Unfallversicherer obliegende Beweis dafür, dass ein als solches unstreitiges Unfallereignis nicht unfreiwillig, sondern durch einen **Suizidversuch** des VN herbeigeführt worden ist, ist nicht schon erbracht, wenn der VN in hilfloser Lage mit schweren Kopfverletzungen direkt neben dem Gleiskörper einer Bahnstrecke vorgefunden worden ist, die Umstände, unter denen es zu den Verletzungen gekommen ist, jedoch völlig im Dunkeln liegen (OLG Oldenburg, VersR 2000, 1231). Dagegen sieht das OLG Koblenz (OLG Koblenz, VersR 2008, 67) eine **freiwillige Selbsttötung** als erwiesen an, wenn sich ein unfreiwilliger Vorgang nur durch eine **Kette von Ungereimtheiten** erklären ließe (hier: Überrollen durch einen Zug an abgelegener Stelle auf den Gleisen, an denen sich kein Weg befindet, der die Gleise kreuzt). Der durch diesen Geschehensablauf erbrachte Nachweis der Selbsttötung könne nicht durch die Behauptung erschüttert werden, der Verstorbene sei kein Mensch gewesen, der zu einem Suizid in der Lage gewesen wäre und so etwas für sich habe behalten können, sondern einer, der Pläne für die Zukunft gehabt habe. Denn menschliches Verhalten lasse sich nicht typisieren in dem Sinn, dass sicher vorhersehbar sei, wie ein Mensch in einer gegebenen Situation reagieren werde. Selbst das Fehlen eines Abschiedsbriefs sei deshalb kein Indiz gegen einen Suizid (OLG Koblenz, a.a.O.; s. aber den anders gelagerten Fall OLG München, NJOZ 2016, 796).

55 Hat der Versicherte in suizidaler Absicht eine Kausalkette in Lauf gesetzt, die zu seinem Tod führt, so liegt eine freiwillige Gesundheitsbeeinträchtigung nur dann nicht vor, wenn für den Versicherten in der konkreten Situation die tatsächliche Möglichkeit besteht, der von ihm geschaffenen Situation noch zu entkommen, er diese Möglichkeit auch wählt und

die Ursache für das Scheitern seines „Rücktritts" Umstände sind, die außerhalb des von ihm in Gang gesetzten Geschehens liegen (KG, VersR 2001, 1416). Kommt ein VN dadurch zu Tode, dass er sich entweder in suizidaler Absicht freiwillig von einem Balkon gestürzt hat oder infolge einer krankhaften Bewusstseinsstörung bzw. des Genusses von Alkohol oder Drogen gestürzt ist, so bedarf es keiner abschließenden Feststellung der Unfreiwilligkeit des Geschehens (Wahlfeststellung: LG Dortmund, VersR 2008, 1639; vgl. auch: OLG Hamm, Urt. v. 11.6.2008 – 20 U 57/08, sowie OLG Hamm, Urt. v. 27.6.2008 – 20 U 57/08; ähnlich bereits: OLG Stuttgart, OLGR 1998, 393).

III. Unfallgleiches Ereignis

Die Leistungspflicht des VR entsteht auch, wenn ein **„vertraglich dem Unfall gleichgestelltes Ereignis"** eintritt (§ 178 Abs. 1, 2. Alt. VVG), wenn sich die versicherte Person also „durch eine erhöhte Kraftanstrengung ein Gelenk an Gliedmaßen oder Wirbelsäule verrenkt oder Muskeln, Sehnen, Bänder oder Kapseln an Gliedmaßen oder der Wirbelsäule zerrt oder zerreißt" (Nr. 1.4 AUB 2014). Die Musterbedingungen stellen insoweit ausdrücklich klar, dass Meniskus und Bandscheiben weder Muskeln, Sehnen, Bänder noch Kapseln sind. „Deshalb werden sie von dieser Regelung nicht erfasst." Einer Einwirkung von außen bedarf es – anders als bei Unfällen – gerade nicht (OLG Saarbrücken, r+s 2002, 348; *Kloth*, Private Unfallversicherung, 2008, F Rn 4). Der Begriff der **Kraftanstrengung** verlangt eine willensgesteuerte Eigenbewegung (*Stockmeier/Huppenbauer*, Motive und Erläuterungen zu den Allgemeinen Unfallversicherungs-Bedingungen [AUB 99], 2000, S. 9). Er ist nach allg. Meinung subjektiv zu verstehen, sodass auf die individuelle körperliche Konstitution, d.h. auf die individuellen Kräfteverhältnisse des Versicherten abzustellen ist (Prölss/Martin/ *Knappmann*, 27. Aufl. 2004, § 1 AUB Rn 26; OLG Frankfurt am Main, r+s 1995, 157; LG Köln, r+s 2002, 350; vgl. auch: OLG Nürnberg, r+s 2001, 302; OLG Naumburg, VersR 2013, 229). Erhöhte Kraftanstrengungen bei „normalen" sportlichen Bewegungen („Sportunfälle"), insb. beim Tennis, hat die Rechtsprechung vielfach abgelehnt (OLG Frankfurt am Main, VersR 1996, 363; s. aber: Rdn 60). Ein kämpferischer Einsatz um den Ball in einer fußballtypischen Konkurrenzsituation (OLG Celle, NJW-RR 1996, 24), stellt jedoch ohne Weiteres eine das Normalmaß übersteigende Kraftanstrengung dar (vgl. auch: OLG Frankfurt am Main, OLGR 1998, 239 – ruckartige Richtungsänderung beim Handball).

1. Tatbestandsmäßige Verletzungen

Medizinisch gesehen ist eine **Verrenkung** (Luxation) eine Gelenkverletzung mit vollständiger Diskontinuität der Gelenk bildenden Knochenenden (vgl. Naumann/Brinkmann, Die private Unfallversicherung in der anwaltlichen Praxis, § 3 Rn 51), eine **Zerrung** (Distorsion) ein Faserriss im Bandapparat (*Naumann/Brinkmann*, Die private Unfallversicherung in der anwaltlichen Praxis, § 3 Rn 51). Klarzustellen ist allerdings, dass es nicht auf den präzisen medizinischen Sprachgebrauch, sondern darauf ankommt, wie der durchschnittliche VN die entsprechende, ggf. Nr. 1.4 AUB 2008 nachgebildete Klausel versteht. Eine **Zerreißung** ist (auch) nach allgemeinem Sprachgebrauch Ergebnis zweier auseinander strebender Kräfte (OLG Hamm, VersR 1988, 242). Die in Nr. 1.4 AUB 2014 aufgeführten Verletzungen sind abschließend, sodass bspw. ein „funktionales Kompartmentsyndrom" nicht erfasst ist (OLG Oldenburg, VersR 1995, 694); soweit das OLG Dresden (OLG Dresden, r+s 2008, 432; vgl. auch LG Berlin, zfs 1991, 317) den Unfallversicherungsschutz im Hinblick auf eine Ruptur der **Rotatorenmanschette** bzw. der Supraspinatussehne im Bereich des rechten Schultergelenks verneint, weil „kein **Schaden an den Gliedmaßen oder der Wirbelsäule** eingetreten" sei – die Schulter sei Teil des Rumpfes, nicht der Extremitäten –, beruht dies auf einer übertrieben restriktiven Interpretation der Klausel; völlig ausreichend ist, dass Muskeln, Bänder, Sehnen oder Kapseln mit der Wirbelsäule bzw. mit den Körperextremitäten verbunden sind (im Ergebnis wie hier: *Marlow*, r+s 2009, 441, 443 f.; s. auch: LG Dortmund, r+s 2016, 359).

2. Erhöhte Kraftanstrengung

58 Die Rechtsprechung hat eine erhöhte Kraftanstrengung u.a. anerkannt
– bei Riss der Achillessehne beim **Sprint i.R.e. Schiedsrichterprüfung** (AG Herne, NVersZ 2002, 219) bzw. eines Badmintonspiels (LG Dortmund, NJW-RR 2009, 389), **nicht** aber beim (ggf. auch schnelleren) **Benutzen eines „Steppers"** mit Musikbegleitung (LG Kaiserslautern, 22.10.2004 – 3 O 898/03, BeckRS 2004, 11896), beim **Begehen einer leicht ansteigenden Einfahrt** ohne besondere Kraftanstrengung (LG Dortmund, 14.2.2008 – 2 O 362/07, BeckRS 2008, 06740) und **auch nicht** bei **Drehbewegungen während eines Tennismatches** (OLG Frankfurt am Main, VersR 1996, 363, s. aber Rdn 60; s.a. LG Köln, VersR 1997, 100 – Schlag ins Leere);
– bei Riss der Bizepssehne beim **Sportkegeln** (OLG Nürnberg, r+s 2001, 302) mit einer 3 bis 4 kg schweren Kugel;
– bei Muskelfaserriss eines Sportlehrers bei Demonstration einer Kräftigungsübung (OLG Saarbrücken, r+s 2002, 348) sowie bei Schulterzerrung durch Tragen einer schweren und unförmigen Doppelstabmatte (LG Dortmund, r+s 2016, 359).

59 Dagegen hat die Rechtsprechung eine Beeinträchtigung durch erhöhte Kraftanstrengung verneint
– bei (lateinamerikanischen) **Tanzschritten** (LG Köln, r+s 2002, 350; zust.: Prölss/Martin/*Knappmann*, 27. Aufl. 2004, § 1 AUB Rn 26); anders u.U. beim Hochstemmen der Partnerin beim Rock'n Roll (LG Köln, a.a.O.);
– bei einer Rotatorenmanschettenruptur beim **Reinigen einer Windschutzscheibe** (OLG Hamm, VersR 2003, 496);
– bei einem Bandscheibenvorfall nach **Herauswuchten eines 8 kg schweren Pilotenkoffers** in verdrehter Haltung (OLG Celle, VersR 1991, 1165);
– beim **Hochschnellen aus der Hocke** beim Spiel mit einem Schäferhund (OLG Hamm, r+s 1998, 214);
– beim **Öffnen einer Wasserflasche** (LG Essen, r+s 20116, 360).

60 **Komparativer Maßstab erhöhter Kraftanstrengung** muss der Kraftaufwand sein, mit dem normale körperliche Bewegung naturgemäß verbunden ist (OLG Saarbrücken, r+s

2002, 348; OLG Frankfurt am Main, VersR 1996, 393). Erforderlich ist ein ggü. diesem Kraftaufwand erhöhter Einsatz von Muskelkraft. Fraglich ist also, ob der konkrete Bewegungsablauf bei individueller Betrachtungsweise (dafür auch: *Marlow/Tschersich*, r+s 2009, 441, 443) mit einer gesteigerten, d.h. mit einer größeren physiologischen Belastung der betroffenen Gelenke, Muskeln, Sehnen, Bänder oder Kapseln einherging als normale körperliche Bewegungsabläufe des Versicherten. Treibt der Betroffene Sport, so bleibt Maßstab erhöhter Kraftanstrengung der normale, d.h. außerhalb der sportlichen Betätigung übliche Kraftaufwand (wie hier: VersR-Hdb./*Mangen*, § 47 Rn 33; *Naumann/Brinkmann*, Die private Unfallversicherung in der anwaltlichen Praxis, § 3 Rn 54); soweit das OLG Frankfurt am Main (VersR 1996, 363) eine erhöhte Kraftanstrengung über das Normalmaß *der sportlichen Betätigung* hinaus verlangt (Ausnahmesituation verglichen mit dem normalen Tennisspiel) ist dem nicht zu folgen.

Der Begriff der Kraftanstrengung impliziert *nicht*, dass grds. nur „Körperkräfte zur Bewegung anderer Massen als des eigenen Körpers" erfasst werden (so aber: OLG Celle, VersR 1991, 1165; unentschieden: OLG Hamm, VersR 2003, 496); vielmehr kann ein besonderer Krafteinsatz, der sich vom normalen Bewegungsablauf absetzt, gerade bei sportlichen Betätigungen auch bei einer nur den eigenen Körper betreffenden Bewegung erforderlich sein (OLG Saarbrücken, r+s 2002, 348, 349; OLG Frankfurt am Main, VersR 1996, 363).

IV. Leistungsmodalitäten

1. Leistungsarten

Inhalt und Umfang der Leistungen des VR richten sich nach der Parteivereinbarung. Die Musterbedingungen sehen v.a. **Invaliditäts-** (Nr. 2.1 AUB 2008), Unfallrente (Nr. 2.3 AUB 2008), **Übergangsleistungen** (Nr. 2.3 AUB 2008), **Tagegeld** (Nr. 2.4 AUB 2008), **Krankenhaustagegeld** (Nr. 2.5 AUB 2008), **Genesungsgeld** (Nr. 2.6 AUB 2008) und **Todesfall-Leistungen** (Nr. 2.7 AUB 2008) vor. Das Übergangsgeld wird als besondere Leistung für die Rehabilitation des VN gewährt, um die finanzielle Durststrecke nach Bezug von Krankenhaustagegeld und vor Fälligkeit der Invaliditätsentschädigung zu überbrücken (*Grimm*, Unfallversicherung, Nr. 2 AUB 2010 Rn 56). Die Übergangsleistung ist rechtzeitig geltend zu machen (Nr. 2.3.1.2 AUB 2014). Hat der Unfall den Tod zur Folge, so ist dies dem Unfallversicherer in jedem Fall innerhalb von 48 Std. mitzuteilen (Nr. 7.5 AUB 2014); ihm ist das Recht einzuräumen, eine Obduktion durch einen von ihm beauftragten Arzt vornehmen zu lassen.

Die Invaliditätsleistung entfällt bei **Unfalltod** im ersten Jahr (Nr. 2.1.1.4 AUB 2014; zur Kausalität zwischen Unfall und Todesfolge: OLG Koblenz, Beschl. v. 8.3.2016 – 10 U 1361/15, BeckRS 2016, 06893). Daraus, dass der VR ggf. eine **Obduktion** verlangen kann (Nr. 7.5 AUB 2014), folgt nicht, dass er dazu auch verpflichtet wäre (OLG München, r+s 2016, 258). Veranlasst er keine Obduktion, so führt das nicht zur Umkehr der Beweislast für einen unfallbedingten Gesundheitsschaden (OLG München, a.a.O.); im konkreten Einzelfall kann allerdings eine Beweisvereitelung oder ein Verstoß gegen Treu und Glauben (§ 242 BGB) in Betracht kommen (OLG München, a.a.O., Rn 6).

2. Leistungsumfang

64 Die **Höhe der Leistungen** des VR bestimmt sich nach dem **Grad der Beeinträchtigung** der normalen körperlichen und geistigen Leistungsfähigkeit, der grds. durch Hinzuziehung eines Sachverständigen zu ermitteln ist (BGH, VersR 2009, 492). Feste und auf einem abstrakt-generellen Maßstab basierende Invaliditätsgrade finden sich lediglich für den Verlust oder die Funktionsfähigkeit bestimmter, in der **Gliedertaxe** im Einzelnen aufgeführten Körperteile oder Sinnesorgane (BGH, a.a.O.; Einzelheiten: Nr. 2.1.2.2.1 AUB 2014; § 180 Rdn 13 f.). In diesen Fällen kommt es auf die genauen Auswirkungen der gesundheitlichen Beschädigung nicht an. Vielmehr steht der Invaliditätsgrad nach der Gliedertaxe unverrückbar fest; die allgemeinen Regelungen für die Invaliditätsbemessung treten dahinter zurück (BGH, a.a.O.). Ist die Gliedertaxe nicht einschlägig, so sind auch Parallelen unzulässig: Lasse sich ein Dauerschaden (konkret: Beeinträchtigungen durch einen Bandscheibenvorfall) nicht unter die Gliedertaxe einordnen, sei, so der BGH, „weder ein Vergleich mit der Gliedertaxe ... statthaft, wie etwa zwischen den ... geltend gemachten Beeinträchtigungen und dem Invaliditätsgrad für den Verlust eines Beins", noch könne „dieser [Vergleich] die konkrete Bemessung des Invaliditätsgrades ersetzen oder auch nur ergänzen" (BGH, a.a.O.); schon gar nicht könne er die Einholung eines Sachverständigengutachtens entbehrlich machen (BGH, a.a.O.).

65 Die Musterbedingungen schränken die Leistungspflicht des VR im Einzelfall ein: Haben Krankheiten oder Gebrechen bei der durch ein Unfallereignis verursachten Gesundheitsschädigung oder deren Folgen mitgewirkt, mindert sich
- im Fall einer Invalidität der Prozentsatz des Invaliditätsgrads,
- im Todesfall und, soweit nichts Anderes bestimmt ist, in allen anderen Fällen die Leistung

entsprechend dem Anteil der Krankheit oder des Gebrechens (Dazu u.a.: OGH Wien, VersR 2015, 1537; OLG Düsseldorf, r+s 1996, 329). Beträgt der Mitwirkungsanteil weniger als 25 %, unterbleibt jedoch die Minderung (vertiefend: § 182 Rdn 9).

66 Eine Unfallversicherungs-Klausel, die bestimmt, dass bei einem Invaliditätsgrad ab 50 % ein Anspruch auf eine monatliche Rente und ab einem Invaliditätsgrad von 1 % ein Anspruch auf Kapitalleistung bis zu 450.000 EUR besteht und bei einem Invaliditätsgrad von 1 bis unter 10 % eine Kapitalleistung von 5 Unfallrenten, bei einem von 90 bis 100 % von maximal 300 Unfallrenten gewährt wird, ist weder überraschend noch mehrdeutig noch unvereinbar mit dem Leitbild der Invaliditätsentschädigung nach der AUB 2007 des VR, weil eine Kapitalleistung je nach Höhe des Invaliditätsgrads in der Form zu erbringender Unfallrenten erbracht wird (OLG Koblenz, VersR 2016, 321).

3. Verjährung

67 In der Unfallversicherung richtet sich die Verjährung der Leistungsansprüche nach §§ 194 ff. BGB und Nr. 15 AUB 2014 (vgl. zuletzt: OLG Karlsruhe, r+s 2009, 476). Die Verjährung des Anspruchs auf Invaliditätsentschädigung wird durch Erhebung einer Leistungsklage nur im Umfang des bezifferten Antrags gehemmt. Dass sich nach Ablauf

der Verjährungsfrist ein höherer als der mit der Klage geltend gemachte Invaliditätsgrad etwa aufgrund einer Beweisaufnahme ergibt, ändert daran nichts (BGH, VersR 2009, 772). Die Hemmung der Verjährung eines Invaliditätsanspruchs (§ 15 VVG) entfällt, wenn der VN nach einem unvollständig ausgefüllten Unfallbericht nahezu 6 Jahre wartet, bis er sich wieder an seinen VR wendet (OLG Saarbrücken, VersR 2009, 105; s.a.: OLG Saarbrücken, VersR 2009, 976 – keine Hemmung der Verjährung durch die Mitteilung, eine Kulanzzahlung zu prüfen).

C. Prozessuales

In der Unfallversicherung trifft die **Darlegungs- und Beweislast für den Unfall, die Gesundheitsschädigung und die Kausalität des Unfallereignisses für die Gesundheitsschädigung** (haftungsbegründende Kausalität) nach allg. Beweisregeln den (anspruchstellenden) **VN** (vgl. auch: Nr. 9.1 AUB 2014; OLG Celle, VersR 2010, 105; OLG Dresden, r+s 2008, 432; OLG Hamm, VersR 2008, 249; OLG Stuttgart, VersR 2007, 1363, 1364; OLG Düsseldorf, r+s 2005, 300; OLG Koblenz, VersR 2005, 1425; *Kessal-Wulf*, r+s 2008, 313, 314). Gegen die Glaubhaftigkeit der Unfallschilderung spricht ein wechselnder, nachträglich an die Korrespondenz mit dem VR und den darin formulierten Unfallbegriff angepasster Vortrag (OLG Naumburg, VersR 2013, 229). Dagegen setzt eine hinreichende Unfallschilderung nicht unbedingt voraus, dass der VN auch angeben kann, warum es zu dem Unfallereignis gekommen ist (OLG Saarbrücken, VersR 2011, 659). Die gesundheitliche Beeinträchtigung als solche und die Frage ihrer Dauerhaftigkeit unterliegen uneingeschränkt dem Beweismaß des **§ 286 ZPO** (BGH, VersR 2001, 1547; VersR 1992, 1503; OLG Brandenburg, VersR 2016, 521, 522; OLG Celle, a.a.O.; OLG Düsseldorf, a.a.O.; *Kessal-Wulf*, r+s 2008, 313, 314). Der Nachweis der (haftungsbegründenden) Kausalität kann nach sachverständiger Beratung auch dann geführt sein, wenn der VN bei einem Spaziergang auf seine Schulter gestürzt ist und erst bei einer etwa sechs Monate [!] später erfolgten Kernspintomografie eine Rotatorenmanschettenruptur festgestellt wird (OLG Celle, a.a.O.). Das gilt aber nur, wenn feststeht, dass ein anderes Trauma als Ursache ausscheidet (OLG Celle, a.a.O.). Für die Frage, ob die dauernde Beeinträchtigung (Invalidität i.S.v. § 180 S. 1 VVG) auf die unfallbedingte Gesundheitsschädigung zurückzuführen ist (haftungsausfüllende Kausalität), kann von der Beweiserleichterung des **§ 287 ZPO** Gebrauch gemacht werden (BGH, a.a.O.; VersR 2009, 1213, 1215; OLG Brandenburg, a.a.O.; OLG Düsseldorf, r+s 2005, 300; im Detail § 180 Rdn 35). Das Gericht hat den gerichtlichen Sachverständigen darauf hinzuweisen, dass für den Beweis der Kausalität zwischen dem – nach § 286 ZPO zu beweisenden – unfallbedingten ersten Gesundheitsschaden und der – ebenfalls nach § 286 ZPO zu beweisenden – Invalidität der Maßstab des § 287 ZPO gilt (BGH, VersR 2009, 1213). Das Verkennen des Beweismaßes durch den Sachverständigen führt zur Unvollständigkeit seines Gutachtens und damit zu Zweifeln an der Richtigkeit der (richterlichen) Feststellungen (BGH, a.a.O.). Dies gebietet zwingend eine erneute Beweisaufnahme (BGH, a.a.O.).

Beruft sich der VR auf einen Leistungsausschluss (Beispiel gem. Nr. 5.2.1 AUB 2014: „Schäden an Bandscheiben"), der VN hingegen auf einen **Wiedereinschluss** (Unfallereignis als „überwiegende Ursache" des Bandscheibenvorfalls), so trifft den VN insoweit die Beweislast (BGH, VersR 2009, 492, 494; OLG Saarbrücken, VersR 2014, 456, 457). Beruft sich der VR auf einen **Wiederausschluss** (Beispiel gem. Nr. 5.2.4 AUB 2014 [Infektionen]: Geringfügigkeit einer Unfallverletzung), so trägt er die Beweislast (OLG Karlsruhe, VersR 2014, 237).

70   Es ist Aufgabe des Tatrichters, **Gutachten gerichtlich bestellter Sachverständiger** sorgfältig und kritisch zu würdigen und auf die Ausräumung möglicher Unvollständigkeiten, Unklarheiten und Zweifel hinzuwirken (BGH, a.a.O.; VersR 2010, 243, 244; VersR 2009, 518; VersR 1997, 698). Dazu kann es geboten sein, ein weiteres Gutachten einzuholen, insb. wenn das Gutachten des gerichtlichen Sachverständigen insgesamt oder in einzelnen Punkten zu vage und unsicher erscheint (BGH, a.a.O.; VersR 1994, 1054). Legt eine Partei ein medizinisches Gutachten vor, das im Gegensatz zu den Erkenntnissen des gerichtlich bestellten Sachverständigen steht, ist vom Tatrichter besondere Sorgfalt gefordert (BGH, a.a.O.). Er darf in diesem Fall – wie auch im Fall sich widersprechender Gutachten zweier gerichtlich bestellter Sachverständiger – den Streit der Sachverständigen nicht dadurch entscheiden, dass er ohne einleuchtende und logische Begründung einem von ihnen den Vorzug gibt (BGH, a.a.O.; VersR 2010, 243, 244 f.; VersR 2008, 1676; VersR 2005, 676). Erst wenn seine Aufklärungsbemühungen erfolglos geblieben sind, darf der Tatrichter Diskrepanzen frei würdigen, indem er sich einem der Gutachten mit in sich schlüssiger Begründung anschließt (BGH, a.a.O.; VersR 2009, 518; VersR 2001, 859). Dann muss die Beweiswürdigung erkennen lassen, dass die einander widersprechenden Ansichten der Sachverständigen gegeneinander abgewogen worden sind und sich nach Herausarbeitung der abweichenden Standpunkte keine weiteren Aufklärungsmöglichkeiten ergeben haben (BGH, a.a.O.; VersR 2009, 518; VersR 1987, 179). Ein **selbstständiges Beweisverfahren** ist (auch) im Rahmen einer Unfallversicherung zulässig (OLG Celle, VersR 2011, 1418, auf der Basis von § 485 Abs. 2 ZPO).

71   Einem Parteiantrag auf Anhörung des gerichtlichen Sachverständigen ist auch dann stattzugeben, wenn das Gericht selbst keinen Erläuterungsbedarf sieht und nicht erwartet, dass der Gutachter seine Auffassung ändert (BGH, VersR 2009, 1213; VersR 2006, 950; VersR 2005, 1555; zur Besorgnis der Befangenheit des medizinischen Sachverständigen: OLG Karlsruhe, VersR 2014, 351).

72   Trägt der Beklagte (VR) nach Schluss der mündlichen Verhandlung vor, dass nach den während des Prozesses getroffenen Feststellungen eines Detektivs das vom VN behauptete Beschwerdebild seiner körperlichen Beeinträchtigung nicht zutreffe, so liegt ein Wiederaufnahmegrund i.S.d. § 580 ZPO vor (Verdacht auf Prozessbetrug), aufgrund dessen die mündliche Verhandlung wieder zu eröffnen ist (BGH, r+s 2009, 161).

D. Abdingbarkeit

73   Die **Beweislastumkehr** im Hinblick auf die Unfreiwilligkeit der Gesundheitsschädigung (Abs. 2 Satz 2) ist **halbzwingend** (§ 191 VVG).

E. Prüfungsschema

Im Hinblick auf den Invaliditätsanspruch ergibt sich folgendes vereinfachte Prüfungsschema: **74**
1. **Unfallversicherungsvertrag**
2. **Unfall** (Begriff: § 178 Abs. 2 VVG) der versicherten Person während der Laufzeit (Nr. 10 AUB 2014) des Unfallversicherungsvertrags (= Eintritt des Versicherungsfalls)
   a) Unfallereignis
   b) Unfreiwillige Gesundheitsschädigung (Beweislastumkehr bzgl. der Unfreiwilligkeit gem. § 178 Abs. 2 S. 2 VVG)
   c) Haftungsbegründende Kausalität zwischen Unfallereignis und unfreiwilliger Gesundheitsschädigung
3. **Invalidität als Unfallfolge**
   a) Invalidität, d.h. dauerhafte Beeinträchtigung der körperlichen oder geistigen Leistungsfähigkeit der versicherten Person
      aa) Fristgerechter Invaliditätseintritt
      bb) Form- und fristgerechte (ärztliche) Invaliditätsfeststellung
   b) Haftungsausfüllende Kausalität zwischen Unfall und Invalidität (Beweiserleichterung)
4. Fristgerechte Geltendmachung des Invaliditätsanspruchs (Ausschlussfrist)

§ 179 VVG Versicherte Person

(1) Die Unfallversicherung kann für den Eintritt eines Unfalls des Versicherungsnehmers oder eines anderen genommen werden. Eine Versicherung gegen Unfälle eines anderen gilt im Zweifel als für Rechnung des anderen genommen.

(2) Wird die Versicherung gegen Unfälle eines anderen von dem Versicherungsnehmer für eigene Rechnung genommen, ist zur Wirksamkeit des Vertrags die schriftliche Einwilligung des anderen erforderlich. Ist der andere geschäftsunfähig oder in der Geschäftsfähigkeit beschränkt oder ist für ihn ein Betreuer bestellt und steht die Vertretung in den seine Person betreffenden Angelegenheiten dem Versicherungsnehmer zu, kann dieser den anderen bei der Erteilung der Einwilligung nicht vertreten.

(3) Soweit im Fall des Absatzes 2 nach diesem Gesetz die Kenntnis und das Verhalten des Versicherungsnehmers von rechtlicher Bedeutung sind, sind auch die Kenntnis und das Verhalten des anderen zu berücksichtigen.

Übersicht

	Rdn
A. Normzweck	1
B. Norminhalt	3
I. Versicherte Person (§ 179 Abs. 1 S. 1 VVG)	3
1. Unfallversicherung gegen Unfälle eines anderen (Fremdversicherung) für fremde Rechnung (§ 179 Abs. 1 S. 2 VVG)	5

    2. Unfallversicherung gegen Unfälle eines anderen (Fremdversicherung) für eigene Rechnung
       (§ 179 Abs. 2 VVG) 6
  II. Einwilligung 7
 III. Kenntnis- und Verhaltenszurechnung (§ 179 Abs. 3 VVG) 13
  IV. Treuhandverhältnis in der Versicherung für fremde Rechnung 15
C. Abdingbarkeit 16

A. Normzweck

1 Nach § 179 Abs. 1 VVG kann die **Unfallversicherung für den Eintritt eines Unfalls des VN oder eines anderen (= Dritten)** genommen werden (§ 179 Abs. 1 S. 1 VVG). Die Unfallversicherung gegen Unfälle eines anderen (Fremdversicherung) ist im Zweifel *für Rechnung des anderen* abgeschlossen, dem die Leistung als Unfallopfer im Regelfall zugutekommen soll (§ 179 Abs. 1 S. 2 VVG). Beabsichtigt der VN, eine Unfallversicherung gegen Unfälle eines anderen *für eigene Rechnung* abzuschließen, so bedarf er der schriftlichen Einwilligung der versicherten Person (§ 179 Abs. 2 S. 1 VVG). Das **Einwilligungserfordernis** soll der der Unfallversicherung anderer für eigene Rechnung inhärenten Missbrauchsgefahr entgegenwirken. § 179 Abs. 3 VVG soll den VR in der Unfallversicherung anderer für eigene Rechnung v.a. vor einer Benachteiligung durch unterbliebene oder unrichtige Informationen des Anderen schützen (mit Blick auf den Normzweck s.a. Motive zum VVG, S. 240 ff.).

2 Inhaltlich stimmt § 179 VVG mit **§ 179 VVG a.F.** überein; sprachlich ist er moderner gefasst, auch wenn er teils an der früheren Formulierung – „gegen Unfälle eines anderen" anstelle von „für den Eintritt eines Unfalls des anderen" – fest hält. Der Reformgesetzgeber konnte auf die früher in § 179 Abs. 2 S. 2 VVG a.F. enthaltene Verweisung auf §§ 75 bis 79 VVG a.F. verzichten, weil er die **Versicherung für fremde Rechnung** (§§ 43 ff. VVG) in das Kap. 1 (Vorschriften für alle Versicherungszweige) überführt hat, das ohne Weiteres auch auf die Unfallversicherung anwendbar ist (Begr. BT-Drucks 16/3945, S. 107).

B. Norminhalt

I. Versicherte Person (§ 179 Abs. 1 S. 1 VVG)

3 Der VN kann eine Unfallversicherung nicht nur gegen **eigene Unfälle** (§ 179 Abs. 1 S. 1, 1. Alt. VVG), sondern auch gegen **Unfälle eines anderen** abschließen (§ 179 Abs. 1 S. 1, 2. Alt. VVG), sodass sich VN und versicherte Person unterscheiden können (vgl.: OLG Köln, r+s 2008, 391). Die Fremdversicherung kann für eigene oder für fremde Rechnung abgeschlossen werden (zur Begrifflichkeit: *Kloth*, Unfallversicherung, C II Rn 26).

4 **Versichert** ist die (natürliche) Person, in deren Leben oder Gesundheit sich die Unfallgefahr verwirklichen kann (*Grimm*, Unfallversicherung, Nr. 1 AUB 10 Rn 5).

1. Unfallversicherung gegen Unfälle eines anderen (Fremdversicherung) für fremde Rechnung (§ 179 Abs. 1 S. 2 VVG)

Die Unfallversicherung gegen Unfälle eines anderen ist **im Zweifel** für Rechnung des anderen abgeschlossen (§ 179 Abs. 1 S. 2 VVG – Versicherung für fremde Rechnung). Die Rechte der Beteiligten richten sich dann auch nach §§ 43 ff. VVG. Soll der Anspruch auf die Leistung dem VN selbst zustehen (Versicherung für eigene Rechnung), so muss dies vertraglich vereinbart werden. Klarzustellen ist, dass **Nr. 12.1 AUB 2014** – „Die *Ausübung der Rechte aus diesem Vertrag steht ausschließlich Ihnen als Versicherungsnehmer zu. Das gilt auch, wenn die Versicherung gegen Unfälle abgeschlossen ist, die einem anderen zustoßen (Fremdversicherung).*" – keine Fremdversicherung für *eigene* Rechnung begründet. Er besagt lediglich, dass der Entschädigungsanspruch auch in der Fremdversicherung für *fremde* Rechnung nur vom VN geltend gemacht werden kann, dass die versicherte Person im Rahmen einer Leistungsklage also nicht aktiv legitimiert wäre (OLG Köln, r+s 2008, 391). Die Entschädigung steht dem VN indes nur „zu treuen Händen" zu (BGH, VersR 1994, 1101: „gesetzliches Treuhandverhältnis"; BGH, VersR 1991, 299), sodass er verpflichtet ist, sie an die versicherte Person auszukehren (BGH, a.a.O.; vgl. auch: Rüffer/Halbach/Schimikowski/*Rüffer*, § 179 Rn 2). Die Berufung des VR darauf, dass die versicherte Person nicht aktiv legitimiert sei, ist treuwidrig, wenn sich der VR ausdrücklich oder konkludent, bspw. durch vorprozessuale Verhandlungen mit dem Versicherten, mit der Geltendmachung durch den Versicherten einverstanden erklärt hat (OLG Köln, a.a.O.; OLG München, 22.4.2008 – 25 U 1834/08, n.v.). In Fällen, in denen sich der VN **erkennbar gegen ein eigenes wirtschaftliches Risiko absichern** will, bspw. im Fall einer Filmausfallversicherung, ist hingegen davon auszugehen, dass er die Unfallversicherung für eigene Rechnung abschließen will (Prölss/Martin/*Knappmann*, § 179 Rn 11; s.a. *Manthey*, VersR 1973, 803).

2. Unfallversicherung gegen Unfälle eines anderen (Fremdversicherung) für eigene Rechnung (§ 179 Abs. 2 VVG)

Eine Unfallversicherung gegen Unfälle eines anderen für eigene Rechnung bedarf der **schriftlichen Einwilligung** des anderen (§ 179 Abs. 2 S. 1 VVG). Nimmt der VN die Unfallversicherung also gegen Unfälle, die einem anderen zustoßen, so gilt der grundlegende Rechtssatz, dass eine solche Versicherung ohne schriftliche Einwilligung der versicherten Person **nur zu deren Gunsten** genommen werden kann (BGHZ 32, 44 = NJW 1960, 912, 913). Dieser Rechtssatz beruht darauf, dass die Rechtsordnung eine Spekulation mit dem Leben oder der Gesundheit eines anderen hinter dessen Rücken nicht zulassen kann (BGH, VersR 1997, 1213, 1214, im Hinblick auf die Parallelvorschrift [§ 150 VVG] in der Lebensversicherung). Die **Begründung eines Bezugsrechts** (VN = Bezugsberechtigter) steht der Unfallversicherung gegen Unfälle eines anderen *für eigene Rechnung* gleich, weil die Missbrauchsgefahr dieselbe ist (BGHZ 32, 44 = NJW 1960, 912).

II. Einwilligung

7 Das Erfordernis der schriftlichen Einwilligung nach § 179 Abs. 2 S. 1 VVG gilt auch, wenn eine **GmbH** eine Unfallversicherung für eigene Rechnung gegen **Unfälle ihrer Gesellschafter** abschließt (OLG Hamm, VersR 1977, 1124).

8 Der Begriff der **Einwilligung** ist i.S.v. **§ 183 S. 1 BGB**, d.h. im Sinne vorheriger Zustimmung zu verstehen (OLG Hamm, a.a.O.; BK/*Schwintowski*, § 179 Rn 29; s.a. BGH, VersR 1999, 347 mit Blick auf die Parallelvorschrift in der Lebensversicherung).

9 **Schriftform** bedeutet, dass die Urkunde von dem Aussteller eigenhändig durch Namensunterschrift (oder mittels notariell beglaubigten Handzeichens) unterzeichnet werden muss (§ 126 Abs. 1 BGB). Die schriftliche kann durch die **elektronische Form** (§ 126a BGB) ersetzt werden (**a.A.** Rüffer/Halbach/Schimikowski/*Rüffer*, § 179 Rn 5; *Römer/Langheid*, § 179 Rn 3; wohl auch: *Fricke*, VersR 2001, 925, 929), weil sich aus § 179 Abs. 2 S. 1 VVG nichts Anderes ergibt (s. § 126 Abs. 3 BGB).

10 Liegt die Einwilligung der versicherten Person nicht vor, so ist der Unfallversicherungsvertrag **nicht etwa nichtig** (s. aber *Leverenz*, in: Bruck/Möller, § 179, Rn 226; *Grimm*, Unfallversicherung, Nr. 1 AUB Rn 12); vielmehr gilt er grds. als zugunsten der versicherten Person geschlossen (BGH, VersR 1965, 1166; BGHZ 32, 44 = NJW 1960, 912; OLG Hamm, VersR 1977, 1124; Prölss/Martin/*Knappmann*, § 179 Rn 15). Ihre Rechtsstellung ergibt sich dann aus den §§ 43 ff. VVG. Bei einer ohne (schriftliche) Einwilligung abgeschlossenen Unfallversicherung gegen Unfälle eines anderen ist die versicherte Person also immer Versicherte(r) i.S.d. §§ 43 ff. VVG. Nur wenn von vornherein feststeht, dass **nur eine Versicherung gegen Unfälle anderer „für eigene Rechnung"** und nichts Anderes verabredet werden sollte, kommt **Nichtigkeit** in Betracht (OLG Hamburg, VersR 1966, 680; offen gelassen: BGH, VersR 1968, 138).

11 Das ist auch in der **Insassen-Unfallversicherung** (vgl. A.4 AKB 2015 [Kfz-Unfallversicherung]) so. Ihre Besonderheit ggü. der sonstigen Unfallversicherung besteht darin, dass sich hier **erst bei Eintritt des Versicherungsfalls** ergibt, wer Versicherter gewesen ist (BGHZ 32, 44 = VersR 1960, 339). Sie ist hinsichtlich der Personen, die sich zzt. des Unfalls außer dem VN selbst in dem Fahrzeug befanden, Versicherung gegen Unfälle eines anderen. Da der verunglückte Insasse in aller Regel nicht schriftlich in den Abschluss einer Unfallversicherung eingewilligt hatte, ist er Versicherter i.S.v. § 44 Abs. 1 S. 1 VVG, sodass ihm allein der Versicherungsanspruch zusteht und als Bestandteil seines Vermögens in den Nachlass fällt (BGH, a.a.O.).

12 § 179 Abs. 2 S. 2 VVG verschärft im Hinblick auf versicherte Personen, die **geschäftsunfähig** (§ 104 BGB) oder nur **beschränkt geschäftsfähig** sind (§ 106 BGB) oder für die ein **Betreuer** (§ 1896 Abs. 1 BGB) bestellt worden ist, die Regelung des § 181 BGB und entzieht dem VN für die Erteilung der Einwilligung die Vertretungsmacht. Daher ist die Bestellung eines **Ergänzungspflegers** (§ 1909 Abs. 1 BGB) oder **Ersatzbetreuers** (§ 1899 Abs. 4 BGB) notwendig (*Grimm*, Unfallversicherung, Nr. 1 AUB Rn 11; Prölss/Martin/*Knappmann*, § 179 Rn 7).

III. Kenntnis- und Verhaltenszurechnung (§ 179 Abs. 3 VVG)

In Fällen, in denen eine Unfallversicherung gegen Unfälle, die einem anderen zustoßen, *für eigene Rechnung* genommen wird (§ 179 Abs. 2 VVG), rechnet § 179 Abs. 3 VVG etwaige Kenntnisse sowie ein etwaiges (Fehl-) Verhalten der versicherten Person dem VN zu. Das entspricht der Rechtslage in der Lebensversicherung (§ 156 VVG). **VN und versicherte Person** werden insoweit als **rechtliche Einheit** aufgefasst. In Fällen, in denen die Unfallversicherung gegen Unfälle, die einem anderen zustoßen, **für fremde Rechnung** genommen wird, ergibt sich dies bereits aus § 47 Abs. 1 VVG.

Dementsprechend bestimmen die Musterbedingungen, dass neben dem VN auch die versicherte Person „zu *wahrheitsgemäßer und vollständiger Beantwortung der [dem VN] ... gestellten Fragen verpflichtet ist*" (Nr. 13.1 AUB 2014), und knüpfen insb. bei den Obliegenheiten nach Eintritt des Versicherungsfalls (Nr. 7 AUB 2014) ausdrücklich an die Mitwirkung des VN *und* der versicherten Person an.

IV. Treuhandverhältnis in der Versicherung für fremde Rechnung

In der **Unfallversicherung für fremde Rechnung** ist der VN kraft eines gesetzlichen **Treuhandverhältnisses** (Einzelheiten s. BGH, VersR 1964, 260) verpflichtet, die Entschädigung an den Versicherten herauszugeben (allg. M.: OLG Hamm, VersR 1977, 1124 [LS]; *Römer/Langheid*, § 179 Rn 2; Prölss/Martin/*Knappmann*, § 179 Rn 18; hier: Rdn 5).

C. Abdingbarkeit

Die Regelung des § 179 Abs. 2 VVG ist **zwingend**. Denn andernfalls könnten die Parteien zulasten des Dritten von dem Genehmigungserfordernis (§ 179 Abs. 2 S. 1 VVG) bzw. der Einschränkung der Vertretungsbefugnis (§ 179 Abs. 2 S. 2 VVG) absehen (BK/*Schwintowski*, § 179 Rn 36).

§ 180 VVG Invalidität

Der Versicherer schuldet die für den Fall der Invalidität versprochenen Leistungen im vereinbarten Umfang, wenn die körperliche oder geistige Leistungsfähigkeit der versicherten Person unfallbedingt dauerhaft beeinträchtigt ist. Eine Beeinträchtigung ist dauerhaft, wenn sie voraussichtlich länger als drei Jahre bestehen wird und eine Änderung dieses Zustandes nicht erwartet werden kann.

§ 180 VVG — Invalidität

Übersicht

	Rdn
A. Normzweck	1
B. Norminhalt	2
I. Anwendungsbereich	2
II. Invalidität i.S.v. § 180 VVG	3
1. Begriff der Invalidität (§ 180 S. 1 VVG)	3
2. Dauerhaftigkeit der Beeinträchtigung (§ 180 S. 2 VVG)	4
III. Invaliditätsgrad und Invaliditätsfeststellung auf der Basis der Musterbedingungen (Nr. 2.1 AUB 2014)	7
1. Invaliditätsgrad (Gliedertaxe)	7
a) Begriffsbestimmung	7
b) Eintritt binnen 15 Monaten	17
2. Form- und fristgerechte Invaliditätsfeststellung	19
a) Invaliditätsfeststellung	20
b) Frist	23
c) Form	27
3. Fristgerechte Geltendmachung	28
4. Leistungen des Versicherers im Invaliditätsfall	32
C. Prozessuales	34

A. Normzweck

1 Mit der **Legaldefinition der Invalidität** in § 180 VVG wollte der Reformgesetzgeber ausweislich der Begründung nur eine „**Auslegungsregel**" schaffen, die eingreift, wenn für den Fall der Invalidität Leistungen versprochen werden und der Unfallversicherungsvertrag keine näheren Regelungen enthält (Begr. BT-Drucks 16/3945, S. 108).

B. Norminhalt

I. Anwendungsbereich

2 Die Vorschrift hat **kaum praktische Bedeutung**. Denn sie setzt voraus, dass der Unfallversicherer Invaliditätsleistungen verspricht ohne den Begriff der Invalidität genauer aufzuschlüsseln. Unfallversicherungsverträge, die Leistungen an einen bestimmten Grad der Behinderung knüpfen, sollen nicht erfasst werden (Begr. a.a.O.). Daher wird § 180 VVG im Regelfall verdrängt. Enthalten (insb. ältere) Unfallversicherungsverträge abweichende Definitionen der Invalidität, die bspw. auf eine dauerhafte Beeinträchtigung der Arbeitsfähigkeit abstellen, so werden sie gleichfalls nicht von § 180 VVG erfasst (Begr. a.a.O.). Eine Veränderung der Leistungsvoraussetzungen für bestehende Verträge war nicht beabsichtigt (Begr. a.a.O.). Denkbar ist der Rückgriff auf § 180 VVG in Fällen, in denen Invaliditätsklauseln bspw. wegen Verstoßes gegen das Transparenzgebot (§ 307 Abs. 1 S. 2 BGB) nichtig sind (§ 306 Abs. 2 BGB).

II. Invalidität i.S.v. § 180 VVG

1. Begriff der Invalidität (§ 180 S. 1 VVG)

Unter Invalidität versteht § 180 S. 1 VVG die Beeinträchtigung der körperlichen oder geistigen Leistungsfähigkeit der versicherten Person. Damit knüpft der Gesetzgeber an den **Invaliditätsbegriff aus Nr. 2.1.1.1 AUB 99** an, den er nur sprachlich – *„unfallbedingt"* statt *„durch den Unfall"* und *„dauerhaft"* statt *„auf Dauer"* –, nicht aber inhaltlich verändert hat. Heute übernehmen die Musterbedingungen (AUB 2014) ihrerseits die Formulierung des § 180 VVG. Bei der Beurteilung der körperlichen und geistigen Leistungsfähigkeit vor und nach dem Unfall ist an sich auf die individuelle Konstitution des Unfallopfers abzustellen (Prölss/Martin/*Knappmann*, § 180 Rn 3); Nr. 2.1.2.2.2 AUB 2014 knüpft stattdessen jedoch (abseits der ohnehin generell-abstrakten Gliedertaxe) an „eine durchschnittliche Person gleichen Alters und Geschlechts" an. Es gelten objektiv-medizinische Maßstäbe. Das heißt aber nicht, dass sich eine Beeinträchtigung der körperlichen Leistungsfähigkeit nicht (ausnahmsweise) auch aus einer (subjektiv empfundenen) Schmerzsymptomatik ergeben könnte, ohne dass es auf zusätzliche objektive Befunde (Muskelminus etc.) ankäme (OLG Koblenz, VersR 2014, 1497); die Schmerzen müssen nur nach sachverständiger Beurteilung glaubhaft und medizinisch nachvollziehbar sein; außerdem muss es eine rationale Erklärung für das Fehlen objektiver Befunde geben (OLG Koblenz, a.a.O.).

2. Dauerhaftigkeit der Beeinträchtigung (§ 180 S. 2 VVG)

Dauerhaft ist eine Beeinträchtigung an und für sich nur, wenn zu erwarten ist oder feststeht, dass sie lebenslang andauert (Prölss/Martin/*Knappmann*, § 180 Rn 5, Unfallversicherung, Nr. 2 AUB Rn 6). § 180 S. 2 VVG beschränkt die Prognose jedoch auf einen überschaubareren Zeitraum: Dauerhaft ist die Beeinträchtigung bereits, *„wenn sie voraussichtlich länger als drei Jahre bestehen wird und eine Änderung dieses Zustands nicht erwartet werden kann."* Damit greift der Gesetzgeber *„den in der Rechtsprechung [angeblich] einheitlich vertretenen Begriff der Dauerhaftigkeit einer Beeinträchtigung der körperlichen oder geistigen Leistungsfähigkeit"* auf (Begr. a.a.O.). Klarzustellen ist jedoch, dass die frühere **Rspr. uneinheitlich** war (krit. bereits: Marlow/Spuhl, Das Neue VVG kompakt, Rn 1235): Der Gesetzgeber konnte sich zwar auf das RG berufen, das die Dauerhaftigkeit bejaht hat, wenn die Beeinträchtigung „*in erheblichem Maße länger als drei Jahre ... dauern wird*" (RGZ 161, 184). Das OLG Hamm hat es später jedoch für ausreichend gehalten, wenn die Beeinträchtigung nach ärztlicher Prognose *wenigstens* drei Jahre andauern wird (VersR 1988, 513; ablehnend: *Grimm*, Unfallversicherung, Nr. 2 AUB Rn 6); so gesehen hätte der Gesetzgeber formulieren müssen: „drei Jahre oder länger". Diesen Unterschied hat allerdings schon der BGH ignoriert (VersR 1965, 505, 506; ebenso: Rüffer/Halbach/Schimikowski/*Rüffer*, § 181 Rn 2). Die Dreijahresfrist knüpft an den Beginn der Beeinträchtigung an, der i.d.R. aber nicht notwendig mit dem Unfall zusammenfällt (vgl. auch: *Marlow/Tschersich*, r+s 2009, 441, 450).

5 **Praxistipp**
In der Praxis ist darauf hinzuwirken, dass die ärztliche Prognose bzgl. der Dauerhaftigkeit der Beeinträchtigung entweder auf „weniger als" oder auf „länger als" drei Jahre lautet.

6 Die **Prognose der Dauerhaftigkeit einer Beeinträchtigung** setzt voraus, dass aus medizinischer Sicht zu dem maßgeblichen Zeitpunkt festgestellt werden kann, dass die Beeinträchtigung – ggf. trotz gewisser Restzweifel – voraussichtlich weiterhin bestehen wird und eine Änderung dieses Zustandes nicht mehr erwartet werden kann. Ist die Zukunft dagegen offen oder unsicher, bestehen mithin Zweifel, ob eine dauerhafte Beeinträchtigung vorliegt, reicht dies für die Feststellung einer bedingungsgemäßen Invalidität nicht aus (OLG Hamm, Urt. v. 7.7.2016 – I-6 U 4/16, BeckRS 20916, 14518 m.w.N.).

III. Invaliditätsgrad und Invaliditätsfeststellung auf der Basis der Musterbedingungen (Nr. 2.1 AUB 2014)

1. Invaliditätsgrad (Gliedertaxe)

a) Begriffsbestimmung

7 Bei der für Unfallversicherungsleistungen wegen Invalidität maßgeblichen Beurteilung des **Invaliditätsgrades** ist auf den **drei Jahre nach dem Unfall vorliegenden und den zu diesem Zeitpunkt erkennbaren**, d.h. hinreichend prognostizierbaren **Dauerzustand** abzustellen (BGH, VersR 2005, 927, 928 anhand von § 13 Nr. 3a AUB 61; BGHZ 130, 171, 181 = VersR 1995, 1179–1181; OLG Hamm, VersR 2008, 1102; OLG Celle, VersR 2007, 1688, 1689; OLG Frankfurt am Main, VersR 2006, 1488 anhand von § 11 Abs. 4 AUB 88). Nr. 2.1.2.2 AUB 2014 besagt nunmehr, dass der unfallbedingte Gesundheitszustand maßgeblich ist, der *spätestens* **am Ende des dritten Jahres nach dem Unfall** erkennbar ist. Dabei ist (auch nach std. BGH-Rspr.) zwischen der **Erstbemessung der Invalidität** und ihrer **Neubemessung** (Nr. 9.4 AUB 2014) zu unterscheiden (BGH, VersR 2016, 183, Rn 10). Eine Neubemessung der Invalidität kommt erst nach vorangegangener Erstbemessung in Betracht (BGH, a.a.O.).

Praxistipp
Erstfeststellung und Erstbemessung der Invalidität sind ebenfalls zu unterscheiden, weil sich die Erstfeststellung i.S.v. Nr. 2.1.1.1 AUB 2014 nach Rspr. des BGH (s. BGH, VersR 2007, 1114, 115; hier: Rdn 22; s.a. *Grimm*, Unfallversicherung, Nr. 2 AUB Rn 14) noch nicht abschließend zum Invaliditätsgrad äußern muss; in der Praxis werden Erstfeststellung und Erstbemessung aber typischerweise zusammenfallen.

8 Im Hinblick auf den Beurteilungszeitpunkt bei Erstbemessung der Invalidität hat der BGH (BGH, VersR 2016, 183, Rn 12, 19; s. zuvor bereits: BGH, VersR 1994, 971 [unter II 3 b], OLG Saarbrücken, r+s 2014, 1246, 1248; OLG Saarbrücken, VersR 2009, 976, 978; *Grimm*, Unfallversicherung, Nr. 2 AUB Rn 10; Schubach/*Jannsen*, Private Unfallversicherung, Nr. 9 Rn 16; Römer/Langheid/*Rixecker*, § 188 Rn 2; *Marlow/Tschersich*, r+s 2011, 453, 455 f.; *Marlow/Tschersich*, r+s 2009, 441, 451; *Brockmöller*, r+s 2012, 313, 315; anders: *Völker/Wolf*, VersR 2015, 1358, 1360) **endlich für Rechtssicherheit und -klarheit gesorgt: Maßgeblich ist grundsätzlich** (s. Rdn 9) **der Zeitpunkt des Ablaufs**

der vereinbarten Invaliditätseintrittsfrist (Nr. 2.1.1.2 AUB 2014: 15 Monate). Dieser Beurteilungszeitpunkt wird den Interessen beider Parteien gerecht, indem zum einen sich nach dem Unfall ergebende Veränderungen des Gesundheitszustandes bereits bei der Erstbemessung berücksichtigt werden könnten, zum anderen die abschließende Festsetzung der Invalidität innerhalb überschaubarer Zeit auf der Grundlage eines feststehenden Bemessungszeitpunkts vorzunehmen ist (BGH, a.a.O., Rn 20, im Hinblick auf die Fristen für den Eintritt der Invalidität und deren Neubemessung). Nr. 9.4 AUB 2014 besagt zwar, dass sich nach einer Erstbemessung des Invaliditätsgrades gesundheitliche Veränderungen auf die Leistungspflicht des VR auswirken sollen, wenn sie spätestens binnen drei Jahren nach dem Unfall eingetreten sind. Das gilt aber nur im Neufestsetzungsverfahren. Ist dieses mangels Erstfestsetzung nicht eröffnet, ist für diese Befristung kein Raum (BGH, a.a.O.; BGH, VersR 2015, 617, Rn 27; BGH, Beschl. v. 21.3.2012 – IV ZR 256/10, BeckRS 2012, 08194). Wäre der VR bei jeder medizinischen Unwägbarkeit berechtigt, drei Jahre schon mit der Erstbemessung zuzuwarten, liefe das dem System der AUB mit der Unterscheidung zwischen Erst- und Neubemessung zuwider (BGH, a.a.O.; OLG Saarbrücken, VersR 2014, 1246, *Marlow/Tschersich*, r+s 2011, 453, 455 f.).

Klarzustellen ist, dass der BGH die **Dreijahresfrist** trotzdem in Fällen für maßgeblich hält, in denen **der VN noch vor Ablauf der dreijährigen Neubemessungsfrist klageweise Invaliditätsansprüche geltend macht** (BGH, a.a.O., Rn 14). In solchen Fällen gingen die Prozessbeteiligten typischerweise davon aus, dass der Streit insgesamt in dem vor Fristablauf eingeleiteten Prozess ausgetragen werden soll – einschließlich etwaiger weiterer Invaliditätsfeststellungen (BGH, a.a.O., Rn 14; VersR 1994, 971 [unter II 3 c]; krit. *Jacob*, VersR 2014, 292; *Jacob*, AUB Unfallversicherung 2010 Nr. 2.1 Rn 70). 9

Kommt es auf die Invalidität zum Zeitpunkt des Ablaufs der vereinbarten Invaliditätseintrittsfrist an, so kommt es **nicht** auf den **Zeitpunkt der letzten mündlichen Tatsachenverhandlung** an (BGH, a.a.O., Rn 15; anders noch: OLG Düsseldorf, VersR 2013, 1573). Tritt ein Dauerschaden binnen der vereinbarten Invaliditätseintrittsfrist ein, besagt diese Frist zwar nicht, dass bei der nachfolgenden Bemessung des Invaliditätsgrades ausschließlich diejenigen Umstände herangezogen werden dürfen, die innerhalb der Invaliditätseintrittsfrist erkennbar geworden sind. Vielmehr können die Vertragsparteien im Rechtsstreit um die Erstbemessung der Invalidität des VN im Grundsatz alle bis zur letzten mündlichen Verhandlung offenbar gewordenen Umstände heranziehen (BGH, a.a.O., Rn 16; VersR 2015, 617, Rn 27; VersR 2009, 920, Rn 19). Daraus folgt aber nicht, dass maßgebender Zeitpunkt für die Erstbemessung der Invalidität und der anzustellenden Prognose erst der Zeitpunkt der letzten mündlichen Tatsachenverhandlung wäre (BGH, a.a.O., Rn 17; so aber OLG Düsseldorf, a.a.O.). Ansonsten wäre die Erstbemessung der Invalidität auf einen zeitlich von vornherein nicht feststehenden und nicht bestimmbaren Zeitpunkt hinausgeschoben und hinge etwa vom Regulierungsverhalten des VR, der Prozessführung der Parteien sowie gerichtsinternen Abläufen ab. Auf derartige Zufälligkeiten, die in jedem Fall unterschiedlich sein können, kann es für den maßgeblichen Zeitpunkt der Erstfeststellung der Invalidität nicht ankommen (BGH, a.a.O., mit dem Hinweis auf OLG Hamm, r+s 2015, 453, 454; *Rixecker*, zfs 2015, 459; *Jacob*, r+s 2015, 330, 331 f.; *Jacob*, VersR 2014, 10

291, 293; *Kloth*, jurisPR-VersR 7/2014, Anm. 3; *Kloth/Tschersich*, r+s 2015, 321, 324; anders *Dörrenbächer*, VersR 2015, 619, 620). Dass die Vertragsparteien im Rechtsstreit um die Erstbemessung der Invalidität im Grundsatz alle bis zur letzten mündlichen Verhandlung eingetretenen Umstände heranziehen können, bedeutet lediglich, dass **auf der Grundlage des Erkenntnisstandes im Zeitpunkt der letzten mündlichen Tatsachenverhandlung rückschauend** eine Betrachtung vorzunehmen ist, ob sich bezogen auf den Zeitpunkt des Ablaufs der vereinbarten Invaliditätseintrittsfrist bessere tatsächliche Einsichten zu den Prognosegrundlagen bezüglich des Eintritts der Invalidität und ihres Grades eröffnen, nicht dagegen, ob spätere, unvorhersehbare gesundheitliche Entwicklungen die Prognoseentscheidung im Nachhinein verändern (BGH, a.a.O., Rn 21; *Rixecker*, zfs 2015, 458, 459 f.; *Kloth/Tschersich*, r+s 2015, 321, 325).

11 **Maßgeblicher Beurteilungszeitraum** kann – von Ausnahmefällen abgesehen (vgl. BGH, VersR 1994, 971 [unter II 3 b] – Konkludente Vereinbarung des Untersuchungs- als Bewertungsstichtag; s. auch: OLG Hamm, Urt. v. 7.7.2016 – I-6 U 4/16, BeckRS 2016, 14518; LG Oldenburg, Urt. v. 23.6.2016, 13 O 956/13, BeckRS 2016, 14638) – auch **nicht** der **Zeitpunkt der vom VR veranlassten ärztlichen Invaliditätsfeststellung** sein (BGH, a.a.O., Rn 18; so aber OLG Hamm, r+s 2015, 562). Ob und wann diese ärztliche Invaliditätsfeststellung erfolgt, hängt vom Zeitpunkt der Meldung des Unfallereignisses durch den VN, der Beauftragung eines ärztlichen Gutachters durch den VR und der dann erfolgten ärztlichen Feststellung ab. Diese zeitlichen Zufälligkeiten können nicht maßgebend für die Frage des Bestehens bedingungsgemäßer Invalidität sein (BGH, a.a.O., Rn 18).

12 Die **Leistungen** des VR richten sich generell nach dem **Grad der Beeinträchtigung der normalen körperlichen und geistigen Leistungsfähigkeit**, der grds. durch Hinzuziehung eines Sachverständigen zu ermitteln ist (BGH, VersR 2009, 492). Feste und auf einem abstrakt-generellen Maßstab basierende Invaliditätsgrade finden sich lediglich für den Verlust oder die Funktionsfähigkeit bestimmter, in der Gliedertaxe im einzelnen aufgeführten Körperteile oder Sinnesorgane (BGH, a.a.O.). In diesen Fällen kommt es auf die genauen Auswirkungen der gesundheitlichen Beschädigung nicht an. Vielmehr steht der Invaliditätsgrad nach der Gliedertaxe unverrückbar fest; die allgemeinen Regelungen für die Invaliditätsbemessung treten dahinter zurück (BGH, a.a.O.; OLG Hamm, VersR 2011, 1433). Lässt sich ein Dauerschaden (konkret: Die Beeinträchtigung durch einen Bandscheibenvorfall) nicht unter die Gliedertaxe einordnen, ist nach Darstellung des BGH „weder ein Vergleich mit der Gliedertaxe ... statthaft, wie etwa zwischen den ... geltend gemachten Beeinträchtigungen und dem Invaliditätsgrad für den Verlust eines Beins", noch könne „dieser [Vergleich] die konkrete Bemessung des Invaliditätsgrades ersetzen oder auch nur ergänzen" (BGH, a.a.O.); schon gar nicht könne er die Einholung eines Sachverständigengutachtens entbehrlich machen (BGH, a.a.O.; anders noch: OLG Hamm, VersR 2008, 389, mit dem Hinweis, dass sich auch die Bemessung des Invaliditätsgrades außerhalb der Gliedertaxe an der Gliedertaxe zu orientieren habe). Findet das Schultergelenk in den Bestimmungen der Gliedertaxe über Verlust oder völlige Funktionsbeeinträchtigung eines Armes keine Erwähnung, ist der Invaliditätsgrad bei einer Gebrauchsminderung der Schulter nicht nach der Gliedertaxe, sondern nach den Regeln zur Invaliditätsbestimmung für andere Körper-

teile zu ermitteln (BGH, VersR 2015, 617; abl.: *Jacob*, r+s 2015, 330; abl. auch: *Naumann/ Brinkmann*, VersR 2015, 1350, die auf die gesundheitliche Beeinträchtigung des Arms und nicht auf die primäre Schädigung des Schultergelenks abstellen wollen; s. auch: LG Köln, Urt. v. 9.5.2010 – 26 O 18/15, BeckRS 2016, 09703).

Ist Maßstab der Beeinträchtigung der körperlichen oder geistigen Leistungsfähigkeit die (vereinbarte) **Gliedertaxe** (Nr. 2.1.2.2.1 AUB 2014), so gelten „nach einem abstrakten und generellen Maßstab feste Invaliditätsgrade bei Verlust oder – dem Verlust gleichgestellt – Funktionsunfähigkeit der mit ihr benannten Glieder" (BGH, VersR 2006, 1117 [anhand von § 7 Abs. 1 Nr. 2a AUB 94]; BGH, VersR 2015, 617, 618; VersR 2012, 351, 352; OLG Hamm, VersR 2011, 1433; s. auch: BGH, VersR 2014, 365, zur Identität des Invaliditätsgrades bei Verlust und Funktionsunfähigkeit). Gleiches gilt bei Verlust oder Funktionsunfähigkeit eines durch die Gliedertaxe abgegrenzten Teilbereichs eines Gliedes (BGH, a.a.O.; VersR 2001, 360 anhand der Parallelbestimmung der AUB 88). Es handelt sich, anders gewendet, um **pauschalierte Invaliditätssätze** (*Römer/Langheid*, § 180, Rn 5). Dabei beschreibt die Gliedertaxe u.a. abgegrenzte Teilbereiche eines Arms und Beins und ordnet jedem Teilbereich einen festen Invaliditätsgrad zu, der mit Rumpfnähe des Teilglieds steigt. Die Gliedertaxe stellt damit für den Verlust und für die Funktionsunfähigkeit der in ihr genannten Gliedmaßen oder deren Teilbereiche durchgängig allein auf den **Sitz der unfallbedingten Schädigung** ab (BGH, VersR 2015, 617, 618 mit Anm. *Dörrenbächer*; VersR 2012, 351, 352; VersR 2011, 202, 203; VersR 1991, 57 und 413 jeweils zu § 8 Abs. 2 Nr. 2a und 2b AUB 61; **a.A.** noch OLG Frankfurt am Main, VersR 2006, 964) und trägt so „dem Umstand Rechnung, dass Gliedverluste – entsprechendes gilt für teilweise oder völlige Gebrauchsunfähigkeit – mit zunehmender Rumpfnähe der Stelle, an der das Körperglied verloren gegangen (oder die Gebrauchsbeeinträchtigungen auslösende Ursache zu lokalisieren) ist, zu wachsender Einschränkung der generellen Leistungsfähigkeit von Menschen führen (BGH, VersR 2015, 617, 618; VersR 2012, 351, 352).

Dieses Bewertungssystem ist auch für die Entscheidung über den Invaliditätsgrad bei **teilweisem Verlust oder teilweiser Gebrauchsunfähigkeit** maßgebend (BGH, VersR 1991, 57 [im Hinblick auf § 8 Abs. 2 Nr. 3 S. 2, Nr. 2 AUB 61]; s.a. § 7 Abs. 1 Nr. 2b AUB 94 und AUB 88; Nr. 2.1.2.2.1. AUB 99/2008/2014).

Praxistipp
Nach der für die Bemessung der Invaliditätsleistung maßgeblichen **Gliedertaxe** schließt der Verlust oder die Funktionsunfähigkeit eines funktionell höher bewerteten, rumpfnäheren Glieds den Verlust oder die Funktionsunfähigkeit des rumpfnäheren Glieds ein (BGH, VersR 2012, 351). Eine Addition der einzelnen Invaliditätsgrade findet nicht statt (BGH, a.a.O.; kritisch: *Hennemann*, VersR 2012, 474; OLG Hamm, VersR 2011, 1433 [auch nicht unter Berücksichtigung von § 305c Abs. 2 BGB]). Führt die Funktionsunfähigkeit des rumpfferneren Körperteils allerdings zu einem höheren Invaliditätsgrad als die Funktionsunfähigkeit des rumpfnäheren Invaliditätsgrads – was insb. in Betracht kommt, wenn die verschiedenen Körperteile keinen vollständigen Funktionsverlust erfahren haben, sondern nur teilweise beeinträchtigt sind –, so stellt die Invaliditätsleistung für das rumpffernere Körperteil die Untergrenze der geschuldeten Versicherungsleistung dar (BGH, a.a.O.).

Verliert der Versicherte durch einen Unfall eine von zwei Nieren, so kommt es, wenn der Verlust dieses Organs in der Gliedertaxe nicht aufgeführt ist, allein darauf an, inwieweit hierdurch die körperliche oder geistige Leistungsfähigkeit unter ausschließlicher Berücksichtigung medizinischer Gesichtspunkte beeinträchtigt ist (OLG Celle, VersR 2007, 1688). Steht nach dem Ergebnis eines medizinischen Sachverständigengutachtens fest, dass der Verlust der einen Niere vollständig durch die andere Niere kompensiert wird und mit keinen weiteren Nachteilen zu rechnen ist, so kommt eine Invaliditätsentschädigung nicht in Betracht (OLG Celle, a.a.O.). Soweit in Vorschriften des öffentlich-rechtlichen Versorgungs- oder Schwerbehindertenrechts beim Verlust einer Niere ein fester Grad der Behinderung oder eine Minderung der Erwerbsfähigkeit vorgesehen ist, spielt das für die Auslegung privatrechtlicher Vorschriften des Unfallversicherungsrechts keine Rolle (OLG Celle, a.a.O.).

16 Im Hinblick auf die **Interpretation der in früheren Musterbedingungen vereinbarten Gliedertaxen** existiert eine umfangreiche Kasuistik, die hier nicht im Einzelnen referiert werden kann (instruktiv: BGH, VersR 2006, 1117, m.w.N. zur „Funktionsfähigkeit eines Arms im Schultergelenk"; VersR 2001, 360 zur „Funktionsunfähigkeit ... eines Fußes im Fußgelenk" in § 7 Abs. 1 Nr. 2a AUB 88; VersR 2003, 1163, zur „Funktionsunfähigkeit einer Hand im Handgelenk" i.S.v. § 7 Abs. 1 Nr. 2a AUB 88; OLG Karlsruhe, VersR 2006, 104; OLG Hamm, VersR 2002, 747; OLG Frankfurt am Main, VersR 2003, 495; vertiefend: *Grimm*, Unfallversicherung, Nr. 2 AUB Rn 24 ff.; s.a. die Nachweise der neueren Rspr. bei *Marlow*, r+s 2007, 353, 359); auch die **Einzelfallentscheidungen zur Gliedertaxe** können hier nicht vollständig wiedergegeben werden (aus der Rspr.: OLG München, VersR 2006, 1528 [Bewegungs- und Funktionsunfähigkeit der Beine]; OLG Brandenburg, r+s 2006, 207 [Fehlende Einsatzfähigkeit des linken Arms]; OLG Frankfurt am Main, VersR 2006, 1488; OLG Köln, VersR 2005, 679).

b) Eintritt binnen 15 Monaten

17 Die Invalidität muss gem. Nr. 2.1.1.2 AUB 2014 „innerhalb von 15 Monaten nach dem Unfall eingetreten" sein. Die Einhaltung dieser Frist stellt eine **die Entschädigungspflicht des VR begrenzende Anspruchsvoraussetzung** dar (BGH, VersR 1998, 175, 176, anhand von § 7 Abs. 1 Nr. 1 Abs. 2 AUB 88; s.a. OLG Karlsruhe, VersR 2006, 1396) und gewährleistet, dass der Unfallversicherer nicht für **Spätschäden** eintreten muss, die i.d.R. schwer aufklärbar und unübersehbar sind (BGH, a.a.O.; VersR 2007, 1114, 1115; VersR 1978, 1036, OLG Karlsruhe, a.a.O.). Die Klausel hält einer **Inhaltskontrolle anhand der §§ 305 ff. BGB** stand. Die zeitliche Begrenzung könne zwar, so der BGH (VersR 1998, 175, 176), im Einzelfall schwere Nachteile für den Versicherten bewirken. Dadurch werde der Unfallversicherungsvertrag aber nicht zwecklos, weil nichtversicherte Spätschäden relativ selten seien (BGH, a.a.O.). Eine unangemessene Benachteiligung (heute: § 307 Abs. 1 BGB) sei mithin zu verneinen (BGH, a.a.O.).

18 Der Eintritt der Invalidität innerhalb der 15 monatigen Frist setzt voraus, dass die unfallbedingte Beeinträchtigung der körperlichen oder geistigen Leistungsfähigkeit der versicherten Person nach ärztlicher Prognose voraussichtlich länger als drei Jahre bestehen wird (vgl. § 180 S. 2 VVG; verfehlt: OLG Karlsruhe, VersR 2006, 1396, das an den Befund nach drei Jahren anknüpft; krit. auch: *Marlow*, r+s 2007, 353, 358).

2. Form- und fristgerechte Invaliditätsfeststellung

Die Invalidität muss gem. Nr. 2.1.1.2 AUB 2014 innerhalb von 15 Monaten nach dem Unfall **von einem Arzt schriftlich festgestellt** werden (zur Transparenz der Fristenregelung: BGH, VersR 2012, 1113, sowie hier Rdn 25). Die Frist ist eine von Amts wegen zu beachtende Ausschlussfrist, die bei Außerachtlassung Ansprüchen des VN auf eine Invaliditätsleistung entgegensteht (OLG Naumburg, VersR 2013, 229; OLG Koblenz, VersR 2012, 1381 [gilt auch für die Unfallrente; s. Nr. 2.2.1 i.V.m. Nr. 2.1.1 AUB 2014]); ggf. kommt jedoch eine **Haftung des Arztes** in Betracht, **der sich mit der Invaliditätsfeststellung in Verzug befindet** (OLG Saarbrücken, Urt. v. 27.7.2016 – 1 U 147/15, BeckRS 2016, 14940).

19

a) Invaliditätsfeststellung

Die ärztliche **Feststellung der Invalidität** erfordert die Angabe eines konkreten, die körperliche oder geistige Leistungsfähigkeit des Versicherten beeinflussenden Dauerschadens (vgl. BGH, VersR 2007, 1114, 1115; BGHZ 130, 171, 178 = VersR 1995, 1179; OLG Celle, zfs 2009, 34; OLG Saarbrücken, VersR 2008, 199). Allein das wird den berechtigten Interessen des VR gerecht, die dieser an der zeitnahen Klärung seiner Leistungspflicht hat (BGH, VersR 2007, 1114, 1115). Nur einem Dauerschaden, zu dessen Ursache und Auswirkungen sich die Bescheinigung bereits verhält, kann der VR nachgehen (BGH, a.a.O.). Aus der Invaliditätsfeststellung müssen sich die ärztlicherseits dafür angenommene Ursache und die Art ihrer Auswirkungen ergeben. Denn die Invaliditätsbescheinigung soll dem VR Gelegenheit geben, dem geltend gemachten Versicherungsfall nachzugehen und seine Leistungspflicht auf der Grundlage der ärztlichen Feststellungen zu prüfen (BGH, a.a.O.; s. auch: LG Dortmund, VersR 2012, 475). Zugleich soll sie eine Ausgrenzung von Spätschäden ermöglichen, die i.d.R. nur schwer abklärbar und überschaubar sind und die der VR deshalb von der Deckung ausnehmen will (BGH, a.a.O.). **Deshalb können nur die in der ärztlichen Invaliditätsfeststellung beschriebenen unfallbedingten Dauerschäden Grundlage des Anspruchs auf Invaliditätsentschädigung sein** (BGH, a.a.O.; bestätigt durch: BGH, VersR 2015, 617, 618; vgl. auch: Celle, VersR 2009, 1215, 1217 – „*Was sich darin [scil.: in der ärztlichen Invaliditätsfeststellung] nicht befindet, hat außen vor zu bleiben*"). Diese Maßstäbe sind jedoch nicht dahin zu verstehen, dass bereits im Rahmen der fristgemäßen ärztlichen Invaliditätsfeststellung eine möglichst präzise Diagnose des Umfangs und der Ursachen eines Dauerschadens gefordert wäre (BGH, VersR 2015, 617, 619); es genügt vielmehr, wenn diese Feststellung die Schädigung sowie den Bereich, auf den sich diese auswirkt, ferner die Ursachen, auf denen der Dauerschaden beruht, so umreißt, dass der VR bei seiner Leistungsprüfung den medizinischen Bereich erkennen kann, auf den sich die Prüfung seiner Leistungsverpflichtung erstrecken muss und vor der späteren Geltendmachung völlig anderer Gebrechen oder Invaliditätsursachen geschützt wird (BGH, a.a.O.). Die Invaliditätsfeststellung muss die Aussage enthalten, dass das Unfallereignis für den Dauerschaden ursächlich ist (OLG Hamm, VersR 2007, 1361, 1362). Das OLG Düsseldorf (OLG Düsseldorf, 2008, 1480) bezweifelt in diesem Kontext, dass die ärztliche Erklärung „Die Patientin berichtet, dass vor ca. einem Jahr ein Autounfall

20

mit Schleudertrauma geschehen ist. Ich gehe nun davon aus, dass die Optikusatrophie von dem herrührt" den notwendigen Kausalzusammenhang herstellt. Ein ärztlicher Diagnosebericht, der lediglich die unmittelbaren Unfallfolgen bescheinigt, nicht aber zur Frage der dauernden Beeinträchtigung Stellung nimmt, erfüllt die Mindestanforderungen an die Feststellung der Invalidität nicht (*Fuchs*, jurisPR-VersR 5/2008 Anm. 4). Etwas anderes gilt für einen ärztlichen Befund (Beispiel: Diagnose einer Querschnittslähmung), der auch ohne ausdrückliche Erwähnung der Dauerfolgen eindeutig für Invalidität und damit für sich selbst spricht (s. OLG Düsseldorf, VersR 2010, 61, im konkreten Fall verneint bei einer Borrelioseerkrankung). Feststellungen einer Neuropsychologin reichen für eine **ärztliche** Feststellung nicht aus (OLG Koblenz, VersR 2012, 1381).

21 Im Einzelnen gilt:
– Die ärztliche Invaliditätsfeststellung kann nicht durch einen Bescheid des Versorgungsamts über den Behinderungsgrad ersetzt werden (OLG Düsseldorf, VersR 2006, 1487).
– Ein Schreiben des Krankenhauses, in dem es heißt, eine Minderung der Erwerbsfähigkeit in rentenberechtigendem Grade werde voraussichtlich verbleiben, ist eine hinreichende Invaliditätsfeststellung (OLG Düsseldorf, r+s 2006, 518).
– Allein der Hinweis, es sei mit einem Dauerschaden zu rechnen, genügt i.d.R. nicht den Anforderungen, die an eine ärztliche Invaliditätsfeststellung zu stellen sind (OLG Naumburg, VersR 2005, 970; s.a. OLG Koblenz, VersR 2014, 366, 367 [Invalidität bloß in Betracht gezogen]; OLG Hamm, VersR 2004, 187; OLG Koblenz, VersR 2003, 53; vgl. auch: OLG Frankfurt am Main, VersR 1993, 174).

Die (rechtzeitige) ärztliche Feststellung eines ausschließlich das Bein betreffenden unfallbedingten Dauerschadens rechtfertigt die Inanspruchnahme auf eine Invaliditätsleistung in Bezug auf sonstige Dauerschäden (Blase usw.) auch dann nicht, wenn diese auf die Beinschädigung zurückgehen (OLG Karlsruhe, VersR 2009, 538).

22 Im Lichte der restriktiven Fristenregelung (Rdn 23) verlangt der BGH (VersR 2007, 1114, 115) *nicht*, dass sich die ärztliche Feststellung abschließend zu einem **bestimmten Invaliditätsgrad** äußert (hier Rdn 24).

b) Frist

23 Bei der (ärztlichen) Feststellung der Invalidität ist die in Nr. 2.1.1.2 AUB 2014 genannte **Frist** zu beachten. Danach muss die *„Invalidität ... innerhalb von 15 Monaten nach dem Unfall von einem Arzt schriftlich festgestellt"* worden sein. Der BGH behandelt auch die Frist zur Feststellung der Invalidität als eine *„*die **Entschädigungspflicht des VR begrenzende Anspruchsvoraussetzung***"* (VersR 1998, 175, 177, bestätigt in VersR 2007, 1114, 1115; OLG Düsseldorf, VersR 2010, 61; OLG Saarbrücken, VersR 2008, 199). Die Fristenregelung diene *„dem berechtigten Interesse des VR an der baldigen Klärung seiner Einstandspflicht"* und führe *„selbst dann zum Ausschluss von Spätschäden, wenn den VN an der Nichteinhaltung der Frist kein Verschulden"* treffe (BGH, VersR 2007, 1114, 1115; OLG Saarbrücken, VersR 2008, 199; OLG Hamm, VersR 2007, 1216). Auch eine Leistungsablehnung ändere nichts daran, dass der Anspruch des VN nicht entstehe, wenn die

Invalidität nicht fristgerecht ärztlich festgestellt worden sei (BGH, a.a.O.; VersR 2002, 472 und 1578; OLG Saarbrücken, a.a.O.).

Der BGH betont allerdings, dass an die Feststellung der Invalidität **keine hohen Anforderungen** zu stellen seien; sie müsse sich nicht abschließend zu einem bestimmten Invaliditätsgrad äußern. Die Feststellung der Unfallbedingtheit eines bestimmten Dauerschadens brauche noch nicht einmal richtig zu sein und dem VR auch nicht innerhalb der Frist zugehen, solange sie **nur fristgerecht getroffen** worden sei (BGH, a.a.O.; VersR 1998, 175, 176; VersR 1988, 286; ähnlich OLG Celle, zfs 2009, 34; OLG Saarbrücken, VersR 2008, 199; OLG Hamm, VersR 2007, 1216, 1217). In dieser (restriktiven) Interpretation hält die Fristenregelung nach Meinung des BGH nicht nur einer Inhaltskontrolle anhand von § 307 Abs. 1 S. 1, Abs. 2 BGB (BGH, a.a.O.; VersR 1998, 175 f.), sondern auch einer **Kontrolle anhand des Transparenzgebots** (§ 307 Abs. 1 S. 2 BGB) stand (BGH, a.a.O.; VersR 2005, 639; s.a.: OLG Celle, zfs 2009, 34; OLG Düsseldorf, VersR 2006, 1487; OLG Karlsruhe, VersR 2005, 1384). 24

Praxistipp 25
Der BGH (BGH, VersR 2012, 1113) hat die **Transparenz der Fristenregelung** in Nr. 2.1.1.1 AUB 2002 trotz des Regelungsstandorts (abseits der Obliegenheiten) und des (angeblich) in die Irre führenden Inhaltsverzeichnisses bejaht (s. zuvor: OLG Hamm, VersR 2008, 811 [einerseits] und OLG Düsseldorf, VersR 2010, 805 [andererseits]), weil sich der VN sowohl über den Umfang der Versicherung (Nr. 2 AUB 2002) als auch über seine Obliegenheiten (Nr. 7 AUB 2002) informieren müsse.

Die fristgerechte Invaliditätsfeststellung entfaltet ihre anspruchsbegründende Wirkung nur für Gesundheitsschäden in dem jeweils ausdrücklich angesprochenen Bereich (OLG Hamm, VersR 2007, 1216; OLG Hamm, r+s 2000, 394). 26

Praxistipp
Nach ständiger Rspr. des BGH (VersR 2006, 352, 353, m.w.N.) konnte „*sich das Berufen des VR auf den Ablauf der Frist zur ärztlichen Feststellung [bereits vor Einführung des § 186 VVG] im Einzelfall als rechtsmissbräuchlich erweisen.*" Das nahm der BGH insb. an, „*wenn dem VR ein Belehrungsbedarf des VN hinsichtlich der Rechtsfolgen der Fristversäumnis deutlich*" wurde, „*er aber gleichwohl eine solche Belehrung*" unterließ (BGH, a.a.O.). Einen **Rechtsmissbrauch** hat die Rspr. auch angenommen,
- wenn „*ein unveränderlicher Gesundheitsschaden tatsächlich vor Fristablauf in einem ärztlichen Bericht erwähnt worden ist, etwa weil der behandelnde Unfallchirurg die Gallenblase entfernt hatte, eine daraus folgende Invalidität aber nicht ausdrücklich fristgerecht ärztlich festgestellt wurde*" (BGH, VersR 2005, 639; BGHZ 130, 171 [178 f.]; 137, 174 [177] = VersR 1998, 175 [176]) und
- wenn der VR nach Geltendmachen von Invalidität von sich aus noch innerhalb der Frist zur ärztlichen Feststellung ein ärztliches Gutachten einholt, ohne den VN darauf hinzuweisen, dass er unbeschadet dessen selbst für eine ärztliche Feststellung zu sorgen habe (OLG Saarbrücken, VersR 1997, 956; OLG Naumburg, VersR 2013, 229);
- wenn der VR durch die Bitte um Entbindung von der ärztlichen Schweigepflicht („damit wir bei dem behandelnden Arzt ein ärztliches Zeugnis anfordern können") den Eindruck erweckt, er werde von sich aus für die (noch rechtzeitig mögliche) ärztliche Invaliditätsfeststellung sorgen (OLG Karlsruhe, VersR 2015, 443).

c) Form

27 **Formerfordernisse** (Schriftform) für die Invaliditätsfeststellung bestehen nur, wenn eine entsprechende Parteivereinbarung vorliegt (vgl.: Nr. 2.1.1.2 AUB 2014: schriftlich). Allerdings verlangte die h.M. im Interesse der Rechtssicherheit und Beweissicherung auch schon auf der Basis von § 7 Abs. 1 AUB 88/94 eine **schriftliche Feststellung** (OLG Celle, VersR 2008, 670; OLG Hamm, VersR 2007, 1361; VersR 2004, 187; OLG Frankfurt am Main, r+s 2004, 78; OLG Stuttgart, r+s 2003, 211; OLG Köln, VersR 1989, 352; OLG Koblenz, VersR 1993, 1262; OLG München, VersR 1995, 565; OLG Frankfurt am Main, VersR 1996, 618; OLG Oldenburg, NJW-RR 1996, 1434; OLG Düsseldorf, VersR 2001, 449; mit Recht a.A. OLG Karlsruhe, VersR 2005, 1230; r+s 1996, 331). Das OLG Saarbrücken (VersR 2008, 199, 200) verlangt eine *„über eine bloße Befunderhebung hinausgehende **Dokumentation** des Arztes ..., aus der sich ersehen lässt, welche konkreten gesundheitlichen Beeinträchtigungen beim VN vorliegen, ob der Arzt sie als voraussichtlich dauerhaft eingeschätzt und ob er eine kausale Verknüpfung zum Unfallgeschehen hergestellt hat"*. Dafür genüge *„nicht nur ein innerhalb der Frist erstellter Arztbericht oder eine sonstige schriftliche Bescheinigung, sondern jede schriftlich bzw. elektronisch abgespeicherte und abrufbare Dokumentation in den Krankenunterlagen oder in der Patientenkartei"* (OLG Saarbrücken, a.a.O.). Die h.M. war indes verfehlt, weil § 7 Abs. 1 AUB 88/94 keine Formvorschrift beinhaltet. Es mag sein, dass *„in dem Erfordernis einer schriftlichen Invaliditätsfeststellung, an die inhaltlich nur geringfügige Anforderungen zu stellen sind"*, keine *„unzumutbare Überforderung"* des VN läge (OLG Celle, VersR 2009, 1215, 1217); springender Punkt ist jedoch, dass die älteren Musterbedingungen dieses Erfordernis gar nicht enthalten. Enthielten sie es, wäre die entsprechende Regelung zwar ohne Weiteres mit § 307 Abs. 1 BGB vereinbar. Aber allein aus dem Begriff der Feststellung kann der verständige VN ein solches Erfordernis eben nicht entnehmen. Zweifel bei der Auslegung gehen i.Ü. zulasten des Verwenders (§ 305c Abs. 2 BGB). Dementsprechend reicht mangels Schriftformvereinbarung jede rechtzeitige Feststellung, bspw. ein auf Diktiergerät gesprochener Befund aus, auch wenn der Arztbrief erst am Tag nach Fristablauf geschrieben und unterschrieben wird (ähnlich wie hier: *Marlow/Tschersich*, r+s 2009, 441, 450).

3. Fristgerechte Geltendmachung

28 Die Invalidität ist gem. Nr. 2.1.1.3 AUB 2014 *„***innerhalb von 15 Monaten nach dem Unfall**" ggü. dem Unfallversicherer *geltend zu machen*. Die Klausel ist – auch unter Berücksichtigung des Transparenzgebots (§ 307 Abs. 1 S. 2 BGB) – wirksam (BGH, VersR 2012, 1113). Erforderlich ist grds. eine (ausdrückliche oder konkludente) Erklärung, die – nach Treu und Glauben, d.h. objektiv, auf der Grundlage des Empfängerhorizontes (im Einzelnen: Palandt/*Ellenberger*, § 133 Rn 9) – i.S.e. Inanspruchnahme auf Invaliditätsleistungen auszulegen ist. Der BGH hat die Anforderungen an die Geltendmachung der Invalidität – vor dem Hintergrund einer Inhaltskontrolle (§§ 305 ff. BGB) von § 7 Abs. 1 Nr. 1 AUB 88 – vergleichsweise niedrig angesetzt: Es genügt, dass innerhalb der Frist dem VR ggü. behauptet wird, es sei Invalidität eingetreten (BGH, VersR 1998, 175, 176; OLG Koblenz, VersR 2010, 62; OLG Karlsruhe, VersR 2015, 44 [Inanspruchnahme wegen eines Dauerschadens]). Das könne bspw. durch Übersendung einer Klageschrift aus dem Haftpflichtprozess geschehen (BGH, a.a.O.; VersR 1990, 732). Das bloße Einreichen einer **Unfallanzeige** reicht grds. nicht aus (OLG Frankfurt, VersR 2014, 1495; OLG Koblenz, VersR 2010, 62), es sei denn, sie erzwingt im konkreten Einzelfall den Rückschluss auf Invalidität (OLG Stuttgart, VersR 2009, 1065 [Unfallanzeige mit dem Hinweis auf schwerste Brandverletzungen; LG München II, 26.7.2007 – 10V O 1025/07).

Bei der Frist zur Geltendmachung der Invalidität handelt es sich um eine **Ausschlussfrist**, deren Versäumen **entschuldigt** werden kann (BGH, VersR 1998, 175, 176; BGHZ 130, 171, 173 f. = VersR 1995, 1179; OLG Frankfurt, VersR 2014, 1495; BGH, NJW 2006, 903). Eine verspätete Geltendmachung unfallbedingter Invalidität ist entschuldigt, wenn sich der VN aufgrund unfallbedingter Gedächtnislücken nicht an die Unfallversicherung erinnert und seine Ehefrau erst durch ein Beitragserhöhungsschreiben des VR von der Unfallversicherung Kenntnis erlangt und anschließend sofort Invalidität geltend gemacht wird (OLG Karlsruhe, r+s 1996, 331); ggf. muss der VN die Geltendmachung der Invalidität nach Wegfall des Entschuldigungsgrundes unverzüglich, d.h. ohne schuldhaftes Zögern nachholen (BGH, VersR 2002, 698; OLG Frankfurt, a.a.O.). Hat der VN hingegen schlicht vergessen, dass sein Sohn im Rahmen seines Unfallversicherungsvertrags mitversichert ist, so reicht dies – ohne Hinzutreten weiterer Umstände – nicht als Entschuldigungsgrund für eine nicht fristgerechte Geltendmachung der Invalidität aus (OLG Koblenz, r+s 2002, 524; ähnlich: OLG Frankfurt, a.a.O.). Umstände, die sich im persönlichen Lebensbereich des VN abspielen, sollen grundsätzlich nicht geeignet sein, als Exkulpationsnachweis zu dienen (OLG Frankfurt, a.a.O., unter Berufung auf *Jacobs*, Unfallversicherung, Nr. 2.1 Rn 79). 29

Die fristgerechte Geltendmachung der Invalidität setzt – anders als ihre ärztliche Feststellung – den Zugang der entsprechenden Erklärung beim VR voraus (OLG Koblenz, VersR 2010, 62). Der Unfallversicherer verhält sich nicht treuwidrig, wenn er den Einwand verspäteter Inanspruchnahme auf Invaliditätsleistungen erstmals im Rechtsstreit erhebt, nachdem er zuvor seine Leistungspflicht aufgrund eines Gutachtens abgelehnt hat, das erst nach dem Ablauf der Geltendmachungsfrist eingeholt wurde (OLG Düsseldorf, VersR 2008, 672). 30

Praxistipp 31
Entschuldigen kann sich der VN nur mit Blick auf die Frist zur Geltendmachung der Invalidität (BGH, VersR 1998, 175, 176; VersR 1995, 1179, 1180). Den VR trifft eine **Hinweispflicht** (§ 186 S. 1 VVG). Hat der VR den VN nicht rechtzeitig – in Textform (§ 126b BGB) – auf die einzuhaltenden Fristen hingewiesen, so kann sich der VR auf das Fristversäumnis nicht berufen (§ 186 S. 2 VVG).

4. Leistungen des Versicherers im Invaliditätsfall

Die Berechnung der Invaliditätsleistung richtet sich nach der VersSumme und dem Grad der unfallbedingten Invalidität (Nr. 2.1.2.1 AUB 2014). Die Feststellung des Invaliditätsgrades richtet sich vielfach (Rdn 12 f.) nach der Gliedertaxe (Begriff: OLG Hamm, VersR 2006, 1394; aus der Rspr.: BGH, VersR 2006, 1117; OLG Hamm, VersR 2006, 1205; OLG Frankfurt am Main, VersR 2006, 964). Der Invaliditätsgrad wird ggf. um die **Vorinvalidität** 32

(Beeinträchtigung bereits vor dem Unfall) der versicherten Person **gemindert** (Nr. 2.1.2.2.3 AUB 2014; grundlegend: BGH, VersR 1988, 461; aus der Rspr.: OLG Brandenburg, VersR 2007, 347 [Brillenträger]; OLG München, VersR 2006, 1397 [zust.: *Marlow*, r+s 2007, 353, 360]; OLG Hamm, VersR 2006, 1; OLG Frankfurt am Main, VersR 2006, 828). Beträgt der Mitwirkungsanteil weniger als 25 %, unterbleibt jedoch die Minderung (Nr. 3 S. 2 AUB 2008).

33 **Praxistipp**
Im Hinblick auf den Eintritt der **Fälligkeit der Invaliditätsleistung** ist zu unterscheiden: Im Falle der (rechtzeitig) erklärten Leistungsbereitschaft des VR greift Nr. 9.2 AUB 2014 (im Detail: § 187 Rdn 9): Erkennt der VR den Anspruch an oder hat er sich mit dem VN über Grund und Höhe geeinigt, so leistet er „innerhalb von zwei Wochen". Im Falle unberechtigter Leistungsverweigerung richtet sich die Fälligkeit nach § 14 Abs. 1 VVG (s. OLG Saarbrücken, VersR 2014, 1246, noch anhand von § 11 VVG a.F.; s. auch: Nr. 9 Satz 1 AUB 2014), so dass es allein auf die „Beendigung der zur Feststellung des Versicherungsfalles und des Umfangs der Leistung ... notwendigen Erhebungen" ankommt. Diese Feststellung setzt nicht voraus, dass der unfallbedingte Gesundheitszustand des Versicherten endgültig feststeht: Kann er sich innerhalb der Dreijahresfrist noch verbessern, so kann der VR die Erstbemessung der Invalidität und damit auch die Fälligkeit trotzdem nicht bis zu diesem Zeitpunkt hinauszögern (OLG Saarbrücken, a.a.O.); ggf. kann er von der Möglichkeit der Neubemessung der Invalidität (s. § 188 VVG; Nr. 9.4 AUB 2014) Gebrauch machen (OLG Saarbrücken, a.a.O.); nur, wenn der unfallbedingte Gesundheitszustand noch so „im Fluss" ist, dass eine Erstbemessung einer mehr oder weniger zufälligen Momentaufnahme gleichkäme, hat der VR das Recht, noch abzuwarten und zunächst nur einen angemessenen Vorschuss zu zahlen (OLG Saarbrücken, a.a.O.; s. auch: Nr. 9.3 AUB 2014).

C. Prozessuales

34 Die **Beweislast** für den Unfall – auch für die **haftungsbegründende Kausalität** zwischen Unfallereignis und Gesundheitsschädigung, nicht aber für die Unfreiwilligkeit (§ 178 Abs. 2 S. 2 VVG) – und die Invalidität trägt der **VN** (vgl.: § 178 Rdn 68). Die Beeinträchtigung der körperlichen oder geistigen Leistungsfähigkeit und die Frage ihrer Dauerhaftigkeit unterliegen uneingeschränkt dem Beweismaß des § 286 ZPO (BGH, VersR 2001, 1547, 1548 [unter II.2.a]; r+s 1998, 80; s.a. OLG Karlsruhe, VersR 2006, 1396, 1397).

35 Im Hinblick auf die **haftungsausfüllende Kausalität** billigt die Rechtsprechung (BGH, VersR 2001, 1547, 1548; OLG Düsseldorf, r+s 2005, 300) dem VN eine **Beweiserleichterung** zu. Bei der *„Frage, ob die dauernde Beeinträchtigung auf die unfallbedingte Gesundheitsschädigung zurückzuführen ist"*, könne, so der BGH anhand von §§ 2 Abs. 1, 8 II Abs. 1 S. 1 AUB 61, *„von der Beweiserleichterung des § 287 ZPO Gebrauch gemacht werden"* (BGH, a.a.O.; OLG Düsseldorf, a.a.O.). Für die tatrichterliche Überzeugungsbildung reiche dann eine **überwiegende, auf gesicherter Grundlage beruhende Wahrscheinlichkeit** ggü. anderen Geschehensabläufen, dass der vorgetragene Dauerschaden in kausalem Zusammenhang mit dem Unfallereignis stehe (BGH, a.a.O.; VersR 2001, 246; OLG Düsseldorf, a.a.O.).

36 **Praxistipp**
In der Unfallversicherung spielen **Sachverständige** insb. bei der Feststellung und Bemessung der Invalidität eine tragende Rolle: Bei **Privatgutachten**, die die Parteien vorlegen können,

handelt es sich um qualifizierten, substantiierten Parteivortrag (OLG Koblenz, VersR 2013, 518). Beweismittel ist jedoch (grundsätzlich) nur das **Sachverständigengutachten eines vom Gericht beauftragten neutralen Sachverständigen**. Privatgutachten sind als Beweismittel verwertbar, wenn beide Parteien damit einverstanden sind; in allen anderen Fällen sind sie (nur) Parteivortrag, den das Gericht und der (in Kenntnis zu setzende gerichtlich bestellte Sachverständige) zur Kenntnis zu nehmen haben und mit dem sich der gerichtlich bestellte Sachverständige auseinanderzusetzen hat (OLG Koblenz, a.a.O.). Der Sachverständige hat ggf. zu beurteilen haben, ob eine **persönliche Untersuchung** des Unfallopfers erforderlich ist oder ob vorliegende Untersuchungsergebnisse Dritter eine ausreichende Beurteilungsgrundlage bilden (BGH, VersR 2016, 183, Rn 23). Hierfür ist insbes. maßgeblich, ob dem Sachverständigen durch eine eigene Untersuchung eine (ggf. retrospektive) Beurteilung der Invalidität zum Stichtag (Ablauf der Invaliditätseintrittsfrist) besser möglich ist als durch eine bloße Begutachtung von Fremdbefunden (BGH, a.a.O.).

Praxistipp 37
In der Unfallversicherung muss sich der **Sachverständige** grundsätzlich zur **Invalidität**, d.h. zur körperlichen oder geistigen Leistungsfähigkeit äußern, und nicht zur Frage der Berufs- (s. OLG Koblenz, VersR 2013, 1518) und/oder Erwerbsunfähigkeit (OLG Köln, VersR 2013, 1428); Feststellungen zur Minderung der Erwerbsfähigkeit i.S.v. § 56 Abs. 2 S. 1 SGB VII können allerdings Berücksichtigung finden (OLG Köln, a.a.O. [im Erg. offen gelassen] m.w.N.). **Zweifel an der Vollständigkeit und Richtigkeit eines Sachverständigengutachtens** [hier: zum Invaliditätsgrad] können sich aus dem Gutachten oder der Person des Gutachters ergeben, insb. wenn das Gutachten in sich widersprüchlich oder unvollständig ist oder wenn er Sachverständige erkennbar nicht sachkundig war (BGH, VersR 2012, 351). Bei einer Diskrepanz zwischen schriftlichem Gutachten und Erläuterungen in der mündlichen Verhandlung ist eine erneute Feststellung geboten (BGH, a.a.O.). Ein unfallchirurgischen Sachverständiger besitzt nicht die neurologischen Fachkenntnissen, die erforderlich sind, wenn der Schwerpunkt der Verletzungen auf neurologischem Gebiet liegt (BGH, a.a.O.; s. auch OLG Koblenz, VersR 2013, 1520 [Sachkunde eines Radiologen, der orthopädische und neurologische Schädigungen bewerten will?]). Im Detail ist jedoch zu unterscheiden: Die Feststellung, ob und in welchem Ausmaß eine Nervenschädigung vorliegt, kann allein der Neurologe treffen (OLG Koblenz, a.a.O.). Für die (fachgebietsübergreifende) Feststellung, ob und inwieweit die festgestellte Nervenschädigung zu einer Funktionsbeeinträchtigung der betroffenen Gliedmaßen geführt hat, besitzt ein Orthopäde oder Unfallchirurg die größere Kompetenz (OLG Koblenz, a.a.O.). Feststellungen eines Heilpraktikers und/oder eines Physiotherapeuten reichen mangels einschlägiger (hier: unfallchirurgisch/neurologischer) Fachkenntnisse nicht aus (OLG Koblenz, a.a.O.).

Ein **fehlerhaftes Gutachten eines gerichtlich bestellten Sachverständigen** (Feststellung 38 des Invaliditätsgrades unter Missachtung höchstrichterlicher Rspr.) kann ein Berufungsgericht nicht einfach berichtigen; aus dem Recht auf rechtliches Gehör (Art. 103 Abs. 1 GG) folgt vielmehr, dass es einem Antrag auf erneute Begutachtung stattgeben, zumindest aber den bisherigen Sachverständigen anhören und ihn mit den Bedenken gegen sein bisheriges Gutachten konfrontieren muss (BGH, VersR 2014, 365; zur möglichen Befangenheit eines Sachverständigen: OLG Karlsruhe, VersR 2014, 351). Bei **einander widersprechenden Gutachten gerichtlich bestellter Sachverständiger** darf das Gericht nicht ohne einleuchtende und logisch nachvollziehbare Begründung einem von ihnen den Vorrang geben. Gem. § 287 Abs. 1 S. 2 ZPO bestimmt der Tatrichter Art und Umfang der Beweisaufnahme zwar weitgehend selbst. Geht es jedoch um die Würdigung des Ergebnisses einer bereits durchgeführten Beweisaufnahme, muss diese **plausibel und erschöpfend** sein. Es steht dem Tatrichter nicht frei, einmal erhobene Beweise bei der abschließenden Entscheidungsfindung außer Acht zu lassen. Das widerspricht dem Grundsatz, dass sich der Tatrichter auch bei § 287 ZPO um die Feststellung des Sachverhalts bemühen und die Berücksichtigung aller für die Beurteilung maßgeblichen Umstände erkennen lassen muss (BGH, VersR 2001, 1547; r+s 1998, 80; *Römer/Langheid*, § 180 Rn 11).

39   Hat der VN durch einen Sturz eine **Kniegelenks-Distorsion** erlitten und kommt es bei der anschließenden Arthroskopie zu einer Infektion im Knie (typische Komplikation des arthroskopischen Eingriffs), die zur Invalidität führt, so ist nach § 287 ZPO davon auszugehen, dass die Dauer der Schädigung auf den Unfall und nicht – auch nicht teilweise – auf degenerative Veränderungen im Knie des bis zu dem Unfall beschwerdefreien VN zurückzuführen ist (OLG Düsseldorf, r+s 2005, 300). Das gilt auch, wenn die Degeneration bei der Operation diagnostiziert und mit behandelt worden ist (OLG Düsseldorf, a.a.O.).

40   Über die Beweiserleichterung des § 287 ZPO und die Beweislastumkehr in § 178 Abs. 2 S. 2 VVG hinaus stehen dem VN **keine weiteren Beweiserleichterungen** zu (BGH, VersR 1987, 1007; OLG Stuttgart, VersR 1992, 306), denn der VN oder der Begünstigte befindet sich bei einem Unfallgeschehen i.d.R. nicht von vornherein und unabwendbar in Beweisnot (BGH, a.a.O.); selbst mit Blick auf den Unfalltod könne, so der BGH, a.a.O., durch eine Obduktion hinreichende Klärung gebracht werden. Der VN kann die **Einholung eines medizinischen Sachverständigengutachtens** zur Invalidität **im selbstständigen Beweisverfahren** beantragen (OLG Nürnberg, VersR 2014, 1519), weil das rechtliche Interesse i.S.v. § 485 Abs. 2 ZPO weit zu fassen ist (OLG Nürnberg, a.a.O.).

41   **Praxistipp**
Der Nachweis der Kausalität zwischen dem Unfallereignis und der zur Invalidität führenden Gesundheitsbeeinträchtigung kann mangels anderer Beweismittel auch dadurch geführt werden, dass durch Sachverständigen-Gutachten bewiesen wird, dass **nicht unfallbedingte Ursachen** für die Gesundheitsbeeinträchtigung **ausscheiden** (OLG Hamm, VersR 1995, 1181; instruktiv zum Thema Sachverständigengutachten im Prozess: *Marlow*, r+s 2007, 353, 361 f.).

42   Kondiziert der Unfallversicherer (angeblich) **rechtsgrundlos geleistete Entschädigungszahlungen** (§ 812 Abs. 1 BGB), so trägt er die Beweislast dafür, dass die Invalidität geringer ist, als ursprünglich angenommen (OLG Hamm, VersR 2006, 1674; ausführlich zur Beweislast bei Rückforderung von Entschädigungsleistungen: OLG Hamm, VersR 2012, 228).

§ 181 VVG   Gefahrerhöhung

(1) Als Erhöhung der Gefahr gilt nur eine solche Änderung der Umstände, die nach ausdrücklicher Vereinbarung als Gefahrerhöhung angesehen werden soll; die Vereinbarung bedarf der Textform.

(2) Ergeben sich im Fall einer erhöhten Gefahr nach dem geltenden Tarif des Versicherers bei unveränderter Prämie niedrigere Versicherungsleistungen, gelten diese mit Ablauf eines Monats nach Eintritt der Gefahrerhöhung als vereinbart. Weitergehende

Rechte kann der Versicherer nur geltend machen, wenn der Versicherungsnehmer die Gefahrerhöhung arglistig nicht angezeigt hat.

Übersicht

	Rdn
A. Normzweck	1
B. Norminhalt	2
I. Gefahrerhöhung (§ 181 Abs. 1 VVG)	2
II. Rechtsfolgen einer Gefahrerhöhung (§ 181 Abs. 2 S. 1 VVG)	4
III. Rechtsfolgen einer Gefahrminderung	8
IV. Weiter gehende Rechte (§ 181 Abs. 2 S. 2 VVG)	9
C. Abdingbarkeit	10

A. Normzweck

Die Regelung des § 181 VVG lehnt sich an die Lebens- und Berufsunfähigkeitsversicherung (§§ 158, 176 VVG; § 164 VVG a.F.) an und **ändert** die allg. Bestimmungen über die **Gefahrerhöhung** (§§ 23 bis 25 VVG und § 27 VVG) teilweise ab (Begr. BT-Drucks 16/3945, S. 108). Trotz der Kritik, die aus § 181 Abs. 1 VVG fließende „*Pflicht, sämtliche maßgeblichen Gefahrerhöhungen ausdrücklich zu vereinbaren*", sei in der Praxis nicht handhabbar (GDV, Stellungnahme zum RefE, S. 92), hat der Gesetzgeber im Rahmen des VVG-Reform (2008) an der von der Kommission (vgl. *Lorenz* [Hrsg.], Abschlussbericht der Kommission zur Reform des Versicherungsvertragsrechts vom 19.4.2004, S. 263) vorgeschlagenen Bestimmung festgehalten.

1

B. Norminhalt

I. Gefahrerhöhung (§ 181 Abs. 1 VVG)

Unter einer Gefahrerhöhung versteht der BGH (VersR 1999, 484; BGHZ 7, 311, 317 = NJW 1952, 1291) generell „*einen Gefährdungsvorgang, der einen neuen Zustand erhöhter Gefahr schafft, wobei dieser mindestens von der Dauer sein muss, dass er die Grundlage eines neuen natürlichen Gefahrenverlaufs bilden kann und damit generell den Eintritt des Versicherungsfalls zu fördern geeignet ist.*" § 181 VVG engt diesen Begriff ein: Danach gilt als Erhöhung der Gefahr nur eine Änderung der Umstände, die **ausdrücklich und in Textform (§ 126b BGB) als Gefahrerhöhung vereinbart** worden ist (s.a. Begr. BT-Drucks 16/3945, S. 108).

2

Im Hinblick auf den praktisch wichtigsten Fall des **Berufswechsels** (Nr. 6.2 AUB 2014) bedeutet dies laut Begründung, dass der VR dem VN sein geltendes **Berufsgruppenverzeichnis** übermitteln muss, das dann die Grundlage für die Vereinbarung in Textform bildet (Begr. BT-Drucks a.a.O.); beispielhafte Angaben reichen nicht aus, um andere als die ausdrücklich angeführten Berufe und/oder Beschäftigungen als Gefahrerhöhung zu qualifizieren (zu großzügig m.E.: *Leverenz*, in: Bruck/Möller, § 181 Rn 7, der u.a. auch neue, anfangs noch unbekannte Berufe berücksichtigen will, die in gleiche oder ähnliche, abstrakt festgelegte und beispielhaft erläuterte „Risikoverhältnisse" einzuordnen sind). Die These,

3

bereits die Vereinbarung, als Gefahrerhöhung könne ein bestimmter nachträglicher Berufswechsel in Betracht kommen, reiche aus (Marlow/Spuhl, Das Neue VVG kompakt, Rn 1239), ist abzulehnen, weil sie eindeutig der erklärten Regelungsabsicht des Reformgesetzgebers widerspricht (im Ergebnis wie hier: Rüffer/Halbach/Schimikowski/*Rüffer*, § 181 Rn 1).

II. Rechtsfolgen einer Gefahrerhöhung (§ 181 Abs. 2 S. 1 VVG)

4   Eine Gefahrerhöhung kommt nur in Betracht, wenn die Parteien die anfängliche Gefahr, d.h. im Lichte von Nr. 6.2 AUB 2014 Berufstätigkeit und Beschäftigung der versicherten Person(en), bei Vertragsschluss festgelegt haben (ähnlich: Prölss/Martin/*Knappmann*, Nr. 6 AUB Rn 4); andernfalls kommt eine Gefahrerhöhung mangels Bezugspunkt von vornherein nicht in Betracht; versteht man unter „Beschäftigung" auch (planmäßige) Hobby- und Nebenbeschäftigungen, so muss die Klausel unter Berücksichtigung von § 181 Abs. 1 VVG sowie von § 307 Abs. 1 S. 2 BGB genau aufschlüsseln, welche Hobbys ggf. mit einer Gefahrerhöhung verbunden wären. Berufs- und/oder Beschäftigungsänderungen als solche sind zulässig (Prölss/Martin/*Knappmann*, Nr. 6 AUB 2010, Rn 4; *Leverenz*, in: Bruck/Möller, § 181 Rn 14 [Generaleinwilligung des VR]).

5   Ein Berufswechsel steht dem VN grds. frei (s.a. Prölss/Martin/*Knappmann*, Nr. 6 AUB 2010 Rn 4). § 23 Abs. 1 VVG ist nicht anwendbar (MüKo/*Dörner*, § 181 VVG Rn 7). Er ist aber gem. Nr. 6.2.1 AUB 2014 unverzüglich **anzuzeigen** (zu den Rechtsfolgen der Nichtanzeige: Rdn 9). Pflichtwehrdienst, Zivildienst und militärische Reserveübungen brauchen nicht angezeigt zu werden (Nr. 6.2.1 AUB 2014). Klarzustellen ist, dass der VN einen Berufs- und/oder Beschäftigungswechsel nicht anzuzeigen braucht, wenn sich die Einordnung in das Berufs- oder Beschäftigungsgruppenverzeichnis dadurch gar nicht ändern würde (Prölss/Martin/*Knappmann*, Nr. 6 AUB 2010, Rn 4).

6   Mit § 181 Abs. 2 S. 1 VVG hat der Gesetzgeber die Regelung in den Musterbedingungen aufgegriffen, die für den Fall des Berufswechsels ggf. die tarifliche Herabsetzung der VersSummen vorsieht. Nach Nr. 6.2.2 AUB 2014 gilt: „*Errechnen sich für die neue Berufstätigkeit oder Beschäftigung bei gleich bleibendem Beitrag nach dem vereinbarten Tarif niedrigere VersSummen, gelten diese nach Ablauf eines Monats ab der Änderung*". Dementsprechend sieht auch § 181 Abs. 2 S. 1 VVG die **tarifliche Reduktion der Leistungen bei unveränderter Prämie** vor (Begr. BT-Druck. 16/3945, S. 108). Dadurch wird die **Risikogerechtigkeit der Beiträge** wiederhergestellt (vgl. auch: Grimm, Unfallversicherung, Nr. 6 AUB 2010 Rn 7; zur Berechnung der herabgesetzten VersSumme: LG Ansbach, VersR 1989, 1038, 1039). Die Herabsetzung setzt *nicht* voraus, dass der VN die Gefahrerhöhung schuldhaft nicht angezeigt hat (Begr. a.a.O.; Looschelders/Pohlmann/*Götz*, § 181 Rn 7).

7   Wechselt der VN in einen bei seinem Unfallversicherer lt. Tarif **nicht versicherbaren Beruf** (Denkbare Beispiele: Berufssportler, Tierbändiger, Taucher und Sprengmeister), der als Gefahrerhöhung i.S.v. § 181 Abs. 1 VVG anzusehen ist, kommt § 181 Abs. 2 S. 1 VVG nicht zum Tragen. Die Begründung (BT-Drucks 16/3945, S. 108) geht davon aus, dass der

Versicherungsschutz insoweit entfällt (Begr. a.a.O.). Das entspricht der Empfehlung des GDV (Stellungnahme, a.a.O., S. 93), der mit Recht annimmt, dass § 181 Abs. 2 VVG – mangels einschlägiger Tarife und Berechnungsgrundlagen – nicht anwendbar ist, daraus aber zu Unrecht schließt, dass ab dem Zeitpunkt des maßgeblichen Berufswechsels kein Versicherungsschutz mehr bestehen könne (Stellungnahme, a.a.O.). § 6 Abs. 2 Nr. 3a AUB 94 sah in diesen Fällen nur ein befristetes Kündigungsrecht des VR vor. Mit Nr. 6.2 der AUB 99 haben die VR sogar auf dieses Kündigungsrecht – *„wissentlich und gewollt"* – verzichtet, weil es kaum Berufe gibt, die nicht versicherbar sind (*Stockmeier/Huppenbauer*, Motive und Erläuterungen zu den AUB 99, S. 79; vgl. auch: *Grimm*, Unfallversicherung, Nr. 6 AUB Rn 9 ff.). Daher bleibt der VR auch bei einem **außertariflichen Berufswechsel an den Vertrag gebunden** (*Stockmeier/Huppenbauer*, a.a.O.). Die im Hinblick auf die Risikogerechtigkeit der Prämie entstandene Lücke ist auf der Folie des Regelungsplans der Parteien und unter Berücksichtigung von Treu und Glauben (§ 242 BGB) durch ergänzende Auslegung zu schließen. Mit *Marlow* und *Spuhl* (*Marlow/Spuhl*, Das Neue VVG kompakt, Rn 1244) ist ggf. ein **Kündigungsrecht des VR auf der Basis von § 313 Abs. 2 Satz 2 BGB** anzunehmen (ähnlich: Looschelders/Pohlmann/*Götz*, a.a.O. Rn 9 [allenfalls]).

III. Rechtsfolgen einer Gefahrminderung

In der Unfallversicherung besteht – anders als in der Lebens- und Berufsunfähigkeitsversicherung (§ 158 Abs. 3 VVG, § 176 VVG) – für den Fall einer **verminderten Gefahr** im Hinblick auf § 41 VVG [Herabsetzung der Prämie] kein Regelungsbedarf. Die AUB sehen für den Fall eines die Gefahr mindernden Berufswechsels das Recht des VN vor, bei unverändertem Beitrag höhere VersSummen oder die bisherigen VersSummen bei gesenktem Beitrag **zu wählen** (Nr. 6.2.2 und 6.2.3 AUB 2014). Diese Vertragsgestaltungsfreiheit ist für ihn nicht nachteilig und sollte erhalten bleiben (Begr. BT-Drucks 16/3945, S. 108).

8

IV. Weiter gehende Rechte (§ 181 Abs. 2 S. 2 VVG)

Rechte über die Herabsetzung der Leistung hinaus soll der VR nur geltend machen können, wenn der VN die Gefahrerhöhung **arglistig** nicht angezeigt hat (§ 181 Abs. 2 S. 2 VVG). Mit diesen Rechten ist v.a. das **Kündigungsrecht** (§ 24 VVG; vgl. Begründung a.a.O.) und die **Leistungsfreiheit** (§ 26 VVG) gemeint (wie hier: Looschelders/Pohlmann/*Götz*, § 181 Rn 11; missverständlich: dies., a.a.O. Rn 7). Eine (auch: grob) fahrlässige Nichtanzeige bleibt also folgenlos (wie hier: MüKo/*Dörner*, § 181 VVG Rn 7; s. auch: Nr. 8 AUB 2014, der Obliegenheitsverletzungen gem. Nr. 6.2.1 nicht sanktioniert).

9

C. Abdingbarkeit

§ 181 VVG ist **halbzwingend** (§ 191 VVG). Das in den Musterbedingungen vorgesehene Recht des VN, statt der Herabsetzung der Leistungen die Unfallversicherung mit den bisherigen VersSummen bei erhöhtem Beitrag fortzuführen (Nr. 6.2. 2 AUB 2014), ist

10

jedoch keine Benachteiligung ggü. dem gesetzlichen Regelfall, kann also ohne Weiteres vereinbart werden (Begr. BT-Druck. 16/3945, S. 108).

§ 182 VVG Mitwirkende Ursachen

Ist vereinbart, dass der Anspruch auf die vereinbarten Leistungen entfällt oder sich mindert, wenn Krankheiten oder Gebrechen bei der durch den Versicherungsfall verursachten Gesundheitsschädigung oder deren Folgen mitgewirkt haben, hat der Versicherer die Voraussetzungen des Wegfalles oder der Minderung des Anspruchs nachzuweisen.

Übersicht

	Rdn
A. Normzweck	1
B. Norminhalt	4
I. Krankheit oder Gebrechen	4
II. Mitwirkende Ursachen	9
C. Prozessuales	13

A. Normzweck

1 Der Unfallversicherer leistet nur für **Unfallfolgen, nicht aber für unfallfremde Ursachen von Gesundheitsschädigungen** (vgl.: *Grimm*, Unfallversicherung, Nr. 3 AUB 2010 Rn 1). Das ergibt sich aus Nr. 3.1 AUB 2014: „Wir leisten ausschließlich für Unfallfolgen. Dies sind Gesundheitsschädigungen und ihre Folgen, die durch das Unfallereignis verursacht wurden. Wir leisten nicht für Krankheiten [z.B. Diabetes] oder Gebrechen [z.B. Fehlstellungen der Wirbelsäule]." Treffen Unfallfolgen mit Krankheiten oder Gebrechen zusammen, gilt gem. Nr. 3.2 AUB 2014 Folgendes: „Entsprechend dem Umfang, in dem Krankheiten oder Gebrechen an der Gesundheitsschädigung oder ihren Folgen mitgewirkt haben (Mitwirkungsanteil), mindert sich
- bei den Leistungsarten Invaliditätsleistung und Unfallrente der Prozentsatz des Invaliditätsgrads.
- bei der Todesfallleistung und, soweit nicht etwas anderes bestimmt ist, bei den anderen Leistungsarten die Leistung selbst [3.2.1].

Beträgt der Mitwirkungsanteil weniger als 25 %, nehmen wir keine Minderung vor [3.2.2]." Besteht also nach einer Beinverletzung ein Invaliditätsgrad von 10 %, der zu 50 % auf eine Rheumaerkrankung zurückzuführen ist, so beträgt der unfallbedingte Invaliditätsgrad 5 % (s. das Beispiel in den Musterbedingungen). Begründen die Krankheiten oder Gebrechen ihrerseits bereits Invalidität, so greift allein Nr. 2.1.2.2.3 AUB 2014 (Minderung bei Vorinvalidität); eine erneute Leistungskürzung gem. Nr. 3 AUB 2014 scheidet aus (Prölss/Martin/ *Knappmann*, Nr. 3 AUB Rn 3 m.w.N.). Die **Übergangsleistung** soll gem. Nr. 2.3.1.1 AUB 2014 nur beansprucht werden können, wenn die versicherte Person unfallbedingt „ohne Mitwirkung von Krankheiten oder Gebrechen" zu mindestens 50 % in ihrer normalen körperlichen oder geistigen Leistungsfähigkeit beeinträchtigt" ist.

Die Regelung der **Beweislast** in Fällen, in denen der **Leistungsanspruch aufgrund mitwirkender Ursachen entfällt oder sich mindert**, ist (bezogen auf die VVG-Reform 2008) neu, stimmt jedoch mit der bisherigen Rechtslage überein (Begr. BT-Drucks 16/3945, S. 108; *Marlow*, r+s 2007, 353, 361). Bezugspunkt ist die Parteivereinbarung.

Die Begründung (a.a.O.) stellt ausdrücklich klar, dass die Vorschrift auf andere Tatbestände, die zu einer Verminderung der Versicherungsleistung führen, **nicht entsprechend anzuwenden** ist.

B. Norminhalt

I. Krankheit oder Gebrechen

Krankheit ist ein regelwidriger Körperzustand, der ärztlicher Behandlung bedarf (BGH, VersR 2009, 1525, 1526; OLG Stuttgart, VersR 2015, 99, 100 [regelwidriger „Körper- oder Geisteszustand ... von einer gewissen Dauer"]; OLG Düsseldorf, r+s 2005, 300, 301; OLG Braunschweig, VersR 1995, 823, 824; OLG Schleswig, VersR 1995, 825). Maßstab für einen regelwidrigen Körperzustand ist der altersbedingte Normal-, kein abstrakter Idealzustand (OLG Schleswig, a.a.O.). Da der objektive Krankheitsbegriff gilt, kommt es nicht darauf an, ob der Versicherte Kenntnis von dem krankhaften Zustand hat oder nicht (OLG Schleswig, a.a.O.).

Gebrechen ist ein dauernd abnormer Gesundheitszustand, der eine einwandfreie Ausübung der normalen Körperfunktion nicht mehr zulässt (BGH, VersR 2013, 1570; VersR 2009, 1525; OLG Stuttgart, a.a.O.). Demgegenüber sind Zustände, die noch im Rahmen der medizinischen Norm liegen, selbst dann keine Gebrechen, wenn sie eine gewisse Disposition für Gesundheitsstörungen bedeuten (BGH, VersR 2013, 1570). Es ist nur dann gerechtfertigt, den VR teilweise von der Leistungspflicht zu befreien oder seine Leistungspflicht dementsprechend einzuschränken, wenn eine **außergewöhnliche, individuell geprägte Mitverursachung** vorliegt (BGH, a.a.O.). Das ist u.a. bei einer individuell ganz außergewöhnlich stark ausgeprägten **Nahrungsmittelallergie** (BGH, a.a.O.) und bei einer **Hypersensibilität gegen Insektengift** der Fall (OGH Wien, VersR 2015, 1537).

Bei einem „alterstypischen normalen Verschleißzustand" handelt es sich weder um eine Krankheit noch um ein Gebrechen (allg. Meinung: OLG Celle, VersR 2010, 205; OLG Hamm, VersR 2002, 180; ausführlich: *Leverenz*, in: Bruck/Möller, § 182 Rn 7; Schubach/*Jannsen/Schubach*, Private Unfallversicherung, Nr. 3 AUB 2008, Rn 4). Dasselbe gilt für degenerative Prozesse (bspw. im Schultergelenk), die vor dem Unfall weder behandlungsbedürftig waren, noch zu einer Funktionsbeeinträchtigung geführt hatten (OLG Stuttgart, VersR 2015, 99) – es sei denn, diese Prozesse bewegen sich außerhalb der medizinischen Norm (LG Itzehoe, VersR 2013, 1256 – nicht altersgerecht verengter Rückenmarkskanal; LG Dortmund, BeckRs 2010, 05936).

Das OLG Koblenz (OLG Koblenz, VersR 2008, 67) will eine **Blutverdünnung mit „Marcumar"** einer Krankheit oder einem Gebrechen gleichsetzen, weil sie zur Behandlung oder Vorbeugung schwerwiegender Erkrankungen die Beschaffenheit des Blutes in einer Weise verändert, die zu Risiken für die Gesundheit führt und geeignet ist, eventuelle Unfallfolgen erheblich zu verschlimmern. Dieses obiter dictum ist **abzulehnen**. Bekanntlich „*sind AVB so auszulegen, wie ein durchschnittlicher Versicherungsnehmer sie bei verständiger Würdigung, aufmerksamer Durchsicht und Berücksichtigung des erkennbaren Sinnzusammenhangs verstehen muss*" (BGH, a.a.O.; NVersZ 2001, 263). Im Lichte dieses Prüfungsmaßstabs wird der VN gedanklich zwischen Krankheit und Behandlung der Krankheit (Therapie) unterscheiden; erst recht wird er unterscheiden zwischen vorbeugender Behandlung (Prophylaxe) und Krankheit, sodass die Behandlungsmethode zwar ein Risikofaktor sein mag (OLG Koblenz, a.a.O.), aber eben keine als solche vereinbarte mitwirkende Ursache i.S.v. Nr. 3 AUB 2008 (wie hier: Looschelders/Pohlmann/*Götz*, § 182 Rn 4).

8 Trennscharf **abgrenzbar** sind die Begriffe Krankheit und Gebrechen *nicht* (Grimm, Unfallversicherung, Nr. 3 AUB 2010 Rn 2; *Leverenz*, in: Bruck/Möller, § 182 Rn 6), ohne dass es im Hinblick auf die Identität der (in den Musterbedingungen vorgesehenen) Rechtsfolgen auf eine exakte Differenzierung ankäme. Die **bloße Empfänglichkeit für Krankheiten** infolge der individuellen Körperdisposition ist kein Gebrechen und auch keine relevante Krankheit (OLG Braunschweig, VersR 1995, 823, 824).

II. Mitwirkende Ursachen

9 Mitgewirkt bei den Unfallfolgen haben Krankheiten und Gebrechen, wenn sie zusammen mit dem Unfallereignis die Gesundheitsschädigung oder deren Folgen **ausgelöst oder beeinflusst** haben (OLG Schleswig, VersR 1995, 825). Es kommt also eine Mitwirkung sowohl bei der Gesundheitsbeschädigung als auch bei der späteren Heilung oder Entwicklung in Betracht (OLG Schleswig, a.a.O.), während eine **Mitwirkung bei dem Unfallereignis selbst außer Betracht** bleibt (allg. M.: BGH, VersR 1989, 902, im Hinblick auf die [erweiterte] Unfalltod-Zusatzversicherung; *Leverenz*, in: Bruck/Möller, § 182 Rn 11 am Ende; *Grimm*, Unfallversicherung, Nr. 3 AUB 2010 Rn 6; Looschelders/Pohlmann/*Looschelders*/*Götz*, § 182 Rn 5).

10 Eine die natürliche Funktionsfähigkeit des Auges beeinträchtigende **Hyperopie** (Übersichtigkeit) ist als Vorinvalidität nach § 7 Abs. 2 AUB 97 anspruchsmindernd zu berücksichtigen, auch wenn die Fehlsichtigkeit durch das Tragen einer Sehhilfe ausgeglichen (aber nicht beseitigt) werden kann (BGH, r+s 2010, 29; OLG Düsseldorf, r+s 2009, 475, m.w.N.). Für die Gebrauchsminderung ist ein Abschlag vorzunehmen, der sich aus der Notwendigkeit des Tragens einer Sehhilfe und der damit generell verbundenen Belastung ergibt (OLG Düsseldorf, a.a.O.; zur Berechnung: BGH, a.a.O., mit dem Hinweis auf *Gramberg-Danielsen/Kern*, VersR 1989, 20 ff. [geringe bis mittelgradige Korrekturen im Bereich von +10/-13 Dioptrien rechtfertigen einen Abzug von 3 %, hochgradige Korrekturen jenseits davon einen Abzug von 5 %]). Nicht zu berücksichtigen ist bei der Invaliditätsbemessung, dass der Vorschaden durch einen refraktiv-chirurgischen Eingriff (LASIK-Operation) hätte vollständig beseitigt werden können, wenn der Versicherte vor dem Unfall von dieser Möglichkeit Gebrauch gemacht hätte (OLG Düsseldorf, a.a.O.). Eine **Hypersensibilität gegen Insektengift** soll als ein „Gebrechen" einzustufen sein, das eine Leistungskürzung

um 100 % rechtfertigt (OGH Wien, VersR 2015, 1537; s. aber: BGH, VersR 2013, 1570, Rn 31; *Lehmann*, r+s 2014, 429, 439).

Das OLG Köln (VersR 2007, 1689) geht auf der Basis von § 8 AUB 88 (Einschränkung der Leistungen) davon aus, dass der VR trotz eines Unfalls (§ 178 Abs. 2 VVG) nicht zur Leistung verpflichtet ist, wenn die Invalidität nicht auf dem Unfallereignis, sondern zu 100 % auf der Vorerkrankung beruht. Das Unfallereignis könne eine beliebig austauschbare Gelegenheitsursache (Bagatelltrauma) sein. Eine solche „Gelegenheitsursache" liege bei einem degenerativen Vorzustand vor, der nur eines banalen Anlasses bedürfe, um sich zum Abschluss einer langen Entwicklung als Gesundheitsschädigung zu offenbaren (OLG Köln, a.a.O.). Bei einer Gesundheitsschädigung, die ausschließlich auf der Vorerkrankung beruht, liegt indes schon der Unfalltatbestand nicht vor (vgl. § 178 Rdn 38).

Beruht ein Vorschaden auf einem früheren Unfall, kann er sich trotzdem anspruchsmindernd auswirken (BGH, VersR 2009, 1525, 1526). Dabei ist es unerheblich, ob sich der frühere Unfall während der Laufzeit desselben Unfallversicherungsvertrags oder vorher ereignet hat (BGH, a.a.O.).

C. Prozessuales

Die Begründung (BT-Drucks 16/3945, S. 108) geht mit Recht davon aus, dass es grds. Sache des **VN** ist, darzulegen und zu **beweisen**, dass die konkrete Gesundheitsschädigung oder ihre Folge **durch das versicherte Unfallereignis eingetreten** ist (§ 178 Rdn 68). Häufig wirken aber, so die Begründung weiter, vor dem Unfallereignis bestehende gesundheitliche Beeinträchtigungen bei der Gesundheitsschädigung oder ihren Folgen mit. Angesichts der Schwierigkeiten für einen VN, das Bestehen und den Umfang dieser Mitwirkung darzulegen und zu beweisen, und um einer damit verbundenen Entwertung des Versicherungsschutzes vorzubeugen, hält es der Gesetzgeber für sachgerecht, „**die Mitwirkung von Krankheiten oder Gebrechen und ihr Ausmaß vom Versicherer darlegen und beweisen zu lassen**" (Begr. BT-Drucks 16/3945, S. 108). Das gilt auch für die Frage, ob die Mitwirkung die Grenze von 25 % erreicht (Looschelders/Pohlmann/*Looschelders/Götz*, § 182 Rn 6; MAH-VersR/*Terbille/Hormuth*, § 24 Rn 187; s. auch Rn 1 sowie Nr. 3.2.2 AUB 2014). Diese Beweislastverteilung entspricht der bisherigen Rechtslage (vgl. OLG Koblenz, r+s 2001, 348, 349; *Grimm*, Unfallversicherung, Nr. 3 AUB 2010 Rn 7).

> **Praxistipp**
> Die Beweislast für die Mitwirkung von Krankheiten oder Gebrechen liegt bei dem Unfallversicherer (BGH, VersR 2012, 92; OLG Karlsruhe, VersR 2014, 1244; OLG Koblenz, VersR 2011, 1508; OLG Celle, VersR 2011, 205); sie erstreckt sich auf den Nachweis, dass der Mitwirkungsanteil – i.S. einer *conditio sine qua non* (OLG Karlsruhe, a.a.O.) – mindestens 25 % entspricht (BGH, a.a.O.). Eine **überwiegende Wahrscheinlichkeit** i.s.v. § 287 Abs. 1 S. 1 ZPO reicht **nicht** aus, um einen Mitwirkungsanteil von 25 % nachzuweisen. Vielmehr ist sowohl für die Prüfung, ob überhaupt unfallunabhängige Faktoren mitgewirkt haben, als auch für die Frage, ob der Mitwirkungsanteil mindestens 25 % beträgt, das strenge Beweismaß des § 286 Abs. 1 S. 1 ZPO anzuwenden. **Der Versicherer muss also den Vollbeweis erbringen** (BGH, a.a.O.). Für diesen Beweis genügt nicht eine überwiegende, auf gesicherter Grundlage beruhende Wahrscheinlichkeit; vielmehr muss ein für das praktische Leben

brauchbarer Grad von Gewissheit erreicht werden, der den Zweiflern Schweigen gebietet ohne sie völlig auszuschließen (BGH, a.a.O.). Erst wenn dieser Nachweis erbracht ist, obliegt es der freien tatrichterlichen Würdigung, die Höhe des anzurechnenden Mitwirkungsanteils gem. § 287 Abs. 1 S. 1 ZPO zu schätzen (*Leverenz*, in: Bruck/Möller, § 182 Rn 19; referiert und wohl auch übernommen von BGH, a.a.O.).

§ 183 VVG Herbeiführung des Versicherungsfalles

(1) Der Versicherer ist nicht zur Leistung verpflichtet, wenn im Fall des § 179 Abs. 2 der Versicherungsnehmer vorsätzlich durch eine widerrechtliche Handlung den Versicherungsfall herbeiführt.

(2) Ist ein Dritter als Bezugsberechtigter bezeichnet, gilt die Bezeichnung als nicht erfolgt, wenn der Dritte vorsätzlich durch eine widerrechtliche Handlung den Versicherungsfall herbeiführt.

Übersicht

	Rdn
A. Normzweck	1
B. Norminhalt	4
I. Unfallverursachung durch den Versicherungsnehmer (§ 183 Abs. 1 VVG)	4
II. Unfallverursachung durch den Bezugsberechtigten (§ 183 Abs. 2 VVG)	6
C. Prozessuales	8
D. Abdingbarkeit	9

A. Normzweck

1 Die Leistungsfreiheit des Unfallversicherers bei **vorsätzlicher Herbeiführung** des Unfalls (§ 183 **Abs. 1 VVG**) führt zu einem **subjektiven Risikoausschluss**, der v.a. **Leben und körperliche Integrität der versicherten Person** schützen soll: Bei der Fremdversicherung für eigene Rechnung, bei der sich der VN im eigenen Interesse gegen Unfälle eines anderen versichert, bestünde ohne die in § 183 Abs. 1 VVG angeordnete Leistungsfreiheit das Risiko, dass der VN einen Unfall der versicherten Person herbeiführt, um in den Genuss der Leistung zu kommen. Der Risikoausschluss entspricht der Rechtslage in der Lebensversicherung (§ 162 Abs. 1 VVG).

2 Die **Fiktion** des § 183 Abs. 2 VVG verfolgt einen ähnlichen Normzweck: Die **Bezeichnung eines Bezugsberechtigten** gilt als *nicht* erfolgt, wenn der Bezeichnete den Unfall durch eine **vorsätzliche unerlaubte Handlung** herbeigeführt hat. Das entspricht ebenfalls der Rechtslage in der Lebensversicherung (§ 162 Abs. 2 VVG) und soll verhindern, dass der Bezugsberechtigte die ihm eingeräumte Begünstigung missbraucht und die versicherte Person vorsätzlich in einen Unfall verwickelt.

3 § 183 VVG hält inhaltlich unverändert an der bisherigen Regelung (**§ 181 VVG a.F.**) fest. Es handelt sich um eine **Sonderregelung zu § 81 VVG**, der auf die Unfallversicherung auch als Schadensversicherung nicht anzuwenden ist (Begr. BT-Drucks 16/3945, S. 108; vgl. auch: BGH, VersR 1998, 1231 – Unanwendbarkeit in der Insassenunfallversicherung).

B. Norminhalt

I. Unfallverursachung durch den Versicherungsnehmer (§ 183 Abs. 1 VVG)

Die Herbeiführung des Versicherungsfalls durch den VN führt nur in der **Unfall- als** 4
Fremdversicherung für eigene Rechnung (§ 179 Abs. 2 VVG) zur Leistungsfreiheit. Die Unfall- als Fremdversicherung für fremde Rechnung (§ 179 Abs. 1 S. 2 VVG) ist nicht erfasst (*Leverenz*, in: Bruck/Möller, § 183 Rn 6; Looschelders/Pohlmann/*Götz*, § 183 Rn 3; vgl. auch: BK/*Schwintowski*, § 181 Rn 3) und braucht auch nicht geregelt zu werden, weil sie keine Fehlanreize für den VN setzt: Er wäre nicht der Nutznießer seiner Tat (ähnlich: Prölss/Martin/*Knappmann*, § 181 Rn 2).

Leistungsfreiheit setzt eine **vorsätzliche und widerrechtliche Handlung** voraus. Vorsatz 5
ist das Wissen und Wollen des rechtswidrigen Erfolges (Palandt/*Heinrichs*, § 276 BGB Rn 10). Eventualvorsatz reicht aus (Palandt/*Heinrichs*, a.a.O.) und ist gegeben, wenn der VN den Unfall billigend in Kauf genommen hat (allg.: BGH, NJW 1986, 180, 182) Erforderlich ist ein Unrechtsbewusstsein (Looschelders/Pohlmann/*Götz*, a.a.O. Rn 5). Die **Rechtswidrigkeit** entfällt, wenn ein Rechtfertigungsgrund vorliegt (Beispiel: Notwehr i.S.v. § 32 StGB).

II. Unfallverursachung durch den Bezugsberechtigten (§ 183 Abs. 2 VVG)

Die Herbeiführung des Unfalls durch den **Bezugsberechtigten** (§ 185 VVG) ändert nichts 6
an dem Unfall und an der Leistungspflicht des Unfallversicherers. § 183 Abs. 2 VVG gewährleistet aber, dass der Bezugsberechtigte **die Früchte seines Tuns nicht ernten kann**: Der Anspruch gegen den Unfallversicherer steht der versicherten Person zu und fällt ggf. in ihren Nachlass. Ist der Bezugsberechtigte, der den Unfalltod der versicherten Person vorsätzlich herbeigeführt hat, Erbe, so können die Miterben oder die an seine Stelle tretenden Berechtigten nach §§ 2339 Abs. 1 Nr. 1, 2341 BGB die Erbunwürdigkeit des Bezugsberechtigten geltend machen (OLG Hamm, VersR 1988, 458 zur Lebensversicherung). Auf die Verpflichtung des VR den Erben ggü. kann dies keinen Einfluss haben (OLG Hamm, a.a.O.).

Ist **Bezugsberechtigter der VN**, also kein „*Dritter*" i.S.v. § 183 Abs. 2 VVG, so ist die 7
Norm *analog* anzuwenden (*Manthey*, VersR 1973, 803; unentschieden, im Ergebnis aber ebenso: *Leverenz*, in: Bruck/Möller, § 183 Rn 10).

C. Prozessuales

Die **Beweislastverteilung** folgt den allgemeinen Grundsätzen, sodass der Unfallversiche- 8
rer, der sich auf Leistungsfreiheit gem. § 181 Abs. 1 VVG beruft, behaupten und beweisen muss, dass der VN den Unfall durch eine vorsätzliche und widerrechtliche Handlung herbeigeführt hat (BK/*Schwintowski*, § 181 Rn 1; Prölss/Martin/*Knappmann*, § 183 Rn 5).

D. Abdingbarkeit

9 § 183 VVG ist **nicht dispositiv** (ebenso: Müko/*Dörner* § 183 VVG Rn 5; Looschelders/ Pohlmann/*Götz*, a.a.O. Rn 11); soweit *Leverenz* (*Leverenz*, in: Bruck/Möller, § 183 Rn 17) § 183 VVG für dispositiv hält, ist dem nicht zu folgen; es trifft zwar zu, dass der VR seine Leistungspflicht auch in anderen Fällen (z.B. Leistungsfreiheit) bei grober Fahrlässigkeit einschränken oder ausschließen kann, diese Fälle liegen jedoch außerhalb des Regelungsanspruchs des § 183 VVG, so dass darin keine Abbedingung läge. Abweichende Parteivereinbarungen kämen – auch unter Berücksichtigung der schriftlichen Einwilligung der versicherten Person (§ 179 Abs. 2 S. 1 VVG) – einer sittenwidrigen Einladung an den VN (§ 183 Abs. 1 VVG) bzw. den Bezugsberechtigten (§ 183 Abs. 2 VVG) gleich, den Unfall vorsätzlich und widerrechtlich herbeizuführen (insoweit: *Leverenz*, in: Bruck/Möller, § 184 Rn 17).

§ 184 VVG Abwendung und Minderung des Schadens

Die §§ 82 und 83 sind auf die Unfallversicherung nicht anzuwenden.

Übersicht

	Rdn
A. Normzweck	1
B. Norminhalt	2
I. Nichtanwendbarkeit der §§ 82 f. VVG	2
II. Vertragliche Rettungsobliegenheit	3

A. Normzweck

1 Der Gesetzgeber hat die **frühere Rettungspflicht** des VN (§ 183 VVG a.F.) **aufgegeben** und durch § 184 VVG ersetzt. Die allgemeine, auf die Schadensversicherung gemünzte Rettungsobliegenheit (§§ 82 f. VVG) hält er in der Unfallversicherung für „nicht angemessen" (Begr. BT-Drucks 16/3945, S. 108).

B. Norminhalt

I. Nichtanwendbarkeit der §§ 82 f. VVG

2 Die Unfallversicherung ist im Regelfall nicht Schadens- sondern **Summenversicherung** (Einzelheiten vor §§ 178 ff. Rdn 2), sodass die nur für die Schadensversicherung geltenden §§ 82 f. VVG ohnehin nicht anwendbar sind. Diese Vorschriften kämen jedoch zum Tragen, wenn die Unfall- ausnahmsweise als Schadens-, bspw. als Bergungskostenversicherung (konkrete Bedarfsdeckung) ausgestaltet ist, bei der (auch) die konkret angefallenen Kosten für die Suche, die Rettung und den Transport des Unfallopfers ersetzt werden. § 184 VVG schließt den Rückgriff auf §§ 82 f. VVG aber auch in diesen Fällen aus.

II. Vertragliche Rettungsobliegenheit

Damit bleibt es den Parteien überlassen, etwaige **Obliegenheiten zur Verminderung der Folgen eines Unfalls** vertraglich zu vereinbaren (Begr. a.a.O.). Nach einem Unfall, der voraussichtlich eine Leistungspflicht des Unfallversicherers herbeiführt, hat die versicherte Person **unverzüglich ärztliche Hilfe** in Anspruch zu nehmen (Nr. 7.1 AUB 2014). Die Konsultation eines Heilpraktikers reicht nicht aus (*Grimm*, Unfallversicherung, Nr. 7 AUB 2010 Rn 5). Das Unfallopfer muss sich ggf. einer **medizinisch notwendigen Operation** unterziehen. Das gilt grds. jedoch nur, wenn sie die sichere Aussicht auf Heilung oder wesentliche Besserung bietet und nicht mit besonderen Schmerzen verbunden ist (BGH, VersR 1987, 408 [anhand von § 254 Abs. 2 S. 1 BGB, mit Anm. *Deutsch*, S. 559]; OLG Frankfurt am Main, VersR 2006, 828 [ein mit einer „**operativen Fusion**" nach Kompressionsfraktur des ersten Lendenwirbelkörpers verbundenes Risiko, das der Sachverständige „**lediglich als vertretbar und nicht als gering oder gar minimal**" bezeichnet, braucht der VN nicht einzugehen]; OLG Hamm, VersR 1992, 1120; vgl. auch: Looschelders/Pohlmann/*Götz*, § 184 Rn 4). 3

Dabei können von dem Versicherten nur **Maßnahmen** erwartet werden, **die ein verständiger Mensch zur Abwendung und Minderung der Unfallfolgen ergreifen würde** (BGH, VersR 1965, 1163; NJW 1951, 797; *Grimm*, Unfallversicherung, Nr. 7 AUB 2010 Rn 5). Eine Behandlung ist **unzumutbar**, wenn die behandelnden Ärzte die – von dem Unfallversicherer befürwortete – Therapie nicht für erforderlich halten und abraten (OLG Nürnberg, VersR 1998, 43 [im Hinblick auf die Berufsunfähigkeitsversicherung]; *Grimm*, a.a.O.). 4

Umgekehrt besteht der Unfallversicherer ggü. **keine Obliegenheit, von einer riskanten, aber medizinisch vertretbaren Behandlung abzusehen** (BGH, VersR 2005, 927 [Transplantation eines Kniegelenks]). Es muss die **höchsteigene Entscheidung** des Unfallopfers bleiben, ob es sich einem wesentlichen Eingriff in seine körperliche Unversehrtheit angesichts der Risiken einerseits und der Heilungschancen andererseits unterzieht oder nicht (BGH, a.a.O.; VersR 1991, 57). 5

§ 185 VVG Bezugsberechtigung

Ist als Leistung des Versicherers die Zahlung eines Kapitals vereinbart, sind die §§ 159 und 160 entsprechend anzuwenden.

Übersicht

	Rdn
A. Normzweck	1
B. Norminhalt	2
I. Entsprechende Anwendung der §§ 159 f. VVG	2
II. Einwilligung der versicherten Person	5
C. Abdingbarkeit	6

A. Normzweck

1 Ist als Leistung des VR die Zahlung eines Kapitals vereinbart, so stellt sich die Frage, in welchem Umfang der VN über das Recht aus dem Vertrag verfügen kann und welche Tragweite den von ihm in dieser Hinsicht getroffenen Bestimmungen zukommt. Die Regelung, die diese Frage in der Lebensversicherung gefunden hat, entspricht auch in der Unfallversicherung den Interessen der Beteiligten (Motive zum VVG, S. 243). Daher erklärt § 185 VVG die Bestimmungen über die **Bezugsberechtigung in der Lebensversicherung (§§ 159 f. VVG)** – in Einklang mit dem früheren **§ 180 VVG a.F.** – für **entsprechend anwendbar**.

B. Norminhalt

I. Entsprechende Anwendung der §§ 159 f. VVG

2 Der **Rechtsgrundverweis** auf die §§ 159 f. VVG greift nur, wenn die **Unfall- als Kapitalversicherung** ausgestaltet ist. In der Lebensversicherung hat man diese – in der Literatur (*Römer/Langheid*, § 185 Rn 1) ohnehin ignorierte – Einschränkung aufgegeben (vgl. § 166 Abs. 1 S. 1 VVG a.F., § 159 Abs. 1 VVG), sodass man auch in der Unfallversicherung darauf hätte verzichten können; ggf. wären §§ 159 ff. VVG analog anwendbar (ähnlich *Leverenz*, in: Bruck/Möller, § 185 Rn 7). Praktische Bedeutung hat dies kaum, weil sich die Bezugsberechtigung im Regelfall auf die Todesfallentschädigung bezieht (*Grimm*, Unfallversicherung, Nr. 12 AUB 2010 Rn 9; vgl. auch: Nr. 2.6.2 AUB 2014), die als Kapital-, nicht als Rentenzahlung vereinbart wird.

3 Dem VN steht **im Zweifel** das Recht zu, ohne Zustimmung des Unfallversicherers einen Dritten als Bezugsberechtigten zu bezeichnen, sowie an die Stelle des so bezeichneten Dritten einen anderen zu setzen (§§ 185, 159 Abs. 1 S. 1 VVG). Die Unfallversicherung wird dadurch zu einem **echten Vertrag zugunsten Dritter** (§§ 328 ff. BGB; Einzelheiten s. § 159 Rdn 1).

4 Bei Unfalltod erwirbt der widerruflich Bezugsberechtigte den Leistungsanspruch erst **im Todes-, nicht schon** – wie § 159 Abs. 2 VVG (entsprechend angewandt) nahe legt – **im Unfallzeitpunkt** (*Leverenz*, in: Bruck/Möller, § 185 Rn 23; Prölss/Martin/*Knappmann*, § 180 Rn 1).

II. Einwilligung der versicherten Person

5 Wird die Unfallversicherung auf eine andere Person genommen, so ist zur Begründung der Bezugsberechtigung die **schriftliche Einwilligung der versicherten Person gem. § 179 Abs. 2 analog** VVG erforderlich (BGHZ 32, 44, 49 = NJW 1960, 912; BK/*Schwintowski*, § 180 Rn 3).

C. Abdingbarkeit

Die in §§ 159 f. VVG getroffene Regelung ist auch in der Unfallversicherung ohne Weiteres **abdingbar** (Einzelheiten: *Leverenz*, in: Bruck/Möller, § 185 Rn 57). 6

---

§ 186 VVG | Hinweispflicht des Versicherers

Zeigt der Versicherungsnehmer einen Versicherungsfall an, hat der Versicherer ihn auf vertragliche Anspruchs- und Fälligkeitsvoraussetzungen sowie einzuhaltende Fristen in Textform hinzuweisen. Unterbleibt dieser Hinweis, kann sich der Versicherer auf Fristversäumnis nicht berufen.

Übersicht

	Rdn
A. Normzweck	1
B. Norminhalt	6
I. Hinweispflicht	6
1. Informationsadressat	6
2. Form und Zeitpunkt (§ 186 S. 1 VVG)	7
3. Inhalt und Reichweite	9
II. Rechtsfolgen bei fehlender Belehrung	16
C. Prozessuales	17
D. Abdingbarkeit	19

A. Normzweck

Mit der gesetzlichen Hinweispflicht des VR trägt der Gesetzgeber v.a. dem **Konfliktpotenzial der** – in den Musterbedingungen vorgesehenen – **Fristen im Invaliditätsfall** Rechnung (s.a. vor §§ 178 ff. Rdn 8). Die Invaliditätsleistung nach Nr. 2.1.1.2 AUB 2014 hängt davon ab, dass die Invalidität innerhalb von 15 Monaten nach dem Unfall eingetreten, von einem Arzt schriftlich festgestellt und von dem VN bei dem VR geltend gemacht worden ist. Der BGH behandelt die Frist zur Feststellung der Invalidität als eine *„die Entschädigungspflicht des VR begrenzende Anspruchsvoraussetzung"* (VersR 1998, 175, 177; bestätigt in VersR 2007, 1114, 1115; s.a. OLG Düsseldorf, VersR 2010, 61) und die Frist zur Geltendmachung der Invalidität als Ausschlussfrist (BGH, VersR 1998, 175, 176; BGHZ 130, 171, 173 f. = VersR 1995, 1179; OLG Frankfurt a.M., VersR 2014, 1495; Einzelheiten s. § 180 Rdn 28 ff.). In der Rechtspraxis führt die Nichtbeachtung dieser Fristen häufig zu Streit (Begr. BT-Drucks 16/3945, S. 109): VN übersehen immer wieder die sich aus den AVB ergebende Notwendigkeit der ärztlichen Feststellung und der Geltendmachung des Anspruchs innerhalb eines begrenzten Zeitraums (Begr. a.a.O.). 1

Früher hatte die Rechtsprechung eine *„generelle Verpflichtung des VR, seinen Versicherungsnehmer nach Meldung eines Unfalls auf das Bestehen von Fristen hinzuweisen"*, verneint (OLG Saarbrücken, VersR 2007, 487). Es obliege *„allein dem Versicherungsnehmer, sich anhand der Vertragsunterlagen darüber zu informieren, auf welche Weise er seinen Anspruch ggü. dem Versicherer geltend zu machen"* habe (OLG Saarbrücken, 2 a.a.O.). Der BGH hat im Einzelfall zwar eine sich **aus Treu und Glauben ergebende Belehrungspflicht** angenommen (BGH, VersR 2006, 352; OLG Frankfurt am Main, VersR 2998, 248; OLG Saarbrücken, a.a.O.; s.a. OLG Hamm, VersR 2005, 1069; OLG Düsseldorf, VersR 2008, 672; vgl. auch die umfangreiche Dokumentation bei *Kloth*, Unfallversicherung, G38 ff.; **a.A.** *Jacob*, VersR 2007, 456), eine generelle Belehrungspflicht jedoch verworfen (BGH, r+s 2009, 205 [Beschl. v. 18.2.2009]; vgl. auch: BGHZ 165, 167, 169 ff.; BGHZ 162, 210, 218).

3 Der Gesetzgeber (Begr. BT-Drucks 16/3945, S. 109) geht davon aus, dass das *„Anliegen der Versicherer, zu Leistungen vor allem wegen Invalidität nur dann verpflichtet zu sein, wenn eine entsprechende medizinische Dokumentation vorliegt"* grds. keinen Bedenken begegnet. Die VN erwarteten solche zeitlichen Voraussetzungen eines Anspruchs indessen nicht von vornherein. Auch zögen sich ärztliche Untersuchungen und Behandlungen nach einem Unfallereignis häufig längere Zeit hin, ohne dass der versicherten Person die ärztliche Prognose zu einem bestimmten Zeitpunkt erkennbar sein müsse (Begr. a.a.O.). *„Um diesen vermeidbaren Problemen zu begegnen, soll"*, so die Begründung, *„den Versicherer **bei Anzeige eines Versicherungsfalles** eine **Informationsobliegenheit** treffen, den Versicherungsnehmer auf solche **speziellen** Anspruchs- und Fälligkeitsvoraussetzungen hinzuweisen."* Dies gelte auch für die Fälle, in denen der VR außerhalb der Invalidität solche Voraussetzungen für seine Leistungspflicht in den AVB vorsehe (Begr. a.a.O.).

4 **Praxishinweise**
Der BGH (NSW BGB § 280, 16.7.2009 – III ZR 21/09; ebenso: OLG Karlsruhe, VuR 2009, 184) hat die **Haftung eines Maklers (§ 280 Abs. 1 BGB)** bejaht, der den von ihm betreuten VN trotz entsprechender Nebenpflicht aus dem Maklervertrag (§ 652 BGB) nicht auf die Fristen im Invaliditätsfall hingewiesen hatte: Der in die Regulierung eines Unfallschadens eingebundene VersMakler muss den VN regelmäßig auf die Frist zur ärztlichen Feststellung der Invalidität und auf die Frist zu ihrer Geltendmachung ggü. dem VR hinweisen, wenn für ihn erkennbar ist, dass Invaliditätsansprüche ernsthaft in Betracht kommen (BGH, a.a.O.). Diese Hinweispflicht des Maklers bleibt trotz Einführung des § 186 VVG erhalten. Denn andernfalls bestünde das Risiko, dass der VN den Hinweis des VR im Vertrauen darauf ignoriert, dass der Makler, den kraft Maklervertrags eine Nebenpflicht zur „Hilfestellung bei der Regulierung" trifft (BGH, a.a.O.), schon für die Einhaltung ggf. zu beachtender Fristen sorgen werde. U.U. trifft den – gem. § 186 VVG aufgeklärten – VN allerdings ein Mitverschulden (§ 254 BGB).
Der Rspr. hat bereits früher **Belehrungspflichten des VR aus Treu und Glauben (§ 242 BGB)** angenommen (s. nur: BGH, VersR 2006, 352), die grds. **auch nach Einführung des § 186 VVG** Bestand haben: Im Hinblick auf die rechtzeitige Invaliditätsfeststellung handelt ein VR, der sich auf Fristablauf beruft, bspw. dann rechtsmissbräuchlich, wenn er „nach Geltendmachen von Invalidität von sich aus noch innerhalb der Frist zur ärztlichen Feststellung ein ärztliches Gutachten einholt, ohne den VN darauf hinzuweisen, dass er unbeschadet dessen selbst für eine fristgerechte ärztliche Feststellung der Invalidität zu sorgen hat" (BGH, a.a.O., anhand der früheren Rechtslage; wie hier, mit Blick auf die neue Rechtslage: Rüffer/Halbach/Schimikowski/*Rüffer*, § 186 Rn 7).

5 Mit der generellen Hinweispflicht verfolgt der Gesetzgeber ein berechtigtes Regelungsanliegen (zust., insg. aber kritischer auch im Hinblick auf die Bürokratiekosten: *Leverenz*, in: Bruck/Möller, § 186 Rn 4–8). Die Regelung selbst ist jedoch missglückt (krit. auch *Kloth*, r+s 2007, 397, 400). Da sie keine Informationsobliegenheit ggü. der versicherten

Person in der Versicherung für fremde Rechnung vorsieht, muss sie **analog angewandt** (Rdn 6), da sie die **Informationsgegenstände** selbst viel zu weit fasst, muss sie **teleologisch reduziert** werden (Rdn 11).

B. Norminhalt

I. Hinweispflicht

1. Informationsadressat

Die Hinweispflicht entsteht – auf der Basis eines gültigen Unfallversicherungsvertrags – dadurch, dass der VN (vgl. § 30 Abs. 1 S. 1 VVG) oder die versicherte Person (Satz 2) den Versicherungsfall (= Unfall) anzeigt. Informationsadressat ist der **VN**. In der Fremdversicherung für fremde Rechnung (§§ 43 ff. VVG) hat der VR jedoch **auch die versicherte Person** aufzuklären (allg. Meinung: *Kloth*, r+s 2007, 397; *Kloth*, Private Unfallversicherung, G II 44; Rüffer/Halbach/Schimikowski/*Rüffer*, § 186 Rn 3; *Marlow/Spuhl*, Das Neue VVG kompakt, Rn 1253, unter Berufung auf § 191 VVG und auf den Schutzweck der Norm). Diese ist Inhaberin des Leistungsanspruchs (§ 178 Abs. 1 VVG, § 44 Abs. 1 VVG), sodass ihr Informationsinteresse sogar noch größer ist als das des VN. **§ 186 S. 1 VVG** führt die versicherte Person zwar nicht als Informationsadressatin auf, ist im Lichte seines Regelungsanliegens (s.o. Rdn 1) jedoch **analog** anzuwenden (zust.: Looschelders/Pohlmann/*Götz*, § 186 Rn 5). Bei Einräumung eines Bezugsrechts (§§ 185, 159 f. VVG) kann zugunsten des Bezugsberechtigten nichts Anderes gelten (*Schimikowski/Höra*, Das neue Versicherungsvertragsgesetz, S. 203; Looschelders/Pohlmann/*Götz*, § 186 Rn 6). 6

2. Form und Zeitpunkt (§ 186 S. 1 VVG)

§ 186 S. 1 VVG verlangt einen Hinweis **in Textform** (§ 126b BGB). Der Hinweis muss **klar und verständlich** formuliert (§ 7 Abs. 1 S. 2 VVG analog) und **inhaltlich richtig** sein. Der Hinweis kann in das Unfallanzeigeformular integriert werden (zust.: Looschelders/Pohlmann/*Götz*, § 186 Rn 7). Er braucht nicht besonders hervorgehoben zu werden, darf aber auch nicht versteckt werden (LG Berlin, Urt. v. 8.7.2015 – 23 O 120/13, nv; s. aber auch *Kloth*, r+s 2007, S. 400 [*unübersehbarer* Hinweis auf einzuhaltende Fristen]). Ist der Hinweis Teil des Unfallanzeigeformulars, muss er grafisch so gestaltet und angeordnet werden, dass ein verständiger VN, der das Formular mit der gebotenen Sorgfalt ausfüllt, ihn weder übersieht noch überliest (ähnlich: Looschelders/Pohlmann/*Götz*, § 186 Rn 7). Der Hinweis muss **umgehend** erfolgen. 7

> **Praxishinweis** 8
> *Kloth* (a.a.O.) empfiehlt, „schon anlässlich des Vertragsschlusses ein separates Formular in Form einer Art Checkliste für den Eintritt des Versicherungsfalls" zu überreichen, „das auf sämtliche vertragliche Anspruchs- und Fälligkeitsvoraussetzungen sowie einzuhaltende Fristen unmissverständlich" hinweise. Klarzustellen ist jedoch, dass ein solches Merkblatt den umgehenden Hinweis *nach* Anzeige des Versicherungsfalls auf keinen Fall ersetzen kann! Mit Recht weist *Kloth* (*Kloth*, Unfallversicherung, G II Rn 56) allerdings darauf hin,

dass der VN bereits im **Produktinformationsblatt** auf (fristgebundene) Obliegenheiten bei Eintritt des Versicherungsfalls hinzuweisen ist (vgl. § 4 Abs. 2 Nr. 7 VVG-InfoV).

3. Inhalt und Reichweite

9 **Inhalt und Umfang der Hinweispflicht** sind im Lichte des Normzwecks zu bestimmen: § 186 VVG will den VN nach dem Unfall und der Unfallanzeige davor bewahren, dass er nunmehr noch erforderliche und in seiner Macht stehende, an eine Frist gebundene, sich aber nicht ohne Weiteres aufdrängende Schritte nicht rechtzeitig unternimmt.

10 Die Informationsobliegenheit des § 186 S. 1 VVG ist allerdings (zu) weit gefasst. Im Hinblick auf die Begründung (BT-Drucks 15/3945, S. 109) steht fest, dass der VR auf die in Nr. 2.1.1.2 AUB 2014 vereinbarten Fristen, d.h. auf das Erfordernis der (schriftlichen) **Feststellung der Invalidität** und der **Inanspruchnahme des Unfallversicherers innerhalb von 15 Monaten** hinweisen muss. Die Hinweispflicht soll nicht nur im Invaliditätsfall, sondern auch in Fällen zum Tragen kommen, in denen der VR außerhalb der Invalidität solche Voraussetzungen für seine Leistungspflicht in den AVB vorsieht (Begr. a.a.O.). Dazu gehört auch die Pflicht, den Unfalltod innerhalb von 48 Std. zu melden (siehe Nr. 7.5 AUB 2014). Richtig ist zwar, dass man eine entsprechende Hinweispflicht nach Eintritt des Versicherungsfalls bereits aus § 28 Abs. 4 VVG filtern (s.a. Rüffer/Halbach/Schimikowski/*Felsch*, § 28 Rn 220; Müko/*Wandt*, § 28 VVG Rn 342) und den Rückgriff auf § 186 VVG mit dieser Begründung ablehnen könnte (so im Ergebnis wohl: *Leverenz*, Bruck/Möller, § 186 Rn 15), § 186 VVG enthält jedoch eine klare im Hinblick auf den Hinweiszeitpunkt eindeutigere sowie speziellere Regelung.

11 Eine Hinweispflicht im Hinblick auf die (anspruchsbegründende) Tatsache des **Eintritts der Invalidität innerhalb von 15 Monaten** nach dem Unfall ist *abzulehnen*; sie wäre sinnlos, weil der VN gar keinen Einfluss auf den Invaliditätszeitpunkt hat (wie hier: *Leverenz*, in: Bruck/Möller, § 186 Rn 13; *Marlow/Spuhl*, Das Neue VVG kompakt, Rn 1256; *Kloth*, r+s 2007, 397, 398; *Kloth*, Private Unfallversicherung, G Rn 46; Looschelders/Pohlmann/*Götz*, § 186 Rn 9; Prölss/Martin/*Knappmann*, § 186 Rn 1), aufgrund eines entsprechenden Hinweises also gar nicht aktiv werden könnte. § 186 S. 1 VVG ist insoweit teleologisch zu reduzieren. Ein Hinweis auf die gesetzlichen **Verjährungsfristen** ist nicht erforderlich (wie hier: *Leverenz*, in: Bruck/Möller, § 186 Rn 15; Prölss/Martin/*Knappmann*, § 186 Rn 2); ausweislich der Begründung (hier: Rdn 3) bezieht sich die Hinweispflicht auf die „**speziellen** Anspruchs- und Fälligkeitsvoraussetzungen" in der Unfallversicherung (Hervorhebung des Verf.); eine besondere, auf die Unfallversicherung beschränkte Hinweispflicht auf allgemein geltende Verjährungsfristen ist abzulehnen; § 186 VVG ist auch insoweit einzuschränken.

12 **Praxishinweis**
Trotz der hier vertretenen Restriktion des § 186 VVG sollten die VR jedenfalls auch auf das Erfordernis des Eintritts der Invalidität innerhalb der 15 monatigen Frist hinweisen, um (potenzielle) Rechtsstreitigkeiten von vornherein zu vermeiden (ähnlich: Looschelders/Pohlmann/*Götz*, § 186 Rn 9).

Nr. 9.1 AUB 2014 knüpft die **Fälligkeit** der Leistungen mittelbar an den Eingang bestimmter Unterlagen, nämlich an den „*Nachweis des Unfallhergangs und der Unfallfolgen*", und „*bei Invaliditätsleistung und Unfallrente zusätzlich [an den] ... Nachweis über den Abschluss des Heilverfahrens, soweit es für die Bemessung der Invalidität notwendig ist.*" Darauf hat der VR gem. § 186 S. 1 VVG ebenfalls hinzuweisen (ebenso: *Kloth*, a.a.O., S. 398; *Marlow/Spuhl*, a.a.O., Rn 1264; Looschelders/Pohlmann/*Götz*, § 186 Rn 10). Das Gleiche gilt bei Vereinbarung einer Übergangsleistung nach Nr. 2.3.1.2 AUB 2014 für die siebenmonatige Frist zur Geltendmachung des Anspruchs unter Vorlage eines ärztlichen Attests (Looschelders/Pohlmann/*Götz*, a.a.O.).

13

Der Gesetzgeber hat § 186 VVG zwar nur als „Hinweis-", und nicht als (umfassendere) Belehrungspflicht ausgestaltet. *Kloth* (*Kloth*, a.a.O., S. 399) hält es jedoch nach Treu und Glauben grds. mit Recht für geboten, den VN nicht nur auf das Erfordernis der Invaliditätsfeststellung als solches, sondern **auch auf die Mindestanforderungen** an ihren Inhalt hinzuweisen (s.a. *Marlow/Spuhl*, a.a.O., Rn 1261; ablehnend: Looschelders/Pohlmann/*Götz*, § 186 Rn 15); andernfalls bestünde das Risiko, dass der VN auf den Unfall zwar rechtzeitig, aber falsch reagiert. Der Einwand, die Hinweispflicht solle lediglich verhindern, dass der VN aus Unkenntnis eine Frist versäume; sei ihm die Frist bekannt, könne er sich über die Einzelheiten selbst informieren (Looschelders/Pohlmann/*Götz*, a.a.O.), ist nur dann berechtigt, wenn der VR in dem Hinweis präzise auf entsprechende Informationen in den dem VN bereits überreichten Unterlagen verweist. Um dem VN die Tragweite der einzuhaltenden Fristen vor Augen zu führen, ist in jedem Fall auf die Rechtsfolgen einer Fristversäumnis hinzuweisen (Rüffer/Halbach/Schimikowski/*Rüffer*, § 186 Rn 5; *Marlow/Spuhl*, Rn 1261; restriktiver: *Kloth*, Unfallversicherung, G II Rn 53; Prölss/Martin/*Knappmann*, § 186 Rn 4).

14

> **Praxishinweis**
> Mit Blick auf die Invaliditätsleistung könnte der **Hinweis gem. § 186 S. 1 VVG** auszugsweise wie folgt lauten:
> „Bitte beachten Sie folgende Fristen, auf die wir Sie hiermit besonders aufmerksam machen:
> **Die Invalidität muss *innerhalb von 15 Monaten* nach dem Unfall**
> – **eingetreten sein,**
> – **von einem Arzt schriftlich festgestellt und**
> – **geltend gemacht werden.**
> Ist die Invalidität nicht rechtzeitig festgestellt worden, steht Ihnen keine Invaliditätsleistung zu. Haben Sie die Invalidität nicht rechtzeitig geltend gemacht, verlieren Sie ihren Invaliditätsanspruch – es sei denn, Sie haben die Frist ausnahmsweise unverschuldet versäumt. Die Anforderungen an die ärztliche Feststellung und an das Geltendmachen der Invalidität entnehmen Sie bitte aus [...]."

15

II. Rechtsfolgen bei fehlender Belehrung

Nach § 186 S. 2 VVG kann sich der VR im Fall einer Verletzung seiner Informationsobliegenheit auf eine verspätete Darlegung der Anspruchs- oder Fälligkeitsvoraussetzungen nicht berufen. „*Ist eine ärztliche Feststellung der Invalidität zu keinem Zeitpunkt erfolgt und hat der VR die von ihm versprochene Leistung [wie im Regelfall] von ihr abhängig gemacht, führt die Vorschrift nicht zu einer Veränderung der gegenwärtigen Rechtslage*"

16

(Begr. a.a.O.). Klarzustellen ist jedoch, dass die ärztliche Invaliditätsfeststellung aufgrund der Neuregelung und mangels ausreichender Information **nachgeholt** werden kann – und nachgeholt werden muss (Looschelders/Pohlmann/*Götz*, a.a.O. Rn 16). Eine ärztliche Invaliditätsfeststellung nach Ablauf von 15 Monaten muss ggf. die Feststellung enthalten, dass die Invalidität bis zum Ablauf von 15 Monaten eingetreten war.

C. Prozessuales

17 Im Prozess trifft den VR die **Behauptungs- und Beweislast** dafür, dass er den VN ordnungsgemäß belehrt hat. Dafür reicht der Nachweis, dass der VR das Hinweisschreiben rechtzeitig abgeschickt hat, nicht aus. Entsprechende Entscheidungen auf der Basis von Treu und Glauben (OLG Düsseldorf, VersR 2001, 449, 451) sind auf die neue Rechtslage nicht übertragbar (Looschelders/Pohlmann/*Götz*, a.a.O. Rn 17).

> **Praxishinweis**
> Beweisschwierigkeiten kann der VR dadurch ausräumen, dass er die notwendigen Hinweise auf dem Unfallanzeigeformular abdruckt, das der VN ausgefüllt an den VR zurückreichen muss (Looschelders/Pohlmann/*Götz*, a.a.O. Rn 17).

18 Die Formulierung des § 186 S. 2 VVG ist missverständlich. Die Einhaltung der Fristen – namentlich der Fristen für die Feststellung der Invalidität und die Inanspruchnahme des Unfallversicherers – ist **von Amts wegen** zu prüfen (*Marlow/Spuhl*, Das Neue VVG kompakt, Rn 1265), sodass es genau genommen nicht darauf ankommt, ob sich der VR auf die Fristversäumnis berufen kann oder nicht (zust.: Looschelders/Pohlmann/*Götz*, a.a.O. Rn 16).

D. Abdingbarkeit

19 § 186 VVG ist **halbzwingend** (§ 191 VVG).

§ 187 VVG Anerkenntnis

(1) Der Versicherer hat nach einem Leistungsantrag innerhalb eines Monats nach Vorlage der zu dessen Beurteilung erforderlichen Unterlagen in Textform zu erklären, ob und in welchem Umfang er seine Leistungspflicht anerkennt. Wird eine Invaliditätsleistung beantragt, beträgt die Frist drei Monate.

(2) Erkennt der Versicherer den Anspruch an oder haben sich Versicherungsnehmer und Versicherer über Grund und Höhe des Anspruchs geeinigt, wird die Leistung innerhalb von zwei Wochen fällig. Steht die Leistungspflicht nur dem Grunde nach fest, hat der Versicherer auf Verlangen des Versicherungsnehmers einen angemessenen Vorschuss zu leisten.

Übersicht

	Rdn
A. Normzweck	1
B. Norminhalt	3
I. Form- und fristgerechte Erklärung über die Leistungspflicht (§ 187 Abs. 1 VVG)	3
II. Fälligkeit (§ 187 Abs. 2 S. 1 VVG)	9
III. Vorschuss (§ 187 Abs. 2 S. 2 VVG)	10
C. Abdingbarkeit	11

A. Normzweck

Die Erklärung des Unfallversicherers über die Leistungspflicht liegt v.a. im Interesse des VN, der umgehend erfährt, ob und inwieweit er Leistungen erhält, ohne einen Rechtsstreit führen zu müssen. Die **Fristen** machen den eigentlichen Regelungsgehalt des § 187 VVG aus (so BGH, VersR 1977, 471, im Hinblick auf die entsprechende Klausel in den Musterbedingungen [§ 11 AUB 1961]); sie haben zum Einen den Zweck, dem Versicherten oder Bezugsberechtigten die Gewissheit zu geben, dass die **Bearbeitung seines Versicherungsfalls nicht ungebührlich hinausgezögert** wird (BGH, a.a.O.); zum Anderen räumen sie dem VR eine für die Prüfung der Leistungspflicht **angemessene Zeitspanne** ein (BGH, a.a.O.); so gesehen dient § 187 VVG einem **fairen Interessenausgleich in der Regulierungsphase**. 1

Die Bezeichnung der Norm als „**Anerkenntnis**" ist unglücklich. Nicht nur, dass sich der VR grds. auch zu erklären hat, wenn er die Leistung ablehnt. Hinzu kommt, dass das Anerkenntnis i.S.v. § 187 VVG *nicht* als Anerkenntnis i.S.d. allgemeinen Bürgerlichen Rechts (§ 781 S. 1 BGB) zu verstehen ist (Rdn 7). In § 188 Abs. 2 S. 1 VVG ist richtigerweise von „*Erklärung des Versicherers über die Leistungspflicht*" die Rede. 2

B. Norminhalt

I. Form- und fristgerechte Erklärung über die Leistungspflicht (§ 187 Abs. 1 VVG)

§ 187 Abs. 1 S. 1 VVG greift eine in den AUB überwiegend enthaltene Regelung auf (vgl. Nr. 9.1 AUB 99/2008/2014): Der VR hat sich **innerhalb eines Monats in Textform** (§ 126b BGB) darüber zu erklären, ob und in welcher Höhe er seine Leistungspflicht anerkennt. 3

Die Frist beginnt mit dem Eingang der zur Beurteilung des Leistungsantrags erforderlichen Unterlagen. Darunter verstehen die Musterbedingungen den **Nachweis des Unfallhergangs und der Unfallfolgen** und, **bei Invaliditätsleistung oder Unfallrente, den Nachweis über den Abschluss des Heilverfahrens**, soweit es für die Bemessung der Invalidität notwendig ist (Nr. 9.1 AUB 2014). Im Todesfall gehört auch die Beibringung der Sterbeurkunde zum Nachweis der Unfallfolgen (Looschelders/Pohlmann/*Götz*, § 187 Rn 3). Liegen die Unterlagen (noch) nicht vor, so ist der VR ggf. nach Treu und Glauben (§ 242 BGB) verpflichtet, die Unterlagen anzufordern und den VN darauf hinzuweisen, dass er zuvor 4 keine Entscheidung über seine Leistungspflicht treffen könne (s. auch: Prölss/Martin/*Knappmann*, § 187 Rn 2).

5   Die Erklärungslast des VR setzt lt. Begründung des Regierungsentwurfs voraus, dass die allgemeinen Voraussetzungen für die **Fälligkeit der Leistung** erfüllt sind (**§ 14 VVG**; Begr. BT-Drucks 16/3945, S. 109). Fälligkeit tritt ein mit der Beendigung der zur Feststellung des Versicherungsfalls und des Umfangs der Leistung des VR notwendigen Erhebungen (§ 14 Abs. 1 VVG). Soweit also umfangreichere Erhebungen des VR erforderlich sind, verkürzt § 187 VVG die dem VR gewährte Frist – der allg. Regelung entsprechend – *nicht* (Begr. a.a.O.). Hält man daran fest, so verfehlt § 187 Abs. 1 S. 1 VVG seine Funktion in allen Fällen, in denen die erforderlichen Erhebungen i.S.v. § 14 Abs. 1 VVG nach einem Monat noch nicht abgeschlossen sind (s. auch: Prölss/Martin/*Knappmann*, § 187 Rn 2, Erklärungspflicht wäre überflüssig; MüKo/*Dörner*, § 187 VVG Rn 7): Der VN wird im Ungewissen darüber gelassen, ob und in welchem Umfang der VR seine Leistungspflicht anerkennt. Daher ist § 187 VVG teleologisch auszulegen und davon auszugehen, dass die Erklärungspflicht unabhängig von der Fälligkeit i.S.v. § 14 Abs. 1 VVG besteht: Hat der VN Unfallhergang und Unfallfolgen – sowie ggf. den Abschluss eines Heilverfahrens – nachgewiesen, so hat der VR innerhalb der Frist zu reagieren; ggf. kann Inhalt der Erklärung auch sein, dass der VR eine Leistungspflicht mangels Beendigung der notwendigen Erhebungen *noch* nicht anerkenne; ggf. hat der VR in der Erklärung i.S.v. 187 Abs. 1 VVG zu erläutern, warum er noch keine endgültige Entscheidung über die Leistungspflicht treffen kann (a.A.: *Leverenz*, in: Bruck/Möller, § 187 Rn 13). Daraus folgt insoweit,
- dass der VR auch dann eine „Erklärung über seine Leistungspflicht" abzugeben hat, wenn – objektiv gesehen – kein bzw. (noch) kein fälliger Leistungsanspruch besteht.
- dass der VR der Erklärungslast nicht dadurch entgehen kann, dass er notwendige Erhebungen nicht anstellt oder künstlich in die Länge zieht; auch insoweit gilt, dass die Erklärungsfrist i.S.v. § 187 Abs. 1 VVG richtigerweise nicht an die Erhebungen des VR sondern an den Eingang der erforderlichen Unterlagen anknüpft (s.o.).
- dass § 187 Abs. 1 VVG selbst keine Fälligkeitsregelung enthält (wie hier: Rüffer/Halbach/Schimikowski/*Rüffer*, § 187 Rn 1), auch wenn Nr. 9.1 AUB 2008 die Erklärung über die Leistungspflicht (Anerkenntnis) noch unter dem Rubrum „Wann wird die Leistung fällig?", regelte (vgl. auch: LG Dortmund, r+s 2009, 165).

6   Bei dem **Anerkenntnis** handelt es sich *„um eine einseitige Meinungsäußerung des Versicherers"* und um eine *„Information an den [potenziellen] Anspruchsberechtigten"* (OLG Karlsruhe, VersR 2002, 1549; *Grimm*, Unfallversicherung, Nr. 9 AUB 2010 Rn 2), die gem. § 187 Abs. 2 VVG die Fälligkeit der anerkannten Entschädigung herbeiführt.

7   **Praxishinweis**
Das Anerkenntnis i.S.v. Nr. 9.1 AUB 2014 enthält nach allg. M. **kein verbindliches (abstraktes) Schuldanerkenntnis i.S.v. § 781 BGB** (s. nur: OLG Saarbrücken, VersR 2014, 456); vielmehr handelt es sich grds. um ein *„Anerkenntnis ohne besonderen rechtsgeschäftlichen Verpflichtungswillen, das der VR [nur] zu dem Zweck abgibt, dem VN seine Erfüllungsbereitschaft mitzuteilen"* (OLG Hamm, VersR 2005, 346; OLG Oldenburg, VersR 2009, 247: „tatsächliche Auskunft des VR über die Zahlungsbereitschaft, und kein Vertragsangebot"; grundlegend: BGH, VersR 1977, 471; OLG Oldenburg, r+s 1998, 349; *Leverenz*, in: Bruck/

Möller, § 187 Rn 7 f.; MüKo/*Dörner*, § 187 VVG Rn 4; *Grimm*, a.a.O. Rn 2, 4). Daher hindert das Anerkenntnis den VR auch nicht, Leistungen zurückzufordern, zu denen er nach erst später erlangter Kenntnis nicht verpflichtet gewesen ist (BGH, a.a.O.; OLG Hamm, a.a.O.; OLG Oldenburg, a.a.O.; s.a. OLG Koblenz, VersR 1999, 179). Immerhin führt das Anerkenntnis jedoch nach h.M. zu einer **Beweislastumkehr** (*Grimm*, a.a.O. Rn 2; OLG Oldenburg, a.a.O.; **a.A.** *Jacobs*, VersR 2010, 39, der über die Beweislast des VR i.R.d. Rückforderungsanspruchs [§ 812 Abs. 1 BGB] im Regelfall zum gleichen Ergebnis kommt). Diese Beweislastumkehr beschränkt sich auf den anerkannten Invaliditätsgrad (OLG Oldenburg, a.a.O.): Erkläre der VR, er sei bereit, den Versicherungsfall unter Anerkennung eines bestimmten Invaliditätsgrades zu regulieren, hindere ihn dies i.d.R. nicht, im nachfolgenden Prozess, in dem der VN einen höheren Invaliditätsgrad geltend mache, den Ursachenzusammenhang zwischen Unfallereignis und Gesundheitsbeschädigung zu bestreiten (OLG Oldenburg, a.a.O.). Diese Rechtslage ändert sich auch gem. § 187 VVG nicht. Der BGH hat allerdings klargestellt, dass „*der Erklärung des Versicherers im konkreten Einzelfall aus besonderem Anlass nach dem Willen der Parteien und dem von ihnen verfolgten Zweck die **Bedeutung eines bindenden Schuldanerkenntnisses***" zukommen kann (BGH, a.a.O.; *Grimm*, a.a.O. Rn 3). Dies setzt aber zumindest voraus, dass zuvor Streit oder Ungewissheit über Grund oder Höhe der Leistungspflicht geherrscht hat und das **Anerkenntnis zu dem Zweck** abgegeben worden ist, diesen Streit oder diese Ungewissheit beizulegen (BGH, a.a.O.; OLG Saarbrücken, VersR 2014, 456).

Die Erklärung des VR muss eine **substanziierte Begründung** enthalten (*Grimm*, Unfallversicherung, Nr. 9 AUB 2010 Rn 5, m.w.N.; Looschelders/Pohlmann/*Götz*, a.a.O., § 187 Rn 5). Das gilt jedenfalls dann, wenn VR mitteilt, dass er die Leistung ablehnt (s. MüKo/*Dörner*, § 187 VVG Rn 2) oder dass er noch nicht (abschließend) über seine Leistungspflicht entscheiden könne (s. auch Rdn 4). 8

II. Fälligkeit (§ 187 Abs. 2 S. 1 VVG)

§ 187 Abs. 2 S. 1 VVG übernimmt die in der Bedingungspraxis überwiegend verwendete Fälligkeitsregelung (vgl. Nr. 9.2 AUB 99/2008), regelt ggf. also den Zeitpunkt, von dem ab die VN die Leistung verlangen kann. Mit Blick auf das Ineinandergreifen der §§ 14, 187 Abs. 2 S. 1 VVG gilt folgendes: Hat der VR innerhalb der Fristen des § 187 Abs. 1 VVG eine Erklärung über seine Leistungspflicht abgegeben und seine Leistungspflicht anerkannt oder eine Einigung mit dem VN erzielt, so richtet sich die Fälligkeit allein nach § 187 Abs. 2 S. 1 VVG (s. auch: *Leverenz*, in: Bruck/Möller, § 187 Rn 5); nur in diesem Falle weicht § 187 Abs. 2 S. 1 VVG **zugunsten des VR** (s. Prölss/Martin/*Knappmann*, § 187 Rn 2) von der allgemeinen Fälligkeitsregelung (§ 14 Abs. 1 VVG) ab, die bei Beendigung der notwendigen Erhebungen, d.h. insb. bei Anerkenntnis (*Ebers*, § 14 Rn 12), sofortige Fälligkeit vorsieht. Klarzustellen ist, dass der VR die Erklärungsfristen (§ 187 Abs. 1 VVG) nicht ausschöpfen darf, um die Fälligkeit gemäß § 187 Abs. 2 S. 1 VVG hinauszuzögern (wie hier: VersR-Hdb/*Mangen*, § 47 Rn 216); sind die notwendigen Erhebungen (s. § 14 Abs. 1 VVG) vor Fristablauf abgeschlossen, so ist die Erklärung des VR nach Treu und Glauben (§ 242 BGB) sofort abzugeben und andernfalls für die Zwecke der Fälligkeit in diesem Zeitpunkt zu fingieren (a.A.: *Leverenz*, in: Bruck/Möller, § 187 Rn 23). Hat der VR innerhalb der Frist (1.) keine Erklärung über seine Leistungspflicht abgegeben oder (2.) seine Leistungspflicht in der Erklärung (zu Unrecht) ganz oder teilweise abgelehnt, so 9 ergibt sich die Fälligkeit allein aus § 14 VVG (a.A. in Fällen, in denen der VR keine Erklärung abgibt: s. *Leverenz*, in: Bruck/Möller, § 187 Rn 35, und Prölss/Martin/*Knappmann*, § 187 Rn 2, die auf den [hypothetischen] Erklärungszeitpunkt abstellen und dem VR die in § 187 Abs. 2 S. 1 VVG vorgesehen Frist von 2 Wochen gewähren).

III. Vorschuss (§ 187 Abs. 2 S. 2 VVG)

10 § 187 Abs. 2 S. 2 VVG führt eine **Vorschusspflicht** des VR für den Fall ein, dass seine Leistungspflicht zunächst nur dem Grunde nach feststeht. Das ist der Fall, wenn der Unfallversicherer – oder das angerufene Gericht – anerkannt bzw. festgestellt hat, dass alle anspruchsbegründenden Tatsachen gegeben sind (*Grimm*, a.a.O. Rn 17). Die Höhe des Vorschusses bemisst sich nach demjenigen Betrag, den der VR nach der zu diesem Zeitpunkt erkennbaren Sach- und Rechtslage mit Sicherheit zu leisten hat (Begr. a.a.O.; *Grimm*, a.a.O. Rn 18; Looschelders/Pohlmann/*Götz*, a.a.O., § 187 Rn 10).

C. Abdingbarkeit

11 § 187 VVG ist gem. § 191 VVG **halbzwingend**.

§ 188 VVG   Neubemessung der Invalidität

(1) Sind Leistungen für den Fall der Invalidität vereinbart, ist jede Vertragspartei berechtigt, den Grad der Invalidität jährlich, längstens bis zu drei Jahre nach Eintritt des Unfalles, neu bemessen zu lassen. In der Kinderunfallversicherung kann die Frist, innerhalb derer eine Neubemessung verlangt werden kann, verlängert werden.

(2) Mit der Erklärung des Versicherers über die Leistungspflicht ist der Versicherungsnehmer über sein Recht zu unterrichten, den Grad der Invalidität neu bemessen zu lassen. Unterbleibt diese Unterrichtung, kann sich der Versicherer auf eine Verspätung des Verlangens des Versicherungsnehmers, den Grad der Invalidität neu zu bemessen, nicht berufen.

Übersicht

	Rdn
A. Normzweck	1
B. Norminhalt	2
I. Neubemessung der Invalidität (§ 188 Abs. 1 S. 1 VVG)	2
II. Fristverlängerung in der Kinderunfallversicherung (§ 188 Abs. 1 S. 2 VVG)	10
III. Belehrung über das Nachprüfungsrecht (§ 188 Abs. 2 VVG)	11
C. Prozessuales	13
D. Abdingbarkeit	15

A. Normzweck

Die Neuregelung soll der Tatsache Rechnung tragen, dass in der Unfallversicherung einerseits ein Interesse des VN daran besteht, alsbald eine Invaliditätsleistung zu erhalten, andererseits aber die Einschätzung des **Grades einer gesundheitlichen Beeinträchtigung** einer versicherten Person jedenfalls innerhalb eines bestimmten Zeitraums nach einem Unfallereignis **schwanken** kann (Begr. BT-Drucks 16/3945, S. 109; zu den Unfallfolgeschäden, die einer unfallnahen Bestimmung des Invaliditätsgrades entgegen stehen: *Leverenz*, in: Bruck/Möller, § 188 Rn 2). Dementsprechend unterscheidet man in der Unfallversicherung zwei Stufen der Invaliditätsbemessung, nämlich **Erst- und Neubemessung**, die jeweils **rechtlich eigenständig** zu betrachten sind (BGH, VersR 2010, 243), auch wenn sie dadurch miteinander verknüpft sind, dass die Erstbemessung unter dem Vorbehalt der Neubemessung steht (BGH, a.a.O.; VersR 2016, 183, Rn 10).

B. Norminhalt

I. Neubemessung der Invalidität (§ 188 Abs. 1 S. 1 VVG)

§ 188 Abs. 1 S. 1 VVG sieht – ebenso wie Nr. 9.4 AUB 2014 – vor, dass Unfallversicherer und VN den Grad der Invalidität innerhalb einer Frist von drei Jahren nach dem Unfall jährlich neu bemessen lassen können. Diese Frist soll verhindern, dass die abschließende Bemessung der Invalidität auf unabsehbare Zeit hinausgeschoben wird (*Grimm*, Unfallversicherung, Nr. 9 AUB 2010 Rn 22; OLG München, r+s 2004, 472). Die **Neubemessung der Invalidität setzt voraus, dass die Invalidität bereits einmal festgesetzt, das heißt festgestellt und bemessen worden ist** (BGH, VersR 2016, 183, Rn 10 [Neubemessung kommt erst nach vorangegangener Erstbemessung in Betracht]; BGH, VersR 2008, 527; OLG Düsseldorf, VersR 2013, 1573; OLG Frankfurt am Main, NVersZ 2001, 165; OLG Hamm, VersR 1990, 965; *Kessal-Wulf*, r+s 2008, 313, 319; BGH, VersR 1995, 902; Leverenz, in: Bruck/Möller, § 188 Rn 9). Nur wenn der VR bereits eine Invalidität anerkannt hat oder dieses Anerkenntnis durch eine gerichtliche Entscheidung ersetzt worden ist, kann die so dem Grunde nach feststehende Invalidität unter dem Vorbehalt einer späteren Neubemessung stehen (BGH, a.a.O.; *Kessal-Wulf*, a.a.O.). Daraus folgt, dass die Klagefrist gem. § 12 Abs. 3 VVG a.F., die ohnehin nur bis zum Inkrafttreten des VVG-Reformgesetzes am 1.1.2008 gesetzt werden konnte (BGH, VersR 2012, 470), das Recht des VN, eine Neufestsetzung der Invaliditätsentschädigung zu beanspruchen, nicht einschränkt (OLG Frankfurt am Main, a.a.O.). Die Neubemessung betrifft stets nur den Invaliditätsgrad (BGH, VersR 2005, 927). Anders als in Österreich setzt sie nicht voraus, dass der Invaliditätsgrad noch nicht eindeutig feststeht (vgl. OGH Wien, VersR 2013, 1599, auf der Basis entsprechender Klauseln).

Die in den älteren Musterbedingungen vorgesehene Einschränkung des Neubemessungsrechts – nach Nr. 9.4 S. 3 AUB 99 muss der VN dieses Recht **spätestens drei Monate vor Fristablauf** ausüben – hat der Gesetzgeber **nicht** übernommen. Künftig verstieße eine solche Einschränkung also gegen §§ 188 Abs. 1, 191 VVG (ebenso: *Marlow/Spuhl*, Das

Neue VVG kompakt, Rn 1277; Looschelders/Pohlmann/*Looschelders/Kaldenbach*, § 188 Rn 6; zur früheren Rechtslage gem. § 11 Abs. 4 AUB 94 i.V.m. §§ 178 ff. VVG a.F. und zu der Pflicht des VN, Neubemessung innerhalb eines Monats ab Zugang der Erklärung des VR über die Leistungspflicht zu verlangen: OLG Saarbrücken, VersR 2009, 976, 978).

4 Die Neubemessung innerhalb von drei Jahren braucht **nicht so frühzeitig** verlangt zu werden, dass die Begutachtung der verbliebenen Unfallfolgen samt der darauf gestützten Invaliditätsfeststellung **noch vor Fristablauf möglich wäre** (so zur früheren Rechtslage: BGH, VersR 1994, 971, 972; OLG Hamm, VersR 1996, 1402 – Neubemessungsverlangen sechs Wochen vor Fristablauf reicht aus; vgl. auch: *Kessal-Wulf*, a.a.O.; wie hier: Prölss/Martin/*Knappmann*, Nr. 9 AUB 2010, Rn 13; s. aber: Prölss/Martin/*Knappmann*, § 188 Rn 4; *Leverenz*, in: Bruck/Möller, § 188 Rn 19). Denn die Musterbedingungen (Nr. 9.4 AUB 2014) verlangen nur eine Mitteilung des VN „vor Ablauf der Frist". Ein unmittelbar vor Fristablauf erklärtes Neubemessungsverlangen des VN reicht also aus; jede andere Lösung wäre mit erheblicher Rechtsunsicherheit verbunden (s. aber: *Leverenz*, in: Bruck/Möller, § 188 Rn 20 f., der diese Rechtsunsicherheit mit der geforderten Ausübung des Neubemessungsrechts „ein bis zwei Monate" vor Ablauf der Dreijahresfrist auch nur begrenzt ausräumen kann; im Ergebnis ebenso wie hier bereits: *Kloth*, G Rn 228; Looschelders/Pohlmann/*Looschelders/Kaldenbach*, a.a.O., § 188 Rn 7; Schubach/Jannsen/*Schubach*, Private Unfallversicherung, Nr. 9 AUB 2008, Rn 13).

> **Praxishinweis**
> Klarzustellen ist, dass eine vor Fristablauf (§ 188 Abs. 1 S. 1 VVG/ Nr. 9.4 AUB 2014) verlangte Neubemessung der Invalidität, die erst nach Fristablauf stattfindet, nichts daran ändert, dass die Bemessung des Invaliditätsgrades anhand des Gesundheitszustandes des Unfallopfers zu erfolgen hat, der spätestens am Ende des dritten Jahres nach dem Unfall erkennbar ist (Nr. 2.1.1.2 AUB 2014); spätere Entwicklungen, seien sie positiv oder negativ, bleiben außer Betracht (§ 180 Rdn 9; § 188 Rdn 7).

5 Der VR muss sein Recht auf Neubemessung der Invalidität gem. Nr. 9.4 AUB 2014 zusammen mit seiner Erklärung über seine Leistungspflicht ausüben (vertiefend: OLG Frankfurt am Main, Versicherung und Recht kompakt 2009, 76). Hat er darauf verzichtet, hat aber der VN rechtzeitig eine Neubemessung verlangt, soll eine *reformatio in peius* ausscheiden (OLG Frankfurt am Main, a.a.O.). Es liege auf der Hand, dass das Neubemessungsverlangen des VN unter der Einschränkung einer Neubemessung zu seinen Gunsten stehe (OLG Frankfurt am Main, a.a.O.; ablehnend die ganz h.L.: *Jacob*, VersR 2010, 39 ff.; *Leverenz*, in: Bruck/Möller, § 188 Rn 34; Prölss/Martin/*Knappmann*, § 188 Rn 4; VersR-Hdb/*Mangen*, § 187 Rn 227). Die Kritik an dieser Entscheidung ist zurückzuweisen: *Jacob* konstatiert zwar mit Recht, dass die Neubemessungsklausel (heute: Nr. 9.4. AUB 2014) „keine eindeutige Regelung" enthalte (*Jacob*, a.a.O.), legt die Klausel dann jedoch zu Unrecht nach „Sinn und Zweck" und unter Berücksichtigung der „Überlegung[en]" des VR aus. Maßgeblich ist jedoch „nicht ..., was sich der Verfasser der Bedingungen bei ihrer Abfassung vorstellte" (BGH, VersR 2012, 1253), maßgeblich ist, dass ein durchschnittlicher VN die Klausel „bei verständiger Würdigung, aufmerksamer Durchsicht und Berücksichtigung des erkennbaren Sinnzusammenhangs" (BGH, VersR 2007, 1690, std. Rspr.) nicht so verstehen muss (s. § 305 Abs. 2 BGB), dass sein Neubemessungsverlangen i.S.d.

Inkaufnahme auch einer *reformatio in peius* zu interpretieren ist. Dagegen spricht insb. das Transparenzgebot: Treu und Glauben gebieten, dass die Klausel wirtschaftliche Nachteile ggf. so weit erkennen lässt, wie dies nach den Umständen gefordert werden kann (BGH, VersR 2007, 1690, 1691 [std. Rspr.]). Das Neubemessungsverlangen wäre also im Lichte von Nr. 9.4. AUB 2014 nur i.S. einer möglichen *reformatio in peius* auszulegen, wenn Nr. 9.4 AUB explizit auf dieses Risiko hinwiese – oder wenn sich auch der VR das Recht zur Neubemessung vorbehalten hätte (siehe Nr. 9.4 AUB 2014 erster Spiegelstrich; sowie *Kloth,* Unfallversicherung, G Rn 226). Denn dann müsste der VN für ihn erkennbar damit rechnen, dass die Erstbemessung für ihn noch keine gesicherte Rechtsposition verkörpert. Aus dem allein dem VN nach § 11 Abs. 4 AUB 88 vorbehaltenen Recht, die Neubemessung der Invalidität zu verlangen, erwächst für den VN nicht die Pflicht, eine solche Neubewertung tatsächlich herbeizuführen (BGH, VersR 2010, 243). Die Weigerung des VN, zum Zweck der Neubewertung einen vom VR benannten Arzt aufzusuchen, steht insoweit einem – zulässigen – Verzicht auf die Neubemessung gleich und verletzt nicht die Obliegenheiten aus § 9 Abs. 4 AUB 88 (BGH, a.a.O.).

Nach Meinung des OLG Hamm (VersR 1996, 1402; VersR 1989, 581) muss sich das Neufestsetzungsverlangen ggf. auf **konkrete Untersuchungen** und durchzuführende Maßnahmen beziehen – es sei denn, diese Maßnahmen verstehen sich von selbst (OLG Hamm, VersR 1996, 1402; skeptisch: OLG Hamm, VersR 1996, 1402). Eine solche Konkretisierungspflicht ist gesetzlich jedoch *nicht* vorgesehen. Die Rechtsprechung ist insoweit also *überholt* (vgl. noch anhand der früheren Rechtslage auch: OLG Frankfurt am Main, VersR 2009, 1483). 6

Bei der endgültigen Beurteilung des Invaliditätsgrades ist auf den drei Jahre nach dem Unfall vorliegenden und den zu diesem Zeitpunkt erkennbaren, d.h. hinreichend prognostizierbaren **Dauerzustand** abzustellen (BGH, r+s 2005, 299; r+s 1995, 397; OLG Frankfurt am Main, NVersZ 2001, 165; *Grimm,* Unfallversicherung, Nr. 9 AUB Rn 21); spätere Veränderungen – seien sie positiv oder negativ – haben demggü. außer Betracht zu bleiben (BGH, a.a.O.; VersR 1988, 798; VersR 1981, 1151; OLG Koblenz, NVersZ 2002, 67; OLG Frankfurt am Main, r+s 2004, 388; OLG Karlsruhe, VersR 2002, 1549; VersR 1990, 773; *Grimm,* Unfallversicherung, Nr. 9 AUB Rn 21, m.w.N.). Ist vor Ablauf der Dreijahresfrist eine **Heilbehandlung** eingeleitet aber nicht abgeschlossen, so hat ein **nur zeitweise** eingetretener Erfolg keinen Einfluss auf die Bewertung der Invalidität (BGH, r+s 2005, 299; VersR 1991, 578; VersR 1990, 478). Ebenso ist der angestrebte Erfolg einer Heilbehandlungsmaßnahme dann nicht zu berücksichtigen, wenn das ärztliche Urteil – unter Bewertung aller bis zum Ablauf der Dreijahresfrist erkennbar gewordenen Tatsachen – dahin geht, es könne noch nicht gesagt werden, dass die Heilmaßnahme mit dauerhaftem Erfolg oder Teilerfolg durchgeführt worden sei (BGH, r+s 2005, 299). Eine mit der Heilbehandlung notwendig verbundene, vor Ablauf der Frist eingetretene und bei Ablauf der Frist bestehende Verschlechterung des Gesundheitszustands des Versicherten ist zu berücksichtigen (BGH, a.a.O.; *Kessal-Wulf,* a.a.O., S. 320). 7

Nach Ablauf der Dreijahresfrist ist der VN nicht mehr gehalten, sich auf Verlangen seines VR einer nochmaligen ärztlichen Untersuchung und Begutachtung zu unterwerfen 8

(BGH, VersR 2003, 1165; VersR 1994, 971, mit Anm. *Lehmann*, VersR 1995, 902; *Leverenz*, in: Bruck/Möller, § 188 Rn 13), wenn eine solche Untersuchung letztlich auf eine weitere ärztliche Neubemessung der Invalidität hinausliefe, die § 188 Abs. 1 VVG dem VR nach Ablauf der Dreijahresfrist gerade nicht erlaubt (BGH, VersR 2003, 1165 [anhand von § 11 IV Abs. 1 AUB 88]).

9 **Praxistipp**
Führt die Neubemessung der Invalidität zu einer Herabsetzung der Invaliditätsleistung, so steht dem VR ggf. ein **Rückzahlungsanspruch gem. § 812 Abs. 1 S. 1 Var. 1 BGB** zu (s. nur: LG Bonn, VersR 2014, 323). Bei Rückforderung der nach der Erstbemessung gezahlten Entschädigung (§ 812 Abs. 1 S. 1 BGB) wegen einer i.R.d. Neubemessung festgestellten geringeren Invalidität trägt der VR die **Beweislast** (OLG Hamm, VersR 2006, 1674; allg. zur Beweislast bei Rückforderung von Leistungen aus der Unfallversicherung: OLG Hamm, VersR 2012, 228; siehe zu Rückzahlungsanspruch auch: OLG Hamm, VersR 2009, 495).

II. Fristverlängerung in der Kinderunfallversicherung (§ 188 Abs. 1 S. 2 VVG)

10 § 188 Abs. 1 S. 2 VVG räumt dem VR die Möglichkeit ein, die Frist in der **Kinderunfallversicherung** vertraglich zu verlängern (s. auch: Nr. 9.4 AUB 2014). Damit wird dem Umstand Rechnung getragen, dass die körperliche Entwicklung von Kindern in Abhängigkeit von ihrem Alter zum Zeitpunkt des Unfalls erst nach längerer Zeit als abgeschlossen gelten kann (Begr. a.a.O.). Regelungsbedarf besteht, weil § 188 Abs. 1 S. 1 VVG halbzwingend ist, und das Recht auf Neubemessung der Invalidität (in der Kinderunfallversicherung) auch dem VR zustehen soll.

III. Belehrung über das Nachprüfungsrecht (§ 188 Abs. 2 VVG)

11 Nach § 188 Abs. 2 S. 1 VVG hat der Unfallversicherer den **VN über** die ihm i.d.R. unbekannte **Befugnis zur Neubemessung des Invaliditätsgrades zu unterrichten** (Begr. a.a.O.; kritisch: *Leverenz*, in: Bruck/Möller, § 188 Rn 6: Privilegierung des „nachlässigen" VN). Früher bedurfte es dieser Belehrung nicht (OLG München, r+s 2004, 472; OLG Hamm, VersR 1990, 965; OLG Köln, r+s 1993, 199; LG Düsseldorf, NJW-RR 1988, 281). Da die Belehrung „mit der Erklärung des VR über die Leistungspflicht" erfolgen soll, gilt die in § 187 Abs. 1 S. 1 VVG angeordnete **Textform** (§ 126b BGB) auch für die Belehrung (zust.: Looschelders/Pohlmann/*Looschelders/Kaldenbach*, a.a.O., § 188 Rn 12; **a.A.** *Leverenz*, in: Bruck/Möller, § 188 Rn 39; *Marlow/Spuhl*, Das Neue VVG kompakt, Rn 1263).

12 § 188 Abs. 2 S. 2 VVG regelt die **Rechtsfolge bei unterbliebener Unterrichtung**: Der Unfallversicherer kann sich auf eine Verspätung des Verlangens des VN, den Grad der Invalidität neu zu bemessen, nicht berufen. Maßgeblich ist nicht der aktuelle, sondern der auf den Ablauf der Dreijahresfrist projizierte Invaliditätsgrad (*Marlow/Spuhl*, a.a.O.; *Marlow*, r+s 2007, 353, 363; Looschelders/Pohlmann/*Looschelders/Kaldenbach*, § 188 Rn 13).

C. Prozessuales

Ein (rechtskräftiges) **Leistungsurteil** schließt eine **Neubemessung der Invalidität** grds. *nicht* aus (BGH, r+s 2009, 293; OLG Hamm, VersR 1996, 1402; restriktiver: OLG Köln, r+s 1989, 134) – sofern diese noch fristgerecht verlangt werden kann (OLG Hamm, a.a.O.). Etwas Anderes galt bisher, wenn die Parteien nachweislich die Invalidität abschließend bemessen wollten oder auf die Neufestsetzung verzichtet haben (OLG Hamm, a.a.O.). Künftig kann der VN allerdings selbst dann noch eine Neubemessung verlangen, weil er auf dieses Recht ausweislich §§ 188 Abs. 1 S. 1, 191 VVG nicht verzichten kann.

Praxistipp

Der VN kann im Fall der Invaliditätsentschädigung im Rahmen einer Unfallversicherung sowohl die Erstfestsetzung seitens des VR angreifen und geltend machen, der Grad der Invalidität sei zu dem maßgeblichen Zeitpunkt höher als von dem VR anerkannt als auch eine Neufestsetzung längstens bis zu drei Jahren verlangen (OLG Saarbrücken, VersR 2009, 976). Hält der VN den i.R.d. Erstbemessung festgesetzten Invaliditätsgrad für unzutreffend, so kann er – ggf. im Klagewege – gegen die Erstbemessung vorgehen (BGH, r+s 2009, 293, 204, unter Rn 19). Die Befugnis, die Neubemessung der Invalidität zu verlangen, bleibt unberührt (BGH, a.a.O.; s.a. OLG Hamm, r+s 1993, 157). Dem Recht auf Neufestsetzung steht also auch der Ablauf der Klagefrist gem. § 12 Abs. 3 VVG a.F. nicht entgegen (OLG Saarbrücken, a.a.O.; OLG Saarbrücken, VersR 2001, 1271), die seit Inkrafttreten des VVG-Reformgesetzes am 1.1.2008 ohnehin nicht mehr gesetzt werden kann (BGH, VersR 2012, 470). Im Rechtsstreit um die Erstfeststellung seiner Invalidität trifft den VN keine rechtliche Verpflichtung, bereits alle bis zum Abschluss der letzten mündlichen Verhandlung eingetretenen Veränderungen seines Gesundheitszustands geltend zu machen (BGH, a.a.O.); vielfach wird sich die gerichtliche Erstfestsetzung der Invalidität schon wegen der Notwendigkeit einer gutachtlichen Bewertung des Gesundheitszustandes des VN allein auf das Ergebnis einer ärztlichen Untersuchung stützen, die bereits eine geraume Zeit vor Abschluss der mündlichen Verhandlung stattgefunden hat (BGH, a.a.O.). Kann deshalb die Vertragspartei, welche später die Neubemessung der Invalidität verlangt, darlegen und ggf. beweisen, dass bestimmte Veränderungen im Gesundheitszustand des VN, auf die sich das Begehren stützt, noch nicht in die gerichtliche Erstbemessung eingeflossen sind, so sind diese Veränderungen i.R.d. Neubemessung zu berücksichtigen (BGH, a.a.O.).

D. Abdingbarkeit

§ 188 VVG ist gem. § 191 VVG **halbzwingend**. Daraus folgt, dass auch eine (vermeintlich) abschließende Einigung über den Invaliditätsgrad vor Fristablauf nichts daran ändert, dass der VN eine Neubemessung der Invalidität verlangen kann. Dass die Dreijahresfrist nicht verändert werden darf (Rüffer/Halbach/Schimikowski/*Rüffer*, § 188 Rn 2; Prölss/Martin/*Knappmann*, § 188 Rn 7), trifft so nicht zu; sie darf einseitig zu Lasten des VR verkürzt oder einseitig zugunsten des VN verlängert werden (s. § 191 VVG). Maßgeblich ist nicht, dass die Neubemessung zugunsten oder zu Lasten des VN ausfallen könnte; maßgeblich ist, dass sich die Rechtsprechung des VN dadurch verbessert, dass das Recht des VN, die Neubemessung zu verlangen, zugunsten des VN verlängert, bzw. das entsprechende Recht des VR zu Lasten des VR verkürzt werden kann.

§ 189 VVG | Sachverständigenverfahren, Schadensermittlungskosten

Die §§ 84 und 85 Abs. 1 und 3 sind entsprechend anzuwenden.

Übersicht

	Rdn
A. Normzweck	1
B. Norminhalt	2
I. Sachverständigenverfahren (§§ 189, 84 VVG)	2
1. Praktische Bedeutung	2
2. Vereinbarung des Sachverständigenverfahrens	3
3. Unverbindlichkeit der Feststellungen	4
II. Kosten der Schadensermittlung (§§ 189, 85 Abs. 1 und 3 VVG)	5
C. Prozessuales	8

A. Normzweck

1 Der **Rechtsgrundverweis** auf §§ 84, 85 Abs. 1 und 3 VVG, d.h. auf das Sachverständigenverfahren (§ 84 VVG) und die Erstattung von Schadensermittlungskosten (§ 85 Abs. 1 und 3 VVG) ist teils deklaratorisch, teils konstitutiv: Ist die Unfallversicherung ausnahmsweise als **Schadensversicherung** ausgestaltet (s. vor §§ 178 ff. Rdn 2), gelten die §§ 84 f. VVG unmittelbar (Begr. BT-Drucks 16/3945, S. 109); aus § 189 VVG folgt allerdings, dass § 85 Abs. 2 VVG auch insoweit *nicht* anwendbar ist (Begr. a.a.O.). Ist die Unfallversicherung als **Summenversicherung** ausgestaltet, sind die §§ 84 und 85 Abs. 1 VVG und 3 ohnehin nur aufgrund von § 189 VVG anwendbar (Begr. a.a.O.).

B. Norminhalt

I. Sachverständigenverfahren (§§ 189, 84 VVG)

1. Praktische Bedeutung

2 Praktische Bedeutung hat die Regelung der §§ 189, 84 VVG (noch) aufgrund von § 12 Abs. 1 Nr. 1 AUB 61 (BAV, VerBAV 1984, 10). Danach gilt: „*Im Fall von Meinungsverschiedenheiten über Art und Umfang der Unfallfolgen oder darüber, ob und in welchem Umfang der eingetretene Schaden auf den Versicherungsfall zurückzuführen ist, entscheidet ein Ärzteausschuss; für alle sonstigen Streitpunkte sind die ordentlichen Gerichte zuständig*" (vertiefend: *Leverenz*, in: Bruck/Möller, § 189 Rn 4). Da sich das Verfahren bei Meinungsverschiedenheiten allerdings als aufwendig, umständlich und unpraktikabel erwiesen hat, hat man es in späteren Musterbedingungen ersatzlos gestrichen.

2. Vereinbarung des Sachverständigenverfahrens

3 Das Sachverständigenverfahren muss **vereinbart** sein (vgl. § 84 Abs. 1 VVG [„sollen nach dem Vertrag"], § 12 Abs. 1 [1] AUB 61). Die Aufsichtsbehörde hat eine Unfallversicherungs-Klausel, die eine alleinige Zuständigkeit der Sachverständigen unter Ausschluss des

Rechtswegs vorsah, mit Recht beanstandet, weil die Klausel die Belange der Versicherten nicht hinreichend gewahrt hätte (BVerwGE 11, 245 = BVerwG, VersR 1961, 145).

3. Unverbindlichkeit der Feststellungen

Die Feststellung der Sachverständigen ist unverbindlich, wenn sie **offenbar** von der wirklichen Sachlage **erheblich** abweicht (§ 84 Abs. 1 S. 1 VVG). Beide Voraussetzungen müssen **kumulativ** gegeben sein (OLG Köln, r+s 1993, 318). Offenbar ist die erhebliche Abweichung, wenn die Feststellung für jeden fachkundigen und unbefangenen Dritten bei gewissenhafter Prüfung offenbare Unrichtigkeiten enthält (BGHZ 9, 195 = NJW 1953, 939). § 84 Abs. 1 Satz 1 VVG ist halbzwingend (vgl. § 87 VVG), so dass eine Vereinbarung des Inhalts, dass die getroffene Bestimmung trotz einer offenbar erheblichen Abweichung von der Sachlage für den VN verbindlich sein soll, unwirksam wäre (MüKo/*Dörner*, § 189 VVG Rn 5). 4

II. Kosten der Schadensermittlung (§§ 189, 85 Abs. 1 und 3 VVG)

Der Unfallversicherer hat die **Kosten des VN**, die durch die Ermittlung und Feststellung des Unfalls sowie des Umfangs seiner Leistungspflicht entstanden sind, insb. die Kosten ärztlicher Invaliditätsfeststellung (*Leverenz*, in: Bruck/Möller, Nr. 9.1 AUB 2008, Rn 15), in gebotener Höhe zu tragen. Dahinter steht der **Rechtsgedanke**, dass der angestrebte Unfallversicherungsschutz gefährdet wäre, wenn der VN u.U. erhebliche Kosten selbst zu tragen hätte (vgl. BGH, VersR 1982, 482, 483 [mit Blick auf § 66 VVG a.F.]). Er müsste in Kauf nehmen, dass es sich nicht lohnt, rechtlich begründete Ansprüche aus dem Versicherungsvertrag geltend zu machen, weil die Kosten unverhältnismäßig hoch ausfallen könnten (BGH, a.a.O.). 5

Kosten des VR, bspw. durch Hinzuziehung eines Sachverständigen, fallen nicht unter §§ 189, 85 Abs. 1, 3 VVG. Der VR hat sie ohnehin zu tragen (*Leverenz*, in: Bruck/Möller, Nr. 9.1 AUB 2008, 13). Eine Erstattungspflicht des VN ist nicht vorgesehen (*Leverenz*, a.a.O.). Der VR hat im Übrigen auch die **Behandlungskosten für Körperverletzungen** zu tragen, in denen sich eine notwendig mit der durch den Unfallversicherer angeordneten ärztlichen Untersuchung (vgl. Nr. 7.3 AUB 2014) verknüpfte objektive Gefahr realisiert hat (RGZ 68, 108; BK/*Schwintowski*, § 185 Rn 3). 6

§§ 189, 85 Abs. 1 und 3 VVG sind – i.R.d. §§ 305 ff. BGB – abdingbar. Die **Musterbedingungen** sehen bestimmte, unternehmensindividuell festzulegende **Höchstgrenzen für die Erstattung ärztlicher Kosten** vor. Nach Nr. 9.1. AUB 2014 gilt: *„Die ärztlichen Gebühren, die Ihnen zur Begründung des Leistungsanspruchs entstehen, übernehmen wir bei Invaliditätsleistung bis zu X % der versicherten Summe, bei Unfallrente bis zu X Monatsraten, bei Übergangsleistung bis zu X % der versicherten Summe, bei Tagegeld und Krankenhaustagegeld jeweils bis zu X Tagessätzen, bei Kosten für kosmetische Operationen sowie für Such-, Bergungs- und Rettungseinsätze bis zu X % der jeweils versicherten Summe"* Dörner (MüKo/*Dörner*, § 189 VVG Rn 8) sieht darin eine unangemessene Benachteiligung (§ 307 Abs. 1 BGB), *Leverenz* (*Leverenz*, in: Bruck/Möller, Nr. 9.1 AUB 2008, Rn 17) und *Grimm* 7

(*Grimm*, Unfallversicherung, Nr. 9 AUB 2010 Rn 9) halten die in der Klausel vorgesehene Einschränkung der Kostenerstattung für nicht unangemessen. Da §§ 189, 85 VVG nicht unter die halbzwingenden Vorschriften fallen (§§ 191, 87 VVG), sind **Höchstgrenzen nicht pauschal unzulässig**; gefährden zu niedrig angesetzte Höchstgrenzen jedoch – bei generalisierender Betrachtungsweise (Palandt/*Grüneberg*, § 307 BGB Rn 39) – den Vertragszweck, so verstoßen sie gegen § 307 Abs. 2 Nr. 2 BGB (ähnlich: Looschelders/Pohlmann/*Götz*, § 189 Rn 6; ähnlich im Ergebnis auch: *Leverenz*, in: Bruck/Möller, Nr. 9.1 AUB Rn 17). Das ist bereits dann der Fall, wenn die Höchstgrenzen die typischerweise entstehenden ärztlichen Kosten nicht abdecken (s. auch MüKo/*Dörner*, a.a.O.).

C. Prozessuales

8 Im Hinblick auf das **Sachverständigenverfahren** trifft die **Behauptungs- und Beweislast** die Partei, die sich auf die ausnahmsweise Unverbindlichkeit der Feststellungen beruft (OLG Köln, r+s 1993, 318). Der VN, der die offenkundige Unrichtigkeit geltend macht, muss – zumindest – substanziiert darlegen, in welchen Punkten die Feststellungen des Ärzteausschusses falsch sein sollen (OLG Köln, a.a.O.). Hierzu reicht es nicht aus, allgemein zur Frage der offensichtlichen Unrichtigkeit die Einholung eines – weiteren – Gutachtens zu beantragen (OLG Köln, a.a.O.).

§ 190 VVG   Pflichtversicherung

Besteht für den Abschluss einer Unfallversicherung eine Verpflichtung durch Rechtsvorschrift, hat der Versicherer dem Versicherungsnehmer unter Angabe der Versicherungssumme zu bescheinigen, dass eine der zu bezeichnenden Rechtsvorschrift entsprechende Unfallversicherung besteht.

Übersicht

	Rdn
A. Normzweck	1
B. Norminhalt	2
C. Abdingbarkeit	4

A. Normzweck

1 Die **Bescheinigungspflicht** des Unfallversicherers (bisher: §§ 185 Abs. 2 VVG a.F., 158b Abs. 2 S. 1 VVG a.F.) liegt **im öffentlichen Interesse**. Mit der Bescheinigung hat der VN den Nachweis zu führen, dass er seiner Rechtspflicht zum Abschluss einer Unfallversicherung nachgekommen ist.

B. Norminhalt

2 Die Bescheinigungspflicht des VR besteht nur in der **Pflichtversicherung**. Die Legaldefinition der Pflichtversicherung (§ 113 Abs. 1 VVG) beschränkt sich zwar auf die Haftpflicht-

versicherung; richtigerweise fallen jedoch (auch ausweislich der Überschrift des § 190 VVG) **alle Versicherungen** unter den Begriff der Pflichtversicherung, **zu deren Abschluss eine Verpflichtung durch Rechtsvorschrift besteht.**

Beispiele
– Rechtspflicht gem. § 27 Abs. 1 S. 2 WaffG bei **Betrieb einer Schießstätte**: Die Betriebserlaubnis setzt u.a. voraus, dass der Betreiber das Bestehen einer Haftpflichtversicherung i.H.v. mindestens 1 Mio. EUR und einer Unfallversicherung i.H.v. mindestens 10.000,00 EUR für den Todesfall und mindestens 100.000,00 EUR für den Invaliditätsfall bei einem im Geltungsbereich des Waffengesetzes zum Geschäftsbetrieb befugten Versicherungsunternehmen nachweist
– Rechtspflicht gem. §§ 40 Abs. 1 Nr. 8 AMG, 20 Abs. 1 Nr. 9 MPG bei klinischer Prüfung von Arzneimitteln und Medizinprodukten: Die **Probandenversicherung** stellt eine besondere Ausprägung der Unfallversicherung zugunsten eines Dritten (des Probanden) dar (Looschelders/Pohlmann/*Götz*, § 190 Rn 4): Die Probandenversicherung muss zugunsten der von der klinischen Prüfung betroffenen Personen bei einem in einem EU-Mitgliedstaat/EWR-Vertragsstaat zum Geschäftsbetrieb zugelassenen VR genommen werden. Ihr Umfang muss in einem angemessenen Verhältnis zu den mit der klinischen Prüfung verbundenen Risiken stehen und auf der Grundlage der Risikoabschätzung so festgelegt werden, dass für jeden Fall des Todes oder der dauernden Erwerbsunfähigkeit einer von der klinischen Prüfung betroffenen Person mindestens 500.000,00 EUR zur Verfügung stehen (§§ 40 Abs. 3 AMG, 20 Abs. 3 MPG).

Entsprechend der Parallelregelung in § 113 Abs. 2 VVG für die Haftpflichtversicherung stellt § 190 VVG durch den Begriff „*Rechtsvorschrift*" klar, dass sich die Versicherungspflicht nicht nur aus einem Gesetz im formellen Sinn, sondern auch aus sonstigen Rechtsvorschriften ergeben kann (Begr. BT-Drucks 16/3945, S. 110). 3

C. Abdingbarkeit

§ 190 VVG ist – ebenso wie § 113 Abs. 2 VVG – **zwingend**. Einer ausdrücklichen Klarstellung bedurfte es nach Meinung des Reformgesetzgebers nicht (BT-Drucks 16/3945, S. 110). 4

§ 191 VVG Abweichende Vereinbarungen

Von § 178 Abs. 2 Satz 2 und den §§ 181, 186 bis 188 kann nicht zum Nachteil des Versicherungsnehmers oder der versicherten Person abgewichen werden.

Halbzwingende Vorschriften enthielt bereits das VVG vom 30.5.1908 (RGBl S. 263). Durch die Verordnung zur Vereinheitlichung des Rechts der Vertragsversicherung vom 19.12.1939 (RGBl S. 2443) wurden sie jeweils am Ende eines Titels vereinigt. Dementsprechend fasst auch § 191 VVG die halbzwingenden Vorschriften über die Unfallversicherung (§§ 178 bis 191 VVG) unter der Überschrift „*Abweichende Vereinbarungen*" zusammen. Mit der Reform – nach § 180a Abs. 2 VVG a.F. konnte sich der VR auf eine Vereinbarung „*zum Nachteil des Betroffenen [nur] ... nicht berufen*" – ist die Klarstellung verbunden, dass **zum Nachteil des VN abweichende Vereinbarungen nichtig** sind (zust.: Looschelders/ 1

Pohlmann/*Götz*, § 191 Rn 2). Daraus folgt, dass sich auch der VN nicht auf eine abweichende, für ihn nachteilige Regelung berufen kann.

2 Halbzwingende Vorschriften schränken die Privatautonomie der Parteien ein; sie tragen der Tatsache Rechnung, dass die **Richtigkeitsgewähr der Verträge** (vgl. *Schmidt-Rimpler*, AcP 147 [1941], 130 ff.) im Privatversicherungsrecht im Regelfall nicht gewährleistet ist; vielmehr gilt es, den strukturell unterlegenen (Begriff: BVerfG, NJW 1994, 36, 38) und schwächeren (Motive zum VVG, S. 63) VN – über die Kontrolle Allgemeiner Versicherungsbedingungen (§§ 305 ff. BGB) hinaus – vor Parteivereinbarungen zu schützen, die einseitig die Interessen des VR verwirklichen würden. **Halbzwingend** bedeutet dabei, dass die Parteien für den VN günstigere, aber keine für ihn ungünstigeren Regelungen treffen dürfen; auch eine im Regelfall günstigere Klausel, die sich nur aufgrund besonderer Umstände des konkreten Einzelfalls zu Ungunsten eines VN auswirkt, kann unwirksam sein (zu pauschal: Prölss/Martin/*Knappmann*, § 191 Rn 1 und § 42 Rn 1).

3 Halbzwingend sind §§ 178 Abs. 2 S. 2, 181 VVG und §§ 186 bis 188 VVG. D.h. die Beweislastumkehr zulasten des Unfallversicherers (§ 178 Abs. 2 S. 2 VVG) steht (wie bisher) nicht zur Disposition. Ebenso wenig kann zum Nachteil des VN modifiziert werden:
- die restriktive Regelung der Gefahrerhöhung (§ 181 VVG),
- die Hinweispflicht (§ 186 VVG),
- die Erklärung des VR über die Leistungspflicht, insb. die Fristen, die Fälligkeits- und die Vorschussregelung (§ 187 VVG) sowie
- die Bestimmung über die Neubemessung der Invalidität (§ 188 VVG).

4 Im Hinblick auf § 178 Abs. 2 VVG stellt § 191 VVG ausdrücklich klar, dass auch abweichende Vereinbarungen **zum Nachteil der versicherten Person** ausgeschlossen sind, die nicht VN ist (Begr. BT-Drucks 16/3945, S. 110).

Anhang 1 Allgemeine Unfallversicherungsbedingungen AUB 2014

Stand: 25.3.2014

Hinweis

Diese Bedingungen des Gesamtverbandes der Deutschen Versicherungswirtschaft e.V. (GDV) sind für die Versicherer unverbindlich; ihre Verwendung ist rein fakultativ. Abweichende Bedingungen können vereinbart werden. Abdruck mit freundlicher Genehmigung des GDV; die jeweils aktuellen Bedingungen können kostenfrei auf der Website des GDV (*www.gdv.de*) abgerufen werden.

Sehr geehrte Kundin, sehr geehrter Kunde,

Unfälle passieren im Haushalt, im Beruf und in der Freizeit. Dann hilft Ihre Unfallversicherung. Egal, wo und wann sich der Unfall ereignet.

Grundlage für Ihren Vertrag sind diese Allgemeinen Unfallversicherungsbedingungen (**AUB**) und – wenn mit Ihnen vereinbart – weitere Bedingungen. Zusammen mit dem Antrag und dem Versicherungsschein legen diese den Inhalt Ihrer Unfallversicherung fest. Sie sind wichtige Dokumente.

Bitte lesen Sie die AUB daher vollständig und gründlich durch und bewahren Sie sie sorgfältig auf. So können Sie auch später, besonders nach einem Unfall, alles Wichtige noch einmal nachlesen.

Wenn ein Unfall passiert ist, benachrichtigen Sie uns bitte möglichst schnell. Wir klären dann mit Ihnen das weitere Vorgehen.

Auch wir als Versicherer kommen nicht ganz ohne Fachbegriffe aus. Diese sind nicht immer leicht verständlich. Wir möchten aber, dass Sie Ihre Versicherung gut verstehen. Deshalb erklären wir bestimmte Fachbegriffe oder erläutern sie durch Beispiele. Wenn wir Beispiele verwenden, sind diese nicht abschließend.

Ihre Unfallversicherung

Wer ist wer?
- Sie sind unser Versicherungsnehmer und damit unser Vertragspartner.
- Versicherte Person ist jeder, für den Sie Versicherungsschutz mit uns vereinbart haben. Das können Sie selbst und andere Personen sein.

Inhaltsverzeichnis

Der Versicherungsumfang
1   **Was ist versichert?**
1.1.   Grundsatz
1.2   Geltungsbereich
1.3   Unfallbegriff
1.4   Erweiterter Unfallbegriff
1.5   Einschränkungen unserer Leistungspflicht

2	Welche Leistungsarten können vereinbart werden? Welche Fristen und sonstigen Voraussetzungen gelten für die einzelnen Leistungsarten?
2.1	Invaliditätsleistung
2.2	Unfallrente
2.3	Übergangsleistung
2.4	Tagegeld
2.5	Krankenhaustagegeld
2.6	Todesfallleistung
2.7	Kosten für kosmetische Operationen
2.8	Kosten für Such-, Bergungs- oder Rettungseinsätze
3	Was passiert, wenn Unfallfolgen mit Krankheiten oder Gebrechen zusammentreffen?
3.1	Krankheiten und Gebrechen
3.2	Mitwirkung
4	**Gestrichen**
5	**Was ist nicht versichert?**
5.1	Ausgeschlossene Unfälle
5.2	Ausgeschlossene Gesundheitsschäden
6	**Was müssen Sie bei einem Kinder-Tarif und bei Änderungen der Berufstätigkeit oder Beschäftigung beachten?**
6.1	Umstellung des Kindertarifs
6.2	Änderung der Berufstätigkeit oder Beschäftigung

Der Leistungsfall

7	Was ist nach einem Unfall zu beachten (Obliegenheiten)?
8	Welche Folgen hat die Nichtbeachtung von Obliegenheiten?
9	Wann sind die Leistungen fällig?
9.1	Erklärung über die Leistungspflicht
9.2	Fälligkeit der Leistung
9.3	Vorschüsse
9.4	Neubemessung des Invaliditätsgrads

Die Vertragsdauer

10	Wann beginnt und wann endet der Vertrag?
10.1	Beginn des Versicherungsschutzes
10.2	Dauer und Ende des Vertrags
10.3	Kündigung nach Versicherungsfall
10.4	Versicherungsjahr

Der Versicherungsbeitrag

11	Was müssen Sie bei der Beitragszahlung beachten? Was geschieht, wenn Sie einen Beitrag nicht rechtzeitig zahlen?
11.1	Beitrag und Versicherungsteuer
11.2	Zahlung und Folgen verspäteter Zahlung/Erster Beitrag
11.3	Zahlung und Folgen verspäteter Zahlung/Folgebeitrag
11.4	Rechtzeitige Zahlung bei SEPA-Lastschriftmandat

11.5 Beitrag bei vorzeitiger Vertragsbeendigung
11.6 Beitragsbefreiung bei der Versicherung von Kindern

Weitere Bestimmungen

12 **Wie sind die Rechtsverhältnisse der am Vertrag beteiligten Personen zueinander?**
12.1 Fremdversicherung
12.2 Rechtsnachfolger und sonstige Anspruchsteller
12.3 Übertragung und Verpfändung von Ansprüchen
13 **Was bedeutet die vorvertragliche Anzeigepflicht und welche Folgen hat ihre Verletzung?**
13.1 Vorvertragliche Anzeigepflicht
13.2 Mögliche Folgen einer Anzeigepflichtverletzung
13.3 Voraussetzungen für die Ausübung unserer Rechte
13.4 Anfechtung
13.5 Erweiterung des Versicherungsschutzes
14 **Gestrichen**
15 **Wann verjähren die Ansprüche aus diesem Vertrag?**
15.1 Gesetzliche Verjährung
15.2 Aussetzung der Verjährung
16 **Welches Gericht ist zuständig?**
17 **Was ist bei Mitteilungen an uns zu beachten? Was gilt bei Änderung Ihrer Anschrift?**
18 **Welches Recht findet Anwendung?**

Der Versicherungsumfang

1 Was ist versichert?

1.1 **Grundsatz**
Wir bieten den vereinbarten Versicherungsschutz bei Unfällen der versicherten Person.

1.2 **Geltungsbereich**
Versicherungsschutz besteht während der Wirksamkeit des Vertrags
– weltweit und
– rund um die Uhr.

1.3 **Unfallbegriff**
Ein Unfall liegt vor, wenn die versicherte Person durch
– ein plötzlich von außen auf ihren Körper wirkendes Ereignis (Unfallereignis)
– unfreiwillig eine Gesundheitsschädigung
erleidet.

1.4 **Erweiterter Unfallbegriff**
Als Unfall gilt auch, wenn sich die versicherte Person durch eine erhöhte Kraftanstrengung
– ein Gelenk an Gliedmaßen oder der Wirbelsäule verrenkt.
Beispiel: Die versicherte Person stützt einen schweren Gegenstand ab und verrenkt sich dabei das Ellenbogengelenk.

– Muskeln, Sehnen, Bänder oder Kapseln an Gliedmaßen oder der Wirbelsäule zerrt oder zerreißt.

Beispiel: Die versicherte Person zerrt sich bei einem Klimmzug die Muskulatur am Unterarm.

Meniskus und Bandscheiben sind weder Muskeln, Sehnen, Bänder noch Kapseln. Deshalb werden sie von dieser Regelung nicht erfasst.

Eine erhöhte Kraftanstrengung ist eine Bewegung, deren Muskeleinsatz über die normalen Handlungen des täglichen Lebens hinausgeht. Maßgeblich für die Beurteilung des Muskeleinsatzes sind die individuellen körperlichen Verhältnisse der versicherten Person.

1.5 **Einschränkungen unserer Leistungspflicht**

Für bestimmte Unfälle und Gesundheitsschädigungen können wir keine oder nur eingeschränkt Leistungen erbringen.

Bitte beachten Sie daher die Regelungen zur Mitwirkung von Krankheiten und Gebrechen (Ziffer 3) und zu den Ausschlüssen (Ziffer 5).

2 Welche Leistungsarten können vereinbart werden?

Welche Fristen und sonstigen Voraussetzungen gelten für die einzelnen Leistungsarten?

Im Folgenden beschreiben wir verschiedene Arten von Leistungen und deren Voraussetzungen.

Es gelten immer nur die Leistungsarten und Versicherungssummen, die Sie mit uns vereinbart haben, und die in Ihrem Versicherungsschein und dessen Nachträgen genannt sind.

2.1 **Invaliditätsleistung**
2.1.1 **Voraussetzungen für die Leistung**
2.1.1.1 **Invalidität**

Die versicherte Person hat eine Invalidität erlitten.

Eine Invalidität liegt vor, wenn unfallbedingt
– die körperliche oder geistige Leistungsfähigkeit
– dauerhaft

beeinträchtigt ist.

Dauerhaft ist eine Beeinträchtigung, wenn
– sie voraussichtlich länger als drei Jahre bestehen wird und
– eine Änderung dieses Zustands nicht zu erwarten ist.

Beispiel: Eine Beeinträchtigung ist nicht dauerhaft, wenn die versicherte Person einen Knochenbruch erleidet, der innerhalb eines Jahres folgenlos ausheilt.

2.1.1.2 **Eintritt und ärztliche Feststellung der Invalidität**

Die Invalidität ist innerhalb von 15 Monaten nach dem Unfall
– eingetreten und
– von einem Arzt schriftlich festgestellt worden.

Ist eine dieser Voraussetzungen nicht erfüllt, besteht kein Anspruch auf Invaliditätsleistung.

2.1.1.3 Geltendmachung der Invalidität
Sie müssen die Invalidität innerhalb von 15 Monaten nach dem Unfall bei uns geltend machen. Geltend machen heißt: Sie teilen uns mit, dass Sie von einer Invalidität ausgehen.
Versäumen Sie diese Frist, ist der Anspruch auf Invaliditätsleistung ausgeschlossen.
Nur in besonderen Ausnahmefällen lässt es sich entschuldigen, wenn Sie die Frist versäumt haben.
Beispiel: Sie haben durch den Unfall schwere Kopfverletzungen erlitten und waren deshalb nicht in der Lage, mit uns Kontakt aufzunehmen.

2.1.1.4 Keine Invaliditätsleistung bei Unfalltod im ersten Jahr
Stirbt die versicherte Person unfallbedingt innerhalb eines Jahres nach dem Unfall, besteht kein Anspruch auf Invaliditätsleistung.
In diesem Fall zahlen wir eine Todesfallleistung (Ziffer 2.6), sofern diese vereinbart ist.

2.1.2 Art und Höhe der Leistung

2.1.2.1 Berechnung der Invaliditätsleistung
Die Invaliditätsleistung erhalten Sie als Einmalzahlung.
Grundlagen für die Berechnung der Leistung sind
- die vereinbarte Versicherungssumme und
- der unfallbedingte Invaliditätsgrad.

Beispiel: Bei einer Versicherungssumme von 100.000 Euro und einem unfallbedingten Invaliditätsgrad von 20 % zahlen wir 20.000 Euro.

2.1.2.2 Bemessung des Invaliditätsgrads, Zeitraum für die Bemessung
Der Invaliditätsgrad richtet sich
- nach der Gliedertaxe (Ziffer 2.1.2.2.1), sofern die betroffenen Körperteile oder Sinnesorgane dort genannt sind,
- ansonsten danach, in welchem Umfang die normale körperliche oder geistige Leistungsfähigkeit dauerhaft beeinträchtigt ist (Ziffer 2.1.2.2.2).

Maßgeblich ist der unfallbedingte Gesundheitszustand, der spätestens am Ende des dritten Jahres nach dem Unfall erkennbar ist. Dies gilt sowohl für die erste als auch für spätere Bemessungen der Invalidität (Ziffer 9.4).

2.1.2.2.1 Gliedertaxe
Bei Verlust oder vollständiger Funktionsunfähigkeit der folgenden Körperteile oder Sinnesorgane gelten ausschließlich die hier genannten Invaliditätsgrade.

– Arm	70 %
– Arm bis oberhalb des Ellenbogengelenks	65 %
– Arm unterhalb des Ellenbogengelenks	60 %
– Hand	55 %
– Daumen	20 %
– Zeigefinger	10 %

– anderer Finger	5 %
– Bein über der Mitte des Oberschenkels	70 %
– Bein bis zur Mitte des Oberschenkels	60 %
– Bein bis unterhalb des Knies	50 %
– Bein bis zur Mitte des Unterschenkels	45 %
– Fuß	40 %
– große Zehe	5 %
– andere Zehe	2 %
– Auge	50 %
– Gehör auf einem Ohr	30 %
– Geruchssinn	10 %
– Geschmackssinn	5 %

Bei Teilverlust oder teilweiser Funktionsbeeinträchtigung gilt der entsprechende Teil der genannten Invaliditätsgrade.

Beispiel: Ist ein Arm vollständig funktionsunfähig, ergibt das einen Invaliditätsgrad von 70 %. Ist er um ein Zehntel in seiner Funktion beeinträchtigt, ergibt das einen Invaliditätsgrad von 7 % (= ein Zehntel von 70 %).

2.1.2.2.2 **Bemessung außerhalb der Gliedertaxe**

Für andere Körperteile oder Sinnesorgane richtet sich der Invaliditätsgrad danach, in welchem Umfang die normale körperliche oder geistige Leistungsfähigkeit insgesamt dauerhaft beeinträchtigt ist. Maßstab ist eine durchschnittliche Person gleichen Alters und Geschlechts.

Die Bemessung erfolgt ausschließlich nach medizinischen Gesichtspunkten.

2.1.2.2.3 **Minderung bei Vorinvalidität**

Eine Vorinvalidität besteht, wenn betroffene Körperteile oder Sinnesorgane schon vor dem Unfall dauerhaft beeinträchtigt waren. Sie wird nach Ziffer 2.1.2.2.1 und Ziffer 2.1.2.2.2 bemessen.

Der Invaliditätsgrad mindert sich um diese Vorinvalidität.

Beispiel: Ist ein Arm vollständig funktionsunfähig, beträgt der Invaliditätsgrad 70 %. War dieser Arm schon vor dem Unfall um ein Zehntel in seiner Funktion beeinträchtigt, beträgt die Vorinvalidität 7 % (=ein Zehntel von 70 %). Diese 7 % Vorinvalidität werden abgezogen. Es verbleibt ein unfallbedingter Invaliditätsgrad von 63 %.

2.1.2.2.4 **Invaliditätsgrad bei Beeinträchtigung mehrerer Körperteile oder Sinnesorgane**

Durch einen Unfall können mehrere Körperteile oder Sinnesorgane beeinträchtigt sein. Dann werden die Invaliditätsgrade, die nach den vorstehenden Bestimmungen ermittelt wurden, zusammengerechnet.

Mehr als 100 % werden jedoch nicht berücksichtigt.

Beispiel: Durch einen Unfall ist ein Arm vollständig funktionsunfähig (70 %) und ein Bein zur Hälfte in seiner Funktion beeinträchtigt (35 %). Auch wenn die Addition der Invaliditätsgrade 105 % ergibt, ist die Invalidität auf 100 % begrenzt.

2.1.2.3 **Invaliditätsleistung bei Tod der versicherten Person**
Stirbt die versicherte Person vor der Bemessung der Invalidität, zahlen wir eine Invaliditätsleistung unter folgenden Voraussetzungen:
- Die versicherte Person ist nicht unfallbedingt innerhalb des ersten Jahres nach dem Unfall verstorben (Ziffer 2.1.1.4), und
- die sonstigen Voraussetzungen für die Invaliditätsleistung nach Ziffer 2.1.1 sind erfüllt.

Wir leisten nach dem Invaliditätsgrad, mit dem aufgrund der ärztlichen Befunde zu rechnen gewesen wäre.

2.2 **Unfallrente**
2.2.1 **Voraussetzungen für die Leistung**
Der unfallbedingte Invaliditätsgrad beträgt mindestens X %.
Für die Voraussetzungen und die Bemessung der Invalidität gelten die Ziffern 2.1.1 und 2.1.2.2.
Verstirbt die versicherte Person vor der Bemessung der Invalidität, gilt Ziffer 2.1.2.3.

2.2.2 **Art und Höhe der Leistung**
Wir zahlen die Unfallrente monatlich in Höhe der vereinbarten Versicherungssumme.

2.2.3 **Beginn und Dauer der Leistung**
2.2.3.1 Wir zahlen die Unfallrente
- rückwirkend ab Beginn des Monats, in dem sich der Unfall ereignet hat, und danach
- monatlich im Voraus.

2.2.3.2 Wir zahlen die Unfallrente bis zum Ende des Monats, in dem
- die versicherte Person stirbt oder
- wir Ihnen mitteilen, dass aufgrund einer Neubemessung nach Ziffer 9.4 der unfallbedingte Invaliditätsgrad unter X % gesunken ist.

Wir sind berechtigt, zur Prüfung der Voraussetzungen für den Rentenbezug Lebensbescheinigungen anzufordern. Wenn Sie uns die Bescheinigung nicht unverzüglich zusenden, ruht die Rentenzahlung ab der nächsten Fälligkeit.

2.3 **Übergangsleistung**
2.3.1 **Voraussetzungen für die Leistung**
2.3.1.1 Die versicherte Person ist unfallbedingt
- im beruflichen oder außerberuflichen Bereich
- ohne Mitwirkung von Krankheiten oder Gebrechen
- zu mindestens 50 Prozent in ihrer normalen körperlichen oder geistigen Leistungsfähigkeit beeinträchtigt.

Die Beeinträchtigung dauert, vom Unfalltag an gerechnet, ununterbrochen mehr als 6 Monate an.

2.3.1.2 Sie müssen die Beeinträchtigung innerhalb von 7 Monaten nach dem Unfall bei uns durch ein ärztliches Attest geltend machen. Geltend machen heißt: Sie teilen uns mit, dass Sie von einer Beeinträchtigung von mehr als 6 Monaten ausgehen. Nur in besonderen Ausnahmefällen lässt es sich entschuldigen, wenn Sie die Frist versäumt haben.
Beispiel: Sie haben durch den Unfall schwere Kopfverletzungen erlitten und waren deshalb nicht in der Lage, mit uns Kontakt aufzunehmen.

2.3.2 **Art und Höhe der Leistung**
Wir zahlen die Übergangsleistung in Höhe der vereinbarten Versicherungssumme.

2.4 **Tagegeld**

2.4.1 **Voraussetzungen für die Leistung**
Die versicherte Person ist unfallbedingt
– in ihrer Arbeitsfähigkeit beeinträchtigt und
– in ärztlicher Behandlung.

2.4.2 **Höhe und Dauer der Leistung**
Grundlagen für die Berechnung der Leistung sind
– die vereinbarte Versicherungssumme und
– der unfallbedingte Grad der Beeinträchtigung der Arbeitsfähigkeit.
Der Grad der Beeinträchtigung bemisst sich
– nach der Fähigkeit der versicherten Person, ihrem bis zu dem Unfall ausgeübten Beruf weiter nachzugehen.
– nach der allgemeinen Fähigkeit der versicherten Person, Arbeit zu leisten, wenn sie zum Zeitpunkt des Unfalls nicht berufstätig war.
Das Tagegeld wird nach dem Grad der Beeinträchtigung abgestuft.
Beispiel: Bei einer Beeinträchtigung der Arbeitsfähigkeit von 100 % zahlen wir das vereinbarte Tagegeld in voller Höhe. Bei einem ärztlich festgestellten Grad der Beeinträchtigung von 50 % zahlen wir die Hälfte des Tagegelds.
Wir zahlen das Tagegeld für die Dauer der ärztlichen Behandlung, längstens für ein Jahr ab dem Tag des Unfalls.

2.5 **Krankenhaustagegeld**

2.5.1 **Voraussetzungen für die Leistung**
Die versicherte Person
– ist unfallbedingt in medizinisch notwendiger vollstationärer Heilbehandlung oder
– unterzieht sich unfallbedingt einer ambulanten chirurgischen Operation und ist deswegen für mindestens X Tage ununterbrochen und vollständig in der Ausübung ihres Berufs beeinträchtigt. War die versicherte Person zum Zeitpunkt des Unfalls nicht berufstätig, kommt es auf die allgemeine Fähigkeit an, Arbeit zu leisten.
Kuren oder Aufenthalte in Sanatorien und Erholungsheimen gelten nicht als medizinisch notwendige Heilbehandlung.

2.5.2 **Höhe und Dauer der Leistung**
Wir zahlen das vereinbarte Krankenhaustagegeld
- für jeden Kalendertag der vollstationären Behandlung, längstens für X Jahre ab dem Tag des Unfalls.
- für X Tage bei ambulanten chirurgischen Operationen.

2.6 **Todesfallleistung**

2.6.1 **Voraussetzungen für die Leistung**
Die versicherte Person stirbt unfallbedingt innerhalb eines Jahres nach dem Unfall. Beachten Sie dann die Verhaltensregeln nach Ziffer 7.5.

2.6.2 **Art und Höhe der Leistung**
Wir zahlen die Todesfallleistung in Höhe der vereinbarten Versicherungssumme.

2.7 **Kosten für kosmetische Operationen**

2.7.1 **Voraussetzungen für die Leistung**
Die versicherte Person hat sich einer kosmetischen Operation unterzogen, um eine unfallbedingte Beeinträchtigung des äußeren Erscheinungsbilds zu beheben. Soweit Zähne betroffen sind, gehören nur Schneide- und Eckzähne zum äußeren Erscheinungsbild.
Die kosmetische Operation erfolgt
- durch einen Arzt,
- nach Abschluss der Heilbehandlung und
- bei Erwachsenen innerhalb von drei Jahren nach dem Unfall, bei Minderjährigen vor Vollendung des 21. Lebensjahres.

Voraussetzung ist auch, dass ein Dritter (z.B. Krankenkasse, Haftpflichtversicherer) nicht zu einer Kostenerstattung verpflichtet ist oder seine Leistungspflicht bestreitet.

2.7.2 **Art und Höhe der Leistung**
Wir erstatten nachgewiesene und nicht von Dritten übernommene
- Arzthonorare und sonstige Operationskosten,
- notwendige Kosten für Unterbringung und Verpflegung in einem Krankenhaus,
- Zahnbehandlungs- und Zahnersatzkosten

insgesamt bis zur Höhe der vereinbarten Versicherungssumme.

2.8 **Kosten für Such-, Bergungs- oder Rettungseinsätze**

2.8.1 **Voraussetzungen für die Leistung**
Der versicherten Person sind nach einem Unfall Kosten
- für Such-, Bergungs- oder Rettungseinsätze von öffentlich- oder privatrechtlich organisierten Rettungsdiensten oder
- für den ärztlich angeordneten Transport der verletzten Person zum Krankenhaus oder zur Spezialklinik

entstanden.
Einem Unfall steht gleich, wenn ein solcher unmittelbar drohte oder nach den konkreten Umständen zu vermuten war.

Voraussetzung ist auch, dass ein Dritter (z.b. Krankenkasse, Haftpflichtversicherer) nicht zu einer Kostenerstattung verpflichtet ist oder seine Leistungspflicht bestreitet.

2.8.2 **Art und Höhe der Leistung**
Wir erstatten nachgewiesene und nicht von Dritten übernommene Kosten insgesamt bis zur Höhe der vereinbarten Versicherungssumme.

3 Was passiert, wenn Unfallfolgen mit Krankheiten oder Gebrechen zusammentreffen?

3.1 **Krankheiten und Gebrechen**
Wir leisten ausschließlich für Unfallfolgen. Dies sind Gesundheitsschädigungen und ihre Folgen, die durch das Unfallereignis verursacht wurden.
Wir leisten nicht für Krankheiten oder Gebrechen.
Beispiele: Krankheiten sind z.b. Diabetes oder Gelenkserkrankungen; Gebrechen sind z.b. Fehlstellungen der Wirbelsäule, angeborene Sehnenverkürzung

3.2 **Mitwirkung**
Treffen Unfallfolgen mit Krankheiten oder Gebrechen zusammen, gilt Folgendes:

3.2.1 Entsprechend dem Umfang, in dem Krankheiten oder Gebrechen an der Gesundheitsschädigung oder ihren Folgen mitgewirkt haben (Mitwirkungsanteil), mindert sich
- bei den Leistungsarten Invaliditätsleistung und Unfallrente der Prozentsatz des Invaliditätsgrads.
- bei der Todesfallleistung und, soweit nicht etwas anderes bestimmt ist, bei den anderen Leistungsarten die Leistung selbst.

Beispiel: Nach einer Beinverletzung besteht ein Invaliditätsgrad von 10 %. Dabei hat eine Rheumaerkrankung zu 50 % mitgewirkt. Der unfallbedingte Invaliditätsgrad beträgt daher 5 %.

3.2.2 Beträgt der Mitwirkungsanteil weniger als 25 %, nehmen wir keine Minderung vor.

4 Gestrichen

5 Was ist nicht versichert?

5.1 **Ausgeschlossene Unfälle**
Kein Versicherungsschutz besteht für folgende Unfälle:

5.1.1 Unfälle der versicherten Person durch Bewusstseinsstörungen sowie durch Schlaganfälle, epileptische Anfälle oder andere Krampfanfälle, die den ganzen Körper der versicherten Person ergreifen.
Eine Bewusstseinsstörung liegt vor, wenn die versicherte Person in ihrer Aufnahme- und Reaktionsfähigkeit so beeinträchtigt ist, dass sie den Anforderungen der konkreten Gefahrenlage nicht mehr gewachsen ist.
Ursachen für die Bewusstseinsstörung können sein:
- eine gesundheitliche Beeinträchtigung,
- die Einnahme von Medikamenten,
- Alkoholkonsum,

– Konsum von Drogen oder sonstigen Mitteln, die das Bewusstsein beeinträchtigen.

Beispiele:
Die versicherte Person
- *stürzt infolge einer Kreislaufstörung die Treppe hinunter.*
- *kommt unter Alkoholeinfluss mit dem Fahrzeug von der Straße ab.*
- *torkelt alkoholbedingt auf dem Heimweg von der Gaststätte und fällt in eine Baugrube.*
- *balanciert aufgrund Drogenkonsums auf einem Geländer und stürzt ab.*

Ausnahme:
Die Bewusstseinsstörung oder der Anfall wurde durch ein Unfallereignis nach Ziffer 1.3 verursacht, für das nach diesem Vertrag Versicherungsschutz besteht. In diesen Fällen gilt der Ausschluss nicht.

Beispiel:
Die versicherte Person hatte während der Vertragslaufzeit einen Unfall mit einer Hirnschädigung. Ein neuer Unfall ereignet sich durch einen epileptischen Anfall, der auf die alte Hirnschädigung zurückzuführen ist. Wir zahlen für die Folgen des neuen Unfalls.

5.1.2 Unfälle, die der versicherten Person dadurch zustoßen, dass sie vorsätzlich eine Straftat ausführt oder versucht.

5.1.3 Unfälle, die unmittelbar oder mittelbar durch Kriegs- oder Bürgerkriegsereignisse verursacht sind.

Ausnahme:
Die versicherte Person wird auf Reisen im Ausland überraschend von Kriegs- oder Bürgerkriegsereignissen betroffen.
In diesem Fall gilt der Ausschluss nicht.
Der Versicherungsschutz erlischt dann am Ende des siebten Tages nach Beginn eines Krieges oder Bürgerkrieges auf dem Gebiet des Staats, in dem sich die versicherte Person aufhält.

Diese Ausnahme gilt nicht
– bei Reisen in oder durch Staaten, auf deren Gebiet bereits Krieg oder Bürgerkrieg herrscht,
– für die aktive Teilnahme am Krieg oder Bürgerkrieg,
– für Unfälle durch atomare, biologische oder chemische Waffen. In diesen Fällen gilt der Ausschluss.

5.1.4 Unfälle der versicherten Person
– als Führer eines Luftfahrzeugs oder Luftsportgeräts, soweit er nach deutschem Recht dafür eine Erlaubnis benötigt,
  Beispiel: Pilot, Gleitschirm- oder Drachenflieger
– als sonstiges Besatzungsmitglied eines Luftfahrzeugs,
  Beispiel: Funker, Bordmechaniker, Flugbegleiter

– bei beruflichen Tätigkeiten, die mit Hilfe eines Luftfahrzeugs auszuüben sind.
Beispiel: Luftfotograf, Sprühflüge zur Schädlingsbekämpfung.

5.1.5 Unfälle der versicherten Person durch die Teilnahme an Rennen mit Motorfahrzeugen. Teilnehmer ist jeder Fahrer, Beifahrer oder Insasse des Motorfahrzeugs. Rennen sind solche Wettfahrten oder dazugehörige Übungsfahrten, bei denen es auf die Erzielung von Höchstgeschwindigkeiten ankommt.

5.1.6 Unfälle, die unmittelbar oder mittelbar durch Kernenergie verursacht sind.

5.2 **Ausgeschlossene Gesundheitsschäden**
Kein Versicherungsschutz besteht außerdem für folgende Gesundheitsschäden:

5.2.1 Schäden an Bandscheiben sowie Blutungen aus inneren Organen und Gehirnblutungen.
Ausnahme:
– Ein Unfallereignis nach Ziffer 1.3 hat diese Gesundheitsschäden überwiegend (das heißt: zu mehr als 50 %) verursacht, und
– für dieses Unfallereignis besteht Versicherungsschutz nach diesem Vertrag.
In diesem Fall gilt der Ausschluss nicht.

5.2.2 Gesundheitsschäden durch Strahlen.

5.2.3 Gesundheitsschäden durch Heilmaßnahmen oder Eingriffe am Körper der versicherten Person. Als Heilmaßnahmen oder Eingriffe gelten auch strahlendiagnostische und strahlentherapeutische Handlungen.
Ausnahme:
– Die Heilmaßnahmen oder Eingriffe waren durch einen Unfall veranlasst, und
– für diesen Unfall besteht Versicherungsschutz nach diesem Vertrag.
In diesem Fall gilt der Ausschluss nicht.
Beispiel: Die versicherte Person erleidet einen Unfall und lässt die Unfallverletzung ärztlich behandeln. Ein Behandlungsfehler führt dabei zu weiteren Schädigungen.

5.2.4 Infektionen.
Ausnahme:
Die versicherte Person infiziert sich
– mit Tollwut oder Wundstarrkrampf.
– mit anderen Krankheitserregern, die durch nicht nur geringfügige Unfallverletzungen in den Körper gelangten. Geringfügig sind Unfallverletzungen, die ohne die Infektion und ihre Folgen keiner ärztlichen Behandlung bedürfen.
– durch solche Heilmaßnahmen oder Eingriffe, für die ausnahmsweise Versicherungsschutz besteht (Ziff 5.2.3).
In diesen Fällen gilt der Ausschluss nicht.

5.2.5 Vergiftungen infolge Einnahme fester oder flüssiger Stoffe durch den Schlund (Eingang der Speiseröhre).
Ausnahme:
Die versicherte Person hat zum Zeitpunkt des Unfalls das X. Lebensjahr noch nicht vollendet.

	Für diesen Fall gilt der Ausschluss nicht, es sei denn, die Vergiftung ist durch Nahrungsmittel verursacht.
5.2.6	Krankhafte Störungen infolge psychischer Reaktionen, auch wenn diese durch einen Unfall verursacht wurden.

Beispiele:
– *Posttraumatische Belastungsstörung nach Beinbruch durch einen Verkehrsunfall*
– *Angstzustände des Opfers einer Straftat*

5.2.7	Bauch- oder Unterleibsbrüche.

Ausnahme:
– Sie sind durch eine gewaltsame, von außen kommende Einwirkung entstanden, und
– für die Einwirkung besteht Versicherungsschutz nach diesem Vertrag.
In diesem Fall gilt der Ausschluss nicht.

6 Was müssen Sie bei einem Kinder-Tarif und bei Änderungen der Berufstätigkeit oder Beschäftigung beachten?

6.1	**Umstellung des Kinder-Tarifs**
6.1.1	Nach Ablauf des Versicherungsjahres (Ziffer 10.4), in dem das Kind das X. Lebensjahr vollendet, stellen wir die Versicherung auf den bei Abschluss des Vertrags gültigen Erwachsenentarif um.

Dabei haben Sie folgendes Wahlrecht:
– Sie zahlen den bisherigen Beitrag, und wir reduzieren die Versicherungssummen entsprechend, oder
– Sie behalten die bisherigen Versicherungssummen, und wir berechnen einen entsprechend höheren Beitrag.

6.1.2	Wir werden Sie rechtzeitig über Ihr Wahlrecht informieren. Haben Sie bis spätestens zwei Monate nach Beginn des neuen Versicherungsjahres noch keine Wahl getroffen, führen wir den Vertrag mit reduzierten Versicherungssummen fort.
6.2	**Änderung der Berufstätigkeit oder Beschäftigung**

Die Höhe des Beitrags hängt maßgeblich von der Berufstätigkeit oder der Beschäftigung der versicherten Person ab.
Grundlage für die Bemessung des Beitrags ist das für Ihren Vertrag geltende Berufsgruppenverzeichnis *(unternehmensindividueller Text zur Fundstelle).*

6.2.1	**Mitteilung der Änderung**

Eine Änderung der Berufstätigkeit oder Beschäftigung der versicherten Person müssen Sie uns unverzüglich mitteilen. Freiwilliger Wehrdienst, militärische Reserveübungen und befristete freiwillige soziale Dienste (z.B. Bundesfreiwilligendienst) fallen nicht darunter.

6.2.2	**Auswirkungen der Änderung**

Errechnen sich für die neue Berufstätigkeit oder Beschäftigung bei gleich bleibendem Beitrag nach dem vereinbarten Tarif niedrigere Versicherungssummen, gelten diese nach Ablauf eines Monats ab der Änderung.

Errechnen sich dagegen höhere Versicherungssummen, gelten diese, sobald uns Ihre Mitteilung zugeht, spätestens jedoch nach Ablauf eines Monats ab der Änderung.

Auch die neu errechneten Versicherungssummen gelten für berufliche und außerberufliche Unfälle.

Auf Ihren Wunsch führen wir den Vertrag auch mit den bisherigen Versicherungssummen bei erhöhtem oder gesenktem Beitrag weiter, sobald uns Ihre Mitteilung zugeht.

Der Leistungsfall

7 Was ist nach einem Unfall zu beachten (Obliegenheiten)?

Die Fristen und sonstigen Voraussetzungen für die einzelnen Leistungsarten sind in Ziffer 2 geregelt.

Im Folgenden beschreiben wir Verhaltensregeln (Obliegenheiten). Sie oder die versicherte Person müssen diese nach einem Unfall beachten, denn ohne Ihre Mithilfe können wir unsere Leistung nicht erbringen.

7.1 Nach einem Unfall, der voraussichtlich zu einer Leistung führt, müssen Sie oder die versicherte Person unverzüglich einen Arzt hinzuziehen, seine Anordnungen befolgen und uns unterrichten.

7.2 Sämtliche Angaben, um die wir Sie oder die versicherte Person bitten, müssen wahrheitsgemäß, vollständig und unverzüglich erteilt werden.

7.3 Wir beauftragen Ärzte, falls dies für die Prüfung unserer Leistungspflicht erforderlich ist. Von diesen Ärzten muss sich die versicherte Person untersuchen lassen.

Wir tragen die notwendigen Kosten und den Verdienstausfall, der durch die Untersuchung entsteht.

7.4 Für die Prüfung unserer Leistungspflicht benötigen wir möglicherweise Auskünfte von

– Ärzten, die die versicherte Person vor oder nach dem Unfall behandelt oder untersucht haben.

– anderen Versicherern, Versicherungsträgern und Behörden.

Sie oder die versicherte Person müssen es uns ermöglichen, die erforderlichen Auskünfte zu erhalten.

Dazu kann die versicherte Person die Ärzte und die genannten Stellen ermächtigen, uns die Auskünfte direkt zu erteilen. Ansonsten kann die versicherte Person die Auskünfte selbst einholen und uns zur Verfügung stellen.

7.5 Wenn der Unfall zum Tod der versicherten Person führt, ist uns dies innerhalb von 48 Stunden zu melden.

Soweit zur Prüfung unserer Leistungspflicht erforderlich, ist uns das Recht zu verschaffen, eine Obduktion – durch einen von uns beauftragten Arzt – durchführen zu lassen.

8 Welche Folgen hat die Nichtbeachtung von Obliegenheiten?

Wenn Sie oder die versicherte Person eine der in Ziffer 7 genannten Obliegenheiten vorsätzlich verletzen, verlieren Sie den Versicherungsschutz.

Bei grob fahrlässiger Verletzung einer Obliegenheit sind wir berechtigt, unsere Leistung in einem der Schwere Ihres Verschuldens entsprechenden Verhältnis zu kürzen.

Beides gilt nur, wenn wir Sie durch gesonderte Mitteilung in Textform auf diese Rechtsfolgen hingewiesen haben.

Weisen Sie nach, dass die Obliegenheit nicht grob fahrlässig verletzt wurde, bleibt der Versicherungsschutz bestehen.

Der Versicherungsschutz bleibt auch bestehen, wenn Sie nachweisen, dass die Verletzung der Obliegenheit weder für den Eintritt oder die Feststellung des Versicherungsfalls noch für die Feststellung oder den Umfang der Leistung ursächlich war.

Das gilt für vorsätzliche und grob fahrlässige Obliegenheitsverletzungen, nicht aber, wenn Sie oder die versicherte Person die Obliegenheit arglistig verletzt haben.

9 Wann sind die Leistungen fällig?

Wir erbringen unsere Leistungen, nachdem wir die Erhebungen abgeschlossen haben, die zur Feststellung des Versicherungsfalls und des Umfangs unserer Leistungspflicht notwendig sind. Dazu gilt Folgendes:

9.1 Erklärung über die Leistungspflicht

Wir sind verpflichtet, innerhalb eines Monats in Textform zu erklären, ob und in welchem Umfang wir unsere Leistungspflicht anerkennen. Bei Invaliditätsleistung und Unfallrente beträgt die Frist drei Monate.

Die Fristen beginnen, sobald uns folgende Unterlagen zugehen:
– Nachweis des Unfallhergangs und der Unfallfolgen.
– Bei Invaliditätsleistung und Unfallrente zusätzlich der Nachweis über den Abschluss des Heilverfahrens, soweit dies für die Bemessung des Invaliditätsgrads notwendig ist.

Beachten Sie dabei auch die Verhaltensregeln nach Ziffer 7.

Die ärztlichen Gebühren, die Ihnen zur Begründung des Leistungsanspruchs entstehen, übernehmen wir
– bei Invaliditätsleistung bis zu X ‰ der versicherten Summe.
– bei Unfallrente bis zu X Monatsrenten.
– bei Übergangsleistung bis zu X % der versicherten Summe.
– bei Tagegeld und Krankenhaustagegeld jeweils bis zu X Tagessätze.
– bei Kosten für kosmetische Operationen sowie für Such-, Bergungs- und Rettungseinsätze bis zu X % der jeweils versicherten Summe.

Sonstige Kosten übernehmen wir nicht.

9.2 **Fälligkeit der Leistung**
Erkennen wir den Anspruch an oder haben wir uns mit Ihnen über Grund und Höhe geeinigt, leisten wir innerhalb von zwei Wochen.

9.3 **Vorschüsse**
Steht die Leistungspflicht zunächst nur dem Grunde nach fest, zahlen wir – auf Ihren Wunsch – angemessene Vorschüsse.
Beispiel: Es steht fest, dass Sie von uns eine Invaliditätsleistung erhalten. Allerdings ist die Höhe der Leistung noch nicht bestimmbar.
Vor Abschluss des Heilverfahrens kann eine Invaliditätsleistung innerhalb eines Jahres nach dem Unfall nur bis zur Höhe einer vereinbarten Todesfallsumme beansprucht werden.

9.4 **Neubemessung des Invaliditätsgrads**
Nach der Bemessung des Invaliditätsgrads können sich Veränderungen des Gesundheitszustands ergeben.
Sie und wir sind berechtigt, den Grad der Invalidität jährlich erneut ärztlich bemessen zu lassen.
Dieses Recht steht Ihnen und uns längstens bis zu drei Jahren nach dem Unfall zu. Bei Kindern bis zur Vollendung des X. Lebensjahres verlängert sich diese Frist von drei auf X Jahre.
– Wenn wir eine Neubemessung wünschen, teilen wir Ihnen dies zusammen mit der Erklärung über unsere Leistungspflicht mit.
– Wenn Sie eine Neubemessung wünschen, müssen Sie uns dies vor Ablauf der Frist mitteilen.
Ergibt die endgültige Bemessung eine höhere Invaliditätsleistung, als wir bereits gezahlt haben, ist der Mehrbetrag mit X % jährlich zu verzinsen.

Die Versicherungsdauer

10 Wann beginnt und wann endet der Vertrag?

10.1 **Beginn des Versicherungsschutzes**
Der Versicherungsschutz beginnt zu dem im Versicherungsschein angegebenen Zeitpunkt. Voraussetzung für den Versicherungsschutz ist, dass Sie den ersten oder den einmaligen Beitrag unverzüglich nach Ablauf von 14 Tagen nach Zugang des Versicherungsscheins zahlen.

10.2 **Dauer und Ende des Vertrags**

10.2.1 **Vertragsdauer**
Der Vertrag ist für die im Versicherungsschein angegebene Zeit abgeschlossen.

10.2.2 **Stillschweigende Verlängerung**
Bei einer Vertragsdauer von mindestens einem Jahr verlängert sich der Vertrag um jeweils ein weiteres Jahr, wenn der Vertrag nicht gekündigt wird. Kündigen können sowohl Sie als auch wir. Die Kündigung muss Ihnen oder uns spätestens drei Monate vor dem Ablauf der Vertragszeit zugehen

10.2.3 Vertragsbeendigung

Bei einer Vertragsdauer von weniger als einem Jahr endet der Vertrag zum vorgesehenen Zeitpunkt, ohne dass es einer Kündigung bedarf.

Bei einer Vertragsdauer von mehr als drei Jahren können Sie den Vertrag schon zum Ablauf des dritten Jahres oder jedes darauf folgenden Jahres kündigen. Ihre Kündigung muss uns spätestens drei Monate vor Ablauf des jeweiligen Versicherungsjahres zugehen.

10.3 Kündigung nach Versicherungsfall

Sie oder wir können den Vertrag kündigen, wenn wir eine Leistung erbracht haben, oder wenn Sie gegen uns Klage auf eine Leistung erhoben haben.

Die Kündigung muss Ihnen oder uns spätestens einen Monat nach Leistung oder Beendigung des Rechtsstreits zugegangen sein.

Wenn Sie kündigen, wird Ihre Kündigung wirksam, sobald sie uns zugeht. Sie können jedoch bestimmen, dass die Kündigung zu einem späteren Zeitpunkt wirksam wird; spätestens jedoch am Ende des Versicherungsjahres. Unsere Kündigung wird einen Monat, nachdem Sie sie erhalten haben, wirksam.

10.4 Versicherungsjahr

Das Versicherungsjahr dauert zwölf Monate.

Ausnahme:

Besteht die vereinbarte Vertragsdauer nicht aus ganzen Jahren, wird das erste Versicherungsjahr entsprechend verkürzt. Die folgenden Versicherungsjahre bis zum vereinbarten Vertragsablauf sind jeweils ganze Jahre.

Beispiel: Bei einer Vertragsdauer von 15 Monaten beträgt das erste Versicherungsjahr 3 Monate, das folgende Versicherungsjahr 12 Monate.

Der Versicherungsbeitrag

11 Was müssen Sie bei der Beitragszahlung beachten? Was geschieht, wenn Sie einen Beitrag nicht rechtzeitig zahlen?

11.1 Beitrag und Versicherungsteuer

11.1.1 Beitragszahlung und Versicherungsperiode

Die Beiträge können Sie je nach Vereinbarung monatlich, vierteljährlich, halbjährlich oder jährlich bezahlen. Danach bestimmt sich die Dauer der Versicherungsperiode: Sie beträgt
- bei Monatsbeiträgen einen Monat,
- bei Vierteljahresbeiträgen ein Vierteljahr,
- bei Halbjahresbeiträgen ein Halbjahr und
- bei Jahresbeiträgen ein Jahr.

11.1.2 Versicherungsteuer

Der in Rechnung gestellte Beitrag enthält die Versicherungsteuer. Diese haben Sie in der jeweils vom Gesetz bestimmten Höhe zu zahlen.

11.2 Zahlung und Folgen verspäteter Zahlung/Erster Beitrag

11.2.1 Fälligkeit der Zahlung
Wenn Sie den Versicherungsschein von uns erhalten, müssen Sie den ersten Beitrag unverzüglich nach Ablauf von 14 Tagen bezahlen.

11.2.2 Späterer Beginn des Versicherungsschutzes
Wenn Sie den ersten Beitrag zu einem späteren Zeitpunkt bezahlen, beginnt der Versicherungsschutz erst ab diesem späteren Zeitpunkt. Darauf müssen wir Sie durch gesonderte Mitteilung in Textform oder durch einen auffälligen Hinweis im Versicherungsschein aufmerksam gemacht haben.
Wenn Sie uns nachweisen, dass Sie die verspätete Zahlung nicht verschuldet haben, beginnt der Versicherungsschutz zum vereinbarten Zeitpunkt.

11.2.3 Rücktritt
Wenn Sie den ersten Beitrag nicht rechtzeitig bezahlen, können wir vom Vertrag zurücktreten, solange der Beitrag nicht bezahlt ist. Wir können nicht zurücktreten, wenn Sie nachweisen, dass Sie die verspätete Zahlung nicht verschuldet haben.

11.3 Zahlung und Folgen verspäteter Zahlung/Folgebeitrag

11.3.1 Fälligkeit und Rechtzeitigkeit der Zahlung
Die Folgebeiträge werden zu dem jeweils vereinbarten Zeitpunkt fällig.

11.3.2 Verzug
Wenn Sie einen Folgebeitrag nicht rechtzeitig bezahlen, geraten Sie in Verzug, auch ohne dass Sie eine Mahnung von uns erhalten haben.
Dies gilt nicht, wenn Sie die verspätete Zahlung nicht verschuldet haben.
Bei Verzug sind wir berechtigt, Ersatz für den Schaden zu verlangen, der uns durch den Verzug entstanden ist (Ziffer 11.3.3).

11.3.3 Zahlungsfrist
Wenn Sie einen Folgebeitrag nicht rechtzeitig bezahlen, können wir Ihnen auf Ihre Kosten in Textform eine Zahlungsfrist setzen. Die Zahlungsfrist muss mindestens zwei Wochen betragen.
Unsere Zahlungsaufforderung ist nur wirksam, wenn sie folgende Informationen enthält:
– Die ausstehenden Beträge, die Zinsen und die Kosten müssen im Einzelnen beziffert sein und
– die Rechtsfolgen müssen angegeben sein, die nach Ziffer 11.3.4 mit der Fristüberschreitung verbunden sind.

11.3.4 Verlust des Versicherungsschutzes und Kündigung
Wenn Sie nach Ablauf der Zahlungsfrist den angemahnten Betrag nicht bezahlt haben,
– besteht ab diesem Zeitpunkt bis zur Zahlung kein Versicherungsschutz.
– können wir den Vertrag kündigen, ohne eine Frist einzuhalten.
Wenn Sie nach unserer Kündigung innerhalb eines Monats den angemahnten Betrag bezahlen, besteht der Vertrag fort. Für Versicherungsfälle zwischen dem Ablauf der Zahlungsfrist und Ihrer Zahlung besteht kein Versicherungsschutz.

11.4 Rechtzeitige Zahlung bei SEPA-Lastschriftmandat

Wenn wir die Einziehung des Beitrags von einem Konto vereinbart haben, gilt die Zahlung als rechtzeitig, wenn der Beitrag zu dem Fälligkeitstag eingezogen werden kann und Sie der Einziehung nicht widersprechen.

Die Zahlung gilt auch als rechtzeitig, wenn der fällige Beitrag ohne Ihr Verschulden nicht eingezogen werden kann und Sie nach einer Aufforderung in Textform unverzüglich zahlen.

Wenn Sie es zu vertreten haben, dass der fällige Beitrag nicht eingezogen werden kann, sind wir berechtigt, künftig eine andere Zahlungsweise zu verlangen.

Sie müssen allerdings erst dann zahlen, wenn wir Sie hierzu in Textform aufgefordert haben.

11.5 Beitrag bei vorzeitiger Vertragsbeendigung

Bei vorzeitiger Beendigung des Vertrags haben wir nur Anspruch auf den Teil des Beitrags, der dem Zeitraum des Versicherungsschutzes entspricht.

11.6 Beitragsbefreiung bei der Versicherung von Kindern

Wenn Sie während der Versicherungsdauer sterben und
- Sie bei Versicherungsbeginn das X. Lebensjahr noch nicht vollendet hatten,
- die Versicherung nicht gekündigt war und
- Ihr Tod nicht durch Kriegs- oder Bürgerkriegsereignisse verursacht wurde,

gilt Folgendes:

11.6.1
Wir führen die Versicherung mit dem zu diesem Zeitpunkt geltenden Leistungsumfang bis zum Ablauf des Versicherungsjahres beitragsfrei weiter, in dem das versicherte Kind das X. Lebensjahr vollendet.

11.6.2
Der gesetzliche Vertreter des Kindes wird neuer Versicherungsnehmer, wenn nichts anderes vereinbart ist.

Weitere Bestimmungen

12 Wie sind die Rechtsverhältnisse der am Vertrag beteiligten Personen zueinander?

12.1 Fremdversicherung

Die Ausübung der Rechte aus diesem Vertrag steht ausschließlich Ihnen als Versicherungsnehmer zu. Das gilt auch, wenn die Versicherung gegen Unfälle abgeschlossen ist, die einem anderen zustoßen (Fremdversicherung).

Wir zahlen Leistungen aus dem Versicherungsvertrag auch dann an Sie aus, wenn der Unfall nicht Ihnen, sondern einer anderen versicherten Person zugestoßen ist.

Sie sind neben der versicherten Person für die Erfüllung der Obliegenheiten verantwortlich.

12.2 Rechtsnachfolger und sonstige Anspruchsteller

Alle für Sie geltenden Bestimmungen sind auf Ihren Rechtsnachfolger und sonstige Anspruchsteller entsprechend anzuwenden.

12.3 Übertragung und Verpfändung von Ansprüchen

Die Ansprüche aus dem Versicherungsvertrag können vor Fälligkeit ohne unsere Zustimmung weder übertragen noch verpfändet werden.

Anhang 1 zu §§ 178 bis 191 VVG   AUB 2014

13 Was bedeutet die vorvertragliche Anzeigepflicht und welche Folgen hat ihre Verletzung?

13.1 Vorvertragliche Anzeigepflicht

Sie sind bis zur Abgabe Ihrer Vertragserklärung verpflichtet, alle Ihnen bekannten gefahrerheblichen Umstände, nach denen wir in Textform gefragt haben, wahrheitsgemäß und vollständig anzuzeigen. Gefahrerheblich sind die Umstände, die für unsere Entscheidung, den Vertrag überhaupt oder mit dem vereinbarten Inhalt zu schließen, erheblich sind.

Diese Anzeigepflicht gilt auch für Fragen nach gefahrerheblichen Umständen, die wir

– nach Ihrer Vertragserklärung,
– aber noch vor Vertragsannahme

in Textform stellen.

Soll eine andere Person als Sie selbst versichert werden, ist auch diese – neben Ihnen – zu wahrheitsgemäßer und vollständiger Beantwortung der Fragen verpflichtet.

Wenn eine andere Person die Fragen nach gefahrerheblichen Umständen für Sie beantwortet und wenn diese Person den gefahrerheblichen Umstand kennt oder arglistig handelt, werden Sie so behandelt, als hätten Sie selbst davon Kenntnis gehabt oder arglistig gehandelt.

13.2 Mögliche Folgen einer Anzeigepflichtverletzung

Eine Verletzung der Anzeigepflicht kann erhebliche Auswirkungen auf Ihren Versicherungsschutz haben. Wir können in einem solchen Fall
– vom Vertrag zurücktreten,
– den Vertrag kündigen,
– den Vertrag ändern oder
– den Vertrag wegen arglistiger Täuschung anfechten.

13.2.1 Rücktritt

Wird die vorvertragliche Anzeigepflicht verletzt, können wir vom Vertrag zurücktreten.

Kein Rücktrittsrecht besteht, wenn
– weder eine vorsätzliche,
– noch eine grob fahrlässige

Anzeigepflichtverletzung vorliegt.

Auch wenn die Anzeigepflicht grob fahrlässig verletzt wird, haben wir trotzdem kein Rücktrittsrecht, wenn wir den Vertrag – möglicherweise zu anderen Bedingungen (z.B. höherer Beitrag oder eingeschränkter Versicherungsschutz) – auch bei Kenntnis der nicht angezeigten gefahrerheblichen Umstände geschlossen hätten.

Im Fall des Rücktritts haben Sie keinen Versicherungsschutz.

Wenn wir nach Eintritt des Versicherungsfalls zurücktreten, bleibt unsere Leistungspflicht unter folgender Voraussetzung bestehen:

Die Verletzung der Anzeigepflicht bezieht sich auf einen gefahrerheblichen Umstand, der
- weder für den Eintritt oder die Feststellung des Versicherungsfalls,
- noch für die Feststellung oder den Umfang unserer Leistungspflicht

ursächlich war.

Wird die Anzeigepflicht arglistig verletzt, entfällt unsere Leistungspflicht.

13.2.2 **Kündigung**

Wenn unser Rücktrittsrecht ausgeschlossen ist, weil die Verletzung der Anzeigepflicht weder vorsätzlich noch grob fahrlässig erfolgte, können wir den Vertrag unter Einhaltung einer Frist von einem Monat kündigen.

Unser Kündigungsrecht ist ausgeschlossen, wenn wir den Vertrag – möglicherweise zu anderen Bedingungen (z.b. höherer Beitrag oder eingeschränkter Versicherungsschutz) – auch bei Kenntnis der nicht angezeigten gefahrerheblichen Umstände geschlossen hätten.

13.2.3 **Vertragsänderung**

Können wir nicht zurücktreten oder kündigen, weil wir den Vertrag – möglicherweise zu anderen Bedingungen (z.B. höherer Beitrag oder eingeschränkter Versicherungsschutz) – auch bei Kenntnis der nicht angezeigten gefahrerheblichen Umstände geschlossen hätten, werden die anderen Bedingungen auf unser Verlangen hin rückwirkend Vertragsbestandteil.

Haben Sie die Anzeigepflichtverletzung nicht zu vertreten, werden die anderen Bedingungen erst ab der laufenden Versicherungsperiode (Ziffer 11.1.1) Vertragsbestandteil.

Sie können den Vertrag innerhalb eines Monats, nachdem Sie unsere Mitteilung erhalten haben, fristlos kündigen, wenn
- wir im Rahmen einer Vertragsänderung den Beitrag um mehr als 10 % erhöhen oder
- wir die Gefahrabsicherung für einen nicht angezeigten Umstand ausschließen.

Auf dieses Recht werden wir Sie in der Mitteilung über die Vertragsänderung hinweisen.

13.3 **Voraussetzungen für die Ausübung unserer Rechte**

Unsere Rechte zum Rücktritt, zur Kündigung oder zur Vertragsänderung stehen uns nur zu, wenn wir Sie durch gesonderte Mitteilung in Textform auf die Folgen einer Anzeigepflichtverletzung hingewiesen haben.

Wir haben kein Recht zum Rücktritt, zur Kündigung oder zur Vertragsänderung, wenn wir den nicht angezeigten Umstand oder die Unrichtigkeit der Anzeige kannten.

Wir können unsere Rechte zum Rücktritt, zur Kündigung oder zur Vertragsänderung nur innerhalb eines Monats schriftlich geltend machen. Die Frist beginnt mit dem Zeitpunkt, zu dem wir von der Verletzung der Anzeigepflicht, die das von uns geltend gemachte Recht begründet, Kenntnis erlangen.

Bei Ausübung unserer Rechte müssen wir die Umstände angeben, auf die wir unsere Erklärung stützen. Zur Begründung können wir nachträglich weitere Umstände angeben, wenn für diese die Monatsfrist noch nicht verstrichen ist.

Nach Ablauf von fünf Jahren seit Vertragsschluss erlöschen unsere Rechte zum Rücktritt, zur Kündigung oder zur Vertragsänderung. Ist der Versicherungsfall vor Ablauf dieser Frist eingetreten, können wir die Rechte auch nach Ablauf der Frist geltend machen.

Ist die Anzeigepflicht vorsätzlich oder arglistig verletzt worden, beträgt die Frist zehn Jahre.

13.4 **Anfechtung**

Wir können den Vertrag auch anfechten, falls unsere Entscheidung zur Annahme des Vertrags durch unrichtige oder unvollständige Angaben bewusst und gewollt beeinflusst worden ist.

Im Fall der Anfechtung steht uns der Teil des Beitrags zu, der der bis zum Wirksamwerden der Anfechtungserklärung abgelaufenen Vertragszeit entspricht.

13.5 **Erweiterung des Versicherungsschutzes**

Die Absätze 13.1. bis 13.4 gelten entsprechend, wenn der Versicherungsschutz nachträglich erweitert wird und deshalb eine erneute Risikoprüfung erforderlich ist.

14 Gestrichen

15 Wann verjähren die Ansprüche aus diesem Vertrag?

15.1 **Gesetzliche Verjährung**

Die Ansprüche aus dem Versicherungsvertrag verjähren in drei Jahren. Die Fristberechnung richtet sich nach den allgemeinen Vorschriften des Bürgerlichen Gesetzbuchs.

15.2 **Aussetzung der Verjährung**

Ist ein Anspruch aus dem Versicherungsvertrag bei uns geltend gemacht worden, ist die Verjährung gehemmt. Dies gilt von der Geltendmachung bis zu dem Zeitpunkt, zu dem Ihnen unsere Entscheidung in Textform zugeht.

16 Welches Gericht ist zuständig?

16.1 Für Klagen aus dem Versicherungsvertrag gegen uns sind folgende Gerichte zuständig:
- das Gericht am Sitz unseres Unternehmens oder unserer Niederlassung, die für Ihren Vertrag zuständig ist.
- das Gericht Ihres Wohnorts oder, wenn Sie keinen festen Wohnsitz haben, am Ort Ihres gewöhnlichen Aufenthalts.

16.2 Für Klagen aus dem Versicherungsvertrag gegen Sie ist das Gericht Ihres Wohnorts oder, wenn Sie keinen festen Wohnsitz haben, das Gericht Ihres gewöhnlichen Aufenthalts zuständig.

17 Was ist bei Mitteilungen an uns zu beachten? Was gilt bei Änderung Ihrer Anschrift?

17.1 Anzeigen oder Erklärungen sollen an folgende Stellen gerichtet werden:
- an unsere Hauptverwaltung oder
- an die Geschäftsstelle, die für Sie zuständig ist. Welche Geschäftsstelle dies ist, ergibt sich aus Ihrem Versicherungsschein oder aus dessen Nachträgen.

17.2 Änderungen Ihrer Anschrift müssen Sie uns mitteilen.
Wenn Sie dies nicht tun und wir Ihnen gegenüber eine rechtliche Erklärung abgeben wollen, gilt Folgendes:
Die Erklärung gilt drei Tage nach der Absendung als zugegangen, wenn wir sie per Einschreiben an Ihre letzte uns bekannte Anschrift geschickt haben.
Das gilt auch, wenn Sie uns eine Änderung Ihres Namens nicht mitteilen.

18 Welches Recht findet Anwendung?

Für diesen Vertrag gilt deutsches Recht.

Anhang 2 zu §§ 178 bis 191 VVG — **AB UBR**

Anhang 2 Allgemeine Bedingungen für die Unfallversicherung mit garantierter Beitragsrückzahlung (AB UBR)

Stand: 27.4.2016

Hinweis
Diese Bedingungen des Gesamtverbandes der Deutschen Versicherungswirtschaft e.V. (GDV) sind für die Versicherer unverbindlich; ihre Verwendung ist rein fakultativ. Abweichende Bedingungen können vereinbart werden. Abdruck mit freundlicher Genehmigung des GDV; die jeweils aktuellen Bedingungen können kostenfrei auf der Website des GDV (*www.gdv.de*) abgerufen werden.

Sehr geehrte Kundin, sehr geehrter Kunde,

Ihre Unfallversicherung mit garantierter Beitragsrückzahlung bietet in einem Vertrag eine zweifache Vorsorge:

Unfälle passieren im Haushalt, im Beruf und in der Freizeit. Dann hilft Ihre Unfallversicherung. Egal, wo und wann sich der Unfall ereignet.

Zusätzlich zur Unfallversicherung erwerben Sie aus Ihren Beiträgen einen Rückzahlungsanspruch zum vereinbarten Ablauftermin oder im Todesfall (Kapitalversicherung). Diesen Rückzahlungsanspruch garantieren wir unabhängig davon, ob Sie Leistungen aus der Unfallversicherung erhalten haben.

Grundlage für Ihren Vertrag sind diese Allgemeinen Bedingungen für die Unfallversicherung mit Beitragsrückzahlung (AB UBR) und – wenn mit Ihnen vereinbart – weitere Bedingungen. Zusammen mit dem Antrag und dem Versicherungsschein legen diese den Inhalt Ihrer Unfallversicherung mit garantierter Beitragsrückzahlung fest. Sie sind wichtige Dokumente.

Bitte lesen Sie die AB UBR daher vollständig und gründlich durch und bewahren Sie sie sorgfältig auf. So können Sie auch später – vor allem nach einem Unfall oder bei Fragen zur Kapitalversicherung – alles Wichtige noch einmal nachlesen.

Wenn ein Unfall passiert ist, benachrichtigen Sie uns bitte möglichst schnell. Wir klären dann mit Ihnen das weitere Vorgehen.

Auch wir als Versicherer kommen nicht ganz ohne Fachbegriffe aus. Diese sind nicht immer leicht verständlich. Wir möchten aber, dass Sie Ihre Versicherung gut verstehen. Deshalb erklären wir die Fachbegriffe und erläutern sie durch Beispiele. Wenn wir Beispiele verwenden, sind diese natürlich nicht abschließend.

Ihre Unfallversicherung

Wer ist wer?
– Sie sind unser Versicherungsnehmer und damit unser Vertragspartner.
– Versicherte Person ist jeder, für den Sie Versicherungsschutz mit uns vereinbart haben. Das können Sie selbst und/oder andere Personen sein.

In einer Klausel zur versicherten Person kann auch die Möglichkeit einer Differenzierung hinsichtlich des Unfallschutzes und des Kapitalschutzes eingeräumt werden.

Inhaltsverzeichnis
Der Versicherungsumfang in der Unfallversicherung
1 Was ist in der Unfallversicherung versichert?
2 Welche Leistungsarten können in der Unfallversicherung vereinbart werden? Welche Fristen und sonstigen Voraussetzungen gelten für die einzelnen Leistungsarten?
2.1 Invaliditätsleistung
2.2 Unfallrente
2.3 Übergangsleistung
2.4 Tagegeld
2.5 Krankenhaustagegeld
2.6 Todesfallleistung
2.7 Kosten für kosmetische Operationen
2.8 Kosten für Such-, Bergungs- oder Rettungseinsätze
3 Was passiert in der Unfallversicherung, wenn Unfallfolgen mit Krankheiten oder Gebrechen zusammentreffen?
4 [*Gestrichen*]
5 Was ist in der Unfallversicherung nicht versichert?
6 Was müssen Sie in der Unfallversicherung bei einem Kinder-Tarif und bei Änderungen der Berufstätigkeit oder Beschäftigung beachten?

Der Leistungsfall in der Unfallversicherung
7 Was ist nach einem Unfall zu beachten (Obliegenheiten)?
8 Welche Folgen hat die Nichtbeachtung von Obliegenheiten?
9 Wann sind die Leistungen in der Unfallversicherung fällig?

Der Versicherungsumfang in der Kapitalversicherung
10 Welche Leistungen erbringen wir?
11 Wie hoch ist die garantierte Kapitalleistung?
12 Wie werden Sie an den Überschüssen beteiligt?

Die Dauer des Vertrags, des Versicherungsschutzes und der Beitragszahlung
13 Für welche Dauer wird der Vertrag abgeschlossen?
14 Wann beginnt der Versicherungsschutz?
15 Wann endet der Versicherungsvertrag?
16 Wann enden Unfallversicherung und Beitragszahlung?

Die Beitragsfreistellung und der Rückkauf in der Kapitalversicherung
17 Wann wird Ihre Kapitalversicherung beitragsfrei weitergeführt?
18 Wann und in welcher Höhe können Sie zu Ihrer Kapitalversicherung den Rückkaufswert verlangen?
19 Wie werden die Abschlusskosten berücksichtigt?

Die Auszahlung aus der Kapitalversicherung
20 Wer erhält die Auszahlung?
21 Welche Unterlagen werden für die Auszahlung aus der Kapitalversicherung benötigt?

Anhang 2 zu §§ 178 bis 191 VVG   AB UBR

Der Versicherungsbeitrag

22   Was müssen Sie bei der Beitragszahlung beachten?
       Was geschieht, wenn Sie einen Beitrag nicht rechtzeitig zahlen?

Weitere Bestimmungen

23   Wie sind die Rechtsverhältnisse der am Vertrag beteiligten Personen zueinander?
24   Was bedeutet die vorvertragliche Anzeigepflicht und welche Folgen hat ihre Verletzung?
25   Wann verjähren die Ansprüche aus diesem Vertrag?
26   Welches Gericht ist zuständig?
27   Was ist bei Mitteilungen an uns zu beachten? Was gilt bei Änderung Ihrer Anschrift?
28   Welche Mitteilungspflichten haben Sie?
29   Welches Recht findet Anwendung?
30   Wie wird das Versicherungsjahr bestimmt?

Der Versicherungsumfang in der Unfallversicherung

1 Was ist in der Unfallversicherung versichert?

1.1   **Grundsatz**
       Wir bieten den vereinbarten Versicherungsschutz bei Unfällen der versicherten Person.

1.2   **Geltungsbereich**
       Versicherungsschutz besteht während der Wirksamkeit des Vertrags:
       – weltweit und
       – rund um die Uhr.

1.3   **Unfallbegriff**
       Ein Unfall liegt vor, wenn die versicherte Person durch
       – ein plötzlich von außen auf ihren Körper wirkendes Ereignis (Unfallereignis)
       – unfreiwillig eine Gesundheitsschädigung
       erleidet.

1.4   **Erweiterter Unfallbegriff**
       Als Unfall gilt auch, wenn sich die versicherte Person durch eine erhöhte Kraftanstrengung
       – ein Gelenk an Gliedmaßen oder der Wirbelsäule verrenkt.
       Beispiel: Die versicherte Person stützt einen schweren Gegenstand ab und verrenkt sich dabei das Ellenbogengelenk.
       – Muskeln, Sehnen, Bänder oder Kapseln an Gliedmaßen oder der Wirbelsäule zerrt oder zerreißt.
       Beispiel: Die versicherte Person zerrt sich bei einem Klimmzug die Muskulatur am Unterarm.
       Meniskus und Bandscheiben sind weder Muskeln, Sehnen, Bänder noch Kapseln. Deshalb werden sie von dieser Regelung nicht erfasst.

Eine erhöhte Kraftanstrengung ist eine Bewegung, deren Muskeleinsatz über die normalen Handlungen des täglichen Lebens im Alltag, Beruf oder beim Sport hinausgeht. Maßgeblich für die Beurteilung des Muskeleinsatzes sind die individuellen körperlichen Verhältnisse der versicherten Person.

1.5 **Einschränkungen unserer Leistungspflicht**
Für bestimmte Unfälle und Gesundheitsschädigungen können wir keine oder nur eingeschränkt Leistungen erbringen.
Bitte beachten Sie daher die Regelungen zur Mitwirkung von Krankheiten und Gebrechen (Ziffer 3) und zu den Ausschlüssen (Ziffer 5).

2 Welche Leistungsarten können in der Unfallversicherung vereinbart werden? Welche Fristen und sonstigen Voraussetzungen gelten für die einzelnen Leistungsarten?

Im Folgenden beschreiben wir verschiedene Arten von Leistungen der Unfallversicherung und deren Voraussetzungen.
Es gelten immer nur die Leistungsarten und Versicherungssummen, die Sie mit uns vereinbart haben und die in Ihrem Versicherungsschein und dessen Nachträgen genannt sind.

2.1 **Invaliditätsleistung**
2.1.1 **Voraussetzungen für die Leistung**
2.1.1.1 **Invalidität**
Die versicherte Person hat eine Invalidität erlitten. Eine Invalidität liegt vor, wenn unfallbedingt
– die körperliche oder geistige Leistungsfähigkeit
– dauerhaft
beeinträchtigt ist.
Dauerhaft ist eine Beeinträchtigung, wenn
– sie voraussichtlich länger als drei Jahre bestehen wird und
– eine Änderung dieses Zustands nicht zu erwarten ist.
Beispiel: Eine Beeinträchtigung ist nicht dauerhaft, wenn die versicherte Person einen Knochenbruch erleidet, der innerhalb eines Jahres folgenlos ausheilt.

2.1.1.2 **Eintritt und ärztliche Feststellung der Invalidität**
Die Invalidität ist innerhalb von 15 Monaten nach dem Unfall
– eingetreten und
– von einem Arzt schriftlich festgestellt worden.
Ist eine dieser Voraussetzungen nicht erfüllt, besteht kein Anspruch auf Invaliditätsleistung.

2.1.1.3 **Geltendmachung der Invalidität**
Sie müssen die Invalidität innerhalb von 15 Monaten nach dem Unfall bei uns geltend machen. Geltend machen heißt: Sie teilen uns mit, dass Sie von einer Invalidität ausgehen.
Versäumen Sie diese Frist, ist der Anspruch auf Invaliditätsleistung ausgeschlossen.

Nur in besonderen Ausnahmefällen lässt es sich entschuldigen, wenn Sie die Frist versäumt haben.

Beispiel: Sie haben durch den Unfall schwere Kopfverletzungen erlitten und waren deshalb nicht in der Lage, mit uns Kontakt aufzunehmen.

2.1.1.4 Keine Invaliditätsleistung bei Unfalltod im ersten Jahr

Stirbt die versicherte Person unfallbedingt innerhalb eines Jahres nach dem Unfall, besteht kein Anspruch auf Invaliditätsleistung.

In diesem Fall zahlen wir eine Todesfallleistung (Ziffer 2.6), sofern diese vereinbart ist.

2.1.2 Art und Höhe der Leistung

2.1.2.1 Berechnung der Invaliditätsleistung

Die Invaliditätsleistung erhalten Sie als Einmalzahlung. Grundlagen für die Berechnung der Leistung sind
- die vereinbarte Versicherungssumme und
- der unfallbedingte Invaliditätsgrad.

Beispiel: Bei einer Versicherungssumme von 100.000 Euro und einem unfallbedingten Invaliditätsgrad von 20% zahlen wir 20.000 Euro.

2.1.2.2 Bemessung des Invaliditätsgrads, Zeitraum für die Bemessung

Der Invaliditätsgrad richtet sich
- nach der Gliedertaxe (Ziffer 2.1.2.2.1), sofern die betroffenen Körperteile oder Sinnesorgane dort genannt sind,
- ansonsten danach, in welchem Umfang die normale körperliche oder geistige Leistungsfähigkeit dauerhaft beeinträchtigt ist (Ziffer 2.1.2.2.2).

Maßgeblich ist der unfallbedingte Gesundheitszustand, der spätestens am Ende des dritten Jahres nach dem Unfall erkennbar ist. Dies gilt für sowohl für die erste als auch für spätere Bemessungen der Invalidität (Ziffer 9.4).

2.1.2.2.1 Gliedertaxe

Bei Verlust oder vollständiger Funktionsunfähigkeit der folgenden Körperteile oder Sinnesorgane gelten ausschließlich die hier genannten Invaliditätsgrade.

- Arm   70 %
- Arm bis oberhalb des Ellenbogengelenks   65 %
- Arm unterhalb des Ellenbogengelenks   60 %
- Hand   55 %
- Daumen   20 %
- Zeigefinger   10 %
- anderer Finger   5 %
- Bein über der Mitte des Oberschenkels   70 %
- Bein bis zur Mitte des Oberschenkels   60 %
- Bein bis unterhalb des Knies   50 %
- Bein bis zur Mitte des Unterschenkels   45 %
- Fuß   40 %
- große Zehe   5 %
- andere Zehe   2 %

- Auge   50 %
- Gehör auf einem Ohr   30 %
- Geruchssinn   10 %
- Geschmackssinn   5 %

Bei Teilverlust oder teilweiser Funktionsbeeinträchtigung gilt der entsprechende Teil der genannten Invaliditätsgrade.

Beispiel: Ist ein Arm vollständig funktionsunfähig, ergibt das einen Invaliditätsgrad von 70%. Ist er um ein Zehntel in seiner Funktion beeinträchtigt, ergibt das einen Invaliditätsgrad von 7% (= ein Zehntel von 70%).

2.1.2.2.2 **Bemessung außerhalb der Gliedertaxe**
Für andere Körperteile oder Sinnesorgane richtet sich der Invaliditätsgrad danach, in welchem Umfang die normale körperliche oder geistige Leistungsfähigkeit insgesamt dauerhaft beeinträchtigt ist. Maßstab ist eine durchschnittliche Person gleichen Alters und Geschlechts.
Die Bemessung erfolgt ausschließlich nach medizinischen Gesichtspunkten.

2.1.2.2.3 **Minderung bei Vorinvalidität**
Eine Vorinvalidität besteht, wenn betroffene Körperteile oder Sinnesorgane schon vor dem Unfall dauerhaft beeinträchtigt waren. Sie wird nach Ziffer 2.1.2.2.1 und Ziffer 2.1.2.2.2 bemessen.
Der Invaliditätsgrad mindert sich um diese Vorinvalidität.

Beispiel: Ist ein Arm vollständig funktionsunfähig, beträgt der Invaliditätsgrad 70%. War dieser Arm schon vor dem Unfall um ein Zehntel in seiner Funktionsfähigkeit beeinträchtigt, beträgt die Vorinvalidität 7% (=ein Zehntel von 70%). Diese 7% Vorinvalidität werden abgezogen. Es verbleibt ein unfallbedingter Invaliditätsgrad von 63%.

2.1.2.2.4 **Invaliditätsgrad bei Beeinträchtigung mehrerer Körperteile oder Sinnesorgane**
Durch einen Unfall können mehrere Körperteile oder Sinnesorgane beeinträchtigt sein. Dann werden die Invaliditätsgrade, die nach den vorstehenden Bestimmungen ermittelt wurden, zusammengerechnet.
Mehr als 100 % werden jedoch nicht berücksichtigt.

Beispiel: Durch einen Unfall ist ein Arm vollständig funktionsunfähig (70%) und ein Bein zur Hälfte in seiner Funktion beeinträchtigt (35%). Auch wenn die Addition der Invaliditätsgrade 105% ergibt, ist die Invalidität auf 100% begrenzt.

2.1.2.3 **Invaliditätsleistung bei Tod der versicherten Person**
Stirbt die versicherte Person vor der Bemessung der Invalidität, zahlen wir eine Invaliditätsleistung unter folgenden Voraussetzungen:
- Die versicherte Person ist nicht unfallbedingt innerhalb des ersten Jahres nach dem Unfall verstorben (Ziffer 2.1.1.4) und
- die sonstigen Voraussetzungen für die Invaliditätsleistung nach Ziffer 2.1.1 sind erfüllt.

Wir leisten nach dem Invaliditätsgrad, mit dem aufgrund der ärztlichen Befunde zu rechnen gewesen wäre.

2.2 Unfallrente

2.2.1 Voraussetzungen für die Leistung
Der unfallbedingte Invaliditätsgrad beträgt mindestens X%.
Für die Voraussetzungen und die Bemessung der Invalidität gelten die Ziffern 2.1.1 sowie

2.1.2.2. Verstirbt die versicherte Person vor der Bemessung der Invalidität, gilt Ziffer 2.1.2.3.

2.2.2 Art und Höhe der Leistung
Wir zahlen die Unfallrente monatlich in Höhe der vereinbarten Versicherungssumme.

2.2.3 Beginn und Dauer der Leistung

2.2.3.1 Wir zahlen die Unfallrente
– rückwirkend ab Beginn des Monats, in dem sich der Unfall ereignet hat, und danach
– monatlich im Voraus.

2.2.3.2 Wir zahlen die Unfallrente bis zum Ende des Monats, in dem
– die versicherte Person stirbt oder
– wir Ihnen mitteilen, dass aufgrund einer Neubemessung nach Ziffer 9.4 der unfallbedingte Invaliditätsgrad unter X % gesunken ist.

Wir sind berechtigt, zur Prüfung der Voraussetzungen für den Rentenbezug Lebensbescheinigungen anzufordern. Wenn Sie uns die Bescheinigung nicht unverzüglich zusenden, ruht die Rentenzahlung ab der nächsten Fälligkeit.

2.3 Übergangsleistung

2.3.1 Voraussetzungen für die Leistung

2.3.1.1 Die versicherte Person ist unfallbedingt
– im beruflichen oder außerberuflichen Bereich
– ohne Mitwirkung von Krankheiten oder Gebrechen
– zu mindestens 50 Prozent in ihrer normalen körperlichen oder geistigen Leistungsfähigkeit beeinträchtigt.

Die Beeinträchtigung dauert, vom Unfalltag an gerechnet, ununterbrochen mehr als 6 Monate an.

2.3.1.2 Sie müssen die Beeinträchtigung innerhalb von 7 Monaten nach dem Unfall bei uns durch ein ärztliches Attest geltend machen. Geltend machen heißt: Sie teilen uns mit, dass Sie von einer Beeinträchtigung von mehr als 6 Monaten ausgehen. Nur in besonderen Ausnahmefällen lässt es sich entschuldigen, wenn Sie die Frist versäumt haben.

Beispiel: Sie haben durch den Unfall schwere Kopfverletzungen erlitten und waren deshalb nicht in der Lage, mit uns Kontakt aufzunehmen.

2.3.2 Art und Höhe der Leistung
Wir zahlen die Übergangsleistung in Höhe der vereinbarten Versicherungssumme.

2.4 Tagegeld

2.4.1 Voraussetzungen für die Leistung
Die versicherte Person ist unfallbedingt
- in ihrer Arbeitsfähigkeit beeinträchtigt und
- in ärztlicher Behandlung.

2.4.2 Höhe und Dauer der Leistung
Grundlagen für die Berechnung der Leistung sind
- die vereinbarte Versicherungssumme und
- der unfallbedingte Grad der Beeinträchtigung der Arbeitsfähigkeit.

Der Grad der Beeinträchtigung bemisst sich
- nach der Fähigkeit der versicherten Person, ihrem bis zu dem Unfall ausgeübten Beruf weiter nachzugehen.
- nach der allgemeinen Fähigkeit der versicherten Person, Arbeit zu leisten, wenn sie zum Zeitpunkt des Unfalls nicht berufstätig war.

Das Tagegeld wird nach dem Grad der Beeinträchtigung abgestuft.

Beispiel: Bei einer Beeinträchtigung der Arbeitsfähigkeit von 100% zahlen wir das vereinbarte Tagegeld in voller Höhe. Bei einem ärztlich festgestellten Grad der Beeinträchtigung von 50% zahlen wir die Hälfte des Tagegelds.

Wir zahlen das Tagegeld für die Dauer der ärztlichen Behandlung, längstens für ein Jahr ab dem Tag des Unfalls.

2.5 Krankenhaustagegeld

2.5.1 Voraussetzungen für die Leistung
Die versicherte Person
- ist unfallbedingt in medizinisch notwendiger vollstationärer Heilbehandlung oder
- unterzieht sich unfallbedingt einer ambulanten chirurgischen Operation und ist deswegen für mindestens X Tage ununterbrochen und vollständig in der Ausübung ihres Berufs beeinträchtigt. War die versicherte Person zum Zeitpunkt des Unfalls nicht berufstätig, kommt es auf die allgemeine Fähigkeit an, Arbeit zu leisten.

Kuren oder Aufenthalte in Sanatorien und Erholungsheimen gelten nicht als medizinisch notwendige Heilbehandlung.

2.5.2 Höhe und Dauer der Leistung
Wir zahlen das vereinbarte Krankenhaustagegeld
- für jeden Kalendertag der vollstationären Behandlung, längstens für X Jahre ab dem Tag des Unfalls.
- für X Tage bei ambulanten chirurgischen Operationen.

2.6 Todesfallleistung

2.6.1 Voraussetzungen für die Leistung
Die versicherte Person stirbt unfallbedingt innerhalb eines Jahres nach dem Unfall. Beachten Sie dann die Verhaltensregeln nach Ziffer 7.5.

2.6.2 Art und Höhe der Leistung
Wir zahlen die Todesfallleistung in Höhe der vereinbarten Versicherungssumme.

2.7 **Kosten für kosmetische Operationen**
2.7.1 **Voraussetzungen für die Leistung**
Die versicherte Person hat sich einer kosmetischen Operation unterzogen, um eine unfallbedingte Beeinträchtigung des äußeren Erscheinungsbilds zu beheben. Soweit Zähne betroffen sind, gehören nur Schneide- und Eckzähne zum äußeren Erscheinungsbild.
Die kosmetische Operation erfolgt
– durch einen Arzt,
– nach Abschluss der Heilbehandlung und
– bei Erwachsenen innerhalb von drei Jahren nach dem Unfall, bei Minderjährigen vor Vollendung des 21. Lebensjahres.
Voraussetzung ist auch, dass ein Dritter (z.B. Krankenkasse, Haftpflichtversicherer) nicht zu einer Kostenerstattung verpflichtet ist oder seine Leistungspflicht bestreitet.

2.7.2 **Art und Höhe der Leistung**
Wir erstatten nachgewiesene und nicht von Dritten übernommene
– Arzthonorare und sonstige Operationskosten,
– notwendige Kosten für Unterbringung und Verpflegung in einem Krankenhaus,
– Zahnbehandlungs- und Zahnersatzkosten
insgesamt bis zur Höhe der vereinbarten Versicherungssumme.

2.8 **Kosten für Such-, Bergungs- oder Rettungseinsätze**
2.8.1 **Voraussetzungen für die Leistung**
Der versicherten Person sind nach einem Unfall Kosten
– für Such-, Bergungs- oder Rettungseinsätze von öffentlich- oder privatrechtlich organisierten Rettungsdiensten oder
– für den ärztlich angeordneten Transport der verletzten Person zum Krankenhaus oder zur Spezialklinik
entstanden.
Einem Unfall steht gleich, wenn ein solcher unmittelbar drohte oder nach den konkreten Umständen zu vermuten war.
Voraussetzung ist auch, dass ein Dritter (z.B. Krankenkasse, Haftpflichtversicherer) nicht zu einer Kostenerstattung verpflichtet ist oder seine Leistungspflicht bestreitet.

2.8.2 **Art und Höhe der Leistung**
Wir erstatten nachgewiesene und nicht von Dritten übernommene Kosten insgesamt bis zur Höhe der vereinbarten Versicherungssumme.

3 Was passiert, wenn Unfallfolgen mit Krankheiten oder Gebrechen zusammentreffen?
3.1 **Krankheiten und Gebrechen**
Wir leisten ausschließlich für Unfallfolgen. Dies sind Gesundheitsschädigungen und ihre Folgen, die durch das Unfallereignis verursacht wurden.
Wir leisten nicht für Krankheiten oder Gebrechen.

Beispiele: Krankheiten sind z.B. Diabetes oder Gelenkserkrankungen; Gebrechen sind z.B. Fehlstellungen der Wirbelsäule, angeborene Sehnenverkürzung.

3.2 **Mitwirkung**

Treffen Unfallfolgen mit Krankheiten oder Gebrechen zusammen, gilt Folgendes:

3.2.1 Entsprechend dem Umfang, in dem Krankheiten oder Gebrechen an der Gesundheitsschädigung oder ihren Folgen mitgewirkt haben (Mitwirkungsanteil), mindert sich
- bei den Leistungsarten Invaliditätsleistung und Unfallrente der Prozentsatz des Invaliditätsgrads.
- bei der Todesfallleistung und, soweit nicht etwas anderes bestimmt ist, bei den anderen Leistungsarten die Leistung selbst.

Beispiel: Nach einer Beinverletzung besteht ein Invaliditätsgrad von 10%. Dabei hat eine Rheumaerkrankung zu 50% mitgewirkt. Der unfallbedingte Invaliditätsgrad beträgt daher 5%.

3.2.2 Beträgt der Mitwirkungsanteil weniger als 25%, nehmen wir keine Minderung vor.

4 [Gestrichen]

5 Was ist nicht versichert?

5.1 **Ausgeschlossene Unfälle**

Kein Versicherungsschutz besteht für folgende Unfälle:

5.1.1 Unfälle der versicherten Person durch Bewusstseinsstörungen sowie durch Schlaganfälle, epileptische Anfälle oder andere Krampfanfälle, die den ganzen Körper der versicherten Person ergreifen.

Eine Bewusstseinsstörung liegt vor, wenn die versicherte Person in ihrer Aufnahme- und Reaktionsfähigkeit so beeinträchtigt ist, dass sie den Anforderungen der konkreten Gefahrenlage nicht mehr gewachsen ist.

Ursachen für die Bewusstseinsstörung können sein:
- eine gesundheitliche Beeinträchtigung,
- die Einnahme von Medikamenten,
- Alkoholkonsum,
- Konsum von Drogen oder sonstigen Mitteln, die das Bewusstsein beeinträchtigen.

Beispiele: Die versicherte Person
- *stürzt infolge einer Kreislaufstörung die Treppe hinunter.*
- *kommt unter Alkoholeinfluss mit dem Fahrzeug von der Straße ab.*
- *torkelt alkoholbedingt auf dem Heimweg von der Gaststätte und fällt in eine Baugrube.*
- *balanciert aufgrund Drogenkonsums auf einem Geländer und stürzt ab.*

Ausnahme: Die Bewusstseinsstörung oder der Anfall wurde durch ein Unfallereignis nach Ziffer 1.3 verursacht, für das nach diesem Vertrag Versicherungsschutz besteht. In diesen Fällen gilt der Ausschluss nicht.

Beispiel: Die versicherte Person hatte während der Vertragslaufzeit einen Unfall mit einer Hirnschädigung. Ein neuer Unfall ereignet sich durch einen epileptischen Anfall, der auf die alte Hirnschädigung zurückzuführen ist. Wir zahlen für die Folgen des neuen Unfalls.

5.1.2 Unfälle, die der versicherten Person dadurch zustoßen, dass sie vorsätzlich eine Straftat ausführt oder versucht.

5.1.3 Unfälle, die unmittelbar oder mittelbar durch Kriegs- oder Bürgerkriegsereignisse verursacht sind.

Ausnahme: Die versicherte Person wird auf Reisen im Ausland überraschend von Kriegs- oder Bürgerkriegsereignissen betroffen. In diesem Fall gilt der Ausschluss nicht.

Der Versicherungsschutz erlischt dann am Ende des siebten Tages nach Beginn eines Krieges oder Bürgerkrieges auf dem Gebiet des Staats, in dem sich die versicherte Person aufhält.

Diese Ausnahme gilt nicht
- bei Reisen in oder durch Staaten, auf deren Gebiet bereits Krieg oder Bürgerkrieg herrscht,
- für die aktive Teilnahme am Krieg oder Bürgerkrieg,
- für Unfälle durch atomare, biologische oder chemische Waffen.

In diesen Fällen gilt der Ausschluss.

5.1.4 Unfälle der versicherten Person
- als Führer eines Luftfahrzeugs oder Luftsportgeräts, soweit er nach deutschem Recht dafür eine Erlaubnis benötigt,
 Beispiel: Pilot, Gleitschirm- oder Drachenflieger
- als sonstiges Besatzungsmitglied eines Luftfahrzeugs,
 Beispiel: Funker, Bordmechaniker, Flugbegleiter
- bei beruflichen Tätigkeiten, die mit Hilfe eines Luftfahrzeugs auszuüben sind.
 Beispiel: Luftfotograf, Sprühflüge zur Schädlingsbekämpfung.

5.1.5 Unfälle der versicherten Person durch die Teilnahme an Rennen mit Motorfahrzeugen. Teilnehmer ist jeder Fahrer, Beifahrer oder Insasse des Motorfahrzeugs. Rennen sind solche Wettfahrten oder dazugehörige Übungsfahrten, bei denen es auf die Erzielung von Höchstgeschwindigkeiten ankommt.

5.1.6 Unfälle, die unmittelbar oder mittelbar durch Kernenergie verursacht sind.

5.2 **Ausgeschlossene Gesundheitsschäden**
Kein Versicherungsschutz besteht außerdem für folgende Gesundheitsschäden:

5.2.1 Schäden an Bandscheiben sowie Blutungen aus inneren Organen und Gehirnblutungen.

Ausnahme:
- Ein Unfallereignis nach Ziffer 1.3 hat diese Gesundheitsschäden überwiegend (das heißt: zu mehr als 50%) verursacht, und
- für dieses Unfallereignis besteht Versicherungsschutz nach diesem Vertrag.

In diesem Fall gilt der Ausschluss nicht.

5.2.2 Gesundheitsschäden durch Strahlen.

5.2.3 Gesundheitsschäden durch Heilmaßnahmen oder Eingriffe am Körper der versicherten Person. Als Heilmaßnahmen oder Eingriffe gelten auch strahlendiagnostische und strahlentherapeutische Handlungen.
Ausnahme:
– Die Heilmaßnahmen oder Eingriffe waren durch einen Unfall veranlasst, und
– für diesen Unfall besteht Versicherungsschutz nach diesem Vertrag.
In diesem Fall gilt der Ausschluss nicht.
Beispiel: Die versicherte Person erleidet einen Unfall und lässt die Unfallverletzung ärztlich behandeln. Ein Behandlungsfehler führt dabei zu weiteren Schädigungen.

5.2.4 Infektionen.
Ausnahme: Die versicherte Person infiziert sich
– mit Tollwut oder Wundstarrkrampf.
– mit anderen Krankheitserregern, die durch nicht nur geringfügige Unfallverletzungen in den Körper gelangten. Geringfügig sind Unfallverletzungen, die ohne die Infektion und ihre Folgen keiner ärztlichen Behandlung bedürfen.
– durch solche Heilmaßnahmen oder Eingriffe, für die ausnahmsweise Versicherungsschutz besteht (Ziffer 5.2.3).
In diesen Fällen gilt der Ausschluss nicht.

5.2.5 Vergiftungen infolge Einnahme fester oder flüssiger Stoffe durch den Schlund (Eingang der Speiseröhre).
Ausnahme: Die versicherte Person hat zum Zeitpunkt des Unfalls das X. Lebensjahr noch nicht vollendet. Für diesen Fall gilt der Ausschluss nicht, es sei denn, die Vergiftung ist durch Nahrungsmittel verursacht.

5.2.6 Krankhafte Störungen infolge psychischer Reaktionen, auch wenn diese durch einen Unfall verursacht wurden.
Beispiele:
– *Posttraumatische Belastungsstörung nach Beinbruch durch einen Verkehrsunfall*
– *Angstzustände des Opfers einer Straftat*

5.2.7 Bauch- oder Unterleibsbrüche.
Ausnahme:
– Sie sind durch eine gewaltsame, von außen kommende Einwirkung entstanden, und
– für die Einwirkung besteht Versicherungsschutz nach diesem Vertrag. In diesem Fall gilt der Ausschluss nicht.

6 Was müssen Sie bei einem Kinder-Tarif und bei Änderungen der Berufstätigkeit oder Beschäftigung beachten?

6.1 Umstellung des Kinder-Tarifs

Nach Ablauf des Versicherungsjahres (siehe Ziffer 29), in dem das Kind das X. Lebensjahr vollendet, stellen wir die Versicherung auf den bei Abschluss des Vertrags gültigen Erwachsenentarif um.

Wir reduzieren die Versicherungssummen entsprechend.

[Bei kinderspezifischen Regelungen ist darauf zu achten, dass klar beschrieben ist, welche Leistungen aus der Unfallversicherung oder Kapitalversicherung weiter bestehen und welche mit Umstellung auf den Erwachsenentarif enden.]

6.2 Änderung der Berufstätigkeit oder Beschäftigung

Die Höhe des Beitrags hängt maßgeblich von der Berufstätigkeit oder der Beschäftigung der versicherten Person ab.

Grundlage für die Bemessung des Beitrags ist das für Ihren Vertrag geltende Berufsgruppenverzeichnis (*unternehmensindividueller Text zur Fundstelle*).

6.2.1 Mitteilung der Änderung

Eine Änderung der Berufstätigkeit oder Beschäftigung der versicherten Person müssen Sie uns unverzüglich mitteilen. Freiwilliger Wehrdienst, militärische Reserveübungen und befristete freiwillige soziale Dienste (z.B. Bundesfreiwilligendienst) fallen nicht darunter.

6.2.2 Auswirkungen der Änderung

Errechnen sich für die neue Berufstätigkeit oder Beschäftigung bei gleich bleibendem Beitrag nach dem vereinbarten Tarif niedrigere Versicherungssummen, gelten diese nach Ablauf eines Monats ab der Änderung.

Errechnen sich dagegen höhere Versicherungssummen, gelten diese, sobald uns Ihre Mitteilung zugeht, spätestens jedoch nach Ablauf eines Monats ab der Änderung.

Auch die neu errechneten Versicherungssummen gelten für berufliche und außerberufliche Unfälle.

Der Leistungsfall

7 Was ist nach einem Unfall zu beachten (Obliegenheiten)?

Die Fristen und sonstigen Voraussetzungen für die einzelnen Leistungsarten sind in Ziffer 2 geregelt.

Im Folgenden beschreiben wir Verhaltensregeln (Obliegenheiten). Sie oder die versicherte Person müssen diese nach einem Unfall beachten, denn ohne Ihre Mithilfe können wir unsere Leistung nicht erbringen.

7.1
Nach einem Unfall, der voraussichtlich zu einer Leistung führt, müssen Sie oder die versicherte Person unverzüglich einen Arzt hinzuziehen, seine Anordnungen befolgen und uns unterrichten.

7.2
Sämtliche Angaben, um die wir Sie oder die versicherte Person bitten, müssen wahrheitsgemäß, vollständig und unverzüglich erteilt werden.

7.3 Wir beauftragen Ärzte, falls dies für die Prüfung unserer Leistungspflicht erforderlich ist. Von diesen Ärzten muss sich die versicherte Person untersuchen lassen.
Wir tragen die notwendigen Kosten und den Verdienstausfall, der durch die Untersuchung entsteht.

7.4 Für die Prüfung unserer Leistungspflicht benötigen wir möglicherweise Auskünfte von
- Ärzten, die die versicherte Person vor oder nach dem Unfall behandelt oder untersucht haben,
- anderen Versicherern, Versicherungsträgern und Behörden.

Sie oder die versicherte Person müssen es uns ermöglichen, die erforderlichen Auskünfte zu erhalten.
Dazu kann die versicherte Person die Ärzte und die genannten Stellen ermächtigen, uns die Auskünfte direkt zu erteilen. Ansonsten kann die versicherte Person die Auskünfte selbst einholen und uns zur Verfügung stellen.

7.5 Wenn der Unfall zum Tod der versicherten Person führt, ist uns dies innerhalb von 48 Stunden zu melden.
Soweit zur Prüfung unserer Leistungspflicht erforderlich, ist uns das Recht zu verschaffen, eine Obduktion – durch einen von uns beauftragten Arzt – durchführen zu lassen.

8 Welche Folgen hat die Nichtbeachtung von Obliegenheiten?

Wenn Sie oder die versicherte Person eine der in Ziffer 7 genannten Obliegenheiten vorsätzlich verletzen, verlieren Sie den Versicherungsschutz.

Bei grob fahrlässiger Verletzung einer Obliegenheit sind wir berechtigt, unsere Leistung in einem der Schwere Ihres Verschuldens entsprechenden Verhältnis zu kürzen.

Beides gilt nur, wenn wir Sie durch gesonderte Mitteilung in Textform auf diese Rechtsfolgen hingewiesen haben.

Weisen Sie nach, dass die Obliegenheit nicht grob fahrlässig verletzt wurde, bleibt der Versicherungsschutz bestehen.

Der Versicherungsschutz bleibt auch bestehen, wenn Sie nachweisen, dass die Verletzung der Obliegenheit weder für den Eintritt oder die Feststellung des Versicherungsfalls noch für die Feststellung oder den Umfang der Leistung ursächlich war.

Das gilt für vorsätzliche und grob fahrlässige Obliegenheitsverletzungen, nicht aber, wenn Sie oder die versicherte Person die Obliegenheit arglistig verletzt haben.

9 Wann sind die Leistungen fällig?

Wir erbringen unsere Leistungen, nachdem wir die Erhebungen abgeschlossen haben, die zur Feststellung des Versicherungsfalls und des Umfangs unserer Leistungspflicht notwendig sind. Dazu gilt Folgendes:

9.1 Erklärung über die Leistungspflicht

Wir sind verpflichtet, innerhalb eines Monats in Textform zu erklären, ob und in welchem Umfang wir unsere Leistungspflicht anerkennen. Bei Invaliditätsleistung und Unfallrente beträgt die Frist drei Monate.

Die Fristen beginnen, sobald uns folgende Unterlagen zugehen:
- Nachweis des Unfallhergangs und der Unfallfolgen.
- bei Invaliditätsleistung und Unfallrente zusätzlich der Nachweis über den Abschluss des Heilverfahrens, soweit dies für die Bemessung des Invaliditätsgrads notwendig ist.

Beachten Sie dabei auch die Verhaltensregeln nach Ziffer 7.

Die ärztlichen Gebühren, die Ihnen zur Begründung des Leistungsanspruchs entstehen, übernehmen wir
- bei Invaliditätsleistung bis zu X ‰ der versicherten Summe
- bei Unfallrente bis zu X Monatsrenten
- bei Übergangsleistung bis zu X % der versicherten Summe
- bei Tagegeld und Krankenhaustagegeld bis zu X Tagessätze
- bei Kosten für kosmetische Operationen sowie für Such-, Bergungs- und Rettungseinsätze bis zu X % der jeweils versicherten Summe.

Sonstige Kosten übernehmen wir nicht.

9.2 Fälligkeit der Leistung

Erkennen wir den Anspruch an oder haben wir uns mit Ihnen über Grund und Höhe geeinigt, leisten wir innerhalb von zwei Wochen.

9.3 Vorschüsse

Steht die Leistungspflicht zunächst nur dem Grunde nach fest, zahlen wir – auf Ihren Wunsch – angemessene Vorschüsse.

Beispiel: Es steht fest, dass Sie von uns eine Invaliditätsleistung erhalten. Allerdings ist die Höhe der Leistung noch nicht bestimmbar.

Vor Abschluss des Heilverfahrens kann eine Invaliditätsleistung innerhalb eines Jahres nach dem Unfall nur bis zur Höhe einer vereinbarten Todesfallsumme beansprucht werden.

9.4 Neubemessung des Invaliditätsgrads

Nach der Bemessung des Invaliditätsgrads können sich Veränderungen des Gesundheitszustands ergeben.

Sie und wir sind berechtigt, den Grad der Invalidität jährlich erneut ärztlich bemessen zu lassen.

Dieses Recht steht Ihnen und uns längstens bis zu drei Jahren nach dem Unfall zu. Bei Kindern bis zur Vollendung des X. Lebensjahres verlängert sich diese Frist von drei auf X Jahre.

- Wenn wir eine Neubemessung wünschen, teilen wir Ihnen dies zusammen mit der Erklärung über unsere Leistungspflicht mit.
- Wenn Sie eine Neubemessung wünschen, müssen Sie uns dies vor Ablauf der Frist mitteilen.

Ergibt die endgültige Bemessung eine höhere Invaliditätsleistung, als wir bereits gezahlt haben, ist der Mehrbetrag mit X % jährlich zu verzinsen.

Der Versicherungsumfang in der Kapitalversicherung

10 Welche Leistungen erbringen wir?

In der Kapitalversicherung zahlen wir eine einmalige garantierte Kapitalleistung
- zum vereinbarten Ablauftermin oder
- vorher bei Tod der versicherten Person.

Außerdem beteiligen wir Sie in der Kapitalversicherung an den Überschüssen.

11 Wie hoch ist die garantierte Kapitalleistung?

Als Kapitalleistung zahlen wir den erreichten Rückzahlungsanspruch, der sich wie folgt berechnet:
- Aus jedem gezahlten Beitrag erwerben Sie einen Rückzahlungsanspruch zum vereinbarten Ablauftermin oder vorher im Todesfall.
- Der erreichte Rückzahlungsanspruch ist die Summe der aus allen gezahlten Beiträgen erworbenen Ansprüche.

Im Antrag und Versicherungsschein weisen wir den Rückzahlungsanspruch pro Jahr mit Beitragszahlung aus.

Den erreichten Rückzahlungsanspruch garantieren wir unabhängig davon, ob Sie Leistungen aus der Unfallversicherung erhalten haben.

12 Wie werden Sie an den Überschüssen beteiligt?

12.1 *Im Folgenden wird davon ausgegangen, dass*
- *bedingungsseitig eine Beteiligung an den Kapitalerträgen und Bewertungsreserven vorgesehen ist (unternehmensindividuell kann eine Beteiligung an weiteren Überschussquellen [Kosten, Sterblichkeit, Storno] dargestellt werden),*
- *die Beteiligung an Kapitalerträgen durch direkte Zuordnung der Kapitalerträge des UBR-Sicherungsvermögens erfolgt,*
- *keine Direktgutschrift erfolgt (weder bei der Beteiligung an Bewertungsreserven noch bei der laufenden Überschussbeteiligung),*
- *wegen unterschiedlicher Zinsen für Beitragskalkulation und Reservierung eine Vorfinanzierung erfolgt.*

Die Bestimmungen zur Überschussbeteiligung sind unternehmensindividuell zu formulieren. Sie sollten die in den Ziffern 12.1 bis 12.5 dargestellten Aspekte abdecken.

Sie erhalten eine Beteiligung am Überschuss aus Kapitalerträgen und an den Bewertungsreserven (Überschussbeteiligung).

12.2 Überschüsse aus Kapitalerträgen

12.2.1 Wie entstehen die Überschüsse?

Wir bilden Rückstellungen, um die Ihnen gegenüber eingegangenen Verpflichtungen aus der Kapitalversicherung erfüllen zu können.

Die Rückstellungen werden über geeignete Kapitalanlagen abgesichert. Diese Kapitalanlagen werden im Sicherungsvermögen zur Unfallversicherung mit garantierter Beitragsrückzahlung (UBR-Sicherungsvermögen) zusammengefasst.

Im UBR-Sicherungsvermögen werden insbesondere die Rückstellungen für die garantierten Leistungen aus der Kapitalversicherung bedeckt, die aus Ihren Beiträgen finanziert wurden. Sie werden mit dem Zinssatz ermittelt, der für die Berechnung der Beiträge zugrunde gelegt wird.

Dieser Zinssatz, den wir im Versicherungsschein ausweisen, ist so vorsichtig gewählt, dass der im UBR-Sicherungsvermögen erwirtschaftete Zins in der Regel darüber liegt. Dadurch entstehen Überschüsse.

12.2.2 Welchen Anteil der Überschüsse erhalten die Versicherungsnehmer in ihrer Gesamtheit?

Die im UBR-Sicherungsvermögen entstehenden Kapitalerträge verwenden wir – soweit sie den aus den Beiträgen finanzierten Rückstellungen entsprechen – zu mindestens 90 % für die Leistungen zugunsten der Versicherungsnehmer. Nach Abzug des Anteils, den wir für die bereits zugesagten Leistungen benötigen, verwenden wir die verbleibenden Mittel für die Überschussbeteiligung der Versicherungsnehmer.

12.3 Verwendung der Überschüsse

12.3.1 Beteiligung am Überschuss

Wie wird die Beteiligung am Überschuss vorgenommen? Wie werden die in der Rückstellung für Beitragsrückerstattung (RfB) eingestellten Beträge verwendet (Beteiligung am Überschuss der Versicherungsnehmer, Verlustabdeckung)?

12.3.2 Beteiligung an den Bewertungsreserven

Die Beteiligung an den Bewertungsreserven ist unternehmensindividuell zu regeln.

12.4 Welche weiteren Regelungen zur Überschussbeteiligung sind für Ihren Vertrag relevant?

12.4.2 Wie wird die Überschussbeteiligung festgelegt?

12.4.1 *Unternehmensindividuell: Welchem Gewinnverband/welcher Bestandsgruppe gehört der vorliegende Vertrag an? Nach welcher Systematik erfolgt die Beteiligung am Überschuss (z.B. Bonusansprüche, Schluss-Überschuss-Anwartschaften)? Wonach bemisst sich der Anspruch auf Beteiligung am Überschuss (Bezugsgrößen)?*

Darzustellen sind der Todesfall und die Leistungen zum Ablauftermin sowie die Ansprüche bei Rückkauf, sofern diese nicht in Ziffer 18.3 geregelt sind.

12.4.2 **Wie wird die Überschussbeteiligung festgelegt?**
Der Vorstand unseres Unternehmens legt jährlich auf Vorschlag des Verantwortlichen Aktuars die Höhe der Überschussbeteiligung fest und veröffentlicht sie im Geschäftsbericht, den Sie bei uns anfordern können.

12.5 **Warum können wir die Höhe der Überschussbeteiligung nicht garantieren?**
Die Höhe der Überschussbeteiligung hängt von vielen Einflüssen ab, die nicht vorhersehbar und von uns nur begrenzt beeinflussbar sind. Wichtigster Einflussfaktor ist die Entwicklung des Kapitalmarkts. Die Höhe der künftigen Überschussbeteiligung kann deshalb nicht garantiert werden. Sie kann auch null Euro betragen. Über die Entwicklung Ihrer Überschussbeteiligung werden wir Sie jährlich unterrichten.
Sofern explizit eine Beteiligung an Risiko- und Kostenüberschüssen vorgesehen ist (siehe Ziffer 12.1), kann hier ergänzt werden, dass auch die Entwicklung des versicherten Risikos und der Kosten von Bedeutung ist.

Die Dauer des Vertrags, des Versicherungsschutzes und der Beitragszahlung

13 Für welche Dauer wird der Vertrag abgeschlossen?
Die Vertragsdauer und die Dauer der Kapitalversicherung ist die Zeit vom Vertragsbeginn bis zum vereinbarten Ablauftermin.
Die Dauer der Unfallversicherung und die Dauer der Beitragszahlung können davon abweichen. Dem Versicherungsschein können Sie folgende Termine entnehmen:
– den Vertragsbeginn
– den Ablauftermin
– ggf. den abweichenden Zeitpunkt, zu dem die Unfallversicherung und die Beitragszahlung enden.

14 Wann beginnt der Versicherungsschutz?
Der Versicherungsschutz beginnt zu dem im Versicherungsschein angegebenen Zeitpunkt. Voraussetzung ist, dass Sie den ersten Beitrag unverzüglich nach Fälligkeit zahlen (siehe Ziffern 22.3.1 und 22.3.2).

15 Wann endet der Versicherungsvertrag?
Der Versicherungsvertrag endet, wenn
– der vereinbarte Ablauftermin erreicht wird,
– die versicherte Person verstirbt oder
– die Auszahlung des Rückkaufswerts (siehe Ziffer 18) fällig wird.

16 Wann enden Unfallversicherung und Beitragszahlung?
16.1 **Zeitpunkt der Beendigung**
Die Unfallversicherung und die Beitragszahlung enden zu dem im Versicherungsschein angegebenen Zeitpunkt, spätestens zum vereinbarten Ablauftermin.

16.2 **Vorzeitige Beendigung durch Kündigung**
Die Unfallversicherung kann durch Kündigung vorzeitig beendet werden. Damit endet auch die Beitragszahlung.

16.2.1 Sie können die Unfallversicherung zum Ende eines Versicherungsjahres (Ziffer 30) kündigen; Ihre Kündigung muss uns spätestens 3 Monate vor diesem Zeitpunkt zugegangen sein.

16.2.2 Wir können die Unfallversicherung gemäß Ziffer 22.4.4 kündigen, wenn Sie mit einer Folgeprämie nach Ziffer 22.4.2 in Verzug sind.

16.2.3 Sie oder wir können die Unfallversicherung nach einem Versicherungsfall kündigen, d.h. wenn wir eine Leistung erbracht haben oder wenn Sie gegen uns Klage auf eine Leistung erhoben haben.

Die Kündigung muss Ihnen oder uns spätestens einen Monat nach Leistung oder Beendigung des Rechtsstreits zugegangen sein.

Wenn Sie im Versicherungsfall kündigen, wird Ihre Kündigung wirksam, sobald sie uns zugeht. Sie können jedoch bestimmen, dass die Kündigung zu einem späteren Zeitpunkt wirksam wird; spätestens jedoch am Ende des Versicherungsjahres. Unsere Kündigung wird einen Monat, nachdem Sie sie erhalten haben, wirksam.

16.2.4 Wir können den Vertrag gemäß Ziffer 24 bei Verletzung einer vorvertraglichen Anzeigepflicht kündigen.

Die Beitragsfreistellung und der Rückkauf in der Kapitalversicherung

17 Wann wird Ihre Kapitalversicherung beitragsfrei weitergeführt?

17.1 Wenn die Beitragszahlung vor dem vereinbarten Ablauftermin endet, weil
- Sie das so mit uns vertraglich vereinbart haben oder
- die Unfallversicherung gekündigt wurde (zu den Voraussetzungen siehe Ziffer 16),

führen wir Ihre Versicherung als eine Kapitalversicherung weiter, für die keine weiteren Beiträge zu entrichten sind (beitragsfreie Kapitalversicherung).

17.2 Die Höhe der beitragsfreien Kapitalversicherung entspricht dem bei Beendigung der Beitragszahlung erreichten Rückzahlungsanspruch. Wir zahlen diese Summe zum vereinbarten Ablauftermin oder vorher im Todesfall.

Nähere Informationen über die Leistungen aus der beitragsfreien Kapitalversicherung können Sie der Ihrem Versicherungsschein beigefügten Übersicht entnehmen.

17.3 Ergibt sich bei Kündigung für die beitragsfreie Kapitalversicherung eine geringere Summe als ... Euro, beenden wir den Vertrag und zahlen den Rückkaufswert nach Ziffer 18.

18 Wann und in welcher Höhe können Sie zu Ihrer Kapitalversicherung den Rückkaufswert verlangen?

18.1 Die Auszahlung des Rückkaufswerts können Sie verlangen, wenn die Kapitalversicherung bereits in eine beitragsfreie Kapitalversicherung umgewandelt wurde (siehe dazu Ziffer 17.1). Mit der Auszahlung des Rückkaufswerts wird der erst zum vereinbarten Ablauftermin oder im Todesfall fällige Rückzahlungsanspruch vorzeitig abgelöst.

18.2 Wegen der Vorfinanzierung ist klarzustellen, dass bei der Berechnung des Rückkaufswertes der Rechnungszins der Beitragskalkulation verwendet wird.
Der Rückkaufswert wird als Deckungskapital der beitragsfreien Kapitalversicherung berechnet. Dabei verwenden wir den Rechnungszins der Beitragskalkulation.
Für den Fall, dass ein Abzug vorgenommen wird, muss dieser vereinbart, beziffert und angemessen sein. Zudem muss dem Kunden die Möglichkeit gegeben werden nachzuweisen, dass der aufgrund der Kündigung vorgenommene Abzug niedriger oder überhaupt nicht gerechtfertigt ist. Es wird auf die Abzugsregelung in Nr. 12 Absatz 4 AB kbLV 2012 verwiesen, die sich auf das BGH-Urteil vom 25.07.2012 (IV ZR 201/10) bezieht.

18.3 Die Auszahlung des Rückkaufswerts kann für Sie Nachteile haben. Der Rückkaufswert ist niedriger als der erreichte Rückzahlungsanspruch. Nähere Informationen über die Höhe der Rückkaufswerte können Sie der Übersicht im Antrag und im Versicherungsschein entnehmen.
Die Verweise sind ggf. unternehmensindividuell zu modifizieren

18.4 *Die Regelungen zur Beteiligung an den Überschüssen und Bewertungsreserven bei Rückkauf sind unternehmensindividuell zu beschreiben. Dies kann auch in Ziffer 12 erfolgen.*

19 Wie werden die Abschlusskosten berücksichtigt?

Die zu Vertragsbeginn entstehenden Abschlusskosten werden bei der Ermittlung des Deckungskapitals berücksichtigt. Das dafür in § 4 der Deckungsrückstellungsverordnung beschriebene Verrechnungsverfahren (Zillmerung) ist auch für Ihren Vertrag maßgebend.

Ein Einfluss auf die Höhe der Summe der beitragsfreien Kapitalversicherung und der Rückkaufswerte ergibt sich daraus nicht.

Die Auszahlung aus der Kapitalversicherung

20 Wer erhält die Auszahlung?

20.1 Als unser Versicherungsnehmer können Sie bestimmen, wer die Leistung aus der Kapitalversicherung erhält. Wenn Sie nichts anderes bestimmt haben, leisten wir zum vereinbarten Ablauftermin und bei Rückkauf an Sie.
Wenn Sie einen Dritten als Berechtigten für die Leistung aus der Kapitalversicherung benennen (Bezugsrecht), wird Ihre Erklärung erst wirksam, wenn Sie uns ein eigenhändig unterschriebenes Schriftstück dieses Inhalts vorlegen.

20.2 Haben Sie keinen Bezugsberechtigten benannt, gilt für eine Auszahlung im Todesfall:
– Sind Sie die versicherte Person, zahlen wir an Ihre Erben.
– Ist ein anderer versichert, zahlen wir an Sie.

21 Welche Unterlagen werden für die Auszahlung aus der Kapitalversicherung benötigt?

21.1 Versicherungsschein

Auszahlungen erbringen wir gegen Vorlage des Versicherungsscheins.

Wir können den Inhaber des Versicherungsscheins als berechtigt ansehen, Auszahlungen in Empfang zu nehmen. Wir können aber verlangen, dass uns der Inhaber des Versicherungsscheins seine Berechtigung nachweist. Wir können auch den Nachweis der letzten Beitragszahlung verlangen.

Kann der Versicherungsschein nicht vorgelegt werden, hat der Anspruchsteller einen anderen Nachweis seiner Berechtigung vorzulegen.

21.2 Nachweis bei Tod der versicherten Person

Der Tod der versicherten Person ist uns unverzüglich anzuzeigen. Dabei ist uns eine amtliche Sterbeurkunde einzureichen. Bei Unfalltod ist zusätzlich Ziffer 7.5 zu beachten.

Der Versicherungsbeitrag

22 Was müssen Sie bei der Beitragszahlung beachten? Was geschieht, wenn Sie einen Beitrag nicht rechtzeitig zahlen?

22.1 Beitragszahlung und Versicherungsperiode

Die Beiträge können Sie je nach Vereinbarung monatlich, vierteljährlich, halbjährlich oder jährlich bezahlen. Danach bestimmt sich die Dauer der Versicherungsperiode: Sie beträgt

– bei Monatsbeiträgen einen Monat,
– bei Vierteljahresbeiträgen ein Vierteljahr,
– bei Halbjahresbeiträgen ein Halbjahr und
– bei Jahresbeiträgen ein Jahr.

22.2 Versicherungsteuer

Der in Rechnung gestellte Beitrag enthält die Versicherungsteuer. Diese haben Sie in der jeweils vom Gesetz bestimmten Höhe zu zahlen.

22.3 Zahlung und Folgen verspäteter Zahlung/Erster Beitrag

22.3.1 Fälligkeit der Zahlung

Wenn Sie den Versicherungsschein von uns erhalten, müssen Sie den ersten Beitrag unverzüglich nach Ablauf von 14 Tagen bezahlen. Wenn Sie mit uns vereinbart haben, dass der Versicherungsschutz erst später beginnen soll, wird der Beitrag erst zu diesem Zeitpunkt fällig.

22.3.2 Späterer Beginn des Versicherungsschutzes

Wenn Sie den ersten Beitrag zu einem späteren Zeitpunkt bezahlen, beginnt der Versicherungsschutz erst ab diesem späteren Zeitpunkt. Darauf müssen wir Sie durch gesonderte Mitteilung in Textform oder durch einen auffälligen Hinweis im Versicherungsschein aufmerksam gemacht haben.

Wenn Sie uns nachweisen, dass Sie die verspätete Zahlung nicht verschuldet haben, beginnt der Versicherungsschutz zum vereinbarten Zeitpunkt.

22.3.3 Rücktritt
Wenn Sie den ersten Beitrag nicht rechtzeitig bezahlen, können wir vom Vertrag zurücktreten, solange der Beitrag nicht bezahlt ist. Wir können nicht zurücktreten, wenn Sie nachweisen, dass Sie die verspätete Zahlung nicht verschuldet haben.

22.4 Zahlung und Folgen verspäteter Zahlung/Folgebeitrag

22.4.1 Fälligkeit und Rechtzeitigkeit der Zahlung
Die Folgebeiträge werden zu dem jeweils vereinbarten Zeitpunkt fällig.

22.4.2 Verzug
Wenn Sie einen Folgebeitrag nicht rechtzeitig bezahlen, geraten Sie in Verzug, auch ohne dass Sie eine Mahnung von uns erhalten haben.
Dies gilt nicht, wenn Sie die verspätete Zahlung nicht verschuldet haben.
Bei Verzug sind wir berechtigt, Ersatz für den Schaden zu verlangen, der uns durch den Verzug entstanden ist (Ziffer 22.4.3).

22.4.3 Zahlungsfrist
Wenn Sie einen Folgebeitrag nicht rechtzeitig bezahlen, können wir Ihnen auf Ihre Kosten in Textform eine Zahlungsfrist setzen. Die Zahlungsfrist muss mindestens zwei Wochen betragen.
Unsere Zahlungsaufforderung ist nur wirksam, wenn sie folgende Informationen enthält:
– Die ausstehenden Beträge, die Zinsen und die Kosten müssen im Einzelnen beziffert sein und
– die Rechtsfolgen müssen angegeben sein, die nach Ziffer 22.4.4 mit der Fristüberschreitung verbunden sind.

22.4.4 Verlust des Versicherungsschutzes und Kündigung
Wenn Sie nach Ablauf der Zahlungsfrist den angemahnten Betrag nicht bezahlt haben,
– besteht ab diesem Zeitpunkt bis zur Zahlung kein Versicherungsschutz.
– können wir den Vertrag kündigen, ohne eine Frist einzuhalten.
Wenn Sie nach unserer Kündigung innerhalb eines Monats den angemahnten Betrag bezahlen, besteht der Vertrag fort. Für Versicherungsfälle zwischen dem Ablauf der Zahlungsfrist und Ihrer Zahlung besteht kein Versicherungsschutz.

22.5 Rechtzeitige Zahlung bei SEPA-Lastschriftmandat
Wenn wir die Einziehung des Beitrags von einem Konto vereinbart haben, gilt die Zahlung als rechtzeitig, wenn der Beitrag zu dem Fälligkeitstag eingezogen werden kann und Sie der Einziehung nicht widersprechen.
Die Zahlung gilt auch als rechtzeitig, wenn der fällige Beitrag ohne Ihr Verschulden nicht eingezogen werden kann und Sie nach einer Aufforderung in Textform unverzüglich zahlen.
Wenn Sie es zu vertreten haben, dass der fällige Beitrag nicht eingezogen werden kann, sind wir berechtigt, künftig eine andere Zahlungsweise zu verlangen.
Sie müssen allerdings erst dann zahlen, wenn wir Sie hierzu in Textform aufgefordert haben.

Weitere Bestimmungen

23 Wie sind die Rechtsverhältnisse der am Vertrag beteiligten Personen zueinander?

23.1 **Fremdversicherung**

Die Ausübung der Rechte aus diesem Vertrag steht ausschließlich Ihnen als Versicherungsnehmer zu. Das gilt auch, wenn die Versicherung gegen Unfälle abgeschlossen ist, die einem anderen zustoßen (Fremdversicherung).

Wir zahlen Leistungen aus dem Versicherungsvertrag auch dann an Sie aus, wenn der Unfall nicht Ihnen, sondern einer anderen versicherten Person zugestoßen ist.

Sie sind neben der versicherten Person für die Erfüllung der Obliegenheiten verantwortlich.

23.2 **Rechtsnachfolger und sonstige Anspruchsteller**

Alle für Sie geltenden Bestimmungen sind auf Ihren Rechtsnachfolger und sonstige Anspruchsteller entsprechend anzuwenden.

23.3 **Übertragung und Verpfändung von Ansprüchen**

Die Ansprüche aus dem Versicherungsvertrag können vor Fälligkeit ohne unsere Zustimmung weder übertragen noch verpfändet werden.

24 Was bedeutet die vorvertragliche Anzeigepflicht und welche Folgen hat ihre Verletzung?

24.1 **Vorvertragliche Anzeigepflicht**

Sie sind bis zur Abgabe Ihrer Vertragserklärung verpflichtet, alle Ihnen bekannten gefahrerheblichen Umstände, nach denen wir in Textform gefragt haben, wahrheitsgemäß und vollständig anzuzeigen. Gefahrerheblich sind die Umstände, die für unsere Entscheidung, den Vertrag überhaupt oder mit dem vereinbarten Inhalt zu schließen, erheblich sind.

Diese Anzeigepflicht gilt auch für Fragen nach gefahrerheblichen Umständen, die wir

– nach Ihrer Vertragserklärung,

– aber noch vor Vertragsannahme

in Textform stellen.

Soll eine andere Person als Sie selbst versichert werden, ist auch diese – neben Ihnen – zu wahrheitsgemäßer und vollständiger Beantwortung der Fragen verpflichtet.

Wenn eine andere Person die Fragen nach gefahrerheblichen Umständen für Sie beantwortet und wenn diese Person den gefahrerheblichen Umstand kennt oder arglistig handelt, werden Sie so behandelt, als hätten Sie selbst davon Kenntnis gehabt oder arglistig gehandelt.

24.2 **Mögliche Folgen einer Anzeigepflichtverletzung**

Eine Verletzung der Anzeigepflicht kann erhebliche Auswirkungen auf Ihren Versicherungsschutz haben. Wir können in einem solchen Fall

– vom Vertrag zurücktreten,

– den Vertrag kündigen,

- den Vertrag ändern oder
- den Vertrag wegen arglistiger Täuschung anfechten.

24.2.1 Rücktritt

Wird die vorvertragliche Anzeigepflicht verletzt, können wir vom Vertrag zurücktreten. Kein Rücktrittsrecht besteht, wenn
- weder eine vorsätzliche,
- noch eine grob fahrlässige

Anzeigepflichtverletzung vorliegt.

Auch wenn die Anzeigepflicht grob fahrlässig verletzt wird, haben wir trotzdem kein Rücktrittsrecht, wenn wir den Vertrag – möglicherweise zu anderen Bedingungen (z.B. höherer Beitrag oder eingeschränkter Versicherungsschutz) – auch bei Kenntnis der nicht angezeigten gefahrerheblichen Umstände geschlossen hätten.

Im Fall des Rücktritts haben Sie keinen Versicherungsschutz.

Wenn wir nach Eintritt des Versicherungsfalls zurücktreten, bleibt unsere Leistungspflicht unter folgender Voraussetzung bestehen:

Die Verletzung der Anzeigepflicht bezieht sich auf einen gefahrerheblichen Umstand, der
- weder für den Eintritt oder die Feststellung des Versicherungsfalls,
- noch für die Feststellung oder den Umfang unserer Leistungspflicht

ursächlich war.

Wird die Anzeigepflicht arglistig verletzt, entfällt unsere Leistungspflicht.

24.2.2 Kündigung

Wenn unser Rücktrittsrecht ausgeschlossen ist, weil die Verletzung der Anzeigepflicht weder vorsätzlich noch grob fahrlässig erfolgte, können wir den Vertrag unter Einhaltung einer Frist von einem Monat kündigen.

Unser Kündigungsrecht ist ausgeschlossen, wenn wir den Vertrag – möglicherweise zu anderen Bedingungen (z.B. höherer Beitrag oder eingeschränkter Versicherungsschutz) – auch bei Kenntnis der nicht angezeigten gefahrerheblichen Umstände geschlossen hätten.

24.2.3 Vertragsänderung

Können wir nicht zurücktreten oder kündigen, weil wir den Vertrag – möglicherweise zu anderen Bedingungen (z.B. höherer Beitrag oder eingeschränkter Versicherungsschutz) – auch bei Kenntnis der nicht angezeigten gefahrerheblichen Umstände geschlossen hätten, werden die anderen Bedingungen auf unser Verlangen hin rückwirkend Vertragsbestandteil.

Haben Sie die Anzeigepflichtverletzung nicht zu vertreten, werden die anderen Bedingungen erst ab der laufenden Versicherungsperiode (Ziffer 22.1) Vertragsbestandteil.

Sie können den Vertrag innerhalb eines Monats, nachdem Sie unsere Mitteilung erhalten haben, fristlos kündigen, wenn
- wir im Rahmen einer Vertragsänderung den Beitrag um mehr als 10% erhöhen oder

- wir die Gefahrabsicherung für einen nicht angezeigten Umstand ausschließen. Auf dieses Recht werden wir Sie in der Mitteilung über die Vertragsänderung hinweisen.

24.3 **Voraussetzungen für die Ausübung unserer Rechte**
Unsere Rechte zum Rücktritt, zur Kündigung oder zur Vertragsänderung stehen uns nur zu, wenn wir Sie durch gesonderte Mitteilung in Textform auf die Folgen einer Anzeigepflichtverletzung hingewiesen haben.

Wir haben kein Recht zum Rücktritt, zur Kündigung oder zur Vertragsänderung, wenn wir den nicht angezeigten Umstand oder die Unrichtigkeit der Anzeige kannten.

Wir können unsere Rechte zum Rücktritt, zur Kündigung oder zur Vertragsänderung nur innerhalb eines Monats schriftlich geltend machen. Die Frist beginnt mit dem Zeitpunkt, zu dem wir von der Verletzung der Anzeigepflicht, die das von uns geltend gemachte Recht begründet, Kenntnis erlangen.

Bei Ausübung unserer Rechte müssen wir die Umstände angeben, auf die wir unsere Erklärung stützen. Zur Begründung können wir nachträglich weitere Umstände angeben, wenn für diese die Monatsfrist noch nicht verstrichen ist.

Nach Ablauf von fünf Jahren seit Vertragsschluss erlöschen unsere Rechte zum Rücktritt, zur Kündigung oder zur Vertragsänderung. Ist der Versicherungsfall vor Ablauf dieser Frist eingetreten, können wir die Rechte auch nach Ablauf der Frist geltend machen. Ist die Anzeigepflicht vorsätzlich oder arglistig verletzt worden, beträgt die Frist zehn Jahre.

24.4 **Anfechtung**
Wir können den Vertrag auch anfechten, falls unsere Entscheidung zur Annahme des Vertrags durch unrichtige oder unvollständige Angaben bewusst und gewollt beeinflusst worden ist.

Im Fall der Anfechtung steht uns der Teil des Beitrags zu, der der bis zum Wirksamwerden der Anfechtungserklärung abgelaufenen Vertragszeit entspricht.

25 Wann verjähren die Ansprüche aus diesem Vertrag?

25.1 **Gesetzliche Verjährung**
Die Ansprüche aus dem Versicherungsvertrag verjähren in drei Jahren. Die Fristberechnung richtet sich nach den allgemeinen Vorschriften des Bürgerlichen Gesetzbuchs.

25.2 **Aussetzung der Verjährung**
Ist ein Anspruch aus dem Versicherungsvertrag bei uns geltend gemacht worden, ist die Verjährung gehemmt. Dies gilt von der Geltendmachung bis zu dem Zeitpunkt, zu dem Ihnen unsere Entscheidung in Textform zugeht.

26 Welches Gericht ist zuständig?

26.1 Für Klagen aus dem Versicherungsvertrag gegen uns sind folgende Gerichte zuständig:
- das Gericht am Sitz unseres Unternehmens oder unserer Niederlassung, die für Ihren Vertrag zuständig ist,

– das Gericht Ihres Wohnorts oder, wenn Sie keinen festen Wohnsitz haben, am Ort Ihres gewöhnlichen Aufenthalts.
26.2 Für Klagen aus dem Versicherungsvertrag gegen Sie ist das Gericht Ihres Wohnorts oder, wenn Sie keinen festen Wohnsitz haben, das Gericht Ihres gewöhnlichen Aufenthalts zuständig.

27 Was ist bei Mitteilungen an uns zu beachten? Was gilt bei Änderung Ihrer Anschrift?

27.1 Anzeigen oder Erklärungen sollen an folgende Stellen gerichtet werden:
 – an unsere Hauptverwaltung oder
 – an die Geschäftsstelle, die für Sie zuständig ist. Welche Geschäftsstelle dies ist, ergibt sich aus Ihrem Versicherungsschein oder aus dessen Nachträgen.

27.2 Änderungen Ihrer Anschrift müssen Sie uns mitteilen.
Wenn Sie dies nicht tun und wir Ihnen gegenüber eine rechtliche Erklärung abgeben wollen, gilt Folgendes:
Die Erklärung gilt drei Tage nach der Absendung als zugegangen, wenn wir sie per Einschreiben an Ihre letzte uns bekannte Anschrift geschickt haben.
Das gilt auch, wenn Sie uns eine Änderung Ihres Namens nicht mitteilen.

28 Welche weiteren Mitteilungspflichten haben Sie?

28.1 Sofern wir aufgrund gesetzlicher Regelungen zur Erhebung und Meldung von Informationen und Daten zu Ihrem Vertrag verpflichtet sind, müssen Sie uns die hierfür notwendigen Informationen, Daten und Unterlagen bei Vertragsabschluss, bei Änderung nach Vertragsabschluss oder auf Nachfrage unverzüglich – d. h. ohne schuldhaftes Zögern – zur Verfügung stellen. Sie sind auch zur Mitwirkung verpflichtet, soweit der Status dritter Personen, die Rechte an ihrem Vertrag haben, für Datenerhebungen und Meldungen maßgeblich ist.

28.2 Notwendige Informationen im Sinne von Absatz 1 sind Insbesondere Umstände, die für die Beurteilung
 – Ihrer persönlichen Steuerpflicht,
 – der Steuerpflicht dritter Personen, die Rechte an ihrem Vertrag haben und
 – der Steuerpflicht des Leistungsempfängers maßgebend sein können.
Dazu zählen die deutsche oder ausländische Steuerpflicht, die Steueridentifikationsnummer, der Geburtsort und der Wohnsitz. Welche Umstände dies nach derzeitiger Gesetzeslage im Einzelnen sind, können Sie der ... [*Anmerkung: Unternehmensindividuell zu ergänzen. Hierbei ist darauf zu achten, dass die Bereitstellung nur solcher Daten verlangt wird, die zur Erfüllung der gesetzlich geregelten Verpflichtungen des Unternehmens erforderlich sind. Diese sollten ausdrücklich genannt werden.*] entnehmen.
Falls Sie uns die notwendigen Informationen, Daten und Unterlagen nicht oder nicht rechtzeitig zur Verfügung stellen, müssen Sie trotz einer nicht bestehenden Steuerpflicht davon ausgehen, dass wir Ihre Vertragsdaten an die zuständigen in- oder ausländischen Steuerbehörden melden.

29 Welches Recht findet Anwendung?

Für diesen Vertrag gilt deutsches Recht.

30 Wie wird das Versicherungsjahr berechnet?

Das Versicherungsjahr erstreckt sich über einen Zeitraum von 12 Monaten. Das erste Versicherungsjahr beginnt mit dem Vertragsbeginn; das letzte Versicherungsjahr endet mit dem vereinbarten Ablauftermin.

Kapitel 8
Krankenversicherung

Vorbemerkungen zu den §§ 192 bis 208 VVG

Übersicht

	Rdn
A. Einführung	1
B. Begriff der Krankenversicherung	3
I. Gesetzliche Krankenversicherung	3
II. Private Krankenversicherung	6
C. Rechtsquellen	12
D. Managed Care	21
E. Gesundheitsreform	23
I. Basistarif	24
II. Portabilität der Alterungsrückstellungen	31

A. Einführung

1 In der BRD beruht die Krankenversicherung auf einem sog. „gegliederten System": 90 % der Bevölkerung (70,6 Mio. Einwohner) sind – freiwillig (5,6 Mio.) oder unfreiwillig (65 Mio.) – in der gesetzlichen Krankenversicherung (§§ 5, 9 SGB V), mehr als 9 % der Bevölkerung sind in der privaten Krankenversicherung versichert (vgl.: BVerfG, VersR 2009, 957; PKV-Verband [Hrsg.], Zahlenbericht der privaten Krankenversicherung 2014, S. 112; i.E. *Sternberg*, „Systemwettbewerb" zwischen Gesetzlicher und Privater Krankenversicherung, 2015, S. 19–74; *Ludewig*, Auf dem Weg zu neuen Rahmenbedingungen für den Krankenversicherungsmarkt, 2014, 22 ff.). Die Krankenversicherung gewährt (§§ 2 Abs. 2 S. 1, 13 Abs. 1 SGB V [GKV]) bzw. finanziert die Behandlung im Krankheitsfall (§ 13 Abs. 2 und 3 SGB V [GKV]; § 192 Abs. 1 VVG [PKV]) und gewährleistet so die gem. Art. 2 Abs. 2 S. 1 GG gebotene **gesundheitliche Mindestversorgung** (*Zwermann-Milstein*, Grund und Grenzen einer verfassungsrechtlich gebotenen gesundheitlichen Mindestversorgung, 2015, S. 328 ff.). Die Beobachtung, dass ca. 200.000 Einwohner über keinen angemessenen und bezahlbaren Krankenversicherungsschutz verfügen (BVerfG, VersR 2009, 957), hat den Gesetzgeber dazu bewogen, eine **Krankenversicherungspflicht** (§ 193 Abs. 3 VVG) sowie einen **Kontrahierungszwang zulasten der Krankenversicherer im Basistarif** (§ 193 Abs. 5 VVG) einzuführen. In der Diskussion über eine grundlegende Reform des Krankenversicherungssystems hat sich bisher weder die solidarische **Bürgerversicherung** durchgesetzt (s. BFHE 248, 24), noch der Ruf nach einer rein kapitalgedeckten Krankenversicherung (ausführlicher s. Prölss/*Präve*, § 12 VAG Rn 1 ff.).

2 Im Jahre 2014 bestanden laut Statistik des PKV-Verbands ca. 8,8 Mio. Krankheitskostenvollversicherungen, 7,2 Mio. davon mit Krankenhauswahlleistungen und 2 Mio. davon mit Krankentagegeld (PKV-Verband, Zahlenbericht der privaten Krankenversicherung 2014, S. 16, 25, 27). Daneben bestanden ca. 9,5 Mio. (private) Pflegeversicherungen und ca. 24,3 Mio. Zusatzversicherungen, die der Ergänzung des gesetzlichen Krankenversicherungsschutzes dienen (PKV-Verband, Zahlenbericht der privaten Krankenversicherung 2014, S. 16). Die (privaten) Krankenversicherer nahmen 36,3 Mrd. EUR an Beiträgen ein. Dem standen Leistungen i.H.v. 24,8 Mrd. EUR ggü. (PKV-Verband, Zahlenbericht der privaten Krankenversicherung 2014, S. 17; vgl. auch: GDV [Hrsg.], Statistisches Taschenbuch 2015, S. 48 ff.).

B. Begriff der Krankenversicherung

I. Gesetzliche Krankenversicherung

3 Träger der **gesetzlichen Krankenversicherung** sind die **Krankenkassen** als selbstverwaltete Körperschaften des öffentlichen Rechts (BVerfG, VersR 2009, 957 Rn 3). Finanziert wird die gesetzliche Krankenversicherung in erster Linie durch Beiträge ihrer Mitglieder und deren Arbeitgeber. Die Höhe dieser Beiträge bemisst sich bis zur **Beitragsbemessungsgrenze** (2015: 49.500 EUR) nach der Höhe des Arbeitsentgeltes. Familienangehörige, die kein nennenswertes eigenes Einkommen haben, werden kostenfrei mitversichert (BVerfG, VersR 2009, 957 Rn 3). Versicherungsschutz ohne Beitragsleistung besteht auch für die Empfänger von Sozialleistungen. Besteht Versicherungspflicht (s.u. Rdn 23, 26), so gewährt die gesetzliche Krankenversicherung Versicherungsschutz unabhängig davon, ob beim Versicherten Vorerkrankungen bestehen oder Beiträge gezahlt werden. Eine Kündigung oder einen Ausschluss aus der gesetzlichen Krankenversicherung kennt das Gesetz nicht. Für die in der gesetzlichen Krankenversicherung freiwillig versicherten Personen gelten im Grundsatz die gleichen Bedingungen wie für Pflichtmitglieder (BVerfG, VersR 2009, 957 Rn 3).

4 Für den überwiegenden Teil der Mitglieder der gesetzlichen Krankenversicherung, die abhängig Beschäftigten, besteht kraft Gesetzes **Versicherungspflicht** (§ 5 Abs. 1 Nr. 1 SGB V; BVerfG, VersR 2009, 957 Rn 3). Davon sind u.a. Beamte, Richter und Soldaten ausgenommen (s. § 6 Abs. 1 Nr. 2 SGB V), die einen Anspruch auf staatliche Beihilfe oder Heilfürsorge besitzen, sowie Arbeiter und Angestellte, deren regelmäßiges Arbeitsentgelt die Jahresarbeitsentgeltgrenze übersteigt (§ 6 Abs. 1 Nr. 1 SGB V). Das Einkommen muss in drei aufeinander folgenden Kalenderjahren über der Jahresarbeitsentgeltgrenze liegen. Diese Regelung zielt darauf, auch gut verdienende Angestellte für mindestens drei Jahre an die gesetzliche Krankenversicherung zu binden, um hierdurch die Finanzgrundlage der gesetzlichen Krankenversicherung zu stärken, und ist verfassungsrechtlich nicht zu beanstanden (BVerfG, VersR 2009, 957 Rn 3).

5 Bei einem **Wechsel** von der **gesetzlichen** in die **private Krankenversicherung** trifft den VR bzw. den Versicherungsvermittler eine anlassbezogene **Beratungspflicht** (§§ 6, 61 Abs. 1 VVG), wenn im Einzelfall ein besonderes Auskunfts- oder Beratungsbedürfnis erkennbar ist (OLG Celle, VersR 2008, 1098; OLG Hamm, VersR 2016, 394; zu möglichen Beratungspflichten eines Versicherungsmaklers: OLG Köln, VersR 2016, 1055). Das ist bspw. dann der Fall, wenn der VN in einem an sich anders ausgerichteten und avisierten Beratungsgespräch die spontane Entscheidung trifft, trotz relativ hohen Alters (56 Jahre)

und trotz des Risikos, die Beiträge selbst im Basistarif auf Dauer nicht bezahlen zu können, in die PKV zu wechseln (OLG Hamm, VersR 2016, 394). Ggf. ist der Versicherungsvertreter verpflichtet, klar und unmissverständlich auf die Nachteile eines Wechsels in die PKV, d.h. u.a. auf mögliche Beitragssteigerungen und darauf hinzuweisen, „*dass die Höhe des Beitrages* [...] *nicht abhängig vom Einkommen* [...] *ist, sondern vom Umfang der versicherten Leistungen und vom Eintrittsalter,* [...] *dass die einkommensunabhängigen Beiträge auch für den Basistarif gelten*", und dass der Beitrag im Basistarif diese Höhe auch dann hat, wenn das Einkommen z.B. mit dem Eintritt in den Ruhestand sinkt (OLG Hamm, VersR 2016, 394, Rn 68). Kommt es dem VN auf eine bessere Krankenversorgung im Alter an, ist auch darauf hinzuweisen, dass dies im Basistarif nicht gewährleistet wäre und (ggf.) dass der VN beim Wechsel in den Basistarif mit der gesetzlichen Krankenversicherung vergleichbare Leistungen aber zu einem deutlich höheren Beitrag als in der gesetzlichen Krankenversicherung erhalten würde (OLG Hamm, VersR 2016, 394, Rn 69). Richtigerweise ist anzunehmen, dass die Komplexität und die Tragweite der Entscheidung für einen Wechsel in die PKV (Beratungsanlass) so groß ist, dass den VR grundsätzlich – und nicht nur aufgrund besonderer Umstände des Einzelfalls (ausnahmsweise) – eine umfassende Beratungspflicht tritt (s.a. Langheid/Wandt/*Armbrüster*, § 6 Rn 46 und [restriktiver] Rn 200).

II. Private Krankenversicherung

In der privaten Krankenversicherung sind Beamte, Selbstständige und andere gesetzlich nicht versicherte Personen ohne Rücksicht auf die Höhe ihres Einkommens sowie solche Personen versichert, die aufgrund ihres Einkommens aus der Versicherungspflicht in der gesetzlichen Krankenversicherung ausgeschieden sind und dort nicht als freiwillig Versicherte bleiben, sondern in die private Krankenversicherung wechseln (BVerfG, VersR 2009, 957 Rn 3). Die Krankenversicherungsunternehmen bieten **Krankheitskostenversicherungen** mit unterschiedlichem Leistungsspektrum an, das im Allgemeinen ein höheres oder umfassenderes Leistungsniveau als die Leistungen der gesetzlichen Krankenversicherung aufweist (BVerfG, VersR 2009, 957 Rn 3). Daneben bieten sie verschiedene **Zusatzversicherungen** an – auch für Mitglieder der gesetzlichen Krankenversicherung. Die Prämie wird – anders als in der gesetzlichen Krankenversicherung – nach dem individuellen Risiko des jeweiligen Versicherten kalkuliert (Risikoäquivalenz der Prämie), wobei auch das Eintrittsalter des Versicherten Berücksichtigung findet (BVerfG, VersR 2009, 957 Rn 3).

6

In der substitutiven Krankenversicherung sind **Alterungsrückstellungen** zu bilden (§§ 146 Abs. 1 Nr. 2 VAG, 341f HGB). Hierfür wird die Prämie schon bei Beginn des Versicherungsverhältnisses so kalkuliert, dass ein bestimmter Anteil nicht für die Deckung der gegenwärtigen Krankheitskosten verwandt, sondern in eine Rückstellung eingebracht und verzinst wird, um später die altersbedingten Mehrausgaben in der Versicherungsbiografie abzudecken. Diese Rückstellungen sind besonderen aufsichtsrechtlichen Sicherungsvorschriften unterworfen (BVerfG, VersR 2009, 957 Rn 7). Die **Portabilität der Alterungsrückstellung** regelt nunmehr § 204 Abs. 1 S. 1 Nr. 2, S. 2 VVG.

7

Vorbemerkungen zu den §§ 192 bis 208 VVG

8   Die **Bezüge zwischen gesetzlicher und privater Krankenversicherung** sind vielfältig; so knüpft insb. der Basistarif unmittelbar an die Leistungen in der gesetzlichen Krankenversicherung an. I.R.d. Inhaltskontrolle (§§ 307 ff. BGB) von Tarifbedingungen geht der BGH jedoch außerhalb des Basistarifs in ständiger Rechtsprechung davon aus, dass die gesetzliche Krankenversicherung generell nicht als Leitbild i.S.v. § 307 Abs. 2 Nr. 1 BGB herangezogen werden kann (BGH, VersR 2009, 623, 624; BGH, VersR 2009, 533, 534; BGH, VersR 2006, 641; BGH, VersR 2001, 576; BGH, VersR 1991, 911; OLG Köln, r+s 2016, 248). Der Basistarif, der (aufsichtsrechtlich) einen der GKV vergleichbaren Versicherungsschutz bieten muss (vgl. § 152 Abs. 1 S. 1 VAG), gibt auch keinen gesetzlichen Mindestumfang für sämtliche anderen in der PKV abzuschließenden (substitutiven) Krankheitskostentarife vor (OLG Köln, r+s 2016, 248, Rn 43; a.A. offenbar: OLG Stuttgart, Urt. v. 29.4.2014, 7 U 224/12, n.v.).

9   Kapitel 8 des Versicherungsvertragsgesetzes (§§ 192 ff. VVG) ist grds. auf alle **Erscheinungsformen der privaten Krankenversicherung** anwendbar:
   – In der **Krankheitskostenversicherung** ist der VR verpflichtet, im vereinbarten Umfang die Aufwendungen für medizinisch notwendige Heilbehandlung wegen Krankheit oder Unfallfolgen und für sonstige vereinbarte Leistungen einschließlich solcher bei Schwangerschaft und Entbindung sowie für ambulante Vorsorgeuntersuchungen zur Früherkennung von Krankheiten nach gesetzlich eingeführten Programmen zu erstatten (§ 192 Abs. 1 VVG; i.E. s. § 192 Rdn 2 ff.). Dabei ist jedoch zu unterscheiden: In der **Krankheitskostenvollversicherung** (§ 206 Abs. 1 S. 3 VVG) wird das vollständige Leistungsspektrum in den Leistungsbereichen des § 12 Abs. 1 Nr. 1 bis 3 KVAV (s. Rdn 12) abgedeckt. Davon abzugrenzen ist die **Krankheitskostenteilversicherung**, die nur bestimmte Leistungsbereiche abdeckt und v.a. der Ergänzung des gesetzlichen Krankenversicherungsschutzes dient; als **Krankenhauszusatzversicherung** umfasst sie v.a. die sog. „Wahlleistungen" im Krankenhaus (komfortablere Unterbringung sowie Behandlung durch den Chefarzt; zum begrenzten Leistungsumfang: OLG Köln, VersR 2009, 491). **Beihilfetarife** sind Krankheitskostenvollversicherungen, denn sie bilden das vollständige Leistungsspektrum ab – auch wenn sie die Kosten medizinisch notwendiger Heilbehandlungen nur teilweise erstatten, nämlich in der von der Beihilfe nicht abgedeckten Höhe.
   – In der **Krankenhaustagegeldversicherung** ist der VR verpflichtet, bei medizinisch notwendiger stationärer Heilbehandlung das vereinbarte Krankenhaustagegeld zu leisten (§ 192 Abs. 4 VVG). Das Krankenhaustagegeld soll in erster Linie die mit einem Krankenhausaufenthalt vielfach indirekt verbundenen Kosten decken, bspw. die Kosten einer aufgrund des Krankenhausaufenthalts notwendigen Familienbetreuung, Besuchs- und Fahrtkosten sowie die Kosten für die Unterbringung einer Begleitperson im Krankenhaus (BGH, VersR 1984, 675, 676).
   – In der **Krankentagegeldversicherung** ist der VR verpflichtet, den als Folge von Krankheit oder Unfall durch Arbeitsunfähigkeit verursachten Verdienstausfall durch das vereinbarte Krankentagegeld zu ersetzen (§ 192 Abs. 5 VVG). Das Krankentagegeld hat also „Lohnersatz"-Charakter (OLG Köln, VersR 1974, 851, 852).

Vorbemerkungen zu den §§ 192 bis 208 VVG

– In der **Pflegekrankenversicherung** (§ 192 Abs. 6 VVG) ist zu unterscheiden: Ist der VR verpflichtet, im Fall der Pflegebedürftigkeit im vereinbarten Umfang die Aufwendungen für die Pflege der versicherten Person zu erstatten, spricht man von einer **Pflegekostenversicherung**, ist er verpflichtet, das vereinbarte Tagegeld zu leisten, spricht man von einer **Pflegetagegeldversicherung** (§ 192 Abs. 6 S. 1 VVG). In Deutschland besteht eine **Pflegeversicherungspflicht**: Derjenige, der „*gegen Krankheit bei einem privaten Krankenversicherungsunternehmen versichert ist* [gemeint ist die substitutive Krankenversicherung], *muss eine private Pflegeversicherung abschließen*" (§§ 1 Abs. 2 S. 2, 23 SGB XI). Die Krankenversicherer trifft ein korrespondierender **Kontrahierungszwang** (§ 110 Abs. 1 Nr. 1 SGB XI; vertiefend: Prölss/*Präve*, § 12f VAG Rn 12). Die Einführung der **Pflegepflichtversicherung** (s. § 192 Rdn 90) war verfassungsrechtlich nicht zu beanstanden (BVerfG, NJW 2001, 1709). Da der durch die potenzielle Pflegebedürftigkeit hervorgerufene Hilfsbedarf mit erheblichen finanziellen Belastungen verbunden ist, ist es ein legitimes Konzept des zur sozialpolitischen Gestaltung berufenen Gesetzgebers, die dafür notwendigen Mittel auf der Grundlage einer Pflichtversicherung sicherzustellen, die im Grundsatz alle Bürger als **Volksversicherung** erfasst (BVerfG, NJW 2001, 1709). Da das SGB XI die private Pflegeversicherung im Detail regelt, stellt § 192 Abs. 6 S. 3 VVG ausdrücklich klar, dass diese Vorschriften dem hier behandelten Teil 2 Kap. 8 (§§ 192 ff. VVG) vorgehen (s.a. Begr. BT-Drucks 16/3945, S. 110). Dies gilt jedoch ausschließlich für die Pflegepflichtversicherung, nicht für die freiwillige Pflegeversicherung (BVerfG, NJW 2001, 1709; Prölss/*Präve*, § 12f VAG Rn 4).

– Die Krankenversicherung, die den im gesetzlichen Sozialversicherungssystem vorgesehenen Kranken- oder Pflegeversicherungsschutz ganz oder teilweise ersetzen kann, bezeichnet § 195 Abs. 1 S. 1 VVG – in Übereinstimmung mit § 146 Abs. 1 VAG – als **substitutive Krankenversicherung**; aufgrund ihrer sozialen Bedeutung ist die substitutive Krankenversicherung aufsichts- und vertragsrechtlich besonders geregelt (§§ 146, 149, 156, 50 VAG, §§ 195, 203, 206 VVG; i.E. *Kaulbach/Schneider*, VersR 2013, 1469). Die Regelung der substitutiven Krankenversicherung gilt grds. auch für die **nicht-substitutive Krankenversicherung, die nach Art der Lebensversicherung**, d.h. auf der Basis biometrischer Rechnungsgrundlagen **betrieben wird** (§ 195 Abs. 1 S. 2 VVG, § 147 VAG).

– I.R.d. §§ 192 ff. VVG finden auch einige typischerweise befristete Krankenversicherungsverträge Erwähnung, nämlich die **Ausbildungs-, die Auslands-, die Reise- und die Restschuldkrankenversicherung** (§ 195 Abs. 2 VVG), die auch künftig befristet abgeschlossen werden dürfen.

Praxistipp
Im Hinblick auf die unterschiedlichen Erscheinungsformen der Krankenversicherung ist stets sorgfältig zu prüfen, ob die konkrete Rechtsvorschrift im Einzelfall anwendbar ist; so bezieht sich bspw. § 203 Abs. 1 VVG auf die „*Krankenversicherung, bei der die Prämie nach Art der Lebensversicherung berechnet wird*" (§ 203 Abs. 1 S. 1 VVG). Darunter fällt insb. die substitutive Krankenversicherung, die in Deutschland generell nur nach Art der Lebensversicherung betrieben werden darf (146 Abs. 1 VAG).

Vorbemerkungen zu den §§ 192 bis 208 VVG

11 Die Krankenversicherung ist **Personenversicherung**, bei der der VR verspricht, entweder die durch eine Krankheit konkret entstehenden oder abstrakt geschätzten Kosten oder Vermögenseinbußen zu ersetzen (Begr. BT-Drucks 12/6959, S. 104). Kap. 8 unterscheidet danach, ob eine Krankenversicherung als **Schadens- oder Summenversicherung** ausgestaltet ist (§ 194 Abs. 1 S. 1 VVG). In der **Krankheitskostenversicherung** wird Versicherungsschutz nach den Grundsätzen der Schadensversicherung gewährt (BGH, VersR 1969, 1036, 1037). Anders als in der Summenversicherung hat der VR keinen bestimmten, vorher festgelegten und von dem konkreten Bedarf unabhängigen Betrag zu zahlen (abstrakte Bedarfsdeckung), sondern den konkret eingetretenen Schaden zu ersetzen (konkrete Bedarfsdeckung). Dagegen ist die **Krankenhaustagegeldversicherung** keine Schadens-, sondern Summenversicherung (BGHZ 91, 98, 101 f. = BGH, NJW 1997, 3434; BGH, VersR 1989, 1250), weil sie nicht der konkreten, sondern der abstrakten Bedarfsdeckung dient. Die **Krankentagegeldversicherung** kann alternativ als Schadens- oder als Summenversicherung ausgestaltet werden (BGH, VersR 2001, 1100). Beruht sie auf § 4 MB/KT 2009, so ist sie (vorbehaltlich atypischer Tarifbedingungen) Summenversicherung (BGH, VersR 2001, 1100, 1101; a.A. *Hof*, VersR 1974, 111, 115), weil das Tagegeld losgelöst von dem konkreten, sich aus der Einkommensminderung ergebenden Bedarf gezahlt wird. Dagegen wäre die Krankentagegeldversicherung als Schadensversicherung einzuordnen, wenn sie auf Deckung des konkreten Verdienstausfallschadens des Versicherten zielte und sich demgemäß die zu erbringende Versicherungsleistung den Einkommensschwankungen des Versicherten ständig und automatisch anpasste (BGH, VersR 2001, 1100, 1101; VersR 1974, 184, 185). Die **Pflegeversicherung** ist Schadensversicherung (offen gelassen: BSG, HSP § 23 SGB XI Nr. 2.12). Das BSG rechnet das Pflegegeld der Schadensversicherung zu, weil es sich zwar um eine pauschale Leistung handelt, die Höhe aber von der Zuordnung zu einer Pflegestufe und damit vom Ausmaß der Pflegebedürftigkeit abhängt (BSGE 88, 262 = BSG, SozR 3–3300 § 23 Nr. 5 = SozR 3–1300 § 48 Nr. 79).

C. Rechtsquellen

12 Das Recht der privaten Krankenversicherung findet sich v.a. in den §§ 192 ff. VVG und den §§ 146 ff. VAG. Die Kalkulationsverordnung (KalV) vom 18.11.1996 (BGBl I, S. 1783) und die Überschussverordnung (ÜbschV) vom 8.11.1996 (BGBl I, S. 1687) wurden zum 1.1.2016 aufgehoben (Art. 1 Nr. 3 und 4 der VO v. 16.12.2015, BGBl I, S. 2345); an ihre Stelle ist die **Krankenversicherungsaufsichtsverordnung (KVAV) vom 18.4.2016** getreten (BGBl I, S. 780).

13 **§§ 192 bis 208 VVG** beziehen sich grds. auf alle Erscheinungsformen der privaten Krankenversicherung, es sei denn, der Anwendungsbereich einer Vorschrift ist, wie z.B. in den §§ 196, 199, 206 VVG, ausdrücklich auf bestimmte Formen der Krankenversicherung beschränkt (Begr. BT-Drucks 16/3945, S. 110). **§ 7 Abs. 1 S. 1 i.V.m. § 3 der Informationspflichtenverordnung** (VVG-InfoV v. 18.12.2007, BGBl I, S. 3004) sieht umfangreiche Informationspflichten in der substitutiven Krankenversicherung vor. Besondere Bedeutung i.R.d. Krankenversicherung entfaltet auch **§ 213 VVG**, der die Erhebung personenbezogener Gesundheitsdaten bei Dritten (insb. bei Ärzten und Krankenhäusern) regelt.

Vorbemerkungen zu den §§ 192 bis 208 VVG

Die gesetzliche Regelung ist insb. im Hinblick auf das Leitbild der Krankheitskosten-, der 14
Krankenhaustagegeld-, der Krankentagegeld- und der Pflegekrankenversicherung dispositiv (§ 208 VVG *e contrario*), sodass sich die Rechte und Pflichten der Parteien in erster Linie aus dem Krankenversicherungsvertrag ergeben. Die Bedingungen unterliegen der Kontrolle anhand der §§ 305 ff. BGB. Von der in §§ 194 bis 199 VVG und in den §§ 201 bis 207 VVG vorgesehenen Rechtslage können die Parteien nicht zum Nachteil des VN abweichen. Die Kommentierung orientiert sich an den (unverbindlichen) Musterbedingungen für die Krankheitskosten- und Krankenhaustagegeldversicherung (**MB/KK 2009**) und an den Musterbedingungen für die Krankentagegeld- (**MB/KT 2009**) und die Pflegekrankenversicherung (**MB/PV 2009**). Im Basistarif ersetzen die Musterbedingungen für den Basistarif (**MB/BT**) die MB/KK und die MB/KT. Die Bedingungsanpassung an das neue VVG richtete sich nach **Art. 2 Nr. 2 EGVVG**. Danach konnten die Krankenversicherer die Bestandsverträge bereits zum 1.1.2008 an die §§ 192 ff. VVG anpassen.

§§ 146 ff. VAG regeln die Krankenversicherung aufsichtsrechtlich; sie betreffen u.a. den 15
Basis- (§ 152 VAG) und den Notlagentarif (§ 153 VAG).

Im Krankenversicherungsrecht herrscht – insb. im Hinblick auf die Beitragsberechnung – 16
das **Prinzip der Gleichbehandlung**. Das ergibt sich nicht nur aus § 203 Abs. 1 VVG, der das aufsichtsrechtliche Gebot, Prämien und Leistungen bei gleichen Voraussetzungen nach gleichen Grundsätzen zu bemessen (§§ 146 Abs. 2 S. 1, 138 Abs. 2 VAG) privatrechtlich „aktiviert", sondern auch aus dem **AGG** (Allgemeines Gleichbehandlungsgesetz v. 14.8.2006, BGBl I, S. 1897). Danach ist eine „*Benachteiligung aus Gründen der Rasse oder wegen der ethnischen Herkunft, wegen des Geschlechts, der Religion, einer Behinderung, des Alters oder der sexuellen Identität bei der Begründung, Durchführung und Beendigung zivilrechtlicher Schuldverhältnisse, die [...] (2) eine privatrechtliche Versicherung zum Gegenstand haben*", grds. unzulässig (§ 19 Abs. 1 Nr. 2 AGG). Kosten im Zusammenhang mit Schwangerschaft und Mutterschaft dürfen auf keinen Fall zu unterschiedlichen Prämien oder Leistungen führen (§§ 20 Abs. 2 S. 1, 33 Abs. 5 S. 2 AGG). Eine unterschiedliche Behandlung wegen der Religion, einer Behinderung, des Alters oder der sexuellen Identität ist im Falle des § 19 Abs. 1 Nr. 2 AGG nur zulässig, wenn diese auf anerkannten Prinzipien risikoadäquater Kalkulation beruht, insbesondere auf einer versicherungsmathematisch ermittelten Risikobewertung unter Heranziehung statistischer Erhebungen (§ 20 Abs. 2 S. 2 AGG).

Eine **geschlechtsabhängige Tarifierung** ist **seit dem 21.12.2012** unzulässig (vertiefend: 17
Langheid/Wandt/*Looschelders*, § 1 Rn 68 f.; *Looschelders*, VersR 2011, 421; JZ 2012, 105). Die frühere Erlaubnis in § 20 Abs. 2 S. 1 AGG a.F. stand zwar in Einklang mit Art. 5 Abs. 2 der sog. Gender-Richtlinie (Richtlinie 2004/113/EG). Die Richtlinie war ihrerseits jedoch unvereinbar mit dem Gleichbehandlungsgrundsatz aus Art. 6 Abs. 2 EU-Vertrag i.V.m. Art. 21 Abs. 1 und 23 Abs. 1 der Charta der Grundrechte der Europäischen Union (EuGH, VersR 2011, 377 [Test Achats]; s. auch: Schlussanträge in VersR 2010, 1571). Daher hat der EuGH Art. 5 Abs. 2 RL 2004/113/EG mit Wirkung vom 21.12.2012 für ungültig erklärt: Eine Bestimmung, die es den Mitgliedstaaten gestatte, eine Ausnahme von der Regel geschlechtsneutraler Prämien und Leistungen unbefristet aufrechtzuerhalten, laufe der Ver-

wirklichung des mit der Richtlinie verfolgten Ziels der Gleichbehandlung von Frauen und Männern zuwider und sei mit den Art. 21 und 23 EU-Grundrechtecharta unvereinbar. Bei **Versicherungsverhältnissen, die vor dem 21.12.2012** begründet worden sind, ist eine unterschiedliche Behandlung wegen des Geschlechts im Falle des § 19 Abs. 1 Nr. 2 AGG bei Prämien oder Leistungen nach wie vor zulässig, wenn dessen Berücksichtigung bei einer auf relevanten und genauen versicherungsmathematischen und statistischen Daten beruhenden Risikobewertung ein bestimmender Faktor ist (s. § 33 Abs. 5 S. 1 AGG; s. *Purnhagen*, NJW 2013, 113; *Hoffmann*, VersR 2012, 1073).

18 Nimmt ein VR den Umstand, dass eine Versicherungsnehmerin bei Beantragung eines Krankenversicherungsvertrags **Schwangerschaftskomplikationen** nicht angegeben hat, zum Anlass für einen Rücktritt und eine Kündigung, so liegt darin ein Verstoß gegen den (aktuellen) § 20 Abs. 2 S. 1 AGG (OLG Hamm, VersR 2011, 514). Nach Meinung des AG Hannover (AG Hannover, VersR 2009, 348) verstößt es nicht gegen den (aktuellen) § 20 Abs. 2 S. 1 AGG, wenn ein VR die Annahme eines Antrags auf Abschluss einer Krankenversicherung bei bereits bestehender Schwangerschaft von der Vereinbarung eines Leistungsausschlusses für diese und die anschließende Entbindung abhängig macht. Dies ist indes mit Erwägungsgrund Nr. 20 der dieser Vorschrift zugrunde liegenden RL 2004/113/EG unvereinbar. Danach ist eine Schlechterstellung von Frauen aufgrund von Schwangerschaft als unzulässige direkte Diskriminierung einzustufen (ebenso bereits Rüffer/Halbach/Schimikowski/*Brömmelmeyer*, Einl. Rn 57).

19 Lehnt ein VR die Annahme eines Antrags auf Abschluss einer **Krankenhauszusatzversicherung** ab, weil der Antragsteller an myotoner Dystrophie leidet und deswegen zu 100 % behindert ist, so verstößt er nicht gegen das Benachteiligungsverbot aus § 19 Abs. 1 Nr. 2 AGG (OLG Karlsruhe, VersR 2010, 1163). Eine unmittelbare Benachteiligung scheidet aus, weil sich der VR unter Berufung auf die (genetisch bedingte) Erkrankung des Antragstellers (Dystrophie) und nicht unter Berufung auf seine daraus resultierende Behinderung geweigert hat, zu kontrahieren. Eine mittelbare Diskriminierung kommt in Betracht, ist jedoch nach Darstellung des OLG Karlsruhe sachlich gerechtfertigt, weil sich risikoadäquate Beitragszuschläge nicht verlässlich ermitteln ließen (OLG Karlsruhe, VersR 2010, 1163).

20 **Praxistipp**
Das **Benachteiligungsverbot des § 19 Abs. 1 AGG** ist nicht anwendbar auf Schuldverhältnisse, die eine privatrechtliche Versicherung zum Gegenstand haben, wenn diese **vor dem 22.12.2007** begründet worden sind (§ 33 Abs. 4 S. 1 AGG).

D. Managed Care

21 Mit der Regelung des § 192 Abs. 3 VVG greift der Reformgesetzgeber das Konzept der **Leistungs- und Kostensteuerung** durch „**Managed Care**" auf (dazu umfassend *Amelung*, Managed Care. Neue Wege im Gesundheitsmanagement, 4. Aufl. 2007), das „*Rationalisierungspotenziale im Gesundheitswesen* [...] *erschließen*" soll, „*um eine qualitativ hochwertige Medizin dauerhaft finanzieren zu können*" (so die Formulierung von *Boetius*, Neue Wege zur Kostensteuerung im Gesundheitswesen, S. 1). In der gesetzlichen Krankenversicherung (GKV) seien, so die Begründung (Begr. BT-Drucks 16/3945, S. 55) durch das gesetzliche Sachleistungsprinzip (s. § 2 Abs. 3 SGB V) direkte Vertragsbeziehungen zwischen den Risikoträgern (Krankenkassen) und medizinischen Leistungserbringern (insb. Kassenärztliche Vereinigungen mit ihren Bundesverbänden) vorgeschrieben, durch die auch die Qualität der medizinischen Versorgung und die Vergütungen geregelt werde. Die PKV hingegen werde bisher von einem dualen Vertragsmodell beherrscht: Der Einzelne schließe als Patient einen Behandlungsvertrag mit dem Leistungserbringer und davon unabhängig als Versicherter einen VV zur Erstattung der Behandlungskosten (Begr. BT-Drucks 16/3945, S. 55). Der VR habe keine direkten Vertragsbeziehungen mit dem Leistungserbringer und könne demnach auf Qualität oder Menge der medizinischen Leistungen keinen Einfluss nehmen; auch die mengenorientierten Vergütungsstrukturen könne er durch Verträge mit den Leistungserbringern nicht ändern, weil die entsprechenden Gebührenordnungen (GOÄ, GOZ, BPflV) unabdingbar seien (Begr. BT-Drucks 16/3945, S. 55). Hinzu kommt, dass der private Krankenversicherer aus **Rabattvereinbarungen** zwischen der Spitzenorganisation der Apotheker und den Spitzenverbänden der Krankenkassen keinerlei Rechte ableiten kann (OLG München, VersR 2007, 1687). Er ist vielmehr verpflichtet, denjenigen (höheren) Preis zu erstatten, welchen die Apotheke dem VN auf Grundlage von § 5 Nr. 1 bis 3 AMPreisV in Rechnung gestellt hat (OLG München, VersR 2007, 1687). Im Gegensatz zur GKV steht der PKV damit kein gesetzliches Instrumentarium zur Verfügung, um auf die Kostensteigerungen Einfluss zu nehmen (Begr. BT-Drucks 16/3945, S. 55). Da die Ausgabenentwicklung die Hauptursache für steigende Beiträge darstellt, hat die Unabhängige Expertenkommission zur Untersuchung der Problematik steigender Beiträge der privaten Krankenversicherten im Alter (s. Begr. BT-Drucks 13/4945, S. 42 ff.) empfohlen, der PKV rechtliche Möglichkeiten an die Hand zu geben, um die Kostenentwicklung wirksamer steuern zu können (Begr. BT-Drucks 16/3945, S. 55). Insb. habe die Expertenkommission empfohlen, die Aufnahme vertraglicher Beziehungen zwischen Krankenversicherern und Leistungserbringern zum Zweck ihrer Verknüpfung mit entsprechenden Tarifangeboten zu ermöglichen.

Den Begriff „Managed Care" versteht die Bundesregierung vor diesem Hintergrund als Chiffre für eine *„Vielzahl unterschiedlichster Arten von Maßnahmen zur Kostensteuerung"*: Unter **Leistungsmanagement** seien alle Maßnahmen des VR zu verstehen, die mit der Erbringung der von ihm tariflich geschuldeten Leistungen ggü. dem VN zusammenhingen. Dazu gehörten u.a. die Feststellung der medizinischen Notwendigkeit der erbrachten Behandlungsleistungen nach Grund und Umfang sowie der korrekten Anwendung der zugrunde liegenden Gebührenordnungen (ähnlich bereits: *Schoenfeld/Kalis*, VersR 2001, 1325, 1326 f.). Unter dem Begriff **Managed Care im engeren Sinn** fasst die Bundesregierung (Begr. BT-Drucks 16/3945, S. 55) Instrumente zur Kosten- und Qualitätssteuerung zusammen, die vor oder unmittelbar bei der Erbringung der medizinischen Leistung wirken (eher skeptisch mit Blick auf die Erfolge von Managed Care in den U.S.A.: *Lüngen/Stock*, in: Lauterbach, Gesundheitsökonomie, 18.1). Als Beispiele führt die Bundesregierung auf:
– Disease Management, d.h. Behandlung schwerer chronischer Erkrankungen anhand von evidenzbasierten medizinischen Leitlinien,

Vorbemerkungen zu den §§ 192 bis 208 VVG

- Case Management, d.h. umfassende Betreuung und Therapie schwerer Einzelfallerkrankungen,
- Drug Utilisation Review, verstanden als System zur Identifikation von Kontraindikationen von Arzneimitteln,
- IT-basierte Kartensysteme, Versorgungsstrukturen (Health Maintenance Organisations, Prefered Provider Organisations), Pharmaceutical Benefit Management (Einkaufs- und Verteilungsmanagement von Arzneimitteln) und Klinikketten in Trägerschaft von Versicherungsunternehmen (Begr. BT-Drucks 16/3945, S. 55).

E. Gesundheitsreform

23 Das **Gesetz zur Stärkung des Wettbewerbs in der Gesetzlichen Krankenversicherung (GKV-WSG)** v. 26.3.2007 (BGBl I, S. 378), geändert durch Art. 6 Gesetz v. 20.7.2007 (BGBl I, S. 1595), hat auch das Recht der privaten Krankenversicherung (PKV) grundlegend reformiert. **Art. 10 VVG-Reformgesetz** hat die (noch auf das alte VVG abgestimmte) Neuregelung des Art. 43 GKV-WSG zwar noch vor ihrem Inkrafttreten wieder aufgehoben; gleichzeitig hat **Art. 11 Abs. 1 VVG-Reformgesetz** diese Neuregelung jedoch – angepasst an das neue VVG (Art. 1 VVG-Reformgesetz) – in das VVG-Reformgesetz überführt. Diese Neuregelung trat am 1.1.2009 in Kraft (Art. 12 Abs. 2 VVG-Reformgesetz). Seitdem sind die (substitutiven) Krankenversicherer verpflichtet, einen **Basistarif** anzubieten (§ 152 Abs. 1 VAG), der angesichts des **Kontrahierungszwangs** (§§ 193 Abs. 5 VVG, 152 Abs. 2 VAG), des **Höchstbeitrags** (§ 152 Abs. 3 VAG) und des **Risikoausgleichssystems** (§ 154 VAG) mit den Traditionen der PKV, insb. mit der risikoäquivalenten Beitragskalkulation (s.o. Rdn 6) bricht (kritisch: *Brand*, VersR 2011, 1337, 1340 f.). Hinzu kommt, dass die Gesundheitsreform 2007 eine generelle **Versicherungspflicht** (§ 193 Abs. 3 VVG) vorsieht, die einen ausreichenden und bezahlbaren Krankenversicherungsschutz für jedermann gewährleisten soll, und eine (eingeschränkte) **Portabilität der Alterungsrückstellungen** (§ 204 Abs. 1 S. 1 Nr. 2 VVG) einführt, um *„im Markt der privaten Krankenversicherungen einen funktionsfähigen Wettbewerb herzustellen und den Versicherten einen Wechsel zu einem anderen Versicherungsunternehmen zu erleichtern"* (BVerfG, VersR 2009, 957, 963).

I. Basistarif

24 Der **Basistarif** ist ein staatlich regulierter (substitutiver) Krankheitskostentarif, der v.a. durch **Elemente des sozialen Ausgleichs** geprägt ist (s. BVerfG, VersR 2009, 953, 961): Das Leistungsversprechen entspricht den Leistungen in der gesetzlichen Krankenversicherung (Rdn 27). Die Beiträge sind auf den Höchstbeitrag in der gesetzlichen Krankenversicherung begrenzt (Rdn 28). Risikozuschläge und Leistungsausschlüsse sind unzulässig (§ 203 Abs. 1 S. 2 VVG). Defizite werden ggf. über ein Risikoausgleichssystem finanziert (i.E. § 154 Abs. 1 VAG).

25 Der **Basistarif** ist Kontrapunkt der durch die **Gesundheitsreform 2007** (Gesetz zur Stärkung des Wettbewerbs in der Gesetzlichen Krankenversicherung [GKV WSG] vom 26.3.2007, BGBl 2007 I., S. 378 in der Fassung von Art. 10 f. VVG-Reformgesetz) einge-

Vorbemerkungen zu den §§ 192 bis 208 VVG

führten **Versicherungspflicht**: Jede Person mit Wohnsitz im Inland ist seit Inkrafttreten von Art. 11 Abs. 1 des VVG-Reformgesetzes vom 23.11.2007 (BGBl I, S. 2631), d.h. seit dem 1.1.2009 (Art. 12 Abs. 2 VVG-Reformgesetz) grds. verpflichtet, bei einem in Deutschland zugelassenen Krankenversicherer eine (substitutive) Krankheitskostenversicherung abzuschließen und aufrechtzuerhalten (§ 193 Abs. 3 S. 1 VVG; i.E. § 192 Rdn 10 ff.). D.h. zwar nicht, dass er eine Krankheitskostenversicherung im Basistarif abschließen muss (s. § 193 Abs. 3 S. 3 VVG). Dem entspricht aber, dass er jederzeit eine Krankheitskostenversicherung im Basistarif abschließen kann, weil die Krankenversicherer (nur) insoweit ein Kontrahierungszwang trifft (Rdn 26).

Krankenversicherer mit Sitz im Inland, welche die substitutive Krankenversicherung betreiben, trifft ein **Kontrahierungszwang**; sie haben einen branchenweit einheitlichen Basistarif anzubieten (§ 152 Abs. 1 VAG) und sind verpflichtet, dem gesetzlich festgelegten Personenkreis Versicherung im Basistarif zu gewähren (§ 193 Abs. 5 S. 1 VVG). Entsprechende Anträge dürfen gem. § 193 Abs. 5 S. 4 VVG nur abgelehnt werden, wenn der Antragsteller bereits bei dem Krankenversicherer versichert war und dieser die Krankenversicherung (1) wegen Drohung oder arglistiger Täuschung (§§ 22 VVG, 123 Abs. 1 BGB) erfolgreich angefochten hat oder (2) wegen einer vorsätzlichen Verletzung der vorvertraglichen Anzeigepflicht zurückgetreten ist (§ 19 Abs. 2 VVG). Der Kontrahierungszwang wird durch das **Kündigungsverbot gem. § 206 Abs. 1 S. 1 VVG** flankiert. 26

Der Basistarif ist branchenweit einheitlich so anzubieten, dass die **Leistungen** in Art, Umfang und Höhe den Leistungen nach dem Dritten Kapitel des SGB V (Gesetzliche Krankenversicherung) vergleichbar sind, auf die ein Anspruch besteht (§ 152 Abs. 1 S. 1 VAG). Der Verband der privaten Krankenversicherer wird damit beliehen, Art, Umfang und Höhe der Leistungen im Basistarif festzulegen (§ 158 Abs. 2 S. 1 VAG). Die Fachaufsicht übt das BMF aus (§ 158 Abs. 2 S. 2 VAG). Der Basistarif muss Varianten vorsehen für 27

– **Kinder und Jugendliche**; bei dieser Variante werden bis zum 21. Lebensjahr keine Alterungsrückstellungen gebildet;
– **Beihilfeberechtigte**; bei dieser Variante sind die Vertragsleistungen auf die Ergänzung der Beihilfe beschränkt (§ 152 Abs. 1 S. 2 VAG).

Den Versicherten muss die Möglichkeit eingeräumt werden, **Selbstbehalte** von 300,00, 600,00, 900,00 oder 1.200,00 EUR zu vereinbaren und die Änderung der Selbstbehaltsstufe zum Ende des vertraglich vereinbarten Zeitraums unter Einhaltung einer Frist von drei Monaten zu verlangen (§ 152 Abs. 1 S. 3 VAG). Die vertragliche Mindestbindungsfrist für Verträge mit Selbstbehalt im Basistarif beträgt drei Jahre (§ 152 Abs. 1 S. 4 VAG).

Der **Beitrag** für den Basistarif darf den **Höchstbeitrag der gesetzlichen Krankenversicherung** nicht übersteigen (§ 152 Abs. 3 S. 1 VAG). Dieser Höchstbeitrag ergibt sich aus der Multiplikation des allgemeinen Beitragssatzes zuzüglich des durchschnittlichen Zusatzbeitragssatzes nach § 242a Abs. 2 SGB V mit der jeweils geltenden Beitragsbemessungsgrenze in der gesetzlichen Krankenversicherung (§ 152 Abs. 3 S. 2 VAG). Entsteht allein durch die Zahlung des Beitrags nach § 152 Abs. 3 S. 1 oder 3 VAG Hilfebedürftigkeit im Sinne des SGB II oder XII, vermindert sich der Beitrag für die Dauer der Hilfebedürftig- 28 keit um die Hälfte; die Hilfebedürftigkeit ist vom zuständigen Träger nach dem SGB II oder XII auf Antrag des Versicherten zu prüfen und zu bescheinigen (§ 152 Abs. 4 S. 1 VAG). Besteht auch bei einem nach § 152 Abs. 4 S. 1 VAG verminderten Beitrag Hilfebedürftigkeit, beteiligt sich der zuständige Träger auf Antrag des Versicherten im erforderlichen Umfang, soweit dadurch Hilfebedürftigkeit vermieden wird (§ 152 Abs. 4 S. 2 VAG). Besteht unabhängig von der Höhe des zu zahlenden Beitrags Hilfebedürftigkeit nach dem SGB II oder XII, gilt § 152 Abs. 4 S. 1 VAG entsprechend; der zuständige Träger zahlt den Betrag, der auch für einen Bezieher von Arbeitslosengeld II in der gesetzlichen Krankenversicherung zu tragen ist (§ 152 Abs. 4 S. 3 VAG). Die Beiträge für den Basistarif ohne die Kosten für den Versicherungsbetrieb werden auf der Basis **gemeinsamer Kalkulationsgrundlagen einheitlich für alle beteiligten Unternehmen** ermittelt (§ 152 Abs. 5 VAG).

29 Das **BVerfG** (BVerfG, VersR 2009, 957) hat den Kontrahierungszwang im Basistarif trotz aller Kritik (s. *Boetius*, VersR 2007, 431; *Isensee*, in: FS Prölss, 2009, S. 81; *Sodan*, Private Krankenversicherung und Gesundheitsreform 2007, 2. Aufl. 2007, S. 74 ff., S. 111 ff.; *Thüsing/von Medem*, Vertragsfreiheit und Wettbewerb in der privaten Krankenversicherung, 2008, S. 89 ff., 95 f.; vgl. auch *Marlow/Spuhl*, VersR 2009, 593, 605 f.) für **verfassungsgemäß** erklärt (s.a. § 193 Rdn 41) und lediglich eine Beobachtungspflicht des Gesetzgebers angenommen. Die Befürchtung, der Basistarif könne zu einer Erosion der privaten Krankenversicherung führen, hat sich das BVerfG mit Recht nicht zu Eigen gemacht (BVerfG, VersR 2009, 957, 962). Den Eingriff in die **Berufsfreiheit** der Versicherer hält es für gerechtfertigt: Für das im GKV-WSG formulierte Ziel, allen Bürgern der BRD einen bezahlbaren Krankenversicherungsschutz in der gesetzlichen oder in der privaten Krankenversicherung zu sichern, könne sich der Gesetzgeber auf das **Sozialstaatsgebot (Art. 20 Abs. 1 GG)** berufen. Der Schutz der Bevölkerung vor dem Risiko der Erkrankung sei eine Kernaufgabe des Staates. Die gesetzgeberische Absicht, einen Krankenversicherungsschutz für alle Einwohner zu schaffen, sei von dem Ziel getragen, ein allgemeines Lebensrisiko abzudecken, welches sich bei jedem und jederzeit realisieren und ihn mit unabsehbaren Kosten belasten könne (BVerfG, VersR 2009, 957). Es sei ein legitimes Konzept des zur sozialpolitischen Gestaltung berufenen Gesetzgebers, die für die Abdeckung der dadurch entstehenden Aufwendungen notwendigen Mittel auf der Grundlage einer Pflichtversicherung sicherzustellen (BVerfG, VersR 2009, 957). Die Verbindung von Versicherungspflicht nach § 193 Abs. 3 VVG und Kontrahierungszwang im Basistarif nach § 193 Abs. 5 VVG sei zur Erreichung des gesetzgeberischen Ziels geeignet, dem der privaten Krankenversicherung zugewiesenen Personenkreis einen ausreichenden und bezahlbaren Krankenversicherungsschutz zu gewährleisten. Die betroffenen Personen erhielten einen Anspruch auf den Abschluss eines Vertrags, der Versicherungsschutz im Umfang der Pflichtleistungen der gesetzlichen Krankenversicherung garantiere. Dieser Versicherungsschutz sei bezahlbar, weil die Prämienhöhe im Basistarif auf den Höchstbeitrag der gesetzlichen Krankenversicherung begrenzt sei und sich im Fall des Eintritts von Hilfebedürftigkeit i.S.d. SGB II oder des SGB XII reduziere. Daher stelle sich der Basistarif „insgesamt als eine *zulässige, sozialstaatliche Indienstnahme der privaten Krankenversicherungsunternehmen* zum gemeinen Wohl dar, die der mit dem GKV-WSG angestrebten Vollfunktionalität der privaten

Vorbemerkungen zu den §§ 192 bis 208 VVG

Krankenversicherung für alle ihr zugewiesenen Versicherten [diene und sicherstelle,] *dass die von Krankheit am stärksten betroffenen Personen unter den Bedingungen risikoäquivalent berechneter Prämien bezahlbaren und gleichwohl ausreichenden Versicherungsschutz* [fänden] (BVerfG, VersR 2009, 957; s.a.: BVerfG, VersR 2009, 1057, 1059).

Der **Kontrahierungszwang** für Krankenversicherungen nach Einführung des Basistarifs durch die Gesundheitsreform 2007 greift allerdings bei **kleineren VVaG** in die Vereinigungsfreiheit des Art. 9 Abs. 1 GG ein. Der Kontrahierungszwang besteht deswegen nur ggü. Antragstellern aus ihrem nach der Satzung vorgesehenen Mitgliederkreis (BVerfG, VersR 2009, 1057). §§ 152 Abs. 2 S. 1 VAG, 193 Abs. 5 VVG sind insoweit **verfassungskonform**, d.h. unter Berücksichtigung des durch Art. 9 Abs. 1 GG geschützten Aspekts *„der freien sozialen Gruppenbildung"* (BVerfG, VersR 2009, 957, S. 1059) **auszulegen**.

30

II. Portabilität der Alterungsrückstellungen

Mit der Gesundheitsreform 2007 hat der Gesetzgeber auch eine eingeschränkte **Portabilität der Alterungsrückstellung** eingeführt (krit. *Weber*, VersWissStud, Bd. 33, S. 77, 86 f.; *Boetius*, VersR 2007, 1589, 1594; befürwortend *Meyer*, VersWissStud, Bd. 33, S. 93, 105, mit einem Plädoyer für die Mitgabe individueller prospektiver Alterungsrückstellungen; i.E. *Nell/Rosenbrock*, ZVersWiss 2007, Suppl., S. 39 ff.; *Roppel/Schmalzhaff*, ZVersWiss 2007, Suppl., S. 155 ff.): Bei einem bestehenden unbefristeten Versicherungsverhältnis kann der VN vom VR verlangen, dass dieser bei Kündigung und gleichzeitigem Neuabschluss einer substitutiven Krankenversicherung bei einem anderen Krankenversicherer *„die kalkulierte Alterungsrückstellung des Teils der Versicherung, dessen Leistungen dem Basistarif entsprechen, an den neuen VR überträgt, sofern die gekündigte Krankheitskostenversicherung nach dem 1.1.2009 abgeschlossen wurde"* (§§ 204 Abs. 1 S. 1 Nr. 2a VVG, 152 Abs. 2 S. 2 VAG).

31

Der Gesetzgeber verfolgt mit der Portabilität der Alterungsrückstellung das Ziel, auf dem Markt der privaten Krankenversicherungen **funktionierenden Wettbewerb** herzustellen und den Versicherten einen Wechsel zu einem anderen VR zu erleichtern (BVerfG, VersR 2009, 953, 965). Früher war es für Bestandskunden ab einem gewissen Alter praktisch unmöglich, ihre Krankenversicherung zu wechseln, weil der damit verbundene Verlust der Alterungsrückstellungen dazu führte, dass ein neuer VR seine Kalkulationen ohne diese Rücklage vornehmen musste und deshalb erhöhte Prämien verlangte (BVerfG, VersR 2009, 953, 965). Dadurch beschränkte sich der Wettbewerb zwischen den Unternehmen auf den Neuzugang jüngerer Versicherungsinteressenten in die private Krankenversicherung sowie auf Versicherte anderer Unternehmen der privaten Krankenversicherung mit kürzerer Versicherungsdauer. Der bei Wechsel in eine andere Versicherung dem VN drohende Verlust der Alterungsrückstellung schirmte den VR praktisch gegen Kündigungen ab und minderte zugleich die Chancen anderer VR, neue Kunden zu gewinnen (vgl. Gutachten der Unabhängigen Expertenkommission zur Untersuchung der Problematik steigender Beiträge der privaten Krankenversicherung im Alter vom 18.6.1996, BT-Drucks 13/4945, S. 42 ff.; *Lorenz* [Hrsg.], Abschlussbericht der Kommission zur Reform des Versicherungsvertrags-

32

rechts vom 19.4.2004, S. 143 f.). Zugleich hinderte ein Fehlen der Portabilität mit zunehmendem Alter den Versicherten daran, zu einem anderen Versicherungsunternehmen zu wechseln (BVerfG, VersR 2009, 953, 965).

33 Fraglich ist allerdings, ob die Neuregelung wirklich funktionsfähigen Wettbewerb induziert. Denn § 204 Abs. 2 VVG sieht nur eine **eingeschränkte Portabilität** vor: Übertragen wird nur „*die kalkulierte Alterungsrückstellung des Teils der Versicherung, dessen Leistungen dem Basistarif entsprechen*" (§ 204 Abs. 2 S. 1 Nr. 2a VVG); soweit die Leistungen in dem Tarif, aus dem der VN wechseln will, höher oder umfassender sind als im Basistarif, kann der VN vom bisherigen VR lediglich die Vereinbarung eines Zusatztarifs verlangen, in dem die über den Basistarif hinausgehende Alterungsrückstellung anzurechnen ist (§ 204 Abs. 2 S. 2 VVG).

34 Das **BVerfG** (BVerfG, VersR 2009, 957) hält auch die Portabilität der Alterungsrückstellungen bei Neu- (§ 204 Abs. 1 S. 1 Nr. 1a VVG) und Bestandsverträgen (§ 204 Abs. 1 S. 1 Nr. 1b VVG) verfassungsrechtlich für unbedenklich und geht auch insoweit lediglich von einer Beobachtungspflicht des Gesetzgebers aus (BVerfG, VersR 2009, 957, S. 968).

§ 192 VVG | Vertragstypische Leistungen des Versicherers

(1) Bei der Krankheitskostenversicherung ist der Versicherer verpflichtet, im vereinbarten Umfang die Aufwendungen für medizinisch notwendige Heilbehandlung wegen Krankheit oder Unfallfolgen und für sonstige vereinbarte Leistungen einschließlich solcher bei Schwangerschaft und Entbindung sowie für ambulante Vorsorgeuntersuchungen zur Früherkennung von Krankheiten nach gesetzlich eingeführten Programmen zu erstatten.

(2) Der Versicherer ist zur Leistung nach Absatz 1 insoweit nicht verpflichtet, als die Aufwendungen für die Heilbehandlung oder sonstigen Leistungen in einem auffälligen Missverhältnis zu den erbrachten Leistungen stehen.

(3) Als Inhalt der Krankheitskostenversicherung können zusätzliche Dienstleistungen, die in unmittelbarem Zusammenhang mit Leistungen nach Absatz 1 stehen, vereinbart werden, insbesondere

1. die Beratung über Leistungen nach Absatz 1 sowie über die Anbieter solcher Leistungen;
2. die Beratung über die Berechtigung von Entgeltansprüchen der Erbringer von Leistungen nach Absatz 1;
3. die Abwehr unberechtigter Entgeltansprüche der Erbringer von Leistungen nach Absatz 1;
4. die Unterstützung der versicherten Personen bei der Durchsetzung von Ansprüchen wegen fehlerhafter Erbringung der Leistungen nach Absatz 1 und der sich hieraus ergebenden Folgen;
5. die unmittelbare Abrechnung der Leistungen nach Absatz 1 mit deren Erbringern.

(4) Bei der Krankenhaustagegeldversicherung ist der Versicherer verpflichtet, bei medizinisch notwendiger stationärer Heilbehandlung das vereinbarte Krankenhaustagegeld zu leisten.

(5) Bei der Krankentagegeldversicherung ist der Versicherer verpflichtet, den als Folge von Krankheit oder Unfall durch Arbeitsunfähigkeit verursachten Verdienstausfall durch das vereinbarte Krankentagegeld zu ersetzen.

(6) Bei der Pflegekrankenversicherung ist der Versicherer verpflichtet, im Fall der Pflegebedürftigkeit im vereinbarten Umfang die Aufwendungen für die Pflege der versicherten Person zu erstatten (Pflegekostenversicherung) oder das vereinbarte Tagegeld zu leisten (Pflegetagegeldversicherung). Absatz 2 gilt für die Pflegekostenversicherung entsprechend. Die Regelungen des Elften Buches Sozialgesetzbuch über die private Pflegeversicherung bleiben unberührt.

(7) Bei der Krankheitskostenversicherung im Basistarif nach § 152 des Versicherungsaufsichtsgesetzes kann der Leistungserbringer seinen Anspruch auf Leistungserstattung auch gegen den Versicherer geltend machen, soweit der Versicherer aus dem Versicherungsverhältnis zur Leistung verpflichtet ist. Im Rahmen der Leistungspflicht des Versicherers aus dem Versicherungsverhältnis haften Versicherer und Versicherungsnehmer gesamtschuldnerisch.

(8) Der Versicherungsnehmer kann vor Beginn einer Heilbehandlung, deren Kosten voraussichtlich 2.000 EUR überschreiten werden, in Textform vom Versicherer Auskunft über den Umfang des Versicherungsschutzes für die beabsichtigte Heilbehandlung verlangen. Ist die Durchführung der Heilbehandlung dringlich, hat der Versicherer eine mit Gründen versehene Auskunft unverzüglich, spätestens nach zwei Wochen, zu erteilen, ansonsten nach vier Wochen; auf einen vom Versicherungsnehmer vorgelegten Kostenvoranschlag und andere Unterlagen ist dabei einzugehen. Die Frist beginnt mit Eingang des Auskunftsverlangens beim Versicherer. Ist die Auskunft innerhalb der Frist nicht erteilt, wird bis zum Beweis des Gegenteils durch den Versicherer vermutet, dass die beabsichtigte medizinische Heilbehandlung notwendig ist.

Übersicht

	Rdn
A. Normzweck	1
B. Norminhalt	2
I. Krankheitskostenversicherung (§ 192 Abs. 1 bis 3 VVG)	2
1. Leistungsmerkmale (§ 192 Abs. 1 VVG)	2
a) Eintritt des Versicherungsfalls	3
aa) Krankheit	6
bb) Unfallfolgen	15
cc) Schwangerschaft und Entbindung	16
dd) Gezielte Vorsorgeuntersuchungen	19
ee) Medizinisch notwendige Heilbehandlung	20
(1) Heilbehandlung	20
(2) Medizinische Notwendigkeit	25
(3) Alternative Medizin	33
(4) Einzelfälle	37

  b) Leistungspflicht des Versicherers 50
   aa) Tarife und Tarifbedingungen 53
   bb) Leistungen bei Fertilitätsstörungen 60
 2. Leistungsgrenzen (§ 192 Abs. 2 VVG) 61
  a) Entstehungsgeschichte 62
  b) Inhalt und Reichweite 63
  c) Rückwirkung? 67
  d) Treu und Glauben als Leistungsgrenze? 70
  e) Vereinbarte Leistungsgrenzen 71
 3. Leistungs- und Kostenmanagement (§ 192 Abs. 3 VVG) 72
II. Krankenhaustagegeldversicherung (§ 192 Abs. 4 VVG) 74
 1. Eintritt des Versicherungsfalles 75
 2. Leistungspflicht des Versicherers 76
III. Krankentagegeldversicherung (§ 192 Abs. 5 VVG) 82
 1. Eintritt des Versicherungsfalls 83
 2. Leistungspflicht des Versicherers 88
IV. Pflegekrankenversicherung (§ 192 Abs. 6 VVG) 89
 1. Eintritt des Versicherungsfalls 93
 2. Leistungspflicht des Versicherers 94
V. Basistarif (§ 192 Abs. 7 VVG) 95
 1. Direktanspruch (§ 192 Abs. 7 S. 1 VVG) 95
 2. Haftung als Gesamtschuldner (§ 192 Abs. 7 S. 2 VVG) 97
VI. Auskunftsanspruch (§ 192 Abs. 8 VVG) 99
 1. Voraussetzungen des Auskunftsanspruchs 100
 2. Auskunftsverlangen 102
 3. Auskunftserteilung 103
  a) Form 103
  b) Inhalt 104
  c) Verbindlichkeit 105
  d) Zeitpunkt 107
 4. Sanktionen bei Auskunftspflichtverletzung 108
C. Prozessuales 109
D. Abdingbarkeit 115

A. Normzweck

1 § 192 VVG regelt die Erscheinungsformen der (privaten) Krankenversicherung (§ 192 Abs. 1, Abs. 4 bis 6 VVG), begrenzt die Kostenerstattung in der Krankheitskostenversicherung, falls die Kosten in einem auffälligen Missverhältnis zu den erbrachten Leistungen stehen (§ 192 Abs. 2 VVG) und bekennt sich zu der Kostensteuerung auf der Basis von „Managed Care"-Konzepten (§ 192 Abs. 3 VVG); die Vorschrift führt einen Direktanspruch bei der Krankheitskostenversicherung im Basistarif (§ 192 Abs. 7 VVG) und einen Auskunftsanspruch (§ 192 Abs. 8 VVG) im Hinblick auf den Umfang des Versicherungsschutzes für eine beabsichtigte Heilbehandlung ein. Die Funktion der Vorschrift besteht v.a. darin, die **Hauptleistungspflicht des VR** (§ 1 S. 1 VVG) **in der Krankenversicherung** zu konkretisieren und die Kostenfaktoren, die der BGH (BGH, VersR 2003, 581 – Privatklinik) aus dem Begriff der medizinisch notwendigen Heilbehandlung ausgegrenzt hat, in das gesetzliche Leitbild der Krankheitskostenversicherung zu integrieren. Der Reformgesetzgeber hat angeblich zwar „*generell darauf* [verzichtet], [...] *gesetzliche ‚Leitbilder'* [...] *festzulegen*" (Begr. BT-Drucks 16/3945, S. 51), spricht aber selbst von dem „*Leitbild der PKV*" (Begr. BT-Drucks 16/3945, S. 55); abgesehen davon lässt es sich – unter Berücksichtigung von § 307 Abs. 1 S. 2 BGB – gar nicht verhindern, dass der (dispositiven) Regelung des

§ 192 VVG eine **Leitbildfunktion** zukommt (vgl. nur Palandt/*Grüneberg*, § 307 BGB Rn 45; BGHZ 1989, 206, 211; BGHZ 1954, 106, 110; BGHZ 1941, 151, 154; wie hier MüKo/*Kalis*, § 192 VVG Rn 3).

B. Norminhalt

I. Krankheitskostenversicherung (§ 192 Abs. 1 bis 3 VVG)

1. Leistungsmerkmale (§ 192 Abs. 1 VVG)

In der **Krankheitskostenversicherung** werden die Aufwendungen erstattet, die durch eine medizinisch notwendige Heilbehandlung wegen Krankheit oder Unfallfolgen (versicherte Gefahr) entstanden sind; sonstige vereinbarte Leistungen (Rdn 5, 16–19) kommen hinzu. Die Krankheitskostenversicherung kann als **substitutive Krankenversicherung** (§ 195 Abs. 1 S. 1 VVG) so ausgestaltet werden, dass sie den im SGB V verankerten gesetzlichen Krankenversicherungsschutz ganz oder teilweise ersetzt.

a) Eintritt des Versicherungsfalls

Versicherungsfall ist die **medizinisch notwendige Heilbehandlung** der versicherten Person (Begriff: § 193 Abs. 1 VVG) **wegen Krankheit oder Unfallfolgen** (vgl. auch § 1 Abs. 2 S. 1 MB/KK 2009). Der „Inbegriff" des Versicherungsfalls wird damit inhaltlich zum einen durch die Bezeichnung eines die Behandlung auslösenden Ereignisses oder Zustandes (Krankheit oder Unfallfolgen) ausgefüllt, zum anderen dadurch festgelegt, dass es sich bei der Behandlung um eine medizinisch notwendige Heilbehandlung handeln muss (BGH, NJW 2005, 3783 [„*zweites Kind*"]; BGHZ 158, 166, 170 = BGH, VersR 2004, 588; BGHZ 133, 208, 211 = BGH, VersR 1996, 1224).

Der Versicherungsfall **beginnt** mit der Heilbehandlung (dazu: LG Dortmund, NJW-RR 2008, 118), d.h. mit der ersten Inanspruchnahme einer entsprechenden ärztlichen Tätigkeit (BGH, r+s 2015, 142; VersR 1978, 271; OLG Hamm, r+s 2016, 247; LG Dortmund, NJW-RR 2008, 118; i.E. Rdn 21) und **endet**, wenn nach medizinischem Befund Behandlungsbedürftigkeit nicht mehr besteht (§ 1 Abs. 2 S. 2 MB/KK 2009; OLG Hamm, r+s 2016, 247; OLG München, r+s 2016, 192). Bei Hilfsmitteln (Beispiel: Rollstuhl) ist die ärztliche Tätigkeit und damit auch der Versicherungsfall mit der ärztlichen Verordnung beendet; auf die Bezahlung, die Lieferung, die Inbesitz- oder Ingebrauchnahme kommt es nicht mehr (OLG München, r+s 2016, 192 Rn 15 f.). Kündigt der VR anschließend wegen Leistungserschleichung, bleibt er im Hinblick auf den bereits abgeschlossenen Versicherungsfall trotzdem zur Leistung verpflichtet (OLG München, a.a.O.); ihm steht auch kein Leistungsverweigerungsrecht nach Treu und Glauben (§ 242 BGB) zu. Muss die Heilbehandlung auf eine Krankheit oder Unfallfolge ausgedehnt werden, die mit der bisher behandelten nicht ursächlich zusammenhängt, so entsteht (insoweit) ein weiterer Versicherungsfall (§ 1 Abs. 2 S. 3 MB/KK 2009).

5 Im Hinblick auf „**sonstige vereinbarte Leistungen**" (§ 192 Abs. 1 VVG) behandeln die Musterbedingungen auch als Versicherungsfall: Untersuchung und medizinisch notwendige Behandlung wegen **Schwangerschaft** und die **Entbindung** (§ 1 Abs. 2 S. 4 Buchst. a MB/KK 2009), ambulante Untersuchungen zur **Früherkennung von Krankheiten** nach gesetzlich eingeführten Programmen (§ 1 Abs. 2 S. 4 Buchst. b MB/KK 2009) sowie den **Tod**, soweit hierfür Leistungen vereinbart sind (§ 1 Abs. 2 S. 4 Buchst. c MB/KK 2009).

aa) Krankheit

6 Der **Krankheitsbegriff** ist **objektiv** zu verstehen. Erforderlich ist eine manifeste geistige oder psychische Störung. Maßgeblich ist das ärztliche Urteil (BGH, VersR 2016, 720, Rn 16; NJW 2005, 3783] [„*zweites Kind*"]). Krankheit ist also ein **anomaler körperlicher oder geistiger Zustand**, der eine nicht ganz unerhebliche **Störung körperlicher oder geistiger Funktionen** mit sich bringt (BGH, VersR 2016, 720, Rn 17; BGHZ 158, 166, 170 = BGH, VersR 2004, 588; BGH, NJW 2005, 3783; VersR 1998,87; BGHZ 1999, 228, 230; OLG Hamm, VersR 1997, 1342) und deshalb die Notwendigkeit einer Heilbehandlung begründet (BGH, VersR 2016, 720, Rn 17). Unerheblich ist, ob sich die Störung einem bestimmten, in der Medizin anerkannten Krankheitsbild zuordnen lässt (OLG Hamm, VersR 1997, 1342, 1343; LG Wuppertal, NJW-RR 1999, 1257).

7 Im Einzelnen hat die Rechtsprechung (in alphabetischer Reihenfolge) u.a. folgende **Krankheiten** anerkannt: **Adipositas** ist jedenfalls bei starkem Übergewicht als Krankheit anzusehen (BGH, VersR 1979, 221), rechtfertigt aber nicht ohne Weiteres eine stationäre Behandlung (OLG Köln, VersR 1990, 1266; OLG Bremen, VersR 1984, 574, 575). Die Beibehaltung ungesunden Essverhaltens kann bei alimentärer Adipositas die Leistungsfreiheit des VR rechtfertigen (OLG Hamm, VersR 1982, 996, 997; OLG Hamburg, VersR 1981, 1049, 1050; OLG Hamburg, VersR 1980, 275; s.a. § 201 Rdn 5 [Herbeiführung des Versicherungsfalls]).

8 Bereits die Infektion mit **AIDS (HIV-Syndrom)** ist als Krankheit anzusehen (BGH, VersR 1991, 816; OLG Düsseldorf, VersR 1992, 948; Prölss/Martin/*Voit*, § 192 Rn 26; a.A. *Werber*, ZVersWiss 1991, 187, 194).

9 Im Hinblick auf **Brustabnormitäten** ist zu unterscheiden: Brusthypertrophie ist eine Krankheit, wenn sie zu massiven Haltungsschäden und psychischen Belastungen geführt hat (OLG Karlsruhe, VersR 1995, 692). Hypoplasie (Unterentwicklung) und Ptosis (Herabhängen) beider Brüste stellen für sich genommen jedoch keine Krankheiten dar (OLG Karlsruhe, VersR 1991, 912; LG Wiesbaden, VersR 1991, 800). **Brustvergrößerungen** (aus kosmetischen Gründen) sind als solche keine Krankheit (BGH, VersR 2016, 720, Rn 18 – Brustimplantate); ggf. auftretende Komplikationen hat die Versicherungsnehmerin bzw. die versicherte Person auch nicht i.S.v. § 201 VVG (bedingt) vorsätzlich herbeigeführt (BGH, VersR 2016, 720; hier: § 201 Rdn 5).

10 **Erektionsstörungen** erfüllen grds. den Krankheitsbegriff (OLG München, NJW 2000, 3432; Prölss/Martin/*Voit*, § 192 Rn 29).

Ein chronisches **Erschöpfungssyndrom** (CFS) ist eine Krankheit (LG Wuppertal, NJW- 11
RR 1999, 1257; OLG Hamm, VersR 1997, 1342, 1343).

Psychische Störungen aus begründeter Furcht vor Problemschwangerschaft sind eine 12
Krankheit (LG Köln, VersR 1983, 1180).

Transsexualität hat Krankheitswert, wenn sie mit langjährigem Leidensdruck mit der 13
Folge schwerer psychischer und physischer Belastungen einhergeht (OLG Köln, VersR
1995, 447; s.a. EGMR, NJW 2004, 2505).

Bei **Unfruchtbarkeit (Fertilitätsstörungen)** gilt Folgendes: **Empfängnisunfähigkeit** 14
(Sterilität) **einer Frau** erfüllt den Krankheitsbegriff, sodass die Kosten einer **homologen
„In-vitro"-Fertilisation (IVF)** erstattungsfähig sind (BGHZ 99, 228 = BGH, VersR 1987,
278; BGH, VersR 1987, 280, 281; OLG München, NVersZ 1998, 83; OLG Nürnberg,
VersR 1994, 164; OLG Köln, VersR 1990, 612; OLG Karlsruhe, VersR 1987, 302; i.E. zu
den Behandlungsmethoden: *Damm*, VersR 2006, 730, 731 f., 735 f.; s. auch: AG Cloppenburg, VersR 2015, 180 [Eingeschränkte Empfängnisfähigkeit]). Dagegen sind die Kosten
einer (im Inland gem. § 1 Abs. 1 Nr. 2, Nr. 5 ESchG strafbaren) **heterologen In-vitro-Fertilisation**, d.h. einer künstliche Befruchtung mit gespendeten fremden Eizellen nicht
erstattungsfähig (OLG München, r+s 2016, 351). **Männliche Zeugungsunfähigkeit** ist
ebenfalls eine Krankheit (BGH, NJW 2005, 3783 [*„zweites Kind"*]; BGH, VersR 1998, 87;
KG, BGH, VersR 2011, 1170; Prölss/Martin/*Voit*, § 192 Rn 36); sie besteht in der *„auf
körperlichen Ursachen beruhende*[n] *Unfähigkeit, auf natürlichem Wege Kinder zu zeugen"*
(BGH, NJW 2005, 3783). Die bloße Möglichkeit einer solchen – vom VN nachzuweisenden – Fortpflanzungsunfähigkeit reicht nicht aus (OLG München, VersR 2007, 1643). Die
Kinderlosigkeit als solche stellt keine Krankheit und auch keine die Erkrankung derart
kennzeichnende Krankheitsfolge dar, dass davon gesprochen werden könnte, mit dem Ende
der Kinderlosigkeit sei auch eine endgültige Linderung der Krankheit eingetreten (BGH,
VersR 2006, 1673 [*„drittes Kind"*]; BGH, NJW 2005, 3783 [*„zweites Kind"*]; BGHZ 158,
166 = BGH, VersR 2004, 1123; BGHZ 99, 228). Daher sind die Kosten für weitere
Befruchtungsversuche nach Geburt eines gesunden Kindes (konkret: Homologe IVF
und ICSI – Intracytoplasmatische Spermieninjektion) grds. zu erstatten (BGH, NJW 2005,
3783; BGH, VersR 2006, 1351; OLG München, VersR 2005, 638; OLG Düsseldorf, VersR
2004, 1546; ablehnend noch: OLG Bamberg, VersR 2005, 211), weil die Krankheit, nämlich
die auf körperlichen Ursachen beruhende Unfruchtbarkeit (BGH, NJW 2005, 3783), auch
nach der Geburt eines ersten Kindes fortbesteht (BGH, NJW 2005, 3783). Deshalb kann
der Wunsch nach einem weiteren Kind auch erneut den Bedarf auslösen, die gestörten
Körperfunktionen durch medizinische Maßnahmen zu ersetzen (BGH, NJW 2005, 3783;
vgl. auch BGHZ 1999, 228, 230, 233 = BGH, NJW 1987, 703). Medizinische Notwendigkeit besteht allerdings nur bei hinreichenden Erfolgsaussichten der Heilbehandlung (dazu:
Rdn 28, 48; zu der Frage, ob die Krankenversicherung des Mannes oder Frau für die
Behandlungskosten aufkommen muss: Rdn 60); ggf. sind die Kosten sämtlicher Befruchtungsversuche zu erstatten (LG Köln, VersR 2009, 974). Dagegen sind die Kosten einer
Refertilisation nach (freiwilliger) Sterilisation grds. nicht erstattungsfähig (OLG Köln,
VersR 1994, 208; OLG Nürnberg, VersR 2005, 1383, bestätigt durch BGH, VersR 2016,

720, Rn 10 [obiter dictum]). Mündet die Sterilität allerdings in eine der Behandlung bedürfende psychische oder physische Erkrankung, sind die Kosten der Refertilisation als medizinisch notwendiger Heilbehandlung **ausnahmsweise** zu erstatten (OLG Köln, r+s 1994, 431; MüKo/*Kalis*, § 192 VVG Rn 16). Der Krankenversicherer hat die Kosten für Maßnahmen zur Herbeiführung der Schwangerschaft auch dann zu erstatten, wenn der VN in nichtehelicher Lebensgemeinschaft lebt (LG Dortmund, VersR 2008, 1484). Eine Differenzierung nach dem Familienstand des Versicherten ist in den AVB nicht vorgesehen (LG Dortmund, VersR 2008, 1484). Eine Klausel, die die Leistungspflicht des VR für Kinderwunschbehandlungen (künstliche Befruchtungen) auf einen jährlichen Höchstbetrag (konkret: 7.500,00 EUR) begrenzt, ist wirksam (LG Köln, VersR 2015, 568).

bb) Unfallfolgen

15 Die Einbeziehung von **Unfallfolgen** stellt klar, dass nicht nur Krankheiten als interne, sondern auch Unfälle als externe Ursachen körperlicher Fehlfunktionen eine medizinisch notwendige Heilbehandlung auslösen können. Ein Unfall liegt ausweislich § 178 Abs. 2 VVG dann vor, wenn die versicherte Person durch ein plötzlich von außen auf ihren Körper einwirkendes Ereignis unfreiwillig eine Gesundheitsschädigung erleidet (§ 178 Abs. 2 S. 1 VVG). Klarzustellen ist jedoch, dass § 192 Abs. 1 VVG **keine exakte Subsumtion unter den Unfallbegriff** verlangt (ähnlich wie hier Prölss/Martin/*Voit*, § 192 Rn 43). Er erstreckt den Krankenversicherungsschutz vielmehr allgemein auch auf (negative) gesundheitliche Folgen äußerer Ereignisse.

cc) Schwangerschaft und Entbindung

16 In Einklang mit § 192 Abs. 1 VVG behandeln die Musterbedingungen (§ 1 Abs. 2 S. 4 Buchst. a) MB/KK 2009) auch die Untersuchung und medizinisch notwendige Behandlung wegen Schwangerschaft und die Entbindung als Versicherungsfälle. Die **Behandlung der Schwangerschaft**, nicht die Schwangerschaft als solche, ist (gedehnter) Versicherungsfall (Prölss/Martin/*Prölss*, § 1 MB/KK 94 Rn 18; ablehnend: OLG Zweibrücken, VersR 1992, 953). Das ergibt sich aus der Parallele zu § 1 Abs. 2 S. 1 MB/KK 2009.

17 Die **Schwangerschaft** ist kein gefahrerheblicher Umstand i.S.v. § 19 Abs. 1 S. 1 VVG (Prölss/Martin/*Armbrüster*, § 19 Rn 10). Daher steht dem VR auch kein **Rücktrittsrecht gem. § 19 Abs. 2 VVG** zu, wenn die Antragstellerin im Versicherungsantrag eine Schwangerschaft verneint und die kurz danach festgestellte Schwangerschaft bis zur Annahme des Antrags (unentschuldigt) nicht nachmeldet (anders: OLG Düsseldorf, NVersZ 1999, 217). Ein **Rücktritt wegen nicht angegebener Komplikationen bei der Schwangerschaft** verstößt gegen das Benachteiligungsverbot des § 19 Abs. 1 AGG (OLG Hamm, VersR 2011, 514).

18 Die **Entbindung** ist Versicherungsfall. § 3 Abs. 3 MB/KK 2009 sieht (in Einklang mit § 197 Abs. 1 S. 1 VVG) eine besondere Wartezeit von acht Monaten vor. Eine vorherige Mitgliedschaft in der gesetzlichen Krankenversicherung wird angerechnet (§ 3 Abs. 5 MB/KK 2009, § 197 Abs. 2 VVG).

dd) Gezielte Vorsorgeuntersuchungen

Nach § 1 Abs. 2 S. 4 Buchst. b) MB/KK 2009 gelten als Versicherungsfall auch **ambulante Untersuchungen zur Früherkennung von Krankheiten** nach gesetzlich eingeführten Programmen (gezielte Vorsorgeuntersuchungen). Diese Regelung hat § 192 Abs. 1 VVG aus den Musterbedingungen übernommen.

ee) Medizinisch notwendige Heilbehandlung

(1) Heilbehandlung

Der Begriff der Heilbehandlung knüpft nicht an den Heilungserfolg an, denn er ist nicht nur von den Resultaten, sondern auch von der Zweckbestimmung ärztlichen Handelns her zu bestimmen. Heilbehandlung ist jegliche **ärztliche Tätigkeit**, die durch die betreffende Krankheit veranlasst worden ist, sofern die Leistung des Arztes ihrer Art nach in den Rahmen der **medizinisch notwendigen Krankenpflege** fällt und auf Heilung, Besserung oder auch Linderung der Krankheit abzielt oder auf eine Verhinderung der Verschlimmerung einer Krankheit gerichtet ist (BGH, VersR 2015, 707; BGHZ 133, 208, 211 = BGH, VersR 1996, 1224). Eine Heilbehandlung setzt nicht voraus, dass die Krankheitsursachen behoben werden (BGH, VersR 2004, 588, 589). Das ergibt sich bereits aus dem Begriff der Linderung (BGH, VersR 2004, 588, 589, im Hinblick auf die Behandlung der Unfruchtbarkeit des versicherten Mannes durch eine IVF-Therapie).

Die Heilbehandlung darf nicht vor Beginn des Versicherungsschutzes begonnen haben (s. §§ 2 Abs. 1 S. 2, 1 Abs. 2 MB/KK 2009). Der Begriff der Heilbehandlung erfasst grds. auch die **Diagnostik** (OLG Saarbrücken, VersR 1999, 479; OLG Hamm, VersR 1989, 614), d.h. insb. die Untersuchung auf die durch bestimmte Symptome in Erscheinung getretenen Krankheiten hin, und die Therapieplanung sowie die Überwachung potenzieller Krankheitsfaktoren (OLG Saarbrücken, VersR 1999, 479). Der BGH geht in st. Rspr. davon aus, dass zur „Behandlung" einer Krankheit nicht nur die unmittelbare Heiltätigkeit, sondern auch schon die erste ärztliche Untersuchung gehört, die auf die Erkennung des Leidens abzielt, ohne Rücksicht darauf, ob sofort oder erst nach weiteren Untersuchungen eine endgültige und richtige Diagnose gestellt und mit den eigentlichen Heilmaßnahmen begonnen worden ist (BGH, r+s 2015, 142, Rn 16 m.w.N. – Zahn 27). Bei schon bekannten Krankheiten, bei denen es Arzt und Patient darum geht, nach in sich abgeschlossener erster Behandlungsphase verbliebene Krankheitsfolgen zu beheben oder zu lindern, ist zwar eine ärztliche Untersuchung zur Erkennung des Leidens oft gar nicht mehr notwendig (BGH, r+s 2015, 142, Rn 16 m.w.N.). Aber auch in diesen Fällen beginnt die Heilbehandlung mit der ersten Inanspruchnahme jeglicher ärztlichen Tätigkeit, die durch die betreffende Krankheit verursacht worden ist, sofern die Tätigkeit des Arztes von ihrer Art her in den Rahmen der medizinisch notwendigen Krankenpflege fällt (BGH, r+s 2015, 142, Rn 16 m.w.N.; BGH, VersR 1978, 362, 364 unter III 2 b; OLG Oldenburg, VersR 2012, 1548, 1549; OLG Dresden, VersR 2009, 1651). Diese Auslegung trägt dem Umstand Rechnung, dass es dem VN anderenfalls möglich wäre, zunächst eine ärztliche Diagnose und Beratung über mögliche Behandlungsformen einzuholen, sodann eine Krankenversicherung abzuschließen bzw. eine bestehende Krankenversicherung zu erhöhen, um danach die Heilbehandlung in Anspruch nehmen zu können (BGH, r+s 2015, 142, Rn 16 OLG Dresden, VersR 2009, 1651; OLG Hamm, VersR 1989, 614). Etwas anderes gilt, wenn vor Beginn des Versicherungsschutzes ein körperlicher Befund zwar Gegenstand einer ärztlichen Untersuchung war, der vom Arzt angeratene Verzicht auf eine ärztliche Heilbehandlung aus medizinischer Sicht aber eine gut vertretbare Alternative darstellte, weil die mit der Untersuchung begonnene Heilbehandlung auch wieder abgeschlossen wurde (OLG Karlsruhe, VersR 2013, 1252).

22 Eine Heilbehandlung liegt auch dann vor, wenn zur Verhinderung der Verschlimmerung einer Krankheit eine **Überwachung zur Erhaltung der Vitalfunktionen** rund um die Uhr erforderlich ist – im konkreten Fall: Absaugen von Schleim bei chronisch obstruktiver Bronchitis und schwerer Dysphagie (OLG Hamm, VersR 2012, 611). Eine Formularklausel in einem Krankheitskostenversicherungsvertrag, die nichtärztliche Leistungen, die zur Erhaltung der Vitalfunktionen des VN erforderlich sind, ausgrenzt, gefährdet den Vertragszweck i.S.d. § 307 Abs. 2 Nr. 2 BGB (OLG Hamm, VersR 2012, 611).

23 Der Begriff der Heilbehandlung erstreckt sich **nicht** auf die **Beseitigung krankheitsverursachender Umweltfaktoren**, bspw. auf Präparate zur Bekämpfung von Hausstaubmilben (OLG Frankfurt am Main, VersR 1995, 651).

24 Methoden, die dem Bereich der **Scharlatanerie** zuzuordnen sind, fallen ebenso wenig unter den Begriff der (medizinisch notwendigen) Heilbehandlung wie Behandlungen, die auf (angeblich) geheimen Kräften des Behandelnden beruhen (BGH, VersR 1993, 957, 959; OLG Hamburg, VersR 2001, 849, 850).

(2) Medizinische Notwendigkeit

25 Mit dem Begriff der „**medizinisch notwendigen Heilbehandlung**" wird ein objektiver, vom Behandlungsvertrag zwischen Arzt und Patient unabhängiger Maßstab eingeführt (BGH, r+s 2015, 142, Rn 13; NJW 2005, 3783, 3784 [„*zweites Kind*"]; BGHZ 154, 154, 166 = BGH, VersR 2003, 581; BGHZ 133, 208, 212 = BGH, VersR 1996, 1224; OLG Zweibrücken, VersR 2007, 1505). Daraus folgt, dass es für die Beurteilung der medizinischen Notwendigkeit der Heilbehandlung nicht auf die Einschätzung des VN und auch nicht allein auf die des behandelnden Arztes ankommen kann (BGH, r+s 2015, 142, Rn 13; NJW 2005, 3783, 3784; BGHZ 133, 208, 212 = BGH, VersR 1996, 1224). Gegenstand der Beurteilung können vielmehr nur die objektiven medizinischen Befunde und Erkenntnisse im Zeitpunkt der Vornahme der Behandlung sein (BGH, r+s 2015, 142, Rn 13). Demgemäß *liegt eine medizinisch notwendige Heilbehandlung vor, wenn es nach den* **objektiven medizinischen Befunden und Erkenntnissen im Zeitpunkt der Vornahme der ärztlichen Behandlung** *vertretbar war, sie als notwendig anzusehen* (BGH, r+s 2015, 142, Rn 13; BGH, NJW 2005, 3783, 3784; BGH, VersR 2003, 581, 584; BGHZ 133, 208, 213 = BGH, VersR 1996, 1224; VersR 1991, 987; BGH, VersR 1979, 221; OLG Köln, VersR 2011, 252 [Insertion von mehr als sechs Interimszahnimplantaten] mit Anm. *Hütt*; [v.a. gegen *Hütt*] *Egger*, VersR 2011, 705 und [v.a. gegen *Egger*] *Fortmann*, VersR 2011, 851; OLG Zweibrü-

cken, VersR 2007, 1505; OLG Stuttgart, VersR 2007, 974, 975; *Marlow/Spuhl*, VersR 2006, 1334). Das ist im Allgemeinen dann der Fall, wenn eine wissenschaftlich anerkannte Behandlungsmethode zur Verfügung steht, die geeignet ist, die Krankheit zu heilen, zu lindern oder ihrer Verschlimmerung entgegen zu wirken (BGH, VersR 2003, 581, 584; BGHZ 133, 208, 211 = BGH, VersR 1996, 1224). Steht diese Eignung nach medizinischen Erkenntnissen fest, steht grds. auch die Eintrittspflicht des VR fest (BGH, NJW 2005, 3783, 3784 [„*zweites Kind*"]; BGHZ 133, 208, 213 = BGH, VersR 1996, 1224; *Marlow/ Spuhl*, VersR 2006, 1334). Medizinisch notwendig kann eine Heilbehandlung aber auch dann sein, wenn ihr Erfolg nicht sicher vorhersehbar ist (BGH, NJW 2005, 3783, 3784). Ob sie vertretbar ist, kann nur anhand der im Einzelfall maßgeblichen objektiven Gesichtspunkte mit Rücksicht auf die Besonderheiten der jeweiligen Erkrankung und der auf sie bezogenen Heilbehandlung bestimmt werden (BGH, NJW 2005, 3783, 3784; BGHZ 133, 208, 215 = BGH, VersR 1996, 1224). Entscheidend sind die **Erfolgsaussichten**. Medizinisch notwendige Heilbehandlungen sind auch Maßnahmen der **Entgiftung**, d.h. der Ausscheidung toxischer Stoffe aus dem Körper des (alkoholabhängigen) VN – und zwar auch dann, wenn sie eine [gem. § 8 Abs. 1 Buchst. b) MB/KK von der Leistungspflicht ausgeschlossene] **Entziehung** einleiten –, denn die Entgiftung stellt eine Behandlung eines akuten Krankheitszustands dar (LG Köln, VersR 2014, 739, unter Berufung auf Prölss/ Martin, VVG, 28. Aufl. 2010, § 5 MB/KK, Rn 10). Ein Leistungsausschluss wegen einer „Entziehungsmaßnahme" kommt auch dann nicht in Betracht, wenn eine stationäre Behandlung – inklusive Adaptionsbehandlung – nicht nur der Befreiung des Patienten aus einer Drogenabhängigkeit dient, sondern auch der **Therapie einer psychotischen Erkrankung** (OLG Karlsruhe, VersR 2012, 1502). Die Kosten der Heilbehandlung wirken sich generell nicht auf die Beurteilung ihrer medizinischen Notwendigkeit aus (BGH, VersR 2003, 581 – Privatklinik; s.u. Rdn 61 ff.; anders offenbar: MüKo/*Kalis*, § 192 VVG Rn 18, 21), sind jedoch i.R.d. §§ 192 Abs. 2 VVG, 5 Abs. 2 S. 2 MB/KK 2009 zu berücksichtigen.

Leidet der Versicherte an einer **unheilbaren Krankheit, für die es keine allgemein anerkannte Therapie gibt**, kommt jeder gleichwohl durchgeführten Behandlung zwangsläufig Versuchscharakter zu, für die der Nachweis medizinischer „Richtigkeit" nicht geführt werden kann. Nach ständiger Rechtsprechung schließt dies die Notwendigkeit der Heilbehandlung aber jedenfalls dann nicht aus, wenn sie eine **schwere, lebensbedrohende oder sogar tödliche Krankheit** betrifft (BGH, NJW 2005, 3783, 3784; VersR 1996, 1324; VersR 2001, 1417; OLG Koblenz, VersR 2007, 680). In diesen Fällen kann nicht darauf abgestellt werden, ob die Behandlung zur Erreichung des vorgegebenen Behandlungsziels tatsächlich geeignet ist (BGH, VersR 2013, 1558, Rn 17). Vielmehr ist die objektive Vertretbarkeit in solchen Fällen bereits zu bejahen, wenn die Behandlung nach medizinischen Erkenntnissen im Zeitpunkt ihrer Vornahme als wahrscheinlich geeignet angesehen werden konnte, auf eine Verhinderung der Verschlimmerung der Erkrankung oder zumindest auf ihre Verlangsamung hinzuwirken (BGH, VersR 2013, 1558, Rn 17). Dabei ist nicht einmal zu fordern, dass der Behandlungserfolg näher liegt als sein Ausbleiben. Vielmehr reicht es aus, wenn die Behandlung **mit nicht nur ganz geringer Erfolgsaussicht** die Erreichung des Behandlungsziels als möglich erscheinen lässt (BGH, VersR 2013, 1558, Rn 17; BGHZ

133, 208, 215 = BGH, VersR 1996, 1224; NJW 2005, 3783, 3784; OLG Köln, VersR 2014, 574, 575; OLG Stuttgart, VersR 2007, 974, 975; OLG Frankfurt am Main, VersR 2003, 585; OLG München, NJW-RR 1999, 326, 327; KG, VersR 2001, 178; s.a. OLG Koblenz, VersR 2007, 680, 681). Das setzt lediglich voraus, dass die gewählte Behandlungsmethode auf einem nach medizinischen Erkenntnissen nachvollziehbaren Ansatz beruht, der die prognostizierte Wirkweise auf das **angestrebte Behandlungsziel** zu erklären vermag, sie somit zumindest wahrscheinlich macht (BGH, VersR 2013, 1558, Rn 18). Einer solchen Annahme steht nicht entgegen, dass eine Behandlungsmethode noch nicht in der medizinischen Literatur nach wissenschaftlichem Standard dokumentiert und bewertet worden ist (BGH, VersR 2013, 1558, Rn 18). Liegen entsprechende Veröffentlichungen vor, können sie zwar für die Beurteilung der medizinischen Notwendigkeit der Heilbehandlung bedeutsam sein; andererseits kann auf eine bisher fehlende Veröffentlichung die Verneinung der medizinischen Notwendigkeit der Behandlung nicht gestützt werden (BGH, VersR 2013, 1558, Rn 18). Für die Beurteilung der Behandlungsmethode kann es ausreichen, wenn diese vor der Behandlung des VN bereits anderweitig erprobt worden ist. Haben entsprechende Behandlungen schon zuvor in einer solchen Anzahl stattgefunden, die Aussagen jedenfalls darüber zulässt, ob die Behandlung die mit ihr erstrebte Wirkung wahrscheinlich zu erreichen geeignet ist, kann darin ein besonders aussagekräftiger Umstand für die Beurteilung der Notwendigkeit der Heilbehandlung zu erkennen sein (BGH, VersR 2013, 1558, Rn 18). Bietet die Schulmedizin nur noch palliative, d.h. auf eine Reduzierung der Krankheitsfolgen gerichtete, Therapien an, weil sie jede Möglichkeit kurativer Behandlung als aussichtslos erachtet, kommt die Notwendigkeit einer Alternativbehandlung schon dann in Betracht, wenn sie eine durch Indizien gestützte Aussicht auf einen über die palliative Standardtherapie hinausreichenden Erfolg bietet. Der an einer schweren lebensbedrohlichen oder lebenszerstörenden Krankheit leidende Versicherte kann nicht auf lediglich der Eindämmung oder Linderung von Krankheitsbeschwerden dienende Standardtherapien verwiesen werden, wenn eine Alternativbehandlung die nicht ganz entfernte Aussicht auf weitergehende Heilung bietet (BGH, VersR 2013, 1558, Rn 24).

27 Liegt hingegen eine **leichtere, insb. keine lebensbedrohende oder lebenszerstörende Krankheit** vor, erweist sich die in Aussicht genommene Heilbehandlung also **nicht** als **vital lebensnotwendig** und sind ihre Erfolgsaussichten bereits umfangreich erforscht, so lässt erst ein **höherer Grad der Erfolgswahrscheinlichkeit** es als vertretbar erscheinen, die Maßnahme als medizinisch notwendig einzustufen (BGH, NJW 2005, 3783, 3784 [„*zweites Kind*"]).

28 Die Beurteilung der ausreichenden Erfolgsaussicht hat grds. der **Tatrichter** vorzunehmen, der sich dazu regelmäßig **sachverständiger Hilfe** bedienen muss, um die Einschätzung des behandelnden Arztes zu überprüfen (BGH, NJW 2005, 3783, 3784; BGHZ 133, 208, 215 = BGH, VersR 1996, 1224). Im Hinblick auf die **Erfolgsaussichten einer IVF-/ICIC-Therapie bei Unfruchtbarkeit** geht der BGH von einer nicht mehr ausreichenden Erfolgsaussicht – und damit von einer nicht mehr gegebenen medizinischen Notwendigkeit – aus, wenn die Wahrscheinlichkeit, dass ein Embryotransfer zur gewünschten Schwangerschaft führt, aufgrund des Lebensalters der Frau signifikant absinkt und eine **Erfolgs-**

wahrscheinlichkeit von 15 % nicht mehr erreicht wird (BGH, NJW 2005, 3783, 3784). Diese ist aus der **Perspektive „ex ante"** zu beurteilen: *„Entscheidend für die Beantwortung der Frage nach der medizinischen Notwendigkeit ist allein die Prognose vor Beginn der Behandlung"* (BGH, NJW 2005, 3783, 3784). Dieser Maßstab – **Erfolgsprognose = 15 %** – ist grds. auf andere nicht vital lebensnotwendige Behandlungen übertragbar, wenn die Intensität der mit der Krankheit verbundenen Funktionsstörung (Rdn 6) vergleichbar ist. Bestehen andere Behandlungsmethoden mit einer signifikant höheren Erfolgsprognose, so sind nur diese medizinisch notwendig.

Das OLG Sachsen-Anhalt (OLG Sachsen-Anhalt, GesR 2014, 723) will die Frage der medizinischen Notwendigkeit der Heilbehandlung normativ, mithilfe von **Rückschlüssen aus dem Gebührenverzeichnis für ärztliche Leistungen** beantworten: Die medizinische Notwendigkeit einer Halbtiefen- und Tiefen-Hyperthermie sei nur dann zu bejahen, wenn die Hyperthermie-Behandlung entsprechend der Nr. 1584 des Gebührenverzeichnisses zur GOÄ nachfolgenden Bemerkung in Verbindung mit einer Strahlenbehandlung oder Chemotherapie stattfinde (OLG Sachsen-Anhalt, GesR 2014, 723). Das ist abzulehnen (s. auch: *Laux*, jurisPR-VersR 12/2014 Anm. 5). Die medizinische Notwendigkeit ist Tatfrage; ggf. ist ein Sachverständigengutachten einzuholen (für den Rückgriff auf § 192 Abs. 1 VVG und die dazu ergangene Rspr. bei der Auslegung und Anwendung von § 1 Abs. 2 GOÄ: LG Regensburg, MedR 2014, 772). 29

Die **medizinische Notwendigkeit einer stationären Heilbehandlung** (§ 4 Abs. 4 MB/KK 2008) ergibt sich angeblich aus einem **Vergleich mit der ambulanten Behandlungsform** (OLG Zweibrücken, VersR 2007, 1505; LG Dortmund, VersR 2011, 1305; *Kalis*, in: Bach/Moser, § 1 MB/KK Rn 31; a.A. *Egger*, VersR 2009, 1320; *Egger*, VersR 2011, 705, 715; Prölss/Martin/*Voit*, § 192 Rn 73). Was durch die ambulante Therapie in gleicher Weise geheilt oder gelindert werden kann, erfordert grds. keine stationäre Behandlung (OLG Zweibrücken, VersR 2007, 1505; OLG Koblenz, VersR 2008, 339; vgl. auch *Hütt*, VersR 2007, 1402, 1404). Die stationäre Behandlung als notwendig anzusehen, wäre nur vertretbar, wenn sie nach den objektiven medizinischen Befunden und Erkenntnissen im Zeitpunkt der Vornahme der Behandlung geeigneter erscheinen sollte als die ambulante (OLG Zweibrücken, VersR 2007, 1505), wenn also die spezifischen Einrichtungen des klinischen Krankenhausbetriebs zur Behandlung des bestehenden Leidens besser geeignet sind als die Möglichkeiten des niedergelassenen Arztes oder ambulanter Therapiezentren, z.B. weil die ständige Überwachung und Kontrolle durch Krankenhausärzte erforderlich ist oder weil der VN aus gesundheitlichen Gründen nicht in der Lage ist, die Möglichkeit ambulanter Behandlung zu nutzen. Das **Primat ambulanter Heilbehandlung** lässt sich jedoch weder auf Kostenerwägungen stützen (*Egger*, VersR 2009, 1324, mit dem Hinweis auf BGH, VersR 2003, 581) noch auf Parallelen zur gesetzlichen Krankenversicherung (§§ 39 Abs. 1 S. 2, 12 SGB V); insb. die Rechtsprechung des Bundessozialgerichts (BSG, NJW 2008, 1980 – Reicht nach den Krankheitsbefunden eine ambulante Therapie aus, so hat die Krankenkasse die Kosten eines Krankenhausaufenthalts auch dann nicht zu tragen, wenn der Versicherte aus anderen, nicht mit der Behandlung zusammenhängenden Gründen eine spezielle Betreuung benötigt) ist nicht auf die private Krankenversicherung übertragbar. 30

Bei **Identität der Erfolgsaussichten ambulanter und stationärer Heilbehandlung** kann die medizinische Notwendigkeit stationärer Heilbehandlung jedoch mit Rücksicht auf das (nosokomiale) Infektionsrisikos zu verneinen sein; im Einzelfall kann auch die mit einem Krankenhausaufenthalt verbundene psychische und physische Belastung des Patienten für ein Primat der ambulanten Heilbehandlung sprechen.

31 Ein Krankenversicherer ist grundsätzlich selbst dann berechtigt, für jede medizinische Behandlung die Frage der Leistungspflicht dem Grunde und der Höhe nach neu zu prüfen, wenn sich der Krankheitszustand des VN dem Anschein nach wiederholt (OLG Köln, VersR 2015, 1243). Im Einzelfall kann er jedoch nach **Treu und Glauben (§ 242 BGB)** daran gehindert sein, sich auf das Fehlen der Voraussetzungen der Erstattungsfähigkeit zu berufen, wenn er in dem VN die berechtigte Erwartung geweckt hat, er werde die Kosten einer bestimmten Behandlung übernehmen (OLG Köln, VersR 2014, 574, 575). Das kann etwa dann der Fall sein, wenn Aufwendungen für gleichartige Behandlungen des VN in der Vergangenheit stets beanstandungslos erstattet worden sind (OLG Köln, VersR 2014, 574, 575). Etwas anderes gilt jedoch, wenn der VR vor Beginn der (nächsten) gleichartigen Behandlung mitgeteilt hat, dass er die Kosten künftig nicht mehr übernehmen werde (OLG Köln, VersR 2014, 574, 575). Ein Krankenversicherer verstößt gegen **Treu und Glauben**, wenn er sich auf die fehlende medizinische Notwendigkeit der Behandlung des VN durch einen bestimmten Arzt beruft, obwohl ein durch den VR beauftragter Arzt Verbesserungsvorschläge zur Behandlung unterbreitet und der behandelnde Arzt diese Vorschläge unstreitig aufgegriffen hat (OLG Düsseldorf, VersR 2003, 986).

32 Kommen **mehrere (wissenschaftlich anerkannte) Behandlungsmethoden** in Betracht, so ist nur die Behandlungsalternative medizinisch notwendig, die unter besonderer Berücksichtigung der Risiken und Nebenwirkungen ein höheres Maß an Erfolg verspricht, die also im Einzelfall, aufgrund der Disposition des Patienten, geeigneter ist als die andere (ähnlich: *Hütt*, VersR 2007, 1402, 1404). Eine konservative Therapie kann jedoch angesichts der Risiken eines operativen Eingriffs notwendige Heilbehandlung sein, auch wenn der Eingriff mit einer höheren Erfolgsprognose verbunden ist. Umgekehrt kann eine risikoreiche Operation notwendig sein, wenn und weil eine an und für sich Erfolg versprechende konservative Therapie erfolglos geblieben ist. Bei alledem ist zu berücksichtigen, dass die Therapiewahl des behandelnden Arztes nicht richtig, sondern nur objektiv vertretbar zu sein braucht (s.o. Rdn 25; zur Berücksichtigung von Kostenfaktoren s.u. Rdn 61 ff.).

(3) Alternative Medizin

33 Die Beurteilung der Notwendigkeit der Heilbehandlung richtet sich **nicht** allein nach Erkenntnissen, die in der medizinischen Wissenschaft, also im Bereich von Forschung und Lehre an wissenschaftlichen Hochschulen und Universitäten („Schulmedizin"), eine Absicherung erfahren haben. Der BGH hat die frühere **Wissenschaftlichkeitsklausel** – nach § 5 Abs. 1 MB/KK 76 sollte *„keine Leistungspflicht* [bestehen] [...] *für wissenschaftlich nicht allgemein anerkannte Untersuchungs- oder Behandlungsmethoden und Arzneimittel"* – für unwirksam erklärt (BGHZ 123, 83 = VersR 1993, 957). Bei Beurteilung der medizinischen Notwendigkeit einer Heilbehandlung können demgemäß auch solche

medizinischen Erkenntnisse berücksichtigt werden, die sich im Bereich der sog. **alternativen Medizin** ergeben haben oder sich als das Ergebnis der Anwendung von sog. „*Außenseitermethoden*" darstellen (BGHZ 133, 208, 216 = BGH, VersR 1996, 1224; BGHZ 123, 83, 87 = VersR 1993, 957).

Nach **§ 4 Abs. 6 S. 2 MB/KK 2009** („**Schulmedizinklausel**") leistet der VR nur für die von der Schulmedizin nicht überwiegend anerkannten Methoden und Arzneimittel, die sich in der Praxis als ebenso Erfolg versprechend bewährt haben oder die angewandt werden, weil keine schulmedizinischen Methoden oder Arzneimittel zu Verfügung stehen. Bedenken gegen die Schulmedizinklausel bestehen, weil der **Effektivitätsvergleich** (gleiche Erfolgsprognose) schon aufgrund der unterschiedlichen Herangehensweise alternativer Medizin nicht ohne Weiteres zu ziehen ist (krit.: Prölss/Martin/*Voit*, § 4 MB/KK 94 Rn 85). Der BGH hält die Regelung des § 4 Abs. 6 S. 2 MB/KK jedoch für zulässig; sie verstoße insb. nicht gegen § 307 Abs. 1 und 2 BGB (BGH, VersR 2002, 1546; ebenso bereits OLG Köln, VersR 2001, 851). Nach Meinung des BGH (BGH, VersR 2002, 1546) liegt auch keine unangemessene Benachteiligung des VN darin, „*dass er darlegen und beweisen muss, dass sich die angewandten Methoden der alternativen Medizin als ebenso Erfolg versprechend bewährt haben müssen, wie die der Schulmedizin*" (s. auch: Prölss/Martin/*Voit*, § 4 MB/KK 94 Rn 85). Im Rahmen seiner Darlegungslast brauche der VN zunächst nur eine Stellungnahme des behandelnden Arztes vorzulegen (BGH, VersR 2002, 1546). Der VR, der die Leistung verweigere, habe dies redlicherweise zu begründen. Beweisen müsse der VN im Streitfall nur das, was er ohnehin zu beweisen hätte, dass nämlich die Heilbehandlung medizinisch notwendig war (BGH, VersR 2002, 1546). Die Behandlung von Prostatakrebs durch die **Galvano-Therapie** stellt keine Behandlungsmethode dar, die sich in der Praxis bereits als ebenso Erfolg versprechend bewährt hat wie schulmedizinische Behandlungsmethoden (OLG Köln, r+s 2010, 71 = VersR 2010, 621). Dagegen löst die Behandlung lumbalgi- sowie lumboischialgiformer Beschwerden nach der **Racz-Methode** die Leistungspflicht des VR aus, wenn keine schulmedizinische Behandlungsmethode zur Verfügung steht (OLG Stuttgart, VersR 2010, 523). Die Leistungspflicht des VR auf der Basis der Schulmedizinklausel beschränkt sich nämlich nicht auf die Behandlung lebensbedrohender, sonst inkurabler Krankheiten (OLG Stuttgart, VersR 2010, 523). Bietet die Schulmedizin nur noch palliative, d.h. auf eine Reduzierung der Krankheitsfolgen gerichtete Therapien an, weil sie jede Möglichkeit kurativer Behandlung als aussichtslos erachtet, kommt die **Notwendigkeit einer Alternativbehandlung** schon dann in Betracht, wenn sie eine durch Indizien gestützte Aussicht auf einen über die palliative Standardtherapie hinausgehenden Erfolg bietet (BGH, VersR 2013, 1558, Rn 24; OLG Bremen, VersR 2016, 455; s. auch Rdn 43). Der an einer **schweren lebensbedrohenden oder lebenszerstörenden Krankheit** leidende Versicherte kann nicht auf lediglich der Eindämmung oder Linderung von Krankheitsbeschwerden dienenden Standardtherapien verwiesen werden, wenn eine Alternativbehandlung die nicht ganz entfernte Aussicht auf weitergehende Heilung bietet (BGH, VersR 2013, 1558, Rn 24).

Auch im Bereich der alternativen Medizin ist die Frage der medizinischen Notwendigkeit einer Maßnahme durch einen dieser Fachrichtung unvoreingenommen gegenüberstehenden

Sachverständigen zu beurteilen (OLG Karlsruhe, VersR 2014, 991, 993). Die „Binnentheorie", die besagt, dass die konkrete Behandlungsmethode nur von der jeweiligen Fachrichtung als notwendig eingestuft zu werden braucht, dass es also nur auf die **Binnenanerkennung** ankomme, ist abzulehnen (OLG Karlsruhe, VersR 2014, 991, 993; OLG Karlsruhe, VersR 2001, 180 [OLG Karlsruhe, 31.8.2000 – 19 U 243/99]; *Rauscher*, VersR 2016, 217, 219; MüKo/*Kalis*, § 192 VVG Rn 22; *Kalis*, in: Bach/Moser, PKV, § 4 MB/KK, Rn. 293 ff. a.A. *Marlow/Spuhl*, VersR 2006, 1334, 1335).

36 Umgekehrt ist es aber auch nicht erforderlich, dass die Notwendigkeit einer Behandlungsmethode von **schulmedizinisch ausgerichteten Sachverständigen** bestätigt wird (*Zuck*, VersR 1994, 505; ablehnend: *Schmidt/Kalis*, VersR 1993, 1319; s.a.: *Rauscher*, VersR 2016, 217, 219, der die vom Heilpraktiker angewandten Verfahren ggf. „stets vom Standpunkt der Schulmedizin aus" beurteilen will).

(4) Einzelfälle

37 Im Einzelnen hat die Rechtsprechung im Hinblick auf die medizinische Notwendigkeit einer Heilbehandlung (in alphabetischer Reihenfolge) wie folgt entschieden: Bei **Allergien** besteht keine medizinische Notwendigkeit für Bioresonanztherapie, Eichotherm-Therapie und Akupunktur (OLG Saarbrücken, VersR 2002, 1015; s. aber AG München, NJW-RR 1993, 603).

38 Bei **Ekzemen** fehlt die medizinische Notwendigkeit einer Elektroakupunktur nach Dr. Voll (OLG Frankfurt am Main, VersR 2003, 585).

39 Bei **Fehlsichtigkeit** besteht für eine **LASIK-(Laser)-Augenoperation** angeblich keine medizinische Notwendigkeit, solange die Fehlsichtigkeit durch das Tragen einer Brille ausgeglichen werden kann (LG Köln, VersR 2009, 535; LG Mannheim, VersR 2008, 1200; LG Köln, VersR 2007, 386, 387; VersR 2007, 1402; ebenso: LG/AG München, VersR 2007, 1073 f.; **a.A.** LG Münster, VersR 2009, 536); aus medizinischer Sicht soll jeder „refraktiv-chirurgische" Eingriff aufgrund der damit verbundenen Risiken nachrangig ggü. einer Korrektur durch Brille oder Kontaktlinsen sein (LG/AG München, VersR 2007, 1073 f.; s. aber: LG Dortmund, VersR 2007, 1401). Die Brille ist indes lediglich ein Hilfsmittel, um die Fehlsichtigkeit auszugleichen. Kann die Fehlsichtigkeit jedoch aufgrund moderner Behandlungsmethoden behoben werden, so kann der medizinischen Notwendigkeit nicht entgegen gehalten werden, dass man – durch das Tragen einer Brille – auch mit der Fehlsichtigkeit leben kann (ähnlich: LG Dortmund, VersR 2007, 1401). Trifft es allerdings zu, dass die LASIK-Operation **mit erheblichen Risiken verbunden** ist und dass der Patient trotz LASIK-Operation **regelmäßig eine Brille** tragen muss (*Hütt*, VersR 2007, 1402, 1403; **a.A.** *Gedigk/Zach*, VersR 2008, 1043), so ist die medizinische Notwendigkeit zu verneinen. Die Diskussion über die LASIK-Operationen müsste eigentlich unter dem Rubrum der (un-)verhältnismäßigen Kostenbelastung geführt werden: Fraglich ist, ob die Risikogemeinschaft die – verglichen mit den Kosten einer Brille – viel teurere LASIK-OP auch um den Preis steigender Beiträge finanzieren soll oder nicht (vgl. auch: MüKo/*Kalis*, § 192 VVG Rn 78, der die LASIK OP bezeichnenderweise in der Kommentierung des

§ 192 Abs. 2 aufgreift). Diese Frage ist indes seit der Privatklinik-Entscheidung des BGH (BGH, VersR 2003, 581) unzulässig. Medizinisch gesehen dürfte die Notwendigkeit der LASIK-Operation auf Dauer kaum noch zu bestreiten sein (*Gedigk/Zach*, VersR 2008, 1043); anders nur, wenn eine LASIK-Operation wirklich unverhältnismäßig riskant sein sollte (vgl. LG Mannheim, VersR 2008, 1200), oder wenn sie aufgrund der Disposition des Patienten (Sicca-Syndrom) kontraindiziert, also gerade nicht medizinisch notwendig ist (AG Düsseldorf, VersR 2009, 537). Dagegen braucht der VR die Kosten einer (erheblich invasiveren und riskanteren) Kataraktoperation zur Beseitigung einer gewöhnlichen Fehlsichtigkeit nicht zu übernehmen (LG Köln, VersR 2013, 54).

Bei einer **Fibromyalgie** (Faser-Muskel-Schmerz) ist eine manuelle Therapie für einen befristeten Zeitraum und im Rahmen eines multimodalen Behandlungskonzepts als Therapiemöglichkeit anzuerkennen (OLG Koblenz, VersR 2010, 1358). 40

Bei einer **HIV-Infektion** hat die Rechtsprechung keine medizinische Notwendigkeit für eine Autovakzinationstherapie (OLG Celle, VersR 1995, 821, s.a. BGHZ 133, 208 = BGH, VersR 1996, 1224) gesehen, wohl aber für eine Ozontherapie (OLG München, VersR 1997, 439; ablehnend: OLG München, VersR 1992, 1124, 1125). Im Lichte der medizinischen Fortschritte bei der AIDS-Behandlung dürften heute nur noch die Kosten etablierter oder ebenso Erfolg versprechender (antiretroviraler) Therapien erstattungsfähig sein. 41

Die hyperbare Sauerstofftherapie (Druckkammerbehandlung) ist eine etablierte alternative Methode zur Behandlung einer aseptischen **Knochennekrose** (hier Morbus Ahlbäck), die sich „*in der Praxis als ebenso erfolgversprechend bewährt*" hat wie die schulmedizinisch anerkannte Behandlung dieser Erkrankung (OLG Stuttgart, VersR 2012, 894 [LS]). 42

Bei **Krebs** hat die Rechtsprechung die medizinische Notwendigkeit verneint für das „Heilprogramm" Prof. Dr. Hackethal (OLG Köln, VersR 2000, 42), für Regulationsthermografie, Bioresonanztherapie usw. (KG, NVersZ 1999, 424, 425 – **Blutkrebs**), für eine Galvanotherapie (OLG Köln, r+s 2010, 71 = VersR 2010, 621 – **Prostatakrebs**), für Tiefenhyperthermie (OLG Köln, VersR 2014, 574 – **Dickdarmkrebs**) und für die Kombination mehrerer unorthodoxer Behandlungsmethoden wie Bewegungs- und Magnetfeldtherapie (OLG Köln, VersR 1997, 729 – **Prostatakarzinom**). Die Immunbehandlung eines metastasierenden **Prostatakarzinoms** mit dendritischen Zellen (Kieler Impfstoff) bietet eine medizinisch begründbare Aussicht auf einen Gewinn an Lebenszeit und -qualität sowie die Möglichkeit einer vollständigen Remission, so dass die medizinische Notwendigkeit zu bejahen ist, wenn die Schulmedizin nur noch palliative Behandlungsmethoden bereitstellt (OLG Bremen, VersR 2016, 455; s. auch: BGH, VersR 2013, 1558). Dagegen ist die Behandlung eines Melanoms (Stadium III/Lymphknotenmetastasen) mit dendritischen Zellen keine medizinisch notwendige Heilbehandlung, wenn mit der (adjuvanten) Interferontherapie eine Therapie mit nachgewiesener Wirkung zur Verfügung steht (OLG Oldenburg, VersR 2016, 457). Die medizinische Notwendigkeit von Blutautotransfusionen bei **Leberkrebs** ist hingegen zu bejahen (KG, VersR 2001, 178, 179). Bei der Behandlung von **Hautkrebs** (malignes Melanom) kommt die Behandlung mit Thymus- und Ney-Präparaten in Betracht (OLG Stuttgart, VersR 2007, 974, 975; vgl. auch LG Berlin, NVersZ 1999, 266). Erstattungsfähig sind auch Kosten der Akupunktur, nicht aber die Kosten einer (medizinisch nicht 43 nachvollziehbaren) Kolon-Hydrotherapie und die Eigenblut-Behandlung mit ozonisiertem Sauerstoff (OLG Stuttgart, VersR 2007, 974, 975). Für die Behandlung einer BCL-**Leukämie** stehen – u.a. mit der Chemotherapie – von der Schulmedizin überwiegend anerkannte Behandlungsmethoden zur Verfügung (OLG Karlsruhe, VersR 2014, 991, 992). Eine Behandlung durch einen „unspezifischen Reiz", um die Selbstheilungskräfte zu mobilisieren und zu verstärken und die Nebenwirkungen der Chemotherapie zu senken, hat sich nicht als ebenso erfolgversprechend bewährt (OLG Karlsruhe, VersR 2014, 991, 992).

44 Für eine sog. trockene **Makuladegeneration** (schnell fortschreitender Verlust der Sehschärfe und der Sehfähigkeit) ist auch angesichts dessen, dass eine schulmedizinische Behandlungsmöglichkeit praktisch nicht besteht, eine in einer ophthalmologischen Klinik angebotene „retrobulbäre Injektionsbehandlung" nicht als medizinisch notwendige Heilbehandlung anzuerkennen, da kein Wirksamkeitsnachweis erbracht werden kann und eine Verlaufsverzögerung nach den Behandlungen mit gleich hoher Wahrscheinlichkeit einem Placeboeffekt zugeordnet werden kann (OLG Koblenz, VersR 2014, 53).

45 Bei **Multipler Sklerose** ist eine Therapie mit Immunglobulinen, Enzymen usw. medizinisch notwendig (OLG München, NJW-RR 1999, 326). Kein Kostenerstattungsanspruch besteht jedoch für die i.R.d. sog. „Fratzer-Diät" verordneten Präparate (OLG Koblenz, VersR 2007, 680, 681).

46 Bei **Neurodermitis** ist die medizinische Notwendigkeit von Ayurveda-Methoden zu bejahen (OLG Frankfurt am Main, NVersZ 2000, 273).

47 Eine Psychotherapie kann medizinisch notwendige Heilbehandlung **psychischer Erkrankungen** sein (vgl. § 197 Abs. 1 VVG; Prölss/Martin/*Voit*, § 192 Rn 110). Eine Klausel, die vorsieht, dass bei ambulanter und stationärer Psychotherapie nur geleistet wird, wenn und soweit der VR vor der Behandlung eine schriftliche Kostenzusage erteilt hat, ist wirksam (OLG Frankfurt am Main, VersR 2007, 828; krit. *Berst*, VersR 2007, 1172, 1175; vgl. auch BGH, VersR 2006, 641 und 643; BGH, VersR 1999, 745). Ebenso wenig zu beanstanden ist eine Tarifbestimmung, die die Leistungen des Krankenversicherers auf bis zu 30 Psychotherapiesitzungen pro Kalenderjahr beschränkt (BGH, VersR 2004, 1037; vgl. auch OLG Koblenz, VersR 2007, 1548, 1549: bis zu 20 Psychotherapiesitzungen).

48 Die medizinische Notwendigkeit einer **IVF- (In-vitro-Fertilisation) und ICSI- (Intracytoplasmatische Spermieninjektion) Behandlung** (i.E. zu den Behandlungsmethoden: *Damm*, VersR 2006, 730, 731 f.) bei **Unfruchtbarkeit** richtet sich nach den in Rdn 14 und 28 erläuterten Grundsätzen. Danach ist die vom Lebensalter der Frau abhängige Erfolgswahrscheinlichkeit der Behandlung unter Berücksichtigung individueller Faktoren zu überprüfen (BGH, NJW 2005, 3783 [„*zweites Kind*"]; BGH VersR 2006, 1351). Bedeutsam für diese Beurteilung kann u.a. sein, ob eine IVF/ICSI-Behandlung bei denselben Beteiligten bereits erfolgreich war, ob dafür viele oder nur wenige Behandlungszyklen erforderlich waren, ferner die Zahl und Qualität der bei dem zuletzt vorgenommenen Behandlungsversuch gefundenen Spermien, Eizellen und übertragenen Embryonen (BGH, NJW 2005, 3783). Eine Vielzahl vergeblicher Behandlungsversuche in der Vergangenheit kann die individuelle Erfolgsaussicht verringern. Für die Prognose von Bedeutung ist

weiter die Stimulationssituation beim letzten Behandlungszyklus (Stimulationsprotokoll und Gonadotropinart), schließlich auch die Frage, inwieweit der allgemeine Gesundheitszustand der beteiligten Frau vom Durchschnitt ihrer Altersgruppe abweicht (BGH, NJW 2005, 3783). Die Erfolgswahrscheinlichkeit muss mindestens 15 % erreichen (BGH, NJW 2005, 3783; zu der Frage, welche Krankenversicherung, die des Mannes oder der Frau, für die Behandlungskosten aufkommen muss s. Rdn 60). Bezugspunkt der Erfolgswahrscheinlichkeit ist allein die Schwangerschaft, nicht die Mutterschaft (BGH, NJW 2005, 3783; *Damm*, VersR 2006, 730, 738). Bei der Beurteilung der Erfolgsaussicht einer In-vitro-Fertilisation (IVF) sind die Ergebnisse einer Polkörperdiagnostik nicht zu berücksichtigen. Sie lassen regelmäßig keine Rückschlüsse auf individuelle Faktoren zu, die eine von den Daten des Deutschen IVF-Registers abweichende Erfolgsbeurteilung rechtfertigen könnten (LG Köln, VersR 2013, 749). Die Kosten einer **heterologen IV-Fertilisation** sind nicht erstattungsfähig (OLG Köln, r+s 2016, 351; LG Köln, VersR 2007, 1359, 1360; s. auch Rdn 14).

Bei **Zahnbeschwerden** hat die Rechtsprechung die medizinische Notwendigkeit des „Disk-Implantat-Systems" bejaht (OLG Düsseldorf, NVersZ 1999, 473). 49

b) Leistungspflicht des Versicherers

Die Leistungspflicht des VR besteht (nur) in der Erstattung der durch die medizinisch 50 notwendige Heilbehandlung entstandenen Aufwendungen (s.o. Rdn 2). **Aufwendungen** sind Kosten, die dem VN von dem anspruchsberechtigten Partner des Behandlungsvertrags in Rechnung gestellt werden (BGH, VersR 2001, 576; BGH, VersR 1978, 267, 268). Kostenerstattung impliziert, dass der Krankenversicherer u.U. Ersatz der Kosten des medizinisch notwendigen Rücktransports eines in Italien verunglückten Motorradfahrers schuldet, nicht aber den Rücktransport selbst (LG Köln, VersR 2007, 98). Ein gerichtlich feststellbarer Anspruch des VN auf Leistungen setzt regelmäßig die Vorlage von Belegen (Nachweise i.S.v. § 6 Abs. 1 MB/KK 2009) voraus (OLG Hamm, VersR 2006, 826). Bei (angeblich) ungerechtfertigter Leistungsablehnung und/oder Kündigung kommt eine Haftung des VR gem. § 280 Abs. 1 BGB auf **Schmerzensgeld** (§ 253 Abs. 2 BGB) grds. nicht in Betracht, weil der Schutzzweck der Kranken- als Schadensversicherung nicht auf die Bewahrung der Gesundheit des VN, sondern auf die Kostenerstattung für medizinisch notwendige Heilbehandlungen gerichtet ist (OLG Hamm, VersR 2015, 745; LG Dortmund, VersR 2015, 745; s. auch: LG Wiesbaden, r+s 2015, 367 m.w.N.). Einen Kostenvorschuss kann der VN grds. nicht verlangen (OLG Karlsruhe, VersR 2008, 339; OLG Hamm, VersR 2015, 745), eine Deckungszusage jedoch ausnahmsweise, wenn er das finanzielle Risiko der vorgesehenen Heilbehandlung allein nicht tragen kann (OLG Hamm, VersR 2015, 745; OLG Stuttgart, OLGR 1998, 23 [OLG Stuttgart, 19.12.1996 – 7 U 196/98]; zum Anspruch auf Feststellung von erst noch anfallenden Kosten: BGH, VersR 2006, 1351; OLG Koblenz, VersR 2008, 108, 109; ausführlich: *Fricke*, VersR 2013, 538; s. Rdn 110).

Praxistipp
Der VN kann eine **vorherige Deckungszusage** verlangen, wenn der Behandler des VN eine solche Erklärung verlangt (OLG Köln, r+s 1998, 125), wenn der VN einen von ihm geforder-

ten Vorschuss nicht leisten kann (OLG Köln, r+s 1998, 125) oder wenn er andernfalls von der beabsichtigten Behandlungsmaßnahme Abstand nehmen müsste, weil er das Risiko, die Kosten selbst tragen zu müssen, nicht eingehen kann (AG Berlin Schöneberg, r+s 1999, 520; zusammenfassend: OLG Oldenburg, VersR 2010, 471).

51 Die Kranken- ist **Passivenversicherung** (OLG Karlsruhe, VersR 2008, 339; OLG Koblenz, VersR 2008, 108, 109; LG Nürnberg-Fürth v. 23.4.2015 – 8 O 3675/13 [keine Realversorgung]), sodass der VR ggü. dem VN nur zum Ersatz derjenigen Aufwendungen verpflichtet ist, die diesem in Bezug auf das versicherte Risiko zur Erfüllung von Verpflichtungen aus berechtigten Ansprüchen Dritter erwachsen sind (BGHZ 154, 154, 158 = BGH, VersR 2003, 581, 582; BGH, VersR 1998, 350; OLG Bamberg, VersR 2015, 1163; OLG München, VersR 2007, 1687; OLG Karlsruhe, VersR 2007, 679; OLG Düsseldorf, VersR 2003, 986; OLG Stuttgart, VersR 2001, 491). Die Leistungspflicht des VR setzt danach stets einen fälligen (OLG Karlsruhe, VersR 2007, 679) Vergütungsanspruch des liquidierenden Arztes voraus (OLG Bamberg, VersR 2013, 1163; OLG Karlsruhe, VersR 2007, 679; KG, VersR 2000, 89); sieht der vereinbarte Tarif eine Beschränkung der Kostenerstattung „*bis zu den Höchstsätzen der GOÄ*" vor, so sind zusätzliche Kosten, die der Arzt nicht nach der Gebührenordnung für Ärzte berechnen kann, von der Erstattungspflicht des Krankenversicherers ausgeschlossen (OLG Karlsruhe, VersR 2007, 679; AG München, VersR 2012, 1505 [Begrenzung der Kostenerstattung für Physiotherapie]). Der Arzt darf ggü. dem Patienten nur in Rechnung stellen, was die GOÄ vorsieht und nur dies kann der versicherte Patient vom VR erstattet verlangen (OLG Karlsruhe, VersR 2007, 679; vgl. auch: BGH, VersR 2004, 1138; AG Kiel, VersR 2007, 1644; im Detail zum Rückgriff des Krankenversicherers bei unberechtigten Zahlungen an den Leistungserbringer: *Göbel/Köther*, VersR 2013, 1084). Die gem. § 5 Abs. 5 AMPreisV getroffene **Rabattvereinbarung** zwischen der Spitzenorganisation der Apotheker und den Spitzenverbänden der Krankenkassen über die Preisbildung für Stoffe gem. §§ 4 und 5 AMPreisV wirkt sich in der PKV nicht auf die Verpflichtungen aus berechtigten Ansprüchen der Apotheker aus (OLG München, VersR 2007, 1687). Daher ist der VR verpflichtet, denjenigen (höheren) Preis zu erstatten, welchen die Apotheke dem VN auf Grundlage von § 5 Nr. 1 bis 3 AMPreisV in Rechnung gestellt hat (OLG München, VersR 2007, 1687).

52 Erstattungsfähig sind nur Aufwendungen, d.h. Entgelte, die der VN gezahlt hat. **Eigenbehandlungen**, auch durch Praxisangestellte, fallen also nicht unter den Versicherungsschutz (OLG Köln, VersR 2014, 1071 m.w.N.; LG Köln, VersR 2014, 1072). Die Musterbedingungen sehen zudem einen **Leistungsausschluss für die Behandlung durch nahe Angehörige** vor (§ 5 Abs. 1g MB/KK; sog. Verwandtenklausel), um der nicht von der Hand zu weisenden Missbrauchsgefahr zu begegnen (s. AG Stuttgart, VersR 2014, 1073; s. auch: LG Berlin, VersR 2013, 1254 [Klausel gilt auch für die Behandlung durch Physiotherapeuten]).

Praxistipp
Der VR ist nicht verpflichtet, Rechnungsbeträge zu erstatten, die mangels einer § 12 Abs. 1 und 2 GOÄ entsprechenden Rechnung noch nicht fällig geworden sind (OLG Hamm, VersR 1995, 652; OLG Bamberg, VersR 2013, 1162, 1164; LG Würzburg, VersR 2013, 1162, 1163; LG Kempten, VersR 2013, 571).

aa) Tarife und Tarifbedingungen

In der Krankheitskostenversicherung ergeben sich Inhalt und Umfang der Leistungspflichten des VR aus dem Versicherungsvertrag, den zugrunde liegenden Versicherungsbedingungen (AVB), den diese ergänzenden Tarife mit Tarifbedingungen sowie aus den gesetzlichen Vorschriften (BGH, VersR 2009, 623). Tarif und Tarifbedingungen sind neben den Bedingungen (ggf.: nach dem Muster der MB/KK) wesentlicher Teil der Produktbeschreibung der Krankenversicherung (*Kalis*, in: Bach/Moser, PKV, § 4 Abs. 1 MB/KK Rn 2). In der Krankheitskostenversicherung unterscheidet man insb.:
- **Normaltarife**,
- sog. **Elementartarife**, die ein ggü. dem Normaltarif eingeschränktes Leistungsversprechen mit einem reduzierten Beitragssatz verknüpfen (vgl. BGH, VersR 2009, 623),
- **Beihilfetarife**,
- **Basistarife** (§ 152 VAG) und
- **Notlagentarife** (§ 153 VAG),

Gesetzesbegriffe sind nur der **Notlagentarif** (§§ 153 VAG, 193 Abs. 7 VVG) und der **Basistarif** (§§ 152 VAG, 192 Abs. 7 VVG), der den früheren **Standardtarif** i.S.v. § 257 Abs. 2a) SGB V a.F. abgelöst hat. Der Standardtarif war dadurch gekennzeichnet, (1) dass die Vertragsleistungen den Leistungen in der gesetzlichen Krankenversicherung jeweils vergleichbar waren und (2) dass die Beiträge für Einzelpersonen den durchschnittlichen Höchstbeitrag der gesetzlichen Krankenversicherung – für Ehegatten oder Lebenspartner: 150 % dieses Höchstbetrags – nicht überstieg, sofern das jährliche Gesamteinkommen die Jahresarbeitsentgeltgrenze (§ 6 Abs. 7 SGB V) nicht überstieg.

Die **Tarifbedingungen** sind nach allg. Grundsätzen, d.h. aus der Sicht eines durchschnittlichen, um Verständnis bemühten VN **auszulegen** (BGH, VersR 2009, 533, 534; BGH, VersR 2009, 623, 624; BGH, VersR 2008, 1207; BGH, VersR 1993, 957, 958). Sieht eine Klausel nur die Erstattungsfähigkeit von Aufwendungen für *„psychotherapeutische Behandlungen durch Ärzte und Diplom-Psychologen sowie logopädische Behandlungen durch Ärzte und Logopäden [...] vor"* (Logopädieklausel), so fällt die Behandlung einer Lese- und Rechtschreibschwäche (LRS-Therapie) durch einen Pädagogen nicht unter die erstattungsfähigen Leistungen (BGH, VersR 2009, 533, 534; zuvor: OLG Saarbrücken, VersR 2008, 1382). Eine im Rahmen eines sog. Elementartarifs eines privaten Krankenversicherers vereinbarte Klausel, welche die volle Erstattung der Kosten (100 %) für ambulante Heilbehandlung nur bei **(Erst-) Behandlung durch einen Arzt für Allgemeinmedizin/ praktischer Arzt oder durch Fachärzte für Gynäkologie, Augenheilkunde, Kinder- und Jugendmedizin oder einen Not- bzw. Bereitschaftsarzt vorsieht**, ist grds. nicht so auszulegen, dass auch ein an der hausärztlichen Versorgung teilnehmender Facharzt für innere Medizin („hausärztlicher Internist") darunter fällt (BGH, VersR 2009, 623). Sehen Tarifbedingungen vor, dass Leistungen für „Hilfsmittel gleicher Art" (nur) einmal innerhalb von drei Jahren erstattungsfähig sind, ist damit der konkrete Verwendungszweck des Hilfsmittels (im konkreten Einzelfall: einer Beinprothese), insb. bezogen auf das jeweils geschädigte Körperteil, gemeint (BGH, r+s 2015, 405 [Leitsatz]).

56 Die Tarifbedingungen sind einer **Einbeziehungs- und Inhaltskontrolle anhand der §§ 305 ff. BGB** unterworfen: Formal müssen sie dem Transparenzgebot (§ 307 Abs. 1 S. 2 BGB) Rechnung tragen (s. LG Köln, Urt. v. 5.3.2014 – 23 O 264/19 [Intransparenz] vs. OLG Celle v. 19.9.2009 – 8 U 159/08 [Transparenz einer Klausel zur Leistungsbegrenzung bei zahnmedizinischen Leistungen]; LG Köln, VersR 2014, 1244 [Transparenz einer Klausel zur Leistungsbegrenzung mangels vorheriger Einreichung eines Heil- und Kostenplans]), inhaltlich dürfen sie den Kunden insb. nicht unangemessen benachteiligen (§ 307 Abs. 2, Abs. 1 S. 1 BGB). Im Hinblick auf **§ 307 Abs. 2 Nr. 1 BGB** (Inkompatibilität der Klausel mit „*wesentlichen Grundgedanken der* [abweichenden] *gesetzlichen Regelung*") geht der BGH in st. Rspr. davon aus, dass sich eine unangemessene Benachteiligung nicht aus der Regelung des SGB über die Eintrittspflicht des gesetzlichen Krankenversicherers entnehmen lässt (BGH, VersR 2009, 533, 534; VersR 2009, 623, 624; VersR 2006, 641; VersR 2001, 576; VersR 1991, 911). Schon wegen der grundlegenden Strukturunterschiede beider Systeme könnten Versicherte einer privaten Krankenversicherung nicht erwarten, in gleicher Weise versichert zu sein wie die Mitglieder der gesetzlichen Krankenversicherung (BGH, VersR 2009, 533, 534; ähnlich: *Lehmann*, r+s 2009, 89, 90), vielmehr hafte der VR in der privaten Krankenversicherung „*im vereinbarten Umfang*" (§ 192 Abs. 1 VVG).

57 Im Hinblick auf **§ 307 Abs. 2 Nr. 2 BGB** (Gefährdung des Vertragszwecks durch Einschränkung wesentlicher Rechte und Pflichten, die sich aus der Natur des Vertrags ergeben) bedeutet eine Leistungsbegrenzung für sich genommen noch keine Vertragszweckgefährdung (BGH, VersR 2009, 533, 534; VersR 2009, 623, 624); sie bleibt grds. der freien unternehmerischen Entscheidung des VR überlassen, soweit er nicht mit der Beschreibung der Hauptleistung beim VN falsche Vorstellungen erweckt (BGH, VersR 2009, 623, 624). Eine Gefährdung des Vertragszwecks liegt erst vor, wenn die Einschränkung den Vertrag seinem Gegenstand nach aushöhlt und in Bezug auf das zu versichernde Risiko zwecklos macht (BGH, VersR 2009, 623, 624; VersR 2006, 643, 644). Eine Vertragszweckgefährdung in der Krankheitskostenversicherung scheidet danach aus, wenn das primäre Leistungsversprechen der Kostenübernahme für medizinisch notwendige ärztliche Heilbehandlung unangetastet bleibt (BGH, VersR 2006, 643, 644; VersR 2005, 64; VersR 2004, 1035). Daher wird der Vertragszweck allein dadurch, dass die Batteriekosten für ein Hörgerät nicht erstattungsfähig sind, nicht gefährdet (BGH, VersR 2009, 1106, 1107).

58 Im Hinblick auf **§ 307 Abs. 1 S. 1 BGB** (Unangemessene Benachteiligung) kommt es darauf an, ob der VR – als Verwender der Tarifbedingung – treuwidrig versucht, einseitig eigene Interessen auf Kosten des Vertragspartners durchzusetzen, ohne von vornherein auch dessen Belange hinreichend zu berücksichtigen (BGH, VersR 2009, 623, 625 m.w.N.).

59 Der BGH hat auf dieser Basis mit Recht entschieden, dass **Leistungsbeschränkungen im Elementartarif** – eingeschränkte Leistung bei Inanspruchnahme eines hausärztlichen Internisten (Rdn 55) – nicht zu beanstanden sind (BGH, VersR 2009, 623), und dass auch die **Logopädieklausel** (s. Rdn 55) mit ihrer Beschränkung auf die Behandlung durch Diplom-Psychologen und Ärzte – **keine Kostenerstattung für die pädagogische Behandlung einer Lese-/Rechtschreibschwäche** – der Einbeziehungs- und Inhaltskontrolle standhält. Die Beschränkung der Leistungspflicht des Krankenversicherers auf ärztliche Heil-

maßnahmen durch einen **niedergelassenen Arzt** (§§ 4 Abs. 2 MB/KK 2009, 4 Abs. 6 MB/KT 2009) ist ebenfalls wirksam (OLG Saarbrücken, VersR 2007, 345).

bb) Leistungen bei Fertilitätsstörungen

Im Fall von **Fertilitätsstörungen** stellt sich die Frage, ob der Krankenversicherer des Mannes oder der Frau verpflichtet ist, die Behandlungskosten zu tragen. Dabei ist wie folgt zu unterscheiden: Bei **Unfruchtbarkeit des Mannes** fällt die Befruchtung der Ehefrau unter den Krankenversicherungsschutz des Ehemanns (BGH, VersR 2006, 1673 [*„drittes Kind"*]; BGH, NJW 2005, 3783 [*„zweites Kind"*]; OLG Frankfurt am Main, NJW 1990, 2325; LG Landshut, NJW 2000, 2752; AG Hamburg, VersR 1985, 334; BK/*Hohlfeld*, § 178b Rn 2; s.a. BGH, VersR 1998, 87), nicht unter ihren eigenen Krankenversicherungsschutz (BGH, VersR 1998, 87; OLG Stuttgart, VersR 1999, 1268; BK/*Hohlfeld*, § 178b Rn 2): Dient die Kombination einer IVF mit einer ICIS (Rdn 14) dazu, die organisch bedingte Unfruchtbarkeit eines Mannes zu überwinden, so ist die Maßnahme eine insgesamt auf dieses Krankheitsbild abgestimmte Heilbehandlung, die darauf gerichtet ist, die Unfruchtbarkeit des Mannes zu lindern (BGH, VersR 2006, 1673; NJW 2005, 3783; VersR 2006, 1351; NJW 2004, 1658; vertiefend: *Damm*, VersR 2006, 730, 734 f.). Umgekehrt sind die Behandlungsmaßnahmen, wenn sie allein wegen der organisch bedingten **Unfruchtbarkeit einer Frau** erforderlich werden, als ihre Heilbehandlung anzusehen. Treffen körperliche bedingte **Fertilitätseinschränkungen bei Mann und Frau** zusammen, muss der Tatrichter zunächst mit sachverständiger Hilfe die Frage klären, ob einzelne Behandlungsschritte der künstlichen Befruchtung ausschließlich durch die Erkrankung des einen oder des anderen Partners geboten sind (BGH, VersR 2006, 1673). Nur solche isolierbaren Behandlungsschritte stellen Heilbehandlungsmaßnahmen ausschließlich des betroffenen Partners dar. Daneben erweist sich die Behandlung, wenn sie notwendig ist, um zugleich die körperlich bedingte Unfruchtbarkeit beider Partner zu überwinden, als jeweils eigene Heilbehandlung; sind beide Partner privat krankenversichert, erwirbt jeder von ihnen einen Kostenerstattungsanspruch gegen seinen VR (BGH, VersR 2006, 1673). Die Kostenerstattung für eine künstliche Befruchtung setzt keine Abtretung möglicher Ansprüche gegen die gesetzliche Krankenversicherung an den VR voraus (AG/LG Mönchengladbach, VersR 2010, 335, mit zust. Anm. *Pauls*).

2. Leistungsgrenzen (§ 192 Abs. 2 VVG)

Nach **§ 192 Abs. 2** VVG soll der Krankenversicherer *„zur Leistung nach Absatz 1 insoweit nicht verpflichtet sein, als die Aufwendungen für die Heilbehandlung oder* [für die] *sonstigen Leistungen in einem auffälligen Missverhältnis zu den erbrachten Leistungen stehen."* In der Begründung (BT-Drucks 16/3945, S. 110) heißt es dazu, dass bisher allgemein anerkannt gewesen sei, dass die Leistungspflicht des VR nach § 192 Abs. 1 VVG nicht nur auf das medizinisch notwendige Maß der Heilbehandlung beschränkt sei, sondern auch auf Aufwendungen, die nicht in einem auffälligen Missverhältnis zu den erbrachten medizinischen Leistungen stünden (Begr. BT-Drucks 16/3945, S. 110; ausführl. zu den früher vertretenen Rechtsauffassungen: *Kalis*, in: Bach/Moser, PKV, 4. Aufl. 2009 § 1 MB/KK Rn 50). Die Bundesregierung ging davon aus, dass aufgrund der Privatklinik-Entscheidung des BGH (BGH, VersR 2003, 581) zweifelhaft geworden war, *„ob sich aus der gesetzlichen Definition der Leistungspflicht im bisherigen § 178b Abs. 1, der inhaltlich unverändert [...] übernommen wird, der Ausschluss einer solchen* **Übermaßvergütung** *ergibt."* Dies soll daher in dem neuen § 192 Abs. 2 VVG klargestellt werden (s. auch: § 5 Abs. 2 S. 2 MB/KK 2009).

a) Entstehungsgeschichte

62   Der Reformgesetzgeber hat **von der Aufnahme eines allgemeinen Wirtschaftlichkeitsgebots**, wie es die Kommission zur Reform des VVG vorgeschlagen hat, **abgesehen** (ausführlich: *Rehmann/Vergho*, VersR 2015, 159, 160; s. auch: LG Nürnberg-Fürth v. 23.4.2015, 8 O 3675/13, Rn 50). Nach § 186 Abs. 3 S. 1 des Kommissionsentwurfs sollte der VR (*Lorenz*, Abschlussbericht der Kommission zur Reform des VVG vom 19.4.2004, S. 266) *„nur insoweit zur Leistung verpflichtet [sein], als die Heilbehandlung oder sonstige Leistung sowie die Aufwendungen hierfür auch nach wirtschaftlichen Maßstäben notwendig sind. [Daran sollte es fehlen,] wenn unter mehreren in gleicher Weise geeigneten Maßnahmen der Heilbehandlung nicht diejenige gewählt wird, welche die geringsten Kosten verursacht, oder wenn die Aufwendungen für die Heilbehandlung [...] in einem unangemessenen Verhältnis zu den erbrachten Leistungen stehen."* Eine solche Pflicht zur Inanspruchnahme der kostengünstigsten Behandlung entsprach weder der Rechtslage vor der Privatklinik-Entscheidung (so aber die Begr. des Kommissionsentwurfs, *Lorenz*, Abschlussbericht der Kommission zur Reform des VVG vom 19.4.2004, S. 266, S. 407 f.), noch trägt sie den berechtigten Interessen der Versicherten an einem **Mindestmaß an Flexibilität**, d.h. an Kostenerstattung bei **medizinisch notwendiger Heilbehandlung innerhalb eines vertretbaren Kostenkorridors** Rechnung. Die Bundesregierung führt dazu aus, dass ein solches Wirtschaftlichkeitsgebot für bereits bestehende Krankenversicherungen nicht eingeführt werden könne, weil die VN dadurch unangemessen benachteiligt würden (Begr. BT-Drucks 16/3945, S. 110). Der BGH habe der überwiegend vertretenen Auslegung, dass dem Begriff der medizinischen Notwendigkeit auch eine wirtschaftliche Bedeutung zukommt, eine Absage erteilt und damit insoweit die Rechtslage erstmals verbindlich festgestellt (Begr. BT-Drucks 16/3945, S. 110). Für eine gesetzliche Verankerung des Wirtschaftlichkeitsgebots für die Zukunft bestehe kein Bedürfnis. Eine entsprechende Einschränkung der Leistungspflicht des VR könne in den AVB bestimmt werden (Begr. BT-Drucks 16/3945, S. 110).

b) Inhalt und Reichweite

63   Die Leistungspflicht des VR erstreckt sich gem. § 192 Abs. 2 VVG nicht auf eine sog. **Übermaßvergütung**, d.h. auf Fälle, in denen für eine an sich (medizinisch) notwendige und auch nicht übermäßige (beispielsweise: übermäßig lange) Behandlung eine unangemessen hohe Vergütung beansprucht wird (s. *Rehmann/Vergho*, VersR 2015, 159, 160;

Heyers, VersR 2016, 421, 424); es geht also um Fallkonstellationen, in denen das Preis-Leistungsverhältnis der konkret ausgewählten Behandlung ein auffälliges Missverhältnis verkörpert (s. auch: BGH, VersR 2015, 706, 708 – überhöhte Abrechnung von medizinisch notwendigen Leistungen). Der BGH hatte in der Privatklinik-Entscheidung (BGH, VersR 2003, 581) das – allgemein anerkannte (*Kalis*, in: Bach/Moser, PKV, 4. Aufl. 2009, § 1 MB/KK Rn 50; BGH, VersR 1978, 267, 270) – Kostenparadigma auf der Basis der Musterbedingungen überraschend aufgegeben. Begründung: Ein durchschnittlicher VN könne § 1 MB/KK 76 bei verständiger Würdigung und aufmerksamer Durchsicht auch unter Berücksichtigung des erkennbaren Sinnzusammenhangs nicht entnehmen, dass auch finanzielle Aspekte bei der Beurteilung der medizinischen Notwendigkeit eine Rolle spielen (BGH, VersR 1978, 267, 270). Die Literatur (*Prölss*, VersR 2003, 981; *Hütt*, VersR 2003, 982; *Boetius*, Die Pflicht zu wirtschaftlichem Verhalten des Versicherungsnehmers bei Kostenversicherungen, S. 12 ff.; s.a. *Kalis*, VersR 2004, 456) hat diese Entscheidung überwiegend kritisiert. Tatsächlich leidet ihre Überzeugungskraft v.a. darunter, dass der BGH die Interessen der Risikogemeinschaft ignoriert: Er hätte in Erwägung ziehen können und müssen, dass die Bezahlung von Luxusbehandlungen „*nicht zulasten überreichlich gefüllter, ‚tiefer' Taschen des VR*" geht (so allg. *Werber*, in: FS Winter, S. 599, 618), sondern zulasten der anderen Tarifkunden. Diese Erwägung hätte der BGH auch ohne „*gesetzesähnliche*" Interpretation der §§ 1 und 5 MB/KK 76 anstellen können, weil Allgemeine Geschäftsbedingungen nach ihrem objektiven Sinn und typischen Inhalt einheitlich so auszulegen sind, wie sie von verständigen und redlichen Vertragspartnern „*unter Abwägung der Interessen der normalerweise beteiligten Verkehrskreise*" verstanden werden (BGH, NJW 2006, 1056; vgl. auch Palandt/*Grüneberg*, § 305c BGB Rn 16). Das gilt – trotz der um den kursiv gedruckten Passus verkürzten Interpretationsformel des IV. Senats (BGH, VersR 2003, 581, 584) – auch im Privatversicherungsrecht. Eine Interessenabwägung war also normativ geboten. Wie sie ausfällt steht allerdings auf einem anderen Blatt, weil das Interesse an optimaler (kostenintensiver) Pflege und das Interesse an preiswertem Krankenversicherungsschutz kollidieren. Berücksichtigt man, dass Kostengesichtspunkte in §§ 1 und 5 MB/KK 76 in der Tat nicht erwähnt sind, dass die Risikogemeinschaft sittenwidrig überhöhte Pflegekosten ohnehin nicht zu bezahlen braucht (§ 138 Abs. 1 BGB; BGH, NJW 2006, 1056 – auffälliges Missverhältnis mangels hinreichenden Parteivortrags abgelehnt; LG Wiesbaden, NJW-RR 2003, 1336 – auffälliges Missverhältnis bejaht) und dass die befürchtete Kostenexplosion offenbar ausgeblieben ist (OLG Düsseldorf, VersR 2006, 1111, 1113 [OLG Düsseldorf, 18.5.2006 – 6 U 116/05]), so ist die Entscheidung des BGH jedenfalls im Ergebnis als vertretbar anzusehen.

64 Der Maßstab des „*auffälligen Missverhältnisses zwischen den Aufwendungen für die Heilbehandlung [...] [und] den erbrachten Leistungen*" (dazu auch *Höra*, r+s 2008, 89, 95 f.) ist auf den ersten Blick unglücklich gewählt, weil er sprachlich mit § 138 Abs. 2 BGB übereinstimmt. Ist ein Behandlungs- oder Krankenhausaufnahmevertrag jedoch nichtig, weil er gegen die guten Sitten verstößt, so brauchen weder der VN noch der VR zu leisten. Praktische Bedeutung entfaltet § 192 Abs. 2 VVG so gesehen v.a., weil er – anders als § 138 Abs. 2 BGB – **kein subjektiv vorwerfbares Verhalten des Leistungserbringers**

verlangt (s. bzgl. § 138 Abs. 2 BGB: MüKo/*Armbrüster*, § 138 BGB Rn 154). Im Hinblick auf die Konkretisierung des „auffälligen Missverhältnisses" bietet sich an, ebenso wie im Rahmen von § 138 BGB einen **Marktvergleich** anzustellen (BGH, VersR 2003, 581). Richtschnur könnte die Rechtsprechung des BGH im Kreditrecht sein: Dieser bejaht ein auffälliges Missverhältnis i.d.R. dann, wenn der vereinbarte Darlehenszins den marktüblichen Effektivzins relativ um 100 % überschreitet (BGHZ 110, 336, 338 [st. Rspr.]; BGHZ 102, 104 f.; Palandt/*Ellenberger*, § 138 BGB Rn 27); sollten die Kosten einer (medizinisch notwendigen) Heilbehandlung im Einzelfall also die Kosten vergleichbarer Leistungserbringer (vgl. BGH, VersR 2003, 581) um mehr als 100 % überschreiten, beschränkt sich die Leistungspflicht des VR auf die marktüblichen Kosten, ohne dass, wie bspw. bei sittenwidrigen Kreditverträgen (BGHZ 128, 255, 257 [st. Rspr. im Bankrecht]; BGHZ 1980, 153, 160), der Leistungserbringer „*die schwächere Lage des anderen Teils bewusst zu seinem Vorteil ausgenutzt*" (BGH, NJW 1981, 1206) haben müsste (s. aber: *Rebmann/ Vergho*, VersR 2015, 159, die sich im Interesse der Beitragsstabilität und der Effektivität des § 192 Abs. 2 VVG als Instrument der Kostendämpfung dafür aussprechen, § 192 Abs. 2 VVG bereits bei Kosten anzuwenden, die um mehr als 50 % über der üblichen Vergütung liegen; gegen beide Lösungsansätze: *Heyers*, VersR 2016, 421, 424).

65 *Boetius* (*Boetius*, VersR 2008, 1431, 1435 f.) will § 192 Abs. 2 VVG nicht nur auf Übermaßvergütungen, d.h. auf ein auffälliges Missverhältnis zwischen Leistungen und Kosten anwenden, sondern auch auf Leistungserbringer, die trotz des auffälligen Missverhältnisses zwischen den Kosten mehrerer medizinisch notwendiger und gleichermaßen geeigneter Leistungen die teurere Behandlung wählen. *Rogler* (*Rogler*, VersR 2009, 573, 575) hat diese Rechtsauffassung mit Recht kritisiert; sie ist weder mit der Entstehungsgeschichte noch mit dem Wortlaut der Norm zu vereinbaren; mangels Regelungslücke scheidet auch eine analoge Rechtsanwendung aus (*Rogler*, VersR 2009, 573, 575; ebenso: LG Köln, VersR 2009, 1212): Der Reformgesetzgeber hat den Kommissionsentwurf (s. Rdn 62) bewusst nicht übernommen.

66 Die Parteien können die Kostenerstattung bei **Übermaßbehandlungen** – unter Beachtung der §§ 305 ff. BGB, insb. unter Beachtung des Transparenzgebots (§ 307 Abs. 1 S. 2 BGB) – vertraglich ausschließen (s. aber die Bedenken von *Rogler*, VersR 2009, 573, 575). **§ 5 Abs. 2 S. 1 MB/KK 2009** sieht insoweit folgendes vor: „*Übersteigt eine Heilbehandlung* [Begriff: hier Rdn 20] *oder sonstige Maßnahme, für die Leistungen vereinbart sind, das medizinisch notwendige Maß, so kann der VR seine Leistungen auf einen angemessenen Betrag herabsetzen.*" Mit dieser Klausel will der VR sich vor einer unnötigen Kostenbelastung durch aus medizinischer Sicht nicht notwendige Maßnahmen schützen (BGH, VersR 2015, 707). Der VR, der seine Leistungen wegen einer Übermaßbehandlung kürzen will, muss beweisen, dass bei einer an sich medizinisch notwendigen Heilbehandlung eine einzelne Behandlungsmaßnahme medizinisch nicht notwendig war (BGH, VersR 2015, 706, 707; BGHZ 154, 154). Bei Aufwendungen für Hilfsmittel (sonstige Maßnahme i.S.v. § 5 Abs. 2 S. 1 MB/KK 2009) muss der VR darlegen und beweisen, dass (1) bei einem an sich notwendigen Hilfsmittel (Beispiel: Hörgerät) bestimmte Funktionen oder Ausstattungsmerkmale medizinisch nicht notwendig sind und dass (2) ein Hilfsmittel ohne diese

Ausstattungsmerkmale und Funktionen, das ebenfalls – gemessen an den Bedürfnissen des VN – das medizinisch notwendige Maß erfüllt, zu einem niedrigeren Preis auf dem Markt erhältlich war (BGH, VersR 2015, 706, 707; vgl. auch: BGH, VersR 2015, 1119; LG Göttingen, VersR 2015, 969; LG Düsseldorf, VersR 2013, 1255). Bei Inanspruchnahme auf Kostenerstattung für eine zusätzliche **Badeprothese** ist ggf. sachverständig zu klären, ob die Hauptprothese nicht auch durch eine Neoprenstrumpf hinreichend vor Spritzwasser hätte geschützt werden können (BGH, r+s 2015, 405).

c) Rückwirkung?

Die Neuregelung wirkt sich auf Kostenerstattungsansprüche der **Bestandskunden** grds. **nicht** aus: Solange die Parteien die Regelung des § 192 Abs. 2 VVG nicht übernehmen, bleibt es im Lichte der Rechtsprechung des BGH (BGH, VersR 2003, 581) dabei, dass Kostengesichtspunkte bei der Beurteilung der medizinischen Notwendigkeit keine Rolle spielen und dass auch unverhältnismäßig hohe – nicht aber subjektiv vorwerfbar sittenwidrige – Kosten für sog. „**Luxusbehandlungen**" zu erstatten sind (wie hier *Marlow/Spuhl*, Das Neue VVG kompakt, S. 166). Eine Interpretation der älteren MB/KK 94 im Lichte des jüngeren (nachgiebigen) § 192 Abs. 2 VVG scheidet aus, weil sich selbst verständige Parteien nicht von einer (noch) gar nicht absehbaren gesetzlichen Regelung leiten lassen (zust.: *Rogler*, VersR 2009, 574, 580 f.). 67

Die Krankenversicherer konnten ihre **AVB** allerdings ändern, soweit diese von den Vorschriften des reformierten VVG abwichen und sie dem VN die geänderten AVB unter Kenntlichmachung der Unterschiede (rechtzeitig) in Textform mitgeteilt haben (Art. 1 Abs. 3, 2 Nr. 2 EGVVG). Bedenken gegen die nachträgliche Einführung eines (eingeschränkten) Wirtschaftlichkeitsgebots i.S.v. § 192 Abs. 2 VVG bestehen allerdings im Hinblick auf die **Eigentumsgarantie**: Das BVerfG vertritt zwar in ständiger Rechtsprechung, dass Art. 14 GG nur konkrete Rechtspositionen schützt (BVerfGE 78, 205, 211 = BVerfG, DVBl. 1988, 839; BVerfGE 1968, 193, 222 = BVerfG, NJW 1985, 1385; BVerfGE 1995, 173, 187 f. = BVerfG, NJW 1997, 2871; vgl. auch BGHZ 123, 166, 169 = BGH, VersR 1993, 1533). Darunter fallen jedoch auch gesicherte Rechtsansprüche (BGHZ 123, 166, 169 = BGH, VersR 1993, 1533; BGHZ 125, 293, 299 = BGH, VersR 1994, 816), sodass der Reformgesetzgeber grds. nicht, auch nicht in Form einer Ermächtigung der Krankenversicherer, in den Bestand eingreifen und das Leistungsversprechen in der Interpretation des BGH (BGH, VersR 1994, 816: Kostenerstattung auch bei Luxusbehandlungen) verkürzen darf. Ob der Eingriff in das Eigentum durch ein öffentliches Interesse legitimiert wäre (vgl. allgemein *Wendt*, in: Sachs, Art. 14 GG Rn 70), ist im Lichte der Feststellungen des OLG Düsseldorf (OLG Düsseldorf, VersR 2006, 1111, 1113: *„keine vernünftigerweise zu missbilligende Kostensteigerung"*) fraglich, weil die Belange der Versicherten nicht gefährdet zu sein scheinen. 68

Im Rahmen von **Neuverträgen** kann eine § 192 Abs. 2 VVG entsprechende Regelung getroffen werden. Fehlt eine solche Regelung, spricht viel dafür, dass Neuverträge nichtsdestotrotz im Lichte des neuen § 192 Abs. 2 VVG auszulegen sind, weil nunmehr – anders als bisher – ein klares gesetzliches Leitbild (dazu bereits: Rdn 1) existiert, von dem sich 69 die Parteien u.U. haben leiten lassen. Im Interesse der Rechtssicherheit und -klarheit ist allerdings eine eindeutige Regelung in den Bedingungen zu empfehlen. § 5 Abs. 2 S. 2 MB/KK 2009 trägt dem Rechnung.

d) Treu und Glauben als Leistungsgrenze?

70 Unabhängig von der in § 192 Abs. 2 VVG getroffenen Regelung vertritt der BGH in ständiger Rechtsprechung (BGH, NJW 2005, 3783, 3784 [*„zweites Kind"*]; BGH, VersR 2003, 581, 585 *„Privatklinik"*; BGHZ 1999, 228, 235 = BGH, NJW 1987, 703), dass *„der VN bei der Inspruchnahme einer besonders kostenträchtigen und nicht vital lebensnotwendigen Behandlung in angemessener Weise Rücksicht auf den VR und die Versichertengemeinschaft nehmen"* müsse (BGH, VersR 2003, 581, 585). Der VR brauche deshalb jedenfalls ganz unverhältnismäßige Kosten nicht zu erstatten (BGH, VersR 2003, 581, 585). Das folgt angeblich daraus, dass *„das private Versicherungsverhältnis [...] in besonderem Maß den Grundsätzen von Treu und Glauben"* (§ 242 BGB) unterworfen ist (BGH, VersR 2003, 581, 585). Diese Rechtsprechung ist abzulehnen: Hat der Krankenversicherer ein eindeutiges Leistungsversprechen abgegeben, kann die Inanspruchnahme der geschuldeten Leistung grds. nicht als unzulässige Rechtsausübung (§ 242 BGB) anzusehen sein; schließlich brauchte der VR sittenwidrig überhöhte Behandlungskosten schon auf der Basis der früheren Rechtslage nicht zu erstatten. Klarzustellen ist, dass der BGH die Leistungsverweigerung kraft Treu und Glaubens nur im Grundsatz befürwortet, im Einzelfall aber immer abgelehnt (BGH, NJW 2005, 3783, 3784; BGH, VersR 2003, 581; BGHZ 1999, 228 = BGH, NJW 1987, 703) und darauf hingewiesen hat, dass *„vor allem das Merkmal der Notwendigkeit der Heilbehandlung dazu* [diene,] *„den Versicherer davor zu schützen, dass er die Kosten für überflüssige oder nicht aussichtsreiche Behandlungen tragen* [müsse]" (BGH, NJW 2005, 3783, 3784; BGHZ 154, 154, 166 = BGH, VersR 2003, 581). Der Bereich, in dem eine Leistungsfreiheit des VR nach Treu und Glauben in Betracht komme, bleibe nach alledem auf besondere Einzelfälle beschränkt (BGH, NJW 2005, 3783, 3786). Beharrt der VN auf Behandlung eines Herzinfarktes mit einem Präparat (Clopidogrel), das das 90-fache eines in Wirkung und Nebenwirkungsprofil absolut äquivalenten und gleichermaßen geeigneten Präparats (ASS) kostet, so soll die Inanspruchnahme auf Kostenerstattung missbräuchlich sein (LG Köln, VersR 2009, 1212).

e) Vereinbarte Leistungsgrenzen

71 Der BGH (BGH, VersR 2009, 1210) hat eine Tarifbedingung akzeptiert, die die Erstattung von Kosten privater Krankenhäuser auf höchstens 150 % der durch die BPflV (Bundespflegesatzverordnung) bzw. das KHEntgG (Krankenhausentgeltgesetz) für öffentlich geförderte Kliniken vorgegebenen Entgelte beschränkt: Die Klausel verstoße (konkret) nicht gegen das Transparenzgebot (§ 307 Abs. 1 S. 2 BGB) und sei auch nicht überraschend (§ 305c Abs. 1 BGB): Der VN werde *„in Anbetracht des [...] grds. weit gesteckten Leistungsrahmens der Krankheitskostenversicherung davon ausgehen, dass das allgemeine Leistungsversprechen näherer Ausgestaltung* [bedürfe]*, die auch Einschränkungen nicht*

[ausschließe] [...]" (BGH, VersR 2009, 1210; VersR 2006, 497; VersR 2004, 1035). Die Klausel könne allerdings eine unangemessene Benachteiligung mit sich bringen, wenn die geregelte Beschränkung der Leistungspflicht für private Krankenhäuser dazu führe, dass deren geforderte Entgelte regelmäßig nicht abgedeckt würden (BGH, VersR 2004, 1035). Damit würde zugleich die gem. § 4 Abs. 4 MB/KK 2009 versprochene freie Wahl unter den öffentlichen und privaten Krankenhäusern eingeschränkt.

3. Leistungs- und Kostenmanagement (§ 192 Abs. 3 VVG)

Die Regelung des § 192 Abs. 3 VVG ist neu und stellt klar, dass auch solche Tätigkeiten 72 des VR im Rahmen seines **Leistungs- und Kostenmanagements** Gegenstand einer Krankenversicherung sein können, die dem Service oder der Beratung und Unterstützung des VN im Zusammenhang mit der Erbringung versicherter Leistungen dienen (Begr. BT-Drucks 16/3945, S. 110; vgl. auch: § 1 Abs. 1 S. 2 MB/KK 2009). Nach den Beobachtungen der Bundesregierung werden einige dieser Nebenleistungen schon heute von Krankenversicherern erbracht. Dies gelte v.a. für die Beratungstätigkeit (§ 192 Abs. 3 Nr. 1 VVG); auch die unmittelbare Abrechnung werde teilweise zwischen Kliniken und VR praktiziert (§ 192 Abs. 3 Nr. 5 VVG). Ob und in welcher Weise die VR von der schon bisher bestehenden Möglichkeit, derartige Zusatzleistungen zu vereinbaren, Gebrauch machen, bleibe auch künftig der Ausgestaltung der Verträge und der angebotenen Tarife überlassen (Begr. BT-Drucks 16/3945, S. 110).

Im Hinblick darauf, dass die Parteien eines Krankenversicherungsvertrags die in § 192 73 Abs. 3 Nr. 1–5 VVG – nicht abschließend (Begr. BT-Drucks 16/3945, S. 110) – aufgeführten Dienstleistungen (unter Beachtung der §§ 305 ff. BGB und des Aufsichts- und Kartellrechts) schon bisher vereinbaren konnten (*Schoenfeld/Kalis*, VersR 2001, 1325), scheint die Regelung auf den ersten Blick überflüssig zu sein. Die Begründung führt lediglich aus, dass *„die Entwicklung weiter im Fluss"* sei, sodass die Vorschrift *„nur die inzwischen geläufigsten Nebenleistungen"* beschreibe. Erkennbar wird die Regelungsabsicht erst auf der Folie der allgemeineren rechts- und gesundheitspolitischen Bestrebungen zur Einführung von **„Managed Care"** (ausführlich: Vor. §§ 192 ff. Rdn 21). Das Leitbild der PKV soll künftig nicht nur auf die reine Kostenerstattung begrenzt werden, sondern den Rahmen für neue Methoden zur wirksamen Kostensteuerung bei gleichzeitigem Erhalt bzw. Steigerung der medizinischen Behandlungsqualität öffnen (Begr. BT-Drucks 16/3945, S. 110). Dies will die Reform berücksichtigen, indem sie die praktisch bedeutsamsten Dienstleistungen als mögliche Zusatzleistung des VR benennt (Begr. BT-Drucks 16/3945, S. 110). Klarzustellen ist allerdings, dass die Parteien eines privaten Krankenversicherungsvertrags die von der Bundesregierung referierten „**Managed Care**"-Modelle vielfach gar nicht (autonom) vereinbaren können, weil sie primär durch die Leistungserbringer realisiert werden müssen. § 192 Abs. 3 VVG spiegelt so gesehen anderswo implementierte „**Managed Care**"-Modelle und sichert sie i.S.e. Leitbildes des **Krankenversicherungsvertrags im Kontext** ab; so scheidet bspw. eine Inhaltskontrolle entsprechender Klauseln künftig aus (§ 307 Abs. 3 S. 1 BGB); außerdem spricht § 192 Abs. 3 VVG gegen eine Einordnung der dort aufgeführten Dienstleistungen als „versicherungsfremd" i.S.v. § 15 Abs. 1 S. 1 VAG.

II. Krankenhaustagegeldversicherung (§ 192 Abs. 4 VVG)

74 In der **Krankenhaustagegeldversicherung** gewährt der VR im Versicherungsfall bei **stationärer Heilbehandlung** ein Krankenhaustagegeld (§ 192 Abs. 4 VVG; § 1 Abs. 1 S. 2 Buchst. b) MB/KK 2009). Die Höhe des Krankenhaustagegeldes ergibt sich aus dem vereinbarten Tarif (vgl. § 4 Abs. 1 MB/KK 2009). Das **Krankenhaustagegeld** dient nicht dazu, die Pflege- und Behandlungskosten abzudecken, die mit einem stationären Krankenhausaufenthalt verbunden sind. Diese werden bereits durch die Krankheitskostenversicherung abgedeckt. Das Krankenhaustagegeld soll vielmehr vornehmlich die mit einem Krankenhausaufenthalt vielfach indirekt verbundenen Kosten decken, etwa zusätzliche Aufwendungen für die Betreuung der Familie, für Besuche und die damit verbundenen Fahrtkosten oder für die Unterbringung einer Begleitperson im Krankenhaus (BGH, VersR 1984, 675, 676). Trotzdem ist die Krankenhaustagegeldversicherung **Summenversicherung** (BGHZ 91, 98, 101 f.; s.a. Vor. §§ 192 ff. Rdn 22).

1. Eintritt des Versicherungsfalles

75 Die Definition des Versicherungsfalls in der Krankenhaustagegeldversicherung stimmt mit der in der Krankheitskostenversicherung überein (i.E. s. Rdn 3 ff.). In der Krankenhaustagegeldversicherung muss allerdings gerade die **stationäre Heilbehandlung** medizinisch notwendig sein (s. dazu Rdn 30). In § 1 Abs. 1 und 2 MB/KK 2009 kommt diese Einschränkung nur unvollkommen zum Ausdruck: Dort hat man die Modalität der Heilbehandlung (ambulant/stationär) aus der Definition des Versicherungsfalls (§ 1 Abs. 2 MB/KK 2009) ausgegliedert und als Bedingung der Leistungspflicht formuliert. So konnte man den Versicherungsfall in der Krankheitskosten- und der Krankenhaustagegeldversicherung einheitlich fassen und dem „gedehnten" Versicherungsfall Rechnung tragen. Auch in der Krankenhaustagegeldversicherung beginnt der Versicherungsfall also mit der ersten, ggf. ambulanten Behandlung, nicht erst mit der stationären Behandlung (OLG Hamm, VersR 1988, 127).

2. Leistungspflicht des Versicherers

76 Die Leistungspflicht **beginnt mit der stationären Heilbehandlung und endet mit der Entlassung**. Das Krankenhaustagegeld ist schon von der Begrifflichkeit her ein Betrag, der für die Tage gezahlt wird, an denen sich der Versicherte im Krankenhaus befindet. Nach der Entlassung kann daher kein Anspruch auf Krankenhaustagegeld mehr bestehen. Dabei ist es unerheblich, ob es sich um eine endgültige oder nur eine vorübergehende Entlassung („Beurlaubung") handelt (BGH, VersR 1984, 675, 676 f.). Im Fall der Beurlaubung entsteht der Krankenhaustagegeldanspruch allerdings mit der Wiederaufnahme neu.

Kennzeichen einer **stationären Behandlung** ist, dass sich der Lebensmittelpunkt des Patienten typischerweise für die Dauer der Behandlung aus seiner gewohnten privaten Umgebung in das Krankenhaus verlagert, das er nicht verlässt. Die typische **ambulante Behandlung** lässt den gewohnten Lebensrhythmus hingegen weitgehend unberührt. Der Patient verlässt seinen üblichen Lebensmittelpunkt nicht. Er kann seiner Arbeit und seinen gewohnten Freizeitbeschäftigungen nachgehen (s.a. OLG Hamm, NJW 1986, 2888; OLG Hamm, VersR 1990, 843). Eine stationäre Heilbehandlung ist regelmäßig gegeben, wenn der Patient behandlungsbedingt zumindest für die Dauer eines vollen Tagesablaufs – i.d.R. einen Tag und eine Nacht – in den Krankenhausbetrieb eingegliedert, also untergebracht, versorgt und verpflegt wird (OLG Köln, VersR 2010, 241; vgl. auch die Kriterien und Nachweise bei *Kalis*, in: Bach/Moser, § 192 VVG Rn 185). Im Gegensatz hierzu liegt eine ambulante Behandlung regelmäßig dann vor, wenn sich der Aufenthalt des Patienten im Krankenhaus auf die Vornahme bestimmter ärztlicher oder nichtärztlicher Maßnahmen beschränkt, die eine weitergehende Eingliederung in den Krankenhausbetrieb nicht erfordern, und der Patient nach Durchführung der Maßnahme ohne weitergehende Eingliederung wieder entlassen wird (OLG Köln, VersR 2010, 241). Ob eine solche Eingliederung in den Krankenhausbetrieb oder nur eine ambulante Behandlung mit postoperativer medizinischer und pflegerischer Betreuung vorliegt, ist im Einzelfall aufgrund einer Gesamtabwägung der Umstände der Behandlung zu entscheiden, wobei Indizien für eine stationäre Behandlung z.B. die geplante und/oder tatsächliche Aufenthaltsdauer von zumindest 24 Stunden, die Unterbringung, Pflege und Versorgung auf der entsprechenden Fachstation, die Berechnung des Pflegesatzes durch das Krankenhaus, die Unterzeichnung eines Krankenhausaufnahmevertrags bzw. -antrags sowie der Einsatz spezifischer Mittel des Krankenhauses sind, über die typischerweise die für ambulante Operationen eingerichtete Praxis eines niedergelassenen Arztes nicht verfügt (OLG Köln, VersR 2010, 241).

Im Einzelfall kommt ein Krankenhaustagegeld auch bei **teilstationärer Behandlung** des Patienten in Betracht, die über eine rein ambulante Behandlung hinausgeht. Behandlungsformen, die Elemente der ambulanten und der stationären Behandlung enthalten, aber in ihren Auswirkungen auf den Alltag des Patienten eher der „klassischen" stationären Behandlung vergleichbar sind, können unter den Begriff der stationären Behandlung gefasst werden. Daraus folgt, dass die teilstationäre Behandlung des Patienten in einer Tagesklinik, in welcher der Kranke tagsüber acht Stunden ärztlich und therapeutisch betreut und auch beköstigt wird, als stationäre Behandlung anzusehen sein und einen Anspruch auf Krankenhaustagegeld begründen kann (OLG Hamm, NJW 1986, 2888; OLG Hamm, VersR 1990, 843). Dagegen lösen im Krankenhaus durchgeführte ambulante Behandlungen, die ebenso gut in der Praxis eines niedergelassenen Arztes hätten durchgeführt werden können, keine Leistungspflicht aus.

Übersteigt die Dauer des stationären Krankenhausaufenthaltes das medizinisch notwendige Maß, so kann der VR die Zahlung des Krankenhaustagegeldes auf den Zeitraum beschränken, in dem die Krankenhausbehandlung notwendig war. Das ergibt sich aus der **Übermaßregelung des § 5 Abs. 2 S. 1 MB/KK 2009**, die auch in der Krankenhaustagegeldversicherung gilt (BGH, VersR 1991, 987). Die Behauptungs- und Beweislast trifft insoweit den VR.

80 Bei medizinisch notwendiger stationärer Heilbehandlung hat die versicherte Person (in der Krankheitskosten- und der Krankenhaustagegeldversicherung) freie Wahl unter den öffentlichen und privaten Krankenhäusern, die unter ständiger ärztlicher Leitung stehen, über ausreichende diagnostische und therapeutische Möglichkeiten verfügen und Krankengeschichten führen (§ 4 Abs. 4 MB/KK 2009). Bei Krankenanstalten, die auch Kuren bzw. Sanatoriumsbehandlungen durchführen oder Rekonvaleszenten aufnehmen, sog. **gemischte Krankenanstalten**, werden die tariflichen Leistungen allerdings nur dann gewährt, wenn der VR diese vor Beginn der Behandlung schriftlich zugesagt hat (§ 4 Abs. 5 S. 1 MB/KK 2009; OLG Stuttgart, VersR 2008, 107; OLG Hamm, VersR 1999, 1138; s.a. OLG Koblenz, VersR 2008, 1525 – Einordnung als gemischte Anstalt auch ohne Einholung eines Sachverständigengutachtens; OLG Koblenz, VersR 2008, 108 – Einstufung einer Klinik als gemischte Anstalt kann anhand des Internetauftritts erfolgen; s. auch: OLG Hamm, VersR 2011, 1382 [freie Beurteilung des Gerichts]; LG Dortmund, r+s 2016, 354). Dies soll den Krankenversicherer vor der (nachträglichen) schwierigen und risikoreichen Prüfung bewahren, ob eine notwendige Heilbehandlung oder eine Kurbehandlung stattgefunden hat (OLG Stuttgart, VersR 2008, 108). Die Frage, ob es sich bei einer Klinik um ein reines Krankenhaus oder eine gemischte Anstalt handelt, kann das Gericht aufgrund eigener Würdigung der vorgetragenen Tatsachen entscheiden (OLG Stuttgart, VersR 2008, 108; OLG Hamm, VersR 2012, 1290). Eine Leistungsverweigerung gem. § 4 Abs. 5 MB/KK 2009 scheidet als Rechtsmissbrauch aus, wenn es sich um die Behandlung einer Krankheit handelt, auf die sich die Kureinrichtungen keinesfalls beziehen können (OLG Hamm, VersR 1988, 127).

81 Ist in den AVB ein Krankenhaustagegeld (nur) für den Fall vorgesehen, dass der VN bei stationären Krankenhausaufenthalten statt der vereinbarten gehobenen Pflegeklasse (Einbettzimmer) eine niedrigere **Pflegeklasse** wählt, so steht ihm auch dann kein Anspruch auf Krankenhaustagegeld zu, wenn er die gehobene Pflegeklasse gewählt hat, weil das Krankenhaus nur über Einbettzimmer verfügt (weiterführend: OLG Frankfurt am Main, VersR 2004, 368). Besteht in der Krankenhaustagegeldversicherung keine Leistungspflicht für eine durch Pflegebedürftigkeit oder Verwahrung bedingte Unterbringung (§ 5 Abs. 1 Buchst. h MB/KK 2009), so gilt dies auch für die Unterbringung im Maßregelvollzug gem. § 63 StGB (OLG Köln, VersR 2014, 827).

III. Krankentagegeldversicherung (§ 192 Abs. 5 VVG)

82 In der **Krankentagegeldversicherung** soll das vereinbarte Krankentagegeld den als Folge von Krankheit oder Unfall durch Arbeitsunfähigkeit verursachten Verdienstausfall ersetzen (vgl. § 1 Abs. 1 MB/KT 2009; vgl. auch: OLG Stuttgart, VersR 2006, 1485, 1486 [Verdienstausfallversicherung]). Dieser „Lohnersatz"-Charakter des Krankentagegelds (OLG Köln, VersR 1974, 851, 852) rechtfertigt die (optionale) Befristung der Krankentagegeldversicherung bis zum wahrscheinlichen Renteneintrittsalter (§ 196 Abs. 1 und 4 VVG).

Ergibt sich aus den Tarifbedingungen, dass nicht versicherungsfähig ist, wer **Rente wegen verminderter Erwerbsfähigkeit, Berufs- oder Erwerbsunfähigkeit** bezieht, so steht bereits der Bezug einer Berufsunfähigkeitsrente dem Krankentagegeldanspruch entgegen; ob tatsächlich Berufsunfähigkeit gegeben ist, spielt keine Rolle (OLG Karlsruhe, VersR 2007, 51; vgl. auch: BGH, VersR 1989, 392, 393 – Spezialität der Berufsunfähigkeitsversicherung; OLG Celle, VersR 2008, 526; zur Versicherungsfähigkeit auch: BGH, VersR 2010, 473 – selbstständiger RA, der nur noch als selbstständiger Mediator arbeitet; OLG Köln, VersR 2010, 476 – Straftäter im geschlossenen Vollzug). Die Berufsunfähigkeit ist nach medizinischen Maßstäben zu beurteilen (OLG Köln, VersR 2010, 104; s.a. OLG Koblenz, VersR 2009, 104; LG Köln, VersR 2008, 1057) und kann trotz Fortsetzung der beruflichen Tätigkeit zu bejahen sein (OLG Köln, VersR 2010, 104). Die Frage, ob die Beendigung der Leistungspflicht des Krankentagegeldversicherers das Vorliegen eines medizinischen Gutachtens voraussetzt, in dem ausdrücklich bedingungsgemäße Berufsunfähigkeit festgestellt wird (OLG Hamm, VersR 1993, 600), oder ob bereits die Existenz eines ärztlichen Befundes ausreicht, der nicht zum Zweck der Feststellung bedingungsgemäßer Berufsunfähigkeit veranlasst worden ist, aus dem sich aber Aussagen zur Berufsunfähigkeit herleiten lassen (OLG Düsseldorf, VersR 1999, 354), ist umstritten (unentschieden: OLG Frankfurt am Main, VersR 2010, 475).

1. Eintritt des Versicherungsfalls

Versicherungsfall ist die medizinisch notwendige Heilbehandlung einer versicherten Person wegen Krankheit oder Unfallfolgen, in deren Verlauf Arbeitsunfähigkeit ärztlich festgestellt wird (§ 1 Abs. 2 S. 1 MB/KT 2009). **Arbeitsunfähigkeit** liegt vor, wenn die versicherte Person ihre berufliche Tätigkeit nach medizinischem Befund vorübergehend in keiner Weise ausüben kann, sie auch nicht ausübt und keiner anderweitigen Erwerbstätigkeit nachgeht (s. § 1 Abs. 3 MB/KT 2009; zur [i.E. verneinten] Kontrollfähigkeit der Klausel [§ 307 Abs. 3 S. 1 BGB], vgl. OLG Köln, VersR 2013, 893). Diese **Definition der Arbeitsunfähigkeit** knüpft an die konkrete berufliche Tätigkeit der versicherten Person und nicht allgemein an ihre beruflichen Möglichkeiten an (BGH, VersR 2011, 518). Dementsprechend bemisst sich die Arbeitsunfähigkeit nach der bisherigen Art der Berufsausübung, selbst wenn der Versicherte noch andere Tätigkeiten ausüben kann (BGH, VersR 2011, 518; BGH, VersR 2009, 1063 Rn 11 m.w.N.). Daher ist der VR nicht berechtigt, den VN auf so genannte Vergleichsberufe oder gar auf sonstige, auf dem Arbeitsmarkt angebotene Erwerbstätigkeiten zu verweisen (BGH, VersR 2009, 1063 Rn 11 m.w.N.; s. auch: BGH, VersR 1997, 1133 unter II 2 b). Selbst wenn der Versicherte mindestens 50 % der von seinem Berufsbild allgemein umfassten Tätigkeiten noch ausüben kann, muss er sich nicht darauf verweisen lassen, eine seinen verbliebenen beruflichen Fähigkeiten entsprechende andere Arbeit aufzunehmen. Hingegen ist der Versicherte nicht arbeitsunfähig, wenn er gesundheitlich zu einer – wenn auch nur eingeschränkten – Tätigkeit in seinem bisherigen Beruf imstande geblieben ist (BGH, VersR 1997, 1133 unter II 2 b; s.a. BGH, VersR 1993, 297 unter II 1). Ob der Versicherte seinem Beruf nicht mehr in der bisherigen Ausgestaltung nachgehen kann, ist durch einen Vergleich der Leistungsfähigkeit, die für die bis zur

Erkrankung konkret ausgeübte Tätigkeit erforderlich ist, mit der noch verbliebenen Leistungsfähigkeit festzustellen (BGH, VersR 1993, 297 unter II 1).

84 **Maßstab für die Prüfung der Arbeitsunfähigkeit** ist der bisherige Beruf in seiner konkreten Ausprägung (BGH, VersR 2011, 518, 519). Mit Blick darauf kann der Krankentagegeldversicherer von dem Versicherten, der durch besondere Umstände an seinem bisherigen Arbeitsplatz krank geworden ist, nicht einen Wechsel des Arbeitsplatzes, die Wahl eines anderen Arbeitsumfeldes oder arbeitsrechtliche Schritte gegen den Arbeitgeber verlangen. Dementsprechend liegt Arbeitsunfähigkeit auch dann vor, wenn sich der Versicherte an seinem Arbeitsplatz einer tatsächlichen oder von ihm als solcher empfundenen Mobbingsituation ausgesetzt sieht, hierdurch psychisch oder physisch erkrankt und infolgedessen seinem bisher ausgeübten Beruf in seiner konkreten Ausprägung nicht nachgehen kann (BGH, VersR 2011, 518). Etwas anderes gilt, wenn der Arbeitnehmer das Arbeitsverhältnis bereits gekündigt hat, denn dann kommt es nicht mehr auf Beschwernisse an, die sich „lediglich auf die ganz konkrete Arbeitsplatzsituation bei dem bisherigen Arbeitgeber ausgewirkt haben" (BGH, VersR 2013, 848).

> **Praxistipp**
> In der **Krankentagegeldversicherung** trägt der VN die **Beweislast** dafür, dass er an konkreten, genau zu bestimmenden Tagen (bzw. in konkreten Zeiträumen) **arbeitsunfähig** war (OLG Karlsruhe, VersR 2013, 172 – Ls.). Es ist eine volle Überzeugungsbildung des Gerichts i.S.v. § 286 ZPO erforderlich; Wahrscheinlichkeits- oder Plausibilitätsüberlegungen reichen auch dann nicht aus, wenn retrospektive Feststellungen für einen Sachverständigen im Prozess – mehrere Jahre nach dem fraglichen Zeitraum – schwierig sind (OLG Karlsruhe, VersR 2013, 172 – Ls.). Bei chronischen Erkrankungen mit wechselhaftem Verlauf, wie z.B. bei einer schwerwiegenden Schmerzerkrankung, kann es im Nachhinein schwierig sein, zu unterscheiden, in welchen Zeiträumen eine vollständige Arbeitsunfähigkeit vorlag, und in welchen Zeiträumen lediglich gewisse Einschränkungen der Arbeitsfähigkeit vorhanden waren. Auch in diesen Fällen müssen die Zeiträume der Arbeitsunfähigkeit eindeutig festgestellt werden; es reicht nicht aus, lediglich eine Mindestzahl von Tagen – ohne Festlegung der Daten – anzugeben, an denen der VN während eines Jahres arbeitsunfähig gewesen sein muss (OLG Karlsruhe, VersR 2013, 172 – Ls.; zur Obliegenheit des VN, sich ärztlich untersuchen zu lassen: OLG Saarbrücken, VersR 2012, 845). Im Falle eines Rechtsstreits kann das Gericht einem von ihm bestellten **Sachverständigen** und gegen die Beurteilung des VN behandelnden Arztes Arbeitsunfähigkeit verneinen, ohne ein Obergutachten einzuholen (OLG Hamm, VersR 2016, 244). Kann durch Sachverständigengutachten nur geklärt werden, dass es sowohl Phasen der Arbeitsunfähigkeit als auch Phasen der Arbeitsfähigkeit gab, ohne dass eine nähere zeitliche Eingrenzung möglich ist, bleibt der VN insgesamt beweisfällig (OLG Köln, VersR 2015, 836 [Ls. der Redaktion]).

85 § 1 MB/KT 2009 ist weder überraschend i.S.v. § 305c Abs. 1 BGB noch gem. § 305c Abs. 2 BGB unklar und führt auch nicht zu einer unangemessenen Benachteiligung (§ 307 BGB) des VN (OLG Koblenz, VersR 2009, 626). Ein Anspruch auf Zahlung von Krankentagegeld besteht nur für solche Zeiträume, in denen eine vollständige Arbeitsunfähigkeit vorgelegen hat (OLG Koblenz, VersR 2009, 626; zur Darlegung der Arbeitsunfähigkeit im Prozess: OLG Saarbrücken, r+s 2008, 118; OLG Köln, VersR 2008, 912; s.a. Rdn 112). Ist der Versicherte teilweise in der Lage, seiner Berufstätigkeit nachzugehen, besteht kein Anspruch auf Krankentagegeld (OLG Koblenz, VersR 2009, 626; OLG Köln, VersR 2015, 836; OLG Hamm, VersR 2016, 244).

Bei der Bewertung, ob Tätigkeiten zur Berufsausübung gehören oder nicht, kommt es auf das Berufsbild an, das sich aus der bis zum Eintritt des Versicherungsfalls konkret ausgeübten Tätigkeit der versicherten Person ergibt (BGH, VersR 2007, 1260, 1261; VersR 1993, 297, 298; s.a. OLG Koblenz, VersR 2009, 626, 627). Eine einschränkende Auslegung des Merkmals der **Nichtausübung des Berufs in § 1 Abs. 3 MB/KT 2009** dahin gehend, dass nur Tätigkeiten von bestimmter Art und gewissem Umfang den Krankentagegeldanspruch entfallen lassen können, ist abzulehnen (BGH, VersR 2007, 1260, 1261; anders noch OLG Hamm, VersR 1987, 1085; vgl. auch OLG Karlsruhe, VersR 2007, 530, 531). Es genügen vielmehr jedwede, auch geringfügige, Tätigkeiten, die dem Berufsfeld des VN zuzuordnen sind (BGH, VersR 2007, 1260, 1261). Die Teilnahme an einer **Wiedereingliederungsmaßnahme** (§ 74 SGB V) ist kein bloßer (evtl. unbeachtlicher) Tätigkeitsversuch, sondern Ausübung der beruflichen Tätigkeit, so dass während dieser Zeit kein Anspruch auf Krankentagegeld besteht (BGH, r+s 2015, 243; zuvor bereits: OLG Köln, VersR 2014, 576). 86

Ist der Versicherte gesundheitlich zu – wenn auch eingeschränkter – Tätigkeit in seinem bisherigen Beruf im Stande geblieben, so ist er nicht arbeitsunfähig (BGH, VersR 1993, 297, 298; OLG Köln, VersR 2002, 349, 350; VersR 1995, 653; OLG Koblenz, NVersZ 2000, 133). Bezugspunkt der Arbeitsunfähigkeit ist auch insoweit die konkret ausgeübte berufliche Tätigkeit (OLG Köln, VersR 1992, 175). Der Versicherte ist grds. verpflichtet, für die Wiederherstellung seiner Arbeitsfähigkeit zu sorgen (§ 9 Abs. 4 Hs. 1 MB/KT 2009). Er hat insb. die Weisungen des Arztes gewissenhaft zu befolgen und alle Handlungen zu unterlassen, die der Genesung hinderlich sind (§ 9 Abs. 4 Hs. 2 MB/KT 2009). Daraus folgt aber nicht, dass ihn der VR anweisen kann, sein Gewicht innerhalb einer bestimmten Frist so zu reduzieren, dass eine Operation möglich wird (OLG Koblenz, VersR 2009, 104). 87

Praxistipp
Maßgeblich für den **Begriff der Arbeitsunfähigkeit** ist die Frage, ob und inwieweit der VN in der Lage ist, die zu seinem Berufsbild gehörenden Tätigkeiten auszuüben. Auf die Frage, ob der VN – im Hinblick auf gesundheitliche Einschränkungen – noch in der Lage war, über einen längeren Zeitraum ausreichende Einkünfte zu erzielen, kommt es hingegen nicht an (OLG Karlsruhe, VersR 2013, 172 – Ls.).

2. Leistungspflicht des Versicherers

Ist der Versicherungsfall mit der Behandlungsbedürftigkeit eingetreten, so hat der VR für die Dauer der Arbeitsunfähigkeit ein Krankentagegeld in vertraglichem Umfang zu gewähren. Das Krankentagegeld darf zusammen mit sonstigen Krankentage- und Krankengeldern das auf den Kalendertag umgerechnete, aus der beruflichen Tätigkeit herrührende **Nettoeinkommen** nicht übersteigen (§ 4 Abs. 2 S. 1 MB/KT 2009). Maßgebend für die Berechnung des Nettoeinkommens ist der Durchschnittsverdienst der letzten zwölf Monate vor Antragstellung bzw. vor Eintritt der Arbeitsunfähigkeit, sofern der Tarif keinen anderen Zeitraum vorsieht (§ 4 Abs. 2 S. 2 MB/KT 2009). Bei **selbstständig Tätigen** ist Nettoeinkommen „allein derjenige Betrag, der dem Selbstständigen nach Abzug der Betriebskosten, Abgaben und Steuern verbleibt" (OLG Dresden, VersR 2014, 364; OLG Frankfurt am Main, OLGR 88

2002, 174). Der VN ist verpflichtet, dem VR unverzüglich eine nicht nur vorübergehende Minderung des aus der Berufstätigkeit herrührenden Nettoeinkommens mitzuteilen (§ 4 Abs. 3 MB/KT 2009). Erlangt der VR davon Kenntnis, dass das Nettoeinkommen der versicherten Person unter die Höhe des dem VV zugrunde gelegten Einkommens gesunken ist, so soll er ohne Unterschied, ob der Versicherungsfall bereits eingetreten ist oder nicht, das Krankentagegeld und den Beitrag entsprechend dem geminderten Nettoeinkommen herabsetzen können (§ 4 Abs. 4 MB/KT 2009). Das OLG Karlsruhe (OLG Karlsruhe, r+s 2015, 78) hält diese Klausel allerdings mit Recht für unwirksam, weil sie den VN unangemessen benachteiligt (§ 307 Abs. 1 S. 1 BGB) und gegen das Transparenzgebot (§ 307 Abs. 1 S. 2 BGB) verstößt (ebenso: LG Stuttgart, r+s 2016, 245). Bezüge, die der allein geschäftsführende Mehrheitsgesellschafter einer GmbH mit sich selbst vereinbart, kommen nur dann als Bemessungsgrundlage für das Krankentagegeld in Betracht, wenn es mit der finanziellen und wirtschaftlichen Situation der GmbH tatsächlich vereinbar ist (OLG Bamberg, r+s 2007, 513). § 5 MB/KT 2009 schränkt die Leistungspflicht des VR in mehrfacher Hinsicht ein. So besteht bspw. bei Arbeitsunfähigkeit wegen Krankheiten und Unfallfolgen, die auf eine durch Alkoholgenuss bedingte Bewusstseinsstörung zurückzuführen sind, keine Leistungspflicht (§ 5 Abs. 1 Buchst. c MB/KT 2009).

Praxistipp
Beruft sich der VR bei einer Krankentagegeldversicherung auf **Leistungsfreiheit wegen Eintritts der Berufsunfähigkeit** des VN (s. BGH, VersR 2008, 628), so trägt der VR hierfür die Beweislast (OLG Oldenburg, VersR 2013, 1164). Dabei kann sich der VR nicht nur auf solche medizinischen Befunde stützen, die er vor seiner Behauptung der Berufsunfähigkeit beigezogen hat, sondern rückschauend auf alle Untersuchungsergebnisse, die für einen bestimmten Zeitpunkt aus der Sicht ex ante den Eintritt von Berufsunfähigkeit des VN begründen (BGH, VersR 2012, 981). Der VN hat im Rahmen seiner sekundären Darlegungslast die Verpflichtung, seine Berufsunfähigkeit substanziiert zu bestreiten und i.E. darzulegen, wie der von ihm ausgeübte Beruf konkret ausgestaltet ist (OLG Oldenburg, VersR 2013, 1164). Hierfür gelten die von der Rspr. für die Berufsunfähigkeitsversicherung entwickelten Grundsätze (OLG Oldenburg, VersR 2013, 1164; zur Beendigung der Krankentagegeldversicherung mit dem Bezug von Altersrente: OLG Nürnberg, VersR 2013, 1390).

Praxistipp
Bei der Geltendmachung von Ansprüchen aus einer privaten Krankentagegeldversicherung scheidet der Erlass einer auf Zahlung gerichteten (einstweiligen) Leistungsverfügung grundsätzlich aus, wenn die Notlage durch die Inanspruchnahme von Leistungen nach dem SGB II abgewendet werden kann (OLG Düsseldorf, VersR 2012, 1378; OLG Koblenz, VersR 2011, 1000; OLG München, VersR 2010, 755).

IV. Pflegekrankenversicherung (§ 192 Abs. 6 VVG)

89 In der **Pflegekrankenversicherung** haftet der Krankenversicherer gem. § 192 Abs. 6 VVG bei Pflegebedürftigkeit im vereinbarten Umfang für Aufwendungen, die für die Pflege der versicherten Person entstehen (Pflegekostenversicherung) oder er leistet das vereinbarte Tagegeld (Pflegetagegeldversicherung). In der **Pflegekostenversicherung** gilt die in § 192 Abs. 2 VVG geregelte **Leistungsgrenze** entsprechend (§ 192 Abs. 6 S. 2 VVG).

Da das SGB XI die private Pflegeversicherung als **Pflegepflichtversicherung** im Detail regelt, stellt § 192 Abs. 6 S. 3 VVG ausdrücklich klar, dass diese Vorschriften den hier behandelten §§ 192 ff. VVG vorgehen (vgl. auch: Begr. BT-Drucks 16/3945, S. 110; BSG, VersR 2013, 1164). Private Versicherungsverhältnisse zur Durchführung der Pflegepflichtversicherung unterliegen zwar grundsätzlich dem zivilrechtlichen Versicherungsvertragsrecht; die private Vertragsfreiheit ist jedoch durch die Ausgestaltung als Pflichtversicherung erheblichen gesetzlichen Einschränkungen unterworfen, die sich im Kern aus § 23 SGB XI ergeben (BSG, HSP § 23 SGB XI Nr. 2.12). Personen, die gegen das Risiko Krankheit bei einem privaten Krankenversicherungsunternehmen mit Anspruch auf allgemeine Krankenhausleistungen oder im Rahmen von Versicherungsverträgen, die der Versicherungspflicht nach § 193 Abs. 3 VVG genügen, versichert sind, sind verpflichtet, bei diesem Unternehmen zur Absicherung des Risikos der Pflegebedürftigkeit einen Versicherungsvertrag abzuschließen oder aufrechtzuerhalten (§ 23 Abs. 1 S. 1 SGB XI), es sei denn, der Versicherte schließt einen entsprechenden Vertrag mit einem anderen privaten Versicherungsunternehmen (§ 23 Abs. 2 S. 1 SGB XI). Mit der Ausgestaltung als Pflichtversicherung hat der Gesetzgeber aber nicht nur die Vertragsabschlussfreiheit eingeschränkt, sondern auch weitgehende inhaltliche Vorgaben gemacht: Nach § 23 Abs. 1 S. 2 SGB XI muss der Vertrag Leistungen vorsehen, die nach Art und Umfang den Leistungen des 4. Kapitels des SGB XI gleichwertig sind. Dabei tritt an die Stelle der Sachleistungen eine der Höhe nach gleiche Kostenerstattung (§ 23 Abs. 1 S. 3 SGB XI). Nach § 23 Abs. 6 Nr. 1 SGB XI ist das private Krankenversicherungsunternehmen oder ein anderes die Pflegeversicherung betreibendes Versicherungsunternehmen verpflichtet, für die Feststellung der Pflegebedürftigkeit sowie für die Zuordnung zu einer Pflegestufe dieselben Maßstäbe wie in der sozialen Pflegeversicherung anzulegen (BSG, VersR 2013, 1164). Diese Regelungen verdrängen die für private Versicherungsverhältnisse allgemein geltenden Vorschriften des VVG, soweit sie nicht miteinander vereinbar sind (BSG, VersR 2013, 1164; BVerfGE 103, 197, 217 f.).

90

Das für den Bereich gesetzlicher Sozialleistungen entwickelte **Meistbegünstigungsprinzip** (s. BSG v. 24.4.2008 – B 9/9a SB 10/06 R) soll auch im Bereich der privaten Pflegeversicherung gelten; ggf. ist also anzunehmen, dass der Leistungsberechtigte „*alles begehrt, was ihm aufgrund des von ihm geschilderten Sachverhalts rechtlich zusteht*" (LSG NRW, NZS 2015, 707). Dem VR obliegen gem. § 242 BGB Fürsorge- und Beratungspflichten, deren Verletzung und die hieraus resultierenden Nachteile entsprechend der **Grundsätze des sozialrechtlichen Herstellungsanspruchs** durch Herstellung des Zustandes, der bei ordnungsgemäßer Pflichterfüllung des Versicherungsträgers bestünde, zu kompensieren sein soll (LSG NRW, NZS 2015, 707). Die Regelung des § 5 Abs. 1a MB/PPV 2008 – „*Keine Leistungspflicht besteht, solange sich versicherte Personen im Ausland aufhalten*" (§ 5 Abs. 1a S. 1 MB/PPV 2008) – verstößt gegen das **Freizügigkeitsgebot** des AEUV (BSG, VersR 2007, 1074, 1075). Der EuGH hat bereits entschieden, dass es mit dem Gemeinschaftsrecht unvereinbar ist, wenn ein Pflegegeld davon abhängig gemacht wird, dass der Versicherte in dem Staat wohnt, in dem er die Versicherung abgeschlossen hat (EuGH, NJW 1998, 1767 „Molenaar"). Dies gilt auch für die private Pflegeversicherung (EuGH, NZS 2005, 88; BSG, VersR 2007, 1074, 1075). Ein Krankenversicherer in der

91

privaten Pflegeversicherung ist allerdings nicht zu Leistungen an einen Unionsbürger im EG-Ausland verpflichtet ist, wenn entsprechende Leistungen bei einem Inlandswohnsitz nicht zu erbringen wären (BSG, VersR 2007, 1074, 1075).

92 **Praxistipp**
Macht der Kläger Rechtsansprüche aus einer **privaten Pflegepflichtversicherung** geltend, so ist der Rechtsweg zu den **Sozialgerichten** eröffnet (§ 51 Abs. 1 Nr. 2, Abs. 2 S. 2 SGG); statthafte Klageart ist die isolierte Leistungsklage (§ 54 Abs. 5 SGG), weil es sich um einen sog. Parteienstreit im Gleichordnungsverhältnis handelt, in dem die Leistung nicht durch Verwaltungsakt gewährt wird (BSG, VersR 2007, 1074).

1. Eintritt des Versicherungsfalls

93 Versicherungsfall ist die **Pflegebedürftigkeit** einer versicherten Person. Pflegebedürftigkeit liegt vor, wenn die versicherte Person so hilflos ist, dass sie nach objektivem medizinischen Befund für bestimmte Verrichtungen im Ablauf des täglichen Lebens in erheblichem Umfang täglich der Hilfe einer anderen Person bedarf (§ 1 Abs. 2 S. 2 MB/PV 2009). Der Versicherungsfall beginnt mit der ärztlichen Feststellung der Pflegebedürftigkeit (§ 1 Abs. 2 S. 3 MB/PV 2009) und endet, wenn Pflegebedürftigkeit nicht mehr besteht (§ 1 Abs. 2 S. 4 MB/PV 2009).

2. Leistungspflicht des Versicherers

94 Der Umfang der Leistungspflicht des VR richtet sich nach der Parteivereinbarung.

V. Basistarif (§ 192 Abs. 7 VVG)

1. Direktanspruch (§ 192 Abs. 7 S. 1 VVG)

95 § 192 Abs. 7 S. 1 VVG räumt dem Leistungserbringer im Basistarif (Begriff: Vor. §§ 192 ff. Rdn 24) einen **Direktanspruch gegen den VR** ein – allerdings nur, soweit dieser aus dem Versicherungsverhältnis zur Leistung verpflichtet ist (s. LG Köln, VersR 2014, 994). Daraus folgt, dass der VR eine Leistung an den Leistungserbringer nur in dem tariflich vereinbarten Umfang schuldet (LG Köln, VersR 2014, 993, 994; *Marko*, Private Krankenversicherung, 2010, Rn 90); insb. Selbstbehalte kann er von dem Direktanspruch abziehen (Looschelders/Pohlmann/*Reinhard*, § 192 Rn 31; Rüffer/Halbach/Schimikowski/*Rogler*, § 192 Rn 47). Daraus folgt an sich auch, dass der VR dem Leistungserbringer sämtliche Einwendungen aus dem Versicherungsverhältnis entgegensetzen kann (Prölss/Martin/*Voit*, § 192 Rn 225; Looschelders/Pohlmann/*Reinhard*, § 192 Rn 31). § 192 Abs. 7 S. 1 VVG a.E. ist indes im Lichte des Normzwecks restriktiv auszulegen: Der Direktanspruch gegen den Krankenversicherer entspricht der „neu eingeführten Pflicht [des Leistungserbringers], privat Versicherte im Basistarif ambulant zu denselben Konditionen zu behandeln, wie GKV-Versicherte" (Begr. zu Art. 43 Nr. 1 [§ 178b VVG-Entwurf] GKV-WSG, BT-Drucks 16/3100; LG Köln, VersR 2014, 993, 994). Der Leistungserbringer soll also bei der Leistungsabrechnung begünstigt, d.h. *grosso modo* so behandelt werden, wie wenn er einen gesetzlich versicher-

ten Patienten behandelt hätte; ihm soll insb. das Bonitäts- und Inkassorisiko abgenommen werden (LG Köln, VersR 2014, 993, 994). Dementsprechend kann der VR dem Leistungserbringer gegenüber *nicht* mit Prämienansprüchen aufrechnen (LG Köln, VersR 2014, 993) und kann sich ihm gegenüber auch *nicht* darauf berufen, dass er bereits an den VN geleistet, d.h. die Forderung gem. § 362 Abs. 1 BGB erfüllt habe (i.E. wie hier Rüffer/Halbach/Schimikowski/*Rogler*, § 192 Rn 48; a.A.: Prölss/Martin/*Voit*, § 192 Rn 225). Dem Risiko der Doppelzahlung durch den VR trägt § 6 Abs. 4 MB/BT 2009 Rechnung: *„Reicht der VN die Rechnung zur Erstattung ein, ohne einen Nachweis darüber beizufügen, dass er die Forderung des Rechnungstellers erfüllt hat, ist der VR berechtigt, unmittelbar an den Rechnungsteller zu leisten. Der vertragliche Anspruch des VN ist insoweit erfüllt."*

Dem Direktanspruch des Leistungserbringers entspricht die **Direktabrechnung**; gem. § 6 Abs. 3 S. 1 MB/BT 2009 ist der VR berechtigt, *„in vertraglichem Umfang unmittelbar an den Rechnungssteller zu leisten, wenn dieser ihm die den Anforderungen des […] [§ 6 Abs. 1 MB/BT 2009] genügende Rechnung übersendet."* 96

2. Haftung als Gesamtschuldner (§ 192 Abs. 7 S. 2 VVG)

I.R.d. Leistungspflicht des VR haften VR und VN als Gesamtschuldner. D.h.: Der Leistungserbringer kann die geschuldete Leistung nach seinem Belieben ganz oder z.T. von dem VR oder dem VN fordern (§ 421 S. 1 BGB). 97

Hat der VN den Vergütungsanspruch erfüllt, so entfällt (auch) der Direktanspruch des Leistungserbringers (§ 192 Abs. 7 S. 2 VVG i.V.m. § 422 Abs. 1 S. 1 BGB). 98

VI. Auskunftsanspruch (§ 192 Abs. 8 VVG)

Der VN kann insb. bei kostenintensiven Heilbehandlungen ein Interesse daran haben, vorab zu klären, ob bzw. inwieweit die Krankenversicherung die Kosten übernimmt (Begr. BT-Drucks 17/11469, S. 1, 13). Daher hat der Gesetzgeber mit Gesetz v. 24.4.2013 (BGBl I, S. 932) einen ausdrücklichen **Auskunftsanspruch des VN gegen den VR vor Beginn der Heilbehandlung** eingeführt, der die „finanziellen Belastungen der Versicherten" im Krankheitsfall sowie die Tatsache berücksichtigt, dass „die Unsicherheit im Hinblick auf die Übernahme der Kosten durch den VR zusätzlich zu einer gesundheitlichen Belastung führen kann" (Begr. BT-Drucks 17/11469, S. 1, 13, mit der zitierten BT-Drucks17/2449; Petition 4–16–07–761–031146). 99

1. Voraussetzungen des Auskunftsanspruchs

Der Auskunftsanspruch besteht nur **im Rahmen einer bereits bestehenden Krankheitskostenversicherung** (ebenso: *Mandler*, VersR 2013, 1104; Rüffer/Halbach/Schimikowski/*Rogler*, § 192 Rn 53) und nur, wenn die **Kosten der Heilbehandlung** voraussichtlich **2.000,00 EUR** übersteigen (§ 192 Abs. 8 S. 1 VVG). Heilbehandlung i.S. dieser Kostengrenze ist eine konkrete, gegen andere, ggf. auf dieselbe Erkrankung bezogene Behandlungsmethoden medizinisch abgrenzbare Maßnahme zur Behandlung der angegebenen 100

Erkrankung (ähnlich: *Mandler*, VersR 2013, 1104, 1105 [Einzelfallbetrachtung]). Die – aus Gründen der Praktikabilität: feste – Kostengrenze soll gewährleisten, dass „die Versichertengemeinschaft nicht zu stark durch [die mit der Erteilung von Auskünften verbundenen] Verwaltungskosten belastet" wird (Begr. BT-Drucks 17/11469, S. 1, 13). Es ist Sache des VN durch geeigneten Vortrag das Erreichen dieser Grenze jedenfalls plausibel zu machen (Begr. BT-Drucks 17/11469, S. 1, 13). Dafür reicht ein ärztlicher Kostenvoranschlag ohne weiteres aus. Der Auskunftsanspruch gem. § 192 Abs. 8 S. 1 VVG besteht auch dann, wenn der VR (bspw. aufgrund von Beihilfeansprüchen des VN) nur für einen Teil der Kosten aufkommen muss (Begr. BT-Drucks 17/11469, S. 1, 13).

101 Diesseits der Kostengrenze, d.h. bei voraussichtlichen Kosten bis zu 2.000,00 EUR kann sich unabhängig von § 192 Abs. 8 VVG ein **Auskunftsanspruch aus Treu und Glauben** (§ 242 BGB) ergeben (Begr. BT-Drucks 17/11469, S. 1, 13).

2. Auskunftsverlangen

102 Das **Auskunftsverlangen** muss die Erkrankung, die beabsichtige Behandlung und die voraussichtlich entstehenden Kosten so konkret angeben, dass der VR seine Leistungspflicht seriös beurteilen kann. Der VN ist zwar nicht verpflichtet, seiner Anfrage Unterlagen, insb. einen Kostenvoranschlag beizufügen (Begr. BT-Drucks 17/11469, S. 1, 13), muss ggf. jedoch in Kauf nehmen, dass eine abschließende Prüfung seiner Anfrage nicht möglich ist (Begr. BT-Drucks 17/11469, S. 1, 13). Sind die Unterlagen nicht ausreichend aussagekräftig, kann der VR um weitere Unterlagen bitten (Begr. BT-Drucks 17/11469, S. 1, 13). Auskunft kann bereits **vor, erst recht aber nach Beginn** der (beabsichtigten) Heilbehandlung verlangt werden; ggf. kann der VN die Heilbehandlung bei negativer Auskunft abbrechen, um von ihm selbst zu tragenden Kosten zu begrenzen (a.A.: *Mandler*, VersR 2013, 1104). § 192 Abs. 8 S. 1 VVG sieht für das Auskunftsverlangen **Textform** (§ 126b BGB) vor, die u.a. bei Brief, Fax oder E-Mail gegeben ist (i.E. Palandt/*Ellenberger*, § 126b BGB Rn 3).

3. Auskunftserteilung

a) Form

103 Die Auskunft ist (jedenfalls nach dem Wortlaut der Norm) **formlos** möglich; sinnvoller wäre es gewesen, Textform nicht nur für das Auskunftsverlangen (s. Rdn 102), sondern auch für die Auskunft vorzuschreiben, damit der VN ein Dokument in Händen hält, auf das er sich im Streitfall berufen kann.

b) Inhalt

104 Die Auskunft muss sich auf „*den Umfang des Versicherungsschutzes für die beabsichtigte Heilbehandlung*" beziehen; es geht also nicht um allgemeine Informationen, sondern um die **Reichweite des Deckungsschutzes im Hinblick auf die *konkrete* Heilbehandlung**. Hat der VN einen **Kostenvoranschlag** und/oder andere Unterlagen eingereicht, so muss der VR darauf eingehen (§ 192 Abs. 8 S. 2 Hs. 2 VVG). Ihn trifft in jedem Falle eine **Begründungspflicht** (Begr. BT-Drucks 17/11469, S. 1, 13). Dabei ist der VR nach Treu und Glauben (§ 242 BGB) verpflichtet, seine Leistungspflicht auf der Grundlage der ihm überlassenen Unterlagen sorgfältig zu überprüfen und den VN möglichst richtig zu informieren (a.A. wohl: *Mandler*, VersR 2013, 1104, 1106 [freies Ermessen]).

c) Verbindlichkeit

Eine aus Sicht des VN als verbindlich zu verstehende **Leistungszusage** des VR ist (im Rahmen ihrer Reichweite) verbindlich (Rüffer/Halbach/Schimikowski/*Rogler*, § 192 Rn 40; OLG Karlsruhe, r+s 1998, 255 [schriftliche Leistungszusage bei Behandlung in einer sog. gemischten Anstalt]; OLG Karlsruhe, r+s 2012, 500 [Kostenübernahme als deklaratorisches Schuldanerkenntnis]. § 192 Abs. 8 VVG besagt jedoch nicht, dass der VR verpflichtet wäre, stets eine Zusage zu erteilen (Begr. BT-Drucks 17/11469, S. 1, 13); angeblich soll dies bei schuldrechtlichen Verträgen nicht möglich sein; Leistungen, die nicht vereinbart seien, müssten auch nicht erbracht werden; daran ändere eine Pflicht zur Auskunft nichts; der VR müsse lediglich innerhalb der Frist, und zwar auf der Grundlage der vorgelegten Unterlagen, antworten und seine Antwort begründen (Begr. BT-Drucks 17/11469, S. 1, 13, u.a. mit dem Hinweis auf § 3a PflVG). Dementsprechend ist der VR nicht verpflichtet, auf ein Auskunftsverlangen i.S.v. § 192 Abs. 8 VVG hin eine verbindliche Kostenübernahmeerklärung abzugeben; er muss ggf. aber klarstellen, dass die Auskunft nur vorläufig, d.h. auf der Grundlage der bis dato verfügbaren Informationen und nach kursorischer Prüfung erteilt worden ist. Legt der VN Unterlagen vor, muss der VR in seiner Antwort i.S. einer gesteigerten Darlegungslast auf die Unterlagen eingehen; die Antwort erlangt einen höheren Grad an Verbindlichkeit (Begr. BT-Drucks 17/11469 v. 14.11.2012, S. 1, 13). Der VN hat es im Ergebnis in der Hand, durch frühzeitige und ausreichende Vorlage der im Einzelfall erforderlichen Unterlagen auf eine verbindliche Zusage hinzuwirken bzw. eine Auskunft zu den Fragen zu erhalten, die aus seiner Sicht wesentlich sind (Begr. BT-Drucks 17/11469, S. 1, 13). Wenn z.B. – wie es bei umfangreicheren Zahnbehandlungen schon lange gehandhabt wird – ein Heil- und Kostenplan oder ein Kostenvoranschlag vorgelegt wird, kann der VR i.E. prüfen, ob für jede einzelne Maßnahme und die jeweils angesetzten Kosten Versicherungsschutz gegeben ist und dazu Stellung nehmen (Begr. BT-Drucks 17/11469, S. 1, 13). Die Wahrscheinlichkeit eines Streits darüber, ob eine Heilbehandlung notwendig ist und darüber, welche Reichweite eine Auskunft hat, kann so vermindert werden (Begr. BT-Drucks 17/11469, S. 1, 13, mit dem Hinweis auf Parallelen in §§ 87 Abs. 1a SGB V, 14 Bundesbeihilfeverordnung).

Der VR ist nach Treu und Glauben (§ 242 BGB) verpflichtet, seine voraussichtliche Leistungspflicht auf der Basis der ihm überlassenen Unterlagen sorgfältig zu überprüfen und den VN (soweit möglich) richtig zu informieren (s.o. Rdn 104). Lehnt der VR eine in Aussicht gestellte Kostenübernahme später mit Recht ab (Keine Leistungspflicht gem. § 192 Abs. 1 VVG), so haftet er auf **Schadensersatz**, wenn er seine Pflicht zu sorgfältiger Auskunftserteilung schuldhaft verletzt hat (§§ 280 Abs. 1, 241 Abs. 2 BGB) und dem VN ein Schaden entstanden ist (für eine Haftung nur in Extremfällen: *Mandler*, VersR 2013,

1104, 1106). Dagegen scheidet eine Haftung insb. dann aus, wenn die Umstände, die einer Leistungspflicht des VR im Ergebnis entgegenstehen, bei (notwendig) kursorischer Prüfung im Rahmen der Auskunftserteilung noch nicht erkennbar waren.

d) Zeitpunkt

107 Die Auskunft ist in dringenden Fällen – gemeint ist objektive **Dringlichkeit** – unverzüglich, d.h. ohne schuldhaftes Zögern (s. § 121 Abs. 1 BGB) zu geben, spätestens jedoch nach zwei Wochen, ansonsten – ohne Dringlichkeit – spätestens nach vier Wochen. Die Frist beginnt mit Eingang des Auskunftsverlangens beim VR (§ 192 Abs. 8 S. 3 VVG), d.h. mit dem „*Eintreffen* [...] [in seinem] *Herrschaftsbereich*" (*Mandler*, VersR 2013, 1106). Ein Konflikt mit den Erwägungen, die hinter § 14 VVG stehen, dass nämlich der VR über seine Leistungspflicht erst abschließend entscheiden kann (und muss), wenn der VN ihm alle erforderlichen Unterlagen zur Verfügung gestellt hat, ergibt sich angesichts der Ausgestaltung der Regelung als Verpflichtung zur Antwort nicht (Begr. BT-Drucks 17/11469, S. 1, 13).

4. Sanktionen bei Auskunftspflichtverletzung

108 Unterbleibt die Auskunft innerhalb der Frist, wird als Sanktion eine **Beweislastumkehr** vorgesehen: Der VR muss dann ggf. beweisen, dass die beabsichtigte Heilbehandlung nicht medizinisch notwendig ist bzw. war (Beweis des Gegenteils; § 192 Abs. 8 S. 4 VVG). Eine Sanktion des Inhalts, dass auch die angesetzten Kosten (sofern der VN dazu substantiierte Angaben gemacht hat) als angemessen anzusehen sind, hat der Gesetzgeber nicht eingeführt (Begr. BT-Drucks 17/11469, S. 1, 13). Es bleibt vielmehr dabei, dass der VR sich auf das Übermaßverbot berufen kann (insoweit trägt er ohnehin die Beweislast). Eine Regelung, nach der behauptete Kosten bei Fristversäumung zugestanden wären, wenn nicht innerhalb der Frist geantwortet wird, hat der Gesetzgeber verworfen, weil sie „dem Gedanken der Kostendämpfung" widerspräche (Begr. BT-Drucks 17/11469, S. 1, 13).

C. Prozessuales

109 Die Beweispflicht für die **medizinische Notwendigkeit der Heilbehandlung wegen Krankheit oder Unfallfolgen** trifft grds. den VN (vgl. zuletzt OLG Köln, VersR 2015, 1243; OLG München, VersR 2007, 1643 [ungeklärte Unfruchtbarkeit]), denn es handelt sich um die primäre Risikoabgrenzung. Der Europäische Gerichtshof für Menschenrechte (EGMR) hat jedoch unter Berufung darauf, dass „*Transsexualismus heute international weitgehend als medizinisches Problem anerkannt*" sei, klargestellt, dass es im Einzelfall gegen Art. 6 Abs. 1 EMRK und gegen Art. 8 EMRK verstößt, „*wenn einer Transsexuellen die Beweislast für die Notwendigkeit einer medizinischen Behandlung auferlegt wird*" (EGMR, NJW 2004, 2505). Die Frage der medizinischen Notwendigkeit einer Behandlungsmaßnahme ist eine durch einen Sachverständigen vorzunehmende Beurteilung und einem Zeugenbeweis nicht zugänglich (OLG Koblenz, VersR 2010, 204).

Eine **Feststellungsklage im Hinblick auf die Kostenerstattungspflicht des Krankenversicherers** ist zulässig, wenn das Begehren nach der Behauptung des Klägers auf bereits aktualisierte, ärztlich für notwendig erachtete, bevorstehende Behandlungen gerichtet und durch ein Feststellungsurteil eine sachgemäße und erschöpfende Lösung des Streits über die Erstattungspflichten zu erwarten ist (BGH, VersR 2006, 1351; VersR 2006, 535, 536; VersR 1987, 1107, 1108; VersR 1987, 280, 281; LG Berlin, VersR 2008, 1386; LG Nürnberg-Fürth v. 23.4.2015 – 8 O 3675/13 [Feststellung der Kostentragungspflicht für ein Hilfsmittel, Rollstuhl, und für Folgekosten, Reparatur und Instandhaltung]; LG Koblenz, r+s 2015, 302; restriktiver offenbar OLG Hamm, VersR 2006, 826 [Klärung der Kostenübernahmepflicht vor der Behandlung nur in seltenen Einzelfällen] m.w.N.; OLG Koblenz, VersR 2008, 108, 109 [Feststellungsklage nur, wenn aufgrund eines plausiblen Heil- und Kostenplans von der medizinischen Notwendigkeit einer konkreten Behandlungsmaßnahme auszugehen ist und der VN ohne Kostenzusage auf diese Behandlungsmaßnahme verzichten müsste]; OLG Koblenz, VersR 2016, 520; ähnlich wie das OLG Koblenz: LG Potsdam, VersR 2009, 491; ausführlich: *Fricke*, VersR 2013, 538, 539). Die finanziellen Verhältnisse eines VN spielen für die Entscheidung über die Zulässigkeit einer solchen Feststellungsklage keine Rolle (BGH, VersR 2006, 535 Rn 15; aA OLG Koblenz, VersR 2016, 520). Eine auf Feststellung der künftigen Eintrittspflicht des Krankenversicherers gerichtete Klage ist nicht zulässig, wenn die medizinische Notwendigkeit der geplanten Heilbehandlung und damit die grundsätzliche Eintrittspflicht unstreitig ist und es lediglich um die Klärung der Berechenbarkeit einzelner Gebührenpositionen geht (LG Konstanz, VersR 2008, 1682).

Praxistipp
Fricke (*Fricke*, VersR 2013, 538, 541) schlägt folgende Formulierung für den **Feststellungsantrag** vor: *„Es wird festgestellt, dass die Beklagte (X-Versicherung) verpflichtet ist, dem Kläger/der Klägerin nach Maßgabe der vereinbarten Bedingungen (die konkret zu bezeichnen sind) Versicherungsschutz zu gewähren für die geplante Heilbehandlung nach Maßgabe des Heil- und Kostenplans vom (Datum)"*, und weist darauf hin, dass der VN zur **Begründung** vortragen muss, dass es um eine aktuell bevorstehende, ärztlich als notwendig angesehene Behandlung gehe. Er muss die Therapiemaßnahmen konkret darstellen und durch ärztliche Berichte belegen. Er muss die voraussichtlich entstehenden Kosten konkret angeben und vortragen, dass der Gesundheits- bzw. Krankheitszustand stabil bleibt und mit hoher Wahrscheinlichkeit keine wesentlichen Änderungen zu erwarten sind (*Fricke*, VersR 2013, 538, 541).

Einstweiliger Rechtsschutz ist nur zu gewähren, wenn ein schutzwürdiges Interesse besteht, insb., wenn der VN finanziell außerstande ist, die Behandlungskosten bis zur Entscheidung in der Hauptsache (vorläufig) selbst zu tragen und die behandelnden Ärzte die Durchführung der von ihnen für medizinisch notwendig erachteten Behandlung von einer Deckungszusage der VR abhängig machen sollten (OLG Hamm, VersR 2006, 826; OLG Hamm, VersR 2012, 612 [häusliche Intensivpflege]; OLG Oldenburg, VersR 2010, 471; OLG Koblenz, VersR 2008, 1638; Einzelheiten: *Fricke*, VersR 2013, 538, 542). Das OLG Koblenz (OLG Koblenz, VersR 2008, 1638) verlangt sogar, dass *„feststehen* [müsse]*, dass der Antragsteller in der Hauptsache obsiegen wird"*. Der Erlass einer einstweiligen Verfügung auf Zahlung von Krankentagegeld zur Abwendung einer existenziellen Notlage ist grds. statthaft (OLG Köln, r+s 2007, 463; OLG Köln, MDR 2005, 290; KG, r+s 2006, 77).

112 Im Prozess muss der VN zur Schlüssigkeit seiner **Klage auf Krankentagegeld** unter substanziierter Darlegung seiner Beschwerden und seiner Berufstätigkeit vortragen, warum er den zuletzt konkret ausgeübten Beruf in keiner Weise mehr ausüben könnte (OLG Saarbrücken, r+s 2008, 118, 119; OLG Köln, VersR 2008, 912).

113 Der **Rechtsweg zu den Sozialgerichten** gem. § 51 Abs. 2 S. 2 SGG für Klagen des VR gegen den VN auf **Zahlung der Beiträge aus einem Pflegeversicherungsvertrag**, der in Erfüllung der gesetzlichen Versicherungspflicht gemäß § 23 Abs. 1 SGB XI abgeschlossen wurde, ist auch unter Berücksichtigung der Entscheidung des Bundessozialgerichtes (BSG v. 9.2.2006 – B 3 SF 1/05 R = BSG, NZS 2007, 34), wonach sich die Rechtswegzuweisung nur auf solche Streitigkeiten erstreckt, in denen es um die Auslegung von Vorschriften des SGB XI geht, weiterhin gegeben (KG, VersR 2016, 138).

114 **Sachverständigengutachten**, die von einem privaten Unternehmen der Krankenversicherung zur Ermittlung des Pflegebedarfs **in der privaten Pflegeversicherung** in Auftrag gegeben werden, sind für die Sozialgerichte nicht verbindlich. Soweit im VVG Bindung an solche Gutachten immer dann vorgeschrieben wird, wenn die Feststellungen des Gutachters nicht „*offenbar von der wirklichen Sachlage erheblich abweichen*", wird diese Regelung für die private Pflegeversicherung durch Vorschriften des SGB XI verdrängt (BSG, HSP § 23 SGB XI Nr. 2.12; anders noch: BSGE 88, 262).

D. Abdingbarkeit

115 Die gesetzliche Regelung ist **dispositiv** (§ 208 S. 1 VVG *e contrario*). Entgegen *Kalis* (MüKo/*Kalis*, § 192 VVG Rn 6) gilt das grds. auch für § 192 Abs. 7, VVG d.h. für den Direktanspruch des Leistungserbringers (§ 192 Abs. 7 S. 1 VVG) und für die gesamtschuldnerische Haftung von VN und VR (§ 192 Abs. 7 S. 2 VVG). Bedingen VR und VN diese Regelung ab, so liegt darin allerdings ein unzulässiger Vertrag zulasten Dritter (vgl.: Palandt/*Grüneberg*, Einf. v. § 328 BGB Rn 10). D.h. aber nicht, dass der Leistungserbringer nicht (vertraglich) auf eine Inanspruchnahme des VR und/oder auf eine gesamtschuldnerische Haftung verzichten könnte.

§ 193 VVG Versicherte Person; Versicherungspflicht

(1) Die Krankenversicherung kann auf die Person des Versicherungsnehmers oder eines anderen genommen werden. Versicherte Person ist die Person, auf welche die Versicherung genommen wird.

(2) Soweit nach diesem Gesetz die Kenntnis und das Verhalten des Versicherungsnehmers von rechtlicher Bedeutung sind, ist bei der Versicherung auf die Person eines anderen auch deren Kenntnis und Verhalten zu berücksichtigen.

(3) Jede Person mit Wohnsitz im Inland ist verpflichtet, bei einem in Deutschland zum Geschäftsbetrieb zugelassenen Versicherungsunternehmen für sich selbst und für die von ihr gesetzlich vertretenen Personen, soweit diese nicht selbst Verträge abschließen können, eine Krankheitskostenversicherung, die mindestens eine Kostenerstattung für ambulante und stationäre Heilbehandlung umfasst und bei der die für tariflich vorgesehene Leistungen vereinbarten absoluten und prozentualen Selbstbehalte für ambulante und stationäre Heilbehandlung für jede zu versichernde Person auf eine betragsmäßige Auswirkung von kalenderjährlich 5.000 Euro begrenzt ist, abzuschließen und aufrechtzuerhalten; für Beihilfeberechtigte ergeben sich die möglichen Selbstbehalte durch eine sinngemäße Anwendung des durch den Beihilfesatz nicht gedeckten Vom-Hundert-Anteils auf den Höchstbetrag von 5.000 Euro. Die Pflicht nach Satz 1 besteht nicht für Personen, die

1. in der gesetzlichen Krankenversicherung versichert oder versicherungspflichtig sind oder
2. Anspruch auf freie Heilfürsorge haben, beihilfeberechtigt sind oder vergleichbare Ansprüche haben im Umfang der jeweiligen Berechtigung oder
3. Anspruch auf Leistungen nach dem Asylbewerberleistungsgesetz haben oder
4. Empfänger laufender Leistungen nach dem Dritten, Vierten, Sechsten und Siebten Kapitel des Zwölften Buches Sozialgesetzbuch sind für die Dauer dieses Leistungsbezugs und während Zeiten einer Unterbrechung des Leistungsbezugs von weniger als einem Monat, wenn der Leistungsbezug vor dem 1. Januar 2009 begonnen hat.

Ein vor dem 1. April 2007 vereinbarter Krankheitskostenversicherungsvertrag genügt den Anforderungen des Satzes 1.

(4) Wird der Vertragsabschluss später als einen Monat nach Entstehen der Pflicht nach Absatz 3 Satz 1 beantragt, ist ein Prämienzuschlag zu entrichten. Dieser beträgt einen Monatsbeitrag für jeden weiteren angefangenen Monat der Nichtversicherung, ab dem sechsten Monat der Nichtversicherung für jeden weiteren angefangenen Monat der Nichtversicherung ein Sechstel eines Monatsbeitrags. Kann die Dauer der Nichtversicherung nicht ermittelt werden, ist davon auszugehen, dass der Versicherte mindestens fünf Jahre nicht versichert war. Der Prämienzuschlag ist einmalig zusätzlich zur laufenden Prämie zu entrichten. Der Versicherungsnehmer kann vom Versicherer die Stundung des Prämienzuschlages verlangen, wenn den Interessen des Versicherers durch die Vereinbarung einer angemessenen Ratenzahlung Rechnung getragen werden kann. Der gestundete Betrag ist zu verzinsen. Wird der Vertragsabschluss bis zum 31. Dezember 2013 beantragt, ist kein Prämienzuschlag zu entrichten. Dies gilt für bis zum 31. Juli 2013 abgeschlossene Verträge für noch ausstehende Prämienzuschläge nach Satz 1 entsprechend.

(5) Der Versicherer ist verpflichtet,

1. allen freiwillig in der gesetzlichen Krankenversicherung Versicherten
    a) innerhalb von sechs Monaten nach Einführung des Basistarifes,

b) innerhalb von sechs Monaten nach Beginn der im Fünften Buch Sozialgesetzbuch vorgesehenen Wechselmöglichkeit im Rahmen ihres freiwilligen Versicherungsverhältnisses,
2. allen Personen mit Wohnsitz in Deutschland, die nicht in der gesetzlichen Krankenversicherung versicherungspflichtig sind, nicht zum Personenkreis nach Nummer 1 oder Absatz 3 Satz 2 Nr. 3 und 4 gehören und die nicht bereits eine private Krankheitskostenversicherung mit einem in Deutschland zum Geschäftsbetrieb zugelassenen Versicherungsunternehmen vereinbart haben, die der Pflicht nach Absatz 3 genügt,
3. Personen, die beihilfeberechtigt sind oder vergleichbare Ansprüche haben, soweit sie zur Erfüllung der Pflicht nach Absatz 3 Satz 1 ergänzenden Versicherungsschutz benötigen,
4. allen Personen mit Wohnsitz in Deutschland, die eine private Krankheitskostenversicherung im Sinn des Absatzes 3 mit einem in Deutschland zum Geschäftsbetrieb zugelassenen Versicherungsunternehmen vereinbart haben und deren Vertrag nach dem 31. Dezember 2008 abgeschlossen wird,

Versicherung im Basistarif nach § 152 des Versicherungsaufsichtsgesetzes zu gewähren. Ist der private Krankheitskostenversicherungsvertrag vor dem 1. Januar 2009 abgeschlossen, kann bei Wechsel oder Kündigung des Vertrags der Abschluss eines Vertrags im Basistarif beim eigenen oder einem anderen Versicherungsunternehmen unter Mitnahme der Alterungsrückstellungen gemäß § 204 Abs. 1 nur bis zum 30. Juni 2009 verlangt werden. Der Antrag muss bereits dann angenommen werden, wenn bei einer Kündigung eines Vertrags bei einem anderen Versicherer die Kündigung nach § 205 Abs. 1 Satz 1 noch nicht wirksam geworden ist. Der Antrag darf nur abgelehnt werden, wenn der Antragsteller bereits bei dem Versicherer versichert war und der Versicherer

1. den Versicherungsvertrag wegen Drohung oder arglistiger Täuschung angefochten hat oder
2. vom Versicherungsvertrag wegen einer vorsätzlichen Verletzung der vorvertraglichen Anzeigepflicht zurückgetreten ist.

(6) Ist der Versicherungsnehmer in einer der Pflicht nach Absatz 3 genügenden Versicherung mit einem Betrag in Höhe von Prämienanteilen für zwei Monate im Rückstand, hat ihn der Versicherer zu mahnen. Der Versicherungsnehmer hat für jeden angefangenen Monat eines Prämienrückstandes an Stelle von Verzugszinsen einen Säumniszuschlag in Höhe von 1 Prozent des Prämienrückstandes zu entrichten. Ist der Prämienrückstand einschließlich der Säumniszuschläge zwei Monate nach Zugang der Mahnung höher als der Prämienanteil für einen Monat, mahnt der Versicherer ein zweites Mal und weist auf die Folgen nach Satz 4 hin. Ist der Prämienrückstand einschließlich der Säumniszuschläge einen Monat nach Zugang der zweiten Mahnung höher als der Prämienanteil für einen Monat, ruht der Vertrag ab dem ersten Tag des nachfolgenden Monats. Das Ruhen des Vertrages tritt nicht ein oder endet, wenn der Versicherungsnehmer oder die versicherte Person hilfebedürftig im Sinne des Zweiten

oder Zwölften Buches Sozialgesetzbuch ist oder wird; die Hilfebedürftigkeit ist auf Antrag des Versicherungsnehmers vom zuständigen Träger nach dem Zweiten oder dem Zwölften Buch Sozialgesetzbuch zu bescheinigen.

(7) Solange der Vertrag ruht, gilt der Versicherungsnehmer als im Notlagentarif nach § 153 des Versicherungsaufsichtsgesetzes versichert. Risikozuschläge, Leistungsausschlüsse und Selbstbehalte entfallen während dieser Zeit. Der Versicherer kann verlangen, dass Zusatzversicherungen ruhen, solange die Versicherung nach § 153 des Versicherungsaufsichtsgesetzes besteht. Ein Wechsel in den oder aus dem Notlagentarif nach § 153 des Versicherungsaufsichtsgesetzes ist ausgeschlossen. Ein Versicherungsnehmer, dessen Vertrag nur die Erstattung eines Prozentsatzes der entstandenen Aufwendungen vorsieht, gilt als in einer Variante des Notlagentarifs nach § 153 des Versicherungsaufsichtsgesetzes versichert, die Leistungen in Höhe von 20, 30 oder 50 Prozent der versicherten Behandlungskosten vorsieht, abhängig davon, welcher Prozentsatz dem Grad der vereinbarten Erstattung am nächsten ist.

(8) Der Versicherer übersendet dem Versicherungsnehmer in Textform eine Mitteilung über die Fortsetzung des Vertrages im Notlagentarif nach § 153 des Versicherungsaufsichtsgesetzes und über die zu zahlende Prämie. Dabei ist der Versicherungsnehmer in herausgehobener Form auf die Folgen der Anrechnung der Alterungsrückstellung nach § 153 Absatz 2 Satz 6 des Versicherungsaufsichtsgesetzes für die Höhe der künftig zu zahlenden Prämie hinzuweisen. Angaben zur Versicherung im Notlagentarif nach § 12h des Versicherungsaufsichtsgesetzes kann der Versicherer auf einer elektronischen Gesundheitskarte nach § 291a Absatz 1a des Fünften Buches Sozialgesetzbuch vermerken.

(9) Sind alle rückständigen Prämienanteile einschließlich der Säumniszuschläge und der Beitreibungskosten gezahlt, wird der Vertrag ab dem ersten Tag des übernächsten Monats in dem Tarif fortgesetzt, in dem der Versicherungsnehmer vor Eintritt des Ruhens versichert war. Dabei ist der Versicherungsnehmer so zu stellen, wie er vor der Versicherung im Notlagentarif nach § 153 des Versicherungsaufsichtsgesetzes stand, abgesehen von den während der Ruhenszeit verbrauchten Anteilen der Alterungsrückstellung. Während der Ruhenszeit vorgenommene Prämienanpassungen und Änderungen der Allgemeinen Versicherungsbedingungen gelten ab dem Tag der Fortsetzung.

(10) Hat der Versicherungsnehmer die Krankenversicherung auf die Person eines anderen genommen, gelten die Absätze 6 bis 9 für die versicherte Person entsprechend.

(11) Bei einer Versicherung im Basistarif nach § 152 des Versicherungsaufsichtsgesetzes kann das Versicherungsunternehmen verlangen, dass Zusatzversicherungen ruhen, wenn und solange ein Versicherter auf die Halbierung des Beitrags nach § 152 Absatz 4 des Versicherungsaufsichtsgesetzes angewiesen ist.

§ 193 VVG

Versicherte Person; Versicherungspflicht

Übersicht

	Rdn
A. Normzweck	1
B. Norminhalt	3
I. Versicherte Person (§ 193 Abs. 1 VVG)	3
II. Kenntnis und Verhalten der versicherten Person (§ 193 Abs. 2 VVG)	10
III. Versicherungspflicht (§ 193 Abs. 3 VVG)	11
1. Betroffene	12
a) Inlandswohnsitz (§ 193 Abs. 3 S. 1 VVG)	12
b) Ausnahmen (§ 193 Abs. 3 S. 2 VVG)	13
aa) Versicherte in der gesetzlichen Krankenversicherung (§ 193 Abs. 3 S. 2 Nr. 1 VVG)	14
bb) Heilfürsorge-, Beihilfeberechtigte u.Ä. (§ 193 Abs. 3 S. 2 Nr. 2 VVG)	15
cc) Asylbewerber (§ 193 Abs. 3 S. 2 Nr. 3 VVG)	16
dd) Empfänger von Sozialleistungen (§ 193 Abs. 3 S. 2 Nr. 4 VVG)	17
2. Mindestumfang des Krankenversicherungsschutzes (§ 193 Abs. 3 S. 1 VVG)	18
a) Kostenerstattung für ambulante und stationäre Heilbehandlung	19
b) Begrenzung der Selbstbehalte	21
aa) Normaltarife	21
bb) Beihilfetarife	26
cc) Basistarif	27
3. In Deutschland zugelassene Versicherungsunternehmen als Vertragspartner	28
4. Erfüllung der Versicherungspflicht durch Altverträge (§ 193 Abs. 3 S. 3 VVG)	29
IV. Verletzung der Versicherungspflicht (§ 193 Abs. 4 VVG)	33
1. Deckungsschutz	33
2. Prämienzuschläge	34
V. Kontrahierungszwang im Basistarif (§ 193 Abs. 5 VVG)	41
1. Berechtigte (§ 193 Abs. 5 S. 1 VVG)	43
a) Freiwillig Versicherte in der gesetzlichen Krankenversicherung (§ 193 Abs. 5 S. 1 Nr. 1 VVG)	46
b) Nicht versicherte und auch nicht versicherungspflichtige Personen (§ 193 Abs. 5 S. 1 Nr. 2 VVG)	48
c) Beihilfeberechtigte (§ 193 Abs. 5 S. 1 Nr. 3 VVG)	49
d) Privatversicherte (§ 193 Abs. 5 S. 1 Nr. 4 VVG)	50
2. Berechtigung der Bestandskunden (§ 193 Abs. 5 S. 2 VVG)	51
3. Rechtzeitige Annahme des Antrags (§ 193 Abs. 5 S. 3 VVG)	52
4. Ablehnung des Antrags (§ 193 Abs. 5 S. 4 VVG)	53
VI. Prämienrückstände in der Pflichtversicherung (§ 193 Abs. 6–10 VVG)	56
1. Pflichtversicherung	59
2. Erste Mahnung (§ 193 Abs. 6 S. 1 VVG)	60
3. Entrichtung von Säumniszuschlägen (§ 193 Abs. 6 S. 2 VVG)	62
4. Zweite Mahnung und Rechtsfolgenbelehrung (§ 193 Abs. 6 S. 3 VVG)	63
5. Ruhen des Vertrags (§ 193 Abs. 6 S. 4 und 5 VVG)	64
6. Versicherung im Notlagentarif (§ 193 Abs. 7 S. 1 und 2, 4 und 5 VVG)	66
a) Leistungen	67
b) Prämien	71
7. Ruhen von Zusatzversicherungen (§ 193 Abs. 7 S. 3 VVG)	72
8. Mitteilung über die Fortsetzung des Vertrags im Notlagentarif (§ 193 Abs. 8 S. 1 und 2 VVG)	73
9. Elektronische Gesundheitskarte (§ 193 Abs. 8 S. 3 VVG)	74
10. Rückkehr in den Herkunftstarif (§ 193 Abs. 9 VVG)	75
VII. Ruhen der Zusatzversicherung zum Basistarif (§ 193 Abs. 11 VVG)	76

A. Normzweck

1 Bei der Krankenversicherung handelt es sich um eine **Personenversicherung** (BGH, VersR 1969, 1036, 1037; s.a. Vor. §§ 192 ff. Rdn 11; zur Einordnung als Schadens- oder Summenversicherung: Vor. §§ 192 ff. Rdn 11), weil das versicherte Risiko personengebunden ist; sie kann **auf die Person des VN oder eines anderen oder als Mitversicherung** (Rdn 4 f.) und **für eigene oder für fremde Rechnung** abgeschlossen werden (s.a. Begr. BT-Drucks 16/3945, S. 111). Nach Maßgabe des **§ 194 Abs. 3 VVG** sind die Bestimmungen über die Versicherung für fremde Rechnung (§§ 43 bis 48 VVG) seit der VVG-Reform (anders als früher; vgl. BGH, VersR 2006, 686) auch auf die Krankenversicherung anwendbar (Begr. BT-Drucks 16/3945, S. 111).

In der BRD herrscht seit dem 1.1.2009 eine **Krankenversicherungspflicht** (§ 193 Abs. 3 VVG). Diese Pflicht soll – i.V.m. dem **Kontrahierungszwang im Basistarif** (§ 193 Abs. 5 VVG) – verhindern, dass sich Personen nicht oder verspätet gegen Krankheit versichern und dadurch zu einem Kostenrisiko für die Allgemeinheit oder die Solidargemeinschaft der Versicherten werden (Bericht des Ausschusses für Gesundheit zum GKV-WSG-Entwurf vom 1.2.2007, BT-Drucks 16/4247, S. 66, zu Art. 43, Nr. 01, § 178a Abs. 5; skeptisch im Hinblick auf die Effektivität dieser Regelung: Rüffer/Halbach/Schimikowski/*Marko*, § 193 Rn 3). Dementsprechend führt auch die **Nichtzahlung von Prämien** nicht zu Leistungsfreiheit bzw. zur Beendigung der (Pflicht-)Krankenversicherung (s. in anderen Fällen: §§ 37 f. VVG). Bei Prämienrückständen und Erfolglosigkeit des qualifizierten Mahnverfahrens (§ 193 Abs. 6 S. 1 und 3 VVG) ruht das Versicherungsverhältnis zwar im Herkunftstarif (§ 193 Abs. 6 S. 4 VVG), wird jedoch im **Notlagentarif** (§ 193 Abs. 7 und 8 VVG) fortgeführt.

B. Norminhalt

I. Versicherte Person (§ 193 Abs. 1 VVG)

Nach § 193 Abs. 1 VVG kann die **Krankenversicherung auf die Person des VN oder eines anderen** abgeschlossen werden (§ 193 Abs. 1 S. 1 VVG). Entgegen der Begründung (BT-Drucks 16/3945, S. 111) stellt § 193 Abs. 1 VVG nicht klar, „*dass es sich [bei der Krankenversicherung] um eine Versicherung entweder auf eigene Rechnung oder auf fremde Rechnung (§ 43 VVG-Entwurf) handeln kann.*" Denn auch die Versicherung auf die Person eines anderen kann – bspw. aufgrund einer Unterhaltspflicht des VN – für eigene Rechnung abgeschlossen sein, sodass die §§ 43 ff. VVG nicht anwendbar sind.

Die **Legaldefinition** des § 193 Abs. 1 S. 2 VVG bestimmt, dass **versicherte Person** „*die Person [ist], auf welche die Versicherung genommen wird.*" Dagegen ist der **VN** Partei des VV (§ 1 Abs. 1 VVG). Bei einer **Versicherung auf die Person des VN** sind VN und versicherte Person identisch. Eine versicherte Person, die nicht VN ist, bezeichnet man auch als **Versicherte(n)**, eine versicherte Person in der Fremdversicherung für eigene Rechnung als bloße **Gefahrsperson**.

Ist die Krankenversicherung sowohl auf die Person des VN als auch auf die Person eines anderen abgeschlossen, spricht man von einer **Mitversicherung**, die teils Eigen- und teils Fremdversicherung ist. Das ist insb. in der **Familienversicherung** der Fall, in der ein Familienmitglied (im Regelfall als Erwerbstätige[r]) VN ist während die anderen Familienmitglieder (Ehepartner und Kinder) nur mitversichert sind. Daraus ergibt sich folgendes Modell:

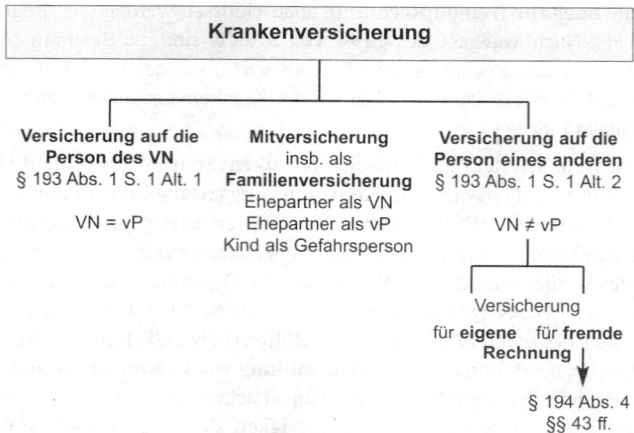

6 Der BGH (VersR 2006, 686, 688) nimmt an, dass sich grds. nur zwei Vertragsmodelle gegenüberstehen: (1) Die **Einbeziehung eines Dritten in den Versicherungsschutz** könne als **reine Eigenversicherung** gewollt sein (BGH, VersR 2006, 686, 688). Davon sei auszugehen, wenn der VN sich nur gegen eigene wirtschaftliche Einbußen schützen wolle, die für ihn mit der Erkrankung der versicherten Person verbunden seien. (2) Um eine **Versicherung für fremde Rechnung** handle es sich aber, wenn mit dem VV ausschließlich oder jedenfalls neben dem Eigeninteresse des VN auch das eigene Interesse der versicherten Person versichert werden soll, vor krankheitsbedingten Einbußen geschützt zu werden (BGH, VersR 2006, 686, 688). Diese Terminologie ist irreführend, weil die Versicherung auf die Person eines anderen als Eigenversicherung bezeichnet wird, hat sich jedoch so etabliert, weil auf das Eigeninteresse des VN abgestellt wird.

7 Bei der **Familienversicherung** ist nicht per se davon auszugehen, dass der Erwerbstätige (VN) ein eigenes wirtschaftliches Interesse verfolgt (BGH, VersR 2006, 686; anders noch: OLG Saarbrücken, VersR 1997, 863, 865)]. Besteht jedoch nur bei ihm ein wirtschaftliches Interesse, so liegt eine **Versicherung** in eigenem Interesse und **für eigene Rechnung** vor (OLG Saarbrücken, VersR 1997, 863, 865; OLG Köln, VersR 1983, 772; r+s 1986, 16). Die versicherte Person ist dann bloße **Gefahrsperson**, die keine eigenen Rechte und folglich auch keinen eigenen Rechtsanspruch auf die Versicherungsleistung hat (Bruck/Möller/*Wriede*, KV Anm. H 5 S. K 449 m.w.N.; *Wriede*, VersR 1996, 873). Ist die Krankenversicherung so ausgestaltet, dass der/die Versicherte einen eigenen Anspruch gegen den VR hat, so handelt es sich um eine **Versicherung für fremde Rechnung** (vgl. Bruck/Möller/*Wriede*, KV Anm. H 2 S. K 447). Das ist der Fall, wenn die versicherte Person ein eigenes wirtschaftliches Interesse an der Risikoübernahme hat und der VN ein fremdes Interesse versichern will (vgl. OLG Saarbrücken, VersR 1997, 863, 865 m.w.N.). Sofern ein Elternteil ein **Kind** mitversichert, ist das Kind grds. nur Gefahrsperson (OLG Koblenz,

VersR 2004, 993). Hingegen ist bei dem mitversicherten **Ehepartner** i.d.R. von einem echten Vertrag zugunsten Dritter (Versicherung für fremde Rechnung) auszugehen, sodass der mitversicherte Ehepartner die Versicherungsleistung aus eigenem Recht geltend machen kann (BGH, VersR 2006, 686; VersR 2008, 64). Dies gilt unabhängig davon, ob der mitversicherte Ehegatte einer Erwerbstätigkeit nachgeht oder durch die Tätigkeit im Haushalt zum Familienunterhalt beiträgt (BGH, VersR 2006, 686; OLG Frankfurt am Main, VersR 2001, 448; **a.A.** noch OLG Koblenz, VersR 2004, 993; VersR 2005, 491; OLG Köln, VersR 1983, 772, 773; OLG Saarbrücken, VersR 1997, 863; *Pannenbecker*, VersR 1998, 1322).

Ist die Krankenversicherung als **Versicherung für fremde Rechnung** abgeschlossen, sind die §§ **43 ff.** VVG mit der Maßgabe anzuwenden, dass ausschließlich die versicherte Person die Versicherungsleistung verlangen kann, wenn der VN sie ggü. dem VR – widerruflich oder unwiderruflich – in Textform als Empfangsberechtigte(n) benannt hat (§ 194 Abs. 3 S. 1 VVG). Liegt diese Voraussetzung nicht vor, kann nur der VN die Versicherungsleistung verlangen (§ 193 Abs. 3 S. 2 VVG). Den Versicherungsschein braucht er dann – abweichend von §§ 44 Abs. 2, 45 Abs. 2 VVG – nicht vorzulegen (§ 193 Abs. 3 S. 3 VVG). Diese Modifikation der §§ 43 ff. VVG beruht auf der Befürchtung, dass die Leistungsabrechnung andernfalls unverhältnismäßig aufwendig wäre (vgl. *Lorenz*, Abschlussbericht der Kommission zur Reform des VVG, S. 167 f., unter: 1.3.2.4.5.2). Damit ist die Entscheidung des BGH vom 10.10.2007 (VersR 2008, 64) überholt. Danach konnte der mitversicherte Ehepartner die Leistung gem. § 328 Abs. 1 BGB im eigenen Namen (auch gerichtlich) geltend machen – ohne als Empfangsberechtigter benannt zu sein. Ist er als Empfangsberechtigter benannt, so konnte er auch die Gültigkeit einer AVB-Klausel (§§ 305 ff. BGB) überprüfen lassen (BGH, VersR 2008, 64 auf der Basis von § 328 Abs. 1 BGB und noch ohne Rücksicht auf die Benennung als Empfangsberechtigter). 8

In der **Gruppenversicherung** ist zu unterscheiden: Dort werden mehrere Personen unter der Spitze einer bestimmten Person (VN) versichert (vgl. *Schoenfeldt/Kalis*, in: Bach/Moser, PKV 2002, § 178a Rn 16). In der Praxis ist dieser Form häufig aus Kostenersparnisgründen bei Berufsvereinigungen vorzufinden. I.d.R. ist bei dieser Versicherung das Interesse der Versicherten versichert, sodass es sich um eine Versicherung für fremde Rechnung i.S.d. § 43 VVG handelt (*Schoenfeldt/Kalis*, in: Bach/Moser, PKV 2002, § 178a Rn 16). Etwas anderes gilt, wenn ein Arbeitgeber als VN für seine Arbeitnehmer eine Krankentagegeldversicherung abschließt, um sich gegen die Kosten der Arbeitsunfähigkeit (Lohnfortzahlung, Ersatzkraft) abzusichern (BK/*Hohlfeld*, § 178a Rn 2). 9

II. Kenntnis und Verhalten der versicherten Person (§ 193 Abs. 2 VVG)

Ebenso wie in der Lebens- (§ 156 VVG), Berufsunfähigkeits- (§ 176 VVG) und Unfallversicherung (§ 179 Abs. 3 VVG) werden nach § 193 Abs. 2 VVG Kenntnis und Verhalten der versicherten Person der Kenntnis und dem Verhalten des VN gleichgesetzt, um den VR vor Falschangaben versicherter Personen zu schützen (BK/*Hohlfeld*, § 178a Rn 10). 10

III. Versicherungspflicht (§ 193 Abs. 3 VVG)

11 In der **Krankheitskosten-**, nicht aber in der **Krankentagegeldversicherung** (LG Berlin, VersR 2013, 1036) besteht eine Versicherungspflicht, die auf die **Gesundheitsreform 2007** und auf Art. 11 Abs. 1 des Gesetzes zur Reform des Versicherungsvertragsrechts vom 23.7.2007 (BGBl I, S. 2631) zurückgeht (Einzelheiten: Vor. §§ 192 bis 208 Rn 12). Es liegt seither in der Verantwortung bislang nicht versicherter Personen, dieser Pflicht zur Versicherung nachzukommen (Beschlussempfehlung und Bericht des Gesundheitsausschusses, BT-Drucks 17/13947, S. 30). Kommt ein Betroffener (s. unter Rdn 12), d.h. *grosso modo* ein Einwohner der Bundesrepublik Deutschland, der nicht dem System der gesetzlichen Krankenversicherung zuzuordnen ist (s. § 5 Abs. 1 SGB V), der Versicherungspflicht nicht nach, so hat er einen einmaligen Prämienzuschlag zu zahlen (§ 193 Abs. 4 S. 1 bis 4 VVG). Die Beobachtung, dass *„nicht alle Personen ihrer Pflicht zur Versicherung"* nachgekommen sind, hat der Gesetzgeber (2013) auf mögliche Unkenntnis und auf die Höhe des u.U. zu zahlenden Prämienzuschlags zurückgeführt (Beschlussempfehlung und Bericht des Gesundheitsausschusses, BT-Drucks 17/13947, S. 30) und hat deswegen mit dem **Gesetz zur Beseitigung sozialer Überforderung bei Beitragsschulden in der Krankenversicherung** vom 15.7.2013 (BGBl I, S. 2423) ein Zeitfenster bis zum 31.12.2013 geöffnet, in dem die Betroffenen die (Pflicht-)Krankenversicherung auch ohne Prämienzuschlag abschließen konnten (§ 193 Abs. 4 VVG).

1. Betroffene

a) Inlandswohnsitz (§ 193 Abs. 3 S. 1 VVG)

12 Die Versicherungspflicht trifft grds. jede **Person mit Wohnsitz im Inland**. Diese Personengruppe hat die Krankenversicherung für sich selbst und für die von ihr gesetzlich vertretenen Personen abzuschließen, soweit diese nicht selbst Verträge schließen können. Das ist bspw. bei minderjährigen Kindern der Fall (§§ 106 ff. BGB), sodass die Eltern gem. § 1626 Abs. 1 BGB i.V.m. § 193 Abs. 3 S. 1 VVG in eigener Verantwortung und in gegenseitigem Einvernehmen für eine entsprechende Krankenversicherung Sorge zu tragen haben.

b) Ausnahmen (§ 193 Abs. 3 S. 2 VVG)

13 Die Versicherungspflicht richtet sich grds. danach, ob der Betroffene der privaten (PKV) oder der gesetzlichen Krankenversicherung (GKV) zuzuordnen ist (BGH, VersR 2014, 989, Rn 14; OLG Köln, VersR 2014, 454, 455; *Marlow/Spuhl*, VersR 2009, 594). Dabei vermittelt § 193 Abs. 3 S. 1 VVG den Eindruck, als sei die Versicherungspflicht in der PKV der Regelfall. Faktisch ist jedoch die große Mehrheit der Bevölkerung in der GKV versichert (Vor. §§ 192 ff. Rdn 1).

aa) Versicherte in der gesetzlichen Krankenversicherung (§ 193 Abs. 3 S. 2 Nr. 1 VVG)

Keine Versicherungspflicht besteht für Personen, die freiwillig in der gesetzlichen Krankenversicherung versichert (§ 9 Abs. 1 SGB V) oder versicherungspflichtig (§§ 5 ff. SGB V) sind. Versicherungspflichtig sind insb.:
- **abhängig Beschäftigte** (§ 5 Abs. 1 Nr. 1 SGB V) mit einem Einkommen unterhalb der Beitragsbemessungsgrenze (§ 6 Abs. 1 Nr. 1 SGB V) und
- Personen, die **keinen anderweitigen Anspruch** auf Absicherung im Krankheitsfall haben und **zuletzt gesetzlich krankenversichert** waren (§ 5 Abs. 1 Nr. 13a SGB V; dazu u.a.: LSG Nordrhein-Westfalen v. 3.9.2012 – L 5 KR 258/12 ER [Keine Zuordnung zur gesetzlichen Krankenversicherung, bloß weil die private Krankenversicherung gem. §§ 22 VVG, 123, 142 BGB erfolgreich angefochten wurde]; LSG Baden-Württemberg v. 18.5.2015 – L 11 KR 4414/14 ER-B; LSG Berlin-Brandenburg v. 11.5.2015 – L 9 KR 103/15 B ER; SG Mainz v. 4.5.2015 – S 3 KR 618/13) oder **bisher nicht gesetzlich oder privat krankenversichert** waren, es sei denn, dass sie zu den in **§ 5 Abs. 5 oder den in § 6 Abs. 1 oder 2 SGB V genannten Personen** gehören oder bei Ausübung ihrer **beruflichen Tätigkeit im Inland** gehört hätten (§ 5 Abs. 1 Nr. 13b SGB V).

bb) Heilfürsorge-, Beihilfeberechtigte u.Ä. (§ 193 Abs. 3 S. 2 Nr. 2 VVG)

Die Versicherungspflicht gilt auch nicht für Personen, die Anspruch auf freie Heilfürsorge haben, beihilfeberechtigt sind oder vergleichbare Ansprüche haben, im Umfang der jeweiligen Berechtigung. Freie Heilfürsorge steht insb. Polizeibeamten (z.B.: § 1 BbgPolHV) und Berufsfeuerwehrleuten (z.B.: § 1 BremHfV) zu, über *vergleichbare* Ansprüche (Begriff: § 194 Abs. 1 BGB) verfügen Soldaten und Wehrpflichtige (§ 69 Abs. 2 S. 1 BBesG, § 6 S. 1 WehrsoldG). Beihilfeberechtigt sind (sonstige) Beamte. Dagegen verfügen die Mitglieder im Spar- und Unterstützungsverein für Polizeibeamte nicht über vergleichbare Ansprüche, weil es an der rechtlichen Durchsetzbarkeit fehlt (OLG Oldenburg, VersR 2012, 87). Abgesehen davon wäre Vergleichbarkeit nur zu bejahen, wenn sich die Ansprüche entweder gegen den Staat selbst oder gegen eine Einrichtung richten, die der Versicherungsaufsicht unterliegt (OLG Oldenburg, VersR 2012, 87; vertiefend: *Both*, VersR 2011, 302, 304).

cc) Asylbewerber (§ 193 Abs. 3 S. 2 Nr. 3 VVG)

Keine Versicherungspflicht besteht für Personen, die Anspruch auf Leistungen nach dem Asylbewerberleistungsgesetz (AsylbLG) haben.

dd) Empfänger von Sozialleistungen (§ 193 Abs. 3 S. 2 Nr. 4 VVG)

Keine Versicherungspflicht besteht für Empfänger laufender Leistungen, die als Hilfe zum Lebensunterhalt (§§ 30 ff. SGB XII), als Grundsicherung im Alter und bei Erwerbsminderung (§§ 41 ff. SGB XII), als Eingliederungshilfe für behinderte Menschen (§§ 53 ff. SGB XII) oder als Hilfe zur Pflege (§§ 61 ff. SGB XII) einzuordnen sind, für die Dauer dieses Leistungsbezugs und während Zeiten einer Unterbrechung des Leistungsbezugs von weniger als einem Monat, wenn der **Leistungsbezug vor dem 1.1.2009** begonnen hat (§ 193 Abs. 3 S. 2 Nr. 4 VVG). Für diese Verträge gewährt § 5 Abs. 5a SGB V Bestandsschutz. Dagegen besteht bei Beginn des Leistungsbezugs nach dem 31.12.2008 kein gesetzlicher Krankenversicherungsschutz mehr. Folgerichtig greift dann die Versicherungspflicht aus § 193 Abs. 3 S. 1 VVG (s. aber BGH, VersR 2014, 989; s.a. Rdn 45).

2. Mindestumfang des Krankenversicherungsschutzes (§ 193 Abs. 3 S. 1 VVG)

18 Gegenstand der Versicherungspflicht ist eine **Krankheitskostenversicherung, die mindestens eine Kostenerstattung für ambulante und stationäre Heilbehandlung umfasst** und bei der die für tariflich vorgesehene Leistungen vereinbarten absoluten und prozentualen Selbstbehalte für ambulante und stationäre Heilbehandlung für jede zu versichernde Person auf eine betragsmäßige Auswirkung von kalenderjährlich 5.000,00 EUR begrenzt ist.

a) Kostenerstattung für ambulante und stationäre Heilbehandlung

19 Die Literatur geht bisher überwiegend davon aus, dass **keine Versicherungspflicht für Zahnbehandlung und Zahnersatz** besteht (*Grote/Bronkars*, VersR 2008, 580, 581; *Langheid*, NJW 2007, 3745, 3749; *Marlow/Spuhl*, VersR 2009, 593, 596; MüKo/*Kalis*, § 193 VVG Rn 18; Looschelders/Pohlmann/*Reinhard*, § 193 Rn 8; a.A.: *Kaulbach/Schneider*, VersR 2015, 1469, 1472), und beruft sich v.a. darauf, dass die Krankheitskostenversicherung nur eine Kostenerstattung für ambulante und stationäre Heilbehandlung umfassen müsse (§ 193 Abs. 3 S. 1 VVG). Laut Begründung (BT-Drucks 16/4247, S. 67) benennen die „*Begriffe ambulante und stationäre Heilbehandlung* [...] *klassische Leistungsbereiche in der PKV*" (vgl. § 12 Abs. 1 S. 1 Nr. 1 und 2 der Krankenversicherungsaufsichtsverordnung – KVAV). Ein Hinweis auf den in § 12 Abs. 1 S. 1 Nr. 3 KVAG (bzw. der früheren Kalkulationsverordnung) geregelten Leistungsbereich „*Kostenerstattung für Zahnbehandlung und Zahnersatz*" fehlt, sodass nach allg. Meinung keine Versicherungspflicht besteht. *Marlow/Spuhl* (VersR 2009, 593, 596) betonen zudem, dass der in der Versicherungspflicht liegende Eingriff in die allgemeine Handlungsfreiheit (Art. 2 Abs. 1 GG) erforderlich sein müsse, um die verfolgten (legitimen) Ziele zu erreichen; hier solle u.a. Versicherungsschutz für alle in Deutschland lebenden Menschen zu bezahlbaren Konditionen sichergestellt und damit verhindert werden, dass ein Einwohner im Bedarfsfall nicht ausreichend versorgt oder auf steuerfinanzierte staatliche Leistungen angewiesen sei. Um dieses Ziel zu erreichen bedürfe, es so *Marlow/Spuhl* (VersR 2009, 593, 596), keiner „*Rundumversorgung*", ausreichend sei ein „*Schutz vor wirtschaftlicher Existenzgefährdung durch unabweisbare Behandlungskosten*" (s. auch: OLG Köln, r+s 2016, 248, Rn 44).

20 Die Bedenken gegen die herrschende Lehre liegen auf der Hand: Der Begriff der Heilbehandlung (§ 193 Abs. 3 S. 2 VVG) erfasst auch zahnärztliche Behandlungen (s. OLG Köln, r+s 1999, 82; LG Koblenz, VersR 2004, 1593 [LS]). Das Gleiche gilt für das Begriffspaar ambulant/stationär (wie hier *Grote/Bronkars*, VersR 2008, 580, 581; *Marlow/Spuhl*, VersR 2009, 593, 596). Hinzu kommt, dass die Gesundheitsreform 2007 den „*Zugang der Versicherten zu allen medizinisch notwendigen Leistungen*" gewährleisten sollte (GKV-WSG,

Begr. BT-Drucks 16/3100, S. 1). Dazu gehören grds. auch Zahnbehandlung und Zahnersatz. Dementsprechend sind im Basistarif gem. § 152 Abs. 1 S. 1 VAG i.V.m. § 27 Abs. 1 Nr. 2, 2a SGB V auch die Kosten für Zahnbehandlung und Zahnersatz zu erstatten. Die Leistungen im Basistarif (§ 193 Abs. 5 VVG) und in der Pflichtversicherung (§ 193 Abs. 3 VVG) brauchen zwar nicht identisch zu sein (*Marlow/Spuhl*, VersR 2009, 593, 596), sie stehen aber auch nicht beziehungslos nebeneinander. So geht das BVerfG (VersR 2009, 573) davon aus, dass gerade die Kombination aus Versicherungspflicht und Kontrahierungszwang im Basistarif einen „*ausreichenden und bezahlbaren Krankenversicherungsschutz verbürgt*". So gesehen müssten die im Basistarif versicherten Leistungsbereiche eigentlich auch versicherungspflichtig sein. Für die herrschende Lehre spricht jedoch, dass § 193 Abs. 3 VVG lediglich eine Krankheitskosten-, keine Krankheitskostenvollversicherung verlangt und dass sich die Begründung (BT-Drucks 16/3100, S. 1) eindeutig ein tariforientiertes Begriffsverständnis zu Eigen gemacht hat.

b) Begrenzung der Selbstbehalte

aa) Normaltarife

Nach § 193 Abs. 3 S. 1 VVG dürfen sich „*die für tariflich vorgesehene Leistungen vereinbarten absoluten und prozentualen* **Selbstbehalte** *für ambulante und stationäre Heilbehandlung für jede zu versichernde Person*" höchstens i.H.v. **5.000,00 EUR pro Kalenderjahr** auswirken. Dies soll gewährleisten, dass der angestrebte Mindestumfang der Krankenversicherung nicht unterlaufen wird (Begr. BT-Drucks 16/4247, S. 67). 21

Begrifflich ist wie folgt zu unterscheiden: 22
– **Absolute Selbstbehalte** sind Beträge, die der Versicherte pro Kalenderjahr für bestimmte oder alle Leistungsbereiche selbst zu tragen hat, bevor der Erstattungsanspruch entsteht (Looschelders/Pohlmann/*Reinhard*, § 193 Rn 9).
– **Prozentuale Selbstbehalte** sind dadurch gekennzeichnet, dass der VR die Kosten bestimmter, grds. versicherter Leistungen stets nur prozentual übernimmt (Looschelders/Pohlmann/*Reinhard*, § 193 Rn 9).

Der Tarif muss eine **absolute Deckelung** aller Selbstbehalte auf den Betrag von **5.000,00 EUR pro Person und pro Kalenderjahr** vorsehen (Looschelders/Pohlmann/ *Reinhard*, § 193 Rn 9). Eine Mitversicherung mit einem gemeinsamen Selbstbehalt über 10.000,00 EUR wäre also unzureichend. Im Hinblick auf den Höchstbetrag werden die Aufwendungen für ambulante und stationäre Leistungen addiert (*Grote/Bronkars*, VersR 2008, 580). 23

Die Literatur geht überwiegend davon aus, dass der Begriff des Selbstbehalts auch (primäre und sekundäre) **Leistungs- oder Risikobegrenzungen** und **Risikoausschlüsse** erfasst (*Marlow/Spuhl*, VersR 2009, 593, 596; *Grote/Bronkars*, VersR 2008, 580, 581; *Langheid*, NJW 2007, 3745, 3749). Immer, wenn Kosten für eine medizinisch notwendige Heilbehandlung – aufgrund vertraglicher Vereinbarung – nicht erstattet werden müssten, wirke dies wirtschaftlich wie ein Selbstbehalt (*Marlow/Spuhl*, VersR 2009, 593, 596). Der VN habe in diesen Fällen – wie bei einem klassischen Selbstbehalt – vertraglich keinen Kosten- 24 erstattungsanspruch, sei es, dass Aufwendungen nur bis zum 1,8-fachen der GOÄ ersetzt, nur 30 Psychotherapie-Sitzungen im Jahr erstattet oder Leistungen, bspw. künstliche Befruchtungen, insgesamt vom Versicherungsschutz ausgenommen seien (*Marlow/Spuhl*, VersR 2009, 593, 596).

25 Diese Rechtsauffassung ist abzulehnen: § 193 Abs. 3 S. 1 VVG bezieht den – ohnehin eindeutigen – Begriff des Selbstbehalts ausdrücklich auf *„tariflich vorgesehene Leistungen"*, nicht aber auf tariflich nicht vorgesehene Leistungen (wie hier *Marko*, Private Krankenversicherung, B Rn 25; Looschelders/Pohlmann/*Reinhard*, § 193 Rn 9; *Both*, VersR 2011, 302, 304). Einzuräumen ist zwar, dass die Effektivität der Kranken- als Pflichtversicherung gefährdet wird, wenn das Leistungsversprechen des Krankenversicherers durch großzügige Leistungs- und Risikoausschlüsse ausgehöhlt wird. Prüfungsmaßstab für die Erfüllung der Versicherungspflicht ist in diesem Fall jedoch nicht die 5.000,00 EUR Grenze, sondern die Frage, ob eine – im Lichte des mit § 193 Abs. 3 S. 1 VVG verfolgten Normzwecks – (noch) adäquate Kostenerstattung für ambulante und stationäre Heilbehandlungen gewährleistet ist (insoweit anders: *Marko*, Private Krankenversicherung, B Rn 31, der auf der Basis von § 12 Abs. 1 VAG a.F. darauf abstellt, ob die Krankenversicherung geeignet ist, die gesetzliche Krankenversicherung ganz oder teilweise zu ersetzen).

bb) Beihilfetarife

26 Für Beihilfeberechtigte ergeben sich die möglichen Selbstbehalte durch eine sinngemäße Anwendung des durch den Beihilfesatz nicht gedeckten Prozentsatzes auf den Höchstbetrag von 5.000,00 EUR.

cc) Basistarif

27 Der Höchstbetrag für den Selbstbehalt (5.000,00 EUR) gilt auch für den Basistarif, in dem den Versicherten gem. § 152 Abs. 1 S. 3 VAG die Möglichkeit eingeräumt werden muss, Selbstbehalte von 300,00, 600,00, 900,00 oder 1.200,00 EUR zu vereinbaren.

3. In Deutschland zugelassene Versicherungsunternehmen als Vertragspartner

28 Die Krankenversicherung ist *„bei einem in **Deutschland zum Geschäftsbetrieb zugelassenen Versicherungsunternehmen**"* abzuschließen (§ 193 Abs. 3 S. 1 VVG). Darunter fallen nicht nur inländische Krankenversicherungsunternehmen, die über eine Erlaubnis gem. § 8 Abs. 1 VAG verfügen (so aber MüKo/*Boetius*, Vor. § 192 VVG Rn 985; *Boetius*, VersR 2007, 431, 435; *Marko*, Private Krankenversicherung, B Rn 5 f.), sondern auch EU-/EWR-ausländische Krankenversicherer, die aufgrund der Erlaubnis ihres Herkunftsmitgliedstates i.V.m. dem „single license"-Prinzip befugt sind, Krankenversicherungsschutz auch in der BRD anzubieten (wie hier und vertiefend: *Both*, VersR 2011, 302). Die Rechtsauffassung *Boetius* (*Boetius*, VersR 2007, 431, 435), systematisch gesehen könne die Versicherungspflicht nur bei Krankenversicherungsunternehmen erfüllt werden, die auch dem Kontrahierungszwang im Basistarif unterlägen (§ 152 Abs. 1 S. 1 VAG – Versicherungsunter-

nehmen mit Sitz im Inland), ist abzulehnen, denn sie ist weder mit dem Normtext noch mit der Niederlassungs- (Art. 49 ff. AEUV) und Dienstleistungsfreiheit (Art. 56 ff. AEUV) zu vereinbaren. *Boetius* (*Boetius*, VersR 2007, 431, 435 Rn 985) erkennt dies zwar, legt § 193 Abs. 3 S. 1 VVG aber trotzdem nicht gemeinschaftskonform aus. Der Einwand *Markos* (*Markos*, Private Krankenversicherung, B Rn 5 f.), das Gesetz knüpfe die Rechte und Pflichten im Basistarif an den Unternehmenssitz in Deutschland, ist abzulehnen; nicht nur, weil die Versicherungspflicht auch durch eine Krankenversicherung außerhalb des Basistarifs erfüllt werden kann, sondern auch, weil ein EU-/EWR-ausländischer Krankenversicherer auf dem Binnenmarkt (Art. 26 Abs. 2 AEUV) grds. die Freiheit haben muss, einen Basistarif anzubieten.

4. Erfüllung der Versicherungspflicht durch Altverträge (§ 193 Abs. 3 S. 3 VVG)

Ein vor dem 1.4.2007, d.h. vor Inkrafttreten des GKV-WSG (Art. 46 Abs. 1 GKV WSG) vereinbarter Krankheitskostenversicherungsvertrag (Altvertrag) genießt Bestandsschutz (Begr. BT-Drucks 16/4247, S. 67). Nach § 193 Abs. 3 S. 3 VVG besteht eine unwiderlegbare Vermutung (keine Fiktion; so aber *Marlow/Spuhl*, VersR 2009, 593, 595) dafür, dass er der Versicherungspflicht genügt, auch wenn er die Mindestanforderungen aus § 193 Abs. 3 S. 1 VVG nicht erfüllt – bspw., weil das Leistungsspektrum eingeschränkt oder ein Selbstbehalt über 5.000,00 EUR hinaus vereinbart ist. Eine Mitgliedschaft in der **Krankenversorgung der Bundesbahnbeamten** (KVB) fällt unter den **Bestandsschutz** und genügt den Anforderungen an die Versicherungspflicht (BGH, VersR 2012, 752); maßgeblich ist, dass den Mitgliedern im Rahmen eines besonderen Krankenversorgungssystems privatrechtliche Ansprüche zustehen (BGH, VersR 2012, 752). 29

Ein Altvertrag genügt der Versicherungspflicht auch, wenn er eine Kostenerstattung nur für ambulante *oder* nur für stationäre Heilbehandlungen vorsieht (*Marko*, Private Krankenversicherung, B Rn 15 f.; **a.A.** *Marlow/Spuhl*, VersR 2009, 593, 595). Dafür spricht, dass die Begründung den Dispens auf alle Krankheitskostenversicherungsverträge bezieht, *„die den in Satz 1 definierten Mindestinhalt unterschreiten"* (Begr. BT-Drucks 16/4247, S. 67). Hinzu kommt, dass Bestandskunden, die bisher bloß stationär versichert sind und ihren Krankenversicherungsschutz aufgrund erhöhter Risiken auch nicht mehr aufstocken können, andernfalls gezwungen wären, ihre Krankenversicherung zu kündigen und sich im Basistarif – mit erheblichen wirtschaftlichen Nachteilen – neu zu versichern (*Marko*, Private Krankenversicherung, B Rn 16). 30

Bestandsschutz genießen nur substitutive Krankenversicherungen (Begriff: § 146 Abs. 1 VAG). Bloße Zusatzversicherungen reichen nicht aus (i.Erg. wie hier *Marlow/Spuhl*, VersR 2009, 593, 595), weil sie schon strukturell nicht geeignet sind, den mit dem GKV-WSG angestrebten *„dauerhaften und ausreichenden Versicherungsschutz gegen das Risiko Krankheit"* sicherzustellen (vgl.: BVerfG, VersR 2009, 958). 31

Der Altvertrag muss spätestens am 30.3.2007 zustande gekommen sein. Erforderlich ist der rechtzeitige Zugang beider Vertragserklärungen (*Marlow/Spuhl*, VersR 2009, 593, 595). 32

IV. Verletzung der Versicherungspflicht (§ 193 Abs. 4 VVG)

1. Deckungsschutz

33 Kommt der VN seiner Versicherungspflicht erst verspätet nach, so wirkt die Krankenversicherung nicht zurück (i.E. Rdn 44), und es sind auch keine Prämien für die Zeit zwischen Entstehung der Versicherungspflicht und Abschluss des Vertrags zu zahlen (Looschelders/Pohlmann/*Reinhard*, § 193 Rn 15).

2. Prämienzuschläge

34 Wird der Vertragsschluss später als einen Monat nach Entstehen der Pflicht nach § 193 Abs. 3 S. 1 VVG beantragt, ist ein **Prämienzuschlag** zu entrichten (§ 193 Abs. 4 S. 1 VVG; s. LG Baden-Baden, r+s 2013, 395, 396). Dadurch sollen materielle Vorteile bei Personen begrenzt werden, die sich nicht bereits mit Eintritt der Pflicht zur Versicherung, sondern erst später versichern, um die Prämie zu sparen (Bericht, BT-Drucks 16/4247, S. 67). Ein solches Verhalten würde der Versichertengemeinschaft schaden, daher soll durch den Prämienzuschlag auch ein Ausgleich für diesen Schaden geschaffen werden (BT- Drucks 16/4247, S. 67).

35 Der **Prämienzuschlag** beträgt einen Monatsbeitrag. Das gilt nicht für den ersten, aber für jeden weiteren angefangenen Monat der Nichtversicherung. Ab dem sechsten Monat der Nichtversicherung beträgt der Prämienzuschlag für jeden weiteren angefangenen Monat der Nichtversicherung ein Sechstel eines Monatsbeitrags (§ 193 Abs. 4 S. 2 VVG). Maßgeblich ist die Höhe der Monatsprämie für die Pflichtkrankenversicherung bei Abschluss des Vertrags einschließlich evtl. Risikozuschläge, jedoch ohne den gesetzlichen Beitragszuschlag gem. § 149 S. 1 VAG, freiwillige Zusatztarife und PPV-Beitrag (Looschelders/Pohlmann/*Reinhard*, § 193 Rn 15; kritisch mit Blick auf die vglw. milden Sanktionen bei Nichterfüllung der Versicherungspflicht: *Wallrabenstein*, VersWissStud. Bd. 34, S. 81, 97 f.).

36 Kann die Dauer der Nichtversicherung nicht ermittelt werden, ist davon auszugehen, dass der Versicherte mindestens fünf Jahre nicht versichert war (§ 193 Abs. 4 S. 3 VVG). Der Prämienzuschlag ist einmalig zusätzlich zur laufenden Prämie zu entrichten (§ 193 Abs. 4 S. 4 VVG). Der VN kann vom VR die Stundung des Prämienzuschlags verlangen, wenn den Interessen des VR durch die Vereinbarung einer angemessenen Ratenzahlung Rechnung getragen werden kann (§ 193 Abs. 4 S. 5 VVG).

37 Nach früherer Rechtslage konnte der VN **Stundung** (Hinausschieben der Fälligkeit bei Fortbestehen der Erfüllbarkeit; vgl. MüKo/*Krüger*, § 271 BGB Rn 21) nur verlangen, „*wenn ihn die sofortige Zahlung ungewöhnlich hart*" getroffen hätte. Davon ging die Begründung (BT-Drucks 16/4247, S. 67) aus, wenn „*ihn die sofortige Zahlung der vollen Summe seiner wirtschaftlichen Existenz berauben würde.*" Der VN sollte daher bei seinem Antrag glaubhaft machen, dass er sich in einer vorübergehenden finanziellen Notlage befinde, „*die sich in nächster Zeit beheben werde* [sic!]" (Begr. BT-Drucks 16/4247, S. 67); ggf. müsse der VN einen Kredit aufnehmen, um den Prämienzuschlag in einer Summe zu tilgen (Begr.

BT-Drucks 16/4247, S. 67). Durch das **Gesetz zur Beseitigung sozialer Überforderung bei Beitragsschulden in der Krankenversicherung** vom 15.7.2013 (BGBl I, S. 2423) wurde diese Einschränkung ersatzlos gestrichen, damit die VN *„in Zukunft leichter in der Lage [sind], den Prämienzuschlag zu begleichen"*, und die VR *„besser in der Lage* [sind], *der jeweiligen finanziellen Situation des einzelnen VN Rechnung zu tragen"* (Beschlussempfehlung und Bericht des Gesundheitsausschusses, BT-Drucks 17/13947, S. 30 zu Art. 3). § 193 Abs. 4 S. 5 VVG besagt nunmehr, dass der VN vom VR die Stundung des Prämienzuschlags verlangen kann, wenn den Interessen des VR durch die Vereinbarung einer angemessenen Ratenzahlung Rechnung getragen werden kann.

Der gestundete Betrag ist mit **4 % für das Jahr** zu verzinsen (§ 193 Abs. 4 S. 6 VVG i.V.m. § 246 BGB; s. Prölss/Martin/*Voit*, § 193 Rn 23). 38

Wurde der **Vertragsabschluss bis zum 31.12.2013** beantragt, war **kein Prämienzuschlag** 39 zu entrichten (§ 193 Abs. 4 S. 7 VVG). Dies sollte *„bislang nicht versicherte*[n] *Personen einmalig den Zugang zur privaten Krankenversicherung erleichtern"* und so dem gesamtgesellschaftlichen Ziel eines Versicherungsschutzes für alle Einwohner Rechnung tragen (Beschlussempfehlung und Bericht, BT-Drucks 17/13947, S. 30 zu Art. 3). Erfolgt der Antrag auf Vertragsabschluss nach dem Stichtag, so finden die Sätze 1 bis 6 wiederum Anwendung (Beschlussempfehlung und Bericht, BT-Drucks 17/13947, S. 30 zu Art. 3). Die damit verbundene grundsätzliche Aufrechterhaltung des Prämienzuschlags als Sanktionsmechanismus hält der Gesundheitsausschuss für erforderlich, *„um Personen, die künftig der Pflicht zur Versicherung in der privaten Krankenversicherung unterliegen, für die Zukunft einen finanziellen Anreiz zu geben, dieser Pflicht ordnungsgemäß nachzukommen"* (Beschlussempfehlung und Bericht, BT-Drucks 17/13947, S. 30 zu Art. 3).

§ 193 Abs. 4 S. 7 VVG gilt für bis zum 31.7.2013 abgeschlossene Verträge für noch 40 ausstehende Prämienzuschläge nach § 193 Abs. 4 S. 1 VVG entsprechend (§ 193 Abs. 4 S. 8 VVG). Mit dem Erlass dieser Schulden sollten die in der Vergangenheit aufgelaufenen Forderungen reduziert und die Betroffenen insoweit entlastet werden (Beschlussempfehlung und Bericht, BT-Drucks 17/13947, S. 31). Eine **Erstattung bereits gezahlter Prämienzuschläge** ist hingegen nicht vorgesehen (Beschlussempfehlung und Bericht, BT-Drucks 17/13947; Prölss/Martin/*Voit*, § 193 Rn 23).

V. Kontrahierungszwang im Basistarif (§ 193 Abs. 5 VVG)

Im Hinblick auf den Basistarif i.S.v. § 152 Abs. 1 VAG besteht gem. § 193 Abs. 5 VVG 41 ein **Kontrahierungszwang**, den das BVerfG (VersR 2009, 957) ausdrücklich gebilligt hat: Der Basistarif führe nicht zu einer Erosion der privaten Krankenversicherung: Die Befürchtung, der Basistarif könne zu Beitragssteigerungen im Normaltarif führen, Beitragssteigerungen im Normaltarif könnten dazu führen, dass die Kunden massenhaft in den (gem. § 152 Abs. 3 S. 1 VAG) nicht kostendeckenden Basistarif wechselten, sei unbegründet, weil der Basistarif vglw. unattraktiv sei. Diese Prognose hat sich bewahrheitet. Nach Informationen des PKV-Verbands waren im Jahre 2014 zwar immerhin 28.700 Personen im Basistarif versichert (PKV-Verband, Zahlenbericht der Privaten Krankenversicherung,

2014, S. 30); es handelt sich jedoch nach wie vor nur um einem Bruchteil (0,34 %) der vollversicherten Personen.

42 Der **Kontrahierungszwang** greift **bei kleineren VVaG i.S.v. § 210 VAG** in die Vereinigungsfreiheit des Art. 9 Abs. 1 GG ein. Er besteht deswegen nur ggü. Antragstellern aus ihrem nach der Satzung vorgesehenen Mitgliederkreis (BVerfG, VersR 2009, 1057). §§ 152 Abs. 2 S. 1 VAG, 193 Abs. 5 VVG sind insoweit **verfassungskonform**, d.h. unter Berücksichtigung des durch Art. 9 Abs. 1 GG geschützten Aspekts *„der freien sozialen Gruppenbildung"* (BVerfG, VersR 2009, 1057, 1059) **auszulegen** (s.a.: § 210 Abs. 3 S. 1 VAG).

1. Berechtigte (§ 193 Abs. 5 S. 1 VVG)

43 Die Krankenversicherer sind verpflichtet, dem in §§ 152 Abs. 2 VAG, § 193 Abs. 5 VVG festgelegten Personenkreis Versicherung im Basistarif zu gewähren; aufsichts- und vertragsrechtliche Regelung sind insoweit identisch. Der **Kontrahierungszwang** wird durch **Abgabe eines annahmefähigen Angebots** ausgelöst (OLG Köln, VersR 2014, 945; OLG Köln, VersR 2013, 490; *Göbel/Köther*, VersR 2014, 537, 543 m.w.N.). Der VR ist berechtigt, vor Aufnahme eines Antragstellers in den Basistarif dessen Gesundheitszustand zu überprüfen bzw. ärztlich überprüfen zu lassen, soweit dies für Zwecke des Risikoausgleichs und spätere Tarifwechsel erforderlich ist (OLG Köln, VersR 2013, 490). Solange der Antragsteller die hierfür benötigten Informationen nicht erteilt, liegt kein annahmefähiges Angebot vor, sodass der Kontrahierungszwang nicht ausgelöst wird (OLG Köln, VersR 2013, 490; s.a. § 203 Rdn 10).

44 Der Kontrahierungszwang beinhaltet keine Pflicht des VR, dem VN rückwirkend Versicherungsschutz zu gewähren (Prölss/Martin/*Voit*, § 193 Rn 21); vielmehr ergibt sich aus der Regelung des § 193 Abs. 4 VVG (Prämienzuschläge), dass es trotz Bestehens der Versicherungspflicht dazu kommen kann, dass eine Person zeitweise keinen Versicherungsschutz genießt (OLG Köln, Urt. v. 18.10.2013 – 20 U 142/13, juris). Dementsprechend hat ein in den Basistarif aufgenommener VN auch **keinen Anspruch auf Erstattung** von Krankheitskosten, welche im **Zeitraum zwischen Antragstellung und Annahme** des Antrags entstanden sind (OLG München, VersR 2012, 559). Etwas anderes kommt nur in Betracht, wenn der VR die Annahme des Antrags schuldhaft verzögert hat (OLG München, VersR 2012, 559). Grundlage für einen Erstattungsanspruch gegen den Krankenversicherer ist ein bestehender Versicherungsvertrag (OLG München, VersR 2012, 559). Der Umstand, dass der Krankenversicherer im Basistarif einem Kontrahierungszwang unterliegt, rechtfertigt keine Abweichung von diesem Grundsatz (OLG München, VersR 2012, 559).

> **Praxistipp**
> Besteht Einigkeit darüber, dass der VR zum Abschluss eines Krankenversicherungsvertrags im Basistarif verpflichtet ist, so kann der (potenzielle) VN diesen Anspruch nicht im Wege einer **einstweiligen Verfügung** (§§ 935, 9490 ZPO) feststellen lassen (OLG Koblenz, VersR 2013, 449). Eine **Feststellung** der geltenden Rechtslage ist ohnehin ausgeschlossen. Ein Rechtsschutzbedürfnis fehlt. Eine **Leistungsverfügung** kommt bei existenzieller Notlage ausnahmsweise in Betracht (konkret verneint, OLG Koblenz, VersR 2013, 449).

Ein Anspruch auf Aufnahme in den Basistarif der privaten Krankenversicherung besteht nicht für Personen, die **Empfänger laufender Leistungen nach** dem Dritten, Vierten, Sechsten oder Siebten Kapitel des SGB XII sind, und die ohne den Bezug von Sozialhilfe der Versicherungspflicht in der gesetzlichen Krankenversicherung i.S.v. § 193 Abs. 3 S. 2 Nr. 1 VVG i.V.m. § 5 Abs. 1 Nr. 13 Buchst. b SGB V unterlägen (BGH, VersR 2014, 989 [Ls]; s.a. OLG Köln, VersR 2014, 454; LG Berlin, VersR 2014, 455; s.a. *Göbel/Köther*, VersR 2014, 537). Das gilt auch für Personen, deren Leistungsbezug erstmals ab dem 1.1.2009 begonnen hat (BGH, VersR 2014, 989 [Ls]). 45

a) **Freiwillig Versicherte in der gesetzlichen Krankenversicherung (§ 193 Abs. 5 S. 1 Nr. 1 VVG)**

Der Kontrahierungszwang bezieht sich zunächst auf alle freiwillig in der gesetzlichen Krankenversicherung Versicherten (s. § 9 Abs. 1 SGB V); ihnen ist (a) innerhalb von sechs Monaten nach Einführung des Basistarifes, (b) innerhalb von sechs Monaten nach Beginn der im SGB V vorgesehenen Wechselmöglichkeit im Rahmen ihres freiwilligen Versicherungsverhältnisses, Versicherung im Basistarif zu gewähren (§ 193 Abs. 5 S. 1 Nr. 1 VVG). 46

Das BVerfG (BVerfG, VersR 2009, 957) hat die Einbeziehung der „*Personen, die in der gesetzlichen Krankenversicherung freiwillig versichert oder zur freiwilligen Krankenversicherung berechtigt sind (§ 193 Abs. 5 S. 1 Nr. 1 und Nr. 2 VVG)*" ausdrücklich gebilligt. Zwar sei dieser Personenkreis nicht auf die private Versicherung im Basistarif angewiesen, um überhaupt einen Risikoschutz zu erhalten. Die Öffnung des Basistarifs für diesen Personenkreis sei aber gerechtfertigt, weil sie deren Wahl- und Wechselmöglichkeiten stärke, den dualen Aufbau der Krankenversicherung aus gesetzlichen und privaten Trägern festige und die Lasten zwischen ihnen gerecht verteile. Denn Personen mit guten Risiken, deren Versicherungspflicht in der gesetzlichen Krankenversicherung ende, wählten eher den Weg in die für sie möglicherweise attraktivere private Krankenversicherung, während Personen mit schlechten Risiken eher in der gesetzlichen Krankenversicherung verblieben, weil sie in die private Krankenversicherung gar nicht, nur mit Risikozuschlägen oder unter Leistungsausschlüssen aufgenommen würden. Vor diesem Hintergrund sei es legitim, Personen auch mit schlechten Risiken, die über der Pflichtversicherungsgrenze lägen, durch Kontrahierungszwang im Basistarif den Zugang zur privaten Krankenversicherung zu verschaffen. Die Belastung der privaten Krankenversicherer infolge dieser Regelung hält das BVerfG (VersR 2009, 957) für äußerst gering: Es seien kaum Fälle denkbar, in denen sich für einen freiwillig Versicherten oder Versicherungsberechtigten der gesetzlichen Krankenversicherung der Wechsel in den Basistarif lohne, weil dessen Leistungen nur dem Niveau der gesetzlichen Krankenversicherung entsprächen, hierfür aber regelmäßig der in der gesetzlichen Krankenversicherung zulässige Höchstbeitrag aufzuwenden sei (BVerfG, VersR 2009, 957). 47

b) Nicht versicherte und auch nicht versicherungspflichtige Personen (§ 193 Abs. 5 S. 1 Nr. 2 VVG)

48 Der Kontrahierungszwang erstreckt sich auf alle Personen mit Wohnsitz in Deutschland, die nicht in der gesetzlichen Krankenversicherung versicherungspflichtig sind (§§ 5 ff. SGB V), nicht zum Personenkreis nach § 193 Abs. 5 S. 1 Nr. 1 VVG oder § 193 Abs. 3 S. 2 Nr. 3 und 4 VVG gehören und die nicht bereits eine private Krankheitskostenversicherung mit einem in Deutschland zum Geschäftsbetrieb zugelassenen Versicherungsunternehmen vereinbart haben, die der Pflicht nach § 193 Abs. 3 S. 2 Nr. 2 VVG genügt.

c) Beihilfeberechtigte (§ 193 Abs. 5 S. 1 Nr. 3 VVG)

49 Der Kontrahierungszwang erstreckt sich auch auf Personen, die beihilfeberechtigt sind oder vergleichbare Ansprüche haben, soweit sie zur Erfüllung der Pflicht nach § 193 Abs. 3 S. 1 VVG ergänzenden Versicherungsschutz benötigen (§ 193 Abs. 5 S. 1 Nr. 3 VVG).

d) Privatversicherte (§ 193 Abs. 5 S. 1 Nr. 4 VVG)

50 Der Kontrahierungszwang erfasst schließlich alle Personen mit Wohnsitz in Deutschland, die eine private Krankheitskostenversicherung i.S.d. § 193 Abs. 3 VVG mit einem in Deutschland zum Geschäftsbetrieb zugelassenen Versicherungsunternehmen vereinbart haben und deren Vertrag nach dem 31.12.2008 abgeschlossen wurde bzw. wird.

2. Berechtigung der Bestandskunden (§ 193 Abs. 5 S. 2 VVG)

51 Ist der private Krankheitskostenversicherungsvertrag vor dem 1.1.2009 abgeschlossen, konnte bei Wechsel oder Kündigung dieses Vertrags der Abschluss eines Vertrags im Basistarif beim eigenen oder einem anderen Versicherungsunternehmen unter Mitnahme der Alterungsrückstellungen gem. § 204 Abs. 1 VVG nur bis zum 30.6.2009 verlangt werden.

3. Rechtzeitige Annahme des Antrags (§ 193 Abs. 5 S. 3 VVG)

52 Um Wechselmöglichkeiten des Versicherten nicht zu behindern (Begr. BT-Drucks 16/4247, S. 67), hat der VR den Antrag bereits dann anzunehmen, wenn bei einer Kündigung eines Vertrags bei einem anderen VR die Kündigung nach § 205 Abs. 1 S. 1 VVG noch nicht wirksam geworden ist.

4. Ablehnung des Antrags (§ 193 Abs. 5 S. 4 VVG)

53 Der Antrag darf nur abgelehnt werden, wenn der Antragsteller bereits bei dem VR versichert war und der VR den Versicherungsvertrag wegen Drohung oder arglistiger Täuschung angefochten hat (§ 22 i.V.m. §§ 142, 123 Abs. 1 BGB) oder wegen einer vorsätzlichen Verletzung der vorvertraglichen Anzeigepflicht zurückgetreten ist (§ 19 Abs. 2 VVG; kritisch zur Beschränkung des Kontrahierungszwangs: *Eichelberger*, VersR 2010, 886, 888;

ders., VersR 2012, 309, 310). Beantragt der VN eine Krankheitskostenversicherung, die nicht im Basistarif geführt wird, so ist das Rücktrittsrecht des VR wegen grob fahrlässiger Verletzung der Anzeigepflicht (§ 19 Abs. 2 und 3 VVG) nicht deshalb ausgeschlossen, weil der VR einen Antrag auf Versicherung im Basistarif annehmen müsste (BGH, VersR 2016, 780; OLG Frankfurt a.M., VersR 2015, 1279). Entgegen *Marko* (Rüffer/Halbach/Schimikowski/*Marko*, § 193 Rn 48) berechtigt eine (grob fahrlässige) Anzeigepflichtverletzung des VN (s. § 19 Abs. 1 VVG) den VR jedoch nicht zum Rücktritt von der (Pflicht-)Krankenversicherung im Basistarif (wie hier *Marlow/Spuhl*, VersR 2009, 593, 600). Sie steht allenfalls einem späteren Tarifwechsel entgegen (*Marlow/Spuhl*, VersR 2009, 593, 600, 601; s.a. Prölss/Martin/*Voit*, § 203 Rn 13).

Im Umkehrschluss folgt aus § 193 Abs. 5 S. 4 VVG, dass ein VR den Antrag nicht mit der Begründung ablehnen kann, der Antragsteller habe einem anderen VR gedroht, den anderen VR arglistig getäuscht oder dem anderen VR ggü. vorsätzlich falsch angezeigt. Das BVerfG (VersR 2009, 953, 963) hält dies für unbedenklich: Der Versicherungszwang im Basistarif sei auch bei solchen Personen zumutbar, die bei einem anderen Versicherungsunternehmen vorsätzlich Vertragspflichten verletzt hätten. Ein Ablehnungsrecht in diesen Ausnahmefällen hätte zur Folge, dass solchen Personen der Zugang zur privaten Krankenversicherung voraussichtlich gänzlich verschlossen wäre, weil sich kein Unternehmen bereit erklären würde, sie aufzunehmen (BVerfG, VersR 2009, 953, 963). Der Gesetzgeber dürfe das Ziel eines lückenlosen Versicherungsschutzes insoweit höher gewichten als die Interessen der betroffenen Krankenversicherer, zumal die Vertragsverletzung nicht in der Sphäre des aufnahmepflichtigen Unternehmens, sondern bei einem Dritten stattgefunden habe. Allein die Sorge, dass sich ein solches Verhalten wiederholen könnte, stelle keinen verfassungsrechtlich zwingenden Grund dar, um generell die Aufnahme in eine private Versicherung abzulehnen, bei der Gesichtspunkte eines besonderen, personal geprägten Vertrauensverhältnisses i.d.R. keine Rolle spielten (BVerfG, VersR 2009, 953, 963).

54

Der BGH (BGH, VersR 2012, 304) hält eine **außerordentliche Kündigung einer Krankenpflichtversicherung** contra legem (§ 206 Abs. 1 S. 1 VVG) für möglich und wendet § 193 Abs. 4 S. 4 VVG (konsequenterweise) entsprechend auf den Fall an, in dem der VR ausnahmsweise berechtigt ist, gem. § 314 Abs. 1 BGB aus wichtigem Grund zu kündigen. In einem solchen Fall habe der VN auch keinen Anspruch darauf, dass derselbe VR mit ihm erneut einen Vertrag zum Basistarif abschließe (BGH, VersR 2012, 304, Rn 42).

55

VI. Prämienrückstände in der Pflichtversicherung (§ 193 Abs. 6–10 VVG)

Das **Gesetz zur Beseitigung sozialer Überforderung bei Beitragsschulden in der Krankenversicherung** vom 15.7.2013 (BGBl I, S. 2423) hat die Rechtsfolgen bei ausbleibender Beitragszahlung in der Kranken-Pflichtversicherung ab dem 1.8.2013 neu geregelt (kritisch: *Mandler*, VersR 2014, 167; *Schäfer*, MedR 2015, 793; s.a. *Klauner*, in: Drees/Koch/Nell, 2016, S. 1, 86 ff.). Die frühere Regelung hielt der Gesetzgeber für korrekturbedürftig – u.a., weil „*die Fortsetzung der Versicherung im Basistarif [...] aufgrund der dort zum Teil hohen Beitragsforderungen zu einer weiteren Überschuldung der Beitragsschuldner*"

56

führen konnte – und für unzweckmäßig (Begr. BR-Drucks 264/13, S. 5). Die Reform besteht im Kern aus der **Einführung des Notlagentarifs**. Versicherte, die ihrer Pflicht zur Beitragszahlung nicht nachkommen („Nichtzahler"), werden nach Durchführung eines gesetzlich festgelegten **Mahnverfahrens** (§ 193 Abs. 6 S. 1 und 3 VVG) in diesen Notlagentarif überführt (§ 193 Abs. 7 S. 1 VVG), ihr bisheriger Versicherungsvertrag ruht (§ 193 Abs. 6 S. 4 VVG). Der Notlagentarif sieht ausschließlich die Aufwendungserstattung für Leistungen vor, die zur Behandlung von akuten Erkrankungen und Schmerzzuständen sowie bei Schwangerschaft und Mutterschaft erforderlich sind (§ 153 Abs. 1 S. 2 VAG). Für versicherte Kinder und Jugendliche sind zudem insb. Aufwendungen für Vorsorgeuntersuchungen zur Früherkennung von Krankheiten nach gesetzlich eingeführten Programmen und für bestimmte Schutzimpfungen zu erstatten (§ 153 Abs. 1 S. 3 VAG). Für alle Versicherten im Notlagentarif wird eine **einheitliche Prämie** kalkuliert (§ 153 Abs. 2 S. 1 VAG), die den Höchstbeitrag in der gesetzlichen Krankenversicherung nicht überschreiten darf (§§ 153 Abs. 2 S. 3, 152 Abs. 3 VAG). Die kalkulierten Prämien aus dem Notlagentarif dürfen nicht höher sein, als es zur Deckung der Aufwendungen für Versicherungsfälle aus dem Tarif – einschließlich der damit verbundenen Kosten des VR (*Mandler*, VersR 2014, 169, 171) – erforderlich ist (§ 153 Abs. 2 S. 4 VAG). Es werden also **keine Alterungsrückstellungen** aufgebaut. Bereits vorhandene Alterungsrückstellungen werden auf die zu zahlende Prämie angerechnet, um den Aufbau weiterer Beitragsschulden zu verhindern (§ 153 Abs. 2 S. 6 VAG). Darüber hinaus sehen die Neuregelungen ein vereinfachtes **Rückkehrrecht** des Versicherten in seinen Ursprungstarif vor, wenn alle Beitragsschulden beglichen wurden (Begr. BR-Drucks 264/13, S. 5).

57 Im Hinblick auf das **Intertemporale Privatrecht** gilt gem. Art. 7 EGVVG folgendes (kritisch: *Mandler*, VersR 2014, 167, 169): VN, für die am 1.8.2013 das Ruhen der Leistungen gem. § 193 Abs. 6 VVG festgestellt ist, gelten ab diesem Zeitpunkt als im Notlagentarif versichert (Art. 7 S. 1 EGVVG). VN gelten rückwirkend ab dem Zeitpunkt, zu dem die Leistungen aus dem Vertrag ruhend gestellt worden sind, als im Notlagentarif versichert, wenn die monatliche Prämie des Notlagentarifs niedriger ist als die in diesem Zeitpunkt geschuldete Prämie (Art. 7 S. 2 EGVVG). Dies gilt unter der Maßgabe, dass die zum Zeitpunkt des Ruhendstellens aus dem Vertrag erworbenen Rechte und Alterungsrückstellungen erhalten bleiben und in Anspruch genommene Ruhensleistungen im Verhältnis zum VN als solche des Notlagentarifs gelten (Art. 7 S. 3 EGVVG). Eine Anrechnung gebildeter Alterungsrückstellungen nach § 153 Abs. 2 S. 6 VAG auf die zu zahlende Prämie findet rückwirkend nicht statt (Art. 7 S. 4 EGVVG). Der VN kann der rückwirkenden Versicherung nach Art. 7 S. 2 EGVVG widersprechen (Art. 7 S. 5 EGVVG). Die VR hatten auf die Versicherung im Notlagentarif innerhalb von drei Monaten nach dem 1.8.2013 hinzuweisen und hierbei den VN über sein Widerspruchsrecht nach Art. 7 S. 5 EGVVG unter Hinweis auf die mit der rückwirkenden Versicherung verbundenen Folgen zu informieren; der Widerspruch musste innerhalb von sechs Monaten nach Zugang des Hinweises beim VR eingehen. Die **rückwirkende Einstufung in den Notlagentarif gem. Art. 7 S. 2 EGVVG** setzt voraus, dass ein Ruhen der Leistungen noch bei Inkrafttreten des Gesetzes zur Beseitigung sozialer Überforderung bei Beitragsschulden in der Krankenversicherung am 1.8.2013 vorgelegen hat (BGH, VersR 2016, 1107; OLG Hamm, r+s 2016, 136; LG Berlin, VersR 2015, 1015; anders noch: OLG Köln, r+s 2015, 454; KG, r+s 2015, 144 mit abl. Anm. *Mandler*, VersR 2015, 818). Der BGH begründet diese restriktive Auslegung (vertretbar) mit der Rückwirkungsproblematik (BGH, VersR 2016, 1107, Rn 26), nimmt damit jedoch in Kauf, dass die ratio legis des Gesetzes, nämlich die Entlastung finanziell besonders schwacher VN (KG, r+s 2015, 144) unterlaufen wird.

§ 193 Abs. 6–9 VVG enthalten ein **abgestuftes Sanktionssystem**, das die §§ 37 f. VVG verdrängt (lex specialis; s. LSG Baden-Württemberg v. 18.5.2015 – L11 KR 4414/14 ErB, Rn 42 zu § 193 Abs. 6 VVG a.F.). An das gesetzliche Mahnverfahren schließt sich ggf. das Ruhen des Vertrags im Herkunftstarif und die Fortsetzung des Vertrags im Notlagentarif an (kritisch im Hinblick auf die [angebliche] „*beispiellose Milde*" der Sanktionen auf der Basis des früheren Systems: *Brand*, VersR 2011, 1337, 1341). Hat der VN die **Krankenversicherung (auch) auf die Person eines anderen** genommen, gelten die § 193 Abs. 6–9 VVG für die versicherte Person entsprechend (§ 193 Abs. 10 VVG): Das Ruhen im Herkunfts- und die Fortsetzung im Notlagentarif tritt ggf. für alle im „*Mantel*" (*Marko*) der Krankenversicherung mitversicherten Personen ein (Rüffer/Halbach/Schimikowski/*Marko*, § 193 Rn 71, mit dem Hinweis auf die abweichende Rechtslage in der gesetzlichen Krankenversicherung [§ 16 Abs. 3a SGB V]). 58

1. Pflichtversicherung

Die Regelung in § 193 Abs. 6–10 VVG umfasst **alle privaten Kranken-Pflichtversicherungen**, die als solche der Erfüllung der Versicherungspflicht gem. § 193 Abs. 3 S. 1 VVG dienen, beschränkt sich also nicht auf den Basistarif (unstr.; s. Prölss/Martin/*Voit*, § 193 Rn 40). Auch Altverträge i.S.v. § 193 Abs. 3 S. 3 VVG (hier Rdn 29 f.) fallen unter § 193 Abs. 6 VVG (unstr.; s. Prölss/Martin/*Voit*, § 193 Rn 40), nicht aber (freiwillige) Zusatzversicherungen (Rüffer/Halbach/Schimikowski/*Marko*, § 193 Rn 67). 59

2. Erste Mahnung (§ 193 Abs. 6 S. 1 VVG)

Ist der VN in der Kranken-Pflichtversicherung mit einem Betrag in Höhe von Prämienanteilen für zwei Monate im Rückstand, hat ihn der VR zu mahnen. Dieser Formulierung entnehmen *Marlow/Spuhl* (*Marlow/Spuhl*, VersR 2009, 593, 602) mit Recht, dass nicht notwendig zwei vollständige Monatsprämien ausstehen müssen. Es genüge, dass sich der ggf. über mehrere Monate aufgebaute Rückstand auf den entsprechenden Betrag summiere. Bei der **Ermittlung des Prämienrückstands** sind „**Prämienanteile**" zu berücksichtigen, nicht aber der **einmalige Prämienzuschlag gem. § 193 Abs. 4 S. 1 VVG** (Prölss/Martin/*Voit*, § 193 Rn 41; a.A.: Rüffer/Halbach/Schimikowski/*Marko*, § 193 Rn 70 [Berücksichtigung auch des Prämienzuschlags, wenn keine wirksame Stundungsvereinbarung i.S.v. § 193 Abs. 4 S. 5 VVG vorliegt]). 60

Die **Mahnung**, d.h. die eindeutige Aufforderung an den VN, die ausstehenden Prämien(anteile) zu zahlen (Begriff: Palandt/*Grüneberg*, § 286 BGB Rn 16), ist eine nicht formgebundene, einseitige empfangsbedürftige Erklärung (Palandt/*Grüneberg*, § 286 BGB Rn 16). 61

Sie sollte im Interesse der Rechtssicherheit und -klarheit schriftlich erfolgen und als solche bezeichnet werden. Nach Meinung *Marlow/Spuhl* (*Marlow/Spuhl*, VersR 2009, 593, 602) soll „*in Anlehnung an*" § 38 Abs. 1 S. 1 VVG Textform (s. § 126b BGB) erforderlich sein. § 193 Abs. 6 S. 1 VVG sieht jedoch keine Textform vor; auch eine analoge Rechtsanwendung scheidet mangels erkennbarer Regelungslücke (planwidrige Unvollständigkeit) aus. Dass Mahnungen in Text- oder Schriftform vernünftig wären und – im Hinblick auf die Beweislastverteilung – auch im Interesse des VR liegen, steht auf einem anderen Blatt. Die in § 193 Abs. 6 S. 1 VVG gewählte Formulierung „*hat* [...] *zu mahnen*" ist nicht i.S. einer einklagbaren Rechtspflicht des VR, sondern i.S. einer **Obliegenheit** zu verstehen (a.A. Prölss/Martin/*Voit*, § 193 Rn 41 [Mahnungsmöglichkeit]). Beachtet der VR diese Obliegenheit nicht, führt er das gestufte Mahnverfahren also abweichend von § 193 Abs. 6 VVG nicht durch, so ist das mit erheblichen Rechtsnachteilen für den VR verbunden:

1. Der VR kann **Prämienrückstände in der Kranken-Pflichtversicherung** ggf. nur bis zu der Höhe geltend machen, in der sie bei Durchführung des Mahnverfahrens und bei Ruhen des Vertrags im Herkunfts- sowie Fortsetzung des Vertrags im Notlagentarif entstanden wären (OLG Köln, r+s 2015, 454, noch anhand der Ruhensvoraussetzungen in § 193 Abs. 6 S. 2 VVG a.F.; LG Nürnberg/Fürth, r+s 2015, 555, für den Fall, dass gemahnt, die Krankenversicherung aber nicht in den Notlagentarif überführt wurde). Nur diese Lesart gewährleistet die Entschärfung des „*Problem*[s] *der Beitragsrückstände*" (Begr. BT-Drucks 17/13402, S. 1) und nur so kann „*die Zahlungsfähigkeit des Einzelnen* [...] *schneller wiederhergestellt werden*" (Begr. BT-Drucks 17/13402, S. 1, S. 31; s. LG Nürnberg-Fürth, r+s 2015, 555, unter Berufung auf Treu und Glauben [§ 242 BGB] und mit dem Hinweis darauf, dass zur **Schlüssigkeit einer Klage auf Zahlung rückständiger Beiträge** ggf. vorgetragen werden muss, ob und ggf. wann die Voraussetzungen für die Ruhendstellung des Vertrags und den Wechsel in den Notlagentarif vorgelegen haben).
2. Erst nach Durchführung des gesetzlichen Mahnverfahrens, Ruhen des Vertrags (im Herkunftstarif) und Fortsetzung im Notlagentarif kann der VR den VN auf den reduzierten Leistungsumfang verweisen. Das schließt nicht aus, dass die Leistungsverweigerung unter Berufung auf den reduzierten Leistungsumfang im Notlagentarif gegen Treu und Glauben (§ 242 BGB) verstoßen kann (vgl. die Fallkonstellation in OLG Naumburg, VersR 2015, 613, noch anhand von § 193 Abs. 6 VVG a.F.).

3. Entrichtung von Säumniszuschlägen (§ 193 Abs. 6 S. 2 VVG)

62 Der VN hat für jeden angefangenen Monat eines Prämienrückstandes an Stelle von Verzugszinsen einen **Säumniszuschlag in Höhe von 1 % des Prämienrückstandes** zu entrichten (i.E. *Rauscher/Maischein*, r+s 2012, 478, noch anhand von § 193 Abs. 6 S. 8 VVG a.F.). Einer Mahnung und/oder eines Ruhens des Vertrags bedarf es insoweit nicht (*Rauscher/Maischein*, r+s 2012, S. 479, mit umfangreichen Nachweisen zur Rspr. der Instanzgerichte; s.a. LG Berlin, r+s 2013, 395). Der Säumniszuschlag ist auch bei Fortführung des Vertrags im Notlagentarif zu zahlen (zu der früheren Diskussion bei Fortführung im Basistarif: OLG Köln, zfs 2012, 37; OLG Hamm, VersR 2013, 345 [wie hier]; a.A. Prölss/Martin/*Voit*, 28. Aufl. § 193 Rn 43 f.).

4. Zweite Mahnung und Rechtsfolgenbelehrung (§ 193 Abs. 6 S. 3 VVG)

Ist der Prämienrückstand einschließlich der Säumniszuschläge zwei Monate nach Zugang der Mahnung höher als der Prämienanteil für einen Monat, mahnt der VR ein zweites Mal und weist auf die Folgen nach § 193 Abs. 6 S. 4 VVG, d.h. auf das Ruhen des Vertrags hin (kritisch im Hinblick auf den damit verbundenen Mehraufwand für den VR: *Mandler*, VersR 2014, 167, 168). Der **Hinweis auf die Rechtsfolgen** ist abweichend vom allgemeinen Bürgerlichen Recht (s. Palandt/*Grüneberg*, § 286 BGB Rn 16) gesetzlich vorgeschrieben und muss sich trotz Inbezugnahme nur des § 193 Abs. 6 S. 4 VVG auch auf den Nichteintritt des Ruhens bei Hilfsbedürftigkeit (§ 193 Abs. 6 S. 5 VVG) beziehen; andernfalls wäre der (objektiv, auf der Grundlage des Empfängerhorizontes auszulegende) Hinweis vielfach irreführend.

63

5. Ruhen des Vertrags (§ 193 Abs. 6 S. 4 und 5 VVG)

Ist der Prämienrückstand einschließlich der Säumniszuschläge einen Monat nach Zugang (Begriff: Palandt/*Ellenberger*, § 130 BGB Rn 5) der zweiten Mahnung höher als der Prämienanteil für einen Monat, ruht der Vertrag ab dem ersten Tag des nachfolgenden Monats. Das **Ruhen des Vertrags** tritt *ipso iure* ein, ohne dass es eines Ruhendstellens durch rechtsgeschäftliche Erklärung oder einer entsprechenden Mitteilung bedürfte (Prölss/Martin/*Voit*, § 193 Rn 44), und setzt nicht voraus, dass sich der VN mit der Beitragszahlung in Verzug befindet (vgl. § 286 BGB). Daher setzt das Ruhen der Leistung abweichend von § 286 Abs. 4 BGB auch **kein Verschulden** voraus (*Marko*, Private Krankenversicherung, B Rn 135; Rüffer/Halbach/Schimikowski/*Marko*, § 193 Rn 68; Prölss/Martin/*Voit*, § 193 Rn 40; a.A. *Marlow/Spuhl*, VersR 2009, 593, 602).

64

Das Ruhen des Vertrages tritt nicht ein oder endet, wenn der VN oder die versicherte Person hilfebedürftig im Sinne des SGB II oder SGB XII ist oder wird (§ 193 Abs. 6 S. 4 VVG). Für die Zeit der **Hilfebedürftigkeit** ist die Beitragszahlung über entsprechende Leistungen des Trägers der Grundsicherung für Arbeitsuchende oder der Sozialhilfe durch Direktüberweisung an das Versicherungsunternehmen sichergestellt (Begr. BR-Drucks 264/13, S. 11). Der Eintritt der Hilfsbedürftigkeit ist ggf. vom VN nachzuweisen (Rüffer/Halbach/Schimikowski/*Marko*, § 194 Rn 89). Daher ist sie auf Antrag des VN vom zuständigen Träger nach dem SGB II bzw. XII zu bescheinigen (§ 193 Abs. 6 S. 5 VVG). Das Ruhen des Vertrags endet außerdem durch **Rückkehr in den Herkunftstarif** (§ 193 Abs. 9 VVG), d.h. durch Bezahlung aller rückständigen Prämienanteile. Dagegen endet die Ruhenszeit nicht durch die **Eröffnung des Insolvenzverfahrens** und die Anmeldung der Prämienrückstände zur Insolvenztabelle (OLG Celle, r+s 2013, 444; LG Dortmund, r+s 2015, 202; im Einzelnen zur Insolvenz des VN in der privaten Krankenversicherung: Rauscher, VersR 2014, 295). Berufstätige Insolvenzschuldner und Hilfsbedürftige i.S.d.

65

SGB II oder XII sind insb. vor dem Hintergrund bestehender Pfändungsfreigrenzen nicht vergleichbar (OLG Celle, r+s 2013, 444).

6. Versicherung im Notlagentarif (§ 193 Abs. 7 S. 1 und 2, 4 und 5 VVG)

66 Solange der Vertrag ruht, gilt der VN als im **Notlagentarif** nach § 153 VAG versichert. Dabei handelt es sich nicht um eine gesetzliche Fiktion (so aber die Begr., BR-Drucks 264/13, S. 12), sondern um eine unwiderlegbare Vermutung, die es ermöglicht, ruhende Versicherungsverhältnisse technisch besser in das bestehende System der aufsichtsrechtlichen Rechnungslegung der privaten Krankenversicherung einzufügen (insoweit zutreffend: Begr. BR-Drucks 264/13, S. 12).

a) Leistungen

67 Im **Notlagentarif** haftet der VR (brancheneinheitlich) ausschließlich für Aufwendungen, die zur **Behandlung akuter Erkrankungen und Schmerzzustände** sowie bei **Schwangerschaft** und **Mutterschaft** erforderlich sind (§ 153 Abs. 1 S. 2 VAG). Für versicherte Kinder und Jugendliche sind zudem insb. Aufwendungen für Vorsorgeuntersuchungen zur Früherkennung von Krankheiten nach gesetzlich eingeführten Programmen und für bestimmte Schutzimpfungen zu erstatten (§§ 153 Abs. 1 S. 3 VAG, 20 Abs. 2 Infektionsschutzgesetz). Die Regelung in § 153 Abs. 1 S. 2 VAG entspricht § 193 Abs. 6 S. 6 VVG a.F. der sich ausweislich der Begründung (BT-Drucks 16/4247, S. 67) an § 4 Abs. 1, 2 Asylbewerberleistungsgesetz (AsylbLG) anlehnte (kritisch: *Brand*, VersR 2011, 1337, 1342). Legt man diesen Hinweis als Interpretationsmaßstab zugrunde, so bestünde eine Leistungspflicht u.a. bei **akut behandlungsbedürftiger Multipler Sklerose** (VG Mainz, Beschl. v. 27.10.1999 – 1 L 1062/99, MZ), und bei **Depressionen** (VG Braunschweig, Beschl. v. 13.4.2000 – 3 B 67/00; OVG Niedersachsen, Beschl. v. 22.9.1999 – 4 M 3551/99 = BeckRS 1999, 23074). Dagegen bestünde **keine Leistungspflicht bei In-Vitro-Fertilisation** (VG Stade v. 14.3.2002 – 4 A 917/01), bei **Einsatz eines künstlichen Hüftgelenks** (VG Gera, Urt. v. 7.8.2003 – 6 K 1849/01) und bei einer **Nierentransplantation** (OVG Mecklenburg-Vorpommern, NVwZ-RR 2004, 902; s.a. die umfangreichen Nachweise bei *Marko*, Private Krankenversicherung, B Rn 140 f.).

68 Der **Rückgriff auf § 4 Abs. 1 und 2 AsylbLG** als Interpretationsmaßstab wird in der Literatur teils kritisiert: Die Fälle aus der Rechtsprechung zum Asylrecht zeigten (so Rüffer/Halbach/Schimikowski/*Marko*, § 193 Rn 77), dass die asylrechtliche Rechtsprechung jedenfalls teilweise zu einer sehr weiten Auslegung des Begriffs „Notfallbehandlung" neige. Das verwundere auch nicht vor dem Hintergrund, dass Asylbewerber wegen ihrer sehr eingeschränkten Erwerbsmöglichkeiten in besonderem Maße auf Sozialleistungen angewiesen seien (*Marko*, Private Krankenversicherung, B Rn 140 f.). Der Grad an sozialem Schutzbedürfnis von säumigen Privatversicherten, bei denen das Ruhen der Leistungen eingetreten sei, stelle sich dagegen ganz anders dar (*Marko*, Private Krankenversicherung Rn 78). Diese seien jedenfalls nicht hilfsbedürftig im sozialversicherungsrechtlichen Sinne, schließlich ende das Ruhen der Leistungen mit Eintritt der Hilfsbedürftigkeit

und der Leistungsanspruch lebe dann in voller Höhe wieder auf. Würde man die weitreichende Rechtsprechung zu § 4 AsylbLG uneingeschränkt zum Maßstab für die i.R.d. Ruhens der Leistung zu erbringende Notfallbehandlung machen, käme dem Ruhen allenfalls noch ein sehr eingeschränkter Sanktionscharakter zu, der dem mangels Hilfsbedürftigkeit nur sehr eingeschränkten sozialen Schutzbedürfnis der säumigen Beitragszahler nicht entsprechen würde. Dementsprechend plädiert *Marko* (Marko, Private Krankenversicherung, B Rn 140 f.) für eine enge Auslegung der Begriffe „akute Erkrankungen" und „Schmerzzustände" i.S. einer reinen **Notfallbehandlung**, die Rechtsprechung zu § 4 AsylbLG könne insb. bei chronischen Erkrankungen allenfalls insoweit als Maßstab dienen, als sie die Vorschrift restriktiv auslegen (*Marko*, Private Krankenversicherung, B Rn 140 f.). Das Begriffsverständnis von *Marlow/Spuhl* (Marlow/Spuhl, VersR 2009, 593, 603) trifft unter Berücksichtigung dieser Erwägungen zu. Diese verstehen den Hinweis auf akute Erkrankungen und Schmerzzustände i.S.e. Leistungspflicht des VR immer dann, wenn die konkret vorgenommene (medizinisch notwendige) Heilbehandlung **unabweisbar und unaufschiebbar** war. Der VN müsse sich allerdings grds. auch auf provisorische Maßnahmen verweisen lassen, wenn diese keine Gefahr der Verschlimmerung des Leidens mit sich bringen (*Marlow/Spuhl*, VersR 2009, 593, 603). Die Leistungspflicht im Rahmen einer Notfallbehandlung könne i.Ü. nie weiter gehen als die Versicherungspflicht.

Im Notlagentarif entfallen **Leistungsausschlüsse und Selbstbehalte** (§ 193 Abs. 7 S. 2 VVG). Damit ist die Bezahlung unabweisbarer und unaufschiebbarer Behandlungen – trotz Missbrauchsgefahr – auch bei „*nicht vertragstreu*[en] *VN*" (*Marko*) gewährleistet, die ihren Beitrag nicht zahlen (Prölss/Martin/*Voit*, § 193 Rn 49; unklar: Rüffer/Halbach/Schimikowski/*Marko*, § 193 Rn 80, der die Inanspruchnahme von Leistungen – trotz § 193 Abs. 7 S. 2 VVG – erst für möglich hält, wenn der Selbstbehalt ausgeschöpft ist). Ein **Tarifwechselrecht** (s. § 204 VVG) besteht nicht; ein Wechsel in den oder aus dem Notlagentarif ist ausdrücklich ausgeschlossen. 69

Ein VN, dessen Vertrag nur die Erstattung eines Prozentsatzes der entstandenen Aufwendungen vorsieht (insb. im Beihilfetarif), gilt als in einer **Variante des Notlagentarifs** nach § 153 VAG versichert, die Leistungen in Höhe von 20, 30 oder 50 % der versicherten Behandlungskosten vorsieht, abhängig davon, welcher Prozentsatz dem Grad der vereinbarten Erstattung am nächsten ist (§ 193 Abs. 7 S. 5 VVG). 70

b) Prämien

Ruht der VV, so hat der VN nur die einheitliche **Prämie im Notlagentarif** zu zahlen (zur Prämienhöhe: *Mandler*, VersR 2014, 167, 168). Das ergibt sich aus § 153 Abs. 2 VAG und (mittelbar) auch aus § 193 Abs. 8 S. 1 VVG (Mitteilung über die zu zahlende Prämie; s. Rüffer/Halbach/Schimikowski/*Marko*, § 193 Rn 81). **Risikozuschläge** sind nicht zulässig (§ 193 Abs. 7 S. 2 VVG). Eine **Aufrechnung mit Prämien- gegen Leistungsansprüche des VN** ist nach Treu und Glauben ausgeschlossen (im Erg. ebenso: Prölss/Martin/*Voit*, § 193 Rn 40; Rüffer/Halbach/Schimikowski/*Marko*, § 193 Rn 82; in der Tendenz u.U. a. LG Köln, VersR 2014, 993; a.A. LG Gera, VersR 2015, 1413 mit zust. Anm. *Erdmann* und ablehnender Anm. *Wiemer*, VersR 2016, 181), weil sie mit der Eigenart einer Kranken- 71 versicherung im Notlagentarif unvereinbar wäre (allg.: Palandt/*Grüneberg*, § 387 BGB Rn 15, mit Nachweisen zur BGH-Rspr.). Sie würde angesichts der – im Notlagentarif unvermeidlichen – Beitragsrückstände zu einer Entwertung des ohnehin schon auf Notfallbehandlungen beschränkten Deckungsschutzes führen (s. aber: *Erdmann*, VersR 2015, 1413, der – im Einzelfall nicht von der Hand zu weisende – Fehlanreize befürchtet; s. ausf. auch: *Mandler*, Die Aufrechnung im System der privaten Krankenversicherung, 2016, S. 417 ff., 506 [für eine Reduktion der ex-tunc-Wirkung in § 387 BGB).

7. Ruhen von Zusatzversicherungen (§ 193 Abs. 7 S. 3 VVG)

72 Der VR kann verlangen, dass **Zusatzversicherungen** ruhen, solange die Versicherung im Notlagentarif besteht. Trotz der Formulierung handelt es sich nicht um einen Anspruch (s. § 194 Abs. 1 BGB) des VR gegen den VN, sondern um ein Gestaltungsrecht des VR; er kann die Zusatzversicherungen ruhend stellen.

8. Mitteilung über die Fortsetzung des Vertrags im Notlagentarif (§ 193 Abs. 8 S. 1 und 2 VVG)

73 Der VR übersendet dem VN in Textform eine **Mitteilung über die Fortsetzung des Vertrages im Notlagentarif** nach § 153 VAG und über die zu zahlende Prämie. Dabei ist der VN in herausgehobener Form auf die Folgen der Anrechnung der Alterungsrückstellung nach § 153 Abs. 2 S. 6 VAG für die Höhe der künftig zu zahlenden Prämie hinzuweisen.

9. Elektronische Gesundheitskarte (§ 193 Abs. 8 S. 3 VVG)

74 Angaben zur Versicherung im Notlagentarif kann der VR nach **§ 291a Abs. 1a SGB V** auf einer **elektronischen Gesundheitskarte** vermerken.

10. Rückkehr in den Herkunftstarif (§ 193 Abs. 9 VVG)

75 § 193 Abs. 9 VVG stellt klar, dass der VN bzw. der Versicherte, nachdem er sämtliche Rückstände ausgeglichen hat, in seinen alten Tarif zurückkehrt (Begr. BR-Drucks 264/13, S. 12): Sind alle rückständigen Prämienanteile einschließlich der Säumniszuschläge und der Beitreibungskosten gezahlt, wird der Vertrag ab dem ersten Tag des übernächsten Monats in dem Tarif fortgesetzt, in dem der VN vor Eintritt des Ruhens versichert war (§ 193 Abs. 9 S. 1 VVG; kritisch: *Mandler*, VersR 2014, 169). Die **Rückkehr in den Herkunftstarif** findet kraft Gesetzes statt; einer besonderen rechtsgeschäftlichen Erklärung des VR oder des VN bedarf es nicht (Prölss/Martin/*Voit*, § 193 Rn 53). Dabei ist der VN so zu stellen, wie er vor der Versicherung im Notlagentarif stand, abgesehen von den während der Ruhenszeit verbrauchten Anteilen der Alterungsrückstellung (§ 193 Abs. 9 S. 2 VVG). Während der Ruhenszeit vorgenommene Prämienanpassungen und Änderungen der AVB gelten ab dem Tag der Fortsetzung (§ 193 Abs. 9 S. 3 VVG). Daraus ergibt sich, dass es für den Vertragsinhalt nunmehr auf den Zeitpunkt der Rückkehr ankommt und nicht auf den Eintritt des Ruhens (Begr., BR-Drucks 264/13, S. 12). Zwischenzeitlich

eingetretene Änderungen des Tarifs, zum Beispiel Bedingungsänderungen oder Beitragsanpassungen, gelten also ohne weitere Voraussetzungen auch für den „Rückkehrer" (Begr., BR-Drucks 264/13, S. 12).

VII. Ruhen der Zusatzversicherung zum Basistarif (§ 193 Abs. 11 VVG)

Bei einer Krankenversicherung im Basistarif ist der Abschluss ergänzender Krankheitskostenversicherungen grds. erlaubt (§ 152 Abs. 2 S. 6 VAG). Um Missbrauch der beitragssenkenden Instrumente des Basistarifs (§ 152 Abs. 4 VAG) zulasten der Versichertengemeinschaft zu vermeiden, soll der VR jedoch verlangen dürfen, dass Zusatzversicherungen ruhen müssen, wenn und solange ein Versicherter auf die Reduzierung des Beitrags angewiesen ist (Begr. BT-Drucks 4247, S. 67). Es wäre unbillig, wenn der (angeblich) hilfsbedürftige VN gem. § 152 Abs. 4 VAG reduzierte Beiträge für die Hauptversicherung zahlen, sein Risiko also finanziell auf das Risikokollektiv verlagern würde, gleichzeitig aber so liquide ist, dass er eine für den gesetzlich vorgesehenen Mindestversicherungsschutz verzichtbare Zusatzversicherung finanzieren könnte. 76

Ruhen i.S.v. § 193 Abs. 11 VVG bedeutet, dass trotz Eintritt des Versicherungsfalls, d.h. des im Einzelfall (subjektiv oder objektiv) ungewissen Ereignisses, an das die Parteien die Leistung des VR in der Zusatzversicherung geknüpft haben, weder Leistungspflichten des VR (§ 1 S. 1 VVG) noch Beitragspflichten des VN (§ 1 S. 2 VVG) im Rahmen der Zusatzversicherung bestehen (allg. Meinung: Rüffer/Halbach/Schimikowski/*Marko*, § 193 Rn 86 [unter Berufung auf arbeitsrechtliche Parallelen]; Looschelders/Pohlmann/*Reinhard*, § 193 Rn 26). 77

Ruht die Zusatzversicherung, so kann der VN sie als Anwartschaftsversicherung fortführen (Begr. BT-Drucks 4247, S. 67). Ist der VN nicht zum Abschluss einer Anwartschaftsversicherung während des Ruhens bereit, will *Reinhard* (Looschelders/Pohlmann/*Reinhard*, § 193 Rn 25) dem VR ein außerordentliches Kündigungsrecht für die Zusatzversicherung einräumen. Dem ist jedoch nicht zu folgen. Denn § 193 Abs. 11 VVG will die Folgen der Beitragshalbierung im Basistarif für die Zusatzversicherung erkennbar abschließend regeln. § 193 VVG ist zwar nicht halbzwingend (s. § 208 S. 1), verwirklicht jedoch ein in sich geschlossenes Rechtsfolgensystem, das durch den Rückgriff auf § 314 BGB nicht unterlaufen werden soll. 78

§ 194 VVG Anzuwendende Vorschriften

(1) Soweit der Versicherungsschutz nach den Grundsätzen der Schadensversicherung gewährt wird, sind die §§ 74 bis 80 und 82 bis 87 anzuwenden. Die §§ 23 bis 27 und 29 sind auf die Krankenversicherung nicht anzuwenden. § 19 Abs. 4 ist auf die Krankenversicherung nicht anzuwenden, wenn der Versicherungsnehmer die Verletzung der Anzeigepflicht nicht zu vertreten hat. Abweichend von § 21 Abs. 3 S. 1 beläuft sich die Frist für die Geltendmachung der Rechte des Versicherers auf drei Jahre.

(2) Steht dem Versicherungsnehmer oder einer versicherten Person ein Anspruch auf Rückzahlung ohne rechtlichen Grund gezahlter Entgelte gegen den Erbringer von Leistungen zu, für die der Versicherer aufgrund des Versicherungsvertrags Erstattungsleistungen erbracht hat, ist § 86 Abs. 1 und 2 entsprechend anzuwenden.

(3) Die §§ 43 bis 48 sind auf die Krankenversicherung mit der Maßgabe anzuwenden, dass ausschließlich die versicherte Person die Versicherungsleistung verlangen kann, wenn der Versicherungsnehmer sie gegenüber dem Versicherer in Textform als Empfangsberechtigten der Versicherungsleistung benannt hat; die Benennung kann widerruflich oder unwiderruflich erfolgen. Liegt diese Voraussetzung nicht vor, kann nur der Versicherungsnehmer die Versicherungsleistung verlangen. Einer Vorlage des Versicherungsscheins bedarf es nicht.

Übersicht

	Rdn
A. Normzweck	1
B. Norminhalt	2
I. Anwendbarkeit der §§ 74 bis 80 und 82 bis 87 VVG (§ 194 Abs. 1 S. 1 VVG)	2
II. Keine Anwendbarkeit der §§ 23 bis 27, 29 VVG (§ 194 Abs. 1 S. 2 VVG)	5
III. Anwendbarkeit der §§ 19 und 21 VVG (§ 194 Abs. 1 S. 3 und 4 VVG)	6
IV. Anwendbarkeit des § 86 Abs. 1 und 2 VVG (§ 194 Abs. 2 VVG)	9
V. Anwendbarkeit der §§ 43 bis 48 VVG (§ 194 Abs. 3 VVG)	10

A. Normzweck

1 § 194 VVG verfolgt keinen einheitlichen Normzweck. Er beantwortet – unbeschadet der allgemeinen Regelungssystematik – die Frage, welche Vorschriften außerhalb des Kapitels 8 auf die Krankenversicherung anzuwenden sind (bisher: **§ 178a Abs. 2 VVG a.F.**). Die Parteien können von den in Bezug genommenen Regelungen nicht zum Nachteil des VN oder der versicherten Person abweichen (§ 208 S. 1 VVG). Der bisherige § 194 Abs. 2 VVG 2008 ist zum 1.1.2009 entfallen, weil die Rechtsfolgen des Prämienverzugs nunmehr in § 193 Abs. 6 VVG geregelt sind (*Niederleithinger*, in: Bruck/Möller, Einl. E Rn 108). Deshalb konnte auf besondere Kündigungsschutzvorschriften verzichtet werden (*Niederleithinger*, in: Bruck/Möller, Einl. E Rn 108); aus dem bisherigen § 194 Abs. 3 VVG ist § 194 Abs. 2 VVG, aus dem bisherigen § 194 Abs. 4 VVG ist § 194 Abs. 3 VVG geworden. Im Hinblick auf die in § 194 Abs. 1–3 VVG nicht ausdrücklich aufgeführten Vorschriften gilt die allgemeine Regelungssystematik, so ist bspw. § 41 VVG (Herabsetzung der Prämie) als Vorschrift für alle Versicherungszweige auch auf die Krankenversicherung anwendbar (OLG Karlsruhe, r+s 2011, 303), während insb. §§ 37 f. VVG in der (Pflicht-)Krankenversicherung durch das spezifische Rechtsfolgensystem in § 193 Abs. 6–10 VVG verdrängt werden (lex specialis).

B. Norminhalt

I. Anwendbarkeit der §§ 74 bis 80 und 82 bis 87 VVG (§ 194 Abs. 1 S. 1 VVG)

§ 194 Abs. 1 S. 1 VVG erklärt die allgemeinen Vorschriften über die Schadensversicherung – §§ 74 bis 80 und §§ 82 bis 87 VVG – für anwendbar, soweit der Krankenversicherungsschutz nach den Grundsätzen der Schadensversicherung (konkrete Bedarfsdeckung) gewährt wird. Das ist namentlich bei der **Krankheitskostenversicherung** der Fall und, wenn das Krankentagegeld ständig, automatisch und sofort wirksam an das jeweilige Einkommen angepasst wird, bei der **Krankentagegeldversicherung** (s.a. Vor. §§ 192 ff. Rdn 11). Im Falle einer Krankheitskosten-Mehrfachversicherung greift § 78 Abs. 1 VVG (gesamtschuldnerische Haftung; s. BGH, VersR 2014, 452, 453). Nicht anwendbar ist jedoch § 81 VVG (§ 194 Abs. 1 S. 1 VVG *e contrario*), der die Herbeiführung des Versicherungsfalls regelt; an seine Stelle tritt § 201 VVG. *Reinhard* (Looschelders/Pohlmann/*Reinhard*, § 194 Rn 9; ähnlich: MüKo/*Kalis*, § 194 VVG Rn 21) will die gesetzliche Schadensminderungsobliegenheit (§ 82 VVG) auch auf die **Kosten der Heilbehandlung** beziehen. Der Behandler müsse seinen Patienten über medizinisch sinnvolle und praktikable Behandlungsalternativen auch unter Kostengesichtspunkten aufklären; wähle der richtig beratene VN dennoch die kostenintensivere Maßnahme, sei der VR gem. § 82 VVG leistungsfrei (Looschelders/Pohlmann/*Reinhard*, § 194 Rn 9, mit Einschränkungen im Hinblick auf das Selbstbestimmungsrecht des Patienten). Dem ist nicht zu folgen: Das Leistungsversprechen des VR knüpft gem. § 192 Abs. 1 VVG an die medizinische Notwendigkeit der Heilbehandlung an. Da die Kosten keinen Einfluss auf die Beurteilung der medizinischen Notwendigkeit haben (BGH, VersR 2003, 581), sind sie ausschließlich i.R.d. § 192 Abs. 2 VVG (auffälliges Missverhältnis), nach der Rspr. des BGH auch i.R.d. § 242 BGB (BGH, NJW 2005, 3783, 3784; s.a. § 192 Rdn 70), zu berücksichtigen.

Das BSG hat die Frage, ob die **Pflegekrankenversicherung** unter §§ 194 Abs. 1 S. 1, 84 Abs. 1 S. 1 VVG fällt, ausdrücklich offengelassen und (mit Recht) entschieden, dass § 23 SGB XI jedenfalls vorrangig anzuwenden ist (BSG, HSP § 23 SGB XI Nr. 2.12, unter Berufung auf § 192 Abs. 6 S. 3 VVG; s.a. Vor. §§ 192 ff. Rdn 9). Die Frage dürfte zu bejahen sein: Das Versicherungsvertragsrecht unterscheidet zwischen der auf die Deckung eines konkreten Schadens ausgerichteten Schadens- und der einen abstrakt zu berechnenden Bedarf deckenden Summenversicherung (BSG, HSP § 23 SGB XI Nr. 2.12). Das Pflegegeld wurde nach bisheriger Rspr. des BSG der Schadensversicherung zugerechnet, weil es sich zwar um eine pauschale Leistung handele, die Höhe aber von der Zuordnung zu einer Pflegestufe und damit vom Ausmaß der Pflegebedürftigkeit abhänge (BSGE 88, 262 = BSG SozR 3–3300 § 23 Nr. 5 = SozR 3–1300 § 48 Nr. 79). Daran ist festzuhalten.

Ein **gesetzlicher Forderungsübergang** gem. § 86 VVG setzt u.a. eine Kongruenz zwischen der Leistung des VR und dem Ersatzanspruch des VN voraus (OLG Frankfurt/M, Urt. v. 6.11.2002 – 23 U 17/02, juris, Rn 2 m.w.N; BSGE 115, 247–256). Der Rechtsübergang erfasst Ansprüche, die dem Ausgleich des dem VN entstandenen Schadens dienen (BSG, 115, 247–256; zum Übergang von Konditionsansprüchen s. Rdn 9).

§ 194 VVG

II. Keine Anwendbarkeit der §§ 23 bis 27, 29 VVG (§ 194 Abs. 1 S. 2 VVG)

5 Nicht auf die Krankenversicherung anwendbar sind §§ 23 bis 27 und § 29 VVG (§ 194 Abs. 1 S. 2 VVG). Der Rückgriff auf die Regelung der **Gefahrerhöhung** ist ausgeschlossen, weil die Krankenversicherung auch und gerade finanzielle Belastungen aufgrund von Krankheiten und Unfällen abdecken soll, die während der Vertragslaufzeit neu auftreten (BK/*Hohlfeld*, § 178a Rn 6). Im Hinblick auf nachträgliche Gefahrerhöhungen gilt an sich der Grundsatz, dass der VR ein nachträglich erhöhtes Risiko nur gegen Zahlung einer erhöhten Prämie abdecken muss (s. § 25; s.a. BGH, VersR 2012, 980). Diesen Grundsatz hat der Gesetzgeber für die Krankenversicherung ausgeschlossen und dem VR damit das Risiko nachträglicher Gefahrerhöhungen generell auferlegt (BGH, VersR 2012, 980). Ob es dabei um eine individuelle Risikoerhöhung beim VN oder um eine Erhöhung des abstrakt zu sehenden Leistungsrisikos aufgrund statistischer Zuordnungen geht, ist unerheblich (BGH, VersR 2012, 980).

III. Anwendbarkeit der §§ 19 und 21 VVG (§ 194 Abs. 1 S. 3 und 4 VVG)

6 § 19 Abs. 4 VVG ist auf die Krankenversicherung nicht anzuwenden, wenn der VN die Verletzung der Anzeigepflicht nicht zu vertreten hat (§ 194 Abs. 1 S. 3 VVG). Der VR kann ggf. also *nicht* verlangen, dass die Bedingungen, die er in Kenntnis des nicht angezeigten Umstands vereinbart hätte, (ex nunc) Vertragsbestandteil werden (s. § 19 Abs. 4 S. 2 VVG). Damit bleibt die unverschuldete Verletzung der Anzeigepflicht im Ergebnis folgenlos: Rücktritt und Kündigung scheiden ebenfalls aus (§§ 19 Abs. 3 S. 1, 206 Abs. 1 S. 1 VVG). Hat der VN seine vorvertragliche Anzeigepflicht hingegen durch unrichtige Beantwortung der im Antragsformular gestellten Gesundheitsfragen grob fahrlässig verletzt, so ist der VR gem. §§ 19 Abs. 4, 194 Abs. 1 S. 3 VVG berechtigt, die Versicherungsprämie rückwirkend anzupassen (OLG Köln, VersR 2013, 745).

7 Abweichend von § 21 Abs. 3 S. 1 VVG beläuft sich die Frist für die Geltendmachung „*aller Rechte, die dem VR bei einer vom VN zu vertretenden Anzeigepflichtverletzung nach § 19 Abs. 2 zustehen*" auf drei – statt fünf – Jahre (§ 194 Abs. 1 S. 4 VVG). Diese Abweichung soll „*der besonderen sozialen Bedeutung der Krankenversicherung für den VN Rechnung tragen*" (Begr. BT-Drucks 16/3945, S. 111). Hat der VN allerdings vorsätzlich gehandelt, ist eine Besserstellung in der Krankenversicherung nicht gerechtfertigt. Daher gilt in diesen Fällen die allgemeine Vorschrift des § 21 Abs. 3 S. 2 VVG, nach der die Ausschlussfrist zehn Jahre beträgt (Begr. BT-Drucks 16/3945, S. 111).

8 Das Recht zur **Anfechtung wegen arglistiger Täuschung** (§§ 22 VVG, 123 Abs. 1 BGB) bleibt auch in der Krankenversicherung unberührt (§ 193 Abs. 5 S. 4 Nr. 1 VVG; Rüffer/Halbach/Schimikowski/*Rogler*, § 194 Rn 5; BGH, r+s 2012, 136, 141).

IV. Anwendbarkeit des § 86 Abs. 1 und 2 VVG (§ 194 Abs. 2 VVG)

9 § 86 Abs. 1 und 2 VVG (**Übergang von Ersatzansprüchen**) ist auf die Krankheits- und Pflegekostenversicherung zwar schon nach § 194 Abs. 1 S. 1 VVG anwendbar, erfasst

als solcher jedoch keine **Kondiktionsansprüche auf Rückzahlung überhöhter Entgelte** (Begr. BT-Drucks 16/3945, S. 111; s. aber: *Göbel/Köther*, VersR 2013, 1084, mit dem Hinweis auf BGH, VersR 1971, 658; s. zum Regress des Krankenversicherers auch: *Göbel/Köther*, VersR 2016, 505). Daher bedurfte es – auch im Hinblick auf die mit zu übernehmende Mitwirkungspflicht des VN (§ 86 Abs. 2 VVG) – einer ausdrücklichen gesetzlichen Regelung der Legalzession (Begr. BT-Drucks 16/3945, S. 111). Der Forderungsübergang entspricht dem Petitum, gebührenrechtliche Streitigkeiten möglichst ohne Beteiligung des Patienten zu klären (MüKo/*Kalis*, § 194 VVG Rn 46; *Göbel/Köther*, VersR 2013, 1084). Nicht übernehmen wollte der Reformgesetzgeber § 86 Abs. 3 VVG. Der Schutzgedanke sei nicht auf den Fall zu übertragen, dass die in einer Hausgemeinschaft mit dem VN lebende Person mit diesem einen Behandlungsvertrag geschlossen hat (Begr. BT-Drucks 16/3945, S. 111). Der Anspruchsübergang des § 194 Abs. 2 VVG erfasst (auch) solche Erstattungsleistungen, die der VR ohne korrespondierende Rechtspflicht erbringt, solange der VR mit der Bezahlung unberechtigter Entgelte den Heilungserfolg des VN herbeiführen will (OLG Saarbrücken, VersR 2013, 223). § 194 Abs. 2 VVG besäße keinen Anwendungsbereich, wenn sich die Legalzession nur auf solche Entgeltansprüche bezöge, deren Ausgleich die Versicherung im Innenverhältnis zu ihren VN schuldet (OLG Saarbrücken, VersR 2013, 223, 224). Denn solche Entgelte werden mit Regelmäßigkeit auch im Rechtsverhältnis zwischen VN und Leistungserbringer wirksam angefallen sein (OLG Saarbrücken, VersR 2013, 223, 224). Erfüllt der VN diese Ansprüche, wird die Leistung nicht i.S. des § 194 Abs. 2 VVG „*ohne rechtlichen Grund*" erbracht. Demnach zeigt Sinn und Zweck der Vorschrift, dass die Abtretung nur solche Entgeltansprüche erfassen kann, auf deren Übernahme die Versicherte keinen klagbaren Anspruch besitzt (OLG Saarbrücken, VersR 2013, 223, 224). Anhaltspunkte dafür, den Anwendungsbereich der Vorschrift auf diejenigen Fälle zu verengen, in denen der VR seine Leistungspflicht irrtümlich für gegeben erachtet, sind weder dem Wortlaut noch der Systematik des Regelungszusammenhangs zu entnehmen (OLG Saarbrücken, VersR 2013, 223, 224). Ein solches Rechtsverständnis stünde dem Willen des Gesetzgebers entgegen: Mit der Novellierung des § 194 Abs. 2 VVG wollte der Gesetzgeber dem Umstand Rechnung tragen, dass das bis zur Novellierung geltende Recht keine Möglichkeit vorsah, Bereicherungsansprüche des VN auf Rückzahlung überhöhter Entgelte auf den Krankenversicherer überzuleiten. Diesem als Missstand empfundenen Zustand wollte der Gesetzgeber abhelfen (BT-Drucks 16/935, S. 111). Den Gesetzesmaterialien ist nicht zu entnehmen, dass der Gesetzgeber den Anspruchsübergang nur in solchen Fällen anordnen wollte, in denen der Versicherer über das Bestehen der Leistungspflicht in Zweifel war (OLG Saarbrücken, VersR 2013, 223, 224).

V. Anwendbarkeit der §§ 43 bis 48 VVG (§ 194 Abs. 3 VVG)

Die Bestimmungen über die **Versicherung für fremde Rechnung** (§§ 43 bis 48 VVG) 10 sind – anders als früher (s. nur BK/*Hohlfeld*, § 178a Rn 5) – auch auf die Krankenversicherung anwendbar. Das allerdings mit der Maßgabe, dass ausschließlich **die versicherte Person** die Versicherungsleistung verlangen kann, wenn der VN sie ggü. dem VR in Textform (§ 126b BGB; Begriff: Palandt/*Ellenberger*,§ 126b BGB Rn 3 [auch: E-Mail und

USB-Stick]) als **Empfangsberechtigte** der Versicherungsleistung benannt hat (§ 194 Abs. 3 S. 1 VVG). Die Benennung kann widerruflich oder unwiderruflich erfolgen. Liegt diese Voraussetzung nicht vor, kann nur der VN die Versicherungsleistung verlangen (§ 194 Abs. 3 S. 2 VVG). Einer Vorlage des Versicherungsscheins bedarf es – abweichend von §§ 44 Abs. 2, 45 Abs. 2 VVG – nicht (§ 194 Abs. 3 S. 3 VVG). Der Empfangsberechtigte erwirbt ggf. ein eigenes Forderungsrecht i.S.v. § 328 Abs. 1 BGB (Echter Vertrag zugunsten Dritter; s. Rüffer/Halbach/Schimikowski/*Rogler*, § 194 Rn 22) – mit der Folge, dass er gegenüber dem die Erstattung verweigernden VR im Prozess aktiv legitimiert ist (Rüffer/Halbach/Schimikowski/*Rogler*, § 194 Rn 22).

11 Hintergrund dieser Modifikationen ist ausweislich des Abschlussberichts der Kommission die **Befürchtung, dass eine undifferenzierte Verweisung auf die §§ 43 ff. VVG in der Leistungsabrechnung zu erheblichen Problemen führen könnte** (*Lorenz*, Abschlussbericht der Kommission zur Reform des VVG, S. 167 f., unter 1.3.2.4.5.2.2). Um nämlich Doppelzahlungen zu vermeiden bzw. eine befreiende Zahlung sicherzustellen, müsste der VR vom jeweils Erstattung verlangenden VN oder Versicherten die Vorlage des Versicherungsscheins oder die Zustimmung des Versicherten bzw. VN verlangen (*Lorenz*, Abschlussbericht der Kommission zur Reform des VVG, S. 167 f., unter 1.3.2.4.5.2.2). Das führe, so die Kommission, in einem **Massengeschäftszweig wie der Krankenversicherung** zu unvertretbarem Verwaltungsaufwand und verzögere zum Nachteil des Erstattungsempfängers die Auszahlung der Leistung erheblich (*Lorenz*, Abschlussbericht der Kommission zur Reform des VVG, S. 167 f., unter 1.3.2.4.5.2.2). In der Unfallversicherung liege insoweit eine andere Situation vor, weil der Versicherungsfall relativ selten eintrete, während die Krankenversicherung laufend in Anspruch genommen werde. Außerdem könne eine befreiende Leistung an den Versicherten, der die Rechnung einreiche, die Interessen des VN nachhaltig berühren, wenn dadurch ein sonst bestehender Anspruch auf Beitragsrückerstattung vernichtet würde (*Lorenz*, Abschlussbericht der Kommission zur Reform des VVG, S. 167 f., unter 1.3.2.4.5.2.2).

§ 195 VVG Versicherungsdauer

(1) Die Krankenversicherung, die ganz oder teilweise den im gesetzlichen Sozialversicherungssystem vorgesehenen Kranken- oder Pflegeversicherungsschutz ersetzen kann (substitutive Krankenversicherung), ist vorbehaltlich der Absätze 2 und 3 und der §§ 196 und 199 unbefristet. Wird die nicht substitutive Krankenversicherung nach Art der Lebensversicherung betrieben, gilt Satz 1 entsprechend.

(2) Bei Ausbildungs-, Auslands-, Reise- und Restschuldkrankenversicherungen können Vertragslaufzeiten vereinbart werden.

(3) Bei der Krankenversicherung einer Person mit befristetem Aufenthaltstitel für das Inland kann vereinbart werden, dass sie spätestens nach fünf Jahren endet. Ist eine kürzere Laufzeit vereinbart, kann ein gleichartiger neuer Vertrag nur mit einer Höchstlaufzeit geschlossen werden, die unter Einschluss der Laufzeit des abgelaufenen

Vertrags fünf Jahre nicht überschreitet; dies gilt auch, wenn der neue Vertrag mit einem anderen Versicherer geschlossen wird.

Übersicht

	Rdn
A. Normzweck	1
B. Norminhalt	3
I. Unbefristete Krankenversicherungen (§ 195 Abs. 1 VVG)	3
II. Befristung aus sachlichen Gründen (§ 195 Abs. 2 VVG)	5
III. Befristung aus persönlichen Gründen (§ 195 Abs. 3 VVG)	8

A. Normzweck

Nach § 195 Abs. 1 VVG ist die **substitutive Krankenversicherung** grds. unbefristet. 1 Dadurch wird der VN v.a. davor bewahrt, den elementaren Krankenversicherungsschutz durch Fristablauf zu verlieren und anschließend – bspw. aufgrund eines erhöhten Krankheitsrisikos – keine (bezahlbare) Krankenversicherung mehr zu finden bzw. auf den Basistarif ausweichen zu müssen. Daher können die Parteien auch nicht zum Nachteil des VN von § 195 VVG abweichen (§ 208 S. 1 VVG). In der **Ausbildungs-, Auslands-, Reise- und Restschuldkrankenversicherung** ist der VN allerdings nicht schutzbedürftig (§ 195 Abs. 2 VVG). Das Gleiche gilt bei einem befristeten Inlandsaufenthalt (§ 195 Abs. 3 VVG). Die Befristung wirkt sich in diesen Fällen sogar zugunsten des VN aus, weil die Beiträge niedriger ausfallen: Substitutive Krankenversicherungen mit befristeten Vertragslaufzeiten nach § 195 Abs. 2 und 3 VVG können, wie sich aus **§ 146 Abs. 3 VAG** ergibt, ohne Alterungsrückstellung kalkuliert werden.

Die Regelung der Befristungsmöglichkeiten ist **nicht abschließend**. Die Befristung der 2 **Krankentagegeldversicherung** ist aus redaktionellen Erwägungen – „*zur Erleichterung der Lesbarkeit*" (Begr. BT-Drucks 16/3945, S. 111) – in **§ 196** VVG gesondert geregelt. Die Befristung von **Beihilfetarifen** regelt **§ 199 Abs. 1 VVG**. Die frühere Regelung der **Mindestversicherungsdauer** in der Krankenversicherung (§ 178a Abs. 4 S. 2 VVG a.F.) hat der Reformgesetzgeber nicht übernommen, weil er die Regelung des § 11 Abs. 2 S. 2 VVG (Maximale Mindestversicherungsdauer: Zwei Jahre) auch bei der Krankenversicherung für angemessen hielt (Begr. BT-Drucks 16/3945, S. 111).

B. Norminhalt

I. Unbefristete Krankenversicherungen (§ 195 Abs. 1 VVG)

§ 195 Abs. 1 VVG enthält eine – mit § 146 Abs. 1 VAG identische und sachlich mit Art. 54 3 Abs. 2 S. 1 RL 92/94/EWG (Dritte Richtlinie Schaden), Art. 206 Abs. 1 RL 2009/138/EG (Solvency II) übereinstimmende – **Legaldefinition der substitutiven Krankenversicherung**. Substitutive Krankenversicherung ist eine Krankenversicherung, die ganz oder teilweise im gesetzlichen Sozialversicherungssystem vorgesehenen Kranken- oder Pflegeversicherungsschutz ersetzen kann (§ 195 Abs. 1 S. 1 VVG). Erforderlich und zugleich ausreichend ist, dass die Versicherung eine Alternative zu der im SGB V geregelten gesetz-

lichen Krankenversicherung (GKV) darstellt, weil sie dem Versicherungsschutz der GKV im Wesentlichen entspricht (ähnlich *Hütt*, in: Bach/Moser, PKV, § 195 Rn 3; i.E.: *Kaulbach/ Schneider*, VersR 2013, 1469; *Werber*, VersR 2011, 1346). Daraus folgt:
- Die **Krankheitskostenversicherung** (§ 192 Abs. 1 VVG), die Kosten ambulanter, stationärer und zahnärztlicher Heilbehandlung abdeckt (s. Begr. BT-Drucks 12/6959, S. 60) ist regelmäßig substitutiv.
- Die **Krankentagegeldversicherung** (§ 192 Abs. 5 VVG) ist grds. substitutiv, weil die gesetzliche Krankenversicherung gem. § 44 Abs. 1 SGB V ein *grosso modo* vergleichbares Krankengeld zahlt (im Einzelnen: *Kaulbach/Schneider*, VersR 2013, 1469, 1475). Das gilt jedoch nur bis zum Beginn des Rentenbezugs (s. §§ 50 Abs. 1 Nr. 1 SGB V, 35 S. 1 SGB VI), d.h. im Regelfall bis zur Vollendung des 67. Lebensjahres (§ 35 S. 2 SGB VI; hier: § 196 Rdn 1).
- Die **Krankenhaustagegeldversicherung** (§ 192 Abs. 4 VVG) ist nicht substitutiv (allg. Meinung: BT-Drucks 12/6959, S. 60; Prölss/Martin/*Voit*, § 195 Rn 4).

4 Substitutive Krankenversicherungen können grds. nur **unbefristet** abgeschlossen werden (§§ 195 Abs. 1, 208 S. 1 VVG). Im Fall der §§ 195 Abs. 2 und 3, 196 und 199 Abs. 1 VVG gilt ausnahmsweise etwas Anderes. Parallel dazu bestimmt § 195 Abs. 1 VVG, dass auch eine nicht substitutive Krankenversicherung, die nach Art der Lebensversicherung betrieben wird, unbefristet ist (§ 195 Abs. 1 S. 2 VVG).

II. Befristung aus sachlichen Gründen (§ 195 Abs. 2 VVG)

5 Befristungsmöglichkeiten in der **Ausbildungs-, Auslands- und Reisekrankenversicherung** bestanden bereits auf der Basis des früheren § 178a Abs. 4 S. 3 VVG a.F. Dabei ist zu berücksichtigen, dass die **Auslandskrankenversicherung** nicht notwendig substitutiv ist, weil die gesetzliche Krankenversicherung bei Erkrankungen im Ausland nicht leistet (Territorialitätsprinzip: § 16 Abs. 1 Nr. 1 SGB V). Anders verhält es sich in der EU und in anderen Ländern, mit denen die BRD ein Sozialversicherungsabkommen abgeschlossen hat. Eine (private) Auslandskrankenversicherung, die den in der gesetzlichen Krankenversicherung vorgesehenen Krankenversicherungsschutz in Ausland ergänzen soll, ist nicht substitutiv, sondern komplementär (*Kaulbach/Schneider*, VersR 2013, 1469, 1473). Bei solchen Tarifen wäre eine Befristung auch ohne den Dispens von § 195 Abs. 1 S. 1 VVG in § 195 Abs. 2 VVG zulässig, es sei denn, der VR betriebe die Auslandskrankenversicherung nach Art der Lebensversicherung (§ 195 Abs. 1 S. 2 VVG). Eine Klausel über Versicherungsschutz für Heilbehandlung im Ausland „*während vorübergehender* **Reisen bis zu sechs Wochen** *Dauer*" ist dahin auszulegen, dass Krankenversicherungsschutz auf Auslandsreisen für die ersten sechs Wochen immer und unabhängig davon besteht, ob der VN die Reise für einen längeren Zeitraum geplant hat oder nicht (BGH, VersR 2008, 64; anders noch OLG Koblenz, VersR 2007, 1215; vgl. auch AG München, r+s 2007, 292).

6 Im Hinblick auf die **Ausbildungsversicherung** ist klarzustellen, dass Studierende, die an staatlichen oder staatlich anerkannten Hochschulen eingeschrieben sind, grds. bis zum Abschluss des 14. Fachsemesters, längstens bis zur Vollendung des 30. Lebensjahrs versi-

cherungspflichtig sind (§ 5 Abs. 1 Nr. 9 SGB V); auf Antrag wird jedoch von der Versicherungspflicht befreit, wer durch die Einschreibung als Studierende(r) versicherungspflichtig geworden ist (§ 8 Abs. 1 Nr. 5 SGB V).

Die **Restschuldversicherung** kann wegen ihrer Bindung an die Laufzeit des zugrunde liegenden Darlehens ihrer Natur nach nicht unbefristet vereinbart werden (Begr. BT-Drucks 16/3945, S. 112). 7

III. Befristung aus persönlichen Gründen (§ 195 Abs. 3 VVG)

§ 195 Abs. 3 VVG ermöglicht **Personen, die sich mit einem befristeten Aufenthaltstitel** (§ 4 des Aufenthaltsgesetzes vom 30.7.2004, BGBl I, S. 1950, 1953, zuletzt geändert durch Art. 5 G v. 22.12.2015, BGBl I, S. 2557) in Deutschland aufhalten, eine substitutive Krankenversicherung abzuschließen, die (1) nicht mit Alterungsrückstellungen kalkuliert (§ 146 Abs. 3 VAG) und (2) deren Laufzeit auf die Dauer der Aufenthaltsgenehmigung abgestimmt ist (Begr. BT-Drucks 16/3945, S. 112). Die Bundesregierung geht davon aus, dass solche Personen mit großer Sicherheit in überschaubarer Zeit wieder in ihr Heimatland zurückkehren, sodass sie nur einen befristeten Krankenversicherungsschutz benötigen, der wegen des Fehlens des langfristigen Alterungsrisikos auch keiner Kalkulation mit Alterungsrückstellungen bedarf (Begr. BT-Drucks 16/3945, S. 112). 8

Damit § 195 Abs. 3 VVG nicht zu Umgehungen missbraucht wird, begrenzt § 195 Abs. 3 S. 1 VVG die Höchstdauer der Befristung auf fünf Jahre. Nach § 195 Abs. 3 S. 2 VVG sind die Versicherungszeiten mehrerer aufeinander folgender Verträge zu addieren, und zwar auch dann, wenn diese bei unterschiedlichen VR bestanden. Daraus folgert die Begründung, dass „*die VR [...] im Antrag auf Abschluss eines solchen Krankenversicherungsvertrags [...] stets ausdrücklich nach einer entsprechenden Vorversicherung fragen müssen.*" Die Einhaltung dieser Vorschriften sei ggf. durch Prüfungen der Versicherungsaufsicht zu überwachen (Begr. BT-Drucks 16/3945, S. 112). 9

§ 196 VVG Befristung der Krankentagegeldversicherung

(1) Bei der Krankentagegeldversicherung kann vereinbart werden, dass die Versicherung mit Vollendung des 65. Lebensjahres der versicherten Person endet. Der Versicherungsnehmer kann in diesem Fall vom Versicherer verlangen, dass dieser den Antrag auf Abschluss einer mit Vollendung des 65. Lebensjahres beginnenden neuen Krankentagegeldversicherung annimmt, die spätestens mit Vollendung des 70. Lebensjahres endet. Auf dieses Recht hat der Versicherer ihn frühestens sechs Monate vor dem Ende der Versicherung unter Beifügung des Wortlauts dieser Vorschrift in Textform hinzuweisen. Wird der Antrag bis zum Ablauf von zwei Monaten nach Vollendung des 65. Lebensjahres gestellt, hat der Versicherer den Versicherungsschutz ohne Risikoprüfung oder Wartezeiten zu gewähren, soweit der Versicherungsschutz nicht höher oder umfassender ist als im bisherigen Tarif.

(2) Hat der Versicherer den Versicherungsnehmer nicht nach Absatz 1 Satz 3 auf das Ende der Versicherung hingewiesen und wird der Antrag vor Vollendung des 66. Lebensjahres gestellt, gilt Absatz 1 Satz 4 entsprechend, wobei die Versicherung mit Zugang des Antrags beim Versicherer beginnt. Ist der Versicherungsfall schon vor Zugang des Antrags eingetreten, ist der Versicherer nicht zur Leistung verpflichtet.

(3) Absatz 1 Satz 2 und 4 gilt entsprechend, wenn in unmittelbarem Anschluss an eine Versicherung nach Absatz 1 Satz 4 oder Absatz 2 Satz 1 eine neue Krankentagegeldversicherung beantragt wird, die spätestens mit Vollendung des 75. Lebensjahres endet.

(4) Die Vertragsparteien können ein späteres Lebensjahr als in den vorstehenden Absätzen festgelegt vereinbaren.

Übersicht

	Rdn
A. Normzweck	1
B. Norminhalt	2
I. Befristung auf das 65. Lebensjahr und Neuabschluss einer Krankentagegeldversicherung auf das Endalter 70 (§ 196 Abs. 1 VVG)	2
II. Neuabschluss einer Krankentagegeldversicherung auf das Endalter 70 bei fehlender Belehrung (§ 196 Abs. 2 VVG)	5
III. Erneuter Neuabschluss einer Krankentagegeldversicherung auf das Endalter 75 (§ 196 Abs. 3 VVG)	7
IV. Flexibilisierung des Endalters (§ 196 Abs. 4 VVG)	8
V. Abdingbarkeit	9

A. Normzweck

1 § 196 Abs. 1 S. 1 VVG legitimiert die **Befristung der Krankentagegeldversicherung bis zur Vollendung des 65. Lebensjahres** und stellt damit auf den derzeit noch typischen Zeitpunkt für den Eintritt in den Ruhestand ab (Begr. BT-Drucks 3945, S. 112; s. aber: § 35 SGB VI: Regelaltersrente ab Vollendung des 67. Lebensjahres). Dies entspricht weitgehend den Musterbedingungen (s. aber Rdn 9). Danach endet das Versicherungsverhältnis *„mit dem Bezug von Altersrente, spätestens, sofern tariflich vereinbart, mit Vollendung des 65. Lebensjahres zum Ende des Monats, in dem die Altersgrenze erreicht wird"* (§ 15 Abs. 1 Buchst. c MB/KT 2009). Die Befristung gem. § 15 Abs. 1 Buchst. c) MB/KT 2009 benachteiligt den VN nicht unangemessen (§ 307 Abs. 1 BGB). Denn die weit überwiegende Anzahl der Versicherten beendet spätestens mit Erreichen des 65. Lebensjahres ihr Arbeitsleben und hat ab dann keine krankheitsbedingten Verdienstausfälle mehr zu befürchten (OLG Karlsruhe, VersR 2009, 204, 205 f.; OLG Frankfurt v. 14.5.2014 – 7 U 129/13, juris, n.v., m.w.N.; OLG Nürnberg, VersR 2013, 1390). Es ist es auch nicht überraschend i.S.d. § 305c Abs. 1 BGB, dass eine Versicherung, die Verdienstausfälle absichern soll, mit diesem Zeitpunkt ausläuft (OLG Karlsruhe, VersR 2009, 204, 205 f.; OLG Nürnberg, VersR 2013, 1390).

B. Norminhalt

I. Befristung auf das 65. Lebensjahr und Neuabschluss einer Krankentagegeldversicherung auf das Endalter 70 (§ 196 Abs. 1 VVG)

Die Parteien können vereinbaren, dass die Krankentagegeldversicherung mit Vollendung des 65. Lebensjahres der versicherten Person endet (§ 196 Abs. 1 S. 1 VVG). Bekanntlich bietet die Krankentagegeldversicherung Versicherungsschutz gegen Verdienstausfall als Folge von Krankheiten oder Unfällen, soweit dadurch Arbeitsunfähigkeit verursacht wird (§ 1 Abs. 1 S. 1 MB/KK 2009). Der VR gewährt im Versicherungsfall für die Dauer einer Arbeitsunfähigkeit ein Krankentagegeld in vertraglichem Umfang (§ 196 Abs. 1 S. 2 VVG). Die **Lohnersatzfunktion** dieses Krankentagegelds (OLG Köln, VersR 1974, 851, 852; vgl. auch § 192 Rdn 82) verliert mit dem Eintritt in den Ruhestand – typischerweise mit Vollendung des 65. Lebensjahres – seine Berechtigung.

Da v.a. selbstständig und freiberuflich Beschäftigte den Beginn des Ruhestandes nicht fest planen können, begründet § 196 Abs. 1 S. 2 VVG einen **Anspruch des VN auf Abschluss einer unmittelbar anschließenden Krankentagegeldversicherung**, die bis zur Vollendung des 70. Lebensjahres befristet sein kann (Begr. BT-Drucks 3945, S. 112; s.a. OLG Nürnberg, VersR 2013, 1390: Neuabschluss ohne Risikoprüfung und Wartezeit). Das gilt nicht nur im Normaltarif (§ 15 Abs. 1 Buchst. c MB/KT), sondern auch im Basistarif – auch wenn unter BT, F [Krankentagegeld] Abs. 7 (s. Anhang), nicht ausdrücklich darauf hingewiesen wird (a.A.: Prölss/Martin/*Voit*, § 196 Rn 3, mit Bedenken gegen die Kompatibilität des von ihm angenommenen Ausschlusses des Anspruchs mit § 196 Abs. 1 VVG). Kein Anspruch auf Neuabschluss besteht, wenn die Krankentagegeldversicherung aufgrund des Bezugs von Altersrente endet (OLG Nürnberg, VersR 2013, 1390; OLG Frankfurt, Urt. v. 14.5.2014 – 7 U 129/13, juris, n.v.).

Damit der VN von seinem Kontrahierungsanspruch rechtzeitig (aber nicht verfrüht) erfährt, hat der VR ihn frühestens sechs Monate vor dem Ende der Versicherung unter Beifügung des Normtextes von § 196 VVG in Textform (§ 126b BGB) darauf hinzuweisen (§ 196 Abs. 1 S. 3 VVG). Reagiert der VN rechtzeitig, stellt er den Antrag auf Neuabschluss einer (erneut) befristeten Krankentagegeldversicherung also bis zum Ablauf von zwei Monaten nach Vollendung des 65. Lebensjahres, so hat der Krankenversicherer den Versicherungsschutz ohne erneute Risikoprüfung, d.h. ohne Prüfung und ggf. auch ärztliche Untersuchung des aktuellen Gesundheitszustands und ohne Wartezeiten zu gewähren, soweit der Versicherungsschutz nicht höher oder umfassender ist als im bisherigen Tarif (zur Risikoprüfung: BGH, r+s 2007, 109, 110; s.a. § 199 Rdn 11).

II. Neuabschluss einer Krankentagegeldversicherung auf das Endalter 70 bei fehlender Belehrung (§ 196 Abs. 2 VVG)

Hat der VR den VN nicht auf das Ende der Krankentagegeldversicherung – genau genommen: auf den (optionalen) Neuabschluss der sich anschließenden Krankentagegeldversicherung (§ 196 Abs. 1 S. 3 VVG) – hingewiesen, hat der VN aber trotzdem, vor Vollendung des 66. Lebensjahres, einen Neuabschluss beantragt, so gilt § 196 Abs. 1 S. 4 VVG entsprechend, wobei die Versicherung mit Zugang des Antrags beim VR beginnt (§ 196 Abs. 2 S. 1 VVG). Ist der Versicherungsfall schon vor Zugang des Antrags eingetreten, ist der VR nicht zur Leistung verpflichtet (§ 196 Abs. 2 S. 2 VVG).

6 Der Reformgesetzgeber hat „*wegen der nahe liegenden Gefahr des Missbrauchs*" (Begr. BT-Drucks 3945, S. 112) davon abgesehen, eine Rückwärtsversicherung (§ 2 Abs. 1 VVG) auf den Zeitpunkt der Vollendung des 65. Lebensjahres einzuführen; stattdessen fällt der materielle Versicherungsbeginn auf den Zeitpunkt des Zugangs der Antragstellung. Für einen zu diesem Zeitpunkt bereits eingetretenen Versicherungsfall besteht (folgerichtig) kein Versicherungsschutz (Begr. BT-Drucks 3945, S. 112).

III. Erneuter Neuabschluss einer Krankentagegeldversicherung auf das Endalter 75 (§ 196 Abs. 3 VVG)

7 Nach § 196 Abs. 3 VVG kann der VN – analog § 196 Abs. 1 S. 2 und 4 VVG – einen erneuten Neuabschluss ohne Risikoprüfung und Wartezeiten verlangen, wobei die Krankentagegeldversicherung bis zur Vollendung des 75. Lebensjahres befristet werden kann.

IV. Flexibilisierung des Endalters (§ 196 Abs. 4 VVG)

8 Der Reformgesetzgeber geht mit Recht davon aus, dass die starren Grenzen von 65, 70 bzw. 75 Lebensjahren schon heute teilweise nicht mehr der Wirklichkeit des Rentenrechts entsprechen (Begr. BT-Drucks 3945, S. 112). Um der sich abzeichnenden Entwicklung zu einem höheren Renteneintrittsalter Rechnung zu tragen, ermöglicht es § 196 Abs. 4 VVG den Parteien, vertraglich bei der Befristung der Krankentagegeldversicherung jeweils an ein späteres Lebensjahr anzuknüpfen.

V. Abdingbarkeit

9 § 196 VVG ist gem. § 208 S. 1 VVG **halbzwingend**. Die Parteien können also nicht zum Nachteil des VN von der Befristungsregelung abweichen. § 196 Abs. 4 VVG sieht allerdings ausdrücklich vor, dass sie ein späteres Lebensjahr als Bezugspunkt der Befristung wählen können. Die in den Musterbedingungen gewählte Regelung – Beendigung „*mit dem Bezug von Altersrente*" – kann bei **Frührentnern** dazu führen, dass die Krankentagegeldversicherung bereits vor Vollendung des 65. Lebensjahres endet. Dies ist jedoch unschädlich, weil die Krankentagegeldversicherung bei Bezug einer Altersrente nicht mehr substitutiv ist (§ 50 Abs. 1 Nr. 1 SGB V), also nicht unter das in § 195 Abs. 1 VVG geregelte Befristungsverbot fällt (OLG Frankfurt v. 14.5.2014 – 7 U 129/13, juris, n.v.). **§ 15 Nr. 1 MB/KT 94** räumt der versicherten Person das Recht ein, die Krankentagegeldversicherung so lange fortzusetzen, wie Einkommen aus einer beruflichen Tätigkeit bezogen wird. Dieses Fortsetzungsrecht besteht – abweichend von § 196 Abs. 1 S. 2 VVG – unbefristet, sodass die versicherte Person auch nach Vollendung des 65. Lebensjahres noch Gebrauch davon machen kann (OLG Karlsruhe, VersR 2009, 204). Dem steht § 196 Abs. 2 S. 1 VVG als

„gesetzlicher Mindeststandard" gem. § 208 S. 1 VVG nicht entgegen (OLG Karlsruhe, VersR 2009, 204, auch zur Frage der Verwirkung). § 15 Abs. 1c MB/KT 2009 entspricht ohnehin § 196 VVG.

§ 197 VVG Wartezeiten

(1) Soweit Wartezeiten vereinbart werden, dürfen diese in der Krankheitskosten-, Krankenhaustagegeld- und Krankentagegeldversicherung als allgemeine Wartezeit drei Monate und als besondere Wartezeit für Entbindung, Psychotherapie, Zahnbehandlung, Zahnersatz und Kieferorthopädie acht Monate nicht überschreiten. Bei der Pflegekrankenversicherung darf die Wartezeit drei Jahre nicht überschreiten.

(2) Personen, die aus der gesetzlichen Krankenversicherung ausscheiden oder die aus einem anderen Vertrag über eine Krankheitskostenversicherung ausgeschieden sind, ist die dort ununterbrochen zurückgelegte Versicherungszeit auf die Wartezeit anzurechnen, sofern die Versicherung spätestens zwei Monate nach Beendigung der Vorversicherung zum unmittelbaren Anschluss daran beantragt wird. Dies gilt auch für Personen, die aus einem öffentlichen Dienstverhältnis mit Anspruch auf Heilfürsorge ausscheiden.

Übersicht

	Rdn
A. Normzweck	1
B. Normtext	5
I. Maximale Dauer der Wartezeiten (§ 197 Abs. 1 VVG)	5
1. Begriff der Wartezeit	5
2. Beginn und Dauer der Wartezeiten	7
a) Maximale Wartezeiten in der Krankheitskosten-, der Krankenhaustagegeld- und der Krankentagegeldversicherung (§ 197 Abs. 1 S. 1 VVG)	8
b) Maximale Wartezeiten in der Pflegekrankenversicherung (§ 197 Abs. 1 S. 2 VVG)	9
3. Einzelfälle	10
II. Ausscheiden aus der gesetzlichen Krankenversicherung, aus einer bereits bestehenden privaten Krankheitskostenversicherung oder aus der Heilfürsorge (§ 197 Abs. 2 VVG)	13
C. Prozessuales	15
D. Abdingbarkeit	16

A. Normzweck

Bekanntlich sieht die private Krankenversicherung (s. § 3 Abs. 2 und 3 MB/KK 2009) *„seit jeher [...] Wartezeiten [vor], durch die der VR den Versicherungsschutz für Aufwendungen für Krankheiten ausschließen will, die bei Abschluss des VV als entdeckte (subjektives Risiko) oder unentdeckte, akut oder latent vorhandene Krankheiten bestanden"* (Begr. BT-Drucks 12/6959, S. 104; ähnlich: BGH, VersR 1978, 271, 272). § 197 Abs. 1 VVG erkennt diese Praxis an, hält es aber im Interesse der *„Funktion der Krankenversicherung"* (Begr. BT-Drucks 12/6959, S. 104) – gemeint ist: Im Interesse der Effektivität des Krankenversicherungsschutzes – für notwendig, die Dauer der Wartezeiten gesetzlich zu begrenzen. Tatsächlich dient die **Festlegung von Maximalwartezeiten** (§ 197 Abs. 1 VVG) einem

1

fairen **Interessenausgleich**: Einerseits trägt sie dem berechtigten Interesse des VR Rechnung, sein Leistungsversprechen nur mit Blick auf noch nicht realisierte Risiken abzugeben, andererseits reflektiert sie das nachvollziehbare Interesse des Versicherten, so bald wie möglich über einen effektiven Krankenversicherungsschutz zu verfügen. Härten während der Wartezeit werden durch die **Karenzregelung** des § 2 Abs. 1 S. 3 MB/KK 2009 entschärft: Danach sind *„[n]ach Abschluss des Versicherungsvertrags eingetretene Versicherungsfälle [d.h.: medizinisch notwendige Heilbehandlungen,] [...] nur für den Teil von der Leistungspflicht [d.h. von der Kostenerstattung durch den Krankenversicherer] ausgeschlossen, der in die Zeit vor [dem im Versicherungsschein angegebenen] Versicherungsbeginn oder in Wartezeiten fällt."* Die **Musterbedingungen** haben die gesetzlich festgelegten **Maximalwartezeiten** in § 3 Abs. 2 und 3 MB/KK 2009 übernommen; im Basistarif entfällt die Wartezeit (§ 3 MB/BT).

2 **§ 197 Abs. 2 VVG** soll im Fall des Ausscheidens aus der gesetzlichen Krankenversicherung, aus einer bereits bestehenden privaten Krankheitskostenversicherung (§ 197 Abs. 1 S. 1 VVG) oder aus einem öffentlichen Dienstverhältnis mit Anspruch auf Heilfürsorge (§ 196 Abs. 1 S. 2 VVG) einen **lückenlosen Versicherungsschutz** gewährleisten. Durch die Einbeziehung der Personen, die *„aus einem anderen Vertrag über eine Krankheitskostenversicherung ausgeschieden sind"* (Art. 43 Nr. 2 GKV-WSG, Art. 11 Abs. 1 VVG-Reformgesetz) wird das Recht der VR, Wartezeiten zu vereinbaren, gegenüber der früheren Rechtslage nicht weiter eingeschränkt (Begr. BT-Drucks 16/3100, S. 206). Bisher werden privat Versicherte, die von der Portabilität Gebrauch machen oder deren Vorvertrag sonst beendet wurde, Personen gleichgestellt, die aus der GKV in die PKV wechseln (Begr. BT-Drucks 16/3100, S. 206). Dies führt dazu, dass für die meisten Versicherten, die von einem VR zu einem anderen wechseln, keine Wartezeiten gelten (Begr. BT-Drucks 16/3100, S. 206.).

3 Bis auf die Ergänzung in § 197 Abs. 2 VVG (s. Rdn 2) ist § 197 VVG identisch mit **§ 178c VVG a.F.**

4 In der **Kindernachversicherung** scheiden Wartezeiten grds. aus (§ 198 Abs. 1 S. 1 VVG).

B. Normtext

I. Maximale Dauer der Wartezeiten (§ 197 Abs. 1 VVG)

1. Begriff der Wartezeit

5 Die **allgemeine** Wartezeit stellt einen nur zeitlich begrenzten, die besonderen Wartezeiten stellen einen sowohl zeitlich als auch sachlich begrenzten **Risikoausschluss** dar – jeweils für die Zeit nach dem technischen Versicherungsbeginn (vgl. BGH, VersR 1978, 271, 272; VersR 1976, 851, 852; ÖOGH, VersR 1990, 999, 1000; *Hütt*, in: Bach/Moser, PKV, § 3 MB/KK Rn 4 und 5; s.u. Rdn 7).

6 Die Krankenversicherer verfolgen mit den Wartezeitklauseln zwei Hauptziele, nämlich die **Bekämpfung des subjektiven Risikos** – verhindert werden soll, dass künftige VN die

Heilbehandlung einer schon erkennbaren Krankheit in die Phase verschieben, in der sie aufgrund der erst noch abzuschließenden Krankenversicherung bereits versichert sind – und die **Beschränkung des objektiven Risikos**: Die Wartezeitklauseln dienen dazu, Krankheiten aus dem Versicherungsschutz auszuklammern, die medizinisch schon vor Vertragsschluss entstanden waren, damals möglicherweise noch unentdeckt waren, aber in einer erfahrungsgemäß erheblichen Anzahl von Fällen dann vor Ablauf der Wartezeit behandlungsbedürftig wurden (BGH, VersR 1978, 271, 272; VersR 1976, 851, 852; ÖOGH, VersR 1990, 999, 1000; OLG Hamburg, VersR 1973, 1014, 1015; LG Ansbach, VersR 1977, 905, 906; insb. zur Eindämmung des subjektiven Risikos auch: BVerwG, VersR 2007, 1253, 1255; OLG Hamm, VersR 1999, 478; OLG Köln, VersR 1998, 352, 353; OLG Hamburg, VersR 1973, 1014). Als Ausgleich dafür, dass die Wartezeitklauseln diesen Zweckgedanken mit ihrer notwendig starren, generalisierenden zeitlichen Beschränkung nur grob und unvollkommen verwirklichen, erlangen VR eine klarere, praktikablere Risikoabgrenzung und damit größere Rechtssicherheit als auf der Basis des früheren Risikoausschlusses für alle, auch unerkannte *„alte Leiden"* (BGH, VersR 1978, 271, 272).

2. Beginn und Dauer der Wartezeiten

Nach § 2 Abs. 1 S. 1 MB/KK 2009 beginnt der Versicherungsschutz *„mit dem im Versicherungsschein bezeichneten Zeitpunkt (Versicherungsbeginn), jedoch nicht vor Abschluss des Versicherungsvertrags [...] und nicht vor Ablauf von Wartezeiten"*. Der Beginn der Wartezeiten richtet sich also nach dem Versicherungsbeginn und stimmt mit dem **technischen Versicherungsbeginn** überein (§ 8 Abs. 1 S. 1 MB/KK 2009), von dem an die vereinbarte Prämie zu entrichten ist (BGH, VersR 1978, 362, 363; OLG Hamm, VersR 1989, 506, 507; VersR 1977, 953; *Hütt*, in: Bach/Moser, PKV, § 3 MB/KK Rn 5). Die Parteien können den Versicherungsbeginn vorverlegen um die Wartezeiten abzukürzen (BGH, VersR 1982, 841, 842; OLG Hamm, VersR 2003, 185, 186; OLG Karlsruhe, VersR 1992, 1123, 1124); ob die Parteien, die einen „Versicherungsbeginn" vor Vertragsabschluss vereinbaren, abweichend von § 2 Abs. 1 MB/KK 2009 eine **Rückwärtsversicherung** abschließen (§ 2 VVG; 305b BGB – Vorrang der Individualabrede) oder lediglich eine **Rückdatierung**, d.h. eine Vorverlagerung des technischen Versicherungsbeginns anstreben, hat der BGH (BGH, VersR 1982, 841, 843) bewusst nicht entschieden. Richtigerweise ist der von dem VR verwendete Begriff „Versicherungsbeginn" jedoch (mangels Erläuterung) auch dann i.S.d. materiellen Versicherungsbeginns zu verstehen, wenn der VN weiß, dass durch die Rückdatierung die Wartezeit verkürzt werden soll. Dafür spricht, dass sich Rückwärtsversicherung und Rückdatierung nicht gegenseitig ausschließen und dass der VR insb. im Beratungsgespräch (§ 6 VVG) klarstellen kann, dass der Versicherungsbeginn nur „pro forma" vorverlagert wird, dass also vor Vertragsschluss kein Versicherungsschutz bestehen soll. Für Versicherungsfälle, die vor Beginn des Versicherungsschutzes eingetreten sind, wird nicht geleistet (§ 2 Abs. 1 S. 2 MB/KK 2009). Nach Abschluss des VV eingetretene Versicherungsfälle sind nur für den Teil von der Leistungspflicht ausgeschlossen, der in die Zeit vor Versicherungsbeginn oder in Wartezeiten fällt (§ 197 Abs. 1 S. 3 VVG).

a) Maximale Wartezeiten in der Krankheitskosten-, der Krankenhaustagegeld- und der Krankentagegeldversicherung (§ 197 Abs. 1 S. 1 VVG)

8 Die Musterbedingungen orientieren sich bei der **Dauer der Wartezeit** an der gesetzlichen Regelung: Danach beträgt die **allgemeine Wartezeit drei Monate** (§ 3 Abs. 2 MB/KK 2009, § 3 Abs. 2 MB/KT 2009); sie entfällt allerdings bei Unfällen (§ 3 Abs. 2 S. 2 Buchst. a) MB/KK 2009, § 3 Abs. 2 S. 2 MB/KT 2009), bei denen keine Wartezeit vereinbart werden kann (Prölss/Martin/*Voit*, § 197 Rn 7) und, in der Krankheitskosten- und der Krankenhaustagegeldversicherung, *„für den Ehegatten oder den Lebenspartner gem. § 1 Lebenspartnerschaftsgesetz einer mindestens seit drei Monaten versicherten Person, sofern eine gleichartige Versicherung innerhalb zweier Monate nach der Eheschließung bzw. Eintragung der Lebenspartnerschaft beantragt wird"* (Buchst. b). Die **besonderen Wartezeiten** betragen für Psychotherapie, Zahnbehandlung, Zahnersatz und Kieferorthopädie acht Monate (§ 3 Abs. 3 MB/KK 2009, § 3 Abs. 3 MB/KT 2009). In der Krankheitskosten- und der Krankenhaustagegeldversicherung gilt diese Frist auch für Entbindungen. Sofern der Tarif es vorsieht, können die Wartezeiten aufgrund besonderer Vereinbarung erlassen werden, wenn ein ärztliches Zeugnis über den Gesundheitszustand vorgelegt wird (§ 3 Abs. 4 MB/KK 2009, § 3 Abs. 4 MB/KT 2009).

b) Maximale Wartezeiten in der Pflegekrankenversicherung (§ 197 Abs. 1 S. 2 VVG)

9 In der Pflegekrankenversicherung beträgt die (maximale) Wartezeit **drei Jahre** (§ 197 Abs. 1 S. 2 VVG, § 3 Abs. 2 MB/PV 2009). § 197 Abs. 1 S. 2 VVG betrifft allerdings nur die **freiwillige Pflegeversicherung**. Für die **Pflegepflichtversicherung** ist das SGB XI maßgeblich (Begr. BT-Drucks 16/3945, S. 112; s.: § 33 Abs. 2 SGB XI [Leistungsvoraussetzungen]).

3. Einzelfälle

10 Die Musterbedingungen erstrecken die Wartezeitregelungen bei Vertragsänderungen auf den hinzukommenden Teil des Versicherungsschutzes (§ 3 Abs. 6 MB/KK 2009). Das ist nicht zu beanstanden, weil ein berechtigtes Interesse des VR an der Eindämmung des subjektiven Risikos auch bei **Aufstockung des Versicherungsschutzes** gegeben ist (OLG Hamm, VersR 1999, 478; LG Ansbach, VersR 1977, 905, 906).

11 Bietet ein Krankenversicherer in der substitutiven Krankenversicherung für denselben Leistungsbereich einen Tarif ohne Wartezeit und einen Tarif mit einer Staffelung an, dem zufolge Leistungen während bestimmter Zeiträume nur bis zu bestimmten Höchstbeträgen erbracht werden, muss er bei einem **Tarifwechsel** die in dem Tarif ohne Wartezeit zurückgelegte Laufzeit auf die Dauer der Leistungsbeschränkungen anrechnen (BVerwG, VersR 2007, 1253, 1255).

12 Ist in einer Krankheitskosten- oder Krankenhaustagegeldversicherung vereinbart, dass allgemeine und besondere Wartezeiten für Unfälle und Unfallfolgen nicht bestehen (vgl. § 3 Abs. 2 Buchst. a) MB/KK 2009), so entfallen diese Wartezeiten auch für solche Krankheiten, die zwar schon vorher als Krankheitsanlage beim Versicherten vorhanden waren, die aber erst durch einen Unfall ausgelöst worden sind (BGH, VersR 1976, 851).

II. Ausscheiden aus der gesetzlichen Krankenversicherung, aus einer bereits bestehenden privaten Krankheitskostenversicherung oder aus der Heilfürsorge (§ 197 Abs. 2 VVG)

Personen, die aus der gesetzlichen Krankenversicherung oder aus einer bereits bestehenden privaten Krankheitskostenversicherung (§ 197 Abs. 2 S. 1 VVG) ausscheiden, wird die nachweislich dort ununterbrochen zurückgelegte Versicherungszeit auf die Wartezeit angerechnet (§ 197 Abs. 2 S. 1 VVG). Voraussetzung ist, dass die Versicherung spätestens zwei Monate nach Beendigung der Vorversicherung zum unmittelbaren Anschluss daran beantragt wurde (§ 197 Abs. 2 S. 1 VVG, § 3 Abs. 5 S. 1 und 2 MB/KK 2009). Entsprechendes gilt beim Ausscheiden aus einem öffentlichen Dienstverhältnis mit Anspruch auf Heilfürsorge (§ 197 Abs. 2 S. 2 VVG, § 3 Abs. 5 S. 3 MB/KK 2009), bspw. bei Soldaten, Polizeibeamten und bei Angehörigen der Berufsfeuerwehr (§ 197 Abs. 2 S. 2 VVG). 13

Entgegen *Marko* (Rüffer/Halbach/Schimikowski/*Marko*, § 197 [2009] Rn 3 bis 5) ist § 197 Abs. 2 S. 1 VVG auch auf **private Zusatzversicherungen** anwendbar, die ohne weiteres unter den Begriff der Krankheitskostenversicherung fallen (wie hier: Prölss/Martin/*Voit*, § 197 Rn 18). Eine Beschränkung auf substitutive Krankheitskostenversicherungen enthält § 197 Abs. 2 VVG nicht. Eine teleologische Reduktion ist nicht geboten. Nicht nur, dass die Wartezeit mit der Bekämpfung des subjektiven Risikos gerechtfertigt wird (Rdn 6), das nicht oder nur sehr eingeschränkt besteht, wenn der Neuversicherte bereits versichert gewesen ist. Hinzu kommt, dass das Interesse des VN an der Lückenlosigkeit des Versicherungsschutzes (Rdn 2) schwerer wiegt als die Belastung des VR mit dem objektiven Risiko (Rdn 6), die auch noch dadurch relativiert wird, dass unerkannte Risiken nicht nur zu-, sondern auch abwandern (s. aber: § 3 Abs. 5 MB/KK 2009, der die Anrechnung auf die Krankheitskostenvollversicherung beschränken will). 14

C. Prozessuales

Die Beweislast dafür, dass der Versicherungsfall schon vor Eintritt des Versicherungsschutzes begonnen hat, obliegt dem VR (OLG Karlsruhe, VersR 2013, 1252, unter 1.). Dementsprechend gilt: Die Beweislast für das *„Vorliegen des Versicherungsfalls"* trägt der VN, die Beweislast für den *„Zeitpunkt des Eintritts des Versicherungsfalls"* hingegen der VR, wenn er sich auf den Risikoausschluss der (noch nicht abgelaufenen) Wartezeit beruft (OLG Hamm, VersR 1977, 953; **a.A.** *Wriede*, in: Bruck/Möller/, KV Anm. G 27). Dafür spricht, dass die Beweislast bei Risikoausschlüssen generell den VR trifft (BGHZ 23, 355, 359 ff. = NJW 1957, 907; BK/*Hohlfeld*, Vor. §§ 49 bis 68a Rn 68 m.w.N.). 15

D. Abdingbarkeit

16 § 197 VVG ist gem. § 208 S. 1 VVG **halbzwingend**.

---

§ 198 VVG — Kindernachversicherung

(1) Besteht am Tag der Geburt für mindestens einen Elternteil eine Krankenversicherung, ist der Versicherer verpflichtet, dessen neugeborenes Kind ab Vollendung der Geburt ohne Risikozuschläge und Wartezeiten zu versichern, wenn die Anmeldung zur Versicherung spätestens zwei Monate nach dem Tag der Geburt rückwirkend erfolgt. Diese Verpflichtung besteht nur insoweit, als der beantragte Versicherungsschutz des Neugeborenen nicht höher und nicht umfassender als der des versicherten Elternteils ist.

(2) Der Geburt eines Kindes steht die Adoption gleich, sofern das Kind im Zeitpunkt der Adoption noch minderjährig ist. Besteht eine höhere Gefahr, ist die Vereinbarung eines Risikozuschlags höchstens bis zur einfachen Prämienhöhe zulässig.

(3) Als Voraussetzung für die Versicherung des Neugeborenen oder des Adoptivkindes kann eine Mindestversicherungsdauer des Elternteils vereinbart werden. Diese darf drei Monate nicht übersteigen.

(4) Die Absätze 1 bis 3 gelten für die Auslands- und die Reisekrankenversicherung nicht, soweit für das Neugeborene oder für das Adoptivkind anderweitiger privater oder gesetzlicher Krankenversicherungsschutz im Inland oder Ausland besteht.

Übersicht

	Rdn
A. Normzweck	1
B. Norminhalt	3
I. Neugeborenenversicherung (§ 198 Abs. 1 VVG)	3
1. Einbeziehung Neugeborener	3
2. Anmeldung Neugeborener	5
3. Rechtsnatur und Reichweite der Neugeborenenversicherung	7
II. Minderjährige Adoptivkinder (§ 198 Abs. 2 VVG)	12
III. Mindestversicherungsdauer (§ 198 Abs. 3 VVG)	15
IV. Einbeziehung in der Auslands- und Reisekrankenversicherung (§ 198 Abs. 4 VVG)	16
C. Prozessuales	17
D. Abdingbarkeit	18

A. Normzweck

1 § 198 Abs. 1 VVG regelt die Erstreckung des (privaten) Krankenversicherungsschutzes eines Elternteils auf **Neugeborene**. Davon abgesehen hielt es der Gesetzgeber *„aus den gleichen sozialpolitischen Gründen"* wie bei der Regelung der Neugeborenenversicherung (richtigerweise) für notwendig und angemessen, **minderjährige Adoptivkinder** bzgl. des Anspruchs auf Gewährung von Krankenversicherungsschutz den Neugeborenen gleichzustellen (Begr. BT-Drucks 12/6959, S. 105; § 198 Abs. 2 VVG, § 2 Abs. 3 MB/KK 2009).

Das entspricht der gesetzgeberischen Wertung in den §§ 1754 f. BGB, weil das adoptierte Kind mit der Adoption die rechtliche Stellung eines ehelichen Kindes des Annehmenden erlangt. Dem hat auch das Krankenversicherungsrecht Rechnung zu tragen (Begr. BT-Drucks 12/6959, S. 105).

§ 198 Abs. 1 bis 3 VVG stimmt mit **§ 178d VVG a.F.** überein; § 198 Abs. 4 VVG schränkt den Regelungsbereich mangels Schutzbedürfnis des Kindes in bestimmten Fällen ein.

B. Norminhalt

I. Neugeborenenversicherung (§ 198 Abs. 1 VVG)

1. Einbeziehung Neugeborener

§ 198 Abs. 1 VVG verpflichtet den Krankenversicherer zu einer Neugeborenenversicherung, falls mindestens ein Elternteil bei ihm versichert ist. In den Musterbedingungen heißt es dazu (§ 2 Abs. 2 MB/KK 2009):

> „Bei Neugeborenen beginnt der Versicherungsschutz ohne Risikozuschläge und ohne Wartezeiten ab Vollendung der Geburt, wenn am Tage der Geburt ein Elternteil mindestens drei Monate beim VR versichert ist und die Anmeldung zur Versicherung spätestens zwei Monate nach dem Tage der Geburt rückwirkend erfolgt".

Dogmatisch gesehen handelt es sich um die **Einbeziehung des Neugeborenen als Gefahrsperson** in den bereits bestehenden Krankenversicherungsvertrag des Elternteils (Prölss/Martin/*Voit*, § 198 Rn 3). Daraus folgt, dass das Neugeborene ggf., bei Abschluss des Krankenversicherungsvertrags des versicherten Elternteils vor dem 21.12.2012 (s.: EuGH v. 1.3.2011 – Rs. C-236/09 – Unisex = VersR 2011, 377), in einem **geschlechtsabhängig kalkulierten Tarif** zu versichern ist. Die Einbeziehung in einen (ansonsten identischen) Unisex-Tarif kommt unter Berücksichtigung von § 208 S. 1 VVG nur in Betracht, wenn die Beitragsbelastung dort niedriger sein sollte (a.A. *Beyer/Britz*, VersR 2013, 1219, 1227).

Die **Kindernachversicherung** (§ 198 Abs. 1 VVG) erfasst alle in § 192 Abs. 1 und 3 bis 5 VVG aufgeführten Erscheinungsformen der Krankenversicherung, u.a. also auch die (private) Pflegekosten- und Pflegetagegeldversicherung (BGH, VersR 2000, 1533, 1534; Prölss/Martin/*Voit*, § 198 Rn 2; Looschelders/Pohlmann/*Reinhard*, § 198 Rn 3). Der Elternteil muss versichert, nicht aber als VN an dem Krankenversicherungsvertrag beteiligt sein (Looschelders/Pohlmann/*Reinhard*, § 198 Rn 4).

2. Anmeldung Neugeborener

Laut Begründung bedarf es für die Erstreckung keines (rechtsgeschäftlichen) Antrags, sondern nur einer (rechtzeitigen) **Anmeldung**. Die Anmeldung ist einseitige empfangsbedürftige Willenserklärung (*Hütt*, in: Bach/Moser, PKV, § 2 MB/KK Rn 46; BK/*Hohlfeld*, § 178d Rn 1; a.A.: Prölss/Martin/*Voit*, § 198 Rn 10 [rechtsgeschäftsähnliche Handlung]). Ihre Rechtsnatur ist unklar, weil in § 198 Abs. 1 S. 1 VVG von Anmeldung, in § 198 Abs. 1 S. 2 VVG hingegen von *„beantragte*[m]" Versicherungsschutz die Rede ist. Die

Begründung (Begr. BT-Drucks 12/6959, S. 105) spricht eher dafür, die **Einbeziehungsbefugnis** als **Gestaltungsrecht** (Begriff: *Bork*, Allgemeiner Teil des Bürgerlichen Gesetzbuches Rn 297) **des versicherten Elternteils** zu qualifizieren, sodass die Erstreckung des Versicherungsschutzes auf Neugeborene keinen Antrag (Begr. BT-Drucks 12/6959, S. 105) und damit auch keine Annahme des Antrags erfordert (anders: Rüffer/Halbach/Schimikowski/*Rogler*, § 198 Rn 4 [Annahme der Anmeldung]; Prölss/Martin/*Voit*, § 198 Rn 10 [Anmeldung, an die sich eine Einbeziehungsvereinbarung für das Neugeborene anschließt]).

6   § 2 Abs. 2 MB/KK 1994 wich zum Nachteil der Begünstigten von § 198 Abs. 1 VVG ab, soweit er eine Anmeldung „*rückwirkend zum Ersten des Geburtsmonats*" verlangt. Kraft Gesetzes ist der VR verpflichtet, das Neugeborene „**ab Vollendung der Geburt**" zu versichern. Eine Prämie für die Monatstage vor der Geburt kann er wegen §§ 198 Abs. 1, 208 S. 1 VVG nicht verlangen (*Hütt*, in: Bach/Moser, PKV, § 2 MB/KK Rn 48: Taggenaue Erstprämie; Rüffer/Halbach/Schimikowski/*Rogler*, § 198 Rn 7).

3. Rechtsnatur und Reichweite der Neugeborenenversicherung

7   Die Neugeborenenversicherung ist eine **Rückwärtsversicherung** (allg. Meinung: Prölss/Martin/*Voit*, § 198 Rn 3; *Hütt*, in: Bach/Moser, PKV, § 2 MB/KK Rn 47; BK/*Hohlfeld*, § 178d Rn 1), auf die § 2 Abs. 2 S. 2 VVG (Leistungsfreiheit bei Kenntnis vom Eintritt des Versicherungsfalls) nicht anzuwenden ist (Begr. BT-Drucks 16/3945, S. 112). Dadurch wird ein (lückenloser) Krankenversicherungsschutz gewährleistet: Die Neugeborenenversicherung erstreckt sich nicht nur auf **angeborene und ererbte Krankheiten und Anomalien** (Begr. BT-Drucks 12/6959, S. 105; BGH, VersR 2000, 1533, 1534; Prölss/Martin/*Voit*, § 198 Rn. 5; *Hütt*, in: Bach/Moser, PKV, § 2 MB/KK Rn 51; BK/*Hohlfeld*, § 178d Rn 2), sondern auch auf **Schädigungen des Kindes durch den Geburtsvorgang** (Prölss/Martin/*Voit*, § 198 Rn 5; *Hütt*, PKV, § 2 MB/KK Rn 51; BK/*Hohlfeld*, § 178d Rn 4).

8   Nach **§ 198 Abs. 1 S. 2 VVG** besteht die Pflicht zur Neugeborenenversicherung nur insoweit, als der beantragte Versicherungsschutz des Neugeborenen nicht höher und nicht umfassender als der des versicherten Elternteils ausfallen soll (vgl. auch: § 2 Abs. 2 S. 2 MB/KK 2009). Sind beide Elternteile versichert, kommt es auf den Elternteil an, der den umfangreicheren Versicherungsschutz genießt (BK/*Hohlfeld*, § 178d Rn 4; Prölss/Martin/*Voit*, § 198 Rn 6; *Hütt*, in: Bach/Moser, PKV, § 2 MB/KK Rn 49).

9   Die Formulierung in § 2 Abs. 2 S. 2 MB/KK („*Der Versicherungsschutz darf nicht höher oder umfassender als der eines versicherten Elternteils sein*") wird teils so ausgelegt als sei „*Maßstab der Elternteil mit geringerem Versicherungsschutz*" (*Hütt*, in: Bach/Moser, PKV, § 2 MB/KK Rn 49), wiche in dieser Auslegung jedoch zum Nachteil des VN von § 199 VVG ab (s. § 208 VVG). Daher ist die Klausel gem. § 208 VVG unwirksam. Die BaFin ist im Rahmen ihrer Rechtsaufsicht (§ 294 Abs. 2 VAG) verpflichtet, Klauseln nach dem Muster von § 2 Abs. 2 S. 2 MB/KK zu beanstanden, weil beim VN bzw. bei der versicherten Person sonst der (falsche) Eindruck entstehen könnte, er müsse eine entsprechende Begrenzung des Leistungsumfangs hinnehmen. Besonderheiten bestehen, wenn der Tarif des versicherten Elternteils im Neugeschäft nicht mehr fortgeführt wird; ggf. ist der

VR gem. § 242 BGB (Treu und Glauben) verpflichtet, dem Neugeborenen einen Krankenversicherungsschutz zu gewähren, der dem des versicherten Elternteils so nahe kommt wie möglich.

Eine **Kombination** aus den **Tarifen beider Elternteile** ist möglich (Prölss/Martin/*Voit*, § 198 Rn 7; a.A.: *Hütt*, in: Bach/Moser, PKV, § 2 MB/KK Rn 49; Rüffer/Halbach/Schimikowski/*Rogler*, § 198 Rn 6; Looschelders/Pohlmann/*Reinhard*, § 198 Rn 5), soweit diese Tarife – bspw. der Krankheitskosten- und Krankenhaustagegeldtarif grds. auch jeweils selbstständig abgeschlossen werden können. 10

Hat der versicherte Elternteil für das Neugeborene einen höheren oder umfangreicheren Versicherungsschutz als den eigenen beantragt, so wird das Neugeborene durch die Anmeldung trotzdem in dem Umfang in den Krankenversicherungsschutz einbezogen, in dem der Elternteil versichert ist (BK/*Hohlfeld*, § 178d Rn 3; *Hütt*, in: Bach/Moser, PKV, § 2 MB/KK Rn 50 [Umdeutung]). Den Krankenversicherer trifft eine entsprechende Informationspflicht (Prölss/Martin/*Voit*, § 198 Rn 7). 11

II. Minderjährige Adoptivkinder (§ 198 Abs. 2 VVG)

Die in § 198 Abs. 2 S. 1 VVG vorgenommene **Gleichstellung der Adoption (s. §§ 1741 ff. BGB) eines minderjährigen Kindes mit der Geburt** eines Kindes verbietet es i.V.m. § 208 Satz 1 VVG, Versicherungsfälle, die im Zeitpunkt der Adoption bereits eingetreten sind, auch für die Zukunft von der Leistungspflicht auszuschließen (BGH, VersR 2000, 1533; anders zuvor OLG Hamm, VersR 2000, 441). Die Missbrauchsgefahr hält der BGH mit Recht für minimal (BGH, VersR 2000, 1533). 12

Laut Begründung kann es „*dem Versicherer* [...] [allerdings] *nicht verwehrt werden, in begründeten Einzelfällen einen* **Risikozuschlag** *zu verlangen, dessen maximale Höhe auf die doppelte Prämienhöhe gesetzlich begrenzt* [...]" ist (BT-Drucks 12/6959, S. 105). Die Musterbedingungen greifen diese, in § 198 Abs. 2 S. 2 VVG vorgesehene Möglichkeit auf: „*Mit Rücksicht auf das erhöhte Risiko ist die Vereinbarung eines Risikozuschlags bis zur einfachen Beitragshöhe zulässig*" (§ 2 Abs. 3 S. 2 MB/KK 2009). 13

Da die Einbeziehung des Adoptivkindes bereits durch die Anmeldung erfolgt, handelt es sich bei der Festlegung des Risikozuschlags um eine einseitige Leistungsbestimmung des VR (*Hütt*, in: Bach/Moserv, PKV, § 2 MB/KK Rn 52), die billigem Ermessen entsprechen muss (§ 315 Abs. 1 BGB). 14

III. Mindestversicherungsdauer (§ 198 Abs. 3 VVG)

Die Musterbedingungen sehen – in Einklang mit § 198 Abs. 3 VVG – eine Mindestversicherungsdauer des Elternteils von drei Monaten vor (§ 2 Abs. 2 S. 1 MB/KK 2009). Am Tage der Geburt bzw. der Adoption des Kindes muss der Beginn des Krankenversicherungsschutzes des maßgeblichen Elternteils in dem Tarif, in den das Kind einbezogen werden soll, drei Monate oder länger zurückliegen (a.A.: Rüffer/Halbach/Schimikowski/*Rogler*, § 198 15

Rn 10, der auf den technischen Beginn [Beginn der Beitragszahlungspflicht] abstellt, aber den systematischen Kontext in § 2 MB/KK ignoriert [Beginn des Versicherungsschutzes]).

IV. Einbeziehung in der Auslands- und Reisekrankenversicherung (§ 198 Abs. 4 VVG)

16 Mit der Neuregelung des § 198 Abs. 4 VVG stellt der Reformgesetzgeber klar, „[...] *dass die Bestimmungen über die Kindernachversicherung grundsätzlich auch auf die Auslands- und Reisekrankenversicherung anzuwenden sind*" (Begr. BT-Drucks 16/3945, S. 112). Gleichzeitig schränkt er die Kindernachversicherungsverpflichtung jedoch ein, „[...] *wenn und soweit ein anderweitiger Krankenversicherungsschutz besteht, weil insoweit kein Schutzbedürfnis vorhanden ist*" (Begr. BT-Drucks 16/3945, S. 112).

C. Prozessuales

17 Prozessual ist zu beachten, dass das Recht auf Einbeziehung des Kindes in den Krankenversicherungsschutz den (ggf.: aktivlegitimierten) Eltern, der – typischerweise streitige – Leistungsanspruch aus dem Krankenversicherungsvertrag jedoch (ggf.) dem (partei-, aber nicht prozessfähigen, aktivlegitimierten) Kind selbst zusteht (wie hier: Rüffer/Halbach/Schimikowski/*Rogler*, § 198 Rn 12).

D. Abdingbarkeit

18 Die Regelung der Kindernachversicherung ist insgesamt **halbzwingend** (§ 208 S. 1 VVG).

---

§ 199 VVG | Beihilfeempfänger

(1) Bei der Krankheitskostenversicherung einer versicherten Person mit Anspruch auf Beihilfe nach den Grundsätzen des öffentlichen Dienstes kann vereinbart werden, dass sie mit der Versetzung der versicherten Person in den Ruhestand im Umfang der Erhöhung des Beihilfebemessungssatzes endet.

(2) Ändert sich bei einer versicherten Person mit Anspruch auf Beihilfe nach den Grundsätzen des öffentlichen Dienstes der Beihilfebemessungssatz oder entfällt der Beihilfeanspruch, hat der Versicherungsnehmer Anspruch darauf, dass der Versicherer den Versicherungsschutz im Rahmen der bestehenden Krankheitskostentarife so anpasst, dass dadurch der veränderte Beihilfebemessungssatz oder der weggefallene Beihilfeanspruch ausgeglichen wird. Wird der Antrag innerhalb von sechs Monaten nach der Änderung gestellt, hat der Versicherer den angepassten Versicherungsschutz ohne Risikoprüfung oder Wartezeiten zu gewähren.

(3) Absatz 2 gilt nicht bei Gewährung von Versicherung im Basistarif.

Übersicht

	Rdn
A. Normzweck	1
B. Norminhalt	3
I. Teilweise Beendigung der Krankheitskostenversicherung mit Beginn des Ruhestands (§ 199 Abs. 1 VVG)	3
II. Anpassung der Krankheitskostenversicherung an veränderte oder entfallende Beihilfeansprüche (§ 199 Abs. 2 VVG)	4
1. Inhalt und Reichweite des Anpassungsanspruchs (§ 199 Abs. 2 S. 1 VVG)	8
2. Anpassung ohne Risikoprüfung oder Wartezeiten (§ 199 Abs. 2 S. 2 VVG)	11
III. Kein Anpassungsanspruch im Basistarif	15
C. Abdingbarkeit	16

A. Normzweck

§ 199 Abs. 1 VVG stellt lt. Begründung (BT-Drucks 16/3945, S. 112) klar, dass diejenigen Beihilfeversicherungen, die nur für die Dauer der aktiven Dienstzeit benötigt werden, im Umfang der Erhöhung des Beihilfebemessungssatzes von vornherein als mit dem Eintritt in den Ruhestand endend und damit **befristet** abgeschlossen werden können. 1

§ 199 Abs. 2 VVG dient dazu, das Interesse im öffentlichen Dienst stehender Versicherter an einer vollen Deckung der dem Grunde nach beihilfefähigen Aufwendungen im Krankheitsfall zu sichern (Begr. BT-Drucks 12/6959, S. 105; vgl. auch: BGH, VersR 2007, 196). Sie entspricht – wie die § 199 Abs. 2 VVG verwandte Regelung des § 5 Abs. 10 SGB V – dem Bedürfnis des VN, ohne nachteilige Berücksichtigung von Faktoren, die er selbst nicht beeinflussen kann, einen umfassenden Versicherungsschutz zu wahren (BGH, VersR 2007, 196). Deshalb erlegt § 199 Abs. 2 VVG dem VR einen **Kontrahierungszwang** auf, **ohne**, dass dieser zuvor die Möglichkeit einer erneuten **Risikoprüfung** (Rdn 11) hätte. Dadurch kann der VN seine Krankheitskosten im bisherigen Umfang abdecken (BGH, VersR 2007, 196); unzumutbare Prämien im Fall eines Neuabschlusses von Versicherungsverträgen werden so vermieden (BGH, VersR 2007, 196; VersR 2004, 58, 59; *Präve*, VersR 1998, 397, 398). Der durch Art. 43 Nr. 3 GKV-WSG i.V.m. Art. 10 f. VVG-Reformgesetz (s. Vor. § 192 bis § 208 Rdn 31) eingefügte § 199 Abs. 3 VVG stellt klar, dass § 199 Abs. 2 VVG im **Basistarif** nicht anwendbar ist. 2

B. Norminhalt

I. Teilweise Beendigung der Krankheitskostenversicherung mit Beginn des Ruhestands (§ 199 Abs. 1 VVG)

Bei der Krankheitskostenversicherung einer versicherten Person mit Beihilfeanspruch nach den Grundsätzen des öffentlichen Dienstes können die Parteien vereinbaren, dass die Krankheitskostenversicherung mit der Versetzung in den Ruhestand im Umfang der Erhöhung des Beihilfebemessungssatzes endet (s. bspw.: § 46 Abs. 2 Nr. 2 der Beihilfevorschriften des Bundes [BhV]; § 12 Abs. 1 S. 2 Buchst. b) der Verordnung über die Gewährung von Beihilfen in Krankheits-, Geburts- und Todesfällen [Beihilfenverordnung – BVO] vom 27.3.1975 [GV. NW S. 332] in Nordrhein-Westfalen. Dies wäre ohne die in § 199 Abs. 1 3

VVG getroffene Regelung gem. §§ 195 Abs. 1 VVG, 208 VVG unzulässig. Danach ist die substitutive Krankenversicherung (zur Einordnung der Beihilfetarife als substitutiv: *Kaulbach/Schneider*, VersR 2013, 1469, 1475 f.) nämlich „*vorbehaltlich der §§ 196 VVG* [Befristung der Krankentagegeldversicherung] *und 199 VVG unbefristet*". Die Parteien können allerdings nur eine auf den nicht mehr benötigten Krankenversicherungsschutz **beschränkte Befristung** (vgl. § 163, 2. Alt. BGB) vereinbaren. Diese Befristung kann *nicht* auf ein bestimmtes Lebensalter vereinbart werden (Looschelders/Pohlmann/*Reinhard*, § 199 Rn 4); stattdessen muss sie auf den **Ruhestandseintritt** des konkret versicherten Beamten abstellen, weil eine vorzeitige Pensionierung, eine Erhöhung der Lebensarbeitszeit oder eine individuelle Dienstzeitverlängerung über das vorgesehene Eintrittsalter in den Ruhestand hinaus beim Versicherungsschutz berücksichtigt werden müssen (Looschelders/Pohlmann/*Reinhard*, § 199 Rn 4). Für die Beitragskalkulation muss der VR einen realistischen Mittelwert finden (Looschelders/Pohlmann/*Reinhard*, § 199 Rn 4).

II. Anpassung der Krankheitskostenversicherung an veränderte oder entfallende Beihilfeansprüche (§ 199 Abs. 2 VVG)

4   § 199 Abs. 2 VVG gewährt dem VN einen **gesetzlichen Anpassungsanspruch ggü. dem VR** (Begr. BT-Drucks 12/6959, S. 105). Der Anpassungsanspruch setzt eine **bereits bestehende Krankheitskostenversicherung** voraus (OLG Stuttgart, VersR 2015, 309, 311). Hat der Beihilfeberechtigte keine seinen Beihilfeanspruch ergänzende private Krankenversicherung abgeschlossen, so hat er – unbeschadet des Kontrahierungszwangs im Basistarif (§ 193 Abs. 5 VVG) – trotz Minderung des Beihilfeanspruchs keinen Rechtsanspruch darauf, dass ihm ein Krankenversicherer nunmehr privaten Krankenversicherungsschutz gewährt (*Präve*, VersR 1998, 397, 398; BK/*Hohlfeld*, § 178e Rn 2; s.a. OLG Köln, VersR 1988, 285). Bereits bestehende Krankheitskostenversicherung bedeutet nicht, dass ein umfassender Krankenversicherungsschutz bestehen müsste; es genügt, „*dass der VN in Ergänzung zur Beihilfe bereits Kostentarife abgeschlossen hat und diese Tarife auch den Leistungsbereich abdecken, der von der Änderung des Beihilfeanspruchs betroffen ist*" (OLG Stuttgart, VersR 2015, 309, 311).

5   Der Anpassungsanspruch besteht „*nur i.R.d. bestehenden Krankheitskostentarife*", d.h. dass der VR auch in der Krankheitskostenversicherung nicht verpflichtet ist, anlässlich einer Änderung des Beihilferechts neue Tarife zu schaffen, die eine (mögliche) Einschränkung des Beihilfeanspruchs kompensieren (*Präve*, VersR 1998, 398; BK/*Hohlfeld*, § 178e Rn 2; OLG Stuttgart, VersR 2015, 309, 311; LG Stuttgart, VersR 2003, 53); ggf. hat der Krankenversicherer aber durch die (mögliche) Kombination bestehender Tarif einen adäquaten Krankenversicherungsschutz anzubieten, um die Einschränkung oder das Entfallen des Beihilfeanspruchs auszugleichen.

6   Bietet ein VR (nur) einen Beihilfeergänzungstarif an, mit dem der Beihilfeberechtigte Lücken im Krankenversicherungsschutz schließen kann, und schließt dieser Tarif noch weitere Leistungen ein, so kann der Beihilfeberechtigte angeblich nicht auf diese Leistungen verzichten, kann jedoch verlangen, dass er auch insoweit ohne Risikozuschlag und

Wartezeit versichert wird (OLG Stuttgart, VersR 2015, 309). Tatsächlich hat der VN jedoch ein (berechtigtes) Interesse nur bzw. gerade an der Lückenfüllung, so dass er von dem VR Einbeziehung i.V.m. einem (beitragsmindernden) Leistungsausschluss für weitergehende Leistungen verlangen kann, der VR umgekehrt aber auch nicht verpflichtet ist, den VN ohne diesen Leistungsausschluss ohne Risikozuschläge und Wartezeiten zu versichern (ähnlich: Prölss/Martin/*Voit*, § 199 Rn 13).

Der Anpassungsanspruch setzt nicht voraus, dass die Änderung des Beihilfeanspruchs rechtmäßig gewesen ist (*Präve*, VersR 1998, 397, 398 f.). 7

1. Inhalt und Reichweite des Anpassungsanspruchs (§ 199 Abs. 2 S. 1 VVG)

§ 199 Abs. 2 S. 1 VVG setzt voraus, dass sich der Beihilfebemessungssatz ändert oder 8 dass der Beihilfeanspruch entfällt. Ein Anpassungsanspruch ist auch gegeben, wenn der Beihilfeanspruch (bei unverändertem Beihilfebemessungssatz) nur teilweise entfällt (*Präve*, VersR 1998, 397, 398 f.; BK/*Hohlfeld*, § 178e Rn 1; Looschelders/Pohlmann/*Reinhard*, § 199 Rn 7; LG Stuttgart, VersR 2003, 53]; **a.A.** MüKo/*Hütt*, § 199 VVG Rn 10), d.h. auch, wenn einzelne Leistungen aus dem Beihilfekatalog gestrichen werden (OLG Stuttgart, VersR 2015, 309, 310). Andernfalls wäre der Normzweck des § 199 VVG gefährdet, der Lücken im Krankenversicherungsschutz des Beihilfeberechtigten verhindern will (OLG Stuttgart, VersR 2015, 309, 310; **a.A.** MüKo/*Hütt*, § 199 VVG Rn 10). Nichts spricht dafür, dass der Gesetzgeber eine unveränderte Abdeckung der Krankheitskosten in der Kombination von Beihilfe und privatem Versicherungsschutz nur teilweise sicherstellen wollte, nämlich nur bei Veränderungen des Beihilfesatzes, nicht aber nach Einschränkungen der Beihilfe beispielsweise bei einzelnen Kostenarten (OLG Stuttgart, VersR 2015, 309, 310). Der Anpassungsanspruch steht allein dem VN zu. Eine einseitige Anpassung bestehender Krankenversicherungsverträge durch den VR im Zusammenhang mit der Änderung beihilferechtlicher Vorschriften ist auch bei einem den VN eingeräumten „Widerspruchsrecht" nicht zulässig (LG Coburg, VersR 2004, 1591).

Bei Anpassung des Versicherungsschutzes nach Änderung oder Wegfall der Beihilfeberech- 9 tigung hat der VR bei der Prämienkalkulation für die begehrte Aufstockung des Versicherungsschutzes das **aktuelle Lebensalter des Versicherten** zugrunde zu legen (BGH, r+s 2007, 109, 110 f.; OLG Hamburg, VersR 2005, 1382, 1383; anders noch OLG München, VersR 2000, 575; s.u. Rdn 11). Bekanntlich steigen mit dem Lebensalter die Krankheitskosten (s. *Basedow*, in: VersWissStud. Bd. 25, S. 69; BGH, r+s 2007, 109, 110 f.; i.E.: § 203 Rdn 7). Um zu verhindern, dass auch die (risikoadäquate) Prämie ständig ansteigt, berechnen die Krankenversicherer grds. eine lebenslang konstante Nettoprämie, die anfangs höher, später jedoch niedriger als die kalkulierten Krankheitskosten ausfällt (ähnl. *Basedow*, in: VersWissStud. Bd. 25, S. 69; BGH, r+s 2007, 109, 110 f.). In der Bilanz der Krankenversicherer werden die anfänglichen Überschüsse als Alterungsrückstellung (§ 146 Abs. 1 Nr. 2 VAG, § 341f HGB) abgebildet (BGH, r+s 2007, 109, 110 f.; VersR 2006, 1072). Aus dieser Alterungsrückstellung werden später die – ggü. der Nettoprämie – höheren Krankheitskosten im Alter finanziert. Altersbedingte Prämienerhöhungen sind ausgeschlossen (BGH, r+s

2007, 109, 111). Könnte der Beihilfeberechtigte vor diesem Hintergrund verlangen, dass die Prämie für den aufgestockten Krankenversicherungsschutz auf der Basis seines ursprünglichen Eintritts- und nicht auf der Basis seines Renteneintrittsalters kalkuliert wird, so läge darin die Berücksichtigung einer rein fiktiven Alterungsrückstellung (BGH, r+s 2007, 109, 111) und damit auch eine mit § 203 Abs. 1 VVG, §§ 146 Abs. 2, 138 Abs. 2 VAG unvereinbare Benachteiligung aller anderen Versicherten: Das **Gleichbehandlungsgebot** (§ 138 Abs. 2 VAG) soll verhindern, dass einzelne VN zulasten anderer bevorzugt oder [dass sie] benachteiligt werden (*Kaulbach*, in: Fahr/Kaulbach/Bähr/Pohlmann, § 11 VAG Rn 10; BGH, r+s 2007, 109, 111; vgl. auch: *Werber*, in: FS *Winter*, S. 599, 606). Das wäre jedoch der Fall, hätte der Beihilfeberechtigte Anspruch auf eine dem veränderten Versicherungsschutz angepasste Prämie unter Gutschrift von Alterungsrückstellungen, die er – anders als die übrigen VN – durch die Zahlung entsprechend höherer Beiträge in der Vergangenheit nicht gebildet hat (BGH, r+s 2007, 109, 111). Etwaige Härten werden dadurch relativiert, dass der Beihilfeberechtigte in den Basistarif wechseln kann (s. § 152 Abs. 1 S. 2 Nr. 2 VAG).

10 Da § 199 VVG den Krankenversicherungsschutz des Beihilfeberechtigten **lückenlos** gewährleisten will, wirkt der Anpassungsanspruch ggf. auf den Zeitpunkt der Änderung des Beihilfebemessungssatzes bzw. des Entfallens des Beihilfeanspruchs zurück (Rückwärtsversicherung, für die § 2 Abs. 2 S. 2 VVG nicht gilt). Andernfalls entstünde in Fällen, in denen sich die Beihilfesituation kurzfristig verändert, ein Schutzdefizit (Prölss/Martin/*Voit*, § 199 Rn 9; Rüffer/Halbach/Schimikowski/*Rogler*, § 199 Rn 7; Looschelders/Pohlmann/ *Reinhard*, § 199 Rn 12; OLG Stuttgart, VersR 2015, 309, 311; **a.A.** MüKo/*Hütt*, § 199 VVG Rn 13; Römer/Langheid/*Langheid*, § 199 Rn 8; BK/*Hohlfeld*, § 178e Rn 4).

2. Anpassung ohne Risikoprüfung oder Wartezeiten (§ 199 Abs. 2 S. 2 VVG)

11 Hat der VN den Antrag innerhalb von sechs Monaten – früher: innerhalb von zwei Monaten (§ 178e S. 2 VVG a.F.) – gestellt, so hat der VR den angepassten Versicherungsschutz ohne Risikoprüfung oder Wartezeiten zu gewähren. Der Begriff der **Risikoprüfung** umschreibt die Prüfung, ggf. auch die ärztliche Untersuchung, des aktuellen Gesundheitszustands des Versicherten; sie soll den VR in die Lage versetzen, das von ihm individuell zu übernehmende Wagnis einzuschätzen und seine Prämienberechnung danach auszurichten (BGH, r+s 2007, 109, 110). Lediglich einer solchen neuerlichen Prüfung steht die Bestimmung des § 199 Abs. 2 S. 2 VVG entgegen. Die **Berücksichtigung** des (höheren) **Lebensalters** bei der Beitragsfestsetzung ist **nicht Bestandteil erneuter Risikoprüfung** i.S.v. § 199 Abs. 2 S. 2 VVG (BGH, r+s 2007, 109, 110), sondern erlaubte Kalkulationspraxis (BGH, r+s 2007, 109, 110; anders noch OLG München, VersR 2000, 575), weil sie nicht auf die Erhebung individueller Risikozuschläge, sondern auf die Berücksichtigung des generell abstrakten Risikos „*Lebensalter*" ausgerichtet ist (ähnl. BGH, r+s 2007, 109, 110).

12 Der Krankenversicherer darf die begehrte Aufstockung des Krankenversicherungsschutzes nicht von (individuellen) Risikozuschlägen abhängig machen. § 199 Abs. 2 S. 2 VVG verbietet insoweit eine Prämien-Kalkulation unter Berücksichtigung der Tatsache,

– dass sich der Gesundheitszustand des Versicherten mittlerweile nachteilig verändert, dass sich das zu tragenden Risiko also verschlechtert hat (BGH, r+s 2007, 109, 110) oder
– dass sich aufgrund später gewonnener Erkenntnisse die anfängliche Bewertung des Risikos als zu günstig erweist (BGH, r+s 2007, 109, 110).

Die Bedeutung des § 199 Abs. 2 VVG liegt nach alledem darin, dass der VR Einschränkungen in Bezug auf Risikoprüfung und Wartezeiten hinzunehmen hat (§ 199 Abs. 2 S. 2 VVG), obwohl er sich (bspw.) einer Aufstockung von der die Beihilfe ergänzenden Teilversicherung zur Krankheitskosten-Vollversicherung nicht verweigern kann. Der damit verbundene Eingriff in die vertragliche Entschließungsfreiheit des VR gebietet angeblich eine **restriktive** Handhabung der Vorschrift (BGH, r+s 2007, 109, 111 f.). Der Fristbeginn knüpft **ohne Rücksicht auf die Kenntnis des VN** an die Änderung des Beihilfeanspruchs an (allg. Mg.: Prölss/Martin/*Voit*, § 199 Rn 16; Looschelders/Pohlmann/*Reinhard*, § 199 Rn 8; MüKo/*Hütt*, § 199 VVG Rn 12; s.a. LG Würzburg, VersR 2014, 1494). Ist dem VR die eingetretene Änderung erkennbar geworden, besteht gem. § 6 Abs. 4 VVG eine Pflicht zur Beratung des VN über seinen Vertragsanpassungsanspruch (Looschelders/Pohlmann/*Reinhard*, § 199 Rn 8; Prölss/Martin/*Voit*, § 199 Rn 19–21; a.A.: OLG Saarbrücken, VersR 2011, 1556).   13

Im Hinblick auf die Formulierung des § 199 Abs. 2 S. 2 VVG – *„nach der Änderung"* des Beihilfeanspruchs – ist klarzustellen, dass auch der Wegfall des Beihilfeanspruchs erfasst wird (BK/*Hohlfeld*, § 178e Rn 3).   14

III. Kein Anpassungsanspruch im Basistarif

Im **Basistarif** steht Beihilfeempfängern kein Anpassungsanspruch gem. § 199 Abs. 2 VVG zu (§ 199 Abs. 3 VVG). Denn der Leistungsanspruch des Beihilfeberechtigen im Basistarif richtet sich – anders als in normalen Beihilfetarifen, die „gewissermaßen spiegelbildlich durch die Beihilfebestimmungen des Bundes und der Länder bestimmt werden" (Begr. BT-Drucks 16/3100, S. 206) – nach dem Leistungsumfang der gesetzlichen Krankenversicherung (vgl. § 12 Abs. 1a S. 1 VAG). Daher ist auch eine spiegelbildliche Nachbildung von Beihilfeänderungen im Basistarif nicht vorgesehen (Begr. BT-Drucks 16/3100, S. 206).   15

C. Abdingbarkeit

§ 199 VVG ist gem. § 208 S. 1 VVG **halbzwingend** (s.a. OLG München, VersR 2000, 575, im Hinblick auf die frühere Rechtslage).   16

§ 200 VVG | Bereicherungsverbot

Hat die versicherte Person wegen desselben Versicherungsfalles einen Anspruch gegen mehrere Erstattungsverpflichtete, darf die Gesamterstattung die Gesamtaufwendungen nicht übersteigen.

Übersicht

	Rdn
A. Normzweck	1
B. Norminhalt	3
I. Anwendungsbereich	3
II. Mehrere Erstattungsverpflichtete	4
III. Rechtsfolgen	9
IV. Abdingbarkeit	10

A. Normzweck

1 Das **Bereicherungsverbot** ist neu. Da kein allgemeines Bereicherungsverbot existiert (s. mit Blick auf die frühere Rechtslage: BGH, VersR 2001, 749; BGHZ 137, 318, 326 = VersR 1998, 305; mit Blick auf die heutige Rechtslage: Begr. BT-Drucks 16/3945, S. 79) gewährleistet § 200 VVG, dass die Gesamterstattungsleistungen (aus PKV, GKV, privater Pflegepflichtversicherung und Beihilfe) die Gesamtaufwendungen des Versicherten nicht übersteigen (Begr. BT-Drucks 16/3945, S. 113). § 5 Abs. 4 MB/KK 2009 hat die gesetzliche Regelung übernommen.

2 Die Regelung des § 200 VVG soll insb. im Interesse der Bekämpfung des **moralischen Risikos** verhindern, dass der VN durch die Kombination privater Krankenversicherung und öffentlich-rechtlicher Erstattung von Krankheitskosten am Versicherungsfall verdient. Bereits die Kommission (vgl. *Lorenz*, Abschlussbericht der Kommission zur Reform des Versicherungsvertragsgesetzes vom 19.4.2004, S. 168 f., unter 1.3.2.4.5.3) ging davon aus, dass es kein allgemeines Bereicherungsverbot gebe, sodass nur eine gesetzliche Regelung sicherstellen könne, dass Erstattungsleistungen aus PKV und Beihilfe bzw. PKV und GKV zusammen die Gesamtkosten des Versicherten nicht überstiegen (*Lorenz*, Abschlussbericht der Kommission zur Reform des Versicherungsvertragsgesetzes vom 19.4.2004, S. 168 f., unter 1.3.2.4.5.3). Eine Regelung ausschließlich in AVB reiche nicht aus, da diese nur für neue Krankenversicherungsverträge gelte (*Lorenz*, Abschlussbericht der Kommission zur Reform des Versicherungsvertragsgesetzes vom 19.4.2004, S. 168 f., unter 1.3.2.4.5.3). Das Problem der Überkompensation des Schadens könne auch nicht nach den Grundsätzen der Doppelversicherung gelöst werden, denn dies würde voraussetzen, dass alle konkurrierenden Risikoträger nach den Grundsätzen des Versicherungsvertragsrechts zu leisten hätten (*Lorenz*, Abschlussbericht der Kommission zur Reform des Versicherungsvertragsgesetzes vom 19.4.2004, S. 168 f., unter 1.3.2.4.5.3).

B. Norminhalt

I. Anwendungsbereich

Das Bereicherungsverbot bezieht sich nur auf die **Kranken- als Schadens-, nicht als Summenversicherung** (Begr. BT-Drucks 16/3945, S. 79; Prölss/Martin/*Voit*, § 200 Rn 4; Rüffer/Halbach/Schimikowski/*Rogler*, § 200 Rn 5; i.E. Vor. §§ 192 ff. Rdn 11). 3

II. Mehrere Erstattungsverpflichtete

Die **Inanspruchnahme mehrerer Erstattungsverpflichteter** wegen ein und desselben Krankheitsfalls kommt – abseits der Mehrfachversicherung (vgl. §§ 194 Abs. 1, 78 Abs. 1 VVG) – in Betracht, wenn die versicherte Person Kostenerstattung nicht nur von dem (privaten) Krankenversicherer, sondern auch von der Beihilfestelle (Rdn 6) oder der Krankenkasse (Rdn 8) verlangen kann. 4

Das Bereicherungsverbot (§ 200 VVG) ist nicht als *lex specialis* gegenüber § 78 Abs. 1 VVG zu verstehen, ist also nicht auf die (private) Mehrfachversicherung anzuwenden. Dagegen spricht, dass das (spezielle) Krankenversicherungsrecht auch auf § 78 Abs. 1 VVG verweist (§ 194 Abs. 1 VVG) und dass § 200 VVG lediglich die Regelungslücke schließen soll, die trotz § 78 Abs. 1 VVG noch bleibt (s.o. Rdn 2; i.Erg. ebenso wie hier: Rüffer/Halbach/Schimikowski/*Rogler*, § 200 Rn 6; Looschelders/Pohlmann/*Reinhard*, § 200 Rn 3). Daraus folgt, dass es sich bei den Erstattungspflichtigen i.S.v. § 200 VVG um den (öffentlich-rechtlichen) Dienstherren (Rdn 6) bzw. um die gesetzliche Krankenversicherung (Rdn 8) handeln wird (ähnlich: Rüffer/Halbach/Schimikowski/*Rogler*, § 200 Rn 6). Aus dem Begriff der Erstattungspflicht folgt, dass freiwillige Leistungen Dritter nicht erfasst werden (Rüffer/Halbach/Schimikowski/*Rogler*, § 200 Rn 6). 5

Praktische Bedeutung entfaltet das Bereicherungsverbot insb. im **Beihilfetarif** im Fall eines nicht an den Beihilfebemessungssatz angepassten Krankenversicherungsschutzes: Erhöht sich bspw. bei einem Beihilfeberechtigten durch die Geburt eines weiteren berücksichtigungsfähigen Kindes der Bemessungssatz von 50 % auf 70 % (§ 46 Abs. 3 S. 1 der Beihilfeverordnung des Bundes [Verordnung über Beihilfe in Krankheits-, Pflege- und Geburtsfällen [Bundesbeihilfeverordnung] vom 13.2.2009, BGBl I, S. 326, zuletzt geänd. am 17.7.2015 durch Art. 11 Präventionsgesetz, BGBl I, S. 1368]; in Nordrhein-Westfalen: § 12 Abs. 1 S. 3 der Verordnung über die Gewährung von Beihilfen in Krankheits-, Geburts-, Pflege- und Todesfällen [Beihilfenverordnung – BVO] vom 5.11.2009, zuletzt geänd. durch Art. 1 Sechste ÄndVO vom 1.12.2015, GV NRW. S. 844), so besteht die Gefahr, dass die Beihilfestelle i.H.v. 70 % und der nicht oder nicht rechtzeitig informierte Krankenversicherer i.H.v. 50 % leistet. Die Überzahlung (20 %) fiele unter das Bereicherungsverbot. Eine Bereicherung wollen i.Ü. auch §§ 48 Abs. 1 BBhV, 12 Abs. 7 der BVO NW verhindern: Danach gilt: „*Die Beihilfe darf zusammen mit den Leistungen, die aus demselben Anlass aus einer Krankenversicherung ... gewährt werden, die dem Grunde nach beihilfefähigen Aufwendungen nicht übersteigen.*" 6

7 Dogmatisch gesehen ist das Bereicherungsverbot als **rechtsvernichtende Einwendung** zu qualifizieren (im Ergebnis ähnlich: MüKo/*Hütt*, § 200 VVG Rn 18 ff., 27 ff., 29 [rechtshindernde bzw. rechtsvernichtende Einwendung]): Bezahlt der Beihilfeträger in dem skizzierten Beispielsfall 70 % der Krankheitskosten, so reduziert sich der durch Eintritt des Versicherungsfalls i.H.v. 50 % entstandene Leistungsanspruch gegen den VR proportional um 8,3 % auf 41,7 %; soweit die Beihilfestelle über die sie treffende Leistungspflicht i.H.v. 58,3 % hinaus geleistet hat, kann sie gem. § 812 Abs. 1 BGB kondizieren (Rdn 9). Die Einordnung des Bereicherungsverbots als **rechtshindernde Einwendung** (Dafür: Rüffer/Halbach/Schimikowski/*Rogler*, § 200 Rn 11: Verbotsgesetz) nimmt der gesetzlichen Regelung die notwendige Flexibilität. Denn aufgrund der Teilnichtigkeit (§§ 134, 139 BGB) müssten die Parteien bei einer Reduzierung des Beihilfeanspruchs eine neue Krankheitskostenversicherung über den nicht gedeckten Kostenanteil abschließen. Haben sie die Überversicherung nicht bemerkt, so besteht das Risiko, dass der VN nunmehr mit einer Deckungslücke konfrontiert ist. Die Einordnung des Bereicherungsverbots als **Einrede** (Prölss/Martin/*Voit*, § 200 Rn 6; Römer/Langheid/*Römer*, § 200 Rn 2) benachteiligt den privaten Krankenversicherer in Fällen, in denen er als Erster geleistet hat, weil er die überschießende Leistung gem. § 813 Abs. 1 S. 1 BGB nur kondizieren könnte, wenn die Einrede bereits im Leistungszeitpunkt bestanden hätte (MüKo/*Hütt*, § 200 VVG Rn 27).

8 Parallelprobleme können entstehen, wenn der Versicherte **in der gesetzlichen und in der privaten Krankenversicherung** versichert ist, und Kostenerstattung von der Krankenkasse (§ 13 Abs. 2 SGB V) und dem (privaten) Krankenversicherer verlangt.

III. Rechtsfolgen

9 Da § 200 VVG auf eine Regelung der Rechtsfolgen verzichtet, erhebt sich die Frage, wer im Fall einer **Überzahlung** seine Leistung kürzen und die ungerechtfertigte Bereicherung kondizieren kann (§ 812 Abs. 1 S. 1 BGB). Der Kommissionsvorschlag (*Lorenz*, Abschlussbericht der Kommission zur Reform des Versicherungsvertragsgesetzes vom 19.4.2004, unter 1.3.2.4.5.3, S. 270) sah insoweit eine eindeutige Regelung vor (§ 191 VVG-Entwurf): *„Hat die versicherte Person wegen desselben Versicherungsfalls Anspruch auf Beihilfe nach den Grundsätzen des öffentlichen Dienstes oder Anspruch auf Kostenerstattung gegen eine Kranken- oder Pflegekasse [so sollte] der VR nur abzüglich der Leistungen der Beihilfeträger und der Kranken- oder Pflegekasse zur Leistung verpflichtet [sein].“* D.h.: Im Fall einer Überzahlung hätte allein der VR die Herausgabe der ungerechtfertigten Bereicherung verlangen können. Das entspricht dem Konstruktionsprinzip der Beihilfetarife, denn der Beihilfe-Bemessungssatz ist der Maßstab für den privaten Krankenversicherungsschutz – und nicht umgekehrt. Der Reformgesetzgeber hat den Kommissionsvorschlag jedoch nicht übernommen und in der Begründung ausgeführt, dass *„eine bestimmte Rangfolge der Leistungsverpflichtungen nicht begründet“* werde (Begr. BT-Drucks 16/3945, S. 79). Daraus folgt, dass die Leistenden künftig **anteilig kondizieren** können – in dem skizzierten Beispiel (Rdn 6): die Beihilfestelle $^{7}/_{12}$ aus 20 %, der Krankenversicherer $^{5}/_{12}$ aus 20 %. Marlow/Spuhl (*Marlow/Spuhl*, Das Neue VVG kompakt, S. 170; ebenso Looschelders/Pohlmann/*Reinhard*, § 200 Rn 7). Rüffer/Halbach/Schimikowski/*Rogler*

(Rüffer/Halbach/Schimikowski/*Rogler*, § 200 Rn 9) hingegen will demjenigen Erstattungspflichtigen einen Kondiktionsanspruch einräumen, der überzahlt, nehmen damit jedoch in Kauf, dass es auf die zufällige Reihenfolge des Zahlungseingangs ankommt und dass Fehlanreize zu möglichst späten Regulierung gesetzt werden (so: Prölss/Martin/*Voit*, § 200 Rn 12). Besonderheiten bestehen im **Basistarif**: § 152 Abs. 1 S. 2 Nr. 2 Hs. 2 VAG beschränkt die Leistungen im Basistarif auf die „*Ergänzung der Beihilfe*", sodass im Basistarif allein der (private) VR die Bereicherung jenseits der Kompensation des Schadens kondizieren kann (s. Prölss/Martin/*Voit*, § 200 Rn 10, der jedoch primär an § 5 Abs. 3 MB/BT anknüpft; Rüffer/Halbach/Schimikowski/*Rogler*, § 200 Rn 9).

IV. Abdingbarkeit

§ 200 VVG ist **dispositives Recht** – genau wie die Parallelvorschrift des § 78 VVG (Mehrfachversicherungen). Gibt es kein prinzipielles Bereicherungsverbot (Rdn 1), so steht es den Parteien grds. frei, eine Kompensation über den eingetretenen Schaden hinaus zu vereinbaren (a.A. offenbar: Rüffer/Halbach/Schimikowski/*Rogler*, § 200 Rn 4). Eine Subsidiaritätsklausel wie § 5 Abs. 3 MB/KK ist ohne weiteres mit § 200 VVG vereinbar (s. nur: Looschelders/Pohlmann/*Reinhard*, § 200 Rn 9), weil er die Rangfolge der Erstattungspflichten gar nicht regelt (Rüffer/Halbach/Schimikowski/*Rogler*, § 200 Rn 5, 9). 10

---

§ 201 VVG Herbeiführung des Versicherungsfalls

Der Versicherer ist nicht zur Leistung verpflichtet, wenn der Versicherungsnehmer oder die versicherte Person vorsätzlich die Krankheit oder den Unfall bei sich selbst herbeiführt.

Übersicht

	Rdn
A. Normzweck	1
B. Norminhalt	2
I. Herbeiführung von Krankheit oder Unfall „bei sich selbst"	2
II. Vorsatz	4
C. Prozessuales	8
D. Abdingbarkeit	9

A. Normzweck

Leistungsfreiheit jedenfalls bei vorsätzlicher Herbeiführung des Versicherungsfalls ist einer der allgemeinen Grundsätze des Versicherungsrechts (Begr. BT-Drucks 12/6959, S. 106), den §§ 161, 183 und 201 VVG für die Lebens-, Unfall- und Krankenversicherung jeweils spezifisch ausgeformt haben. Aufgrund des sozialpolitischen Umfelds der privaten Krankenversicherung sieht § 201 VVG Leistungsfreiheit nur **bei vorsätzlicher Herbeiführung der Krankheit oder des Unfalls** vor (vgl. insoweit auch: *Renger*, VersR 1993, 678, 682). Die Regelung beruht auf dem Rechtsgedanken, dass niemand Ersatz des Schadens 1 verlangen kann, den er selbst bewusst und gewollt herbeigeführt hat (BK/*Hohlfeld*, § 178l Rn 1; OLG Hamm, VersR 2015, 746, 747). § 201 VVG ist auf alle Formen der Krankenversicherung anwendbar (Prölss/Martin/*Voit*, § 201 Rn 2; MüKo/*Hütt*, § 201 Rn 8), § 81 Abs. 2 VVG (grob fahrlässige Herbeiführung des Versicherungsfalls) hingegen ist, wie sich auch aus § 194 Abs. 1 S. 1 VVG *e contrario* ergibt, in der Krankenversicherung nicht anwendbar.

B. Norminhalt

I. Herbeiführung von Krankheit oder Unfall „bei sich selbst"

2   Nach § 201 VVG besteht Leistungsfreiheit nur, wenn der VN oder die versicherte Person die Krankheit oder den Unfall **„bei sich selbst"** vorsätzlich herbeigeführt, d.h. (mit-)verursacht hat. Die **Leistungspflicht bleibt also bestehen**, wenn ein **Mitversicherter** den VN oder der VN einen Mitversicherten **vorsätzlich verletzt** (zust. Prölss/Martin/*Voit*, § 201 Rn 13 f.; a.A. MüKo/*Hütt*, § 201 Rn 10; Römer/Langheid/*Langheid*, § 201 Rn 3; s.a. BK/*Hohlfeld*, § 178l Rn 4, der Leistungsfreiheit annimmt, wenn der VN ein eigenes [versichertes] Interesse an der Gesundheit des Mitversicherten hat). Der Normtext („*bei sich selbst*") ist eindeutig, so dass sich die Befürworter der Leistungsfreiheit methodisch gesehen – bspw. in Fällen, in denen der VN sein mitversichertes Kind vorsätzlich verletzt – für eine teleologische Reduktion (s.: *Larenz*, Methodenlehre der Rechtswissenschaft, 4. Aufl. 1979, S. 37 f.) aussprechen müssten; stattdessen legen sie § 201 VVG weit aus (Römer/Langheid/*Langheid*, § 201 Rn 3) oder fordern eine teleologische Extension (MüKo/*Hütt*, § 201 VVG Rn 18) und berufen sich auf den Normzweck, die Dogmatik der Eigen- bzw. Fremdversicherung und auf die Entstehungsgeschichte der Norm (MüKo/*Hütt*, § 201 VVG Rn 11–15; s. aber Looschelders/Pohlmann/*Reinhard*, § 201 Rn 4, der Dogmatik und Entstehungsgeschichte mit Recht für ambivalent hält). § 201 VVG sei „*Schutznorm für die Gefahrengemeinschaft*" (MüKo/*Hütt*, § 201 VVG Rn 11–15). Versichert sei nur der zufällige Eintritt einer Krankheit oder eines Unfalls sowie das schädigende Verhalten Dritter (MüKo/*Hütt*, § 201 VVG Rn 11–15). Man müsse die Gefahrengemeinschaft vor der Belastung schützen, die mit der Inanspruchnahme bei vorsätzlicher Herbeiführung des Versicherungsfalls durch VN oder versicherte Person verbunden sei. *Hütt* (MüKo/*Hütt*, § 201 VVG Rn 11–15) ignoriert indes, dass der Normzweck des § 201 VVG auch eine soziale Komponente enthält und dass das mitversicherte Kind in dem skizzierten Beispielsfall ein eigenständiges, von dem VN unabhängiges berechtigtes Interesse an einem effektiven Krankenversicherungsschutz hat (wie hier: Rüffer/Halbach/Schimikowski/*Rogler*, § 5 MB/KK 2009 Rn 6). Mit dem (angeblichen) Interesse der „Gefahrengemeinschaft" wird das Kollektiv gegen das Individuum ausgespielt (kritisch: Looschelders/*Brömmelmeyer*, Düsseldorfer Vorträge, S. 83), obwohl VN und versicherte Person selbst Teil dieses Kollektivs sind. Unter Berücksichtigung der in Art. 6 Abs. 1 GG („*Ehe und Familie stehen unter dem besonderen Schutze der staatlichen Ordnung*") getroffenen „*verbindlichen Wertentscheidung für den gesamten Bereich des Ehe und Familie betreffenden Rechts*" (BVerfGE 105, 313, 346 = NJW 2002, 2543; BVerfGE 6, 55, 71 = NJW 1957, 417) wäre es zwar bedenklich, wenn der Eindruck entstünde, als brauche der VN bspw. die Kosten einer Kindesmisshandlung nicht selbst zu

tragen. Dieser Befürchtung trägt der Schadensersatzanspruch des Kindes (§ 823 Abs. 1 BGB), der gem. §§ 194 Abs. 1 S. 1, 86 Abs. 1, 3 VVG auf den VR übergeht (Prölss/Martin/ *Armbrüster*, § 86 Rn 21; a.A. *Bruns*, Privatversicherungsrecht, 2015, § 29 Rn 36), jedoch ausreichend Rechnung. Aufrechnen kann der VR gem. §§ 394 BGB, 850b Abs. 1 ZPO nicht (zur Unpfändbarkeit von Erstattungsansprüchen gegen den Krankenversicherer: *Musielak*, § 850b ZPO Rn 7; BGH, NJW-RR 2007, 1510). Der Einwand *Hütts* (MüKo/*Hütt*, § 201 VVG Rn 16), der VN, der Leistungen vom VR verlange, obwohl er ihm ggü. gem. § 823 Abs. 1 BGB i.V.m. §§ 194 Abs. 1 S. 1 VVG, 86 Abs. 1, 3 VVG gerade insoweit auf Schadensersatz hafte, verstoße gegen Treu und Glauben (dolo agit), ist (außerhalb der von *Hütt* selbst angesprochenen Fälle der Empfangszuständigkeit der versicherten Person [s. § 194 Abs. 3 VVG]) nicht von der Hand zu weisen. Klarzustellen ist jedoch, dass der VN hier – anders als im Regelfall (s. Palandt/*Grüneberg*, § 242 BGB Rn 50 – ein nachvollziehbares Interesse (auch der versicherten Person) an der Inanspruchnahme des VR hat und dem VR – anders als im Regelfall (s. MüKo/*Roth/Schubert*, § 242 BGB, Rn 408) – auch keine unnötigen Insolvenzrisiken aufbürdet, vielmehr liegt die Erstattung der Krankheitskosten gerade im Hinblick auf das Insolvenzrisiko des VN im schutzwürdigen Interesse der versicherten Person (i.Erg. wie hier: Prölss/Martin/*Voit*, § 201 Rn 20). Damit käme die Einrede unzulässiger Rechtsausübung nicht in Betracht.

Der **Krankheitsbegriff** entspricht dem des § 192 VVG (hier: § 192 Rdn 6). Der **Unfallbegriff** ist in der Krankenversicherung im Sinne eines externen (außerhalb des Körpers liegenden) Ereignisses zu verstehen, das eine medizinische Heilbehandlung notwendig macht (s.a. § 192 Rdn 15; OLG Hamm, VersR 2015, 746, 747 – Suizidversuch durch Aufschneiden der Pulsadern als Unfall). Auf den Unfallbegriff in der Unfallversicherung (s. § 178 Abs. 2 VVG) kommt es nicht an (OLG Hamm, VersR 2015, 746, 747). 3

II. Vorsatz

Der Begriff des Vorsatzes meint Wissen und Wollen eines (rechtswidrigen) Erfolges (BGH, VersR 2016, 720, Rn 23, allg.: Palandt/*Heinrichs*, § 276 BGB Rn 10) – hier: Der Krankheit oder des Unfalls – und umfasst nach st. Rspr. und h.L. auch den Eventualvorsatz (OLG Oldenburg, VersR 1997, 952; OLG Hamm, VersR 2015, 746, 747; Prölss/Martin/*Voit*, § 201 Rn 4; Rüffer/Halbach/Schimikowski/*Rogler*, § 201 Rn 3). Bezugspunkt des Vorsatzes sind allein Krankheit oder Unfall, sodass er sich nicht auf die medizinisch notwendige Heilbehandlung zu erstrecken braucht (s.a. OLG Hamm, VersR 2015, 746, 747). Bedingt vorsätzlich handelt, werden als möglich erkannten Erfolg billigend in Kauf nimmt (vgl. Palandt/ *Heinrichs*, § 276 BGB Rn 10). Ein Erfahrungssatz, wonach sich die versicherte Person mit allen ihr durch ärztliche Aufklärung bekannt gewordenen möglichen Krankheitsfolgen eines geplanten ärztlichen Eingriffs, die mit einer gewissen Häufigkeit beobachtet werden, im Sinne einer billigenden Inkaufnahme abfindet, besteht nicht (BGH, VersR 2016, 720, Ls. und Rn 27). Führt eine Brustvergrößerung zu Komplikationen, so wird die Patientin diese Komplikationen nach allg. Lebenserfahrung keineswegs billigend in Kauf genommen haben; sie wird vielmehr darauf vertraut haben, dass Komplikationen ausbleiben (ähnlich: BGH, VersR 2016, 720, Rn 27), handelt also allenfalls bewusst fahrlässig. 4

5 **Praxisbeispiele**
Die Rechtsprechung hat sich vielfach mit der Frage des Vorsatzes auseinandergesetzt, insb. bei **Missbrauch von Alkohol** (OLG Oldenburg, VersR 1989, 242: Leistungsfreiheit, wenn der VN immer wieder trinkt, obwohl ihm durch ärztlichen Hinweis bewusst ist, dass übermäßiger Alkoholkonsum bei ihm Leberschäden hervorruft) und **Drogen** (OLG Frankfurt am Main, VersR 1990, 1380: Kokain-Konsum als bedingt vorsätzliche Herbeiführung einer Gesundheitsstörung; LG Nürnberg-Fürth, VersR 2009, 919; vgl. auch OLG Köln, NJW 1997, 3099 zum Nikotin-Missbrauch), bei **Adipositas** (OLG Hamburg, VersR 1981, 1049: Der Krankenversicherer braucht für die stationäre Behandlung einer alimentären Adipositas jedenfalls dann nicht einzutreten, wenn der VN seine Fettleibigkeit nach vorübergehendem Behandlungserfolg durch Beibehaltung seiner Essgewohnheiten erneut herbeigeführt hat; vgl. auch OLG Hamburg, VersR 1980, 275; OLG Hamm, VersR 1982, 996), bei **Unfruchtbarkeit** aufgrund einer Sterilisation (OLG Celle, VersR 1988, 31) und bei **Transsexualität** (KG, VersR 1996, 832: Beruhen die Maßnahmen zur Geschlechtsumwandlung [Selbstmedikation mit weiblichen Sexualhormonen] auf einem frei gewählten Entschluss, so ist der Versicherungsfall [scil.: Die Notwendigkeit einer geschlechtsangleichenden Operation] vorsätzlich herbeigeführt).

6 Im Hinblick auf die soziale Funktion der Krankenversicherung könnte man den Vorsatzbegriff restriktiv so auslegen, dass er ein **sozialadäquates Risikoverhalten**, bspw. den Besuch von Kranken im Krankenhaus nicht erfasst, auch nicht, wenn der Besucher die Infektion mit einer (ansteckenden) Krankheit (bewusst) in Kauf genommen haben sollte (Prölss/Martin/*Prölss*, 27. Aufl. 2004, § 178l Rn 5; *Rogler*, in: Rüffer/Halbach/Schimikowski, § 201 Rn 4). Dagegen hat *Voit* (Prölss/Martin/*Voit*, § 201 Rn 7) mit plausibler Begründung dafür votiert, Härtefälle stattdessen über Treu und Glauben zu lösen, ggf. sei es dem VR gem. § 242 BGB verwehrt, sich auf die Leistungsfreiheit zu berufen. Dafür spricht die Kohärenz des Vorsatzbegriffs, der so unberührt bliebe, sowie die größere Flexibilität von Treu und Glauben (gegen beide Lösungsansätze: MüKo/*Hütt*, § 201 VVG Rn 24, der das Risikoverhalten in den skizzierten Fällen als bewusste Fahrlässigkeit interpretiert).

7 Das OLG Hamm nimmt Leistungsfreiheit gem. § 201 VVG auch bei einem erfolglosen Suizidversuch an: Derjenige, der freiwillig aus dem Leben scheiden wolle, nehme eine schwere Gesundheitsbeschädigung als für den Eintritt seines Todes notwendiges Durchgangsstadium zumindest billigend in Kauf, weil er den angestrebten Erfolg ohne schwerwiegende Verletzung seines Körpers nicht erreichen könne (OLG Hamm, VersR 2015, 746, 747, u.a. unter Berufung auf BGHSt 16, 122, 123; zust.: Rüffer/Halbach/Schimikowski/ *Rogler*, § 201 Rn 6; a.A.: MüKo/*Hütt*, § 201 VVG Rn 25, beschränkt auf ernsthafte Suizidversuche). Dem ist jedenfalls dann nicht zu folgen, wenn der Suizidversuch auf eine behandlungsbedürftige psychische Erkrankung zurückzuführen ist (a.A.: OLG Hamm, VersR 2015, 746, 747). Mit Rücksicht auf die soziale Funktion der Krankenversicherung kann sich der VR nach Treu und Glauben (§ 242 BGB) nicht auf Leistungsfreiheit gem. § 201 VVG berufen, wenn die (vorsätzliche) Herbeiführung der Krankheit oder des Unfalls selbst Teil eines versicherten Krankheitsbildes darstellt; andernfalls käme es insb. bei bewusst auf ein Scheitern angelegten Suizidversuchen aufgrund von Depressionen und bei selbstverletzendem Verhalten Jugendlicher aufgrund psychischer Belastungs- und/oder Persönlichkeitsstörungen (Borderline) zu sozial nicht hinnehmbaren Einschränkungen des

Krankenversicherungsschutzes (a.A. bzgl. Suizidversuch in der Hoffnung, gerettet zu werden: MüKo/*Hütt*, § 201 VVG Rn 26).

C. Prozessuales

Im Prozess trifft die **Behauptungs- und Beweislast** dafür, dass der VN oder die versicherte Person die Krankheit oder den Unfall bei sich selbst vorsätzlich herbeigeführt hat (subjektiver Risikoausschluss), den Krankenversicherer. Die Herbeiführung des Versicherungsfalls (§ 201 VVG) ist als Einrede zu verstehen, die nur auf eine entsprechende Rüge des VR hin beachtlich ist (Rüffer/Halbach/Schimikowski/*Rogler*, § 201 Rn 9).

D. Abdingbarkeit

§ 201 VVG ist gem. § 208 S. 1 VVG **halbzwingend**. D.h. v.a., dass eine Leistungsfreiheit oder -kürzung bereits bei (grob) fahrlässiger Herbeiführung des Versicherungsfalls nicht vereinbart werden kann; jede andere Regelung würde zu einer nachhaltigen und rechtspolitisch nicht gewollten Entwertung des Krankenversicherungsschutzes führen. Da **§ 5 Abs. 1 Buchst. b) MB/KK 2009** die Leistungspflicht bei Vorsatz generell – und nicht nur bei vorsätzlicher Herbeiführung von Krankheit oder Unfall des VN oder der versicherten Person bei sich selbst – ausschließt, ist er mit §§ 201, 208 S. 1 VVG unvereinbar und unwirksam (Looschelders/Pohlmann/*Reinhard*, § 201 Rn 14; offen gelassen: OLG Hamm, VersR 2015, 746, 747). Soweit *Rogler* (Rüffer/Halbach/Schimikowski/*Rogler*, § 5 MB/KK Rn 6) § 208 VVG für unanwendbar hält, § 5 Abs. 1 Buchst. b) MB/KK 2009 stattdessen jedoch an § 307 Abs. 2 Nr. 2 BGB scheitern lässt, beruht dies offenbar auf der (verfehlten) Hypothese, §§ 307 ff. BGB seien vorrangig zu prüfen. Die BaFin ist im Rahmen ihrer Rechtsaufsicht (§ 294 Abs. 2 VAG) in jedem Falle verpflichtet, Klauseln nach dem Muster von § 5 Abs. 1 Buchst. b) MB/KK 2009 zu beanstanden, weil beim VN bzw. bei der versicherten Person sonst der (falsche) Eindruck entsteht, bei vorsätzlicher Herbeiführung des Versicherungsfalls durch den jeweils anderen bestehe kein Versicherungsschutz.

§ 202 VVG Auskunftspflicht des Versicherers; Schadensermittlungskosten

Der Versicherer ist verpflichtet, auf Verlangen des Versicherungsnehmers oder der versicherten Person Auskunft über und Einsicht in Gutachten oder Stellungnahmen zu geben, die er bei der Prüfung seiner Leistungspflicht über die Notwendigkeit einer medizinischen Behandlung eingeholt hat. Wenn der Auskunft an oder der Einsicht durch den Versicherungsnehmer oder die versicherte Person erhebliche therapeutische Gründe oder sonstige erhebliche Gründe entgegenstehen, kann nur verlangt werden, einem benannten Arzt oder Rechtsanwalt Auskunft oder Einsicht zu geben. Der Anspruch kann nur von der jeweils betroffenen Person oder ihrem gesetzlichen Vertreter geltend gemacht werden. Hat der Versicherungsnehmer das Gutachten oder die Stellungnahme auf Veranlassung des Versicherers eingeholt, hat der Versicherer die entstandenen Kosten zu erstatten.

Übersicht

	Rdn
A. Normzweck	1
B. Norminhalt	4
I. Auskunftspflicht des Versicherers gegenüber dem Betroffenen (§ 202 S. 1 VVG)	4
1. Unmittelbare Auskunft	4
2. Auskunft auch ohne körperliche Untersuchung	5
3. Auskunft über jede medizinische Stellungnahme	6
4. Auskunft über interne Dokumente?	8
II. Auskunftspflicht gegenüber einem vom Betroffenen benannten Arzt oder Rechtsanwalt (§ 202 S. 2 VVG)	9
1. Mittelbare Auskunft	9
2. Benennung	11
III. Inanspruchnahme durch den Betroffenen (§ 202 S. 3 VVG)	12
IV. Kostenerstattungspflicht des Versicherers (§ 202 S. 4 VVG)	13
C. Prozessuales	14
D. Abdingbarkeit	15

A. Normzweck

1 § 202 VVG reflektiert das (höchstpersönliche) Recht des Versicherten auf **informationelle Selbstbestimmung** (Begr. BT-Drucks 12/6959, S. 107; *Armbrüster*, VersR 2013, 944, 945; allgem.: BVerfGE 1965, 1 = NJW 1984, 419 [BVerfG, 15.12.1983 – 1 BvR 209/83; „*Volkszählungsurteil*"]): In der Krankenversicherung trifft ihn die (nicht einklagbare) Pflicht, sich auf Verlangen des VR durch einen von diesem beauftragten Arzt untersuchen zu lassen (§ 9 Abs. 3 MB/KK 2009). Diese Obliegenheit ist als solche nicht zu beanstanden (BGH, VersR 1977, 833). Der Versicherte kann jedoch – auch, aber nicht nur – in diesem Fall Auskunft über den Inhalt der Gutachten verlangen, die der VR bei der Prüfung seiner Leistungspflicht über die Notwendigkeit einer medizinischen Behandlung eingeholt hat (zur Rechtslage vor Inkrafttreten der §§ 178a ff. VVG: OLG Frankfurt am Main, VersR 1992, 224 f. [Anspruch auf Einsichtnahme in ein psychiatrisches Gutachten gem. § 242 BGB]).

2 Dem VN steht seit Inkrafttreten von Art. 1 Nr. 3 des Gesetzes zur Änderung versicherungsrechtlicher Vorschriften v. 24.4.2013 [BGBl I, S. 932], d.h. seit dem 1.5.2013 ein eigenes **unmittelbares Auskunfts- und Einsichtsrecht** (§ 202 S. 1 VVG) zu. Zuvor konnte er nur einen mittelbaren Auskunfts- und Einsichtsanspruch zu Händen des von ihm beauftragten Arztes oder Rechtsanwaltes geltend machen (§ 202 S. 1 VVG a.F.). Die Reform geht auf eine Petition an den Deutschen Bundestag zurück (s. BT-Drucks 17/6939; Petition 4–17–07–7617–005885). Die Bundesregierung begründet die Neuregelung u.a. mit der Parallele zum (angestrebten) Patientenrechtegesetz: Ebenso wie dem mündigen Patienten könne es dem mündigen VN überlassen bleiben, eigenverantwortlich zu entscheiden, ob er Gutachten oder Stellungnahmen einsehen möchte, die seine gesundheitliche Situation behandelten (Begr. BT-Drucks 17/11469, S. 14).

Mit dem Auskunfts- und Einsichtsanspruch wird insb. dem Interesse des VN entsprochen, der zur Vorbereitung eines etwaigen Rechtsstreits auf die Einsichtnahme angewiesen ist und dem die Kosten einer zusätzlichen Beauftragung eines Arztes erspart werden sollen (Begr. BT-Drucks 16/3945, S. 113; krit. MüKo/*Hütt*, § 202 VVG Rn 3, mit der Befürchtung, dass ein Rechtsanwalt [s. § 202 S. 2 VVG]) sensible Patientendaten weitergibt, ohne die mögliche Beeinträchtigung des Behandlungserfolgs zu berücksichtigen). Erst die umfassende Kenntnis des Inhalts eines Gutachtens bzw. einer Stellungnahme einschließlich seines bzw. ihres Urhebers erlaubt dem Versicherten eine sachgerechte Beurteilung der Frage, ob eine Klage auf Kostenerstattung Aussicht auf Erfolg hat (vgl. LG Stuttgart, NJW-RR 1998, 173). § 202 VVG dient somit der **Waffengleichheit** unter den Beteiligten des VV (BGH, VersR 2003, 1030, 1031; Römer/Langheid/*Langheid*, § 202 Rn 1). Die Legitimation des Auskunfts- und Einsichtsanspruchs ergibt sich auch daraus, dass es bei der Beurteilung des Gesundheitszustands um höchstpersönliche Informationen geht, die den davon Betroffenen elementar berühren können und an denen er ein gesteigertes Interesse haben kann (*Armbrüster*, VersR 2013, 944, 945). 3

B. Norminhalt

I. Auskunftspflicht des Versicherers gegenüber dem Betroffenen (§ 202 S. 1 VVG)

1. Unmittelbare Auskunft

Der VR hat dem VN oder der versicherten Person auf Verlangen, d.h. auf eine entsprechende Aufforderung hin, Auskunft über und Einsicht in die Gutachten und Stellungnahmen zu gewähren, die er bei der Prüfung seiner Leistungspflicht über die Notwendigkeit einer medizinischen Behandlung eingeholt hat. Daraus folgt, dass der Betroffene einen **unmittelbaren Auskunfts- und Einsichtsanspruch** in Gutachten und Stellungnahmen hat, die sich zu der Notwendigkeit einer medizinischen Behandlung verhalten. Anders als § 192 Abs. 1 VVG knüpft § 203 VVG nicht spezifisch an die medizinische Notwendigkeit an, sodass ggf. auch Einblick in Dokumente zu gewähren ist, die sich zu der wirtschaftlichen Notwendigkeit einer medizinischen Behandlung äußern (i.Erg. wie hier: Rüffer/Halbach/Schimikowski/*Rogler*, § 202 Rn 4). 4

2. Auskunft auch ohne körperliche Untersuchung

Der VR hat auch Auskunft über Gutachten zu geben, denen **keine körperliche Untersuchung** durch den Gutachter zugrunde liegt (BGH, VersR 2003, 1030; BK/*Hohlfeld*, § 178m Rn 3; *Bach* in: Bach/Moser, PKV, § 178m Rn 4). Der Fall einer körperlichen Untersuchung, wie sie der VR nach § 9 Abs. 3 MB/KK 2009 verlangen kann, mag zwar Anlass für die Schaffung eines speziellen Auskunftsanspruchs gewesen sein. § 202 S. 1 VVG beschränkt den Anspruch aber nicht darauf. 5

3. Auskunft über jede medizinische Stellungnahme

6 Der Reformgesetzgeber stellt ausdrücklich klar, dass der Auskunftsanspruch **nicht nur Gutachten, sondern auch (medizinische) Stellungnahmen** umfasst. Das war bereits auf der Basis der früheren Rechtslage der Fall (AG Mannheim, NVersZ 1999, 169; LG Stuttgart, NJW-RR 1998, 173 [begründete Stellungnahme eines Sachkenners]; BK/*Hohlfeld*, § 178m Rn 3; *Bach* in: Bach/Moser, PKV, § 178m Rn 4), wurde teils aber anders beurteilt (AG Nürnberg, r+s 1997, 475). Es muss sich um Gutachten oder Stellungnahmen handeln, die der VR *„bei der Prüfung seiner Leistungspflicht über die Notwendigkeit einer medizinischen Behandlung"* eingeholt hat. Dazu gehören unter Berücksichtigung des Normzwecks (Rdn 1) auch Gutachten über die Pflegebedürftigkeit in der Pflegeversicherung (Looschelders/Pohlmann/*Reinhard*, § 202 Rn 4) und über die medizinische Beurteilung der Arbeits- und der Berufsunfähigkeit in der Krankentagegeldversicherung (Looschelders/Pohlmann/*Reinhard*, § 202 Rn 4; a.A. MüKo/*Hütt*, § 202 VVG Rn 10). Hat der VR abseits der Prüfung seiner Leistungspflicht medizinische Gutachten und/oder Stellungnahmen eingeholt, so ist § 202 VVG (nur) bei vergleichbarer Interessenlage analog anwendbar (*Armbrüster*, VersR 2013, 944, 947, mit dem Beispiel der Kündigung einer Krankentagegeldversicherung [§ 15 Abs. 1b VVG; Berufsunfähigkeit; MB/KT] aufgrund psychischer Erkrankung des VN).

7 Die **Identität des Gutachters** ist anzugeben (BGH, VersR 2003, 1030; AG Mannheim, NVersZ 1999, 169), denn erst die umfassende Kenntnis des Gutachtens einschließlich seines Urhebers erlaubt dem Versicherten die sachgerechte Beurteilung der Frage, ob eine potenzielle Klage auf Kostenerstattung Aussicht auf Erfolg hätte. Der VN kann auch Auskunft darüber verlangen, ob ein (externes) medizinisches Gutachten eingeholt worden ist: Er kann den VR auffordern, **Auskunft** über *„gegebenenfalls eingeholte"* **Gutachten und Stellungnahmen** zu gewähren (wie hier: Rüffer/Halbach/Schimikowski/*Rogler*, § 202 Rn 8). Einen Auskunftsanlass, d.h. eine vollständige oder teilweise Leistungsablehnung, verlangt § 202 VVG nicht (wie hier: *Armbrüster*, VersR 2013, 944, 945; Prölss/Martin/*Voit*, § 202 Rn 3). Gegen ein entsprechendes ungeschriebenes Tatbestandsmerkmal (dafür Rüffer/Halbach/Schimikowski/*Rogler*, § 202 Rn 9) spricht, dass der Auskunftsanspruch im Interesse der informationellen Selbstbestimmung des VN weit auszulegen ist.

4. Auskunft über interne Dokumente?

8 Der Auskunftsanspruch beschränkt sich auf *„eingeholte"* Gutachten (§ 202 S. 1 VVG), sodass rein interne Stellungnahmen auch dann nicht erfasst werden, wenn der (intern) Stellung nehmende Gutachter medizinischer Sachverständiger ist (Prölss/Martin/*Voit*, § 203 Rn 5; *Bach* in: Bach/Moser, PKV, § 178m Rn 5; offen gelassen in BGH, VersR 2003, 1030, 1031; zu restriktiv: MüKo/*Hütt*, § 203 VVG Rn 11, der einen Auskunftsanspruch auch dann verneint, wenn der Gutachter „auf Honorarbasis nebenberuflich [...]" in den Räumlichkeiten des VR als medizinischer Berater tätig wird; **a.A.** Rüffer/Halbach/Schimikowski/*Rogler*, § 202 Rn 4).

II. Auskunftspflicht gegenüber einem vom Betroffenen benannten Arzt oder Rechtsanwalt (§ 202 S. 2 VVG)

1. Mittelbare Auskunft

§ 202 S. 2 VVG schränkt den unmittelbaren Auskunfts- und Einsichtsanspruch des Betroffenen (§ 202 S. 1 VVG) in Fällen ein, in denen *„erhebliche therapeutische Gründe"* oder *„sonstige erhebliche Gründe"* es erfordern. **Erhebliche therapeutische Gründe** hält die Bundesregierung (BT-Drucks 17/11469, S. 14) insb. im Bereich der Psychiatrie und der Psychotherapie für möglich. Eine persönliche Einsichtnahme könne mit der Gefahr einer gesundheitlichen Schädigung des VN verbunden sein. Damit der VR entscheiden könne, ob eine persönliche Einsichtnahme aus therapeutischen Gründen abzulehnen sei, werde er zweckmäßigerweise den Arzt, der sich gutachterlich äußere bzw. Stellung nehme, auch um Stellungnahme zu der Frage der unmittelbaren Einsichtnahme bitten. Dies müsse jedoch nicht ausdrücklich gesetzlich geregelt werden (BT-Drucks 17/11469, S. 14). **Sonstige erhebliche Gründe** sollen vorliegen, wenn die Auskunft oder Einsicht schutzwürdige Rechte Dritter verletze, wenn das Gutachten bzw. die Stellungnahme also auch die gesundheitliche Situation anderer Personen behandelt (BT-Drucks 17/11469, S. 14). Klarzustellen ist allerdings, dass unmittelbar Einsicht zu gewähren ist, wenn die Rechte Dritter auch durch Schwärzung entsprechender Passagen gewahrt werden können (Prölss/Martin/*Voit*, § 202 Rn 5). Die Erörterung von Behandlungsfehlern rechtfertigt keine Einschränkung des unmittelbaren Auskunfts- und Einsichtsrechts (BT-Drucks 17/11469, S. 14); nur berechtigte Interessen Dritter kommen in Betracht.

Im Schrifttum wird die Regelung des Auskunfts- und Einsichtsrecht teils sehr pauschal kritisiert (Römer/Langheid/*Langheid*, § 202 Rn 6 [*„vollkommen misslungen"*]). Bei dem angestrebten **Schutz des mündigen VN vor sich selbst** sind Brüche jedoch unvermeidlich. Die Lösung des § 202 VVG ist vertretbar, soweit Auskunft und Einsicht auf Empfehlung des medizinischen Sachverständigen ausnahmsweise, aufgrund eindeutiger medizinischer Indikatoren, nur gegenüber dem benannten Arzt erfolgen, der seinerseits medizinisch beurteilt, ob und inwieweit dem VN die Kenntnis des Gutachtens bzw. der Stellungnahme zuzumuten ist. Da ein Rechtsanwalt diese Entscheidung nicht treffen sollte (so pointiert: MüKo/*Hütt*, § 202 VVG Rn 3) ist § 202 S. 2 VVG funktional so auszulegen, dass bei einer Auskunfts- und Einsichtsverweigerung aus therapeutischen Gründen nur ein benannter Arzt, bei einer Auskunfts- und Einsichtsverweigerung aus sonstigen Gründen ggf. jedoch auch ein Rechtsanwalt in Kenntnis zu setzen ist.

2. Benennung

Das **Benennungsrecht** steht dem **Betroffenen** (s. Rdn 12) zu.

III. Inanspruchnahme durch den Betroffenen (§ 202 S. 3 VVG)

12 § 202 S. 2 VVG stellt klar, dass nicht nur die materielle, sondern auch die formelle **Rechtszuständigkeit für den Auskunftsanspruch** in den Händen des Betroffenen liegt: Nur er (resp. sein gesetzlicher Vertreter), nicht der Berufsträger (im Falle von § 202 S. 2 VVG) kann den Auskunftsanspruch geltend machen. Betroffen ist derjenige, auf den sich das Gutachten bzw. die Stellungnahme bezieht. Einer „*Beschwer*" durch (Teil-)Ablehnung eines einschlägigen Erstattungsantrags bedarf es nicht (so aber: Rüffer/Halbach/Schimikowski/*Rogler*, § 202 Rn 9 [ungeschriebene Anspruchsvoraussetzung]; s. auch Rdn 7). Andernfalls wäre der Normzweck, das Recht des Betroffenen auf informationelle Selbstbestimmung zu wahren, gefährdet.

IV. Kostenerstattungspflicht des Versicherers (§ 202 S. 4 VVG)

13 Hat der VN das Gutachten oder die Stellungnahme auf Veranlassung des VR eingeholt, hat der VR die entstandenen Kosten zu erstatten. Der VN hat gem. § 669 BGB Anspruch auf Vorschuss (Looschelders/Pohlmann/*Reinhard*, § 202 Rn 8; **a.A.** Rüffer/Halbach/Schimikowski/*Rogler*, § 202 Rn 13).

C. Prozessuales

14 Da der Auskunftsanspruch ein höchstpersönliches Recht verkörpert (BK/*Hohlfeld*, § 178m Rn 6), kann er nur von dem Betroffenen oder seinem gesetzlichen Vertreter geltend gemacht werden (s.o. Rdn 12). Klagt ein Dritter auf Auskunft, so ist die Klage mangels **Aktivlegitimation** als unbegründet abzuweisen. Eine Klage auf Auskunft kann im Wege der Stufenklage (§ 254 ZPO) mit einem entsprechenden Leistungsantrag verbunden werden (Rüffer/Halbach/Schimikowski/*Rogler*, § 202 Rn 14, auch zu Fragen des Streitwerts).

D. Abdingbarkeit

15 § 202 VVG ist gem. § 208 S. 1 VVG **halbzwingend**.

---

§ 203 VVG | Prämien- und Bedingungsanpassung

(1) Bei einer Krankenversicherung, bei der die Prämie nach Art der Lebensversicherung berechnet wird, kann der Versicherer nur die entsprechend den technischen Berechnungsgrundlagen nach den §§ 146, 149, 150 in Verbindung mit § 160 des Versicherungsaufsichtsgesetzes zu berechnende Prämie verlangen. Außer bei Verträgen im Basistarif nach § 152 des Versicherungsaufsichtsgesetzes kann der Versicherer mit Rücksicht auf ein erhöhtes Risiko einen angemessenen Risikozuschlag oder einen Leistungsausschluss vereinbaren. Im Basistarif ist eine Risikoprüfung nur zulässig, soweit sie für Zwecke des Risikoausgleichs nach § 154 des Versicherungsaufsichtsgesetzes oder für spätere Tarifwechsel erforderlich ist.

(2) Ist bei einer Krankenversicherung das ordentliche Kündigungsrecht des Versicherers gesetzlich oder vertraglich ausgeschlossen, ist der Versicherer bei einer nicht nur als vorübergehend anzusehenden Veränderung einer für die Prämienkalkulation maßgeblichen Rechnungsgrundlage berechtigt, die Prämie entsprechend den berichtigten Rechnungsgrundlagen auch für bestehende Versicherungsverhältnisse neu festzusetzen, sofern ein unabhängiger Treuhänder die technischen Berechnungsgrundlagen überprüft und der Prämienanpassung zugestimmt hat. Dabei dürfen auch ein betragsmäßig festgelegter Selbstbehalt angepasst und ein vereinbarter Risikozuschlag entsprechend geändert werden, soweit dies vereinbart ist. Maßgebliche Rechnungsgrundlagen im Sinn der Sätze 1 und 2 sind die Versicherungsleistungen und die Sterbewahrscheinlichkeiten. Für die Änderung der Prämien, Prämienzuschläge und Selbstbehalte sowie ihre Überprüfung und Zustimmung durch den Treuhänder gilt § 155 in Verbindung mit einer aufgrund des § 160 des Versicherungsaufsichtsgesetzes erlassenen Rechtsverordnung.

(3) Ist bei einer Krankenversicherung im Sinn des Absatzes 1 Satz 1 das ordentliche Kündigungsrecht des Versicherers gesetzlich oder vertraglich ausgeschlossen, ist der Versicherer bei einer nicht nur als vorübergehend anzusehenden Veränderung der Verhältnisse des Gesundheitswesens berechtigt, die Allgemeinen Versicherungsbedingungen und die Tarifbestimmungen den veränderten Verhältnissen anzupassen, wenn die Änderungen zur hinreichenden Wahrung der Belange der Versicherungsnehmer erforderlich erscheinen und ein unabhängiger Treuhänder die Voraussetzungen für die Änderungen überprüft und ihre Angemessenheit bestätigt hat.

(4) Ist eine Bestimmung in Allgemeinen Versicherungsbedingungen des Versicherers durch höchstrichterliche Entscheidung oder durch einen bestandskräftigen Verwaltungsakt für unwirksam erklärt worden, ist § 164 anzuwenden.

(5) Die Neufestsetzung der Prämie und die Änderungen nach den Absätzen 2 und 3 werden zu Beginn des zweiten Monats wirksam, der auf die Mitteilung der Neufestsetzung oder der Änderungen und der hierfür maßgeblichen Gründe an den Versicherungsnehmer folgt.

Übersicht

	Rdn
A. Normzweck	1
B. Norminhalt	3
I. Prämienhöhe in der Krankenversicherung, die nach Art der Lebensversicherung betrieben wird (§ 203 Abs. 1 VVG)	3
1. Betroffene Krankenversicherungen	3
2. Prämienhöhe	4
a) Beachtung aufsichtsrechtlicher Maßstäbe (§ 203 Abs. 1 S. 1 VVG)	4
b) Erhöhtes Risiko (§ 203 Abs. 1 S. 2 VVG)	9
c) Risikoprüfung im Basistarif (§ 203 Abs. 1 S. 3 VVG)	10
II. Prämienanpassung (§ 203 Abs. 2 VVG)	11
1. Betroffene Krankenversicherungen	13
2. Nachhaltige Veränderung einer für die Prämienkalkulation maßgeblichen Rechnungsgrundlage	14
3. Höhe der Prämienanpassung	20

	4. Anpassung der Selbstbehalte und Risikozuschläge	21
	5. Mitwirkung des Treuhänders	22
	6. Richterliche Kontrolle	25
III.	Bedingungsanpassung aufgrund der Veränderung der Verhältnisse des Gesundheitswesens (§ 203 Abs. 3 VVG)	29
	1. Betroffene Krankenversicherungen	30
	2. Nachhaltige Veränderung der Verhältnisse des Gesundheitswesens	31
	3. Erforderlichkeit der Bedingungsänderung	36
	4. Mitwirkung des Treuhänders	41
IV.	Bedingungsanpassung bei unwirksamen AVB-Bestimmungen (§ 203 Abs. 4 VVG)	42
V.	Wirksamwerden von Änderungen (§ 203 Abs. 5 VVG)	46
C.	Prozessuales	49
D.	Abdingbarkeit	51

A. Normzweck

1 Die RL 92/49/EWG (3. Richtlinie „Schaden"; Abl. EG Nr. L 228 vom 11.8.1992, S. 1) hat die Mitgliedstaaten trotz **Deregulierung** ermächtigt, für die **Prämienkalkulation** in der Krankenversicherung bestimmte **Rechnungsgrundlagen** vorzugeben und die in die Prämienkalkulation eingehende **Bildung von Alterungsrückstellungen** (Begriff: Rdn 7) zu verlangen (Art. 54 Abs. 2; heute: Art. 206 Abs. 2 der RL 2009/138/EG [Solvency II] v. 25.11.2009, die u.a. die RL 92/49/EWG aufgehoben hat [s. Art. 310]). In Deutschland findet sich die entsprechende (aufsichtsrechtliche) Regelung seit Inkrafttreten des Gesetzes zur Modernisierung der Finanzaufsicht über Versicherungen v. 1.4.2015 (BGBl I, S. 434) am 1.1.2016 in **§§ 146, 149 f., 160 VAG** (bisher: §§ 12, 12a und 12e i.V.m. § 12c VAG) und in der darauf beruhenden **Krankenversicherungsaufsichtsverordnung** (KVAV) v. 18.4.2016 (BGBl I., S. 780) Die **Kalkulationsverordnung** vom 18.11.1996 (BGBl I, S. 1783), wurde durch Verordnung vom 16.12.2015, (BGBl I, S. 2345) aufgehoben. § 203 Abs. 1 VVG stellt in diesem Kontext klar, dass insb. in der substitutiven Krankenversicherung (Begriff: § 195 Abs. 1 VVG; vgl. auch Rdn 3; Vor. §§ 192 ff. Rdn 9) nur die auf diesen Rechnungsgrundlagen beruhende Prämie verlangt werden kann (Begr. BT-Drucks 12/6959, S. 105 [noch im Hinblick auf § 178g Abs. 1 VVG a.F.]). Individuell abweichende Prämienvereinbarungen sind also, sieht man von möglichen Risikozuschlägen und Leistungsausschlüssen (§ 203 Abs. 1 S. 2 VVG) ab, unzulässig (so auch BK/*Hohlfeld*, § 178g Rn 4) – auch, weil sie zu einer **Diskriminierung** innerhalb des Bestands führen würden (vgl. §§ 146 Abs. 2 S. 1, 138 Abs. 2 VAG). Prämien sind grds. aber risikoäquivalent zu kalkulieren (§ 146 Abs. 1 Nr. 1 VAG), sodass Risikozuschläge und Leistungsausschlüsse grds. zulässig und nur im **Basis- und im Notlagentarif** unzulässig sind (§§ 203 Abs. 1 S. 2, 193 Abs. 7 S. 2 VVG).

2 Die Möglichkeit **nachträglicher Prämien-, Bedingungs- und Tarifanpassung** (§ 203 Abs. 2 bis 5 VVG) soll dem Umstand Rechnung tragen, dass die Krankenversicherung langfristig angelegt und das ordentliche Kündigungsrecht des VR entweder gesetzlich oder vertraglich ausgeschlossen ist. Laut Begründung (Begr. BT-Drucks 12/6959, S. 105) besteht in diesen Fällen sowohl aus Gründen der Gewährleistung der **dauernden Erfüllbarkeit der Versicherungsleistungen** als auch wegen der nicht auszuschließenden Notwendigkeit, Änderungen der Verhältnisse im Gesundheitswesen Rechnung zu tragen, ein Anpassungsbedarf (Begr. BT-Drucks 12/6959, S. 105). Das frühere Instrumentarium – behördliche Prämien-, Bedingungs- und Tarifgenehmigung – steht seit der Deregulierung (1994) nicht mehr zur Verfügung. Daher hat der Gesetzgeber die Wirksamkeit von Prämien-, Bedingungs- und Tarifänderungen, die grds. nur bei einer nachhaltigen Veränderung der Verhältnisse zulässig sind, bereits in § 178g VVG a.F. an die **Prüfung durch einen unabhängigen Treuhänder** gebunden, der überwiegend als **Vertreter der Interessen der Gesamtheit der Versicherten** angesehen wird (BGH, VersR 2005, 1565, 1569 [BGH, 12.10.2005 – IV ZR 162/03]; OLG Celle, VersR 2006, 1105 [OLG Celle, 15.6.2006 – 8 U 26/06]; *Buchholz*, VersR 2005, 866, 868; *Küntzel*, VersR 1996, 148, 150). Der Treuhänder ist allerdings weder Beliehener noch erfüllt er eine öffentliche Funktion wie eine Behörde (OLG Celle, VersR 2006, 1105; *Küntzel*, VersR 1996, 148, 150); vielmehr handelt es sich um ein gesetzliches Treuhandverhältnis des Privatrechts (OLG Celle, VersR 2006, 1105).

B. Norminhalt

I. Prämienhöhe in der Krankenversicherung, die nach Art der Lebensversicherung betrieben wird (§ 203 Abs. 1 VVG)

1. Betroffene Krankenversicherungen

§ 203 Abs. 1 VVG ist nur auf **Krankenversicherungen** anwendbar, bei denen die Prämie nach **Art der Lebensversicherung** berechnet wird (§ 203 Abs. 1 S. 1 VVG). Das ist der Fall (1) bei der **substitutiven Krankenversicherung** (Vor. §§ 192 ff. Rdn 9), die als solche geeignet ist, den im gesetzlichen Sozialversicherungssystem vorgesehenen Kranken- oder Pflegeversicherungsschutz ganz oder teilweise zu ersetzen (§ 195 Abs. 1 VVG, § 146 Abs. 1 VAG) und die gem. § 146 Abs. 1 VAG im Inland nur nach Art der Lebensversicherung betrieben werden darf, sowie (2) bei der **nicht-substitutiven Krankenversicherung**, die trotzdem nach Art der Lebensversicherung betrieben wird (§ 147 VAG). Berechnung *„nach Art der Lebensversicherung"*, d.h. v.a. Kalkulation der Prämie auf aktuarieller, statistisch-mathematischer Grundlage (§ 146 Abs. 1 Nr. 1 VAG; i.E.: Prölss/*Präve*, § 12 VAG Rn 7, 17 ff.; s.a. *Kaulbach*, in: Fahr/Kaulbach/Bähr/Pohlmann, 5. Aufl. 2012, § 12 VAG Rn 4, der v.a. an die Bildung eines Deckungskapitals anknüpfen will).

2. Prämienhöhe

a) Beachtung aufsichtsrechtlicher Maßstäbe (§ 203 Abs. 1 S. 1 VVG)

§ 203 Abs. 1 S. 1 VVG überführt die aufsichtsrechtlichen Maßstäbe für die Kalkulation der Prämie in der nach Art der Lebensversicherung betriebenen Krankenversicherung – §§ 146, 149, 150 i.V.m. § 160 VAG sowie die **Krankenversicherungsaufsichtsverordnung** (s. Rdn 1) – in ein **vertragsrechtlich verbindliches und richterlich uneingeschränkt überprüfbares Rechtsregime für den individuellen Krankenversicherungsvertrag** (BGH, VersR 2004, 991; *Renger*, VersR 1995, 866, 872 – *„ausgelagertes Vertragsrecht";* *Werber*, in: FS Winter, S. 599, 611). Durch die in § 203 Abs. 1 VVG vorgenommene

Verweisung auf die aufsichtsrechtlichen Bestimmungen werden diese „*zu verbindlichen Regelungen im Vertragsverhältnis*" (BGH, VersR 2004, 991; bestätigt in BGH, VersR 2007, 196, 197 – „*verbindliche Regelungsbestandteile des Versicherungsvertragsverhältnisses*"; vgl. auch § 8a Abs. 1 MB/KK 2009), die gem. **§ 208 S. 1 VVG** nicht zum Nachteil des VN oder der versicherten Person abgewandelt werden können.

5   Im Hinblick auf diese **Berechnungsmaßstäbe** gilt u.a. Folgendes: Nach **§ 146 Abs. 1 Nr. 1 VAG** sind die **Prämien** auf versicherungsmathematischer Grundlage unter Zugrundelegung von Wahrscheinlichkeitstafeln und anderen einschlägigen statistischen Daten, insb. unter Berücksichtigung der maßgeblichen Annahmen zur Invaliditäts- und Krankheitsgefahr, zur Sterblichkeit, zur Alters- und Geschlechtsabhängigkeit des Risikos und zur Stornowahrscheinlichkeit und unter Berücksichtigung von Sicherheits- und sonstigen Zuschlägen sowie eines Rechnungszinses zu berechnen (krit.: *Kaulbach*, in: Fahr/Kaulbach/Bähr/Pohlmann, § 12 VAG Rn 5). *Boetius* (*Boetius*, VersR 2007, 1589, 1592) entnimmt daraus u.a., dass die Beitragskalkulation aktuariellen Grundsätzen entsprechen, d.h. dass
   – jeder Tarif für sich – unabhängig vom Kalkulationsbedarf anderer Tarife – kalkuliert werden muss,
   – die Kalkulation risikogerecht sein muss,
   – risikoabhängige Beobachtungseinheiten innerhalb eines Tarifs gebildet und getrennt kalkuliert werden müssen,
   – sich jede einzelne Rechnungsgrundlage selbst tragen muss und
   – jede einzelne Rechnungsgrundlage für sich mit ausreichenden Sicherheiten versehen werden muss.

Dem ist zu folgen, auch wenn diese Kalkulationsgrundlagen keineswegs Naturgesetzen gleichen, die der Disposition der Rechtsordnung generell entzogen wären (so aber *Boetius*, VersR 2007, 1589, 1592; vertiefend: *Brömmelmeyer*, VersWissStud. Bd. 14, S. 177 ff.). Daher stand es dem Gesetzgeber grds. auch frei, durch Einführung des Basistarifs (Vor. §§ 192 ff. Rdn 24 ff.) in das **Äquivalenzprinzip** (Begriff: Prölss/*Präve*, § 11 VAG Rn 8 m.w.N.; s.a. Looschelders/Pohlmann/*Reinhard*, 2. Aufl. 2011, § 203 Rn 7) einzugreifen, das im Normaltarif die Risikogerechtigkeit der Prämie gewährleistet (**a.A.** wohl: *Boetius*, VersR 2007, 1594).

6   Im Hinblick auf **geschlechtsabhängige Beitragskalkulationen** ist unter Berücksichtigung des EuGH-Urteils v. 1.3.2011 (EuGH v. 1.3.2011 – Rs. C-236/09 – Unisex) und der entsprechenden Korrekturen im AGG wie folgt zu unterscheiden: Bei Krankenversicherungsverhältnissen, die vor dem 21.12.2012 begründet wurden, ist eine unterschiedliche Behandlung wegen des Geschlechts im Falle des § 19 Abs. 1 Nr. 2 AGG bei den Prämien oder Leistungen nach wie vor zulässig, wenn dessen Berücksichtigung bei einer auf relevanten und genauen versicherungsmathematischen und statistischen Daten beruhenden Risikobewertung ein bestimmender Faktor ist (§ 33 Abs. 5 S. 1 AGG). Kosten im Zusammenhang mit Schwangerschaft und Mutterschaft dürfen auf keinen Fall zu unterschiedlichen Prämien oder Leistungen führen (§ 203 Abs. 1 S. 2 VVG). Dagegen scheidet eine geschlechtsabhängige Beitragskalkulation bei Krankenversicherungsverträgen aus, die seit dem 21.12.2012 abgeschlossen wurden (i.E. s. Vor. §§ 192 ff. Rdn 16; zu den Folgen des

Unisex-Urteils in der Krankenversicherung: *Beyer/Britz*, VersR 2013, 1219, 1226 f.; *Hoffmann*, VersR 2012, 1073; s. auch Mitteilung der Kommission v. 22.12.2011, Leitlinien zur Anwendung der Richtlinie 2004/113/EG im Anschluss an das EuGH-Urteil in der Rs. 236/09 [Test Achats], KOM (2011) 9497 endg.; zur Prämienkalkulation in der PKV allgemein: *Kalis*, VersR 2001, 11; s.a. *Werber*, in: FS Winter, S. 599, 611 ff.). Prämienunterschiede, die bei einer Stichtagsregelung unvermeidlich sind, sind gem. § 146 Abs. 2 S. 3 VAG hinzunehmen.

Nach §§ 146 Abs. 1 Nr. 2, 150 VAG, § 341f HGB i.V.m. § 18 KVAV ist eine **Alterungsrückstellung** zu bilden. Dies ist erforderlich, weil die durchschnittlichen jährlichen Krankheitskosten eines Versicherten mit dem Lebensalter stark ansteigen (*Meyer* in: Basedow, VersWissStud. Bd. 25, S. 67, 69), sodass an und für sich auch die risikoäquivalente Prämie stark ansteigen müsste; um eine solche, ständig steigende und im Alter nicht mehr bezahlbare Prämienbelastung zu verhindern, kalkulieren die Krankenversicherer in der BRD eine lebenslang konstante Nettoprämie (*Meyer,* in: Basedow, VersWissStud. Bd. 25, S. 67, 69). Diese Nettoprämie ist anfangs höher, später dann niedriger als die zu erwartenden Krankheitskosten. Die anfangs entstehenden Überschüsse werden in Alterungsrückstellungen angesammelt, aus denen später die Differenz zwischen den höheren Krankheitskosten und der Nettoprämie finanziert werden kann (*Meyer*, in: Basedow, VersWissStud. Bd. 25, S. 67, 69; s.a. BGH, VersR 2006, 1072, 1073; Prölss/*Präve*, § 12 VAG Rn 20 ff.; *Boetius*, VersR 2001, 661; *Boetius*, VersR 2016, 428, mit der These, auch [alterungsabhängig] steigende **Schadensregulierungskosten** in der Alterungsrückstellung zu berücksichtigen seien). Funktional betrachtet stellt die Alterungsrückstellung also einen – zweckgebunden angesammelten – **kollektiven Sparbeitrag** dar (BGH, VersR 2007, 196, 198; zur möglichen Behandlung im Rahmen einer künftigen Bürgerversicherung: *Papier/Schröder*, VersR 2013, 1201). Folgerichtig ist eine Erhöhung der Beiträge oder eine Minderung der Leistungen des VR wegen des Älterwerdens der versicherten Person entbehrlich und während der Dauer des Versicherungsverhältnisses ausgeschlossen (§ 8a Abs. 2 S. 3 MB/KK 2009).

Praxishinweis
Substitutive Krankenversicherungen mit befristeten Vertragslaufzeiten (§§ 195 Abs. 2 und 3, 196 VVG) dürfen ohne Alterungsrückstellung kalkuliert werden (§ 146 Abs. 3 VAG).

Prämien und Leistungen dürfen gem. §§ **146 Abs. 2 S. 1, 138 Abs. 2 VAG** bei gleichen Voraussetzungen nur nach gleichen Grundsätzen bemessen werden (vertiefend: *Brömmelmeyer*, VersWissStud. Bd. 14, S. 182 ff.). Dieser **Gleichbehandlungsgrundsatz** impliziert u.a., dass die Beiträge eines VN, der seinen Krankenversicherungsschutz bei Renteneintritt aufstockt, im Hinblick auf den aufgestockten Teil auf der Basis seines aktuellen Lebensalters kalkuliert werden müssen (BGH, VersR 2007, 196; i.E. s. § 199 Rdn 9). Die Prämien für das Neugeschäft dürfen gem. § **146 Abs. 2 S. 2 VAG** nicht niedriger sein, als die Prämien, die sich im Altbestand für gleichartige Versicherte ohne Berücksichtigung ihrer Alterungsrückstellung ergeben würden. Dies gilt nicht für einen Prämienunterschied, der sich daraus ergibt, dass die Prämien für das Neugeschäft geschlechtsunabhängig berechnet wurden (§ 203 Abs. 1 S. 3 VVG).

b) Erhöhtes Risiko (§ 203 Abs. 1 S. 2 VVG)

9 § 203 Abs. 1 S. 2 VVG stellt es dem VR frei, mit Rücksicht auf ein erhöhtes Risiko im Einzelfall einen angemessenen **Risikozuschlag** (s. LG Würzburg, VersR 2014, 1494, 1495) oder einen **Leistungsausschluss** zu vereinbaren. Etwas anderes gilt im Basistarif: Der **Basistarif** ist ein staatlich regulierter (substitutiver) Krankheitskostentarif, der v.a. durch **Elemente des sozialen Ausgleichs** geprägt ist (s. BVerfG, VersR 2009, 953, 961). Leistungen und Beiträge orientieren sich an der gesetzlichen Krankenversicherung. Risikozuschläge und Leistungsausschlüsse sind verboten (§ 203 Abs. 1 S. 2 VVG). Dadurch entstehende Finanzierungslücken werden ggf. über ein Risikoausgleichssystem finanziert (§ 154 Abs. 1 VAG). Etwas anderes gilt auch im **Notlagentarif**: Solange der VV (aufgrund von Prämienrückständen) ruht und im Notlagentarif geführt wird (§ 193 Abs. 7 S. 1 VVG), entfallen Risikozuschläge, Leistungsausschlüsse und Selbstbehalte (§ 193 Abs. 7 S. 2 VVG).

c) Risikoprüfung im Basistarif (§ 203 Abs. 1 S. 3 VVG)

10 Trotz § 203 Abs. 1 S. 2 VVG ist eine **Risikoprüfung im Basistarif** zulässig (s. OLG Köln, VersR 2013, 490, 491). Ihre Legitimation ergibt sich daraus, (1) dass die **Funktionsfähigkeit des Risikoausgleichssystems** i.S.v. § 154 Abs. 1 VAG Klarheit über die in den Basistarifen versicherten Risiken erfordert, und daraus, (2) dass nach einem **Tarifwechsel** (§ 204 Abs. 1 S. 1 Nr. 1 VVG) auch individuelle Risikozuschläge zulässig wären: Gem. § 204 Abs. 1 S. 1 Nr. 1 VVG kann der VR „*bei einem Wechsel aus dem Basistarif in einen anderen Tarif [...] auch den bei Vertragsschluss ermittelten Risikozuschlag verlangen.*"

II. Prämienanpassung (§ 203 Abs. 2 VVG)

11 § 203 Abs. 2 VVG regelt die im Fall veränderter Rechnungsgrundlagen gebotene **Neufestsetzung der Prämie** unter Mitwirkung des Treuhänders (§ 203 Abs. 2 S. 1 VVG), die einer **umfassenden tatsächlichen und rechtlichen Überprüfung durch die Zivilgerichte** unterliegt (BVerfG, VersR 2000, 214 [noch anhand von § 178g Abs. 2 VVG a.F.] m. Anm. *Reinhard* und unter Berufung auf das Gebot des effektiven Rechtsschutzes).

12 Eine Prämienerhöhung setzt das Bestehen eines Krankenversicherungsverhältnisses mit einer grds. als verbindlich vereinbarten Prämie logisch voraus, Krankenversicherungsschutz braucht zum Zeitpunkt der Prämienerhöhung jedoch noch nicht zu bestehen (LG Dortmund, Urt. v. 14.8.2013 – 2 O 276/10, n.v.).

1. Betroffene Krankenversicherungen

13 Eine Prämienanpassung kommt nur bei einer **Krankenversicherung** in Betracht, **bei der das (ordentliche) Kündigungsrecht des VR** gesetzlich oder vertraglich **ausgeschlossen ist**. Praktische Bedeutung entfaltet die Regelung also v.a. in der Krankheitskosten-Pflichtversicherung (§§ 206 Abs. 1 S. 1, 193 Abs. 3 VVG), sowie in der (sonstigen) **substitutiven**

Krankheitskosten-, Krankentagegeld- oder Pflegekrankenversicherung, in der das ordentliche Kündigungsrecht gem. §§ 206 Abs. 1 S. 2 VVG, 146 Abs. 1 Nr. 3 VAG entfällt.

2. Nachhaltige Veränderung einer für die Prämienkalkulation maßgeblichen Rechnungsgrundlage

„*Im Rahmen der vertraglichen Leistungszusage können sich*", so die Musterbedingungen, „*die Leistungen des VR z.B. wegen steigender Heilbehandlungskosten, einer häufigeren Inanspruchnahme medizinischer Leistungen oder aufgrund steigender Lebenserwartung ändern*" (§ 8b Abs. 1 S. 1 MB/KK 2009), sodass eine Neufestsetzung der Prämie notwendig werden kann. Dies setzt allerdings eine nachhaltige, nämlich „*nicht nur als vorübergehend anzusehende Veränderung einer für die Prämienkalkulation maßgeblichen Rechnungsgrundlage voraus*" (§ 203 Abs. 2 S. 1 VVG). Die Musterbedingungen besagen außerdem, dass von einer Beitragsanpassung abgesehen werden *kann*, wenn nach übereinstimmender Beurteilung durch den VR und den Treuhänder die Veränderung der Versicherungsleistungen als vorübergehend anzusehen ist (§ 8b Abs. 2 MB/KK 2009). Tatsächlich ist in diesem Falle jedoch zwingend von einer Beitragsanpassung abzusehen und zwar auch dann, wenn allein der Treuhänder die Veränderung für vorübergehend hält.

Abweichend vom bisherigen Recht, das nur auf eine (nachhaltige) Veränderung des tatsächlichen **Schadensbedarfs** ggü. den technischen Berechnungsgrundlagen (§ 178g Abs. 2 VVG a.F.) abstellte, sollen inzwischen auch Veränderungen der **Sterbewahrscheinlichkeiten**, die sich aus den jeweils aktualisierten Sterbetafeln ergeben, eine Beitragsanpassung auslösen können (§ 203 Abs. 2 S. 3 VVG; Begr. BT-Drucks 16/3945, S. 113). Der Reformgesetzgeber wollte durch die Neufassung „*Beitragssprünge*" vermeiden, die sich angeblich aus der Kumulierung von Anpassungserfordernissen ergeben können (Begr. BT-Drucks 16/3945, S. 113; skeptisch: *Meyer*, in: Basedow (Hrsg.), VersWissStud. Bd. 29, S. 126). Deshalb wird eine Veränderung der Sterbewahrscheinlichkeiten zusätzlich als auslösende Grundlage für eine Beitragsüberprüfung zugelassen. Andere Rechnungsgrundlagen, insb. der **Rechnungszins**, sollen – entgegen dem Desiderat der VVG-Kommission (*Lorenz*, Abschlussbericht der Kommission zur Reform des Versicherungsvertragsgesetzes vom 19.4.2004, S. 271 [§ 195 Abs. 2 S. 3 VVG-Entwurf]) – nicht für sich allein als Auslöser von Prämienanpassungen berücksichtigt werden, weil Veränderungen dieser Rechnungsgrundlage im Wesentlichen auf einer Unternehmensentscheidung beruhen (Begr. BT-Drucks 16/3945, S. 113; ähnl. *Meyer*, in: Basedow (Hrsg.), VersWissStud. Bd. 29, S. 126 f).

Die Details der Prämienanpassung regelt **§ 155 VAG i.V.m. der Krankenversicherungsaufsichtsverordnung (KVAV)** aufsichtsrechtlich. Danach hat das Krankenversicherungsunternehmen für jeden nach Art der Lebensversicherung kalkulierten Tarif zumindest jährlich die erforderlichen mit den kalkulierten **Versicherungsleistungen** zu vergleichen (§ 155 Abs. 3 S. 1 VAG). Ergibt die der Aufsichtsbehörde und dem Treuhänder vorzulegende Gegenüberstellung für einen Tarif eine Abweichung von mehr als 10 % (oder eines geringeren %-Satzes lt. AVB), hat das Unternehmen alle Prämien dieses Tarifs zu überprüfen und, wenn die Abweichung nicht nur als vorübergehend anzusehen ist, mit Zustimmung des Treuhänders anzupassen (§ 203 Abs. 2 S. 2 VVG; s.a. § 8b Abs. 1 S. 3 MB/KK 2009).

Eine Prämienanpassung scheidet allerdings aus, wenn die Versicherungsleistungen zum Zeitpunkt der Erst- oder einer Neukalkulation unzureichend kalkuliert waren und ein ordentlicher und gewissenhafter Aktuar dies insb. anhand der zu diesem Zeitpunkt verfügbaren statistischen Kalkulationsgrundlagen hätte erkennen müssen (§ 203 Abs. 2 S. 4 VVG), d.h. fahrlässig nicht erkannt hat (vgl. § 122 Abs. 2 BGB). Künftig hat das Krankenversicherungsunternehmen ferner für jeden nach Art der Lebensversicherung kalkulierten Tarif jährlich die erforderlichen mit den kalkulierten **Sterbewahrscheinlichkeiten** durch Betrachtung von Barwerten zu vergleichen (§ 203 Abs. 4 S. 1 VVG). Ergibt die dem Treuhänder vorzulegende Gegenüberstellung für einen Tarif eine Abweichung von mehr als 5 %, hat das Unternehmen alle Prämien dieses Tarifs zu überprüfen und mit Zustimmung des Treuhänders anzupassen (§ 203 Abs. 2 S. 2 VVG). **§ 203 Abs. 2 S. 4 VVG** hat § 155 VAG i.V.m. der KVAV ausdrücklich in Bezug genommen.

17 Der BGH (BGH, VersR 2004, 991) hat die **Berechtigung der Prämienerhöhung** auf der Basis von § 178g Abs. 2 VVG a.F. noch genauer aufgeschlüsselt. Der Regelung des § 155 Abs. 3 S. 2 VAG (Rdn 16) entnimmt der BGH, dass die Prämienanpassung **nur den Tarif betrifft, bei dem die erforderliche Abweichung (der auslösende Faktor als Verhältnis der erforderlichen zu den kalkulierten Versicherungsleistungen) erreicht** ist (BGH, VersR 2004, 991). Die Anpassung eines Tarifs ist damit an den Anpassungsbedarf eben dieses Tarifs gekoppelt (BGH, VersR 2004, 991). Es deute nichts darauf hin, dass der Begriff „*Tarif*" im selben Satz eine unterschiedliche Bedeutung habe und die Anpassungsmöglichkeit über den „*Tarif*" hinausgehen solle, für den der Anpassungsbedarf festgestellt worden sei. Eine dem VN günstige Entwicklung gibt dem VR nicht das Recht, die Beiträge zu erhöhen, sondern veranlasst allein eine Prüfung dahin, ob eine Prämiensenkung in Betracht kommt (OLG Köln, r+s 2012, 605, 606).

18 Den **Tarif** (§ 155 Abs. 3 S. 1 und 2 VAG) **i.S.d. Prämienanpassungsverfahrens** interpretiert der BGH (BGH, VersR 2004, 991) im Lichte der Kalkulationsverordnung (heute: KVAV) als **Beobachtungseinheit** (s.a. OLG Köln, r+s 2012, 605, 606 [Tarif als das nach Grund und Höhe einheitliche Leistungsversprechen, Beobachtungseinheit innerhalb eines Tarifs als unterste selbstständige Kalkulationsebene, die durch gemeinsame kollektive Risikomerkmale definiert werde; beides setze der BGH gleich]; krit.: Looschelders/Pohlmann/*Reinhard*, § 203 Rn 12). Denn gem. § 14 Abs. 1 Kalkulationsverordnung ist die Gegenüberstellung des „*Tarifs*" nach § 155 Abs. 3 S. 1 und 2 VAG jährlich und für jede Beobachtungseinheit eines Tarifs getrennt durchzuführen. Von der Überprüfung und eventuellen Anpassung der Prämie ist deshalb nur die Beobachtungseinheit betroffen, bei der die Abweichung 10 % oder den geringeren vereinbarten Prozentsatz übersteigt (BGH, VersR 2004, 991; krit.: *Reinhard*, VersR 2005, 489, der eine sorgfältige Differenzierung von Tatbestand – auslösender Faktor in mindestens einer Beobachtungseinheit – und Rechtsfolge – Prämienanpassung des aus mehreren Beobachtungseinheiten bestehenden Tarifs – anmahnt). Nur so könne, so der BGH, wie es in der amtlichen Begründung zu § 14 Kalkulationsverordnung (BR-Drucks 414/96, S. 29) heiße, sichergestellt werden, dass Prämienanpassungen rechtzeitig erfolgten und übermäßige Erhöhungen vermieden würden (BGH, VersR 2004, 991). Die Interpretation des Tarifs als Beobachtungseinheit (BGH,

VersR 2004, 991) hat dazu geführt, dass auch § 8b Abs. 1 S. 3 MB/KK 2009 an die Beobachtungseinheit anknüpft (s.a. Looschelders/Pohlmann/*Reinhard*, § 203 Rn 12).

Den Begriff der **Beobachtungseinheit** bestimmt der BGH allein anhand von **Risikogesichtspunkten**: Bei Geschlechtsabhängigkeit des Risikos (s. aber: Rdn 6) stellen insb. Frauen und Männer getrennte Beobachtungseinheiten dar (BGH, VersR 2004, 991 [auf der Basis der §§ 12 Abs. 1 Nr. 1, 12c Abs. 1 Nr. 1 VAG a.F. i.V.m. §§ 6 Abs. 1 S. 1, 14 Abs. 2 und 3 der früheren Kalkulationsverordnung]). Im Ergebnis bedeutet dies, dass es nicht zulässig ist, bei Ansprechen des auslösenden Faktors bei nur einer Beobachtungseinheit die Prämie auch für die Beobachtungseinheiten anzupassen, bei denen der auslösende Faktor nicht erreicht ist, die bestimmungsgemäß für die Anpassung vorausgesetzte Abweichung der erforderlichen von den kalkulierten Versicherungsleistungen also nicht vorliegt (BGH, VersR 2004, 991). Ebenso ist es nicht zulässig, die Faktoren der einzelnen Beobachtungseinheiten durch einfache oder nach dem Umfang der jeweiligen Versicherungsleistungen gewichtete Bildung eines Mittelwerts zu einem einheitlichen auslösenden Faktor zusammenzufassen. Der rechnerische Mittelwert aus der Addition der einzelnen Faktoren würde wegen des unterschiedlichen Bestands und Schadensbedarfs der einzelnen Beobachtungseinheiten die prozentuale Änderung des Gesamtschadensbedarfs nicht zutreffend wiedergeben. Der gewichtete Mittelwert würde dazu führen, dass bei einzelnen Beobachtungseinheiten vorhandener Anpassungsbedarf verdeckt wird mit der möglichen Folge späterer übermäßiger Prämienerhöhungen (BGH, VersR 2004, 991). Diese Erwägungen bleiben auch nach der Reform maßgeblich – nur kann sich die Berechtigung zur Prämienanpassung außerdem auch noch aus einer veränderten Sterbewahrscheinlichkeit ergeben (vgl. Rdn 15).

3. Höhe der Prämienanpassung

Ist die Prämienanpassung dem Grunde nach nicht zu beanstanden, ist zu prüfen, ob die **Neuberechnung der Höhe nach** gerechtfertigt ist, d.h. mit aktuariellen Grundsätzen und bestehenden Rechtsvorschriften – bzw. günstigeren vertraglichen Bestimmungen – in Einklang steht (BGH, VersR 2004, 991). Diese Überprüfung erstreckt sich auf die **Ermittlung des Anpassungsfaktors** und auf die **Limitierungsmaßnahmen** (BGH, VersR 2004, 991 unter Berufung auf *Grote*, Die Rechtsstellung der Prämien-, Bedingungs- und Deckungsstocktreuhänder nach dem VVG und VAG, S. 392 ff., 575 ff.). Klärungsbedürftig ist zunächst, welche Rechnungsgrundlagen (§ 2 KVAV) anpassungsbedürftig sind und ob der **Anpassungsfaktor** für jede einzelne Rechnungsgrundlage richtig ermittelt ist (BGH, VersR 2004, 991). Ist dies nicht der Fall, kommt es für die zivilgerichtlich zu überprüfende Prämienerhöhung darauf an, ob der vom VR aus den Anpassungsfaktoren der einzelnen Rechnungsgrundlagen gebildete einheitliche Anpassungsfaktor den Anpassungsfaktor überschreitet, der im gerichtlichen Verfahren als der zutreffende einheitliche Anpassungsfaktor für die Prämie des betroffenen Versicherten festgestellt worden ist (BGH, VersR 2004, 991). Denn zivilrechtlich ist allein entscheidend, ob der VR gem. § 203 Abs. 2 VVG berechtigt ist, die höhere Prämie zu verlangen (BGH, VersR 2004, 991 [noch anhand von § 178g Abs. 2 VVG]). Ist die Nachkalkulation in diesem Sinn nicht zu beanstanden, sind in einem weiteren Schritt die vom VR vorgenommenen **Limitierungsmaßnahmen** darauf zu überprüfen, ob die dafür geltenden gesetzlichen und vertraglichen Bestimmungen eingehalten sind (BGH, VersR 2004, 991; vertiefend: *Gerwins*, NVersZ 2000, 353, 359).

4. Anpassung der Selbstbehalte und Risikozuschläge

21 § 203 Abs. 2 S. 2 VVG stellt in Übereinstimmung mit § 155 Abs. 3 S. 3 VAG klar, dass auch in absoluten Beträgen festgelegte **Selbstbehalte** und **Risikozuschläge** *bei entsprechender Vereinbarung* geändert werden können (so geregelt in § 8b Abs. 1 S. 4 MB/KK 2009). Dies setzt ebenso wie eine Prämienanpassung eine nachhaltige Veränderung der für die Prämienkalkulation maßgeblichen Rechnungsgrundlagen, d.h. eine Diskrepanz zwischen den *lege artis* kalkulierten und den realen Versicherungsleistungen bzw. Sterbewahrscheinlichkeiten voraus (§ 203 Abs. 2 S. 3 VVG).

5. Mitwirkung des Treuhänders

22 § 203 Abs. 2 S. 1 und 4 VVG bindet die Änderung der Prämien, Prämienzuschläge und Selbstbehalte an die Zustimmung (vgl. § 182 BGB) eines **Treuhänders**, der die Interessen des Kollektivs der Versicherten wahren soll (*Boetius*, VersR 2007, 1589, 1591). Der Treuhänder muss zuverlässig, fachlich geeignet und **unabhängig** sein, d.h. insb. dass er keinen Anstellungsvertrag oder sonstigen Dienstvertrag mit dem Versicherungsunternehmen oder einem mit diesem verbundenen Unternehmen abgeschlossen haben bzw. gehabt haben darf (§ 157 Abs. 1 VAG; vertiefend: *Bürkle*, VersR 2004, 826, 829; *Drews*, VersR 1996, 422, 423; s.a. OLG Stuttgart, VersR 2007, 639, mit dem Hinweis, dass dem unbestreitbaren Interesse der VN an einer umfassenden tatsächlichen und rechtlichen Überprüfung der Prämienerhöhungen durch die *„starke Rechtsstellung des Treuhänders"* weitgehend Rechnung getragen werde).

23 Der Treuhänder hat ausweislich § 203 Abs. 2 S. 1 VVG die technischen Berechnungsgrundlagen zu überprüfen (s. auch AG Königswinter Urt. v. 29.4.2015 – 9 C 127/13, n.v., mit dem Hinweis darauf, dass der Treuhänder nicht verpflichtet sei, die Richtigkeit statistischer Annahmen des VR anhand von Belegen zu überprüfen). Konkretisiert wird der **Prüfungsmaßstab** durch § 203 Abs. 2 S. 4 VVG, der (auch) für die Überprüfung der Prämienänderung, der Prämienzuschläge und der Selbstbehalte und die Zustimmung durch den Treuhänder § 155 VAG i.V.m. der KVAV in Bezug nimmt. Da der Treuhänder die Zustimmung zur Prämienänderung nur nach Maßgabe des § 155 VAG erteilen darf, kann auch eine wirksame Zustimmung i.S.v. § 203 Abs. 2 VVG nur vorliegen, wenn die aufsichtsrechtlichen Bestimmungen eingehalten sind (BGH, VersR 2004, 991 [noch anhand von §§ 178g VVG, 12b VAG a.F.], unter Berufung auf *Grote*, Die Rechtsstellung der Prämien-, Bedingungs- und Deckungsstocktreuhänder nach dem VVG und VAG, S. 599).

24 Im Fall der Prämienanpassung trifft den VR eine aus dem Krankenversicherungsvertrag fließende **Nebenpflicht, dem VN auf Nachfrage den Treuhänder namhaft zu machen, damit der VN ihn überprüfen kann** (OLG Stuttgart, VersR 2007, 639; *Klimke*, VersR 2016, 22, der die Pflicht zur Namhaftmachung aus dem Begründungserfordernis in § 203 Abs. 5 VVG entnimmt).

6. Richterliche Kontrolle

In der Krankenversicherung unterliegt eine (mit Zustimmung des Treuhänders vorgenommene) Erhöhung der Prämien für bestehende Versicherungsverhältnisse nach § 203 Abs. 2 VVG einer **umfassenden tatsächlichen und rechtlichen Überprüfung durch die Zivilgerichte** (BVerfG, VersR 2000, 214; BGH, VersR 2016, 177, noch n.v., Rn 9; BGH, VersR 2004, 991; OLG Stuttgart, VersR 2007, 639; alle noch anhand von § 178g Abs. 2 VVG a.F.). Der Prüfungsmaßstab ist den einschlägigen gesetzlichen und vertraglichen Bestimmungen zu entnehmen (BGH, VersR 2004, 991 mit der sibyllinischen Formulierung „*nach* aktuariellen *Grundsätzen als mit den bestehenden Rechtsvorschriften in Einklang stehend anzusehen*"). Dabei haben die Zivilgerichte das **Interesse des VN an einer sachlichen Überprüfung der Berechnung der Prämienerhöhung** mit einem **schutzwürdigen Interesse des Krankenversicherers an der Geheimhaltung der Berechnungsgrundlagen** zum Ausgleich zu bringen (BVerfG, VersR 2000, 214; OLG Stuttgart, VersR 2007, 639). Die Überprüfung der Berechnung der Prämienerhöhungen darf also nicht allein mit Rücksicht auf Geheimhaltungsinteressen des Krankenversicherers gänzlich versagt werden (BVerfG, VersR 2000, 214; BGH, VersR 2016, 177). Die Zivilgerichte haben vielmehr zu prüfen, inwieweit einem solchen Interesse des Krankenversicherers durch die Anwendung der **§§ 172 Nr. 2, 173 Abs. 2, 174 Abs. 3 S. 1 GVG** Rechnung getragen werden kann (BGH, VersR 2016, 177). Sie haben auch zu klären, worauf dieses Interesse sich i.E. bezieht (BVerfG, VersR 2000, 214). Dabei ist zu berücksichtigen, dass es sich bei den Unterlagen, die Grundlagen für die Prämienerhöhung sind (Stornowahrscheinlichkeiten, Verfahren zur Herleitung von Kopfschadenprofilen sowie von Grundkopfschäden, Aufwendungen für Abschluss- und Schadensregulierungskosten sowie für unternehmenspolitische Projekte, Aussagen zur Risikostruktur des Neugeschäfts), um ein geschütztes Betriebsgeheimnis handelt (BGH, VersR 2016, 177 Rn 14; s. auch *Klimke*, VersR 2016, 22). Das OLG Stuttgart hält die Übergabe des **persönlichen Berechnungsbogens zur Ermittlung der Prämie** für geboten (OLG Stuttgart, VersR 2007, 639), der allerdings von Unternehmen zu Unternehmen variieren kann. Dagegen ist der VR nicht verpflichtet, dem VN vorprozessual sämtliche Unterlagen zur Verfügung zu stellen, die dem Treuhänder zur Prüfung vorgelegt wurden (OLG Stuttgart, VersR 2007, 639, 640, unter Berufung auf das schutzwürdige Interesse des VR an der Geheimhaltung der Berechnungsunterlagen; s.a. BVerfG, VersR 2000, 214).

Praxishinweis
In einem gerichtlichen Verfahren hat der Versicherer darzulegen und zu beweisen, dass die Voraussetzungen für die erhöhte Prämie vorliegen (BGH, Urt. v. 9.12.2015 – IV ZR 272/15, n.v., Rn 21).

Der BGH ist der in der Literatur teils vertretenen Rechtsauffassung, die Prämienanpassung sei eine **nach billigem Ermessen zu treffende Leistungsbestimmung** – alternativ des VR (§ 315 BGB) oder des Treuhänders (§§ 317 Abs. 1, 319 Abs. 1 BGB) – und sei deshalb auf ihre Billigkeit oder offenbare Unbilligkeit hin zu überprüfen, **nicht** gefolgt (BGH, VersR 2004, 991; zustimmend: *Reinhard*, VersR 2005, 489; ebenso bereits: OLG Köln, VersR 1999, 87; AG Köln, VersR 2002, 178; *Drews*, VersR 1996, 422; *Schramm*, VersR 1996,

424, 425; *Reinhard*, VersR 2000, 216, 217; **a.A.** *Küntzel*, VersR 1996, 148, 153; *Renger*, VersR 1994, 1257, 1259; *Renger*, VersR 1995, 866, 874; s.a. OLG Hamm, VersR 1993, 1342; OLG Hamburg, VersR 1993, 1344). Eine Leistungsbestimmung nach billigem Ermessen sei nach §§ **315 Abs. 1, 317 Abs. 1 BGB** nur im Zweifel anzunehmen. Ein Zweifelsfall liege nicht vor. Das Prämienanpassungsrecht des VR und die Erteilung der Zustimmung durch den Treuhänder unterlägen nicht dem weiten Maßstab des billigen Ermessens, sondern den durch die [aufsichts- und privatrechtlichen] Rechtsvorschriften geregelten, ins Einzelne gehenden engen und verbindlichen Vorgaben. Sie ließen keinen Raum für eine darüber hinausgehende Angemessenheits- oder Billigkeitskontrolle (BGH, VersR 2004, 991 unter Berufung auf *Sahmer*, Richterliche Überprüfung der Beitragsanpassung in der privaten Krankenversicherung, S. 12 ff.; zust.: *Reinhard*, VersR 2005, 489).

27 Der BGH hat mit Recht klargestellt, dass der **VN allein die (aktuarielle und rechtliche) Richtigkeit der Prämienerhöhung, nicht aber die richtige Berechnung der Prämienerhöhung** verlangen kann (BGH, VersR 2004, 991): Fehlerhaft – teilweise zu hoch, teilweise zu niedrig – eingesetzte Anpassungsfaktoren einzelner Rechnungsgrundlagen können bis zur Höhe des zutreffenden einheitlichen Anpassungsfaktors für die Prämie des Versicherten verrechnet werden. Der VN hat bei einer negativen Feststellungsklage kein schutzwürdiges Interesse daran, eine in einem Punkt berechtigte, nur zu niedrig errechnete Prämienerhöhung nicht zu zahlen (BGH, VersR 2004, 991).

28 **Praxishinweis**
Die Prüfung der Prämienanpassung kann regelmäßig nur mithilfe eines **Sachverständigen** erfolgen (BGH, VersR 2004, 991). Prüfungsgegenstand sind nur die Unterlagen, die der Krankenversicherer dem Treuhänder gem. §§ 12b VAG, 15 KVAV vorgelegt hat (BGH, VersR 2004, 991; BGH, VersR 2016, 177, Rn 26), d.h. die technischen Berechnungsgrundlagen für die jeweiligen Beobachtungseinheiten (TBG; s. auch *Rudolph*, VersR 2015, 300; *Rudolph*, VersR 2014, 545). Denn nur darauf gründet sich die für die Wirksamkeit der Erhöhung erforderliche Zustimmung des Treuhänders (BGH, VersR 2004, 991; ablehnend: *Reinhard*, VersR 2005, 489; s. auch BGH, VersR 2016, 177, Rn 22 ff.).

III. Bedingungsanpassung aufgrund der Veränderung der Verhältnisse des Gesundheitswesens (§ 203 Abs. 3 VVG)

29 § 203 Abs. 3 VVG räumt den Krankenversicherern ein Recht zur **Bedingungsanpassung** unter Mitwirkung des Treuhänders ein, wenn sich **die Verhältnisse des Gesundheitswesens nicht nur vorübergehend verändert** haben (krit.: *Schünemann*, VersR 2004, 817, 818; gegen Schünemann: *Langheid/Grote*, VersR 2004, 823, 824). Da § 203 Abs. 3 VVG dem Krankenversicherer nachträgliche einseitige Eingriffe in bestehende Krankenversicherungsverhältnisse erlaubt und so die im ursprünglichen Konsens enthaltene „**Richtigkeitsgewähr der Verträge**" (*Schmidt-Rimpler*, AcP 147 [1941], 130 ff.) unterläuft, ist die Bestimmung grds. **restriktiv** auszulegen (i.Erg. wie hier: *Schünemann*, VersR 2004, 817, 818; s.a. OLG Celle, VersR 2006, 1105). Die Bedingungsanpassung durch den **VR** steht unter der Prämisse ihrer Erforderlichkeit im Interesse der **Versicherten**, sodass ein Eingriff auf ihre Kosten ohnehin ausscheidet. Über die in § 203 Abs. 3 und 4 VVG gezogenen Grenzen hinaus kann der Krankenversicherer seine Krankenversicherungsbedingungen

nicht wirksam zum Nachteil des VN ändern (§ 208 S. 1 VVG; s.: BGH, VersR 2008, 482, 483, noch anhand von §§ 178g Abs. 3, 178o VVG a.F.). Daher sind Klauseln unwirksam, die es dem VR – ggf. mit Zustimmung eines Treuhänders – erlauben, die Bedingungen bereits zu ändern, wenn sich lediglich die höchstrichterliche Rechtsprechung ändert oder Auslegungszweifel beseitigt werden sollen (§§ 307 Abs. 2 Nr. 1, 305c Abs. 2 BGB; s.: BGH, VersR 2008, 482, 483).

1. Betroffene Krankenversicherungen

Eine Bedingungsanpassung gem. § 203 Abs. 3 VVG setzt voraus, dass eine Krankenversicherung vorliegt, bei der die Prämie nach Art der Lebensversicherung kalkuliert wird (§ 203 Abs. 1 S. 1 VVG) und bei der das ordentliche Kündigungsrecht des VR (gesetzlich oder vertraglich) ausgeschlossen ist. Das ist insb. bei der **substitutiven Krankheitskosten-, Krankentagegeld- und Pflegekrankenversicherung** (§§ 206 Abs. 1, 195 Abs. 1 VVG, § 146 Abs. 1 VAG), d.h. auch im **Basistarif** der Fall (s.a. § 18 Abs. 1 und 2 MB/BT). Besonderheiten ergeben sich im Basistarif, wenn sich leistungsbezogene Vorschriften des SGB V ändern. Dann ist der VR berechtigt, die Leistungen des Basistarifs mit Wirkung für bestehende Versicherungsverhältnisse nach den Vorgaben des insoweit beliehenen (§ 158 Abs. 2 VAG) Verbandes der privaten Krankenversicherung e.V. anzupassen (§ 18 Abs. 3 S. 1 MB/BT), ohne dass ein Treuhänderverfahren stattfinden müsste (s. auch Prölss/Martin/*Voit*, § 18 MB/KT, Rn 2, der die Klausel aufgrund der korrespondierenden Beleihung des PKV-Verbandes für wirksam hält). 30

2. Nachhaltige Veränderung der Verhältnisse des Gesundheitswesens

§ 203 Abs. 3 S. 1 VVG erlaubt eine Bedingungs- und Tarifanpassung bei einer **nicht nur als vorübergehend anzusehenden Veränderung der Verhältnisse des Gesundheitswesens** (vgl. auch § 18 Abs. 1 S. 1 MB/KK 2009). Die Definition des Gesundheitswesens als *„die gesamte rechtliche Regelung einschließlich [der] Finanzierung von Gesundheitsleistungen sowie die Infrastruktur für Gesunderhaltung, Heilung, Besserung"* usw. (*Aumüller*, Neue Rechtsentwicklungen in der privaten Krankenversicherung, S. 35, 43) trägt zur Konkretisierung dieser Formel bei. Entscheidend ist jedoch 31
- bei Leistungskürzungen, dass sich **rechtliche oder tatsächliche Faktoren** im Bereich der gesetzlichen und/oder privaten Krankenversicherung, der Leistungserbringer oder der Patienten so **nachhaltig verändern**, dass die **Finanzierbarkeit** des konkret in Rede stehenden Tarifs **nicht mehr gewährleistet** ist (vgl. auch *Langheid/Grote*, VersR 2003, 1469, 1471, die darauf abstellen, dass *„das versicherte Risiko [durch die veränderten Umstände] unmittelbar beeinflusst wird"*; **a.A.** *Schünemann*, VersR 2004, 817, 819). Umstände, die der Krankenversicherer selbst in Händen hält, sind von vornherein nicht zu berücksichtigen (*Langheid/Grote*, VersR 2004, 823).
- bei Leistungsverbesserungen, dass sich rechtliche oder tatsächliche Faktoren im Bereich der gesetzlichen und/oder privaten Krankenversicherung, der Leistungserbringer oder der Patienten so nachhaltig verändern, dass ein effektiver, moderner Medizin entspre-

chender Krankenversicherungsschutz ohne die Leistungsverbesserung erkennbar nicht mehr gegeben wäre (Rdn 33).

32 In Betracht kommen **rechtliche und tatsächliche Faktoren** (*Werber*, in: FS Lorenz, S. 893, 905; Prölss/*Präve*, § 12b VAG Rn 9; *Langheid/Grote*, VersR 2003, 1469, 1471; wohl auch *Schünemann*, VersR 2004, 817, 818). Die Literatur nennt als **Beispiele**:
- erhebliche Kostensteigerungen aufgrund erhöhter Entgelte für medizinische Leistungen oder aufgrund des medizinischen Fortschritts (*Werber*, VersR 2015, 393, 394; *Präve*, VersR 1995, 733, 737; *Aumüller*, Neue Rechtsentwicklungen in der PKV, 2007, S. 35, 44; s. aber Rdn 37),
- ein verändertes Leistungsspektrum der gesetzlichen Krankenversicherung (*Kalis* in: Bach/Moser, PKV, 5§ 18 MB/KK Rn 17; Prölss/*Präve*, § 12b VAG Rn 9), nicht aber ein verändertes Leistungsangebot konkurrierender (privater) Krankenversicherer (*Renger*, Die Verantwortung des Treuhänders in der PKV, S. 28; Prölss/*Präve*, § 12b VAG Rn 9),
- modifizierte Beihilfevorschriften (Prölss/*Präve*, § 12b VAG Rn 9; *Präve*, VersR 1995, 733, 737; wohl auch *Aumüller*, Neue Rechtsentwicklungen in der PKV, 2007, S. 35, 44),
- die Einführung neuer Finanzierungssysteme (Fallpauschalen [DRG] statt budgetorientierte Finanzierung; s. *Kalis*, in: Bach/Moser, PKV, § 18 MB/KK, Rn 15) sowie
- die häufige Inanspruchnahme ärztlicher Hilfe (*Werber*, VersR 2015, 393, 394, unter Berufung auf Prölss/Martin/*Prölss*, 27. Aufl. 2004, § 178g Rn 25; LG Siegen, VersR 2003, 1562 [dazu mit Recht krit.: Prölss/*Präve*, § 12b VAG Rn 9]; s. aber: Rdn 37) sowie der Einsatz neuer Behandlungsmethoden (BK/*Hohlfeld*, § 178g Rn 20; Prölss/*Präve*, § 12b VAG Rn 9; *Schünemann*, VersR 2004, 817, 818).

33 Nachhaltige Veränderungen im Gesundheitswesen können sich auch daraus ergeben, dass sich die **Prävalenz bestimmter Erkrankungen** (Beispiel: psychische Erkrankungen) nachhaltig verändert, dass sich **ärztliche Leitlinien für medizinisch notwendige Behandlungen** nachhaltig verändern (Beispiel: Behandlungsintensität bei Suchtkrankungen) oder dass sich neue (ärztlich anerkannte) Behandlungsmethoden (Beispiel: Ergotherapie) durchsetzen, die bisher nicht vom Leistungsspektrum der privaten Krankenversicherung abgedeckt sind (*Werber*, VersR 2015, 393, 395). Entsprechende **Leistungsverbesserungen** sind allerdings nur von § 203 Abs. 3 VVG gedeckt, wenn sie – ggf. unter Berücksichtigung der absehbaren Prämienerhöhungen – zur hinreichenden Wahrung der Belange der Versicherten erforderlich sind (s. Rdn 39).

34 Die Diskussion darüber, ob die Feststellung der **Unwirksamkeit einer Bedingung (gem. §§ 307 ff. BGB)** als nachhaltige Veränderung der Verhältnisse des Gesundheitswesens einzustufen ist, braucht aufgrund der VVG-Reform nicht mehr geführt zu werden. Einschlägig sind nunmehr §§ **203 Abs. 4, 164 VVG**. Bleibt die Frage, ob eine **Kehrtwende in der (höchstrichterlichen) Rechtsprechung zur Auslegung einer wirksamen Bedingung** eine Anpassung nach § 203 Abs. 3 VVG rechtfertigen kann. Dabei ist zu unterscheiden: (1) Legt der BGH eine **die Leistungspflicht des VR begründende Klausel** extensiv aus (s. BGH, VersR 2003, 581 „Privatklinik"), so scheidet eine Bedingungsanpassung aus

(BGH, VersR 2008, 386; *Schünemann*, VersR 2004, 817, 822; i.Erg. auch LG Köln, VersR 2005, 1421; **a.A.** noch: LG Nürnberg-Fürth, VersR 2005, 492; *Langheid/Grote*, VersR 2003, 1469, 1472; *Langheid/Grote*, VersR 2004, 823, 826). Der BGH hat § 178g Abs. 3 VVG a.F. insoweit als (Sonder-) Fall des Wegfalls der Geschäftsgrundlage (§ 313 BGB) qualifiziert, für den eine spezielle Regelung getroffen worden sei (kritisch: *Werber*, VersR 2015, 393, 395, der § 203 VVG als „*in sich geschlossene, eigenständige Regelung*" versteht und die Maßstäbe des § 313 BGB aus diesem Grunde nicht bzw. nicht ohne weitere übernehmen will). Vor diesem Hintergrund gelte aber auch für § 178g Abs. 3 VVG a.F., dass eine erhebliche, die Anpassung geschlossener Verträge rechtfertigende Störung des Äquivalenzverhältnisses nicht vorliegt, soweit Veränderungen in die Risikosphäre einer Vertragspartei fielen (BGH, VersR 2008, 386, mit dem Hinweis auf BGH, NJW 2006, 899). Die Formulierung von Versicherungsbedingungen durch den Verwender und die ihm nachteilige (!) Auslegung durch die höchstrichterliche Rechtsprechung gehörten aber generell zur Risikosphäre allein des Verwenders. Diese Auslegung bringe lediglich zur Geltung, was nach Treu und Glauben (§ 242 BGB) und insb. aus der maßgeblichen Sicht des verständigen VN (vgl. BGHZ 123, 83, 85 = VersR 1993, 957) Inhalt des geschlossenen Vertrages sei; sie verändere die Verhältnisse mithin nicht (BGH, VersR 2008, 386; s.a. BGH, VersR 2008, 482 f.). (2) Legt der BGH eine den Leistungsanspruch des Versicherten begründende Klausel allerdings aufgrund einer Kehrtwende nunmehr **restriktiv** so aus, dass das Leistungsversprechen eingeschränkt wird, käme eine Bedingungsanpassung „*zur hinreichenden Wahrung der Belange der Versicherten*" (§ 203 Abs. 3 VVG) grds. in Betracht.

Die Beantwortung der Frage, ob die Veränderung der Verhältnisse im Gesundheitswesen „*nicht nur vorübergehend*" ist, erfordert eine (richterlich überprüfbare) Prognose-Entscheidung auf gesicherter Tatsachengrundlage (*Langheid/Grote*, VersR 2003, 1469, 1472).

3. Erforderlichkeit der Bedingungsänderung

Die Bedingungsänderung muss „*zur hinreichenden Wahrung der Belange der VN*" erforderlich sein. Das setzt im Fall von Kostensteigerungen voraus, dass ohne **die Bedingungsanpassung die dauernde Erfüllbarkeit der Verträge gefährdet** wäre (OLG Celle, VersR 2006, 1105, 1106; s.a. BGH, VersR 2005, 1565 – danach hat § 178g Abs. 3 S. 1 VVG a.F. „*die dauernde Erfüllbarkeit der Verträge im Blick*"; Prölss/*Präve*, § 12b VAG Rn 9; OLG Düsseldorf, VersR 2006, 1111, 1112). Dabei ist zu berücksichtigen, dass **die Bedingungsanpassung subsidiär ggü. einer Prämienerhöhung** ist (Prölss/*Präve*, § 12b VAG Rn 9a; *Schünemann*, VersR 2004, 817, 821; **a.A.** *Langheid*, in: FS Kollhosser, S. 231, 239 f.; *Langheid/Grote*, VersR 2003, 1469, 1473; Prölss/Martin/*Voit*, § 203 Rn 38 [nicht generell]), weil die Prämienerhöhung das **mildere Mittel** darstellt (*Wandt*, Änderungsklauseln in Versicherungsverträgen, S. 32; Prölss/*Präve*, § 12b VAG Rn 9a) und – anders als bspw. die nachträgliche Einführung eines Risikoausschlusses – alle VN gleichmäßig belastet. Daher hat das OLG Düsseldorf (VersR 2006, 1111, 1112) im Kontext der Luxusbehandlungen (BGH, VersR 2003, 581 „Privatklinik") zu Recht entschieden, dass „*dem Interesse der Versichertengemeinschaft* [...] *an der dauernden Erfüllbarkeit der Verträge im Falle eines* *allgemein veränderten Schadensbedarfs"* bereits durch die Möglichkeit der Prämienanpassung (§ 203 Abs. 2 VVG) hinreichend Rechnung getragen werde.

37 Daraus folgt, dass eine Bedingungsanpassung bei Kostensteigerungen aufgrund erhöhter Entgelte für medizinische Leistungen oder aufgrund des medizinischen Fortschritts oder aufgrund häufiger Inanspruchnahme ärztlicher Hilfe generell (s.o.) ausscheidet, weil **die dauernde Erfüllbarkeit der Verträge in aller Regel durch Prämienerhöhungen gewährleistet** werden kann. Die Erforderlichkeit der Bedingungsanpassung wäre – unter der Prämisse ihrer Subsidiarität – nur zu bejahen, wenn die Prämie in einem bestimmten Tarif so massiv erhöht werden müsste, dass eine Kündigungswelle (trotz prohibitiv hoher Kosten) absehbar und deswegen die Funktionsfähigkeit des Risikoausgleichs im Kollektiv gefährdet wäre (großzügiger: OLG Düsseldorf, VersR 2006, 1111, 1112, das eine Bedingungsänderung [Beschränkung der Kostenerstattung bei Luxusbehandlungen] für möglich hält, wenn ohne sie eine von der Versichertengemeinschaft vernünftigerweise zu missbilligende Kostensteigerung zu befürchten gewesen wäre; s.a. OLG Celle, VersR 2006, 1105).

38 Die Literatur (*Langheid/Grote*, VersR 2003, 1469, 1473) legt bei der Prüfung der Bedingungsanpassung mit Recht einen objektiv-generalisierenden Maßstab an (s.a. Begr. BT-Drucks 14/1245, S. 122 [zu § 12b VAG]). Mit dem aufsichtsrechtlichen Begriff der *„Belange der VN"* unterstreicht § 203 Abs. 3 VVG, dass eine **kollektive Betrachtungsweise** geboten ist. Eine Bedingungsänderung nur im Interesse eines Individuums scheidet von vornherein aus. Indes hat sich insb. beim Rückkaufswert in der Lebensversicherung gezeigt (BGH, VersR 2005, 1565), dass auch die Interessen in der Risikogemeinschaft auseinanderfallen können. Bei einer derart gespaltenen Interessenlage (BGH, VersR 2005, 1565) scheidet eine (hypothetische) Bedingungsanpassung aus, weil die Belange der Versicherten in unterschiedliche Richtungen weisen; auch vor diesem Hintergrund wäre eine Bedingungsanpassung als Reaktion auf die bereits referierte Privatklinik-Entscheidung des BGH bedenklich: Die These, es liege im Interesse *„der Gesamtheit der Versicherten"*, ihre Rechtsansprüche (Kostenerstattung auch bei Luxusbehandlungen) spürbar *einzuschränken* (vgl. OLG Köln, VersR 2006, 1113, 1116), um potenzielle Beitragssteigerungen zu verhindern, ist spekulativ (so aber *Langheid/Grote*, VersR 2003, 1469, 1473). Die Rechtsprechungsänderung ist nämlich, beurteilt man sie aus der Perspektive der Versicherten, ambivalent. So betont bspw. das OLG Düsseldorf, dass *„der Privatversicherte die private Krankenversicherung u.a. [...] ausgewählt"* habe, *„um sich auch kostenintensive Behandlungen ermöglichen zu können"* (OLG Düsseldorf, VersR 2006, 1111, 1113). Die Rechtsprechungsänderung als Rechtsgrundlage einer Bedingungsanpassung heranzuziehen hieße also, potenzielle Interessenkonflikte in der Risikogemeinschaft zu ignorieren (s.a. OLG Celle, VersR 2006, 1105, 1109, mit dem Hinweis, dass *„die Rechtsstellung der VN durch die Entscheidung BGH VersR 2003, 581 gestärkt"* werde).

39 **Leistungsverbesserungen** sind zur Wahrung der Belange der VN erforderlich, wenn sie objektiv gesehen geboten sind, um ihren berechtigten Erwartungen an einen effektiven und zeitgemäßen Krankenversicherungsschutz Rechnung zu tragen (s. *Werber*, VersR 2015, 393, 397). Aufgedrängte, von § 203 Abs. 3 VVG nicht gedeckte Bereicherung und notwendige, von § 203 Abs. 3 VVG erfasste Leistungsanpassung an einen veränderten Erwartungs-

horizont der VN sind sorgfältig zu unterscheiden. Prüfungsmaßstab ist ggf. ein verständiger VN, der unter dem „*Schleier der Unwissenheit*" (*Rawls, A Theory of Justice, 1971, passim*), d.h. ohne zu wissen, ob er selbst von der Leistungsverbesserung profitieren würde oder nicht, und in Kenntnis der etablierten medizinischen Beurteilung der Leistungsverbesserung sowie der ggf. absehbaren Prämienerhöhung eine Bedingungsanpassung verlangen würde oder nicht. Ein Beurteilungsspielraum steht dem VR insoweit nicht zu; vielmehr ist die Annahme, dass die Leistungsverbesserung zur hinreichenden Wahrung der Belange der Versicherten erforderlich erscheint, uneingeschränkt richterlich überprüfbar (ganz anders: *Werber*, VersR 2015, 393, 394, der davon ausgeht, dass *„alle in § 203 Abs. 3 VVG genannten Voraussetzungen in einer Weise unbestimmt gefasst sind, die dem VR einen Beurteilungs- und Ermessensspielraum einräumen"*).

Die **Belange des Krankenversicherers** sind bei der Prüfung der Befugnis zur Bedingungsanpassung gem. § 203 Abs. 3 VVG **nicht**, auch nicht im Rahmen einer Interessenabwägung **zu berücksichtigen** (so aber *Langheid/Grote*, VersR 2003, 1468, 1473; wie hier: *Schünemann*, VersR 2004, 817, 820), denn diese Befugnis besteht nur, wenn die Bedingungsanpassung *„zur hinreichenden Wahrung der Belange der Versicherten"* – und nicht etwa zur Implementierung eines fairen Interessenausgleichs – erforderlich erscheint. Dieser einseitige Prüfungsmaßstab betrifft indes nur die Prüfung des Bedingungsänderungsanlasses, nicht die – regelmäßig an **§ 164 Abs. 1 S. 2 VVG analog**, §§ 307 ff. BGB auszurichtende – Prüfung der geänderten Bedingung, bei der selbstverständlich auch die Interessen des VR zu berücksichtigen sind.

4. Mitwirkung des Treuhänders

§ 203 Abs. 3 VVG knüpft die Bedingungsänderung an die **Mitwirkung eines Treuhänders**, der die Voraussetzungen für die Änderung überprüft und ihre Angemessenheit bestätigt. Der Treuhänder muss **zuverlässig, fachlich geeignet und von dem Krankenversicherungsunternehmen unabhängig** sein (§ 157 Abs. 3 i.V.m. Abs. 1 VAG; vertiefend: *Aumüller*, Neue Rechtsentwicklungen in der privaten Krankenversicherung, S. 35, 36 f.; *Prölss/Präve*, § 12b VAG Rn 11; s.a. *Renger*, VersR 1994, 1257, 1259), d.h., er darf insb. keinen Anstellungsvertrag oder sonstigen Dienstvertrag mit dem Versicherungsunternehmen oder einem mit diesem verbundenen Unternehmen abgeschlossen haben (§ 203 Abs. 1 S. 1 VVG). Zum Treuhänder kann grds. nicht bestellt werden, wer bereits bei zehn Versicherungsunternehmen oder Pensionsfonds als Treuhänder tätig ist (§ 203 Abs. 3 S. 3 VVG; krit.: *Bürkle*, VersR 2004, 826). Fachliche Eignung setzt **ausreichende Rechtskenntnisse**, insb. auf dem Gebiet der Krankenversicherung, voraus (§ 157 Abs. 3 S. 2 VAG). Die Bestellungsvoraussetzungen sind aufsichtsrechtlich zu überprüfen (§ 157 Abs. 2 S. 1, Abs. 2 VAG). Die Zustimmung des unabhängigen Treuhänders ändert nichts daran, dass die Bedingungsänderung **uneingeschränkt richterlich überprüfbar** ist (Prölss/Martin/*Voit*, § 203 Rn 39).

IV. Bedingungsanpassung bei unwirksamen AVB-Bestimmungen (§ 203 Abs. 4 VVG)

42 § 203 Abs. 4 VVG erlaubt eine Bedingungsanpassung in Fällen, in denen „*eine Bestimmung in Allgemeinen Versicherungsbedingungen* [...] *durch höchstrichterliche Entscheidung oder durch einen bestandskräftigen Verwaltungsakt für* **unwirksam** *erklärt worden ist*": Der VR kann sie nach Maßgabe des in der Lebensversicherung geltenden § 164 VVG ersetzen (vgl. auch § 18 Abs. 2 MB/KK 2009). Damit trägt § 203 Abs. 4 VVG – als Rechtsgrundverweis – der bereits früher geltend gemachten Forderung nach einer gesetzlichen Anpassungsmöglichkeit für Krankenversicherungsverträge Rechnung, die i.d.R. für den VR unkündbar sind und bei denen sich ein unabweisbarer Anpassungsbedarf ergibt, wenn durch die Rechtsprechung eine leistungsbeschreibende AVB-Klausel für unwirksam erklärt worden ist, weil insoweit zur Fortführung des Vertragsverhältnisses nicht auf die gesetzliche Regelung verwiesen werden kann (Begr. BT-Drucks 12/7595, S. 112; BGH, VersR 2005, 1565, 1567; OLG Celle, VersR 2006, 1105, 1106; Renger, VersR 1994, 753, 755).

43 Die Diskussion über die **Feststellungskompetenz**, also über die Frage, wer die Unwirksamkeit (intern oder extern, gerichtlich oder behördlich) festgestellt haben muss (vgl. nur *Fricke*, VersR 2000, 257, 261; *Wandt*, VersR 2001, 1435; *Langheid/Grote*, NVersZ 2002, 49, 51), ist damit überholt. Eine Bedingungsanpassung setzt im Interesse „*abschließender Rechtsklarheit*" (Begr. BT-Drucks 16/3945, S. 100) voraus, dass eine Klausel durch höchstrichterliche Entscheidung oder durch bestandskräftigen (aufsichts- oder kartellbehördlichen) Verwaltungsakt für unwirksam erklärt worden ist. Unter „*höchstrichterlich*" versteht der RegE (Begr. BT-Drucks 16/3945, S. 100) Entscheidungen des BGH oder eines OLG, dessen Entscheidung nicht anfechtbar ist. Das ist jedoch nicht tragfähig. Der BGH geht mit Recht davon aus, dass eine „*abschließende Klärung der Wirksamkeit einer Klausel nur durch das Revisionsgericht erfolgen könne*" (VersR 2005, 1362; vgl. auch VersR-Hdb/*Brömmelmeyer*, § 42 Rn 113). Revisionsgericht ist allein der BGH (§ 133 GVG; s.a. *Albers*, in: Baumbach/Lauterbach/Albers/Hartmann, Vor. § 542 ZPO Rn 2). Wieso ein (grds.) mit der Revision angreifbares OLG-Urteil eine „*höchstrichterliche*" Entscheidung sein soll, ist auch sachlich nicht nachvollziehbar. Im Fall kollidierender OLG-Entscheidungen fehlt es nämlich an der abschließenden Rechtsklarheit (a.A. *Prölss/Martin/Voit*, § 204 Rn 47).

44 Die Prüfung der Klauselersetzung verlangt einen **Doppelschritt**: Erster Schritt ist die Einbeziehungskontrolle, d.h. die Prüfung der Ersetzungsvoraussetzungen: Die Einbeziehung setzt die Feststellung der Unwirksamkeit (Regelungslücke) und die Notwendigkeit der Bedingungsersetzung – alternativ: zur Fortsetzung des VV oder zur Beseitigung einer unzumutbaren Härte (i.E. § 164 Rdn 21 ff.; vgl. auch VersR-Hdb/*Brömmelmeyer*, § 42 Rn 116 f.) – voraus (§ 164 Abs. 1 S. 1 VVG). Eine Kehrtwende in der Auslegung einer Klausel (Beispiel: BGH, VersR 2003, 581 „Privatklinik"), steht der Feststellung ihrer Unwirksamkeit *nicht* gleich (BGH, VersR 2008, 246). Klauseln in Krankenversicherungsverträgen, die dem VR erlauben, mit Zustimmung eines Treuhänders die Bedingungen zu ändern, wenn sich die höchstrichterliche Rechtsprechung ändert oder Auslegungszweifel beseitigt werden sollen, sind unwirksam (BGH, VersR 2008, 482). Zweiter Schritt ist die Inhaltskontrolle, d.h. die Prüfung der neuen Klausel. Diese muss nicht nur der allgemeinen

Inhaltskontrolle (§§ 307 ff. BGB) standhalten; sie muss auch § 164 Abs. 1 S. 2 VVG Rechnung tragen, d.h. „*unter Wahrung des Vertragsziels die Belange der VN angemessen*" berücksichtigen. Die „*Belange der VN*" und die (aufsichtsrechtlichen) „*Belange der Versicherten*" (vgl.: §§ 8 Abs. 1 S. 1 Nr. 3, 12b Abs. 1a S. 2, 81d Abs. 3 VAG) sind identisch. Der Reformgesetzgeber wollte den Begriff der Belange der Versicherten aus (übertriebener) Rücksicht auf die Versicherung für fremde Rechnung (§§ 43 ff. VVG) nicht verwenden, die „*Belange des im VAG erfassten Personenkreises*" aber trotzdem berücksichtigt wissen (Begr. BT-Drucks 16/3945, S. 100). Mit dem Hinweis auf die „*Belange der VN*" knüpft § 164 Abs. 1 S. 1 VVG bewusst an eine **kollektive Betrachtungsweise** an. Im Hinblick auf die Prüfung der Neuregelung bedeutet dies: Die Interessen des Kollektivs der VN sind angemessen zu berücksichtigen (§ 164 Abs. 1 S. 2 VVG), keiner der VN darf unangemessen benachteiligt werden (§ 307 Abs. 1 S. 2 BGB). §§ 203 Abs. 4, 164 Abs. 1 VVG nehmen eine Benachteiligung einzelner VN also in Kauf, solange sie nicht unangemessen ist. Dies ist angesichts des Normzwecks, im Interesse der Rechtssicherheit und -klarheit eine einheitliche Bedingungsanpassung im Massengeschäft zu ermöglichen (BGH, NJW 2005, 3359, 3561), hinzunehmen.

Anders als bisher **bedarf es bei der Bedingungsanpassung gem. §§ 203 Abs. 4, 164 VVG keines Treuhänders** mehr. Die Bundesregierung hat insoweit mit Recht festgestellt, dass der mit dem Treuhänderverfahren verfolgte zusätzliche Schutz der VN in der Vergangenheit nicht erreicht wurde (Begr. BT-Drucks 16/3945, S. 100). 45

V. Wirksamwerden von Änderungen (§ 203 Abs. 5 VVG)

Die Prämien-, Bedingungs- und Tarifänderung setzt keine Einigung mit dem VN voraus; vielmehr handelt es sich um ein **Gestaltungsrecht** des VR (§ 164 Rdn 30; *Kollhosser*, VersR 2003, 807 [mit Blick auf § 172 VVG a.F.]), der Prämien, Bedingungen und Tarife durch eine **einseitige (empfangsbedürftige) Willenserklärung** anpassen kann (*Bartmuss*, VersWissStud. Bd. 17, S. 257). 46

§ 203 Abs. 5 VVG bestimmt, dass die **Neufestsetzung der Prämie** (§ 203 Abs. 2 S. 1 VVG), die Korrektur der **Risikozuschläge und Selbstbehalte** (§ 203 Abs. 5 S. 2 VVG) sowie die **Bedingungsanpassung** aufgrund veränderter Verhältnisse des Gesundheitswesens (§ 203 Abs. 3 VVG) erst zu Beginn des zweiten Monats **wirksam** werden, der auf die Mitteilung der Neufestsetzung oder der Änderungen und der hierfür maßgeblichen Gründe an den VN folgt (vgl. auch §§ 8b Abs. 3, 18 Abs. 1 S. 2 MB/KK 2009; i.E.: *Klimke*, VersR 2016, 22). Den VR trifft also eine **Begründungspflicht**. Eine bloß formelhafte Begründung reicht nicht aus (*Klimke*, VersR 2016, 22; zur Behandlung von Betriebsgeheimnissen des VR vgl. Rdn 25); ggf. muss die Begründung eine Überprüfung der Plausibilität der konkreten Prämienanpassung ermöglichen (*Klimke*, VersR 2016, 22). Daher ist dem VN mindestens mitzuteilen, welche der in § 203 Abs. 3 S. 3 VVG genannten Rechnungsgrundlagen sich (bezogen auf den konkreten Tarif und die einschlägige Beobachtungseinheit) in welcher Höhe verändert haben (*Klimke*, VersR 2016, S. 25). Mängel der Begründung können zur Unwirksamkeit der Prämienanpassung führen (*Klimke*, VersR 2016, 22, 25). Der Ge- 47 setzgeber (BT-Drucks 16/3945, S. 114) hat eigens darauf hingewiesen, dass § 208 S. 1 VVG abweichende Vereinbarungen über den Zeitpunkt des Wirksamwerdens ausschließt, soweit sie für den VN nachteilig sind.

48 Die Bedingungsänderung gem. **§ 203 Abs. 4 VVG** wird gem. § 164 Abs. 2 VVG zwei Wochen, nachdem die neue Regelung und die hierfür maßgeblichen Gründe dem VN mitgeteilt sind, Vertragsbestandteil (vgl. auch § 18 Abs. 2 S. 3 MB/KK 2008; vertiefend: § 164 Rdn 34; s.a. VersR-Hdb/*Brömmelmeyer*, § 42 Rn 123).

C. Prozessuales

49 In der Krankenversicherung unterliegt eine (mit Zustimmung des Treuhänders vorgenommene) Erhöhung der Prämien für bestehende Versicherungsverhältnisse nach § 203 Abs. 2 VVG einer **umfassenden tatsächlichen und rechtlichen Überprüfung durch die Zivilgerichte** (BVerfG, VersR 2000, 214; ausführl. s. Rdn 25); gegen eine Prämienerhöhung kann sich der VN durch **Erhebung einer negativen Feststellungsklage** wehren, mit der er geltend macht, den Erhöhungsbetrag nicht zu schulden (Looschelders/Pohlmann/*Reinhard*, § 203 Rn 16).

50 Parallel dazu ist auch die Bedingungs- und Tarifanpassung (§ 203 Abs. 3 und 4 VVG) richterlich überprüfbar. Ob das in § 203 Abs. 3 VVG vorgesehene Treuhänderverfahren zum Gegenstand einer **Unterlassungsklage gem. §§ 1 f. UKlaG** gemacht werden kann, war bisher umstritten (dafür: OLG Düsseldorf, VersR 2006, 1111 [§ 2 UKlaG]; dagegen: OLG Köln, VersR 2006, 1113; vgl. auch LG Düsseldorf, VersR 2005, 1273; LG Köln, VersR 2005, 1274). Der BGH hat jetzt entschieden, dass eine Unterlassungsklage gem. **§ 1 UKlaG analog** statthaft ist, *„wenn es um die Prüfung einer generellen Einbeziehung veränderter Klauseln geht"* (VersR 2008, 386). Diese Entscheidung ist im Interesse eines **effektiven Verbraucherschutzes** (OLG Düsseldorf, VersR 2006, 1111) zu befürworten.

D. Abdingbarkeit

51 Die Regelung des § 203 VVG ist **halbzwingend** (§ 208 S. 1 VVG), sodass die Parteien die Befugnis des VR, Prämien, Bedingungen und Tarife zu ändern, nicht zulasten des VN oder der versicherten Person erweitern können, insb. die Einführung weiterer Bedingungsänderungsanlässe durch AVB ist unzulässig (BGH, VersR 2008, 482; zuvor: OLG Celle, VersR 2006, 1105; **a.A.** *Fricke*, VersR 2000, 257; *Präve*, VersR 1995, 733, 737). Die **Musterbedingungen** (§§ 8a und b MB/KK 2009 – Beitragsberechnung und Beitragsanpassung) geben im Kern die gesetzliche Regelung wieder (s. aber Rdn 14).

| § 204 VVG | Tarifwechsel |

(1) Bei bestehendem Versicherungsverhältnis kann der Versicherungsnehmer vom Versicherer verlangen, dass dieser
1. Anträge auf Wechsel in andere Tarife mit gleichartigem Versicherungsschutz unter Anrechnung der aus dem Vertrag erworbenen Rechte und der Alterungsrückstellung annimmt; soweit die Leistungen in dem Tarif, in den der Versicherungsnehmer wechseln will, höher oder umfassender sind als in dem bisherigen Tarif, kann der Versicherer für die Mehrleistung einen Leistungsausschluss oder einen angemessenen Risikozuschlag und insoweit auch eine Wartezeit verlangen; der Versicherungsnehmer kann die Vereinbarung eines Risikozuschlages und einer Wartezeit dadurch abwenden, dass er hinsichtlich der Mehrleistung einen Leistungsausschluss vereinbart; bei einem Wechsel aus dem Basistarif in einen anderen Tarif kann der Versicherer auch den bei Vertragsschluss ermittelten Risikozuschlag verlangen; der Wechsel in den Basistarif des Versicherers unter Anrechnung der aus dem Vertrag erworbenen Rechte und der Alterungsrückstellung ist nur möglich, wenn
   a) die bestehende Krankheitskostenversicherung nach dem 1. Januar 2009 abgeschlossen wurde oder
   b) der Versicherungsnehmer das 55. Lebensjahr vollendet hat oder das 55. Lebensjahr noch nicht vollendet hat, aber die Voraussetzungen für den Anspruch auf eine Rente der gesetzlichen Rentenversicherung erfüllt und diese Rente beantragt hat oder ein Ruhegehalt nach beamtenrechtlichen oder vergleichbaren Vorschriften bezieht oder hilfebedürftig nach dem Zweiten oder Zwölften Buch Sozialgesetzbuch ist oder
   c) die bestehende Krankheitskostenversicherung vor dem 1. Januar 2009 abgeschlossen wurde und der Wechsel in den Basistarif vor dem 1. Juli 2009 beantragt wurde;
   ein Wechsel aus einem Tarif, bei dem die Prämien geschlechtsunabhängig kalkuliert werden, in einen Tarif, bei dem dies nicht der Fall ist, ist ausgeschlossen;
2. bei einer Kündigung des Vertrags und dem gleichzeitigen Abschluss eines neuen Vertrags, der ganz oder teilweise den im gesetzlichen Sozialversicherungssystem vorgesehenen Krankenversicherungsschutz ersetzen kann, bei einem anderen Krankenversicherer
   a) die kalkulierte Alterungsrückstellung des Teils der Versicherung, dessen Leistungen dem Basistarif entsprechen, an den neuen Versicherer überträgt, sofern die gekündigte Krankheitskostenversicherung nach dem 1. Januar 2009 abgeschlossen wurde;
   b) bei einem Abschluss eines Vertrags im Basistarif die kalkulierte Alterungsrückstellung des Teils der Versicherung, dessen Leistungen dem Basistarif entsprechen, an den neuen Versicherer überträgt, sofern die gekündigte Krankheitskostenversicherung vor dem 1. Januar 2009 abgeschlossen wurde und die Kündigung vor dem 1. Juli 2009 erfolgte.

§ 204 VVG

Soweit die Leistungen in dem Tarif, aus dem der Versicherungsnehmer wechseln will, höher oder umfassender sind als im Basistarif, kann der Versicherungsnehmer vom bisherigen Versicherer die Vereinbarung eines Zusatztarifes verlangen, in dem die über den Basistarif hinausgehende Alterungsrückstellung anzurechnen ist. Auf die Ansprüche nach den Sätzen 1 und 2 kann nicht verzichtet werden.

(2) Im Falle der Kündigung des Vertrags zur privaten Pflege-Pflichtversicherung und dem gleichzeitigen Abschluss eines neuen Vertrags bei einem anderen Versicherer kann der Versicherungsnehmer vom bisherigen Versicherer verlangen, dass dieser die für ihn kalkulierte Alterungsrückstellung an den neuen Versicherer überträgt. Auf diesen Anspruch kann nicht verzichtet werden.

(3) Absatz 1 gilt nicht für befristete Versicherungsverhältnisse. Handelt es sich um eine Befristung nach § 196, besteht das Tarifwechselrecht nach Absatz 1 Nummer 1.

(4) Soweit die Krankenversicherung nach Art der Lebensversicherung betrieben wird, haben die Versicherungsnehmer und die versicherte Person das Recht, einen gekündigten Versicherungsvertrag in Form einer Anwartschaftsversicherung fortzuführen.

Übersicht

	Rdn
A. Normzweck	1
I. Einfacher Tarifwechsel	3
II. Unternehmenswechsel	7
B. Norminhalt	9
I. Unternehmensinterner Tarifwechsel (§ 204 Abs. 1 S. 1 Nr. 1, S. 3, Abs. 3 VVG)	9
1. Anwendungsbereich	9
2. Tarifwechsel bei Normaltarifen (§ 204 Abs. 1 S. 1 Nr. 1 Hs. 1 bis 3 VVG)	11
a) Gleichartiger Versicherungsschutz (§ 204 Abs. 1 S. 1 Nr. 1 Hs. 1 VVG)	12
b) Keine Beschränkung des Tarifwechselrechts auf neue Tarife	16
c) Beschränkung des Tarifwechselrechts durch die Musterbedingungen?	17
d) Modalitäten des Tarifwechsels	21
e) Risikozuschläge	24
aa) Individuelle Risikozuschläge	24
bb) Pauschale Risikozuschläge (= Tarifstrukturzuschläge)	28
f) Mehrleistungen (§ 204 Abs. 1 S. 1 Nr. 1 Hs. 2 und 3 VVG)	31
3. Tarifwechsel aus dem Basistarif (§ 204 Abs. 1 S. 1 Nr. 1 Hs. 4 VVG)	34
4. Tarifwechsel in den Basistarif (§ 204 Abs. 1 S. 1 Nr. 1 Hs. 5 VVG)	36
5. Tarifwechsel aus geschlechtsunabhängig in geschlechtsabhängig kalkulierte Tarife (§ 204 Abs. 1 S. 1 Nr. 1 Hs. 6 VVG)	40
6. Tarifwechsel bei Unternehmensverschmelzungen?	41
7. Tarifwechsel im Konzern?	42
8. Vereinbarung eines Zusatztarifs (§ 204 Abs. 1 S. 2 VVG)?	44
II. Unternehmenswechsel (§ 204 Abs. 1 S. 1 Nr. 2, S. 2 und 3, Abs. 3 VVG)	45
1. Anwendungsbereich	45
2. Portabilität der Alterungsrückstellung bei Neuverträgen (§ 204 Abs. 1 S. 1 Nr. 2a VVG)	46
a) Kündigung eines Neuvertrags	46
b) Neuabschluss einer substitutiven Krankenversicherung	47
c) Übertragung der kalkulierten Alterungsrückstellung	48
aa) Begriff und Funktion der Alterungsrückstellung	48
bb) Berechnung des Übertragungswerts	50
cc) Vereinbarkeit mit dem Grundgesetz	52

3. Portabilität der Alterungsrückstellung bei Altverträgen (§ 204 Abs. 1 S. 1 Nr. 2 Buchst. b VVG) 53
   a) Tatbestandsvoraussetzungen 53
   b) Berechnung des Übertragungswertes 54
   c) Vereinbarkeit mit dem Grundgesetz 55
4. Kontrahierungszwang im Zusatztarif (§ 204 Abs. 1 S. 2 VVG) 58
III. Unternehmenswechsel in der Pflege-Pflichtversicherung (§ 204 Abs. 2 VVG) 62
IV. Anwartschaftsversicherung (§ 204 Abs. 4 VVG) 65
V. Informationspflichten 68
C. Prozessuales 70
D. Abdingbarkeit 71

A. Normzweck

Mit dem **Tarifwechselrecht** wird bezweckt, insb. älteren VN bei Schließung ihres Tarifs (Herkunftstarif) die Möglichkeit zu eröffnen, eingetretene Kostensteigerungen durch einen Wechsel in einen anderen Tarif des Versicherers (Zieltarif) zu vermeiden (BGH, VersR 2016, 718, Rn 8; VersR 2015, 1012, Rn 8; VersR 2012, 1422, Rn 7; BVerwG, VersR 2010, 1345 Rn 27). Dieser Tarifwechselanspruch ist ein **Optionsrecht des VN** im Rahmen des den VR treffenden Kontrahierungszwangs auf **Inhaltsänderung des bestehenden Krankenversicherungsvertrages** (BGH, VersR 2016, 1108, Rn 12; VersR 2016, 718, Rn 8; VersR 2015, 1012, Rn 8; s. auch: OLG Karlsruhe, r+s 2016, Rn 42). Dementsprechend kommt es durch den Tarifwechsel auch nicht zum Abschluss eines neuen VV; vielmehr wird der bisherige VV unter Wechsel des Tarifs fortgesetzt (BGH, VersR 2016, 718, Rn 13). 1

Im Rahmen der **Gesundheitsreform** (Art. 43 Nr. 4 GKV-WSG vom 26.3.2007, BGBl I, S. 378, i.V.m. Art. 11 Abs. 1 VVG-ReformG; i.E. Vor. §§ 192 ff. Rdn 23–34) hat der Gesetzgeber die Regelung des Tarifwechsels in § 204 Abs. 1 VVG 2008 um die des Unternehmenswechsels und der Portabilität der Alterungsrückstellung erweitert. § 204 Abs. 1 Nr. 1 Hs. 6 VVG (Tarifwechsel in geschlechtsabhängig kalkulierte Tarife) und § 204 Abs. 3 S. 2 VVG gehen auf das G v. 24.4.2013 (BGBl I, S. 932) zurück, das am 1.5.2013 in Kraft getreten ist. 2

I. Einfacher Tarifwechsel

Nach §§ 146 Abs. 1 Nr. 4 VAG, 204 Abs. 1 S. 1 Nr. 1 VVG darf die substitutive Krankenversicherung nur unter **Einbeziehung eines vertraglichen Tarifwechselrechts** betrieben werden. Dahinter steht die Befürchtung, dass alte Tarife durch die Einführung neuer Tarife „*vergreisen*", dass sich die Risikostruktur des alten Tarifs also durch **Überalterung** so verschlechtert, dass insb. ältere VN unverhältnismäßig hohe Beiträge bezahlen müssten (im Detail: *Meyer*, in Basedow, VersWissStud. Bd. 25, S. 67, 72; *Lorenz/Wandt*, VersR 2008, 7, 8). Das Tarifwechselrecht soll so gesehen verhindern, dass nur neue, „*gute Risiken*" in den neuen Tarif aufgenommen werden. Auch Bestandsversicherte, bei denen u.U. ein höheres, aber bereits auf den VR übertragenes Risiko besteht, sollen in den (neuen) günstigeren Tarif wechseln können (BVerwG, VersR 2007, 1253, 1254 f.). Der Normzweck des § 204 VVG besteht also, so das BVerwG, darin, „*eine Konzentration von jüngeren VN in neuen, günstigeren Tarifen zu verhindern und für eine **ausgewogene Altersmischung in*** 3 *allen Tarifen zu sorgen*" (BVerwG, VersR 2007, 1256; ähnlich: *Buchholz*, VersR 2008, 27, 29 f.; Rüffer/Halbach/Schimikowski/*Marko*, § 204 Rn 1).

4   Kalkulatorisch gesehen besteht allerdings gar keine Überalterungsgefahr. Die Beitragskalkulation gem. §§ 10 f. KVAV (s. Rdn 12) berücksichtigt nämlich von Beginn an, dass mit steigendem Lebensalter auch die Kopfschäden steigen (i.E. *Meyer*, in: Basedow, VersWissStud, Bd. 25, 2004, S. 67 ff.; *Meyer*, in: Männer [Hrsg.], Langfristige Versicherungsverhältnisse – Ökonomie – Technik – Institutionen, 1997, S. 180 ff.; vgl. auch die grafische Darstellung in MüKo/*Boetius*, Vor § 192 VVG Rn 723). Die Beiträge werden als **lebenslang konstante Nettoprämie** so kalkuliert, dass sie anfangs höher sind, als sie sein müssten, um die anfänglich niedrigen Kopfschäden zu finanzieren; später sind sie niedriger, als sie sein müssten, um die höheren Kopfschäden im Alter auszugleichen (*Meyer*, in: Basedow, VersWissStud., Bd. 25, 2004, S. 67, 70). Anfängliche Beitragsüberschüsse fließen in die gem. §§ 146 Abs. 1 Nr. 2, 150 VAG zu bildende Alterungsrückstellung, aus der die mit steigendem Lebensalter steigenden und von den laufenden Beitragszahlungen nicht mehr gedeckten Kopfschäden finanziert werden.

5   Dieses **Kapitaldeckungsverfahren** (dazu: MüKo/*Boetius*, Vor. § 192 VVG Rn 640 f., 733) unterscheidet die private von der gesetzlichen Krankenversicherung (Umlageverfahren) und führt dazu, dass ein Tarif grds. unproblematisch vergreisen kann: Krankheitskosten älter werdender Bestandskunden werden nicht auf die jüngeren Mitglieder des Risikokollektivs umgelegt (*Meyer*, in: Basedow, VersWissStud, Bd. 25, 2004, S. 73) sondern über die Alterungsrückstellung finanziert. Daraus folgt, dass den Beständen keine Überalterung droht, sondern allenfalls eine **Entmischung**, d.h. eine **negative Risikoselektion**: Nach *Meyer* (*Meyer*, in: Basedow, VersWissStud, Bd. 25, 2004,) ließen die Krankenversicherer den Tarifwechsel aus einem geschlossenen Tarif mit hohen Prämien in den entsprechenden neuen Tarif mit günstigeren Prämien früher i.d.R. nicht zu; ausnahmsweise akzeptiert wurde allerdings der Tarifwechsel „*guter Risiken*", d.h. überdurchschnittlich gesunder Bestandsversicherter, die glaubhaft mit Kündigung drohen konnten. Dadurch kam es zu einer Risikoentmischung – im alten Tarif verblieben überwiegend schlechte Risiken mit der Folge ständig steigender Beiträge (*Meyer*, in: Basedow, VersWissStud., Bd. 25, 2004).

6   Darauf reagiert § 204 Abs. 1 VVG nicht etwa, indem er den Tarifwechsel im Interesse der Integrität der Risikokollektive verbietet, sondern dadurch, dass er den Tarifwechsel für alle Bestandskunden freigibt und eine Beschränkung auf handverlesene „*gute Risiken*" so unterbindet. Dadurch gewinnen Bestandskunden ein Mindestmaß an Flexibilität: Sie sind zwar an ihren Krankenversicherer gebunden, weil eine Kündigung – jedenfalls bei Krankenversicherungsverträgen, die vor dem 1.1.2009 abgeschlossen wurden – mit prohibitiv hohen Kosten verbunden wäre (dazu: BVerfG, VersR 2009, 957, 958; i.E. Rdn 7). I.R.d. internen Tarifangebots können sie jedoch wie ein Neukunde frei wählen und ggf. wechseln (Ebenso: *Winter*, Versicherungsaufsichtsrecht, Kritische Betrachtungen, 1997, S. 209). Dieses Tarifwechselrecht kann – je nach Tarifkalkulation – auch zu einer **Eskalation der Risikoentmischung** führen: Ist der neue Tarif bspw. aufgrund hoher individueller Risikozuschläge v.a. für gute Risiken attraktiv, können diese wechseln – ohne dass der VR im Interesse der Integrität des Herkunftstarifs intervenieren könnte. Diese Eskalationsgefahr

wird aber dadurch entschärft, dass der Tarifwechsel mit steigenden Beiträgen im Herkunftstarif für immer mehr Bestandskunden attraktiv wird, dass die guten Risiken also durch den Tarifwechsel auch der schlechteren und schlechten Risiken wieder eingefangen werden (s.a. *Brömmelmeyer*, VersR 2010, 706).

II. Unternehmenswechsel

Die Portabilität der Alterungsrückstellung, d.h. der Rückstellung für das mit dem Alter der versicherten Person wachsende Wagnis (s. § 1 Abs. 6 MB/KK 2009), bei einem **Unternehmenswechsel** (§ 204 Abs. 1 S. 1 Nr. 2 VVG) soll im Markt der privaten Krankenversicherungen einen funktionierenden **Wettbewerb** herstellen und den Versicherten einen Wechsel zu einem anderen VR erleichtern (BVerfG, VersR 2009, 953, 965). Früher war es für Bestandskunden ab einem gewissen Alter praktisch unmöglich, ihre Krankenversicherung zu wechseln, weil der damit verbundene Verlust der Alterungsrückstellungen dazu führte, dass ein neuer VR seine Kalkulationen ohne diese Rücklage vornehmen musste und deshalb erhöhte Prämien verlangte (BVerfG, VersR 2009, 953, 965; s.a. MüKo/*Boetius*, Vor. § 192 VVG, Rn 802). Der bei Wechsel in eine andere Versicherung dem VN drohende Verlust der Alterungsrückstellung schirmte den VR praktisch gegen Kündigungen ab und minderte zugleich die Chancen anderer VR, neue Kunden zu gewinnen (BVerfG, VersR 2009, 953, 965; Gutachten der Unabhängigen Expertenkommission zur Untersuchung der Problematik steigender Beiträge der privaten Krankenversicherung im Alter vom 18.6.1996, BT-Drucks 13/4945, S. 42 ff.; *Lorenz* [Hrsg.], Abschlussbericht der Kommission zur Reform des Versicherungsvertragsrechts vom 19.4.2004, S. 143 f.).

Die **Portabilität der Alterungsrückstellung** lockert die faktische Bindung der Bestandskunden an ihren einmal gewählten Krankenversicherer und verschafft ihm ggf. die Möglichkeit, seine Chance im Wettbewerb zu suchen (BVerfG, VersR 2009, 953, 965). § 204 Abs. 1 Nr. 2 VVG bestimmt nunmehr, dass der VR bei Kündigung der bei ihm bestehenden Krankenversicherung und bei Abschluss einer neuen substitutiven Krankenversicherung bei einem anderen Krankenversicherer unter bestimmten Bedingungen zur Mitgabe der kalkulierten Alterungsrückstellung des Teils der Versicherung verpflichtet ist, dessen Leistungen dem Basistarif entsprechen. Diese Portabilität in einem dem Basistarif entsprechenden Umfang bricht mit der bisherigen – vom BGH (BGH, VersR 1999, 877) bestätigten – Praxis: Die bisher von den Unternehmen ausnahmslos gewählte Vertragsgestaltung, wonach bei einer Kündigung des VV kein Anspruch auf Übertragung der für den VN gebildeten Alterungsrückstellung bestand, diese also in vollem Umfang an die Versicherung vererbt wurde (BGH, VersR 1999, 877), ist für die Zukunft ausgeschlossen (BVerfG, VersR 2009, 957, 965). Ob die Portabilität trotz Beschränkung auf die dem Basistarif entsprechende Alterungsrückstellung den Unternehmenswechsel wirklich attraktiv macht, ob es tatsächlich zu einem funktionsfähigen Wettbewerb um Bestandskunden und so zu sinkenden Preisen kommen wird oder ob sich die Beiträge erhöhen werden, bleibt abzuwarten (vgl. die Prognose *Reinhards*, in: Looschelders/Pohlmann/Reinhards, Vor §§ 192 ff., Rn 4).

B. Norminhalt

I. Unternehmensinterner Tarifwechsel (§ 204 Abs. 1 S. 1 Nr. 1, S. 3, Abs. 3 VVG)

1. Anwendungsbereich

9 Das Tarifwechselrecht des VN setzt ein bestehendes (§ 204 Abs. 1 S. 1 VVG) und grds. (s. Rdn 10) unbefristetes (§ 204 Abs. 3 VVG) Versicherungsverhältnis voraus, sodass § 204 Abs. 1 S. 1 **Nr. 1** VVG praktische Bedeutung insb. – aber nicht nur (*Lorenz/Wandt*, VersR 2008, 7, 8) – in der **substitutiven Krankenversicherung** (§ 195 Abs. 1 VVG) entfaltet.

10 Ein Tarifwechselrecht besteht auch bei der ggf. gem. § 196 Abs. 1 VVG befristeten **Krankentagegeldversicherung**: § 204 Abs. 3 S. 2 VVG stellt klar, dass die nach § 196 Abs. 1 VVG mögliche Befristung bis zur Vollendung des 65. Lebensjahres keine Befristung im Sinne des den Tarifwechsel regelnden § 204 VVG ist; das Tarifwechselrecht soll für die Krankentagegeldversicherung nicht ausgeschlossen sein (Begr. BT-Drucks,17/11469, S. 1, 15). Nach Sinn und Zweck des § 204 Abs. 3 VVG sind „befristete Versicherungsverhältnisse" im Sinne dieser Regelung (nur) solche Versicherungsverhältnisse, die nur kurze Zeit andauern, z.B. Reisekrankenversicherungen; für einen Tarifwechsel besteht hier keine Notwendigkeit (Begr. BT-Drucks, 17/11469, S. 1, 15).

2. Tarifwechsel bei Normaltarifen (§ 204 Abs. 1 S. 1 Nr. 1 Hs. 1 bis 3 VVG)

11 § 204 Abs. 1 S. 1 Nr. 1 Hs. 1 VVG verschafft dem VN einen Rechtsanspruch darauf, dass der VR Anträge auf Wechsel in andere Tarife mit gleichartigem Versicherungsschutz *„unter Anrechnung der aus dem Vertrag erworbenen Rechte und der Alterungsrückstellung"* annimmt.

a) Gleichartiger Versicherungsschutz (§ 204 Abs. 1 S. 1 Nr. 1 Hs. 1 VVG)

12 Die Krankenversicherungsaufsichtsverordnung (KVAV) v. 18.4.2016 (BGBl I, S. 780) enthält eine Legaldefinition des *„gleichartige*[n] *VersSchutz*[es]*"*, die nach allg. Mg. (BVerwG, VersR 2007, 1253, 1254; BVerwGE 108, 325, 329; *Lorenz/Wandt*, VersR 2008, 7, 8 – jeweils noch anhand der Kalkulationsverordnung ([aufgehoben durch Art. 1 Nr. 4 der VO v. 16.12.2015 zum 1.1.2016, BGBl I., S. 2345]) auch für die privatrechtliche Regelung des Tarifwechsels maßgeblich ist. Danach weist der Begriff der Gleichartigkeit eine **objektive Komponente** (gleiche Leistungsbereiche) und eine **subjektive** (Versicherungsfähigkeit) auf:

> **§ 12 KVAV [Tarife mit gleichartigem Versicherungsschutz]**
> (1) Als Krankenversicherungstarife mit gleichartigem Versicherungsschutz, in die der Versicherte zu wechseln berechtigt ist, sind Tarife anzusehen, die gleiche Leistungsbereiche wie der bisherige Tarif umfassen und für die der Versicherte versicherungsfähig ist. Leistungsbereiche sind insbesondere:
> 1. Kostenerstattung für ambulante Heilbehandlung,

2. Kostenerstattung für stationäre Heilbehandlung sowie Krankenhaustagegeldversicherungen mit Kostenersatzfunktion,
3. Kostenerstattung für Zahnbehandlung und Zahnersatz,
4. Krankenhaustagegeld, soweit es nicht zu Nr. 2 gehört,
5. Krankentagegeld,
6. Kurtagegeld und Kostenerstattung für Kuren,
7. Pflegekosten und -tagegeld.

(2) Versicherungsfähigkeit ist eine personengebundene Eigenschaft des Versicherten, deren Wegfall zur Folge hat, dass der Versicherte bedingungsgemäß nicht mehr in diesem Tarif versichert bleiben kann.

Tarife sind also **gleichartig**, wenn sie gleichartige Risiken durch Leistungen der aufgezählten Leistungsbereiche abdecken (*Kalis*, in: Bach/Moser, PKV, § 204 VVG Rn 21). Die Höhe der Beiträge spielt keine Rolle. Denn der Tarifwechsel soll ggf. gerade dazu dienen, die Leistungen und die Beitragsbelastung zu verringern (BVerwG, VersR 2007, 1253, 1254). Deswegen ist es auch gleichgültig, ob die Tarife unterschiedliche Leistungspositionen aufweisen; gleichartig ist nicht gleichbedeutend mit identisch (BAV-Beschlusskammer, VerBAV 1997, 38, 39). Es kommt regelmäßig nur darauf an, dass die zu vergleichenden Leistungen demselben **Leistungsbereich** zuzurechnen sind (BVerwG, VersR 2007, 1253, 1254). Daher sind Tarife auch dann gleichartig, wenn ein Tarif nur die medizinisch notwendige Heilbehandlung abdeckt, während ein anderer Tarif auch noch prophylaktische Maßnahmen umfasst (BVerwG, VersR 2007, 1253, 1254). Etwas anderes gilt u.U., *„bei einer gänzlichen Verschiedenheit der versicherten Risiken innerhalb der Leistungsbereiche"*, bspw. dann, *„wenn in einem [Zahn-]Tarif nur prophylaktische Leistungen, in einem anderen jedoch umfassend zahnärztliche Leistungen versichert sind"* (BVerwG, VersR 2007, 1253, 1254). Ebenso wenig kommt es auf die Beitragskalkulation an (*Lorenz/Wandt*, VersR 2008, 7, 10). Keine Gleichartigkeit besteht gem. § 12 Abs. 3 KVAV zwischen ergänzender und ersetzender (= substitutiver) Krankenversicherung.

13

Die Leistungsbereiche stehen nicht zur Disposition der Parteien: Das BVerwG (BVerwG, VersR 2007, 1253, 1254) hat klargestellt, dass *„die Einordnung in die Leistungsbereiche nicht dadurch verhindert werden könne, dass das Versicherungsunternehmen einen eigenständigen Leistungsbereich dadurch schaffe, dass es Leistungsunterschiede für einzelne Tarife"* bestimme. Das Merkmal „insb." (§ 12 Abs. 1 KVAV) meine keine *„Verfeinerungen"* der Leistungsbereiche. Es nehme lediglich Rücksicht auf die hypothetische Einführung anderer (neuer) Leistungsbereiche, die ebenfalls dem Recht des VN auf Tarifwechsel innerhalb dieser Leistungsbereiche unterlägen. Ansonsten wären, so das BVerwG, *„Umgehungen der Anrechnungspflicht des VR [...] Tür und Tor geöffnet, weil auch nur ggf. geringfügige Variationen von Tarifleistungen einen eigenständigen Leistungsbereich begründen würden"* (BVerwG, VersR 2007, 1253, 1254).

14

Der Tarifwechsel setzt allerdings voraus, dass der wechselwillige VN im Zieltarif **versicherungsfähig** ist, d.h. – unabhängig von seinem konkreten Risikoprofil – zu dem Personenkreis gehört, für den der Zieltarif bestimmt ist (s. *Hofer* et al, VersR 2008, 1007, 1010). Die Literatur (Vers-Hdb/*Müller*, 2. Aufl. 2009, § 44, Rn 204; Rüffer/Halbach/Schimikowski/*Marko*, § 204 VVG [2008], Rn 7) nennt als Beispiel für die Versicherungsfähigkeit u.a. die Beihilfeberechtigung im Beihilfetarif und die Berufszugehörigkeit bei Tarifen für be-

15

stimmte Berufsgruppen, bspw. bei Ärztetarifen. **Versicherungsfähigkeit** ist also eine personengebundene Eigenschaft des Versicherten, wie bspw. die Berufstätigkeit (vgl. OLG Saarbrücken, VersR 2007, 52; OLG Karlsruhe, VersR 2007, 51), deren Wegfall zur Folge hat, dass der Versicherte bedingungsgemäß nicht (mehr) in dem konkreten Tarif versichert werden kann.

b) Keine Beschränkung des Tarifwechselrechts auf neue Tarife

16   In der Begründung des § 178f VVG a.F. wurde der Tarifwechselanspruch (= Umstufungsanspruch) noch mit der Schließung alter und der Einführung neuer Tarife verknüpft: Die Umstufung sei notwendig, um älteren VN bei Schließung ihres Tarifs für neue VN eine Möglichkeit zu eröffnen, dadurch bedingten Kostensteigerungen ihres alten Tarifs durch einen Wechsel in den anderen Tarif des VR zu entgehen (Begr. BT-Drucks 12/6959, S. 105). Tarife können jedoch auch dann „vergreisen", wenn sie nicht formell geschlossen, wenn aber andere, (scheinbar) attraktivere Tarife angeboten werden. Hinzu kommt, dass sich auch die Bedürfnisse in der Person des VN ändern können, sodass auch ein Tarifwechsel in einen bereits bestehenden Tarif sinnvoll sein kann. Daher setzt der Umstufungsanspruch weder die Schließung alter noch die Einführung neuer Tarife voraus (wie hier: BK/*Hohlfeld*, § 178f Rn 3). Entscheidend ist allein die parallele Existenz mehrerer (gleichartiger) Tarife.

c) Beschränkung des Tarifwechselrechts durch die Musterbedingungen?

17   Bisher sahen die Musterbedingungen vor, dass der VN „*die Umwandlung der Versicherung in einen gleichartigen Versicherungsschutz verlangen* [kann], *sofern die versicherte Person die Voraussetzungen für die Versicherungsfähigkeit erfüllt*" (§ 1 Abs. 6 S. 1 MB/KK 2009). Der VR ist „*zur Annahme eines solchen Antrags spätestens zu dem Zeitpunkt verpflichtet, zu dem der VN die Versicherung hätte kündigen können* [...]" (§ 1 Abs. 6 S. 2 MB/KK 2009).

18   Diese Regelung ist jedoch teilweise unwirksam: Das Hinauszögern des Tarifwechsels bis zu dem (potenziellen) **Kündigungszeitpunkt** (vgl. § 205 VVG; § 13 MB/KK 2009) stellt eine mit § 208 S. 1 VVG unvereinbare Einschränkung des Umstufungsanspruchs dar. Daher kann der VN nach Treu und Glauben (§ 242 BGB) verlangen, dass der VR den Tarifwechselantrag unverzüglich, d.h. ohne schuldhaftes Zögern (§ 121 Abs. 1 S. 1 BGB) annimmt (s.a. BK/*Hohlfeld*, § 178f Rn 13 [Innerhalb einer angemessenen Bearbeitungsfrist]; § 1 Abs. 6 S. 2 MB/KK 2009 [Juli 2013]).

19   Nach den Musterbedingungen besteht der Umwandlungsanspruch „*bei* **Anwartschafts- und Ruhensversicherungen** *nicht, solange der Anwartschaftsgrund bzw. der Ruhensgrund nicht entfallen ist*" (§ 1 Abs. 6 S. 5 MB/KK 2009). Dieses Reglement verstößt ebenfalls gegen §§ 204, 208 S. 1 VVG, weil auch die Anwartschafts- und Ruhensversicherungen unter die von § 204 Abs. 1 S. 1 VVG erfassten Krankenversicherungen fallen (BK/*Hohlfeld*, § 178f Rn 5).

Dagegen ist die Beschränkung des Umstufungsanspruchs auf versicherungsfähige Personen im aufnehmenden Tarif (§ 1 Abs. 5 S. 1 MB/KK 2009) nicht zu beanstanden; sie entspricht der aufsichtsrechtlichen Regelung des Tarifwechsels in § 12 Abs. 1 und 2 KVAV. 20

d) Modalitäten des Tarifwechsels

Ein **Kombinationsanspruch** steht dem VN im Rahmen eines Tarifwechsels nicht zu. Er kann nicht verlangen, **unter teilweiser Aufrechterhaltung des bisherigen Tarifs** in einen neuen vom Krankenversicherer angebotenen Tarif zu wechseln (OLG Frankfurt am Main, VersR 1999, 86, 87; Prölss/Martin/*Voit*, § 204 Rn 11). 21

Der Umstufungsanspruch beinhaltet die Anrechnung der aus dem VV erworbenen Rechte und der Alterungsrückstellung (Begriff und Funktion: § 204 Rdn 48 f.). Das BVerwG hat unter die erworbenen Rechte „insb. *unentziehbare Rechtspositionen*" subsumiert, „*die der VN durch den Abschluss und im Verlauf des Vertrags gewinnt*" (BVerwG, VersR 1999, 743, 744). Hierzu zählen etwa der Ablauf einer Wartezeit (gegen diese Formulierung: *Buchholz*, VersR 2008, 27, 31) ebenso wie ein bereits bei Vertragsschluss ausbedungener (und i.d.R. durch eine entsprechende Zahlung erkaufter) Verzicht auf die Wartezeit (BVerwG, VersR 2007, 1253, 1255; VersR 1999, 743, 744; *Grote/Finkel*, VersR 2007, 339), eine Erhöhung von Höchstsätzen bei einzelnen Leistungen sowie der Ausschluss des Rücktrittsrechts des VR wegen Verletzung der Anzeigepflicht (§§ 21 Abs. 3, 194 Abs. 1 S. 3 VVG; vgl. BVerwG, VersR 1999, 743, 744). „*Zu den erworbenen Rechten gehört auch* [...] [die aufgrund des ursprünglichen] *Gesundheitszustands von dem VR vorgenommene Risikoeinstufung, die für die Erhebung von Risikozuschlägen maßgeblich ist*" (BVerwG, VersR 1999, 743, 744; BGH, VersR 2016, 718, Rn 19; VersR 2015, 1012, Rn 16; *Werber*, in: FS Winter, S. 599, 604). Bei einem Tarifwechsel muss der VR zwischenzeitliche Verschlechterungen des Gesundheitszustands unberücksichtigt lassen (BVerwG, VersR 1999, 743, 744; BK/*Hohlfeld*, § 178f Rn 11), soweit es nicht um Mehrleistungen im Zieltarif geht (s. Rdn 31). Details der Anrechnung der erworbenen Rechte und der Alterungsrückstellung bei einem Tarifwechsel regelt **§ 13 KVAV** aufsichtsrechtlich (zum Umgang mit Selbstbehalten: Rdn 32). 22

Bietet der VR in der substitutiven Krankenversicherung für denselben Leistungsbereich – konkret: Kostenerstattung für Zahnbehandlung und Zahnersatz – einen Tarif ohne **Wartezeit** und einen Tarif mit einer Staffelung an, demzufolge Leistungen während bestimmter Zeiträume (24/48 Monate) nur bis zu bestimmten Höchstbeträgen (1.000,00/2.000,00 EUR) erbracht werden („Zahnstaffel"), muss er bei einem Tarifwechsel die in dem Tarif ohne Wartezeit zurückgelegte Laufzeit auf die Dauer der Leistungsbeschränkungen anrechnen (BVerwG, VersR 2007, 1253; zust. *Buchholz*, VersR 2007, 27; ebenso bereits VG Frankfurt am Main, VersR 2007, 337 mit abl. Anm. *Grote/Finkel*, VersR 2007, 339). Die Staffelung wirkt sich wie eine – mit § 204 S. 1 VVG unvereinbare – Wartezeit aus (BVerwG, VersR 2007, 1253), auch wenn es sich um eine tarifimmanente Leistungsbeschränkung (*Grote/Finkel*, VersR 2007, 339) handeln sollte. 23

e) Risikozuschläge

aa) Individuelle Risikozuschläge

24 Erhebt der VR **individuelle Risikozuschläge im Herkunftstarif**, so kann er grds. auch **individuelle Risikozuschläge im Zieltarif** verlangen (BVerwG, VersR 1999, 743; BGH, VersR 2015, 1012, Rn 10). Bedenken könnten sich zwar daraus ergeben, dass § 204 Abs. 1 VVG einen *„angemessenen Risikozuschlag"* für Mehrleistungen vorsieht. Ein Rückschluss des Inhalts, dass die Erhebung eines Risikozuschlags nur bei Mehrleistungen zulässig sei, ist jedoch nicht gerechtfertigt. § 178f Abs. 1 S. 2 und 3 VVG 1994 regle, so das BVerwG (VersR 1999, 743), *„einen speziellen Sachverhalt* [scil.: Risikozuschläge für Mehrleistungen], *bei dem der Tarifwechsel mit einer Risikoerhöhung* [...] *verbunden"* sei. Er erlaube keine Schlussfolgerung für Fälle, in denen diese Besonderheit nicht vorliege (zust.: BGH, VersR 2015, 1012, Rn 10). Dem ist zu folgen: Das Tarifwechselrecht soll den VN vor der Benachteiligung durch die Risikoselektion schützen, die mit dem Betrieb günstigerer Paralleltarife einhergeht. Es dient nicht dazu, ihn vor einer risikoäquivalenten Prämie zu bewahren, die sein individuelles Risiko bei (Erst-) Abschluss der Krankenversicherung – ggf. auch über einen Tarifwechsel hinaus – abbildet (i.E. *Brömmelmeyer*, VersR 2010, 706; *Brömmelmeyer*, VersWissStud., Bd. 38, S. 141).

25 Wechselt der VN aus einem **Tarif mit Pauschalprämie**, in die das durch Vorerkrankungen des Versicherten bedingte Gesamtrisiko einkalkuliert war, in einen **Tarif mit individuellen Risikozuschlägen**, so ist der VR nicht gehindert, im neuen Tarif Risikozuschläge zu erheben, sofern der neue Tarif dies für die Risikoklasse vorsieht, in die der VR bei (Erst-) Abschluss der Versicherung den Versicherten eingestuft habe (BVerwG, VersR 1999, 743 ff.; BGH, VersR 2015, 1012, Rn 11; OLG München, VersR 2014, 1447). Denn das Tarifwechselrecht soll den VN vor überhöhten, nicht aber vor risikogerechten Beiträgen schützen, die bei (Erst-) Abschluss der Krankenversicherung ermittelten Risikosituation entsprechen; Risikoerhöhungen während der Laufzeit des VV fallen zwar in den Risikobereich des VR; wird die anfangs (individuell) ermittelte Risikosituation jedoch lediglich perpetuiert und bei der Kalkulation der Prämie einmal pauschal (Herkunftstarif) und einmal individuell berücksichtigt (Zieltarif), so liegt darin eine vertretbare Konkretisierung des Tarifwechselrechts (BGH, VersR 2015, 1012, Rn 11).

26 Im Hinblick auf die Rechtsgrundlage ist zu unterscheiden: Haben sich die Parteien bei (Erst-)Abschluss der Krankenversicherung (Pauschalprämie) darauf geeinigt, dass nach einem Tarifwechsel – anders als im Herkunfts- als Pauschaltarif – ggf. individuelle Risikozuschläge erhoben werden können, so wäre diese Klausel grds. mit §§ 204 Abs. 1, 208 S. 1 VVG und mit §§ 305 ff. BGB vereinbar. Fehlt eine solche Klausel, so lässt sich dies Defizit dadurch beheben, dass man die Risikoäquivalenz der Prämie als stillschweigend vereinbart ansieht. Denn auch der VN schließt die private Krankenversicherung in dem Bewusstsein ab, dass Beiträge risikoäquivalent kalkuliert werden. Darauf wird er u.a. im „amtlichen Informationsblatt" (vgl. § 10a Abs. 3 VAG) der BaFin (Rundschreiben 1/2000) ausdrücklich hingewiesen:

„Die Höhe des Beitrages richtet sich nach dem Alter, Geschlecht und nach dem Gesundheitszustand der versicherten Person bei Vertragsabschluss sowie nach dem abgeschlossenen Tarif. Es werden nach versicherungsmathematischen Grundsätzen berechnete risikogerechte Beiträge erhoben."

Die Erhebung individueller Risikozuschläge könnte zwar zu einer Antiselektion führen: Erhebt der VR aufgrund der ursprünglichen Risikoprüfung und -klassifikation im Herkunftstarif individuelle Risikozuschläge im Zieltarif, so wird der Tarifwechsel für die Bestandsversicherten unattraktiv, die aufgrund der Neubewertung ihrer Risikoklasse im Zieltarif höhere Risikozuschläge zahlen müssten. Diese Entmischungsgefahr liegt jedoch in der Logik des Tarifwechselrechts; sie wird dadurch entschärft, dass der Tarifwechsel mit steigenden Beiträgen im Herkunftstarif auch für schlechtere und schlechte Risiken attraktiv wird (vertiefend: *Brömmelmeyer*, VersR 2010, 706). 27

bb) Pauschale Risikozuschläge (= Tarifstrukturzuschläge)

Kennzeichen der **Tarifstrukturzuschläge** ist, dass der Bestandskunde, der aus einem Pauschal- in einen (auf der Basis des besten Risikos kalkulierten) sog. Grundprämientarif wechselt, einen pauschalen, d.h. ohne Rücksicht auf sein individuelles Risiko festgelegten Risikozuschlag auf die Grundprämie zu zahlen hat. Die Rechtmäßigkeit dieses Tarifstrukturzuschlags ist umstritten: Die BaFin hat sie verneint, das VG Frankfurt am Main (VG Frankfurt am Main, VersR 2009, 1389) hat sie bejaht. Das BVerwG (VersR 2010, 1345) hat das **Urteil des VG Frankfurt am Main** vom 23.6.2010 **aufgehoben** und festgestellt, dass die Erhebung des Tarifstrukturzuschlags gegen zwingendes Recht verstößt (so auch: BGH, VersR 2015, 1012, Rn 13). Die Literatur ist gespalten (Befürworter: *Lorenz/Wandt*, VersR 2008, 7; *Lorenz/Wandt*, VersR 2008, 1165; Rüffer/Halbach/Schimikowski/*Marko*, § 204 VVG 2008 Rn 21; Gegner: *Reinhard*, VersR 2008, 892, *Hofer* et al., VersR 2008, 1007 und MüKo/*Boetius*, § 204 VVG Rn 275 f.; ablehnend auch: Looschelders/Pohlmann/ *Reinhard*, § 204 Rn 13; *Ossyra*, VuR 2010, 123). Tatsächlich ist der Tarifstrukturzuschlag unzulässig und nicht mit §§ 204 Abs. 1, 208 S. 1 VVG zu vereinbaren (ausführlich: *Brömmelmeyer*, VersR 2010, 706, mit einer Erwiderung *Lorenz/Wandt*, VersR 2010, 717 ff.). Es fehlt bereits an der Rechtsgrundlage, wenn die Parteien bei (Erst-) Abschluss der Krankenversicherung keinen Tarifstrukturzuschlag für den Fall des Tarifwechsels vereinbart haben (*Brömmelmeyer*, VersR 2010, 706). 28

Teile der Literatur (*Lorenz/Wandt*, VersR 2010, 717 ff.) interpretieren den (Erst-) Abschluss der Krankenversicherung **im Pauschaltarif** zwar als (stillschweigende) Vereinbarung eines Pauschalrisikostatus, der ggf. auch über den Tarifwechsel hinausweisen soll. Das ist jedoch eine bloße Fiktion. Die Parteien vereinbaren, wenn überhaupt, die Risikoäquivalenz der Prämie, nicht aber die risikounabhängige Behandlung als Pauschalrisiko. Die Rechtfertigung des Tarifstrukturzuschlags unter Berufung auf das (angebliche) „*Recht auf die ursprüngliche Risikomischung*" im Kollektiv und die Kontinuität der Risikogemeinschaft (VG Frankfurt, VersR 2009, 1389) ist ebenfalls abzulehnen. Der Kunde erwirbt aufgrund seines Krankenversicherungsvertrags (nur) ein Recht auf Erstattung der Kosten medizinisch notwendiger Heilbehandlung (§ 192 Abs. 1 VVG; § 1 Abs. 2 MB/KK 2009). 29

30 Die Details der Finanzierung dieses Kostenerstattungsanspruchs durch den Risikoausgleich im Kollektiv sind vertraglich nicht fixiert. Die Kontinuität der Risikogemeinschaft (vgl. VG Frankfurt am Main, VersR 2009, 1389) vermag die Erhebung eines Tarifstrukturzuschlags ebenfalls nicht zu rechtfertigen. Der Kunde hat gem. § 204 Abs. 1 S. 1 Nr. 1 VVG das Recht, das Risikokollektiv des Herkunftstarifs aufgrund der Beitragsentwicklung im eigenen Interesse zu verlassen: Die Mitnahme des Risikokollektivs (vgl. VG Frankfurt, VersR 2009, 1389: *„Solidargemeinschaft gleichsam* [...] *mitnehmen"*) liefe auf eine Tarifbindung hinaus. § 204 Abs. 1 Nr. 1 VVG sieht jedoch gerade den Tarifwechsel als Reaktion auf negative Risikoselektionen vor (*Brömmelmeyer*, VersR 2010, 706).

f) Mehrleistungen (§ 204 Abs. 1 S. 1 Nr. 1 Hs. 2 und 3 VVG)

31 Der VR kann den Tarifwechsel mit einem Leistungsausschluss oder mit einem angemessenen Risikozuschlag und einer Wartezeit verbinden, soweit der aufnehmende Tarif **Mehrleistungen** vorsieht (§ 204 Abs. 1 Nr. 1 Hs. 2 VVG; BGH, VersR 2016, 719, Rn 9; OLG Frankfurt/M., VersR 2014, 1317 [Mehrleistungen für Psychotherapie, Hör- und Lesegeräte, Massage und Wärmebehandlungen usw.]). Für den **Mehrleistungsausschluss** ist nach dem eindeutigen Wortlaut des § 204 Abs. 1 S. 1 VVG *nicht* erforderlich, dass ein erhöhtes Risiko aufseiten des VN vorliegt (BGH, VersR 2016, 718, Rn 9; ablehnend: *Egger*, VersR 2016, 885). Risikozuschlag und Wartezeit kann der VN allerdings dadurch abwenden, dass er einen Leistungsausschluss hinsichtlich der Mehrleistung vereinbart (§ 204 Abs. 1 Nr. 1 Hs. 3 VVG). Damit stimmt § 1 Abs. 6 S. 4 MB/KK 2009 im Kern überein. Danach kann ein Risikozuschlag verlangt oder ein Leistungsausschluss vereinbart werden, wenn der neue Versicherungsschutz höher oder umfassender ist. Im Hinblick auf eine etwaige Erweiterung des Versicherungsschutzes kann der VR also auch eine **ergänzende Risikoprüfung** durchführen (BGH, VersR 2016, 718, Rn 15; BK/*Hohlfeld*, § 178f Rn 10; *Werber*, in: FS Winter, S. 599, 604) und den (nur insoweit) **maßgeblichen Gesundheitszustand z. Zpkt. des Tarifwechsels** ermitteln (BGH, VersR 2016, 1108; VersR 2016, 718, Rn 15; LG Düsseldorf, r+s 2016, 244; *Lehmann*, VersR 2010, 992; a.A. bzgl. geringerer Selbstbehalte: OLG Karlsruhe, VersR 2016, 190, 192). Ob der Vertrag bzgl. der Mehrleistungen den Charakter einer **Zusatzversicherung** hat (BGH, VersR 2016, 718, Rn 14), ist allerdings fraglich (ablehnend: *Egger*, VersR 2016, 885), weil der Tarifwechsel, wie der BGH selbst schreibt, einer *„Inhaltsänderung des bestehenden Krankenversicherungsvertrags"* gleich kommt (BGH, VersR 2016, 718, Rn 8; hier: Rdn 1), also keinen zusätzlichen Vertragsschluss beinhaltet. Für den hinzukommenden Teil des Versicherungsschutzes sind ggf. Wartezeiten zu beachten.

32 Macht der VN von seinem Recht Gebrauch, innerhalb eines bestehenden Krankenversicherungsverhältnisses von dem bisherigen Tarif mit einem absoluten jährlichen Selbstbehalt in einen neuen Tarif mit behandlungsbezogenem Selbstbehalt zu wechseln, kann der VR gem. § 204 Abs. 1 S. 1 Nr. 1 Hs. 2 VVG einen (betragsmäßigen) Leistungsausschluss nur verlangen, soweit der behandlungsbezogene Selbstbehalt den absoluten Selbstbehalt nicht ausschöpft (BGH, VersR 2012, 1422). Der kumulative Ansatz sowohl des absoluten als auch des behandlungsbezogenen Selbstbehalts ist unzulässig (BGH, VersR 2012, 1422).

Der BGH betont mit Recht, dass der Wegfall eines absoluten (= generellen) Selbstbehalts eine Mehrleistung darstellt (BGH, VersR 2012, 1422, Rn 8; s. auch: OLG Karlsruhe, VersR 2016, 190, Rn 44 – im Vergleich zum Herkunftstarif geringerer Selbstbehalt als partielle Mehrleistung), dass sich diese Mehrleistung jedoch ggf. auf die Differenz zwischen der (bisherigen) absoluten Selbstbeteiligung und der Summe der künftigen behandlungsbezogenen Selbstbeteiligungen p.a. beschränkt; nur bzgl. dieser Mehrleistung kommt ein Leistungsausschluss in Betracht.

Ist ein Wechsel in einen Zieltarif sowohl mit Mehr- als auch mit Minderleistungen verbunden, so sind die einzelnen Leistungsbereiche hinsichtlich der Mehr- und Minderleistung gesondert zu betrachten (BGH, VersR 2012, 1422, Rn 11, unter Berufung auf MüKo/*Boetius*, § 204 VVG Rn 330–333 und *Boetius*, PKV, § 204 Rn 106; OLG Frankfurt/M., VersR 2014, 1317, mit zust. Anm. *Tammer*; LG Wuppertal, VersR 2013, 892). Während Leistungsbereiche mit Minderleistungen nach § 204 Abs. 1 S. 1 Nr. 1 Hs. 1 VVG zu beurteilen seien, sollen für Leistungsbereiche mit Mehrleistungen die Einschränkungen nach § 204 Abs. 1 S. 1 Nr. 1 Hs. 2 und 3 VVG gelten (BGH, VersR 2012, 1422). Es finde kein umfassender Vergleich sämtlicher tariflicher Leistungen und Selbstbehalte des Herkunfts- und des Zieltarifs im Sinne einer Saldierung statt (BGH, VersR 2012, 1422, mit dem Hinweis auf LG Hildesheim VersR 2010, 753). 33

3. Tarifwechsel aus dem Basistarif (§ 204 Abs. 1 S. 1 Nr. 1 Hs. 4 VVG)

Bestandskunden im **Basistarif** steht grds. ein Tarifwechselrecht zu, denn die Besonderheiten des Basistarifs ändern nichts an der Gleichartigkeit i.S.v. § 204 Abs. 1 S. 1 Nr. 1 Hs. 1 VVG (allg. Mg. Rüffer/Halbach/Schimikowski/*Marko*, § 204 [2009] Rn 33; Looschelders/Pohlmann/*Reinhard*, § 204 Rn 16). Bei einem Tarifwechsel kann der VR den bereits bei Vertragsschluss ermittelten – im Basistarif jedoch unzulässigen (§ 203 Abs. 1 S. 2 VVG), also nicht erhobenen – **Risikozuschlag** verlangen. Ein **Leistungsausschluss** scheidet – sieht man von Mehrleistungen i.S.v. § 204 Abs. 1 S. 1 Nr. 1 Hs. 2 VVG ab – aus (a.A. MüKo/*Boetius*, § 204 Rn 372, unter Berufung auf die [angeblich] generell vorbehaltene Risikoprüfung gem. § 203 Abs. 2 S. 3 [gemeint ist wohl: § 203 Abs. 1 S. 3 VVG]; s.a.: *Boetius*, VersR 2008, 1016, 1021). Die Ermittlung des Risikozuschlags erfordert eine **Gesundheitsprüfung** bei Vertragsschluss und die Dokumentation des Ergebnisses, insb. die Angabe, für welches erhöhte Risiko der Zuschlag festgesetzt wird (Looschelders/Pohlmann/*Reinhard*, § 204 Rn 16). Es handelt es sich um ein einseitiges **Leistungsbestimmungsrecht des VR** (§ 315 BGB), dessen Grenze sich aus dem Gleichbehandlungsgrundsatz (§§ 12 Abs. 4 i.V.m. § 11 Abs. 2 VAG) ergibt (Looschelders/Pohlmann/*Reinhard*, § 204 Rn 16). Der Risikozuschlag ist gem. §§ 1 Abs. 1 Nr. 7 (Grundlage der Preisberechnung) und 3 Abs. 1 Nr. 4 VVG-InfoV (Tarifwechselinformation) bereits bei Vertragsschluss mitzuteilen. Nach Meinung *Reinhards* (Looschelders/Pohlmann/*Reinhard*, § 204 Rn 16) führt eine Verletzung der Informationspflicht aber nicht dazu, dass der ermittelte und dokumentierte Risikozuschlag nicht verlangt werden dürfte. Ein Risikozuschlag aufgrund von **Mehrleistungen** kommt ggf. noch hinzu (§ 204 Abs. 1 S. 1 Nr. 1 Hs. 2 und 3 VVG; so auch Rüffer/Halbach/Schimikowski/*Marko*, § 204 [2009] Rn 9; Looschelders/Pohlmann/*Rein*- 34 *hard*, § 204 Rn 16), denn der Risikozuschlag nach § 204 Abs. 1 S. 1 Nr. 1 Hs. 4 VVG wird allein aufgrund des erhöhten Risikos bei identischem Leistungsspektrum erhoben.

35 *Marko* (Rüffer/Halbach/Schimikowski/*Marko*, § 204 [2009] Rn 6) hat mit Recht darauf hingewiesen, dass die Einräumung eines uneingeschränkten Tarifwechselrechts zugunsten der Basistarifversicherten dazu führt, dass der Kontrahierungszwang (§ 193 Abs. 5 VVG) im Basistarif zu einer **Eintrittskarte** auch für die **Normaltarife des Krankenversicherers** wird (s.a. OLG Celle, NJW-RR 2013, 1192, Rn 11). Daraus folgert *Marko* (Rüffer/Halbach/ Schimikowski/*Marko*, § 204 [2009] Rn 6), dass i.R.d. Risikoprüfung bei Aufnahme in den Basistarif auch ein späterer Tarifwechsel in die Normaltarife ausgeschlossen werden könne, wenn der Kunde aufgrund seines erhöhten Risikos nicht versicherbar sei. Dem ist jedoch nicht zu folgen, weil das Tarifwechselrecht nur an die Versicherungsfähigkeit (§ 12 Abs. 2 KVAV), nicht aber an die risikoorientierte Versicherbarkeit anknüpft. Da §§ 204 und 193 Abs. 5 VVG ganz unterschiedliche Fragen regeln, lässt sich dies Ergebnis auch nicht dadurch umgehen, dass man § 193 Abs. 5 S. 1 VVG als *lex specialis* ggü. dem Tarifwechselrecht qualifiziert (so aber Rüffer/Halbach/Schimikowski/*Marko* § 204 [2009] Rn 6).

4. Tarifwechsel in den Basistarif (§ 204 Abs. 1 S. 1 Nr. 1 Hs. 5 VVG)

36 **Neukunden** steht ein Tarifwechselrecht in den Basistarif zu (§ 204 Abs. 1 S. 1 Nr. 1 Hs. 5 Buchst. a VVG). Darin, dass § 204 Abs. 1 S. 1 Nr. 1 Hs. 5 VVG Neu- und Altverträge danach unterscheidet, ob sie entweder vor oder nach dem 1.1.2009 abgeschlossen wurden, liegt ein Redaktionsversehen (Rüffer/Halbach/Schimikowski/*Marko*, § 204 [2009] Rn 10). Maßgeblicher Zeitpunkt ist erkennbar das Inkrafttreten der Neuregelung, sodass Verträge die am 1.1.2009 (gesetzlicher Feiertag) abgeschlossen worden sein sollten, bereits als Neuverträge zu behandeln wären.

37 Das Tarifwechselrecht in den Basistarif besteht auch, wenn ein **Altkunde** das 55. Lebensjahr vollendet hat (§ 204 Abs. 1 S. 1 Nr. 1 Hs. 5 Buchst. b, Var. 1 VVG) oder das 55. Lebensjahr noch nicht vollendet hat, aber die Voraussetzungen für den Anspruch auf eine Rente der gesetzlichen Rentenversicherung erfüllt und diese Rente beantragt hat (§ 204 Abs. 1 S. 1 Nr. 1 Hs. 5 Buchst. b, Var. 2 VVG) oder ein Ruhegehalt nach beamtenrechtlichen oder vergleichbaren Vorschriften bezieht (§ 204 Abs. 1 S. 1 Nr. 1 Hs. 5 Buchst. b Var. 3 VVG) oder hilfsbedürftig nach dem SGB II oder SGB XII ist (§ 204 Abs. 1 S. 1 Nr. 1 Hs. 5 Buchst. b Var. 4 VVG). Ruhegehaltsempfänger sind u.a. Beschäftigte von Berufsgenossenschaften oder Krankenkassen (Rüffer/Halbach/Schimikowski/*Marko*, § 204 [2009] Rn 14). *Boetius* (MüKo/*Boetius*, § 204 VVG Rn 378) betont zu Recht, dass die persönlichen Voraussetzungen in § 204 Abs. 1 S. 1 Nr. 1 Hs. 5 Buchst. b VVG vom VN, nicht von dem Versicherten zu erfüllen seien. Das ist grds. auch sachgerecht (**a.A.** *Boetius*, § 204 VVG Rn 378), weil das Recht auf Wechsel in den Basistarif auf eine ggf. erforderliche Entlastung des Beitragszahlers abzielt.

38 **Altkunden** steht außerdem ein generelles, d.h. von den Tatbestandsvoraussetzungen des § 204 Abs. 1 S. 1 Nr. 1 Hs. 5 Buchst. b VVG unabhängiges (*Marko*, Private Krankenversi-

cherung, 2. Aufl. 2010, Rn 192) Tarifwechselrecht in den Basistarif zu, wenn der Wechsel vor dem 1.7.2010 beantragt wurde (§ 204 Abs. 1 S. 1 Nr. 1 Hs. 5 Buchst. c VVG).

Das Tarifwechselrecht umfasst die Anrechnung der erworbenen Rechte und der Alterungsrückstellung (§ 204 Abs. 1 S. 1 Nr. 1 Hs. 5 VVG) – wie sich bereits aus § 204 Abs. 4 S. 1 Nr. 1 Hs. 1 VVG ergibt. Die ausdrückliche Wiederholung stellt nach *Reinhard* (Looschelders/Pohlmann/Reinhards, § 204 Rn 18) „*für den Fall des späteren Rückwechsels in einen Normaltarif klar, dass die vorübergehende Versicherung im Basistarif keine Nachteile für den VN verursacht*". 39

5. Tarifwechsel aus geschlechtsunabhängig in geschlechtsabhängig kalkulierte Tarife (§ 204 Abs. 1 S. 1 Nr. 1 Hs. 6 VVG)

Mit der **Beschränkung des Tarifwechselrechts** reagiert § 204 Abs. 1 S. 1 Nr. 1 Hs. 6 VVG auf das Unisex-Urteil des EuGH (EuGH v. 1.3.2011 – Rs. C-236/09 [Test Achats]). Er schließt den Wechsel aus einem Tarif, der im Anschluss an das EuGH-Urteil geschlechtsunabhängig kalkuliert wurde, in einen herkömmlichen, d.h. unter Berücksichtigung des Geschlechts kalkulierten Tarif aus (Begr. BT-Drucks 17/11469, S. 1, 14 f.; i.E. § 203 Rdn 6). Stichtag ist der 21.12.2012. Wäre der Tarifwechsel weiter unbeschränkt möglich, könnten VN in den Tarif wechseln, der für VN ihres Geschlechts die jeweils günstigeren Konditionen bietet. Dies würde nicht nur die Kalkulation der Tarife deutlich erschweren, sondern widerspricht auch dem Geist des EuGH-Urteils, nach dem sich das Geschlecht gerade nicht mehr auf die Höhe der Prämie und den Leistungsumfang auswirken soll. D.h. auch, dass der Tarifwechsel aus der „alten" in die „neue" Tarifwelt, in der sich das Geschlecht auf die Prämie und den Leistungsumfang nicht mehr auswirkt, möglich sein muss; der Rückwechsel ist dagegen ausgeschlossen (Begr. BT-Drucks 17/11469, S. 1, 14 f.; zu den Folgen des Unisex-Urteils in der Krankenversicherung: *Beyer/Britz*, VersR 2013, 1219, 1226 f.; *Hoffmann*, VersR 2012, 1073; s.a. Mitteilung der Kommission v. 22.12.2011, Leitlinien zur Anwendung der Richtlinie 2004/113/EG im Anschluss an das EuGH-Urteil in der Rs. 236/09 [Test Achats], KOM [2011] 9497 endg.). 40

6. Tarifwechsel bei Unternehmensverschmelzungen?

Die Kommission zur Reform des VVG hatte sich dafür ausgesprochen, den Umstufungsanspruch bei Unternehmensverschmelzungen und bei Bestandsübertragungen (vgl.: § 14 VAG) für fünf Jahre auszusetzen, soweit ein Tarifwechselrecht nur aufgrund der Verschmelzung oder Bestandsübertragung begründet würde (*Lorenz*, Abschlussbericht der Kommission zur Reform des Versicherungsvertragsrechts vom 19.4.2004, S. 272 [§ 196 Abs. 3 S. 1 VVG-Entwurf]). Dadurch wollte sie den beteiligten Krankenversicherungsunternehmen die Möglichkeit verschaffen, während dieser Zeit die Tarife so anzupassen, dass ein Tarifwechsel problemlos vollzogen werden kann (*Lorenz*, Abschlussbericht der Kommission zur Reform des Versicherungsvertragsrechts vom 19.4.2004, S. 414). Die Bundesregierung hat diesen Regelungsvorschlag nicht übernommen (krit. *Niederleithinger*, VersR 2006, 437, 447). Der Umstufungsanspruch besteht mithin sofort. 41

7. Tarifwechsel im Konzern?

42 Beschränkt sich der Umstufungsanspruch des VN auch im Fall eines Konzerntatbestands nur auf seinen Krankenversicherer, so besteht das Risiko, dass der Konzern das Tarifwechselrecht aushebelt, indem er Tochtergesellschaften gründet und neue, attraktive Tarife nur über die Tochter anbietet (vgl. *Meyer* in: Basedow, VersWissStud. Bd. 25, S. 67, 75). § 204 Abs. 1 VVG erfasst diese Fälle nicht. Es bleibt vielmehr dabei, dass sich der (unternehmensinterne) Umstufungsanspruch auch im Konzern auf den VR beschränkt, bei dem der VN die Krankenversicherung abgeschlossen hat (s.a. *Niederleithinger*, VersR 2006, 437, 447; Prölss/Martin/*Voit*, § 204 Rn 14).

43 Flankiert wird das Tarifwechselrecht allerdings durch § 11 Abs. 1 Nr. 4 Buchst. c VAG, der die Umgehung des Tarifwechsels im Konzern verhindern soll. Danach ist einem Krankenversicherungsunternehmen die Erlaubnis zum Geschäftsbetrieb (§ 8 Abs. 1 VAG) zu versagen, wenn:

> „Tatsachen vorliegen, welche die Annahme rechtfertigen, dass das Versicherungsunternehmen Tarife einführen wird, die i.S.d. § 204 [VVG] einen gleichartigen Versicherungsschutz gewähren wie die Tarife eines anderen mit ihm konzernmäßig verbundenen Versicherungsunternehmens, sofern durch die Einführung solcher Tarife die Belange der Versicherten nicht ausreichend gewahrt werden."

Dadurch sollen die Nachteile der Entscheidung, das Tarifwechselrecht nicht auf Konzerne auszudehnen, aufsichtsrechtlich kompensiert werden (vgl.: Begr. BT-Drucks 16/3945, S. 121 [zu Art. 7 Nr. 2]; vertiefend: MüKo/*Boetius*, § 204 VVG Rn 34 ff.).

8. Vereinbarung eines Zusatztarifs (§ 204 Abs. 1 S. 2 VVG)?

44 Beim einfachen Tarifwechsel ist § 204 Abs. 1 S. 2 VVG nicht anwendbar, weil die Alterungsrückstellung im Basistarif vollständig anzurechnen ist (i.E. § 204 Rdn 59).

II. Unternehmenswechsel (§ 204 Abs. 1 S. 1 Nr. 2, S. 2 und 3, Abs. 3 VVG)

1. Anwendungsbereich

45 Die Portabilität der Alterungsrückstellungen ist gesetzlich nur bei **bestehenden** (§ 204 Abs. 1 S. 1 VVG) und gem. § 204 Abs. 3 S. 1 VVG **unbefristeten Krankenversicherungen** vorgesehen.

2. Portabilität der Alterungsrückstellung bei Neuverträgen (§ 204 Abs. 1 S. 1 Nr. 2a VVG)

a) Kündigung eines Neuvertrags

46 Der Unternehmenswechsel gem. § 204 Abs. 1 S. 1 Nr. 2a VVG setzt die **Kündigung eines Neuvertrags** (ab 1.1.2009) voraus.

b) Neuabschluss einer substitutiven Krankenversicherung

Der Neuabschluss muss sich auf eine **substitutive Krankenversicherung** (Legaldefinition: § 146 Abs. 1 VAG) beziehen, die als solche geeignet ist, den im gesetzlichen Sozialversicherungssystem vorgesehenen Krankenversicherungsschutz ganz oder teilweise zu ersetzen; **gleichzeitig** ist nicht i.S.v. *in uno acto*, sondern i.S.e. nahtlos zu gewährleistenden Krankenversicherungsschutzes zu verstehen (allg. Mg Rüffer/Halbach/Schimikowski/*Marko*, § 204 [2015], Rn 50 ff., 54; Looschelders/Pohlmann/*Reinhard*, § 204 Rn 19 [Anschlussvertrag]).   47

c) Übertragung der kalkulierten Alterungsrückstellung

aa) Begriff und Funktion der Alterungsrückstellung

Die **Alterungsrückstellung** basiert auf dem Anwartschaftsdeckungsverfahren (MüKo/*Boetius*, Vor. § 192 VVG, Rn 732 ff.): Nach §§ 146 Abs. 1 Nr. 2, 150 VAG, § 341f HGB i.V.m. § 16 KVAV ist eine Alterungsrückstellung zu bilden. Dies ist erforderlich, weil die durchschnittlichen jährlichen Krankheitskosten eines Versicherten mit dem Lebensalter stark ansteigen (*Meyer*, in: Basedow, VersWissStud. Bd. 25, S. 67, 69), sodass an und für sich auch die risikoäquivalente Prämie stark ansteigen müsste. Um eine solche, ständig steigende und im Alter nicht mehr bezahlbare Prämienbelastung zu verhindern, kalkulieren die Krankenversicherer eine lebenslang konstante Nettoprämie (*Meyer*, in: Basedow, VersWissStud. Bd. 25, S. 67, 69). Diese Nettoprämie ist anfangs höher, später dann niedriger als die zu erwartenden Krankheitskosten. Die anfangs entstehenden Überschüsse werden in Alterungsrückstellungen angesammelt, aus denen später die Differenz zwischen den höheren Krankheitskosten und der Nettoprämie finanziert werden kann (*Meyer*, in: Basedow, VersWissStud. Bd. 25, S. 67, 69; s.a. BGH, VersR 2006, 1072, 1073; Prölss/*Präve*, § 12 VAG Rn 20 ff.; *Boetius*, VersR 2001, 661). Funktional betrachtet stellt die Alterungsrückstellung also einen – zweckgebunden angesammelten – **kollektiven Sparbeitrag** dar (BGH, VersR 2007, 196, 198).   48

Dieses Begriffsverständnis hat sich auch das **BVerfG** (BVerfG, VersR 2009, 957) zu Eigen gemacht: Die Alterungsrückstellung weise nicht den Charakter eines konkreten, dem Inhaber nach Art eines Ausschließlichkeitsrechts zugeordneten Eigentumsrechts auf (BVerfG, VersR 2009, 965). Bei der Bildung von Alterungsrückstellungen handle es sich nicht um einen individuellen Sparvorgang, sondern um eine auf kollektiver Risikokalkulation beruhende Kapitalsicherstellung zur Finanzierung des Risikos einer altersbedingten Verschlechterung des Gesundheitszustandes und erhöhter Krankheitskosten. Während bei der Überschussbeteiligung und beim Rückkaufswert von kapitalbildenden Lebensversicherungen neben dem Risikoanteil ein beständig wachsender, individueller Sparanteil aufgebaut werde, der während der gesamten Vertragslaufzeit in konkreter Höhe beziffert werden könne und zum Abschluss der Vertragslaufzeit ausgezahlt werde (vgl. BVerfGE 114, 1 ff.; 73 ff.), stelle die Alterungsrückstellung lediglich einen Kalkulationsposten dar (BVerfG, VersR 2009, 957). Daraus folgt, dass die gesetzliche Regelung der Portabilität der Alterungsrückstellung nicht an ein individuelles, d.h. zugunsten des einzelnen Kunden geführten Konto anknüpfen konnte, das im Fall eines Unternehmenswechsels einfach auf den   49 neuen Krankenversicherer übertragen werden könnte, vielmehr musste sie als Bezugsgröße die **kalkulierte Alterungsrückstellung** wählen, die als sog. **Übertragungswert** aufsichtsrechtlich (§§ 146 Abs. 1 Nr. 5, 160 S. 1 Nr. 3 VAG i.V.m. § 14 KVAV) im Detail geregelt ist.

bb) Berechnung des Übertragungswerts

50 Nach § **146 Abs. 1 Nr. 5** VAG setzt der Betrieb der substitutiven Krankenversicherung voraus, dass der Versicherungsvertrag die Mitgabe des Übertragungswerts des Teils der Versicherung vorsieht, dessen Leistungen dem Basistarif i.S.v. § 152 Abs. 1 VAG entsprechen. Damit steht fest, dass lediglich eine **Teilportabilität der Alterungsrückstellung** vorgesehen ist. Die **Berechnung des Übertragungswerts** bei Neuverträgen regelt § 14 KVAV auszugsweise wie folgt:

> § **14 KVAV [Übertragungswert]**
> (1) Der Übertragungswert gemäß § 146 Absatz 1 Nummer 5 des Versicherungsaufsichtsgesetzes für ab dem 1.1.2009 abgeschlossene Verträge berechnet sich als Summe aus
> 1. der Alterungsrückstellung, die aus dem Beitragszuschlag nach § 149 des Versicherungsaufsichtsgesetzes entstanden ist, und
> 2. der Alterungsrückstellung für die gekündigten Tarife bis zur Höhe der fiktiven Alterungsrückstellung; ergibt sich ein negativer Wert, wird er durch Null ersetzt.
> Die Alterungsrückstellung für die gekündigten Tarife ist die gemäß § 341f Absatz 1 des Handelsgesetzbuchs berechnete Alterungsrückstellung, mindestens jedoch der Betrag der Alterungsrückstellung, der sich bei gleichmäßiger Verteilung der kalkulierten Abschluss- und Vertriebskosten, die mittels Zillmerung finanziert werden, auf die ersten fünf Versicherungsjahre ergibt. Die fiktive Alterungsrückstellung ist die Alterungsrückstellung, die sich ergeben hätte, wenn der Versicherte von Beginn an im Basistarif versichert gewesen wäre. Bei ihrer Berechnung sind die Rechnungsgrundlagen des brancheneinheitlichen Basistarifs nach § 152 des Versicherungsaufsichtsgesetzes zu verwenden.
> ...

51 Für Versicherte, die unter Mitgabe eines Übertragungswertes gem. § 14 Abs. 1 oder 2 KVAV zu einem anderen Unternehmen gewechselt sind, darf die Finanzierung erneuter Abschlusskosten durch Zillmerung nicht zu einer Reduzierung dieses Übertragungswertes führen (§ 14 Abs. 3 KVAV). Kündigt ein Versicherter, dessen Vertrag vor dem 1.1.2009 geschlossen wurde, seinen Vertrag und schließt gleichzeitig einen neuen Vertrag bei einem anderen Krankenversicherer, der die Mitgabe eines Übertragungswertes vorsieht, beschränkt sich der Übertragungswert abweichend von § 14 Abs. 2 KVAV grds. auf den Betrag, der ab dem Wechsel in einen Tarif mit Übertragungswert aufgebaut wurde (§ 14 Abs. 4 KVAV).

cc) Vereinbarkeit mit dem Grundgesetz

52 Das **BVerfG** (BVerfG, VersR 2009, 957) hat die gesetzlich angeordnete Teilportabilität der Alterungsrückstellungen nicht beanstandet und die Gefahr negativer Selektionen in Kauf genommen: Zwar setze die dauerhafte Erfüllbarkeit der Krankenversicherungsverträge durch die Unternehmen jedenfalls im Grundsatz voraus, dass sich unter ihren VN in

ausreichendem Maße solche mit guten Risiken befänden. Ein stetiges Abwandern von Versicherten mit guten Risiken mit der Folge, dass in einem Unternehmen nur noch Menschen mit schlechten Risiken und hohen Krankheitskosten versichert seien, könne insofern letztlich bis hin zur Insolvenz des Unternehmens führen. In der Reformdiskussion der Vergangenheit habe man deshalb Modelle abgelehnt, die eine Übertragbarkeit der vollen kalkulierten Alterungsrückstellung vorsahen, weil sie die Gefahr einer *„unvertretbaren Risikoselektion und Entmischung"* in sich tragen würden (vgl. *Lorenz,* Abschlussbericht der Kommission zur Reform des Versicherungsvertragsrechts, S. 143 ff.; vertiefend: *Bürger,* Zum Wettbewerb um Bestandskunden in der kapitalgedeckten Privaten Krankenversicherung, 2005; *Meier/Baumann/Werding,* Modelle zur Übertragung individueller Alterungsrückstellungen bei Wechsel privater Krankenversicherer, 2005). Das GKV-WSG sehe jedoch nicht die Übertragung der vollen kalkulierten Alterungsrückstellung, sondern lediglich deren Übertragung im Umfang der dem Basistarif entsprechenden Leistungen vor. Bei einem Versichererwechsel werde daher auch unter der Geltung des neuen Rechts ein erheblicher Anteil der für den VN in seinem Normaltarif gebildeten Alterungsrückstellung bei dem bisherigen Unternehmen verbleiben. Diese verbleibenden Alterungsrückstellungen könne der VN lediglich für Zusatzversicherungen bei seinem bisherigen VR nutzen (§ 204 Abs. 1 S. 2 VVG). Die Neuregelung erhöhe zwar das Risiko einer Abwanderung von Versicherten, bietet aber auch gesteigerte Chancen, durch Wechsel Kunden hinzuzugewinnen. Der Wettbewerb zwischen den Versicherungsunternehmen werde damit auf verträgliche Weise gefördert (BVerfG, VersR 2009, 957).

3. Portabilität der Alterungsrückstellung bei Altverträgen (§ 204 Abs. 1 S. 1 Nr. 2 Buchst. b VVG)

a) Tatbestandsvoraussetzungen

Bei **Altverträgen** (Vertragsschluss bis 31.12.2008) sieht § 204 Abs. 1 S. 1 Nr. 2 Buchst. b VVG nur ein kleines Zeitfenster für den Unternehmenswechsel unter (Teil-) Mitnahme der kalkulierten Alterungsrückstellung vor: Er setzt die Kündigung, d.h. den Zugang der Kündigungserklärung (Looschelders/Pohlmann/*Reinhard*, § 204 Rn 20) vor dem 1.7.2009 voraus. Die Mitnahme der Alterungsrückstellung setzt voraus, dass der Neuvertrag im Basistarif abgeschlossen wird. Die Norm ist nicht (vermeintlich verfassungskonform) so auszulegen, dass der Anspruch auch dann besteht, wenn ein neuer Krankenversicherungsvertrag zum Volltarif abgeschlossen wird (BGH, VersR 2013, 612; BVerfG, r+s 2013, 442). Eine solche Interpretation scheitert nicht nur am Wortlaut und am klar erkennbaren Willen des Gesetzgebers (BGH, VersR 2013, 612, Rn. 13), sondern auch daran, dass die Grundrechte des VN (Art. 14 Abs. 1, 3 Abs. 1, 2 Abs. 1 GG) keinen solchen Rechtsanspruch begründen (BGH, VersR 2013, 612, Rn 17–20). Das BVerfG hat in diesem Kontext u.a. (erneut) klargestellt, dass die *„Alterungsrückstellungen in der privaten Krankenversicherung [...] nicht in den Schutzbereich des Art. 14 Abs. 1 GG [fallen], weil ihnen nicht der Charakter eines konkreten, dem Inhaber nach Art eines Ausschließlichkeitsrechts zugeordneten Eigentumsrechts zukommt"* (BVerfG, VersR 2009, 957, unter 3 a)). Versicherte, die

53

in den Krankheitskosten-Normaltarif wechseln wollten, mussten also zunächst den Umweg über den Basistarif des neuen VR wählen (Rüffer/Halbach/Schimikowski/*Marko*, § 204 Rn 56). Der Altvertrag soll trotz eines Unternehmenswechsels nach § 204 Abs. 1 S. 1 Nr. 2 Buchst. b VVG Altvertrag bleiben, sodass der VN angeblich kein dauerhaftes Recht auf Übertragung der kalkulatorischen Alterungsrückstellung nach § 204 Abs. 1 S. 1 Nr. 2 Buchst. a VVG erwirbt (Rüffer/Halbach/Schimikowski/*Marko*, § 204 Rn 56).

b) Berechnung des Übertragungswertes

54 Der Übertragungswert für vor dem 1.1.2009 abgeschlossene Verträge berechnet sich gem. § 14 Abs. 2 KVAV als Summe aus (1) der Alterungsrückstellung, die aus dem Beitragszuschlag nach § 149 VAG entstanden ist, und (2) der Alterungsrückstellung für die gekündigten Tarife bis zur Höhe der fiktiven Alterungsrückstellung; ergibt sich ein negativer Wert, wird er durch Null ersetzt. Die Alterungsrückstellung für die gekündigten Tarife ist die gem. § 341f Abs. 1 HGB berechnete Alterungsrückstellung. Die fiktive Alterungsrückstellung ist die Alterungsrückstellung, die sich ergeben hätte, wenn der Versicherte von Beginn an im Basistarif versichert gewesen wäre. Sie wird ermittelt aus dem anrechenbaren Alter des Versicherten und der zu diesem Alter und dem erreichten Alter gehörenden Alterungsrückstellung, die sich aus den Rechnungsgrundlagen der Erstkalkulation des brancheneinheitlichen Basistarifs gem. § 152 VAG ergibt; dabei wird ein brancheneinheitlicher Zillmersatz von drei Monatsbeiträgen zugrunde gelegt. Das anrechenbare Alter ergibt sich aus dem Vergleich der gezahlten Tarifbeiträge, ohne Berücksichtigung der aus der Rückstellung für Beitragsrückerstattung finanzierten Bestandteile, in den zum 8.1.2009 geführten Tarifen der substitutiven Krankenversicherung mit den dann gültigen Neugeschäftsbeiträgen.

c) Vereinbarkeit mit dem Grundgesetz

55 Die Prognose des BVerfG, § 204 Abs. 1 S. 1 Nr. 2 Buchst. b VVG werde nicht zu einer unverhältnismäßigen Risikoselektion führen, hat sich bewahrheitet: Die Gefahr einer die Funktionsfähigkeit der Versicherungen gefährdenden Risikoselektion durch starke Abwanderung von Versicherten mit guten Risiken im ersten Halbjahr 2009 habe, so das BVerfG, vom Gesetzgeber als gering eingestuft werden dürfen. Denn die Möglichkeit der Mitnahme eines Teils der Alterungsrückstellung bedeute für die Bestandskunden keine wesentliche Verbesserung ihrer Wechseloptionen (BVerfG, VersR 2009, 957):

> „Am ehesten dürfte sie die Wechselmöglichkeiten von Personen verbessern, die aufgrund ihrer hohen Krankheitskosten bisher überhaupt keine Möglichkeit eines Versicherungswechsels hatten und nunmehr außer in den Basistarif des eigenen auch in den Basistarif eines anderen Unternehmens wechseln können".

56 Für wechselwillige Personen mit guten oder zumindest durchschnittlichen Risiken bringe § 204 Abs. 1 S. 1 Nr. 2 Buchst. b VVG hingegen keinen bedeutsamen Gewinn an Wahl- und Wechselmöglichkeiten. Denn die Mitnahme eines Teils der Alterungsrückstellung werde lediglich in den Basistarif ermöglicht, nicht in Normaltarife eines anderen Versicherungsunternehmens. Der Basistarif sei für den durchschnittlichen Versicherten der privaten

Krankenversicherung jedoch wegen seines schlechteren Leistungsniveaus bei gleichzeitig hoher Prämie ökonomisch i.d.R. nicht interessant (BVerfG, VersR 2009, 957). Die als Anreiz zum Wechsel beanstandete Möglichkeit, aus dem Basistarif sofort in den Normaltarif des aufnehmenden Unternehmens zu wechseln, sei aufgrund von § 13 Abs. 1a der (früheren) Kalkulationsverordnung in der seit dem 1.1.2009 geltenden Fassung nicht mehr vorgesehen. Danach werde Altversicherten der privaten Krankenversicherung, die im ersten Halbjahr 2009 gem. § 204 Abs. 1 S. 1 Nr. 2 Buchst. b VVG zu einem anderen Unternehmen in den Basistarif wechselten, bei einem nachfolgenden Wechsel in einen anderen Krankenvolltarif des neuen Unternehmens die mitgebrachte Alterungsrückstellung nur dann prämienmindernd angerechnet, wenn sie vorher eine Wartezeit von 18 Monaten im Basistarif verbracht hätten.

Für einen wechselwilligen VN habe das zur Folge, dass er 18 Monate lang im Basistarif des neuen Unternehmens zu den Leistungsbedingungen der gesetzlichen Krankenversicherung verbleiben müsse, bevor er in einen Normaltarif wechseln könne. Während dieser Zeit müsse er den für den Basistarif kalkulierten Beitrag von rund 570,00 EUR monatlich zahlen. Angesichts dieser unattraktiven Bedingungen gebe es keinen realen Anhalt dafür, dass es innerhalb des kurzen Zeitraums von sechs Monaten zu nennenswerten Versicherungswechseln kommen werde (BVerfG, VersR 2009, 957; s.a. BVerfG, r+s 2013, 442, 443, das die Beschränkung des Tarifwechselrechts der Bestandsversicherten als Benachteiligung i.S.v. Art. 3 Abs. 1 GG qualifiziert, diese jedoch [mit Recht] mit Gemeinwohlinteressen rechtfertigt). 57

4. Kontrahierungszwang im Zusatztarif (§ 204 Abs. 1 S. 2 VVG)

Bei einem **Wechsel in den Basistarif** kann der VN mit Blick auf die **Mehrleistungen im Herkunftstarif** vom bisherigen VR die **Vereinbarung eines Zusatztarifs** verlangen, in dem die über den Basistarif hinausgehende Alterungsrückstellung anzurechnen ist. Dieser **Kontrahierungszwang** zulasten des abgebenden VR soll gewährleisten, dass *„die Alterungsrückstellung bei einem Tarifwechsel auch nicht teilweise verloren geht"* (Begr. BT-Drucks 16/3100, S. 206), dass der Versichererwechsel für den VN also nicht (noch) unattraktiver wird (ähnlich: MüKo/*Boetius*, § 204 VVG Rn 497). 58

Regelungssystematik (§ 204 Abs. 1 S. 2 VVG) und Begründung (BT-Drucks 16/3100, S. 206) sprechen dafür, dass der Zusatztarifanspruch sowohl bei einem einfachen Tarif- als auch bei einem Unternehmenswechsel besteht (dafür: MüKo/*Boetius*, § 204 VVG Rn 501), während der Wortlaut der Norm („*vom bisherigen VR*") dagegen spricht (**a.A.** MüKo/*Boetius*, § 204 VVG Rn 501: Redaktionsversehen). Tatsächlich bezieht sich § 204 Abs. 1 S. 2 VVG nur auf den **Unternehmenswechsel**, bei dem nur derjenige Teil der kalkulierten Alterungsrückstellung auf den neuen VR zu übertragen ist, der den Leistungen des Basistarifs entspricht (§ 204 Abs. 1 S. 1 Nr. 2 VVG). Bei einem Wechsel in den Basistarif des eigenen Unternehmens kann der Anspruch auf die Zusatzversicherung nicht mit der Vereinbarung eines andernfalls eintretenden Teilverlusts der Alterungsrückstellung begründet werden, weil beim Tarifwechsel innerhalb des Unternehmens die Alterungsrückstellung 59 vollständig anzurechnen ist (Looschelders/Pohlmann/*Reinhard*, § 204 Rn 22; wohl auch: MüKo/*Boetius*, § 204 VVG Rn 510, 379).

60 Nach allg. Mg. (MüKo/*Boetius*, § 204 VVG Rn 507) setzt der Zusatztarifanspruch voraus, dass der VR (freiwillig) Zusatztarife anbietet, in denen die überschießende Alterungsrückstellung angerechnet werden kann. Eine Verpflichtung zur Führung von Zusatztarifen könne nur durch das Versicherungsaufsichtsrecht begründet werden, das diese jedoch nicht vorsehe (MüKo/*Boetius*, § 204 VVG Rn 507 [§ 204 Abs. 2 S. 2 VVG als lex imperfecta]; *Boetius*, VersR 2008, 1016, 1019; Looschelders/Pohlmann/*Reinhard*, § 204 Rn 22; ähnlich: Rüffer/Halbach/Schimikowski/*Marko*, § 204 Rn 38). Dem ist nicht zu folgen: Koppelt man den Kontrahierungszwang des VR an ein freiwilliges Tarifangebot des VR, so geht er de facto ins Leere. Der Unternehmenswechsel, der durch die Beschränkung der Portabilität auf die Alterungsrückstellungen, die den Leistungen des Basistarifs entsprechen, selbst unter Berücksichtigung des Zusatztarifs wenig attraktiv ist, weil der VN den Versicherungsschutz aufspalten und ggf. mit mehreren Versicherern abrechnen muss, wird noch unattraktiver. Der Normzweck, funktionsfähigen Wettbewerb um Bestandskunden auszulösen, wird unterlaufen. Dementsprechend fließt aus § 204 Abs. 1 S. 2 VVG die **Rechtspflicht** des VR, einen **Zusatztarif anzubieten,** der die **Leistungsunterschiede zwischen Normal- und Basistarif ausgleicht.** Die Behauptung, die Pflicht zum Angebot eines Zusatztarifs könne nur aufsichts-, nicht vertragsrechtlich begründet werden (MüKo/*Boetius*, § 204 VVG Rn 507), trifft nicht zu. Die Zusatztarifpflicht ist i.Ü. auch mit EU-Recht und GG vereinbar. Richtig ist zwar, dass das deutsche Recht EU-ausländischen VR nicht ohne weiteres die Einführung von Zusatztarifen vorschreiben kann. § 204 Abs. 1 S. 2 VVG wäre u.U. also auf EU-ausländische Versicherer nicht anwendbar, sodass es zu einer Inländerdiskriminierung kommen könnte. Entgegen *Boetius* (*Boetius*, VersR 2008, 1016, 1019) verstößt eine Inländerdiskriminierung jedoch nicht gegen Art. 3 GG. Denn der Gesetzgeber ist nur innerhalb seines Herrschaftsbereichs an den Gleichheitssatz gebunden (BVerfG, NZA 2005, 102; BVerfGE 10, 354).

61 Der Zusatztarif muss als **ergänzende Krankheitskostenversicherung i.S.v. § 152 Abs. 1 S. 6 VAG** konzipiert sein. Erfährt der VR von einem beabsichtigten Unternehmenswechsel (s. insb. § 205 Abs. 6 VVG), so hat er den VN gem. § 6 Abs. 4 VVG (anlassbezogene Beratung) darüber aufzuklären, dass nur ein Teil der Alterungsrückstellung übertragen, der Rest jedoch für eine fakultative Zusatzversicherung verwandt, werden kann.

III. Unternehmenswechsel in der Pflege-Pflichtversicherung (§ 204 Abs. 2 VVG)

62 Um den Wettbewerb zwischen den privaten Versicherungsunternehmen zu stärken (Begr. BT-Drucks 16/7439, S. 98), hat der Gesetzgeber mit Art. 9 des Gesetzes zur strukturellen Weiterentwicklung der Pflegeversicherung (BGBl 2008 I, S. 874) die **Portabilität der Alterungsrückstellungen auch für den Bereich der privaten Pflege-Pflichtversicherung** (§§ 1 Abs. 2 S. 2, 23 SGB XI) entsprechend dem bewährten Grundsatz „**Pflegeversicherung folgt Krankenversicherung**" geregelt (§ 204 Abs. 2 VVG; s.a. § 148 VAG).

Der Gleichklang zwischen privater Kranken- und privater Pflege-Pflichtversicherung ist geboten, denn ein Unternehmenswechsel wird nur dann angemessen ermöglicht, wenn der Versicherte beide zusammengehörenden Versicherungen, die Kranken- und die Pflegeversicherung, gleichzeitig unter Mitnahme der jeweiligen Alterungsrückstellungen wechseln kann (Begr. BT-Drucks 16/7439, S. 98). Es wäre mit dem Grundsatz „Pflegeversicherung folgt Krankenversicherung" nicht vereinbar, wenn bei einem Wechsel des Krankenversicherungsunternehmens die bisherige private Pflege-Pflichtversicherung als Annex zur privaten Krankenversicherung bei dem bisherigen VR zum Erhalt der Alterungsrückstellungen verbleiben müsste oder die Alterungsrückstellungen für die private Pflege-Pflichtversicherung bei einem Wechsel des Krankenversicherungsunternehmens zurückgelassen werden müssten. Versicherte, die beim Unternehmenswechsel nur die Alterungsrückstellungen der Krankenversicherung mitnehmen könnten, dürften sich im Ergebnis vielfach weiterhin an einem Wechsel gehindert sehen (Begr. BT-Drucks 16/7439, S. 98; skeptisch, unter Berufung auf die ohne bestehende gesetzliche Beitragsbeschränkung gem. § 110 Abs. 1 Nr. 2e SGB XI: MüKo/*Boetius*, § 204 VVG Rn 414). Die Portabilität besteht auch in den Fällen, in denen der Versicherte nur mit der Pflegeversicherung das Versicherungsunternehmen wechselt, ohne gleichzeitig die Krankenversicherung beim neuen Versicherungsunternehmen abzuschließen (Begr. BT-Drucks 16/7439, S. 98).

Da die Alterungsrückstellung uneingeschränkt zu übertragen ist, gilt sie gem. §§ 148 S. 2 VAG, 14 Abs. 6 KVAV als Übertragungswert. 63

Wegen der Versicherungspflicht ist bei Kündigung eines Pflegeversicherungsvertrages gleichzeitig ein neuer Vertrag bei einem anderen VR abzuschließen oder bei einem etwaigen früheren oder späteren Vertragsabschluss ist jedenfalls ein durchgängiger Versicherungsschutz beizubehalten. Wegen der Verpflichtung des Versicherten, den Pflegeversicherungsschutz aufrechtzuerhalten (§ 23 SGB XI), kann er den bisherigen Vertrag nur wirksam kündigen, wenn er nahtlos einen neuen Versicherungsschutz fortsetzt. Die Regelung, die von dem „gleichzeitigen Abschluss eines neuen Vertrages bei einem anderen VR" spricht, umfasst auch die Fälle eines nur von der Wirkung her gleichzeitigen Abschlusses (Begr. BT-Drucks 16/7439, S. 98). 64

IV. Anwartschaftsversicherung (§ 204 Abs. 4 VVG)

Betreibt der VR die Krankenversicherung „*nach Art der Lebensversicherung*" (s. Vor. §§ 192 ff. Rdn 10; krit. zur Terminologie: *Boetius*, VersR 2008, 1016, 1023), so kann der VN die Fortführung einer gekündigten Krankenversicherung in Form einer Anwartschaftsversicherung verlangen. Eine **Anwartschaftsversicherung** gibt dem VN das Recht, ein bestehendes Versicherungsverhältnis unter Anrechnung der aus dem Vertrag erworbenen Rechte und der Alterungsrückstellung fortzuführen (Begr. BT-Drucks 16/3100, S. 207). Ein solcher Anspruch ist von Bedeutung für Personen, die vorübergehend die Leistungen der PKV nicht in Anspruch nehmen können, z.B. wegen eines Auslandsaufenthalts (Begr. BT-Drucks 16/3100, S. 207) oder wegen vorübergehender Versicherungspflicht in der GKV. 65

66 Die Begründung weist darauf hin, dass eine Anwartschaftsversicherung auch rückwirkend abgeschlossen werden könne (vgl. § 2 Abs. 1 VVG), sodass nicht mehr PKV-Versicherte über eine **Nachzahlung** ein geringeres Eintrittsalter erreichen könnten (Begr. BT-Drucks 16/3100, S. 207; krit. *Boetius*, VersR 2008, 1016, 1023). Die ursprünglich aufgebaute Alterungsrückstellung wird dabei i.d.R. nicht mehr zu berücksichtigen sein, da sie nach der Kündigung zugunsten der übrigen Versicherten aufgelöst wurde (Begr. BT-Drucks 16/3100, S. 207). Daraus folgt, dass der VN rechtzeitig, vor Wirksamwerden der Kündigung erklären muss, dass die gekündigte Krankenversicherung als Anwartschaftsversicherung fortgeführt werden soll.

67 Nach Meinung *Reinhards* (Looschelders/Pohlmann/*Reinhards*, § 204 Rn 24) ist das Fortführungsrecht des VN – entsprechend dem in der Begründung angegebenen Beispielsfall eines Auslandsaufenthalts – auf die Fälle zu beschränken, in denen der VN die Kündigung deshalb ausspricht, weil er vorübergehend die Versicherung im Versicherungsfall nicht in Anspruch nehmen kann. Die Anwartschaftsversicherung sei dementsprechend auch nur solange zu gewähren, als das tatsächliche Hindernis bestehe (Looschelders/Pohlmann/ *Reinhards*, § 204 Rn 24). Eine derartige Einschränkung kommt indes in § 204 Abs. 4 VVG in keiner Weise zum Ausdruck, ist also mangels Rechtsgrundlage abzulehnen.

V. Informationspflichten

68 Im Hinblick auf den Tarifwechsel trifft den VR bei jeder Prämienerhöhung in der substitutiven Krankenversicherung (§ 195 Abs. 1 S. 1 VVG, § 12 Abs. 1 VAG) die in § 7 Abs. 3 VVG i.V.m. § 6 Abs. 2 VVG-InfoV geregelte **Informationspflicht**. Danach hat er unter Beifügung des Textes der gesetzlichen Regelung auf das Bestehen des Umstufungsanspruchs gem. § 204 VVG hinzuweisen (§ 6 Abs. 2 S. 1 VVG-InfoV). Bei Versicherten, die das 60. Lebensjahr vollendet haben, ist der VN auf Tarife, die einen gleichartigen Versicherungsschutz wie die bisher vereinbarten Tarife bieten und bei denen eine Umstufung zu einer Prämienreduzierung führen würde, hinzuweisen (§ 6 Abs. 2 S. 2 VVG-InfoV). Der Hinweis muss solche Tarife enthalten, die bei verständiger Würdigung der Interessen des VN für eine Umstufung besonders in Betracht kommen (§ 6 Abs. 4 S. 3 VVG-InfoV). Dazu gehören jedenfalls diejenigen Tarife (abgesehen vom Basistarif), die jeweils im abgelaufenen Geschäftsjahr den höchsten Neuzugang, gemessen an der Zahl der versicherten Personen, zu verzeichnen hatten (§ 6 Abs. 4 S. 4 VVG-InfoV). Insgesamt dürfen nicht mehr als zehn Tarife genannt werden (§ 6 Abs. 4 S. 5 VVG-InfoV). Dabei ist jeweils anzugeben, welche Prämien für die versicherten Personen im Fall eines Wechsels in den jeweiligen Tarif zu zahlen wären (§ 6 Abs. 4 S. 6 VVG-InfoV). Darüber hinaus ist auf die Möglichkeit eines Wechsels in den Basistarif hinzuweisen (§ 6 Abs. 4 S. 7 VVG-InfoV). Dabei sind die Voraussetzungen des Wechsels in den Basistarif, die in diesem Falle zu entrichtende Prämie sowie die Möglichkeit einer Prämienminderung im Basistarif gem. § 152 Abs. 4 VAG mitzuteilen (§ 6 Abs. 4 S. 8 VVG-InfoV). Auf Anfrage ist der Übertragungswert gem. § 146 Abs. 1 Nr. 5 VAG anzugeben. Ab dem 1.1.2013 ist der Übertragungswert jährlich mitzuteilen (§ 6 Abs. 4 S. 9 VVG-InfoV).

Praxistipp
Ein Krankenversicherer behindert einen **Versicherungsmakler**, der an ihn im Hinblick auf einen Tarifwechsel eines VN ein unzumutbares und damit unzulässiges Korrespondenzverlangen gestellt hat, nicht dadurch gezielt in unlauterer Weise (s. § 4 Nr. 10 UWG), dass er im Hinblick auf dieses Korrespondenzverlangen an den VN mit dem Hinweis herantritt, dass im Rahmen des bestehenden Versicherungsverhältnisses die laufende Beratung des VN durch den VR einschließlich der Beratung über einen Tarifwechsel kostenfrei erfolgt (BGH, VersR 2016, 919 Ls.; zur unzulässigen Vergütung für die Recherche nach Tarifwechselmöglichkeiten: LG Saarbrücken, VersR 2016, 921).

Die Informationsverpflichtung ist wirksam (**a.A.** MüKo/*Boetius*, § 204 VVG Rn 169); ihre Erfüllung ist nicht unmöglich; eine verständige Würdigung der Interessen des VN ist grds. auch im standardisierten Massengeschäft möglich. 69

C. Prozessuales

Eine Parallelvorschrift zu § 204 VVG findet sich in § 12 Abs. 1 Nr. 4 VAG, der im Hinblick auf die substitutive Krankenversicherung bestimmt, dass dem VN das Recht auf Vertragsänderungen durch Wechsel in andere Tarife mit gleichartigem Versicherungsschutz unter Anrechnung der aus der Vertragslaufzeit erworbenen Rechte und der Alterungsrückstellung einzuräumen ist. Klarzustellen ist aber, dass § 12 Abs. 1 Nr. 4 VAG aufsichtsrechtlich, i.R.d. Rechts- und Finanzaufsicht (§ 81 ff. VVG) durch die Bundesanstalt für Finanzdienstleistungsaufsicht (BaFin) durchgesetzt wird. Klagt der VN auf Umstufung, so ist allein § 204 VVG die richtige Rechtsgrundlage. 70

D. Abdingbarkeit

§ 204 VVG ist **halbzwingend**, sodass die Parteien nicht zum Nachteil des VN oder der versicherten Person von dem Tarifwechselrecht abweichen können (§ 208 S. 1 VVG; ungenau: BVerwG, VersR 2007, 1253, 1254 [noch anhand von § 178f VVG a.F.]). § 204 Abs. 1 S. 3 und Abs. 2 S. 2 VVG sehen zudem vor, dass der VN auf das Tarif- und auf das Unternehmenswechselrecht nicht verzichten kann. Entgegen *Reinhard* (Looschelders/Pohlmann/*Reinhards*, § 204 Rn 25) kommt dem eine eigenständige Bedeutung zu. Denn eine unverzichtbare Regelung steht – anders als eine bloß halbzwingende Vorschrift – auch dann nicht zur Disposition, wenn der VR eine ebenso günstige oder sogar günstigere Absprache mit dem VN getroffen hat (i.E. *Brömmelmeyer*, in: Bruck/Möller, § 32 Rn 8 f.). 71

---

§ 205 VVG **Kündigung des Versicherungsnehmers**

(1) Vorbehaltlich einer vereinbarten Mindestversicherungsdauer bei der Krankheitskosten- und bei der Krankenhaustagegeldversicherung kann der Versicherungsnehmer ein Krankenversicherungsverhältnis, das für die Dauer von mehr als einem Jahr eingegangen ist, zum Ende des ersten Jahres oder jedes darauf folgenden Jahres unter Einhaltung einer Frist von drei Monaten kündigen. Die Kündigung kann auf einzelne versicherte Personen oder Tarife beschränkt werden.

(2) Wird eine versicherte Person kraft Gesetzes kranken- oder pflegeversicherungspflichtig, kann der Versicherungsnehmer binnen drei Monaten nach Eintritt der Versicherungspflicht eine Krankheitskosten-, eine Krankentagegeld- oder eine Pflegekrankenversicherung sowie eine für diese Versicherungen bestehende Anwartschaftsversicherung rückwirkend zum Eintritt der Versicherungspflicht kündigen. Die Kündigung ist unwirksam, wenn der Versicherungsnehmer dem Versicherer den Eintritt der Versicherungspflicht nicht innerhalb von zwei Monaten nachweist, nachdem der Versicherer ihn hierzu in Textform aufgefordert hat, es sei denn, der Versicherungsnehmer hat die Versäumung dieser Frist nicht zu vertreten. Macht der Versicherungsnehmer von seinem Kündigungsrecht Gebrauch, steht dem Versicherer die Prämie nur bis zu diesem Zeitpunkt zu. Später kann der Versicherungsnehmer das Versicherungsverhältnis zum Ende des Monats kündigen, in dem er den Eintritt der Versicherungspflicht nachweist. Der Versicherungspflicht steht der gesetzliche Anspruch auf Familienversicherung oder der nicht nur vorübergehende Anspruch auf Heilfürsorge aus einem beamtenrechtlichen oder ähnlichen Dienstverhältnis gleich.

(3) Ergibt sich aus dem Versicherungsvertrag, dass bei Erreichen eines bestimmten Lebensalters oder bei Eintreten anderer dort genannter Voraussetzungen die Prämie für ein anderes Lebensalter oder eine andere Altersgruppe gilt oder die Prämie unter Berücksichtigung einer Alterungsrückstellung berechnet wird, kann der Versicherungsnehmer das Versicherungsverhältnis hinsichtlich der betroffenen versicherten Person binnen zwei Monaten nach der Änderung zum Zeitpunkt ihres Wirksamwerdens kündigen, wenn sich die Prämie durch die Änderung erhöht.

(4) Erhöht der Versicherer aufgrund einer Anpassungsklausel die Prämie oder vermindert er die Leistung, kann der Versicherungsnehmer hinsichtlich der betroffenen versicherten Person innerhalb von zwei Monaten nach Zugang der Änderungsmitteilung mit Wirkung für den Zeitpunkt kündigen, zu dem die Prämienerhöhung oder die Leistungsminderung wirksam werden soll.

(5) Hat sich der Versicherer vorbehalten, die Kündigung auf einzelne versicherte Personen oder Tarife zu beschränken, und macht er von dieser Möglichkeit Gebrauch, kann der Versicherungsnehmer innerhalb von zwei Wochen nach Zugang der Kündigung die Aufhebung des übrigen Teils der Versicherung zu dem Zeitpunkt verlangen, zu dem die Kündigung wirksam wird. Satz 1 gilt entsprechend, wenn der Versicherer die Anfechtung oder den Rücktritt nur für einzelne versicherte Personen oder Tarife erklärt. In diesen Fällen kann der Versicherungsnehmer die Aufhebung zum Ende des Monats verlangen, in dem ihm die Erklärung des Versicherers zugegangen ist.

(6) Abweichend von den Absätzen 1 bis 5 kann der Versicherungsnehmer eine Versicherung, die eine Pflicht aus § 193 Abs. 3 Satz 1 erfüllt, nur dann kündigen, wenn er bei einem anderen Versicherer für die versicherte Person einen neuen Vertrag abschließt, der dieser Pflicht genügt. Die Kündigung wird nur wirksam, wenn der Versicherungsnehmer innerhalb von zwei Monaten nach der Kündigungserklärung nachweist, dass die versicherte Person bei einem neuen Versicherer ohne Unterbrechung versichert ist; liegt der Termin, zu dem die Kündigung ausgesprochen wurde, mehr

als zwei Monate nach der Kündigungserklärung, muss der Nachweis bis zu diesem Termin erbracht werden.

Übersicht

	Rdn
A. Normzweck	1
B. Norminhalt	4
I. Ordentliche Kündigung (§ 205 Abs. 1 VVG)	4
II. Kündigung bei Eintritt einer (sozialversicherungsrechtlichen) Kranken- und/oder Pflegeversicherungspflicht (§ 205 Abs. 2 VVG)	9
1. Fristgerechte Kündigung (§ 205 Abs. 2 S. 1 bis 3 VVG)	9
2. Kündigung nach Fristablauf (§ 205 Abs. 2 S. 4 VVG)	14
III. Kündigung bei Prämienerhöhung bei Erreichen eines bestimmten Lebensalters (§ 205 Abs. 3 VVG)	15
IV. Kündigung bei Prämienerhöhung aufgrund von Prämien- oder Leistungsanpassungen (§ 205 Abs. 4 VVG)	16
V. Kündigung als Reaktion auf Teilkündigungen des Versicherers (§ 205 Abs. 5 VVG)	19
VI. Kündigungsrecht in der Kranken-Pflichtversicherung (§ 205 Abs. 6 VVG)	20
C. Abdingbarkeit	27

A. Normzweck

Das **Kündigungsrecht** aus § 205 VVG gewährleistet, dass sich der VN von einer einmal abgeschlossenen Krankenversicherung auch wieder lösen kann. Bisher litt die Effektivität dieses Kündigungsrechts v.a. unter der fehlenden Portabilität der Alterungsrückstellungen: Mit steigendem Lebensalter steigen die Krankheitskosten (Einzelheiten s. § 204 Rdn 7 f.), sodass der Wechsel zu einem anderen Krankenversicherungsunternehmen praktisch vielfach ausschied (Begr. BT-Drucks 16/3945, S. 55). Da die aus den Beiträgen gebildete Alterungsrückstellung bei dem bisherigen Krankenversicherer verblieb, musste der wechselwillige Kunde bei Neuabschluss wegen des höheren Eintrittsalters einen i.d.R. höheren Beitrag zahlen. 1

Dieses Problem wird durch die i.R.d. **GKV-WSG vom 26.3.2007** (BGBl I, S. 378) eingeführte **Portabilität der Alterungsrückstellung** relativiert, aber nicht beseitigt (s. Vor. §§ 192 ff. Rdn 23). Der VN kann bei Kündigung und gleichzeitigem Neuabschluss einer substitutiven Krankenversicherung zwar die Alterungsrückstellung mitnehmen (§ 204 Abs. 1 Nr. 2 VVG), das gilt mit Blick auf (Alt-) Bestandskunden jedoch nur eingeschränkt und ohnehin nur mit Blick auf „*die kalkulierte Alterungsrückstellung des Teils der Versicherung, dessen Leistungen dem Basistarif entsprechen*" (§ 204 Abs. 1 Nr. 2 S. 1 VVG). Im Regelfall werden die Leistungen in dem Tarif, aus dem der VN wechseln will, jedoch umfassender sein als im Basistarif. Insoweit kann der VN von dem bisherigen VR aber nur die Vereinbarung eines Zusatztarifs verlangen, in dem die über den Basistarif hinausgehende Alterungsrückstellung anzurechnen ist (§ 204 Abs. 1 S. 2 VVG). 2

Der ebenfalls i.R.d. GKV-WSG (s.o. Rdn 2) eingefügte § 205 Abs. 6 VVG trägt der neuen **Versicherungspflicht** (§ 193 Abs. 3 VVG) Rechnung. Er stellt sicher, dass der Versicherte über einen nahtlos angrenzenden Versicherungsschutz verfügt, wenn er seinen bisherigen Vertrag kündigt (Bericht, BT-Drucks 16/4247, S. 66; s. auch: BGH, VersR 2014, 235). 3

B. Norminhalt

I. Ordentliche Kündigung (§ 205 Abs. 1 VVG)

4 § 205 Abs. 1 VVG räumt dem VN, vorbehaltlich einer gem. § 11 Abs. 2 S. 2 VVG (zwei Jahre) zulässigen Mindestversicherungsdauer (s. BGH, VersR 2013, 1375, Rn 19) in der Krankheitskosten- und der Krankenhaustagegeldversicherung, das Recht ein, ein Krankenversicherungsverhältnis, das für die Dauer von mehr als einem Jahr eingegangen ist, zum Ende des ersten Jahres oder jedes darauffolgenden Jahres unter Einhaltung einer **Kündigungsfrist** von drei Monaten (ordentlich) zu kündigen (vgl. auch § 13 Abs. 1 MB/KK 2009). Die Beschränkung auf Krankenversicherungen, die für die Dauer von mehr als einem Jahr eingegangen sind, trägt der Tatsache Rechnung, dass Kündigungsrechte bspw. in der Reisekrankenversicherung entbehrlich sind. Unbefristete Krankenversicherungsverträge fallen ohne weiteres unter § 205 Abs. 1 VVG (BGH, VersR 2013, 1375, Rn 19; a.A. nur: Looschelders/Pohlmann/*Reinhard*, § 205 Rn 3).

5 Die Kündigung erfolgt durch eine (ggf. als solche auszulegende) **Kündigungserklärung**. Erklärt der VN unter der Überschrift *„Widerruf/Kündigung"*, dass er widerrufe und bittet er zugleich um eine *„schriftliche Bestätigung der Kündigung"*, so ergibt sich daraus, dass sich der VN in jedem Falle von dem Versicherungsvertrag lösen wollte, möglichst von Anfang an durch Widerruf, jedenfalls aber durch Kündigung (BGH, VersR 2013, 1375, Rn 16). **Schriftform** der Kündigungserklärung ist nicht vorgesehen (vgl. § 13 Abs. 1 MB/KK 2009), wäre rechtlich aber nicht zu beanstanden (s. § 208 S. 2 VVG). Klagt der VR auf Prämienzahlung, so trägt der VN nach allgemeinen Grundsätzen die **Darlegungs- und Beweislast** für **Abgabe** und **Zugang der Kündigungserklärung** (LG Dresden v. 12.11.2014 – 8 O 966/1, n.v.).

6 *Rogler* geht unter Berufung auf die BGH-Rspr. zu § 205 Abs. 6 VVG (BGH, VersR 2015, 230) mit Recht davon aus, dass der VR grundsätzlich nach Treu und Glauben (§ 242 BGB) verpflichtet ist, den VN ggf. auf die (angebliche) Unwirksamkeit einer von ihm ausgesprochenen Kündigung hinzuweisen (Rüffer/Halbach/Schimikowski/*Rogler*, § 205 Rn 8); ggf. muss er die Kündigung zurückweisen. Diese **Hinweispflicht** gilt nicht nur in Fällen von § 205 Abs. 6 VVG (Fehlen eines Anschlussversicherungsnachweises; s. Rdn 24), sondern auch in anderen Fällen, in denen der VN – für den VR erkennbar – übersieht, dass die Kündigung (bspw. aufgrund nicht eingehaltener Form- oder Fristvorgaben) unwirksam ist.

7 Die Regelung der ordentlichen Kündigung (§ 205 Abs. 1 VVG) schließt das Recht zur (außerordentlichen) **Kündigung aus wichtigem Grund** (§ 314 Abs. 1 S. 1 BGB) nicht aus (allg. Mg.: BGH, VersR 2012, 304, Rn 8; BGH, VersR 2009, 1063, Rn 15; Rüffer/Halbach/Schimikowski/*Rogler*, § 205 Rn 12; Prölss/Martin/*Voit*, § 205 Rn 1; MüKo/*Hütt*, § 205 VVG Rn 57). § 205 Abs. 6 VVG ist ggf. entsprechend anwendbar (Prölss/Martin/*Voit*, § 205 Rn 42).

8 Nach § 205 Abs. 1 S. 2 VVG ist der VN befugt, die Kündigung auf **einzelne versicherte Personen oder einzelne Tarife** zu beschränken (vgl. auch: § 13 Abs. 2 MB/KK 2009).

Trotz bestehender Bedenken – eine Teilkündigung führt u.U. dazu, dass der VR im Einzelfall gezwungen ist, eine Teilversicherung fortzuführen, die er als solche niemals angeboten und abgeschlossen hätte (Prölss/Martin/*Voit*, § 205 Rn 7; Rüffer/Halbach/Schimikowski/ *Rogler*, § 205 Rn 3) – hat der Reformgesetzgeber an dieser Regelung festgehalten.

II. Kündigung bei Eintritt einer (sozialversicherungsrechtlichen) Kranken- und/oder Pflegeversicherungspflicht (§ 205 Abs. 2 VVG)

1. Fristgerechte Kündigung (§ 205 Abs. 2 S. 1 bis 3 VVG)

Bei Eintritt einer Kranken- und/oder Pflegeversicherungspflicht in der GKV (§ 5 f. SGB V, § 27 SGB XI) endet ein privates Krankenversicherungsverhältnis nicht automatisch. Vielmehr räumt § 205 Abs. 2 S. 1 VVG dem VN ein **außerordentliches Kündigungsrecht** mit Blick auf die versicherte Person (ggf. den VN selbst) ein, bei der die **Kranken- und/oder Pflegeversicherungspflicht** eingetreten ist (vgl. auch: § 13 Abs. 3 MB/KK 2009). Das Kündigungsrecht besteht in der Krankheitskosten-, der Krankentagegeld- und der Pflegekranken-, nicht aber in der Krankenhaustagegeldversicherung (s. Prölss/Martin/*Voit*, § 205 Rn 9). § 205 Abs. 2 S. 1 VVG ist analog anwendbar, wenn die sozialversicherungsrechtliche Krankenversicherungspflicht bereits bei Vertragsbeginn bestand (ebenso: Prölss/Martin/ *Voit*, § 205 Rn 15; **a.A.** BSG, r+s 2007, 144, Tz. 11). Nach § 205 Abs. 2 S. 5 VVG steht der gesetzliche Anspruch auf **Familienversicherung** – d.h. auf beitragsfreie Mitversicherung von Familienangehörigen in der gesetzlichen Krankenversicherung (§ 10 SGB V, § 25 SGB XI) – sowie der nicht nur vorübergehende Anspruch auf **Heilfürsorge** aus einem beamtenrechtlichen oder ähnlichen Dienstverhältnis dem Eintritt der Versicherungspflicht gleich (vgl. auch § 13 Abs. 3 S. 6 MB/KK 2009). Der Erwerb eines **Beihilfeanspruchs** fällt nicht unter § 205 Abs. 2 S. 5 VVG (Looschelders/Pohlmann/*Reinhard*, § 205 Rn 7; Prölss/Martin/*Voit*, § 205 Rn 18).

Die Kündigung entfaltet ggf. **Rückwirkung**. Dies beruht darauf, dass eine Kranken- und/ oder Pflegeversicherungspflicht auch unvorhergesehen eintreten kann, und dass der VN vor der mit einer Doppelversicherung verbundenen Beitragsbelastung geschützt werden soll (BGH, VersR 2005, 66; KG, VersR 2006, 689, 690).

Die Frist für die rückwirkende Kündigung nach § 205 Abs. 2 S. 1 VVG wurde im Rahmen der VVG-Reform (2008) von früher zwei Monaten (§ 178h Abs. 2 S. 1 VVG a.F.) auf **drei Monate** verlängert. Diese Verlängerung hält die Begründung (Begr. BT-Drucks 16/3945, S. 114) im Hinblick darauf für „*sachgerecht, dass beim Fristbeginn nicht auf die Kenntnis des VN vom Eintritt der Versicherungspflicht abgestellt wird*". Für den **Fristbeginn** ist die **Kenntnis des VN** also nach wie vor (vgl. KG, VersR 2006, 689; VersR 2005, 924) **nicht erforderlich** (wie hier: Prölss/Martin/*Voit*, § 205 Rn 22; MüKo/*Hütt*, § 205 VVG Rn 23). Ferner erweitert § 205 Abs. 2 S. 1 VVG den Anwendungsbereich der Vorschrift auf Anwartschaftsversicherungen, die für eine Krankheitskosten-, Krankentagegeld- oder Pflegekrankenversicherung abgeschlossen worden sind (Begr. BT-Drucks 16/3945, S. 114).

12 **Die Kündigung ist** – anders als früher (vgl. BGH, VersR 2005, 66) – **unwirksam**, wenn der VN dem VR den Eintritt der Versicherungspflicht nicht innerhalb von zwei Monaten nachweist, nachdem der VR ihn hierzu in Textform (§ 126b BGB) aufgefordert hat – es sei denn, der VN hat die Versäumung dieser Frist nicht zu vertreten (vgl. § 276 Abs. 1 BGB; vgl. auch § 13 Abs. 3 S. 2 MB/KK 2009). Durch die **Nachweispflicht** soll eine größere **Rechtssicherheit** über die Wirksamkeit der Kündigung herbeigeführt werden (Begr. BT-Drucks 16/3945, S. 114). Die Nachweispflicht entsteht erst mit **Aufforderung durch den VR** (LG Dortmund, r+s 2014, 616), die sich auf den Nachweis des Eintritts der Versicherungspflicht – und nicht auf den Nachweis der Mitgliedschaft in einer gesetzlichen Krankenkasse – beziehen muss und dem VN keine bestimmte Form des Nachweises (z.B.: Vorlage einer Mitgliedsbescheinigung) vorschreiben darf (LG Fulda, VersR 2016, 982; s. aber: OLG Hamm, r+s 2016, 136, Rn 25 [Notwendigkeit des „Nachweises der gesetzlichen Krankenkasse über den Beginn der Mitgliedschaft"]). Hat der VR den Nachweis nicht unverzüglich (§ 121 Abs. 1 S. 1 BGB) nach Eingang der Kündigung angefordert bzw. auf den Nachweis verzichtet, so ist die Kündigung trotzdem wirksam (Rüffer/Halbach/ Schimikowski/*Rogler*, § 205 Rn 17).

13 Bei fristgerechter Kündigung und rechtzeitigem Nachweis steht dem Krankenversicherer die **Prämie** „*nur bis zu diesem Zeitpunkt*", d.h. bei Rückwirkung der Kündigung bis zum **Eintritt der Versicherungspflicht** zu (§ 205 Abs. 2 S. 3 VVG; vgl. auch § 13 Abs. 3 S. 3 MB/KK 2009). Die Regelung ist missverständlich: Es kommt auf den Zeitpunkt an, in dem die Kündigung wirksam wird, nicht auf den Zeitpunkt, in dem der VN seine Kündigungserklärung abgibt (Rüffer/Halbach/Schimikowski/*Rogler*, § 205 Rn 20).

2. Kündigung nach Fristablauf (§ 205 Abs. 2 S. 4 VVG)

14 Nach Fristablauf kommt eine rückwirkende Kündigung – wie bisher (KG, VersR 2005, 924) – nicht mehr in Betracht. Der VN kann den VV dann nur noch zum Ende des Monats kündigen, indem er den Eintritt der Versicherungspflicht nachweist (auf der Basis der Rechtslage vor der VVG-Reform: KG, VersR 2006, 689).

III. Kündigung bei Prämienerhöhung bei Erreichen eines bestimmten Lebensalters (§ 205 Abs. 3 VVG)

15 Das in § 205 Abs. 3 VVG vorgesehene (außerordentliche) **Kündigungsrecht bei Prämienerhöhungen** (s.a. § 13 Abs. 4 MB/KK 2009) betrifft insb. Fälle, in denen die Tarifbedingungen vorsehen, dass für Versicherte nach Vollendung des 14. und des 19. Lebensjahres die Prämie der nächsthöheren Altersgruppe zu zahlen ist (s.a. Rüffer/Halbach/Schimikowski/ *Rogler*, § 205 Rn 22, mit dem Hinweis auf Spezialtarife für Auszubildende). Der VN kann darauf mit einer Kündigung reagieren.

IV. Kündigung bei Prämienerhöhung aufgrund von Prämien- oder Leistungsanpassungen (§ 205 Abs. 4 VVG)

Das in § 205 Abs. 4 VVG vorgesehene Kündigungsrecht bezieht sich auf Fälle, in denen der VR aufgrund einer **Prämien- oder Bedingungsanpassungsklausel** die Prämie erhöht oder die Leistung vermindert (vgl.: § 13 Abs. 5 MB/KK 2009). Die Beschränkung auf Fälle, in denen die Prämien- und/oder Bedingungsanpassung auf einer Anpassungsklausel beruht, ist nach wie vor verfehlt, weil § 203 Abs. 2 und 3 VVG Prämien- und Leistungsanpassungen auch ohne eine solche Klausel erlaubt. Daher ist **§ 205 Abs. 4 VVG** in solchen Fällen **analog** anzuwenden (allg. Mg.: Prölss/Martin/*Voit*, § 205 Rn 32; BK/*Hohlfeld*, § 176h Rn 13). Das Kündigungsrecht beschränkt sich auf die versicherten Personen, die von der Prämien- und/oder Leistungsanpassung betroffen sind (BGH, Beschluss v. 15.10.2012 – IV ZR 241/11, n.v.). 16

Durch Gesetz vom 24.4.2013 (BGBl I, S. 932) wurde die **Kündigungsfrist** in § 205 Abs. 4 VVG auf **zwei Monate** verlängert. Die bisherige Frist hatte sich insb. unter Berücksichtigung von § 205 Abs. 6 VVG (Nachweis einer Anschlussversicherung und dafür notwendige Risikoprüfung) als zu kurz erwiesen (Begr. BT-Drucks 17/11469, S. 15). Den Beteiligten – dem kündigenden VN und dem neuen VR – sollte deswegen mehr Zeit zur Verfügung gestellt werden, ohne dass der alte VR zu lange im Unklaren über die Inanspruchnahme des Kündigungsrechts gem. § 205 Abs. 4 VVG gelassen werden sollte (Begr. BT-Drucks 17/11469, S. 15). 17

Ebenso wie im Rahmen von § 205 Abs. 1 S. 2 VVG ist auch im Fall einer Prämien- oder Bedingungsanpassung im Rahmen von § 205 Abs. 4 VVG eine **Teilkündigung** einzelner (betroffener) Tarife möglich (OLG Bremen, r+s 2015, 242; Prölss/Martin/*Voit*, § 205 Rn 36; BK/*Hohlfeld*, § 176h Rn 15). Die Frage, ob eine Kündigung des gesamten Krankenversicherungsvertrags möglich ist, wenn die Prämien- oder Bedingungsanpassung nur einen einzelnen Tarif betrifft, ist zu bejahen (OLG Bremen, r+s 2014, 241 [„Gesamtkündigung" bei Prämienerhöhung nur im Tarif „Verdienstausfallversicherung"]; Looschelders/Pohlmann/*Reinhard*, § 205 Rn 16). Für ein Wahlrecht des VN spricht insb., dass eine Beschränkung des Kündigungsrechts auf den betroffenen Tarif die Reaktionsmöglichkeiten des VN im Falle einer Prämienerhöhung oder Leistungsminderung erheblich reduzieren würde. Eine Kombination von Tarifen unterschiedlicher VR ist schon aufgrund des damit verbundenen Bürokratieaufwandes für den VN unattraktiv (ähnlich: OLG Bremen, r+s 2014, 241). 18

V. Kündigung als Reaktion auf Teilkündigungen des Versicherers (§ 205 Abs. 5 VVG)

Nach § 205 Abs. 5 VVG kann der VN auf **Teilkündigungen des VR** (Beschränkung auf bestimmte versicherte Personen oder auf bestimmte Tarife) innerhalb ein- und desselben (einheitlichen) Krankenversicherungsverhältnisses (Prölss/Martin/*Voit*, § 205 Rn 37) dadurch reagieren, dass er das Versicherungsverhältnis insgesamt beendet (§ 205 Abs. 5 S. 1 19

VVG; vgl. auch § 13 Abs. 6 MB/KK 2009). Das entspricht der Regelung des – gem. § 194 Abs. 1 S. 2 VVG auf die Krankenversicherung nicht anwendbaren – § 29 Abs. 2 S. 1 VVG.

VI. Kündigungsrecht in der Kranken-Pflichtversicherung (§ 205 Abs. 6 VVG)

20 Die **Kündigung** einer **Kranken-Pflichtversicherung** i.S.d. § 193 Abs. 3 S. 1 VVG setzt den Nachweis eines bei einem neuen VR ohne Unterbrechung bestehenden, d.h. nahtlosen Versicherungsschutzes voraus (BGH, VersR 2015, 230, Rn 10). Diese Nachweispflicht soll verhindern, dass die versicherte Person (ggf. auch der kündigende VN selbst) ohne Krankenversicherungsschutz bleibt. Das entspricht der in § 13 Abs. 7 MB/KK 2009 getroffenen Regelung der Musterbedingungen:

> „Dient das Versicherungsverhältnis der Erfüllung der Pflicht zur Versicherung (§ 193 Abs. 3 VVG), setzt die Kündigung [...] voraus, dass für die versicherte Person bei einem anderen VR ein neuer Vertrag abgeschlossen wird, der den Anforderungen an die Pflicht zur Versicherung genügt".

Der Nachweis der Mitgliedschaft in einem Spar- und Unterstützungsverein für Polizeibeamte reicht dafür nicht aus (OLG Oldenburg, VersR 2012, 87). Unproblematisch ist, dass § 13 Abs. 7 MB/KK 2009 nicht an eine Kündigung gem. § 13 Abs. 3 MB/KK 2009 (= § 205 Abs. 2 VVG) anknüpft (im Ergebnis ebenso: MüKo/*Hütt*, § 205 VVG Rn 59). Denn bei Eintritt einer Versicherungspflicht in der GKV kann der Nachweis einer sich anschließenden privaten Krankenversicherung (PKV) nicht verlangt werden.

21 Die Nachweispflicht entfällt bei **Kündigung** einer **Krankheitskostenversicherung** für einen **nicht vom VN gesetzlich vertretenen volljährigen Mitversicherten** (BGH, VersR 2014, 234), weil der Normzweck von § 205 Abs. 6 S. 1 VVG, die Nahtlosigkeit des Versicherungsschutzes zu gewährleisten, bei Mitversicherten bereits durch § 207 Abs. 2 S. 1 i.V.m. Abs. 1 VVG (Fortsetzung des Versicherungsverhältnisses) erreicht wird (BGH, VersR 2014, 234, Rn 12; i.Erg. ebenso bereits *Rößler*, VersR 2013, 1478).

22 Das Gesetz v. 24.4.2013 (BGBl I, S. 932) hat § 205 Abs. 6 VVG dadurch präzisiert, dass die Kündigung „nur" (statt bisher „erst") wirksam wird, wenn der VN „*innerhalb von zwei Monaten nach der Kündigungserklärung*" nachweist, dass er über einen sich nahtlos anschließenden Krankenversicherungsschutz verfügt. Die Frist berücksichtigt insb. das berechtigte Interesse des VR daran, Klarheit über die Beendigung bzw. Fortsetzung des Vertrags zu erlangen (Begründung, BT-Drucks 17/11469, S. 15). Sie knüpft grds. an die Kündigungserklärung (§ 205 Abs. 6 S. 2 Hs. 1 VVG), ggf. aber auch an den Termin an, zu dem die Kündigung ausgesprochen wurde (§ 205 Abs. 6 S. 2 Hs. 2 VVG). Es sei, so die Bundesregierung (BT-Drucks 17/11469, S. 15), nicht sinnvoll, dass ein Nachweis zwei Monate nach der Kündigungserklärung vorgelegt werden müsse, wenn der Termin, zu dem gekündigt worden sei, zwei Monate nach der Kündigungserklärung noch gar nicht erreicht sei (Begr. BT-Drucks 17/11469, S. 15).

23 Der **Nachweis der Anschlussversicherung** muss dem bisherigen VR zugehen (BGH, VersR 2015, 230, 231, Rn 10; MüKo/*Hütt*, § 205 VVG Rn 60). Die in den früheren Muster-

bedingungen (§ 13 Abs. 7 MB/KK 2009 i.d.F. vor 2013) enthaltene Einschränkung, die Kündigung werde „*erst wirksam, wenn der VN innerhalb der Kündigungsfrist*" nachweise, „*dass die versicherte Person bei einem neuen VR ohne Unterbrechung versichert*" sei, ist mit § 208 S. 1 VVG unvereinbar (*Marlow/Spuhl*, VersR 2009, 593, 598): Eine fristgerecht erklärte Kündigung (Beispiel: Kündigung zum 31.12. am 30.9.) wird also auch dann wirksam, wenn der VN den Nachweis erst nach Ablauf der Kündigungsfrist beibringt (Beispiel: am 15.01. des Folgejahres: LG Karlsruhe, r+s 2014, 136; Prölss/Martin/*Voit*, § 205 Rn 42).

Wird der Nachweis innerhalb der Nachweisfrist, d.h. innerhalb von zwei Monaten nach der (rechtzeitigen) Kündigungserklärung vorgelegt, so wird die Krankenversicherung ggf. auch rückwirkend beendet. Das ergibt sich aus der Neufassung des § 205 Abs. 6 VVG („nur" statt „erst"). Vor Inkrafttreten des Gesetzes v. 24.4.2013 am 1.5.2013 galt: Die Kündigung einer Kranken-Pflichtversicherung (s. § 193 Abs. 3 VVG) wird erst im Zeitpunkt des Nachweises der Anschlussversicherung beim bisherigen VR wirksam (BGH, VersR 2012, 1375, Leitsatz und Rn 22–24). Eine Rückwirkung auf den Zeitpunkt des Zugangs der Kündigungserklärung beim bisherigen VR kam nicht in Betracht (BGH, VersR 2012, 1375; BGH, VersR 2015, 230, 231, Rn 10). 24

Die Nachweisobliegenheit des VN geht nach Treu und Glauben (§ 242 BGB) mit einer vertraglichen **Hinweispflicht des VR** einher, die insb. einer (unbeabsichtigten) Doppelversicherung mit der Gefahr doppelter Prämienzahlung vorbeugen soll (BGH, VersR 2015, 230, Rn 12): Der seinen Prämienanspruch geltend machende VR kann sich nicht auf die Unwirksamkeit einer vom VN ausgesprochenen Kündigung wegen Fehlens eines Anschlussversicherungsnachweises gem. § 205 Abs. 6 VVG berufen, wenn er den VN nicht nachweisbar auf dessen Fehlen hingewiesen hat (BGH, VersR 2015, 230, Leitsatz und Rn 11). Ein derartiger Hinweis sei dem VR, der die Voraussetzungen für die wirksame Kündigung einer Kranken-Pflichtversicherung (§ 193 Abs. 3 S. 1 VVG) regelmäßig besser kenne als ein VN, möglich und beeinträchtige seine Interessen nicht (BGH, VersR 2015, 230). Sie werde auch nicht durch die Beratungspflicht gem. § 6 Abs. 4 S. 1 VVG verdrängt (BGH VersR 2015, 230). Die Hinweispflicht umfasst nicht nur die Absendung eines entsprechenden Hinweisschreibens, sondern auch dessen **Zugang** beim VN, weil die geschuldeten Informationen empfangsbedürftig sind (BGH, VersR 2015, 230, Rn 13 f.). 25

> **Praxistipp**
> Klagt der VR unter Berufung auf die Unwirksamkeit der Kündigung mangels Nachweises der Anschlussversicherung auf Prämienzahlung, so trägt er die **Darlegungs- und Beweislast** für den **Zugang** des Hinweisschreibens (BGH, VersR 2015, 230, Rn 15; Prölss/Martin/*Voit*, § 205 Rn 42; überholt: LG München II, r+s 2014, 185). Der Beweis muss nicht zwingend dadurch geführt werden, „*dass der VR sein Hinweisschreiben mit Einschreiben/Rückschein verschickt. Vielmehr kann er den Nachweis des Zugangs auch auf andere Art und Weise sicherstellen, etwa durch eine dem Hinweisschreiben beigefügte vorformulierte Erklärung, mit der der VN den Erhalt des Hinweises bestätigt, den er an den VR zurücksendet, oder durch eine beim VN individuell gehaltene Nachfrage bzgl. des Zugangs des Hinweisschreibens*" (BGH, VersR 2015, 230, Rn 15).

Ist die Kündigung einer Krankenpflichtversicherung gem. § 205 Abs. 6 VVG wirksam geworden, so führt der spätere Wegfall der Anschlussversicherung durch **Rücktritt** des 26 neuen VR nicht zum Wiederaufleben des ursprünglichen VV (OLG Bamberg, r+s 2014, 51; s. auch: LG Berlin, VersR 2013, 1036). Hat der VN den Nachweis einer Anschlussversicherung geführt, so soll auch ein später ggü. dem Anschlussversicherer erklärter **Widerruf** (§ 8 Abs. 1 VVG) nichts an der Wirksamkeit der Kündigung des bisherigen VV ändern (Looschelders/Pohlmann/*Reinhard*, § 205 Rn 23; Rüffer/Halbach/Schimikowski/*Rogler*, § 205 Rn 3; Prölss/Martin/*Voit*, § 205 Rn 42). Davon zu trennen ist die Frage, ob § 205 Abs. 6 VVG analog auf den Widerruf einer Kranken-Pflichtversicherung (§ 193 Abs. 1 VVG) gem. § 8 VVG anwendbar ist (so LG Berlin, VersR 2014, 236; Prölss/Martin/*Voit*, § 205 Rn 42; Rüffer/Halbach/Schimikowski/*Rogler*, § 205, Rn 32). Dagegen spricht die korrespondierende, mit der Fernabsatzrichtlinie teils unvereinbare Einschränkung des Widerrufsrechts sowie die Beobachtung, dass der Gesetzgeber nahtlosen Krankenversicherungsschutz „*nicht um jeden Preis und nicht ausnahmslos*" gewährleisten will (LG Dortmund, r+s 2014, 27; *Mandler*, VersR 2015, 1489 [keine planwidrige Regelungslücke]).

C. Abdingbarkeit

27   Die Regelung des § 205 VVG ist gem. § 208 S. 1 VVG **halbzwingend**. Für die Kündigung des VN kann jedoch Schrift- oder Textform vereinbart werden (§ 208 S. 2 VVG). Der VR kann auf den Nachweis der Anschlussversicherung (§ 205 Abs. 6 VVG) nicht verzichten, weil dieser nicht im Interesse des VR, sondern im Interesse des VN und der Allgemeinheit verlangt wird (so auch: Rüffer/Halbach/Schimikowski/*Rogler*, § 205 Rn 31).

> **Praxistipp**
> Nach § 207 Abs. 2 S. 2 VVG ist die Kündigung des VN ggf. nur wirksam, wenn die versicherte Person Kenntnis von der Kündigungserklärung erlangt!

§ 206 VVG Kündigung des Versicherers

(1) Jede Kündigung einer Krankheitskostenversicherung, die eine Pflicht nach § 193 Abs. 3 Satz 1 erfüllt, ist durch den Versicherer ausgeschlossen. Darüber hinaus ist die ordentliche Kündigung einer Krankheitskosten-, Krankentagegeld- und einer Pflegekrankenversicherung durch den Versicherer ausgeschlossen, wenn die Versicherung ganz oder teilweise den im gesetzlichen Sozialversicherungssystem vorgesehenen Kranken- oder Pflegeversicherungsschutz ersetzen kann. Sie ist weiterhin ausgeschlossen für eine Krankenhaustagegeld-Versicherung, die neben einer Krankheitskostenvollversicherung besteht. Eine Krankentagegeldversicherung, für die kein gesetzlicher Anspruch auf einen Beitragszuschuss des Arbeitgebers besteht, kann der Versicherer abweichend von Satz 2 in den ersten drei Jahren unter Einhaltung einer Frist von drei Monaten zum Ende eines jeden Versicherungsjahres kündigen.

(2) Liegen bei einer Krankenhaustagegeldversicherung oder einer Krankheitskostenteilversicherung die Voraussetzungen nach Absatz 1 nicht vor, kann der Versicherer das Versicherungsverhältnis nur innerhalb der ersten drei Versicherungsjahre zum Ende eines Versicherungsjahres kündigen. Die Kündigungsfrist beträgt drei Monate.

(3) Wird eine Krankheitskostenversicherung oder eine Pflegekrankenversicherung vom Versicherer wegen Zahlungsverzugs des Versicherungsnehmers wirksam gekündigt, sind die versicherten Personen berechtigt, die Fortsetzung des Versicherungsverhältnisses unter Benennung des künftigen Versicherungsnehmers zu erklären; die Prämie ist ab Fortsetzung des Versicherungsverhältnisses zu leisten. Die versicherten Personen sind vom Versicherer über die Kündigung und das Recht nach Satz 1 in Textform zu informieren. Dieses Recht endet zwei Monate nach dem Zeitpunkt, zu dem die versicherte Person Kenntnis von diesem Recht erlangt hat.

(4) Die ordentliche Kündigung eines Gruppenversicherungsvertrags, der Schutz gegen das Risiko Krankheit enthält, durch den Versicherer ist zulässig, wenn die versicherten Personen die Krankenversicherung unter Anrechnung der aus dem Vertrag erworbenen Rechte und der Alterungsrückstellung, soweit eine solche gebildet wird, zu den Bedingungen der Einzelversicherung fortsetzen können. Absatz 3 Satz 2 und 3 ist entsprechend anzuwenden.

Übersicht

	Rdn
A. Normzweck	1
B. Norminhalt	4
I. Kündigungsausschluss in der Krankheitskosten-Pflichtversicherung (§ 206 Abs. 1 S. 1 VVG)	4
II. Kündigungsausschluss in der (sonstigen) substitutiven Krankenversicherung (§ 206 Abs. 1 S. 2–4 VVG)	9
III. Kündigung in der nicht-substitutiven Krankenversicherung (§ 206 Abs. 2 VVG)	14
IV. Kündigung einer Krankheitskosten- und einer Pflegekrankenversicherung wegen Zahlungsverzugs (§ 206 Abs. 3 VVG)	16
V. Eingeschränktes Kündigungsrecht in der Gruppenversicherung (§ 206 Abs. 4 VVG)	19
C. Prozessuales	23
D. Abdingbarkeit	24

A. Normzweck

Durch den **Kündigungsausschluss** in der **Krankheitskosten-Pflichtversicherung** gem. § 206 Abs. 1 S. 1 VVG *„soll der Versicherungsschutz dauerhaft aufrechterhalten werden"* (Bericht, BT-Drucks 16/4247, S. 68 [zu Art. 43 Nr. 7]). Bisher hätten, so der Bericht, Versicherte häufig ihre Alterungsrückstellungen dadurch verloren, dass der VR ihnen gekündigt habe, weil sie mit der Zahlung einer Folgeprämie in Verzug seien. Dies sei nunmehr ausgeschlossen. Der VR werde durch diese Regelung nur gering belastet, da der Leistungsanspruch des Versicherten nach § 178a Abs. 8 VVG (§ 193 Abs. 6 VVG aF) weitgehend ruhe und während des Prämienzahlungsverzugs Säumniszuschläge geltend gemacht werden könnten (Bericht, BT-Drucks 16/4247, S. 68). Die Parallelvorschrift für die Pflegeversicherung findet sich in § 110 Abs. 4 SGB XI (*„Rücktritts- und Kündigungsrechte der Versicherungsunternehmen sind ausgeschlossen, solange der Kontrahierungszwang besteht"*). 1

Den **Kündigungsausschluss** in der **substitutiven Krankenversicherung**, die den Anspruch erhebt, den im gesetzlichen Sozialversicherungssystem vorgesehenen Krankenversicherungsschutz ganz oder teilweise zu ersetzen, hielt der Gesetzgeber bereits vor Einführung der Versicherungspflicht für unverzichtbar (Begr. BT-Drucks 12/6959, S. 106). Die 2 korrespondierende Regelung im Bedingungsrecht hatte der Gesetzgeber bereits durch Gesetz vom 21.7.1994 (BGBl I, S. 1630) übernommen, um ihren Bestand auch nach der Deregulierung und damit nach Wegfall der Bedingungsgenehmigung (s. Art. 29 RL 92/49/EWG) zu sichern. Eine Kündigungsmöglichkeit stünde im Widerspruch zu der sozialen Funktion der privaten Krankenversicherung, die den gesetzlichen Krankenversicherungsschutz für weite Bevölkerungskreise ersetze (BGH, VersR 1985, 54, 55; OLG Karlsruhe, VersR 2007, 530, 531). Die Bedeutung dieser Regelung ist nach Einführung des generellen Kündigungsausschlusses in der Pflicht-Krankenversicherung jedoch nur noch marginal, weil die substitutive Krankheitskosten- und die Pflegekrankenversicherung bereits unter § 206 Abs. 1 S. 1 VVG bzw. unter § 110 Abs. 4 SGB XI fallen. Sie betrifft v.a. die Krankentagegeldversicherung, die keine Krankheitskostenversicherung i.S.v. § 206 Abs. 1 S. 1 VVG ist. Denkbar ist auch, dass das VN auswandert, sodass ihn die Versicherungspflicht aus § 193 Abs. 3 VVG nicht mehr trifft (Looschelders/Pohlmann/*Reinhard*, § 206 Rn 5).

3   Nach § 206 Abs. 2 VVG aF galt der in § 206 Abs. 1 aF geregelte Kündigungsausschluss in der substitutiven Krankenversicherung auch für die nicht substitutive, aber **nach Art der Lebensversicherung**, d.h. auf der Basis biometrischer Rechnungsgrundlagen, **betriebene Krankenversicherung**. Diese Regelung, gerade erst als sinnvolle Ergänzung des Kündigungsschutzes in der privaten Krankenversicherung (Begründung, BT-Drucks 16/3954, S. 114) eingeführt, hat man „*ohne Not*" (MüKo/*Hütt*, § 206 VVG Rn 42) ersatzlos gestrichen; eine sachliche Begründung ist nicht erkennbar.

B. Norminhalt

I. Kündigungsausschluss in der Krankheitskosten-Pflichtversicherung (§ 206 Abs. 1 S. 1 VVG)

4   Nach § 206 Abs. 1 S. 1 VVG ist „jede" Kündigung einer Krankheitskosten-Pflichtversicherung (§ 193 Abs. 3 VVG) durch den VR ausgeschlossen. Der Anwendungsbereich dieser Regelung erstreckt sich auf die überwiegende Mehrzahl der bestehenden privaten Krankheitskostenversicherungsverträge, da nach § 193 Abs. 3 S. 1 VVG alle vor dem 1.4.2007 abgeschlossenen Krankenversicherungsverträge unter die Definition der Pflichtversicherung fallen (BGH, VersR 2012, 304). Das **BVerfG** (BVerfG, VersR 2009, 957, 964) hat das **absolute Kündigungsverbot** für verfassungsgemäß erklärt. Die Freiheit der Berufsausübung werde durch § 206 Abs. 1 S. 1 VVG nicht unverhältnismäßig beeinträchtigt. Das absolute Kündigungsverbot gewinne seine Rechtfertigung aus dem Zusammenhang zwischen der durch das GKV-WSG eingeführten Versicherungspflicht in der privaten Krankenversicherung (vgl. § 193 Abs. 3 VVG) und der damit verbundenen Intention des Gesetzgebers, die Versicherungssysteme von gesetzlicher und privater Krankenversicherung dauerhaft voneinander abzugrenzen. Der Gesetzgeber wolle das duale Krankenversicherungssystem erhalten und stärken; dabei solle auch die private Säule zur Vollfunktionalität gelangen und ihre Mitglieder in gleicher Weise wie die öffentlich-rechtliche Versicherung umfassend, rechtssicher und dauerhaft absichern. Dem Gesetzgeber sei es darum gegangen, in dem weitaus häufigsten Fall der Vertragsverletzung, nämlich dem Prämienverzug, den

mit einer Kündigung des Versicherungsvertrags verbundenen Verlust der Alterungsrückstellung zu verhindern (vgl. Begr. BT-Drucks 16/4247, S. 68). Angesichts der Tatsache, dass es sich bei der Krankenversicherung um ein nicht personifiziertes Massengeschäft handelt, sei es nicht sachwidrig und zumutbar, dass der Gesetzgeber auf eine Kündigungsregelung wegen anderer Vertragsverletzungen, die nur relativ selten vorkämen, verzichtet habe (BVerfG, VersR 2009, 957, 964).

§ 206 Abs. 1 S. 1 VVG erfasst (grds.) auch die **außerordentliche Kündigung aus wichtigem Grund** (BGH, VersR 2012, 304, Rn 15; Prölss/Martin/*Voit*, § 206 Rn 5). Das ergibt sich bereits daraus, dass § 206 Abs. 1 S. 1 VVG anders als § 206 Abs. 1 S. 2 VVG keine Beschränkung auf die ordentliche Kündigung enthält. Nach Meinung von *Hütt* (MüKo/*Hütt*, § 206 VVG Rn 53, 47 ff.) soll eine außerordentliche Kündigung gem. § 314 BGB allerdings nicht ausgeschlossen sein. Entweder § 206 Abs. 1 S. 1 VVG werde verfassungskonform (Art. 14, 12, 2 GG) so ausgelegt und angewandt, dass er nur die ordentliche Kündigung erfasse, oder er werde wortlautgetreu ausgelegt und angewandt, sei dann aber verfassungswidrig (ähnlich, Looschelders/Pohlmann/*Reinhard*, § 206 Rn 3, mit dem Hinweis darauf, dass es zur *„Sicherstellung der Durchführung der Versicherungspflicht [...] ausreichend gewesen* [wäre], *das absolute Kündigungsverbot auf den Basistarif zu beschränken"*). Das BVerfG (BVerfG, VersR 2009, 957, 964) hat die gesetzliche Regelung indes als absolutes Kündigungsverbot verstanden und auch in dieser Interpretation für verfassungsgemäß erklärt (s.o. Rdn 4). 5

Der BGH will § 206 Abs. 1 S. 1 VVG teleologisch dahin reduzieren, dass er ausnahmslos lediglich eine (außerordentliche) Kündigung wegen Prämienverzugs verbietet, während eine **Kündigung wegen sonstiger schwerer Vertragsverletzungen unter den Voraussetzungen des § 314 Abs. 1 BGB** möglich bleibt (BGH, VersR 2012, 304, Rn 13; in der Folge: OLG Frankfurt, r+s 2015, 407 [Kündigung nach Erschleichen von Leistungen mittels gefälschter Rezepte]; OLG Bremen, NJW-RR 2012, 1177; Rüffer/Halbach/Schimikowski/*Marko*, § 206 Rn 5; *Brand*, VersR 2011, 1337, 1344). Der BGH begründet dies mit der Entstehungsgeschichte der Norm – aus der sich nicht ergebe, *„dass dem VR ein außerordentliches Kündigungsrecht versagt werden sollte, sofern es um [...]* [andere Fälle, als den in der Begründung ausdrücklich angesprochenen Prämienverzug, gehe, nämlich] *um andere schwerwiegende Vertragsverletzungen"* (BGH, VersR 2012, 304, Rn 18) – und mit dem *„allgemeinen Grundsatz des Zivilrechts, dass Dauerschuldverhältnisse bei Vorliegen eines wichtigen Grundes gekündigt werden"* könnten (BGH, VersR 2012, 304, Rn 19). Der BGH (BGH, VersR 2012, 304, Rn 19) hält es für unzumutbar, wenn *„der VR selbst in Fällen schwerster Vertragsverletzungen an den VN gebunden bliebe. Er wäre gezwungen, das Vertragsverhältnis mit einem VN fortzusetzen, der bereits in der Vergangenheit versucht hat, durch betrügerische Handlungen Leistungen zu erschleichen oder [...]* [wie in dem konkret entschiedenen Fall] *einen Mitarbeiter des VR tätlich angreift, nachdem dieser bei einem Besuch vor Ort festgestellt hat, dass der VN trotz des Bezugs von Krankentagegeld seiner gewerblichen Tätigkeit nachging"* (zust.: *Rogler*, iurisPRE-VersR 3/2012 Anm. 1 [Kein Persilschein für gröbste Vertragsverletzungen]). Den VN verweist der BGH darauf, dass er seinen Krankenversicherungsschutz nicht vollständig verliere; vielmehr habe er 6 weiterhin Anspruch darauf, gem. § 193 Abs. 5 VVG bei jedem anderen (!) in Deutschland zum Geschäftsbetrieb zugelassenen Versicherungsunternehmen im Basistarif versichert zu werden (BGH, VersR 2012, 304, Rn 23, 38, der § 193 Abs. 5 S. 4 VVG auf Fälle der Kündigung aus wichtigen Grund [§ 314 Abs. 1 BGB] analog anwenden will [BGH, VersR 2012, 304, Rn 42]).

7 Die BGH-Entscheidung ist verfehlt (wie hier: *Rolfs/Wiemer*, NJW 2012, 1370; *Eichelberger*, VersR 2012, 310; *Effer-Uhle*, VersR 2012, 684; Prölss/Martin/*Voit*, § 206 Rn 7 [kaum zu begründen]; anders auch die Lesart des BVerfG: BVerfG, VersR 2009, 957 und 1075) und steht v.a. methodisch auf tönernen Füßen: Eine verdeckte Regelungslücke i.S. einer planwidrigen Unvollständigkeit des § 206 Abs. 1 VVG (s. BGH, VersR 2012, 304, Rn 16) ließe sich historisch nur begründen, wenn der Gesetzgeber die (außerordentliche) Kündigung *nur* im Falle des Prämienverzugs ausschließen wollte. Aus der Entstehungsgeschichte der Norm ergibt sich jedoch nur, dass er die Kündigung *jedenfalls* in diesem Falle ausschließen wollte (s. Bericht, BT-Drucks 16/4247, S. 68; s.a. Rdn 1; wie hier: OLG Hamm, VersR 2011, 1555, Rn 37). Ebenso wenig tragfähig ist der Hinweis auf § 314 Abs. 1 BGB und den sich darin spiegelnden allgemeinen Grundsatz des Zivilrechts. Dem Gesetzgeber steht es frei, von § 314 Abs. 1 BGB und von den allgemeinen Grundsätzen abzuweichen, bspw. um dem Sinn und Zweck des § 206 Abs. 1 VVG, d.h. der sozialen Funktion der (privaten) Krankenversicherung (bezahlbarer Krankenversicherungsschutz für jedermann; hier: Rdn 2), Rechnung zu tragen (ähnlich, *Eichelberger*, VersR 2012, 310). Die Parallelvorschrift des § 110 SGB IX will der BGH nicht teleologisch reduzieren (BGH, VersR 2012, 304, Rn 31), sodass eine (außerordentliche) Kündigung dort auch bei nicht auf Prämienverzug beruhenden schwerwiegenden Vertragsverletzungen des VN ausscheidet.

8 Kündigt der VR die private Krankenversicherung (unter Berufung auf die BGH-Rspr. [s.o. Rdn 6]) aus wichtigem Grund (§ 314 Abs. 1 BGB), so erstreckt sich die Beendigung des Krankenversicherungsverhältnisses auch auf Mitversicherte, insb. die Angehörigen des VN (OLG Frankfurt, r+s 2015, 407, Ls 1). Das OLG Frankfurt räumt den Mitversicherten jedoch gem. § 206 Abs. 3 VVG analog einen Fortsetzungsanspruch als VN ein, wenn ihr Verhalten keinen Anlass zur Kündigung gegeben hat (OLG Frankfurt, r+s 2015, 407, Ls. 2 und Rn 42). Das soll jedenfalls dann gelten, wenn der ehemalige VN nicht als gesetzlicher Vertreter des ehemaligen Mitversicherten faktisch „Partner" des VR bliebe (OLG Frankfurt, r+s 2015, 407, Rn 42).

II. Kündigungsausschluss in der (sonstigen) substitutiven Krankenversicherung (§ 206 Abs. 1 S. 2–4 VVG)

9 Dient eine **substitutive Krankheitskosten-, Krankentagegeld- oder Pflegekrankenversicherung** nicht der Erfüllung der Versicherungspflicht (§ 193 Abs. 2 VVG), so ist nur die ordentliche Kündigung ausgeschlossen (§ 206 Abs. 1 S. 2 VVG; vgl. auch § 12 Abs. 1 Nr. 3 VAG). Dasselbe gilt in der **Krankenhaustagegeldversicherung**, wenn diese neben einer Krankheitskostenvollversicherung (Begriff: Vor. §§ 192 ff. Rdn 9) besteht (§ 206 Abs. 1 S. 3 VVG) und damit Teil eines einheitlichen Krankenversicherungsschutzes ist.

Eine (außerordentliche) **Kündigung aus wichtigem Grund** setzt voraus, dass dem Kündigenden die Fortsetzung des Versicherungsverhältnisses unter Berücksichtigung aller Umstände des Einzelfalls und unter Abwägung der beiderseitigen Interessen nicht zugemutet werden kann (§ 314 Abs. 1 S. 2 BGB). Für die private Krankenversicherung ist dabei im Hinblick auf ihre **soziale Funktion** anerkannt, dass ein wichtiger Grund zur Kündigung erst dann gegeben ist, wenn der VN in besonders schwerwiegender Weise die Belange des VR seinem Eigennutz hintanstellt (BGH, VersR 2009, 1063, 1064; BGH, VersR 2007, 1260, 1261 [anhand der Krankentagegeldversicherung]; OLG Koblenz, VersR 2010, 58; OLG Nürnberg, VersR 2008, 388; OLG Karlsruhe, VersR 2007, 530, 531; OLG Hamm, VersR 2007, 236, 237). Das ist v.a. der Fall, wenn er sich Versicherungsleistungen erschleicht oder zu erschleichen versucht (BGH, VersR 2009, 1063, 1064; BGH, VersR 1985, 54, 55; OLG Koblenz, VersR 2010, 58; OLG Nürnberg, VersR 2008, 388; OLG Karlsruhe, VersR 2007, 530, 531; OLG Hamm, VersR 2007, 236, 237; OLG Saarbrücken, VersR 2006, 644; OLG Zweibrücken, NJW-RR 2005, 1119).

Bisher kreiste die Rechtsprechung v.a. um die Frage, ob das Erschleichen von Leistungen in der einen auch die (außerordentliche) Kündigung der anderen Versicherung rechtfertigte:
– Ein Erschleichen von Leistungen in der Krankheitskostenversicherung rechtfertigt die fristlose Kündigung der Krankheitskosten- und der Pflegeversicherung (OLG Koblenz, VersR 2010, 58).
– Ein Erschleichen von Leistungen in der Pflegeversicherung rechtfertigte ebenfalls die fristlose Kündigung der Krankheitskosten- und der Pflegeversicherung (OLG Koblenz, VersR 2009, 771).
– Eine Täuschung des VN zum Erschleichen von Leistungen aus einer Krankentagegeldversicherung berechtigte den VR nur bei Vorliegen besonderer Umstände, auch die Krankheitskostenversicherung zu kündigen (OLG Karlsruhe VersR 2007, 530, 531; Rüffer/Halbach/Schimikowski/*Rogler*, § 206 Rn 24; **a.A.** OLG Stuttgart, VersR 2006, 1485).

Hat der VR seine Leistungen in der Krankentagegeldversicherung bereits eingestellt, darf er nicht mehr uneingeschränkt darauf vertrauen, dass der Versicherte seine Berufstätigkeit in keiner Weise ausüben werde (BGH, VersR 2009, 1063, 1065); im Fall einer geringfügigen Berufstätigkeit steht ihm also nicht ohne weiteres ein Kündigungsrecht aus § 314 BGB zu. Das gilt erst recht, wenn diese Berufstätigkeit mit unlauteren Mitteln ermittelt wurde (BGH, VersR 2009, 1063, 1065). Mangels eines begründeten Verdachts auf Berufstätigkeit ist die Beauftragung von Detektiven als Testkunden, selbst, wenn diese nicht mit verwerflichen Mitteln auf den Versicherten einwirken, als auf die Verschaffung eines Kündigungsgrundes gerichtet und damit als unlauter anzusehen (BGH, VersR 2009, 1063, 1065).

Praxistipp
Die **Behauptungs- und Beweislast** für die Existenz eines **wichtigen Grundes** trägt der VR (OLG Karlsruhe, VersR 2007, 530, 531). Eine **Abmahnung** soll regelmäßig bei besonders schwerwiegenden Pflichtverletzungen nicht geboten sein (§§ 314 Abs. 2, 323 Abs. 2 BGB), weil andernfalls jeder VN einmal sanktionslos versuchen könnte, den VR in erheblicher Weise zu täuschen (OLG Koblenz, VersR 2010, 58; OLG Hamm, VersR 2007, 236, 238; OLG Saarbrücken, VersR 2006, 644; VersR 1996, 362). Das OLG Nürnberg (OLG Nürnberg,

VersR 2008, 388) verlangt indes, dass der VR *„vor einer fristlosen Vertragskündigung den VN abmahnt und ihn auf diese Weise eindringlich darauf hinweist, dass er im Wiederholungsfall mit einer fristlosen Kündigung rechnen müsse"* (vgl. auch OLG Hamm, NVersZ 2002, 160 – Beleidigungen durch den VN; OLG München, VersR 1997, 689).

III. Kündigung in der nicht-substitutiven Krankenversicherung (§ 206 Abs. 2 VVG)

14 Eine **Krankenhaustagegeldversicherung**, die nicht mit einer Krankheitskostenvollversicherung kombiniert ist, fällt ebenso wenig unter § 206 Abs. 1 VVG wie eine nicht substitutive **Krankheitskostenteilversicherung**. In beiden Fällen kann der VR (nur) innerhalb der ersten drei Jahre der Laufzeit jeweils zum Ende des Jahres kündigen (§ 206 Abs. 2 S. 1 VVG). Die Kündigungsfrist beträgt drei Monate (§ 206 Abs. 2 S. 2 VVG).

15 Klarzustellen ist, dass **Beihilfetarife keine Krankheitskostenteilversicherung** i.S.v. § 206 Abs. 2 VVG, sondern (substitutive) Krankheitskostenvollversicherung i.S.v. § 206 Abs. 1 VVG sind. In § 206 Abs. 2 VVG sind v.a. **Ergänzungstarife** zur gesetzlichen Krankenversicherung gemeint.

IV. Kündigung einer Krankheitskosten- und einer Pflegekrankenversicherung wegen Zahlungsverzugs (§ 206 Abs. 3 VVG)

16 § 206 Abs. 3 VVG soll die versicherte Person in den Fällen schützen, in denen der VR das Vertragsverhältnis nach § 38 Abs. 3 VVG wegen **Zahlungsverzugs des VN** (außerordentlich) kündigt (Begr. BT-Drucks 16/3945, S. 111). Wie im Fall der Kündigung oder des Todes des VN (vgl. § 207 Abs. 1 und 2 VVG) muss jede versicherte Person das Recht haben, die für sie bestehende Krankheitskosten- und Pflegekrankenversicherung fortzusetzen, um den existenziell wichtigen Krankenversicherungsschutz aufrecht erhalten zu können (Begr. BT-Drucks 16/3945, S. 111). Dieses Recht ist von den versicherten Personen innerhalb von zwei Monaten, nachdem sie hiervon Kenntnis erlangt haben, auszuüben (§ 206 Abs. 3 S. 3 VVG). Können sich die versicherten Personen nicht auf einen neuen VN einigen, so ist das Versicherungsverhältnis ggf. in Form mehrerer selbstständiger Versicherungsverträge mit unterschiedlichen VN fortzusetzen (Prölss/Martin/*Voit*, § 206 Rn 17; s.a. § 207 Rdn 2).

17 Das OLG Frankfurt will § 206 Abs. 3 VVG analog auf die **Kündigung** einer **substitutiven Krankenversicherung aus wichtigem Grund (§ 314 Abs. 1 BGB)** anwenden (OLG Frankfurt, r+s 2015, 407; s.o. Rdn 8).

18 Nach § 206 Abs. 3 S. 2 VVG hat der VR die versicherten Personen **in Textform** (§ 126b BGB) über die **Kündigung** und das **Recht auf Fortsetzung des Versicherungsverhältnisses** zu informieren. Die Nichteinhaltung der Textform bleibt als solche allerdings folgenlos, weil § 206 Abs. 3 S. 3 VVG die Frist für die Inanspruchnahme des Fortsetzungsrechts allein an die Kenntnis der versicherten Personen und nicht an die formgerechte Belehrung durch den VR bindet. Kenntnis haben die versicherten Personen auch, wenn der VR (oder ein Dritter!) sie mündlich unterrichtet.

V. Eingeschränktes Kündigungsrecht in der Gruppenversicherung (§ 206 Abs. 4 VVG)

§ 206 Abs. 4 VVG lässt die (ordentliche) **Kündigung** eines **Gruppenversicherungsvertrags** für alle Arten der Krankenversicherung (LG Köln, VersR 2008, 525) nur zu, wenn der Krankenversicherungsschutz für die versicherten Personen unter den (modifizierenden) Bedingungen einer Einzelversicherung **potenziell** erhalten bleibt (§ 206 Abs. 4 S. 1 VVG). Bei einvernehmlicher Beendigung eines Gruppenversicherungsvertrages soll § 206 Abs. 4 VVG analog anwendbar sein (*Rogler*, JurisPR-VersR 1/2008, Anm. 5; LG Köln, VersR 2008, 525, das eine einvernehmliche Beendigung für ausgeschlossen hält).

Gruppenversicherungen werden meist als Firmen- oder Vereinsgruppenversicherungen angeboten und räumen i.d.R. den Versicherten ggü. dem VR einen unmittelbaren Anspruch auf die Versicherungsleistungen ein (Begr. BT-Drucks 12/6959, S. 106). Da die Kündigung von Gruppenversicherungsverträgen nicht generell ausgeschlossen werden kann, ist – so die Begründung der früheren Kündigungsregel in § 178i VVG a.F. – den einzelnen Versicherten ein Recht auf Vertragsfortsetzung unter Anrechnung der aus dem Vertrag erworbenen Rechte und Alterungsrückstellungen einzuräumen (Begr. BT-Drucks 12/6959, S. 106).

Die Beendigung der Gruppenversicherung wird die Rechtsposition der versicherten Person bei – nahtloser (LG Köln, VersR 2008, 525) – **Fortsetzung** der Krankenversicherung unter den „**Bedingungen der Einzelversicherung**" allerdings typischerweise verschlechtern, weil die i.R.d. Gruppenversicherung gewährten – und aufsichtsrechtlich akzeptierten – Vergünstigungen entfallen.

§ 206 Abs. 3 S. 2 und 3 VVG sind entsprechend anwendbar (§ 206 Abs. 4 S. 2 VVG). D.h., die versicherten Personen sind (1) über die Kündigung und (2) über die Möglichkeit der Fortsetzung des Krankenversicherungsverhältnisses unter den Bedingungen einer Einzelversicherung in Textform (§ 126b BGB) **zu informieren** (§ 206 Abs. 3 S. 2 VVG). Das Fortsetzungsrecht endet zwei Monate nach dem Zeitpunkt, zu dem die versicherten Personen Kenntnis von diesem Recht erlangt haben (§ 206 Abs. 3 S. 3 VVG).

C. Prozessuales

Hält der VN die Kündigung durch den VR für unwirksam, so kann er auf **Feststellung des Fortbestands des angeblich gekündigten Versicherungsverhältnisses** klagen (§ 256 Abs. 1 ZPO).

D. Abdingbarkeit

Die Kündigungsregelung in § 206 VVG ist gem. § 208 S. 1 VVG **halbzwingend**.

§ 207 VVG Fortsetzung des Versicherungsverhältnisses

(1) Endet das Versicherungsverhältnis durch den Tod des Versicherungsnehmers, sind die versicherten Personen berechtigt, binnen zwei Monaten nach dem Tod des Versicherungsnehmers die Fortsetzung des Versicherungsverhältnisses unter Benennung des künftigen Versicherungsnehmers zu erklären.

(2) Kündigt der Versicherungsnehmer das Versicherungsverhältnis insgesamt oder für einzelne versicherte Personen, gilt Absatz 1 entsprechend. Die Kündigung ist nur wirksam, wenn die versicherte Person von der Kündigungserklärung Kenntnis erlangt hat. Handelt es sich bei dem gekündigten Vertrag um einen Gruppenversicherungsvertrag und wird kein neuer Versicherungsnehmer benannt, sind die versicherten Personen berechtigt, das Versicherungsverhältnis unter Anrechnung der aus dem Vertrag erworbenen Rechte und der Alterungsrückstellung, soweit eine solche gebildet wird, zu den Bedingungen der Einzelversicherung fortzusetzen. Das Recht nach Satz 3 endet zwei Monate nach dem Zeitpunkt, zu dem die versicherte Person von diesem Recht Kenntnis erlangt hat.

(3) Verlegt eine versicherte Person ihren gewöhnlichen Aufenthalt in einen anderen Mitgliedstaat der Europäischen Union oder einen anderen Vertragsstaat des Abkommens über den Europäischen Wirtschaftsraum, setzt sich das Versicherungsverhältnis mit der Maßgabe fort, dass der Versicherer höchstens zu denjenigen Leistungen verpflichtet bleibt, die er bei einem Aufenthalt im Inland zu erbringen hätte.

Übersicht

	Rdn
A. Normzweck	1
B. Norminhalt	2
I. Fortsetzung des Versicherungsverhältnisses im Todesfall (§ 207 Abs. 1 VVG)	2
1. Fortsetzungsrecht	2
2. Fristgerechte Fortsetzungserklärung	5
II. Fortsetzung des Versicherungsverhältnisses im Kündigungsfall (§ 207 Abs. 2 VVG)	6
III. Fortsetzung des Versicherungsverhältnisses bei Umzug ins EU- oder EWR-Ausland (§ 207 Abs. 3 VVG)	9
C. Abdingbarkeit	10

A. Normzweck

1 Der **Tod** führt grds. zur Beendigung des Versicherungsverhältnisses (§ 15 Abs. 1 S. 1 MB/KK 2009). Daran knüpft § 207 Abs. 1 VVG an, der v.a. die Interessen der (anderen) bisher versicherten Personen im Blick hat: Da ihr Versicherungsbedürfnis mit dem Tode des VN nicht erlischt, räumt § 207 Abs. 1 VVG ihnen ein **Fortsetzungsrecht** ein (Begr. BT-Drucks 12/6959, S. 107), das sich auf alle Formen der Krankenversicherung erstreckt (Prölss/Martin/*Voit*, § 207 Rn 1; Rüffer/Halbach/Schimikowski/*Rogler*, § 207 Rn 1). Die Norm gewährleistet so die Lückenlosigkeit des Versicherungsschutzes im Interesse der den VN überlebenden versicherten Personen (ähnlich: Rüffer/Halbach/Schimikowski/*Rogler*, § 207 Rn 1 und 2; vgl. auch: BGH, VersR 2014, 234, Rn 16). Parallel dazu verschafft § 207

Abs. 2 S. 1 VVG den versicherten Personen ein **Fortsetzungsrecht im Kündigungsfall**. § 207 Abs. 3 VVG regelt die Frage der **Fortsetzung** des Versicherungsverhältnisses bei **Umzug innerhalb des Europäischen Wirtschaftsraums** (EU/EWR).

B. Norminhalt

I. Fortsetzung des Versicherungsverhältnisses im Todesfall (§ 207 Abs. 1 VVG)

1. Fortsetzungsrecht

Die **Fortsetzung des Versicherungsverhältnisses im Todesfall** setzt prima vista voraus, dass sich die versicherten Personen auf einen neuen VN einigen und das Versicherungsverhältnis gemeinschaftlich fortsetzen. Im Lichte des Normzwecks ist § 207 Abs. 1 VVG jedoch i.s. eines **individuellen Fortsetzungsrechts einer jeden versicherten Person** auszulegen (s. auch § 207 Abs. 2 S. 1 VVG [Kündigung für einzelne versicherte Personen]; ähnlich: Prölss/Martin/*Voit*, § 207 Rn 10; **a.A.**: MüKo/*Hütt*, § 207 VVG Rn 11 i.V.m. § 206 Rn 24), auch wenn § 207 Abs. 1 VVG von den „*versicherten Personen*" und nicht von „*jeder versicherten Person*" spricht. Der Schutz der versicherten Personen gebietet es, ihre Rechtsposition nicht nur ggü. dem (verstorbenen) VN, sondern auch ggü. dem Kollektiv der (anderen) versicherten Personen zu verselbstständigen; andernfalls könnte die eine versicherte Person ihren Krankenversicherungsschutz verlieren, nur, weil sich die andere willkürlich weigert, an der Benennung eines neuen VN mitzuwirken. Daher ist es auch nicht erforderlich, dass alle versicherten Personen das Versicherungsverhältnis fortsetzen (Prölss/Martin/*Voit*, § 207 Rn 10; Rüffer/Halbach/Schimikowski/*Rogler*, § 207 Rn 7; Looschelders/Pohlmann/*Reinhard*, § 207 Rn 4; BK/*Hohlfeld*, § 178n Rn 2; **a.A.** nur: MüKo/*Hütt*, § 207 VVG Rn 11 i.V.m. § 206 VVG Rn 24); genauso wie die Kündigung (§ 205 Abs. 1 S. 2 VVG) kann sich auch die Fortsetzung auf einzelne versicherte Personen beschränken (BK/*Hohlfeld*, § 178n Rn 2). Das Risiko, dass gute Risiken abwandern (MüKo/*Hütt*, § 207 VVG Rn 11 i.V.m. § 206 Rn 24), muss der VR – im Lichte von § 205 Abs. 1 S. 2 VVG – ganz allg. in Kauf nehmen. Ebenso wenig erforderlich ist, dass sich die versicherten Personen auf einen neuen VN einigen und ihn gemeinsam, im gegenseitigen Einvernehmen benennen (Prölss/Martin/*Voit*, § 207 Rn 10; Looschelders/Pohlmann/*Reinhard*, § 207 Rn 4 [Fortsetzung in Form von Einzelverträgen]; **a.A.**: Rüffer/Halbach/Schimikowski/*Rogler*, § 207 Rn 8; **a.A.** auch hier, 2. Aufl. 2010); ggf. ist das Versicherungsverhältnis in Form mehrerer selbstständiger VV mit unterschiedlichen VN fortzusetzen. Das Fortsetzungsrecht steht auch einer einzelnen versicherten Person zu (Prölss/Martin/*Voit*, § 207 Rn 10, der generell auf die versicherte Person [im Singular] abstellt; Rüffer/Halbach/Schimikowski/*Rogler*, § 207 Rn 7; Looschelders/Pohlmann/*Reinhard*, § 207 Rn 4), weil diese als Einzelne genauso schutzbedürftig ist wie als Mitglied einer Gruppe versicherter Personen.

Da es sich bei der **Benennung des neuen VN** um ein **einseitiges Gestaltungsrecht** der versicherten Personen handelt (Prölss/Martin/*Voit*, § 207 Rn 4), wird der Benannte, der nicht notwendig aus dem Kreis der versicherten Personen zu stammen braucht (Prölss/Martin/*Voit*, § 207 Rn 9), mit seiner **Einwilligung**, d.h. mit seiner vorherigen Zustimmung (§ 183 S. 1 BGB) bereits durch die Fortsetzungserklärung i.V.m. der Benennung Partei (BK/*Hohlfeld*, § 178n Rn 1; **a.A.** Rüffer/Halbach/Schimikowski/*Rogler*, § 207 Rn 16, der den Neuabschluss einer Krankenversicherung nach allg. Regeln [§§ 145 ff. BGB] für notwendig hält, einen „Kontrahierungszwang des VR zu den Bedingungen des beendeten Vertrags" annimmt und die Erstprämie i.R.d. neuen Krankenversicherung als Folgeprämie behandeln will). Die Einwilligung kann ggü. der versicherten Person oder ggü. dem VR erklärt werden (§ 182 Abs. 1 BGB). Eine **Genehmigung**, d.h. eine nachträgliche Zustimmung (§ 184 Abs. 1 BGB), scheidet aus, weil die Fortsetzungserklärung einseitiges Rechtsgeschäft ist (§§ 111, 180, 1367, 1831 BGB; s. allg.: Palandt/*Ellenberger*, 74. Aufl. 2015, § 182 Rn 5; anders als hier: Prölss/Martin/*Voit*, § 207 Rn 11 [Genehmigung auch nach Fristablauf]).

4 Mit der Begründung, dass „*das Versicherungsverhältnis mit dem Tode des VN*" ende und dass „*der weitere Versicherungsschutz [vom Todeszeitpunkt an] auf dem VV mit dem neuen VN*" beruhe, hält die Literatur teilweise eine **Rückwärtsversicherung unter Abbedingung des § 2 Abs. 2 S. 2 VVG** für gegeben (Rüffer/Halbach/Schimikowski/*Rogler*, § 207 Rn 15). Dem ist nicht zu folgen. Bereits der Begriff der **Fortsetzung** impliziert, dass das bisherige Versicherungsverhältnis aufrechterhalten bleibt. Die Ausübung des Fortsetzungsrechts wirkt auf den Todeszeitpunkt zurück. Da der ursprüngliche Krankenversicherungsvertrag fortbesteht, kommen nach dem Tode **weder vorvertragliche Anzeigepflichten** in Betracht (§§ 19 ff. VVG) **noch neue Wartezeiten** (Prölss/Martin/*Voit*, § 207 Rn 7). Umgekehrt bleiben auch die Rechte des VR (Rücktritt, Kündigung, Anfechtung usw.) unberührt (Prölss/Martin/*Voit*, § 207 Rn 8).

2. Fristgerechte Fortsetzungserklärung

5 Das Fortsetzungsrecht muss **binnen zwei Monaten** nach dem Tode des VN ggü. dem VR ausgeübt werden. Innerhalb dieser Frist muss auch der neue VN benannt werden (Rüffer/Halbach/Schimikowski/*Rogler*, § 207 Rn 12; Looschelders/Pohlmann/*Reinhard*, § 207 Rn 7; BK/*Hohlfeld*, § 178n Rn 3; **a.A.**: Prölss/Martin/*Voit*, § 207 Rn 6, der eine Genehmigung nach Fristablauf für zulässig hält).

II. Fortsetzung des Versicherungsverhältnisses im Kündigungsfall (§ 207 Abs. 2 VVG)

6 § 207 Abs. 2 S. 1 VVG erklärt § 207 Abs. 1 VVG im Fall einer (ordentlichen oder außerordentlichen) Kündigung des VN für entsprechend anwendbar. Daher kann eine (bisher) versicherte Person das insgesamt oder nur im Hinblick auf sie selbst gekündigte Versicherungsverhältnis auf eigene Rechnung als VN fortsetzen.

7 § 207 Abs. 2 S. 2 VVG bindet die Wirksamkeit der Kündigung durch den VN an die **Kenntnis der versicherten Person**; kündigt der VR für eine einzelne versicherte Person, brauchen die anderen versicherten Personen jedoch nicht in Kenntnis gesetzt zu werden.

Nach § 13 Abs. 10 S. 3 MB/KK wird die Kündigung nur wirksam, wenn den VN den Nachweis führt, dass die betroffenen versicherten Personen von der Kündigungserklärung Kenntnis erlangt haben. Darin liegt keine unangemessene Benachteiligung (§ 307 Abs. 1 S. 1, Abs. 2 Nr. 1 BGB) des VN (BGH, VersR 2013, 305). Der BGH hält die Klausel für klar und verständlich (BGH, VersR 2013, 305, Rn 25) und interpretiert sie so, dass der Nachweis „*spätestens [bei]* [...] *Ablauf der Kündigungsfrist*" vorliegen muss (BGH, VersR 2013, 305, Rn 26) und dass „*die Beibringung eines nachvollziehbaren Belegs, etwa die Mitunterzeichnung der Kündigung durch die versicherte Person*" ausreicht (BGH, VersR 2013, 305, Rn 22). Der VR ist nach Treu und Glauben (§ 242 BGB) verpflichtet, den VN darauf hinzuweisen, dass eine von diesem erklärte Kündigung mangels Nachweises der Kenntnis der versicherten Person unwirksam ist (BGH, VersR 2013, 305, Ls 2). Unterlässt er einen gebotenen Hinweis, haftet er ggf. auf Schadensersatz (BGH, VersR 2013, 305, Rn 29). Bedenken im Hinblick auf die Kompatibilität der in § 207 Abs. 2 S. 2 VVG nicht vorgesehenen Nachweispflicht mit § 208 S. 1 VVG hat der BGH nicht, obwohl sie eine „*über [den]* [...] *Wortlaut [des § 207 Abs. 2 S. 2 VVG] hinausgehende Voraussetzung*" verkörpert (BGH, VersR 2013, 305, Rn 22, mit dem Hinweis, dass man die frühere Nachweispflicht in § 178n VVG a.F. unverändert übernehmen wollte; s. auch: Looschelders/Pohlmann/*Reinhard*, § 207 Rn 9 [Korrekturbedürftiges Redaktionsversehen des Gesetzgebers]).

Bezieht sich die Kündigung auf einen **Gruppenversicherungsvertrag** (Begriff: *Millauer*, Rechtsgrundsätze der Gruppenversicherung, 1954, S. 13 f.; *Herdter*, Der Gruppenversicherungsvertrag, 2010, S. 33 ff.) und wird kein neuer VN benannt, sind die versicherten Personen berechtigt, das Versicherungsverhältnis unter Anrechnung der aus dem VV erworbenen Rechte und (ggf.) der Alterungsrückstellung zu den Bedingungen einer Einzelversicherung fortzusetzen (§ 207 Abs. 2 S. 3 VVG). Das Recht nach § 207 Abs. 2 S. 3 VVG endet zwei Monate nach dem Zeitpunkt, zu dem die versicherte Person von diesem Recht Kenntnis erlangt hat (§ 207 Abs. 2 S. 4 VVG). Die Fortsetzung als Einzelversicherung wird regelmäßig mit gewissen Nachteilen ggü. der bisherigen Gruppenversicherung einhergehen. 8

III. Fortsetzung des Versicherungsverhältnisses bei Umzug ins EU- oder EWR-Ausland (§ 207 Abs. 3 VVG)

§ 207 Abs. 3 VVG erstreckt die ausnahmslose (inländische) **Portabilität einer in Deutschland abgeschlossenen Krankenversicherung** auch auf den Fall, dass die versicherte Person ihren Lebensmittelpunkt innerhalb des Europäischen Wirtschaftsraums verlegt (Begr. BT-Drucks 12/6959, S. 107; siehe auch: § 1 Abs. 5 MB/KK 2009; bei Umzügen in Drittländer: § 15 Abs. 3 MB/KK 2009). 9

C. Abdingbarkeit

Die Vorschrift ist gem. § 208 S. 1 VVG **halbzwingend**, sodass die Parteien keine zum Nachteil des VN oder der versicherten Personen abweichende Vereinbarung treffen können. 10

§ 207 Abs. 1 und 2 VVG stimmt im Kern mit §§ 13 Abs. 10, 15 Abs. 1 MB/KK 2009 überein.

§ 208 VVG   Abweichende Vereinbarungen

Von den §§ 194 bis 199 und 201 bis 207 kann nicht zum Nachteil des Versicherungsnehmers oder der versicherten Person abgewichen werden. Für die Kündigung des Versicherungsnehmers nach § 205 kann die Schrift- oder die Textform vereinbart werden.

Übersicht

	Rdn
A. Normzweck	1
B. Norminhalt	3
I. Halbzwingende Vorschriften (§ 208 S. 1 VVG)	3
II. Formvorschriften für die Kündigung (§ 208 S. 2 VVG)	5

A. Normzweck

1 **Halbzwingende Vorschriften** enthielt bereits das VVG vom 30.5.1908 (RGBl. S. 263). Durch die Verordnung zur Vereinheitlichung des Rechts der Vertragsversicherung vom 19.12.1939 (RGBl. S. 2443) wurden sie jeweils am Ende eines Titels vereinigt. Dementsprechend fasst auch § 208 S. 1 VVG die halbzwingenden Vorschriften über die Krankenversicherung (§§ 194 bis 199, 201 bis 207 VVG) unter der Überschrift „Abweichende Vereinbarungen" zusammen. Mit der Reform – nach § 178o VVG a.F. konnte sich der VR auf eine Vereinbarung „zum Nachteil des Betroffenen [nur] ... nicht berufen" – ist die Klarstellung verbunden, dass zum Nachteil des VN abweichende Vereinbarungen nichtig sind (**a.A.** Rüffer/Halbach/Schimikowski/*Rogler*, § 208 Rn 5). Daraus folgt, dass sich auch der VN nicht (mehr) auf eine für ihn nachteilige Regelung berufen könnte.

2 Halbzwingende Vorschriften schränken die Privatautonomie der Parteien ein; sie tragen der Tatsache Rechnung, dass die **Richtigkeitsgewähr der Verträge** (vgl. *Schmidt-Rimpler*, AcP 147 [1941], 130 ff.) im Privatversicherungsrecht im Regelfall **nicht gewährleistet** ist. Vielmehr gilt es, den strukturell unterlegenen (Begriff: BVerfG, NJW 1994, 36, 38) und schwächeren (Motive, Nachdruck 1963, S. 63) VN – über die Kontrolle Allgemeiner Versicherungsbedingungen (§§ 305 ff. BGB) hinaus – vor Parteivereinbarungen zu schützen, die einseitig die Interessen des VR verwirklichen würden. Halbzwingend bedeutet dabei, dass die Parteien für den VN günstigere, aber keine für ihn ungünstigeren Regelungen treffen dürfen.

B. Norminhalt

I. Halbzwingende Vorschriften (§ 208 S. 1 VVG)

3 Halbzwingend sind §§ **194 bis 199 VVG und** §§ **201 bis 207 VVG**.

§ 208 VVG stellt ausdrücklich klar, dass auch abweichende Vereinbarungen zum Nachteil der versicherten Person ausgeschlossen sind, die nicht VN ist (Begr. BT-Drucks 16/3945, S. 115).

II. Formvorschriften für die Kündigung (§ 208 S. 2 VVG)

Die **Kündigung des VN (§ 205 VVG)** kann an eine gewillkürte Form gebunden werden. Das entspricht den Parallelvorschriften in der Lebensversicherung (§§ 171 Abs. 1 S. 2, 168 VVG). Die Freiheit der Formenwahl beschränkt sich gem. § 208 S. 2 VVG auf die **Textform (§§ 127 Abs. 1, 126b BGB)** und **Schriftform (§§ 127 Abs. 1, 126 BGB)**, sodass die Parteien weder eine strengere Form (§§ 128 f. BGB) verabreden, noch die vorgesehene Form auf bestimmte Formvarianten, bspw. die Schriftform auf die Form eines Einschreibens reduzieren können. Nach §§ 126 Abs. 3, 126a Abs. 1 BGB wird die vereinbarte Schriftform auch durch die elektronische Form erfüllt.

Haben die Parteien **Schriftform** verabredet, so reicht gem. § 127 Abs. 2 BGB im Regelfall auch ein via Telekommunikation übermitteltes Dokument, d.h. eine als E-Mail, Telefax oder Telegramm aufgesetzte Kündigung (s. allg.: Palandt/*Ellenberger*, § 127 BGB Rn 2; im Ergb. wie hier: Prölss/Martin/*Voit*, § 208 Rn. 5). Eine eigenhändige Unterschrift (vgl. §§ 127 Abs. 1, 126 Abs. 1 BGB) ist entbehrlich. Erforderlich ist allerdings, dass sich aus der Erklärung eindeutig ergibt, wer sie abgegeben hat (Palandt/*Ellenberger*, § 127 BGB Rn 2; BGH, NJW-RR 1996, 641) und auf welches Versicherungsverhältnis sie sich bezieht.

Da **§ 16 MB/KK 2009** generell, nicht nur im Hinblick auf die Kündigung (§ 13 Abs. 1 MB/KK 2009), Schriftform vorsieht, ist er entgegen herrschender Meinung (MüKo/*Hütt*, § 208 VVG Rn 8; *Kalis*, in: Bach/Moser/, PKV, § 16 MB/KK Rn 3) gem. § 208 S. 1 VVG unwirksam. Soweit *Hütt* (MüKo/*Hütt*, § 208 VVG Rn 8) die Rechtmäßigkeit aus § 32 S. 2 VVG ableiten will, übersieht er, dass sich dieser nur auf Anzeigen nach Abschnitt 2 (§§ 19 bis 32 VVG) bezieht (i.E.: *Brömmelmeyer*, in: Bruck/Möller, § 32 Rn 23 ff.; MüKo/*Wandt*, § 32 VVG Rn 34), nicht aber auf (alle) Anzeigen und Willenserklärungen in der privaten Krankenversicherung. Andernfalls wäre die Ausnahmeregelung in § 208 S. 2 VVG auch ganz überflüssig gewesen. Soweit sich *Kalis* (*Kalis*, in: Bach/Moser, § 16 MB/KK Rn 3) auf die Rechtsprechung des BGH beruft, übersieht er, dass die vom BGH geprüften Klauseln teils nur Mitteilungen (BGH, VersR 1999, 565 ff.) und teils nur die Arbeitslosenversicherung (BGH, VersR 1999, 710 ff.) betrafen, die keine halbzwingende Regelung kennt. § 16 MB/KK 2009 ist auch deswegen unwirksam, weil er jenseits der §§ 32 S. 2, 208 S. 2 VVG eine gem. § 72 VVG unzulässige Einschränkung der Empfangsvollmacht des Versicherungsvermittlers statuiert (s. *Brömmelmeyer*, in: Bruck/Möller, § 32 Rn 27; MüKo/*Wandt*, § 32 VVG Rn 39).

Anhang 1 zu §§ 192 bis 208 VVG MB/KK 2009

Anhang 1 Musterbedingungen 2009 für die Krankheitskosten- und Krankenhaustagegeldversicherung (MB/KK 2009)

Stand: Juli 2013

Hinweis
Diese Musterbedingungen des Verbandes der Privaten Krankenversicherung e.V. (PKV) sind für die Versicherer unverbindlich; ihre Verwendung ist rein fakultativ. Abweichende Bedingungen können vereinbart werden. Abdruck mit freundlicher Genehmigung des PKV; die jeweils aktuellen Bedingungen können kostenfrei auf der Website des PKV (*www.pkv.de*) abgerufen werden.

Inhalt

Der Versicherungsschutz
- § 1 Gegenstand, Umfang und Geltungsbereich des Versicherungsschutzes
- § 2 Beginn des Versicherungsschutzes
- § 3 Wartezeiten
- § 4 Umfang der Leistungspflicht
- § 5 Einschränkung der Leistungspflicht
- § 6 Auszahlung der Versicherungsleistungen
- § 7 Ende des Versicherungsschutzes

Pflichten des Versicherungsnehmers
- § 8 Beitragszahlung
- § 8a Beitragsberechnung
- § 8b Beitragsanpassung
- § 9 Obliegenheiten
- § 10 Folgen von Obliegenheitsverletzungen
- § 11 Obliegenheiten und Folgen bei Obliegenheitsverletzungen bei Ansprüchen gegen Dritte
- § 12 Aufrechnung

Ende der Versicherung
- § 13 Kündigung durch den Versicherungsnehmer
- § 14 Kündigung durch den Versicherer
- § 15 Sonstige Beendigungsgründe

Sonstige Bestimmungen
- § 16 Willenserklärungen und Anzeigen
- § 17 Gerichtsstand
- § 18 Änderungen der Allgemeinen Versicherungsbedingungen
- § 19 Wechsel in den Standardtarif
- § 20 Wechsel in den Basistarif

Der Versicherungsschutz

§ 1 Gegenstand, Umfang und Geltungsbereich des Versicherungsschutzes

(1) Der Versicherer bietet Versicherungsschutz für Krankheiten, Unfälle und andere im Vertrag genannte Ereignisse. Er erbringt, sofern vereinbart, damit unmittelbar zusammenhängende zusätzliche Dienstleistungen. Im Versicherungsfall erbringt der Versicherer
a) in der Krankheitskostenversicherung Ersatz von Aufwendungen für Heilbehandlung und sonst vereinbarte Leistungen,
b) in der Krankenhaustagegeldversicherung bei stationärer Heilbehandlung ein Krankenhaustagegeld.

(2) Versicherungsfall ist die medizinisch notwendige Heilbehandlung einer versicherten Person wegen Krankheit oder Unfallfolgen. Der Versicherungsfall beginnt mit der Heilbehandlung; er endet, wenn nach medizinischem Befund Behandlungsbedürftigkeit nicht mehr besteht. Muss die Heilbehandlung auf eine Krankheit oder Unfallfolge ausgedehnt werden, die mit der bisher behandelten nicht ursächlich zusammenhängt, so entsteht insoweit ein neuer Versicherungsfall. Als Versicherungsfall gelten auch
a) Untersuchung und medizinisch notwendige Behandlung wegen Schwangerschaft und die Entbindung,
b) ambulante Untersuchungen zur Früherkennung von Krankheiten nach gesetzlich eingeführten Programmen (gezielte Vorsorgeuntersuchungen),
c) Tod, soweit hierfür Leistungen vereinbart sind.

(3) Der Umfang des Versicherungsschutzes ergibt sich aus dem Versicherungsschein, späteren schriftlichen Vereinbarungen, den Allgemeinen Versicherungsbedingungen (Musterbedingungen mit Anhang, Tarif mit Tarifbedingungen) sowie den gesetzlichen Vorschriften. Das Versicherungsverhältnis unterliegt deutschem Recht.

(4) Der Versicherungsschutz erstreckt sich auf Heilbehandlung in Europa. Er kann durch Vereinbarung auf außereuropäische Länder ausgedehnt werden (vgl. aber § 15 Abs. 3). Während des ersten Monats eines vorübergehenden Aufenthaltes im außereuropäischen Ausland besteht auch ohne besondere Vereinbarung Versicherungsschutz. Muss der Aufenthalt wegen notwendiger Heilbehandlung über einen Monat hinaus ausgedehnt werden, besteht Versicherungsschutz, solange die versicherte Person die Rückreise nicht ohne Gefährdung ihrer Gesundheit antreten kann, längstens aber für weitere zwei Monate.

(5) Verlegt eine versicherte Person ihren gewöhnlichen Aufenthalt in einen anderen Mitgliedstaat der Europäischen Union oder in einen anderen Vertragsstaat des Abkommens über den Europäischen Wirtschaftsraum, so setzt sich das Versicherungsverhältnis mit der Maßgabe fort, dass der Versicherer höchstens zu denjenigen Leistungen verpflichtet bleibt, die er bei einem Aufenthalt im Inland zu erbringen hätte.

(6) Der Versicherungsnehmer kann die Umwandlung der Versicherung in einen gleichartigen Versicherungsschutz verlangen, sofern die versicherte Person die Voraussetzungen für die Versicherungsfähigkeit erfüllt. Der Versicherer nimmt den Antrag auf Umwandlung in angemessener Frist an. Die erworbenen Rechte bleiben erhalten; die nach den technischen Berechnungsgrundlagen gebildete Rückstellung für das mit dem Alter der versicherten

Person wachsende Wagnis (Alterungsrückstellung) wird nach Maßgabe dieser Berechnungsgrundlagen angerechnet. Soweit der neue Versicherungsschutz höher oder umfassender ist, kann insoweit ein Risikozuschlag (§ 8a Abs. 3 und 4) verlangt oder ein Leistungsausschluss vereinbart werden; ferner sind für den hinzukommenden Teil des Versicherungsschutzes Wartezeiten (§ 3 Abs. 6) einzuhalten. Der Umwandlungsanspruch besteht bei Anwartschafts- und Ruhensversicherungen nicht, solange der Anwartschaftsgrund bzw. der Ruhensgrund nicht entfallen ist, und nicht bei befristeten Versicherungsverhältnissen[1]1.

Die Umwandlung des Versicherungsschutzes aus einem Tarif, bei dem die Beiträge geschlechtsunabhängig kalkuliert werden, in einen Tarif, bei dem dies nicht der Fall ist, ist ausgeschlossen.

Eine Umwandlung des Versicherungsschutzes in den Notlagentarif nach § 12h Versicherungsaufsichtsgesetz (VAG) ist ebenfalls ausgeschlossen.

§ 2 Beginn des Versicherungsschutzes

(1) Der Versicherungsschutz beginnt mit dem im Versicherungsschein bezeichneten Zeitpunkt (Versicherungsbeginn), jedoch nicht vor Abschluss des Versicherungsvertrages (insbesondere Zugang des Versicherungsscheines oder einer schriftlichen Annahmeerklärung) und nicht vor Ablauf von Wartezeiten. Für Versicherungsfälle, die vor Beginn des Versicherungsschutzes eingetreten sind, wird nicht geleistet. Nach Abschluss des Versicherungsvertrages eingetretene Versicherungsfälle sind nur für den Teil von der Leistungspflicht ausgeschlossen, der in die Zeit vor Versicherungsbeginn oder in Wartezeiten fällt. Bei Vertragsänderungen gelten die Sätze 1 bis 3 für den hinzukommenden Teil des Versicherungsschutzes.

(2) Bei Neugeborenen beginnt der Versicherungsschutz ohne Risikozuschläge und ohne Wartezeiten ab Vollendung der Geburt, wenn am Tage der Geburt ein Elternteil mindestens drei Monate beim Versicherer versichert ist und die Anmeldung zur Versicherung spätestens zwei Monate nach dem Tage der Geburt rückwirkend erfolgt. Der Versicherungsschutz darf nicht höher oder umfassender als der eines versicherten Elternteils sein.

(3) Der Geburt eines Kindes steht die Adoption gleich, sofern das Kind im Zeitpunkt der Adoption noch minderjährig ist. Mit Rücksicht auf ein erhöhtes Risiko ist die Vereinbarung eines Risikozuschlages bis zur einfachen Beitragshöhe zulässig.

§ 3 Wartezeiten

(1) Die Wartezeiten rechnen vom Versicherungsbeginn an.

(2) Die allgemeine Wartezeit beträgt drei Monate.

Sie entfällt
a) bei Unfällen;
b) für den Ehegatten oder den Lebenspartner gemäß § 1 Lebenspartnerschaftsgesetz einer mindestens seit drei Monaten versicherten Person, sofern eine gleichartige Versicherung

---

1 Die BaFin vertritt die Auffassung, dass der VN gemäß § 178 f VVG a.F. einen Anspruch auf Umwandlung einer Anwartschafts- oder Ruhensversicherung bezüglich eines Tarifs in eine solche bezüglich eines anderen Tarifs mit gleichartigem Versicherungsschutz habe; die Regelung also gegen § 178 o VVG a.F. verstoße.

innerhalb zweier Monate nach der Eheschließung bzw. Eintragung der Lebenspartnerschaft beantragt wird.

(3) Die besonderen Wartezeiten betragen für Entbindung, Psychotherapie, Zahnbehandlung, Zahnersatz und Kieferorthopädie acht Monate.

(4) Sofern der Tarif es vorsieht, können die Wartezeiten auf Grund besonderer Vereinbarung erlassen werden, wenn ein ärztliches Zeugnis über den Gesundheitszustand vorgelegt wird.

(5) Personen, die aus der gesetzlichen Krankenversicherung oder aus einem anderen Vertrag über eine Krankheitskostenvollversicherung ausgeschieden sind, wird die nachweislich dort ununterbrochen zurückgelegte Versicherungszeit auf die Wartezeiten angerechnet. Voraussetzung ist, dass die Versicherung spätestens zwei Monate nach Beendigung der Vorversicherung beantragt wurde und der Versicherungsschutz in Abweichung von § 2 Abs. 1 im unmittelbaren Anschluss beginnen soll. Entsprechendes gilt beim Ausscheiden aus einem öffentlichen Dienstverhältnis mit Anspruch auf Heilfürsorge.

(6) Bei Vertragsänderungen gelten die Wartezeitregelungen für den hinzukommenden Teil des Versicherungsschutzes.

§ 4 Umfang der Leistungspflicht

(1) Art und Höhe der Versicherungsleistungen ergeben sich aus dem Tarif mit Tarifbedingungen.

(2) Der versicherten Person steht die Wahl unter den niedergelassenen approbierten Ärzten und Zahnärzten frei. Soweit die Tarifbedingungen nichts anderes bestimmen, dürfen Heilpraktiker im Sinne des deutschen Heilpraktikergesetzes in Anspruch genommen werden.

(3) Arznei-, Verband-, Heil- und Hilfsmittel müssen von den in Abs. 2 genannten Behandelnden verordnet, Arzneimittel außerdem aus der Apotheke bezogen werden.

(4) Bei medizinisch notwendiger stationärer Heilbehandlung hat die versicherte Person freie Wahl unter den öffentlichen und privaten Krankenhäusern, die unter ständiger ärztlicher Leitung stehen, über ausreichende diagnostische und therapeutische Möglichkeiten verfügen und Krankengeschichten führen.

(5) Für medizinisch notwendige stationäre Heilbehandlung in Krankenanstalten, die auch Kuren bzw. Sanatoriumsbehandlung durchführen oder Rekonvaleszenten aufnehmen, im übrigen aber die Voraussetzungen von Abs. 4 erfüllen, werden die tariflichen Leistungen nur dann gewährt, wenn der Versicherer diese vor Beginn der Behandlung schriftlich zugesagt hat. Bei Tbc-Erkrankungen wird in vertraglichem Umfange auch für die stationäre Behandlung in Tbc-Heilstätten und -Sanatorien geleistet.

(6) Der Versicherer leistet im vertraglichen Umfang für Untersuchungs- oder Behandlungsmethoden und Arzneimittel, die von der Schulmedizin überwiegend anerkannt sind. Er leistet darüber hinaus für Methoden und Arzneimittel, die sich in der Praxis als ebenso erfolgversprechend bewährt haben oder die angewandt werden, weil keine schulmedizinischen Methoden oder Arzneimittel zur Verfügung stehen; der Versicherer kann jedoch seine Leistungen auf den Betrag herabsetzen, der bei der Anwendung vorhandener schulmedizinischer Methoden oder Arzneimittel angefallen wäre.

(7) Vor Beginn einer Heilbehandlung, deren Kosten voraussichtlich 2000 Euro überschreiten werden, kann der Versicherungsnehmer in Textform Auskunft über den Umfang des Versicherungsschutzes für die beabsichtigte Heilbehandlung verlangen. Der Versicherer erteilt die Auskunft spätestens nach vier Wochen; ist die Durchführung der Heilbehandlung dringend, wird die Auskunft unverzüglich, spätestens nach zwei Wochen erteilt. Der Versicherer geht dabei auf einen vorgelegten Kostenvoranschlag und andere Unterlagen ein. Die Frist beginnt mit Eingang des Auskunftsverlangens beim Versicherer. Ist die Auskunft innerhalb der Frist nicht erteilt, wird bis zum Beweis des Gegenteils durch den Versicherer vermutet, dass die beabsichtigte medizinische Heilbehandlung notwendig ist.

(8) Der Versicherer gibt auf Verlangen des Versicherungsnehmers oder der versicherten Person Auskunft über und Einsicht in Gutachten oder Stellungnahmen, die der Versicherer bei der Prüfung der Leistungspflicht über die Notwendigkeit einer medizinischen Behandlung eingeholt hat. Wenn der Auskunft an oder der Einsicht durch den Versicherungsnehmer oder die versicherte Person erhebliche therapeutische Gründe oder sonstige erhebliche Gründe entgegenstehen, kann nur verlangt werden, einem benannten Arzt oder Rechtsanwalt Auskunft oder Einsicht zu geben. Der Anspruch kann nur von der jeweils betroffenen Person oder ihrem gesetzlichen Vertreter geltend gemacht werden. Hat der Versicherungsnehmer das Gutachten oder die Stellungnahme auf Veranlassung des Versicherers eingeholt, erstattet der Versicherer die entstandenen Kosten.

§ 5 Einschränkung der Leistungspflicht

(1) Keine Leistungspflicht besteht
a) für solche Krankheiten einschließlich ihrer Folgen sowie für Folgen von Unfällen und für Todesfälle, die durch Kriegsereignisse verursacht oder als Wehrdienstbeschädigung anerkannt und nicht ausdrücklich in den Versicherungsschutz eingeschlossen sind;
b) für auf Vorsatz beruhende Krankheiten und Unfälle einschließlich deren Folgen sowie für Entziehungsmaßnahmen einschließlich Entziehungskuren;
c) für Behandlung durch Ärzte, Zahnärzte, Heilpraktiker und in Krankenanstalten, deren Rechnungen der Versicherer aus wichtigem Grunde von der Erstattung ausgeschlossen hat, wenn der Versicherungsfall nach der Benachrichtigung des Versicherungsnehmers über den Leistungsausschluss eintritt. Sofern im Zeitpunkt der Benachrichtigung ein Versicherungsfall schwebt, besteht keine Leistungspflicht für die nach Ablauf von drei Monaten seit der Benachrichtigung entstandenen Aufwendungen;
d) für Kur- und Sanatoriumsbehandlung sowie für Rehabilitationsmaßnahmen der gesetzlichen Rehabilitationsträger, wenn der Tarif nichts anderes vorsieht;
e) für ambulante Heilbehandlung in einem Heilbad oder Kurort. Die Einschränkung entfällt, wenn die versicherte Person dort ihren ständigen Wohnsitz hat oder während eines vorübergehenden Aufenthaltes durch eine vom Aufenthaltszweck unabhängige Erkrankung oder einen dort eingetretenen Unfall Heilbehandlung notwendig wird;
f) –
g) für Behandlungen durch Ehegatten, Lebenspartner gemäß § 1 Lebenspartnerschaftsgesetz, Eltern oder Kinder. Nachgewiesene Sachkosten werden tarifgemäß erstattet.
h) für eine durch Pflegebedürftigkeit oder Verwahrung bedingte Unterbringung.

(2) Übersteigt eine Heilbehandlung oder sonstige Maßnahme, für die Leistungen vereinbart sind, das medizinisch notwendige Maß, so kann der Versicherer seine Leistungen auf einen angemessenen Betrag herabsetzen. Stehen die Aufwendungen für die Heilbehandlung oder sonstigen Leistungen in einem auffälligen Missverhältnis zu den erbrachten Leistungen, ist der Versicherer insoweit nicht zur Leistung verpflichtet.

(3) Besteht auch Anspruch auf Leistungen aus der gesetzlichen Unfallversicherung oder der gesetzlichen Rentenversicherung, auf eine gesetzliche Heilfürsorge oder Unfallfürsorge, so ist der Versicherer, unbeschadet der Ansprüche des Versicherungsnehmers auf Krankenhaustagegeld, nur für die Aufwendungen leistungspflichtig, welche trotz der gesetzlichen Leistungen notwendig bleiben.

(4) Hat die versicherte Person wegen desselben Versicherungsfalles einen Anspruch gegen mehrere Erstattungsverpflichtete, darf die Gesamterstattung die Gesamtaufwendungen nicht übersteigen.

§ 6 Auszahlung der Versicherungsleistungen

(1) Der Versicherer ist zur Leistung nur verpflichtet, wenn die von ihm geforderten Nachweise erbracht sind; diese werden Eigentum des Versicherers.

(2) Im Übrigen ergeben sich die Voraussetzungen für die Fälligkeit der Leistungen des Versicherers aus § 14 VVG.

(3) Der Versicherer ist verpflichtet, an die versicherte Person zu leisten, wenn der Versicherungsnehmer ihm diese in Textform als Empfangsberechtigte für deren Versicherungsleistungen benannt hat. Liegt diese Voraussetzung nicht vor, kann nur der Versicherungsnehmer die Leistung verlangen.

(4) Die in ausländischer Währung entstandenen Krankheitskosten werden zum Kurs des Tages, an dem die Belege beim Versicherer eingehen, in Euro umgerechnet.

(5) Kosten für die Überweisung der Versicherungsleistungen und für Übersetzungen können von den Leistungen abgezogen werden.

(6) Ansprüche auf Versicherungsleistungen können weder abgetreten noch verpfändet werden.

§ 7 Ende des Versicherungsschutzes

Der Versicherungsschutz endet – auch für schwebende Versicherungsfälle – mit der Beendigung des Versicherungsverhältnisses.

Pflichten des Versicherungsnehmers

§ 8 Beitragszahlung

(1) Der Beitrag ist ein Jahresbeitrag und wird vom Versicherungsbeginn an berechnet. Er ist zu Beginn eines jeden Versicherungsjahres zu entrichten, kann aber auch in gleichen monatlichen Beitragsraten gezahlt werden, die jeweils bis zur Fälligkeit der Beitragsrate als gestundet gelten. Die Beitragsraten sind am Ersten eines jeden Monats fällig. Wird der Jahresbeitrag während des Versicherungsjahres neu festgesetzt, so ist der Unterschiedsbe-

trag vom Änderungszeitpunkt an bis zum Beginn des nächsten Versicherungsjahres nachzuzahlen bzw. zurückzuzahlen.

(2) Wird der Vertrag für eine bestimmte Zeit mit der Maßgabe geschlossen, dass sich das Versicherungsverhältnis nach Ablauf dieser bestimmten Zeit stillschweigend um jeweils ein Jahr verlängert, sofern der Versicherungsnehmer nicht fristgemäß gekündigt hat, so kann der Tarif anstelle von Jahresbeiträgen Monatsbeiträge vorsehen. Diese sind am Ersten eines jeden Monats fällig.

(3) Wird der Versicherungsvertrag über eine der Erfüllung der Pflicht zur Versicherung dienende Krankheitskostenversicherung (§ 193 Abs. 3 VVG) später als einen Monat nach Entstehen der Pflicht zur Versicherung beantragt, ist ein Beitragszuschlag in Höhe eines Monatsbeitrags für jeden weiteren angefangenen Monat der Nichtversicherung zu entrichten, ab dem sechsten Monat der Nichtversicherung für jeden weiteren angefangenen Monat der Nichtversicherung ein Sechstel des Monatsbeitrags. Kann die Dauer der Nichtversicherung nicht ermittelt werden, ist davon auszugehen, dass der Versicherte mindestens fünf Jahre nicht versichert war; Zeiten vor dem 1. Januar 2009 werden nicht berücksichtigt. Der Beitragszuschlag ist einmalig zusätzlich zum laufenden Beitrag zu entrichten. Der Versicherungsnehmer kann vom Versicherer die Stundung des Beitragszuschlags verlangen, wenn den Interessen des Versicherers durch die Vereinbarung einer angemessenen Ratenzahlung Rechnung getragen werden kann. Der gestundete Betrag wird verzinst.

(4) Der erste Beitrag bzw. die erste Beitragsrate ist, sofern nicht anders vereinbart, unverzüglich nach Ablauf von zwei Wochen nach Zugang des Versicherungsscheines zu zahlen.

(5) Kommt der Versicherungsnehmer mit der Zahlung einer Beitragsrate in Verzug, so werden die gestundeten Beitragsraten des laufenden Versicherungsjahres fällig. Sie gelten jedoch erneut als gestundet, wenn der rückständige Beitragsteil einschließlich der Beitragsrate für den am Tage der Zahlung laufenden Monat und die Mahnkosten entrichtet sind.

(6) Ist der Versicherungsnehmer bei einer der Erfüllung der Pflicht zur Versicherung dienenden Krankheitskostenversicherung (§ 193 Abs. 3 VVG) mit einem Betrag in Höhe von Beitragsanteilen für zwei Monate im Rückstand, mahnt ihn der Versicherer. Der Versicherungsnehmer hat für jeden angefangenen Monat eines Beitragsrückstandes einen Säumniszuschlag von 1 % des Beitragsrückstandes sowie Mahnkosten in nachgewiesener Höhe, mindestens 5 Euro je Mahnung, zu entrichten. Ist der Beitragsrückstand einschließlich der Säumniszuschläge zwei Monate nach Zugang dieser Mahnung noch höher als der Beitragsanteil für einen Monat, mahnt der Versicherer unter Hinweis auf das mögliche Ruhen des Versicherungsvertrages ein zweites Mal.

Ist der Beitragsrückstand einschließlich der Säumniszuschläge einen Monat nach Zugang der zweiten Mahnung höher als der Beitragsanteil für einen Monat, ruht der Versicherungsvertrag ab dem ersten Tag des nachfolgenden Monats. Solange der Versicherungsvertrag ruht, gilt die versicherte Person als im Notlagentarif nach § 12h VAG versichert. Es gelten insoweit die Allgemeinen Versicherungsbedingungen für den Notlagentarif (AVB/NLT) in der jeweils geltenden Fassung.

Das Ruhen des Versicherungsvertrages tritt nicht ein oder endet, wenn der Versicherungsnehmer oder die versicherte Person hilfebedürftig im Sinne des Zweiten oder des Zwölften Buchs Sozialgesetzbuch ist oder wird. Unbeschadet davon wird der Vertrag ab dem ersten Tag des übernächsten Monats in dem Tarif fortgesetzt, in dem der Versicherungsnehmer oder die versicherte Person vor Eintritt des Ruhens versichert war, wenn alle rückständigen Prämienanteile einschließlich der Säumniszuschläge und der Beitreibungskosten gezahlt sind. In den Fällen der Sätze 7 und 8 ist der Versicherungsnehmer oder die versicherte Person so zu stellen, wie der Versicherungsnehmer oder die versicherte Person vor der Versicherung im Notlagentarif nach § 12h VAG stand, abgesehen von den während der Ruhenszeit verbrauchten Anteilen der Alterungsrückstellung. Während der Ruhenszeit vorgenommene Beitragsanpassungen und Änderungen der allgemeinen Versicherungsbedingungen in dem Tarif, in dem der Versicherungsnehmer oder die versicherte Person vor Eintritt des Ruhens versichert war, gelten ab dem Tag der Fortsetzung der Versicherung in diesem Tarif. Die Hilfebedürftigkeit ist durch eine Bescheinigung des zuständigen Trägers nach dem Zweiten oder Zwölften Buch Sozialgesetzbuch nachzuweisen; der Versicherer kann in angemessenen Abständen die Vorlage einer neuen Bescheinigung verlangen.

(7) Bei anderen als den in Abs. 6 genannten Versicherungen kann die nicht rechtzeitige Zahlung des Erstbeitrages oder eines Folgebeitrages unter den Voraussetzungen der §§ 37 und 38 VVG zum Verlust des Versicherungsschutzes führen. Ist ein Beitrag bzw. eine Beitragsrate nicht rechtzeitig gezahlt und wird der Versicherungsnehmer in Textform gemahnt, so ist er zur Zahlung der Mahnkosten verpflichtet, deren Höhe sich aus dem Tarif ergibt.

(8) Wird das Versicherungsverhältnis vor Ablauf der Vertragslaufzeit beendet, steht dem Versicherer für diese Vertragslaufzeit nur derjenige Teil des Beitrags bzw. der Beitragsrate zu, der dem Zeitraum entspricht, in dem der Versicherungsschutz bestanden hat. Wird das Versicherungsverhältnis durch Rücktritt auf Grund des § 19 Abs. 2 VVG oder durch Anfechtung des Versicherers wegen arglistiger Täuschung beendet, steht dem Versicherer der Beitrag bzw. die Beitragsrate bis zum Wirksamwerden der Rücktritts- oder Anfechtungserklärung zu. Tritt der Versicherer zurück, weil der erste Beitrag bzw. die erste Beitragsrate nicht rechtzeitig gezahlt wird, kann er eine angemessene Geschäftsgebühr verlangen.

(9) Die Beiträge sind an die vom Versicherer zu bezeichnende Stelle zu entrichten.

§ 8a Beitragsberechnung

(1) Die Berechnung der Beiträge erfolgt nach Maßgabe der Vorschriften des VAG und ist in den technischen Berechnungsgrundlagen des Versicherers festgelegt.

(2) Bei einer Änderung der Beiträge, auch durch Änderung des Versicherungsschutzes, wird das Geschlecht und das (die) bei Inkrafttreten der Änderung erreichte tarifliche Lebensalter (Lebensaltersgruppe) der versicherten Person berücksichtigt; dies gilt in Ansehung des Geschlechts nicht für Tarife, deren Beiträge geschlechtsunabhängig erhoben werden. Dabei wird dem Eintrittsalter der versicherten Person dadurch Rechnung getragen, dass eine Alterungsrückstellung gemäß den in den technischen Berechnungsgrundlagen

festgelegten Grundsätzen angerechnet wird. Eine Erhöhung der Beiträge oder eine Minderung der Leistungen des Versicherers wegen des Älterwerdens der versicherten Person ist jedoch während der Dauer des Versicherungsverhältnisses ausgeschlossen, soweit eine Alterungsrückstellung zu bilden ist.

(3) Bei Beitragsänderungen kann der Versicherer auch besonders vereinbarte Risikozuschläge entsprechend ändern.

(4) Liegt bei Vertragsänderungen ein erhöhtes Risiko vor, steht dem Versicherer für den hinzukommenden Teil des Versicherungsschutzes zusätzlich zum Beitrag ein angemessener Zuschlag zu. Dieser bemisst sich nach den für den Geschäftsbetrieb des Versicherers zum Ausgleich erhöhter Risiken maßgeblichen Grundsätzen.

§ 8b Beitragsanpassung

(1) Im Rahmen der vertraglichen Leistungszusage können sich die Leistungen des Versicherers z.B. wegen steigender Heilbehandlungskosten, einer häufigeren Inanspruchnahme medizinischer Leistungen oder aufgrund steigender Lebenserwartung ändern. Dementsprechend vergleicht der Versicherer zumindest jährlich für jeden Tarif die erforderlichen mit den in den technischen Berechnungsgrundlagen kalkulierten Versicherungsleistungen und Sterbewahrscheinlichkeiten. Ergibt diese Gegenüberstellung für eine Beobachtungseinheit eines Tarifs eine Abweichung von mehr als dem gesetzlich oder tariflich festgelegten Vomhundertsatz, werden alle Beiträge dieser Beobachtungseinheit vom Versicherer überprüft und, soweit erforderlich, mit Zustimmung des Treuhänders angepasst. Unter den gleichen Voraussetzungen kann auch eine betragsmäßig festgelegte Selbstbeteiligung angepasst und ein vereinbarter Risikozuschlag entsprechend geändert werden. Im Zuge einer Beitragsanpassung werden auch der für die Beitragsgarantie im Standardtarif erforderliche Zuschlag (§ 19 Abs. 1 Satz 2) sowie der für die Beitragsbegrenzungen im Basistarif erforderliche Zuschlag (§ 20 Satz 2) mit den jeweils kalkulierten Zuschlägen verglichen, und, soweit erforderlich, angepasst.

(2) Von einer Beitragsanpassung kann abgesehen werden, wenn nach übereinstimmender Beurteilung durch den Versicherer und den Treuhänder die Veränderung der Versicherungsleistungen als vorübergehend anzusehen ist.

(3) Beitragsanpassungen sowie Änderungen von Selbstbeteiligungen und evtl. vereinbarten Risikozuschlägen werden zu Beginn des zweiten Monats wirksam, der auf die Benachrichtigung des Versicherungsnehmers folgt.

§ 9 Obliegenheiten

(1) Jede Krankenhausbehandlung ist binnen 10 Tagen nach ihrem Beginn anzuzeigen.

(2) Der Versicherungsnehmer und die als empfangsberechtigt benannte versicherte Person (vgl. § 6 Abs. 3) haben auf Verlangen des Versicherers jede Auskunft zu erteilen, die zur Feststellung des Versicherungsfalles oder der Leistungspflicht des Versicherers und ihres Umfanges erforderlich ist.

(3) Auf Verlangen des Versicherers ist die versicherte Person verpflichtet, sich durch einen vom Versicherer beauftragten Arzt untersuchen zu lassen.

(4) Die versicherte Person hat nach Möglichkeit für die Minderung des Schadens zu sorgen und alle Handlungen zu unterlassen, die der Genesung hinderlich sind.

(5) Wird für eine versicherte Person bei einem weiteren Versicherer ein Krankheitskostenversicherungsvertrag abgeschlossen oder macht eine versicherte Person von der Versicherungsberechtigung in der gesetzlichen Krankenversicherung Gebrauch, ist der Versicherungsnehmer verpflichtet, den Versicherer von der anderen Versicherung unverzüglich zu unterrichten.

(6) Eine weitere Krankenhaustagegeldversicherung darf nur mit Einwilligung des Versicherers abgeschlossen werden.

§ 10 Folgen von Obliegenheitsverletzungen

(1) Der Versicherer ist mit den in § 28 Abs. 2 bis 4 VVG vorgeschriebenen Einschränkungen ganz oder teilweise von der Verpflichtung zur Leistung frei, wenn eine der in § 9 Abs. 1 bis 6 genannten Obliegenheiten verletzt wird.

(2) Wird eine der in § 9 Abs. 5 und 6 genannten Obliegenheiten verletzt, so kann der Versicherer ein Versicherungsverhältnis, das nicht der Erfüllung der Pflicht zur Versicherung (§ 193 Abs. 3 VVG) dient, unter der Voraussetzung des § 28 Abs. 1 VVG innerhalb eines Monats nach dem Bekanntwerden der Obliegenheitsverletzung ohne Einhaltung einer Frist auch kündigen.

(3) Die Kenntnis und das Verschulden der versicherten Person stehen der Kenntnis und dem Verschulden des Versicherungsnehmers gleich.

§ 11 Obliegenheiten und Folgen bei Obliegenheitsverletzungen bei Ansprüchen gegen Dritte

(1) Hat der Versicherungsnehmer oder eine versicherte Person Ersatzansprüche gegen Dritte, so besteht, unbeschadet des gesetzlichen Forderungsüberganges gemäß § 86 VVG, die Verpflichtung, diese Ansprüche bis zur Höhe, in der aus dem Versicherungsvertrag Ersatz (Kostenerstattung sowie Sach- und Dienstleistung) geleistet wird, an den Versicherer schriftlich abzutreten.

(2) Der Versicherungsnehmer oder die versicherte Person hat seinen (ihren) Ersatzanspruch oder ein zur Sicherung dieses Anspruchs dienendes Recht unter Beachtung der geltenden Form- und Fristvorschriften zu wahren und bei dessen Durchsetzung durch den Versicherer soweit erforderlich mitzuwirken.

(3) Verletzt der Versicherungsnehmer oder eine versicherte Person vorsätzlich die in den Absätzen 1 und 2 genannten Obliegenheiten, ist der Versicherer zur Leistung insoweit nicht verpflichtet, als er infolge dessen keinen Ersatz von dem Dritten erlangen kann. Im Falle einer grob fahrlässigen Verletzung der Obliegenheit ist der Versicherer berechtigt, seine Leistung in einem der Schwere des Verschuldens entsprechenden Verhältnis zu kürzen.

(4) Steht dem Versicherungsnehmer oder einer versicherten Person ein Anspruch auf Rückzahlung ohne rechtlichen Grund gezahlter Entgelte gegen den Erbringer von Leistungen zu, für die der Versicherer auf Grund des Versicherungsvertrages Erstattungsleistungen erbracht hat, sind die Absätze 1 bis 3 entsprechend anzuwenden.

§ 12 Aufrechnung

Der Versicherungsnehmer kann gegen Forderungen des Versicherers nur aufrechnen, soweit die Gegenforderung unbestritten oder rechtskräftig festgestellt ist. Gegen eine Forderung aus der Beitragspflicht kann jedoch ein Mitglied eines Versicherungsvereins nicht aufrechnen.

Ende der Versicherung

§ 13 Kündigung durch den Versicherungsnehmer

(1) Der Versicherungsnehmer kann das Versicherungsverhältnis zum Ende eines jeden Versicherungsjahres, frühestens aber zum Ablauf einer vereinbarten Vertragsdauer von bis zu zwei Jahren, mit einer Frist von drei Monaten kündigen.

(2) Die Kündigung kann auf einzelne versicherte Personen oder Tarife beschränkt werden.

(3) Wird eine versicherte Person kraft Gesetzes in der gesetzlichen Krankenversicherung versicherungspflichtig, so kann der Versicherungsnehmer binnen drei Monaten nach Eintritt der Versicherungspflicht eine Krankheitskostenversicherung oder eine dafür bestehende Anwartschaftsversicherung rückwirkend zum Eintritt der Versicherungspflicht kündigen. Die Kündigung ist unwirksam, wenn der Versicherungsnehmer den Eintritt der Versicherungspflicht nicht innerhalb von zwei Monaten nachweist, nachdem der Versicherer ihn hierzu in Textform aufgefordert hat, es sei denn, der Versicherungsnehmer hat die Versäumung dieser Frist nicht zu vertreten. Macht der Versicherungsnehmer von seinem Kündigungsrecht Gebrauch, steht dem Versicherer der Beitrag nur bis zum Zeitpunkt des Eintritts der Versicherungspflicht zu. Später kann der Versicherungsnehmer die Krankheitskostenversicherung oder eine dafür bestehende Anwartschaftsversicherung zum Ende des Monats kündigen, in dem er den Eintritt der Versicherungspflicht nachweist. Dem Versicherer steht der Beitrag in diesem Fall bis zum Ende des Versicherungsvertrages zu. Der Versicherungspflicht steht gleich der gesetzliche Anspruch auf Familienversicherung oder der nicht nur vorübergehende Anspruch auf Heilfürsorge aus einem beamtenrechtlichen oder ähnlichen Dienstverhältnis.

(4) Hat eine Vereinbarung im Versicherungsvertrag zur Folge, dass bei Erreichen eines bestimmten Lebensalters oder bei Eintritt anderer dort genannter Voraussetzungen der Beitrag für ein anderes Lebensalter oder eine andere Altersgruppe gilt oder der Beitrag unter Berücksichtigung einer Alterungsrückstellung berechnet wird, kann der Versicherungsnehmer das Versicherungsverhältnis hinsichtlich der betroffenen versicherten Person binnen zwei Monaten nach der Änderung zum Zeitpunkt deren Inkrafttretens kündigen, wenn sich der Beitrag durch die Änderung erhöht.

(5) Erhöht der Versicherer die Beiträge aufgrund der Beitragsanpassungsklausel oder vermindert er seine Leistungen gemäß § 18 Abs. 1, so kann der Versicherungsnehmer das Versicherungsverhältnis hinsichtlich der betroffenen versicherten Person innerhalb von zwei Monaten nach Zugang der Änderungsmitteilung zum Zeitpunkt des Wirksamwerdens der Änderung kündigen. Bei einer Beitragserhöhung kann der Versicherungsnehmer das Versicherungsverhältnis auch bis und zum Zeitpunkt des Wirksamwerdens der Erhöhung kündigen.

(6) Der Versicherungsnehmer kann, sofern der Versicherer die Anfechtung, den Rücktritt oder die Kündigung nur für einzelne versicherte Personen oder Tarife erklärt, innerhalb von zwei Wochen nach Zugang dieser Erklärung die Aufhebung des übrigen Teils der Versicherung zum Schlusse des Monats verlangen, in dem ihm die Erklärung des Versicherers zugegangen ist, bei Kündigung zu dem Zeitpunkt, in dem diese wirksam wird.

(7) Dient das Versicherungsverhältnis der Erfüllung der Pflicht zur Versicherung (§ 193 Abs. 3 VVG), setzt die Kündigung nach den Absätzen 1, 2, 4, 5 und 6 voraus, dass für die versicherte Person bei einem anderen Versicherer ein neuer Vertrag abgeschlossen wird, der den Anforderungen an die Pflicht zur Versicherung genügt. Die Kündigung wird nur wirksam, wenn der Versicherungsnehmer innerhalb von zwei Monaten nach der Kündigungserklärung nachweist, dass die versicherte Person bei einem neuen Versicherer ohne Unterbrechung versichert ist; liegt der Zeitpunkt, zu dem die Kündigung ausgesprochen wurde, mehr als zwei Monate nach der Kündigungserklärung, muss der Nachweis bis zu diesem Zeitpunkt erbracht werden.

(8) Bei Kündigung einer Krankheitskostenvollversicherung und gleichzeitigem Abschluss eines neuen substitutiven Vertrages (§ 195 Abs. 1 VVG) kann der Versicherungsnehmer verlangen, dass der Versicherer die kalkulierte Alterungsrückstellung der versicherten Person in Höhe des nach dem 31. Dezember 2008 ab Beginn der Versicherung im jeweiligen Tarif aufgebauten Übertragungswertes nach Maßgabe von § 12 Abs. 1 Nr. 5 VAG auf deren neuen Versicherer überträgt. Dies gilt nicht für vor dem 1. Januar 2009 abgeschlossene Verträge.

(9) Bestehen bei Beendigung des Versicherungsverhältnisses Beitragsrückstände, kann der Versicherer den Übertragungswert bis zum vollständigen Beitragsausgleich zurückbehalten.

(10) Kündigt der Versicherungsnehmer das Versicherungsverhältnis insgesamt oder für einzelne versicherte Personen, haben die versicherten Personen das Recht, das Versicherungsverhältnis unter Benennung des künftigen Versicherungsnehmers fortzusetzen. Die Erklärung ist innerhalb zweier Monate nach der Kündigung abzugeben. Die Kündigung ist nur wirksam, wenn der Versicherungsnehmer nachweist, dass die betroffenen versicherten Personen von der Kündigungserklärung Kenntnis erlangt haben.

(11) Soweit die Krankenversicherung nach Art der Lebensversicherung betrieben wird, haben der Versicherungsnehmer und die versicherten Personen das Recht, einen gekündigten Vertrag in Form einer Anwartschaftsversicherung fortzusetzen.

§ 14 Kündigung durch den Versicherer

(1) In einer der Erfüllung der Pflicht zur Versicherung dienenden Krankheitskostenversicherung (§ 193 Abs. 3 VVG) sowie in der substitutiven Krankheitskostenversicherung gemäß § 195 Abs. 1 VVG ist das ordentliche Kündigungsrecht ausgeschlossen. Dies gilt auch für eine Krankenhaustagegeldversicherung, die neben einer Krankheitskostenvollversicherung besteht.

(2) Liegen bei einer Krankenhaustagegeldversicherung oder einer Krankheitskostenteilversicherung die Voraussetzungen nach Abs. 1 nicht vor, so kann der Versicherer das Versiche-

rungsverhältnis nur innerhalb der ersten drei Versicherungsjahre mit einer Frist von drei Monaten zum Ende eines Versicherungsjahres kündigen.

(3) Die gesetzlichen Bestimmungen über das außerordentliche Kündigungsrecht bleiben unberührt.

(4) Die Kündigung kann auf einzelne versicherte Personen oder Tarife beschränkt werden.

(5) Kündigt der Versicherer das Versicherungsverhältnis insgesamt oder für einzelne versicherte Personen, gilt § 13 Abs. 10 Sätze 1 und 2 entsprechend.

§ 15 Sonstige Beendigungsgründe

(1) Das Versicherungsverhältnis endet mit dem Tod des Versicherungsnehmers. Die versicherten Personen haben jedoch das Recht, das Versicherungsverhältnis unter Benennung des künftigen Versicherungsnehmers fortzusetzen. Die Erklärung ist innerhalb zweier Monate nach dem Tode des Versicherungsnehmers abzugeben.

(2) Beim Tod einer versicherten Person endet insoweit das Versicherungsverhältnis.

(3)[2] Verlegt eine versicherte Person ihren gewöhnlichen Aufenthalt in einen anderen Staat als die in § 1 Absatz 5 genannten, endet insoweit das Versicherungsverhältnis, es sei denn, dass es aufgrund einer anderweitigen Vereinbarung fortgesetzt wird. Der Versicherer kann im Rahmen dieser anderweitigen Vereinbarung einen angemessenen Beitragszuschlag verlangen. Bei nur vorübergehender Verlegung des gewöhnlichen Aufenthaltes in einen anderen Staat als die in § 1 Abs. 5 genannten kann verlangt werden, das Versicherungsverhältnis in eine Anwartschaftsversicherung umzuwandeln.

Sonstige Bestimmungen

§ 16 Willenserklärungen und Anzeigen

Willenserklärungen und Anzeigen gegenüber dem Versicherer bedürfen der Schriftform, sofern nicht ausdrücklich Textform vereinbart ist.

§ 17 Gerichtsstand

(1) Für Klagen aus dem Versicherungsverhältnis gegen den Versicherungsnehmer ist das Gericht des Ortes zuständig, an dem der Versicherungsnehmer seinen Wohnsitz oder in Ermangelung eines solchen seinen gewöhnlichen Aufenthalt hat.

(2) Klagen gegen den Versicherer können bei dem Gericht am Wohnsitz oder gewöhnlichen Aufenthalt des Versicherungsnehmers oder bei dem Gericht am Sitz des Versicherers anhängig gemacht werden.

(3) Verlegt der Versicherungsnehmer nach Vertragsschluss seinen Wohnsitz oder gewöhnlichen Aufenthalt in einen Staat, der nicht Mitgliedstaat der Europäischen Union oder Vertragsstaat des Abkommens über den Europäischen Wirtschaftsraum ist, oder ist sein Wohnsitz oder gewöhnlicher Aufenthalt im Zeitpunkt der Klageerhebung nicht bekannt, ist das Gericht am Sitz des Versicherers zuständig.

---

2 unverbindliche Empfehlung

§ 18 Änderungen der Allgemeinen Versicherungsbedingungen

(1) Bei einer nicht nur als vorübergehend anzusehenden Veränderung der Verhältnisse des Gesundheitswesens können die Allgemeinen Versicherungsbedingungen und die Tarifbestimmungen den veränderten Verhältnissen angepasst werden, wenn die Änderungen zur hinreichenden Wahrung der Belange der Versicherungsnehmer erforderlich erscheinen und ein unabhängiger Treuhänder die Voraussetzungen für die Änderungen überprüft und ihre Angemessenheit bestätigt hat. Die Änderungen werden zu Beginn des zweiten Monats wirksam, der auf die Mitteilung der Änderungen und der hierfür maßgeblichen Gründe an den Versicherungsnehmer folgt.

(2) Ist eine Bestimmung in den Allgemeinen Versicherungsbedingungen durch höchstrichterliche Entscheidung oder durch einen bestandskräftigen Verwaltungsakt für unwirksam erklärt worden, kann sie der Versicherer durch eine neue Regelung ersetzen, wenn dies zur Fortführung des Vertrags notwendig ist oder wenn das Festhalten an dem Vertrag ohne neue Regelung für eine Vertragspartei auch unter Berücksichtigung der Interessen der anderen Vertragspartei eine unzumutbare Härte darstellen würde. Die neue Regelung ist nur wirksam, wenn sie unter Wahrung des Vertragsziels die Belange der Versicherungsnehmer angemessen berücksichtigt. Sie wird zwei Wochen, nachdem die neue Regelung und die hierfür maßgeblichen Gründe dem Versicherungsnehmer mitgeteilt worden sind, Vertragsbestandteil.

§ 19 Wechsel in den Standardtarif

(1) Der Versicherungsnehmer kann verlangen, dass versicherte Personen seines Vertrages, die die in § 257 Abs. 2a Nr. 2, 2 a und 2 b SGB V in der bis zum 31. Dezember 2008 geltenden Fassung genannten Voraussetzungen erfüllen, in den Standardtarif mit Höchstbeitragsgarantie wechseln können. Zur Gewährleistung dieser Beitragsgarantie wird der in den technischen Berechnungsgrundlagen festgelegte Zuschlag erhoben. Neben dem Standardtarif darf gemäß Nr. 1 Abs. 5 und Nr. 9 der Tarifbedingungen für den Standardtarif für eine versicherte Person keine weitere Krankheitskostenteil- oder -vollversicherung bestehen. Der Wechsel ist jederzeit nach Erfüllung der gesetzlichen Voraussetzungen möglich; die Versicherung im Standardtarif beginnt zum Ersten des Monats, der auf den Antrag des Versicherungsnehmers auf Wechsel in den Standardtarif folgt.

(2) Absatz 1 gilt nicht für ab dem 1. Januar 2009 abgeschlossene Verträge.

§ 20 Wechsel in den Basistarif

Der Versicherungsnehmer kann verlangen, dass versicherte Personen seines Vertrages in den Basistarif mit Höchstbeitragsgarantie und Beitragsminderung bei Hilfebedürftigkeit wechseln können, wenn der erstmalige Abschluss der bestehenden Krankheitskostenvollversicherung ab dem 1. Januar 2009 erfolgte oder die versicherte Person das 55. Lebensjahr vollendet hat oder das 55. Lebensjahr noch nicht vollendet hat, aber die Voraussetzungen für den Anspruch auf eine Rente der gesetzlichen Rentenversicherung erfüllt und diese Rente beantragt hat oder ein Ruhegehalt nach beamtenrechtlichen oder vergleichbaren Vorschriften bezieht oder hilfebedürftig nach dem Zweiten oder Zwölften Buch Sozialgesetzbuch ist. Zur Gewährleistung dieser Beitragsbegrenzungen wird der in den technischen Berechnungsgrundlagen festgelegte Zuschlag erhoben. § 19 Abs. 1 Satz 4 gilt entsprechend.

Anhang 2 Musterbedingungen 2009 für die Krankheitskosten- und Krankenhaustagegeldversicherung (MB/KK 2009) ab Januar 2017

Stand (Entwurf): Juli 2016, Geltung ab Januar 2017

Hinweis

Diese Musterbedingungen des Verbandes der Privaten Krankenversicherung e.V. (PKV) sind für die Versicherer unverbindlich; ihre Verwendung ist rein fakultativ. Abweichende Bedingungen können vereinbart werden. Abdruck mit freundlicher Genehmigung des PKV; die jeweils aktuellen Bedingungen können kostenfrei auf der Website des PKV (www.pkv.de) abgerufen werden.

Der Versicherungsschutz

§ 1 Gegenstand, Umfang und Geltungsbereich des Versicherungsschutzes

(1) Der Versicherer bietet Versicherungsschutz für Krankheiten, Unfälle und andere im Vertrag genannte Ereignisse. Er erbringt, sofern vereinbart, damit unmittelbar zusammenhängende zusätzliche Dienstleistungen. Im Versicherungsfall erbringt der Versicherer
a) in der Krankheitskostenversicherung Ersatz von Aufwendungen für Heilbehandlung und sonst vereinbarte Leistungen,
b) in der Krankenhaustagegeldversicherung bei stationärer Heilbehandlung ein Krankenhaustagegeld.

(2) Versicherungsfall ist die medizinisch notwendige Heilbehandlung einer versicherten Person wegen Krankheit oder Unfallfolgen. Der Versicherungsfall beginnt mit der Heilbehandlung; er endet, wenn nach medizinischem Befund Behandlungsbedürftigkeit nicht mehr besteht. Muss die Heilbehandlung auf eine Krankheit oder Unfallfolge ausgedehnt werden, die mit der bisher behandelten nicht ursächlich zusammenhängt, so entsteht insoweit ein neuer Versicherungsfall. Als Versicherungsfall gelten auch
a) Untersuchung und medizinisch notwendige Behandlung wegen Schwangerschaft und die Entbindung,
b) ambulante Untersuchungen zur Früherkennung von Krankheiten nach gesetzlich eingeführten Programmen (gezielte Vorsorgeuntersuchungen),
c) Tod, soweit hierfür Leistungen vereinbart sind.

(3) Der Umfang des Versicherungsschutzes ergibt sich aus dem Versicherungsschein, späteren schriftlichen Vereinbarungen, den Allgemeinen Versicherungsbedingungen (Musterbedingungen mit Anhang, Tarif mit Tarifbedingungen) sowie den gesetzlichen Vorschriften. Das Versicherungsverhältnis unterliegt deutschem Recht.

(4) Der Versicherungsschutz erstreckt sich auf Heilbehandlung in Europa. Er kann durch Vereinbarung auf außereuropäische Länder ausgedehnt werden (vgl. aber § 15 Abs. 3). Während des ersten Monats eines vorübergehenden Aufenthaltes im außereuropäischen Ausland besteht auch ohne besondere Vereinbarung Versicherungsschutz. Muss der Aufenthalt wegen notwendiger Heilbehandlung über einen Monat hinaus ausgedehnt werden, besteht Versicherungsschutz, solange die versicherte Person die Rückreise nicht ohne Gefährdung ihrer Gesundheit antreten kann, längstens aber für weitere zwei Monate.

(5) Verlegt eine versicherte Person ihren gewöhnlichen Aufenthalt in einen anderen Mitgliedstaat der Europäischen Union oder in einen anderen Vertragsstaat des Abkommens über den Europäischen Wirtschaftsraum, so setzt sich das Versicherungsverhältnis mit der Maßgabe fort, dass der Versicherer höchstens zu denjenigen Leistungen verpflichtet bleibt, die er bei einem Aufenthalt im Inland zu erbringen hätte.

(6) Der Versicherungsnehmer kann die Umwandlung der Versicherung in einen gleichartigen Versicherungsschutz verlangen, sofern die versicherte Person die Voraussetzungen für die Versicherungsfähigkeit erfüllt. Der Versicherer nimmt den Antrag auf Umwandlung in angemessener Frist an. Die erworbenen Rechte bleiben erhalten; die nach den technischen Berechnungsgrundlagen gebildete Rückstellung für das mit dem Alter der versicherten Person wachsende Wagnis (Alterungsrückstellung) wird nach Maßgabe dieser Berechnungsgrundlagen angerechnet. Soweit der neue Versicherungsschutz höher oder umfassender ist, kann insoweit ein Risikozuschlag (§ 8 a Abs. 3 und 4) verlangt oder ein Leistungsausschluss vereinbart werden; ferner sind für den hinzukommenden Teil des Versicherungsschutzes Wartezeiten (§ 3 Abs. 6) einzuhalten. Der Umwandlungsanspruch besteht bei Anwartschafts- und Ruhensversicherungen nicht, solange der Anwartschaftsgrund bzw. der Ruhensgrund nicht entfallen ist, und nicht bei befristeten Versicherungsverhältnissen[1]. Die Umwandlung des Versicherungsschutzes aus einem Tarif, bei dem die Beiträge geschlechtsunabhängig kalkuliert werden, in einen Tarif, bei dem dies nicht der Fall ist, ist ausgeschlossen. Eine Umwandlung des Versicherungsschutzes in den Notlagentarif nach § 153 Versicherungsaufsichtsgesetz (VAG – siehe Anhang) ist ebenfalls ausgeschlossen.

§ 2 Beginn des Versicherungsschutzes

(1) Der Versicherungsschutz beginnt mit dem im Versicherungsschein bezeichneten Zeitpunkt (Versicherungsbeginn), jedoch nicht vor Abschluss des Versicherungsvertrages (insbesondere Zugang des Versicherungsscheines oder einer schriftlichen Annahmeerklärung) und nicht vor Ablauf von Wartezeiten. Für Versicherungsfälle, die vor Beginn des Versicherungsschutzes eingetreten sind, wird nicht geleistet. Nach Abschluss des Versicherungsvertrages eingetretene Versicherungsfälle sind nur für den Teil von der Leistungspflicht ausgeschlossen, der in die Zeit vor Versicherungsbeginn oder in Wartezeiten fällt. Bei Vertragsänderungen gelten die Sätze 1 bis 3 für den hinzukommenden Teil des Versicherungsschutzes.

(2) Bei Neugeborenen beginnt der Versicherungsschutz ohne Risikozuschläge und ohne Wartezeiten ab Vollendung der Geburt, wenn am Tage der Geburt ein Elternteil mindestens drei Monate beim Versicherer versichert ist und die Anmeldung zur Versicherung spätestens zwei Monate nach dem Tage der Geburt rückwirkend erfolgt. Der Versicherungsschutz darf nicht höher oder umfassender als der eines versicherten Elternteils sein.

(3) Der Geburt eines Kindes steht die Adoption gleich, sofern das Kind im Zeitpunkt der Adoption noch minderjährig ist. Mit Rücksicht auf ein erhöhtes Risiko ist die Vereinbarung eines Risikozuschlages bis zur einfachen Beitragshöhe zulässig.

---

[1] Die BaFin vertritt die Auffassung, dass der VN gemäß § 204 VVG einen Anspruch auf Umwandlung einer Anwartschafts- oder Ruhensversicherung bezüglich eines Tarifs in eine solche bezüglich eines anderen Tarifs mit gleichartigem Versicherungsschutz habe; die Regelung also gegen § 208 VVG verstoße.

§ 3 Wartezeiten

(1) Die Wartezeiten rechnen vom Versicherungsbeginn an.

(2) Die allgemeine Wartezeit beträgt drei Monate. Sie entfällt
a) bei Unfällen;
b) für den Ehegatten oder den Lebenspartner gemäß § 1 Lebenspartnerschaftsgesetz (siehe Anhang) einer mindestens seit drei Monaten versicherten Person, sofern eine gleichartige Versicherung innerhalb zweier Monate nach der Eheschließung bzw. Eintragung der Lebenspartnerschaft beantragt wird.

(3) Die besonderen Wartezeiten betragen für Entbindung, Psychotherapie, Zahnbehandlung, Zahnersatz und Kieferorthopädie acht Monate.

(4) Sofern der Tarif es vorsieht, können die Wartezeiten auf Grund besonderer Vereinbarung erlassen werden, wenn ein ärztliches Zeugnis über den Gesundheitszustand vorgelegt wird.

(5) Personen, die aus der gesetzlichen Krankenversicherung oder aus einem anderen Vertrag über eine Krankheitskostenvollversicherung ausgeschieden sind, wird die nachweislich dort ununterbrochen zurückgelegte Versicherungszeit auf die Wartezeiten angerechnet. Voraussetzung ist, dass die Versicherung spätestens zwei Monate nach Beendigung der Vorversicherung beantragt wurde und der Versicherungsschutz in Abweichung von § 2 Abs. 1 im unmittelbaren Anschluss beginnen soll. Entsprechendes gilt beim Ausscheiden aus einem öffentlichen Dienstverhältnis mit Anspruch auf Heilfürsorge.

(6) Bei Vertragsänderungen gelten die Wartezeitregelungen für den hinzukommenden Teil des Versicherungsschutzes.

§ 4 Umfang der Leistungspflicht

(1) Art und Höhe der Versicherungsleistungen ergeben sich aus dem Tarif mit Tarifbedingungen.

(2) Der versicherten Person steht die Wahl unter den niedergelassenen approbierten Ärzten und Zahnärzten frei. Soweit die Tarifbedingungen nichts anderes bestimmen, dürfen Heilpraktiker im Sinne des deutschen Heilpraktikergesetzes in Anspruch genommen werden.

(3) Arznei-, Verband-, Heil- und Hilfsmittel müssen von den in Abs. 2 genannten Behandelnden verordnet, Arzneimittel außerdem aus der Apotheke bezogen werden.

(4) Bei medizinisch notwendiger stationärer Heilbehandlung hat die versicherte Person freie Wahl unter den öffentlichen und privaten Krankenhäusern, die unter ständiger ärztlicher Leitung stehen, über ausreichende diagnostische und therapeutische Möglichkeiten verfügen und Krankengeschichten führen.

(5) Für medizinisch notwendige stationäre Heilbehandlung in Krankenanstalten, die auch Kuren bzw. Sanatoriumsbehandlung durchführen oder Rekonvaleszenten aufnehmen, im übrigen aber die Voraussetzungen von Abs. 4 erfüllen, werden die tariflichen Leistungen nur dann gewährt, wenn der Versicherer diese vor Beginn der Behandlung schriftlich zugesagt hat. Bei Tbc-Erkrankungen wird in vertraglichem Umfange auch für die stationäre Behandlung in Tbc-Heilstätten und -Sanatorien geleistet.

(6) Der Versicherer leistet im vertraglichen Umfang für Untersuchungs- oder Behandlungsmethoden und Arzneimittel, die von der Schulmedizin überwiegend anerkannt sind. Er leistet darüber hinaus für Methoden und Arzneimittel, die sich in der Praxis als ebenso erfolgversprechend bewährt haben oder die angewandt werden, weil keine schulmedizinischen Methoden oder Arzneimittel zur Verfügung stehen; der Versicherer kann jedoch seine Leistungen auf den Betrag herabsetzen, der bei der Anwendung vorhandener schulmedizinischer Methoden oder Arzneimittel angefallen wäre.

(7) Vor Beginn einer Heilbehandlung, deren Kosten voraussichtlich 2000 Euro überschreiten werden, kann der Versicherungsnehmer in Textform Auskunft über den Umfang des Versicherungsschutzes für die beabsichtigte Heilbehandlung verlangen. Der Versicherer erteilt die Auskunft spätestens nach vier Wochen; ist die Durchführung der Heilbehandlung dringend, wird die Auskunft unverzüglich, spätestens nach zwei Wochen erteilt. Der Versicherer geht dabei auf einen vorgelegten Kostenvoranschlag und andere Unterlagen ein. Die Frist beginnt mit Eingang des Auskunftsverlangens beim Versicherer. Ist die Auskunft innerhalb der Frist nicht erteilt, wird bis zum Beweis des Gegenteils durch den Versicherer vermutet, dass die beabsichtigte medizinische Heilbehandlung notwendig ist.

(8) Der Versicherer gibt auf Verlangen des Versicherungsnehmers oder der versicherten Person Auskunft über und Einsicht in Gutachten oder Stellungnahmen, die der Versicherer bei der Prüfung der Leistungspflicht über die Notwendigkeit einer medizinischen Behandlung eingeholt hat. Wenn der Auskunft an oder der Einsicht durch den Versicherungsnehmer oder die versicherte Person erhebliche therapeutische Gründe oder sonstige erhebliche Gründe entgegenstehen, kann nur verlangt werden, einem benannten Arzt oder Rechtsanwalt Auskunft oder Einsicht zu geben. Der Anspruch kann nur von der jeweils betroffenen Person oder ihrem gesetzlichen Vertreter geltend gemacht werden. Hat der Versicherungsnehmer das Gutachten oder die Stellungnahme auf Veranlassung des Versicherers eingeholt, erstattet der Versicherer die entstandenen Kosten.

§ 5 Einschränkung der Leistungspflicht

(1) Keine Leistungspflicht besteht
a) für solche Krankheiten einschließlich ihrer Folgen sowie für Folgen von Unfällen und für Todesfälle, die durch Kriegsereignisse verursacht oder als Wehrdienstbeschädigung anerkannt und nicht ausdrücklich in den Versicherungsschutz eingeschlossen sind;
b) für auf Vorsatz beruhende Krankheiten und Unfälle einschließlich deren Folgen sowie für Entziehungsmaßnahmen einschließlich Entziehungskuren;
c) für Behandlung durch Ärzte, Zahnärzte, Heilpraktiker und in Krankenanstalten, deren Rechnungen der Versicherer aus wichtigem Grunde von der Erstattung ausgeschlossen hat, wenn der Versicherungsfall nach der Benachrichtigung des Versicherungsnehmers über den Leistungsausschluss eintritt. Sofern im Zeitpunkt der Benachrichtigung ein Versicherungsfall schwebt, besteht keine Leistungspflicht für die nach Ablauf von drei Monaten seit der Benachrichtigung entstandenen Aufwendungen;
d) für Kur- und Sanatoriumsbehandlung sowie für Rehabilitationsmaßnahmen der gesetzlichen Rehabilitationsträger, wenn der Tarif nichts anderes vorsieht;

e) für ambulante Heilbehandlung in einem Heilbad oder Kurort. Die Einschränkung entfällt, wenn die versicherte Person dort ihren ständigen Wohnsitz hat oder während eines vorübergehenden Aufenthaltes durch eine vom Aufenthaltszweck unabhängige Erkrankung oder einen dort eingetretenen Unfall Heilbehandlung notwendig wird;
f) ---
g) für Behandlungen durch Ehegatten, Lebenspartner gemäß § 1 Lebenspartnerschaftsgesetz (siehe Anhang), Eltern oder Kinder. Nachgewiesene Sachkosten werden tarifgemäß erstattet.
h) für eine durch Pflegebedürftigkeit oder Verwahrung bedingte Unterbringung.

(2) Übersteigt eine Heilbehandlung oder sonstige Maßnahme, für die Leistungen vereinbart sind, das medizinisch notwendige Maß, so kann der Versicherer seine Leistungen auf einen angemessenen Betrag herabsetzen. Stehen die Aufwendungen für die Heilbehandlung oder sonstigen Leistungen in einem auffälligen Missverhältnis zu den erbrachten Leistungen, ist der Versicherer insoweit nicht zur Leistung verpflichtet.

(3) Besteht auch Anspruch auf Leistungen aus der gesetzlichen Unfallversicherung oder der gesetzlichen Rentenversicherung, auf eine gesetzliche Heilfürsorge oder Unfallfürsorge, so ist der Versicherer, unbeschadet der Ansprüche des Versicherungsnehmers auf Krankenhaustagegeld, nur für die Aufwendungen leistungspflichtig, welche trotz der gesetzlichen Leistungen notwendig bleiben.

(4) Hat die versicherte Person wegen desselben Versicherungsfalles einen Anspruch gegen mehrere Erstattungsverpflichtete, darf die Gesamterstattung die Gesamtaufwendungen nicht übersteigen.

§ 6 Auszahlung der Versicherungsleistungen

(1) Der Versicherer ist zur Leistung nur verpflichtet, wenn die von ihm geforderten Nachweise erbracht sind; diese werden Eigentum des Versicherers.

(2) Im Übrigen ergeben sich die Voraussetzungen für die Fälligkeit der Leistungen des Versicherers aus § 14 VVG (siehe Anhang).

(3) Der Versicherer ist verpflichtet, an die versicherte Person zu leisten, wenn der Versicherungsnehmer ihm diese in Textform als Empfangsberechtigte für deren Versicherungsleistungen benannt hat. Liegt diese Voraussetzung nicht vor, kann nur der Versicherungsnehmer die Leistung verlangen.

(4) Die in ausländischer Währung entstandenen Krankheitskosten werden zum Kurs des Tages, an dem die Belege beim Versicherer eingehen, in Euro umgerechnet.

(5) Kosten für die Überweisung der Versicherungsleistungen und für Übersetzungen können von den Leistungen abgezogen werden.

(6) Ansprüche auf Versicherungsleistungen können weder abgetreten noch verpfändet werden.

§ 7 Ende des Versicherungsschutzes

Der Versicherungsschutz endet – auch für schwebende Versicherungsfälle – mit der Beendigung des Versicherungsverhältnisses.

Pflichten des Versicherungsnehmers

§ 8 Beitragszahlung

(1) Der Beitrag ist ein Jahresbeitrag und wird vom Versicherungsbeginn an berechnet. Er ist zu Beginn eines jeden Versicherungsjahres zu entrichten, kann aber auch in gleichen monatlichen Beitragsraten gezahlt werden, die jeweils bis zur Fälligkeit der Beitragsrate als gestundet gelten. Die Beitragsraten sind am Ersten eines jeden Monats fällig. Wird der Jahresbeitrag während des Versicherungsjahres neu festgesetzt, so ist der Unterschiedsbetrag vom Änderungszeitpunkt an bis zum Beginn des nächsten Versicherungsjahres nachzuzahlen bzw. zurückzuzahlen.

(2) Wird der Vertrag für eine bestimmte Zeit mit der Maßgabe geschlossen, dass sich das Versicherungsverhältnis nach Ablauf dieser bestimmten Zeit stillschweigend um jeweils ein Jahr verlängert, sofern der Versicherungsnehmer nicht fristgemäß gekündigt hat, so kann der Tarif anstelle von Jahresbeiträgen Monatsbeiträge vorsehen. Diese sind am Ersten eines jeden Monats fällig.

(3) Wird der Versicherungsvertrag über eine der Erfüllung der Pflicht zur Versicherung dienende Krankheitskostenversicherung (§ 193 Abs. 3 VVG – siehe Anhang) später als einen Monat nach Entstehen der Pflicht zur Versicherung beantragt, ist ein Beitragszuschlag in Höhe eines Monatsbeitrags für jeden weiteren angefangenen Monat der Nichtversicherung zu entrichten, ab dem sechsten Monat der Nichtversicherung für jeden weiteren angefangenen Monat der Nichtversicherung ein Sechstel des Monatsbeitrags. Kann die Dauer der Nichtversicherung nicht ermittelt werden, ist davon auszugehen, dass der Versicherte mindestens fünf Jahre nicht versichert war; Zeiten vor dem 1. Januar 2009 werden nicht berücksichtigt. Der Beitragszuschlag ist einmalig zusätzlich zum laufenden Beitrag zu entrichten. Der Versicherungsnehmer kann vom Versicherer die Stundung des Beitragszuschlags verlangen, wenn den Interessen des Versicherers durch die Vereinbarung einer angemessenen Ratenzahlung Rechnung getragen werden kann. Der gestundete Betrag wird verzinst.

(4) Der erste Beitrag bzw. die erste Beitragsrate ist, sofern nicht anders vereinbart, unverzüglich nach Ablauf von zwei Wochen nach Zugang des Versicherungsscheines zu zahlen.

(5) Kommt der Versicherungsnehmer mit der Zahlung einer Beitragsrate in Verzug, so werden die gestundeten Beitragsraten des laufenden Versicherungsjahres fällig. Sie gelten jedoch erneut als gestundet, wenn der rückständige Beitragsteil einschließlich der Beitragsrate für den am Tage der Zahlung laufenden Monat und die Mahnkosten entrichtet sind.

(6) Ist der Versicherungsnehmer bei einer der Erfüllung der Pflicht zur Versicherung dienenden Krankheitskostenversicherung (§ 193 Abs. 3 VVG – siehe Anhang) mit einem Betrag in Höhe von Beitragsanteilen für zwei Monate im Rückstand, mahnt ihn der Versicherer. Der Versicherungsnehmer hat für jeden angefangenen Monat eines Beitragsrückstandes einen Säumniszuschlag von 1 % des Beitragsrückstandes sowie Mahnkosten in

nachgewiesener Höhe, mindestens 5 Euro je Mahnung, zu entrichten. Ist der Beitragsrückstand einschließlich der Säumniszuschläge zwei Monate nach Zugang dieser Mahnung noch höher als der Beitragsanteil für einen Monat, mahnt der Versicherer unter Hinweis auf das mögliche Ruhen des Versicherungsvertrages ein zweites Mal. Ist der Beitragsrückstand einschließlich der Säumniszuschläge einen Monat nach Zugang der zweiten Mahnung höher als der Beitragsanteil für einen Monat, ruht der Versicherungsvertrag ab dem ersten Tag des nachfolgenden Monats. Solange der Versicherungsvertrag ruht, gilt die versicherte Person als im Notlagentarif nach § 153 VAG (siehe Anhang) versichert. Es gelten insoweit die Allgemeinen Versicherungsbedingungen für den Notlagentarif (AVB/NLT) in der jeweils geltenden Fassung.

Das Ruhen des Versicherungsvertrages tritt nicht ein oder endet, wenn der Versicherungsnehmer oder die versicherte Person hilfebedürftig im Sinne des Zweiten oder des Zwölften Buchs Sozialgesetzbuch ist oder wird. Unbeschadet davon wird der Vertrag ab dem ersten Tag des übernächsten Monats in dem Tarif fortgesetzt, in dem der Versicherungsnehmer oder die versicherte Person vor Eintritt des Ruhens versichert war, wenn alle rückständigen Prämienanteile einschließlich der Säumniszuschläge und der Beitreibungskosten gezahlt sind. In den Fällen der Sätze 7 und 8 ist der Versicherungsnehmer oder die versicherte Person so zu stellen, wie der Versicherungsnehmer oder die versicherte Person vor der Versicherung im Notlagentarif nach § 153 VAG (siehe Anhang) stand, abgesehen von den während der Ruhenszeit verbrauchten Anteilen der Alterungsrückstellung. Während der Ruhenszeit vorgenommene Beitragsanpassungen und Änderungen der allgemeinen Versicherungsbedingungen in dem Tarif, in dem der Versicherungsnehmer oder die versicherte Person vor Eintritt des Ruhens versichert war, gelten ab dem Tag der Fortsetzung der Versicherung in diesem Tarif.

Die Hilfebedürftigkeit ist durch eine Bescheinigung des zuständigen Trägers nach dem Zweiten oder Zwölften Buch Sozialgesetzbuch nachzuweisen; der Versicherer kann in angemessenen Abständen die Vorlage einer neuen Bescheinigung verlangen.

(7) Bei anderen als den in Abs. 6 genannten Versicherungen kann die nicht rechtzeitige Zahlung des Erstbeitrages oder eines Folgebeitrages unter den Voraussetzungen der §§ 37 und 38 VVG (siehe Anhang) zum Verlust des Versicherungsschutzes führen. Ist ein Beitrag bzw. eine Beitragsrate nicht rechtzeitig gezahlt und wird der Versicherungsnehmer in Textform gemahnt, so ist er zur Zahlung der Mahnkosten verpflichtet, deren Höhe sich aus dem Tarif ergibt.

(8) Wird das Versicherungsverhältnis vor Ablauf der Vertragslaufzeit beendet, steht dem Versicherer für diese Vertragslaufzeit nur derjenige Teil des Beitrags bzw. der Beitragsrate zu, der dem Zeitraum entspricht, in dem der Versicherungsschutz bestanden hat. Wird das Versicherungsverhältnis durch Rücktritt auf Grund des § 19 Abs. 2 VVG (siehe Anhang) oder durch Anfechtung des Versicherers wegen arglistiger Täuschung beendet, steht dem Versicherer der Beitrag bzw. die Beitragsrate bis zum Wirksamwerden der Rücktritts- oder Anfechtungserklärung zu. Tritt der Versicherer zurück, weil der erste Beitrag bzw. die erste Beitragsrate nicht rechtzeitig gezahlt wird, kann er eine angemessene Geschäftsgebühr verlangen.

(9) Die Beiträge sind an die vom Versicherer zu bezeichnende Stelle zu entrichten.

§ 8a Beitragsberechnung

(1) Die Berechnung der Beiträge erfolgt nach Maßgabe der Vorschriften des VAG und ist in den technischen Berechnungsgrundlagen des Versicherers festgelegt.

(2) Bei einer Änderung der Beiträge, auch durch Änderung des Versicherungsschutzes, wird das Geschlecht und das (die) bei Inkrafttreten der Änderung erreichte tarifliche Lebensalter (Lebensaltersgruppe) der versicherten Person berücksichtigt; dies gilt in Ansehung des Geschlechts nicht für Tarife, deren Beiträge geschlechtsunabhängig erhoben werden. Dabei wird dem Eintrittsalter der versicherten Person dadurch Rechnung getragen, dass eine Alterungsrückstellung gemäß den in den technischen Berechnungsgrundlagen festgelegten Grundsätzen angerechnet wird. Eine Erhöhung der Beiträge oder eine Minderung der Leistungen des Versicherers wegen des Älterwerdens der versicherten Person ist jedoch während der Dauer des Versicherungsverhältnisses ausgeschlossen, soweit eine Alterungsrückstellung zu bilden ist.

(3) Bei Beitragsänderungen kann der Versicherer auch besonders vereinbarte Risikozuschläge entsprechend ändern.

(4) Liegt bei Vertragsänderungen ein erhöhtes Risiko vor, steht dem Versicherer für den hinzukommenden Teil des Versicherungsschutzes zusätzlich zum Beitrag ein angemessener Zuschlag zu. Dieser bemisst sich nach den für den Geschäftsbetrieb des Versicherers zum Ausgleich erhöhter Risiken maßgeblichen Grundsätzen.

§ 8b Beitragsanpassung

(1) Im Rahmen der vertraglichen Leistungszusage können sich die Leistungen des Versicherers z.B. wegen steigender Heilbehandlungskosten, einer häufigeren Inanspruchnahme medizinischer Leistungen oder aufgrund steigender Lebenserwartung ändern. Dementsprechend vergleicht der Versicherer zumindest jährlich für jeden Tarif die erforderlichen mit den in den technischen Berechnungsgrundlagen kalkulierten Versicherungsleistungen und Sterbewahrscheinlichkeiten. Ergibt diese Gegenüberstellung für eine Beobachtungseinheit eines Tarifs eine Abweichung von mehr als dem gesetzlich oder tariflich festgelegten Vomhundertsatz, werden alle Beiträge dieser Beobachtungseinheit vom Versicherer überprüft und, soweit erforderlich, mit Zustimmung des Treuhänders angepasst. Unter den gleichen Voraussetzungen kann auch eine betragsmäßig festgelegte Selbstbeteiligung angepasst und ein vereinbarter Risikozuschlag entsprechend geändert werden. Im Zuge einer Beitragsanpassung werden auch der für die Beitragsgarantie im Standardtarif erforderliche Zuschlag (§ 19 Abs. 1 Satz 2) sowie der für die Beitragsbegrenzungen im Basistarif erforderliche Zuschlag (§ 20 Satz 2) mit den jeweils kalkulierten Zuschlägen verglichen, und, soweit erforderlich, angepasst.

(2) Von einer Beitragsanpassung kann abgesehen werden, wenn nach übereinstimmender Beurteilung durch den Versicherer und den Treuhänder die Veränderung der Versicherungsleistungen als vorübergehend anzusehen ist.

(3) Beitragsanpassungen sowie Änderungen von Selbstbeteiligungen und evtl. vereinbarten Risikozuschlägen werden zu Beginn des zweiten Monats wirksam, der auf die Benachrichtigung des Versicherungsnehmers folgt.

§ 9 Obliegenheiten

(1) Jede Krankenhausbehandlung ist binnen 10 Tagen nach ihrem Beginn anzuzeigen.

(2) Der Versicherungsnehmer und die als empfangsberechtigt benannte versicherte Person (vgl. § 6 Abs. 3) haben auf Verlangen des Versicherers jede Auskunft zu erteilen, die zur Feststellung des Versicherungsfalles oder der Leistungspflicht des Versicherers und ihres Umfanges erforderlich ist.

(3) Auf Verlangen des Versicherers ist die versicherte Person verpflichtet, sich durch einen vom Versicherer beauftragten Arzt untersuchen zu lassen.

(4) Die versicherte Person hat nach Möglichkeit für die Minderung des Schadens zu sorgen und alle Handlungen zu unterlassen, die der Genesung hinderlich sind.

(5) Wird für eine versicherte Person bei einem weiteren Versicherer ein Krankheitskostenversicherungsvertrag abgeschlossen oder macht eine versicherte Person von der Versicherungsberechtigung in der gesetzlichen Krankenversicherung Gebrauch, ist der Versicherungsnehmer verpflichtet, den Versicherer von der anderen Versicherung unverzüglich zu unterrichten.

(6) Eine weitere Krankenhaustagegeldversicherung darf nur mit Einwilligung des Versicherers abgeschlossen werden.

§ 10 Folgen von Obliegenheitsverletzungen

(1) Der Versicherer ist mit den in § 28 Abs. 2 bis 4 VVG (siehe Anhang) vorgeschriebenen Einschränkungen ganz oder teilweise von der Verpflichtung zur Leistung frei, wenn eine der in § 9 Abs. 1 bis 6 genannten Obliegenheiten verletzt wird.

(2) Wird eine der in § 9 Abs. 5 und 6 genannten Obliegenheiten verletzt, so kann der Versicherer ein Versicherungsverhältnis, das nicht der Erfüllung der Pflicht zur Versicherung (§ 193 Abs. 3 VVG – siehe Anhang) dient, unter der Voraussetzung des § 28 Abs. 1 VVG (siehe Anhang) innerhalb eines Monats nach dem Bekanntwerden der Obliegenheitsverletzung ohne Einhaltung einer Frist auch kündigen.

(3) Die Kenntnis und das Verschulden der versicherten Person stehen der Kenntnis und dem Verschulden des Versicherungsnehmers gleich.

§ 11 Obliegenheiten und Folgen bei Obliegenheitsverletzungen bei Ansprüchen gegen Dritte

(1) Hat der Versicherungsnehmer oder eine versicherte Person Ersatzansprüche gegen Dritte, so besteht, unbeschadet des gesetzlichen Forderungsüberganges gemäß § 86 VVG (siehe Anhang), die Verpflichtung, diese Ansprüche bis zur Höhe, in der aus dem Versicherungsvertrag Ersatz (Kostenerstattung sowie Sach- und Dienstleistung) geleistet wird, an den Versicherer schriftlich abzutreten.

(2) Der Versicherungsnehmer oder die versicherte Person hat seinen (ihren) Ersatzanspruch oder ein zur Sicherung dieses Anspruchs dienendes Recht unter Beachtung der geltenden Form- und Fristvorschriften zu wahren und bei dessen Durchsetzung durch den Versicherer soweit erforderlich mitzuwirken.

(3) Verletzt der Versicherungsnehmer oder eine versicherte Person vorsätzlich die in den Absätzen 1 und 2 genannten Obliegenheiten, ist der Versicherer zur Leistung insoweit nicht verpflichtet, als er infolge dessen keinen Ersatz von dem Dritten erlangen kann. Im Falle einer grob fahrlässigen Verletzung der Obliegenheit ist der Versicherer berechtigt, seine Leistung in einem der Schwere des Verschuldens entsprechenden Verhältnis zu kürzen.

(4) Steht dem Versicherungsnehmer oder einer versicherten Person ein Anspruch auf Rückzahlung ohne rechtlichen Grund gezahlter Entgelte gegen den Erbringer von Leistungen zu, für die der Versicherer auf Grund des Versicherungsvertrages Erstattungsleistungen erbracht hat, sind die Absätze 1 bis 3 entsprechend anzuwenden.

§ 12 Aufrechnung

Der Versicherungsnehmer kann gegen Forderungen des Versicherers nur aufrechnen, soweit die Gegenforderung unbestritten oder rechtskräftig festgestellt ist. Gegen eine Forderung aus der Beitragspflicht kann jedoch ein Mitglied eines Versicherungsvereins nicht aufrechnen.

Ende der Versicherung

§ 13 Kündigung durch den Versicherungsnehmer

(1) Der Versicherungsnehmer kann das Versicherungsverhältnis zum Ende eines jeden Versicherungsjahres, frühestens aber zum Ablauf einer vereinbarten Vertragsdauer von bis zu zwei Jahren, mit einer Frist von drei Monaten kündigen.

(2) Die Kündigung kann auf einzelne versicherte Personen oder Tarife beschränkt werden.

(3) Wird eine versicherte Person kraft Gesetzes in der gesetzlichen Krankenversicherung versicherungspflichtig, so kann der Versicherungsnehmer binnen drei Monaten nach Eintritt der Versicherungspflicht eine Krankheitskostenversicherung oder eine dafür bestehende Anwartschaftsversicherung rückwirkend zum Eintritt der Versicherungspflicht kündigen. Die Kündigung ist unwirksam, wenn der Versicherungsnehmer den Eintritt der Versicherungspflicht nicht innerhalb von zwei Monaten nachweist, nachdem der Versicherer ihn hierzu in Textform aufgefordert hat, es sei denn, der Versicherungsnehmer hat die Versäumung dieser Frist nicht zu vertreten. Macht der Versicherungsnehmer von seinem Kündigungsrecht Gebrauch, steht dem Versicherer der Beitrag nur bis zum Zeitpunkt des Eintritts der Versicherungspflicht zu. Später kann der Versicherungsnehmer die Krankheitskostenversicherung oder eine dafür bestehende Anwartschaftsversicherung zum Ende des Monats kündigen, in dem er den Eintritt der Versicherungspflicht nachweist. Dem Versicherer steht der Beitrag in diesem Fall bis zum Ende des Versicherungsvertrages zu. Der Versicherungspflicht steht gleich der gesetzliche Anspruch auf Familienversicherung oder der nicht nur

vorübergehende Anspruch auf Heilfürsorge aus einem beamtenrechtlichen oder ähnlichen Dienstverhältnis.

(4) Hat eine Vereinbarung im Versicherungsvertrag zur Folge, dass bei Erreichen eines bestimmten Lebensalters oder bei Eintritt anderer dort genannter Voraussetzungen der Beitrag für ein anderes Lebensalter oder eine andere Altersgruppe gilt oder der Beitrag unter Berücksichtigung einer Alterungsrückstellung berechnet wird, kann der Versicherungsnehmer das Versicherungsverhältnis hinsichtlich der betroffenen versicherten Person binnen zwei Monaten nach der Änderung zum Zeitpunkt deren Inkrafttretens kündigen, wenn sich der Beitrag durch die Änderung erhöht.

(5) Erhöht der Versicherer die Beiträge aufgrund der Beitragsanpassungsklausel oder vermindert er seine Leistungen gemäß § 18 Abs. 1, so kann der Versicherungsnehmer das Versicherungsverhältnis hinsichtlich der betroffenen versicherten Person innerhalb von zwei Monaten nach Zugang der Änderungsmitteilung zum Zeitpunkt des Wirksamwerdens der Änderung kündigen. Bei einer Beitragserhöhung kann der Versicherungsnehmer das Versicherungsverhältnis auch bis und zum Zeitpunkt des Wirksamwerdens der Erhöhung kündigen.

(6) Der Versicherungsnehmer kann, sofern der Versicherer die Anfechtung, den Rücktritt oder die Kündigung nur für einzelne versicherte Personen oder Tarife erklärt, innerhalb von zwei Wochen nach Zugang dieser Erklärung die Aufhebung des übrigen Teils der Versicherung zum Schlusse des Monats verlangen, in dem ihm die Erklärung des Versicherers zugegangen ist, bei Kündigung zu dem Zeitpunkt, in dem diese wirksam wird.

(7) Dient das Versicherungsverhältnis der Erfüllung der Pflicht zur Versicherung (§ 193 Abs. 3 VVG – siehe Anhang), setzt die Kündigung nach den Abs. 1, 2, 4, 5 und 6 voraus, dass für die versicherte Person bei einem anderen Versicherer ein neuer Vertrag abgeschlossen wird, der den Anforderungen an die Pflicht zur Versicherung genügt. Die Kündigung wird nur wirksam, wenn der Versicherungsnehmer innerhalb von zwei Monaten nach der Kündigungserklärung nachweist, dass die versicherte Person bei einem neuen Versicherer ohne Unterbrechung versichert ist; liegt der Zeitpunkt, zu dem die Kündigung ausgesprochen wurde, mehr als zwei Monate nach der Kündigungserklärung, muss der Nachweis bis zu diesem Zeitpunkt erbracht werden.

(8) Bei Kündigung einer Krankheitskostenvollversicherung und gleichzeitigem Abschluss eines neuen substitutiven Vertrages (§ 195 Abs. 1 VVG – siehe Anhang) kann der Versicherungsnehmer verlangen, dass der Versicherer die kalkulierte Alterungsrückstellung der versicherten Person in Höhe des nach dem 31. Dezember 2008 ab Beginn der Versicherung im jeweiligen Tarif aufgebauten Übertragungswertes nach Maßgabe von § 146 Abs. 1 Nr. 5 VAG (siehe Anhang) auf deren neuen Versicherer überträgt. Dies gilt nicht für vor dem 1. Januar 2009 abgeschlossene Verträge.

(9) Bestehen bei Beendigung des Versicherungsverhältnisses Beitragsrückstände, kann der Versicherer den Übertragungswert bis zum vollständigen Beitragsausgleich zurückbehalten.

(10) Kündigt der Versicherungsnehmer das Versicherungsverhältnis insgesamt oder für einzelne versicherte Personen, haben die versicherten Personen das Recht, das Versiche-

rungsverhältnis unter Benennung des künftigen Versicherungsnehmers fortzusetzen. Die Erklärung ist innerhalb zweier Monate nach der Kündigung abzugeben. Die Kündigung ist nur wirksam, wenn der Versicherungsnehmer nachweist, dass die betroffenen versicherten Personen von der Kündigungserklärung Kenntnis erlangt haben.

(11) Soweit die Krankenversicherung nach Art der Lebensversicherung betrieben wird, haben der Versicherungsnehmer und die versicherten Personen das Recht, einen gekündigten Vertrag in Form einer Anwartschaftsversicherung fortzusetzen.

§ 14 Kündigung durch den Versicherer

(1) In einer der Erfüllung der Pflicht zur Versicherung dienenden Krankheitskostenversicherung (§ 193 Abs. 3 VVG – siehe Anhang) sowie in der substitutiven Krankheitskostenversicherung gemäß § 195 Abs. 1 VVG (siehe Anhang) ist das ordentliche Kündigungsrecht ausgeschlossen. Dies gilt auch für eine Krankenhaustagegeldversicherung, die neben einer Krankheitskostenvollversicherung besteht.

(2) Liegen bei einer Krankenhaustagegeldversicherung oder einer Krankheitskostenteilversicherung die Voraussetzungen nach Abs. 1 nicht vor, so kann der Versicherer das Versicherungsverhältnis nur innerhalb der ersten drei Versicherungsjahre mit einer Frist von drei Monaten zum Ende eines Versicherungsjahres kündigen.

(3) Die gesetzlichen Bestimmungen über das außerordentliche Kündigungsrecht bleiben unberührt.

(4) Die Kündigung kann auf einzelne versicherte Personen oder Tarife beschränkt werden.

(5) Kündigt der Versicherer das Versicherungsverhältnis insgesamt oder für einzelne versicherte Personen, gilt § 13 Abs. 10 Sätze 1 und 2 entsprechend.

§ 15 Sonstige Beendigungsgründe

(1) Das Versicherungsverhältnis endet mit dem Tod des Versicherungsnehmers. Die versicherten Personen haben jedoch das Recht, das Versicherungsverhältnis unter Benennung des künftigen Versicherungsnehmers fortzusetzen. Die Erklärung ist innerhalb zweier Monate nach dem Tode des Versicherungsnehmers abzugeben.

(2) Beim Tod einer versicherten Person endet insoweit das Versicherungsverhältnis.

(3) Verlegt eine versicherte Person ihren gewöhnlichen Aufenthalt in einen anderen Staat als die in § 1 Absatz 5 genannten, endet insoweit das Versicherungsverhältnis, es sei denn, dass es aufgrund einer anderweitigen Vereinbarung fortgesetzt wird. Der Versicherer kann im Rahmen dieser anderweitigen Vereinbarung einen angemessenen Beitragszuschlag verlangen. Bei nur vorübergehender Verlegung des gewöhnlichen Aufenthaltes in einen anderen Staat als die in § 1 Abs. 5 genannten kann verlangt werden, das Versicherungsverhältnis in eine Anwartschaftsversicherung umzuwandeln.

Sonstige Bestimmungen

§ 16 Willenserklärungen und Anzeigen

Willenserklärungen und Anzeigen gegenüber dem Versicherer bedürfen der Textform.

§ 17 Gerichtsstand

(1) Für Klagen aus dem Versicherungsverhältnis gegen den Versicherungsnehmer ist das Gericht des Ortes zuständig, an dem der Versicherungsnehmer seinen Wohnsitz oder in Ermangelung eines solchen seinen gewöhnlichen Aufenthalt hat.

(2) Klagen gegen den Versicherer können bei dem Gericht am Wohnsitz oder gewöhnlichen Aufenthalt des Versicherungsnehmers oder bei dem Gericht am Sitz des Versicherers anhängig gemacht werden.

(3) Verlegt der Versicherungsnehmer nach Vertragsschluss seinen Wohnsitz oder gewöhnlichen Aufenthalt in einen Staat, der nicht Mitgliedstaat der Europäischen Union oder Vertragsstaat des Abkommens über den Europäischen Wirtschaftsraum ist, oder ist sein Wohnsitz oder gewöhnlicher Aufenthalt im Zeitpunkt der Klageerhebung nicht bekannt, ist das Gericht am Sitz des Versicherers zuständig.

§ 18 Änderungen der Allgemeinen Versicherungsbedingungen

(1) Bei einer nicht nur als vorübergehend anzusehenden Veränderung der Verhältnisse des Gesundheitswesens können die Allgemeinen Versicherungsbedingungen und die Tarifbestimmungen den veränderten Verhältnissen angepasst werden, wenn die Änderungen zur hinreichenden Wahrung der Belange der Versicherungsnehmer erforderlich erscheinen und ein unabhängiger Treuhänder die Voraussetzungen für die Änderungen überprüft und ihre Angemessenheit bestätigt hat. Die Änderungen werden zu Beginn des zweiten Monats wirksam, der auf die Mitteilung der Änderungen und der hierfür maßgeblichen Gründe an den Versicherungsnehmer folgt.

(2) Ist eine Bestimmung in den Allgemeinen Versicherungsbedingungen durch höchstrichterliche Entscheidung oder durch einen bestandskräftigen Verwaltungsakt für unwirksam erklärt worden, kann sie der Versicherer durch eine neue Regelung ersetzen, wenn dies zur Fortführung des Vertrags notwendig ist oder wenn das Festhalten an dem Vertrag ohne neue Regelung für eine Vertragspartei auch unter Berücksichtigung der Interessen der anderen Vertragspartei eine unzumutbare Härte darstellen würde. Die neue Regelung ist nur wirksam, wenn sie unter Wahrung des Vertragsziels die Belange der Versicherungsnehmer angemessen berücksichtigt. Sie wird zwei Wochen, nachdem die neue Regelung und die hierfür maßgeblichen Gründe dem Versicherungsnehmer mitgeteilt worden sind, Vertragsbestandteil.

§ 19 Wechsel in den Standardtarif

(1) Der Versicherungsnehmer kann verlangen, dass versicherte Personen seines Vertrages, die die in § 257 Abs. 2a Nr. 2, 2a und 2b SGB V in der bis zum 31. Dezember 2008 geltenden Fassung (siehe Anhang) genannten Voraussetzungen erfüllen, in den Standardtarif mit Höchstbeitragsgarantie wechseln können. Zur Gewährleistung dieser Beitragsgarantie wird der in den technischen Berechnungsgrundlagen festgelegte Zuschlag erhoben.

Neben dem Standardtarif darf gemäß Nr. 1 Abs. 5 und Nr. 9 der Tarifbedingungen für den Standardtarif für eine versicherte Person keine weitere Krankheitskostenteil- oder -vollversicherung bestehen. Der Wechsel ist jederzeit nach Erfüllung der gesetzlichen Voraussetzungen möglich; die Versicherung im Standardtarif beginnt zum Ersten des Monats, der auf den Antrag des Versicherungsnehmers auf Wechsel in den Standardtarif folgt.

(2) Absatz 1 gilt nicht für ab dem 1. Januar 2009 abgeschlossene Verträge.

§ 20 Wechsel in den Basistarif

Der Versicherungsnehmer kann verlangen, dass versicherte Personen seines Vertrages in den Basistarif mit Höchstbeitragsgarantie und Beitragsminderung bei Hilfebedürftigkeit wechseln können, wenn der erstmalige Abschluss der bestehenden Krankheitskostenvollversicherung ab dem 1. Januar 2009 erfolgte oder die versicherte Person das 55. Lebensjahr vollendet hat oder das 55. Lebensjahr noch nicht vollendet hat, aber die Voraussetzungen für den Anspruch auf eine Rente der gesetzlichen Rentenversicherung erfüllt und diese Rente beantragt hat oder ein Ruhegehalt nach beamtenrechtlichen oder vergleichbaren Vorschriften bezieht oder hilfebedürftig nach dem Zweiten oder Zwölften Buch Sozialgesetzbuch ist. Zur Gewährleistung dieser Beitragsbegrenzungen wird der in den technischen Berechnungsgrundlagen festgelegte Zuschlag erhoben. § 19 Abs. 1 Satz 4 gilt entsprechend.

Anhang 3 Musterbedingungen 2009 für die Krankentagegeldversicherung (MB/KT 2009)

Stand: Juli 2013

Hinweis

Diese Musterbedingungen des Verbandes der Privaten Krankenversicherung e.V. (PKV) sind für die Versicherer unverbindlich; ihre Verwendung ist rein fakultativ. Abweichende Bedingungen können vereinbart werden. Abdruck mit freundlicher Genehmigung des PKV; die jeweils aktuellen Bedingungen können kostenfrei auf der Website des PKV (*www.pkv.de*) abgerufen werden.

Inhalt

Der Versicherungsschutz

§ 1   Gegenstand, Umfang und Geltungsbereich des Versicherungsschutzes
§ 2   Beginn des Versicherungsschutzes
§ 3   Wartezeiten
§ 4   Umfang der Leistungspflicht
§ 5   Einschränkung der Leistungspflicht
§ 6   Auszahlung der Versicherungsleistungen
§ 7   Ende des Versicherungsschutzes

Pflichten des Versicherungsnehmers

§ 8   Beitragszahlung
§ 8a   Beitragsberechnung
§ 8b   Beitragsanpassung
§ 9   Obliegenheiten
§ 10   Folgen von Obliegenheitsverletzungen
§ 11   Anzeigepflicht bei Wegfall der Versicherungsfähigkeit
§ 12   Aufrechnung

Ende der Versicherung

§ 13   Kündigung durch den Versicherungsnehmer
§ 14   Kündigung durch den Versicherer
§ 15   Sonstige Beendigungsgründe

Sonstige Bestimmungen

§ 16   Willenserklärungen und Anzeigen
§ 17   Gerichtsstand
§ 18   Änderungen der Allgemeinen Versicherungsbedingungen

Der Versicherungsschutz

§ 1 Gegenstand, Umfang und Geltungsbereich des Versicherungsschutzes

(1) Der Versicherer bietet Versicherungsschutz gegen Verdienstausfall als Folge von Krankheiten oder Unfällen, soweit dadurch Arbeitsunfähigkeit verursacht wird. Er zahlt im Versicherungsfall für die Dauer einer Arbeitsunfähigkeit ein Krankentagegeld in vertraglichem Umfang.

(2) Versicherungsfall ist die medizinisch notwendige Heilbehandlung einer versicherten Person wegen Krankheit oder Unfallfolgen, in deren Verlauf Arbeitsunfähigkeit ärztlich festgestellt wird. Der Versicherungsfall beginnt mit der Heilbehandlung; er endet, wenn nach medizinischem Befund keine Arbeitsunfähigkeit und keine Behandlungsbedürftigkeit mehr bestehen. Eine während der Behandlung neu eingetretene und behandelte Krankheit oder Unfallfolge, in deren Verlauf Arbeitsunfähigkeit ärztlich festgestellt wird, begründet nur dann einen neuen Versicherungsfall, wenn sie mit der ersten Krankheit oder Unfallfolge in keinem ursächlichen Zusammenhang steht. Wird Arbeitsunfähigkeit gleichzeitig durch mehrere Krankheiten oder Unfallfolgen hervorgerufen, so wird das Krankentagegeld nur einmal gezahlt.

(3) Arbeitsunfähigkeit im Sinne dieser Bedingungen liegt vor, wenn die versicherte Person ihre berufliche Tätigkeit nach medizinischem Befund vorübergehend in keiner Weise ausüben kann, sie auch nicht ausübt und keiner anderweitigen Erwerbstätigkeit nachgeht.

(4) Der Umfang des Versicherungsschutzes ergibt sich aus dem Versicherungsschein, späteren schriftlichen Vereinbarungen, den Allgemeinen Versicherungsbedingungen (Musterbedingungen mit Anhang, Tarif mit Tarifbedingungen) sowie den gesetzlichen Vorschriften. Das Versicherungsverhältnis unterliegt deutschem Recht.

(5) Der Versicherungsnehmer kann die Umwandlung der Versicherung in einen gleichartigen Versicherungsschutz verlangen, sofern die versicherte Person die Voraussetzungen für die Versicherungsfähigkeit erfüllt. Der Versicherer nimmt einen Antrag auf Umwandlung in angemessener Frist an. Die erworbenen Rechte bleiben erhalten; die nach den technischen Berechnungsgrundlagen gebildete Rückstellung für das mit dem Alter der versicherten Person wachsende Wagnis (Alterungsrückstellung) wird nach Maßgabe dieser Berechnungsgrundlagen angerechnet. Soweit der neue Versicherungsschutz höher oder umfassender ist, kann insoweit ein Risikozuschlag (§ 8a Abs. 3 und 4) verlangt oder ein Leistungsausschluss vereinbart werden; ferner sind für den hinzukommenden Teil des Versicherungsschutzes Wartezeiten (§ 3 Abs. 6) einzuhalten. Der Umwandlungsanspruch besteht bei Anwartschafts- und Ruhensversicherungen nicht, solange der Anwartschaftsgrund bzw. der Ruhensgrund nicht entfallen ist[1]; mit Ausnahme einer Befristung nach § 196 VVG besteht der Umwandlungsanspruch auch nicht bei befristeten Versicherungsverhältnissen. Die Umwandlung des Versicherungsschutzes aus einem Tarif, bei dem die Beiträge geschlechtsunabhängig kalkuliert werden, in einen Tarif, bei dem dies nicht der Fall ist, ist ausgeschlossen.

(6) Der Versicherungsschutz erstreckt sich auf Deutschland.

(7) Bei einem vorübergehenden Aufenthalt im europäischen Ausland wird für im Ausland akut eingetretene Krankheiten oder Unfälle das Krankentagegeld in vertraglichem Umfang für die Dauer einer medizinisch notwendigen stationären Heilbehandlung in einem öffentli-

---

[1] Die BaFin vertritt die Auffassung, dass der Versicherungsnehmer gemäß § 178 f VVG a.F. einen Anspruch auf Umwandlung einer Anwartschafts- oder Ruhensversicherung bezüglich eines Tarifs in eine solche bezüglich eines anderen Tarifs mit gleichartigem Versicherungsschutz habe; die Regelung also gegen § 178 o VVG a.F. verstoße.

chen Krankenhaus gezahlt. Für einen vorübergehenden Aufenthalt im außereuropäischen Ausland können besondere Vereinbarungen getroffen werden.

(8) Verlegt eine versicherte Person ihren gewöhnlichen Aufenthalt in einen anderen Mitgliedstaat der Europäischen Union oder einen anderen Vertragsstaat des Abkommens über den Europäischen Wirtschaftsraum, wird für in diesem Staat akut eingetretene Krankheiten oder Unfälle das Krankentagegeld in vertraglichem Umfang für die Dauer einer medizinisch notwendigen stationären Heilbehandlung in einem öffentlichen Krankenhaus gezahlt.

§ 2 Beginn des Versicherungsschutzes

Der Versicherungsschutz beginnt mit dem im Versicherungsschein bezeichneten Zeitpunkt (Versicherungsbeginn), jedoch nicht vor Abschluss des Versicherungsvertrages (insbesondere Zugang des Versicherungsscheines oder einer schriftlichen Annahmeerklärung) und nicht vor Ablauf von Wartezeiten. Für Versicherungsfälle, die vor Beginn des Versicherungsschutzes eingetreten sind, wird nicht geleistet. Nach Abschluss des Versicherungsvertrages eingetretene Versicherungsfälle sind nur für den Teil von der Leistungspflicht ausgeschlossen, der in die Zeit vor Versicherungsbeginn oder in Wartezeiten fällt. Bei Vertragsänderungen gelten die Sätze 1 bis 3 für den hinzukommenden Teil des Versicherungsschutzes.

§ 3 Wartezeiten

(1) Die Wartezeiten rechnen vom Versicherungsbeginn an.

(2) Die allgemeine Wartezeit beträgt drei Monate. Sie entfällt bei Unfällen.

(3) Die besonderen Wartezeiten betragen für Psychotherapie, Zahnbehandlung, Zahnersatz und Kieferorthopädie acht Monate.

(4) Sofern der Tarif es vorsieht, können die Wartezeiten aufgrund besonderer Vereinbarung erlassen werden, wenn ein ärztliches Zeugnis über den Gesundheitszustand vorgelegt wird.

(5) Personen, die aus der privaten oder gesetzlichen Krankenversicherung ausgeschieden sind, wird bis zur Höhe des bisherigen Krankentagegeld- oder Krankengeldanspruchs die nachweislich dort ununterbrochen zurückgelegte Versicherungszeit auf die Wartezeiten angerechnet. Voraussetzung ist, dass die Versicherung spätestens zwei Monate nach Beendigung der Vorversicherung zusammen mit einer Krankheitskostenversicherung beantragt wurde und der Versicherungsschutz in Abweichung von § 2 im unmittelbaren Anschluss beginnen soll. Entsprechendes gilt beim Ausscheiden aus einem öffentlichen Dienstverhältnis mit Anspruch auf Heilfürsorge.

(6) Bei Vertragsänderungen gelten die Wartezeitenregelungen für den hinzukommenden Teil des Versicherungsschutzes.

§ 4 Umfang der Leistungspflicht

(1) Höhe und Dauer der Versicherungsleistungen ergeben sich aus dem Tarif mit Tarifbedingungen.

(2) Das Krankentagegeld darf zusammen mit sonstigen Krankentage- und Krankengeldern das auf den Kalendertag umgerechnete, aus der beruflichen Tätigkeit herrührende Nettoeinkommen nicht übersteigen. Maßgebend für die Berechnung des Nettoeinkommens ist der

Durchschnittsverdienst der letzten 12 Monate vor Antragstellung bzw. vor Eintritt der Arbeitsunfähigkeit, sofern der Tarif keinen anderen Zeitraum vorsieht.

(3) Der Versicherungsnehmer ist verpflichtet, dem Versicherer unverzüglich eine nicht nur vorübergehende Minderung des aus der Berufstätigkeit herrührenden Nettoeinkommens mitzuteilen.

(4) Erlangt der Versicherer davon Kenntnis, dass das Nettoeinkommen der versicherten Person unter die Höhe des dem Vertrage zugrunde gelegten Einkommens gesunken ist, so kann er ohne Unterschied, ob der Versicherungsfall bereits eingetreten ist oder nicht, das Krankentagegeld und den Beitrag mit Wirkung vom Beginn des zweiten Monats nach Kenntnis entsprechend dem geminderten Nettoeinkommen herabsetzen. Bis zum Zeitpunkt der Herabsetzung wird die Leistungspflicht im bisherigen Umfang für eine bereits eingetretene Arbeitsunfähigkeit nicht berührt.

(5) Die Zahlung von Krankentagegeld setzt voraus, dass die versicherte Person während der Dauer der Arbeitsunfähigkeit durch einen niedergelassenen approbierten Arzt oder Zahnarzt bzw. im Krankenhaus behandelt wird.

(6) Der versicherten Person steht die Wahl unter den niedergelassenen approbierten Ärzten und Zahnärzten frei.

(7) Eintritt und Dauer der Arbeitsunfähigkeit sind durch Bescheinigung des behandelnden Arztes oder Zahnarztes nachzuweisen. Etwaige Kosten derartiger Nachweise hat der Versicherungsnehmer zu tragen. Bescheinigungen von Ehegatten, Lebenspartnern gemäß § 1 Lebenspartnerschaftsgesetz, Eltern oder Kindern reichen zum Nachweis der Arbeitsunfähigkeit nicht aus.

(8) Bei medizinisch notwendiger stationärer Heilbehandlung hat die versicherte Person freie Wahl unter den öffentlichen und privaten Krankenhäusern, die unter ständiger ärztlicher Leitung stehen, über ausreichende diagnostische und therapeutische Möglichkeiten verfügen und Krankengeschichten führen.

(9) Bei medizinisch notwendiger stationärer Heilbehandlung in Krankenanstalten, die auch Kuren bzw. Sanatoriumsbehandlung durchführen oder Rekonvaleszenten aufnehmen, im Übrigen aber die Voraussetzungen von Abs. 8 erfüllen, werden die tariflichen Leistungen nur dann erbracht, wenn der Versicherer diese vor Beginn der Behandlung schriftlich zugesagt hat. Bei Tbc-Erkrankungen wird in vertraglichem Umfange auch bei stationärer Behandlung in Tbc-Heilstätten und -Sanatorien geleistet.

(10) Der Versicherer gibt auf Verlangen des Versicherungsnehmers oder der versicherten Person Auskunft über und Einsicht in Gutachten oder Stellungnahmen, die der Versicherer bei der Prüfung der Leistungspflicht, für die Feststellung einer Arbeitsunfähigkeit oder einer Berufsunfähigkeit (vgl. § 15 Abs. 1 Buchstabe b), eingeholt hat. Wenn der Auskunft an oder der Einsicht durch den Versicherungsnehmer oder die versicherte Person erhebliche therapeutische Gründe oder sonstige erhebliche Gründe entgegenstehen, kann nur verlangt werden, einem benannten Arzt oder Rechtsanwalt Auskunft oder Einsicht zu geben. Der Anspruch kann nur von der jeweils betroffenen Person oder ihrem gesetzlichen Vertreter geltend gemacht werden. Hat der Versicherungsnehmer das Gutachten oder die Stellung-

nahme auf Veranlassung des Versicherers eingeholt, erstattet der Versicherer die entstandenen Kosten.

§ 5 Einschränkung der Leistungspflicht

(1) Keine Leistungspflicht besteht bei Arbeitsunfähigkeit
a) wegen solcher Krankheiten einschließlich ihrer Folgen, sowie wegen Folgen von Unfällen, die durch Kriegsereignisse verursacht oder als Wehrdienstbeschädigungen anerkannt und nicht ausdrücklich in den Versicherungsschutz eingeschlossen sind;
b) wegen auf Vorsatz beruhender Krankheiten und Unfälle einschließlich deren Folgen sowie wegen Entziehungsmaßnahmen einschließlich Entziehungskuren;
c) wegen Krankheiten und Unfallfolgen, die auf eine durch Alkoholgenuss bedingte Bewusstseinsstörung zurückzuführen sind;
d) ausschließlich wegen Schwangerschaft, ferner wegen Schwangerschaftsabbruch, Fehlgeburt und Entbindung;
e) während der gesetzlichen Beschäftigungsverbote für werdende Mütter und Wöchnerinnen in einem Arbeitsverhältnis (Mutterschutz). Diese befristete Einschränkung der Leistungspflicht gilt sinngemäß auch für selbständig Tätige, es sei denn, dass die Arbeitsunfähigkeit in keinem Zusammenhang mit den unter d) genannten Ereignissen steht;
f) wenn sich die versicherte Person nicht an ihrem gewöhnlichen Aufenthalt in Deutschland aufhält, es sei denn, dass sie sich – unbeschadet des Absatzes 2 – in medizinisch notwendiger stationärer Heilbehandlung befindet (vgl. § 4 Abs. 8 und 9). Wird die versicherte Person in Deutschland außerhalb ihres gewöhnlichen Aufenthalts arbeitsunfähig, so steht ihr das Krankentagegeld auch zu, solange die Erkrankung oder Unfallfolge nach medizinischem Befund eine Rückkehr ausschließt;
g) während Kur- und Sanatoriumsbehandlung sowie während Rehabilitationsmaßnahmen der gesetzlichen Rehabilitationsträger, wenn der Tarif nichts anderes vorsieht.

(2) Während des Aufenthaltes in einem Heilbad oder Kurort – auch bei einem Krankenhausaufenthalt – besteht keine Leistungspflicht. Die Einschränkung entfällt, wenn die versicherte Person dort ihren gewöhnlichen Aufenthalt hat oder während eines vorübergehenden Aufenthaltes durch eine vom Aufenthaltszweck unabhängige akute Erkrankung oder einen dort eingetretenen Unfall arbeitsunfähig wird, solange dadurch nach medizinischem Befund die Rückkehr ausgeschlossen ist.

§ 6 Auszahlung der Versicherungsleistungen

(1) Der Versicherer ist zur Leistung nur verpflichtet, wenn die von ihm geforderten Nachweise erbracht sind; diese werden Eigentum des Versicherers.

(2) Im Übrigen ergeben sich die Voraussetzungen für die Fälligkeit der Leistungen des Versicherers aus § 14 VVG.

(3) Der Versicherer ist verpflichtet, an die versicherte Person zu leisten, wenn der Versicherungsnehmer ihm diese in Textform als Empfangsberechtigte für deren Versicherungsleistungen benannt hat. Liegt diese Voraussetzung nicht vor, kann nur der Versicherungsnehmer die Leistung verlangen.

(4) Kosten für die Überweisung der Versicherungsleistungen und für Übersetzung können von den Leistungen abgezogen werden.

(5) Ansprüche auf Versicherungsleistungen können weder abgetreten noch verpfändet werden.

§ 7 Ende des Versicherungsschutzes

Der Versicherungsschutz endet – auch für schwebende Versicherungsfälle – mit der Beendigung des Versicherungsverhältnisses (§§ 13 bis 15). Kündigt der Versicherer das Versicherungsverhältnis gemäß § 14 Abs. 1, so endet der Versicherungsschutz für schwebende Versicherungsfälle erst am dreißigsten Tage nach Beendigung des Versicherungsverhältnisses. Endet das Versicherungsverhältnis wegen Wegfalls einer der im Tarif bestimmten Voraussetzungen für die Versicherungsfähigkeit oder wegen Eintritts der Berufsunfähigkeit, so bestimmt sich die Leistungspflicht nach § 15 Buchstabe a oder b.

Pflichten des Versicherungsnehmers

§ 8 Beitragszahlung

(1) Der Beitrag ist ein Jahresbeitrag und wird vom Versicherungsbeginn an berechnet. Er ist zu Beginn eines jeden Versicherungsjahres zu entrichten, kann aber auch in gleichen monatlichen Beitragsraten gezahlt werden, die jeweils bis zur Fälligkeit der Beitragsrate als gestundet gelten. Die Beitragsraten sind am Ersten eines jeden Monats fällig. Wird der Jahresbeitrag während des Versicherungsjahres neu festgesetzt, so ist der Unterschiedsbetrag vom Änderungszeitpunkt an bis zum Beginn des nächsten Versicherungsjahres nachzuzahlen bzw. zurückzuzahlen.

(2) Wird der Vertrag für eine bestimmte Zeit mit der Maßgabe geschlossen, dass sich das Versicherungsverhältnis nach Ablauf dieser bestimmten Zeit stillschweigend um jeweils ein Jahr verlängert, sofern der Versicherungsnehmer nicht fristgemäß gekündigt hat, so kann der Tarif anstelle von Jahresbeiträgen Monatsbeiträge vorsehen. Diese sind am Ersten eines jeden Monats fällig.

(3) Der erste Beitrag bzw. die erste Beitragsrate ist, sofern nicht anders vereinbart, unverzüglich nach Ablauf von zwei Wochen nach Zugang des Versicherungsscheines zu zahlen.

(4) Kommt der Versicherungsnehmer mit der Zahlung einer Beitragsrate in Verzug, so werden die gestundeten Beitragsraten des laufenden Versicherungsjahres fällig. Sie gelten jedoch erneut als gestundet, wenn der rückständige Beitragsteil einschließlich der Beitragsrate für den am Tage der Zahlung laufenden Monat und die Mahnkosten entrichtet sind.

(5) Nicht rechtzeitige Zahlung des Erstbeitrages oder eines Folgebeitrages kann unter den Voraussetzungen der §§ 37 und 38 VVG zum Verlust des Versicherungsschutzes führen. Ist ein Beitrag bzw. eine Beitragsrate nicht rechtzeitig gezahlt und wird der Versicherungsnehmer in Textform gemahnt, so ist er zur Zahlung der Mahnkosten verpflichtet, deren Höhe sich aus dem Tarif ergibt.

(6) Wird das Versicherungsverhältnis vor Ablauf der Vertragslaufzeit beendet, steht dem Versicherer für diese Vertragslaufzeit nur derjenige Teil des Beitrags bzw. der Beitragsrate zu, der dem Zeitraum entspricht, in dem der Versicherungsschutz bestanden hat. Wird

das Versicherungsverhältnis durch Rücktritt auf Grund des § 19 Abs. 2 VVG oder durch Anfechtung des Versicherers wegen arglistiger Täuschung beendet, steht dem Versicherer der Beitrag bzw. die Beitragsrate bis zum Wirksamwerden der Rücktritts- oder Anfechtungserklärung zu. Tritt der Versicherer zurück, weil der erste Beitrag bzw. die erste Beitragsrate nicht rechtzeitig gezahlt wird, kann er eine angemessene Geschäftsgebühr verlangen.

(7) Die Beiträge sind an die vom Versicherer zu bezeichnende Stelle zu entrichten.

§ 8a Beitragsberechnung

(1) Die Berechnung der Beiträge erfolgt nach Maßgabe der Vorschriften des Versicherungsaufsichtsgesetzes (VAG) und ist in den technischen Berechnungsgrundlagen des Versicherers festgelegt.

(2) Bei einer Änderung der Beiträge, auch durch Änderung des Versicherungsschutzes, wird das Geschlecht und das (die) bei Inkrafttreten der Änderung erreichte tarifliche Lebensalter (Lebensaltersgruppe) der versicherten Person berücksichtigt; dies gilt in Ansehung des Geschlechts nicht für Tarife, deren Beiträge geschlechtsunabhängig erhoben werden. Dabei wird dem Eintrittsalter der versicherten Person dadurch Rechnung getragen, dass eine Alterungsrückstellung gemäß den in den technischen Berechnungsgrundlagen festgelegten Grundsätzen angerechnet wird. Eine Erhöhung der Beiträge oder eine Minderung der Leistungen des Versicherers wegen des Älterwerdens der versicherten Person ist jedoch während der Dauer des Versicherungsverhältnisses ausgeschlossen, soweit eine Alterungsrückstellung zu bilden ist.

(3) Bei Beitragsänderungen kann der Versicherer auch besonders vereinbarte Risikozuschläge entsprechend ändern.

(4) Liegt bei Vertragsänderungen ein erhöhtes Risiko vor, steht dem Versicherer für den hinzukommenden Teil des Versicherungsschutzes zusätzlich zum Beitrag ein angemessener Zuschlag zu. Dieser bemisst sich nach den für den Geschäftsbetrieb des Versicherers zum Ausgleich erhöhter Risiken maßgeblichen Grundsätzen.

§ 8b Beitragsanpassung

(1) Im Rahmen der vertraglichen Leistungszusage können sich die Leistungen des Versicherers z.B. wegen häufigerer Arbeitsunfähigkeit der Versicherten, wegen längerer Arbeitsunfähigkeitszeiten oder aufgrund steigender Lebenserwartung ändern. Dementsprechend vergleicht der Versicherer zumindest jährlich für jeden Tarif die erforderlichen mit den in den technischen Berechnungsgrundlagen kalkulierten Versicherungsleistungen und Sterbewahrscheinlichkeiten. Ergibt diese Gegenüberstellung für eine Beobachtungseinheit eines Tarifs eine Abweichung von mehr als dem gesetzlich oder tariflich festgelegten Vomhundertsatz, werden alle Beiträge dieser Beobachtungseinheit vom Versicherer überprüft und, soweit erforderlich, mit Zustimmung des Treuhänders angepasst. Unter den gleichen Voraussetzungen kann auch ein vereinbarter Risikozuschlag entsprechend geändert werden.

(2) Von einer Beitragsanpassung kann abgesehen werden, wenn nach übereinstimmender Beurteilung durch den Versicherer und den Treuhänder die Veränderung der Versicherungsleistungen als vorübergehend anzusehen ist.

(3) Beitragsanpassungen sowie Änderungen von evtl. vereinbarten Risikozuschlägen werden zu Beginn des zweiten Monats wirksam, der auf die Benachrichtigung des Versicherungsnehmers folgt.

§ 9 Obliegenheiten

(1) Die ärztlich festgestellte Arbeitsunfähigkeit ist dem Versicherer unverzüglich, spätestens aber innerhalb der im Tarif festgesetzten Frist, durch Vorlage eines Nachweises (§ 4 Abs. 7) anzuzeigen. Bei verspätetem Zugang der Anzeige kann das Krankentagegeld bis zum Zugangstage nach Maßgabe des § 10 gekürzt werden oder ganz entfallen; eine Zahlung vor dem im Tarif vorgesehenen Zeitpunkt erfolgt jedoch nicht. Fortdauernde Arbeitsunfähigkeit ist dem Versicherer innerhalb der im Tarif festgesetzten Frist nachzuweisen. Die Wiederherstellung der Arbeitsfähigkeit ist dem Versicherer binnen drei Tagen anzuzeigen.

(2) Der Versicherungsnehmer und die als empfangsberechtigt benannte versicherte Person (vgl. § 6 Abs. 3) haben auf Verlangen des Versicherers jede Auskunft zu erteilen, die zur Feststellung des Versicherungsfalles oder der Leistungspflicht des Versicherers und ihres Umfanges erforderlich ist. Die geforderten Auskünfte sind auch einem Beauftragten des Versicherers zu erteilen.

(3) Auf Verlangen des Versicherers ist die versicherte Person verpflichtet, sich durch einen vom Versicherer beauftragten Arzt untersuchen zu lassen.

(4) Die versicherte Person hat für die Wiederherstellung der Arbeitsfähigkeit zu sorgen; sie hat insbesondere die Weisungen des Arztes gewissenhaft zu befolgen und alle Handlungen zu unterlassen, die der Genesung hinderlich sind.

(5) Jeder Berufswechsel der versicherten Person ist unverzüglich anzuzeigen.

(6) Der Neuabschluss einer weiteren oder die Erhöhung einer anderweitig bestehenden Versicherung mit Anspruch auf Krankentagegeld darf nur mit Einwilligung des Versicherers vorgenommen werden.

§ 10 Folgen von Obliegenheitsverletzungen

(1) Der Versicherer ist mit den in § 28 Abs. 2 bis 4 VVG vorgeschriebenen Einschränkungen ganz oder teilweise von der Verpflichtung zur Leistung frei, wenn eine der in § 9 Abs. 1 bis 6 genannten Obliegenheiten verletzt wird.

(2) Wird eine der in § 9 Abs. 5 und 6 genannten Obliegenheiten verletzt, so kann der Versicherer unter der Voraussetzung des § 28 Abs. 1 VVG innerhalb eines Monats nach dem Bekanntwerden der Obliegenheitsverletzung ohne Einhaltung einer Frist auch kündigen.

(3) Die Kenntnis und das Verschulden der versicherten Person stehen der Kenntnis und dem Verschulden des Versicherungsnehmers gleich.

§ 11 Anzeigepflicht bei Wegfall der Versicherungsfähigkeit

Der Wegfall einer im Tarif bestimmten Voraussetzung für die Versicherungsfähigkeit oder der Eintritt der Berufsunfähigkeit (vgl. § 15 Buchstabe b) einer versicherten Person ist dem Versicherer unverzüglich anzuzeigen. Erlangt der Versicherer von dem Eintritt dieses Ereignisses erst später Kenntnis, so sind beide Teile verpflichtet, die für die Zeit nach Beendigung des Versicherungsverhältnisses empfangenen Leistungen einander zurückzugewähren.

§ 12 Aufrechnung

Der Versicherungsnehmer kann gegen Forderungen des Versicherers nur aufrechnen, soweit die Gegenforderung unbestritten oder rechtskräftig festgestellt ist. Gegen eine Forderung aus der Beitragspflicht kann jedoch ein Mitglied eines Versicherungsvereins nicht aufrechnen.

Ende der Versicherung

§ 13 Kündigung durch den Versicherungsnehmer

(1) Der Versicherungsnehmer kann das Versicherungsverhältnis zum Ende eines jeden Versicherungsjahres mit einer Frist von drei Monaten kündigen.

(2) Die Kündigung kann auf einzelne versicherte Personen oder Tarife beschränkt werden.

(3) Wird eine versicherte Person in der gesetzlichen Krankenversicherung versicherungspflichtig, so kann der Versicherungsnehmer binnen drei Monaten nach Eintritt der Versicherungspflicht die Krankentagegeldversicherung oder eine dafür bestehende Anwartschaftsversicherung rückwirkend zum Eintritt der Versicherungspflicht kündigen. Die Kündigung ist unwirksam, wenn der Versicherungsnehmer den Eintritt der Versicherungspflicht nicht innerhalb von zwei Monaten nachweist, nachdem der Versicherer ihn hierzu in Textform aufgefordert hat, es sei denn, der Versicherungsnehmer hat die Versäumung dieser Frist nicht zu vertreten. Macht der Versicherungsnehmer von seinem Kündigungsrecht Gebrauch, steht dem Versicherer der Beitrag nur bis zum Zeitpunkt des Eintritts der Versicherungspflicht zu. Später kann der Versicherungsnehmer die Krankentagegeldversicherung oder eine dafür bestehende Anwartschaftsversicherung nur zum Ende des Monats kündigen, in dem er den Eintritt der Versicherungspflicht nachweist. Dem Versicherer steht der Beitrag in diesem Fall bis zum Ende des Versicherungsvertrages zu. Der Versicherungspflicht steht gleich der gesetzliche Anspruch auf Familienversicherung oder der nicht nur vorübergehende Anspruch auf Heilfürsorge aus einem beamtenrechtlichen oder ähnlichen Dienstverhältnis.

(4) Erhöht der Versicherer die Beiträge aufgrund der Beitragsanpassungsklausel oder vermindert er seine Leistungen gemäß § 18 Abs. 1 oder macht er von seinem Recht auf Herabsetzung gemäß § 4 Abs. 4 Gebrauch, so kann der Versicherungsnehmer das Versicherungsverhältnis hinsichtlich der betroffenen versicherten Person innerhalb von zwei Monaten vom Zugang der Änderungsmitteilung an zum Zeitpunkt des Wirksamwerdens der Änderung kündigen. Bei einer Beitragserhöhung kann der Versicherungsnehmer das Versicherungsverhältnis auch bis und zum Zeitpunkt des Wirksamwerdens der Erhöhung kündigen.

(5) Der Versicherungsnehmer kann, sofern der Versicherer die Anfechtung, den Rücktritt oder die Kündigung nur für einzelne versicherte Personen oder Tarife erklärt, innerhalb von zwei Wochen nach Zugang dieser Erklärung die Aufhebung des übrigen Teils der Versicherung zum Schlusse des Monats verlangen, in dem ihm die Erklärung des Versicherers zugegangen ist, bei Kündigung zu dem Zeitpunkt, in dem diese wirksam wird.

(6) Kündigt der Versicherungsnehmer das Versicherungsverhältnis insgesamt oder für einzelne versicherte Personen, haben die versicherten Personen das Recht, das Versicherungsverhältnis unter Benennung des künftigen Versicherungsnehmers fortzusetzen. Die Erklärung ist innerhalb zweier Monate nach der Kündigung abzugeben. Die Kündigung ist nur wirksam, wenn der Versicherungsnehmer nachweist, dass die betroffenen versicherten Personen von der Kündigungserklärung Kenntnis erlangt haben.

§ 14 Kündigung durch den Versicherer

(1) Der Versicherer kann das Versicherungsverhältnis zum Ende eines jeden der ersten drei Versicherungsjahre mit einer Frist von drei Monaten kündigen, sofern kein gesetzlicher Anspruch auf einen Beitragszuschuss des Arbeitgebers besteht.

(2) Die gesetzlichen Bestimmungen über das außerordentliche Kündigungsrecht bleiben unberührt.

(3) Die Kündigung kann auf einzelne versicherte Personen, Tarife oder auf nachträgliche Erhöhungen des Krankentagegeldes beschränkt werden.

(4) Der Versicherer kann, sofern der Versicherungsnehmer die Kündigung nur für einzelne versicherte Personen oder Tarife erklärt, innerhalb von zwei Wochen nach Zugang der Kündigung die Aufhebung des übrigen Teils der Versicherung zu dem Zeitpunkt verlangen, in dem diese wirksam wird. Das gilt nicht für den Fall des § 13 Abs. 3.

§ 15 Sonstige Beendigungsgründe

(1) Das Versicherungsverhältnis endet hinsichtlich der betroffenen versicherten Personen
a) bei Wegfall einer im Tarif bestimmten Voraussetzung für die Versicherungsfähigkeit zum Ende des Monats, in dem die Voraussetzung weggefallen ist. Besteht jedoch zu diesem Zeitpunkt in einem bereits eingetretenen Versicherungsfall Arbeitsunfähigkeit, so endet das Versicherungsverhältnis nicht vor dem Zeitpunkt, bis zu dem der Versicherer seine im Tarif aufgeführten Leistungen für diese Arbeitsunfähigkeit zu erbringen hat, spätestens aber drei Monate nach Wegfall der Voraussetzung;
b) mit Eintritt der Berufsunfähigkeit. Berufsunfähigkeit liegt vor, wenn die versicherte Person nach medizinischem Befund im bisher ausgeübten Beruf auf nicht absehbare Zeit mehr als 50 % erwerbsunfähig ist. Besteht jedoch zu diesem Zeitpunkt in einem bereits eingetretenen Versicherungsfall Arbeitsunfähigkeit, so endet das Versicherungsverhältnis nicht vor dem Zeitpunkt, bis zu dem der Versicherer seine im Tarif aufgeführten Leistungen für diese Arbeitsunfähigkeit zu erbringen hat, spätestens aber drei Monate nach Eintritt der Berufsunfähigkeit;
c) mit dem Bezug von Altersrente, spätestens, sofern tariflich vereinbart, mit Vollendung des 65. Lebensjahres. Sofern eine Beendigung mit Vollendung des 65. Lebensjahres

vereinbart ist, hat die versicherte Person das Recht, nach Maßgabe von § 196 VVG den Abschluss einer neuen Krankentagegeldversicherung zu verlangen.
d) mit dem Tod. Beim Tode des Versicherungsnehmers haben die versicherten Personen das Recht, das Versicherungsverhältnis unter Benennung des künftigen Versicherungsnehmers fortzusetzen. Die Erklärung ist innerhalb zweier Monate nach dem Tode des Versicherungsnehmers abzugeben;
e) bei Verlegung des gewöhnlichen Aufenthaltes in einen anderen Staat als die in § 1 Abs. 8 genannten, es sei denn, dass das Versicherungsverhältnis aufgrund einer anderweitigen Vereinbarung fortgesetzt wird.

(2) Der Versicherungsnehmer und die versicherten Personen haben das Recht, einen von ihnen gekündigten oder einen wegen Eintritts der Berufsunfähigkeit gemäß Abs. 1 Buchstabe b) beendeten Vertrag nach Maßgabe des Tarifs in Form einer Anwartschaftsversicherung fortzusetzen, sofern mit einer Wiederaufnahme der Erwerbstätigkeit zu rechnen ist.

Sonstige Bestimmungen

§ 16 Willenserklärungen und Anzeigen

Willenserklärungen und Anzeigen gegenüber dem Versicherer bedürfen der Schriftform, sofern nicht ausdrücklich Textform vereinbart ist.

§ 17 Gerichtsstand

(1) Für Klagen aus dem Versicherungsverhältnis gegen den Versicherungsnehmer ist das Gericht des Ortes zuständig, an dem der Versicherungsnehmer seinen Wohnsitz oder in Ermangelung eines solchen seinen gewöhnlichen Aufenthalt hat.

(2) Klagen gegen den Versicherer können bei dem Gericht am Wohnsitz oder gewöhnlichen Aufenthalt des Versicherungsnehmers oder bei dem Gericht am Sitz des Versicherers anhängig gemacht werden.

(3) Verlegt der Versicherungsnehmer nach Vertragsschluss seinen Wohnsitz oder gewöhnlichen Aufenthalt in einen Staat, der nicht Mitgliedstaat der Europäischen Union oder Vertragsstaat des Abkommens über dem Europäischen Wirtschaftsraum ist oder ist sein Wohnsitz oder gewöhnlicher Aufenthalt im Zeitpunkt der Klageerhebung nicht bekannt, ist das Gericht am Sitz des Versicherers zuständig.

§ 18 Änderungen der Allgemeinen Versicherungsbedingungen

(1) Bei einer nicht nur als vorübergehend anzusehenden Veränderung der Verhältnisse des Gesundheitswesens können die Allgemeinen Versicherungsbedingungen und die Tarifbestimmungen den veränderten Verhältnissen angepasst werden, wenn die Änderungen zur hinreichenden Wahrung der Belange der Versicherungsnehmer erforderlich erscheinen und ein unabhängiger Treuhänder die Voraussetzungen für die Änderungen überprüft und ihre Angemessenheit bestätigt hat. Die Änderungen werden zu Beginn des zweiten Monats wirksam, der auf die Mitteilung der Änderungen und der hierfür maßgeblichen Gründe an den Versicherungsnehmer folgt.

(2) Ist eine Bestimmung in den Allgemeinen Versicherungsbedingungen durch höchstrichterliche Entscheidung oder durch einen bestandskräftigen Verwaltungsakt für unwirksam

erklärt worden, kann sie der Versicherer durch eine neue Regelung ersetzen, wenn dies zur Fortführung des Vertrags notwendig ist oder wenn das Festhalten an dem Vertrag ohne neue Regelung für eine Vertragspartei auch unter Berücksichtigung der Interessen der anderen Vertragspartei eine unzumutbare Härte darstellen würde. Die neue Regelung ist nur wirksam, wenn sie unter Wahrung des Vertragsziels die Belange der Versicherungsnehmer angemessen berücksichtigt. Sie wird zwei Wochen, nachdem die neue Regelung und die hierfür maßgeblichen Gründe dem Versicherungsnehmer mitgeteilt worden sind, Vertragsbestandteil.

Anhang 4 Allgemeine Versicherungsbedingungen für den Basistarif (MB/BT 2009) ab Januar 2017

Stand (Entwurf): August 2016, Geltung ab Januar 2017

Hinweis

Diese Musterbedingungen des Verbandes der Privaten Krankenversicherung e.V. (PKV) sind für die Versicherer unverbindlich; ihre Verwendung ist rein fakultativ. Abweichende Bedingungen können vereinbart werden. Abdruck mit freundlicher Genehmigung des PKV; die jeweils aktuellen Bedingungen können kostenfrei auf der Website des PKV (*www.pkv.de*) abgerufen werden.

Teil I Allgemeine Versicherungsbedingungen (AVB/BT)

Präambel

Der Basistarif wird von den Unternehmen der privaten Krankenversicherung aufgrund gesetzlicher Verpflichtung und in einheitlicher Form angeboten und folgt den nachstehend aufgeführten, ebenfalls durch Gesetz vorgegebenen Rahmenbedingungen:

– Aufnahme- und versicherungsfähig im Basistarif sind ausschließlich die in Abschnitt A. Absätze 2 und 3 genannten Personen. Krankenversicherungsunternehmen unterliegen unter bestimmten gesetzlichen Voraussetzungen einem Annahmezwang. Eine Risikoprüfung wird durchgeführt, auch wenn für die Dauer der Versicherung im Basistarif keine Risikozuschläge erhoben werden.

Die Vertragsleistungen des Basistarifs sind in Art, Umfang und Höhe den Leistungen nach dem Dritten Kapitel des Fünften Buches Sozialgesetzbuch, auf die ein Anspruch besteht, jeweils vergleichbar.

– Der Beitrag für den Basistarif darf den Höchstbeitrag der gesetzlichen Krankenversicherung nicht übersteigen. Für Personen mit Anspruch auf Beihilfe tritt an die Stelle des Höchstbeitrags der gesetzlichen Krankenversicherung ein Höchstbeitrag, der dem prozentualen Anteil des die Beihilfe ergänzenden Leistungsanspruchs für ambulante Heilbehandlung entspricht.

A. Aufnahme- und Versicherungsfähigkeit

(1) Der Basistarif wird als
   – **Tarifstufe BTN** ohne Selbstbehalt sowie mit Selbstbehalten von 300, 600, 900 oder 1.200 Euro sowie als
   – **Tarifstufe BTB** ohne Selbstbehalt sowie mit Selbstbehalten in Höhe des durch den Beihilfesatz für ambulante Heilbehandlung nicht gedeckten Prozentsatzes von 300, 600, 900 oder 1.200 Euro
   angeboten.

(2) Aufnahme- und versicherungsfähig in **Tarifstufe BTN** sind Personen mit Wohnsitz in Deutschland, die nicht beihilfeberechtigt sind und auch keine vergleichbaren Ansprüche haben, wenn sie:
   a) freiwillig in der gesetzlichen Krankenversicherung versichert sind und den Abschluss des Versicherungsvertrages im Basistarif innerhalb von sechs Monaten nach Beginn der im Fünften Buch Sozialgesetzbuch (SGB V) vorgesehenen erstmaligen

Wechselmöglichkeit im Rahmen ihres freiwilligen Versicherungsverhältnisses zum nächstmöglichen Termin beantragen;
b) nicht in der gesetzlichen Krankenversicherung versicherungspflichtig sind und nicht zum Personenkreis nach a) gehören, keinen Anspruch nach dem Asylbewerberleistungsgesetz haben, keinen Anspruch auf laufende Leistungen nach dem Dritten, Vierten, Sechsten und Siebten Kapitel des Zwölften Buches Sozialgesetzbuch (SGB XII) haben und noch keine private Krankheitskostenversicherung mit einem in Deutschland zum Geschäftsbetrieb zugelassenen Versicherungsunternehmen vereinbart haben, die der Pflicht zur Versicherung genügt. Bei Empfängern von Leistungen nach dem Dritten, Vierten, Sechsten und Siebten Kapitel des SGB XII gilt der Leistungsbezug bei Zeiten einer Unterbrechung von weniger als einem Monat als fortbestehend, wenn er vor dem 1. Januar 2009 begonnen hat;
c) eine private Krankheitskostenvollversicherung mit einem in Deutschland zum Geschäftsbetrieb zugelassenen Versicherungsunternehmen vereinbart haben und der Vertrag erstmals nach dem 31. Dezember 2008 abgeschlossen wurde;
d) eine private Krankheitskostenvollversicherung mit einem in Deutschland zum Geschäftsbetrieb zugelassenen Versicherungsunternehmen vereinbart haben und dieser Vertrag vor dem 1. Januar 2009 abgeschlossen wurde, wenn die zu versichernde Person das 55. Lebensjahr vollendet hat oder das 55. Lebensjahr noch nicht vollendet hat, aber die Voraussetzungen für den Anspruch auf eine Rente der gesetzlichen Rentenversicherung erfüllt und diese Rente beantragt hat oder ein Ruhegehalt nach beamtenrechtlichen oder vergleichbaren Vorschriften bezieht oder hilfebedürftig nach dem Zweiten Buch Sozialgesetzbuch (SGB II) oder dem SGB XII ist;
e) in der Zeit vom 1. Juli 2007 bis 31. Dezember 2008 als Personen ohne Versicherungsschutz in den modifizierten Standardtarif aufgenommen worden sind;
f) im Standardtarif nach § 257 Abs. 2a SGB V in der bis zum 31. Dezember 2008 geltenden Fassung (siehe Anhang) versichert sind;
Die Aufnahme- und Versicherungsfähigkeit der Personenkreise nach den Buchstaben d) bis f) beschränkt sich auf den Basistarif des Versicherungsunternehmens, bei dem das bisherige Versicherungsverhältnis bestand.
(3) Aufnahme- und versicherungsfähig in **Tarifstufe BTB** sind Personen, die beihilfeberechtigt sind oder vergleichbare Ansprüche haben sowie ihre bei der Beihilfe berücksichtigungsfähigen Angehörigen, wenn sie zu den in Absatz 2 genannten Personenkreisen gehören und ergänzenden beihilfekonformen Versicherungsschutz zur Erfüllung der Pflicht zur Versicherung benötigen.

B. Allgemeine Versicherungsbedingungen 2009 für den Basistarif (AVB/BT 2009) §§ 1–18

Der Versicherungsschutz

§ 1 Gegenstand, Umfang und Geltungsbereich des Versicherungsschutzes

(1) Im Basistarif bietet der Versicherer Versicherungsschutz für Krankheiten, Unfälle und andere im Vertrag genannte Ereignisse. Er erbringt im Versicherungsfall Ersatz von Aufwendungen für Heilbehandlung und sonst vereinbarte Leistungen. Der Versicherer

ist berechtigt, anstelle des Aufwendungsersatzes auch die unmittelbare Abrechnung der medizinischen Versorgung mit dem jeweiligen Leistungserbringer vorzusehen. Die Erstattungspflicht des Versicherers beschränkt sich nach Grund und Höhe auf ausreichende, zweckmäßige und wirtschaftliche Leistungen.

(2) Der Versicherer bietet ferner Versicherungsschutz gegen Verdienstausfall als Folge von Krankheiten oder Unfällen, soweit dadurch Arbeitsunfähigkeit verursacht wird. Er zahlt im Versicherungsfall für die Dauer einer Arbeitsunfähigkeit ein Krankentagegeld.

(3) Versicherungsfall für die Leistungen nach Absatz 1 ist die medizinisch notwendige Heilbehandlung einer versicherten Person wegen Krankheit oder Unfallfolgen. Der Versicherungsfall beginnt mit der Heilbehandlung; er endet, wenn nach medizinischem Befund Behandlungsbedürftigkeit nicht mehr besteht. Muss die Heilbehandlung auf eine Krankheit oder Unfallfolge ausgedehnt werden, die mit der bisher behandelten nicht ursächlich zusammenhängt, so entsteht insoweit ein neuer Versicherungsfall. Als Versicherungsfall gelten auch

a) Untersuchung und medizinisch notwendige Behandlung wegen Schwangerschaft und die Entbindung, ärztliche Beratung über Fragen der Empfängnisverhütung einschließlich Untersuchung und Verordnung von empfängnisregelnden Mitteln, eine durch Krankheit erforderliche Sterilisation und ein nicht rechtswidriger Schwangerschaftsabbruch durch einen Arzt sowie medizinische Maßnahmen zur Herbeiführung einer Schwangerschaft bei einer verheirateten versicherten Person,

b) ambulante Untersuchungen zur Früherkennung von Krankheiten nach gesetzlich eingeführten Programmen (gezielte Vorsorgeuntersuchungen) und Schutzimpfungen,

c) medizinische Vorsorgeleistungen,

d) Leistungen zur medizinischen Rehabilitation sowie Vorsorgeleistungen im Zusammenhang mit Behinderung oder Pflegebedürftigkeit,

e) stationäre Versorgung in einem Hospiz.

(4) Versicherungsfall für die Leistungen nach Absatz 2 ist die medizinisch notwendige Heilbehandlung einer versicherten Person wegen Krankheit oder Unfallfolgen, in deren Verlauf Arbeitsunfähigkeit ärztlich festgestellt wird. Der Versicherungsfall beginnt bei Krankenhausbehandlung oder Behandlung in einer Vorsorge- oder Rehabilitationseinrichtung mit deren Beginn, im Übrigen mit dem Tag der ärztlichen Feststellung der Arbeitsunfähigkeit. Er endet, wenn nach medizinischem Befund Arbeitsunfähigkeit und Behandlungsbedürftigkeit nicht mehr bestehen, spätestens mit Ablauf der im Tarif genannten Höchstdauer. Eine während der Behandlung neu eingetretene und behandelte Krankheit oder Unfallfolge, in deren Verlauf Arbeitsunfähigkeit ärztlich festgestellt wird, begründet nur dann einen neuen Versicherungsfall, wenn sie mit der ersten Krankheit oder Unfallfolge in keinem ursächlichen Zusammenhang steht. Wird Arbeitsunfähigkeit gleichzeitig durch mehrere Krankheiten oder Unfallfolgen hervorgerufen, so wird das Krankentagegeld nur einmal gezahlt.

(5) Der Umfang des Versicherungsschutzes ergibt sich aus dem Versicherungsschein, späteren schriftlichen Vereinbarungen, den Allgemeinen Versicherungsbedingungen (Bedingungsteil MB/BT 2009, Tarif BT) sowie den gesetzlichen Vorschriften, insbesondere

dem Dritten Kapitel des SGB V, soweit auf die Leistungen ein Anspruch besteht, sowie den jeweils geltenden Richtlinien und Empfehlungen des Gemeinsamen Bundesausschusses gemäß § 92 SGB V (siehe Anhang) für die Versorgung in der gesetzlichen Krankenversicherung.

(6) Das Versicherungsverhältnis unterliegt deutschem Recht.

(7) Der Versicherungsschutz erstreckt sich auf Heilbehandlung in der Bundesrepublik Deutschland. Unter den im Tarif genannten Voraussetzungen können auch Leistungserbringer in einem anderen Mitgliedstaat der Europäischen Union oder in einem anderen Vertragsstaat des Abkommens über den Europäischen Wirtschaftsraum sowie in der Schweiz in Anspruch genommen werden. Anspruch auf Krankenhausleistungen besteht nur, wenn eine vorherige schriftliche Leistungszusage des Versicherers erteilt worden ist. Anspruch auf Krankentagegeld besteht nur für in einem der in Satz 2 genannten Länder akut eingetretene Krankheiten oder Unfälle und nur für die Dauer einer medizinisch notwendigen Heilbehandlung in einem öffentlichen Krankenhaus unter Berücksichtigung von Karenzzeit und Höchstdauer.

(8) Der Versicherungsnehmer hat unter den Voraussetzungen und mit den Rechtsfolgen der §§ 204 Abs. 1 Nr. 1 Versicherungsvertragsgesetz (VVG), 13 Abs. 2 Krankenversicherungsaufsichtsverordnung (KVAV) – siehe Anhang – das Recht, für sich oder für die in seinem Vertrag versicherten Personen den Wechsel in einen anderen Tarif mit gleichartigem Versicherungsschutz zu verlangen. Im neuen Tarif können Risikozuschläge, die während der Dauer der Versicherung im Basistarif nicht erhoben werden, aktiviert werden. Ein Wechsel in den Notlagentarif nach § 153 Versicherungsaufsichtsgesetz (VAG – siehe Anhang) ist ausgeschlossen.

(9) An eine gewählte Selbstbehaltstufe ist die versicherte Person drei Jahre gebunden; der Wechsel in eine andere Selbstbehaltstufe kann frühestens mit einer Frist von drei Monaten zum Ablauf der Dreijahresfrist beantragt werden. Durch einen zwischenzeitlichen Wechsel des Versicherers wird die Dreijahresfrist nicht berührt. Danach kann der Wechsel derselben Selbstbehaltstufe mit einer Frist von drei Monaten jeweils zum Ablauf eines Jahres beantragt werden. Wird durch den vereinbarten Selbstbehalt keine oder nur eine geringe Reduzierung des Beitrages erreicht, kann der Versicherungsnehmer jederzeit die Umstellung des Vertrages in den Basistarif ohne Selbstbehalt verlangen. Der Versicherer nimmt die Umstellung innerhalb von drei Monaten vor.

§ 2 Beginn des Versicherungsschutzes

(1) Der Versicherungsschutz beginnt mit dem im Versicherungsschein bezeichneten Zeitpunkt (Versicherungsbeginn), jedoch nicht vor Abschluss des Versicherungsvertrages (insbesondere Zugang des Versicherungsscheines oder einer schriftlichen Annahmeerklärung). Vor und nach Abschluss des Versicherungsvertrages eingetretene Versicherungsfälle sind für den Teil von der Leistungspflicht ausgeschlossen, der in die Zeit vor Versicherungsbeginn fällt. Bei Vertragsänderungen gelten die Sätze 1 und 2 für den hinzukommenden Teil des Versicherungsschutzes. Mit Rücksicht auf ein erhöhtes Risiko ist die Vereinbarung eines Risikozuschlages zulässig; während der Dauer der Versicherung im Basistarif wird der Risikozuschlag nicht erhoben.

(2) Bei Neugeborenen beginnt der Versicherungsschutz ohne Risikozuschläge und ohne Wartezeiten ab Vollendung der Geburt, wenn die Anmeldung zur Versicherung im Basistarif spätestens zwei Monate nach dem Tage der Geburt rückwirkend erfolgt.
(3) Der Geburt eines Kindes steht die Adoption gleich, sofern das Kind im Zeitpunkt der Adoption noch minderjährig ist. Mit Rücksicht auf ein erhöhtes Risiko ist die Vereinbarung eines Risikozuschlages bis zur einfachen Beitragshöhe zulässig; während der Dauer der Versicherung im Basistarif wird der Risikozuschlag nicht erhoben.

§ 3 Wartezeiten
Die Wartezeiten entfallen.

§ 4 Umfang der Leistungspflicht
(1) Art, Höhe, Umfang und Dauer der Versicherungsleistungen ergeben sich aus dem Tarif.
(2) Der versicherten Person steht die Wahl unter den Ärzten und Zahnärzten frei, die zur vertragsärztlichen bzw. -zahnärztlichen Versorgung in der gesetzlichen Krankenversicherung zugelassen sind (Vertragsärzte bzw. Vertragszahnärzte). Die Mit- oder Weiterbehandlung durch einen anderen als den zuerst in Anspruch genommenen Vertragsarzt bzw. -zahnarzt ist nur zulässig aufgrund einer Überweisung mittels eines in der vertragsärztlichen bzw. -zahnärztlichen Versorgung geltenden Überweisungsscheins. Erfolgt die Inanspruchnahme des Vertragsarztes bzw. -zahnarztes aufgrund einer Überweisung gemäß Satz 2, ist vor Behandlungsbeginn der Überweisungsschein vorzulegen. Bei psychotherapeutischer Behandlung dürfen auch Psychologische Psychotherapeuten sowie in der Kinder- und Jugendlichenpsychotherapie Kinder- und Jugendlichenpsychotherapeuten in Anspruch genommen werden, die zur vertragsärztlichen Versorgung in der gesetzlichen Krankenversicherung zugelassen sind. Bei medizinisch notwendiger ambulanter Heilbehandlung kann auch ein Krankenhaus, ein Medizinisches Versorgungszentrum oder eine sonstige Einrichtung in Anspruch genommen werden, wenn die Einrichtung zur vertragsärztlichen oder -zahnärztlichen Versorgung in der gesetzlichen Krankenversicherung zugelassen ist und ihre Rechnungen nach der Gebührenordnung für Ärzte oder der Gebührenordnung für Zahnärzte erstellt.
(3) Arznei-, Verband-, Heil- und Hilfsmittel müssen von den in Absatz 2 Satz 1 genannten Leistungserbringern verordnet, Arzneimittel außerdem aus der Apotheke bezogen werden. Heilmittel dürfen nur von Therapeuten angewandt werden, die zur Versorgung in der gesetzlichen Krankenversicherung zugelassen sind.
(4) Bei medizinisch notwendiger stationärer Heilbehandlung hat die versicherte Person Anspruch auf Behandlung in zugelassenen Krankenhäusern und Rehabilitationseinrichtungen nach Maßgabe von Abschnitt D. des Tarifs BT.
(5) Als Krankentagegeld ersetzt der Versicherer den durch Arbeitsunfähigkeit als Folge von Krankheit oder Unfall verursachten Verdienstausfall nach Maßgabe von Abschnitt F. des Tarifs BT.
(6) Vor Beginn einer Heilbehandlung, deren Kosten voraussichtlich 2000 Euro überschreiten werden, kann der Versicherungsnehmer in Textform Auskunft über den Umfang des Versicherungsschutzes für die beabsichtigte Heilbehandlung verlangen. Der Versicherer erteilt die Auskunft spätestens nach vier Wochen; ist die Durchführung der Heilbehand-

lung dringend, wird die Auskunft unverzüglich, spätestens nach zwei Wochen erteilt. Der Versicherer geht dabei auf einen vorgelegten Kostenvoranschlag und andere Unterlagen ein. Die Frist beginnt mit Eingang des Auskunftsverlangens beim Versicherer. Ist die Auskunft innerhalb der Frist nicht erteilt, wird bis zum Beweis des Gegenteils durch den Versicherer vermutet, dass die beabsichtigte medizinische Heilbehandlung notwendig ist.

(7) Der Versicherer gibt auf Verlangen des Versicherungsnehmers oder der versicherten Person Auskunft über und Einsicht in Gutachten oder Stellungnahmen, die der Versicherer bei der Prüfung der Leistungspflicht eingeholt hat. Wenn der Auskunft an oder der Einsicht durch den Versicherungsnehmer oder die versicherte Person erhebliche therapeutische Gründe oder sonstige erhebliche Gründe entgegenstehen, kann nur verlangt werden, einem benannten Arzt oder Rechtsanwalt Auskunft oder Einsicht zu geben. Der Anspruch kann nur von der jeweils betroffenen Person oder ihrem gesetzlichen Vertreter geltend gemacht werden. Hat der Versicherungsnehmer das Gutachten oder die Stellungnahme auf Veranlassung des Versicherers eingeholt, erstattet der Versicherer die entstandenen Kosten.

§ 5 Einschränkung der Leistungspflicht

(1) Keine Leistungspflicht besteht
 a) für solche Krankheiten einschließlich ihrer Folgen sowie für Folgen von Unfällen und für Todesfälle, die durch Kriegsereignisse verursacht oder als Wehrdienstbeschädigung anerkannt und nicht ausdrücklich in den Versicherungsschutz eingeschlossen sind;
 b) für auf Vorsatz beruhende Krankheiten und Unfälle einschließlich deren Folgen, sowie für Krankheiten, die sich die versicherte Person bei einem von ihr begangenen Verbrechen oder vorsätzlichen Vergehen oder durch eine medizinisch nicht indizierte Maßnahme (z.B. Sterilisation, ästhetische Operationen, Tätowierungen, Piercings) zugezogen hat. Beim Krankentagegeld gilt der Leistungsausschluss auch für Krankheiten und Unfallfolgen, die auf eine durch Alkoholgenuss bedingte Bewusstseinsstörung zurückzuführen sind;
 c) für Behandlung durch Ärzte, Zahnärzte, psychologische Psychotherapeuten, in Medizinischen Versorgungszentren und in Krankenanstalten, deren Rechnungen der Versicherer aus wichtigem Grunde von der Erstattung ausgeschlossen hat, wenn der Versicherungsfall nach der Benachrichtigung des Versicherungsnehmers über den Leistungsausschluss eintritt. Sofern im Zeitpunkt der Benachrichtigung ein Versicherungsfall schwebt, besteht keine Leistungspflicht für die nach Ablauf von drei Monaten seit der Benachrichtigung entstandenen Aufwendungen;
 d) für Kur- und Sanatoriumsbehandlung sowie für Rehabilitationsmaßnahmen der gesetzlichen Rehabilitationsträger, wenn der Tarif nichts anderes vorsieht;
 e) für Behandlungen durch Ehegatten, Lebenspartner i.S.v. § 1 Lebenspartnerschaftsgesetz (siehe Anhang), Eltern oder Kinder. Nachgewiesene Sachkosten werden tarifgemäß erstattet;
 f) für eine durch Pflegebedürftigkeit oder Verwahrung bedingte Unterbringung;

g) für Krankentagegeld ferner auch bei Arbeitsunfähigkeit
   aa) ausschließlich wegen Schwangerschaft und Entbindung, wenn diese nicht im Krankenhaus erfolgt;
   bb) während der gesetzlichen Beschäftigungsverbote für werdende Mütter und Wöchnerinnen in einem Arbeitsverhältnis (Mutterschutz). Diese befristete Einschränkung gilt sinngemäß auch für selbständig Tätige, es sei denn, dass die Arbeitsunfähigkeit in keinem Zusammenhang mit den unter aa) genannten Ereignissen steht;
   cc) wenn die versicherte Person sich nicht an ihrem Wohnsitz in Deutschland aufhält, es sei denn, dass sie sich in medizinisch notwendiger stationärer Heilbehandlung befindet (§ 1 Abs. 7, § 4 Abs. 4);
   dd) wenn und soweit die versicherte Person Anspruch auf Arbeitsentgelt, Lohnersatzleistungen, Ruhegehalt nach beamtenrechtlichen Vorschriften oder Grundsätzen, Verletztengeld oder Übergangsgeld der gesetzlichen Unfallversicherung oder vergleichbare Leistungen hat;
   ee) vor dem 43. Tag der Arbeitsunfähigkeit.
(2) Auf Leistungen besteht ferner auch dann kein Anspruch, wenn sich die versicherte Person in den Geltungsbereich des Versicherungsvertragsgesetzes begeben hat, um aufgrund einer Versicherung als bisher nicht versicherte Person (vgl. Teil A. Abs. 2 c)) missbräuchlich Leistungen in Anspruch zu nehmen.
(3) Besteht auch Anspruch auf Leistungen aus der gesetzlichen Krankenversicherung, aus der gesetzlichen Unfallversicherung oder der gesetzlichen Rentenversicherung, auf eine gesetzliche Heilfürsorge oder Unfallfürsorge, so ist der Versicherer, unbeschadet etwaiger Ansprüche des Versicherungsnehmers auf Krankenhaustagegeld, nur für die Aufwendungen leistungspflichtig, welche trotz der gesetzlichen Leistungen notwendig bleiben.
(4) Hat die versicherte Person wegen desselben Versicherungsfalles einen Anspruch gegen mehrere Erstattungsverpflichtete, darf die Gesamterstattung die Gesamtaufwendungen nicht übersteigen.

§ 6 Auszahlung der Versicherungsleistungen

(1) Der Versicherer ist zur Leistung nur verpflichtet, wenn die folgenden Nachweise, die Eigentum des Versicherers werden, erbracht sind:
   a) Es sind Rechnungsoriginale oder deren beglaubigte Zweitschriften mit einer Bestätigung eines anderen Kostenträgers über die erbrachten Leistungen einzureichen.
   b) Die Belege der Leistungserbringer müssen Namen und Geburtsdatum der behandelten Person, die Krankheitsbezeichnung, die einzelnen ärztlichen oder zahnärztlichen Leistungen mit Bezeichnung und Nummer gemäß der angewandten Gebührenordnung, die gesondert berechnungsfähigen Entschädigungen und Auslagen sowie die jeweiligen Behandlungsdaten, ferner die Vertragsarztnummer sowie das Institutionskennzeichen des Krankenhauses enthalten.
   c) Arzneimittelverordnungen sollen zusammen mit der dazugehörigen Rechnung des Leistungserbringers eingereicht werden, es sei denn, dass der Leistungserbringer

Anhang 4 zu §§ 192 bis 208 VVG

die Krankheitsbezeichnung auf der Verordnung vermerkt hat. Der Preis für die bezogenen Arzneimittel muss durch Stempelaufdruck der Apotheke mit Datumsangabe quittiert sein; außerdem muss die Pharmazentralnummer aufgedruckt werden. Rechnungen über Heil- und Hilfsmittel sind zusammen mit den Verordnungen der Leistungserbringer einzureichen, Hilfsmittelrechnungen müssen die Hilfsmittelnummern des Hilfsmittelverzeichnisses der gesetzlichen Krankenversicherung ausweisen. Die Verordnungen müssen den Namen der behandelten Person enthalten.

d) Die nach Buchstaben a) bis c) geforderten Nachweise sollen spätestens bis zum 31.03. des auf die Rechnungsstellung folgenden Jahres eingereicht werden.

e) Der Anzeige der Arbeitsunfähigkeit ist das Original der ärztlichen Bescheinigung über die Arbeitsunfähigkeit mit Bezeichnung der Krankheit und der Nachweis über die Höhe des Nettoeinkommens beizufügen.

(2) Im Übrigen ergeben sich die Voraussetzungen für die Fälligkeit der Leistungen des Versicherers aus § 14 VVG (siehe Anhang).

(3) Der Versicherer ist berechtigt, in vertraglichem Umfang unmittelbar an den Rechnungssteller zu leisten, wenn dieser ihm die den Anforderungen von Absatz 1 genügende Rechnung übersendet. Der vertragliche Anspruch des Versicherungsnehmers ist insoweit erfüllt.

(4) Reicht der Versicherungsnehmer die Rechnung zur Erstattung ein ohne einen Nachweis darüber beizufügen, dass er die Forderung des Rechnungstellers erfüllt hat, ist der Versicherer berechtigt, unmittelbar an den Rechnungsteller zu leisten. Der vertragliche Anspruch des Versicherungsnehmers ist insoweit erfüllt.

(5) Der Versicherer ist verpflichtet, an die versicherte Person zu leisten, wenn der Versicherungsnehmer ihm diese in Textform als Empfangsberechtigte für deren Versicherungsleistungen benannt hat. In diesem Fall ist die versicherte Person auch zur Erbringung des Nachweises gemäß Absatz 4 verpflichtet. Liegt keine Benennung nach Satz 1 vor, kann vorbehaltlich von Absatz 3 nur der Versicherungsnehmer die Leistung verlangen.

(6) Die in ausländischer Währung entstandenen Krankheitskosten werden zum Kurs des Tages, an dem die Belege beim Versicherer eingehen, in Euro umgerechnet.

(7) Kosten für die Überweisung der Versicherungsleistungen und für Übersetzungen können von den Leistungen abgezogen werden.

(8) Ansprüche auf Versicherungsleistungen können weder abgetreten noch verpfändet werden.

§ 7 Ende des Versicherungsschutzes

Der Versicherungsschutz endet – auch für schwebende Versicherungsfälle – mit der Beendigung des Versicherungsverhältnisses.

Pflichten des Versicherungsnehmers

§ 8 Beitragszahlung

(1) Der Beitrag ist ein Monatsbeitrag und wird vom Versicherungsbeginn an berechnet. Der Beitrag ist am Ersten eines jeden Monats fällig.

(2) Der erste Beitrag ist, sofern nicht anders vereinbart, unverzüglich nach Ablauf von zwei Wochen nach Zugang des Versicherungsscheines zu zahlen.
(3) Ist der Versicherungsnehmer mit einem Betrag in Höhe von Beitragsanteilen für zwei Monate im Rückstand, mahnt ihn der Versicherer. Der Versicherungsnehmer hat für jeden angefangenen Monat eines Beitragsrückstandes einen Säumniszuschlag von 1 % des Beitragsrückstandes sowie Mahnkosten in nachgewiesener Höhe, mindestens 5 Euro je Mahnung, zu entrichten. Ist der Beitragsrückstand einschließlich der Säumniszuschläge zwei Monate nach Zugang dieser Mahnung noch höher als der Beitragsanteil für einen Monat, mahnt der Versicherer unter Hinweis auf das mögliche Ruhen des Versicherungsvertrages ein zweites Mal. Ist der Beitragsrückstand einschließlich der Säumniszuschläge einen Monat nach Zugang der zweiten Mahnung höher als der Beitragsanteil für einen Monat, ruht der Versicherungsvertrag ab dem ersten Tag des nachfolgenden Monats. Solange der Versicherungsvertrag ruht, gilt die versicherte Person als im Notlagentarif nach § 153 VAG (siehe Anhang) versichert. Es gelten insoweit die Allgemeinen Versicherungsbedingungen für den Notlagentarif (AVB/NLT) in der jeweils geltenden Fassung.
Das Ruhen des Versicherungsvertrages tritt nicht ein oder endet, wenn der Versicherungsnehmer oder die versicherte Person hilfebedürftig im Sinne des Zweiten oder des Zwölften Buchs Sozialgesetzbuch ist oder wird. Unbeschadet davon wird der Vertrag ab dem ersten Tag des übernächsten Monats in dem Tarif fortgesetzt, in dem der Versicherungsnehmer oder die versicherte Person vor Eintritt des Ruhens versichert war, wenn alle rückständigen Prämienanteile einschließlich der Säumniszuschläge und der Beitreibungskosten gezahlt sind. In den Fällen der Sätze 7 und 8 ist der Versicherungsnehmer oder die versicherte Person so zu stellen, wie der Versicherungsnehmer oder die versicherte Person vor der Versicherung im Notlagentarif nach § 153 VAG (siehe Anhang) stand, abgesehen von den während der Ruhenszeit verbrauchten Anteilen der Alterungsrückstellung. Während der Ruhenszeit vorgenommene Beitragsanpassungen und Änderungen der allgemeinen Versicherungsbedingungen in dem Tarif, in dem der Versicherungsnehmer oder die versicherte Person vor Eintritt des Ruhens versichert war, gelten ab dem Tag der Fortsetzung der Versicherung in diesem Tarif.
Die Hilfebedürftigkeit ist durch eine Bescheinigung des zuständigen Trägers nach dem Zweiten oder Zwölften Buch Sozialgesetzbuch nachzuweisen; der Versicherer kann in angemessenen Abständen die Vorlage einer neuen Bescheinigung verlangen.
(4) Wird das Versicherungsverhältnis vor Ablauf der Vertragslaufzeit beendet, steht dem Versicherer für diese Vertragslaufzeit nur derjenige Teil des Beitrags bzw. der Beitragsrate zu, der dem Zeitraum entspricht, in dem der Versicherungsschutz bestanden hat.
(5) Die Beiträge sind an die vom Versicherer zu bezeichnende Stelle zu entrichten.

§ 8a Beitragsberechnung und -begrenzung

(1) Die Berechnung der Beiträge erfolgt nach Maßgabe der Vorschriften des VAG und ist in den technischen Berechnungsgrundlagen des Versicherers festgelegt.
(2) Die Höhe des Tarifbeitrags richtet sich nach dem Versicherungsumfang, dem Geschlecht und dem Eintrittsalter der versicherten Person; dies gilt in Ansehung des

Geschlechts nicht für Verträge über den Basistarif, dessen Beiträge geschlechtsunabhängig erhoben werden. Als Eintrittsalter gilt der Unterschied zwischen dem Jahr des Eintritts in den Basistarif und dem Geburtsjahr. Ist bei Abschluss des Basistarifes eine Alterungsrückstellung zu berücksichtigen, wird diese gemäß den in den technischen Berechnungsgrundlagen festgelegten Grundsätzen angerechnet. Dabei darf der Beitrag eines Erwachsenen den halben Neugeschäftsbeitrag zum jüngsten Erwachsenenalter in der jeweils versicherten Tarifstufe nicht unterschreiten.

(3) Für Kinder und Jugendliche richtet sich der Beitrag nach dem jeweils vollendeten Lebensjahr. Von dem auf die Vollendung des 15. Lebensjahres folgenden Kalenderjahr an ist der Beitrag für Jugendliche (Frauen, Männer) und von dem auf die Vollendung des 20. Lebensjahres folgenden Kalenderjahr an der für Erwachsene (Frauen, Männer) der versicherten Leistungsstufe zu entrichten. Die Differenzierung des Beitrags für Jugendliche und Erwachsene nach dem Geschlecht gilt nicht für Verträge über den Basistarif, dessen Beiträge geschlechtsunabhängig erhoben werden.

(4) Risikozuschläge werden für die Dauer der Versicherung im Basistarif nicht erhoben.

(5) Der zu zahlende Beitrag ist für die versicherte Person begrenzt auf die Höhe des Höchstbeitrages der gesetzlichen Krankenversicherung. Dieser Höchstbeitrag ergibt sich aus der Multiplikation des allgemeinen Beitragssatzes zuzüglich des durchschnittlichen Zusatzbeitragssatzes nach § 242a Abs. 2 SGB V (Anhang) mit der jeweils geltenden Beitragsbemessungsgrenze in der gesetzlichen Krankenversicherung.

Für Personen mit Anspruch auf Beihilfe oder mit vergleichbaren Ansprüchen sowie deren berücksichtigungsfähige Angehörige tritt an die Stelle des Höchstbeitrages der gesetzlichen Krankenversicherung ein Höchstbeitrag, der dem prozentualen Anteil des die Beihilfe ergänzenden Leistungsanspruchs für ambulante Heilbehandlung entspricht.

(6) Entsteht allein durch die Zahlung des Beitrags nach Absatz 5 Satz 1 oder Satz 3 Hilfebedürftigkeit im Sinne des Zweiten oder des Zwölften Buches Sozialgesetzbuch, vermindert sich der zu zahlende Beitrag für die Dauer der Hilfebedürftigkeit auf die Hälfte. Besteht unabhängig von der Höhe des zu zahlenden Beitrags Hilfebedürftigkeit nach dem Zweiten oder Zwölften Buch Sozialgesetzbuch, vermindert sich der Beitrag ebenfalls auf die Hälfte.

Die Hilfebedürftigkeit ist durch eine Bescheinigung des zuständigen Trägers nach dem Zweiten oder dem Zwölften Buch Sozialgesetzbuch nachzuweisen; der Versicherer kann in angemessenen Abständen die Vorlage einer neuen Bescheinigung verlangen.

(7) Wenn und solange eine versicherte Person auf die Halbierung des Beitrags nach Absatz 6 angewiesen ist, kann der Versicherer verlangen, dass zum Basistarif abgeschlossene Zusatzversicherungen ruhen.

(8) Bei einer Änderung der Beiträge, auch durch Änderung des Versicherungsschutzes, wird das Geschlecht und das (die) bei Inkrafttreten der Änderung erreichte tarifliche Lebensalter (Lebensaltersgruppe) der versicherten Person berücksichtigt; dies gilt in Ansehung des Geschlechts nicht für Verträge über den Basistarif, dessen Beiträge geschlechtsunabhängig erhoben werden. Dabei wird dem Eintrittsalter der versicherten Person dadurch Rechnung getragen, dass eine Alterungsrückstellung gemäß den in den technischen Berechnungsgrundlagen festgelegten Grundsätzen angerechnet wird. Eine

Erhöhung der Beiträge oder eine Minderung der Leistungen des Versicherers wegen des Älterwerdens der versicherten Person ist jedoch während der Dauer des Versicherungsverhältnisses ausgeschlossen, soweit eine Alterungsrückstellung zu bilden ist.

(9) Wird der Versicherungsvertrag im Basistarif für eine versicherte Person später als einen Monat nach Entstehen der Pflicht zur Versicherung abgeschlossen, ist ein Beitragszuschlag in Höhe eines Monatsbeitrags für jeden weiteren Monat der Nichtversicherung zu entrichten, ab dem sechsten Monat der Nichtversicherung für jeden weiteren angefangenen Monat der Nichtversicherung ein Sechstel des Monatsbeitrags. Kann die Dauer der Nichtversicherung nicht ermittelt werden, ist davon auszugehen, dass die versicherte Person mindestens fünf Jahre nicht versichert war; Zeiten vor dem 1. Januar 2009 werden nicht berücksichtigt. Der Beitragszuschlag ist einmalig zusätzlich zum laufenden Beitrag zu entrichten und fällt nicht unter die Höchstbeitragsbegrenzung gemäß den Absätzen 5 und 6. Der Versicherungsnehmer kann vom Versicherer die Stundung des Beitragszuschlags verlangen, wenn den Interessen des Versicherers durch die Vereinbarung einer angemessenen Ratenzahlung Rechnung getragen werden kann. Der gestundete Betrag wird mit 5 Prozentpunkten über dem Basiszinssatz verzinst.

§ 8b Beitragsanpassung

(1) Im Rahmen der vertraglichen Leistungszusage können sich die Leistungen des Versicherers z.B. wegen steigender Heilbehandlungskosten, einer häufigeren Inanspruchnahme medizinischer Leistungen oder aufgrund steigender Lebenserwartung ändern. Dementsprechend werden zumindest jährlich die erforderlichen mit den in den technischen Berechnungsgrundlagen kalkulierten Versicherungsleistungen und Sterbewahrscheinlichkeiten verglichen. Dies geschieht jeweils getrennt für die Tarifstufen BTN und BTB anhand der Gemeinschaftsstatistik der den Basistarif anbietenden Versicherer gemäß den Festlegungen in den technischen Berechnungsgrundlagen. Ergibt diese Gegenüberstellung für eine Beobachtungseinheit eines Tarifs eine Abweichung von mehr als 5 Prozent, werden alle Beiträge dieser Beobachtungseinheit überprüft und, soweit erforderlich, mit Zustimmung des Treuhänders angepasst. Von einer solchen Beitragsanpassung wird abgesehen, wenn die Veränderung der Versicherungsleistungen als vorübergehend anzusehen ist.

Ändert sich die vertragliche Leistungszusage des Versicherers aufgrund der dem Versicherungsverhältnis zugrundeliegenden gesetzlichen Bestimmungen (vgl. § 1 Abs. 5), ist der Versicherer berechtigt, die Beiträge im Rahmen der Höchstbeitragsgarantie mit Zustimmung eines unabhängigen Treuhänders entsprechend dem veränderten Bedarf zu erhöhen oder zu verringern. Bei verringertem Bedarf wird der Versicherer insoweit eine entsprechende Anpassung vornehmen.

(2) Sind die zu zahlenden Beiträge infolge der Höchstbeitragsgarantie gegenüber den nach den technischen Berechnungsgrundlagen notwendigen Beiträgen gekürzt, so können diese Beiträge abweichend von Absatz 1 bei einer Veränderung des Höchstbeitrags angeglichen werden.

(3) Beitragsanpassungen gemäß Absatz 1 werden zu Beginn des zweiten Monats wirksam, der auf die Benachrichtigung des Versicherungsnehmers folgt; Beitragsangleichungen

gemäß Absatz 2 werden zum Zeitpunkt des Inkrafttretens des geänderten Höchstbeitrages wirksam.

§ 9 Obliegenheiten

(1) Der Versicherungsnehmer und die als empfangsberechtigt benannte versicherte Person (vgl. § 6 Abs. 5) haben auf Verlangen des Versicherers jede Auskunft zu erteilen, die zur Feststellung des Versicherungsfalles oder der Leistungspflicht des Versicherers und ihres Umfanges erforderlich ist. Die geforderten Auskünfte sind auch einem Beauftragten des Versicherers zu erteilen.

(2) Auf Verlangen des Versicherers ist die versicherte Person verpflichtet, sich durch einen vom Versicherer beauftragten Arzt untersuchen zu lassen. Die versicherte Person muss die Nachuntersuchung innerhalb von drei Tagen nach Erhalt der Aufforderung durchführen lassen. Verweigert sie die Nachuntersuchung, kann das Krankentagegeld für die Dauer der Weigerung entzogen werden.

(3) Die versicherte Person hat nach Möglichkeit für die Minderung des Schadens und die Wiederherstellung der Arbeitsfähigkeit zu sorgen; sie hat insbesondere die Weisungen des Arztes gewissenhaft zu befolgen und alle Handlungen zu unterlassen, die der Genesung hinderlich sind.

(4) Für den Bezug von Krankentagegeld
   a) ist die ärztlich festgestellte Arbeitsunfähigkeit dem Versicherer unverzüglich, spätestens aber ab dem 43. Tag, durch Vorlage eines Nachweises (§ 6 Abs. 1) anzuzeigen. Bei verspätetem Zugang der Anzeige wird das Krankentagegeld erst vom Zugangstage an gezahlt, jedoch nicht vor dem 43. Tag. Bei länger als zwei Wochen fortdauernder Arbeitsunfähigkeit muss der Nachweis unaufgefordert alle zwei Wochen erneuert werden. Die Wiederherstellung der Arbeitsfähigkeit ist dem Versicherer binnen drei Tagen anzuzeigen;
   b) darf der Neuabschluss einer weiteren oder die Erhöhung einer anderweitig bestehenden Versicherung mit Anspruch auf Krankentagegeld nur mit Einwilligung des Versicherers vorgenommen werden.

(5) Die versicherten Personen sind verpflichtet, gegenüber den in § 4 Absätzen 2 bis 4 genannten Leistungserbringern unter Vorlage des vom Versicherer ausgehändigten Ausweises auf ihren Versicherungsschutz im Basistarif hinzuweisen.
Händigt der Versicherer der bei ihm versicherten Person statt des Ausweises eine elektronische Gesundheitskarte aus, ist deren Vorlage beim Leistungserbringer für die versicherte Person zwingend.

(6) Die versicherte Person ist verpflichtet, dem Versicherer die Ermittlung und Verwendung der individuellen Krankenversichertennummer gemäß § 290 SGB V (siehe Anhang) zu ermöglichen.

§ 10 Folgen von Obliegenheitsverletzungen

(1) Der Versicherer ist mit den in § 28 Abs. 2 bis 4 VVG (siehe Anhang) vorgeschriebenen Einschränkungen ganz oder teilweise von der Verpflichtung zur Leistung frei, wenn eine der in § 9 Abs. 1 bis 4 genannten Obliegenheiten verletzt wird.

(2) Wird die in § 9 Abs. 5 genannte Obliegenheit verletzt, ist der Versicherer berechtigt, bei jedem zur Erstattung eingereichten Beleg vom Erstattungsbetrag einen Verwaltungskostenabschlag in Höhe von 5 Euro, höchstens 50 Euro im Kalenderjahr, abzuziehen.

(3) Die Kenntnis und das Verschulden der versicherten Person stehen der Kenntnis und dem Verschulden des Versicherungsnehmers gleich.

§ 11 Obliegenheiten und Folgen bei Obliegenheitsverletzungen bei Ansprüchen gegen Dritte

(1) Hat der Versicherungsnehmer oder eine versicherte Person Ersatzansprüche gegen Dritte, so besteht, unbeschadet des gesetzlichen Forderungsüberganges gemäß § 86 VVG (siehe Anhang), die Verpflichtung, diese Ansprüche bis zur Höhe, in der aus dem Versicherungsvertrag Ersatz (Kostenerstattung sowie Sach- und Dienstleistung) geleistet wird, an den Versicherer schriftlich abzutreten.

(2) Der Versicherungsnehmer oder die versicherte Person hat seinen (ihren) Ersatzanspruch oder ein zur Sicherung dieses Anspruchs dienendes Recht unter Beachtung der geltenden Form- und Fristvorschriften zu wahren und bei dessen Durchsetzung durch den Versicherer soweit erforderlich mitzuwirken.

(3) Verletzt der Versicherungsnehmer oder eine versicherte Person vorsätzlich die in den Absätzen 1 und 2 genannten Obliegenheiten, ist der Versicherer zur Leistung insoweit nicht verpflichtet, als er infolge dessen keinen Ersatz von dem Dritten erlangen kann. Im Falle einer grob fahrlässigen Verletzung der Obliegenheit ist der Versicherer berechtigt, seine Leistung in einem der Schwere des Verschuldens entsprechenden Verhältnis zu kürzen.

(4) Steht dem Versicherungsnehmer oder einer versicherten Person ein Anspruch auf Rückzahlung ohne rechtlichen Grund gezahlter Entgelte gegen den Erbringer von Leistungen zu, für die der Versicherer auf Grund des Versicherungsvertrages Erstattungsleistungen erbracht hat, sind die Absätze 1 bis 3 entsprechend anzuwenden.

§ 12 Aufrechnung

Der Versicherungsnehmer kann gegen Forderungen des Versicherers nur aufrechnen, soweit die Gegenforderung unbestritten oder rechtskräftig festgestellt ist. Gegen eine Forderung aus der Beitragspflicht kann jedoch ein Mitglied eines Versicherungsvereins nicht aufrechnen.

Ende der Versicherung

§ 13 Kündigung durch den Versicherungsnehmer

(1) Der Versicherungsnehmer kann das Versicherungsverhältnis zum Ende eines jeden Versicherungsjahres, frühestens aber zum Ablauf der vereinbarten Vertragsdauer von 18 Monaten, mit einer Frist von drei Monaten kündigen. Das Versicherungsjahr beginnt mit dem im Versicherungsschein bezeichneten Zeitpunkt (Versicherungsbeginn). Werden weitere Personen in dem bestehenden Versicherungsverhältnis versichert, so endet ihr erstes Versicherungsjahr mit dem laufenden Versicherungsjahr des Versicherungsnehmers. Die weiteren Versicherungsjahre fallen mit denjenigen des Versicherungsnehmers zusammen.

(2) Die Kündigung kann auf einzelne versicherte Personen oder Tarife beschränkt werden.
(3) Wird eine versicherte Person kraft Gesetzes in der gesetzlichen Krankenversicherung versicherungspflichtig, so kann der Versicherungsnehmer binnen drei Monaten nach Eintritt der Versicherungspflicht das Versicherungsverhältnis rückwirkend zum Eintritt der Versicherungspflicht kündigen. Die Kündigung ist unwirksam, wenn der Versicherungsnehmer den Eintritt der Versicherungspflicht nicht innerhalb von zwei Monaten nachweist, nachdem der Versicherer ihn hierzu in Textform aufgefordert hat, es sei denn, der Versicherungsnehmer hat die Versäumung dieser Frist nicht zu vertreten. Macht der Versicherungsnehmer von seinem Kündigungsrecht Gebrauch, steht dem Versicherer der Beitrag nur bis zum Zeitpunkt des Eintritts der Versicherungspflicht zu. Später kann der Versicherungsnehmer das Versicherungsverhältnis zum Ende des Monats kündigen, in dem er den Eintritt der Versicherungspflicht nachweist. Dem Versicherer steht der Beitrag in diesem Fall bis zum Ende des Versicherungsvertrages zu. Der Versicherungspflicht steht gleich der gesetzliche Anspruch auf Familienversicherung oder der nicht nur vorübergehende Anspruch auf Heilfürsorge aus einem beamtenrechtlichen oder ähnlichen Dienstverhältnis.
(4) Hat eine Vereinbarung im Versicherungsvertrag zur Folge, dass bei Erreichen eines bestimmten Lebensalters oder bei Eintritt anderer dort genannter Voraussetzungen der Beitrag für ein anderes Lebensalter oder eine andere Altersgruppe gilt oder der Beitrag unter Berücksichtigung einer Alterungsrückstellung berechnet wird, kann der Versicherungsnehmer das Versicherungsverhältnis hinsichtlich der betroffenen versicherten Person binnen zwei Monaten nach der Änderung zum Zeitpunkt deren Inkrafttretens kündigen, wenn sich der Beitrag durch die Änderung erhöht.
(5) Erhöht der Versicherer die Beiträge aufgrund der Beitragsanpassungsklausel, so kann der Versicherungsnehmer das Versicherungsverhältnis hinsichtlich der betroffenen versicherten Person innerhalb von zwei Monaten nach Zugang der Änderungsmitteilung zum Zeitpunkt des Wirksamwerdens der Änderung kündigen. Bei einer Beitragserhöhung kann der Versicherungsnehmer das Versicherungsverhältnis auch bis und zum Zeitpunkt des Wirksamwerdens der Erhöhung kündigen.
(6) Die Kündigung nach den Absätzen 1, 2, 4 und 5 setzt voraus, dass für die versicherte Person bei einem anderen Versicherer ein neuer Vertrag abgeschlossen wird, der den Anforderungen an die Pflicht zur Versicherung genügt. Die Kündigung wird nur wirksam, wenn der Versicherungsnehmer innerhalb von zwei Monaten nach der Kündigungserklärung nachweist, dass die versicherte Person bei einem neuen Versicherer ohne Unterbrechung versichert ist; liegt der Zeitpunkt, zu dem die Kündigung ausgesprochen wurde, mehr als zwei Monate nach der Kündigungserklärung, muss der Nachweis bis zu diesem Zeitpunkt erbracht werden.
(7) Bei Kündigung des Versicherungsverhältnisses und gleichzeitigem Abschluss eines neuen, der Pflicht zur Versicherung genügenden Vertrages kann der Versicherungsnehmer verlangen, dass der Versicherer die kalkulierte Alterungsrückstellung der versicherten Person in Höhe des nach dem 1. Januar 2009 aufgebauten Übertragungswertes nach Maßgabe von § 146 Abs. 1 Nr. 5 VAG (siehe Anhang) auf deren neuen Versicherer überträgt.

(8) Bestehen bei Beendigung des Versicherungsverhältnisses Beitragsrückstände, ist der Versicherer berechtigt, den Übertragungswert bis zum Ausgleich des Rückstandes zurückzubehalten.

(9) Der Versicherungsnehmer und die versicherte Person haben das Recht, einen gekündigten Vertrag in Form einer Anwartschaftsversicherung fortzusetzen.

§ 14 Kündigung durch den Versicherer

(1) Das ordentliche Kündigungsrecht ist ausgeschlossen.

(2) Die gesetzlichen Bestimmungen über das außerordentliche Kündigungsrecht bleiben unberührt.

(3) Die Kündigung kann auf einzelne versicherte Personen oder Tarife beschränkt werden.

§ 15 Sonstige Beendigungsgründe

(1) Das Versicherungsverhältnis endet mit dem Tod des Versicherungsnehmers. Die versicherten Personen haben jedoch die Pflicht, das Versicherungsverhältnis unter Benennung des künftigen Versicherungsnehmers fortzusetzen. Die Erklärung ist innerhalb zweier Monate nach dem Tode des Versicherungsnehmers abzugeben.

(2) Beim Tod einer versicherten Person endet insoweit das Versicherungsverhältnis.

(3) Gibt eine versicherte Person ihren Wohnsitz oder gewöhnlichen Aufenthalt in der Bundesrepublik Deutschland auf, endet insoweit das Versicherungsverhältnis.

(4) Entfällt eine der in Abschnitt A. Absatz 2 bestimmten Voraussetzungen für die Versicherungsfähigkeit und entfällt damit auch die Pflicht zur Versicherung, endet das Versicherungsverhältnis zum Ende des Monats, in dem die Voraussetzung weggefallen ist.

Sonstige Bestimmungen

§ 16 Willenserklärungen und Anzeigen

Willenserklärungen und Anzeigen gegenüber dem Versicherer bedürfen der Textform.

§ 17 Gerichtsstand

(1) Für Klagen aus dem Versicherungsverhältnis gegen den Versicherungsnehmer ist das Gericht des Ortes zuständig, an dem der Versicherungsnehmer seinen Wohnsitz oder in Ermangelung eines solchen seinen gewöhnlichen Aufenthalt hat.

(2) Klagen gegen den Versicherer können bei dem Gericht am Wohnsitz oder gewöhnlichen Aufenthalt des Versicherungsnehmers oder bei dem Gericht am Sitz des Versicherers anhängig gemacht werden.

(3) Verlegt der Versicherungsnehmer nach Vertragsschluss seinen Wohnsitz oder gewöhnlichen Aufenthalt in einen Staat, der nicht Mitgliedstaat der Europäischen Union oder Vertragsstaat des Abkommens über den Europäischen Wirtschaftsraum ist, oder ist sein Wohnsitz oder gewöhnlicher Aufenthalt im Zeitpunkt der Klageerhebung nicht bekannt, ist das Gericht am Sitz des Versicherers zuständig.

§ 18 Änderungen der Allgemeinen Versicherungsbedingungen

(1) Bei einer nicht nur als vorübergehend anzusehenden Veränderung der Verhältnisse des Gesundheitswesens können die Allgemeinen Versicherungsbedingungen des Basistarifs einschließlich des Tarifs BT den veränderten Verhältnissen angepasst werden, wenn

die Änderungen zur hinreichenden Wahrung der Belange der Versicherungsnehmer erforderlich erscheinen und ein unabhängiger Treuhänder die Voraussetzungen für die Änderungen überprüft und ihre Angemessenheit bestätigt hat. Die Änderungen werden zu Beginn des zweiten Monats wirksam, der auf die Mitteilung der Änderungen und der hierfür maßgeblichen Gründe an den Versicherungsnehmer folgt.

(2) Ist eine Bestimmung in den Allgemeinen Versicherungsbedingungen durch höchstrichterliche Entscheidung oder durch einen bestandskräftigen Verwaltungsakt für unwirksam erklärt worden, kann sie der Versicherer durch eine neue Regelung ersetzen, wenn dies zur Fortführung des Vertrags notwendig ist oder wenn das Festhalten an dem Vertrag ohne neue Regelung für eine Vertragspartei auch unter Berücksichtigung der Interessen der anderen Vertragspartei eine unzumutbare Härte darstellen würde. Die neue Regelung ist nur wirksam, wenn sie unter Wahrung des Vertragsziels die Belange der Versicherungsnehmer angemessen berücksichtigt. Sie wird zwei Wochen, nachdem die neue Regelung und die hierfür maßgeblichen Gründe dem Versicherungsnehmer mitgeteilt worden sind, Vertragsbestandteil.

(3) Ändern sich die leistungsbezogenen Vorschriften des SGB V, ist der Versicherer berechtigt, die Leistungen des Basistarifs mit Wirkung für bestehende Versicherungsverhältnisse, auch für den noch nicht abgelaufenen Teil des Versicherungsschutzes, nach den Vorgaben des insoweit beliehenen (§ 158 Abs. 2 VAG – siehe Anhang) Verbandes der privaten Krankenversicherung e.V., entsprechend anzupassen. Dabei können auch im Tarif BT genannte betraglich festgelegte Zuzahlungen der versicherten Person, betraglich festgelegte Zuschüsse des Versicherers und erstattungsfähige Höchstbeträge bei Anhebung und bei Absenkung der entsprechenden Leistungsgrenzen der gesetzlichen Krankenversicherung angeglichen werden. Die im Basistarif erstattungsfähigen Gebührensätze können durch Verträge zwischen dem Verband der privaten Krankenversicherung e.V. im Einvernehmen mit den Trägern der Kosten in Krankheits-, Pflege- und Geburtsfällen nach beamtenrechtlichen Vorschriften einerseits und den Kassenärztlichen bzw. Kassenzahnärztlichen Vereinigungen oder den Kassenärztlichen bzw. Kassenzahnärztlichen Bundesvereinigungen andererseits ganz oder teilweise abweichend geregelt werden. Absatz 1 Satz 2 gilt entsprechend.

Teil II Tarif BT

Leistungen des Versicherers

Die **Höhe der Versicherungsleistungen** hängt davon ab, welcher Tarifstufe und welcher Leistungsstufe innerhalb der Tarifstufe die versicherte Person angehört. Die versicherbaren Leistungsstufen ergeben sich aus der Beitragstabelle.

Bei **Tarifstufe BTN** beträgt die Höhe der Versicherungsleistungen 100 Prozent der Leistungszusage nach den Abschnitten A bis I.

Bei **Tarifstufe BTB** hängt die Höhe der Versicherungsleistungen von der **Leistungsstufe** ab, der die versicherte Person zugeordnet ist; die Zuordnung zu den verschiedenen Leistungsstufen wird bestimmt durch den für die versicherte Person geltenden Beihilfebemessungssatz. Beihilfebemessungssatz und Erstattungssatz des Basistarifs dürfen insgesamt 100 Prozent nicht überschreiten.

A. Ambulante Heilbehandlung

1. Ärztliche Behandlung

(1) Erstattungsfähig sind die Aufwendungen für ärztliche Leistungen einschließlich gezielter Vorsorgeuntersuchungen und Schutzimpfungen durch Vertragsärzte, die für die vertragsärztliche Versorgung im Bundesmantelvertrag–Ärzte/Ersatzkassen bzw. einem diesen ersetzenden Nachfolgevertrag, dem Einheitlichen Bewertungsmaßstab und den Richtlinien des Gemeinsamen Bundesausschusses festgelegt sind. Aufwendungen für neue Untersuchungs- und Behandlungsmethoden sind nur erstattungsfähig, wenn der Gemeinsame Bundesausschuss diese in die Versorgung in der gesetzlichen Krankenversicherung einbezogen hat.

(2) Die erstattungsfähigen Aufwendungen werden bis zu den im Folgenden genannten Höchstsätzen zu 100 Prozent ersetzt, sofern nicht Abzüge für einen vertraglich vereinbarten Selbstbehalt vorzunehmen sind:

a) 1,16facher Satz der Gebührenordnung für Ärzte (GOÄ) für Leistungen nach Abschnitt M sowie für die Leistung nach Ziffer 437 des Gebührenverzeichnisses der GOÄ

b) 1,38facher Satz GOÄ für Leistungen nach den Abschnitten A, E und O des Gebührenverzeichnisses der GOÄ

c) 1,8facher Satz GOÄ für alle übrigen Leistungen des Gebührenverzeichnisses der GOÄ.

Ersetzt werden auch Aufwendungen für pauschalierte Entgelte, wenn sie die Höchstsätze nach Satz 1 nicht übersteigen.

(3) Werden die Vergütungen für die ärztliche Behandlung gemäß Absatz 1 durch Verträge zwischen dem Verband der privaten Krankenversicherung e.V. im Einvernehmen mit den Trägern der Kosten in Krankheits-, Pflege- und Geburtsfällen nach beamtenrechtlichen Vorschriften einerseits und den Kassenärztlichen Vereinigungen oder der Kassenärztlichen Bundesvereinigung andererseits ganz oder teilweise abweichend geregelt, gelten die jeweils vertraglich vereinbarten Vergütungen.

2. Psychotherapie

(1) Erstattungsfähig sind Aufwendungen für ambulante Psychotherapie, wenn und soweit der Versicherer zuvor im Rahmen eines Konsiliar- und Gutachterverfahrens eine schriftliche Leistungszusage erteilt hat. Leistungen werden nur für die in der gesetzlichen Krankenversicherung entsprechend den Richtlinien des Gemeinsamen Bundesausschusses in Abhängigkeit von bestimmten Diagnosen
 a) zugelassenen Verfahren
 b) bei Inanspruchnahme entsprechend qualifizierter Vertragsärzte oder zugelasser psychologischer Psychotherapeuten
 c) bis zum jeweils festgelegten Höchstumfang
zugesagt.

(2) Für die folgenden Maßnahmen ist eine Zusage ausgeschlossen:
Maßnahmen zur beruflichen Anpassung und Berufsförderung, Erziehungsberatung, Sexualberatung, körperbezogene Therapieverfahren, darstellende Gestaltungstherapie sowie heilpädagogische oder sonstige Maßnahmen, für die die gesetzliche Krankenversicherung keine Leistungen vorsieht.

(3) Die erstattungsfähigen Aufwendungen werden, sofern nicht Abzüge für einen vertraglich vereinbarten Selbstbehalt vorzunehmen sind, zu 100 Prozent ersetzt
 a) bei Ärzten bis zu den in Nr. 1 Abs. 2 und 3 genannten Höchstsätzen,
 b) bei Psychotherapeuten gemäß § 4 Abs. 2 Satz 2 MB/BT 2009 bis zum 1,8fachen des Gebührensatzes der Gebührenordnung für Psychotherapeuten und Kinder- und Jugendlichenpsychotherapeuten (GOP); Nr. 1 Abs. 3 gilt entsprechend.

3. –

4. Soziotherapie

(1) Erstattungsfähig sind Aufwendungen für Soziotherapie entsprechend den Richtlinien des Gemeinsamen Bundesausschusses, wenn die versicherte Person wegen schwerer psychischer Erkrankungen nicht in der Lage ist, ärztliche oder ärztlich verordnete Leistungen selbständig in Anspruch zu nehmen und wenn dadurch Krankenhausbehandlung vermieden oder verkürzt wird, oder wenn Krankenhausbehandlung geboten, aber nicht ausführbar ist. Voraussetzung ist eine vorherige schriftliche Leistungszusage des Versicherers. Die Verordnung muss durch einen von der Kassenärztlichen Vereinigung hierzu befugten Vertragsarzt erfolgen.

(2) Der Anspruch besteht für höchstens 120 Stunden innerhalb von drei Jahren je Versicherungsfall. Die Dreijahresfrist wird durch einen zwischenzeitlichen Wechsel des Versicherers nicht berührt. Die versicherte Person ist verpflichtet, auf Verlangen des Versicherers einen Nachweis über die Inanspruchnahme zu führen.

(3) Die erstattungsfähigen Aufwendungen werden zu 100 Prozent ersetzt
 a) bei Ärzten bis zu den in Nr. 1 Abs. 2 und 3 genannten Höchstsätzen,
 b) bei Fachkräften für Soziotherapie nicht mehr als der Betrag, der für die Versorgung eines Versicherten der gesetzlichen Krankenversicherung aufzuwenden wäre,
sofern nicht Abzüge für einen vertraglich vereinbarten Selbstbehalt und für Zuzahlungen vorzunehmen sind. Die Zuzahlung beträgt 8 Euro je Behandlungstag. Kinder und Jugendliche bis zum vollendeten 18. Lebensjahr sind von der Zuzahlung befreit.

5. Häusliche Krankenpflege

(1) Erstattungsfähig sind Aufwendungen für ärztlich verordnete häusliche Krankenpflege entsprechend den Richtlinien des Gemeinsamen Bundesausschusses durch geeignete Pflegekräfte, wenn Krankenhausbehandlung geboten, aber nicht ausführbar ist oder wenn sie durch die häusliche Krankenpflege vermieden oder verkürzt wird. Die häusliche Krankenpflege umfasst die im Einzelfall erforderliche Grund- und Behandlungspflege sowie hauswirtschaftliche Versorgung. Ist die häusliche Krankenpflege zur Sicherung des Ziels der ärztlichen Behandlung erforderlich, sind nur die Aufwendungen für Behandlungspflege erstattungsfähig. Die häusliche Krankenpflege umfasst auch die ambulante Palliativversorgung.

Erstattungsfähig sind darüber hinaus Aufwendungen für die erforderliche Grundpflege und für hauswirtschaftliche Versorgung wegen schwerer Krankheit oder wegen akuter Verschlimmerung einer Krankheit, insbesondere nach einem Krankenhausaufenthalt, nach einer ambulanten Operation oder nach einer ambulanten Krankenhausbehandlung, soweit keine Pflegebedürftigkeit im Sinne des Elften Buches Sozialgesetzbuch vorliegt.

(2) Der Anspruch auf häusliche Krankenpflege nach Absatz 1 besteht nur, soweit eine im Haushalt lebende Person die versicherte Person nicht wie notwendig pflegen und versorgen kann. Leistungen werden nur erbracht, wenn und soweit der Versicherer eine vorherige schriftliche Zusage erteilt hat.

(3) Der Anspruch gemäß Absatz 1 auf Leistungen für Grundpflege und hauswirtschaftliche Versorgung besteht bis zu vier Wochen je Versicherungsfall, bei ambulanter Palliativversorgung auch darüber hinaus.

(4) Die erstattungsfähigen Aufwendungen werden zu 100 Prozent ersetzt
    a) bei Ärzten bis zu den in Nr. 1 Abs. 2 und 3 genannten Höchstsätzen,
    b) bei Pflegefachkräften nicht mehr als der Betrag, der für die Versorgung eines Versicherten der gesetzlichen Krankenversicherung aufzuwenden wäre,
sofern nicht Abzüge für einen vertraglich vereinbarten Selbstbehalt und für Zuzahlungen vorzunehmen sind. Die Zuzahlung beträgt 8 Euro je Tag, begrenzt auf die für die ersten 28 Kalendertage je Kalenderjahr anfallenden Kosten, sowie 10 Euro je Verordnung. Kinder und Jugendliche bis zum vollendeten 18. Lebensjahr sind von der Zuzahlung befreit.

6. Haushaltshilfe

(1) Erstattungsfähig sind Aufwendungen für Haushaltshilfe, wenn der versicherten Person die Weiterführung des Haushaltes nicht möglich ist wegen
    a) Krankenhausbehandlung,
    b) Anschlussheilbehandlung und Rehabilitation,
    c) medizinischer Vorsorgeleistungen,
    d) medizinischer Vorsorge für Mütter und Väter,
    e) medizinischer Rehabilitation für Mütter und Väter,
    f) Schwangerschaft und Entbindung,
    g) häuslicher Krankenpflege,
    h) schwerer Krankheit und akuter Verschlimmerung einer Krankheit, insbesondere nach einem Krankenhausaufenthalt nach einer ambulanten Operation oder nach einer ambulanten Krankenhausbehandlung.

(2) Der Anspruch nach Absatz 1 setzt voraus, dass keine im Haushalt lebende Person den Haushalt weiterführen kann. Der Anspruch nach Absatz 1 lit. a bis g setzt zudem voraus, dass im Haushalt der versicherten Person ein Kind lebt, das bei Beginn der Haushaltshilfe das 12. Lebensjahr noch nicht vollendet hat oder das behindert und auf Hilfe angewiesen ist. Der Anspruch nach Absatz 1 lit. h besteht längstens für die Dauer von vier Wochen. Wenn im Haushalt ein Kind lebt, das bei Beginn der Haushaltshilfe das zwölfte Lebensjahr noch nicht vollendet hat oder das behindert und auf Hilfe angewiesen ist, verlängert sich dieser Anspruch auf längstens 26 Wochen.

(3) Die erstattungsfähigen Aufwendungen werden, sofern nicht Abzüge für einen vertraglich vereinbarten Selbstbehalt und für eine Zuzahlung vorzunehmen sind, zu 100 Prozent ersetzt, jedoch nicht mehr als der Betrag, der für einen Versicherten der gesetzlichen Krankenversicherung aufzuwenden wäre. Die Zuzahlung beträgt 8 Euro je Kalendertag. Kinder und Jugendliche bis zum vollendeten 18. Lebensjahr sind von der Zuzahlung befreit.

7. Arznei- und Verbandmittel

(1) Erstattungsfähig sind Aufwendungen für verschreibungspflichtige Arzneimittel, die von einem Vertragsarzt verordnet worden sind und innerhalb eines Monats nach Ausstellung der Verordnung aus der Apotheke (auch Internet- und Versandapotheke) bezogen werden. Erstattungsfähig sind ferner nicht verschreibungspflichtige Arzneimittel, die nach den Arzneimittel-Richtlinien des Gemeinsamen Bundesausschusses durch den behandelnden Vertragsarzt ausnahmsweise zu Lasten der gesetzlichen Krankenversicherung verordnet werden können.

Stehen für das verordnete Arzneimittel mehrere wirkstoffgleiche Arzneimittel zur Verfügung, sind nur Aufwendungen für eines der drei preisgünstigsten Arzneimittel erstattungsfähig, es sei denn die Verordnung eines bestimmten Arzneimittels ist medizinisch notwendig oder keines der drei preisgünstigsten Arzneimittel ist zeitgerecht lieferbar.

(2) Bei versicherten Personen, die das 12. Lebensjahr noch nicht vollendet haben, sowie bei versicherten Jugendlichen bis zum vollendeten 18. Lebensjahr mit Entwicklungsstörungen sind auch verordnete, nicht verschreibungspflichtige Arzneimittel erstattungsfähig.

(3) Als Arzneimittel gelten nicht: Nährmittel, Stärkungsmittel, Genussmittel, Mineralwässer, kosmetische Mittel, Mittel zur Hygiene und Körperpflege, Mittel zur Potenzsteigerung, zur Raucherentwöhnung, zur Gewichtsreduzierung oder gegen Haarausfall, sowie sonstige Mittel, für die die gesetzliche Krankenversicherung keine Leistungen vorsieht. Sondennahrung, Aminosäuremischungen, Eiweißhydrolysate und Elementardiäten gelten als Arzneimittel, wenn aufgrund einer medizinischen Indikation eine normale Nahrungsaufnahme nicht möglich ist. Die dafür entstehenden Aufwendungen sind in den Fällen erstattungsfähig, die in den Arzneimittel-Richtlinien des Gemeinsamen Bundesausschusses als medizinisch notwendig festgelegt sind.

(4) Keine Leistungspflicht besteht für Arzneimittel, die wegen Unwirtschaftlichkeit oder weil sie ihrer Zweckbestimmung nach üblicherweise bei geringfügigen Gesundheitsstörungen verordnet werden, durch Rechtsverordnung für die Versorgung in der gesetzlichen Krankenversicherung ausgeschlossen sind, sowie für nicht verordnungsfähige Arzneimittel im Sinne der Richtlinien des Gemeinsamen Bundesausschusses.

(5) Aufwendungen für verschreibungspflichtige Fertigarzneimittel sind nur bis zur Höhe des Apothekenverkaufspreises gemäß Arzneimittelpreisverordnung oder, im Falle von vom Spitzenverband Bund der Krankenkassen festgesetzter Fest- bzw. Höchstbeträge, bis zu dem jeweiligen Betrag erstattungsfähig.

(6) Aufwendungen für nicht verschreibungspflichtige Fertigarzneimittel sind nur bis zur Höhe des Apothekenverkaufspreises gemäß der am 31.12.2003 gültigen Arzneimittel-

preisverordnung oder, im Falle von vom Spitzenverband Bund der Krankenkassen festgesetzter Fest- bzw. Höchstbeträge, bis zu dem jeweiligen Betrag erstattungsfähig.

(7) Aufwendungen für in der Apotheke individuell hergestellte Arzneimittel (Rezepturen) sind nur bis zu den Preisen erstattungsfähig, die sich aus der sachgerechten Anwendung der Hilfstaxe für Apotheken ergeben würden.

(8) Aufwendungen für Verbandmittel, Harn- und Blutteststreifen, die innerhalb eines Monats nach Verordnung aus der Apotheke (auch Internet- und Versandapotheke) bezogen werden müssen, sind bis zur Höhe des Apothekeneinkaufspreises, der am Tag der Abgabe in der Großen Deutschen Spezialitäten-Taxe gelistet ist, zuzüglich des durchschnittlichen in der gesetzlichen Krankenversicherung üblichen Preisaufschlags erstattungsfähig.

(9) Die erstattungsfähigen Aufwendungen werden, sofern nicht Abzüge für einen vertraglich vereinbarten Selbstbehalt und für eine Zuzahlung vorzunehmen sind, zu 100 Prozent ersetzt. Die Zuzahlung beträgt 6 Euro für jedes Arznei- und Verbandmittel, jedoch nicht mehr als die tatsächlichen Aufwendungen. Kinder und Jugendliche bis zum vollendeten 18. Lebensjahr sind von der Zuzahlung befreit.

8. Heilmittel

(1) Erstattungsfähig sind Aufwendungen für die im Heilmittelverzeichnis (**Anlage**) des Basistarifs aufgeführten Leistungen. Diese müssen von einem Vertragsarzt verordnet und von einem für die Versorgung in der gesetzlichen Krankenversicherung zugelassenen Therapeuten erbracht werden. Die Behandlung muss innerhalb von 14 Tagen und bei Podologie innerhalb von 28 Tagen nach Ausstellung der Verordnung begonnen werden, es sei denn, der Arzt hat einen späteren Beginn auf der Verordnung vermerkt.

(2) Der Anspruch ist begrenzt auf die jeweilige Höchstmenge der nach dem Heilmittelkatalog der gesetzlichen Krankenversicherung indikationsbezogen verordnungsfähigen Heilmittel. Wird die entsprechend den Heilmittelrichtlinien des Gemeinsamen Bundesausschusses bestimmte Gesamtverordnungsmenge des Regelfalles überschritten, sind weitere Verordnungen zu begründen und vor Fortsetzung der Therapie vom Versicherer zu genehmigen.

(3) Keine Leistungspflicht besteht für nicht verordnungsfähige Heilmittel entsprechend den Richtlinien des Gemeinsamen Bundesausschusses und für durch Rechtsverordnung für die Versorgung in der gesetzlichen Krankenversicherung ausgeschlossene Heilmittel von geringem oder umstrittenem therapeutischen Nutzen.

(4) Die erstattungsfähigen Aufwendungen werden, sofern nicht Abzüge für einen vertraglich vereinbarten Selbstbehalt und für eine Zuzahlung vorzunehmen sind, zu 100 Prozent ersetzt. Die Zuzahlung beträgt 2 Euro je Heilmittel sowie 10 Euro je Verordnung. Kinder und Jugendliche bis zum vollendeten 18. Lebensjahr sind von der Zuzahlung befreit.

9. Hilfsmittel

(1) Erstattungsfähig sind Aufwendungen für die Versorgung mit im Hilfsmittelverzeichnis der gesetzlichen Krankenversicherung in der jeweils geltenden Fassung aufgelisteten Hilfsmitteln in Standardausführung einschließlich der Aufwendungen für Reparatur und Unterweisung im Gebrauch sowie für Gebrauch und Pflege. Die Wartung und Kontrolle von Hilfsmitteln sind nur erstattungsfähig, wenn sie zum Schutz des Versicherten vor unvertretbaren Gesundheitsrisiken erforderlich oder nach dem Stand der Technik zur Erhaltung der Funktionsfähigkeit und der technischen Sicherheit notwendig sind. Hilfsmittel müssen von einem Vertragsarzt verordnet und innerhalb eines Monats nach Ausstellung der Verordnung bei einem Leistungserbringer, der Vertragspartner eines Trägers der gesetzlichen Krankenversicherung ist, bezogen werden. Vor dem Bezug eines Hilfsmittels ist die Genehmigung des Versicherers einzuholen. Hilfsmittel können vom Versicherer auch leihweise überlassen werden.

Ist im Einzelfall eine über Satz 1 hinausgehende Hilfsmittelversorgung medizinisch notwendig, um den Erfolg einer Krankheitsbehandlung zu sichern, einer drohenden Behinderung vorzubeugen oder eine Behinderung auszugleichen, sind die Aufwendungen erstattungsfähig, wenn und soweit der Versicherer eine vorherige schriftliche Leistungszusage erteilt hat.

(2) Aufwendungen für Brillengläser sind erstattungsfähig bis zu den Festbeträgen der gesetzlichen Krankenversicherung, soweit die versicherte Person das 18. Lebensjahr noch nicht vollendet hat. Nach Vollendung des 14. Lebensjahres besteht ein erneuter Anspruch auf Erstattung von Kosten für Brillengläser nur bei einer ärztlich festgestellten Änderung der Sehfähigkeit – bezogen auf ein Auge – um mindestens 0,5 Dioptrien.

(3) Bei versicherten Personen, die das 18. Lebensjahr vollendet haben, sind Aufwendungen für Brillengläser bis zu den Festbeträgen der gesetzlichen Krankenversicherung erstattungsfähig, wenn bei ihnen aufgrund ihrer Sehschwäche oder Blindheit, entsprechend der von der Weltgesundheitsorganisation empfohlenen Klassifikation des Schweregrades der Sehbeeinträchtigung, auf beiden Augen eine schwere Sehbeeinträchtigung mindestens der Stufe 1 besteht. Wenn Augenverletzungen oder Augenerkrankungen behandelt werden müssen, sind auch Aufwendungen für eine nach den Richtlinien des Gemeinsamen Bundesausschusses indizierte therapeutische Sehhilfe erstattungsfähig.

(4) Ein Anspruch auf Kontaktlinsen besteht nur bei Vorliegen einer vom Gemeinsamen Bundesausschuss in den Hilfsmittel-Richtlinien festgelegten Indikation.

(5) Keine Leistungspflicht besteht für nicht verordnungsfähige Hilfsmittel im Sinne der Richtlinien des Gemeinsamen Bundesausschusses und für durch Rechtsverordnung für die Versorgung in der gesetzlichen Krankenversicherung ausgeschlossene Hilfsmittel von geringem therapeutischem Nutzen oder geringem Abgabepreis. Brillengestelle sowie Aufwendungen für Kontaktlinsenpflegemittel werden nicht ersetzt.

(6) Aufwendungen sind nur bis zur Höhe eines der drei preisgünstigsten Hilfsmittel erstattungsfähig, die für die Versorgung eines Versicherten der gesetzlichen Krankenversicherung zur Verfügung stehen, oder, im Falle bestehender Festbeträge, bis zu dem jeweiligen Betrag. Abzüglich eines vertraglich vereinbarten Selbstbehaltes und einer Zuzahlung werden die erstattungsfähigen Aufwendungen zu 100 Prozent ersetzt. Die Zuzah-

lung beträgt 8 Euro je Hilfsmittel. Bei zum Verbrauch bestimmten Hilfsmitteln beträgt die Zuzahlung 10 Euro für den gesamten Monatsbedarf des jeweiligen Hilfsmittels, jedoch nicht mehr als die tatsächlichen Aufwendungen. Kinder und Jugendliche bis zum vollendeten 18. Lebensjahr sind von der Zuzahlung befreit.

Sofern das Hilfsmittel nicht leihweise überlassen wird, benennt der Versicherer mit der Genehmigung gemäß Absatz 1 Satz 4 einen Hilfsmittelanbieter, der den Hilfsmittelbezug in zumutbarer Weise gewährleistet, ohne dass die versicherte Person über die Zuzahlung und einen vertraglich vereinbarten Selbstbehalt hinausgehende Eigenanteile aufzubringen hat.

10. Ambulante medizinische Vorsorgeleistungen

(1) Erstattungsfähig sind auch Aufwendungen für ärztliche Behandlung und Versorgung mit Arznei-, Verband-, Heil- und Hilfsmittel, wenn diese medizinisch notwendig sind, um
 a) eine Schwächung der Gesundheit, die in absehbarer Zeit voraussichtlich zu einer Krankheit führen würde, zu beseitigen,
 b) einer Gefährdung der gesundheitlichen Entwicklung eines Kindes entgegen zu wirken,
 c) Krankheiten zu verhüten oder deren Verschlimmerung zu vermeiden oder
 d) Pflegebedürftigkeit zu vermeiden,
 wenn und soweit der Versicherer eine vorherige schriftliche Leistungszusage erteilt hat.

(2) Erstattungsfähig sind auch ambulante Vorsorgemaßnahmen in anerkannten Kurorten, wenn die Vorsorgeleistungen nach Absatz 1 nicht ausreichen und der Versicherer eine vorherige schriftliche Leistungszusage erteilt hat. Die übrigen im Zusammenhang mit dieser Leistung entstehenden Kosten sind nicht erstattungsfähig. Der Anspruch kann erst nach Ablauf von drei Jahren erneut geltend gemacht werden, es sei denn, vorzeitige Leistungen sind aus medizinischen Gründen dringend erforderlich. Die Dreijahresfrist wird durch einen zwischenzeitlichen Wechsel des Versicherers nicht berührt. Die versicherte Person ist verpflichtet, auf Verlangen des Versicherers einen Nachweis über die Inanspruchnahme zu führen.

(3) Die erstattungsfähigen Aufwendungen werden, sofern nicht Abzüge für einen vertraglich vereinbarten Selbstbehalt und für Zuzahlungen vorzunehmen sind, zu 100 Prozent ersetzt.

11. Ambulante Rehabilitation

(1) Erstattungsfähig sind Aufwendungen für ambulante Rehabilitationsmaßnahmen in einer Rehabilitationseinrichtung, die einen Versorgungsvertrag mit den Landesverbänden der Krankenkassen und den Verbänden der Ersatzkassen abgeschlossen hat, wenn eine Behandlung nach Nr. 1 nicht ausreicht, das medizinisch erforderliche Behandlungsziel zu erreichen. Voraussetzung ist, dass der Versicherer zuvor eine schriftliche Leistungszusage erteilt hat.

(2) Abweichend von § 4 Abs. 2 MB/BT 2009 bestimmt der Versicherer die Rehabilitationseinrichtung sowie Art, Dauer, Umfang, Beginn und Durchführung der Leistungen nach pflichtgemäßem Ermessen anhand der medizinischen Erfordernisse des Einzelfalls.

(3) Der Anspruch auf ambulante Rehabilitationsleistungen ist begrenzt auf höchstens 20 Behandlungstage und kann erst nach Ablauf von vier Jahren erneut geltend gemacht werden, es sei denn, eine Verlängerung ist aus medizinischen Gründen dringend erforderlich. Die Vierjahresfrist wird durch einen zwischenzeitlichen Wechsel des Versicherers nicht berührt. Die versicherte Person ist verpflichtet, auf Verlangen des Versicherers einen Nachweis über die Inanspruchnahme zu führen.

(4) Die erstattungsfähigen Aufwendungen werden, sofern nicht Abzüge für einen vertraglich vereinbarten Selbstbehalt und für eine Zuzahlung vorzunehmen sind, zu 100 Prozent ersetzt. Die Zuzahlung beträgt für versicherte Personen, die das 18. Lebensjahr vollendet haben, 10 Euro je Behandlungstag.

12. Ergänzende Leistungen zur Rehabilitation

(1) Erstattungsfähig sind Aufwendungen für
    a) ärztlich verordneten Rehabilitationssport in Gruppen unter ärztlicher Betreuung und Überwachung,
    b) ärztlich verordnetes Funktionstraining in Gruppen unter fachkundiger Anleitung und Überwachung
    c) Reisekosten
    d) Betriebs- oder Haushaltshilfe und Kinderbetreuungskosten,
    e) solche Leistungen, die unter Berücksichtigung von Art oder Schwere der Behinderung erforderlich sind, um das Ziel der Rehabilitation zu erreichen oder zu sichern, die aber nicht zu den Leistungen zur Teilhabe am Arbeitsleben oder zu den Leistungen zur allgemeinen sozialen Eingliederung führen,
    f) wirksame und effiziente Patientenschulungsmaßnahmen für chronisch kranke versicherte Personen,
wenn zuletzt der Versicherer Leistungen für ärztliche Behandlung erbracht hat oder erbringt; ferner für
    g) aus medizinischen Gründen in unmittelbarem Anschluss an eine Krankenhausbehandlung oder stationäre Rehabilitation erforderliche sozialmedizinische Nachsorgemaßnahmen für chronisch kranke oder schwerstkranke Kinder, die das 12. Lebensjahr noch nicht vollendet haben, wenn die Nachsorge wegen der Art, Schwere und Dauer der Erkrankung notwendig ist, um den stationären Aufenthalt zu verkürzen oder die anschließende ambulante ärztliche Behandlung sichern.

(2) Die erstattungsfähigen Aufwendungen werden, sofern nicht ein Abzug für einen vertraglich vereinbarten Selbstbehalt vorzunehmen ist, zu 100 Prozent ersetzt, wenn und soweit der Versicherer zuvor eine schriftliche Leistungszusage erteilt hat.

13. Spezialisierte ambulante Palliativversorgung

(1) Erstattungsfähig sind Aufwendungen für spezialisierte ambulante Palliativversorgung entsprechend den Richtlinien des Gemeinsamen Bundesausschusses, die darauf abzielen, die Betreuung der versicherten Person in der vertrauten häuslichen Umgebung zu ermöglichen. Anspruchsberechtigt ist eine versicherte Person mit einer nicht heilbaren, fortschreitenden und weit fortgeschrittenen Erkrankung bei einer zugleich begrenzten Lebenserwartung, die eine besonders aufwändige Versorgung benötigt.

(2) Anspruch auf Erstattung der Leistungen für spezialisierte ambulante Palliativversorgung haben auch Versicherte in stationären Pflegeeinrichtungen.
(3) Die erstattungsfähigen Aufwendungen werden zu 100 Prozent ersetzt
   a) bei Ärzten bis zu den in Nr. 1 Abs. 2 und 3 genannten Vergütungssätzen,
   b) bei Fachkräften für spezialisierte ambulante Palliativversorgung jedoch nicht mehr als der Betrag, der für die Versorgung eines Versicherten der gesetzlichen Krankenversicherung aufzuwenden wäre,
sofern nicht Abzüge für einen vertraglich vereinbarten Selbstbehalt vorzunehmen sind.

B. Maßnahmen nach § 1 Abs. 3 a) MB/BT 2009

1. Schwangerschaft und Entbindung

(1) Erstattungsfähig sind die Aufwendungen für
   a) gezielte Vorsorgeuntersuchungen bei Schwangerschaft,
   b) Schwangerschafts-, Entbindungs- und Wöchnerinnenbetreuung durch Arzt und Hebamme sowie für ergänzende, medizinisch notwendige häusliche Pflege ohne hauswirtschaftliche Versorgung,
   c) Haushaltshilfe, wenn der versicherten Person die Weiterführung des Haushalts nicht möglich ist und keine im Haushalt lebende Person den Haushalt weiterführen kann,
   d) stationäre Entbindung in einem zugelassenen Krankenhaus oder einer anderen stationären Vertragseinrichtung, in der Geburtshilfe geleistet wird.
(2) Die erstattungsfähigen Aufwendungen werden, sofern nicht Abzüge für einen vertraglich vereinbarten Selbstbehalt vorzunehmen sind, zu 100 Prozent ersetzt.

2. Künstliche Herbeiführung einer Schwangerschaft

(1) Erstattungsfähig sind Aufwendungen für Insemination bzw. künstliche Befruchtung bei einer versicherten Person entsprechend den Richtlinien des Gemeinsamen Bundesausschusses, wenn die jeweilige Maßnahme nach ärztlicher Feststellung die einzig erfolgversprechende Möglichkeit zur Herbeiführung einer Schwangerschaft darstellt, vor Behandlungsbeginn nach Durchführung eines unabhängigen ärztlichen Beratungsverfahrens eine schriftliche Leistungszusage des Versicherers erteilt wurde und
   a) die Behandlung bei einer verheirateten versicherten Person und ihrem Ehepartner erfolgt,
   b) zum Zeitpunkt der Behandlung die Frau mindestens 25 Jahre alt ist und sie das 40. und der Mann das 50. Lebensjahr noch nicht vollendet haben,
   c) ausschließlich Ei- und Samenzellen der Ehepartner verwendet werden,
   d) eine hinreichende Erfolgsaussicht für die gewählte Behandlungsmethode besteht; eine hinreichende Aussicht besteht nicht mehr, wenn die Maßnahme dreimal ohne Erfolg durchgeführt worden ist.
(2) Die erstattungsfähigen Aufwendungen werden, sofern nicht Abzüge für einen vertraglich vereinbarten Selbstbehalt vorzunehmen sind, zu 50 Prozent ersetzt.

3. Empfängnisverhütung

(1) Erstattungsfähig sind Aufwendungen für ärztliche Beratung und Untersuchung wegen Empfängnisregelung. Für versicherte weibliche Personen bis zum vollendeten 20. Lebensjahr sind auch die Aufwendungen für ärztlich verordnete, verschreibungspflichtige empfängnisverhütende Mittel einschließlich der Kosten für die ärztliche Verordnung erstattungsfähig.

(2) Die erstattungsfähigen Aufwendungen werden, sofern nicht Abzüge für einen vertraglich vereinbarten Selbstbehalt und für Zuzahlungen nach Abschnitt A. Nr. 7 Abs. 9 vorzunehmen sind, zu 100 Prozent ersetzt.

4. Schwangerschaftsabbruch und Sterilisation

(1) Erstattungsfähig sind Aufwendungen für eine durch Krankheit erforderliche Sterilisation sowie für einen nicht rechtswidrigen Abbruch der Schwangerschaft durch einen Arzt einschließlich jeweils gesetzlich vorgeschriebener Begutachtungs- und Beratungsleistungen. Ein Anspruch auf Leistungen bei einem nicht rechtswidrigen Schwangerschaftsabbruch besteht nur, wenn er in einer dem Schwangerschaftskonfliktgesetz genügenden Einrichtung vorgenommen wird.

(2) Die erstattungsfähigen Aufwendungen werden, sofern nicht Abzüge für einen vertraglich vereinbarten Selbstbehalt vorzunehmen sind, zu 100 Prozent ersetzt.

C. Zahnbehandlung und -ersatz, Kieferorthopädie

1. Zahnärztliche Behandlung

(1) Erstattungsfähig sind die Aufwendungen für zahnärztliche und -technische Leistungen durch Vertragszahnärzte, die für die vertragszahnärztliche Versorgung im Ersatzkassenvertrag-Zahnärzte bzw. einem diesen ersetzenden Nachfolgevertrag, dem Bewertungsmaßstab zahnärztlicher Leistungen und den Richtlinien des Gemeinsamen Bundesausschusses festgelegt sind. Sie umfassen insbesondere
  a) gezielte Vorsorgeuntersuchungen zur Früherkennung von Zahn-, Mund- und Kieferkrankheiten,
  b) Erstellung eines Therapie- und Kostenplanes,
  c) Individualprophylaxe nach den Richtlinien des Gemeinsamen Bundesausschusses bei Kindern und Jugendlichen bis zum vollendeten 18. Lebensjahr,
  d) konservierend-chirurgische Leistungen und Röntgenleistungen, die im Zusammenhang mit Zahnersatz einschließlich Zahnkronen und Suprakonstruktionen oder einer kieferorthopädischen Behandlung erbracht werden.

Aufwendungen für neue Untersuchungs- und Behandlungsmethoden sind nur erstattungsfähig, wenn der Gemeinsame Bundesausschuss diese in die Versorgung in der gesetzlichen Krankenversicherung einbezogen hat.

(2) Die erstattungsfähigen Aufwendungen werden bis zum 2,0fachen Satz der Gebührenordnung für Zahnärzte (GOZ) ersetzt. Erbringt der Zahnarzt Leistungen, die in den in § 6 Abs. 2 GOZ genannten Abschnitten der Gebührenordnung für Ärzte (GOÄ) aufgeführt sind, werden die Vergütungen für diese Leistungen bis zu den in Abschnitt A Nr. 1 Absatz 2 genannten Höchstsätzen ersetzt.

(3) Werden die Gebührensätze gemäß Absatz 2 durch Verträge zwischen dem Verband der privaten Krankenversicherung e.V. im Einvernehmen mit den Trägern der Kosten in Krankheits-, Pflege- und Geburtsfällen nach beamtenrechtlichen Vorschriften einerseits und den Kassenzahnärztlichen Vereinigungen oder der Kassenzahnärztlichen Bundesvereinigung andererseits ganz oder teilweise abweichend geregelt, gelten die jeweils vertraglich vereinbarten Vergütungen.

(4) Wählt der Versicherte bei Zahnfüllungen eine über die Richtlinien des Gemeinsamen Bundesausschusses hinausgehende Versorgung, hat er die über die vergleichbare preisgünstigste plastische Füllung hinausgehenden Mehrkosten selbst zu tragen. Wird eine intakte plastische Füllung ausgetauscht, entsteht kein Leistungsanspruch, auch nicht anteilig.

(5) Nicht erstattungsfähig sind Aufwendungen für
  a) funktionsanalytische und funktionstherapeutische Maßnahmen,
  b) implantologische Leistungen, es sei denn, es liegt eine Ausnahmeindikation für besonders schwere Fälle vor, die der Gemeinsame Bundesausschuss festgelegt hat.

(6) Die erstattungsfähigen Aufwendungen werden, sofern nicht Abzüge für einen vertraglich vereinbarten Selbstbehalt vorzunehmen sind, zu 100 Prozent ersetzt.

(7) Leistungen für Schienentherapien und Aufbissbehelfe sowie für systematische Parodontalbehandlungen werden nur erbracht, wenn die versicherte Person dem Versicherer vor Behandlungsbeginn einen Therapie- und Kostenplan vorlegt. Der Versicherer prüft den Plan und gibt der versicherten Person über die zu erwartenden Leistungen Auskunft.

2. Zahnersatz einschließlich Kronen und Suprakonstruktionen

(1) Erstattungsfähig sind die Aufwendungen für
  a) zahnärztliche Leistungen durch Vertragszahnärzte, die für die vertragszahnärztliche Versorgung im Ersatzkassenvertrag-Zahnärzte bzw. einem diesen ersetzenden Nachfolgevertrag, dem Bewertungsmaßstab zahnärztlicher Leistungen und den Richtlinien des Gemeinsamen Bundesausschusses festgelegt sind und
  b) zahntechnische Leistungen, die in dem zwischen dem Spitzenverband Bund der Krankenkassen und dem Verband Deutscher Zahntechniker-Innungen vereinbarten bundeseinheitlichen Verzeichnis enthalten sind,
  bei der Versorgung mit Zahnersatz einschließlich Kronen und Suprakonstruktionen, wenn eine zahnprothetische Versorgung notwendig ist und die geplante Versorgung einer Methode entspricht, die vom Gemeinsamen Bundesausschuss bei dem vorliegenden Befund anerkannt ist. Erstattungsfähig sind nur Aufwendungen für Leistungen, die der vertragszahnärztlichen Regelversorgung entsprechen. Wählt die versicherte Person einen über die Regelversorgung hinausgehenden gleichartigen oder davon abweichenden andersartigen Zahnersatz, hat sie die Mehrkosten selbst zu tragen.

(2) Die erstattungsfähigen Aufwendungen für zahnärztliche Leistungen werden bis zum 2,0fachen Gebührensatz der GOZ ersetzt. Nr. 1 Abs. 3 gilt entsprechend.

(3) Die erstattungsfähigen Aufwendungen für zahntechnische Leistungen werden ersetzt auf der Grundlage der von den Landesverbänden der gesetzlichen Krankenkassen und den Innungsverbänden der Zahntechniker vereinbarten Höchstpreise für zahntechnische

Leistungen. Werden die zahntechnischen Leistungen von Zahnärzten erbracht, vermindern sich die entsprechenden Preise um 5 Prozent.

(4) Der Aufwendungsersatz beträgt 50 Prozent der erstattungsfähigen Aufwendungen. Er erhöht sich auf 60 Prozent, wenn der Gebisszustand der versicherten Person regelmäßige Zahnpflege erkennen lässt und sie nachweisen kann, dass sie während der letzten fünf Jahre vor Behandlungsbeginn
   a) sich vor Vollendung des 18. Lebensjahres zweimal in jedem Kalenderjahr
   b) sich nach Vollendung des 18. Lebensjahres einmal in jedem Kalenderjahr
   hat zahnärztlich untersuchen lassen. Bei ununterbrochener 10 jähriger Inanspruchnahme der jeweils vorgesehenen Untersuchungen erhöht sich der Aufwendungsersatz um weitere 5 Prozent der erstattungsfähigen Aufwendungen. Bei einer Unterbrechung des Fünf- oder Zehnjahreszeitraums vermindert sich der Aufwendungsersatz wieder auf 50 Prozent.

(5) Weist die versicherte Person nach, dass sie durch den ihr nach Absatz 4 verbleibenden Eigenanteil entsprechend § 55 Abs. 2 SGB V (siehe Anhang) unzumutbar belastet würde, werden die erstattungsfähigen Aufwendungen zu 100 Prozent ersetzt.

(6) Zur Vermeidung von Härten wird der versicherten Person bei entsprechendem Nachweis von dem nach Absatz 4 verbleibenden Eigenanteil ein weiterer Betrag nach Maßgabe von § 55 Abs. 3 SGB V (siehe Anhang) ersetzt.

(7) Leistungen werden nur erbracht, wenn die versicherte Person dem Versicherer vor Behandlungsbeginn einen Therapie- und Kostenplan vorlegt, der die Regelversorgung und die tatsächlich geplante Versorgung nach Art, Umfang und Kosten beinhaltet. Der Versicherer prüft den Plan und gibt der versicherten Person über die zu erwartende Leistung schriftlich Auskunft.

3. Kieferorthopädische Behandlung

(1) Erstattungsfähig sind die Aufwendungen für
   a) zahnärztliche Leistungen durch Vertragszahnärzte, die im Ersatzkassenvertrag-Zahnärzte bzw. einem diesen ersetzenden Nachfolgevertrag, dem Bewertungsmaßstab zahnärztlicher Leistungen und den Richtlinien des Gemeinsamen Bundesausschusses festgelegt sind, und
   b) zahntechnische Leistungen, die in dem zwischen dem Spitzenverband Bund der Krankenkassen und dem Verband Deutscher Zahntechniker-Innungen vereinbarten bundeseinheitlichen Verzeichnis enthalten sind,
   für eine kieferorthopädische Versorgung in den durch den Gemeinsamen Bundesausschuss medizinisch begründeten Indikationsgruppen, bei denen eine Kiefer- oder Zahnfehlstellung vorliegt, die das Kauen, Beißen, Sprechen oder Atmen erheblich beeinträchtigt oder zu beeinträchtigen droht.

(2) Leistungen kann nur eine versicherte Person beanspruchen, die bei Behandlungsbeginn das 18. Lebensjahr noch nicht vollendet hat. Diese Einschränkung gilt nicht, wenn die versicherte Person unter einer vom Gemeinsamen Bundesausschuss anerkannten schweren Kieferanomalie leidet, die kombinierte kieferchirurgische und kieferorthopädische Behandlungsmaßnahmen erfordert.

Die erstattungsfähigen Aufwendungen für zahnärztliche Leistungen werden bis zum 2,0fachen Gebührensatz der GOZ ersetzt. Nr. 1 Abs. 3 gilt entsprechend.
Die erstattungsfähigen Aufwendungen für zahntechnische Leistungen werden ersetzt auf der Grundlage der von den Landesverbänden der gesetzlichen Krankenkassen und den Innungsverbänden der Zahntechniker vereinbarten Höchstpreise für zahntechnische Leistungen. Werden die zahntechnischen Leistungen von Zahnärzten erbracht, vermindern sich die entsprechenden Preise um 5 Prozent.

(5) Der Aufwendungsersatz ist zunächst begrenzt auf 80 Prozent der erstattungsfähigen Aufwendungen. Er erhöht sich auf 90 Prozent der erstattungsfähigen Aufwendungen für das zweite und jedes weitere versicherte Kind, das sich gleichzeitig in kieferorthopädischer Behandlung befindet, bei Beginn der Behandlung das 18. Lebensjahr noch nicht vollendet hat und mit seinem Erziehungsberechtigten in einem gemeinsamen Haushalt lebt. Ist die Behandlung in dem durch den Therapie- und Kostenplan bestimmten medizinisch erforderlichen Umfang abgeschlossen, ersetzt der Versicherer die erstattungsfähigen Restkosten.

(6) Leistungen werden nur erbracht, wenn die versicherte Person dem Versicherer vor Behandlungsbeginn einen Therapie- und Kostenplan vorlegt, der insbesondere umfassende Angaben zum Befund und zur geplanten Versorgung nach Art, Umfang und Kosten beinhaltet. Der Versicherer prüft den Plan und gibt der versicherten Person über die zu erwartende Leistung schriftlich Auskunft.

4. Selbstbehalt bei den Nummern 1 bis 3

Vom Erstattungsbetrag wird ein vertraglich vereinbarter Selbstbehalt abgezogen.

D. Stationäre Heilbehandlung

1. Krankenhausbehandlung

(1) Erstattungsfähig sind Aufwendungen für Allgemeine Krankenhausleistungen gemäß den Krankenhausbehandlungsrichtlinien des Gemeinsamen Bundesausschusses in Krankenhäusern, die
   a) nach den landesrechtlichen Vorschriften als → Hochschulklinik anerkannt sind,
   b) in den Krankenhausplan eines Landes aufgenommen sind (Plankrankenhäuser) oder → (zugelassene Krankenhäuser)
   c) einen Versorgungsvertrag mit den Landesverbänden der Krankenkassen und den Verbänden der Ersatzkassen abgeschlossen haben, →

wenn die versicherte Person ein solches Krankenhaus aufgrund einer ärztlichen Einweisung aufsucht. Wählt die versicherte Person ohne zwingenden Grund ein anderes als das in der Einweisung genannte Krankenhaus, sind die Mehrkosten von der versicherten Person selbst zu tragen. Aufwendungen für Untersuchungs- und Behandlungsmethoden im Krankenhaus, die der Gemeinsame Bundesausschuss von der Versorgung in der gesetzlichen Krankenversicherung ausgeschlossen hat, werden nicht erstattet.

(2) Für stationäre Psychotherapie wird geleistet, wenn und soweit der Versicherer zuvor eine schriftliche Leistungszusage erteilt hat.
(3) Die Leistungen umfassen auch die aus medizinischen Gründen notwendige Mitaufnahme einer Begleitperson der versicherten Person, wenn und soweit der Versicherer zuvor eine schriftliche Leistungszusage erteilt hat.
(4) Erstattungsfähig sind außerdem die Aufwendungen für belegärztliche Leistungen in Krankenhäusern nach Absatz 1 bis zu den in Abschnitt A. Nr. 1 Absätze 2 und 3 genannten Höchstsätzen.

2. Stationäre medizinische Vorsorgeleistungen

(1) Reichen ambulante medizinische Vorsorgeleistungen nach Abschnitt A Nr. 10 nicht aus, sind Aufwendungen für Behandlung, Unterkunft und Verpflegung in Vorsorgeeinrichtungen, die einen Versorgungsvertrag mit den Landesverbänden der Krankenkassen und den Verbänden der Ersatzkassen abgeschlossen haben, erstattungsfähig, wenn und soweit der Versicherer zuvor eine schriftliche Leistungszusage erteilt hat.
(2) Der Anspruch ist begrenzt auf höchstens drei Wochen, es sei denn eine Verlängerung ist aus medizinischen Gründen dringend erforderlich. Der Anspruch kann erst nach Ablauf von vier Jahren erneut geltend gemacht werden, es sei denn, vorzeitige Leistungen sind aus medizinischen Gründen dringend erforderlich. Die Vierjahresfrist wird durch einen zwischenzeitlichen Wechsel des Versicherers nicht berührt. Die versicherte Person ist verpflichtet, auf Verlangen des Versicherers einen Nachweis über die Inanspruchnahme zu führen.

3. Medizinische Vorsorge für Mütter und Väter

(1) Reichen ambulante medizinische Vorsorgeleistungen nach Abschnitt A Nr. 10 nicht aus, sind für versicherte Mütter und Väter auch Aufwendungen zur medizinischen Vorsorge in Form einer Mutter- bzw. Vater-Kind-Maßnahme in einer Einrichtung des Müttergenesungswerks oder einer gleichartigen Einrichtung, die über einen Versorgungsvertrag mit einem Träger der gesetzlichen Krankenversicherung verfügt, erstattungsfähig.
(2) Abweichend von § 4 Abs. 4 MB/BT 2009 bestimmt der Versicherer aufgrund einer vorherigen schriftlichen Leistungszusage die Einrichtung sowie Art, Dauer, Umfang, Beginn und Durchführung der Leistungen nach pflichtgemäßem Ermessen anhand der medizinischen Erfordernisse des Einzelfalls.
(3) Der Anspruch ist begrenzt auf höchstens drei Wochen, es sei denn eine Verlängerung ist aus medizinischen Gründen dringend erforderlich. Der Anspruch kann erst nach Ablauf von vier Jahren erneut geltend gemacht werden, es sei denn, vorzeitige Leistungen sind aus medizinischen Gründen dringend erforderlich. Die Vierjahresfrist wird durch einen zwischenzeitlichen Wechsel des Versicherers nicht berührt. Die versicherte Person ist verpflichtet, auf Verlangen des Versicherers einen Nachweis über die Inanspruchnahme zu führen.

4. Anschlussheilbehandlung und Rehabilitation

(1) Reicht eine ambulante Rehabilitationsmaßnahme nach Abschnitt A. Nr. 11 nicht aus, sind Aufwendungen für Anschlussheilbehandlungs- und Rehabilitationsleistungen mit Unterkunft und Verpflegung in Einrichtungen, die einen Versorgungsvertrag mit den Landesverbänden der Krankenkassen und den Verbänden der Ersatzkassen abgeschlossen haben, erstattungsfähig, wenn und soweit der Versicherer zuvor eine schriftliche Leistungszusage erteilt hat.

(2) Anschlussheilbehandlungen müssen in der Regel spätestens 14 Tage nach einer stationären Krankenhausbehandlung beginnen.

(3) Der Anspruch ist begrenzt auf höchstens drei Wochen, es sei denn eine Verlängerung ist aus medizinischen Gründen dringend erforderlich. Der Anspruch kann erst nach Ablauf von vier Jahren erneut geltend gemacht werden, es sei denn, vorzeitige Leistungen sind aus medizinischen Gründen dringend erforderlich. Die Vierjahresfrist wird durch einen zwischenzeitlichen Wechsel des Versicherers nicht berührt. Die versicherte Person ist verpflichtet, auf Verlangen des Versicherers einen Nachweis über die Inanspruchnahme zu führen.

5. Medizinische Rehabilitation für Mütter und Väter

(1) Erstattungsfähig sind Aufwendungen für Leistungen zur medizinischen Rehabilitation für versicherte Mütter und Väter in Form einer Mutter- bzw. Vater-Kind-Maßnahme in einer Einrichtung des Müttergenesungswerks oder einer gleichartigen Einrichtung, die über einen Versorgungsvertrag mit einem Träger der gesetzlichen Krankenversicherung verfügt.

(2) Abweichend von § 4 Abs. 4 MB/BT 2009 bestimmt der Versicherer aufgrund einer vorherigen schriftlichen Leistungszusage die Einrichtung sowie Art, Dauer, Umfang, Beginn und Durchführung der Leistungen nach pflichtgemäßem Ermessen anhand der medizinischen Erfordernisse des Einzelfalls.

(3) Der Anspruch ist begrenzt auf höchstens drei Wochen, es sei denn eine Verlängerung ist aus medizinischen Gründen dringend erforderlich. Der Anspruch kann erst nach Ablauf von vier Jahren erneut geltend gemacht werden, es sei denn, vorzeitige Leistungen sind aus medizinischen Gründen dringend erforderlich. Die Vierjahresfrist wird durch einen zwischenzeitlichen Wechsel des Versicherers nicht berührt. Die versicherte Person ist verpflichtet, auf Verlangen des Versicherers einen Nachweis über die Inanspruchnahme zu führen.

6. Umfang des Aufwendungsersatzes nach Nr. 1 bis 5

Die erstattungsfähigen Aufwendungen werden, sofern nicht Abzüge für vereinbarte Selbstbehalte sowie für die folgenden Zuzahlungen und Begrenzungen vorzunehmen sind, zu 100 Prozent ersetzt:

a) Zuzahlungen

Die Zuzahlung beträgt für versicherte Personen, die das 18. Lebensjahr vollendet haben, 10 Euro je Kalendertag. Die Zuzahlungen bei Leistungen nach Abschnitt D. Nr. 1 sowie bei Anschlussheilbehandlungen nach Abschnitt D. Nr. 4, nicht jedoch bei Rehabilitationsmaßnahmen, sind begrenzt auf insgesamt 280 Euro je Kalenderjahr. Aufnahme- und Entlassungstag zählen als ein Tag.

b) Begrenzungen
Die erstattungsfähigen Leistungen sind begrenzt auf den Betrag, der für die Behandlung eines Versicherten der gesetzlichen Krankenversicherung aufzuwenden wäre.

7. Stationäre Hospizleistung

(1) Erstattungsfähig sind Aufwendungen für stationäre oder teilstationäre Versorgung in einem von der gesetzlichen Krankenversicherung zugelassenen Hospiz, in dem palliativ-medizinische Behandlung erbracht wird, wenn die versicherte Person keiner Krankenhausbehandlung bedarf und eine ambulante Versorgung im Haushalt oder der Familie der versicherten Person nicht erbracht werden kann.

(2) Die erstattungsfähigen Aufwendungen werden bis zu der Höhe erstattet, die für die Versorgung eines Versicherten der gesetzlichen Krankenversicherung aufzuwenden wäre.

8. Stationäre Kurzzeitpflege bei fehlender Pflegebedürftigkeit

Erstattungsfähig sind Aufwendungen für stationäre Kurzzeitpflege, sofern Leistungen der häuslichen Krankenpflege nach Tarifteil A. 5 Absatz 1 Tarif BT bei schwerer Krankheit oder wegen akuter Verschlimmerung einer Krankheit, insbesondere nach einem Krankenhausaufenthalt, nach einer ambulanten Operation oder nach einer ambulanten Krankenhausbehandlung, nicht ausreichen, um ein Verbleiben in der Häuslichkeit zu ermöglichen. Aufwendungen nach Satz 1 sind begrenzt auf acht Wochen je Kalenderjahr bis zu einem Gesamtbetrag von 1612 Euro. § 42 Sozialgesetzbuch Elftes Buch gilt entsprechend.

E. Fahrkosten

(1) Erstattungsfähig sind Aufwendungen für den Transport
   a) zum nächsterreichbaren geeigneten Krankenhaus nach einem Unfall bzw. Notfall, auch wenn eine stationäre Behandlung nicht erforderlich ist,
   b) zum nächsterreichbaren **geeigneten** Arzt oder Krankenhaus, wenn während der Fahrt eine fachliche Betreuung oder die besonderen Einrichtungen eines Krankenwagens benötigt werden,
   c) bei Verlegung in ein anderes Krankenhaus, wenn diese aus zwingenden medizinischen Gründen erforderlich ist oder nach vorheriger schriftlicher Genehmigung des Versicherers bei Verlegung in ein wohnortnahes Krankenhaus,
   d) für Fahrten zur ambulanten Krankenbehandlung in den nach den Richtlinien des Gemeinsamen Bundesausschusses festgelegten Fällen, wenn der Versicherer zuvor eine schriftliche Leistungszusage erteilt hat.

(2) Die erstattungsfähigen Aufwendungen werden, sofern nicht Abzüge für einen vertraglich vereinbarten Selbstbehalt und für Zuzahlungen vorzunehmen sind, zu 100 Prozent ersetzt, jedoch nicht mehr als der Betrag, der für die Versorgung eines Versicherten der gesetzlichen Krankenversicherung aufzuwenden wäre. Die Zuzahlung beträgt 10 Euro je Transport.

F. Krankentagegeld

(1) Anspruchsberechtigt sind versicherte Personen, die bei Eintritt der Arbeitsunfähigkeit
   a) als Arbeitnehmer gegen Arbeitsentgelt beschäftigt sind,
   b) Arbeitslosengeld beziehen,
   c) Einkommen aus hauptberuflicher selbständiger oder freiberuflicher Erwerbstätigkeit beziehen, soweit sie Krankentagegeld gewählt haben.

(2) Arbeitsunfähigkeit liegt vor, wenn die versicherte Person ihre berufliche Tätigkeit nach medizinischem Befund vorübergehend in keiner Weise ausüben kann, sie auch nicht ausübt und keiner anderweitigen Erwerbstätigkeit nachgeht.

(3) Für die Dauer einer Arbeitsunfähigkeit nach § 1 Abs. 4 MB/BT 2009 wird ab dem 43. Tag ein Krankentagegeld in folgender Höhe gezahlt:
   a) bei Arbeitnehmern, Selbständigen und freiberuflich Tätigen nicht mehr als 70 Prozent des auf den Kalendertag umgerechneten Arbeitsentgelts und Arbeitseinkommens bis zur Höhe der Beitragsbemessungsgrenze in der gesetzlichen Krankenversicherung. Das aus dem Arbeitsentgelt berechnete Krankentagegeld darf 90 Prozent des Nettoeinkommens nicht übersteigen. Maßgebend ist das Nettoeinkommen der letzten zwölf Monate vor Eintritt des Versicherungsfalls. Bei Selbständigen und freiberuflich Tätigen gilt als Nettoeinkommen der Gewinn (§ 2 Abs. 2.1 Einkommensteuergesetz – siehe Anhang –) aus der im Versicherungsantrag bzw. nachträglich als Berufswechsel angegebenen Tätigkeit. Bei Arbeitnehmern werden Zeiten wiederholter Arbeitsunfähigkeit, die der Arbeitgeber bei der Lohn- oder Gehaltsfortzahlung berechtigterweise zusammengerechnet hat, bei der Ermittlung des Leistungsbeginns ebenfalls zusammengefasst,
   b) bei Beziehern von Arbeitslosengeld nicht mehr als das bei Einstellung der Zahlungen durch die Bundesagentur für Arbeit bezogene kalendertägliche Arbeitslosengeld.

Bei versicherten Personen der Tarifstufe BTB wird, sofern ein tariflicher Anspruch besteht, das Krankentagegeld auf den tariflichen Prozentsatz gekürzt.

Die versicherte Person hat die Höhe des Nettoeinkommens bei jedem Antrag auf Zahlung von Krankentagegeld nachzuweisen.

(4) Die versicherte Person hat im Fall der Arbeitsunfähigkeit wegen derselben Krankheit Anspruch auf Krankentagegeld für längstens 78 Wochen innerhalb von drei Jahren, gerechnet vom Tage des Beginns der Arbeitsunfähigkeit an. Zeiten, in denen die Zahlung von Krankentagegeld entsprechend § 49 SGB V – siehe Anhang – ruht, werden auf die Frist angerechnet. Tritt während der Arbeitsunfähigkeit eine weitere Krankheit hinzu, wird die Leistungsdauer nicht verlängert. Nach Ablauf des Dreijahreszeitraums lebt der Anspruch auf Krankentagegeld wieder auf, wenn die versicherte Person bei Eintritt der erneuten Arbeitsunfähigkeit mit Anspruch auf Krankentagegeld versichert ist und in der Zwischenzeit mindestens sechs Monate nicht wegen dieser Krankheit arbeitsunfähig war und entweder erwerbstätig war oder der Arbeitsvermittlung zur Verfügung stand.

(5) Versicherte Personen nach Absatz 1 Buchstabe a) haben ferner Anspruch auf Krankentagegeld, wenn es nach ärztlichem Zeugnis erforderlich ist, dass sie zur Beaufsichtigung,

Betreuung oder Pflege ihres erkrankten und privat krankheitskostenvollversicherten Kindes der Arbeit fernbleiben, eine andere in ihrem Haushalt lebende Person das Kind nicht beaufsichtigen, betreuen oder pflegen kann und das Kind das zwölfte Lebensjahr noch nicht vollendet hat oder behindert und auf Hilfe angewiesen ist. Anspruch besteht in jedem Kalenderjahr für jedes Kind längstens für 10 Arbeitstage, jedoch für nicht mehr als insgesamt 25 Arbeitstage. Bei allein erziehenden versicherten Personen besteht der Anspruch für jedes privat krankheitskostenvollversicherte Kind für längstens für 20 Arbeitstage, insgesamt für nicht mehr als 50 Arbeitstage je Kalenderjahr. Die zeitliche Begrenzung der Krankentagegeldzahlung entfällt, wenn das Kind nach ärztlichem Zeugnis an einer Erkrankung leidet,
a) die progredient verläuft und bereits ein weit fortgeschrittenes Stadium erreicht hat,
b) bei der eine Heilung ausgeschlossen und eine palliativ-medizinische Behandlung notwendig oder von einem Elternteil erwünscht ist und
c) die lediglich eine begrenzte Lebenserwartung von Wochen oder wenigen Monaten erwarten lässt.

(6) Der Anspruch nach Absatz 5 entfällt, wenn gegen den Arbeitgeber ein Anspruch auf bezahlte Freistellung von der Arbeitsleistung besteht. Arbeitnehmer haben einen Nachweis ihres Arbeitgebers über unbezahlte Freistellung vorzulegen.

(7) Der Anspruch auf Krankentagegeld endet
  a) mit dem Ende der Arbeitsunfähigkeit,
  b) mit dem Ende der Bezugsdauer nach Absatz 4,
  c) mit dem Ruhen der Leistungen nach § 8 Abs. 3 MB/BT 2009,
  d) wenn die Voraussetzungen für den Bezug von Arbeitslosengeld aus einem anderen Grund als Arbeitsunfähigkeit nicht oder nicht mehr gegeben sind,
  e) mit Beendigung der beruflichen Tätigkeit,
  f) mit Eintritt der Berufsunfähigkeit. Berufsunfähigkeit liegt vor, wenn die versicherte Person nach medizinischem Befund im bisher ausgeübten Beruf auf nicht absehbare Zeit mehr als 50 Prozent erwerbsunfähig ist,
  g) mit dem Bezug von Alters-, Erwerbsminderungs-, Erwerbsunfähigkeits- oder Berufsunfähigkeitsrente und vergleichbarer beamtenrechtlicher Versorgungen, spätestens mit dem Erreichen des gesetzlichen Rentenalters der versicherten Person.

G. Mutterschaftsgeld

(1) Versicherte weibliche Personen haben Anspruch auf Mutterschaftsgeld, wenn
  a) sie bei Arbeitsunfähigkeit Anspruch auf Krankentagegeld haben oder
  b) ihnen wegen der Mutterschutzfristen kein Arbeitsentgelt gezahlt wird oder
  c) ihr Arbeitsverhältnis während der Schwangerschaft oder der Mutterschutzfrist nach der Entbindung nach Maßgabe von § 9 Abs. 3 Mutterschutzgesetz (siehe Anhang) aufgelöst worden ist.

(2) Das Mutterschaftsgeld wird in Höhe von höchstens 13 Euro je Kalendertag, bei versicherten Personen der Tarifstufe BTB, sofern ein tariflicher Anspruch besteht, auf den tariflichen Prozentsatz gekürzt, für die letzten sechs Wochen vor der Entbindung, den Entbindungstag und für die ersten acht Wochen, bei Mehrlings- und Frühgeburten für

die ersten zwölf Wochen nach der Entbindung gezahlt. Die Auszahlung des Mutterschaftsgeldes erfolgt nach Vorlage eines Nachweises über die erfolgte Entbindung.

H. Auslandsbehandlung

(1) Soweit in den folgenden Absätzen nichts anderes vorgesehen ist, ruht der Leistungsanspruch, solange die versicherte Person sich im Ausland aufhält.

(2) Bei vorübergehendem Aufenthalt in einem anderen Mitgliedstaat der Europäischen Union oder in einem anderen Vertragsstaat des Europäischen Wirtschaftsraumes sowie in der Schweiz sind erstattungsfähig die Aufwendungen für medizinisch notwendige ambulante Heilbehandlung durch Leistungserbringer im Sinne von § 4 Abs. 2 MB/BT 2009, die aufgrund einer EG-Richtlinie approbiert oder die im jeweiligen nationalen System der Krankenversicherung des Aufenthaltsstaates zur Versorgung zugelassen sind. Die erstattungsfähigen Aufwendungen werden zu 80 Prozent ersetzt, jedoch nicht mehr als die Vergütung, die bei Behandlung im Inland angefallen wäre.

(3) Für stationäre Heilbehandlungen in einem der in Absatz 2 Satz 1 genannten Staaten werden die erstattungsfähigen Aufwendungen ersetzt, wenn und soweit der Versicherer eine vorherige schriftliche Leistungszusage erteilt hat.

(4) Aufwendungen für eine während eines vorübergehenden Aufenthaltes in einem anderen als einem der in Absatz 2 Satz 1 genannten Staaten medizinisch notwendige Heilbehandlung, die auch im Inland möglich wäre, sind nur erstattungsfähig, wenn der versicherten Person wegen einer Vorerkrankung oder wegen ihres Alters der Abschluss einer Auslandsreisekrankenversicherung nicht möglich ist und dies dem Versicherer vor Beginn der Reise nachgewiesen worden ist. Die erstattungsfähigen Aufwendungen werden zu 100 Prozent ersetzt, jedoch nicht mehr als die Vergütung, die bei Behandlung im Inland angefallen wäre. Der Anspruch besteht für längstens sechs Wochen im Kalenderjahr. Keine Erstattung erfolgt, wenn sich die versicherte Person zur Behandlung ins Ausland begibt.

(5) Kosten eines Rücktransportes aus dem Ausland sind nicht erstattungsfähig.

(6) Der Anspruch auf Krankentagegeld ruht während eines Auslandsaufenthaltes, es sei denn, dass die versicherte Person sich nach Eintritt der Arbeitsunfähigkeit mit Zustimmung des Versicherers im Ausland aufhält.

I. Zuzahlungen und Selbstbehalte

(1) Bei der Ermittlung des Erstattungsbetrages werden zunächst tariflich vorgesehene Zuzahlungen abgezogen. Auszahlungen erfolgen nach Überschreiten eines vereinbarten Selbstbehalts.

(2) Bei der Ermittlung eines Selbstbehalts werden die Aufwendungen dem Kalenderjahr zugerechnet, in dem der Leistungserbringer in Anspruch genommen, die Arznei-, Verband- und Hilfsmittel bezogen worden sind.

(3) Beginnt die Versicherung nicht am 1. Januar, wird ein Selbstbehalt für das erste Kalenderjahr um jeweils 1/12 für jeden nicht versicherten Monat gemindert. Endet die Versicherung während eines Kalenderjahres, mindert sich ein Selbstbehalt nicht.

(4) In der Tarifstufe BTB entfallen tarifliche Zuzahlungen, soweit diese bei der Bemessung der Beihilfe Berücksichtigung finden.

(5) Der Versicherer erfasst kalenderjährlich die bei den Versicherungsleistungen in Abzug gebrachten Zuzahlungen. Weist der Versicherungsnehmer nach, dass die Summe der Abzüge die für ihn geltende Belastungsgrenze gemäß § 62 SGB V (siehe Anhang) übersteigt, leistet der Versicherer entsprechende Nachzahlungen.

Heilmittelverzeichnis des Basistarifs

	Leistung	erstattungsfähiger Höchstbetrag EUR
	I. Inhalationen	
001	Inhalationstherapie als Einzelbehandlung – Regelbehandlungszeit:	
	Richtwert: 5 bis 30 Minuten	5,12
	II. Krankengymnastik	
002	Krankengymnastische Behandlung (auch auf neurophysiologischer Grundlage) als Einzelbehandlung	
	Regelbehandlungszeit: Richtwert: 15 bis 25 Minuten	16,29
003	Krankengymnastik in einer Gruppe mit 2–5 Patienten	
	Regelbehandlungszeit: Richtwert: 20 bis 30 Minuten	4,55
004	Krankengymnastik in einer Gruppe bei cerebral bedingten Funktionsstörungen für Kinder bis 14 Jahre (2–4 Kinder) Regelbehandlungszeit: Richtwert: 20 bis 30 Minuten	9,56
005	Krankengymnastik (Atemtherapie) zur Behandlung von Mukoviscidose und schweren Bronchialerkrankungen als Einzelbehandlung	
	Regelbehandlungszeit: Richtwert: 60 Minuten	48,66
006	Krankengymnastik im Bewegungsbad als Einzelbehandlung einschl. der erforderlichen Nachruhe	
	Regelbehandlungszeit: Richtwert: 20 bis 30 Minuten	17,88
007	Krankengymnastik im Bewegungsbad in einer Gruppe (2–3 Patienten) einschl. der erforderlichen Nachruhe	
	Regelbehandlungszeit: Richtwert: 20 bis 30 Minuten	13,22
008	Krankengymnastik im Bewegungsbad in einer Gruppe (4–5 Patienten) einschl. der erforderlichen Nachruhe	
	Regelbehandlungszeit: Richtwert: 20 bis 30 Minuten	7,06
009	Gerätegestützte Krankengymnastik (KG-Gerät): Parallele Einzelbehandlung bis zu 3 Patienten	
	Regelbehandlungszeit: Richtwert: 60 Minuten je Patient	30,84

010	Krankengymnastik zur Behandlung von zentralen Bewegungsstörungen bis zur Vollendung des 18. Lebensjahres nach Bobath als Einzelbehandlung	
	Regelbehandlungszeit: Richtwert: 30 bis 45 Minuten	29,45
011	Krankengymnastik zur Behandlung von zentralen Bewegungsstörungen bis zur Vollendung des 18. Lebensjahres nach Vojta als Einzelbehandlung	
	Regelbehandlungszeit: Richtwert: 30 bis 45 Minuten	29,45
012	Krankengymnastik zur Behandlung von zentralen Bewegungsstörungen nach Vollendung des 18. Lebensjahres nach Bobath als Einzelbehandlung	
	Regelbehandlungszeit: Richtwert: 25 bis 35 Minuten	22,90
013	Krankengymnastik zur Behandlung von zentralen Bewegungsstörungen nach Vollendung des 18. Lebensjahres nach Vojta als Einzelbehandlung	
	Regelbehandlungszeit: Richtwert: 25 bis 35 Minuten	22,90
014	Krankengymnastik zur Behandlung von zentralen Bewegungsstörungen nach Vollendung des 18. Lebensjahres nach PNF als Einzelbehandlung	
	Regelbehandlungszeit: Richtwert: 25 bis 35 Minuten	22,90
015	Manuelle Therapie – Regelbehandlungszeit: Richtwert: 15 bis 25 Minuten	18,26
	III. Bewegungstherapie	
016	Übungsbehandlung als Einzelbehandlung	
	Regelbehandlungszeit: Richtwert: 10 bis 20 Minuten	6,75
017	Übungsbehandlung in einer Gruppe mit 2–5 Patienten	
	Regelbehandlungszeit: Richtwert: 10 bis 20 Minuten	4,55
018	Übungsbehandlung im Bewegungsbad als Einzelbehandlung einschl. der erforderlichen Nachruhe	
	Regelbehandlungszeit: Richtwert: 20 bis 30 Minuten	18,25
019	Übungsbehandlung im Bewegungsbad in einer Gruppe (2–3 Patienten) einschl. der erforderlichen Nachruhe	
	Regelbehandlungszeit: Richtwert: 20 bis 30 Minuten	13,56

020	Übungsbehandlung im Bewegungsbad in einer Gruppe (4–5 Patienten) einschl. der erforderlichen Nachruhe	
	Regelbehandlungszeit: Richtwert: 20 bis 30 Minuten	9,09
021	Chirogymnastik (Funktionelle Wirbelsäulengymnastik)	
	Regelbehandlungszeit: Richtwert: 15 bis 20 Minuten	11,67
	IV. Massagen	
022	Massage einzelner oder mehrerer Körperteile – Klassische Massagetherapie (KMT)	
	Regelbehandlungszeit: Richtwert: 15 bis 20 Minuten	11,13
023	Massage einzelner oder mehrerer Körperteile – Bindegewebsmassage (BGM)	
	Regelbehandlungszeit: Richtwert: 20 bis 30 Minuten	10,88
024	Massage einzelner oder mehrerer Körperteile – Segment-, Periost-, Colonmassage	
	Regelbehandlungszeit: Richtwert: 15 bis 20 Minuten	10,87
025	Unterwasserdruckstrahlmassage einschl. der erforderlichen Nachruhe	
	Regelbehandlungszeit: Richtwert: 15 bis 20 Minuten	18,62
	V. Manuelle Lymphdrainage	
026	Manuelle Lymphdrainage (MLD)	
	a) Teilbehandlung – Regelbehandlungszeit: Richtwert: 30 Minuten	16,79
	b) Großbehandlung – Regelbehandlungszeit: Richtwert: 45 Minuten	24,82
	c) Ganzbehandlung – Regelbehandlungszeit: Richtwert: 60 Minuten	39,79
	d) Kompressionsbandagierung einer Extremität	7,41
	VI. Wärme- und Kältetherapie	
027	Heiße Rolle – Regelbehandlungszeit: Richtwert: 10 bis 15 Minuten	8,02
028	Warmpackung eines oder mehrerer Körperteile	
	Regelbehandlungszeit: Richtwert: 20 bis 30 Minuten	9,06

029	Wärmeanwendung mittels Strahler eines oder mehrerer Körperteile	
	Regelbehandlungszeit: Richtwert: 10 bis 20 Minuten	3,39
030	Ultraschall-Wärmetherapie	
	Regelbehandlungszeit: Richtwert: 10 bis 20 Minuten	8,82
031	Bäder mit Peloiden z.B. Fango, Schlick oder Moor Vollbad	
	Regelbehandlungszeit: Richtwert: 15 bis 45 Minuten	33,23
032	Bäder mit Peloiden z.B. Fango, Schlick oder Moor Teilbad	
	Regelbehandlungszeit: Richtwert: 15 bis 45 Minuten	25,13
033	Kältetherapie eines oder mehrerer Körperteile	
	Regelbehandlungszeit: Richtwert: 5 bis 10 Minuten	7,17
	VII. Elektrotherapie	
034	Elektrotherapie/-behandlung einzelner oder mehrerer Körperteile	
	Regelbehandlungszeit: Richtwert: 10 bis 20 Minuten	4,69
035	Elektrostimulation bei Lähmungen	
	Regelbehandlungszeit: Richtwert: je Muskelnerveinheit 5 bis 10 Minuten	10,46
036	Hydroelektrisches Vollbad (z.B. Stangerbad)	
	Regelbehandlungszeit: Richtwert: 10 bis 20 Minuten	16,22
037	Hydroelektrisches Teilbad (Zwei-/Vierzellenbad)	
	Regelbehandlungszeit: Richtwert: 10 bis 20 Minuten	8,11
038	Kohlensäurebad	
	Regelbehandlungszeit: Richtwert: 10 bis 20 Minuten	15,92
039	Kohlensäuregasbad (CO_2-Trockenbad) als Voll-, Dreiviertel- oder Halbbad	
	Regelbehandlungszeit: Richtwert: 10 bis 20 Minuten	15,92
040	Kohlensäuregasbad (CO_2-Trockenbad) als Teilbad	
	Regelbehandlungszeit: Richtwert: 45 bis 60 Minuten	15,92
	VIII. Traktionsbehandlung	
041	Traktionsbehandlung mit Gerät als Einzelbehandlung	
	Regelbehandlungszeit: Richtwert: 10 bis 20 Minuten	4,83

	IX. Standardisierte Kombination von Maßnahmen der Physiotherapie	
042	Standardisierte Heilmittelkombination	
	Regelbehandlungszeit: 60 Minuten	36,11
	X. Sonstige Leistungen	
043	Verwaltungsaufwand für Therapeut-Arzt-Bericht (einmal je Verordnung)	0,70
044	Hausbesuch inklusive Wegegeld (Einsatzpauschale)	11,53
045	Hausbesuch in einer sozialen Einrichtung inklusive Wegegeld (Einsatzpauschale)	
	je Patient	6,25
	XI. Leistungen außerhalb der Heilmittelversorgung	
046	Unterweisung zur Geburtsvorbereitung	
	Regelbehandlungszeit: Unterweisungsdauer: 60 Minuten, maximal 14 Stunden	6,80
047	Rückbildungsgymnastik	
	Regelbehandlungszeit: Unterweisungsdauer: 60 Minuten, maximal 10 Stunden	6,80
	XII. Logopädie	
048	Logopädische Erstbefundung (einmal je Behandlungsfall)	75,86
051	Logopädische Einzelbehandlung	
	a) Therapiezeit 25 bis 35 Minuten	29,46
	b) Therapiezeit 40 bis 50 Minuten	40,52
	c) Therapiezeit 55 bis 65 Minuten	50,18
052	Logopädische Gruppenbehandlung	
	a) Gruppe mit bis zu 2 Patienten – Regelbehandlungszeit: 45 Min., je Teilnehmer	36,54
	b) Gruppe mit 3 bis 5 Patienten – Regelbehandlungszeit: 45 Min., je Teilnehmer	22,95
	c) Gruppe mit bis zu 2 Patienten – Regelbehandlungszeit: 90 Min., je Teilnehmer	66,05
	d) Gruppe mit 3 bis 5 Patienten – Regelbehandlungszeit: 90 Min., je Teilnehmer	40,06

	XIII. Sonstige Leistungen	
053	Ärztlich verordneter Hausbesuch inkl. Wegegeld	13,02
	oder	
057	Wegegeld je Kilometer	0,30
	XIV. Ergotherapie	
058	Ergotherapeutische Einzelbehandlung bei motorisch-funktionellen Störungen	
	Regelbehandlungszeit: Richtwert: 30 bis 45 Minuten	28,18
059	Ergotherapeutische Gruppenbehandlung mit 3–5 Patienten bei motorisch-funktionellen Störungen	
	Regelbehandlungszeit: Richtwert: je Muskelnerveinheit 30 bis 45 Minuten	10,76
060	Ergotherapeutische Einzelbehandlung bei sensomotorischen/perzeptiven Störungen	
	Regelbehandlungszeit: Richtwert: 45 bis 60 Minuten	37,03
061	Ergotherapeutische Gruppenbehandlung mit 3–5 Patienten bei sensomotorischen/perzeptiven Störungen	
	Regelbehandlungszeit: Richtwert: 45 bis 60 Minuten	13,90
062	Ergotherapeutisches Hirnleistungstraining/neurophysiologisch orientierte Einzelbehandlung	
	Regelbehandlungszeit: Richtwert: 30 bis 45 Minuten	31,18
063	Ergotherapeutisches Hirnleistungstraining als Gruppenbehandlung mit 3–5 Patienten	
	Regelbehandlungszeit: Richtwert: 45 bis 60 Minuten	13,90
064	Ergotherapeutische Einzelbehandlung bei psychisch-funktionellen Störungen	
	Regelbehandlungszeit: Richtwert: 60 bis 75 Minuten	47,33
065	Ergotherapeutische Einzelbehandlung bei psychisch-funktionellen Störungen als Belastungserprobung	
	Regelbehandlungszeit: Richtwert: 120 bis 150 Minuten	86,51
066	Ergotherapeutische Gruppenbehandlung mit 3–5 Patienten bei psychisch-funktionellen Störungen	
	Regelbehandlungszeit: Richtwert: 90 bis 120 Minuten	25,61

067	Ergotherapeutische Gruppenbehandlung mit 3–5 Patienten bei psychisch-funktionellen Störungen als Belastungserprobung	
	Regelbehandlungszeit: Richtwert: 180 bis 240 Minuten	47,42
068	Thermische Anwendungen – Wärme oder Kälte	
	(nur zusätzliche neben 058 und 060)	4,30
069	Ergotherapeutische temporäre Schiene – ohne Kostenvoranschlag	bis 150,00
070	Ergotherapeutische temporäre Schiene mit Kostenvoranschlag	
071	Ergotherapeutische Funktionsanalyse	
	(einmal bei Behandlungsbeginn)	20,97
072	Beratung zur Integration in das häusliche und soziale Umfeld	
	(einmal je Behandlungsfall) zzgl. Kilometergeld von 0,30 €	87,69
073	Verwaltungsaufwand für Therapeut-Arzt-Bericht	
	(einmal je Verordnung)	0,62
074	Hausbesuch inklusive Wegegeld (Einsatzpauschale)	12,17
075	Hausbesuch in einer sozialen Einrichtung inklusive Wegegeld (Einsatzpauschale)	
	je Patient	7,40
076	Wegegeld je gefahrenen Kilometer	0,30
	(Diese Position kann nur einmal in Verbindung mit der Nr. 072 berechnet werden)	
	XV. Podologie	
077	Hornhautabtragung/-bearbeitung eines Fußes	
	Richtwert: 10 bis 20 Minuten	13,15
078	Hornhautabtragung/-bearbeitung beider Füße	
	Richtwert: 20 bis 30 Minuten	18,50
079	Nagelbearbeitung eines Fußes	
	Richtwert: 10 bis 20 Minuten	13,15
080	Nagelbarbeitung beider Füße	
	Richtwert: 20 bis 25 Minuten	17,40
081	Podologische Komplexbehandlung eines Fußes (Hornhautabtragung und Nagelbearbeitung)	
	Richtwert: 20 bis 30 Minuten	18,50

082	Podologische Komplexbehandlung beider Füße (Hornhautabtragung und Nagelbearbeitung)	
	Richtwert: 40 bis 50 Minuten	28,50
083	Hausbesuch inklusive Wegegeld (Einsatzpauschale)	9,80

Teil 3
Schlussvorschriften

§ 209 VVG Rückversicherung, Seeversicherung

Die Vorschriften dieses Gesetzes sind auf die Rückversicherung und die Versicherung gegen die Gefahren der Seeschifffahrt (Seeversicherung) nicht anzuwenden.

Übersicht

	Rdn
A. Normzweck	1
B. Norminhalt	2
I. Seeversicherungsrecht	2
1. Haupttypen	3
a) Schiffskaskoversicherung	5
b) Schiffsgüterversicherung	10
2. Vertragsgrundlagen und Reichweite der AGB-Kontrolle	13
II. Rückversicherungsrecht	17
1. Formen und Ausgestaltung	19
a) Obligatorische Rückversicherung	20
b) Fakultative Rückversicherung	22
c) Proportionale Rückversicherung	24
d) Nicht-proportionale Rückversicherung	25
2. Qualifikation der Rückversicherung	26
3. Vertragsfreiheit und ergänzende Anwendbarkeit des Gesetzesrechts	28
a) Vertragliche Grundlagen	29
b) Reichweite der ergänzenden Anwendbarkeit des VVG	30
c) Allgemeine Grundsätze	32
C. Entscheidungspraxis	35

A. Normzweck

Gem. § 209 VVG ist die Anwendbarkeit des VVG auf die Rückversicherung und die Seeversicherung ausgeschlossen. Auf diese Weise soll in den genannten Versicherungszweigen möglichst **umfassende Vertragsfreiheit** gewährleistet werden, nachdem die jeweils betroffenen Geschäftskreise nach Ansicht des Gesetzgebers regelmäßig **nicht des Schutzes des VVG bedürfen**. Es wird die Rechtslage vor der VVG-Novelle fortgeschrieben (Begr. BT-Drucks 16/3945, S. 115). 1

B. Norminhalt

I. Seeversicherungsrecht

Der Gesetzgeber hat es bewusst unterlassen, die Seeversicherung durch konkrete Beispiele entsprechend § 779 HGB a.F. zu definieren. Er ging dabei davon aus, dass – trotz Wegfalls der genannten Vorschrift im Zuge der VVG-Novelle – den beteiligten Kreisen klar sei, 2 dass der **Begriff der Seeversicherung**, als Versicherung gegen die Gefahren der Seeschifffahrt, im bisherigen Sinn zu verstehen sei (Begr. BT-Drucks 16/3945, S. 115).

1. Haupttypen

3 Haupttypen der Seeversicherung sind die **Schiffskaskoversicherung** und die **Schiffsgüterversicherung**. Darüber hinaus ist die Versicherung von Unternehmungen, die mit der Seeschifffahrt in örtlichem und wirtschaftlichem Zusammenhang stehen, ebenfalls nach Regeln der Seeversicherung zu beurteilen, so etwa die Versicherung des Neubaus eines Schiffes, zumindest ab Stapellauf (BGH, VersR 1971, 1012).

4 Im Hinblick auf die **Binnenschifffahrt** verbleibt es bei der Anwendbarkeit der §§ 130 ff. VVG. Eine dem § 147 VVG a.F. vergleichbare Regelung für sog. gemischte Reisen, wonach bei einer Reise über Land und See Seeversicherungsrecht gilt, fehlt (vgl. insoweit *Remé*, VersR 09, 756, 760; zur Behandlung solcher gemischten Reisen: § 130 Rdn 3).

a) Schiffskaskoversicherung

5 Gegenstand der Schiffskaskoversicherung ist in erster Linie das **Sachwertinteresse des VN am Schiff** einschließlich Zubehör (etwa Rettungsboote, Anker, Ketten, Trossen, Inventar, Instrumente, Seekarten oder Reserveteile) und Ausrüstung (also zur Reise erforderliche und zum Verbrauch bestimmte Gegenstände wie Brennstoffe, Schmiermittel, Lebensmittel, Wasser). Darüber hinaus können das **Gewinninteresse** am Schiff, das Interesse an der zu verdienenden **Provision**, an der Fracht, der Schiffsmiete, den Überfahrts- und Havariegeldern, also solche Kosten, die dem Reeder infolge eines Schiffunfalls bzw. eines Seeschadens entstehen, sowie sonstige Forderungen, zu deren Deckung das Schiff dient, treten.

6 Es gilt **Allgefahrendeckung**, soweit nichts anderes vereinbart wurde. Das Schiff ist somit gegen alle Seegefahren, denen es während der Dauer der Versicherung ausgesetzt ist, versichert.

> **Beispiele für typische Seegefahren:**
> - Eindringen von Seewasser, Schiffszusammenstoß, Strandung, Schiffbruch;
> - Brand, Explosion, Blitzschlag, Erdbeben, Eis;
> - Diebstahl, Seeraub, Plünderung.

7 Der VR haftet, soweit zwischen dem gedeckten Gefahrenumstand und der Rechtsgutverletzung ein **Kausalzusammenhang** besteht. Es gilt dabei die **causa proxima-Lehre**, wonach auf die Ursache abzustellen ist, die den Schaden überwiegend herbeigeführt hat und/oder die als wirksamste, in ihrer Ursächlichkeit erheblichste Bedingung, anzusehen ist (vgl. etwa OLG Hamburg, VersR 1983, 1151).

8 I.R.d. Allgefahrendeckung hat der VN dabei (zunächst) allein den **Eintritt des** (versicherten) **Schadens während der Versicherungsdauer** nachzuweisen. Wurde der Schaden durch eine Behörde festgestellt (etwa die Bundesstelle für Seeunfalluntersuchung), so wird der VN im Fall des Totalverlusts oder Verschollenheit die Entscheidung der entsprechenden Behörde dem VR vorzulegen haben. Ferner kann bei Teilschäden die Durchführung eines Sachverständigenverfahrens zwingend vorgesehen sein.

Deckung besteht i.Ü. nicht, soweit **Risikoausschlüsse** eingreifen. Der VR haftet dabei etwa nicht im Fall der Seeuntüchtigkeit des versicherten Schiffes oder für Schäden infolge Abnutzung, wie sie bei gewöhnlichem Gebrauch entstehen, etwa durch Alter, Fäulnis, Rost, Korrosion, Wurmfraß oder Kaviation.

b) Schiffsgüterversicherung

Gegenstand der Schiffsgüterversicherung ist in erster Linie das **Sachwertinteresse des VN an Waren** aller Art, einschließlich Tiere und Sachen, die mithilfe eines Schiffes von einem Ort zum anderen befördert werden. Darüber hinaus können das Interesse bzgl. des imaginären Gewinns, des Mehrwerts, des Zolls, der Fracht, der Steuern und Abgaben sowie sonstige Kosten versichert werden.

Wie bei der Schiffskaskoversicherung gilt **Allgefahrendeckung**, soweit nichts anderes bestimmt ist und die *causa-proxima*-Lehre (BGH, VersR 1983, 559; OLG Hamburg, VersR 1986, 1016, 1018; VersR 1983, 1151).

Deckung besteht i.Ü. nicht, soweit **Ausschlusstatbestände** greifen, wie etwa bei Schäden infolge von Streiks, terroristischer oder politischer Gewalthandlungen, Beschlagnahme oder Zahlungsunfähigkeit des Reeders, Charterers oder Betreibers des Schiffes.

2. Vertragsgrundlagen und Reichweite der AGB-Kontrolle

Seeversicherung wird i.d.R. auf der Grundlage der **Allgemeinen Seeversicherungsbedingungen** (ADS von 1919 und ADS-Güter 1973/84/94) sowie der **DTV-Güter 2000/2011** vereinbart.

Nachdem sich in der Praxis insoweit keine Unzuträglichkeiten ergeben haben, hat sich der Gesetzgeber – entgegen den Empfehlungen der VVG-Kommission – entschieden, an der bestehenden Rechtslage festzuhalten und die Seeversicherung weiterhin **aus dem Anwendungsbereich des VVG auszunehmen**. Nach Ansicht des Gesetzgebers hätte eine Kodifikation der Seeversicherung im VVG zu (erheblichen) Rechtsunsicherheiten, insb. bei der AGB-Kontrolle, geführt, die im Interesse der internationalen Wettbewerbsfähigkeit deutscher Seeversicherer auf einem globalen Markt zu vermeiden waren (Begr. BT-Drucks 16/3945, S. 115; *Büchner/Jürss*, VersR 2004, 1090). Der Gesetzgeber befürchtete insofern, dass Gerichte – trotz der in § 210 VVG für die Seeversicherung gewährleisteten umfassenden Vertragsfreiheit – i.R.d. Inhaltskontrolle gem. §§ 307 f. BGB, insb. die verbraucherrechtlich begründeten Leitbilder des Teil 1 (Allgemeiner Teil) des VVG, heranziehen würden, sollte die Seeversicherung gesetzlich geregelt sein.

Nachdem sich die Regelungen in den verwandten AVB i.Ü. als sachgerecht und für die Vertragsparteien als ausreichend erwiesen haben, bestand weiterhin kein praktisches Bedürfnis das weitgehend veraltete Recht der **§§ 778 ff. HGB a.F.** beizubehalten oder zu modernisieren (Begr. BT-Drucks 16/3945, S. 115). Die entsprechenden Vorschriften wurden daher gem. Art. 4 des Gesetzes zur Reform des Versicherungsrechts **aufgehoben**.

16 Unabhängig von §§ 209 f. VVG dürften i.R.d. Inhaltskontrolle allerdings **grundlegende Leitbilder**, wie sie sich im VVG niederschlagen, zu berücksichtigen sein (vgl. auch BGH, VersR 1993, 312, 314; a.A. Prölss/Martin/*Klinke*, § 209 Rn 2). Gem. § 307 BGB dürften damit Bestimmungen in AVB nichtig sein, die etwa Leistungsfreiheit des VR unabhängig vom Verschulden des VN vorsehen oder keinen Kausalitätsgegenbeweis zulassen. Zudem dürfte auch im Fall von Großrisiken, wie bei der Seeversicherung, Schwere und Vorwerfbarkeit von Obliegenheitsverletzungen zu berücksichtigen sein, sowie deren Geeignetheit, die Interessen des VR zu gefährden (OLG Hamburg, VersR 1996, 1102; *Ehlers*, TranspR 2007, 5, 10; vgl. zur AGB-Kontrolle im Seeversicherungsrecht allg. *Ehlers*, Sonderbeilage, TranspR 2004, XIV, XV; *Müller-Colllin*, Die Allgemeinen Deutschen Seeversicherungsbedingungen [ADS] und das AGB-Gesetz, 1994, *passim*; *Trölsch*, Die Obliegenheit in der Seeversicherung, 1998, 179; speziell für die Rettungsobliegenheit des VN, s.: *Looks*, VersR 2009, 883).

II. Rückversicherungsrecht

17 Rückversicherung ist die Versicherung der vom (Erst-) Versicherer übernommen Gefahr (vgl. insofern für die Seeversicherung den zwischenzeitlich aufgehobenen § 779 Abs. 1 HGB a.F.), also die **Weitergabe von Risiken, die ein Erstversicherer gezeichnet hat** und die das Maß übersteigen, das der Erstversicherer selbst tragen kann bzw. will. Soweit Rückversicherer ihrerseits Risiken an sonstige Rückversicherer weiterreichen, spricht man von Retrozession. Weiterhin sind Rückversicherer dazu übergegangen bestimmte Risiken an den Kapitalmarkt abzugeben (**sog. Cat Bonds/Alternative Risk Transfer**; vgl. allgemein zu alternativen Formen des Risikotransfers in der Rückversicherung, *Büttner*, in: Lüer/Schwepcke, § 13, Rn 1 ff.).

18 Rückversicherung besteht allein **im Verhältnis zwischen Erst- und Rückversicherer**, eine unmittelbare Rechtsbeziehung zwischen dem VN des Erstversicherers und dem Rückversicherer wird nicht begründet (vgl. BGH, VersR 1970, 29). Eine **Ausnahme** hierzu bilden sog. **cut-through-clauses** in Rückversicherungsverträgen, deren Wirksamkeit jedoch im Einzelfall, insb. vor dem Hintergrund des jeweils anwendbaren Insolvenzrechts, zu prüfen ist (kritisch auch *Witthoff*, in: Lüer/Schwepcke, § 15 Rn 30 m.w.N.). Allgemein für das deutsche Insolvenzrecht gilt, dass in der Insolvenz des Erstversicherers kein Absonderungsrecht des VN am Anspruch gegen den Rückversicherer besteht (*Gottwald*, Insolvenzrechts-Handbuch, § 42 Rn 56). Bei der Rückversicherung handelt es sich insb. nicht um eine Haftpflichtversicherung, sondern um eine Schadensversicherung. § 115 VVG, der einen Direktanspruch des Geschädigten ggü. der Haftpflichtversicherung des Schädigers in dessen Insolvenz statuiert, findet damit keine Anwendung (vgl. MüKo/*Ganter*, § 50 InsO Rn 116 m.w.N.).

1. Formen und Ausgestaltung

Die Rückversicherung wird ausschließlich vertraglich geregelt (hierzu allgemein: *Cannawurf/Schwepcke*, in: Lüer/Schwepcke, § 8, Rn 263 ff. insb. zu Formen, Arten und Typen). Grds. ist dabei zu unterscheiden zwischen
– obligatorischer und fakultativer Rückversicherung sowie
– proportionaler und nicht-proportionaler Rückversicherung.

a) Obligatorische Rückversicherung

Bei der obligatorischen Rückversicherung verpflichtet sich der Erstversicherer, **sämtliche Risiken** nach den Festlegungen im Rückversicherungsvertrag in die Rückversicherung einzubringen, und der Rückversicherer diese Risiken zu übernehmen, ohne dass er sie im Einzelfall beurteilen kann (sog. Obligatorium). Bei der obligatorischen Rückversicherung handelt es sich damit um eine laufende Rückversicherung, bei der der Rückversicherer den gesamten Versicherungsbestand eines bestimmten Zweiges oder einen gegenständlich begrenzten Teil hiervon (etwa geographisch umschrieben) übernimmt.

Die obligatorische Rückversicherung kann sowohl proportional wie nicht-proportional sein.

b) Fakultative Rückversicherung

Bei der fakultativen Rückversicherung handelt es sich um einen Rückversicherungsvertrag über ein **einzelnes Risiko** (Einzelrückversicherung). Der Rückversicherer ist insofern frei, ob er dieses Risiko (überhaupt) übernimmt.

Die fakultative Rückversicherung kann dabei sowohl proportional wie nicht-proportional sein.

c) Proportionale Rückversicherung

Im Fall der proportionalen Rückversicherung wird das rückzuversichernde Risiko zwischen Erst- und Rückversicherer nach einem **festen Prozentsatz** aufgeteilt, der zugleich den Anteil des Rückversicherers an der Originalprämie sowie den auf die jeweilige Erstversicherung entfallenden Teil- bzw. Totalschäden bestimmt. Die Aufteilung erfolgt dabei entweder über einen sog. **Quotenvertrag** (engl. *quota share*) oder einem **Summenexzedenten** (engl. *surplus*). Bei der proportionalen Rückversicherung handelt es sich somit um eine sog. **Summenrückversicherung**.

d) Nicht-proportionale Rückversicherung

Bei der nicht-proportionalen Rückversicherung wird hingegen das einzelne Risiko nicht (proportional) im Verhältnis zwischen Erst- und Rückversicherer aufgeteilt. Der Rückversicherer deckt hier vielmehr den sog. **Exzessschaden** oder Überschaden des Erstversicherers (engl. *excess of loss*). Maßgebliche Bezugsgröße ist insofern einzig die Höhe dieses Schadens. Hierbei kann es sich um den Schaden pro Police (sog. **Einzelschadenexzedent**), pro

Ereignis (sog. **Ereignisschadenexzedent**), oder den Jahresüberschaden (sog. **Jahresschadenrückversicherung**) handeln. Die nicht-proportionale Rückversicherung ist somit als sog. **Schadenrückversicherung** zu qualifizieren.

2. Qualifikation der Rückversicherung

26 Nach herrschender Meinung ist die Rückversicherung **echte Versicherung** (vgl. RGZ 153, 184; RGZ 162, 244), und kein Gesellschaftsverhältnis (so etwa RGZ 38, 206; RGZ 39, 194; unentschieden hingegen RGZ 55, 86). Im Einzelfall können allerdings gesellschaftsrechtliche Momente zum Tragen kommen (vgl. RGZ 153, 184; RGZ 155, 138 für die obligatorische Quotenrückversicherung mit Beteiligung des Rückversicherers an den Originalkosten).

27 Sofern zwischen den Parteien nichts Anderes vertraglich bestimmt ist, ist die Rückversicherung als **Schadenversicherung** zu qualifizieren (RGZ 153, 184; RGZ 164, 212), unabhängig davon, ob die übernommenen Risiken ihrerseits der Güter-, Vermögens- oder Personenversicherung zuzuordnen sind (RGZ 129, 1; s.a. MüKo/*Schwepcke*, Rückversicherungsrecht Rn 4). Versichert wird insofern das versicherungstechnische Risiko als eine für den Erstversicherer eigentümliche Gefahr. Vornehmlich dient damit die Rückversicherung dem Risikotransfer vom Erstversicherer auf den Rückversicherer, also der Verringerung des versicherungstechnischen Risikos bzw. der Risikoallokation. Der Erstversicherer ist so in der Lage, höhere Versicherungssummen zu gewähren und Risiken zu decken, die er aufgrund ihrer Gefährlichkeit und Höhe ansonsten ablehnen müsste (MüKo/*Looschelders*, § 209 VVG Rn 27), Zudem profitiert der Erstversicherer von Service- und Beratungsleistungen des Rückversicherers. Dies gilt insb. für kleinere und mittlere Versicherungsunternehmen.

3. Vertragsfreiheit und ergänzende Anwendbarkeit des Gesetzesrechts

28 Im Rückversicherungsrecht herrscht **umfassende Vertragsfreiheit**, die nur durch die allgemeinen Regeln (vgl. etwa §§ 134, 138, 242 BGB) begrenzt wird. Rechte und Pflichten der Parteien ergeben sich damit primär aus dem VV.

a) Vertragliche Grundlagen

29 In der Praxis ist die Vertragsdokumentation in der Rückversicherung eher schlank. So werden Verträge häufig allein auf der Grundlage sog. „Slips" geschlossen, die – über die wirtschaftlichen Eckdaten hinaus – allein eingeschränkt rechtliche Regelungen enthalten (vgl. allgemein zur Dokumentation: MüKo/*Schwepcke*, Rückversicherungsrecht Rn 125 ff., 130 ff.; speziell zum Slip und seiner rechtlichen Einordnung: *Cannawurf/Schwepcke*, in: Lüer/Schwepcke, § 8 Rn 240 ff.). Ein Grund hierfür mag der Wunsch der Parteien sein, das Rückversicherungsverhältnis möglichst frei von formal-juristischen Erwägungen zu halten und damit die Möglichkeit zu eröffnen, ggf. auftretende Konflikte primär auf kaufmännischer Basis zu lösen. So handelt es sich beim Rückversicherungsrecht letztlich auch um

„**Praktikerrecht**", dessen juristisch-dogmatische Durchdringung vor dem Hintergrund der wirtschaftlichen Bedeutung des Versicherungszweiges insgesamt und der jeweilig versicherten Interessen vergleichsweise rudimentär ist (grundlegend für das deutsche Rückversicherungsrecht: *Gerathewohl*, Rückversicherung, Bd. I 1976, Bd. II 1979; *Pfeiffer*, Einführung in die Rückversicherung; *Schwepcke*, Rückversicherung; für das engl. Rückversicherungsrecht s. Barlow, Lyde & Gilbert (jetzt Clyde & Co LLP) [Loseblatt], Reinsurance – Practice and the Law). Im Lichte steigender Anforderungen an das jeweilige Risikomanagement sowie potenzieller Deckungsstreitigkeiten erkennen die beteiligten VR allerdings zunehmend die Notwendigkeit sog. **contract certainty** an, wonach ein Mindestmaß an schriftlicher Dokumentation des Rückversicherungsverhältnisses zu fordern ist (siehe hierzu *Follmer/Rouvray*, VW 2006, 616; MüKo/*Schwepcke*, Rückversicherungsrecht Rn 138 f. unter Hinweis auf BaFin, Verordnung über Finanzrückversicherungsverträge und Verträge mit unzureichendem Risikotransfer [Fianzrückversicherungsverordnung] – FinRVV). Zudem sind sich die beteiligten Organe vor dem Hintergrund diverser spektakulärer D&O-Fälle zunehmend der potenziellen Haftungsrisiken bewusst, die sich aus der aktienrechtlichen Pflicht, ein adäquates Risikomanagementsystem einzurichten, ergeben und reagieren entsprechend durch stärkere Verrechtlichung der Geschäftsbeziehungen (vgl. insofern auch aus aufsichtsrechtlichen und Compliancegesichtspunkten: *Geiger*, in: Bürkle, Compliance in Versicherungsunternehmen, § 3 Rn 34).

b) Reichweite der ergänzenden Anwendbarkeit des VVG

Wegen § 209 VVG ist die Möglichkeit, vertragsergänzend Rückgriff auf einzelne Normen des VVG zu nehmen, dem Grunde nach ausgeschlossen. Nach dem gesetzgeberischen Willen sollen die bei der VVG-Reform zu berücksichtigenden gemeinschaftsrechtlichen Vorschriften für VV und für Versicherungsvermittler auf die Rückversicherung keine Anwendung finden, vielmehr bleibt die Rückversicherung weiterhin **vom Anwendungsbereich des VVG ausgeklammert** (Begr. BT-Drucks 16/3945, S. 115). 30

Gleichzeitig ist anerkannt, dass **grundlegende Vorschriften des VVG im Einzelfall** bei der Auslegung von Rückversicherungsverträgen **heranzuziehen** sein können, soweit sich hierin **allgemeine versicherungsrechtliche Grundsätze** niederschlagen (Prölss/Martin/Klinke, § 209 Rn 3b; s. allerdings auch Looschelders/Pohlmann/*Looschelders*/Pohlmann/Wolf, § 209 Rn 6; *Deutsch*, Versicherungsvertragsrecht Rn 120; *Schimikowski*, Versicherungsvertragsrecht Rn 10; jeweils mit der Feststellung der Unanwendbarkeit des VVG; allgemein zum Streitstand: *Cannawurf/Schwepcke*, in: Lüer/Schwepcke, § 8 Rn 38 ff.). Bestimmungen im Interesse des Verbraucherschutzes sind dabei allerdings regelmäßig nicht zu berücksichtigen, da es im Fall der Rückversicherung am insoweit erforderlichen strukturellen Ungleichgewicht der beteiligten Vertragsparteien fehlt (MüKo/*Schwepcke*, Rückversicherungsrecht Rn 15 f.). Es wird somit abzuwarten sein, welche Vorschriften nach der VVG-Novelle im Einzelnen für die Rückversicherung (noch) an Relevanz entfalten werden, da erklärtes Ziel der Gesetzesänderung ja gerade die Verstärkung des Verbraucherschutzes war. 31

c) Allgemeine Grundsätze

32 Weiterhin wird das Rückversicherungsverhältnis, wie i.Ü. sämtliche Versicherungsverträge, in besonderem Maße von **Treu und Glauben** mit Rücksicht auf die **Verkehrssitte** beherrscht (vgl. für die Erstversicherung etwa RGZ 146, 221; BGHZ 40, 387 = VersR 1964, 154). Hieraus können sich im Einzelfall Rechte und Pflichten für die beiden Vertragsparteien ergeben, wobei der Grundsatz sowohl für den Erst- wie den Rückversicherer gilt. Die in der Rechtsprechung zur Konkretisierung von Treu und Glauben anerkannten Fallgruppen gelten dabei dem Grunde nach auch für die Rückversicherung (vgl. hierzu statt aller Palandt/*Heinrichs*, § 242 BGB Rn 23 ff.; MüKo/*Schwepcke*, Rückversicherungsrecht, Rn 20 ff.). Die Verkehrssitte gewinnt für die Rückversicherung an besonderer Bedeutung, da hier zur Streitbeilegung in aller Regel ein Schiedsgericht berufen sein wird (vgl. allgemein zur Schiedsgerichtsbarkeit in der Rückversicherung: *Jannott*, in: FS Stiefel, S. 359, 361; *Labes*, Schiedsgerichtsvereinbarungen in Rückversicherungsverträgen, 1996, passim; *Triebel*, in: FS Winter, S. 619 ff.; *Busse/Taylor/Justen*, SchiedsVZ 2008, 1; *Busse/Labes*, in Lüers/Schwepcke, § 18), das gem. § 1051 Abs. 4 ZPO in Übereinstimmung mit den Bestimmungen des Vertrages zu entscheiden und dabei bestehende **Handelsbräuche** zu berücksichtigen hat (allgemein hierzu: MüKo/*Schwepcke*, Rückversicherungsrecht, Rn 26 ff.). Vorrangig wird dabei auf **usancen**, die sich zwischen den Parteien herausgebildet haben, abzustellen sein. Die Ermittlung von Handelsbräuchen für die Rückversicherung i.Ü. erweist sich hingegen oftmals als schwierig.

33 Für das (deutsche) Rückversicherungsrecht gelten jedenfalls die folgenden drei Grundsätze als kennzeichnend:
1. der **Selbstbehalt** am rückgedeckten Risiko, den der Erstversicherer i.d.R. zu tragen hat,
2. das **Geschäftsführungsrecht des Erstversicherers** zur Gestaltung seines Rechtsverhältnisses mit dem VN durch Abschluss des VV, Bestandsverwaltung und Schadenregulierung; der Rückversicherer ist insoweit an die Entscheidung des Erstversicherers gebunden, soweit kein Fall von Arglist oder grobem Verschulden gegeben ist (sog. Folgepflicht des Rückversicherers),
3. die **Schicksalsteilung**, die ggü. dem Geschäftsführungsrecht nicht immer scharf abgrenzbar ist, wonach der Rückversicherer verpflichtet ist, das versicherungstechnische sowie versicherungsvertragliche Risiko, das sich aus dem Originalrisiko des Erstversicherers ohne dessen Zutun für das Versicherungsverhältnis ergibt, mit seinem vertraglich bestimmten Anteil zu tragen (sog. Assekuranzschicksal); Schicksalsteilung bezieht sich nicht auf das kaufmännische Risiko, etwa Nichtzahlung von Prämien durch den VN, oder Kulanz-/*ex-gratia*-Zahlungen des Erstversicherers.

34 Die Konkretisierung und Folgen der genannten Grundsätze können im Einzelfall strittig sein.

C. Entscheidungspraxis

Streitigkeiten im Rahmen von Rückversicherungsverhältnissen werden in aller Regel einvernehmlich unter Berücksichtigung wirtschaftlicher Aspekte der (laufenden) Geschäftsbeziehung beigelegt; die gerichtliche Auseinandersetzung ist hingegen (noch) die Ausnahme (s. aber auch *Busse/Labes*, in Lüers/Schwepcke, § 18 Rn 1 ff.; *Thomas*, VW 2009, 1698; *Busse/Taylor/Justen*, SchiedsVZ 2008, 1 sowie schon *Labes*, VersR 1996, 1461, 1461; *Jannott*, in: FS Stiefel, S. 359, 360 f.). Etwas Anderes gilt aber, sobald sich der Rückversicherer in Abwicklung befindet (sog. run off) und daher keine Rücksicht auf den zukünftigen Geschäftsverlauf zu nehmen ist. Zur Streitentscheidung sind dabei meist **Schiedsgerichte** berufen (s. aber auch LG Mannheim, 26.1.2004 – 24 O 172/02 [unveröffentlicht] zitiert nach *Sieg/Schaloske*, Lessons from the London Market, VW 2009, 1505). 35

Entsprechende Schiedsklauseln in Rückversicherungsverträgen sehen in aller Regel ein sog. ad-hoc-Schiedsgericht vor, das erst im Streitfall ernannt wird und nach den in der Schiedsvereinbarung vorgesehenen Regeln zusammentritt und entscheidet (MüKo/*Schwepcke*, Rückversicherungsrecht Rn 25). Die Vereinbarung eines institutionell administrierten Schiedsverfahrens, etwa durch die ICC oder DIS, dürfte hingegen die (absolute) Ausnahmen sein (vgl. hierzu auch *Busse/Taylor/Justen*, SchiedsVZ 2008, 1; *Jannot*, in: FS Stiefel, 359, 365 f.). 36

Haben die Beteiligten nichts anderes bestimmt, sind Schiedssprüche vertraulich. Soweit veröffentlichte Entscheidungen staatlicher Gerichte vorliegen, stammen diese in aller Regel noch vom RG (vgl. für eine Rechtsprechungsübersicht: Prölss/Martin/*Kollhosser*, § 186 Rn 10) und können somit infolge der zwischenzeitlichen Rechtsfortbildung (allein) als **Argumentationshilfe** im Einzelfall dienen. Dabei ist insb. zu beachten, dass Schiedsgerichte in allen Fällen bestehende **Handelsbräuche** zu berücksichtigen haben (vgl. § 1051 Abs. 4 ZPO). Zudem können die Parteien das Schiedsgericht gem. § 1051 Abs. 3 ZPO ermächtigen – unter Ausschluss zwingenden Rechts – (ausnahmsweise) nach Billigkeit (*ex aequo et bono*) zu entscheiden (s. hierzu allgemein: *Lachmann*, Handbuch für die Schiedsgerichtspraxis Rn 291). Von einer solchen Regelung ist im Interesse der Rechtssicherheit dringend abzuraten (so wie hier MüKo/*Schwepcke*, Rückversicherungsrecht Rn 25). Die Spruchpraxis hängt weiterhin entscheidend von der **Zusammensetzung der Richterbank** ab (*Busse/Labes*, in Lüers/Schwepcke, § 18 Rn 57 ff.). Schiedsklauseln in Rückversicherungsverträgen sehen dabei häufig vor, dass nur solche Personen zu Schiedsrichtern berufen werden können, bei denen es sich um „*aktive oder im Ruhestand befindliche Vorstandsmitglieder von Versicherungs- oder Rückversicherungsgesellschaften*" handelt (vgl. zu den Vorgaben und den sich daraus ergebenden Beschränkungen auch: *Busse/Labes*, in Lüers/Schwepcke, § 18 Rn 61 ff.). Vor diesem Hintergrund gewinnen wiederum meist eher wirtschaftlich praktische Erwägungen – jenseits formal-juristischer Überlegungen – eine herausragende Rolle bei der Entscheidungsfindung. 37

§ 210 VVG   Großrisiken, laufende Versicherung

(1) Die Beschränkungen der Vertragsfreiheit nach diesem Gesetz sind auf Großrisiken und auf laufende Versicherungen nicht anzuwenden.

(2) Großrisiken im Sinne dieser Vorschrift sind:
1. Risiken der unter den Nummern 4 bis 7, 10 Buchstabe b sowie den Nummern 11 und 12 der Anlage 1 zum Versicherungsaufsichtsgesetz erfassten Transport- und Haftpflichtversicherungen,
2. Risiken der unter den Nummern 14 und 15 der Anlage 1 zum Versicherungsaufsichtsgesetz erfassten Kredit- und Kautionsversicherungen bei Versicherungsnehmern, die eine gewerbliche, bergbauliche oder freiberufliche Tätigkeit ausüben, wenn die Risiken damit in Zusammenhang stehen, oder
3. Risiken der unter den Nummern 3, 8, 9, 10, 13 und 16 der Anlage 1 zum Versicherungsaufsichtsgesetz erfassten Sach-, Haftpflicht- und sonstigen Schadensversicherungen bei Versicherungsnehmern, die mindestens zwei der folgenden drei Merkmale überschreiten:
   a) 6.200.000 Euro Bilanzsumme,
   b) 12.800.000 Euro Nettoumsatzerlöse,
   c) im Durchschnitt 250 Arbeitnehmer pro Wirtschaftsjahr.

Gehört der Versicherungsnehmer zu einem Konzern, der nach § 290 des Handelsgesetzbuchs, nach § 11 des Publizitätsgesetzes vom 15. August 1969 (BGBl I S. 1189) in der jeweils gültigen Fassung oder nach dem mit den Anforderungen der Richtlinie 2013/34/EU des Europäischen Parlaments und des Rates vom 26. Juni 2013 über den Jahresabschluss, den konsolidierten Abschluss und damit verbundene Berichte von Unternehmen bestimmter Rechtsformen und zur Änderung der Richtlinie 2006/43/EG des Europäischen Parlaments und des Rates und zur Aufhebung der Richtlinien 78/660/EWG und 83/349/EWG des Rates (ABl. L 182 vom 29.6.2013, S. 19) übereinstimmenden Recht eines anderen Mitgliedstaats der Europäischen Gemeinschaft oder eines anderen Vertragsstaats des Abkommens über den Europäischen Wirtschaftsraum einen Konzernabschluss aufzustellen hat, so sind für die Feststellung der Unternehmensgröße die Zahlen des Konzernabschlusses maßgebend.

Übersicht

	Rdn
A. Normzweck, -geschichte und -bedeutung	1
B. Norminhalt	4
I. Großrisiken	4
1. Statisch-spartenbezogene Großrisiken	4
2. Dynamische Großrisiken	9
II. Laufende Versicherung	13
C. Rechtsfolge	14
I. Privatautonomie	14
II. Einschränkungen der Privatautonomie	17

A. Normzweck, -geschichte und -bedeutung

Das VVG beschränkt die Vertragsfreiheit an verschiedenen Stellen, um geschäftsunkundige VN zu schützen. Als schutzbedürftig gelten nicht nur Verbraucher, sondern auch gewerbliche oder freiberufliche VN. Ihr Schutz wird dadurch gewährleistet, dass zwingende und halbzwingende Vorschriften nicht oder zumindest nicht zu ihren Lasten abbedungen werden dürfen (BGHZ 118, 275, 278 = VersR 1992, 1089; BGH, VersR 2005, 394). Die Befreiung der **Großrisiken** von den Beschränkungen der Vertragsfreiheit des VVG entspricht dem früheren § 187 VVG a.F. i.V.m. Art. 10 Abs. 1 S. 2 EGVVG a.F. VN werden in solchen Fällen im Allgemeinen für hinreichend kompetent gehalten werden, um selbst für die Wahrung ihrer Interessen sorgen zu können; an ihrer privatautonomen Entscheidung ist dann nicht zu zweifeln (Begründung des Entwurfs des VVG, RT-Drucksache Nr. 364 der 12. Legislaturperiode, I. Session 1907, S. 5 f.). Darüber hinaus erstreckt sich die Befreiung entgegen der früheren Regelung in § 187 VVG a.F. nunmehr auch (wieder) auf die **laufende Versicherung** (§ 53 VVG), weil diese nur im gewerblich-kommerziellen Bereich als Versicherung laufender Geschäftsbeziehungen mit ständig wechselnden Einzelrisiken – insb. als Transport-, Kreditversicherung und technische Versicherung – bedeutsam ist (Begr. BT-Drucks 16/3945, S. 115; s. § 53; *Ehlers*, TranspR 2007, 5, 8; *Heppe*, in: FS für Winter, S. 683, 684; *Langheid*, NJW 2007, 3665, 3671). Der VN bedarf hier nicht des Schutzes durch die (halb-)zwingenden Vorschriften des VVG (OLG Köln, VersR 2014, 1205 Rn 35 = r+s 2015,139). Da sich laufende Versicherungen im Regelfall allerdings auf Großrisiken beziehen, hat die zweite Alternative der Norm wohl nur geringe Bedeutung (MüKo/*Looschelders*, § 210 VVG Rn 2).

Die Vorschrift wurde neu gefasst durch das Gesetz zur Anpassung der Vorschriften des Internationalen Privatrechts an die Verordnung (EG) Nr. 593/2008 vom 25.6.2009 m.W.v. 17.12.2009 (BGBl I, S. 1574). Die Europäische Gemeinschaft hat am 17.6.2008 die Verordnung des Europäischen Parlaments und des Rates über das auf vertragliche Schuldverhältnisse anzuwendende Recht (Rom-I-Verordnung) erlassen (ABl L 177 vom 4.7.2008, S. 6). Sie gilt ab dem 17.12.2009 in Deutschland unmittelbar und verdrängt die bislang geltenden Regelungen der Art. 27 ff. des Einführungsgesetzes zum Bürgerlichen Gesetzbuche und die Art. 7 ff. des Einführungsgesetzes zum Versicherungsvertragsgesetz (s. BT-Drucks 16/12104). Aufgrund des Vorrangs der Rom-I-Verordnung (vgl. Art. 23 der Rom I-Verordnung) ggü. dem kollisionsrechtlichen Richtlinienrecht wurden die Art. 7 bis 15 EGVVG mit Wirkung zum 17.12.2009 aufgehoben (vgl. BT-Drucks 7/09, S. 16). § 210 Abs. 2 VVG wurde geändert durch Art. 2 Abs. 49 Nr. 7 des Gesetzes zur Modernisierung der Finanzaufsicht über Versicherungen vom 1.4.2015 m.W.v. 1.1.2016 (BGBl I, S. 434, 568).

Die Bedeutung der Norm liegt erstens darin, dass auf Großrisiken deckende Versicherungsverträge vertragsfreiheitsbeschränkende Normen wie §§ 18, 32, 42, 67, 87 VVG nicht anzuwenden sind, so dass VR die so entstehende Vertragsfreiheit nutzen können, um versicherungsnehmerschützende Normen abzubedingen, z.B. indem sie auf Obliegenheitsverletzungen weiterhin das sog. Alles-oder-nichts-Prinzip anwenden und Leistungsfreiheit bei grob fahrlässigen Obliegenheitsverletzungen des VN vorsehen. Zweitens hat die Großrisiken bestimmende Norm Relevanz für Ausnahmen von Beratungs- (§ 6 Abs. 6 VVG) und

Informationspflichten (§ 7 Abs. 5 S. 1 VVG) bzw. Schadensersatzansprüche (vgl. § 6 Abs. 5 VVG) infolge unzutreffender Annahme eines Großrisikos, das Widerrufsrecht des VN (§ 8 Abs. 4 Nr. 3 VVG) und seine Dauer bei unterbliebener Belehrung infolge einer solchen Annahme sowie für die Versicherungsvermittlung (§ 65 VVG).

B. Norminhalt

I. Großrisiken

1. Statisch-spartenbezogene Großrisiken

4 § 210 Abs. 1 VVG erklärt die Beschränkungen der Vertragsfreiheit des VVG für die Großrisiken i.S.d. bisherigen **Art. 10 Abs. 1 S. 2 EGVVG** für nicht anwendbar. Ein statisch-spartenbezogenes Großrisiko liegt nach der **Legaldefinition** des § 210 Abs. 2 VVG dann vor, wenn sich der VV
- auf Risiken **bestimmter Transport- und Haftpflichtversicherungen** (§ 210 Abs. 2 Nr. 1 VVG),
- auf Risiken **bestimmter Kredit- und Kautionsversicherungen** (§ 210 Abs. 2 Nr. 2 VVG) oder
- auf Risiken **anderer besonders qualifizierter Versicherungen** (§ 210 Abs. 2 Nr. 3 VVG) bezieht.

5 **Praxistipp**
Für die **Einordnung einer Transportversicherung** als Großrisiko i.S.d. § 210 Abs. 2 VVG ist die Bezeichnung der Versicherung weder entscheidend noch ausreichend. Maßgeblich ist vielmehr, ob nach den Regelungen *des* Vertrages die Transportgefahr allein oder überwiegend Gegenstand der Versicherung ist (vgl.: BGH, Vers 1983, 949; OLG Koblenz, VersR 1988, 1061).

6 Das wesenscharakteristische Defizit dieser Regelung besteht darin, dass eine spartenspezifische Anknüpfung unerfahrenen VN den gebotenen Schutz nimmt (Bsp.: Transportversicherung für Paket). Teilweise wird deshalb eine generelle teleologische Reduktion bei sog. „Jedermann-Versicherungen", bei denen die vom Gesetz unterstellte Geschäftserfahrenheit des VN typischerweise nicht gegeben ist, gefordert (*Hüffer*, VersR 1975, 871, 874 f.; *Heppe*, Liber Amicorum Winter, 2007, S. 683 f.; *Greite*, Die Versicherung von Großrisiken im Sinne des § 210 Abs. 2 VVG, 2015, S. 134 ff., einschränkend aber für Abs. 2 Nrn. 2, 3; Prölss/Martin/*Klimke*, § 210 Rn 5), während andere sie teilweise auf einzelne Sparten beschränken wollen (Wassersportkaskoversicherung ja: *Bremke/Gerhard*, TranspR 2009, 15 f.; *Gerhard*, TranspR 2007, 458, 459; Kreditversicherung nein: *Kossen*, Kautionsversicherung, 1996, S. 46; *Michels*, VersR 1977, 1082, 1083; *Pörschke*, Die private Ausfuhrkreditversicherung, 1990, S. 12; a.A. *Schneider*, Münchener Anwaltshdb. VersR, § 29 Rn 21; ggf. Luftfahrtkaskoversicherung *Stade*, Die Kaskoversicherung für Luftfahrtzeuge, 1999, S. 68 ff.). Weitere verwerfen eine teleologische Reduktion insgesamt (*Ehlers*, TranspR 2006, 7, 8; VersR-Hdb/*Heiss*, § 38 Rn 35) und können dafür auf einen möglichen gesetzgeberisch intendierten Gleichlauf zwischen materieller Privatautonomie und Parteiautonomie bei der Wahl geltenden Rechts verweisen (vgl. Art. 7 Abs. 2 Rom-I-VO).

Umgekehrt erscheint es wertungsjuristisch als diskutabel, ob Verkehrshaftpflichtversicherungen geschäftlich erfahrener Spediteure oder Lagerhalter § 210 Abs. 2 VVG nicht zu subordinieren sein sollen; eine analoge Anwendung wird deshalb erörtert (bejahend: *Abele*, TranspR 2009, 60, 62; *Heuer*, TransportR 2007, 55, 56 ff.; VersR-Hdb/*Heiss*, § 38 Rn 348; verneinend die wohl h.A.: OLG Hamburg, TranspR 2007, 258; *Ehlers*, TranspR 2007, 5, 12; *Flach*, TranspR 2008, 56, 61; *Freitag*, r+s 2008, 96, 100; *Möhrle*, Laufende Versicherung, 1994, S. 158 ff.; *Thume*, TranspR 2006, 1, 5; offen: BGH, VersR 2009, 769 f.). S. zu dieser Fragestellung auch Rdn 20 f. [7]

Versicherungen aus den Sparten **See-, Binnensee- und Flussschifffahrts-Kasko und Transportgüter** sind nach der **Anlage Teil A zum VAG** Großrisiken. Ein Großrisiko **im Ausland** fällt ebenfalls unter die Regelung des § 210 Abs. 1 VVG. [8]

2. Dynamische Großrisiken

Ein dynamisches Großrisiko i.S.v. § 210 Abs. 2 Nr. 3 VVG liegt vor, wenn ein Risiko der unter den Nr. 3, 8, 9, 10, 13 und 16 der Anlage Teil A zum Versicherungsaufsichtsgesetz erfassten Sach-, Haftpflicht- und sonstigen Schadensversicherungen durch einen Versicherungsvertrag gedeckt wird, und bei dem Versicherungsnehmer mindestens zwei der folgenden drei Merkmale (6.200.000,00 EUR Bilanzsumme, 12.800.000,00 EUR Nettoumsatzerlöse, im Durchschnitt 250 Arbeitnehmer pro Wirtschaftsjahr) überschritten werden. Der maßgebliche Zeitpunkt der Feststellung des **Überschreitens** dieser Schwellenwerte ist grundsätzlich der Vertragsschluss; dafür sprechen systematische (Parallelen des AGB-Rechts, Verbraucherrechts und Kollisionsrechts (Rom-I-VO)) sowie prinzipielle Erwägungen (Vertrauensschutz, Rechtssicherheit, Beweisbarkeit). In Ausnahmefällen kann der vor dem Vertragsschluss liegende Zeitpunkt für die Einordnung maßgeblich sein (§ 6 Abs. 6 Fall 1 VVG und § 7 Abs. 5 S. 1 VVG). Gründungssituationen, in denen der VR zunächst ein Massenrisiko versichert, das, etwa durch Expansion, nachträglich und oft vorhersehbar zu einem Großrisiko aufsteigt, haben keine Auswirkungen auf die anhand der objektiv vorliegenden Bilanzkennzahlen zu treffende Einordnung in das Massenrisiko zum Zeitpunkt des Vertragsabschlusses. Eine Vorfiktion des Großrisikos, wie sie z.B. für die Kaufmannseigenschaft bei neugegründeten Unternehmen/Gesellschaften im HGB vorgenommen wird („*alsbald erwarten lässt*"), ist nicht angezeigt. Den späteren Schwellenwertüberschreitungen kann allerdings durch nachträgliche Parteivereinbarung zwischen VN und VR Rechnung getragen werden (ausführlich *Greite*, S. 13 ff.). [9]

Nachträgliche **Unterschreitungen** der Schwellenwerte wirken sich – ohne Berücksichtigung ihrer Dauer, Häufigkeit oder saisonalen Wiederholung – unmittelbar auf die Großrisikoeigenschaft aus. Um Unsicherheiten, die aus zufälligen Schwankungen oder kurzfristigen und unvorhersehbaren Unterschreitungen entstehen, zu beseitigen, wird eine mit § 264 Abs. 4 S. 1 HGB oder Art. 4 Abs. 1 S. 1, Abs. 2 des Anhangs der KMU-Definition vergleichbare Berechnungsregel für den Umgang mit nachträglichen Unterschreitungen der Großrisikoschwellenwerte diskutiert. Ihr wird der Vorteil größtmöglicher Rechtssicherheit zugeschrieben. Der Wortlaut des § 210 Abs. 2 S. 1 Nr. 3 VVG sieht eine solche Berech- [10]

nungsregel allerdings nicht vor. Bis eine solche de lege ferenda geschaffen wird, kommt eine analoge Anwendung der Berechnungsregel des HGB in Ermangelung einer planwidrigen Regelungslücke nicht in Betracht. Unsicherheiten im Rahmen nachträglicher Unterschreitungen lassen sich de lege lata nur vermeiden, wenn in die AVB zukünftig ergänzende Klauseln für den Fall des Wegfalls der Großrisikovoraussetzungen aufgenommen werden (*Greite*, S. 87 ff.). Der VR ist auf die **Übermittlung von Daten**, die eine Qualifikation des Großrisikos ermöglichen, angewiesen (*Geiger*, Der Schutz der Versicherten im europäischen Binnenmarkt, 1992, S. 80; *Roth*, Internationales Versicherungsvertragsrecht, 1985, S. 729).

11 Es ist zu differenzieren: Übermittelt der VN **überhöhte** Zahlen – etwa um eine niedrigere Prämie oder erweiterten Versicherungsschutz zu erzielen –, führt das nicht zu einer Qualifikation als Großrisiko. Um zu verhindern, dass der Schutz des VVG versagt, gilt die objektive Rechtslage (= Massenrisiko). Dem korrespondiert die allgemeine zivilrechtliche Dogmatik und Praxis (BGH, NJW 2005, 1045; MüKo/*Lorenz*, § 474 BGB Rn 23). Die Konsequenzen einer Meldung solch unzutreffender Daten sind – abweichend von der Auffassung mancher, der VN könne sich lediglich nur nicht auf die wahre Rechtslage berufen (Marlow/Spuhl/*Schneider*, Rn 1419), § 242 BGB – vielfältig und können (in Abhängigkeit von Verschulden und weiteren Umständen) vom Rücktritt (§ 19 Abs. 2, 3 S. 1 VVG) über Leistungsfreiheit bis zur Kündigung oder Anfechtung wegen arglistiger Täuschung (§§ 22, 123 BGB) reichen (*Greite*, S. 97 f.). Bei Nennung zu niedriger Zahlen gilt Entsprechendes; der VN bedarf des Schutzes objektiv nicht.

12 **Praxistipp**
Für VR ist von Interesse und Bedeutung, möglichst zügig von einer Änderung der für die Schwellen relevanten Daten nach Vertragsschluss zu erfahren. Eine Überwachungs- und Nachforschungsobliegenheit des VR besteht nicht; der VN ist aufgrund der Sachnähe zu einer Information eher in der Lage. Weil sich dem Gesetz jedoch keine entsprechenden Pflichten herleiten lassen (*Greite*, S. 100 ff.), sollte der Vertrag besondere Mitteilungspflichten, deren Erfüllung durch die Möglichkeit einer Leistungskürzung im Verletzungsfall gewährleistet wird (§ 28 Abs. 2 S. 2 VVG), vorsehen (vgl. etwa Ziff. 13.1 AHB bzw. § 8 II.1. AVB-Vermögen).

II. Laufende Versicherung

13 Die laufende Versicherung wird in **§ 53 VVG legal definiert**. Sie zeichnet sich dadurch aus, dass die versicherten Interessen bei Vertragsschluss nur der Gattung nach bezeichnet und erst später konkretisiert werden (s. § 53 Rdn 2).

C. Rechtsfolge

I. Privatautonomie

14 Nach § 210 Abs. 1 VVG sind die im VVG vorgesehenen Beschränkungen der Vertragsfreiheit „nicht anzuwenden". Dies **bedeutet nicht, dass die Vorschriften nicht anwendbar sind**, sondern (lediglich) dass die Parteien **sowohl von den zwingenden als auch von den**

halbzwingenden Vorschriften abweichende Vereinbarungen treffen können (vgl. Begr. BT-Drucks 16/3945, S. 115; zu der vor 1990 geführten, inzwischen überholten Diskussion, ob auch absolut zwingende Vorschriften abdingbar seien: BGHZ 118, 275, 279 = VersR 1992, 1089; *Möhrle*, Laufende Versicherung, 1994, S. 35; Prölss/Martin/*Klimke*, § 210 Rn 7). Auch absolut zwingende Vorschriften (z.B. §§ 5 Abs. 4, 28 Abs. 5, 105, 108 Abs. 2 VVG) schützen oft nur den VN. Die halb zwingenden und zwingenden Vorschriften des VVG sind demnach als dispositives Recht anwendbar, sofern die Parteien sie nicht wirksam abbedungen haben (vgl. BGHZ 118, 275, 279 = VersR 1992, 1089; BK/*Schwintowski*, § 187 Rn 7). Die **Abbedingung** muss **deutlich im Vertrag bzw. in den AVB** erfolgen (BGHZ 118, 275, 280 = VersR 1992, 1089; MüKo/*Looschelders*, § 210 VVG Rn 4; Prölss/Martin/*Klimke*, § 210 Rn 14). Beispielsweise hat der IV. BGH-Senat hier entschieden, eine AVB, die Leistungsfreiheit des VR bei Obliegenheitsverletzung des VN anordne, bedinge § 6 VVG a.F. (vgl. § 28 VVG n.F.) nicht ab (ordne sie also verschuldensunabhängig an), sondern verweise vielmehr auf die gesetzliche Norm (anders dagegen im Fall BGHZ 120, 290, 294 = VersR 1993, 223). Ein Zitiergebot besteht allerdings nicht.

Für Großrisiken i.S.d. § 210 Abs. 2 VVG werden allerdings ausdrücklich durch § 6 Abs. 6 VVG die **Beratungspflicht**, durch § 7 Abs. 5 VVG die **Informationspflicht** und durch § 65 VVG die **korrespondierenden Pflichten der Versicherungsvermittler** für **nicht anwendbar** erklärt, so dass es einer Abbedingung nicht bedarf (ausf. *Freitag*, r+s 2008, 96, 98). Ein **Widerrufsrecht** steht dem VN ebenfalls nicht zu (vgl. § 8 Abs. 3 Nr. 4 VVG). Laufende Versicherungen sind zwar nicht ausdrücklich erfasst; die Gesetzesverfasser hielten die Normen jedoch i.d.R. ebenfalls nicht für anwendbar, weil es sich nur ausnahmsweise um keine Großrisiken handle (Begr. RegE, BT-Dr. 16/3945, S. 59). Jedenfalls ist eine Abbedingung möglich (*Thume*, VersR 2010, 849, 850; Looschelders/Pohlmann/*Heinig*, § 8 Rn 21 a.E.).

> **Praxistipp**
> Bei der **laufenden Versicherung über ein Großrisiko** i.S.d. § 210 Abs. 2 VVG sind somit die §§ 6 Abs. 1 bis 5, 7 Abs. 1 bis 4 VVG und die §§ 60 bis 63 VVG nicht anwendbar. Bei Unsicherheiten über die Einordnung als Großrisiko (z.B. in der **Kombi-**, **Verkehrshaftungs-** oder **Baurisikoversicherung**) sollten die o.g. Regelungen sicherheitshalber abbedungen werden.

II. Einschränkungen der Privatautonomie

Die Regelung des § 210 VVG gewährt den Parteien die Privatautonomie bzgl. der einschränkenden Vorschriften des VVG zurück, die dieses ihnen genommen hat. Daraus folgt erstens, dass keine unbeschränkte Privatautonomie herrscht, also ihre Beschränkung durch Normen außerhalb des VVG zu beachten ist (*Thume*, TranspR 2006, 1, 5): **Zwingende Vorschriften anderer Gesetze** (z.B. §§ 134, 138, 826 BGB) sind also der Disposition der Parteien entzogen. Ein Verstoß gegen ausländische Gesetze kann Sittenwidrigkeit i.S.d. § 138 Abs. 1 BGB begründen (BGH, VersR 1972, 849; zur Geltung ausländischen zwingenden Rechts für deutschem Recht unterliegende VV s. *Armbrüster*, VersR 2006, 1).

18 Nicht nur Normen, sondern auch Prinzipien außerhalb des VVG muss Rechnung getragen werden: Deshalb kann etwa § 98 VVG als besondere Ausprägung des Verbots von Verträgen zu Lasten Dritter nicht abbedungen werden (RegE BT-Dr. 16/3945, S. 115; HK-VVG/*Muschner*, § 210 Rn 9; Looschelders/Pohlmann/*Wolf*, § 210 Rn 6). Ebenso konkretisieren die §§ 74 Abs. 2, 78 Abs. 3 VVG das allgemeine Prinzip, Recht dürfe zu grundlegenden ethischen Postulaten nicht in Widerspruch treten (vgl. § 138 BGB), und sind deshalb unabdingbar (BGHZ 120, 290, 295 = NJW 1993, 590; BK/*Schwintowski*, § 187 Rn 5; MüKo/*Looschelders*, § 210 VVG Rn 8). Umgekehrt sind alle VVG-spezifischen Einschränkungen rechtlicher Gestaltungsfreiheit erfasst; z.b. fallen darunter auch solche von Gerichtsstandsvereinbarungen. Zwar hieß es früher (OLG Hamm, NJW 1955, 1323 m. abl. Anm. *Prölss*; KG, VA 1930 Nr. 2143; *Gerhard*, VVG, 1908, Bem. zu § 187 a.F.), der Begriff ‚Beschränkung der Vertragsfreiheit' impliziere, dass eine vom Gesetz abweichende Bestimmung überhaupt durch Vertrag getroffen werden können müsse; Prorogationen seien keine Verträge, sondern Prozesshandlungen, die nicht der Vertragsfreiheit des bürgerlichen Rechts unterläge. Richtig erscheint jedoch die heute h.M., dass Zuständigkeitsvereinbarungen zwar prozessuale Akte seien, aber zu den Betätigungen der Vertragsfreiheit gehörten (OLG Hamburg, VA 1923 Nr. 1359; *Prölss*, KG, VA 1930 Nr. 2143; MüKo/*Looschelders*, § 210 VVG Rn 7; Prölss/Martin/*Klimke*, § 210 Rn 11; VersR-HdB/Heiss/*Trümper*, § 38 Rn 34). Denn unabhängig von der Frage, ob man Gerichtsstandsvereinbarungen als Verträge über prozessrechtliche Beziehungen, deren Zulässigkeit und Wirkungen sich nach Prozessrecht beurteilen, während sich ihr Zustandekommen nach bürgerlichem Recht richtet (BGH, NJW 1986, 1438, 1439) oder nach h.M. als Prozessverträge qualifiziert (BGH, NJW 1997, 2885, 2886; Stein/Jonas/*Bork*, § 38 Rn 50; Zöller/*Vollkommer*, § 38 Rn 4), ist eine „Vereinbarung" (§ 215 Abs. 3 VVG) i.S.e. gewillkürten Bestimmung prozessualer Modalitäten gegeben, die das VVG bei struktureller Unterlegenheit einer Partei zwar nicht anerkennen kann, sonst aber zulassen muss.

19 Sofern eine zwingende oder halb zwingende Vorschrift des VVG durch AVB abbedungen ist, sind die **§§ 305 ff. BGB** anwendbar (dazu BGHZ 118, 275, 281 = VersR 1992, 1089). Enthält eine AVB mehrere eigenständige Regelungen, ist die Wirksamkeit jeder einzelnen durch **Inhaltskontrolle** nach den §§ 307 ff. BGB zu prüfen (BGHZ 120, 290, 294 = VersR 1993, 223, BK/*Schwintowski*, § 187 Rn 8; krit. *Werber*, FS Baumann, 1999, 373 ff.). Die Diskussion, ob Großrisiko-AVB überhaupt kontrollbedürftig seien (*Greite*, S. 150 ff. [der größere Geschäftserfahrung bei der Prüfung der §§ 305c, 307 berücksichtigen will]; *Kossen*, S. 57; *Pörschke*, S. 19) erübrigt sich, weil sich die Schutzzwecke des § 210 VVG und der §§ 307 ff. BGB nicht decken: Diese schützen nämlich nicht Geschäftsunerfahrene vor den Folgen von Wissens- und Machtasymmetrien, sondern vor intransparenten, überraschenden oder schwer zu ermittelnden Abweichungen vom dispositiven Recht durch den Klauselverwender, und dies trifft auf Unternehmer zumindest de lege lata gleichermaßen zu (§ 310 Abs. 1 BGB). Eine Inhaltskontrolle zugunsten des VN setzt voraus, dass der VR Verwender der streitgegenständlichen AVB ist. Sofern die Versicherungsbedingungen auf Veranlassung des vom VN eingeschalteten Maklers einbezogen werden bzw. seine AVB Vertragsgegenstand werden, scheidet eine Inhaltskontrolle zugunsten des VN aus (vgl.

BGH, VersR 2009, 1477, 1478 mit Anm. *Steinkühler/Kassing*, VersR 2009, 1477, 1478). Das schließt nicht aus, dass sich der VR auf eine Verletzung der §§ 305 ff. BGB berufen kann. In einer solchen Fallgestaltung wäre eine Klausel, nach der der VR als Verwender der AVB gilt, unwirksam.

Sofern Klauselinhalte nach § 307 Abs. 2 Nr. 1 BGB wegen Verstoßes gegen wesentliche Grundgedanken geprüft werden, kann im Normkontext allerdings das Ziel des Schutzes des VN als schwächere Partei nicht berücksichtigt werden (MüKo/*Looschelders*, § 210 VVG Rn 9, der in den §§ 130 ff. VVG ein mgl. Leitbild sieht; Prölss/Martin/*Klimke*, § 210 Rn 14 f.). Insb. bei vertraglichen Bestimmungen über **Obliegenheitsverletzungen** hat der BGH **als gesetzliches Leitbild** i.S.d. § 28 VVG konsequenterweise das Verschuldensprinzip als fundamentales, auch außerhalb des VVG geltendes Prinzip herangezogen (vgl. zu § 6 VVG a.F. oben Rdn 14 und BGHZ 120, 290, 295 = VersR 1993, 223). Die in der Warenkreditversicherung (§ 14 i.V.m. § 6 Nr. 2 AVB-Warenkredit) verwendete abweichende Vereinbarung, nach der der VR leistungsfrei sein soll, wenn der VN – auch ohne Verschulden – die Salden nicht rechtzeitig und ordnungsgemäß meldet, sei **mit diesem „Kerngehalt"** der gesetzlichen Vorschrift (§ 6 VVG a.F.; nunmehr § 28 VVG) **unvereinbar**, weil das Verschuldensprinzip – Vermögenseinbußen nur infolge subjektiver Vorwerfbarkeit – ein „das ganze Rechtsleben beherrschender Grundsatz ist" (vgl. BGH, VersR 2009, 1477, 1478).

Daran ist auch nach neuem Recht – ebenso wie für die Möglichkeit des Kausalitätsgegenbeweises (Römer/Langheid/*Rixecker*, § 210 Rn 3; Prölss/Martin/*Klimke*, § 210 Rn 16) – festzuhalten. Fraglich ist aber, ob in AVB nun Leistungsfreiheit oder -minderung des VR bei einfach fahrlässigen Obliegenheitsverletzungen bestimmt werden kann, weil das nach neuem Recht für den VN folgenlos sein bzw. sich nur anspruchskürzend auswirken soll. Sofern in der Voraufl. (Rn 11) die Auffassung vertreten worden ist, AVB könnten von einer Leistungspflicht des VR nicht befreien bzw. diese einschränken, wird daran nicht festgehalten. Wie z.B. der Grundgedanke des § 58 Abs. 1 VVG zeigt, werden an die Sorgfalt geschäftskundiger bzw. -erfahrener VN, die Verträge über umfassendere bzw. größere Risiken schließen, höhere Anforderungen gestellt (RegBegr., BT-Dr. 16/3945, 76). Im Anwendungsbereich des § 210 VVG kann auch das sonst gültige Quotenprinzip nicht uneingeschränkt berücksichtigt werden; vielmehr wird – jedenfalls für vor Eintritt des Versicherungsfalls zu erfüllende Obliegenheiten – am Alles-oder-Nichts-Prinzip festgehalten (vgl. *Freitag*, r+s 2008, 96, 99; Looschelders/Pohlmann/*Gesing*, § 58 Rn 1 f.).

AVB, die an eine **Gefahrerhöhung** nach Vertragsschluss von den §§ 24 ff. VVG abweichende Rechtsfolgen knüpfen, sind ebenfalls anhand der Maßstäbe des § 307 BGB zu kontrollieren. Sehen sie das automatische, gänzliche Erlöschen des Versicherungsschutzes vor, d.h. befreien sie den VR von dem Erfordernis einer Kündigung, sind sie unwirksam (vgl. BGH VersR 2012, 1506, 1508 – Gefahrerhöhung durch Beherrschungswechsel/D& O-Versicherung – m. insofern zust. Anm. *Koch* [1509]; die Aussagen sind wohl auf Großrisiken übertragbar, zweifelnd *Fiedler*, BB 2012, 2973, 2974). Für Fälle objektiv (§§ 23 Abs. 3, 24 Abs. 2 VVG) sowie subjektiv, einfach fahrlässiger oder schuldlos erhöhter Gefahr (§§ 23 Abs. 1, 24 Abs. 1 S. 2 VVG) ergibt sich dies aus der Missachtung des

Grundgedankens, *„dass dem VN die Möglichkeit eröffnet wird, vor Beendigung des Versicherungsverhältnisses einen neuen Versicherungsvertrag zu schließen"* (Mot. VVG, S. 98; *Deutsch*, Rn 165), d.h. dass der Versicherungsschutz nicht erst einen Monat nach Zugang einer Kündigung endet. Für Fälle subjektiver, vorsätzlich oder grob fahrlässig erhöhter Gefahr resultiert die Unwirksamkeit aus einer Abweichung von § 26 Abs. 1, 3 Nr. 1 VVG (Prölss/Martin/*Klimke*, Rn 17a). Praktisch bedeutsam wird dies bei sog. change of control-Klauseln in der D&O-Versicherung (*Koch*, VersR 2012, 1508, 1510 ff.; *Wirth/Kuballar*, r+s 2013, 17 ff.).

23 Für **Abtretungsverbote** in Großrisiko-AVB der **Haftpflichtversicherung** gilt (vgl. *Greite*, S. 176 ff.): § 108 Abs. 2 VVG enthält kein gesetzliches Leitbild. Ein solches liegt vielmehr den §§ 398 f. BGB zugrunde. § 108 Abs. 2 VVG, der aus sich selbst heraus im Großrisikosektor nicht anwendbar ist, kann nicht als Bewertungsmaßstab dienen, ob von wesentlichen Grundgedanken der gesetzlichen Regelung abgewichen wird. Eine unangemessene Benachteiligung ist nicht gegeben: Das Interesse des VR an einer Aufnahme des AVB-Abtretungsverbots überwiegt regelmäßig das Interesse des VN an einer Nichtaufnahme.

24 Bei sog. **kombinierten Versicherungen**, die nicht ausschließlich die Gefahren eines Großrisikos abdecken (Bsp.: Haftpflichtrisiken für Frachtführer, Spediteure und Lagerhalter (sog. Verkehrshaftungsversicherung [dazu sogleich auch folgende Rdn 25]); sog. Schaustellerversicherung), gelten die Beschränkungen der Vertragsfreiheit grundsätzlich für den ganzen Vertrag (BGH, VersR 1972, 85, 86; *Freitag*, r+s 2008, 96, 97; *Thume*, TranspR 2006, 1, 5). Eine Ausnahme wird aber z.T. gemacht, wenn das Großrisiko den Anteil des Massenrisikos *„überwiegt"* (BGH, VersR 1983, 949) bzw. *„eindeutig überwiegt"* (MüKo/ *Looschelders*, § 210 VVG Rn 14). Dem liegt die Erwägung zugrunde, dass die Beschränkungen der Vertragsfreiheit nicht durch eine Kombination von Verträgen über Großrisiken mit anderen Versicherungen ausgehebelt werden sollen. Das ist vorzugswürdig: Geringe Anteile des Massengeschäfts rechtfertigen den Einsatz des versicherungsrechtlichen Schutzinstrumentariums nicht (a.A. Looschelders/Pohlmann/*Wolf*, § 210 Rn 3). Auch eine getrennte Würdigung (BK/*Schwintowski*, § 187 Rn 6; Prölss/Martin/*Klimke*, § 210 Rn 4) lässt sich oft weder praktisch durchführen noch trägt sie der Absicht der Parteien, Versicherungsschutz zu bündeln und aufeinander abzustimmen, Rechnung. Schematische oder quotale Bewertungen sollten unterbleiben. Vielmehr müssen der Einzelfall analysiert und der objektive Umfang der Versicherung des jeweiligen Risikos (vertraglicher Rand- oder Hauptteil), Eintrittswahrscheinlichkeiten (*Koch*, Vertrauensschadensversicherung, Rn 56), und der Parteiwille – der jedoch an sich nicht entscheidend sein kann, weil sonst der Schutz des VN aufgehoben werden könnte – gewichtet werden.

25 **Praxistipp**
In der **Frachtführerhaftpflichtversicherung** konnte das Kündigungserfordernis des bisherigen § 6 Abs. 1 S. 3 wirksam abbedungen werden (BGH, VersR 2005, 266; *Thume*, TranspR 2006, 1, 5). Die Abbedingung des Kündigungserfordernisses in den Versicherungen einer kombinierten Verkehrshaftungspolice ist hingegen nach alter Rechtslage unwirksam, sofern nicht ausdrücklich bestimmt ist, dass der Verzicht auf die Kündigung nur für die Haftung als Frachtführer gilt und sich nicht auf die Haftung als Spediteur und Lagerhalter erstrecke (so auch BGH, VersR 2009, 769; OLG Hamburg, TranspR 2007, 258). Durch die Neukonzep-

tion des § 28 VVG hat der Gesetzgeber die Ausübung des Kündigungsrechtes nicht als Voraussetzung der Leistungsfreiheit der VR ausgestaltet, sodass sich bei Neuabschlüssen die Notwendigkeit einer Abbedingung nicht stellt. Bei Altverträgen ist die Abbedingung jedoch unwirksam, da bei der Inhaltskontrolle nach § 307 BGB – wie bei der Sittenwidrigkeit – als Beurteilungszeitpunkt auf die Verhältnisse zum Zeitpunkt des Vertragsabschlusses abzustellen ist. Für Altverträge sind die Vorschriften des neuen VVG grds. erst ab dem 1.1.2009 anwendbar, sodass in den Altverträgen erst ab diesem Zeitpunkt die Ausübung der Kündigung als Voraussetzung der Leistungsfreiheit des VR entfällt (s. Art. 1 Abs. 1 EGVVG). Sofern der Versicherungsfall bis zum 31.12.2008 eintritt, setzt die Leistungsfreiheit des VR auch nach dem 31.12.2008 die Ausübung des Kündigungsrechtes voraus (s. Art. 1 Abs. 2 EGVVG).

§ 211 VVG Pensionskassen, kleinere Versicherungsvereine, Versicherungen mit kleineren Beträgen

(1) Die §§ 37, 38, 165, 166, 168 und 169 sind, soweit mit Genehmigung der Aufsichtsbehörde in den Allgemeinen Versicherungsbedingungen abweichende Bestimmungen getroffen sind, nicht anzuwenden auf

1. Versicherungen bei Pensionskassen im Sinn des § 233 Absatz 1 und 2 des Versicherungsaufsichtsgesetzes,
2. Versicherungen, die bei einem Verein genommen werden, der als kleinerer Verein im Sinn des Versicherungsaufsichtsgesetzes anerkannt ist,
3. Lebensversicherungen mit kleineren Beträgen und
4. Unfallversicherungen mit kleineren Beträgen.

(2) Auf die in Absatz 1 Nr. 1 genannten Pensionskassen sind ferner nicht anzuwenden

1. die §§ 6 bis 9, 11, 150 Abs. 2 bis 4 und § 152 Abs. 1 und 2; für die §§ 7 bis 9 und 152 Abs. 1 und 2 gilt dies nicht für Fernabsatzverträge im Sinn des § 312c des Bürgerlichen Gesetzbuchs;
2. § 153, soweit mit Genehmigung der Aufsichtsbehörde in den Allgemeinen Versicherungsbedingungen abweichende Bestimmungen getroffen sind; § 153 Abs. 3 Satz 1 ist ferner nicht auf Sterbekassen anzuwenden.

(3) Sind für Versicherungen mit kleineren Beträgen im Sinn von Absatz 1 Nr. 3 und 4 abweichende Bestimmungen getroffen, kann deren Wirksamkeit nicht unter Berufung darauf angefochten werden, dass es sich nicht um Versicherungen mit kleineren Beträgen handele.

Übersicht

	Rdn
A. Normzweck	1
B. Norminhalt	5
I. Regelungsgehalt (§ 211 Abs. 1 VVG)	5
II. Regelungsgehalt (§ 211 Abs. 2 VVG)	8
III. Einwendungsausschluss (§ 211 Abs. 3 VVG)	10

§ 211 VVG Pensionskassen, kleinere Versicherungsvereine, Versicherungen mit kleineren Beträgen

A. Normzweck

1   Pensionskassen sind rechtsfähige Versorgungseinrichtungen zur betrieblichen Altersversorgung, die dem Mitarbeiter eines Unternehmens oder seinen Hinterbliebenen einen Rechtsanspruch auf Leistungen gewähren. Der Mitarbeiter finanziert sie entweder selbst (Gehaltsumwandlung), oder sie werden vom Unternehmen getragen. Die Pensionskassen verwalten das Vermögen und zahlen später Altersrenten bzw. Alterskapital (Versorgungsleistungen) aus. Auf diese Weise wird infolge Alters, Invalidität oder Tod wegfallendes Arbeitseinkommen gesichert bzw. kompensiert (ausf. *Dresp/Schwind*, in: Schwind/Wolf/Dresp/Fabian/Fath, Pensionskassen, Grundlagen und Praxis, Rn 1 ff.). Pensionskassen werden in der Rechtsform eines VVaG oder einer AG betrieben. Tritt eine Kasse als VVaG auf, kann die Satzung bestimmen, es bestehe eine Nachschusspflicht der Mitglieder (Arbeitgeber), dass die Beiträge ohne Leistungserhöhung steigen können bzw. die garantierten Leistungen reduziert werden (Eingriff in Pensionspläne). Durch das seinerzeit mit Wirkung zum 1.1.2006 neu gefasste VAG wurden die Pensionskassen dereguliert. Deregulierte Pensionskassen wurden den gleichen Anforderungen an den Rechnungszins und die sonstigen Kalkulationen wie Lebensversicherer unterworfen. Sie haben ihre Bedingungen und Tarife mitsamt ihren Kalkulationsgrundlagen sowie ihre Solvabilität der BaFin zur Prüfung vorzulegen. Diese deregulierten Pensionskassen adressiert § 232 VAG, der begrifflich § 118a VAG a.F. entspricht. Nach § 233 Abs. 1 und 2 VAG, der § 118b Abs. 3 und 4 VAG a.F. ersetzt, kann der Zustand der Regulierung wieder hergestellt werden. Diese Möglichkeit haben viele seit Jahrzehnten bestehende Alt-Pensionskassen („Firmenpensionskassen") genutzt („regulierte Pensionskassen"). Für diese (nicht aber für die davon abzugrenzenden deregulierten, vertrieblich orientierten Pensionskassen der Versicherungswirtschaft) sieht § 211 Abs. 1 Nr. 1 VVG vor, dass sie von den in § 211 VVG genannten Vorschriften mit Genehmigung der Aufsichtsbehörde in den AVB bzw. den Satzungen **abweichende Vereinbarungen** treffen können, um *„den besonderen Verhältnissen bei diesen Versicherungen [...] Rechnung zu tragen"* (BT-Dr. 16/3945, S. 116). Dies gilt nach § 211 Abs. 1 Nr. 2 VVG auch für kleinere Versicherungsvereine – die als kleiner Gegenseitigkeitsverein i.S.d. VAG anerkannt sind (§ 210 VAG n.F. bzw. § 53 VAG a.F.) und einen sachlich, örtlich bzw. personal nur sehr engen Wirkungskreis haben – und für Lebens- und Unfallversicherungen mit kleineren Beträgen.

2   Die auch sog. „Kleinlebensversicherungen" bilden den Oberbegriff für alle Arten von Lebensversicherungen (z.B. Sterbegeldversicherung, Volksversicherung, Pensions-, Sterbe-, Witwen- und Waisenkassen) mit kleineren Versicherungssummen bzw. kleineren Wochen- oder Monatsbeiträgen (BK/*Schwintowksi*, § 189 Rn 2; MüKo/*Looschelders*, § 210 VVG Rn 6). Firmenbezeichnung und Organisationsstruktur des Versicherers sind für die Einordnung als Kleinlebensversicherung belanglos (Prölss/Martin/*Klimke*, § 210 Rn 2). In der Praxis finden sich Kleinlebensversicherungen am häufigsten in der Form der sog. Sterbegeldversicherung. Die Sterbegeldversicherung wird auch von sog. Sterbekassen angeboten. Hierbei handelt es sich um *„Einrichtungen, die nur Todesfallrisiken versichern, soweit der Betrag ihrer Leistungen den Durchschnittswert der Bestattungskosten bei einem Todesfall nicht übersteigt oder diese Leistungen in Sachwerten erbracht werden"* (Art. 3

Nr. 1 Erste RL-Leben; vgl. Fahr/Kaulbach/Bähr/*Pohlmann*, § 1 Rn 103). Die Aufsichtsbehörde kann nach § 150 Abs. 4 VVG einen bestimmten Höchstbetrag für die gewöhnlichen Beerdigungskosten festsetzen. Dieser beträgt derzeit 8.000 EUR (VerBAV 2001, 133). Bei Unfallversicherungen mit kleinen Beträgen (z.B. 8.000 EUR Versicherungssumme) besteht die gleiche Interessenlage wie bei Kleinlebensversicherungen; deshalb gelten ebenfalls Sonderregeln (MüKo/*Looschelders*, § 211 VVG Rn 8).

Eine analoge Anwendung des § 211 VVG auf andere Versicherungen kommt in der Regel nicht in Betracht, weil es sich um eine abschließende Sondervorschrift handelt (vgl. zu von § 169 VVG abweichenden Vereinbarungen über den Rückkaufwert BGH, VersR 2013, 213 Rn 13; Prölss/Martin/*Klimke*, § 211 Rn 2). 3

Darüber hinaus werden die (regulierten) Pensionskassen i.S.d. § 233 Abs. 1 und 2 VAG durch die Regelung in § 211 Abs. 2 VVG von weiteren Vorschriften des VVG ausgenommen, um den **Besonderheiten der betrieblichen Altersversorgung** im notwendigen Umfang zu entsprechen. Der Begriff der **Werkpensionskasse** wurde durch die Bezugnahme auf die nach § 233 Abs. 1 und 2 VAG regulierten Pensionskassen ersetzt. 4

B. Norminhalt

I. Regelungsgehalt (§ 211 Abs. 1 VVG)

Die Regelung des § 211 Abs. 1 VVG ermöglicht regulierten Pensionskassen, kleineren Gegenseitigkeitsvereinen und Lebens- sowie Unfallversicherungen mit kleineren Beträgen, in deren AVB bzw. deren Satzungen von den in § 211 Abs. 1 VVG genannten Vorschriften des VVG **abweichende Regelungen** vorzusehen, sofern die Aufsichtsbehörde die konkreten abweichenden Bestimmungen genehmigt hat. Nach §§ 219 Abs. 3 Nr. 1, 9 Abs. 2 Nr. 2 VVG sind AVB **durch die Aufsichtsbehörde** für die Pensions- und Sterbekassen **vorab zu genehmigen**. 5

Auf den Zusatz „mit Zwangsbeitritt" wurde verzichtet, da – neben den klassischen Modellen einer **Pflichtmitgliedschaft** in den traditionellen Pensionskassensystemen – durch die gesetzlichen Änderungen in der betrieblichen Altersversorgung zusätzlich eine große Zahl von Versorgungssystemen z.B. auf **tariflicher Ebene** eingeführt worden ist, bei denen der Arbeitgeber zwar verpflichtet ist, jedem Arbeitnehmer eine betriebliche Altersversorgung anzubieten, dem Arbeitnehmer es aber freisteht, das Angebot anzunehmen oder abzulehnen (Begr. BT-Drucks 16/3945, S. 116). 6

Für **Pensionsfonds** i.S.d. §§ 236 ff. VAG gilt die Norm nicht, weil sie keine Versicherungsunternehmen sind und das VVG deshalb ohnehin grundsätzlich keine Anwendung findet (BT-Drucks 16/3945, S. 116). 7

II. Regelungsgehalt (§ 211 Abs. 2 VVG)

Durch § 211 Abs. 2 VVG werden Pensionskassen i.S.d. § 233 Abs. 1 und 2 VAG von weiteren Vorschriften des VVG ausgenommen, um nach Ansicht des Gesetzgebers den 8

Besonderheiten der betrieblichen Altersversorgung in dem notwendigen Umfang zu entsprechen (Begr. BT-Drucks 16/3945, S. 116). Demnach könnten regulierte Pensionskassen in ihren AVB bzw. in ihren Satzungen mit Genehmigung der Aufsichtsbehörde abweichende Bestimmungen über eine **Beteiligung der Versicherten an den Bewertungsreserven** (§ 153 VVG) treffen. Nach § 233 Abs. 1 Nr. 2 VAG sind die versicherten Personen zu mindestens 50 % in der obersten Vertretung einer regulierten Pensionskasse, die stets in der Rechtsform des VVaG geführt wird, vertreten. Da die AVB und damit die Überschussbeteiligungssysteme zudem von der Aufsichtsbehörde genehmigt werden, soll gewährleistet sein, dass die **versicherten Personen angemessen** i.R.d. Überschussverwendung auch **an den stillen Reserven beteiligt** werden (Begr. BT-Drucks 16/3945, S. 116).

9 Da sich die **Beratungs- und Informationspflichten** einschließlich der Vorschriften zur Modellrechnung und jährlichen Unterrichtung aus dem VAG und aus arbeitsrechtlichen Vorschriften ergeben, hat der Reformgesetzgeber eine zusätzliche gesetzliche Verpflichtung im VVG für die Pensionskassen i.S.d. § 118b Abs. 3 und 4 VAG für entbehrlich erachtet (Begr. BT-Drucks 16/3945, S. 116; Bruck/Möller/*Leverenz*, § 211 Rn 18). Lediglich bei **Fernabsatzverträgen** ist die Informationspflicht nach § 7 und das korrespondierende Widerrufsrecht nach § 8 zwingend, da die Fernabsatzrichtlinie II insoweit keine Ausnahme vorsieht (vgl. Begr. BT-Drucks 16/3945, S. 116). Die Unanwendbarkeit des § 11 ist damit zu rechtfertigen, dass der VN in der betrieblichen Altersversorgung nicht vor einer überlangen Vertragsbindung geschützt werden muss (Bruck/Möller/*Leverenz*, § 211 Rn 18). Mit dem Ausschluss der § 150 Abs. 2–4 VVG wird unnötiger Verwaltungsaufwand vermieden (MüKo/*Looschelders*, § 211 VVG Rn 15). Nach § 211 Abs. 2 VVG werden die Sterbekassen zudem von der Verpflichtung zur jährlichen Mitteilung der Überschüsse entbunden (zur Rechtfertigung: BT-Drucks 16/3945, S. 116).

III. Einwendungsausschluss (§ 211 Abs. 3 VVG)

10 Wenn in den hier genannten Versicherungszweigen abweichende AVB aufsichtsbehördlich genehmigt wurden, so wird der VN mit dem Einwand, es handele sich nicht um eine Versicherung mit kleineren Beträgen, nicht gehört.

§ 212 VVG — Fortsetzung der Lebensversicherung nach der Elternzeit

Besteht während einer Elternzeit ein Arbeitsverhältnis ohne Entgelt gemäß § 1a Abs. 4 des Betriebsrentengesetzes fort und wird eine vom Arbeitgeber zugunsten der Arbeitnehmerin oder des Arbeitnehmers abgeschlossene Lebensversicherung wegen Nichtzahlung der während der Elternzeit fälligen Prämien in eine prämienfreie Versicherung umgewandelt, kann die Arbeitnehmerin oder der Arbeitnehmer innerhalb von drei Monaten nach der Beendigung der Elternzeit verlangen, dass die Versicherung zu den vor der Umwandlung vereinbarten Bedingungen fortgesetzt wird.

Übersicht

	Rdn
A. Normzweck	1
B. Normtext	5
I. Lebensversicherung	5
II. Ausschlussfrist	8
C. Rechtsfolge	9

A. Normzweck

Die **sozialpolitisch motivierte Vorschrift** des § 212 VVG soll die mit der Einführung der Elternzeit (Bundeselterngeld- und Elternzeitgesetzes vom 5.12.2006 [BGBl I, S. 2748] – BEEG) angestrebte **Familienförderung** ergänzen. Die **Einführung des Elterngeldes** dient dazu, die wirtschaftliche Situation von Familien unmittelbar nach der Geburt des Kindes zu sichern, indem Einkommensverluste nach Maßgabe des letzten Jahreseinkommens kompensiert werden. Der Gesetzgeber schafft somit die Möglichkeit, dass ein Elternteil nach der Geburt eines Kindes seine Erwerbstätigkeit aussetzt, um das Kind zu betreuen, ohne hierdurch in eine wirtschaftliche Notlage zu geraten. Die Regelung des § 212 VVG führt diesen Ansatz fort und verhindert im Bereich der Lebensversicherung, dass ein Elternteil **aufgrund der Elternzeit zur Vermeidung von Nachteilen** gezwungen ist, – aus eigenen Mitteln – eine vom Arbeitgeber zugunsten des bezugsberechtigten Elterngeldbeziehers abgeschlossene Lebensversicherung fortzuführen (vgl. § 166 Abs. 4 VVG). 1

Die **Notwendigkeit** einer Sonderregelung während der Elternzeit folgt hier **unmittelbar aus § 166 VVG**. Während der Elternzeit ist der Arbeitgeber nicht verpflichtet, die Prämien für eine zugunsten des Arbeitnehmers oder der Arbeitnehmerin abgeschlossene Lebensversicherung zu entrichten (s. § 1a Abs. 4 BetrAVG). Im Fall der Nichtentrichtung der fälligen Prämien führt dies zwangsläufig zu einer Kündigung des VV, sodass nach § 166 Abs. 1 VVG die Lebensversicherung in eine prämienfreie Versicherung umgewandelt wird. Diese **ungünstige Rechtsfolge** kann der – zu informierende – Arbeitnehmer nach 166 Abs. 4 VVG grds. nur durch die Zahlung der rückständigen Prämien und der Entrichtung der Folgeprämien verhindern (vgl. § 166 Rdn 13). Sofern dem Elterngeldbezieher dies nicht möglich ist, kann er später nicht mehr die Wiederherstellung des ursprünglichen VV verlangen (vgl. OLG Köln, VersR 1953, 407). Bei der Umwandlung einer Lebensversicherung in eine prämienfreie Versicherung vermindert sich der Versicherungsschutz auf den in § 165 Abs. 2 VVG genannten Betrag (OLG Oldenburg, VersR 2004, 1164, 1165). Insoweit käme dann nur noch eine Rückumwandlung des Vertrages durch den VR in Betracht (vgl. BGH, VersR 1994, 39, 40). Die prämienfreie Umwandlung führt dazu, dass sich die Gefahrtragung des VR und damit der Versicherungsschutz des Berechtigten auf den Betrag vermindert, der in Anwendung von § 165 Abs. 2 VVG zu bestimmen ist (§ 165 Rdn 15 ff.). I.H.d. darüber hinausgehenden Betrages erlischt die Versicherung für den Versicherten unwiderruflich (vgl. BGHZ 13, 226, 234 f. = VersR 1954, 281, 282; OLG Oldenburg, VersR 2004, 1164, 1165). In einem solchen Fall ist die Wiederherstellung des ursprünglichen Versicherungsschutzes **wie ein Neuabschluss** anzusehen (BGH, VersR 1994, 39, 40; OLG Oldenburg, VersR 2004, 1164, 1165). Der VR ist daher weder gehindert, eine erneute 2

Risikoprüfung durchzuführen, noch in diese auch solche Gesundheitsschäden einzubeziehen, die bereits vor der Umwandlung in eine prämienfreie Versicherung eingetreten sind (OLG Oldenburg, VersR 2004, 1164, 1165).

3 Durch die Regelung des § 212 VVG **vermeidet** der Gesetzgeber die oben beschriebene Rechtsfolge und bewahrt den Elterngeldbezieher zugleich vor einer finanziellen Belastung während der Elternzeit, indem er ihm ein Recht auf Fortsetzung des VV nach Ablauf der Elternzeit zu den ursprünglichen Bedingungen, d.h. **im vereinbarten Tarif und ohne erneute Gesundheitsprüfung**, einräumt (vgl. Begr. BT-Drucks 16/3945, S. 116).

4 Die Vorschrift des § 212 VVG gilt **nur** für die Lebensversicherung, sodass sie insb. auf die **Berufsunfähigkeitsversicherung** (§ 176 VVG) nicht anwendbar ist (Begr. BT-Drucks 16/3945, S. 116; zweifelnd *Reinecke*, RdA 2009, 13, 16).

B. Normtext

I. Lebensversicherung

5 Die Regelung des § 212 VVG ist auf **alle** Lebensversicherungen i.R.d. **betrieblichen Altersvorsorge** i.S.d. § 1 Abs. 1 S. 1 BetrAVG anzuwenden. Erfasst sind somit Direktversicherungen, Pensionskassenverträge sowie Versicherungen zur Rückdeckung von Unterstützungsleistungen und Leistungen aus Pensionszusagen (s. § 166 Rdn 3 f.). Keine Lebensversicherungen bestehen mit Pensionsfonds, doch kommt eine entsprechende Anwendung des § 212 VVG infrage (MüKo/*Looschelders*, § 212 VVG Rn 5; Prölss/Martin/*Klimke*, § 212 Rn 3), wenn als Folge der Beiträge in der Elternzeit eine mit Lebensversicherungsverträgen vergleichbare Belastung des Arbeitnehmers – insbesondere also eine Verschlechterung der Konditionen der Alterssicherung – droht.

6 Der Anwendungsbereich der Vorschrift setzt neben einer **vom Arbeitgeber zugunsten des Elternteils** geschlossene Lebensversicherung voraus, dass
– während einer Elternzeit (vgl. §§ 15 ff. BEEG) das Arbeitsverhältnis fortbesteht,
– keine Prämie(n) an die Direktversicherung oder Pensionskasse von dem Arbeitgeber gezahlt werden und
– die Lebensversicherung vom VR gekündigt und dadurch nach § 166 Abs. 1 VVG in eine prämienfreie Versicherung umgewandelt wird.

7 Ausgehend vom Normzweck (Rdn 1) ist die Regelung des § 212 VVG auch dann anwendbar, wenn der Bezugsberechtigte zunächst durch Zahlung der rückständigen und der laufenden Prämie – aus eigenen Mitteln – die **Lebensversicherung zu Beginn der Elternzeit fortgesetzt** hat (s. § 164 Abs. 4 VVG) und der VR erst danach die Versicherung wegen der Nichtzahlung der Prämien (durch den Bezugsberechtigten) kündigt.

II. Ausschlussfrist

8 Das Fortsetzungsbegehren ist innerhalb einer Ausschlussfrist von **drei Monaten nach Beendigung der Elternzeit** ggü. dem VR zu erklären. Für den **Beendigungszeitpunkt** ist

auf den stattgebenden Bewilligungsbescheid abzustellen. Im Fall der Fristversäumnis erlischt das Recht, sodass sich die Gefahrtragung des VR und damit der Versicherungsschutz des Berechtigten auf den Betrag vermindert, der in Anwendung von § 165 Abs. 2 VVG zu bestimmen ist. I.H.d. darüber hinausgehenden Betrags erlischt die Versicherung für den Versicherten unwiderruflich (vgl. BGHZ 13, 226, 234 f. = VersR 1954, 281, 282; OLG Oldenburg, VersR 2004, 1164, 1165).

C. Rechtsfolge

Im Fall der Kündigung einer o.g. Lebensversicherung, die zugunsten eines Elterngeldbeziehers abgeschlossen wurde, gewährt § 212 VVG dem Bezugsberechtigten ein **Recht auf Fortsetzung der (gekündigten) Lebensversicherung zu den vor der Umwandlung vereinbarten Bedingungen.** Die Rechtsfolge tritt unmittelbar mit dem Zugang der einseitigen Erklärung des Bezugsberechtigten beim VR ein. Eine Zustimmung des VR, der ohnehin keinen Spielraum hat, ist nicht erforderlich. Die Versicherung ist im vereinbarten Tarif und ohne erneute Gesundheitsprüfung weiterzuführen.

Unabhängig hiervon steht es der Arbeitnehmerin bzw. dem Arbeitnehmer frei, die Versicherung durch Zahlung der rückständigen und der laufenden Prämie – aus eigenen Mitteln – auch während der Elternzeit fortzusetzen (s. § 164 Abs. 4 VVG). Sofern diese hingegen von der Möglichkeit des § 212 VVG Gebrauch machen, führt dies später zu einer um die fehlenden Beitragsanteile reduzierten Versicherungsleistung (Looschelders/Pohlmann/ *Wolf*, § 212 Rn 5). Die angestrebte Familienförderung rechtfertigt es nicht, dass die fehlenden Prämienzahlungen (Beitragslücke) den VR und schließlich den VN zur Last fallen (*Schimikowski/Höra*, Das neue Versicherungsvertragsgesetz, S. 187).

Beitragsfrei gestellte Versicherungen können innerhalb der Ausschlussfrist steuerunschädlich fortgesetzt werden. Dies gilt auch für aufeinander folgende bzw. ineinander übergehende Elternzeiten, die mehr als zwei Jahre andauern.

§ 213 VVG Erhebung personenbezogener Gesundheitsdaten bei Dritten

(1) Die Erhebung personenbezogener Gesundheitsdaten durch den Versicherer darf nur bei Ärzten, Krankenhäusern und sonstigen Krankenanstalten, Pflegeheimen und Pflegepersonen, anderen Personenversicherern und gesetzlichen Krankenkassen sowie Berufsgenossenschaften und Behörden erfolgen; sie ist nur zulässig, soweit die Kenntnis der Daten für die Beurteilung des zu versichernden Risikos oder der Leistungspflicht erforderlich ist und die betroffene Person eine Einwilligung erteilt hat.

(2) Die nach Absatz 1 erforderliche Einwilligung kann vor Abgabe der Vertragserklärung erteilt werden. Die betroffene Person ist vor einer Erhebung nach Absatz 1 zu unterrichten; sie kann der Erhebung widersprechen.

(3) Die betroffene Person kann jederzeit verlangen, dass eine Erhebung von Daten nur erfolgt, wenn jeweils in die einzelne Erhebung eingewilligt worden ist.

(4) Die betroffene Person ist auf diese Rechte hinzuweisen, auf das Widerspruchsrecht nach Absatz 2 bei der Unterrichtung.

Übersicht

	Rdn
A. Verfassungsrechtliche Determinanten, Hintergrund, Konsequenzen und Normwert	1
B. Normtext	5
I. Anwendungsbereich	5
II. Voraussetzungen der Datenerhebung (§ 213 Abs. 1 VVG)	9
1. Personenbezogene Gesundheitsdaten (§ 213 Abs. 1 VVG)	10
2. Adressat – Datenerhebungsstelle – (§ 213 Abs. 1 VVG)	11
3. Datenerhebungsquellen (§ 213 Abs. 1 VVG)	12
a) Zweckbestimmung	19
b) Erforderlichkeit	20
c) Prädiktive Gesundheitsinformationen	26
4. Einwilligung (§ 213 Abs. 1, Abs. 2 VVG)	29
5. Widerruf der Einwilligung (§ 213 Abs. 3 VVG)	34
6. Hinweispflichten	35
C. Rechtsfolgen	37
I. Unzulässige Datenerhebung	37
II. Verweigerung einer Einwilligung bzw. Schweigepflichtentbindungserklärung, Widerruf einer erteilten generellen Schweigepflichtentbindungserklärung, verweigerte Einzelbewilligung und Widerspruch gegen eine beabsichtigte Erhebung	40
D. Prozessuales	44

A. Verfassungsrechtliche Determinanten, Hintergrund, Konsequenzen und Normwert

1 Die **Regelung** des § 213 VVG trägt vor allem verfassungsgerichtlichen Vorgaben, wie die Interessen von VN an wirkungsvollem informationellen Selbstschutz (**Recht auf informationelle Selbstbestimmung** als besondere Ausformung des Persönlichkeitsrechts aus Art. 2 Abs. 1 i.V.m. Art. 1 Abs. 1 GG (vgl. allgemein BVerfGE 65, 1, 43 ff. = NJW 1984, 419, 421 [Volkszählung]) mit Offenbarungsinteressen der VR in einen angemessenen Ausgleich zu bringen seien, Rechnung. Sie beschränkt sich darauf, gesetzliche Vorgaben für Abfrage bzw. Erhebung **personenbezogener Gesundheitsdaten** (vgl. § 3 Abs. 1, 3, 9 BDSG) bei Dritten zu treffen und hat dagegen die Erhebung, Speicherung und Nutzung von auf den VN bezogenen Daten durch den VR sowie die Weitergabe solcher Daten an Dritte nicht zum Gegenstand. Für die Versicherungswirtschaft ist die Verfügbarkeit **personenbezogener Daten** unverzichtbar; es besteht ein erhebliches praktisches Bedürfnis, Gesundheitsdaten insbesondere bei Ärzten, Krankenhäusern sowie auch bei anderen VR einzuholen. Mittelbar wird so vermieden, dass die Versichertengemeinschaft von einer infolge unzureichender Informationsgrundlage zu Unrecht erbrachten Leistung nachteilig betroffen wird. Die Norm ist neben der Unfall-, Lebens- und Berufsunfähigkeitsversicherung namentlich für die private Krankenversicherung von Bedeutung, weil Patienten hier wirksam einwilligen müssen, damit Ärzte Patienteninformationen preisgeben dürfen, § 203 StGB. Dagegen ist der Datenfluss zwischen Ärzten und Krankenkassen in der gesetzlichen Krankenversicherung in den §§ 284 f. SGB V geregelt.

§ 213 VVG trägt erstens der Tatsache Rechnung, dass eine Einwilligung der Patienten, die man in der Praxis bereits bei Antragstellung einhole, auf einer Schweigepflichtentbindung, die im Jahre 1989 zwischen dem GDV und dem sog. Düsseldorfer Kreis musterhaft konzipiert und vereinbart wurde, beruhte. Sie entsprach nicht mehr den Vorgaben der Datenschutz-RL 95/46/EG v. 24.10.1995 zum Schutz natürlicher Personen bei der Verarbeitung personenbezogener Daten und zum freien Datenverkehr sowie dem novellierten BDSG, das für die Ermittlung von (Gesundheits-) Daten eine hinreichend bestimmte Erklärung fordert und verlangt, dass die versicherte Person zum Zeitpunkt ihrer Unterschrift klar erkennen kann, welche ihrer Patientendaten der VR wann, bei welchen Stellen und zu welchem Zweck erheben darf (BT-Drucks 16/3945, S. 116 f.). Aus der zuvor verwendeten Klausel zur Risikobeurteilung und Prüfung der Leistungspflicht war der versicherten Person nicht ersichtlich, wann von der Erklärung Gebrauch gemacht werden sollte und welche Patientendaten bei wem künftig angefordert werden. Weil sie somit die Reichweite ihrer Erklärung nicht erkennen konnte, wurde den datenschutzrechtlichen Voraussetzungen einer wirksamen Einwilligung nicht entsprochen. Auch der datenschutzrechtlichen Pflicht, die versicherte Person auf die Folgen der Verweigerung der Einwilligung hinzuweisen (vgl. jetzt § 4a Abs. 1 BDSG), wurde die verwendete Klausel nicht gerecht. Von der Neuregelung versprachen sich die Gesetzesschöpfer mehr Transparenz für die versicherten Personen und eine Stärkung ihrer Rechte (ausf. zur Genese der Norm insofern MüKo/*Eberhardt*, § 213 VVG Rn 7 ff., ausf. zum Normwert *Kalis*, in: Bach/Moser, PKV, § 213 Rn 1 ff.).

Die Norm des § 213 VVG knüpft zweitens v.a. auch an verfassungsgerichtliche Judikatur an, um das Spannungsfeld zwischen informationeller Selbstbestimmung der VN und dem **Offenbarungsinteresse** der VR entsprechend der verfassungsgerichtlichen Judikatur (BVerfG, VersR 2006, 1669 ff. m. Anm. *Egger* = JZ 2007, 576; BVerfG, NJW 2013, 3086 ff. = VersR 2013, 1425 = JZ 2013, 1156), d.h. verfassungskonform aufzulösen. Die Norm ist im Lichte dieser Judikatur auszulegen. Danach wahrt die bloße Obliegenheit eines VN, Angaben zum Versicherungsfall zu machen und zu belegen, Interessen des VR nicht hinreichend. Auf der anderen Seite verletze eine Art „Generalermächtigung" schutzwürdige Interessen des VN zu stark: Er könne nicht mehr kontrollieren, welche Auskünfte über ihn bei wem eingeholt werden. Daran ändere sich auch durch eine Einschränkung der Ermächtigung auf die Erhebung „sachdienlicher" Informationen nichts, weil dieser Begriff unbestimmt und unklar sei. VR müssten ohnehin stets zunächst ermitteln, welche Daten sie benötigen. Das Ergebnis dieser Ermittlung könne dem VN unschwer zugänglich gemacht werden. Selbst wenn es zutreffe, dass **Einzelermächtigungen** unangemessen aufwendig seien, könne eine vorherige **Generalermächtigung** mit der späteren Pflicht zur Mitteilung der VR, welche Informationserhebungen beabsichtigt seien, kombiniert werden. Dem Versicherten sei die Möglichkeit zur Beschaffung der Informationen oder eine Widerspruchsmöglichkeit einzuräumen. Auch könne die befragte Stelle dem Versicherten die erheblichen Informationen zur Weiterleitung zur Verfügung stellen. Dieser könne sie dann ggf. ergänzen oder unter Verzicht auf seinen Leistungsanspruch von ihrer Weiterleitung absehen. Später ist diese Lösung als sog. „Dialog-Lösung" (s. etwa *Armbrüster*, JZ 2013, 1158, 1159) bezeichnet und ausgebaut worden: Das BVerfG urteilte, auch

Einzelermächtigungen müssten hinreichend detailliert gefasst sein. Der VR müsse die Gegenstände der Auskunft „zumindest grob" konkretisieren (BVerfG, NJW 2013, 3086 Rn 29). Dies zwingt zu einer Auslegung des § 213 VVG, nach der die Aufforderung zu einer einzelfallbezogenen Einwilligung präzise und zweckdienlich sein muss. Dieses Konkretisierungsgebot hat zugleich Auswirkungen im Falle einer zuvor erteilten Generalermächtigung: Die Unterrichtung i.S.d. § 213 Abs. 2 S. 2 VVG muss so bestimmt sein, dass der Versicherte verständig entscheiden kann, ob er von seinem Widerspruchsrecht Gebrauch macht. Außerdem lässt sich das Merkmal Erforderlichkeit (§ 213 Abs. 1, 2. Hs. VVG) auf diese verfassungsgerichtliche Judikatur zurückführen.

4   Die Regelung des § 213 VVG verzichtet, dem zuvor Ausgeführten gemäß, auf das Erfordernis einer Einwilligung im Einzelfall (**Einzelermächtigung**, vgl. § 213 Abs. 2 VVG). Jedoch darf von einer **Generalermächtigung** gerade nicht schrankenlos Gebrauch gemacht werden. Die vom Reformgesetzgeber vorgenommene Beschränkung der zulässigen **Datenerhebungsstellen** geht allerdings nicht auf die Entscheidung des BVerfG zurück. Sie wirft verfassungsrechtliche Fragen auf: Die restriktive („*nur*") und enumerativ scheinende Aufzählung der Quellen führt zu einem Eingriff in die Berufsausübungsfreiheit der VR, sofern es ihnen – auch bei ausdrücklicher Einwilligung des Betroffenen – verwehrt ist, personenbezogene Gesundheitsdaten u.a. bei Angehörigen eines anderen Heilberufes zu erheben. Diese faktische Beschränkung der Risikoprüfung der VR wäre im Hinblick auf das Interesse der VR und der Versichertengemeinschaft an der Erhebung und Nutzung der personenbezogenen Gesundheitsdaten zum Zwecke der Vermeidung ungerechtfertigter Versicherungsleistungen verfassungsrechtlich nicht zu rechtfertigen. § 213 VVG konfligiert zudem mit dem Selbstbestimmungsrecht der Betroffenen. Davon ist auch die Befugnis des Einzelnen, selbst zu entscheiden, wann und innerhalb welcher Grenzen persönliche Lebenssachverhalte aufgedeckt werden (BVerfGE 56, 37, 41 ff. = NJW 1981, 1431; *Gola/Schomerus*, § 1 BDSG Rn 7), erfasst. Demzufolge scheint eine verfassungskonforme Auslegung geboten (*Neuhaus/Kloth*, NJOZ 2009, 1370, 1374; MüKo/*Eberhardt*, § 213 VVG Rn 48, a.A. Vorauf., § 213 Rn 4). Sie ist zulässig, sofern ein zweifelsfrei erkennbarer Wille der Gesetzesverfasser entsprechende Spielräume zulässt: *„Die verfassungskonforme Auslegung findet ihre Grenzen dort, wo sie zum Wortlaut der Norm und zum klar erkennbaren Willen des Gesetzgebers in Widerspruch treten würde"* (BVerfGE 110, 226, 267). Im Wortlaut der Norm ist ein solcher Wille, die bis anhin gebräuchliche Datenerhebungspraxis in Gesetzesform zu gießen (BT-Drucks 16/5862, S. 135), lediglich unvollkommen zum Ausdruck gebracht worden. Eine gesetzgeberische Absicht, Datenerhebungsquellen zu sperren, wäre ferner mit der Normintention, den Erhebungsprozess persönlichkeitsrechtskonform zu gestalten, auch schon deshalb nicht in Einklang zu bringen, weil die Verletzung des informationellen Selbstbestimmungsrechts in keinem inneren Zusammenhang mit der konkreten Art der Datenerhebungsquelle steht.

B. Normtext

I. Anwendungsbereich

§ 213 VVG gilt aufgrund seiner systematischen Stellung für alle **Versicherungssparten** (*Schleifenbaum*, S. 161). Sein Geltungsanspruch beschränkt sich nicht auf solche, bei denen der Gesundheitszustand das versicherte Risiko prägt, wie es etwa auf Kranken-, Lebens-, Berufsunfähigkeits- und Unfallversicherung zutrifft, sondern gilt auch für die Haftpflichtversicherung (Beispiel: Kfz-Unfälle mit Personenschäden; vgl. MüKo/*Eberhardt*, § 213 VVG Rn 38).

Das **Bundesdatenschutzgesetz** regelt u.a. die Erhebung, Verarbeitung und Nutzung personenbezogener Daten durch nicht öffentliche Stellen, wenn dabei Datenverarbeitungsanlagen eingesetzt werden oder die Daten in oder aus nicht automatisierten Daten verarbeitet, genutzt oder dafür erhoben werden (s. § 1 Abs. 2 Nr. 3 BDSG). Nach **§ 4 BDSG** ist die Erhebung, Verarbeitung und Nutzung personenbezogener Daten zulässig, wenn das BDSG oder eine andere Rechtsvorschrift sie erlaubt oder anordnet oder wenn der Betroffene (schriftlich) eingewilligt hat. Die Erhebung, Verarbeitung und Nutzung von personenbezogenen **Gesundheitsdaten** ist nach den **§ 28 Abs. 1, Abs. 6 und Abs. 9 i.V.m. § 4a BDSG** u.a. zulässig, wenn dies für die Begründung, Durchführung oder Beendigung eines rechtsgeschäftlichen Schuldverhältnisses mit dem Betroffenen nötig oder wenn dies zur Geltendmachung, Ausübung oder Verteidigung rechtlicher Ansprüche erforderlich ist und kein Grund zu der Annahme besteht, dass das schutzwürdige Interesse des Betroffenen an dem Ausschluss der Verarbeitung oder Nutzung überwiegt oder der Betroffene eingewilligt hat.

§ 213 VVG normiert die **Voraussetzungen der Erhebung personenbezogener Gesundheitsdaten bei Dritten über die betroffene Person**, d.h. den VN bzw. die zu versichernde Person, sodass in diesem Teilbereich § 213 VVG den Regelungen des BDSG vorgeht (s. § 1 Abs. 3 S. 1 BDSG; vgl. *Gola/Schomerus*, § 1 BDSG Rn 24). § 213 VVG enthält für diesen Regelungsbereich keine Öffnungsklausel. Sofern § 213 VVG keine Regelung enthält, ist das BDSG ferner auf gesundheitsbezogene Daten anwendbar (*Fricke*, VersR 2009, 297), etwa hinsichtlich der Verarbeitung von Daten oder bezüglich des Löschungsanspruchs unberechtigt erhobener Daten (*Höra*, in: Bruck/Möller, § 213 Rn 4; Prölss/Martin/*Voit*, § 213 Rn 7).

Die Erhebung von **allgemeinen personenbezogenen Daten**, deren Verarbeitung und Nutzung, die Verarbeitung und Nutzung personenbezogener Gesundheitsdaten sowie die Rechte der Betroffenen richten sich **nach den Vorschriften des BDSG**, der StPO, des AGG, des Informationsfreiheitsgesetzes oder des Informations- und Kommunikationsdienstgesetzes, da § 213 VVG nur für die Erhebung personenbezogener Gesundheitsdaten lex specialis ist (vgl. *Neuhaus/Kloth*, NJOZ 2009, 1370, 1372).

II. Voraussetzungen der Datenerhebung (§ 213 Abs. 1 VVG)

9 Eine **Erhebung**, d.h. ein Beschaffen (s. § 3 Abs. 3 BDSG) von personenbezogenen Gesundheitsdaten der betroffenen Person, ist nur unter den sogleich zu referierenden Voraussetzungen zulässig. Sie setzt eine zielgerichtete Tätigkeit, die auf Gewinnung neuer Erkenntnis gerichtet ist, voraus; Daten, von denen der VR ohne eigenes Zutun Kenntnis erlangt, sind keine „*erhobenen*" (*Höra*, in: Bruck/Möller, § 213 Rn 32; *Dammann*, in: Simitis, § 3 BDSG Rn 104 ff.; Prölss/Martin/*Voit*, § 213 Rn 14). Gleiches gilt für Daten, die dem VR infolge Sichtung alter Unterlagen zur Kenntnis gelangen (MüKo/*Eberhardt*, § 213 VVG Rn 31). Anderes gilt für aufgrund einer vertraglichen Absprache oder Pflicht erhobene Daten. Wird ein Dritter vom VR mit der Erhebung betraut, kann sich der VR dadurch von den daten- bzw. persönlichkeitsrechtlichen Pflichtenbindungen nicht freimachen (*Höra*, in: Bruck/Möller, § 213 Rn 16). Ist die betroffene Person vor Erhebung der Daten **verstorben**, muss differenziert werden: Hat der Betroffene zu Lebzeiten eine Einwilligung erteilt, wirkt diese grds. über den Tod hinaus (vgl. MüKo/*Eberhardt*, § 213 VVG Rn 26). Fehlt sie dagegen, stellt sich die Frage, ob die Anforderungen des § 213 VVG zu wahren sind, ob und wer einwilligen muss, zu unterrichten ist und widersprechen kann. Die datenschutzrechtliche Beurteilung erscheint recht unklar (vgl. *Gola/Schomerus*, § 3 BDSG Rn 12). Es herrscht wohl die Auffassung vor, mit dem Tode ende jeder Datenschutz. Aus zivilrechtlicher (und wohl auch verfassungsrechtlicher) Sicht ist diese Wertung unhaltbar, die Persönlichkeit ist auch postmortal geschützt, sodass ärztliche Schweigepflichten fortbestehen (BT-Drucks 17/10488, 27; OLG Naumburg, NJW 2005, 2017). Ideelle Interessen wahren die Angehörigen (während Erben materielle durchsetzen, vgl. BGH, NJW 2000, 2195 ff. [Marlene]; s.a. § 630g Abs. 3 BGB; *Spickhoff*, Medizinrecht, 2. Aufl. 2014, § 630g Rn 10 ff.), sodass sie als Adressaten und Entscheidungsbefugte in Betracht kommen. Der BGH hält das ebenfalls für möglich (BGHZ 91, 392, 398 f. = VersR 1984, 963), während andere auf den Arzt als Geheimnisträger abstellen (Prölss/Martin/*Voit*, § 213 Rn 11). Selbst wenn dieser tatsächlich einzubeziehen sein sollte oder von Angehörigen o.a. eingeschaltet wird, wird er schon aus Gründen der Brisanz das Votum der Angehörigen zugrunde legen. Der mutmaßliche Wille des Erblassers muss hier maßgeblich berücksichtigt werden (in diese Richtung *Fricke*, VersR 2009, 297, 299; *Neuhaus/Kloth*, NJOZ 2009, 1370, 1373; a.A. OLG Saarbrücken, VersR 2013, 1157, 1161 f.; Römer/Langheid/*Rixecker*, § 213 Rn 5 ff.). Es ist nicht schlechthin davon auszugehen, dass eine lebzeitig erteilte Einwilligung fortbesteht; vielmehr sind Arzt bzw. Angehörige einzuschalten, um sie zu unterrichten und ihnen die Möglichkeit des Widerspruchs zu geben, die sich ebenfalls nach dem mutmaßlichen Willen des Erblassers richtet. Allerdings wird man ohne entgegenstehende Anhaltspunkte grds. davon ausgehen dürfen, dass der Verstorbene zugestimmt hätte, da es seinem Interesse entspricht, dass der VR den Leistungsfall prüft und sein Erbe die Versicherungsleistung in Empfang nehmen kann (vgl. auch die Wertung des § 630g Abs. 3 S. 3 BGB).

1. Personenbezogene Gesundheitsdaten (§ 213 Abs. 1 VVG)

Die Regelung des § 213 Abs. 1 VVG ermächtigt den VR zur Erhebung personenbezogener Gesundheitsdaten. Personenbezogene Daten sind Einzelangaben über persönliche oder sachliche Verhältnisse einer bestimmten oder bestimmbaren natürlichen Person (Betroffener, § 3 Abs. 1 BDSG). Angaben über die Gesundheit gehören nach § 3 Abs. 9 BDSG zu den besonderen Arten personenbezogener Daten, die in aller Regel als „sensible Daten" bezeichnet werden (*Simitis*, in: Simitis, § 3 BDSG Rn 250). Als **personenbezogene Gesundheitsdaten** kommen insb. Krankenunterlagen, Röntgenbilder, Gutachten, Stellungnahmen, der Entlassungsbericht an den Hausarzt, Angaben zu Medikamenten und Befunde in Betracht, gleich, ob sie gut oder schlecht sind (zu prädiktiven Gesundheitsinformationen s. Rdn 26). Gesundheitsdaten können auch Hinweise auf eingenommene Medikamente und die Tatsache sein, dass der Betroffene gesund, krank oder schwerbehindert ist (vgl. *Simitis*, in: Simitis, § 3 BDSG Rn 260; *Gola/Schomerus*, § 3 BDSG Rn 56a). 10

2. Adressat – Datenerhebungsstelle – (§ 213 Abs. 1 VVG)

Die Neuregelung des § 213 VVG richtet sich an **sämtliche VR aller Versicherungszweige**. Demnach ist die Regelung nicht auf die privaten Kranken-, Unfall- und LebensVR beschränkt. 11

3. Datenerhebungsquellen (§ 213 Abs. 1 VVG)

Die **Erhebung** der personenbezogenen Gesundheitsdaten ist nach dem Wortlaut des § 213 VVG **nur** bei **Ärzten, Krankenhäusern** und **sonstigen Krankenanstalten, Pflegeheimen und Pflegepersonen**, anderen **PersonenVR** und gesetzlichen **Krankenkassen** sowie **Berufsgenossenschaften** und **Behörden** zulässig. Der Erhebung von personenbezogenen Gesundheitsdaten beim Betroffenen steht § 213 VVG nicht entgegen, da der Betroffene nicht „Dritter" ist (zu § 3 BDSG s. *Gola/Schomerus*, § 3 BDSG Rn 52). **Dritter** ist gem. § 3 Abs. 8 S. 2 BDSG jede Person oder Stelle außerhalb der verantwortlichen Stelle. Dies gilt auch **innerhalb eines Konzerns**, sodass die Voraussetzungen des § 213 VVG auch dann erfüllt sein müssen, wenn die Erhebung bei einem anderen Konzernunternehmen erfolgen soll. Im **nicht-öffentlichen Bereich** ist jede natürliche oder juristische Person und jede Gesellschaft oder sonstige Personenvereinigung des Privatrechts zu der anderen Stelle Dritter (s. *Dammann*, in: Simitis, § 3 BDSG Rn 232). Dies gilt bei verbundenen Unternehmen bis zum Verlust der rechtlichen Selbstständigkeit (*Dammann*, in: Simitis, § 3 BDSG Rn 232). 12

Diese Auflistung der möglichen und somit **zulässigen Datenerhebungsstellen** scheint zwar abschließend („*nur*"). Wie zuvor dargelegt, wäre die Norm jedoch bei einer solchen Auslegung verfassungswidrig. Die Gesetzesverfasser wollten die möglichen Quellen nicht einschränken, sondern sich an der bis anhin gängigen Praxis orientieren. Eine restriktive Handhabung (dafür jedoch die Voraufl., § 213 Rn 12, Looschelders/Pohlmann/*Wolf*, § 213 Rn 6) würde zu dem fragwürdigen Ergebnis führen, dass der VR trotz Einverständnisses des Betroffenen mit der Erhebung nur von diesem erhalten könnte (*Schleifenbaum*, S. 166; 13

Höra, in: Bruck/Möller, § 213 Rn 29; Prölss/Martin/*Voit*, § 213 Rn 16; Römer/Langheid/ *Rixecker* § 213 Rn 10).

14 Im Einzelnen gilt deshalb: Das Gebot einer verfassungskonformen Auslegung des § 213 VVG führt zu seiner Anwendung auf alle Angehörigen von **Heilberufen** mit oder ohne staatlich geregelte Ausbildung (z.B. Ergotherapeuten, Heilpraktiker, Masseure, Physiotherapeuten, Dipl.-Psychologen, Logopäden, Hebammen und Entbindungshelfer, psychologische Psychotherapeuten), auf eine Reglementierung des Berufs kommt es nicht an (s.a. VersR-HdB/*Rixecker*, § 46 Rn 184; *Kaldenbach*, S. 206; *Schleifenbaum*, S. 166).

15 Auch das Merkmal „*andere Personenversicherer*" muss korrigierend ausgelegt werden: Das sind alle VR die berechtigterweise mit personenbezogenen Gesundheitsdaten umzugehen pflegen (ausf. MüKo/*Eberhardt*, § 1 VVG Rn 38 ff.; s.a. *Neuhaus/Kloth*, NJOZ 2009, 1370, 1374).

16 Die Erhebung bei einem vom Betroffenen mandatierten, streng weisungsgebundenen und verschwiegenheitsverpflichteten **Rechtsanwalt** ist rechtlich Datenerhebung beim Betroffenen selbst. Er ist kein „Dritter" im Sinne der Norm (Prölss/Martin/*Voit*, § 213 Rn 19 m.w.N.).

17 Eine Datenerhebung bei privatärztlichen Verrechnungsstellen soll nach § 213 VVG nicht möglich sein (*Höra*, in: Bruck/Möller, § 213 Rn 25; *Schleifenbaum*, S. 166).

18 Der Begriff **Behörde** ist im Gesetz (wie auch im BDSG) nicht definiert, sodass auf den Behördenbegriff des § 1 Abs. 4 VwVfG zurückgegriffen werden kann (vgl. zum BDSG: Gola/Schomerus, § 2 BDSG Rn 6; *Dammann*, in: Simitis, § 2 BDSG Rn 23, **a.A.** *Stelkens/ Sachs*, in: Stelkens/Bonk/Sachs, § 1 VwVfG Rn 212). Demnach ist jede Person des öffentlichen Rechts und ihre Organe, d.h. jede Stelle, die durch Organisationsrecht gebildet, vom Wechsel des Amtsinhabers unabhängig und nach der einschlägigen Zuständigkeitsregelung berufen ist sowie unter eigenem Namen nach außen eigenständige Aufgaben der öffentlichen Verwaltung wahrnimmt, als Behörde anzusehen (zum Behördenbegriff s. *Stelkens/ Sachs*, in: Stelkens/Bonk/Sachs, § 1 VwVfG Rn 217). Botschaften sind als Behörde zu qualifizieren (*Höra*, in: Bruck/Möller, § 213 Rn 26).

a) Zweckbestimmung

19 Die Erhebung von personenbezogenen Gesundheitsdaten bei den o.g. Stellen ist nur unter der Zweckbestimmung zulässig, dass diese zur (zulässigen) Beurteilung des zu versichernden Risikos (§§ 19 ff. VVG) oder zwecks Ermittlung der eigenen Leistungspflicht (§ 1 S. 1 VVG) erfolgen. Eine Erhebung zu anderen Zwecken (z.B. Werbezwecken) ist unzulässig.

b) Erforderlichkeit

20 Die Erhebung personenbezogener Gesundheitsdaten durch den VR setzt voraus, dass die **Kenntnis der Gesundheitsdaten** für die Beurteilung des zu versichernden Risikos oder für die Ermittlung der eigenen Leistungspflicht erforderlich ist.

Im Hinblick auf § 19 Abs. 1 S. 1 VVG sind zur **Beurteilung des zu versichernden Risikos** nur die **personenbezogenen Gesundheitsdaten** erforderlich, die für den Entschluss des VR, den Vertrag mit dem vereinbarten Inhalt zu schließen, **erheblich** und gleichzeitig nach den Grundsätzen des jeweiligen VR für die Einordnung in die Risiko- und Tarifgrundsätze **maßgeblich** sind (vgl. § 19 Rdn 82). Darüber hinaus müssen nach der Gesetzesbegründung die Gefahrumstände objektiv vorliegen (BT-Drucks 16/3945, S. 64). 21

Die **Erforderlichkeit** (im Hinblick auf § 34 VVG a.F.) wird teilweise nicht auf das objektiv Notwendige beschränkt, sondern soll vielmehr auch diejenigen „Auskünfte" beinhalten, die der VR für notwendig erachtet, sofern sie unmittelbar oder mittelbar für Grund oder Umfang seiner Leistung – wenn auch zulasten des VN – bedeutsam sein könnten (vgl. MüKo/*Eberhardt*, § 213 VVG Rn 49). Insb. soll es danach grds. Sache des VR sein, welche Angaben er zur Ermittlung des Sachverhalts für erforderlich halte, um seine Entscheidung über die Leistungspflicht auf ausreichender und gesicherter Tatsachengrundlage treffen zu können (s. BGH, r+s 2006, 185, 186). 22

Dieser weiten Auslegung und der Einräumung eines Beurteilungsspielraumes des VR kann nicht gefolgt werden. Die Erhebung personenbezogener Gesundheitsdaten durch den VR muss berechtigt sein, d.h. die Kenntnis der Daten muss bei objektiver Betrachtungsweise ex ante zur Beurteilung des zu versichernden Risikos oder der Leistungspflicht erforderlich sein (vgl. OLG Celle, r+s 2007, 57, 58; BK/*Dörner*, § 34 Rn 10; Prölss/Martin/*Voit*, § 213 Rn 26). Ein Beurteilungsspielraum des VR besteht nicht, weil die Berechtigung der (konkreten) Erhebung richterlich ohne weiteres überprüft werden kann und dies zur Wahrung der Interessen des VN auch notwendig ist (vgl. BVerfG 2006, 1669, 1671 f.). 23

Der **Umfang** der objektiv erforderlichen personengebundenen Gesundheitsdaten ist allerdings unter Berücksichtigung des berechtigten Offenbarungsinteresses des VR und zur Beseitigung der Informationsasymmetrie **weit zu fassen**. Die Erhebung personenbezogener Daten ist erforderlich und zulässig, wenn sie zur Einschätzung des zu versichernden Risikos, zur Klärung von Ansprüchen aus einem Versicherungsverhältnis oder zur Verhinderung von Versicherungsmissbrauch dient. Der VR kann daher auch Umstände abfragen, die für die Beurteilung des moralischen Risikos von Bedeutung sind (*Bach*, in: Bach/Moser, PKV, §§ 9, 10 MB/KK Rn 16; *Schleifenbaum*, S. 167; *Neuhaus/Kloth*, NJOZ 2009, 1370, 1375; s.a. BGH, VersR 2010, 97, 99; **a.A.** OLG Köln, r+s 1993, 72; OLG Hamm, VersR 1985, 469; *Egger*, VersR 2007, 905, 907). Dem VR ist ein Offenbarungsinteresse bzgl. der Aufklärung und Bekämpfung von Missbrauchsfällen einzuräumen (so auch *Fricke*, VersR 2009, 297, 280). In diesem Zusammenhang genügt es, dass die erhobenen Angaben zur Einschätzung des subjektiven Risikos überhaupt **dienlich** sein können, während es nicht darauf ankommt, ob sie sich nach dem Ergebnis der Prüfung tatsächlich als wesentlich erwiesen haben (vgl. BGH, r+s 2006, 185, 186). Eine Erhebung von Gesundheitsdaten aus statistischen Gründen ist aber unzulässig (*Neuhaus/Kloth*, NJOZ 2009, 1370, 1374). 24

Die Erforderlichkeit der Datenerhebung ist zu verneinen, wenn der VN bzw. die versicherte Person die personenbezogenen Unterlagen **selbst eingeholt** und an den VR weitergeleitet hat (vgl. BVerfG, VersR 2006, 1669, 1672; *Egger*, VersR 2007, 905, 910). 25

c) Prädiktive Gesundheitsinformationen

26 Unstreitig stellen prädiktive Gesundheitsinformationen personenbezogene Gesundheitsdaten dar, sodass sich die Frage nach der Zulässigkeit der Erhebung stellt. Die rechtliche Zulässigkeit von prädiktiven Gesundheitsinformationen, namentlich **Gentests**, i.R.d. Risikoprüfung (§ 19 VVG) war lange nicht entschieden (dazu näher Nationaler Ethikrat, Prädiktive Gesundheitsinformationen beim Abschluss von Versicherungen, VersR 2007, 472 [Auszug]; *Cremer*, Berücksichtigung prädiktiver Gesundheitsinformationen beim Abschluss privater Versicherungsverträge, 2010; *Heyers*, MedR 2009, 507; *Präve*, VersR 2009, 857; VersR-Hdb/*Knappmann*, § 14 Rn 35 ff.; *Hahn*, ZVersWiss 2013, 514; *Kubiak*, Gendiagnostik bei Abschluss von Privatversicherungen, 2008).

27 Heute steht fest, dass ein VR Gentests nicht verbindlich vorschreiben bzw. erzwingen kann. Der VN hat ein sog. Recht auf Nichtwissen. Hat der VN aber einen Gentest durchführen lassen, bestehen Fragerecht des VR und Anzeigeobliegenheit des VN. Zu erfragen sind einzelne Ergebnisse vorliegender Tests. Dass überhaupt ein Test durchgeführt wurde, ist an sich allerdings kein gefahrerheblicher Umstand und auch nicht von indizieller Bedeutung. Haben Tests Dispositionen für einzelne Krankheiten nachgewiesen, sind diese nicht – jedenfalls nicht ohne eine zusätzliche Erläuterung – unter die Merkmale „Krankheiten" oder „Störungen" zu subsumieren (VersR-HdB/*Knappmann*, § 14 Rn 35; anders *Neuhaus*, zfs 2013, 68). Die **Mitgliedsunternehmen des GDV** hatten in einer **freiwilligen Selbstverpflichtungserklärung** – die nach Verlängerung bis Ende 2011 befristet war – vereinbart, die Vornahme prädiktiver genetischer Untersuchungen bei Abschluss des Versicherungsvertrags nicht zu verlangen und eine Offenlegung bereits vorliegender Testergebnisse erst ab einer Versicherungssumme von 250.000 EUR einzufordern (ausf. *Stockter*, in Prütting, § 18 GenDG Rn 5; *Keil*, Rechtsfragen der individualisierten Medizin, 2015, 130 f.).

28 Seit dem 1.2.2010 besteht im GenDG eine gesetzliche Regelung: § 18 GenDG ähnelt der Vereinbarung der VR. Ein solcher darf die Angabe genetischer Tests bzw. ihrer Resultate nicht verlangen und sie weder entgegennehmen noch verwerten, gleich, ob zugunsten oder zu Lasten des VN. Diese Beschränkung gilt nicht bei einer vereinbarten Versicherungsleistung von mehr als 300.000 EUR oder mehr als 30.000 EUR (vgl. § 18 Abs. 1 Nr. 2 GenDG). In einem derartigen Fall können bereits durchgeführte genetische Untersuchungen herangezogen und verwertet werden. Diese Befugnis des VR gilt nicht, wenn die Obergrenze aufgrund einer dynamischen Vereinbarung erst während der Vertragslaufzeit erreicht wird (*Brand*, VersR 2009, 857, 860; VersR-HdB/*Knappmann*, § 14 Rn 37). Es ist möglich – und legislativ hingenommen worden –, dass ein VN die Obergrenze umgeht, indem er mehrere Versicherungsverträge schließt bzw. kombiniert. Der VR kann dagegen nach beantragten bzw. schon abgeschlossenen Versicherungsverträgen fragen und den Abschluss weiterer Verträge zu verweigern. Nach § 18 Abs. 2 GenDG besteht ferner die Anzeigeobliegenheit aus § 19 VVG betreffend bestehende (Vor-) Erkrankungen. Das gilt auch dann, wenn diese anlässlich eines zu Diagnosezwecken durchgeführten Gentests festgestellt worden sind (OLG Saarbrücken, VersR 2012, 557 f.; *Neuhaus*, zfs 2013, 65; VersR-HdB/*Knappmann*, § 14 Rn 38).

4. Einwilligung (§ 213 Abs. 1, Abs. 2 VVG)

Eine Erhebung von personenbezogenen Gesundheitsdaten setzt ferner eine wirksame **Einwilligung** (s.a. § 4a BDSG), d.h. **vorherige Zustimmung** (s. § 183 S. 1 BGB) des Betroffenen voraus. Ein Schriftformerfordernis besteht zwar richtigerweise nicht, ggü. § 4a Abs. 1 S. 3 BDSG ist die Regelung vorrangig, und auch aus Art. 2b), 8 Datenschutz-RL ergibt es sich nicht (*Höra*, in: Bruck/Möller, § 213 Rn 40; MüKo/*Eberhardt*, § 213 VVG Rn 51; Rüffer/Halbach/Schimikowski/*Muschner*, § 213 Rn 20, a.A. *Fricke*, VersR 2009, 297, 299; *Neuhaus/Kloth*, NJW 2009, 1707, 1709). Die Wahrung der **Textform** wird sich empfehlen. Die Einwilligung kann als höchstpersönliche Erklärung für gesetzlich vertretene Personen nur dann abgegeben werden, wenn diese nicht die nötige Einsichtsfähigkeit besitzen (s. *Bach*, in: Bach/Moser, PKV, §§ 9, 10 MB/KK Rn 28). Auch bei der Einwilligung i.S.d. § 213 VVG bzw. der **Schweigepflicht-Entbindungserklärung** wird der bekannte Streit geführt, ob es sich um eine rechtsgeschäftliche oder rechtsgeschäftsähnliche Erklärung handele (*Kohte*, AcP 185 [1985], 105 ff.; *Weichert*, NJW 2004, 1695, 1697 m.w.N.). 29

In Ermangelung einer näheren Konkretisierung der Anforderungen an eine Einwilligung i.S.d. § 213 VVG richten sich Umfang und Anforderungen der Einwilligung nach § 4a Abs. 1 und 3 BDSG, sofern § 213 Abs. 2 VVG dem nicht entgegensteht. Die Einwilligung muss daher ohne Zwang erfolgen (vgl. BT-Drucks 14/4329, S. 34; OLG München, CR 2007, 179, 180). Das Erfordernis der Freiwilligkeit ist dann fraglich, wenn die Einwilligung unter Ausnutzung einer wirtschaftlichen Machtposition gleichsam abgepresst wurde (*Gola/Schomerus*, § 4a BDSG Rn 6; *Schapper/Dauer*, RDV 1987, 170). 30

Die Regelung des § 213 Abs. 2 VVG lässt – was verfassungsrechtlich unbedenklich ist, sofern alternativ die Möglichkeit einer Einzeleinwilligung angeboten wird – eine **einmalige Einwilligung** in eine Datenerhebung **vor Abgabe der Vertragserklärung** zu; eine Einwilligung im Einzelfall ist also nicht erforderlich (BT-Drucks 16/5862, 100). Der VN ist im Fall einer diesbezüglichen Einwilligung allerdings stets vorab und so frühzeitig über die konkret geplante Datenerhebung zu unterrichten, dass er der Erhebung der gesundheitsbezogenen Daten **widersprechen** kann, um sein Recht auf informationelle Selbstbestimmung zu schützen. Die betroffene Person kann der Datenerhebung formlos widersprechen. Der Begriff „widersprechen" muss nicht verwendet werden. Ausreichend ist, dass der Erklärung zu entnehmen ist (§§ 133, 157 BGB), dass die betroffene Person die Datenerhebung verhindern möchte. Eines besonderen Grundes bedarf es nicht (Prölss/Martin/*Voit*, § 213 Rn 42; a.A. Rüffer/Halbach/Schimikowski/*Muschner*, § 213 Rn 39). Der Erklärung kann ggü. dem VR sowie ggü. dem Versicherungsvertreter (§ 59 Abs. 2 VVG, § 69 Abs. 1 Nr. 1 und Nr. 2 VVG) abgegeben werden. Die Regelung des § 213 Abs. 2 VVG soll sicherstellen, dass die rechtlichen Voraussetzungen des verfassungsrechtlich geforderten wirkungsvollen Selbstschutzes gewahrt bleiben, indem der Versicherte zu jedem Zeitpunkt eine Datenerhebung verhindern kann (vgl. BVerfG, VersR 2006, 1669, 1672). Der Gesetzgeber hat keine Regelung getroffen, ab wann der VR mit der Datenerhebung beginnen bzw. wie lange der VN der Datenerhebung wirksam widersprechen kann. Die Frage ist daher sowohl unter Berücksichtigung der beiderseitigen Interessenslage als auch unter Berücksichtigung von Treu und Glauben (§ 242 BGB) zu beantworten. Im Regelfall besteht sowohl beim VR als 31 auch beim VN ein Interesse an einer umgehenden Prüfung des Versicherungsrisikos bzw. der Leistungspflicht des VR (s. § 31 VVG). Daraus folgt, dass der VN der Datenerhebung **umgehend widersprechen** muss. Der VR kann mit der Datenerhebung beginnen, wenn vernünftigerweise mit einem Widersprechen des VN nicht mehr zu rechnen ist. Unter Berücksichtigung der normalen Postlaufzeit und einer einzuräumenden Bedenkzeit ist dies spätestens mit Ablauf von einer Woche nach Zugang der Unterrichtung anzunehmen. Eine analoge Anwendung der Frist des § 5 Abs. 1 VVG oder des § 8 Abs. 1 S. 1 VVG entspricht nicht der beiderseitigen Interessenslage (für eine Zweiwochenfrist: *Fricke*, VersR 2009, 297, 298; *Höra*, in: Bruck/Möller, § 213 Rn 58; wie hier jedoch *Neuhaus/Kloth*, NJW 2009, 1707, 1709).

32 § 4a Abs. 1 S. 4 BDSG und § 213 Abs. 2 VVG ist zu entnehmen, dass die Einwilligung zusammen mit anderen Erklärungen schriftlich erteilt werden kann. In diesem Fall ist sie im jeweiligen Schriftstück besonders zu kennzeichnen (vgl. § 4a Abs. 1 S. 4 BDSG). Soweit in Antragsformularen eine diesbezügliche Schweigepflichtentbindungserklärung und eine Einwilligung in der Erhebung personenbezogener Gesundheitsdaten nach § 213 VVG enthalten ist, unterliegt sie der **Kontrolle der §§ 307 ff. BGB** (vgl. OLG München, CR 2007, 179; OLG Celle, VersR 2004, 317 m. Anm. *Eberhardt/Kerst*, VersR 2004, 896; MüKo/ *Eberhardt*, § 213 VVGRn 54 a.E.).

33 Nach Ansicht der Rechtsprechung (BGH, NJW 2008, 3055; OLG München, CR 2007, 179) genügt eine AGB-Klausel für die Einwilligung in Werbung und Marktforschung in Form einer **Opt-out-Regelung** den inhaltlichen Anforderungen des § 4a BDSG, weil der situationsadäquat aufmerksame und sorgfältige Verbraucher frei von Zwang die Möglichkeit hat, seine Einwilligung durch Ankreuzen nicht zu erteilen. Diese Ansicht lässt aber unberücksichtigt, dass eine Entbindung von der Schweigepflicht nicht nur ex post die Überprüfung von Angaben ermöglicht, sondern auch der Verringerung des moralischen Risikos dienen soll. Daher erscheint es zweckmäßig, die Einwilligung zur Erhebung von personenbezogenen Gesundheitsdaten nur in Form einer sog. **Opt-in-Klausel** für zulässig zu halten (ähnlich Prölss/Martin/*Voit*, § 213 Rn 40; a.A. *Kaldenbach*, S. 214 ff.; *Höra*, in: Bruck/Möller, § 213 Rn 49).

5. Widerruf der Einwilligung (§ 213 Abs. 3 VVG)

34 Für den Fall, dass der Versicherte zunächst eine **Generalermächtigung** erteilt hat, stellt § 213 Abs. 3 VVG klar, dass er diese widerrufen kann. Sofern der Versicherte von diesem Recht Gebrauch macht, ist es dem VR gestattet, eine **Kostenregelung für die Mehraufwendungen** zu vereinbaren (vgl. Begr. BT-Drucks 16/5862, S. 100). Die Höhe der Kosten darf die Wahlmöglichkeit des VN aber nicht faktisch unterlaufen (BVerfG, VersR 2006, 1669, 1672). Nach dem Widerruf ist die Datenerhebung dann nur noch im Fall einer konkreten Einzeleinwilligung zulässig. Eine generelle Verpflichtung des VN bzw. der versicherten Person, die behandelnden Ärzte von der Schweigepflicht zu entbinden, besteht nicht (vgl. BVerfG, VersR 2006, 1669, 1672; **a.A.** noch OLG Hamm, VersR 1991, 535; r+s 1998, 76; *Bach*, in: Bach/Moser, PKV, §§ 9, 10 MB/KK Rn 22).

6. Hinweispflichten

Die betroffene Person ist vor der Erhebung nach § 213 Abs. 1 VVG durch den VR zu unterrichten; damit er dieser widersprechen kann (§ 213 Abs. 2 VVG). Darüber hinaus ist der VR nach § 213 Abs. 4 VVG verpflichtet, die betroffene Person auf diese Rechte hinzuweisen; auf das Widerspruchsrecht nach § 213 Abs. 2 VVG bei der Unterrichtung. Der Hinweis auf die beabsichtige Datenerhebung muss so deutlich und konkret sein, dass der Betroffene eindeutig erkennen kann, welche Informationen der VR bei welcher konkreten Stelle einzuholen beabsichtigt.

Die **Aufsicht** obliegt nach § 38 BDSG den **Datenschutzbehörden**.

C. Rechtsfolgen

I. Unzulässige Datenerhebung

Sofern der VN keine Einwilligung erteilt, seine Einwilligung widerruft, von seinem Widerrufsrecht Gebrauch macht oder der VR nicht auf das Widerspruchsrecht hinweist, ist die beabsichtigte Datenerhebung stets **unzulässig**.

Die unzulässige Erhebung stellt i.d.R. eine Persönlichkeitsverletzung dar (vgl. § 1 Abs. 1 BDSG), die Ansprüche auf Unterlassung, Beseitigung, Auskunft und Ersatz des materiellen und immateriellen Schadens nach den **§§ 280 Abs. 1; 823, 1004 BGB; § 7 BDSG** auslösen kann (vgl. *Simitis*, in: Simitis, § 7 BDSG Rn 18 ff., 59 ff.). Die Entschädigung wegen Verletzung des Persönlichkeitsrechts gründet dogmatisch auf den Art. 1, 2 Abs. 1 GG, sie setzt einen qualifizierten Verstoß voraus (vgl. MüKo/*Rixecker*, Anm. § 12 VVG Rn 226 ff.). Nach § 7 S. 2 BDSG ist eine Haftung ausgeschlossen, wenn die Stelle (der VR) die gebotene Sorgfalt beachtet hat. Allerdings obliegt es dem handelnden VR im Streitfalle nachzuweisen, dass ihn kein Verschulden trifft. Ein teilweiser oder gänzlicher **Ausschluss** der Ersatzpflicht in Form von Allgemeinen Versicherungsbedingungen ist **unwirksam**, da ansonsten der Datenschutz unterlaufen würde (vgl. *Simitis*, in: Simitis, § 7 BDSG Rn 47).

Eine ohne Einwilligung des Betroffenen erhobene Datenerhebung kann unter den zusätzlichen Voraussetzungen des UWG zudem, unabhängig davon, ob auch § 4 Nr. 11 UWG [Rechtsbruch] eingreift (nein: *Hoeren*, VersR 2005, 1014, 1023; ja: *Ernst*, WRP 2004, 1133, 1137), **unlauter** sein (vgl. Prölss/Martin/*Voit*, § 213 Rn 52 a.E.; *Köhler*, in: Hefermehl/Köhler/Bornkamm, § 4 UWG Rn 11.42), sodass Sanktionen nach dem UWG in Betracht kommen. Wie die datenschutzrechtlichen Regelungen des BDSG bezweckt § 213 VVG primär den Schutz des Persönlichkeitsrechts. Aus diesem Grund stellt § 213 VVG als solcher keine Marktverhaltensregelung zum Schutz der Verbraucher dar (vgl. zu den datenschutzrechtlichen Regelungen des BDSG: *Hoeren*, VersR 2005, 1014, 1023; **a.A.** *Ernst*, WRP 2004, 1133, 1137). Allerdings kann die Erhebung von Daten, wenn sie zu kommerziellen Zwecken geschieht, durchaus als ein Marktverhalten zu qualifizieren sein (*Köhler*, in: Hefermehl/Köhler/Bornkamm, § 4 UWG Rn 11.42).

II. Verweigerung einer Einwilligung bzw. Schweigepflichtentbindungserklärung, Widerruf einer erteilten generellen Schweigepflichtentbindungserklärung, verweigerte Einzelbewilligung und Widerspruch gegen eine beabsichtigte Erhebung

40 Sofern der Betroffene eine **generelle Einwilligung** und Schweigepflichtentbindung verweigert, kann dies nicht als **Obliegenheitsverletzung** qualifiziert werden, weil es sich um eine grundrechtlich geschützte Betätigung handelt (BVerfG, VersR 2006, 1669; *Fricke*, VersR 2009, 297, 301; *Höra*, in: Bruck/Möller, § 213 Rn 68; anders noch OLG Hamm, VersR 1991, 535, 536).

41 Anders lautende AVB sind unwirksam, ebenso jede **vertragliche Verpflichtung** zur Abgabe einer Schweigepflichtentbindungserklärung, sodass eine Obliegenheitsverletzung ausscheidet (anders noch OLG Hamm, VersR 1991, 535, 536). Der **bloße Widerruf** einer erteilten generellen Schweigepflichtentbindungserklärung (§ 213 Abs. 3 VVG) kann ebenso nicht als Obliegenheitsverletzung eingestuft werden.

42 Die **verweigerte Einwilligung und das Widersprechen gegen eine beabsichtigte Erhebung** kann ebenfalls nicht (mehr) per se als Obliegenheitsverletzung qualifiziert werden, da der Zweck der Datenerhebung auch dadurch erreicht werden kann, dass der VN die personenbezogenen Daten persönlich einholt und diese an den VR weiterleitet. Durch diese Mitwirkung des VN verliert die vom VR beabsichtigte Datenerhebung die notwendige „Erforderlichkeit". Der VR ist i.Ü. durch die Vereinbarung eines möglichen Leistungsverweigerungsrechts hinreichend geschützt. Nur in Ausnahmefällen kann eine Verpflichtung zur Erteilung einer Schweigepflichtentbindungserklärung aus dem Grundsatz von **Treu und Glauben** (§ 242 BGB) bestehen. Dies ist zu befürworten, wenn vom VN personenbezogene Gesundheitsdaten (z.B. Befunde) eingereicht wurden und seitens des VR berechtigte Zweifel an deren Echtheit oder deren Vollständigkeit bestehen. In diesem Fall bleibt es dem VR jedoch unbenommen, ein vorübergehendes Leistungsverweigerungsrecht zu vereinbaren (vgl. § 14 BUZ).

43 Kann der VR eine Prüfung nicht durchführen bzw. abschließen, weil der VN weder die Einwilligung erteilt noch selbst die nötigen Nachweise vorlegt, wird der Anspruch auf die Versicherungsleistung nicht fällig (OLG München, VersR 2013, 169, 170; OLG Hamburg, VersR 2010, 749 m. Anm. *Schulze*; *Höra*, in: Bruck/Möller, § 213 Rn 70; *Looschelders*, VersR 2011, 697, 702).

D. Prozessuales

44 Ob die Unzulässigkeit einer Erhebung personenbezogener Gesundheitsdaten (**Beweiserhebungsverbot**) schlechthin dazu führt, dass sich der VR auf die Informationen nicht berufen kann bzw. diese der Beweiswürdigung im Prozess entzogen sind (**Beweisverwertungsverbot**), ist sehr umstritten. Die **höchstrichterliche Rechtsprechung** (BGH, NJW 2012, 301 f. = VersR 2012, 297; BGH, NJW 2010, 289 = VersR 2010, 97) dazu lautet: Nicht jedes rechts- oder pflichtwidrige Verhalten führe regelmäßig oder gar stets zur Unzulässigkeit der Ausübung der hierdurch erlangten Rechtsstellung. Treuwidriges Verhalten eines Vertragspartners könne zwar dazu führen, dass ihm die Ausübung eines ihm zustehenden Rechts zu versagen ist, wenn er sich dieses Recht gerade durch das treuwidrige Verhalten verschafft hat. Entsprechendes gelte, wenn das treuwidrige Verhalten darauf gerichtet war, die tatsächlichen Voraussetzungen der Rechtsausübung zu schaffen, etwa die zwecks Ausübung eines Rücktritts- oder Anfechtungsrechts des VR erforderliche Tatsachenkenntnis zu erlangen. Lasse sich ein solches zielgerichtet treuwidriges Verhalten nicht feststellen, so müsse durch eine umfassende Abwägung der maßgeblichen Umstände des Einzelfalls entschieden werden, ob und inwieweit einem Beteiligten die Ausübung einer Rechtsposition nach Treu und Glauben verwehrt sein soll.

In diese Abwägung seien (i) das Interesse des VN an der Geheimhaltung seiner Gesundheitsdaten und Kontrolle des Umgangs mit ihnen einzustellen; hier handele es sich um ein Schutzgut von hohem Rang, (verfassungsrechtlich: Recht auf informationelle Selbstbestimmung; einfach-gesetzlich: §§ 3 Abs. 9, 4 Abs. 1, 28 Abs. 6 BDSG, 213 VVG). Das Interesse des VN, Informationen über ihn betreffende Erkrankungen – aktuelle wie vergangene – geheim zu halten und den Umgang damit zu kontrollieren, sei grundsätzlich hoch einzustufen. Der „Schutzumfang" dieser Rechtspositionen werde jedoch z.B. durch die §§ 19 ff. VVG dadurch modifiziert, dass es dem VN obliege, dem VR relevante Informationen über seinen Gesundheitszustand zugänglich zu machen, soweit das zur Einschätzung des Risikos bzw. zur Prüfung der Leistungspflicht des VR erforderlich sei.

Damit werde (ii) dem legitimen Interesse des VR an Kenntnis und Verwendung dieser Informationen Rechnung getragen, auch um der Bestands- und Funktionsfähigkeit des Versichertenkollektivs willen. Verstoße der VN gegen derlei Informationsobliegenheiten, könne der VR daran vertragsrechtliche Sanktionen bis hin zur Leistungsfreiheit knüpfen bzw. sich sogar vom Vertrag insgesamt lösen. Zwar missbillige das Recht es, wenn der VR sich die Gesundheitsdaten ohne wirksame Einwilligung des VN verschaffe. Die Kenntnis dieser Daten durch den VR sowie deren Verwendung würden als solche dagegen nicht beanstandet, sondern als für die ordnungsgemäße Vertragsdurchführung notwendig anerkannt. Ein gesetzlich anerkanntes Interesse des VN, seine Gesundheitsdaten geheim zu halten und trotzdem in den Genuss von Versicherungsleistungen zu kommen, bestehe dagegen nicht.

Wenn sich der VR Daten nicht etwa heimlich oder gar planmäßig, im Bewusstsein der rechtlichen Unzulässigkeit verschafft habe, der VN aber arglistig getäuscht habe, falle die Abwägung zugunsten des VR aus. Dann bestehe weder ein materielles Verwertungsverbot noch Anlass, dem VR die Berufung auf seine Erkenntnisse im Prozess zu verwehren. Entsprechend anders soll bei systematischem Missbrauch der VR zu gewichten sein (OLG Saarbrücken, VersR 2013, 1157). Unzutreffend ist es auch, bei Arglist des VN dessen Schutzbedürfnis an der Geheimhaltung kategorisch zu verneinen. Denn das schüfe einen Anreiz für den VR, im Versicherungsfall ohne Rücksicht auf das Grundrecht auf informationelle Selbstbestimmung Gesundheitsdaten mit dem Ziel zu erheben, ein arglistiges Verhalten des VN nachzuweisen (BGH, NJW 2012, 301, 302 = VersR 2012, 297).

Während diese Rechtsprechung zunehmend Gefolgschaft findet (OLG Saarbrücken, VersR 2009, 1478; *Kalis*, in: Bach/Moser, § 213 Rn 73 ff.; *Wendt*, in: Staudinger/Halm/Wendt,

§ 213 Rn 35; wohl auch *Fricke*, VersR 2009, 297, 304 f.; Rüffer/Halbach/Schimikowski/*Muschner*, § 213 Rn 96 ff.), sehen manche Autoren eine Verwendbarkeit pauschal als nicht gegeben (*Höra*, r+s 2008, 89, 93; Prölss/Martin/*Voit*, § 213 Rn 49 f.). Es werden vor allem die nunmehr klare Regelung des § 213 VVG, die schutzwürdige Interessen des VR ausschließe (*Voit*, § 213 Rn 49 f.), sowie ihre Spezialität und Sonderwertung gegenüber § 28 Abs. 6 BDSG ins Feld geführt.

49 Dazu ist wie folgt **Stellung zu nehmen**: Der VN ist kraft gesetzlicher Regelung bei Abgabe seiner Vertragserklärung verpflichtet, solche gefahrerheblichen Umstände anzuzeigen, die ihm bekannt waren und nach denen der VR in Textform gefragt hat (s. § 19 Abs. 1 S. 1 VVG). Verstößt der VN gegen diese Pflicht, indem er keine wahrheitsgemäßen Angaben macht, so handelt er rechtswidrig, der von ihm angestrebte Vorteil ist also nicht von der Rechtsordnung geschützt (OLG Nürnberg, VersR 2002, 1657, 1658). Diese Tatsache kann man nicht einfach unter Hinweis auf ein rechtswidriges Verhalten des VR überspielen. Datenschutz ist kein Tatenschutz (OLG Nürnberg, VersR 2002, 1657, 1658). Eine Güterabwägung ist vielmehr das geeignete Mittel, um das jeweilige Unrecht angemessen gewichten und verhältnismäßig schutzwürdigeren Belangen Rechnung tragen zu können.

§ 214 VVG Schlichtungsstelle

(1) Das Bundesamt für Justiz kann privatrechtlich organisierte Einrichtungen als Schlichtungsstelle zur außergerichtlichen Beilegung von Streitigkeiten

1. bei Versicherungsverträgen mit Verbrauchern im Sinne des § 13 des Bürgerlichen Gesetzbuchs anerkennen,
2. zwischen Versicherungsvermittlern oder Versicherungsberatern und Versicherungsnehmern im Zusammenhang mit der Vermittlung von Versicherungsverträgen anerkennen.

Die Beteiligten können diese Schlichtungsstelle anrufen; das Recht, die Gerichte anzurufen, bleibt unberührt.

(2) Eine privatrechtlich organisierte Einrichtung kann als Schlichtungsstelle anerkannt werden, wenn sie die Voraussetzungen für eine Anerkennung als Verbraucherschlichtungsstelle nach § 24 des Verbraucherstreitbeilegungsgesetzes vom 19.2.2016 (BGBl. I S. 254) erfüllt. Eine anerkannte Schlichtungsstelle ist Verbraucherschlichtungsstelle nach dem Verbraucherstreitbeilegungsgesetz. Das Bundesamt für Justiz nimmt die Verbraucherschlichtungsstellen nach Absatz 1 in die Liste nach § 33 Absatz 1 des Verbraucherstreitbeilegungsgesetzes auf und macht die Anerkennung und den Widerruf oder die Rücknahme der Anerkennung im Bundesanzeiger bekannt.

(3) Die anerkannten Schlichtungsstellen sind verpflichtet, jede Beschwerde über einen Versicherer oder einen Versicherungsvermittler, Vermittler nach § 66 und Versicherungsberater zu beantworten.

(4) Die anerkannten Schlichtungsstellen können von dem Versicherungsvermittler, Vermittler nach § 66 oder Versicherungsberater ein Entgelt erheben. Bei offensichtlich

missbräuchlichen Beschwerden kann auch von dem Versicherungsnehmer ein geringes Entgelt verlangt werden. Die Höhe des Entgeltes muss im Verhältnis zum Aufwand der anerkannten Schlichtungsstelle angemessen sein.

(5) Soweit keine privatrechtlich organisierte Einrichtung als Schlichtungsstelle anerkannt wird, weist das Bundesministerium der Justiz und für Verbraucherschutz im Einvernehmen mit dem Bundesministerium der Finanzen und dem Bundesministerium für Wirtschaft und Energie die Aufgaben der Schlichtungsstelle durch Rechtsverordnung ohne Zustimmung des Bundesrates einer Bundesoberbehörde oder Bundesanstalt zu und regelt deren Verfahren sowie die Erhebung von Gebühren und Auslagen. § 31 des Verbraucherstreitbeilegungsgesetzes ist entsprechend anzuwenden. Die Schlichtungsstelle ist Verbraucherschlichtungsstelle nach dem Verbraucherstreitbeilegungsgesetz und muss die Anforderungen nach dem Verbraucherstreitbeilegungsgesetz erfüllen.

Übersicht

	Rdn
A. Normzweck	1
B. Normtext	3
I. Anerkennung	3
II. Ausnahmen	12

A. Normzweck

§ 214 VVG übernimmt die durch das Gesetz zur Neuregelung des Versicherungsvermittlerrechtes geschaffene Regelung des § 42k zur Regelung der Schlichtungsstelle und erfasst zusätzlich in § 214 Abs. 1 S. 1 Nr. 1 VVG den bisherigen § 48e VVG a.F., der zur Umsetzung der Fernabsatzrichtlinie II durch Art. 6 des Gesetzes zur Änderung der Vorschriften über Fernabsatzverträge bei Finanzdienstleistungen Art. 6 Nr. 3 des (BGBl I, S. 3102) in das VVG eingefügt worden ist. Der deutsche Gesetzgeber hat die in der EU-Versicherungsvermittlungsrichtlinie (Vermittlungsrichtlinie 2002/92/EG des europäischen Parlaments des Rates vom 9.12.2002 über Versicherungsvermittlung, ABl EG Nr. L 9/3 vom 15.1.2003) vorgesehene **Förderung der außergerichtlichen Streitschlichtung** dadurch umgesetzt, dass „zunächst" die vorhandenen Ombudsmänner des Versicherungswesens (s. hierzu: *Bürkle*, VersR 2014, 529, 535; *Hirsch*, ZVersWiss 2011, 561; *Hirsch*, ZKM 2013, 15; *Leffler*, VW 2012, 1428; *Römer*, NJW 2005, 1251) als neutrale Mittler vorrangig für die Streitigkeiten zwischen Versicherungsvermittlern und Kunden zuständig sein sollen. 1

Die **Schlichtungsstelle** dient der Förderung der **außergerichtlichen Streitschlichtung** und soll in erster Linie dem VN eine schnelle, effiziente, i.d.R. kostenlose Überprüfung seines Anspruchs bzw. eines Vorgangs durch eine neutrale und zugleich anerkannte Stelle ermöglichen, ohne dass er hierdurch einen Rechtsnachteil erleidet. Das Schlichtungsverfahren kann von dem VN, VR, Versicherungsvermittler oder den Versicherungsberater eingeleitet werden. Das Schlichtungsverfahren ist für die Parteien nur **fakultativ**, sodass beiden Parteien neben dem Schlichtungsverfahren der ordentliche Rechtsweg offen steht (s. § 214 Abs. 1 S. 3 VVG). 2

B. Normtext

I. Anerkennung

3   Nach § 214 Abs. 1 VVG wird das Bundesministerium mit Einverständnis der dort genannten weiteren Ministerien mit der Anerkennung von Schlichtungsstellen zur außergerichtlichen Beilegung von Streitigkeiten, die in § 214 Abs. 1 S. 1 Nr. 1 und Nr. 2 VVG näher beschrieben sind, beauftragt. Die Zuständigkeit der anzuerkennenden Schlichtungsstellen umfasst
- nach § 214 Abs. 1 S. 1 Nr. 1 VVG nicht nur Streitigkeiten aus im Fernabsatz geschlossenen, sondern sämtliche Streitigkeiten aus allen VV **mit Verbrauchern i.S.d. § 13 BGB** und
- gem. **§ 214 Abs. 1 S. 1 Nr. 2 VVG** ebenfalls sämtliche Streitigkeiten **zwischen Versicherungsvermittlern** oder **Versicherungsberatern** und **Kunden** (s. Begr. BT-Drucks 16/3945, S. 117) im Zusammenhang mit der Vermittlung von Versicherungsverträgen; auf deren Verbraucherstatus kommt es nicht an. Nach § 66 VVG ist § 214 Abs. 1 Nr. 2 VVG nicht auf Versicherungsvermittler i.S.d. § 34d Abs. 9 Nr. 1 GewO anzuwenden; dass die Schlichtung von Streitigkeiten mit ihnen in § 214 Abs. 3 und 4 VVG erwähnt wird, muss wegen der klaren Regelung des § 66 VVG als redaktionelles Versehen qualifiziert werden (MüKo/*Looschelders*, § 214 VVG Rn 6).

4   § 214 Abs. 1 S. 2 VVG und § 214 Abs. 2 bis 4 VVG beinhalten die für die Anerkennung als Beschwerde- und Schlichtungsstelle notwendigen Regelungen. Nach **§ 214 Abs. 2 VVG** setzt die Anerkennung der privatrechtlichen Einrichtungen deren **Unabhängigkeit, Weisungsungebundenheit** sowie eine organisatorische und fachliche **Eignung** voraus. Der Gesetzgeber überlässt es hierbei den privaten Stellen, selbst das Schlichtungsverfahren zu regeln. Zudem verzichtet der Gesetzgeber (bewusst) darauf, Qualitätskriterien für die Schlichtungstätigkeit zu benennen und somit deren Einhaltung sicherzustellen. Durch diese fehlende Regelung wird deutlich, dass der Gesetzgeber als Schlichtungsstelle an den Versicherungsombudsmann e.V. (Versicherungsombudsmann e.V., Postfach 08 06 22, 10006 Berlin, *www.versicherungsombudsmann.de*) und den Ombudsmann Private Kranken- und Pflegeversicherung (Ombudsmann Private Kranken- und Pflegeversicherung, Kronenstr. 13, 10117 Berlin, *www.pkv-ombudsmann.de*) denkt und daher keinen Anlass zur Festlegung von konkreten Qualitätssicherungsregelungen sieht. Einschränkungen der sachlichen Zuständigkeit (z.B. streitwert- oder versicherungszweigabhängig) schließen eine Anerkennung nicht aus (Prölss/Martin/*Voit*, § 213 Rn 5); umgekehrt schadet es nicht, wenn eine Stelle ihren Aufgabenkreis über das in § 214 Abs. 1 VVG Vorgesehene ausdehnt (z.B. auch über Beschwerden von Gewerbetreibenden entscheidet, vgl. § 2 Abs. 1 S. 2 VomVO).

5   **§ 214 Abs. 3 VVG** konkretisiert die Verpflichtung des Art. 11 der EU-Versicherungsvermittlungsrichtlinie (Vermittlungsrichtlinie 2002/92/EG des europäischen Parlaments des Rates vom 9.12.2002 über Versicherungsvermittlung, ABl EG Nr. L 9/3 vom 15.1.2003) und stellt klar, dass die anerkannten **Schlichtungsstellen verpflichtet** sind, **jede Beschwerde** über einen VR oder einen Versicherungsvermittler und Versicherungsberater **zu beantworten**. Daraus folgt nicht, dass sich die Schlichtungsstelle mit der Beschwerde

inhaltlich auseinandersetzen müsste. Allerdings muss der Beschwerdeführer eine Nachricht darüber empfangen, ob und inwieweit sich die Stelle mit seinem Vorbringen auseinandergesetzt hat. Möglich ist auch die Zurückweisung einer Beschwerde als „unzulässig", wenn das Statut der Instanz – die hinsichtlich der Ausgestaltung ohnehin weitgehend frei ist – das ermöglicht (vgl. auch § 8 VomVO). Eine Verletzung der Pflicht wird regelmäßig keine Sanktionen nach sich ziehen; insbesondere scheiden Schadensersatzansprüche aufgrund des Schutzzwecks der Norm (Unverbindlichkeit der Entscheidung, vgl. Abs. 1 S. 3 VVG a.E.) aus.

Den privaten Stellen bleibt es weitgehend überlassen, das **Schlichtungsverfahren selbst zu regeln.** Hierbei sollten sie aber i.S.v. Art. 10 der EU-Versicherungsvermittlungsrichtlinie insb. sicherstellen, dass **auch Verbraucherschutzverbände beschwerdebefugt** sind.

Die Schlichtungsstelle soll ggf. eine **rechtliche Überprüfung** vornehmen, aber eine **Entscheidung** muss nicht getroffen werden. § 214 Abs. 2 VVG hat vielmehr unverbindlichere („Antwort", „Vorschlag") Ratschlüsse im Blick. Sollte eine Entscheidung gefällt werden, ist diese jedenfalls stets im Hinblick auf § 214 Abs. 1 S. 3 VVG unverbindlich. Zu beachten ist jedoch, dass die in §§ 10 Abs. 3 S. 2, 11 Abs. 1 S. 1, Abs. 2 S. 2 VomVO für Streitigkeiten mit einem Beschwerdewert bis 5.000 EUR vorgesehene Bindungswirkung zu Lasten des Beschwerdegegners bzw. VR diesem entgegengehalten werden kann, weil diese den VN begünstigende Vereinbarung als im Versicherungsvertrag jedenfalls infolge seiner ergänzenden Auslegung vereinbart zu betrachten ist (s.a. MüKo/*Looschelders*, § 214 VVG Rn 5).

Die Anerkennung erfolgt durch **Verwaltungsakt** und ist danach im Bundesanzeiger bekannt zu machen. Die Bekanntmachung ist nur deklaratorisch. Die Anerkennung kann jederzeit zurückgenommen oder widerrufen werden.

§ 214 Abs. 4 VVG räumt den Schlichtungsstellen das Recht ein, **(nur) von den Versicherungsvermittlern und den Versicherungsberatern** ein **Entgelt** zu erheben. Nur für offensichtlich missbräuchliche Beschwerden können die Schlichtungsstellen von den VN ein Entgelt verlangen. Die Festsetzung des Entgeltes obliegt den Schlichtungsstellen und muss, im Verhältnis zum Aufwand der anerkannten Schlichtungsstelle, **angemessen** sein. Ein Anspruch besteht, dem Wortlaut der Norm folgend, auch bei unbegründeten Beschwerden. Allerdings sehen die Verfahrensordnungen der bereits nach den §§ 42k, 48e a.F. (Rdn 1) anerkannten Schlichtungsstellen eine Entgeltpflicht lediglich dann vor, sofern Vermittler oder Berater Anlass zur Beschwerde gegeben haben (§ 7 Abs. 3 VomVO) bzw. wenn die Beschwerde gegen ihn begründet war (§ 4 Abs. 3 S. 2 Statut des Ombudsmanns Private Kranken- und PflegeVers). Von den **VN** kann die Schlichtungsstelle ein Entgelt nur bei evidentem Missbrauch fordern, z.B. bei sog. querulatorischen Beschwerden (Römer/Langheid/*Rixecker*, § 214 Rn 3). Einen Anspruch gegen **VR** gewährt § 214 Abs. 4 VVG der Schlichtungsstelle nicht.

> **Praxistipp**
> § 214 VVG lässt sich nicht entnehmen, dass die Verjährung von Ansprüchen der Beteiligten durch Anrufung der Schlichtungsstelle gehemmt würde. § 12 Abs. 1 VomVO sieht das aber für Ansprüche des Beschwerdeführers (VN) vor. Es besteht praktisch Einigkeit darüber, dass sich das auch der VR entgegenhalten lassen muss; diese Wirkung sei jedenfalls im Wege

ergänzender Vertragsauslegung im Versicherungsvertrag vereinbart (Römer/Langheid/*Rixecker*, § 214 Rn 5; Prölss/Martin/*Klimke*, § 214 Rn 5).

11 Die Regelung in **§ 214 Abs. 5 VVG** ermöglicht als Auffangtatbestand die Übertragung der Aufgabe der Schlichtung an eine Bundesbehörde oder Bundesanstalt für den Fall, dass es keine anerkennungswürdigen privatrechtlich organisierten Einrichtungen gibt (bzw. mehr geben sollte).

II. Ausnahmen

12 Die Regelung des § 214 VVG gilt nicht für die **Rückversicherung** (vgl. § 209 VVG). Folgt man der Gesetzesbegründung, soll sie außerdem nicht für **Versicherungsverträge über Großrisiken** gelten (BT-Drucks 16/3945, S. 117), was sich dem Wortlaut indes nicht entnehmen lässt. Tatsächlich wird der VN bei einem Vertrag über ein Großrisiko zwar nicht als Verbraucher zu qualifizieren sein; ferner sind die Pflichten der §§ 60–63 VVG auf Großrisiken nicht anwendbar (§ 65 VVG). Allerdings kommt eine Anwendung des § 214 Abs. 1 Nr. 1 VVG in Betracht (dazu Looschelders/Pohlmann/*Wolf*, § 214 Rn 3; Bruck/Möller/*Brand*, § 214 Rn 8; Römer/Langheid/*Rixecker*, § 214 Rn 2; a.A. MüKo/*Looschelders*, § 214 VVG Rn 6).

§ 215 VVG Gerichtsstand

(1) Für Klagen aus dem Versicherungsvertrag oder der Versicherungsvermittlung ist auch das Gericht örtlich zuständig, in dessen Bezirk der Versicherungsnehmer zur Zeit der Klageerhebung seinen Wohnsitz, in Ermangelung eines solchen seinen gewöhnlichen Aufenthalt hat. Für Klagen gegen den Versicherungsnehmer ist dieses Gericht ausschließlich zuständig.

(2) § 33 Abs. 2 der Zivilprozessordnung ist auf Widerklagen der anderen Partei nicht anzuwenden.

(3) Eine von Absatz 1 abweichende Vereinbarung ist zulässig für den Fall, dass der Versicherungsnehmer nach Vertragsschluss seinen Wohnsitz oder gewöhnlichen Aufenthalt aus dem Geltungsbereich dieses Gesetzes verlegt oder sein Wohnsitz oder gewöhnlicher Aufenthalt im Zeitpunkt der Klageerhebung nicht bekannt ist.

Übersicht

	Rdn
A. Normzweck	1
B. Normtext	3
I. Klagen gegen den Versicherer und den Versicherungsvermittler (§ 215 Abs. 1 S. 1 VVG)	3
1. Sachlicher Anwendungsbereich	5
2. Persönlicher Anwendungsbereich	10
II. Klage gegen den Versicherungsnehmer (§ 215 Abs. 1 S. 2 VVG)	16
III. Widerklagen (§ 215 Abs. 2 VVG)	18
IV. Gerichtsstandsvereinbarung (§ 215 Abs. 3 VVG)	19
V. Zeitlicher Geltungsbereich	20
C. Prozessuales	22

A. Normzweck

Die der verbraucherschützenden Regelung des § 29c ZPO nachgebildete Norm stellt aus ähnlichen Erwägungen (BT-Drucks, 16/3945, S. 117; dazu krit. Prölss/Martin/*Klimke*, § 215 Rn 1, der sie überzeugender mit der fachlichen, finanziellen und organisatorischen Überlegenheit des VR rechtfertigt) dem VN einen besonderen Gerichtsstand zur Verfügung, so dass er an seinem Wohnsitz, hilfsweise an seinem gewöhnlichen Aufenthaltsort klagen kann, § 215 Abs. 1 S. 1 VVG. Durch diese Erleichterung werden Kosten und Mühen gesenkt und der Anreiz der Rechtsverfolgung erhöht. Für Klagen gegen den VN ist die Zuständigkeit ausschließlich, so dass er vor einer wohnortfernen Inanspruchnahme geschützt ist. Im Gegensatz zum bisherigen Gerichtsstand der Agentur (§ 48 VVG a.F.), ist der Gerichtsstand des § 215 Abs. 1 S. 1 VVG **auch** dann eröffnet, wenn es sich bei dem VV um eine **Direktversicherung** handelt. 1

Die Neuregelung weicht von der Grundregel „*actor sequitur forum rei*" (hierzu vgl. RGZ 27, 386; BGHZ 115, 90, 92 = NJW 1991, 3092; Zöller/*Vollkommer*, § 12 ZPO Rn 2) ab, und schafft für den VN einen **Klägergerichtsstand**, der unmittelbar auf den Wohnsitz bzw. hilfsweise auf den gewöhnlichen Aufenthalt des VN abstellt. Zudem sieht die Vorschrift in § 215 Abs. 1 S. 2 VVG für Klagen gegen den VN einen ausschließlichen Gerichtsstand vor. Die Konzeption der Neuregelung ist an § 29c ZPO angelehnt (Begr. BT-Drucks 16/3945, S. 117), der nach umstrittener Ansicht auf VV nicht anwendbar ist (vgl. OLG München, VersR 2006, 1517; LG Berlin, VersR 2005, 1259; **a.A.** LG Landshut, NJW 2003, 1197). 2

B. Normtext

I. Klagen gegen den Versicherer und den Versicherungsvermittler (§ 215 Abs. 1 S. 1 VVG)

Bei Klagen gegen den Versicherer, den Versicherungsvermittler oder den Versicherungsberater hat der Kläger das **Wahlrecht (§ 35 ZPO)**, ob er die Klage im **besonderen Gerichtsstand des § 215 Abs. 1 Satz 1 VVG** oder im allgemeinen (§ 17 ZPO) oder einem anderem Gerichtsstand (§ 21 ZPO) des Beklagten erhebt (allg. zum Wahlrecht s. Zöller/*Vollkommer*, § 12 ZPO Rn 10 f.). 3

Für die **örtliche Zuständigkeit** ist der Wohnsitz des VN (vgl. § 13 ZPO i.V.m. § 7 BGB), bei wohnsitzlosen VN der Aufenthaltsort (§ 16 ZPO) zum Zeitpunkt der Klageerhebung, d.h. der Zustellung der Klageschrift (§ 253 Abs. 1 ZPO) an den VR bzw. den Versicherungsvermittler oder Versicherungsberater maßgebend. Auf den Zeitpunkt des Abschlusses des VV oder der Versicherungsvermittlung ist nicht abzustellen. 4

> **Praxistipps**
> Im **Mahnverfahren** ist der Zeitpunkt der Abgabe des Verfahrens maßgeblich (§§ 696 Abs. 1 S. 1, 700 Abs. 3 ZPO).
> Sofern **mehrere VN**, die ihren Wohnsitz in verschiedenen Gerichtsbezirken haben, gemeinsam einen VR oder Versicherungsvertreter verklagen, können sie als Kläger das Gericht gem. § 35 ZPO selbst wählen.

1. Sachlicher Anwendungsbereich

5 Nach dem Wortlaut erstreckt sich der sachliche Anwendungsbereich nur auf **Klagen aus dem „Versicherungsvertrag"** oder der **„Versicherungsvermittlung"**. Hierzu zählen zunächst sämtliche Ansprüche, die im Wege einer Klage geltend gemacht werden und unmittelbar aus einem bestehenden oder früheren VV herrühren. Ausgehend vom Normzweck ist der Begriff des VV unter Anlehnung an die bisherigen Definitionen zu § 48 VVG a.F. jedoch (entgegen dem engen Wortlaut) **weit auszulegen** (wie hier: *Marlow/Spuhl*, Das neue VVG kompakt, S. 178). Demnach erstreckt sich der sachliche Anwendungsbereich der Vorschrift auch auf die Klagen (Klagearten), die auf ein Nichtbestehen des VV abstellen. Erfasst sind somit alle Klagen (Leistungs-, Feststellungs-, negative Feststellungsklage), bei denen das Bestehen, Nichtbestehen oder Nichtmehrbestehen eines VV auch nur die Rolle einer Klage begründenden Behauptung spielt.

6 Hingegen handelt es sich bei dem möglichen **Direktanspruch** des Geschädigten gegen den VR in der Pflichtversicherung (§ 115 VVG) nicht um eine Klage aus dem VV, da der Direktanspruch überwiegend **deliktischer** Natur ist (zu § 3 Nr. 1 PflVG a.F. vgl. BGH, VersR 1981, 134; i.Erg. auch *Armbrüster*, r+s 2010, 446; MüKo/*Looschelders*, § 215 VVG Rn 27, 37; Looschelders/Pohlmann/*Wolf*, § 215 Rn 2; Prölss/Martin/*Klimke*, § 215 Rn 5; Römer/Langheid/*Rixecker*, § 215 Rn 5; *Theil*, VersR 1980, 810; **a.A.** *Fricke*, VersR 2009, 15; *Landwehr*, VersR 1965, 1114; *Hübner*, VersR 1977, 1069, 1072 f.; *Schade*, VersR 1974, 738). Diese Einordnung wird für die Tätigkeit i.R.d. **Berufshaftpflichtversicherung** von großer Bedeutung sein. Aufgrund der Tatsache, dass der Haftpflichtversicherer nur nach **§ 17 Abs. 1 ZPO** an seinen Sitz verklagt werden kann und sich dieser i.d.R. nicht mit dem Wohnsitzgerichtsstand des § 215 Abs. 1 S. 1 VVG decken wird, müsste der Geschädigte, sofern er den Schädiger und dessen Berufshaftpflichtversicherer als **Gesamtschuldner** verklagen möchte, stets auf eine gerichtliche Bestimmung der Zuständigkeit nach **§ 36 Abs. 1 Nr. 3 ZPO** zurückgreifen. Aufgrund dieser Unwägbarkeiten wird von *Marlow/Spuhl* erwogen, den Direktanspruch des Geschädigten gegen den Versicherungsvermittler und dessen Haftpflichtversicherer (unter Missachtung der bisherigen dogmatischen Einordnung als Schadensersatzanspruch überwiegend deliktischer Natur) der Klage aus der Versicherungsvermittlung gleichzustellen, sodass dem Geschädigten gegen den Haftpflichtversicherer der Gerichtsstand des § 215 Abs. 1 VVG offen steht. Ausgehend von der dogmatischen Einordnung dürfte es sich bei dem Direktanspruch des Geschädigten gegen den Haftpflichtversicherer des Versicherungsvermittlers ebenfalls um einen Schadensersatzanspruch überwiegend deliktischer Natur handeln und nicht um einen Schadensersatzanspruch aus der Versicherungsvermittlung, sodass dem Geschädigten der Gerichtsstand des § 215 Abs. 1 S. 1 VVG nicht eröffnet ist.

7 Keine Klage aus dem Versicherungsvertrag ist ferner der **Antrag auf Kraftloserklärung des Versicherungsscheines** im Aufgebotsverfahren nach dem FamFG; die örtliche Zuständigkeit ergibt sich insofern aus § 466 FamFG (OLG Düsseldorf, VersR 2013, 121; Prölss/Martin/*Klimke*, § 215 Rn 5).

Als Klagen aus der Versicherungsvermittlung kommen in erster Linie die **Klagen auf** 8
Schadensersatz gegen den VR, Versicherungsvermittler oder Versicherungsberater (dazu
Begr. BT-Drucks 16/3945, S. 117; *Brand*, in: Bruck/Möller, § 215 Rn 27; für analoge Anwendung Römer/Langheid/*Rixecker*, § 215 Rn 5) **wegen einer Beratungspflicht- und Informationspflichtverletzung** nach § 6 Abs. 5 VVG bzw. § 63 VVG und VVG-Info in
Betracht. Hierbei handelt es sich i.d.R. um Schadensersatzansprüche aufgrund einer Pflichtverletzung (§ 280 BGB) als auch um Schadensersatzansprüche aus c.i.c. wegen einer
vorvertraglichen Pflichtverletzung (§§ 280, 311 Abs. 2 BGB).

§ 215 VVG gilt nach seinem Wortlaut und Zweck schließlich im **arbeitsgerichtlichen** 9
Verfahren (LG Gießen, BeckRS 2014, 14652): Das kann praktisch bedeutsam werden,
wenn es sich bei dem VR um eine Sozialeinrichtung handelt (vgl. § 2 Abs. 1 Nr. 4 ArbGG),
so dass etwa für Streitigkeiten auf Zahlung von Ruhegeld die Zuständigkeit der Arbeitsgerichtsbarkeit gegeben ist.

2. Persönlicher Anwendungsbereich

Der persönliche Anwendungsbereich des § 215 Abs. 1 S. 1 VVG ist nicht auf den VN 10
beschränkt. Als **Kläger** kommt der **VN**, die **versicherte Person** (LG Cottbus, BeckRS
2011, 27578; MüKo/*Looschelders*, § 215 VVG Rn 16; *Brand*, in: Bruck/Möller, § 215
Rn 17; Looschelders/Pohlmann/*Wolf*, § 215 Rn 6; *Looschelders/Heinig*, JR 2008, 267; **a.A.**
LG Limburg, VersR 2012, 889; **für analoge Anwendung** OLG Oldenburg, VersR 2012,
VersR 2012, 888 f.; OLG Hamm, VersR 2014, 725, 726; LG Stuttgart, NJW-RR 2014, 213;
Römer/Langheid/*Rixecker*, § 215 Rn 3; Prölss/Martin/*Klimke*, § 215 Rn 18), der **Zessionar**
oder der **Pfandgläubiger** infrage. Ob der VN als **Verbraucher oder Unternehmer** zu
qualifizieren ist, ist ohne Belang; eine teleologische Reduktion auf Verbraucherverträge
wird überwiegend abgelehnt (MüKo/*Looschelders*, § 215 VVG Rn 8; Prölss/Martin/
Klimke, § 215 Rn 9; Römer/Langheid/*Rixecker*, § 215 Rn 2; a.A. *Grote/Schneider*, BB 2007,
2701; Rüffer/Halbach/Schimikowksi/*Muschner*, § 215 Rn 4).

Zwar ist in der Gesetzesbegründung (BT-Drucks 16/3945, S. 117) die Stärkung des „Ver- 11
braucherschutzes" als Ziel aufgeführt, ohne dass dies zwingend exklusiv gedeutet werden
müsste: Auch einem Unternehmer, der einem VR oder Vermittler oft unterlegen sein
wird, wird die Rechtsdurchsetzung erleichtert, wenn er Ansprüche an seinem Wohnsitz
durchsetzen bzw. anhängig machen kann. Erwogen wird jedoch vereinzelt eine Reduktion
der Norm bei Klagen gegen VN, weil der Wert einer wohnortnahen Inanspruchnahme bei
einem Unternehmer-VN nur eingeschränkt realisiert werden müsse, sofern der Ort seiner
gewerblichen Niederlassung nicht mit seinem Wohnort identisch sei (etwa Prölss/Martin/
Klimke, § 215 Rn 9).

Die Klage kann sich **gegen** den VR, Versicherungsvermittler oder Versicherungsberater 12
richten. Bei Klagen gegen den Versicherten ist § 215 Abs. 1 S. 1 VVG nicht unmittelbar
anzuwenden (Prölss/Martin/*Klimke*, § 215 Rn 19a; Römer/Langheid/*Rixecker*, § 215 Rn 3;
für teleologische Reduktion MüKo/*Looschelders*, § 215 VVG Rn 17; Looschelders/Pohlmann/*Wolf*, § 215 Rn 6; *Looschelders/Heinig*, JR 2008, 267). Der Wortlaut der Norm lässt

zwar auch die Auslegung zu, für Klagen gegen den Versicherten sei ein Gerichtsstand am Wohnsitz des VN eröffnet. Dann könnte ihm aber – abweichend von § 13 ZPO – ein wohnortferner Rechtsstreit auferlegt werden, wenn sein Wohnort und der des VN nicht übereinstimmen. Es ist zweifelhaft, ob eine solche Benachteiligung des Versicherten gesetzgeberischem Willen und Zweck entspricht (*Looschelders/Heinig*, JR 2008, 267). Manche postulieren eine analoge Anwendung des § 215 Abs. 1 S. 2 VVG: Das Interesse des Versicherten daran, bei Bestehen weiterer alternativer Gerichtsstände (etwa aus § 29 ZPO) lediglich an seinem eigenen Wohnort verklagt werden zu können, sei ebenso schutzwürdig wie das entsprechende Interesse des VN; für Klagen gegen den Versicherten aus dem Versicherungsvertrag sei also ausschließlich das Gericht zuständig, in dessen Bezirk der Versicherte seinen Wohnsitz habe (Römer/Langheid/*Rixecker*, § 215 Rn 6; Prölss/Martin/*Klimke*, § 215 Rn 19b; a.A. *Brand*, in: Bruck/Möller, § 215 Rn 35; Looschelders/Pohlmann/*Wolf*, § 215 Rn 6).

13 Der Anwendungsbereich des § 215 Abs. 1 S. 1 VVG ist nur dann eröffnet, wenn es sich bei dem **VN** um eine **natürliche Person** handelt (LG Ravensburg, VersR 2015, 1184; *Franz*, VersR 2008, 298, 307; a.A. OLG Schleswig, VersR 2015, 1422; *Fricke*, VersR 2009, 15, 16; *Wagner*, VersR 2009, 1589). § 215 Abs. 1 S. 1 VVG stellt zur Ermittlung der örtlichen Zuständigkeit auf den Wohnsitz des VN ab und schließt somit juristische Personen aus. Ausgehend von den Regelungen in § 13 ZPO und § 7 BGB kann nur eine natürliche Person einen Wohnsitz begründen. Juristische Personen hingegen haben einen Sitz (vgl. § 17 ZPO).

14 § 215 Abs. 1 S. 1 VVG ist auf **juristische Personen** unter Zuhilfenahme von § 17 ZPO auch *nicht* entsprechend anwendbar (LG Ravensburg, VersR 2015, 1184; LG Berlin, VersR 2010, 1629; LG Fulda, VersR 2013, 481; LG Hamburg, VersR 2013, 482; *Grote/Schneider*, BB 2007, 2701; Prölss/Martin/*Klimke*, § 215 Rn 12; a.A. *Brand*, in: Bruck/Möller, § 215 Rn 12; MüKoVVG/*Looschelders*, § 215 Rn 11; Looschelders/Pohlmann/*Wolf*, § 215 Rn 5; Römer/Langheid/*Rixecker*, § 215 Rn 2; *Armbrüster*, r+s 2010, 456). Eine analoge Anwendung scheitert hier sowohl an einer bewussten Regelungslücke als auch an der Vergleichbarkeit der Sachverhalte. Grds. ist der Schutz der schwächeren Vertragspartei ein Grund für die Durchbrechung des Grundsatzes, dass der Angreifer den Angegriffenen an dessen Ort aufzusuchen hat (vgl. RGZ 27, 386, BGHZ 115, 90, 92 = NJW 1991, 3092; Zöller/*Vollkommer*, § 12 ZPO Rn 2), denn die Gerichtsstandsregeln sind gesetzgeberische Wertentscheidungen zwischen Beklagten- und Klägerinteressen (*Vollkommer*, NJW 1973, 1591, 1592; *Fricke*, VersR 2001, 925, 934). Ausgehend von der Formulierung „*Auf Grund dieser Unwägbarkeiten ist es vorzugswürdig und **ausreichend**, dem VN das Recht einzuräumen*" (Begr. BT-Drucks 16/3945, S. 117) ist ersichtlich, dass dem Gesetzgeber der eingeschränkte Anwendungsbereich nicht verborgen geblieben ist. Die Formulierung deutet daher nicht auf eine ungewollte Regelungslücke, sondern vielmehr auf ein beredtes Schweigen des Reformgesetzgebers hin (**a.A.** *Fricke*, VersR 2009, 15, 16; *Wagner*, VersR 2009, 1589). Diese Differenzierung ist sachgerecht, da bei juristischen Personen, im Gegensatz zu natürlichen Personen, erwartet werden kann, dass sie ein gewisses Mindestmaß an geschäftlicher Erfahrung und Gewandtheit sowie die Fähigkeit zur Wahrnehmung eigener Belange

auch gegen gewisse Schwierigkeiten und Widerstände besitzen (vgl. *Fricke*, VersR 2001, 925, 935; **a.A.** *Fricke*, VersR 2009, 15, 16). Sofern es sich bei dem VN um eine juristische Person handelt, stehen diesem lediglich – im Gegensatz zur alten Rechtslage (vgl. § 48 VVG a.F.) – nur die Gerichtstände nach §§ **17 und 21 ZPO** zur Verfügung. Aus den genannten Gründen kommt auch eine Anwendung auf andere rechtsfähige Personenvereinigungen nicht in Betracht (so z.B. auch LG Potsdam, VersR 2015, 338, für Klage einer Wohnungseigentümergemeinschaft aus einem Versicherungsvertrag).

Ausgehend vom Normzweck kann eine entsprechende Anwendung des § 215 Abs. 1 S. 1 VVG auf juristische Personen und das Abstellen auf den Sitz der juristischen Person nur in den Fällen gerechtfertigt sein, in denen die **juristische Person als VN einer versicherten natürlichen Person** ein Leistungsrecht bzw. eine Bezugsberechtigung eingeräumt hat. In diesen Fällen wäre dann auf den Sitz der juristischen Person zur Ermittlung der Zuständigkeit abzustellen und nicht auf den Wohnsitz der versicherten Person.

II. Klage gegen den Versicherungsnehmer (§ 215 Abs. 1 S. 2 VVG)

Für Klagen des VR gegen den VN begründet § 215 Abs. 1 S. 2 VVG eine **ausschließliche örtliche Zuständigkeit**. Dieser entspricht § 13 ZPO (Gericht des Wohnsitzes). Sofern der VN keinen Wohnsitz (§ 13 ZPO) hat, kommt hilfsweise der Gerichtsstand des gewöhnlichen Aufenthalts (§ 16 ZPO) in Betracht. Der gewöhnliche Aufenthalt ist der Ort, an dem sich der VN ständig, für längere Zeit und nicht nur vorübergehend aufhält. Eine vorübergehende Abwesenheit hebt den Aufenthaltsort aber nicht auf (vgl. Zöller/*Vollkommer*, § 16 ZPO Rn 7).

> **Praxistipp:**
> Sollen mehrere VN als Gesamtschuldner verklagt werden, ist zur Festlegung der örtlichen Zuständigkeit eine **Gerichtsstandsbestimmung** nach § 36 Abs. 1 Nr. 3 ZPO **zu beantragen**. Die Bestimmung des zuständigen Gerichts erfolgt durch Beschluss (§ 37 ZPO). Hingegen besteht ein gemeinsamer Gerichtsstand am Wohnsitz des VN, wenn ein VN und ein Nicht-VN als Streitgenossen (§ 59 ZPO) verklagt werden sollen (*Fricke*, VersR 2009, 15, 16; zur Gerichtsstandsvereinbarung s. Rdn 19).

III. Widerklagen (§ 215 Abs. 2 VVG)

Der Gerichtsstand des § 215 Abs. 1 VVG gilt auch für die **Widerklage** (§ 33 ZPO). Hinsichtlich der ausschließlichen Zuständigkeit des § 215 Abs. 1 S. 2 VVG ist nach § 215 Abs. 2 VVG die Regelung des § 33 Abs. 2 ZPO nicht anzuwenden. Eine anderweitige Regelung hätte zur Folge, dass im Fall der Klage des VN gegen den VR an dessen allgemeinen oder besonderen Gerichtsstand dem VR eine Erhebung einer konnexen Widerklage verwehrt wäre, da er auf den ausschließlichen Gerichtsstand des § 215 Abs. 1 S. 2 VVG i.V.m. § 33 Abs. 2 ZPO verwiesen werden müsste. Die Sonderregelung des § 215 Abs. 2 VVG ist **eng auszulegen** (vgl. zu § 29c ZPO Zöller/*Vollkommer*, § 29c Rn 10). Sofern der VN den VR an dessen allgemeinen Gerichtsstand aus einem bestimmten VV in Anspruch nimmt, ist es dem VR verwehrt, eine Widerklage auf einen anderen VV zu stützen. Die Regelung des § 215 Abs. 2 VVG ist mithin nur auf Widerklagen anzuwenden, die aus dem gleichen Vertragsverhältnis herrühren (vgl. zu § 29c Zöller/*Vollkommer*, § 29c Rn 109).

IV. Gerichtsstandsvereinbarung (§ 215 Abs. 3 VVG)

19 Nach § 215 Abs. 3 VVG ist eine Gerichtsstandsvereinbarung nur für den Fall zulässig, dass der VN nach Vertragsabschluss seinen Wohnsitz oder seinen gewöhnlichen Aufenthalt verlegt oder sein Wohnsitz oder Aufenthalt zum Zeitpunkt der Klageerhebung nicht bekannt ist. Eine diesbezügliche Gerichtsstandsvereinbarung kann für diesen Fall bereits bei Vertragsschluss und durch eine entsprechende Regelung in den AVB, die u.a. dem Transparenzgebot und den Anforderungen der §§ 38 Abs. 3, 40 Abs. 1 ZPO genügt, wirksam vereinbart werden (so auch *Fricke*, VersR 2009, 2009, 15, 19). Durch eine wirksame Vereinbarung wird der ausschließliche Gerichtsstand des § 215 Abs. 1 S. 2 VVG beseitigt. Vereinbarungen für andere Fälle sind unzulässig und mithin unwirksam.

V. Zeitlicher Geltungsbereich

20 Für VV und Versicherungsvermittlungen, die nach dem 1.1.2008 entstanden sind bzw. stattgefunden haben, gilt § 215 VVG ab dem 1.1.2008 (vgl. Art. 1 Abs. 1 EGVVG). Bei **Altverträgen** (vgl. Art. 1 Abs. 1 EGVVG), die mithin bis zum Inkrafttreten des VVG entstanden sind, ist der Anwendungsbereich des § 215 VVG erst ab dem 1.1.2009 eröffnet, sodass bis dahin § 48 VVG a.f. gilt (OLG Naumburg, VersR 2010, 374; OLG Stuttgart, VersR 2009, 246; OLG Hamburg, VersR 2009, 531; OLG Hamm, VersR 2009, 1345 f.; *Abel/Winkens*, r+s 2009, 104; **a.A.** OLG Saarbrücken, VersR 2008, 1337; *Schneider*, VersR 2008, 861; *Fricke*, VersR 2009, 20; MüKo/*Looschelders*, § 215 VVG Rn 38 f.; Looschelders/Pohlmann/*Wolf*, § 215 Rn 11). Aus Art. 1 Abs. 2 EGVVG folgt darüber hinaus, dass § 215 VVG für alle Versicherungsfälle aus Altverträgen, die bis zum 31.12.2008 eingetreten sind, auch ab dem 1.1.2009 nicht anwendbar ist (so auch OLG Bamberg, VersR 2011, 513; OLG Braunschweig, NJOZ 2012, 804; OLG Düsseldorf, VersR 2010, 1354; OLG Hamm, VersR 2011, 1294; OLG Jena, OLGR Jena, 2009, 83, 85; OLG Naumburg, VersR 2010, 374; OLG Nürnberg, VersR 2010, 935; OLG München, NJOZ 2009, 1210; LG Aachen, 23.12.2008 – 9 O 279/08; LG Bad Kreuznach, 16.3.2009 – 2 O 369/08; LG Berlin, VersR 2009, 386; LG Bielefeld, 19.6.2009 – 2 O 89/06; LG Coburg, 6.5.2009 – 14 O 172/09; LG Kassel, 28.5.2009 – 7 O 62/09; LG Neubrandenburg, 11.2.2009 – 2O 175/08; LG Kempten, 21.7.2009 – 12 O 132/09; LG München, 5.11.2009 – 26 O 17498/09; LG München II, 30.1.2009 – 10V O 68886/08; LG Regensburg, 12.11.2009 – 3 O 1737/09; AG Augsburg, 24.2.2009 – 73 C 6037/08; *Abel/Winkens*, r+s 2009, 103; *Bauer/Rajkowski*, VersR 2010, 1560; *Brand*, VersR 2011, 560; *Münstermann*, VK 2008, 199; *Meixner/Steinbeck*, Das neue Versicherungsvertragsrecht, § 1 Rn 370; VersR-HdB/*v. Rintelen*, § 23 Rn 10). In diesen Fällen bleibt § 48 VVG a.F. auch über den 1.1.2009 hinaus anwendbar (**a.A.** OLG Dresden, VersR 2010, 1066; OLG Hamburg, VersR 2009, 531; OLG Koblenz, VersR 2010, 1356; OLG Köln, VersR 2009, 1347 f.; OLG Frankfurt am Main, NJOZ 2009, 2246; OLG Saarbrücken, VersR 2008, 1337; LG Hechingen, VersR 2009, 665; LG Stendal,

NJOZ 2009, 2668; *Schneider*, VersR 2008, 859, *Fricke*, VersR 2009, 15; 20; MüKo/*Looschelders*, § 215 VVG Rn 38 ff.; Prölss/Martin/*Klimke*, § 215 Rn 3; *Wagner*, VersR 2009, 1589, 1591).

Die a.A. geht von der Prämisse aus, dass es bei der Anwendung des VVG in der bis zum 31.12.2007 geltenden Fassung **nur** dann verbleiben soll, wenn es sich um Vorschriften des Versicherungsvertragsrechts, also materiellen Rechts handle (vgl. *Wagner*, VersR 2009, 1589, 1591). Weder dem Wortlaut noch der Gesetzesbegründung lässt sich aber entnehmen, dass von der angeordneten Fortgeltung des VVG unbestimmte Vorschriften ausgenommen sein sollen. Der ebenfalls vertretenen Ansicht, wonach § 215 VVG nur für Klagen nicht anwendbar sei, die der VN bis zum Ende des Jahres 2008 gegen den Versicherer aus Altverträgen erhoben hat (so OLG Hamburg, VersR 2009, 531; OLG Köln, VersR 2009, 1347; *Wagner*, VersR 2009, 1589, 1591) steht Art. 1 Abs. 2 EGVVG entgegen. Art. 1 Abs. 2 EGVVG ist nicht zu entnehmen, dass nur einzelne Vorschriften des VVG a.F. neben anderen Vorschriften des VVG n.F. anzuwenden sind. Vielmehr wird klar und ausnahmslos die Weitergeltung des VVG a.F. angeordnet. Auch aus der amtlichen Begründung des Gesetzesentwurfs zu Art. 1 Abs. 2 EGVVG (BT-Drucks 16/3945, S. 117, 118) kann eine diesbezügliche zwingende Einschränkung oder Differenzierung nicht hergeleitet werden. Die Formulierung „auf die sich hieraus ergebenden Rechte und Pflichten der Parteien" steht einer vollumfänglichen Weitergeltung des VVG a.F. nicht entgegen. Unter einem Gerichtsstand ist grds. die Verpflichtung zu verstehen, sein Recht vor einem bestimmten Gericht anhängig zu machen. Bei dem Recht seinen Versicherer an dem Wohnsitz des Agenten zu verklagen, handelt es sich – unter Berücksichtigung der allgemeinen Gerichtsstände – um ein letztendlich in einem Versicherungsfall resultierendes Recht. Die nunmehr von der Bundesregierung geäußerte Ansicht, dass aus Art. 1, Abs. 2 EGVVG i.V.m. der Begründung des Gesetzentwurfs ergäbe, dass die Übergangsregelung nur auf die Abwicklung des Versicherungsfalls abziele, aber nicht auf den Gerichtsstand (BT-Drucks 16/13061, S. 18 f.), folgt aber gerade nicht aus dem Wortlaut oder der Gesetzesbegründung. Gegen eine diesbezügliche Auslegung spricht zudem, dass juristische Personen hierdurch ihren Gerichtsstand und zwar den des § 48 VVG a.F. verlieren (vgl. Rdn 13 f.). Entgegen der Ansicht des OLG Hamburg (VersR 2009, 531; OLG Köln, VersR 2009, 1347, 1348) und der Bundesregierung (BT-Drucks 16713061, S. 19) ergeben sich hieraus verfassungsrechtliche Probleme, die durch die Beibehaltung der alten Gerichtsstandsregelung vermieden werden.

C. Prozessuales

Grundlage der Zulässigkeitsprüfung ist der Klagevortrag (vgl. Zöller/*Vollkommer*, § 29c ZPO Rn 9). Zur Begründung der Zuständigkeit ist es erforderlich und ausreichend, dass der Kläger schlüssig Tatsachen behauptet, aus denen sich das Vorliegen eines VV oder eine Versicherungsvermittlung ergibt. Sollte dies nicht der Fall sein, ist die Klage bereits unzulässig. Werden die anspruchsbegründenden Tatsachen nicht erwiesen, ist die Klage unbegründet.

| § 216 VVG | **Prozessstandschaft bei Versicherermehrheit** |

Ist ein Versicherungsvertrag mit den bei Lloyd's vereinigten Einzelversicherern nicht über eine Niederlassung im Geltungsbereich dieses Gesetzes abgeschlossen worden und ist ein inländischer Gerichtsstand gegeben, so können Ansprüche daraus gegen den bevollmächtigten Unterzeichner des im Versicherungsschein an erster Stelle aufgeführten Syndikats oder einen von diesem benannten Versicherer geltend gemacht werden; ein darüber erzielter Titel wirkt für und gegen alle an dem Versicherungsvertrag beteiligten Versicherer.

1 Die Europäische Gemeinschaft hat am 17.6.2008 die Verordnung des Europäischen Parlaments und des Rates über das auf vertragliche Schuldverhältnisse anzuwendende Recht (**Rom-I-Verordnung**) erlassen (ABl L 177 vom 4.7.2008, S. 6). Sie gilt ab dem 17.12.2009 in Deutschland unmittelbar und verdrängt die bislang geltenden Regelungen der Art. 27 ff. EGBGB und die Art. 7 ff. EGVVG (s. BT-Drucks 16/12104).

   Hinweis
   Aufgrund des Vorrangs der Rom-I-Verordnung (vgl. Art. 23 der Rom-I-Verordnung) ggü. dem kollisionsrechtlichen Richtlinienrecht wurden die Art. 7 bis 15 EGVVG mit Wirkung zum 17.12.2009 aufgehoben.

2 Die bisher in Art. 14 EGVVG enthaltende Spezialregelung zur Prozessstandschaft wurde nunmehr in das VVG überführt, da die Rom-I-Verordnung keine entsprechende Regelung vorsieht.

3 Ein Versicherungsabschluss einer Lloyds's Police **ohne Beteiligung einer inländischen Niederlassung** begründet eine Prozessstandschaft des bevollmächtigten ersten Unterzeichners. Durch die Regelung soll sichergestellt werden, dass sämtliche am Versicherungsvertrag beteiligten Einzelversicherer einen erwirkten Titel für und gegen sich gelten lassen müssen.

4 Sofern die Police **über eine deutsche Niederlassung** abgeschlossen wurde, gilt § 110b VAG. Die Ansprüche können dann nur durch und gegen den Hauptbevollmächtigten gerichtlich geltend gemacht werden.

Verordnung über Informationspflichten bei Versicherungsverträgen (VVG-Informationspflichtenverordnung – VVG-InfoV)

Vorbemerkungen zur VVG-InfoV

Vom 18.12.2007 (BGBl I, S. 3004) 1

Auf Grund des § 7 Abs. 2 und 3 des Versicherungsvertragsgesetzes vom 23.11.2007 (BGBl I, S. 2631) verordnet das BMJ im Einvernehmen mit dem BMF und im Benehmen mit dem Bundesministerium für Ernährung, Landwirtschaft und Verbraucherschutz. Die Verordnung dient der Umsetzung der Richtlinie 92/49/EWG des Rates vom 18.6.1992 zur Koordinierung der Rechts- und Verwaltungsvorschriften für die Direktversicherung (mit Ausnahme der Lebensversicherung) sowie zur Änderung der Richtlinien 73/239/EWG (ABl EG Nr. L 228 S. 1), der Richtlinie 2002/65/EG des Europäischen Parlaments und des Rates vom 23.9.2002 über den Fernabsatz von Finanzdienstleistungen an Verbraucher und zur Änderung der Richtlinie 90/619/EWG des Rates und der Richtlinien 97/7/EG und 98/27/EG (ABl EG Nr. L 271 S. 16) sowie der Richtlinie 2002/ 83/EG des Europäischen Parlaments und des Rates vom 5.11.2002 über Lebensversicherungen (ABl EG Nr. L 345 S. 1).

Durch § 7 Abs. 2 VVG wird das BMJ ermächtigt, im Einvernehmen mit dem BMF und im Benehmen mit dem Bundesministerium für Ernährung, Landwirtschaft und Verbraucherschutz durch Rechtsverordnung ohne Zustimmung des Bundesrates die vom Versicherer zum Zwecke einer umfassenden Information des VN **vor Abschluss des Versicherungsvertrages** mitzuteilende Information zu regeln. Die VVG-Informationspflichtenverordnung (VVG-InfoV) bündelt die zuvor in zwei Regelungswerken (Anlage D, Abschnitt I zu § 10a VAG a.F. und Anlage zu § 48b VVG a.F.) normierten **Informationspflichten**. Über die Vorgaben der in Bezug genommenen Richtlinien schreibt der Verordnungsgeber weitere Informationen vor. Durch die Mitteilungen soll die Transparenz für den VN deutlich erhöht werden. 2

Die neuen Informationspflichten gelten **für alle in Deutschland vermarkteten Versicherungsverträge**. Es wird grds. nicht zwischen Verbrauchern und sonstigen Versicherungsnehmern unterschieden. Die bislang vorgesehene Beschränkung der Pflicht zur Informationserteilung auf Vertragsabschlüsse im Fernabsatz entfällt. Der Großteil der Informationen sei für die VN unabhängig von der Vertriebsform für die Vertragsentscheidung bedeutsam, zudem falle es dem VR schwer, bei der Informationserteilung zuverlässig zu unterscheiden, in welcher Form ein VV zustande komme (Begr. BT-Drucks 16/3945, S. 59). Informationspflichten für Verträge der betrieblichen Altersversorgung sind weiterhin außerhalb des VVG und der VVG-InfoV in § 144 Abs. 1 VAG geregelt. 3

Die Verordnung überführt die bestehenden Informationspflichten – ergänzt um weitere besondere Pflichten – ins Zivilrecht. Daneben bestehen bleiben weiterhin spezielle Informationspflichten, wie die aufsichtsrechtlichen Regelungen im AltZertG, die Verpflichtung der Krankenversicherer zur Aushändigung eines amtlichen Informationsblattes oder die 4

Informationspflichten gegenüber Versorgungsanwärtern in der betrieblichen Altersversorgung. Für Aktiengesellschaften können sich weiter Informationspflichten aus § 80 AktG ergeben, die sich mit denen der VVG-InfoV teilweise überschneiden. Bedient sich der VR zum Zwecke des Abschlusses eines Versicherungsvertrages eines Tele- oder Mediendienstes, muss er zusätzlich die Informationspflichten nach § 312i BGB i.V.m. § 246c EGBGB erfüllen. Zu den unter § 312i BGB fallenden elektronischen Kommunikationsmitteln zählen v.a. Angebote im Bereich der Individualkommunikation (z.B. Telebanking) und Angebote von Waren oder Dienstleistungen in elektronischen Datenbanken mit interaktiven Zugriff- und Bestellmöglichkeiten (vgl. Palandt/*Grüneberg*, § 312i BGB Rn 2).

5 Die Informationspflichten sind im Gegensatz zu den nach § 6 VVG erforderlichen Beratungspflichten nicht individuell auf den jeweiligen Kunden zugeschnitten, sondern grds. nach Versicherungsprodukten zu standardisieren. Der Gesetzgeber hat sich entschieden, den Inhalt der zu erteilenden Informationen nicht im Gesetz selbst, sondern in der Informationspflichtenverordnung zu regeln. Zum einen führt dies zu einer deutlichen Entlastung des Gesetzes, zum anderen wird die getroffene Regelung auch beweglicher, denn der Verordnungsgeber kann flexibler als der Gesetzgeber auf einen neuen Regelungsbedarf reagieren. Völlige Freiheit wird dem Verordnungsgeber dennoch nicht gegeben, da dieser sich an die europarechtlichen Vorgaben und deren nationale Umsetzung zu halten hat (vgl. dazu *Niederleithinger*, Das neue VVG, Rn 61).

§ 1 VVG-InfoV Informationspflichten bei allen Versicherungszweigen

(1) Der Versicherer hat dem Versicherungsnehmer gem. § 7 Abs. 1 Satz 1 des Versicherungsvertragsgesetzes folgende Informationen zur Verfügung zu stellen:

1. die Identität des Versicherers und der etwaigen Niederlassung, über die der Vertrag abgeschlossen werden soll; anzugeben ist auch das Handelsregister, bei dem der Rechtsträger eingetragen ist, und die zugehörige Registernummer;
2. die Identität eines Vertreters des Versicherers in dem Mitgliedstaat der Europäischen Union, in dem der Versicherungsnehmer seinen Wohnsitz hat, wenn es einen solchen Vertreter gibt, oder die Identität einer anderen gewerblich tätigen Person als dem Anbieter, wenn der Versicherungsnehmer mit dieser geschäftlich zu tun hat, und die Eigenschaft, in der diese Person ggü. dem Versicherungsnehmer tätig wird;
3. die ladungsfähige Anschrift des Versicherers und jede andere Anschrift, die für die Geschäftsbeziehung zwischen dem Versicherer, seinem Vertreter oder einer anderen gewerblich tätigen Person gemäß Nummer 2 und dem Versicherungsnehmer maßgeblich ist, bei juristischen Personen, Personenvereinigungen oder -gruppen auch den Namen eines Vertretungsberechtigten;
4. die Hauptgeschäftstätigkeit des Versicherers;
5. Angaben über das Bestehen eines Garantiefonds oder anderer Entschädigungsregelungen, die nicht unter die Richtlinie 94/19/EG des Europäischen Parlaments und des Rates vom 30.5.1994 über Einlagensicherungssysteme (ABl EG Nr. L 135

S. 5) und die Richtlinie 97/9/EG des Europäischen Parlaments und des Rates vom 3.3.1997 über Systeme für die Entschädigung der Anleger (ABl EG Nr. L 84 S. 22) fallen; Name und Anschrift des Garantiefonds sind anzugeben;
6. a) die für das Versicherungsverhältnis geltenden Allgemeinen Versicherungsbedingungen einschließlich der Tarifbestimmungen;
   b) die wesentlichen Merkmale der Versicherungsleistung, insb. Angaben über Art, Umfang und Fälligkeit der Leistung des Versicherers;
7. den Gesamtpreis der Versicherung einschließlich aller Steuern und sonstigen Preisbestandteile, wobei die Prämien einzeln auszuweisen sind, wenn das Versicherungsverhältnis mehrere selbstständige Versicherungsverträge umfassen soll, oder, wenn ein genauer Preis nicht angegeben werden kann, Angaben zu den Grundlagen seiner Berechnung, die dem Versicherungsnehmer eine Überprüfung des Preises ermöglichen;
8. gegebenenfalls zusätzlich anfallende Kosten unter Angabe des insgesamt zu zahlenden Betrages sowie mögliche weitere Steuern, Gebühren oder Kosten, die nicht über den Versicherer abgeführt oder von ihm in Rechnung gestellt werden; anzugeben sind auch alle Kosten, die dem Versicherungsnehmer für die Benutzung von Fernkommunikationsmitteln entstehen, wenn solche zusätzlichen Kosten in Rechnung gestellt werden;
9. Einzelheiten hinsichtlich der Zahlung und der Erfüllung, insbesondere zur Zahlungsweise der Prämien;
10. die Befristung der Gültigkeitsdauer der zur Verfügung gestellten Informationen, beispielsweise die Gültigkeitsdauer befristeter Angebote, insbesondere hinsichtlich des Preises;
11. gegebenenfalls den Hinweis, dass sich die Finanzdienstleistung auf Finanzinstrumente bezieht, die wegen ihrer spezifischen Merkmale oder der durchzuführenden Vorgänge mit speziellen Risiken behaftet sind, oder deren Preis Schwankungen auf dem Finanzmarkt unterliegt, auf die der Versicherer keinen Einfluss hat, und dass in der Vergangenheit erwirtschaftete Beträge kein Indikator für künftige Erträge sind; die jeweiligen Umstände und Risiken sind zu bezeichnen;
12. Angaben darüber, wie der Vertrag zustande kommt, insbesondere über den Beginn der Versicherung und des Versicherungsschutzes sowie die Dauer der Frist, während der der Antragsteller an den Antrag gebunden sein soll;
13. das Bestehen oder Nichtbestehen eines Widerrufsrechts sowie die Bedingungen, Einzelheiten der Ausübung, insbesondere Namen und Anschrift derjenigen Person, gegenüber der der Widerruf zu erklären ist, und die Rechtsfolgen des Widerrufs einschließlich Informationen über den Betrag, den der Versicherungsnehmer im Fall des Widerrufs gegebenenfalls zu zahlen hat;
14. Angaben zur Laufzeit und gegebenenfalls zur Mindestlaufzeit des Vertrages;
15. Angaben zur Beendigung des Vertrages, insb. zu den vertraglichen Kündigungsbedingungen einschließlich etwaiger Vertragsstrafen;

16. die Mitgliedstaaten der EU, deren Recht der Versicherer der Aufnahme von Beziehungen zum Versicherungsnehmer vor Abschluss des Versicherungsvertrages zugrunde legt;
17. das auf den Vertrag anwendbare Recht, eine Vertragsklausel über das auf den Vertrag anwendbare Recht oder über das zuständige Gericht;
18. die Sprachen, in welchen die Vertragsbedingungen und die in dieser Vorschrift genannten Vorabinformationen mitgeteilt werden, sowie die Sprachen, in welchen sich der Versicherer verpflichtet, mit Zustimmung des Versicherungsnehmers die Kommunikation während der Laufzeit dieses Vertrages zu führen;
19. einen möglichen Zugang des Versicherungsnehmers zu einem außergerichtlichen Beschwerde- und Rechtsbehelfsverfahren und gegebenenfalls die Voraussetzungen für diesen Zugang; dabei ist ausdrücklich darauf hinzuweisen, dass die Möglichkeit für den Versicherungsnehmer, den Rechtsweg zu beschreiten, hiervon unberührt bleibt;
20. Name und Anschrift der zuständigen Aufsichtsbehörde sowie die Möglichkeit einer Beschwerde bei dieser Aufsichtsbehörde.

(2) Soweit die Mitteilung durch Übermittlung der Vertragsbestimmungen einschließlich der Allgemeinen Versicherungsbedingungen erfolgt, bedürfen die Informationen nach Absatz 1 Nr. 3, 13 und 15 einer hervorgehobenen und deutlich gestalteten Form.

Übersicht

	Rdn
A. **Normzweck**	1
B. **Norminhalt**	2
I. Informationspflichten gem. § 1 Abs. 1 VVG-InfoV	2
1. Anwendungsbereich	2
2. Form der Informationen	7
3. Zeitpunkt der Informationserteilung	12
4. Einzelne Informationspflichten	17
II. Hervorhebung und Gestaltungsform der Informationen gem. § 1 Abs. 2 VVG-InfoV	39
C. **Rechtsfolgen**	41
I. Widerrufsrecht	41
II. Schadenersatzanspruch	43
III. Sonstige Rechtsfolgen	46

A. Normzweck

1 § 1 VVG-InfoV nennt die Informationen, die der VR dem VN **vor Abgabe** von dessen **Vertragserklärung** zu geben hat. Grundlage dieser Pflichten sind zum einen die Dritte RL Schaden (92/49/EWG), die Lebensversicherungs-RL (2002/83/EG) sowie die Fernabsatz-RL II (2002/65/EG), zum anderen die Regelungen in § 7 VVG. Zur Auslegung der einzelnen Angaben in der Informationspflichtenverordnung sind demnach auch die Angaben in diesen Regelungen heranzuziehen (vgl. § 7 VVG Rdn 10).

B. Norminhalt

I. Informationspflichten gem. § 1 Abs. 1 VVG-InfoV

1. Anwendungsbereich

§ 1 Abs. 1 VVG-InfoV beinhaltet Informationspflichten, die der VR in sämtlichen Versicherungszweigen zu erfüllen hat. Die hier benannten Informationen hat der VR also **grds. bei jedem Vertragsschluss** zu geben. Eine Unterscheidung nach Versicherungssparte oder Art des Vertragsschlusses findet nicht statt. Auch findet keine Einschränkung des Adressatenkreises auf Verbraucher (anders als beim Produktinformationsblatt) statt.

Die Informationspflichten gelten nicht für VV über ein **Großrisiko** i.S.d. § 210 Abs. 2 VVG. Hier hat der VR aber vor Vertragsschluss zumindest über das anwendbare Recht sowie die zuständige Aufsichtsbehörde in Textform zu informieren, wenn eine natürliche Person einen solchen VV abschließt (§ 7 Abs. 5 VVG).

Eine weitere **Ausnahme** besteht bei VV über **vorläufige Deckung**. Hier kann vereinbart werden, dass dem Versicherungsnehmer die Vertragsbestimmungen und die Informationen nur auf Anforderung und spätestens mit dem Versicherungsschein zu übermitteln sind. Dies gilt nicht, wenn es sich um einen im Fernabsatz geschlossenen Vertrag handelt; für den Fall bleibt es bei der Informationspflicht vor Abgabe der Vertragsklärung (§ 49 Abs. 1 VVG).

Adressat der Verordnung ist der **Versicherer**. Grds. wird der VR seine Pflichten durch den **Versicherungsvermittler** erfüllen. Schaltet der VR den Versicherungsmakler ein, ergibt sich eine Besonderheit. Der **Versicherungsmakler** ist Sachwalter des VN und in dieser Funktion Empfangsbote. Der VR erfüllt seine Informationspflichten bereits, wenn er dem Versicherungsmakler die entsprechenden Informationen rechtzeitig zur Verfügung stellt (siehe dazu *Hillenbrand*, VW 2007, 1553; *Schirmer/Sandkühler*, ZfV 2007, 771).

Die Wahl der Formulierung „*Der VR hat dem VN ... zur Verfügung zu stellen*" stellt klar, dass ein Informationserfolg selbstverständlich nicht gefordert wird, sondern dass es ausreichend ist, dass der VN die Möglichkeit hat, sich anhand der zur Verfügung gestellten Informationen die notwendigen Kenntnisse zu verschaffen. Zugleich ergibt sich aus dem Wortlaut, dass die Informationspflichten des § 1 VVG-InfoV ausschließlich dem VN und nicht der versicherten Person ggü. zu erfüllen sind. Diese Beschränkung hat bspw. Bedeutung für die Restschuldversicherung, bei der die Bank auf der Grundlage eines Gruppenversicherungsvertrages Versicherungsnehmer und der Darlehensnehmer die versicherte Person ist (Rüffer/Halbach/Schimikowski/*Baroch Castellvi*, § 1 VVG-InfoV Rn 3; *Franz*, VersR 2008, 298, 300). Dafür spricht, dass der Wortlaut des § 7 VVG auf den VN abstellt und ausschließlich der VN Vertragspartner des VR ist. Nur wenn Lebensversicherungen und Pensionskassen Leistungen der betrieblichen Altersversorgung erbringen, hat der Gesetzgeber in § 144 Abs. 1 VAG eine Informationspflicht ggü. dem Versorgungsanwärter und -empfänger vorgesehen (*Franz*, VersR 2008, 298, 300).

2. Form der Informationen

7   Die Form der Informationen regelt die VVG-InfoV nur z.T. Die Informationen müssen *nicht* in der von der Verordnung gewählten **Reihenfolge** gegeben werden. Eine solche war im ersten Entwurf der Verordnung noch vorgesehen, wurde aber nicht in den nun vorliegenden Verordnungstext übernommen. Die Vorgabe einer Reihenfolge ist auch nicht erforderlich, vielmehr hätte sie zu einer unnötigen Doppelinformation geführt.

8   Dies hat auch der Verordnungsgeber erkannt, der über die Aufgabe der Reihenfolge hinaus noch die Möglichkeit eingeräumt hat, gänzlich auf die **Wiederholung** von Informationen zu **verzichten**. Denn dem VR wird gestattet, seine Informationspflichten durch die Bereitstellung von AVB und übrigen Vertragsbestimmungen zu erfüllen. Wählt er diesen Weg, hat er jedoch bestimmte, für den VN wesentliche Informationen hervorzuheben und deutlich zu gestalten (vgl. § 1 Abs. 2 VVG-InfoV). Damit wird die **Gestaltungsfreiheit** des VR gewahrt.

9   Eine Verpflichtung zur Bereitstellung einer **zusammenhängenden Versicherteninformation** in einem Druckstück besteht *nicht*, entscheidend ist nur, dass der VN die angegebenen Informationen erhält.

10 Die Darstellung hat jedoch **transparent** zu sein, für welche Art der Darstellung sich der VR auch immer entscheidet (*Präve*, VersR 2008, 151).

11 Weitere Vorgaben zur Gestaltung der Informationen macht die Verordnung nicht, insoweit ist auf die gesetzlichen Vorgaben in § 7 VVG zurückzugreifen. Die Informationen sind **grds. in Textform** gem. § 126b BGB zu geben. Sie haben „**klar und verständlich**" zu erfolgen (vgl. § 7 VVG Rdn 46 ff.).

3. Zeitpunkt der Informationserteilung

12 Der VR hat dem VN die Informationen grds. rechtzeitig **vor der Abgabe** von dessen **Vertragserklärung** zu erteilen (§ 7 Abs. 1 VVG). Eine Definition des Begriffes „**rechtzeitig**" liefert der Gesetzgeber nicht. Ausweislich der Gesetzesbegründung (BT-Drucks 16/3945, S. 60) sollen die Informationen nicht erst bei Vertragsschluss mit Übersendung des Versicherungsscheins gegeben werden, sondern spätestens im Zeitpunkt der Abgabe der Vertragserklärung durch den VN. Rechtzeitig i.S.d. Vorschrift werden die Informationen erteilt, wenn der VN die entsprechenden Informationen vor Abgabe seiner Vertragserklärung verfügbar hat (in diesem Sinne auch *Römer*, VersR 2006, 740, 741; *Grote/Schneider*, BB 2007, 2689, 2691; *Funck*, VersR 2008, 163, 164; Römer/Langheid/*Rixecker/Langheid*, § 7 Rn 25; *Schneider/Reuter-Gehrken*, in: Staudinger/Halm/Wendt, § 7 Rn 27; im Ergebnis auch *Gaul*, VersR 2007, 21, 22).

13 Z.T. werden an den Begriff der Rechtzeitigkeit höhere Anforderungen gestellt und verlangt, dass dem VN, je nach Schwierigkeit des abzuschließenden Vertrages, eine weitere **Bedenkzeit** eingeräumt wird (*Rixecker*, zfs 2007, 495; *Schimikowski*, r+s 2007, 133, 134 f., 137; *Leverenz*, VW 2008, 392, 393 f.; Looschelders/Pohlmann/*Pohlmann*, § 7 Rn 21). § 7 Abs. 1 VVG sieht keine starre Bedenkzeit vor. Daher wird davon ausgegangen, dass sich die

Beurteilung der Rechtzeitigkeit nach den Umständen des Einzelfalls richtet. Teilweise wird eine Bedenkzeit über den ersten Beratungstermin hinaus bei komplexen Produkten v.a. aus dem Bereich der Lebens- und Krankenversicherung für geboten gehalten (Rüffer/Halbach/Schimikowski/*Schimikowski*, § 7 Rn 9; *Franz*, VersR 2008, 298, 303). Gegen die Bejahung einer weiteren Bedenkzeit spricht zum einen, dass sich Abgrenzungsschwierigkeiten ergeben bei der Beurteilung der Frage, welcher VV derart kompliziert ist, dass der VN weitere Bedenkzeit benötigt. Zum anderen müsste, würde man eine solche Differenzierung ernst nehmen, nicht nur der VV, sondern auch das Wissen, die Erfahrung und auch die Kenntnisse des VN in die Beurteilung der Frage einfließen.

Zudem hat sich der Gesetzgeber ausdrücklich gegen eine „Bedenkfrist" zwischen Erhalt der Informationen und Abgabe der Vertragserklärung entschieden (vgl. Begr. BT-Drucks 16/3945, S. 48). Die Entscheidung, ob die Informationen vor der Vertragsentscheidung zur Kenntnis genommen werden, liegt beim „mündigen Verbraucher" selbst. Eine Frist, nach deren Ablauf der Verbraucher den Vertrag erst schließen darf, würde dem **Leitbild des „mündigen Verbrauchers"** widersprechen. Allerdings ergibt sich eine Bedenkzeit schon daraus, dass der Kunde generell nicht verpflichtet ist, umgehend zu reagieren und einen Antrag zu stellen. Der Kunde kann sich also jederzeit eine Bedenkzeit nehmen. Entscheidend ist, dass der VN die Möglichkeit hat, sich vor Abgabe seiner Vertragserklärung eine ausreichende Bedenkzeit zu nehmen, nicht, ob er hiervon tatsächlich Gebrauch macht. Dem Erfordernis der Rechtzeitigkeit wäre nicht genüge getan, wenn der VR oder Vertreter den VN mit einer zu kurz bemessenen Annahme- oder Überlegungsfrist, die für eine Auswertung der Informationen nicht ausreicht, unter Druck setzt (Prölss/Martin/*Rudy*, § 7 Rn 12). Außerdem kann der Versicherungsvermittler i.R.d. Beratungsgesprächs aus § 6 VVG, § 242 BGB dazu verpflichtet sein, dem Kunden eine Bedenkzeit zu empfehlen (*Brömmelmeyer*, VersR 2009, 584, 587).

Die Entscheidung des nationalen Gesetzgebers hätte aber in der Tat keine Bedeutung, wenn sie den Zielen des EU-Rechts entgegenstehen würde. Das ist aber gerade nicht der Fall, da auch die Fernabsatz-RL II nur von der „rechtzeitigen" Informationserteilung spricht (vgl. zum Ganzen auch § 7 VVG Rdn 42 ff.). 14

Mit der neuen Regelung zum Zeitpunkt der Informationserteilung ist ab dem 1.1.2008 der Vertragsschluss im Wege des **„Policenmodells"** *nicht* mehr möglich (zu den einzelnen Vertragsschlussmodellen vgl. § 7 VVG Rdn 14 ff.). Der Gesetzgeber selbst macht von dieser Vorgabe allerdings eine **Ausnahme**, wenn der VV **auf Wunsch des VN** telefonisch oder mittels eines anderen Kommunikationsmittels abgeschlossen wird, welches die Informationserteilung vor Vertragsschluss nicht ermöglicht. In diesem Ausnahmefall sind die Informationen **unverzüglich nach Vertragsschluss** nachzuholen (§ 7 Abs. 1 S. 3 Hs. 1 VVG). 15

Dies gilt ebenso, wenn der **VN durch eine gesonderte schriftliche Erklärung** auf eine Information vor Abgabe seiner Vertragserklärung **verzichtet** (§ 7 Abs. 1 S. 3 Hs. 2 VVG). Damit will der Gesetzgeber den Anforderungen des selbstbestimmten Handelns des VN gerecht werden, dem gegen seinen Willen weder Beratung noch Information aufgedrängt werden sollen (BT-Drucks 16/3945, S. 60). Der Verzicht ist nur wirksam, wenn er in einer 16 gesonderten schriftlichen Erklärung erfolgt. Ob ein Verzicht auch durch vorformulierte Klauseln wirksam erklärt werden kann und ob die gesetzlich vorgesehene Verzichtsmöglichkeit europarechtswidrig ist, ist streitig (vgl. hierzu § 7 VVG Rdn 50 f.). Eine grds. bei jedem Vertragsschluss gegebene Verzichtserklärung würde jedenfalls de facto das abgeschaffte Policenmodell wieder beleben; das ist gerade vom Gesetzgeber nicht gewollt (BT-Drucks 16/3945, S. 60) und könnte einen aufsichtsrechtlichen Missstand i.S.d. § 298 Abs. 1 VAG darstellen.

4. Einzelne Informationspflichten

17 § 1 Abs. 1 Nr. 1 bis 5 VVG-InfoV beinhalten die Informationen zum VR und orientieren sich inhaltlich im Wesentlichen an den zuvor geltenden Bestimmungen der Anlage zu § 48b VVG a.F. sowie den Informationspflichten nach Anlage D, Abschnitt 1 Nr. 1 zu § 10a VAG a.F.

18 Ausweislich der Verordnungsbegründung übernimmt § 1 Abs. 1 **Nr. 1** VVG-InfoV die zuvor in Anlage D zu § 10a VAG a.F. enthaltenen Vorgaben. Es wird die Angabe der Identität des VR gefordert, zu nennen sind daher Name, Anschrift, Rechtsform und Sitz des VR. Anzugeben ist auch die etwaige Niederlassung, über die der Vertrag geschlossen werden soll. Diese Verpflichtung bzgl. der etwaigen Niederlassung trifft den ausländischen VR hinsichtlich seiner Tätigkeit in Deutschland. Anzugeben ist weiterhin das Handelsregister und die zugehörige Registernummer.

19 Die nach § 1 Abs. 1 **Nr. 2** VVG-InfoV zu gebenden Informationen betreffen nur ausländische VR. Zweck der Vorschrift ist, dem VN einen Ansprechpartner des VR im eigenen Land mitzuteilen (MüKo/*Armbrüster*, § 1 VVG-InfoV Rn 7). Die Regelung setzt voraus, dass ein Vertreter oder eine andere gewerblich tätige Person als der Versicherer vorhanden ist, die dem VN im Auftrag des VR im Zusammenhang mit dem Versicherungsvertrag geschäftlich gegenübertritt (MüKo/*Armbrüster*, § 1 VVG-InfoV Rn 7). Es ist die Stelle anzugeben, über die der VN mit dem VR in Kontakt treten kann und die Eigenschaft dieser Person ist zu bezeichnen. Die Informationspflicht gilt trotz der Bezugnahme auf einen Wohnsitz entsprechend auch gegenüber einer juristischen Person als VN (Rüffer/Halbach/ Schimikowski/*Baroch Castellvi*, § 1 VVG-InfoV Rn 8).

20 Nach § 1 Abs. 1 **Nr. 3** VVG-InfoV anzugeben sind die ladungsfähige Anschrift des VR bzw. eine andere maßgebliche Anschrift und bei juristischen Personen zudem ein Vertretungsberechtigter. Mit dem Erfordernis einer ladungsfähigen Anschrift wird auf das Prozessrecht verwiesen, wonach Postleitzahl, Straße und Hausnummer – bei grenzüberschreitenden Geschäften auch das Land – zu nennen sind. Der VN soll in die Lage versetzt werden, seine Ansprüche erforderlichenfalls gerichtlich durchzusetzen. Die Angabe eines Postfachs reicht nicht aus, um die wirksame Zustellung von Schriftstücken nach der ZPO zu gewährleisten (Looschelders/Pohlmann/*Pohlmann/Schäfers*, § 1 VVG-InfoV Rn 9). Weitere, „maßgebliche" Anschriften sind solche, die Ansprechbarkeit des VR und die Reibungslosigkeit des Rechtsverkehrs gewährleisten (MüKo/*Armbrüster*, § 1 VVG-InfoV Rn 11). Abzustellen ist auf die Perspektive des VN. Sofern von der ladungsfähigen An-

schrift abweichend, kommt hier vor allem die Nennung der Anschrift in Betracht, bei der der intendierte Vertrag verwaltet werden soll (Rüffer/Halbach/Schimikowski/*Baroch Castellvi*, § 1 VVG-InfoV Rn 13). Von § 1 Abs. 1 Nr. 3 Hs. 2 VVG-InfoV werden in Abgrenzung zu § 1 Abs. 1 Nr. 3 Hs. 1 und Nr. 2 VVG-InfoV regelmäßig organschaftliche, nicht rechtsgeschäftliche Vertreter erfasst, bei Personenvereinigungen eine entsprechende Person (MüKo/*Armbrüster*, § 1 VVG-InfoV Rn 11).

§ 1 Abs. 1 **Nr. 4** VVG-InfoV verlangt die Angabe der Hauptgeschäftstätigkeit des VR. Da § 15 Abs. 1 VAG den Betrieb versicherungsfremder Geschäfte ohnehin verbietet, genügt hier die Angabe, dass das Versicherungsgeschäft betrieben wird. Denkbar wäre auch, den Unternehmenszweck aus der Satzung anzugeben, sofern dieser für den durchschnittlichen VN verständlich beschrieben ist. Weil die Angabe eines VR, dass er das Versicherungsgeschäft als Hauptgeschäft betreibe, nichtssagend ist, wird teilweise gefordert, dass der VR darüber hinaus auch einzelne Sparten benennen muss, soweit diese seine Tätigkeit prägen (so Looschelders/Pohlmann/*Pohlmann/Schäfers*, § 1 VVG-InfoV Rn 12). Dies ist zwar empfehlenswert, aber nicht geboten. § 1 Abs. 1 Nr. 4 VVG-InfoV dient der Umsetzung von Art. 3 Abs. 1 Nr. 1 Buchst. a der Fernabsatz-RL II, der ersichtlich nicht auf Versicherungsunternehmen zugeschnitten ist. Der Verbraucher soll gewarnt werden, wenn der angebotene Vertrag nicht der Hauptgeschäftstätigkeit des Unternehmens zuzuordnen ist. Insoweit erscheint der VN aber gerade nicht schutzbedürftig. 21

Die Informationen nach § 1 Abs. 1 **Nr. 5** VVG-InfoV entsprechen denen, die nach Nr. 2h der Anlage zu 48b VVG a.F. erforderlich waren. Hier sind Name und Anschrift des Garantiefonds anzugeben: Protektor Lebensversicherungs AG, Wilhelmstr. 43/43 G, 10117 Berlin (für die Lebensversicherung); Medicator AG, Gustav-Heinemann-Ufer 74c, 50968 Köln (für die Krankenversicherung). Für die Schadensversicherung sind keine Garantiefonds i.S.d. Vorschrift anzugeben. Die Verkehrsopferhilfe nach § 12 PflVG und das Deutsche Büro Grüne Karte der Kraftversicherung schützen unmittelbar das Verkehrsopfer als geschädigten Dritten und nicht den VN, sodass diese nicht anzugeben sind (so auch Looschelders/Pohlmann/*Pohlmann/Schäfers*, § 1 VVG-InfoV Rn 12; Rüffer/Halbach/Schimikowski/ *Baroch Castellvi*, § 1 VVG-InfoV Rn 19). Eine entsprechende zusätzliche Angabe kann aber selbstverständlich erfolgen. 22

§ 1 Abs. 1 **Nr. 6a** VVG-InfoV enthält die Informationspflicht, die zuvor in Nr. 1c der Anlage D, Abschnitt I zu § 10a VAG a.F. enthalten war. Danach hat der VR dem VN die für das Versicherungsverhältnis geltenden Allgemeinen Versicherungsbedingungen einschließlich der Tarifbestimmungen zur Verfügung zu stellen. Zu beachten ist, dass zu den AVB sowohl die allgemeinen als auch die besonderen Versicherungsbedingungen sowie die ausdrücklich herausgestellten Tarifbestimmungen zählen. 23

Nach § 1 Abs. 1 **Nr. 6b** VVG-InfoV sind die wesentlichen Merkmale der Versicherungsleistung anzugeben. Die Verordnung selbst konkretisiert diese Verpflichtung dahingehend, dass insb. die ausdrücklich genannten Umstände, die Angaben über Art, Umfang und Fälligkeit der Leistung, zu nennen sind. Die Art der Versicherungsleistung verlangt Auskunft darüber, ob es sich um eine Geld- oder Sachleistung handelt. Der Umfang bezieht sich auf die Versicherungssumme des betreffenden Vertrages. Anzugeben sind auch Höchst- 24 versicherungssummen, Selbstbeteiligungen und Wartezeiten des VN (Prölss/Martin/*Knappmann*, § 1 VVG-InfoV Rn 8). Die Angaben zur Fälligkeit sollen den VN darüber informieren, dass die Entschädigung fällig wird, wenn die Feststellungen des Versicherers zum Grunde und zur Höhe des Anspruchs abgeschlossen sind. Darüber hinausgehende Angaben können je nach Versicherungssparte notwendig sein, wenn Besonderheiten im Zusammenhang mit der Versicherungsleistung bestehen. Obwohl diese Angaben i.d.R. in den AVB enthalten sind, wird eine zusätzliche Information verlangt, um dem VN den Vergleich mit den Produkten anderer VR zu erleichtern (Looschelders/Pohlmann/*Pohlmann/Schäfers*, § 1 VVG-InfoV Rn 16).

25 Der nach § 1 Abs. 1 **Nr. 7** VVG-InfoV zu nennende Gesamtpreis der Versicherung ist die vom VN für einen bestimmten, ausdrücklich zu beziffernden Zeitraum (z.B. jährlich oder monatlich) zu entrichtende Bruttoprämie (einschließlich aller Steuern und sonstiger Prämienbestandteile), die sich ergibt, wenn der konkret beantragte VV zum vorgesehenen Zeitpunkt geschlossen wird. Erfolgt eine Verrechnung mit Überschussbeteiligung, ist (auch) die Bruttoprämie vor der Verrechnung anzugeben, da die Überschussbeteiligung nicht garantiert ist (Rüffer/Halbach/Schimikowski/*Baroch Castellvi*, § 1 VVG-InfoV Rn 25). Grds. fordert die Regelung, dass die Prämien einzeln auszuweisen sind, wenn das Versicherungsverhältnis mehrere selbstständige VV umfassen soll. Hierbei ist zu differenzieren. Bei gebündelten VV, bei denen die rechtliche Selbstständigkeit der Verträge erhalten bleibt, sind die Prämien gesondert auszuweisen. Ein gesonderter Ausweis ist insbesondere auch bei der Verbindung von Haupt- und Zusatzversicherung (z.B. Lebensversicherung mit Berufsunfähigkeitszusatzversicherung) erforderlich (Prölss/*Präve*, § 10a Rn 14; Looschelders/Pohlmann/*Pohlmann/Schäfers*, § 1 VVG-InfoV Rn 18). Handelt es sich dagegen um einen verbundenen Vertrag, der unterschiedliche Risiken zu einem einheitlichen Vertrag zusammenfasst, genügt die Angabe der einheitlichen Prämie, wobei es nicht darauf ankommt, ob die Absicherung eines einbezogenen Risikos auch durch ein selbstständiges Versicherungsprodukt erfolgen könnte, da dies letztlich nie ganz auszuschließen ist (Prölss/Martin/*Knappmann*, § 1 VVG-InfoV Rn 9; Looschelders/Pohlmann/*Pohlmann/Schäfers*, § 1 VVG-InfoV Rn 18; Rüffer/Halbach/Schimikowski/*Baroch Castellvi*, § 1 VVG-InfoV Rn 27; Römer/Langheid/*Rixecker/Langheid*, § 1 VVG-InfoV Rn 20; **a.A.** MüKo/*Armbrüster*, § 1 VVG-InfoV Rn 23; *Schneider/Reuter-Gehrken*, in: Staudinger/Halm/Wendt, § 1 VVG-InfoV Rn 22).

26 § 1 Abs. 1 **Nr. 8** VVG-InfoV verlangt ergänzend zu § 1 Abs. 1 Nr. 7 VVG-InfoV weitere Angaben zu den Kosten, die neben der Prämie noch anfallen können. Dies sind zum einen die Kosten, die der VN an den VR neben der Prämie noch zu zahlen hat. Dies können nur solche Kosten sein, die unabhängig von der Inanspruchnahme einer bestimmten Leistung des VR anfallen und bereits im Zeitpunkt des Vertragsschlusses feststehen, wie bspw. für die Erstellung und Versendung einer Ersatzurkunde, die Bearbeitung von Rückläufern im Lastschriftverfahren etc. (**a.A.** Looschelders/Pohlmann/*Pohlmann/Schäfers*, § 1 Rn 21; MüKo/*Armbrüster*, § 1 VVG-InfoV Rn 28). Ob solche Kosten grds. zulässigerweise erhoben werden können, ergibt sich nicht aus der Verordnung selbst, sondern richtet sich nach anderen Vorschriften. Berechnet der Versicherer in einem solchen Fall nicht den konkret verursachten Betrag, sondern einen pauschalen Abgeltungsbetrag, ist auch darüber zu informieren. Des Weiteren sind mögliche weitere Steuern, Gebühren oder Kosten anzugeben, die darüber hinaus anfallen und nicht über den VR abgeführt werden. Zuletzt hat der VR noch über die etwaig entstehenden Kosten für die Benutzung eines Fernkommunikationsmittels zu informieren. Hier empfiehlt sich der Minutenpreis, der bei Verwendung der angegebenen Telefonnummer auf den VN zukommt. Anzugeben sind die Kosten für jegliche Verbindung, auch wenn es sich um einen Grundtarif ohne Sonderkonditionen handelt. Zwar legt der Wortlaut „zusätzliche Kosten" nahe, dass es sich gerade um Zusatzkosten handelt, die der Anruf beim VR über die Grundkosten hinaus auslöst (etwa für eine gebührenpflichtige Hotline, so Rüffer/Halbach/Schimikowski/*Baroch Castellvi*, § 1 VVG-InfoV Rn 41), dagegen spricht aber die Entstehungsgeschichte der VVG-InfoV. Die noch im ersten Entwurf vorgesehene Beschränkung auf diejenigen Kosten, die über die üblichen Grundtarife hinausgehen, wurde nämlich nicht beibehalten.

Bei § 1 Abs. 1 **Nr. 9** VVG-InfoV sind Angaben erforderlich, wie die Prämie zu zahlen ist, ob sie monatlich oder jährlich zu zahlen ist und zu welchem Zeitpunkt sie beim VR eingegangen sein muss, um Versicherungsschutz zu bekommen oder sich zu erhalten. 27

Im Regelfall sind zu § 1 Abs. 1 **Nr. 10** VVG-InfoV keine Angaben zu machen, da die Gültigkeitsdauer der Informationen im Allgemeinen nicht absehbar beschränkt ist. Relevant wird die Vorschrift aber beim Vertragsschluss nach dem Invitatiomodell, da der VR dann angeben muss, wie lange er an seinen Antrag gebunden sein soll (Looschelders/Pohlmann/ *Pohlmann/Schäfers*, § 1 VVG-InfoV Rn 22). 28

Im Regelfall sind zu § 1 Abs. 1 **Nr. 11** VVG-InfoV hier keine Angaben zu machen. Eine Ausnahme gilt bei fondsgebundenen Lebensversicherungen. Zu informieren ist hier über das Kursrisiko, aber auch über die Risiken der einzelnen Fonds sowie darüber, dass in der Vergangenheit erwirtschaftete Beträge kein Indikator für zukünftige Erträge sind (MüKo/ *Armbrüster*, § 1 VVG-InfoV Rn 38). 29

§ 1 Abs. 1 **Nr. 12** VVG-InfoV verlangt Angaben zum Zustandekommen des VV. Da es bei VV auch nach dem reformierten VVG noch unterschiedliche Möglichkeiten des Vertragsschlusses gibt (vgl. dazu ausführlich § 7 VVG Rdn 14 ff.), ist der VN darüber zu informieren, wie der VV geschlossen wird. Hier kann es sich empfehlen, dem VN einen konkreten Hinweis auf diejenige Handlung zu geben, die zum Vertragsschluss führt. Insb. ist der VN darauf hinzuweisen, wann der Vertrag beginnt und ab welchem Zeitpunkt Versicherungsschutz besteht. Hier kann auf die AVB und den Antrag verwiesen werden. 30

§ 1 Abs. 1 **Nr. 13** VVG-InfoV verlangt eine umfassende Aufklärung über das Widerrufsrecht einschließlich der Einzelheiten der Ausübung und der Rechtsfolgen. Ggfs. muss auch über das Nichtbestehen eines Widerrufsrechts aufgeklärt werden (vgl. § 8 Abs. 3 VVG). Die Information nach § 1 Abs. 1 Nr. 13 VVG-InfoV kann sich an der Formulierung der Belehrung über das Widerrufsrecht nach § 8 Abs. 2 S. 1 Nr. 2 VVG orientieren oder auch mit dieser im Wortlaut identisch sein. Unklar ist, in welchem Verhältnis die Belehrung nach § 8 Abs. 2 VVG und die Informationsmitteilung nach § 1 Abs. 1 Nr. 13 VVG-InfoV zueinander stehen. Wegen der strengeren Formerfordernisse wird die Belehrung auch den 31

Anforderungen von § 1 Abs. 1 Nr. 13 VVG-InfoV genügen, sofern sie rechtzeitig vor der Abgabe der Vertragserklärung des VN erfolgt (Prölss/Martin/*Knappmann*, § 1 VVG-InfoV Rn 17). Streitig ist, ob dann darüber hinaus im Zeitpunkt der Abgabe der Willenserklärung des VN oder danach noch einmal gem. § 8 Abs. 2 VVG belehrt werden muss. Dafür könnte sprechen, dass bei einer vorzeitigen Belehrung mit zunehmendem zeitlichen Abstand das Risiko besteht, dass der Widerrufsberechtigte die Belehrung im Zeitpunkt der Abgabe seiner Vertragserklärung wieder vergessen hat (vgl. § 8 VVG Rdn 48). Eine doppelte Belehrung nach § 8 Abs. 2 VVG und § 1 Abs. 1 Nr. 13 VVG-InfoV dürfte im Ergebnis dennoch nicht geboten sein, da der VN eher verwirrt wird. Eine einmalige Belehrung reicht daher aus, wenn sie den Anforderungen beider Vorschriften genügt (so auch MüKo/*Armbrüster*, § 1 VVG-InfoV Rn 49; Looschelders/Pohlmann/*Pohlmann/Schäfers*, § 1 VVG-InfoV Rn 35; Prölss/Martin/*Knappmann*, § 1 VVG-InfoV Rn 17).

32 Informationen über die Laufzeit des Versicherungsverhältnisses sind nach § 1 Abs. 1 **Nr. 14** VVG-InfoV erforderlich. Die Vereinbarung einer festen Laufzeit, einer automatischen Verlängerung oder die Begründung eines Versicherungsverhältnisses auf unbestimmte Zeit müssen angegeben werden.

33 Nach § 1 Abs. 1 **Nr. 15** VVG-InfoV werden Angaben zur Beendigung des VV, insb. zum Kündigungsrecht des VN, verlangt. Der VN soll darüber aufgeklärt werden, wie lange der Versicherungsschutz andauert und unter welchen Bedingungen er den Vertrag einseitig beenden kann. Sind dem VR vertragliche Kündigungsrechte eingeräumt, sind diese ebenfalls zu nennen, da der VN nur so über die Dauer des Versicherungsschutzes informiert wird – genau dies beabsichtigt die Regelung des § 1 Abs. 1 Nr. 15 VVG-InfoV (so auch Looschelders/Pohlmann/*Pohlmann/Schäfers*, § 1 VVG-InfoV Rn 39; **a.A.** unter Verweis auf die Verordnungsbegründung; Rüffer/Halbach/Schimikowski/*Baroch Castellvi*, § 1 VVG-InfoV Rn 67). Aus diesem Grund hat der VR auch über das Bestehen gesetzlicher Kündigungsrechte zu informieren (**a.A.** Rüffer/Halbach/Schimikowski/*Baroch Castellvi*, § 1 VVG-InfoV Rn 69).

34 Angaben zum vorvertraglichen Rechtsstatut nach § 1 Abs. 1 **Nr. 16** VVG-InfoV erübrigen sich i.d.R. und kommen nur bei Grenzüberschreitungen innerhalb der EU in Betracht (Prölss/Martin/*Knappmann*, § 1 VVG-InfoV Rn 19; Rüffer/Halbach/Schimikowski/*Baroch Castellvi*, § 1 VVG-InfoV Rn 73 f.).

35 Nach § 1 Abs. 1 **Nr. 17** VVG-InfoV ist das auf den VV anzuwendende Recht anzugeben oder eine etwaige Vertragsklausel über das anwendbare Recht, ferner das ggfs. aufgrund einer Gerichtsstandsvereinbarung zuständige Gericht.

36 § 1 Abs. 1 **Nr. 18** VVG-InfoV verlangt die Mitteilung der Sprachen, in welcher die Vertragsbedingungen und die Vorabinformationen mitgeteilt werden sowie der Sprachen, auf die sich die Vertragsparteien für die vertragliche Kommunikation während der Laufzeit geeinigt haben.

37 Unter § 1 Abs. 1 **Nr. 19** VVG-InfoV ist auf den Ombudsmann und die Voraussetzungen seiner Inanspruchnahme hinzuweisen. Ausdrücklich ist darauf hinzuweisen, dass die Inanspruchnahme des Rechtsweges durch den außergerichtlichen Rechtsbehelf unberührt bleibt.

Es soll etwaigen Fehlvorstellungen vorgebeugt und die Bereitschaft zu vorrangigen Inanspruchnahme außergerichtlicher Rechtsbehelfe gefördert werden. Der Ombudsmann für Versicherungen ist per Post unter der Adresse „Versicherungsombudsmann e.V., Postfach 080632, 10006 Berlin" oder per E-Mail unter „beschwerde@versicherungsombudsmann.de" oder telefonisch unter 0800 – 3696000 (kostenfrei aus dem dt. Telefonnetz) zu erreichen. Der Ombudsmann für die private Kranken- und Pflegeversicherung ist per Post unter der Adresse „Postfach 060222, 10052 Berlin" zu erreichen oder telefonisch unter 0800 – 2550444 (kostenfrei aus deutschen Telefonnetzen).

Der VN ist unter § 1 Abs. 1 **Nr. 20** VVG-InfoV auf die Möglichkeit einer Beschwerde bei der zuständigen Aufsichtsbehörde hinzuweisen. Bei EWR-ausländischen Versicherern, die den EG-Versicherungs-Richtlinien unterliegen, ist die Adresse der zuständigen Sitzlandbehörde anzugeben. Sofern diese Behörde jedoch keine Beschwerden von VN entgegennimmt, ist die Bundesanstalt für Finanzdienstleistungsaufsicht (BaFin) als Tätigkeitslandbehörde in der Verbraucherinformation auszuweisen. Für inländische sowie für andere ausländische VR ist stets die Adresse der BaFin anzuführen. 38

II. Hervorhebung und Gestaltungsform der Informationen gem. § 1 Abs. 2 VVG-InfoV

Dem VR wird die Möglichkeit eingeräumt, die nach dieser Vorschrift zu erfüllenden Informationspflichten durch die Übermittlung der Vertragsbestimmungen einschließlich der **AVB** zu erfüllen. Im Einzelnen handelt es sich um die Anschrift des VR, die Bedingungen, Ausübung und die Rechtsfolgen sowie das Bestehen oder Nichtbestehen eines Widerrufsrechts und Angaben zur Beendigung des Vertrages, insb. zu den vertraglichen Kündigungsbedingungen einschließlich etwaiger Vertragsstrafen und nach der hier vertretenen Auffassung auch zu den gesetzlichen Kündigungsrechten. Der VR ist in der Art der Erteilung der Informationen, wie auch bisher, frei. Damit wird klargestellt, dass der VR eine **gesonderte Verbraucherinformation nicht** erstellen muss, sondern seiner Pflicht zur Informationserteilung auch dadurch nachkommen kann, dass die aufgeführten **Informationen in den Vertragsunterlagen** enthalten sind. In jedem Fall muss er sich aber an das Transparenzgebot des § 307 Abs. 1 S. 2 BGB halten – so ist auch der Hinweis in § 1 Abs. 2 VVG-InfoV auf die „deutlich gestaltete Form" zu verstehen. 39

Einschränkend gibt der Verordnungsgeber dem VR aber auf, einige, besonders wichtige Informationen hervorzuheben. Die **Hervorhebung** kann durch Farbe, größere Buchstaben, Fettdruck oder Ähnliches erreicht werden. Entscheidend ist, dass die betreffenden Angaben aus dem übrigen Text hervortreten und eine Signalwirkung erzielt wird (so zutreffend *Leverenz*, Vertragsschluss nach der VVG- Reform, S. 30). 40

C. Rechtsfolgen

I. Widerrufsrecht

41 Grds. hat der VN das Recht, seine Vertragserklärung innerhalb von zwei Wochen zu widerrufen (§ 8 Abs. 1 VVG), bei Lebensversicherungsverträgen gilt nach § 152 VVG eine Frist von 30 Tagen. Die **Widerrufsfrist beginnt**, wenn dem VN die in § 1 Abs. 2 VVG-InfoV genannten Unterlagen in Textform zugegangen sind, zu denen auch die Versicherungsinformationen zählen. Verletzt der VR seine Informationspflicht, so ergibt sich aus § 8 Abs. 2 Nr. 1 VVG, dass die Widerrufsfrist nicht zu laufen beginnt (so bereits Abschlussbericht der Kommission zur Reform des Versicherungsvertragsrechts, VersR-Schriftenreihe, Bd. 25, Karlsruhe 2004, S. 13; allgemeine Ansicht vgl. *Funck*, VersR 2008, 163, 164; VersR-Hdb/*Schwintowski*, § 18 Rn 131; *Wandt*, in: Halm/Engelbrecht/Krahe, Hdb. FA VersR, 1. Kap. Rn 293; *Teslau/Prang*, in: v. Bühren, Hdb. VersR, § 14 Rn 87). Dies gilt aber nur, wenn die Information gar nicht erteilt wurde oder sie derartige Mängel aufweist, dass sie ihren Zweck nicht erfüllen kann. Kleinere Mängel oder Ungenauigkeiten bei der Versicherungsinformation hemmen den Fristbeginn nicht. **Intransparente Klauseln** führen ebenso wenig zu einem Widerspruchsrecht (so auch *Wandt*, in: Halm/Engelbrecht/Krahe, Hdb. FA VersR, 1. Kap. Rn 293). Denn die Verbraucherinformationen bestehen zum Großteil aus AVB und sind daher bei Intransparenz wie intransparente AVB-Klauseln zu behandeln (BGH, DB 2007, 2767).

42 Da § 8 Abs. 2 VVG nur auf die Vollständigkeit und nicht auf die Rechtzeitigkeit der Übermittlung der Information abstellt, hat es keine Auswirkung auf das Widerrufsrecht des VN, wenn der VR die Informationen nicht rechtzeitig mitteilt. Bei einer nicht rechtzeitigen Information des VN kommen aber Schadensersatzansprüche des VN in Betracht (*Teslau/Prang*, in: v. Bühren, Hdb. VersR, § 14 Rn 89).

II. Schadenersatzanspruch

43 Bei der Informationspflicht handelt es sich um eine gesetzliche Pflicht, deren Verletzung einen Schadenersatzanspruch nach sich ziehen kann. Dieser kann sich aus **§§ 280 Abs. 1, 241 Abs. 2 BGB** ergeben. Daneben kann ein Anspruch aus **§§ 280 Abs. 1, 241 Abs. 2, 311 Abs. 2 BGB** bestehen, da es um die Verletzung einer vorvertraglichen Pflicht geht (vgl. zum Ganzen auch § 7 VVG Rdn 66 ff.). Weiter können sich Aufklärungs-, Beratungs- und Warnpflichten aus einem gesondert geschlossenen Beratungsvertrag ergeben (VersR-Hdb/*Schwintowski*, § 18 Rn 124). Allerdings ist fraglich, worin der **Schaden** der nicht, nicht rechtzeitig oder nicht ordnungsgemäß erteilten Information liegen soll. Dieser kann sich möglicherweise daraus ergeben, dass der VN geltend macht, er hätte sich bei vollständiger Information für das günstigere Angebot bei einem anderen VR entschieden.

44 Allein eine solche Behauptung kann aber nicht zu einem Anspruch des VN führen, vielmehr hat der VN die **Darlegungs- und Beweislast** hinsichtlich der Voraussetzungen eines solchen Anspruchs.

Teilweise wird vertreten, dass das Widerrufsrecht in § 8 Abs. 2 S. 1 Nr. 1 VVG als spezialgesetzliche Regelung die Anwendbarkeit der §§ 280 Abs. 1, 241 Abs. 2, 311 Abs. 2 BGB ausschließt. Das Widerrufsrecht des § 8 VVG sei jedenfalls in Hinblick auf einen Anspruch auf Vertragsaufhebung aus culpa in contrahendo ausgeschlossen (*Funck*, VersR 2008, 163, 164). Dies ist abzulehnen. Bereits der unterschiedliche Schutzzweck der Normen spricht gegen eine Spezialität des § 8 VVG. Dagegen spricht auch, dass Ansprüche aus §§ 280 Abs. 1, 241 Abs. 2, 311 Abs. 2 BGB im Gegensatz zu § 8 VVG ein Verschulden voraussetzen. I.Ü. zeigt § 8 Abs. 3 VVG, dass es sehr wohl einen Anwendungsbereich für die Regelungen der culpa in contrahendo neben § 8 Abs. 2 VVG gibt (siehe hierzu § 7 VVG Rdn 69; VersR-Hdb/*Schwintowski*, § 18 Rn 128; Looschelders/Pohlmann/*Pohlmann*, § 7 Rn 54).

III. Sonstige Rechtsfolgen

Lässt sich der VR standardmäßig vom VN einen Informationsverzicht nach § 7 Abs. 1 S. 3 Hs. 2 VVG erteilen, dürfte hierin ein Missstand i.S.v. § 298 Abs. 1 VAG zu erblicken sein, der zu einem aufsichtsbehördlichen Einschreiten führen kann. Gleiches gilt im Fall von wiederholten Verstößen gegen die Informationspflichten. In Betracht kommt ferner die Inanspruchnahme des VR auf Unterlassung durch Verbraucherverbände nach § 2 UklaG oder durch Mitbewerber nach dem UWG (vgl. hierzu § 7 VVG Rdn 73 f.). Ein klagbarer Anspruch des VN auf Erfüllung der Informationspflichten besteht nicht (MüKo/*Armbrüster*, § 7 VVG Rn 113).

§ 2 VVG-InfoV   Informationspflichten bei der Lebensversicherung, der Berufsunfähigkeitsversicherung und der Unfallversicherung mit Prämienrückgewähr

(1) Bei der Lebensversicherung hat der Versicherer dem Versicherungsnehmer gem. § 7 Abs. 1 Satz 1 des Versicherungsvertragsgesetzes zusätzlich zu den in § 1 Abs. 1 genannten Informationen die folgenden Informationen zur Verfügung zu stellen:

1. Angaben zur Höhe der in die Prämie einkalkulierten Kosten; dabei sind die einkalkulierten Abschlusskosten als einheitlicher Gesamtbetrag und die übrigen einkalkulierten Kosten als Anteil der Jahresprämie unter Angabe der jeweiligen Laufzeit auszuweisen; bei den übrigen einkalkulierten Kosten sind die einkalkulierten Verwaltungskosten zusätzlich gesondert als Anteil der Jahresprämie unter Angabe der jeweiligen Laufzeit auszuweisen;
2. Angaben zu möglichen sonstigen Kosten, insb. zu Kosten, die einmalig oder aus besonderem Anlass entstehen können;
3. Angaben über die für die Überschussermittlung und Überschussbeteiligung geltenden Berechnungsgrundsätze und Maßstäbe;
4. Angabe der in Betracht kommenden Rückkaufswerte;

5. Angaben über den Mindestversicherungsbetrag für eine Umwandlung in eine prämienfreie oder eine prämienreduzierte Versicherung und über die Leistungen aus einer prämienfreien oder prämienreduzierten Versicherung;
6. das Ausmaß, in dem die Leistungen nach den Nummern 4 und 5 garantiert sind;
7. bei fondsgebundenen Versicherungen Angaben über die der Versicherung zugrunde liegenden Fonds und die Art der darin enthaltenen Vermögenswerte;
8. allgemeine Angaben über die für diese Versicherungsart geltende Steuerregelung;
9. bei Lebensversicherungsverträgen, die Versicherungsschutz für ein Risiko bieten, bei dem der Eintritt der Verpflichtung des Versicherers gewiss ist, die Minderung der Wertentwicklung durch Kosten in Prozentpunkten (Effektivkosten) bis zum Beginn der Auszahlungsphase.

(2) Die Angaben nach Absatz 1 Nr. 1, 2, 4 und 5 haben in Euro zu erfolgen. Bei Absatz 1 Nr. 6 gilt Satz 1 mit der Maßgabe, dass das Ausmaß der Garantie in Euro anzugeben ist.

(3) Die vom Versicherer zu übermittelnde Modellrechnung im Sinne von § 154 Abs. 1 des Versicherungsvertragsgesetzes ist mit folgenden Zinssätzen darzustellen:
1. dem Höchstrechnungszinssatz, multipliziert mit 1,67,
2. dem Zinssatz nach Nummer 1 zuzüglich eines Prozentpunktes und
3. dem Zinssatz nach Nummer 1 abzüglich eines Prozentpunktes.

(4) Auf die Berufsunfähigkeitsversicherung sind die Absätze 1 und 2 entsprechend anzuwenden. Darüber hinaus ist darauf hinzuweisen, dass der in den Versicherungsbedingungen verwendete Begriff der Berufsunfähigkeit nicht mit dem Begriff der Berufsunfähigkeit oder der Erwerbsminderung im sozialrechtlichen Sinne oder dem Begriff der Berufsunfähigkeit im Sinne der Versicherungsbedingungen in der Krankentagegeldversicherung übereinstimmt.

(5) Auf die Unfallversicherung mit Prämienrückgewähr sind Absatz 1 Nr. 3 bis 8 und Absatz 2 entsprechend anzuwenden.

Übersicht

	Rdn
A. Normzweck	1
B. Norminhalt	2
I. Informationen bei der Lebensversicherung (§ 2 Abs. 1 VVG-InfoV)	2
1. Angabe der Kosten (§ 2 Abs. 1 Nr. 1 VVG-InfoV)	2
2. Angabe der sonstigen Kosten (§ 2 Abs. 1 Nr. 2 VVG-InfoV)	8
3. Angaben zur Überschussbeteiligung und Überschussermittlung (§ 2 Abs. 1 Nr. 3 VVG-InfoV)	9
4. Angaben der in Betracht kommenden Rückkaufswerte (§ 2 Abs. 1 Nr. 4 VVG-InfoV)	10
5. Angabe zur Umwandlung des Versicherungsvertrags (§ 2 Abs. 1 Nr. 5 VVG-InfoV)	12
6. Angabe der Garantie (§ 2 Abs. 1 Nr. 6 VVG-InfoV)	13
7. Angabe bei fondsgebundenen Versicherungen (§ 2 Abs. 1 Nr. 7 VVG-InfoV)	14
8. Angaben zur Steuerregelung (§ 2 Abs. 1 Nr. 8 VVG-InfoV)	15
9. Angabe der Effektivkosten (§ 2 Abs. 1 Nr. 9 VVG-InfoV)	16
II. Kostenangaben in Euro (§ 2 Abs. 2 VVG-InfoV)	18
III. Modellrechnung (§ 2 Abs. 3 VVG-InfoV)	19
IV. Berufsunfähigkeitsversicherung (§ 2 Abs. 4 VVG-InfoV)	20
V. Unfallversicherung mit Prämienrückgewähr (§ 2 Abs. 5 VVG-InfoV)	21

A. Normzweck

Die Vorschrift bestimmt, welche über die in § 1 VVG-InfoV geforderten Informationen hinaus der VR dem VN bei der Lebensversicherung und den ihr verwandten Erscheinungsformen der Personenversicherung zur Verfügung zu stellen hat.

B. Norminhalt

I. Informationen bei der Lebensversicherung (§ 2 Abs. 1 VVG-InfoV)

1. Angabe der Kosten (§ 2 Abs. 1 Nr. 1 VVG-InfoV)

Nach dem Wortlaut in § 2 Abs. 1 Nr. 1 VVG-InfoV sind „Angaben zur Höhe der in die Prämie einkalkulierten Kosten" zu machen. In § 2 Abs. 1 Nr. 1 Hs. 2 VVG-InfoV wird zwischen den „einkalkulierten Abschlusskosten" und „den übrigen einkalkulierten Kosten" differenziert. Durch das LVRG v. 1.8.2014 (BGBl I, S. 1330) wurde § 2 Abs. 1 Nr. 1 Hs. 3 VVG-InfoV angefügt, wonach bei den übrigen einkalkulierten Kosten die einkalkulierten Verwaltungskosten zusätzlich gesondert als Anteil der Jahresprämie unter Angabe der Laufzeit auszuweisen sind. Eindeutig geregelt hat der Verordnungsgeber, dass der VR die in die Prämie eingerechneten Abschlusskosten entsprechend der gesetzlichen Verordnungsermächtigung und dem Informationsinteresse des Kunden angepasst, anzugeben hat. Im Gegensatz zum Wortlaut des ersten Verordnungsentwurfs vom 18.6.2007 wird damit deutlich gemacht, dass es sich bei den in Rede stehenden Kosten nicht um die tatsächlich an den Vermittler gezahlte Provision handelt oder andere tatsächlich entstandene Kosten, sondern nur um diejenigen, die für den Kunden relevant sind, weil sie in die Prämie eingerechnet werden.

Bei den „**übrigen einkalkulierten Kosten**" sollen *alle sonstigen Kosten, die in die Prämie einkalkuliert sind und damit über die Prämie vom VN getragen werden* (Begr. VVG-InfoV, abgedr. in VersR 2008, 186, 188) angegeben werden. Dabei handelt es sich um die Verwaltungskosten; nicht gemeint sind die Kosten, die für den Versicherungsschutz zu zahlen sind, also die **Risikokosten** (Begr. VVG-InfoV, abgedr. in VersR 2008, 186, 188). Bis zur Änderung der Ermächtigungsgrundlage (§ 7 Abs. 2 S. 1 Nr. 2 VVG) und der VVG-InfoV durch das LVRG war streitig, ob der Verordnungsgeber die Angabe dieser Kosten regeln konnte oder ob dies nicht mehr von der Ermächtigungsgrundlage gedeckt war (für Ersteres: Vorauflage, *Gansel*; *Schwintowski*, VuR 2008, 250, 252; Looschelders/Pohlmann/*Pohlmann/Schäfers*, § 2 VVG-InfoV Rn 8 ff.; **dagegen:** *Präve*, VersR 2008, 151, 155; *Leverenz*, Vertragsschluss nach der VVG-Reform, S. 38 ff.; Rüffer/Halbach/Schimikowski/*Baroch Castellvi*, § 2 VVG-InfoV Rn 13). Richtigerweise dürfte es sich bei der nunmehr ausdrücklichen Erwähnung der Verwaltungskosten in der Ermächtigungsgrundlage nur um eine Klarstellung handeln (so auch *Schwintowski/Ortmann*, VersR 2014, 1401, 1402). § 7 Abs. 2 Nr. 2 VVG a.F. ermächtigte den Verordnungsgeber zu regeln, *„welche weiteren Informationen dem Versicherungsnehmer bei der Lebensversicherung, insb. über die zu erwartenden Leistungen, ihre Ermittlung und Berechnung, über eine Modellrechnung sowie* über Abschluss- und Vertriebskosten, soweit eine Verrechnung mit Prämien erfolgt und über sonstige Kosten mitzuteilen sind." Vom Wortlaut des § 7 Abs. 2 Nr. 2 VVG a.F. war damit auch die Verpflichtung zur Information über die Verwaltungskosten gedeckt, denn zum einen war die Aufzählung der Informationsposten nicht abschließend („insbesondere") und zum anderen sollte der Verordnungsgeber gerade ermächtigt sein, auch Informationspflichten über „sonstige Kosten" zu regeln, zu denen neben den ausdrücklich genannten Abschluss- und Vertriebskosten auch die Verwaltungskosten gehören. Nur so lässt sich der Zweck der Vorschrift erreichen, dem VN einen Vergleich des Vertrages mit anderen Angeboten zu ermöglichen und eine informierte Entscheidung zu treffen (so jetzt auch die Begr. zum LVRG, BT-Drucks 18/1772, S. 25). Gegen eine Einschränkung des Kostenbegriffs spricht auch, dass es funktional sinnlos wäre, Abschluss- und Vertriebskosten anzugeben, aber laufende Verwaltungskosten geheim zu halten, denn diese Kosten sind nicht trennscharf voneinander abzugrenzen und der Kunde würde die maßgebliche Information über die Gesamtkosten nicht erhalten (*Brömmelmeyer*, VersR 2009, 584, 589). Die Ermächtigungsgrundlage genügte insoweit auch den verfassungsrechtlichen Anforderungen, war insbesondere nicht zu unbestimmt. Die Unbestimmtheit der Ermächtigungsgrundlage ist erst dann anzunehmen, wenn nicht mehr vorausgesehen werden kann, in welchen Fällen und mit welcher Tendenz von ihr Gebrauch gemacht werden kann (BVerfGE 1, 14, 60; BVerfGE 42, 191, 200 ff.). Dies war aber nicht der Fall. Denn wie *Pohlmann/Schäfers* zu Recht meinen, verdeutlichen die Regelbeispiele in § 7 Abs. 2 Nr. 2 VVG a.F. die Absicht des Verordnungsgebers, dem VN ein genaues Bild zu ermöglichen, welcher Teil der Prämie nur der Kostendeckung dient (Looschelders/Pohlmann/*Pohlmann/Schäfers*, § 2 VVG-InfoV Rn 10).

4 Die Verpflichtung zur Angabe der Kosten verstößt auch nicht gegen die Lebensversicherungs-RL. Im Gegenteil: Nach **Art. 36 Abs. 3 Lebensversicherungs-RL** „*kann von den Versicherungsunternehmen nur dann die Vorlage von Angaben zusätzlich zu den in Anhang III genannten Auskünften verlangt werden, wenn diese für das tatsächliche Verständnis der wesentlichen Bestandteile der Versicherungspolice durch den VN notwendig sind.*" Wie *Präve* zu Recht andeutet, ergibt sich eine Notwendigkeit daraus, dass das BVerfG in seinem Beschl. v. 15.2.2006 (BVerfG, VersR 2006, 489 ff.), wie es auch in der Begründung formuliert wurde, diese Angabe als für das Produktverständnis notwendig erachtet (*Präve*, VersR 2008, 151, 155). „*Erst die Kenntnis dieser bislang „versteckten" Kosten ermögliche es dem Kunden, zu beurteilen, ob das ihm unterbreitete Angebot für ihn attraktiv ist oder nicht*", so die Begründung der VVG-InfoV (Begr. VVG-InfoV, abgedr. in VersR 2008, 186, 188). Zur Vorgängervorschrift Art. 31 Abs. 3 der 3. Lebensversicherungs-RL (92/96/EWG) hat der EuGH (EuGH, VersR 2015, 702) entschieden, dass diese dem nicht entgegensteht, dass ein Versicherungsunternehmen auf Grundlage allgemeiner Grundsätze des nationalen Rechts verpflichtet ist, dem VN gewisse Angaben zusätzlich zu den durch die RL vorgegebenen Auskünften zu erteilen. Dies selbst dann, wenn es sich bei der den Verpflichtung zugrunde liegenden Grundsätzen um „offene und/oder ungeschriebene Vorschriften" handelt. Die verlangten Angaben müssen aber klar, genau und für das tatsächliche Verständnis der wesentlichen Bestandteile der Versicherungspolice durch den VN notwendig sein und

eine ausreichende Rechtssicherheit bieten. Diese Voraussetzungen sind gemäß den vorstehenden Ausführungen erfüllt, zumal die durch das LVRG erfolgte Klarstellung nunmehr auch ausreichende Rechtssicherheit im Hinblick auf die Verpflichtung zur Angabe der Verwaltungskosten geschaffen hat. Nur bei VV, wo Beiträge und Versicherungsleistung feststehen, wie z.B. bei einer **Risikolebensversicherung ohne Überschussbeteiligung**, sind die Kostenangaben entbehrlich. Es genügt hier die Angabe der Beitragshöhe, der Vertragsdauer und der Versicherungsleistung im Todesfall, um dem VN einen Versicherungsvergleich zu ermöglichen. Insoweit ist § 2 Abs. 1 Nr. 1 VVG-InfoV **richtlinienkonform teleologisch zu reduzieren** (so auch *Brömmelmeyer*, VersR 2009, 584, 589).

Die **Abschlusskosten** sollen **als einheitlicher Gesamtbetrag ausgewiesen** werden, während die übrigen, in die Prämie einkalkulierten Kosten als Anteil der Jahresprämie unter Angabe der jeweiligen Laufzeit ausgewiesen werden sollen. Für die **Verwaltungskosten** wiederholt § 2 Abs. 1 Nr. 1 Hs. 3 VVG-InfoV ausdrücklich, dass diese **als Anteil der Jahresprämie unter Angabe der jeweiligen Laufzeit ausgewiesen** werden. Die Regelung in § 2 Abs. 1 Nr. 1 Hs. 3 VVG-InfoV hat lediglich klarstellenden Charakter. Die Pflicht zur Angabe der Verwaltungskosten wurde nachträglich ausdrücklich normiert, da die Angaben durch die VR bislang nicht einheitlich erfolgten. Dem VN soll durch die einheitliche Angabe der Verwaltungskoten der Vergleich mit anderen Produkten erleichtert werden. Da auf die Verwaltungskosten in der Regel ein Betrag zwischen 3 und 10 Prozent der Prämie entfällt, kann die Information ein wesentliches Entscheidungskriterium für den Abschluss des Vertrages sein (so die Begr., BT-Drucks 18/1772, S. 31).

> **Hinweis**
> Die Angabe der Kosten kann nach der Vorstellung des Verordnungsgebers, wie im Folgenden dargestellt, erfolgen: „*Für diesen Vertrag sind Abschlusskosten (und weitere Kosten zu entrichten), die in der kalkulierten Prämie von zzz,– EUR bereits enthalten sind. Diese Kosten bestehen aus einem einmaligen Betrag von xxx,– EUR und weiteren Beträgen von jährlich yyy,– EUR für eine Laufzeit von 25 Jahren.*"

Der Verpflichtung, die Abschluss- und Vertriebskosten als einheitlichen Gesamtbetrag anzugeben, beruht auf der Überlegung, dass es sich i.d.R. um größere Beträge handelt, die nicht über die gesamte Laufzeit des Vertrages einheitlich in die Prämie einkalkuliert werden. Denkbar sind aber auch Vertragsgestaltungen, bei denen ein Teil der Abschlusskosten gleichmäßig auf die gesamte Vertragslaufzeit verteilt wird, ähnlich wie schon bisher bei der Erhebung von sog. Amortisationskostenzuschlägen (*Schwintowski/Ortmann*, VersR 2014, 1401, 1403). Würde auch dieser Teil der Abschlusskosten als einheitlicher Gesamtbetrag angegeben werden, bestünde die Gefahr der Irreführung des VN. *Schwintowski/Ortmann* plädieren daher für einen **funktionalen Kostenbegriff**. Danach sollen, unabhängig von ihrer sonstigen Bezeichnung, unter Abschlusskosten i.S.d. VVG-InfoV diejenigen Kosten zu verstehen sein, die als Gesamtbetrag bei Abschluss des Vertrages anfallen, während die übrigen Kosten einschließlich der Verwaltungskosten diejenigen sind, die in der Zukunft laufend anfallen (VersR 2014, 1401, 1404).

Bei der oben wiedergegebenen Muster-Formulierung ging der Verordnungsgeber von einer bestimmten Modellvorstellung aus, die nicht auf alle Lebensversicherungsprodukte passt. So ist z.B. bei Rentenversicherungen im Voraus nur die Dauer der Ansparphase bekannt.

Ferner ändert sich die Bezugsgröße der Verwaltungskosten in der Rentenzahlungsphase. Bei Einmalbeitragsversicherungen gibt es wiederum keine Jahresprämien. In diesen Fällen wird man nach der Maxime arbeiten müssen, eine dem Modellausweis möglichst nahe kommende Lösung zu finden (Rüffer/Halbach/Schimikowski/*Baroch Castellvi*, § 2 VVG-InfoV Rn 8 f.).

7 Bei einer Vertragsänderung hat der VR zwar nicht die gesamten Informationen nochmals zu geben, aber er hat die bereits beim VN vorhandenen, entsprechend den Änderungen im VV, zu ergänzen. Hierzu zählen bei einer Änderung, die i.d.R. auch die Prämie betrifft, die Höhe der Abschlusskosten sowie die geänderten Verwaltungskosten.

2. Angabe der sonstigen Kosten (§ 2 Abs. 1 Nr. 2 VVG-InfoV)

8 Der Regelungsgehalt von § 2 Abs. 1 Nr. 2 VVG-InfoV deckt sich mit den nach § 1 Abs. 1 Nr. 8 VVG-InfoV zu gebenden Informationen (so auch *Präve*, VersR 2008, 151, 156; **a.A.** Looschelders/Pohlmann/*Pohlmann/Schäfers*, § 2 VVG-InfoV Rn 11, die von § 2 Abs. 1 Nr. 2 VVG-InfoV Kosten, die bei der Verrichtung ganz bestimmter Verwaltungsvorgänge erhoben werden, erfasst sehen und von § 1 Abs. 1 Nr. 8 VVG-InfoV nur solche Kosten, die der VR ohne weitere Gegenleistung erhebt).

3. Angaben zur Überschussbeteiligung und Überschussermittlung (§ 2 Abs. 1 Nr. 3 VVG-InfoV)

9 Obligatorisch sind nach § 2 Abs. 1 Nr. 3 VVG-InfoV Angaben über die für die Überschussermittlung und Überschussbeteiligung geltenden Berechnungsgrundsätze und Maßstäbe. Die Vorschrift übernimmt wortgleich die bisherige Verbraucherinformation in Anlage D, Abschnitt I Nr. 2a zu § 10a VAG a.F. Damit die Informationen ihren Zweck erfüllen können, ist sowohl eine Über- als auch Unterinformation zu vermeiden. Nach der Rechtsprechung des BGH ist dem VN die Überschussbeteiligung nach den Grundsätzen des Transparenzgebotes nur soweit verständlich zu machen, wie dies nach den Umständen gefordert werden kann (BGHZ 141, 137, 143 = VersR 1999, 710). Eine detaillierte Information über die rechtlichen und aktuariellen Besonderheiten der Überschussbeteiligung würde den durchschnittlichen VN überfordern und ist nach den höchstrichterlichen Grundsätzen auch nicht erforderlich. Vielmehr sind die bei dieser komplizierten Materie bestehenden Verständnisschwierigkeiten zu berücksichtigen und es ist eine nachvollziehbare Erläuterung zu geben (Prölss/*Präve*, § 10a Rn 22). Im Einzelnen ergeben sich danach folgende Anforderungen an den Inhalt der Informationen. Zunächst ist der VN darüber zu unterrichten, ob sein VV überschussberechtigt ist. Es besteht die Möglichkeit, eine Überschussbeteiligung durch vertragliche Vereinbarung gänzlich auszuschließen (vgl. § 153 VVG Rdn 55). Ist das der Fall, ist der VN darauf hinzuweisen; weitere Informationen sind dann nicht mehr notwendig. Für die übrigen VV sind zunächst Angaben zur Überschussermittlung zu machen. Hier sind Hinweise auf die handelsrechtlichen und aufsichtsrechtlichen Vorschriften nötig, die der Ermittlung des Überschusses zugrunde liegen. Neben diesen generellen Ausführungen ist der VN darüber zu informieren, wie er an den Überschüssen beteiligt wird, ob

durch Direktgutschrift oder durch Entnahme aus der Rückstellung für Beitragsrückerstattung. Zudem müssen unternehmensindividuelle Angaben zu den Voraussetzungen für die Fälligkeit der Überschussanteile (Angabe von Stichtagen für die Zuteilung und von Wartezeiten) und zur Form und Verwendung der Überschüsse (laufende Überschussanteile, Schlussüberschussanteile, Bonus, Ansammlung, Verrechnung, Barauszahlung u.Ä.) gemacht werden. Denn nur so wird dem Ansinnen der VVG-InfoV nachgekommen, dem VN eine Vergleichbarkeit der Produkte zu ermöglichen. Die Informationen müssen allerdings nicht derart detailliert sein, dass der Versicherungsnehmer für jedes Jahr der Vertragslaufzeit einen genauen Wert der Überschussbeteiligung bestimmen kann (BGH, VersR 2001, 841, 845). Grds. ist die Überschussbeteiligung nicht garantiert. Ein entsprechender Hinweis ist vom VR zu geben. Der VR hat ebenfalls auf die Möglichkeit hinzuweisen, ausnahmsweise bereits der Rückstellung für Beitragsrückerstattung zugeführte Überschüsse zur Abwendung eines Notstandes verwenden zu können.

4. Angaben der in Betracht kommenden Rückkaufswerte (§ 2 Abs. 1 Nr. 4 VVG-InfoV)

§ 2 Abs. 1 Nr. 4 VVG-InfoV verlangt die Angabe der Rückkaufswerte. § 169 Abs. 3 S. 2 VVG regelt hierzu, dass der Rückkaufswert und das Ausmaß, in dem er garantiert ist, dem VN vor dessen Vertragserklärung mitzuteilen sind. Die Angabe zum Umfang der Garantie ist § 2 Abs. 1 Nr. 6 VVG-InfoV vorbehalten. Die für den individuellen VV zu errechnenden Rückkaufswerte sind dabei anzugeben. Eine Angabe für jedes Versicherungsjahr ist aber insoweit nicht erforderlich. Diese Anforderung ist im Laufe des Gesetzgebungsverfahrens nach dem Beschluss des Rechtsausschusses gestrichen worden (siehe dazu Begr. BT-Drucks 16/5862, S. 61). Die anders lautende Stelle in der Begründung (BT-Drucks 16/3945, S. 103) erlangt in diesem Punkt keine Bedeutung (**a.A.** Looschelders/Pohlmann/*Pohlmann/Schäfers*, § 2 VVG-InfoV Rn 25). Die Darstellung der Rückkaufswerte muss den Transparenzanforderungen genügen. Nicht ausreichend ist die Angabe von insgesamt nur sieben Werten bei einer Vertragslaufzeit von 30 Jahren (BGH, VersR 2001, 839, 841). Die Darstellung muss so umfangreich sein, dass ein durchschnittlicher VN ohne fremde Hilfe in der Lage ist zu beurteilen, ob diese Art des VV seinem Interesse auch für den Fall entspricht, dass er vor dem vorgesehenen Vertragsende seine Prämienzahlungen einstellen möchte (BGH, VersR 2001, 839, 841). Es bietet sich eine Darstellung in Tabellenform an, zwingend ist diese jedoch nicht. Ausweislich der Verordnungsbegründung (Begr. VVG-InfoV, abgedr. in VersR 2008, 186, 188) soll dem VN eine *„repräsentative Auswahl von Rückkaufswerten"* mitgeteilt werden. Danach *„könnte sich eine Angabe in jährlichen Abständen empfehlen, in Betracht kommen aber auch kürzere Abstände, v.a. für die ersten Jahre der Laufzeit des VV"*. In diesem Punkt geht die Verordnung über die Vorgaben des Gesetzgebers hinaus und verlangt ausweislich der Begründung anders als dieser, der die jährliche Angabe nur für die Leistung aus prämienfreier Versicherung und gerade nicht für den Rückkaufswert fordert, auch bei der Angabe der Rückkaufswerte eine mindestens jährliche Angabe (so auch Rüffer/Halbach/Schimikowsi/*Baroch Castellvi*, § 2 VVG-InfoV Rn 27). Nach dem Willen des Gesetzgebers sind Angaben in den Abständen, die dem VN eine Vorstellung über die Entwicklung der Rückkaufswerte seines VV erlauben, ausreichend. *Präve* meint, dass die Werte für die ersten Jahre der Vertragslaufzeit in engeren Abständen anzugeben sein, während die Abstände zum Ende der Vertragslaufzeit größer werden können (unter Angabe von konkreten Abständen: *Präve*, VersR 2008, 151, 154). Festzuhalten ist aber, dass der durch den Verordnungsgeber empfohlenen Angabe in jährlichen Abständen bzw. sogar kürzeren Abständen in den ersten Jahren v.a. vor dem Hintergrund zuzustimmen ist, dass der VN jederzeit kündigen kann (Looschelders/Pohlmann/*Pohlmann/Schäfers*, § 2 VVG-InfoV Rn 25) und nur durch eine jährliche Angabe der Rückkaufswerte erfahren wird, dass die Rückkaufswerte bei einer Kündigung in den ersten Jahren deutlich niedriger ausfallen können. Da die Rückkaufswerte bei einer kurzfristigen Kündigung so gering sein können, dass eine Kündigung wirtschaftlich sinnlos ist, wäre eine Information über die Rückkaufswerte der ersten Jahren auch in Hinblick auf die Erfüllung der Informationsfunktion der § 1 Nr. 13 und 15 VVG-InfoV wünschenswert. Eine Pflicht aus der VVG-InfoV besteht hierzu nicht. Zu Recht weist *Baroch Castellvi* aber darauf hin, dass der VR als Nebenpflicht aus dem VV verpflichtet ist, dem VN Auskunft über den Rückkaufswert zu erteilen (siehe auch Rüffer/Halbach/*Schimikowski*, § 2 VVG-InfoV Rn 27).

11 Wie sich aus § 2 Abs. 1 Nr. 6 VVG-InfoV schlussfolgern lässt, findet § 2 Abs. 1 Nr. 4 auch auf fondsgebundene Lebensversicherungen Anwendung (str.; wie hier: Looschelders/Pohlmann/*Pohlmann/Schäfers*, § 2 VVG-InfoV Rn 24; **a.A.** Rüffer/Halbach/Schimikowski/ *Baroch Castellvi*, § 2 VVG-InfoV Rn 28). Da bei fondsgebundenen Lebensversicherungen eine Bezifferung der Rückkaufswerte bei Vertragsbeginn noch nicht möglich ist, ist der VN stattdessen darauf hinzuweisen, dass sich der Rückkaufswert als Zeitwert der Versicherung berechnet. Ferner sind die Grundsätze der Berechnung anzugeben (vgl. § 169 Abs. 4 VVG). Soweit die Rückkaufswerte zumindest teilweise garantiert sind, ist der garantierte Teil in EUR anzugeben (§ 2 Abs. 1 Nr. 6 i.V.m. Abs. 2 VVG-InfoV). Sind die Rückkaufswerte überhaupt nicht garantiert, ist das „Ausmaß der Garantie" konkret mit „0 (Null) EUR" zu beziffern (MüKo/*Armbrüster*, VVG-InfoV § 2 Rn 43).

5. Angabe zur Umwandlung des Versicherungsvertrags (§ 2 Abs. 1 Nr. 5 VVG-InfoV)

12 Nach § 2 Abs. 1 Nr. 5 VVG-InfoV ist dem VN der für seinen VV vereinbarte Mindestversicherungsbetrag für die Umwandlung in eine prämienfreie oder eine prämienreduzierte Versicherung zu nennen. Ebenfalls ist die prämienfreie Leistung anzugeben. Die Regelung entspricht der Anlage D Abschnitt I Nr. 2c) zu § 10a VAG a.F., die Verpflichtung zur Angabe zur prämienreduzierten Versicherung ist neu hinzugekommen. Bei der prämienfreien Leistung hat der VR auch evtl. anfallende Stornoabzüge zu beziffern (so auch *Präve*, VersR 2008, 151, 154). Angaben zur prämienreduzierten Leistung, die von der Verordnung ebenfalls gefordert werden, sind in der Praxis kaum zu geben, da der Umfang der Reduzierung bei Vertragsschluss nicht feststeht und vom Willen des VN abhängt (so auch Rüffer/ Halbach/Schimikowski/*Baroch Castellvi*, § 2 VVG-InfoV Rn 36). *Brömmelmeyer* schlägt eine restriktive Auslegung vor, jedenfalls könne nicht erwartet werden, dass der VR für jede hypothetisch mögliche Beitragsreduzierung in absoluten Beiträgen angibt, wie hoch die jeweilige beitragsreduzierte Leistung ausfallen würde (*Brömmelmeyer*, VersR 2009, 584, 592).

6. Angabe der Garantie (§ 2 Abs. 1 Nr. 6 VVG-InfoV)

Die Angaben nach § 2 Abs. 1 Nr. 6 VVG-InfoV beziehen sich auf § 2 Abs. 1 Nr. 4 und 5 VVG-InfoV; anzugeben ist der Umfang der garantierten Rückkaufswerte bzw. der garantierten prämienfreien bzw. prämienreduzierten Versicherungsleistung. Dass prämienfreie Leistungen nach einer Umwandlung stets garantiert sind, sofern der hierfür maßgebliche Mindestbetrag erreicht wird, ist vom VR anzugeben. Besteht keine Garantie, ist in der jährlichen Auflistung an entsprechender Stelle eine „Null" anzugeben.

13

7. Angabe bei fondsgebundenen Versicherungen (§ 2 Abs. 1 Nr. 7 VVG-InfoV)

Bei fondsgebundenen Versicherungen sind nach § 2 Abs. 1 Nr. 7 VVG-InfoV Angaben über die zugrunde liegenden Fonds und die Art der darin enthaltenen Vermögenswerte zu machen. Die Informationspflicht nach § 2 Abs. 1 Nr. 7 VVG-InfoV greift die Vorgaben des Anhangs III A a.11 und a.12 der Lebensversicherungs-RL auf. Auch hier kommt es entscheidend darauf an, dass die zu erteilenden Informationen angesichts der Komplexität der Materie derart gestaltet werden, dass der VN in die Lage versetzt wird, die Besonderheiten des Produktes zu erfassen. Dem VN soll durch die Angabe der Informationen ermöglicht werden, die Risiken und Chancen wie bei einem gewöhnlichen Investment abzuschätzen (*Präve*, VersR 2008, 151, 154). Verlangt werden Informationen über die Art der Fonds, den Namen der Depotbank, Anlagegrundsätze, Zusammensetzung und Entwicklung der Fonds in den vergangenen Jahren, das Ausmaß der Separierung der Kapitalanlage als Sondervermögen im Unternehmen und über Kosten (Ausgabeaufschläge), ggfs. auch zu den Kosten von Wechselmöglichkeiten (MüKo/*Armbrüster*, § 2 VVG-InfoV Rn 49). Darüber hinaus hat der VR aber noch die versicherungsspezifischen Angaben zu machen, dass die fondsgebundene Lebensversicherung den Versicherungsschutz unter unmittelbarer Beteiligung an der Wertentwicklung eines Sondervermögens anbietet und diesen Schwankungen unterworfen ist.

14

8. Angaben zur Steuerregelung (§ 2 Abs. 1 Nr. 8 VVG-InfoV)

Nach § 2 Abs. 1 Nr. 8 VVG-InfoV hat der VR allgemeine Angaben über die Steuerregelung des entsprechenden VV zu machen. Auch hier ist der Umfang der Informationserteilung von dem Grundgedanken geleitet, dem VN die für seinen VV notwendigen Informationen zukommen zu lassen. Dies beinhaltet Informationen zur Einkommens-, Vermögens-, Erbschafts-, Versicherungs- sowie zur Abgeltungssteuer. Mit Versicherungsart ist die jeweilige Policenart gemeint. Zu unterscheiden ist zwischen privaten und betrieblichen Lebensversicherungen, aber auch zwischen Lebensversicherungen mit Kapital- und Rentenzahlung sowie fondsgebundenen Lebensversicherungen (Prölss/*Präve*, § 10a Rn 28). Hinzuweisen ist auch auf die Besonderheiten bei *Riester- und Rürupverträgen* (vgl. hierzu Vorbem. §§ 150 bis 171 VVG Rdn 27 ff.).

15

9. Angabe der Effektivkosten (§ 2 Abs. 1 Nr. 9 VVG-InfoV)

16 Durch das LVRG wurde mit Wirkung zum 1.1.2015 nunmehr auch die Verpflichtung zur Angabe der Effektivkosten eingeführt. Die anzugebenden Effektivkosten werden definiert als Minderung der Wertentwicklung durch Kosten in Prozentpunkten bis zum Beginn der Auszahlungsphase. Die Angabepflicht ist an die Ausgestaltung des Produktinformationsblattes nach § 7 AltZertG angelehnt, das als Teil der Informationen zum Preis-Leistungs-Verhältnis der Produkte über die Effektivkosten Auskunft gibt (Begr., BT-Drucks 18/2016, S. 15). Aktuell gibt es keine gesetzlichen Vorgaben zur Berechnung der Effektivkosten nach der VVG-InfoV. Es existiert aber eine unverbindliche Empfehlung des GDV gegenüber seinen Mitgliedsunternehmen, wie die Effektivkosten zu berechnen seien. Das angestrebte Ziel, die Vergleichbarkeit der Produkte zu ermöglichen, wird sich nur erreichen lassen, wenn alle Anbieter die Effektivkosten nach einer einheitlichen Methode berechnen (vgl. hierzu *Schwintowski/Ortmann*, VersR 2014, 1401, 1405). Die AltvPIBV, die für Altersvorsorge- und Basisrentenverträge i.S.d. AltZertG die Angabe der Effektivkosten im Produktinformationsblatt nach § 7 AltZertG vorschreibt, tritt zum 1.1.2017 in Kraft. Mit der Angabe der Effektivkosten nach § 8 Nr. 3 AltvPIBV wird gleichzeitig die Verpflichtung nach Nr. 9 erfüllt (BMF-Schreiben v. 22.1.2016, GZ IV C 3 – S 2030/11/10001:065, Rn 57).

17 § 2 Abs. 1 Nr. 9 VVG-InfoV erfasst dem Wortlaut nach alle Lebensversicherungsverträge, bei denen der Eintritt der Verpflichtung des Versicherers gewiss ist. Hierzu gehören insbesondere gemischte Kapitallebensversicherungen auf den Todes- und Erlebensfall und Rentenversicherungen, die auch Leistungen beim Tod während der Ansparphase vorsehen (vgl. hierzu näher § 169 VVG Rdn 10 ff.). Die Angabe der Effektivkosten ist bei diesen Versicherungen sinnvoll, da der VN die Versicherungsleistung für den Erlebensfall bzw. das zu Beginn der Verrentungsphase zur Verfügung stehende Kapital anspart. Die Ansparphase stellt sich hier als Sparprozess dar, der mit dem anderer Sparanlageformen vergleichbar ist (*Schwintowski/Ortmann*, VersR 2014, 1401, 1405). Erfasst werden aber auch Versicherungsarten, bei denen eine Effektivkostenangabe nicht möglich ist oder sachlich nicht geboten erscheint. Auf diese Fälle ist § 2 Abs. 1 Nr. 9 VVG-InfoV nicht anzuwenden (teleologische Reduktion). Dies betrifft z.B. Sterbegeldversicherungen ohne feste Laufzeitgrenze. Auch hier ist der Eintritt der Leistungsverpflichtung zwar gewiss, nicht aber der Zeitpunkt der Leistung. Die Effektivkosten lassen sich daher nicht berechnen, es sei denn, man unterstellt einen bestimmten Leistungszeitpunkt. Darüber hinaus wäre die Angabe der Effektivkosten auch sachlich nicht geboten, da die Leistung für den Todesfall ohnehin fest vereinbart ist. Nicht anwendbar ist § 2 Abs. 1 Nr. 9 VVG-InfoV auch auf die sofort beginnende Rentenversicherung gegen Einmalbeitrag (vgl. hierzu *Schwintowski/Ortmann*, VersR 2014, 1401, 1405).

II. Kostenangaben in Euro (§ 2 Abs. 2 VVG-InfoV)

18 Aus Gründen der Transparenz und der besseren Verständlichkeit für den VN sollen die Angaben zu den Kosten und Leistungen in EUR und nicht als Vomhundertsatz einer Bezugsgröße erfolgen (§ 2 Abs. 2 S. 1 VVG-InfoV). Aufgrund der Produktgestaltungsfreiheit der VR sind aber auch Vertragsgestaltungen denkbar, bei denen die Angabe der Kosten in EUR nicht möglich ist, etwa wenn sich die Kosten an einer variablen Bezugsgröße orientieren, deren Höhe bei Vertragsbeginn noch nicht feststeht. Dann muss stattdessen der Berechnungsmodus beschrieben werden, da auch der Verordnungsgeber nichts Unmögliches verlangen kann (Rüffer/Halbach/Schimikowski/*Baroch Castellvi*, § 2 VVG-InfoV Rn 17). Allerdings darf sich der Anbieter dann nicht auf die bloße Mitteilung des Berechnungsmodus beschränken; vielmehr hat er seine Kostenberechnung anhand von typischen oder praktisch bedeutsamen Rechenbeispielen zu erläutern (BGH, VersR 2014, 941; *Reinecke*, VersR 2015, 533, 535).

Ebenfalls in EUR hat der VR anzugeben, inwieweit der Rückkaufswert oder die Leistungen aus prämienfreier oder prämienreduzierter Versicherung garantiert sind. Wird eine Garantie insoweit nicht gegeben, ist dies durch die Bezifferung des Betrages mit „Null" deutlich zu machen.

III. Modellrechnung (§ 2 Abs. 3 VVG-InfoV)

Macht der VR bezifferte Angaben zur Ablaufleistung, unterliegt er den neu eingeführten Regelungen des § 154 VVG. Die Pflicht, dem Kunden eine Modellrechnung zur Verfügung zu stellen, folgt nicht aus der Verordnung, sondern bereits aus § 154 VVG. Nur die für diese Modellrechnung zu verwendenden Zinssätze gibt die Verordnung an. Dabei kann der VR einen Zinssatz i.R.d. § 2 Abs. 3 VVG-InfoV auswählen, er muss aber darüber informieren, welchen Zinssatz er für die Modellrechnung verwendet hat. Der „Höchstrechnungszinssatz" meint den in § 2 Abs. 1 DeckRV angegebenen Zinssatz (Looschelders/Pohlmann/ *Pohlmann/Schäfers*, § 2 VVG-InfoV Rn 47).

IV. Berufsunfähigkeitsversicherung (§ 2 Abs. 4 VVG-InfoV)

Nach § 2 Abs. 4 VVG-InfoV sind § 2 Abs. 1 und 2 VVG-InfoV auf die Berufsunfähigkeitsversicherung (§§ 172 ff. VVG) entsprechend anzuwenden. Der VN ist darüber hinaus darauf hinzuweisen, dass der in den Versicherungsbedingungen verwendete Begriff der Berufsunfähigkeit nicht mit dem Begriff der Berufsunfähigkeit im sozialrechtlichen Sinne (§ 43 Abs. 2 SGB VI a.F., jetzt „teilweise oder volle Erwerbsminderung" gem. § 43 Abs. 1 und 2 SGB VI) oder dem Begriff der Berufsunfähigkeit i.S.d. Versicherungsbedingungen in der Krankentagegeldversicherung (vgl. z.B. § 15 Abs. 1 Buchst. b) MB/KT 2009) übereinstimmt. Damit soll der VN auf den vom Sozialversicherungsrecht abweichenden Umfang der Versicherung sowie auf evtl. Deckungslücken im Verhältnis zur Krankentagegeldversicherung hingewiesen werden (Begr. VVG-InfoV, abgedr. in VersR 2008, 186, 189).

V. Unfallversicherung mit Prämienrückgewähr (§ 2 Abs. 5 VVG-InfoV)

Nach § 2 Abs. 5 VVG-InfoV sind § 2 Abs. 1 Nr. 3–8 und Abs. 2 VVG-InfoV auf die Unfallversicherung mit Prämienrückgewähr entsprechend anzuwenden. Denn der VN ist ebenso auf diese Informationen angewiesen wie bei der Lebensversicherung (Begr. VVG-InfoV, abgedr. in VersR 2008, 186, 189).

§ 3 VVG-InfoV Informationspflichten bei der Krankenversicherung

(1) Bei der substitutiven Krankenversicherung (§ 146 Absatz 1 des Versicherungsaufsichtsgesetzes) hat der Versicherer dem Versicherungsnehmer gem. § 7 Abs. 1 Satz 1 des Versicherungsvertragsgesetzes zusätzlich zu den in § 1 Abs. 1 genannten Informationen folgende Informationen zur Verfügung zu stellen:

1. Angaben zur Höhe der in die Prämie einkalkulierten Kosten; dabei sind die einkalkulierten Abschlusskosten als einheitlicher Gesamtbetrag und die übrigen einkalkulierten Kosten als Anteil der Jahresprämie unter Angabe der jeweiligen Laufzeit auszuweisen; bei den übrigen einkalkulierten Kosten sind die einkalkulierten Verwaltungskosten zusätzlich gesondert als Anteil der Jahresprämie unter Angabe der jeweiligen Laufzeit auszuweisen;
2. Angaben zu möglichen sonstigen Kosten, insbesondere zu Kosten, die einmalig oder aus besonderem Anlass entstehen können;
3. Angaben über die Auswirkungen steigender Krankheitskosten auf die zukünftige Beitragsentwicklung;
4. Hinweise auf die Möglichkeiten zur Beitragsbegrenzung im Alter, insb. auf die Möglichkeiten eines Wechsels in den Standardtarif oder Basistarif oder in andere Tarife gemäß § 204 des Versicherungsvertragsgesetzes und der Vereinbarung von Leistungsausschlüssen, sowie auf die Möglichkeit einer Prämienminderung gemäß § 152 Absatz 3 und 4 des Versicherungsaufsichtsgesetzes;
5. einen Hinweis, dass ein Wechsel von der privaten in die gesetzliche Krankenversicherung in fortgeschrittenem Alter in der Regel ausgeschlossen ist;
6. einen Hinweis, dass ein Wechsel innerhalb der privaten Krankenversicherung in fortgeschrittenem Alter mit höheren Beiträgen verbunden sein kann und gegebenenfalls auf einen Wechsel in den Standardtarif oder Basistarif beschränkt ist;
7. eine Übersicht über die Beitragsentwicklung im Zeitraum der dem Angebot vorangehenden zehn Jahre; anzugeben ist, welcher monatliche Beitrag in den dem Angebot vorangehenden zehn Jahren jeweils zu entrichten gewesen wäre, wenn der Versicherungsvertrag zum damaligen Zeitpunkt von einer Person gleichen Geschlechts wie der Antragsteller mit Eintrittsalter von 35 Jahren abgeschlossen worden wäre; besteht der angebotene Tarif noch nicht seit zehn Jahren, so ist auf den Zeitpunkt der Einführung des Tarifs abzustellen, und es ist darauf hinzuweisen, dass die Aussagekraft der Übersicht wegen der kurzen Zeit, die seit der Einführung des Tarifs vergangen ist, begrenzt ist; ergänzend ist die Entwicklung eines vergleichbaren Tarifs, der bereits seit zehn Jahren besteht, darzustellen.

(2) Die Angaben zu Absatz 1 Nr. 1, 2 und 7 haben in Euro zu erfolgen.

Übersicht

		Rdn
A.	Normzweck	1
B.	Norminhalt	2
I.	Angabe der Kosten (§ 3 Abs. 1 Nr. 1, 2 VVG-InfoV)	3
II.	Auswirkungen steigender Krankheitskosten (§ 3 Abs. 1 Nr. 3 VVG-InfoV)	4
III.	Möglichkeiten der Beitragsbegrenzung im Alter (§ 3 Abs. 1 Nr. 4 VVG-InfoV)	5
IV.	Wechsel in die gesetzliche Krankenversicherung im Alter (§ 3 Abs. 1 Nr. 5 VVG-InfoV)	6
V.	Wechsel innerhalb der privaten Krankenversicherung im Alter (§ 3 Abs. 1 Nr. 6 VVG-InfoV)	7
VI.	Übersicht über die Beitragsentwicklung (§ 3 Abs. 1 Nr. 7 VVG-InfoV)	8
VII.	Angaben in Euro	9

A. Normzweck

Die Vorschrift bestimmt, welche weiteren, über die in § 1 VVG-InfoV geforderten Informationen hinaus der VR dem VN bei der Krankenversicherung zu erteilen hat. Rechtsgrundlage der Bestimmung ist § 7 Abs. 2 Nr. 3 VVG. Die hiernach vorgeschriebenen Informationen tragen den Besonderheiten dieser Versicherungsart Rechnung. Die in § 3 VVG-InfoV geregelten Verpflichtungen betreffen nur die substitutive Krankenversicherung (§ 146 Abs. 1 VAG), da diese für den VN von hoher wirtschaftlicher Bedeutung und die Rechtslage insoweit der bei der Lebensversicherung vergleichbar ist. Andere Krankenversicherungen, insb. Zusatzversicherungen, sollen angesichts ihrer auch im Hinblick auf Leistung und Prämie i.d.R. geringeren Bedeutung nicht erfasst werden. Nicht erfasst sind auch die Pflegepflichtversicherung und die freiwillige Pflegeversicherung (Rüffer/Halbach/Schimikowski/*Baroch Castellvi*, § 3 VVG-InfoV Rn 3).

B. Norminhalt

§ 3 Abs. 1 VVG-InfoV benennt die vom VR zu erteilenden Informationen. Neu geregelt wurden die nach § 3 Abs. 1 Nr. 1 und 2 VVG-InfoV zu erteilenden Informationen. Der weitere Inhalt der gem. § 3 Abs. 1 VVG-InfoV zu erteilenden Informationen orientiert sich vornehmlich am Katalog der bisherigen Anlage D, Abschnitt I, Nr. 3 VAG a.F.; dieser wurde übernommen und, soweit angezeigt, um konkretisierende Beispiele ergänzt (Begr. VVG-InfoV, abgedr. in VersR 2008, 183, 189).

I. Angabe der Kosten (§ 3 Abs. 1 Nr. 1, 2 VVG-InfoV)

Entsprechend der Verpflichtung bei Lebensversicherungsverträgen sind auch bei der Krankenversicherung nach § 3 Abs. 1 Nr. 1 VVG-InfoV Angaben zur Höhe der in die Prämie einkalkulierten Kosten zu machen. Auch hier wird zwischen den Abschlusskosten, die als einheitlicher Betrag anzugeben sind, und den übrigen einkalkulierten Kosten, zu denen auch die Verwaltungskosten gehören, unterschieden. Letztere sind als Anteil der Jahresprämie unter Angabe der Laufzeit des Vertrags auszuweisen. Der Begriff „Verwaltungskosten" ist hier identisch mit dem der „sonstigen Verwaltungskosten" i.S.d. § 8 Abs. 1 Nr. 4 KalV zu verstehen (Begr. LVRG, BT-Drucks 18/1772, S. 31). Die Regelung entspricht der unter

§ 2 VVG-InfoV (siehe daher die auch hier geltenden Erläuterungen unter § 2 VVG-InfoV Rdn 2 ff.).

II. Auswirkungen steigender Krankheitskosten (§ 3 Abs. 1 Nr. 3 VVG-InfoV)

4 Der VR hat den VN über die Auswirkungen steigender Krankheitskosten auf die zukünftige Beitragsentwicklung zu informieren. Der Versicherungsnehmer soll für diese Problematik sensibilisiert werden. Daher dürfen die Gefahren der Beitragssteigerung nicht verharmlost werden, sondern sind verständlich darzustellen.

III. Möglichkeiten der Beitragsbegrenzung im Alter (§ 3 Abs. 1 Nr. 4 VVG-InfoV)

5 Zu informieren ist über die Möglichkeiten zur Beitragsbegrenzung im Alter. Ergänzend ist auf die weiteren, in der Verordnung genannten Möglichkeiten der Beitragsreduzierung hinzuweisen. Insoweit gehen die nun zu erteilenden Informationen über die bereits nach Anlage D, Abschnitt I Nr. 3b zu § 10a VAG a.F. erforderlichen hinaus. Aber auch die bisherigen Verbraucherinformationen erforderten konkrete Hinweise zur Beitragsbegrenzung und ließen abstrakte Ausführungen nicht ausreichen (vgl. nur Prölss/*Präve*, § 10a Rn 32). Der VN ist insb. auf die Möglichkeit des Tarifwechsels nach § 204 VVG und die dabei bestehenden Besonderheiten hinzuweisen, wie auch auf die Möglichkeit in den Standardtarif und ab dem 1.1.2009 in den Basistarif zu wechseln. Ab diesem Zeitpunkt hat der VR auch die Möglichkeit der Prämienminderung nach § 153 Abs. 3 und 4 VAG aufzuzeigen (Die Vorgängernorm zu § 153 Abs. 3 und 4 VAG, § 12 Abs. 1c VAG a.F., galt erst ab 1.1.2009, vgl. Art. 46 Abs. 10 i.V.m. Art. 44 Nr. 5 des Gesetzes zur Stärkung des Wettbewerbes in der gesetzlichen Krankenversicherung – GKV-Wettbewerbsstärkungsgesetz – vom 26.3.2007, BGBl I, S. 378, 472). § 3 Abs. 1 Nr. 4 VVG-InfoV verlangt dem Wortlaut nach nur „*Hinweise*" auf die Möglichkeit der Beitragsbegrenzung im Alter und keine „*Angaben*" wie bspw. § 3 Abs. 1 Nr. 1, 2, 3 und Abs. 2 VVG-InfoV. Detaillierte Beschreibungen sind daher nicht erforderlich, vielmehr muss der VR dem VN vor Augen führen, dass es die Möglichkeit der Beitragsbegrenzung gibt, so dass dieser sensibilisiert ist und bei Bedarf eine entsprechende Beratung in Anspruch nehmen kann (Rüffer/Halbach/Schimikowski/*Baroch Castellvi*, § 3 VVG-InfoV Rn 6; Looschelders/Pohlmann/*Pohlmann/ Schäfers*, § 3 VVG-InfoV Rn 5).

IV. Wechsel in die gesetzliche Krankenversicherung im Alter (§ 3 Abs. 1 Nr. 5 VVG-InfoV)

6 Weiterhin wird ein Hinweis verlangt, dass ein Wechsel von der privaten in die gesetzliche Krankenversicherung in fortgeschrittenem Alter i.d.R. ausgeschlossen ist. Dieser allgemein zu haltende Hinweis soll dem VN die Tragweite der Entscheidung für die private Krankenversicherung verdeutlichen (so auch Rüffer/Halbach/Schimikowski/*Baroch Castellvi*, § 3 VVG-InfoV Rn 1, der von einer „Lebensentscheidung" spricht). Nähere Erläuterungen

sind nicht erforderlich (so auch Rüffer/Halbach/Schimikowski/*Baroch Castellvi*, § 3 VVG-InfoV Rn 7; Looschelders/Pohlmann/*Pohlmann/Schäfers*, § 3 VVG-InfoV Rn 6).

V. Wechsel innerhalb der privaten Krankenversicherung im Alter (§ 3 Abs. 1 Nr. 6 VVG-InfoV)

Ergänzend hat der VR den VN darauf hinzuweisen, dass ein Wechsel innerhalb der privaten Krankenversicherung in fortgeschrittenem Alter mit höheren Beiträgen verbunden sein kann und ggf. auf den Standardtarif bzw. den Basistarif beschränkt sein kann. Damit soll dem VN schon vor Abschluss des Vertrages die Tragweite seiner Entscheidung für eine bestimmte Versicherungsgesellschaft verdeutlicht werden (Begr. VVG-InfoV, abgedr. in VersR 2008, 183, 189).

VI. Übersicht über die Beitragsentwicklung (§ 3 Abs. 1 Nr. 7 VVG-InfoV)

Die Übersicht über die Entwicklung der Beiträge soll dem Antragsteller die Möglichkeit geben, sich anhand reeller Zahlen eine Vorstellung über die Beitragsentwicklung in dem angebotenen Tarif zu machen. Um eine möglichst realistische Darstellung zu erhalten, hat der VR eine Übersicht vorzulegen, auf der diejenigen Beiträge ausgewiesen sind, die der VN entrichtet hätte, wenn er – unter identischen Bedingungen, d.h. insb. bei gleichem Alter, Geschlecht und Risiko – zehn Jahre zuvor in denselben Tarif desselben VR eingetreten wäre (Begr. VVG-InfoV, abgedr. in VersR 2008, 186, 189). Für den Fall, dass der Tarif noch nicht seit zehn Jahren besteht, soll der Versicherungsinteressent eine entsprechend verkürzte Übersicht erhalten, allerdings mit dem Hinweis versehen, dass die nur wenige Jahre umfassende Übersicht nicht gleichermaßen aussagekräftig ist. Um diesen Mangel auszugleichen, hat der VR eine zusätzliche, zehn Jahre umfassende Übersicht über einen vergleichbaren Tarif zu geben. Nach dem Wortlaut ist auf den VN und somit den Antragsteller abzustellen. Zu Recht weist *Baroch Castellvi* darauf hin, dass im Fall einer Antragstellung für eine andere Person als den Antragsteller und anderen Geschlechts als der Antragsteller nach dem Sinn und Zweck der VVG-InfoV die Übersicht über die Beitragsentwicklung ausschließlich für die versicherte Person zu erstellen ist (Rüffer/Halbach/Schimikowski/*Baroch Castellvi*, § 3 VVG-InfoV Rn 10).

VII. Angaben in Euro

Die Informationen zu den Kosten müssen ebenso wie auch die Informationen zu der Beitragsentwicklung in EUR erfolgen.

§ 4 VVG-InfoV Produktinformationsblatt

(1) Ist der Versicherungsnehmer ein Verbraucher, so hat der Versicherer ihm ein Produktinformationsblatt zur Verfügung zu stellen, das diejenigen Informationen enthält, die für den Abschluss oder die Erfüllung des Versicherungsvertrages von besonderer Bedeutung sind.

(2) Informationen im Sinne des Absatzes 1 sind:
1. Angaben zur Art des angebotenen Versicherungsvertrages;
2. eine Beschreibung des durch den Vertrag versicherten Risikos und der ausgeschlossenen Risiken;
3. Angaben zur Höhe der Prämie in Euro, zur Fälligkeit und zum Zeitraum, für den die Prämie zu entrichten ist, sowie zu den Folgen unterbliebener oder verspäteter Zahlung;
4. Hinweise auf im Vertrag enthaltene Leistungsausschlüsse;
5. Hinweise auf bei Vertragsschluss zu beachtende Obliegenheiten und die Rechtsfolgen ihrer Nichtbeachtung;
6. Hinweise auf während der Laufzeit des Vertrages zu beachtende Obliegenheiten und die Rechtsfolgen ihrer Nichtbeachtung;
7. Hinweise auf bei Eintritt des Versicherungsfalles zu beachtende Obliegenheiten und die Rechtsfolgen ihrer Nichtbeachtung;
8. Angabe von Beginn und Ende des Versicherungsschutzes;
9. Hinweise zu den Möglichkeiten einer Beendigung des Vertrages.

(3) Bei der Lebensversicherung mit Überschussbeteiligung ist Absatz 2 Nr. 2 mit der Maßgabe anzuwenden, dass zusätzlich auf die vom Versicherer zu übermittelnde Modellrechnung gem. § 154 Abs. 1 des Versicherungsvertragsgesetzes hinzuweisen ist.

(4) Bei der Lebensversicherung, der Berufsunfähigkeitsversicherung und der Krankenversicherung ist Absatz 2 Nr. 3 mit der Maßgabe anzuwenden, dass die Abschluss- und Vertriebskosten und die Verwaltungskosten (§ 2 Abs. 1 Nr. 1, § 3 Abs. 1 Nr. 1) sowie die sonstigen Kosten (§ 2 Abs. 1 Nr. 2, § 3 Abs. 1 Nr. 2) jeweils in Euro gesondert auszuweisen sind.

(5) Das Produktinformationsblatt ist als solches zu bezeichnen und den anderen zu erteilenden Informationen voranzustellen. Die nach den Absätzen 1 und 2 mitzuteilenden Informationen müssen in übersichtlicher und verständlicher Form knapp dargestellt werden; der Versicherungsnehmer ist darauf hinzuweisen, dass die Informationen nicht abschließend sind. Die in Absatz 2 vorgegebene Reihenfolge ist einzuhalten. Soweit die Informationen den Inhalt der vertraglichen Vereinbarung betreffen, ist auf die jeweils maßgebliche Bestimmung des Vertrages oder der dem Vertrag zugrunde liegenden Allgemeinen Versicherungsbedingungen hinzuweisen.

§ 4 VVG-InfoV

Übersicht

	Rdn
A. Normzweck	1
B. Norminhalt	3
I. Produktinformationsblatt (§ 4 Abs. 1 VVG-InfoV)	3
II. Angaben im Produktinformationsblatt (§ 4 Abs. 2 VVG-InfoV)	5
1. Art des angebotenen Versicherungsvertrages (§ 4 Abs. 2 Nr. 1 VVG-InfoV)	7
2. Versichertes Risiko und ausgeschlossene Risiken (§ 4 Abs. 2 Nr. 2 VVG-InfoV)	8
3. Angaben zur Prämie (§ 4 Abs. 2 Nr. 3 VVG-InfoV)	9
4. Leistungsausschlüsse (§ 4 Abs. 2 Nr. 4 VVG-InfoV)	11
5. Obliegenheiten bei Vertragsschluss und Rechtsfolgen von deren Nichtbeachtung (§ 4 Abs. 2 Nr. 5 VVG-InfoV)	12
6. Obliegenheiten während der Vertragslaufzeit und Rechtsfolgen von deren Nichtbeachtung (§ 4 Abs. 2 Nr. 6 VVG-InfoV)	13
7. Obliegenheiten bei Eintritt des Versicherungsfalls und Rechtsfolgen von deren Nichtbeachtung (§ 4 Abs. 2 Nr. 7 VVG-InfoV)	14
8. Beginn und Ende des Versicherungsschutzes (§ 4 Abs. 2 Nr. 8 VVG-InfoV)	15
9. Möglichkeiten der Vertragsbeendigung (§ 4 Abs. 2 Nr. 9 VVG-InfoV)	16
III. Besondere Angaben (§ 4 Abs. 3 und 4 VVG-InfoV)	17
1. Hinweis auf die Modellrechnung	17
2. Kostenangaben	18
IV. Gestaltung des Produktinformationsblatts (§ 4 Abs. 5 VVG-InfoV)	22
1. Bezeichnung, Kurzzusammenfassung (§ 4 Abs. 5 S. 1 VVG-InfoV)	22
2. Darstellung der Informationen (§ 4 Abs. 5 S. 2 bis 4 VVG-InfoV)	26
C. Rechtsfolgen	30
I. Fehlvorstellungen des Versicherungsnehmers	30
II. Fehlerhafte Verwendung durch den Versicherer	33
III. Auslegungsmaßstab für die Wirksamkeit der AVB	37
IV. Unabdingbarkeit	38
D. Muster	39

A. Normzweck

Nach § 4 VVG-InfoV hat der VR seinem Kunden ein Produktinformationsblatt zur Verfügung zu stellen. Dies geht auf einen Vorschlag von *Römer* (VersR 2007, 618) zurück und stellt eine der wesentlichen Neuerungen der Reform des VVG dar. Damit wollte *Römer* den unbefriedigenden Zustand der Informationserteilung für die VN verbessern. Die Regelungen zu Informations- und Beratungspflichten sollen den Anforderungen eines modernen **Verbraucherschutzes** gerecht werden. Um das gesetzgeberische Anliegen in der Praxis umzusetzen, hatte Römer vorgeschlagen, den eigentlichen Informationen ein **Vorblatt** voranzustellen, das sog. „Produktinformationsblatt", welches so gestaltet werden soll, dass es den VN veranlassen soll, es tatsächlich zu lesen und ihm so eine Basisinformation zu geben (*Römer*, VersR 2007, 618, 619). Mithilfe des Produktinformationsblatts soll sich der Antragsteller anhand einer knappen, verständlichen Darstellung einen Überblick über die wesentlichen Merkmale des Vertrags verschaffen können. Deshalb soll es nur solche Informationen enthalten, die aus Sicht des Verbrauchers für die Produktauswahl von besonderer Bedeutung sind, den Leser mit den wesentlichen Rechten und Pflichten des Vertrages vertraut machen und für den an Einzelheiten interessierten Leser zugleich den Ausgangspunkt einer vertieften Befassung mit den dem Vertrag zugrunde liegenden Bedingungswerken zu bilden (Begr. VVG-InfoV, abgedr. in VersR 2008, 186, 190). 1

2   § 4 Abs. 2 VVG-InfoV ergänzt die in § 4 Abs. 1 VVG-InfoV enthaltene Legaldefinition und führt die im Produktinformationsblatt zu gebenden Informationen auf. Die Anforderungen an die Gestaltung des Produktinformationsblatts werden insb. in § 4 Abs. 5 VVG-InfoV normiert.

B. Norminhalt

I. Produktinformationsblatt (§ 4 Abs. 1 VVG-InfoV)

3   § 4 Abs. 1 VVG-InfoV normiert die Verpflichtung des VR, dem VN ein Produktinformationsblatt zur Verfügung zu stellen. Eine Ermächtigungsgrundlage für die verpflichtende Vorgabe eines Produktinformationsblatts lässt sich aus § 7 Abs. 2, S. 1 Nr. 1 und 5 VVG entnehmen (so auch Looschelders/Pohlmann/*Pohlmann/Schäfers*, § 4 VVG-InfoV Rn 3; zweifelnd an der Bestimmtheit der Ermächtigungsgrundlage: Rüffer/Halbach/Schimikowski/*Baroch Castellvi*, § 4 VVG-InfoV Rn 2). Das Produktinformationsblatt ist nicht allen VN auszuhändigen, sondern auf **Verbraucher** zu beschränken. Nach der Legaldefinition in § 13 BGB *(ist) „Verbraucher (...) jede natürliche Person, die ein Rechtsgeschäft zu Zwecken abschließt, die überwiegend weder ihrer gewerblichen noch ihrer selbstständigen beruflichen Tätigkeit zugerechnet werden können"*. Nur die Verbraucher benötigen ggf. vor Abgabe ihrer Vertragserklärung eine Orientierungshilfe. Handelt es sich dagegen um einen Vertragsabschluss mit geschäftlichem Hintergrund, kann dem VN zugemutet werden, sofern er nicht über eigene Kenntnisse verfügt, sich diese zu beschaffen. Dient ein Vertrag gleichermaßen unternehmerischen wie privaten Zwecken, muss ebenfalls ein Produktinformationsblatt erteilt werden, das sich dann aber nur auf den privaten Teil bezieht (Looschelders/Pohlmann/*Pohlmann/Schäfers*, § 4 VVG-InfoV Rn 4).

4   Ab dem 1.1.2017 sind Anbieter von Altersvorsorge- oder Basisrentenverträgen i.S.d. AltZertG ebenfalls verpflichtet, ihren Vertragspartnern ein Produktinformationsblatt zur Verfügung zu stellen (§ 7 Abs. 1 AltZertG). Das Produktinformationsblatt nach dem AltZertG ersetzt das Produktinformationsblatt nach § 4 VVG-InfoV (§ 7 Abs. 2 Satz 1 AltZertG).

II. Angaben im Produktinformationsblatt (§ 4 Abs. 2 VVG-InfoV)

5   Diese Aufzählung in § 4 Abs. 2 VVG-InfoV ist abschließend, denn in der Begründung heißt es, dass es sich um eine *enumerative Aufzählung der Informationen, die i.S.d. Abs. 1 von besonderer Bedeutung sind* (Begr. VVG-InfoV, abgedr. in VersR 2008, 186, 190), handelt. Darüber hinausgehende Informationen können demnach im Produktinformationsblatt nicht gegeben werden. Dafür spricht, dass der Verbraucher ansonsten mit einer Vielzahl von Informationen konfrontiert wäre, die ihn an einer Bewertung der nach § 4 Abs. 2 VVG-InfoV zentralen Informationen hindert.

6   Einigkeit herrscht insoweit als dass das Produktinformationsblatt seine Funktion, dem Verbraucher eine informierte und aufgeklärte Entscheidung anhand der Nennung der für die Abschlussentscheidung wichtigsten Informationen, nur erfüllen kann, wenn eine Informationsreduktion auf das Wesentliche erfolgt (*Brömmelmeyer*, VersR 2009, 584, 592;

Schwintowski, VuR 2008, 250, 255; Looschelders/Pohlmann/*Pohlmann/Schäfers*, § 4 VVG-InfoV Rn 1; Rüffer/Halbach/Schimikowski/*Baroch Castellvi*, § 4 VVG-InfoV Rn 9). An die Detailliertheit der Beschreibungen dürfen daher keine zu hohen Anforderungen gestellt werden. Zu Recht weist *Baroch Castellvi* auf das Problem hin, dass die Informationen auf der einen Seite für den Verbraucher verständlich zu fassen sind und auf der anderen Seite aber Gegenstand des Vertrages werden und damit voll justiziabel sind. Der VR wird hier mit dem Sinn und Zweck des Produktinformationsblatts zu argumentieren haben sowie mit dem in dem Produktinformationsblatt zu gebenden Hinweis, dass es sich nicht um abschließende Informationen handelt (Rüffer/Halbach/Schimikowski/*Baroch Castellvi*, § 4 VVG-InfoV Rn 3, 10).

1. Art des angebotenen Versicherungsvertrages (§ 4 Abs. 2 Nr. 1 VVG-InfoV)

Bei der Art des angebotenen VV ist anzugeben, um welchen Vertragstyp (z.B. Lebens-, Unfall- oder Haftpflichtversicherung) es sich handelt.

2. Versichertes Risiko und ausgeschlossene Risiken (§ 4 Abs. 2 Nr. 2 VVG-InfoV)

Bei der Beschreibung des durch den Vertrag versicherten Risikos und der ausgeschlossenen Risiken wird i.d.R. eine spartenspezifische Darstellung des versicherten Risikos ausreichen. Es kann erforderlich sein, durch die Nennung von Beispielen den Versicherungsschutz und die nicht versicherten Risiken plastisch zu beschreiben. Erwartet der VN beim Abschluss eines bestimmten Vertrages, dass ein Risiko typischerweise versichert ist, muss hier eine Angabe erfolgen, wenn dies ausnahmsweise nicht der Fall ist. Vertragsindividuelle Angaben können insb. im Hinblick auf die Angaben zur Höhe der zu entrichtenden Prämie in § 4 Abs. 2 Nr. 3 VVG-InfoV angezeigt sein. Zu Recht weisen *Pohlmann/Schäfers* darauf hin, dass sich aus dem Wortlaut des § 4 Abs. 2 Nr. 2 VVG-InfoV, der auf den „Vertrag" und nicht wie in § 4 Abs. 2 Nr. 1 VVG-InfoV auf die „Art der Versicherung" Bezug nimmt, sowie aus der Tatsache, dass eine nur spartenspezifische Information u.U. für den VN wertlos wäre, ergibt, dass vertragsindividuelle Angaben zu machen sind (Looschelders/ Pohlmann/*Pohlmann/Schäfers*, § 4 VVG-InfoV Rn 16). Dem ist aber nur zuzustimmen, sofern diese Information erforderlich ist, etwa weil von den erkennbaren Erwartungen des VN oder dem typischen Risiko abgewichen wird. Sie generell zu fordern, könnte eine Ausführlichkeit der Information bedingen, die bei einem Produktinformationsblatt gerade nicht gewollt ist.

3. Angaben zur Prämie (§ 4 Abs. 2 Nr. 3 VVG-InfoV)

Nach § 4 Abs. 2 Nr. 3 VVG-InfoV ist die Höhe der zu entrichtenden Prämie in EUR, ihre Fälligkeit sowie der Zeitraum, für den die Prämie zu entrichten ist, anzugeben. Die für den bestimmten VV vereinbarte Prämie ist zu nennen, ein Verweis auf den Versicherungsschein ist nicht ausreichend. Allerdings kann sich die Prämienhöhe noch durch Risikozuschläge oder Veränderungen des Leistungsumfangs verändern, so dass der Hinweis, dass sich die endgültige Höhe der zu zahlenden Prämie erst aus dem Versicherungsschein ergibt, ratsam ist. Ein neues Produktinformationsblatt hat der VR bei Änderung der Prämie nicht zur Verfügung zu stellen. Die Individualisierung im Produktinformationsblatt bei der Prämienangabe ist im Vergleich zu den weiteren anzugebenden Punkten eine Ausnahme, denn bei diesen ist immer auch ein Verweis auf die übrigen Vertragsunterlagen möglich. Mit der Nennung der Prämie an dieser Stelle soll dem VN auf den ersten Blick nicht nur deutlich gemacht werden, dass der Versicherungsschutz eine bestimmte Prämienzahlung erfordert, sondern der VN soll auf den ersten Blick erkennen, wie hoch die finanzielle Belastung konkret für ihn ist. Die Angabe erfüllt eine Warnfunktion. Weiterhin ist anzugeben, wann die Prämie fällig ist (monatlich, halbjährlich, jährlich) und zu welchem Zeitpunkt sie jeweils zu zahlen ist (so auch Looschelders/Pohlmann/*Schäfers/Pohlmann*, § 4 VVG-InfoV Rn 18). Ebenfalls ist der Hinweis notwendig, dass die Prämie erstmals zum Versicherungsbeginn (mit Datumsangabe) zu zahlen ist. Das wird i.d.R. zwei Wochen nach Erhalt des Versicherungsscheins sein. An dieser Stelle sollten die Folgen der verspäteten Zahlung der Erstprämie nach § 37 VVG kurz aufgezeigt werden, wie auch die Rechtsfolgen der verspäteten Zahlung einer Folgeprämie. Auch ist der Hinweis notwendig, dass der VN bei Erteilung einer Lastschriftermächtigung für ausreichende Deckung auf dem Konto zu sorgen hat.

10   Die Angabe im Produktinformationsblatt zur Prämie kann unterschiedlich ausfallen, je nachdem, ob der Vertrag im Invitatio- oder im Antragsmodell (siehe dazu § 7 VVG Rdn 16 ff., 20 ff.) zustande kommt. Beim Antragsmodell hat der VR im Zeitpunkt der Aushändigung des Blattes noch keine Kenntnisse über das individuelle Risiko der zu versichernden Person, so dass diese Kenntnisse auch bei der Angabe der Prämienhöhe nicht einfließen können. Anders beim Invitatioverfahren, bei dem der VR vor Aushändigung des Produktinformationsblattes bereits Informationen über den jeweiligen Kunden erhält und diese bereits bei der Prämienkalkulation zugrunde legen kann. Diese individuell kalkulierte Prämie ist auch im Produktinformationsblatt anzugeben. Das Gleiche gilt, wenn das Produktinformationsblatt erst nach dem Abschluss des Vertrages ausgehändigt wird, weil der VN nach § 7 Abs. 1 S. 3 VVG auf die Informationserteilung vor der Abgabe seiner Vertragserklärung verzichtet hat.

4. Leistungsausschlüsse (§ 4 Abs. 2 Nr. 4 VVG-InfoV)

11   Unter § 4 Abs. 2 Nr. 4 VVG-InfoV werden die im Vertrag enthaltenen Leistungsausschlüsse aufgeführt. Dem VN soll durch diese Angabe deutlich gemacht werden, dass der VV keinen umfassenden Versicherungsschutz enthält. Hier können beispielhaft spartenspezifische, typische Ausschlüsse genannt werden. Wichtig ist, dass dem VN deutlich wird, dass der Versicherungsschutz nicht alle denkbaren Fälle erfasst. Bei Verwendung von Beispielen sollte ausdrücklich darauf hingewiesen werden, dass diese nicht vollständig sind und Weiteres den AVB zu entnehmen ist. Individuell vereinbarte Ausschlüsse müssen an dieser Stelle nicht aufgenommen werden, es genügt, wenn diese im Antrag aufgeführt sind.

5. Obliegenheiten bei Vertragsschluss und Rechtsfolgen von deren Nichtbeachtung (§ 4 Abs. 2 Nr. 5 VVG-InfoV)

§ 4 Abs. 2 Nr. 5 VVG-InfoV verlangt Hinweise auf die bei Vertragsschluss zu beachtenden Obliegenheiten. Dies sind insb. die in § 19 VVG normierten Anzeigepflichten. Hier kann und soll der VN auf die Obliegenheiten aufmerksam gemacht werden und ihm v.a. die Rechtsfolgen verdeutlicht werden. Die Möglichkeit der Leistungsfreiheit ist dem VN vor Augen zu führen. Da der VR ohnehin zur Belehrung nach § 19 Abs. 5 VVG verpflichtet ist, ist an dieser Stelle ein kurzer Hinweis und der Verweis auf die Belehrung ausreichend.

6. Obliegenheiten während der Vertragslaufzeit und Rechtsfolgen von deren Nichtbeachtung (§ 4 Abs. 2 Nr. 6 VVG-InfoV)

Weiterhin sind die während der Laufzeit des VV zu beachtenden Obliegenheiten, etwa zur Verminderung der Gefahr oder bei Gefahrerhöhung, zu nennen. Auch hier genügen ein kurzer Überblick und der Verweis auf die entsprechenden Vertragsunterlagen.

7. Obliegenheiten bei Eintritt des Versicherungsfalls und Rechtsfolgen von deren Nichtbeachtung (§ 4 Abs. 2 Nr. 7 VVG-InfoV)

Auf die bei Eintritt des Versicherungsfalles zu beachtenden Obliegenheiten (§ 4 Abs. 2 Nr. 7 VVG-InfoV) genügt ebenfalls ein kurzer Hinweis und der Verweis auf die ausführlichen Regelungen in den AVB. Hinzuweisen ist insbesondere auf die Anzeige- und Auskunftsobliegenheiten sowie die Schadensabwendungs- und Schadensminderungsobliegenheiten. Auch auf spezifische Obliegenheiten, wie das Einreichen einer Stehlgutliste in der Hausratversicherung ist hinzuweisen (*Schneider/Reuter-Gehrken*, in: Staudinger/Halm/Wendt, § 4 VVG-InfoV Rn 28).

8. Beginn und Ende des Versicherungsschutzes (§ 4 Abs. 2 Nr. 8 VVG-InfoV)

Nach § 4 Abs. 2 Nr. 8 VVG-InfoV ist der Beginn und das Ende des Versicherungsschutzes zu nennen. Da der Zeitraum, in dem Versicherungsschutz besteht, von der Vertragslaufzeit abweichen kann, ist in einem solchen Fall die Angabe besonders wichtig. Zum Beginn des Versicherungsschutzes kann auf die Angabe im Versicherungsschein verwiesen werden. Hier ist zu ergänzen, dass der Versicherungsschutz nur dann zu dem im Versicherungsschein angegebenen Zeitpunkt beginnt, wenn die Zahlung der Prämie aus Gründen, die der VN zu vertreten hat, nicht rechtzeitig erfolgt. Über die Folgen der nicht rechtzeitigen Zahlung der Erstprämie für den Beginn des Versicherungsschutzes hat der VR den VN nach § 37 Abs. 2 VVG zu belehren, auf diese Belehrung kann und sollte an dieser Stelle verwiesen werden.

9. Möglichkeiten der Vertragsbeendigung (§ 4 Abs. 2 Nr. 9 VVG-InfoV)

16 Nach § 4 Abs. 2 Nr. 9 VVG-InfoV ist der VN über die Möglichkeiten der Vertragsbeendigung zu informieren. Hier ist zunächst auf die Regelungen des § 11 VVG kurz einzugehen. Neben diesen Kündigungsmöglichkeiten sind die spartenspezifischen, wie z.B. die Kündigungsmöglichkeit im Schadensfalle oder bei Beitragserhöhung unter Verweis auf die entsprechende Regelung in den AVB, zu nennen. Nach der Begründung (Begr. VVG-InfoV, abgedr. in VersR 2008, 183, 190) geht es um die Darstellung von Möglichkeiten der Vertragsbeendigung durch den VN. Beendigungsmöglichkeiten des VR sind demnach im Produktinformationsblatt nicht zu benennen (so auch Rüffer/Halbach/Schimikowski/*Baroch Castellvi*, § 4 VVG-InfoV Rn 26). Dafür spricht zum einen die gebotene Kürze eines Informationsblatts sowie zum anderen, dass nach der hier vertretenen Auffassung über Beendigungsmöglichkeiten des VR jedenfalls nach § 1 Abs. 1 Nr. 15 VVG-InfoV zu informieren ist (a.A. Looschelders/Pohlmann/*Pohlmann/Schäfers*, § 4 VVG InfoV Rn 26, die darauf hinweisen, dass § 4 Abs. 2 Nr. 3 bis 8 VVG-InfoV dem VN verdeutlichen sollen unter welchen Umständen er seinen Versicherungsschutz verlieren kann; § 4 Abs. 2 Nr. 9 VVG-InfoV müsse daher alle Kündigungsmöglichkeiten benennen, die über § 4 Abs. 2 Nr. 3 bis 8 VVG-InfoV hinausgehen).

III. Besondere Angaben (§ 4 Abs. 3 und 4 VVG-InfoV)

1. Hinweis auf die Modellrechnung

17 Für die Lebensversicherung wird die nach § 4 Abs. 2 Nr. 3 VVG-InfoV zu erteilende Information insoweit angepasst, dass der VN bereits im Produktinformationsblatt auf eine ggf. bestehende Modellrechnung hingewiesen wird. Nach der Begründung (Begr. VVG-InfoV, abgedr. in VersR 2008, 183, 190) ist die Modellrechnung nicht Gegenstand des Produktinformationsblattes. Sie darf auch nicht aufgenommen werden, da das Produktinformationsblatt sonst überfrachtet wäre und dem Knappheitsgebot des § 4 Abs. 5 S. 2 VVG-InfoV nicht entsprechen würde (VersR-Hdb/*Schwintowski*, § 18 Rn 84; Rüffer/Halbach/Schimikowski/*Baroch Castellvi*, § 4 VVG-InfoV Rn 30).

2. Kostenangaben

18 Eine weitere Besonderheit für Lebensversicherungen, Berufsunfähigkeits- und Krankenversicherungen ist die Aufnahme der Angabe der Abschluss- und Vertriebskosten sowie der Verwaltungskosten in EUR, auch im Produktinformationsblatt. Damit soll der VN in die Lage versetzt werden, bei den genannten Versicherungsverträgen nicht nur die Höhe der Prämie bereits bei einem ersten Blick auf die Basisinformation im Produktinformationsblatt zu erfassen, sondern darüber hinaus auch bereits zu Beginn der Informationsaufnahme die mit dem Vertragsschluss verbundenen Kosten in EUR zu erkennen. Ausweislich der Verordnungsbegründung sollen die Kosten – wie auch die Prämie selbst – an dieser Stelle in EUR auszuweisen sein (Begr. VVG-InfoV, VersR 2008, 186, 191). Die Verweismöglich-

keit, die grds. nach § 4 Abs. 5 S. 4 VVG-InfoV besteht, ist auf diese Angabe nicht anwendbar.

Nach § 4 Abs. 4 VVG-InfoV ist § 4 Abs. 2 Nr. 3 VVG-InfoV mit der Maßgabe anzuwenden, dass „*die Abschluss- und Vertriebskosten und die Verwaltungskosten (§ 2 Abs. 1 Nr. 1, § 3 Abs. 1 Nr. 1) sowie die sonstigen Kosten (§ 2 Abs. 1 Nr. 2, § 3 Abs. 1 Nr. 2)*" gesondert auszuweisen sind. Die Wörter „und die Verwaltungskosten" wurden mit der durch das LVRG erfolgten Änderung eingefügt. Vor der Gesetzesänderung wurde teilweise vertreten, die Verwaltungskosten seien im Produktinformationsblatt nicht anzugeben, da der Verweis auf § 2 Abs. 1 Nr. 1 VVG-InfoV a.F. nur die Abschlusskosten, nicht aber die übrigen in die Prämie einkalkulierten Kosten erfasst habe (Rüffer/Halbach/Schimikowski/*Baroch Castellvi*, § 4 VVG-InfoV Rn 33). Tatsächlich dürfte es sich bei der ursprünglichen Nichterwähnung der „übrigen einkalkulierten Kosten" aber nur um ein Redaktionsversehen gehandelt haben, welches nunmehr korrigiert wurde. Überzeugend stellt *Brömmelmeyer* dar, dass sich § 4 Abs. 4 VVG-InfoV a.f. erkennbar an der Ermächtigungsgrundlage § 7 Abs. 2 S. 1 Nr. 2 VVG a.F. orientierte, die § 2 Abs. 1 Nr. 1 VVG-InfoV a.F. zwar regelungstechnisch, nicht aber inhaltlich variierte. Dafür spricht auch, dass der Verzicht auf die Nennung der Verwaltungskosten eine Intransparenz bedingen würde, nämlich dass die Kostenangaben im Produktinformationsblatt und solche in den sonstigen Informationsunterlagen voneinander abweichen würden. Dies konnte nicht gewollt sein (*Brömmelmeyer*, VersR 2009, 584, 592).

19

Daneben sind nach § 4 Abs. 4 VVG-InfoV auch die sonstigen Kosten auszuweisen. Hier besteht eine Deckungsgleichheit mit dem Wortlaut und den Normen, auf die verwiesen wird. Zutreffend weist *Baroch Castellvi* darauf hin, dass die Nennung eines umfangreichen Katalogs von Kosten die Beschränkung auf die maßgebliche Information gefährdet und schlägt vor, beispielhaft einige Kosten zu nennen und im Übrigen auf die AVB zu verweisen (vgl. Rüffer/Halbach/Schimikowski/*Baroch Castellvi*, § 4 VVG-InfoV Rn 34; zustimmend *Brömmelmeyer*, VersR 2008, 584, 592, der neben den beispielhaften Kostenangaben auch den Hinweis auf ein Kostenverzeichnis für erforderlich hält).

20

Obwohl durch das LVRG die Verpflichtung zur Angabe der Effektivkosten für bestimmte Lebensversicherungsverträge eingeführt wurde, hat der Gesetzgeber es unterlassen, § 4 Abs. 4 VVG-InfoV um einen Verweis auf § 2 Abs. 1 Nr. 9 VVG-InfoV zu ergänzen. Die zusätzliche Angabe der Effektivkosten im Produktinformationsblatt ist somit zwar nicht ausdrücklich vorgeschrieben, im Hinblick auf den mit dem Produktinformationsblatt verfolgten Zweck aber wünschenswert. Einer Empfehlung des GDV folgend, informieren die VR schon bisher ihre Kunden im Zusammenhang mit den in die Prämien einkalkulierten Kosten über den sog. Renditeeffekt. Teilweise geschieht dies auch im Produktinformationsblatt. Dies dürfte trotz des grundsätzlich abschließenden Charakters der in § 4 Abs. 2 VVG-InfoV aufgezählten Informationen zulässig sein. Denn wenn der Gesetzgeber die Mitteilung über die in die Prämien einkalkulierten Abschluss- und Verwaltungskosten als Information von besonderer Bedeutung für den Vertragsschluss bewertet, muss dies auch für die Effektivkostenangabe gelten, die dem VN in besonders transparenter Form die Auswirkungen dieser Kostenbelastungen vor Augen führt und den Vergleich zwischen Konkurrenz-Produkten mit unterschiedlicher Kostenstruktur ermöglicht (*Schwintowski/Ortmann* gehen so-

21

gar vom Bestehen einer Verpflichtung zur Angabe der Effektivkosten im PIB aus, VersR 2014, 1401, 1406; zweifelnd: MüKo/*Armbrüster*, § 4 VVG-InfoV Rn 31).

IV. Gestaltung des Produktinformationsblatts (§ 4 Abs. 5 VVG-InfoV)

1. Bezeichnung, Kurzzusammenfassung (§ 4 Abs. 5 S. 1 VVG-InfoV)

22 Das Produktinformationsblatt ist den übrigen Informationen als eine Art Kurzzusammenfassung in der Form eines **Vorblattes** voranzustellen und als **Produktinformationsblatt** zu bezeichnen. Damit soll gewährleistet werden, dass sich das Blatt von den übrigen Informationen abhebt.

23 Entscheidend ist nach den Vorstellungen von *Römer* für die Wirksamkeit des Produktinformationsblattes, dass der **Umfang auf eine Seite begrenzt** wird. Diese soll nicht zu klein und nicht zu eng bedruckt sein und zudem soll eine übersichtliche Anordnung dem Leser weitere Hilfestellung geben (*Römer*, VersR 2007, 618, 619). In der Praxis wird eine Beschränkung auf eine Seite angesichts der Fülle der Informationen kaum zu leisten sein. Dennoch sollte der Umfang des Produktinformationsblatts möglichst gering sein, um den Zweck nicht zu gefährden.

24 Das Produktinformationsblatt wird dem VN (wenn er ein Verbraucher ist, s.o. Rdn 3) zeitgleich **neben den umfassenden Vertragsinformationen** überlassen.

25 I.R.d. Blattes wird auf die anliegenden Bedingungen und übrigen Informationen **verwiesen**. Die in der Natur des Produktinformationsblatt angelegten **Verkürzungen** führen daher *nicht* zu Informationslücken aufseiten des VN. Für ihn ist deutlich erkennbar, dass nicht die Kurzinformation isoliert, sondern das ihm gleichsam zur Verfügung stehende Vertrags- und Bedingungswerk in seiner Gesamtheit zur Grundlage der vertraglichen Beziehung gemacht wird.

2. Darstellung der Informationen (§ 4 Abs. 5 S. 2 bis 4 VVG-InfoV)

26 Die Informationen nach § 4 Abs. 1 und 2 VVG-InfoV müssen in **klarer, einfacher Sprache** gegeben werden, die bewusst auf juristische Genauigkeit und Vollständigkeit verzichtet, wobei dem Leser dies klar erkennbar gemacht werden muss (*Römer*, VersR 2007, 618, 619).

27 Sie sind zwangsläufig **nicht vollständig**, worauf der VN **hinzuweisen** ist (§ 4 Abs. 5 S. 2 VVG-InfoV). Zudem ist ein **Verweis auf die vollständigen Regelungen** im VV erforderlich (§ 4 Abs. 5 S. 4 VVG-InfoV).

> **Hinweis**
> Es empfiehlt sich, einen entsprechenden Hinweis dem Produktinformationsblatt voranzustellen: *„Mit den nachfolgenden Informationen möchten wir Ihnen einen ersten Überblick über die Ihnen angebotene Versicherung geben. Diese Informationen sind jedoch nicht abschließend. Der gesamte Vertragsinhalt ergibt sich aus dem Antrag, dem Versicherungsschein und den beigefügten Versicherungsbedingungen. Wir empfehlen Ihnen die gesamten Vertragsbestimmungen sorgfältig zu lesen."*

Den Anforderungen würde es nicht genügen, wenn das Produktinformationsblatt selbst keine Angaben enthalten würde, sondern nur aus Verweisen auf die entsprechenden vertraglichen Regelungen bestehen würde. Dem VN soll die Möglichkeit gegeben werden, unterschiedliche Produkte anhand der Produktinformationsblätter problemlos miteinander zu vergleichen.

Aus diesem Grund ist auch die in § 4 Abs. 2 VVG-InfoV vorgegebene **Reihenfolge** einzuhalten (§ 4 Abs. 5 S. 3 VVG-InfoV).

C. Rechtsfolgen

I. Fehlvorstellungen des Versicherungsnehmers

Verschließt sich der VN der Wahrnehmung dieser umfassenden Informationen trotz eindeutigem Hinweis, trägt er und nicht der VR das Risiko für die Konsequenzen seiner rechtsgeschäftlichen Bindung.

Fehlvorstellungen, die daraus resultieren, dass hinreichend deutliche Verweise auf Detailinformationen in den Bedingungen schlichtweg **ignoriert** werden, sind folglich *unbeachtlich*.

Eine **Anfechtung wegen Erklärungsirrtums** nach § 119 Abs. 1 Alt. 2 BGB scheidet daher aus, wenn sich der Erklärende der Einbeziehung der Bedingungen bewusst ist, diese aber ungelesen und ohne sich diesbezüglich irgendwelche Vorstellungen zu machen, akzeptiert. Wird nach den Vorgaben des Verordnungsgebers verfahren und der VN deutlich auf die Unvollständigkeit der Informationen im Produktinformationsblatt hingewiesen, dürfte sich aus der gezwungenermaßen verkürzten Information kein Anfechtungsrecht ergeben.

II. Fehlerhafte Verwendung durch den Versicherer

Rechtliche Konsequenzen dürfte daher *nicht* die gewollte und zwangsläufig vorhandene **Unvollständigkeit** der Informationen nach sich ziehen, sondern allenfalls eine etwaige Fehlerhaftigkeit der Informationen.

Trotz der Möglichkeit der Unvollständigkeit der Informationen im Produktinformationsblatt dürfen diese sicherlich **nicht objektiv falsch** sein, und zwar auch dann nicht, wenn der Adressat auf der Grundlage der ihm gleichsam zur Verfügung stehenden weiteren Informationen in der Lage wäre, die korrekten Angaben zu ermitteln.

Wird ein Produktinformationsblatt nicht oder mit unvollständigen Informationen herausgegeben, erfüllt der VR seine Informationspflichten nach § 7 Abs. 1 S. 1 VVG nicht, so dass die Widerrufsfrist nach § 8 Abs. 2 Nr. 1 VVG nicht zu laufen beginnt (vgl. § 1 VVG-InfoV Rdn 41). Wird ein Produktinformationsblatt regelmäßig mit fehlerhaften Inhalt herausgegeben, begründet dies einen aufsichtsrechtlichen Missstand i.S.d. § 298 Abs. 1 i.V.m. § 294 Abs. 2 VAG (Looschelders/Pohlmann/*Pohlmann/Schäfers*, § 4 VVG-InfoV Rn 34).

Schwintowski sieht den VR auch einem Schadensersatzanspruch aus §§ 311 Abs. 2, 241 Abs. 2, 280 Abs. 1 BGB ausgesetzt, wenn der VR durch ein überfrachtetes Informationsblatt dem VN den mit dem Produktinformationsblatt bezweckten Überblick vereitelt (*Schwintowski*, VuR 2008, 250, 256).

III. Auslegungsmaßstab für die Wirksamkeit der AVB

37 Die Angaben des Produktinformationsblattes sind keineswegs nur als Basisinformation zu verstehen, sondern können auch rechtliche Bedeutung erlangen. Wie *Römer* (VersR 2007, 619) zutreffend herausstellt, sind die Angaben zur Auslegung der AVB heranzuziehen. So kann z.b. eine Klausel weniger überraschend oder leichter verständlich sein, wenn der VN bereits im Produktinformationsblatt auf diese Klausel hingewiesen wurde bzw. diese erläutert wurde. Die Unvollständigkeit der im Produktinformationsblatt gemachten Angaben ist in jedem Fall deutlich hervorzuheben, um beim VN keine Fehlvorstellungen hervorzurufen. Soweit das Produktblatt zur Auslegung von AVB herangezogen wird, ist zu berücksichtigen, dass es seinem Zweck entsprechend in einer einfachen, für den Verbraucher leicht verständlichen Sprache abgefasst sein soll, also möglichst frei von rechts- und versicherungstechnisch geprägter Diktion (Halbach/Rüffer/Schimikowski/*Baroch Castellvi*, § 4 VVG-InfoV Rn 10).

IV. Unabdingbarkeit

38 § 4 VVG-InfoV ist nach § 18 VVG zwingend. Allerdings kann ein Verzicht auf das Produktinformationsblatt nach § 7 Abs. 1 S. 3 VVG erfolgen. In diesem Fall ist die Information unmittelbar nach Vertragsschluss zu erteilen. Voraussetzung für den Informationsverzicht vor dem Vertragsschluss ist nach § 7 Abs. 1 S. 3 VVG, dass der Vertrag auf Verlangen des VN entweder telefonisch oder unter Verwendung eines anderen Kommunikationsmittels geschlossen wird, welches die Information in Textform vor der Vertragserklärung des VN nicht gestattet oder der VN vor Abgabe der Vertragserklärung schriftlich auf eine Informationserteilung verzichtet. Da das gesetzliche Grundmodell eine Informationserteilung vor Vertragsschluss vorsieht, ist davon auszugehen, dass die BaFin einen Missstand i.S.d. § 298 Abs. 1 i.V.m. § 294 Abs. 2 VAG annehmen wird, wenn VR sich systematisch von ihren Kunden Verzichtserklärungen erteilen lassen (*Wandt*, in: Hdb. FA VersR, 1. Kap. Rn 291).

D. Muster

39 Beispielhaft ist die mögliche Gestaltung der Produktinformationsblätter anhand eines vom Gesamtverband der Deutschen Versicherungswirtschaft e.V. herausgegebenen unverbindlichen Muster-Produktinformationsblatts zur Rentenversicherung (Stand: 06/2008) veranschaulicht.

§ 4 VVG-InfoV

Produktinformationsblatt zur Rentenversicherung

Mit den nachfolgenden Informationen möchten wir Ihnen einen ersten Überblick über die Ihnen angebotene Versicherung geben. Diese Informationen sind jedoch nicht abschließend. Der vollständige Vertragsinhalt ergibt sich aus dem Antrag, dem Versicherungsschein und den beigefügten Versicherungsbedingungen. Bitte lesen Sie daher die gesamten Vertragsbestimmungen sorgfältig.

1 Welche Art der Versicherung bieten wir Ihnen an?

Der angebotene Vertrag ist eine Rentenversicherung mit einem in der Zukunft liegenden Rentenbeginn. Grundlage sind die beigefügten Allgemeinen Bedingungen für die Rentenversicherung mit aufgeschobener Rentenzahlung sowie alle weiteren im Antrag genannten Besonderen Bedingungen und Vereinbarungen.

2 Welche Risiken sind versichert, welche sind nicht versichert?[1]

Versichert ist Herr Max Mustermann, geb. am xx.xx.xx, Beruf: [2]

Wenn die versicherte Person den Rentenbeginn erlebt,

zahlen wir wahlweise eine lebenslang garantierte Rente oder eine einmalige garantierte Auszahlung (Kapitalabfindung). Hinzu kommen noch Leistungen aus der Überschussbeteiligung, die nicht garantiert sind.

Wenn die versicherte Person vor dem Rentenbeginn stirbt,

zahlen wir die Summe der bis zum Todesfall eingezahlten Beiträge und die angesammelten Überschüsse.[3]

Wenn die versicherte Person während der Rentengarantiezeit stirbt,

zahlen wir die garantierte Rente zuzüglich Überschussrente bis zum Ablauf der Rentengarantiezeit weiter.

Möchten Sie mehr zum Thema Überschussbeteiligung wissen, sehen Sie dazu bitte in den AVB unter[4] und in den beigefügten Beispiel- und Modellrechnungen nach.

3 Wie hoch ist ihr Beitrag und wann müssen Sie ihn bezahlen? Welche Kosten sind in Ihren Beitrag einkalkuliert und welche können zusätzlich entstehen? Was passiert, wenn Sie Ihren Beitrag nicht oder verspätet bezahlen?

Beitrag   EUR
Beitragsfälligkeit   monatlich, jeweils zum
erstmals zum Versicherungsbeginn
letztmalig zum

---

[1] Bei anderen Gestaltungsformen (z.B. auch bei Beitragsrückgewähr statt Garantiezeit) sind die Formulierungen entsprechend anzupassen. Angaben zur Höhe der Leistungen in EUR sind möglich (als Ergänzung zur Beitragsangabe aus 3).

[2] Die Individualisierung ist rechtlich nicht zwingend.

[3] Bei für den Kunden „überraschenden" Gestaltungsformen (z.B. überhaupt keine Todesfallleistung) ist darauf gesondert hinzuweisen.

[4] In den verschiedenen AVB gibt es eine unterschiedliche Nummerierung. Daher empfiehlt sich ein Hinweis auf gleich lautende AVB-Überschriften und nicht auf §§-Nummern.

In den Beitrag einkalkulierte Abschluss- und Vertriebskosten: [Unternehmensindividuelle Angaben zu den einkalkulierten einmaligen Abschluss- und Vertriebskosten. Z.B.: „Einmalig ▬▬▬ EUR"].[5]

In den Beitrag einkalkulierte laufende Kosten: [Unternehmensindividuelle Angaben zu den einkalkulierten laufenden Kosten. Z.B.: „Jährlich ▬▬▬ EUR für eine Laufzeit von ▬▬▬ Jahren"],[6] Unter der Voraussetzung, dass die aktuelle Überschussbeteiligung bis zum Ende der Aufschubdauer unverändert bleibt, entsprechen diese in den Beitrag einkalkulierten laufenden Kosten einem Renditeeffekt von x,xx %-Punkten. Mit dem Renditeeffekt wird die Beitragsrendite eines Lebensversicherungsvertrages mit der Rendite eines fiktiven Vertrages verglichen, bei dem keine laufenden Kosten einkalkuliert sind. Der Renditeeffekt gibt an, um wie viel Prozentpunkte der möglichen Rendite durch die einkalkulierten laufenden Kosten verbraucht werden.[7]

[Weitere unternehmensindividuelle Kostenangaben ...],[8]

Der erste Beitrag (Einlösungsbeitrag) ist unverzüglich nach Abschluss des Vertrages zu zahlen, jedoch nicht vor dem oben angegebenen[9] Versicherungsbeginn. Alle weiteren Beiträge (Folgebeiträge) sind zu den oben angegebenen Terminen zu zahlen. Falls Sie uns eine Lastschriftermächtigung erteilen, sorgen Sie bitte rechtzeitig für ausreichende Deckung auf Ihrem Konto.

Wenn Sie den Einlösungsbeitrag schuldhaft nicht rechtzeitig zahlen, können wir solange vom Vertrag zurücktreten, wie Sie nicht gezahlt haben. Außerdem werden wir dann im Versicherungsfall nicht leisten. Wenn Sie einen Folgebeitrag nicht rechtzeitig zahlen, fordern wir Sie auf den rückständigen Beitrag innerhalb einer Frist von mindestens zwei Wochen zu zahlen. Tritt nach Fristablauf der Versicherungsfall ein und sind Sie zu diesem Zeitpunkt mit der Zahlung des Beitrags in Verzug, so entfällt oder vermindert sich Ihr Versicherungsschutz.

Möchten Sie mehr zu diesem Thema wissen, sehen Sie dazu bitte in den AVB unter ▬▬▬ nach.

4 Welche Leistungen sind ausgeschlossen?

Bei Tod der versicherten Person vor Rentenbeginn kann sich unsere Leistungspflicht z.B. bei kriegerischen Ereignissen auf die Auszahlung des Rückkaufswertes beschränken. Auch bei vorsätzlicher Selbsttötung in den ersten drei Versicherungsjahren zahlen wir nur den Rückkaufswert.

Diese Aufzählung ist nicht abschließend.

Möchten Sie mehr zu diesem Thema wissen, etwa eine vollständige Aufzählung der Ausschlussgründe, sehen Sie dazu bitte in den AVB unter ▬▬▬ nach.

---

5 Die Angaben zu den Kosten haben ausweislich der Verordnungsbegründung in „übersichtlicher und verständlicher Form" zu erfolgen.

6 Bei einkalkulierten, nicht konstanten Kosten ist die Darstellung geeignet anzupassen. Auf bei Vertragsabschluss der Höhe nach nicht bezifferbare einkalkulierte Kosten ist in geeigneter Form hinzuweisen (Bsp.: „xx EUR je 1.000,00 EUR Versichertenguthaben").

7 Diese zusätzliche Angabe der Wirkung der einkalkulierten laufenden Kosten auf die Rendite eines Lebensversicherungsvertrages ist eine unverbindliche Empfehlung des GDV. Einzelheiten enthält das Rundschreiben 0597/2008 vom 25.3.2008.

8 Bei den nicht einkalkulierten Kosten genügt es, wesentliche Punkte anzuführen; für den Rest genügt ein Verweis auf eine entsprechende Gebührenordnung.

9 Wenn technisch möglich, konkrete Angabe des Termins.

§ 4 VVG-InfoV

5 Welche Pflichten haben Sie bei Vertragsabschluss zu beachten und welche Folgen können Verletzungen dieser Pflichten haben?

Damit wir Ihren Antrag ordnungsgemäß prüfen können, müssen Sie die im Antragsformular enthaltenen Fragen unbedingt wahrheitsgemäß und vollständig beantworten. Wenn Sie falsche Angaben machen, können wir u.U. – auch noch nach längerer Zeit – vom Vertrag zurücktreten. Das kann sogar zur Folge haben, dass wir keine Versicherungsleistungen erbringen müssen.

Möchten Sie mehr zu diesem Thema wissen, sehen Sie dazu bitte in den AVB unter nach.

6 Welche Pflichten haben Sie während der Vertragslaufzeit zu beachten und welche Folgen können Verletzungen dieser Pflichten haben?

Sollte sich Ihre Postanschrift, Ihre Bankverbindung oder Ihr Name ändern, teilen Sie uns dies bitte unverzüglich mit. Fehlende Informationen können den reibungslosen Vertragsablauf beeinträchtigen.

Möchten Sie mehr zu diesem Thema wissen, sehen Sie dazu bitte in den AVB unter nach.

7 Welche Pflichten haben Sie bei Eintritt des Versicherungsfalls und welche Folgen können Verletzungen dieser Pflichten haben?

Im Todesfall, bei Rückkauf oder wenn Sie zum Rentenbeginn die Kapitalabfindung wünschen, ist der Versicherungsschein vorzulegen. Im Todesfall benötigen wir außerdem die Sterbeurkunde. Darüber hinaus können wir, insb. wenn Sie eine Rente wählen, einen Nachweis erbitten, dass die versicherte Person noch lebt. Solange diese Verpflichtungen nicht erfüllt werden, kann keine Auszahlung von Leistungen erfolgen.

Möchten Sie mehr zu diesem Thema wissen, sehen Sie dazu bitte in den AVB unter nach.

8 Wann beginnt und endet Ihr Versicherungsschutz?

Der Versicherungsschutz beginnt mit Abschluss des Vertrages, frühestens jedoch am xx.xx.xx. Allerdings entfällt unsere Leistungspflicht bei nicht rechtzeitiger Beitragszahlung. Die Leistungen beginnen am xx.xx.xx und erfolgen lebenslang. Bei Wahl der Kapitalabfindung endet der Vertrag am xx.xx.xx.

Möchten Sie mehr zu diesem Thema wissen, sehen Sie dazu bitte in den AVB unter nach.

9 Wie können Sie Ihren Vertrag beenden?

Vor Rentenbeginn können Sie die Versicherung jederzeit kündigen. Sie erhalten dann den Rückkaufswert, der in der Anfangszeit Ihrer Versicherung noch gering ist. Die Kündigung der Versicherung ist also mit Nachteilen verbunden. Weitere Einzelheiten können Sie der Beispielrechnung entnehmen. Nach Rentenbeginn ist eine Kündigung nicht mehr möglich.

Möchten Sie mehr zu diesem Thema wissen, sehen Sie dazu bitte in den AVB unter nach.

§ 5 VVG-InfoV Informationspflichten bei Telefongesprächen

(1) Nimmt der Versicherer mit dem Versicherungsnehmer telefonischen Kontakt auf, muss er seine Identität und den geschäftlichen Zweck des Kontakts bereits zu Beginn eines jeden Gesprächs ausdrücklich offenlegen.

(2) Bei Telefongesprächen hat der Versicherer dem Versicherungsnehmer aus diesem Anlass nur die Informationen nach § 1 Abs. 1 Nr. 1 bis 3, 6 Buchstabe b, Nr. 7 bis 10 und 12 bis 14 mitzuteilen. Satz 1 gilt nur, wenn der Versicherer den Versicherungsnehmer darüber informiert hat, dass auf Wunsch weitere Informationen mitgeteilt werden können und welcher Art diese Informationen sind, und der Versicherungsnehmer ausdrücklich auf die Mitteilung der weiteren Informationen zu diesem Zeitpunkt verzichtet.

(3) Die in §§ 1 bis 4 vorgesehenen Informationspflichten bleiben unberührt.

Übersicht

	Rdn
A. Normzweck	1
B. Norminhalt	2
I. Offenlegung der Identität und des Anliegens bei telefonischer Kontaktaufnahme durch den Versicherer (§ 5 Abs. 1 VVG-InfoV)	2
II. Mitteilungspflichten gem. § 5 Abs. 2 VVG-InfoV	5
III. Informationen nach Vertragsschluss (§ 5 Abs. 3 VVG-InfoV)	9
C. Prozessuales	10

A. Normzweck

1 § 5 VVG-InfoV regelt die Informationspflichten bei Telefongesprächen und telefonischer Kontaktaufnahme. Die Vorschrift übernimmt den Regelungsgehalt der §§ **48b Abs. 1 S. 2 und Abs. 3 VVG a.F.**, mit dem Art. 3 Abs. 3 RL 2002/65/EG umgesetzt worden ist (Begr. VVG-InfoV, abgedr. in VersR 2008, 186, 191). Anders als § 48b VVG a.F. erfasst der Anwendungsbereich des § 5 VVG-InfoV in Übereinstimmung mit § 7 VVG die Erfüllung von Informationspflichten nicht nur bei Verträgen mit Verbrauchern. § 5 VVG-InfoV gilt nur für Gespräche, bei denen ein Vertragsschluss zumindest intendiert ist – dies ergibt sich bereits daraus, dass § 7 Abs. 2 VVG i.V.m. der VVG-InfoV solche Informationspflichten konkretisiert, die vor Abgabe einer Vertragserklärung zu erteilen sind (Looschelders/Pohlmann/*Pohlmann/Schäfers*, § 5 VVG-InfoV Rn 2).

B. Norminhalt

I. Offenlegung der Identität und des Anliegens bei telefonischer Kontaktaufnahme durch den Versicherer (§ 5 Abs. 1 VVG-InfoV)

2 Nimmt der **VR telefonischen Kontakt** zum VN auf, sieht § 5 Abs. 1 VVG-InfoV vor, dass der VR seine Identität und den geschäftlichen Zweck des Kontakts bereits **zu Beginn** eines

jeden Gesprächs **ausdrücklich offenlegen** muss. Bzgl. der geschuldeten Information über die Identität kann auf die Ausführungen zu § 1 Abs. 1 Nr. 1 VVG-InfoV zurückgegriffen werden. § 5 Abs. 1 VVG-InfoV regelt den Fall, dass die Initiative zur telefonischen Kontaktaufnahme von dem VR ausgeht. Der Begriff des VR ist weit auszulegen, hierzu gehört der Innen- und Außendienst, der dem VR zuzurechnen ist; allerdings sind Makler nicht erfasst (Rüffer/Halbach/Schimikowski/*Baroch Castellvi*, § 5 VVG-InfoV Rn 6).

Fraglich ist, ob § 5 Abs. 1 VVG-InfoV auch gilt, wenn der VN nach einer ersten Kontakt- 3 aufnahme durch den VR, etwa durch Email, auf Bitten des VR telefonischen Kontakt zu dem VR aufnimmt. In diesem Zusammenhang stellt sich auch die Frage, ob Rückrufe des VR nach einer Kontaktaufnahme durch den VN unter den Anwendungsbereich des § 5 Abs. 1 VVG-InfoV fallen. *Baroch Castellvi* stellt darauf ab, ob ein enger zeitlicher und sachlicher Zusammenhang zu dem Anruf des Interessenten bestand und nimmt Rückrufe in diesem Fall aus dem Anwendungsbereich des § 5 Abs. 1 VVG-InfoV (Rüffer/Halbach/ Schimikowski/*Baroch Castellvi*, § 5 VVG-InfoV Rn 6). *Pohlmann/Schäfers* stellen darauf ab, ob der VR ohne Einverständnis des VN die entscheidende Ursache für den Anruf des VN gesetzt hat. *Pohlmann/Schäfers* stützen sich neben einer richtlinienkonformen Auslegung des § 5 Abs. 1 VVG-InfoV (Art. 3 Abs. 4 RL 2002/65/EG stellt auf „*vom Anbieter initiierte Anrufe*" ab) auch auf die Begründung (VersR 2008, 183, 191). Diese Auslegung hat zwar den Wortlaut des § 5 Abs. 1 VVG-InfoV nicht auf ihrer Seite. Für sie spricht aber neben dem Schutzzweck der Regelung auch eine Parallele zur höchstrichterlichen Rechtsprechung zu § 312 BGB a.F. Hier werden Interessenten auch bei provozierten Rückrufen als schutzbedürftig angesehen (vgl. BGHZ 109, 127, 131 ff.).

Ob diese Anrufe **wettbewerbsrechtlich zulässig** sind, richtet sich hingegen allein nach 4 dem Gesetz gegen den unlauteren Wettbewerb (**UWG**). Auch gewerberechtliche Regelungen werden nicht berührt. Nach dem UWG waren und sind Anrufe ohne Zustimmung des Verbrauchers nicht zulässig; dies gilt unverändert auch für die hier geregelten, „*vom Anbieter initiierten Anrufe*" (vgl. Begründung des Entwurfes eines Gesetzes zur Änderung der Vorschriften über Fernabsatzverträge bei Finanzdienstleistungen vom 22.4.2004, BT-Drucks 15/2946, S. 29).

II. Mitteilungspflichten gem. § 5 Abs. 2 VVG-InfoV

§ 5 Abs. 2 VVG-InfoV soll nach dem Willen des Verordnungsgebers **alle Fälle fernmünd-** 5 **licher Kommunikation** erfassen und nicht wie § 5 Abs. 1 VVG-InfoV nur auf die Telefongespräche beschränkt sein, bei denen die Kontaktaufnahme vom VR ausgegangen ist. Hier ist entsprechend der gesetzlichen Grundlage in § 7 Abs. 2 VVG eine Beschränkung auf die dort geregelten Fälle notwendig. Selbstverständlich können nur die Fälle erfasst werden, in denen es sich um ein Gespräch zur Anbahnung eines VV handelt. § 5 Abs. 2 VVG-InfoV erfasst jede Art von fernmündlicher Kommunikation, unabhängig von wem die Initiative ausgeht. Der VR, der den VN anruft, muss also zunächst nach § 5 Abs. 1 VVG-InfoV seine Identität und sein Anliegen offenlegen, und wenn es zu einem telefonischen Abschluss kommt darüber hinaus während des Gesprächs die Informationen nach § 5

Abs. 2 VVG-InfoV erteilen (Rüffer/Halbach/Schimikowski/*Baroch Castellvi*, § 5 VVG-InfoV Rn 4).

6 **Nicht erfasst** werden Telefongespräche, die während der Dauer und anlässlich eines bestehenden Vertragsverhältnisses geführt werden, sei es um bspw. Fragen der Prämienzahlung oder der Schadensbearbeitung zu regeln (so auch Rüffer/Halbach/Schimikowski/*Baroch Castellvi*, § 5 VVG-InfoV Rn 2; Looschelders/Pohlmann/*Pohlmann/Schäfers*, § 5 VVG-InfoV Rn 2).

7 Der VR ist nicht nur bei einem telefonischen Vertragsschluss berechtigt, dem Kunden die vollständigen Informationen nach Vertragsschluss zur Verfügung zu stellen. Dieses Recht steht ihm auch dann zu, wenn der Kunde seine Vertragserklärung am Telefon abgibt, die Annahme durch den VR aber **auf anderem Wege** mit der Übersendung der Informationen erfolgt.

8 Die eingeschränkte Informationspflicht setzt voraus, dass der VR den VN informiert hat, dass er auf Wunsch weitere Informationen erhalten kann, und welcher Art diese Informationen sind, und dass der VN **ausdrücklich** auf die Mitteilung der weiteren Informationen **zu diesem Zeitpunkt verzichtet** (Begr. VVG-InfoV, abgedr. in VersR 2008, 186, 191 mit Verweis auf die Vorgaben der Richtlinien). Dabei ist der Umfang der weiteren Informationen nur kurz nach dem wesentlichen Informationsgehalt zu skizzieren, da es ansonsten der Einschränkung des § 5 Abs. 2 S. 1 VVG-InfoV nicht bedurft hätte und zudem nach dem Wortlaut nur die „*Art der Information*" anzugeben ist (Looschelders/Pohlmann/*Pohlmann/Schäfers*, § 5 VVG-InfoV Rn 11; Rüffer/Halbach/Schimikowski/*Baroch Castellvi*, § 5 VVG-InfoV Rn 14). Dass der Verzicht ausdrücklich erfolgen muss, kann nur dahingehend verstanden werden, dass ein konkludenter Verzicht nicht ausreicht (Rüffer/Halbach/Schimikowski/*Baroch Castellvi*, § 5 VVG-InfoV Rn 15). Ansonsten sind an die Erklärung des VN keine besonderen Anforderungen zu stellen.

> **Hinweis**
> Der Verzicht auf die weiteren Informationen wird entsprechend der Gesprächssituation mündlich am Telefon erklärt. Zu Beweiszwecken bietet es sich an, einen Vermerk über das geführte Telefonat anzulegen, in dem auch der **Verzicht dokumentiert** wird.

III. Informationen nach Vertragsschluss (§ 5 Abs. 3 VVG-InfoV)

9 Die vollständigen Informationen nach §§ 1–4 VVG-InfoV hat der VR dem VN unverzüglich nach Vertragsschluss zu geben. Das bedeutet, dass die Informationen nicht sofort, aber ohne schuldhaftes Zögern, d.h. innerhalb einer nach den Umständen des Einzelfalls bemessenen Frist, nachgereicht werden müssen (vgl. BGH, NJW 2005, 1869). Üblicherweise wird mit der Erteilung der Informationen innerhalb einiger Tage gerechnet werden können. I.d.R. wird der VR an einer zeitnahen Übersendung der Informationen interessiert sein, da diese Voraussetzung für den Beginn der Widerrufsfrist ist.

C. Prozessuales

Dem **VR** obliegt der **Beweis** für die Erbringung der geforderten Informationen. Demzufolge hat er auch einen möglichen Verzicht des VN, weiter gehende Informationen zu erhalten, zu beweisen. Da ein entsprechender Verzicht nur mündlich am Telefon erteilt wird, ist die Beweissituation naturgemäß schwierig (vgl. o.g. Hinweis). Die Aufzeichnung des Telefonats wäre nur mit Zustimmung des VN zulässig (so *Leverenz*, Vertragsschluss nach der VVG-Reform, S. 52; dem Abspielen eines ohne Zustimmung erstellten Gesprächsmitschnitts könnte der VN ein Beweisverwertungsverbot entgegenhalten, vgl. Zöller/*Greger*, § 286 Rn 15b). Der Lauf der Widerrufsfrist nach § 8 Abs. 2 VVG wird allerdings ohnehin erst in Gang gesetzt, nachdem der VR die Informationen gem. §§ 1–4 VVG-InfoV unverzüglich nach Vertragsschluss nachgeholt hat. Eine Nachholung eventuell unterbliebener Mitteilungspflichten nach § 5 Abs. 2 VVG-InfoV ist dann nicht mehr erforderlich (so auch Looschelders/Pohlmann/*Pohlmann/Schäfers*, § 5 VVG-InfoV Rn 14; Prölss/Martin/ *Knappmann*, § 5 VVG-InfoV Rn 4; a.A.: Vorauflage, *Gansel*).

10

§ 6 VVG-InfoV Informationspflichten während der Laufzeit des Vertrages

(1) Der Versicherer hat dem Versicherungsnehmer während der Laufzeit des Versicherungsvertrages folgende Informationen mitzuteilen:

1. jede Änderung der Identität oder der ladungsfähigen Anschrift des Versicherers und der etwaigen Niederlassung, über die der Vertrag abgeschlossen worden ist;
2. Änderungen bei den Angaben nach § 1 Abs. 1 Nr. 6 Buchstabe b, Nr. 7 bis 9 und 14 sowie nach § 2 Abs. 1 Nr. 3 bis 7, sofern sie sich aus Änderungen von Rechtsvorschriften ergeben;
3. soweit nach dem Vertrag eine Überschussbeteiligung vorgesehen ist, alljährlich eine Information über den Stand der Überschussbeteiligung sowie Informationen darüber, inwieweit diese Überschussbeteiligung garantiert ist; dies gilt nicht für die Krankenversicherung.

(2) Bei der substitutiven Krankenversicherung nach § 146 Absatz 1 des Versicherungsaufsichtsgesetzes hat der Versicherer bei jeder Prämienerhöhung unter Beifügung des Textes der gesetzlichen Regelung auf die Möglichkeit des Tarifwechsels (Umstufung) gemäß § 204 des Versicherungsvertragsgesetzes hinzuweisen. Bei Versicherten, die das 60. Lebensjahr vollendet haben, ist der Versicherungsnehmer auf Tarife, die einen gleichartigen Versicherungsschutz wie die bisher vereinbarten Tarife bieten und bei denen eine Umstufung zu einer Prämienreduzierung führen würde, hinzuweisen. Der Hinweis muss solche Tarife enthalten, die bei verständiger Würdigung der Interessen des Versicherungsnehmers für eine Umstufung besonders in Betracht kommen. Zu den in Satz 2 genannten Tarifen zählen jedenfalls diejenigen Tarife mit Ausnahme des Basistarifs, die jeweils im abgelaufenen Geschäftsjahr den höchsten Neuzugang, gemessen an der Zahl der versicherten Personen, zu verzeichnen hatten.

Insgesamt dürfen nicht mehr als zehn Tarife genannt werden. Dabei ist jeweils anzugeben, welche Prämien für die versicherten Personen im Fall eines Wechsels in den jeweiligen Tarif zu zahlen wären. Darüber hinaus ist auf die Möglichkeit eines Wechsels in den Standardtarif oder Basistarif hinzuweisen. Dabei sind die Voraussetzungen des Wechsels in den Standardtarif oder Basistarif, die in diesem Falle zu entrichtende Prämie sowie die Möglichkeit einer Prämienminderung im Basistarif gemäß § 152 Absatz 4 des Versicherungsaufsichtsgesetzes mitzuteilen. Auf Anfrage ist dem Versicherungsnehmer der Übertragungswert gemäß § 146 Abs. 1 Nr. 5 des Versicherungsaufsichtsgesetzes anzugeben; ab dem 1.1.2013 ist der Übertragungswert jährlich mitzuteilen.

Übersicht

	Rdn
A. Normzweck	1
B. Norminhalt	2

A. Normzweck

1 Während der Laufzeit eines VV bestehende Informationspflichten ergeben sich aus Anhang III, Abschnitt B RL 2002/83/EG und waren zuvor in Anlage D Abschnitt II zu § 10a VAG a.F. geregelt. Die vorliegende Bestimmung übernimmt dessen Vorgaben (Begr. VVG-InfoV, abgedr. in VersR 2008, 186, 191).

B. Norminhalt

2 Nach § 6 Abs. 1 VVG-InfoV hat der VR Änderungen mitzuteilen, die ihn selbst betreffen (Identität, ladungsfähige Adresse und Niederlassung).

3 Die weiteren Änderungen sind **nur** mitzuteilen, **wenn sie sich aus der Änderung von Rechtsvorschriften ergeben**. Dies dürfte selten der Fall sein. Da § 6 VVG-InfoV zudem einen Eingriff in einen bestehenden Vertrag voraussetzt, ist der praktische Anwendungsbereich des § 6 Abs. 1 Nr. 2 VVG-InfoV voraussichtlich gering (Looschelders/Pohlmann/ *Pohlmann/Schäfers*, § 6 VVG-InfoV Rn 3; Rüffer/Halbach/Schimikowski/*Baroch Castellvi*, § 6 Rn 4). § 6 Abs. 1 Nr. 2 VVG-InfoV gilt für Änderungen hinsichtlich der wesentlichen Merkmale der Versicherungsleistung, wenn sich die Art der Versicherungsleistung, der Umfang oder die Fälligkeit ändert. Informationen schuldet der VR auch bei der Änderung des Gesamtpreises des VV, weiterer Kosten oder der Zahlungs- oder Erfüllungsmodalitäten. Ebenfalls zu informieren ist bei der Änderung der Laufzeit des VV. Zudem sind bei Lebensversicherungsverträgen weitere Änderungen anzugeben.

4 Weiterhin hat der VR alljährlich eine Information über den Stand der Überschussbeteiligung und inwieweit diese garantiert ist zu geben. Die Vorschrift gilt ausweislich der Begründung (Begr. VVG-InfoV, abgedr. in VersR 2008, 183, 191) nicht für die Krankenversicherung, da die Überschüsse hier nicht ausgekehrt werden, sondern zur Senkung der Prämie verwendet werden. Unklar ist, ob auch die Berufsunfähigkeitsversicherung- und

Unfallversicherung mit Prämienrückgewähr unter § 6 Abs. 1 Nr. 3 VVG-InfoV fallen. Teile der Literatur lehnen dies ab (Rüffer/Halbach/Schimikowski/*Baroch Castellvi*, § 6 VVG-InfoV Rn 2). Dagegen spricht, dass die Ermächtigungsgrundlage in § 7 Abs. 3 Hs. 2 VVG bzgl. der Überschussbeteiligung nur die Lebensversicherung ausdrücklich nennt (so Rüffer/Halbach/Schimikowski/*Baroch Castellvi*, § 6 VVG-InfoV Rn 2, 9). Gegen eine Einbeziehung der Berufsunfähigkeitsversicherung spricht auch, dass die frühere Regelung in Anlage D, Abschnitt II Nr. 3 VAG a.F. nur die Lebensversicherung und die Unfallversicherung mit Prämienrückgewähr umfasste. Diese Argumente überzeugen nicht. Im Ergebnis fallen auch die Berufsunfähigkeits- und die Unfallversicherung mit Prämienrückgewähr unter § 6 Abs. 1 Nr. 3 VVG-InfoV. Der Wortlaut des § 6 Abs. 1 Nr. 3 VVG-InfoV ist offen und erlaubt auch eine Subsumtion der Berufsunfähigkeits- und Unfallversicherung mit Prämienrückgewähr unter § 6 Abs. 1 Nr. 3 VVG-InfoV. Der Wortlaut der Ermächtigungsgrundlage spricht nicht dagegen. Denn § 7 Abs. 3 VVG erlaubt allgemein zu bestimmen, was der Versicherer während der Laufzeit des Vertrages in Textform mitteilen muss und nennt nur „insbesondere" die Kranken- und Lebensversicherung. Zu Recht stellen *Pohlmann/Schäfers* darauf ab, dass das Informationsbedürfnis des VN bei der Berufsunfähigkeits- und Unfallversicherung nicht geringer ist als bei der Lebensversicherung (Looschelders/Pohlmann/*Pohlmann/Schäfers*, § 6 VVG-InfoV Rn 8).

Für die Lebensversicherung ergeben sich Unterrichtungspflichten in Bezug auf die Überschussbeteiligung bereits aus § 155 VVG. Danach ist der VR bei Versicherungen mit Überschussbeteiligung verpflichtet, den VN jährlich in Textform über die tatsächliche Entwicklung seiner Ansprüche unter Einbeziehung der Überschussbeteiligung zu unterrichten. Weicht die tatsächliche von der in der Modellrechnung gegebenen Angabe ab, ist darauf hinzuweisen. Hierzu erweitert § 155 S. 2 VVG die Informationspflicht nach § 155 S. 1 VVG im Hinblick auf Änderungen, die sich für bezifferte Angaben in einer Beispielrechnung oder in der Modellrechnung selbst ergeben. In diesen Fällen hat der VR mit der jährlichen Unterrichtung auf Abweichungen der tatsächlichen Entwicklung von den Angaben bei Vertragsschluss hinzuweisen. Eine neue aktualisierte Modellrechnung muss der VR aber nicht übermitteln (so die Begründung zu § 155 VVG, BT-Drucks 16/3945, S. 98).

Zu informieren ist auch über die Bewertungsreserven als Teil der Überschussbeteiligung. Streitig ist, ob auch Angaben zu Schlussüberschussanteilen gemacht werden müssen. Teilweise wird dies abgelehnt, da die Schlussüberschussanteile gekürzt werden oder ganz entfallen können und durch deren Angabe daher beim VN falsche Erwartungen geweckt werden könnten (so Vorauflage, *Gansel*; Looschelders/Pohlmann/*Pohlmann/Schäfers*, § 6 VVG-InfoV Rn 9; MüKo/*Armbrüster*, § 6 VVG-InfoV Rn 12). Die Irreführungsgefahr kann (und muss) aber dadurch begegnet werden, dass der VR entsprechende Hinweise erteilt. Solche Hinweise sind auch bei den Informationen zu den Bewertungsreserven geboten. Über die Schlussüberschussanteile als Teil der Überschussbeteiligung ist folglich ebenfalls zu informieren (so auch Prölss/Martin/*Knappmann*, § 6 VVG-InfoV Rn 4a; Rüffer/Halbach/Schimikowski/*Baroch Castellvi* § 6 VVG-InfoV Rn 7).

5

6 Stichtag für alle Angaben soll das Ende des letzten abgelaufenen Versicherungsjahres sein. Entsprechend den Erwägungen der Expertenkommission kann der Zeitpunkt der Unterrichtung innerhalb des Versicherungsjahres frei gewählt werden. Der VR kann also zum Jahresanfang unterrichten oder diese Angaben mit der jährlichen Mitteilung über die Zuteilung der laufenden Überschussbeteiligung verbinden (vgl. Abschlussbericht der Kommission zur Reform des Versicherungsvertragsrechts, VersR – Schriftenreihe, Bd. 25, Karlsruhe 2004, S. 125).

7 Die Informationspflichten für die substitutive Krankenversicherung (§ 146 Abs. 1 VAG) während der Laufzeit des VV kommen immer dann zum Tragen, wenn die Prämie erhöht wird. Der VN ist bei jeder Prämienerhöhung auf die Möglichkeit des Tarifwechsels nach § 204 VVG hinzuweisen. Eine besondere Hinweispflicht besteht bei VN, die das 60. Lebensjahr vollendet haben. Diese sind unter Hinweis auf vergleichbare Tarife über das Umstufungsrecht zu informieren. Dies soll sicherstellen, dass dem VN mehrere vergleichbare Tarife zur Auswahl angeboten werden, die für ihn besonders in Betracht kommen. Das Kriterium der Gleichartigkeit ist hier großzügig zu verstehen. Besteht der Versicherungsschutz bspw. aus mehreren Tarifen, die getrennt Versicherungsschutz für ambulante Heilbehandlung, stationäre Heilbehandlung sowie für Zahnbehandlung und Zahnersatz vorsehen, so erfüllt auch ein einziger Tarif, der alle vorgenannten Leistungsbereiche enthält, das Kriterium der Gleichartigkeit i.S.v. § 6 Abs. 2 S. 2 VVG-InfoV (Begr. VVG-InfoV, abgedr. in VersR 2008, 183, 191). Zu nennen sind dabei die Tarife, die den höchsten Neuzugang zu verzeichnen hatten und damit zu den attraktiven Angeboten des VR zählen, jeweils unter Angabe der konkret zu zahlenden Prämien. Die Beschränkung der aufgezeigten Tarife soll einer Verwirrung des VN vorbeugen. Der Hinweis auf die Möglichkeit des Wechsels in den Standardtarif ist ebenfalls zu geben.

8 § 6 Abs. 2 S. 6 und 7 VVG-InfoV greifen den mit der Gesundheitsreform zum 1.1.2009 geltenden Regelungen vor. Ab dem 1.1.2009 sind die o.g. Angaben um den Hinweis zu ergänzen, dass der VN auch in den Standard- oder Basistarif wechseln kann. Auch die Möglichkeit, der Prämienminderung im Basistarif ist dem VN ab diesem Zeitpunkt mitzuteilen.

Bis zum 1.1.2013 war dem VN der Übertragungswert nur auf Nachfrage mitzuteilen; seitdem besteht eine jährliche Mitteilungspflicht.

§ 7 VVG-InfoV Übergangsvorschrift; Inkrafttreten

(1) Der Versicherer kann die in dieser Verordnung bestimmten Informationspflichten bis zum 30. Juni 2008 auch dadurch erfüllen, dass er nach den Vorgaben des bis zum 31. Dezember 2007 geltenden Rechts informiert.

(2) § 2 Abs. 1 Nr. 1 und 2 und Abs. 2, § 3 Abs. 1 Nr. 1 und 2 und Abs. 2 sowie § 4 treten am 1.7.2008 in Kraft. Im Übrigen tritt diese Verordnung am 1. Januar 2008 in Kraft.

§ 7 VVG-InfoV

Übergangsvorschrift; Inkrafttreten

Die Vorschrift regelt zum einen den Zeitpunkt, in dem die Verordnung in Kraft tritt. Da die Verordnung erst am 21.12.2007 im Bundesgesetzblatt verkündet wurde, wird den VR eine 6-monatige Übergangsfrist eingeräumt, in der die Informationen noch nicht den Anforderungen der VVG-InfoV genügen müssen (Looschelders/Pohlmann/*Pohlmann/ Schäfers*, § 7 VVG-InfoV, § 7 Rn 2; Rüffer/Halbach/Schimikowski/*Baroch Castellvi*, § 7 VVG-InfoV Rn 3). Erst seit dem 1.7.2008 sind auch die Kostenangaben sowie die Aushändigung des Produktinformationsblattes verpflichtend. Sofern ein VR bereits vor diesem Zeitpunkt ein Produktinformationsblatt verwendet hat, kann dieses nicht an den Vorgaben des § 4 gemessen werden. **1**

Der Wortlaut des § 7 Abs. 1 VVG-InfoV lässt vermuten, dass auch die Rechtzeitigkeit der Informationserteilung in der Übergangszeit bis zum 30.6.2008 fingiert wird. Denn das bis zum 31.12.2007 geltende Recht sah eine Informationserteilung rechtzeitig vor Abgabe der Vertragserklärung des VN nicht vor (so Looschelders/Pohlmann/*Pohlmann/Schäfers*, § 7 VVG-InfoV Rn 2; *Franz*, VersR 2008, 298, 301). Dies überzeugt nicht. Zu Recht stellt *Baroch Castellvi* fest, dass keine Ermächtigungsgrundlage des Verordnungsgebers besteht nach der er – entgegen der gesetzlichen Festlegung – die Fortführung des Policenmodells bestimmen könnte (Rüffer/Halbach/Schimikowski/*Baroch Castellvi*, § 7 VVG-InfoV Rn 4). Zudem gehen die Begründung und die Literatur davon aus, dass § 7 Abs. 1 VVG-InfoV lediglich dazu dienen sollte, den VR hinreichend Zeit zur Herstellung des neuen Informationsmaterials einzuräumen (Begr. VVG-InfoV, abgedr. in VersR 2008, 183, 192; Looschelders/Pohlmann/*Pohlmann/Schäfers*, § 7 VVG-InfoV, § 7 Rn 2). Die Rechtzeitigkeit der Informationsübergabe wird durch § 7 Abs. 1 VVG-InfoV nicht verändert. **2**

Die Fiktion des § 7 Abs. 1 VVG-InfoV konnte in der Übergangszeit nicht darüber hinweg helfen, dass eine Belehrung über das Widerspruchsrecht nach § 5a VVG a.F. nicht den Anforderungen einer Belehrung über das bereits geltende neue Widerrufsrecht (§ 8 Abs. 2 VVG) genügte (Rüffer/Halbach/Schimikowski/*Baroch Castellvi*, § 7 VVG-InfoV Rn 3). **3**

Verordnung über die Versicherungsvermittlung und -beratung (Versicherungsvermittlungsverordnung)

Vom 15.5.2007 (BGBl I S. 733, 1967), erlassen aufgrund des § 11a Abs. 5, des § 34d Abs. 8 und des § 34e Abs. 3 Satz 2 bis 4 der Gewerbeordnung in der Fassung der Bekanntmachung vom 22.2.1999 (BGBl I S. 202), die durch Artikel 1 des Gesetzes vom 19.12.2006 (BGBl I S. 3232) eingefügt worden sind, verordnet das Bundesministerium für Wirtschaft und Technologie im Einvernehmen mit dem Bundesministerium der Justiz, dem Bundesministerium der Finanzen und dem Bundesministerium für Ernährung, Landwirtschaft und Verbraucherschutz.

Vorbemerkungen zur VersVermV

Durch die Versicherungsvermittlerverordnung (VersVermV) macht der Verordnungsgeber von seiner in § 34d Abs. 8 GewO eingeräumten Ermächtigungsgrundlage Gebrauch. Dementsprechend dient die Verordnung der detaillierten Umsetzung der EU-Vermittlerrichtlinie und dem Schutz der Allgemeinheit und der VN. 1

Wesentliche Inhalte der Verordnung sind die Ausgestaltung des Sachkundenachweises, die Konkretisierung des Registerverfahrens, die Berufshaftpflichtversicherung, die statusbezogenen Informationspflichten und die Kundengeldsicherung. 2

Diese Rechtsverordnung ist am 22.5.2007 in Kraft getreten (§ 20 VersVermV). Für alle VV und auch für alle Beratungsgespräche, die nach diesem Zeitpunkt erfolgten, finden die gesetzlichen Bestimmungen nicht nur des VVG, sondern auch gem. der VersVermV Anwendung. Bereits im Jahre nach Inkrafttreten der Verordnung erfolgte eine Evaluierung der neu geschaffenen Verordnung. Im Zuge dessen wurden Änderungen an der Verordnung vorgenommen (im Folgenden: VersVermVÄndV). Dies war zum anderen auch deswegen notwendig, weil eine Anpassung an die Berufsanerkennungsrichtlinie (RL 2005/36/EG, ABl EU Nr. L 255 S. 22, 2007 Nr. L 271 S. 1) erforderlich geworden war. Die Änderungen sind zum 1.1.2009 in Kraft getreten (BGBl I 2008, S. 2696). Die letzte Änderung erfolgte zum 1.1.2016 durch Art. 2 Abs. 34 des Gesetzes zur Modernisierung der Finanzaufsicht über Versicherungen (BGBl I S. 434). 3

Inhaltsübersicht §§
Abschnitt 1: Sachkundeprüfung
Grundsatz 1
Zuständige Stelle und Prüfungsausschuss 2
Verfahren 3
Gleichstellung anderer Berufsqualifikationen 4
Anerkennung von ausländischen Berufsbefähigungsnachweisen im Rahmen der Niederlassungsfreiheit 4a

§ 1 VersVermV — Grundsatz

Abschnitt 2: Vermittlerregister
Bestandteile und Inhalt des Registers — 5
Eintragung — 6
Eingeschränkter Zugang — 7

Abschnitt 3: Anforderungen an die Haftpflichtversicherung nach § 34d Abs. 2 Nr. 3 der Gewerbeordnung
Geltungsbereich — 8
Umfang der Versicherung — 9
Anzeigepflicht des Versicherungsunternehmens — 10

Abschnitt 4: Informationspflichten
Information des Versicherungsnehmers — 11

Abschnitt 5: Zahlungssicherung des Gewerbetreibenden zugunsten des Versicherungsnehmers; Überwachung des Provisionsannahmeverbots für Versicherungsberater
Sicherheitsleistung, Versicherung — 12
Nachweis — 13
Aufzeichnungspflicht — 14
Prüfungen — 15
Rechte und Pflichten der an der Prüfung Beteiligten — 16
Rückversicherungsvermittlung und Großrisiken — 17

Abschnitt 6: Straftaten und Ordnungswidrigkeiten
Straftaten und Ordnungswidrigkeiten — 18

Abschnitt 7: Schlussbestimmungen
(aufgehoben) — 18a
Übergangsregelung — 19
Inkrafttreten — 20

Anlagen
Inhaltliche Anforderungen an die Sachkundeprüfung — **Anlage 1**
Bescheinigung über die erfolgreiche Ablegung der Sachkundeprüfung „Geprüfter Versicherungsfachmann/-frau IHK" nach § 34d Abs. 2 Nr. 4/ § 34e Abs. 2 der Gewerbeordnung — **Anlage 2**

Abschnitt 1
Sachkundeprüfung

§ 1 VersVermV — Grundsatz

(1) Durch die Sachkundeprüfung nach § 34d Abs. 2 Nr. 4 der Gewerbeordnung erbringt der Prüfling den Nachweis, über die zur Ausübung der in § 34d Abs. 1 der Gewerbeordnung genannten Tätigkeiten erforderlichen fachspezifischen Produkt- und Beratungskenntnisse zu verfügen.

(2) Gegenstand der Sachkundeprüfung sind insbesondere folgende Sachgebiete und ihre praktische Anwendung:
1. Kundenberatung:
   a) Bedarfsermittlung,
   b) Lösungsmöglichkeiten,
   c) Produktdarstellung und Information;
2. fachliche Grundlagen:
   a) rechtliche Grundlagen für die Versicherungsvermittlung und die Versicherungsberatung,
   b) sozialversicherungsrechtliche Rahmenbedingungen, insbesondere Gesetzliche Rentenversicherung, private Vorsorge durch Lebens-, Renten- und Berufsunfähigkeitsversicherung, Grundzüge der betrieblichen Altersvorsorge (Direktversicherung und Pensionskasse durch Entgeltumwandlung), staatliche Förderung und steuerliche Behandlung der privaten Vorsorge und der durch Entgeltumwandlung finanzierten betrieblichen Altersvorsorge,
   c) Unfallversicherung; Krankenversicherung; Pflegeversicherung,
   d) verbundene Hausratversicherung; verbundene Gebäudeversicherung,
   e) Haftpflichtversicherung; Kraftfahrtversicherung; Rechtsschutzversicherung.

(3) Die Sachkundeprüfung soll zu den in Absatz 2 Nr. 2 genannten Versicherungssparten insbesondere den zielgruppenspezifischen Bedarf, die Angebotsformen, den Leistungsumfang, den Versicherungsfall sowie die rechtlichen Grundlagen und marktüblichen allgemeinen Versicherungsbedingungen umfassen. Die inhaltlichen Anforderungen an die Sachkundeprüfung sind an den Vorgaben der Anlage 1 auszurichten.

(4) Personen, die seit dem 31. August 2000 selbständig oder unselbständig ununterbrochen als Versicherungsvermittler oder als Versicherungsberater tätig waren, bedürfen keiner Sachkundeprüfung.

Übersicht

	Rdn
A. Normzweck	1
B. Norminhalt	2
I. Umfang der Prüfung	2
II. Bestandsschutzregelung	4

A. Normzweck

§ 1 Abs. 1 VersVermV bestimmt den **Zweck der Sachkundeprüfung** und definiert zusammen mit § 1 Abs. 2 und 3 VersVermV den Umfang dessen, was entsprechend der Richtlinie als angemessene Kenntnisse und Fähigkeiten anzusehen ist. Die Prüfung ist dabei sowohl für Versicherungsvermittler als auch für Versicherungsberater gleich.

Das Gesetz wurde dabei zuletzt durch das VersVermVÄndV zum 1.1.2009 angepasst und modifiziert.

B. Norminhalt

I. Umfang der Prüfung

2 Der Umfang der Prüfung richtet sich am Leitbild des bereits bestehenden und weithin anerkannten Ausbildungsprogramms für die Qualifikation zum Versicherungsfachmann/-frau (kurz BwV-Ausbildung) des Berufsbildungswerks der Deutschen Versicherungswirtschaft e.V. aus (vgl. auch *Reiff*, VersR 2007, 717, 720). Die Anforderungen der Sachkundeprüfung sind dabei als **absolute Mindestanforderungen** zu verstehen, um eine hinreichend qualifizierte Beratung des Kunden durch den Vermittler/Berater gewährleisten zu können.

3 Insofern ist unbedingt nötig, dass sich die Vermittler/Berater durch freiwillige Selbstbildung höher qualifizieren. Ob derartiges in der Praxis allerdings stattfinden wird, insb. ob ein Wettbewerb hinsichtlich der Beratungsqualität entsteht, oder ob die Mehrzahl der Vermittler/Berater es bei den Mindestanforderungen bewenden lässt, bleibt abzuwarten.

II. Bestandsschutzregelung

4 § 1 Abs. 4 VersVermV macht von der **Bestandsschutzmöglichkeit** des Art. 5 der Richtlinie Gebrauch (*Schönleiter* spricht in GewArch 2007, 265, 273 von der „Alte-Hasen-Regelung"). Vermittler/Berater, welche bereits **vor dem 31.8.2000** tätig waren und seitdem ununterbrochen ihre Tätigkeit ausgeübt haben, benötigen keinen Sachkundenachweis. Bei ihnen kann davon ausgegangen werden, dass sie durch ihre fortwährende Tätigkeit in der Praxis über eine hinreichende und angemessene Sachkunde verfügen (vgl. auch Entwurfsbegründung vom 18.12.2006, S. 18). Unerheblich ist dabei, in welcher Form, ob als Berater, Vertreter oder Makler, sie ihre Tätigkeit ausgeübt haben. Auch ein Wechsel von einer Organisationsform in eine andere schadet nicht.

5 Es ist fraglich, ob **kurzzeitige Unterbrechungen** nach dem Sinn und Zweck der Regelung des § 1 Abs. 4 VersVermV akzeptiert werden können. Vermutlich ist es ausreichend, auf eine formale ununterbrochene Beschäftigung abzustellen. Tatsächliche Unterbrechungen, z.B. aufgrund von Krankheit, Berufsunfähigkeit oder Schwangerschaft, können unberücksichtigt bleiben.

6 Als **Nachweis** der ununterbrochenen Tätigkeit können Zeugnisse, Gehaltsabrechnungen oder ähnliche Bestätigungen ausreichend sein. Unter formalen Gesichtspunkten ist auch der Nachweis der Gewerbeerlaubnis ausreichend, wenn diese bereits vor dem 31.8.2000 bestand.

7 Problematisch erscheint der Fall, dass der Antragssteller zunächst als Vermittler tätig war und anschließend eine **juristische Person** gründet, welche zukünftig formell **als Vermittler** auftritt, dessen Geschäfte aber von dem einzigen Gesellschafter geführt werden.

> **Beispiel**
> Max Meier ist im Zeitraum 1.1.2000 bis 31.12.2004 als Makler tätig. Anschließend entscheidet er sich aus steuerlichen Gründen seinen Maklerbetrieb in eine GmbH umzuwandeln. Er gründet daher die „Meier Versicherungsmakler GmbH" unter welcher er nun als Alleingesellschafter ab dem 1.1.2005 tätig ist. Hier müsste also die GmbH die Erlaubnis nach § 34d

GewO beantragen. Da die GmbH allerdings erst ab dem 1.1.2005 existiert, dürfte sie eigentlich nicht unter Abs. 4 fallen. Da eine juristische Person ihre Sachkunde nach § 34d Abs. 2 Nr. 4 GewO durch eine hinreichende Zahl von bei ihr beschäftigten Personen erbringt, kann über diesen Umweg dennoch auf die Regelung des § 1 Abs. 4 VersVermV zurückgegriffen werden. Nach Sinn und Zweck des Abs. 4 muss daher auch für diesen Fall eine Ausnahme von der Sachkundeprüfung bestehen. Demnach muss aber bei einem Wechsel der Gesellschafter oder einer Einstellung eines neuen Geschäftsführers für das operative Geschäft ggf. eine erneute Sachkundeprüfung erfolgen, sofern dieser nicht ebenfalls der Bestandsschutzregelung unterfällt.

Durch die VersVermVÄndV (BGBl I 2008, S. 2696) ist die vorher vorgesehene Antragsfrist ("wenn sie sich bis zum 1.1.2009 in das Register nach § 11a Abs. 1 der Gewerbeordnung haben eintragen lassen oder die Erlaubnis beantragt haben.") gestrichen worden. Die Entbehrlichkeit des Sachkundenachweises durch die „Alte-Hasen-Regelung" dürfte nach den vergangenen Jahren keine praktische Relevanz mehr haben. 8

§ 2 VersVermV   Zuständige Stelle und Prüfungsausschuss

(1) Der Prüfling kann bei jeder Industrie- und Handelskammer zur Sachkundeprüfung antreten, soweit die Industrie- und Handelskammer die Sachkundeprüfung anbietet.

(2) Für die Abnahme der Prüfung errichten die Industrie- und Handelskammern Prüfungsausschüsse. Sie berufen die Mitglieder dieser Ausschüsse. Die Mitglieder müssen für die Prüfungsgebiete sachkundig, mit der aktuellen Praxis der Versicherungsvermittlung oder -beratung durch eigene Erfahrung vertraut und für die Mitwirkung im Prüfungswesen geeignet sein; sie dürfen nicht Personen prüfen, die von ihnen selbst ausgebildet worden sind.

(3) Industrie- und Handelskammern können Vereinbarungen zur gemeinsamen Durchführung der Sachkundeprüfung schließen. Mehrere Industrie- und Handelskammern können einen gemeinsamen Prüfungsausschuss errichten. § 1 Abs. 4a des Gesetzes zur vorläufigen Regelung des Rechts der Industrie- und Handelskammern bleibt unberührt.

Übersicht

	Rdn
A. Normzweck	1
B. Norminhalt	2

A. Normzweck

Durchgeführt werden die Sachkundeprüfungen durch die Industrie- und Handelskammer. Die **IHK** wird dadurch neben ihrer Funktion als Register- und Erlaubnisbehörde nach § 11 und § 34d GewO auch zur zuständigen Behörde für die Sachprüfung. Die Norm dient insoweit einer Zusammenlegung der Kompetenzen aufseiten der IHK. Dadurch wird eine weitgehend durchgängige Zuständigkeit bei der jeweiligen IHK begründet. 1

B. Norminhalt

2 Auf eine **örtliche Zuständigkeit** der IHK wurde in der verabschiedeten Form der VersVermV im Gegensatz zu früheren Referentenentwürfen (vgl. noch § 2 Abs. 1 des Entwurfes v. 18.12.2006) bewusst verzichtet. Der Gewerbetreibende muss daher nicht mehr zwangsläufig bei der an seinem Wohnort ansässigen IHK die Sachkundeprüfung ablegen, sondern kann für sich eine beliebige IHK auswählen. Allerdings bestanden wegen der zweideutigen Formulierung („erfolgt durch die Industrie- und Handelskammer") hierüber bis zur VersVermVÄndV noch Zweifel. Teilweise wurde vertreten, dass die zuständige Industrie- und Handelskammer ermittelt werden müsse, z.B. nach Wohnort, Geschäftsort usw. (s. hierzu etwa *Schönleiter/Stenger*, GewArch 2009, 294, 295). Diese Zweifel wurden nunmehr durch die eindeutige Formulierung („jeder Industrie- und Handelskammer") endgültig i.S.d. hier bereits in der Vorauflage vertretenen Auffassung ausgeräumt.

Durch die VersVermVÄndV wurde die Bestimmung des § 2 Abs. 1 VersVermV dahingehend präzisiert, dass nicht mehr jede IHK dazu verpflichtet ist, eine Sachkundeprüfung abzunehmen. Der IHK obliegt es daher grundsätzlich, nach eigenem Ermessen zu entscheiden, ob eine entsprechende Prüfstelle eingerichtet wird oder nicht. Sofern sie sich jedoch dafür entscheidet, ist sie auch verpflichtet, sämtliche Prüflinge zur Prüfung zuzulassen, sofern diese die dafür notwenigen Zulassungsvoraussetzungen erfüllen.

3 Die IHK können zur Durchführung der Sachkundeprüfungen gemeinsame Vereinbarungen schließen. Es ist daher zu erwarten, dass die IHK ein **bundeseinheitliches Verfahren** zur Sachkundeprüfung schaffen werden, um regionale Unterschiede in einzelnen Prüfungen zu vermeiden.

§ 3 VersVermV Verfahren

(1) Die Prüfung besteht aus einem schriftlichen und einem praktischen Teil.

(2) Der schriftliche Teil der Prüfung erstreckt sich auf die in § 1 Abs. 2 Nr. 2 aufgeführten Inhalte, die in einem ausgewogenen Verhältnis zueinander zu prüfen sind. Der Prüfling soll anhand von praxisbezogenen Aufgaben nachweisen, dass er die grundlegenden versicherungsfachlichen und rechtlichen Kenntnisse erworben hat und praktisch anwenden kann.

(3) Die Auswahl der schriftlichen Prüfungsaufgaben trifft ein bundesweit einheitlich tätiger Aufgabenauswahlausschuss. Der Ausschuss wird mit acht Mitgliedern und acht stellvertretenden Mitgliedern besetzt, die von den Industrie- und Handelskammern berufen werden. Die Berufung erfolgt jeweils nach Anhörung von Vertretern der Versicherungsunternehmen, der Versicherungsmakler, der Versicherungsberater, der Versicherungsvertreter und der Außendienstführungskräfte. Es werden berufen:

1. zwei Mitglieder und zwei Stellvertreter aus den Reihen der Versicherungsunternehmen oder der Vertreter ihrer Interessen,

2. zwei Mitglieder und zwei Stellvertreter aus den Reihen der Versicherungsmakler oder der Versicherungsberater oder der Vertreter ihrer Interessen,
3. zwei Mitglieder und zwei Stellvertreter aus den Reihen der Versicherungsvertreter oder der Vertreter ihrer Interessen,
4. ein Mitglied und ein Stellvertreter aus den Reihen der Außendienstführungskräfte oder der Vertreter ihrer Interessen sowie
5. ein Mitglied und ein Stellvertreter aus den Reihen der Industrie- und Handelskammern oder der Vertreter ihrer Interessen.

Die Mitglieder des Ausschusses sowie ihre Stellvertreter müssen in der Lage sein, sachverständige Entscheidungen zur Aufgabenauswahl zu treffen. Die Prüfungsaufgaben werden auch nach der Prüfung nicht veröffentlicht, sondern stehen den Prüflingen nur während der Prüfung zur Verfügung.

(4) Im praktischen Teil der Prüfung, die als Simulation eines Kundenberatungsgesprächs durchgeführt wird, wird jeweils ein Prüfling geprüft. Hier soll der Prüfling nachweisen, dass er über die Fähigkeiten verfügt, kundengerechte Lösungen zu entwickeln und anzubieten. Dabei kann der Prüfling wählen zwischen den Sachgebieten Vorsorge (Lebensversicherung, private Rentenversicherung, Unfallversicherung, Berufsunfähigkeitsversicherung, Krankenversicherung, Pflegeversicherung) oder Sach- und Vermögensversicherung (Haftpflichtversicherung, Kraftfahrtversicherung, verbundene Hausratversicherung, verbundene Gebäudeversicherung, Rechtsschutzversicherung). Das Gespräch wird auf der Grundlage einer Fallvorgabe durchgeführt, die entweder auf eine Situation Versicherungsvermittler und Kunde oder auf eine Situation Versicherungsberater und Kunde Bezug nimmt.

(5) Die Leistung des Prüflings ist von dem Prüfungsausschuss mit „bestanden" oder „nicht bestanden" zu bewerten. Der schriftliche Teil der Prüfung ist bestanden, wenn der Prüfling in vier der in § 1 Abs. 2 Nr. 2 genannten Bereiche jeweils mindestens 50 Prozent und in dem weiteren Bereich mindestens 30 Prozent der erreichbaren Punkte erzielt.

(6) Die Prüfung ist nicht öffentlich. Jedoch können beauftragte Vertreter der Bundesanstalt für Finanzdienstleistungsaufsicht sowie Mitglieder eines anderen Prüfungsausschusses, Personen, die beauftragt sind, die Qualität der Prüfung zu kontrollieren, oder Personen, die in einen Prüfungsausschuss berufen werden sollen, anwesend sein; sie dürfen nicht in die Beratung über das Prüfungsergebnis einbezogen werden.

(7) Die Prüfung kann beliebig oft wiederholt werden.

(8) Die Industrie- und Handelskammer stellt unverzüglich eine Bescheinigung nach Anlage 2 aus, wenn der Prüfling die Prüfung erfolgreich abgelegt hat. Wenn die Prüfung nicht erfolgreich abgelegt wurde, erhält der Prüfling darüber einen Bescheid, in dem er auf die Möglichkeit der Wiederholungsprüfung hinzuweisen ist.

(9) Die Einzelheiten des Prüfungsverfahrens regelt die Kammer durch Satzung.

§ 3 VersVermV

Übersicht

	Rdn
A. Normzweck	1
B. Norminhalt	2

A. Normzweck

1 Die Vorschrift bietet Vorgaben für den Ablauf des Prüfungsverfahrens.

B. Norminhalt

2 § 3 VersVermV enthält keine zeitlichen Angaben über die Prüfungsdauer. Es ist jedoch davon auszugehen, dass sich die IHK an dem gesetzlichen Leitbild, welches in den Vorabfassungen der Verordnung durch eine präzise Zeitangabe zum Tragen kam, orientieren werden und daher der schriftliche Teil der Prüfung ca. 160 Minuten und der praktische Teil ca. 20 Minuten dauern werden (so etwa noch der Entwurf vom 18.12.2006). Eine vergleichsweise Dauer ist schon im Hinblick auf die abzufragenden Inhalte erforderlich. Das Weglassen der konkreten Zeitangaben ist wohl allenfalls dahin gehend zu verstehen, dass den IHKs bei der Ausgestaltung der Prüfung generell ein weiter **Spielraum** überlassen werden soll. So hat der schriftliche Prüfungsteil nicht zwangsläufig am Computer zu erfolgen, sondern kann auch handschriftlich abgelegt werden.

3 Die Aufgaben der schriftlichen Prüfung werden von einem Prüfungsausschuss **bundesweit einheitlich** festgelegt. Dies soll sicherstellen, dass es zu keinen regionalen Unterschieden bei der Abnahme der Sachkundeprüfung kommt. Die Prüfungsausschüsse werden nach den Maßgaben des Abs. 3 von den IHK zusammengesetzt. Dabei sind Vertreter der unterschiedlichen Interessengruppen im angegebenen Verhältnis zu berücksichtigen, um sicherzustellen, dass ein größtmöglicher Interessenausgleich gewährleistet ist und um eine einseitig ausgerichtete Prüfung zu vermeiden.

4 Erfolgt die schriftliche Prüfung noch unter Berücksichtigung aller Versicherungszweige, so kann der Prüfling bei der praktischen Prüfung vorab zwischen den Bereichen Vorsorge- und Sachversicherung wählen. Der praktische Teil der Prüfung ist gem. § 3 Abs. 4 VersVermV als simuliertes Beratungsgespräch („Rollenspiel") auszugestalten.

5 § 3 Abs. 7 VersVermV stellt klar, dass die Prüfung beliebig oft wiederholt werden kann. Dabei ist i.R.d. VersVermVÄndV das Verfahren deutlich zugunsten der Prüflinge vereinfacht worden. Die ursprünglich vorgesehene Jahresfrist ist ersatzlos weggefallen, sodass die erneute Prüfung nunmehr jederzeit erfolgen kann.

§ 4 VersVermV Gleichstellung anderer Berufsqualifikationen

(1) Folgende Berufsqualifikationen oder deren Nachfolgeberufe werden als Nachweis der erforderlichen Sachkunde anerkannt:
1. Abschlusszeugnis
   a) eines Studiums der Rechtswissenschaft,
   b) eines betriebswirtschaftlichen Studienganges der Fachrichtung Versicherungen (Hochschulabschluss oder gleichwertiger Abschluss),
   c) als Versicherungskaufmann oder -frau oder Kaufmann oder -frau für Versicherungen und Finanzen,
   d) als Versicherungsfachwirt oder -wirtin oder
   e) als Fachwirt oder -wirtin für Finanzberatung (IHK);
2. Abschlusszeugnis
   a) als Fachberater oder -beraterin für Finanzdienstleistungen (IHK), wenn eine abgeschlossene Ausbildung als Bank- oder Sparkassenkaufmann oder -frau,
   b) als Fachberater oder -beraterin für Finanzdienstleistungen (IHK), wenn eine abgeschlossene allgemeine kaufmännische Ausbildung oder
   c) als Finanzfachwirt (FH), wenn ein abgeschlossenes weiterbildendes Zertifikatsstudium an einer Hochschule
   und eine mindestens einjährige Berufserfahrung im Bereich Versicherungsvermittlung oder -beratung vorliegt;
3. Abschlusszeugnis
   a) als Bank- oder Sparkassenkaufmann oder -frau,
   b) als Investmentfondskaufmann oder -frau oder
   c) als Fachberater oder -beraterin für Finanzdienstleistungen (IHK),
   wenn zusätzlich eine mindestens zweijährige Berufserfahrung im Bereich Versicherungsvermittlung oder -beratung vorliegt.

(2) Eine erfolgreich ein Studium an einer Hochschule oder Berufsakademie abschließende Prüfung wird als Nachweis anerkannt, wenn die erforderliche Sachkunde beim Antragsteller vorliegt. Dies setzt in der Regel voraus, dass zusätzlich eine mindestens dreijährige Berufserfahrung im Bereich Versicherungsvermittlung oder -beratung nachgewiesen wird.

Übersicht

	Rdn
A. Normzweck	1
B. Norminhalt	2

A. Normzweck

Die Sachkundeprüfung dient als Grundqualifikation, um als Vermittler tätig sein zu können. In der Praxis existieren derzeit aber mehrere andere Berufsqualifikationen, bei welchen anzunehmen ist, das der Antragsteller aufgrund seiner bisherigen Ausbildung ebenfalls

1

über die notwendigen Kenntnisse verfügt, um eine ausreichend qualifizierte Beratung seiner Kunden gewährleisten zu können. Es ist daher nicht erforderlich, dass er sich der Sachkundeprüfung unterzieht. Auf diese Weise wird die Belastung der Wirtschaft durch das neue Vermittlerrecht auf das erforderliche Minimum reduziert. An die Stelle der Sachkundeprüfung tritt in diesem Fall die Bescheinigung über den Abschluss der jeweiligen Ausbildung.

B. Norminhalt

2 Die der Sachkundeprüfung gleichgestellten Qualifikationen sind in § 4 Abs. 1 VersVermV abschließend aufgezählt. Es handelt sich ausschließlich um **öffentlich-rechtliche Abschlüsse**, womit ein Prüfungs- und Zertifizierungssystem für die zahlreich am Markt vorhandenen privaten Abschlüsse vermieden wurde (*Schönleiter*, GewArch 2007, 265, 270).

3 In einigen der durch die Verordnung geregelten Fälle kann es erforderlich sein, dass neben der Berufsqualifikation der **Nachweis einer Tätigkeit in der Versicherungsvermittlerbranche** erbracht wird. In diesen Fällen kann aufgrund der bisherigen Ausbildung nicht davon ausgegangen werden, dass der Antragssteller hinreichend qualifiziert ist. Sofern der Antragssteller aber bereits in der Praxis als Vermittler tätig war, kann davon ausgegangen werden, dass er sich die notwendigen Fähigkeiten und Kenntnisse durch die tägliche Arbeitspraxis angeeignet hat.

4 § 4 Abs. 2 VersVermV eröffnet die Möglichkeit, dass die Behörde ein **abgeschlossenes Studium** an einer Hochschule **als gleichgestellte Qualifikation** anerkennt. Hochschule kann dabei jede Lerneinrichtung i.S.d. § 1 Hochschulrahmengesetzes sein. Als abgeschlossenes Studium gilt die Erreichung jedes Abschlusses an einer solchen Einrichtung. Also sowohl Diplom, Staatsexamen, Magister als auch Bachelor und Master, soweit von der Gleichwertigkeit auszugehen ist. Auch ist die Erlaubniserteilung nicht an bestimmte Studiengänge geknüpft. Jeder Studiengang ist anerkennungsfähig, also auch solche ohne jeden Bezug zur Versicherungsvermittlung oder zu einer kaufmännischen Tätigkeit generell.

5 Im Gegensatz zu § 4 Abs. 1 VersVermV wird in § 4 Abs. 2 VersVermV die Sachkunde nicht vermutet, sondern muss aktiv nachgewiesen werden. Die meisten Studiengänge haben keinerlei Bezug zur Versicherungsvermittlung. Es ist i.d.R. daher erforderlich, dass der Antragssteller zusätzlich den Nachweis einer 3-jährigen Berufstätigkeit gem. § 4 Abs. 2 S. 2 VersVermV erbringt. Gelingt dies dem Antragssteller, so hat die Behörde dementsprechend die Erlaubnis zu erteilen, wenn der Antragssteller bereits drei Jahre in der Versicherungsvermittlung tätig war.

6 Kann der Antragssteller den Nachweis der 3-jährigen Berufserfahrung *nicht* erbringen, kann die Behörde in Einzelfällen den Antrag trotzdem genehmigen, wenn davon auszugehen ist, dass dem Antragssteller während des Studiums praktische Inhalte zur Beratung über Versicherungsprodukte erteilt worden sind. Dabei ist v.a. an ähnliche Studiengänge wie Betriebswirtschaftslehre zu denken (z.B. Volkswirtschaft), bei welchen bereits im Studium durch die Ausrichtung hin zur Versicherungsvermittlung Spezialkenntnisse erworben werden.

§ 4a VersVermV — Anerkennung von ausländischen Berufsbefähigungsnachweisen im Rahmen der Niederlassungsfreiheit

(1) Unterscheiden sich die den Nachweisen nach § 13c Absatz 1 der Gewerbeordnung zugrunde liegenden Sachgebiete wesentlich von den Anforderungen nach den §§ 1 und 3 und gleichen die von der den Antrag stellenden Person im Rahmen ihrer Berufspraxis erworbenen Kenntnisse diesen wesentlichen Unterschied nicht aus, so ist die Erlaubnis zur Aufnahme der angestrebten Tätigkeit von der erfolgreichen Teilnahme an einer ergänzenden, diese Sachgebiete umfassenden Sachkundeprüfung (spezifische Sachkundeprüfung) abhängig.

(2) (Jetzt Abs. 1)

(3) (Weggefallen)

(4) (Weggefallen

Übersicht

	Rdn
A. Normzweck	1
B. Norminhalt	2

A. Normzweck

§ 4a VersVermV ist durch die Reform der Versicherungsvermittlungsverordnung im Jahre 2008 (BGBl I 2008, S. 2969) eingefügt worden. Im Zuge der Einführung des nahezu wortlautidentischen § 13c GewO durch Art. 4, 6 des Gesetzes zur Verbesserung der Feststellung und Anerkennung im Ausland erworbener Berufsqualifikation vom 6.12.2011 (BGBl I S. 2515) ist § 4a VersVermV auf den jetzigen Abs. 1 (damals § 4a Abs. 2 VersVermV) reduziert worden.

B. Norminhalt

Die Vorschrift regelt nunmehr seit der Einführung des § 13c GewO nur noch die **spezifische Sachkundeprüfung**. Sofern sich die Nachweise nach § 13c GewO von den Anforderungen der §§ 1 und 3 VersVermV unterscheiden und die vom Antragsteller bisher praktisch gesammelten Kentnisse dies nicht ausgleichen, bedarf es einer gesonderten Prüfung nur dieser auszugleichenden Sachgebiete. In Zweifelsfällen über die Anerkennung der Gleichwertigkeit der Nachweise kann eine gutachterliche Stellungnahme eingeholt werden (vgl. *Schönleiter/Stegner*, GewArch 2009, 294, 295).

Es wird abzuwarten bleiben, ob die spezifische Sachkundeprüfung auch den von ihr gewünschten Erfolg, die Niederlassungs- und Dienstleistungsfreiheit zu verstärken, einbringt. Durch die bürokratischen Hürden der Gleichwertigkeitsprüfung und der ggf. erforderlichen gutachterlichen Stellungnahme kann es daher nicht selten zu einer längeren Wartezeit kommen, sodass eine originäre Sachkundeprüfung nach § 1 Abs. 1 VersVermV in einigen Fällen sachdienlicher erscheint.

Abschnitt 2
Vermittlerregister

§ 5 VersVermV Bestandteile und Inhalt des Registers

Im Register nach § 11a der Gewerbeordnung werden folgende Angaben zu den Eintragungspflichtigen gespeichert:
1. der Familienname und der Vorname sowie die Firma und Personenhandelsgesellschaften, in denen der Eintragungspflichtige als geschäftsführender Gesellschafter tätig ist,
2. das Geburtsdatum,
3. die Angabe, ob der Eintragungspflichtige
   a) als Versicherungsmakler
      aa) mit Erlaubnis nach § 34d Abs. 1 der Gewerbeordnung oder
      bb) mit Erlaubnisbefreiung nach § 34d Abs. 3 der Gewerbeordnung als produktakzessorischer Versicherungsmakler,
   b) als Versicherungsvertreter
      aa) mit Erlaubnis nach § 34d Abs. 1 der Gewerbeordnung,
      bb) als gebundener Versicherungsvertreter nach § 34d Abs. 4 der Gewerbeordnung,
      cc) mit Erlaubnisbefreiung nach § 34d Abs. 3 der Gewerbeordnung als produktakzessorischer Versicherungsvertreter
      oder
   c) als Versicherungsberater mit Erlaubnis nach § 34e Abs. 1 der Gewerbeordnung tätig wird,
4. die Bezeichnung und die Anschrift der zuständigen Registerbehörde,
5. die Staaten der Europäischen Union und die anderen Vertragsstaaten des Abkommens über den Europäischen Wirtschaftsraum, in denen er beabsichtigt, tätig zu werden, sowie bei Bestehen einer Niederlassung die dortige Geschäftsanschrift und die gesetzlichen Vertreter dieser Niederlassung,
6. die betriebliche Anschrift,
7. die Registrierungsnummer nach § 6 Abs. 3,
8. bei einem Versicherungsvermittler, der nach § 34d Abs. 4 der Gewerbeordnung keiner Erlaubnis bedarf, das oder die haftungsübernehmenden Versicherungsunternehmen.

Ist der Eintragungspflichtige eine juristische Person, so werden auch der Familienname und Vornamen der natürlichen Personen, die innerhalb des für die Geschäftsführung verantwortlichen Organs für die Vermittlertätigkeiten zuständig sind, gespeichert.

Übersicht

	Rdn
A. Normzweck	1
B. Norminhalt	3
I. Identifikationsangaben	3
II. Haftungsangaben	4

A. Normzweck

§ 5 VersVermV regelt die einzutragenden Angaben. Die Aufzählung ist dabei als **abschlie-** 1
ßend zu betrachten. Andere Angaben als die aufgeführten sind nicht eintragungsfähig.

Eine wichtige Änderung ist nunmehr durch die VersVermVÄndV erfolgt. Hiernach sind 2
Personengesellschaften, in denen der im Besitz der Erlaubnis befindliche Vermittler als
geschäftsführender Gesellschafter tätig ist, nunmehr auch als solche ins Vermittlerregister
einzutragen. Nach wie vor sind Personengesellschaften aber nicht als erlaubnisfähig angesehen (s. dazu *Schönleiter/Stenger*, GewArch 2009, 294, 295).

B. Norminhalt

I. Identifikationsangaben

Die Angaben nach § 5 Nr. 1, 2, 4, 5, 6 und 7 VersVermV dienen zur Identifikation des 3
Gewerbebetreibenden. Anhand dieser Daten sollen die eindeutige Personenfeststellung des
Vermittlers und die Zuordnung zu den Haftungsangaben erfolgen. Aufgrund der Niederlassungs- und Dienstleistungsfreiheit sind die Angaben der zuständigen Behörde im Herkunftsland sowie die Länder und die dortige Geschäftsanschrift, in denen der Eintragungspflichtige beabsichtigt tätig zu werden, für Kunden, VR und ausländische Behörden zur
Überprüfung der entsprechenden Zulassung erforderlich.

II. Haftungsangaben

Die Angaben nach § 5 Nr. 3 und 8 VersVermV geben Auskunft über den jeweiligen Vermitt- 4
lerstatus und die Haftungsverhältnisse des Eingetragenen. § 5 Nr. 3 VersVermV soll dem
in das Register Einsichtnehmenden endgültige Auskunft über den Vermittlerstatus des
Vermittlers geben, sofern er Zweifel an den Angaben des Vermittlers nach § 11 VersVermV
hat. § 5 Nr. 8 VersVermV soll eine Identifizierung des haftungsübernehmenden VR ermöglichen. Das Register hat allerdings grds. nur eine **Informationsfunktion**. Rechtsansprüche
erwachsen dem Einsichtnehmenden aus einer falschen Eintragung i.d.R. nicht (vgl. Anm.
zu § 11a GewO). Eine falsche Eintragung kann aber bei der Auslegung, ob der Vermittler
nach § 59 Abs. 3 S. 2 VVG den Anschein erweckt hat, er würde seine Tätigkeit als Makler
erbringen, berücksichtigt werden.

§ 6 VersVermV Eintragung

(1) Der Eintragungspflichtige hat der Registerbehörde die Angaben nach § 5 mitzuteilen. Änderungen der Angaben nach § 5 hat der Eintragungspflichtige der Registerbehörde unverzüglich mitzuteilen.

(2) Bei Versicherungsvermittlern, die nach § 34d Abs. 4 der Gewerbeordnung keiner Erlaubnis bedürfen, erfolgt die Übermittlung der Angaben abweichend von Absatz 1 ausschließlich nach § 48 Abs. 4 des Versicherungsaufsichtsgesetzes.

(3) Die Registerbehörde erteilt dem Eintragungspflichtigen und im Fall des Absatzes 2 zusätzlich dem oder den Versicherungsunternehmen eine Eintragungsbestätigung mit der Registrierungsnummer, unter der der Eintragungspflichtige im Register geführt wird.

(4) Die Registerbehörde unterrichtet den Eintragungspflichtigen und im Fall des § 48 Abs. 5 des Versicherungsaufsichtsgesetzes zusätzlich das Versicherungsunternehmen unverzüglich über eine Datenlöschung nach § 11a Abs. 3 Satz 2 der Gewerbeordnung.

Übersicht

	Rdn
A. Normzweck	1
B. Norminhalt	2
I. Eintragung durch den Vermittler	2
II. Eintragung durch den Versicherer	3
III. Mitteilungen der Behörde	4

A. Normzweck

1 Die Vorschrift regelt die **Ersteintragung des Vermittlers ins Vermittlerregister**. Da die IHK zugleich Register- als auch Zulassungsbehörde ist, kann die Eintragung der Vermittler nach der Zulassung ohne größeren Datentransfer erfolgen.

B. Norminhalt

I. Eintragung durch den Vermittler

2 Grds. hat die Eintragung in das Register nach § 6 Abs. 1 VersVermV durch den Vermittler selbst zu erfolgen. Nach der Eintragung hat der Vermittler sämtliche Veränderungen seiner angegebenen Daten der Registerbehörde unverzüglich mitzuteilen. Dadurch soll sichergestellt werden, dass das Register immer auf dem aktuellen Stand ist und bei einem Abruf die aktuellen Daten an den Vermittlerkunden übermittelt werden können (vgl. Entwurfsbegründung v. 18.12.2006, S. 20 f.).

II. Eintragung durch den Versicherer

§ 6 Abs. 2 VersVermV trägt der starken Verbundenheit des **Ausschließlichkeitsvermittlers** mit dem VR Rechnung. Da er von der Erlaubnispflicht ausgenommen ist, soll er nicht mit der Registerbehörde in Kontakt treten müssen. Deshalb übernimmt der VR die Eintragung des Vermittlers ins Register. Dies erscheint auch sachdienlich, da der VR alle seine Ausschließlichkeitsvertreter gemeinsam anmelden kann und nicht jeder einzelne Vermittler eine Eintragung ins Register beantragen muss. Dies soll sicherstellen, dass gerade zu Beginn der Eintragungspflicht eine umgehende Eintragung ins Register erfolgen kann. I.Ü. gilt mit der durch den VR vorgenommenen Eintragung die uneingeschränkte **Haftungsübernahme** i.d.R. als erfolgt (Entwurfsbegründung v. 3.5.2006, S. 18). 3

III. Mitteilungen der Behörde

Die Behörde unterrichtet gem. § 6 Abs. 3 VersVermV den Antragssteller und beim Ausschließlichkeitsvertreter auch den VR über die erfolgte Eintragung und übermittelt dabei auch die Registernummer. Dasselbe gilt für die Löschung der Eintragung gem. § 6 Abs. 4 VersVermV. 4

§ 7 VersVermV Eingeschränkter Zugang

Hinsichtlich der Angaben nach § 5 Satz 1 Nr. 2 und 8 ist ein automatisierter Abruf nicht zulässig. Schriftlich darf die Registerbehörde insoweit nur den in § 11a Abs. 7 der Gewerbeordnung genannten Behörden Auskunft erteilen.

Aufgrund von § 7 VersVermV erfolgt nur ein eingeschränkter Abruf des Vermittlerregisters über das Internet. Grds. soll der **Internetabruf** des Registers es ermöglichen, dass eine größtmögliche Transparenz für den Kunden geschaffen wird. Ausgenommen sind jedoch die Angaben nach § 5 S. 1 Nr. 2 und 8 VersVermV. Begründet wird dies vom Verordnungsgeber damit, dass es sich bei diesen Angaben lediglich um verwaltungstechnische Informationen handelt, die der Identifikation des Eintragungspflichtigen und des haftungsübernehmenden Versicherungsunternehmens dienen und welche der Kunde ohnehin beim ersten Geschäftskontakt nach § 11 VersVermV oder nach § 60 Abs. 2 VVG erhält (vgl. Entwurfsbegründung v. 18.12.2006, S. 21). 1

Diese Begründung ist nicht recht einleuchtend, da auch die Informationen nach § 5 S. 1 Nr. 3 VersVermV aufgrund von § 11 VersVermV dem Kunden übermittelt werden müssen und der Kunde diese Information trotzdem über das Vermittlerregister abrufen kann. Die Ausnahme nach § 7 VersVermV kann daher nur vor dem Hintergrund der Bestrebung, ein **möglichst übersichtliches Abrufverfahren** zu schaffen, erklärt werden. Dies scheint allerdings gerade in Anbetracht des eingeschränkten Abrufs der Angabe nach § 5 S. 1 Nr. 8 VersVermV nicht gerechtfertigt. Der Kunde hat ein immenses Interesse zu erfahren, welcher VR die Haftung für den ihm ggü. tretenden Vermittler übernommen hat und bei welchem VR er eventuelle Haftungsansprüche geltend zu machen hat. Dies gilt insb., sofern die 2

§ 8 VersVermV — Geltungsbereich

Angaben des Vermittlers nach § 11 VersVermV ggü. dem Kunden falsch waren. In diesem Fall ist nur eine erschwerte Identifizierung des haftungsübernehmenden VR für den Kunden möglich.

Abschnitt 3
Anforderungen an die Haftpflichtversicherung
nach § 34d Abs. 2 Nr. 3 der Gewerbeordnung

§ 8 VersVermV — Geltungsbereich

Die Haftpflichtversicherung nach § 34d Abs. 2 Nr. 3 der Gewerbeordnung muss für das gesamte Gebiet der Mitgliedstaaten der Europäischen Union und der anderen Vertragsstaaten des Abkommens über den Europäischen Wirtschaftsraum gelten.

1 Die Berufshaftpflichtversicherung muss Versicherungsschutz im gesamten Gebiet der EU und den Mitgliedsstaaten des europäischen Wirtschaftsraums gewähren. Dadurch soll bei einem Wechsel des Gewerbetreibenden von einem Mitgliedsstaat in einen anderen sichergestellt werden, dass eine einheitliche Kundensicherung besteht und der Kundenschutz nicht durch einen Wechsel des Mitgliedstaates entfällt oder bei grenzüberschreitenden Beratungsleistungen des Vermittlers. Dies dient somit auch der Dienstleistungsfreiheit der Vermittler.

§ 9 VersVermV — Umfang der Versicherung

(1) Die Versicherung nach § 8 muss bei einem im Inland zum Geschäftsbetrieb zugelassenen Versicherungsunternehmen genommen werden.

(2) Die Mindestversicherungssumme beträgt 1.130.000 Euro für jeden Versicherungsfall und 1.700.000 Euro für alle Versicherungsfälle eines Jahres. Die genannten Mindestversicherungssummen erhöhen oder vermindern sich ab dem 15. Januar 2013 und danach regelmäßig alle fünf Jahre prozentual entsprechend den von Eurostat veröffentlichten Änderungen des Europäischen Verbraucherpreisindexes, wobei sie auf den nächsthöheren Hundertbetrag in Euro aufzurunden sind. Die angepassten Mindestversicherungssummen werden jeweils zum 2. Januar des jeweiligen Jahres, in dem die Anpassung zu erfolgen hat, durch das Bundesministerium für Wirtschaft und Energie im Bundesanzeiger veröffentlicht.

(3) Der Versicherungsvertrag muss Deckung für die sich aus der gewerblichen Tätigkeit im Anwendungsbereich dieser Verordnung ergebenden Haftpflichtgefahren für Vermögensschäden gewähren. Der Versicherungsvertrag muss sich auch auf solche Vermögensschäden erstrecken, für die der Versicherungspflichtige nach § 278 oder § 831 des Bürgerlichen Gesetzbuchs einzustehen hat, soweit die Erfüllungs- oder Verrichtungsgehilfen nicht selbst zum Abschluss einer solchen Berufshaftpflichtversiche-

rung verpflichtet sind. Ist der Gewerbetreibende in einer oder mehreren Personenhandelsgesellschaften als geschäftsführender Gesellschafter tätig, muss für die jeweilige Personenhandelsgesellschaft jeweils ein Versicherungsvertrag abgeschlossen werden; der Versicherungsvertrag kann auch die Tätigkeiten des Gewerbetreibenden nach Satz 1 abdecken.

(4) Der Versicherungsvertrag hat Versicherungsschutz für jede einzelne Pflichtverletzung zu gewähren, die gesetzliche Haftpflichtansprüche privatrechtlichen Inhalts gegen den Versicherungspflichtigen zur Folge haben könnte; dabei kann vereinbart werden, dass sämtliche Pflichtverletzungen bei Erledigung eines einheitlichen Geschäfts als ein Versicherungsfall gelten.

(5) Von der Versicherung kann die Haftung für Ersatzansprüche wegen wissentlicher Pflichtverletzung ausgeschlossen werden. Weitere Ausschlüsse sind nur insoweit zulässig, als sie marktüblich sind und dem Zweck der Berufshaftpflichtversicherung nicht zuwiderlaufen.

Übersicht

	Rdn
A. Normzweck	1
B. Norminhalt	2
I. Mindestversicherungssummen	3
II. Versicherte Schäden	4
III. Verstoßprinzip	5
IV. Ausschlüsse	6
V. Nachhaftung	8

A. Normzweck

§ 9 VersVermV enthält die nähere rechtliche Ausgestaltung der Berufshaftpflichtversicherung. Den Mitgliedstaaten wurde von der Richtlinie dabei ein weiter Spielraum eingeräumt. § 9 VersVermV ist dabei **nicht** als **abschließend** zu verstehen, sondern regelt nur die Eckpunkte der Versicherung (vgl. Entwurfsbegründung v. 18.12.2006, S. 22). 1

B. Norminhalt

Die Versicherung kann grds. als Einzelvertrag abgeschlossen werden oder auch als Gruppenvertrag. Der Gesetzgeber ist in seiner Gesetzesbegründung aber sogar davon ausgegangen, dass viele Vermittler über Dachverbände und Interessenvertretungen der Vermittlerbranche einen Gruppenvertrag abschließen (vgl. BT-Drucks 16/1935, S. 18). I.d.R. hat der Vermittler einen eigenen (einzelnen) Vertrag mit dem Vermögensschadenhaftpflichtversicherer. 2

I. Mindestversicherungssummen

Die in § 9 Abs. 2 VersVermV enthaltenen Mindestversicherungssummen entsprechen den Vorgaben der Richtlinie. Auch in der Gruppenversicherung muss jedem Vermittler diese 3

Summe zur Verfügung stehen. Die Summen sind alle fünf Jahre ab Inkrafttreten der Richtlinie an die Entwicklung des europäischen Verbraucherpreisindex anzupassen. Dies ist erstmalig durch die VersVermVÄndV erfolgt. Hierin wurden diese am 1.1.2009 von 1 Mio. EUR bzw. 1,5 Mio. EUR auf 1,13 Mio. bzw. 1,7 Mio. EUR angehoben und am 15.1.2013 auf 1,23 Mio. EUR je Schadenfall und 1,85 Mio. EUR für alle Versicherungsfälle eines Jahres angehoben.

II. Versicherte Schäden

4 Versichert sind nur Vermögensschäden infolge der **gewerblichen Tätigkeit** des Vermittlers. Ausgenommen sind also Personen- und Sachschäden und Schäden, welche nicht im Zusammenhang mit der gewerblichen Tätigkeit des Vermittlers stehen. Die Berufshaftpflichtversicherung soll also gerade nur die Schäden abdecken, welche sich aus der Beratungs- und Vermittlungstätigkeit resultierenden Haftpflichtgefahren (vgl. § 63 VVG) ergeben.

Beispiel
Vermittler V parkt bei einem Kundenbesuch mit seinem Pkw vor dem Pkw des Nachbar N, sodass N sein Pkw nicht mehr fortbewegen kann. Um einen Flug noch rechtzeitig zu erreichen, muss N nun ein Taxi nehmen, um zum Flughafen zu gelangen. In diesem Fall besteht kein Anspruch aus der Berufshaftpflichtversicherung des V auf Erstattung der Taxikosten als Vermögensschaden, da sich nicht das Risiko der Haftpflichtgefahren, welche sich aus der Beratungs- und Vermittlungstätigkeit ergeben, realisiert hat, sondern vielmehr ein allgemeines Lebensrisiko.

III. Verstoßprinzip

5 Bei den Berufshaftpflichtversicherungen gilt das Verstoßprinzip. Dies galt es abzugrenzen vom Prinzip des „claims made". Nach dem Verstoßprinzip kommt es daher nicht darauf an, dass der Schaden während der Versicherungszeit geltend gemacht worden ist oder zutage getreten ist. Vielmehr ist entscheidend, dass die Pflichtverletzung, welche den dargelegten Schaden verursacht haben soll, innerhalb des versicherten Zeitraums erfolgt sein muss. § 9 Abs. 4 VersVermV ist daher nicht als Erweiterung der Anspruchsgrundlage zu verstehen (Entwurfsbegründung v. 18.12.2006, S. 22).

IV. Ausschlüsse

6 **Marktübliche** Ausschlüsse sind auch in der Vermögensschadenhaftpflichtversicherung zulässig. Dies ist auch i.S.e. versicherungstechnischen Praxis selbstverständlich, um das Risiko für den VR kalkulierbar zu machen. Der Ausschluss der wissentlichen Pflichtverletzung ist dabei als exemplarisch zu verstehen. Daneben sind auch noch andere Ausschlüsse zulässig. Diese Ausschlüsse sind aber immer unter dem Licht der **§§ 305 ff. BGB** zu prüfen, wobei auch bei dieser Prüfung den **Zielsetzungen der Vermittlerrichtlinie** eine erhöhte Bedeutung zukommt (vgl. Entwurfsbegründung v. 3.5.2006, S. 21). Von besonderer Bedeutung ist hier der marktübliche Ausschluss für Pflichtverletzungen, welche nicht zu den handelsüblichen Tätigkeiten eines Versicherungsvermittlers gehören. Dieser Ausschluss ist

immer dann zu bejahen, wenn die Beratung nicht unter eine Tätigkeit gem. § 59 Abs. 2 und Abs. 3 VVG fällt.

Um **Wettbewerbsverzerrungen** zu vermeiden sind auch marktübliche Ausschlüsse in anderen EU-Mitgliedsstaaten nach deutschem Recht zulässig. Danach können Schäden infolge von Veruntreuung durch Dritte und Schäden infolge von Ersatzansprüchen, die vor außereuropäischen Gerichten geltend gemacht werden, sowie Ersatzansprüche aus der Verletzung oder Nichtbeachtung außereuropäischen Rechts möglicherweise rechtswirksam unter Beachtung der §§ 305 ff. BGB ausgeschlossen werden. 7

V. Nachhaftung

Ursprünglich war vorgesehen in die Vorschrift eine Regelung zur Nachhaftung aufzunehmen. Es sollte geregelt werden, dass eine 5-jährige Nachhaftungsbegrenzung gestattet ist. Dies ist letztlich aber wegen des erheblichen Widerstandes der Makler unterblieben (s. dazu *Brüss*, VW 2008, 1362 sowie *Schimikowski*, Anm. zu OLG Stuttgart, r+s 2009, 188, jurisPR-VersR 5/2009). Dies ist zu begrüßen, da eine solche Begrenzung tatsächlich vielfach mit unzumutbaren Risiken verbunden gewesen wäre. So ist beispielsweise der Fall denkbar, dass bei einer 30 Jahre laufenden Lebensversicherung erst bei Auszahlung bekannt wird, dass der Vermittler grobe Fehler bei der Beratung begangen hat, durch die der Kunde die erwartete Leistung nicht erhält. In diesem Fall könnte die begrenzte Nachhaftung dazu führen, dass der unter Umständen längst im Ruhestand befindliche Vermittler persönlich für den Schaden aufzukommen hat, wegen fehlender Mittel aber Insolvenz anmeldet und damit der Schadenersatzanspruch des Kunden ins Leere läuft (*Beenken*, VW 2007, 911). Ein solches Ergebnis kann vom Gesetzgeber im Sinne des Verbraucherschutzes nicht gewünscht sein. 8

§ 10 VersVermV   Anzeigepflicht des Versicherungsunternehmens

(1) Die vom Versicherungsunternehmen nach § 113 des Versicherungsvertragsgesetzes erteilte Versicherungsbestätigung darf zum Zeitpunkt der Antragstellung bei der zuständigen Industrie- und Handelskammer nicht älter als drei Monate sein.

(2) Das Versicherungsunternehmen ist verpflichtet, der für die Erlaubniserteilung nach § 34d Abs. 1 und § 34e Abs. 1 der Gewerbeordnung zuständigen Behörde die Beendigung oder Kündigung des Versicherungsvertrags, gegebenenfalls erst nach Ablauf der Frist des § 38 Abs. 3 Satz 3 des Versicherungsvertragsgesetzes, sowie jede Änderung des Versicherungsvertrags, die den vorgeschriebenen Versicherungsschutz im Verhältnis zu Dritten beeinträchtigen kann, unverzüglich mitzuteilen. Die zuständige Behörde hat dem Versicherungsunternehmen das Datum des Eingangs der Anzeige nach Satz 1 mitzuteilen.

(3) Zuständige Stelle im Sinne des § 117 Abs. 2 des Versicherungsvertragsgesetzes ist die für die Erlaubniserteilung nach § 34d Abs. 1 und § 34e Abs. 1 der Gewerbeordnung zuständige Behörde.

§ 11 VersVermV

1   Die Vorschrift wurde umfassend durch die VersVermVÄndV zum 1.1.2009 erweitert. Bislang war das jeweilige Versicherungsunternehmen lediglich verpflichtet, das Erlöschen der Versicherung der Erlaubnisbehörde mitzuteilen. Nunmehr tritt neben die entsprechende Mitteilungspflicht auch das Erfordernis eines engen zeitlichen Bezugs zwischen Erteilung der Versicherungsbestätigung und deren Vorlage bei der IHK. Dies soll sicherstellen, dass der Versicherungsschutz zum Zeitpunkt der Antragstellung jedenfalls gewährleistet ist.

2   Der Antragsteller hat den **Nachweis des für ihn bestehenden Versicherungsschutzes** durch ein gesondertes **Formular** zu erbringen, welches von der Versicherungswirtschaft entwickelt worden ist. Zu Beginn der Versicherung hat der VR daher seinem versicherten Vermittler eine entsprechende Bestätigung kostenlos zu überlassen, da dieser nur so seiner Verpflichtung aus § 113 Abs. 2 VVG erfüllen kann. Der Vermittler kann den Nachweis des für ihn bestehenden Versicherungsschutzes nur mittels dieses Formulars erbringen. Andere Nachweisformen als dieses bestimmte Formular sind unzulässig.

3   Wird das Versicherungsverhältnis zwischen Vermittler und VR beendet, hat der VR diesen Umstand der zuständigen Behörde mitzuteilen. Sollte der Vermittler daraufhin keinen neuen Versicherungsschutz nachweisen können, hat die Behörde ihm die Erlaubnis zur Versicherungsvermittlung zu entziehen.

Abschnitt 4
Informationspflichten

§ 11 VersVermV Information des Versicherungsnehmers

(1) Der Gewerbetreibende hat dem Versicherungsnehmer beim ersten Geschäftskontakt folgende Angaben klar und verständlich in Textform mitzuteilen:
1. seinen Familiennamen und Vornamen sowie die Firma, Personenhandelsgesellschaften, in denen der Eintragungspflichtige als geschäftsführender Gesellschafter tätig ist,
2. seine betriebliche Anschrift,
3. ob er
   a) als Versicherungsmakler mit einer Erlaubnis nach § 34d Abs. 1 der Gewerbeordnung,
   b) als Versicherungsvertreter
      aa) mit einer Erlaubnis nach § 34d Abs. 1 der Gewerbeordnung,
      bb) nach § 34d Abs. 4 der Gewerbeordnung als gebundener Versicherungsvertreter,
      cc) mit Erlaubnisbefreiung nach § 34d Abs. 3 der Gewerbeordnung als produktakzessorischer Versicherungsvertreter oder

c) als Versicherungsberater mit Erlaubnis nach § 34e Abs. 1 der Gewerbeordnung bei der zuständigen Behörde gemeldet und in das Register nach § 34d Abs. 7 der Gewerbeordnung eingetragen ist und wie sich diese Eintragung überprüfen lässt,
4. Anschrift, Telefonnummer sowie die Internetadresse der gemeinsamen Stelle im Sinne des § 11a Abs. 1 der Gewerbeordnung und die Registrierungsnummer, unter der er im Register eingetragen ist,
5. die direkten oder indirekten Beteiligungen von über 10 Prozent, die er an den Stimmrechten oder am Kapital eines Versicherungsunternehmens besitzt,
6. die Versicherungsunternehmen oder Mutterunternehmen eines Versicherungsunternehmens, die eine direkte oder indirekte Beteiligung von über 10 Prozent an den Stimmrechten oder am Kapital des Informationspflichtigen besitzen,
7. die Anschrift der Schlichtungsstelle, die bei Streitigkeiten zwischen Versicherungsvermittlern oder Versicherungsberatern und Versicherungsnehmern angerufen werden kann.

(2) Der Informationspflichtige hat sicherzustellen, dass auch seine Mitarbeiter die Mitteilungspflichten nach Absatz 1 erfüllen.

(3) Die Informationen nach Absatz 1 dürfen mündlich übermittelt werden, wenn der Versicherungsnehmer dies wünscht oder wenn und soweit das Versicherungsunternehmen vorläufige Deckung gewährt. In diesen Fällen sind die Informationen unverzüglich nach Vertragsschluss, spätestens mit dem Versicherungsschein dem Versicherungsnehmer in Textform zur Verfügung zu stellen; dies gilt nicht für Verträge über die vorläufige Deckung bei Pflichtversicherungen.

Übersicht

	Rdn
A. **Normzweck**	1
B. **Norminhalt**	3
I. Zeitpunkt der Mitteilung	3
II. Form der Mitteilung	6
III. Unterlassene oder fehlerhafte Mitteilung	7

A. Normzweck

Durch die VersVermVÄndV wurde die Bestimmung des § 11 Abs. 1 Nr. 1 VersVermV dahin gehend erweitert, dass die Vorschrift nunmehr auch einer Tätigkeit als geschäftsführender Gesellschafter einer Personenhandelsgesellschaft Rechnung trägt. 1

Nach § 11 Abs. 1 VersVermV hat der Vermittler im Wesentlichen seinem Kunden dieselben Angaben zu übermitteln, welche er auch ggü. der Registerbehörde angeben musste (hier das sog. **Visitenkartenprinzip**). Sie sollen dem Kunden die eindeutige Identifikation des Vermittlers ermöglichen sowie die Haftungs- und Beteiligungsverhältnisse des Vermittlers offen legen. Der Kunde wird in dieser Vorschrift der Einfachheit halber als VN bezeichnet, wenngleich er rechtstechnisch zum Zeitpunkt des Erstkontaktes selbstverständlich noch kein VN ist (vgl. Entwurfsbegründung v. 3.5.2006, S. 22). Folglich sind die Informationspflichten auch unabhängig von einem Vermittlungserfolg zu beachten und ein Verstoß ggf. 2

zu sanktionieren. Wegen der umfassenden Informationspflichten brauchen die Angaben selbstverständlich nicht alle auf einer Visitenkarte genannt werden. Ein entsprechendes **Beiblatt** („Erstinformation") zur Übermittlung der Informationen ist selbstverständlich statthaft.

B. Norminhalt

I. Zeitpunkt der Mitteilung

3 Die Mitteilungen haben beim **ersten Geschäftskontakt** zu erfolgen. Der Begriff des ersten Geschäftskontaktes ist von der Anbahnungsphase zu unterscheiden.

> **Beispiel**
> Vermittler V ruft aufgrund einer Empfehlung einer seiner Bestandskunden bei K an, um ein Beratungstermin zu vereinbaren. Dabei verschweigt er seine Statusangabe, unter welcher er ins Vermittlerregister eingetragen ist. Beim Beratungsgespräch überreicht V dem K seine „Visitenkarte", auf welcher alle Informationen nach § 11 VersVermV enthalten sind.

4 Im Einzelnen dürfte eine genaue **Abgrenzung zwischen Anbahnungsphase und Geschäftskontakt** sehr schwierig sein. Die Schwelle ist dann überschritten, wenn es in dem Gespräch nicht mehr um die Vereinbarung eines Termins geht, sondern schon eine Beratungsleistung erbracht wird, welche sich auf einen konkreten Geschäftsabschluss bezieht.

5 **Problematisch** sind insb. diejenigen Fälle, in welchen sich der Kunde zur Information über vorhandene Versicherungsprodukte **telefonisch** an den Vermittler wendet und um konkrete Informationen ersucht. Formal bedeutet das Telefonat dann die Herstellung eines „ersten Geschäftskontaktes". Eine enge Auslegung des Gesetzeswortlautes wird den praktischen Bedürfnissen nicht gerecht. **I.d.R.** müssen derartige telefonische Voranfragen nicht als „erster Geschäftskontakt" angesehen werden. Es hat eine Reduktion dahin gehend zu erfolgen, dass die Informationen spätestens vor dem ersten konkreten Beratungsgespräch (oder -termin) mitgeteilt werden. Damit wird der Warnfunktion durch die Informationspflicht Rechnung getragen. Vor Abgabe der maßgeblichen Willenserklärung zum Vertragsschluss ist der Kunde hinreichend informiert und die von dem Gesetzgeber gewünschte Transparenz gewährleistet.

II. Form der Mitteilung

6 Grundsätzlich erfolgt die Mitteilung in Textform (§ 126b BGB). Zu Beweiszwecken ist dem Vermittler aber Schriftform (§ 126 BGB) zu empfehlen und eine (rechtlich nicht erforderliche) Bestätigung des Kunden. Die Mitteilungen können nach Abs. 3 auch unter denselben Voraussetzungen wie in § 62 VVG **mündlich** erteilt werden. Dies erscheint insb. bei einer telefonischen Vermittlung als zweckmäßig. Jedoch ist stets zu berücksichtigen, dass die schriftliche Mitteilung nicht nur dem Informationsinteresse des VN, sondern auch dem Beweisinteresse des Vermittlers dient. Ebenso wird verlangt, die zuvor mündlich

erteilten Informationen spätestens gem. § 11 Abs. 2 S. 2 VersVermV mit dem Versicherungsschein dem VN in Textform zur Verfügung zu stellen.

III. Unterlassene oder fehlerhafte Mitteilung

Fraglich ist, welche **Rechtsfolgen** an eine unterbliebene oder fehlerhafte Mitteilung zu knüpfen sind. Diese sind lediglich öffentlich-rechtlich in § 18 Abs. 1 Nr. 1 VersVermV geregelt (s. § 18 VersVermV Rdn 2). Ggü. dem Kunden dürfte grds. Entsprechendes gelten, wie bei einer fehlerhaften Registereintragung (vgl. Anm. zu § 11a GewO). Sofern der Kunde also auf anderen Wegen oder zu einem späteren Zeitpunkt an die korrekten Informationen gelangt ist, wird er sich nicht auf die fehlende Erstinformation berufen können, zumindest sofern er die zutreffenden Informationen vor Abgabe seiner Vertragserklärung erlangt hat. Jedoch wird man hier dem Vermittler die **Beweislast** dafür auferlegen müssen, dass der Kunde tatsächlich Kenntnis von den relevanten Umständen erlangt hatte. I.Ü. kann, bei unterbliebener Mitteilung nach § 11 Abs. 1 Nr. 5 und 6 VersVermV, durchaus ein Anspruch des VN auf **Schadenersatz** in Betracht kommen, sofern er darlegen kann, dass er bei Kenntnis der nicht mitgeteilten Umstände den VV nicht abgeschlossen hätte und einen wirtschaftlich vorteilhaften Versicherungsvertrag hätte abschließen können. 7

Zugunsten des VN dürfte in solchen Fällen davon auszugehen sein, dass er bei Kenntnis der nicht mitgeteilten Umstände den VV nicht abgeschlossen hätte. Der Vermittler wäre in Ansehung der Pflichtverletzung beweispflichtig dafür, dass Gegenteiliges der Fall wäre.

Ferner ist anzunehmen, dass auch § 11 VersVermV als **Schutzgesetz i.S.d. § 823 Abs. 2 BGB** anzusehen ist. Die unterlassene oder fehlerhafte Information des VN führt daher auch zu einem deliktischen Schadensersatzanspruch ggü. dem Vermittler. Dieser Schadensersatzanspruch kann selbstverständlich auch in der Befreiung von Verbindlichkeiten liegen. 8

Darüber hinaus kommen bei Verletzungen auch **wettbewerbsrechtliche Ansprüche** von Mitbewerbern gem. §§ 8, 3, 4 Nr. 11 UWG in Betracht. 9

Abschnitt 5
Zahlungssicherung des Gewerbetreibenden zugunsten des Versicherungsnehmers; Überwachung des Provisionsannahmeverbots für Versicherungsberater

§ 12 VersVermV Sicherheitsleistung, Versicherung

(1) Der Gewerbetreibende darf für das Versicherungsunternehmen bestimmte Zahlungen, die der Versicherungsnehmer im Zusammenhang mit der Vermittlung oder dem Abschluss eines Versicherungsvertrags an ihn leistet, nur annehmen, wenn er zuvor eine Sicherheit geleistet oder eine geeignete Versicherung abgeschlossen hat, die den Versicherungsnehmer dagegen schützt, dass der Gewerbetreibende die Zahlung

nicht an das Versicherungsunternehmen weiterleiten kann. Dies gilt nicht, soweit der Gewerbetreibende zur Entgegennahme von Zahlungen des Versicherungsnehmers bevollmächtigt ist.

(2) Die Sicherheit kann durch die Stellung einer Bürgschaft oder andere vergleichbare Sicherheiten geleistet werden. Als Bürge können nur Körperschaften des öffentlichen Rechts mit Sitz im Inland, Kreditinstitute, die im Inland zum Geschäftsbetrieb befugt sind, sowie Versicherungsunternehmen bestellt werden, die zum Betrieb der Kautionsversicherung im Inland befugt sind. Die Bürgschaft darf nicht vor dem Zeitpunkt ablaufen, der sich aus Absatz 5 ergibt.

(3) Versicherungen sind im Sinne von Absatz 1 Satz 1 geeignet, wenn

1. das Versicherungsunternehmen zum Betrieb der Vertrauensschadenversicherung im Inland befugt ist und
2. die Allgemeinen Versicherungsbedingungen dem Zweck dieser Verordnung gerecht werden, insbesondere den Versicherungsnehmer aus dem Versicherungsvertrag auch in den Fällen der Insolvenz des Gewerbetreibenden unmittelbar berechtigen.

(4) Sicherheiten und Versicherungen können nebeneinander geleistet und abgeschlossen werden. Sie können für jedes einzelne Vermittlungsgeschäft oder für mehrere gemeinsam geleistet oder abgeschlossen werden. Insgesamt hat die Mindestsicherungssumme 4 Prozent der jährlichen vom Gewerbetreibenden entgegengenommenen Prämieneinnahmen zu entsprechen, mindestens jedoch 17.000 Euro. Die genannte Mindestsicherungssumme von 17.000 Euro erhöht oder vermindert sich ab dem 15. Januar 2013 und danach regelmäßig alle fünf Jahre prozentual entsprechend den von Eurostat veröffentlichten Änderungen des Europäischen Verbraucherpreisindexes, wobei sie auf den nächsthöheren Hundertbetrag in Euro aufzurunden ist. Die angepasste Mindestsicherungssumme wird jeweils zum 2. Januar des jeweiligen Jahres, in dem die Anpassung zu erfolgen hat, durch das Bundesministerium für Wirtschaft und Energie im Bundesanzeiger veröffentlicht.

(5) Der Gewerbetreibende hat die Sicherheiten und Versicherungen aufrechtzuerhalten, bis er die Vermögenswerte an das Versicherungsunternehmen übermittelt hat.

(6) Absatz 1 Satz 1 und die Absätze 2 bis 5 gelten entsprechend, wenn der Gewerbetreibende Leistungen des Versicherungsunternehmens annimmt, die dieses auf Grund eines Versicherungsvertrags an den Versicherungsnehmer zu erbringen hat. Die Verpflichtung nach Absatz 1 Satz 1 besteht nicht, soweit der Gewerbetreibende vom Versicherungsnehmer zur Entgegennahme von Leistungen des Versicherungsunternehmens nach § 64 des Versicherungsvertragsgesetzes bevollmächtigt ist.

(7) Hat im Zeitpunkt einer Zahlungsannahme der Gewerbetreibende seine Hauptniederlassung in einem anderen Mitgliedstaat der Europäischen Union oder in einem anderen Vertragsstaat des Abkommens über den Europäischen Wirtschaftsraum, so genügt der Gewerbetreibende seiner Verpflichtung nach Absatz 1 auch dann, wenn der nach Artikel 4 Abs. 4 der Richtlinie 2002/92/EG des Europäischen Parlaments und des Rates vom 9. Dezember 2002 über Versicherungsvermittlung (ABl. EG Nr. L 9 S. 3)

notwendige Schutz des Versicherungsnehmers durch die Vorschriften des anderen Staates sichergestellt ist.

Übersicht

	Rdn
A. Normzweck	1
B. Norminhalt	2

A. Normzweck

§ 12 VersVermV orientiert sich an dem Vorbild des § 2 MaBV. Die Höhe der Sicherheitsleistung richtet sich nach der jährlichen Prämieneinnahme und wird jährlich an die Vorgaben des vorangegangenen Jahres angepasst. Die vorgeschriebenen Beiträge werden gem. Art. 4 Abs. 7 der EU-Vermittlerrichtlinie automatisch alle fünf Jahre ab Inkrafttreten der RL vom Verordnungsgeber an die Entwicklung des europäischen Verbraucherpreisindex angepasst (vgl. dazu Entwurfsbegründung v. 3.5.2006, S. 23). 1

B. Norminhalt

Kundengelder sind in erster Linie die Prämien des VN, welche dieser aufgrund des VV an den VR zu entrichten hat. Eine Ausnahme bilden Gelder des VN, wenn ein VN durch eine Kontovollmacht jederzeit die Gelder vom Konto eines verbundenen Vermittlers (z.B. firmenverbundener Versicherungsvermittler) zurückbuchen kann. In diesem Fall ist § 12 VersVermV nicht anwendbar, da keine Notwendigkeit für eine Kundengeldsicherung besteht. (vgl. Entwurfsbegründung v. 3.5.2006, S. 23.) Auch i.Ü. dürfte eine Zahlung an den Vermittler selten ohne entsprechende Bevollmächtigung des VR (Inkassovollmacht) erfolgen, sodass insoweit der praktische Anwendungsbereich hoffentlich seltener sein dürfte (vgl. § 12 Abs. 1 S. 2 VersVermV). Durch die VersVermVÄndV wurde die Mindestsicherheitsleistung in § 12 Abs. 4 VersVermV von 15.000 auf 17.000,00 EUR erhöht. Weiter wird auch diese Summe gem. § 12 Abs. 4 S. 4 VersVermV entsprechend der Regelung zu den Mindestversicherungssummen nach § 9 Abs. 2 S. 2 VersVermV alle fünf Jahre prozentual angepasst. 2

Eine Zahlungssicherung für Gelder, die der Vermittler vom VR an den Kunden weiterleitet (§ 12 Abs. 6 VersVermV), ist nur erforderlich, sofern § 64 VVG nicht eingreift. **Erfüllung** tritt erst mit dem Bewirken der Leistung ein (§ 362 BGB). Dementsprechend muss die Leistung dem VN zur freien Verfügung stehen. Veruntreut der Vermittler die vom VR gezahlten Leistungen, so stand das Geld nicht zur freien Verfügung des VN und die Leistungspflicht des VR besteht weiterhin. 3

Wegen der Schutzbedürftigkeit des Kunden dürfte auch eine **allgemeine Bevollmächtigung** des Gewerbetreibenden, so auch des Maklers, *nicht* ausreichend sein, als dass der VR mit befreiender Wirkung an den Versicherungsmakler leisten kann. Es dürfte erforderlich sein, dass der Kunde eine **separate Bevollmächtigung** für die jeweilige Versicherungsleistung zu erteilen hat. Nur hierdurch kann gewährleistet werden, dass aufgrund einer 4 separaten Bevollmächtigung mit befreiender Leistung Erfüllung der konkreten Versicherungsleistung eingreift.

5   § 12 VersVermV ist ebenfalls als **Schutzgesetz** anzusehen. Beachtet der Gewerbetreibende nicht die gesetzlich möglichen Sicherungsbefugnisse und entsteht dem Kunden ein Vermögensnachteil, so haftet der Gewerbetreibende auch aus § 823 Abs. 2 BGB i.V.m. § 12 VersVermV ggü. dem Kunden. Auch eine Untreue-Strafbarkeit nach § 266 StGB kommt in Betracht.

6   Die Norm schützt insb. den gutgläubigen Kunden, welcher bspw. Barzahlungen ggü. seinem Vermittler leistet. Leider kommt es immer wieder vor, dass Versicherungsprämien oder sogar Kapitalanlagebeträge gutgläubig dem Vermittler bei Vertragsabschluss übergeben werden, obwohl dieser i.d.R. nicht zur Entgegenenahmevon Zahlungen des VN bevollmächtigt ist. Die Nichtbeachtung des § 12 VersVermV durch den Versicherungsvermittler sollte daher zu dem unverzüglichen Entzug seiner Gewerbeerlaubnis führen.

7   Zu beachten ist ferner, dass das Stornorisiko des Versicherers ebenfalls nicht von § 12 VersVermV umfasst ist. Dies ist deswegen von Relevanz, weil mittlerweile auch das Rundschreiben 5/95 aufgehoben wurde (dazu unter Hinweis auf andere Absicherungsmöglichkeiten: *Stunz/Wilhelm*, VW 2008, 734). Dadurch ist die Stellung von Sicherheiten für unverdiente Provisionszahlungen durch die Versicherungsvermittler entfallen.

§ 13 VersVermV   Nachweis

Soweit der Gewerbetreibende nach § 12 Abs. 1 oder Abs. 6 Sicherheiten zu leisten oder Versicherungen abzuschließen hat, hat er diese dem Versicherungsnehmer auf Verlangen nachzuweisen.

1   § 13 VersVermV räumt den Kunden das Recht ein, einen Nachweis über die Sicherung des Kundengeldes zu verlangen. Der Nachweis hat durch **Vorlage** des **Versicherungsscheins** oder der **Bürgschaftserklärung** zu erfolgen.

2   Der Nachweis ist nur **auf Verlangen** zu erbringen. Eine ungefragte oder „**spontane Nachweispflicht**" besteht nicht. Gleichwohl erhält der Kunde die Befugnis zur Einsichtnahme interner Vorgänge des Gewerbetreibenden. Auf Verlangen hat der Gewerbetreibende daher den **unverzüglichen Nachweis** zu erbringen. Ein solcher Nachweis „**ohne schuldhaftes Zögern**" ist üblicherweise innerhalb eines Zeitraumes von 14 Tagen zu erbringen.

§ 14 VersVermV   Aufzeichnungspflicht

(1) Der Gewerbetreibende hat nach Maßgabe des Absatzes 2 Aufzeichnungen zu machen sowie die dort genannten Unterlagen und Belege übersichtlich zu sammeln. Die Aufzeichnungen sind unverzüglich und in deutscher Sprache anzufertigen.

(2) Aus den Aufzeichnungen und Unterlagen des Aufzeichnungspflichtigen müssen folgende Angaben ersichtlich sein, soweit sie im Einzelfall in Betracht kommen:

1. der Name und Vorname oder die Firma sowie die Anschrift des Versicherungsnehmers,
2. ob und inwieweit der Aufzeichnungspflichtige zur Entgegennahme von Zahlungen oder sonstigen Leistungen ermächtigt ist,
3. Art und Höhe der Vermögenswerte des Versicherungsnehmers, die der Aufzeichnungspflichtige zur Weiterleitung an ein Versicherungsunternehmen erhalten hat,
4. Art, Höhe und Umfang der vom Aufzeichnungspflichtigen für die Vermögenswerte zu leistenden Sicherheit und abzuschließenden Versicherung, Name oder Firma und Anschrift des Bürgen und der Versicherung,
5. die Verwendung der Vermögenswerte des Versicherungsnehmers.

Außerdem müssen Kopien der Bürgschaftsurkunde und des Versicherungsscheins in den Unterlagen vorhanden sein.

(3) Der Versicherungsberater hat darüber hinaus Aufzeichnungen über Art und Höhe der Einnahmen, die er für seine Tätigkeit erhalten hat, den Namen und Vornamen oder die Firma sowie die Anschrift des Leistenden anzufertigen und die Unterlagen und Belege übersichtlich zu sammeln.

(4) Soweit sich aus handels- oder steuerrechtlichen Bestimmungen Pflichten zur Buchführung ergeben, die mit den Pflichten nach den Absätzen 1 bis 3 vergleichbar sind, kann der Aufzeichnungspflichtige auf diese Buchführung verweisen.

Übersicht

	Rdn
A. Normzweck	1
B. Norminhalt	3
I. Form der Aufzeichnung	3
II. Versicherungsberater	4
III. Verhältnis zu anderen Buchführungspflichten	5

A. Normzweck

Der Gewerbetreibende ist verpflichtet, über die Angaben nach § 14 Abs. 2 VersVermV in geordneter Weise und in deutscher Sprache Aufzeichnungen zu machen. Dies soll ermöglichen, dass die Behörde sich nach den Maßgaben des § 15 VersVermV innerhalb eines angemessenen Zeitraums einen Überblick über die aufgezeichneten Unterlagen verschaffen kann. Es kann ihr nicht zugemutet werden, sich die erforderlichen Informationen erst mühsam aus den angesammelten Unterlagen zusammen suchen zu müssen. 1

Europarechtlich bedenklich könnte das Erfordernis sein, dass die Angaben in deutscher Sprache zu machen sind. Hierdurch werden europäische Gewerbetreibende, welche nicht die deutsche Sprache beherrschen, im Vergleich zu deutschsprachigen Gewerbetreibenden benachteiligt. Insb. da sie ihre persönlichen Unterlagen nicht in ihrer Muttersprache führen können und es daher oftmals zu unbeabsichtigten Ungenauigkeiten in der Formulierung oder Missverständnissen bei der Übersetzung kommen kann. Eine solche geringe Benach- 2 teiligung scheint jedoch in Anbetracht einer schnellen Bearbeitung der Aufzeichnungsprüfung gerechtfertigt.

B. Norminhalt

I. Form der Aufzeichnung

3   Die Aufzeichnungen haben lediglich in geordneter Form und in deutscher Sprache zu erfolgen. Weitere Formvorschriften sind daher nicht zu beachten. Die Aufzeichnungen können daher auch in Textform oder in elektronischer Form erstellt werden. Entscheidend ist lediglich, dass die Behörde die Aufzeichnungen abrufen kann.

II. Versicherungsberater

4   Die Aufzeichnungspflicht des Versicherungsberaters ist weit reichender als die der Versicherungsvermittler. Er hat neben den Angaben zu § 14 Abs. 2 VersVermV nach § 14 Abs. 3 VersVermV auch Aufzeichnungen über seine Einnahmen anzufertigen. Damit soll sichergestellt werden, dass im Fall einer Prüfung nach § 15 VersVermV die Einhaltung des Provisionsannahmeverbots durch die Behörde nachvollzogen werden kann (Entwurfsbegründung v. 3.5.2006, S. 25).

III. Verhältnis zu anderen Buchführungspflichten

5   § 14 Abs. 4 VersVermV stellt klar, dass weiter gehende Pflichten zur Buchführung von § 14 VersVermV unberührt bleiben. Sofern die Buchführungspflichten die Angaben nach § 14 Abs. 2 VersVermV enthalten, bedarf es hierüber keine gesonderten Aufzeichnungen nach § 14 VersVermV mehr.

§ 15 VersVermV   Prüfungen

(1) Die für die Erlaubniserteilung nach § 34d Abs. 1 und § 34e Abs. 1 der Gewerbeordnung zuständige Behörde kann aus besonderem Anlass anordnen, dass der Aufzeichnungspflichtige sich im Rahmen einer außerordentlichen Prüfung durch einen geeigneten Prüfer auf die Einhaltung der sich aus den §§ 12 und 14 ergebenden Pflichten auf seine Kosten überprüfen lässt. Der Prüfer wird von der nach Satz 1 zuständigen Behörde bestimmt. Der Prüfungsbericht hat einen Vermerk darüber zu enthalten, ob und welche Verstöße des Aufzeichnungspflichtigen festgestellt worden sind. Der Prüfer hat den Vermerk mit Angabe von Ort und Datum zu unterzeichnen.

(2) Für Versicherungsberater kann die für die Erlaubniserteilung nach § 34e Abs. 1 der Gewerbeordnung zuständige Behörde darüber hinaus aus besonderem Anlass anordnen, dass der Versicherungsberater sich auf Einhaltung der sich aus § 34e Abs. 3 der Gewerbeordnung ergebenden Pflicht überprüfen lässt. § 15 Abs. 1 gilt entsprechend.

(3) Geeignete Prüfer sind
1. Wirtschaftsprüfer, vereidigte Buchprüfer, Wirtschaftsprüfungs- und Buchprüfungsgesellschaften,
2. Prüfungsverbände, zu deren gesetzlichem oder satzungsmäßigem Zweck die regelmäßige und außerordentliche Prüfung ihrer Mitglieder gehört, sofern
   a) von ihren gesetzlichen Vertretern mindestens einer Wirtschaftsprüfer ist,
   b) sie die Voraussetzungen des § 63b Abs. 5 des Gesetzes betreffend die Erwerbs- und Wirtschaftsgenossenschaften erfüllen oder
   c) sie sich für ihre Prüfungstätigkeit selbständiger Wirtschaftsprüfer oder vereidigter Buchprüfer oder einer Wirtschaftsprüfungs- oder Buchprüfungsgesellschaft bedienen.

(4) Auch andere Personen, die öffentlich bestellt oder zugelassen worden sind und die auf Grund ihrer Vorbildung und Erfahrung in der Lage sind, eine ordnungsgemäße Prüfung in dem jeweiligen Gewerbebetrieb durchzuführen sowie deren Zusammenschlüsse können als Prüfer nach Absatz 1 Satz 2 bestimmt werden.

Übersicht

	Rdn
A. Normzweck	1
B. Norminhalt	2
I. Überprüfung aus besonderem Anlass	2
II. Kosten	4
III. Prüfer	6

A. Normzweck

Die IHK kann als für die Erlaubnis nach § 34d und § 34e GewO zuständige Behörde die Einhaltungen der Pflichten nach §§ 12 und 14 VersVermV aus besonderen Anlass durch einen von ihr bestellten Prüfer überprüfen lassen. Hierdurch soll die Einhaltung der in den §§ 12, 14 aufgestellten Anforderungen gewährleistet werden.   1

B. Norminhalt

I. Überprüfung aus besonderem Anlass

Problematisch erscheint, wann ein besonderer Anlass für eine Überprüfung des Gewerbetreibenden besteht. Grds. besteht ein solcher besonderer Anlass wohl immer dann, wenn die Behörde auf anderem Weg erfahren hat, dass der Gewerbetreibende seinen **Pflichten nach §§ 12 oder 14 VersVermV** *nicht* nachkommt. Ein besonderer Anlass dürfte weiter dann bestehen, wenn gegen den Gewerbetreibenden ein **Strafverfahren** wegen der in § 34d Abs. 2 Nr. 1 GewO aufgeführten Straftaten eingeleitet worden ist. Der Wortlaut der Norm dürfte „**Routineüberprüfungen**" ausschließen.   2

Fraglich ist auch, ob dem Gewerbetreibenden **Rechtsmittel** gegen die Überprüfung bzw. ihre Anordnung zustehen, wenn er einen besonderen Anlass i.S.d. § 15 Abs. 1 VersVermV   3 nicht für gegeben hält. Bei der Anordnung der Prüfung durch die IHK dürfte es sich insoweit um einen **Verwaltungsakt** gem. § 35 VwVfG handeln, der nach allgemeinen Grundsätzen mit der Anfechtungsklage (nach vorherigem Widerspruch) oder im Eilverfahren gem. § 80 Abs. 5 VwGO angegriffen werden kann. Die Norm allerdings sieht nicht vor, dass der Gewerbetreibende unmittelbar von der Anordnung der Überprüfung in Kenntnis zu setzen ist. Dies dürfte jedoch bereits aus rechtsstaatlichen Gründen erforderlich sein, sodass i.d.R. eine Möglichkeit zur Erlangung des ordentlichen Rechtsschutzs bestehen wird.

II. Kosten

4   Die Kosten des Überprüfungsverfahrens sind vom Gewerbetreibenden zu übernehmen. Dies scheint insb. vor dem Hintergrund, dass sich die Überprüfung als unbegründet herausstellt, weil der Gewerbetreibende seinen Pflichten vollumfänglich nachgekommen ist, rechtlich bedenklich. Eine **generelle Kostenübernahme** durch den Gewerbetreibenden erscheint vor diesem Hintergrund vielmehr als rechtlich nicht zu rechtfertigen und **unbillig** (a.A Landmann/Rohmer/*Stegner*, GewO, § 15 VersVermV Rn 6). Es fehlt dann auch an dem gesetzlich vorausgesetzten besonderen Anlass, wenn im Nachhinein festgestellt wird, dass es an einem solchen gerade fehlt. Diese gesetzliche Wertung steht v.a. im Widerspruch zu dem Kostenübernahmeprinzip im Zivilprozess (§§ 91 ff. ZPO) und der Kostenverteilung im Strafprozess (§§ 465 ff. StPO). Dass der Gewerbetreibende, welcher seinen Pflichten vollumfänglich nachkommt, mit den Kosten eines Ordnungswidrigkeitsverfahrens belastet wird, ist insb. auch vor dem Hintergrund des Rechtsstaatsgedankens verfassungsrechtlich bedenklich.

5   Sofern der Gewerbetreibende gemäß den obigen Anmerkung Rechtsschutz gegen die Anordnung der Überprüfung sucht und in einem etwaigen Verfahren obsiegt, gelten selbstverständlich **allgemeine Kostenrechtsgrundsätze**, d.h. §§ 154 ff. VwGO.

III. Prüfer

6   § 15 Abs. 3 VersVermV zählt auf, welche Personen als Prüfer bestellt werden können. § 15 Abs. 4 VersVermV ermöglicht der Behörde darüber hinaus noch die Berufung anderer Personen zum Prüfer. Der Behörde wurde dadurch ein Ermessensspielraum eingeräumt, welche Personen geeignet sind, als Prüfer zu fungieren.

---

§ 16 VersVermV | **Rechte und Pflichten der an der Prüfung Beteiligten**

(1) Der Aufzeichnungspflichtige hat dem Prüfer die Einsicht in die Bücher, Aufzeichnungen und Unterlagen zu gestatten. Er hat ihm alle Aufklärungen und Nachweise zu geben, die der Prüfer für eine sorgfältige Prüfung benötigt.

(2) Der Prüfer ist zur gewissenhaften und unparteilichen Prüfung und zur Verschwiegenheit verpflichtet. Er darf nicht unbefugt Geschäfts- und Betriebsgeheimnisse ver-

werten, die er bei seiner Tätigkeit erfahren hat. Ein Prüfer, der vorsätzlich oder fahrlässig seine Pflichten verletzt, ist dem Aufzeichnungspflichtigen zum Ersatz des daraus entstehenden Schadens verpflichtet. Mehrere Personen haften als Gesamtschuldner.

Übersicht

	Rdn
A. Normzweck	1
B. Norminhalt	2

A. Normzweck

§ 16 VersVermV normiert entsprechend § 17 MaBV die Rechte und Pflichten der an der Prüfung Beteiligten. 1

B. Norminhalt

§ 16 Abs. 1 VersVermV normiert die Mitwirkungspflicht des Aufzeichnungspflichtigen, den Prüfer bei seiner Prüfung in soweit zu unterstützen, als dass er ihm in die Unterlagen Einsicht gewährt, welche für die ordnungsgemäße Prüfung notwendig sind. Dabei beschränkt sich seine Mitwirkungspflicht nicht lediglich auf die Gestattung der Einsicht in die Unterlagen, sondern der Aufzeichnungspflichtige hat vielmehr auf (Nach-)Fragen des Prüfers wahrheitlich und vollständig Auskunft zu erteilen (vgl. *Schulze-Werner* in Friauf, GewO, § 16 VersVermV Rn 2). 2

Gem. § 16 Abs. 2 S. 3 VersVermV (als Anspruchsgrundlage) hat der Gewerbetreibende einen **Schadensersatzanspruch** gegen den Prüfer, wenn dieser seine Pflichten nach § 16 Abs. 2 S. 1 oder S. 2 VersVermV verletzt. Die Prüfung wird dann nicht mehr gewissenhaft vom Prüfer durchgeführt, wenn er nicht alle Unterlagen besichtigt oder dies nur oberflächlich vornimmt. Eine unparteiische Prüfung ist dann nicht mehr gegeben, wenn der Prüfer schon vor Beginn der Prüfung von der Unrichtigkeit der zu prüfenden Unterlagen überzeugt ist. Eine unbefugte Verwertung der Unterlagen durch den Prüfer liegt v.a. in dem Verkauf oder der Weiterleitung der Geschäfts- oder Betriebsgeheimnisse geheimnisse an einen Dritten, z.B. Mitbewerber. Generell wird der Prüfer Geschäftsgeheimnisse nur in unmittelbarem Zusammenhang mit dem Prüfungsverfahren verwenden dürfen. Jede weiter gehende Verwendung dürfte i.d.R. unbefugt sein. Sind mehrere Personen an der Prüfung beteiligt und verletzten ebenso die Pflichten, so haften diese dem Aufzeichnungspflichtigen auch nach den Regeln der Gesamtschuldnerschaft §§ 421 BGB ff. 3

§ 17 VersVermV Rückversicherungsvermittlung und Großrisiken

Die §§ 11 bis 16 gelten nicht für die Rückversicherungsvermittlung. § 11 gilt nicht für die Vermittlung von Versicherungsverträgen über Großrisiken im Sinne des § 210 Absatz 2 des Versicherungsvertragsgesetzes sowie für die laufenden Versicherungen.

§ 18 VersVermV

1 Durch Art. 2 Abs. 2 des Gesetzes zur Anpassung der Vorschriften des Internationalen Privatrechts an die Verordnung (EG) Nr. 593/2008 wurde die Verweisung des § 17 VersVermV angepasst. Dieser verweist nun nicht mehr auf Artikel 10 Abs. 2 EGVVG, sondern auf die entsprechende Norm des VVG. Inhaltliche Änderungen ergeben sich insoweit nicht.

2 § 17 VersVermV regelt gem. Art. 4 Abs. 4 und Art. 12 Abs. 4 der EU-Vermittlerrichtlinie die Ausnahmen von den Pflichten der §§ 11 bis 16 VersVermV für die Rückversicherung und die Ausnahme von den Pflichten des § 11 VersVermV für die Vermittlung von Großrisiken (vgl. auch § 65 VVG Rdn 2).

3 Erstaunlich ist die Differenzierung der Anwendbarkeit der Normen zwischen der Rückversicherungsvermittlung und der Vermittlung von Großrisiken. Der Gesetzgeber hat hier offensichtlich eine bewusste Differenzierung vorgenommen. Bei den **Großrisiken** verzichtet der Gesetzgeber daher nur auf die Information des VN über seinen Gewerbebetrieb und die Beteiligungsverhältnisse. Hingegen gelten ausdrücklich die gesetzlichen Regelungen über den Zahlungsverkehr über den Gewerbetreibenden und seine daraus folgenden Aufzeichnungspflichten. Dies sicherlich im Hinblick auch darauf, dass es gerade bei Großrisiken üblich ist, dass die Leistungen über den Gewerbetreibenden, zumeist den Versicherungsmakler, erbracht werden.

4 Im Bereich der **Rückversicherungsvermittlung** gelten nicht die gesetzlichen Schutzregelungen der Kundengeldsicherung sowie deren Überprüfbarkeit. Damit bleibt gerade der Bereich der Rückversicherungsvermittlung gesetzlich nicht geregelt. I.S.d. Privatautonomie ist aber auch der Bereich der Rückversicherungsvermittlung gesetzlich nicht regelungsbedürftig.

Abschnitt 6
Straftaten und Ordnungswidrigkeiten

§ 18 VersVermV Straftaten und Ordnungswidrigkeiten

(1) Ordnungswidrig im Sinne des § 144 Abs. 2 Nr. 1b der Gewerbeordnung handelt, wer vorsätzlich oder fahrlässig

1. entgegen § 11 Abs. 1 eine Mitteilung nicht, nicht richtig, nicht vollständig oder nicht rechtzeitig macht,
2. entgegen § 12 Abs. 1 Satz 1, auch in Verbindung mit Abs. 6 Satz 1, eine Zahlung annimmt,
3. entgegen § 12 Abs. 5, auch in Verbindung mit Abs. 6 Satz 1, die Sicherheit oder die Versicherung nicht aufrechterhält,
4. entgegen § 13 einen Nachweis nicht, nicht richtig, nicht vollständig oder nicht rechtzeitig erbringt oder
5. entgegen § 14 Abs. 1 oder Abs. 3 eine Aufzeichnung nicht, nicht richtig, nicht vollständig, nicht in der vorgeschriebenen Weise oder nicht rechtzeitig macht oder

dort genannte Unterlagen oder Belege nicht oder nicht in der vorgeschriebenen Weise sammelt.

(2) Ordnungswidrig im Sinne des § 145 Abs. 2 Nr. 8 der Gewerbeordnung handelt, wer vorsätzlich oder fahrlässig eine in Absatz 1 bezeichnete Handlung in Ausübung eines Reisegewerbes begeht.

(3) Ordnungswidrig im Sinne des § 146 Abs. 2 Nr. 11 der Gewerbeordnung handelt, wer vorsätzlich oder fahrlässig eine in Absatz 1 bezeichnete Handlung in Ausübung eines Messe-, Ausstellungs- oder Marktgewerbes begeht.

(4) Wer durch eine in Absatz 1 bezeichnete Handlung das Leben oder die Gesundheit eines anderen oder fremde Sachen von bedeutendem Wert gefährdet, wird nach § 148 Nr. 2 der Gewerbeordnung bestraft.

§ 18 VersVermV regelt die **öffentlich-rechtlichen Rechtsfolgen** eines Verstoßes des Gewerbetreibenden gegen die Vorschriften der in der Verordnung angelegten Pflichten. Die Pflichtverstöße werden danach mit den im Gewerberecht üblichen Bußgeldtatbeständen sanktioniert. Dies scheint auch zur Durchsetzung der Normen der VersVermV durchaus angebracht.

Auch bei dieser Rechtsnorm dürfte es sich um ein **Schutzgesetz** handeln. Insb. auch die Regelung des § 18 Abs. 4 VersVermV. Die Norm bezieht sich nicht nur auf den Schutz der Allgemeinheit, sondern auch gerade auf den Schutz des Einzelnen. Der einzelne Kunde ist schutzbedürftig, wenn der Gewerbetreibende ohne Befugnis eine Zahlung annimmt, die erforderlichen Sicherheiten nicht aufrecht erhält oder nicht die erforderlichen Nachweise erbringen kann. Ebenso soll auch der einzelne Kunde die Informationspflichten gem. § 11 VersVermV erhalten. Derjenige Gewerbetreibende, welche diese Rechtsnorm verletzt, ist mithin gem. § 823 Abs. 2 BGB i.V.m. § 18 VersVermV (und natürlich auch § 148 GewO) dem Kunden ggü. schadensersatzpflichtig. Daneben bestehen selbstverständlich auch noch die aus dem Vertragsverhältnis folgenden Schadensersatzansprüche des Kunden gem. § 280 BGB. Zu beachten ist, dass jeweiliger Anspruchsgegner ein anderer sein kann (z.B. die Firma oder auch der Geschäftsführer).

Praxistipp
Der geschädigte Kunde sollte eruieren, bei welchem Anspruchsgegner eine Haftungsmasse vorhanden ist. Prozessual ist auch zu beachten, ob bei mehreren Beteiligten eine Streitverkündung vorzunehmen oder von einer Gesamtschuld auszugehen ist. Dies sowohl aufgrund der gesetzlich entstehenden Bindungswirkung, wie auch unter dem Gesichtspunkt der Verjährungsunterbrechung.

Abschnitt 7
Schlussbestimmungen

§ 19 VersVermV Übergangsregelung

(1) Ein vor dem 1. Januar 2009 abgelegter Abschluss als Versicherungsfachmann oder -frau des Berufsbildungswerks der Deutschen Versicherungswirtschaft e.V. steht der erfolgreich abgelegten Sachkundeprüfung gleich.

(2) Gewerbetreibende, die bereits im Register nach § 11a der Gewerbeordnung registriert sind oder bis zum 31. März 2009 registriert werden, haben die erforderlichen neuen Angaben nach § 5 Satz 1 Nr. 1 spätestens bis zum 1. April 2009 der Registerbehörde mitzuteilen.

1 § 19 Abs. 1 VersVermV lässt eine gesonderderte Sachkundeprüfung entfallen für den Fall, dass ein Abschluss als Versicherungsfachmann oder -frau des Berufsbildungswerks der Deutschen Versicherungswirtschaft e.V vor dem 1.1.2009 abgelegt worden war.

2 § 19 Abs. 2 VersVermV, welcher im Zuge der VersVermVÄndV neu eingefügt wurde, regelt im Zusammenspiel mit § 5 S. 1 Nr. 1 VersVermV die Frist zur Nachmeldung der erforderlichen Registerangaben.

3 Die tatsächliche praktische Relevanz dürfte sich viele Jahre nach Ablauf der Fristen in § 19 Abs. 1 und 2 VersVermV erledigt haben.

§ 20 VersVermV Inkrafttreten

Diese Verordnung tritt am 22. Mai 2007 in Kraft.

Gewerbeordnung (GewO-Auszug)

In der Fassung der Bekanntmachung vom 22. Februar 1999 (BGBl I, S. 202), zuletzt geändert durch Artikel 9 des Gesetzes vom 31. Juli 2016 (BGBl I S. 1914).

Vorbemerkungen zur GewO

Durch das **Gesetz zur Neuordnung des Versicherungsvermittlerrechts** wurde die Richtlinie 2002/92/EG des Europäischen Parlaments und des Rates vom 9.12.2002 umgesetzt. Dabei wurden vom deutschen Gesetzgeber auch Teile der Gewerbeordnung (GewO) erneuert. 1

Ziel der RL 2002/92/EG ist die **Stärkung des Verbraucherschutzes und die Harmonisierung des Vermittlermarktes**. Die Änderungen der GewO führen dazu, dass die Versicherungsvermittlung, welche bislang als gewerbliche Tätigkeit i.S.d. GewO keinen Berufszugangsschranken unterlag, sondern lediglich vom Gewerbetreibenden angezeigt werden musste, zum **erlaubnis- und registrierungspflichtigen** Gewerbe wird. 2

Von der Registrierungspflicht sind in Deutschland nach Schätzungen ca. 270.000 Vermittler betroffen. Nach Angaben des Deutschen Industrie- und Handelskammertags (DIHK) sind derzeit ca. 231.000 Gewerbetreibende als Versicherungsvermittler tätig: 47.000 Makler, 30.000 ungebundene Vertreter (Mehrfachvertreter) und 150.000 gebundene Vertreter (vgl. Versicherungsvermittlerzahlen DIHK Stand: 04/16). Dazu kommen eine Vielzahl von an Strukturvertriebe angegliederten Untervermittlern und nebenberuflichen Vermittlern, welche Versicherungen akzessorisch zu einem Hauptprodukt vermitteln, wie z.B. Kfz-Händler oder Reisebüros. Hinzu kommen noch 37.000 Finanzanlagenvermittler sowie 120 Honorar-Finanzanlagenvermittler und ca. 200 Versicherungsberater. 3

Der Gesetzgeber hat die gewerberechtliche Regelung der Versicherungsvermittlung innerhalb der bestehenden Struktur der Gewerbeordnung vorgenommen, anstatt dies in einem eigenständigen „**Vermittlergesetz**" zu tun. Dies ist zu begrüßen (so auch *Schönleiter*, GewArch 2007, 265, 266), wenngleich hierdurch die einzelnen Vorschriften relativ umfangreich sind und mit der VersVermV ein ergänzendes Normwerk geschaffen wurde, dessen Bedeutung ebenfalls nicht zu unterschätzen ist. 4

Der Gesetzgeber hat durch die sukzessive Erweiterung des § 11a Abs. 1 GewO das Vermittlerregister stetig erweitert und so ein praktikables und umfangreiches Register geschaffen. 5

§ 11a GewO Vermittlerregister

(1) Jede Industrie- und Handelskammer (Registerbehörde) führt ein Register der nach § 34d Abs. 7, auch in Verbindung mit § 34e Abs. 2, § 34f Absatz 5 und § 34h Absatz 1 Satz 4 und § 34i Absatz 8 Eintragungspflichtigen. Die örtliche Zuständigkeit richtet sich nach dem Landesrecht. Zweck des Registers ist es insbesondere, der Allgemeinheit, vor allem Anlegern und Versicherungsunternehmen sowie Darlehensnehmern und Darlehensgebern, die Überprüfung der Zulassung sowie des Umfangs der zugelassenen Tätigkeit der Eintragungspflichtigen zu ermöglichen. Die Registerbehörden bedienen sich bei der Führung des Registers der in § 32 Abs. 2 des Umweltauditgesetzes bezeichneten gemeinsamen Stelle (gemeinsame Stelle). Die Registerbehörde unterliegt der Aufsicht der obersten Landesbehörde.

(1a) In das Register sind auch die Daten zu den nach § 34i Absatz 4 von der Erlaubnispflicht befreiten Gewerbetreibenden einzutragen, die von den zuständigen Behörden eines anderen Mitgliedstaates der Europäischen Union oder eines anderen Vertragsstaates des Abkommens über den Europäischen Wirtschaftsraum übermittelt werden. Erhält die Registerbehörde die Mitteilung, dass ein nach § 34i Absatz 4 von der Erlaubnispflicht befreiter Gewerbetreibender nicht mehr im Anwendungsbereich dieser Vorschrift tätig ist oder nicht mehr im Besitz der Erlaubnis eines anderen Mitgliedstaates der Europäischen Union oder eines anderen Vertragsstaates des Abkommens über den Europäischen Wirtschaftsraum ist, so hat die Registerbehörde unverzüglich die gespeicherten Daten des Betroffenen zu löschen.

(2) Auskünfte aus dem Register werden im Wege des automatisierten Abrufs über das Internet oder schriftlich erteilt. Die Registerbehörden gewährleisten, dass eine gleichzeitige Abfrage bei allen Registern nach Absatz 1 Satz 1 möglich ist.

(3) Die für eine Untersagung nach § 35 zuständige Behörde teilt der Registerbehörde eine Untersagung unverzüglich mit. Bei Aufhebung der Erlaubnis nach § 34d Abs. 1 oder § 34e Abs. 1 oder der Erlaubnisbefreiung nach § 34d Abs. 3 oder einer Mitteilung nach Satz 1 oder § 48 Absatz 5 des Versicherungsaufsichtsgesetzes hat die Registerbehörde unverzüglich die zu dem Betroffenen gespeicherten Daten zu löschen. Der Familienname, der Vorname, die Registrierungsnummer sowie der Tag der Löschung werden im Register in einem täglich aktualisierten Verzeichnis gespeichert. Zugang zu diesem Verzeichnis erhalten nur Versicherungsunternehmen. Die Angaben werden einen Monat nach der Speicherung in diesem Verzeichnis gelöscht.

(3a) Die für die Erlaubniserteilung nach § 34f Absatz 1 zuständige Behörde teilt der Registerbehörde unverzüglich die für die Eintragung nach § 34f Absatz 5 erforderlichen Angaben sowie die Aufhebung der Erlaubnis nach § 34f Absatz 1 mit. Die für die Erlaubniserteilung nach § 34h Absatz 1 zuständige Behörde teilt der Registerbehörde unverzüglich die Angaben mit, die für die Eintragung nach § 34h Absatz 1 Satz 4 in Verbindung mit § 34f Absatz 5 erforderlich sind, sowie die Aufhebung der Erlaubnis nach § 34h Absatz 1. Bei Erhalt der Mitteilung über die Aufhebung der Erlaubnis nach

§ 34f Absatz 1 und § 34h Absatz 1 hat die Registerbehörde unverzüglich die zu dem Betroffenen gespeicherten Daten zu löschen.

(3b) Die für die Erlaubniserteilung nach § 34i Absatz 1 zuständige Behörde teilt der Registerbehörde unverzüglich die für die Eintragung nach § 34i Absatz 8 Nummer 1 erforderlichen Angaben, die Aufhebung der Erlaubnis nach § 34i Absatz 1 sowie die für die Eintragung nach § 34i Absatz 9 erforderlichen Angaben mit. Bei Erhalt der Mitteilung über die Aufhebung der Erlaubnis nach § 34i Absatz 1 hat die Registerbehörde die gespeicherten Daten des Betroffenen unverzüglich zu löschen. Bei Erhalt der Mitteilung, dass die Bekanntmachung nach § 34i Absatz 9 nicht mehr erforderlich ist, hat die Registerbehörde die gespeicherten Daten unverzüglich zu löschen; unabhängig von dieser Mitteilung hat die Registerbehörde die Daten aber spätestens nach fünf Jahren zu löschen.

(4) Beabsichtigt ein nach § 34d Absatz 7, auch in Verbindung mit § 34e Absatz 2 und nach § 34i Absatz 8 Nummer 1, Eintragungspflichtiger, in einem anderen Mitgliedstaat der Europäischen Union oder in einem anderen Vertragsstaat des Abkommens über den Europäischen Wirtschaftsraum tätig zu werden, hat er dies zuvor der Registerbehörde mitzuteilen.

(5) Das Bundesministerium für Wirtschaft und Energie kann durch Rechtsverordnung mit Zustimmung des Bundesrates Vorschriften erlassen über die Einzelheiten der Registerführung, insbesondere über

1. die in dem Register zu speichernden Angaben; gespeichert werden dürfen nur Angaben zur Identifizierung (insbesondere Familienname, Vorname, Geschäftsanschrift, Geburtstag und Registrierungsnummer), zur Zulassung und zum Umfang der zugelassenen Tätigkeit der Eintragungspflichtigen und der nach § 34i Absatz 4 von der Erlaubnispflicht befreiten Gewerbetreibenden sowie bekanntzumachende Angaben nach Maßgabe des § 34i Absatz 9; gespeichert werden dürfen auch Angaben zur Identifizierung des Kreditinstituts, in dessen Namen der nach § 34i Absatz 4 von der Erlaubnispflicht befreite Gewerbetreibende handelt,
2. Angaben, die nicht allgemein zugänglich sein sollen, sowie die Stellen, die Zugang zu diesen Angaben erhalten.

(6) Die Zusammenarbeit der zuständigen Stellen mit den zuständigen Behörden der anderen Mitgliedstaaten der Europäischen Union sowie der anderen Vertragsstaaten des Abkommens über den Europäischen Wirtschaftsraum erfolgt nach folgenden Maßgaben:

1. Auf Ersuchen der zuständigen Behörde eines anderen Mitglied- oder Vertragsstaates übermittelt die zuständige Registerbehörde Informationen einschließlich personenbezogener Daten, die zur Überprüfung der Einhaltung der Voraussetzungen für die Tätigkeit als Versicherungsvermittler, Versicherungsberater oder Immobiliardarlehensvermittler erforderlich sind, an die zuständige Behörde des anderen Mitglied- oder Vertragsstaates.

2. Die Registerbehörde darf ohne Ersuchen der zuständigen Behörde eines anderen Mitglied- oder Vertragsstaates Informationen einschließlich personenbezogener Daten übermitteln, wenn Anhaltspunkte dafür vorliegen, dass die Kenntnis dieser Informationen für die Überprüfung der Einhaltung der Voraussetzungen für die Tätigkeit als Versicherungsvermittler, Versicherungsberater oder Immobiliardarlehensvermittler erforderlich ist.
3. Soweit von dem betreffenden Mitglied- oder Vertragsstaat nach Artikel 6 Absatz 2 der Richtlinie 2002/92/EG des Europäischen Parlaments und des Rates vom 9. Dezember 2002 über Versicherungsvermittlung (ABl. L 9 vom 15.1.2003, S. 3) gefordert, teilt die Registerbehörde im Falle des Absatzes 4 die Absicht des nach § 34d Absatz 7, auch in Verbindung mit § 34e Absatz 2, Eintragungspflichtigen der zuständigen Behörde des anderen Mitglied- oder Vertragsstaates mit und unterrichtet gleichzeitig den Eintragungspflichtigen über diese Mitteilung. Dieses Verfahren findet im Falle des Absatzes 4 auf die Absichtserklärung des nach § 34i Absatz 8 Nummer 1 Eintragungspflichtigen entsprechende Anwendung. Zum Zwecke der Überwachung darf die Registerbehörde der zuständigen Behörde des anderen Mitglied- oder Vertragsstaates die zu dem Eintragungspflichtigen im Register gespeicherten Angaben übermitteln. Die zuständige Behörde eines anderen Mitglied- oder Vertragsstaates ist über Änderungen übermittelter Angaben zu unterrichten.
4. Handelt es sich bei den nach den Absätzen 3 und 3b gelöschten Angaben um solche eines in einem anderen Mitglied- oder Vertragsstaat tätigen Gewerbetreibenden, so teilt die Registerbehörde der zuständigen Behörde des anderen Mitglied- oder Vertragsstaates die Löschung unverzüglich mit.

Die Zusammenarbeit, insbesondere die Übermittlung von Informationen, erfolgt in Bezug auf die Tätigkeit von Versicherungsvermittlern und Versicherungsberatern jeweils über das Bundesministerium für Wirtschaft und Energie, das sich dabei der gemeinsamen Stelle bedient. In Bezug auf die Tätigkeit von Immobiliardarlehensvermittlern erfolgt die Zusammenarbeit, insbesondere die Übermittlung von Informationen, jeweils über das Bundesamt für Wirtschaft und Ausfuhrkontrolle.

(7) Die Registerbehörde, die Bundesanstalt für Finanzdienstleistungsaufsicht und die für die Erlaubniserteilung nach § 34d Absatz 1 Satz 1 und § 34e Absatz 1 Satz 1, § 34f Absatz 1 Satz 1, auch in Verbindung mit § 34h Absatz 1 Satz 4, und nach § 34i Absatz 1 Satz 1, für die Untersagung nach § 35, die Entgegennahme der Gewerbeanzeige nach § 14 oder für die Verfolgung von Ordnungswidrigkeiten zuständig sind, dürfen einander auch ohne Ersuchen Informationen einschließlich personenbezogener Daten übermitteln. Satz 1 gilt nur, soweit dies zur Erfüllung der jeweiligen Aufgaben erforderlich ist, die jeweils mit der Tätigkeit von Versicherungsvermittlern, Versicherungsberatern, Finanzanlagenvermittlern, Honorar-Finanzanlagenberatern und Immobiliardarlehensvermittlern zusammenhängen. Die in Satz 1 genannten Stellen stellen der Europäischen Aufsichtsbehörde für das Versicherungswesen und die betriebliche Altersversorgung nach Maßgabe des Artikels 35 der Verordnung (EU) Nr. 1094/2010 des Europäischen Parlaments und des Rates vom 24. November 2010 zur Errich-

tung einer Europäischen Aufsichtsbehörde (Europäische Aufsichtsbehörde für das Versicherungswesen und die betriebliche Altersversorgung), zur Änderung des Beschlusses Nr. 716/2009/EG und zur Aufhebung des Beschlusses 2009/79/EG der Kommission (ABl. L 331 vom 15.12.2010, S. 48) auf Verlangen alle Informationen zur Verfügung, die zur Erfüllung von deren Aufgaben auf Grund der Verordnung (EU) Nr. 1094/2010 erforderlich sind.

(8) In Bezug auf Versicherungsvermittler, Versicherungsberater, Finanzanlagenvermittler, Honorar-Finanzanlagenberater und Immobiliardarlehensvermittler unterliegen alle Personen, die im Rahmen des Registrierungsverfahrens oder im Rahmen der Überprüfung der Einhaltung der Voraussetzungen für die Tätigkeit zur Entgegennahme oder Erteilung von Informationen verpflichtet sind, dem Berufsgeheimnis. § 84 des Versicherungsaufsichtsgesetzes gilt entsprechend.

Übersicht

	Rdn
A. Normzweck	1
B. Norminhalt	2
I. Eintragungspflichtige Personen	2
II. Zweck des Registers	3
III. Inhalt des Registers	7
IV. Folgen der Nichteintragung	8
V. Wirkung der falschen Eintragung	9
VI. Löschung der Daten	12
VII. Auskunftserteilung	14
VIII. Registerführung	15
IX. Informationsaustausch	16
X. Berufsgeheimnis	17

A. Normzweck

Das eingeführte Register – es handelt sich hierbei um ein gewerberechtliches Novum (vgl. *Schönleiter*, GewArch 2007, 265, 271) – soll den einzelnen Vermittlerkunden ermöglichen, sich über ihren Vermittler zu informieren. Der Kunde soll also die Möglichkeit erhalten, die rechtliche Stellung eines Vermittlers zu überprüfen. Als Registerbehörde dient dabei die Industrie- und Handelskammer (IHK). Die IHK ist nach § 34d Abs. 1 und § 34e Abs. 1 S. 1 ebenfalls die Zulassungsstelle. Die Anmeldung zum Register und die Beantragung der Erlaubnis nach § 34d GewO kann daher gleichzeitig bei derselben Behörde erfolgen. Nach § 11a Abs. 1 S. 2 GewO richtet sich die örtliche Zuständigkeit nach dem jeweiligen Landesrecht. Die Aufsicht über die IHKs als Registerbehörde führt nach § 11a Abs. 1 S. 5 GewO die oberste Landesbehörde. Ob diese neben der Rechtsaufsicht auch die Fachaufsicht umfasst ist umstritten (Hierzu näher *Stenger*, in: Landmann/Rohmer, GewO, § 11a Rn 18). 1

§ 11a GewO ist eine Sondervorschrift zu § 11 GewO. Es wird die Verarbeitung von personenbezogenen Daten der nach §§ 34d Abs. 7 und 34e Abs. 2 GewO einzutragenden Versicherungsvermittler und -berater sowie auch der nach § 34f Abs. 5, § 34h Abs. 1 S. 4 und § 34i Abs. 8 GewO zur Eintragung verpflichteten Finanzanlagenvermittler geregelt. § 11a GewO ermächtigt damit zu Eingriffen in das grundrechtlich geschützte Recht auf informationelle Selbstbestimmung, ist also eine Datenschutzvorschrift (ausführlich *Schulze-Werner*, GewArch 2008, 63 ff.). Durch sie wird sowohl das Speichern und Übermitteln, aber auch das Löschen von Daten geregelt. Eine Regelung über das Erheben der Daten findet sich in § 11a GewO allerdings nicht. Dies liegt daran, dass sich die Eintragungspflicht bereits aus §§ 34d Abs. 7, 34e Abs. 2 und 34f Abs. 5 und 6 GewO ergibt.

Praxistipp
Wenn der Versicherungsvermittler wegen Beratungsverschuldens in Anspruch genommen werden soll, ist zu differenzieren, um welchen Versicherungsvermittlertyp es sich handelt, z.B. wegen des Pflichtenkreises aus § 60 VVG, obwohl § 63 VVG als Anspruchsgrundlage für alle Versicherungsvermittler gleichermaßen gilt. Eine Überprüfung kann daher online unter der Internetadresse *www.vermittlerregister.info* jederzeit vorgenommen werden. Die Registrierung aller Vermittler hatte spätestens bis zum 1.1.2009 zu erfolgen. Zu beachten sind insoweit auch die Grundsätze der *Anscheinshaftung*, gemäß § 59 Abs. 3, S. 2 VVG bei unrichtiger Eintragung oder nicht korrespondierender Eintragung mit der Berufsausübung.

B. Norminhalt

I. Eintragungspflichtige Personen

2   Alle Vermittler, welche nach § 34d Abs. 1 GewO erlaubnispflichtig sind oder nach § 34d Abs. 3 GewO befreit oder nach § 34d Abs. 4 GewO von der Erlaubnispflicht ausgenommen sind, sowie alle Versicherungsberater müssen nach Aufnahme ihr Tätigkeit sich unverzüglich nach § 34d Abs. 7 GewO bzw. nach § 34e Abs. 2 GewO in das Vermittlerregister eintragen lassen.

Ebenfalls eintragungspflichtig sind Finanzanlagenvermittler nach § 34f Abs. 1 GewO in Verbindung mit § 34f Abs. 5, Honorar-Finanzanlagevermittler nach § 34h Abs. 1 GewO in Verbindung mit § 34h Abs. 1 Satz 4, § 34f Abs. 5 sowie Immobiliendarlehensvermittler nach § 34i Abs. 1 in Verbindung mit § 34i Abs. 8 Nr. 1 GewO. Sie sind dazu verpflichtet sich unverzüglich nach Aufnahme ihrer Tätigkeit über die Behörde, die für die Erlaubniserteilung zuständig ist, eintragen zulassen.

Die Pflicht zur Eintragung ergibt sich bereits aus Art. 3 Abs. 1 der Vermittlerrichtlinie. Hiernach muss die Eintragung in dem Herkunftsmitgliedstaat erfolgen. Der Herkunftmitgliedstaat befindet sich bei einer natürlichen Person am Wohnsitz des Vermittlers (Art. 2 Nr. 9a Vermittler-Richtlinie). Ist der Vermittler hingegen eine juristische Person, ermittelt sich der Herkunftsmitgliedstaat anhand des satzungsmäßigen Sitzes oder hilfsweise anhand des Hauptverwaltungssitzes (Art. 9 Nr. 9b Vermittler-Richtlinie).

II. Zweck des Registers

3   Der Zweck des Vermittlerregisters wird in § 11a Abs. 1 S. 3 GewO geregelt. Es soll danach lediglich dem Zweck dienen, den VN über die rechtliche Stellung des Vermittlers zu informieren. Das Register besitzt also nur einen **Informationscharakter** und keine Publizitäts- oder Publikationswirkung (a.A. *Böckmann/Ostendorf*, VersR 2009, 154, 157, aber mit praktisch ähnlichem Ergebnis). Die GewO kennt keine § 15 HGB entsprechenden

Regelungen. Bei einer falschen Eintragung kann der VN also nicht geltend machen, er habe auf die Richtigkeit der Eintragung vertraut und Ansprüche aus der falschen Eintragung ableiten (dazu s.u. Rdn 10) Allerdings kann eine falsche Eintragung des Vermittlers bei der Frage zu berücksichtigen sein, ob der Vermittler ggü. dem Kunden den Anschein eines bestimmten Vermittlerstatus (z.B. Versicherungsmakler) erweckt hat und dementsprechend nach den Grundsätzen der Anscheinshaftung in Anspruch genommen werden kann. Dies dürfte allerdings nur zulässig sein, wenn der Kunde auch tatsächliche Kenntnis vom Registerinhalt genommen hatte und auf den Inhalt vertraute. Eine Statusmitteilung in Form der sog. „Erstinformation" hat in jedem Einzelfall bei Aufnahme des geschäftlichen Kontaktes durch eine Kundeninformation des Vermittlers/Beraters zu erfolgen (vgl. § 11 VersVermV).

Ob das Register insoweit den Zweck des Kundenschutzes erfüllen kann, bleibt abzuwarten. Die Vorstellung, dass ein Kunde vor Aufsuchung eines Vermittlers oder Beraters oder nach dem ersten Geschäftskontakt eine entsprechende Registerabfrage durchführt, scheint eher fern liegend. Oft wird es bereits an der Kenntnis der Existenz des Registers fehlen. Der diesbezügliche Kundenschutz wird allerdings durch die Pflicht zur Kundeninformation in § 11 VersVermV und die Regelung des § 59 Abs. 3 S. 2 VVG hinreichend gewährleistet.

Darüber hinaus erfüllt das Register aber eine wichtige Funktion für die VR, da diese nur mit registrierten Vermittlern zusammenarbeiten dürfen (vgl. dazu *Schönleiter*, GewArch 2007, 265, 271).

Durch die Zugriffsmöglichkeiten der zuständigen Stellen der einzelnen Mitglieds- und Vertragsstaaten dient § 11a GewO zumindest auch der grenzüberschreitenden Dienstleistungs- und Niederlassungsfreiheit.

III. Inhalt des Registers

Vorschriften zum Inhalt des Registers und zum Registrierungsverfahren finden sich in den §§ 5 und 6 VersVermV und § 7 FinVermV (s. dazu die ausführliche Kommentierung zu §§ 4 f. VersVermV). Gespeichert werden folgende Daten:
– gesamter Name (ggf. Firma), bei juristischen Personen: Name des für die Geschäftsführung zuständigen Organs,
– Geburtsdatum,
– Angabe über die Einordnung als Makler, Vertreter oder Versicherungsberater,
– Angaben über eine erteilte Erlaubnis nach § 34d Abs. 1 GewO oder § 34e Abs. 1 GewO bzw. eine Erlaubnisbefreiung nach § 34d Abs. 3 GewO,
– bei Vertretern eine Bindung nach § 34d Abs. 4 GewO als produktakzessorischer Vertreter und das haftende Versicherungsunternehmen,
– Anschrift der Registerbehörde,
– EU-/EWR-Staaten, in denen der Vermittler beabsichtigt tätig zu werden und ggf. Adresse ausländischer Niederlassungen,
– Registrierungsnummer.

IV. Folgen der Nichteintragung

8   Beantragt der Gewerbetreibende entgegen seiner Pflicht aus § 34d Abs. 7 GewO oder § 34e Abs. 2 GewO nicht die Eintragung in das Vermittlerregister, so handelt er gem. § 144 Abs. 2 Nr. 7 GewO **ordnungswidrig**. Bei § 144 GewO handelt es sich um ein Schutzgesetz. Mithin sind auch deliktische Schadensersatzansprüche nach § 823 Abs. 2 BGB i.V.m. § 144 GewO denkbar.

V. Wirkung der falschen Eintragung

9   Gegenüber dem Kunden hat die falsche Eintragung zunächst **keine unmittelbaren Folgen**. Vielmehr wird primär darauf abzustellen sein, wie der Vermittler bzw. Berater ggü. dem Kunden auftritt. Dies zeigt auch der Blick auf § 59 Abs. 3 S. 2 VVG. Der dort geregelte „**Scheinmakler**" wird unabhängig von dem im Register eingetragenen Status als Makler behandelt. Dann gilt aber umgekehrt, dass sich der VN nicht auf eine falsche Eintragung berufen kann, wenn der Vermittler bzw. Berater ihm ggü. entsprechend seinem tatsächlichen Status aufgetreten ist.

10 Eine **Ausnahme** kann allenfalls dann gelten, wenn ein Registerabruf durch den Kunden tatsächlich erfolgt ist und der Kunde auf die Richtigkeit der falschen Angabe vertraut hat. Im Regelfall wird der Kunde auf die falsche Eintragung jedoch bereits nicht vertrauen dürfen, da bzw. sofern ihm vom Vermittler beim ersten Kontakt gem. § 11 VersVermV die richtigen Vermittlerdaten (Kundeninformationen) übermittelt worden sind.

11 Problematisch ist, welche **öffentlich-rechtlichen Folgen** eine falsche Eintragung hat. Gibt der Gewerbetreibende bei der Antragsstellung falsche Angaben an, so dürfte er ebenfalls nach § 144 Abs. 2 Nr. 7 GewO eine Ordnungswidrigkeit begehen, da er es unterlässt, sich rechtzeitig richtig eintragen zu lassen. Anders ist der Fall, wenn er nachträgliche Änderungen seiner eintragungspflichtigen Angaben nicht mitteilt. § 144 Abs. 2 Nr. 7 GewO nimmt ausdrücklich nur Bezug auf § 34d Abs. 7 S. 1 GewO. Die Änderungsmitteilungspflicht regelt jedoch § 34d Abs. 7 S. 2 GewO. Eine Ausdehnung der Vorschrift auf einen Verstoß gegen Satz 2 würde jedoch gegen das Analogieverbot verstoßen, weshalb eine Ordnungswidrigkeit des Gewerbetreibenden bei einer unterlassenen Änderungsanzeige ausscheidet. Allerdings kann das beharrliche Unterlassen einer Änderungsanzeige aus Sicht der Erlaubnisbehörde Zweifel an der Zuverlässigkeit aufkommen lassen.

VI. Löschung der Daten

12 Die Löschung aus dem Register richtet sich nach § 11a Abs. 3, Abs. 3a und Abs. 3b GewO. Sie ist in § 3 Abs. 4 Nr. 5 BDSG legaldefiniert und erfolgt in den in Satz 2 aufgelisteten Fällen, d.h. bei Gewerbeuntersagung nach § 35 GewO, Aufhebung der Erlaubnis nach §§ 34d, e, f, oder h GewO oder der Befreiung von einer Erlaubnis nach § 34d Abs. 3 GewO sowie bei Beendigung der Zusammenarbeit eines Versicherungsunternehmens mit einem gebundenen Versicherungsvertreter nach § 34d Abs. 4 GewO i.V.m. § 80 Abs. 4 VAG. Die Löschung der Daten hat bei Verlangen unverzüglich zu geschehen. Unverzüglich bedeutet

„ohne schuldhaftes Zögern" (vgl. *Stenger*, in: Landmann/Rohmer, GewO, § 11a Rn 27). Gem. § 11 Abs. 3 S. 3 GewO wird ein gesondertes Verzeichnis über gelöschte Versicherungsvermittler geführt. Ein Grund für die Löschung wird hierin nicht aufgeführt. Die Angaben über den einzelnen Vermittler werden einen Monat nach Speicherung wieder gelöscht.

Die Löschliste darf nur von Versicherungsunternehmen eingesehen werden, damit diese ihrer Pflicht aus § 80 VAG nachkommen können, nur mit registrierten Vermittlern zusammenzuarbeiten. Die fehlende Möglichkeit sonst Einblick in die Löschliste zu bekommen, wird gerade von Maklerpools vielfach als Missstand betrachtet, da diese ihren Aufsichtspflichten so schwerlich nachkommen können. Sinn und Zweck der Vorschrift ist allerdings ausschließlich für einen kurzen Zeitraum, den VR die Möglichkeit zu geben, sich im Rahmen ihrer Pflichten nach § 80 VAG zu informieren. Dies erklärt auch den begrenzten Zeitraum der Datenspeicherung (s. dazu *Stenger*, in: Landmann/Rohmer, GewO, § 11a Rn 31). Im Hinblick auf bestehende Informationsfreiheitsrechte der Makler erscheint die Regelung allerdings fragwürdig und überdenkenswert. Jedenfalls in Fällen, in denen die Vermittler ein gewichtiges Interesse am Informationszugang geltend machen können, sollte dieser auch gewährt werden.

Eine solche Löschliste ist hingegen für den Finanzvermittler bzw. Immobiliardarlehensvermittler nicht gerechtfertigt, daher wird in § 11a Abs. 3a und Abs. 3b GewO auf eine entsprechende Regelung verzichtet (vgl. hierzu *Stenger*, in: Landmann/Rohmer, GewO, § 11a Rn 30).

VII. Auskunftserteilung

Nach § 11a Abs. 1 S. 4 GewO wird das Register von der gemeinsamen Stelle in Berlin (Prölss/Martin/*Dörner*, § 11a GewO Rn 3) aufgrund § 32 Abs. 2 Umweltauditgesetz, geführt. Die Auskünfte erfolgen über die gemeinsame Stelle. Sie erfolgen automatisch bei Abruf über das Internet oder in schriftlicher Form. Die Registerbehörden haben gem. § 11a Abs. 2 S. 2 GewO dafür zu sorgen, dass eine Abfrage bei allen Registern gleichzeitig erfolgen kann.

VIII. Registerführung

§ 11a Abs. 5 GewO ist als Ermächtigungsgrundlage zum Erlass von Rechtsverordnungen ausgestaltet. Dem Bundesministerium für Wirtschaft und Energie wird dabei die einzelne Ausgestaltung der in dem Register zu speichernden Angaben (§ 11a Abs. 5 Nr. 1 GewO) sowie den Angaben, die nicht für die Allgemeinheit zugänglich sein sollen (§ 11a Abs. 5 Nr. 2 GewO) überlassen.

IX. Informationsaustausch

In § 11a Abs. 6 GewO wird die Zusammenarbeit der zuständigen Stellen mit den zuständigen Behörden der anderen Mitgliedstaaten der EU und den anderen Vertragsstaaten des

Abkommens über den europäischen Wirtschaftraum geregelt. Damit setzt § 11a Abs. 6 GewO die von Art 6 Abs. 1 und Art. 9 Abs. 1 und 2 der Versicherungsvermittlungs-RL 2002/92/EG gestellten Anforderungen um. § 11a Abs. 2 GewO dient somit der Umsetzung der Niederlassungs- und Dienstleistungsfreiheit in der Vermittlerbranche.

X. Berufsgeheimnis

17   In § 11a Abs. 8 S. 1 GewO wird das Berufsgeheimnis geregelt. Der Regelung unterliegen alle Personen, die im Zusammenhang mit dem Versicherungsvermittlers, des Versicherungsberaters, des Finanzanlagevermittlers, Honorar-Finanzanlagevermittlers und Immobiliardarlehensvermittlers tätig sind oder die zur Entgegennahme oder Erteilung von Informationen über die aufgezählten Personen verpflichtet sind. Hierzu auch Mitarbeiter der IHK, der Versicherungs- und Versicherungsaufsichtsbehörden sowie der Gewerbebehörden (vgl. hierzu näher *Stenger*, in: Landmann/Rohmer, GewO, § 11a, Rn 55). § 11a Abs. 8 S. 2 GewO verweist auf die Vorschrift des § 84 VAG.

18   Bei Verletzung des Berufsgeheimnisses ist regelmäßig ein Schadensersatzanspruch aus § 7 BDSG gegeben. Es sind aber weiterhin auch Amtshaftungsansprüche gegen die Anstellungskörperschaft gem. § 839 BGB i.V.m. Art. 34 GG möglich (vgl. *Stenger*, in: Landmann/ Rohmer, GewO, § 11a, Rn 58). Bei einer Verletzung des Berufsgeheimnisses können ggf. die §§ 203 Abs. 2 und 204 StGB vollendet sein und somit eine Straftat vorliegen. Es kann ebenfalls ein Verstoß gegen nach § 353b StGB die Verletzung eines Dienstgeheimnisses oder einer besonderen Geheimhaltungspflicht vorliegen (*Stenger*, in: Landmann/Rohmer, GewO, § 11a Rn 59).

§ 34d GewO   Versicherungsvermittler

(1) Wer gewerbsmäßig als Versicherungsmakler oder als Versicherungsvertreter den Abschluss von Versicherungsverträgen vermitteln will (Versicherungsvermittler), bedarf der Erlaubnis der zuständigen Industrie- und Handelskammer. Die Erlaubnis kann inhaltlich beschränkt und mit Auflagen verbunden werden, soweit dies zum Schutze der Allgemeinheit oder der Versicherungsnehmer erforderlich ist; unter denselben Voraussetzungen sind auch die nachträgliche Aufnahme, Änderung und Ergänzung von Auflagen zulässig. In der Erlaubnis ist anzugeben, ob sie einem Versicherungsmakler oder einem Versicherungsvertreter erteilt wird. Die einem Versicherungsmakler erteilte Erlaubnis beinhaltet die Befugnis, Dritte, die nicht Verbraucher sind, bei der Vereinbarung, Änderung oder Prüfung von Versicherungsverträgen gegen gesondertes Entgelt rechtlich zu beraten; diese Befugnis zur Beratung erstreckt sich auch auf Beschäftigte von Unternehmen in den Fällen, in denen der Versicherungsmakler das Unternehmen berät. Bei der Wahrnehmung der Aufgaben nach den Sätzen 1 und 2 unterliegt die Industrie- und Handelskammer der Aufsicht der obersten Landesbehörde.

(2) Die Erlaubnis ist zu versagen, wenn
1. Tatsachen die Annahme rechtfertigen, dass der Antragsteller die für den Gewerbebetrieb erforderliche Zuverlässigkeit nicht besitzt; die erforderliche Zuverlässigkeit besitzt in der Regel nicht, wer in den letzten fünf Jahren vor Stellung des Antrages wegen eines Verbrechens oder wegen Diebstahls, Unterschlagung, Erpressung, Betruges, Untreue, Geldwäsche, Urkundenfälschung, Hehlerei, Wuchers oder einer Insolvenzstraftat rechtskräftig verurteilt worden ist,
2. der Antragsteller in ungeordneten Vermögensverhältnissen lebt; dies ist in der Regel der Fall, wenn über das Vermögen des Antragstellers das Insolvenzverfahren eröffnet worden oder er in das vom Vollstreckungsgericht zu führende Verzeichnis (§ 26 Abs. 2 der Insolvenzordnung, § 882b der Zivilprozessordnung) eingetragen ist,
3. der Antragsteller den Nachweis einer Berufshaftpflichtversicherung nicht erbringen kann oder
4. der Antragsteller nicht durch eine vor der Industrie- und Handelskammer erfolgreich abgelegte Prüfung nachweist, dass er die für die Versicherungsvermittlung notwendige Sachkunde über die versicherungsfachlichen, insbesondere hinsichtlich Bedarf, Angebotsformen und Leistungsumfang, und rechtlichen Grundlagen sowie die Kundenberatung besitzt; es ist ausreichend, wenn der Nachweis durch eine angemessene Zahl von beim Antragsteller beschäftigten natürlichen Personen erbracht wird, denen die Aufsicht über die unmittelbar mit der Vermittlung von Versicherungen befassten Personen übertragen ist und die den Antragsteller vertreten dürfen.

(3) Auf Antrag hat die nach Absatz 1 zuständige Behörde einen Gewerbetreibenden, der die Versicherung als Ergänzung der im Rahmen seiner Haupttätigkeit gelieferten Waren oder Dienstleistungen vermittelt, von der Erlaubnispflicht nach Absatz 1 zu befreien, wenn er nachweisen kann, dass
1. er seine Tätigkeit als Versicherungsvermittler unmittelbar im Auftrag eines oder mehrerer Versicherungsvermittler, die Inhaber einer Erlaubnis nach Absatz 1 sind, oder eines oder mehrerer Versicherungsunternehmen ausübt,
2. für ihn eine Berufshaftpflichtversicherung nach Maßgabe des Absatzes 2 Nr. 3 besteht und
3. er zuverlässig sowie angemessen qualifiziert ist und nicht in ungeordneten Vermögensverhältnissen lebt; als Nachweis hierfür ist eine Erklärung der in Nummer 1 bezeichneten Auftraggeber ausreichend, mit dem Inhalt, dass sie sich verpflichten, die Anforderungen entsprechend § 48 Absatz 2 des Versicherungsaufsichtsgesetzes zu beachten und die für die Vermittlung der jeweiligen Versicherung angemessene Qualifikation des Antragstellers sicherzustellen, und dass ihnen derzeit nichts Gegenteiliges bekannt ist.

Absatz 1 Satz 2 gilt entsprechend.

(4) Keiner Erlaubnis bedarf ein Versicherungsvermittler nach Absatz 1 Satz 1, wenn
1. er seine Tätigkeit als Versicherungsvermittler ausschließlich im Auftrag eines oder, wenn die Versicherungsprodukte nicht in Konkurrenz stehen, mehrerer im Inland zum Geschäftsbetrieb befugten Versicherungsunternehmen ausübt und
2. durch das oder die Versicherungsunternehmen für ihn die uneingeschränkte Haftung aus seiner Vermittlertätigkeit übernommen wird.

(5) Keiner Erlaubnis bedarf ein Versicherungsvermittler nach Absatz 1 Satz 1, wenn er in einem anderen Mitgliedstaat der Europäischen Union oder in einem anderen Vertragsstaat des Abkommens über den Europäischen Wirtschaftsraum niedergelassen ist und die Eintragung in ein Register nach Artikel 3 der Richtlinie 2002/92/EG des Europäischen Parlaments und des Rates vom 9. Dezember 2002 über Versicherungsvermittlung (ABl. EG 2003 Nr. L 9 S. 3) nachweisen kann.

(6) Gewerbetreibende nach den Absätzen 1, 3 und 4 dürfen direkt bei der Vermittlung mitwirkende Personen nur beschäftigen, wenn sie sicherstellen, dass diese Personen über die für die Vermittlung der jeweiligen Versicherung angemessene Qualifikation verfügen, und geprüft haben, ob sie zuverlässig sind.

(7) Gewerbetreibende nach den Absätzen 1, 3 und 4 sind verpflichtet, sich unverzüglich nach Aufnahme ihrer Tätigkeit in das Register nach § 11a Abs. 1 eintragen zu lassen. Wesentliche Änderungen der im Register gespeicherten Angaben sind der Registerbehörde unverzüglich mitzuteilen. Im Falle des § 48 Absatz 4 des Versicherungsaufsichtsgesetzes wird mit der Mitteilung an die Registerbehörde zugleich die uneingeschränkte Haftung nach Absatz 4 Nr. 2 durch das Versicherungsunternehmen übernommen. Diese Haftung besteht nicht für Vermittlertätigkeiten nach Löschung der Angaben zu dem Gewerbetreibenden aus dem Register auf Grund einer Mitteilung nach § 48 Absatz 5 des Versicherungsaufsichtsgesetzes.

(8) Das Bundesministerium für Wirtschaft und Energie kann im Einvernehmen mit dem Bundesministerium der Justiz und für Verbraucherschutz und dem Bundesministerium der Finanzen durch Rechtsverordnung mit Zustimmung des Bundesrates zur Umsetzung der Richtlinie 2002/92/EG, zur Umsetzung der Richtlinie 2005/36/EG, zur Umsetzung der Verordnung (EU) Nr. 1286/2014 des Europäischen Parlaments und des Rates vom 26. November 2014 über Basisinformationsblätter für verpackte Anlageprodukte für Kleinanleger und Versicherungsanlageprodukte (PRIIP) (ABl. L 352 vom 9.12.2014, S. 1, L 358 vom 13.12.2014, S. 50) oder zum Schutze der Allgemeinheit und der Versicherungsnehmer Vorschriften erlassen über
1. den Umfang der Verpflichtungen des Versicherungsvermittlers bei der Ausübung des Gewerbes, insbesondere über
    a) die Informationspflichten gegenüber dem Versicherungsnehmer,
    b) die Verpflichtung, ausreichende Sicherheiten zu leisten oder eine zu diesem Zweck geeignete Versicherung abzuschließen, sofern der Versicherungsvermittler Vermögenswerte des Versicherungsnehmers oder für diesen bestimmte Vermögenswerte erhält oder verwendet,

2. die Inhalte und das Verfahren für eine Sachkundeprüfung nach Absatz 2 Nr. 4, die Ausnahmen von der Erforderlichkeit der Sachkundeprüfung sowie die Gleichstellung anderer Berufsqualifikationen mit der Sachkundeprüfung, die örtliche Zuständigkeit der Industrie- und Handelskammern, die Berufung eines Aufgabenauswahlausschusses,
3. Umfang und inhaltliche Anforderungen an die nach Absatz 2 Nr. 3 erforderliche Haftpflichtversicherung, insbesondere die Höhe der Mindestversicherungssummen, die Bestimmung der zuständigen Stelle im Sinne des § 117 Absatz 2 des Versicherungsvertragsgesetzes, über den Nachweis des Bestehens einer Haftpflichtversicherung und Anzeigepflichten des Versicherungsunternehmens gegenüber den Behörden und den Versicherungsnehmern,
4. die Anforderungen und Verfahren, die zur Durchführung der Richtlinie 2005/36/EG Anwendung finden sollen auf Inhaber von in einem Mitgliedstaat der Europäischen Union oder eines Vertragsstaates des Abkommens über den Europäischen Wirtschaftsraum erworbenen Berufsqualifikationen, die im Inland vorübergehend oder dauerhaft als Versicherungsvermittler tätig werden wollen, und nicht die Voraussetzungen des Absatzes 5 erfüllen,
5. Sanktionen und Maßnahmen nach Artikel 24 Absatz 2 der Verordnung (EU) Nr. 1286/2014, einschließlich des Verfahrens.

In der Rechtsverordnung nach Satz 1 kann ferner die Befugnis des Versicherungsvermittlers zur Entgegennahme und zur Verwendung von Vermögenswerten des Versicherungsnehmers oder für diesen bestimmten Vermögenswerten beschränkt werden, soweit dies zum Schutze des Versicherungsnehmers erforderlich ist. In der Rechtsverordnung nach Satz 1 kann bestimmt werden, dass über die Erfüllung der Verpflichtungen nach Satz 1 Nr. 1 Buchstabe b Aufzeichnungen zu führen sind und die Einhaltung der Verpflichtungen nach Satz 1 Nr. 1 Buchstabe b auf Kosten des Versicherungsvermittlers regelmäßig oder aus besonderem Anlass zu überprüfen und der Prüfungsbericht der zuständigen Behörde vorzulegen ist, soweit es zur wirksamen Überwachung erforderlich ist; hierbei können die Einzelheiten der Prüfung, insbesondere deren Anlass, Zeitpunkt und Häufigkeit, die Auswahl, Bestellung und Abberufung der Prüfer, deren Rechte, Pflichten und Verantwortlichkeit, der Inhalt des Prüfberichts, die Verpflichtungen des Versicherungsvermittlers gegenüber dem Prüfer sowie das Verfahren bei Meinungsverschiedenheiten zwischen dem Prüfer und dem Versicherungsvermittler, geregelt werden.

(9) Die Absätze 1 bis 8, mit Ausnahme von Absatz 8 Satz 1 Nummer 5, gelten nicht
1. für Gewerbetreibende, wenn
   a) sie nicht hauptberuflich Versicherungen vermitteln,
   b) sie ausschließlich Versicherungsverträge vermitteln, für die nur Kenntnisse des angebotenen Versicherungsschutzes erforderlich sind,
   c) sie keine Lebensversicherungen oder Versicherungen zur Abdeckung von Haftpflichtrisiken vermitteln,

d) die Versicherung eine Zusatzleistung zur Lieferung einer Ware oder der Erbringung einer Dienstleistung darstellt und entweder das Risiko eines Defekts, eines Verlusts oder einer Beschädigung von Gütern abdeckt oder die Beschädigung, den Verlust von Gepäck oder andere Risiken im Zusammenhang mit einer bei dem Gewerbetreibenden gebuchten Reise, einschließlich Haftpflicht- oder Unfallversicherungsrisiken, sofern die Deckung zusätzlich zur Hauptversicherungsdeckung für Risiken im Zusammenhang mit dieser Reise gewährt wird,
e) die Jahresprämie einen Betrag von 500 Euro nicht übersteigt und
f) die Gesamtlaufzeit einschließlich etwaiger Verlängerungen nicht mehr als fünf Jahre beträgt;

2. für Gewerbetreibende, die als Bausparkasse oder als von einer Bausparkasse beauftragter Vermittler für Bausparer als Bestandteile der Bausparverträge Versicherungen im Rahmen eines Kollektivvertrages vermitteln, die ausschließlich dazu bestimmt sind, die Rückzahlungsforderungen der Bausparkasse aus gewährten Darlehen abzusichern;

3. für Gewerbetreibende, die als Zusatzleistung zur Lieferung einer Ware oder der Erbringung einer Dienstleistung im Zusammenhang mit Darlehens- und Leasingverträgen Restschuldversicherungen vermitteln, deren Jahresprämie einen Betrag von 500 Euro nicht übersteigt.

(10) Die Vorschriften für Versicherungsvermittler gelten auch für Rückversicherungsvermittler.

(11) Die Absätze 1 bis 4, 6, 7 und 9 gelten nicht für Gewerbetreibende, die

a) als natürliche Person ihren Wohnsitz in einem anderen Mitgliedstaat der Europäischen Union oder einem anderen Vertragsstaat des Abkommens über den Europäischen Wirtschaftsraum haben und dort die Tätigkeit der Versicherungsvermittlung ausüben oder

b) als juristische Person ihren satzungsmäßigen Sitz oder, wenn sie gemäß dem für sie geltenden einzelstaatlichen Recht keinen satzungsmäßigen Sitz haben, ihren Hauptverwaltungssitz in einem anderen Mitgliedstaat der Europäischen Union oder einem anderen Vertragsstaat des Abkommens über den Europäischen Wirtschaftsraum haben.

Übersicht

	Rdn
A. Normzweck	1
B. Norminhalt	2
I. Erlaubnispflichtiger Tatbestand	2
II. Gewerbsmäßigkeit	9
1. Selbstständigkeit	10
2. Dauerhaftigkeit	12
3. Gewinnerzielungsabsicht	15
III. Honorarberatung durch Versicherungsmakler	16
IV. Verwaltung eigener Versicherungen	21
V. Die Erlaubnis	22

VI. Einschränkungen der Erlaubnis 24
   1. Beschränkung der Erlaubnis 25
   2. Auflagen 27
VII. Voraussetzungen für eine Erlaubniserteilung 29
   1. Zuverlässigkeit 30
   2. Vermögensverhältnisse 34
   3. Berufshaftpflichtversicherung 36
VIII. Sachkundenachweis 37
IX. Ausnahmen 39
   1. Der produktakzessorische Vermittler 39
   2. Der Ausschließlichkeitsvermittler 42
   3. Weitere Ausnahmen 49
X. Rechtsfolgen einer Missachtung 52
   1. Öffentlich-rechtlich 52
   2. Zivilrechtlich 55
C. Arbeitshilfen 56

A. Normzweck

Durch § 34d GewO ist die Versicherungsvermittlung zum erlaubnispflichtigen Gewerbe geworden. Bei der Schaffung des § 34d GewO orientierte man sich dabei strukturell an dem bereits bestehenden § 34c GewO (BT-Drucks 16/1935, S. 17).   **1**

B. Norminhalt

I. Erlaubnispflichtiger Tatbestand

Die Norm gilt für alle gewerblich tätigen Versicherungsvermittler, also für Versicherungsmakler und Versicherungsvertreter. Die beiden Begriffe werden in der GewO nicht definiert. Die Gesetzesbegründung nimmt hier Bezug auf die Neuregelung des VVG (BT-Drucks 16/1935, S. 18, s. Anm. zu § 59 VVG Rdn 3). Der gemeinschaftlich nicht vorgegebene Zwang zur Festlegung auf einen bestimmten Status wird im Schrifttum z.T. im Hinblick auf Art. 12 GG als verfassungsrechtlich bedenklich angesehen (*Böckmann/Ostendorf*, VersR 2009, 154, 158 a.E.).   **2**

Versicherungsvermittler ist nach einer Entscheidung des BGH (BGH, Urt. v. 22.5.1985 – IVa ZR 190/83), auf die der Gesetzgeber ausdrücklich Bezug nimmt (BT-Drucks 16/1935, S. 18), wer für einen anderen Versicherungsschutz ganz oder teilweise kraft rechtsgeschäftlicher Vollmacht beschafft, ausgestaltet oder abwickelt, ohne selbst VN oder VR zu sein. Entgegen Art. 2 Nr. 3 der Vermittlerrichtlinie wurde jedoch davon Abstand genommen, einen „**weiten**" Vermittlungsbegriff zugrunde zu legen, der auch Verwaltung und Schadensabwicklung umfasst (BT-Drucks 16/1935, S. 18). Unter den gewerberechtlich erlaubnispflichtigen Begriff der Versicherungsvermittlung fällt also lediglich die Tätigkeit, die **auf den konkreten Abschluss** eines Vertrages gerichtet ist. Nicht erfasst sind somit insb. auch Funktionsausgliederungsverträge i.S.d. § 5 Abs. 3 Nr. 4 VAG (dazu *Schwintowski*, in: Bruck/Möller, § 59 Rn 24 f.).   **3**

Prinzipiell nicht erfasst ist demnach die Mitwirkung bei der Verwaltung bzw. der Erfüllung von Versicherungsverträgen, mithin etwa die Beratungstätigkeit im Leistungs- oder Scha-   **4** densfall. (*Schönleiter*, in: Landmann/Rohmer, GewO, § 34d Rn 29 f.) In der Praxis verbreitet ist insofern die Vorstellung, dass sich Versicherungsmakler der Erlaubnispflicht dadurch entziehen können, dass sie ihre Tätigkeit fortan auf die Betreuung des bereits akquirierten Bestandes beschränken. Das Neugeschäft wird dagegen über Dritte eingereicht, die über eine entsprechende Vermittlungserlaubnis verfügen. Die Annahme, dass die Betreuung eines Kundenbestandes stets erlaubnisfrei sei, ist jedoch fragwürdig. Denn die Bestandsbetreuung umfasst regelmäßig auch Tätigkeiten, die auf die Änderung oder Verlängerung bestehender Verträge gerichtet sind und somit unter den Vermittlungsbegriff fallen (*Schwintowski*, in: Bruck/Möller, § 59 Rn 9; MüKo/*Reiff*, § 59 VVG Rn 5).

5   Von besonderer praktischer Bedeutung ist der Vermittlungsbegriff jüngst in umsatzsteuerrechtlicher Hinsicht geworden. Gerade für Maklerpools und Servicegesellschaften stellt sich die Frage, ob die von ihnen erzielten Umsätze unter die Umsatzsteuerbefreiung gem. § 4 Nr. 11 UStG fallen. Die entsprechende Abgrenzung erfolgt nach aktueller, europarechtlich vorgeprägter Rechtsprechung des BFH nicht mehr berufsbezogen, sondern ausschließlich tätigkeitsbezogen (grdl. BFH BB 2008, 319 f.). Demnach liegt eine umsatzsteuerfreie Versicherungsvermittlung nur noch vor, wenn unmittelbar oder mittelbar auf den Abschluss eines Vertrages hingewirkt wird. Nicht von der Umsatzsteuerpflicht befreit sind demgegenüber Backoffice-Tätigkeiten für den VR oder die Anwerbung und/oder Schulung von Vermittlern bzw. deren Betreuung.

6   Um zu vermeiden, dass vor diesem Hintergrund eine Umsatzsteuerpflicht bei der Tätigkeit von Maklerpools und sonstigen Vertriebsgesellschaften entsteht ist es notwendig, dass nach der tatsächlichen Ausgestaltung der Vertriebskette die Möglichkeit zur Einwirkung auf den Vertragsabschluss besteht. In der Praxis verbreitet ist insoweit die sog. „Stempel-Lösung", bei der jedes Glied der Vertriebskette berechtigt ist, die Vertragsvermittlung zurückzuweisen. Zu beachten ist jedoch, dass es sich nicht um eine formalisierte Lösung handeln darf, da allein das tatsächliche Geschehen maßgeblich ist. Werden Umsätze wahrheitswidrig als solche aus einer Vermittlungstätigkeit deklariert, so kann dies zur Strafbarkeit nach § 370 AO führen.

7   Ausgenommen von der Erlaubnispflicht ist der „**Tippgeber**", da dieser lediglich den Kontakt zwischen dem Kunden und einem Vermittler herstellt (BT-Drucks 16/1935, S. 18). Er erbringt aber selbst keine Beratungsleistung und wirkt daher nicht gezielt auf den Abschluss eines konkreten VV hin. Hier wird nicht zu Unrecht die Gefahr gesehen, dass insb. seitens Vertriebsgesellschaften der Versuch unternommen werden könnte, zahlreiche Mitarbeiter als Tippgeber zu deklarieren, um sie so den Anforderungen des neuen Rechts zu entziehen (*Reiff*, VersR 2007, 717, 719). Um Gesetzesumgehungen zu vermeiden, ist im Einzelfall stets genau anhand der konkreten Tätigkeit zu prüfen, ob eine echte Vermittlungstätigkeit vorliegt (ähnlich *Neuhäuser*, in: Pielow, § 34d Rn 25). Dabei ist von einem restriktiven Verständnis auszugehen, wonach prinzipiell jede Form der Mitwirkung an Beratungs- oder Vermittlungstätigkeiten die Erlaubnispflicht entstehen lässt. Freilich genügt nicht, dass der Tippgeber Provisionen vom VR erhält.

8   Das Anbieten von Versicherungsverträgen in Filialen einer Supermarktkette ist regelmäßig eine erlaubnispflichtige Versicherungsvermittlung (LG Wiesbaden v. 14.5.2008 – 11 O 8/

08 VersR 2008, 919). Dagegen liegt i.d.R. ein Handeln als bloßer Tippgeber vor, wenn ein Kaufhaus seinen Kunden über ein Call Center Informationen über Versicherungsverträge anbietet (*Schönleiter*, in: Landmann/Rohmer, GewO, § 34d Rn 39). Die Abgrenzung bleibt im Einzelnen freilich problematisch. Maßgebliches Kriterium für das Entstehen der Erlaubnispflicht ist stets die Erbringung eigener Beratungs- bzw. Vermittlungsleistungen (vgl. auch *Schwintowski*, in: Bruck/Möller, § 59 Rn 20).

II. Gewerbsmäßigkeit

Die Erlaubnispflicht setzt weiterhin voraus, dass die Vermittlung gewerbsmäßig erfolgt. Dies ist Grundvoraussetzung dafür, dass überhaupt die GewO zur Anwendung kommt (vgl. § 1 Abs. 1 GewO) Die Gewerbsmäßigkeit wird definiert als eine erlaubte, selbstständige, auf Dauer angelegte und auf Gewinnerzielungsabsicht gerichtete Tätigkeit. 9

1. Selbstständigkeit

Der Versicherungsvermittler muss selbstständig tätig sein. Ausgenommen von der Erlaubnispflicht ist somit der **Arbeitnehmer**. Nicht er, sondern das Unternehmen, für welches er tätig ist, ist Vermittler i.S.d. § 34d GewO ist. Der Angestellte selbst ist hingegen nur Gehilfe i.S.d. § 278 BGB. Seine angemessene Qualifikation und Zuverlässigkeit ist lediglich gem. § 34d Abs. 6 GewO durch den Vermittler zu prüfen bzw. zu überwachen. 10

Die Abgrenzung zwischen einem abhängig beschäftigten Angestellten und einem selbstständigen Versicherungsvertreter ist oft gerade in Strukturvertrieben und anderen Vertriebsgesellschaften problematisch. Hier werden meist formal Handelsvertreterverträge mit den Mitarbeitern abgeschlossen, da dadurch keine Sozialversicherungsabgaben fällig werden und zudem die Vergütung durch erfolgsabhängige Provisionen die Kosten für den Unternehmer minimiert. Rechtlich betrachtet ist selbstständig, wer seine Tätigkeit weitgehend weisungsunabhängig frei gestalten und seine Arbeitszeit frei bestimmen kann (vgl. etwa BAG AP Nr. 53 zu 611 BGB). Arbeitnehmer ist dagegen, wer weisungsgebunden vertraglich geschuldete Leistung im Rahmen einer von seinem Vertragspartner bestimmten Arbeitsorganisation erbringt (vgl. BAG, Urt. v. 19.11.1997 – 5 AZR 653/96). Eine abschließende, abstrakte Grenzziehung zwischen den Tätigkeitsformen ist dabei nicht möglich. Vielmehr ist stets auf die konkrete Ausgestaltung der Tätigkeit und der ihr zugrunde liegenden vertraglichen Regelung abzustellen (vgl. BAG, Urt. v. 19.11.1997 – 5 AZR 653/96). Die Bezeichnung des Vertrages spielt keine Rolle (*falsa demonstratio non nocet*). In der Praxis befindet sich die Tätigkeit von „Untervermittlern" in Strukturvertrieben häufig in einer Grauzone, da das Unternehmen an einem möglichst uniformen Ablauf der Beratungen interessiert ist und zudem Arbeitszeiten und Abläufe häufig vorgegeben werden. Erweisen sich Beschäftigungsverhältnisse nachträglich als solche zwischen Arbeitnehmer und Arbeitgeber, so werden die nicht entrichteten Sozialversicherungsbeiträge fällig. Liegt dagegen in Wahrheit eine selbstständige Tätigkeit vor, obwohl formal ein Arbeitsvertrag geschlossen wurde, so fehlt es i.d.R. an der erforderlichen Erlaubnis. 11

2. Dauerhaftigkeit

12 Die Tätigkeit muss auf Dauer ausgerichtet sein. Die **Absicht**, die Tätigkeit auf Dauer auszurichten, genügt dabei, auch wenn die Tätigkeit kurzfristig nach deren Aufnahme aufgrund einer Erfolglosigkeit eingestellt wird.

13 Am Merkmal der Dauerhaftigkeit scheitert es schon sprachlich beim **Gelegenheitsvermittler**, da seine Tätigkeit eigentlich nicht auf Dauer angelegt sein dürfte. Gewerberechtliche Bagatellfälle sollen durch diese Regelung von der Erlaubnispflicht ausgenommen werden. Zurzeit werden solche Bagatellfälle von den IHKs anerkannt, wenn bis zu sechs Versicherungen pro Jahr vermittelt werden und/oder das jährliche Provisionsvolumen nicht mehr als 1.000,00 EUR beträgt (vgl. *Adjemian/Dening/Klopp/Kürn/Moraht/Neuhäuser*, GewArch 2009, 137, 138). Gem. § 66 VVG ist der Gelegenheitsvermittler jedoch den zivilrechtlichen Vermittlerpflichten unterworfen (vgl. § 66 VVG Rdn 2). Die gewerberechtliche Ausnahmeregelung ist daher im Zweifel **eng auszulegen**. Es ist nicht einzusehen, weshalb ein nur gelegentlich beratender Vermittler mangelhaft qualifiziert sein darf, als es die gesetzlichen Regelungen i.Ü. vorsehen. Gerade zum Schutz des Kunden ist nach dem Zweck der gesetzlichen Neuregelung eine sehr eingeschränkte Anwendung geboten.

14 Die **Art und Weise der Vergütungsvereinbarung** ggü. dem Gelegenheitsvermittler ist unbeachtlich. Er kann eine einmalige oder eine laufende Zahlung erhalten. In Ansehung der Tatsache, dass das Schicksal der Provision von dem Schicksal der Prämienzahlung abhängig ist, sind derartige Vereinbarungen auch ggü. einem Gelegenheitsvermittler in der Praxis nicht unüblich. Etwaige Zahlungen in den Folgejahren basieren i.d.R. auf den ursprünglichen Vermittlungserfolg, so z.B. bei Zahlungen aufgrund von Vertragsdynamisierungen. Sog. laufende Provisionszahlungen führen daher nicht zu einem jeweils neuen Vermittlungserfolg i.S.d. Gewerbeordnung. Ein Gelegenheitsvermittler kann daher auch kumulierte Zahlungen aus mehreren vermittelten VV erhalten, wenn gleichwohl eine **quantitative Geringfügigkeit** im Rahmen eines Jahresintervalles festzustellen ist.

3. Gewinnerzielungsabsicht

15 Der Vermittler muss mit Gewinnerzielungsabsicht tätig sein. Gewöhnlich erhält der Vermittler als Vertreter eine Provision und als Makler eine Courtage vom VR. Dass der VR in beiden Fällen die Erfolgsvergütung leistet, hat sich gewohnheitsrechtlich entwickelt. Es ist anerkannt, dass auch der Makler als Sachwalter seine Vergütung von dem VR erhält.

III. Honorarberatung durch Versicherungsmakler

16 Gem. § 34 Abs. 1 S. 4 GewO umfasst die einem Versicherungsmakler erteilte Erlaubnis auch die Befugnis Dritte, die nicht Verbraucher sind, bei der Vereinbarung, Änderung oder Prüfung von Versicherungsverträgen gegen gesondertes Entgelt rechtlich zu beraten. Durch das Inkrafttreten des MEG III ist diese Vorschrift dahingehend ergänzt worden, dass die Befugnis zur Honorarberatung sich auch auf Beschäftigte von Unternehmen erstreckt, wenn der Versicherungsmakler das Unternehmen ohnehin berät. Sinn und Zweck dieser

Änderung ist es, insb. in Fällen der Beratung zu betrieblicher Altersversicherung Synergieeffekte zu schaffen. Der Arbeitgeber könne so seinem arbeitsrechtlichen Fürsorgeanspruch gegenüber den Beschäftigten gerecht werden (*Adjemian/Dening/Klopp/Kürn/Moraht/Neuhäuser*, GewArch 2009, 137, 140).

Dabei ist der Gesetzeswortlaut weit gefasst und kaum trennscharf zu begrenzen. Wenn auch einerseits eine uneingeschränkte Beratung über sämtliche Versicherungsprodukte vom Wortlaut nicht mehr gedeckt sein dürfte, so kann andererseits eine Begrenzung auf bestimmte Produkte ebenfalls nicht entnommen werden. Es muss jedenfalls ein Zusammenhang mit den Produkten bestehen, über die der Makler das betreffende Unternehmen ohnehin berät. 17

Nach wie vor ungeklärt bleibt die Frage, ob § 34d Abs. 1 S. 4 GewO so zu verstehen ist, dass eine weitergehende Honorarberatung – insb. gegenüber Verbrauchern – im Umkehrschluss als unzulässig anzusehen ist. Insofern wird mit beachtlichen Gründen eine allgemeine Zulässigkeit der Honorarberatung in den Grenzen des RDG befürwortet. (ausf. zuletzt *Schwintowski*, in: Bruck/Möller, § 59 Rn 172 ff.) Jedoch wäre § 34d Abs. 1 S. 4 GewO letztlich vollkommen überflüssig, wenn die Honorarberatung durch Versicherungsmakler ohnehin uneingeschränkt zulässig wäre. Warum der Gesetzgeber eine solche explizite Ausnahmeregelung schaffen und diese sogar erweitern sollte, wenn er Beratungsverträge generell für zulässig hält, ist nur schwer zu erklären (s. dazu ausführlich *Michaelis*, VW 2009, 888 ff.). 18

Zudem würde § 34e GewO anderenfalls weitgehend leer laufen. Gerade der Schutz des Versicherungsberaters ist von dem Exklusivitätsverhältnis zwischen Makler und Berater aber bezweckt. Ließe man dagegen eine uneingeschränkte Honorarberatung durch Versicherungsmakler zu, so entstünde dadurch *de facto* ein vom Provisionsannahmeverbot befreiter Versicherungsberater, der im Vermittlerrecht aber gerade nicht vorgesehen ist. Eine gerichtliche Klärung dieser Frage steht aber nach wie vor aus. Risikolos ist in jedem Fall die Gründung einer Zweitfirma, die über eine Erlaubnis als Versicherungsberater nach § 34e GewO verfügt (so auch *Beenken*, VW 2009, 61). 19

Zulässig bleibt – wie nach der bisherigen BGH-Rechtsprechung anerkannt (BGH VersR 2005, 404) – der Abschluss einer Provisionsvereinbarung bei Vermittlung einer sog. Nettopolice. Hier hat es der BGH bislang auch für zulässig gehalten, wenn die an den Makler zu zahlende Vermittlungsprovision nicht dem Schicksalsteilungsgrundsatz unterliegt, also auch dann vollständig zu vergüten ist, wenn der Vertrag vorzeitig gekündigt wird. Sofern eine entsprechende Vereinbarung hinreichend transparent ist, bestehen dagegen auch nach neuer Rechtslage keine durchgreifenden Bedenken (dahingehend auch *Schwintowski*, in: Bruck/Möller, § 59 Rn 101 ff.). Dasselbe gilt, wenn der Makler dem Kunden eine Direktversicherung vermittelt. Da diese nach vorzugswürdiger Auffassung nicht Teil des vom Makler zu berücksichtigenden Marktes sind (dazu § 60 VVG Rdn 8 f.), kann der Versicherungsmakler bei einer entsprechenden Empfehlung ein Honorar verlangen, sofern eine hinreichend transparente Vereinbarung vorliegt. 20

IV. Verwaltung eigener Versicherungen

21 Der Vermittler muss weiter **für fremde Rechnung** und **im fremden Namen** tätig sein. Schließt er eine Versicherung im eigenen Namen für sich selbst ab, so liegt keine Vermittlungstätigkeit vor (vgl. oben zum Begriff des Versicherungsvermittlers).

V. Die Erlaubnis

22 Erlaubnispflichtig ist die Versicherungsvermittlung **für jeden Marktteilnehmer**, der diese gewerbsmäßig betreibt. Dies kann eine natürliche oder juristische Person sein. Die Erlaubnisanforderungen müssen bei einer juristischen Person nach § 34d Abs. 2 GewO bei den gesellschaftsführenden Vertretern vorliegen. Auch rechtsfähige Personengesellschaften können eine Erlaubnis beantragen, also die OHG und die KG (§§ 124 Abs. 1, 161 Abs. 2 HGB), sowie die GbR, soweit sie im Rechtsverkehr nach außen in Erscheinung tritt (vgl. zu Rechtsfähigkeit der GbR BGHZ 146, 341 = BGH, VersR 2001, 510).

23 Die Erlaubnis ist gem. § 34d Abs. 1 S. 1 GewO **bei der IHK** zu beantragen. Dies stellt eine Neuerung im Vergleich zu anderen erlaubnispflichtigen Gewerben dar, da diese sämtlich von den Gewerbeämtern vollzogen werden. Die IHK wurde jedoch für die Vollziehung der neuen Regelungen über die Versicherungsvermittlung als geeigneter angesehen (dazu *Schönleiter*, GewArch 2007, 265, 266 f.).

VI. Einschränkungen der Erlaubnis

24 Die Erlaubnis kann von der Behörde eingeschränkt werden. Dies erfolgt nach § 34d Abs. 1 S. 2 GewO entweder durch eine Beschränkung oder durch eine Auflage. Es handelt sich dabei jedoch nicht um eine Teilversagung, welche sich nach § 34d Abs. 2 GewO richten würde.

1. Beschränkung der Erlaubnis

25 Eine Beschränkung liegt vor, wenn die Erlaubnis innerhalb des Rahmens des § 34d Abs. 1 S. 1 GewO inhaltlich beschränkt wird. Unzulässig ist dabei jedoch eine Beschränkung auf bestimmte Versicherungssparten (*Neuhäuser*, in: Pielow, GewO, § 34d, Rn 47). Eine solche beschränkte Vermittlung kann daher vom Vermittler auch nicht selbst beantragt werden (s. *Schönleiter*, in: Landmann/Rohmer, GewO, § 34d Rn 64).

> **Beispiel**
> Antragsteller A wird von der Behörde erlaubt, Versicherungen zu vermitteln mit der Beschränkung, dass sich die Erlaubnis nicht auf Lebensversicherungen erstreckt.

26 Eine Beschränkung kann **nicht nachträglich** ausgesprochen werden. Sie muss stets zum Schutz des Antragstellers oder der Allgemeinheit **erforderlich** sein. Der Rechtsschutz gegen eine Beschränkung erfolgt – nach vorherigem Widerspruchsverfahren – im Wege der **Verpflichtungsklage** auf Erteilung einer unbeschränkten Erlaubnis (BVerwG 69, 37, 39).

2. Auflagen

Anders als bei einer Beschränkung wird bei einer Auflage die Erlaubnis unbeschränkt erteilt, der Antragsteller muss sich aber zukünftig bei der Ausübung seiner Tätigkeit an die Anforderungen der Auflage richten.

Beispiel
Antragsteller A erhält von der Behörde die Erlaubnis zur Versicherungsvermittlung mit der Auflage, zukünftig eine Entzugsklinik zu besuchen, um seine Drogensucht zu bekämpfen.

Eine Auflage kann **auch nachträglich** von der Behörde ausgesprochen werden. Sie muss allerdings, wie die Beschränkung auch, zum Schutze der Allgemeinheit oder des Antragstellers **erforderlich** sein. Die Auflage ist eine Nebenbestimmung i.S.d. § 36 VwVfG und als solche isoliert, d.h. unabhängig von der erteilten Erlaubnis anfechtbar, d.h. es ist eine eigenständige Anfechtungsklage gegen die Auflage zu erheben (vgl. BVerwG, NJW 2002, 3221).

VII. Voraussetzungen für eine Erlaubniserteilung

Gem. § 34d Abs. 1 GewO hat der Versicherungsvermittler bei der zuständigen IHK eine Erlaubnis zu beantragen. Diese muss von der Behörde erteilt werden, außer es liegt ein Versagungsgrund nach § 34d Abs. 2 GewO vor (präventives Verbot mit Erlaubnisvorbehalt).

1. Zuverlässigkeit

Der im deutschen Gewerberecht geläufige Begriff der Zuverlässigkeit wurde dem in der Richtlinie geforderten guten Leumund vorgezogen (BT-Drucks 16/1935, S. 18). Es handelt sich um einen unbestimmten Rechtsbegriff, der von den Verwaltungsgerichten vollumfänglich überprüft werden kann. Die in § 34d Abs. 2 Nr. 1 GewO aufgeführten Regelbeispiele dienen der Sicherstellung der Mindestanforderungen der Vermittlerrichtlinie. Diese Regelvermutung kann widerlegt werden, wenn aufgrund der besonderen Umstände des Einzelfalls davon ausgegangen werden kann, dass keine Unzuverlässigkeit vorliegt. Ein möglicher Anhaltspunkt dafür kann sein, dass das begangene Vergehen fast fünf Jahre zurück lag und nur zu einer geringen Geldstrafe führte.

Darüber hinaus kann die Behörde aber auch noch bei der Verurteilung des Antragstellers wegen anderer Vergehen die Erlaubnis verweigern, wenn sie Bedenken hinsichtlich der Zuverlässigkeit hat.

Beispiele für sonstige Gründe
Säumnis bei Steuerschulden, Verletzung sozialversicherungsrechtlicher Pflichten, beharrliche Verstöße gegen einschlägige Verbraucherschutzvorschriften.

Erforderlich ist aber immer ein **spezifischer Bezug** zur Versicherungsvermittlung (vgl. BVerwG, DÖV 1995, 643, 644).

Problematisch ist der Fall, dass der Antragsteller zur Umgehung dieser Vorschrift eine juristische Person gründet und dann einen qualifizierten Geschäftsführer als **Strohmann** einsetzt. Der Wortlaut des § 34c Abs. 2 Nr. 1 GewO enthält insoweit eine klare Regelung, indem er auch die mit der Leitung des Betriebs oder einer Zweigniederlassung beauftragten Personen erfasst. Eine solche klare Einbeziehung fehlt bei § 34d GewO. Nach dem Sinn und Zweck der Regelung ergibt sich aber hier insoweit eine vom Gesetzgeber übersehene, planwidrige Regelungslücke bei vergleichbarer Interessenlage, welche durch eine **analoge Anwendung der für § 34c GewO entwickelten Grundsätze** (vgl. statt Vieler *Marcks*, in: Landmann/Rohmer, GewO, § 34c Rn 91) geschlossen werden kann.

2. Vermögensverhältnisse

34 Der Antragsteller muss in geordneten Vermögensverhältnissen leben. Dies ist jedoch nicht so zu verstehen, dass ein gewisses Grundvermögen nötig wäre, um als Versicherungsvermittler tätig zu sein. Vielmehr soll dieses Merkmal sicherstellen, dass nicht schon aufgrund der Vermögenssituation zu befürchten ist, dass der Antragssteller seine Tätigkeit ausnutzen wird, um seinen Kunden zu schädigen. Auch das Vorliegen von Schulden muss nicht zur Annahme von ungeordneten Vermögensverhältnissen führen, wenn ein geordneter Plan zur Schuldentilgung vorliegt.

> **Beispiel**
> Antragsteller A hat 80.000,00 EUR Schulden bei der Bank B, da er vor fünf Jahren ein Kredit zur Finanzierung eines Eigenheims aufgenommen hat. Seit fünf Jahren zahlt er aber seine vereinbarten monatlichen Raten zuverlässig und pünktlich.

35 Eine widerlegliche Regelvermutung greift dagegen ein, wenn über das Vermögen des Antragstellers das Insolvenzverfahren eröffnet wurde oder er in ein Verzeichnis des Insolvenz- oder Vollstreckungsgerichtes eingetragen wurde (OVG NRW, Urt. v. 29.9.2009 – 4 B 813/09).

3. Berufshaftpflichtversicherung

36 Die Berufshaftpflichtversicherung soll sicherstellen, dass der Kunde einen Schaden durch eine Pflichtverletzung des Vermittlers ersetzt bekommt. Art und Umfang der Versicherung regelt § 8 VersVermV. Die Versicherung kann dabei in Form eines Einzel- oder Gruppenvertrages abgeschlossen werden, so lange für jeden Vermittler die volle gesetzliche Deckungssumme zur Verfügung steht (BT-Drucks 16/1935, S. 18). Dabei reicht es nicht aus, dass zum Zeitpunkt der Antragstellung eine Berufshaftpflichtversicherung besteht. Diese muss vielmehr während der gesamten gewerblichen Tätigkeit bestehen. Ansonsten muss der Vermittler damit rechnen, dass die zuständige Behörde die Erlaubnis auf der Grundlage von § 49 Abs. 2 S. 1 Nr. 3 VwVfG widerruft (vgl. VG München, Beschl. v. 23.3.2009 – M 16 S 09.76, LNR 2009, 25762).

VIII. Sachkundenachweis

37 Der Sachkundenachweis soll sicherstellen, dass der Vermittler in einem Mindestmaß qualifiziert ist und seinem Kunden ein ebensolches an Beratungsqualität bieten kann. Art und

Umfang der Sachkundeprüfung regelt die vom Bundeswirtschaftsministerium erlassene VersVermV.

Der Antragsteller hat die Sachkunde in eigener Person nachzuweisen oder im Fall, dass der Antragsteller eine juristische Person ist, durch eine angemessene Anzahl von bei ihm beschäftigter natürlicher Personen, denen die Aufsicht über die unmittelbar mit der Vermittlung beauftragten Personen übertragen sind und die den Antragsteller vertreten dürfen, nachzuweisen (näher *Jacob*, VersR 2007, 1164). Problematisch dabei ist, in welchem Zahlenverhältnis die beaufsichtigenden Personen zu den beaufsichtigten Personen stehen müssen. Entscheidend dürfte dabei im konkreten Einzelfall sein, ob die unmittelbar mit der Vermittlung betrauten Personen immer einen Ansprechpartner mit umfangreicher Sachkenntnis vor Ort haben. Das teilweise empfohlene Verhältnis von einer Aufsichtsperson zu 50 Mitarbeitern (vgl. Tagungsbericht, VW 2007, 287, 290) lässt allerdings durchaus Zweifel daran aufkommen, ob hierbei ein „**Durchgriff**" der Sachkunde gewährleistet werden kann. 38

Beispiel
Filialleiter F und seine beiden Stellvertreter besitzen die erforderliche Sachkenntnis und können daher sicherstellen, dass auch bei Krankheit oder Urlaub einer Person immer jemand als sachkundiger Ansprechpartner für die unmittelbar mit der Vermittlung betrauten Personen fungieren kann.

IX. Ausnahmen

1. Der produktakzessorische Vermittler

Der produktakzessorische Vermittler kann sich auf Antrag von der Erlaubnispflicht befreien lassen. Der Gesetzgeber begründet die Privilegierung mit dem im Kern zutreffenden Argument, dass der Kunde bei einem einheitlichen Lebenssachverhalt alle für ihn notwendigen oder sinnvollen Produkte aus einer Hand bekommen soll (BT-Drucks 16/1935, S. 19). Da der Vermittler gem. § 34d Abs. 3 Nr. 2 und 3 GewO ebenfalls eine entsprechende Berufshaftpflichtversicherung abzuschließen hat und für ihn dieselben Voraussetzungen (Zuverlässigkeit und geordnete Vermögensverhältnisse) wie für den erlaubnispflichtigen Vermittler gelten, besteht für den Kunden keine erhöhte Gefährdung. 39

Entscheidendes Abgrenzungskriterium ist dabei das Merkmal der Produktakzessorietät. Die vermittelte Versicherung muss in **unmittelbaren Zusammenhang** zu der Dienstleistung oder dem hergestellten Produkt stehen. Das Merkmal der Produktakzessorietät ist daher **sehr eng auszulegen** (vgl. BT-Drucks 16/1935, S. 19, s.a. VG Arnsberg, Urt. v. 30.7.2009 – 1 K 2393/08, m.w.N.). Als Beispielsfall ist das Autohaus zu nennen, welches an seine Kunden für die verkauften Autos auch Kfz-Versicherungen vermittelt. Auch eine Bestattungsvereinbarung kann mit einer produktakzessorischen Sterbegeldversicherung vermittelt werden. Abzulehnen ist die Produktakzessorietät allerdings bei der Vermittlung einer Hausratversicherung im Wege einer Baufinanzierung. Ebenfalls abgelehnt wurde eine Produktakzessorietät eines Herstellers von Ausfuhr- und Kurzzeitkennzeichens, der auch Kfz-Versicherungen vermitteln wollte, da aus der Hauptleistung des Prägens der Schilder 40 kein zu versicherndes Risiko resultiere (VG Arnsberg, Urt. v. 30.7.2009 – 1 K 2393/08, s.a. *Schönleiter*, in: Landmann/Rohmer, GewO, § 34d Rn 100, *Adjemian/Dening/Klopp/Kürn/Moraht/Neuhäuser*, GewArch 2009, 137, 140). Aus der Hauptleistung des Prägens der Schilder resultiere kein zu versicherndes Risiko.

41 Kein Anwendungsfall der Ausnahmeregelung für produktakzessorische Vermittler ist der sog. „**Versicherungsmantel**", bei dem die Versicherung, i.d.R. eine Lebensversicherung, als Baustein eines Finanzierungsmodelles vorgesehen ist (dazu BT-Drucks 16/1935, S. 19). Zu beachten ist weiterhin, dass die gesetzliche Privilegierung nur für eine Versicherungsvermittlung in Anspruch genommen werden kann, die in wirtschaftlicher Hinsicht ggü. einer Haupttätigkeit nebengewerblichen Charakter hat (VG Arnsberg, Urt. v. 30.7.2009 – 1 K 2393/08). Hierzu dürfte ein Vergleich der Umsatzerlöse pro Geschäftsvorgang aus dem hauptgewerblichen Geschäftsanteil einerseits und dem Geschäftsanteil der zugehörigen nebengewerblichen Versicherungsvermittlung andererseits erforderlich sein (*Stolzlechner*, Rechtsgutachten betreffend die Umsetzung der Richtlinie 2002/92/EG über Versicherungsvermittlung unter besonderer Berücksichtigung der Frage der Ausübung der Versicherungsvermittlung als Nebengewerbe i.S.d. § 32 Abs. 6 GewO 1994, III. D. 1.; im Internet veröffentlicht unter www.bmwfw.gv.at/Unternehmen/Gewerbe).

2. Der Ausschließlichkeitsvermittler

42 Der Ausschließlichkeitsvermittler, der vertraglich nur an einen VR gebunden ist, unterliegt nicht der Erlaubnispflicht. Dies gilt auch dann, wenn der Vertreter Produkte verschiedener Gesellschaften anbietet, sofern diese Produkte nicht in Konkurrenz zueinander stehen. Demnach soll eine nicht erlaubnispflichtige Tätigkeit auch dann vorliegen, wenn der Vertreter für einen VR das Lebens- und für einen anderen das Sachgeschäft vermittelt (*Schwintowski*, in: Bruck/Möller § 59 Rn 44) Jedoch müssen die Vertreterverträge in einem solchen Fall dann jeweils eine explizite Begrenzung auf die entsprechende Sparte enthalten. Andernfalls handelt es sich um eine erlaubnispflichtige Tätigkeit als Mehrfachagent.

43 Unklar ist die Rechtslage im Konzern. Unproblematisch fehlt es an einer Konkurrenzsituation, wenn der Vertretervertrag mit der Konzernspitze geschlossen wird und dem Vermittler so der Zugang zu sämtlichen Produkten des Gesamtkonzerns gewährt wird (vgl. *Schwintowski*, in: Bruck/Möller § 59 Rn 48: „Konzernklausel"). Dagegen soll ein Konkurrenzverhältnis vorliegen, wenn der Vertretervertrag nur mit einer Konzerngesellschaft geschlossen sei, so dass dem Vermittler dann die Vermittlung von Produkten anderer konzernangehöriger VR untersagt sei (*Schwintowski*, in: Bruck/Möller, § 59 Rn 48; **a.A.** *Schönleiter*, GewArch 2007, 265 III. 1. c.; wohl auch MüKo/*Reiff*, § 59 VVG Rn 34). Bis zu einer gerichtlichen Klärung dieser Frage ist die Vereinbarung entsprechender „Konzernklauseln" unbedingt zu empfehlen, da andernfalls ein gewerberechtlicher Verstoß droht, wenn trotz des Nichtvorliegens der Voraussetzungen der Ausnahmevorschrift ohne Erlaubnis vermittelt wird.

44 Generell ist das Merkmal der nicht in Konkurrenz stehenden Produkte restriktiv auszulegen. Handelt es sich um die gleiche Versicherungssparte, so stehen die Produkte in Konkurrenz zueinander, ohne dass es auf die konkrete Ausgestaltung der Versicherungsbedingungen

ankäme. Ebenso spielt es keine Rolle, ob der eigene VR nach Risikoprüfung bereit wäre, das Risiko zu versichern.

Nicht erlaubnisfrei ist das Vorgehen nach der sog. *Ventillösung*, bei der ein Vertreter – häufig unter Einschaltung eines Maklers – ein Risiko bei einer konkurrierenden Gesellschaft platziert, weil der eigene VR eine Zeichnung ablehnt. Ein solcher Vertreter fällt nicht unter die Ausnahmeregelung in § 34d Abs. 4 Nr. 1 GewO und bedarf daher einer Erlaubnis. (*Schwintowski*, in: Bruck/Möller, § 59 Rn 47; *Reiff*, Vers-HdB, § 5 Rn 14; diff. *Schönleiter*, in: Landmann/Rohmer, GewO, § 34d Rn 122). 45

Weitere Voraussetzung für ein Eingreifen der Ausnahme von der Erlaubnispflicht ist die Haftungsübernahme durch den oder die VR. Insofern ist unklar, inwieweit sich die Haftungsübernahme auch auf solche Schäden erstreckt, die aus einer vertraglich zulässigen Tätigkeit für einen anderen, nicht konkurrierenden VR resultieren. Der Wortlaut („das oder die") spricht indes dafür, dass jeder VR nur für solche Schäden einzustehen hat, die sich aus der Vermittlung seiner Produkte ergeben. (zutr. *Schwintowski*, in: Bruck/Möller, § 59 Rn 48 m.w.N.) Schutzlücken entstehen dadurch nicht, da für jede der nicht konkurrierenden Produktsparten eine Haftungsübernahme durch den jeweiligen VR vorliegen muss. Die Ventillösung fällt nicht unter die Ausnahmeregelung, so dass der Vermittler hier einer Erlaubnis und einer Haftpflichtversicherung bedarf. Die Frage der Haftungsübernahme für das bei einem anderen VR eingereichte Geschäft stellt sich somit nicht. 46

Die Haftung des VR kann nicht eingeschränkt werden. Sie geht daher deutlich weiter als der Versicherungsschutz in der Vermögensschadenhaftpflichtversicherung, welcher umfangreiche Ausschlüsse kennt (z.B. Ausschluss des Versicherungsschutzes bei wissentlicher Pflichtverletzung des Vermittlers). Der Kunde wird daher durch die Haftungsübernahme des VR noch weiter geschützt als bei einem unabhängigen Vermittler, welcher der Erlaubnispflicht unterliegt. Das Erfordernis der geordneten Vermögensverhältnisse und der Zuverlässigkeit gilt über § 80 Abs. 2 VAG auch für den Ausschließlichkeitsvermittler, da ein VR nur mit Vermittlern zusammenarbeiten darf, welche diese Anforderungen erfüllen. Anstelle der Behörde erfolgt eine Überwachung dann lediglich durch den Versicherer, der wiederum von der BaFin kontrolliert wird. 47

Konsequenz der Ausnahmeregelung für Ausschließlichkeitsvertreter ist, dass für den überwiegenden Teil der Vermittler in Deutschland (lt. *Reiff*, VersR 2007, 717, 721 mehr als 95 %) die strengen Sachkundeanforderungen und die Überprüfung durch die zuständige IHK nicht gilt. Dieser sind faktisch nur Versicherungsmakler, echte Mehrfachvertreter und Versicherungsberater unterworfen. Ob hinsichtlich der verbleibenden Mehrheit der Vermittler über die aufsichtsrechtlichen Regelungen tatsächlich eine angemessene, gleichwertige Qualifikation sichergestellt werden kann (so der Gesetzgeber in BT-Drucks 16/1935, S. 19), bleibt abzuwarten (krit.: *Reiff*, VersR 2007, 717, 721; vgl. aber *Schönleiter*, GewArch 2007, 265, 270). Letztlich dürfte die uneingeschränkte Haftungsübernahme durch den VR zur Wahrung der Kundeninteressen regelmäßig ausreichen. 48

3. Weitere Ausnahmen

49 Gem. § 34d Abs. 5 GewO ist eine Erlaubnis konsequenterweise dann nicht erforderlich, wenn der Vermittler eine richtlinienkonforme Erlaubnis aus einem anderen EU-Mitgliedsstaat vorweisen kann. Die Regelung dient insoweit der Verwirklichung der Dienstleistungs- und Niederlassungsfreiheit (BT-Drucks 16/1935, S. 20).

50 Als wichtige weitere Ausnahmemöglichkeit von der Erlaubnispflicht ist schließlich § 34d Abs. 9 GewO zu beachten. Die Voraussetzungen von § 34d Abs. 9 Nr. 1 Buchst. a–f GewO müssen alle **kumulativ** vorliegen. Mit dieser Regelung sollen alle **Kleinstvermittler** von der Erlaubnispflicht ausgenommen werden. Bei diesen Vermittlern besteht aufgrund des geringen Umfangs ihrer Tätigkeit nur ein sehr geringes Risiko, weshalb ihnen die hohen Anforderungen der Erlaubnispflicht nicht aufzubürden sind.

Beispiel
Das Reisebüro R vermittelt an seine Kunden bei jedem gebuchten Urlaub eine Reisekostenrücktrittsversicherung.

51 Problematisch sind dagegen unter verbraucherschutzrechtlichen Gesichtspunkten die Ausnahmen von der Erlaubnispflicht für die Bauspar- und Restschuldversicherungsvermittler.

X. Rechtsfolgen einer Missachtung

1. Öffentlich-rechtlich

52 Wird ein erlaubnispflichtiges Gewerbe ohne Erlaubnis betrieben, ergeben sich die Konsequenzen aus **§ 15 Abs. 2 S. 1 GewO**. Die zuständige Behörde kann die Fortsetzung des Betriebes qua Schließungsverfügung verhindern. Diese **Schließungsverfügung**. Die Schließungsverfügung ist ein Verwaltungsakt nach § 35 VwVfG und kann als solcher – je nach Bundesland ggf. nach erfolglosem Widerspruchsverfahren – mit der Anfechtungsklage nach § 42 Abs. 1 VwGO angegriffen werden. Zu beachten ist, dass § 15 Abs. 2 GewO für sich genommen keine Rechtsgrundlage für Vollstreckungsmaßnahmen ist. Die Behörde muss also zwingend vorher immer einen Verwaltungsakt erlassen, den sie nur dann vollstrecken kann, wenn dieser entweder bestandskräftig ist oder dessen sofortige Vollziehbarkeit von der Erlass- oder Widerspruchsbehörde nach § 80 Abs. 2 S. 1 Nr. 4 VwGO angeordnet wurde. Gegen eine Anordnung der sofortigen Vollziehung kann i.Ü. ggf. mit einem Antrag nach § 80 Abs. 5 VwGO auf Wiederherstellung der aufschiebenden Wirkung reagiert werden. Bei Streitigkeiten über das Vorliegen einer erlaubnispflichtigen Tätigkeit kann der Betroffene nach § 80 Abs. 5 VwGO vorgehen.

Bei Streitigkeiten über das Vorliegen einer erlaubnispflichtigen Tätigkeit kann die Behörde einen feststellenden Verwaltungsakt mit dem Inhalt erlassen, dass eine konkrete Tätigkeit erlaubnisbedürftig ist (vgl. BVerwG GewArch 1991, 68). Auch dieser Verwaltungsakt ist gegebenenfalls mit einer Anfechtungsklage anzugreifen.

53 Der erstmalige Verstoß gegen die Erlaubnispflicht stellt i.Ü. eine **Ordnungswidrigkeit** nach § 144 Abs. 1 Nr. 1 Buchst. j GewO dar und kann mit einem Ordnungsgeld bis zu

5.000,00 EUR geahndet werden. Der wiederholte und beharrliche Verstoß stellt eine **Straftat** nach § 148 GewO dar.

§ 34d GewO ist ein **Schutzgesetz**, sodass auch ein deliktsrechtlicher Schadensersatzanspruch ggü. dem Vermittler aus § 823 Abs. 2 BGB einschlägig ist.

54

2. Zivilrechtlich

Das Gesetz schweigt sich hinsichtlich der zivilrechtlichen Rechtsfolgen von gewerberechtlichen Verstößen aus. Jedenfalls können solche nicht zum Nachteil des Kunden eintreten. Insb. kann sich der VR im Falle eines eingetretenen Versicherungsfalles nicht darauf berufen, dass der VV nichtig sei, weil es an der notwendigen Erlaubnis fehle. Liegt bzgl. eines Ausschließlichkeitsvertreters dagegen ein Verstoß gegen § 80 Abs. 2 VAG vor, so spricht Vieles dafür, von der Nichtigkeit des Vertretervertrages gem. § 134 BGB auszugehen. (*Schwintowski*, in: Bruck/Möller, § 59 Rn 60). Ebenso steht dem VN in diesem Fall regelmäßig ein Recht auf Vertragsanpassung oder sogar Rückabwicklung zu. Wird ein Versicherungsmakler ohne Erlaubnis tätig, so ist der Maklervertrag ebenfalls i.d.R. nichtig gem. § 134 BGB oder jedenfalls sofort kündbar durch den VN. Da es sich bei § 34d um eine Marktverhaltensregelung handelt (vgl. LG Wiesbaden, VersR 2008, 919 f.; s. auch *Böckmann/Ostendorf*, VersR 2009, 154, 158), können Mitbewerber einen ohne Erlaubnis tätigen Konkurrenten auf Unterlassung in Anspruch nehmen.

55

C. Arbeitshilfen

Unterliege ich der Erlaubnispflicht?

56

```
┌─────────────────────────────────────┐
│   Meine Tätigkeit stellt eine       │
│   Versicherungsvermittlung dar?     │
└─────────────────────────────────────┘
                 ⇩
┌─────────────────────────────────────┐
│ Ich bin gewerblich tätig            │
│ (≥ 2 - 3 Vermittlungen pro Jahr)?   │
└─────────────────────────────────────┘
                 ⇩
┌─────────────────────────────────────┐
│ Die Versicherungsvermittlung        │
│ erfolgt nicht im Zusammenhang mit   │
│ der Lieferung einer Ware oder       │
│ Dienstleistung und/oder es besteht  │      ━━━━━┓
│ keine Haftpflichtversicherung       │          ┃
│ für mich?                           │         Nein
└─────────────────────────────────────┘          ┃
                 ⇩                               ┃
┌─────────────────────────────────────┐          ┃
│ Ich bin nicht ausschließlich für    │          ┃
│ einen VR tätig oder dieser          │          ┃
│ übernimmt nicht die                 │          ┃
│ Haftungsübernahme für meine         │          ┃
│ Tätigkeit?                          │          ┃
└─────────────────────────────────────┘          ┃
                 ⇩                               ▼
┌──────────────────────────────┐    ┌──────────────────────────┐
│ Ich unterliege der           │    │ Ich unterliege nicht     │
│ Erlaubnispflicht und muss    │    │ der Erlaubnispflicht.    │
│ daher den Sachkundenachweis  │    └──────────────────────────┘
│ und den Nachweis einer       │
│ Haftpflichtversicherung      │
│ erbringen.                   │
└──────────────────────────────┘
```

§ 34e GewO Versicherungsberater

(1) Wer gewerbsmäßig Dritte über Versicherungen beraten will, ohne von einem Versicherungsunternehmen einen wirtschaftlichen Vorteil zu erhalten oder von ihm in anderer Weise abhängig zu sein (Versicherungsberater), bedarf der Erlaubnis der zuständigen Industrie- und Handelskammer. Die Erlaubnis kann inhaltlich beschränkt und mit Auflagen verbunden werden, soweit dies zum Schutze der Allgemeinheit oder der Versicherungsnehmer erforderlich ist; unter denselben Voraussetzungen ist auch die nachträgliche Aufnahme, Änderung und Ergänzung von Auflagen zulässig. Die Erlaubnis beinhaltet die Befugnis, Dritte bei der Vereinbarung, Änderung oder Prüfung von Versicherungsverträgen oder bei der Wahrnehmung von Ansprüchen aus dem Versicherungsvertrag im Versicherungsfall rechtlich zu beraten und gegenüber dem Versicherungsunternehmen außergerichtlich zu vertreten. Bei der Wahrnehmung ihrer Aufgaben nach den Sätzen 1 und 2 unterliegt die Industrie- und Handelskammer der Aufsicht der obersten Landesbehörde.

(2) § 34d Abs. 2 und 5 bis 8 und 11 sowie die auf Grund des § 34d Abs. 8 erlassenen Rechtsvorschriften gelten entsprechend.

(3) Versicherungsberater dürfen keine Provision von Versicherungsunternehmen entgegennehmen. Das Bundesministerium für Wirtschaft und Technologie kann im Einvernehmen mit dem Bundesministerium der Justiz durch Rechtsverordnung mit Zustimmung des Bundesrates zum Schutze der Allgemeinheit und der Versicherungsnehmer nähere Vorschriften über das Provisionsannahmeverbot erlassen. In der Rechtsverordnung nach Satz 2 kann insbesondere bestimmt werden, dass die Einhaltung des Provisionsannahmeverbotes auf Kosten des Versicherungsberaters regelmäßig oder aus besonderem Anlass zu überprüfen und der Prüfungsbericht der zuständigen Behörde vorzulegen ist, soweit es zur wirksamen Überwachung erforderlich ist; hierbei können die Einzelheiten der Prüfung, insbesondere deren Anlass, Zeitpunkt und Häufigkeit, die Auswahl, Bestellung und Abberufung der Prüfer, deren Rechte, Pflichten und Verantwortlichkeit, der Inhalt des Prüfberichts, die Verpflichtungen des Versicherungsberaters gegenüber dem Prüfer sowie das Verfahren bei Meinungsverschiedenheiten zwischen dem Prüfer und dem Versicherungsberater, geregelt werden. Zur Überwachung des Provisionsannahmeverbotes kann in der Rechtsverordnung bestimmt werden, dass der Versicherungsberater über die Einnahmen aus seiner Tätigkeit Aufzeichnungen zu führen hat.

Übersicht

	Rdn
A. Normzweck	1
B. Norminhalt	2
I. Erlaubnispflicht	2
II. Registereintragung	3
III. Beratung	4
IV. Ohne wirtschaftlichen Vorteil	5
V. Abhängigkeit	6
VI. Gewerbsmäßigkeit	7

VII. Abgrenzung zum Vermittler 8
VIII. Versagungsgründe 14
IX. Provisionsannahmeverbot 15
C. Rechtsfolgen 16
D. Honorar 17

A. Normzweck

Von der EU-Vermittlerrichtlinie ebenfalls umfasst ist der Versicherungsberater. Dieser war 1
bislang in 1 Abs. 1 Nr. 2 RechtsBerG gesetzlich geregelt. Nunmehr wird er als anerkannter
Beruf (BVerfGE 75, 284 = NJW 1988, 543) in § 34e GewO sowie in § 68 VVG durch die
Neuregelung in die Gesetzessystematik neu eingebunden. Diese Einbindung wurde mit
einer Verfassungsbeschwerde angegriffen, da sich der Berschwerdeführer dem Berufsstand
der Rechtsanwälte vergleichbar betrachtete und fühlte sich sowohl in seiner Burufsfreiheit
als auch nach dem Gleichheitssatz beeinträchtigt. Die Verfassungsbeschwerde wurde vom
BVerfG nicht zur Entscheidung angenommen und somit gem. § 93a Abs. 2 BVerfGG
verworfen. Die Risiken, welche bei der Vermittlung von Versicherungsverträgen entstehen,
entstehen ebenso auch bei der Versicherungsberatung. Es ist daher angebracht, dem Versicherungsberater dieselben Pflichten wie dem Versicherungsvermittler aufzuerlegen. Er
unterliegt daher auch der Erlaubnispflicht. Allerdings existieren am Markt in Deutschland
Schätzungen zufolge lediglich ca. 150 Versicherungsberater (so *Schönleiter*, GewArch
2007, 265, 266) und die Zahl der registrierten Versicherungsberater ist kaum gestiegen.
Durch die Regelung erhält die auch vom Rechtsberatungsgesetz nicht umfasste Tätigkeit
eine Rechtsgrundlage. Zuletzt hat der BGH festgestellt, dass die Bezeichnung „**Versicherungsberater**" vor den Neuregelungen keine geschützte Bezeichnung darstellte und auch
nicht als irreführend einzustufen sei (vgl. BGH VersR 2009, 1555).

B. Norminhalt

I. Erlaubnispflicht

Gem. § 34e Abs. 1 S. 1 GewO ist der Beruf des Versicherungsberaters erlaubnispflichtig. 2
Für die Erteilung, aber auch den Widerruf, die Rücknahme und Beschränkungen der
Erlaubnis ist die IHK die zuständige Behörde. Die Aufsicht obliegt der obersten Landesbe-
hörde.

Alle Versicherungsberater, die bis zum 1.1.2007 bereits über eine Erlaubnis nach dem
RBerG verfügten, konnten diese aufgrund der Übergangsregelung aus § 156 Abs. 3 GewO
in eine Erlaubnis nach § 34e umwandeln lassen. Hierfür bedurfte es lediglich des Nachweises einer Berufshaftpflichtversicherung nach § 34d Abs. 2 Nr. 3 GewO.

Die Erlaubniserteilung ist verwaltungsrechtlich ein begünstigender Verwaltungsakt. Daher
ist sowohl eine inhaltiche Beschränkung, als auch die Erteilung von (auch nachträglichen)
Auflagen möglich. Sofern die Voraussetzungen zur Erteilung der Erlaubnis vorliegen, ist
diese zu erteilen. Es besteht kein Ermessenspielraum seitens der zuständigen Behörde/
IHK. Für den Fall der Nichterteilung kann mit einer Verpflichtungsklage gem. § 42 Abs. 1

VwGO dagegen vorgegangen werden (vgl. hierzu auch *Schönleiter*, in: Landmann/Rohmer, GewO, § 34e Rn 6).

II. Registereintragung

3   Der Versicherungsberater ist gem. § 11a Abs. 1 GewO verpflichtet, sich ins Register aufnehmen zu lassen. Ebenso ist er verpflichtet, wesentliche Änderungen unverzüglich mitzuteilen. Nach der EU-Richtlinie ist der Versicherungsberater verpflichtet, der registerführenden Behörde zu melden. Ein Berater aus einem anderen EU-Staat ist jedoch von der Erlaubnispflicht befreit, wenn er bereits in dem Register seines Heimatstaates eingetragen ist. In diesem Fall wird davon ausgegangen, dass die Tätigkeit legal ist (so auch *Schönleiter*, in: Landmann/Rohmer, GewO, § 34e, Rn 24).

III. Beratung

4   Das Tatbestandsmerkmal der Beratung ist **weit auszulegen**. Die Beratung ist in § 34e Abs. 1 S. 3 GewO und § 59 Abs. 4 VVG definiert. Es ist dabei jede Tätigkeit erfasst, welche dem Beratenden ggü. durch die Erteilung von Auskünften, Einschätzungen und Empfehlungen die Entscheidung zugunsten eines Versicherungsproduktes erleichtern soll.

Die Defintion der Beratung macht deutlich, dass im Unterschied zu einem Versicherungsvermittler für den Versicherungsberater nicht der Abschluss oder die Vermittlung eines Versicherungsvertrages im Vordergrund steht, sondern er vielmehr die versicherungsrechtliche Situation des Kunden bewertet und anhand der Bewertung eine individuelle Beratung erfolgen soll. Ein Versicherungsberater nach § 34e GewO kann somit nur sein, wer absolut unabhängig ohne Provisionsinteresse und jegliche andere Anbindung an eine Vertriebsorganisation ausschließlich seinem Kunden beratend zur Seite steht (vgl. auch *Schönleiter*, in: Landmann/Rohmer, GewO, § 34e Rn 10). In der Entscheidung des Bundesverfassungsgerichts von 1987 (BVerfGE 75, 284 = NJW 1988, 543) heißt es dazu: „Aufgrund der ihm (dem Berater) verbotenen Vermittlungstätigkeit kann seine Beratung objektiv und neutral erfolgen: jegliche Interessenbindung an die Versicherungsgesellschaft ist ausgeschlossen".

IV. Ohne wirtschaftlichen Vorteil

5   Weiter darf dem Versicherungsberater vom VR für dessen Beratungtätigkeit kein wirtschaftlicher Vorteil versprochen worden sein. Insb. darf ihm also keine Provision oder Courtage zustehen. Aber auch sonstige wirtschaftliche Vorteile dürfen nicht gewährt werden, also auch keine Vergünstigungen oder Ermäßigungen, Geschenke, andere Sachleistungen oder die zusätzliche Zuteilung/Verweisung von Kunden durch den VR (direkt oder indirekt) an den Berater.

Unter einem wirtschaftlichen Vorteil sind alle Begünstigungen zu verstehen, die wirtschaftlich messbar sind, auch wenn sie nicht eine erkennbare finanzielle Zuwendung sind (vgl. *Schönleiter*, in: Landmann/Rohmer, GewO, § 34e Rn 12).

V. Abhängigkeit

Außerdem darf der Berater auch nicht in sonstiger Weise vom VR abhängig sein. Beispielhaft sei hier die Ausnutzung einer Zwangslage des Beraters zu nennen oder die Ausnutzung persönlicher Kontakte. In sonstiger Weise ist der Berater abhängig, wenn er nicht mehr rechtlich oder wirtschaftlich ungebunden ggü. seinem Kunden eine Empfehlung hinsichtlich eines Produktes oder VR geben kann. 6

Die Unabhängigkeit wird weit verstanden. Das höchste Ziel ist der Kunden- und Verbraucherschutz. Daher ist es auch nicht zulässig, wenn die Antragstellerin eine Gesellschaft, deren alleiniger Geschäftsführer und Gesellschafter gleichzeitig Gesellschafter und Gesellschafter eines oder mehrerer Maklerunternehmen ist, die über eine Erlaubnis nach § 34d GewO verfügen, ist.

Allein entscheidend ist an dieser Stelle, dass die Antragstellerin nicht über die nötige wirtschaftliche Unabhängigkeit und damit über das gesetzlich geforderte Alleinstellungsmerkmal verfügt. Schon aufgrund der unterschiedlichen gesetzlichen Anforderungen der beiden Berufsbilder schließen sich der Beruf des Versicherungsmaklers und der des Versicherungsberaters in einer Person aus, es bedarf an dieser Stelle keines Verbotes einer „Doppeltätigkeit". Fehlt es somit an dem Voraussetzungsmerkmal der Unabhängigkeit, kann eine Erlaubnis nicht erteilt werden. „Der Versicherungsberater darf keinerlei Bindungen eingehen, die seine neutrale, objektive und unabhängige Tätigkeit einschränken könnte" (VG Potsdam, Urt. v. 10.3.2015 – VG 3 K 2738/13). Diese Unabhängigkeit ist z.B. dann nicht gegeben, wenn die Erlaubnis für die Tätigkeit einer Versicherungsberaterin von einer Gesellschaft gestellt wird, die mit einer Versicherungsmaklergesellschaft verbunden ist (vgl. VG Potsdam Urt. v. 10.3.2015 – VG 3 K 2738/13).

VI. Gewerbsmäßigkeit

Weiter muss der Berater seine Tätigkeit gewerbsmäßig erbringen. Es gelten dabei die allgemeinen Grundlagen zur Gewerbsmäßigkeit (vgl. § 34d GewO Rdn 9 ff.). 7

VII. Abgrenzung zum Vermittler

§ 34e Abs. 1 GewO ist dahin gehend zu erweitern, dass ein Versicherungsberater natürlich auch keinen wirtschaftlichen Vorteil von einem Versicherungsvertreter oder einem Versicherungsmakler erhalten darf. Ein Versicherungsberater wäre daher nicht befugt, ggü. seinem Kunden ein Honorar abzurechnen und gleichzeitig von einem „**Dritten**" (jedweden Vermittler) einen wirtschaftlichen Vorteil zu erhalten. 8

Maßgebliches **Abgrenzungskriterium** ist daher, dass der Versicherungsberater **vollständig im Lager des Kunden** steht und aufgrund einer **eigenständigen Vereinbarung** ein **Beratungshonorar** von seinem Kunden erhält. Ein solches Beratungshonorar kann auch für den Kunden von einem Dritten gezahlt werden. Eine **doppelte Vergütung** ist jedoch **vollständig auszuschließen**. 9

10 Es ist unerheblich, ob der Versicherungsberater auch an dem Zustandekommen des VV mitwirkt. Aufgrund seiner Mitwirkungshandlungen wird er nicht zu einem Vertreter oder Versicherungsmakler.

11 Die Versicherungsberatung ist die intensivste Form der Sachwalterstellung für den Kunden. Dabei ist selbstverständlich stets der Wille der Parteien im konkreten Einzelfall zu ermitteln. Unter haftungsrechtlichen Gesichtspunkten sind insb. die vertraglichen Abreden zu berücksichtigen. Sind keine vertraglichen Absprachen beweisbar (z.b. mündliche Absprachen) oder nicht getroffen worden, so ist der Versicherungsberater **haftungsrechtlich dem Versicherungsmakler gleichzustellen**. Der Versicherungsberater unterliegt einer sehr strengen Beratungshaftung und ist neben dem Versicherungsmakler auch den anderen Expertenberufen (z.B. Steuerberater, Wirtschaftsprüfer, RA) gleichzusetzen.

12 Für den Versicherungsberater gelten sowohl die Vorschriften des § 60 Abs. 1 S. 1 VVG, des § 61 Abs. 1 VVG als auch die der §§ 62–65 und 67 VVG entsprechend (vgl. hierzu § 68 VVG).

13 Darüber hinaus haftet der Versicherungsberater ggf. auch aus dem Beratungsvertrag i.V.m. § 280 BGB, § 823 Abs. 2 BGB i.V.m. § 148 GewO; § 3 UWG; § 826 BGB.

VIII. Versagungsgründe

14 Die Erlaubnis kann beim Versicherungsberater aus denselben Gründen wie beim Versicherungsvermittler versagt werden. § 34e Abs. 2 GewO verweist dazu auf die allgemeinen Versagensgründe des § 34d Abs. 2, 5 und 11 GewO, welche auch für den Versicherungsvermittler gelten. Der Versicherungsberater muss also ebenfalls den Nachweis der Berufshaftpflichtversicherung und der hinreichende Sachkunde erbringen sowie zuverlässig sein und in geordneten Vermögensverhältnissen leben.

IX. Provisionsannahmeverbot

15 Um die strikte Unabhängigkeit des Versicherungsberaters zu wahren, besteht das in § 34e Abs. 3 GewO enthaltene Provisionsannahmeverbot. Zur Durchsetzung können unter den in § 34e Abs. 3 GewO enthaltenen Voraussetzungen entsprechende Rechtsverordnungen erlassen werden.

Eine solche Verordnung wurde mit der Versicherungsvermittlerverordnung geschaffen. In den §§ 14 Abs. 3 und 15 Abs. 2 VersVermV sind die Voraussetzungen zur Durchsetzung des Provisionsannahmeverbotes näher geregelt worden.

Unter der Begrifflichkeit Provision wird jeder wirtschaftliche Vorteil verstanden, der einem Berater durch einen Versicherer gewährt wird (so auch *Schönleiter*, in: Landmann/Rohmer, GewO, § 34e Rn 27).

Das Verbot der Annahme einer Provision durch einen Berater von einem Versicherer liegt darin, die Unabhängigkeit des Beraters noch deutlicher hervorzuheben. Aufgrund der Honorarabrede hat der Versicherungsberater ausschließlich die Interessen seiner Kunden zu vertreten.

C. Rechtsfolgen

Nimmt der Versicherungsberater vom VR Provisionen oder sonstige Vergünstigungen entgegen, so begeht er gem. § 144 Abs. 2 Nr. 8 GewO eine Ordnungswidrigkeit. Eine Ordnungswidrigkeit begeht danach jeder, der vorsätzlich oder fahrlässig ohne Erlaubnis beratend tätig wird, sich nicht oder nicht rechtzeitig eintragen lässt oder gegen die Vorschriften der VersVermV verstößt. Handelt es sich um einen besonders schweren Fall, kommt auch eine Strafbarkeit nach § 148 GewO in Betracht. § 144 Abs. 2 Nr. 8 GewO stellt ebenfalls ein Schutzgesetz i.S.d. § 823 Abs. 2 BGB dar.

16

D. Honorar

Versicherungsberatern ist es – wie zuvor unter Rdn 8 dargestellt – verboten, Provisionen von Versicherern anzunehmen. Versicherungsberater werden daher direkt von ihrem Kunden bezahlt. Dabei stellt sich die Frage, auf welcher Grundlage abgerechnet werden darf. Die Tätigkeit des Versicherungsberaters orientiert sich an den Bedürfnissen seines Kunden und basiert auf einer objektiven und indivdiuellen Beratung (BVerfG, NJW 1988, 543). Nach § 34e GewO erhält der Versicherungsberater mit seiner Erlaubnis die Befugnis, seine Kunden bei Vereinbarung, Änderung oder Prüfung von Versicherungsverträgen oder rechtlich bei der Wahrnehmung von Ansprüchen aus einem Versicherungsvertrag zu beraten (LG Hamburg, Urt. v. 22.3.2013 – 315 O 76/12). Mit der Erlaubnis nach § 34e GewO ist der Versicherungsberater ebenfalls befugt, seinen Kunden gegenüber dem Versicherer außergerichtlich zu vertreten (LG Hamburg, Urt. v. 22.3.2013 – 315 O 76/12). Der Versicherungsberater nimmt somit Aufgaben war, die auch ein Rechtsanwalt wahrnehmen dürfte. Aus diesem Grunde erscheint es, dem Landgericht Hamburg folgend, angemessen, dem Versicherungsberater denselben Vergütungsanspruch zu kommen zu lassen wie dem beratenden Rechtsanwalt (LG Hamburg, Urt. v. 22.3.2013 – 315 O 76/12). Die Entscheidung ist nicht rechtskräftig und strittig.

17

In § 4 RDGEG wird uneingeschränkt von „registrierten Erlaubnisinhabern", in § 1 RDGEG von „Erlaubnisinhabern nach dem Rechtsberatungsgesetz" und in § 2 RDGEG von „Versicherungsberatern" mit dem Hinweis auf die Erlaubnispflicht nach § 34e GewO gesprochen.

Nach dem Wortlaut und der Gesetzessystematik fällt die Berufsgruppe des Versicherungsberaters und deren Erlaubnis auch unter § 4 RDGEG. Demnach wäre es auch für den Versicherungsberater unzulässig, ein Erfolgshonorar zu vereinbaren, es sei denn es liegt eine Ausnahme nach § 4a RVG vor (LG Hamburg, Urt. v. 22.3.2013 – 315 O 76/12, strittig).

Danach gilt das nach § 4 RDGEG anzuwendende RVG im Umfang der erteilten Erlaubnis. Dabei sind alle Beratungstätigkeiten erfasst. Es kommt nicht darauf an, ob es sich um einen Einzelfall, um eine rechtliche Beratung handelt oder nicht, da der Versicherungsberater seiner Stellung und Tätigkeit nach einzustufen ist wie ein Rechtsanwalt (LG Hamburg, Urt. v. 22.3.2013 – 315 O 76/12, strittig).

§ 34f GewO Finanzanlagenvermittler

(1) Wer im Umfang der Bereichsausnahme des § 2 Absatz 6 Satz 1 Nummer 8 des Kreditwesengesetzes gewerbsmäßig zu

1. Anteilen oder Aktien an inländischen offenen Investmentvermögen, offenen EU-Investmentvermögen oder ausländischen offenen Investmentvermögen, die nach dem Kapitalanlagegesetzbuch vertrieben werden dürfen,
2. Anteilen oder Aktien an inländischen geschlossenen Investmentvermögen, geschlossenen EU-Investmentvermögen oder ausländischen geschlossenen Investmentvermögen, die nach dem Kapitalanlagegesetzbuch vertrieben werden dürfen,
3. Vermögensanlagen im Sinne des § 1 Absatz 2 des Vermögensanlagengesetzes

Anlagevermittlung im Sinne des § 1 Absatz 1a Nummer 1 des Kreditwesengesetzes oder Anlageberatung im Sinne des § 1 Absatz 1a Nummer 1a des Kreditwesengesetzes erbringen will (Finanzanlagenvermittler), bedarf der Erlaubnis der zuständigen Behörde. Die Erlaubnis kann inhaltlich beschränkt oder mit Auflagen verbunden werden, soweit dies zum Schutz der Allgemeinheit oder der Anleger erforderlich ist; unter denselben Voraussetzungen sind auch die nachträgliche Aufnahme, Änderung und Ergänzung von Auflagen zulässig. Die Erlaubnis nach Satz 1 kann auf die Anlageberatung zu und die Vermittlung von Verträgen über den Erwerb von einzelnen Kategorien von Finanzanlagen nach Nummer 1, 2 oder 3 beschränkt werden.

(2) Die Erlaubnis ist zu versagen, wenn

1. Tatsachen die Annahme rechtfertigen, dass der Antragsteller oder eine der mit der Leitung des Betriebs oder einer Zweigniederlassung beauftragten Personen die für den Gewerbebetrieb erforderliche Zuverlässigkeit nicht besitzt; die erforderliche Zuverlässigkeit besitzt in der Regel nicht, wer in den letzten fünf Jahren vor Stellung des Antrags wegen eines Verbrechens oder wegen Diebstahls, Unterschlagung, Erpressung, Betrugs, Untreue, Geldwäsche, Urkundenfälschung, Hehlerei, Wuchers oder einer Insolvenzstraftat rechtskräftig verurteilt worden ist,
2. der Antragsteller in ungeordneten Vermögensverhältnissen lebt; dies ist in der Regel der Fall, wenn über das Vermögen des Antragstellers das Insolvenzverfahren eröffnet worden oder er in das vom Insolvenzgericht oder vom Vollstreckungsgericht zu führende Verzeichnis (§ 26 Absatz 2 der Insolvenzordnung, § 882b der Zivilprozessordnung) eingetragen ist,
3. der Antragsteller den Nachweis einer Berufshaftpflichtversicherung nicht erbringen kann oder
4. der Antragsteller nicht durch eine vor der Industrie- und Handelskammer erfolgreich abgelegte Prüfung nachweist, dass er die für die Vermittlung von und Beratung über Finanzanlagen im Sinne des Absatzes 1 Satz 1 notwendige Sachkunde über die fachlichen und rechtlichen Grundlagen sowie über die Kundenberatung besitzt; die Sachkunde ist dabei im Umfang der beantragten Erlaubnis nachzuweisen.

(3) Keiner Erlaubnis nach Absatz 1 bedürfen
1. Kreditinstitute, für die eine Erlaubnis nach § 32 Absatz 1 des Kreditwesengesetzes erteilt wurde, und Zweigstellen von Unternehmen im Sinne des § 53b Absatz 1 Satz 1 des Kreditwesengesetzes,
2. Kapitalverwaltungsgesellschaften, für die eine Erlaubnis nach § 7 Absatz 1 des Investmentgesetzes in der bis zum 21. Juli 2013 geltenden Fassung erteilt wurde, die für den in § 345 Absatz 2 Satz 1, Absatz 3 Satz 2 in Verbindung mit Absatz 2 Satz 1 oder Absatz 4 Satz 1 des Kapitalanlagegesetzbuchs vorgesehenen Zeitraum noch fortbesteht oder Kapitalverwaltungsgesellschaften, für die eine Erlaubnis nach den §§ 20, 21 oder §§ 20, 22 des Kapitalanlagegesetzbuchs erteilt wurde, ausländische AIF-Verwaltungsgesellschaften, für die eine Erlaubnis nach § 58 des Kapitalanlagegesetzbuchs erteilt wurde und Zweigniederlassungen von Unternehmen im Sinne von § 51 Absatz 1 Satz 1, § 54 Absatz 1 oder § 66 Absatz 1 des Kapitalanlagegesetzbuchs,
3. Finanzdienstleistungsinstitute in Bezug auf Vermittlungstätigkeiten oder Anlageberatung, für die ihnen eine Erlaubnis nach § 32 Absatz 1 des Kreditwesengesetzes erteilt wurde oder für die eine Erlaubnis nach § 64e Absatz 2, § 64i Absatz 1 oder § 64n des Kreditwesengesetzes als erteilt gilt,
4. Gewerbetreibende in Bezug auf Vermittlungs- und Beratungstätigkeiten nach Maßgabe des § 2 Absatz 10 Satz 1 des Kreditwesengesetzes.

(4) Gewerbetreibende nach Absatz 1 dürfen direkt bei der Beratung und Vermittlung mitwirkende Personen nur beschäftigen, wenn sie sicherstellen, dass diese Personen über einen Sachkundenachweis nach Absatz 2 Nummer 4 verfügen und geprüft haben, ob sie zuverlässig sind. Die Beschäftigung einer direkt bei der Beratung und Vermittlung mitwirkenden Person kann dem Gewerbetreibenden untersagt werden, wenn Tatsachen die Annahme rechtfertigen, dass die Person die für ihre Tätigkeit erforderliche Sachkunde oder Zuverlässigkeit nicht besitzt.

(5) Gewerbetreibende nach Absatz 1 sind verpflichtet, sich unverzüglich nach Aufnahme ihrer Tätigkeit über die für die Erlaubniserteilung zuständige Behörde entsprechend dem Umfang der Erlaubnis in das Register nach § 11a Absatz 1 eintragen zu lassen; ebenso sind Änderungen der im Register gespeicherten Angaben der Registerbehörde unverzüglich mitzuteilen.

(6) Gewerbetreibende nach Absatz 1 haben die unmittelbar bei der Beratung und Vermittlung mitwirkenden Personen im Sinne des Absatzes 4 unverzüglich nach Aufnahme ihrer Tätigkeit bei der Registerbehörde zu melden und eintragen zu lassen. Änderungen der im Register gespeicherten Angaben sind der Registerbehörde unverzüglich mitzuteilen.

§ 34f GewO

Übersicht

	Rdn
A. Normzweck	1
B. Norminhalt	2
I. Erlaubnispflichtiger Tatbestand	2
1. Anlagevermittlung und -beratung	3
2. Im Umfang der Bereichsausnahme	6
3. Erfasste Anlageprodukte	7
a) Anteile oder Aktien an offenen Investmentvermögen, § 34f Abs. 1 S. 1 Nr. 1 GewO	8
b) Anteile oder Aktien an geschlossenen Investmentvermögen, § 34f Abs. 1 S. 1 Nr. 2 GewO	9
c) Vermögensanlagen im Sinne des § 1 Abs. 2 VermAnlG	10
4. Gewerbsmäßigkeit	11
II. Die Erlaubnis	12
1. Einschränkungen der Erlaubnis	13
a) Beschränkung der Erlaubnis	14
b) Auflagen	15
c) Beschränkung auf einzelne Kategorien	16
2. Versagungsgründe	17
a) Zuverlässigkeit	18
b) Vermögensverhältnisse	19
c) Berufshaftpflichtversicherung	20
d) Sachkundenachweis	21
3. Erlaubnisbefreiung	22
III. Angestellte Vermittler	23
IV. Eintragungspflicht	24
V. Eintragung mitwirkender Personen	25
VI. Rechtsfolgen einer Missachtung	26
1. Öffentlich-rechtlich	26
2. Wettbewerbsrechtlich	27
3. Zivilrechtlich	28

A. Normzweck

1 Der neu geschaffene § 34f GewO ist mit Wirkung zum 1.1.2013 in die GewO eingefügt worden. Durch die Neuregelung des § 34f GewO wurde die bisherige Regulierung der Tätigkeit von Finanzanlagenvermittlern aus § 34c Abs. 1 Nr. 2 und 3 GewO herausgelöst. Ziel dieser genaueren Kodifizierung war es den „grauen Kapitalmarkt" zu regulieren (*Schönleiter*, in: Landmann/Rohmer, § 34f Rn 5). § 34f GewO orientiert sich dabei strukturell an dem bereits länger bestehenden § 34d GewO.

B. Norminhalt

I. Erlaubnispflichtiger Tatbestand

2 § 34f GewO gilt für alle Finanzanlagevermittler. Im Gegensatz zu § 34d GewO enthält § 34f GewO neben der Erlaubnispflicht auch eine Legaldefinition des Finanzanlagevermittlers. Bei der Definition des Finanzanlagevermittlers wird zu großen Teilen Bezug auf das KWG sowie das KAGB genommen. Finanzanlagevermittler ist demnach, wer gewerbsmäßig eine Tätigkeit der Anlagevermittlung und -beratung durchführt, welche im Umfang der Bereichsausnahme des § 2 Abs. 6 S. 1 Nr. 8 KWG erfolgt und sich auf ein in § 34f Abs. 1 S. 1 Nr. 1–3 GewO genanntes Finanzanlageprodukt bezieht.

1. Anlagevermittlung und -beratung

Bei der Anlagevermittlung nach § 34f Abs. 1 S. 1 1. Alt. GewO wird es sich in der Praxis um die Haupttätigkeit des Finanzanlagevermittlers handeln. Nach der Verweisung auf die Legaldefinition des § 1 Abs. 1a Nr. 1 KWG ist Anlagevermittlung die Vermittlung von Geschäften über die Anschaffung und die Veräußerung von Finanzinstrumenten.

Dabei entsteht nach dieser Definition immer eine **Dreiecks-Beziehung** zwischen Finanzanlageverkäufer, dem Finanzanlagevermittler und dem Finanzanlagekäufer. Vermittler ist dabei, wer fremde Produkte an fremde Kunden verkauft. Dabei ist eindeutig, dass Vermittler weder das Emmissionshaus noch der Endkunde der Finanzanlage ist (so auch *Will*, in: Pielow, § 34f Rn 37; *Schönleiter*, in: Landmann/Rohmer, § 34f Rn 11).

Der Anlagevermittler ist vom sog. „Tippgeber" zu unterscheiden, welcher dem Finanzanlagenverkäufer oder -vertrieber lediglich Hinweise auf Personen, welche ein Interesse an solch einer Anlage haben können, gibt. Diese Tippgeber unterfallen nicht dem Anwendungsbereich des § 34f Abs. 1 S. 1 GewO, sodass für diese keine Erlaubnispflicht besteht.

Auch bei der Anlageberatung bedient sich § 34f Abs. 1 S. 1 2. Alt. GewO einer Legaldefinition aus dem KWG. Gem. § 1 Abs. 1a Nr. 1a KWG ist die Abgabe von persönlichen Empfehlungen an Kunden oder deren Vertreter, die sich auf Geschäfte mit bestimmten Finanzinstrumenten beziehen, sofern die Empfehlung auf eine Prüfung der persönlichen Umstände des Anlegers gestützt oder als für ihn geeignet dargestellt wird und nicht ausschließlich über Informationsverbreitungskanäle oder für die Öffentlichkeit bekannt gegeben wird, eine Anlageberatung. Insbesondere im Vergleich zur Anlagevermittlung geht hier die Tätigkeit von einer persönlichen Empfehlung aus. Ziel ist es dabei nicht, eine bestimmte Anlage zu erwerben. Da der Begriff der Anlagevermittlung recht weit geht, deckt dieser auch einen Großteil der Anlageberatung ab (*Will*, in: Pielow, § 34f Rn 42). Dementsprechend ist der Anwendungsbereich der Anlageberatung sehr gering und von geringerer praktischer Bedeutung.

2. Im Umfang der Bereichsausnahme

Die Anlagevermittlung oder -beratung muss gem. § 34f Abs. 1 S. 1 GewO im Umfang der Bereichsausnahme des § 2 Abs. 6 S. 1 Nr. 8 KWG erfolgen. Grundsätzlich wäre die Finanzanlagevermittlung und -beratung vom KWG erfasst, sodass eine Bank-Erlaubnis nach § 32 KWG vorzuliegen hätte. Andernfalls wäre eine Bereichsausnahme auch nicht nötig gewesen (*Artzt/Kemter*, BKR 2011, 476). Dies erschien dem Gesetzgeber für die reine Anlagenvermittlung jedoch zu weitgehend.

3. Erfasste Anlageprodukte

Eine Erlaubnispflicht für die Vermittlung von Finanzanlageprodukten nach § 34f GewO gilt nicht für sämtliche Finanzanlageprodukte. Eine Erlaubnispflicht gilt nur für die unter § 34f Abs. 1 S. 1 Nr. 1–3 GewO aufgeführten Finanzanlageprodukte. Für die Vermittlung anderer Finanzanlageprodukte bedarf es daher weiterhin einer Erlaubnis nach § 32 KWG.

Lediglich Produkte, welche nicht unter § 34f Abs. 1 S. 1 Nr. 1–3 GewO oder unter § 1 Abs. 11 KWG fallen, unterliegen keiner Erlaubnispflicht (*Will*, in: Pielow, § 34f GewO Rn 41).

a) Anteile oder Aktien an offenen Investmentvermögen, § 34f Abs. 1 S. 1 Nr. 1 GewO

8 Als erstes erlaubnispflichtiges Produkt werden die Anteile oder Aktien an offenen Investmentvermögen (sogenannte offene Investmentfonds), welche nach dem KAGB vertrieben werden dürfen, genannt. Bei einem Investmentfond handelt es sich um einen Organismus für gemeinsame Anlagen, welcher das bei den Anlegern gesammelte Geld nach einer Anlagestrategie zum Nutzen der Kunden anlegt und investiert. Die damals in § 1 Abs. 2 KAGB enthaltene Abgrenzung zwischen einem offenem und einem geschlossenem Fond, wonach die Einordnung eines Fonds als offener Fond nur möglich ist, wenn dem Anleger mindestens einmal jährlich ein Rückgaberecht eingeräumt wird, wurde durch die Delegierte Verordnung der EU-KOM vom 17.12.2013 zur Ergänzung der RL 2011/61/EU – (C (2013) 9098 final) eingeschränkt. Durch diese – in Deutschland unmittelbar geltende – EU-Verordnung wird festgelegt, dass als geschlossene Fonds nur noch solche gelten, bei denen keine Rücknahme der Anteile vor Beginn der Liquidations- oder Auslaufphase möglich ist. Sämtliche Fonds, deren Bedingungen eine vorzeitige Rücknahmemöglichkeit vorsehen, gelten demnach als offene Fonds und unterfallen somit § 34f Abs. 1 Nr. 1 GewO (*Schönleiter*, in: Landmann/Rohmer, § 34f GewO Rn 64a f.).

b) Anteile oder Aktien an geschlossenen Investmentvermögen, § 34f Abs. 1 S. 1 Nr. 2 GewO

9 Umfasst sind auch weiter Anteile an geschlossenen Investmentfonds. Durch die Neuordnung des Finanzvermittlerrechtes sollte auch eine Erhöhung des Anlegerschutzes im „grauen Kapitalmarkt" erfolgen (Gesetzesbegründung BT-Drucks 17/6051, S. 30). Was unter einem geschlossenen Investmentvermögen zu verstehen ist, wird nicht näher im KAGB definiert. Aus dem Umkehrschluss ergibt sich jedoch, dass Investmentvermögen geschlossen sind, wenn es sich bei ihnen nicht um offene handelt. Sofern also eine vorzeitige Rücknahmemöglichkeit der Anteile nicht mindestens einmal im Jahr möglich ist, handelt es sich bei dem Investmentvermögen um ein geschlossenes (*Will*, in: Pielow, § 34f GewO Rn 54; *Schönleiter*, in: Landmann/Rohmer, § 34f Rn 74).

c) Vermögensanlagen im Sinne des § 1 Abs. 2 VermAnlG

10 Umfasst von den erlaubnispflichten Produkten werden auch solche des § 1 Abs. 2 VermAnlG. Dabei ist § 34f Abs. 1 S. 1 Nr. 3 GewO als eine Art Auffangtatbestand ausgestaltet. Ein Großteil der vermittelten Anlagen fallen unter § 34f Nr. 1 und 2 GewO. Insbesondere die genaue Abgrenzung der Vermögensanlagen nach § 1 Abs. 2 VermAnlG zu den geschlossenen Investmentvermögen dürfte in der Praxis eine große Schwierigkeit bereiten,

sodass im Zweifel anzunehmen ist, dass es sich um einen Anteil an einem geschlossenen Investmentvermögen handelt.

Im Einzelnen sind erfasst:
- Anteile, die eine Beteiligung am Ergebnis eines Unternehmens gewähren (§ 1 Abs. 2 Nr. 1 VermAnlG)
- Anteile an einem Vermögen, das der Emittent oder ein Dritter in eigenem Namen für fremde Rechnung hält oder verwaltet (Treuhandvermögen, § 1 Abs. 2 Nr. 2 VermAnlG)
- partiarische Darlehen (§ 1 Abs. 2 Nr. 3 VermAnlG)
- Nachrangdarlehen (§ 1 Abs. 2 Nr. 4 VermAnlG)
- Genussrechte (§ 1 Abs. 2 Nr. 5 VermAnlG)
- Namensschuldverschreibungen (§ 1 Abs. 2 Nr. 6 VermAnlG)
- sonstige Anlagen, die einen Anspruch auf Verzinsung und Rückzahlung gewähren oder im Austausch für die zeitweise Überlassung von Geld einen vermögenswerten auf Barausgleich gerichteten Anspruch vermitteln (§ 1 Abs. 2 Nr. 7 VermAnlG).

Durch Änderungen des § 1 Abs. 2 VermAnlG kann es zu einer Erweiterung des Anwendungsbereiches des § 34f Abs. 1 GewO kommen, ohne dass dies in § 34f GewO ersichtlich wird. Da § 34f GewO direkt auf § 1 Abs. 2 VermAnlG verweist, werden zukünftige Änderungen automatisch von § 34f GewO mitabgedeckt.

4. Gewerbsmäßigkeit

Bei dem Merkmal der Gewerbsmäßigkeit ergeben sich im Vergleich keinerlei Unterschiede zu dem Begriff aus § 34d GewO. Dieser setzt auch hier voraus, dass die Vermittlung erlaubt ist und selbstständig, auf Dauer angelegt und mit Gewinnerzielungsabsicht betrieben wird (für Einzelheiten siehe § 34d GewO Rdn 10 ff.). 11

II. Die Erlaubnis

§ 34f Abs. 1 GewO stellt eine Erlaubnispflicht für Finanzanlagenvermittler auf. Diese Regelung ist an die des § 34c GewO und des § 34d GewO angelehnt. Die Erlaubnis ist immer zu erteilen, sofern kein Versagungsgrund nach § 34f Abs. 2 GewO vorliegt. Sie kann jedoch inhaltlich eingeschränkt werden. 12

1. Einschränkungen der Erlaubnis

Die Erlaubnis kann von der Behörde eingeschränkt werden. Dies erfolgt gem. § 34f Abs. 1 S. 2 GewO entweder durch eine Beschränkung oder durch eine Auflage. Es handelt sich dabei um eine Ermessensnorm. 13

a) Beschränkung der Erlaubnis

Eine Beschränkung der Erlaubnis liegt vor, wenn die Erlaubnis innerhalb des Rahmens des § 34f Abs. 1 S. 1 GewO inhaltlich beschränkt wird. Eine inhaltliche Beschränkung, die 14 trotz der Einräumung von Ermessen („kann") im Lichte der Gewerbefreiheit gem. § 1 Abs. 1 GewO und des Grundrechts der Berufsfreiheit aus Art. 12 Abs. 1 GG nur in engen Grenzen in Betracht kommt, betrifft unmittelbar den Inhalt der Erlaubnis (*Will*, in: Pielow, § 34f Rn 139). Die Möglichkeit der Erlaubnisbehörde zur inhaltlichen Beschränkung hat aufgrund von § 34f Abs. 1 S. 3 GewO, welcher eine Beschränkung der Erlaubnis auf einzelne Produktkategorien erlaubt, kaum praktische Bedeutung.

b) Auflagen

15 Die Erlaubnis kann mit Auflagen versehen werden, soweit dies für den Schutz der Allgemeinheit oder der Anleger erforderlich ist. Anders als bei einer Beschränkung wird bei einer Auflage die Erlaubnis unbeschränkt erteilt, der Antragsteller muss sich aber zukünftig bei der Ausübung seiner Tätigkeit an die Anforderungen der Auflage halten und diese befolgen. Eine Auflage stellt dabei eine Nebenbestimmung im Sinne des § 36 Abs. 2 Nr. 4 VwVfG dar. Aufgrund der Auflage wird der Vermittler dann zu einem bestimmten Tun, Dulden oder Unterlassen verpflichtet. Eine Auflage kann auch nachträglich von der Behörde erteilt werden. Sie muss dabei allerdings ebenso für den Schutz der Allgemeinheit oder der Anleger erforderlich sein. Nach überwiegender Ansicht kann eine solche Auflage auch isoliert angefochten werden (vgl. *Sprol*, NJW 2002, 3221).

c) Beschränkung auf einzelne Kategorien

16 Nach § 34f Abs. 1 S. 3 GewO kann eine Erlaubnis auch auf die einzelnen Kategorien nach § 34f Abs. 1 S. 1 Nr. 1–3 GewO beschränkt werden. Dementsprechend kann auch der Finanzanlagenvermittler bei Antragstellung seinen Antrag auf eine dieser Kategorien beschränken. Die Beschränkung kann für einzelne Produktkategorien nach § 34f Abs. 1 S. 1 Nr. 1–3 GewO, nicht aber für Teilbereiche der einzelnen Produktkategorien erfolgen.

2. Versagungsgründe

17 Der Finanzanlagenvermittler hat die Erlaubnis bei der zuständigen Stelle zu beantragen. Die Erlaubnis ist immer zu erteilen, sofern kein Versagungsgrund nach § 34f Abs. 2 GewO vorliegt.

a) Zuverlässigkeit

18 Eine Erlaubnis kann versagt werden, sofern die erforderliche Zuverlässigkeit nicht gewährleistet ist. Bei dem im deutschen Gewerberecht bekannten Begriff der Zuverlässigkeit, handelt es sich um einen unbestimmten Rechtsbegriff, welcher der vollen gerichtlichen Kontrolle unterliegt. Unzuverlässig im Sinne des Gewerberechts ist derjenige, welcher nach dem Gesamteindruck seines Verhaltens keine Gewähr dafür bietet, dass er sein Gewerbe in Zukunft ordnungsgemäß, also im Einklang mit den gesetzlichen Vorschriften und unter Beachtung der guten Sitten, ausüben wird (BVerwGE 65, 1, 1 f.; BVerwG GewArch 1971, 200 f.; BVerwG GewArch 1982, 233, 294, 298 ff.; BVerwG GewArch 1999, 72; *Will*,

in: Pielow, § 34f GewO Rn 76). Dabei sind die in § 34f Abs. 2 Nr. 1 GewO genannten Regelbeispiele nicht abschließend (für Einzelheiten siehe § 34d GewO Rdn 33 ff.).

b) Vermögensverhältnisse

Der Antragsteller muss in geordneten Vermögensverhältnissen leben. Dies ist jedoch keineswegs in dem Sinne zu verstehen, als dass der Antragsteller ein gewisses Grundvermögen besitzen müsste. Dieses Merkmal soll sicherstellen, dass nicht schon die finanzielle Lage des Antragstellers Anlass zur Befürchtung gibt, dass das Gewerbe als Finanzanlagenvermittler missbraucht werden könnte, um sich an den Kunden in rechtswidriger Weise zu bereichern. Als Regelbeispiele werden hier die Eröffnung des Insolvenzverfahrens oder die Eintragung des Antragstellers in das vom Vollstreckungsgericht zu führende Verzeichnis (§ 26 Absatz 2 der Insolvenzordnung, § 882b der Zivilprozessordnung) genannt.

19

c) Berufshaftpflichtversicherung

Ein weiterer Versagungsgrund ist, dass der Antragsteller keine Berufshaftpflichtversicherung vorweisen kann. Die Berufshaftpflichtversicherung soll sicherstellen, dass der Kunde einen Schaden, welcher durch eine Pflichtverletzung des Vermittlers entstanden ist, ersetzt bekommt. Art und Umfang der Haftpflichtversicherung richten sich nach § 9 FinVermV. Es ist zu beachten, dass eine solche Versicherung nicht nur zur Antragstellung vorliegen muss, sondern während der gesamten Tätigkeit als Finanzanlagenvermittler. Andernfalls könnte die Behörde die erteilte Erlaubnis auf der Grundlage von § 49 Abs. 2 S. 1 Nr. 3 VwVfG widerrufen (vgl. VG München, Urt. v. 23.3.2009 – M 16 S 09.76, LNR 2009, 25762).

20

d) Sachkundenachweis

Weiter wird gefordert, dass der Antragsteller über die für die Vermittlung benötigten Kenntnisse verfügt. Dieser Sachkundenachweis stellt dabei lediglich ein Mindestmaß an Qualifikation dar. Art und Umfang regeln die §§ 1 ff. FinVermV.

21

Der Antragsteller hat die Sachkunde in eigener Person nachzuweisen oder im Fall, dass der Antragsteller eine juristische Person ist, durch eine angemessene Anzahl bei ihm beschäftigter natürlicher Personen, denen die Aufsicht über die unmittelbar mit der Vermittlung beauftragten Personen übertragen ist und die den Antragsteller vertreten dürfen. Die Einzelheiten regelt die FinVermV.

3. Erlaubnisbefreiung

§ 34f Abs. 3 GewO befreit unter bestimmten Voraussetzungen aus dem Erfordernis einer Erlaubniserteilung, da diese meist schon aufgrund von anderen Gesetzen einer Erlaubnispflicht unterliegen und damit auch schon durch die BaFin kontrolliert werden (*Schönleiter*, in: Landmann/Rohmer, § 34f Rn 136).

22

Eine Ausnahme wird gemacht für:
- Kreditinstitute, welche eine Erlaubnis nach § 32 KWG haben und Zweigstellen von Unternehmen im Sinne des § 53b Abs. 1 S. 1 KWG (§ 34f Abs. 3 Nr. 1 GewO)
- Kapitalverwaltungsgesellschaften, welche eine Erlaubnis nach § 7 Abs. 1 des Investmentgesetzes in der bis zum 21.7.2013 geltenden Fassung oder dem neuen KAGB erhalten haben sowie Zweigstellen i.S.v. § 51 Abs. 1, § 54 Abs. 1 oder § 66 Abs. 1 KAGB (§ 34f Abs. 3 Nr. 2 GewO)
- Finanzdienstleistungsinstitute, welche für die Vermittlungstätigkeiten oder Anlageberatung eine Erlaubnis nach § 32, § 64i oder § 64n KWG besitzen (§ 34f Abs. 3 Nr. 3 GewO)
- Gewerbetreibende im Sinne des § 2 Abs. 10 S. 1 KWG.

III. Angestellte Vermittler

23   Gewerbetreibende nach § 34f Abs. 1 GewO dürfen Personen, welche direkt an der Vermittlungs- oder Beratungstätigkeit beteiligt sind, nur beschäftigen, wenn sie sicherstellen, dass diese Personen über einen Sachkundenachweis im Sinne des § 34f Abs. 2 Nr. 4 GewO verfügen und geprüft haben, ob diese zuverlässig sind. Unter einer direkten Beschäftigung versteht man, dass diese direkt von der Geschäftsleitung in der Anlagevermittlung oder -beratung eingesetzt werden. Ob dies mit oder ohne Beaufsichtigung durch den Prinzipal, teilweise oder eigenständig, geschieht, ist unbeachtlich. Formaler Anknüpfungspunkt ist ein Angestelltenverhältnis (*Schönleiter*, in: Landmann/Rohmer, § 34f Rn 148). Sofern ein Sachkundenachweis nicht vorliegt oder die Zuverlässigkeit nicht sichergestellt werden kann, darf diese Person nicht direkt mit der Anlagevermittlung oder -beratung beauftragt sein. Es handelt sich dabei um eine Dauerpflicht, d.h. dieses muss nicht nur bei erstmaligen Einsatz der Person in der Vermittlung sichergestellt sein, sondern durchgängig (*Will*, in: Pielow, § 34f Rn 147). Für die Überprüfung der Zuverlässigkeit sollte der Gewerbetreibende ein Führungszeugnis vorlegen lassen, welches nicht älter als drei Monate sein sollte. Nach der Ermessensvorschrift des § 34f Abs. 4 S. 2 GewO kann die zuständige Behörde dem Gewerbetreibenden die Beschäftigung einer direkt bei der Beratung und Vermittlung mitwirkenden Person untersagen, wenn Tatsachen die Annahme rechtfertigen, dass die Person die für ihre Tätigkeit erforderliche Sachkunde oder Zuverlässigkeit nicht besitzt. Diese Untersagung kann sich nach Wortlaut und Normzweck nur auf die Beschäftigung zur direkten Mitwirkung bei der Beratung und Vermittlung beziehen. Der Gewerbetreibende kann einen betroffenen Angestellten also nach der Untersagung anderweitig beschäftigen (*Schulze-Werner*, GewArch 2012, 102; *Will*, in: Pielow, § 34f Rn 153).

IV. Eintragungspflicht

24   Für Anlagevermittler normiert § 34f Abs. 5 GewO eine unverzügliche Registereintragungspflicht in das Vermittlerregister nach § 11a GewO, vergleichbar mit der Eintragungspflicht für Versicherungsvermittler nach § 34d Abs. 7 GewO. Unter einer unverzüglichen Eintragung versteht man eine Eintragung, welche ohne schuldhaftes Zögern vorgenommen

wurde. Es sind sämtliche Informationen stets zu aktualisieren. Die Einzelheiten, insbesondere den Inhalt, regelt § 6 FinVermV.

V. Eintragung mitwirkendender Personen

Finanzanlagenvermittler haben Personen, welche direkt an der Anlagenvermittlung oder 25
-beratung beteiligt sind, ebenfalls in das Register nach § 11a GewO einzutragen. Dabei trifft die Pflicht nicht den angestellten Vermittler, sondern den Gewerbetreibenden. Die Vorschrift soll aus Verbraucherschutzgründen den Kunden ermöglichen, die Mitarbeiter des Gewerbetreibenden zu identifizieren (*Will*, in: Pielow, § 34f Rn 162). In das Register sind gem. § 6 S. 1 Nr. 8 und 9 FinVermV der Familienname, der Vorname und das Geburtsdatum der vom Eintragungspflichtigen beschäftigten Mitarbeiter einzutragen.

VI. Rechtsfolgen einer Missachtung

1. Öffentlich-rechtlich

Wird ein erlaubnispflichtiges Gewerbe ohne Erlaubnis betrieben, ergeben sich die Konsequenzen 26
aus **§ 15 Abs. 2 S. 1 GewO**. Die zuständige Behörde kann die Fortsetzung des Betriebes durch eine Schließungsverfügung verhindern. Bei der Schließungsverfügung handelt es sich um einen Verwaltungsakt im Sinne des § 23 VwVfG und sie kann nach erfolglosem Widerspruch mit einer Anfechtungsklage angegriffen werden. Zu beachten ist dabei, dass § 12 Abs. 2 GewO für sich genommen keine Rechtsgrundlage für Vollstreckungsmaßnahmen darstellt. Die Behörde muss also zwingend einen vorherigen Verwaltungsakt erlassen, aus dem dann vollstreckt werden kann. Dies ist der Fall, wenn der Verwaltungsakt bestandskräftig geworden ist oder die sofortige Vollziehbarkeit nach § 80 Abs. 2 S. 1 Nr. 4 VwGO angeordnet wurde. Gegen eine solche Anordnung der sofortigen Vollziehbarkeit kann ein Antrag nach § 80 Abs. 5 VwGO auf Wiederherstellung der aufschiebenden Wirkung gestellt werden.

2. Wettbewerbsrechtlich

Betreibt ein Eintragungspflichtiger ein Gewerbe im Sinne des § 34f GewO so stellt dies 27
aufgrund der verbraucherschützenden Wirkungsweise dieser Norm eine unzulässige und unlautere geschäftliche Handlung und damit einen Wettbewerbsverstoß nach §§ 3, 3a UWG dar (*Schönleiter*, in: Landmann/Rohmer, § 34f Rn 171; *Will*, in: Pielow, § 34f Rn 175).

3. Zivilrechtlich

Bei § 34f GewO handelt es sich um ein Schutzgesetz, sodass auch ein deliktsrechtlicher 28
Schadensersatzanspruch gegenüber dem Vermittler aus § 823 Abs. 2 BGB bei Verletzung einschlägig ist. Es trifft den Gewerbetreibenden eine zivilrechtliche Haftung (Schadensersatzpflicht) bei Verletzung der Beratungs- und Informationspflichten nach §§ 280 ff. BGB i.V.m. §§ 11 ff. FinVermV. Vertragliche Grundlage hierfür ist stets ein Beratungsvertrag,

welcher sich bei Unentgeltlichkeit nach den §§ 662 ff. BGB oder bei Entgeltlichkeit, welche wegen der Provisionierung oder Honorierung in der Praxis regelmäßig anzunehmen ist, nach den §§ 611 ff. BGB (Dienstvertrag) oder §§ 631 ff. BGB (Werkvertrag) richtet (*Schönleiter*, in: Landmann/Rohmer, GewO § 34f Rn 172).

§ 34g GewO Verordnungsermächtigung

(1) Das Bundesministerium für Wirtschaft und Energie hat im Einvernehmen mit dem Bundesministerium der Finanzen und dem Bundesministerium der Justiz und für Verbraucherschutz durch Rechtsverordnung mit Zustimmung des Bundesrates zum Schutze der Allgemeinheit und der Anleger Vorschriften zu erlassen über den Umfang der Verpflichtungen des Gewerbetreibenden bei der Ausübung des Gewerbes eines Finanzanlagenvermittlers und Honorar-Finanzanlagenberaters und zur Umsetzung der Verordnung (EU) Nr. 1286/2014. Die Rechtsverordnung hat Vorschriften zu enthalten über

1. die Informationspflichten gegenüber dem Anleger, einschließlich einer Pflicht, Provisionen und andere Zuwendungen offenzulegen und dem Anleger ein Informationsblatt über die jeweilige Finanzanlage zur Verfügung zu stellen,
2. die bei dem Anleger einzuholenden Informationen, die erforderlich sind, um diesen anlage- und anlegergerecht zu beraten,
3. die Dokumentationspflichten des Gewerbetreibenden einschließlich einer Pflicht, Beratungsprotokolle zu erstellen und dem Anleger zur Verfügung zu stellen,
4. die Auskehr der Zuwendungen durch den Honorar-Finanzanlagenberater an den Anleger,
5. Sanktionen und Maßnahmen nach Artikel 24 Absatz 2 der Verordnung (EU) Nr. 1286/2014, einschließlich des Verfahrens.

Hinsichtlich der Informations-, Beratungs- und Dokumentationspflichten ist hierbei ein dem Abschnitt 6 des Wertpapierhandelsgesetzes vergleichbares Anlegerschutzniveau herzustellen.

(2) Die Rechtsverordnung kann auch Vorschriften enthalten

1. zur Pflicht, Bücher zu führen und die notwendigen Daten über einzelne Geschäftsvorgänge sowie über die Anleger aufzuzeichnen,
2. zur Pflicht, der zuständigen Behörde Anzeige beim Wechsel der mit der Leitung des Betriebes oder einer Zweigniederlassung beauftragten Personen zu erstatten und hierbei bestimmte Angaben zu machen,
3. zu den Inhalten und dem Verfahren für die Sachkundeprüfung nach § 34f Absatz 2 Nummer 4, den Ausnahmen von der Erforderlichkeit der Sachkundeprüfung sowie der Gleichstellung anderer Berufsqualifikationen mit der Sachkundeprüfung, der Zuständigkeit der Industrie- und Handelskammern sowie der Berufung eines Aufgabenauswahlausschusses,

4. zum Umfang der und zu inhaltlichen Anforderungen an die nach § 34f Absatz 2 Nummer 3 erforderliche Haftpflichtversicherung, insbesondere über die Höhe der Mindestversicherungssumme, die Bestimmung der zuständigen Behörde im Sinne des § 117 Absatz 2 des Versicherungsvertragsgesetzes, über den Nachweis über das Bestehen der Haftpflichtversicherung und Anzeigepflichten des Versicherungsunternehmens gegenüber den Behörden und den Anlegern,
5. zu den Anforderungen und Verfahren, die zur Durchführung der Richtlinie 2005/36/EG auf Inhaber von Berufsqualifikationen angewendet werden sollen, die in einem anderen Mitgliedstaat der Europäischen Union oder einem anderen Vertragsstaat des Abkommens über den Europäischen Wirtschaftsraum erworben wurden, sofern diese Personen im Inland vorübergehend oder dauerhaft als Finanzanlagenvermittler tätig werden wollen,
6. zu der Anforderung nach § 34h Absatz 2 Satz 2, der Empfehlung eine hinreichende Anzahl von auf dem Markt angebotenen Finanzanlagen zu Grunde zu legen,
7. zur Pflicht, die Einhaltung der in § 2a Absatz 3 des Vermögensanlagengesetzes genannten Betragsgrenzen zu prüfen.

Außerdem kann der Gewerbetreibende in der Verordnung verpflichtet werden, die Einhaltung der nach Absatz 1 Satz 2 und Absatz 2 Satz 1 Nummer 1, 2 und 4 erlassenen Vorschriften auf seine Kosten regelmäßig sowie aus besonderem Anlass prüfen zu lassen und den Prüfungsbericht der zuständigen Behörde vorzulegen, soweit dies zur wirksamen Überwachung erforderlich ist. Hierbei können die Einzelheiten der Prüfung, insbesondere deren Anlass, Zeitpunkt und Häufigkeit, die Auswahl, Bestellung und Abberufung der Prüfer, deren Rechte, Pflichten und Verantwortlichkeit, der Inhalt des Prüfungsberichts, die Verpflichtungen der Gewerbetreibenden gegenüber dem Prüfer sowie das Verfahren bei Meinungsverschiedenheiten zwischen dem Prüfer und dem Gewerbetreibenden geregelt werden.

Mit Wirkung vom 13.12.2011 wurde § 34g in die GewO eingefügt. § 34g GewO ist eine Ermächtigungsgrundlage für den Erlass zustimmungspflichtiger Rechtsverordnungen zur näheren Bestimmung der in § 34f GewO eingeführten Erlaubnispflicht. Ziel ist es, durch eine solche Rechtsverordnung den zu führenden Sachkundenachweis, die Führung des Registers, die Haftpflichtversicherung und die Informations-, Beratungs- und Dokumentationspflicht genauer zu regeln. Auch die Regelung zur Anerkennung ausländischer Berufsqualifikationen ist durch § 34g GewO möglich (vgl. BR-Drucks 89/12, S. 1; hierzu auch *Schönleiter*, in: Landmann/Rohmer, GewO, § 34g Rn 1).

Von der Ermächtigung nach § 34g GewO wurde durch die Schaffung der Finanzanlagevermittlungsverordnung Gebrauch gemacht (BR-Drucks 89/12, S. 1).

| § 34h GewO | Honorar-Finanzanlagenberater |

(1) Wer im Umfang der Bereichsausnahme des § 2 Absatz 6 Satz 1 Nummer 8 des Kreditwesengesetzes gewerbsmäßig zu Finanzanlagen im Sinne des § 34f Absatz 1 Nummer 1, 2 oder 3 Anlageberatung im Sinne des § 1 Absatz 1a Nummer 1a des Kreditwesengesetzes erbringen will, ohne von einem Produktgeber eine Zuwendung zu erhalten oder von ihm in anderer Weise abhängig zu sein (Honorar-Finanzanlagenberater), bedarf der Erlaubnis der zuständigen Behörde. Die Erlaubnis kann inhaltlich beschränkt oder mit Auflagen verbunden werden, soweit dies zum Schutz der Allgemeinheit oder der Anleger erforderlich ist; unter denselben Voraussetzungen sind auch die nachträgliche Aufnahme, Änderung und Ergänzung von Auflagen zulässig. Die Erlaubnis kann auf die Beratung zu einzelnen Kategorien von Finanzanlagen nach § 34f Absatz 1 Nummer 1, 2 oder 3 beschränkt werden. § 34f Absatz 2 bis 6 ist entsprechend anzuwenden. Wird die Erlaubnis unter Vorlage der Erlaubnisurkunde nach § 34f Absatz 1 Satz 1 beantragt, so erfolgt keine Prüfung der Zuverlässigkeit, der Vermögensverhältnisse und der Sachkunde. Die Erlaubnis nach § 34f Absatz 1 Satz 1 erlischt mit der Erteilung der Erlaubnis nach Satz 1.

(2) Gewerbetreibende nach Absatz 1 dürfen kein Gewerbe nach § 34f Absatz 1 ausüben. Sie müssen ihrer Empfehlung eine hinreichende Anzahl von auf dem Markt angebotenen Finanzanlagen zu Grunde legen, die von ihrer Erlaubnis umfasst sind und die nach Art und Anbieter oder Emittenten hinreichend gestreut und nicht beschränkt sind auf Anbieter oder Emittenten, die in einer engen Verbindung zu ihnen stehen oder zu denen in sonstiger Weise wirtschaftliche Verflechtungen bestehen.

(3) Gewerbetreibende nach Absatz 1 dürfen sich die Erbringung der Beratung nur durch den Anleger vergüten lassen. Sie dürfen Zuwendungen eines Dritten, der nicht Anleger ist oder von dem Anleger zur Beratung beauftragt worden ist, im Zusammenhang mit der Beratung, insbesondere auf Grund einer Vermittlung als Folge der Beratung, nicht annehmen, es sei denn, die empfohlene Finanzanlage oder eine in gleicher Weise geeignete Finanzanlage ist ohne Zuwendung nicht erhältlich. Zuwendungen sind in diesem Fall unverzüglich nach Erhalt und ungemindert an den Kunden auszukehren. Vorschriften über die Entrichtung von Steuern und Abgaben bleiben davon unberührt.

Übersicht

	Rdn
A. Normzweck	1
B. Norminhalt	2
I. Erlaubnis	2
II. Eintragung	3
III. Tätigkeit des Honorar-Finanzanlageberaters	7
IV. Vergütung	8
V. Sanktion	9

A. Normzweck

§ 34h GewO ist am 1.8.2014 in Kraft getreten und in die Gewerbeordnung eingeführt worden. Durch § 34h Abs. 1 GewO wird der Beruf des Honorar-Finanzanlagevermittlers definiert. Auf ihn findet ebenfalls die Finanzanlagevermittlerverordnung (FinVermV) vom 22.7.2014 Anwendung (*Schönleiter*, in: Landmann/Rohmer, GewO, § 34h Rn 2).

Das Ziel dieser neu geschaffenen Regelung des § 34h GewO ist es, Transparenz zu schaffen. Dem Kunden soll die Möglichkeit eröffnet werden, sich künftig bewusster für provisionsabhängige Anlageberatung oder Honorar-Anlageberatung zu entscheiden (*Kuhlen/Tiefensee*, VuR 2013, 49). Die Honorar-Beratung bietet Verbrauchern die Möglichkeit, eine objektive und neutrale Beratung zu erhalten, die nicht von Abschluss- oder Provisionsinteresse geprägt ist (*Kuhlen/Tiefensee*, VuR 2013, 49; *Schönleiter*, in: Landmann/Rohmer, GewO, § 34h Rn 3).

Danach soll der Honorar-Finanzanlagevermittler weder von einem Produktgeber Zuwendungen erhalten noch in anderer Weise abhängig sein.

B. Norminhalt

I. Erlaubnis

Durch § 34h GewO ist für den Honorar-Finanzanlageberater eine gewerbliche Berufszulassungsregelung geschaffen worden. Um gewerblich als Honorar-Finanzanlageberater tätig zu werden, bedarf es daher einer Erlaubnis. Bzgl. der Voraussetzungen für die Erlaubniserteilung wird auf § 34f Abs. 2–6 GewO verwiesen. So ist auch der Honorar-Finanzanlageberater verpflichtet, eine Berufshaftpflichtversicherung abzuschließen, einen Sachkundenachweis zu führen und zuverlässig zu sein.

Die Erlaubnis wird von der zuständigen Behörde erteilt. Nach § 34h Abs. 1 S. 2 GewO kann die Erlaubnis inhaltlich beschränkt oder mit Auflagen verbunden werden. Dies soll aber nur möglich sein, sofern es zum Schutze der Allgemeinheit der Anleger erforderlich ist. Sofern es aus dem Schutzgedanken erforderlich ist, können Auflagen auch nachträglich aufgenommen oder geändert bzw. ergänzt werden.

Gem. § 34h Abs. 1 S. 3 GewO kann die Beratung auf bestimmte Kategorien nach § 34f Abs. 1 Nr. 1, 2 oder 3 GewO beschränkt werden.

II. Eintragung

Ist dem Honorar-Finanzanlageberater die Erlaubnis erteilt worden, hat er sich entsprechend dem Verfahren nach § 34f GewO in das Vermittlerregister nach § 11a GewO eintragen zu lassen (*Schönleiter*, in: Landmann/Rohmer, GewO, § 34h Rn 6). Ein Honorar-Finanzanlageberater kann nicht zugleich auch eine Erlaubnis als Vermittler besitzen, auch wenn er ganz vereinzelt und unter bestimmten Voraussetzungen (vgl. § 34h Abs. 3, S. 2 und 3 GewO) vermittelnd tätig sein darf. Das strikte Verbot, welches dem Versicherungsberater obliegt, ist beim Honorar-Finanzanlageberater schwächer ausgestaltet.

4 Vergleicht man den Versicherungsberater nach § 34e GewO mit dem Honorar-Finanzanlagevermittler nach § 34h GewO, so unterliegt der Versicherungsberater deutlich schärferen Regelungen. Ihm ist es danach in jeglicher Form verboten, vermittelnd tätig zu werden. Es ist dem Versicherungsberater zudem strengstens untersagt, Vergütungen oder Zuwendungen sonstiger Art/geldwerte Vorteile von Versicherern anzunehmen (*Schönleiter*, Die Versicherungsvermittlung, Neues aus Brüssel – Neues aus Berlin, r+s 2014, 53).

5 Bei dem Honorar-Finanzanlageberater wurden nicht so strikte Regelungen getroffen. Der Honorar-Finanzanlageberater ist danach im Ausnahmefall auch befugt, vermittelnd tätig zu sein. Hierbei muss er allerdings beachten, dass der Honorar-Finanzanlageberater die in den Preisen der Anbieter bereits enthaltenden Vergütungen direkt an seinen Kunden weiterleitet, es sei denn, es handelt sich um sog. Nettoprodukte, bei denen der Honorar-Finanzanlageberater gerade keine Vergütung, z.B. eine Provision oder Agio von dem Produktanbieter erhält, sondern direkt von seinem Kunden bezahlt wird (*Schönleiter*, Die Versicherungsvermittlung, Neues aus Brüssel – Neues aus Berlin, r+s 2014, 53).

Grundsätzlich muss die vermittelnde Tätigkeit bei § 34h GewO die Ausnahme bleiben und die beratende Tätigkeit den absoluten Schwerpunkt der Arbeit bilden (*Schönleiter*, Die Versicherungsvermittlung, Neues aus Brüssel – Neues aus Berlin, r+s 2014, 53).

6 Nach § 34h Abs. 1 S. 5 GewO entfällt die Prüfung über die Zuverlässigkeit, die Sachkunde und die Vermögensverhältnisse, wenn bei der Beantragung einer Erlaubnis nach § 34h GewO eine Erlaubnis nach § 34f GewO vorliegt.

Wer jedoch eine Erlaubnis nach § 34f GewO besitzt und eine Erlaubnis nach § 34h GewO beantragt, dem gegenüber erlischt mit Erteilung der Erlaubnis nach § 34h GewO gem. § 34h Abs. 1 S. 6 GewO die Erlaubnis nach § 34f GewO. Es besteht ein Alternativverhältnis.

Die Aufsicht über die Honorar-Anlageberater führt die zuständige Gewerbebehörde (*Kuhlen/Tiefensee*, VuR 2013, 49).

III. Tätigkeit des Honorar-Finanzanlageberaters

7 In § 34h Abs. 2 S. 2 GewO wird die Tätigkeit des Honorar-Finanzanlageberaters näher beschrieben. Danach sind diese verpflichtet, ihren Empfehlungen einer hinreichenden Anzahl von auf dem Markt angebotenen Finanzanlagen zugrunde zu legen. Die einbezogenen Finanzanlagen müssen jedoch zum einen von der Erlaubnis des jeweiligen Honorar-Finanzanlageberaters umfasst sein. Bei den berücksichtigten Anbietern oder Emittenten müssen nach der entsprechenden Art des Produktes entsprechend viele berücksichtigt worden sein. Es reicht nicht aus, sich auf solche zu beschränken, die zu dem Honorar-Finanzanlageberater in engerer Verbindung stehen oder zu denen sonst wirtschaftliche Verflechtungen bestehen.

IV. Vergütung

8 Die Vergütung des Finanz-Anlageberaters erfolgt gem. § 34h Abs. 3 GewO ausschließlich durch die Anleger. Vergütungen und Zuwendungen von Dritten, d.h. von Personen, die

nicht der Anleger sind oder von denen der Berater beauftragt worden ist, dürfen von dem Honorar-Finanzanlageberater gem. § 34h Abs. 3 S. 2 GewO nicht angenommen werden, wenn sie im Zusammenhang mit der Beratung oder mit einer Vermittlung infolge einer Beratung stehen. Dies soll nur dann nicht gelten, wenn ein empfohlenes Finanzanlageprodukt nicht oder nicht in gleicher Weise ohne die entsprechende Zuwendung erhältlich ist. In diesem Fall muss nach § 34h Abs. 3 S. 3 GewO die Zuwendung unverzüglich nach dem Erhalt und ungemindert von dem Honorar-Finanzanlagevermittler an seinen Kunden ausgekehrt werden. Hieraus ergibt sich wohl auch eine Auskunftsverpflichtung des Honorar-Finanzanlagenberaters, ob und in welcher Höhe er eine Zuwendung erhalten hat. Eine solche Auskunft hat der Berater unaufgefordert vor der Vermittlung/Beratung zu erteilen. Nach § 34h Abs. 3 S. 4 GewO bleiben die Regelungen über Steuern und Abgaben davon unberührt.

Der Honorar-Finanzanlageberater soll somit, wie auch der Versicherungsvermittler, die Neutralität und Objektivität gegenüber seinem Kunden wahren können.

V. Sanktion

Sollte gegen die nach § 34h GewO bestehende Erlaubnispflicht verstoßen werden, stellt das eine Ordnungswidrigkeit gem. § 144 Abs. 1 Nr. 1 Buchst. m GewO dar und wird nach § 144 Abs. 4 Hs. 1 GewO mit einer Geldbuße bis zu 50.000 EUR geahndet. Sofern ein besonders schwerer Fall vorliegt, kommt auch gem. § 148 GewO eine Strafbarkeit in Betracht (*Schönleiter*, in: Landmann/Rohmer, GewO, § 34h Rn 20).

Zur Verhinderung der Berufsausübung ohne der erforderlichen Erlaubnis, bei Wegfall der Erlaubnis oder bei aufgrund Fehlens von Erlaubnisvoraussetzungen widerrufenen oder zurückgenommener Erlaubnis können nach § 15 Abs. 2 GewO die Betriebsräume versiegelt werden *Schönleiter*, in: Landmann/Rohmer, GewO, § 34 Rn 21).

Es handelt sich ebenfalls um eine Ordnungswidrigkeit, sofern gegen vollziehbare Auflagen nach § 34h Abs. 1 S. 2 GewO oder gegen die Eintragungspflicht verstoßen wird. Hier kommt gem. § 144 Abs. 2 Nr. 5 GewO eine Geldbuße bis max. 5.000 EUR in Betracht (*Schönleiter*, in: Landmann/Rohmer, GewO, § 34h Rn 20).

Sollte der Berater seinen Beraterpflichten nicht nachkommen, diese also mit anderen Worten verletzt oder nicht erfüllt haben, trifft ihn auf der Grundlage seines Beratervertrages nach den §§ 280 ff. BGB i.V.m. §§ 11 ff. FinVermV eine zivilrechtliche Schadensersatzpflicht (*Schönleiter*, in: Landmann/Rohmer, GewO, § 34h Rn 22).

Es kann sich aber auch eine deliktische Haftung nach § 823 Abs. 2 BGB ergeben, da die Pflichten aus den §§ 11 ff. FinVermV und insbesondere § 13 und § 14 FinVermV als Schutzgesetze eingeordnet werden können (*Schönleiter*, in: Landmann/Rohmer § 34h Rn 22).

§ 144 GewO — Verletzung von Vorschriften über erlaubnisbedürftige stehende Gewerbe

(1) Ordnungswidrig handelt, wer vorsätzlich oder fahrlässig
1. ohne die erforderliche Erlaubnis
   a) (weggefallen),
   b) nach § 30 Abs. 1 eine dort bezeichnete Anstalt betreibt,
   c) nach § 33a Abs. 1 Satz 1 Schaustellungen von Personen in seinen Geschäftsräumen veranstaltet oder für deren Veranstaltung seine Geschäftsräume zur Verfügung stellt,
   d) nach § 33c Abs. 1 Satz 1 ein Spielgerät aufstellt, nach § 33d Abs. 1 Satz 1 ein anderes Spiel veranstaltet oder nach § 33i Abs. 1 Satz 1 eine Spielhalle oder ein ähnliches Unternehmen betreibt,
   e) nach § 34 Abs. 1 Satz 1 das Geschäft eines Pfandleihers oder Pfandvermittlers betreibt,
   f) nach § 34a Abs. 1 Satz 1 Leben oder Eigentum fremder Personen bewacht,
   g) nach § 34b Abs. 1 fremde bewegliche Sachen, fremde Grundstücke oder fremde Rechte versteigert,
   h) nach § 34c Absatz 1 Satz 1 Nummer 1 oder Nummer 2 den Abschluß von Verträgen der dort bezeichneten Art vermittelt oder die Gelegenheit hierzu nachweist,
   i) nach § 34c Absatz 1 Satz 1 Nummer 3 ein Bauvorhaben vorbereitet oder durchführt,
   j) nach § 34d Abs. 1 Satz 1, auch in Verbindung mit § 34d Abs. 10, den Abschluss von Verträgen der dort bezeichneten Art vermittelt,
   k) nach § 34e Abs. 1 Satz 1 über Versicherungen berät,
   l) nach § 34f Absatz 1 Satz 1 Anlageberatung oder Anlagevermittlung erbringt,
   m) nach § 34h Absatz 1 Satz 1 Anlageberatung erbringt oder
   n) nach § 34i Absatz 1 Satz 1 den Abschluss von Verträgen der dort bezeichneten Art vermittelt oder Dritte zu solchen Verträgen berät,
2. ohne Zulassung nach § 31 Absatz 1 Leben oder Eigentum fremder Personen auf einem Seeschiff bewacht,
3. einer vollziehbaren Auflage nach § 31 Absatz 2 Satz 2 zuwiderhandelt oder
4. ohne eine nach § 47 erforderliche Erlaubnis das Gewerbe durch einen Stellvertreter ausüben läßt.

(2) Ordnungswidrig handelt auch, wer vorsätzlich oder fahrlässig
1. einer Rechtsverordnung nach § 31 Absatz 4 Satz 1 Nummer 1, 2, 3 Buchstabe a bis c oder Buchstabe d oder Nummer 4 oder Satz 2 oder einer vollziehbaren Anordnung auf Grund einer solchen Rechtsverordnung zuwiderhandelt, soweit die Rechtsverordnung für einen bestimmten Tatbestand auf diese Bußgeldvorschrift verweist,

Verletzung von Vorschriften über erlaubnisbedürftige stehende Gewerbe § 144 GewO

1a. einer Rechtsverordnung nach § 33f Absatz 1 Nummer 1, 2 oder 4 oder einer vollziehbaren Anordnung aufgrund einer solchen Rechtsverordnung zuwiderhandelt, soweit die Rechtsverordnung für einen bestimmten Tatbestand auf diese Bußgeldvorschrift verweist,
1b. einer Rechtsverordnung nach § 33g Nr. 2, § 34 Abs. 2, § 34a Abs. 2, § 34b Abs. 8, § 34d Absatz 8 Satz 1 Nummer 1, 3 oder 5, Satz 2 oder 3, § 34e Abs. 3 Satz 3 oder 4 oder § 38 Abs. 3 oder einer vollziehbaren Anordnung auf Grund einer solchen Rechtsverordnung zuwiderhandelt, soweit die Rechtsverordnung für einen bestimmten Tatbestand auf diese Bußgeldvorschrift verweist,
2. entgegen § 34 Abs. 4 bewegliche Sachen mit Gewährung des Rückkaufrechts ankauft,
3. einer vollziehbaren Auflage nach § 33a Abs. 1 Satz 3, § 33c Abs. 1 Satz 3, § 33d Abs. 1 Satz 2, § 33e Abs. 3, § 33i Abs. 1 Satz 2, § 34 Abs. 1 Satz 2, § 34a Abs. 1 Satz 2, § 34b Abs. 3, § 34d Abs. 1 Satz 2, auch in Verbindung mit Abs. 3 Satz 2, § 34e Abs. 1 Satz 2 oder § 36 Abs. 1 Satz 3 oder einer vollziehbaren Anordnung nach § 33c Abs. 3 Satz 3 oder § 34a Abs. 4 zuwiderhandelt,
4. ein Spielgerät ohne die nach § 33c Abs. 3 Satz 1 erforderliche Bestätigung der zuständigen Behörde aufstellt,
4a. entgegen § 33c Absatz 3 Satz 4 eine Person beschäftigt,
5. einer vollziehbaren Auflage nach § 34c Abs. 1 Satz 2, § 34f Absatz 1 Satz 2, § 34h Absatz 1 Satz 2 oder § 34i Absatz 1 Satz 2 zuwiderhandelt,
6. einer Rechtsverordnung nach § 34c Abs. 3 oder § 34g Absatz 1 Satz 1 oder Absatz 2 Satz 1 Nummer 1, 2 oder 4 oder Satz 2 oder § 34j oder einer vollziehbaren Anordnung auf Grund einer solchen Rechtsverordnung zuwiderhandelt, soweit die Rechtsverordnung für einen bestimmten Tatbestand auf diese Bußgeldvorschrift verweist,
7. entgegen § 34d Absatz 7 Satz 1, auch in Verbindung mit § 34e Absatz 2, entgegen § 34f Absatz 5 Satz 1 oder Absatz 6 Satz 1 oder § 34i Absatz 8 Nummer 1 oder 2 eine Eintragung nicht vornehmen lässt,
8. entgegen § 34e Abs. 3 Satz 1, auch in Verbindung mit einer Rechtsverordnung nach Satz 2, eine Provision entgegennimmt,
9. entgegen § 34f Absatz 5 Satz 1 oder Absatz 6 Satz 2 oder § 34i Absatz 8 Nummer 3 eine Mitteilung nicht, nicht richtig, nicht vollständig oder nicht rechtzeitig macht,
10. entgegen § 34h Absatz 3 Satz 2 oder § 34i Absatz 5 eine Zuwendung annimmt oder
11. entgegen § 34h Absatz 3 Satz 3 eine Zuwendung nicht, nicht vollständig oder nicht rechtzeitig auskehrt.

(3) Ordnungswidrig handelt ferner, wer vorsätzlich oder fahrlässig bei einer Versteigerung einer Vorschrift des § 34b Abs. 6 oder 7 zuwiderhandelt.

(4) Die Ordnungswidrigkeit kann in den Fällen des Absatzes 1 Nummer 1 Buchstabe l und m und Nummer 2 mit einer Geldbuße bis zu fünfzigtausend Euro, in den Fällen des Absatzes 1 Nummer 1 Buchstabe a bis k und n, Nummer 3 und 4 und des Absatzes 2 Nummer 1, 1a und 5 bis 11 mit einer Geldbuße bis zu fünftausend Euro, in

§ 144 GewO Verletzung von Vorschriften über erlaubnisbedürftige stehende Gewerbe

den Fällen des Absatzes 2 Nummer 1b und 2 bis 4a mit einer Geldbuße bis zu dreitausend Euro und in den Fällen des Absatzes 3 mit einer Geldbuße bis zu eintausend Euro geahndet werden.

(5) Verwaltungsbehörde im Sinne des § 36 Absatz 1 Nummer 1 des Gesetzes über Ordnungswidrigkeiten ist in den Fällen des Absatzes 1 Nummer 2 und 3 und des Absatzes 2 Nummer 1 das Bundesamt für Wirtschaft und Ausfuhrkontrolle.

Übersicht

	Rdn
A. Normzweck	1
B. Norminhalt	2

A. Normzweck

1 § 144 GewO ersetzt die bis ins Jahr 1975 existierenden Strafvorschriften. Die Regelung ermöglicht es, wegen des Verstoßes gegen die Erlaubnispflichten in den §§ 34d, 34e, 34f und 34h GewO Bußgelder zu verhängen. Dies hat sowohl repressive als auch generalpräventive Gründe. Die Verhängung von Bußgeldern besteht neben der Möglichkeit, gegen die Vermittler im Wege der Verwaltungsvollstreckung vorzugehen.

B. Norminhalt

2 Die Vorschrift normiert, dass das Tätigwerden als Versicherungsvermittler oder Versicherungsberater ohne die nach §§ 34d und 34e GewO erforderliche Erlaubnis eine Ordnungswidrigkeit darstellt. Dies ergibt sich für die hier interessierenden Tätigkeiten aus § 144 Abs. 1 Nr. 1 Buchst. j und k GewO. § 144 Abs. 2 GewO stellt zudem klar, dass auch ein Verstoß gegen die VersVermV eine Ordnungswidrigkeit darstellt, soweit diese auf die Bußgeldvorschrift des § 144 GewO verweist. Dies ist in in § 18 Abs. 1 Nr. 1–5 VersVermV für verschiedene Fälle des Verstoßes gegen Informationspflichten ggü. dem Versicherungsnehmer (§ 11 VersVermV), Pflichten zur Stellung einer Sicherheitsleistung (§ 12 VersVermV) sowie Nachweis- und Aufzeichnungspflichten (§§ 13 und 14 VersVermV) vorgesehen.

3 Damit ein Bußgeld verhängt werden kann, muss der Tatbestand des § 144 GewO in objektiver wie auch subjektiver Hinsicht erfüllt sein. In objektiver Hinsicht reicht es, dass eine Erlaubnispflicht bestand und der Erlaubnispflichtige, also i.d.R. der Vermittler oder Berater selbst (es handelt sich um eine personenbezogene Erlaubnis), nicht oder nicht mehr über eine entsprechende Erlaubnis verfügt. Zu achten ist darauf, dass eine Erlaubnis nach den §§ 48, 49 VwVfG aufgehoben werden kann. Ab dem Zeitpunkt der Aufhebung wird dann das erlaubnispflichtige Gewerbe auch wieder ohne Erlaubnis ausgeübt und der objektive Tatbestand des § 144 Abs. 1 GewO ist erfüllt.

4 In subjektiver Hinsicht muss die Tatbegehung vorsätzlich oder fahrlässig erfolgen. Vorsatz meint Wissen und Wollen der Tatumstände. Der Vorsatz muss sich daher auf die Vermittlung ohne Erlaubnis, nicht aber auf das Bestehen einer Erlaubnispflicht beziehen (zu den

Auswirkungen etwaiger Irrtümer: *Kahl*, in: Landmann/Rohmer, GewO, § 144 Rn 5). Liegt hierüber ein Irrtum vor und bleibt der wesentliche Sinngehalt des Merkmals unerkannt, ist der Vorsatz ausgeschlossen. Andernfalls handelt um eine falsche Subsumtion des Sachverhalts, wobei die Grundsätze über den Verbotsirrtum zur Anwendung kommen. In diesem Fall irrt der Betroffene über das Vorliegen einer Erlaubnispflicht (so auch *Stenger*, in: Landmann/Rohmer, GewO, § 11a Rn 5). Fahrlässigkeit meint demgegenüber ein pflichtwidriges Zuwiderhandeln. Dieses wird sich i.d.R. relativ problemlos nachweisen lassen, sodass die Gewerbetreibenden angemahnt seien, sich ihrer Sorgfaltspflicht bewusst zu sein.

Eine Ordnungswidrigkeit stellt es gem. § 144 Abs. 2 Nr. 3 GewO auch dar, wenn der Gewerbetreibende gegen eine vollziehbare Auflage nach § 34e Abs. 1 S. 2 GewO oder § 33e Abs. 3 GewO verstößt. Damit sind Fälle gemeint, in denen die Erlaubnis mit einer eigenständig anfechtbaren Aufl. erteilt worden ist. Voraussetzung ist aber, dass die Auflage vollziehbar ist. Dies ist sie solange nicht, wie sie noch angefochten werden kann, d.h. während der Anfechtungsfrist, die grds. gem. § 70 Abs. 1 VwGO bzw. § 74 Abs. 1 VwGO einen Monat beträgt. Zu achten ist aber darauf, dass eine sofortige Vollziehbarkeit auch gem. § 80 Abs. 2 Nr. 4 VwGO von der zuständigen Behörde angeordnet werden kann. Einer solchen Anordnung kann dann ggf. nur mit einem Antrag nach § 80 Abs. 5 VwGO auf Wiederherstellung der aufschiebenden Wirkung begegnet werden. Bei einer entsprechenden Anordnung besteht bereits vor Ablauf der Anfechtungsfristen die Gefahr, dass Bußgelder verhängt werden. 5

Die Höhe der Bußgelder bemisst sich nach § 144 Abs. 4 GewO. In den hier relevanten Fällen des Verstoßes gegen die Erlaubnispflicht können also Bußgelder von bis zu 5.000,00 EUR verhängt werden. Bei Verstoß gegen eine Aufl. drohen Bußgelder bis zu 2.500,00 EUR. Dabei wird nicht grds. differenziert, ob die Ordnungswidrigkeit vorsätzlich oder fahrlässig begangen wurde. Es gelten die Grundsätze über die Bemessung von Ordnungswidrigkeiten nach § 17 Abs. 2, 3 OWiG. Dabei ist im Einzelfall maßgeblich, ob es aus der Perspektive der zuständigen Behörde notwendig erscheint, dem Gewerbetreibenden mehr oder weniger deutlich die Grenzen aufzuzeigen (s.a. *Kahl*, in: Landmann/Rohmer, GewO, § 144 Rn 40). 6

Betroffener i.S.d. Vorschrift ist derjenige, der zu dem Handeln, Dulden oder Unterlassen öffentlich-rechtlich verpflichtet ist. Betroffene können dabei zum einen die selbstständig Gewerbetreibenen sein, aber auch „Beteiligte" im Sinne des § 14 OWiG, wie z.B. ein vertretungsberechtigtes Organ einer juristischen Person oder ein vertretungsberechtigter Gesellschafter einer OHG. Eine Ordnungswidrigkeit bei Tatbeteiligung liegt nur bei Vorsatz vor (vgl. *Stenger*, in: Landmann/Rohmer GewO, § 11a, Rn 2). Die Verjährungsfrist für die Verletzung von Vorschriften über die Erlaubnispflicht beträgt ebenso zwei Jahre wie für die Verletzung von Auflagen. Es sei insoweit auf die allgemeinen Vorschriften aus dem Ordnungswidrigkeitengesetz, insb. §§ 31 ff. OWiG, hingewiesen. 7

§ 148 GewO — Strafbare Verletzung gewerberechtlicher Vorschriften

Mit Freiheitsstrafe bis zu einem Jahr oder mit Geldstrafe wird bestraft, wer
1. eine in § 144 Abs. 1, § 145 Abs. 1, 2 Nr. 2 oder 6 oder § 146 Abs. 1 bezeichnete Zuwiderhandlung beharrlich wiederholt oder
2. durch eine in § 144 Abs. 1 Nr. 1 Buchstabe b, Abs. 2 Nr. 1a oder Nr. 1b, § 145 Abs. 1, 2 Nr. 1 oder 2, oder § 146 Abs. 1 bezeichnete Zuwiderhandlung Leben oder Gesundheit eines anderen oder fremde Sachen von bedeutendem Wert gefährdet.

Übersicht

	Rdn
A. Normzweck	1
B. Norminhalt	2

A. Normzweck

1 In besonders schweren, vom Gesetzgeber als besonders verwerflich angesehenen Fällen kann aus einer Ordnungswidrigkeit eine Straftat werden. Damit wird u.a. dem Umstand Rechnung getragen, dass von einer Straftat wegen der damit verbundenen Folgen (zu nennen sind an dieser Stelle nur der mögliche Eintrag ins Bundeszentralregister und Führungszeugnis) eine erheblich höhere Abschreckungswirkung ausgeht als von einer bloßen Ordnungswidrigkeit.

B. Norminhalt

2 Entscheidendes Kriterium für die hier interessierenden Fälle ist, ob die Zuwiderhandlung „**beharrlich wiederholt**" wird. Die Beharrlichkeit wird dabei insb. daran festgemacht, dass der Täter trotz der Ahndung und Abmahnung weiter an seiner rechtsfeindlichen Einstellung gegenüber den in § 148 Nr. 1 GewO aufgezeigten Vorschriften festhält (*Kahl*, in: Landmann/Rohmer, GewO, § 148 Rn 4, unter Hinweis auf die amtliche Begründung).

Die wiederholte Begehung alleine reicht nicht aus, sofern der Täter nach Beurteilung der Gesamtumstände rechtstreu bzgl. der einschlägigen gewerblichen Vorschriften ist und sichtbar bemüht ist, seinen Betrieb ohne Beanstandungen weiter zu führen. Diese Einstellung liegt in jedem selbst. Somit müssen die Umstände, die das beharrliche Wiederholen begründen, in der Person selbst vorliegen (BayObLG, Beschl. v. 3.8.1993 – 4 St RR 78/93; vgl. hierzu auch *Kahl*, in: Landmann/Rohmer, GewO, § 148 Rn 15).

Der Begriff der Beharrlichkeit drückt eine

„besondere Hartnäckigkeit und damit die gesteigerte Gleichgültigkeit des Täters gegenüber dem gesetzlichen Verbot, die zugleich die Gefahr weiterer Begehung indiziert [, aus]. Aus der Tat und ihren Umständen muss sich eine erhöhte Missachtung, also ein Mehr an Widersetzlichkeit gegenüber der normalen Gesetzesübertretung ergeben. Eine vorherige Abmahnung ist nicht erforderlich, wenn nur die die Gesamtwürdigung ein beharrliches Zuwiderhandeln ergibt, wofür z.B. auch die Überwindung besonderer Hindernisse sprechen kann." (BayObLG, Beschl. v. 3.8.1993 – 4 St RR 78/93).

Zu beachten ist, dass die allgemeinen Vorschriften des Strafgesetzbuches Anwendung finden. Dies hat u.a. zur Folge, dass nur vorsätzliches Handeln strafbar ist. Ein fahrlässiger beharrlicher Verstoß wird allerdings auch schon qua definitionem schwerlich möglich sein. Die Beharrlichkeit soll ja gerade eine rechtsfeindliche Gesinnung offenbaren, die wohl nur in Fällen außergewöhnlich grober Verstöße gegen die Sorgfaltspflicht überhaupt nachgewiesen werden könnte. Nach § 148 Nr. 2 GewO ist nur Gefährdung von besonderen Rechtsgütern strafbar. Für eine solche Gefährdung nach § 148 Nr. 2 GewO muss, damit es zu einer Haftung hiernach kommt, eine lediglich einmalige, aber konkrete Gefahr für das Leben, die Gesundheit oder das Vermögen der geschützten Personen bestehen, die durch eine der in § 148 Nr. 2 GewO aufgeführten Ordnungswidrigkeiten ausgelöst wird (vgl. *Kahl*, in: Landmann/Rohmer, GewO, § 148 Rn 5). 3

Sofern § 148 Nr. 1 und Nr. 2 GewO zusammen vorliegen, ist Tateinheit anzunehmen (*Kahl*, in: Landmann/Rohmer, GewO, § 148 Rn 5).

Der von der Vorschrift geschützte Personenkreis betrifft alle Personen, deren Schutz die durch die Zuwiderhandlung verletzte Vorschrift dient (*Kahl*, in: Landmann/Rohmer, GewO, § 148 Rn 6).

Die nach § 148 Nr. 2 GewO gefährdeten Sachen müssen zudem Sachen von bedeutendem Wert sein. Hierbei kommt es alleine auf objektive Kriterien an (*Kahl*, in: Landmann/Rohmer, GewO, § 148 Rn 6).

Da in § 148 Nr. 1 und Nr. 2 GewO die fahrlässige Begehung nicht ausdrücklich unter Strafe gestellt wird, muss es sich um eine vorsätzliche Begehung handeln. Dies ergibt sich bereits aus Art. 1 EGStGB i.V.m. § 15 StGB (so auch *Kahl*, in: Landmann/Rohmer, GewO, § 148 Rn 7).

§ 148 GewO droht als Strafe eine Freiheitsstrafe bis zu einem Jahr oder Geldstrafe an. Die Bemessung richtet sich nach den allgemeinen Reglungen des StGB.

Hinsichtlich der wichtigen Fragen der Begehungsformen, Tatbeteiligung oder Verjährung finden die allgemeinen Vorschriften des Strafgesetzbuches Anwendung. Zu beachten ist insb., dass es sich um Vergehen handelt, sodass der Versuch nicht strafbar ist. Die Verjährung beträgt regelmäßig drei Jahre. Bei einer Geldstrafe ist mit einer Höhe von grds. zwischen 5 und 360 Tagessätzen zu rechnen. 4

Liegt neben den Tatbestandsmerkmalen der Ordnungswidrigkeit das erschwerende Merkmal der Straftat vor, tritt in Folge der Konsumtion die Ordnungswidrigkeit hinter der Straftat zurück. Das Verfahren ist dann an die Staatsanwaltschaft abzugeben.

§ 156 GewO Übergangsregelungen

(1) Gewerbetreibende, die vor dem 1. Januar 2007 Versicherungen im Sinne des § 34d Abs. 1 vermittelt haben, bedürfen bis zum 1. Januar 2009 keiner Erlaubnis. Abweichend von § 34d Abs. 7 hat in diesem Fall auch die Registrierung bis zu dem Zeitpunkt zu erfolgen, ab dem die Erlaubnispflicht besteht. Wenn die Voraussetzungen

des § 34d Abs. 4 vorliegen, gilt Satz 1 entsprechend für die Registrierungspflicht nach § 34d Abs. 7.

(2) Versicherungsvermittler im Sinne des Absatzes 1 Satz 1 sind verpflichtet, eine Haftpflichtversicherung nach § 34d Abs. 2 Nr. 3 abzuschließen und für die Dauer ihrer Tätigkeit aufrechtzuerhalten, es sei denn, die Voraussetzungen des § 34d Abs. 4 liegen vor. Die zuständige Behörde hat die Versicherungsvermittlung zu untersagen, wenn die erforderliche Haftpflichtversicherung nach § 34d Abs. 2 Nr. 3 nicht nachgewiesen werden kann.

(3) Abweichend von Absatz 1 müssen Personen mit einer Erlaubnis zur Besorgung fremder Rechtsangelegenheiten auf dem Gebiet der Versicherungsberatung (Artikel 1 § 1 Abs. 1 Nr. 2 des Rechtsberatungsgesetzes) die Erlaubnis nach § 34e Abs. 1 zugleich mit der Registrierung nach § 34d Abs. 7 beantragen. Wird die Erlaubnis unter Vorlage der bisherigen Erlaubnisurkunde beantragt, so erfolgt keine Prüfung der Sachkunde, der Zuverlässigkeit und der Vermögensverhältnisse nach § 34d Abs. 2 Nr. 1, 2 und 4. Die Erlaubnis nach dem Rechtsberatungsgesetz erlischt mit der bestandskräftigen Entscheidung über den Erlaubnisantrag nach § 34e Abs. 1. Bis zu diesem Zeitpunkt gilt sie als Erlaubnis nach § 34e Abs. 1.

Übersicht

	Rdn
A. Normzweck	1
B. Norminhalt	2

A. Normzweck

1 Durch das Gesetz wurden zahlreiche **Versicherungsvermittler erlaubnis- und registrierungspflichtig** (wenngleich zu berücksichtigen ist, dass durch die **Ausnahme der Ausschließlichkeitsvertreter** der Großteil der in Deutschland tätigen Vermittler weiterhin erlaubnisfrei bleibt, vgl. insoweit die Zahlen in Begr. BT-Drucks 16/1935, S. 13). Um den dennoch bevorstehenden Andrang von Anträgen bewältigen zu können, war die Schaffung von Übergangsregelungen notwendig. Weiter sollte den Betroffenen die Möglichkeit gegeben werden, sich auf die geänderte Rechtslage einzustellen.

Die Übergangsregelung galt für Vermittler und Berater, die bereits vor dem 1.1.2007 tätig waren.

Heute hat die Vorschrift an Bedeutung verloren, da die Regelung des § 34d GewO seit dem 1.1.2009 uneingeschränkt gilt (vgl. Prölss/Martin/*Dörner*, § 156 GewO Rn 1).

B. Norminhalt

2 Bereits vor dem 1.1.2007 tätige Vermittler hatten die Möglichkeit, während einer Übergangsfrist bis zum 1.1.2009 eine Erlaubnis zu beantragen und sich in das neue Vermittlerregister eintragen zu lassen. Dies sollte den Vermittlern v.a. erlauben, den Nachweis der Sachkunde in dieser Übergangszeit zu erbringen. Während der Übergangsfrist hatte der

Vermittler allerdings eine **Berufshaftpflichtversicherung** nach den Vorgaben der VersVermV zu unterhalten. Die Übergangsregelungen sollten nicht zu einem geringeren Schutz des VN führen.

§ 156 Abs. 1 GewO stellt klar, dass Vermittlern im Sinne des § 34d Abs. 1 GewO, die vor dem 1.1.2007 tätig waren, anders als § 34d Abs. 7 GewO vorsieht, bis zum 31.12.2008 eine zweijährige Übergangsfrist gewährt wird, in der sie ihre erforderliche Erlaubnis und Registrierung erlangen können. Den Nachweis, zu diesem Vermittlerkreis zu gehören, hat jeder Vermittler beispielsweise durch Kopien von Gewerbeanzeigen, Agenturverträgen, Courtagevereinbarungen oder Provisionsabrechnungen selbst zu führen (vgl. *Schönleiter*, in: Landmann/Rohmer, GewO, § 156 Rn 6).

Die Regelung galt allerdings nicht für Vermittler, die erstmals zwischen dem 1.1.2007 und dem 22.5.2007 tätig waren. Dies wurde bereits am 19.12.2006 verkündet. Diesen Vermittlern sollte kein Besitzstandschutz gewährt werden. Praktisch konnte jedoch ein Eintrag erst seit Anfang Juli 2007 vorgenommen werden, da das Register zuvor nicht betriebsfähig war (vgl. *Schönleiter*, in: Landmann/Rohmer, GewO, § 156 Rn 7).

Nach § 156 Abs. 2 S. 1 GewO wird bereits in der erlaubnisfreien Zeit eine Haftpflichtversicherung nach § 34 Abs. 2, Nr. 3 GewO gefordert, sofern die Vermittler nicht unter § 34d Abs. 4 GewO fallen (näher hierzu *Schönleiter*, in: Landmann/Rohmer § 156, Rn 8).

Sofern ein Nachweis über das Bestehen einer Berufshaftpflichtversicherung nicht geführt werden kann, verpflichtet § 156 Abs. 2 S. 2 GewO die zuständige Behörde zur Gewerbeuntersagung. Die Behörde hat keinen Ermessensspielraum. § 156 Abs. 2 S. 2 GewO besteht neben den Versagensgründen aus § 35 GewO.

§ 156 Abs. 3 GewO regelt den Übergang für Versicherungsberater von der Erlaubnispflicht nach dem Rechtsberatungsgesetz hin zur Erlaubnis- und Registrierungspflicht der GewO. Danach musste der Versicherungsberater bei Vorlage der bisherigen Erlaubnisurkunde bei der neuen Anmeldung nur noch den Nachweis der Berufshaftpflichtversicherung erbringen.

Versicherungsberater brauchten keine Übergangsregelung bzgl. der Erlaubnispflicht, da sie bereits über eine Erlaubnis nach dem Rechtsberatungsgesetz verfügten. Sie mussten sich lediglich bis zum 1.1.2009 registrieren lassen und die Erlaubnis in eine Erlaubnis nach § 34e GewO umgeschrieben werden.

Die Umschreibung kann gem. § 34e Abs. 2 GewO i.V.m. § 34d Abs. 7 GewO zusammen mit der Registrierung erfolgen.

Sofern die Frist zum 1.1.2009 nicht eingehalten wurde, entfällt die Möglichkeit und Privilegierung zur Umschreibung nach § 34e Abs. 3 GewO und es ist ein normales Erlaubnisverfahren nach § 34e GewO erforderlich (vgl. *Schönleiter*, in: Landmann/Rohmer § 156 Rn 13).

Verordnung (EG) Nr. 593-2008 des Europäischen Parlaments und des Rates vom 17. Juni 2008 über das auf vertragliche Schuldverhältnisse anzuwendende Recht (Rom I)

Präambel Rom I
ABl. Nr. L 177 vom 04.07.2008, S. 6

DAS EUROPÄISCHE PARLAMENT UND DER RAT DER EUROPÄISCHEN UNION –

gestützt auf den Vertrag zur Gründung der Europäischen Gemeinschaft, insbesondere auf Artikel 61 Buchstabe c und Artikel 67 Absatz 5, zweiter Gedankenstrich,

auf Vorschlag der Kommission,

nach Stellungnahme des Europäischen Wirtschafts- und Sozialausschusses[1],

gemäß dem Verfahren des Artikels 251 des Vertrags[2],

in Erwägung nachstehender Gründe:

(1) Die Gemeinschaft hat sich zum Ziel gesetzt, einen Raum der Freiheit, der Sicherheit und des Rechts zu erhalten und weiterzuentwickeln. Zur schrittweisen Schaffung dieses Raums muss die Gemeinschaft im Bereich der justiziellen Zusammenarbeit in Zivilsachen, die einen grenzüberschreitenden Bezug aufweisen, Maßnahmen erlassen, soweit sie für das reibungslose Funktionieren des Binnenmarkts erforderlich sind.

(2) Nach Artikel 65 Buchstabe b des Vertrags schließen diese Maßnahmen solche ein, die die Vereinbarkeit der in den Mitgliedstaaten geltenden Kollisionsnormen und Vorschriften zur Vermeidung von Kompetenzkonflikten fördern.

(3) Auf seiner Tagung vom 15. und 16. Oktober 1999 in Tampere hat der Europäische Rat den Grundsatz der gegenseitigen Anerkennung von Urteilen und anderen Entscheidungen von Justizbehörden als Eckstein der justiziellen Zusammenarbeit in Zivilsachen unterstützt und den Rat und die Kommission ersucht, ein Maßnahmenprogramm zur Umsetzung dieses Grundsatzes anzunehmen.

(4) Der Rat hat am 30. November 2000 ein gemeinsames Maßnahmenprogramm der Kommission und des Rates zur Umsetzung des Grundsatzes der gegenseitigen Anerkennung gerichtlicher Entscheidungen in Zivil- und Handelssachen verabschiedet[3]. Nach dem Programm können Maßnahmen zur Harmonisierung der Kollisionsnormen dazu beitragen, die gegenseitige Anerkennung gerichtlicher Entscheidungen zu vereinfachen.

---

1 Amtl. Anm.: ABl. C 318 vom 23.12.2006, S. 56.
2 Amtl. Anm.: Stellungnahme des Europäischen Parlaments vom 29. November 2007 (noch nicht im Amtsblatt veröffentlicht) und Beschluss des Rates vom 5. Juni 2008.
3 Amtl. Anm.: ABl. C 12 vom 15.1.2001, S. 1.

(5) In dem vom Europäischen Rat am 5. November 2004 angenommenen Haager Programm[4] wurde dazu aufgerufen, die Beratungen über die Regelung der Kollisionsnormen für vertragliche Schuldverhältnisse („Rom I") energisch voranzutreiben.
(6) Um den Ausgang von Rechtsstreitigkeiten vorhersehbarer zu machen und die Sicherheit in Bezug auf das anzuwendende Recht sowie den freien Verkehr gerichtlicher Entscheidungen zu fördern, müssen die in den Mitgliedstaaten geltenden Kollisionsnormen im Interesse eines reibungslos funktionierenden Binnenmarkts unabhängig von dem Staat, in dem sich das Gericht befindet, bei dem der Anspruch geltend gemacht wird, dasselbe Recht bestimmen.
(7) Der materielle Anwendungsbereich und die Bestimmungen dieser Verordnung sollten mit der Verordnung (EG) Nr. 44/2001 des Rates vom 22. Dezember 2000 über die gerichtliche Zuständigkeit und die Anerkennung und Vollstreckung von Entscheidungen in Zivil- und Handelssachen („Brüssel I")[5] und der Verordnung (EG) Nr. 864/2007 des Europäischen Parlaments und des Rates vom 11. Juli 2007 über das auf außervertragliche Schuldverhältnisse anzuwendende Recht („Rom II")[6] im Einklang stehen.
(8) Familienverhältnisse sollten die Verwandtschaft in gerader Linie, die Ehe, die Schwägerschaft und die Verwandtschaft in der Seitenlinie umfassen. Die Bezugnahme in Artikel 1 Absatz 2 auf Verhältnisse, die mit der Ehe oder anderen Familienverhältnissen vergleichbare Wirkungen entfalten, sollte nach dem Recht des Mitgliedstaats, in dem sich das angerufene Gericht befindet, ausgelegt werden.
(9) Unter Schuldverhältnisse aus Wechseln, Schecks, Eigenwechseln und anderen handelbaren Wertpapieren sollten auch Konnossemente fallen, soweit die Schuldverhältnisse aus dem Konnossement aus dessen Handelbarkeit entstehen.
(10) Schuldverhältnisse, die aus Verhandlungen vor Abschluss eines Vertrags entstehen, fallen unter Artikel 12 der Verordnung (EG) Nr. 864/2007. Sie sollten daher vom Anwendungsbereich dieser Verordnung ausgenommen werden.
(11) Die freie Rechtswahl der Parteien sollte einer der Ecksteine des Systems der Kollisionsnormen im Bereich der vertraglichen Schuldverhältnisse sein.
(12) Eine Vereinbarung zwischen den Parteien, dass ausschließlich ein Gericht oder mehrere Gerichte eines Mitgliedstaats für Streitigkeiten aus einem Vertrag zuständig sein sollen, sollte bei der Feststellung, ob eine Rechtswahl eindeutig getroffen wurde, einer der zu berücksichtigenden Faktoren sein.
(13) Diese Verordnung hindert die Parteien nicht daran, in ihrem Vertrag auf ein nichtstaatliches Regelwerk oder ein internationales Übereinkommen Bezug zu nehmen.
(14) Sollte die Gemeinschaft in einem geeigneten Rechtsakt Regeln des materiellen Vertragsrechts, einschließlich vertragsrechtlicher Standardbestimmungen, festlegen, so

---

4 Amtl. Anm.: ABl. C 53 vom 3.3.2005, S. 1.
5 Amtl. Anm.: ABl. L 12 vom 16.1.2001, S. 1. Zuletzt geändert durch die Verordnung (EG) Nr. 1791/2006 (ABl. L 363 vom 20.12.2006, S. 1).
6 Amtl. Anm.: ABl. L 199 vom 31.7.2007, S. 40.

kann in einem solchen Rechtsakt vorgesehen werden, dass die Parteien entscheiden können, diese Regeln anzuwenden.

(15) Wurde eine Rechtswahl getroffen und sind alle anderen Elemente des Sachverhalts in einem anderen als demjenigen Staat belegen, dessen Recht gewählt wurde, so sollte die Rechtswahl nicht die Anwendung derjenigen Bestimmungen des Rechts dieses anderen Staates berühren, von denen nicht durch Vereinbarung abgewichen werden kann. Diese Regel sollte unabhängig davon angewandt werden, ob die Rechtswahl zusammen mit einer Gerichtsstandsvereinbarung getroffen wurde oder nicht. Obwohl keine inhaltliche Änderung gegenüber Artikel 3 Absatz 3 des Übereinkommens von 1980 über das auf vertragliche Schuldverhältnisse anzuwendende Recht[7] („Übereinkommen von Rom") beabsichtigt ist, ist der Wortlaut der vorliegenden Verordnung so weit wie möglich an Artikel 14 der Verordnung (EG) Nr. 864/2007 angeglichen.

(16) Die Kollisionsnormen sollten ein hohes Maß an Berechenbarkeit aufweisen, um zum allgemeinen Ziel dieser Verordnung, nämlich zur Rechtssicherheit im europäischen Rechtsraum, beizutragen. Dennoch sollten die Gerichte über ein gewisses Ermessen verfügen, um das Recht bestimmen zu können, das zu dem Sachverhalt die engste Verbindung aufweist.

(17) Soweit es das mangels einer Rechtswahl anzuwendende Recht betrifft, sollten die Begriffe „Erbringung von Dienstleistungen" und „Verkauf beweglicher Sachen" so ausgelegt werden wie bei der Anwendung von Artikel 5 der Verordnung (EG) Nr. 44/2001, soweit der Verkauf beweglicher Sachen und die Erbringung von Dienstleistungen unter jene Verordnung fallen. Franchiseverträge und Vertriebsverträge sind zwar Dienstleistungsverträge, unterliegen jedoch besonderen Regeln.

(18) Hinsichtlich des mangels einer Rechtswahl anzuwendenden Rechts sollten unter multilateralen Systemen solche Systeme verstanden werden, in denen Handel betrieben wird, wie die geregelten Märkte und multilateralen Handelssysteme im Sinne des Artikels 4 der Richtlinie 2004/39/EG des Europäischen Parlaments und des Rates vom 21. April 2004 über Märkte für Finanzinstrumente[8], und zwar ungeachtet dessen, ob sie sich auf eine zentrale Gegenpartei stützen oder nicht.

(19) Wurde keine Rechtswahl getroffen, so sollte das anzuwendende Recht nach der für die Vertragsart spezifizierten Regel bestimmt werden. Kann der Vertrag nicht einer der spezifizierten Vertragsarten zugeordnet werden oder sind die Bestandteile des Vertrags durch mehr als eine der spezifizierten Vertragsarten abgedeckt, so sollte der Vertrag dem Recht des Staates unterliegen, in dem die Partei, welche die für den Vertrag charakteristische Leistung zu erbringen hat, ihren gewöhnlichen Aufenthalt hat. Besteht ein Vertrag aus einem Bündel von Rechten und Verpflichtungen, die mehr als einer der spezifizierten Vertragsarten zugeordnet werden können, so sollte

---

[7] Amtl. Anm.: ABl. C 334 vom 30.12.2005, S. 1.
[8] Amtl. Anm.: ABl. L 145 vom 30.4.2004, S. 1. Zuletzt geändert durch die Richtlinie 2008/10/EG (ABl. L 76 vom 19.3.2008, S. 33).

Präambel Rom I

die charakteristische Leistung des Vertrags nach ihrem Schwerpunkt bestimmt werden.

(20) Weist ein Vertrag eine offensichtlich engere Verbindung zu einem anderen als dem in Artikel 4 Absätze 1 und 2 genannten Staat auf, so sollte eine Ausweichklausel vorsehen, dass das Recht dieses anderen Staats anzuwenden ist. Zur Bestimmung dieses Staates sollte unter anderem berücksichtigt werden, ob der betreffende Vertrag in einer sehr engen Verbindung zu einem oder mehreren anderen Verträgen steht.

(21) Kann das bei Fehlen einer Rechtswahl anzuwendende Recht weder aufgrund der Zuordnung des Vertrags zu einer der spezifizierten Vertragsarten noch als das Recht des Staates bestimmt werden, in dem die Partei, die die für den Vertrag charakteristische Leistung zu erbringen hat, ihren gewöhnlichen Aufenthalt hat, so sollte der Vertrag dem Recht des Staates unterliegen, zu dem er die engste Verbindung aufweist. Bei der Bestimmung dieses Staates sollte unter anderem berücksichtigt werden, ob der betreffende Vertrag in einer sehr engen Verbindung zu einem oder mehreren anderen Verträgen steht.

(22) In Bezug auf die Auslegung von „Güterbeförderungsverträgen" ist keine inhaltliche Abweichung von Artikel 4 Absatz 4 Satz 3 des Übereinkommens von Rom beabsichtigt. Folglich sollten als Güterbeförderungsverträge auch Charterverträge für eine einzige Reise und andere Verträge gelten, die in der Hauptsache der Güterbeförderung dienen. Für die Zwecke dieser Verordnung sollten der Begriff „Absender" eine Person bezeichnen, die mit dem Beförderer einen Beförderungsvertrag abschließt, und der Begriff „Beförderer" die Vertragspartei, die sich zur Beförderung der Güter verpflichtet, unabhängig davon, ob sie die Beförderung selbst durchführt.

(23) Bei Verträgen, bei denen die eine Partei als schwächer angesehen wird, sollte die schwächere Partei durch Kollisionsnormen geschützt werden, die für sie günstiger sind als die allgemeinen Regeln.

(24) Insbesondere bei Verbraucherverträgen sollte die Kollisionsnorm es ermöglichen, die Kosten für die Beilegung von Rechtsstreitigkeiten zu senken, die häufig einen geringen Streitwert haben, und der Entwicklung des Fernabsatzes Rechnung zu tragen. Um die Übereinstimmung mit der Verordnung (EG) Nr. 44/2001 zu wahren, ist zum einen als Voraussetzung für die Anwendung der Verbraucherschutznorm auf das Kriterium der ausgerichteten Tätigkeit zu verweisen und zum anderen auf die Notwendigkeit, dass dieses Kriterium in der Verordnung (EG) Nr. 44/2001 und der vorliegenden Verordnung einheitlich ausgelegt wird, wobei zu beachten ist, dass eine gemeinsame Erklärung des Rates und der Kommission zu Artikel 15 der Verordnung (EG) Nr. 44/2001 ausführt, „dass es für die Anwendung von Artikel 15 Absatz 1 Buchstabe c nicht ausreicht, dass ein Unternehmen seine Tätigkeiten auf den Mitgliedstaat, in dem der Verbraucher seinen Wohnsitz hat, oder auf mehrere Staaten – einschließlich des betreffenden Mitgliedstaats –, ausrichtet, sondern dass im Rahmen dieser Tätigkeiten auch ein Vertrag geschlossen worden sein muss." Des Weiteren heißt es in dieser Erklärung, „dass die Zugänglichkeit einer Website allein nicht ausreicht, um die Anwendbarkeit von Artikel 15 zu begründen; vielmehr ist erforderlich, dass diese Website auch den Vertragsabschluss im Fernabsatz anbietet und dass

tatsächlich ein Vertragsabschluss im Fernabsatz erfolgt ist, mit welchem Mittel auch immer. Dabei sind auf einer Website die benutzte Sprache oder die Währung nicht von Bedeutung."

(25) Die Verbraucher sollten dann durch Regelungen des Staates ihres gewöhnlichen Aufenthalts geschützt werden, von denen nicht durch Vereinbarung abgewichen werden kann, wenn der Vertragsschluss darauf zurückzuführen ist, dass der Unternehmer in diesem bestimmten Staat eine berufliche oder gewerbliche Tätigkeit ausübt. Der gleiche Schutz sollte gewährleistet sein, wenn ein Unternehmer zwar keine beruflichen oder gewerblichen Tätigkeiten in dem Staat, in dem der Verbraucher seinen gewöhnlichen Aufenthalt hat, ausübt, seine Tätigkeiten aber – unabhängig von der Art und Weise, in der dies geschieht – auf diesen Staat oder auf mehrere Staaten, einschließlich dieses Staates, ausrichtet und der Vertragsschluss auf solche Tätigkeiten zurückzuführen ist.

(26) Für die Zwecke dieser Verordnung sollten Finanzdienstleistungen wie Wertpapierdienstleistungen und Anlagetätigkeiten und Nebendienstleistungen nach Anhang I Abschnitt A und Abschnitt B der Richtlinie 2004/39/EG, die ein Unternehmer für einen Verbraucher erbringt, sowie Verträge über den Verkauf von Anteilen an Organismen für gemeinsame Anlagen in Wertpapieren, selbst wenn sie nicht unter die Richtlinie 85/611/EWG des Rates vom 20. Dezember 1985 zur Koordinierung der Rechts- und Verwaltungsvorschriften betreffend bestimmte Organismen für gemeinsame Anlagen in Wertpapieren (OGAW)[9] fallen, Artikel 6 der vorliegenden Verordnung unterliegen. Daher sollten, wenn die Bedingungen für die Ausgabe oder das öffentliche Angebot bezüglich übertragbarer Wertpapiere oder die Zeichnung oder der Rückkauf von Anteilen an Organismen für gemeinsame Anlagen in Wertpapieren erwähnt werden, darunter alle Aspekte fallen, durch die sich der Emittent bzw. Anbieter gegenüber dem Verbraucher verpflichtet, nicht aber diejenigen Aspekte, die mit der Erbringung von Finanzdienstleistungen im Zusammenhang stehen.

(27) Es sollten verschiedene Ausnahmen von der allgemeinen Kollisionsnorm für Verbraucherverträge vorgesehen werden. Eine solche Ausnahme, bei der die allgemeinen Regeln nicht gelten, sollten Verträge sein, die ein dingliches Recht an unbeweglichen Sachen oder die Miete oder Pacht unbeweglicher Sachen zum Gegenstand haben, mit Ausnahme von Verträgen über Teilzeitnutzungsrechte an Immobilien im Sinne der Richtlinie 94/47/EG des Europäischen Parlaments und des Rates vom 26. Oktober 1994 zum Schutz der Erwerber im Hinblick auf bestimmte Aspekte von Verträgen über den Erwerb von Teilzeitnutzungsrechten an Immobilien[10].

(28) Es muss sichergestellt werden, dass Rechte und Verpflichtungen, die ein Finanzinstrument begründen, nicht der allgemeinen Regel für Verbraucherverträge unterliegen, da dies dazu führen könnte, dass für jedes der ausgegebenen Instrumente ein anderes Recht anzuwenden wäre, wodurch ihr Wesen verändert würde und ihr fungibler

---

9 Amtl. Anm.: ABl. L 375 vom 31.12.1985, S. 3. Zuletzt geändert durch die Richtlinie 2008/18/EG des Europäischen Parlaments und des Rates (ABl. L 76 vom 19.3.2008, S. 42).

10 Amtl. Anm.: ABl. L 280 vom 29.10.1994, S. 83.

Handel und ihr fungibles Angebot verhindert würden. Entsprechend sollte auf das Vertragsverhältnis zwischen dem Emittenten bzw. dem Anbieter und dem Verbraucher bei Ausgabe oder Angebot solcher Instrumente nicht notwendigerweise die Anwendung des Rechts des Staates des gewöhnlichen Aufenthalts des Verbrauchers zwingend vorgeschrieben sein, da die Einheitlichkeit der Bedingungen einer Ausgabe oder eines Angebots sichergestellt werden muss. Gleiches sollte bei den multilateralen Systemen, die von Artikel 4 Absatz 1 Buchstabe h erfasst werden, gelten, in Bezug auf die gewährleistet sein sollte, dass das Recht des Staates des gewöhnlichen Aufenthalts des Verbrauchers nicht die Regeln berührt, die auf innerhalb solcher Systeme oder mit dem Betreiber solcher Systeme geschlossene Verträge anzuwenden sind.

(29) Werden für die Zwecke dieser Verordnung Rechte und Verpflichtungen, durch die die Bedingungen für die Ausgabe, das öffentliche Angebot oder das öffentliche Übernahmeangebot bezüglich übertragbarer Wertpapiere festgelegt werden, oder die Zeichnung oder der Rückkauf von Anteilen an Organismen für gemeinsame Anlagen in Wertpapieren genannt, so sollten darunter auch die Bedingungen für die Zuteilung von Wertpapieren oder Anteilen, für die Rechte im Falle einer Überzeichnung, für Ziehungsrechte und ähnliche Fälle im Zusammenhang mit dem Angebot sowie die in den Artikeln 10, 11, 12 und 13 geregelten Fälle fallen, sodass sichergestellt ist, dass alle relevanten Vertragsaspekte eines Angebots, durch das sich der Emittent bzw. Anbieter gegenüber dem Verbraucher verpflichtet, einem einzigen Recht unterliegen.

(30) Für die Zwecke dieser Verordnung bezeichnen die Begriffe „Finanzinstrumente" und „übertragbare Wertpapiere" diejenigen Instrumente, die in Artikel 4 der Richtlinie 2004/39/EG genannt sind.

(31) Die Abwicklung einer förmlichen Vereinbarung, die als ein System im Sinne von Artikel 2 Buchstabe a der Richtlinie 98/26/EG des Europäischen Parlaments und des Rates vom 19. Mai 1998 über die Wirksamkeit von Abrechnungen in Zahlungs- sowie Wertpapierliefer- und -abrechnungssystemen[11] ausgestaltet ist, sollte von dieser Verordnung unberührt bleiben.

(32) Wegen der Besonderheit von Beförderungsverträgen und Versicherungsverträgen sollten besondere Vorschriften ein angemessenes Schutzniveau für zu befördernde Personen und Versicherungsnehmer gewährleisten. Deshalb sollte Artikel 6 nicht im Zusammenhang mit diesen besonderen Verträgen gelten.

(33) Deckt ein Versicherungsvertrag, der kein Großrisiko deckt, mehr als ein Risiko, von denen mindestens eines in einem Mitgliedstaat und mindestens eines in einem dritten Staat belegen ist, so sollten die besonderen Regelungen für Versicherungsverträge in dieser Verordnung nur für die Risiken gelten, die in dem betreffenden Mitgliedstaat bzw. den betreffenden Mitgliedstaaten belegen sind.

(34) Die Kollisionsnorm für Individualarbeitsverträge sollte die Anwendung von Eingriffsnormen des Staates, in den der Arbeitnehmer im Einklang mit der Richtlinie 96/71/EG des Europäischen Parlaments und des Rates vom 16. Dezember 1996 über

---

11 Amtl. Anm.: ABl. L 166 vom 11.6.1998, S. 45.

die Entsendung von Arbeitnehmern im Rahmen der Erbringung von Dienstleistungen[12] entsandt wird, unberührt lassen.

(35) Den Arbeitnehmern sollte nicht der Schutz entzogen werden, der ihnen durch Bestimmungen gewährt wird, von denen nicht oder nur zu ihrem Vorteil durch Vereinbarung abgewichen werden darf.

(36) Bezogen auf Individualarbeitsverträge sollte die Erbringung der Arbeitsleistung in einem anderen Staat als vorübergehend gelten, wenn von dem Arbeitnehmer erwartet wird, dass er nach seinem Arbeitseinsatz im Ausland seine Arbeit im Herkunftsstaat wieder aufnimmt. Der Abschluss eines neuen Arbeitsvertrags mit dem ursprünglichen Arbeitgeber oder einem Arbeitgeber, der zur selben Unternehmensgruppe gehört wie der ursprüngliche Arbeitgeber, sollte nicht ausschließen, dass der Arbeitnehmer als seine Arbeit vorübergehend in einem anderen Staat verrichtend gilt.

(37) Gründe des öffentlichen Interesses rechtfertigen es, dass die Gerichte der Mitgliedstaaten unter außergewöhnlichen Umständen die Vorbehaltsklausel („ordre public") und Eingriffsnormen anwenden können. Der Begriff „Eingriffsnormen" sollte von dem Begriff „Bestimmungen, von denen nicht durch Vereinbarung abgewichen werden kann", unterschieden und enger ausgelegt werden.

(38) Im Zusammenhang mit der Übertragung der Forderung sollte mit dem Begriff „Verhältnis" klargestellt werden, dass Artikel 14 Absatz 1 auch auf die dinglichen Aspekte des Vertrags zwischen Zedent und Zessionar anwendbar ist, wenn eine Rechtsordnung dingliche und schuldrechtliche Aspekte trennt. Allerdings sollte mit dem Begriff „Verhältnis" nicht jedes beliebige möglicherweise zwischen dem Zedenten und dem Zessionar bestehende Verhältnis gemeint sein. Insbesondere sollte sich der Begriff nicht auf die der Übertragung einer Forderung vorgelagerten Fragen erstrecken. Vielmehr sollte er sich ausschließlich auf die Aspekte beschränken, die für die betreffende Übertragung einer Forderung unmittelbar von Bedeutung sind.

(39) Aus Gründen der Rechtssicherheit sollte der Begriff „gewöhnlicher Aufenthalt", insbesondere im Hinblick auf Gesellschaften, Vereine und juristische Personen, eindeutig definiert werden. Im Unterschied zu Artikel 60 Absatz 1 der Verordnung (EG) Nr. 44/2001, der drei Kriterien zur Wahl stellt, sollte sich die Kollisionsnorm auf ein einziges Kriterium beschränken, da es für die Parteien andernfalls nicht möglich wäre, vorherzusehen, welches Recht auf ihren Fall anwendbar ist.

(40) Die Aufteilung der Kollisionsnormen auf zahlreiche Rechtsakte sowie Unterschiede zwischen diesen Normen sollten vermieden werden. Diese Verordnung sollte jedoch die Möglichkeit der Aufnahme von Kollisionsnormen für vertragliche Schuldverhältnisse in Vorschriften des Gemeinschaftsrechts über besondere Gegenstände nicht ausschließen.

Diese Verordnung sollte die Anwendung anderer Rechtsakte nicht ausschließen, die Bestimmungen enthalten, die zum reibungslosen Funktionieren des Binnenmarkts beitragen sollen, soweit sie nicht in Verbindung mit dem Recht angewendet werden können, auf das die Regeln dieser Verordnung verweisen. Die Anwendung der Vor-

---

12 Amtl. Anm.: ABl. L 18 vom 21.1.1997, S. 1.

schriften im anzuwendenden Recht, die durch die Bestimmungen dieser Verordnung berufen wurden, sollte nicht die Freiheit des Waren- und Dienstleistungsverkehrs, wie sie in den Rechtsinstrumenten der Gemeinschaft wie der Richtlinie 2000/31/EG des Europäischen Parlaments und des Rates vom 8. Juni 2000 über bestimmte rechtliche Aspekte der Dienste der Informationsgesellschaft, insbesondere des elektronischen Geschäftsverkehrs, im Binnenmarkt („Richtlinie über den elektronischen Geschäftsverkehr")[13] ausgestaltet ist, beschränken.

(41) Um die internationalen Verpflichtungen, die die Mitgliedstaaten eingegangen sind, zu wahren, darf sich die Verordnung nicht auf internationale Übereinkommen auswirken, denen ein oder mehrere Mitgliedstaaten zum Zeitpunkt der Annahme dieser Verordnung angehören. Um den Zugang zu den Rechtsakten zu erleichtern, sollte die Kommission anhand der Angaben der Mitgliedstaaten ein Verzeichnis der betreffenden Übereinkommen im *Amtsblatt der Europäischen Union* veröffentlichen.

(42) Die Kommission wird dem Europäischen Parlament und dem Rat einen Vorschlag unterbreiten, nach welchen Verfahren und unter welchen Bedingungen die Mitgliedstaaten in Einzel- und Ausnahmefällen in eigenem Namen Übereinkünfte mit Drittländern über sektorspezifische Fragen aushandeln und abschließen dürfen, die Bestimmungen über das auf vertragliche Schuldverhältnisse anzuwendende Recht enthalten.

(43) Da das Ziel dieser Verordnung auf Ebene der Mitgliedstaaten nicht ausreichend verwirklicht werden kann und daher wegen des Umfangs und der Wirkungen der Verordnung besser auf Gemeinschaftsebene zu verwirklichen ist, kann die Gemeinschaft im Einklang mit dem in Artikel 5 des Vertrags niedergelegten Subsidiaritätsprinzip tätig werden. Entsprechend dem ebenfalls in diesem Artikel festgelegten Grundsatz der Verhältnismäßigkeit geht diese Verordnung nicht über das zur Erreichung ihres Ziels erforderliche Maß hinaus.

(44) Gemäß Artikel 3 des Protokolls über die Position des Vereinigten Königreichs und Irlands im Anhang zum Vertrag über die Europäische Union und im Anhang zum Vertrag zur Gründung der Europäischen Gemeinschaft beteiligt sich Irland an der Annahme und Anwendung dieser Verordnung.

(45) Gemäß den Artikeln 1 und 2 und unbeschadet des Artikels 4 des Protokolls über die Position des Vereinigten Königreichs und Irlands im Anhang zum Vertrag über die Europäische Union und zum Vertrag zur Gründung der Europäischen Gemeinschaft beteiligt sich das Vereinigte Königreich nicht an der Annahme dieser Verordnung, die für das Vereinigte Königreich nicht bindend oder anwendbar ist.

(46) Gemäß den Artikeln 1 und 2 des Protokolls über die Position Dänemarks im Anhang zum Vertrag über die Europäische Union und dem Vertrag zur Gründung der Europäischen Gemeinschaft beteiligt sich Dänemark nicht an der Annahme dieser Verordnung, die für Dänemark nicht bindend oder anwendbar ist –

---

13 Amtl. Anm.: ABl. L 178 vom 17.7.2000, S. 1.

HABEN FOLGENDE VERORDNUNG ERLASSEN:
Inhaltsübersicht   Art.
Kapitel I: Anwendungsbereich
Anwendungsbereich   1
Universelle Anwendung   2
Kapitel II: Einheitliche Kollisionsnormen
Freie Rechtswahl   3
Mangels Rechtswahl anzuwendendes Recht   4
Beförderungsverträge   5
Verbraucherverträge   6
Versicherungsverträge   7
Individualarbeitsverträge   8
Eingriffsnormen   9
Einigung und materielle Wirksamkeit   10
Form   11
Geltungsbereich des anzuwendenden Rechts   12
Rechts-, Geschäfts- und Handlungsunfähigkeit   13
Übertragung der Forderung   14
Gesetzlicher Forderungsübergang   15
Mehrfache Haftung   16
Aufrechnung   17
Beweis   18
Kapitel III: Sonstige Vorschriften
Gewöhnlicher Aufenthalt   19
Ausschluss der Rück- und Weiterverweisung   20
Öffentliche Ordnung im Staat des angerufenen Gerichts   21
Staaten ohne einheitliche Rechtsordnung   22
Verhältnis zu anderen Gemeinschaftsrechtsakten   23
Beziehung zum Übereinkommen von Rom   24
Verhältnis zu bestehenden internationalen Übereinkommen   25
Verzeichnis der Übereinkommen   26
Überprüfungsklausel   27
Zeitliche Anwendbarkeit   28
Kapitel IV: Schlussbestimmungen
Inkrafttreten und Anwendbarkeit   29

Vorbemerkungen zu Rom I

Übersicht

	Rdn
A. Allgemeines	1
B. Anwendungsbereich	5
I. Intertemporal	5
II. Sachlich	6

A. Allgemeines

1 Die Rom I-Verordnung konsolidiert im Wesentlichen die bislang auf Art. 7–15 EGVVG bzw. Art. 27–37 EGBGB verstreuten Normen des internationalen Versicherungsvertragsrechts. Zentrale Norm ist dabei Art. 7 Rom-I-VO. Dieser spiegelt den Status quo und entwickelt das IPR des Versicherungsvertragsrechts allein moderat fort (*Mansel/Thorn/Wagner*, IPrax 2009, 1, 7 [Fn 60]). Die VO genießt gem. Art. 249 Abs. 2 EG Anwendungsvorrang (vgl. auch Art. 3 Nr. 1 EGBGB).

> **Hinweis**
> Gleichzeitig wurden durch das Gesetz zur Anpassung der Vorschriften des Internationalen Privatrechts an die Verordnung (EG) Nr. 593/2008 vom 25.6.2009 (BGBl 2009 I, S. 1574) die oben genannten bislang geltenden Vorschriften des Versicherungskollisionsrechts mit Wirkung zum 17.12.2009 aufgehoben.

2 Der ersehnte „große Wurf" ist dem europäischen Gesetzgeber nach allgemeiner Meinung mit der Neuregelung in der VO nicht gelungen. Vor dem Hintergrund der Überprüfungsklausel des Art. 27 Rom-I-VO besteht allerdings die (vage) Hoffnung, dass die hier statuierten Regelungen allein den Auftakt einer schrittweisen Vereinfachung der kollisionsrechtlichen Gesetzeslage darstellen (*Perner*, IPrax 2009, 218, 222). Der bis spätestens 17.6.2013 vorzulegende Kommissionsbericht, der auch Vorschläge zur Änderung der VO enthalten soll, steht allerdings weiterhin aus (MüKo/*Martiny*, Art. 27 Rom-I-VO Rn 4). Das versicherungsrechtliche IPR bleibt also bis auf Weiteres komplex.

3 Die VO bleibt im Übrigen von der Richtlinie 2009/138/EG betreffend die Versicherungstätigkeit (Solvabilität II) – wie schon deren Vorgängernormen – unberührt. Ziel der Solvabilitäts-RL ist vielmehr, das zur Anwendung berufene Aufsichts-, Eingriffs- und (zwingende) Privatrecht (einschließlich des Versicherungsvertragsrechts) nach den Maßstäben der Dienstleistungsfreiheit zu bestimmen. Insoweit modifiziert dabei Art. 180 Solvabilitäts-RL, der mit Wirkung ab dem 1.1.2016 den Mitgliedstaaten der Risikobelegenheit untersagt, Hemmnisse beim grenzüberschreitenden Abschluss von Versicherungsverträgen innerhalb der Gemeinschaft zu schaffen, solange der Vertragsschluss nicht im Widerspruch zu den Rechtsvorschriften des Allgemeininteresses steht, nicht die VO (VersR-Hdb/*Roth*, § 4 Rn 14 m.w.N.).

4 Die Auslegung erfolgt vor dem Hintergrund des Gemeinschaftsrechts in aller Regel autonom, wobei dem EuGH hierbei die Letztentscheidungskompetenz zusteht (MüKo/*Looschelders*, Internationales Versicherungsvertragsrecht Rn 3; vgl. zu den Auslegungsgrundsätzen: MüKo/*Martiny*, Vor. Art. 1 Rom-I-VO Rn 15 ff.).

B. Anwendungsbereich

I. Intertemporal

Gem. Art. 28 Rom-I-VO findet die VO auf Vertragsverhältnisse Anwendung, die ab dem 17.12.2009 geschlossen werden (vgl. insofern die Berichtigung des Europäischen Rates vom 19.10.2009 [13497/1/09 REV 1]; *Looschelders/Smarowos*, VersR 2010, 1, 2). Für Altverträge, die vor dem Stichtag geschlossen wurden, verbleibt es hingegen mit der herrschenden Meinung bei der Anwendbarkeit des Europäischen Schuldvertragsübereinkommens (EVÜ), wie es in den Art. 27 ff. EGBGB in deutschen Recht umgesetzt wurde, bzw. des einschlägigen RL-Kollisionsrecht, wie es sich insb. aus den Art. 7 ff. EGVVG ergibt. Im Ergebnis bedeutet dies, dass für einen langen Zeitraum beide Regime nebeneinander stehen werden (so ausdrücklich, *Mansel/Thorn/Wagner*, IPRax 2009, 1, 21). Dies gilt insb. im Fall von VV, nachdem es sich hier regelmäßig um Dauerschuldverhältnisse mit u.U. langer Laufzeit handelt.

II. Sachlich

Die VO findet gem. Art. 1 Rom-I-VO auf Versicherungsverträge privatrechtlicher Natur mit Ausnahme von Verträgen zur betrieblichen Altersversorgung i.S.d. Art. 1 Abs. 2 Buchst. j Rom-I-VO sowie des Sozialversicherungsrechts Anwendung.

Kapitel I
Anwendungsbereich

Art. 1 Rom I Anwendungsbereich

(1) Diese Verordnung gilt für vertragliche Schuldverhältnisse in Zivil- und Handelssachen, die eine Verbindung zum Recht verschiedener Staaten aufweisen.
Sie gilt insbesondere nicht für Steuer- und Zollsachen sowie verwaltungsrechtliche Angelegenheiten.

(2) Vom Anwendungsbereich dieser Verordnung ausgenommen sind:
a) der Personenstand sowie die Rechts-, Geschäfts- und Handlungsfähigkeit von natürlichen Personen, unbeschadet des Artikels 13;
b) Schuldverhältnisse aus einem Familienverhältnis oder aus Verhältnissen, die nach dem auf diese Verhältnisse anzuwendenden Recht vergleichbare Wirkungen entfalten, einschließlich der Unterhaltspflichten;
c) Schuldverhältnisse aus ehelichen Güterständen, aus Güterständen aufgrund von Verhältnissen, die nach dem auf diese Verhältnisse anzuwendenden Recht mit der Ehe vergleichbare Wirkungen entfalten, und aus Testamenten und Erbrecht;

d) Verpflichtungen aus Wechseln, Schecks, Eigenwechseln und anderen handelbaren Wertpapieren, soweit die Verpflichtungen aus diesen anderen Wertpapieren aus deren Handelbarkeit entstehen;
e) Schieds- und Gerichtsstandsvereinbarungen;
f) Fragen betreffend das Gesellschaftsrecht, das Vereinsrecht und das Recht der juristischen Personen, wie die Errichtung durch Eintragung oder auf andere Weise, die Rechts- und Handlungsfähigkeit, die innere Verfassung und die Auflösung von Gesellschaften, Vereinen und juristischen Personen sowie die persönliche Haftung der Gesellschafter und der Organe für die Verbindlichkeiten einer Gesellschaft, eines Vereins oder einer juristischen Person;
g) die Frage, ob ein Vertreter die Person, für deren Rechnung er zu handeln vorgibt, Dritten gegenüber verpflichten kann, oder ob ein Organ einer Gesellschaft, eines Vereins oder einer anderen juristischen Person diese Gesellschaft, diesen Verein oder diese juristische Person gegenüber Dritten verpflichten kann;
h) die Gründung von „Trusts" sowie die dadurch geschaffenen Rechtsbeziehungen zwischen den Verfügenden, den Treuhändern und den Begünstigten;
i) Schuldverhältnisse aus Verhandlungen vor Abschluss eines Vertrags;
j) Versicherungsverträge aus von anderen Einrichtungen als den in Artikel 2 der Richtlinie 2002/83/EG des Europäischen Parlaments und des Rates vom 5.11.2002 über Lebensversicherungen[1] genannten Unternehmen durchgeführten Geschäften, deren Zweck darin besteht, den unselbstständig oder selbstständig tätigen Arbeitskräften eines Unternehmens oder einer Unternehmensgruppe oder den Angehörigen eines Berufes oder einer Berufsgruppe im Todes- oder Erlebensfall oder bei Arbeitseinstellung oder bei Minderung der Erwerbstätigkeit oder bei arbeitsbedingter Krankheit oder Arbeitsunfällen Leistungen zu gewähren.

(3) Diese Verordnung gilt unbeschadet des Artikels 18 nicht für den Beweis und das Verfahren.

(4) Im Sinne dieser Verordnung bezeichnet der Begriff „Mitgliedstaat" die Mitgliedstaaten, auf die diese Verordnung anwendbar ist. In Artikel 3 Absatz 4 und Artikel 7 bezeichnet der Begriff jedoch alle Mitgliedstaaten.

Übersicht

	Rdn
A. Normzweck	1
B. Norminhalt	2
I. Vertragliche Schuldverhältnisse des Zivil- und Handelsrechts (Art. 1 Abs. 1 Rom-I-VO)	2
II. Ausnahmekatalog (Art. 1 Abs. 2 Rom-I-VO)	4
1. Fragen betreffend des Gesellschafts- und Vereinsrechts (Art. 1 Abs. 2 Buchst. f Rom-I-VO)	5
2. Schuldverhältnisse aus Vertragsverhandlungen (Art. 1 Abs. 2 Buchst. i Rom-I-VO)	7
3. Betriebliche Altersversorgung (Art. 1 Abs. 2 Buchst. j Rom-I-VO)	9
III. Definition des räumlichen Anwendungsbereichs (Art. 1 Abs. 4 Rom-I-VO)	11

---

[1] Amtl. Anm.: ABl L 345 vom 19.12.2002, S. 1. Zuletzt geändert durch die Richtlinie 2008/19/EG (ABl L 76 vom 19.3.2008, S. 44).

A. Normzweck

Art. 1 Rom-I-VO umschreibt den (sachlichen) Anwendungsbereich der VO. Hiernach erfasst sie vertragliche Schuldverhältnisse in Zivil- und Handelssachen mit Auslandsbezug, soweit kein ausdrücklich geregelter Ausnahmetatbestand vorliegt. Die VO ist insoweit umfassend, insb. bedarf es keines Bezugs zu einem anderen EU-Mitgliedstaat. Die VO schafft somit allseitige Kollisionsnormen, wobei jeglicher Auslandsbezug – also auch zu Drittstaaten – ausreichen soll. Rein deutsche Binnensachverhalte werden hingegen nicht von der VO geregelt.

B. Norminhalt

I. Vertragliche Schuldverhältnisse des Zivil- und Handelsrechts (Art. 1 Abs. 1 Rom-I-VO)

Die VO findet gem. Art. 1 Abs. 1 S. 1 Rom-I-VO allein auf vertragliche Schuldverhältnisse des Zivil- und Handelsrecht Anwendung. Eine entsprechende Zuordnung ist auf Ebene des Gemeinschaftsrechts autonom vorzunehmen. Eine positive Umschreibung der Zivil- und Handelssachen fehlt dabei jedoch bislang, stattdessen ist der Begriff in Abgrenzung zu den in Art. 1 Rom-I-VO genannten Regelungsbereichen des öffentlichen Rechts auszulegen. Entscheidend dürfte damit sein, ob auch ein Privater die betreffende Tätigkeit ausüben könnte oder nicht (MüKo/*Martiny*, Art. 1 Rom I-VO Rn 6 m.w.N.).

Die VO erfasst somit nicht den Bereich des Sozialversicherungsrechts (vgl. zum internationalen Sozialversicherungsrecht: Nachweise bei Staudinger/*Sturm/Sturm* [2003] Einl. zum IPR Rn 257), sowie sonstige überwiegend öffentlich-rechtlich geprägte Versicherungsverhältnisse (Art. 1 Abs. 1 S. 2 Rom-I-VO; *Fricke*, VersR 2008, 443, 444).

II. Ausnahmekatalog (Art. 1 Abs. 2 Rom-I-VO)

Art. 1 Abs. 2 Rom-I-VO nimmt bestimmte Regelungskomplexe vom Anwendungsbereich der VO ausdrücklich aus. Insoweit verbleibt es bei der Anwendbarkeit sonstiger Staatsverträge und nationaler Vorschriften (vgl. auch *Jayme*, IPRax 1986, 266).

1. Fragen betreffend des Gesellschafts- und Vereinsrechts (Art. 1 Abs. 2 Buchst. f Rom-I-VO)

Gem. Art. 1 Abs. 2 Buchst. f Rom-I-VO werden Fragen betreffend das Gesellschafts- und Vereinsrecht von der VO nicht erfasst. Die Begriffe sind dabei autonom auszulegen (MüKo/*Martiny*, Art. 1 Rom I-VO Rn 63).

So wird insbesondere der Versicherungsverein auf Gegenseitigkeit nicht von der VO erfasst (MüKo/*Martiny*, Art. 1 Rom I-VO Rn 63). Besteht ein Versicherungsvertrag mit einem VVaG, sind damit nicht sämtliche versicherungsrechtliche Sachverhalte gem. der VO anzuknüpfen. Mitgliedschaft im Verein und Versicherungsvertrag werden in der deutschen Literatur zwar zumeist als untrennbare Einheit angesehen. Vor dem Hintergrund der Wertungen von Art. 1 Abs. 2 Buchst. f Rom-I-VO, die zwingend dem nationalen Recht vorgehen, wird jedoch in grenzüberschreitenden Fällen eine entsprechende Trennung vorzunehmen sein. Im Ergebnis bedeutet dies, dass Sachverhalte gem. VO anzuknüpfen sind, soweit es sich um Fragen des Versicherungsschutzes handelt und diese nicht die Mitgliedschaft und die damit verbundenen Rechte und Pflichten betreffen (Prölss/Martin/*Armbrüster*, Art. 1 ff. Rom I-VO Rn 6; *Fricke*, VersR 2008, 443, 444); unabhängig von der Bezeichnung als Beiträge sind Rechtsfragen der Prämienzahlung jedoch jedenfalls als versicherungsrechtlich zu qualifizieren (*Dörner*, in Bruck/Möller, Art. 1 Rom I-VO Rn 7).

2. Schuldverhältnisse aus Vertragsverhandlungen (Art. 1 Abs. 2 Buchst. i Rom-I-VO)

7 Ansprüche aus culpa in contrahendo (c.i.c.) werden gem. Art. 1 Abs. 2 Buchst. i Rom-I-VO nicht von der VO erfasst, sondern einheitlich als außervertraglich qualifiziert und insoweit dem Anwendungsbereich der Rom-II-VO zugewiesen (s. Art. 2 Abs. 1, 12 Rom-II-VO).

8 Der Begriff der c.i.c. ist autonom auszulegen (*Fricke*, VersR 2008, 443, 444). Im Lichte des Erwägungsgrundes 30 Sätze 3 f. zur Rom II-VO sind damit die für die Versicherungswirtschaft relevanten vertragsspezifischen Sorgfaltspflichten wie Beratungs-, Dokumentations-, Aufklärungs- und Informationspflichten als c.i.c. zu qualifizieren und insofern vom Anwendungsbereich der Rom-I-VO ausgeschlossen. Insofern gelten vielmehr Art. 2. Abs. 1, 12 Rom-II-VO (Palandt/*Thorn*, Art. 12 Rom II-VO Rn 2, *Katschthaler/Leichsenring*, r+s 2010, 45, 46 f. jeweils m.w.N.). Das gleiche gilt etwa für Anzeigeobliegenheiten des VN (VersR-Hdb/*Roth*, § 4 Rn 112 m.w.N.). Nachdem hiernach auf das tatsächliche bzw. hypothetische Vertragsstatut abgestellt wird, dürfte es damit in aller Regel zu einem Gleichlauf mit den vertraglichen Anknüpfungsregeln der VO kommen (MüKo/*Looschelders*, Internationales Versicherungsvertragsrecht Rn 58).

3. Betriebliche Altersversorgung (Art. 1 Abs. 2 Buchst. j Rom-I-VO)

9 Gem. Art. 1 Abs. 2 Buchst. j Rom-I-VO ist die betriebliche Altersversorgung ausdrücklich vom Anwendungsbereich der Verordnung ausgenommen. Dies ist selbst dann der Fall, wenn die Altersversorgung auf rein privatrechtlich einzuordnenden Verträgen beruht (*Fricke*, VersR 2008, 443, 444). In diesem Fall gilt dann das jeweilige mitgliedstaatliche Kollisionsrecht (Prölss/Martin/*Armbrüster*, Art. 1 ff. Rom I-VO Rn 4; a.A. *Dörner*, in Bruck/Möller, Art. 1 Rom I-VO Rn 14, der für eine akzessorische Anknüpfung zum Recht der in dem jeweiligen Staat geltenden Regelungen für die Altersversorgung plädiert). Ein Versicherungsunternehmen mit Sitz außerhalb des EWR bedarf allerdings regelmäßig einer Niederlassung im EWR, sofern es ein dort belegenes Risiko versichert. Wird der VV mit einer solchen Niederlassung abgeschlossen, gilt wiederum die Rom I-VO (Prölss/Martin/ *Armbrüster*, Art. 1 ff. Rom I-VO Rn 4). Der Ausschluss bezieht sich zudem seinem Wortlaut nach nur auf solche Versicherungsverträge, die nicht mit einer in Art. 2 der Vierten LebensRL (RL 2002/83/EG), nunmehr Art. 9 Nr. 2 Solvabilität-II-RL, aufgeführten Einrich-

tung, also insb. nicht mit einem Lebensversicherungsunternehmen, abgeschlossen werden (*Heiss*, in: FS Kropholler, S. 459, 460). Der Anwendungsbereich dieses Ausschlusses ist vor diesem Hintergrund begrenzt.

Der deutsche Gesetzgeber hat davon abgesehen, eine eigene Regelung zu statuieren (vgl. insofern zum Anpassungsgesetz: BT-Drucks 16/12104, S. 10). **10**

III. Definition des räumlichen Anwendungsbereichs (Art. 1 Abs. 4 Rom-I-VO)

Abweichend von Art. 1 Abs. 4 S. 1 Rom-I-VO sieht Art. 7 Abs. 4 S. 2 Rom-I-VO für das Versicherungskollisionsrecht ausdrücklich vor, dass der Begriff des Mitgliedstaates insoweit sämtliche EU-Mitgliedstaaten erfasst, also Dänemark einschließt (vgl. insofern aber i.Ü. Erwägungsgrund 46). Nicht geklärt ist damit allerdings die Frage, ob (deutsche) Gerichte im Verhältnis zu Dänemark über Art. 2 Rom I-VO die Vorschriften der Rom I-VO und insoweit vor allem Art. 7 Rom-I-VO anzuwenden haben, oder aber aufgrund ihrer Bindung an das noch nicht gekündigte Übereinkommen über das auf vertragliche Schuldverhältnisse anzuwendende Recht (Übereinkommen von Rom/EVÜ) dessen Kollisionsnormen, soweit sie für Versicherungsverträge gelten, zur Anwendung bringen müssen. Diese Frage muss als offen bezeichnet werden (zum Streitstand: VersR-Hdb/*Roth*, § 4 Rn 5 f. m.w.N.). **11**

Art. 2 Rom I Universelle Anwendung

Das nach dieser Verordnung bezeichnete Recht ist auch dann anzuwenden, wenn es nicht das Recht eines Mitgliedstaats ist.

Kapitel II
Einheitliche Kollisionsnormen

Art. 3 Rom I Freie Rechtswahl

(1) Der Vertrag unterliegt dem von den Parteien gewählten Recht. Die Rechtswahl muss ausdrücklich erfolgen oder sich eindeutig aus den Bestimmungen des Vertrags oder aus den Umständen des Falles ergeben. Die Parteien können die Rechtswahl für ihren ganzen Vertrag oder nur für einen Teil desselben treffen.

(2) Die Parteien können jederzeit vereinbaren, dass der Vertrag nach einem anderen Recht zu beurteilen ist als dem, das zuvor entweder aufgrund einer früheren Rechtswahl nach diesem Artikel oder aufgrund anderer Vorschriften dieser Verordnung für ihn maßgebend war. Die Formgültigkeit des Vertrags im Sinne des Artikels 11 und

Rechte Dritter werden durch eine nach Vertragsschluss erfolgende Änderung der Bestimmung des anzuwendenden Rechts nicht berührt.

(3) Sind alle anderen Elemente des Sachverhalts zum Zeitpunkt der Rechtswahl in einem anderen als demjenigen Staat belegen, dessen Recht gewählt wurde, so berührt die Rechtswahl der Parteien nicht die Anwendung derjenigen Bestimmungen des Rechts dieses anderen Staates, von denen nicht durch Vereinbarung abgewichen werden kann.

(4) Sind alle anderen Elemente des Sachverhalts zum Zeitpunkt der Rechtswahl in einem oder mehreren Mitgliedstaaten belegen, so berührt die Wahl des Rechts eines Drittstaats durch die Parteien nicht die Anwendung der Bestimmungen des Gemeinschaftsrechts – gegebenenfalls in der von dem Mitgliedstaat des angerufenen Gerichts umgesetzten Form –, von denen nicht durch Vereinbarung abgewichen werden kann.

(5) Auf das Zustandekommen und die Wirksamkeit der Einigung der Parteien über das anzuwendende Recht finden die Artikel 10, 11 und 13 Anwendung.

Übersicht

	Rdn
A. Normzweck	1
B. Norminhalt	3
I. Allgemeines	3
II. Rückversicherungsverträge	10
III. Massenrisikoverträge über Risiken außerhalb eines Mitgliedstaates	13

A. Normzweck

1 Art. 3 Rom-I-VO sieht als allgemeinen Grundsatz im Kollisionsrecht die Rechtswahlfreiheit der Parteien als Ausfluss deren Privatautonomie vor. Eine Inhaltskontrolle findet insoweit nicht statt (*Mankowski*, RIW 2003, 2, 4). Zum Schutze des VN gilt Art. 3 Rom-I-VO für Versicherungsverträge jedoch nur soweit, als nicht Art. 7 Rom-I-VO vorrangige Regelungen enthält.

2 Rechtswahlfreiheit gem. Art. 3 Rom-I-VO besteht somit allein für (1) Rückversicherungsverträge – unabhängig von der Belegenheit des versicherten Risikos – und (2) Direktversicherungsverträge über Massenrisiken außerhalb eines Mitgliedstaates.

B. Norminhalt

I. Allgemeines

3 Die Rechtswahl kann ausdrücklich im Wege einer entsprechenden Rechtswahlklausel bzw. konkludent, etwa durch (eindeutigen) Verweis auf bestimmte Gesetzestexte oder Rechtsprinzipien, erfolgen. Die Rechtswahl kann dabei gem. Art. 3 Abs. 1 S. 2 Rom-I-VO den Vertrag insgesamt oder nur Teile hiervon betreffen. So können die Parteien etwa bei der Belegenheit von Risiken in mehreren Staaten entweder eine Rechtsordnung für den Versicherungsvertrag insgesamt wählen oder jedes Teilrisiko einem anderen Recht unter-

werfen (*Dörner*, in Bruck/Möller, Art. 1 Rom I-VO Rn 3).Gem. Art. 3 Abs. 2 Rom-I-VO ist die Rechtswahl zu jeder Zeit – also insb. auch erst in einem gerichtlichen Verfahren – möglich.

Im Fall der konkludenten Rechtswahl zugunsten einer bestimmten Rechtsordnung soll laut Erwägungsgrund 12 ein zu berücksichtigender Faktor sein, ob die Parteien einen ausschließlichen Gerichtsstand für ihre Streitigkeiten gewählt haben. Die Vereinbarung eines Schiedsgerichts in einem bestimmten Land soll dieselbe Indizwirkung entfalten, sofern das berufene Schiedsgericht nach seiner Satzung, Verfahrensordnung oder ständigen Übung regelmäßig das Recht seines Sitzstaates anwendet (MüKo/*Looschelders*, Internationales Versicherungsvertragsrecht Rn 120). 4

Die Parteien können dem Grunde nach jede beliebige Rechtsordnung wählen. Dabei ist insb. keine objektive Verbindung hierzu Wirksamkeitsvoraussetzung. Die Parteien können allerdings weiterhin kein nicht-staatliches Regelwerk, wie etwa die Principles of European Insurance Contract Law, für anwendbar erklären (*Dörner*, in Bruck/Möller, Art. 3 Rom I-VO Rn 1; *Looschelders/Smarowos*, VersR 2010, 1, 8; *Leible/Lehmann*, RIW 2008, 528, 533; *Heiss*, in: FS Kropholler, 459, 470 f.; *Rühl*, in: FS Kropholler, 187, 189 f.), etwas anderes gilt dann, wenn die Parteien wirksam eine Schiedsabrede treffen. In einem solchen Fall erweitert § 1051 Abs. 1 ZPO die Rechtswahlfreiheit der Parteien auch zugunsten nicht-staatlichen Rechts (VersR-HdB/*Roth*, § 4 Rn 133 ff. m.w.N.). 5

Grenzen der freien Rechtswahl ergeben sich aufgrund zwingender Vorschriften. 6

Art. 3 Abs. 3 Rom-I-VO sieht vor, dass in reinen Binnensachverhalten durch Rechtswahl und ggf. flankierende Gerichtsstandsvereinbarung nicht von zwingenden Normen abgewichen werden kann, wenn alle Elemente des zu regelnden Sachverhalts tatsächlich nur zu einer Rechtsordnung Beziehungen aufweisen. Welche Elemente dies sind, ist für den konkreten Vertrag im Einzelfall zu bestimmen. Bei Versicherungsverträgen sind insofern relevante Kriterien der gewöhnliche Aufenthaltsort des VN, der Sitz des VR bzw. dessen Niederlassung und die Belegenheit des zu versichernden Risikos. Ferner sind Erfüllungs- und Abschlussort des Versicherungsvertrages zu berücksichtigen, sowie ggf. die Staatsangehörigkeit des VN (MüKo/*Looschelders*, Internationales Versicherungsvertragsrecht Rn 126). Liegen solche Elemente sämtlich in Deutschland, so bleibt es jedenfalls – trotz möglicher Rechtswahl zugunsten eines ausländischen Rechts – bei der Anwendbarkeit der (halb)zwingenden Normen des VVG, soweit diese Anwendung finden. 7

Art. 3 Abs. 4 Rom-I-VO statuiert, dass trotz Wahl des Rechts eines Drittstaates zwingende Bestimmungen des Gemeinschaftsrechts weiterhin anwendbar bleiben, wenn alle anderen Elemente des Sachverhalts im Zeitpunkt der Rechtswahl in einem oder mehreren Mitgliedstaaten belegen sind. Diese sog. Binnenmarktklausel hat keinen Vorgänger im EVÜ und wurde mit der VO neu eingeführt (vgl. hierzu MüKo/*Looschelders*, Internationales Versicherungsvertragsrecht, Rn 126). 8

I.Ü. bleiben die allgemeinen Beschränkungen der Rechtwahlfreiheit in Art. 6 Rom-I-VO (für Verbraucherverträge), Art. 9 Rom-I-VO (für Eingriffsnormen) und Art. 21 Rom-I-VO (zur Wahrung des ordre public) zu beachten. 9

II. Rückversicherungsverträge

10 Die Parteien eines Rückversicherungsvertrages sind frei in ihrer Rechtswahl (allgemein: *Looschelders*, in Lüer/Schwepcke, Rückversicherungsrecht, 2013, § 9 Rn 68 ff.). Diese kann ausdrücklich oder konkludent erfolgen. Eine ausdrückliche Rechtswahl kann dabei etwa durch sog. construction clauses erfolgen, in denen die Parteien die Vertragsauslegung nach einem bestimmten Recht vereinbaren, allein die Bezugnahme auf einen Erstversicherungsvertrag aufgrund sog. back-to-back/following original-clauses soll hingegen nicht schon eine entsprechende Rechtswahl für den Rückversicherungsvertrag begründen können. Eine konkludente Rechtwahl kann sich etwa durch die Verwendung von Standardpolicen oder Formularen ergeben, die sich auf eine bestimmte Rechtsordnung beziehen (*Dörner*, in Bruck/Möller, Art. 3 Rom I-VO Rn 9; VersR-Hdb/*Roth*, § 4 Rn 26 jeweils m.w.N.).

11 In aller Regel wird es jedoch an einem umfassenden und ausreichend präzisen Bestand an Regelungen im jeweils berufenen Recht speziell für Rückversicherungsverträge fehlen (vgl. hierzu *Jannott*, FS Stiefel, 359, 377). Unabhängig vom geschriebenen (nationalen) Gesetzesrecht können somit (internationale) „Bräuche der Rückversicherungspraxis" entscheidungserheblich werden, soweit diese aufgrund Gesetzes, etwa gem. § 346 HGB, Anwendung finden bzw. von den Parteien ausdrücklich berufen wurden (vgl. hierzu MüKo/*Schwepcke*, Rückversicherungsrecht, Rn 26 ff.).

12 Zudem besteht aufgrund Schiedsvereinbarung die Möglichkeit, das Schiedsgericht zu ermächtigen, nach Billigkeit zu entscheiden („ex aequo et bono"). Hiervon ist allerdings dringend abzuraten. Bei aller Berücksichtigung wirtschaftlicher Gegebenheiten sollten Schiedsgerichte jedenfalls verpflichtet bleiben, ihren Schiedsspruch rechtlich zu fundieren. Vor dem Hintergrund eines weitgehend fehlenden (abschließenden) Normenkorpus für das Rückversicherungsrecht kann es im Einzelfall jedoch angezeigt sein, das Schiedsgericht insofern auf die Anwendung allgemeiner Rechtsgrundsätze festzulegen (MüKo/*Looschelders*, Internationales Versicherungsvertragsrecht, Rn 118; Zöller/*Geimer*, § 1051 ZPO Rn 6 jeweils m.w.N.).

III. Massenrisikoverträge über Risiken außerhalb eines Mitgliedstaates

13 Die Parteien eines Vertrages zur Versicherung eines Massenrisikos mit Belegenheit außerhalb eines Mitgliedstaates sind dem Grunde nach frei in ihrer Rechtswahl. Nachdem Art. 7 Rom-I-VO als Spezialnorm für das Versicherungskollisionsrecht gem. Art. 7 Abs. 1 S .1 Alt. 2 Rom-I-VO ausdrücklich allein auf Versicherungsverträge Anwendung findet, durch die Massenrisiken gedeckt werden, die im Gebiet eines Mitgliedstaates belegen sind, bleibt es insofern bei der Anwendbarkeit der allgemeinen Vorschriften in Art. 3 f. Rom-I-VO.

14 *Fricke* geht davon aus, dass es sich hier um ein Redaktionsversehen handelt und plädiert daher für eine berichtigend ausweitende Auslegung von Art. 7 Abs. 3 Rom-I-VO. Im Ergebnis soll so gewährleistet werden können, dass für das Kollisionsrecht – im Gleichlauf mit den entsprechenden Regelung für Großrisiken in Art. 7 Abs. 1 S. 1 Alt. 1 i.V.m. Abs. 2 Rom-I-VO – keine Differenzierung für Massenrisiken nach Risikobelegenheit innerhalb

bzw. außerhalb eines Mitgliedstaates vorgenommen wird. Auf diese Weise soll das mit Art. 7 Rom-I-VO intendierte hohe Schutzniveau zugunsten des VN gewahrt bleiben (*Fricke*, VersR 2008, 443, 447 f.).

Martiny weist hingegen darauf hin, dass die VO letztlich gerade eine entsprechende Differenzierung vornimmt und dabei die Rechtslage vor Inkrafttreten der VO fortschreibt (MüKo/*Martiny*, Art. 7 Rom-I-VO Rn 28). Vor dem Hintergrund der unter den Mitgliedstaaten bis zum Schluss umstrittenen Lösungsvorschläge für das Versicherungskollisionsrecht spricht insofern tatsächlich einiges dafür, dass der VO-Geber den Status quo letztlich fortschreiben wollte. Im Ergebnis bleibt es damit dabei, dass für Versicherungsverträge über Massenrisiken in Nicht-Mitgliedstaaten dem Grunde nach freie Rechtswahl gem. Art. 3 Rom-I-VO besteht. 15

Ist der VN Verbraucher, sind die Bestimmungen des Art. 6 Rom-I-VO zu dessen Schutz zu beachten. Bei der Wahl des Rechts eines Drittstaates können zudem die Beschränkungen aus der Verbraucherrichtlinie zum Tragen kommen, vgl. Art. 46b EGBGB (MüKo/*Martiny*, Art. 7 Rom-I-VO Rn 28). 16

Art. 4 Rom I — Mangels Rechtswahl anzuwendendes Recht

(1) Soweit die Parteien keine Rechtswahl gemäß Artikel 3 getroffen haben, bestimmt sich das auf den Vertrag anzuwendende Recht unbeschadet der Artikel 5 bis 8 wie folgt:

a) Kaufverträge über bewegliche Sachen unterliegen dem Recht des Staates, in dem der Verkäufer seinen gewöhnlichen Aufenthalt hat.
b) Dienstleistungsverträge unterliegen dem Recht des Staates, in dem der Dienstleister seinen gewöhnlichen Aufenthalt hat.
c) Verträge, die ein dingliches Recht an unbeweglichen Sachen sowie die Miete oder Pacht unbeweglicher Sachen zum Gegenstand haben, unterliegen dem Recht des Staates, in dem die unbewegliche Sache belegen ist.
d) Ungeachtet des Buchstabens c unterliegt die Miete oder Pacht unbeweglicher Sachen für höchstens sechs aufeinander folgende Monate zum vorübergehenden privaten Gebrauch dem Recht des Staates, in dem der Vermieter oder Verpächter seinen gewöhnlichen Aufenthalt hat, sofern der Mieter oder Pächter eine natürliche Person ist und seinen gewöhnlichen Aufenthalt in demselben Staat hat.
e) Franchiseverträge unterliegen dem Recht des Staates, in dem der Franchisenehmer seinen gewöhnlichen Aufenthalt hat.
f) Vertriebsverträge unterliegen dem Recht des Staates, in dem der Vertriebshändler seinen gewöhnlichen Aufenthalt hat.
g) Verträge über den Kauf beweglicher Sachen durch Versteigerung unterliegen dem Recht des Staates, in dem die Versteigerung abgehalten wird, sofern der Ort der Versteigerung bestimmt werden kann.

h) Verträge, die innerhalb eines multilateralen Systems geschlossen werden, das die Interessen einer Vielzahl Dritter am Kauf und Verkauf von Finanzinstrumenten im Sinne von Artikel 4 Absatz 1 Nummer 17 der Richtlinie 2004/39/EG nach nicht diskretionären Regeln und nach Maßgabe eines einzigen Rechts zusammenführt oder das Zusammenführen fördert, unterliegen diesem Recht.

(2) Fällt der Vertrag nicht unter Absatz 1 oder sind die Bestandteile des Vertrags durch mehr als einen der Buchstaben a bis h des Absatzes 1 abgedeckt, so unterliegt der Vertrag dem Recht des Staates, in dem die Partei, welche die für den Vertrag charakteristische Leistung zu erbringen hat, ihren gewöhnlichen Aufenthalt hat.

(3) Ergibt sich aus der Gesamtheit der Umstände, dass der Vertrag eine offensichtlich engere Verbindung zu einem anderen als dem nach Absatz 1 oder 2 bestimmten Staat aufweist, so ist das Recht dieses anderen Staates anzuwenden.

(4) Kann das anzuwendende Recht nicht nach Absatz 1 oder 2 bestimmt werden, so unterliegt der Vertrag dem Recht des Staates, zu dem er die engste Verbindung aufweist.

Übersicht

	Rdn
A. Normzweck	1
B. Norminhalt	2
I. Grundsatz: Recht am Sitz des Versicherer	2
II. Ausnahme: Recht der engsten Verbindung	8
1. Rückversicherungsverträge	9
2. Direktversicherungsverträge über Massenrisiken in Nicht-Mitgliedstaaten	12

A. Normzweck

1 Art. 4 Rom-I-VO bestimmt Anknüpfungspunkte zur objektiven Bestimmung das anwendbaren Rechts für den Fall, dass die Parteien keine (wirksame) Rechtswahl gem. Art. 3 Rom-I-VO getroffen haben sollten.

B. Norminhalt

I. Grundsatz: Recht am Sitz des Versicherer

2 Für Versicherungsverträge, die nicht von Art. 7 Rom-I-VO erfasst werden, bestimmt Art. 4 Abs. 1 Buchst. b Rom-I-VO als relevanten Anknüpfungspunkt den Sitz des Versicherers bzw. dessen Niederlassung; vgl. insoweit Art. 19 Abs. 1 Unterabs. 1 und Abs. 2 Rom-I-VO.

3 Versicherungsverträge sind als Dienstleistungsverträge zu qualifizieren, nachdem Erwägungsgrund 17 der VO für den Dienstleistungsbegriff auf Art. 5 der Verordnung (EG) Nr. 44/2001 (EuGVVO) abstellt (*Looschelders/Smarowos*, VersR 2010, 1, 8 m.w.N.).

4 Ein Rückgriff auf den insoweit subsidiären Art. 4 Abs. 2 Rom-I-VO, der auf das Recht der die charakteristische Leistung erbringenden Vertragspartei abstellt, ist i.Ü. ausgeschlossen.

Auf den Streit, ob und ggf. wer im Fall eines Versicherungsvertrages die hierfür charakteristische Leistung erbringt, kommt es damit seit Inkrafttreten der VO nicht mehr an (vgl. zum Streit: Prölss/Martin/*Armbrüster*, 28. Aufl. Vor. Art. 7 EGVVG, Rn 12 ff.).

Im Ergebnis bedeutet dies für das Rückversicherungsrecht, dass mit Art. 4 Abs. 1 Buchst. b Rom-I-VO auf das Recht am Sitz des Rückversicherers bzw. dessen Niederlassung – vorbehaltlich Art. 4 Abs. 3 Rom-I-VO – abzustellen ist. Dies stellt eine Änderung ggü. der bislang h.M. dar, die das Recht des Erstversicherers für maßgeblich erklärt hat (*Looschelders*, in Lüer/Schwepcke, Rückversicherungsrecht, 2013, § 9 Rn 102 ff, 125 f.; *Fricke*, VersR 2008, 443, 446; vgl. zum Streitstand nach altem Recht: Prölss/Martin/*Armbrüster*, 28. Aufl. Vor. Art. 7 EGVVG Rn 12, 15 f.).

Für Direktversicherungsverträge über Massenrisiken in Nichtmitgliedstaaten, die nicht von Art. 7 Rom-I-VO erfasst werden, ist ebenfalls auf das Recht am Sitz des Versicherers bzw. dessen Niederlassung – vorbehaltlich Abs. 3 – abzustellen (*Looschelders/Smarowos*, VersR 2010, 1, 8; krit.: *Fricke*, VersR 2008, 443, 447 f.), i.Ü. bleibt hier im Fall von Verbraucherversicherungsverträgen Art. 6 Abs. 1 Rom-I-VO zu beachten.

II. Ausnahme: Recht der engsten Verbindung

Weist ein Vertrag eine offensichtlich engere Bindung zu einem anderen als nach Art. 4 Abs. 1 Rom-I-VO maßgeblichen Staat auf, gilt gem. Art. 4 Abs. 3 Rom-I-VO ausnahmsweise dessen Recht.

1. Rückversicherungsverträge

Fricke (*Fricke*, VersR 2008, 443, 445 f.) bejaht insoweit für das Rückversicherungsrecht eine solche engere Bindung und kommt damit zur Anwendbarkeit des Rechts am Sitz des Erstversicherers. Zur Begründung stellt er – unter Hinweis auf entsprechende Kriterien für das Erstversicherungsrecht in Art. 7 Rom-I-VO – auf die Risikobelegenheit ab. Auf diese Weise sei auch gewährleistet, dass der Rückversicherungsvertrag dem Recht unterliegt, dem die in Rückdeckung genommenen Erstversicherungsverträge unterliegen. Damit könnten mögliche Deckungslücken aufgrund Inkongruenz des jeweils anwendbaren Rechts vermieden werden. *Fricke* nimmt insofern im Ergebnis ein Argument *Gerathewohls* auf, der i.S.e. back-to-backs von Rück- zu Erstversicherungsvertrag einen Gleichlauf des jeweils anwendbaren Rechts befürwortet (*Gerathewohl*, Rückversicherung, Bd. 1, S. 554, 556).

Looschelders/Smarowos (VersR 2010, 1, 9 f.) verneinen hingegen eine engere Bindung i.S.d. Ausweichklausel. Zur Begründung verweisen sie insofern darauf, dass der VO-Gesetzgeber die Anforderungen zur Anwendbarkeit des Art. 4 Abs. 3 Rom-I-VO durch Einführung des Merkmals „offensichtlich" verschärft habe und es im Ergebnis keine evidenten Gründe gebe, von der Regelanknüpfung gem. Art. 4 Abs. 1 Buchst. b Rom-I-VO abzuweichen. Gleichzeitig sei de lege ferenda zu prüfen, ob die Besonderheiten des Rückversicherungsrechts eine Sonderanknüpfung rechtfertigen würden.

11 Um die damit weiterhin bestehenden Unsicherheiten bei der Bestimmung des anwendbaren Rechts zu vermeiden, rät *Looschelders* den Parteien von Rückversicherungsverträgen dringend zu einer ausdrücklichen Rechtswahl. Haben die Parteien eine Schiedsabrede geschlossen – was regelmäßig der Fall sein dürfte –, soll im Übrigen mit *Looschelders* das Recht am Sitz des Erstversicherers über den Grundsatz der engsten Verbindung Anwendung finden (*Looschelders*, in Lüer/Schwepcke, Rückversicherungsrecht, 2013, § 9 Rn 126).

2. Direktversicherungsverträge über Massenrisiken in Nicht-Mitgliedstaaten

12 Für Direktversicherungsverträge über Massenrisiken in Nicht-Mitgliedstaaten verneinen *Looschelders/Smarowos* (*Looschelders/Smarowos*, VersR 2010, 1, 8; krit.: *Fricke*, VersR 2008, 443, 447 f.) die Anwendbarkeit der Ausweichklausel in Art. 4 Abs. 3 Rom-I-VO. Es soll damit beim Grundsatz der Anwendbarkeit des Rechts am Sitzstaat des Versicherers bleiben. Dies erscheint im Ergebnis interessengerecht, nachdem spezielle Verbraucherschutzerwägungen bereits über Art. 6 Rom-I-VO Berücksichtigung finden können.

Art. 5 Rom I Beförderungsverträge

(1) Soweit die Parteien in Bezug auf einen Vertrag über die Beförderung von Gütern keine Rechtswahl nach Artikel 3 getroffen haben, ist das Recht des Staates anzuwenden, in dem der Beförderer seinen gewöhnlichen Aufenthalt hat, sofern sich in diesem Staat auch der Übernahmeort oder der Ablieferungsort oder der gewöhnliche Aufenthalt des Absenders befindet. Sind diese Voraussetzungen nicht erfüllt, so ist das Recht des Staates des von den Parteien vereinbarten Ablieferungsorts anzuwenden.

(2) Soweit die Parteien in Bezug auf einen Vertrag über die Beförderung von Personen keine Rechtswahl nach Unterabsatz 2 getroffen haben, ist das anzuwendende Recht das Recht des Staates, in dem die zu befördernde Person ihren gewöhnlichen Aufenthalt hat, sofern sich in diesem Staat auch der Abgangsort oder der Bestimmungsort befindet. Sind diese Voraussetzungen nicht erfüllt, so ist das Recht des Staates anzuwenden, in dem der Beförderer seinen gewöhnlichen Aufenthalt hat.

Als auf einen Vertrag über die Beförderung von Personen anzuwendendes Recht können die Parteien im Einklang mit Artikel 3 nur das Recht des Staates wählen,

a) in dem die zu befördernde Person ihren gewöhnlichen Aufenthalt hat oder
b) in dem der Beförderer seinen gewöhnlichen Aufenthalt hat oder
c) in dem der Beförderer seine Hauptverwaltung hat oder
d) in dem sich der Abgangsort befindet oder
e) in dem sich der Bestimmungsort befindet.

(3) Ergibt sich aus der Gesamtheit der Umstände, dass der Vertrag im Falle fehlender Rechtswahl eine offensichtlich engere Verbindung zu einem anderen als dem nach Absatz 1 oder 2 bestimmten Staat aufweist, so ist das Recht dieses anderen Staates anzuwenden.

Art. 6 Rom I — Verbraucherverträge

(1) Unbeschadet der Artikel 5 und 7 unterliegt ein Vertrag, den eine natürliche Person zu einem Zweck, der nicht ihrer beruflichen oder gewerblichen Tätigkeit zugerechnet werden kann („Verbraucher"), mit einer anderen Person geschlossen hat, die in Ausübung ihrer beruflichen oder gewerblichen Tätigkeit handelt („Unternehmer"), dem Recht des Staates, in dem der Verbraucher seinen gewöhnlichen Aufenthalt hat, sofern der Unternehmer

a) seine berufliche oder gewerbliche Tätigkeit in dem Staat ausübt, in dem der Verbraucher seinen gewöhnlichen Aufenthalt hat, oder
b) eine solche Tätigkeit auf irgend einer Weise auf diesen Staat oder auf mehrere Staaten, einschließlich dieses Staates, ausrichtet

und der Vertrag in den Bereich dieser Tätigkeit fällt.

(2) Ungeachtet des Absatzes 1 können die Parteien das auf einen Vertrag, der die Anforderungen des Absatzes 1 erfüllt, anzuwendende Recht nach Artikel 3 wählen. Die Rechtswahl darf jedoch nicht dazu führen, dass dem Verbraucher der Schutz entzogen wird, der ihm durch diejenigen Bestimmungen gewährt wird, von denen nach dem Recht, das nach Absatz 1 mangels einer Rechtswahl anzuwenden wäre, nicht durch Vereinbarung abgewichen werden darf.

(3) Sind die Anforderungen des Absatzes 1 Buchstabe a oder b nicht erfüllt, so gelten für die Bestimmung des auf einen Vertrag zwischen einem Verbraucher und einem Unternehmer anzuwendenden Rechts die Artikel 3 und 4.

(4) Die Absätze 1 und 2 gelten nicht für:

a) Verträge über die Erbringung von Dienstleistungen, wenn die dem Verbraucher geschuldeten Dienstleistungen ausschließlich in einem anderen als dem Staat erbracht werden müssen, in dem der Verbraucher seinen gewöhnlichen Aufenthalt hat;
b) Beförderungsverträge mit Ausnahme von Pauschalreiseverträgen im Sinne der Richtlinie 90/314/EWG des Rates vom 13. Juni 1990 über Pauschalreisen;[1]
c) Verträge, die ein dingliches Recht an unbeweglichen Sachen oder die Miete oder Pacht unbeweglicher Sachen zum Gegenstand haben, mit Ausnahme der Verträge über Teilzeitnutzungsrechte an Immobilien im Sinne der Richtlinie 94/47/EG;
d) Rechte und Pflichten im Zusammenhang mit einem Finanzinstrument sowie Rechte und Pflichten, durch die die Bedingungen für die Ausgabe oder das öffentliche Angebot und öffentliche Übernahmeangebote bezüglich übertragbarer Wertpapiere und die Zeichnung oder den Rückkauf von Anteilen an Organismen für gemeinsame Anlagen in Wertpapieren festgelegt werden, sofern es sich dabei nicht um die Erbringung von Finanzdienstleistungen handelt;

---

[1] Amtl. Anm.: ABl L 158 vom 23.6.1990, S. 59.

e) Verträge, die innerhalb der Art von Systemen geschlossen werden, auf die Artikel 4 Absatz 1 Buchstabe h Anwendung findet.

Übersicht

	Rdn
A. Normzweck	1
B. Norminhalt	2
I. Zwingende Bestimmungen des Aufenthaltsrechts (Art. 6 Abs. 1 Rom-I-VO)	2
II. Rechtswahlfreiheit und Günstigkeitsvergleich (Art. 6 Abs. 2 Rom-I-VO)	8
III. Rechtswahlfreiheit (Art. 6 Abs. 3 Rom-I-VO)	9
IV. Ausnahmetatbestände (Art. 6 Abs. 4 Rom-I-VO)	10

A. Normzweck

1 Art. 6 Rom-I-VO dient dem kollisionsrechtlichen Verbraucherschutz. Art. 6 Abs. 1 Rom-I-VO erklärt dabei das Recht des Aufenthaltsstaates des Verbrauchers für maßgeblich, sofern der Versicherer seinen Sitz hier hat bzw. seine Tätigkeit auf diesen Staat ausrichtet, während Art. 6 Abs. 2 Rom-I-VO die Rechtswahlmöglichkeit gem. Art. 3 Rom-I-VO beschränkt. Art. 6 Rom-I-VO ist ggü. Art. 7 Rom-I-VO subsidiär und findet damit im Ergebnis (allein) auf Direktversicherungsverträge über Massenrisiken in einem Nicht-Mitgliedstaat Anwendung (wie hier: *Leible/Lehmann*, RIW 2008, 528, 539; *Looschelders/Smarowos*, VersR 2010, 1, 8).

B. Norminhalt

I. Zwingende Bestimmungen des Aufenthaltsrechts (Art. 6 Abs. 1 Rom-I-VO)

2 Verbraucher ist gem. Art. 6 Abs. 1 Rom-I-VO jede natürliche Person, die einen Vertrag zu einem Zweck abschließt, der nicht seiner beruflichen oder gewerblichen Tätigkeit zurechenbar ist. Ein VN ist schon dann nicht mehr als Verbraucher zu qualifizieren, wenn der beruflich-gewerbliche Zweck nicht völlig untergeordnet ist (EuGH, NJW 2005, 653; vgl. i.Ü.: *Heiss*, JBl. 2006, 750, 763; *Mankowski*, IHR 2008, 133, 142; *Looschelders/Smarowos*, VersR 2010, 1, 9).

3 Unternehmer ist, wer in Ausübung seiner beruflichen oder gewerblichen Tätigkeit handelt. Dies ist im Fall eines VR regelmäßig der Fall (MüKo/*Looschelders*, Internationales Versicherungsvertragsrecht Rn 129).

4 Der VR muss weiterhin seine Tätigkeit im Aufenthaltsstaat ausüben (Art. 6 Abs. 1 Buchst. a Rom-I-VO) bzw. alternativ eine solche Tätigkeit auf diesen Staat ausrichten (Art. 6 Abs. 1 Buchst. b Rom-I-VO).

5 Art. 6 Abs. 1 Buchst. a Rom-I-VO betrifft im Wesentlichen Fälle, in denen der VR am Aufenthaltsort des VN eine Niederlassung unterhält. Insofern handelt es sich damit in den allermeisten Fällen um reine Inlandssachverhalte, so dass schon gem. Art. 3 Abs. 3 Rom-

I-VO die zwingenden Vorschriften am Aufenthaltsort gelten (MüKo/*Looschelders*, Internationales Versicherungsvertragsrecht, Rn 131; *Fricke*, VersR 2008, 443, 450 f.).

Art. 6 Abs. 1 Buchst. b Rom-I-VO betrifft die Fälle, in denen der VR einen geschäftlichen Bezug zum Aufenthaltsort des Verbrauchers herstellt. Der Begriff des Ausrichtens ist im Interesse eines möglichst effektiven Verbraucherschutzes dem Grunde nach weit zu verstehen. Hierzu gehören insb. sämtliche klassische Formen der Werbung (etwa Anzeigen, Fernsehspots, Anschreiben per Post oder E-Mail), mit denen der VR gezielt versucht, seine Leistungen am Aufenthaltsort des Verbrauchers abzusetzen. Wo der Verbraucher letztlich seinen Abschluss vornimmt, ist hingegen unerheblich (BGH, NJW 2009, 298; *Leible*, IPRax 2006, 365, 369).

Ein wichtiger Fall von Art. 6 Abs. 1 Buchst. b Rom-I-VO sind Verträge, die ausschließlich via Internet auf elektronischem Wege geschlossen werden. Hier ist vieles noch ungeklärt. Allein die Bereitstellung einer passiven Website kann für sich genommen noch nicht ausreichen, um ein relevantes Ausrichten anzunehmen (BGH, NJW 2009, 298, 298; *Mankowski*, IPRax 2009, 238, 239 ff.; VersR-Hdb/*Roth*, § 4 Rn 87 unter Hinweis auf EuGH vom 7.12.2010 – verb. Rs. C-585/08 und C-144/09 – Pammer und Hotel Alpenhof). Es bedarf vielmehr einer Gesamtschau der Internet-Präsenz zur Abklärung, ob ein relevantes „Ausrichten" auf einen bestimmten Zielmarkt vom Anbieter beabsichtigt ist. Allein die Verwendung der deutschen Sprache in der Internetpräsenz wird dabei regelmäßig nicht ausreichen, nachdem Deutsch in verschiedenen Mitgliedstaaten gesprochen wird.

II. Rechtswahlfreiheit und Günstigkeitsvergleich (Art. 6 Abs. 2 Rom-I-VO)

Gem. Art. 6 Abs. 2 Rom-I-VO können die Parteien dem Grunde nach frei das auf den Versicherungsvertrag anwendbare Recht wählen. Die Rechtswahlfreiheit geht jedoch nicht so weit, dass so dem VN das u.U. höhere Schutzniveau an seinem Aufenthaltsort entzogen werden könnte. Hat der VN also seinen Aufenthaltsort in Deutschland, kann er sich – unabhängig von der Rechtswahl – auf die Anwendbarkeit der (halb-)zwingenden Schutzvorschriften des VVG berufen, soweit diese ein höheres Schutzniveau als die gewählte Rechtsordnung vorsehen (MüKo/*Looschelders*, Internationales Versicherungsvertragsrecht Rn 134).

III. Rechtswahlfreiheit (Art. 6 Abs. 3 Rom-I-VO)

Soweit der VR keine Inlandstätigkeit i.S.d. Art. 6 Abs. 1 Buchst. a Rom-I-VO ausübt bzw. auf einen bestimmten Zielstaat ausrichtet i.S.d. Art. 6 Abs. 1 Buchst. b Rom-I-VO, verbleibt es bei der Anwendbarkeit der Art. 3 f. Rom-I-VO Die Bestimmung ist Ausdruck der Parteiautonomie, nachdem sich hier der VN freiwillig ins Ausland begibt und daher auch nicht mehr des mit Art. 6 Rom-I-VO dem Grunde nach gewährleisteten Verbraucherschutzes bedarf.

IV. Ausnahmetatbestände (Art. 6 Abs. 4 Rom-I-VO)

10 Die Ausnahmetatbestände gem. Art. 6 Abs. 4 Rom-I-VO dürften für Versicherungsverträge keine praktische Bedeutung haben. Dies gilt insb. auch für Art. 6 Abs. 4 Buchst. a Rom-I-VO. Zwar stellt der Versicherungsvertrag einen Vertrag über die Erbringung von Dienstleistungen dar. Die dem Verbraucher dabei geschuldeten Dienstleistungen werden jedoch in aller Regel nicht ausschließlich in einem anderen Staat als dem Aufenthaltsstaat des Verbrauchers erbracht werden, da zumindest gem. § 270 BGB der Erfolgsort der vom VR im Versicherungsfall zu erbringenden (Geld-)Leistung am Wohnsitz des VN liegen wird (MüKo/*Looschelders*, Internationales Versicherungsvertragsrecht Rn 130). Etwas anderes würde nur dann gelten, wenn ein VR – etwa in der Auslandskrankenversicherung – ausschließlich assistance-Leistungen im Ausland erbringen würde.

Art. 7 Rom I | Versicherungsverträge

(1) Dieser Artikel gilt für Verträge nach Absatz 2, unabhängig davon, ob das gedeckte Risiko in einem Mitgliedstaat belegen ist, und für alle anderen Versicherungsverträge, durch die Risiken gedeckt werden, die im Gebiet der Mitgliedstaaten belegen sind. Er gilt nicht für Rückversicherungsverträge.

(2) Versicherungsverträge, die Großrisiken im Sinne von Artikel 5 Buchstabe d der Ersten Richtlinie 73/239/EWG des Rates vom 24. Juli 1973 zur Koordinierung der Rechts- und Verwaltungsvorschriften betreffend die Aufnahme und Ausübung der Tätigkeit der Direktversicherung (mit Ausnahme der Lebensversicherung)[1] decken, unterliegen dem von den Parteien nach Artikel 3 der vorliegenden Verordnung gewählten Recht.

Soweit die Parteien keine Rechtswahl getroffen haben, unterliegt der Versicherungsvertrag dem Recht des Staats, in dem der Versicherer seinen gewöhnlichen Aufenthalt hat. Ergibt sich aus der Gesamtheit der Umstände, dass der Vertrag eine offensichtlich engere Verbindung zu einem anderen Staat aufweist, ist das Recht dieses anderen Staates anzuwenden.

(3) Für Versicherungsverträge, die nicht unter Absatz 2 fallen, dürfen die Parteien nur die folgenden Rechte im Einklang mit Artikel 3 wählen:

a) das Recht eines jeden Mitgliedstaats, in dem zum Zeitpunkt des Vertragsschlusses das Risiko belegen ist;
b) das Recht des Staates, in dem der Versicherungsnehmer seinen gewöhnlichen Aufenthalt hat;
c) bei Lebensversicherungen das Recht des Mitgliedstaats, dessen Staatsangehörigkeit der Versicherungsnehmer besitzt;

---

1 Amtl. Anm.: ABl L 172 vom 4.7.1988, S. 1. Zuletzt geändert durch die Richtlinie 2005/14/EG des Europäischen Parlaments und des Rates (ABl L 149 vom 11.6.2005, S. 14).

d) für Versicherungsverträge, bei denen sich die gedeckten Risiken auf Schadensfälle beschränken, die in einem anderen Mitgliedstaat als dem Mitgliedstaat, in dem das Risiko belegen ist, eintreten können, das Recht jenes Mitgliedstaats;
e) wenn der Versicherungsnehmer eines Vertrags im Sinne dieses Absatzes eine gewerbliche oder industrielle Tätigkeit ausübt oder freiberuflich tätig ist und der Versicherungsvertrag zwei oder mehr Risiken abdeckt, die mit dieser Tätigkeit in Zusammenhang stehen und in unterschiedlichen Mitgliedstaaten belegen sind, das Recht eines betroffenen Mitgliedstaats oder das Recht des Staates des gewöhnlichen Aufenthalts des Versicherungsnehmers.

Räumen in den Fällen nach den Buchstaben a, b oder e die betreffenden Mitgliedstaaten eine größere Wahlfreiheit bezüglich des auf den Versicherungsvertrag anwendbaren Rechts ein, so können die Parteien hiervon Gebrauch machen.

Soweit die Parteien keine Rechtswahl gemäß diesem Absatz getroffen haben unterliegt der Vertrag dem Recht des Mitgliedstaats, in dem zum Zeitpunkt des Vertragsschlusses das Risiko belegen ist.

(4) Die folgenden zusätzlichen Regelungen gelten für Versicherungsverträge über Risiken, für die ein Mitgliedstaat eine Versicherungspflicht vorschreibt:

a) Der Versicherungsvertrag genügt der Versicherungspflicht nur, wenn er den von dem die Versicherungspflicht auferlegenden Mitgliedstaat vorgeschriebenen besonderen Bestimmungen für diese Versicherung entspricht. Widerspricht sich das Recht des Mitgliedstaats, in dem das Risiko belegen ist, und dasjenige des Mitgliedstaats, der die Versicherungspflicht vorschreibt, so hat das letztere Vorrang.
b) Ein Mitgliedstaat kann abweichend von den Absätzen 2 und 3 vorschreiben, dass auf den Versicherungsvertrag das Recht des Mitgliedstaats anzuwenden ist, der die Versicherungspflicht vorschreibt.

(5) Deckt der Vertrag in mehr als einem Mitgliedstaat belegene Risiken, so ist für die Zwecke von Absatz 3 Unterabsatz 3 und Absatz 4 der Vertrag als aus mehreren Verträgen bestehend anzusehen, von denen sich jeder auf jeweils nur einen Mitgliedstaat bezieht.

(6) Für die Zwecke dieses Artikels bestimmt sich der Staat, in dem das Risiko belegen ist, nach Artikel 2 Buchstabe d der Zweiten Richtlinie 88/357/EWG des Rates vom 22. Juni 1988 zur Koordinierung der Rechts- und Verwaltungsvorschriften für die Direktversicherung (mit Ausnahme der Lebensversicherung) und zur Erleichterung der tatsächlichen Ausübung des freien Dienstleistungsverkehrs,[2] und bei Lebensversicherungen ist der Staat, in dem das Risiko belegen ist, der Staat der Verpflichtung im Sinne von Artikel 1 Absatz 1 Buchstabe g der Richtlinie 2002/83/EG.

---

2 Amtl. Anm.: ABl L 228 vom 16.8.1973, S. 3. Zuletzt geändert durch die Richtlinie 2005/68/EG des Europäischen Parlaments und des Rates (ABl L 323 vom 9.12.2006, S. 1).

Übersicht

	Rdn
A. Normzweck	1
B. Norminhalt	4
I. Versicherungsverträge über Großrisiken (Art. 7 Abs. 2 Rom-I-VO)	10
1. Definition als Großrisiko	11
2. Rechtswahlfreiheit	14
3. Objektive Anknüpfung	15
II. Versicherungsverträge über Massenrisiken in einem Mitgliedstaat (Art. 7 Abs. 3 Rom-I-VO)	17
1. Definition als Massenrisiko	18
2. Beschränkte Rechtswahlfreiheit (Art. 7 Abs. 3 Unterabs. 1 Rom-I-VO)	19
a) Recht der Risikobelegenheit, Art. 7 Abs. 3 Unterabs. 1 Buchst. a Rom-I-VO	20
b) Recht des Aufenthaltsortes des VN, Art. 7 Abs. 3 Unterabs. 1 Buchst. b Rom-I-VO	21
c) Recht der Staatsangehörigkeit des VN in der Lebensversicherung, Art. 7 Abs. 3 Unterabs. 1 Buchst. c Rom-I-VO	23
d) Recht des Schadensortes, Art. 7 Abs. 3 Unterabs. 1 Buchst. d Rom-I-VO	28
e) Beruflich-gewerbliche Tätigkeit des VN, Art. 7 Abs. 3 Unterabs. 1 Buchst. e Rom-I-VO	30
3. Rechtswahl kraft Verweisung (Art. 7 Abs. 3 Unterabs. 2 Rom-I-VO)	33
4. Objektive Anknüpfung (Art. 7 Abs. 3 Unterabs. 3 Rom-I-VO)	35
III. Pflichtversicherungsverträge (Art. 7 Abs. 4 Rom-I-VO)	37
1. Allgemeine formelle und inhaltliche Anforderungen an die Ausgestaltung des Pflichtversicherungsvertrags	38
2. Öffnungsklausel für nationalen Gesetzgeber zur zwingenden Bestimmung des anwendbaren Rechts	40
IV. Risikobelegenheit in mehreren Mitgliedstaaten (Art. 7 Abs. 5 Rom-I-VO)	42
V. Definition der Risikobelegenheit (Art. 7 Abs. 6 Rom-I-VO)	45
1. Risikobelegenheit in der Nicht-Lebensversicherung (Art. 7 Abs. 6 Alt. 1 Rom-I-VO)	46
a) Gebäudeversicherung	47
b) Fahrzeugversicherung	49
c) Reise- und Ferienversicherung	51
d) Sonstige Versicherungen	52
2. Risikobelegenheit in der Lebensversicherung (Art. 7 Abs. 6 Alt. 2 Rom-I-VO)	58

A. Normzweck

1 Art. 7 Rom-I-VO regelt als lex specialis das Versicherungskollisionsrecht umfassend und im Wesentlichen abschließend. Sonstige Bestimmungen der VO finden damit auf Versicherungsverträge regelmäßig nur insoweit Anwendung, als dies in Art. 7 Rom-I-VO (ausdrücklich) vorgesehen ist (*Fricke*, VersR 2008, 443, 445).

2 Die Bestimmung gilt für alle Versicherungsverträge im Anwendungsbereich der VO, also nicht im Bereich der Sozialversicherung sowie Versicherungsverträge i.R.d. betrieblichen Altersversorgung i.S.d. Art. 1 Abs. 2 Buchst. j Rom-I-VO.

3 Art. 7 Abs. 1 S. 2 Rom-I-VO nimmt i.Ü. die Rückversicherung ausdrücklich von ihrem sachlichen Anwendungsbereich aus, nachdem es insofern mangels schutzbedürftiger Vertragsparteien keiner speziellen Kollisionsnormen bedarf (vgl. insofern auch EuGH, VersR 2001, 123). Es sind hier vielmehr die allgemeinen Regeln in Art. 3 f. Rom-I-VO maßgeblich.

B. Norminhalt

Art. 7 Rom-I-VO differenziert bei der Bestimmung der jeweils maßgeblichen Anknüpfungspunkte nach der Art des Versicherungsverhältnisses (Großrisiken, Massenrisiken) und Risikobelegenheit. 4

Die Bestimmung findet hiernach für sämtliche Versicherungsverträge über Großrisiken i.S.d. Art. 7 Abs. 2 Rom-I-VO unabhängig von deren Belegenheit Anwendung. Im Fall von Massenrisiken i.S.d. Art. 7 Abs. 3 Rom-I-VO gilt Art. 7 Rom-I-VO hingegen nur, sofern diese im Gebiet der Mitgliedstaaten belegen sind. Für Versicherungsverträge über Massenrisiken außerhalb der Mitgliedstaaten bleibt es bei der Anwendbarkeit der allgemeinen Vorschriften in Art. 3 f Rom-I-VO. 5

Mitgliedstaat i.S.d. Vorschrift umfasst gem. Art. 1 Abs. 4 S. 2 Rom-I-VO sämtliche EU-Mitgliedstaaten, also auch Dänemark. Eine entsprechende Gleichstellung für die EWR-Staaten, Island, Liechtenstein und Norwegen ist hingegen – anders als noch in Art. 7 Abs. 1 EGVVG – unterblieben. Insofern dürfte es sich um ein Redaktionsversehen handeln. Schon vor dem Hintergrund des Verbotes der Diskriminierung aufgrund der Staatsangehörigkeit in Art. 4 EWR-Abkommen ist vielmehr eine entsprechend extensive berichtigende Auslegung angezeigt (vgl. hierzu auch Prölss/Martin/*Armbrüster*, Art. 1 ff. Rom-I-VO Rn 1; *Dörner*, in: Bruck/Möller, Art. 7 Rom I-VO Rn 3; *Spickhoff*, in: Bamberger/Roth, Art. 7 Rom I-VO Rn 7; *Looschelders/Smarowos*, VersR 2010, 1, 2; MüKo/*Looschelders*, Internationales Versicherungsvertragsrecht Rn 35; *Heiss*, in: FS Kropholler, S. 459, 462 f., 478; zurückhaltender MüKo/*Martiny*, Art. 7 Rom I-VO Rn 15). 6

Die Belegenheit des jeweiligen zu versichernden Risikos ergibt sich aus Art. 7 Abs. 6 Rom-I-VO, wobei Art. 7 Abs. 5 Rom-I-VO Regelungen für den Fall trifft, dass das jeweilige Risiko in mehreren Mitgliedstaaten belegen ist. 7

Art. 7 Abs. 4 Rom-I-VO sieht Regelung für die Pflichtversicherung vor, ohne dabei eine Kollisionsnorm im eigentlichen Sinne darzustellen. 8

Besondere Regelungen für Gruppenversicherungen fehlen (vgl. insofern auch *Fricke*, VersR 2008, 443, 444 f.). 9

I. Versicherungsverträge über Großrisiken (Art. 7 Abs. 2 Rom-I-VO)

Art. 7 Abs. 2 Rom-I-VO statuiert das Kollisionsrecht für Versicherungsverträge über sog. Großrisiken. Der Verordnungsgeber unterstellt insofern mangelnde Schutzwürdigkeit des VN aufgrund dessen Geschäftserfahrenheit (*Looschelders/Smarowos*, VersR 2010, 1, 4 m.w.N.). 10

1. Definition als Großrisiko

Welche Risiken im Einzelnen als Großrisiko zu qualifizieren sind, ergibt sich aus dem Verweis in Art. 7 Abs. 2 Unterabs. 1 Rom-I-VO auf Art. 5 Buchst. d der Ersten Schadenversicherungs-RL. Dieser Verweis ist ungenau, nachdem die in Bezug genommene Definition 11 tatsächlich erst durch Art. 5 der Zweiten Schadensversicherungs-RL eingefügt wurde. Beide Richtlinien sind zwischenzeitlich durch die Solvabilitäts-RL zum 1.11.2012 aufgehoben worden mit der Folge, dass gem. deren Art. 310 Unterabs. 2 Verweisungen auf die früheren Richtlinien nunmehr als entsprechende Verweisungen auf die neue Solvabilitäts-RL zu lesen sind. Diese definiert den Begriff des Großrisikos unter ihrem Art. 13 Nr. 27 i.V.m. Anhang I. Maßgeblich sind also die Sparte, der die jeweilige Versicherung zuzuordnen ist, bzw. bestimmte Kennzahlen des VN bzgl. Bilanzsumme, Nettoumsatzerlöse und Arbeitnehmeranzahl. Handelt es sich bei dem VN um eine Konzerngesellschaft, ist auf die entsprechenden Kennzahlen des (Mutter-)Konzerns abzustellen. Lebensversicherungen zählen im Übrigen regelmäßig nicht zu den Großrisiken, auch in Form von Gruppenlebensversicherungen; dasselbe gilt für Lagerrisiken (VersR-Hdb/*Roth*, § 4 Rn 30 m.w.N.).

12 Weitere Einzelheiten ergeben sich aus § 210 VVG.

13 Für die Frage, ob im konkreten Fall ein Großrisiko betroffen ist, ist auf den Zeitpunkt des Vertragsschlusses abzustellen. Spätere Veränderungen, insb. bei Unterschreiten der genannten Kennzahlen, bleiben unbeachtlich (*Fricke*, VersR 2008, 443, 446), es bleibt vielmehr auch für die Zukunft bei dem einmal gewählten oder durch objektive Anknüpfung bestimmten Recht, nachdem sich die Parteien hierauf bei Vertragsschluss eingestellt haben (*Dörner*, in: Bruck/Möller, Art. 7 Rom I-VO Rn 15; VersR-Hdb/*Roth*, § 4 Rn 31, jeweils m.w.N.).

2. Rechtswahlfreiheit

14 Liegt ein Großrisiko vor, haben die Parteien infolge des Verweises auf Art. 3 Rom-I-VO in Art. 7 Abs. 2 Unterabs. 1 Rom-I-VO (weitgehende) Rechtswahlfreiheit. Dies gilt selbst dann, wenn ein Verbraucher einen Versicherungsvertrag über ein Großrisiko (Versicherung einer Yacht) abschließt. Art. 6 Rom I-VO findet aufgrund seines insoweit klaren Wortlauts („unbeschadet") gerade keine Anwendung (VersR-Hdb/*Roth*, § 4 Rn 32 m.w.N.).

3. Objektive Anknüpfung

15 Sofern die Parteien keine (konkludente) Rechtswahl getroffen haben, erklärt Art. 7 Abs. 2 Unterabs. 2 S. 1 Rom-I-VO das Recht des Sitzstaats des VR bzw. dessen (betreuender) Niederlassung für anwendbar. Dieses ergibt sich aus Art. 19 Abs. 1 Rom-I-VO.

16 Besteht eine offensichtlich engere Verbindung zum Recht eines anderen Staates, ordnet Art. 7 Abs. 2 Unterabs. 2 S. 2 Rom-I-VO an, dass dessen Recht anzuwenden ist. Wie der Wortlaut deutlich macht („offensichtlich"), ist von dieser Bestimmung nur ganz ausnahmsweise Gebrauch zu machen. Insb. wird es nicht ausreichen, wenn sowohl der gewöhnliche Aufenthalt des VN als auch der Ort der Risikobelegenheit beide in diesem anderen Staat liegen (*Looschelders/Smarowos*, VersR 2010, 1, 4; **a.A.** *Fricke*, VersR 2010, 443, 447; vgl. zu den Kriterien etwa VersR-Hdb/*Roth*, § 4 Rn 45).

II. Versicherungsverträge über Massenrisiken in einem Mitgliedstaat (Art. 7 Abs. 3 Rom-I-VO)

Art. 7 Abs. 3 Unterabs. 1 Rom-I-VO schränkt für Versicherungsverträge, die nicht unter Art. 7 Abs. 2 Rom-I-VO fallen, die Rechtswahlfreiheit ein und statuiert ansonsten in Art. 7 Abs. 3 Unterabs. 3 Rom-I-VO Kriterien für die objektive Anknüpfung. Auf diese Weise soll ein angemessenes Schutzniveau für den VN gewährleistet werden (vgl. insofern auch Erwägungsgrund 32, MüKo/*Martiny*, Art. 7 Rom I-VO Rn 25).

Aufgrund der Solvabilitäts-RL treffen den VR insofern vorvertragliche Informationspflichten zum anwendbaren Recht. Die rechtliche Tragweite und die Konsequenzen von Verstößen wird bislang wenig erörtert (vgl. hierzu nur *Roth*, in: FS Martiny, S. 543). Kollisionsrechtlich wäre an eine entsprechende Verletzung jedenfalls gem. Art. 12 Abs. 2 Buchst. a Rom II-VO anzuknüpfen.

1. Definition als Massenrisiko

Die VO selbst verwendet den Begriff des Massenrisikos nicht. Er hat sich gleichwohl in der versicherungs(aufsichts)rechtlichen Praxis als Gegensatz zum Großrisiko i.S.d. § 210 VVG etabliert (*Fricke*, VersR 2008, 443, 447) und soll hier der Einfachheit halber verwendet werden. Es handelt sich insofern um Versicherungsverträge, die der VR im Massengeschäft typischerweise mit Verbrauchern bzw. Freiberuflern oder Kleingewerbetreibenden schließt. Der VN ist dabei in typisierender Betrachtungsweise als strukturell schwächere Partei eines Versicherungsvertrages besonders schutzwürdig (*Looschelders/Smarowos*, VersR 2010, 1, 5).

2. Beschränkte Rechtswahlfreiheit (Art. 7 Abs. 3 Unterabs. 1 Rom-I-VO)

Art. 7 Abs. 3 Rom-I-VO schränkt die Rechtswahlfreiheit gem. Art. 3 Rom-I-VO ein. Hiernach gilt Folgendes:

a) Recht der Risikobelegenheit, Art. 7 Abs. 3 Unterabs. 1 Buchst. a Rom-I-VO

Die Parteien können das Recht des Staates, in dem das zu versichernde Risiko im Zeitpunkt des Vertragsschlusses belegen ist, wählen (sog. statische Anknüpfung). Eine solche Rechtswahl wird in aller Regel allein klarstellende Funktion haben, nachdem sie der objektiven Anknüpfung gem. Art. 7 Abs. 3 Unterabs. 3 Rom-I-VO entspricht (*Looschelders/Smarowos*, VersR 2010, 1, 5; MüKo/*Martiny*, Art. 7 Rom I-VO Rn 29).

Sollen im VV Risiken, die in mehreren Mitgliedstaaten belegen sind, versichert werden, so soll eine einheitliche Rechtswahl gem. Art. 7 Abs. 3 Unterabs. 1 Buchst. a Rom-I-VO nicht möglich sein. Andernfalls besteht die Gefahr, dass die in Art. 7 Abs. 3 Unterabs. 1 Buchst. a–e Rom-I-VO enthaltenden Beschränkungen der Rechtswahl zum Schutze des VN ausgehöhlt würden. Dies wird auch durch die spezielle Öffnungsklausel in Art. 7 Abs. 3 Unterabs. 1 Buchst. e Rom-I-VO bestätigt, die eine solche einheitliche Rechtswahl ausdrücklich im Fall der gewerblichen oder industriellen bzw. freiberuflichen Tätigkeit zulässt. (*Looschelders/Smarowos*, VersR 2010, 1, 5).

b) Recht des Aufenthaltsortes des VN, Art. 7 Abs. 3 Unterabs. 1 Buchst. b Rom-I-VO

21 Die Parteien können das Recht am Aufenthaltsort des VN wählen. Dort wird häufig auch das zu versichernde Risiko belegen sein. Relevant wird die Rechtswahl somit allein in Divergenzfällen. Hierbei kann die Rechtswahl auch zur Anwendbarkeit der Rechtsordnung eines Drittstaates führen, sofern sich der VN dort aufhält. Dies ist unproblematisch, da es sich hierbei um die Rechtsordnung handeln dürfte, mit welcher der VN am engsten verbunden ist (*Gruber*, Internationales Versicherungsvertragsrecht, 1999, S. 100).

22 Der Aufenthaltsort des VN ergibt sich aus Art. 19 Rom-I-VO, soweit er i.R.d. Ausübung seiner beruflichen Tätigkeit handelt. I.Ü. ist der Aufenthaltsort autonom als tatsächlicher Daseinsmittelpunkt zu bestimmen (vgl. hierzu MüKo/*Looschelders*, Internationales Versicherungsvertragsrecht, Rn 47 m.w.N. zur Auslegung).

c) Recht der Staatsangehörigkeit des VN in der Lebensversicherung, Art. 7 Abs. 3 Unterabs. 1 Buchst. c Rom-I-VO

23 Die Parteien können in der Lebensversicherung das Recht des Mitgliedstaates, dessen Staatsangehörigkeit der VN besitzt, für anwendbar erklären. Für Mehrstaatler besteht dabei ein Wahlrecht unter den Rechten der Mitgliedstaaten, denen sie jeweils angehören. Die Beschränkung aus Art. 5 Abs. 1 EGBGB gilt insofern nicht (*Looschelders/Smarowos*, VersR 2010, 1, 5 m.w.N. zum Streitstand; *Dörner*, in: Bruck/Möller, Art. 7 Rom I-VO Rn 60; a.A. Palandt/*Thorn*, Art. 7 Rom I-VO Rn 7, wonach allein das Recht der effektiven Staatsangehörigkeit wählbar sein soll); dies entspricht im Übrigen dem neueren Verordnungsrecht auf Gemeinschaftsebene, etwa in Art. 22 Abs. 1 Unterabs. 2 der Verordnung (EU) Nr. 650/2012 vom 4. Juli 2012 über die Zuständigkeit, das anzuwendende Recht, die Anerkennung und Vollstreckung von Entscheidungen und die Annahme und Vollstreckung öffentlicher Urkunden in Erbsachen sowie zur Einführung eines Europäischen Nachlasszeugnisses (ErbRVO), der für die Wahl des anwendbaren Erbrechts bei Mehrstaatlern gerade keine Beschränkung auf die effektive Staatsangehörigkeit vorsieht. Vielmehr kann ein Mehrstaatler hiernach das Recht eines der Staaten wählen, denen er im Zeitpunkt der Rechtswahl oder im Zeitpunkt seines Todes angehört.

24 Der Begriff der Lebensversicherung erfasst dabei insb. die Versicherung auf den Erlebnisfall, die Versicherung auf den Todesfall, die gemischte Versicherung, die Lebensversicherung mit Prämienrückgewähr und die Heirats- und Geburtenversicherung. Zudem sind als Lebensversicherungen zu qualifizieren Rentenversicherungen, Zusatzversicherungen zur Lebensversicherung sowie Tontinen- und Kapitalisierungsgeschäfte (MüKo/*Looschelders*, Internationales Versicherungsvertragsrecht, Rn 75; *Dörner*, in: Bruck/Möller, Art. 7 Rom I-VO, Rn 46).

Eine Rechtswahl zugunsten des Rechts eines Drittstaates besteht nach dem insofern klaren Wortlaut der VO nicht. Auf diese Weise soll das durch die Versicherungsrichtlinien geschaffene Schutzniveau durch Rechtswahl nicht ausgehöhlt werden können. Vor diesem Hintergrund dürfte es aber gerechtfertigt sein, die Rechtswahlmöglichkeit auf EWR-Staaten zu erweitern, da hier ein dem Gemeinschaftsrecht entsprechendes Schutzniveau garantiert ist (wie hier *Looschelders/Smarowos*, VersR 2010, 1, 5 f. m.w.N. zum Streitstand). 25

Die Bestimmung gilt nur für den Fall, dass VN eine natürliche Person ist, nachdem eine juristische Person regelmäßig keine Staatsangehörigkeit hat. Die Bestimmung ist somit nicht anwendbar, wenn etwa eine juristische Person für ihre Arbeitnehmer eine Gruppenversicherung abgeschlossen hat (*Looschelders/Smarowos*, VersR 2010, 1, 6). 26

Die Bestimmung dürfte nicht abschließend gemeint sein, sondern für die Lebensversicherung eine zusätzliche Wahlmöglichkeit eröffnen wollen (*Fricke*, VersR 2008, 443, 448). Eine Rechtswahl zum Recht am Aufenthaltsort ist damit im Fall juristischer Person gem. Art. 7 Abs. 3 Unterabs. 1 Buchst. b Rom-I-VO möglich. 27

d) Recht des Schadensortes, Art. 7 Abs. 3 Unterabs. 1 Buchst. d Rom-I-VO

Die Parteien können das am Schadensort geltende Recht eines Mitgliedstaates wählen, sofern sich der VV auf solche Schäden beschränkt, die regelmäßig in einem anderen Mitgliedstaat als dem der Risikobelegenheit eintreten können. Auf diese Weise können die Parteien einen Gleichlauf zwischen Versicherungsstatut und Deliktsstatut gewährleisten, was durch Vermeidung von Anpassungsproblemen die Schadensabwicklung erleichtert (*Looschelders/Smarowos*, VersR 2010, 1, 6). 28

Kann der Schaden in mehreren anderen Mitgliedstaaten eintreten, besteht gem. Art. 7 Abs. 5 Rom-I-VO die Möglichkeit einer Vertragsspaltung. Eine einheitliche Rechtswahl soll hingegen ausgeschlossen sein, da ansonsten das mit Art. 7 Abs. 3 Unterabs. 1 Buchst. d Rom-I-VO verfolgte Ziel, den Gleichlauf zwischen Versicherungsstatut und Deliktsstatut zu gewährleisten, gefährdet wäre (*Looschelders/Smarowos*, VersR 2010, 1, 6). 29

e) Beruflich-gewerbliche Tätigkeit des VN, Art. 7 Abs. 3 Unterabs. 1 Buchst. e Rom-I-VO

Die Parteien können im Fall der Versicherung von zwei oder mehr Risiken die im Zusammenhang mit der industriell-gewerblichen bzw. freiberuflichen Tätigkeiten eines VN stehen und in unterschiedlichen Mitgliedstaat belegen sind, einheitlich das Recht am Ort eines dieser Mitgliedstaaten oder das Aufenthaltsrecht des VN wählen. Auf diese Weise kann eine Statutenspaltung vermieden werden (*Fricke*, VersR 2008, 443, 448). Eine solche Rechtswahl ist aufgrund des insofern klaren Wortlautes jedoch nur dann möglich, wenn die zu versichernden Risiken in mehreren Mitgliedstaaten belegen sind. Bezieht sich der VV hingegen auf Risiken, die in einem Mitgliedstaat und i.Ü. in Drittstaaten liegen, verbleibt der Rückgriff auf Art. 7 Abs. 3 Unterabs. 1 Buchst. e Rom-I-VO versperrt. Um eine solche Statutenspaltung zu verhindern, kann der Abschluss getrennter VV angezeigt sein (Prölss/Martin/*Armbrüster*, Art. 1 ff. Rom I-VO Rn 12 m.w.N.). 30

31 Die Bestimmung gilt nicht für VV mit Verbrauchern (MüKo/*Martiny*, Art. 7 Rom I-VO Rn 33).

32 Vor diesem Hintergrund ist bei der Versicherung von Sachen, die sowohl privat wie beruflich genutzt werden, zu klären, ob es sich um ein Risiko i.S.d. Art. 7 Abs. 3 Unterabs. 1 Buchst. e Rom-I-VO handelt. Dies dürfte schon dann zu bejahen sein, wenn der beruflich-gewerbliche Zweck nicht nur von ganz untergeordneter Bedeutung ist. In einem solchen Fall ist davon auszugehen, dass der VN einerseits weniger schutzbedürftig ist und andererseits selbst ein Interesse an einer einheitlichen Anknüpfung hat (so auch *Looschelders/Smarowos*, VersR 2010, 1, 6 unter Hinweis auf EuGH, NJW 2005, 653 zur EuGVO).

3. Rechtswahl kraft Verweisung (Art. 7 Abs. 3 Unterabs. 2 Rom-I-VO)

33 Art. 7 Abs. 3 Unterabs. 2 Rom-I-VO erweitert die Rechtswahlfreiheit der Parteien für den Fall, dass die gem. Art. 7 Abs. 3 Unterabs. 1 Buchst. a, b oder e Rom-I-VO wählbare Rechtsordnung in ihrem (nationalen) IPR eine darüber hinausgehende größere Rechtswahlfreiheit eröffnet (MüKo/*Martiny*, Art. 7 Rom I-VO Rn 34).

34 Art. 7 Abs. 3 Unterabs. 2 Rom-I-VO enthält damit im Ergebnis eine Ermächtigung für die einzelnen Mitgliedstaaten, den Vertragsparteien eine erweiterte Rechtswahlfreiheit zu eröffnen. Der deutsche Gesetzgeber hat hiervon keinen Gebrauch gemacht. Ersatzlos entfallen sind vielmehr die erweiterten Rechtswahlmöglichkeiten im Fall der Korrespondenzversicherung gem. Art. 9 Abs. 4 EGVVG sowie für die Versicherung mehrerer Risiken bei der beruflichen Tätigkeit gem. Art. 10 Abs. 2 EGVVG (*Looschelders/Smarowos*, VersR 2010, 1, 7). Dies ist im Interesse der mit der VO bezweckten Rechtsvereinheitlichung zu begrüßen (*Fricke*, VersR 2008, 443, 449; *Looschelders/Smarowos*, VersR 2010, 1, 7).

4. Objektive Anknüpfung (Art. 7 Abs. 3 Unterabs. 3 Rom-I-VO)

35 Haben die Parteien keine (wirksame) Rechtwahl getroffen, erklärt Art. 7 Abs. 3 Unterabs. 3 Rom-I-VO zur Bestimmung des anwendbaren Rechts die Belegenheit des versicherten Risikos gem. Art. 7 Abs. 6 Rom-I-VO im Zeitpunkt des Vertragsschlusses für maßgeblich. Ein nachträglicher Wechsel der Risikobelegenheit bleibt damit kollisionsrechtlich unbeachtlich (Prölss/Martin/*Armbrüster*, Art. 1 ff. Rom I-VO Rn 10; *Fricke*, VersR 2008, 443, 449). Unbenommen bleibt es den Parteien aufgrund des Verweises auf Art. 3 RomI-VO jedoch, auch noch nachträglich eine abweichende Rechtswahl zu treffen (*Dörner*, in: Bruck/Möller, Art. 7 Rom I-VO Rn 77). Art. 7 Abs. 3 Unterabs. 3 Rom-I-VO sieht – anders als Art. 7 Abs. 2 Rom-I-VO – keine Ausweichklausel vor (MüKo/*Martiny*, Art. 7 Rom I-VO Rn 38; *Dörner*, in: Bruck/Möller, Art. 7 Rom I-VO Rn 77).

36 Ist das Risiko in mehreren Mitgliedstaaten belegen, gilt Art. 7 Abs. 5 Rom-I-VO.

III. Pflichtversicherungsverträge (Art. 7 Abs. 4 Rom-I-VO)

Art. 7 Abs. 4 Rom-I-VO statuiert Art. 7 Abs. 2 und 3 Rom-I-VO ergänzende Sonderregeln für Pflichtversicherungen. Es handelt sich insofern nicht um eine Kollisionsnorm im eigentlichen Sinne. Vielmehr sieht Art. 7 Abs. 4 Rom-I-VO Regelungen vor, unter welchen Voraussetzungen in grenzüberschreitenden Sachverhalten davon ausgegangen werden kann, dass VV im Einzelnen den gesetzlichen Mindestanforderungen an den Pflichtversicherungsschutz entsprechen (*Fricke*, VersR 2008, 443, 449). Die Bestimmung gilt sowohl für Massen- wie Großrisiken (vgl. MüKo/*Martiny*, Art. 7 Rom I-VO Rn 39; *Perner*, IPRax 2009, 221). 37

1. Allgemeine formelle und inhaltliche Anforderungen an die Ausgestaltung des Pflichtversicherungsvertrags

Gem. Art. 7 Abs. 4 Buchst. a S. 1 Rom-I-VO hat im Fall der Pflichtversicherung der jeweilige VV den Anforderungen an die Ausgestaltung des Versicherungsschutzes zu genügen, wie er im die Versicherungspflicht begründenden Recht zwingend vorgeschrieben ist. Bei der Bestimmung der (Mindest-)Anforderungen an den Deckungsschutz ist damit maßgeblich auf das Recht des Mitgliedstaates abzustellen, das die Versicherungspflicht statuiert hat. Die (bloße) Risikobelegenheit tritt hingegen gem. Art. 7 Abs. 4 Buchst. a S. 2 Rom-I-VO als Anknüpfungskriterium regelmäßig zurück. 38

Eine Festlegung auf das anzuwendende Recht erfolgt mit Art. 7 Abs. 4 Buchst. a S. 1 Rom-I-VO nicht, Art. 7 Abs. 4 Buchst. b Rom-I-VO räumt jedoch dem nationalen Gesetzgeber eine entsprechende Option ein. 39

2. Öffnungsklausel für nationalen Gesetzgeber zur zwingenden Bestimmung des anwendbaren Rechts

Art. 7 Abs. 4 Buchst. b Rom-I-VO eröffnet dem nationalen Gesetzgeber die Möglichkeit vorzuschreiben, dass auf den Versicherungsvertrag das die Versicherungspflicht vorschreibende Recht zwingend anzuwenden ist. 40

Der deutsche Gesetzgeber hat hiervon mit Art. 46c EGBGB Gebrauch gemacht. Hiernach unterliegt gem. Art. 46c Abs. 2 EGBGB ein Pflichtversicherungsvertrag deutschem Recht, wenn die Versicherungspflicht auf deutschem Recht beruht (vgl. hierzu die Übersicht bei *Dörner*, in Bruck/Möller, Art. 46c EGBGB Rn 21 f.). Ergibt sich die Versicherungspflicht aus dem Recht eines EU- bzw. EWR-Staates, ist dessen Rechtsordnung auf den Versicherungsvertrag nur dann anzuwenden, wenn diese Rechtsordnung dies (ausdrücklich) vorschreibt (Art. 46c Abs. 1 EBGBG). Sinn und Zweck der Regelung in Art. 46c EGBGB ist es sicherzustellen, dass die im öffentlichen Interesse statuierte Versicherungspflicht durch den damit einhergehenden Gleichlauf von Versicherungspflichtigkeit und anwendbarem Recht auf diese Weise möglichst effektiv gewährleistet wird (MüKo/*Martiny*, Art. 7 Rom-I-VO Rn 42; *Looschelders/Smarowos*, VersR 2010, 1, 7; zu Art. 46c EGBGB im Einzelnen vgl. *Martiny*, RIW 2009, 737, 750 f.). 41

IV. Risikobelegenheit in mehreren Mitgliedstaaten (Art. 7 Abs. 5 Rom-I-VO)

42 Für den Fall, dass in einem einheitlichen VV Risiken, die in verschiedenen Mitgliedstaaten belegen sind, gedeckt werden sollen, ordnet Art. 7 Abs. 5 Rom-I-VO für die objektive Anknüpfung eine Vertragsspaltung bei Masserisikofällen gem. Art. 7 Abs. 3 Unterabs. 3 Rom-I-VO bzw. Pflichtversicherungen gem. Art. 7 Abs. 4 Rom-I-VO an. Eine entsprechende Sonderregelung für Großrisiken fehlt hingegen allem Anschein nach (*Fricke*, VersR 2008, 443, 449; vgl. für die Konsequenzen bei Großrisiken *Dörner*, in: Bruck/Möller, Art. 7 Rom I-VO Rn 86 ff.).

43 Der VV ist gem. Art. 7 Abs. 5 Rom-I-VO so zu behandeln, als würde er aus mehreren voneinander unabhängigen Verträgen bestehen, die jeweils gesondert angeknüpft und damit in der Konsequenz unterschiedlichen Rechtsordnungen unterstellt werden. Mehrfachbelegenheit versicherter Risiken führt also regelmäßig zu einer Statutenspaltung. Sind Risiken mitversichert, die nicht in Mitgliedstaaten belegen sind, gelten insoweit die allgemeinen Anknüpfungsregeln der Rom I-VO (MüKo/*Martiny*, Art. 7 Rom I-VO Rn 44; VersR-Hdb/*Roth*, § 4 Rn 106).

44 Diese Regelung erscheint „eminent unpraktikabel" (so ausdrücklich, *Fricke*, VersR 2008, 443, 449) und dürfte letztlich im Widerspruch zum Willen der Parteien des VV stehen (so MüKo/*Looschelders*, Internationales Versicherungsvertragsrecht, Rn 114). Vor diesem Hintergrund ist, soweit zulässig, eine ausdrückliche Rechtswahl gem. Art. 7 Abs. 3 Unterabs. 1 oder 2 Rom-I-VO dringend angezeigt, um erhebliche Unsicherheiten und den entsprechend erhöhten Aufwand bei der Ermittlung der maßgeblichen Rechtsvorschriften zu vermeiden (*Fricke*, VersR 2008, 443, 449; MüKo/*Looschelders*, Internationales Versicherungsvertragsrecht, Rn 114).

V. Definition der Risikobelegenheit (Art. 7 Abs. 6 Rom-I-VO)

45 Die Belegenheit des versicherten Risikos ist zentrales Anknüpfungskriterium zur Bestimmung des gem. VO anwendbaren Rechts (*Looschelders/Smarowos*, VersR 2010, 1, 2). Unter Belegenheit ist die örtliche Verbindung des zu versichernden Risikos zu einem bestimmten Ort zu verstehen. Hierbei ist eine wertende Betrachtungsweise anzustellen. Die Belegenheit ist also nicht vorgegeben, sondern „ein Fachausdruck, der Verschiedenes zusammenfasst", dabei ist maßgeblich auf den Zeitpunkt des Vertragsschlusses abzustellen, eine spätere Veränderung bleibt hingegen unbeachtlich (MüKo/*Martiny*, Art. 7 Rom I-VO Rn 47). Art. 7 Abs. 6 Rom-I-VO verweist auf das einschlägige Richtlinienrecht. Gem. Art. 310 Solvabilität II-RL ist dabei mit Wirkung vom 1.11.2012 zur Bestimmung der Belegenheit nunmehr auf Art. 13 Nr. 13 bzw. 14 Solvabilität II-RL abzustellen. In inhaltlicher Hinsicht hat sich insofern nichts geändert (*Dörner*, in: Bruck/Möller, Art. 7 Rom I-VO Rn 27).

1. Risikobelegenheit in der Nicht-Lebensversicherung (Art. 7 Abs. 6 Alt. 1 Rom-I-VO)

Für die Nicht-Lebensversicherung ist auf Art. 13 Nr. 13 der Solvabilität II-RL abzustellen. Hiernach ist Folgendes zu beachten: 46

a) Gebäudeversicherung

Art. 13 Nr. 13 Buchst. a Solvabilität II-RL erklärt zur Bestimmung der Risikobelegenheit im Fall der Gebäudeversicherung den Lageort des versicherten Gebäudes für maßgeblich. Der Begriff des Gebäudes ist dabei autonom auszulegen und nicht nach dem jeweiligen Recht des Lageortes. Er umfasst Aufbauten und Bestandteile im untechnischen Sinne sowie im Allgemeinen auch das Grundstück selbst (VersR-Hdb/*Roth*, § 4 Rn 52; *Dörner*, in: Bruck/Möller, Art. 7 Rom I-VO Rn 29). 47

Beispiele für die Gebäudeversicherung sind etwa die Gebäudesach-, Gebäudehaftpflicht- oder Gebäuderechtsschutzversicherung. Werden im selben Vertrag neben dem Gebäude auch die sich darin befindlichen beweglichen Sachen versichert, wird einheitlich auf den Lageort des Gebäudes abgestellt, um so eine unpraktikable Vertragsspaltung zu vermeiden (VersR-Hdb/*Roth*, § 4 Rn 52; *Looschelders/Smarowos*, VersR 2010, 1, 3).

Die Hausratsversicherung als rechtlich selbstständiger Vertrag ist hingegen gem. Art. 13 Nr. 13 Buchst. d Solvabilität II-RL anzuknüpfen (VersR-Hdb/*Roth*, § 4 Rn 52; *Dörner*, in: Bruck/Möller, Art. 7 Rom I-VO Rn 29; *Lübbert/Vogl*, r+s 2000, 265, 267). 48

b) Fahrzeugversicherung

Art. 13 Nr. 13 Buchst. b Solvabilität II-RL stellt für die Risikobelegenheit auf den Mitgliedstaat der Zulassung des zu versichernden Fahrzeuges ab. Dies gilt für sämtliche Fahrzeugarten, unabhängig davon, ob es sich um ein Land-, Wasser- oder Luftfahrzeug handelt, sofern eine entsprechende Zulassungspflicht besteht. Bei der Überführung von Kraftfahrzeugen soll mit Dörner (*Dörner*, in: Bruck/Möller, Art. 7 Rom I-VO Rn 33 f.) für die Risikobelegenheit auf den Bestimmungsmitgliedstaat abzustellen sein. 49

Werden Risiken versichert, die mit nicht registrierungspflichtigen Fahrzeugen verbunden sind, gilt die Auffangregelung des Art. 13 Nr. 13 Buchst. d Solvabilität II-RL (*Dörner*, in: Bruck/Möller, Art. 7 Rom I-VO Rn 31 f.).

Die Versicherung muss ein fahrzeugbezogenes Risiko decken. Beispiele für die Fahrzeugversicherung sind die Kfz-Haftpflicht- und die Kfz-Kaskoversicherung sowie die Kraftfahrt-Unfallversicherung und die Kraftfahrt-Rechtsschutzversicherung (*Looschelders/Smarowos*, VersR 2010, 1, 3). 50

c) Reise- und Ferienversicherung

Art. 13 Nr. 13 Buchst. c Solvabilität II-RL erklärt für VV über Reise- und Ferienrisiken das Recht des Mitgliedstaates für maßgeblich, in dem der VN den entsprechenden VV 51 abgeschlossen hat. Entscheidend soll dabei der Ort sein, an dem die (letztlich) für den Vertragsschluss erforderliche Rechtshandlung vorgenommen wurde. Auf Abreiseort oder Ort des Ferienaufenthalts ist hingegen aufgrund des klaren Wortlauts nicht abzustellen, selbst wenn der Abschlussort letztlich rein zufällig ist, etwa auf der Durchreise. Den Abschlussort hat dabei derjenige zu beweisen, der sich auf ein daraus abzuleitendes Versicherungsvertragsstatut beruft. Im Einzelfall kann dies schwierig werden, etwa bei Vertragsschluss via Telefon, E-Mail oder App (*Dörner*, in: Bruck/Möller, Art. 7 Rom I-VO Rn 36; vgl. zur Kritik auch VersR-Hdb/*Roth*, § 4 Rn 54). Von der Bestimmung werden nur VV mit einer Laufzeit von höchstens vier Monaten erfasst, auf die Dauer der Reise selbst kommt es hingegen nicht an. Im Übrigen gelten die sonstigen Bestimmungen, insb. die Auffangklausel gem. Art. 13 Nr. 13 Buchst. d Solvabilität II-RL.

Beispiele
Reiserücktrittskosten- Reisegepäck-, Verkehrsservice-, Reisehaftpflicht- Reisekranken- oder Reiseunfallversicherung

d) Sonstige Versicherungen

52 Art. 13 Nr. 13 Buchst. d Solvabilität II-RL sieht i.Ü. einen Auffangtatbestand für sämtliche Nicht-Lebensversicherungen vor.

53 Erfasst werden hiervon insb. die allgemeine Haftpflicht-, Rechtsschutz- und Transportgüterversicherung, sowie die Unfall- und Krankenversicherung (*Looschelders/Smarowos*, VersR 2010, 1, 3 m.w.N.).

54 Die Bestimmung stellt für die Risikobelegenheit bei natürlichen Personen auf deren gewöhnlichen Aufenthaltsort ab und bei juristischen Personen auf den Ort der Niederlassung, auf die sich der jeweilige Versicherungsvertrag bezieht.

55 Der gewöhnliche Aufenthaltsort einer natürlichen Person ist dabei auf Ebene des Gemeinschaftsrechts autonom zu bestimmen. Europäisches Verordnungsrecht und die Rechtsprechung des EuGH haben jedoch (bislang) keine allgemeingültige Definition entwickelt. Im Lichte der diversen Haager Übereinkommen dürfte allerdings davon auszugehen sein, dass unter gewöhnlichem Aufenthaltsort einer natürlichen Person deren tatsächlicher Daseinsmittelpunkt zu verstehen ist, d.h. an dem Ort anzunehmen ist, wo diese tatsächlich den Schwerpunkt ihrer familiären, beruflichen und gesellschaftlichen Beziehungen hat, ohne dass es für die Begründung auf die Staatsangehörigkeit oder eine Mindestdauer des Aufenthalts ankommt (*Dörner*, in: Bruck/Möller, Art. 7 Rom I-VO Rn 39; Staudinger/*Armbrüster*, Anh. I zu Art. 37 EGBGB Rn 40).

56 Auf den Aufenthaltsort ist auch dann abzustellen, wenn die natürliche Person im Rahmen ihrer beruflichen Tätigkeit handelt. Anders als Art. 19 Abs. 1 Unterabs. 2 Rom-I-VO differenziert die Solvabilität II-RL gerade nicht, ob der Versicherungsnehmer als Unternehmer oder Verbraucher handelt. Art. 19 Rom-I-VO genießt aufgrund seines insoweit klaren Wortlauts („für die Zwecke dieser Verordnung") aber keinen Vorrang bei der Auslegung der Solvabilität II-VO, auf die in Art. 7 Abs. 6 Rom-I-VO verwiesen wird (im Ergebnis a.A. *Looschelders/Smarowos*, VersR 2010, 1, 4; MüKo/*Looschelders*, Internationales Versi-

cherungsrecht Rn 51; *Dörner*, in: Bruck/Möller, Art. 7 Rom I-VO Rn 42 mit weiteren Hinweisen zum Streitstand).

Der Begriff der juristischen Person ist auf der Ebene des Gemeinschaftsrecht auszulegen und weit zu verstehen; er erfasst insb. auch Personengesellschaften und sonstige Personenvereinigungen (vgl. auch *Dörner*, in: Bruck/Möller, Art. 7 Rom I-VO Rn 43; *Basedow/ Drasch*, NJW 1991, 785, 788). Maßgeblich ist damit die Lage des Unternehmens, der Betriebsstätte (Niederlassung) bzw. der entsprechenden (festen) Einrichtung (etwa Büro, Zweigstelle eines Vereins), auf die sich der VV bezieht. Soll ein Unternehmen als Ganzes versichert werden, ist auf dessen Hauptverwaltung abzustellen, werden hingegen einzelne Betriebsteile versichert, kommt es auf deren Lage ab, im Einzelfall kann dies zu einer Vertragsspaltung führen (VersR-Hdb/*Roth*, § 4 Rn 55). 57

2. Risikobelegenheit in der Lebensversicherung (Art. 7 Abs. 6 Alt. 2 Rom-I-VO)

In der Lebensversicherung ist auf den Staat der Verpflichtung i.S.d. Art. 13 Nr. 14 Solvabilität II-RL abzustellen, wobei diese in der Regel am Aufenthaltsort des VN zu erfüllen ist. Ist VN eine juristische Person, ist das Risiko in dem Mitgliedstaat belegen, in dem sich deren Niederlassung befindet, auf die sich der VV bezieht (MüKo/*Martiny*, Art. 7 Rom I-VO Rn 54). 58

Art. 8 Rom I | Individualarbeitsverträge

(1) Individualarbeitsverträge unterliegen dem von den Parteien nach Artikel 3 gewählten Recht. Die Rechtswahl der Parteien darf jedoch nicht dazu führen, dass dem Arbeitnehmer der Schutz entzogen wird, der ihm durch Bestimmungen gewährt wird, von denen nach dem Recht, das nach den Absätzen 2, 3 und 4 des vorliegenden Artikels mangels einer Rechtswahl anzuwenden wäre, nicht durch Vereinbarung abgewichen werden darf.

(2) Soweit das auf den Arbeitsvertrag anzuwendende Recht nicht durch Rechtswahl bestimmt ist, unterliegt der Arbeitsvertrag dem Recht des Staates, in dem oder andernfalls von dem aus der Arbeitnehmer in Erfüllung des Vertrags gewöhnlich seine Arbeit verrichtet. Der Staat, in dem die Arbeit gewöhnlich verrichtet wird, wechselt nicht, wenn der Arbeitnehmer seine Arbeit vorübergehend in einem anderen Staat verrichtet.

(3) Kann das anzuwendende Recht nicht nach Absatz 2 bestimmt werden, so unterliegt der Vertrag dem Recht des Staates, in dem sich die Niederlassung befindet, die den Arbeitnehmer eingestellt hat.

(4) Ergibt sich aus der Gesamtheit der Umstände, dass der Vertrag eine engere Verbindung zu einem anderen als dem in Absatz 2 oder 3 bezeichneten Staat aufweist, ist das Recht dieses anderen Staates anzuwenden.

Art. 9 Rom I	Eingriffsnormen

(1) Eine Eingriffsnorm ist eine zwingende Vorschrift, deren Einhaltung von einem Staat als so entscheidend für die Wahrung seines öffentlichen Interesses, insbesondere seiner politischen, sozialen oder wirtschaftlichen Organisation, angesehen wird, dass sie ungeachtet des nach Maßgabe dieser Verordnung auf den Vertrag anzuwendenden Rechts auf alle Sachverhalte anzuwenden ist, die in ihren Anwendungsbereich fallen.

(2) Diese Verordnung berührt nicht die Anwendung der Eingriffsnormen des Rechts des angerufenen Gerichts.

(3) Den Eingriffsnormen des Staates, in dem die durch den Vertrag begründeten Verpflichtungen erfüllt werden sollen oder erfüllt worden sind, kann Wirkung verliehen werden, soweit diese Eingriffsnormen die Erfüllung des Vertrags unrechtmäßig werden lassen. Bei der Entscheidung, ob diesen Eingriffsnormen Wirkung zu verleihen ist, werden Art und Zweck dieser Normen sowie die Folgen berücksichtigt, die sich aus ihrer Anwendung oder Nichtanwendung ergeben würden.

Übersicht

	Rdn
A. Normzweck	1
B. Norminhalt	2
I. Legaldefinition	2
II. Eingriffsnormen der lex fori	3
III. Ausländische Eingriffsnormen	8

A. Normzweck

1 Art. 9 Rom-I-VO gewährleistet die Anwendung international zwingender Normen (sog. Eingriffsnormen) unabhängig vom i.Ü. berufenen Recht. Art. 9 Rom-I-VO gilt auch für VV (MüKo/*Martiny*, Art. 7 Rom I-VO Rn 56, Art. 9 Rom I-VO Rn 103 jeweils m.w.N.).

B. Norminhalt

I. Legaldefinition

2 Art. 9 Abs. 1 Rom-I-VO sieht eine Legaldefinition der Eingriffsnorm vor, die sich an die entsprechende Rechtsprechung des EuGH anlehnt (vgl. EuGH, 23.11.1999 – C-369/96 und C-347/96 [Arblade und Leloup], Slg. 1999, I-8453, NJW 2000, 1553). Eine Eingriffsnorm liegt damit nur dann vor, wenn (1) deren Zweck auf die Wahrung überindividueller Interessen gerichtet ist und (2) ein hinreichend starker Inlandsbezug zu bejahen ist, so dass ein berechtigtes Interesse an der Anwendung der Norm besteht (MüKo/*Looschelders*, Internationales Versicherungsrecht, Rn 149 m.w.N.). Eine solche Eingriffsnorm kann dabei auch auf Richterrecht beruhen (VersR-Hdb/*Roth*, § 4 Rn 119). Im Lichte des Erwägungsgrundes 37 ist der Begriff der Eingriffsnorm von zwingenden Normen abzugrenzen und insoweit enger auszulegen. Die Abgrenzung erfolgt dabei nach dem jeweiligen Norm-

zweck, wobei anerkannt ist, dass dieser nicht immer ohne Weiteres erkennbar sein muss und insoweit vielschichtig sein kann (MüKo/*Martiny*, Art. 9 Rom I-VO Rn 18 ff.).

II. Eingriffsnormen der lex fori

Gem. Art. 9 Abs. 2 Rom-I-VO bleiben Eingriffsnormen des Forumstaats ausdrücklich von der VO unberührt und finden somit uneingeschränkt Anwendung. In einem Verfahren vor deutschen Gerichten wären damit allein Bestimmungen des deutschen Rechts gemeint (*Junker*, IPRax 1989, 73; Soergel/v. *Hoffmann*, Art. 34 EGBGB Rn 1). 3

Welche Normen dies im Einzelnen sind, ist nicht abschließend geklärt, jedenfalls ist im Lichte des Erwägungsgrundes 37 große Zurückhaltung angezeigt. Insb. kann nicht davon ausgegangen werden, dass sämtliche (halb)zwingenden Vorschriften des VVG schon ohne Weiteres als Eingriffsnormen zu qualifizieren sind (s. hierzu MüKo/*Looschelders*, Internationales Versicherungsrecht Rn 152 ff.), vielmehr kommt es auf den jeweiligen Normzweck an, der im Einzelfall zu ermitteln ist. 4

Soweit solche (halb)zwingenden VVG-Vorschriften allein dem Schutz des VN bzw. VR dienen und damit kein überragendes öffentliches Interesse verfolgt wird, ist im Interesse der mit der VO intendierten Rechtsvereinheitlichung und der Wahrung des internationalen Entscheidungseinklangs von einer übermäßigen Durchsetzung deutscher Schutzvorschriften jedenfalls Abstand zu nehmen. Bei aller gebotenen Vorsicht werden insoweit für das deutsche Recht im Wesentlichen Normen genannt, die dem Schutz von Interessen Dritter (z.B. §§ 150 Abs. 2, 179 Abs. 2 VVG) oder von öffentlichen Belangen (z.B. §§ 74 Abs. 2, 78 Abs. 3 VVG) dienen. Auch werden §§ 93 ff., 142 ff. VVG teilweise als Eingriffsnormen qualifiziert (vgl. VersR-Hdb/*Roth*, § 4 Rn 121 m.w.N.). Schließlich sind Embargo-Vorschriften als Eingriffsnormen zu qualifizieren (vgl. hierzu *Wandt*, VersR 2013, 257, 262 m.w.N.). 5

Für VV mit Verbrauchern ist i.Ü. die Sondervorschrift des Art. 6 Rom-I-VO vorrangig zu beachten (Prölss/Martin/*Armbrüster*, Vor. Art. 1 Rom I-VO Rn 26; Staudinger/*Armbrüster* Anh. I zu Art. 37 EGBGB Rn 17; *Basedow/Drasch*, NJW 1991, 785, 789; *Reichert-Facilides*, IPRax 1990, 1, 12). Die AGB-rechtlichen Vorschriften der §§ 305, 305a BGB sind nicht als Eingriffsnormen i.S.d. Art. 9 Rom I-VO zu qualifizieren (LG Kleve v. 1.10.2013 – 4 O 272/12). 6

In krassen Ausnahmefälle wird es zudem angezeigt sein, Abhilfe über den insoweit flexibleren ordre-public-Vorbehalt in Art. 21 Rom-I-VO zu schaffen, da hierbei eine bessere Anpassung der eigenen (deutschen) Schutzvorstellungen an das durch die VO an sich berufene ausländische Recht möglich ist (Staudinger/*Armbrüster*, Anh. I zu Art. 37 EGBGB Rn 19; MüKo/*Looschelders*, Internationales Versicherungsrecht Rn 152). 7

III. Ausländische Eingriffsnormen

Art. 9 Abs. 3 Rom-I-VO eröffnet die Möglichkeit, dass im Einzelfall Eingriffsnormen am Erfüllungsort herangezogen werden können, soweit diese zur Unrechtmäßigkeit des 8 jeweiligen Vertrages führen. Ausländische Eingriffsnormen dürften dabei im Versicherungsrecht kaum Relevanz entfalten. So wird etwa für das englische Recht die Existenz solcher Eingriffsnormen gänzlich in Frage gestellt (VersR-Hdb/*Roth*, § 4 Rn 121 m.w.N.). Eingriffsnormen könnten sich zwar etwa aus dem Recht des Staates ergeben, der eine Versicherungspflicht vorschreibt oder in dem das versicherte Risiko belegen ist. Beide Anknüpfungspunkte sind aber für Art. 9 Abs. 3 Rom-I-VO ohne Bedeutung. Die Bestimmung stellt vielmehr ausdrücklich allein auf den Erfüllungsort ab.

9 Dieser spielt im Versicherungsrecht jedoch nur eine untergeordnete Rolle. Im Interesse der Rechtssicherheit und der Dienstleistungsverkehrsfreiheit sollte die Bestimmung i.Ü. nur (sehr) zurückhaltend angewandt werden (MüKo/*Looschelders*, Internationales Versicherungsvertragsrecht, Rn 155 m.w.N.).

Art. 10 Rom I Einigung und materielle Wirksamkeit

(1) Das Zustandekommen und die Wirksamkeit des Vertrags oder einer seiner Bestimmungen beurteilen sich nach dem Recht, das nach dieser Verordnung anzuwenden wäre, wenn der Vertrag oder die Bestimmung wirksam wäre.

(2) Ergibt sich jedoch aus den Umständen, dass es nicht gerechtfertigt wäre, die Wirkung des Verhaltens einer Partei nach dem in Absatz 1 bezeichneten Recht zu bestimmen, so kann sich diese Partei für die Behauptung, sie habe dem Vertrag nicht zugestimmt, auf das Recht des Staates ihres gewöhnlichen Aufenthalts berufen.

Art. 11 Rom I Form

(1) Ein Vertrag, der zwischen Personen geschlossen wird, die oder deren Vertreter sich zum Zeitpunkt des Vertragsschlusses in demselben Staat befinden, ist formgültig, wenn er die Formerfordernisse des auf ihn nach dieser Verordnung anzuwendenden materiellen Rechts oder die Formerfordernisse des Rechts des Staates, in dem er geschlossen wird, erfüllt.

(2) Ein Vertrag, der zwischen Personen geschlossen wird, die oder deren Vertreter sich zum Zeitpunkt des Vertragsschlusses in verschiedenen Staaten befinden, ist formgültig, wenn er die Formerfordernisse des auf ihn nach dieser Verordnung anzuwendenden materiellen Rechts oder die Formerfordernisse des Rechts eines der Staaten, in denen sich eine der Vertragsparteien oder ihr Vertreter zum Zeitpunkt des Vertragsschlusses befindet, oder die Formerfordernisse des Rechts des Staates, in dem eine der Vertragsparteien zu diesem Zeitpunkt ihren gewöhnlichen Aufenthalt hatte, erfüllt.

(3) Ein einseitiges Rechtsgeschäft, das sich auf einen geschlossenen oder zu schließenden Vertrag bezieht, ist formgültig, wenn es die Formerfordernisse des materiellen Rechts, das nach dieser Verordnung auf den Vertrag anzuwenden ist oder anzuwenden wäre, oder die Formerfordernisse des Rechts des Staates erfüllt, in dem dieses Rechts-

geschäft vorgenommen worden ist oder in dem die Person, die das Rechtsgeschäft vorgenommen hat, zu diesem Zeitpunkt ihren gewöhnlichen Aufenthalt hatte.

(4) Die Absätze 1, 2 und 3 des vorliegenden Artikels gelten nicht für Verträge, die in den Anwendungsbereich von Artikel 6 fallen. Für die Form dieser Verträge ist das Recht des Staates maßgebend, in dem der Verbraucher seinen gewöhnlichen Aufenthalt hat.

(5) Abweichend von den Absätzen 1 bis 4 unterliegen Verträge, die ein dingliches Recht an einer unbeweglichen Sache oder die Miete oder Pacht einer unbeweglichen Sache zum Gegenstand haben, den Formvorschriften des Staates, in dem die unbewegliche Sache belegen ist, sofern diese Vorschriften nach dem Recht dieses Staates

a) unabhängig davon gelten, in welchem Staat der Vertrag geschlossen wird oder welchem Recht dieser Vertrag unterliegt, und
b) von ihnen nicht durch Vereinbarung abgewichen werden darf.

Art. 12 Rom I Geltungsbereich des anzuwendenden Rechts

(1) Das nach dieser Verordnung auf einen Vertrag anzuwendende Recht ist insbesondere maßgebend für

a) seine Auslegung,
b) die Erfüllung der durch ihn begründeten Verpflichtungen,
c) die Folgen der vollständigen oder teilweisen Nichterfüllung dieser Verpflichtungen, in den Grenzen der dem angerufenen Gericht durch sein Prozessrecht eingeräumten Befugnisse, einschließlich der Schadensbemessung, soweit diese nach Rechtsnormen erfolgt,
d) die verschiedenen Arten des Erlöschens der Verpflichtungen sowie die Verjährung und die Rechtsverluste, die sich aus dem Ablauf einer Frist ergeben,
e) die Folgen der Nichtigkeit des Vertrags.

(2) In Bezug auf die Art und Weise der Erfüllung und die vom Gläubiger im Falle mangelhafter Erfüllung zu treffenden Maßnahmen ist das Recht des Staates, in dem die Erfüllung erfolgt, zu berücksichtigen.

Art. 13 Rom I Rechts-, Geschäfts- und Handlungsunfähigkeit

Bei einem zwischen Personen, die sich in demselben Staat befinden, geschlossenen Vertrag kann sich eine natürliche Person, die nach dem Recht dieses Staates rechts-, geschäfts- und handlungsfähig wäre, nur dann auf ihre sich nach dem Recht eines anderen Staates ergebende Rechts-, Geschäfts- und Handlungsunfähigkeit berufen, wenn die andere Vertragspartei bei Vertragsschluss diese Rechts-, Geschäfts- und Handlungsunfähigkeit kannte oder infolge von Fahrlässigkeit nicht kannte.

Art. 14 Rom I — Übertragung der Forderung

(1) Das Verhältnis zwischen Zedent und Zessionar aus der Übertragung einer Forderung gegen eine andere Person („Schuldner") unterliegt dem Recht, das nach dieser Verordnung auf den Vertrag zwischen Zedent und Zessionar anzuwenden ist.

(2) Das Recht, dem die übertragene Forderung unterliegt, bestimmt ihre Übertragbarkeit, das Verhältnis zwischen Zessionar und Schuldner, die Voraussetzungen, unter denen die Übertragung dem Schuldner entgegengehalten werden kann, und die befreiende Wirkung einer Leistung durch den Schuldner.

(3) Der Begriff „Übertragung" in diesem Artikel umfasst die vollkommene Übertragung von Forderungen, die Übertragung von Forderungen zu Sicherungszwecken sowie von Pfandrechten oder anderen Sicherungsrechten an Forderungen.

Art. 15 Rom I — Gesetzlicher Forderungsübergang

Hat eine Person („Gläubiger") eine vertragliche Forderung gegen eine andere Person („Schuldner") und ist ein Dritter verpflichtet, den Gläubiger zu befriedigen, oder hat er den Gläubiger aufgrund dieser Verpflichtung befriedigt, so bestimmt das für die Verpflichtung des Dritten gegenüber dem Gläubiger maßgebende Recht, ob und in welchem Umfang der Dritte die Forderung des Gläubigers gegen den Schuldner nach dem für deren Beziehung maßgebenden Recht geltend zu machen berechtigt ist.

Art. 16 Rom I — Mehrfache Haftung

Hat ein Gläubiger eine Forderung gegen mehrere für dieselbe Forderung haftende Schuldner und ist er von einem der Schuldner ganz oder teilweise befriedigt worden, so ist für das Recht dieses Schuldners, von den übrigen Schuldnern Ausgleich zu verlangen, das Recht maßgebend, das auf die Verpflichtung dieses Schuldners gegenüber dem Gläubiger anzuwenden ist. Die übrigen Schuldner sind berechtigt, diesem Schuldner diejenigen Verteidigungsmittel entgegenzuhalten, die ihnen gegenüber dem Gläubiger zugestanden haben, soweit dies gemäß dem auf ihre Verpflichtung gegenüber dem Gläubiger anzuwendenden Recht zulässig wäre.

Art. 17 Rom I — Aufrechnung

Ist das Recht zur Aufrechnung nicht vertraglich vereinbart, so gilt für die Aufrechnung das Recht, dem die Forderung unterliegt, gegen die aufgerechnet wird.

Art. 18 Rom I	Beweis

(1) Das nach dieser Verordnung für das vertragliche Schuldverhältnis maßgebende Recht ist insoweit anzuwenden, als es für vertragliche Schuldverhältnisse gesetzliche Vermutungen aufstellt oder die Beweislast verteilt.

(2) Zum Beweis eines Rechtsgeschäfts sind alle Beweisarten des Rechts des angerufenen Gerichts oder eines der in Artikel 11 bezeichneten Rechte, nach denen das Rechtsgeschäft formgültig ist, zulässig, sofern der Beweis in dieser Art vor dem angerufenen Gericht erbracht werden kann.

Kapitel III
Sonstige Vorschriften

Art. 19 Rom I	Gewöhnlicher Aufenthalt

(1) Für die Zwecke dieser Verordnung ist der Ort des gewöhnlichen Aufenthalts von Gesellschaften, Vereinen und juristischen Personen der Ort ihrer Hauptverwaltung.

Der gewöhnliche Aufenthalt einer natürlichen Person, die im Rahmen der Ausübung ihrer beruflichen Tätigkeit handelt, ist der Ort ihrer Hauptniederlassung.

(2) Wird der Vertrag im Rahmen des Betriebs einer Zweigniederlassung, Agentur oder sonstigen Niederlassung geschlossen oder ist für die Erfüllung gemäß dem Vertrag eine solche Zweigniederlassung, Agentur oder sonstigen Niederlassung verantwortlich, so steht der Ort des gewöhnlichen Aufenthalts dem Ort gleich, an dem sich die Zweigniederlassung, Agentur oder sonstige Niederlassung befindet.

(3) Für die Bestimmung des gewöhnlichen Aufenthalts ist der Zeitpunkt des Vertragsschlusses maßgebend.

Übersicht

	Rdn
A. Normzweck	1
B. Norminhalt	2
I. Gewöhnlicher Aufenthalt bei juristischen Personen (Art. 19 Abs. 1 Unterabs. 1 Rom-I-VO)	2
1. Recht am Sitz der Hauptverwaltung	3
2. Recht der Agentur/Niederlassung	6
II. Gewöhnlicher Aufenthalt bei natürlichen Personen (Art. 19 Abs. 1 Unterabs. 2 Rom-I-VO)	9
1. Beruflich handelnde natürliche Person	9
2. Verbraucher	11
III. Maßgeblicher Zeitpunkt	12

A. Normzweck

Art. 19 Rom-I-VO definiert den gewöhnlichen Aufenthaltsort einer Person für die Zwecke der VO.   **1**

B. Norminhalt

I. Gewöhnlicher Aufenthalt bei juristischen Personen (Art. 19 Abs. 1 Unterabs. 1 Rom-I-VO)

2   Zur Bestimmung des gewöhnlichen Aufenthaltsorts einer juristischen Person ist vorrangig auf dessen Niederlassung/Agentur abzustellen, i.Ü. auf den Sitz seiner Hauptverwaltung.

1. Recht am Sitz der Hauptverwaltung

3   Die Begriffe sind autonom unter Berücksichtigung der gleich lautenden Begrifflichkeiten in der Brüssel-I-VO auszulegen (vgl. insofern Palandt/*Thorn*, Rom I-VO 19 Rn 2 unter Hinweis auf Erwägungsgrund 7; *Bitter*, IPRax 2008, 96, 100) und entsprechend weit zu verstehen.

4   Gesellschaften, Vereine und juristische Personen i.S.d. VO sind sämtliche Vereinigungen oder Vermögensmassen, die als solche Partei eines Rechtsstreits sein können und die Fähigkeit haben, sich vertraglich zu verpflichten (*Spickhoff*, in: Bamberger/Roth, Anhang zu Art. 42 EGBGB Rn 135). Dies sind insb. auch Personengesellschaften und sonstige Personenvereinigungen, etwa nicht-rechtsfähige Vereine (MüKo/*Looschelders*, Internationales Versicherungsvertragsrecht Rn 50).

5   Ort der Hauptverwaltung ist dort, wo die zentralen Leitungs- und Organisationsentscheidungen im Unternehmen getroffen werden. Maßgeblich ist somit der effektive Verwaltungssitz des VR und nicht dessen (u.U. abweichender) Gründungs-/Registersitz (*Spickhoff*, in Bamberger/Roth, Anhang zu Art. 42 EGBGB Rn 135).

2. Recht der Agentur/Niederlassung

6   Niederlassung ist der Oberbegriff und wiederum autonom unter Berücksichtigung der gleichlautenden Begrifflichkeit in der Brüssel-I-VO auszulegen und damit entsprechend weit zu verstehen (Palandt/*Thorn*, Rom I-VO 19 Rn 4; Zöller/*Geimer*, Anh. I Art. 5 EuGVVO Rn 43).

7   Wesentlich ist insofern die geplante Dauer der Betätigung an einem bestimmten Ort. Diese darf nicht allein vorübergehend sein, sondern muss länger als ein Jahr andauern (Soergel/ *v. Hoffmann*, Art. 28 EGBGB Rn 67). Eine relevante Niederlassung liegt mit dem EuGH (in RIW 1979, 56) dann vor, sofern „ein Mittelpunkt geschäftlicher Tätigkeit, der auf Dauer als Außenstelle des Stammhauses hervortritt, eine Geschäftsführung hat und sachlich so ausgestattet ist, dass er in der Weise Geschäfte mit Dritten betreiben kann, dass diese, obgleich sie wissen, dass möglicherweise ein Rechtsgeschäft mit dem im Ausland ansässigen Stammhaus begründet wird, sich nicht unmittelbar an dieses zu wenden brauchen, sondern Geschäfte an dem Mittelpunkt geschäftlicher Tätigkeit abschließen können, der dessen Außenstelle ist." Ein entsprechender Rechtsschein soll schon ausreichen (vgl. EugH, 9.12.1987 – Rs. 218/86, Slg. 1987, 4905, 4920 – Somafer). Eine Zweigniederlassung kann dabei auch eine (selbstständige) juristische Person sein.

Der jeweilige VV muss darüber hinaus i.R.d. Betriebs einer solchen Niederlassung – und nicht direkt über die Hauptverwaltung – geschlossen worden sein. Alternativ reicht es aus, dass der Versicherungsvertrag in der Verantwortlichkeit einer Niederlassung liegt, die ihn verwaltet, betreut und durchführt (*Fricke*, VersR 2008, 443, 447). 8

II. Gewöhnlicher Aufenthalt bei natürlichen Personen (Art. 19 Abs. 1 Unterabs. 2 Rom-I-VO)

1. Beruflich handelnde natürliche Person

Handelt die natürliche Person in Ausübung ihrer beruflichen Tätigkeit beim Abschluss des VV, ist zur Bestimmung des gewöhnlichen Aufenthalts auf den Ort der Hauptniederlassung, für die sie tätig wird, abzustellen. Was unter beruflicher Tätigkeit im Einzelnen zu verstehen ist, ist dem Wortlaut der VO nicht zu entnehmen. Es ist insofern davon auszugehen, dass es sich um solche Tätigkeiten handeln soll, die nicht der Privatsphäre zuzuordnen sind (MüKo/*Martiny*, Art. 19 Rom I-VO Rn 9). 9

Der Begriff der Hauptniederlassung ist autonom auszulegen, wobei im Ergebnis auf dieselben Kriterien wie zur Definition der Niederlassung i.S.d. Art. 19 Abs. 1 Unterabs. 1 Rom-I-VO abzustellen ist. Bestehen mehrere Niederlassungen, ist insofern diejenige Hauptniederlassung, die den Mittelpunkt der geschäftlichen Tätigkeit bildet (MüKo/*Martiny*, Art. 19 Rom I-VO Rn 10 m.w.N.). 10

2. Verbraucher

Sofern die natürliche Person nicht im Rahmen ihrer beruflichen Tätigkeit handelt, ist Art. 19 Abs. 1 Unterabs. 2 Rom-I-VO für die Bestimmung des gewöhnlichen Aufenthaltsortes nichts zu entnehmen. Dieser ist jedenfalls autonom auszulegen (MüKo/*Martiny*, Art. 19 Rom I-VO Rn 11). Insofern ist auf den tatsächlichen Daseinsmittelpunkt des VN abzustellen. Ohne dass es insofern eines rechtsgeschäftlichen Willens bedürfte, muss verlangt werden, dass der Aufenthalt auf eine gewisse Dauer angelegt ist (*Dörner*, in: Bruck/ Möller, Art. 19 Rom I-VO Rn 7; MüKo/*Martiny*, Art. 19 Rom I-VO Rn 12). Hierbei wird eine gewisse zeitliche Dauer des Aufenthalts von mindestens sechs Monaten vorausgesetzt, wobei bei einem Ortswechsel nicht sofort ein neuer Aufenthalt begründet sein soll (vgl. hierzu auch MüKo/*Looschelders*, Internationales Versicherungsvertragsrecht, Rn 47 f., 135 m.w.N.; **a.A.** *Dörner*, in: Bruck/Möller, Art. 7 Rom I-VO Rn 39). 11

III. Maßgeblicher Zeitpunkt

Art. 19 Abs. 3 Rom-I-VO stellt klar, dass zur Lokalisierung des maßgeblichen Aufenthaltsortes auf den Zeitpunkt des Vertragsschlusses abzustellen ist (sog. statische Anknüpfung). Nachfolgende Änderungen (etwa durch Bestandsübertragung auf einen anderen Risikoträger) oder Umzug des VN sind somit für die Anknüpfung unbeachtlich. Auf diese Weise wird ein Statutenwechsel ausgeschlossen (MüKo/*Martiny*, Art. 19 Rom I-VO Rn 18). 12

| Art. 20 Rom I | Ausschluss der Rück- und Weiterverweisung |

Unter dem nach dieser Verordnung anzuwendenden Recht eines Staates sind die in diesem Staat geltenden Rechtsnormen unter Ausschluss derjenigen des Internationalen Privatrechts zu verstehen, soweit in dieser Verordnung nichts anderes bestimmt ist.

1 Gem. Art. 20 Rom-I-VO handelt es sich bei dem nach der VO anzuwendenden Recht um das so bestimmte materielle Recht unter Ausschluss des jeweiligen Internationalen Privatrechts. Die VO sieht somit allein Sachnormverweisungen unter Ausschluss von Rück- und Weiterverweisungen vor. Auf diese Weise wird die Einheitlichkeit der Rechtsanwendung in den Mitgliedstaaten gewährleistet, da ansonsten das nationale IPR ggf. darüber entscheiden könnte, ob der jeweiligen Verweisung in der VO zu folgen ist (MüKo/*Looschelders*, Internationales Versicherungsvertragsrecht Rn 7). Praktische Bedeutung hat Art. 20 Rom-I-VO dabei allein im Verhältnis zu Nicht-Mitgliedstaaten, nachdem das IPR der Mitgliedstaaten aufgrund der VO auf Gemeinschaftsebene vereinheitlich wurde. Der Ausschluss des Internationalen Privatrechts erfasst jedoch nicht, dass etwaige Vorschriften des interlokalen Versicherungsrechts nicht zur Anwendung gelangen sollen, vielmehr gilt insoweit Art. 22 Rom-I-VO (*Dörner*, in: Bruck/Möller, Art. 20 Rom I-VO Rn 1).

| Art. 21 Rom I | Öffentliche Ordnung im Staat des angerufenen Gerichts |

Die Anwendung einer Vorschrift des nach dieser Verordnung bezeichneten Rechts kann nur versagt werden, wenn ihre Anwendung mit der öffentlichen Ordnung („ordre public") des Staates des angerufenen Gerichts offensichtlich unvereinbar ist.

Übersicht

	Rdn
A. Normzweck	1
B. Norminhalt	3

A. Normzweck

1 Art. 21 Rom-I-VO statuiert einen allgemeinen ordre-public-Vorbehalt für den Fall, dass die Anwendung des an sich nach der VO berufenen Rechts offensichtlich unvereinbar ist mit grundlegenden Gerechtigkeitsvorstellungen am Sitz des zuständigen Gerichts. Das angerufene Gericht hat hiernach von Amts wegen von der Anwendung des berufenen ausländischen Rechts abzusehen, wenn es andernfalls zu einer krassen Verletzung des ordre public käme.

2 Die Vorschrift findet dem Grunde nach auch im Fall von Versicherungsverträgen Anwendung (MüKo/*Martiny*, Art. 7 Rom I-VO Rn 58; MüKo/*Looschelders*, Internationales Versicherungsrecht Rn 156). Wie Erwägungsgrund 37 sowie die Formulierung „offensichtlich" zeigen, soll der Vorbehalt allerdings jedenfalls nur unter außergewöhnlichen Umständen und in seltenen Ausnahmefällen überhaupt greifen.

B. Norminhalt

Der Begriff des ordre public ist dabei zwar dem Grunde nach autonom auf der Ebene des Gemeinschaftsrechts auszulegen und insoweit einer Kontrolle durch den EuGH zugänglich (*Dörner*, in: Bruck/Möller, Art. 21 Rom I-VO Rn 1). Gleichzeitig haben die einzelnen Mitgliedstaaten in den Grenzen des Gemeinschaftsrechts einigen Spielraum bei der Festlegung ihres jeweiligen nationalen ordre public (VersR-Hdb/*Roth*, § 4 Rn 117). Unter den ordre public fallen „alle nationalen Vorschriften, deren Einhaltung als so entscheidend für die Wahrung der politischen, sozialen oder wirtschaftlichen Organisation des betreffenden Mitgliedstaates angesehen wird, dass ihre Beachtung für alle Personen, die sich im nationalen Hoheitsgebiet dieses Mitgliedstaates befinden, und für jedes dort lokalisierte Rechtsverhältnis vorgeschrieben ist" (EuGH, RIW 2000, 137). Der ordre public ist also dem Grunde nach vor dem Hintergrund des nationalen Rechts des angerufenen Gerichts zu bestimmen. Der Rückgriff auf den nationalen ordre public ist dabei insb. zur Wahrung des Gemeinschaftsrechts (effet utile) dort angezeigt, wo es um die Umsetzung von EG-Richtlinien geht.

Im Ergebnis bedeutet dies, dass nicht sämtliche (halb-)zwingenden Vorschriften des VVG unabhängig vom nach der VO berufenen ausländischen Recht jedenfalls zu beachten wären. Es ist vielmehr anerkannt, dass nur solche Vorschriften von Art. 21 Rom-I-VO erfasst werden, die zu den schlechthin grundlegenden Regeln des deutschen Versicherungsrechts gerechnet werden können (vgl. MüKo/*Looschelders*, Internationales Versicherungsvertragsrecht Rn 157 f.; Staudinger/*Armbrüster*, Anh. I zu Art. 37 EGBGB Rn 22).

Unter den ordre-public-Vorbehalt fallen damit etwa das Verschuldens- und Kausalitätserfordernis bei Obliegenheitsverletzungen (§ 28 VVG Rn 19 ff., 79 ff.). Die hier mit der VVG-Reform neu eingeführten weiteren Elemente zum Schutz des VN (generelle Beschränkung der Einstandspflicht auf grobe Fahrlässigkeit und Quotenprinzip) dürften hingegen nicht vom ordre-public erfasst sein (MüKo/*Looschelders*, Internationales Versicherungsvertragsrecht Rn 157).

Weiterhin sind die §§ 74 Abs. 2, 78 Abs. 3 VVG zum ordre public zu zählen, soweit sie bei betrügerischer Über- oder Mehrfachversicherung die Nichtigkeit des Vertrages vorsehen (MüKo/*Looschelders*, Internationales Versicherungsvertragsrecht Rn 158).

Im Fall von Versicherungsverboten im deutschen Recht zum Schutz der öffentlichen Ordnung ist Zurückhaltung zu üben. Produktinnovationen ausländischer VR sollen vielmehr gerade nicht übermäßig durch Art. 21 Rom-I-VO behindert werden (Staudinger/*Armbrüster*, Anh. I zu Art. 37 EGBGB Rn 23). So widersprechen etwa Produkterpressungs- und Lösegeldversicherungen nicht dem deutschen ordre-public (VerBAV 1998, 139 f.). Eine Geldstrafen- oder Bußgeldversicherung soll hingegen nicht mit dem deutschen ordre public vereinbar sein, da damit nachhaltig die Abschreckungsfunktion des Straf- bzw. Ordnungswidrigkeitenrechts gefährdet sein soll (*Dörner*, in Bruck/Möller, Art. 21 Rom I-VO Rn 3;

MüKo/*Looschelders*, Internationales Versicherungsvertragsrecht Rn 159; Staudinger/*Armbrüster*, Anh. I zu Art. 37 EGBGB Rn 23). Hingegen dürften gegen die Zulässigkeit von Krebs- oder Dread-disease-Versicherungen keine Bedenken bestehen (*Dörner*, in: Bruck/Möller, Art. 21 Rom I-VO Rn 3).

Art. 22 Rom I — Staaten ohne einheitliche Rechtsordnung

(1) Umfasst ein Staat mehrere Gebietseinheiten, von denen jede eigene Rechtsnormen für vertragliche Schuldverhältnisse hat, so gilt für die Bestimmung des nach dieser Verordnung anzuwendenden Rechts jede Gebietseinheit als Staat.

(2) Ein Mitgliedstaat, in dem verschiedene Gebietseinheiten ihre eigenen Rechtsnormen für vertragliche Schuldverhältnisse haben, ist nicht verpflichtet, diese Verordnung auf Kollisionen zwischen den Rechtsordnungen dieser Gebietseinheiten anzuwenden.

Art. 23 Rom I — Verhältnis zu anderen Gemeinschaftsrechtsakten

Mit Ausnahme von Artikel 7 berührt diese Verordnung nicht die Anwendung von Vorschriften des Gemeinschaftsrechts, die in besonderen Bereichen Kollisionsnormen für vertragliche Schuldverhältnisse enthalten.

1 Art. 23 Rom-I-VO stellt klar, dass die VO dem Grunde nach nicht abschließend zu verstehen ist. Im Interesse des reibungslosen Funktionierens des Binnenmarktes soll mit Art. 23 Rom-I-VO vielmehr die Möglichkeit fortbestehen, in sonstigen Gemeinschaftsrechtsakten, also Richtlinien und Verordnungen, Kollisionsregeln für besondere Gegenstände zu statuieren.

2 Eine Ausnahme hierzu wird jedoch ausdrücklich hinsichtlich Art. 7 Rom-I-VO für das Versicherungskollisionsrechts gemacht. Als Spezialnorm tritt Art. 7 Rom-I-VO an die Stelle des entsprechenden Richtlinien-IPR, das damit für Versicherungsverträge weitgehend bedeutungslos geworden ist (MüKo/*Martiny*, Art. 23 Rom I-VO Rn 11). Art. 7 Rom-I-VO soll dabei – in seinem Anwendungsbereich – auch den kollisionsrechtlichen Normen in den Verbraucherschutzrichtlinien vorgehen (MüKo/*Looschelders*, Internationales Versicherungsvertragsrecht, Rn 9; zweifelnd: MüKo/*Martiny*, Art. 46b EGBGB Rn 22; *Dörner*, in: Bruck/Möller, Art. 23 Rom I-VO Rn 3; Art. 46b EGBGB Rn 5 ff.).

3 Soweit Versicherungsverträge hingegen nicht in den Anwendungsbereich des Art. 7 Rom-I-VO fallen, gilt weiterhin sonstiges RL-Kollisionsrecht (*Dörner*, in: Bruck/Möller, Art. 23 Rom I-VO Rn 2). Für Rückversicherungsverträge und Versicherungsverträge über Massenrisiken in Nicht-Mitgliedstaaten bleiben somit, soweit vorhanden, sonstige Kollisionsregeln außerhalb der VO beachtlich. So gilt etwa Art. 6 Abs. 2 Klausel-RL 93/13/EWG, umgesetzt in Art. 46b EGBGB, der an die Stelle von Art. 29a EGBGB tritt, für Verbraucherversicherungsverträge über Massenrisiken in Nicht-Mitgliedstaaten (*Looschelders/Smarowos*, in VersR 2010, 1, 8). Haben die Parteien also etwa das Recht eines Drittstaates gewählt,

obwohl der Versicherungsvertrag einen engen Deutschland-Bezug hat, so bleiben die §§ 305 ff. BGB gleichwohl anwendbar (MüKo/*Looschelders*, Internationales Versicherungsvertragsrecht, Rn 136).

Art. 24 Rom I — Beziehung zum Übereinkommen von Rom

(1) Diese Verordnung tritt in den Mitgliedstaaten an die Stelle des Übereinkommens von Rom, außer hinsichtlich der Hoheitsgebiete der Mitgliedstaaten, die in den territorialen Anwendungsbereich dieses Übereinkommens fallen und für die aufgrund der Anwendung von Artikel 299 des Vertrags diese Verordnung nicht gilt.

(2) Soweit diese Verordnung die Bestimmungen des Übereinkommens von Rom ersetzt, gelten Bezugnahmen auf dieses Übereinkommen als Bezugnahmen auf diese Verordnung.

Art. 25 Rom I — Verhältnis zu bestehenden internationalen Übereinkommen

(1) Diese Verordnung berührt nicht die Anwendung der internationalen Übereinkommen, denen ein oder mehrere Mitgliedstaaten zum Zeitpunkt der Annahme dieser Verordnung angehören und die Kollisionsnormen für vertragliche Schuldverhältnisse enthalten.

(2) Diese Verordnung hat jedoch in den Beziehungen zwischen den Mitgliedstaaten Vorrang vor den ausschließlich zwischen zwei oder mehreren Mitgliedstaaten geschlossenen Übereinkommen, soweit diese Bereiche betreffen, die in dieser Verordnung geregelt sind.

Art. 26 Rom I — Verzeichnis der Übereinkommen

(1) Die Mitgliedstaaten übermitteln der Kommission bis spätestens 17. Juni 2009 die Übereinkommen nach Artikel 25 Absatz 1. Kündigen die Mitgliedstaaten nach diesem Stichtag eines dieser Übereinkommen, so setzen sie die Kommission davon in Kenntnis.

(2) Die Kommission veröffentlicht im Amtsblatt der Europäischen Union innerhalb von sechs Monaten nach Erhalt der in Absatz 1 genannten Übermittlung

a) ein Verzeichnis der in Absatz 1 genannten Übereinkommen;
b) die in Absatz 1 genannten Kündigungen.

Art. 27 Rom I | Überprüfungsklausel

(1) Die Kommission legt dem Europäischen Parlament, dem Rat und dem Europäischen Wirtschafts- und Sozialausschuss bis spätestens 17. Juni 2013 einen Bericht über die Anwendung dieser Verordnung vor. Diesem Bericht werden gegebenenfalls Vorschläge zur Änderung der Verordnung beigefügt. Der Bericht umfasst:

a) eine Untersuchung über das auf Versicherungsverträge anzuwendende Recht und eine Abschätzung der Folgen etwaiger einzuführender Bestimmungen und
b) eine Bewertung der Anwendung von Artikel 6, insbesondere hinsichtlich der Kohärenz des Gemeinschaftsrechts im Bereich des Verbraucherschutzes.

(2) Die Kommission legt dem Europäischen Parlament, dem Rat und dem Europäischen Wirtschafts- und Sozialausschuss bis 17. Juni 2010 einen Bericht über die Frage vor, ob die Übertragung einer Forderung Dritten entgegengehalten werden kann, und über den Rang dieser Forderung gegenüber einem Recht einer anderen Person. Dem Bericht wird gegebenenfalls ein Vorschlag zur Änderung dieser Verordnung sowie eine Folgenabschätzung der einzuführenden Bestimmungen beigefügt.

Art. 28 Rom I | Zeitliche Anwendbarkeit

Diese Verordnung wird auf Verträge angewandt, die nach dem 17. Dezember 2009 geschlossen werden.

Übersicht

	Rdn
A. Normzweck	1
B. Norminhalt	3

A. Normzweck

1   Art. 28 Rom-I-VO schreibt den Anwendungsbereich der VO in zeitlicher Hinsicht fest. Maßgeblicher Anknüpfungspunkt ist dabei der Vertragsschluss nach dem 17.12.2009. Für Altfälle bleibt es hingegen bei der Anwendbarkeit der (nunmehr aufgehobenen) Art. 27 ff. EGBGB bzw. Art. 7 ff. EGVVG (Palandt/*Thorn*, Art. 28 Rom I-VO Rn 2). Dies gilt selbst dann, wenn die Dauerwirkung vor dem Stichtag geschlossener Verträge über den Stichtag fortdauert oder VV aufgrund von Verlängerungsklauseln über den Stichtag hinaus fortgesetzt werden (*Dörner*, in Bruck/Möller, Art. 28 Rom I-VO Rn 1 m.w.N.). Anders als noch Art. 24 UAbs. 3 VO-Entwurf 2005 sieht die VO gerade keine Rückwirkung für Altverträge vor (MüKo/*Martiny*, Art. 28 Rom I-VO Rn 2).

2   Das ohnehin schon unübersichtliche Versicherungskollisionsrecht wird damit noch komplexer, nachdem so mit der h.M. nunmehr für lange Zeit zwei Regelungskomplexe nebeneinander stehen werden (*Mansel/Thorn/Wagner*, IPRax 2009, 1, 21; wohl a.A. *Schäfer*, in: Looschelders/Pohlmann, vor Art. 7–15 EGVVG, der für Versicherungsverhältnisse mit

Dauercharakter ab Inkrafttreten der VO auf das jeweils neue Kollisionsrecht abstellen will). Dies kann nur als bedauerlich bezeichnet werden.

B. Norminhalt

Die VO definiert nicht den Zeitpunkt, zu dem ein Vertrag für die Zwecke der VO als geschlossen gilt (*Dörner*, in: Bruck/Möller, Art. 28 Rom I-VO Rn 2). Für eine autonome Auslegung sind keine geeigneten Grundlagen ersichtlich (*Pfeiffer*, EuZW 2008, 622, 622; *Leible/Lehmann*, RIW 2008, 528, 530; wohl a.A. *Brödermann/Wegen*, in: Prütting/Wegen/ Weinreich, Art. 28 Rom-I-VO Rn 2 unter Hinweis auf EuGH, 17.6.1992 – C-26/91, Slg. 92, I-3967 – Handte). Es wird damit aus Gründen des Vertrauensschutzes auf das auf den jeweiligen VV anwendbare Sachrecht abzustellen sein (dies verkennt allem Anschein nach *Thume*, VersR 2009, 1342). Insoweit ist strittig, ob sich dies bereits aus der VO selbst ergibt (so *Pfeiffer*, EuZW 2008, 622, 622) oder nach dem bis zum Inkrafttreten der VO geltenden IPR (so *Leible/Lehmann*, RIW 2008, 528, 531; MüKo/*Martiny*, Art. 28 RO I-VO Rn 3). 3

Zudem wird in der Literatur häufig zur Bestimmung des maßgeblichen Zeitpunkts auf den Rechtsgedanken des Art. 220 Abs. 1 EGBGB verwiesen (MüKo/*Looschelders*, Internationales Versicherungsvertragsrecht, Rn 13). Hiernach findet altes IPR auf bei Inkrafttreten bereits abgeschlossene Vorgänge Anwendung. Nach der insoweit herrschenden Meinung soll ein Vorgang dann abgeschlossen sein, wenn das dafür maßgebende Recht unwandelbar fixiert ist (vgl. BGH, NJW 1990, 636, 637). Im Fall von Dauerschuldverhältnissen kann es allerdings im Einzelfall angezeigt sein, dass das staatliche Durchsetzungsinteresse an der Anwendung des neuen IPR durchschlägt, sofern nicht so in unerträglicher Weise schutzwürdige Interessen der Parteien gefährdet sind (vgl. hierzu auch Staudinger/*Dörner* [2003], Art. 220 EGBGB Rn 68; MüKo/*Sonnenberger*, [5. Aufl.] Art. 220 EGBGB Rn 22 ff., 31 jeweils m.w.N. zum Streitstand). 4

Kapitel IV
Schlussbestimmungen

Art. 29 Rom I | Inkrafttreten und Anwendbarkeit

Diese Verordnung tritt am zwanzigsten Tag nach ihrer Veröffentlichung im Amtsblatt der Europäischen Union in Kraft.
Sie gilt ab 17. Dezember 2009, mit Ausnahme des Artikels 26, der ab dem 17. Juni 2009 gilt.

Stichwortverzeichnis

Die fetten Zahlen verweisen auf die Paragraphen bzw. Artikel, die mageren Zahlen auf die Randnummern.

Abandonerklärung
- Ausschlussfrist **141** 8 ff.
- Transportversicherung **141** 5

Abdingbarkeit
- Versicherungsschein
  - auf den Inhaber **4** 9

Abschlagszahlung
- Anspruch des Versicherungsnehmers **14** 22 ff.

Abschlussagent
- Abschlussvollmacht **71** 1

Abschlussvollmacht
- Abschlussagent **71** 1
- Anscheinsvollmacht **71** 2
- Duldungsvollmacht **71** 2
- Versicherungsvertreter **71** 1 ff.

Abtretung
- Haftpflichtversicherung
  - Freistellungsanspruch **108** 19 ff.

Abtretungsverbot
- Leistungen aus Krankenversicherung **17** 7
- Rechtsfolgen **17** 10 ff.
- Todesfallversicherung **17** 6
- unpfändbare Sachen **17** 1 ff.
- vertragliches **17** 8 ff.
- § 17 VVG **17** 3 ff.

Abweichender Versicherungsschein 5 1 ff.

Adoptivkind
- Neugeborenenversicherung **198** 12 ff.

AGG Vor 1 ff. 46

AGNB-Versicherung Vor 130 bis 141 9

Alles-oder-Nichts-Prinzip
- Aufgabe **81** 2 ff.

Allgemeine Versicherungsbedingungen
- Gefahrerhöhung **23** 60 ff.
- Transportversicherung **Vor 130 bis 141** 4

Altersangabe
- unrichtige
  - Lebensversicherung **157** 1 ff.

Altersrückstellung
- Portabilität **Vor 192 bis 208** 31 ff.
- Altvertrag **204** 53 ff.
- Wettbewerb **Vor 192 bis 208** 32

Amtspflichtverletzung
- Schadensersatzanspruch
  - Haftpflichtversicherung **100** 13

Änderung von Anschrift und Namen
- Zugang nach allgemeinen Regeln **13** 9 ff.

- Zugangsfiktion **13** 4 ff.

Anerkenntnis
- Haftpflichtversicherung **106** 5 ff.

Anerkenntnisurteil
- Haftpflichtversicherung
  - Feststellung des Haftpflichtanspruchs **106** 31

Anfechtung
- arglistige Täuschung
  - Nachprüfungsobliegenheit **22** 36 ff.
  - Vertragsänderung **22** 33
  - Vertragsaufhebung **22** 33
- Irrtum
  - Versicherungsschein **5** 26 ff.

Anfechtungsbegründung
- arglistige Täuschung **22** 50 ff.

Anfechtungserklärung
- arglistige Täuschung **22** 47 ff.

Anfechtungsfrist
- arglistige Täuschung **22** 45 ff.

Anmeldung
- fehlerhafte
  - fristlose Kündigung **54** 6
  - Versehensklausel **54** 4 ff., 4 ff.

Anscheinsmakler 59 7 ff.

Anzeige
- Pflichtversicherung
  - sachliche Anforderung **119, 120** 32 ff.
- Transportversicherung
  - unterlassene **132** 9 ff.

Anzeigefrist
- objektive Gefahrerhöhung **23** 118 f.

Anzeigepflicht 19 1 ff.
- Abdingbarkeit **19** 157
- AGB-Kontrolle **19** 28 ff.
- Auslegung **19** 26 ff.
- Ausschluss des Rücktrittsrechts **19** 111 ff.
- Ausübung der Rechte des Versicherers
  - Ausschlussfrist **21** 32 ff.
  - Erklärungsempfänger **21** 21
  - Form **21** 4 ff.
  - Frist **21** 4 ff.
  - Inhalt **21** 4 ff.
- bekannte Gefahrumstände **19** 89 ff.
- Belehrung **19** 130 ff.
- Beschwerden **19** 55
- Beweislast **19** 146 ff.

Stichwortverzeichnis

- bis zur Abgabe seiner Vertragserklärung **19** 99 ff.
- bisherige Rechtsprechung **19** 50 ff.
- Blockierungen im LWS-Bereich **19** 56
- Blutdruck **19** 52
- erhebliche Gefahrumstände **19** 82 ff.
- Fragen durch Versicherungsvermittler **19** 61 ff.
  - komplizierte Fragen **19** 70
- Fragen gegen gesetzliches Verbot **19** 45 ff.
- Fragen mit Wertungen **19** 43 ff.
- Haftpflichtversicherung **104** 1 ff.
- in Textform gefragt **19** 23 ff.
- Kenntnis von den nicht angezeigten Gefahrumständen **19** 136 ff.
- Kfz-Kaskoversicherer
  - Vorschäden **19** 60
- kinetischer Effekt **19** 49
- Kündigung **19** 119 ff.
- Kündigungsrecht des Versicherungsnehmers **19** 143 ff.
- Nachfragobliegenheit **19** 76 ff.
- Nachtragvertragserklärung **19** 102 ff.
- prozessuale Hinweise **19** 146 ff.
- psychiatrisches Gutachten **19** 53
- Rechte der Ausübung des Versicherers
  - Kausalität **21** 22 ff.
- rechtswidrige Informationsgewinnung **19** 150 ff.
- Rückenbeschwerden **19** 57
- Rücktrittsrecht **19** 106 ff., 111 ff.
  - Ausschluss **19** 123 ff.
- spontane Anzeige
  - Umstände **19** 22
- Textform **19** 25
- Transportversicherung **131** 1 ff.
- Übergangsvorschriften **19** 152 ff.
- unklare Fragen **19** 34 ff.
- Verletzung durch Versicherungsnehmer **19** 106 ff.
- Verschweigen längerfristiger ärztlicher Behandlung **22** 15
- Verschweigen schwer erkennbarer chronischer Erkrankung **22** 14 ff.
- Versicherungsnehmer **19** 14 ff.
- weitere Fragen **19** 36 ff.

Anzeigepflichtverletzung
- arglistige Täuschung **22** 2

Arglist **22** 11 ff.
- Obliegenheitsverletzung **28** 106 ff.

Arglistige Täuschung
- Anfechtung des Versicherungsvertrags **22** 1 ff.
- Anfechtungsfrist **22** 45 ff.
- Anfechtungsrecht
  - Ausschluss **22** 59
- Kausalität **22** 40 ff.
- prozessuale Hinweise **22** 60 ff.
- Rechtsfolgen **22** 52 ff.

Assekuradeur **59** 29

Asylbewerber
- Krankenversicherung **193** 15

Aufenthalt
- gewöhnlicher
  - internationales Versicherungsvertragsrecht **Rom-I 19** 1 ff.

Aufrechnung
- Pflichthaftpflichtversicherung **121** 1 ff.

Aufwendung **90** 1 ff.
- Reflexwirkung **90** 8
- Umfang **83** 16

Aufwendungsersatz
- Aufwendungen des Versicherungsnehmers **83** 3 ff.
- erweiterter **90** 1 ff.
- grobe Fahrlässigkeit des Versicherungsnehmers **90** 6
- Höhe **90** 20 ff.
- Kürzung des Anspruchs **83** 14 f.
- Prozessuales **83** 19 ff.
- Rechtsfolgen **83** 18
- Reflexwirkung **83** 9
- Schadensverhütungsaufwendung **83** 10
- subjektive Umstände **83** 5
- Transportversicherung **135** 1 ff.
- Vorschusspflicht **83** 12 f.

Augenblicksversagen
- Abgrenzung
  - Versicherungsfall **81** 32 ff.

Ausbildungskrankenversicherung
- Versicherungsdauer **195** 1

Ausbildungsversicherung Vor 150 bis 171 16

Auskunftspflicht
- Krankenversicherung
  - des Versicherers **202** 1 ff.
- Versicherungsnehmer **31** 1 ff.

Auslaufhaftung **54** 7

Ausschließlichkeitsvermittler GewO 34d 42 ff.

Ausschließlichkeitsvertreter **59** 5

Ausschüttungssperre
- Überschussverteilung **153** 79

Ausstellungsversicherung Vor 130 bis 141 9

Aussteuerversicherung Vor 150 bis 171 16

Autoinhaltsversicherung Vor 130 bis 141 9

Stichwortverzeichnis

Basistarif
- Beitrag **Vor 192 bis 208** 28
- Direktanspruch **192** 95 f.
- Gesundheitsreform 2007 **Vor 192 bis 208** 25
- Haftung als Gesamtschuldner **192** 97 f.
- Kontrahierungszwang **193** 41 ff.

Bausparkassenversicherungsvermittler 66 2

Beamte
- Berufsunfähigkeit **172** 26

Bedingungsanpassung
- Krankenversicherung **203** 1 ff., 29 ff.
  - Betroffene **203** 30
  - Mitwirkung des Treuhänders **203** 41
- Veränderung der Verhältnisse
  - Gesundheitswesen **203** 31

Beerdigungskosten
- Lebensversicherung **150** 28

Beförderungsmittel
- ungeeignete **134** 1 ff.
  - Pflichten des Versicherungsnehmers **134** 3 ff.

Befriedigungsvorrecht
- Ersatzanspruch **86** 39

Befristung
- Krankentagegeldversicherung **196** 1 ff.

Beihilfeanspruch
- entfallen **199** 4 ff.

Beihilfeberechtigte 193 15

Beihilfeempfänger 199 1 ff.
- Basistarif
  - Anpassungsanspruch **199** 15
  - entfallende Beihilfeansprüche **199** 4 ff.
- Krankheitskostenversicherung
  - Anpassung **199** 4 ff.
  - teilweise Beendigung **199** 3
- Ruhestand
  - Beginn **199** 3 ff.

Beistandskosten 85 9 f.

Belehrung
- Anzeigepflicht **19** 130 ff.
- Beratung **6** 17
- nicht ordnungsgemäße **5** 24 f.
- unterlassene
  - Rechtsfolgen **9** 21
- Versicherungsschein **5** 20 ff.

Benachrichtigungsobliegenheiten
- krankes Deckungsverhältnis **119, 120** 8 ff.
- Versicherungsnehmer **119, 120** 2 ff.

Beratung
- Abdingbarkeit **6** 72
- anlassbezogene **6** 3
- Begründung **61** 18 ff.
- Belehrungspflichten **6** 17
- Dokumentation
  - Anforderung **6** 37 ff.
- Dokumentationspflichten **6** 35 ff.
- Empfehlung **61** 18 ff.
- Entstehungsgeschichte **6** 5 ff.
- falsche Aufklärung **6** 16
- Fernabsatzvertrag **6** 66
- große Risiken und Rückversicherung **6** 62
- Hinweispflichten **6** 17
- Informationspflichten **6** 15
- mündliche **6** 41 ff.
- Rechtsfolgen **6** 68 ff.
- Schadensersatzansprüche
  - Übersicht **6** 73
  - Verjährung **6** 61 ff.
- Schadensersatzpflicht des Versicherers **6** 52
- Verhältnis zu anderen Vorschriften **6** 15 ff.
- Verhältnis zu den §§ 59 ff. **6** 18
- Vermittlung durch Makler **6** 63
- vorvertragliche **6** 20 ff.
  - Anlass **6** 21 ff.
  - Grenzen **6** 33 ff.
  - Umfang der Beratungspflicht **6** 30 ff.
  - Umfang der Fragepflicht **6** 27 ff.

Beratungsleistung
- Qualitätskriterien **61** 8

Beratungspflicht 59 1 ff.
- Informationspflicht
  - Abgrenzung **VVG-InfoV Vor 1 ff.** 5
- Überversicherung **74** 18
- Versicherungsvermittler **61** 1 ff.
  - personaler Anwendungsbereich **61** 2
- Vertragslaufzeit
  - Beratungsverzicht **6** 51
- während der Vertragslaufzeit **6** 45 ff.

Beratungsverzicht 6 46 ff.

Berufshaftpflichtversicherung Vor 100 bis 112 3
- Geltungsbereich
  - Versicherungsvermittler **VersVermV 8** 1
- Gewerbeordnung
  - Übergangsregelung **GewO 156** 2
- Nachweis der bestehenden Versicherungsschutzes **VersVermV 10** 1
- Versicherungsvermittler **VersVermV 8** 1; **GewO 34d** 36
  - Ausschluss **VersVermV 9** 6 f.
  - Nachhaftung **VersVermV 9** 8
  - Nachweis für bestehenden Versicherungsschutz **VersVermV 10** 1

2611

Stichwortverzeichnis

- Umfang der Versicherung VersVermV 9 1 ff.
- versicherte Schäden VersVermV 9 4
- Verstoßprinzip VersVermV 9 5

Berufsrechtsschutz für Selbstständige 125 93 ff.

Berufsunfähigkeit
- Anerkenntnis 173 1 ff.
  - Rechtsfolgen 173 9
  - zeitliche Begrenzung 173 3 ff.
- Beamte 172 27
- Begriff Vor 172 bis 177 2
- Berufsunfähigkeitszusatzversicherung Vor 172 bis 177 5
- Beweisfragen 172 121
- einzelne Berufsgruppen 172 35 ff.
- Entfallen der Leistungspflicht 174 5 ff.
  - 3-Monats-Frist 174 28
- Körperverletzung 172 61 ff.
- Kräfteverfall 172 62 ff.
- Krankheit 172 60 ff.
- Lebensversicherung Vor 150 bis 171 20 ff.
- Leistung des Versicherers
  - Körperverletzung 172 61 ff.
  - ohne gesundheitliche Beeinträchtigung 172 58
- Leistungsfreiheit 174 1 ff.
- Prüfschema 172 119 ff.
- Selbstständiger 172 38
- voraussichtlich auf Dauer 172 76 ff.
- zuletzt ausgeübter Beruf 172 29 f.

Berufsunfähigkeitsversicherung
- abweichende Vereinbarung
  - Leistungsfreiheit 175 1 ff.
- ähnliche Versicherungsverträge 177 1 ff.
- Anerkenntnis
  - abweichende Vereinbarung 175 1 ff.
- anzuwendende Vorschriften 176 1 ff.
- Berufsunfähigkeit 172 29 ff.
  - Körperverletzung 172 61 ff.
  - Kräfteverfall 172 62 ff.
  - Krankheit 172 60 ff.
- kleine 177 1
- Lebensversicherung
  - Informationspflicht VVG-InfoV 2 20
- Leistung
  - des Versicherers 172 1 ff.
  - vereinbarte 172 18 f.
- selbstständige
  - Modellrechnung 154 5
- Summenversicherung Vor 172 bis 177 7

Betrieb
- Begriff 102 5
- spezifische Gefahren 102 6

Betriebliche Altersversorgung 211 8
- Direktversicherung Vor 150 bis 171 41 ff.
- Lebensarbeitszeitkonto Vor 150 bis 171 63 ff.
- Lebensversicherung
  - Kündigung 166 11 f.
  - Rückkaufswert 169 66 f.
- Pensionsfonds Vor 150 bis 171 52 ff.
- Pensionskasse Vor 150 bis 171 48 ff.
- Rückendeckungsversicherung der Unterstützungskasse Vor 150 bis 171 55 ff.
- Rückendeckungsversicherung für Pensionszulage Vor 150 bis 171 60 ff.
- Unterscheidung
  - Lebensversicherung Vor 150 bis 171 39 ff.

Betriebshaftpflichtversicherung Vor 100 bis 112 3; 102 1 ff.
- Abgrenzung
  - Privathaftpflichtversicherung 102 7
- mutwillige Handlung 102 10
- Tätigkeit im Schutzbereich 102 8
- Unternehmensbegriff 102 5
- Unternehmensveräußerung 102 16 ff.
- Veräußerung
  - von der Versicherung erfassten Sache 122 3
- versicherte Person 102 12 ff.
- Versicherung für fremde Rechnung 102 15
- Versicherungsnehmer
  - Personen in einem Dienstverhältnis 102 14 ff.
  - Rechtsträger des Unternehmens 102 2 f.
  - zur Vertretung befugte Person 102 14 ff.

Beweislast
- Anzeige des Versicherungsfalls 30 29 ff.
- Anzeigepflicht 19 146 ff.
- ärztliche Untersuchung
  - Lebensversicherung 151 13
- Bewertungsreserve 153 112 ff.
- Haftpflichtversicherung
  - Herbeiführung des Versicherungsfalls 103 18 ff.
  - mehrere Geschädigte 109 23 f.
- Invalidität
  - Unfall 180 34 ff.
- Lebensversicherung 161 21 ff.
  - unrichtige Altersangabe 157 10 ff.
- Mehrfachversicherung 78 49 ff.
- Mehrversicherung 77 16
- Obliegenheitsverletzung 28 19

Stichwortverzeichnis

- Rückforderungsanspruch
  - Haftpflichtversicherung **100** 81
  - Sachverständigenverfahren **84** 39 f.
  - Schadensermittlungskosten **85** 18 f.
  - Schadensversicherung **Vor 74 bis 87** 18 ff.
  - Transportversicherung
    - versicherter Schaden **130** 37 f.
  - Überversicherung **74** 16
  - Unfall **178** 43 ff.
  - Unfallversicherung
    - Hinweispflicht **186** 17 ff.
  - Unterversicherung **75** 25 f.
  - Versicherungsfall **81** 86 ff.
  - Vertretungsmacht
    - gesetzliche Vollmacht **69** 11 ff.
  - Verweisungsprivileg
    - beim Haftpflichtversicherer **117** 60 ff.

Bewertungsreserve
- Beendigung des Vertrags **153** 90 ff.
- Beteiligung **153** 80 ff.
- Beweislast **153** 112 ff.
- Entstehung **153** 81 ff.
- Ermittlung **153** 81 ff.
- gerichtliche Prüfung **153** 106
- hälftige Zuordnung **153** 93 ff.
- Informationspflichten **153** 105
- Rentenversicherung
  - Zuteilung **153** 108 ff.
- verursachungsorientierte Zuordnung **153** 87 ff.

Bezugsberechtigung
- Unfallversicherung **185** 1 ff.

BGB Vor 1 ff. 44 ff.

Binnentransportversicherung Vor 130 bis 141 1 ff.

CMR-Versicherung Vor 130 bis 141 9

Darlegungslast
- Haftpflichtversicherung
  - mehrere Geschädigte **109** 23 f.

Deckung
- vorläufige
  - Informationspflichtb **VVG-InfoV 1** 4

Deckungsablehnung
- Versicherungsfall **92** 18

Deckungsanspruch
- Haftpflichtversicherung
  - Verjährung **100** 58
- Pfändung **115** 5 ff.

Deckungsprozess
- Bindungswirkung von Urteilen **124** 66
- nachfolgender **100** 77 f.
- vorweggenommener **100** 72 ff.

Deckungsschutz
- Verletzung der Versicherungspflicht **193** 33 ff.

Deckungssumme
- Haftpflichtversicherung
  - Rechtsschutz in der Zwangsvollstreckung **101** 25

Deckungsverhältnis
- krankes **117** 2 ff.

Direktanspruch
- Pflichtversicherung **115** 1 ff.

Dokumentation
- Beratung **6** 35 ff.

Dokumentationspflicht
- Versicherungsvermittler **61** 1 ff., 20 ff.
- Verzichtserklärung
  - Form und Inhalt **61** 38 ff.
- Verzichtsmöglichkeit **61** 34 ff.

Dokumentationsverzicht 6 43 ff.

E-Commerce
- Widerrufsfrist **8** 61 ff.

EGVVG Vor 1 ff. 40

Eigentümergrundpfandrecht
- Gebäudefeuerversicherung **149** 1 ff.

Einheitsversicherung Vor 130 bis 141 9

Einkommensausfallversicherung 177 2

Einmalprämie
- Rücktritt bei Nichtzahlung **37** 2 ff.

Eintrittsrecht
- Lebensversicherung **170** 1 ff.

Einzelpolice 55 1 ff.
- Genehmigungsfiktion **55** 9 ff.
- Kraftloserklärung **55** 6 ff.
- Prozessuales **55** 15
- Urkunde
  - qualifiziertes Legitimationspapier **55** 4
- Versicherungsschein **55** 3
- Vorlage der Urkunde **55** 4

Empfangsvollmacht
- Versicherungsvertreter **69** 4 ff.

Entbindung
- Schwangerschaft **192** 16 ff.

Entschädigung
- Verzinsung **91** 1 ff.
  - vertraglich vereinbarter Zinsanspruch **91** 9
  - weitergehende Zinspflicht **91** 7

Entschädigungsfonds
- Rückgriffsanspruch **123** 22 ff.

Erbe
- Lebensversicherung
  - Bezugsberechtigung **160** 23 ff.

Erbschaftsausschlagung
- Lebensversicherung **160** 26

2613

Stichwortverzeichnis

Ereignis
- unfallgleiches **178** 56 ff.

Erfüllungshaft
- Versicherungsvertreter **69** 13 ff.

Erfüllungssurrogat 100 22

Erlebensfallversicherung
- Unterscheidung
  - Lebensversicherung **Vor 150 bis 171** 9

Ermittlungsverfahren
- Begriff **104** 12

Ersatzanspruch
- Übergang **86** 1 ff.
  - Anspruchsinhaber **86** 10
  - Anwendungsbereich **86** 7 f.
  - Befriedigungsvorrecht **86** 39
  - Dritter **86** 11 ff.
  - erweitertes Familienprivileg **86** 48 ff.
  - Konkurrenzprinzip **86** 24 ff.
  - Mehrheit von Versicherern **86** 33 ff.
  - Paarungspflicht und Mitwirkungsobliegenheiten **86** 40 ff.
  - Prozessuales **86** 70 f.
  - Quotenvorrecht **86** 29 ff.
  - Regressmöglichkeit **86** 56 ff.
  - Regressverzichtsabkommen **86** 66
  - Schädigung durch eine Dritten **86** 1 ff.
  - Versicherungsleistung **86** 20 ff.
  - Wirken des Übergangs **86** 37 f.
- übergangsfähige Ansprüche **86** 17 ff.

Erstprämie
- nicht rechtzeitige Zahlung **37** 7 ff.
- Nichtzahlung
  - Leistungsfreiheit des Versicherers **37** 16 ff.
  - prozessuale Hinweise **37** 23
  - Rechtsfolge **37** 14 ff.
  - Vertretenmüssen **37** 9 ff.
- Rücktritt bei Nichtzahlung **37** 2 ff.
- Teilleistung **37** 7 ff.
- Zahlungsverzug **37** 1 ff.

Erweiterter Aufwendungsersatz 90 1 ff.

Erwerbsunfähigkeit
- Lebensversicherung **Vor 150 bis 171** 20 ff.

Erwerbsunfähigkeitsklausel 177 3

EU-Vermittlerrichtlinie 59 5 f.

Fahrerrechtsschutz 125 78 f.

Fahrlässigkeit
- Beweislast von Versicherungsfall **81** 87 ff.

Fahrradversicherung Vor 130 bis 141 9

Fahrzeugrechtsschutz 125 77

Fahrzeugversicherung
- Risikobelegenheit **Rom-I 7** 49 f.

Fälligkeit
- Haftpflichtversicherung
  - Versicherungsleistung **106** 1 ff.

Ferienversicherung
- Risikobelegenheit **Rom-I 7** 51

Fernabsatzvertrag
- Beratung **6** 66

Fiskus
- Lebensversicherung
  - Erbe **160** 29

Folgeprämie
- Begriff **38** 3 ff.
- nicht rechtzeitige Zahlung **38** 5 ff.
  - Fristbestimmung **38** 8
- Nichtzahlung
  - Beseitigung der Wirkung der Kündigung **38** 19 ff.
  - Beweislast **38** 22 ff.
  - Kündigung des Vertrags **38** 18 ff.
  - Umfang des Kündigungsrechts **38** 18
- Zahlungsfrist
  - Inhalt der Fristbestimmung **38** 9 ff.

Form
- Kündigung **11** 29
- Widerruf **8** 28

Fotoapparateversicherung Vor 130 bis 141 9

Fragepflicht
- anlassbezogene **61** 3
- Versicherungsvermittler **61** 3 ff.

Freistellungsanspruch
- Haftpflichtversicherung **106** 42 ff.; **108** 1 ff.

Frist
- versicherte Sache
  - Kündigungsrecht des Versicherers **96** 17 ff.

Garderobenversicherung Vor 130 bis 141 9

Gebäudefeuerversicherung Vor 142 bis 149 1 ff.
- anderes Grundpfandrecht **148** 1 ff.
- Anzeige an Hypothekengläubiger **142** 1 ff.
  - ausbleibende Prämie **142** 2
  - Kündigung wegen unterbliebener Prämienzahlung **142** 3
  - Versicherungsfall **142** 4 ff.
- Auskunftspflicht des Versicherers **146** 1 ff.
- Bestätigungspflicht des Versicherers **146** 1 ff.
- Eigentümergrundpfandrecht **149** 1 ff.
- Eigentümergrundschulden **148** 4
- Fremdgrundschulden **148** 3
- gestörtes Versicherungsverhältnis **Vor 142 bis 149** 1

2614

Stichwortverzeichnis

- Hypothek
  - Rangverhältnis **145** 6
  - Übergang **145** 1 ff.
- Hypothekengläubiger
  - Änderung von Name und Anschrift **147** 1 ff.
- Kündigung
  - des Versicherungsnehmers **144** 1 ff.
  - Nachweis der Zustimmung des Hypothekengläubigers **144** 2 ff.
  - Nachweis fehlender Belastung **144** 3
- Leistungspflicht gegenüber Hypothekengläubiger **143** 1 ff.
  - Beendigung des Versicherungsverhältnisses **143** 4 ff.
  - einschränkende Vertragsänderung **143** 8 f.
  - nicht rechtzeitige Zahlung einer Folgeprämie **143** 2
- Zustimmung
  - Verweigerung des Hypothekengläubigers **144** 10 ff.
- **Gebäudeversicherung Vor 100 bis 112** 16
- Risikobliegenheit **Rom-I 7** 47 f.
- **Gefahr**
- Begriff **23** 1
- **Gefahränderung 23** 11; **57** 1 ff.
- Anzeigepflicht **57** 2 ff.
- Begriff **57** 5
- Gefahrerhöhung **57** 2
- Lebensversicherung **158** 1 ff.
- Transportversicherung **132** 1 ff.
- unerhebliche Erhöhung der Gefahr **57** 4
- **Gefahrerhöhung 23** 1 ff.
- Abdingbarkeit **23** 144
- Abgrenzung **23** 132 ff.
- allgemeine Versicherungsbedingungen **23** 60 ff.
- Allgemeines **23** 13 ff.
- Berufsunfähigkeitsversicherung **23** 124
- Eignung zur Dauerhaftigkeit **23** 30 ff.
- einzelne Versicherungssparte **23** 122 ff.
- Erlöschen des Kündigungsrechts
  - Gefahrkompensation **24** 17 ff.
  - Kündigungserklärungsfrist **24** 14 ff.
  - Wiederherstellung der ursprünglichen Gefahrenlage **24** 17 ff.
- geänderte Umstände aufseiten des Versicherungsnehmers **23** 23 ff.
- Haftpflichtversicherung **23** 129
- Kaskoversicherung **23** 129
- keine Kündigung **57** 12 f.
- Krankenversicherung **23** 122
- Kündigung **24** 1 ff.
  - § 23 Abs. 2 oder 3 **24** 9 ff.
- Kündigungsrecht
  - Erlöschen **24** 13 ff.
- Lebensversicherung **23** 124
- leerstehende Immobilie **23** 17 ff.
- Leistungsfreiheit **26** 1 ff.; **57** 10 ff.
  - Beweislast **26** 14
  - Fahrlässigkeit **26** 3 ff.
  - Kausalität **26** 5 ff.
  - Kündigungsmöglichkeit **26** 20 ff.
  - Verschulden **26** 3 ff.
  - weitere Voraussetzung **26** 16 ff.
- maßgeblicher Zeitpunkt **23** 48 ff.
- Möglichkeiten der Gefahrkompensation **23** 53 ff.
- moralisches Risiko **23** 3
- Nachhaltigkeitskriterium **23** 30 ff.
- nachteilige Absichten Dritter **23** 28 ff.
- nachträglich erkannte **26** 13
- objektive **23** 112 ff.
  - Anzeige **23** 120 f.
  - Anzeigefrist **23** 118 f.
  - anzeigepflichtiger Personenkreis **23** 120 f.
  - fehlende Veranlassung durch den Versicherungsnehmer **23** 112 ff.
  - Leistungsfreiheit **26** 13
- Prämienerhöhung **25** 1 ff.
- Prozessuales **23** 142 ff.; **57** 14 f.
- Rechtsfolgen **23** 141
- subjektive **23** 8, 77 ff.
  - Anzeige und anzeigepflichtiger Personenkreis **23** 109 ff.
  - Anzeigefrist beim nachträglichen Erkennen **23** 105 ff.
  - arglistiger Kenntnisentzug **23** 79 ff.
  - Gestattung **23** 77 ff.
  - mangelnde Zustimmung des Versicherers **23** 95
  - nachträglich erkannte **23** 101 ff.
  - Unterlassen **23** 96 ff.
  - Verschulden **23** 84 ff.
  - Vornahme **23** 77 ff.
- Systematik **23** 8 ff.
- Terminologie **23** 8 ff.
- Transportversicherung **23** 128
- unerhebliche **27** 1 ff.
  - Abdingbarkeit **27** 12
  - mitversichert **27** 4 ff.
  - Prozessuales **27** 11 ff.
- Unfallversicherung **23** 123
- Vertragsgefahr **23** 3

2615

Stichwortverzeichnis

Gefahrkompensation **23** 12
- Möglichkeiten **23** 53 ff.

Gefahrminderung **23** 12
Gefahrstandspflicht **23** 9
Gefahrsteigerung **57** 6
Gefahrtragung
- Transportversicherung **130** 1 ff.

Gefahrwechsel **23** 10
Geldleistung
- Fälligkeit **14** 1 ff.
  - andere Leistungen des Versicherers **14** 7 ff.
  - Anwendungsbereich **14** 5 f.
  - Beendigung der Erhebung **14** 12 ff.
  - behördliches Ermittlungsverfahren **14** 17 ff.
  - Mitwirkung des Versicherungsnehmers **14** 14 ff.
  - notwendige Erhebung **14** 10 ff.
  - Rechtsfolgen des Verzugs **14** 32 ff.
- Verzug **14** 29 ff.

Gelegenheitsvermittler
- Gewerbsmäßigkeit **GewO 34d** 13

Gerichtsstand **215** 1 ff.
- Gerichtsstandsvereinbarung **215** 19
- Klage
  - gegen den Versicherer **215** 3 ff.
  - gegen den Versicherungsnehmer **215** 16 f.
  - gegen den Versicherungsvermittler **215** 3 ff.
- Widerklage **215** 18 f.
- zeitlicher Geltungsbereich **215** 20 ff.

Gerichtsstandsvereinbarung **215** 19
- internationales Versicherungsvertragsrecht **Rom-I 3** 7

Gesamtkürzungsquote
- Additionsmethode **81** 75
- Multiplikationsmethode **81** 76
- Quotenkonsumtion **81** 77
- Stufenmodell **81** 78

Gesamtschuldner
- Pflichtversicherung **116** 1 ff.

Gescheiterter Versicherungsvertrag **1** 17 ff.
Gesetzliche Krankenversicherung **Vor 192 bis 208** 3 ff.
- freiwillig Versicherte **193** 46 ff.
- Versicherungspflicht **Vor 192 bis 208** 4

Gesundheitsdaten
- Erhebung personenbezogener bei Dritten **213** 1 ff.
- personenbezogene **213** 1

Gesundheitsreform **Vor 192 bis 208** 23 ff.
- Basistarif **Vor 192 bis 208** 24 ff.
- Höchstbeitrag **Vor 192 bis 208** 28
- Kontrahierungszwang **Vor 192 bis 208** 29 f.
- Portabilität der Alterungsrückstellung **Vor 192 bis 208** 31 ff.
- Versicherungspflicht **Vor 192 bis 208** 29 f.

Gesundheitsschädigung
- Definition **178** 30

Gewerbe
- erlaubnispflichtiges **GewO Vor** 2
- versicherungspflichtiges **GewO Vor** 2

Gewerbeordnung
- Harmonisierung des Vermittlermarktes **GewO Vor** 2
- Stärkung des Verbraucherschutzes **GewO Vor** 2
- strafbare Verletzung gewerberechtlicher Vorschriften **GewO 148** 1 ff.
  - beharrliche Wiederholung **GewO 148** 2
- Übergangsregelung **GewO 156** 1 ff.
  - Berufshaftpflichtversicherung **GewO 156** 2
  - Versicherungsvermittler **GewO 156** 1
- Verletzung von Vorschriften **GewO 144** 1 ff.
  - erlaubnisbedürftiges stehendes Gewerbe **GewO 144** 1 ff.
- Versicherungsvermittler **GewO 34d** 9 ff.

Gewinnerzielungsabsicht
- Versicherungsvermittler **GewO 34d** 15

Gewöhnlicher Aufenthalt
- internationales Versicherungsvertragsrecht **Rom-I 19** 1 ff.
- natürliche Person **Rom-I 19** 9 ff.

Große Haverei
- Versicherung **130** 30 ff.

Großrisiko **210** 4 ff.
- einschränkende Privatautonomie **210** 17 ff.
- Informationspflicht **VVG-InfoV 1** 3
- Kredit- und Kautionsversicherungen **210** 4
- Rückversicherungsvermittlung **VersVermV 17** 1 ff.
- Transport- und Haftpflichtversicherungen **210** 4
- Versicherungsvertrag **65** 1 ff.

Gutachterverfahren **128** 1 ff.
- Anerkennung **128** 12 ff.
- Beurteilung der Erfolgsaussichten **128** 5
- Frist **128** 28
- Hinweispflicht **128** 12 ff.
- Leistungsabwägung **128** 13
- Merkmal der Mutwilligkeit **128** 7 ff.
- Stichentscheid **128** 24 ff.

Güterversicherung
- Binnenschifffahrt **130** 8
- fehlender Versicherungsschutz
  - mangels versicherbaren Interesses **130** 17
- Gegenstand **130** 15 ff.
- Landtransport **130** 7
- Umfang **130** 4
- versicherbare Güter **130** 12 ff.
- Versicherung für Beförderungsgefahren **130** 5 ff.
- Versicherung für Lagerungsgefahr **130** 9 ff.

Haftpflichtanspruch
- Prüfung im Direktprozess **108** 30 ff.
- unberechtigter **100** 43 ff.

Haftpflichtversicherung
- Abtretung des Freistellungsanspruch
  - Inanspruchnahme des Versicherungsnehmers **108** 44 ff.
- abweichende Vereinbarung **112** 1 ff.
  - Vertragsfreiheit **112** 1
- Änderung durch die VVG-Reform **Vor 100 bis 112** 17
  - Befriedigung des Dritten **105** 5 ff.
- Anerkenntnis
  - Vereinbarung über Leistungsfreiheit **105** 4 ff.
  - Versicherungsnehmer **105** 1 ff.
- Ansprüche aus Vertretereigenhaftung **100** 17
- Anzeige des Versicherungsfalls
  - Form **104** 18
  - Frist **104** 20 ff.
  - notwendiger Inhalt **104** 17
  - richtiger Adressat **104** 19
- Anzeigeobliegenheiten **104** 3 ff.
  - Versicherung für fremde Rechnung **104** 14
- Anzeigeobliegenheitsverletzung
  - Leistungsfreiheit **104** 23 ff.
  - Leistungskürzungen **104** 23 ff.
  - Rechtsfolgen **104** 23 ff.
- Anzeigepflicht des Versicherungsnehmers **104** 1 ff.
- Aufklärungspflicht **104** 15
- Auskunftspflicht **104** 15
- außergerichtliche Geltendmachung
  - Haftpflichtansprüche **104** 5 ff.
- Bedeutung **Vor 100 bis 112** 18
- bereicherungsrechtliche Rückabwicklung **100** 80 f.
- Beseitigungsanspruch **100** 16
- culpa in contrahendo **100** 12
- D&O-Versicherung **100** 36

- Deckungsanspruch **Vor 100 bis 112** 8
- Deckungsklage
  - Streitwert **100** 79
- Deckungsprozess
  - nachfolgender **100** 77 ff.
- Durchbrechung des Trennungsprinzips **100** 59 ff.
- echter Eigenschaden **100** 25
- eintretende Tatsache **100** 3 ff.
- Erfüllungsanspruch
  - vertraglicher **100** 21 ff.
- Erfüllungsinteresse
  - Werkvertragsrecht **100** 25
- Erfüllungssurrogat **100** 22
- Ermittlungsverfahren
  - Einleitung **104** 11 ff.
- Fälligkeit der Versicherungsleistung
  - Anerkenntnis **106** 5 ff.
  - Befriedigung des Dritten **106** 35 ff.
  - Feststellung des Haftpflichtanspruchs **106** 2 ff.
  - Freistellungsanspruch **106** 42 ff.
  - Prozessuales **106** 45
  - rechtskräftiges Urteil **106** 3 ff.
  - Vergleich **106** 11
  - Zahlungsanspruch **106** 43
- Fälligkeit des Deckungsanspruchs **100** 53 ff.
- Feststellung des Haftpflichtanspruchs
  - Anerkenntnis ohne Zustimmung des Versicherers **106** 20 ff.
  - außerprozessuales Anerkenntnis **106** 32
  - Bindungswirkung des Anerkenntnisurteils **106** 31
  - Bindungswirkung des rechtskräftigen Urteils **106** 13 ff.
  - Bindungswirkung eines Anerkenntnisses **106** 18 ff.
  - Bindungswirkung nach Treu und Glaube **106** 28 ff.
  - Tatsachenzugeständnis **106** 30
  - Vergleich **106** 20 ff.
- Freistellung
  - berechtigte Haftpflichtansprüche **100** 40 ff.
- Freistellungsanspruch **108** 3
  - Abtretung **108** 14 ff., 19 ff.
  - Arrestvollziehung **108** 13
  - Einwendungen gegen Zahlungsanspruch des Dritten **108** 41 ff.
  - gegen den Versicherer **108** 8 ff.
  - kollusives Zusammenwirken **108** 61 f.
  - Verfügung **108** 1 ff., 18

2617

Stichwortverzeichnis

- Verfügung im Wege der Zwangsvollstreckung **108** 13 ff.
- freiwillige **Vor 100 bis 112** 5; **108** 2
- Gebäudeversicherung **Vor 100 bis 112** 16
- gerichtliche Geltendmachung
  - Anspruch **104** 9
- Gesamtschuldenausgleich **100** 18
- Grundlagen **Vor 100 bis 112** 1 ff.
- Haftpflichtanspruch **Vor 100 bis 112** 8
  - Abwehr eines unberechtigten **100** 43 ff.
- Haftpflichtforderung
  - Insolvenztabelle **110** 13 ff.
- Herbeiführung des Versicherungsfalls **103** 1 ff.
  - Beweislastverteilung **103** 18 ff.
  - eingetretener Schaden **103** 12 ff.
  - mehrere Personen auf Seiten des Versicherungsnehmers **103** 16 ff.
  - Unterlassen **103** 5
  - Vorsatz **103** 3 ff.
  - Widerrechtlichkeit **103** 9 ff.
- Insolvenz
  - Absonderungsrecht **110** 4 ff.
  - Feststellungsklage gegen den Versicherer **110** 18 f.
  - Insolvenzmasse **110** 12
  - nach Feststellung der Haftpflichtforderung **110** 20
  - Versicherungsnehmer **110** 1 ff.
  - Zahlungsklage gegen den Insolvenzverwalter **110** 16
  - Zahlungsklage gegen den Versicherungsnehmer **110** 17
- Kosten
  - Strafverfahren **101** 2 ff.
  - Zivilverfahren **101** 2 ff.
- Kündigung
  - Anerkenntnis **111** 5 f.
  - Fristen **111** 10 ff.
  - Gründe **111** 4 ff.
  - nach Versicherungsfall **111** 1 ff.
  - unberechtigte Ablehnung des Freistellungsanspruchs **111** 7 ff.
  - Versicherungsfall **111** 2 f.
  - Voraussetzung **111** 2 ff.
- Kündigungsfrist **111** 12
- Leistung des Versicherers **100** 1 ff.
- Mangelfolgeschaden **100** 26
- mehrere Dritte
  - Besonderheiten bei Sozialversicherungsträgern **109** 19 ff.
  - Verteilungsgrundsätze **109** 18
- mehrere Geschädigte **109** 1 ff.
  - Beweislast **109** 23 f.

- Darlegungslast **109** 23 ff.
- mehrere Dritte **109** 3 ff.
- nicht berücksichtigte Dritte **109** 14 ff.
- nicht berücksichtigter Dritter **109** 22
- Übersteigen der Versicherungssumme **109** 4 ff.
- Verantwortlichkeit des Versicherungsnehmers **109** 3
- Minderung **100** 24
- Personenschaden **100** 6
- positive Forderungsverletzung **100** 12
- private **Vor 100 bis 112** 2
- Rechtsbeziehung **Vor 100 bis 112** 8 f.
  - Dreiecksverhältnis **Vor 100 bis 112** 8
- Rechtsfolgen **100** 39 ff.
- Rechtsgrundlagen **Vor 100 bis 112** 5 ff.
- Rechtsschutz
  - in der Zwangsvollstreckung **101** 22 ff.
- Reflexwirkung **Vor 100 bis 112** 10 ff.
- Rente
  - Begriff **107** 4 ff.
- Rentenanspruch **107** 1 ff.
  - Kapitalwert der Rente **107** 11 ff.
  - Umfang der Rentenzahlungspflicht **107** 4 ff.
- Rückforderungsanspruch
  - Beweislast **100** 81
- Rücktritt **100** 24
- Sachschaden **100** 7 ff.
- Schadensersatz wegen Nichterfüllung **100** 23
- Schadensersatzanspruch
  - Amtspflichtverletzung **100** 13
- Schmerzensgeld **Vor 100 bis 112** 13
- Trennungsprinzip **Vor 100 bis 112** 9; **100** 59 ff.
- Überschreitung der Versicherungssumme
  - Zinsen **101** 21
- unberechtigte Deckungsverweigerung **104** 31
- Verfügung über den Freistellungsanspruch **108** 1 ff.
- Verjährung
  - Hemmung **108** 43
- Verjährung des Deckungsanspruchs **100** 53 ff.
- Vermögensschaden **100** 11
- versichertes Risiko **Vor 100 bis 112** 1 ff.
- Versicherungsfall **100** 3 ff.
  - AHB **100** 5 ff.
  - Anzeige **104** 16 ff.
  - Definition **100** 3
  - Fälligkeit **106** 1 ff.

Stichwortverzeichnis

- während der Versicherungszeit **100** 28 ff.
- Versicherungsnehmer
  - Anzeigepflicht **104** 1 ff.
- Versicherungssumme
  - Kapitalwert der Rente **107** 6 ff.
- Vollstreckungsabwendung **101** 22 ff.
- Vorerstreckung **82** 6 f.
- Vorsatz
  - bedingter **103** 4
- vorweggenommener Deckungsprozess **100** 72 ff.
- wichtige Pflichthaftpflichtversicherung **Vor 100 bis 112** 19
- widersprüchliches Vortragen des Geschädigten **108** 63 f.
- Zwangsvollstreckung
  - Überschreitung der Deckungssumme **101** 25

Hagelversicherung 92 26 ff.
Hakenlastversicherung Vor 130 bis 141 9
Handelsvertreter
- Mischform im Betrieb **59** 26 f.

Hauptvertrag
- Nichtzustandekommen
  - vorläufige Deckung **50** 1 ff.

Haushaltshaftpflichtprivileg 116 14
Haveriebeitrag 130 34
- Berechnungsmethode **130** 35

Heilbehandlung
- Begriffe **192** 20
- Diagnostik **192** 21
- Kosten
  - anzuwendende Vorschriften **194** 2

Heilfürsorgeberechtigte 193 15
Heiratsversicherung Vor 150 bis 171 16
HGB Vor 1 ff. 45
Hinweispflicht
- Beratung **6** 17

Honorarberatung
- Versicherungsmakler **GewO 34d** 16 ff.

Hypothekengläubiger
- andere Grundpfandrechte **94** 19
- ohne Sicherung der Wiederherstellung **94** 5 ff.
- Widerspruch **94** 12 ff.
- Wiederbeschaffung **94** 5 ff.
- Wiederherstellung
  - zu anderem Zweck **94** 11
- Wirksamkeit der Zahlung gegenüber **94** 1 ff.
- Zahlung
  - Ausnahme **94** 6 ff.
  - ohne Sicherung **94** 5

IHK
- Sachkundeprüfung
  - Versicherungsvermittlung **VersVermV 2** 2
- Überprüfung
  - Versicherungsvermittler **VersVermV 14** 2 f.

Informationserfolg VVG-InfoV 1 6
Informationspflicht VVG-InfoV Vor 1 ff. 1 ff.; **1** 1 ff.
- Adressat **VVG-InfoV 1** 5
- Allgemeines **VVG-InfoV Vor 1 ff.** 1 ff.
- Anfechtungsrechte **7** 65
- Ansprüche aus § 823 Abs. 2 BGB **7** 72
- Ansprüche aus §§ 280
  - 311 BGB **7** 66 ff.
- Antragsmodell **7** 16 ff.
- Anwendungsbereich **VVG-InfoV 1** 2 ff.
- aufsichtsrechtliche Maßnahmen **7** 74
- ausländischer Versicherer **VVG-InfoV 1** 19
- Beratungspflicht
  - Abgrenzung **VVG-InfoV Vor 1 ff.** 4
- Bewertungsreserve **153** 105
- Einbeziehung von AVB in den Vertrag **7** 26 ff.
  - gescheiterte **7** 35
  - Privatkundengeschäft **7** 29
  - unternehmerischer Geschäftsverkehr **7** 34
- einzelne **VVG-InfoV 1** 17 ff.
- Form **VVG-InfoV 1** 7
- Gestaltungsform der Information **VVG-InfoV 1** 39 f.
- Gestaltungsfreiheit **VVG-InfoV 1** 8
- Großrisiko **VVG-InfoV 1** 3
- Hervorhebung der Information **VVG-InfoV 1** 39 f.
- Informationserfolg **VVG-InfoV 1** 6
- Informationserteilung
  - Nachholung **VVG-InfoV 1** 15
  - Rechtzeitigkeit **VVG-InfoV 1** 12
  - Zeitpunkt **VVG-InfoV 1** 12 ff.
- Inhaltskontrolle von Klauseln **7** 60 ff.
- intransparente Klausel
  - Widerrufsrecht **VVG-InfoV 1** 41
- Invitatio-Modell **7** 20 ff.
- kollektive Rechtsbehelfsmöglichkeiten **7** 73
- Krankenversicherung **VVG-InfoV 3** 1 ff.
  - Auswirkung steigender Krankheitskosten **VVG-InfoV 3** 4
  - Kostenangabe **VVG-InfoV 3** 3

2619

Stichwortverzeichnis

- Möglichkeit der Beitragsbegrenzung im Alter **VVG-InfoV 3** 5
- Übersicht über die Beitragsentwicklung **VVG-InfoV 3** 8
- Wechsel in die gesetzliche Krankenversicherung im Alter **VVG-InfoV 3** 6
- Wechsel innerhalb der privaten Krankenversicherung im Alter **VVG-InfoV 3** 7
- Lebensversicherung **VVG-InfoV 2** 1 ff.
  - Angabe bei fondsgebundener Versicherung **VVG-InfoV 2** 14
  - Angabe der Garantie **VVG-InfoV 2** 13
  - Angabe der Kosten **VVG-InfoV 2** 2 ff.
  - Angabe der sonstigen Kosten **VVG-InfoV 2** 8
  - Angabe des in Betracht kommenden Rückkaufswerts **VVG-InfoV 2** 10
  - Angabe zur Steuerregelung **VVG-InfoV 2** 15
  - Angabe zur Überschussbeteiligung **VVG-InfoV 2** 9
  - Angabe zur Überschussermittlung **VVG-InfoV 2** 9
  - Angabe zur Umwandlung des Versicherungsvertrags **VVG-InfoV 2** 12
  - Berufsunfähigkeitsversicherung **VVG-InfoV 2** 20
  - fondsgebundene **VVG-InfoV 2** 14
  - Garantie **VVG-InfoV 2** 13
  - Kosten **VVG-InfoV 2** 2 ff.
  - Kostenangabe **VVG-InfoV 2** 2 ff.
  - Kostenangabe Euro **VVG-InfoV 2** 18
  - Modellrechnung **VVG-InfoV 2** 19
  - Rückkaufswert **VVG-InfoV 2** 10
  - Steuerregelung **VVG-InfoV 2** 15
  - Überschussbeteiligung **VVG-InfoV 2** 9
  - Überschussermittlung **VVG-InfoV 2** 9
  - Umwandlung des Versicherungsvertrags **VVG-InfoV 2** 12
  - Unfallversicherung mit Prämienrückgewähr **VVG-InfoV 2** 21
- Nichteinbeziehung von Klauseln **7** 60 ff.
- Produktinformationsblatt **VVG-InfoV 4** 1 ff.
  - Anfechtung wegen Erklärungsirrtums **VVG-InfoV 4** 32
  - Angabe zur Prämie **VVG-InfoV 4** 9 f.
  - arztangebotener Versicherungsvertrag **VVG-InfoV 4** 7
  - ausgeschlossenes Risiko **VVG-InfoV 4** 8
  - Auslegungsmaßstab für die Wirksamkeit der AVB **VVG-InfoV 4** 37
  - besondere Angabe **VVG-InfoV 4** 17 ff.
  - Bezeichnung **VVG-InfoV 4** 22 ff.
  - Ermächtigungsgrundlage **VVG-InfoV 4** 3
  - fehlerhafte Verwendung durch den Versicherer **VVG-InfoV 4** 33 ff.
  - Fehlvorstellung des Versicherungsnehmers **VVG-InfoV 4** 30 ff.
  - Funktion **VVG-InfoV 4** 6
  - Gestaltung **VVG-InfoV 4** 22 ff.
  - Informationsdarstellung **VVG-InfoV 4** 26 ff.
  - Inhalt **VVG-InfoV 4** 5 ff.
  - Kostenangabe **VVG-InfoV 4** 18 ff.
  - Kurzzusammenfassung **VVG-InfoV 4** 22 ff.
  - Leistungsausschluss **VVG-InfoV 4** 11
  - Modellrechnung **VVG-InfoV 4** 17
  - Muster **VVG-InfoV 4** 39
  - Obliegenheit bei der Vertragslaufzeit **VVG-InfoV 4** 13
  - Obliegenheit bei Versicherungsfalleintritt **VVG-InfoV 4** 14
  - Obliegenheit bei Vertragsschluss **VVG-InfoV 4** 12
  - Rechtsfolge **VVG-InfoV 4** 30 ff.
  - Reihenfolge **VVG-InfoV 4** 29
  - Umfang **VVG-InfoV 4** 28
  - Unabdingbarkeit **VVG-InfoV 4** 38
  - Verkürzung **VVG-InfoV 4** 25
  - versichertes Risiko **VVG-InfoV 4** 8
  - Versicherungsschutzbeginn **VVG-InfoV 4** 15
  - Versicherungsschutzende **VVG-InfoV 4** 15
  - Vertragsbeendigung **VVG-InfoV 4** 16
  - Vorblatt **VVG-InfoV 4** 22
  - Zweck **VVG-InfoV 4** 1 f.
- Prozessuales **7** 75
- Rechtsfolge **VVG-InfoV 1** 7, 41 ff.
- Schadensersatzanspruch **VVG-InfoV 1** 43 ff.
  - Darlegungs- und Beweislast **VVG-InfoV 1** 44
- Telefongespräch **VVG-InfoV 5** 1 ff.
  - Beweislast **VVG-InfoV 5** 10
  - Information nach Vertragsschluss **VVG-InfoV 5** 9
  - Mitteilungspflicht gem. Abs. 2 **VVG-InfoV 5** 5 ff.
  - Offenlegung der Identität durch den Versicherer **VVG-InfoV 5** 2 ff.
  - Offenlegung des Anliegens durch den Versicherer **VVG-InfoV 5** 2 ff.

Stichwortverzeichnis

- Prozessuales **VVG-InfoV 5** 10
- Verwendungsbereich **VVG-InfoV 5** 5 ff.
- Wettbewerbsrecht **VVG-InfoV 5** 4
- Transparenz **VVG-InfoV 1** 10, 39
- Übermittlung der Vertragsbestimmungen während der Vertragslaufzeit **7** 54 ff.
- Unzulässigkeit des Policenmodells **7** 15
- Verhältnis zu anderen Vorschriften **7** 11 f.
- Versicherungsmakler **VVG-InfoV 1** 5
- vor Vertragsschluss **7** 1 ff.
- vorläufige Deckung **VVG-InfoV 1** 4
- Vorschlagsmodell **7** 24
- vorvertragliche **7** 36 ff.
  - Adressat **7** 38 ff.
  - Formerfordernis **7** 40
  - Informationsverzicht **7** 50 ff.
  - klare und verständliche Formulierung **7** 46 ff.
  - telefonischer Vertragsschluss **7** 49
  - Umfang **7** 36
  - Zeitpunkt **7** 42 ff.
- vorvertragliche Erklärung
  - Bindungswirkung **7** 62 f.
- VVG-InfoV **7** 52 f.
  - Ermächtigungsgrundlage **VVG-InfoV 7** 1
  - Inkrafttreten **VVG-InfoV 7** 1
  - Übergangsfrist **VVG-InfoV 7** 1
  - während der Vertragslaufzeit **7** 1 ff.; **VVG-InfoV 6** 1 ff.
- Widerrufsfrist
  - Verlängerung **7** 64
- Widerrufsrecht **VVG-InfoV 1** 41
  - Bedenkzeit **VVG-InfoV 1** 13
  - Fristbeginn **VVG-InfoV 1** 41
  - intransparente Klausel **VVG-InfoV 1** 41
  - Policenmodell **VVG-InfoV 1** 15
  - zeitlicher Anwendungsbereich **7** 13
  - Zeitpunkt der Informationserteilung **VVG-InfoV 1** 12 ff.
- zusammenhängende Versicherteninformation **VVG-InfoV 1** 9
- Zustandekommen von Versicherungsverträgen **7** 14 ff.
- Zweck **VVG-InfoV 1** 1

Inkassovollmacht
- Versicherungsvertreter **69** 7 ff.

Innenbegriffsversicherung 89 3 ff.
- Abgang **89** 9
- Beratungspflicht **89** 6
- Eigentum **89** 4
- häusliche Gemeinschaft **89** 17 ff.
- mehrere Innenbegriffe von Sachen **89** 7 ff.
- Überversicherung **89** 6
- Unterversicherung **89** 6
- versicherungsfremde Rechnung **89** 22
- Zugang **89** 8

Insolvenz
- des Versicherungsnehmers
  - Haftpflichtversicherung **110** 1 ff.
- Haftpflichtforderung
  - Feststellung **110** 14 ff.
- Krankenversicherung **16** 12 ff.
- Lebensversicherung **16** 12 ff.
  - Bezugsrecht **159** 65 ff.
- Pflegeversicherer **16** 12 ff.
- Unfallversicherer **16** 12 ff.
- Versicherer **16** 1 ff.
  - Abdingbarkeit **16** 14
  - Kfz-Haftpflichtversicherung **16** 10
  - Schadensersatzanspruch **16** 11

Insolvenzmasse
- Haftpflichtversicherung **110** 12

Insolvenztabelle
- Haftpflichtforderung **110** 13

Interesse
- nicht bestehendes
  - betrügerische Versicherung **80** 14 f.

Interessemangel 80 4 ff.
- anfänglicher **80** 11 f.
- nachträglicher **80** 7 ff., 13
  - Gefahrverringerung **80** 8
  - Veräußerung des Gegenstandes **80** 9
- nicht bestehendes Interesse
  - betrügerische Versicherung **80** 10

Internationales Privatrecht
- Rechtswahl
  - Allgemeines **Rom-I 3** 3 ff.

Internationales Versicherungsvertragsrecht Rom-I Vor 1 ff.
- anwendbares Recht
  - Anknüpfungspunkt **Rom-I 4** 8 ff.
- Auslegung **Rom-I Vor** 4
- Dienstleistungsbegriff **Rom-I 4** 3
- Direktversicherungsvertrag über Masserisiko im Nichtmitgliedsstaat **Rom-I 4** 12
- Direktversicherungsvertrag über Masserisiko in Nichtmitgliedsstaat **Rom-I 4** 7
- Eingriffsnormen **Rom-I 9** 1 ff.
  - ausländische **Rom-I 9** 8 f.
  - Legaldefinition **Rom-I 9** 2
  - lex fori **Rom-I 9** 3 ff.
- einheitliche Kollisionsnorm **Rom-I 3** 1 ff.
- flankierende Gerichtsstandsvereinbarung **Rom-I 3** 7
- freie Rechtswahl **Rom-I 3** 1 ff.

2621

Stichwortverzeichnis

- gewöhnlicher Aufenthalt **Rom-I 10** 1 ff.
  - beruflich handelnde natürliche Person **Rom-I 10** 9 f.
  - juristische Person **Rom-I 10** 2 ff.
  - maßgeblicher Zeitpunkt **Rom-I 10** 6 ff.
  - natürliche Person **Rom-I 10** 9 ff.
  - Niederlassung **Rom-I 10** 12
  - Rechte am Sitz der Hauptverwaltung **Rom-I 10** 3 ff.
  - Rechteagentur **Rom-I 10** 6 ff.
  - Verbraucher **Rom-I 10** 11
- Großrisiko
  - Definition **Rom-I 7** 11 ff.
- Hauptniederlassung
  - Begriff **Rom-I 10** 10
- intertemporaler Anwendungsbereich **Rom-I Vor** 5
- kollisionsrechtlicher Verbraucherschutz **Rom-I 6** 1
- mangels Rechtswahl anzuwendendes Recht **Rom-I 4** 1 ff.
- Massenrisikovertrag über Risiko außerhalb eines Mitgliedstaates **Rom-I 3** 13 ff.
- Masserisiko
  - Definition **Rom-I 7** 18
- Neuregelung **Rom-I Vor** 2
- öffentliche Ordnung statt des angerufenen Gerichts **Rom-I 21** 1 ff.
- ordre-public
  - Inhalt **Rom-I 21** 3 ff.
- ordre-public-Vorbehalt **Rom-I 21** 1 ff.
- Pflichtversicherungsvertrag **Rom-I 7** 37 ff.
  - allgemeine formelle Anforderung **Rom-I 7** 38 f.
  - allgemeine inhaltliche Anforderungen **Rom-I 7** 38 f.
  - Öffnungsklausel für nationalen Gesetzgeber **Rom-I 7** 40 f.
- Rechtswahl
  - Binnensachverhalt **Rom-I 3** 7
  - konkludente **Rom-I 3** 4
- Rechtswahlfreiheit **Rom-I 3** 1 ff.
  - Grenze **Rom-I 3** 6
- Risikobliegenheit
  - Begriff der juristischen Person **Rom-I 7** 57
  - Definition **Rom-I 7** 45 ff.
  - Fahrzeugversicherung **Rom-I 7** 49 f.
  - Ferienversicherung **Rom-I 7** 51
  - Gebäudeversicherung **Rom-I 7** 47 f.
  - gewöhnlicher Aufenthalt **Rom-I 7** 55
  - Lebensversicherung **Rom-I 7** 58
  - mehrere Mitgliedstaaten **Rom-I 7** 42 ff.
- Nicht-Lebensversicherung **Rom-I 7** 46 ff.
  - Reiseversicherung **Rom-I 7** 51
  - sonstige Versicherung **Rom-I 7** 52 ff.
- Rückversicherungsrecht **Rom-I 4** 6
- Rückversicherungsvertrag **Rom-I 3** 10 ff.; **4** 9 f.
- Rückverweisung
  - Ausschluss **Rom-I 20** 1
- sachlicher Anwendungsbereich **Rom-I Vor** 6
- Schiedsvereinbarung **Rom-I 3** 12
- Verbrauchervertrag **Rom-I 6** 1 ff.
  - Ausnahmetatbestand **Rom-I 6** 10
  - Günstigkeitsvergleich **Rom-I 6** 8
  - Rechtswahlfreiheit **Rom-I 6** 8 f.
  - Unternehmerbegriff **Rom-I 6** 3
  - Verbraucherbegriff **Rom-I 6** 2
  - zwingende Bestimmungen des Aufenthaltsrechts **Rom-I 6** 2 ff.
- Verhältnis zu anderen Gemeinschaftsakten **Rom-I 23** 1 ff.
- Versicherungskollisionsrecht **Rom-I 7** 1 ff.
- Versicherungsvertrag **Rom-I 7** 1 ff.
  - Anknüpfungspunkt **Rom-I 7** 4 ff.
  - Masserisiko in einem Mitgliedstaat, Recht der Risikobelegenheit **Rom-I 7** 20
  - Mitgliedsstaatbegriff **Rom-I 7** 6
- Versicherungsvertrag über Großrisiko **Rom-I 7** 10
  - konkludente Rechtswahl **Rom-I 7** 15
  - objektive Anknüpfung **Rom-I 7** 15 f.
  - Rechtswahlfreiheit **Rom-I 7** 14
- Versicherungsvertrag über Masserisiko in einem Mitgliedstaat **Rom-I 7** 17 ff.
  - beruflich-gewerbliche Tätigkeit des Versicherungsnehmers **Rom-I 7** 30 ff.
  - beschränkte Rechtswahlfreiheit **Rom-I 7** 19 ff.
  - objektive Anknüpfung **Rom-I 7** 35 f.
  - Recht der Staatsangehörigkeit des Versicherungsnehmers in der Lebensversicherung **Rom-I 7** 23 ff.
  - Recht des Aufenthaltsorts des Versicherungsnehmers **Rom-I 7** 21 f.
  - Recht des Schadensortes **Rom-I 7** 28 f.
  - Rechtswahlfreiheit **Rom-I 7** 33 f.
  - Rechtswahlverweisung **Rom-I 7** 33 f.
- Weiterverweisung
  - Ausschluss **Rom-I 20** 1
- zeitliche Anwendbarkeit **Rom-I 28** 1 ff.

Invalidität
- Begriff **180** 3

Stichwortverzeichnis

- Beweislast für den Unfall **180** 34
- Dauerhaftigkeit der Beeinträchtigung **180** 4 f.
- Eintritt binnen Jahresfrist **180** 17 f.
- fristgerechte Geltendmachung **180** 28 ff.
- Gliedertaxe **180** 13
- Grad **180** 7 ff.
- Kinderunfallversicherung
  - Fristverlängerung **188** 10
- Leistung des Versicherers **180** 32
- Nachprüfungsrecht
  - Belehrung **188** 11 ff.
  - Neubemessung **188** 2 ff.
  - Leistungsurteil **188** 13 ff.
- pauschalierte Invaliditätsgrenze **180** 13

Invaliditätsfeststellung
- Form **180** 20 ff.
- Frist **180** 20 ff.

Invaliditätsgrad
- Begriff **180** 7 ff.

IPR
- Versicherungsvertragsrecht **Rom-I Vor** 1 ff.

Jagd-Sportwaffenversicherung Vor 130 bis 141 9

Juristische Person
- gewöhnlicher Aufenthalt **Rom-I 10** 2 ff.

Kapitalisierungsgeschäft
- Unterscheidung
  - Lebensversicherung **Vor 150 bis 171** 17

Kausalität
- Obliegenheitsverletzung **28** 87 ff.

Kausalitätsgegenbeweis
- Obliegenheitsverletzung **28** 101 f.

Kfz-Kaskoversicherung Vor 130 bis 141 9
Kfz-Versicherung Vor 130 bis 141 9
Kindernachversicherung
- Neugeborenenversicherung **198** 3 f.

Kollektivlebensversicherung 150 21 ff.
Kollisionsrecht Rom-I 3 1 ff.
Korrespondenzmakler 59 20

Kosten
- Ausstellung eines Versicherungsscheins **3** 28

Kosten des Rechtsschutzes 101 1 ff.
Krankengeldtageversicherung
- Befristung
  - Abdingbarkeit **196** 9
  - auf das 65. Lebensjahr **196** 2 ff.
  - Neuabschluss auf das Endalter 70 **196** 2 ff.

- Vollendung des 65. Lebensjahres **196** 1 ff.
- erneuter Neuabschluss auf das Endalter 75 **196** 7
- Flexibilisierung des Endalters **196** 8
- Neuabschluss
  - fehlende Belehrung **196** 5 f.

Krankenhaustagegeldversicherung Vor 192 bis 208 31; **192** 74 ff.
- Leistungspflicht **192** 76 ff.
- Versicherungsfall
  - Eintritt **192** 75

Krankenkostenversicherung 192 2 ff.
- Eintritt des Versicherungsfalls **192** 3 ff.
- Krankheit **192** 6 ff.
- Leistungsmerkmale **192** 2
  - Unfallfolgen **192** 15

Krankentagegeldversicherung 192 82 ff.
- anzuwendende Vorschriften **194** 2
- Befristung **196** 1 ff.
- Leistungspflicht des Versicherers **192** 88
- Versicherungsdauer **195** 2
- Versicherungsfall
  - Eintritt **192** 83 ff.

Krankenversicherung
- absoluter Selbstbehalt **193** 22
- abweichende Vereinbarung **208** 1 ff.
  - halbzwingende Vorschriften **208** 3 f.
- Altersrückstellung
  - Portabilität **Vor 192 bis 208** 31 ff.
- Anwendbarkeit der §§ 173 bis 175 **177** 4
- anzuwendende Vorschriften **194** 1 ff.
- Asylbewerber **193** 16
- Auskunftspflicht des Versicherers **202** 1 ff.
  - Inanspruchnahme durch den Betroffenen **202** 12
  - interne Dokumente **202** 8
  - körperliche Untersuchung **202** 5
  - Kostenerstattung **202** 13
  - medizinische Stellungnahme **202** 6 f.
  - mittelbar Auskunft **202** 4
- Auswirkung steigender Krankheitskosten **VVG-InfoV 3** 4
- Basistarif **Vor 192 bis 208** 24 ff.; **192** 95 ff.
  - Ruhen der Zusatzversicherung **193** 76 f.
- Bedingungsänderung
  - Erforderlichkeit **203** 36
  - Wirksamwerden **203** 46 ff.
- Bedingungsanpassung **203** 1 ff.
  - Mitwirkung des Treuhänders **203** 41
  - nachträgliche **203** 2

2623

Stichwortverzeichnis

- unwirksame AVB-Bestimmung **203** 42 ff.
- Befristung
  - persönliche Gründe **195** 8 f.
  - sachliche Gründe **195** 5 ff.
- Begriff **Vor 192 bis 208** 3 ff.
- Beihilfeberechtigte **193** 15
- Beihilfeempfänger **199** 1 ff.
- Beitragsentwicklung
  - Übersicht **VVG-InfoV 3** 8
- Bereicherungsverbot **200** 1 ff.
  - an mehrere Erstattungspflichtige **200** 4 ff.
  - Anwendungsbereich **200** 3
  - Rechtsfolgen **200** 9
- einmalige Abschlusscourtage **59** 18
- Empfänger von Sozialleistungen **193** 17
- Familienversicherung **193** 5
- Fortsetzung
  - fristgerechte Fortsetzungserklärung **207** 5
  - Kündigungsfall **207** 6 ff.
  - Todesfall **207** 2 ff.
  - Umzug **207** 9
- Gefahrerhöhung **194** 5
- gesetzliche **Vor 192 bis 208** 3 ff.
  - freiwillig Versicherte **193** 46 ff.
- Gesundheitsreform **Vor 192 bis 208** 23 ff.
- Gruppenversicherung **193** 9
- Hauptleistungspflicht **192** 1
- Heilfürsorgeberechtigte **193** 15
- Herbeiführung des Versicherungsfalls
  - Vorsatz **201** 4
- in Deutschland zugelassenes Versicherungsunternehmen **193** 28
- Informationspflicht **VVG-InfoV 3** 1 ff.
- Kindernachversicherung **198** 1 ff.
- Kontrahierungszwang im Basistarif **193** 41 ff.
  - Beihilfeberechtigte **193** 49
  - privat Versicherte **193** 50
- Kostenangabe **VVG-InfoV 3** 3, 9
- Kündigung
  - des Versicherers **206** 1 ff.
  - des Versicherungsnehmers **205** 1 ff.
  - Eintritt der Pflegeversicherungspflicht **205** 9 ff.
  - Eintritt einer Krankenversicherungspflicht **205** 9 ff.
  - Erreichen eines bestimmten Lebensalters **205** 15
  - Formvorschriften **208** 5 ff.
  - Krankenpflegeversicherung **205** 20 ff.
  - Krankheitskostenpflichtversicherung **206** 4 ff.
  - Krankheitskostenversicherung wegen Zahlungsverzug **206** 16 ff.
  - Leistungsanpassung **205** 16 f.
  - nicht substitutive Krankenversicherung **206** 14 f.
  - ordentliche **205** 4 ff.
  - Pflegekrankenversicherung wegen Zahlungsverzug **206** 16 f.
  - Prämienanpassung **205** 16 f.
  - Prämienerhöhung **205** 15
  - Teilkündigung des Versicherers **205** 19
- Kündigungsausschluss
  - substitutive Krankenversicherung **206** 9 ff.
- Managed Care **Vor 192 bis 208** 21 ff.
- Maximalwartezeit
  - Festlegung **197** 1
- Möglichkeit der Beitragsbegrenzung im Alter **VVG-InfoV 3** 5
- Personenversicherung **Vor 192 bis 208** 11; **193** 1
- Prämienänderung
  - Wirksamwerden **203** 46
- Prämienanpassung **203** 1 ff., 11 ff.
  - betroffene Krankenversicherung **203** 13
  - Höhe **203** 20
  - Mitwirkung des Treuhänders **203** 22
  - nachträgliche **203** 2
  - Prämienkalkulation **203** 14 ff.
  - richterliche Kontrolle **203** 25 ff.
  - Risikozuschlag **203** 21
  - Selbstbehalt **203** 21
  - Veränderung der Verhältnisse im Gesundheitswesen **203** 29 ff.
- Prämienhöhe
  - Art der Lebensversicherung **203** 3 ff.
- Prinzip der Gleichbehandlung **Vor 192 bis 208** 16
- private **Vor 192 bis 208** 6 ff.
- prozentualer Selbstbehalt **193** 22
- Rechtsquellen **Vor 192 bis 208** 12 ff.
- Risikozuschlag
  - individueller **204** 24
- Tarifänderung
  - Wirksamwerden **203** 46 ff.
- Tarifanpassung
  - nachträgliche **203** 2
- Tarifwechsel
  - Altvertrag **204** 53 ff.
  - Anwartschaftsversicherung **204** 65 ff.
  - aus dem Basistarif **204** 34

2624

Stichwortverzeichnis

- Beschränken auf neue Tarife **204** 16
- Beschränkung durch Musterbedingungen **204** 17 ff.
- gleichartiger Versicherungsschutz **204** 12 ff.
- im Konzern **204** 42 f.
- Informationspflicht **204** 68 f.
- kalkulierte Altersrückstellung **204** 48 ff.
- Modalitäten **204** 21 ff.
- Normaltarif **204** 11 ff.
- Portabilität der Altersrückstellung **204** 8
- Risikozuschlag **204** 24 ff.
- unternehmensinterner **204** 9 ff.
- Unternehmensverschmelzung **204** 41
- Zusatztarif **204** 44
- unbefristete
  - Versicherungsdauer **195** 3 ff.
- Unternehmenswechsel **204** 7, 45 ff.
  - Portabilität der Altersrückstände **204** 46 ff.
- Verletzung der Versicherungspflicht **193** 33 ff.
- versicherte Person **193** 1 ff.
- Versicherung für fremde Rechnung **193** 8
  - anzuwendende Vorschriften **194** 10
- Versicherungsdauer **195** 1 ff.
- Versicherungsfall
  - Herbeiführung **201** 1 ff.
- Versicherungspflicht **193** 11 ff.
  - Basistarif **193** 26
  - Begrenzung der Selbstbehalte **193** 21 ff.
  - Beihilfetarife **193** 26
- Versicherungsverhältnis
  - Fortsetzung **207** 1 ff.
- vertragstypische Leistung des Versicherers **192** 1 ff.
- Wartezeit
  - Ausscheiden aus der gesetzlichen Krankenversicherung **197** 13 ff.
  - Ausscheiden aus der Heilfürsorge **197** 13 ff.
  - Ausscheiden aus der privaten Krankheitskostenversicherung **197** 13 ff.
  - Beginn **197** 7 ff.
  - Begriff **197** 5 f.
  - Dauer **197** 7 ff.
  - Einzelfälle **197** 10 ff.
  - Karenzregelung **197** 1
  - Kindernachversicherung **197** 4
  - maximale Dauer **197** 5 ff.
- Wartezeiten **197** 1 ff.
- Wechsel in die gesetzliche Krankenversicherung im Alter **VVG-InfoV 3** 6
- Wechsel innerhalb der privaten Krankenversicherung im Alter **VVG-InfoV 3** 7

Krankenversicherungsschutz
- Mindestumfang **193** 18 ff.
  - ambulante Heilbehandlung **193** 19 ff.
  - Begrenzung der Selbstbehalte **193** 21 ff.
  - stationäre Heilbehandlung **193** 19 ff.

Krankes Deckungsverhältnis
- Anspruchsberechtigung des Dritten **117** 23
- Differenzierung
  - Haftpflichtversicherer zum Versicherungsnehmer **117** 19
- Einstandspflicht
  - Haftpflichtversicherer im Rahmen der übernommenen Gefahr **117** 10 ff.
- Kfz-Haftpflichtversicherung **117** 24
- sachliche Leistungsfreiheit **117** 17

Krankheit
- Begriff **192** 6
- Beispiele **192** 7 ff.

Krankheitskostenversicherung Vor 192 bis 208 11
- anzuwendende Vorschriften **194** 2
- Entbindung **192** 16 ff.
- gezielte Vorsorgeuntersuchung **192** 19
- Kostenmanagement **192** 72 f.
- Leistungsgrenzen **192** 61 ff.
  - Rückwirkung **192** 67 ff.
  - Treu und Glaube als Leistungsgrenze **192** 70
- Leistungsmanagement **192** 72 ff.
- Leistungsmerkmale
  - alternative Medizin **192** 33 ff.
  - Tarifbedingung **192** 53 ff.
- Leistungspflicht des Versicherers **192** 50 ff.
  - Fertilitätsstörungen **192** 60
  - Tarifbedingungen **192** 53 ff.
  - Tarife **192** 53 ff.
- medizinisch notwendige Heilbehandlung **192** 20 ff.
  - Einzelfälle **192** 37 ff.
  - medizinische Notwendigkeit **192** 25 ff.
- Schwangerschaft **192** 16 ff.

Kühlgüterversicherung Vor 130 bis 141 9
Kundengeldsicherung 69 7
Kündigung
- Erklärungsempfänger **11** 25 ff.
- Form **11** 29
- Gefahrerhöhung **24** 1 ff.
  - Abdingbarkeit **24** 21 ff.
- Leistungsfreiheit **26** 20 ff.

2625

Stichwortverzeichnis

- Prozessuales **24** 19 ff.
- Verletzung des § 23 Abs. 1 **24** 5 ff.
- Haftpflichtversicherung
  - nach Versicherungsfall **111** 1 ff.
- Inhalt **11** 30
- Krankenversicherung
  - des Versicherungsnehmers **205** 1 ff.
- Kündigungsberechtigter **11** 19 ff.
- Kündigungserklärung **11** 25 ff.
- Lebensversicherung
  - durch Versicherungsnehmer **168** 1 ff.
- nach Versicherungsfall **92** 1 ff.
- Prämienerhöhung **40** 1 ff.
- Rücknahme **11** 37
- Umdeutung **11** 31
- Verletzung einer vertraglichen Obliegenheit **28** 10 ff.
- Versicherungsfall **92** 10 ff.
- VVG-Reform **11** 2 ff.
- Zurückweisungspflicht des VR **11** 32

Kündigungserklärung
- Zugang **11** 25 ff.

Kündigungserklärungsfrist
- Haftpflichtversicherung **111** 10

Kündigungsfrist
- Haftpflichtversicherung **111** 12
- Obliegenheitsverletzung **28** 16 ff.

Kündigungsrecht
- beidseitiges **92** 4 ff.
- Eintritt Versicherungsfall **92** 4
- fingierter Versicherungsfall **92** 5 ff.
- vorsätzlicher herbeigeführter Versicherungsfall **92** 5 ff.

Landwirtschafts- und Verkehrsrechtsschutz 125 97

Laufende Versicherung 210 13
- Anmeldepflicht **53** 1 ff.
  - Verletzung **54** 1 ff.
- Anmeldung zur Einzeldefinition **53** 5 ff.
- Begriff **Vor 53 bis 58** 1 ff.
- Grundgedanke **Vor 53 bis 58** 3
- Legaldefinition **53** 2 f.
- Obliegenheitsverletzung
  - Kündigung **58** 8
  - Leistungsfreiheit **58** 2 ff.
- praktische Bedeutung **Vor 53 bis 58** 5 ff.
- Qualifikation im VVG **Vor 53 bis 58** 4

Lebensversicherung
- abweichende Vereinbarung **171** 1 ff.
- Angabe der Kosten **VVG-InfoV 2** 2 ff.
- Angabe der sonstigen Kosten **VVG-InfoV 2** 7
- Arbeitslosigkeit **Vor 150 bis 171** 25

- ärztliche Untersuchung **151** 1 ff.
- arglistige Täuschung **151** 7
- Arztvertrag **151** 4 ff.
- Beweislast **151** 13
- Kosten **151** 11
- Vereinbarung **151** 2 f.
- Bedeutung **Vor 150 bis 171** 1 ff.
- Bedingungsanpassung
  - Ersetzung durch neue Regelung **164** 29 ff.
  - gerichtliche Kontrolle **164** 32 f.
  - Notwendigkeit zur Fortführung des Vertrags **164** 14 ff.
  - Verhältnis zu § 206 BGB **164** 7 ff.
  - Voraussetzung **164** 5 ff.
  - Wirksamkeitsvoraussetzung **164** 18 ff.
  - Wirksamkeitszeitpunkt **164** 33 ff.
  - Zulässigkeitsvoraussetzung **164** 11 ff.
- Begriff **Vor 150 bis 171** 4
- Berechnung der prämienfreien Leistung
  - Altverträge **165** 17
- Berufsunfähigkeit **Vor 150 bis 171** 20
- Berufsunfähigkeitsversicherung **VVG-InfoV 2** 16
- bestehende
  - Eintrittsrecht **170** 2 ff.
- Bestimmung
  - Wegfall **159** 17
- Bestimmungsrecht
  - Ausübung **159** 8 ff.
  - formelle Anforderung **159** 28
  - Rechtsfolge **159** 27
- Beteiligte **Vor 150 bis 171** 78 ff.
  - Beitragszahler **Vor 150 bis 171** 87
  - Bezugsberechtigter **Vor 150 bis 171** 86
  - Geldwäschegesetz **Vor 150 bis 171** 89
  - versicherte Person **Vor 150 bis 171** 86 f.
  - Versicherungsnehmer **Vor 150 bis 171** 81 ff.
- Bezugsberechtigung **159** 1 ff.
  - Auslegung **160** 1 ff.
  - Berufsunfähigkeitsversicherung **159** 3
  - Erben **160** 23
  - Erbschaftsausschlagung **160** 26
  - mehrere Personen **160** 3 ff.
  - Nichterwerb **160** 27 f.
  - Rentenversicherung **159** 1
  - Unfallversicherung **159** 3
  - Vertrag zugunsten Dritter **159** 1
  - Zeitpunkt des Rechtserwerbs **159** 5
  - Zuwachs **160** 11
- Bezugsrecht **159** 29 ff.
  - Bezugrechtsarten **159** 44 ff.

Stichwortverzeichnis

- Deckungsverhältnis **159** 29 ff.
- Dreiecksverhältnis **159** 7
- eingeschränkt unwiderrufliches **159** 79 ff.
- Schutz Dritter **159** 39 ff.
- unwiderrufliches **159** 53, 75 ff.
- Unwirksamkeit der Bestimmung **159** 14 ff.
- Valutaverhältnis **159** 29 ff.
- Verfügung bei Insolvenz **159** 65
- Verpfändung **159** 70 ff.
- wesentlicher Umfang **159** 32 ff.
- widerrufliches **159** 50 ff., 54 ff.
- Zeitpunkt des Rechtserwerbs **159** 50 ff.
- britische With Profit-Versicherung **Vor 150 bis 171** 75 ff.
- deutsche klassische Versicherung **Vor 150 bis 171** 74
- Dread-Disease **Vor 150 bis 171** 23
- Eheschließung **Vor 150 bis 171** 99 f.
- Eintrittsrecht **170** 1 ff.
  - Arrest **170** 6
  - Eintrittsberechtigter **170** 8 ff.
  - Insolvenz **170** 6
  - Wirkung des Eintritts **170** 17 ff.
  - Zustimmung des Versicherungsnehmers **170** 7 ff.
  - Zwangsvollstreckung **170** 6
- Erbe
  - Fiskus **160** 29
- Erwerbsunfähigkeit **Vor 150 bis 171** 20 ff.
- fondsgebundene **VVG-InfoV 2** 14
- Fortsetzung nach Beendigung der Elternzeit
  - Ausschlussfrist **212** 8
- Fortsetzung nach der Elternzeit **212** 1 ff.
  - betriebliche Altersvorsorge **212** 5
- Garantie **VVG-InfoV 2** 13
- Gefahränderung **158** 1 ff.
- Gefahrerhöhung
  - Ausschlussfrist **158** 5 f.
  - vereinbarte **158** 4, 7 ff.
- gesetzlicher Sicherungsfonds **Vor 150 bis 171** 103 f.
- Hybridprodukt **Vor 150 bis 171** 79
- Informationspflicht **VVG-InfoV 2** 1 ff.
- jährliche Information
  - Verbindlichkeit **155** 9
- Kapitalisierungsgeschäft **Vor 150 bis 171** 17
- Kapitallebensversicherung **Vor 150 bis 171** 11
- Kenntnis der versicherten Person **156** 1 ff.
- Key-Man-Absicherung **Vor 150 bis 171** 23
- Kollektivlebensversicherung **150** 21 ff.

- Kosten **VVG-InfoV 2** 2 ff.
- Kosten und Transparenz **Vor 150 bis 171** 105 ff.
- Kostenangabe **VVG-InfoV 2** 18
- Kündigung **166** 1 ff.
  - Abdingbarkeit **168** 38 ff.
  - bei laufenden Prämien **168** 5 ff.
  - betriebliche Altersvorsorge **166** 11 f.
  - durch den Versicherer **166** 3 f.
  - Form **168** 25
  - Frist **168** 25 ff.
  - Gestaltung **168** 42
  - gewisses Risiko **168** 28 f.
  - Information des Bezugsberechtigten **166** 12 f.
  - Informationspflicht **166** 11 ff.
  - Insolvenzverwalter **168** 14
  - Kündigungsberechtigter **168** 7 ff.
  - Umgehung **168** 38 ff.
  - Verhältnis zu anderen Kündigungsrechten **168** 2
  - Verwertungsausschluss **168** 30 ff.
- Leistungsänderung **163** 15 f.
  - Prozessuales **163** 20 ff.
  - Wirksamkeitszeitpunkt **163** 17
- Leistungsfreiheit
  - Versicherungsnehmer tötet versicherte Person **162** 2 ff.
- Modellrechnung **154** 1 ff.; **VVG-InfoV 2** 19
  - Ausgestaltung **154** 2 ff.
  - Hilfe von Leistungen **154** 8 f.
  - individuelle **154** 15 f.
  - Unverbindlichkeitsnachweis **154** 18
  - Verbindlichkeit **154** 19 ff.
  - Voraussetzung **154** 2 ff.
- Neufestsetzung
  - Ausschluss **163** 14
  - Treuhänder **163** 10 ff.
- Pflegerenten **Vor 150 bis 171** 24
- Prämienänderung **163** 2 f.
  - Neufestsetzung **163** 4 ff.
- prämienfreie **165** 1 ff.
  - Umwandlung **165** 3 ff., 11 ff.
  - Umwandlungsverlangen **165** 8 ff.
  - vereinbarte Mindestversicherungsleistung **165** 10
  - Versicherungsnehmer **165** 5 ff.
- Produktinformationsblatt **Vor 150 bis 171** 110
- Rechtsnatur **Vor 150 bis 171** 90 ff.
  - Betragsoptionen **Vor 150 bis 171** 91 ff.
- Risikobelegenheit **Rom-I 7** 57

Stichwortverzeichnis

- Rückkaufswert **169** 1 ff.; **VVG-InfoV 2** 10
  - Abschlusskosten **169** 74
  - Abzugsverbot **169** 104 f.
  - Anfechtung des Versicherers **169** 17 ff.
  - Angabe **169** 77 ff.
  - Auszahlung **169** 22 ff.
  - Begrenzung **169** 27
  - Berechnung bei Altverträgen **169** 45 ff.
  - betriebliche Altersversorgung **169** 66 ff.
  - fondsgebundene Versicherung **169** 88 ff.
  - gleichmäßige Verteilung der Abschlusskosten **169** 53 ff.
  - Herabsetzung **169** 109 ff.
  - kapitalgedeckte Versicherung **169** 28 ff.
  - Kündigung des Versicherungsnehmers **169** 17 ff.
  - Rentenversicherung **169** 13
  - Risikoversicherung **169** 11
  - Rücktritt **169** 17 ff.
  - Schlussüberschussanteile **169** 127 ff.
  - Stornoabzug **169** 94 ff.
  - Transparentgebot **169** 2
  - Versicherung mit gewissem Eintritt der Verpflichtung **169** 8 ff.
  - Verteilung der Abschlusskosten **169** 62 ff.
  - Verzinsung der Abschlusskostenforderung **169** 72 ff.
  - Voraussetzung der Herabsetzung **169** 112 ff.
- schwere Krankheit **Vor 150 bis 171** 23
- Selbsttötung **161** 1 ff.
  - Beweis der vorsätzlichen **161** 24 ff.
- steuerliche Behandlung **Vor 150 bis 171** 95 ff.
- Steuerregelung **VVG-InfoV 2** 15
- System der einmaligen Abschlusscourtage **59** 18
- Termfix-Versicherung **Vor 150 bis 171** 16 ff.
- Tötung der versicherten Person
  - Bezugsberechtigter **162** 11 ff.
  - Vorsatz **162** 6 f.
  - widerrechtliche Handlung **162** 4 ff.
- Tötung durch Leistungsberechtigten **162** 1 ff.
- Überschussbeteiligung **VVG-InfoV 2** 9
  - jährliche Unterrichtung **155** 1 ff.
  - Verbindlichkeit der Information **155** 9
- Überschussermittlung **VVG-InfoV 2** 9

- Umwandlung
  - Erlangung eines Pfändungsschutzes **167** 1 ff.
  - Kosten **167** 17
  - Schluss der laufenden Versicherungsperiode **167** 6
  - Versicherungsnehmer **167** 4 ff.
- Umwandlung des Versicherungsvertrags **VVG-InfoV 2** 12
- Unfalltod **Vor 150 bis 171** 19
- unrichtige Altersangabe **157** 1 ff.
  - Beweislast **157** 10
  - Leistungsanpassung **157** 3 f.
  - Rücktrittsrecht **157** 5 ff.
- Unterscheidung
  - betriebliche Altersversorgung **Vor 150 bis 171** 39 ff.
  - Erlebensfallversicherung **Vor 150 bis 171** 9
  - gemischte Versicherungen auf den Todes- und Erlebensfall **Vor 150 bis 171** 10 ff.
  - Haupt- und Zusatzversicherung **Vor 150 bis 171** 18 ff.
  - Kapitalanlageprodukt **Vor 150 bis 171** 69
  - nach Kapitalanlagen **Vor 150 bis 171** 73 ff.
  - Riester-Vertrag **Vor 150 bis 171** 34 ff.
  - steuerliche Förderung **Vor 150 bis 171** 26 ff.
  - Todesfallversicherung **Vor 150 bis 171** 6 ff.
- vereinbarte Gefahrerhöhung **158** 4
- vereinbarte Gefahrminderung **158** 7 ff.
- Verhalten der versicherten Person **156** 1 ff.
- versicherte Person **150** 1 ff.
  - Ausnahme vom Einwilligungserfordernis für Eltern **150** 27
  - Beerdigungskosten **150** 19, 28
  - Einwilligungserfordernis **150** 7 ff.
  - schriftliche Einwilligung **150** 7 ff.
  - Vertretungsausschluss **150** 26
  - Zulässigkeit der Fremdversicherung **150** 6
- Versicherungsnehmer
  - Herbeiführung des Todes eines anderen **162** 2
- Widerruf
  - Fälligkeit der Prämie **152** 11
  - Prozessuales **152** 12 ff.
  - Rückkaufswert **152** 6
  - Versicherungsnehmer **152** 1 ff.
  - Widerrufsfrist **152** 3 ff.

Stichwortverzeichnis

Leistungsänderung
– Lebensversicherung **163** 15 f.
Leistungsfreiheit
– Gefahrerhöhung **57** 10 f.
– nicht gezahlte Folgeprämie
   – Eintritt des Versicherungsfalls **38** 13 ff.
– Schuldunfähigkeit **81** 95 ff.
– Verletzung
   – fehlende Anmeldung **54** 2 ff.
– Versicherer
   – Nichtzahlung der Erstprämie **37** 16 ff.
– wegen Gefahrerhöhung **26** 1 ff.
– weitere Voraussetzung **26** 16 ff.
Leistungskürzung
– Gesamtstrafenmodell **81** 82 ff.
Leistungsort
– Prämie **36** 1 ff.
Leistungsverweigerungsrecht
– Transportversicherung
   – Anzeigepflicht **131** 4 ff.
Lex fori
– internationales Versicherungsvertragsrecht
   Rom-I 9 3 ff.

Makler
– Beratungspflichten **59** 11
– Regulierungsvollmachten **59** 15
Maklereinbruch 59 19
Maklervertrag
– Definition **59** 10
Managed Care Vor 192 bis 208 21 ff.
Mangelfolgeschaden 100 26
Maschinenversicherung Vor 130 bis 141 9
Mediationsklausel
– Rechtsschutzversicherung **125** 8, 27 f.
Mehrere Versicherer 77 1 ff.
Mehrfachversicherung
– Aufhebungsverlangen
   – Beweislastgrundsatz **78** 38
   – später abgeschlossener Vertrag **79** 7 f.
   – Wirksamwerden **79** 13 ff.
– Beseitigung **79** 1 ff.
– betrügerische **78** 41, 47
– Beweislast **78** 49 ff.
– erste Alternative **78** 5 ff.
– Haftung **78** 1 ff.
– Haftungsumfang im Außenverhältnis
   78 42 ff.
– Herabsetzung der Versicherungssumme
   79 12
– Herabsetzungsverlangen
   – Wirksamwerden **79** 13 f.
– Mieterregress
   – Ausgleich zwischen Sach- und Haftpflichtversicherer **78** 19 ff.

– nachträgliche **79** 5 f., 15 f.
– Rechtsfolgen **79** 7 ff.
   – Anspruch des Versicherungsnehmers
   78 45
   – Ansprüche der Versicherer untereinander **78** 46
   – Regelung zum internen Ausgleich **78** 13 ff.
   – Regressverzichtsabkommen **78** 39
   – Selbstbehalt **78** 9
   – sofortige **79** 2 ff.
– Verjährung **78** 54
   – Ausgleichsanspruch **78** 37
– Versicherungswert
   – Begriff **78** 7
– zweite Alternative **78** 10 ff.
Mehrfachvertreter 59 5
Mehrversicherung 77 3 ff.
– Abgrenzung
   – zur Nebenversicherung **77** 20
– Anfechtung
   – arglistige Täuschung **77** 18
   – Beweislast **77** 16
– Hinweispflicht
   – des Versicherers **77** 14
– Identität
   – versicherte Gefahr **77** 5 ff.
   – versichertes Interesse **77** 5 ff.
   – Versicherungsnehmer **77** 7
   – Zeit und Ort **77** 8
– Rechtsfolgen **77** 15
– Umfang der Anzeigepflicht **77** 9 ff.
Minderung 100 24
– Abwendung **82** 3 ff.
Mindestversicherungssumme
– Ausschöpfung **117** 55 ff.
– Begrenzung **123** 12 ff.
– Berufshaftpflichtversicherung
   – Versicherungsvermittler **VersVermV
   9** 3 ff.
– Beschränkung der Haftung **117** 26 ff.
– krankes Deckungsverhältnis **123** 12
– Pflichtversicherung **114** 2
Mitteilungspflichten
– Anscheinsmakler **59** 7 ff.
– Versicherungsberater **59** 24 ff.
– Versicherungsmakler **59** 7 ff.
– Versicherungsvermittler **59** 3
– Versicherungsvertreter **59** 4 ff.
Modellrechnung
– Ausgestaltung der normierten **154** 10 ff.
– Lebensversicherung **154** 1 ff.
– Produktinformationsblatt **VVG-InfoV 4** 17
– selbstständige Berufsunfähigkeitsversicherung **154** 5

2629

Stichwortverzeichnis

Montageversicherung Vor 130 bis 141 9
Musikinstrumenteversicherung Vor 130 bis 141 9
Muster Widerrufsbelehrung 8 71
Musterkollektionsvereinbarung Vor 130 bis 141 9
Namenspapier
– Versicherungsschein 4 1
Neugeborenenversicherung
– Anmeldung Neugeborener 198 5
– Einbeziehung Neugeborener 198 3 f.
  – als Krankenversicherung 198 16
  – Auslandsversicherung 198 16
– minderjährige Adoptivkinder 198 12
– Mindestversicherungsdauer 198 15
– Rechtsnatur 198 7 ff.
– Reichweite 198 7 ff.
Neuwerttaxe 76 2
Nicht-Lebensversicherung
– Risikobelegenheit Rom-I 7 46
Nutzungsrecht
– Erwerb 99 1 ff.

Obliegenheit
– Abgrenzung zum Risikoausschluss 28 33 ff.
– Erteilung von Auskunft 119, 120 10 ff.
– Rechtsnatur 28 28
– Rechtsschutzversicherung 125 126 ff.
– verhüllte 28 31 ff.
– Verletzung 28 37 ff.
– Verletzung einer vertraglichen 28 1 ff.
– Vorlage von Belegen 119, 120 10 ff.
Obliegenheitsverletzung
– Abdingbarkeit 28 157
– Arglist 28 106 ff.
– Ausschlussfrist 28 34
– Belehrungspflichten des Versicherers 28 123 ff.
– Beweislast 28 19
– Bindungswirkung des Haftpflichtprozesses 119, 120 55 ff.
– grobe Fahrlässigkeit
  – Kürzung entsprechend der Schwere des Verschuldens 28 60 ff.
  – Quotelung 28 56 ff.
– Kausalität 28 87 ff.
  – Nachweis 28 90
– Kausalitätsgegenbeweis 28 101 ff.
– keine Sanktionierung
  – nach § 119 Abs. 1 119, 120 52 f.
– Kündigung bei nur fahrlässiger 28 14 ff.
– Kündigungsfrist 28 16 ff.
– Kürzungsquoten 28 65 ff.

– laufende Versicherung 58 1 ff.
– Leistungsfreiheit 28 41 ff.
– objektive 82 23
– Obliegenheiten vor und nach dem Versicherungsfall 28 67 ff.
– Prozessuales 28 154
– Prüfungsschema 28 158
– Quotelungsschema 28 83 ff.
– Reduzierung der Einstandspflicht 119, 120 54 ff.
– schuldhafte 119, 120 49 f.
– Vorsatz 28 45 ff.
– Zurechnung fremden Wissens 28 138 ff.
  – Präsentantenhaftung 28 142 ff.
  – Repräsentantenhaftung 28 142 ff.
  – Wissenserklärungsvertreter 28 147 ff.
  – Wissensvertreter 28 151 ff.
Öffentliche Ordnung
– internationales Versicherungsvertragsrecht Rom-I 21 1 ff.
Ordnungswidrigkeit
– Versicherungsvermittlung VersVermV 18 1 ff.
Ordre-public-Vorbehalt
– internationales Versicherungsvertragsrecht Rom-I 21 1 ff.

Pensionskasse 211 5 ff.
– betriebliche Altersversorgung 211 8
Personenbezogene Gesundheitsdaten 213 10 ff.
– Adressat 213 11
– Datenerhebungsquellen 213 12 ff.
  – Einwilligung 213 29 ff.
  – Erforderlichkeit 213 20 ff.
  – Hinweispflichten 213 35 f.
  – Widerruf der Einwilligung 213 34
  – Zweckbestimmung 213 19
– Datenerhebungsstelle 213 11
– prädikative Gesundheitsinformationen 213 26
Personenschaden
– Haftpflichtversicherung 100 6
Pflegekrankenversicherung 192 89 ff.
– Leistungspflicht
  – Versicherer 192 94
  – Versicherungsfall
    – Eintritt 192 93
Pflegepflichtversicherung
– Unternehmenswechsel 204 62 ff.
Pflichtanspruch
– Direktanspruch
  – Hemmung der Verjährung 115 40 ff.
Pflichten
– vertragstypische 1 1 ff.

Stichwortverzeichnis

Pflichthaftpflichtversicherung Vor 100 bis 112 4
- Durchbrechung
  - der Abhängigkeit **123** 3 ff.
- Veräußerung
  - von der Versicherung erfassten Sache **122** 5 ff.
- wichtige **Vor 100 bis 112** 19

Pflichtverletzung
- Obliegenheiten
  - Anzeige **119, 120** 32 ff.
  - Schadensereignis **119, 120** 22 f.
- Obliegenheitsverletzung des Dritten **119, 120** 1 ff.
- Pflichtanspruch **124** 9 ff.
- Rechtskrafterstreckung
  - zeitliche Dimension **124** 34 ff.

Pflichtversicherung
- Abtretungsverbot
  - Abschaffung **115** 9 ff.
- abweisendes Urteil
  - Rechtskraftwirkung **124** 4 ff.
- Allgemeines **113** 2 ff.
- Amtshaftung
  - Berufung auf das Verweisungsprivileg **117** 77
  - Verweisungsprivileg **117** 66 ff.
- Aufrechnung gegenüber Dritten **121** 1 ff.
- Auskunftsverlangen des Haftpflichtversicherers **119, 120** 38 ff.
- Ausmaß der Determinierung **113** 7 f.
- befugtes Versicherungsunternehmen **113** 9
- Bescheinigung des Versicherungsnehmers
  - gegenüber dem Versicherungsnehmer **113** 10
- Beweislast
  - Verweisungsprivileg beim Haftpflichtversicherer **117** 60
- Deckungsanspruch **115** 25 ff.
- Direktanspruch **115** 1 ff.
  - Abfindungsvergleich **115** 58 ff.
  - Hemmungsbeendigung **115** 51 ff.
  - maßgebliche Rechtsbeziehung **115** 2 ff.
  - Treu und Glaube **115** 63 ff.
  - Verjährung **115** 35 ff.
- direkte Klage **115** 5 ff.
- Gesamtschuldner **116** 1 ff.
  - Deckungsprozess **116** 37 f.
  - Ersatz der Aufwendung **116** 24 ff.
  - gesamtschuldnerische Haftung **116** 17 ff.
  - gesundes Deckungsverhältnis **116** 2
  - krankes Deckungsverhältnis **116** 3 ff.
- Gestaltungsspielraum beim Versicherungsvertrag **114** 6 ff.
- Haushaltshaftpflichtprivileg **116** 14
- kein Kontrahierungszwang **113** 6
- klageabweisende Entscheidung eines Gerichts **124** 7 ff.
- krankes Deckungsverhältnis
  - Rechtsstellung des Versicherten **123** 2 ff.
- Leistungspflicht gegenüber Dritten **117** 1 ff.
  - Anspruchsberechtigung des Dritten **117** 23
  - Beschränkung der Haftung auf Mindestversicherungssumme **117** 26 ff.
  - Einstandspflicht im Rahmen der übernommenen Gefahr **117** 10 ff.
  - fiktiver Deckungsanspruch **117** 3 ff.
  - krankes Deckungsverhältnis **117** 2 ff.
  - negative Umschreibung **117** 46 ff.
  - positive Umschreibung **117** 36 ff.
  - reduzierte Bedeutung in der Kfz-Haftpflichtversicherung **117** 24 ff.
  - Rückgriffsanspruch **117** 98 ff.
  - sachliche Leistungsfreiheit **117** 17 ff.
  - Subsidiarität der Einstandspflicht **117** 33 ff.
  - Verweisungsprivileg **117** 33 ff.
- Mindestversicherungssumme **114** 2
- Obliegenheiten
  - Absendung der Nachricht in Textform **119, 120** 18
  - Beschränkung der Sanktionierung der Ansprüche nach §§ 115, 117 **119, 120** 47 ff.
  - Erteilung von Auskunft **119, 120** 10 ff.
  - Fristwahrung durch rechtzeitige Absendung **119, 120** 19 f.
  - gerichtliche Geltendmachung **119, 120** 26 ff., 36 f.
  - Kenntnis des geschädigten Dritten **119, 120** 15 ff.
  - schadensersatzrechtliche **119, 120** 12 ff.
  - Tatbestand der Anzeigeobliegenheit **119, 120** 14 ff.
  - versicherungsrechtliche **119, 120** 12 ff.
  - Vorlage von Belegen **119, 120** 10 f.
- Pfändung des Deckungsanspruchs **115** 5 ff.
- Rangfolge
  - Paritätsprinzip **118** 2 ff.
- Rangfolge mehrerer Ansprüche **118** 1 ff.
  - Ansprüche aus Teilungsabkommen **118** 58 f.

Stichwortverzeichnis

- Ansprüche geringer als erwartet **118** 62
- Bereicherungsanspruch des Haftpflichtversicherten **118** 64 f.
- Bereicherungsanspruch des zu spät kommenden Dritten **118** 66 f.
- Berücksichtigung zu spät kommender Dritter **118** 37 ff.
- betragliche Haftungsbegrenzung **118** 8 ff.
- Deckungsinsolvenz **118** 2 ff.
- Erschöpfen der Versicherungssumme **118** 39 ff.
- krankes Deckungsverhältnis **118** 35
- Nachforderungsansprüche nicht ausgeschöpfte Versicherungssumme **118** 68 f.
- Prognose beim Verteilungsplan **118** 43 ff.
- Quotenvorrecht bei Mitverschulden **118** 8 ff.
- Vorrang zu befriedigender Anspruchsberechtigte **118** 38
- Zahlungspflicht des Haftpflichtversicherers **118** 63
- Rechtsbehelfe bei Unfallmanipulation
  - Ermessen des Gerichts **124** 57 ff.
- Rechtskrafterstreckung
  - krankes Deckungsverhältnis **124** 61 ff.
  - Unfallmanipulation **124** 44 ff.
  - Verjährung **124** 13 ff.
- Reichweite der Rechtskrafterstreckung **124** 9 ff.
- Rückgriffsanspruch
  - Befriedigungsvorrecht **117** 111
  - Leistungsfreiheit **117** 109
  - Verjährung **117** 112 f.
- Satzung **113** 3
- Selbstbehalt
  - Auswirkung **114** 15
- Umfang der Leistungspflicht **115** 15 ff.
  - beteiligte Person **115** 27 ff.
  - Mitschädiger **115** 31 ff.
  - Schadensersatzleistung **115** 34
- Umfang des Versicherungsschutzes **114** 1 ff.
- Unfallversicherung **190** 1 ff.
- Verjährung
  - Rückgriffsansprüche **116** 35 ff.
- Verweisungsprivileg
  - Ausschöpfung der Mindestversicherungssumme **117** 55 ff.

Pflichtversicherungsanspruch
- Leistungspflicht gegenüber Dritten
  - Überwälzung von Nebenkosten **117** 101

Pflichtversicherungsvertrag
- internationales Versicherungsvertragsrecht **Rom-I 7** 37 ff.

Prämie
- Abdingbarkeit **33** 21
- abweichende Vereinbarung **42** 1 ff.
- Aufrechnung durch den Versicherer **35** 1 ff.
- Begriff **33** 3
- Einmalprämie **33** 1
- Erstprämie **33** 1
  - Zahlungsverzug **37** 1 ff.
- Fälligkeit **33** 1 ff., 4
- Folgeprämie
  - Zahlungsverzug **38** 1 ff.
- Herabsetzung **41** 1 ff.
  - Beratungspflicht **41** 4
  - Gefahrminderung **41** 2
  - Prozessuales **41** 5
  - Zugang des Verlangens **41** 3
- Leistungsort **36** 1 ff.
- problematische Einzelfälle **33** 5 ff.
- Prozessuales **33** 17 ff.
- Rechtzeitigkeit **33** 11 ff.
- Stundung **33** 9 f.
- vorzeitige Vertragsbeendigung **39** 1 ff.
  - Anfechtung wegen arglistiger Täuschung **39** 5 f.
  - Rückforderungsrecht des Versicherungsnehmers **39** 7
- Zahlung durch Dritte **34** 1 ff.
  - Abdingbarkeit **34** 14
  - Annahmepflicht des Versicherers **34** 3 ff.
  - Rechtsfolgen **34** 8 ff.
  - Umfang des Pfandrechts **34** 13

Prämienanpassung
- Krankenversicherung **203** 1 ff.

Prämienerhöhung
- Anpassungsklausel **40** 1
- Gefahrausschluss **25** 4 ff.
- Kündigung **40** 1 ff.
- Kündigungsrecht des Versicherungsnehmers **25** 12 ff.
- negative Voraussetzung **25** 4
- positive Voraussetzung **25** 4
- Versicherungsvertrag
  - Änderung **40** 3 ff.
  - Anpassungsklausel **40** 3 ff.
  - Hinweispflicht **40** 10

Stichwortverzeichnis

- Kündigungsrecht **40** 9
- Prozessuales **40** 12
- Verminderung des Versicherungsschutzes **40** 11
- wegen Gefahrerhöhung **25** 1 ff.

Prämienerhöhungsrecht 25 6

Prämienzahlung
- vorläufige Deckung **51** 1 ff.

Prämienzuschlag
- Verletzung der Versicherungspflicht **193** 34 ff.

Privat- und Berufsrechtsschutz 125 81 ff.
- Rechtsschutz für Nichtselbstständige **125** 89 ff.

Private Krankenversicherung Vor 192 bis 208 6 ff.
- Ausbildungskrankenversicherung **Vor 192 bis 208** 9
- Auslandskrankenversicherung **Vor 192 bis 208** 9
- Krankenhaustagegeldversicherung **Vor 192 bis 208** 9
- Krankentagegeldversicherung **Vor 192 bis 208** 9
- Krankheitskostenversicherung **Vor 192 bis 208** 9
- Pflegekrankenversicherung **Vor 192 bis 208** 9
- Rechtsquellen **Vor 192 bis 208** 6
- Reisekrankenversicherung **Vor 192 bis 208** 9
- Restschuldkrankenversicherung **Vor 192 bis 208** 9
- substitutive Krankenversicherung **Vor 192 bis 208** 9

Privatrechtliche Versicherung
- Begriff **Vor 1 ff. 17** ff.

Produktinformationsblatt
- Informationspflicht **VVG-InfoV 4** 1 ff.

Prozessstandschaft
- Versicherungsmehrheit **216** 1 ff.

Pseudomakler 59 23

Rechtsfolgen
- Gefahrerhöhung **23** 141

Rechtsschutz für Eigentümer und Mieter
- Rechtsschutzversicherung **125** 98 ff.

Rechtsschutz für Firmen und Vereine 125 93 ff.

Rechtsschutzversicherung
- abweichende Vereinbarung **129** 1 ff.
- Arbeitsrechtsschutz **125** 38 f.
- ausgeschlossene Rechtsschutzangelegenheiten **125** 102 ff.

- Auswirkung der VVG-Reform **Vor 125 bis 129** 16 f.
- Beratungsrechtsschutz **125** 68 ff.
- Berufsrechtsschutz für Selbstständige **125** 93 ff.
- Disziplinar- und Standesrechtsschutz **125** 56
- Entstehungsgeschichte **Vor 125 bis 129** 1 ff.
- Erfolgsaussichten **125** 110
- erforderliche Leistung **125** 13 ff.
- Fahrerrechtsschutz **125** 78 f.
- Fahrzeugrechtsschutz **125** 77
- Form des Versicherungsschutzes **125** 71 ff.
- freie Anwaltswahl **127** 1 ff.
  - Auswahl seitens des Versicherers **127** 6 ff.
  - Beschränkung des Kreises der Rechtsanwälte **127** 3 ff.
  - Deckungsumfang **127** 3
  - Empfehlungen seitens des Versicherers **127** 6 ff.
  - Sammelverfahren **127** 5
- Gutachterverfahren **128** 1 ff.
  - Frist **128** 28
- Landwirtschaft- und Verkehrsrechtsschutz **125** 97
- Leistung des Versicherers **125** 1 ff.
  - Leistungsumfang **125** 13 ff.
  - Leistungsvoraussetzung **125** 8 ff.
- Leistungsarten **125** 31 ff.
- Mediationsklausel **125** 8, 27
- Mutwilligkeit **125** 110
- Obliegenheiten **125** 126 ff.
- Obliegenheitsverletzung **125** 131
- Ordnungswidrigkeitenrechtsschutz **125** 64 f.
- örtlicher Geltungsbereich **125** 123
- Privat- und Berufsrechtsschutz **125** 81 ff.
- Rechtsschutz für Eigentümer und Mieter **125** 98 ff.
- Rechtsschutz für Firmen und Vereine **125** 93 ff.
- Rechtsschutz im Verkehrsbereich **125** 73 ff.
- Schadensersatzrechtsschutz **125** 36 f.
- Schiedsgutachterverfahren **128** 18 ff.
- SG-Rechtsschutz **125** 51 f.
- Steuerrechtsschutz vor Gerichten **125** 48 ff.
- Stichentscheid **128** 24
- Strafrechtsschutz **125** 57 ff.
- systematische Einordnung **Vor 125 bis 129** 8
- vereinbarter Umfang **125** 16 ff.

2633

Stichwortverzeichnis

- Versicherungsfall **125** 111 ff.
  - Beratungsrechtsschutz **125** 114
  - Schadensersatzrechtsschutz **125** 112
- Versicherungsumfang **125** 17 ff.
- Vertrags- und Sachenrecht **125** 43 ff.
- Verwaltungsrechtsschutz in Verkehrssachen **125** 54 f.
- wirtschaftliche Bedeutung **Vor 125 bis 129** 9 ff.
- Wohnungs- und Grundstücksrechtsschutz **125** 40 ff.

Reisegepäckversicherung Vor 130 bis 141 9
Reiselagerversicherung Vor 130 bis 141 9
Reiseversicherung
- Risikobelegenheit **Rom-I 7** 51

Rente
- Begriff **107** 4 ff.
- Kapitalwert **107** 6 ff., 11 ff.

Rentenanspruch
- Deckungssumme **107** 7
- unterschiedliche **107** 8
- Haftpflichtversicherung **107** 1 ff.
- Rentenzahlungspflicht **107** 4 ff.
- Verpflichtung zur Sicherheitsleistung **107** 22
- Verpflichtungssicherheitsleistung **107** 17
- Versicherungssumme **107** 7 ff.

Rentenkapitalwert
- Begriff **107** 11
- Berechnung **107** 12 ff.

Rentenversicherung
- Bewertungsreserve
  - Zuteilung **153** 108

Rentenzahlung
- Verpflichtung **107** 18 ff.

Rentenzahlungsverpflichtung
- Dauer **107** 13

Restschuldkrankenversicherung
- Versicherungsdauer **195** 1

Rettungsobliegenheit
- Checkliste **82** 26
- Inhalt **82** 11 ff.
- Prozessuales **82** 23 ff.
- Rechtsfolgen **82** 21 ff.
- Vorverlegung **90** 3

Riester-Vertrag
- Unterscheidung
  - Lebensversicherung **Vor 150 bis 171** 34 ff.

Risikoanalyse
- spezifische **61** 10

Risikoausschluss
- Abgrenzung zum sekundären **81** 10

Risikobegrenzung
- Abgrenzung zur Risikobeschreibung **81** 9

Risikobelegenheit
- Definition **Rom-I 7** 45 ff.

Risikobeschreibung
- Abgrenzung zur Risikobegrenzung **81** 9 ff.

Risikolebensversicherung
- Modellrechnung **154** 5

Risikoveränderung
- nachträgliche **61** 10 f.

Risikoversicherung
- Modellrechnung **154** 5

Risikozuschlag
- Krankenversicherung
  - Tarifwechsel **204** 24 ff.

Rückgriffsanspruch
- Haftpflichtversicherer gegen Versicherungsnehmer **123** 26 ff.

Rückkaufswert
- Lebensversicherung **169** 1 ff.

Rücktritt 100 24
- Nichtzahlung der Einmalprämie **37** 2 ff.
- Nichtzahlung der Erstprämie **37** 2 ff.

Rückversicherung
- fakultative **209** 22
- nicht-proportionale **209** 25
- obligatorische **209** 20
- proportionale **209** 24
- Qualifikation **209** 26 ff.
  - Schadensversicherung **209** 27
- Seeversicherung **209** 1 ff.
- Vertragsfreiheit **209** 28 ff.
  - allgemeine Grundsätze **209** 32 ff.

Rückversicherungsrecht 209 17 ff.
- Ausgestaltung **209** 19 ff.
- Formen **209** 19 ff.
- internationales Versicherungsvertragsrecht **Rom-I 4** 6

Rückversicherungsvertrag
- internationales Versicherungsvertragsrecht **Rom-I 3** 10 ff.; **4** 9 f.

Rückwärtsversicherung 2 1 ff.
- abweichende AVB **2** 11 ff.
  - Ausnahmefälle **2** 12
- Begriff **2** 6 f.
- Kenntnis
  - Vertretender **2** 26 ff.
  - Vertreter **2** 26 ff.
- Kenntnis beider Vertragsparteien **2** 23 ff.
- Kenntnis der Vertragsparteien **2** 13 ff.
- Kenntnis des Versicherers **2** 16 f.
- Kenntnis des Versicherungsnehmers **2** 18 ff.

Stichwortverzeichnis

- Prämieneinlösungsklausel
  - Ausschluss **2** 28
  - Rechtsfolgen **2** 29 ff.
  - Vereinbarung **2** 8 ff.
  - Zeitraum vor Vertragsschluss **2** 1
- **Sache**
  - versicherte
    - Anzeige der Veräußerung **97** 1 ff.
    - Veräußerung **95** 1 ff.
- **Sachschaden**
  - Haftpflichtversicherung **100** 7 ff.
- **Sachsubstanzschaden Vor 88 bis 99** 1
  - gewerblicher Bereich **Vor 88 bis 99** 1
  - privater Bereich **Vor 88 bis 99** 1
- **Sachversicherung**
  - Haftungsausschluss **43** 54
  - Mitversicherung des Sacherhaltungsinteresses **43** 58 ff.
  - Mitversicherung des Sacherhaltungsinteresses Dritter **43** 33 ff., 38 ff.
  - Regressverzicht **43** 51 ff.
  - Versicherung fremder Sachen **43** 55 ff.
  - Mitversicherung des Sachersatzinteresses **43** 60 ff.
- **Sachverständigenermittlungskosten**
  - Erstattung objektiv gebotener **85** 12
  - Hinzuziehung eines Sachverständigen **85** 13 ff.
  - Kürzung **85** 11
- **Sachverständigenkosten 85** 9 f.
- **Sachverständigenverfahren**
  - Ablauf **84** 46
  - Benennung
    - Ombudsmann **84** 13
  - Beweislast **84** 39 f.
  - Feststellungsklage **84** 41 ff.
  - Gutachten außerhalb der Zuständigkeit **84** 33
  - Gutachten beruht auf falschen Tatsachen **84** 34
  - Klauseln **84** 2
  - Leistungsklage **84** 41 ff.
  - Mängel **84** 35
  - Mitwirkungspflicht Versicherungsnehmer **84** 44
  - Sachverständigentätigkeit
    - Umfang **84** 9
  - Sachverständiger
    - Benennung **84** 10 f.
    - Benennung durch das Gericht **84** 12
    - vertragliche Vereinbarung über die Benennung **84** 36
  - Schadenshöhe
    - Entscheidung **84** 14

- Sinn und Zweck **84** 7
- Unfallversicherung
  - praktische Bedeutung **189** 2
  - Unverbindlichkeit der Feststellung **189** 4
  - Vereinbarung **189** 3
- Unrichtigkeit
  - offenbare **84** 17 f.
- Unvermögen **84** 31 f.
- Verbindlichkeiten **84** 15 f.
- vertraglich vereinbartes **84** 4 f.
- Verzögerung der Feststellung **84** 31 f.
- Zustandekommen **84** 8
- **Sachverständiger**
  - Befangenheit **84** 23 ff.
    - Ablehnungsgründe **84** 25 ff.
    - Beispiele **84** 28
    - Zeitpunkt der Geltendmachung **84** 30
- **Schaden**
  - Abwendung **82** 3 ff.
- **Schadensabwicklungsunternehmen 126** 1 ff.
  - Bezeichnung im Versicherungsschein **126** 7
  - Interessenskollision **126** 6
  - Rechtsverhältnisse **126** 8 ff.
  - Versicherungsschaden
    - Ausgestaltung **126** 5
- **Schadensermittlungskosten 85** 1 ff.
  - Erstellungsfähigkeit
    - vorgerichtliches Gutachten **85** 20 ff.
  - Feststellungskosten **85** 7 ff.
  - gebotene **85** 6 ff.
- **Schadensersatz**
  - Versicherungsvermittler **63** 1 ff.
    - Pflichtverletzung **63** 5 ff.
- **Schadensersatz wegen Nichterfüllung 100** 23
- **Schadensersatzanspruch**
  - Informationspflichtverletzung **VVG-InfoV 1** 43 ff.
- **Schadensersatzpflicht des Versicherers**
  - Beratung
    - Voraussetzung **6** 53 ff.
  - Versicherungsvermittler
    - Verschulden **63** 19
- **Schadensverhütungsaufwendung 83** 10
- **Schadensverhütungskosten 90** 13
- **Schadensversicherung**
  - Aktivierung **Vor 74 bis 87** 4
  - Allgemeines **Vor 74 bis 87** 1 ff.
  - Arten **Vor 74 bis 87** 3
  - atypische Geschehensabläufe **Vor 74 bis 87** 17

2635

Stichwortverzeichnis

- Bedeutung für die Praxis **Vor 74 bis 87** 7 f.
- Beweiserleichterung **Vor 74 bis 87** 24 ff.
  - Diebstahlsfall **Vor 74 bis 87** 25 ff.
  - Entwendungsfall **Vor 74 bis 87** 25 ff.
  - fehlende Einbruchsspuren **Vor 74 bis 87** 33
  - Nachschlüsseldiebstahl **Vor 74 bis 87** 35 f.
- Beweislast **Vor 74 bis 87** 18 ff.
- Eingrenzung durch allgemeine Versicherungsbedingungen **Vor 74 bis 87** 14
- Entwendungsfall
  - Beispiele **Vor 74 bis 87** 37 ff.
- Glaubwürdigkeitsvermutung **Vor 74 bis 87** 41 ff.
- Kausalität **Vor 74 bis 87** 12 ff.
- Passivversicherung **Vor 74 bis 87** 4
- Schutzzweck der Normen **Vor 74 bis 87** 15 f.
- Vorschriften des VVG **Vor 74 bis 87** 9 f.

Schaustellerversicherung Vor 130 bis 141 9
Scheinmakler 59 23
Schiedsgutachterverfahren 128 18 ff.
- Kosten 128 22

Schiffsgüterversicherung 209 10 ff.
- Deckung 209 12

Schiffshaftpflichtversicherung 130 26 ff.
- große Haverie 130 30 ff.

Schiffskaskoversicherung 130 22 ff.; 209 5 ff.
- große Haverie 130 30 ff.
- Schaden 209 8

Schiffsversicherung
- Umfang 130 21 ff.

Schlichtungsstelle 214 1 ff.
- Anerkennung 214 3 ff.

Schuldunfähigkeit
- Versicherungsfall 81 95 ff.

Schwangerschaft
- Krankenversicherung 192 16 ff.

Seeversicherung
- Rückversicherung 209 1 ff.

Seeversicherungsrecht 209 2 ff.
- AGB-Kontrolle 209 1 ff.
- Schiffskaskoversicherung 209 5 ff.
- Vertragsgrundlage 209 13 ff.

Selbstbehalt
- absoluter 193 22
- Begrenzung
  - Normaltarife 193 21 ff.
  - prozentualer 193 22
- Versicherungsfall 92 8 f.

Selbstständigkeit
- Versicherungsvermittler **GewO 34d** 10 ff.

Selbsttötung
- Ausnahmetatbestand 161 10 ff.
- Beweislast 161 21 ff.
  - Beweis der vorsätzlichen 161 24
- Bilanz-Suizid 161 12
- Fristerhöhung 161 19
- krankhafte Störung 161 14
  - der Geistestätigkeit 161 10
- Lebensversicherung 161 1 ff.
  - Rechtsfolgen 161 9
  - vor Ablauf von drei Jahren nach Vertragsschluss 161 8
- Leistungsfreiheit 161 3 ff.
- Störung der Geistestätigkeit 161 13
- Versicherung für den Todesfall 161 3
- vorsätzliche 161 4 ff.
- Zahlung des Rückkaufwerts 161 20

Sicherungsmakler
- firmenverbundener 59 30

Stichentscheid
- Rechtsschutzversicherung 128 24

Strafrecht
- Versicherungsvermittlung **VersVermV 18** 1 ff.

Strafverfahren
- Haftpflichtversicherung 101 2 ff.

Streitwert
- Deckungsklage 100 79
- Leistungskürzung 81 99 f.

Strukturvertrieb 59 31 ff.

Tank- und Fassleckageversicherung Vor 130 bis 141 9

Tarifwechsel
- Anwartschaftsversicherung 204 65
- Informationspflicht 204 68
- Krankenversicherung
  - Unternehmensverschmelzung 204 41
- unternehmensinterner 204 9 ff.
- Unternehmenswechsel 204 7

Täuschung 22 5 ff.

Taxe 76 1 ff.
- erheblich überhöhte 76 6
- Prozessuales 76 7 f.
- Übersteigen des wirklichen Versicherungswerts 76 3
- Vereinbarung 76 2

Teilkündigung 29 3
- Lebensversicherung mit einer Berufsunfähigkeitsversicherung 29 4

Teilrücktritt 29 3 ff.
- Gefahrerhöhung
  - Leistungsfreiheit 29 12

Stichwortverzeichnis

- Hausratsversicherung **29** 4
- Kündigung **29** 9 f.
- Rahmenvertrag **29** 4

Telefongespräch
- Informationspflicht **VVG-InfoV 5** 1 ff.

Textform
- Pflichtversicherung
  - Obliegenheiten **119, 120** 18

Tierversicherung 83 17

Todesfallversicherung
- Unterscheidung
  - Lebensversicherung **Vor 150 bis 171** 6 ff.

Transparenz
- Lebensversicherung **Vor 150 bis 171** 105 ff.

Transparenzgebot
- Informationspflicht **VVG-InfoV 1** 39

Transportgefahr
- Strandung **130** 19
- Verwirklichung einer relevanten **130** 18 ff.

Transporthaftpflichtversicherung Vor 130 bis 141 9

Transportversicherung Vor 130 bis 141 1 ff.
- Abandonerklärung **141** 5
  - Ausschlussfrist **141** 8 ff.
  - Prozessuales **141** 15 f.
  - Rechtsfolgen **141** 12 ff.
- AGNB-Versicherung **Vor 130 bis 141** 9
- Anzeigepflicht **131** 1 ff.
  - Kündigungsrecht **131** 4 ff.
  - Leistungsverweigerungsrecht **131** 4 ff.
- Aufwendungen
  - Erstattungsanspruch des Versicherungsnehmers **135** 3 ff.
- Aufwendungsersatz **135** 1 ff.
- Ausstellungsversicherung **Vor 130 bis 141** 9
- Autoinhaltsversicherung **Vor 130 bis 141** 9
- Befreiung
  - Zahlung der Versicherungssumme **141** 1 ff.
- Beweislast
  - versicherter Schaden **130** 37 f.
- CMR-Versicherung **Vor 130 bis 141** 9
- Einheitsversicherung **Vor 130 bis 141** 9
- Fahrradversicherung **Vor 130 bis 141** 9
- Fotoapparateversicherung **Vor 130 bis 141** 9
- Garderobenversicherung **Vor 130 bis 141** 9

- Gefahränderung **132** 1 ff.
  - Anzeige **132** 9 ff.
  - Kündigungsrecht des Versicherers **132** 12
  - Recht des Versicherungsnehmers **132** 4 ff.
- Gefahrerhöhung **132** 5
  - Definition **132** 5
- Gefahrtragung **130** 1 ff.
- gleichlaufend mit laufender Versicherung **56** 1
- Haftungsausschluss
  - Fahrtüchtigkeit des Schiffs **138** 3
  - kein ausreichendes Personal des Schiffs **138** 4
  - Schiffe **138** 1 ff.
- Hakenlastversicherung **Vor 130 bis 141** 9
- Jagd-Sportwaffenversicherung **Vor 130 bis 141** 9
- Kfz-Kaskoversicherung **Vor 130 bis 141** 9
- Kfz-Versicherung **Vor 130 bis 141** 9
- Kühlgüterversicherung **Vor 130 bis 141** 9
- Kündigungsfrist **131** 14 ff.
- Kündigungsrecht
  - Leistungsverweigerung des Versicherers **131** 23 f.
  - Prozessuales **131** 25 ff.
- Leistungsfreiheit des Versicherers
  - Grenzen der Zurechenbarkeit **137** 14 f.
  - grobe Fahrlässigkeit **137** 6 ff.
  - Repräsentanteneigenschaft **137** 13
  - vorsätzliche Herbeiführung des Schadens **137** 5
- Lufttransportversicherung **Vor 130 bis 141** 10
- Maschinenversicherung **Vor 130 bis 141** 9
- Montageversicherung **Vor 130 bis 141** 9
- Musikinstrumenteversicherung **Vor 130 bis 141** 9
- Musterkollektionsversicherung **Vor 130 bis 141** 9
- Reisegepäckversicherung **Vor 130 bis 141** 9
- Reiselagerversicherung **Vor 130 bis 141** 9
- Rettungskosten **135** 6 ff.
- Schadensermittlungskosten **135** 8 ff.
- Schadensfeststellungskosten **135** 8 ff.
- Schaustellerversicherung **Vor 130 bis 141** 9
- Schienenfahrzeug-Kaskoversicherung **Vor 130 bis 141** 6
- Seeversicherung **Vor 130 bis 141** 10
- Tank- und Fassleckageversicherung **Vor 130 bis 141** 9

Stichwortverzeichnis

- Transportgefahr **Vor 130 bis 141** 6
- Transporthaftpflichtversicherung **Vor 130 bis 141** 9
- ungeeignete Beförderungsmittel **134** 1 ff.
  - Leistungsfreiheit des Versicherers **134** 5 f.
  - Prozessuales **134** 10
- Valorenversicherung **Vor 130 bis 141** 9
- Veräußerung
  - versichertes Schiff **140** 1 ff.
- Veräußerung der versicherten Güter **139** 1 ff.
- Veräußerung der versicherten Sache **139** 1 ff.
  - Anzeigepflicht des Versicherungsnehmers **139** 5
  - Ausschluss des Kündigungsrechts des Versicherers **139** 4
  - Prämienzahlungspflicht des Erwerbers **139** 3
- Versicherungsfall
  - Herbeiführung **137** 1 ff.
- Versicherungssumme
  - kein Verbrauch **135** 11
- Versicherungswert **136** 1 ff.
  - Berechnung der Schadenshöhe **136** 11 ff.
  - Definition **136** 3 ff.
  - maßgeblicher Zeitpunkt **136** 7 ff.
- vertragswidrige Beförderung **133** 1 ff.
  - Haftungsausschluss **133** 3 ff.
  - Prozessuales **133** 10 ff.
  - Verweis auf Regelung zur Gefahränderung **133** 7
  - Zusatzkosten **133** 8 ff.
- Wassersportfahrzeugversicherung **Vor 130 bis 141** 9
- Werkverkehrsgüterversicherung **Vor 130 bis 141** 9
- Zahlung der Versicherungssumme
  - Abandon **141** 3 ff.

Überschreitung der Versicherungssumme
- Kosten **101** 16 ff.

Überschussbeteiligung
- Anspruch **153** 8 ff.
  - gesetzlicher **153** 8
  - vertraglich vereinbarter **153** 8
- Anspruch des Versicherungsnehmers **153** 24 ff.
  - absolute Zahlen **153** 26
  - Anwendungsbereich **153** 5 f.
  - Aufteilung **153** 17 ff.
  - Ausschluss **153** 55 ff.
  - Bewertungsreserve **153** 80 ff.
- erfasste Vertragsarten **153** 8 f.
- Ermittlung **153** 15
- individuelle Verteilung **153** 22
- jährliche Unterrichtung **155** 1 ff.
- Querverrechnung **153** 46 ff.
  - anfallende Kosten **153** 51
  - Aufwendungen für Kapitalanlagen **153** 49
  - Schadensersatzanspruch **153** 54
  - Transparenz **153** 50
- Regelungsgehalt **153** 59
- Überschussverteilung **153** 59 ff.
- verursachungsorientiertes Verfahren **153** 60

Überschussverteilung
- Abgrenzung
  - verursachungsgerechtes Verfahren **153** 61
- Ausschüttungssperre **153** 79
- kritische Bewertung **153** 76 ff.
- Überschussanteil
  - Individualisierung **153** 60 ff.
  - vergleichbare angemessene Verfahren **153** 72 ff.
- zeitnahe Zuteilung **153** 67 ff.
- Steuerrecht **153** 70

Überversicherung 74 1 ff.
- Abdingbarkeit **74** 19
- Aktenversicherung **74** 3
- Anpassung der Prämie **74** 2
- Beratungspflicht **74** 18
- Beseitigung **74** 2
- betrügerische **74** 13
- Beweislast **74** 16
- einfache **74** 8 ff.
  - Rechtsfolgen **74** 14
- Erstrisikoversicherung **74** 4
- Innenbegriffsversicherung **89** 6
- Krankheitskostenversicherung **74** 6
- Prozessuales **74** 16 ff.
- Rechtsfolgen
  - betrügerische **74** 15
- Stichtagsversicherung **74** 5
- Versicherungswert **74** 9 f.

Umsatzsteuer
- Beweislast **178** 43 ff.
- Definition **178** 3 f.
- Einwirkung von außen **178** 15 ff.
- Gesundheitsschädigung
  - Definition **178** 30 ff.
- Risikoausschluss
  - Kernenergie **178** 23
- Unfallereignis **178** 6 ff.

Unfallereignis
- plötzliches Ereignis **178** 6 ff.

2638

Stichwortverzeichnis

Unfallfolgen
– Krankenversicherung **192** 15
Unfallmanipulation
– Rechtsbehelfe **124** 44 ff.
Unfallversicherung
– abweichende Vereinbarung **191** 1 ff.
– Abwendung des Schadens **184** 1 ff.
– Anerkenntnis **187** 1 ff.
  – Fälligkeit **187** 9
– Begriff **Vor 178 bis 191** 2 ff.
– Bewusstseinsstörung
  – Prüfung **178** 24 ff.
– Bezugsberechtigung **185** 1 ff.
  – Unfalltod **185** 4
– Dispositivität **Vor 178 bis 191** 6
– Fiktion **Vor 178 bis 191** 2 ff.
– Gefahrerhöhung **181** 1 ff.
  – Rechtsfolgen **181** 5 ff.
– Gefahrminderung
  – Rechtsfolgen **181** 8
– Geistes- und Bewusstseinsstörung **178** 23
– Herbeiführung des Versicherungsfalls **183** 1 ff.
– Hinweispflicht
  – Beweislast **186** 17 ff.
  – fehlende Belehrung **186** 16
  – Form **186** 7 ff.
  – Informationsadressat **186** 6
  – Inhalt **186** 9 ff.
  – Reichweite **186** 9 ff.
  – Zeitpunkt **186** 7 ff.
– Invalidität **180** 1 ff.
  – Neubemessung **188** 1 ff.
– Leistung des Versicherers **178** 1 ff.
– Leistungsart **178** 62
– Leistungsmodalitäten **178** 62 ff.
  – Verjährung **178** 67
– Leistungspflicht
  – formgerechte Erklärung **187** 3 ff.
  – fristgerechte Erklärung **187** 3 ff.
– Leistungsumfang **178** 64 ff.
– Minderung des Schadens **184** 1 ff.
– mit Prämienrückgewähr
  – Lebensversicherung **VVG-InfoV 2** 21
– mitwirkende Ursachen **182** 1 ff.
  – Gebrechen **182** 4 ff.
  – Krankheit **182** 4 ff.
– Musterbedingungen **Vor 178 bis 191** 6
– Nichtanwendbarkeit der §§ 182 ff. **184** 2
– personenbezogene Daten **213** 6
– Pflichtversicherung **190** 1 ff.
– Prüfungsschema **178** 74
– Rechtsgrundlage **Vor 178 bis 191** 4 ff.

– Risikoausschluss **178** 23 ff.
  – alkoholisierter Fußgänger **178** 26
  – alkoholisierter Radfahrer **178** 27
  – Alkoholklausel **178** 25
  – Bürgerkriegsereignis **178** 23
  – Fahrtveranstaltung **178** 23
  – Geistes- und Bewusstseinsstörung **178** 23
  – Kriegsereignis **178** 23
  – Straftat **178** 23
  – Unfall außerhalb des Straßenverkehrs/Alkohol **178** 28
  – Unfall des versicherten Piloten **178** 23
– Sachverständigenverfahren **189** 1 ff.
– Schadensermittlungskosten **189** 1 ff., 5 ff.
– Unfall
  – Beweislast **178** 43 ff.
  – Einwirkung von außen **178** 15 ff.
– Unfallereignis
  – haftungsbegründende Kausalität **178** 38 f.
– unfallgleiches Ereignis **178** 56
– Unfallverursachung
  – durch den Bezugsberechtigten **183** 6 f.
  – durch den Versicherungsnehmer **183** 4 f.
– unfreiwillige Gesundheitsschädigung **178** 30 ff.
  – Depression **178** 34
  – krankhafte Störung **178** 34
  – posttraumatische Belastungsstörung **178** 34
  – psychische Einwirkung **178** 34
  – Unfreiwilligkeit **178** 36
– Versicherer
  – Hinweispflicht **186** 1 ff.
  – Leistung **178** 3 ff.
– versicherte Person **179** 1 ff.
  – Einwilligung **179** 7 ff.
  – Kenntniszurechnung **179** 13 ff.
  – Treuhandverhältnis **179** 15
  – Verhaltenszurechnung **179** 13 ff.
– vertragliche Leistungsobliegenheit **184** 3 ff.
Unfallversicherungsvertrag Vor 178 bis 191 5
Unterlassen
– subjektive Gefahrerhöhung **23** 96 ff.
Unternehmen
– Begriff **102** 5
Unternehmensveräußerung
– Betriebshaftpflichtversicherung **102** 16 ff.
Unterversicherung 75 1 ff.
– Abdingbarkeit **75** 45

2639

Stichwortverzeichnis

- Beratungspflichtverletzung **75** 27 ff.
  - Folge **75** 33
- Beweislast **75** 25 f.
- bewusste **75** 10 ff.
- Checkliste **75** 46
- Entschädigungsgrenzen **75** 12
- entscheidender Zeitpunkt **75** 8 ff.
- Erheblichkeit **75** 6 ff.
- Innenbegriffsversicherung **89** 6
- Rechtsfolgen **75** 22 ff.
- Rechtsprechungshinweise **75** 32 ff.
- Unterversicherung über Versicherungssumme **75** 3
- Vereinbarung besonderer Klauseln **75** 14 ff.
- Versicherungswert **75** 3
- Vertragsänderung **75** 14 ff.

Unterversicherungsverzicht 75 20 ff.

VAG Vor 1 ff. 41 ff.
Valorenversicherung Vor 130 bis 141 9
Veräußerung
- Kündigungsrecht des Versicherers
  - Frist **96** 17 ff.
- versicherte Sache **95** 1 ff., 10 ff.
  - Anzeige **97** 1 ff.
  - Erwerber tritt an die Stelle des Veräußerers **95** 18 ff.
  - gesamtschuldnerische Haftung **95** 14
  - Gutglaubensschutz **95** 17
  - Kündigungsrecht des Versicherers **96** 15 ff.
  - Sachinbegriff **95** 7 f.
  - Schutz des Erwerbers **98** 1 ff.
  - Wiederherstellungsklausel **95** 23 ff.
  - Zeitpunkt **95** 6

Verbraucher
- gewöhnlicher Aufenthalt **Rom-I 10** 11

Verbraucherschutz
- kollisionsrechtlicher **Rom-I 6** 1

Verbrauchervertrag
- internationales Versicherungsvertragsrecht **Rom-I 6** 1 ff.

Vergleich
- Haftpflichtversicherung **106** 11

Verjährung
- Dauer der Verjährungsfrist **15** 14 ff.
- Haftpflichtanspruch
  - Hemmung **108** 43
- Hemmung **15** 1 ff.
  - Abdingbarkeit **15** 42
  - allgemeine Verjährungsregelung des BGB **15** 7 ff.
  - Anmeldung durch den Anspruchsteller **15** 27 ff.

- Anmeldung von Dritten oder für Dritte **15** 30
- Entscheidung des Versicherers **15** 31 ff.
- Prozessuales **15** 41
- Rechtsfolgen **15** 38 ff.
- sondergesetzliche Regelung **15** 5 ff.
- Verhältnis zu § 203 BGB **15** 3 ff.
- Wiederaufnahme der Verhandlung **15** 37
- Mehrfachversicherung **78** 54
- Pflichtanspruch
  - Direktanspruch **115** 35 ff.
- Pflichtversicherung
  - Rückgriffsanspruch **116** 35 ff.; **117** 112 f.
- Schadensersatzanspruch
  - Beratung **6** 61
- Unfallversicherung
  - Leistungsmodalitäten **178** 67

Verjährungseinrede
- Anspruch aus dem Versicherungsvertrag **15** 25 ff.
- unzulässige Rechtsausübung **15** 24
- Unzulässigkeit **15** 22 ff.
- Verzicht **15** 23

Verjährungshemmung
- weitere Regelung **15** 20 f.
- § 203 BGB **15** 16 ff.

Verkehrsrechtsschutz 125 73 ff.

Verlängerung
- VVG-Reform **11** 3 ff.

Verletzung
- vertragliche Obliegenheit **28** 1 ff.

Vermittler
- nicht gewerbsmäßiger **66** 2
- produktakzessorischer **GewO 34d** 39 ff.

Vermittlermarkt
- Harmonisierung **GewO Vor** 2

Vermittlerregister
- Daten
  - Löschung **GewO 11a** 12 ff.
- eingeschränkter Zugang **VersVermV 7** 1
- Eintragung
  - durch den Versicherer **VersVermV 6** 3
  - falsche **GewO 11a** 9 ff.
  - Mitteilung der Behörde **VersVermV** 6 4
- eintragungspflichtige Personen **GewO 11a** 3
- Ersteintragen des Vermittlers **VersVermV** 6 1
- Informationscharakter **GewO 11a** 6
- Inhalt **GewO 11a** 6
- Internetabruf **VersVermV 7** 1

Stichwortverzeichnis

- Nichteintragung
  - Folgen **GewO 11a** 8
  - Zweck **GewO 11a** 3 f.
  - durch den Vermittler **VersVermV** 6 2
- **Vermittlerrichtlinie**
  - Formerfordernis **62** 1
- **Vermittlerverzeichnis**
  - Haftungsangaben **VersVermV 5** 4
  - Identifikationsangaben **VersVermV 5** 3
- **Vermögensfolgeschaden Vor 88 bis 99** 3
- **Vermögensschaden**
  - Haftpflichtversicherung **100** 11
- **Verpfändungsverbot 17** 5 ff.
- **Verschulden**
  - subjektive Gefahrerhöhung **23** 84 ff.
- **Versicherer**
  - Anspruch auf nicht gezahlte Prämien **9** 14
  - ausländischer
    - Informationspflicht **VVG-InfoV 1** 19
  - Fälligkeit von Geldleistung **14** 7 ff.
  - Insolvenz **16** 1 ff.
    - Schadensversicherer **16** 6 ff.
  - vertragstypische Pflichten **1** 4 ff.
- **Versicherte Person**
  - Familienversicherung **193** 5, 7
  - Kenntnis und Verhalten **193** 10
  - Legaldefinition **193** 4
- **Versicherte Sache**
  - Veräußerung **95** 1 ff.
    - Kündigungsrecht des Erwerbers **96** 9 ff.
- **Versicherung**
  - als Geschäftsbesorgung **Vor 1 ff.** 31
  - Beginn **10** 1 ff.
  - eigene Sache
    - Eigenversicherung **43** 30 ff.
  - Ende **10** 1 ff.
  - laufende **210** 13
    - Begriff **Vor 53 bis 58** 1 ff.
  - mehrere Sachen **89** 1 f.
  - Mehrversicherung **77** 3 ff.
  - privatrechtliche
    - Begriff **Vor 1 ff.** 23 ff.
- **Versicherung eigener Sachen**
  - Fremdversicherung **43** 30 ff.
- **Versicherung für fremde Leistung**
  - Abgrenzung
    - Deckung fremden Interesses für eigene Rechnung **Vor 43 bis 48** 35
    - dingliche Rechte an der Versicherungsforderung **Vor 43 bis 48** 36
    - Eigenversicherung **Vor 43 bis 48** 29 ff.
    - kombinierte eigene Fremdversicherung **Vor 43 bis 48** 32

- Regressverzicht **Vor 43 bis 48** 37
- Auskunftsanspruch des Versicherten **Vor 43 bis 48** 20
- Ausnahmen **Vor 43 bis 48** 21 ff.
- Beispiele für Versicherung **Vor 43 bis 48** 39 ff.
- Einziehungs- und Auskehrungsverpflichtung **Vor 43 bis 48** 14 ff.
- gesetzliches Treuhandverhältnis **Vor 43 bis 48** 9 ff.
- Möglichkeit abweichender Vereinbarungen **Vor 43 bis 48** 38
- Rechtspflichten des Versicherungsnehmers **Vor 43 bis 48** 13 ff.
- Schadensersatzverpflichtung **Vor 43 bis 48** 28
- Tatbestandsvoraussetzung **43** 2 ff.
- **Versicherung für fremde Rechnung Vor 43 bis 48** 1 ff.
  - Abdingbarkeit **44** 16 ff.
  - Anfechtbarkeit wegen Irrtums **43** 20
  - Anspruchsinhaberschaft **44** 2 ff.
  - Anwendbarkeit auf den Versicherten **Vor 43 bis 48** 8
  - Aufrechnung **44** 14
  - Aufspaltung von Anspruchsinhaberschaft und Verfügungsbefugnis **44** 2 ff.
  - Auszahlung an den Versicherten **45** 18
  - Befriedigungsrecht **46** 3
  - Begriff **Vor 43 bis 48** 1
  - Bereicherungsausgleich **45** 17 ff.
  - D&O-Versicherung **45** 7
  - Erteilung eines Sicherungsscheins
    - Auswirkungen **44** 24 ff.
  - fehlende Benachrichtigung des Versicherungsnehmers **47** 16
  - fehlendes Wissen vom Versicherungsvertrag **47** 14 f.
  - Gleichstellung Versicherter mit Versicherungsnehmer
    - Obliegenheiten **47** 3 ff.
    - Versicherter mit dem Versicherungsnehmer **47** 2 ff.
  - Insolvenz **44** 11 f.
    - Versicherungsnehmer **45** 15
  - Kenntnis und Verhalten des Versicherten **47** 1 ff.
  - kombinierte Eigen- und Fremdversicherung **47** 8 ff.
  - Person des Versicherten **43** 14
  - Rechte aus dem Versicherungsvertrag **44** 5 ff.
  - Rechte des Versicherten **44** 1 ff., 5 ff.

2641

Stichwortverzeichnis

- Rechte des Versicherungsnehmers **45** 1 ff.
  - Verfügungsbefugnis **45** 2 ff.
- Rechtsnachfolge **44** 16
- Rechtsnatur **Vor 43 bis 48** 2
- reine Fremdversicherung **47** 6 ff.
- Sachversicherung **43** 30 ff.
- Verfügungsbefugnis **44** 2 ff., 17 ff.
- Vermutung für Eigenversicherung **43** 25 ff.
  - Abgrenzungskriterien **43** 27 ff.
- Versicherung der versicherten Sachen **44** 15 f.
- Vertragsschluss **43** 18 ff.
  - Anfechtbarkeit wegen arglistiger Täuschung **43** 21 ff.
  - für einen anderen **43** 9 ff.
- Vorschriften des BGB **Vor 43 bis 48** 4 ff.
- Vorschriften des VVG **Vor 43 bis 48** 3
- Zurückbehaltungsrecht **46** 2
- Zustimmung
  - Versicherter zur Versicherung **45** 16 ff.
- Zwangsvollstreckung **44** 11 ff.

Versicherung für Rechnung
- wen es angeht **48** 1 ff.

Versicherungsberater 68 1 ff.
- Abgrenzung
  - Vermittler **34e** 8 ff.
  - Versicherungsmakler **68** 5
- Abhängigkeit **34e** 6
- Aufzeichnungspflicht **14** 4
- Beratung **34e** 4
  - Tatbestandsmerkmale **34e** 4
- Erlaubnis
  - Versagungsgründe **34e** 14
- Gewerbsmäßigkeit **34e** 7
- kein wirtschaftlicher Vorteil **34e** 5
- Mitteilungspflichten **59** 24 f.
- Provisionsannahmeverbot **34e** 15

Versicherungsdauer
- Krankenversicherung **195** 1 ff.
- substitutive Krankenversicherung **195** 1

Versicherungsfall
- Abdingbarkeit
  - AVB- Klauseln **81** 102 ff.
- Abgrenzung
  - Augenblicksversagen **81** 32 ff.
  - bedingter Vorsatz/einfache Fahrlässigkeit **81** 29 ff.
- Anzeige **30** 1 ff.
  - Beweislast **30** 29 ff.
  - durch Dritte **30** 19
  - gesetzliche **30** 4
  - Obliegenheit **30** 1
  - Rechtsfolgen **30** 20 ff.
  - Unverzüglichkeit **30** 11 ff.
- Anzeigefall
  - Beschaffen von Belegen **31** 41 ff.
  - durch Dritte **31** 14 ff.
  - durch Versicherungsnehmer **31** 14 ff.
  - Korrektur falscher Auskünfte **31** 40
- Auskunftpflicht
  - prozessuale **31** 58 ff.
  - Rechtsfolge, Verletzung der Auskunftspflicht **31** 43 ff.
- Auskunftsverlangen des Versicherers **31** 8 ff.
- Auskunftsverlangen nicht erforderlich **31** 35 ff.
- Betriebsunterbrechungsversicherung **30** 5
- Beweislast **81** 86
  - Angreifbarkeit der tatrichterlichen Würdigung **81** 93
  - grobe Fahrlässigkeit **81** 87 ff.
  - Schuldunfähigkeit **81** 96
  - Vorsatz **81** 87 ff.
- Definition **30** 5 ff.
- Eintritt **31** 4 ff.; **92** 4
  - Minderung des Schadens **82** 4 ff.
- fehlerhafte Auskunft **31** 21 ff.
- Form der Auskunft **31** 19 ff.
- Gesamtkürzungsquote
  - Ermittlung **81** 74 ff.
- grob fahrlässige Herbeiführung **81** 21 ff.
- Haftpflichtversicherung **30** 5
- Hagelversicherung **92** 26 ff.
- Herbeiführung **81** 1 ff.
  - Alles-oder-Nichts-Prinzip **81** 2 ff.
  - durch aktives Tun **81** 12 f.
  - grobe Fahrlässigkeit **81** 21 ff.
  - Unterlassen **81** 13
- Indizienbeweis **81** 90 ff.
- Kenntnis des Versicherungsnehmers **30** 8 ff.; **31** 17 ff.
- Kündigung **92** 10 ff.
  - Deckungsablehnung **92** 18
  - Zeitpunkt **92** 16 ff.
  - Zeitpunkt der Wirksamkeit **92** 22 ff.
- Kündigung nach **92** 1 ff.
- Leistungsfreiheit
  - Schuldunfähigkeit **81** 95 ff.
  - vorsätzliche Herbeiführung des Versicherungsfalls **81** 47
- Leistungskürzung
  - Gesamtstrafenmodell **81** 82 ff.
  - grobe Fahrlässigkeit **81** 48
  - Streitwert **81** 99
- Leistungsverkürzung
  - Vorliegen mehrerer Leistungsverkürzungsberechtigungen **81** 71 ff.

Stichwortverzeichnis

- Leistungsverweigerung des Versicherers **31** 11 ff.
- pauschalierte Quotelung **81** 101
- Rechtsfolgen **81** 47 ff.
- Sachversicherung **30** 5
- Schuldunfähigkeit **81** 95 ff.
- Selbstbehalt **92** 8 f.
- subjektiver Risikoausschluss **81** 7
- unmittelbar bevorstehender **90** 12 ff.
- Vertrauensschadensversicherung **30** 5
- vorsätzliche Herbeiführung **81** 19 f.
- Zurechnung
  - Checkliste Repräsentant **81** 41
  - mehrere Versicherungsnehmer **81** 45
  - mitversicherte Person **81** 46
  - Rechtsfolgen der Repräsentantenstellung **81** 42 ff.
  - Repräsentant **81** 37 ff.
  - Verhalten Dritter **81** 36 ff.
  - § 278 BGB **81** 44

Versicherungskollisionsrecht Rom-I 3 1 ff.
- internationales Versicherungsvertragsrecht **Rom-I 7** 1 ff.

Versicherungsleistung
- Haftpflichtversicherung
  - Fälligkeit **106** 1 ff.

Versicherungsmakler
- Abgrenzung
  - Versicherungsberater **68** 5
- Großrisiken **65** 1 ff.
- Honorarberatung **GewO 34d** 16 ff.
- Information
  - Form **62** 3 ff.
  - Zeitpunkt **62** 3 ff.
- Informationspflicht **VVG-InfoV 1** 5
- Pflichtverletzung
  - kausaler Schaden **63** 15 ff.
- Schadensersatz
  - kausaler Schaden **63** 15 ff.
  - Pflichtverletzung **63** 5 ff.
- Versicherungsberater **68** 1 ff.
- weiter gehende Pflichten **61** 25 ff.

Versicherungsnehmer
- Auskunftspflicht **31** 1 ff.
- Benachrichtigungsobliegenheiten **119**, **120** 2 ff.
- Beratung **6** 1 ff.
  - Grundlagen **6** 1 ff.
- Haftpflichtversicherung
  - Anerkenntnis **105** 1 ff.
  - Insolvenz **110** 1 ff.
- Informationen **7** 1 ff.
- Pflicht
  - Abwendung von Schaden **82** 3 ff.
- vertragstypische Pflichten **1** 11 ff.
- Zahlungssicherung zugunsten **64** 1 ff.

Versicherungsperiode 12 1 ff.

Versicherungspflicht
- Betroffene **193** 12 ff.
  - Ausnahmen **193** 13 ff.
  - Inlandswohnsitz **193** 12 ff.
- Erfüllung durch Altverträge **193** 29 ff.
- Verletzung
  - Prämienzuschläge **193** 34 ff.

Versicherungspolice 3 1 ff.

Versicherungsschein 3 1 ff.
- Abdingbarkeit **3** 32
- Abschrift
  - Anspruch des Versicherungsnehmers **3** 22 ff.
- abweichender **5** 1 ff.
  - Anfechtung **5** 3
  - Antrag des Versicherungsnehmers **5** 10 ff.
  - Antragsmodell **5** 5 ff.
  - Einbeziehung von AVB **5** 8
  - getroffene Vereinbarung **5** 13 ff.
  - Invitatio-Modell **5** 5 ff.
  - Normzweck **5** 1 ff.
  - ordnungsgemäße Belehrung **5** 20 ff.
  - Prozessuales **5** 28
  - Vereinbarung **5** 10 ff.
  - Widerrufsrecht nach § 8 **5** 7
  - Widerspruch **5** 14 ff.
- Anspruch auf Übermittlung **3** 7 ff.
  - kurzfristiger Vertrag **3** 7
- auf den Inhaber
  - Abdingbarkeit **4** 9
  - fahrlässige Unkenntnis **4** 5
  - Legitimationswirkung **4** 3
  - schuldbefreiende Wirkung **4** 3
- auf den Inhaber ausgestellt **4** 1 ff.
- Aufstellung
  - Kosten **3** 28
- Ausstellung eines neuen **3** 19 ff.
- fehlende Übermittlung **3** 17
- Form **3** 13 ff.
- Fristhemmung **3** 24
- Inhalt **3** 9 ff.
- Invitatio-Modell **3** 4
- Irrtumsanfechtung **5** 26 ff.
- Leistung nur gegen Rückgabe **4** 7 ff.
- Namenspapier mit Inhaberklausel **4** 1
- Niederlassung des Versicherers im Ausland **3** 18
- prozessuale Sachen **3** 29 ff.
- Rechtsanspruch auf Übermittlung **3** 1

2643

Stichwortverzeichnis

- Rechtsbelehrung
  - Rechtsfolgen bei nicht ordnungsgemäßer **5** 24 ff.
- Textform **3** 2
- Urkunde **4** 2
- Verhältnis zu anderen Vorschriften **3** 4 ff.
- verzögerte Übermittlung **3** 17

Versicherungsschutz
- ohne ausdrückliche Zustimmung des Versicherungsnehmers **9** 13

Versicherungssumme
- Begriff **74** 9

Versicherungsverein
- kleinerer **211** 5 ff.

Versicherungsverhältnis
- Kündigung nach Veräußerung **96** 1 ff.
- Treu und Glauben **1** 14 ff.

Versicherungsvermittler
- Angestellter **73** 1 f.
- Aufzeichnung **VersVermV 14** 1 f.
  - Form **VersVermV 14** 3
- Ausschließlichkeitsvermittler **GewO 34d** 42 ff.
- Außendienstmitarbeiter **66** 2
- Beratungs- und Dokumentationspflichten **61** 1 ff.
- Beratungsgrundlage **60** 1 ff.
  - Hinweis auf Einschränkung **60** 13 ff.
  - Hinweispflichten **60** 16 ff.
  - personeller Anwendungsbereich **60** 3
  - Umfang **60** 4 ff.
- Berufshaftpflichtversicherung **VersVermV 8** 1
  - Inhalt **VersVermV 9** 1 ff.
  - Mindestversicherungssumme **VersVermV 9** 3 ff.
  - Nachhaftung **VersVermV 9** 8
  - Nachweis für den bestehenden Versicherungsschutz **VersVermV 10** 1
  - versicherte Schäden **VersVermV 9** 4
  - Verstoßprinzip **VersVermV 9** 5
- Definition **GewO 34d** 3
- Dokumentationspflicht **61** 20 ff.
- Erlaubnis **GewO 34d** 22
  - Auflagen **GewO 34d** 27 f.
  - Beschränkung **GewO 34d** 25 f.
  - Einschränkung **GewO 34d** 24 ff.
- Erlaubniserteilung
  - Berufshaftpflichtversicherung **GewO 34d** 36
  - Vermögensverhältnisse **GewO 34d** 34 f.
  - Voraussetzung **GewO 34d** 29 ff.
  - Zulässigkeit **GewO 34d** 30 ff.
- Erlaubnispflicht
  - Tippgeber **GewO 34d** 8
- erlaubnispflichtiger Tatbestand **GewO 34d** 2
- Erlaubnispflichtigkeit **GewO 34d** 22 f.
- Gelegenheitsvermittler **GewO 34d** 13
- Gewerbeerlaubnis
  - Missachtung **GewO 34d** 52 ff.
- Gewerbeordnung
  - Übergangsregelung **GewO 156** 1
- Gewerbsmäßigkeit **GewO 34d** 9 ff.
  - Gewinnerzielungsabsicht **GewO 34d** 15
  - Selbstständigkeit **GewO 34d** 10 ff.
  - Vergütungsvereinbarung **GewO 34d** 14
- Großrisiken **65** 1 ff.
- Hinweispflichten
  - Kundenverzicht **60** 19 ff.
- Information
  - an den Versicherungsnehmer **VersVermV 11** 2 ff.
  - fehlerhafte Mitteilung **VersVermV 11** 7 ff.
  - Zeitpunkt der Mitteilung **VersVermV 11** 4 f.
- Information an den Versicherten
  - Form der Mitteilung **VersVermV 11** 6
- Information für den Versicherungsnehmer
  - hinterlassene Mitteilung **VersVermV 11** 7 ff.
- Informationspflicht **VVG-InfoV 1** 5
- Kundengeld **VersVermV 12** 2 ff.
  - Bürgschaftserklärung **VersVermV 13** 1
  - Sicherung **VersVermV 13** 1
  - Versicherungsschein **VersVermV 13** 1
- Mitteilungspflichten **59** 3
- nicht gewerbsmäßiger **66** 2; **73** 1 ff.
- produktakzessorischer **34d** 39 ff.
  - Versicherungsmantel **34d** 41
- Prüfung
  - Rechte und Pflichten **VersVermV 16** 1 f.
- Sachkundenachweis **34d** 33 f.
- Schadensersatz **63** 1 ff.
  - Pflichtverletzung **63** 5 ff.
- Schadensersatzpflicht
  - Schulden **63** 19
- Selbstständigkeit
  - Dauerhaftigkeit **34d** 12 ff.
- Überprüfung **VersVermV 14** 2 f.
  - Kosten **VersVermV 14** 4 f.
  - Prüfer **VersVermV 14** 6
- Versicherungspflicht
  - Versicherungsberater **VersVermV 14** 4

Stichwortverzeichnis

- Verwaltung eigener Versicherungen **34d** 21
- **Versicherungsvermittlung**
- aus anderen EU-Mitgliedstaaten **VersVermV 4a** 2
- Bestandsschutzregelung **VersVermV 1** 4 ff.
- Nachweis
  - Tätigkeiten der Versicherungsmittlerbranche **VersVermV 4** 3
- Ordnungswidrigkeiten **VersVermV 18** 1 ff.
- Prüfungsausschuss **VersVermV 2** 1 ff.
- Prüfungsverfahren
  - Ablauf **VersVermV 3** 1
  - zeitliche Angaben über die Prüfungsdauer **VersVermV 3** 2 ff.
- Rückversicherungsvermittlung
  - Großrisiken **VersVermV 17** 1 ff.
- Sachkundeprüfung
  - Vermittler **VersVermV 4** 1
- Straftaten **VersVermV 18** 1 ff.
- ununterbrochene Tätigkeit **VersVermV 1** 6
- Vermittler
  - andere EU-Mitgliedstaaten **VersVermV 4a** 2
- zuständige Stelle
  - Sachkundeprüfung **VersVermV 2** 1
- **Versicherungsvertrag**
- abweichende Vereinbarung **18** 1 ff.
- Änderung von Anschrift und Namen **13** 1 ff.
- Anfechtung **11** 13
- Anfechtung wegen arglistiger Täuschung **22** 1 ff.
- Begriff **1** 2
- Großrisiko **65** 1 ff.
  - internationales Versicherungsvertragsrecht **Rom-I 7** 10
- Kündigung **11** 1 ff., 18 ff.
  - Anzeigepflicht **19** 119 ff.
  - Kündigungsberechtigter **11** 19 ff.
  - nach § 314 BGB **11** 6 ff.
- Kündigungsgrund **11** 46 ff.
- Kündigungsrecht bei befristeten **11** 49 ff.
- Möglichkeiten der Vertragsbeendigung **11** 13 ff.
- privatrechtlicher **Rom-I Vor** 6
- Rechtsnatur **Vor 1 ff.** 29 ff.; **1** 2
  - Rechtsprechung **Vor 1 ff.** 32
  - Regelung im VVG **Vor 1 ff.** 33
- Rückabwicklung eines gescheiterten **1** 17 ff.
- Rücktritt des Versicherers **11** 13
- Treu und Glauben **1** 14 ff.
- unbefristeter
  - Kündigungsrecht beider Vertragsparteien **11** 43 ff.
- Verlängerung **11** 1 ff.
- Vertragsaufhebung im Rahmen des Schadensersatzanspruchs **11** 13
- vertragstypische Pflichten **1** 1 ff.
  - Leistung im Versicherungsfall **1** 10
  - Versicherer **1** 4 ff.
  - Versicherungsnehmer **1** 11 ff.
- Vertragsverlängerung **11** 38 ff.
- vorzeitige Vertragsbeendigung **39** 1 ff.
- Widerruf des Versicherungsnehmers **11** 13
- **Versicherungsvertragsrecht**
- internationales **Rom-I Vor** 1 ff.
- IPR **Rom-I Vor** 1 ff.
- **Versicherungsvertreter**
- Abschlussvollmacht **71** 1 ff.
  - Anscheinsvollmacht **71** 2
  - Duldungsvollmacht **71** 2
- Auge-und-Ohr-Rechtsprechung **70** 1 ff.
- Empfangsvollmacht **69** 4 ff.
- Erfüllungshaft **69** 13 ff.
- gesetzliche Vollmacht **69** 1 ff.
- Inkassovollmacht **69** 7 ff.
- Mitteilungspflichten **59** 4
- Versicherungsmacht
  - Beschränkung **72** 1 ff.
- Vertretungsmacht
  - Beschränkung **72** 1 ff.
- Wissenszurechnung **70** 1 ff.
  - EDV-gespeicherte Daten **70** 3
- **Versicherungswert 88** 1 ff.
- andere Vereinbarungen **88** 13 ff.
- Begriff **74** 10
- durchschnittlicher Wiederbeschaffungspreis **88** 19
- Gebäudeversicherung **88** 16
- Grundsatz **VersVermV 1** 1 ff.
- Hausratsversicherung **88** 17
- Neuwertversicherung **88** 18
- objektiver Substanzwert **88** 19
- Prozessuales **88** 23 f.
- Transportversicherung **88** 3
- Unterversicherung **75** 3
- Versicherungsfall
  - Eintritt **88** 20 ff.
- Wiederbeschaffungspreis **88** 7 ff.
- Wohngebäudeversicherung **88** 17
- Zeitwert **88** 4 ff.; **VersVermV 1** 4
  - Nachweis der ununterbrochenen Tätigkeit **VersVermV 1** 6

Stichwortverzeichnis

Vertragliche Obliegenheit
- Verletzung
  - Alles-oder-Nichts-Prinzip **28** 7 ff.
  - Kündigung **28** 10 ff.

Vertragsabschluss
- für einen anderen **43** 9 ff.
- im eigenen Namen **43** 3 ff.

Vertragsbeendigung
- vorzeitige **39** 1 ff.

Vertragslaufzeit
- Beratungspflicht **6** 45 ff.
- Informationspflicht **VVG-InfoV 6** 1 ff.

Vertragsverlängerung
- Versicherungsvertrag **11** 38 ff.

Verzichtserklärung
- Form und Inhalt
  - Dokumentationspflichten **61** 38
- Rechtsfolgen **61** 39 ff.

Vollstreckungsabwendung
- Haftpflichtversicherung **101** 22 ff.

Vorläufige Deckung
- Abgrenzung zur Rückwärtsversicherung **49** 15 ff.
- Anfechtungsgründe **49** 34 ff.
- auffälliger Hinweis **51** 3 ff.
- Aushändigung der Doppelkarte **49** 9
- Beendigung bei Nichtzahlung **51** 6 ff.
- Beendigung bei verspäteter Zahlung **51** 6 ff.
- Beendigung des Vertrags **51** 1 ff.
- Begriff **Vor 49 bis 52** 1
- Belehrung **51** 12 ff.
- Direktversicherung **49** 13
- eigenständiger Versicherungsvertrag **49** 1
- gebündelter Versicherungsvertrag **51** 12
- geminderte Information **49** 6 ff.
- gleichartiger Versicherungsschutz **51** 2 ff.
- Inhalt des Vertrags **49** 29 ff.
- Kaskoversicherung **49** 7
- Kfz-Haftpflichtversicherung **49** 6 ff.
- Kodifikation im VVG **Vor 49 bis 52** 4
- Mitteilung der Information nach § 7 **49** 21 ff.
- Nichtzustandekommen des Hauptvertrags **50** 1 ff.
- Prämienzahlung **51** 1 ff.
- Unwirksamkeitsgründe **49** 34 f.
- wirtschaftliche Bedeutung **Vor 49 bis 52** 2
- Zahlung der Erstprämie **51** 11

Vorsatz
- Beweislast
  - Versicherungsfall **81** 87 ff.
- Obliegenheitsverletzung **28** 45 ff.

Vorsorgeuntersuchung
- gezielte **192** 19

VVG
- Altverträge **Vor 1 ff.** 9
- Anpassung von AVB an das **Vor 1 ff.** 10
- Anwendungsbereich **Vor 1 ff.** 38 ff.
- Begriff der privatrechtlichen Versicherung **Vor 1 ff.** 23 ff.
- Entstehungsgeschichte **Vor 1 ff.** 1 ff.
- intertemporaler Anwendungsbereich **Vor 1 ff.** 8
- Leitbilder **Vor 1 ff.** 34 ff.
- Neuregelung **Vor 1 ff.** 2
- Reform **Vor 1 ff.** 1 ff., 5
  - Auslegung der deutschen Umsetzungsnorm **Vor 1 ff.** 18 ff.
  - Unionsrecht **Vor 1 ff.** 13 ff.
  - Ziele **Vor 1 ff.** 3
- Verhältnis zu anderen Gesetzen **Vor 1 ff.** 8
- vertragstypische Pflichten **1** 1 ff.
- weitere Reformen **Vor 1 ff.** 11

VVG-InfoV
- Geltungsbereich **VVG-InfoV Vor** 3

Wassersportfahrzeugversicherung Vor 130 bis 141 9

Werkverkehrgüterversicherung Vor 130 bis 141 9

Widerklage
- Gerichtsstand **215** 18

Widerruf
- Anspruch auf Prämienrückgewährung **9** 15 ff.
- Anspruch des Versicherungsnehmers auf Prämienrückgewähr
  - Fälligkeit **9** 20
- Form **8** 28
- Rechtsfolgen **8** 66 ff.; **9** 1 ff.
- unterlassene Belehrung
  - Rechtsfolgen **9** 21 ff.
- Widerrufsfrist **8** 29
  - Beginn **8** 30 ff.

Widerrufsbelehrung
- Belehrung über den Beginn der Widerrufsfrist **8** 43 ff.
- Datum **8** 81
- Grundsatz der Transparenz **8** 41
- Muster **8** 63 ff.
- Ort **8** 81
- Rechtsfolgen bei nicht ordnungsgemäßer **8** 68 ff.
- Rechtsfolgen bei unterlassener **8** 68 ff.
- Unterschrift des Versicherungsnehmers **8** 81

Stichwortverzeichnis

- Zugang **8** 40 ff.
Widerrufserklärung 8 25 ff.
- Formerfordernis **8** 28
Widerrufsfall
- Angaben zu dem **8** 77 ff.
Widerrufsfrist
- Beginn **8** 30 ff.
  - Zugang der Vertragsbestimmungen **8** 36 ff.
  - Zugang des Versicherungsscheins **8** 34 ff.
- Beweislast für den Zugang der Unterlagen **8** 49 ff.
- kein Versicherungsschutz vor Ablauf **9** 12
- Rechtsfolgen bei unterlassener Übermittlung der Unterlagen **8** 50
- Rechtslage während der Widerrufsfrist **8** 66
- Verwirkung **8** 51 ff.
- Zugang der erforderlichen Information **8** 39 ff.
Widerrufsrecht
- Abdingbarkeit **8** 70
- Angaben **8** 73 ff.
- Anspruch auf Prämienrückgewähr **9** 3
- Ausschluss **8** 54 ff.
  - Laufzeit unter einem Monat **8** 55 ff.
  - Pensionskassen **8** 58
  - Versicherungsvertrag über ein Großrisiko **8** 59
  - vollständige Erfüllung vor Ausübung des Widerrufsrechts **8** 60
  - vorläufige Deckung **8** 57
- besondere Hinweise **8** 80
- Informationspflicht **VVG-InfoV 1** 41
- Versicherungsnehmer **8** 1 ff.
  - Widerrufserklärung **8** 25 ff.
- Widerrufsfrist im E-Commerce **8** 61

Widerspruch
- Ausübung **5** 14 ff.
- Textform **5** 16
- Rechtsfolgen **5** 17 ff.
Wiederbeschaffung 93 21 ff.
Wiederbeschaffungspreis 88 7 ff.
Wiederherstellung
- Sicherung **93** 21 ff.
Wiederherstellungsklausel 93 1 ff., 16 ff.
- einfache **93** 17
- gleiche Art und Zweckbestimmung **93** 26 ff.
- Rückzahlungspflicht **93** 36 ff.
- Schutz des Realgläubigers **93** 2
- strenge **93** 18 ff.
- Veräußerung der versicherten Sache **93** 34 f.; **95** 23 ff.
- Wiederbeschaffung **93** 21 ff.
- Wiederherstellung
  - Frist **93** 33
Zahlung ohne Sicherung 94 5
Zahlungssicherung
- zugunsten des Versicherungsnehmers **64** 1 ff.
Zahlungsverzug
- Erstprämie **37** 1 ff.
- Folgeprämie **38** 1 ff.
  - Zahlungsfrist **38** 3 ff.
- Krankheitskostenversicherung **206** 16
- Pflegekrankenversicherung **206** 16 f.
Zeitwerttaxe 76 2
Zinsanspruch
- Hemmung **91** 11 f.
Zivilverfahren
- Haftpflichtversicherung **101** 2 ff.
Zwangsversteigerung 99 1 ff.
Zwangsvollstreckung
- Rechtsschutz
  - Haftpflichtversicherung **101** 22 ff.